Münchener Kommentar zur Insolvenzordnung

Herausgegeben von

Prof. Dr. Dres. h.c. Rolf Stürner
em. o. Professor an der Universität Freiburg i. Br.
Richter am Oberlandesgericht a.D.

Prof. Dr. Horst Eidenmüller, LL.M. (Cantab.)
University of Oxford

Dr. Heinrich Schoppmeyer
Richter am Bundesgerichtshof Karlsruhe

**Band 4
Art 102a–102c EGInsO
Länderberichte
(Hrsg. Schlegel)**

Die einzelnen Bände des Münchener Kommentars zur InsO

Band 1: Einleitung
§§ 1–79
Insolvenzrechtliche Vergütungsverordnung (InsVV)

Band 2: §§ 80–216

Band 3: §§ 217–359
und Art. 103a–110 EGInsO
Insolvenzsteuerrecht
Gesamtverzeichnis
(Gesamtabnahme der Bände 1–3)

Band 4: EuInsVO 2015
Art. 102a–102c EGInsO
Länderberichte

Münchener Kommentar
zur Insolvenzordnung

Band 4
Art 102a–102c EGInsO
Länderberichte
(Hrsg. Schlegel)

4. Auflage 2021

C.H.BECK

Zitiervorschlag:
MüKoInsO/*Reinhart* Art. 9 Rn. 4

www.beck.de

ISBN 978 3 406 72944 7

© 2021 Verlag C. H. Beck oHG
Wilhelmstraße 9, 80801 München
Druck und Bindung: Eberl & Koesel FinePrints
Am Buchweg 1, 87452 Altusried-Krugzell
Satz: Meta Systems Publishing & Printservices GmbH, Wustermark

chbeck.de/nachhaltig
Gedruckt auf säurefreiem, alterungsbeständigem Papier
(hergestellt aus chlorfrei gebleichtem Zellstoff)

Im Einzelnen haben bearbeitet

Vor Art. 1, Art. 1 EuInsVO 2015	Dr. Stefan Reinhart
Art. 2–6 EuInsVO 2015	Dr. Christoph Thole
Art. 7–11 EuInsVO 2015	Dr. Stefan Reinhart
Art. 12 EuInsVO 2015	Dr. Jörg Fried
Art. 13–18 EuInsVO 2015	Dr. Stefan Reinhart
Art. 19–33 EuInsVO 2015	Dr. Christoph Thole
Art. 34–77 EuInsVO 2015	Dr. Stefan Reinhart
Art. 78–92 EuInsVO 2015	Dr. Christoph Thole
Anhang A-D	Dr. Christoph Thole
Art. 102a, Vor Art. 102c, Art. 102c §§ 1–10 EGInsO	Dr. Christoph Thole
Art. 102c Vor § 11, Art. 102c §§ 11–21 EGInsO	Dr. Stefan Reinhart
Art. 102 § 22–26 EGInsO	Dr. Christoph Thole
Länderberichte Koordination und Gesamtredaktion	Ursula Schlegel

Die Autoren der **Länderberichte** sind auf Seite 556 abgedruckt.

Inhaltsverzeichnis

§§

Band 1

Verzeichnis der Bearbeiter aller vier Bände (mit Ausnahme der Länderberichte)	(S. XI)
Verzeichnis der Abkürzungen und der abgekürzt zitierten Literatur	(S. XV)
Einleitung	
Erster Teil. Allgemeine Vorschriften	1–10
Zweiter Teil. Eröffnung des Insolvenzverfahrens. Erfasstes Vermögen und Verfahrensbeteiligte	11–79
Erster Abschnitt. Eröffnungsvoraussetzungen und Eröffnungsverfahren	11–34
Zweiter Abschnitt. Insolvenzmasse. Einteilung der Gläubiger	35–55
Dritter Abschnitt. Insolvenzverwalter. Organe der Gläubiger	56–79
Anhang zu § 65: Insolvenzrechtliche Vergütungsverordnung (InsVV)	
Sachverzeichnis zu Band 1	

Band 2

Dritter Teil. Wirkungen der Eröffnung des Insolvenzverfahrens	80–147
Erster Abschnitt. Allgemeine Wirkungen	80–102
Zweiter Abschnitt. Erfüllung der Rechtsgeschäfte. Mitwirkung des Betriebsrats	103–128
Dritter Abschnitt. Insolvenzanfechtung	129–147
Vierter Teil. Verwaltung und Verwertung der Insolvenzmasse	148–173
Erster Abschnitt. Sicherung der Insolvenzmasse	148–155
Zweiter Abschnitt. Entscheidung über die Verwertung	156–164
Dritter Abschnitt. Gegenstände mit Absonderungsrechten	165–173
Fünfter Teil. Befriedigung der Insolvenzgläubiger. Einstellung des Verfahrens	174–216
Erster Abschnitt. Feststellung der Forderungen	174–186
Zweiter Abschnitt. Verteilung	187–206
Dritter Abschnitt. Einstellung des Verfahrens	207–216
Sachverzeichnis zu Band 2	

Band 3

Sechster Teil. Insolvenzplan	217–269
Erster Abschnitt. Aufstellung des Plans	217–234
Zweiter Abschnitt. Annahme und Bestätigung des Plans	235–253
Dritter Abschnitt. Wirkungen des bestätigten Plans. Überwachung der Planerfüllung	254–269
Siebter Teil. Koordinierung von Verfahren von Schuldnern, die derselben Unternehmensgruppe angehören	269a–269i
Erster Abschnitt. Allgemeine Bestimmungen	269a–269c
Zweiter Abschnitt. Koordinationsverfahren	269d–269i
Achter Teil. Eigenverwaltung	270–285
Neunter Teil. Restschuldbefreiung	286–303a
Zehnter Teil. Verbraucherinsolvenzverfahren	304–311
Elfter Teil. Besondere Arten des Insolvenzverfahrens	315–334
Erster Abschnitt. Nachlassinsolvenzverfahren	315–331
Zweiter Abschnitt. Insolvenzverfahren über das Gesamtgut einer fortgesetzten Gütergemeinschaft	332
Dritter Abschnitt. Insolvenzverfahren über das gemeinschaftlich verwaltete Gesamtgut einer Gütergemeinschaft	333, 334

Inhaltsverzeichnis

	§§
Zwölfter Teil. Internationales Insolvenzrecht	335–358
Erster Abschnitt. Allgemeine Vorschriften	335–342
Zweiter Abschnitt. Ausländisches Insolvenzverfahren	343–353
Dritter Abschnitt. Partikularverfahren über das Inlandsvermögen	354–358
Dreizehnter Teil. Inkrafttreten	359 (mit Art. 103a–110 EGInsO)

Insolvenzsteuerrecht
Sachverzeichnis zu Band 1–3

Band 4

Europäische Insolvenzverordnung (EuInsVO)	
Vorbemerkungen vor Art. 1	
Allgemeine Bestimmungen	Art. 1–18
Anerkennung der Insolvenzverfahren	Art. 19–33
Sekundärinsolvenzverfahren	Art. 34–52
Unterrichtung der Gläubiger und Anmeldung ihrer Forderungen	Art. 53–55
Insolvenzverfahren über das Vermögen von Mitgliedern einer Unternehmensgruppe	Art. 56–77
Datenschutz	Art. 78–83
Übergangs- und Schlussbestimmungen	Art. 84–92
Einführungsgesetz zur Insolvenzordnung (EGInsO)	Art. 102a–102c

Länderberichte
Sachverzeichnis zu Band 4

Die Bearbeiter aller vier Bände
(mit Ausnahme der Länderberichte)

Dr. Martin Ahrens
o. Professor an der Universität Göttingen

Dr. Caspar Behme
Lehrstuhlvertreter an der Universität Leipzig

Dr. Georg Bitter
o. Professor an der Universität Mannheim

Wolfgang Breuer
Rechtsanwalt, Fachanwalt für Insolvenzrecht und Steuerrecht in Wiehl

Dr. Christian Brünkmans, LL.M. (Münster)
Rechtsanwalt in Bonn

Dr. Alexander Bruns, LL.M. (Duke Univ.)
o. Professor an der Universität Freiburg

Dr. Klaus-Peter Busch
Richter am Amtsgericht Detmold a.D.

Dr. Georg Caspers
o. Professor an der Universität Erlangen-Nürnberg

Dr. Dr. h.c. Jochen Drukarczyk
em. o. Professor an der Universität Regensburg

Dr. Horst Eidenmüller, LL.M. (Cantab.)
Professor an der Universität Oxford, Professorial Fellow, St. Hugh's College, Oxford

Dr. Guido Eilenberger
em. o. Professor an der Universität Rostock

Dr. Lucas F. Flöther
Rechtsanwalt, Fachanwalt für Insolvenzrecht in Halle, Berlin, Mannheim, Honorarprofessor der Universität Halle-Wittenberg

Dr. Nils Freudenberg
Rechtsanwalt, Fachanwalt für Insolvenzrecht in Dresden

Dr. Jörg Fried
Rechtsanwalt und Solicitor (England & Wales) in Berlin

Dr. Alexander Fridgen
Rechtsanwalt, Fachanwalt für Insolvenzrecht und Fachanwalt für Bank- und Kapitalmarktrecht in München

Tilmann Frobenius, Maître en droit (Aix-en-provence)
Wissenschaftlicher Mitarbeiter an der Universität Oxford

Dr. Hans Gerhard Ganter
Vorsitzender Richter am Bundesgerichtshof a.D.

Die Bearbeiter aller vier Bände (m. Ausnahme d. Länderberichte)

Dr. Markus Gehrlein
Richter am Bundesgerichtshof, Honorarprofessor der Universität Mannheim

Dr. Thorsten Graeber
Richter am Amtsgericht Potsdam (Insolvenzgericht)

Dr. Hans Haarmeyer
em. Professor an der Hochschule Koblenz, RheinAhrCampus Remagen

Dr. Hendrik Hefermehl
Rechtsanwalt, Fachanwalt für Insovenzrecht, Notar a.D. in Stuttgart

Udo Hintzen
Diplom-Rechtspfleger, Professor an der Hochschule für Wirtschaft und Recht Berlin

Dr. Jan Felix Hoffmann
o. Professor an der Universität Freiburg

Dr. Michael Huber
Präsident des Landgerichts Passau a. D., Honorarprofessor an der Universität Passau

Dr. Michael Jaffé
Rechtsanwalt, Fachanwalt für Steuerrecht und Insolvenzrecht in München

Dr. Uwe Jahn †
Rechtsanwalt in Frankfurt a. M.

Dr. Christoph Janssen
Rechtsanwalt in Köln

Dr. Frank Kebekus
Rechtsanwalt, Fachanwalt für Insolvenzrecht in Düsseldorf

Dr. Christoph A. Kern, LL.M. (Harvard)
o. Professor an der Universität Heidelberg

Dr. Lars Klöhn, LL.M. (Harvard)
o. Professor an der Humboldt-Universität zu Berlin

Dr. Stephan Madaus
o. Professor an der Martin-Luther-Universität Halle-Wittenberg

Dr. Bernd Peters
Rechtsanwalt in Hamburg

Dr. Andreas Piekenbrock
o. Professor an der Universität Heidelberg

Dr. Daniel Reichelt
Richter am Oberlandesgericht Schleswig-Holstein

Dr. Stefan Reinhart
Rechtsanwalt, Solicitor (England & Wales) in Frankfurt a.M., Honorarprofessor an der Frankfurt University of Applied Science

Ernst Riedel
Diplom-Rechtspfleger, Hochschule für den öff. Dienst in Starnberg

Winfried Ruh
Dipl. Betriebswirt (FH), Steuerberater, Fachberater für Internationales Steuerrecht in Freiburg

Die Bearbeiter aller vier Bände (m. Ausnahme d. Länderberichte)

Dr. Christoph Scheuing
Rechtsanwalt in Karlsruhe

Dr. Charlotte Schildt
Rechtsanwältin in Frankfurt am Main

Dr. Ursula Schlegel
Rechtsanwältin, Solicitor (England & Wales) in Frankfurt am Main

Dr. Thorsten Schleich
Rechtsanwalt in Villingen-Schwenningen

Bernd Schlösser
Rechtsanwalt und Steuerberater in Stuttgart

Dr. Klaus Schmid-Burgk
Rechtsanwalt in Hamburg

Dr. Heinrich Schoppmeyer
Richter am Bundesgerichtshof in Karlsruhe

Dr. Andreas Schüler
Professor an der Universität der Bundeswehr München

Dr. Robert Schumacher, LL.M. (Cantab.)
Notar in Köln

Dr. Eva Schumann
o. Professorin an der Universität Göttingen

Dr. Matthias Schüppen
Dipl. Ökonom, Rechtsanwalt, Wirtschaftsprüfer und Steuerberater in Stuttgart, Honorarprofessor an der Universität Hohenheim

Frank Schwarzer
Rechtsanwalt, Fachanwalt für Insolvenzrecht in Düsseldorf

Dr. Matthias Siegmann
Rechtsanwalt beim Bundesgerichtshof in Karlsruhe, Honorarprofessor an der Universität Heidelberg

Dr. Ralf Sinz
Rechtsanwalt, Fachanwalt für Insolvenzrecht und Diplom-Kaufmann in Köln/Hannover, Professor an der RFH Köln

Guido Stephan
Richter am Amtsgericht Darmstadt a. D.

Dr. Dres. h.c. Rolf Stürner
em. o. Professor an der Universität Freiburg i. Br., Richter am Oberlandesgericht Karlsruhe a. D.

Dr. Christoph Thole
Diplom-Kaufmann und o. Professor an der Universität zu Köln

Dr. Mihai Vuia
Vorsitzender Richter am Landgericht Aachen

Verzeichnis der Abkürzungen und der abgekürzt zitierten Literatur

Zeitschriften werden, soweit nicht anders angegeben, nach Jahrgang und Seite zitiert.

aA	anderer Ansicht
aaO	am angegebenen Ort
AAÜG	Gesetz zur Überführung der Ansprüche und Anwartschaften aus Zusatz- und Sonderversorgungssystemen des Beitrittsgebiets (Anspruchs- und Anwartschaftsüberführungsgesetz – AAÜG) idF v. 23.12.2016 (BGBl. I S. 3234)
Abg.	Abgeordneter
Abh.	Abhandlung(en)
Abk.	Abkommen
ABl.	Amtsblatt
abl.	ablehnend
ABl. EG	Amtsblatt der Europäischen Gemeinschaften
Abs.	Absatz
Abschn.	Abschnitt
Abt.	Abteilung
abw.	abweichend
AcP	Archiv für die civilistische Praxis (Zeitschrift; zitiert nach Band und Seite; in Klammer Erscheinungsjahr des jeweiligen Bandes)
ADSp.	Allgemeine Deutsche Spediteurbedingungen
aE	am Ende
aF	alte(r) Fassung
AFG	Arbeitsförderungsgesetz idF v. 16.12.1997 (BGBl. I S. 2390)
AfP	Archiv für Presserecht (Zeitschrift)
AG	Aktiengesellschaft; Die Aktiengesellschaft (Zeitschrift); Amtsgericht (mit Ortsnamen)
AGB	Allgemeine Geschäftsbedingungen
AGBG	Gesetz zur Regelung des Rechts der Allgemeinen Geschäftsbedingungen idF v. 26.11.2001 (BGBl. I S. 3138)
AGBSpK	Allgemeine Geschäftsbedingungen der Sparkassen
AGG	Allgemeines Gleichbehandlungsgesetz idF v. 3.4.2013 (BGBl. I S. 610)
AgrarR	Agrarrecht, Zeitschrift für das gesamte Recht der Landwirtschaft, der Agrarmärkte und des ländlichen Raumes
AgV	Arbeitsgemeinschaft für Verbraucher
AHB	Allgemeine Versicherungsbedingungen für die Haftpflichtversicherung
AGR/*Bearbeiter* InsO	Ahrens/Gehrlein/Ringstmeier, Fachanwaltskommentar Insolvenzrecht, 3. Auflage 2017
AiB	Arbeitsrecht im Betrieb (Zeitschrift)
AIZ	Allgemeine Immobilien-Zeitung
AKB	Allgemeine Bedingungen für die Kraftfahrtversicherung idF v. 26.7.1988 (BAnz. S. 3658)
AK-BGB/*Bearbeiter*	Alternativkommentar zum Bürgerlichen Gesetzbuch, hrsg. v. Wassermann, 1979 ff.
AK-ZPO/*Bearbeiter*	Ankermann/Wassermann (Hrsg.), Alternativkommentar zur Zivilprozeßordnung, 1987
AktG	Aktiengesetz idF v. 17.7.2017 (BGBl. I S. 2446)
ALG	Gesetz über die Alterssicherung der Landwirte idF v. 18.12.2018 (BGBl. I S. 2651)
allg.	allgemein
allgM	allgemeine Meinung
ALR	Allgemeines Landrecht für die Preußischen Staaten von 1794 (zitiert nach §, Teil und Titel)
Alt.	Alternative
AltersteilzeitG	Altersteilzeitgesetz idF v. 29.3.2017 (BGBl. I S. 626)
aM	andere(r) Meinung
Amtl. Begr.	Amtliche Begründung
ANBA	Amtliche Nachrichten der Bundesanstalt für Arbeit
ÄndG	Gesetz zur Änderung
Andres/Leithaus/*Bearbeiter*	Andres/Leithaus, Insolvenzordnung, Kommentar, 4. Auflage 2018

XIII

Abkürzungs- und Literaturverzeichnis

AnfG	Gesetz, betr. die Anfechtung von Rechtshandlungen eines Schuldners außerhalb des Konkursverfahrens idF v. 29.3.2017 (RGBl. S. 654)
AngKSchG	Gesetz über die Fristen für die Kündigung von Angestellten v. 9.7.1926 (RGBl. I S. 399)
Anh.	Anhang
Anm.	Anmerkung
AnwBl	Anwaltsblatt (Zeitschrift)
AO	Abgabenordnung (AO) idF v. 18.12.2018 (BGBl. I S. 2639)
AöR	Archiv des öffentlichen Rechts (Zeitschrift, zitiert nach Band und Seite)
AP	Arbeitsrechtliche Praxis, Nachschlagewerk des Bundesarbeitsgerichts (Nr. ohne Gesetzesstelle bezieht sich auf den gerade kommentierten Paragraphen)
AppG	Appellationsgericht
APS/*Bearbeiter*	Ascheid/Preis/Schmidt (Hrsg.), Kündigungsrecht, 5. Aufl. 2017
AR/*Bearbeiter*	Dornbusch/Fischmeier/Löwisch (Hrsg.), Kommentar zum gesamten Arbeitsrecht, 8. Aufl. 2016
ARB	Allgemeine Reisebedingungen, AGB-Empfehlungen des Deutschen Reisebüro-Verband e. V.
ArbG	Arbeitsgericht (mit Ortsnamen)
ArbGeb.	Der Arbeitgeber (Zeitschrift)
ArbGG	Arbeitsgerichtsgesetz idF v. 12.7.2018 (BGBl. I S. 1151)
AR-Blattei	Dieterich/Schwab/Neef/Oehmann (Hrsg.), Arbeitsrecht-Blattei, Loseblatt, Stand: 2007
ArbnErfG	Gesetz über Arbeitnehmererfindungen idF v. 31.7.2009 (BGBl. I S. 2521)
ArbPlSchG	Arbeitsplatzschutzgesetz idF v. 29.6.2015 (BGBl. I S. 1061)
ArbRGeg.	Das Arbeitsrecht der Gegenwart (Zeitschrift)
Arch.	Archiv
ArchBürgR	Archiv für Bürgerliches Recht (Zeitschrift; 1.1888–43.1919)
arg.	argumentum
Arnold/Meyer-Stolte	Arnold/Meyer-Stolte/Herrmann/Rellermeyer/Hintzen, RPflG, 7. Auflage 2009
ARSt.	Arbeitsrecht in Stichworten (Entscheidungssammlung)
Art.	Artikel
ASp.	Arbeit und Sozialpolitik (Zeitschrift)
AT	Allgemeiner Teil
AtG	Atomgesetz idF v. 10.7.2018 (BGBl. I S. 1122 iVm Beck v. 11.7.2018 (BGBl. I S. 1124)
AtW	Die Atomwirtschaft, Zeitschrift für die wirtschaftlichen Fragen der Kernumwandlung
AuA	Arbeit und Arbeitsrecht (Zeitschrift)
AUB	Allgemeine Unfallversicherungs-Bedingungen
Aufl.	Auflage
AÜG	Arbeitnehmerüberlassungsgesetz idF v. 21.2.2017 (BGBl. I S. 258)
AuR	Arbeit und Recht (Zeitschrift)
AusfG	Ausführungsgesetz
AusfVO	Ausführungsverordnung
AuslInvestmG	Auslandinvestment-Gesetz idF v. 15.12.2003 (BGBl. I S. 2676)
AVB	Allgemeine Versicherungsbedingungen; Allgemeine Vertragsbestimmungen
AVO	Ausführungsverordnung
AVV	Allgemeine Verwaltungsvorschrift
AWD	Außenwirtschaftsdienst des Betriebsberaters (Zeitschrift, 4.1958–20.1974; vorher und anschließend RIW)
AWG	Außenwirtschaftsgesetz idF v. 20.7.2017 (BGBl. I S. 2789)
AWV	Außenwirtschaftsverordnung
Az.	Aktenzeichen
B	Bundes-
BA	Bundesagentur für Arbeit
Bad.-Württ.	Baden-Württemberg
bad.-württ.	baden-württembergisch
BAföG	Bundesausbildungsförderungsgesetz idF v. 8.4.2019 (BGBl. I S. 418)
BAG	Bundesarbeitsgericht
BAGE	Entscheidungen des Bundesarbeitsgerichts
BAKred.	Bundesaufsichtsamt für das Kreditwesen zum 1.5.2002 ging diese Behörde in der BaFin auf
BaFin	Bundesanstalt für Finanzdienstleistungen, gegründet am 1. Mai 2002 auf der Grundlage des Gesetzes über die integrierte Finanzdienstleistungsaufsicht (FinDAG) vom 22.4.2002

Abkürzungs- und Literaturverzeichnis

Balz/Landfermann	Balz/Landfermann, Die neuen Insolvenzgesetze, 1999
BankA	Bank-Archiv (Zeitschrift, 1.1901–43.1943; aufgegangen in Bankwirtschaft [1943–1945])
bank und markt	bank und markt (Zeitschrift)
BAnz.	Bundesanzeiger
BArbBl.	Bundesarbeitsblatt (Zeitschrift)
BarwÄndV	Verordnung zur Änderung der BarwertV v. 22.5.1984 (BGBl. I S. 692)
BarwertV	Barwert-Verordnung idF v. 3.4.2009 (BGBl. I S. 700)
Bassenge/Roth FGG/RPflG	Bassenge/Roth, Kommentar zum FGG/RPflG, 12. Aufl. 2009
BAT	Bundes-Angestellten-Tarifvertrag
Bauer/Schaub/Bearbeiter .	Bauer/Schaub, Grundbuchordnung, Kommentar, 4. Auflage 2018
BauGB	Baugesetzbuch idF v. 30.6.2017 (BGBl. I S. 2193)
Baumbach/Hefermehl/Casper	Baumbach/Hefermehl/Casper, Wechselgesetz, Scheckgesetz, Recht der kartengestützten Zahlungen, Kommentar, 23. Auflage 2008
Baumbach/Hefermehl Wettbewerbsrecht	Baumbach/Hefermehl, Wettbewerbsrecht, 22. Aufl. 2001
Baumbach/Hueck AktG ...	Baumbach/Hueck, Aktiengesetz, 13. Aufl. 1968 (ergänzt 1970)
Baumbach/Hueck/*Bearbeiter* GmbHG	Baumbach/Hueck, GmbHG, Kommentar, 21. Auflage 2017
Baumbach/Hopt/*Bearbeiter*	Baumbach/Hopt, Handelsgesetzbuch, Kommentar, 38. Aufl. 2018
Baumgärtel	Baumgärtel, Handbuch der Beweislast im Privatrecht, Kommentar, 1982 ff.
BauNVO	Baunutzungsverordnung idF v. 21.11.2017 (BGBl. I S. 3786)
Baur/Stürner SachenR ...	Baur/Stürner, Lehrbuch des Sachenrechts, 18. Aufl. 2009 (bzw. 17. Aufl. 1999)
Baur/Stürner/Bruns Zwangsvollstreckung/I ..	Baur/Stürner/Bruns, Zwangsvollstreckungsrecht, Bd. I, 13. Aufl. 2006
Baur/Stürner Insolvenzrecht/II	Baur/Stürner, Zwangsvollstreckungs-, Konkurs- und Vergleichsrecht, Bd. II, Insolvenzrecht, 12. Aufl. 1990
BauR	Baurecht (Zeitschrift 1.1970 ff.)
BauSpkG	Gesetz über Bausparkassen idF v. 25.3.2019 (BGBl. I S. 357)
BauSpkVO	Verordnung zum Schutz der Gläubiger von Bausparkassen v. 16.1.1973 (BGBl. I S. 41) (außer Kraft am 31.12.1990)
Bay., bay.	Bayern, bayerisch
BayAGBGB	Bayerisches Ausführungsgesetz zum BGB
BayBS	Bereinigte Sammlung des bayerischen Landesrechts
BayJMBl.	Bayerisches Justizministerialblatt
BayObLG	Bayerisches Oberstes Landesgericht, aufgelöst zum 30.6.2006
BayObLGZ	Amtliche Sammlung von Entscheidungen des Bayerischen Obersten Landesgerichts in Zivilsachen
BayObLGSt.	Amtliche Sammlung von Entscheidungen des Bayerischen Obersten Landesgerichts in Strafsachen
BayVBl.	Bayerische Verwaltungsblätter (Zeitschrift)
BayVerfG	Bayerischer Verfassungsgerichtshof
BayVerfGE	Sammlung von Entscheidungen des Bayerischen Verfassungsgerichtshofes
BayZ	Zeitschrift für Rechtspflege in Bayern
BB	Betriebs-Berater (Zeitschrift)
BBankG	Gesetz über die Deutsche Bundesbank idF v. 4.7.2013 (BGBl. I S. 1981)
BBauBl.	Bundesbaublatt (Zeitschrift)
BBiG	Berufsbildungsgesetz idF v. 17.7.2017 (BGBl. I S. 2581)
Bd. (Bde.)	Band (Bände)
BC	Bankruptcy Code
BDA	Bundesvereinigung der Deutschen Arbeitgeberverbände
BDSG	Bundesdatenschutzgesetz v. 30.6.2017 (BGBl. I S. 2097)
Bearb., bearb.	Bearbeitung; bearbeitet
BeckOGKBGB/*Bearbeiter*	Gsell, Krüger, Lorenz, Reymann, beck-online Großkommentar
BeckOKInsO/*Bearbeiter* .	Fridgen/Geiwitz/Göpfert, 15. Edition 2019
BeckOKSOZR/*Bearbeiter*	Rolfs/Giesen/Kreikebohm/Udsching BeckOK Sozialrecht, 53. Edition 2019
BeckOKZPO/*Bearbeiter* .	Vorwerk/Wolf, 33. Edition 2019
Becker Insolvenzrecht ...	Becker, Insolvenzrecht, 3. Auflage 2010
BeckFormB BHW/*Bearbeiter*	Beck'sches Formularbuch zum Bürgerlichen, Handels- und Wirtschaftsrecht, 11. Auflage 2013

XV

Abkürzungs- und Literaturverzeichnis

BeckHdB GmbH	Prinz/Winkeljohann (Hrsg.), Beck'sches Handbuch der GmbH, Gesellschaftrecht, Steuerrecht, 5. Aufl. 2014
BEG	Bundesentschädigungsgesetz idF v. 29.3.2017 (BGBl. I S. 626)
Begr.	Begründung
Begr. RegE	Begründung zum Regierungsentwurf einer InsO, 1992, BT-Drs. 12/2443
Begr. RegE EGInsO	Begründung zum Regierungsentwurf eines EGInsO, 1992, BT-Drs. 12/3803
Beih.	Beiheft
Beil.	Beilage
Bek.	Bekanntmachung
Bem.	Bemerkung
ber.	berichtigt
Bericht BTag	Bericht des Rechtsausschusses des Bundestags zum Regierungsentwurf einer InsO, 1994, BT-Drs. 12/7302
Bericht BTag EG	Bericht des Rechtsausschusses des Bundestags zum Regierungsentwurf eines EGInsO, 1994, BT-Drs. 12/7303
BKInsO/*Bearbeiter*	Blersch/Goetsch/Haas, Berliner Kommentar zum Insolvenzrecht, Loseblatt, Stand: Dezember 2017
BErzGG	Bundeserziehungsgeldgesetz idF v. 10.7.2012 (BGBl. I S. 1898)
bes.	besonders
BeschFG	Gesetz über arbeitsrechtliche Vorschriften zur Beschäftigungsförderung v. 26..1985 (BGBl. I S. 710), idF. v. 25.9.1996 (BGB1. I S. 1476)
bespr.	besprochen
bestr.	bestritten
betr.	betreffend; betreffs
BetrAV	Betriebliche Altersversorgung, Mitteilungsblatt der Arbeitsgemeinschaft für betriebliche Altersversorgung
BetrAVG	Betriebsrentengesetz idF v. 19.12.2018 (BGBl. I S. 2672)
BetrR	Der Betriebsrat (Zeitschrift)
BetrVG	Betriebsverfassungsgesetz idF v. 18.12.2018 (BGBl. I S. 2651)
BeurkG	Beurkundungsgesetz idF v. 18.12.2018 (BGBl. I S. 2639)
Beuthin	Beuthin, Genossenschaftsgesetz, 16. Aufl. 2018
BewG	Bewertungsgesetz idF v. 4.11.2016 (BGBl. I S. 2464)
BezG	Bezirksgericht
BfA	Bundesversicherungsanstalt für Angestellte
BfAI	Bundesstelle für Außenhandelsinformation
BFH	Bundesfinanzhof
BFHE	Sammlung der Entscheidungen und Gutachten des Bundesfinanzhofs
BFM	Bundesfinanzministerium
BFuP	Betriebswirtschaftliche Forschung und Praxis (Zeitschrift)
BGB	Bürgerliches Gesetzbuch idF v. 31.1.2019 (BGBl. I S. 54)
BGBl.	Bundesgesetzblatt
BGH	Bundesgerichtshof
BGHSt.	Entscheidungen des Bundesgerichtshofs in Strafsachen
BGHWarn.	Rechtsprechung des Bundesgerichtshofs in Zivilsachen – in der Amtlichen Sammlung nicht enthaltene Entscheidungen (als Fortsetzung von WarnR)
BGHZ	Entscheidungen des Bundesgerichtshofs in Zivilsachen
BImSchG	Bundes-Immissionsschutzgesetz idF v. 8.4.2019 (BGBl. I S. 432)
BKartA	Bundeskartellamt
BKGG	Bundeskindergeldgesetz idF v. 29.4.2019 (BGBl. I S. 530)
BKleinG	Bundeskleingartengesetz idF v. 19.9.2006 (BGBl. I S. 2146)
BLAH/*Bearbeiter*	Baumbach/Lauterbach/Albers/Hartmann, Zivilprozessordnung, 76. Auflage 2018
Bley/Mohrbutter VerglO	Bley/Mohrbutter, Kommentar zur Vergleichsordnung, 4. Aufl. 1979/1981
BLG	Bundesleistungsgesetz idF v. 11.8.2009 (BGBl. I S. 2723)
BlGBW	Blätter für Grundstücks-, Bau- und Wohnungsrecht
BlGenW	Blätter für Genossenschaftswesen
Bln.	Berlin(er)
Blomeyer/Rolfs/Otto/*Bearbeiter*	Betriebsrentengesetz – BetrAVG, 7. Aufl. 2018
BlPMZ	Blatt für Patent-, Muster- und Zeichenwesen
BlStSozArbR	Blätter für Steuerrecht, Sozialversicherung und Arbeitsrecht
BMA	Bundesminister(ium) für Arbeit und Sozialordnung
BMBau	Bundesminister(ium) für Raumordnung, Bauwesen und Städtebau
BMI	Bundesminister(ium) des Innern
BMJ	Bundesminister(ium) der Justiz
BNotO	Bundesnotarordnung idF v. 30.10.2017 (BGBl. I S. 3618)
Böhle-Stamschräder/Kilger	Böhle-Stamschräder/Kilger, Vergleichsordnung. Kommentar. 11. Aufl. 1986

Abkürzungs- und Literaturverzeichnis

BöhmsZ	Zeitschrift für internationales Privat- und Strafrecht (ab 12.1903: für internationales Privat- und Öffentliches Recht), begr. v. Böhm (ab 1915: NiemeyersZ)
Böttcher	ZVG – Gesetz über die Zwangsversteigerung und Zwangsverwaltung, 6. Aufl. 2016
BonnKomm/*Bearbeiter*	Bonner Kommentar zum Grundgesetz, Loseblatt Stand: April 2018
Bork	Bork, Einführung in das Insolvenzrecht, 8. Aufl. 2017
Bork/van Zwieten/Bearbeiter	Bork/van Zwieten, Commentary on the European Insolvency Regulation, 2016
Boruttau/*Bearbeiter*	Grunderwerbssteuergesetz, 18. Aufl. 2015
BörsG	Börsengesetz idF v. 23.6.2017 (BGBl. I S. 1693)
BPatA	Bundespatentamt
BPatG	Bundespatentgericht
BPersVG	Bundespersonalvertretungsgesetz idF v. 17.7.2017 (BGBl. I S. 2581)
BRAGO	Bundesgebührenordnung für Rechtsanwälte idF v. 5.5.2004 (BGBl. I S. 718)
Brandes	Brandes, Höchstrichterliche Rechtsprechung zum Insolvenzrecht, 3. Aufl. 1997
BRAO	Bundesrechtsanwaltsordnung idF v. 30.10.2017 (BGBl. I S. 3618)
BRat	Bundesrat
Braun/*Bearbeiter*	Braun, Insolvenzordnung Kommentar, 7. Auflage 2017
Braun/Uhlenbruck	Braun/Uhlenbruck, Unternehmensinsolvenz. Grundlagen, Gestaltungsmöglichkeiten, Sanierung mit der Insolvenzordnung, 1997
BR-Drucks.	Drucksache des Deutschen Bundesrates
BReg.	Bundesregierung
Breithaupt	Breithaupt, Sammlung von Entscheidungen aus dem Sozialrecht, 108. Jahrgang 2018
Brem.; brem.	Bremen; bremisch
BRepD	Bundesrepublik Deutschland
Breuer Insolvenzrecht	Breuer, Insolvenzrecht, 3. Aufl. 2011
Breuer Insolvenzrechts-FormB	Breuer, Insolvenzrechts-Formularbuch mit Erläuterungen, 3. Aufl. 2007
Brox/Walker	Brox/Walker, Zwangsvollstreckungsrecht, 11. Aufl. 2018
BR-Prot.	Protokoll des Deutschen Bundesrates
BinSchG	Binnenschiffahrtsgesetz idF v. 5.7.2016 (BGBl. I S. 1578)
BSG	Bundessozialgericht
BSGE	Entscheidungen des Bundessozialgerichts
BSHG	Bundessozialhilfegesetz idF v. 21.3.2005 (BGBl. I S. 818)
BStBl.	Bundessteuerblatt
BT	Besonderer Teil
BTag	Bundestag
BT-Drs.	Drucksache des Deutschen Bundestages
BT-Prot.	Protokoll des Deutschen Bundestages
BuB	Bankrecht und Bankpraxis, Loseblattwerk, 6 Bände, 134. EL, Stand: Mai 2018
Bub/Treier MietR-HdB/*Bearbeiter*	Bub/Treier, Handbuch der Geschäfts- und Wohnraummiete, 5. Aufl. 2018
Buchst.	Buchstabe
Bülow	Bülow, Recht der Kreditsicherheiten, 9. Aufl. 2017
Bülow WechselG/ScheckG	Bülow, Kommentar zum Wechsel- und Scheckgesetz, 5. Aufl. 2013
Bumiller/Harders	Bumiller/Harders, Freiwillige Gerichtsbarkeit, 11. Aufl. 2015
Bunte	Bunte, Entscheidungssammlung zum AGB-Gesetz
Bunte HdB	Bunte, Handbuch der Allgemeinen Geschäftsbedingungen, 1982
BUrlG	Mindesturlaubsgesetz für Arbeitnehmer (Bundesurlaubsgesetz) v. 8.1.1963 (BGBl. I S. 868)
Buth/Hermanns/*Bearbeiter*	Buth/Hermanns, Restrukturierung, Sanierung, Insolvenz, 4. Aufl. 2014
Büro	Das Büro (Zeitschrift)
II. BV	Verordnung über wohnungswirtschaftliche Berechnungen (Zweite Berechnungsverordnung) idF v. 23.11.2007 (BGBl. I S. 2614)
BVerfG	Bundesverfassungsgericht
BVerfGE	Entscheidungen des Bundesverfassungsgerichts
BVerfGG	Bundesverfassungsgerichtsgesetz idF v. 8.10.2017 (BGBl. I S. 3546)
BVerwG	Bundesverwaltungsgericht
BVerwGE	Entscheidungen des Bundesverwaltungsgerichts
BVFG	Bundesvertriebenengesetz idF v. 20.11.2015 (BGBl. I S. 2010)
BVG	Bundesversorgungsgesetz idF v. 28.11.2018 (BGBl. I S. 2016)
bzgl.	bezüglich
BZRG	Bundeszentralregistergesetz idF v. 18.7.2017 (BGBl. I S. 2732)
bzw.	beziehungsweise

Abkürzungs- und Literaturverzeichnis

ca.	circa
Canaris	Canaris, Handelsrecht, 24. Aufl. 2006 (bzw. Capelle/Canaris, 22. Aufl. 1995)
Canaris Bankvertragsrecht	Canaris, Bankvertragsrecht, 1. Teil, 3. Aufl. 1988, 2. Teil 3. Auflage 1991
Canaris Vertrauenshaftung	Canaris, Die Vertrauenshaftung im deutschen Privatrecht, 1971
C.com	Code de commerce
cic	culpa in contrahendo
c.i.f.	cost, insurance, freight
Clemente	Clemente, Recht der Sicherungsgrundschuld, 3. Aufl. 1999
Cod.	Codex
Cosack/Mitteis	Cosack/Mitteis, Lehrbuch des Bürgerlichen Rechts, 8. Aufl. 1927
CR	Computer und Recht (Zeitschrift)
DAVorm	Der Amtsvormund, Rundbrief des Deutschen Instituts für Vormundschaftswesen
DB	Der Betrieb (Zeitschrift)
DBW	Die Betriebswirtschaft (Zeitschrift)
DDZ/*Bearbeiter*	Däubler/Deinert/Zwanziger (Hrsg.), KSchR – Kündigungsschutzrecht, 10. Aufl. 2017
DE	BMJ (Hrsg.), Diskussionsentwurf, Gesetz zur Reform des Insolvenzrechts, Entwurf einer Insolvenzordnung (EInsO), 1988
Demharter	Demharter, Grundbuchordnung, Kurz-Kommentar, 31. Aufl. 2018
DepotG	Depotgesetz idF v. 30.6.2016 (BGBl. I S. 1514 iVm Bek. v. 20.3.2017, BGBl. I S. 559)
ders.	derselbe
DesignG	Gesetz über den rechtlichen Schutz von Design idF v. 17.7.2017 (BGBl. I S. 2541)
DFG	Deutsche Freiwillige Gerichtsbarkeit (Zeitschrift, 1.1936–9.1944)
DGB	Deutscher Gewerkschaftsbund
dgl.	desgleichen; dergleichen
DGVZ	Deutsche Gerichtsvollzieher-Zeitung
DGWR	Deutsches Gemein- und Wirtschaftsrecht (Zeitschrift, 1.1935–7.1942)
dh	das heißt
Die Bank	Die Bank (Zeitschrift)
dies.	dieselbe(n)
Dig.	Digesten
DiskE-ESUG	BMJ, Diskussionsentwurf, Gesetz zur weiteren Erleichterung der Sanierung von Unternehmen, 2010
Diss.	Dissertation (Universitätsort)
DJ	Deutsche Justiz (Zeitschrift)
DJT	Deutscher Juristentag
DJZ	Deutsche Juristenzeitung (Zeitschrift)
DKKW/*Bearbeiter*	Däubler/Kittner/Klebe/Wedde (Hrsg.), Betriebsverfassungsgesetz, 16. Aufl. 2018
DNotZ	Deutsche Notar-Zeitung (Zeitschrift)
Dok.	Dokument
DÖV	Die öffentliche Verwaltung (Zeitschrift)
DR	Deutsches Recht (Zeitschrift)
DRdA	Das Recht der Arbeit (österreichische Zeitschrift)
DRiG	Deutsches Richtergesetz idF v. 8.6.2017 (BGBl. I S. 1570)
DRiZ	Deutsche Richterzeitung (Zeitschrift)
DRspr.	Deutsche Rechtsprechung, Entscheidungssammlung und Aufsatzhinweise
DRZ	Deutsche Rechts-Zeitschrift
DSb.	Der Sozialberater (Zeitschrift)
DStR	Deutsches Steuerrecht (Zeitschrift)
DStZ/A	Deutsche Steuerzeitung Ausgabe A
Dt.; dt.	deutsch
DtZ	Deutsch-Deutsche Rechts-Zeitschrift
DuR	Demokratie und Recht (Zeitschrift)
Duursma-Kepplinger/Duursma/Chalupsky/*Bearbeiter*	Duursma-Kepplinger/Duursma/Chalupsky, Europäische Insolvenzverordnung, 2002
DVBl.	Deutsches Verwaltungsblatt
DVerkStRdsch.	Deutsche Verkehrsteuer-Rundschau
DVO	Durchführungsverordnung
DWW	Deutsche Wohnungswirtschaft (herausgegeben vom Zentralverband der deutschen Haus-, Wohnungs- und Grundeigentümer; Zeitschrift)

Abkürzungs- und Literaturverzeichnis

DZWir	Deutsche Zeitschrift für Wirtschaftrecht (Zeitschrift, ab 1999: DZWiR)
DZWiR	Deutsche Zeitschrift für Wirtschafts- und Insolvenzrecht (ab 1999; vorher: DZWir)
E	Entwurf, Entscheidung (in der amtlichen Sammlung)
EBJS/*Bearbeiter*	Ebenroth/Boujong/Joost/Strohn, Handelsgesetzbuch, Kommentar, 3. Auflage 2014 ff.
ebd.	ebenda
ECHR	ECHR Reports of Judgements and Decisions (amtliche Entscheidungssammlung des Europäischen Gerichtshofs für Menschenrechte)
ECU	European Currency Unit
EFG	Entscheidungen der Finanzgerichte
EFZG	Entgeltfortzahlungsgesetz idF v. 16.7.2015 (BGBl. I S. 1211)
EG	Einführungsgesetz; Europäische Gemeinschaft(en)
EGBGB	Einführungsgesetz zum Bürgerlichen Gesetzbuch idF v. 18.12.2018 (BGBl. I S. 2648)
EGInsO	Einführungsgesetz zur Insolvenzordnung idF v. 5.6.2017 (BGBl. I S. 1476)
EGKS	Europäische Gemeinschaft für Kohle und Stahl
EGKO	Gesetz, betreffend die Einführung der Konkursordnung vom 10.2.1877 (RGBl. S. 390)
EheG	Ehegesetz v. 26.2.1946 (= KRG Nr. 16; ABlKR S. 77)
1. EheRG	Erstes Gesetz zur Reform des Ehe- und Familienrechts idF v. 3.4.2009 (BGBl. I S. 700)
EHUG	Gesetz über elektronische Handelsregister und Genossenschaftsregister sowie das Unternehmensregister (EHUG) vom 10.11.2006 (BGBl. I S. 2553)
EignungsübungsG	Eignungsübungsgesetz idF v. 11.12.2018 (BGBl. I S. 2387, ber. S. 462)
Einf.	Einführung
Einl.	Einleitung
EInsO	siehe DE
Eisenhardt/Wackerbarth GesR I	Eisenhardt/Wackerbarth, Gesellschaftsrecht, 16. Aufl. 2015
EKMR	Europäische Kommission für Menschenrechte
Emmerich/Sonnenschein	Emmerich/Sonnenschein, Miete Handkommentar, 11. Aufl. 2014
Entsch.	Entscheidung
entspr.	entsprechend
ErbbauVO	Verordnung über das Erbbaurecht idF v. 1.10.2013 (BGBl. I S. 3719)
ErbStG	Erbschaftsteuer- und Schenkungsteuergesetz idF v. 25.3.2019 (BGBl. I S. 357)
ErfK/*Bearbeiter*	Erfurter Kommentar zum Arbeitsrecht, 18. Aufl. 2018
Erg.	Ergänzung
Erl.	Erlass; Erläuterung
Erman/*Bearbeiter*	Erman, Handkommentar zum Bürgerlichen Gesetzbuch, Band I und II, 13. Aufl. 2011
Esser/Weyers BT/1	Esser/Weyers, Schuldrecht, Band II: Besonderer Teil, Teilband 1, 8. Aufl. 1998
EStG	Einkommensteuergesetz
etc	et cetera
EuG	Europäisches Gericht Erster Instanz
EuGH	Gerichtshof der Europäischen Gemeinschaften
EuGHE	Entscheidungen des Gerichtshofes der Europäischen Gemeinschaften
EuGHMR	Europäischer Gerichtshof für Menschenrechte
EuGVVO	Verordnung (EU) Nr. 1215/2012 vom 12.12.2012 über die gerichtliche Zuständigkeit und die Anerkennung und Vollstreckung von Entscheidungen in Zivil- und Handelssachen zul. geänd. durch Art. 1 ÄndVO (EU) 2015/201 v. 26.11.14
EuGVÜ	Europäisches Übereinkommen über die gerichtliche Zuständigkeit und die Vollstreckung gerichtlicher Entscheidungen in Zivil- und Handelssachen v. 27.9.1968 (BGBl. 1996 II; 1998 II S. 1411)
EuInsVO	Verordnung (EU) Nr. 2015/848 vom 20. Mai 2015 über Insolvenzverfahren (ABl. Nr. L 141 S. 19 ber. 2016 Nr. L 349 S. 6) zul. geänd. durch Art. 1 ÄndVO (EU) 2018/946 vom 4.7.18 (ABl. Nr. L 171 S. 1)
EuInsVO aF	Verordnung (EG) Nr. 1346/2000 über Insolvenzverfahren vom 29.5.2000 (ABl. L 160 vom 30.6.2000, S. 1 = NZI 2000, 407) zul. geänd. durch VO v. 4.7.2018 (ABl. Nr. L 171 S. 1)
EuR	Europarecht (Zeitschrift)
EuZA	Europäische Zeitschrift für Arbeitsrecht
EuZW	Europäische Zeitschrift für Wirtschaftsrecht
EV	Eigentumsvorbehalt
eV	eingetragener Verein
EVertr.	Einigungsvertrag v. 31.8.1990 (BGBl. II S. 889), idF v. 8.7.2016 (BGBl. I S. 1594)

Abkürzungs- und Literaturverzeichnis

evtl.	eventuell
EVÜ	(Europäisches) Übereinkommen über das auf vertragliche Schuldverhältnisse anzuwendende Recht v. 19.6.1980 (BGBl. 1986 II S. 809; 1991 II S. 871)
EWG	Europäische Wirtschaftsgemeinschaft
EWGV	Vertrag zur Gründung der Europäischen Wirtschaftsgemeinschaft v. 25.3.1957 (BGBl. II S. 766)
EWiR	Entscheidungen zum Wirtschaftsrecht (Zeitschrift)
EWIV	Europäische wirtschaftliche Interessenvereinigung
EWIV-AG	EWIV-Ausführungsgesetz idF v. 23.10.2008 (BGBl. I S. 2026)
EWIV-VO	Verordnung (EWG) Nr. 2137/85 des Rates der EG über die Schaffung der Europäischen wirtschaftlichen Interessenvereinigung v. 25.7.1985 (ABl. EG Nr. L 199, S. 1)
EWS	Europäisches Währungssystem
EzA	Entscheidungen zum Arbeitsrecht, hrsg. von Stahlhacke (Nr. ohne Gesetzesstelle bezieht sich auf den gerade kommentierten Paragraphen)
f., ff.	folgend(e)
FamRZ	Zeitschrift für das gesamte Familienrecht
Ferid/Firsching	Ferid/Firsching, Internationales Erbrecht, 7 Bde., 1955 ff. (Loseblattausgabe) 4. Aufl. 1997
Ferid/Firsching/Dörner/ Hausmann	Ferid/Firsching/Dörner/Hausmann, Internationales Erbrecht, 9 Bde. Loseblatt, 103. Auflage 2017
FernUSG	Gesetz zum Schutz der Teilnehmer am Fernunterricht (Fernunterrichtsschutzgesetz) v. 24.8.1976 (BGBl. I S. 2525)
FGG	Gesetz über die Angelegenheit der freiwilligen Gerichtsbarkeit idF v. 12.3.2009 (BGBl. I S. 470)
FGO	Finanzgerichtsordnung idF v. 12.7.2018 (BGBl. I S. 1151)
FGPrax	Praxis der Freiwilligen Gerichtsbarkeit (Zeitschrift)
Fikentscher/Heinemann	Fikentscher/Heinemann, Schuldrecht, 11. Aufl. 2017
FinDAG	Gesetz über die Bundesanstalt für Finanzdienstleistungsaufsicht idF v. 17.7.2017 (BGBl. I S. 2446)
FinG	Finanzgericht
Firsching/Graf	Firsching/Graf, Nachlaßrecht, 8. Aufl. 1999
Firsching/v. Hoffmann	Firsching/v. Hoffmann, Internationales Privatrecht, 6. Aufl. 1999
Fischer	Fischer, Strafgesetzbuch, 65. Aufl. 2018
Fitting	Fitting/Engels/Schmidt/Trebinger/Linsenmaier, Betriebsverfassungsgesetz, Handkommentar, 29. Aufl. 2018
FKInsO/*Bearbeiter*	Wimmer (Hrsg.), Frankfurter Kommentar zur Insolvenzordnung, 9. Aufl. 2018
FLF	Finanzierung-Leasing-Factoring (Zeitschrift)
Flume	Flume, Allgemeiner Teil des Bürgerlichen Rechts, 1. Bd., 1. Teil: Die Personengesellschaft, 1977, 1. Bd. 2. Teil: Die juristische Person, 1983, 2. Bd.: Das Rechtsgeschäft, 4. Aufl. 1992
Flume Eigenschaftsirrtum	Flume, Eigenschaftsirrtum und Kauf, 1948
FlurbG	Flurbereinigungsgesetz idF v. 19.12.2008 (BGBl. I S. 2794)
Fn.	Fußnote
FNA	Fundstellennachweis A, Beilage zum Bundesgesetzblatt Teil I
FNB	Fundstellennachweis B, Beilage zum Bundesgesetzblatt Teil II
FN-IDW	Fachnachrichten des Instituts der Wirtschaftsprüfer
Foerste	Foerste, Insolvenzrecht, 7. Aufl. 2018
FR	Finanz-Rundschau (Zeitschrift)
Frege/Keller/Riedel InsR	Frege/Keller/Riedel, Handbuch der Rechtspraxis Insolvenzrecht, 8. Aufl. 2015
FRG	Fremdrentengesetz idF v. 11.11.2016 (BGBl. I S. 2500)
GA	Goltdammer's Archiv für Strafrecht (1953 ff.; vorher: Dt. Strafrecht)
Gaberdiel/Gamm	Gaberdiel/Gamm, Kreditsicherung durch Grundschulden, 9. Aufl. 2011
Gagel/*Bearbeiter*	Gagel (Hrsg.), Kommentar zum SGB II/SGB III, Loseblatt
Gaul/Schilken/Becker-Eberhard ZVR	Gaul/Schilken/Becker-Eberhard, Zwangsvollstreckungsrecht, 12. Aufl. 2010
GBl.	Gesetzblatt
GBl. DDR	Gesetzblatt Deutsche Demokratische Republik
GBO	Grundbuchordnung idF v. 18.7.2017 (BGBl. I S. 2745)
GbR	Gesellschaft bürgerlichen Rechts
GBMaßnG	Gesetz über Maßnahmen auf dem Gebiet des Grundbuchwesens idF v. 31.8.2015 (BGBl. I S. 1474)

Abkürzungs- und Literaturverzeichnis

GBVfg.	Allgemeine Verfügung über die Einrichtung und Führung des Grundbuchs (Grundbuchverfügung) v. 8.8.1935 (RMBl. S. 637)
GDO	Grundstücksdokumentationsordnung vom 6.11.1975 (GBl. DDR I S. 697)
Gebauer/Wiedmann/Bearbeiter	Gebauer/Wiedmann, Zivilrecht unter europäischem Einfluss, 2. Aufl. 2010
GebrMG	Gebrauchsmustergesetz idF v. 17.7.2017 (BGBl. I S. 2541)
Geigel Haftpflichtprozess	Geigel, Der Haftpflichtprozess, 27. Aufl. 2015
Geimer IZPR	Geimer, Internationales Zivilprozessrecht, 7. Aufl. 2014
Geimer/Schütze/Bearbeiter	Geimer/Schütze, EuZVR: Europäisches Zivilverfahrensrecht, 4. Aufl. 2020
Gerhardt Grundbegriffe	Walter Gerhardt, Grundbegriffe des Vollstreckungs- und Insolvenzrechts, 1985
gem.	gemäß
GenG	Genossenschaftsgesetz idF v. 17.7.2017 (BGBl. I S. 2541)
Gernhuber	Die Erfüllung und ihre Surrogate sowie das Erlöschen der Schuldverhältnisse, 2. Aufl. 1994
Ges.; ges.	Gesetz; gesetzlich
GeschmMG	Geschmacksmustergesetz idF v. 17.7.2017 (BGBl. I S. 2541)
GesO	Gesamtvollstreckungsordnung idF v. 23.5.1991 (BGBl. I S. 1185); außer Kraft am 31.12.1998 (Art. 2 EGInsO)
GesRZ	Der Gesellschafter (Zeitschrift, 1.1972 ff.)
Gessner/Rhode/Strate/Ziegert	Gessner/Rhode/Strate/Ziegert, Die Praxis der Konkursabwicklung in der Bundesrepublik Deutschland, 1978
GewA	Gewerbe-Archiv (Zeitschrift)
GewO	Gewerbeordnung idF v. 29.11.2018 (BGBl. I S. 2666)
GewStG	Gewerbesteuergesetz idF v. 11.12.2018 (BGBl. I S. 2338)
GG	Grundgesetz für die Bundesrepublik Deutschland idF v. 28.3.2019 (BGBl. I S. 404)
ggf.	gegebenenfalls
Gierke/Sandrock	Gierke/Sandrock, Handels- und Wirtschaftsrecht, 9. Aufl., 1. Band 1975
GIW	Gesetz über internationale Wirtschaftsverträge v. 5.2.1976 (GBl. DDR I S. 61), zuletzt geändert durch Gesetz vom 28.6.1990 (GBl. DDR I S. 483)
GKAktG/*Bearbeiter*	Hopt/Wiedemann (Hrsg.), Aktiengesetz, Großkommentar, 5. Aufl. 2015 ff.
GKBetrVG/*Bearbeiter*	Gemeinschaftskommentar zum Betriebsverfassungsgesetz, hrsg. von Wiese/Kreutz u.a. Bd. 1 und Bd. 2, 11. Aufl. 2018
GKHGB/*Bearbeiter*	Ensthaler (Hrsg.), Gemeinschaftskommentar zum HGB, 8. Aufl. 2015
GKG	Gerichtskostengesetz idF v. 18.4.2019 (BGBl. I S. 466)
GKSGB VI/*Bearbeiter*	Lueg/v. Maydell/Ruland, Gemeinschaftskommentar zum Sozialgesetzbuch, Gesetzliche Rentenversicherung, Stand: Mai 2018
gl. Ans.	gleiche Ansicht
GmbH	Gesellschaft mit beschränkter Haftung
GmbH & Co. (KG)	Gesellschaft mit beschränkter Haftung und Compagnie (Kommanditgesellschaft)
GmbHG	Gesetz betreffend die Gesellschaften mit beschränkter Haftung idF v. 17.7.2017 (BGBl. I S. 2446)
GmbHR	GmbH-Rundschau (Zeitschrift)
GMBl.	Gemeinsames Ministerialblatt
GMP/*Bearbeiter*	Germelmann/Matthes/Prütting (Hrsg.), Arbeitsgerichtsgesetz, 9. Aufl. 2017
GmS-OGB	Gemeinsamer Senat der obersten Gerichtshöfe des Bundes
GOÄ	Gebührenordnung für Ärzte idF v. 27.6.2017 (BGBl. I S. 1966)
GoA	Geschäftsführung ohne Auftrag
Gola/Schomerus	Gola/Schomerus, Bundesdatenschutzgesetz, 12. Aufl. 2015
Göpfert/Bearbeiter	Göpfert (Hrsg.), Handbuch Arbeitsrecht in Restrukturierung und Insolvenz, 2013
Gottwald/Bearbeiter	Gottwald (Hrsg.), InsO-HdB, 5. Aufl. 2015
Gottwald/Riedel/Bearbeiter	Gottwald/Riedel/Frege/Keller/Jelinsky, Praxishandbuch Insolvenzrecht, Loseblatt, Stand März 2018
Graf-Schlicker/*Bearbeiter*	Graf-Schlicker (Hrsg.), Insolvenzordnung, 5. Aufl. 2018
GrdstVG	Grundstücksverkehrsgesetz idF v. 17.12.2008 (BGBl. I S. 2586)
GrEStG 1983	Grunderwerbsteuergesetz idF v. 25.3.2019 (BGBl. I S. 357)
griech.	griechisch
GrS	Großer Senat
Gruchot	Beiträge zur Erläuterung des (bis 15.1871: Preußischen) Deutschen Rechts, begr. von Gruchot (1.1857–73.1933)
GrundE	Das Grundeigentum (Zeitschrift)
Grunewald GesR	Grunewald, Gesellschaftsrecht, 10. Aufl. 2017
GrünhutsZ	Zeitschrift für das Privat- und öffentliche Recht der Gegenwart, begr. v. Grünhut
GRUR	Gewerblicher Rechtsschutz und Urheberrecht (Zeitschrift)

Abkürzungs- und Literaturverzeichnis

GRUR Ausl.	Gewerblicher Rechtsschutz und Urheberrecht, Auslands- und internationaler Teil (Zeitschrift), 1952–1969
GRUR Int.	Gewerblicher Rechtsschutz und Urheberrecht, Internationaler Teil (Zeitschrift, 1970 ff.)
GüKG	Güterkraftverkehrsgesetz idF v. 4.12.2018 (BGBl. I S. 2251)
GuG	Grundstücksmarkt und Grundstücksrecht (Zeitschrift), 1990 ff.
GVBl.	Gesetz- und Verordnungsblatt
GVG	Gerichtsverfassungsgesetz idF v. 18.4.2019 (BGBl. I S. 466)
GvKostG	Gerichtsvollzieherkostengesetz idF v. 21.11.2016 (BGBl. I S. 2591)
GVO	Grundstücksverkehrsordnung idF v. 21.11.2016 (BGBl. I S. 2591)
GVÜ	siehe EuGVÜ
GWB	Gesetz gegen Wettbewerbsbeschränkungen idF v. 12.7.2018 (BGBl. I S. 1151)
GWBG/*Bearbeiter*	Grunsky/Waas/Benecke/Greiner, Arbeitsgerichtsgesetz, 8. Aufl. 2014
GWW	Gemeinnütziges Wohnungswesen (herausgegeben vom Gesamtverband Gemeinnütziger Wohnungsunternehmen; Zeitschrift)
Haarmeyer/Frind	Haarmeyer/Frind, Insolvenzrecht, 5. Aufl. 2018
Haarmeyer/Hintzen	Haarmeyer/Hintzen, Zwangsverwaltung, 6. Aufl. 2016
Haarmeyer/Wutzke/ Förster GesO	Haarmeyer/Wutzke/Förster, Gesamtvollstreckungsordnung, 4. Aufl. 1998
Haarmeyer/Wutzke/Förster InsO-HdB	Haarmeyer/Wutzke/Förster, Handbuch zur Insolvenzordnung, 3. Aufl. 2011
Haarmeyer/Mock	Haarmeyer/Mock, Insolvenzrechtliche Vergütung (InsVV), 5. Aufl. 2014
Habilschr.	Habilitationsschrift
Habscheid FG	Habscheid, Freiwillige Gerichtsbarkeit, 7. Aufl. 1983
Hachenburg/*Bearbeiter*	Hachenburg, Kommentar zum GmbHG, 8. Aufl. 1992
HaftpflG	Haftpflichtgesetz idF v. 17.7.2017 (BGBl. I S. 2421)
HAG	Heimarbeitsgesetz idF v. 18.12.2018 (BGBl. I S. 2651)
Hahn Materialien	Hahn (Hrsg.), Die gesamten Materialien zu den Reichsjustizgesetzen, Band IV: Materialien zur Konkursordnung, 1881
HaKo-KSchR/*Bearbeiter*	Gallner/Mestwerdt/Nägele (Hrsg.), Kündigungsschutzrecht, Handkommentar, 6. Aufl. 2018
Halbbd.	Halbband
HambKommInsO/ *Bearbeiter*	Schmidt (Hrsg.), Hamburger Kommentar zum Insolvenzrecht, 6. Aufl. 2017
Hamb.; hamb.	Hamburg; hamburgisch
HansGZ	Hanseatische Gerichtszeitung
HansOLG	Hanseatisches Oberlandesgericht
HansRGZ	Hanseatische Rechts- und Gerichtszeitschrift
HansRZ	Hanseatische Rechtszeitschrift für Handel, Schifffahrt und Versicherung, Kolonial- und Auslandsbeziehungen
Häsemeyer	Häsemeyer, Insolvenzrecht, 4. Aufl. 2007
Hauck/Noftz	Hauck/Heines, Kommentar zum Sozialgesetzbuch, Stand: 1/17 ff.
HausratsVO	Verordnung über die Behandlung der Ehewohnung und des Hausrats v. 21.10.1944 (RGBl. I S. 256) idF v. 6.7.2009 (BGBl. I S. 1696)
HaustürWG	Gesetz über den Widerruf von Haustürgeschäften und ähnlichen Geschäften v. 16.1.1986 (BGBl. I S. 122) mWv 1.1.2002 durch Gesetz v. 26.11.2001 (BGBl. I S. 3138) aufgehoben
HdB	Handbuch
HdWW	Handwörterbuch der Wirtschaftswissenschaften, Bd. 1–10, 1977 ff.
HeimatlAuslG	Gesetz über die Rechtsstellung heimatloser Ausländer im Bundesgebiet v. 25.4.1951 (BGBl. I S. 269) idF v. 30.7.2004 (BGBl. I S. 1950)
HeimG	Heimgesetz idF v. 29.7.2009 (BGBl. I S. 2319)
Heinsius/Horn/Than	Heinsius/Horn/Than, Depotgesetz, Kommentar, 1975
Heiß/Born/Bearbeiter	Heiß/Born, Unterhaltsrecht, Loseblatt, 53. EL, Stand: Januar 2018
HeizkostenV	Verordnung über die verbrauchsabhängige Abrechnung der Heiz- und Warmwasserkosten idF v. 5.10.2009 (BGBl. I S. 3250)
Henckel/Kreft Insolvenzrecht	Henckel/Kreft, Insolvenzrecht 1998, RWS-Forum, Bd. 14, 1999
Henssler	Henssler, Partnerschaftsgesellschaftsgesetz, 1997
Henssler/Strohn/ *Bearbeiter*	Gesellschaftsrecht, 3. Aufl. 2016
Hess.; hess.	Hessen; hessisch
Hess/Binz/Wienberg GesO	Hess/Binz/Wienberg, Gesamtvollstreckungsordnung, 4. Aufl. 1998

Abkürzungs- und Literaturverzeichnis

Hess InsO	Hess, Kommentar zur Insolvenzordnung mit EGInsO in 3 Bänden, 1999; 2007 (Neufassung)
Hess KO	Hess, Konkursordnung, 6. Aufl. 1998
Hess/Oberhammer/ Pfeiffer/Bearbeiter	Hess/Oberhammer/Pfeiffer, European Insolvency Law – Heidelberg-Luxembourg-Vienna Report, 2014
Hess/Weis	Harald Hess/Michaela Weis, Das neue Anfechtungsrecht. §§ 129–147 InsO, Anfechtungsrecht §§ 1–20 AnfG, 2. Aufl. 1999
Hess/Weis/Wienberg	Hess/Weis/Wienberg, Kommentar zur Insolvenzordnung, 2. Aufl. 2001 (in der Auflage 2007 nur: Hess, Kommentar zur InsO in 3 Bänden)
Heymann HGB	Heymann, Handelsgesetzbuch, Kommentar, 2. Aufl. 1995
Hess/Gross/Reill-Ruppe/ Roth	Hess/Gross/Reill-Ruppe/Roth, Insolvenzplan, Sanierungsgewinn, Restschuldbefreiung und Verbraucherinsolvenz, 4. Aufl. 2015
HEZ	Höchstrichterliche Entscheidungen (Entscheidungssammlung)
HFR	Höchstrichterliche Finanzrechtsprechung
HGB	Handelsgesetzbuch idF v. 10.7.2018 (BGBl. I S. 1102)
HHB/*Bearbeiter*	Hauck/Helml/Biebl, Arbeitsgerichtsgesetz, 4. Aufl. 2011
hins.	hinsichtlich
HintO	Hinterlegungsordnung idF v. 23.11.2007 (BGBl. I S. 2614)
Hintzen/Wolf Mobiliarvollstreckung	Hintzen/Wolf, Handbuch der Mobiliarvollstreckung, 2. Aufl. 1999
HKInsO/*Bearbeiter*	Kayser/Thole (Hrsg.), Heidelberger Kommentar zur Insolvenzordnung, 9. Aufl. 2018 (1. Aufl. 1999)
HKGmbH/*Bearbeiter*	Bartl/Bartl/Fichtelmann/Koch/Schlarb/Schmitt, Heidelberger Kommentar zum GmbH-Recht, 7. Aufl. 2014
HKHGB/*Bearbeiter*	Glanegger/Kirnberger/Kusterer ua, Heidelberger Kommentar zum HGB, 7. Aufl. 2007
hL	herrschende Lehre
hM	herrschende Meinung
HöfeO	Höfeordnung idF v. 20.11.2015 (BGBl. I S. 2010)
Hoffmann/Thorn	Hoffmann/Thorn, Internationales Privatrecht einschließlich der Grundzüge des internationalen Zivilverfahrensrechts, 9. Aufl. 2007
Hölzle Praxisleitfaden ESUG	Hölzle, Praxisleitfaden ESUG, 2. Aufl. 2013
Hopt/Hehl GesR	Hopt/Hehl, Gesellschaftsrecht, 4. Aufl. 1996
v. *Hoyningen-Huene/ Linck/Bearbeiter*	v. Hoyningen-Huene/Linck, Kündigungsschutzgesetz, 15. Aufl. 2013
HPflG	Haftpflichtgesetz idF v. 17.7.2017 (BGBl. I S. 2421)
HRR	Höchstrichterliche Rechtsprechung (Zeitschrift)
Hrsg.; hrsg.	Herausgeber; herausgegeben
HRV	Verfügung über die Einrichtung und Führung des Handelsregisters (Handelsregisterverfügung) v. 12.8.1937 (RMBl. S. 515), idF v. 18.7.2017 (BGBl. I S. 2745)
Hs.	Halbsatz
Huber AnfG	Huber, Anfechtungsgesetz, 11. Aufl. 2016
Hübschmann/Hepp/ Spitaler AO/FGO	Hübschmann/Hepp/Spitaler, Abgabenordnung, Finanzgerichtsordnung, Loseblatt, Stand: Juni 2018
Hueck/Canaris	Hueck/Canaris, Das Recht der Wertpapiere, Kommentar, 12. Aufl. 1986
Hueck OHG	Hueck, Das Recht der offenen Handelsgesellschaft, 4. Aufl. 1971
Hüffer/Koch	Hüffer/Koch, Aktiengesetz, 13. Aufl. 2018
HWB	Handwörterbuch
HWBdSozW	Handwörterbuch der Sozialwissenschaften (1956 ff.)
HWBRWiss.	Handwörterbuch der Rechtswissenschaft, hrsg. v. Stier-Somlo und Elster (Band u. Seite)
HWF/*Bearbeiter*	Haarmeyer/Wutzke/Förster, Insolvenzrecht, 2. Aufl. 2012
HWGNRH/*Bearbeiter*	Hess/Worzalla/Glock/Nicolai/Rose/Huke, BetrVG Kommentar. 10. Aufl. 2018
HWK/*Bearbeiter*	Henssler/Willemsen/Kalb (Hrsg.), Arbeitsrecht Kommentar, 8. Aufl. 2018
HwO	Handwerksordnung idF v. 30.6.2017 (BGBl. I S. 2143)
HypBankG	Hypothekenbankgesetz idF v. 9.9.1998 (BGBl. I S. 2074) aufgeh. durch G. v. 22.5.2005 (BGBl. I S. 1373)
iA	im Allgemeinen
idF (v.)	in der Fassung (vom)
IDR	Internationales Deliktsrecht
idR	in der Regel

Abkürzungs- und Literaturverzeichnis

idS	in diesem Sinne
IDW	Institut deutscher Wirtschaftprüfer
iE	im Einzelnen
INF	Die Information über Steuer und Wirtschaft (Zeitschrift)
InsBekV	Verordnung zu öff. Bekanntmachung in Insolvenzverfahren im Internet v. 12.2.2002 (BGBl. I S. 677), zul. geändert d. G. v. 13.4.2007 (BGBl. I S. 509)
InsbüroO	Zeitschrift für das Insolvenzbüro
InsO	Insolvenzordnung idF v. 23.6.2017 (BGBl. I S. 1693)
InsOÄndG 2001	Gesetz zur Änderung der Insolvenzordnung und anderer Gesetze (zitiert nach dem RegE v. 5.1.2001, BR-Drucks. 14/01 = NZI 2001, Beilage zu Heft 1)
InsVfVereinfG 2007	Gesetz zur Vereinfachung des Insolvenzverfahrens vom 13.4.2007 (BGBl. I S. 509)
IntHK	Internationale Handelskammer
InVo	Insolvenz und Vollstreckung (Zeitschrift)
InVorG	Investitionsvorranggesetz idF v. 31.8.2015 (BGBl. I S. 1474)
IPG	Gutachten zum internationalen und ausländischen Privatrecht
IPR	Internationales Privatrecht
IPRax	Praxis des internationalen Privat- und Verfahrensrechts (Zeitschrift, 1.1981 ff.)
IPRG	Gesetz zur Neuregelung des Internationalen Privatrechts v. 25.7.1986 (BGBl. I S. 1142)
IPRspr.	Makarov/Gamillscheg/Müller/Dierk/Kropholler, Die deutsche Rechtsprechung auf dem Gebiet des internationalen Privatrechts, 1952 ff.
iran.	iranisch
iS	im Sinne
iSd	im Sinne der (des)
iSv	im Sinne von
ital.	italienisch
iÜ	im Übrigen
iVm	in Verbindung mit
iW	im Wesentlichen
iwS	im weiteren Sinne
IZPR	Internationales Zivilprozessrecht
iZw	im Zweifel
JA	Juristische Arbeitsblätter (Zeitschrift)
Jaeger/*Bearbeiter*	Jaeger/Henckel/Gerhard, Insolvenzordnung, Großkommentar, 2004 ff.
Jaeger/Henckel KO	Jaeger/Henckel, Konkursordnung, Kommentar, 9. Aufl. 1977–1997
Jaeger/Lent (bzw. *Weber*) KO	Jaeger, Konkursordnung, Kommentar, 8. Aufl. 1958–1973
Jansen/v. Schuckmann/ Sonnenfeld/*Bearbeiter*	Jansen/v. Schuckmann/Sonnenfeld, Gesetz über die Angelegenheiten der freiwilligen Gerichtsbarkeit FGG, Kommentar, 3 Bde., 3. Aufl. 2006
Jarass/Pieroth	Jarass/Pieroth, Grundgesetz für die Bundesrepublik Deutschland, 15. Aufl. 2018
JArbSchG	Jugendarbeitsschutzgesetz idF v. 10.3.2017 (BGBl. I S. 420)
Jauernig/*Bearbeiter*	Jauernig, Bürgerliches Gesetzbuch, Kommentar, 17. Aufl. 2018
Jauernig/Berger ZwangsVollstrR	Jauernig/Berger, Zwangsvollstreckungs- und Insolvenzrecht, 23. Aufl. 2010
Jb.	Jahrbuch
JBeitrO	Justizbeitreibungsordnung v. 11.3.1937 (RGBl. I S. 298)
JbfpÖ	Jahrbuch für politische Ökonomie
JbIntR	Jahrbuch des internationalen Rechts
JbPraxSchG	Jahrbuch für die Praxis der Schiedsgerichtsbarkeit
Jg.	Jahrgang
Jh.	Jahrhundert
JherJb.	Jherings Jahrbuch für die Dogmatik des bürgerlichen Rechts (Zeitschrift, Band u. Seite)
JIBFL	Journal of International Banking and Financial Law
JM	Justizministerium
JMBl.	Justizministerialblatt
JNPÖ	Jahrbuch für Neue Politische Ökonomie
Johannsen/Henrich	Johannsen/Henrich, Familienrecht, 6. Aufl. 2015
JöR	Jahrbuch des öffentlichen Rechts der Gegenwart
JR	Juristische Rundschau (Zeitschrift)
JRfPrV	Juristische Rundschau für die Privatversicherung (Zeitschrift)
Jura	Juristische Ausbildung (Zeitschrift)
JurA	Juristische Analysen (Zeitschrift)
JuS	Juristische Schulung (Zeitschrift)

Abkürzungs- und Literaturverzeichnis

Justiz	Die Justiz (Zeitschrift)
JVBl.	Justizverwaltungsblatt (Zeitschrift)
JW	Juristische Wochenschrift (Zeitschrift)
JZ	Juristenzeitung (Zeitschrift)
KAGG	Gesetz über Kapitalanlagegesellschaften v. 9.9.1998 (BGBl. I S. 2726) aufgehoben mWv 1.1.2004 durch Investmentmodernisierungsgesetz v. 15.12.2003 (BGBl. I S. 2676)
K. Schmidt/*Bearbeiter*	Karsten Schmidt, Insolvenzordnung, 19. Aufl. 2016
Kant.G	Kantonsgericht
Kap.	Kapital; Kapitel
Kapp/Ebeling	Kapp/Ebeling, Erbschaftsteuer- und Schenkungsteuergesetz, Kommentar, Loseblatt, 75. EL, Stand: März 2018
Kayser Rechtsprechung ..	Kayser, Höchstrichterliche Rechtsprechung zum Insolvenzrecht, 6. Aufl. 2012
Kegel/Schurig IPR	Kegel/Schurig, Internationales Privatrecht, 9. Aufl. 2004
Keidel/*Bearbeiter*	Engelhardt/Sternal (Hrsg.), FamFG, Kommentar, 19. Aufl. 2017
Keller	Keller, Vergütung und Kosten im Insolvenzverfahren, 4. Aufl. 2016
Kfz	Kraftfahrzeug
KG	Kammergericht (Berlin); Kommanditgesellschaft
KGJ	Jahrbuch für Entscheidungen des Kammergerichts in Sachen freiwillige Gerichtsbarkeit, in Kosten-, Stempel- und Strafsachen
KGaA	Kommanditgesellschaft auf Aktien
Kilger/K. Schmidt	Kilger/K. Schmidt, Insolvenzgesetze KO, VerglO, GesO, 17. Aufl. 1997
Kindl/Meller-Hannich/ Wolf/*Bearbeiter*	Gesamtes Recht der Zwangsvollstreckung, 3. Aufl. 2016
Kirchhof, Leitfaden	Hans-Peter Kirchhof, Leitfaden zum Insolvenzrecht, 2. Aufl. 2000
Kipp/Coing	Kipp/Coing, Erbrecht, 14. Aufl. 1990
Kissel/Mayer	Kissel/Mayer, Gerichtsverfassungsgesetz, Kommentar, 9. Aufl. 2018
KiStG	Kirchensteuergesetz
KKAktG/*Bearbeiter*	Zöllner/Noack (Hrsg.), Kölner Kommentar zum Aktiengesetz, 3. Aufl. 2009 ff.
KKInsO/*Bearbeiter*	Hess (Hrsg.), Kölner Kommentar zur Insolvenzordnung, 1. Aufl. 2016/2017
KKMR	Koller/Kindler/Roth/Morck, Handelsgesetzbuch, 8. Aufl. 2015
Klein/*Bearbeiter*	Klein, Abgabenordnung, 14. Aufl. 2018
Klingelhöffer	Vermögensverwaltung in Nachlaßsache, 2002
KO	Konkursordnung idF v. 20.5.1898 (RGBl. S. 369, 612); außer Kraft am 31.12.1998
Kothe/Ahrens/Grote/ Busch/Lackmann/ *Bearbeiter*	Verfahrenskostenstundung, Restschuldbefreiung und Verbraucherinsolvenzverfahren, 8. Aufl. 2018 zit. KAGBL/*Bearbeiter*
Köhler/Bornkamm/ Feddersen/*Bearbeiter*	Köhler/Bornkamm/Feddersen, Gesetz gegen den unlauteren Wettbewerb, UWG mit PAngV, UKlaG, DL-InfoV, Kommentar, 36. Aufl. 2018 (bis 22. Aufl. Baumbach/Hefermehl)
Kossmann/Meyer-Abich ...	Kossmann/Meyer-Abich, Handbuch der Wohnraummiete, 7. Aufl. 2014
Kölner Schrift	Arbeitskreis für Insolvenz- und Schiedsgerichtswesen e. V., Köln (Hrsg.), Kölner Schrift zur Insolvenzordnung, Das neue Insolvenzrecht in der Praxis, 2. Aufl. 2000, 3. Aufl. 2009
Komm.	Kommentar
1. KommBer.	Bundesministerium der Justiz, Erster Bericht der Kommission für Insolvenzrecht, 1985
2. KommBer.	Bundesministerium der Justiz, Zweiter Bericht der Kommission für Insolvenzrecht, 1986
KonsG	Konsulargesetz idF v. 18.4.2018 (BGBl. I S. 478)
Konv.	Konvention
KostO	Kostenordnung idF v. 10.10.2013 (BGBl. I S. 3799)
KPB/*Bearbeiter*	Kübler/Prütting/Bork (Hrsg.), Kommentar zur Insolvenzordnung, Loseblatt, 76. EL, Stand: Mai 2018
Kraemer/Vallender/ Vogelsang	Kraemer/Vallender/Vogelsang, Handbuch zur Insolvenz, Loseblatt, 83. EL, Stand: Mai 2018
KR/*Bearbeiter*	Etzel/Bader/Fischermeier/Friedrich u.a., Gemeinschaftskommentar zum Kündigungsschutzgesetz und zu sonstigen kündigungsschutzrechtlichen Vorschriften, 11. Aufl. 2016
KreisG	Kreisgericht
krit.	kritisch
KritJ	Kritische Justiz (Zeitschrift)

Abkürzungs- und Literaturverzeichnis

KrVjschr.	Kritische Vierteljahresschrift für Gesetzgebung und Rechtswissenschaft
KSchG	Kündigungsschutzgesetz idF v. 17.7.2017 (BGBl. I S. 2509)
KStG	Körperschaftsteuergesetz idF v. 25.3.2019 (BGBl. I S. 357)
KTS	Zeitschrift für Konkurs-, Treuhand- und Schiedsgerichtswesen (vor 1942: KuT)
Kübler/Assmann GesR	Kübler/Assmann, Gesellschaftsrecht, 6. Aufl. 2006
Kübler HRI	Kübler, Handbuch Restrukturierung in der Insolvenz (HRI), 2. Aufl. 2015
Kübler Neuordnung	Kübler (Hrsg.), Neuordnung des Insolvenzrechts, 1989
Kübler/Prütting	Kübler/Prütting, Das neue Insolvenzrecht, RWS-Dokumentation 18, 1994 (bzw. 2. Aufl. 2000)
Kuhn/Uhlenbruck	Kuhn/Uhlenbruck, Konkursordnung, Kommentar, 11. Aufl. 1994
Kuntze/Ertl/Herrmann/ Eickmann	Kuntze/Ertl/Hermann/Eickmann, Grundbuchrecht, 6. Aufl. 2006
KuT	Konkurs- und Treuhandwesen (Zeitschrift ab 1942: KTS)
KVO	Kraftverkehrsordnung für den Güterfernverkehr mit Kraftfahrzeugen (Beförderungsbedingungen) idF v. 23.12.1958 (BAnz. 31.12.1958 Nr. 249)
KWG	Kreditwesengesetz idF v. 25.3.2019 (BGBl. I S. 357)
L	Landes-
Lackner/Kühl	Lackner/Kühl, Strafgesetzbuch, 29. Aufl. 2018
LAG	Landesarbeitsgericht (mit Ortsnamen); Lastenausgleichsgesetz idF v. 8.12.2016 (BGBl. I S. 2835);
LAGE	Entscheidungen der Landesarbeitsgerichte, hrsg. v. Stahlhacke
Landmann/Rohmer/ Bearbeiter GewO	Landmann/Rohmer, Gewerbeordnung und ergänzende Vorschriften, Kommentar, Loseblatt, 77. EL, Stand: Oktober 2017
Lang/Weidmüller GenG	Lang/Weidmüller, Genossenschaftsgesetz, 38. Aufl. 2016
Lange/Kuchinke ErbR	Lange/Kuchinke, Lehrbuch des Erbrechts, 5. Aufl. 2001
Langenfeld/Milzer	Langenfeld/Milzer, Handbuch der Eheverträge und Scheidungsvereinbarungen, 7. Aufl. 2015
Larenz I	Larenz, Lehrbuch des Schuldrechts, Band I Allg. Teil, 14. Aufl. 1987
Larenz II 1	Larenz, Lehrbuch des Schuldrechts, Band II 1 Besonderer Teil/1. Halbband, 13. Aufl. 1986
Larenz/Canaris II 2	Larenz/Canaris, Lehrbuch des Schuldrechts, Band II 2 Besonderer Teil/2. Halbband, 13. Aufl. 1994
Laufs/Uhlenbruck	Laufs/Uhlenbruck, Handbuch des Arztrechts, 4. Aufl. 2010
Leipold/Bearbeiter	Leipold (Hrsg.), Insolvenzrecht im Umbruch, 1991
Leonhardt/Smid/Zeuner	Leonhardt/Smid/Zeuner, Internationales Insolvenzrecht, 2. Aufl. 2012
LSZ/Bearbeiter	Leonhardt/Smid/Zeuner, Insolvenzordnung, 3. Aufl. 2010
Lewald	Lewald, Das deutsche internationale Privatrecht, 1931
LG	Landgericht (mit Ortsnamen)
LGZ	(österreichisches) Landgericht für Zivilrechtssachen
Lit.	Literatur
LKStGB/Bearbeiter	Strafgesetzbuch – Leipziger Kommentar, 12. Aufl. 2006 ff.
LM	Lindenmaier/Möhring, Nachschlagewerk des Bundesgerichtshofs (Nr. ohne Gesetzesstelle bezieht sich auf den gerade kommentierten Paragraphen)
Löwisch/Kaiser/ Bearbeiter	Löwisch/Kaiser (Hrsg.), Kommentar zum Betriebsverfassungsgesetz, 6. Aufl. 2010; Bd. 1 (§§ 1–73b und Wahlordnung) 7. Aufl. 2017
Löwisch/Rieble	Tarifvertragsgesetz, 4. Aufl. 2017
Löwe/v. Westphalen/ Trinkner	Löwe/Graf v. Westphalen/Trinkner, Großkommentar zum AGB-Gesetz, 2. Aufl., Band 1 (1985), Band 2 (1983), Band 3 (1985)
LPachtVG	Gesetz über die Anzeige und Beanstandung von Landpachtverträgen (Landpachtverkehrsgesetz) v. 8.11.1985 (BGBl. I S. 2075) idF v. 13.4.2006 (BGBl. I S. 855)
LPersVG	Landespersonalvertretungsgesetz
LPG	Landwirtschaftliche Produktionsgenossenschaft
LPG-G	Gesetz über die landwirtschaftlichen Produktionsgenossenschaften v. 2.7.1982 (GBl. I S. 443)
LS	Leitsatz
LSSW/Bearbeiter	Löwisch/Schlünder/Spinner/Wertheimer, Kündigungsschutzgesetz, 11. Aufl. 2018
LSG	Landessozialgericht (mit Ortsnamen)
LuftRegV	Verordnung über die Einrichtung und Führung des Registers für Pfandrechte an Luftfahrzeugen v. 2.3.1999 (BGBl. I S. 279) idF v. 11.8.2009 (BGBl. I S. 2713)
LuftRG	Gesetz über Rechte an Luftfahrzeugen v. 26.2.1959 (BGBl. I S. 57, 223) idF v. 31.8.2015 (BGBl. I S. 1474)
LuftVG	Luftverkehrsgesetz idF v. 20.7.2017 (BGBl. I S. 2808, ber. 2018 S. 472))

Abkürzungs- und Literaturverzeichnis

Lutter/Hommelhoff/ *Bearbeiter*	Lutter/Hommelhoff, GmbH-Gesetz, Kommentar, 19. Aufl. 2016 (bzw. 14. Aufl. 1995)
lux.	luxemburgisch
LVA	Landesversicherungsanstalt
LwAnpG	Landwirtschaftsanpassungsgesetz idF v. 23.7.2013 (BGBl. I S. 2586)
LwG	Landwirtschaftsgericht
Lwowski/Fischer/ Langenbucher/*Bearbeiter*	Lwowski/Fischer/Langenbucher (Hrsg.), Das Recht der Kreditsicherung, 9. Aufl. 2011
LwVG	Gesetz über das gerichtliche Verfahren in Landwirtschaftssachen v. 21.7.1953 (BGBl. I S. 667) idF v. 27.8.2017 (BGBl. I S. 3295)
LZ	Leipziger Zeitschrift für Deutsches Recht
MA	Der Markenartikel (Zeitschrift, 1.1934–11.1944; 12.1950 ff.)
m. abl. Anm.	mit ablehnender Anmerkung
MaBV	Verordnung über die Pflichten der Makler, Darlehens- und Anlagenvermittler, Bauträger und Baubetreuer (Makler- und Bauträgerverordnung) idF v. 9.5.2018 (BGBl. I S. 550)
mÄnd	mit Änderung(en)
Mankowski/Müller/ J. Schmidt/*Bearbeiter*	Mankowski/Müller/J. Schmidt, EuInsVO: Europäische Insolvenzverordnung, 1. Aufl. 2016
mAnm	mit Anmerkung
Marotzke	Marotzke, Gegenseitige Verträge im neuen Insolvenzrecht, 3. Aufl. 2001
Maunz/Dürig/*Bearbeiter*	Maunz/Dürig, Grundgesetz, Loseblatt, Kommentar, 82. EL, Stand: Januar 2018
maW	mit anderen Worten
MBl.	Ministerialblatt
MDR	Monatsschrift für Deutsches Recht (Zeitschrift)
mE	meines Erachtens
MecklZ	Mecklenburgische Zeitschrift für Rechtspflege, Rechtswissenschaft, Verwaltung (Band u. Seite)
MedR	Medizinrecht (Zeitschrift 1.1983 ff.)
Meikel	Meikel, Grundbuchrecht, Kommentar zur Grundbuchordnung, bearb. von Bestemeyer, Böhringer, Böttcher, Brambring, Göttlinger, Grziwotz, Kraiß, Morvilius, Roth u. a., 8. Aufl. 1997 ff.
Melchior	Melchior, Die Grundlagen des deutschen internationalen Privatrechts, 1932
Meyer-Goßner/Schmitt/ *Bearbeiter*	Meyer-Goßner/Schmitt, Strafprozessordnung, 61. Aufl. 2018
MHdB ArbR/*Bearbeiter*	Münchener Handbuch zum Arbeitsrecht, hrsg. v. Kiel/Lunk/Oetker, 4. Aufl. 2018
MHdB ArbR I-IV/ *Bearbeiter*	Münchener Handbuch zum Arbeitsrecht, Bd. I, 4. Aufl. 2018, Bde. II–IV, 3. Aufl. 2009
MHdB GesR I-VIII/ *Bearbeiter*	Münchener Handbuch des Gesellschaftsrechts, Bde. I–VI, 4. Aufl 2013 ff., Bde. VII/VIII, 5. Aufl. 2016 ff.
MHG	Gesetz zur Regelung der Miethöhe v. 18.12.1974, BGBl. I S. 3603, idF v. 13.7.2001 (BGBl. I S. 1542)
Mio.	Million(en)
Mitt.	Mitteilung(en)
MittBayNot.	Mitteilungen des Bayerischen Notarvereins (Zeitschrift)
MittBl. Königsteiner Kreis	Mitteilungsblatt des Königsteiner Kreises
MittHV	Mitteilungen des Hochschulverbandes
MittPat.	Mitteilungen der deutschen Patentanwälte (Zeitschrift)
MittRhNotK	Mitteilungen der Rheinischen Notarkammer (Zeitschrift)
m. krit. Anm.	mit kritischer Anmerkung
MitbestG	Gesetz über die Mitbestimmung der Arbeitnehmer (Mitbestimmungsgesetz) idF v. 24.4.2015 (BGBl. I S. 642)
MiZi	Allgemeine Verfügung über Mitteilungen in Zivilsachen v. 1.10.1967 (BAnz. Nr. 218)
MMR	Multimedia und Recht (Zeitschrift)
Mohrbutter/ Ringstmeier/*Bearbeiter*	Mohrbutter/Ringstmeier, Handbuch Insolvenzverwaltung, 9. Aufl. 2015 (bzw. Handbuch der Konkurs- und Vergleichsverwaltung, 6. Aufl. 1990)

Abkürzungs- und Literaturverzeichnis

Möhring	Möhring/v. Selzam, Vermögensverwaltung in Vormundschafts- und Nachlaßsachen, 8. Aufl. 1999
MoMiG	Gesetz zur Modernisierung des GmbH-Rechts und zur Bekämpfung von Missbräuchen v. 23.10.2008 (BGBl. I S. 2026)
Mönning/*Bearbeiter*	Mönning (Hrsg.), Betriebsfortführung in Restrukturierung und Insolvenz, 3. Aufl. 2016
Moss/Fletcher/Isaacs/*Bearbeiter*	Moss/Fletcher/Isaacs, The EU Regulation on Insolvency Proceedings, 3. Aufl. 2016
Mot. I–V	Motive zu dem Entwurf eines Bürgerlichen Gesetzbuches für das Deutsche Reich (Bd. I Allgemeiner Teil; Bd. II Recht der Schuldverhältnisse; Bd. III Sachenrecht; Bd. IV Familienrecht; Bd. V Erbrecht)
Motive zur KO	Motive zu dem Entwurf einer Konkursordnung, RT-Drucks. 2. Legislaturperiode, II. Session 1874 Nr. 200 = III. Session 1875/76 Nr. 20
MRK	Konvention zum Schutze der Menschenrechte und Grundfreiheiten v. 4.11.1950 (Gesetz v. 7.8.1952, BGBl. II S. 685)
MRS	Mietrechtssammlung, Rechtsprechung des BVerfG, des BGH, des BayObLG, des Kammergerichts und der OLGe zum Mietrecht, hrsg. von Otto, 1980 ff.
mtl.	monatlich
MTV	Manteltarifvertrag
MuA	Mensch und Arbeit (Zeitschrift)
MüKoAktG/*Bearbeiter*	Münchener Kommentar zum Aktiengesetz, 4. Aufl. 2016/2017
MüKoBGB/*Bearbeiter*	Münchener Kommentar zum Bürgerlichen Gesetzbuch, 7. Aufl. 2016
MüKoGmbHG/*Bearbeiter*	Münchener Kommentar zum GmbH Gesetz, 2. Auflage 2016/3. Auflage 2018
MüKoHGB/*Bearbeiter*	Münchener Kommentar zum Handelsgesetzbuch, Bd. 1–6, 4. Aufl. 2016 ff.
MüKoZPO/*Bearbeiter*	Münchener Kommentar zur Zivilprozessordnung mit Gerichtsverfassungsgesetz und Nebengesetzen, Bd. 1–3, 5. Aufl. 2016/2017
Mugdan	Mugdan (Hrsg.), Die gesamten Materialien zum Bürgerlichen Gesetzbuch für das deutsche Reich, Band I–V, 1899
MuSchG	Mutterschutzgesetz v. 23.5.2017 (BGBl. I S. 1228)
Musielak/Voit/*Bearbeiter*	Musielak/Voit (Hrsg.), Zivilprozessordnung, Kommentar, 15. Aufl. 2018 (bzw. 1. Aufl. 1999)
MuW	Markenschutz und Wettbewerb (Zeitschrift)
MWHLW/*Bearbeiter*	Meilicke/Graf v. Westphalen/Hoffmann/Lenz, Partnerschaftsgesellschaftsgesetz, 3. Aufl. 2015
mwN	mit weiteren Nachweisen
m. zahlr. Nachw.	mit zahlreichen Nachweisen
m. zust. Anm.	mit zustimmender Anmerkung
na	nicht abgedruckt
nachf.	nachfolgend
Nachw.	Nachweis
Nds.; nds.	Niedersachsen; niedersächsisch
NdsRpfl.	Niedersächsische Rechtspflege (Zeitschrift)
NDV	Nachrichtendienst des Deutschen Vereins für öffentliche und private Fürsorge
Nerlich/Niehus AnfG	Nerlich/Niehus, Anfechtungsgesetz, 2000
Nerlich/Römermann/*Bearbeiter*	Nerlich/Römermann (Hrsg.), Insolvenzordnung, Kommentar, Loseblatt, 37. EL, Stand: Oktober 2018
Neuhaus	Neuhaus, Die Grundbegriffe des internationalen Privatrechts, 2. Aufl. 1976
nF	neue Fassung
NF	Neue Folge
NiemeyersZ	Niemeyers Zeitschrift für internationales Recht (25.1915–52.1937/38; vorher s. BöhmsZ, danach: ZIR)
NJ	Neue Justiz (Zeitschrift)
NJW	Neue Juristische Wochenschrift
NJW-FER	NJW-Entscheidungsdienst Familien- und Erbrecht (Zeitschrift)
NJW-MietR	NJW-Entscheidungsdienst Miet- und Wohnungsrecht (Zeitschrift)
NJW-RR	NJW-Rechtsprechungs-Report, Zivilrecht (Zeitschrift)
NJW-VHR	NJW-Entscheidungsdienst Versicherungs- und Haftungsrecht (Zeitschrift)
NJW-WettbR	NJW-Entscheidungsdienst Wettbewerbsrecht (Zeitschrift)
NMV	Verordnung über die Ermittlung der zulässigen Miete für preisgebundene Wohnungen (Neubaumietenverordnung 1970) idF v. 25.11.2003 (BGBl. I S. 2346)
Noack GesR	Noack, Gesellschaftsrecht (Sonderband 1 zu Kübler/Prütting InsO), 1999
Nov.	Novelle

Abkürzungs- und Literaturverzeichnis

NPWJ/*Bearbeiter*	Neumann/Pahlen/Winkler/Jabben, Sozialgesetzbuch IX, 13. Aufl. 2018
Nr.	Nummer(n)
NRW	Nordrhein-Westfalen
NStZ	Neue Zeitschrift für Strafrecht
NStZ-RR	NStZ-Rechtsprechungs-Report Strafrecht (Zeitschrift)
NuR	Natur und Recht (Zeitschrift)
Nußbaum	Nußbaum, Deutsches IPR, 1932
NVersZ	Neue Zeitschrift für Versicherung und Recht
NVwZ	Neue Zeitschrift für Verwaltungsrecht
NVwZ-RR	Rechtsprechungs-Report Verwaltungsrecht (Zeitschrift)
NWB	Neue Wirtschaftsbriefe (Loseblatt-Sammlung)
NZA	Neue Zeitschrift für Arbeits- und Sozialrecht
NZA-RR	NZA-Rechtsprechungs-Report Arbeitsrecht (Zeitschrift)
NZG	Neue Zeitschrift für Gesellschaftsrecht
NZI	Neue Zeitschrift für das Recht der Insolvenz und Sanierung
NZM	Neue Zeitschrift für Mietrecht
NZS	Neue Zeitschrift für Sozialrecht
NZV	Neue Zeitschrift für Verkehrsrecht
o.	oben, oder
oa	oben angegeben
oÄ	oder Ähnliches
ObG	Obergericht
Obermüller	Obermüller, Insolvenzrecht in der Bankpraxis, 9. Aufl. 2016 (4. Aufl. 1991 unter dem Titel „Handbuch Insolvenzrecht für die Kreditwirtschaft")
Obermüller/Hess	Obermüller/Hess, InsO, Eine systematische Darstellung des neuen Insolvenzrechts, 4. Aufl. 2003
OECD	Organization of Economic Cooperation and Development
OEEC	Organisation für Europäische Wirtschaftliche Zusammenarbeit
OG	Oberstes Gericht (der ehem. DDR)
OGH	Oberster Gerichtshof (Österreich)
OHG	offene Handelsgesellschaft
oJ	ohne Jahrgang
ÖJZ	Österreichische Juristenzeitung (Zeitschrift)
OLG	Oberlandesgericht
OLG-NL	OLG-Rechtsprechung Neue Länder (Zeitschrift)
OLGRspr.	Die Rechtsprechung der Oberlandesgerichte auf dem Gebiete des Zivilrechts, hrsg. v. Mugdan und Falkmann (1.1900–46.1928; aufgegangen in HRR)
OLGZ	Rechtsprechung der Oberlandesgerichte in Zivilsachen, Amtliche Entscheidungssammlung
oO	ohne Ort
OR	Schweizerisches Obligationsrecht
ORDO	ORDO, Jahrbuch für die Ordnung von Wirtschaft und Gesellschaft
österr.	österreichisch
OCT	over the counter
oV	ohne Verfasser
OVG	Oberverwaltungsgericht
OWiG	Gesetz über Ordnungswidrigkeiten idF v. 17.12.2018 (BGBl. I S. 2571)
Palandt/*Bearbeiter*	Palandt, Bürgerliches Gesetzbuch, 78. Aufl. 2019
PAngV	Preisangabenverordnung idF v. 17.7.2017 (BGBl. I S. 2394)
Pannen/*Bearbeiter*	Pannen, Europäische Insolvenzverordnung, 2007
Pape/Uhlenbruck/Voigt-Salus	Pape/Uhlenbruck/Voigt-Salus, Insolvenzrecht, 2. Aufl. 2010
ParteiG	Gesetz über die politischen Parteien (Parteiengesetz) idF v. 10.7.2018 (BGBl. I S. 1116)
PartGG	Partnerschaftsgesellschaftsgesetz idF v. 22.12.2015 (BGBl. I S. 2565)
PatG	Patentgesetz idF v. 8.10.2017 (BGBl. I S. 3546)
Paulus	Paulus, EuInsVO: Europäische Insolvenzverordnung, 5. Aufl. 2017
PersV	Die Personalvertretung (Zeitschrift)
PfandBG	Pfandbriefgesetz idF v. 25.3.2019 (BGBl. I S. 357)
Picone/Wengler	Picone/Wengler, Internationales Privatrecht, 1974
Pikart/Henn	Pikart/Henn, Lehrbuch der freiwilligen Gerichtsbarkeit, 1963
PK-HWF	Haarmeyer/Wutzke/Förster, Präsenzkommentar zur Insolvenzordnung, abrufbar unter www.insolvenzrecht.de
port.	portugiesisch
PostSO	Postsparkassenordnung v. 24.4.1986 (BGBl. I S. 626)

Abkürzungs- und Literaturverzeichnis

PostStruktG	Gesetz zur Neustrukturierung des Post- und Fernmeldewesens und der Deutschen Bundespost (Poststrukturgesetz – PostStruktG) v. 8.6.1989 (BGBl. I S. 1026)
Pr.; pr.	Preußen; preußisch
PrAGKO	Preußisches Ausführungsgesetz zur Deutschen Konkursordnung vom 6.3.1879, PrGS S. 109
PresseG	Gesetz über die Presse v. 7.5.1874 (RGBl. S. 65)
Preuße/*Bearbeiter* SchVG	Preuße (Hrsg.), SchVG Kommentar, 2011
PrGS	Gesetzsammlung (preußisches Gesetzblatt)
ProdHaftG	Gesetz über die Haftung für fehlerhafte Produkte (Produkthaftungsgesetz) idF v. 17.7.2017 (BGBl. I S. 2421)
Prot. I–VI	Protokolle der Kommission für die zweite Lesung des Entwurfs des BGB (Bd. I und IV 1897; Bd. II 1898; Bd. III, V und VI 1899)
ProtRA	Protokolle des Rechtsausschusses
PrOVG	Preußisches Oberverwaltungsgericht
PStG	Personenstandsgesetz idF v. 18.12.2018 (BGBl. I S. 2639)
PStV	Verordnung zur Ausführung des Personenstandsgesetzes idF v. 18.12.2018 (BGBl. I S. 2639)
PSV(aG)	Pensionssicherungsverein (auf Gegenseitigkeit)
PVÜ	Pariser Verbandsübereinkunft zum Schutz des gewerblichen Eigentums vom 20.3.1983, revidiert in Stockholm am 14.7.1967 (BGBl. 1970 II S. 293, 391, 1073; 1971 II S. 1015)
pVV	positive Vertragsverletzung
RA	Rechtsausschuß
Raape	Raape, Internationales Privatrecht, 5. Aufl. 1961
Raape/Sturm	Raape/Sturm, Internationales Privatrecht Band I, 6. Aufl. 1977
RabelsZ	Zeitschrift für ausländisches und internationales Privatrecht (Band u. Seite)
RabattG	Gesetz über Preisnachlässe (Rabattgesetz) v. 25.11.1933 (RGBl. S. 1011), idF v. 23.7.2001 (BGBl. I S. 1663)
RAG	Reichsarbeitsgericht, zugleich amtliche Sammlung der Entscheidungen (Band u. Seite)
RAnwG DDR	Gesetz über die Anwendung des Rechts auf internationale zivil-, familien- und arbeitsrechtliche Beziehungen sowie auf internationale Wirtschaftsverträge (Rechtsanwendungsgesetz) v. 5.12.1975 (GBl. DDR I S. 748)
Rauscher/*Bearbeiter*	Rauscher, Europäisches Zivilprozess- und Kollisionsrecht EuZPR/EuIPR, 4. Aufl. 2015
RBerG	Rechtsberatungsgesetz v. 13.12.1935 (RGBl. S. 1478) idF v. 12.12.2007 (BGBl. I S. 2840)
RdA	Recht der Arbeit (Zeitschrift)
RdErl.	Runderlass
RdJB	Recht der Jugend und des Bildungswesens (Zeitschrift)
RdK	Das Recht des Kraftfahrers (Zeitschrift, ab 1952: Deutsches Autorecht)
RdL	Recht der Landwirtschaft (Zeitschrift)
RdSchr.	Rundschreiben
RE	Rechtsentscheid
Recht	Das Recht (Zeitschrift)
Rechtstheorie	Rechtstheorie (Zeitschrift)
rechtsw.	rechtswidrig
RefE	Referentenentwurf; speziell: Gesetz zur Reform des Insolvenzrechts, hrsg. vom BMJ (1989)
Reg.	Regierung
RegBez.	Regierungsbezirk
RegBl.	Regierungsblatt
RegE	Regierungsentwurf
RegE InsOÄndG 2001	RegE eines Gesetzes zur Änderung der Insolvenzordnung und anderer Gesetze v. 5.1.2001 (BR-Drucks. 14/01 = NZI 2001, Beilage zu Heft 1)
RegE InsVGVereinfG 2007	Regierungsentwurf eines Gesetzes zur Vereinfachung des Insolvenzverfahrens vom 11.8.2006 (BR-Drucks. 549/06 = BT-Drs. 16/3227)
RegE RBerNG	Regierungsentwurf eines Gesetzes zur Neuregelung des Rechtsberatungsgesetzes vom 1.9.2006 (BR-Drucks. 623/06 = BT-Drs. 16/3655)
Reithmann/Martiny	Reithmann/Martiny, Internationales Vertragsrecht, Das IPR der Schuldverträge, 8. Aufl. 2015
REMiet.	Rechtsentscheide Mietrecht (Thieler/Frantzioch/Uetzmann)
RES	Sammlung der Rechtsentscheide in Wohnraummietsachen, hrsg. v. Landfermann/Heerde Band I Entscheidungen 1980/1981, Band II Entscheidungen 1982, Band III Entscheidungen 1983, Band IV Entscheidungen 1984, Band V Entscheidungen 1985, Band VI Entscheidungen 1986/1987

Abkürzungs- und Literaturverzeichnis

RFH	Reichsfinanzhof, zugleich amtliche Sammlung der Entscheidungen (Band u. Seite)
RFJK/*Bearbeiter*	Regh/Fanselow/Jakubowski/Kreplin, Arbeitsrecht in der Insolvenz, 2. Aufl. 2015
RG	Reichsgericht
RGBl.	Reichsgesetzblatt
RGRK/*Bearbeiter*	Das Bürgerliche Gesetzbuch, Kommentar, herausgegeben von Mitgliedern des Bundesgerichtshofs, 12. Aufl. 1974 ff.
RGSt.	Amtliche Sammlung von Entscheidungen des Reichsgerichts in Strafsachen
RGZ	Amtliche Sammlung von Entscheidungen des Reichsgerichts in Zivilsachen
RHeimstG	Reichsheimstättengesetz idF v. 25.11.1937 (RGBl. I S. 1291)
RheinZ	Rheinische Zeitschrift für Zivil- und Prozeßrecht
Rh.-Pf.; rh.-pf.	Rheinland-Pfalz; rheinland-pfälzisch
Richardi BetrVG/*Bearbeiter*	Richardi (Hrsg.), Betriebsverfassungsgesetz, 16. Aufl. 2018
Riering	Riering, Die Betriebsfortführung durch den Konkursverwalter, 1987
Riezler	Riezler, Internationales Zivilprozeßrecht und prozessuales Fremdenrecht, 1949
RiM	Rechtsentscheide im Mietrecht (Müller, Oske, Becker, Blümmel)
RiW	Recht der internationalen Wirtschaft (Zeitschrift, 1.1954/55–3.1957 u. 21.1975 ff.; früher AWD)
RKW	Rationalsierungs-Kuratorium der deutschen Wirtschaft
RL	Richtlinie
Rn.	Randnummer
RNotZ	Rheinische Notar-Zeitung (ab 2001, Fortsetzung der MittRhNotK)
Röger/*Bearbeiter*	Röger (Hrsg.), Insolvenzarbeitsrecht, 2018
ROHG	Reichsoberhandelsgericht, auch Entscheidungssammlung (Band und Seite)
Röhricht/v. Westphalen/Haas HGB	Röhricht/v. Westphalen/Haas, Kommentar zum HGB, 4. Aufl. 2014
Rosenberg/Schwab/Gottwald	Rosenberg/Schwab/Gottwald, Zivilprozessrecht, 18. Aufl. 2018
Roth/Altmeppen	Roth/Altmeppen, GmbHG, 8. Aufl. 2015
ROW	Recht in Ost und West (Zeitschrift)
Rowedder/Schmidt-Leithoff/*Bearbeiter*	Rowedder/Schmidt-Leithoff (Hrsg.), GmbH-Gesetz, 6. Aufl. 2017
Rpfleger	Der Deutsche Rechtspfleger (Zeitschrift)
RPflG	Rechtspflegergesetz idF v. 17.12.2018 (BGBl. I S. 2573)
RPflJb.	Rechtspflegerjahrbuch
Rspr.	Rechtsprechung
RT-Drucks.	Drucksache des Reichstags
RuG	Recht und Gesellschaft (Zeitschrift)
r+s	Recht und Schaden
Rüve Diss. Uni Hamburg 2008	Rüve, Mehrheitsbeschaffung durch die Gruppenbildung im Insolvenzplan, Diss. Univ. Hamburg, 2008
Runkel/Schmidt/*Bearbeiter*	Runkel/Schmidt, Anwalts-Handbuch Insolvenzrecht, 3. Aufl. 2015
RuW	Recht und Wirtschaft (Zeitschrift)
RV	Die Rentenversicherung (Zeitschrift)
RvglHWB	Rechtsvergleichendes Handwörterbuch für das Zivil- und Handelsrecht des In- und Auslandes (Band u. Seite)
RVO	Reichsversicherungsordnung idF v. 23.10.2012 (BGBl. I S. 2246)
RzW	Rechtsprechung zum Wiedergutmachungsrecht (Zeitschrift)
S.	Seite; Recueil Sirey
s.	siehe; section
s. a.	siehe auch
saarl., Saarl.	saarländisch, Saarland
SaarlRStZ	Saarländische Rechts- und Steuerzeitschrift
SaBremR	Sammlung des bremischen Rechts
SAE	Sammlung arbeitsrechtlicher Entscheidungen (Zeitschrift)
SCEAG	Gesetz zur Ausführung der Verordnung (EG) Nr. 1435/2003 des Rates vom 22.7.2003 über das Statut der Europäischen Genossenschaft (SCE-Ausführungsgesetz) vom 14.8.2006 (BGBl. I S. 1911) idF v. 5.6.2017 (BGBl. I S. 1476)
SCE	Societas Cooperativa Europaea (Europäische Genossenschaft)
SCEVO	Verordnung (EG) Nr. 1435/2003 über das Statut der Europäischen Genossenschaft (SCE) vom 22.7.2003 (ABl. EU 2003 Nr. L 207 vom 18.8.2003, S. 1), in Kraft ab 18.8.2006
SächsAnn.	Annalen des Sächsischen Oberlandesgerichts zu Dresden

Abkürzungs- und Literaturverzeichnis

SächsArch.	Sächsisches Archiv für Rechtspflege (Zeitschrift)
Schäfer/Finnern/Hochstein	Schäfer/Finnern/Hochstein, Rechtsprechung zum privaten Baurecht, Entscheidungssammlung mit Anmerkungen, Loseblatt, Stand Sept. 2006
Schaub/*Bearbeiter*	Schaub (Begr.), Arbeitsrechts-Handbuch, 17. Aufl. 2017
ScheckG	Scheckgesetz idF v. 31.8.2015 (BGBl. I S. 1474)
Schimansky/Bunte/ Lwowski	Schimansky/Bunte/Lwowski (Hrsg.), Bankrechts-Handbuch, 5. Aufl. 2017
Schlegelberger/*Bearbeiter*	Schlegelberger, Handelsgesetzbuch, Kommentar von Geßler, Hefermehl, Hildebrand, Schröder, Martens und Karsten Schmidt, 5. Aufl. 1973 ff.
SchlH	Schleswig-Holstein
SchlHA	Schleswig-Holsteinische Anzeigen (NF 1. 1837 ff. Zeitschrift)
Schlüter	Schlüter, Erbrecht, 16. Auflage 2007
K. Schmidt/*Bearbeiter*	Karsten Schmidt, Insolvenzordnung, Kurzkommentar, 19. Auflage 2016
K. *Schmidt* GesR	K. Schmidt, Gesellschaftsrecht, 4. Aufl. 2002
K. *Schmidt* Handelsrecht	K. Schmidt, Handelsrecht, 6. Aufl. 2014
K. Schmidt/ Uhlenbruck/*Bearbeiter*	K. Schmidt/Uhlenbruck (Hrsg.), Die GmbH in Krise, Sanierung, Insolvenz, 5. Aufl. 2016
Schmidt-Futterer/ Bearbeiter	Schmidt-Futterer, Mietrecht, Kommentar, 13. Aufl. 2017
Schmidt-Räntsch InsO	Schmidt-Räntsch, Insolvenzordnung mit Einführungsgesetz, 1995
Schöner/Stöber GrundbuchR	Schöner/Stöber, Grundbuchrecht, 15. Aufl. 2012
Schönke/Schröder/ Bearbeiter	Schönke/Schröder, Strafgesetzbuch, Kommentar, 25. Aufl. 1997 (bzw. 29. Aufl. 2014)
Scholz/*Bearbeiter* GmbHG	Scholz, Kommentar zum GmbHG, 12. Aufl. 2018
Scholz/Lwowski	Scholz/Lwowski, Das Recht der Kreditsicherung, 9. Aufl. 2011
SchRegO	Schiffregisterordnung v. 19.12.1940 (RGBl. I S. 1591), idF v. 5.7.2017 (BGBl. I S. 2208)
SchRG	Gesetz über Rechte an eingetragenen Schiffen und Schiffsbauwerken v. 15.11.1940 (RGBl. I 1499)
Schulze Rechtspr.	Rechtsprechung zum Urheberrecht; Entscheidungssammlung mit Anm. von E. Schulze, 1988
Schwab/Prütting	Schwab/Prütting, Sachenrecht, 36. Aufl. 2017
Schwab/Weth/*Bearbeiter*	Schwab/Weth (Hrsg.), Arbeitsgerichtsgesetz Kommentar, 5. Aufl. 2018
SchwbG	Gesetz zur Sicherung der Eingliederung Schwerbehinderter in Arbeit, Beruf und Gesellschaft (Schwerbehindertengesetz) idF v. 26.8.1986 (BGBl. I S. 1422); aufgehoben m.W. v. 1.7.2001 (jetzt SGB IX v. 23.12.2016 (BGBl. I S. 3234) idF v. 18.4.2019 (BGBl. I S. 473))
schweiz.	schweizerisch
SchweizAG	Schweizerische Aktiengesellschaft, Société anonyme suisse (Zeitschrift)
Schwerdtner	Schwerdtner, Arbeitsrecht I, 2. Aufl. 1990
Schwintowski	Schwintowski, Bankrecht, 5. Aufl. 2018
SE	Societas Europaea (Europäische Gesellschaft, Europäische Aktiengesellschaft)
SEAG	Gesetz zur Ausführung der Verordnung (EG) Nr. 2157/2001 über das Statut der Europäischen Gesellschaft (SE) (SE-Ausführungsgesetz) vom 22.12.2004 (BGBl. I S. 3675) idF v. 10.5.2016 (BGBl. I S. 1142)
Senst/Eickmann/Mohn	Senst/Eickmann/Mohn, Handbuch für das Konkursgericht, 5. Aufl. 1976
Serick	Serick, Eigentumsvorbehalt und Sicherungsübereignung, Bände II, III und V, 1970 ff.
SeuffA	Seufferts Archiv für Entscheidungen der obersten Gerichte in den deutschen Staaten (Zeitschrift, zitiert nach Band u. Nr.; 1.1847–98.1944)
SEVO	Verordnung (EG) Nr. 2157/2001 über das Statut der Europäischen Gesellschaft (SE) vom 8.10.2001 (ABl. EU 2001 Nr. L 294 vom 10.11.2001, S. 1)
SG	Sozialgericht
SGB	Sozialgesetzbuch
SGb	Die Sozialgerichtsbarkeit (Zeitschrift)
SGG	Sozialgerichtsgesetz idF v. 12.7.2018 (BGBl. I S. 1151)
SigG	Verordnung zur digitalen Signatur (Signaturgesetz – SigG)
SigV	Verordnung zur digitalen Signatur (Signaturverordnung – SigV)
SKStGB/*Bearbeiter*	Wolter (Hrsg.), Systematischer Kommentar zum Strafgesetzbuch, Loseblatt, 9. Aufl. 2015 ff.
Smid/*Bearbeiter* GesO	Smid, Gesamtvollstreckungsordnung, 3. Aufl. 1997
Smid, Grundzüge	Smid, Grundzüge des Insolvenzrechts, 4. Aufl. 2002

Abkürzungs- und Literaturverzeichnis

Smid	Handbuch Insolvenzrecht, 6. Aufl. 2012
s. o.	siehe oben
Soergel/Bearbeiter	Soergel, Bürgerliches Gesetzbuch mit Einführungsgesetz und Nebengesetzen, 13. Aufl. 2000 ff. (bzw. 12. Aufl. 1987 ff.)
sog.	sogenannt
SozPlG	Gesetz über den Sozialplan im Konkurs- und Vergleichsverfahren v. 20.2.1985 (BGBl. I S. 369), außer Kraft am 31.12.1998
SozR	Sozialrecht, Rechtsprechung und Schrifttum, bearbeitet von den Richtern des Bundessozialgerichts
SozVers.	Die Sozialversicherung (Zeitschrift)
SozW	Sozialwissenschaft(en)
Sp.	Spalte
SpTrUG	Gesetz über die Spaltung der von der Treuhandanstalt verwalteten Unternehmen idF v. 4.12.2004 (BGBl. I S. 3166)
SpuRt	Zeitschrift für Sport und Recht (Zeitschrift)
SPV/*Bearbeiter*	Stahlhacke/Preis/Vossen, Kündigung und Kündigungsschutz im Arbeitsverhältnis, 11. Aufl. 2015
st.	ständig
StA	Staatsangehörigkeit
StAG	Staatsangehörigkeitsgesetz idF v. 11.10.2016 (BGBl. I S. 2218), bis 31.12.1999 amtliche Überschrift: Reichs- und Staatsangehörigkeitsgesetz
Staub/*Bearbeiter*	Canaris/Habersack/Schäfer (Hrsg.), Handelsgesetzbuch Großkommentar, 5. Aufl. 2009 ff.
Staudinger/*Bearbeiter*	Kommentar zum Bürgerlichen Gesetzbuch, 12. Aufl. 1978 ff. und 13. Bearbeitung 1993 ff. und Neubearbeitung 1998 ff.
StAZ	Das Standesamt (Zeitschrift)
StB	Der Steuerberater (Zeitschrift)
StBerG	Steuerberatungsgesetz idF v. 30.10.2017 (BGBl. I S. 3618)
Stbg.	Die Steuerberatung (Zeitschrift)
StBVV	Gebührenordnung für Steuerberater, Steuerbevollmächtigte und Steuerberatungsgesellschaften (Steuerberatervergütungsverordnung) idF v. 12.7.2017 (BGBl. I S. 2360)
StBp.	Die steuerliche Betriebsprüfung (Zeitschrift)
Stein/Jonas/*Bearbeiter*	Stein/Jonas, Zivilprozessordnung, 23. Aufl. 2014 ff.
Sten. Prot.	Stenographisches Protokoll
StGB	Strafgesetzbuch idF v. 22.3.2019 (BGBl. I S. 350)
StiftG	Stiftungsgesetz
StPO	Strafprozessordnung idF v. 18.4.2019 (BGBl. I S. 466)
Stöber	Stöber, Forderungspfändung, Zwangsvollstreckung in Forderungen und Forderungspfändung andere Vermögensrechte, 16. Aufl. 2013
Stöber/Bearbeiter ZVG	Stöber, Zwangsversteigerungsgesetz, 22. Aufl. 2019
Stöber ZVG-HdB	Stöber, Zwangsvollstreckung in das unbewegliche Vermögen – ZVG-Handbuch, Handbuch der Rechtspraxis, 9. Aufl. 2010
str.	streitig
st. Rspr.	ständige Rechtsprechung
StuW	Steuer und Wirtschaft (Zeitschrift)
StVG	Straßenverkehrsgesetz idF v. 8.4.2019 (BGBl. I S. 430)
StVj.	Steuerliche Vierteljahresschrift
s. u.	siehe unten
TA-Lärm	Technische Anleitung zum Schutz gegen Lärm v. 16.7.1968 (Beilage zu BAnz. Nr. 137/1968)
TA-Luft	Technische Anleitung zur Reinhaltung der Luft v. 27.2.1986 (Beilage zu BAnz. Nr. 58/1986)
teilw.	teilweise
Thomas/Putzo	Thomas/Putzo, Zivilprozessordnung mit Gerichtsverfassungsgesetz und den Einführungsgesetzen, 39. Aufl. 2018
Tipke/Kruse	Tipke/Kruse, Abgabenordnung, Finanzgerichtsordnung, Loseblatt, Stand: Juni 2018
TKG	Telekommunikationsgesetz idF v. 29.11.2018 (BGBl. I S. 2230)
TranspR	Transport- und Speditionsrecht (Zeitschrift)
türk.	türkisch
TÜV	Technischer Überwachungsverein
TVG	Tarifvertragsgesetz idF v. 18.12.2018 (BGBl. I S. 2651)
Tz.	Teilziffer
TzBfG	Gesetz über Teilzeitarbeit und befristete Arbeitsverträge idF v. 11.12.2018 (BGBl. I S. 2384)

Abkürzungs- und Literaturverzeichnis

u.	und; unten; unter
ua	unter anderem; und andere
uam	und andere(s) mehr
uÄ	und ähnliche(s)
uÄm	und ähnliches mehr
überwM	überwiegende Meinung
Übk.	Übereinkommen
UFITA	Archiv für Urheber-, Film-, Funk- und Theaterrecht (Zeitschrift, zitiert nach Band und Seite)
Uhlenbruck Das neue Insolvenzrecht	Uhlenbruck, Das neue Insolvenzrecht, Insolvenzverordnung und Einführungsgesetz nebst Materialien mit Praxishinweisen, 1994
Uhlenbruck/*Bearbeiter*	Uhlenbruck Insolvenzordnung, Kommentar, 14. Aufl. 2015/15. Auflage 2018 (hrsg von Hirte und Vallender)
Uhlenbruck/Delhaes	Uhlenbruck/Delhaes, Konkurs- und Vergleichsverfahren, Handbuch der Rechtspraxis, 5. Aufl. 1990
Ulmer/Brandner/Hensen/*Bearbeiter*	Ulmer/Brandner/Hensen, Kommentar zum Gesetz zur Regelung des Rechts der Allgemeinen Geschäftsbedingungen, 12. Aufl. 2016
UNCTAD	United Nations Congress of Trade and Development
UNIDROIT	Institut International pour l'Unification du Droit Privé
UN-KaufR	(Wiener) Übereinkommen der Vereinten Nationen über Verträge über den internationalen Warenkauf v. 11.4.1980 (BGBl. 1989 II S. 586; 1990 II S. 1477), siehe auch CISG
UNO	United Nations Organization
unstr.	unstreitig
UPR	Umwelt- und Planungsrecht (Zeitschrift)
UR	Umsatzsteuer-Rundschau
UrhG	Gesetz über Urheberrecht und verwandte Schutzrechte (Urheberrechtsgesetz) idF v. 28.11.2018 (BGBl. I S. 2014)
Urt.	Urteil
U. S.	United States Reports (amtliche Entscheidungssammlung des U. S. Supreme Court)
UStG	Umsatzsteuergesetz idF v. 11.12.2018 (BGBl. I S. 2338)
usw	und so weiter
uU	unter Umständen
UWG	Gesetz gegen den unlauteren Wettbewerb idF v. 18.4.2019 (BGBl. I S. 466)
v.	vom; von
v. Bar/Mankowski	von Bar/Mankowski, Internationales Privatrecht, Band I: Allgemeiner Teil (2. Aufl. 2003), Band II: Besonderer Teil (2. Aufl. 2019)
VA	Vermittlungsausschuß
VAG	Gesetz über die Beaufsichtigung der Versicherungsunternehmen (Versicherungsaufsichtsgesetz) idF v. 25.3.2019 (BGBl. I S. 357)
Vallender/*Bearbeiter*	EuInsVO, Kommentar zur Verordnung (EU) 2015/848 über Insolvenzverfahren, 2017
VBL	Versorgungsanstalt des Bundes und der Länder
Veranneman/*Bearbeiter*	Veranneman, Schuldverschreibungsgesetz SchVG, 2. Aufl. 2016
VerBAV	Veröffentlichungen des Bundesaufsichtsamtes f. das Versicherungs- und Bausparwesen (Zeitschrift)
Verb. Komm.	Verbandskommentar, Kommentar zur Reichsversicherungsordnung (4. und 5. Buch), hrsg. v. Verband Deutscher Rentenversicherungsträger
Verb. Komm. SGB VI	Kommentar zum Recht der gesetzlichen Rentenversicherung. Sozialgesetzbuch, Sechstes Buch – Gesetzliche Rentenversicherung, hrsg. vom Verband Deutscher Rentenversicherungsträger
VerbrKrG	Verbraucherkreditgesetz idF v. 26.11.2001 (BGBl. I S. 3138)
VereinsG	Vereinsgesetz v. 5.8.1964 (BGBl. I S. 593), idF v. 10.3.2017 (BGBl. I S. 419)
Verf.	Verfassung
VerglO	Vergleichsordnung v. 26.2.1935 (RGBl. I S. 321)
Verh.	Verhandlung(en)
Verhdlg. DJT	Verhandlungen des Deutschen Juristentages
VerlG	Gesetz über das Verlagsrecht v. 19.6.1901 (RGBl. S. 217), idF v. 22.3.2002 (BGBl. I S. 1155)
VermG	Gesetz zur Regelung der offenen Vermögensfragen (Vermögensgesetz) idF v. 21.11.2016 (BGBl. I S. 2591)
Veröff.	Veröffentlichung

Abkürzungs- und Literaturverzeichnis

VersArch.	Versicherungswissenschaftliches Archiv (Zeitschrift)
VersR	Versicherungsrecht, Juristische Rundschau für die Individualversicherung (Zeitschrift)
VersRdSch.	Versicherungsrundschau (österreichische Zeitschrift)
VersW	Versicherungswirtschaft (Zeitschrift)
Verw.	Verwaltung
VerwA	Verwaltungsarchiv (Zeitschrift)
VerwG	Verwaltungsgericht
VerwGH	Verwaltungsgerichtshof
VerwRspr.	Verwaltungsrechtsprechung in Deutschland (Band u. Seite)
Vfg.	Verfügung
VGH	Verfassungsgerichtshof
vgl.	vergleiche
vH	von (vom) Hundert
Virgos/Schmit	Virgos/Schmit, Erläuternder Bericht zu dem EU-Übereinkommen über Insolvenzverfahren, in Stoll (Hrsg.), Vorschläge und Gutachten zur Umsetzung des EU-Übereinkommens über Insolvenzverfahren im deutschen Recht, 1997, S. 32
VIZ	Zeitschrift für Vermögens- und Investitionsrecht
VMBl.	Ministerialblatt des Bundesministers für (ab 1962: der) Verteidigung
VO	Verordnung
VOB Teil A/B	Verdingungsordnung für Bauleistungen, Teil A: Allg. Best. für die Vergabe von Bauleistungen, Teil B: Allg. Vertragsbedingungen für die Ausführung von Bauleistungen v. 25.10.1979 (BAnz. 1979 Nr. 208 S. 4)
VOBl.	Verordnungsblatt
VollstrA	Allgemeine Verwaltungsvorschrift über die Durchführung der Vollstreckung nach der Abgabenordnung (Vollstreckungsanweisung – VollstrA) v. 13.3.1980 (BStBl. I S. 112), idF v. 23.10.2017 (BStBl. I S. 1374)
Voraufl.	Vorauflage
Vorb.	Vorbemerkung(en)
VSSR	Vierteljahrsschrift für Sozialrecht
VStG	Vermögensteuergesetz idF v. 29.10.2001 (BGBl. I S. 2785)
VuR	Verbraucher und Recht (Zeitschrift)
VVaG	Versicherungsverein auf Gegenseitigkeit
VVG	Gesetz über den Versicherungsvertrag v. 30.5.1908 (RGBl. S. 263), idF v. 17.8.2017 (BGBl. I S. 3214)
VwGO	Verwaltungsgerichtsordnung idF v. 12.7.2018 (BGBl. I S. 1151)
VwKostG	Verwaltungskostengesetz idF v. 7.8.2013 (BGBl. I S. 3154)
VwV	Verwaltungsverordnung; Verwaltungsvorschrift
VwVfG	Verwaltungsverfahrensgesetz idF v. 18.12.2018 (BGBl. I S. 2639)
VwZG	Verwaltungszustellungsgesetz idF v. 18.7.2017 (BGBl. I S. 2745)
VZS	Vereinigte Zivilsenate
Waltermann	Waltermann, Arbeitsrecht, 18. Aufl. 2016
WarnR	Rechtsprechung des Reichsgerichts, herausgegeben von Warneyer (Band u. Nr.), ab 1961: Rechtsprechung des Bundesgerichtshofs in Zivilsachen
Weber	Weber, Kreditsicherungsrecht, 9. Aufl. 2012
WEG	Wohnungseigentumsgesetz idF v. 5.12.2014 (BGBl. I S. 1962)
Weller/Prütting	Weller/Prütting, Handels- und Gesellschaftsrecht, 9. Aufl. 2016
v. Westphalen/*Bearbeiter*	Graf v. Westphalen, Vertragsrecht und AGB-Klauselwerke, 40. Aufl. 2018
WG	Wechselgesetz idF v. 31.8.2015 (BGBl. I S. 1474)
WHG	Wasserhaushaltsgesetz idF v. 4.12.2018 (BGBl. I S. 2254)
WiB	Wirtschaftsrechtliche Beratung (Zeitschrift)
Wieczorek/Schütze	Wieczorek/Schütze, Zivilprozeßordnung und Nebengesetze, 2. Aufl. 1976–1989 (bzw. 4. Aufl. 2012 ff.)
Wiedemann	Wiedemann, Gesellschaftsrecht, Band 1: Grundlagen, 1980
Windbichler	Windbichler, Gesellschaftsrecht, 24. Aufl. 2017
Winkler	Winkler, Der Testamentsvollstrecker nach bürgerlichem, Handels- und Steuerrecht, 22. Aufl. 2016
WiRO	Wirtschaft und Recht in Osteuropa (Zeitschrift)
WiSta	Wirtschaft und Statistik (herausgegeben vom Statistischen Bundesamt; Zeitschrift)
WiStG	Wirtschaftsstrafgesetz idF v. 13.4.2017 (BGBl. I S. 872)
wistra	Zeitschrift für Wirtschaft, Steuer, Strafrecht
WM	Wertpapiermitteilungen (Zeitschrift)
Wolf/Lindacher/Pfeiffer/*Bearbeiter*	Wolf/Lindacher/Pfeiffer, AGB-Recht, Kommentar, 6. Aufl. 2013
Wolf/Neuner AT	Wolf/Neuner, Allgemeiner Teil des Bürgerlichen Rechts, 11. Aufl. 2016

Abkürzungs- und Literaturverzeichnis

Wolff	Wolff, Das Internationale Privatrecht Deutschlands, 1954
WoM	Wohnungswirtschaft und Mietrecht (Informationsdienst des Deutschen Mieterbundes; Zeitschrift)
WP	Wahlperiode
WP-Handbuch	Institut der Wirtschaftsprüfer (Hrsg.), WP-Handbuch 2000, Band 1, 12. Aufl. 2001, WP-Handbuch 1998, Band 2, 11. Aufl. 1998
WPg.	Die Wirtschaftsprüfung (Zeitschrift)
WpHG	Wertpapierhandelsgesetz (Schönfelder Erg.-Bd. Nr. 58)
Wprax	Wirtschaftsrecht und Praxis (Zeitschrift)
WPO	Wirtschaftsprüferordnung
WRP	Wettbewerb in Recht und Praxis (Zeitschrift)
WRV	Weimarer Reichsverfassung v. 11.8.1919 (RGBl. S. 1383), idF v. 17.12.1932 (RGBl. I S. 547)
WStG	Wehrstrafgesetz idF v. 30.10.2017 (BGBl. I S. 3618)
WuB	Wirtschafts- und Bankrecht (Zeitschrift)
WuM	Wohnungswirtschaft und Mietrecht (Zeitschrift, 1.1948 ff.)
WuR	Die Wirtschaft und das Recht (Zeitschrift)
WuW	Wirtschaft und Wettbewerb (Zeitschrift)
WuW/E	Wirtschaft und Wettbewerb – Entscheidungssammlung
ZAP	Zeitschrift für die Anwaltspraxis
ZAS	Zeitschrift für Arbeits- und Sozialrecht (Österreich)
zB	zum Beispiel
ZBB	Zeitschrift für Bankrecht und Bankwirtschaft
ZBergR	Zeitschrift für Bergrecht
ZblSozVers.	Zentralblatt für Sozialversicherung, Sozialhilfe und -versorgung
ZDJ	Zeitschrift des Bundes Deutscher Justizamtmänner
ZDG	Zivildienstgesetz idF v. 29.6.2015 (BGBl. I S. 1061)
ZErb	Zeitschrift für die Steuer- und Erbrechtspraxis (seit 1999)
ZEuP	Zeitschrift für Europäisches Privatrecht
ZEV	Zeitschrift für Erbrecht und Vermögensnachfolge
ZfA	Zeitschrift für Arbeitsrecht
ZfB	Zeitschrift für Betriebswirtschaft
ZfbF	Zeitschrift für betriebswirtschaftliche Forschung
ZfbF	(Schmalenbachs) Zeitschrift für betriebswirtschaftliche Forschung
ZfBR	Zeitschrift für deutsches und internationales Baurecht (1.1978 ff.)
ZfgK	Zeitschrift für das gesamte Kreditwesen
ZfJ	Zeitschrift für Jugendrecht
ZfIR	Zeitschrift für Immobilienrecht
ZfRV	Zeitschrift für Rechtsvergleichung (Österreich)
ZfS	Zeitschrift für Schadensrecht (1.1980 ff.)
ZfSH	Zeitschrift für Sozialhilfe (1.1962 ff.)
ZfSozW	Zeitschrift für Sozialwissenschaft
ZfVersWesen	Zeitschrift für Versicherungswesen
ZG	Zeitschrift zur Gesetzgebung
ZGB	Schweizerisches Zivilgesetzbuch
ZGB DDR	Zivilgesetzbuch der Deutschen Demokratischen Republik v. 19.6.1975 (GBl. DDR I S. 465)
ZgesGenW	Zeitschrift für das gesamte Genossenschaftswesen
ZgesKredW	Zeitschrift für das gesamte Kreditwesen
ZgesStaatsW	Zeitschrift für die gesamte Staatswissenschaft
ZGR	Zeitschrift für Unternehmens- und Gesellschaftsrecht
ZHR	Zeitschrift für das gesamte Handelsrecht und Wirtschaftsrecht (früher Zeitschrift für das gesamte Handelsrecht und Konkursrecht)
Ziff.	Ziffer(n)
ZInsO	Zeitschrift für das Insolvenz- und Sanierungsrecht
ZIP	Zeitschrift für Wirtschaftsrecht (bis 1982: Zeitschrift für Wirtschaftsrecht und Insolvenzpraxis)
ZIR	Zeitschrift für internationales Recht (früher NiemeyersZ)
ZKredW	Zeitschrift für das gesamte Kreditwesen
ZLR	Zeitschrift für Luftrecht
ZLW	Zeitschrift für Luftrecht und Weltraumrechtsfragen
ZMR	Zeitschrift für Miet- und Raumrecht
Zöller/*Bearbeiter*	Zöller, Zivilprozessordnung, 32. Aufl. 2018
Zöllner/Loritz/ Hergenröder	Loritz/Zöllner/Hergenröder Arbeitsrecht, 7. Aufl. 2015

Abkürzungs- und Literaturverzeichnis

Zöllner Wertpapierrecht	Zöllner, Wertpapierrecht, 15. Aufl. 1999
ZPO	Zivilprozeßordnung idF v. 5.12.2012 (BGBl. I S. 2418)
ZRG	Zeitschrift der Savigny-Stiftung für Rechtsgeschichte (germ. Abt. = germanistische Abteilung; rom. Abt. = romanistische Abteilung, kanon. Abt. = kanonistische Abteilung)
ZRHO	Rechtshilfeordnung für Zivilsachen (einheitliche Verwaltungsvorschrift des Bundes und der Länder)
ZRP	Zeitschrift für Rechtspolitik
ZRvgl.	Zeitschrift für Rechtsvergleichung
ZS	Zivilsenat
ZSEG	Gesetz über die Entschädigung von Zeugen und Sachverständigen idF v. 22.6.2004 (BGBl. I S. 1190)
ZSR	Zeitschrift für Sozialreform
ZStrW	Zeitschrift für die gesamte Strafrechtswissenschaft (Band u. Seite)
zT	zum Teil
zust.	zuständig; zustimmend
zutr.	zutreffend
zVb	zur Veröffentlichung bestimmt
ZVersWes.	Zeitschrift für Versicherungswesen
ZVersWiss.	Zeitschrift für die gesamte Versicherungswissenschaft (1.1901–43.1943; 49.1960 ff.)
ZVG	Gesetz über die Zwangsversteigerung und Zwangsverwaltung idF v. 24.5.2016 (BGBl. I S. 1217)
ZVI	Zeitschrift für Verbraucher und Privatinsolvenzrecht
ZVglRWiss.	Zeitschrift für vergleichende Rechtswissenschaft (Band, Jahr u. Seite)
ZVP	Zeitschrift für Verbraucherpolitik
Zwanziger	Zwanziger, Kommentar zum Arbeitsrecht der Insolvenzordnung, 5. Aufl. 2015
zZ	zurzeit
ZZP	Zeitschrift für Zivilprozess (Band u. Seite)
ZZPInt	Zeitschrift für Zivilprozess International (Band u. Seite)

Verordnung (EU) Nr. 2015/848 des Europäischen Parlaments und des Rates vom 20. Mai 2015 über Insolvenzverfahren (EuInsVO 2015)

ABl. EU Nr. L 141/19 vom 5.6.2015

EuInsVO Vor Art. 1

Schrifttum allgemein: *Bork/van Zwieten,* Commentary on the European Insolvency Regulation, 2016 (zit.: Bork/van Zwieten/*Bearbeiter,* Commentary on the European Insolvency Regulation); *Brinkmann,* European Insolvency Regulation, 2019 (zit.: Brinkmann/*Bearbeiter,* European Insolvency Regulation); *Gebauer/Wiedmann* (Hrsg.), Zivilrecht unter europäischem Einfluss, 2. Aufl, 2010 (zit.: Gebauer/Wiedmann/*Bearbeiter,* Zivilrecht); *Geimer,* Internationales Zivilprozeßrecht, 8. Aufl. 2019 (zit.: Geimer/*Bearbeiter*); *Geimer/Schütze* (Hrsg.), Der Internationale Rechtsverkehr in Zivil- und Handelssachen: Quellensammlung mit Erläuterungen, Bd. 1–6, 2001–2019 (zit.: Geimer/Schütze/*Bearbeiter,* Int. Rechtsverkehr); *dies.* (Hrsg.), Europäisches Zivilverfahrensrecht: Kommentar, 3. Aufl. 2010 (zit.: Geimer/Schütze/*Bearbeiter*); *Gottwald,* Insolvenzrechts-Handbuch, 6. Aufl. 2020 (zit.: Gottwald/*Bearbeiter,* Insolvenzrechts-Handbuch); *Kolmann,* Kooperationsmodelle im internationalen Insolvenzrecht, 2001 (zit.: *Kolmann,* Kooperationsmodelle); *Kropholler,* Europäisches Zivilprozeßrecht, Kommentar zu EuGVO, Lugano-Übereinkommen und Europäischem Vollstreckungstitel, 9. Aufl. 2011 (zit.: *Kropholler,* Europ. Zivilprozeßrecht); *Leipold,* in: Stoll, Vorschläge und Gutachten zur Umsetzung des EU-Übereinkommens über Insolvenzverfahren im deutschen Recht, 1997; *Leonhard/Smid/Zeuner* (Hrsg.), Internationales Insolvenzrecht, Kommentar, 2. Aufl. 2012 (zit.: Leonhardt/Smid/Zeuner/*Bearbeiter*); *Mankowski/Müller/J. Schmidt,* EuInsVO 2015, 2016 (zit.: Mankowski/Müller/J. Schmidt/*Bearbeiter*); *Moss/Fletcher/Isaacs,* The EC Regulation on Insolvency Proceedings, 2016 (zit.: *Bearbeiter,* in Moss/Fletcher/Isaacs, EC Regulation); *Pannen,* Europäische Insolvenzordnung, Kommentar, 2007 (zit.: Pannen/*Bearbeiter*); *Paulus,* Europäische Insolvenzordnung, 5. Auflage, 2017 (zitiert: *Paulus,* Europäische Insolvenzordnung); *Rauscher* (Hrsg.), Europäisches Zivilprozeßrecht, Kommentar, Bd. 1 und 2, 4. Aufl. 2016 (zit.: Rauscher/*Bearbeiter,* Bd. 1 bzw. Bd. 2, Europ. Zivilprozeßrecht); *Schack,* Internationales Zivilverfahrensrecht, 7. Aufl. 2017 (zit.: *Schack,* IZVR); *Schmidt* (Hrsg.), Hamburger Kommentar zum Insolvenzrecht, 7. Aufl. 2019 (zit.: HambKomInsO/*Bearbeiter*); *Schmidt,* EuInsVO, 2020 (zit.: Schmidt/*Bearbeiter*); *Thole,* Gläubigerschutz durch Insolvenzrecht, 2010 (zit.: *Thole,* Gläubigerschutz durch Insolvenzrecht); *Trunk,* Internationales Insolvenzrecht, 1998 (zit.: *Trunk,* Internationales Insolvenzrecht); *Vallender,* EuInsVO, 2017 (zit.: Vallender/*Bearbeiter*); *Virgos/Garcimartin,* The European Insolvency Regulation: Law and Practice, 2004 (zit.: *Virgos/Garcimartin,* European Insolvency regulation, 2004); *Virgos/Schmit,* Erläuternder Bericht zu dem EU-Übereinkommen über Insolvenzverfahren, 1996 (zit.: *Virgos/Schmit,* Erläuternder Bericht); *von Bar/Mankowski,* Internationales Privatrecht, Band I: Allgemeine Lehren, 2. Aufl. 2003 (zit.: *v. Bar/Mankowski,* IPR).

Schrifttum zu Staatsverträgen allgemein: *Arnold,* Der deutsch-österreichische Konkurs- und Vergleichs-(Ausgleichs-)Vertrag vom 25. Mai 1979, KTS 1985, 385 ff.; *ders.,* Der Deutsch-Österreichische Konkursvertrag, Bundesanzeiger, 1987; *ders.,* Der Europarats-Entwurf eines europäischen Konkursabkommens, ZIP 1984, 1144 ff.; *ders.,* Straßburger Entwurf eines europäischen Konkursübereinkommens, IPRax 1986, 133 ff.; *Balz,* Das Europäische Insolvenzübereinkommen, ZIP 1996, 948 ff.; *Benning/Wehling,* Das „Model Law on Cross-Border Insolvency" der Vereinten Nationen, EuZW 1997, 618; *Blaschczok,* Die schweizerisch-deutschen Staatsverträge auf dem Gebiet des Insolvenzrechtes, ZIP 1983, 141 ff.; *Bloch,* Der Entwurf einer nordischen Konvention über die Vereinheitlichung des Konkursrechts, RabelsZ (Bd. 7) 1933, 458 ff.; *Bürgi,* Konkursrechtliche Staatsverträge der Schweiz mit den ehemaligen Königreichen Württemberg und Bayern sowie mit Frankreich, FS 100 Jahre SchKG, Centenaire de la LP, Herausgeber: Dallèves, Louis, Kleiner, Beat, Krauskopf, Lutz, Raschei, Rolf, Schüpbach, Henri, und die Konferenz der Beitreibungs- und Konkursbeamten der Schweiz, Zürich, 1989; *Dallèves,* Les accords bilatéraux en matière de faillite, notament la convention franco-suisse de 1869, in: Schweizerische Vereinigung für internationales Recht (Hrsgbr.), Band 46, Le droit de faillite international, Zürich 1986; *Deutscher Anwaltsverein,* Stellungnahme des Insolvenzrechtsausschusses des Deutschen Anwaltsvereins zum Vorentwurf eines Übereinkommens der Mitgliedstaaten der EG über den Konkurs, Vergleich und ähnliche Verfahren, KTS 1975, 59 ff.; *Dobson,* Treaty Developments in Latin America, in: Cross border insolvency, comparative dimensions, The Aberyst with insolvency papers, hrsg. von Fletcher, Ian F., London 1990; *Explanatory Report,* Explanatory Report on the Istanbul Convention (5th June 1990), International Aspects of Bankruptcy, Council of Europe Press 1991; *Farrar,* The EEC Draft Convention on Bankruptcy and Winding up, J. Bus. L. 1977, S. 320 ff.; *Felsenfeld,* Felsenfeld on International Insolvency, Loseblattsammlung, New York 1999; *Funke,* Das Übereinkommen über Insolvenzverfahren, InVo 1996, 170 ff.; *Ganshof,* Deuxieme partie. L'avant-projet de convention CEE, Cahiers de droit européen (Bd. 7) 1971, S. 154 ff.; *Garrido,* Some reflections on the EU Bankruptcy Convention, International Insolvency Review 1998, S. 79 ff.; *Kayser,* A study of the European Convention on Insolvency Proceedings, International Insolvency Review 1998, S. 95 ff.; *Kegel/Thieme* (Bearb.), Vorschläge und Gutachten zum Entwurf eines EG-Konkursrechtsübereinkommens, im Auftrage der Sonderkommission des Deutschen Rates für internationales Privatrecht, Tübingen 1988 (zit.: *Kegel,* Vorschläge und Gutachten); *Liersch/Walther,* Geltung und Grenzen der deutsch-schweizerischen Staatsverträge auf dem Gebiet des Insolvenzrechts, ZInsO 2007, 582; *Lüer,* Einheitliches Insolvenzrecht innerhalb der Europäischen Gemeinschaft – Die Quadratur des Kreises?, KTS 1981, 147 ff.; *Martini,* Inländische Insolvenzverfahren über schuldnerisches Vermögen in der Schweiz, DZWIR 2007, 227; *Metzger,* Die Umsetzung des Istanbuler Konkursübereinkommens in das neue deutsche Internationale Insolvenzrecht (Freiburg (Breisgau), Univ., Diss., 1994), 1994; *Schmidt,* Französisches Recht für Europa – Der Konkursdurchgriff im Vorentwurf eines EG-Konkursabkommens, KTS 1976, 11 ff.; *Schollmeyer,* Die vis attractiva concursus im deutsch-österreichischen Konkursvertrag, IPRax 1998, 29; *Schumacher,* Die Entwicklung öster.-dt. Insolvenzrechtsbeziehungen, ZZP 103 (1990) 418 ff.; *Staehelin,* Die Anerkennung ausländischer Konkurse und Nachlassverträge in der Schweiz (Art. 166 ff. IPRG), (Basel, Univ., Diss., 1989), 1989 (zit.: Staehelin, Die Anerkennung); *Strub,* Das Europäische Konkursübereinkommen, EuZW 1996, 71 ff.; *ders.,* Insolvenzverfahren im Binnenmarkt, EuZW 1994, 424 ff.; *Stummel,* Konkurs und Integration: Konventionsrechtliche Wege zur Bewältigung grenzüberschreitender Insolvenzverfahren, Frankfurt, Bern, New York, Paris, 1991 (Heidelberg, Univ., Diss., 1990); *Thieme,* Vermögensgerichtsstände, Inlandsbezug und Partikularkonkurs – Auf den Spuren eines allgemeinen Rechtsgrundsatzes im deutschen und im europäischen Internationalen Konkursrecht (§ 238 KO, § 22 GesO, Art. 102 EGInsO, Art. 3, 29, 32 EuKÜ), IJVO 5 (1995/96) 44; *ders.,* Partikularkonkurs, in: Stoll (Hrsg.), Stellungnahmen und Gutachten zur Reform des deutschen Internationalen Insolvenzrechts – Stellungnahme zu den Artikeln 1 II, 2, 9, 10, 11 I, 15 I, 16 I, 20, 21 Satz 2, 26–4, des Vorentwurfs zur Neuordnung des Internationalen Insolvenzrechts von 1989, 1992, S. 212 (zit.: *Thieme,* Partikularkonkurs); *ders.,* Entwurf eines EG Konkursübereinkommens, RabelsZ 45 (1981) 458 ff.; *Totty,* Proposal for a model international bilateral insolvency treaty, with capacity for adoption by the EEC, in: Cross border insolvency: Comparative dimensions, The Aberystwyth insolvency papers, hrsgb. von Fletcher, Ian F., London 1990; *Volken,* Europäische Harmonisierung des Konkursrechts: frühe Staatsverträge, FS Oscar Vogel, herausgegeben von Ivo Schwander und Walter A. Stoffel, Freiburg, Schweiz; *Weinbörner,* Das neue Insolvenzrecht mit EU-Übereinkommen, Freiburg, 1997; *Wiesbauer,* der österreichisch-deutsche Konkursvertrag aus österreichischer Sicht, ZIP 1982, 1285 ff.; Die UNCITRAL-Modellbestimmungen über grenzüberschreitende Insolvenzverfahren, ZIP 1997, 2220 ff.

Schrifttum zum deutsch-österreichischen Konkursvertrag: *Arnold,* Der deutsch-österreichische Konkursvertrag, 1987; *ders.,* Der deutsch-österreichische Konkurs- und Vergleichs-(Ausgleichs-)Vertrag vom 25. Mai 1979", KTS 1985, 385; *Knuis,* Österreichischer Masseverwalter als Kläger vor deutschen Gerichten; NZI 2001, 520; *Schumacher,* Die Entwicklung dt.-österreichischer Insolvenzrechtsbeziehungen, ZZP 103 (1990), 418 ff.; *Wiesbauer,* Der deutsch-österreichische Konkursvertrag aus österreichischer Sicht, ZIP 1982, 1285.

Schrifttum zur Reform der EuInsVO: *Adam, Dietmar, Poertzgen, Christoph;* Überlegungen zum Europäischen Konzerninsolvenzrecht (Teil 1), ZInsO 2008, 281; *dies.,* Überlegungen zum Eurppäischen Konzerninsolvenzrecht (Teil 2), ZInsO 2008, 347; *Albrecht, Achim,* Die Reform der EuInsVO nimmt Fahrt auf – der Änderungsvorschlag der Europäischen Kommission in der Übersicht, ZInsO 2013, 1876; *ders.,* Die Reform der EuInsVO ist abgeschlossen – eine Übersicht, ZInsO 2015, 1077; *Beck, Lukas,* Perspektiven eines Konzerninsolvenzrechts, DZWiR 2014, 381; *Brünkmans, Christian,* Auf dem Weg zu einem europäischen Konzerninsolvenzrecht, ZInsO 2013, 797; *Bufford, Samuel,* Revision of the European Union Regulation on Insolvency Proceedings, IILR 2012, 341; *Commandeur/Römer,* Aktuelle Entwicklungen im Insolvenzrecht Neufassung der Europäischen Insolvenzordnung, NZG 2015, 988; *Cranshaw, Friedrich L.,* Partikulare Insolvenzverfahren nach der EuInsVO, DZWiR 2014, 473; *Dähnert,* The Threat of Corporate Groups and the Insolvency Regulation, 18 Int. Insolvency Rev. 209, 233–234 (2009); Deutscher Anwalt Verein (DAV), Position Paper of the German Bar Association (DAV) by the Legislative Committe „Insolvency Law" and the European Affairs Working Group of the Section of „Insolvency and Restructuring Law, Position Paper No.: 14/2013 of February 2013; *dies.,* 2nd Position Paper of the German Bar Association (DAV) by the Legislative Committee „Insolvency Law" and the European Affairs Working Group of the Section of „Insolvency and Restructuring Law" on the Proposal for a Regulation of the European Parliament and of the Council amending Council Regulation (EC) No. 1346/2000 on Insolvency proceedings COM(2012) 744 final, Position Paper No.: 39/2013 of July, 13th 2013; *Degenhardt, Ernst,* Die Reform des Französischen Insolvenzrechts vom 12.3.2014 – Stärkung der Prävention und Einführung eines Schuldenbefreiungsverfahrens ohne vorgeschaltete Insolvenzverfahren, NZI 2014, 433; *Dähnert, Alexander,* Haftung und Insolvenz – Englische Wahrnehmung eines Konzernphänomens, ZInsO 2011, 750; *Eidenmüller, Horst,* Der Markt für internationale Konzerninsolvenzen: Zuständigkeitskonflikte unter der EuInsVO, NJW 2004, 3455; *ders.,* Ein Regulierungskonzept zur Bewältigung von Gruppeninsolvenzen: Verfahrenskonsolidierung im Kontext nationaler und internationaler Reformvorhaben, ZIP 2013, 1; *ders.,* A New Framework for Business Restrukturing in Europe: The EU Commission's Proposals for a Reform of the European Insolvency Regulation and Beyond, Maastricht Journal 2013; *Fritz,* Die Neufassung der Europäischen Insolvenzverordnung: Erleichterung bei der Restrukturierung in grenzüberschreitenden Fällen?, DB 2015, 1882, 1945; *Garcimartín,* The EU Insolvency Regulation Recast: Scope, Jurisdiction and Applicable Law, ZEuP 2015, 694; *Haas, Ulrich, Vogel, Oliver,* Durchsetzung gesellschaftsrechtlicher und insolvenzrechtlicher Haftungsansprüche im internationalen Konzern, NZG 2011, 455; *Holzer, Johannes,* Die Empfehlungen der UNCITRAL zum nationalen und internationalen Konzerninsolvenzrecht, ZIP 2011, 1894; *Hübler, Jana Julia,* Aktuelles Europäisches und Internationales Insolvenzrecht, Juni/Juli 2015, NZI 2015, 689; *dies.,* Aktuelles Europäisches und Internationales Insolvenzrecht, Februar bis Mai, NZI 2015, 506; *Kammel, Volker,* Die Bestimmung der zuständigen Gerichte bei grenzüberschreitenden Konzerninsolvenzen, NZI 2006, 334; *Kindler, Peter/Sakka, Samy,* Die Neufassung der Europäischen Insolvenzverordnung, EuZW 2015, 460; *LoPucki, Lynn M.,* Courting failure: Das Versagen der Kontrollinstanz in der Konzerninsolvenz, ZInsO 2013, 420; *Leithaus, Rolf, Riewe, Anne Deike,* Inhalt und Reichweite der Insolvenzantragspflichtbei europaweiter Konzerninsolvenz, NZI 2008, 598; *Madaus, Stephan,* Koordination ohne Koordinationsverfahren? – Reformvorschläge aus Berlin und Brüssel zu Konzerninsolvenzen, ZRP 2014, 192; *ders.,* Insolvency Proceedings for corporate groups under the new Insolvency Regulation, IILR 2015, 235; *Mankowski, Peter,* Lässt sich eine Konzerninsolvenz durch Insolvency Planning erreichen?, NZI 2008, 355; *McCormack,* Reforming the European Insolvency Regulation: A legal and policy Perspective, 10 JPIL 41, 58 (2014); *Mevorach,* Appropriate Treatment of Corporate Groups in Insolvency: A Universal View, 8 EBOR 179, et seq (2007); *ders.,* The „Home Country" of a Multinational Enterprise Group Facing Insolvency, 57 ICLQ 427 (2008); *Pannen, Klaus,* Aspekte der europäischen Konzerninsolvenz, ZInsO 2014, 222; *Paulus, Christoph,* EuInsVO: Änderungen am Horizont und ihre Auswirkungen, NZI 2012, 297; *Piekenbrock, Andreas,* The future scope oft the European Insolvency Regulation, IILR 2014, 424; *Prager, Keller,* Der Vorschlag der Europäischen Kommission zur Reform der EuInsVO, NZI 2013, 57; *dies.,* Der Entwicklungsstand des Europäischen Insolvenzrechts, WM 2015, 805; *Reinhart, Stefan,* Die

Überarbeitung der EuInsVO, NZI 2012, 304; *Reuß, Philipp,* Europäisches Insolvenzrecht 3.0 oder doch nur Version 1.1? – Der Vorschlag der Kommission vom 12.12.2012 zur Reform der Europäischen Insolvenzverordnung, EuZW 2013, 165; *Rotstegge, Jochen,* Zuständigkeitsfragen bei der Insolvenz in- und ausländischer Konzerngesellschaften, ZIP 2008, 955; *Römermann, Volker,* Die Konzerninsolvenz auf der Agenda des Gesetzgebers – Der Regierungsentwurf eines Gesetzes zur Erleichterung der Bewältigung von Konzerninsolvenzen, ZRP 2013, 201; *Schmidt, Karsten,* Konzern-Insolvenzrecht – Entwicklungsstand und Perspektiven, KTS 2010, 1; *Schulz, Patrick,* Die Haftung wegen masseschädigender Zahlungen als EuInsVO-Annexverfahren – Zur Frage der internationalen Gerichtszuständigkeit bei Klage des Insolvenzverwalters gegen den Geschäftsführer wegen masseschmälernder Zahlungen nach § 64 S. 1 GmbHG und zum räumlichen Anwendungsbereich der EuInsVO, NZG 2015, 146; *Siemon, Klaus, Frind, Frank,* Der Konzern in der Insolvenz – Zur Überwindung des Dominoeffekts in der (internationalen) Konzerninsolvenz, NZI 2013, 1; *Thole, Christoph,* Die neue Europäische Insolvenzverordnung, IPRax 2017, 213; *ders.,* Das neue Konzerninsolvenzrecht in Deutschland und Europa, KTS 2014, 351; *ders.,* Die Reform der Europäischen Insolvenzverordnung – Zentrale Aspekte des Kommissionsvorschlags und offene Fragen –, ZEuP 2014, 39; *Thole, Christoph, Swierczok, Arthur,* Der Kommissionsvorschlag zur Reform der EuInsVO, ZIP 2013, 550; *Ungerer, Johannes,* Cross-Border Insolvency Proceedings – After the Revision of the EU Insolvency Regulation – Report of the ERA Conference in Trier, IILR 2015, 272; *Vallender, Heinz,* Der deutsche Motor stockt, aber Europa drückt aufs Gas – Europäisches Konzerninsolvenzrecht vor der Verabschiedung, ZInsO 2015, 57; *Vallender, Heinz, Deyda, Stephan,* Brauchen wir einen Konzerninsolvenzgerichtsstand?, NZI 2009, 825; *Verhoeven, Alexander,* Ein Konzerninsolvenzrecht für Europa – Was lange währt wird endlich gut?, ZInsO 2012, 2369; *Wessels, Bob,* On the future of European Insolvency Law, IILR 2014, 310; *Wimmer, Klaus,* Konzerninsolvenzen im Rahmen der EuInsVO – Ausblick auf die Schaffung eines deutschen Konzerninsolvenzrechts, Der Betrieb 2013, 1343; *ZInsO Dokumentation,* Verordnung (EU) 2015/848 des Europäischen Parlaments und des Rates v. 20.5.2015 über Insolvenzverfahren (Neufassung), ZInsO 2015, 1540.

Weiteres Schrifttum: *Adam,* Zuständigkeitsfragen bei der Insolvenz internationaler Unternehmensverbindungen (Köln, Univ., Diss., 2006), 2006; *Adam/Poertzgen,* Überlegungen zum Europäischen Konzerninsolvenzrecht (Teil 1), ZInsO 2008, 281–287; *dies.,* Überlegungen zum Europäischen Konzerninsolvenzrecht (Teil 2), ZInsO 2008, 347–352; *Aderhold,* Auslandskonkurs im Inland: Entwicklung und System des deutschen Rechts mit praktischen Beispielen unter besonderer Berücksichtigung des Konkursrechts der Vereinigten Staaten von Amerika, Englands, Frankreichs sowie der Schweiz (Bonn, Univ., Diss., 1991), 1992; *Adolphsen,* Alternative Dispute Resolution – Conciliation – Mediation, Internationales Eheverfahrensrecht in der EU, Internationales Insolvenzrecht im Wettbewerb der Modelle der EU und UNCITRAL, IPRax 2002, 337; *Ahrens,* Rechte und Pflichten ausländischer Insolvenzverwalter im internationalen Insolvenzrecht, (Freiburg (Breisgau), Univ., Diss., 1999), 2002, (zit.: *Ahrens,* Rechte und Pflichten ausländischer Insolvenzverwalter); *Albrecht,* Die Reform der EuInsVO nimmt Fahrt auf – der Änderungsvorschlag der Europäischen Kommission in der Übersicht, ZInsO 2013, 1876; *Allemand/Baister/Kuglarz/Mathijsen/O'Neill/Potamitis/Vallender,* Mindeststandards für Entschuldungsverfahren in Europa?, NZI 2014, 1; *Altmeppen,* Änderungen der Kapitalersatz- und Insolvenzverschleppungshaftung aus „deutsch-europäischer" Sicht, NJW 2005, 1911; *Athik,* European Union Depositors in Cases of Cross-Border Bank Insolvencies: Identifying Deficiencies in: Clavora/Garber, Grenzüberschreitende Insolvenzen im europäischen Binnenmarkt – Die EuInsVO/1. Österreichische Assistententagung zum Zivil- und Zivilverfahrensrecht der Karl-Franzens-Universität Graz; *Badelt,* Aufrechnung und internationale Zuständigkeit unter besonderer Berücksichtigung des deutsch-spanischen Rechtsverkehrs (Heidelberg, Univ., Diss., 2004), 2005; *Balz,* Das neue Europäische Insolvenzübereinkommen, ZIP 1996, 958; *Baudenbacher/Buschle,* Niederlassungsfreiheit für EWR-Gesellschaften nach Überseering, IPRax 2004, 26; *Bauer,* Gläubigerprivilegien in grenzüberschreitenden Insolvenzverfahren, KKZ 2006, 181; *Beck,* Perspektiven eines Konzerninsolvenzrechts, DZWIR 2014, 381; *Beck,* Verteilungsfragen im Verhältnis zwischen Haupt- und Sekundärinsolvenzverfahren nach der EuInsVO, NZI 2007, 1; *ders.,* Verwertungsfragen im Verhältnis zwischen Haupt- und Sekundärinsolvenzverfahren nach der EuInsVO, NZI 2008, 609; *Becker,* Insolvenz in der Europäischen Union, Zur Verordnung des Rates über Insolvenzverfahren, ZEuP 2002, 287; *Behrens,* Gemeinschaftliche Grenzen der Anwendung inländischen Gesellschaftsrechts auf Auslandsgesellschaften nach Inspire Art, IPRax 2004, 20; *Berkowsky,* Aktuelle arbeitsrechtliche Fragen in Krise und Insolvenz, Oktober/November 2007, NZI 2008, 20–22; *Berner/Klöhn,* Insolvenzantragspflicht, Qualifikation und Niederlassungsfreiheit, ZIP 2007, 106; *Bierbach,* Wettlauf der Gläubiger um den Insolvenzgerichtsstand – Anfechtungsbefugnisse des Insolvenzverwalters nach Art. 18 Abs. 2 Satz 2 EuInsVO, ZIP 2008, 2203–2207; *Bierhenke,* Der ausländische Insolvenzverwalter und das deutsche Grundbuch, MittBayNot 2009, 197–203; *Binder,* Bankeninsolvenzen im Spannungsfeld zwischen Bankaufsichts- und Insolvenzrecht, zugl. Diss. Univ. Albert-Ludwigs-Universität Freiburg i. Br., 2005; *Blitz,* Sonderinsolvenzverfahren im Internationalen Insolvenzrecht unter besonderer Berücksichtigung der europäischen Verordnung über Insolvenzverfahren, vom 29. Mai 2000, 2002 (zit.: *Blitz,* Sonderinsolvenzverfahren); *Bode,* Möglichkeiten und Grenzen der Wahl des Insolvenzstatuts im Rahmen der EuInsVO, 2011; *Bodiroga/Knezevic,* Anerkennung ausländischer Insolvenzverfahren (EU und Serbien) in: Clavora/Garber, Grenzüberschreitende Insolvenzen im europäischen Binnenmarkt – die EuInsVO/1. Österreichische Assistententagung zum Zivil- und Zivilverfahrensrecht der Karl-Franzens-Universität Graz; *Boone/Duedall,* The super-model law, The European Lawyer, 57/2006, 31; *Borges,* Gläubigerschutz bei ausländischen Gesellschaften mit inländischem Sitz, ZIP 2004, 733; *Bork (Hrsg.),* Handbuch des Insolvenzanfechtungsrechts, 2006, (zit.: Bork/*Bearbeiter,* Handbuch); *ders.,* Die Aufrechnung im internationalen Insolvenzverfahren, ZIP 2002, 690; *Bormann,* Kreditreorganisationsgesetz, ESUG und Scheme of Arrangement – Insolvenzrechtliche Neuerungen im Spannungsverhältnis zwischen erleichterter Unternehmenssanierung und Beschneidung von Gläubiger- und Gesellschafterrechten, NZI 2011, 892–898; *Braun/Wierzioch,* Neue Entwicklungen beim Insolvenzgeld, ZIP 2003, 2001; *Brinkmann,* Die Auswirkungen der Eröffnung eines Verfahrens nach Chapter 11 U.S.

Bankruptcy Code auf im Inland anhängige Prozesse, IPRax 2011, 143; *ders.*, Avoidance claims in the context of the EIR, IILR 2013, 371; *Brinkmans*, Konzerninsolvenzrecht, MüKo Band 3; *ders.*, Auf dem Weg zu einem Europäischen Konzerninsolvenzrecht – Zum Vorschlag der Europäischen Kommission zur Änderung der EuInsVO, ZInsO 2013, 193; *Bufford*, Revision of the European Union Regulation on Insolvency Proceedings – Recommendations, IILR 2012, 341; *Buchberger/Buchberger*, Das System der „kontrollierten" Universalität des Konkursverfahrens nach der Europäischen Insolvenzverordnung, ZIK 2000, 187; *Büchler*, Ist die grenzüberschreitende „Firmenbestattung" vom deutschen Insolvenzstrafrecht erfasst? Grenzüberschreitende „Firmenbestattung" in: Clavora/Garber, Grenzüberschreitende Insolvenzen im europäischen Binnenmarkt – die EuInsVO/1. Österreichische Assistententagung zum Zivil- und Zivilverfahrensrecht der Karl-Franzens-Universität Graz; *Buchmann*, Die Insolvenz der englischen Limited in Deutschland: de lege lata sowie im Gefüge der Modernisierung des europäischen Gesellschaftsrechts (Trier, Univ., Diss., 2006), 2007; *Bunk*, Europa-Report aus Deutschland: Zunahme grenzüberschreitender Insolvenzen im deutsch-polnischen Rechtsverkehr, EuZW 2009, 478; *Burg*, Existenzvernichtungsschutz in der Private Limited Company?, GmbHR 2004, 1379; *Busch*, Die Qualität der Insolvenzgerichte, ZInsO 2011, 1321–1327 (insbes. S. 1323); *Busch/Remmert/ Rüntz/Vallender*, Kommunikation zwischen Gerichten in grenzüberschreitenden Insolvenzen – Was geht und was nicht geht, NZI 2010, 417–430; *Calme*, The recognition of foreign loan security – with a special focus on international interests in movable equipment, IILR 2014, 1; *Camacho/Nunez-Lagos Burguera*, Secondary Proceedings: are cross-border insovencies in the EU dealt with efficiently?, IILR 2013, 140; *Carrara*, The Parmalat Case, RabelsZ 2006, 538; *dies.*, Recent reforms of insolvency law in Italy, The European Lawyer, 57/2006, 33; *Carstens*, Die internationale Zuständigkeit im europäischen Insolvenzrecht (Kiel, Univ., Diss., 2004), 2005 (zit.: *Carstens*, Die internationale Zuständigkeit); *Clavora/Garber*, Grenzüberschreitende Insolvenzen im europäischen Binnenmarkt – die EuInsVO/1. Österreichische Assistententagung zum Zivil- und Zivilverfahrensrecht der Karl-Franzens-Universität Graz; *Cohnen*, Der erste Regierungsentwurf zur Reform des spanischen Konkursgesetzes, RIW 2011, 226–230; *Corno*, EIR and Italian Rules governing the Lodging, Verification an Admission of Claims. Theory and Italian Practice, IILR 2012, 197; *ders.*, Enforcement of avoidance claims judgments in Europe. Present rules and (reasonable) future reforms, IILR 2013, 417; *Cranshaw*, Aktuelle Fragen zur europäischen Insolvenzverordnung vor dem Hintergrund der Rechtsprechung des EuGH, DZWIR 2009, 353–362; *ders.*, Fragen zur Durchsetzung des Eigentumsvorbehalts im Hauptinsolvenzverfahren des Vorbehaltskäufers im Geltungsbereich der EuInsVO, DZWIR 2010, 89–98; *ders.*, Keine analoge Geltung der abgespaltenen verbindlichen Prüfungszuständigkeit des Insolvenzgerichts bei Cross-Border-Insolvenzen, jurisPR-InsR 12/2010 Anm. 5; *ders.*, Vortrag: Aktuelle Entwicklungen zu Fragen des Internationalen Insolvenzrechts, Vortrag vom 15. März 2011; *ders.*, Zehn Jahre EuInsVO und Centre of Main Interests – Motor dynamischer Entwicklung im Insolvenzrecht?, DZWir 2012, 133–141; *ders.*, Grenzüberschreitende Anfechtungsklagen – Auswirkungen der Rechtsprechung der Unionsgerichtsbarkeit, ZInsO 2012, 1237; *ders.*, „Schuldbefreiung" für Schuldner mit Sitz in der Europäischen Union durch mitgliedstaatliche „Entschuldungsverfahren" – Das Urteil „Radziejewski" des EuGH, ZinsO 2013, 153; *ders.*, Bemerkungen zur Vorfinanzierung von Insolvenzgeld, ZInsO 2013, 1493; *ders.*, Partikulare Insolvenz – Verfahren nach der EUInsVO – Gläubigerinteressen, Unternehmensinteressen, Binnenmarkt, DZWiR 2014, 473; *Cranshaw*, Die Rückforderung der rechtswidrigen staatlichen Beihilfen als Schnittstelle zwischen Insolvenz- und Gemeinschaftsrecht, DZWIR 2006, 185; *ders.*, Einflüsse des europäischen Rechts auf das Insolvenzverfahren: das europäische Recht, insbesondere das Beihilferecht, und seine Wirkungen auf das (mitgliedstaatliche) Insolvenzrecht in der Bundesrepublik Deutschland (Halle, Wittenberg, Univ., Diss., 2004), 2006; *Cristofaro*, Europäisches Insolvenzrecht: Probleme der Internationalen Zuständigkeit und des forum shopping; *Csoke*, Scandalous Notes – to Bob Wessels' Article „Twenty Suggestions for a Makeover of the EU Insolvency Regulation", International Caselaw Alert 13 – I/2007, 53; *Czaja*, Umsetzung der Kooperationsvorgaben durch die Europäische Insolvenzordnung im deutschen Insolvenzverfahren, Diss. Univ. 2009); *d' Avoine*, Internationale Zuständigkeit des deutschen Insolvenzgerichts bei offenkundiger „Rückkehroption" des ehemals selbständig wirtschaftlich tätigen Schuldners (Unternehmer, Freiberufler, Arzt, Anwalt, Notar etc.) mit dem Ziel der Restschuldbefreiung, NZI 2011, 310–314; *Dabrowski*, Das Insolvenzrecht für Staaten: philosophische Begründungen – ökonomische Beurteilung – sozialethische Bewertung, 2003; *ders.*, (Hrsg.), Die Diskussion um ein Insolvenzrecht für Staaten: Bewertungen eines Lösungsvorschlages zur Überwindung der internationalen Schuldenkrise, 2003; *Dahl*, Internationales Insolvenzrecht in der EU, NJW-Spezial 2009, 245–246; *Dahl/ Pietron*, International jurisdiction for legal action for dismissal protection, IILR 2013, 289; *Dähnert*, Haftung und Insolvenz – Englische Wahrnehmungen des Konzernphänomens, ZInsO 2011, 750–757; *Damman*, Die Schlüssel des Erfolgs der französischen Vorverfahren und der neuen procédure de sauvegarde, NZI 2008, 420–421; *ders.*, Die Erfolgsrezepte französischer vorinsolvenzlicher Sanierungsverfahren, NZI 2009, 502–507; *Dammann/Lehmkuhl*, Unwirksamkeit insolvenzbedingter Lösungsklauseln – Vorrang der lex fori concursus nach Art. 4 II 2 e) EuInsVO?, NJW 2012, 3069; *Dammann/Müller*, Eröffnung eines Sekundärinsolvenzverfahrens in Frankreich gem. Art. 29 lit. a EuInsVO auf Antrag eines „schwachen" deutschen Insolvenzverwalters, NZI 2011, 752; *dies.*, Erste Anwendung der Interedil-Rechtsprechung des EuGH zum COMI im Coeur-Défense-Urteil der Cour d'appel von Versailles vom 19.1.2012, NZI 2012, 643; *Dammann/Undritz*, Die Reform des französischen Insolvenzrechts im Rechtsvergleich zur InsO, NZI 2005, 198; *DAV*, 2nd Position Paper of the German Bar Association (DAV) by the legislative Committee „Insolvency Law" and the European Affairs Working Group of the Section of „Insolvency and Restructuring Law" on the Proposal for a Regulation of the European Parliament and of the Council amending Council Regulation (EC) No. 1346/2000 on Insolvency Proceedings COM (2012) 744 Final of July, 13th; *ders.*, Position Paper of the German Bar Association by the Legislative Committee „Insolvency Law" and the European Affairs Working Group of the Section of „Insolvency and Restructuring Law" – on the proposal for a Regulation of the European Parliament and of the Council Regulation (EC) No. 1346/2000 on Insolvency Proceedings COM(2012) 744 final; *Dawe*, Der Sonderkonkurs des deutschen Internationalen Insolvenzrechts: zugleich ein Beitrag zu deutschen Sonderinsolvenzverfahren im Anwendungsbereich der Europäischen Insolvenzverordnung (Konstanz, Univ., Diss., 2004), 2005 (zit.: *Dawe*, Der Sonderkonkurs); *Degenhardt,* Das neue französische „beschleunigte finanzielle Sanierungsverfahren" (Sauvegarde financière accélérée) – Erfolgreicher Abschluss eines Verfahrens, NZI 2013, 830–836; *ders.,* Die Reform des französischen Insolvenzrechts v. 12.3.2014 – Stärkung der Prävention und Einführung eines Schuldenbefreiungsverfahrens ohne vorgeschaltetes Insolvenzverfahren, NZI 2014, 433; *Deipenbrock;* Das neue europäische Insolvenzrecht – von der ‚quantité négligeable' zu einer ‚quantité indispensable', EWS 2001, 113; *Deyda,* Der Konzern im europäischen internationalen Insolvenzrecht, zugl. Diss. Univ. Köln 2007 (zit.: Deyda, Der Konzern); *Dresel,* Europäisches Insolvenzrecht – Zum Stand der Harmonisierung europäischer Insolvenzordnungen, DSWR 2000, 278; *Drouven/Mödl,* US-Gesellschaften mit Hauptverwaltungssitz in Deutschland im deutschen Recht, NZG 2007, 7; *Duursma/Duursma-Kepplinger,* Gegensteuerungsmaßnahme bei ungerechtfertigter Inanspruchnahme der internationalen Zuständigkeit gem. Art. 3 Abs. 1 EuInsVO, DZWIR 2003, 447; *dies.,* Der Anwendungsbereich der Insolvenzverordnung – unter Berücksichtigung der Bereichsausnahmen, von Konzernsachverhalten und der von den Mitgliedstaaten abgeschlossenen Konkursverträge, IPRax 2003, 505; *dies.,* British Courts are satisfied, Continental Europe is not amused, ZIK 2003, 2872; *Duursma-Kepplinger,* Aktuelle Entwicklungen zur internationalen Zuständigkeit für Hauptinsolvenzverfahren – Erkenntnisse aus Staubitz-Schreiber und Eurofood, ZIP 2007, 896; *dies.,* Einfluss der Eröffnung eines Sekundärinsolvenzverfahrens auf die Befriedigung der zuvor begründeten Masseverbindlichkeiten, ZIP 2007, 752; *dies.,* Aktuelle Entwicklungen im Bezug auf die Auslegung der Vorschriften über die internationale Eröffnungszuständigkeit nach der EuInsVO, DZWIR 2006, 177; *dies.,* Checkliste zur Eröffnung eines Insolvenzverfahrens nach der Europäischen Insolvenzordnung und zum anwendbaren Recht, NZI 2003, 87; *Duursma-Kepplinger/Duursma/Chalupsky,* Europäische Insolvenzverordnung: Kommentar, 2002 (zit.: *Duursma-Kepplinger,* Europäische Insolvenzverordnung); *Ehricke,* Probleme der Verfahrenskoordination – Eine Analyse der Kooperation von Insolvenzverwaltern und Insolvenzgerichten bei grenzüberschreitenden Insolvenzverfahren im Anwendungsbereich EuInsVO -Nur Entwurfsfassung-; *ders.,* Zum anwendbaren Recht auf ein in einem Clearing-System vereinbartes Glattstellungsverfahren im Fall der Insolvenz ausländischer Clearing-Teilnehmer, WM 2006, 2109; *ders.,* Das Verhältnis des Hauptinsolvenzverwalters zum Sekundärinsolvenzverwalter bei grenzüberschreitenden Insolvenzen nach der EuInsVO, ZIP 2005, 1104; *ders.,* Die Zusammenarbeit der Insolvenzverwalter bei grenzüberschreitenden Insolvenzen nach EuInsVO, WM 2005, 397; *ders.,* Zur Einflussnahme des Hauptinsolvenzverwalters auf die Verwertungshandlungen des Sekundärinsolvenzverwalters nach der EuInsVO, ZInsO 2004, 633; *ders.,* Die Umsetzung der Finanzierungsrichtlinie (Richtlinie 2002/47/EG) im Rahmen des Diskussionsentwurfs zur Änderung der Insolvenzordnung, ZIP 2003, 1065; *ders.,* Nochmals: Zur Umsetzung der Finanzsicherheiten-Richtlinie in das deutsche Recht, ZIP 2003, 2141; *ders.,* Zur Anerkennung einer im Ausland einem Deutschen erteilten Restschuldbefreiung, IPRax 2002, 505; *Ehricke/Köster/Müller-Seils,* Neuerungen im englischen Unternehmensinsolvenzrecht durch den Enterprise Act 2002, NZI 2003, 409; *Ehricke/Ries,* Die neue Europäische Insolvenzverordnung, JuS 2003, 313; *Eidenmüller,* Gesellschaftsstatut und Insolvenzstatut, RabelsZ 2006, 474; *ders.,* Geschäftsleiter- und Gesellschafterhaftung bei europäischen Auslandsgesellschaften mit tatsächlichem Inlandssitz, NJW 2005, 1618; *ders.,* Wettbewerb der Insolvenzrechte?, ZGR 2006, 467; *ders.,* Der Markt für internationale Konzerninsolvenzen: Zuständigkeitskonflikte unter der EuInsVO, NJW 2004, 3455, 3459; *ders.,* Der nationale und der internationale Insolvenzverwaltungsvertrag, ZZP 114 (2001) 3; *ders.,* Europäische Verordnung über Insolvenzverfahren und zukünftiges deutsches internationales Insolvenzrecht, IPRax, 2001, 2; *Eidenmüller,* Rechtsmissbrauch im Europäischen Insolvenzrecht, KTS 2009, 137–161; *Eidenmüller/Frobenius,* Die internationale Reichweite eines englischen Scheme of Arrangement, WM 2011, 1210; *dies.,* Ein Regulierungskonzept zur Bewältigung von Gruppeninsolvenzen: Verfahrenskonsolidierung im Kontext nationaler und internationaler Reformvorhaben, Beilage ZIP 22/2013, S. 1 ff.; *Eidenmüller/Frobenius/Prusko,* Regulierungswettbewerb im Unternehmensinsolvenzrecht: Ergebnisse einer empirischen Untersuchung, NZI 2010, 545–550; *Eisner,* Kapitalersatz- und Insolvenzverschleppungshaftung im Fall der Scheinauslandsgesellschaft, ZInsO 2005, 20; *Ernst,* Grundzüge des Internationalen Insolvenzrechts – insbesondere Zuständigkeitsregelungen nach der EuInsVO und deren Wirkung, ZVI 2010, 253; *Espinella-Menéndez,* Jurisdiction of the Spanish Courts in order to enforce a Dutch decision concerning insolvency matters, IILR 2013, 432; *European Commission,* Proposal for a Regulation of the European Parliament and the council amending Council Regulation (EC) No. 1346/2000 on insolvency proceedings, IILR 2013, 179; *dies.,* Documentary European Commission – Draft guidelines on stat aid for rescuing and restructuring non financial undertakings in difficulty, IILR 2014, 127; *European Parliament,* Draft Report 2012/0360(COD); *Fach/Tirado,* Die jüngste konkursrechtliche Rechtsprechung des EuGH: Schritte zu mehr Rechtssicherheit, GPR 2007/1; *Fehrenbach,* Gläubigerschutz in der grenzüberschreitenden Gesellschaftsinsolvenz als Qualifikationsproblem, Internationale Dimensionen des Wirtschaftsrechts in: Binder/Eichel (Hrsg.), Tagungsband zum 13. Graduiertentreffen im Internationalen Wirtschaftsrecht in Linz und Passau; *ders.,* Die Rechtsprechung des EuGH zur Europäischen Insolvenzverordnung: Der Mittelpunkt der hauptsächlichen Interessen und andere Entwicklungen im Europäischen Insolvenzrecht, ZEuP 2013, 353; *ders.,* Kapitalmaßnahmen im grenzüberschreitenden Reorganisationsverfahren, ZIP 2014, 2485; *ders.,* Insolvenzanfechtung in grenzüberschreitenden Insolvenzverfahren bei Verfahrenspluralität, NZI 2015, 157; *Fichtner,* „EuGH festigt Rechtsprechung zur prinzipiellen Anerkennung ausländischer Insolvenzverfahren", BB 2010, 529 bzw. 532–533; *Fischer,* Die Verlagerung des Gläubigerschutzes vom Gesellschafts- in das Insolvenzrecht durch „Inspire Art", ZIP 2004, 1477; *Flessner,* Europäisches und internationales Insolvenzrecht: Eine Einführung, RabelsZ 2006, 453; *ders.,* Grundsätze des europäischen Insolvenzrechts, ZEuP 2004, 887; *ders.,* Das künftige Internationale Insolvenzrecht im Verhältnis zum Europäischen Insolvenzübereinkommen, abgedruckt in: Stoll (Hrsg.), Vorschläge und Gutachten zur Umsetzung des EU-Übereinkommens über Insolvenzverfahren im deutschen Recht, 1997, S. 219; *Fletcher,* Insolvency in private international law: national and international approaches, 2005; ders., Insolvency in Private International Law (zit.: Fletcher, Insolvency), Oxford, 1999, S. 246 ff.; *Fletcher/Wessels,* Global Principles for Cooperation in International Insolvency Cases, IILR 2013, 2; *Freitag/Leible,* Justizkonflikte im Europäischen Internationalen Insolvenzrecht und (k)ein Ende?, RIW 2006, 641; *Frevel,* Das europäische Kollisionsrecht der Insolvenzanfechtung, (Bonn, Univ., Diss., 2017), 2017; *Frind/Siemon,* Der Konzern in der Insolvenz – Zur Überwindung des Dominoeffekts in der (internationalen) Konzerninsolvenz, NZI 2013, 1; *Frisch*, Internationales Insolvenzrecht: mexikanisch-europäische rechtsvergleichende Überlegungen, in: Schütze (Hrsg.), Einheit und Vielfalt des Rechts – FS Reinhold Geimer zum 65. Geburtstag, 2002, S. 159–181; *Fritz/Bähr*, Die Europäische Verordnung über Insolvenzverfahren – Herausforderung an Gerichte und Insolvenzverwalter, DZWIR 2001, 221; *Funke*, Das Übereinkommen über Insolvenzverfahren, InVo 1996, 170; *Gagnier*, „Lex Petroplus" – neue Sicherungsmaßnahmen im Sanierungsverfahren nach französischem Insolvenzrecht, NZI 2012, 449; *Ganter*, Die Rechtsprechung des BGH zum Insolvenzrecht im Jahr 2008, NZI 2009, 265–290; *ders.*, Die Rechtsprechung des BHG zum Insolvenzrecht im Jahr 2011, NZI 2012, 201 ff.; *ders.*, Die Rechtsprechung des BGH zum Insolvenzrecht im Jahr 2012, NZI 2013, 209; *Garasic*, Anerkennung ausländischer Insolvenzverfahren: ein Vergleich des kroatischen, des deutschen und des schweizerischen Rechts sowie der Europäischen Verordnung über Insolvenzverfahren, des Istanbuler Übereinkommens und des UNCITRAL-Modellgesetzes (Hamburg, Univ., Diss., 2004), 2005 (zit.: Garasic, Anerkennung ausländischer Insolvenzverfahren); *Garber*, Zur Abgrenzung zwischen dem sachlichen Anwendungsbereich der EuInsVO und jenem der EuGVVO im Bereich insolvenzrechtlicher Verfahren in: Clavora/Garber, Grenzüberschreitende Insolvenzen im europäischen Binnenmarkt – die EuInsVO/1. Österreichische Assistententagung zum Zivil- und Zivilverfahrensrecht der Karl-Franzens-Universität Graz; *Garrido*, Oversecured and Undersecured Creditors in Cross-Border-Insolvencies, IILR 2014, 375; *Gebler*, Ausländische Insolvenzverfahren zur Sanierung deutscher Unternehmen, NZI 2010, 665–669; *Gebler/Stracke*, Anerkennung des US-Chapter 11-Verfahrens als Insolvenzverfahren, NZI 2010, 13–15; *Gehrlein*, Aktuelle Rechtsprechung zum Insolvenzeröffnungsverfahren, ZInsO 2012, 2117–2127; *Geroldinger*, Verfahrenskoordination im Europäischen Insolvenzrecht – Die Abstimmung von Haupt- und Sekundärinsolvenzverfahren nach der EuInsVO, Diss. Univ. Wien 2009; *Gianni/Auricchio*, Picking up Parmalat's pieces, The European Lawyer, 57/2006, 29; *Giese/Krüger*, Das neue Insolvenzrecht der Tschechischen Republik – ein Überblick, NZI 2008, 12–17; *Girsberger*, Die Stellung der gesicherten Gläubiger in der internationalen Insolvenz, RabelsZ 2006, 505; *Göb*, Aktuelle gesellschaftsrechtliche Fragen in Krise und Insolvenz – Oktober/November 2011, NZI 2012, 14 ff.; *ders.*, Aktuelle arbeitsrechtliche Fragen in Krise und Insolvenz – August/September 2013, NZI 2013 963–967; *Godfrey*, The Treatment of Security Rights in Cross-Border-Insolvency Proceedings: The British Point of View, IILR 2014, 405; *Goeth*, Verordnung (EG) Nr. 1346/2000 über Insolvenzverfahren, ZIK 2000, 148; *Göpfert/Müller*, Englisches Administrationsverfahren und deutsches Insolvenzarbeitsrecht, NZA 2009, 1057–1063; *Goslar*, Annulierung englischer Insolvenzeröffnungsentscheidungen nach sec. 282 Insolvency Act (UK) – Verbesserte Rechtsschutzmöglichkeiten durch aktuelle Entscheidung des High Court of Justice Birmingham, NZI 2012, 912; *Gottwald*, Bankinsolvenzen im europäischen Wirtschaftraum, in: Stathopoulos (Hrsg.), FS Apostolos Georgiades zum 70. Geburtstag, 2006, 823–838; *Graf C.*, EU-Insolvenzverordnung und Arbeitsverhältnis, ZAS 2002, 173; *Graf U.*, Die Anerkennung ausländischer Insolvenzentscheidungen (Mannheim, Univ., Diss., 2002/2003), 2003; *Gräfe*, Director's fiduciary duties als Gläubigerschutzinstrument bei britischen Limiteds mit Verwaltungssitz in Deutschland, DZWIR 2005, 410; *Graf-Schlicker/Remmert*, Einführung in das finnische Insolvenzrecht, NZI 2003, 78; *Graf-Schlicker/Remmert/Eumann*, Der „International Exchange of Experience on Insolvency Law", ZInsO 2004, 26; *Greulich/Bunnemann*, Geschäftsführerhaftung für zur Zahlungsunfähigkeit führende Zahlungen an die Gesellschafter nach § 64 I 3 GmbHG-RefE – Solvenztest im deutschen Recht?, NZG 2006, 681; *Griffiths/Hellmig*, Insolvenzkulturen – Kampf oder Harmonisierung? – Eine angelsächsische Perspektive, NZI 2008, 418–420; *Gröning*, Gesellschafter- und Geschäftsleiterhaftung im internationalen Zivilverfahrensrecht (Münster, Univ., Diss., 2018), 2019; *Grub/Smid*, Aufrechnung nicht fälliger Forderungen aus Schuldverschreibung in der Insolvenz des Schuldverschreibungsschuldners, DZWIR 2003, 265; *Gruschinske*, Die Aufrechnung in grenzüberschreitenden Insolvenzverfahren – eine Untersuchung anhand der vereinheitlichten europäischen Regelungen des internationalen Privat-und Zivilverfahrensrechts, EuZW 2011, 171; *dies.*, Das europäische Kollisionsrecht der Aufrechnung unter besonderer Beachtung des Insolvenzfalles, Diss. Univ. Halle-Wittenberg, 2006/2007; *Haas*, Die Verwertung der im Ausland belegenen Insolvenzmasse im Anwendungsbereich der EuInsVO, in: Schilken/Kreft/Wagner/Eckardt (Hrsg.), FS Walter Gerhardt zum 70. Geburtstag am 18. Oktober 2004, 2004, S. 319–340; *Haas/Vogel*, Durchsetzung gesellschaftsrechtlicher und insolvenzrechtlicher Haftungsansprüche im internationalen Konzern, NZG 2011, 455; *Habscheid*, Konkurs in den USA und seine Wirkungen in Deutschland (und umgekehrt), NZI 2003, 238; *ders.*, Konkursstatut und Wirkungsstatut bei der internationalen und der künftigen innereuropäischen Insolvenzanfechtung, ZZP 114 (2001), 167; *ders.*, Antrags- und Beteiligungsrecht im gesonderten (Art. 102 III EGInsO) und im sekundären Insolvenzverfahren (Art. 27 ff. EuInsÜ), NZI 1999, 299; *Hanisch*, Bemerkungen zur Insolvenzanfechtung im grenzüberschreitenden Insolvenzfall (Art. 102 Abs. 2 EGInsO und die angestrebte EU-Regelung), in: FS Stoll, 2001, S. 503; *ders.*, Stellungnahme zu territorial beschränkten Sonderverfahren, abgedruckt in: Stoll (Hrsg.), Vorschläge und Gutachten zur Umsetzung des EU-Übereinkommens über Insolvenzverfahren im deutschen Recht, 1997, S. 202 (zit.: Hanisch, in: Stoll, Vorschläge und Gutachten); *Hau*, Masseanreicherung und Gläubigerschutz im Europäischen Insolvenzrecht: Anfechtung, Eigenkapitalersatz und Durchgriffshaftung; *Haubold*, Europäisches Zivilverfahrensrecht und Ansprüche im Zusammenhang mit Insolvenzverfahren, IPRax 2002, 157; *ders.*, Mitgliedstaatenbezug, Zuständigkeitserschleichung und Vermögensgerichtsstand im Internationalen Insolvenzrecht, IPRax 2003, 34; *Hausmann*, Zur Anerkennung der Befugnisse eines englischen administrator in Verfahren vor deutschen Gerichten in: FS Andreas Heldrich zum 70. Geburtstag, 2005, S. 649; *Heidbrink/von der Groeben*, Insolvenz und Schiedsverfahren, ZIP 2006, 265; *Heiss/Gölz*, Zur deutschen Umsetzung der Richtlinie 2001/17/EG des Europäischen Parlaments und des Rates vom 19.3.2001 über die Sanierung und Liquidation von Versicherungsunternehmen, NZI 2006, 1; *Henewer*, Das Forum-Shopping einer GmbH unter der deutschen Insolvenzordnung und der europäischen Insolvenzverordnung, Diss. Univ. Düsseldorf, 2009; *Henrichs*, Das Übereinkommen über internationale Sicherungsrechte an beweglicher Ausrüstung, IPRax 2003, 210; *Herchen*, Wer zuerst kommt, mahlt zuerst! Die Bestellung eines „schwachen" vorläufigen Insolvenzverwalters als Insolvenzverfahrenseröffnung im Sinne der EuInsVO, NZI 2006, 435; *ders.*, Aktuelle Entwicklungen im Recht der internationalen Zuständigkeit zur Eröffnung von Insolvenzverfahren: Der Mittelpunkt der (hauptsächlichen) Interessen im Mittelpunkt der Interessen, ZInsO 2004, 825; *ders.*, Die Befugnisse des deutschen Insolvenzverwalters hinsichtlich der „Auslandsmasse" nach In-Kraft-Treten der EG-Insolvenzverordnung (Verordnung des Rates Nr. 1346/2000), ZInsO 2002, 345; *ders.*, Das Übereinkommen über Insolvenzverfahren der Mitgliedstaaten der Europäischen Union vom 23.11.1995, Berlin 2000; (zit.: Herchen, Übereinkommen); *Hergenröder*, Entschuldung durch Rechtsschuldbefreiungstourismus? – Voraussetzungen, Grenzen und Verfahrensfragen der Anerkennung einer ausländischen Restschuldbefreiung im Inland nach der EuInsVO, DZWIR 2009, 309–322; *ders.*, Internationales Verbraucherinsolvenzrecht, ZVI 2005, 233 ff.; *Hess* (Hrsg.), Kölner Kommentar zur Insolvenzordnung, 2017; *Hess/Laukemann*, Über die internationale Eröffnungszuständigkeit im Insolvenzverfahren, JZ 2006, 671; *Hess/Laukemann/Seagon*, Europäisches Insolvenzrecht nach Eurofood: Methodische Standortbestimmung und praktische Schlussfolgerungen, IPRax 2007, 89; *Hess/Oberhammer/Pfeiffer*, European Insolvency Law – The Heidelberg-Luxembourg-Vienna Report; *Himmer*, Das europäische Konzerninsolvenzrecht nach der reformierten EuInsVO, (Bayreuth, Univ., Diss., 2018), 2019; *Hippel*, Rechtsprechung zum Verfahrens- und Vollstreckungsrecht, ZIP 2011, 2429; *Hirte*, Die Entwicklung des Insolvenz-Gesellschaftsrechts in Deutschland in den Jahren 2003 bis 2004, ZInsO 2005, 403; *ders.*, Die Grundsätze der „Wrongful-Trading-Alternative" zur gesetzlichen Insolvenzantragspflicht, ZInsO 2010, 1986–1996; *ders.*, Sechs Thesen zur Kodifikation der Konzerninsolvenz in der EuInsVO, ZInsO 2011, 1788; *ders.*, A Framework for the Regulation of Corporate Groups' Insovencies, ECFR 2008, 213; *Hirte/Mock*, Wohin mit der Insolvenzantragspflicht?, ZIP 2005, 474; *Ho*, Anti-Suit Injunctions in Cross-Border Insolvency: A Restatement, I.C.L.Q. 2003, 697; *Holzer*, Die Arbeiten der UNCITRAL zur Insolvenzfestigkeit von Lizenzverträgen, NZI 2014, 337; *ders.*, Die Empfehlungen der UNCITRAL zum nationalen und internationalen KonzerninsolvenzR, ZIP 2011, 1894; *ders.*, Rechte und Pflichten des Geschäftsführers einer nach englischem Recht gegründeten limited im Hinblick auf das deutsche Insolvenzverfahren, ZVI 2005, 457; *Homann*, System der Anerkennung eines ausländischen Insolvenzverfahrens und die Zulässigkeit der Einzelzwangsverfolgung (Münster (Westfalen), Univ., Diss., 2000), 2000 (zit.: Homann, System der Anerkennung); *ders.*, System der Anerkennung eines ausländischen Insolvenzverfahrens, KTS 2000, 343; *Honorati/Corno*, A double lesson from Interedil: higher courts, lower courts an preliminary ruling and further clarifications on COMI and establishment under EC Insolvency regulaton, IILR 2013, 18; *Hrycaj*, The cooperation of court bodies of international Insolvency Proceedings (in the context of Polish bankruptcy courts), IILR 2011, 7; *Huber, P.*, Der deutsch-englische Justizkonflikt – Kompetenzkonflikte im Internationalen Insolvenzrecht: FS Andreas Heldrich zum 70. Geburtstag, 2005, S. 695; *ders.*, Europäisches Insolvenzrecht, IPRax 2004, 562; *ders.*, Internationales Insolvenzrecht in Europa, ZZP 114 (2001), 133; *Huber, U.*, Inländische Insolvenzverfahren über Auslandsgesellschaften nach der Europäischen Insolvenzverordnung, in: Schilken/Kreft/Wagner/Eckardt (Hrsg.), FS Walter Gerhardt zum 70. Geburtstag am 18. Oktober 2004, 2004, S. 397–431; *Hützen/Poertzgen*, Insolvenzgeld für Arbeitnehmer in Deutschland bei ausländischem Insolvenzereignis am Beispiel der Niederlande, ZInsO 2010, 1719–1726; *IILR Documentary*, Communication from the EU Commission: Draft Guidelines on state aid for rescuing and restructuring non-financial undertakings in difficulty, IILR 2014, 448; *INSOL Europe*, Revision of the European Insolvency Regulation; *dies.*, Article 31 EC Regulation 1346/2000: Proposal for amendment, IILR 2013, 43; *Jensen*, Der Konzern in der Krise, zugl. Diss. Universität Kiel, Berlin 2018; *Jeremias*, Internationale Insolvenzaufrechnung (Berlin, Freie Univ., Diss., 2005), 2005; *Jona*, European cross-border insolvency regulation: A study of regulation 1346/2000 on insolvency proceedings in the light of a paradigm of co-operation and a Comitas Europaea, 2005 (zit.: Jona, Insolvency Regulation); *Jud*, Die Aufrechnung im internationalen Privatrecht, IPRax 2005, 104; *Kammel*, Die Bestimmung der zuständigen Gerichte bei grenzüberschreitenden Insolvenzverfahren, NZI 2006, 334; *Kampf*, Handelsvertreter und Insolvenz: sach- und international insolvenzrechtliche Aspekte in Deutschland und Belgien (Mainz, Univ., Diss., 2004), 2004; *Kantner*, Das „neue österreichische Insolvenzrecht" – IRÄG 2010, ZInsO 2010, 2388–2389; *Keggenhoff*, Internationale Zuständigkeit bei grenzüberschreitenden Insolvenzverfahren: der Mittelpunkt der hauptsächlichen Interessen gemäß Art. 3 Abs. 1 EuInsVO bei Gesellschaften und juristischen Personen (Berlin, Humboldt-Univ., Diss., 2006), 2006 (zit.: Keggenhoff, Internationale Zuständigkeit); *Keinert*, Vertragsbeendigung in der Insolvenz (Genf, Univ., Diss., 2018; *Keller*, Zur Verwertung im Ausland belegenen Schuldnervermögens durch deutsche Insolvenzverwalter, Diss. Univ. Passau 2012; *Kellermeyer*, Rechtspflegergeschäfte und Richtervorbehalte im Internationalen Insolvenzrecht, Rpfleger 2003, 391; *Kemper*, Die Verordnung (EG) NR. 1346/2000 über Insolvenzverfahren, ZIP 2001, 1609; *Kienle*, Zur Strafbarkeit des Geschäftsleiters einer in Deutschland ansässigen Limited englischen Rechts, GmbHR 2007, 696; *ders.*, Schnittstellen des internatonalen Gesellschafts- und Insolvenzrechts in: Süß/Wachter (Hrsg.), Handbuch des internationalen GmbH-Rechts, 2006, S. 127 ff. (zit.: *Kienle*, in: Süß/Wachter, Handbuch); *Kieper*, Abwicklungssysteme in der Insolvenz: dargestellt am Beispiel der Eurex Deutschland (Bremen, Univ., Diss., 2003), 2004; *Kilgus*, Keine Zahlungspflicht unter internationalen Derivaten bei Insolvenz des Vertragspartners?, ZIP 2010, 613–617; *Kimhi/Doebert*, Insolvenzrecht, Forum Shopping und das Butner-Prinzip – Gedanken zur ökonomischen Analyse des Arbeitsrechts der Insolvenzordnung, ZInsO 2013, 357; *Kindler*, Sitzverlegung und internationales Insolvenzrecht, IPRax 2006, 114; *ders.*, EG-Klauselrichtlinie – Mobiliarsicherheiten im internationalen Insolvenzrecht – institutionalisierte Bekämpfung des organisierten Verbrechens in der Europäischen Union, IPRax 2005, 287; *ders.*, XIX. Deutsch-italienischer Kongress in Bari – Nationale Insolvenzrecht im Lichte der Europäischen Insolvenzverordnung – Neues Kaufrecht – Strafrechtliche Verantwortlichkeit juristischer Personen – Umwelthaftung, IPRax 2003, 394; *ders.*, „Anerkennung" der Scheinauslandsgesellschaft und Niederlassungsfreiheit, IPRax 2003, 41; *Kirchhof*, Cross Border Insolvency (Part 2), IILR 2010, 23–26; *Klein*, Gemeinschaftskonformität der Insolvenzantragspflicht, Diss. Univ. Köln 2009; *Klöhn*, Statische oder formale Lebenssachverhalte als „Interessen" i.S. des Art. 3 I 1 EuInsVO? Zum Mittelpunkt der hauptsächlichen Interessen einer im Ausland gegründeten Gesellschaft bei Einstellung der werbenden Tätigkeit, NZI 2006, 383; *ders.*, Verlegung des Mittelpunktes der hauptsächlichen Interessen i. S. d. Art. 3 Abs. 1 S. 1 EuInsVO vor Stellung des Insolvenzantrags, KTS 2006, 259; *Klumb*, Kollisionsrecht der Insolvenzanfechtung (Konstanz, Univ., Diss., 2004), 2005; *Knof*, Erfordert die Fortführungsfinanzierung (doch) einen Umverteilungstatbestand im Insolvenzrecht?, ZInsO 2010, 1999–2008;

Vor Art. 1 EuInsVO 2015

ders., Noch einmal: Forumshopping in der Konzerninsolvenz – Duplik zu Frind, ZInsO 2008, 363 ff., ZInsO 2008, 499–502; *ders.,* Perpetuatio fori und Attraktivkraft des Erstantrags im Europäischen Insolvenzrecht?, ZInsO 2006, 754; *ders.,* Europäisches Insolvenzrecht und Schuldbefreiungs-Tourismus, ZInsO 2005, 1017; *Kodek,* Die Geltendmachung von Anfechtungsansprüchen nach der EuInsVO, in: Konecny (Hrsg.), Insolvenzforum 2004, 2005, S. 119; *ders.,* Feststellung zur Tabelle in Österreich (Forderungsfeststellung) und internationale Bindungswirkung, ZInsO 2011, 889–895; *ders.,* The Treatment of Security Rights – The Austrian Perspective, IILR 2015, 10; *Köke,* Die englische Limited in der Insolvenz, ZInsO 2005, 354; *Kokemoor,* Das internationale Sonderinsolvenz- und -sanierungsrecht der Einlagenkreditinstitute und E-Geld-Institute gem. den §§ 46d, 46e und 46f KWG, WM 2005, 1881; *Kokott,* Schlussanträge der Generalanwältin zum Verhältnis von Hauptverfahren und Sekundärverfahren, wenn das Hauptverfahren ein Sanierungsverfahren ist, NZI 2012, 553; *Kolmann,* Kooperationsmodelle im Internationalen Insolvenzrecht, (Regensburg, Univ., Diss., 2000), 2001, (zit.: Kolmann, Kooperationsmodelle); *ders.,* Vis attractiva concursus for actions tos et transactions aside by the virtue of Insolvency, IILR 2011, 193; *Kompat,* Die neue Europäische Insolvenzverordnung: ihre Auswirkungen auf das Internationale Insolvenzrecht ausgewählter Mitgliedstaaten (Berlin, Humboldt-Univ., Diss., 2006), 2006; *Konecny,* Europäische Insolvenzkultur(en) – Kampf oder Harmonisierung?, NZI 2008, 416–417; *ders.,* Vertrauen ist gut – will aber verdient sein in: Clavora/Garber, Grenzüberschreitende Insolvenzen im europäischen Binnenmarkt – die EuInsVO/1. Österreichische Assistententagung zum Zivil- und Zivilverfahrensrecht der Karl-Franzens-Universität Graz; *Konecny,* Thesen zum Mittelpunkt der hauptsächlichen Schuldnerinteressen, zik 2005/2, 2; *Korczak,* Überschuldungslösungen europäischer Staaten und Lehren für Deutschland, ZVI 2005, 471 ff.; *Kranemann,* Insolvenzanfechtung im deutschen Internationalen Insolvenzrecht und nach der Europäischen Insolvenzrechtsverordnung: dargestellt am Beispiel England – Deutschland (Diss. Humboldt-Univ. Berlin, 1999), 2000 (zit.: Kranemann, Insolvenzanfechtung); *Kranzusch,* Zur Reform des Insolvenzrechts im Bereich Restschuldbefreiung laut Regierungsentwurf, ZInsO 2012, 2169; *Krebber,* Europäische Insolvenzordnung, Drittstaatengesellschaften, Drittstaatensachverhalte und innergemeinschaftliche Konflikte, IPRax 2004, 540; *Kreuzer,* Zu Stand und Perspektiven des Europäischen Internationalen Privatrechts – Wie europäisch soll das Europäische Internationale Privatrecht sein?, RabelsZ Bd. 70 (2006) 1; *Kübler,* Der Mittelpunkt der hauptsächlichen Interessen nach Art. 3 Abs. 1 EuInsVO, in: Schilken/Kreft/Wagner/Eckardt (Hrsg.), FS Walter Gerhardt zum 70. Geburtstag am 18. Oktober 2004, 2004, S. 527–562 (zit.: Kübler FS Gerhardt); *Kuhn,* Enden die Befugnisse eines deutschen Insolvenzverwalters an der schweizerischen Staatsgrenze?, ZInsO 2010, 607–612; *Kuntz,* Die Insolvenz der Limited mit deutschem Verwaltungssitz – EU-Kapitalgesellschaft in Deutschland nach „Inspire Art", NZI 2005, 424; *ders.,* Kollisionsrechtliche Probleme der Restrukturierung von Kapitalgesellschaften im Insolvenzplan der Europäischen Union, ZGR 2014, 649; *Kupferberg/Göcke,* Aktuelle Entwicklungen im französischen Handels- und Wirtschaftsrecht, RIW 2011, 337–351; *Lach,* Die europäische Insolvenzverordnung: Instrument des inländischen Gläubigerschutzes im Wettbewerb der Gesellschaftsrechte (Göttingen, Univ., Diss., 2006), 2007; *Laier,* Die stille Sanierung deutscher Gesellschaften mittels eines „Scheme of Arrangement", GWR 2011, 152; *Lambrecht,* Das Scheme of Arrangement zur Glaubhaftmachung des Insolvenzgrundes, ZInsO 2011, 124–129; *Lastra,* Cross-Border Bank Insolvency; *Laukemann,* Der ordre public im europäischen Insolvenzverfahren, IPRax 2012, 207–215; *ders.,* Rechtshängigkeit im europäischen Insolvenzrecht, RIW 2005, 104; *Lawlor,* Die Anwendbarkeit englischen Gesellschaftsrechts bei Insolvenz einer englischen Limited in Deutschland, NZI 2005, 432; *Lehne,* Entwurf einer Entschließung des Europäischen Parlaments mit Empfehlungen an die Kommission zu Insolvenzverfahren im Rahmen des EU-Gesellschaftsrechts, ZInsO 2011, 1342; *Lehr,* Die neue EU-Verordnung über Insolvenzverfahren und deren Auswirkungen für die Unternehmenspraxis, KTS 2000, 577; *Leible/Staudinger,* Die europäische Verordnung über Insolvenzverfahren, KTS 2000, 533; *Leipold,* Starker Auftritt – der Europäische Gerichtshof zum Europäischen Insolvenzrecht in: Hau (Hrsg.), Facetten des Verfahrensrechts: liber amicorum Walter F. Lindacher; zum 70. Geburtstag am 20. Februar 2007, 2007; *ders.,* Zum künftigen Weg des deutschen internationalen Insolvenzrechts, abgedruckt in: Stoll (Hrsg.), Vorschläge und Gutachten zur Umsetzung des EU-Übereinkommens über Insolvenzverfahren im deutschen Recht, 1997, S. 185 (zit.: Leipold, in: Stoll, Vorschläge und Gutachten); *Leithaus,* Veranstaltung zu grenzüberschreitenden Insolvenzen in der Insolvenzpraxis in Köln, NZI 2004, 194; *Leithaus/Riewe,* Inhalt und Reichweite der Insolvenzantragspflicht bei europaweiter Konzerninsolvenz, NZI 2008, 598–602; *Lennarts/Veder,* The Dutch domestic Cross-Border Insolvency Framework (and why it is badly in need of reform, illustrated by the Yukos Litigation), IILR 2012, 220; *Leutner/Langner,* Durchgriffshaftung bei Scheinauslandsgesellschaften, ZInsO 2005, 575; *Li,* Playing sovereign debt creditors' orchestra – Inter-creditor issues in sovereign debt restructuring, IILR 2013, 243–255; *Liebmann,* Der Schutz des Arbeitnehmers bei grenzüberschreitenden Insolvenzen (Trier, Univ., Diss., 2004), 2005 (zit.: Liebmann, Der Schutz des Arbeitnehmers); *Lieder, J.,* Die Haftung der Geschäftsführer und Gesellschafter von EU-Auslandsgesellschaften mit tatsächlichem Verwaltungssitz in Deutschland, DZWIR 2005, 399; *Lieder, S.,* Grenzüberschreitende Unternehmenssanierung im Lichte der EuInsVO, 2007; *Liersch,* Nach der Eurofood-Entscheidung des EuGH: Genugtuung, aber auch viel Nachdenklichkeit, NZI 2006, aktuell, V; *ders.,* Grenzüberschreitendes Insolvenzrecht: in Bad Ragaz/Vaduz vom 25. bis 27. September 2003/DACH, Europäische Anwaltsvereinigung e.V., 2004; *ders.,* Deutsches Internationales Insolvenzrecht, NZI 2003, 302; *ders.,* Sicherungsrechte im Internationalen Insolvenzrecht, NZI 2002, 15; *ders.,* Sicherungsrechte im internationalen Insolvenzrecht, Frankfurt a. M., 2001; *Linna,* Protective Measures in European Cross-Border Insolvency Proceedings, IILR 2014, 6; *Lopucki,* Courting Failure: Das Versagen der Kontrollinstanz in der Konzerninsolvenz – Zu den Auswirkungen eines Wahlgerichtsstands im US-Konzerninsolvenzrecht, ZInsO 2013, 420; *Lorenz,* Annexverfahren bei internationalen Insolvenzen: Internationale Zuständigkeitsregelung der Europäischen Insolvenzverordnung (Innsbruck, Univ., Diss., 2004), 2005 (zit.: Lorenz, Annexverfahren); *Lotz,* Duty to creditors – Haftungsrisiken für Limited-Geschäftsführer im Vorfeld der Insolvenz, ZInsO 2010, 1634–1640; *Ludwig,* Neuregelungen des deutschen Internationalen Insolvenzverfahrensrechts: eine Untersuchung unter vergleichender Heranziehung der Europäischen Insolvenzverordnung (Köln, Univ., Diss., 2004), 2004; *Lüer,* Art. 3 Abs. 1 EuInsVO – Grundlage für Konzerninsolvenzrecht oder Instrumentarium eines „Insolvenz-Imperialismus"?, in: FS Günter Greiner zum 70. Geburtstag, 2005; *Lüke,* Europäisches Zivilverfahrensrecht – das Problem der Abstimmung zwischen EuInsÜ und EuGVÜ in: Geimer (Hrsg.), FS Rolf A. Schütze zum 65. Geburtstag, 1999, S. 467–483; *ders.,* Das europäische internationale Insolvenzrecht, ZZP 111 (1998) 275; *Lutter* (Hrsg.), Europäische Auslandsgesellschaften in Deutschland: mit Rechts- und Steuerfragen des Wegzugs deutscher Gesellschaften, 2005 (zit.: Lutter/*Bearbeiter,* Auslandsgesellschaften); *Luttermann/Vahlenkamp,* Wahrscheinlichkeitsurteile im Insolvenzrecht und internationale Bewertungsstandards (Ratingagenturen), ZIP 2003, 1629; *Lüttringhaus/Weber,* Aussonderungsklagen an der Schnittstelle von EuGVVO und EuInsVO, RIW 2010, 45–51; *Madaus,* Das Insolvenzverfahren der Lehman Brothers Holdings Inc. – ein in jeder Hinsicht besonderes Reorganisationsverfahren, NZI 2008, 715–719; *ders.,* Koordination ohne Koordinationsverfahren? – Reformvorschläge aus Berlin und Brüssel zu Konzerninsolvenzen, ZRP 2014, 192; *Maier,* Die praktische Wirksamkeit des Schemes of Arrangement in Bezug auf englisch-rechtliche Finanzierungen, NZI 2011, 305–310; *Mankowski,* Klärung von Grundsatzfragen des europäischen Internationalen Insolvenzrechts durch die Eurofood-Entscheidung?, BB 2006, 1753; *ders.,* Internationale Zuständigkeit und anwendbares Recht – Parallelen und Divergenzen, in: FS Andreas Heldrich zum 70. Geburtstag, 2005, S. 867; *ders.,* Entwicklungen im Internationalen Privat- und Prozessrecht 2004/2005 (Teil 2), RIW 2005, 561; *ders.,* Grenzüberschreitender Umzug und das center of main interests im europäischen Internationalen Insolvenzrecht, NZI 2005, 368; *ders.,* Entwicklungen im Internationalen Privat- und Prozessrecht 2003/2004 (Teil 2), RIW 2004, 587; *ders.,* Lässt sich eine Konzerninsolvenz durch Insolvency Planning erreichen?, NZI 2008, 355–356; *ders.,* Insolvenznahe Verfahren und Sicherung eines Eigentumsvorbehalts im Grenzbereich zwischen EuInsVO und EuGVVO, NZI 2008, 604–606; *ders.,* Keine Litispendenzsperre unter der EuInsVO, KTS 2009, 453–466; *ders.,* Bestimmung der Insolvenzmasse und Pfändungsschutz unter der EuInsVO, NZI 2009, 785–824; *ders.,* Keine Anordnung von Vollstreckungsmaßnahmen nach Eröffnung des Hauptinsolvenzverfahrens in anderem Mitgliedsstaat, NZI 2010, 178–179; *ders.,* Gläubigerstrategien zur Fixierung des schuldnerischen Centre of Main Interests (COMI), ZIP 2010, 1376–1386; *ders.,* EuInsVO und Schiedsverfahren, ZIP 2010, 2478–2486; *ders.,* Keine Geltendmachung vermeintlicher Haftungsansprüche durch Partikularinsolvenzverwalter im Inland, NZI 2011, 729–731; *ders.,* Anwendbarkeit des deutschen Internationalen Insolvenzrechts bei Liquidationsverfahren, NZI 2011, 874; *ders.,* Anerkennung englischer Solvent Schemes of Arrangement in Deutschland, WM 2011, 1201; *ders.,* Internationale Nachlassinsolvenzverfahren, ZIP 2011, 1501; *ders.,* Neues zur grenzüberschreitenden Forderungsanmeldung unter der EuInsVO, NZI 2011, 887; *ders.,* Internationale Zuständigkeit für Ansprüche wegen faktischer Geschäftsführer, NZI 2012, 52; *ders.,* Gerichtliche Zuständigkeit bei Erweiterung des Insolvenzverfahrens auf eine in einem andere Mitgliedstaat ansässige Gesellschaft, NZI 2012, 147; *Mankowski/Willemer,* Die internationale Zuständigkeit für Insolvenzanfechtungsklagen, RIW 2009, 669–679; *Mansel,* Grenzen überwinden – Prinzipien bewahren – FS Bernd von Hoffmann zum 70. Geburtstag am 28.12.2011, Verlag Ernst und Werner Gieseking; *Marks,* European insolvency regulations, Supreme court debate – Supreme court Westminster, London, INSOL Europe; *Martinez Ferber,* European Insolvency Regulation: Substantive Consolidation, the Threat of Forum Shopping and a German Point of View, 1. Auflage, 2004; *Martini,* Das schweizerische Konkursrecht – ein Überblick, DZWIR 2009, 56–60; *Maucher,* Die Europäisierung des Internationalen Bankeninsolvenzrechts – Kritische Betrachtung zur Richtlinie 2001/24 EG über die Sanierung und Liquidation von Kreditinstituten, Diss. Univ. Erlangen 2008;*Mayer,* Wie nähert man sich einem internationalen Insolvenzverfahren für Staaten?, ZInsO 2005, 454; *Maysenhölder/Heidenhain,* Neuerungen im tschechischen Insolvenzrecht, WiRO 2012, 325; *McBryde* (ed.), Principles of European insolvency law, 2003; *Mears/Reveco,* Chile's new Bankruptcy Legislation to Attract more foreign direct Investment and International Trade, IILR 2015, 18; *Mehring,* Die Durchsetzung trotz Restschuldbefreiung nach englischem oder französischem Recht, ZinsO 2012, 1247; *Mevorach,* Appropriate treatment of corporate groups in insolvency: a universal view, EBOR 2007, 8 (2), 179–194; *ders.,* Centralising Insolvencies of Pan-European Corporate Groups: a Creditor's Dream or Nightmare, in: Journal of Business Law 2006, 468 ff.; *ders.,* Determining the proper venue for multinational corporate groups' insolvency, Paper presented to Insol International Academics, Cape Town, South-Africa, March 18, 2007; *ders.,* Appropriate Treatment of Corporate Groups in Insolvency: A Universal View, in: 8 European Business Organisation Law Review 2007, 179 ff.; *ders.,* Insolvency Within Multinational Enterprise Groups, Oxford University Press 2009; *ders.,* 15 Norton Journal of Bankruptcy Law and Practice (October 2006), 5, Article 1; *Meyer/Duckstein,* Chapter 15, ZIP 2006, 935; *Meyer-Löwy/Fritz,* Zahlungsfähigkeit und positive Fortführungsprognose auch bei Vorlage eines Scheme of Arrangement, ZInsO 2011, 662–666; *Meyer-Löwy/Plank,* Entbehrlichkeit des Sekundärinsolvenzverfahrens bei flexibler Verteilung der Insolvenzmasse im Hauptinsolvenzverfahren, NZI 2006, 622; *Meyer-Löwy/Poertzgen/de Vries,* Einführung in das englische Insolvenzrecht, ZInsO 2005, 293; *Meyer-Löwy/Poertzgen/Eckhoff,* Einführung in das US-amerikanische Insolvenzrecht, ZInsO 2005, 735; *Miguens/Esser,* Wirkungen eines deutschen Insolvenzverfahrens bei Vermögen im Ausland – Unterschiedliche Regelungsansätze im Internationalen Insolvenzrecht am Beispiel Argentiniens, NZI 2011, 277–279; *Mock, Sebastian,* Vergütung des Insolvenzverwalters in grenzüberschreitenden Insovenzverfahren, ZInsO 2013, 2245; *Mock/Schildt,* Insolvenz ausländischer Kapitalgesellschaften mit Sitz in Deutschland, ZInsO 2003, 396; *Mock/Westhoff,* Verwendung ausländischer Kapitalgesellschaften bei Unternehmensakquisitionen, DZWIR 2004, 23; *Mohr,* Der österreichische Sanierungsplan nach dem Insolvenzrechtsänderungsgesetz 2010, ZInsO 2011, 650–656; *Mohrbutter/Ringstmeier,* Handbuch der Insolvenzverwaltung, 9. Aufl. 2015 (zit.: Mohrbutter/Ringstmeier/*Bearbeiter*); *Morscher,* Die europäische Insolvenzverordnung (EuInsVO), 2002; *Mörsdorf-Schulte,* Geschlossene europäische Zuständigkeitsordnung und die Frage der vis attractiva concursus, NZI 2008, 282–288; *dies.,* Internationaler Gerichtsstand für Insolvenzanfechtungsklagen im Spannungsfeld von EuInsVO, EuGVÜ/O und autonomen Recht und seine Überprüfbarkeit durch den BGH, IPRax 2004, 31; *Moss/Fletcher/Isaacs* (ed.), The EC Regulation on Insolvency Proceedings: A commentary and annotated guide, 2002 (zit.: Moss/Fletcher/Isaacs/*Bearbeiter,* EC Regulation); *Naumann,* Die Behandlung dinglicher Kreditsicherheiten und Eigentumsvorbehalte nach den Artikeln 5 und 7 EuInsVO sowie nach autonomem deutschen Insolvenzkollisionsrecht: zugleich ein Beitrag zur Auslegungstechnik des EuGH (Greifswald, Univ., Diss., 2004), 2004; *Niesert/Stöckel,* Aktuelle Entwicklungen im Europäischen Zivilprozessrecht – Das

Europäische Mahnverfahren und das Europäische Bagatellverfahren in der (insolvenzrechtlichen) Praxis, NZI 2010, 638–640; *Nietzer,* Guidelines for coordination of Multinational Enterprise group insolvencies, IILR 2012, 491; *Niggemann/Blenske,* Die Auswirkungen der Verordnung (EG) Nr. 1346/2000 auf den deutsch-französischen Rechtsverkehr, NZI 2003, 471; *Nunner-Krautgasser,* Die Neuregelung über Verträge im österreichischen Insolvenzrecht, ZInsO 2011, 2068; *dies.,* Rechtsprobleme der Prüfung der Zuständigkeit nach der EuInsVO in: Clavora/Garber, Grenzüberschreitende Insolvenzen im europäischen Binnenmarkt – die EuInsVO/1. Österreichische Assistententagung zum Zivil- und Zivilverfahrensrecht der Karl-Franzens-Universität Graz; *Oberhammer,* Europäisches Insolvenzrecht in praxi – „Was bisher geschah", ZInsO 2004, 761; *ders.,* Zur internationalen Anfechtungsbefugnis des Sekundärverwalters nach europäischem Insolvenzrecht, KTS 2008, 271–293; *ders.,* Von der EuInsVO zum europäischen Insolvenzrecht – Eine Zwischenbilanz über rechtspolitische Gestaltungsmittel und Ziele, KTS 2009, 27–67; *Olano,* Der Sitz der Gesellschaft im internationalen Zivilverfahrens- und Insolvenzrecht der EU und der Schweiz (Basel, Univ., Diss., 2003), 2004; *Omar,* Supreme Court of Bermuda (Commercial Court)/Common Law Assistance in Cross-Border Insolvency Matter, IILR 2013, 257; *Pannen,* Aspekte der europäischen Konzerninsolvenz, ZInsO 2014, 222; *ders.,* Krise und Insolvenz bei Kreditinstituten, 3. Auflage 2010; *Pannen/Kühnle/Riedemann,* Die Stellung des deutschen Insolvenzverwalters in einem Insolvenzverfahren mit europäischem Auslandsbezug, NZI 2003, 72; *Pannen/Riedemann,* Der Begriff des „centre of main interest" i.S. des Art. 3 I 1 EuInsVO im Spiegel aktueller Fälle aus der Rechtsprechung, NZI 2004, 646; dies., Die deutschen Ausführungsbestimmungen zur EuInsVO – ein Überblick zu den Regelungen des Art. 102 EGInsO nF, NZI 2004, 301; *Panzani,* Security Interests and Crossborder Insolvency Procedures: The Italian Discipline, IILR 2014, 394; *Park,* COMI or not COMI: Timing is the question (in re Fairfield Sentry) IILR 2014, 416; *Paulick/Simon,* „EU-Grenzgänger" und die Anwendbarkeit der deutschen Pfändungsschutzvorschriften, ZInsO 2009, 1933–1939; *Paulus,* Die europäische Insolvenzverordnung und der deutsche Insolvenzverwalter, NZI 2001, 505: *ders.,* A Bank's Insolvency: Irritating Connections Between a Virtual and the Real World in „Second Life", IILR 2010, 10–12; *ders.,* Das englische Scheme of Arrangement – ein neues Angebot auf dem europäischen Markt für außergerichtliche Restrukturierungen, ZIP 2011, 1077–1083; *ders.,* EuInsVO: Änderungen am Horizont und ihre Auswirkungen – (Vortrag des Verfassers am Norddeutschen Insolvenzrechtstag, NZI 2012, 297; *ders.,* Die ersten Jahre mit der Europäischen Insolvenzverordnung, RabelsZ 70 (2006), 458; *ders.,* Überlegungen zu einem modernen Konzerninsolvenzrecht, ZIP 2005, 1948; *ders.,* Security Rights in Cross-Border-Insolvency Proceedings, IILR 2014, 366; *ders.,* Europäische Insolvenzverordnung: Kommentar, 2006 (zit.: *Paulus,* Europäische Insolvenzverordnung); *ders.,* Die ersten Jahre mit der Europäischen Insolvenzverordnung: Erfahrungen und Erwartungen, RabelsZ 2006, 458; *ders.,* Der EuGH und das moderne Insolvenzrecht, NZG 2006, 609; *ders.,* Konzerninsolvenz auf der Agenda, NZI 2006, VII; *ders.,* Anfechtungsklagen im grenzüberschreitenden Insolvenzverfahren, ZInsO 2006, 295; *ders.,* Kann Forum Shopping sittenwidrig sein?, in: Stathopoulos (Hrsg.), FS Apostolos Georgiades zum 70. Geburtstag, 2006, 511–526; *ders.,* Überlegungen zu einem modernen Konzerninsolvenzrecht, ZIP 2005, 1948; *ders.,* Grundlagen des neuen Insolvenzrechts, Internationales Insolvenzrecht, DStR 2005, 334; *ders.,* Das neue internationale Insolvenzrecht der USA, NZI 2005, 439; *ders.,* Section 304 Bankruptcy Code – Die US-amerikanische Variante der Zusammenarbeit bei grenzüberschreitenden Insolvenzfällen, NZI 2005, 95; *ders.,* Zuständigkeitsfragen nach der Europäischen Insolvenzordnung, ZIP 2003, 1725; *ders.,* Rechtsvergleichung im nationalen wie internationalen Insolvenzrecht: Eine Erfolgsgeschichte, in: Schütze (Hrsg.), Einheit und Vielfalt des Rechts – FS Reinhold Geimer zum 65. Geburtstag, 2002, S. 795–809; *ders.,* Änderungen des deutschen Insolvenzrechts durch die europäische Insolvenzverordnung, ZIP 2002, 729; *ders.,* Die europäische Insolvenzverordnung und der deutsche Insolvenzverwalter, NZI 2001, 505; *Petritz,* Banken in der Krise in: Clavora/Garber, Grenzüberschreitende Insolvenzen im europäischen Binnenmarkt – die EuInsVO/1. Österreichische Assistententagung zum Zivil- und Zivilverfahrensrecht der Karl-Franzens-Universität Graz; *Petrovic,* Die rechtliche Anerkennung von Solvent Schemes of Arrangement in Deutschland – Eine Chance für die Restrukturierungspraxis, ZInsO 2010, 265–272; *Piekenbrock,* Insolvenzprivilegien im deutschen, ausländischen und europäischen Recht, ZZP 2009, 63–106; *ders.,* Das ESUG – fit für Europa?, NZI 2012, 905; *ders.,* The Future Scope of the European Insolvency Regulation, IILR 2014, 424; *Pietron/Reitzug,* 4th Symposium of the Department of International an dEuropean Insolvency Law at the University of Cologne, IILR 2013, 433; *Plappert,* Dingliche Sicherungsrechte in der Insolvenz – Eine rechtsvergleichende Analyse unter Berücksichtigung der Rechtslage bei grenzüberschreitenden Insolvenzen nach Art. 5 EuInsVO, Diss. Humboldt-Univ. Berlin 2007; *Podehl,* Insolvenzrecht in Indien – ein Überblick, RIW 2011, 54–57; *Podewils,* Zur Anerkennung von Chapter 11 in Deutschland – zugleich eine rechtsvergleichende Betrachtung Deutschland vs. USA, ZInsO 2010, 209–213; *Poertzgen/Adam,* Die Bestimmung des „centre of main interests" gem. Art. 3 Abs. 1 EuInsVO, ZInsO 2006, 505; *Pogacar,* Rechte und Pflichten des Hauptverwalters im Sekundärverfahren, NZI 2011, 46–51; *Pöhlmann,* Praxisfragen des internationalen Insolvenzrechts, DSWR 2000, 276; *Prager/Keller,* Die Einrede des Art. 13 EuInsVO, NZI 2011, 697; *dies.,* Der Vorschlag der Europäischen Kommission zur Reform der EuInsVO, NZI 2013, 57; *Priebe,* Bankrott in Britain – Die Insolvenz natürlicher Personen in England und Wales, ZInsO 2012, 2074–2087; *Prütting,* Die Bestellung des Insolvenzverwalters und die geplante Änderung des § 56 InsO, ZIP 2005, 1097; *Radtke/Hoffmann,* Die Anwendbarkeit von nationalem Insolvenzstrafrecht auf EU-Auslandsgesellschaften, EuZW 2009, 404–408; *Rainey,* The European Insolvency regulation and the treatment of group companies: an analysis, Int. C.R. 2006, 3(6), 322 ff.; *Rein,* „Fünf Jahre Insolvenzordnung": Veranstaltung der insolvenzrechtlichen Arbeitskreise vom 13./14.2.2004, NZI 2004, 310; *Reinhart,* Die Bedeutung der EuInsVO im Insolvenzeröffnungsverfahren – Besonderheiten paralleler Eröffnungsverfahren, NZI 2009, 201–208; *ders.,* Die Bedeutung der EuInsVO im Insolvenzeröffnungsverfahren – Verfahren bei internationaler Zuständigkeit nach Art. 102 EGInsO, NZI 2009, 73–79; *ders.,* Die Überarbeitung der EuInsVO, NZI 2012, 304; *ders.,* Zur Anerkennung ausländischer Insolvenzverfahren, ZIP 1997, 1743; ders., Sanierungsverfahren im internationalen Insolvenzrecht (Frankfurt (Main), Univ., Diss., 1994), 1995 (zit.: *Reinhart,* Sanierungsverfahren); *Reisch/Kodek,* Ausgewählte Probleme der Anfechtung nach der EuInsVO, ZIK 2006, 182; *Reisenhofer,* Zur Insolvenzmasse nach der EuInsVO – Lohnpfändungsschutz in der grenzüberschreitenden Insolvenz in: Clavora/Garber, Grenzüberschreitende Insolvenzen im europäischen Binnenmarkt – die EuInsVO/1. Österreichische Assistententagung zum Zivil- und Zivilverfahrensrecht der Karl-Franzens-Universität Graz; *Reisinger,* Die Befugnisse des Insolvenzverwalters in: Clavora/Garber, Grenzüberschreitende Insolvenzen im europäischen Binnenmarkt – die EuInsVO/1. Österreichische Assistententagung zum Zivil- und Zivilverfahrensrecht der Karl-Franzens-Universität Graz; *Reuß,* Taking Creditors for a Ride – Insolvency Forum Shopping and the Abuse of EU Law?, Seoul Law Journal Vol. 53 No. 3 September 2012, 667-692; *ders.,* Europäisches Insolvenzrecht 3.0 oder doch nur Version 1.1?, EuZW 2013, 165; *ders.,* „Forum Shopping" in der Insolvenz: missbräuchliche Dimensionen der Wahrnehmung unionsrechtlicher Gestaltungsmöglichkeiten, Diss. Univ. München 2010; *ders.,* Forum Shopping und das Rechtsmissbrauchsverbot im Europäischen Insolvenzrecht in: Clavora/Garber, Grenzüberschreitende Insolvenzen im europäischen Binnenmarkt – die EuInsVO/1. Österreichische Assistententagung zum Zivil- und Zivilverfahrensrecht der Karl-Franzens-Universität Graz; *Riedemann,* Das Auseinanderfallen von Gesellschafts- und Insolvenzrecht, GmbHR 2004, 345; *Riel,* Die Eigenverwaltung im neuen österreichischen Sanierungsverfahren, ZInsO 2011, 1400–1407; *Ringe,* Insolvenzanfechtungsklage im System des europäischen Zivilverfahrensrechts, ZInsO 2006, 700; *Ringe/Willemer,* Zur Anwendung von § 64 GmbHG auf eine englische Limited, NZG 2010, 56–58; *dies.,* Die „deutsche" Limited in der Insolvenz, EuZW 2006, 621; *Ringstmeier/Homann,* Masseverbindlichkeiten als Prüfstein des internationalen Insolvenzrechts, NZI 2004, 354; *Rinne/Sejas,* Inlandskonkurs und das Anerkennungs- und Vollstreckungsausführungsgesetz, IPRax 2002, 28; *Rodriguez,* The Reform of Swiss Debt Restructuring Law, IILR 2014, 20; *Röhricht,* Insolvenzrechtliche Aspekte im Gesellschaftsrecht, ZIP 2005, 505; *Rokas,* Die vorinsolvenzliche Unternehmenssanierung im griechischen Recht, RIW 2011, 306–309; *Römermann,* Die Konzerninsolvenz auf der Agenda des Gesetzgebers – Der Regierungsentwurf eines Gesetzes zur Erleichterung der Bewältigung von Konzerninsolvenzen, ZRP 2013, 201; *Rordorf,* Cross Border Insolvency, IILR 2010, 16–22; *Rosbach,* Europäische Insolvenzverwalter in Deutschland. Am Beispiel deutscher und französischer Insolvenzverwalter (Konstanz, Univ., Diss., 2004), 2006; *Roßmeier,* Besitzlose Mobiliarsicherheiten in grenzüberschreitenden Insolvenzverfahren: eine rechtsvergleichende Untersuchung des deutschen und U.S.-amerikanischen internationalen Insolvenzrechts sowie der Europäischen Verordnung über Insolvenzverfahren (Münster (Westfalen), Univ., Diss., 2002), 2003 (zit.: Roßmeier, Besitzlose Mobiliarsicherheiten); *Roth,* From Centros to Ueberseering: Free Movement of Companies, Private International Law, and Community Law, I.C.L.Q. 2003, 177; *Rotstegge,* Zuständigkeitsfragen bei der Insolvenz in- und ausländischer Konzerngesellschaften, ZIP 2008, 955–962; *Rüfner,* Neues internationales Insolvenzrecht in den USA, ZIP 2005, 1859; *Rugullis,* Litispendenz im Europäischen Insolvenzrecht (Berlin, Freie Univ., Diss., 2001), 2002 (zit.: Rugullis, Litispendenz); *Rumberg,* Entwicklungen der „Rescue Culture" im englischen Insolvenzrecht – Neue Gründe für ein „Forum Shopping" in Insolvenzverfahren, RIW 2010, 358–367; *Ruzik,* Finanzmarktintegration durch Insolvenzrechtsharmonisierung – Der europäische Rechtsrahmen für Abwicklungssysteme, Finanzsicherheiten und internationale Bankeninsolvenzen und seine Umsetzung in das deutsche Recht, Diss. Univ. Halle (Saale) 2010; *Sabel,* Hauptsitz als Niederlassung im Sinne der EuInsVO?, NZI 2004, 126; *Saenger/Klockenbrink,* Anerkennungsfragen im internationalen Insolvenzrecht gelöst?, EuZW 2006, 363; *dies.,* Neue Grenzen für ein forum shopping des Insolvenzschuldners?, DZWIR 2006, 183; *Schall,* Deutscher Gläubigerschutz und Europarecht – Lehren aus dem PIN-Fall des BGH, NJW 2011, 3745–3749; *ders.,* Englischer Gläubigerschutz bei der Limited in Deutschland, ZIP 2005, 965; *Schefold,* Anerkennung von Banksanierungsmaßnahmen im EWR-Bereich, IPRax 2012, 66–72; *Schelo,* Flucht aus Deutschland oder der Wettbewerb der Insolvenzordnungen, NZI 2006, VII; *Scherber,* Europäische Grundpfandrechte in der nationalen und internationalen Insolvenz im Rechtsvergleich (Berlin, Humboldt-Univ., Diss., 2003), 2004; *dies.,* Neues autonomes internationales Insolvenzrecht in Spanien im Vergleich zur EuInsVO und zu den neuen §§ 335–358 InsO, IPRax 2005, 160; *Schilling, M.,* Die ausschließliche internationale Zuständigkeit für gesellschaftsrechtliche Streitigkeiten vor dem Hintergrund der Niederlassungsfreiheit, IPRax 2005, 208; *Schilling, S.,* Das englische Insolvenzeröffnungsverfahren im Anwendungsbereich der EuInsVO und im Vergleich mit dem deutschen Insolvenzeröffnungsverfahren, DZWIR 2006, 143; *ders.,* Insolvenz einer englischen Limited mit Verwaltungssitz in Deutschland (Jena, Univ., Diss., 2005), 2006; *Schilling, S./Schmidt, J.,* COMI und vorläufiger Insolvenzverwalter – Problem gelöst?, ZInsO 2006, 113; *Schmidt,* Die Absichtspauliana nach Schweizer Recht – Zur gerichtlichen Aufarbeitung der Swissair-Insolvenz, ZInsO 2010, 1214–1222; *Schmidt, J.,* Insolvenzantragspflicht und Insolvenzverschleppungshaftung bei der „deutschen" Limited – Das LG Kiel auf dem richtigen Weg?, ZInsO 2006, 737; *dies.,* Eurofood – Eine Leitentscheidung und ihre Rezeption in Europa und den USA, ZIP 2007, 405; *Schmidt, K.,* Konzern-Insolvenzrecht – Entwicklungsstand und Perspektiven, KTS 2010, 1; *ders.,* Flexibilität und Praktikabilität im Insolvenzverfahren – Die Zuständigkeitsfrage als Beispiel, ZIP 2012, 1054; *ders.,* Verlust der Mitte durch „Inspire Art"? – Verwerfungen im Unternehmensrecht durch Schreckreaktionen der Literatur –, ZHR 168 (2004), 493; *Schmidt, L.,* Die Zusicherung nach Art. 36 EuInsVO (Wiesbaden, Univ., Diss., 2019), 2019; *Schmieknecht,* Der Anwendungsbereich der Europäischen Insolvenzverordnung und die Auswirkungen auf das deutsche Insolvenzrecht: Unter besonderer Berücksichtigung des Konzerninsolvenzrechts (Münster (Westfalen), Univ., Diss., 2004), 2004 (zit.: Schmieknecht, Der Anwendungsbereich); *Schmitt,* Die Rechtsstellung englischer Insolvenzverwalter in Prozessen vor deutschen Gerichten, ZIP 2009, 1989–1992; *Schmittmann,* Zwischenruf: Lucidum intervallum oder Redaktionsversehen? – Zuständigkeit der Insolvenzgerichte für Insolvenzanfechtungsklagen?, ZInsO 2011, 991–992; *ders.,* Einführung in die Europäische Insolvenzverordnung, InsBüro 2004, 331; *Schmittmann/Bischoff,* De facto director, shadow director und dissolved companies: Aktuelle Rechtsfragen der scheinausländischen Limited, ZInsO 2009, 1561–1571; *Schmitz,* Dingliche Mobiliarsicherheiten im internationalen Insolvenzrecht, Diss. Univ. Köln 2010; *Schmüser,* Das Zusammenspiel zwischen Haupt- und Sekundärinsolvenzverfahren nach der EuInsVO, Diss. Univ. Hamburg 2009; *Schollmeyer,* Vollstreckungsschutz kraft ausländischen Insolvenzrechts und Inlandsklausel, IPRax 2003, 227; *Schulte,* Gerichtliche Zuständigkeit bei Erweiterung des Insolvenzverfahrens auf eine in einem anderen Mitgliedstaat ansässige Gesellschaft, GWR 2012, 95; *Schulz,* Die Haftung wegen massschädigender Zahlungen als EuInsVO-Annexverfahren, NZG 2015, 146; *Schümann-Kleber,* Insolvenz eines ausländischen Sicherungsgebers – Anwendung deutscher Vorschriften auf die Verwertung in Deutschland belegener Kreditsicherheiten, NZI 2005, 147 ff.; *ders.*, Recognition of English solvent schemes of arrangements affecting dissenting creditors of German companies, IILR 2011, 447; *Schwarz*, Insolvenzverwalterklagen bei eigenkapitalersetzenden Gesellschafterleistungen nach der Verordnung (EG) Nr. 44/2001 (EuGVVO); NZI 2002, 290; *Schwemmer*, Die Verlegung des centre of main interests (COMI) im Anwendungsbereich der EuInsVO, NZI 2009, 355–359; *Schwerdtfeger/Schilling, S.*, Innerstaatlicher Rechtsschutz gegen die Eröffnung eines Hauptinsolvenzverfahrens nach Art. 3 Abs. 1 EuInsVO in Deutschland, DZWIR 2005, 370; *Seidl/Paulick*, Sekundärinsolvenz und Sanierungsinsolvenzplan: Das Zustimmungserfordernis des Art. 34 Abs. 2 EuInsVO, ZInsO 2010, 125–130; *Siemon/Frind*, Der Konzern in der Insolvenz – Zur Überwindung des Dominoeffekts in der (internationalen) Konzerninsolvenz, NZI 2013, 1; *Simotta*, Die internationale Zuständigkeit für insolvenzrechtliche Annexverfahren in: Clavora/Garber, Grenzüberschreitende Insolvenzen im europäischen Binnenmarkt – die EuInsVO/1. Österreichische Assistententagung zum Zivil- und Zivilverfahrensrecht der Karl-Franzens-Universität Graz; *Smart*, Rights in Rem, Article 5 and the EC Insolvency Regulation: An English Perspective, INSOL International Insolvency Review, Vol. 15, 2006, S. 17–55; *Smid*, Voraussetzungen der Eröffnung eines deutschen Sekundärinsolvenzverfahrens – Geltendes Recht und Reformpläne, ZInsO 2013, 953; *ders.*, Gegen den Strom – Eröffnet das deutsche Insolvenzgericht durch Bestellung eines vorläufigen Insolvenzverwalters ein Hauptinsolvenzverfahren?, NZI 2009, 150–153; *ders.* (Hrsg.), Fragen des deutschen und internationalen Insolvenzrechts, 2007; *ders.*, Praxishandbuch Insolvenzrecht, 5. Auflage, 2007; *ders.*, Neue Fragen des deutschen und internationalen Insolvenzrechts, 2006; *ders.*, EuGH zu „Eurofood", BGH zur internationalen Zuständigkeit: Neueste Judikatur zur EuInsVO, DZWIR 2006, 325; *ders.*, Internationales Insolvenzrecht im Spiegel ausgewählter Verfahren und Entscheidungen, DZWIR 2006, 45; *ders.* (Hrsg.), Neue Fragen des deutschen und internationalen Insolvenzrechts/Insolvenzrechtliches Symposion der Hanns-Martin Schleyer-Stiftung in Kiel 10./11. Juni 2005, 2006; *ders.*, Anmerkung zu Supreme Court of Ireland, Mittelpunkt der hauptsächlichen Interessen bei internationaler Insolvenz, DZWIR 2005, 60; *ders.*, Auswirkungen des europäischen Insolvenzrechts auf die Praxis der deutschen Insolvenzgerichte, InVo 2005, 437 ff.; *ders.*, Deutsches und Europäisches Internationales Insolvenzrecht: Kommentar, 2004 (zit.: Smid, Int. Insolvenzrecht); *ders.*, Grenzüberschreitende Insolvenzverwaltung in Europa, in: Schütze (Hrsg.), Einheit und Vielfalt des Rechts – FS Reinhold Geimer zum 65. Geburtstag, 2002, S. 1215–1240; *ders.*, Judikatur zum internationalen Insolvenzrecht, DZWIR 2004, 397; *ders.*, Vier Entscheidungen englischer und deutscher Gerichte zur europäischen internationalen Zuständigkeit zur Eröffnung des Hauptinsolvenzverfahrens, DZWIR 2003, 397; *Sommer*, Zu den Einflussmöglichkeiten des Hauptverwalters auf das Sekundärinsolvenzverfahren, ZInsO 2005, 1137; *Spahlinger*, Sekundäre Insolvenzverfahren bei grenzüberschreitenden Insolvenzen: eine vergleichende Untersuchung zum deutschen, US-amerikanischen, schweizerischen und europäischen Recht (Tübingen, Univ., Diss., 1996/97), 1998; *Spellenberg*, Der ordre public im Internationalen Insolvenzrecht, in Stoll: Stellungnahmen und Gutachten, S. 183 (zit.: *Spellenberg*, in Stoll: Stellungnahmen und Gutachten); *Spühler* (Hrsg.), Aktuelle Probleme des internationalen Insolvenzrechtes, 2003; *Staak*, Mögliche Probleme der Koordination von Haupt- und Sekundärinsolvenzverfahren nach der Europäischen Insolvenzverordnung (EuInsVO), NZI 2004, 480; *ders.*, Tagung der Europäischen Rechtsakademie „Europäisches Insolvenzrecht", NZI 2004, 134; *Stadler*, International Jurisdiction under the Regulation EC 1346/2000 on Insolvency Proceedings, in: Stürner/Kawano (ed.), Cross Border Insolvency, Intellectual Property Litigation, Arbitration and Ordre Public (2011), 13 (25); *Steffek*, Insolvenzgründe in Europa – Rechtsvergleich, Regelungsstrukturen und Perspektiven der Rechtsangleichung, KTS 2009, 317–353; *ders.*, Wrongful Trading – Grundlagen und Spruchpraxis, NZI 2010, 589–596; *Stehle*, Die Auslandsvollstreckung – ein Mittel zur Flucht aus dem deutschen Insolvenzrecht, DZWIR 2008, 53–58; *ders.*, Die Stellung des Vollstreckungsgläubigers bei grenzüberschreitenden Insolvenzen in der EU: dargestellt am Beispiel England – Deutschland (Konstanz, Univ., Diss., 2006), 2006; *Steinmetz/Lozano Giménez*, Deutsches Insolvenzverfahren und Immobilienvermögen in Spanien – Grundbuchsperre beim Registro de la Propiedad durch deutsche Insolvenzverwalter, NZI 2010, 973–975; *Stoecker/Zschaler*, Internationale Zuständigkeit für Insolvenzanfechtungsklagen: Die Entscheidung Seagon/Deko in der Rechtsprechung deutscher Landgerichte, NZI 2010, 757–761; *Stoll* (Hrsg.), Vorschläge und Gutachten zur Umsetzung des EU-Übereinkommens über Insolvenzverfahren im deutschen Recht, 1997; *ders.* (Hrsg.), Stellungnahmen und Gutachten zur Reform des deutschen Internationalen Insolvenzrechts, 1992; *Strobel*, Die Abgrenzung zwischen EuGVVO und EuInsVO im Bereich insolvenzbezogener Einzelentscheidungen (Köln, Univ., Diss., 2006), 2006 (zit.: Strobel, Die Abgrenzung zwischen EuGVVO und EuInsVO); *Strub*, Das Europäische Konkursübereinkommen, EuZW 1996, 71; *Stürner, M.*, Internationalprivat- und verfahrensrechtliche Fragen bei Klage auf Herausgabe einer Bürgschaftsurkunde aus der Insolvenzmasse, IPRax 2006; *ders.*, Gerichtsstandsvereinbarungen und Europäisches Insolvenzrecht, IPRax 2005, 416; *Stürner, R.*, Das EU-Insolvenzrecht und sein Einfluss auf die Gestaltung gedeckter Wertpapiere am Beispiel der so genannten Zweigstellenpfandbriefs, ZZPInt 2010, 213; *ders.*, Die Europäische Liquidationsrichtlinie für Banken und ihre Bedeutung für das Europageschäft deutscher Pfandbriefbanken am Beispiel Polens, KTS 2005, 269; *Taupitz*, Das (zukünftige) europäische Internationale Insolvenzrecht – insbesondere aus internationalprivatrechtlicher Sicht, ZZP 111 (1998), 315; *Taylor*, Further into the fog – some thoughts on the European Court of Justice decision in the Eurofood case, International Caselaw Alert 10 – III/2006, 25; *Tetley*, Recent Developments: The On-Going Saga of Canada's Conflict of Law Revolution – Theorie and Practice – Part II, IPRax 2004, 551; *Tett*, Beyond COMI: Credoitors and cooperation, International Caselaw Alert 10 – III/2006, 22; *Thole*, Die internationale Zuständigkeit für insolvenzrechtliche Anfechtungsklagen, ZIP 2006, 1383; *ders.*, Die US-amerikanische Neuschöpfung des „Tort of Deepening Insolvency" – ein Vorbild für den deutschen Gläubigerschutz?, ZIP 2007, 1590–1594; *ders.*, Negative Feststellungsklage, Insolvenztorpedos, EuInsVO, ZIP 2012, 605–613; *ders.*, Vis attractiva concursus europaei? Die internationale Zuständigkeit für insolvenzbezogene Annexverfahren zwischen EuInsVO, EuGVVO und autonomem Recht, ZEuP 2010, 904–924; *ders.*, Das COMI-Prinzip und andere Grundfragen des Europäischen Insolvenzrechts – Entscheidung des EuGH vom 2.5.2006, ZEuP 2007, 1137–1151; *ders.*, Besprechung der Dissertation von Charlotte Willemer: Vis attractiva concursus und die

Europäische Insolvenzverordnung, ZEuP 2008, 215; *ders.*, Die Anwendung des Art. 13 EuInsVO bie Zahlungen auf fremde Schuld, NZI 2013, 113; *ders.*, Die Reform der Europäischen Insolvenzverordnung, ZEuP 2014, 39; *ders.*, Das neue Konzerninsolvenzrecht in Deutschland und Europa, KTS 2014, 351; *Thole/Swierczok,* Der Kommissionsvorschlag zur Reform der EuInsVO, ZIP 2013, 550; *Tirado,* Die Anwendung der Europäischen Insolvenzverordnung durch die Gerichte der Mitgliedstaaten, GPR 2005, 39; *Tollenaar,* Dealing with the Insolvency of multinational Groups under the European Insolvency Regulation, Tijdschrift voor Insolventierecht 2010, 94 ff., *ders.*, Proposal for reform: Improving the Ability to rescue Miltinational Enterprises under the Insolvency Regulation, International Insolvency Law Review 3/2011, 252 ff.; *Tolstov,* Personal liability of a director in the insolvency of a company, IILR 2013, 268–284; *Törz,* Gerichtsstände im internationalen Insolvenzrecht zur Eröffnung von Partikularinsolvenzverfahren: eine Untersuchung über die internationale Zuständigkeit zur Eröffnung von Partikularinsolvenzverfahren sowie deren Beschränkungen und Auswirkungen auf die Anerkennungszuständigkeit (Bochum, Univ., Diss., 2005), 2005; *Tromans,* Solving the multi-jurisdictional puzzle, The European Lawyer, 57/2006, 27; *Trunk,* Entwicklungslinien des Insolvenzrechts in den Transformationsländern, RabelsZ 2006, 563; *ders.*, Internationales Insolvenzrecht, 1998; *ders.*, Regelungsschwerpunkte eines Ausführungsgesetzes zu Europäischen Insolvenzübereinkommen, abgedruckt in: Stoll (Hrsg.), Vorschläge und Gutachten zur Umsetzung des EU-Übereinkommens über Insolvenzverfahren im deutschen Recht, 1997, S. 232 (zit.: *Trunk,* in Stoll, Vorschläge und Gutachten); *Ulmer,* Insolvenzrechtlicher Gläubigerschutz gegenüber Scheinauslandsgesellschaften ohne hinreichende Kapitalausstattung?, KTS 2004, 291; *Ungan,* Gläubigerschutz nach dem EuGH-Urteil in „Inspire Art" – Möglichkeiten einer Sonderanknüpfung für die Durchgriffshaftung in der Insolvenz?, ZVR 2005, 355; *Utsch,* Das internationale Insolvenzrecht der USA, ZInsO 2006, 1305; *ders.*, Das amerikanische Hilfsverfahren nach § 304 Bankruptcy Code, ZIP 2004, 1182; *Vallender,* Die Insolvenz von Scheinauslandsgesellschaften, ZGR 2006, 425; *ders.*, Aufgaben und Befugnisse den deutschen Insolvenzrichters in Verfahren nach der EuInsVO, KTS 2005, 283; *ders.*, Wohnungseigentum in der Insolvenz, NZI 2004, 401; *ders.*, Die Aussetzung der Verwertung nach Art. 33 EuInsVO in einem deutschen Sekundärinsolvenzverfahren in: Haarmeyer/Hirte/Kirchhof/Graf von Westphalen, Verschuldung, Haftung, Vollstreckung, Insolvenz: FS Gerhard Kreft zum 65. Geburtstag, 1. Aufl. 2004, 2004; *ders.*, Gerichtliche Kommunikation und Kooperation bei grenzüberschreitenden Insolvenzverfahren im Anwendungsbereich der EuInsVO – eine neue Herausforderung für Insolvenzgerichte, KTS 2008, 59–78; *ders.*, „Increasing the chances of restructuring through an extrajudicial restructuring procedure?", IILR 2010, 13–15; *ders.*, Die Entwicklung des Regelinsolvenzverfahrens im Jahre 2011, NJW 2012, 1633; *ders.*, Wirkung und Anerkennung einer im Ausland erteilten Restschuldbefreiung, ZinsO 2009, 616; *Vallender/Deyda,* Brauchen wir einen Konzerninsolvenzgerichtsstand?, NZI 2009, 825–834; *Vallender/Fuchs,* Die Antragspflicht organschaftlicher Vertreter einer GmbH vor dem Hintergrund der Europäischen Insolvenzverordnung, ZIP 2004, 829; *Vallender/Nietzer,* The Role of the Judge in the Restructuring of Companies within Insolvency, IILR 2014, 33; *dies.*, Der deutsche Motor stockt, aber Europa drückt aufs Gas – Europäisches Konzerninsolvenzrecht vor der Verabschiedung, ZInsO 15, 57; *Vallender/Thierhoff,* Schemes for Everybody? Retailers still convincing Consumers? More equal than others?, IILR 2015, 2; *Vallender/Uhlenbruck,* Zehn Jahre Insolvenzordnung – eine kritische Zwischenbilanz, NZI 2009, 1; *Vallens/Dammann,* Die Problematik der Behandlung von Konzerninsolvenzen nach der EuInsVO – Bericht über ein internationales Richterseminar, NZI 2006, 29; *Van Galen,* Insolvent groups of insolvent comapnies in the European Community, IILR 2012, 376; *ders.*, The European Insolvency Regulation and Groups of Companies, INSOL Europe Annual Congress Paper, 2003, 3; *Vazquez/Cohen,* Fifth Circiut confirms denial of recognition to Mexican case that releases claims againstst non-debtors, IILR 2013, 292–294; *Veder,* Cross-border insolvency proceedings and security rights: a comparison of Dutch and German law, the EC insolvency regulation and the UNCITRAL model law on cross-border insolvency (Nijmegen, Univ., Diss., 2004), 2004; *Verhoeven,* Ein Konzerninsolvenzrecht für Europa – Was lange währt wird endlich gut?, ZInsO 2012, 2369–2377; *Virgós/Garcimartin,* The European Insolvency Regulation: Law and Practice: A Practical Analysis, 2004 (zit.: *Virgós/Garcimartin,* European Insolvency Regulation); *Virgós/Schmit,* Erläuternder Bericht zu dem EU-Übereinkommen über Insolvenzverfahren, Der Rat der Europäischen Union, Doc. 6500/1/96REV1, abgedruckt in: Stoll (Hrsg.), Vorschläge und Gutachten zur Umsetzung des EU-Übereinkommens über Insolvenzverfahren im deutschen Recht, 1997, S. 32 (zit.: *Virgós/Schmit,* Erläuternder Bericht); *Vogler,* Die internationale Zuständigkeit für Insolvenzverfahren (Wien, Univ., Diss., 2003), 2004; *von Bismarck/Schümann-Kleber,* Insolvenz eines ausländischen Sicherungsgebers – Anwendung deutscher Vorschriften auf die Verwertung in Deutschland belegener Kreditsicherheiten, NZI 2005, 147; *dies.*, Insolvenz eines deutschen Sicherungsgebers – Auswirkungen auf die Verwertung im Ausland belegener Kreditsicherheiten, NZI 2005, 89; *von der Fecht,* Die Insolvenzverfahren nach der neuen EG-Verordnung, in: van Bettery/Delhacs (Hrsg.), FS Friedrich Wilhelm Metzeler zum 70. Geburtstag, 2003, S. 121–135; *von Hall,* Insolvenzverrechnung in bilateralen Clearingsystemen, zugl. Diss. Univ. Köln 2010; *von Wilmowsky,* Aufrechnung in internationalen Insolvenzfällen, KTS 1998, 343; *ders.*, Sicherungsrechte im Europäischen Insolvenzrechtsübereinkommen, EWS 1997, 295; *Vonk/Koppen,* Recognition and enforcement in the Netherlands of a UK disclusure order obtained during insolvency proceedings, IILR 2013, 295–296; *Vormstein,* Zuständigkeit bei Konzerninsolvenzen: Verfahrensablauf bei grenzüberschreitenden Konzerninsolvenzen unter besonderer Berücksichtigung der Europäischen Insolvenzverordnung (EuInsVO), 2005; *Vorpeil,* Neuere Entwicklungen im englischen Handels- und Wirtschaftsrecht, RIW 2009, 753–755; *ders.*, Neuere Entwicklungen im englischen Handels- und Wirtschaftsrecht, RIW 2010, 280; *ders.*, Neuere Entwicklungen im englischen Handels- und Wirtschaftsrecht, RIW 2006, 221; *ders.*, Neuere Entwicklungen im englischen Handels- und Wirtschaftsrecht, RIW 2005, 63, 70; *ders.*, Neuere Entwicklungen im englischen Handels- und Wirtschaftsrecht, RIW 2005, 850; *ders.*, Neuere Entwicklungen im englischen Handels- und Wirtschaftsrecht, RIW 2005, 370; *ders.*, Neuere Entwicklungen im englischen Handels- und Wirtschaftsrecht, RIW 2004, 371; *Wagner,* Abstimmungsfragen zwischen Internationalem Insolvenzrecht und Internationaler Schiedsgerichtsbarkeit, zugl. Diss.; *Wagner,* Aktuelle Entwicklungen in der justiziellen Zusammenarbeit in Zivilsachen, NJW 2011, 1404; *Wagner,* Insolvenz und Schiedsverfahren, KTS 2010, 39; *Wagner,* Insolvenzantragstellung nur im EU-Ausland? Zivil-

und strafrechtliche Risiken für den GmbH-Geschäftsführer, ZIP 2006, 1934; *Wais,* Internationale Zuständigkeit bei gesellschaftsrechtlichen Ansprüchen aus Geschäftsführerhaftung gem. § 64 Abs. 2 Satz 1 GmbHG aF/§ 64 Satz 1 GmbHG nF, IPRax 2011, 138–142; *Walterscheid,* Die englische Limited im Insolvenzverfahren, DZWIR 2006, 95; *Weber,* Gesellschaftsrecht und Gläubigerschutz im internationalen Zivilverfahrensrecht: Die internationale Zuständigkeit bei Klagen gegen Gesellschafter und Gesellschaftsorgane vor und in der Insolvenz, Diss. Univ. Freiburg (Breisgau) 2010/2011; *Wehdeking,* Internationale Zuständigkeit der Zivilgerichte bei grenzüberschreitenden Immissionen, DZWIR 2004, 323; *dies.,* Reform des Internationalen Insolvenzrechts in Deutschland und Österreich, DZWIR 2003, 133; *Weinbörner,* Das neue Insolvenzrecht mit EU-Übereinkommen, 1997; *Weller,* Inländische Gläubigerinteressen bei internationalen Konzerninsolvenzen, ZHR 2005, 570; *ders.,* Forum Shopping im Internationalen Insolvenzrecht?, IPRax 2004, 412; *ders.,* Einschränkung der Gründungstheorie bei missbräuchlicher Auslandsgründung?, IPRax 2003, 520; *ders.,* Scheinauslandsgesellschaften nach Centros, Überseering und Inspire Art: Ein neues Anwendungsfeld für die Existenzvernichtungshaftung, IPRax 2003, 207; *Weller,* Die Aufrechnung nach der EuInsVO in: Clavora/Garber, Grenzüberschreitende Insolvenzen im europäischen Binnenmarkt – die EuInsVO/1. Österreichische Assistententagung zum Zivil- und Zivilverfahrensrecht der Karl-Franzens-Universität Graz; *Weller,* Die Verlegung des Center of Main Interest von Deutschland nach England, ZGR 2008, 835–866; *ders.,* GmbH-Bestattung im Ausland, ZIP 2009, 2029–2037; *ders.,* Windscheids Anspruchsbegriff im Strudel der Insolvenzarbitrage, IPRax 2011, 150–155; *ders.,* Gliederung des Vortrags: Aktuelle Entwicklungen im Internationalen Insolvenzrecht, Vortrag vom 15.3.2011; *Werner, Rike,* Der Insolvenzplan im Anwendungsbereich der europäischen Insolvenzordnung, zugl. Diss. Univ. Bielefeld 2008; *Wessels,* COMI: Are English courts coming-out?, IILR 2010, 2–9; *ders.,* What is an insolvency proceeding anyway?, IILR 2011, 491; *ders.,* Themes of the future: Rescue Business and Crossborder Cooperation, ZInsO 2014, 185; *ders.,* Comparative study assists reform of Chapter 11 US Bankruptcy Code, IILR 2013, 285–287; *ders.,* Multinational Groups of Companies under the EC Insolvency Regulation: where do we stand? Ondernemingrecht 2009–5, 243 ff.; *ders.,* On the future to European Insolvency Law, IILR 2014, 310; *ders.,* Twenty Suggestions for a Makeover of the EU Insolvency Regulation, International Caselaw Alert 12 – V/2006, 68; *ders.,* Current topics of international insolvency law, 2004 (zit.: Wessels, Int. insolvency law); *ders.,* The Place of the Registered Office of a Company: a Cornerstone in the Application of the EC Insolvency Regulation, European Company Law, Volume 3, 2006, 183; *ders.,* EU Insolvency and its impact on European business, CESifo DICE Report 1/2006, 16; *Wessels/de Weijs,* Revision of the iconic US-Chapter 11: Its global importance and global feed back, IILR 2014, 441; *Westermann,* Auf dem Weg zum Wettbewerb der Gesellschaftsordnungen: die Kapitalbindung im Recht der GmbH, ZIP 2005, 1849; *Widhalm-Budak,* Überblick über die Rechte der Absonderungsberechtigten nach der Österreichischen Insolvenzordnung unter besonderer Berücksichtigung der Neuerungen durch das Insolvenzrechtsänderungsgesetz 2010, ZInsO 2011, 562–566; *Wieczorek-Zeul,* New sovereign debt restructuring mechanisms: challenges and opportunities; International policy dialogue 21–22 February 2003, Berlin, 2003; *dies.,* Bemühungen um ein neues internationales Insolvenzverfahren: Perspektiven und Möglichkeiten; Internationaler Politik Dialog 21. – 22. Februar 2003, Berlin, 2003; *Wienberg/Sommer,* Anwendbarkeit von deutschem Eigenkapitalersatzrecht auf EU-Kapitalgesellschaften am Beispiel eines Partikularinsolvenzverfahrens im engeren Sinn nach Art. 3 II, IV EuInsVO, NZI 2005, 353; *Willemer,* Vis attractiva concursus und die Europäische Insolvenzverordnung (Hamburg, Univ., Diss., 2005/2006), 2006 (zit.: *Willemer,* Vis attractiva concursus); *Wilms,* Die englische Ltd. in deutscher Insolvenz: nach Centros, Überseering und Inspire Art (Düsseldorf, Univ., Diss., 2006), 2006; *Wimmer,* Einpassung der EU-Insolvenzverordnung in das deutsche Recht durch das Gesetz zur Neuregelung des Internationalen Insolvenzrechts in: Gerhardt/Haarmeyer/Kreft (Hrsg.), Insolvenzrecht im Wandel der Zeit, FS Hans-Peter Kirchhof anlässlich der Vollendung seines 65. Lebensjahres, 2003, S. 521 ff., *ders.,* Entwurf eines Gesetzes zur Umsetzung der Finanzsicherheiten-Richtlinie, ZIP 2003, 1563; *ders.,* Die EU-Verordnung zur Regelung grenzüberschreitender Insolvenzverfahren, NJW 2002, 2427; *ders.,* Die Verordnung (EG) Nr. 1346/2000 über Insolvenzverfahren, ZInsO, 2001, 97; *ders.,* Die Besonderheiten von Sekundärinsolvenzverfahren unter besonderer Berücksichtigung des Europäischen Insolvenzübereinkommens, ZIP 1998, 82; *ders.,* Vorüberlegungen zur Umsetzung des Europäischen Insolvenzübereinkommens und zum deutschen Internationalen Insolvenzrecht, abgedruckt in: Stoll (Hrsg.), Vorschläge und Gutachten zur Umsetzung des EU-Übereinkommens über Insolvenzverfahren im deutschen Recht, 1997, S. 179; *ders.,* Konzerninsolvenzen im Rahmen der EuInsVO – Ausblick auf die Schaffung eines deutschen Konzerninsolvenzrechts, Der Betrieb 2013, 1343; *ders.,* Einpassung der EU-Insolvenzverordnung in das deutsche Recht durch das Gesetz zur Neuregelung des Internationalen Insolvenzrechts in: Gerhardt/Haarmeyer/Kreft (Hrsg.), Insolvenzrecht im Wandel der Zeit – FS Hans-Peter Kirchhof, S. 521 ff.; *Winter,* Bemerkungen zum österreichischen Insolvenzeröffnungsverfahren nach dem IRÄG 2010, ZInsO 2011, 1141–1146; *Wiórek,* Das Prinzip der Gläubigergleichbehandlung im Europäischen Insolvenzrecht (Heidelberg, Univ., Diss., 2005) 2005; *Wittinghofer,* Der nationale und internationale Insolvenzverwaltungsvertrag: Koordination paralleler Insolvenzverfahren durch Ad-hoc-Vereinbarungen (Münster (Westfalen), Univ., Diss., 2003), 2004 (zit.: *Wittinghofer,* Der nationale und internationale Insolvenzverwaltungsvertrag); *Wright/Fenwick,* Bankruptcy tourism – what it is, how it works and how creditors can fight back, IILR 2012, 45; *Wunderer,* Auswirkungen des Europäischen Übereinkommens über Insolvenzverfahren auf Bankgeschäfte, WM 1998, 793; *Würdinger,* Die Anerkennung ausländischer Entscheidungen im europäischen Insolvenzrecht, IPRax 2011, 562–565; *Zeeck,* Die Anknüpfung der Insolvenzanfechtung, ZInsO 2005, 281; *ders.,* Das internationale Anfechtungsrecht in der Insolvenz: die Anknüpfung der Insolvenzanfechtung (Hamburg, Univ. Diss., 2001), 2003; *Zerres,* Deutsche Insolvenzantragspflicht für die englische Limited mit Inlandssitz, DZWIR 2006, 356; *Zeuner/Elsner,* Die internationale Zuständigkeit der Anfechtungsklage oder die Auslegung des Art. 1 Abs. 2 lit. b EuGVVO, DZWIR 2008, 1–6; *Zimmer,* Nach „Inspire Art": Grenzenlose Gestaltungsfreiheit für deutsche Unternehmen?, NJW 2003, 3585; *Zipperer,* Das Insolvenzspezifische – auf den Spuren eines Begriffs, KTS 2008, 167–192.

Präambel

DAS EUROPÄISCHE PARLAMENT UND DER RAT DER EUROPÄISCHEN UNION
gestützt auf den Vertrag über die Arbeitsweise der Europäischen Union, insbesondere auf Artikel 81, auf Vorschlag der Europäischen Kommission, nach Zuleitung des Entwurfs des Gesetzgebungsakts an die nationalen Parlamente, nach Stellungnahme des Europäischen Wirtschafts- und Sozialausschusses,[1] gemäß dem ordentlichen Gesetzgebungsverfahren,[2] in Erwägung nachstehender Gründe:

(1) Die Kommission hat am 12. Dezember 2012 einen Bericht über die Anwendung der Verordnung (EG) Nr. 1346/2000 des Rates[3] angenommen. Dem Bericht zufolge funktioniert die Verordnung im Allgemeinen gut, doch sollte die Anwendung einiger Vorschriften verbessert werden, um grenzüberschreitende Insolvenzverfahren noch effizienter abwickeln zu können. Da die Verordnung mehrfach geändert wurde und weitere Änderungen erfolgen sollen, sollte aus Gründen der Klarheit eine Neufassung vorgenommen werden.

(2) Die Union hat sich die Schaffung eines Raums der Freiheit, der Sicherheit und des Rechts zum Ziel gesetzt.

(3) Für ein reibungsloses Funktionieren des Binnenmarktes sind effiziente und wirksame grenzüberschreitende Insolvenzverfahren erforderlich. Die Annahme dieser Verordnung ist zur Verwirklichung dieses Ziels erforderlich, das in den Bereich der justiziellen Zusammenarbeit in Zivilsachen im Sinne des Artikels 81 des Vertrags fällt.

(4) Die Geschäftstätigkeit von Unternehmen greift mehr und mehr über die einzelstaatlichen Grenzen hinaus und unterliegt damit in zunehmendem Maß den Vorschriften des Unionsrechts. Die Insolvenz solcher Unternehmen hat auch nachteilige Auswirkungen auf das ordnungsgemäße Funktionieren des Binnenmarktes, und es bedarf eines Unionsrechtsakts, der eine Koordinierung der Maßnahmen in Bezug auf das Vermögen eines zahlungsunfähigen Schuldners vorschreibt.

(5) Im Interesse eines ordnungsgemäßen Funktionierens des Binnenmarkts muss verhindert werden, dass es für Beteiligte vorteilhafter ist, Vermögensgegenstände oder Gerichtsverfahren von einem Mitgliedstaat in einen anderen zu verlagern, um auf diese Weise eine günstigere Rechtsstellung zum Nachteil der Gesamtheit der Gläubiger zu erlangen (im Folgenden „Forum Shopping").

(6) Diese Verordnung sollte Vorschriften enthalten, die die Zuständigkeit für die Eröffnung von Insolvenzverfahren und für Klagen regeln, die sich direkt aus diesen Insolvenzverfahren ableiten und eng damit verknüpft sind. Darüber hinaus sollte diese Verordnung Vorschriften für die Anerkennung und Vollstreckung von in solchen Verfahren ergangenen Entscheidungen sowie Vorschriften über das auf Insolvenzverfahren anwendbare Recht enthalten. Sie sollte auch die Koordinierung von Insolvenzverfahren regeln, die sich gegen denselben Schuldner oder gegen mehrere Mitglieder derselben Unternehmensgruppe richten.

(7) Konkurse, Vergleiche und ähnliche Verfahren sowie damit zusammenhängende Klagen sind vom Anwendungsbereich der Verordnung (EU) Nr. 1215/2012 des Europäischen Parlaments und des Rates ausgenommen.[4] Diese Verfahren sollten unter die vorliegende Verordnung fallen. Die vorliegende Verordnung ist so auszulegen, dass Rechtslücken zwischen den beiden vorgenannten Rechtsinstrumenten so weit wie möglich vermieden werden. Allerdings sollte der alleinige Umstand, dass ein nationales Verfahren nicht in Anhang A dieser Verordnung aufgeführt ist, nicht bedeuten, dass es unter die Verordnung (EU) Nr. 1215/2012 fällt.

(8) Zur Verwirklichung des Ziels einer Verbesserung der Effizienz und Wirksamkeit der Insolvenzverfahren mit grenzüberschreitender Wirkung ist es notwendig und angemessen, die Bestimmungen über den Gerichtsstand, die Anerkennung und das anwendbare Recht in diesem Bereich in einer Maßnahme der Union zu bündeln, die in den Mitgliedstaaten verbindlich ist und unmittelbar gilt.

(9) Diese Verordnung sollte für alle Insolvenzverfahren gelten, die die in ihr festgelegten Voraussetzungen erfüllen, unabhängig davon, ob es sich beim Schuldner um eine natürliche oder juristische Person,

---

[1] ABl. C 271, 55 v. 19.9.2013.
[2] Standpunkt des Europäischen Parlaments v. 5.2.2014 (noch nicht im Amtsblatt veröffentlicht) und Standpunkt des Rates in erster Lesung v. 12.3.2015 (noch nicht im Amtsblatt veröffentlicht); Standpunkt des Europäischen Parlaments v. 20.5.2015 (noch nicht im Amtsblatt veröffentlicht).
[3] VO (EG) Nr. 1 346/2000 des Rates v. 29.5.2000 über Insolvenzverfahren (ABl. L 160, 1 v. 30.6.2000).
[4] VO (EU) Nr. 1215/2012 des Europäischen Parlaments und des Rates v. 12.12.2012 über die gerichtliche Zuständigkeit und die Anerkennung und Vollstreckung von Entscheidungen in Zivil- und Handelssachen (ABl. L 351 v. 20.12.2012).

einen Kaufmann oder eine Privatperson handelt. Diese Insolvenzverfahren sind erschöpfend in Anhang A aufgeführt. Bezüglich der in Anhang A aufgeführten nationalen Verfahren sollte diese Verordnung Anwendung finden, ohne dass die Gerichte eines anderen Mitgliedstaats die Erfüllung der Anwendungsvoraussetzungen dieser Verordnung nachprüfen. Nationale Insolvenzverfahren, die nicht in Anhang A aufgeführt sind, sollten nicht in den Anwendungsbereich dieser Verordnung fallen.

(10) In den Anwendungsbereich dieser Verordnung sollten Verfahren einbezogen werden, die die Rettung wirtschaftlich bestandsfähiger Unternehmen, die sich jedoch in finanziellen Schwierigkeiten befinden, begünstigen und Unternehmern eine zweite Chance bieten. Einbezogen werden sollten vor allem Verfahren, die auf eine Sanierung des Schuldners in einer Situation gerichtet sind, in der lediglich die Wahrscheinlichkeit einer Insolvenz besteht, und Verfahren, bei denen der Schuldner ganz oder teilweise die Kontrolle über seine Vermögenswerte und Geschäfte behält. Der Anwendungsbereich sollte sich auch auf Verfahren erstrecken, die eine Schuldbefreiung oder eine Schuldenanpassung in Bezug auf Verbraucher und Selbständige zum Ziel haben, indem zB der vom Schuldner zu zahlende Betrag verringert oder die dem Schuldner gewährte Zahlungsfrist verlängert wird. Da in solchen Verfahren nicht unbedingt ein Verwalter bestellt werden muss, sollten sie unter diese Verordnung fallen, wenn sie der Kontrolle oder Aufsicht eines Gerichts unterliegen. In diesem Zusammenhang sollte der Ausdruck „Kontrolle" auch Sachverhalte einschließen, in denen ein Gericht nur aufgrund des Rechtsbehelfs eines Gläubigers oder anderer Verfahrensbeteiligter tätig wird.

(11) Diese Verordnung sollte auch für Verfahren gelten, die einen vorläufigen Aufschub von Vollstreckungsmaßnahmen einzelner Gläubiger gewähren, wenn derartige Maßnahmen die Verhandlungen beeinträchtigen und die Aussichten auf eine Sanierung des Unternehmens des Schuldners mindern könnten. Diese Verfahren sollten sich nicht nachteilig auf die Gesamtheit der Gläubiger auswirken und sollten, wenn keine Einigung über einen Sanierungsplan erzielt werden kann, anderen Verfahren, die unter diese Verordnung fallen, vorgeschaltet sein.

(12) Diese Verordnung sollte für Verfahren gelten, deren Eröffnung öffentlich bekanntzugeben ist, damit Gläubiger Kenntnis von dem Verfahren erlangen und ihre Forderungen anmelden können, und dadurch der kollektive Charakter des Verfahrens sichergestellt wird, und damit den Gläubigern Gelegenheit gegeben wird, die Zuständigkeit des Gerichts überprüfen zu lassen, das das Verfahren eröffnet hat.

(13) Dementsprechend sollten vertraulich geführte Insolvenzverfahren vom Anwendungsbereich dieser Verordnung ausgenommen werden. Solche Verfahren mögen zwar in manchen Mitgliedstaaten von großer Bedeutung sein, es ist jedoch aufgrund ihrer Vertraulichkeit unmöglich, dass ein Gläubiger oder Gericht in einem anderen Mitgliedstaat Kenntnis von der Eröffnung eines solchen Verfahrens erlangt, so dass es schwierig ist, ihren Wirkungen unionsweit Anerkennung zu verschaffen.

(14) Ein Gesamtverfahren, das unter diese Verordnung fällt, sollte alle oder einen wesentlichen Teil der Gläubiger des Schuldners einschließen, auf die die gesamten oder ein erheblicher Anteil der ausstehenden Verbindlichkeiten des Schuldners entfallen, vorausgesetzt, dass die Forderungen der Gläubiger, die nicht an einem solchen Verfahren beteiligt sind, davon unberührt bleiben. Verfahren, die nur die finanziellen Gläubiger des Schuldners betreffen, sollten auch unter diese Verordnung fallen. Ein Verfahren, das nicht alle Gläubiger eines Schuldners einschließt, sollte ein Verfahren sein, dessen Ziel die Rettung des Schuldners ist. Ein Verfahren, das zur endgültigen Einstellung der Unternehmenstätigkeit des Schuldners oder zur Verwertung seines Vermögens führt, sollte alle Gläubiger des Schuldners einschließen. Einige Insolvenzverfahren für natürliche Personen schließen bestimmte Arten von Forderungen, wie etwa Unterhaltsforderungen, von der Möglichkeit einer Schuldenbefreiung aus, was aber nicht bedeuten sollte, dass diese Verfahren keine Gesamtverfahren sind.

(15) Diese Verordnung sollte auch für Verfahren gelten, die nach dem Recht einiger Mitgliedstaaten für eine bestimmte Zeit vorläufig oder einstweilig eröffnet und durchgeführt werden können, bevor ein Gericht durch eine Entscheidung die Fortführung des Verfahrens als nicht vorläufiges Verfahren bestätigt. Auch wenn diese Verfahren als „vorläufig" bezeichnet werden, sollten sie alle anderen Anforderungen dieser Verordnung erfüllen.

(16) Diese Verordnung sollte für Verfahren gelten, die sich auf gesetzliche Regelungen zur Insolvenz stützen. Allerdings sollten Verfahren, die sich auf allgemeines Gesellschaftsrecht stützen, das nicht ausschließlich auf Insolvenzfälle ausgerichtet ist, nicht als Verfahren gelten, die sich auf gesetzliche Regelungen zur Insolvenz stützen. Ebenso sollten Verfahren zur Schuldenanpassung nicht bestimmte Verfahren umfassen, in denen es um den Erlass von Schulden einer natürlichen Person mit sehr geringem Einkommen und Vermögen geht, sofern derartige Verfahren nie eine Zahlung an Gläubiger vorsehen.

(17) Der Anwendungsbereich dieser Verordnung sollte sich auf Verfahren erstrecken, die eingeleitet werden, wenn sich ein Schuldner in nicht finanziellen Schwierigkeiten befindet, sofern diese Schwierigkeiten mit der tatsächlichen und erheblichen Gefahr verbunden sind, dass der Schuldner gegenwärtig oder in Zukunft seine Verbindlichkeiten bei Fälligkeit nicht begleichen kann. Der maßgebliche Zeitraum zur Feststellung einer solchen Gefahr kann mehrere Monate oder auch länger betragen, um Fällen Rechnung zu tragen, in denen sich der Schuldner in nicht finanziellen Schwierigkeiten befindet, die die Fortführung seines Unternehmens und mittelfristig seine Liquidität gefährden. Dies kann beispielsweise der Fall sein, wenn der Schuldner einen Auftrag verloren hat, der für ihn von entscheidender Bedeutung war.

(18) Die Vorschriften über die Rückforderung staatlicher Beihilfen von insolventen Unternehmen, wie sie nach der Rechtsprechung des Gerichtshofs der Europäischen Union ausgelegt worden sind, sollten von dieser Verordnung unberührt bleiben.

(19) Insolvenzverfahren über das Vermögen von Versicherungsunternehmen, Kreditinstituten, Wertpapierfirmen und anderen Firmen, Einrichtungen oder Unternehmen, die unter die Richtlinie 2001/24/ EG des Europäischen Parlaments und des Rates fallen, und Organismen für gemeinsame Anlagen sollten vom Anwendungsbereich dieser Verordnung ausgenommen werden, da für sie besondere Vorschriften gelten und die nationalen Aufsichtsbehörden weitreichende Eingriffsbefugnisse haben.

(20) Insolvenzverfahren sind nicht zwingend mit dem Eingreifen einer Justizbehörde verbunden. Der Ausdruck „Gericht" in dieser Verordnung sollte daher in einigen Bestimmungen weit ausgelegt werden und Personen oder Stellen umfassen, die nach einzelstaatlichem Recht befugt sind, Insolvenzverfahren zu eröffnen. Damit diese Verordnung Anwendung findet, muss es sich um ein Verfahren (mit den entsprechenden gesetzlich festgelegten Handlungen und Formalitäten) handeln, das nicht nur im Einklang mit dieser Verordnung steht, sondern auch in dem Mitgliedstaat der Eröffnung des Insolvenzverfahrens offiziell anerkannt und rechtsgültig ist.

(21) Verwalter sind in dieser Verordnung definiert und in Anhang B aufgeführt. Verwalter, die ohne Beteiligung eines Justizorgans bestellt werden, sollten nach nationalem Recht einer angemessenen Regulierung unterliegen und für die Wahrnehmung von Aufgaben in Insolvenzverfahren zugelassen sein. Der nationale Regelungsrahmen sollte angemessene Vorschriften über den Umgang mit potenziellen Interessenkonflikten umfassen.

(22) Diese Verordnung erkennt die Tatsache an, dass aufgrund der großen Unterschiede im materiellen Recht ein einziges Insolvenzverfahren mit universaler Geltung für die Union nicht realisierbar ist. Die ausnahmslose Anwendung des Rechts des Staates der Verfahrenseröffnung würde vor diesem Hintergrund häufig zu Schwierigkeiten führen. Dies gilt etwa für die in den Mitgliedstaaten sehr unterschiedlich ausgeprägten nationalen Regelungen an den Sicherungsrechten. Aber auch die Vorrechte einzelner Gläubiger im Insolvenzverfahren sind teilweise vollkommen anders ausgestaltet. Bei der nächsten Überprüfung dieser Verordnung wird es erforderlich sein, weitere Maßnahmen zu ermitteln, um die Vorrechte der Arbeitnehmer auf europäischer Ebene zu verbessern. Diese Verordnung sollte solchen unterschiedlichen nationalen Rechten auf zweierlei Weise Rechnung tragen. Zum einen sollten Sonderanknüpfungen für besonders bedeutsame Rechte und Rechtsverhältnisse vorgesehen werden (zB dingliche Rechte und Arbeitsverträge). Zum anderen sollten neben einem Hauptinsolvenzverfahren mit universaler Geltung auch innerstaatliche Verfahren zugelassen werden, die lediglich das im Eröffnungsstaat befindliche Vermögen erfassen.

(23) Diese Verordnung gestattet die Eröffnung des Hauptinsolvenzverfahrens in dem Mitgliedstaat, in dem der Schuldner den Mittelpunkt seiner hauptsächlichen Interessen hat. Dieses Verfahren hat universale Geltung sowie das Ziel, das gesamte Vermögen des Schuldners zu erfassen. Zum Schutz der unterschiedlichen Interessen gestattet diese Verordnung die Eröffnung von Sekundärinsolvenzverfahren parallel zum Hauptinsolvenzverfahren. Ein Sekundärinsolvenzverfahren kann in dem Mitgliedstaat eröffnet werden, in dem der Schuldner eine Niederlassung hat. Seine Wirkungen sind auf das in dem betreffenden Mitgliedstaat belegene Vermögen des Schuldners beschränkt. Zwingende Vorschriften für die Koordinierung mit dem Hauptinsolvenzverfahren tragen dem Gebot der Einheitlichkeit in der Union Rechnung.

(24) Wird über das Vermögen einer juristischen Person oder einer Gesellschaft ein Hauptinsolvenzverfahren in einem anderen Mitgliedstaat als dem, in dem sie ihren Sitz hat, eröffnet, so sollte die Möglichkeit bestehen, im Einklang mit der Rechtsprechung des Gerichtshofs der Europäischen Union ein Sekundärinsolvenzverfahren in dem Mitgliedstaat zu eröffnen, in dem sie ihren Sitz hat, sofern der Schuldner einer wirtschaftlichen Aktivität nachgeht, die den Einsatz von Personal und Vermögenswerten in diesem Mitgliedstaat voraussetzt.

Vor Art. 1

(25) Diese Verordnung gilt nur für Verfahren in Bezug auf einen Schuldner, der Mittelpunkt seiner hauptsächlichen Interessen in der Union hat.

(26) Die Zuständigkeitsvorschriften dieser Verordnung legen nur die internationale Zuständigkeit fest, das heißt, sie geben den Mitgliedstaat an, dessen Gerichte Insolvenzverfahren eröffnen dürfen. Die innerstaatliche Zuständigkeit des betreffenden Mitgliedstaats sollte nach dem nationalen Recht des betreffenden Staates bestimmt werden.

(27) Vor Eröffnung des Insolvenzverfahrens sollte das zuständige Gericht von Amts wegen prüfen, ob sich der Mittelpunkt der hauptsächlichen Interessen des Schuldners oder der Niederlassung des Schuldners tatsächlich in seinem Zuständigkeitsbereich befindet.

(28) Bei der Beantwortung der Frage, ob der Mittelpunkt der hauptsächlichen Interessen des Schuldners für Dritte feststellbar ist, sollte besonders berücksichtigt werden, welchen Ort die Gläubiger als denjenigen wahrnehmen, an dem der Schuldner der Verwaltung seiner Interessen nachgeht. Hierfür kann es erforderlich sein, die Gläubiger im Fall einer Verlegung des Mittelpunkts der hauptsächlichen Interessen zeitnah über den neuen Ort zu unterrichten, an dem der Schuldner seine Tätigkeiten ausübt, zB durch Hervorhebung der Adressänderung in der Geschäftskorrespondenz, oder indem der neue Ort in einer anderen geeigneten Weise veröffentlicht wird.

(29) Diese Verordnung sollte eine Reihe von Schutzvorkehrungen enthalten, um betrügerisches oder missbräuchliches Forum Shopping zu verhindern.

(30) Folglich sollten die Annahmen, dass der Sitz, die Hauptmiederlassung und der gewöhnliche Aufenthalt jeweils der Mittelpunkt des hauptsächlichen Interesses sind, widerlegbar sein, und das jeweilige Gericht eines Mitgliedstaats sollte sorgfältig prüfen, ob sich der Mittelpunkt der hauptsächlichen Interessen des Schuldners tatsächlich in diesem Mitgliedstaat befindet. Bei einer Gesellschaft sollte diese Vermutung widerlegt werden können, wenn sich die Hauptverwaltung der Gesellschaft in einem anderen Mitgliedstaat befindet als in dem Mitgliedstaat, in dem der Sitz der Gesellschaft befindet, und wenn eine Gesamtbetrachtung aller relevanten Faktoren die von Dritten überprüfbare Feststellung zulässt, dass sich der tatsächliche Mittelpunkt der Verwaltung und der Kontrolle der Gesellschaft sowie der Verwaltung ihrer Interessen in diesem anderen Mitgliedstaat befindet. Bei einer natürlichen Person, die keine selbständige gewerbliche oder freiberufliche Tätigkeit ausübt, sollte diese Vermutung widerlegt werden können, wenn sich zB der Großteil des Vermögens des Schuldners außerhalb des Mitgliedstaats des gewöhnlichen Aufenthalts des Schuldners befindet oder wenn festgestellt werden kann, dass der Hauptgrund für einen Umzug darin bestand, einen Insolvenzantrag im neuen Gerichtsstand zu stellen, und die Interessen der Gläubiger, die vor dem Umzug eine Rechtsbeziehung mit dem Schuldner eingegangen sind, durch einen solchen Insolvenzantrag wesentlich beeinträchtigt würden.

(31) Im Rahmen desselben Ziels der Verhinderung von betrügerischem oder missbräuchlichem Forum Shopping sollte die Vermutung, dass der Mittelpunkt der hauptsächlichen Interessen der Sitz, die Hauptmiederlassung der natürlichen Person bzw. der gewöhnliche Aufenthalt der natürlichen Person ist, nicht gelten, wenn – im Falle einer Gesellschaft, einer juristischen Person oder einer natürlichen Person, die eine selbständige gewerbliche oder freiberufliche Tätigkeit ausübt, – der Schuldner seinen Sitz oder seine Hauptniederlassung in einem Zeitraum von drei Monaten vor dem Antrag auf Eröffnung des Insolvenzverfahrens in einen anderen Mitgliedstaat verlegt hat, oder – im Falle einer natürlichen Person, die keine selbständige gewerbliche oder freiberufliche Tätigkeit ausübt – wenn der Schuldner seinen gewöhnlichen Aufenthalt in einem Zeitraum von sechs Monaten vor dem Antrag auf Eröffnung des Insolvenzverfahrens in einen anderen Mitgliedstaat verlegt hat.

(32) Das Gericht sollte in allen Fällen, in denen die Umstände des Falls Anlass zu Zweifeln an seiner Zuständigkeit geben, den Schuldner auffordern, zusätzliche Nachweise für seine Behauptung vorzulegen, und, wenn das für das Insolvenzverfahren geltende Recht dies erlaubt, den Gläubigern des Schuldners Gelegenheit geben, sich zur Frage der Zuständigkeit zu äußern.

(33) Stellt das mit dem Antrag auf Eröffnung eines Insolvenzverfahrens befasste Gericht fest, dass der Mittelpunkt der hauptsächlichen Interessen nicht in seinem Hoheitsgebiet liegt, so sollte es das Hauptinsolvenzverfahren nicht eröffnen.

(34) Allen Gläubigern des Schuldners sollte darüber hinaus ein wirksamer Rechtsbehelf gegen die Entscheidung, ein Insolvenzverfahren zu eröffnen, zustehen. Die Folgen einer Anfechtung der Entscheidung, ein Insolvenzverfahren zu eröffnen, sollten dem nationalen Recht unterliegen.

(35) Die Gerichte des Mitgliedstaats, in dessen Hoheitsgebiet das Insolvenzverfahren eröffnet wurde, sollten auch für Klagen zuständig sein, die sich direkt aus dem Insolvenzverfahren ableiten und eng

damit verknüpft sind. Zu solchen Klagen sollten unter anderem Anfechtungsklagen gegen Beklagte in anderen Mitgliedstaaten und Klagen in Bezug auf Verpflichtungen gehören, die sich im Verlauf des Insolvenzverfahrens ergeben, wie zB zu Vorschüssen für Verfahrenskosten. Im Gegensatz dazu leiten sich Klagen wegen der Erfüllung von Verpflichtungen aus einem Vertrag, der vom Schuldner vor der Eröffnung des Verfahrens abgeschlossen wurde, nicht unmittelbar aus dem Verfahren ab. Steht eine solche Klage im Zusammenhang mit einer anderen zivil- oder handelsrechtlichen Klage, so sollte der Verwalter beide Klagen vor die Gerichte am Wohnsitz des Beklagten bringen können, wenn er sich von einer Erhebung der Klagen an diesem Gerichtsstand einen Effizienzgewinn verspricht. Dies kann beispielsweise dann der Fall sein, wenn der Verwalter eine insolvenzrechtliche Haftungsklage gegen einen Geschäftsführer mit einer gesellschaftsrechtlichen oder deliktsrechtlichen Klage verbinden will.

(36) Das für die Eröffnung des Hauptinsolvenzverfahrens zuständige Gericht sollte zur Anordnung einstweiliger Maßnahmen und von Sicherungsmaßnahmen ab dem Zeitpunkt des Antrags auf Verfahrenseröffnung befugt sein. Sicherungsmaßnahmen sowohl vor als auch nach Beginn des Insolvenzverfahrens sind zur Gewährleistung der Wirksamkeit des Insolvenzverfahrens von großer Bedeutung. Diese Verordnung sollte hierfür verschiedene Möglichkeiten vorsehen. Zum einen sollte das für das Hauptinsolvenzverfahren zuständige Gericht einstweilige Maßnahmen und Sicherungsmaßnahmen auch über Vermögensgegenstände anordnen können, die sich im Hoheitsgebiet anderer Mitgliedstaaten befinden. Zum anderen sollte ein vor Eröffnung des Hauptinsolvenzverfahrens bestellter vorläufiger Verwalter in den Mitgliedstaaten, in denen sich eine Niederlassung des Schuldners befindet, die nach dem Recht dieser Mitgliedstaaten möglichen Sicherungsmaßnahmen beantragen können.

(37) Das Recht, vor der Eröffnung des Hauptinsolvenzverfahrens die Eröffnung eines Insolvenzverfahrens in dem Mitgliedstaat, in dem der Schuldner eine Niederlassung hat, zu beantragen, sollte nur lokalen Gläubigern und Behörden zustehen beziehungsweise auf Fälle beschränkt sein, in denen das Recht des Mitgliedstaats, in dem der Schuldner den Mittelpunkt seiner hauptsächlichen Interessen hat, die Eröffnung eines Hauptinsolvenzverfahrens nicht zulässt. Der Grund für diese Beschränkung ist, dass die Fälle, in denen die Eröffnung eines Partikularverfahrens vor dem Hauptinsolvenzverfahren beantragt wird, auf das unumgängliche Maß beschränkt werden sollen.

(38) Das Recht, nach der Eröffnung des Hauptinsolvenzverfahrens die Eröffnung eines Insolvenzverfahrens in dem Mitgliedstaat, in dem der Schuldner eine Niederlassung hat, zu beantragen, wird durch diese Verordnung nicht beschränkt. Der Verwalter des Hauptinsolvenzverfahrens oder jede andere, nach dem Recht des betreffenden Mitgliedstaats dazu befugte Person sollte die Eröffnung eines Sekundärverfahrens beantragen können.

(39) Diese Verordnung sollte Vorschriften für die Bestimmung der Belegenheit der Vermögenswerte des Schuldners vorsehen, und diese Vorschriften sollten bei der Feststellung, welche Vermögenswerte zur Masse des Haupt- oder des Sekundärinsolvenzverfahrens gehören, und auf Situationen, in denen die dinglichen Rechte Dritter betroffen sind, Anwendung finden. Insbesondere sollte in dieser Verordnung bestimmt werden, dass Europäische Patente mit einheitlicher Wirkung, eine Gemeinschaftsmarke oder jedes andere ähnliche Recht, wie gemeinschaftliche Sortenschutzrechte oder das Gemeinschaftsgeschmacksmuster, nur in das Hauptinsolvenzverfahren mit einbezogen werden dürfen.

(40) Ein Sekundärinsolvenzverfahren kann neben dem Schutz der inländischen Interessen auch anderen Zwecken dienen. Dies kann der Fall sein, wenn die Insolvenzmasse des Schuldners zu verschachtelt ist, um als Ganzes verwaltet zu werden, oder weil die Unterschiede in den betroffenen Rechtssystemen so groß sind, dass sich Schwierigkeiten ergeben können, wenn das Recht des Staates der Verfahrenseröffnung seine Wirkung in den anderen Staaten, in denen Vermögensgegenstände belegen sind, entfaltet. Aus diesem Grund kann der Verwalter des Hauptinsolvenzverfah rens die Eröffnung eines Sekundärinsolvenzverfahrens beantragen, wenn dies für die effiziente Verwaltung der Masse erforderlich ist.

(41) Sekundärinsolvenzverfahren können eine effiziente Verwaltung der Insolvenzmasse auch behindern. Daher sind in dieser Verordnung zwei spezifische Situationen vorgesehen, in denen das mit einem Antrag auf Eröffnung eines Sekundärinsolvenzverfahrens befasste Gericht auf Antrag des Verwalters des Hauptinsolvenzverfahrens die Eröffnung eines solchen Verfahrens aufschieben oder ablehnen können sollte.

(42) Erstens erhält der Verwalter des Hauptinsolvenzverfahrens im Rahmen dieser Verordnung die Möglichkeit, den lokalen Gläubigern die Zusicherung zu geben, dass sie so behandelt werden, als wäre das Sekundärinsolvenzverfahren eröffnet worden. Bei dieser Zusicherung ist eine Reihe von in dieser Verordnung festgelegten Voraussetzungen zu erfüllen, insbesondere muss sie von einer qualifizierten Mehrheit der lokalen Gläubiger gebilligt werden. Wurde eine solche Zusicherung gegeben, so sollte das mit einem Antrag auf Eröffnung eines Sekundärinsolvenzverfahrens befasste Gericht den Antrag

ablehnen können, wenn es der Überzeugung ist, dass diese Zusicherung die allgemeinen Interessen der lokalen Gläubiger angemessen schützt. Das Gericht sollte bei der Beurteilung dieser Interessen die Tatsache berücksichtigen, dass die Zusicherung von einer qualifizierten Mehrheit der lokalen Gläubiger gebilligt worden ist.

(43) Für die Zwecke der Abgabe einer Zusicherung an die lokalen Gläubiger sollten die in dem Mitgliedstaat, in dem der Schuldner eine Niederlassung hat, belegenen Vermögenswerte und Rechte eine Teilmasse der Insolvenzmasse bilden, und der Verwalter des Hauptinsolvenzverfahrens sollte bei ihrer Verteilung bzw. der Verteilung des aus ihrer Verwertung erzielten Erlöses die Vorzugsrechte wahren, die Gläubiger bei Eröffnung eines Sekundärinsolvenzverfahrens in diesem Mitgliedstaat hätten.

(44) Für die Billigung der Zusicherung sollte, soweit angemessen, das nationale Recht Anwendung finden. Insbesondere sollten Forderungen der Gläubiger für die Zwecke der Abstimmung über die Zusicherung als festgestellt gelten, wenn die Abstimmungsregeln für die Annahme eines Sanierungsplans nach nationalem Recht die vorherige Feststellung dieser Forderungen vorschreiben. Gibt es nach nationalem Recht unterschiedliche Verfahren für die Annahme von Sanierungsplänen, so sollten die Mitgliedstaaten das spezifische Verfahren benennen, das in diesem Zusammenhang maßgeblich sein sollte.

(45) Zweitens sollte in dieser Verordnung die Möglichkeit vorgesehen werden, dass das Gericht die Eröffnung des Sekundärinsolvenzverfahrens vorläufig aussetzt, wenn im Hauptinsolvenzverfahren eine vorläufige Aussetzung von Einzelvollstreckungsverfahren gewährt wurde, um die Wirksamkeit der im Hauptinsolvenzverfahren gewährten Aussetzung zu wahren. Das Gericht sollte die vorläufige Aussetzung gewähren können, wenn es der Überzeugung ist, dass geeignete Maßnahmen zum Schutz der Interessen der lokalen Gläubiger bestehen. In diesem Fall sollten alle Gläubiger, die von dem Ergebnis der Verhandlungen über einen Sanierungsplan betroffen sein könnten, über diese Verhandlungen informiert werden und daran teilnehmen dürfen.

(46) Im Interesse eines wirksamen Schutzes lokaler Interessen sollte es dem Verwalter im Hauptinsolvenzverfahren nicht möglich sein, das in dem Mitgliedstaat der Niederlassung befindliche Vermögen missbräuchlich zu verwerten oder missbräuchlich an einen anderen Ort zu bringen, insbesondere wenn dies in der Absicht geschieht, die wirksame Befriedigung dieser Interessen für den Fall, dass im Anschluss ein Sekundärinsolvenzverfahren eröffnet wird, zu vereiteln.

(47) Diese Verordnung sollte die Gerichte der Mitgliedstaaten, in denen Sekundärinsolvenzverfahren eröffnet worden sind nicht daran hindern, gegen Mitglieder der Geschäftsleitung des Schuldners Sanktionen wegen etwaiger Pflichtverletzung zu verhängen, sofern diese Gerichte nach nationalem Recht für diese Streitigkeiten zuständig sind.

(48) Hauptinsolvenzverfahren und Sekundärinsolvenzverfahren können zur wirksamen Verwaltung der Insolvenzmasse oder der effizienten Verwertung des Gesamtvermögens beitragen, wenn die an allen parallelen Verfahren beteiligten Akteure ordnungsgemäß zusammenarbeiten. Ordnungsgemäße Zusammenarbeit setzt voraus, dass die verschiedenen beteiligten Verwalter und Gerichte eng zusammenarbeiten, insbesondere indem sie einander wechselseitig ausreichend informieren. Um die dominierende Rolle des Hauptinsolvenzverfahrens sicherzustellen, sollten dem Verwalter dieses Verfahrens mehrere Einwirkungsmöglichkeiten auf gleichzeitig anhängige Sekundärinsolvenzverfahren gegeben werden. Der Verwalter sollte insbesondere einen Sanierungsplan oder Vergleich vorschlagen oder die Aussetzung der Verwertung der Masse im Sekundärinsolvenzverfahren beantragen können. Bei ihrer Zusammenarbeit sollten Verwalter und Gerichte die bewährten Praktiken für grenzüberschreitende Insolvenzfälle berücksichtigen, wie sie in den Kommunikations- und Kooperationsgrundsätzen und -leitlinien, die von europäischen und internationalen Organisationen auf dem Gebiet des Insolvenzrechts ausgearbeitet worden sind, niedergelegt sind, insbesondere den einschlägigen Leitlinien der Kommission der Vereinten Nationen für internationales Handelsrecht (UNCITRAL).

(49) Zum Zwecke dieser Zusammenarbeit sollten Verwalter und Gerichte Vereinbarungen schließen und Verständigungen herbeiführen können, die der Erleichterung der grenzüberschreitenden Zusammenarbeit zwischen mehreren Insolvenzverfahren in verschiedenen Mitgliedstaaten über das Vermögen desselben Schuldners oder von Mitgliedern derselben Unternehmensgruppe dienen, sofern dies mit den für die jeweiligen Verfahren geltenden Vorschriften vereinbar ist. Diese Vereinbarungen und Verständigungen können in der Form – sie können schriftlich oder mündlich sein – und im Umfang – von allgemein bis spezifisch – variieren und von verschiedenen Parteien geschlossen werden. In einfachen allgemeinen Vereinbarungen kann die Notwendigkeit einer engen Zusammenarbeit der Parteien hervorgehoben werden, ohne dass dabei auf konkrete Punkte eingegangen wird, während in spezifischen

Vereinbarungen ein Rahmen von Grundsätzen für die Verwaltung mehrerer Insolvenzverfahren festgelegt werden und von den beteiligten Gerichten gebilligt werden kann, sofern die nationalen Rechtsvorschriften dies erfordern. In ihnen kann zum Ausdruck gebracht werden, dass Einvernehmen unter den Parteien besteht, bestimmte Schritte zu unternehmen oder Maßnahmen zu treffen oder davon abzusehen.

(50) In ähnlicher Weise können Gerichte verschiedener Mitgliedstaaten durch die Koordinierung der Bestellung von Verwaltern zusammenarbeiten. In diesem Zusammenhang können sie dieselbe Person zum Verwalter für mehrere Insolvenzverfahren über das Vermögen desselben Schuldners oder verschiedener Mitglieder einer Unternehmensgruppe bestellen, vorausgesetzt, dies ist mit den für die jeweiligen Verfahren geltenden Vorschriften – insbesondere mit etwaigen Anforderungen an die Qualifikation und Zulassung von Verwaltern – vereinbar.

(51) Diese Verordnung sollte gewährleisten, dass Insolvenzverfahren über das Vermögen verschiedener Gesellschaften, die einer Unternehmensgruppe angehören, effizient geführt werden.

(52) Wurden über das Vermögen mehrerer Gesellschaften derselben Unternehmensgruppe Insolvenzverfahren eröffnet, so sollten die an diesen Verfahren beteiligten Akteure ordnungsgemäß zusammenarbeiten. Die verschiedenen beteiligten Verwalter und Gerichte sollten deshalb in ähnlicher Weise wie die Verwalter und Gerichte in denselben Schuldner betreffenden Haupt- und Sekundärinsolvenzverfahren verpflichtet sein, miteinander zu kommunizieren und zusammenzuarbeiten. Die Zusammenarbeit der Verwalter sollte nicht den Interessen der Gläubiger in den jeweiligen Verfahren zuwiderlaufen, und das Ziel dieser Zusammenarbeit sollte sein, eine Lösung zu finden, durch die Synergien innerhalb der Gruppe ausgeschöpft werden.

(53) Durch die Einführung von Vorschriften über die Insolvenzverfahren von Unternehmensgruppen sollte ein Gericht nicht in seiner Möglichkeit eingeschränkt werden, Insolvenzverfahren über das Vermögen mehrerer Gesellschaften, die derselben Unternehmensgruppe angehören, nur an einem Gerichtsstand zu eröffnen, wenn es feststellt, dass der Mittelpunkt der hauptsächlichen Interessen dieser Gesellschaften in einem einzigen Mitgliedstaat liegt. In diesen Fällen sollte das Gericht für alle Verfahren gegebenenfalls dieselbe Person als Verwalter bestellen können, sofern dies mit den dafür geltenden Vorschriften vereinbar ist.

(54) Um die Koordinierung der Insolvenzverfahren über das Vermögen von Mitgliedern einer Unternehmensgruppe weiter zu verbessern und eine koordinierte Sanierung der Gruppe zu ermöglichen, sollten mit dieser Verordnung Verfahrensvorschriften für die Koordinierung der Insolvenzverfahren gegen Mitglieder einer Unternehmensgruppe eingeführt werden. Bei einer derartigen Koordinierung sollte angestrebt werden, dass die Effizienz der Koordinierung gewährleistet wird, wobei gleichzeitig die eigene Rechtspersönlichkeit jedes einzelnen Gruppenmitglieds zu achten ist.

(55) Ein Verwalter, der in einem Insolvenzverfahren über das Vermögen eines Mitglieds einer Unternehmensgruppe bestellt worden ist, sollte die Eröffnung eines Gruppen-Koordinationsverfahrens beantragen können. Allerdings sollte dieser Verwalter vor der Einreichung eines solchen Antrags die erforderliche Genehmigung einholen, sofern das für das Insolvenzverfahren geltende Recht dies vorschreibt. Im Antrag sollten Angaben zu den wesentlichen Elementen der Koordinierung erfolgen, insbesondere eine Darlegung des Koordinationsplans, ein Vorschlag für die als Koordinator zu bestellende Person und eine Übersicht der geschätzten Kosten für die Koordinierung.

(56) Um die Freiwilligkeit des Gruppen-Koordinationsverfahrens sicherzustellen, sollten die beteiligten Verwalter innerhalb einer festgelegten Frist Widerspruch gegen ihre Teilnahme am Verfahren einlegen können. Damit die beteiligten Verwalter eine fundierte Entscheidung über ihre Teilnahme am Gruppen-Koordinationsverfahren treffen können, sollten sie in einer frühen Phase über die wesentlichen Elemente der Koordinierung unterrichtet werden. Allerdings sollten Verwalter, die einer Einbeziehung in ein Gruppen-Koordinationsverfahren ursprünglich widersprochen haben, eine Beteiligung nachträglich beantragen können. In einem solchen Fall sollte der Koordinator über die Zulässigkeit des Antrags befinden. Alle Verwalter einschließlich des antragstellenden Verwalters sollten über die Entscheidung des Koordinators in Kenntnis gesetzt werden und die Gelegenheit haben, diese Entscheidung bei dem Gericht anzufechten, von dem das Gruppen-Koordinationsverfahren eröffnet wurde.

(57) Gruppen-Koordinationsverfahren sollten stets zum Ziel haben, dass die wirksame Verwaltung in den Insolvenzverfahren über das Vermögen der Gruppenmitglieder erleichtert wird, und sie sollten sich allgemein positiv für die Gläubiger auswirken. Mit dieser Verordnung sollte daher sichergestellt werden, dass das Gericht, bei dem ein Antrag auf ein Gruppen-Koordinationsverfahren gestellt wurde, diese Kriterien vor der Eröffnung des Gruppen-Koordinationsverfahrens prüft.

(58) Die Kosten des Gruppen-Koordinationsverfahrens sollten dessen Vorteile nicht überwiegen. Daher muss sichergestellt werden, dass die Kosten der Koordinierung und der von jedem Gruppenmitglied zu tragende Anteil an diesen Kosten angemessen, verhältnismäßig und vertretbar sind und im Einklang mit den nationalen Rechtsvorschriften des Mitgliedstaats, in dem das Gruppen-Koordinationsverfahren eröffnet wurde, festzulegen sind. Die beteiligten Verwalter sollten auch die Möglichkeit haben, diese Kosten ab einer frühen Phase des Verfahrens zu kontrollieren. Wenn es die nationalen Rechtsvorschriften erfordern, kann die Kontrolle der Kosten ab einer frühen Phase des Verfahrens damit verbunden sein, dass der Verwalter die Genehmigung eines Gerichts oder eines Gläubigerausschusses einholt.

(59) Wenn nach Überlegung des Koordinators die Wahrnehmung seiner Aufgaben zu einer – im Vergleich zu der eingangs vorgenommenen Kostenschätzung – erheblichen Kostensteigerung führen wird, und auf jeden Fall, wenn die Kosten 10 % der geschätzten Kosten übersteigen, sollte der Koordinator von dem Gericht, das das Gruppen-Koordinationsverfahren eröffnet hat, die Genehmigung zur Überschreitung dieser Kosten einholen. Bevor das Gericht, das das Gruppen-Koordinationsverfahren eröffnet hat, seine Entscheidung trifft, sollte es den beteiligten Verwaltern Gelegenheit geben, gehört zu werden und dem Gericht ihre Bemerkungen dazu darzulegen, ob der Antrag des Koordinators angebracht ist.

(60) Diese Verordnung sollte für Mitglieder einer Unternehmensgruppe, die nicht in ein Gruppen-Koordinationsverfahren einbezogen sind, auch einen alternativen Mechanismus vorsehen, um eine koordinierte Sanierung der Gruppe zu erreichen. Ein in einem Verfahren, das über das Vermögen eines Mitglieds einer Unternehmensgruppe anhängig ist, bestellter Verwalter sollte die Aussetzung jeder Maßnahme im Zusammenhang mit der Verwertung der Masse in Verfahren über das Vermögen anderer Mitglieder der Unternehmensgruppe, die nicht in ein Gruppen-Koordinationsverfahren einbezogen sind, beantragen können. Es sollte nur möglich sein, eine solche Aussetzung zu beantragen, wenn ein Sanierungsplan für die betroffenen Mitglieder der Gruppe vorgelegt wird, der den Gläubigern des Verfahrens, für das die Aussetzung beantragt wird, zugute kommt und die Aussetzung notwendig ist, um die ordnungsgemäße Durchführung des Plans sicherzustellen.

(61) Diese Verordnung sollte die Mitgliedstaaten nicht daran hindern, nationale Bestimmungen zu erlassen, mit denen die Bestimmungen dieser Verordnung über die Zusammenarbeit, Kommunikation und Koordinierung im Zusammenhang mit Insolvenzverfahren über das Vermögen von Mitgliedern einer Unternehmensgruppe ergänzt würden, vorausgesetzt, der Geltungsbereich der nationalen Vorschriften beschränkt sich auf die nationale Rechtsordnung und ihre Anwendung beeinträchtigt nicht die Wirksamkeit der in dieser Verordnung enthaltenen Vorschriften.

(62) Die Vorschriften dieser Verordnung über die Zusammenarbeit, Kommunikation und Koordinierung im Rahmen von Insolvenzverfahren über das Vermögen von Mitgliedern einer Unternehmensgruppe sollten nur insoweit Anwendung finden, als Verfahren über das Vermögen verschiedener Mitglieder derselben Unternehmensgruppe in mehr als einem Mitgliedstaat eröffnet worden sind.

(63) Jeder Gläubiger, der seinen gewöhnlichen Aufenthalt, Wohnsitz oder Sitz in der Union hat, sollte das Recht haben, seine Forderungen in jedem in der Union anhängigen Insolvenzverfahren über das Vermögen des Schuldners anzumelden. Dies sollte auch für Steuerbehörden und Sozialversicherungsträger gelten. Diese Verordnung sollte den Verwalter nicht daran hindern, Forderungen im Namen bestimmter Gläubigergruppen – zB der Arbeitnehmer – anzumelden, sofern dies im nationalen Recht vorgesehen ist. Im Interesse der Gläubigergleichbehandlung sollte jedoch die Verteilung des Erlöses koordiniert werden. Jeder Gläubiger sollte zwar behalten dürfen, was er im Rahmen eines Insolvenzverfahrens erhalten hat, sollte aber an der Verteilung der Masse in einem anderen Verfahren erst dann teilnehmen können, wenn die Gläubiger gleichen Rangs die gleiche Quote auf ihre Forderungen erlangt haben.

(64) Es ist von grundlegender Bedeutung, dass Gläubiger, die ihren gewöhnlichen Aufenthalt, Wohnsitz oder Sitz in der Union haben, über die Eröffnung von Insolvenzverfahren über das Vermögen ihres Schuldners informiert werden. Um eine rasche Übermittlung der Informationen an die Gläubiger sicherzustellen, sollte die Verordnung (EG) Nr. 1393/2007 des Europäischen Parlaments und des Rates[5] keine Anwendung finden, wenn in der vorliegenden Verordnung auf die Pflicht zur Information der Gläubiger verwiesen wird. Gläubigern sollte die Anmeldung ihrer Forderungen in Verfahren, die in einem anderen Mitgliedstaat eröffnet werden, durch die Bereitstellung von Standardformularen in

---

[5] VO (EG) Nr. 1393/2007 des Europäischen Parlaments und des Rates v. 13.11.2007 über die Zustellung gerichtlicher und außergerichtlicher Schriftstücke in Zivil- oder Handelssachen in den Mitgliedstaaten (Zustellung von Schriftstücken) und zur Aufhebung der VO (EG) Nr. 1348/2000 des Rates (ABl. L 324, 79 v. 10.12.2007).

allen Amtssprachen der Organe der Union erleichtert werden. Die Folgen des unvollständigen Ausfüllens des Standardformulars sollten durch das nationale Recht geregelt werden.

(65) In dieser Verordnung sollte die unmittelbare Anerkennung von Entscheidungen zur Eröffnung, Abwicklung und Beendigung der in ihren Geltungsbereich fallenden Insolvenzverfahren sowie von Entscheidungen, die in unmittelbarem Zusammenhang mit diesen Insolvenzverfahren ergehen, vorgesehen werden. Die automatische Anerkennung sollte somit zur Folge haben, dass die Wirkungen, die das Recht des Mitgliedstaats der Verfahrenseröffnung dem Verfahren beilegt, auf alle übrigen Mitgliedstaaten ausgedehnt werden. Die Anerkennung der Entscheidungen der Gerichte der Mitgliedstaaten sollte sich auf den Grundsatz des gegenseitigen Vertrauens stützen. Die Gründe für eine Nichtanerkennung sollten daher auf das unbedingt notwendige Maß beschränkt sein. Nach diesem Grundsatz sollte auch der Konflikt gelöst werden, wenn sich die Gerichte zweier Mitgliedstaaten für zuständig halten, ein Hauptinsolvenzverfahren zu eröffnen. Die Entscheidung des zuerst eröffnenden Gerichts sollte in den anderen Mitgliedstaaten anerkannt werden; diese Mitgliedstaaten sollten die Entscheidung dieses Gerichts keiner Überprüfung unterziehen dürfen.

(66) Diese Verordnung sollte für den Insolvenzbereich einheitliche Kollisionsnormen formulieren, die die nationalen Vorschriften des internationalen Privatrechts ersetzen. Soweit nichts anderes bestimmt ist, sollte das Recht des Staates der Verfahrenseröffnung (lex concursus) Anwendung finden. Diese Kollisionsnorm sollte für Hauptinsolvenzverfahren und Partikularverfahren gleichermaßen gelten. Die lex concursus regelt sowohl die verfahrensrechtlichen als auch die materiellen Wirkungen des Insolvenzverfahrens auf die davon betroffenen Personen und Rechtsverhältnisse. Nach ihr bestimmen sich alle Voraussetzungen für die Eröffnung, Abwicklung und Beendigung des Insolvenzverfahrens.

(67) Die automatische Anerkennung eines Insolvenzverfahrens, auf das regelmäßig das Recht des Staats der Verfahrenseröffnung Anwendung findet, kann mit den Vorschriften anderer Mitgliedstaaten für die Vornahme von Rechtshandlungen kollidieren. Um in den anderen Mitgliedstaaten als dem Staat der Verfahrenseröffnung Vertrauensschutz und Rechtssicherheit zu gewährleisten, sollte eine Reihe von Ausnahmen von der allgemeinen Vorschrift vorgesehen werden.

(68) Ein besonderes Bedürfnis für eine vom Recht des Eröffnungsstaats abweichende Sonderanknüpfung besteht bei dinglichen Rechten, da solche Rechte für die Gewährung von Krediten von erheblicher Bedeutung sind. Die Begründung, Gültigkeit und Tragweite von dinglichen Rechten sollten sich deshalb regelmäßig nach dem Recht des Belegenheitsorts bestimmen und von der Eröffnung des Insolvenzverfahrens nicht berührt werden. Der Inhaber des dinglichen Rechts sollte somit sein Recht zur Aus- bzw. Absonderung an dem Sicherungsgegenstand weiter geltend machen können. Falls an Vermögensgegenständen in einem Mitgliedstaat dingliche Rechte nach dem Recht des Belegenheitsstaats bestehen, das Hauptinsolvenzverfahren aber in einem anderen Mitgliedstaat stattfindet, sollte der Verwalter des Hauptinsolvenzverfahrens die Eröffnung eines Sekundärinsolvenzverfahrens in dem Zuständigkeitsgebiet, in dem die dinglichen Rechte bestehen, beantragen können, sofern der Schuldner dort eine Niederlassung hat. Wird kein Sekundärinsolvenzverfahren eröffnet, so sollte ein etwaiger überschießender Erlös aus der Veräußerung der Vermögensgegenstände, an denen dingliche Rechte bestanden, an den Verwalter des Hauptinsolvenzverfahrens abzuführen sein.

(69) Diese Verordnung enthält mehrere Bestimmungen, wonach ein Gericht die Aussetzung der Eröffnung eines Verfahrens oder die Aussetzung von Vollstreckungsverfahren anordnen kann. Eine solche Aussetzung sollte die dinglichen Rechte von Gläubigern oder Dritten unberührt lassen.

(70) Ist nach dem Recht des Staats der Verfahrenseröffnung eine Aufrechnung von Forderungen nicht zulässig, so sollte ein Gläubiger gleichwohl zur Aufrechnung berechtigt sein, wenn diese nach dem für die Forderung des insolventen Schuldners maßgeblichen Recht möglich ist. Auf diese Weise würde die Aufrechnung eine Art Garantiefunktion aufgrund von Rechtsvorschriften erhalten, auf die sich der betreffende Gläubiger zum Zeitpunkt der Entstehung der Forderung verlassen kann.

(71) Ein besonderes Schutzbedürfnis besteht auch bei Zahlungssystemen und Finanzmärkten, etwa im Zusammenhang mit den in diesen Systemen anzutreffenden Glattstellungsverträgen und Nettingvereinbarungen sowie der Veräußerung von Wertpapieren und den zur Absicherung dieser Transaktionen gestellten Sicherheiten, wie dies insbesondere in der Richtlinie 98/26/EG des Europäischen Parlaments und des Rates[6] geregelt ist. Für diese Transaktionen sollte deshalb allein das Recht maßgebend sein, das auf das betreffende System bzw. den betreffenden Markt anwendbar ist. Dieses Recht soll verhindern, dass im Fall der Insolvenz eines Geschäftspartners die in Zahlungs- oder Aufrechnungssystemen

---

[6] RL 98/26/EG des Europäischen Parlaments und des Rates v. 19.5.1998 über die Wirksamkeit von Abrechnungen im Zahlungs- sowie Wertpapierliefer- und -abrechnungssystemen (ABl. L 166, 45 v. 11.6.1998).

und auf den geregelten Finanzmärkten der Mitgliedstaaten vorgesehenen Mechanismen zur Zahlung und Abwicklung von Transaktionen geändert werden können. Die Richtlinie 98/26/EG enthält Sondervorschriften, die den in dieser Verordnung festgelegten allgemeinen Regelungen vorgehen sollten.

(72) Zum Schutz der Arbeitnehmer und der Arbeitsverhältnisse sollten die Wirkungen der Insolvenzverfahren auf die Fortsetzung oder Beendigung von Arbeitsverhältnissen sowie auf die Rechte und Pflichten aller an einem solchen Arbeitsverhältnis beteiligten Parteien durch das gemäß den allgemeinen Kollisionsnormen für den jeweiligen Arbeitsvertrag maßgebliche Recht bestimmt werden. Zudem sollte in Fällen, in denen zur Beendigung von Arbeitsverträgen die Zustimmung eines Gerichts oder einer Verwaltungsbehörde erforderlich ist, die Zuständigkeit zur Erteilung dieser Zustimmung bei dem Mitgliedstaat verbleiben, in dem sich eine Niederlassung des Schuldners befindet, selbst wenn in diesem Mitgliedstaat kein Insolvenzverfahren eröffnet wurde. Für sonstige insolvenzrechtliche Fragen, wie etwa, ob die Forderungen der Arbeitnehmer durch ein Vorrecht geschützt sind und welchen Rang dieses Vorrecht gegebenenfalls erhalten soll, sollte das Recht des Mitgliedstaats maßgeblich sein, in dem das Insolvenzverfahren (Haupt- oder Sekundärverfahren) eröffnet wurde, es sei denn, im Einklang mit dieser Verordnung wurde eine Zusicherung gegeben, um ein Sekundärinsolvenzverfahren zu vermeiden.

(73) Auf die Wirkungen des Insolvenzverfahrens auf ein anhängiges Gerichts- oder Schiedsverfahren über einen Vermögenswert oder ein Recht, der bzw. das Teil der Insolvenzmasse ist, sollte das Recht des Mitgliedstaats Anwendung finden, in dem das Gerichtsverfahren anhängig ist oder die Schiedsgerichtsbarkeit ihren Sitz hat. Diese Bestimmung sollte allerdings die nationalen Vorschriften über die Anerkennung und Vollstreckung von Schiedssprüchen nicht berühren.

(74) Um den verfahrensrechtlichen Besonderheiten der Rechtssysteme einiger Mitgliedstaaten Rechnung zu tragen, sollten bestimmte Vorschriften dieser Verordnung die erforderliche Flexibilität aufweisen. Dementsprechend sollten Bezugnahmen in dieser Verordnung auf Mitteilungen eines Justizorgans eines Mitgliedstaats, sofern es die Verfahrensvorschriften eines Mitgliedstaats erforderlich machen, eine Anordnung dieses Justizorgans umfassen, die Mitteilung vorzunehmen.

(75) Im Interesse des Geschäftsverkehrs sollte der wesentliche Inhalt der Entscheidung über die Verfahrenseröffnung auf Antrag des Verwalters in einem anderen Mitgliedstaat als in dem, in dem das Gericht diese Entscheidung erlassen hat, bekanntgemacht werden. Befindet sich in dem betreffenden Mitgliedstaat eine Niederlassung, sollte die Bekanntmachung obligatorisch sein. In keinem dieser Fälle sollte die Bekanntmachung jedoch Voraussetzung für die Anerkennung des ausländischen Verfahrens sein.

(76) Um eine bessere Information der betroffenen Gläubiger und Gerichte zu gewährleisten und die Eröffnung von Parallelverfahren zu verhindern, sollten die Mitgliedstaaten verpflichtet werden, relevante Informationen in grenzüberschreitenden Insolvenzfällen in einem öffentlich zugänglichen elektronischen Register bekanntzumachen. Um Gläubigern und Gerichten in anderen Mitgliedstaaten den Zugriff auf diese Informationen zu erleichtern, sollte diese Verordnung die Vernetzung solcher Insolvenzregister über das Europäische Justizportal vorsehen. Den Mitgliedstaaten sollte freistehen, relevante Informationen in verschiedenen Registern bekanntzumachen, und es sollte möglich sein, mehr als ein Register je Mitgliedstaat zu vernetzen.

(77) In dieser Verordnung sollte der Mindestumfang der Informationen, die in den Insolvenzregistern bekanntzumachen sind, festgelegt werden. Die Mitgliedstaaten sollten zusätzliche Informationen aufnehmen dürfen. Ist der Schuldner eine natürliche Person, so sollte in den Insolvenzregistern nur dann eine Registrierungsnummer angegeben werden, wenn der Schuldner eine selbständige gewerbliche oder freiberufliche Tätigkeit ausübt. Diese Registrierungsnummer sollte gegebenenfalls als die einheitliche Registrierungsnummer seiner selbständigen oder freiberuflichen Tätigkeit im Handelsregister zu verstehen sein.

(78) Informationen über bestimmte Aspekte des Insolvenzverfahrens, wie zB die Fristen für die Anmeldung von Forderungen oder die Anfechtung von Entscheidungen, sind für die Gläubiger von grundlegender Bedeutung. Diese Verordnung sollte allerdings die Mitgliedstaaten nicht dazu verpflichten, diese Fristen im Einzelfall zu berechnen. Die Mitgliedstaaten sollten ihren Pflichten nachkommen können, indem sie Hyperlinks zum Europäischen Justizportal einfügen, über das selbsterklärende Angaben zu den Kriterien zur Berechnung dieser Fristen verfügbar zu machen sind.

(79) Damit ausreichender Schutz der Informationen über natürliche Personen, die keine selbständige gewerbliche oder freiberufliche Tätigkeit ausüben, gewährleistet ist, sollte es den Mitgliedstaaten möglich sein, den Zugang zu diesen Informationen von zusätzlichen Suchkriterien wie der persönlichen

Kennnummer des Schuldners, seiner Anschrift, seinem Geburtsdatum oder dem Bezirk des zuständigen Gerichts abhängig zu machen oder den Zugang an die Voraussetzung eines Antrags an die zuständige Behörde oder der Feststellung eines rechtmäßigen Interesses zu knüpfen.

(80) Den Mitgliedstaaten sollte es auch möglich sein, Informationen über natürliche Personen, die keine selbständige gewerbliche oder freiberufliche Tätigkeit ausüben, nicht in ihre Insolvenzregister aufzunehmen. In solchen Fällen sollten die Mitgliedstaaten sicherstellen, dass die einschlägigen Informationen durch individuelle Mitteilung an die Gläubiger übermittelt werden und die Forderungen von Gläubigern, die die Informationen nicht erhalten haben, durch die Verfahren nicht berührt werden.

(81) Es kann der Fall eintreten, dass einige der betroffenen Personen keine Kenntnis von der Eröffnung des Insolvenzverfahrens haben und gutgläubig im Widerspruch zu der neuen Sachlage handeln. Zum Schutz solcher Personen, die in Unkenntnis der ausländischen Verfahrenseröffnung eine Zahlung an den Schuldner statt an den ausländischen Verwalter leisten, sollte eine schuldbefreiende Wirkung der Leistung bzw. Zahlung vorgesehen werden.

(82) Zur Gewährleistung einheitlicher Bedingungen für die Durchführung dieser Verordnung sollten der Kommission Durchführungsbefugnisse übertragen werden. Diese Befugnisse sollten im Einklang mit der Verordnung (EU) Nr. 182/2011 des Europäischen Parlaments und des Rates[7] ausgeübt werden.

(83) Diese Verordnung steht im Einklang mit den Grundrechten und Grundsätzen, die mit der Charta der Grundrechte der Europäischen Union anerkannt wurden. Die Verordnung zielt insbesondere darauf ab, die Anwendung der Artikel 8, 17 und 47 der Charta zu fördern, die den Schutz der personenbezogenen Daten, das Recht auf Eigentum und das Recht auf einen wirksamen Rechtsbehelf und ein faires Verfahren betreffen.

(84) Die Richtlinie 95/46/EG des Europäischen Parlaments und des Rates[8] und die Verordnung (EG) Nr. 45/2001 des Europäischen Parlaments und des Rates[9] regeln die Verarbeitung personenbezogener Daten im Rahmen dieser Verordnung.

(85) Diese Verordnung lässt die Verordnung (EWG, Euratom) Nr. 1182/71 des Rates[10] unberührt.

(86) Da das Ziel dieser Verordnung von den Mitgliedstaaten nicht ausreichend verwirklicht werden kann, sondern vielmehr aufgrund der Schaffung eines rechtlichen Rahmens für die geordnete Abwicklung von grenzüberschreitenden Insolvenzverfahren auf Unionsebene besser zu verwirklichen ist, kann die Union im Einklang mit dem in Artikel 5 des Vertrags über die Europäische Union verankerten Subsidiaritätsprinzip tätig werden. Entsprechend dem in demselben Artikel genannten Grundsatz der Verhältnismäßigkeit geht diese Verordnung nicht über das zur Verwirklichung dieses Ziels erforderliche Maß hinaus.

(87) Gemäß Artikel 3 und Artikel 4a Absatz 1 des dem Vertrag über die Europäische Union und dem Vertrag über die Arbeitsweise der Europäischen Union beigefügten Protokolls Nr. 21 über die Position des Vereinigten Königreichs und Irlands hinsichtlich des Raums der Freiheit, der Sicherheit und des Rechts haben diese Mitgliedstaaten mitgeteilt, dass sie sich an der Annahme und Anwendung der vorliegenden Verordnung beteiligen möchten.

(88) Gemäß den Artikeln 1 und 2 des dem Vertrag über die Europäische Union und dem Vertrag über die Arbeitsweise der Europäischen Union beigefügten Protokolls Nr. 22 über die Position Dänemarks beteiligt sich Dänemark nicht an der Annahme dieser Verordnung und ist weder durch diese Verordnung gebunden noch zu ihrer Anwendung verpflichtet.

(89) Der Europäische Datenschutzbeauftragte wurde angehört und hat seine Stellungnahme am 27. März 2013 abgegeben.

HABEN FOLGENDE VERORDNUNG ERLASSEN:

---

[7] VO (EU) Nr. 182/2011 des Europäischen Parlaments und des Rates v. 16.2.2011 zur Festlegung der Allgemeinen Regeln und Grundsätze, nach denen die Mitgliedstaaten die Wahrnehmung der Durchführungsbefugnisse durch die Kommission kontrollieren (ABl. L 55, 13 v. 28.2.2011).

[8] RL 95/46/EG des Europäischen Parlaments und des Rates v. 24.10.1995 zum Schutz natürlicher Personen bei der Verarbeitung personenbezogener Daten und zum freien Datenverkehr (ABl. L 281, 31 v. 23.11.1995).

[9] VO (EG) Nr. 45/2001 des Europäischen Parlaments und des Rates v. 18.12.2000 zum Schutz natürlicher Personen bei der Verarbeitung personenbezogener Daten durch die Organe und Einrichtungen der Gemeinschaft und zum freien Datenverkehr (Abl. L 8, 1 v. 12.1.2001).

[10] VO (EWG, Euratom) Nr. 1182/71 des Rates v. 3.6.1971 zur Festlegung der Regeln für die Fristen, Daten und Termine (Abl. L 124, 1 v. 8.6.1971).

Vorbemerkungen vor Artikel 1
Übersicht

	Rn.		Rn.
I. Einleitung	1	III. Aufbau der Verordnung	23
II. Entstehungsgeschichte	4	IV. Prinzipien und Systematik der Verordnung	32
1. Der EG-Entwurf von 1970	4	1. Ein einheitliches Verfahren	33
2. Der EG-Entwurf von 1980	5	2. Begrenzte Ausnahmen von der Verfahrenseinheit	34
3. Das Istanbuler Abkommen des Europarates	6	3. Systematik	36
4. Der Entwurf des Europäischen Übereinkommens über Insolvenzverfahren von 1995 (EuIÜ)	7	V. Auslegung der EuInsVO	39
		VI. Zeitlicher Anwendungsbereich	42
5. Die EG-Verordnung über Insolvenzverfahren (EuInsVO 2000)	9	VII. Anwendungsbereich	43
6. Die Neufassung der EuInsVO (2015)	11	VIII. Ausführung durch deutsche Gerichte	48

I. Einleitung

1 Am 29.5.2000 erließ der Rat der Europäischen Union gestützt auf Art. 61 lit. c, Art. 65 EGV die Verordnung (EG) Nr. 1346/2000 über Insolvenzverfahren (**„EuInsVO 2000"**).[1] Damit fanden die mehr als drei Jahrzehnte dauernder Bemühungen der Europäischen Union, grenzüberschreitende Insolvenzen für den Binnenmarkt zu regeln, einen Abschluss (vgl. zur Entstehungsgeschichte → Rn. 4 ff.). Kompetenzgrundlage für den Erlass der Verordnung war Art. 61 lit. c, 67 EG, wonach durch Maßnahmen des Rates die reibungslose Abwicklung von Zivilverfahren gefördert werden sollte. Ziffer 1 der Erwägungsgründe der EuInsVO 2000 betonte daher, dass Zweck der Verordnung die Verwirklichung effizienter und wirksamer grenzüberschreitender Insolvenzverfahren sei. Zu diesem Zweck vereinheitlichte die Verordnung die Regelungen des internationalen Insolvenzrechts in den Mitgliedstaaten.

2 Die EuInsVO 2000 blieb seit Inkrafttreten inhaltlich zunächst unverändert – sieht man von den Anpassungen ab, die sich aufgrund des Beitritts neuer Mitgliedstaaten und der Anpassung der Anhänge mit den jeweils einbezogenen Insolvenzverfahren ergaben.[2] Der europäische Verordnungsgeber hatte jedoch bereits in Art. 46 EuInsVO 2000 vorgegeben, dass die Kommission dem Europäischen Parlament, dem Rat und dem Wirtschafts- und Sozialausschuss bis zum 1.6.2012 einen Bericht über die Anwendung der Verordnung vorlegen sollte. Dieser Bericht führte sodann zu Vorschlägen der Kommission sowie des Rechtsausschusses des Europäischen Parlaments zur inhaltlichen Überarbeitung der EuInsVO 2000. Die Neufassung der EuInsVO 2000 wurde am 20.5.2015 verabschiedet (Verordnung EU 2015/848 über Insolvenzverfahren – **„EuInsVO "**). Sie trat am 26.6.2017 in Kraft (vgl. zur Entstehungsgeschichte → Rn. 11 ff.).

3 Die EuInsVO 2000 war zu Beginn ihres Inkrafttretens 2002 von der Praxis nachdrücklich begrüßt worden, auch wenn die Regelungstechnik wenig systematisch und einzelne Regelungen durchaus kritisch zu betrachten waren. Denn es war seit geraumer Zeit nur noch wenig einsichtig, dass beispielsweise der Markteintritt von Kapitalgesellschaften, insbesondere die Frage der Kapitalaufbringung und -erhaltung, für den Binnenmarkt mit größter Detailfreude geregelt wurden, der Marktaustritt, bei dem diese Fragen jedoch erst relevant werden, für den Binnenmarkt ungeregelt blieb. Allerdings sind die Fragen des internationalen Insolvenzrechts besonders komplex und heftig diskutiert, ohne dass ein Lösungskonzept ersichtlich wäre, das alle betroffenen Interessen hinreichend befriedigen.[3] Insgesamt bedeutete die EuInsVO 2000 nicht nur größere **Rechtssicherheit** bei der Abwicklung von Insolvenzen, die grenzüberschreitende Bedeutung im Binnenmarkt haben. Die Verordnung brachte auch größere **Verteilungsgerechtigkeit**, da durch die Anerkennung eines Verfahrens im gesamten Binnenmarkt dem Prinzip der *par conditio creditorum* auch in internationaler Hinsicht besser Rechnung getragen wurde. Nachdem die EuInsVO 2000 primär Lösungen für die internationalrechtlichen Fragen der Liquidation anbot, wesentliche Fragen der

---

[1] VO des Rates (EG) Nr. 1346/2000 v. 29.5.2000 über Insolvenzverfahren, ABl. EG Nr. L 160 v. 30.6.2000, auch abgedr. in NZI 2000, 407 ff.
[2] Zu den Änderungen der Anhänge A, B und C vgl. dort.
[3] Vgl. hierzu auch den historischen Abriss der EG-Entwürfe, → Rn. 3 ff.

Sanierung bei Sekundärverfahren jedoch keiner Lösung zuführte,[4] rückten bereits im Rahmen der Reform der EuInsVO 2000 die Fragen der **grenzüberschreitenden Unternehmenssanierung** mehr in den Vordergrund (vgl. → Rn. 40). Die Anwendung der EuInsVO auf grenzüberschreitende Unternehmenssanierungen wird auch im Hinblick auf die 2019 verabschiedete Restrukturierungsrichtlinie 2019/1023[5] und deren Umsetzung durch die nationalen Gesetzgeber an Bedeutung gewinnen.

II. Entstehungsgeschichte

1. Der EG-Entwurf von 1970. Die Überlegungen der Europäischen Gemeinschaft zur Schaffung eines Insolvenzrechts-Übereinkommens reichen historisch zurück bis zum Anfang der 60iger Jahre. Die Gründe für die Schaffung eines solchen Übereinkommens gehen auf Art. 220 des Vertrages zur Gründung der EWG (EWGV) zurück. Darin hatten sich die Mitgliedstaaten verpflichtet, „untereinander, soweit erforderlich, Verhandlungen einzuleiten, um zugunsten ihrer Staatsangehörigen die Vereinfachung der Förmlichkeiten für die gegenseitige Anerkennung und Vollstreckung richterlicher Entscheidungen und Schiedssprüche sicherzustellen". 1970 wurde ein erster Vorentwurf vorgelegt.[6] Der Vorentwurf fand in der Literatur sowohl wohlwollende, als auch kritische Stimmen.[7] Er sah vor, dass in den Mitgliedstaaten nur ein einziges Insolvenzverfahren eröffnet werden solle, bei dem die ausschließliche Zuständigkeit für Insolvenzverfahren lag. Das Verfahren sollte in den übrigen Mitgliedstaaten anerkannt werden, ohne dass diese wegen des in ihrem Staatsgebiet belegenen Vermögens oder der dort befindlichen Zweigniederlassung ein Partikularverfahren durchführen durften. Verwertung und Verteilung des Schuldnervermögens sollten zentral für alle Mitgliedstaaten ausschließlich durch das zuständige Insolvenzgericht des Verfahrensstaates erfolgen. Das Problem der in den Mitgliedstaaten unterschiedlichen Absonderungsrechte und anderen Privilegien oder Vorrechte wurde dadurch gelöst, dass statt der Durchführung eines Partikularverfahrens für die Vermögenswerte in anderen Mitgliedstaaten durch das zentrale Insolvenzgericht sogenannte Untermassen gebildet werden sollten, für deren Verteilung jeweils wieder das Recht des Belegenheitsstaates herangezogen werden sollte. Die Umsetzung und weitere Ausarbeitung des Übereinkommens wurde jedoch nicht weiterverfolgt, was teilweise auf die daran geäußerte Kritik, teilweise aber auch auf die mit dem Beitritt Dänemarks, Großbritanniens und Irlands verbundenen zusätzlichen Probleme zurückzuführen ist.[8]

2. Der EG-Entwurf von 1980. 1980 veröffentlichte die Kommission einen weiteren neuen Entwurf, den sogenannten „Entwurf eines Übereinkommens über den Konkurs, Vergleiche und ähnliche Verfahren".[9] Der Entwurf von 1980 übernahm weitgehend unverändert die meisten Prinzipien des Vorentwurfes von 1970, nämlich insbesondere das oben dargestellte Einheitsprinzip mit der Bildung von Untermassen für bevorrechtigte Insolvenzforderungen und Absonderungsrechten.[10] Der umfangreiche und komplexe Entwurf bemühte sich ebenso wie der Vorentwurf von 1970, den Interessen aller Mitgliedstaaten und der Vertragsbeteiligten penibel gerecht zu werden. Dies führte

---

[4] Vgl. hierzu → 3. Aufl., EuInsVO 2000 Art. 32 Rn. 2.
[5] RL (EU) 2019/1023 des Europäischen Parlamentes und des Rates v. 20.6.2019 über präventive Restrukturierungsrahmen, über Entschuldung und über Tätigkeitsverbote sowie über Maßnahmen zur Steigerung der Effizienz von Restrukturierungs-, Insolvenz- und Entschuldungsmaßnahmen und zur Änderung der RL (EU) 2017/1132 (Richtlinie über Restrukturierung und Insolvenz, Abl. L 172/18 v. 26.6.2019 („Restrukturierungsrichtlinie 2019/1023").
[6] Vorentwurf einer Verordnung über den Konkurs, Vergleich und ähnliche Verfahren", EG-Dok.-3327/XIV/1/70 – D Orig.: F – v. 16.2.1970; ebenfalls abgedr. in *Kegel*, Vorschläge und Gutachten, S. 45 ff.
[7] *Houin* KTS 1961, 177; *Böhle-Stamschräder* KTS 1964, 65 ff.; *Berges* KTS 1965, 73 ff.; *Charousset* KTS 1965, 80 ff.; *Schneider* KTS 1965, 88 ff.; *Bleutg* AWD 1971, 451 ff.; *Haunter*, INT. Comp. LQ. 21 (1972), 682; *Farrar*, J. für Bus. L. 1072, 256 ff.; *Habscheid* FS Paulick, 227 ff.; *Hauschild* ÖJZ 1973, 10 ff.; *Jahr* RabelsZ 36 (1972), 620 ff.; *Jellinke*, Probleme des Europäischen Gemeinschaftsrechts, 1967, S. 381 ff.; vgl. auch die Stellungnahme des Insolvenzrechtsausschusses des DAV KTS 1975, 59 ff.
[8] Insbesondere in England ist der Vorentwurf auf Kritik gestoßen, vgl. den vom Department of Trade and Industry eingesetzten Cork Committee Report, Command 6602.
[9] Entwurf einer „Verordnung über den Konkurs, Vergleiche und ähnliche Verfahren", EG-Dok.-III/D/72/80-DE (von 1980), ebenfalls abgedr. in ZIP 1980, 582 ff., 811 ff. und in *Kegel*, Vorschläge und Gutachten, S. 45 ff.
[10] Vgl. den Bericht von Lemontey, EG-Dok. – III/D/222/80-DE, abgedr. in *Kegel*, Stellungnahmen und Gutachten, S. 93 ff. und die Besprechungen des Entwurfes bei *Großfeld* ZIP 1981, 925 ff.; *Lüer* KTS 1981, 147 ff.; *Thieme* RabelsZ 1981, 459 ff.; *Nadelmann* A. B. L. J. 1982, 65 ff.; vgl. auch die kritischen Stellungnahmen des Deutschen Rates für IPR von *Thieme, Schröder, Jahr, Hanisch, Flessner, Lüer, Drobnig, Spellenberger*, abgedr. in *Kegel*, Stellungnahmen und Gutachten.

zu teilweisen komplexen Regelungen und Sonderanknüpfungen, die zu vielfachen Vorbehalten vieler Mitgliedsstaaten führten.[11]

6 3. Das Istanbuler Abkommen des Europarates. Nicht zuletzt wegen der Komplexität der beiden Entwürfe der Europäischen Gemeinschaft entwarf der Europarat in den 80iger Jahren einen eigenen Entwurf, dem eine einfach zu handhabende und weniger komplexe Regelung zugrunde lag. Im Jahre 1984 wurde ein erster Entwurf veröffentlicht, der – anders als die beiden Entwürfe der EG – nur zwei Problemkreise des internationalen Insolvenzrechts regelte, nämlich zum einen die Befugnisse des Insolvenzverwalters in anderen Mitgliedsstaaten, und zum anderen die Forderungsanmeldung ausländischer Gläubiger.[12] Nach einer weiteren Überarbeitung wurde dem Entwurf noch ein weiteres Kapitel über die Durchführung und Koordination von sogenannten Sekundärverfahren in den Mitgliedsstaaten hinzugefügt.[13] Das Abkommen wurde sodann im Juni 1991 von den Mitgliedsstaaten des Europarates als „European Convention on certain international aspects on Bankruptcy" unterzeichnet.[14] Das Istanbuler Übereinkommen wurde aber letztlich von den Mitgliedsstaaten der Gemeinschaft nicht ratifiziert. Die Gründe hierfür lagen wohl darin, dass das Übereinkommen gewisse Vorbehalte zugelassen hatte, was eine ernsthafte Gefahr von Verzerrungen zwischen den Mitgliedsstaaten mit sich gebracht hätte.[15] Des Weiteren ließ das Istanbuler Abkommen wesentliche Fragen des internationalen Insolvenzrechts ungeregelt, so die gesamten kollisionsrechtlichen Fragen sowie die Frage der Anerkennung eines Insolvenzverfahrens aus einem anderen Vertragsstaat. Der Entwurf war daher ebenfalls zum Scheitern verurteilt.

7 4. Der Entwurf des Europäischen Übereinkommens über Insolvenzverfahren von 1995 (EuIÜ). Im Gegensatz zu dem Entwurf von 1980, der sich als „zu kompliziert und ambitiös" erwiesen hatte[16] und im Gegensatz zu dem „dürftigen" und vielen Fragen offenlassenden Istanbuler Übereinkommen, ging das Europäische Übereinkommen über Insolvenzverfahren von 1995 einen vermittelnden Weg. Die Idee zur Schaffung eines Insolvenzrechts-Übereinkommens in der Europäischen Union geht zurück auf eine Tagung der Justizminister der Gemeinschaft im Mai 1989 in San Sebastián. Die Justizminister setzten eine „Ad-hoc-Gruppe Konkursübereinkommen" ein, die eine nochmalige Überarbeitung vornehmen sollte. Zum Vorsitzenden dieser Ad-hoc-Kommission wurde Dr. Manfred Balz ernannt, der im Bundesjustizministerium die Insolvenzrechtsreform in den 80iger Jahren maßgeblich vorbereitet hatte, und unter dessen Federführung auch der Entwurf der Bundesregierung zum internationalen Insolvenzrecht, die §§ 379 ff. des Regierungsentwurfes,[17] zustande gekommen waren. 1992 wurde ein erster Entwurf veröffentlicht.[18] Am 23.11.1995 wurde der neue Entwurf von 12 Mitgliedsstaaten gezeichnet. Gemäß Art. 49 Abs. 2 des Übereinkommens lag dieses bis zum 23.5.1996 einschließlich für die anderen Mitgliedsstaaten der Europäischen Union zur Unterzeichnung aus.[19] Wegen des Streits innerhalb der Europäischen Union im Mai 1996 über die Bekämpfung der Rinderseuche BSE ließ jedoch das Vereinigte Königreich die Zeichnungsfrist ablaufen. Darüber hinaus wurden im Vereinigten Königreich Bedenken geltend gemacht, weil das Übereinkommen keine dem Art. 60 EuGVÜ vergleichbare Vorschrift enthalte, wonach das Vereinigte Königreich beispielsweise die Anwendung des Übereinkommens auf Gibraltar einseitig bestimmen könne.[20]

---

[11] Zur Kritik vgl. *Thieme* RabelsZ 45 (1981), 459, 490 ff.; *Lüer* KTS 1981, 147 ff.; *Großfeld* ZIP 1981, 925 ff.; *Jayme/Kohler* IPRax 1989, 337, 346.
[12] Der Entwurf ist veröffentlicht in ZIP 1984, 1152 ff. und erläutert von *Arnold* in ZIP 1984, 1144 ff. sowie IPRax 1986, 133 ff.
[13] Vgl. ZIP 1988, 946 ff.
[14] Abgedr. in der englischen und französischen Fassung in European Treaty Series No. 136; das Abkommen ist in deutscher Sprache noch nicht erschienen; zu dem Abkommen ist noch ein „Explanatory Report" erschienen, der einige Erläuterungen zu dem Abkommen enthält; zu dem Vorentwurf von 1984 s. *Arnold* ZIP 1984, 1144 ff.; *Arnold* IPRax 1986, 133 ff.; zu den nachfolgenden Entwürfen vgl. auch die Stellungnahme des Insolvenzrechtsausschusses des DAV, in AnwBl. 1988, 575, (durch *Kespohl-Willemer*) und AnwBl. 1990, 444 (durch *Lüer*); vgl. zu den möglichen Auswirkungen des Instanbuler Abkommens – wenn es in Kraft getreten wäre – auf die deutsche Insolvenzrechtsreform auch *Metzger*, Die Umsetzung des Istanbuler Konkurs-Abkommens in das neue deutsche internationale Insolvenzrecht.
[15] Vgl. Art. 40 der Verordnung und die diesbezügliche Kritik von *Virgos/Schmit*, Erläuternder Bericht, Rn. 4.
[16] Vgl. *Virgos/Schmit*, Erläuternder Bericht, Rn. 5.
[17] Vgl. dazu → Vor §§ 335 Rn. 16.
[18] Abgedr. in ZIP 1992, 1197.
[19] Das EuIÜ ist abgedr. bei *Virgos/Schmit*, Erläuternder Bericht, S. 3 ff. und ZIP 1996, 976 ff.
[20] Vgl. *Fletcher*, Insolvency in International Private Law. S. 298 f. mit Hinweis darauf, dass dem Vereinigten Königreich nach der Verordnung von Utrecht von 1713 Souveränität zugestanden wurde, die durch eine automatische Erstreckung der Verordnung auf Gibraltar verletzt werde.

Das EuIÜ eröffnet anders als die früheren Entwürfe der EU die Möglichkeit zur Durchführung **8** paralleler Verfahren, wenn sich in einem Vertragsstaat eine Niederlassung des Schuldners befindet (Art. 3 (2) EuIÜ). Es legt aber für alle Mitgliedsstaaten fest, in welchem Vertragsstaat das Hauptverfahren durchzuführen ist, sodass es zwischen den Vertragstaaten zu keinen Kompetenzkonflikten kommen kann (Art. 3 (1) EuIÜ). Sodann enthält das Übereinkommen – anders als das Istanbuler Abkommen des Europarates – umfangreiche kollisionsrechtliche Vorschriften, durch die im Einzelfall das vom Gericht anzuwendende Recht zu bestimmen ist (Art. 4 ff.). Geregelt ist darüber hinaus – in Anlehnung an die EuGVVO – wie und unter welchen Voraussetzungen insolvenzrechtliche Entscheidungen in anderen Mitgliedsstaaten anerkannt und vollstreckt werden können (Kapitel II, Art. 16 ff.). Als Ausgleich für die Zulassung paralleler Verfahren enthält das Übereinkommen verschiedene Vorschriften über die Kooperation und Zusammenarbeit der Verwalter des Partikularverfahrens und des Hauptverfahrens (Kapitel III, Art. 27 ff.), die in wesentlichen Punkten aus dem Istanbuler Abkommen des Europarates übernommen wurden. Gleiches gilt für Kapitel IV (Art. 39 ff.), das für Gläubiger vereinfachte Regeln für die Anmeldung ihrer Forderung in anderen Mitgliedsstaaten vorsieht.

5. Die EG-Verordnung über Insolvenzverfahren (EuInsVO 2000). Aufgrund des Schei- **9** terns des EU-Übereinkommens legte die EU Kommission im Mai 1999 eine nahezu wortgleiche Fassung des Übereinkommens als Verordnungsentwurf vor und leitete diesen zur weiteren Beratung an das Europäische Parlament weiter.[21] Nach der Stellungnahme des Europäischen Parlaments[22] und der Stellungnahme des Wirtschafts- und Sozialausschusses[23] wurde die EG-Verordnung am 29.5.2000 verabschiedet.[24] Die Verordnung trat am 31.5.2002 in Kraft (vgl. Art. 47 EuInsVO 2000). Als Verordnung galt sie in den Mitgliedsstaaten der EU unmittelbar, ohne dass es eines weiteren Gesetzgebungsaktes des deutschen Gesetzgebers bedurfte.[25] Sie war daher in der Bundesrepublik gemäß Art. 43 EuInsVO 2000 auf alle Insolvenzverfahren anzuwenden, die nach dem 31.5.2002 eröffnet wurden.

Die EuInsVO 2000 war weitgehend wortgleich mit dem Entwurf des Europäischen Überein- **10** kommens über Insolvenzverfahren (EuIÜ). Gestrichen wurden lediglich die Vorschriften in Teil V des Übereinkommens, die die Auslegung des Übereinkommens durch den Europäischen Gerichtshof – vergleichbar mit den früheren Regelungen im EuGVÜ – regelten, da sich die Zuständigkeit des Europäischen Gerichtshofes zu deren verbindlichen Auslegung unmittelbar aus dem EGV ergab.[26] Ansonsten waren nur geringfügige redaktionelle Änderungen in einzelnen Vorschriften vorgenommen worden.[27] Daher konnte für die Kommentierung der EG-Verordnung auch auf den umfangreichen „Erläuternden Bericht zum EuIÜ" von *Virgos/Schmit* zurückgegriffen werden.

6. Die Neufassung der EuInsVO (2015). Die EuInsVO wurde mit der Verordnung (EU) **11** 2015/848 des Europäischen Parlaments und des Rates vom 20.5.2015 über Insolvenzverfahren[28] komplett neu gefasst. Die Verordnung 2015/848 (nachfolgend nur noch **„EuInsVO")** trat gemäß Art. 92 EuInsVO – bis auf die Erstellung einer Datenbank mit einer Beschreibung des Insolvenzrechts der Mitgliedsstaaten[29] sowie bis auf ein neu eingeführtes Insolvenzregister[30] – am **26.6.2017 in Kraft.** Auf bis dahin eröffnete Insolvenzverfahren ist weiterhin die EuInsVO 2000 anzuwenden.

Die Anzahl der **Vorschriften der EuInsVO** hat sich gegenüber dem Verordnungstext der **12** EuInsVO 2000 nahezu verdoppelt und umfasst nunmehr 92 Artikel. Gänzlich neu sind Regelungen zum **internationalen Konzerninsolvenzrecht** (Kapitel V) sowie zum **Datenschutzrecht** (Kapitel VI). Letztere wurden notwendig aufgrund der geplanten europaweiten Einführung eines sogenannten **Insolvenzregisters** (Art. 24 ff.). Daneben wurden ergänzende Vorschriften zur internationalen Zuständigkeit des Hauptverfahrens sowie zur internationalen Zuständigkeit bei Annexverfahren eingefügt (Art. 4 ff.). Eine grundlegende Überarbeitung haben darüberhinaus die Vorschriften über das Zusammenspiel von Haupt- und Sekundärverfahren erhalten (Art. 36 ff.).

---

[21] Vgl. Initiative über einer Ratsverordnung über Insolvenzverfahren v. 26.5.1999, ABl. EG 1999/C 221/ 11 ff. = NZI 1999, 399 ff.
[22] Stellungnahme v. 2.3.2000.
[23] Stellungnahme v. 26.1.2001.
[24] VO des Rates (EG) Nr. 1346/2000 v. 29.5.2000, ABl. L 160 v. 30.6.2000, ebenfalls abgedr. in NZI 2000, 407 ff.; zu den zwischenzeitlichen Änderungen aufgrund des Beitritts weiterer Staaten sowie zu den Änderungen der in den Anlagen erfassten Insolvenzverfahren vgl. auch oben, Fn. 3.
[25] Vgl. die Kommentierungen zu Art. 189 EWGV; *Groeben* EWGV Art. 189 Rn. 27 ff.; *Grabitz/Hilf* EWGV Art. 189 Rn. 48 f.; zur Rechtmäßigkeit als Verordnung vgl. auch *Eidenmüller* IPRax 2001, 2, 3 f.
[26] *Eidenmüller* IPRax 2001, 2, 7 ff.; *Deipenbrock* EWS 2001, 113, 114 ff.
[27] Vgl. *Wimmer* ZInsO 2001, 97, 98 f.; *Eidenmüller* IPRax 2001, 2, 7 f.
[28] ABl. L 141/19 v. 5.6.2015.
[29] Art. 86 EuInsVO, der ab dem 26.6.2016 gilt.
[30] Vgl. Art. 24 Abs. 1, der ab dem 26.6.2018 und Art. 25, der ab dem 26.6.2019 gilt.

13 Die Überarbeitung der EuInsVO 2000 war bereits in der Verordnung selbst angelegt. Art. 46 EuInsVO 2000 sah eine Verpflichtung für die Kommission vor, dem Europäischen Parlament, dem Rat und dem Wirtschafts- und Sozialausschuss bis zum 1.6.2012 einen Bericht über die Anwendung der Verordnung vorzulegen. Den Bericht legte die Kommission zusammen mit einem Entwurf zur Änderung der EuInsVO 2000 am 12.12.2012 vor (**Kommissionsentwurf** oder **EuInsVO-KomE**).[31] Dem ging eine ausführliche externe Studie der Universitäten Heidelberg und Wien voraus, in der die bisherigen Erfahrungen in den einzelnen Mitgliedsstaaten auf Grundlage der Rechtsprechung und Literatur erörtert und einer Empfehlung für eine Änderung der EuInsVO 2000 zugeführt wurden (sog. Vienna Report).[32] Auch die Literatur beschäftigte sich im Hinblick auf die gesetzlich vorgeschriebene Überprüfung der Verordnung mit ersten Einschätzungen zum Reformbedarf.[33] Der Kommissionsentwurf erfuhr überwiegend positive Resonanz, auch wenn – bedingt durch die Komplexität – einzelne Lösungsvorschläge der Kommission durchaus kritisch zu hinterfragen sind.[34]

14 Am 27.3.2013 gaben der Europäische Datenschutzbeauftragte[35] und am 22.5.2013 der Europäische Wirtschafts- und Sozialausschuss[36] ihre Stellungnahmen ab. Sodann unterbreitete das Europäische Parlament in erster Lesung am 5.2.2014 weitere, teilweise umfangreiche Änderungsvorschläge (**Entwurf des Europäischen Parlaments** oder **EuInsVO-ParlE**).[37] Der Rat der Europäischen Union schlug sodann am 3.6.2014 und am 20.11.2014 zur Vorbereitung der Tagung des Rats (Justiz und Inneres) am 4/5.12.2014 und nach Verhandlungen mit dem Europäischen Parlament eine nochmals geänderte Neufassung vor.[38] Der Rat unterbreitete sodann in seiner ersten Lesung seinen Standpunkt,[39] den die Kommission am 13.4.2015 annahm.[40] Das Parlament nahm in seiner zweiten Lesung am 20.5.2015 die Neufassung der EuInsVO 2000 an, womit das Verordnungsgebungsverfahren abgeschlossen war.[41]

15 Die erfolgten Änderungen beziehen sich – neben der redaktionellen Änderung einzelner Vorschriften – vornehmlich auf folgende Regelungskomplexe:
– die **internationale Zuständigkeit** für die Durchführung von Insolvenzverfahren sowie für sog. Annexverfahren (Art. 3–6);
– die Einführung eines vereinheitlichten und sodann auch vernetzten **Insolvenzregisters** (Art. 24–27), was auch datenschutzrechtliche Regelungen erforderlich werden ließ (Art. 78–83);
– die Einbeziehung vorinsolvenzrechtlicher und „hybrider" **Sanierungsverfahren** in den Anwendungsbereich der EuInsVO sowie die Abwicklung derselben, insbesondere bei Eröffnung paralleler Sekundärverfahren;
– die Zurückdrängung von Sekundärverfahren (Art. 36) sowie die bessere **Koordination von Haupt- und Sekundärverfahren** (insb. Art. 41–43, 47);
– besondere Regeln für **Konzerninsolvenzen,** insbesondere die Koordination der verschiedenen Insolvenzverfahren der Konzerngesellschaften (Einfügung eines neuen Kapitels V, Art. 56 ff.).

16 Die **internationale Zuständigkeit** für die Eröffnung von Insolvenzverfahren war unter der EuInsVO 2000 Dauerbrenner der Rechtsprechung und der wissenschaftlichen Diskussion. Hierbei ging es um die Auslegung und die Anwendung der in Art. 3 EuInsVO 2000 enthaltenen Definition des Begriffes des Mittelpunktes der hauptsächlichen Interessen (*center of main interest* oder auch **COMI** genannt). Alleine die damit verbundenen Rechtsfragen waren mehrfach Gegenstand von Vorlagen an den EuGH. Unklarheiten führten geradezu zu einem internationalen Wettbewerb um lukrative Verfahren und um die schuldnerfreundlichste Rechtsordnung. Der EuGH konnte diverse Ausle-

---

[31] Vorschlag für eine Verordnung des Europäischen Parlamentes und des Rates zur Änderung der VO (EG) Nr. 1346/2000 des Rates über Insolvenzverfahren, COM (2012) 0744 final, abrufbar unter: http//ec.europa.eu/justice/civil/files/insolvency-regulation_en.pdf; die englische Fassung ist ebenfalls abgedr. in IILR 2013, 179 ff.
[32] Vgl. *Hess/Oberhammer/Pfeiffer,* European Insolvency Law, The Heidelberg-Luxemburg-Vienna Report, 2013.
[33] Vgl. *Taylor* IILR 2011, 242 ff.; *Reinhart* NZI 2012, 304; *Paulus* NZI 2012, 297 ff.; *Bufford* IILR 2012, 341 ff.; *Cranshaw* DZWiR 2012, 133 ff.; ein Résumée zieht auch *Oberhammer* KTS 2009, 27 ff.
[34] Vgl. *Thole* ZEuP 2014, 39 ff.; *Keller/Prager* NZI 2013, 57; *Reuß* EuZW 2013, 165; *Albrecht* ZInsO 2013, 1876.
[35] Vgl. ABl. C 358/15.
[36] Vgl. ABl. C 271 v. 19.9.2013, S. 55.
[37] Angenommene Texte des Europäischen Parlaments v. 5.2.2014, abrufbar unter europarl.europa.eu/sides/getDoc.do?type=REPORT&reference=A7-2013-0481&language=DE.
[38] Vgl. Interinstitutionelles Dossier 2012/0360 (COD), 10284/14 ADD 1 und 15414/14 ADD 1.
[39] Standpunkt (EU) Nr. 7/2015 des Rats in Erster Lesung, Abl. C 141/1.
[40] COM (2015) 173 final.
[41] Vgl. oben, Fn. 38.

gungsfragen klären.⁴² Der Kommissionsentwurf übernahm die vom EuGH herausgearbeiteten Kriterien und führt diese einer gesetzlichen Definition zu. In Anlehnung an die EuGH-Rechtsprechung wird daher der COMI in **Art. 3** definiert als Ort des Verwaltungssitzes, wie er sich aus der Sicht außenstehender Dritter ergibt. Für natürliche Personen wird der COMI gesondert definiert, abhängig davon, welcher beruflichen Tätigkeit die Person nachgeht. Übt die Person eine selbständige oder freiberufliche Tätigkeit aus, dann erfolgt die Anknüpfung an die Hauptniederlassung der beruflichen Tätigkeit. Für alle anderen natürlichen Personen soll hingegen an den Aufenthaltsort angeknüpft werden. Für die Praxis bedeutsam ist die als Sachnorm konzipierte Ergänzung in Art. 4, dass nämlich das Insolvenzgericht die internationale Zuständigkeit von Amts wegen zu ermitteln hat. Dabei mag es sich aus deutscher Sicht um eine Selbstverständlichkeit handeln. Jedoch gilt nicht in allen Mitgliedsstaaten das Amtsermittlungsprinzip, weshalb in der Praxis schon Fälle von Zuständigkeitserschleichungen erkennbar geworden waren. Dass der europäische Gesetzgeber den Versuch unternommen hat, die Zuständigkeitskompetenzen im Sinne größerer Rechtssicherheit detaillierter zu regeln, ist jedoch zu begrüßen. Denn die Frage, unter welcher Rechtsordnung das Insolvenzverfahren durchgeführt werden soll, welches Verfahren das Hauptverfahren und welches Verfahren gegebenenfalls das Sekundärverfahren ist, ist eine zentrale Frage zu Beginn jeden Verfahrens. Sie taugt nicht dafür, erst nach jahrelanger gerichtlicher Auseinandersetzung geklärt zu werden.

17 Als ein Bruch im europäischen Zivil- und Verfahrensrecht ist jedoch die vorgesehene Regelung in **Art. 6** anzusehen, wonach für verfahrensbezogene Aktivprozesse des Insolvenzverwalters ein einheitlicher Gerichtsstand am Gericht des Insolvenzverfahrens geschaffen wird. Zum einen wird diese Regelung in den nächsten Jahren zu umfangreichen Vorlagefragen führen, weil nach der Regelung unklar bleibt, welche Rechtsfragen von der **Annexzuständigkeit** erfasst werden. Zum anderen werden die Interessen der Insolvenzverwalter, möglichst viele insolvenznahe Verfahren „vor Ort" führen zu können, ohne Not gegenüber ebenfalls schützenswerten Interessen der Gläubiger bevorzugt. Das entspricht nicht den Zuständigkeitsgrundsätzen der EuGVVO, die gerade nicht an Zweckmäßigkeitsgesichtspunkte anknüpft. Dort ist als Regelanknüpfung vielmehr der Gerichtsstand des Beklagten vorgesehen. Von diesem werden wiederum nur dann Ausnahmen zugelassen, wenn entweder die Sachnähe des Rechtsstreits (zB Deliktsort) oder ein besonderes Schutzbedürfnis einer Prozesspartei (zB Verbraucher) einen besonderen Gerichtsstand rechtfertigt. Die bei einer Partei eingetretene Insolvenz begründet jedoch keine Sachnähe. So kann das Merkmal der Sachnähe auch bei Insolvenzanfechtungsklagen völlig unterschiedlich ausfallen. Die seitens der Insolvenzverwalter vorgebrachten Zweckmäßigkeitsüberlegungen, viele der regelmäßig auftauchenden Rechtsstreitigkeiten vor inländischen Gerichten führen zu können, rechtfertigen eine Abkehr von den in der EuGVVO niedergelegten Grundsätzen des europäischen Zivilrechts hingegen nicht.

18 Der zweite große Regelungskomplex betrifft den Bereich der **Unternehmenssanierung.** Bisher sind vielfach Verfahren vom Anwendungsbereich ausgeschlossen, die in einer insolvenznahen Situation eher auf die Vermeidung der Insolvenz ausgerichtet sind und daher keinen Insolvenzbeschlag und/oder die Einsetzung eines Insolvenzverwalters kennen. Das ist misslich, da viele Mitgliedsstaaten in den letzten Jahren neue Verfahren eingeführt haben, die in der Situation einer drohenden Insolvenz der Vermeidung eines meist zur Zerschlagung führenden Insolvenzverfahrens dienen.⁴³ Schon der Kommissionsentwurf beabsichtigte daher, den Anwendungsbereich der EuInsVO auch auf insolvenzvermeidende Sanierungsverfahren auszuweiten. Zu diesem Zweck sind nunmehr sowohl der Anhang A als auch die Definition für Insolvenzverfahren in Art. 1 EuInsVO erweitert worden. Darüber hinaus wurde die – in der Tat sanierungsfeindliche – Regelung abgeschafft, wonach im Sekundärverfahren nur Liquidationsverfahren eröffnet werden dürfen (so noch Art. 27 S. 2 EuInsVO 2000). Ansonsten enthält aber auch die EuInsVO keine Regelungen, wie bei mehreren Verfahren eine Reorganisation durch einen Insolvenzplan bewerkstelligt werden kann.⁴⁴ Vielmehr erschwert Art. 47 Abs. 2 weiterhin die Verabschiedung eines Insolvenzplans in einem Sekundärverfahren. Diese Fragen werden in Zukunft noch virulenter, wenn die nationalen Gesetzgeber die mittlerweile verabschiedete Richtlinie 2019/1023 über den präventiven Restrukturierungsrahmen umgesetzt haben, die einen Schwerpunkt auf die Unternehmenssanierung legt (vgl. oben Fn 9 sowie → Art. 1 Rn. 11).

19 Ebenfalls umfassende Ergänzung haben die Vorschriften über Sekundärverfahren in Art. 27 ff. EuInsVO 2000 erfahren. Die EuInsVO enthält nun diverse Vorschriften, die der Verbesserung der

---

⁴² Vgl. EuGH, Urt. v. 2.5.2006, Rs 341/04 *(Eurofood),* NZI 2006, 360, 361; EuGH v. 20.10.2011, Rs C-341/04 *(Interedil),* NZI 2011, 990; EuGH v. 15.12.2011, Rs C-396/09 *(Rastelli),* NZI 2012, 147.
⁴³ Vgl. zB die Liste der Verfahren bei *Hess/Oberhammer/Pfeiffer,* European Insolvency Law, S. 10 f.; vgl. beispielhaft für Frankreich *Dammann* NZI 2008, 420; *Dammann* NZI 2009, 502; hierzu auch *Flessner* KTS 2010, 127; vgl. auch → Länderbericht Frankreich Rn. 9 ff.; auch das Schutzschirmverfahren nach § 270b InsO ist erfasst.
⁴⁴ Vgl. zu den Problemen → Art. 47 Rn. 12.

Vor Art. 1 20–25

20 **Koordination des Haupt- und Sekundärverfahrens** dienen, sowie der Verbesserung der Kommunikation zwischen den Verwaltern und den Gerichten. Ob es sinnvoll ist, die Kommunikation verfahrensrechtlich jeweils so detailliert zu regeln und damit auch sachrechtlich in die nationalen Vorschriften der Mitgliedstaaten einzugreifen, mag dahinstehen. Vieles von dem, was nunmehr ausdrücklich geregelt wurde, hätte man auch der Praxis überlassen dürfen.

Eingefügt wurde darüber hinaus ein neues „Kapitel V", das die besonderen Probleme von **Konzerninsolvenzen** enthält. Hierzu enthält Art. 2 Nr. 12 eine Definition des von der Verordnung verwendeten Begriffs der „Unternehmensgruppe". Art. 56–60 enthalten für die Insolvenzverfahren der Mitglieder einer Unternehmensgruppe besondere Vorschriften zur Zusammenarbeit und Kommunikation. Diese betreffen die Frage der Pflicht der Zusammenarbeit der Verwalter (Art. 56), die Zusammenarbeit der Insolvenzgerichte untereinander (Art. 57) sowie die Zusammenarbeit der Insolvenzgerichte mit den beteiligten Insolvenzverwaltern (Art. 58). Diese Pflichten sind jedoch – zumindest was die Verwalter anbetrifft – eine Selbstverständlichkeit. Denn soweit durch eine verbesserte Kooperation die Insolvenzmasse vergrößert und damit die Quote für die Insolvenzgläubiger verbessert werden kann, hat der Insolvenzverwalter ohnehin entsprechende Pflichten. Darüber hinausgehend sieht Art. 60 für den Insolvenzverwalter auch in den Insolvenzverfahren der anderen Gruppenmitglieder bestimmte Antrags- und Teilnahmerechte am Verfahren vor, bis zu einem Recht, die Aussetzung der Verwertung zu beantragen, ähnlich wie dies bereits in Art. 33 EuInsVO 2000 (nun Art. 46) für Sekundärverfahren vorgesehen ist.

21 Im Rahmen des Verordnungsgebungsverfahrens wurden die Vorschriften noch um einen Abschnitt zur besseren Koordinierung der Insolvenzverfahren der Gruppenmitglieder ergänzt. Hierzu wurde ein sog. Gruppen-Koordinationsverfahren geschaffen, in dem ein sog. Koordinator bestellt wird, der nicht mit den Verwaltern der Gruppenmitglieder personenidentisch sein darf. Dieser arbeitet Empfehlungen oder einen sog. Gruppen-Koordinationsplan aus. Diese sind zwar für die am Gruppen-Koordinationsverfahren teilnehmenden Verwalter nicht verbindlich. Sie sollen jedoch helfen, entweder die Unternehmensgruppe zu sanieren oder doch zumindest durch eine koordinierte Abwicklung eine effektivere Führung der Insolvenzverfahren zu erzielen. Man darf jedoch Zweifel äußern, ob das Gruppen-Koordinationsverfahren von der Praxis auch angenommen wird. Ob der Verwalter der zentralen Gruppengesellschaft, die über die größte Insolvenzmasse und die wesentlichen Vermögensgegenstände verfügt, gewillt ist, die Aufgabe der Ausarbeitung von Vorschlägen zur Koordinierung der Insolvenzverfahren einem unabhängigen Dritten zu überlassen, ist fraglich. Da es sich um reine Sachvorschriften handelt, die sich zudem in das System der Insolvenzvorschriften eines jeden Mitgliedstaates einzufügen haben, ergeben sich vielfältige Auslegungsprobleme in der Praxis, die nur durch entsprechende ergänzende Vorschriften durch die nationalen Gesetzgeber gelöst werden können.[45]

22 Neu eingeführt wurde ein sog. Europäisches Insolvenzregister, das länderübergreifend die notwendige Publizität und Transparenz bei der Eröffnung und Durchführung von Insolvenzverfahren sicherstellen soll (vgl. hierzu Art. 25–27). Die sich danach ergebenden Veröffentlichungen der Daten der Beteiligten, insbesondere der Schuldner, werfen freilich auch entsprechende datenschutzrechtliche Fragen auf, weshalb die EuInsVO nunmehr in dem neu eingefügten Kapitel VI (Art. 78–83) auch Regelungen über datenschutzrechtliche Fragen enthält.

III. Aufbau der Verordnung

23 Die Verordnung unterteilt sich in **sieben Kapitel**.

24 Das **erste Kapitel** (Art. 1–18) enthält allgemeine Vorschriften, und zwar zunächst Vorschriften über den Anwendungsbereich der Verordnung (Art. 1), eine Liste von Legaldefinitionen für einige der in der Verordnung genannten Begriffe (Art. 2) sowie Normen, die die internationale Zuständigkeit und Zulässigkeit für Haupt- und Partikularverfahren sowie für sog. Annexverfahren regeln (Art. 3–6). Darüber hinaus enthält das erste Kapitel die sich im Rahmen internationaler Insolvenzen ergebenden kollisionsrechtlichen Fragen (Art. 7 bis 18). Danach ist die *lex fori concursus*, also die Anknüpfung an das Recht des Verfahrensstaates, die kollisionsrechtliche Grundnorm (vgl. Art. 7), von der es jedoch aus Gründen des Verkehrsschutzes etliche Ausnahmen gibt (vgl. Art. 8 bis 18).

25 Das **zweite Kapitel** (Art. 19–33) widmet sich der Anerkennung von Insolvenzverfahren in den anderen Mitgliedstaaten und sieht eine automatische Wirkungserstreckung der Wirkungen der Verfahrenseröffnung vor (Art. 19, 20). Aber nicht nur die Verfahrenseröffnung selbst, sondern auch alle anderen Entscheidungen, die zur Durchführung und Beendigung des Insolvenzverfahrens ergehen, werden anerkannt (Art. 32), wofür auf die EuGVVO verwiesen wird. Zudem werden einzelne Wirkungen der ausländischen Verfahrenseröffnung im Einzelnen geregelt (Art. 21–31). Von dem

---

[45] Das hat der Verordnungsgeber aber ausdrücklich zugelassen, wie sich aus Erwägungsgrund Nr. 61 ergibt.

Grundsatz der Anerkennung ausländischer Eröffnungsbeschlüsse und Entscheidungen kann – ähnlich wie bei der EuGVVO – nur bei einem Verstoß gegen den *ordre public* abgewichen werden (Art. 33).

Das **dritte Kapitel** (Art. 34–52) enthält Vorschriften zur Durchführung eines Sekundärver- 26 fahrens (parallel zum Hauptverfahren in einem anderen Mitgliedsstaat). Die Vorschriften regeln zum Zwecke der Effizienz der Abwicklung der beiden parallelen Verfahren die Pflicht zur Kooperation und Koordination der beiden Verfahren (insb. Art. 41–43). Hierzu werden dem Verwalter des Hauptverfahrens bestimmte Mitwirkungsrechte im Sekundärverfahren eingeräumt (Art. 45–47). Für das Sekundärverfahren gelten grundsätzlich die gleichen Kollisionsnormen wie im Hauptverfahren, nämlich die im Allgemeinen Teil enthaltenen Kollisionsnormen (Art. 35 und Art. 7–18). Zur Vermeidung der in der Praxis oft ungewünschten Sekundärverfahren enthält Art. 36 nunmehr die Möglichkeit, die Eröffnung eines Sekundärverfahrens abzulehnen, wenn der Verwalter des Hauptverfahrens eine Zusicherung abgibt, die Gläubiger so zu stellen, als wäre ein Sekundärverfahren eröffnet worden.

Das **vierte Kapitel** (Art. 53–55) enthält für das Haupt- und für Sekundärverfahren gleicherma- 27 ßen geltende Vorschriften über die Unterrichtung der Gläubiger und die Anmeldung ihrer Forderungen. Hier sollen insbesondere die praktischen Probleme der Forderungsanmeldung in anderen Mitgliedsstaaten (Kenntnis über die Verfahrenseröffnung, Sprache, Inhalt der Forderungsanmeldung) vereinfacht werden.

Das im Rahmen der Überarbeitung der EuInsVO 2000 neu eingefügte **fünfte Kapitel** (Art. 56– 28 77) enthält Vorschriften zur Behandlung konzernrechtlicher Sachverhalte. Die Vorschriften behalten den Grundsatz bei, dass für jede Konzerngesellschaft ein eigenständiges Verfahren eröffnet werden muss, sehen jedoch Kooperationspflichten für die Verwalter und Gerichte der einzelnen Vorfahren vor (Art. 56–60). Darüber hinaus wurde ein eigenständiges Gruppen-Koordinationsverfahren mit einem eigens hierfür eingesetzten Koordinator eingeführt (Art. 61–77).

Das ebenfalls im Rahmen der Überarbeitung der EuInsVO 2000 neu eingefügte **sechste Kapitel** 29 (Art. 78–83) enthält datenschutzrechtliche Vorschriften. Diese sind die Folge der Transparenz und Publizität, die sich aus der Einführung eines Insolvenzregisters in Art. 24–27 ergeben.

Das **siebte Kapitel** (Art. 84–92) enthält Übergangs- und Schlussbestimmung, die den zeitlichen 30 Geltungsbereich und das Inkrafttreten der Verordnung (Art. 84, 92), sowie das Verhältnis zu anderen internationalen Übereinkünften, die die Mitgliedsstaaten untereinander abgeschlossen hatten (Art. 85), regeln.[46]

Im Anschluss an die Verordnung finden sich vier **Anhänge** (Anhang A–D). Anhang A listet 31 verbindlich auf, welche **Verfahren** aus den einzelnen Mitgliedsstaaten als Insolvenzverfahren im Sinne von Art. 2 Nr. 4 anzusehen sind. Anhang B listet die Funktionsträger in den Mitgliedsstaaten auf, die als „Verwalter" im Sinne von Art. 2 Nr. 5 anzusehen sind. Anhang C wiederum enthält eine Liste der aufgehobenen Verordnungen sowie Anhang D eine sog. Entsprechungstabelle der Vorschriften aus der EuInsVO 2000 auf die EuInsVO, die für Verweisungen in früheren Rechtssetzungsakte der EU auf die EuInsVO 2000 heranzuziehen ist.

IV. Prinzipien und Systematik der Verordnung

Zielsetzung der EuInsVO ist, das reibungslose Funktionieren des Binnenmarktes auch im Falle 32 der Insolvenz sicherzustellen (Ziffer 3 der Erwägungsgründe). Insbesondere soll verhindert werden, dass die an der Insolvenz beteiligten Parteien Vermögensgegenstände innerhalb des Binnenmarktes verlagern, um auf diese Weise eine verbesserte Rechtsstellung zu erlangen (Ziff. 5 der Erwägungsgründe). Hierzu bedient sich die EuInsVO der im internationalen Insolvenzrecht bekannten Prinzipien.

1. Ein einheitliches Verfahren. Danach soll über das Vermögen eines Schuldners grundsätz- 33 lich nur ein Insolvenzverfahren eröffnet werden, dass das gesamte weltweite Vermögen des Schuldner erfasst und an dem alle Schuldner gleichermaßen teilnehmen können (sog. **Hauptverfahren** nach Art. 3 Abs. 1).[47] Hierzu gehört, dass die Verfahrenseröffnung grundsätzlich auch in allen anderen Mitgliedsländern **anerkannt** wird, in denen sich Vermögenswerte des Schuldner befinden (vgl. Art. 19, 20). Für die Wirkungen der Verfahrenseröffnung sind entsprechende **Kollisionsnormen** vorgesehen, die den Gerichten des Hauptverfahrensstaates, aber auch den Gerichten anderer Mitgliedsstaaten vorgeben, welches Insolvenzrecht auf einzelne Fragen gegebenenfalls anzuwenden ist (Art. 7–18).

---

[46] So ersetzt die Verordnung dort ausdrücklich den zwischen Deutschland und Österreich abgeschlossenen Vertrag auf dem Gebiet des Konkurs- und Vergleichsrechts, vgl. hierzu → Vor §§ 335 Rn. 71, Art. 85 Abs. 1 lit. d.
[47] Vielfach als sog. Universalitätsprinzip bezeichnet; zum Begriff vgl. auch → Vor § 335 Rn. 19 ff.

34 **2. Begrenzte Ausnahmen von der Verfahrenseinheit.** Die binnenmarktweite Wirkung eines Insolvenzverfahrens wird lediglich eingeschränkt durch die Möglichkeit der Durchführung eines **Partikularverfahrens** (Art. 3 Abs. 3 und Abs. 4). Dieses bleibt jedoch auf die in dem betroffenen Mitgliedstaat belegenen Vermögensgegenstände beschränkt.[48] Da Partikularverfahren an sich die einheitliche Abwicklung der Insolvenzsituation zuwiderlaufen,[49] ist die Eröffnung eines solchen Partikularverfahrens jedoch nur dann zulässig, wenn sich in dem betreffenden Mitgliedstaat eine **Niederlassung** des Schuldners befindet (Art. 3 Abs. 2). Die Belegenheit von Vermögen alleine rechtfertigt dagegen nicht die Eröffnung eines Partikularverfahrens. Der Verordnungsgeber hat damit die Möglichkeit der Eröffnung sog. Partikularverfahren weitgehend eingeschränkt und der Verfahrenseinheit den Vorrang eingeräumt. Nur der sich aufgrund einer Niederlassung regelmäßig ergebende enge Geschäftsverkehr rechtfertigt demnach die Durchbrechung der einheitlichen Abwicklung einer Insolvenz.

35 Findet ein solches Partikularverfahren parallel zu einem Hauptverfahren statt, handelt es sich um ein sog. **Sekundärverfahren** (Art. 3 Abs. 3 S. 1). Das Sekundärverfahren ist jedoch dem Hauptverfahren untergeordnet (Ziff. 48 der Erwägungsgründe). Wegen der Parallelität der Verfahren wird eine Koordination der Verfahren angestrebt (vgl. Art. 41–44).

36 **3. Systematik.** Auch wenn die Verordnung in den Mitgliedstaaten eine deutliche Verbesserung der Abwicklung internationaler Insolvenzen mit sich bringt, lässt die Verordnung an systematischer Klarheit zu wünschen übrig. Das vom internationalen Privat- und Verfahrensrecht zur Verfügung stehende dogmatische Instrumentarium werden unterschiedlich eingesetzt, ohne dass entsprechende Differenzierungen nachvollziehbar wären.

37 So enthalten die Art. 7–18, die das anwendbare Recht für bestimmte Wirkungen der Verfahrenseröffnung regeln sollen, nicht nur Kollisionsnormen. Einzelne Normen sind als Sachnormen ausgestaltet, die nicht auf das jeweils anwendbare Recht verweisen, sondern den Sachverhalt (als Sachnorm) unmittelbar selbst regeln (so zB Art. 10 Abs. 2).[50] Das ist misslich, weil freilich die Anwendung einer isoliert in der Verordnung vorgegebenen Sachnorm zusammen mit den nationalen Insolvenzvorschriften der Mitgliedstaaten zu entsprechenden Anpassungsschwierigkeiten führen kann. Gelegentlich wird auch nicht das anwendbare Recht geregelt, sondern vielmehr angeordnet, dass die in Art. 20 angeordnete automatische Wirkungserstreckung für bestimmte Sachverhalte nicht gilt (so zB in Art. 8 sowie Art. 10 Abs. 1): denn die dinglichen Rechte sollen weiterhin so ausgeübt werden, als sei kein Insolvenzverfahren eröffnet worden.[51] Soweit Art. 7 ff. Kollisionsnormen enthalten, sind diese teils als allseitige, teils als einseitige Kollisionsnormen ausgestaltet.[52] So verweisen Art. 9 auf das nach dem Forderungsstatut maßgebliche Recht, und Art. 17 auf das Recht des Belegenheitsstaates, während andere Kollisionsnormen (einseitig) nur auf das „Recht des Mitgliedstaates" verweisen.[53] Es entstehen hierdurch immer wieder Fragen, ob die Norm oder auch die Verordnung Anwendung finden kann, wenn das relevante Statut nicht das eines der Mitgliedstaaten ist. Gründe für eine Differenzierung sind nicht ersichtlich.

38 Dadurch bleiben viele Fragen, die als „Allgemeiner Teil" an sich einheitlich beantwortet werden sollten, offen und verständlicher Weise weiterhin Gegenstand der Erörterungen in der Literatur. Hierzu gehört beispielsweise die Frage der sachlich-räumlichen Anwendbarkeit der Kollisionsnormen der Verordnung.

V. Auslegung der EuInsVO

39 Als EU-Verordnung ist die EuInsVO grundsätzlich autonomen auszulegen, dh die einzelnen Mitgliedstaaten dürfen für die Auslegung nicht etwa die Rechtsbegriffe ihres jeweiligen nationalen Rechts zugrunde legen.[54] Vielmehr ist anhand der gleichwertigen sprachlichen Versionen, rechtsvergleichend und teleologisch das Verständnis der einzelnen Rechtsbegriffe zu ermitteln. Auslegungshilfe bieten hierbei die in Art. 2 enthaltenen Legaldefinitionen, die Erwägungsgründe, andere Verordnungen oder Richtlinien der EU (insbesondere soweit dort gleich Begriffe verwendet werden)

---

[48] Vielfach kontrollierte Universalität genannt, vgl. nochmals → Vor § 335 Rn. 21.
[49] Vgl. hierzu → Vor § 335 Rn. 56 ff.
[50] Zu sog. Sach- und Kollisionsnormen vgl. *Kegel/Schurig*, IPR, 9. Aufl., S. 52 ff.; *v. Bar/Mankowski*, IPR, 2. Aufl., § 4 Rn. 1 ff.
[51] Vgl. → Art. 5 Rn. 17; → Art. 7 Rn. 9.
[52] Vgl. hierzu bereits → Vor § 335 Rn. 53 ff.; vgl. auch *Kegel/Schurig*, IPR, S. 301 f.; *v. Bar/Mankowski*, IPR, § 1 Rn. 17; MüKoBGB/*v. Hein* Einl. IPR Rn. 89 ff.
[53] So die Rechtsnormverweisungen in Art. 11, 12, 13, 14, 16 und 18.
[54] Vgl. *Moss/Fletcher/Isaacs*, EU Regulation, Rn. 2.19 ff.; *Rauscher/Mäsch* Einl. EuInsVO 2000 Rn. 10; ebenso auch die Auslegung zur EuGVVO, vgl. *Rauscher/Staudinger* Einl. Brüssel I-VO Rn. 10 ff.

sowie die Gesetzgebungsmaterialien zur EuInsVO 2000[55] sowie die Materialien aus der Überarbeitung der EuInsVO.[56]

Die einheitliche Auslegung der EuInsVO durch die Gerichte ist über Art. 68 Abs. 1 EGV sichergestellt. Zwar sahen die Vorentwürfe zur EuInsVO, insbesondere das nahezu wortgleiche EuIÜ, dessen Unterzeichnung 1996 scheiterte, in Art. 43 ff. EuIÜ detaillierte Vorschriften über ein Vorabentscheidungsverfahren vor. Einer solchen Regelung bedurfte es jedoch nicht mehr, nachdem das Insolvenzübereinkommen in der Rechtsform einer Verordnung verabschiedet wurde. Insoweit ergibt sich die Vorlagebefugnis direkt aus Art. 68 Abs. 1 EGV, allerdings mit der Einschränkung gegenüber dem Vorabentscheidungsverfahren, wie es auch nach dem EuGVÜ bekannt war, dass sich die Vorlagebefugnis auf den letztinstanzlichen Spruchkörper beschränkt.[57] Diese Beschränkung auf den letztinstanzlichen Spruchkörper ist gerade für laufende Insolvenzverfahren misslich, da sich die hieraus ergebende zeitliche Verzögerung nachteilig auf das Insolvenzverfahren auswirken kann.[58]

Unabhängig davon steht gemäß Art. 68 Abs. 3 EGV der Kommission, dem Rat sowie jedem Mitgliedsstaat das Recht zu, dem EuGH ohne konkretes Verfahren eine Auslegungsfrage zur Entscheidung vorzulegen.[59] Davon ist bisher jedoch kein Gebrauch gemacht worden.

VI. Zeitlicher Anwendungsbereich

Die EuInsVO 2000 trat am 31.5.2002 in Kraft (vgl. die 3. Aufl. zu Art. 47 EuInsVO 2000) und gilt für alle Insolvenzverfahren, die vor dem 26.6.2017 eröffnet wurden. Für die ab dem 26.6.2017 eröffneten Insolvenzverfahren gilt hingegen die EuInsVO (vgl. Art. 84, 92).

VII. Anwendungsbereich

Der Anwendungsbereich der Verordnung ist abzugrenzen von dem autonomen internationalen Insolvenzrecht der Mitgliedsstaaten, von weiteren internationalen Übereinkommen der Mitgliedsstaaten zum internationalen Insolvenzrecht sowie von anderen Verordnungen der Europäischen Union, insbesondere der EuGVVO.

Für das **autonome internationale Insolvenzrecht** der Mitgliedsstaaten bleibt als Anwendungsbereich nur noch
– die Anerkennung von Insolvenzverfahren, die außerhalb der Mitgliedsstaaten (also in sog. Drittstaaten) eröffnet werden,
– die Durchführung von Sekundärverfahren zu Hauptverfahren, die außerhalb der Mitgliedsstaaten durchgeführt werden,[60]
– sowie die Durchführung von Insolvenzverfahren über Versicherungen und Kreditinstitute, Wertpapierfirmen und Organismen für gemeinsame Anlagen, die gemäß Art. 1 Abs. 2 vom persönlichen Anwendungsbereich der Verordnung ausdrücklich ausgenommen wurden.

Zur Regelung von Insolvenzverfahren über Kreditinstitute und Versicherungen hat der Rat eigenständige Richtlinien erlassen, die von den Mitgliedsstaaten jeweils in das nationale Recht umzusetzen waren. Insoweit werden Insolvenzen über Versicherungsunternehmen und Kreditinstitute nach dem autonomen, aber an die entsprechenden Richtlinien angepasste Recht durchgeführt (in Deutschland § 335 ff. InsO).[61]

Übereinkommen, die zwei oder mehrere Mitgliedsstaaten untereinander geschlossen haben, werden durch die Verordnung ersetzt. Art. 85 listet die davon betroffenen Übereinkommen ausdrücklich auf.

---

[55] Vgl. die Stellungnahme des Europäischen Parlaments in ABl. EG 2000 Nr. C 346/80 sowie die Stellungnahme des Wirtschafts- oder Sozialausschusses, ABl. EG 2000 Nr. C 75/1; besondere Beachtung findet auch die Stellungnahme von *Virgos/Schmit* zu dem wortgleichen EuIÜ, vgl. *Virgos/Schmit,* Erläuternder Bericht zu dem EU-Übereinkommen über Insolvenzverfahren, Der Rat der Europäischen Union, Doc. 6500/1/96REV1, abgedr. in Stoll (Hrsg.), Vorschläge und Gutachten zur Umsetzung des EU-Übereinkommens über Insolvenzverfahren im deutschen Recht, 1997, S. 32 ff.
[56] Vgl. → Rn. 11 ff. mwN.
[57] Rauscher/*Mäsch* EuInsVO 2000 Vor Art. 1 Rn. 10; *Heß* NJW 2000, 23, 28 f.; *Heß* IPRax 2000, 370, 372; *Besse* ZEuP 1999, 107, 133 f.; *Leible/Staudinger* KTS 2000, 533 ff., 571.
[58] Kritisch auch *Leible/Staudinger* KTS 2000, 531, 572; ebenso *Virgos/Garcimartin,* EC Regulation, Rn. 3.
[59] Vgl. ausführlich zum Vorlageverfahren Geiger/Khan/*Kotzur,* EUV/AEuV, 6. Aufl., Art. 267 AEuV Rn. 23 ff.
[60] Vgl. zu den beiden ersten Spiegelstrichen auch → Vor §§ 335 Rn. 92 f.; zum räumlichen und sachlich-räumlichen Anwendungsbereich vgl. auch → Art. 1 Rn. 11 ff.
[61] Vgl. zum persönlichen Anwendungsbereich im Einzelnen → Art. 1 Rn. 8 ff.; zur Umsetzung der Richtlinien im autonomen deutschen Recht vgl. → Vor § 335 Rn. 19 ff.

47 Die Abgrenzung zur **EuGVVO**[62] ist dagegen weder ausdrücklich geregelt, noch aus den Regelungen der Verordnung sinnvoll vorzunehmen. Nr. 7 der Erwägungsgründe enthält zumindest den Grundsatz, dass die EuInsvO so auszulegen ist, dass Rechtslücken zur EuGVVO soweit wie möglich vermieden werden. Ausdrücklich vorgeschrieben ist allerdings, dass die EuInsVO die gerichtliche Zuständigkeit für die **Eröffnung** der in Anlage A bezeichneten Insolvenzverfahren regelt (Art. 3). Da die hierauf rekurrierende Anerkennungsvorschrift in Art. 25 nicht nur den Eröffnungsbeschluss, sondern auch die Beschlüsse „*zur Durchführung und Beendigung des Verfahrens*" nennt, dürften auch die im Insolvenzverfahren vom Insolvenzgericht getroffenen Entscheidungen, soweit sie das „Gesamtverfahren" gemäß Art. 1 betreffen, hiervon erfasst sein.

Für die weiteren, im Zusammenhang mit dem Insolvenzverfahren getroffenen Entscheidungen ist die Abgrenzung zwischen der EuInsVO und der EuGVVO hingegen schwieriger. Dabei enthält die EuGVVO in Art. 1 Abs. 2 lit. b EuGVVO eine ausdrückliche Ausnahme für den Anwendungsbereich der EuGVVO, wonach diese nicht anwendbar ist auf Konkurse, Vergleiche und ähnliche Verfahren. Nach der Rechtsprechung des EuGH wurde diese Klausel wegen der früheren EG-Entwürfe zu einem Konkursübereinkommen weit ausgelegt, da diese Entwürfe nicht nur Regelungen über die Zuständigkeit für die Durchführung von Insolvenzverfahren selbst, sondern auch Regelungen über die Zuständigkeiten für Rechtsstreitigkeiten im Zusammenhang mit der Insolvenz vorsahen.[63] Die EuInsVO 2000 enthielt dagegen bewusst keine Regelungen über die Zuständigkeit für insolvenzbezogene Rechtsstreitigkeiten, da sich die Mitgliedsstaaten nicht über das dahinter stehende, in manchen Mitgliedländern bestehende Konzept der *vis attractiva concursus* einigen konnten.[64] Andererseits übernahm die EuInsVO 2000 die von der EuGH Rechtsprechung verwendete Definition im Rahmen der Anerkennung von insolvenzbezogenen Streitigkeiten (vgl. Art. 25 Abs. 1 Unterabs. 2 EuInsVO 2000). Der EuGH hatte sodann unter der EuInsVO 2000 in seiner Entscheidung *Deko Marty* eine Zuständigkeit der Gerichte des Insolvenzeröffnungsstaates für Insolvenzanfechtungsklagen auf Grundlage von Art. 3 EuInsVO bejaht und damit den Anwendungsbereich der EuInsVO gegenüber der EuGVVO *contra legem* erweitert.[65] Der europäische Gesetzgeber ist dem nunmehr bei der Überarbeitung der EuInsVO 2000 gefolgt und hat, das Konzept einer *vis attractiva concursus* übernommen und einen eigenen Gerichtsstand für sog. Annexverfahren geschaffen (vgl. Art. 6 EuInsVO 2015). Rechtspolitisch ist diese Abgrenzung wenig geglückt. Die Regelung dürfte jedoch bei der Abgrenzung beider Verordnungen gegenüber dem bisherigen Rechtszustand für – zumindest gewisse – Klarheit sorgen.

VIII. Ausführung durch deutsche Gerichte

48 Mit dem **Gesetz zur Neuregelung des Internationalen Insolvenzrechts**[66] hatte der deutsche Gesetzgeber Vorschriften zur Anpassung des nationalen Rechts an die sich aus der Anwendung und Umsetzung der EuInsVO 2000 ergebenden Fragen verabschiedet (vgl. Art. 102 §§ 1–11 EGInsO zur Umsetzung der EuInsVO 2000 sowie Art. 102c EGInsO zur Umsetzung der EuInsVo 2015[67]).

49 Zwar gilt die EuInsVO im Inland unmittelbar. Das Gesetz sieht einzelne Regelungen zur Bestimmung der örtlichen Zuständigkeit vor, wenn sich die internationale Zuständigkeit aufgrund der Verordnung ergibt und passt insoweit das nationale Recht an die sich aufgrund Art. 3 ergebenden Zuständigkeitsregelungen an.[68] Zudem enthält das Gesetz Regelungen bei möglichen Kompetenzkonflikten.[69] Darüber hinaus enthält das Gesetz Umsetzungsvorschriften für die sich nach Art. 21 und 22 EuInsVO ergebenden Bekanntmachungs- und Eintragungspflichten,[70] sowie ergänzende und klarstellende Regelungen zur Vollstreckung aus einer Eröffnungsentscheidung,[71] zum Insolvenzplan in einem Sekundärverfahren,[72] zum Schutz absonderungsberechtigter Gläubiger bei Aussetzung der Verwertung,[73] über die Zusicherung des Verwalters des Hauptverfahren zur Vermeidung eines

---

[62] Europäische Gerichtsstands- und Vollstreckungsverordnung, VO (EU) Abs. 44/2001.
[63] Vgl. hierzu → Art. 3 Rn. 98 ff.; zum Meinungsstand auch den Vorlagebeschluss des BGH ZIP 2007, 1415.
[64] Zu den früheren Entwürfen, vgl. → Rn. 3 ff.
[65] EuGH v. 12.2.2009; zudem für Insolvenzanfechtungsklagen aus abgetretenem Recht F-Tex v. 19.4.2012; vgl. auch → Art. 3 Rn. 122.
[66] BGBl. 2003 I 345; hierzu auch BR-Drs. 715/02 v. 6.9.2002 sowie BT-Drs. 15/16 v. 25.10.2002.
[67] Vgl. Art 102c §§ 11, 12, 14, 17–21 EGInsO.
[68] Art. 102c § 1 EGInsO, vgl. die Kommentierung zu Art. 102c EGInsO.
[69] Art. 102c §§ 2 und 3 EGInsO, vgl. die Kommentierung zu Art. 102c EGInsO sowie zu den Kompetenzkonflikten → Art. 3 Rn. 76.
[70] Art. 102c §§ 7 und 8 EGInsO.
[71] Art. 102c § 10 EGInsO; vgl. hierzu auch → Art. 32 Rn. 15.
[72] Art. 102c § 15 EGInsO; vgl. auch → Art. 47 Rn. 13 ff.
[73] Art. 102c § 16 EGInsO; vgl. auch → Art. 46 Rn. 4 ff.

Sekundärverfahrens[74] sowie zur Umsetzung der Regeln über eine Konzerninsolvenz[75] Diese Vorschriften sind bei der Umsetzung der EuInsVO durch deutsche Gerichte jeweils zu beachten (vgl. im Einzelnen die Kommentierung zu Art. 102c EGInsO, §§ 1–26).

Die Umsetzungsvorschriften betreffen daher nicht nur die deutschen Insolvenzgerichte (zB 50 im Eröffnungsverfahren eines anhängigen Insolvenzverfahrens), sondern auch Registergerichte im Rahmen der Eintragung ausländischer Eröffnungsbeschlüsse, sowie die Zivilgerichte, soweit die Anerkennung und Vollstreckung aus Urteilen oder Beschlüssen nach der Verordnung betroffen ist.

Kapitel I. Allgemeine Bestimmungen

Art. 1 *Anwendungsbereich*

(1) Diese Verordnung gilt für öffentliche Gesamtverfahren einschließlich vorläufiger Verfahren, die auf der Grundlage gesetzlicher Regelungen zur Insolvenz stattfinden und in denen zu Zwecken der Rettung, Schuldenanpassung, Reorganisation oder Liquidation
a) dem Schuldner die Verfügungsgewalt über sein Vermögen ganz oder teilweise entzogen und ein Verwalter bestellt wird,
b) das Vermögen und die Geschäfte des Schuldners der Kontrolle oder Aufsicht durch ein Gericht unterstellt werden oder
c) die vorübergehende Aussetzung von Einzelvollstreckungsverfahren von einem Gericht oder kraft Gesetzes gewährt wird, um Verhandlungen zwischen dem Schuldner und seinen Gläubigern zu ermöglichen, sofern das Verfahren, in dem die Aussetzung gewährt wird, geeignete Maßnahmen zum Schutz der Gesamtheit der Gläubiger vorsieht und in dem Fall, dass keine Einigung erzielt wird, einem der in den Buchstaben a oder b genannten Verfahren vorgeschaltet ist.
Kann ein in diesem Absatz genanntes Verfahren in Situationen eingeleitet werden, in denen lediglich die Wahrscheinlichkeit einer Insolvenz besteht, ist der Zweck des Verfahrens die Vermeidung der Insolvenz des Schuldners oder die Einstellung seiner Geschäftstätigkeit. Die Verfahren, auf die in diesem Absatz Bezug genommen wird, sind in Anhang A aufgeführt.

(2) Diese Verordnung gilt nicht für die Verfahren nach Absatz 1 in Bezug auf
a) Versicherungsunternehmen,
b) Kreditinstitute,
c) Wertpapierfirmen und andere Firmen, Einrichtungen und Unternehmen, soweit sie unter die Richtlinie 2001/24/EG fallen, oder
d) Organismen für gemeinsame Anlagen.

Literatur: *Bierhenke*, Der ausländische Insolvenzverwalter und das deutsche Grundbuch, MittBayNot 2009, 197; *Braun/Heinrich*, Finanzdienstleister in der „grenzüberschreitenden" Insolvenz – Lücken im System?, NZI 2005, 578; *ders.*, Das neue französische Insolvenzrecht RIW 2006, 16; *Bufford*, Revision of the European Union Regulation on Insolvency Proceedings – Recommendations, IILR 2012, 341; *Commandeur/Römer*, Aktuelle Entwicklungen im Insolvenzrecht – Neufassung der Europäischen Insolvenzverordnung, NZG 2015, 988; *Cranshaw*, Grenzüberschreitende Anfechtungsklagen – Auswirkungen der Rechtsprechung auf die Unionsgerichtsbarkeit, ZInsO 2012, 1238, 1240 ff.; *ders.*, Zehn Jahre EuInsVO und Centre of Main Interests – Motor dynamischer Entwicklungen im Insolvenzrecht?, DZWIR 2012, 134, 140; *ders.*, „Schuldbefreiung" für Schuldner mit Sitz in der Europäischen Union durch mitgliedstaatliche „Entschuldungsverfahren" – Das Urteil Radziejewski des EuGH, ZInsO 2013, 153; *ders.*, Tendenzen im Internationalen Insolvenzrecht, DZWIR 2018, 1; *Dahl*, Internationales Insolvenzrecht in der EU, NJW 2009, 245 f.; *Dammann/Undritz*, Die Reform des französischen Insolvenzrechts im Rechtsvergleich zur InsO, NZI 2005, 198; *Dammann/Müller*, Eröffnung eines Sekundärinsolvenzverfahrens in Frankreich gem. Art. 29 lit. a EuInsVO auf Antrag eines „schwachen" deutschen Insolvenzverwalters, NZI 2011, 754 f.; *Duursma-Kepplinger*, Checkliste zur Eröffnung eines Insolvenzverfahrens nach der Europäischen Insolvenzordnung und zum anwendbaren Recht, NZI 2003, 87; *Duursma-Kepplinger/ Duursma*, Der Anwendungsbereich der Insolvenzverordnung unter Berücksichtigung der Bereichsausnahmen, von Konzernsachverhalten und der von den Mitgliedstaaten abgeschlossenen Konkursverträge, IPRax 2003,

---

[74] Vgl. Art. 102c §§ 22–26 EGInso.
[75] Gesetz zur Durchführung der VO (EU) 2015/848 über Insolvenzverfahren v. 27.4.2017, BGBl. 2017 I 1476.

505; *Eidenmüller,* Rechtsmissbrauch im Europäischen Insolvenzrecht, KTS 2009, 156 f.; *ders.,* Was ist ein Insolvenzverfahren?, ZIP 2016, 145; *Fehrenbach,* Die reformierte Europäische Insolvenzverordnung (Teil I), GPR 2016, 282; *Flessner,* Insolvenzverfahren ohne Insolvenz? Vorteile und Nachteile eines vorinsolvenzlichen Reorganisationsverfahrens nach französischem Vorbild, KTS 2010, 127; *Freitag/Korch,* Gedanken zum Brexit – Mögliche Auswirkungen im Internationalen Insolvenzrecht, ZIP 2016, 1849; *Geroldinger, Andreas,* (Hrsg.) Verfahrenseröffnung nach der EuInsVO: Ermitteln und Ausweisen der Kompetenzgrundlage in Gürzumar et al, Gedächtnisschrift für Haluk Konuralp Bd I (2009) Ankara; *Häring,* Der Brexit und seine Auswirkungen auf das deutsche und internationale Insolvenzrecht, AnwZert InsR 7/2019 Anm. 2; *Haubold,* Mitgliedstaatenbezug, Zuständigkeitserschleichung und Vermögensgerichtsstand im Internationalen Insolvenzrecht, IPRax 2003, 34; *Hergenröder,* Entschuldung durch Restschuldbefreiungstourismus? – Voraussetzungen, Grenzen und Verfahrensfragen der Anerkennung einer ausländischen Restschuldbefreiung im Inland nach der EuInsVO, DZWIR 2009, 312 ff.; *ders.,* Debtor in possession im US-Chapter 11-Verfahren als „Insolvenzverwalter" im Sinne des § 113 InsO, DZWIR 2016, 461; *Hirte/Paulus,* Staatspleiten – aus den Augen, aus dem Sinn?, ZInsO 2018, 1; *Heiss/Gölz,* Zur deutschen Umsetzung der Richtlinie 2001/17/EG des Europäischen Parlaments und des Rates vom 19.3.2001 über die Sanierung und Liquidation von Versicherungsunternehmen, NZI 2006, 1; *Hübler,* Aktuelles internationales und ausländisches Insolvenzrecht – August/September 2012, NZI 2012, 840; *dies.,* Aktuelles internationales und ausländisches Insolvenzrecht – Oktober/November 2012, NZI 2012, 997; *dies.,* Aktuelles internationales und ausländisches Insolvenzrecht – Mai bis Juni 2017, NZI 2017, 652; *dies.,* Aktuelles Internationales und ausländisches Insolvenzrecht – Dezember 2018 bis Februar 2019, NZI 2019, 155; *INSOL Europe,* Revision of the European Insolvency Regulation; *Kilgus,* Keine Zahlungspflicht unter internationalen Derivaten bei Insolvenz des Vertragspartners?, ZIP 2013, 615 f.; *Kokemoor,* Das internationale Sonderinsolvenz- und -sanierungsrecht der Einlagenkreditinstitute und E-Geld-Institute gem. den §§ 46d, 46e und 46f KWG, WM 2005, 1881; *Klein,* Frankreichs Insolvenzrechtsreform setzt auf Vorbeugung, RIW 2006, 13; *Korch,* Gedanken zum Brexit – Insolvenzanfechtung, dingliche Rechte Dritter und weitere besondere Sachverhalte (Art. 7 ff. EuInsVO nF) nach dem Brexit, ZInsO 2016, 1884; *Krebber,* Europäische Insolvenzordnung, Drittstaatengesellschaften, Drittstaatensachverhalte und innergemeinschaftliche Konflikte, IPRax 2004, 540; *Meyer/Fritz,* Zahlungsfähigkeit und positive Fortführungsprognose auch bei Vorlage eines Scheme of Arrangement, ZInsO 2011, 662; *Mock/Schildt,* Insolvenz ausländischer Kapitalgesellschaften mit Sitz in Deutschland, ZInsO 2003, 396; *Lambrecht,* Das Scheme of Arrangement zur Glaubhaftmachung des Insolvenzgrundes, ZInsO 2011, 124; *Liebmann,* Der Schutz des Arbeitnehmers bei grenzüberschreitenden Insolvenzen (Trier, Univ., Diss., 2004), 2005 (zit.: Liebmann, Der Schutz des Arbeitnehmers); *Lorenz,* Annexverfahren bei internationalen Insolvenzen: Internationale Zuständigkeitsregelung der Europäischen Insolvenzverordnung (Innsbruck, Univ., Diss., 2004), 2005; (zit.: Lorenz, Annexverfahren); *Lüttringhaus,* Aussonderungsklagen an der Schnittstelle von EuGVVO und EuInsVO – Anm. zum Urt. des EuGH v. 10.9.2009, Rs C-292/08 – German Graphics Graphische Maschinen GmbH gegen Alice van der Schee, RIW 2009, 798, RIW 2010, 45 ff.; *Madaus,* As simple as it can be? – Anregungen zum Gesetzentwurf der Bundesregierung zur Durchführung der Verordnung (EU) 2015/848 über Insolvenzverfahren (BT-Drs. 18/10823), NZI 2017, 203; *Maier,* Die praktische Wirksamkeit des Schemes of Arrangement in Bezug auf englischrechtliche Finanzierungen, NZI 2011, 305; *Mankowski,* Internationale Nachlassinsolvenzen, ZIP 2011, 1501; *ders.,* Insolvenznahe Verfahren im Grenzbereich zwischen EuInsVO und EuGVVO – Zur Entscheidung des EuGH in Sachen German Graphics (NZI 2009, 741), NZI 2010, 510; *ders.,* Anerkennung englischer Solvent Schemes of Arrangement in Deutschland, WM 2011, 1201; *ders.,* Anwendbarkeit des deutschen Internationalen Insolvenzrechts bei Liquidationsverfahren, NZI 2011, 874; *ders.,* Anm. zu OLG Celle, EWiR 2009, 711; *ders.,* Anmerkung zu Beschluss LG Berlin 8.1.2018, NZI 2018, 88; *ders.,* Anmerkung zu Urteil EuGH 6.6.2018 – Zahlungsanspruch aus Dienstleistungsvertrag nach Erklärung der Zahlungsunfähigkeit des Schuldners durch Gericht eines anderen Mitgliedstaats, NZI 2018, 613; *Parzinger,* Die neue EuInsVO auf einen Blick, NZI 2016, 63; *Paulus,* Die ersten Jahre mit der Europäischen Insolvenzverordnung: Erfahrungen und Erwartungen, RabelsZ 2006, 458, 469 f.; *ders.,* EuInsVO: Änderungen am Horizont und ihre Auswirkungen, S. 8, 13 f.; *ders.,* Das englische Scheme of Arrangement – ein neues Angebot auf dem europäischen Markt für außergerichtliche Strukturierungen, ZIP 2011, 1077; *ders.,* Die Schiffsinsolvenz in nationalem und internationalem Recht, ZIP 2016, 345; *ders.,* Über die Rolle der Erwägungsgründe in der revidierten EuInsVO, FS für Siegfried Beck zum 70. Geburtstag; *ders.,* How could the general principles of national insolvency law contribute to the development of a state insolvency regime?, ZInsO 2018, 4; *Petrovic,* ZInsO 2010, 265; *Piekenbrock, Andreas,* The scope of the European Insolvency Regulation, IILR 2014, 424; *ders.,* Die Insolvenz des Finanzdienstleisters bei Finanzgeschäften nach § 104 InsO, BB 2016, 1795; *Prager/Keller,* Der Vorschlag der Europäischen Kommission zur Reform der EuInsVO, NZI 2013, 57 ff.; *Reinhart, Stefan,* Die Überarbeitung der EuInsVO, NZI 2012, 307; *Rentsch,* Der Mittelpunkt der hauptsächlichen Interessen in der Privatinsolvenz – Aufenthaltsbestimmung und Zuständigkeitserschleichung in der EuInsVO, GPR 2017, 147; *Rumberg,* Entwicklungen der „Rescue Culture" im englischen Insolvenzrecht, RiW 2010, 358; *Rusch,* Voraussetzungen der Insolvenzverschleppungshaftung bei der Gewährung von Sanierungskrediten aus aktueller Perspektive, GWR 2011, 152; *Sabel/Schlegel,* Kurzkommentar zu: High Court of Justice Chancery Division Companies Court (England), Urt. v. 7.2.2003 – 0042/2003, EWiR 2003, 367; *Schilling, M.,* Die ausschließliche internationale Zuständigkeit für gesellschaftsrechtliche Streitigkeiten vor dem Hintergrund der Niederlassungsfreiheit, IPRax 2005, 208; *Schilling, S.,* Das englische Insolvenzeröffnungsverfahren im Anwendungsbereich der EuInsVO und im Vergleich mit dem deutschen Insolvenzeröffnungsverfahren, DZWIR 2006, 143; *Schulz, Patrick,* Die Haftung wegen masseschädigender Zahlungen als EuInsVO-Annexverfahren – Zur Frage der internationalen Gerichtszuständigkeit bei Klage des Insolvenzverwalters gegen den Geschäftsführer wegen masseschädigender Zahlungen nach § 64 Satz 1 GmbHG und zum räumlichen Anwendungsbereich der EuInsVO, NZG 2015, 146; *Schümann-Kleber*, Recognition of English solvent schemes of arrangements affecting dissenting creditors of German companies, IILR 2011, 447; *Smid*, Gegen den Strom – Eröffnet das deutsche Insolvenzgericht durch Bestellung eines vorläufigen Insolvenzverwalters ein Hauptinsolvenzverfahren?, NZI 2009, 150; *Schmiedeknecht*, Der Anwendungsbereich der Europäischen Insolvenzverordnung und die Auswirkungen auf das deutsche Insolvenzrecht: Unter besonderer Berücksichtigung des Konzerninsolvenzrechts (Diss. Uni Frankfurt, 2004), 2004 (zit.: *Schmiedeknecht*, Der Anwendungsbereich); *Thole*, Die Reform der Europäischen Insolvenzordnung, ZEuP 2014, 40; *ders.* Sanierung mittels Scheme of Arrangement im Blickwinkel des Internationalen Privat- und Verfahrensrechts, ZGR 2013, 109; *ders.*, Die neue Eurpäische Insolvenzordnung, IPRax 2017, 213; *Tschentner*, Kurzkommentar zu High Court of Justice v. 6.5.2011 – [2011] EWHC 1104 (Ch); *Ulrich/Poertzgen/Pröhm*, Einführung in das französische Insolvenzrecht, ZInsO 2006, 64; *Vallender*, Das vorgerichtliche Sanierungsverfahren – muss Deutschland sich bewegen?, Beilage zu ZIP 22/2016, S. 82; *Vallander/Heukamp*, Alte Ziele und neue Verfahren: Die Reform des französischen Unternehmensinsolvenzrechts, EuZW 2006, 193; *Vorpeil*, Neuere Entwicklungen im englischen Handels- und Wirtschaftsrecht, RIW 2005, 63, 70; *ders.*, Neuere Entwicklungen im englischen Handels- und Wirtschaftsrecht, RIW 2004, 371, 378; *Wauschkuhn/Fröhlich*, EuGH: Insolvenzverfahrenseröffnung in Mitgliedsstaat – Anerkennung und Vollstreckung von Entscheidungen – MG Probud, BB 2010, 531; *Weller/Thomale/Benz*, Englische Gesellschaften und Unternehmensinsolvenzen in der Post-Brexit-EU, NJW 2016, 2378; *Wessels, Bob*, On the future of European Insolvency Law, IILR 2014, 310; *Wessels*, What is an isolvency proceeding anyway?, IILR 2011, 491; *Westphal/Knapp*, Kurzkommentar zu High Court of Justice London, Chancery Division, Urt. v. 11.8.2009; *Zipperer*, Das Insolvenzspezifische – auf den Spuren eines Begriffs, KTS 2008, 167.

Übersicht

	Rn.			Rn.
I. Normzweck	1	V.	Sachlich-räumlicher Anwendungsbereich	25
II. Sachlicher Anwendungsbereich – Insolvenzverfahren	2a	1.	Binnensachverhalte	26
1. Verhältnis der Definition zu Anhang A)	2a	2.	Gemeinschaftsbezug	27
2. Einzelfragen der Definition	6	3.	Drittstaatenbezug	28
a) Öffentliches Gesamtverfahren	6		a) Art. 3 – Internationale Zuständigkeit	29
b) Insolvenz des Schuldners	6b		b) Art. 6 – Annexverfahren	30
c) Formen der Kontrolle und Aufsicht	7		c) Kollisionsnormen (Art. 7–18)	31
3. Restrukturierungsverfahren nach der Restrukturierungsrichtlinie	11		d) Anerkennung von ausländischen Insolvenzverfahren (Kapitel II)	42
III. Persönlicher Anwendungsbereich, Abs. 2	20		e) Sekundärinsolvenzverfahren (Kapitel III)	44
IV. Räumlicher Anwendungsbereich	23		f) Kooperation der Verfahren (Kapitel IV)	45
			g) Konzerninsolvenzverfahren (Kapitel V)	46

I. Normzweck

Art. 1 regelt ebenso wie zuvor Art. 1 EuInsVO 2000 den **Anwendungsbereich** der EuInsVO, **1** und zwar in mehrfacher Hinsicht. Art. 1 regelt zunächst, welche Verfahren von der EuInsVO erfasst werden (**sachlicher Anwendungsbereich**, Abs. 1). Dieser ist gegenüber der EuInsVO 2000 nicht unwesentlich erweitert worden, weil nunmehr auch sog. hybride Sanierungsverfahren und vorinsolvenzliche Verfahren erfasst werden. Darüber hinaus regelt Art. 1 (gegenüber der EuInsVO 2000 weitgehend unverändert), für welche Schuldner die Verordnung gilt (**persönlicher Anwendungsbereich**, Abs. 2).

Der **räumliche Anwendungsbereich** der EuInsVO wird von Art. 1 nicht erfasst, ebenso wie **2** der **sachlich-räumliche Anwendungsbereich** der EuInsVO, nämlich bei welchen grenzüberschreitenden Anknüpfungspunkten ein Gericht eines Mitgliedsstaates zur Klärung internationalrechtlicher Fragen auf die EuInsVO oder auf autonomes Recht zurückgreifen muss. Die Antwort auf diese Fragen ist für die Bestimmung des Anwendungsbereiches des deutschen autonomen internationalen Insolvenzrechts von Bedeutung, da dieses nur dann zur Anwendung gelangen kann, soweit die EuInsVO keine Anwendung findet (vgl. → Vor § 335 Rn. 84 ff.). Die Bestimmung des sachlich-räumlichen Anwendungsbereiches bereitet hierbei die bisher größten Probleme, da eine einheitliche ausdrückliche Regelung in der EuInsVO fehlt. Auch wenn sich der sachlich-räumliche Anwendungsbereich für einzelne Normen (oder Kapitel der Verordnung) ausdrücklich aus dem Verordnungstext ergibt, empfiehlt sich, diese Fragen zusammenfassend vorab zu behandeln, um ein einheitliches und verordnungskonformes System für die Bestimmung des sachlich-räumlichen Anwendungsbereiches zu entwickeln (vgl. → Rn. 13 ff.).

II. Sachlicher Anwendungsbereich – Insolvenzverfahren

2a **1. Verhältnis der Definition zu Anhang A).** Redaktioneller Natur ist die ausdrückliche Klarstellung,[1] dass **Anhang A)** gegenüber der in Art. 1 enthaltenen Definition **Vorrang** besitzt. Art. 1 Abs. 1 S. 3 verweist für den Begriff eines Insolvenzverfahrens im Sinne des Absatz 1 auf Anhang A).[2] Für den Rechtsanwender bedarf es daher nicht mehr eines Rückgriffs auf die Definition in Art. 1 Abs. 1, um zu ermitteln, ob ein Verfahren als Insolvenzverfahren im Sinne der EuInsVO zu qualifizieren ist. Diese Frage ist ausschließlich über Anhang A) zu ermitteln. Damit setzte der europäische Gesetzgeber die vom EuGH auf Grundlage der EuInsVO 2000 bereits geklärte Frage des Verhältnisses zwischen den Definitionen in Art. 1 und Anhang A) gesetzgeberisch um.[3]

3 Die in Art. 1 Abs. 1 enthaltene Definition behält jedoch ihre Bedeutung für Änderungen von Anhang A). Diese werden notwendig, wenn der nationale Gesetzgeber eines Mitgliedsstaats neue Insolvenzverfahren einführt, deren Aufnahme in Anhang A) sodann zu prüfen ist. Geändert hat sich allerdings die Kompetenz zur Änderung der Anhänge. Art. 45 EuInsVO 2000 sah noch vor, dass der Rat auf Initiative eines seiner Mitglieder oder auf Vorschlag der Kommission mit qualifizierter Mehrheit die Anhänge ändern dürfe. Art. 45, 45a der Entwürfe der Kommission und des Parlamentes enthielten ebenfalls noch eine entsprechende Ermächtigung für die Kommission.[4] Diese sollte tätig werden, wenn Mitgliedsstaaten ihr Insolvenzrecht ändern und weitere Verfahren in Anhang A) aufnehmen wollten. Die Europäische Kommission sollte sodann überprüfen, ob das zur Aufnahme in Anhang A) vorgesehene Verfahren den Anforderungen des Art. 1 noch entspricht. Eine solche Ermächtigungsgrundlage fehlt hingegen in der EuInsVO, weshalb es für die Änderung von Anhang A) bei der originären Verordnungskompetenz der europäischen Gesetzgebungsorgane bleibt. Insoweit sind die Vorgaben in Art. 1 Abs. 1 rechtlich nicht bindend, da der Anhang durch den Verordnungsgeber selbst erlassen wird, der damit – implizit – auch von den Anforderungen in Art. 1 Abs. 1 abweichen könnte.[5]

4 Änderungen von Anhang A sind im Rahmen der Umsetzung der Richtlinie (EU) 2019/1023 über präventive Restrukturierungsrahmen[6] vorherzusehen. Gemäß Art. 34 dieser Richtlinie sind die hiernach erforderlichen Rechts- und Verwaltungsvorschriften bis zum 17.7.2021 in nationales Recht umzusetzen. Soweit die Mitgliedstaaten im Rahmen der Umsetzung auch gänzlich neue Verfahrenstypen einführen, die bisher in Anhang A) EuInsVO noch nicht enthalten sind, wird eine Ergänzung von Anhang A) erforderlich werden (zur Frage, ob diese Verfahren überhaupt unter die Definition von Art. 1 Abs. 1 fallen vgl. nachfolgend → Rn. 11 ff.).

5 Eine weitere absehbare, aber zum Zeitpunkt des Redaktionsschlusses dieser Auflage noch nicht absehbare Änderung wird Anhang A) im Zusammenhang mit dem Brexit des Vereinigten Königreiches erfahren (vgl. dazu noch unten zum räumlichen Anwendungsbereich, → Rn. 23).

6 **2. Einzelfragen der Definition. a) Öffentliches Gesamtverfahren. Unverändert** übernimmt Art. 1 den Begriff des „**Gesamtverfahrens**" auch für die neue Definition in Art. 1. Gleichzeitig wird der Begriff des Gesamtverfahrens in Art. 2 Nr. 1 nunmehr ausdrücklich definiert.[7] Wie sich aus Nr. 14 der Erwägungsgründe – in Abweichung zur EuInsVO 2000 – ergibt, setzt der Begriff jedoch nicht voraus, dass das Verfahren auch sämtliche Gläubiger des Schuldners erfasst. Ausreichend ist nach den Erwägungsgründen, dass alle oder ein wesentlicher Teil der Gläubiger erfasst werden, die einen erheblichen Teil der ausstehenden Verbindlichkeiten des Schuldners abdecken. Nr. 14 S. 2 der Erwägungsgründe erwähnt sogar ausdrücklich, dass es ausreiche, wenn nur die Finanzgläubiger des Schuldners an dem Verfahren teilnehmen. Die Einbeziehung dieser Verfahren setzt jedoch bei einer Einbeziehung nur einzelner Gläubiger nach Nr. 14 ErwG voraus, dass die Rechte der nicht

---

[1] Noch ohne diese ausdrückliche Klarstellung, Art. 1 EuInsVO 2000, vgl. → 3. Aufl., EuInsVO 2000 Art. 1 Rn. 2.
[2] Vgl. → Art. 2 Rn. 2.
[3] Vgl. zur Rechtslage unter der EuInsVO 2000 noch EuGH, Urt. v. 22.11.2012, Rs. C-116/11 *(Handlowy)*, NZI 2013, 106; BPatG BeckRS 2013, 12865; vgl. beispielhaft die unterschiedlichen Auffassungen zum Insolvenzverfahren der *Olympic Airways;* über die Gesellschaft wurde ein Sonderinsolvenzverfahren für öffentliche Unternehmen durchgeführt, das nach Inkrafttreten der EuInsVO in das griechische Insolvenzgesetz eingefügt worden war, vgl. LAG Düsseldorf NZI 2011, 874; LAG Frankfurt BeckRS 2011 78090; BAG NZA 2013, 669; BAG NZI 2013, 758; zuvor *Mankowski* NZI 2011, 874; *Cranshaw* DZWIR 2012, 134.
[4] Vgl. zum Kommissionsentwurf COM (2012) 0744 (final).
[5] Vgl. Art. 294 AEUV; s. a. Wimmer/Bornemann/Lienau/*Bornemann*, Die Neufassung der EuInsVO, Rn. 93.
[6] RL (EU) 2019/1023 des Europäischen Parlaments und des Rats v. 20.6.2019 über präventive Restrukturierungsrahmen, über Entschuldung und über Tätigkeitsverbote sowie über Maßnahmen zur Steigerung der Effizienz von Restrukturierungs-, Insolvenz- und Entschuldungsverfahren und zur Änderung der RL (EU) 2017/1132 (Richtlinie über Restrukturierung und Insolvenz), ABl. L 172/18 v. 26.6.2019.
[7] Vgl. → Art. 2 Rn. 2.

teilnehmenden Gläubiger nicht beeinträchtigt werden und das Verfahren auf eine Sanierung des Schuldners abzielt. Damit wären nunmehr grundsätzlich auch Verfahren erfasst, die nur eine bestimmte Gruppe finanzierender Gläubiger einbeziehen, wie beispielsweise das englische *Scheme of Arrangement*[8] oder auch eine Forderungsmodifikation nach dem Schuldverschreibungsgesetz.[9] Allerdings sind diese Verfahren nicht in den Anhang A) aufgenommen worden,[10] weshalb sie – aufgrund der abschließenden Regelung in Anhang A) – weiterhin nicht als Insolvenzverfahren im Sinne der EuInsVO behandelt werden können.

Anders als noch Art. 1 Abs. 1 EuInsVO 2000 sieht Art. 1 nun jedoch vor, dass das Gesamtverfahren **öffentlich** sein muss. Mit dieser Voraussetzung sollen vertraulich geführte Schuldenbereinigungsverfahren, bei denen die Verfahrenseröffnung nicht öffentlich bekanntzugeben ist, vom Anwendungsbereich der Verordnung ausgeschlossen werden.[11] Entscheidend hierbei ist nach Nr. 12 der Erwägungsgründe, dass die *„Eröffnung öffentlich bekanntzugeben ist"*, worunter daher nur die gesetzlich vorgesehenen Veröffentlichungsformen fallen können.[12] Es kommt daher auf die gesetzlich vorgesehene Veröffentlichungspflicht an. Sieht das Verfahren vor, dass diese Veröffentlichung erst in einem bestimmten Verfahrensstadium zu bewirken ist, so gilt die EuInsVO für dieses Verfahren jedoch erst dann, wenn der Veröffentlichungsakt erfolgt ist.[13] Allerdings sind in diesem Zusammenhang diskutierte Schuldenbereinigungsverfahren[14] nicht in den Anhang A) aufgenommen worden. Von diesem Kriterium wird auch abhängen, inwieweit die aufgrund der Restrukurierungsrichtlinie 2019/2013 neu eingeführten Restrukturierungsverfahren unter die EuInsVO fallen werden (vgl. hierzu nachfolgend → Rn. 11 ff.). **6a**

b) Insolvenz des Schuldners. Die in Art. 1 enthaltene Definition ist bezüglich des Tatbestandsmerkmals „Insolvenz" hingegen geändert und – in Anlehnung an die Definition im UNCITRAL Modellgesetz – auf **vorinsolvenzliche** und **hybride Sanierungsverfahren** ausgedehnt worden.[15] So ist das noch in Art. 1 Abs. 1 EuInsVO 2000 enthaltene Merkmal *„welche die Insolvenz des Schuldners voraussetzen"* in Art. 1 Abs. 1 nicht mehr enthalten. Der Begriff war ohnehin unklar, da die EuInsVO 2000 keine Legaldefinition für den Insolvenztatbestand vorsah.[16] Ausreichend ist nach Art. 1 Abs. 1 S. 1 vielmehr, dass sich das Verfahren *„auf eine gesetzliche Regelung zur Insolvenz stützt"*. Satz 2 macht deutlich, dass die Insolvenzsituation noch nicht eingetreten sein muss, sondern dass *„die Wahrscheinlichkeit einer Insolvenz"* ausreicht, soweit der Zweck des Verfahrens auf die Vermeidung der Insolvenz oder die Vermeidung der Einstellung der Geschäftstätigkeit gerichtet ist. Dadurch werden auch Verfahren, die der Abwendung einer drohenden Insolvenz dienen, in den Anwendungsbereich einbezogen. Das ist begrüßenswert,[17] zumal sich in den Mitgliedsstaaten in den letzten Jahren neue Verfahren etabliert haben, deren Zweck gerade die Vermeidung eines klassischen, auf Zerschlagung ausgerichteten Insolvenzverfahrens ist.[18] **6b**

c) Formen der Kontrolle und Aufsicht. Art. 1 EuInsVO 2000 sah neben der Voraussetzung eines öffentlichen Gesamtverfahrens und der (drohenden) Insolvenz des Schuldners kumulativ noch **7**

---

[8] Vgl. bereits → 3. Aufl., EuInsVO 2000 Art. 1 Rn. 4 mwN; vgl. auch *Prager/Keller* WM 2015, 805.
[9] Zur Einbindung in Insolvenzverfahren vgl. § 19 SchVG; sowie *Langenbucher/Bliesen/Spindler*, Bankrechtskommentar, 17. Kap. § 19 SchVG Rn. 4 ff.; *Thole* ZGR 2013, 109, 159 f.
[10] Eine Einbeziehung des *Scheme of Arrangement* in Anhang A) hätte das für diese Verfahren genutzte *forum shopping* unmöglich gemacht, da die Bestimmung der internationalen Zuständigkeit dann ausschließlich über Art. 3 EuInsVO erfolgt wäre und eine Verlagerung der COMI iSd Art. 3 in diversen Verfahren deutscher Gesellschaften auch nicht stattgefunden hätte, vgl. *Wimmer/Bornemann/Lienau/Bornemann*, Die Neuregelung der EuInsVO, Rn. 106; erhellend: *McCormack*, 10 J. Priv. Intern. L. (2014), S. 48, der dies mit den Interessen der lokalen Restrukturierungsindustrie in London begründet.
[11] Vgl. Nr. 12 der Erwägungsgründe.
[12] Ebenso *Thole* ZEuP 2014, 39, 48.
[13] So noch die Begründung des Vorschlags der Kommission, die auf den Veröffentlichungszeitpunkt abstellte, vgl. den Kommissionsentwurf v. 12.12.2012, COM (2112) 744 final, S. 6, unter COM (2112) 744 final, S. 6, Ziffer 3.1.1.
[14] Vgl. zum Verfahren der *conciliation*, → 3. Aufl., EuInsVO 2000 Art. 1 Rn. 4 Fn. 16.
[15] Vgl. KomE in: COM (2012) 0744 (final), S. 6; vgl. auch Art. 2 lit. a des UNCITRAL Modellgesetzes; vgl. dazu → Vor §§ 335 ff. Rn. 79 ff.
[16] Vgl. → 3. Aufl., EuInsVO 2000 Art. 1 Rn. 5.
[17] Vgl. zur Diskussion um die Einbeziehung dieser Verfahren bereits → Rn. 5 mwN: so auch schon die Forderung des Vienna Report, Hess/Oberhammer/Pfeiffer/*Hess* Rn. 113 ff.; ebenso *Bufford* IILR 2012, 341, 368 f.; *Thole* FS Simmota 2012, 613; zustimmend zum Entwurf: *Prager/Keller* NZI 2013, 57, 58; *Eidenmüller*, Maastricht Journal 2013, 133; *Thole* ZEuP 2014, 40, 43 ff.
[18] Vgl. die Länderberichte zu den italienischen Instrumenten der Krisenbewältigung (→ Länderbericht Italien Rn. 66 ff.), zu den französischen präventiven Restrukturierungsverfahren (→ Länderbericht Frankreich Rn. 16, 20 ff.).

einen Vermögensbeschlag sowie die Bestellung eines Verwalters vor. Damit war die Anwendung der Verordnung auf einige der modernen Sanierungs- und Schuldenbereinigungsverfahren fraglich, die diese Voraussetzungen nicht erfüllten.[19] Art. 1 Abs. 1 löst das Problem durch drei verschiedene jeweils alternative Varianten der „Kontrolle" des Verfahrens (Abs. 1 lit. a–c), die auch andere Verfahrensformen abdecken, bei denen es nicht zu einer Verwalterbestellung mit Vermögensbeschlag kommt.

8   **aa) Vermögensbeschlag (lit. a).** Die früher in Art. 1 EuInsVO 2000 enthaltenen Voraussetzungen des Vermögensbeschlages und einer Verwalterbestellung sind nunmehr in der ersten Alternative (lit. a) enthalten. Danach muss der Schuldner die Verfügungsgewalt über sein Vermögen ganz oder teilweise entzogen und ein Verwalter bestellt werden. Dabei reicht es nach dem ausdrücklichen Wortlaut aus, wenn sich die Einschränkung nur auf einen Teil des Vermögens des Schuldners bezieht. Wie der Vermögensbeschlag im Einzelnen ausgestaltet ist, hat keine Bedeutung.

Nach dem Wortlaut von Art. 1 Abs. 1 lit. a werden zudem nur die Verfahren erfasst, die mit der Bestellung eines Verwalters einhergehen. Unstreitig erfasst werden jedoch auch Sanierungsverfahren, die nicht zur Bestellung eines Insolvenzverwalters führen, sondern dem Schuldner die Verwaltungs- und Verfügungsbefugnis belassen, wie dies beispielsweise nach der Eigenverwaltung gemäß §§ 270ff. InsO ebenfalls vorgesehen ist, solange ein „Verwalter" die Geschäftstätigkeit des Schuldners überwacht. Wie sich nämlich aus der in Art. 2 Nr. 5 lit. v enthaltenen Definition des Begriffs des Verwalters ergibt, werden hierunter auch Personen verstanden, die die Geschäftstätigkeit des Schuldners „nur" überwachen, wie beispielsweise der Sachwalter im Rahmen der Eigenverwaltung.[20] Ein solcher Verwalter mit Überwachungsaufgaben ist jedoch Mindestvoraussetzung, um das Verfahren als Insolvenzverfahren im Sinne der Verordnung zu qualifizieren.[21]

9   **bb) Gerichtliche Kontrolle oder Aufsicht (lit. b).** Neu hingegen ist die alternative Voraussetzung, dass die Insolvenzmasse der Kontrolle oder Aufsicht durch ein Gericht unterstellt sein muss (lit. b). Im Zusammenhang mit dem Tatbestandsmerkmal der Bestellung eines Verwalters war in der Vergangenheit diskutiert worden, ob Verfahren, bei denen der Schuldner die **Eigenverwaltung** übernahm, unter die Definition des Art. 1 EuInsVO 2000 fallen.[22] Das ist nunmehr durch die Alternative in Art. 1 Abs. 1, lit. b klargestellt. Durch Abs. 1 lit. b werden nunmehr auch die Verfahren erfasst, die eine Eigenverwaltung des Schuldners vorsehen. Allerdings muss der *„Schuldner der Kontrolle oder Aufsicht durch ein Gericht unterstellt"* sein. An die Stelle der Kontrolle durch einen neutralen Verwalter (wie in lit. a vorgesehen) tritt nunmehr die gerichtliche Kontrollmöglichkeit des Schuldners. Ob es sich hierbei um eine Gericht im Sinne der Vorschrift handelt, ist wiederum in Art. 2 Nr. 6 definiert.[23] Dies schließt nach Nr. 10 S. 5 der Erwägungsgründe ausdrücklich auch Verfahren ein, in denen ein Gericht nur aufgrund des Rechtsmittels eines Gläubigers oder anderer Parteien tätig wird, sodass eine ständige, in das Verfahren integrierte Kontrolle von Amts wegen nicht erforderlich ist.[24] Aus diesem Grunde findet sich nunmehr in Anhang A) auch das schwedische Verfahren zur Schuldnersanierung, das aufgrund einer Entscheidung des EuGH (zur EuInsVO 2000) damals nicht in den Anwendungsbereich der EuInsVO fiel.[25]

10   **cc) Vorverfahren (lit. c).** Lit. c zielt auf die Einbeziehung **vorgerichtlicher temporärer Vollstreckungsmoratorien,** bei denen zunächst lediglich die Einstellung von Zwangsvollstreckungsmaßnahmen angeordnet wird, sei es gegen einzelne Gläubiger oder auch von Amts wegen gegen alle Gläubiger. Verfahren mit derart beschränkten Eingriffen erfüllen die Voraussetzungen von lit. a und lit. b noch nicht, weshalb sie grundsätzlich ebenfalls nicht als Insolvenzverfahren zu qualifizieren wären mit der Folge, dass die angeordnete Vollstreckungssperre nicht gemäß Art. 19, 32 automatisch anerkannt werden könnte. Diese Verfahren sollen nach der Neufassung der EuInsVO ebenfalls erfasst werden.[26] Die Vorschrift enthält allerdings die weitere Einschränkung, dass das Verfahren geeignete Maßnahmen zum Schutz der Gesamtheit der Gläubiger vorsieht und in eines der unter lit. a und lit. b genannten Verfahren übergeht, wenn keine Einigung erzielt wird. Letztere Voraussetzung ist nur dann erfüllt, wenn eine Überleitung in eines der unter lit. a und lit. b fallenden

---

[19] Vgl. → 3. Aufl., EuInsVO 2000 Art. 1 Rn. 5ff.
[20] Vgl. dazu → Art. 2 Rn. 8ff.
[21] Vgl. *Virgos/Schmit,* Erläuternder Bericht, Rn. 49 (c); *Fletcher* S. 258; *Burgstaller/Keppelmüller* EuInsVO 2000 Art. 1 Rn. 4; *Konecny/Schubert* EuInsVO 2000 Art. 1 Rn. 10; *Braun/Ehret* Art. 1 Rn. 14.
[22] Vgl. → 3. Aufl., EuInsVO 2000 Art. 1 Rn. 7; *Cohen/Dammann/Sax* IILR 2015, 117, 119.
[23] Vgl. daher → Art. 2 Rn. 17ff.
[24] Ebenso Vallender/*Vallender* Art. 1 Rn. 40; Bork/van-Zwieten/*van-Zwieten* Art. 1 Rn. 1.31; Braun/*Ehret* Art. 1 Rn. 15.
[25] Vgl. Urt. des EuGH v. 8.11.2012 – Rs. C 461/11 *(Radziejewski)* = EuZW 2013, 72 Rn. 23ff.
[26] Ebenso Vallender/*Vallender* Art. 1 Rn. 42.

Verfahrensarten auch verfahrensrechtlich sichergestellt ist. Wenig geglückt ist allerdings die Einschränkung, dass das Verfahren geeignete Maßnahmen zum Schutz der Gesamtheit der Gläubiger vorsehen müsse.[27] Dieses Kriterium ist für den nationalen Gesetzgeber wenig konkret. Da die Kompetenz zur Änderung der Anhänge jedoch nicht delegiert wurde,[28] ist die mangelnde Konkretisierung unschädlich.

3. Restrukturierungsverfahren nach der Restrukturierungsrichtlinie. Die Restrukturierungsverfahren, die die nationalen Gesetzgeber aufgrund der Restrukturierungsrichtlinie (EU) 2019/1023 bis zum 17.7.2021 in das nationale Recht umzusetzen haben, erfüllen bei richtlinienkonformer Umsetzung nicht notwendigerweise die Voraussetzungen, um in den sachlichen Anwendungsbereich der EuInsVO einbezogen und daher in Anhang A) aufgenommen zu werden. Dessen war sich das EU Parlament und der Rat der Europäischen Union bewusst. So enthält Art. 6 Abs. 8 Unterabs. 2 der Restrukturierungsrichtlinie ausdrücklich eine Umsetzungsvorgabe (Dauer der Aussetzung von Einzelzwangsvollstreckungsmaßnahmen) für den Fall, dass sich die Mitgliedstaaten dafür entscheiden sollten, die Richtlinie im Wege eines Verfahrens umzusetzen, das die Bedingungen für die Mitteilung nach Anhang A) der EuInsVO nicht erfüllt. Zwar umfasst nach Nr. 12 ErwG der Restrukturierungsrichtlinie die EuInsVO auch sog. präventive Verfahren, die die Rettung wirtschaftlicher bestandsfähiger Schuldner fördern. Nr. 13 und 14 ErwG der Restrukturierungsrichtlinie erkennen jedoch an, dass die von den nationalen Gesetzgebern aufgrund der Restrukturierungsrichtlinie implementierten Restrukturierungsverfahren nicht zwingend alle Voraussetzungen von Art. 1 Abs. 1 erfüllen müssen. Ob die nationalen Restrukturierungsverfahren in den Anwendungsbereich der EuInsVO fallen, ist jeweils **von der Umsetzung der Restrukturierungsrichtlinie durch die nationalen Gesetzgeber abhängig.**

Unproblematisch dürfte die Voraussetzung von Art. 1 Abs. 1 sein, dass es sich bei den Restrukturierungsverfahren um ein **Gesamtverfahren** handeln muss. Zwar erlaubt die Restrukturierungsrichtlinie, dass sich Maßnahmen der Zwangsvollstreckung oder Forderungsmodifikationen auf einzelne Gläubiger beschränken können.[29] Nach Art. 2 Nr. 1 reicht es jedoch aus, wenn ein wesentlicher Teil der Gläubiger beteiligt ist, vorausgesetzt, dass die Forderungen der nicht beteiligten Gläubiger von dem Verfahren nicht beeinträchtigt werden.[30]

Die Restrukturierungsrichtlinie enthält jedoch keine Vorgabe für eine **Veröffentlichungspflicht** des Restrukturierungsverfahrens.[31] Soweit ein Restrukturierungsverfahren alle Gläubiger erfassen soll, wird der Gesetzgeber von einer Veröffentlichung der Eröffnung des Verfahrens nicht absehen können. Anderes ist jedoch denkbar, wenn sich das Restrukturierungsverfahren beispielsweise auf die Finanzierungsgläubiger beschränkt und daher die Restrukturierungsbemühungen eines Unternehmens gerade nicht öffentlich bekannt werden sollen. Sieht der Gesetzgeber in diesen Fällen von einer Veröffentlichungspflicht ab, wäre das Kriterium des „öffentlichen Gesamtverfahrens" nicht erfüllt. Denn vertraulich geführte Insolvenzverfahren sind vom Anwendungsbereich der EuInsVO ausdrücklich ausgenommen.[32] Das vertrauliche Restrukturierungsverfahren könnte daher auch nicht in Anhang A) aufgenommen werden. Restrukturierungsverfahren, bei denen die Veröffentlichung im Rahmen eines Verfahrens optional ist, unterfielen dem Anwendungsbereich der EuInsVO erst dann, wenn die Verfahrenseröffnung veröffentlicht worden wäre. Der nationale Gesetzgeber ist daher gut beraten, im Rahmen der Umsetzung der Restrukturierungsrichtlinie 2019/1023 der Frage der Veröffentlichung der Verfahrenseröffnung im Hinblick auf die internationalrechtlichen Implikationen besondere Aufmerksamkeit zu widmen.

Unproblematisch wird hingegen der nach Art. 1 notwendige **Insolvenzrechtsbezug** der Restrukturierungsverfahren sein. Denn Art. 1 Abs. 1 S. 2 erfasst auch Verfahren zur Vermeidung einer Insolvenz, wenn lediglich die Wahrscheinlichkeit einer Insolvenz besteht. Die Restrukturierungsrichtlinie 2019/1023 enthält jedoch Voraussetzungen, die denen der EuInsVO inhaltlich entsprechen. So schreiben schon Art. 1 Abs. 1 lit. a und Art. 4 Abs. 1 der Restrukturierungsrichtlinie 2019/1023 vor, dass die Richtlinie Vorschriften enthält, die dem Schuldner in finanziellen Schwierigkeiten bei einer „*wahrscheinlichen Insolvenz*" zur Verfügung stehen sollen.[33]

Von der jeweiligen Umsetzung der Restrukturierungsrichtlinie abhängig ist wiederum, ob die Anforderungen der EuInsVO an die **Einschränkungen der Verfügungsbefugnis des Schuldners** gemäß Art. 1 lit. a bis c eingehalten werden. Das wird im Ergebnis nur der Fall sein, wenn die

---

[27] Kritisch auch Vallender/*Vallender* Art. 1 Rn. 42.
[28] Vgl. → Rn. 3.
[29] Vgl. Art. 6 Abs. 3 und 4 sowie Art. 8 Abs. 1 lit. c und e der Restrukturierungsrichtlinie 2019/1023.
[30] Vgl. bereits → Rn. 6 sowie → Art. 2 Rn. 3 ff.
[31] Vgl. auch Nr. 13 S. 2 ErwG EuInsVO.
[32] Vgl. Nr. 13 S. 1 ErwG EuInsVO.
[33] Die Wahrscheinlichkeit der Insolvenz findet sich auch in Nr. 22, 24, 79 und 96 ErwG der Restrukturierungsrichtlinie 2019/2013.

nationalen Gesetzgeber die Verfügungsbefugnis des Schuldners wie in sonstigen Insolvenzverfahren zumindest einschränken und die Geschäftstätigkeit des Schuldners einer Überwachung unterstellen, und zwar aus folgenden Gründen:

16 Art. 1 Abs. 1 lit. a verlangt den ganz oder teilweisen Entzug der Verfügungsgewalt des Schuldners sowie die Bestellung eines Verwalters. Der – ganz oder teilweise – Entzug der Verfügungsgewalt ist aber gerade nicht zwingender Bestandteil eines Restrukturierungsverfahrens nach der Restrukturierungsrichtlinie. Nach Art. 5 Abs. 1 Restrukturierungsrichtlinie stellen die Mitgliedsstaaten – ganz im Gegenteil – sicher, dass der Schuldner entweder ganz oder zumindest teilweise die Kontrolle über seine Vermögenswerte behält. Auch die Bestellung eines Restrukturierungsbeauftragten, der nach Art. 2 Nr. 5 zumindest Überwachungsaufgaben übernimmt, ist nach der Restrukturierungsrichtlinie nicht zwingend, sondern nur optional.[34] Die Kontrolle durch ein Gericht, die Art. 1 Abs. 1 lit. b alternativ zur Kontrolle durch einen Verwalter vorsieht, ist hingegen in der Restrukturierungsrichtlinie – aus guten Gründen – nicht vorgesehen. Eine Kompatibilität mit Art. 1 Abs. 1 lit. a oder lit. b wäre daher bei der Umsetzung der Restrukturierungsrichtlinie nur dann sichergestellt, wenn der nationale Gesetzgeber bei der Umsetzung mindestens einen teilweisen Entzug der Verfügungsgewalt des Schuldners bei gleichzeitiger Bestellung eines Verwalters mit Überwachungsaufgaben vorsehen würde.

17 Nicht erfüllbar sind hingegen die Voraussetzungen nach Art. 1 lit. c. Zwar ist die Aussetzung von Einzelzwangsvollstreckungsmaßnahmen auch nach der Restrukturierungsrichtlinie zwingend zu gewähren, vgl. Art. 6 Abs. 1 Restrukturierungsrichtlinie 2019/1023. Die EuInsVO verlangt jedoch, dass in dem Fall, dass keine Einigung mit den Gläubigern erzielt wird, das Verfahren automatisch in ein Insolvenzverfahren nach Art. 1 lit. a oder lit. b mündet. Das wiederum ist inkompatibel mit der Voraussetzung nach Art. 7 Abs. 7 der Restrukturierungsrichtlinie 2019/1023, wonach die Mitgliedsstaaten sicherstellen müssen, dass das Auslaufen einer Aussetzung von Einzelzwangsvollstreckungsmaßnahmen ohne Annahme eines Restrukturierungsplans als solches nicht zur Eröffnung eines Insolvenzverfahrens führen darf, das zur Liquidation des Schuldners führen könnte, es sei denn, die im nationalen Recht festgelegten Voraussetzungen für eine Eröffnung eines solchen Verfahrens sind erfüllt.

18 Der Umstand, dass nationale Restrukturierungsverfahren nicht zwingend unter die EuInsVO fallen, ist gesetzgebungstechnisch wenig geglückt. Dies kann zu erheblichen Problemen bei Restrukturierungsverfahren führen, wenn die Restrukturierung im Rahmen eines nicht unter die Restrukturierungsrichtlinie fallenden Verfahrens missglückt und anschließend ein Insolvenzverfahren durchgeführt werden muss. Denn letzteres Verfahren fällt dann unter die EuInsVO. Das kann zu einer Änderung der Zuständigkeit des Verfahrens führen, wenn die internationale Zuständigkeit nach den nationalen Vorschriften von der Zuständigkeitsregelung in Art. 3 abweicht. Auch können die Folgen der Verfahrenseröffnung des Insolvenzverfahrens in internationalrechtlicher Hinsicht von den Folgen der Eröffnung des Insolvenzverfahrens abweichen, weil nunmehr die Kollisionsnormen der EuInsVO auf eine andere Rechtsordnung verweisen. Soweit aber das nationale Insolvenzrecht unterschiedliche Verfahrenstypen zur Verfügung stellt und den Übergang in andere Verfahrenstypen vorsieht, so sind Auswirkungen der späteren Verfahrenseröffnung – meist der Übergang von Sanierungs- zu Liquidationsverfahren – zwingend aufeinander abzustimmen.

19 Die Option, Restrukturierungsverfahren dem Anwendungsbereich der EuInsVO zu entziehen, wird hingegen wiederum Insolvenztourismus auch im Restrukturierungsbereich weiter fördern. Dass es Interessen der lokalen Finanzierungs- und Restrukturierungsindustrie gibt, Restrukturierungsverfahren lokal zu binden, ist jedenfalls bei der Inanspruchnahme der internationalen Zuständigkeit durch englische Gerichte der *Scheme of Arrangement* Verfahren in London mehr als deutlich geworden. Insoweit besteht die Versuchung, durch entsprechende Zuständigkeitsregelungen für Restrukturierungsverfahren, die nicht unter die EuInsvO fallen, lokale Restrukturierungen anzuziehen. Es ist dem europäischen Gesetzgeber anzuraten, hier nochmals entsprechend nachzubessern.

III. Persönlicher Anwendungsbereich, Abs. 2

20 Art. 1 Abs. 2 regelt – wie auch schon Art. 1 Abs. 2 EuInsVO 2000 – den persönlichen Anwendungsbereich der Verordnung und schließt die Anwendung der Verordnung im Hinblick auf bestimmte Schuldner des Finanzsektors aus, da für diese industriespezifische Sonderregelungen gelten (vgl. Nr. 9 ErwG). Obgleich Insolvenzverfahren über **Kreditinstitute, Versicherungsunternehmen, Wertpapierinstitute** oder **Organismen für gemeinsame Anlagen** internationale Bezüge aufweisen und daher internationalrechtliche Fragen aufwerfen, werden diese in Art. 1 Abs. 2 aus dem Anwendungsbereich der Verordnung ausgeklammert.[35] Zwar hatte sich die Bundesrepublik

---

[34] Vgl. Art. 5 Abs. 2 Restrukturierungsrichtlinie 2019/1023.
[35] Zu Versicherungsunternehmen vgl. BGH NZI 2013, 763.

bereits im Rahmen der Verhandlungen der EuIÜ[36] für die Einbeziehung dieser Institutionen ausgesprochen, konnte sich jedoch in dieser umstrittenen Frage nicht durchsetzen. Als Grund wurde hierfür genannt, dass diese Institutionen in den Mitgliedsstaaten der Aufsicht durch nationale Aufsichtsbehörden unterstehen, die besondere Kontrollbefugnisse haben.[37] Die Ausklammerung der Insolvenz von Versicherungsunternehmen und Kreditinstituten, Wertpapierfirmen und Organismen für gemeinsame Anlagen aus dem Anwendungsbereich der EuInsVO 2000 hatte jedoch dazu geführt, dass der Rat und das Europäische Parlament im Zusammenhang mit der Verabschiedung der Verordnung die Arbeit an den Richtlinienentwürfen[38] wieder aufnahmen und abschlossen. So wurde am 4.4.2001 die Richtlinie 2001/24/EG über die Sanierung und die Liquidation von Kreditinstituten[39] sowie am 19.3.2001 die Richtlinie 2001/17/EG über die Sanierung und Liquidation von Versicherungsunternehmen[40] erlassen, die jeweils auch international-insolvenzrechtliche Vorschriften für den Fall der Insolvenz eines dieser Institute enthalten.

Der deutsche Gesetzgeber hat diese Richtlinien durch die Neuregelung des autonomen Internationalen Insolvenzrechts in den §§ 335 ff. InsO umgesetzt.[41] Beide Richtlinien lehnen sich hinsichtlich kollisionsrechtlicher Fragen eng an die Vorschriften der EuInsVO 2000 bzw. heute der EuInsVO 2015 an, schließen jedoch die Möglichkeit von Sekundärverfahren grundsätzlich aus.[42] Aus diesem Grund wurden Änderungen im KWG sowie im VAG vorgenommen.[43] Darüber hinaus enthalten die Richtlinien kollisionsrechtliche Regelungen über die aufsichtsrechtlichen Maßnahmen, die sowohl im Vorfeld der Insolvenz als auch im Rahmen des Insolvenzverfahrens selbst möglich sind (vgl. hierzu ausführlich auch → Vor § 335 Rn. 86 f.). Demgemäß ist für die international-insolvenzrechtlichen Fragen bei Kreditinstituten und Versicherungsunternehmen auf das jeweils autonome internationale Insolvenzrecht zurückzugreifen.[44] **21**

Die in Art. 1 Abs. 2 lit a bis d aus dem Anwendungsbereich ausgeschlossenen Schuldnerunternehmen sind auch nach der Neufassung der EuInsVO gemäß den hierfür einschlägigen europarechtlichen Vorschriften zu bestimmen. So ergibt sich die Definition der hier lit a ausgenommenen **Versicherungsunternehmen** aus der Solvabilität II Richtlinie 2009/138.[45] Für den Begriff des **Kreditinstitutes** nach lit. b ist auf die in der Verordnung 575/2013 enthaltenen Definition zurückzugreifen.[46] Für den Begriff der **Wertpapierfirma** ist die in Art. 4 Abs. 2 Nr. 2 der vorgenannten **22**

---

[36] Übereinkommen über Insolvenzverfahren der Europäischen Union vom 23.11.1995.
[37] So Virgos/Schmit, Erläuternder Bericht, Rn. 54; s. a. Taupitz ZZP 111 (1998), 315, 321 f.
[38] Vgl. den Vorschlag für eine Richtlinie des Rates zur Koordinierung der Rechts- und Verwaltungsvorschriften über die Sanierung und Liquidation der Kreditinstitute, BR-Drs. 23/86, sowie ABl. EG Nr. C 356 v. 31.12.1985 und ABl. EG Nr. C 36 v. 8.2.1988; für die Liquidation eines Kreditinstitutes ist dort lediglich geregelt, dass das Kreditinstitut nach den Vorschriften des Sitzlandes liquidiert wird, soweit die Richtlinie oder die Europäische Insolvenzverordnung nichts anderes bestimmen; vgl. auch Strub EuZW 1994, 424 ff.; Wunderer WM 1998, 793, 801; zu den aufsichtsrechtlichen Maßnahmen bei diesen Instituten und deren Abgrenzung zum internationalen Insolvenzrecht vgl. auch → Vor § 335 Rn. 86 f.
[39] RL 2001/24/EG des Europäischen Parlaments und des Rates v. 4.4.2001 über die Sanierung und Liquidation von Kreditinstituten, ABl. EG Nr. L 125/15 v. 5.5.2001.
[40] RL 2001/17/EG des Europäischen Parlaments und des Rates v. 19.3.2001 über die Sanierung und Liquidation von Versicherungsunternehmen, ABl. EG Nr. L 110/28 v. 20.4.2001.
[41] BT-Drs. 15/16 v. 25.10.2002; weitere Umsetzung durch das Gesetz zur Umsetzung aufsichtsrechtlicher Bestimmungen zur Sanierung und Liquidation von Versicherungsunternehmen und Kreditinstituten, BT-Drs. 15/1653, BGBl. 2003 I 2478, 2488; vgl. → Vor § 335 Rn. 87.
[42] Kritisch FKInsO/Wenner/Schuster Art. 1 Rn. 12.
[43] Vgl. Mohrbutter/Ringstmeier/Wenner § 20 Einführung Rn. 6, 26.
[44] Beispielhaft die Anwendung des englischen autonomen Insolvenzrechts im Fall des High Court of Justice London v. 23.7.2004 in AA Mutual International Insurance Company Ltd., veröffentlicht unter http://www.eir-database.com/resources.php; vgl. auch zur Literatur hierzu: Pannen, Krise und Insolvenz bei Kreditinstituten; Binder, Bankeninsolvenz im Spannungsfeld zwischen Bankaufsichts- und Insolvenzrecht; Lastra, Cross-Border Bank Insolvency; Ruzik, Finanzmarktintegration durch Insolvenzrechtsharmonisierung; Maucher, Die Europäisierung des internationalen Bankeninsolvenzrechts; von Hall, Insolvenzverrechnung in bilateralen Clearingsystemen.
[45] RL 2009/138/EG des Europäischen Parlaments und des Rates v. 25.11.2009 betreffend die Aufnahme und Ausübung der Versicherung, ABl. EU Nr. L 335/1 v. 17.12.2009, in Kraft getreten am 1.1.2014 gem. der RL 2012/23/EU des Europäischen Parlaments und des Rates v. 12.9.2012 zur Änderung der RL 2009/138/EG (Solvabilität II) hinsichtlich des Zeitpunkts ihrer Umsetzung und des Zeitpunkts ihrer Anwendung sowie des Zeitpunkts der Aufhebung bestimmter Richtlinien, Abl. EG Nr. L 249/2 v. 14.9.2012.
[46] VO (EU) Nr. 575/2013 des Europäischen Parlaments und des Rates v. 26.6.2013 über Aufsichtsanforderungen an Kreditinstitute und Wertpapierfirmen und zur Änderung der VO (EU) Nr. 646/2012, die wiederum auf die RL 2013/36/EU des Europäischen Parlaments und des Rates v. 26.6.2013 über den Zugang zur Tätigkeit von Kreditinstituten und die Beaufsichtigung von Kreditinstituten und Wertpapierfirmen, zur Änderung der RL 2002/87/EG und zur Aufhebung der RL 2006/48/EG und 2006/49/EG verweist.

Verordnung 575/2013 enthaltene Definition zurückzugreifen.[47] Hingegen enthält Art. 2 Nr. 2 eine eigenständige Definition für die in Art. 1 Abs. 2 lit. d genannten **Organismen für gemeinsame Anlagen.**[48] Die in lit. a bis d aufgeführten Institute sind jedoch vom Anwendungsbereich der EuInsVO nur dann ausgenommen, wenn sie nicht nur die entsprechende aufsichtsrechtliche Erlaubnis besitzen, sondern die jeweils beschriebenen Tätigkeiten auch tatsächlich ausgeübt haben.[49]

IV. Räumlicher Anwendungsbereich

23   Der räumliche Anwendungsbereich der Verordnung ist nicht identisch mit den EU-Mitgliedsstaaten. England, Irland und Dänemark hatten gegenüber Art. 65 des Amsterdamer Vertrages, der zu Maßnahmen im Bereich der Zusammenarbeit in Zivilsachen und im IPR der Mitgliedsstaaten ermächtigt, Vorbehalte erklärt, sodass darauf basierenden Verordnungen ihnen gegenüber keine unmittelbare Wirkung zukommt. Wie Nr. 87 der Erwägungsgründe wiedergibt, haben das Vereinigte Königreich und Irland aber erklärt, dass sie sich an der Annahme und Anwendung der vorliegenden Verordnung beteiligen möchten,[50] sodass die EuInsVO auch in diesen Ländern unmittelbar gilt. Außen vor bleibt gemäß Erwägungsgrund Nr. 88 – wie bisher – das Königreich **Dänemark,** in dem die Verordnung nicht gilt und das aus Sicht der Mitgliedsstaaten als Drittstaat zu betrachten ist.[51] Soweit die Verordnung auch für die Mitgliedsstaaten Anwendung findet, entspricht der räumliche Anwendungsbereich dem räumlichen Anwendungsbereich des EWG-Vertrages selbst.[52] Die EuInsVO gilt mithin in den Ländern: Belgien, Bulgarien, Deutschland, Estland, Finnland, Frankreich, Griechenland, Irland, Italien, Kroatien, Lettland, Litauen, Luxemburg, Malta, Niederlande, Österreich, Polen, Portugal, Rumänien, Schweden, Slowakei, Slowenien, Spanien, der Tschechien, Ungarn, Vereinigtes Königreich (vgl. dazu noch nachfolgende Rn.) und Zypern.

24   Ob die EuInsVO auch noch nach der *Transition Period* des Austritts des **Vereinigten Königreiches** im Territorium des Vereinigten Königreichs gilt, war zum Zeitpunkt des Redaktionsschlusses noch unklar. Gemäß dem *Agreement on the withdrawal of the United Kingdom of Great Britain and Northern Ireland from the European Union and the European Atomic Energy Community* vom 19.10.2019 sollte die EuInsVO noch bis zum 31.12.2020, dh bis zum Ablauf der sog. *Transition Period* Anwendung finden, soweit das Insolvenzverfahren noch bis zu diesem Datum eröffnet wurde.[53] Ob die Verordnung – zumindest inhaltlich – im Rahmen der Gespräche über die weitere Zusammenarbeit der EU und des Vereinigten Königreichs eventuell als selbstständiges Übereinkommen neu vereinbart werden kann, bleibt abzuwarten.[54]

V. Sachlich-räumlicher Anwendungsbereich

25   Der sachlich-räumliche Anwendungsbereich der EuInsVO ist zunehmend Gegenstand der Diskussion. Hier geht es um die Frage, ob und welcher grenzüberschreitender Bezug vorliegen muss, damit die Verordnung anwendbar ist.

26   **1. Binnensachverhalte.** Diskutiert wird dies zunächst im Zusammenhang mit reinen Binnensachverhalten, wenn nämlich keinerlei Auslandsberührung vorliegt.[55] Vielfach wird ausgeführt, die Verordnung finde keine Anwendung auf reine Binnensachverhalte, dh Sachverhalte nur eines Mitglieds-

---

[47] Vgl. vorige Fn. sowie Art. 4 Abs. 1 Nr. 1 der RL 2004/39/EG, auf die insoweit verwiesen wird.
[48] Vgl. → Art. 2 Rn. 7.
[49] So High Court (Ch) *(Byers v Yacht Bull Corp. Ltd. & Ors)*, Urt. v. 1.2.2010, IILR 2011, 221.
[50] Vgl. Art. 3 und Art. 4a Abs. 1 des Protokolls Nr. 21, das dem Vertrag über die Europäische Union und dem Vertrag über die Arbeitsweise der Europäischen Union beigefügt ist.
[51] Vgl. auch OLG Frankfurt v. 24.1.2005 ZInsO 2005, 715; *Re Arena Corporation Ltd.* [2003] AK.E.R (D) 277.
[52] Vgl. Art. 189 EWG; *Groeben*, EWG-Vertrag, Art. 189 Rn. 33; EuGH v. 16.2.1978, Rs. C-61/77 Kommission/Irland, Slg. 1978, 447; die teilnehmenden Länder sind darüber hinaus – wenn auch mit anderer Bedeutung – aus der Länderliste der Anhänge A-C ersichtlich.
[53] Vgl. Art. 126 und Art. 67 Ziffer 3c des Austrittsabkommens in der Fassung v. 19.10.2019, veröffentlicht unter https://assets.publishing.service.gov.uk/government/uploads/system/uploads/attachment_data/file/840655/Agreement_on_the_withdrawal_of_the_United_Kingdom_of_Great_Britain_and_Northern_Ireland_from_the_European_Union_and_the_European_Atomic_Energy_Community.pdf, abgerufen am 8.1.2020.
[54] Aus dem Bereich der justiziellen Zusammenarbeit gibt es auch andere Verordnungen, wie zB die EuGVVO, die sich als separates Übereinkommen weitgehend inhaltsgleich auf Drittstaaten wie zB die Schweiz erstrecken, vgl. zB das Luganer Übereinkommen.
[55] Vgl. Duursma-Kepplinger/Duursma/Chalupsky/*Duursma-Kepplinger* EuInsVO 2000 Art. 1 Rn. 2 ff.; HKInsO/*Dornblüth* Art. 1 Rn. 8 ff.; Geimer/Schütze/*Huber*, B Vor I 20b, EuInsVO 2000 Art. 1 Rn. 15 f.; *Herchen* ZInsO 2003, 742, 743 f.; LSZ/*Smid* EuInsVO 2000 Art. 1 Rn. 7.

staates ohne Bezug zu einem anderen Mitgliedstaat.[56] Diese Frage ist überwiegend theoretischer Natur. Fehlt es an einem entsprechenden Auslandsbezug, so stellen sich für den Rechtsanwender weder international-verfahrensrechtliche noch kollisionsrechtliche Fragen, deren Beantwortung sich erst aus der EuInsVO ergeben. Wenig diskutiert ist allerdings bisher, bei welchem Bezug ein Binnensachverhalt ausscheidet. Das ist anerkannt für Parteien aus unterschiedlichen Mitgliedstaaten oder wenn der streitige Vermögensgegenstand sich im Ausland befindet. Denkbar wäre aber auch der Fall eines Binnensachverhaltes hinsichtlich der beteiligten Personen und Vermögensgegenständen, bei dem die Parteien aber das Recht eines anderen Mitgliedstaates gewählt haben.[57] Einzelne Kollisionsnormen sehen vor, dass die Rechtswahl der Parteien zu berücksichtigen ist (vgl. Art. 13 Abs. 1, insb. Art. 16). Haben daher zwei deutsche Parteien für ein Rechtsgeschäft, das angefochten werden soll und das einen Vermögensgegenstand betrifft, der ebenfalls im Inland liegt, das Recht eines anderen Mitgliedstaates für anwendbar erklärt, so läge kein Binnensachverhalt mehr vor, sodass im Ergebnis Art. 16 zu berücksichtigen wäre (vgl. hierzu im Hinblick auf Drittstaatenbezügen, → Art. 16 Rn. 23 f.).

2. Gemeinschaftsbezug. Die Verordnung ist anzuwenden bei Bezugspunkten zu einem oder 27
mehreren Mitgliedstaaten.[58] So selbstverständlich, wie diese Feststellung zunächst erscheint, wird sie in der Literatur mit der Lehre des qualifizierten Gemeinschaftsbezugs jedoch vereinzelt in Frage gestellt.[59] Bei genauerer Betrachtung erweist sich jedoch, dass es sich hierbei vielmehr um eine Abgrenzungsfrage bei gleichzeitig auftauchenden Drittstaatenbezügen im Zusammenhang mit der Bestimmung der internationalen Zuständigkeit handelt (vgl. zu dieser Frage → Rn. 29).[60] Es wird weder in der Rechtsprechung noch in der Literatur grundsätzlich in Frage gestellt, dass – ungeachtet der Frage von weiteren Drittstaatenbezügen (hierzu → Rn. 28) – ein Berührungspunkt zu einem anderen Mitgliedstaat ausreicht.[61]

3. Drittstaatenbezug. Praktisch relevant ist dagegen die im Zusammenhang mit dem sachlich- 28
räumlichen Anwendungsbereich diskutierte Frage, nämlich ob die Verordnung nur anwendbar sei bei grenzüberschreitenden Bezügen zu anderen Mitgliedstaaten oder auch bei grenzüberschreitenden Bezügen zu sog. Drittstaaten. Ziffer 25 der Präambel stellt lediglich fest, dass die Verordnung nur für Verfahren gelte, bei denen der Mittelpunkt der hauptsächlichen Interessen des Schuldners in der Gemeinschaft liegt. Im Text der Verordnung ist dagegen bei Auslandsbezügen immer nur von einem „anderen Mitgliedstaat" die Rede. Der Begriff des Drittstaates taucht lediglich in Art. 85 Abs. 3a auf. Nach dieser Vorschrift findet die Verordnung in einem Mitgliedstaat keine Anwendung, soweit dieser vor Inkrafttreten der Verordnung mit einem Drittstaat ein Übereinkommen geschlossen hat, das mit der Verordnung unvereinbar ist. Daraus, sowie aus dem Ziel der Verordnung, das reibungslose Funktionieren des Binnenmarktes auch in der Insolvenz zu sichern (vgl. Nr. 3 ErwG) wird verschiedentlich hergeleitet, dass die EuInsVO im Verhältnis zu Drittstaaten generell nicht anwendbar sei.[62] Die andere Auffassung verweist dagegen auf den Anwendungsbereich der EuGVVO, bei dem ein Bezug zu einem anderen Mitgliedstaat ebenfalls nicht erforderlich, sondern auch ein Drittstaatenbezug ausreichend sei. Dies gelte – *mutatis mutandis* – auch für die EuInsVO.[63] Diese undifferenzierte

---

[56] So zB Gottwald/*Kolmann/Keller* § 131 Rn. 16; Geimer/Schütze/*Huber*, B Vor I 20b, EuInsVO Art. 1 Rn. 15; *Huber* EuZW 2002, 490; KPB/*Madaus* Art. 1 Rn. 39; *Leible/Staudinger* KTS 2000, 533, 538; Rauscher/*Mäsch* EuInsVO 2000 Art. 1 Rn. 14; *Mock/Schildt* ZInsO 2003, 396, 398; MüKoBGB/*Kindler* Art. 1 Rn. 23; LSZ/*Smid* EuInsVO 2000 Art. 1 Rn. 7.
[57] So auch EuGH, Urt. v. 8.6.2017 – C-54/16 – Vinyls, NZI 2017, 633.
[58] *Carstens*, Die internationale Zuständigkeit, S. 35; Duursma-Kepplinger/Duursma/Chalupsky/*Duursma-Kepplinger* EuInsVO 2000 Art. 1 Rn. 3; HKInsO/*Dornblüth* Art. 1 Rn. 8 ff.
[59] Vgl. die Darstellung bei Geimer/Schütze/*Huber*, B Vor I 20b, EuInsVO 2000 Art. 1 Rn. 17 ff.
[60] Vgl. die Ausführungen bei Duursma-Kepplinger/Duursma/Chalupsky/*Duursma-Kepplinger* EuInsVO 2000 Art. 1 Rn. 3 ff., auf den Geimer/Schütze/*Huber*, B Vor I 20b, EuInsVO 2000 Art. 1 Rn. 17 ff. verweist.
[61] So auch AG Köln v. 19.1.2012, NZI 2012, 379; AG Hamburg v. 16.8.2006, ZIP 2006, 1642; Duursma-Kepplinger/Duursma/Chalupsky/*Duursma-Kepplinger* EuInsVO 2000 Art. 1 Rn. 2 ff.; Gebauer/Wiedmann/*Haubold*, Zivilrecht, EuInsVO Art. 1 Rn. 30; *Herchen* ZInsO 2003, 742, 743 f.; Geimer/Schütze/*Huber*, B Vor I 20b, EuInsVO 2000 Art. 1 Rn. 16.
[62] So schon die Stellungnahme von *Virgos/Schmit*, Erläuternder Bericht, Rn. 11, 44, 82; ebenso *Carstens*, Die internationale Zuständigkeit; S. 28 ff., 35; *Deipenbrock* EWS 2001, 113, 115; Duursma-Kepplinger/Chalupsky/*Duursma-Kepplinger* EuInsVO 2000 Art. 1 Rn. 3, 8; *Eidenmüller* IPRax, 2001, 1, 5; Leible/Staudinger KTS 2000, 533, 539; differenzierend HKInsO/*Dornblüth* Art. 1 Rn. 10; *Huber* ZZP 114 (2001), 133, 138; *Mock/Schildt* ZInsO 2003, 396, 397; *Moss/Fletcher/Isaacs*, EU Regulation, EuInsVO 2000 Art. 1 Rn. 8.14; *Paulus* ZIP 2003; 1725, 1726 f.; *Schmiedeknecht*, Der Anwendungsbereich, S. 108 ff.; LSZ/*Smid* EuInsVO 2000 Art. 1 Rn. 8.
[63] Vgl. Rauscher/*Mäsch*, Bd. 2, EuInsVO 2000 Art. 1 Rn. 15; mit Verweis auf die Entscheidung des EuGH vom 1.3.2005 zur EuGVVO, Rs. C-281/02 *Owusu*, EuZW 2005, 345; Gebauer/Wiedmann/*Haubold*, Zivilrecht, EuInsVO 2000 Art. 1 Rn. 30.

Auffassung zum sachlich-räumlichen Anwendungsbereich findet sich auch in den Gesetzgebungsmaterialien zur Neuregelung des deutschen internationalen Insolvenzrechts.[64] Zutreffenderweise lässt sich die Frage der Anwendbarkeit der EuInsVO bei einem Drittstaatenbezug nicht pauschal für die EuInsVO insgesamt beantworten. Vielmehr ist je nach Funktionalität der Normengruppen zu differenzieren:

29 **a) Art. 3 – Internationale Zuständigkeit.** Die Frage der internationalen Zuständigkeit ist von den Gerichten der Mitgliedsstaaten, in denen die EuInsVO Anwendung findet, grundsätzlich und ausschließlich nach Art. 3 zu beantworten. Für einen Rückgriff auf die Zuständigkeitsnormen des autonomen Rechts ist im Anwendungsbereich der EuInsVO kein Raum. Deutsche Gerichte können daher bei der Eröffnung von Insolvenzverfahren grundsätzlich nicht mehr auf eine analoge Anwendung des § 3 InsO gemäß der Lehre der Doppelfunktionalität der örtlichen Zuständigkeitsvorschriften zurückgreifen. § 3 InsO findet daher allenfalls noch Anwendung für die Bestimmung der internationalen Zuständigkeit über die nach Art. 1 Abs. 2 ausgeschlossenen Institutionen. Das gilt selbst dann, wenn sich im Rahmen des Eröffnungsverfahrens lediglich Berührungspunkte zu Drittstaaten ergeben.[65] Die Frage der internationalen Zuständigkeit ist keine Frage, die das Verhältnis des Schuldners zu einem einzelnen Gläubiger betrifft, sondern sie betrifft alle Verfahrensbeteiligten gleichermaßen. Zum Zeitpunkt der Eröffnung stehen aber die grenzüberschreitenden Bezüge weder abschließend fest, noch lassen sie sich im Eröffnungsverfahren abschließend ermitteln. Darüber hinaus können grenzüberschreitende Bezüge auch erst im Laufe des Verfahrens entstehen (zB Masseverbindlichkeiten). Auch ließe sich kaum differenzieren, in welchem Umfang grenzüberschreitende Bezüge zu Mitgliedsstaaten die grenzüberschreitenden Bezüge zu Drittstaaten übertreffen müssen, um die Anwendung der EuInsVO für die Bestimmung der internationalen Zuständigkeit zu begründen. Zu Recht haben daher englische Gerichte in einzelnen Entscheidungen, bei denen sich grenzüberschreitende Bezugspunkte ausschließlich zu den USA ergaben, die internationale Zuständigkeit über Art. 3 und nicht etwa über das englische autonome Recht ermittelt.[66] Die Gerichte der Mitgliedsstaaten sollten daher im Eröffnungsbeschluss schon bei Vorliegen von Anhaltspunkten für grenzüberschreitende Bezüge grundsätzlich die Zuständigkeit aus Art. 3 ausdrücklich prüfen und feststellen.[67] Zu welchen Staaten diese Bezüge bestehen, ist für den sachlich-räumlichen Anwendungsbereich des Art. 3 ohne weitere Bedeutung.

30 **b) Art. 6 – Annexverfahren.** Auch die internationale Zuständigkeit für Annexverfahren nach Art. 6 richtet sich ausschließlich nach Art. 6, wenn die Klage von einem Insolvenzverwalter erhoben wird, der für ein Insolvenzverfahren nach Art. 3 bestellt worden ist. Art. 6 ist dann anwendbar, unabhängig davon, ob der Beklagte seinen Wohnsitz im räumlichen Geltungsbereich der EuInsVO oder in einem Drittstaat hat. Daher sind die Gerichte des Hauptverfahrensstaates für eine Klage wegen Insolvenzverschleppung auch dann international zuständig, wenn der Geschäftsführer seinen Wohnsitz im Vertragsstaat des Lug-Ü hat, wie der EuGH nunmehr ausdrücklich klargestellt hat.[68]

31 **c) Kollisionsnormen (Art. 7–18).** Wird in einem der Mitgliedsstaaten ein Hauptverfahren nach Art. 3 Abs. 1 eröffnet, so stellt sich darüber hinaus noch die Frage, ob in diesen Fällen grundsätzlich die Kollisionsnormen nach Art. 7 ff. Anwendung finden, oder ob aufgrund eines (ausschließlichen oder überwiegenden) Drittstaatenbezugs für das spezielle in Frage stehende Rechtsverhältnis auf das autonome internationale Kollisionsrecht zurückgegriffen werden soll. So kann der Anwendungsbereich der Kollisionsnormen der Verordnung fraglich werden, wenn der grenzüberschreitende Sachverhalt nicht nur Bezüge zu anderen Mitgliedsstaaten, sondern auch oder insbesondere Bezüge zu Drittstaaten aufweist. Anders als bei der Bestimmung der internationalen Zuständigkeit, die für alle Verfahrensbeteiligten nur „einheitlich" denkbar ist, sind für die hier meist relevanten einzelnen Rechtsverhältnisse zwischen Gläubiger und Schuldner Differenzierungen denkbar. Die hier möglichen Konstellationen

---

[64] Vgl. BR-Drs. 715/02, 24.
[65] So wohl die hM, vgl. Geimer/Schütze/*Huber*, B Vor I 20b, EuInsVO 2000 Art. 1 Rn. 21 f.; *Krebber* IPRax 2004, 540; *Virgos/Garcimartin*, European Insolvency Regulation, Rn. 27 (a), (b); *Herchen*, Insolvenzverfahren, S. 35 f.; Rauscher/*Mäsch* EuInsVO 2000 Art. 1 Rn. 14 f.; *Sabel/Schlegel* EWiR 2003, 367, 368; wohl auch *Israel*, Insolvency Regulation, S. 253; aA wohl Duursma-Kepplinger/Duursma/Chalupsky/*Duursma-Kepplinger* EuInsVO 2000 Art. 1 Rn. 56; *Duursma-Kepplinger* NZI 2003, 87; *Mock/Schildt* ZInsO, 2003, 396, 397; *Paulus* ZIP 2003, 1725, 1726 f.
[66] So High Court of Leeds ZIP 2004, 1769 (Ci4net); und High Court of Leeds ZIP 2003, 813 (BRAC); zustimmend *Krebber* IPRax 2004, 540.
[67] Vgl. hierzu auch Art. 102c §§ 1–3, 5 EGInsO, unten.
[68] EuGH, Urt. v. 4.12.2014 – Rs C-295/13=ZIP 2015, 196; Vorlagebeschluss des LG Darmstadt, ZIP 2013, 1839; hierzu Anm. *Schulz* NZG 2015, 146; zum zweiten Vorlagebeschluss vom BGH: ZIP 2012, 1476; vgl. auch → Art. 3 Rn. 110; vgl. auch EuGH, Urt. v. 11.6.2015 – Rs. C-649/13, ZIP 2015, 1299.

sind mannigfaltig und bisher kaum erörtert worden. Steht beispielsweise die Anfechtung eines Rechtsgeschäftes in Frage, so sind verschiedene Bezugspunkte zu anderen Rechtsordnungen denkbar, zB a) die Belegenheit des Vermögensgegenstandes, der zurückgewährt werden soll, b) das anwendbare Recht der Rechtsordnung, dem das anzufechtende Rechtsgeschäft untersteht, c) Sitz des Anfechtungsgegners, d) Ort der Vornahme der Anfechtungshandlung etc. Ähnliche mannigfaltige Bezugspunkte, die teilweise in anderen Mitgliedsstaaten, teilweise in Drittstaaten belegen sein können, sich in der Praxis auch für die Wirkungen laufender Verträge (§§ 103 ff. InsO) ergeben. Derart verschiedene räumliche Bezugspunkte sind im Ergebnis für alle Kollisionsnormen denkbar.

Die Antwort auf diese Frage ergibt sich aus den in Art. 7 ff. enthaltenen Kollisionsnormen. **32** Viele der in Art. 8 ff. enthaltenen Sonderanknüpfungen stellen nämlich keine allseitigen Kollisionsnormen dar, sondern sog. **einseitige Kollisionsnormen,** die lediglich auf eine bestimmte Rechtsordnung verweisen (vgl. hierzu → Vor § 335 Rn. 53 ff.). So verweisen Art. 8, 10, 11, 12, 13, 14, 15, 16 und 18 ausdrücklich jeweils nur auf „*das Recht eines Mitgliedsstaates*". Aber nicht nur auf der Rechtsverweisungsseite enthalten diese Normen Einschränkungen. Die Verweisung auf das Recht eines Mitgliedsstaates setzt bei verschiedenen Normen auf der Tatbestandsseite schon einen bestimmten Bezugspunkt zu einem Mitgliedsstaat voraus, nämlich entweder die Belegenheit des jeweils betroffenen Vermögensgegenstandes in einem Mitgliedsstaat (so zB Art. 8, 10 und 11), oder andere, für die Kollisionsnorm relevante Bezugspunkte (zB Art. 13, der als Arbeitsort einen der Mitgliedsstaaten voraus setzt).[69] Die einseitige Kollisionsnorm enthält daher auch eine Einschränkung der auf sie anzuwendenden Fälle (sog. unvollkommene einseitige Kollisionsnorm).[70] Bei sog. einseitigen Kollisionsnormen stellt sich nämlich jeweils immer die Frage, ob diese nicht als sog. allseitige Kollisionsnorm zu erweitern sind. Sind diese in ihrem Anwendungsbereich beschränkt (zB nur auf Vermögensgegenstände in einem der Mitgliedsstaaten anwendbar), so stellt sich die Frage, ob die in der Norm enthaltene Beschränkung nicht über den Wortlaut hinaus auch auf alle weiteren Fälle auszudehnen ist. Eine solche erweiternde Auslegung der Kollisionsnormen der Verordnung verstieße jedoch gegen den Willen des Verordnungsgebers. Die mit einseitigen Kollisionsnormen verbundenen Fragen sind aus der Geschichte des IPR hinlänglich bekannt.[71] Es ist nicht ersichtlich, dass der Verordnungsgeber in der Beschränkung der Normen lediglich redaktionell „vertan" hat. Daher wird in der Literatur bisher auch nicht vorgeschlagen, den Anwendungsbereich der Sonderanknüpfungen dergestalt auszudehnen, dass die darin enthaltene Regelung auch für Drittstaaten gelten solle.

Soweit allerdings mit der herrschenden Meinung der Anwendungsbereich der Art. 8 ff. strikt **33** am Wortlaut ausgerichtet wird, stellt sich dann die weitere Frage, ob es dann bei der allgemeinen Kollisionsnorm von Art. 7 bleiben soll, oder ob der Mitgliedsstaatenbezug aus der Sonderanknüpfung indiziert, dass auch Art. 7 aufgrund des Drittstaatenbezuges keine Anwendung finden soll. So ist im Rahmen des Art. 8 strittig, ob die Generalnorm des Art. 7 der Verordnung oder das jeweils autonome Kollisionsrecht eines Mitgliedsstaates Anwendung finden soll, wenn das dingliche Recht in einem Drittstaat belegen ist.[72] Gleiches gilt für Art. 10 und Art. 11. Fehlt es an einem Bezug zu einem Mitgliedsstaat, wie er in einzelnen der in Art. 8 ff. enthaltenen Sonderanknüpfungen verlangt wird, so führt dies nicht zu einer Anwendung der Generalverweisung auf die *lex fori concursus* nach Art. 7.[73] Die Frage wird auch im Erläuternden Bericht von *Virgos/Schmit* dahingehend beantwortet, dass soweit der Anwendungsbereich der Kollisionsnorm der Verordnung nicht gegeben sei, das angerufene Gericht vielmehr das (autonome) Kollisionsrecht seines eigenen Landes anwenden müsse.[74] Das entspricht der überwiegenden Auffassung in der Literatur.[75] Andernfalls würden Sachverhalte mit

---

[69] Vgl. auch Vallender/*Vallender* Art. 1 Rn. 76 ff.; *Korch* ZInsO 2016, 1886 mwN.
[70] Die damit verbundenen Fragen sind aus dem IPR bekannt; vgl. Kegel/Schurig, IPR, S. 301 f.; *v. Bar/Mankowski* IPR § 1 Rn. 17; MüKoBGB/*v. Hein* Einl. IPR Rn. 89.
[71] Einseitige Kollisionsnormen fanden sich vor allem im IPR des EGBGB aF und beruhten auf rechtspolitisch verfehlten Wertungen, vgl. hierzu MüKoBGB/*Sonnenberger*, 1. Aufl., Einl. IPR Rn. 281 ff.; Kegel/Schurig, IPR, S. 302.
[72] Vgl. die Fundstellen → Rn. 22.
[73] Vgl. *Israel*, Insolvency Regulation, S. 273 f.; Duursma-Kepplinger/Duursma/Chalupsky/*Duursma-Kepplinger* EuInsVO 2000 Art. 1 Rn. 54.
[74] So auch *Virgos/Schmit*, Erläuternder Bericht, Rn. 44, 93; *Paulus* NZI 2001, 505, 507; Duursma-Kepplinger/Duursma/Chalupsky/*Duursma-Kepplinger* EuInsVO 2000 Art. 1 Rn. 54; aA wohl Geimer/Schütze/*Huber*, B Vor I 20b, EuInsVO 2000 Art. 5 Rn. 11.
[75] *Israel*, Insolvency Regulation, S. 273 f.; Duursma-Kepplinger/Duursma/Chalupsky/*Duursma-Kepplinger* EuInsVO 2000 Art. 1 Rn. 54; *Eidenmüller* IPRax 2001, 2, 5; Gebauer/Wiedmann/*Haubold*, Zivilrecht, EuInsVO 2000 Art. 4 Rn. 108; *Kemper* ZIP 2001, 1612; *Leible/Staudinger* KTS 2000, 538; MüKoBGB/*Kindler* Art. 8 Rn. 23; *Paulus* Art. 8 Rn. 13, Art. 10 Rn. 5; *Schmieknecht*, Der Anwendungsbereich, S. 108; so auch der deutsche Gesetzgeber bei der Reform des internationalen Insolvenzrechts, vgl. BR-Drs. 715/02, 24; auch *Lorenz*, Annexverfahren, S. 21 ff.; aA wohl Rauscher/*Mäsch* EuInsVO 2000 Art. 4 Rn. 5; Mohrbutter/Ringstmeier/*Wenner* § 20 Rn. 256, 304.

Drittstaatenbezügen von der Verordnung selbst diskriminiert, weil die in den Sonderanknüpfungen enthaltenen Vertrauenstatbestände für Drittstaatenbezügen nicht gelten würden. Eine solche Benachteiligung der Drittstaatenrechte ist jedoch weder sachgerecht, noch bietet dafür das Recht der Europäischen Union eine Rechtsgrundlage.

34 Mit dieser grundsätzlichen Feststellung ist jedoch noch nicht viel gewonnen. Drittstaatenbezüge können, wie oben bereits erwähnt, mannigfaltig sein. Während einige der Kollisionsnormen ausdrückliche Beschränkungen auf der Tatbestandsseite vorsehen, fehlen solche Beschränkungen in anderen Kollisionsnormen, sodass die von dem Verordnungsgeber implizit vorausgesetzte Beschränkung der Norm auf Gemeinschaftssachverhalte für jede Kollisionsnorm separat zu ermitteln ist. Die damit verbundenen Probleme sind bisher noch nicht weiter diskutiert. Als wesentlicher (übergeordneter) Anknüpfungspunkt kommt hierbei in Betracht, ob der für die Abwicklung der Insolvenz in Streit stehende Vermögensgegenstand in einem der Mitgliedsstaaten belegen ist.[76] Nicht immer ist jedoch der Vermögensbezug eindeutig oder entscheidend (vgl. Art. 13 für Arbeitsverhältnisse). Für einzelne Gruppen von Kollisionsnormen ergibt sich daher folgendes:

35 Art. 8, 10 und 11, die sich auf **dingliche Rechte** an Vermögensgegenständen (Sicherungsrechte, Eigentumsvorbehalt, Immobilien) oder nach Art. 17 auf die sachenrechtliche Verfügungsbefugnis über bestimmte Vermögensgegenstände beziehen, sind sachlich-räumlich nur anwendbar, wenn sich der jeweilige Vermögensgegenstand in einem Mitgliedstaat befindet. Ob dies der Fall ist, ist gemäß Art. 2 lit. g zu ermitteln.[77] Ergibt sich danach, dass der Vermögensgegenstand nicht in einem der Mitgliedstaaten belegen ist, so findet die allgemeine Kollisionsnorm des Art. 7 keine Anwendung. Vielmehr hat das angerufene Gericht das anwendbare Recht aufgrund der Kollisionsnorm des eigenen autonomen Rechts zu ermitteln (zB § 336 InsO).[78]

36 Für die Wirkungen des Insolvenzverfahrens auf Rechte, die in **Register** eingetragen sind (Art. 14 und 15), findet die Verordnung nur Anwendung, soweit es sich um Register handelt, die in einem der Mitgliedsstaaten geführt werden.[79] Geht es um Rechte, die in einem Register eines Drittstaates geführt werden, so ist auch Art. 8 nicht anwendbar.[80] Die Wirkungen des Insolvenzverfahrens sind dann vielmehr nach dem autonomen Recht zu ermitteln.

37 Die Wirkungen von Insolvenzverfahren auf **anhängige Rechtsstreitigkeiten** (Art. 18) bestimmen sich wiederum nur dann nach der Verordnung, wenn der Rechtsstreit in einem der Mitgliedsstaaten anhängig ist.[81] Ist dies der Fall, bedarf es keines Rückgriffs auf das autonome Recht, weil sich dann die Frage für ein Gericht eines Mitgliedsstaates auch nicht stellen kann.

38 Bei **Arbeitsverhältnissen** (Art. 13) ist der Arbeitsort der relevante Bezugspunkt für die Bestimmung des sachlich-räumlichen Anwendungsbereiches der Verordnung.[82] Liegt dieser nicht in einem der Mitgliedsstaaten, so ist nicht die Verordnung, sondern das jeweilige autonome Recht zur Bestimmung des anwendbaren Rechts heranzuziehen.[83] Mögliche andere Bezugspunkte zu Mitgliedsstaaten wie zB die Staatsangehörigkeit des Arbeitnehmers, sind für die Fragen der Anwendbarkeit der Verordnung nicht entscheidend.

39 Für **benachteiligende Rechtshandlungen** sieht Art. 16 eine ausdrückliche Beschränkung dahingehend vor, dass für die anzufechtende Rechtshandlung das Recht eines anderen Mitgliedsstaates maßgeblich sein muss. Daraus lässt sich jedoch nicht herleiten, dass der Anwendungsbereich der Kollisionsnorm sich auch auf Sachverhalte erstreckt, bei denen die anfechtbare Rechtshandlung dem Recht eines Mitgliedsstaates unterliegt. Voraussetzung für die sachlich-räumliche Anwendung von Art. 16 ist zunächst, dass der Vermögensgegenstand, der Gegenstand der anfechtbaren Rechtshandlung ist, im Zeitpunkt der Vornahme der anfechtbaren Rechtshandlung in einem der Mitgliedsstaaten belegen war.[84] Der Belegenheitsort ist gemäß Art. 2 Nr. 9 zu ermitteln. Schenkt beispielsweise ein Schuldner vor Insolvenzeröffnung seiner Ehefrau das „Geld" auf seinem Schweizer Bankkonto, so findet schon wegen der Belegenheit des anfechtbar weggegebenen Vermögens in einem Drittstaat

---

[76] So wohl auch *Paulus* NZI 2001, 505, 507; ähnlich wohl *Virgos/Schmit,* Erläuternder Bericht, Rn. 44 aE; *Leible/Staudinger* KTS 2000, 533, 551.
[77] Vgl. dazu Duursma-Kepplinger/Duursma/Chalupsky/*Duursma-Kepplinger* EuInsVO 2000 Art. 2 Rn. 17, 18; Geimer/Schütze/*Huber*, B Vor I 20b, EuInsVO 2000 Art. 5 Rn. 9; MüKoBGB/*Kindler* Art. 10 Rn. 7; *Paulus* Art. 8 Rn. 12.
[78] Vgl. *Schmitz*, Dingliche Mobiliarsicherheiten, S. 73; *Paulus* Art. 1 Rn. 40.
[79] Vgl. Duursma-Kepplinger/Duursma/Chalupsky/*Duursma-Kepplinger* EuInsVO 2000 Art. 11 Rn. 1; Mohrbutter/Ringstmeier/*Wenner* § 20 Rn. 255 f.; *Paulus* Einleitung Rn. 84.
[80] AA und für eine Anwendung von Art. 4 wohl Rauscher/*Mäsch* EuInsVO 2000 Art. 11 Rn. 5.
[81] Gebauer/Wiedmann/*Haubold*, Zivilrecht, EuInsVO 2000 Art. 15 Rn. 156; Rauscher/*Mäsch* EuInsVO 2000 Art. 15 Rn. 8; Mohrbutter/Ringstmeier/*Wenner* § 20 Rn. 256.
[82] So wohl auch *Liebmann*, Der Schutz des Arbeitnehmers, S. 172 f.; vgl. dazu auch → Art. 13 Rn. 18 ff.
[83] Vgl. MüKoBGB/*Kindler* Art. 13 Rn. 1, 8 ff., dazu auch ausführlich → Art. 13 Rn. 9 ff.
[84] Vgl. hierzu → Art. 16 Rn. 23.

weder Art. 16, noch die Generalnorm des Art. 7 Anwendung.[85] Auch hier ist auf das autonome Recht zurückzugreifen

Nicht geklärt ist damit jedoch, ob und wie Art. 16 anzuwenden ist, wenn sich der Drittstaaten- **40** bezug aus dem auf die anwendbare Rechtshandlung anwendbaren Recht herleitet, dh ob der kollisionsrechtliche Anwendungsbereich der Verordnung auch dann eröffnet ist, wenn in vorgenanntem Fall das Bankkonto zwar in einem der Mitgliedsstaaten geführt würde, die Schenkung selbst jedoch dem Schweizer Recht unterstände. Das ist jedoch zu bejahen. Nach Art. 16 werden nämlich bestimmte Rechtshandlungen „anfechtungsfest", die nach der Art. 8 anwendbare *lex fori concursus* anfechtbar sind. Art. 16 privilegiert, dass das Recht eines Mitgliedsstaates die Anfechtbarkeit einer Rechtshandlung ausschließt. Der damit verbundene Schutz des Rechtsverkehrs soll jedoch nur für die Rechtsordnungen der Mitgliedsstaaten gelten. Besteht daher der Drittstaatenbezug bei benachteiligenden Rechtshandlungen darin, dass die anfechtbare Rechtshandlung dem Recht eines Drittstaates unterfällt, bleibt es zunächst bei der Anwendung von Art. 7 (soweit der Vermögensgegenstand in einem Mitgliedsstaat belegen war), jedoch findet die den Rechtsverkehr schützende Norm des Art. 16 keine Anwendung.[86]

Der sachlich-räumliche Anwendungsbereich der kollisionsrechtlichen Vorschriften über die **41** **Aufrechnung** (Art. 9) und die Verrechnung im **Zahlungs- oder Abwicklungssysteme** (Art. 12) bestimmt sich danach, ob die Forderung des Insolvenzschuldners, gegen die der Gläubiger mit eigenen Ansprüchen aufrechnen möchte, in einem der Mitgliedsstaaten belegen ist. Die Belegenheit wiederum bestimmt sich nach Art. 2 Nr. 9, die wiederum an den Mittelpunkt der hauptsächlichen Interessen des Schuldners der Forderung anknüpft. Da die Kollisionsnormen grundsätzlich ein nach Art. 3 Abs. 1 am Mittelpunkt der hauptsächlichen Interessen des Insolvenzschuldners eröffnetes Insolvenzverfahren in einem der Mitgliedsstaaten voraussetzen, bedeutet dies, dass Art. 9 und Art. 12 nur anwendbar sein können, wenn auch der die Aufrechnung erklärende Gläubiger den Mittelpunkt seiner hauptsächlichen Interessen in einem der Mitgliedsstaaten hat. Hat der aufrechnende Gläubiger hingegen den Mittelpunkt seiner hauptsächlichen Interessen (COMI) nicht in einem der Mitgliedsstaaten, richten sich diese Rechtsfragen nach autonomen internationalen Insolvenzrecht, weshalb im Fall von Zahlungs- und Abwicklungssystemen die Teilnehmer alle ihren COMI im Anwendungsbereich der EuInsVO haben sollten, um zu einem Gleichlauf des anwendbaren Rechts für alle Teilnehmer zu gelangen.

d) Anerkennung von ausländischen Insolvenzverfahren (Kapitel II). Der sachlich-räum- **42** liche Anwendungsbereich der Vorschriften über die **Anerkennung ausländischer Verfahren** (Kapitel II EuInsVO) ist vergleichsweise einfach abzugrenzen. Die Verordnung regelt ausdrücklich nur die Anerkennung von Insolvenzverfahren, die in einem der anderen Mitgliedsstaaten der Verordnung durchgeführt werden. Die Verordnung findet daher keine Anwendung auf die Anerkennung von ausländischen Verfahren, die in Drittstaaten durchgeführt werden.[87] Insoweit gilt in jedem Mitgliedsstaat wiederum dessen autonomes Recht (in Deutschland § 343 InsO).

Gleiches gilt im Hinblick auf Art. 32 auch für andere insolvenzrechtliche Entscheidungen: **43** Art. 32 ist nur anwendbar, soweit die Entscheidung von einem Gericht eines Mitgliedsstaates erlassen wurde. Soweit das eigentliche Insolvenzverfahren in einem Drittstaat durchgeführt wird, sind auch Entscheidungen, die im Zusammenhang mit dem Insolvenzverfahren ergehen und von einem Gericht eines Mitgliedsstaates getroffen werden, nicht vom Anwendungsbereich der Verordnung erfasst.

e) Sekundärinsolvenzverfahren (Kapitel III). Das Vorgenannte (vgl. → Rn. 43) gilt auch **44** für Kapitel III der Verordnung, das die sog. **Sekundärinsolvenzverfahren** regelt. Schon nach dem Wortlaut des Art. 34 sind Sekundärverfahren nicht von der Verordnung erfasst, soweit das Hauptverfahren in einem Drittstaat durchgeführt wird. Diese Beschränkung ist nach der Intention des Verordnungsgebers jedoch nicht nachvollziehbar, da zum Funktionieren des Binnenmarktes auch gehört, dass Unternehmen, die den Mittelpunkt ihrer hauptsächlichen Interessen in einem Drittstaat haben, innerhalb des Binnenmarktes grenzüberschreitend handeln. An solchen Sekundärverfahren können daher durchaus auch Gläubiger aus anderen Mitgliedsstaaten beteiligt sein, die im Vertrauen

---

[85] Diese Fallgestaltung entspricht der Entscheidung des österr. OGH 2 Ob 316/99 f., ZIK 2000/21 (20 ff.); die Fallgestaltung wurde jedoch ohne die damals noch nicht anwendbare EuInsVO 2000 gelöst.
[86] Vgl. ausführlich hierzu → Art. 16 Rn. 24.
[87] Vgl. → Art. 19 Rn. 16; Geimer/Schütze/*Gruber*, B Vor I 20b, EuInsVO 2000 Art. 16 Rn. 5; Gebauer/ Wiedmann/*Haubold*, Zivilrecht, EuInsVO 2000 Art. 16 Rn. 158; Rauscher/*Mäsch* EuInsVO 2000 Art. 16 Rn. 9, EuInsVO 2000 Art. 1 Rn. 17; vgl. aus der Rechtsprechung ua die Entscheidung des UK Supreme Courts *Rubin and another v Eurofinance SA & Ors and New Cap Reinsurance Corporation (in Liquidation) and another v AE Grant & Ors* [2012] UKSC 46.

Art. 2

auf die Vermögensbelegenheit innerhalb der Mitgliedsstaaten Kredite gewährt haben. Angesichts des eindeutigen Wortlautes wird man es jedoch bei der Anwendung des autonomen Rechts belassen müssen.[88]

45 **f) Kooperation der Verfahren (Kapitel IV).** Auch der sachlich-räumliche Anwendungsbereich von Kapitel IV der Verordnung ergibt sich ausdrücklich aus dem Wortlaut der jeweiligen Vorschriften. Kapitel IV der Verordnung, das Regelungen über die Unterrichtung der Gläubiger und Anmeldung ihrer Forderungen enthält, ist anzuwenden, wenn in einem der Mitgliedsstaaten ein Hauptverfahren, ein Sekundärinsolvenzverfahren (parallel zum Hauptverfahren) oder ein (unabhängiges) Partikularinsolvenzverfahren aufgrund einer der in Art. 3 geregelten Zuständigkeiten durchgeführt wird.[89] Die Vorschriften sind dagegen nicht anwendbar in Sekundär- oder Partikularverfahren, wenn das Hauptverfahren außerhalb der Mitgliedsstaaten durchgeführt wird, weil die Verordnung insoweit nicht gilt (vgl. → Rn. 44).

46 **g) Konzerninsolvenzverfahren (Kapitel V).** Die Vorschriften über die Zusammenarbeit und Kommunikation von Mitgliedern einer Unternehmensgruppe sowie über da Gruppen-Koordinationsverfahren finden nur auf Gesellschaften Anwendung, die ihren COMI gemäß Art. 3 in einem der Mitgliedsstaaten haben. Nicht Voraussetzung ist jedoch, dass die Muttergesellschaft ihren COMI in einem der Mitgliedsstaaten haben muss.[90]

Art. 2 Begriffsbestimmungen

Für die Zwecke dieser Verordnung bezeichnet der Ausdruck
1. „Gesamtverfahren" ein Verfahren, an dem alle oder ein wesentlicher Teil der Gläubiger des Schuldners beteiligt sind, vorausgesetzt, dass im letzteren Fall das Verfahren nicht die Forderungen der Gläubiger berührt, die nicht daran beteiligt sind;
2. „Organismen für gemeinsame Anlagen" Organismen für gemeinsame Anlagen in Wertpapieren (OGAW) im Sinne der Richtlinie 2009/65/EG des Europäischen Parlaments und des Rates[1] und alternative Investmentfonds (AIF) im Sinne der Richtlinie 2011/61/EU des Europäischen Parlaments und des Rates;[2]
3. „Schuldner in Eigenverwaltung" einen Schuldner, über dessen Vermögen ein Insolvenzverfahren eröffnet wurde, das nicht zwingend mit der Bestellung eines Verwalters oder der vollständigen Übertragung der Rechte und Pflichten zur Verwaltung des Vermögens des Schuldners auf einen Verwalter verbunden ist, und bei dem der Schuldner daher ganz oder zumindest teilweise die Kontrolle über sein Vermögen und seine Geschäfte behält;
4. „Insolvenzverfahren" ein in Anhang A aufgeführtes Verfahren;
5. „Verwalter" jede Person oder Stelle, deren Aufgabe es ist, auch vorläufig
    i) die in Insolvenzverfahren angemeldeten Forderungen zu prüfen und zuzulassen;
    ii) die Gesamtinteressen der Gläubiger zu vertreten;
    iii) die Insolvenzmasse entweder vollständig oder teilweise zu verwalten;
    iv) die Insolvenzmasse im Sinne der Ziffer iii zu verwerten oder
    v) die Geschäftstätigkeit des Schuldners zu überwachen.
    Die in Absatz 1 genannten Personen und Stellen sind in Anhang B aufgeführt;
6. „Gericht"
    i) in Artikel 1 Absatz 1 Buchstaben b und c, Artikel 4 Absatz 2, Artikel 5, Artikel 6, Artikel 21 Absatz 3, Artikel 24 Absatz 2 Buchstabe j, Artikel 36, Artikel 39 und Artikel 61 bis Artikel 77 das Justizorgan eines Mitgliedstaats;
    ii) in allen anderen Artikeln das Justizorgan oder jede sonstige zuständige Stelle eines Mitgliedstaats, die befugt ist, ein Insolvenzverfahren zu eröffnen, die Eröffnung

---

[88] Duursma-Kepplinger/Duursma/Chalupsky/*Duursma-Kepplinger* EuInsVO 2000 Art. 27 Rn. 18; Gebauer/Wiedmann/*Haubold*, Zivilrecht, EuInsVO 2000 Art. 3 Rn. 58, Art. 27 Rn. 212; Rauscher/*Mäsch* EuInsVO 2000 Art. 27 Rn. 8; Mankowski/Müller/Schmidt/*Mankowski* Art. 34 Rn. 3.
[89] Rauscher/*Mäsch* EuInsVO 2000 Art. 39 Rn. 2 f., EuInsVO 2000 Art. 40 Rn. 2 f., EuInsVO 2000 Art. 41 Rn. 5, EuInsVO 2000 Art. 42 Rn. 2.
[90] Vgl. dazu noch → Vor Art. 56 Rn. 12 f.
[1] Richtlinie 2009/65/EG des Europäischen Parlaments und des Rates vom 13.7.2009 zur Koordinierung der Rechts- und Verwaltungsvorschriften betreffend bestimmte Organismen für gemeinsame Anlagen in Wertpapieren (OGAW) (ABl. L 302 vom 17.11.2009, S. 32).
[2] Richtlinie 2011/61/EU des Europäischen Parlaments und des Rates vom 8.6.2011 über die Verwalter alternativer Investmentfonds und zur Änderung der Richtlinien 2003/41/EG und 2009/65/EG und der Verordnungen (EG) Nr. 1060/2009 und (EU) Nr. 1095/2010 (ABl. L 174 vom 1.7.2011, S. 1).

eines solchen Verfahrens zu bestätigen oder im Rahmen dieses Verfahrens Entscheidungen zu treffen;
7. „Entscheidung zur Eröffnung eines Insolvenzverfahrens"
   i) die Entscheidung eines Gerichts zur Eröffnung eines Insolvenzverfahrens oder zur Bestätigung der Eröffnung eines solchen Verfahrens und
   ii) die Entscheidung eines Gerichts zur Bestellung eines Verwalters;
8. „Zeitpunkt der Verfahrenseröffnung" den Zeitpunkt, zu dem die Entscheidung zur Eröffnung des Insolvenzverfahrens wirksam wird, unabhängig davon, ob die Entscheidung endgültig ist oder nicht;
9. „Mitgliedstaat, in dem sich ein Vermögensgegenstand befindet", im Fall von
   i) Namensaktien, soweit sie nicht von Ziffer ii erfasst sind, den Mitgliedstaat, in dessen Hoheitsgebiet die Gesellschaft, die die Aktien ausgegeben hat, ihren Sitz hat;
   ii) Finanzinstrumenten, bei denen die Rechtsinhaberschaft durch Eintrag in ein Register oder Buchung auf ein Konto, das von einem oder für einen Intermediär geführt wird, nachgewiesen wird („im Effektengiro übertragbare Wertpapiere"), den Mitgliedstaat, in dem das betreffende Register oder Konto geführt wird;
   iii) Guthaben auf Konten bei einem Kreditinstitut den Mitgliedstaat, der in der internationalen Kontonummer (IBAN) angegeben ist, oder im Fall von Guthaben auf Konten bei einem Kreditinstitut ohne IBAN den Mitgliedstaat, in dem das Kreditinstitut, bei dem das Konto geführt wird, seine Hauptverwaltung hat, oder, sofern das Konto bei einer Zweigniederlassung, Agentur oder sonstigen Niederlassung geführt wird, den Mitgliedstaat, in dem sich die Zweigniederlassung, Agentur oder sonstige Niederlassung befindet;
   iv) Gegenständen oder Rechten, bei denen das Eigentum oder die Rechtsinhaberschaft in anderen als den unter Ziffer i genannten öffentlichen Registern eingetragen ist, den Mitgliedstaat, unter dessen Aufsicht das Register geführt wird;
   v) Europäischen Patenten den Mitgliedstaat, für den das Europäische Patent erteilt wurde;
   vi) Urheberrechten und verwandten Schutzrechten den Mitgliedstaat, in dessen Hoheitsgebiet der Eigentümer solcher Rechte seinen gewöhnlichen Aufenthalt oder Sitz hat;
   vii) anderen als den unter den Ziffern i bis iv genannten körperlichen Gegenständen den Mitgliedstaat, in dessen Hoheitsgebiet sich der Gegenstand befindet;
   viii) anderen Forderungen gegen Dritte als solchen, die sich auf Vermögenswerte gemäß Ziffer iii beziehen, den Mitgliedstaat, in dessen Hoheitsgebiet der zur Leistung verpflichtete Dritte den Mittelpunkt seiner hauptsächlichen Interessen im Sinne des Artikels 3 Absatz 1 hat;
10. „Niederlassung" jeden Tätigkeitsort, an dem der Schuldner einer wirtschaftlichen Aktivität von nicht vorübergehender Art nachgeht oder in den drei Monaten vor dem Antrag auf Eröffnung des Hauptinsolvenzverfahrens nachgegangen ist, die den Einsatz von Personal und Vermögenswerten voraussetzt;
11. „lokaler Gläubiger" den Gläubiger, dessen Forderungen gegen den Schuldner aus oder in Zusammenhang mit dem Betrieb einer Niederlassung in einem anderen Mitgliedstaat als dem Mitgliedstaat entstanden sind, in dem sich der Mittelpunkt der hauptsächlichen Interessen des Schuldners befindet;
12. „ausländischer Gläubiger" den Gläubiger, der seinen gewöhnlichen Aufenthalt, Wohnsitz oder Sitz in einem anderen Mitgliedstaat als dem Mitgliedstaat der Verfahrenseröffnung hat, einschließlich der Steuerbehörden und der Sozialversicherungsträger der Mitgliedstaaten;
13. „Unternehmensgruppe" ein Mutterunternehmen und alle seine Tochterunternehmen;
14. „Mutterunternehmen" ein Unternehmen, das ein oder mehrere Tochterunternehmen entweder unmittelbar oder mittelbar kontrolliert. Ein Unternehmen, das einen konsolidierten Abschluss gemäß der Richtlinie 2013/34/EU des Europäischen Parlaments und des Rates[3] erstellt, wird als Mutterunternehmen angesehen.

---

[3] Richtlinie 2013/34/EU des Europäischen Parlaments und des Rates vom 26.6.2013 über den Jahresabschluss, den konsolidierten Abschluss und damit verbundene Berichte von Unternehmen bestimmter Rechtsformen und zur Änderung der Richtlinie 2006/43/EG des Europäischen Parlaments und des Rates und

Art. 2 1

Literatur: *Bork/Harten,* Die Niederlassung iSv Art. 2 Nr. 10 EuInsVO, NZI 2018, 673; *Denkhaus/Harbeck,* Reformierte EuInsVO – Juristisches Grounding statt Takeoff im Konzerninsolvenzrecht?, ZInsO 2018, 949; *Eidenmüller,* Europäische Verordnung über Insolvenzverfahren und zukünftiges deutsches internationales Insolvenzrecht, IPrax 2001, 2; *ders.,* A New Framework for Business Restructuring in Europe: The EU Commission's Proposals for a Reform of the European Insolvency Regulation and Beyond, (2013) 20 MJ 133, 142; *ders./Frobenius,* Die internationale Reichweite eines englischen Scheme of Arrangement, WM 2011, 1210; *Fehrenbach,* Die reformierte Europäische Insolvenzverordnung, GPR 2016, 282, GPR 2017, 38; *Garcimartín,* The situs of shares, financial instruments and claims in the Insolvency Regulation Recast: seeds of a future EU instrument on rights in rem?, IPRax 2015, 489, 491; *Parzinger,* Die neue EuInsVO auf einen Blick, NZI 2016, 63; *Piekenbrock,* Der Anwendungsbereich der EuInsVO de lege ferenda, ZIP 2014, 250; *Sabel,* Hauptsitz als Niederlassung im Sinne der EuInsVO?, NZI 2004, 126; *Thole,* Die Anerkennung von (außerinsolvenzlichen) Sanierungs- und Restrukturierungsverfahren im Europäischen Verfahrensrecht, FS Simotta, 2012, S. 613 ff.; *ders.,* Die Reform der Europäischen Insolvenzverordnung, ZEuP 2014, 39; *ders.,* Die neue Europäische Insolvenzverordnung, IPRax 2017, 213; *ders.,* Lehren aus dem Fall NIKI, ZIP 2018, 401; *Wenner,* Die Reform der EuInsVO – ein Veriss, ZIP 2017, 1137; *Wessels,* What is an insolvency proceeding anyway?, IILR 2011, 491; *Zipperer,* Ein Plädoyer für eine europarechtskonforme Anwendung deutscher Verfahrensvorschriften am Beispiel von Niki, ZIP 2018, 956; *ders./Vallender,* Der vorläufige Insolvenzverwalter – offene Fragen und Probleme in der neuen EuInsVO, ZInsO 2019, 960.

Vgl. auch die Literaturangaben zu Art. 2 der 3. Auflage.

Übersicht

		Rn.			Rn.
I.	Normzweck	1	8.	Zeitpunkt der Verfahrenseröffnung (Art. 2 Nr. 8)	25
II.	Der Katalog von Art. 2	2			
1.	Gesamtverfahren (Art. 2 Nr. 1)	2	9.	Mitgliedstaat, in dem sich ein Vermögensstand befindet (Art. 2 Nr. 9)	32
	a) Zusammenhang mit Anhang A und dem Begriff des Insolvenzverfahrens	2		a) Namensaktien (lit. i)	35
				b) Finanzinstrumente (lit. ii)	36
	b) Beteiligung aller oder des wesentlichen Teils der Gläubiger	3		c) Kontoguthaben (lit. iii)	37
				d) Öffentliches Register (lit. iv)	38
	c) Forderungen nicht beteiligter Gläubiger bleiben unberührt	5		e) Europäisches Patent (lit. v)	41
				f) Schutzrechte (lit. vi)	42
2.	Organismen für gemeinsame Anlagen (Art. 2 Nr. 2)	7		g) Körperliche Gegenstände (lit. vii)	43
				h) Forderungen (lit. viii)	44
3.	Schuldner in Eigenverwaltung (Art. 2 Nr. 3)	8	10.	Niederlassung (Art. 2 Nr. 10)	49
4.	Insolvenzverfahren (Art. 2 Nr. 4)	13	11.	Lokale Gläubiger (Art. 2 Nr. 11)	61
5.	Verwalter (Art. 2 Nr. 5)	15	12.	Ausländische Gläubiger (Art. 2 Nr. 12)	62
6.	Gericht (Art. 2 Nr. 6)	17	13.	Unternehmensgruppe (Art. 2 Nr. 13)	64
7.	Entscheidung zur Eröffnung (Art. 2 Nr. 7)	20	14.	Mutterunternehmen (Art. 2 Nr. 14)	67

I. Normzweck

1 Art. 2 führt die bisherige Vorschrift des Art. 2 EuInsVO 2000 **in erweiterter Form** fort. Die Vorschrift enthält eine Reihe von neu eingefügten Definitionsnormen (Art. 2 Nr. 1, 2, 3, 11 bis 14); andere Normen wurden ergänzt und geändert. Art. 2 enthält damit Legaldefinitionen für Begriffe, die innerhalb der Verordnung wiederholt verwendet werden. Das in Art. 2 festgelegte Begriffsverständnis geht dem nationalen Verständnis vor.[4] Mit dem Definitionskatalog soll eine einheitliche Handhabung der Begrifflichkeiten gewährleistet werden. Damit werden auch die möglichen Divergenzen reduziert, die sich aufgrund der Übersetzung der EuInsVO in mehr als 20 Sprachfassungen ergibt, denen jeweils gleiche Verbindlichkeit zukommt.[5] Im Einzelnen bleiben die in Art. 2 aufgenommenen Definitionen allerdings teils recht offen formuliert. Im Zweifelsfall ist stets der EuGH zur abschließenden Interpretation berufen (Art. 267 AEUV).

---

zur Aufhebung der Richtlinien 78/660/EWG und 83/349/EWG des Rates (ABl. L 182 vom 29.6.2013, S. 19).

[4] MüKoBGB/*Kindler* Art. 2 Rn. 1.
[5] Zur gleichen Verbindlichkeit aller Sprachfassungen EuGH v. 6.10.1982 – Rs. 283/81, Slg. 1982, 3417, 3430 Rn. 18 = EU:C:1982:335.

II. Der Katalog von Art. 2

1. Gesamtverfahren (Art. 2 Nr. 1). a) Zusammenhang mit Anhang A und dem Begriff 2
des Insolvenzverfahrens. Die Definition des in Art. 1 vorausgesetzten Gesamtverfahrens wurde neu in die EuInsVO 2015 aufgenommen. Nr. 1 steht damit im Zusammenhang mit der neugefassten und erweiterten Begriffsbestimmung des Insolvenzverfahrens in Art. 1 und in Nr. 4, nach der Insolvenzverfahren im Sinne der Verordnung allein die in Anhang A genannten Verfahren sind. Insofern hat die Definition des Gesamtverfahrens in Nr. 1 keine weitergehende Bedeutung, wenn ein nationales Verfahren in Anhang A erst genannt ist. Die **Nennung in Anhang A ist konstitutiv** und auch im Anerkennungsstaat nicht in Frage zu stellen. Das Merkmal des Gesamtverfahrens hat daher seine Bedeutung bei der **vorgelagerten Frage,** ob das jeweilige Verfahren verordnungskonform **in den Anhang A aufgenommen** werden darf.

b) Beteiligung aller oder des wesentlichen Teils der Gläubiger. Als Gesamtverfahren 3 versteht der Verordnungsgeber ein Verfahren, an dem alle oder ein wesentlicher Teil der Gläubiger des Schuldners beteiligt sind, vorausgesetzt, dass im letzteren Fall das Verfahren nicht die Forderungen jener Gläubiger berührt, die nicht daran beteiligt sind. Das ergibt sich ergänzend auch aus Erwägungsgrund Nr. 14. Folglich verlangt der Verordnungsgeber eine (potentielle) Beteiligung sämtlicher Gläubiger, wie es im deutschen Insolvenzverfahren der Fall ist. Auch **partielle Kollektivverfahren** werden erfasst.[6] Wie Erwägungsgrund Nr. 14 in Satz 2 deutlich macht, kann ein Gesamtverfahren auch dann vorliegen, wenn nur die Finanzgläubiger des Schuldners beteiligt sind, wie etwa bei der französischen **Sauvegarde financière accélérée**.[7] Insoweit wird die EuInsVO jedenfalls potentiell – und sodann abhängig von der tatsächlichen Aufnahme in Anhang A – geöffnet für die typischerweise insolvenznahen Sanierungsverfahren, die es ermöglichen, nur eine Gruppe von Gläubigern in die Sanierungsbemühungen einzubeziehen. Aus Erwägungsgrund Nr. 14 Satz 4 ergibt sich auch, dass diese auf einzelne Gläubiger beschränkten Verfahren **Sanierungsziele** bzw. die **Rettung des Schuldners** verfolgen müssen. Dabei wird man unter Rettung des Schuldners nicht notwendigerweise den zwingenden Erhalt des Rechtsträgers (also des eigentlichen Schuldners) verstehen müssen, sondern den Erhalt des Unternehmens; jedenfalls ist Art. 1, auf den Art. 2 Nr. 1 Bezug nimmt, insoweit weit gefasst. Er stellt auch auf die Vermeidung der Insolvenz und der Einstellung der Betriebstätigkeit ab. Auch Art. 2 Nr. 1 der **RL 2019/1023 über den präventiven Restrukturierungsrahmen**[8] schließt die **übertragende Sanierung** grundsätzlich mit ein. Die Einbeziehung von übertragenden Sanierungen lässt sich mit einem Gegenschluss zu Erwägungsgrund Nr. 14 Satz 4 untermauern, denn danach sollte ein Verfahren, das zu einer endgültigen Einstellung der Unternehmenstätigkeit des Schuldners oder zur Verwertung des Vermögens des Schuldners führt, alle Gläubiger einschließen, also ein echtes Kollektivverfahren sein. Das ist ersichtlich auf klassische Insolvenz- bzw. Liquidationsverfahren gemünzt. Da eine klassische „übertragende Sanierung" im Ergebnis eine Verwertung des Schuldnervermögens bedeutet, muss die Rettung des Rechtsträgers in partiellen Kollektivverfahren zwar zumindest möglich sein, nur eben nicht zwingend verfolgt werden.

Wann ein wesentlicher Teil der Gläubiger betroffen ist, definiert die EuInsVO nicht. Nach 4 Satz 1 von Erwägungsgrund Nr. 14 sollten zudem Gesamtverfahren in den Anwendungsbereich der Verordnung fallen, die alle oder einen wesentlichen Teil der Gläubiger des Schuldners einschließen, auf die die gesamten oder ein erheblicher Anteil der Verbindlichkeiten des Schuldners entfallen, vorausgesetzt, dass die Forderungen der Gläubiger, die sich nicht an einem solchen Verfahren beteiligen, davon unberührt bleiben. Aus diesem Erwägungsgrund kann man schließen, dass ein „wesentlicher Teil der Gläubiger" sowohl ein **quantitatives Element als auch ein qualitatives Element** erfordert. Ebenso wenig wie es ausreicht, dass die Mehrzahl der Gläubiger nach Köpfen beteiligt ist, genügt es für sich genommen, dass ein erheblicher oder überwiegender Anteil der Forderungen bzw. aus Sicht des Schuldners der Verbindlichkeiten beteiligt ist, was u.U. schon bei einem einzigen Gläubiger der Fall wäre. Allerdings wird nicht nach Art der Forderungen unterschieden. Im Zweifel wird man dem qualitativen Element indessen Vorrang einräumen müssen und eine gewisse Offenheit zugrunde legen müssen; im praktischen Ergebnis hängt ohnedies alles von der Aufnahme in Anhang A durch entsprechende Verordnung ab. Ist bei einem Insolvenzabwendungsverfahren der Eingriff in Rechte einer bestimmten Gläubigergruppe ermöglicht, die aber dann im konkreten Fall in ihrer Gesamtheit nicht den wesentlichen Teil der Gläubigerschaft ausmachen, ändert dies an der Qualifikation als Insolvenzverfahren nichts, weil es nicht auf den konkreten Fall ankommt, sondern auf den

---

[6] Dazu auch *Piekenbrock* ZIP 2014, 250, 254.
[7] Dazu *Degenhardt* NZI 2013, 830; Flöther/*Thole*, Sanierungsrecht, 1. Aufl., Abschnitt L. Rn. 23; *Eidenmüller* (2013) 20 MJ 133, 142.
[8] ABl. 2019 L 172/18.

gesetzlichen Rahmen, der in der genannten Situation typischerweise erst recht bei wesentlichen Gläubiger Eingriffe zuließe. Zudem ließe sich dann für den konkreten Fall wertungsmäßig ohnedies annehmen, der betroffene Teil der Gläubiger sei schon deshalb wesentlich, weil der Eingriff in deren Rechte zur Abwendung der Insolvenz notwendig ist.

5   c) **Forderungen nicht beteiligter Gläubiger bleiben unberührt.** Zugleich wird schon in Art. 2 Nr. 1 das Postulat aufgestellt, dass dann, wenn nicht alle Forderungen bzw. Gläubiger in das Verfahren einbezogen werden, die übrigen, unbeteiligten Forderungen („die nicht daran beteiligt sind") durch das Verfahren nicht berührt und beeinträchtigt werden dürfen. Eine Gruppe von Gläubigern kann folglich **keine Zwangswirkungen zu Lasten solcher Gläubiger** entwerfen. Allerdings stiftet hier Erwägungsgrund Nr. 14 insofern Verwirrung, als er davon spricht, dass die Forderungen der Gläubiger, die sich nicht an einem solchen Verfahren beteiligen („die sich nicht ... beteiligen"), davon unberührt bleiben. Das klingt nach Freiwilligkeit und einem Wahlrecht, ob sich ein Gläubiger beteiligen möchte. Indes schließt Art. 2 Nr. 1 einen Beteiligungszwang bzw. eine automatische Einbeziehung mancher Gläubiger nicht aus. Das gilt ohnehin für klassische Verfahren, in denen alle Gläubiger erfasst sind, selbst wenn sie dann auf eine Anmeldung ihrer Forderung verzichten, sich also gerade nicht beteiligen. Andernfalls wäre das deutsche Insolvenzplanverfahren gar nicht erfasst, weil etwa § 254b InsO die Wirkungen eines Insolvenzplans auch auf Gläubiger erstreckt, die ihre Forderungen nicht angemeldet haben. Es bleibt also dabei, wie Nr. 1 auch deutlich macht, dass die fehlende Zwangswirkung zu Lasten unbeteiligter Gläubiger nur relevant ist in Fällen, in denen nicht von vornherein alle Gläubiger erfasst sind („im letzteren Fall"). Aber selbst in einem solchen Fall läge auch dann noch ein Gesamtverfahren vor, wenn etwa das Verfahren so ausgestaltet ist, dass alle Finanzgläubiger erfasst werden und mit Wirkungen belegt werden, selbst wenn sie sich einer Zusammenarbeit verweigern. Echte Freiwilligkeit meint Erwägungsgrund Nr. 14 daher richtigerweise nicht, sondern es darf lediglich keine Auswirkungen auf Gläubiger geben, die sich schon von vornherein nicht beteiligen dürften und könnten.

6   Aus Erwägungsgrund Nr. 14 folgt sodann ferner aus Satz 4, dass es der Qualifizierung als Gesamtverfahren nicht entgegensteht, wenn im Insolvenzverfahren bei natürlichen Personen bestimmte Verbindlichkeiten von einer Restschuldbefreiung ausgenommen sind, wie dies vielfach bei Unterhaltsforderungen der Fall ist.

7   **2. Organismen für gemeinsame Anlagen (Art. 2 Nr. 2).** Die Defintion der „Organismen für gemeinsame Anlagen" nimmt Bezug auf die Bereichsausnahme des Art. 1 Abs. 2 lit. d. Gemeint sind im Wesentlichen **Investmentfonds,** oder genauer: Organismen für gemeinsame Anlagen in Wertpapieren im Sinne der RL 2009/65/EG (OGAW-Richtlinie)[9] und alternative Investmentfonds im Sinne der RL 2011/61/EU (AIFM-Richtlinie).[10] Diese Richtlinien enthalten jeweils eine Begriffsbestimmung (vgl. Art. 1 Abs. 2 OGAW-RL).

8   **3. Schuldner in Eigenverwaltung (Art. 2 Nr. 3).** Der in Nr. 3 definierte Begriff des Schuldners in Eigenverwaltung trägt der mit der Reform 2015 erfolgten stärkeren **Öffnung der EuInsVO für Sanierungs- und Restrukturierungsverfahren** Rechnung. Zugleich hat die vom Europäischen Parlament angeregte Unterscheidung zwischen dem Insolvenzverwalter und dem Schuldner in Eigenverwaltung[11] den Vorzug, dass man nicht versuchen muss, die Eigenverwaltung künstlich in den Verwalterbegriff einzubeziehen.[12] An verschiedenen Stellen wird in der Verordnung unterschieden zwischen dem Insolvenzverwalter (Art. 2 Nr. 5 iVm Anhang B) und dem Schuldner in Eigenverwaltung.[13] Regelmäßig wird der eigenverwaltende Schuldner denselben Regelungen unterworfen wie der Insolvenzverwalter. Genannt ist der Begriff in Art. 6 Abs. 2 S. 2, Art. 28 Abs. 1 und 2, Art. 29, Art. 38, Art. 55 Abs. 5 und 7 und Art. 76.

---

[9] Richtlinie 2009/65/EG des Europäischen Parlaments und des Rates vom 13.7.2009 zur Koordinierung der Rechts- und Verwaltungsvorschriften betreffend bestimmte Organismen für gemeinsame Anlagen in Wertpapieren (OGAW) (Neufassung).

[10] Richtlinie 2011/61/EU des Europäischen Parlaments und des Rates vom 8.6.2011 über die Verwalter alternativer Investmentfonds und zur Änderung der Richtlinien 2003/41/EG und 2009/65/EG und der Verordnungen (EG) Nr. 1060/2009 und (EU) Nr. 1095/2010.

[11] Vgl. Art. 2 lit. ba im Bericht über den Vorschlag für eine Verordnung des Europäischen Parlaments und des Rates zur Änderung der Verordnung (EG) Nr. 1346/2000 des Rates über Insolvenzverfahren, Dok. A7-0481/2014.

[12] So etwa erforderlich nach Art. 2 lit. b idF des Kommissionsentwurfs vom 12.12.2012, KOM(2012), 744 endg.

[13] Zur Ansicht, dass der Schuldner in Eigenverwaltung teilweise dem Begriff des Verwalters zuzuordnen ist, *Brinkmann,* European Insolvency Regulation, Art. 2 Rn. 4.

Bemerkenswerterweise hat der Verordnungsgeber bei der Bestimmung des Anwendungsbereichs der Verordnung in Art. 1 Abs. 1 die Eigenverwaltung nicht explizit angesprochen. Ein Verfahren mit Eigenverwaltung kann dennoch ein Verfahren nach Art. 1 Abs. 1 lit. a sein, weil damit regelmäßig zumindest eine **teilweise Entziehung der Verfügungsgewalt** in einzelnen Beziehungen einhergeht und eine Überwachungsperson (in Deutschland Sachwalter) bestellt wird, die gemäß Art. 2 Nr. 5 lit. v) iVm Anhang B ein Insolvenzverwalter im Sinne der Verordnung ist. Wenn man annimmt, dass die Verfügungsgewalt vollständig beim Schuldner verbleibt, ist jedenfalls von einer gerichtlichen Kontrolle und Aufsicht iSd Art. 1 Abs. 1 lit. b oder von einem Verfahren nach Art. 1 Abs. 1 lit. c auszugehen (→ Art. 1 Rn. 8 f.). Soweit Eigenverwaltungsverfahren nach dem nationalen Recht eine eigenständige Natur haben und nicht, wie in Deutschland, ein integraler Bestandteil eines einheitlichen Verfahrenstyps sind, müssen sie freilich in Anhang A genannt sein. Für Deutschland bedarf es dessen nicht, weil die Eigenverwaltung zum in Anhang A genannten Insolvenzverfahren gehört. 9

Art. 2 Nr. 3 setzt die Eröffnung eines Insolvenzverfahrens voraus. Zum vorläufigen Insolvenzverfahren vgl. zunächst die Ausführungen zu Art. 19 Rn. 14. Zum Eröffnungsbegriff → Art. 19 Rn. 5 und → Rn. 20. 10

Die Bestellung eines Verwalters (Art. 2 Nr. 5 iVm Anhang B) oder eine vollständige Übertragung der Verwaltungsbefugnis auf einen Verwalter ist nicht erforderlich, so dass der Schuldner ganz oder teilweise die Kontrolle über sein Vermögen und seine Geschäfte behalten darf. Damit ist auch ein Präventivverfahren erfasst, das noch nicht einmal einen Sachwalter bzw. eine Überwachungsperson vorsieht (Art. 2 Nr. 5 lit. ii). Erst recht ist auch die **vorläufige Eigenverwaltung nach § 270a InsO** erfasst, weil dort ein vorläufiger Sachwalter eingesetzt wird, der ein Insolvenzverwalter im Sinne der Verordnung ist (siehe Anhang B). Allerdings ergeben sich daraus gewisse Friktionen zu Art. 1 Abs. 1. So ist der Fall des § 270a InsO jedenfalls über Art. 1 Abs. 1 lit. a noch nicht ohne weiteres erfasst, wenn und weil es trotz der Einsetzung des vorläufigen Sachwalters an einer zumindest teilweisen Entziehung der Verfügungsgewalt fehlt. Zieht der Sachwalter die Kassenführung an sich (§ 275 Abs. 2 InsO) oder werden ihm weitere Befugnisse vom Gericht übertragen, wäre dies aber zumindest eine teilweise Entziehung der Verfügungsgewalt, auch wenn dies nur intern wirkt. Soll der Sachwalter lediglich überwachen, wäre dies einer mit der Einsetzung eines ganz schwachen Insolvenzverwalters im Regelverfahren vergleichbar, was auch nach der Eurofood-Entscheidung[14] nicht genügte (→ Art. 2 Rn. 23 und → Art. 19 Rn. 15).[15] Man könnte zwar argumentieren, dass bei der vorläufigen Eigenverwaltung letztlich bereits deshalb eine Entziehung der Verfügungsgewalt eintritt, weil der Schuldner an den Verfahrenszweck des Insolvenzverfahrens gebunden wird, doch wäre dies mit dem Wortsinn des Art. 1 Abs. 1 lit. a kaum vereinbar und geriete auch in Konflikt mit dem Postulat einer unionsrechtlich-autonomen Auslegung. Freilich hat der Verordnungsgeber mit der Einfügung des vorläufigen Sachwalters in Anhang B und der Nennung vorläufiger Verfahren in Art. 1 und Art. 2 Nr. 2 deutlich gemacht, dass **auch die vorläufige Eigenverwaltung zu erfassen** ist. Außerdem sollen nach Erwägungsgrund Nr. 15 und ausweislich Art. 1 auch vorläufige Verfahren erfasst werden. Entscheidend ist aber, dass man bei der vorläufigen Eigenverwaltung ohne weitere Sicherungsmaßnahmen von einer **gerichtlichen Aufsicht** im Sinne des Art. 1 Abs. 1 lit. b ausgehen kann. Daher ist ohne Zweifel auch der Fall **der §§ 270a, b InsO von der EuInsVO erfasst**. Das **Schutzschirmverfahren nach § 270b InsO** könnte zudem zumindest unter Art. 1 Abs. 1 lit. c eingeordnet werden, wenn es mit einem Vollstreckungsschutz nach § 270b Abs. 2 S. 3 iVm § 21 Abs. 2 Nr. 3 InsO verbunden ist. Da schon Art. 1 Abs. 1 lit. b eingreift, kommt es aber auf die Sicherungsmaßnahme nicht mehr an. 11

Die Frage wird auch im Anerkennungskontext relevant. Hier kann man sich zumindest mit Art. 32 Abs. 1 Unterabs. 3 behelfen, doch bedarf es dessen nicht, wenn man von einer Eröffnungsentscheidung ausgeht (→ Art. 19 Rn. 16). 12

4. Insolvenzverfahren (Art. 2 Nr. 4). Die Vorschrift hat ihren Vorläufer in Art. 2 lit. a EuInsVO 2000. Mit der Änderung und Einführung von Art. 2 Nr. 4 wurde die schon bisher ganz herrschende Meinung bestätigt, dass die EuInsVO nur solche Verfahren erfasst, die in Anhang A aufgeführt sind.[16] Die Nennung ist **konstitutiv**,[17] was in Art. 1 Abs. 1 Satz 3 nochmals bestätigt wird. Das gilt auch dann, wenn ersichtlich, etwa bei einem neu eingeführten Verfahren, die materiellen Voraussetzungen des Art. 1 Abs. 1 nicht gegeben sind.[18] De lege lata ist das nicht 13

---

[14] EuGH v. 2.5.2006 – Rs. C-341/04 (Eurofood IFSC Ltd), Slg. 2006, I-3854 = ECLI:EU:C:2006:281.
[15] Nicht ganz klar *Piekenbrock* NZI 2012, 905, 909, der für das für Schutzschirmverfahren nach § 270b InsO auch darauf abstellt, dass der vorläufige Sachwalter nicht im bisherigen Anhang C genannt war.
[16] Dazu noch MüKoInsO/*Thole*, Bd. 4, 3. Aufl., Art. 2 Rn. 2.
[17] Vgl. auch LAG Hessen BeckRS 2011, 78544; *Brinkmann*, European Insolvency Regulation, Art. 2 Rn. 6.
[18] *Piekenbrock* ZIP 2014, 250, 257 mit Beispielen aus jüngerer Zeit aus Portugal.

zu ändern.[19] Der Katalog des Anhang A soll gerade Interpretationsschwierigkeiten ausräumen.[20] Daher darf der Richter im Einzelfall nicht nachprüfen, ob beispielsweise das Erfordernis einer Insolvenz des Schuldners für das in Rede stehende Verfahren verlangt wird.[21] Ohnedies käme es insoweit nicht auf eine einzelfallabhängige Feststellung, sondern darauf an, ob das Verfahren auf die Behandlung insolventer Schuldner ausgerichtet ist.[22] Eine spätere Modifikation des Verfahrens oder die Einführung von unselbständigen Verfahrensvarianten durch den nationalen Gesetzgeber ändern nichts an der Qualifikation als Insolvenzverfahren; verwiesen wird auf die Grundformen des Verfahrens.[23] Für Deutschland sind auch das **Nachlassinsolvenzverfahren** nach §§ 315 ff. InsO[24] sowie das Insolvenzplanverfahren als integraler Bestandteil des Verfahrens sind ebenso erfasst wie das **Restschuldbefreiungsverfahren,** das zwar dem Verfahren nachfolgt, aber als notwendiger Annex verstanden werden kann (vgl. auch § 1 S. 2 InsO). Die Aufnahme eines gänzlich neuen nationalen Verfahrens in die Verordnung erfordert wie bisher eine Änderung des Anhangs im Verordnungswege. Das englische *scheme of arrangement* nach Maßgabe der sec. 895 ff. Companies Act 2006 war nicht als Insolvenzverfahren iSd EuInsVO anzusehen; die Frage hat sich mit dem **Brexit** erübrigt. Das Scheme war im Anhang A zu Art. 2 EuInsVO 2000 nicht genannt.[25] Entgegen dem früheren Recht ist es aber *potentiell* von der Definition in Art. 1 erfasst.[26] Zweifeln kann man, ob das **scheme of arrangement** indirekt erfasst ist, wenn es im Rahmen oder anlässlich eines (in Anhang A ausdrücklich genannten) Administration-Verfahren und damit als Insolvent Scheme of Arrangement vorgenommen wird. Die Frage ist zu verneinen, weil das Scheme-Verfahren auch insoweit noch ein eigenständiges Verfahren nach dem CA 2006 bildet, das eben nicht in Anhang A genannt ist. Für entsprechende Verfahren in **Irland** und **Zypern** ist jeweils zu unterscheiden, ob das dort mögliche Scheme-Verfahren in Anhang A genannt ist. Für Irland ist das „Part 9 Scheme of Arrangement" nicht erfasst, dort aber selten.[27]

14 Eine Aufnahme von Verfahren in Anhang A erfolgt, nachdem Art. 45 EuInsVO 2000 gestrichen worden ist, durch eine entsprechende Änderungsverordnung im ordentlichen Gesetzgebungsverfahren, was höchst problematisch ist.[28]

15 **5. Verwalter (Art. 2 Nr. 5).** Nach der bisher geltenden Definition des Art. 2 lit. b EuInsVO 2000 war „Verwalter" jede Person oder Stelle, deren Aufgabe es ist, die Masse zu verwalten oder zu verwerten oder die Geschäftstätigkeit des Schuldners zu überwachen. Art. 2 Nr. 5 präzisiert diese Definition; damit wird zugleich die Abgrenzung zum Schuldner in Eigenverwaltung gemäß Art. 2 Nr. 3 betont. Obwohl die in Nr. 5 genannten Aufgaben auch den Aufgabenbereich eines eigenverwaltenden Schuldners ausfüllen, wird man aus Art. 2 Nr. 3 ableiten können, dass Nr. 5 gerade **nicht die Eigenverwaltung** erfasst. In Anhang B ist denn auch der eigenverwaltende Schuldner nicht genannt. Die Begriffsbestimmung des Art. 2 Nr. 5 ist insbesondere bei den in der Verordnung normierten Antragsrechten und bei der Anerkennung grenzüberschreitender Befugnisse (Art. 21) relevant. Wie bei Nr. 4 ist für die Einordnung als Insolvenzverwalter erforderlich, dass die jeweilige Person in Anhang B aufgeführt wird. Auch insoweit ist die Nennung im Anhang **konstitutiv**.[29] Von der Frage, ob ein Verwalter im Sinne des Anhang B handelt, ist die Reichweite seiner Befugnisse zu unterscheiden, vgl. auch Art. 21 f.[30]

---

[19] Paulus, Europäische Insolvenzverordnung, Art. 2 Rn. 11; wohl anders, aber nicht ganz klar Balz 70 Am. Bankr. L.J., 485, 502 (1996).
[20] Paulus, Europäische Insolvenzverordnung, Art. 2 Rn. 8.
[21] Für das in Anhang A aufgenommene englische administration-Verfahren, das dieses nicht voraussetzt, HKInsO/Dornblüth Art. 1 Rn. 4.
[22] Vgl. für § 343 InsO BGH NZI 2009, 859, 861 Rn. 15 f.; Brinkmann IPRax 2011, 143, 145.
[23] LAG Hessen BeckRS 2011, 78544.
[24] So wohl BGH ZEV 2010, 528 = ZInsO 2010, 348; Paulus, Europäische Insolvenzverordnung, Art. 2 Rn. 10. Vgl. für die Anerkennung AG Köln NZI 2011, 159; Mankowski ZIP 2011, 1501 ff.; Geimer/Schütze/Gruber, Int. Rechtsverkehr, B Vor I 20b, Art. 16 Rn. 20 = Haß/Huber/Gruber/Heiderhoff/Huber Art. 16 Rn. 20; Paulus, Europäische Insolvenzverordnung, Art. 2 Rn. 11; Uhlenbruck/Knof Art. 19 Rn. 2.
[25] Im Ergebnis BGH NZI 2012, 425, 427 Rn. 19 ff. = ZIP 2012, 740; OLG Celle ZIP 2009, 1968, 1970 (zu § 343 InsO). Dazu Paulu, ZIP 2011, 1077; Eidenmüller/Frobenius WM 2011, 1210, 1214; Lüke/Scherz ZIP 2012, 1101, 1104.
[26] Anders noch für Art. 1 EuInsVO 2000 BGH NZI 2012, 425, 428 Rn. 23; K. Schmidt/Brinkmann Art. 2 Rn. 6 (iE).
[27] → Länderbericht Irland Rn. 16.
[28] K. Schmidt/Brinkmann Art. 2 Rn. 7 (iE); Parzinger NZI 2016, 63, 64; Wenner ZIP 2017, 1137, 1139.
[29] Mankowski/Müller/J. Schmidt/J. Schmidt Art. 2 Rn. 15; Zipperer/Vallender ZInsO 2019, 960, 963; vgl. MüKoBGB/Kindler Art. 2 Rn. 7; Brinkmann, European Insolvency Regulation, Art. 2 Rn. 9.
[30] Näher Zipperer/Vallender ZInsO 2019, 960, 963 ff.

16 Das Bild der Aufgaben eines Insolvenzverwalters in diesem Sinne entspricht in lit. i) bis iv) dem klassischen Verständnis eines Verwalters: Prüfung von Forderungen, Ausrichtung auf die Vertretung der Gesamtinteressen der Gläubiger, Verwaltung und Verwertung der Masse. Nach dem Eingangssatz kann diese Aufgabe auch „vorläufig" auszuüben sein, womit auch vorläufige Verwalter erfasst sind. Damit wird das, was zu Art. 16 EuInsVO 2000 bereits Gegenstand der Eurofood-Entscheidung – die Bestellung eines *provisional liquidators* (Art. 19 Rn. 10) – war, expressis verbis in die allgemeine Definitionsnorm überführt. Alle Varianten der Nr. 5 sind **alternativ** zu berücksichtigen und sie müssen also nicht kumulativ vorliegen („oder"). Damit ist klargestellt, dass der Begriff des Verwalters **weit zu verstehen** ist.[31] Theoretisch könnte die Stelle auch ein Gericht sein, aber das ist ersichtlich nicht gewollt, weil die EuInsVO zwischen Verwalter und Gericht (Art. 2 Nr. 6) unterscheidet.

Nach lit. v kann auch die Überwachung der Geschäftstätigkeit des Schuldners zu den Aufgaben gehören. Daher ist auch ein **Sachwalter** bzw. eine vergleichbare **Überwachungsperson** als Insolvenzverwalter im Sinne der Verordnung anzusehen. Das ändert natürlich nichts daran, dass er nach Maßgabe der lex fori concursus nur diejenigen eingeschränkten Befugnisse ausüben darf, die ihm danach zustehen.[32] Erwägungsgrund Nr. 21 formuliert, dass Insolvenzverwalter, die ohne Beteiligung eines Justizorgans bestellt werden, einer angemessenen **Berufsaufsicht** unterliegen und für die Wahrnehmung von Aufgaben in Insolvenzverfahren zugelassen sein sollten. Dies ist indes keine materielle Voraussetzung der EuInsVO oder für die Aufnahme in Anhang B, sondern ein (politischer) Wunsch, der in den ohnehin aufgeblähten Erwägungsgründen fehl am Platz zu sein scheint. Allerdings hat die RL 2019/1023 in ihrem Art. 26 f. verbindliche, wenngleich inhaltlich ausfüllungsbedürftige Vorgaben für die Regulierung und Zulassung von Verwaltern gemacht.

17 **6. Gericht (Art. 2 Nr. 6).** Art. 2 Nr. 6 EuInsVO liefert im Zusammenwirken mit Erwägungsgrund Nr. 20 eine gespaltene Definition des Gerichtsbegriffs und weicht insofern von Art. 2 lit. d) EuInsVO 2000 ab. In Nr. 6 lit. i) wird für enumerierte Fälle eine engere Definition angelegt als in Nr. 6 lit. ii). In den Fällen des Art. 1 Abs. 1 lit. b und c, Art. 4 Abs. 2, Art. 5, Art. 6, Art. 21 Abs. 3, Art. 24 Abs. 2 lit. j, Art. 36, Art. 39, Art. 61 bis Art. 77 bezeichnet Gericht das jeweilige Justizorgan eines Mitgliedstaats. Damit wird ein „echtes" Gericht, eine Einrichtung der Judikative und der staatlichen Justiz verlangt. Das *creditors' meeting* nach dem Insolvency Act 1986 gemäß Sch. B 1 Insolvency Act 1986, para. 105 bzw. *post-Brexit* vergleichbare Institute, zB das *creditors' meeting* des irischen Rechts, sind insoweit nicht erfasst.

18 Demgegenüber erweitert **lit. ii)** die Definition um „jede sonstige zuständige Stelle". Das kann auch eine **Behörde** sein, die damit nicht Teil der Justiz im eigentlichen Sinne ist. Maßgebend ist demnach jeweils die Entscheidungskompetenz zur Verfahrenseröffnung bzw. die Befugnis, im Laufe des Verfahrens Entscheidungen zu treffen. Das kann auch bei einem Rechtspfleger zutreffen und gar auch bei einem *meeting of creditors*.[33]

19 Nach lit. ii) kann die Befugnis des jeweiligen Justizorgans oder der zuständigen Stellen nicht nur die Befugnis zur Eröffnung des Insolvenzverfahrens und zu Entscheidungen im Laufe des Verfahrens umfassen, sondern auch die Befugnis, die Eröffnung eines solchen Verfahrens zu **bestätigen.** Damit wird auf die **Restrukturierungsverfahren** abgestellt, die zunächst ohne gerichtliche Beteiligung eingeleitet werden, bei denen sodann aber zu einem späteren Zeitpunkt eine gerichtliche Beteiligung bzw. die Überleitung in ein anderes Verfahrensstadium erfolgt, zB bei Vergleichsverfahren, die mit einer gerichtlichen Bestätigung des Plans enden. Die Bestätigung eines Restrukturierungsplans ist auch ein Kernelement der Richtlinie 2019/1023 über präventive Restrukturierungsrahmen (Art. 10 RL 2019/1023) und künftig des deutschen StaRVG.

20 **7. Entscheidung zur Eröffnung (Art. 2 Nr. 7).** Art. 2 Nr. 7 knüpft an Art. 2 lit. e) EuInsVO 2000 an. Der Begriff der Entscheidung wird in der Verordnung an mehreren Stellen relevant, ua in Art. 32 Abs. 1; unter Art. 2 Nr. 7 wird aber – rechtspolitisch fragwürdig – nur der Begriff der Entscheidung zur Eröffnung oder Bestätigung der Eröffnung des Insolvenzverfahrens und zur Bestellung eines Verwalters konkretisiert. Die Definitionsnorm wird insbesondere für die Anerkennung und das Prioritätsprinzip relevant (Art. 19 Rn. 9 f.). Wieder zeigt sich ein weites Verständnis, so dass auch staatliche, richterliche Verfügungen oder Verwaltungsakte erfasst sein können.[34] Erfasst ist danach jede Entscheidung des dazu befugten Gerichts; der Entscheidungsbegriff ist **funktional** zu verstehen.[35]

---

[31] MüKoBGB/*Kindler* Art. 2 Rn. 8.
[32] *Zipperer/Vallender* ZInsO 2019, 963, 963.
[33] *Turck*, Priorität im Europäischen Insolvenzrecht, 2014, S. 64.
[34] *Virgos/Schmit*, Erläuternder Bericht, Rn. 67; MüKoBGB/*Kindler* Art. 2 Rn. 12; Moss/Fletcher/Isaacs/*Moss/Smith*, EC Regulation, Rn. 8.529.
[35] *Virgos/Schmit*, Erläuternder Bericht, Rn. 67; Duursma-Kepplinger/Duursma/Chalupsky/*Duursma-Kepplinger* Art. 2 Rn. 11; LSZ/*Smid*, Int. Insolvenzrecht, Art. 2 Rn. 15; *Paulus*, Europäische Insolvenzverordnung, Art. 2 Rn. 25 f.

21 Nach lit. i) ist die Enstcheidung zur Eröffnung die Entscheidung eines Gerichts zur Eröffnung eines Insolvenzverfahrens oder zur Bestätigung der Eröffnung eines solchen Verfahrens. Die missglückte Definition[36] ist in lit. i) im Grunde eine Nicht-Definition, hinsichtlich des Gerichts verweist sie implizit auf Art. 2 Nr. 6 zurück, hinsichtlich des Verwalters auf Art. 2 Nr. 5. Die Definition wirft insoweit allerdings auch keine Probleme auf. Wann eine **Eröffnung** eines Insolvenzverfahrens ganz konkret vorliegt, bleibt indes hier offen. Auch Art. 2 Nr. 8 bringt insoweit keine endgültige Klärung (sogleich Rn. 25). Entscheidend muss sein, dass das jeweilige Verfahren in Gang gesetzt wird durch eine entsprechende Entscheidung; zur Bestätigung sogleich → Rn. 25. Die Definition bezieht in Nr. 7 lit. i) ausdrücklich auch die Entscheidung über die Bestätigung eines Insolvenzverfahrens ein. Damit sind insbesondere auch solche Fälle erfasst, in denen das Gericht keine formelle Eröffnungsentscheidung trifft, sondern das Verfahren zunächst ohne dessen Mitwirkung in Gang gesetzt wird und dann später das erzielte **Ergebnis zu bestätigen** ist (soeben → Rn. 19). Damit wird insbesondere auf die Vielgestaltigkeit von vorinsolvenzlichen und hybriden Insolvenzverfahren reagiert, die – jedenfalls potentiell – in die EuInsVO einbezogen werden können.

22 Unter Nr. 7 lit. ii) ist die Bestellung eines Insolvenzverwalters erfasst. Dazu gehört nach Art. 2 Nr. 5 EuInsVO 2015 auch ein vorläufiger Verwalter oder vorläufiger Sachwalter.[37]

23 Erwägungsgrund Nr. 15 bestätigt die Aussage des Art. 1, dass **vorläufige Verfahren** erfasst sein können. Nach seiner Eurofood-Formel hatte der EuGH zum Begriff der Eröffnung eines Insolvenzverfahrens in Art. 16 EuInsVO 2000 anerkannt, dass auch die Einsetzung eines *provisional liquidator* (dort nach irischem Recht) genügt und unter einer Eröffnungsentscheidung iSd Art. 16 EuInsVO 2000 jede Entscheidung zu verstehen ist, „die infolge eines auf die Insolvenz des Schuldners gestützten Antrags auf Eröffnung eines in Anhang A der Verordnung genannten Verfahrens ergeht, wenn diese Entscheidung den Vermögensbeschlag gegen den Schuldner zur Folge hat und durch sie ein in Anhang C der Verordnung genannter Verwalter bestellt wird. Ein solcher Vermögensbeschlag bedeutet, dass der Schuldner die Befugnisse zur Verwaltung seines Vermögens verliert" (dazu → 3. Aufl., Art. 16 Rn. 9 ff.; → Art. 19 Rn. 11). Es kommt nicht auf einen Übergang der Verfügungsbefugnis an, sondern auf die Einschränkung dieser Befugnis aus Sicht des Schuldners.[38] Für das deutsche Verfahren wurde deshalb unter der EuInsVO 2000 die Eurofood-Formel bereits durch die Einsetzung eines **schwachen vorläufigen Verwalters mit Zustimmungsvorbehalt** ausgefüllt, nicht aber die ganz schwache vorläufige Verwaltung.[39] Seit der Reform ist mit Art. 1 Abs. 1 sogar die Aussetzung von Einzelzwangsvollstreckungsmaßnahmen und die gerichtliche Überwachung genügend.[40] Die mit der Reform ebenfalls erfolgte Ausweitung des Begriffs des Insolvenzverfahrens durch Art. 1 und die Einbeziehung von Insolvenzvermeidungsverfahren (→ Art. 1 Rn. 11) **führt ggf. zu einer noch früheren Eröffnung,** weil nunmehr expressis verbis nach Art. 2 Nr. 7 lit. ii) jede Bestellung eines Verwalters im Sinne des Anhangs B zu einer Eröffnung führt, unabhängig von den konkreten Befugnissen dieses Verwalters. Art. 1 Abs. 1 S. 1 lit. b lässt, wie angesprochen, alternativ zur partiellen Entziehung der Verfügungsgewalt auch die gerichtliche Kontrolle und Aufsicht genügen. Dabei kommt es bei den **Insolvenzvermeidungsverfahren,** die ebenfalls unter Art. 1 und damit Anhang A erfasst werden können, typischerweise nicht zu einer partiellen Beschlagnahme des Schuldnervermögens, was der EuGH in Eurofood noch als maßgeblich erachtet hatte. Eine echte Entziehung der Verfügungsbefugnis findet ggf. nicht statt, wenngleich typischerweise den Schuldner in diesem Stadium gewisse Pflichten treffen werden. Aber **auch ohne Beschlagnahme** ist eine Eröffnung des jeweiligen Verfahrens gegeben, wenn das Gericht Kontrollfunktionen wahrnimmt oder – alternativ – ein Verwalter (ggf. auch Sachwalter/Überwachungsperson) bestellt wird.[41] Es ist daher klargestellt, dass schon die **Bestellung des vorläufigen Sachwalters** in der **Eigenverwaltung** genügt und die früheren Zweifel über die **Eröffnung bei §§ 270a, 270b InsO** (künftig §§ 270c, 270d InsO) damit entfallen (→ 3. Aufl., Art. 2 Rn. 12). Beim **Schutzschirmverfahren** fällt die hier ohnedies allein maßgebliche gerichtliche Entscheidung zum Vollstreckungsschutz nach

---

[36] K. Schmidt/*Brinkmann* Art. 2 Rn. 10 (iE).
[37] HKInsO/*Dornblüth* Art. 2 Rn. 4; Vallender/*Sutschet* Art. 2 Rn. 13; FKInsO/*Wenner/Schuster* Art. 2 Rn. 13; *Paulus,* Europäische Insolvenzverordnung, Art. 2 Rn. 25. Zur EuInsVO 2000 *Herchen* ZIP 2005, 1401, 1405, der die Bestellung eines vorläufigen Verwalters als Verwalterbestellung ansieht, nicht aber als Eröffnungsentscheidung.
[38] → Rn. 9.
[39] Vgl. *Duursma-Kepplinger* ZIP 2007, 896, 902; *Freitag/Leible* RIW 2006, 641, 646; *Herchen* NZI 2006, 435, 437; *Knof/Mock* ZIP 2006, 907, 912; *Mankowski* BB 2006, 1753, 1757 f.; *Saenger/Klockenbrink* EuZW 2006, 363, 366; *Thole* ZEuP 2007, 1137, 1141; K. Schmidt/*Brinkmann* Art. 2 Rn. 10 (iE).
[40] → 3. Aufl. Art. 2 Rn. 10. Für Einordnung der Eigenverwaltung und des Schutzschirmverfahrens unter „Gerichtliche Überwachung" *Kindler/Sakka* EuZW 2015, 460, 461.
[41] Vgl. Vallender/*Sutschet* Art. 2 Rn. 20.

§ 270b Abs. 2 S. 2 InsO zumindest unter Art. 32 Abs. 1 Unterabs. 3;[42] naheliegender ist seit der Reform der EuInsVO sogar die direkte Qualifikation als Eröffnungsentscheidung, weil Art. 1 Abs. 1 lit. c die Aussetzung von Vollstreckungen expressis verbis erfasst (→ Rn. 11 f.). Allerdings ist dann die Entscheidung auch bekanntzugeben bzw. zu **veröffentlichen,** weil vertrauliche Verfahren nicht von der EuInsVO erfasst sind. Fraglich ist, ob auch weiterhin die ganz schwache vorläufige Insolvenzverwaltung ausgeschlossen ist, wie dies der Eurofood-Formel entsprach. Das dürfte zu verneinen sein, weil Art. 2 Nr. 7 lit. ii) insoweit nicht differenziert und es unbestritten ist, dass auch diese Sicherungsmaßnahme ein Verfahren in Gang setzt, das von Art. 1 erfasst ist. Auch die ganz schwache vorläufige Verwaltung bedeutet eine Aufsicht durch das Gericht iSd Art. 1 Abs. 1 S. 1 lit. b).

Zum notwendigen **Maß der richterlichen Überzeugung** vom COMI bei Anordnung von Sicherungsmaßnahmen → Art. 102c § 5 EGInsO Rn. 9. **24**

8. Zeitpunkt der Verfahrenseröffnung (Art. 2 Nr. 8). Nr. 8 definiert in identischer Weise **25** wie Art. 2 lit. f) EuInsVO 2000 den Begriff des „Zeitpunktes der Verfahrenseröffnung". Er ist außer für Art. 8, 9, 17, 19, 21 Abs. 2 und 24 insbesondere für das **Prioritätsprinzip** und die Anerkennung (Art. 19 f.) von Relevanz. Nur das zuerst eröffnete Verfahren darf als Hauptinsolvenzverfahren geführt werden, während alle zeitlich nachfolgend eröffneten Verfahren nur ein Sekundärverfahren sein können. Aus der Definition in Art. 2 Nr. 8 ergibt sich, dass es nicht auf die formelle oder materielle Rechtskraft der Entscheidung ankommt, sondern allein auf die **Wirksamkeit der Entscheidung** (die sich allerdings nach der lex fori concursus richtet); darauf ist auch das Anerkennungsprinzip in Art. 19 abgestimmt (→ Art. 19 Rn. 18). Nur wenn die lex fori concursus die Rechtskraft voraussetzen würde, um der Eröffnungsentscheidung Wirkungen zu verleihen, wäre dies beachtlich. Im Übrigen aber hat die Möglichkeit, **Rechtsmittel** oder Rechtsbehelfe einzulegen, keinen Einfluss auf den Zeitpunkt der Verfahrenseröffnung.[43] Allerdings war es beispielsweise verfehlt, dass das österreichische LG Korneuburg im Fall NIKI davon ausging, § 6 Abs. 3 InsO gelte nicht und daher sei die Aufhebung der Eröffnungsentscheidung des AG Charlottenburg sofort wirksam und folglich die deutsche Verfahrenseröffnung nicht mehr wirksam.[44] Das wird durch Art. 102c § 4 EGInsO idF SanJusFoG künftig klargestellt.

Auf den Tag, an dem die Entscheidung tatsächlich erlassen wird, kommt es nicht an.[45] Zugleich **26** bleiben richtigerweise **Rückwirkungen** außen vor, die nach der lex fori concursus dem Eröffnungszeitpunkt beigemessen werden.[46] Ein solches „relation back" wäre der verlässlichen Bestimmung des Eröffnungszeitpunkts abträglich. Zudem nähme es etwa die Anerkennung der Eröffnungsentscheidung im Grunde schon vorweg. Es kommt auf eine tatsächliche Inkraftsetzung von Rechtsfolgen an, nicht auf deren lediglich fingierte Rückbeziehung, vgl. auch → Art. 3 Rn. 60, → Art. 19 Rn. 11. Daher ist einer Entscheidung des Stadtgerichts Prag nicht zu folgen, in der das Gericht nach Eröffnung eines deutschen Hauptinsolvenzverfahrens gleichwohl noch das tschechische Verfahren als Hauptinsolvenzverfahren eröffnete mit der Begründung, das tschechische Recht betrachte den Insolvenzantrag (der in Tschechien vor Eröffnung des deutschen Verfahrens gestellt worden war) als den maßgeblichen Tag der Insolvenzeröffnung.[47] Der **Antrag als solcher** ist ebenfalls noch keine Eröffnungsentscheidung.[48] Vollzieht sich die Eröffnung des Verfahrens weitgehend ohne Mitwirkung des Gerichts, so beim creditors voluntary winding up,[49] so ist zweifelhaft, ob es auf das Wirksamwerden der Rechtsfolgen oder auf die gerichtliche Bestätigung des Verfahrens und die Einsetzung des Verwalters ankommt. Es war jedenfalls unter der EuInsVO 2000 zu differenzieren. Nur für die Ausübung der Befugnisse des Verwalters in anderen Mitgliedstaaten war die gerichtliche Bestätigung maßgebend, nicht aber für andere Angelegenheiten, für die es auf die allgemeine Regel ankommt.[50] Aus der ausdrücklichen Einbeziehung der Bestätigungsentscheidung in Art. 2 Nr. 7 lit. i) Alt. 2 könnte sich jedoch seit der Reform anderes ergeben. Ist nämlich, wie Art. 2 Nr. 7 lit. i) Alt. 2 erkennen lässt, die Bestätigung der erste Akt (was typischerweise der Fall sein wird), bei dem es zu einer gerichtlichen Entscheidung kommt, ist dies zugleich erst die Eröffnungsentscheidung iSd EuInsVO.

---
[42] *Thole*, FS Simotta, S. 613, 618. Zu Sonderfällen *Piekenbrock* NZI 2012, 905, 909 f.
[43] → Art. 19 Rn. 10.
[44] LG Korneuburg ZIP 2018, 393, 395. Ebenso wohl *Zipperer* ZIP 2018, 956, 959. Dagegen *Thole* ZIP 2018, 401, 406. Für einen Überblick über den Verfahrensgang *Denkhaus/Harbeck* ZInsO 2018, 949 ff.
[45] Vgl. auch MüKoBGB/*Kindler* Art. 2 Rn. 13.
[46] Nicht berücksichtigt von Eurofood bei High Court Dublin ZIP 2004, 1223, 1224; Stadtgericht Prag ZIP 2005, 1431, 1432.
[47] *Herchen* ZIP 2005, 1401, 1403; MüKoBGB/*Kindler* Art. 2 Rn. 16.
[48] MüKoBGB/*Kindler* Art. 2 Rn. 14.
[49] Vgl. *Bork*, Sanierungsrecht in Deutschland und England, 2010, Rn. 8.19 ff.
[50] *Virgos/Schmit*, Erläuternder Bericht, Rn. 68; Duursma-Kepplinger/Duursma/Chalupsky/*Duursma-Kepplinger* Art. 2 Rn. 14; MüKoBGB/*Kindler* Art. 2 Rn. 14.

27   Geht es um die Rechtsfolgen der Eröffnung und deren Wirksamwerden, so ist nach deutschem Verständnis diese Folge eigentlich erst mit dem formellen Eröffnungsbeschluss verbunden, nicht schon mit der Anordnung von Sicherungsmaßnahmen iSd § 21 InsO und der Bestellung eines vorläufigen Verwalters. Nach den Maßstäben der EuInsVO ist das Verfahren jedoch vorher eröffnet (→ Rn. 23), nämlich schon mit der Bestellung eines vorläufigen Verwalters oder Sachwalters.

28   Es ist **nicht vollständig geklärt,** ob der entwickelte Begriff der „Eröffnung" für die EuInsVO **allgemein gültig Geltung** beansprucht oder ob der Eröffnungsbegriff jeweils getrennt nach dem jeweiligen Normen zu prüfen ist. Tatsächlich wurde schon zur EuInsVO 2000 von einer verbreiteteneren Auffassung davor gewarnt, die Eurofood-Entscheidung, die zu Art. 16 EuInsVO 2000 ergangen ist, als allgemeingültige Definition heranzuziehen;[51] sie sei nur im Zusammenhang mit dem Prioritätsprinzip (und allenfalls noch bei Art. 18 EuInsVO 2000) beachtlich, im Übrigen komme es auf den förmlichen Eröffnungsbeschluss an. Für eine solche Engführung mochte sprechen, dass die Eurofood-Entscheidung schon für sich fragwürdig ist, weil sich die Beteiligten in einem frühen Verfahrensstadium kaum jemals mit Fragen der internationalen Zuständigkeit und der Verfahrenskoordination auseinandersetzen werden[52] und daher die mit dem Prioritätsprinzip bezweckte Rechtssicherheit ins Gegenteil verkehrt wird, wenn das Insolvenzgericht (unbewusst) prioritätswidrig eröffnet wird. Manche Normen der EuInsVO seien, so wurde argumentiert, zudem auf den formellen Eröffnungsbeschluss gemünzt.[53] Wenn beispielsweise in Art. 14 EuInsVO 2000 (jetzt Art. 17 EuInsVO 2015) auf den Eröffnungszeitpunkt Bezug genommen werde, sei dies auf das materielle Insolvenzrecht abgestimmt, das ebenfalls den formellen Eröffnungsbeschluss zugrunde lege (zB § 81 InsO).[54]

29   Das **Problem** hat sich mit der Vorverlagerung des Art. 1 **durch die Reform 2015 vermindert,** wenngleich es nicht gänzlich beseitigt ist. Der Wortlaut der Eurofood-Entscheidung sprach, obwohl die Entscheidung im Kontext des Art. 16 EuInsVO 2000 gefallen ist, für eine allgemein gültige Definition („Insolvenzverfahren im Sinne der Verordnung"),[55] doch mag der EuGH die Weiterungen nicht bedacht haben.[56] Es wäre aber zB bei Art. 8 nicht einsichtig, dass zwar schon von einer Eröffnungsentscheidung in diesem Sinne die universale Wirkung ausgehen könnte, aber in diesem Zeitpunkt die Sonderregelung des Art. 8 noch nicht eingriffe. Der Anreiz zur Verschiebung von Vermögen im Insolvenzeröffnungsverfahren wird durch einen Gleichklang mit der Eurofood-Definition nicht erhöht,[57] sondern eher vermindert. GA Kokott versteht in den Schlussanträgen zur Rs. Handlowy die Entscheidung des EuGH freilich als allein auf das Prioritätsprinzip bezogen; im Rahmen von Art. 7 sei sie nicht heranzuziehen, weil diese Vorschrift einer unionsrechtlich-einheitlichen Auslegung nicht zugänglich sei.[58] Das könnte dafür sprechen, auch den Vorschriften in den Art. 8 bis 18 an den Eröffnungsbegriff der lex fori concursus zu knüpfen. Im Ergebnis ist wohl nach **Sachkontexten** zu unterscheiden und danach, ob die Verordnung selbst auf die lex fori concursus Bezug nimmt. Für die der Anerkennung zugehörigen Art. 19 ff. einschließlich des Art. 21 Abs. 2 und Art. 24 Abs. 2 ist auf den Eröffnungsbegriff nach Art. 2 Nr. 8 zu rekurrieren. Bei Art. 18, der die Verfahreneröffnung und dessen Zeitpunkt ohnedies nicht explizit als Merkmal voraussetzt, ergibt es, anders als teilweise vertreten,[59] *prima facie* keinen rechten Sinn, von einem autonomen Begriff auszugehen, wenn die weitere Frage der Massezugehörigkeit nach der lex fori concursus zu bestimmen ist (→ Art. 15 Rn. 15) und es bei Art. 7 auf den *insoweit* keiner autonomen Auslegung zugänglichen Eröffnungszeitpunkt nach der lex fori concursus ankommt, denn dann kann es vor diesem Zeitpunkt gar keinen Massebestandteil geben. Da die Kollisionsnorm einen Vereinheitlichungszweck verfolgt, mag es gleichwohl angezeigt sein, die Eurofood-Formel bzw. jetzt die Maßstäbe aus Art. 2 Nr. 7 und 8 insoweit jedenfalls als spätestmöglichen Zeitpunkt der Verfahreneröffnung ins Spiel zu bringen,[60] maW: ist nach der lex fori concursus das Verfahren eröffnet, gilt auch Art. 18 mit der

---

[51] So → 2. Aufl., Art. 5 Rn. 12; Gebauer/Wiedmann/*Haubold*, Zivilrecht unter europäischem Einfluss, Kap. 32 Rn. 115; MüKoBGB/*Kindler* Art. 2 Rn. 14 (auch für EuInsVO 2015); HKInsO/*Dornblüth* Art. 2 Rn. 6; K. Schmidt/*Brinkmann* Art. 2 Rn. 10 (iE); anders möglicherweise A. Schmidt/*Undritz*, EuInsVO, Art. 2 Rn. 15; Pannen/*Riedemann* Art. 2 Rn. 24.

[52] → 2. Aufl., Art. 2 Rn. 10, 11.

[53] → 2. Aufl., Art. 2 Rn. 15.

[54] → 2. Aufl., Art. 2 Rn. 15.

[55] EuGH v. 2.5.2006 – Rs C-341/04 (Eurofood IFSC Ltd), Slg. 2006, I-3854, 3874 Rn. 54 = NZI 2009, 360 = EU:C:2006:281.

[56] Gebauer/Wiedmann/*Haubold*, Zivilrecht unter europäischem Einfluss, Kap. 32 Rn. 115.

[57] Gebauer/Wiedmann/*Haubold*, Zivilrecht unter europäischem Einfluss, Kap. 32 Rn. 115.

[58] GA Kokott, Schlussanträge v. 24.5.2012 – Rs C-116/11 (Handlowy/Christianapol) = EU:C:2012:308 Rn. 37 f.

[59] MüKoBGB/*Kindler* Art. 2 Rn. 14; HKInsO/*Dornblüth* Art. 2 Rn. 5.

[60] So auch im Ergebnis, aber ohne Begründung MüKoBGB/*Kindler* Art. 2 Rn. 14; HKInsO/*Dornblüth* Art. 2 Rn. 6.

Zuweisung der Auswirkungen an die lex fori processus. Gilt das Verfahren nach lex fori concursus (zB im deutschen Eröffnungsverfahren) noch nicht als eröffnet, liegt aber schon eine Eröffnung i.Sd. EuInsVO vor, sollte Art. 18 gleichfalls greifen. Es muss dann prospektiv nach der lex fori concursus geprüft werden, ob der Bestandteil im späteren, dh nach lex fori concursus technisch noch zu eröffnenden Verfahren Massebestandteil sein würde.

Gleiches gilt auch für die **Sachnormen in Art. 8 und 10,** die gerade auf eine einheitlich zu 30 verstehende Ausnahme abzielen und daher auch eine funktionalen Begriff des dinglichen Rechts verwenden. Ist das Verfahren im Sinne der Eurofood-Formel eröffnet, richten sich schon ab diesem Zeitpunkt die Rechtsfolgen für dingliche Rechtsinhaber nach Art. 8.

Nur in den verbleibenden, übrigen Zusammenhängen sollte die Vorverlagerung der Eröffnung 31 im Sinne des unionsrechtlichen Begroffs nicht greifen. Das gilt etwa bei **Art. 16,** weil sonst Anpassungsprobleme drohen, betrifft indessen nur die Anwendung des materiellen **Anfechtungsrechts** unter dieser Vorschrift. Wenn etwa das deutsche Recht die in ihrer Sperrwirkung einsetzende lex causae ist und nunmehr zu prüfen ist, ob die nach der lex fori concursus anfechtbare Rechtshandlung auch nach deutschem Anfechtungsrecht anfechtbar wäre, müsste gefragt werden, ob die Eröffnung nach der lex fori concursus einer echten Eröffnung im Sinne der InsO gleichsteht oder eher der Einsetzung eines vorläufigen Verwalters bzw. einem Eröffnungsverfahren. Danach bemisst sich dann die weitere Prüfung, soweit es zB bei § 130 InsO darauf ankommt, ob **die Rechtshandlung nach dem Eröffnungsantrag** erfolgte. Würde man nämlich die unionsrechtliche Begriffsbestimmung anwenden, könnte das Anfechtungsrecht nicht mehr eingreifen, weil es sich dann um eine Rechtshandlung nach Eröffnung (in diesem unionsrechtlichen Sinne) handelte. Dann blieben zwar ua §§ 81, 91 InsO bei dieser Prüfung nach der deutschen lex causae anwendbar. Aus Sicht des mit Art. 16 bezweckten Schutz vorinsolvenzlicher Transaktionen wäre deren Anwendung aber wiederum fragwürdig, weil dann die Beurteilung als vor Eröffnung getätigte Rechtshandlung nach dem Anfechtungsrecht der lex fori concursus mit der Beurteilung als nach Eröffnung getätige Rechtshandlung nach der lex causae verglichen würde. Entsprechendes gilt für den umgekehrten Fall einer deutschen lex fori concursus mit ausländischer lex causae. Dann hat das deutsche Gericht zu fragen, ob zB die im deutschen Eröffnungsverfahren erfolgte Rechtshandlung nach der lex causae angreifbar wäre, wenn man sie dort als Rechtshandlung während bzw. nach Anordnung von Sicherungsmaßnahmen versteht. Das deutsche Gericht muss dementsprechend auch den Sachverständigen entsprechend instruieren. Es dürfte nicht allein danach fragen, ob die im deutschen Eröffnungsverfahren erfolgte Rechtshandlung nach der lex causae unter der Prämisse angreifbar wäre, dass sie vor dem Antrag erfolgte, denn dann bildete man den falschen Bezugspunkt.

9. Mitgliedstaat, in dem sich ein Vermögensstand befindet (Art. 2 Nr. 9). Von praktisch 32 großer Bedeutung ist die Definition des Begriffs „Mitgliedstaat, in dem sich ein Vermögensgegenstand befindet" (Nr. 9). Diese Prüfung der Belegenheit ist für die Bestimmung des Masseumfangs im Sekundärverfahren (Art. 3 Abs. 3),[61] für die Schutzregelung zugunsten dinglich gesicherter Gläubiger in Art. 8 sowie für die Art. 34 Satz 3 und Art. 20 Abs. 2, 21 Abs. 1 S. 2 von Bedeutung. Im Hinblick auf das Partikularverfahren soll die Definition eine verlässliche und einheitliche Lokalisierung der jeweils relevanten Vermögenswerte ermöglichen und damit auch der Klärung dienen, welchem Verfahren (dem Haupt- oder dem Partikularverfahren) der Vermögenswert zuzuordnen ist. Die Bestimmung der Belegenheit stimmt im Grundsatz mit den allgemeinen Regeln des deutschen Internationalen Privatrechts überein (→ § 354 Rn. 13 ff.); es gibt aber Besonderheiten. Zum **Anfechtungsanspruch** unten → Rn. 44 und → Art. 21 Rn. 16. Fraglich kann sein, **nach welchem Recht** sich die in Nr. 10 angesprochene Belegenheit einer Niederlassung bestimmt und **welches Gericht** darüber befinden darf, dh **zuständig** ist. Dazu war eine **Vorlage an den EuGH** anhängig.[62] Der EuGH hat am 11.6.2015 entschieden, dass die Gerichte des Sekundärverfahrensstates alternativ neben den Gerichten des Hauptverfahrensstaates zuständig sind.[63] Das ist zu begrüßen, weil **keinen Vorrang der Gerichte des Hauptverfahrensstaates** gibt. Die Entscheidung fällt dann technisch auch nach dem Recht des Sekundärverfahrensstaats. Es ist allerdings eine **unionsrechtlich-autonome** Bestimmung der Begrifflichkeiten der Nr. 10 zu entwickeln, die daher vorrangig zu beachten ist (dazu im Folgenden → Rn. 49 ff.).

---

[61] Beispielsfall KG Berlin NZI 2011, 729 = ZIP 2011, 1730.
[62] Vorabentscheidungsersuchen des Tribunal de commerce Versailles, Rs. C-649/13 (Comité d'entreprise de Nortel Networks S. A. ua, Rechtsanwalt Rogeau, Insolvenzverwalter der Nortel Networks S. A./Rechtsanwalt Rogeau, Insolvenzverwalter der Nortel Networks S. A., Alan Robert Bloom ua), ABl. L 160, 1. Schlussanträge GA Mengozzi v. 25.1.2015, Rs. C-649/13, insb. Rn. 46 ff.
[63] EuGH v. 11.6.2015 – Rs. C-649/13 (Comité d'entreprise de Nortel Networks S. A. ua/Rechtsanwalt Rogeau), ZIP 2012, 1299 Rn. 46 = EU:C:2015:384.

Art. 2 33–36

33 Die Neufassung des Art. 2 Nr. 9 durch die Reform 2015 modernisiert die bisherige Regelung des Art. 2 lit. g) EuInsVO 2000, indem er ua die Belegenheit von nichtkörperlichen Gegenständen wie Aktien, Finanzinstrumenten und Bankguthaben näher definiert. Dabei wird das Bemühen deutlich, auf verlässliche Kriterien abzustellen. Ohne direkten Vorläufer sind die in i) bis iii), v) bis vi) aufgenommenen Definitionen. Die Definition in lit. iv) führt Art. 2 lit. g) 2. Spiegelstrich EuInsVO 2000 fort. Die Bestimmung in lit. vii) hat seinen Vorläufer in Art. 2 lit. g) 1. Spiegelstrich EuInsVO 2000. Sonstige Forderungen sind nunmehr in lit. viii) geregelt, bisher war Art. 2 lit. h) 3. Spiegelstrich EuInsVO 2000 maßgeblich. Die **Belegenheit von Anfechtungsansprüchen** wird nach wie vor nicht eigens geregelt. Hier kommt es sub specie Abgrenzung Haupt- und Sekundärmasse richtigerweise nicht so sehr auf den Mittelpunkt der hauptsächlichen Interessen des Anfechtungsgegners und auf die Rückgewährforderung an als vielmehr auf die vermögensrechtliche Zuordnung des anfechtbar verschobenen Vermögensgegenstands im Zeitpunkt der Rechtshandlung.[64]

34 Die Definition des Art. 2 Nr. 9 regelt nur die Belegenheit in einem Mitgliedstaat, weil die EuInsVO die **Drittstaatenbezüge** nicht explizit erfasst. Für die vorgelagerte Frage, ob sich ein Gegenstand in einem Mitgliedstaat oder in einem Drittstaat befindet, ist aber auf Art. 2 Nr. 9 zurückzugreifen, wenn das Verfahren in einem Mitgliedstaat eröffnet worden ist. Ergibt sich danach eine Belegenheit in einem Drittstaat, ist ggf. in Bezug auf den jeweiligen Gegenstand und die dann anzuwendenden Kollisionsregeln auf das autonome Recht zurückzugreifen.[65]

35 **a) Namensaktien (lit. i).** Bei **Namensaktien** (lit. i)) wird auf den Sitz der emittierenden Gesellschaft abgestellt, allerdings greift die Regelung in lit. ii) vorrangig. Erfasst sind vinkulierte und nicht-vinkulierte Namensaktien.[66] Bei Eintragung in ein Namensregister ist der Registerstaat maßgeblich, bei sammelverwahrten Namensaktien das jeweilige Lagerland für die Sammelurkunde bzw. das **Clearstream-**Konto. Der in lit. i) verwendete Begriff des Sitzes ist nicht definiert. Eine Übertragung des Art. 63 EuGVVO/Brüssel Ia-VO würde zur Vielfalt führen, weil dort mehrere Anknüpfungspunkte alternativ genannt sind. Daher wird man möglicherweise die Entscheidung über den Sitz den allgemeinen Regeln des IPR überlassen müssen. Das führt dann freilich zu der Entscheidung zwischen Satzungssitz und Verwaltungssitz bzw. zwischen **Gründungstheorie und Sitztheorie.** Vorzugswürdig wäre allerdings eine unionsrechtlich-autonome Auslegung und alleinige Anknüpfung an den Satzungssitz. Bei Namensaktien erscheint dies als einzig verlässlicher Anknüpfungspunkt. Freilich erscheint die Anknüpfung an den Sitz insgesamt unglücklich. Hält eine in Deutschland ansässige Person Namensaktien an einer portugiesischen Gesellschaft, ist nicht recht einzusehen, warum sich die Aktie für Zwecke der EuInsVO in Portugal befinden soll. Dies kann im Beispielsfall nur Sinn ergeben vor dem Hintergrund, im portugiesischen Sekundärverfahren die Anteilsrechte in einen Sanierungsplan o.ä. einbeziehen zu können. Für **Inhaberanteile** sollte lit. i) analog gelten, soweit man nicht lit. ii) anwendet (dazu noch unten bei → Rn. 36).[67] Im Übrigen kommt lit. viii) in Betracht.

36 **b) Finanzinstrumente (lit. ii).** Lit. ii) erfasst „**Im Effektengiro übertragbare Wertpapiere**". Gemeint sind Finanzinstrumente, bei denen die Rechtsinhaberschaft den Eintrag in ein Register oder Buchung auf ein von einem oder für einen Intermediär geführten Konto nachgewiesen wird.[68] Das entspricht Art. 9 Abs. 2 der Finalitätsrichtlinie[69] und Art. 2 Abs. 1 lit. g FinanzsicherheitenRL.[70, 71] Die Vorschrift geht lit. i) vor. Danach sollen zB auch Inhaberaktien erfasst sein.[72] Insbesondere geht es um sammelverwahrte Wertpapiere,[73] aber auch Terminkontrakte, Futures, Swaps, Optionen etc. Der Wertpapierbegriff ist durch Verweisung von Art. 2 lit. h. RL 98/26/EG auf die RL 2002/47/EG (MiFiD) und die nachfolgenden MiFiD-Rechtsakte auszufüllen.[74]

---

[64] *Thole*, Gläubigerschutz durch Insolvenzrecht, 2010, S. 849 ff.
[65] Richtig schon → 2. Aufl., Art. 2 Rn. 17.
[66] *Mankowski*, FS Pannen, S. 243, 247 f.
[67] *Mankowski*, FS Pannen, S. 243, 255.
[68] *Garcimartín* IPRax 2015, 489, 491.
[69] RL 98/26/EG des Europäischen Parlaments und des Rates vom 19.5.1998 über die Wirksamkeit von Abrechnungen in Zahlungs- sowie Wertpapierliefer- und -abrechnungssystemen, ABl. v. 11.6.1998, L 166/45.
[70] RL 2002/47/ EG des Europäischen Parlaments und des Rates vom 6.6.2002 über Finanzsicherheiten, ABl. v. 27.6.2002, L168/43.
[71] Mankowski/Müller/J. Schmidt/*J. Schmidt* Art. 2 Rn. 33.
[72] *Mankowski*, FS Pannen, S. 243, 255 f.; *Paulus*, Europäische Insolvenzverordnung, Art. 2 Rn. 32 mit Fn. 39.
[73] *Paulus*, Europäische Insolvenzverordnung, Art. 2 Rn. 32; **aA** Mankowski/Müller/J. Schmidt/*J. Schmidt* Art. 2 Rn. 30, 33.
[74] Näher *Mankowski*, FS Pannen, S. 243, 245 f.

c) Kontoguthaben (lit. iii). Bei **Kontoguthaben** (lit. iii) ermöglicht regelmäßig die IBAN 37
eine genaue und einfach zugängliche Zuordnung. Dies erscheint sachgerecht für den Hintergrund,
dass andernfalls Zweifelsfragen auftreten könnten, wenn zB eine international tätige Bank Zweigniederlassungen und Kundenbeziehungen in verschiedenen Mitgliedstaaten unterhält und sodann fraglich ist, in welchem Mitgliedstaat das Konto geführt wird.

d) Öffentliches Register (lit. iv). Für Gegenstände oder Rechte, bei denen das Eigentum 38
in ein **öffentliches Register** einzutragen ist, ist gemäß Art. 2 lit. iv) der Mitgliedstaat maßgebend,
unter dessen Aufsicht das Register geführt wird.[75] Für die Qualifikation eines öffentlichen Registers ist nicht die Führung durch die öffentliche Hand (Behörden, Gerichte) entscheidend, sondern
die Zugangsmöglichkeit für die Öffentlichkeit sowie das Eintreten von Rechtswirkungen auf
Grund der Eintragung gegenüber Dritten.[76] Die Vorschrift gilt daher auch für privat geführte,
aber öffentliche, weil mit Drittwirkungen ausgestattete Register, nicht aber für Aktienregister.[77]
Die Frage nach der Aufsichtsführung ist eine Vorfrage oder Teilfrage.[78] Die **Anknüpfung an die
Aufsichtsführung** hat insbesondere für Register von Konsulaten oder internationalen Zentralregister eine Bedeutung.[79] Werden Register aufgrund internationaler Übereinkommen geführt, sind
in der Regel mehrere Staaten an der Aufsichtsführung beteiligt.[80] Demnach ist für die Lokalisierung dieser Rechte darauf abzustellen, für welche Länder jeweils Rechtsschutz nach dem Register
in Anspruch genommen wird.[81] Das kann freilich zu einer Aufteilung in verschiedene Rechtsinhaber führen, wenn neben dem Hauptverfahren ein oder mehrere Sekundärverfahren stattfinden
und für alle Verfahrensstaaten Rechte aus dem Register in Anspruch genommen werden sollen.
Die damit verbundenen materiellen Fragen sind dann jeweils auf Grundlage der internationalen
Übereinkommen zu lösen.

Inhaltlich zielt die Definition vor allem auf **Grundstücke** ab.[82] Darüber gilt sie vor allem für 39
registrierte Wasser-, Luft- oder Landfahrzeuge und zielt auf **Immaterialgüterrechte** und eintragungsfähige gewerbliche Schutzrechte ab. Die Anknüpfung an das Register ist für letztere ein Ausdruck des Territorialitätsprinzips, weil sich diese Rechte idR nur auf das jeweilige Territorium
erstrecken.[83] Damit wird auf die Schwierigkeiten reagiert, die sich bei der Anknüpfung der Belegenheit ergeben können. Für **Gemeinschaftsmarken** und **Gemeinschaftspatente** gilt die Sonderregelung in Art. 15, sie geht Art. 2 Nr. 9 vor (siehe Erläuterungen → Art. 15 Rn. 2). Für das Europäische Patent nach dem EPÜ gilt lit. v).

Entstehen Schutzrechte unabhängig von einer Registrierung (wie zB Marken kraft Verkehrsgel- 40
tung in § 4 Nr. 2 MarkenG[84]), so ist allein die Registrierungsfähigkeit entscheidend. Auf einen
Registrierungszwang sollte es nicht ankommen, auch wenn Art. 2 Nr. 8 lit. iv) nach seinem Wortlaut
auf die tatsächliche Eintragung abstellt und vormals Art. 2 lit. g) EuInsVO 2000 von „einzutragen
sind" sprach. Daher entscheidet auch für diese Rechte das **Territorialitätsprinzip:** Da, wo die
Registrierung möglich wäre, ist das Recht belegen.[85]

e) Europäisches Patent (lit. v). Lit. v) meint nur das europäische Patent nach dem EPÜ,[86] 41
nicht nationale Patentrechte und **nicht das Europäische Patent mit einheitlicher Wirkung** nach

---

[75] *Virgos/Garcimartin*, European Insolvency Regulation, Rn. 311.
[76] Vgl. *Virgos/Schmit*, Erläuternder Bericht, Rn. 69; dem folgend: LSZ/*Smid*, Int. Insolvenzrecht, Art. 2 Rn. 23; Geimer/Schütze/*Huber*, Int. Rechtsverkehr, B Vor I 20b, Art. 2 Rn. 4 = Haß/Huber/Gruber/Heiderhoff/*Huber* Rn. 4; Rauscher/*Mäsch*, EuZPR/EuIPR, 4. Aufl., Art. 2 EG-InsVO Rn. 8.
[77] K. Schmidt/*Brinkmann* Art. 2 Rn. 20 (iE); Uhlenbruck/*Knof* Art. 2 Rn. 26.
[78] Vgl. → 2. Aufl., Art. 2 Rn. 18.
[79] *Virgos/Schmit*, Erläuternder Bericht, Rn. 69.
[80] So zB das Übereinkommen über die Erteilung europäischer Patente (EPÜ), vgl. hierzu Benkard/*Ullmann*, PatentG, 11. Aufl., Internationaler Teil Rn. 101 ff.; der Budapester Vertrag über die internationale Anerkennung und Hinterlegung von Mikroorganismen für die Zwecke von Patentverfahren (BV) vom 28.4.1977, vgl. hierzu Benkard/*Ullmann*, ebd. Rn. 206 ff.; das Haager Abkommen über die internationale Hinterlegung gewerblicher Muster und Modelle; das Lissabonner Abkommen über den Schutz von Ursprungsbezeichnungen und ihre internationale Registrierung von 1958; das Madrider Abkommen über die internationale Registrierung von Marken von 1891 oder der Washingtoner Vertrag über die internationale Zusammenarbeit auf dem Gebiet des Patentwesens (PCT) von 1970.
[81] So *Virgos/Garcimartin*, European Insolvency Regulation, Rn. 311.
[82] Mankowski/Müller/J. Schmidt/*J. Schmidt* Art. 2 Rn. 37.
[83] Rauscher/*Mäsch*, EuZPR/EuIPR, 4. Aufl., Art. 2 EG-InsVO Rn. 8.
[84] Rauscher/*Mäsch*, EuZPR/EuIPR, 4. Aufl., Art. 2 EG-InsVO Rn. 8.
[85] Rauscher/*Mäsch*, EuZPR/EuIPR, 4. Aufl., Art. 2 EG-InsVO Rn. 8.
[86] Mankowski/Müller/J. Schmidt/*J. Schmidt* Art. 2 Rn. 38.

der VO (EU) Nr. 1257/2012 und der VO (EU) Nr. 1260/2012.[87] Für diese gilt lit. iv) (Register für den einhaltlichen Patentschutz). Auch im Übrigen ist der Vorrang des lit. iv) zu beachten, wenn eine **Registerpflichtigkeit** besteht.

42 **f) Schutzrechte (lit. vi).** In lit. vi) geht es um Schutzrechte, die nicht registriert werden, insbesondere Urheberrechte. Sie sind am Satzungssitz (registered office)[88] oder gewöhnlichen Aufenthalt des Inhabers belegen. Dem Urheberrecht verwandte Schutzrechte iSd lit. vi) sind daher nur solche, die nicht eingetragen werden.[89] Der Begriff der verwandten Schutzrechte entstammt dem materiellen Unionsrecht und meint insbesondere die Rechte ausübender Künstler nach den einschlägigen Richtlinien.[90] Das sind etwa die in §§ 70 ff. UrhG genannten verwandten Schutzrechte. Ferner erfasst sind der Schutz von Datenbanken und auch Leistungsschutzrechte, die nur nach nationalem Recht geschützt sind wie das Leistungsschutzrecht des Presseverlegers (§ 87 f. UrhG).[91] „Eigentümer" der Rechte ist autonom zu verstehen als Inhaber dieser Rechte. Rechte wegen Know-Hows bzw. aus **Geschäftsgeheimnissen** (zB nach GeschGehG) fallen eigentlich unter lit. viii). Eine andere Frage ist es, dass Rechte, die sich aus der Beeinträchtigung des schuldnerischen Geschäftsbetriebs am schuldnerischen COMI ergeben, im Hauptinsolvenzverfahrensstaat belegen sein sollten, unabhängig vom COMI des Forderungsschuldners. Ein Gleichlauf zwischen Hauptverfahren und Belegenheitsort der Forderungen ergibt sich aus lit. viii) nicht. Die Frage ist bei lit. viii) zu lösen, indem der Begriff der lit. viii) eingeschränkt wird (→ Rn. 46).

43 **g) Körperliche Gegenstände (lit. vii).** Für **körperliche Gegenstände,** dh Sachen, ist nach lit. vii) der Belegenheitsort, dh der Ort, an dem sich der Gegenstand befindet, entscheidend. Erfasst sind auch Tiere.[92] Auf den deutschen Sachbegriff kommt es allerdings nicht an; der Begriff ist autonom zu entwickeln, was meist keine Probleme aufwirft.[93] Auch Wertpapiere außerhalb von lit. i) und lit. ii) sind erfasst,[94] ebenso verkörperte Daten auf Datenträgern, nicht aber, wenn sie etwa in einer **Cloud** abgelegt sind; davon zu unterscheiden sind dann Rechte an diesen abgespeicherten Daten und diesbezügliche Forderungen. Gemeint in lit. vii) ist die tatsächlich physische Präsenz des Gegenstands, die **räumliche Belegenheit.** Das entspricht der in Art. 43 Abs. 1 EGBGB verwirklichten rei sitae-Regel. Für res in transitu, dh Sachen, die sich auf dem Transportweg befinden (einschließlich der Transportmittel selbst), ist nach deutschem IPR entweder auf das Absendeland oder das Bestimmungsland, nicht aber auf das Transitland abzustellen.[95] Diese Remedur verbietet sich – auch mangels Fehlens einer Regelung wie Art. 46 EGBGB[96] – für den Bereich des Art. 2 Nr. 9 lit. vi). Entscheidend ist damit auch **für res in transitu,** in welchem Staat sie sich im maßgeblichen Zeitpunkt körperlich befinden.[97]

44 **h) Forderungen (lit. viii).** In lit. viii) ist die Belegenheit von Forderungen außerhalb von Kontoguthaben (lit. iii)) definiert. Das COMI-Prinzip wird hier spiegelbildlich auf den Forderungsschuldner angewendet.[98] Das weicht von den kollisionsrechtlichen Anknüpfung in Art. 14 Rom I-VO ab.[99] Die Anknüpfung an den COMI des Drittschuldners ist auch nicht vollständig identisch mit der zu § 23 S. 2 ZPO und im internationalen Insolvenzrecht bisher gebräuchlichen Anknüpfung

---

[87] *Mankowski,* FS Pannen, S. 243, 251 f.; Uhlenbruch/*Knof* Art. 2 Rn. 27 f. Näher zum Unionsschutzrecht und seiner Belegenheit *Keller* NZI 2020, 608.
[88] Mankowski/Müller/J. Schmidt/*J. Schmidt* Art. 2 Rn. 43.
[89] Für die von Art. 2 Nr. 9 vii nicht erfassten Immaterialgüterrechte will *Mankowski,* FS Pannen, S. 243, 257 an das Schutzland anknüpfen.
[90] RL 2006/115/EG des Europäischen Parlaments und des Rates vom 12.12.2006 zum Vermietrecht und Verleihrecht sowie zu bestimmten dem Urheberrecht verwandten Schutzrechten im Bereich des geistigen Eigentums (kodifizierte Fassung), ABl. EU v. 27.12.2006, L 376/28 sowie RL 2006/116/EG des Europäischen Parlaments und des Rates vom 12.12.2006 über die Schutzdauer des Urheberrechts und bestimmter verwandter Schutzrechte (kodifizierte Fassung), ABl. EU v. 27.12.2006, L 372/12.
[91] Mankowski/Müller/J. Schmidt/*J. Schmidt* Art. 2 Rn. 42; Braun/*Tashiro* EuInsVO Art. 2 Rn. 61.
[92] *Paulus,* Europäische Insolvenzverordnung, Art. 2 Rn. 43.
[93] So aber *Paulus,* Europäische Insolvenzverordnung, Art. 2 Rn. 43; HKInsO/*Dornblüth* Art. 2 Rn. 9: § 90 BGB.
[94] *Paulus,* Europäische Insolvenzverordnung, Art. 2 Rn. 43.
[95] Zur Diskussion und zur umstrittenen Anwendung der Situs-Regel in diesen Fällen MüKoBGB/*Wendehorst* Art. 46 EGBGB Rn. 40 ff. mN.
[96] Näher MüKoBGB/*Kindler* Art. 2 Rn. 20.
[97] So auch Rauscher/*Mäsch,* EuZPR/EuIPR, 4. Aufl., Art. 2 EG-InsVO Rn. 7.
[98] Missverständlich KG Berlin NZI 2011, 729, 730, das vom Wohnsitz und nicht vom COMI spricht, was freilich im Regelfall auf dasselbe Ergebnis hinausläuft.
[99] Gebauer/Wiedmann/*Haubold,* Zivilrecht unter europäischem Einfluss, Kap. 32 Rn. 38.

an den Wohnsitz des Drittschuldners.[100] Bei der Prüfung der Belegenheit einer **Anfechtungsforderung** ist nicht auf diese Forderung selbst abzustellen, sondern auf den **Rückforderungsgegenstand**;[101] dazu näher → Art. 21 Rn. 16.

Lit. viii) erfasst nur Forderungen, die sich auf Vermögenswerte beziehen und spricht vom zur 45 Leistung verpflichteten Dritten. Sonstige Unterscheidungen trifft die Norm nicht. Für Zwecke der Abgrenzung von Haupt- und Insolvenzverfahren wäre es allerdings fragwürdig, wenn Unterlassungs- und Beseitigungsansprüche (zB § 1004 BGB), die sich auf in einem Mitgliedstaat befindliche Vermögenswerte (zB Grundstücke) beziehen, in einem anderen Mitgliedstaat, dh dem COMI-Staat des Schädigers oder Anspruchsgegners belegen wären. Daher ist eine dem Kollisionsrecht bekannte Umfangsbestimmung der Reichweite der Belegenheitsanknüpfung vorzunehmen. Gehört die Forderung untrennbar zum körperlichen Gegenstand (zB zum Eigentum am beeinträchtigten Grundstück), ist lit. iv) oder lit. vii) anzuwenden.

Damit ist bereits beschrieben, dass lit. viii) **auch im Übrigen lückenhaft ist. Sonstige Ver-** 46 **mögensrechte** wie Anwartschaftsrechte, Pfandrechte, sonstige Sicherheiten für Forderungen, Mitgliedschafts- und Beteiligungsrechte sind nicht genannt; hier fehlt ein Auffangtatbestand, weil lit. vi) nicht greift. Es ist eine eigenständige Zuordnung zu entwickeln, die entweder einen Gleichlauf zu mit lit. viii) anstreben sollte,[102] zumal sich Rechte meist als Quasi-Forderungen darstellen oder sich Forderungen aus ihnen ergeben, oder aber an lit. iv) oder lit. vii) anknüpft, wenn und weil derartige Rechte wie zB das Anwartschaftsrecht sachbezogen sind.

Mitgliedschafts- und Anteilsrechte sollten am Mittelpunkt der hauptsächlichen Interessen 47 der Gesellschaft bzw. Vereinigung verortet sein,[103] es sei denn, sie sind in Wertpapieren verbrieft (dann → Rn. 35 f., lit. i) und lit. ii)).[104]

Bei außerhalb von Finanzinstrumenten **verbrieften Forderungen** und Rechten aus dem Papier 48 muss richtigerweise „normal" nach Maßgabe der lit. viii) auf die Belegenheit der Forderungen und damit auf den COMI des Forderungsschuldners abgestellt werden,[105] weil die Verbriefung an der Forderung nichts ändert, sondern diese nur verstärkt oder ihre Umlauffähigkeit erhöht. Bei sammelverwahrten Papieren greift aber jetzt lit. ii). Schon zur EuInsVO 2000 wurde vertreten, entschieden sei stets nach Art. 2 lit. l) RL 2002/47/EG (entsprechend) das „maßgebliche Konto".[106] „Maßgebliches Konto" ist danach in Bezug auf im Effektengiro übertragbare Wertpapiere, die als Finanzsicherheit gestellt werden, das Register oder Depotkonto – das auch vom Sicherungsnehmer selbst geführt werden kann –, in dem der maßgebliche Eintrag bzw. auf dem die maßgebliche Buchung erfolgt, aufgrund derer der Sicherungsnehmer die Sicherheit erlangt.

10. Niederlassung (Art. 2 Nr. 10). Der Begriff der Niederlassung ist gegenüber dem bisheri- 49 gen Art. 2 lit. h) EuInsVO 2000 unverändert mit der Besonderheit, dass eine dreimonatige Suspektsperiode eingezogen worden ist (→ 3. Aufl., Art. 2 Rn. 15). Der Begriff der **„Niederlassung"** ist von erheblicher Bedeutung, weil nur das Vorhandensein einer Niederlassung die Eröffnung eines Partikularverfahrens ermöglicht (vgl. Art. 3 Abs. 2). Die bloße Belegenheit von Vermögen reicht nicht aus. Zugleich lässt sich aus Nr. 10 indirekt ableiten, welche Anforderungen an die Annahme eines Mittelpunkts der hauptsächlichen Interessen zu stellen sind. Das Vorhandensein einer Niederlassung im so definierten Sinne kann als solche nicht genügen, weil sich der Begriff der Niederlassung grundsätzlich als ein „Minus" gegenüber dem sog. Mittelpunkt des hauptsächlichen Interesses nach Art. 3 Abs. 1 darstellt. Die Begriffsbestimmung nach Art. 2 Nr. 10 und nach der EuInsVO ist nicht notwendig so auszulegen wie Art. 7 Nr. 5 EuGVVO/Brüssel Ia-VO, sondern sie ist eigenständiger Natur,[107] was Anleihen an die Rechtsprechung zu Art. 7 Nr. 5 EuGVVO allerdings nicht kategorisch

---

[100] Gebauer/Wiedmann/*Haubold*, Zivilrecht unter europäischem Einfluss, Kap. 32 Rn. 38; *Bloching*, Pluralität und Partikularinsolvenz, S. 192; vgl. auch RGZ 89, 181, 185; speziell zum Pfändungs- und Überweisungsbeschluss *Schack*, IVZR, Rn. 1086 f.
[101] So wohl auch *Oberhammer* KTS 2008, 271, 280 ff.
[102] Gebauer/Wiedmann/*Haubold* Zivilrecht unter europäischem Einfluss, Kap. 32 Rn. 39; Rauscher/*Mäsch*, EuZPR/EuIPR, 4. Aufl., Art. 2 EG-InsVO Rn. 9.
[103] Gebauer/Wiedmann/*Haubold*, Zivilrecht unter europäischem Einfluss, Kap. 32 Rn. 39, Rauscher/*Mäsch*, EuZPR/EuIPR, 4. Aufl., Art. 2 EG-InsVO Rn. 11, *Paulus*, Europäische Insolvenzverordnung, Art. 2 Rn. 49.
[104] AA → 2. Aufl., Art. 2 Rn. 23, der auch dann entsprechend Art. 3 Abs. 1 S. 2 an den satzungsmäßigen Sitz der Gesellschaft anknüpfen möchte. Vgl. auch K. Schmidt/*Brinkmann* Art. 2 Rn. 20 (iE): deutsches Aktienregister kein öffentliches Register.
[105] → 2. Aufl., Art. 2 Rn. 22; K. Schmidt/*Brinkmann* Art. 2 Rn. 18 (iE); wohl auch Rauscher/*Mäsch*, EuZPR/EuIPR, 4. Aufl., Art. 2 EG-InsVO Rn. 10; anders wohl auch Gebauer/Wiedmann/*Haubold*, Zivilrecht unter europäischem Einfluss, Kap. 32 Rn. 40.
[106] Näher Gebauer/Wiedmann/*Haubold*, Zivilrecht unter europäischem Einfluss, Kap. 32 Rn. 41.
[107] *Virgos/Schmit*, Erläuternder Bericht, Rn. 70; *Leible/Staudinger* KTS 2000, 533, 546; *Fritz/Bähr* DZWIR 2001, 221, 231; LSZ/*Smid*, Int. Insolvenzrecht, Art. 2 Rn. 26.

ausschließt. Nach der Rechtsprechung des EuGH zur EuGVVO ist mit dem Begriff der Zweigniederlassung oder sonstigen Niederlassung im Sinne des Art. 7 Nr. 5 EuGVVO ein Mittelpunkt geschäftlicher Tätigkeit gemeint, der auf Dauer als Außenstelle eines Stammhauses hervortritt, eine Geschäftsführung hat und sachlich so ausgestattet ist, dass er in der Weise Geschäfte mit Dritten betreiben kann, dass diese, obgleich sie wissen, dass möglicherweise ein Rechtsverhältnis mit dem im Ausland ansässigen Stammhaus begründet wird, sich nicht unmittelbar an diese zu wenden brauchen, sondern Geschäfte an dem Mittelpunkt geschäftlicher Tätigkeit abschließen können, der dessen Außenstelle ist.[108] Der EuGH hat in seinem Urteil in der **Rs. Burgo Group** entschieden, dass eine Niederlassung **auch** in dem Mitgliedstaat bestehen kann, in dem sich der **satzungsmäßige Sitz der Schuldnergesellschaft** befindet, solange der COMI in einem anderen Mitgliedstaat belegen ist (→ Rn. 57).[109]

50 Eine **Niederlassung** iSd EuInsVO bezeichnet demgegenüber jeden Tätigkeitsort, an dem der Schuldner einer wirtschaftlichen Aktivität von nicht vorübergehender Art nachgeht, die den Einsatz von Personal und Vermögenswerten erfordert. Der Begriff der Niederlassung ist demnach **weit auszulegen,**[110] was ihn von Art. 7 Nr. 5 EuGVVO unterscheidet, der als Ausnahme vom allgemeinen Gerichtsstand eher eng auszulegen ist. Die Einführung des Niederlassungsbegriffs beruhte gerade auf einem Kompromiss, weil sich die reine Vermögensbelegenheit nicht als Anknüpfungspunkt hatte durchsetzen können. Über die weite Auslegung kann nunmehr eine Annäherung naheliegen.[111] Reine und gewissermaßen „flüchtige" Dienstleistungen ohne Personaleinsatz sind hier aber nach wie vor nicht erfasst. Obwohl das Europäische Parlament bei der Reform 2015 explizit auch die Erbringung von **Dienstleistungen** einbeziehen wollte,[112] ist dies nicht in die neugefasste Verordnung aufgenommen worden.

51 Die Kriterien in Art. 2 Nr. 10 müssen **kumulativ**[113] vorliegen: (a) eine wirtschaftliche Aktivität, (b) von nicht vorübergehender Art, die (c) den Einsatz von Personal und (d) den Einsatz Vermögenswerten voraussetzt. Insgesamt geht es um ein Mindestmaß an Organisationsgrad.[114] Der EuGH verlangt in der Rs. Interedil, „dass ein Mindestmaß an Organisation und eine gewisse Stabilität erforderlich sind. Im Umkehrschluss ergibt sich daraus, dass das bloße Vorhandensein einzelner Vermögenswerte oder von Bankkonten grundsätzlich nicht den Erfordernissen für eine Qualifizierung als „Niederlassung" genügt.[115]

52 Der Begriff der **wirtschaftlichen Tätigkeit** ist weit zu verstehen. Er umfasst sowohl kommerzielle oder industrielle Tätigkeiten als auch freiberufliche Tätigkeiten.[116] Auch sittenwidrige Tätigkeiten können erfasst sein.[117] Eine Gewinnerzielungsabsicht ist nicht verlangt,[118] wohl aber ein Außenbezug, die Erkennbarkeit für den Gläubiger nach außen, dh eine Tätigkeit zum Markt hin,[119] was mit der

---

[108] So EuGH v. 22.11.1978 – Rs. 33/78 (Somafer/Saar-Ferngas AG), Slg. 1978, 2183, 2193 Rn. 12 = EU:C:1978:205; vgl. zum Niederlassungsbegriff der EuGVVO auch *Kropholler/von Hein* Art. 5 EuGVO Rn. 103 ff., zu Art. 6 Abs. 2 EVÜ EuGH v. 15.12.2011 – Rs. C-384/10 (Voogsgeerd) = ZIP 2012, 143 = EU:C:2011:842.

[109] EuGH v. 4.9.2014 – Rs. C-327/13 (Burgo Group SPA/Illochroma SA), ZIP 2014, 2513 = EU:C:2014:2158 Rn. 31.

[110] → 2. Aufl., Art. 2 Rn. 27 mit Fn. 47; Duursma/Duursma-Kepplinger/Chalupsky/ *Duursma-Kepplinger* Art. 2 Rn. 24; *Ehricke* EWS 2002, 101, 104 f.; *Leible/Staudinger* KTS 2000, 533, 547; MüKoBGB/*Kindler* Art. 2 Rn. 22; *Lüke* ZZP 111 (1998), 275, 299. Kritisch *Bork/Harten* NZI 2018, 673, 679.

[111] *Virgos/Schmitt*, Erläuternder Bericht, Rn. 70; *Huber* ZZP 114 (2001), 133, 142; *Funke* InVO 1996, 170, 174; *Wimmer* ZIP 1998, 982, 985; *Balz* ZEuP 1996, 325, 328; *Virgos/Garcimartin*, European Insolvency Regulation, Rn. 296. Siehe dazu auch → 2. Aufl., Art. 2 Rn. 27. Kritisch *Paulus*, Europäische Insolvenzverordnung, Art. 2 Rn. 56.

[112] Art. 2 lit. g) im Bericht über den Vorschlag für eine Verordnung des Europäischen Parlaments und des Rates zur Änderung der Verordnung (EG) Nr. 1346/2000 des Rates über Insolvenzverfahren, Dok. A7-0481/2014.

[113] Missverständlich formuliert bei AG Köln NZI 2004, 151, das im Ausgangspunkt nur auf das belegene Vermögen abstellt.

[114] Pannen/*Riedemann* Art. 2 Rn. 112.

[115] EuGH v. 20.10.2011 – Rs. C-396/09 (Interedil Srl, in Liquidation/Fallimento Interedil Srl, Intesa Gestione Crediti SpA), ZIP 2011, 2153 = NZI 2011, 990 Rn. 62 f. = EU:C:2011:671.

[116] *Virgos/Schmitt*, Erläuternder Bericht, Rn. 71; Duursma-Kepplinger/Duursma/Chalupsky/*Duursma-Kepplinger* Art. 2 Rn. 25; MüKoBGB/*Kindler* Art. 2 Rn. 23; *Paulus*, Europäische Insolvenzverordnung, Art. 2 Rn. 58; ähnlich LSZ/*Smid*, Int. Insolvenzrecht, Art. 2 Rn. 26; vgl. auch Nachweise bei *Huber* ZZP 114 (2001) 133 Fn. 13.

[117] *Virgos/Schmitt*, Erläuternder Bericht, Rn. 71.

[118] Duursma-Kepplinger/Duursma/Chalupsky/*Duursma-Kepplinger* Art. 2 Rn. 25; Geimer/Schütze/*Huber*, Int. Rechtsverkehr, B Vor I 20b, Art. 2 Rn. 8 = Haß/Huber/Gruber/Heiderhoff/*Huber* Art. 2 Rn. 8; *ders.*, ZZP 114 (2001) 133, 142; *Lüke* ZZP 111 (1998) 275, 299.

[119] MüKoBGB/*Kindler* Art. 2 Rn. 23; *Virgos/Schmidt*, Erläuternder Bericht, Rn. 71.

Bestimmung des COMI korrespondiert.[120] Allerdings muss umgekehrt der COMI nicht zwingend eine Niederlassung sein.[121] Verlangt ist eine Prüfung der **Umstände des Einzelfalls**.[122] Das hat der EuGH in der Interedil-Entscheidung auch festgestellt, weil er ebenso wie bei der COMI-Bestimmung eine Feststellung einer Niederlassung auf der Grundlage objektiver und für Dritte erkennbarer Grundlage verlangt.[123] Der vom Schuldner verfolgte Zweck ist insofern nicht relevant.[124] Erforderlich ist aber nicht, dass am Ort der Niederlassung auch Verträge oÄ abgeschlossen werden. Eine reine Produktionsstätte und ggf. auch eine Lagerstätte können genügen, wenn sie nicht völlig in der unternehmensinternen Sphäre bleiben und von ihr keine Aktivitäten entfaltet werden.[125] Der Vermögenswert darf insofern nicht nur (inaktiv) vorhanden sein. Es genügen *als solches* nicht die bloße Existenz eines Bankkontos[126] oder Depots; oder die Beschäftigung eines *selbständigen* Handelsvertreters (→ Rn. 55). Ein Büroraum mit Personal kann genügen.[127] Die Belegenheit von Vermögen und die damit im Zusammenhang stehenden Verwaltungstätigkeiten reichen idR nicht, um von einem Mindestmaß an Organisation zu sprechen,[128] auch nicht bei reiner Vermietungstätigkeit für ein Ferienhaus. Wohl aber kann auch die Vermögensverwaltung die Schwelle ggf. überschreiten, wenn sie einen gewissen organisatorischen Grad erreicht, so auch bei der Ferienhausvermietung mit Bestellung eines dauerhaft vor Ort tätigen Hausmeisters.[129] Ein privat vom Schuldner genutztes Hausgrundstück ist auch dann keine Niederlassung, wenn der Schuldner Haushaltsangestellte beschäftigt.[130]

53 Die wirtschaftliche Aktivität darf **nicht nur vorübergehender Art** sein. Mindestanforderungen in zeitlicher Hinsicht sind aber nicht zu stellen.[131] Einer gewissen Dauerhaftigkeit bedarf es nicht. Die Prüfung muss im Einzelfall erfolgen. Ausgenommen sind damit beispielsweise Fälle, in denen etwa eine kurzfristige oder auch einmalige Montagetätigkeit vorgenommen wird,[132] anders ist es bei einem Großprojekt mit dauerhafter Verlagerung von Vermögenswerten an den Einsatzort. Zur Bestimmung der internationalen Zuständigkeit bei Einstellung der Tätigkeit der Niederlassung → Art. 3 Rn. 46 ff., 52.[133]

54 Mit dem zusätzlichen Erfordernis des **Einsatzes von Personal** und Vermögenswerten soll (ergänzend zu dem Erfordernis der nicht nur vorübergehenden Tätigkeit) sichergestellt werden, dass die wirtschaftliche Aktivität eine Intensität erreicht, die auch ein Mindestmaß an betrieblicher Organisation erfordert.[134]

55 Paradigmatisch für den Personaleinsatz sind **Arbeitnehmer,** die am Ort der Niederlassung tätig werden und dafür auch entlohnt werden;[135] ein gelegentliches, unentgeltliches „Zurhandgehen" reicht nicht. Es ist nicht entscheidend, ob es sich um eigene Arbeitnehmer des Insolvenzschuldners handelt oder sie rechtlich selbständig tätig sind, wenn sie nach außen für den Schuldner auftreten,[136] doch ist zweifelhaft und jeweils sorgfältig zu prüfen, ob die letztgenannte Einschränkung aus der Außensicht erfüllt ist, wenn ein vollständiges Outsourcing vorliegt.[137] Die Anforderungen an den Einsatz von Personal und Vermögenswerten dürfen nicht überspannt werden, so

---

[120] AG München ZIP 2007, 495; MüKoBGB/*Kindler* Art. 2 Rn. 24. Verneinend für Verkaufslager ohne Personal Rauscher/*Mäsch,* EuZPR/EuIPR, 4. Aufl., Art. 2 Rn. 12.
[121] *Bork/Harten* NZI 2018, 673, 677.
[122] BGH BeckRS 2010, 14046 Rn. 2.
[123] EuGH v. 20.10.2011 – Rs. C-396/09 (Interedil Srl, in Liquidation/Fallimento Interedil Srl, Intesa Gestione Crediti SpA), ZIP 2011, 2153 = NZI 2011, 990 Rn. 63 = EU:C:2011:671.
[124] *Virgos/Schmidt,* Erläuternder Bericht, Rn. 71.
[125] Für letzteres verneinend MüKoBGB/*Kindler* Art. 2 Rn. 23; *Leible/Staudinger* KTS 2000, 505, 510.
[126] BGH NZI 2012, 377 Rn. 6; *Wunderer* WM 1998, 793, 800; Duursma-Kepplinger/Duursma/Chalupsky/ Duursma-Kepplinger Art. 2 Rn. 26.
[127] OGH ÖJZ 2007, 325, 327; *Mankowski* NZI 2007, 360 mwN zum niederländischen und belgischen Schrifttum. Nicht aber der bloße Wohnsitz des Geschäftsführers, vgl. AG Ludwigshafen ZIP 2014, 1746 (für Art. 3).
[128] BGH ZIP 2011, 389, 390 Rn. 4.
[129] *Gottwald,* Grenzüberschreitende Insolvenzen, S. 22; MüKoBGB/*Kindler* Art. 2 Rn. 23.
[130] Rauscher/*Mäsch,* EuZPR/EuIPR, 4. Aufl., Art. 2 Rn. 12.
[131] Vgl. *Carstens,* Die internationale Zuständigkeit, S. 74 f.; *Virgos/Schmit,* Erläuternder Bericht, Rn. 71; *Virgos/ Garcimartin,* European Insolvency Regulation, Rn. 300; Duursma-Kepplinger/Duursma/Chalupsky/ Duursma-Kepplinger Art. 2 Rn. 26.
[132] Rauscher/*Mäsch,* EuZPR/EuIPR, 4. Aufl., Art. 2 Rn. 12.
[133] BGH NZI 2012, 377 f.
[134] *Virgos/Schmit,* Erläuternder Bericht, Rn. 71.
[135] *Paulus,* Europäische Insolvenzverordnung, Art. 2 Rn. 62.
[136] AG München NZI 2007, 358, 359.
[137] Vgl. (bejahend) LG Hildesheim NZI 2013, 110 mAnm *Köster/Hemmerle* zu der Verwaltung einer Warenhausimmobilie. Sehr kritisch bezüglich der Zurechnung von Fremdpersonal *Smid* ZInsO 2013, 953, 962 ff. mit differenzierender Lösung. Vgl. auch *Bork/Harten* NZI 2018, 673, 678.

dass ein permanentes Büro selbst mit einer Ein-Mann-Besetzung ausreichend ist.[138] Eine Mindestdauer des Personal- oder Vermögenseinsatzes ist nicht verlangt, sondern lediglich eine **gewisse Stabilität** und Verfestigung.[139] Damit sind nur die (im Rechtsverkehr als solche) auftretenden unabhängigen Personen wie Alleinvertriebshändler, Handelsvertreter, selbständige Handelsmakler oder Agenturen ausgenommen. Wird der als Arzt tätige Schuldner im Auftrag seines ausländischen Arbeitgebers an zwei Tagen in der Woche als Chefarzt und Prokurist in einer inländischen Klinik tätig, begründet er dort keine Niederlassung, auch wenn er gegenüber den dort zu seiner Unterstützung bereitgestelltem Personal direktionsbefugt ist, denn es handelt sich dann allenfalls um eine Niederlassung des Arbeitgebers, nicht des Arztes, der in den Abschluss von Arbeitsverträgen etc. nicht eingebunden ist.[140] Ähnliches gilt für das Verhältnis zum Gesellschafter des Arbeitgebers, wenn der Gesellschafter persönlich insolvent ist.[141] Ehemalige Angestellte sind grundsätzlich unbeachtlich.[142]

56 Der **Einsatz von Vermögenswerten** erfordert nicht, dass die jeweiligen Gegenstände im Eigentum oder in der Inhaberschaft des Schuldners stehen, so dass beispielsweise auch der Einsatz von geleasten oder gemieteten Gegenständen ausreicht. Ob der Vermögenswert im Rahmen der wirtschaftlichen Tätigkeit einen Zweck erfüllt, ist nicht im Einzelfall zu prüfen;[143] entscheidend dürfte allein sein, dass dem Vermögenswert unter der maßgeblichen Außenperspektive nicht jeglicher Zusammenhang wirtschaftlichen Aktivität fehlt. Ob Vermögenswerte auch dann zu berücksichtigen sind, wenn sie in einem inländischen Insolvenzverfahren erkennbar nicht zur Verfügung stünden, ist umstritten, aber zu bejahen,[144] weil die Frage, welches Vermögen der Masse des Sekundärverfahrens zugehörig ist, der Zuständigkeitsfrage nach dem Bestehen der Niederlassung nachgelagert ist.

57 Bei **Konzerninsolvenzen** ist zu differenzieren: In der Konzerninsolvenz über das Vermögen der *Muttergesellschaft* kann zwar die Beteiligung der Mutter an dem Tochterunternehmen als „Einsatz von Vermögenswerten" verstanden werden, aber nicht dazu führen, über das Vermögen einer rechtlich selbständigen Tochter ein Sekundärinsolvenzverfahren zu eröffnen.[145] Die Tochtergesellschaft als rechtlich selbständige Gesellschaft ist nicht schon als solche eine Niederlassung im Verfahren über das Vermögen der Mutter anzusehen.[146] Der EuGH hat in seinem Urteil in der **Rs. Burgo Group** zwar beiläufig angenommen, dass eine Niederlassung nicht ausgeschlossen ist, wenn dieser Niederlassung nach dem jeweiligen Recht am Tätigkeitsort eine eigene Rechtspersönlichkeit zukommt.[147] Das meinte aber im konkreten Kontext ersichtlich nur den Fall, dass der Hauptsitz des Schuldners selbst eine Niederlassung sein kann.[148] Teile des Schrifttums bejahen allerdings die Qualität der Tochtergesellschaft als Niederlassung der Mutter, allerdings ohne Differenzierung.[149] In der Insolvenz der Muttergesellschaft wäre allenfalls die Beteiligung als solche der maßgebliche Vermögenswert der Muttergesellschaft. Das Halten dieses Vermögenswerts reicht aber für sich genommen nicht aus, um eine Niederlassung zu begründen.[150] Selbst wenn man das anders sehen wollte, wäre insoweit zumindest zu überlegen, ob nicht nach Maßgabe des Art. 2 Nr. 10 die Belegenheit dieses „Vermögensgegenstands" bei einer rein rechtlichen, auf die Beteili-

---

[138] OGH ÖJZ 2007, 325, 327; *Mankowski* NZI 2007, 360 mwN zum niederländischen und belgischen Schrifttum.
[139] *Mankowski* NZI 2007, 360 mwN.
[140] Rauscher/*Mäsch*, EuZPR/EuIPR, 4. Aufl., Art. 2 Rn. 12.; *Vallender* NZI 2008, 632, 633; aA LG Hannover NZI 2008, 631, 632.
[141] *Bork/Harten* NZI 2018, 673, 674 ff. Anders wohl LG München I NZI 2018, 665, 666.
[142] BGH NZI 2012, 377, 378 Rn. 11.
[143] Wohl auch *Virgos/Schmidt*, Erläuternder Bericht, Rn. 71; aA → 2. Aufl., Art. 2 Rn. 31, der verlangt, der Vermögenswert müsste im Rahmen der wirtschaftlichen Aktivität einen Zweck erfüllen.
[144] AA OLG Karlsruhe NZI 2002, 387 (mangels Rechtsschutzinteresses); wie hier *Paulus*, Europäische Insolvenzverordnung, Art. 2 Rn. 61.
[145] *Thole*, Gläubigerschutz durch Insolvenzrecht, S. 848 f.; A. Schmidt/*Undritz*, EuInsVO, Art. 2 Rn. 37; K. Schmidt/*Brinkmann* Art. 2 Rn. 26 (iE); Vallender/*Intschet*, Art. 2 Rn. 52 ff. mwN.
[146] AA *Paulus*, Europäische Insolvenzverordnung, Art. 2 Rn. 64, wie hier Pannen/*Riedemann* Art. 2 Rn. 60; Gebauer/Wiedmann/*Haubold* Zivilrecht unter europäischem Einfluss, Kap. 32 Rn. 44. Zum Ganzen *Thole*, Gläubigerschutz durch Insolvenzrecht, S. 848 f.
[147] EuGH v. 4.9.2014 – Rs. C-327/13 (Burgo Group SPA/Illochroma SA), ZIP 2014, 2513 = EU:C:2014:2158 Rn. 32.
[148] Vallender/*Intschet*, Art. 2 Rn. 50.
[149] So aber *Paulus* EWS 2002, 497, 500; *ders.*, ZIP 2002, 729, 730; vorsichtiger aber bereits *Paulus*, FS Kreft, S. 469, 476; erwogen, aber im Ergebnis verworfen von *Ehricke* EWS 2002, 101, 104 f.
[150] Im Ergebnis, aber mit teils anderer Begründung *P. Huber* ZZP 114 (2001), 133, 143; *P. Huber*, FS Heldrich, 679, 691; *Smid* DZWIR 2004, 397, 399.

gung beschränkten Beziehung zwischen Konzernmutter und der eigenständigen Tochtergesellschaft am Sitz der Mutter und damit häufig am Ort des Hauptinsolvenzverfahrens zu verankern ist.[151] Für ein Sekundärverfahren wäre dann schon aus diesem Grund gar kein Raum.

Wird das Hauptinsolvenzverfahren über das Vermögen einer konzernverbundenen *Tochtergesell-* **58** *schaft* ausnahmsweise[152] am Sitz der Mutter eröffnet, schließt dies nicht aus, am tatsächlichen Verwaltungssitz der Tochter ein Sekundärverfahren einzuleiten,[153] wenn und weil dort Vermögen und Personal eingesetzt ist und damit eine Niederlassung der Tochter (!) gegeben ist. Dass die eigentlichen „Filetstücke" des Vermögens in einem solchen Fall über das Sekundärverfahren abgewickelt werden, macht dieses Verfahren nicht unzulässig.[154] Mit der Eröffnung des Hauptinsolvenzverfahrens im Ausland steht unter Art. 19 verbindlich fest, dass die Gesellschaft im Ausland ihr COMI hat, so dass nicht einzusehen ist, warum ein Sekundärverfahren gesperrt und die nachteiligen Folgen einer ggf. falschen Eröffnungsentscheidung für die inländischen Gläubiger nicht auf diesem Weg partiell korrigiert werden könnten.[155] Das gilt erst recht dann, wenn das ausländische Insolvenzgericht das Hauptverfahren eigentlich gar nicht hätte eröffnen dürfen, weil der COMI der Insolvenzschuldnerin tatsächlich im Inland liegt. Dann liegt jedenfalls im Inland auch eine Niederlassung vor. Darin liegt auch keine nach Art. 19 nicht statthafte Überprüfung der Eröffnungsentscheidung über das Hauptverfahren, sondern eine eigenständige, ausschließlich auf das Sekundärverfahren ausgerichtete Subsumtion unter den Begriff der Niederlassung. Andersherum kann eine Niederlassung auch mit dem **Satzungssitz der Gesellschaft** übereinstimmen,[156] wenn der COMI entgegen Art. 3 Abs. 1 Unterabs. 2 S. 1 in einem anderen Staat belegen ist, aber dies eben nur dann, wenn am Satzungssitz die von Art. 2 Nr. 10 vorausgesetzten Merkmale erfüllt sind.[157] Das hat auch der EuGH in seinem Urteil vom 4.9.2014 bestätigt.[158] Eine zwingende Verknüpfung dergestalt, dass am satzungsmäßigen Sitz stets, kraft der in Art. 3 Abs. 1 Unterabs. 1 S. 1 zum Ausdruck gebrachten Wertung, jedenfalls vom Vorhandensein einer Niederlassung auszugehen ist, bedeutet dies aber richtigerweise nicht;[159] es bedarf einer **eigenständigen Subsumtion** unter die Kriterien des Art. 2 Nr. 10 für den jeweils maßgeblichen Zeitpunkt.

Art. 2 Nr. 10 erfasst auch Fälle, in denen der Schuldner die **wirtschaftliche Aktivität** zum **59** Zeitpunkt des Antrags auf Eröffnung des Hauptverfahrens bereits wieder **aufgegeben** oder **eingestellt** hatte. Grundsätzlich muss die Niederlassung im Zeitpunkt des Antrags auf Eröffnung des Sekundärverfahrens (→ Rn. 25) und – wie sich aus Art. 2 Nr. 10 nunmehr wertungsmäßig herauslesen lässt – dann erst recht schon im Zeitpunkt des Antrags auf Eröffnung des Hauptverfahrens noch bestehen, weil es sonst keinen rechten Sinn ergäbe, ein Sekundärinsolvenzverfahren durchzuführen. Anders muss dies freilich bei einem Antrag auf Eröffnung eines isolierten Partikularverfahrens sein, weil es dort keinen Antrag auf Eröffnung eines Hauptverfahrens gibt. Durch die Anknüpfung an einen Zeitraum von drei Monaten vor dem Antrag wird nach Nr. 10 eine Eröffnung eines Sekundärverfahrens auch dann ermöglicht, **wenn die Aktivität** in diesem Staat im Zeitpunkt des Antrags auf Eröffnung eines Hauptinsolvenzverfahrens in einem anderen Mitgliedstaat **nicht mehr fortdauert**. Diese Regelung kann zweifelsohne zu einer ortsnahen Verwertung von Vermögenswerten führen, die sich noch in diesem Niederlassungsstaat befinden. Ist die Niederlassung schon länger als drei Monate vor dem Antrag inaktiv, bleibt es dabei, dass in diesem Mitgliedstaat keine Niederlassung mehr besteht und dort folglich auch kein Sekundärverfahren betrieben werden kann, selbst wenn dort noch Vermögenswerte belegen sind. Fraglich bleibt, ob eine Niederlassung auch dann zu bejahen ist, wenn der Schuldner die Aktivität in einem Staat innerhalb des Drei-Monats-Zeitraums aufgibt und sie in einen anderen Staat verlagert (der nicht der COMI-Staat ist), also die Niederlassung **verlagert** wird. In diesem Fall sollte richtigerweise nur eine Niederlassung in dem Zuzugsstaat bejaht werden. Dafür müsste man in Art. 2 Nr. 10 hineinlesen, dass die Anknüpfung an den Zeitraum

---

[151] Dagegen aber *Paulus* EWS 2002, 497, 500 f. mit beachtlichen Gründen: Auch bei einem Auslandsgrundstück eines Privateigentümers wird die Belegenheit im Ausland angenommen.
[152] Zur überholten mind of management Doktrin Art. 3 Rn. 18.
[153] Anders offenbar *Paulus* NZI 2005, 62.
[154] Wie hier Gottwald/*P. Huber,* Europäisches Insolvenzrecht, S. 1, 27; *Sabel* NZI 2004, 126, 127; *M.-Ph. Weller* ZHR 169 (2005), 570, 586 f.
[155] *Thole,* Gläubigerschutz durch Insolvenzrecht, S. 848.
[156] Cour d'Appel Versailles Dalloz 2006, 379, 380; LandesG Klagenfurt NZI 2004, 677, 678; AG Köln NZI 2004, 151, 152 f.; Rauscher/*Mäsch,* EuZPR/EuIPR, 4. Aufl., Art. 2 Rn. 13.
[157] So auch High Court of Justice London v. 8.12.2006 – No. 6211/06 (Hans Brochier II), NZI 2007, 187, 188.
[158] EuGH v. 4.9.2014 – Rs. C-327/13 (Burgo Group SPA/Illochroma SA), ZIP 2014, 2513 = EU:C:2014:2158 Rn. 31 ff.
[159] So aber → 2. Aufl., Art. 2 Rn. 33.

vor dem Antrag auf Eröffnung des Hauptverfahrens nur dann einschlägig ist, wenn die jeweils relevante wirtschaftliche Aktivität als solche **eingestellt** worden ist.

60 Näher zu den sich daraus ergebenden Situationen bei → Art. 3 Rn. 46 ff.

61 **11. Lokale Gläubiger (Art. 2 Nr. 11).** Der Begriff der lokalen Gläubiger ist für die Zusicherung nach Art. 36 ff. sowie für die **Umwandlung eines Sekundärverfahrens in einen anderen Verfahrenstyp** nach Art. 51 bedeutsam. Gemäß Art. 51 Abs. 1 kann das Gericht auf Antrag das Sekundärverfahren in ein anderes Verfahren umwandeln, wenn dies ua dem Interesse der lolaken Gläubiger Rechnung trägt. Nach Art. 36 Abs. 5 muss eine **Zusicherung,** mittels derer die Eröffnung eines Sekundärverfahrens vermieden werden soll (Fall des sog. synthetischen Sekundärverfahrens, siehe die Erl. dort), von den bekannten lokalen Gläubigern gebilligt werden. Auf den Begriff wird auch in Art. 36 Abs. 8 bis 11 Bezug genommen. Die lokalen Gläubiger sind damit **Schutzadressaten der Zusicherung,** wie dies auch in Art. 38 Abs. 2 zum Ausdruck kommt. Der Begriff ist nicht das Gegenstück zu dem Begriff der ausländischen Gläubiger in Art. 53. Gemeint sind nicht einheimische Gläubiger abhängig von ihrem Sitz oder Aufenthalt oder gar Staatsangehörigkeit, sondern **„einheimische Forderungen".** Maßgeblich ist, dass die Forderungen „aus dem Betrieb einer Niederlassung" in einem anderen Mitgliedstaat als dem Staat, in dem sich das COMI (→ Art. 3 Rn. 23 ff.) befindet.[160] Das Merkmal „aus dem Betrieb" kann so ausgelegt werden wie bei Art. 7 Nr. 5 EuGVVO idF VO 1215/2012. Entscheidend ist, dass die Verbindlichkeit von der Niederlassung für das Stammhaus eingegangen wurde. Auf den Erfüllungsort kommt es nicht an.[161] Das Merkmal des **Entstehens** ist tatsächlich zu verstehen. Auf das Forderungsstatut kommt es nicht an. Entscheidend muss sein, dass die Forderungen im Niederlassungsstaat begründet wurden. Das ist der Fall, wenn der jeweilige Vertrag am Ort der Niederlassung abgeschlossen wurde oder im Niederlassungsstaat der Tatort des Deliktsgeschehens war. Grenzfälle kann es zwar geben, doch bedarf es für die Entscheidungen nach Art. 36, 38 Abs. 2 im Regelfall ohnehin eher einer pauschalierenden Betrachtung. Ob dann einzelne Forderungen zu Recht oder zu Unrecht zu den einheimischen gezählt wurden, dürfte nur selten etwas an dem Ergebnis ändern, zu dem das Gericht gelangt.

62 **12. Ausländische Gläubiger (Art. 2 Nr. 12).** Der Begriff der ausländischen Gläubiger ist relevant für die Information ausländischer Gläubiger bei Art. 24 Abs. 4 und insbesondere für die Information der (bekannten) Gläubiger bei Art. 54 f. und die verlängerte Anmeldefrist in Art. 55 Abs. 6. Der Verordnungsgeber knüpft an den gewöhnlichen Aufenthalt, Wohnsitz und Sitz an. Gemeint ist für letzteres der Satzungssitz). Für die (möglicherweise gegenüber der allgemeinen Frist verlängerte) Anmeldefrist des Art. 55 Abs. 6 S. 2 kommt es insoweit darauf an, dass der Gläubiger bereits bei Verfahrenseröffnung ausländischer Gläubiger in diesem Sinne war.

63 Auch **öffentliche Gläubiger** bzw. Behörden als Gläubiger sind erfasst.[162] In Art. 2 Nr. 12 wird dies für Steuerbehörden und Sozialversicherungsträger klargestellt. Gemeint sein können nur öffentliche Gläubiger eines Mitgliedstaats, weil nur deren Sitz im räumlichen Anwendungsbereich der EuInsVO liegen kann. Auch wenn ein Drittstaat Vertretungen oder sonst hoheitlich organisierte Einrichtungen in einem Mitgliedstaat unterhält, wird er dadurch nicht zu ausländischem Gläubiger in diesem Sinne.

64 **13. Unternehmensgruppe (Art. 2 Nr. 13).** Art. 2 Nr. 13 definiert den Begriff der Unternehmensgruppe im Zusammenspiel mit Art. 2 Nr. 14. Der Begriff der Unternehmensgruppe eröffnet den Anwendungsbereich für die in Kapitel V bei Art. 56 ff. aufgenommenen Vorschriften über die Kooperation und Kommunikation im Fall einer Konzerninsolvenz; genauer: bei Insolvenzverfahren über das Vermögen von Mitgliedern einer Unternehmensgruppe. Es handelt sich um ein Mutterunternehmen mit allen seinen Tochtergesellschaften. Der Begriff des Mutterunternehmens ist in Art. 2 Nr. 13 definiert und damit im Zusammenhang zu lesen. Die Einfügung, dass **alle Tochterunternehmen** gemeint sind, geht auf das Europäische Parlament zurück.[163] Das bedeutet allerdings nicht, dass die Regeln der Art. 56 ff. nur dann anwendbar wären, wenn sich alle Tochtergesellschaften im Insolvenzverfahren befinden. Umgekehrt sind aber die nicht insolventen Tochterunternehmen auch nicht von Kooperations- und Koordinationsregelungen betroffen. In den Art. 56 ff. wird stets von den Insolvenzverfahren über das Vermögen des jeweiligen Mitglieds gesprochen.

65 Mit dieser Definition sind **Gleichordnungskonzerne** nicht erfasst, weil sie sich nicht als Mutter und Tochter einordnen lassen und weil die Kontrollmöglichkeit iSd Art. 2 Nr. 14 eigentlich

---

[160] Kritisch zu der Bezeichnung als „lokale Gläubiger" *Fehrenbach* GPR 2017, 38, 40.
[161] EuGH v. 22.11.1978 – Rs. 33/78 (Somafer SA ./. Saar-Ferngas AG), Slg. 1978, 2183, 2193 Rn. 12 = EU:C:1978:205.
[162] Mankowski/Müller/J. Schmidt/*J. Schmidt* Art. 2 Rn. 66.
[163] Art. 2 lit. i) im Bericht über den Vorschlag für eine Verordnung des Europäischen Parlaments und des Rates zur Verordnung (EG) Nr. 1346/2000 des Rates über Insolvenzverfahren, Dok A7-0481/2014.

fehlt. Die Lücke wird kritisiert, weil auch im Gleichordnungskonzern Koordinationsfragen auftreten.[164] Doch lässt die Beschränkung auf Subordinationskonzerne deutlicher erkennen, dass gerade die bestehenden Abhängigkeiten den Koordinationsbedarf auslösen, und daher erscheint die Beschränkung vertretbar. Das gilt umso mehr, als sich die Definition an Art. 1 der Konzernabschlussrichtlinie (RL 83/349/EWG) und jetzt RL 2013/34/EU anlehnt und damit europäische Vorbilder hat. Teilweise wird allerdings vertreten, dass es bei Gleichordnungskonzernen zulässig ist, die anderen Unternehmen als Tochterunternehmen zu qualifizieren, weil die EuInsVO den Begriff der Tochterunternehmen selbst nicht definiere.[165] Die Anlehnung an RL 2013/34/EG kann dies richtigerweise nur dann, aber immerhin dann tragen, wenn tatsächlich ein solcher Abschluss auch im Gleichordnungskonzern, wie vom nationalen Gesetzgeber optional vorgeschrieben werden kann (Art. 22 Abs. 7 RL 2013/34/EG), aufgestellt worden ist, weil dann Art. 2 Nr. 14 Satz 2 einschlägig ist, dazu gleich → Rn. 67.

Der Begriff der Unternehmensgruppe erfasst nicht ohne weiteres diejenigen Fälle, in denen 66 konzernangehörige Gesellschaften ihren Sitz in einem **Drittstaat** haben.[166] Bei genauerer Betrachtung ist zu unterscheiden. Naturgemäß kann die EuInsVO drittstaatlichen Verfahren und deren Beteiligten keine Vorgaben machen. Drittstaatliche Gerichte und Verwalter sind insoweit nicht kraft der EuInsVO zur Kommunikation und Kooperation verpflichtet. Davon unberührt bleibt aber die Kommunikation und Kooperation innerhalb der EU und zwischen den mitgliedstaatlichen Verfahren in Fällen, in denen einzelne Konzerngesellschaften im Drittstaat residieren. Für diesen Fall ist richtigerweise davon auszugehen, dass einzelne Drittstaatengesellschaften im Konzernverbund die Bindung der übrigen, mitgliedstaatlichen Verfahren nicht beschränken. Die EuInsVO setzt also nicht voraus, dass alle Konzerngesellschaften und die jeweiligen Verfahren in einem Mitgliedstaat lokalisiert sind.

14. Mutterunternehmen (Art. 2 Nr. 14). Die EuInsVO definiert nur den Begriff der Mut- 67 terunternehmen ausdrücklich im Rang einer eigenen Definitionsnorm in Art. 2 Nr. 14; die Definition des Tochterunternehmens ergibt sich daraus mittelbar wegen des Bestehens einer unmittelbaren oder auch mittelbaren Kontrolle. Die Kontrolle selbst wird nicht definiert, insoweit gelten (nur) im Ausgangspunkt wegen der Anlehnung an das Bilanzrecht dessen Kriterien. Auf einen Vorschlag des Parlaments zurückgehend[167] wird insoweit ergänzend an die **Rechnungslegungsrichtlinie** 2013/34/EU angeknüpft. Dort ist in Art. 21 und 22 beschrieben, wann das nationale Recht verbundenen Unternehmen einen konsolidierten Abschluss vorzuschreiben hat. Liegen diese Voraussetzungen vor, ist nach nationalem Recht eine Verpflichtung zum konsolidierten Abschluss gegeben,[168] ist nach Nr. 14 Satz 2 automatisch und in Gestalt einer Fiktion („wird angesehen") die Definition als Mutterunternehmen im Sinne der Verordnung unwiderleglich[169] erfüllt. Damit ist auch der Vertragskonzern entsprechend § 291 AktG erfasst.[170] Rechtspolitisch ist indes fraglich, ob die Vorbilder des Bilanzierungsrechts tatsächlich für das insolvenzrechtliche Gesamtvollstreckungsrecht übernommen werden sollten, weil die Zielrichtungen unterschiedlich sind. Möglicherweise können sich hier künftig **Spannungsfelder** ergeben. Nicht ausgeschlossen ist allerdings, dass in manchen Situationen auch außerhalb der Vorgaben der Rechnungslegungsrichtlinie eine unmittelbare oder vor allem mittelbare Kontrolle angenommen wird (etwa bei Ausnahmefällen nach Art. 23 der Rechnungslegungsrichtlinie).[171] Dafür dürfte dann maßgeblich sein, dass ein beherrschender Einfluss besteht, vgl. auch § 290 Abs. 1 und 2 HGB. Ob von den Einflussmöglichkeiten tatsächlich Gebrauch gemacht wird, ist aber nicht entscheidend.[172]

Insbesondere sind Art. 2 Nr. 13, 14 auch dann anwendbar, wenn in der jeweiligen Unter- 68 nehmensgruppe nach dem Standard des IFRS bilanziert wird, für den dann die IFRS-VO[173] bzw. in Deutschland § 315a HGB maßgeblich ist. Auch insoweit kann schon aus sachlichen Gründen nichts anderes gelten. Diese Fälle fallen zwar dann nicht unter Art. 2 Nr. 14 Satz 2,[174] aber unter Art. 2 Nr. 14 Satz 1.

---

[164] Reuß EuZW 2013, 165, 168; Brinkmann, European Insolvency Regulation, Art. 2 Rn. 51.
[165] Vallender/Sutschet Art. 2 Rn. 61.
[166] Kritisch Eidenmüller/Frobenius Beilage ZIP 22/2013, 1, 14.
[167] Art. 2 lit. j) im Bericht über den Vorschlag für eine Verordnung des Europäischen Parlaments und des Rates zur Änderung der Verordnung (EG) Nr. 1346/2000 des Rates über Insolvenzverfahren, Dok. A7-0481/2014.
[168] K. Schmidt/Brinkmann Art. 2 Rn. 29 (iE); wohl auch Uhlenbruck/Knof Art. 2 Rn. 52.
[169] Vallender/Sutschet Art. 2 Rn. 65; Mankowski/Müller/J. Schmidt/J. Schmidt Art. 2 Rn. 79.
[170] Prager/Keller NZI 2013, 57, 63; Wimmer DB 2013, 1343, 1344 f.
[171] Im Ergebnis K. Schmidt/Brinkmann Art. 2 Rn. 29 (iE).
[172] Dies begrüßend Brinkmans ZInsO 2013, 797, 799.
[173] VO (EG) 1606/2002 des Europäischen Parlaments und des Rates v. 19.7.2002 betreffend die Anwendung internationaler Rechnungslegungsstandards, ABl. EU v. 11.9.2002, L 243/1.
[174] **AA** Mankowski/Müller/J. Schmidt/J. Schmidt Art. 2 Rn. 80.

Art. 3 Internationale Zuständigkeit

(1) ¹Für die Eröffnung des Insolvenzverfahrens sind die Gerichte des Mitgliedstaats zuständig, in dessen Hoheitsgebiet der Schuldner den Mittelpunkt seiner hauptsächlichen Interessen hat (im Folgenden „Hauptinsolvenzverfahren"). ²Mittelpunkt der hauptsächlichen Interessen ist der Ort, an dem der Schuldner gewöhnlich der Verwaltung seiner Interessen nachgeht und der für Dritte feststellbar ist.
¹Bei Gesellschaften oder juristischen Personen wird bis zum Beweis des Gegenteils vermutet, dass der Mittelpunkt ihrer hauptsächlichen Interessen der Ort ihres Sitzes ist. ²Diese Annahme gilt nur, wenn der Sitz nicht in einem Zeitraum von drei Monaten vor dem Antrag auf Eröffnung des Insolvenzverfahrens in einen anderen Mitgliedstaat verlegt wurde.
¹Bei einer natürlichen Person, die eine selbständige gewerbliche oder freiberufliche Tätigkeit ausübt, wird bis zum Beweis des Gegenteils vermutet, dass der Mittelpunkt ihrer hauptsächlichen Interessen ihre Hauptniederlassung ist. ²Diese Annahme gilt nur, wenn die Hauptniederlassung der natürlichen Person nicht in einem Zeitraum von drei Monaten vor dem Antrag auf Eröffnung des Insolvenzverfahrens in einen anderen Mitgliedstaat verlegt wurde.
¹Bei allen anderen natürlichen Personen wird bis zum Beweis des Gegenteils vermutet, dass der Mittelpunkt ihrer hauptsächlichen Interessen der Ort ihres gewöhnlichen Aufenthalts ist. ²Diese Annahme gilt nur, wenn der gewöhnliche Aufenthalt nicht in einem Zeitraum von sechs Monaten vor dem Antrag auf Eröffnung des Insolvenzverfahrens in einen anderen Mitgliedstaat verlegt wurde.

(2) ¹Hat der Schuldner den Mittelpunkt seiner hauptsächlichen Interessen im Hoheitsgebiet eines Mitgliedstaats, so sind die Gerichte eines anderen Mitgliedstaats nur dann zur Eröffnung eines Insolvenzverfahrens befugt, wenn der Schuldner eine Niederlassung im Hoheitsgebiet dieses anderen Mitgliedstaats hat. ²Die Wirkungen dieses Verfahrens sind auf das im Hoheitsgebiet dieses letzteren Mitgliedstaats befindliche Vermögen des Schuldners beschränkt.

(3) Wird ein Insolvenzverfahren nach Absatz 1 eröffnet, so ist jedes zu einem späteren Zeitpunkt nach Absatz 2 eröffnete Insolvenzverfahren ein Sekundärinsolvenzverfahren.

(4) ¹Vor der Eröffnung eines Insolvenzverfahrens nach Absatz 1 kann ein Partikularverfahren nach Absatz 2 nur eröffnet werden, falls:
a) die Eröffnung eines Insolvenzverfahrens nach Absatz 1 angesichts der Bedingungen, die das Recht des Mitgliedstaats vorschreibt, in dessen Hoheitsgebiet der Schuldner den Mittelpunkt seiner hauptsächlichen Interessen hat, nicht möglich ist oder
b) die Eröffnung des Partikularverfahrens von
   i) einem Gläubiger beantragt wird, dessen Forderung sich aus dem Betrieb einer Niederlassung ergibt oder damit im Zusammenhang steht, die sich im Hoheitsgebiet des Mitgliedstaats befindet, in dem die Eröffnung des Partikularverfahrens beantragt wird, oder
   ii) einer Behörde beantragt wird, die nach dem Recht des Mitgliedstaats, in dessen Hoheitsgebiet sich die Niederlassung befindet, das Recht hat, die Eröffnung von Insolvenzverfahren zu beantragen.
²Nach der Eröffnung des Hauptinsolvenzverfahrens wird das Partikularverfahren zum Sekundärinsolvenzverfahren.

Literatur: *Adam,* Zuständigkeitsfragen bei der Insolvenz internationaler Unternehmensverbindungen (Diss. Univ. Köln 2006), 2006; *Ahrens,* Rechte und Pflichten ausländischer Insolvenzverwalter im internationalen Insolvenzrecht, 2002; *Bachner,* The Battle over Jurisdiction in European Insolvency Law (Besprechungsaufsatz zu EuGH 2.5.2006, C-341/04, Eurofood), ECFR 2006, 310; *Balz,* Das neue Europäische Insolvenzübereinkommen, ZIP 1996, 948; *Beale,* The Judgment in Eurofood, J.I.B.L.R. 2006, 487; *Becker,* Insolvenz in der Europäischen Union. Zur Verordnung des Rates über Insolvenzverfahren, ZEuP 2002, 287; *Berner/Klöhn,* Insolvenzantragspflicht, Qualifikation und Niederlassungsfreiheit, ZIP 2007, 106; *Borges,* Gläubigerschutz bei ausländischen Gesellschaften mit inländischem Sitz, ZIP 2004, 733; *Brinkmann,* Von unwiderleglichen widerlegbaren Vermutungen – Zum Umgang mit Art. 3 Abs. 1 EuInsVO 2015, FS Prütting, 2018, S. 627; *Brünkmans,* Die Renaissance der Sitztheorie im europäischen Insolvenzrecht, KSzW 2012, 319; *Carrara,* The Parmalat Case, RabelsZ 2006, 538; *Carstens,* Die internationale Zuständigkeit im europäischen Insolvenzrecht (Univ. Kiel, Diss., 2004), 2005; *Cranshaw,* Das Urteil „Interedil" des EuGH – Fortentwicklung des COMI, Durchbrechung von Bindungswirkungen, Folgen?, DZWIR 2012, 53; *ders.,* Partikulare Insolvenzverfahren nach der EuInsVO, DZWIR 2014, 473; *Csoke,* Scandalous Notes –

to Bob Wessels' Article „Twenty Suggestions for a Makeover of the EU Insolvency Regulation", International Caselaw Alert 13 – I/2007, 53; *d'Avoine*, Internationale Zuständigkeit des deutschen Insolvenzgerichts bei offenkundiger „Rückkehroption" des ehemals selbstständig wirtschaftlich tätigen Schuldners (Unternehmer, Freiberufler, Arzt, Anwalt, Notar etc.) mit dem Ziel der Restschuldbefreiung – Wann wird forum-shopping unerlaubt und verstößt unter Umständen gegen den Ordre public?, NZI 2011, 310; *Duursma-Kepplinger*, Aktuelle Entwicklungen zur internationalen Zuständigkeit für Hauptinsolvenzverfahren – Erkenntnisse aus Staubitz-Schreiber und Eurofood, ZIP 2007, 896; *dies.*, Aktuelle Entwicklungen im Bezug auf die Auslegung der Vorschriften über die internationale Eröffnungszuständigkeit nach der EuInsVO, DZWIR 2006, 177; *Deyda*, Der Fall NIKI Luftfahrt – Bruchlandung des neuen europäischen internationalen Insolvenzrechts?; ZInsO 2018, 221; *Duursma/Duursma-Kepplinger*, Gegensteuerungsmaßnahme bei ungerechtfertigter Inanspruchnahme der internationalen Zuständigkeit gem. Art. 3 AbS. 1 EuInsVO, DZWIR 2003, 447; *Ehricke*, Die neue Europäische Insolvenzordnung und grenzüberschreitende Konzerninsolvenzen, EWS 2002, 101; *ders.*, Die Zusammenarbeit der Insolvenzverwalter bei grenzüberschreitenden Insolvenzen nach der EuInsVO, WM 2005, 397; *Eidenmüller*, Der Markt für internationale Konzerninsolvenzen: Zuständigkeitskonflikte unter der EuInsVO, NJW 2004, 3455; *ders.*, in: *Eidenmüller*, Ausländische Kapitalgesellschaften im deutschen Recht, 2004; *ders.*, Geschäftsleiter- und Gesellschafterhaftung bei europäischen Auslandsgesellschaften mit tatsächlichem Inlandssitz, NJW 2005, 1618; *ders.*, Wettbewerb der Insolvenzrechte, ZGR 2006, 467; *ders.*, Free Choice in International Company Insolvency Law in Europe, EBOR 6 (2005), 423; *ders.*, Forschungsperspektiven im Unternehmensrecht, JZ 2007, 487; *Fehrenbach*, Haupt- und Sekundärinsolvenzverfahren, 2014; *ders.*, Insolvency in Private International Law: National and International Approaches, 2005; *Fehrenbach*, Die Rechtsprechung des EuGH zur Europäischen Insolvenzverordnung: Der Mittelpunkt der hauptsächlichen Interessen und andere Entwicklungen im Europäischen Insolvenzrecht, ZEuP 2013, 353; *Freitag/Leible*, Justizkonflikte im Europäischen Internationalen Insolvenzrecht und (k)ein Ende?, RIW 2006, 641; *Fritz/Bähr*, Die Europäische Verordnung über Insolvenzverfahren – Herausforderung an Gerichte und Insolvenzverwalter, DZWIR 2001, 221; *Gottwald*, Grenzüberschreitende Insolvenzen, 1997; *Grönda/Bünning/Liersch*, Hase und Igel, oder: Die nachträgliche Eröffnung von Sekundärinsolvenzverfahren im Anwendungsbereich der Europäischen Insolvenzordnung (EuInsVO), FS Braun, 2007, S. 403 ff.; *Herchen*, Das Übereinkommen über Insolvenzverfahren, 2000; *ders.*, Scheinauslandsgesellschaften im Anwendungsbereich der Europäischen Insolvenzordnung – Anmerkung zur Entscheidung des High Court of Justice, Chancery Division (Company Court) v. 7.2.2003, ZInsO 2003, 742; *ders.*, Aktuelle Entwicklungen im Recht der internationalen Zuständigkeit zur Eröffnung von Insolvenzverfahren: Der Mittelpunkt der (hauptsächlichen) Interessen im Mittelpunkt der Interessen, ZInsO 2004, 825; *ders.*, International-insolvenzrechtliche Kompetenzkonflikte in der Europäischen Gemeinschaft – Zugleich Besprechung der Entscheidung des High Court of Justice Leeds v. 16.5.2003 und des AG Düsseldorf v. 19. 5./ 6.6.2003, ZInsO 2004, 61; *ders.*, Das Prioritätsprinzip im internationalen Insolvenzrecht – Zugleich Besprechung Stadtgericht Prag, Beschl. v. 26.4.2005 – 78 K 6/05–127, ZIP 2005, 1401; *Hess/Laukemann*, Internationale Eröffnungszuständigkeit im Insolvenzverfahren, JZ 2006, 671; *Hess/Laukemann/Seagon*, Europäisches Insolvenzrecht nach Eurofood: Methodische Standortbestimmung und praktische Schlussfolgerungen, IPRax 2007, 89; *Hölzle*, Wege in die Restschuldbefreiung und Schuldenerlass im Exil – Oder: Lohnt die Flucht nach Frankreich wirklich?, ZVI 2007, 1; *Homann*, System der Anerkennung eines ausländischen Insolvenzverfahrens und die Zulässigkeit der Einzelrechtsverfolgung, 2000; *Huber, P.*, Internationales Insolvenzrecht in Europa/ZZP 114 (2001), 133; *ders.*, Der deutsch-englische Justizkonflikt – Kompetenzkonflikte im Internationalen Insolvenzrecht, FS Heldrich, 2005, S. 679; *Huber, U.*, Gesellschafterdarlehen in der Inlandsinsolvenz von Auslandsgesellschaften, in: Lutter (Hrsg.), Europäische Auslandsgesellschaften in Deutschland, 2005, S. 131; *ders.*, Inländische Insolvenzverfahren über Auslandsgesellschaften nach der Europäischen Insolvenzverordnung, FS Gerhardt, 2004, S. 397; *Jahr*, in: Kegel/Thieme, Vorschläge und Gutachten zum Entwurf eines EG-Konkursübereinkommens, 1988, S. 305; *Kammel*, Die Bestimmung der zuständigen Gerichte bei grenzüberschreitenden Konzerninsolvenzen, NZI 2006, 334; *Keggenhoff*, Internationale Zuständigkeit bei grenzüberschreitenden Insolvenzverfahren: Der Mittelpunkt der hauptsächlichen Interessen gemäß Art. 3 Abs. 1 EuInsVO bei Gesellschaften und juristischen Personen (Diss. Humboldt-Univ. Berlin, 2006), 2006; *Kemper*, Die Verordnung (EG) Nr. 1346/2000 über Insolvenzverfahren, ZIP 2001, 1609; *Kindler*, Gesellschafterinnenhaftung in der GmbH und internationale Zuständigkeit nach der Verordnung (EG) Nr. 44/2001, FS Ulmer, 2003, S. 305; *ders.*, „Inspire Art" – Aus Luxemburg nichts Neues zum internationalen Gesellschaftsrecht, NZG 2003, 1086; *ders.*, Die „Aschenputtel"-Limited und andere Fälle der Mehrfachqualifikation im Schnittfeld des internationalen Gesellschafts-, Delikts und Insolvenzrechts, FS Jayme, 2004, S. 409; *ders.*, Sitzverlegung und internationales Insolvenzrecht, IPRax 2006, 114; *ders.*, Zum Kollisionsrecht der Zahlungsverbote in der Gesellschaftsinsolvenz, IPRax 2010, 430; *Klöhn*, Statische oder formale Lebenssachverhalte als „Interessen" i. S. des Art. 3 I 1 EuInsVO? Zum Mittelpunkt der hauptsächlichen Interessen einer im Ausland gegründeten Gesellschaft bei Einstellung der werbenden Tätigkeit, NZI 2006, 383; *ders.*, Verlegung des Mittelpunktes der hauptsächlichen Interessen iSd Art. 3 Abs. 1 S. 1. EuInsVO vor Stellung des Insolvenzantrags, KTS 2006, 259; *Klöhn/Berner*, Anmerkung zu BGH, Beschl. v. 6.2.2007 – IX ZR 39/06, ZIP 2007, 1418; *Klumb*, Kollisionsrecht der Insolvenzanfechtung, 2005; *Knof*, Perpetuatio fori und Attraktivkraft des Erstantrags im Europäischen Insolvenzrecht?, ZInsO 2006, 754; *Knof*, Europäisches Insolvenzrecht und Schuldbefreiungs-Tourismus, ZInsO 2005, 1017; *ders.*, Perpetuatio fori und Attraktivkraft des Erstantrags im Europäischen Insolvenzrecht?, ZInsO 2006, 754; *ders.*, Anmerkung zu EuGH „Staubitz-Schreiber" v. 17.1.2006, ZIP 2006, 188; *ders.*, Anmerkung zu EuGH „Eurofood" v. 2.5.2006 Rs C-341/04, ZIP 2006, 907; *Knof/Mock*, COMI-Verlegung des Schuldners zwischen Antragstellung und Insolvenzeröffnung („Susanne Staubitz-Schreiber"), Anm. zu EuGH 17.1.2006 – Rs C-1/04, ZIP 2006, 188; *dies.*, Zur Anerkennung der Insolvenzeröffnung in einem anderen EU-Mitgliedstaat („Eurofood"), Anm. zu EuGH, Urt. v. 2.5.2006 – Rs C-341/04, ZIP 2006, 911; *Kolmann*,

Kooperationsmodelle im Internationalen Insolvenzrecht, 2001; *Krebber,* Europäische Insolvenzordnung, Drittstaatengesellschaften, Drittstaatensachverhalte und innergemeinschaftliche Konflikte, IPRax 2004, 540; *Kübler,* Der Mittelpunkt der hauptsächlichen Interessen nach Art. 3 Abs. 1 EuInsVO, in *Schilken/Kreft/Wagner/Eckardt* (Hrsg.), FS Walter Gerhardt zum 70. Geburtstag am 18. Oktober 2004, 2004, S. 527 ff.; *Laukemann,* Rechtshängigkeit im europäischen Insolvenzrecht, RIW 2005, 104; *Leible/Staudinger,* Die europäische Verordnung über Insolvenzverfahren, KTS 2000, 533; *Leipold,* Zuständigkeitslücken im neuen Europäischen Insolvenzrecht, FS Ishikawa, 2001, S. 221 ff.; *Lorenz,* Annexverfahren bei internationalen Insolvenzen: internationale Zuständigkeitsregelung der Europäischen Insolvenzverordnung (Diss. Uni Innsbruck, 2004), 2005; *Lüer,* Art. 3 Abs. 1 EuInsVO – Grundlage für Konzerninsolvenzrecht oder Instrumentarium eines „Insolvenz-Imperialismus"?, in FS Günter Greiner zum 70. Geburtstag, 2005, S. 201 ff.; *Lüke,* Das europäische internationale Insolvenzrecht, ZZP 111 (1998), 275; *Mankowski,* Konkursgründe beim inländischen Partikularkonkurs, ZIP 1995, 1650; *ders.,* Internationale Zuständigkeit und anwendbares Recht, FS Heldrich, 2005, S. 867; *ders.,* Keine Litispendenzsperre unter der EuInsVO, KTS 2009, 453; *ders.,* Gläubigerstrategien zur Fixierung des schuldnerischen Centre of Main Interests (COMI), ZIP 2010, 1376; *ders.,* Internationale Nachlassinsolvenzverfahren, ZIP 2011, 1501; *Mansel,* Grenzüberschreitende Restschuldbefreiung – Anerkennung einer (automatic) discharge nach englischem Recht und ordre public, FS von Hoffmann, 2011, S. 683 ff.; *Mock,* Safe harbour für Qualifikationsprobleme bei der Insolvenzantragspflicht?, NZI 2006, 24; *Mock,* Internationale Restschuldbefreiung, KTS 2013, 423; *Mock,* Das (geplante) neue europäische Insolvenzrecht nach dem Vorschlag der Kommission zur Reform der EuInsVO, GPR 2013, 156; *Mörsdorf-Schulte,* Zuständigkeit für Insolvenzanfechtungsklagen im Eröffnungsstaat, ZIP 2009, 1456; *Oberhammer,* Das Europäische Insolvenzrecht und Österreich: Grundstrukturen und ausgewählte Probleme, Zeitschrift für das gesamte Bank- und Börsenwesen (ÖBA) 2002, 698; *ders.,* Europäisches Insolvenzrecht in praxi – „Was bisher geschah", ZInsO 2004, 761; *Paulus,* Das inländische Parallelverfahren nach der Europäischen Insolvenzverordnung, EWS 2002, 497; *ders.,* Zuständigkeitsfragen nach der Europäischen Insolvenzordnung, ZIP 2003, 1725; *ders.,* Überlegungen zu einem modernen Konzerninsolvenzrecht, ZIP 2005, 1948; *ders.,* Anmerkung zu OLG Wien, Beschl. v. 9.11.2004 – 28 R 225/04 w (nicht rechtskräftig), ZIP 2005, 62; *ders.,* Der EuGH und das moderne Insolvenzrecht, NZG 2006, 609; *ders.,* Anfechtungsklagen in grenzüberschreitenden Insolvenzverfahren, ZInsO 2006, 295; *ders.,* Die ersten Jahre mit der Europäischen Insolvenzverordnung, RabelsZ 70 (2006), 458; *Poertzgen/Adam,* Die Bestimmung des „centre of main interests" gem. Art. 3 Abs. 1 EuInsVO, ZInsO 2006, 505; *Ringe,* Insolvenzanfechtungsklage im System des europäischen Zivilverfahrensrechts, ZInsO 2006, 700; *Rinne,* Zweigniederlassungen ausländischer Unternehmen im deutschen Kollisions- und Sachrecht, 1998; *Sabel,* Hauptsitz als Niederlassung im Sinne der EuInsVO?, NZI 2004, 126; *Saenger/Klockenbrink,* Anerkennungsfragen im internationalen Insolvenzrecht gelöst?, EuZW 2006, 363; *dies.,* Neue Grenzen für ein forum shopping des Insolvenzschuldners?, DZWIR 2006, 183; *Sandrock,* Die Konkretisierung der Überlagerungstheorie in einigen zentralen Einzelfragen, ein Beitrag zum internationalen Gesellschaftsrecht, FS Beitzke, 1979, S. 669 ff.; *Sandrock,* Die Schrumpfung der Überlagerungstheorie – Zu den zwingenden Vorschriften des deutschen Sitzrechts, die ein fremdes Gründungsstatut überlagern können, ZVglRWiss 102 (2003), 447; *Schall,* Englischer Gläubigerschutz bei der Limited in Deutschland, ZIP 2005, 965; *Schilling, S./Schmidt, J.,* COMI und vorläufiger Insolvenzverwalter – Problem gelöst?, ZInsO 2006, 113; *Schmidt, J.,* Eurofood – Eine Leitentscheidung und ihre Rezeption in Europa und den USA, ZIP 2007, 405; *Schmidt, K.,* Das internationale Unternehmensrecht als Lehrmeister des internationalen Insolvenzrechts – Eine dogmengeschichtliche Skizze, FS Großfeld, 1999, S. 1031 ff.; *Schmiedeknecht,* Der Anwendungsbereich der Europäischen Insolvenzverordnung und die Auswirkungen auf das deutsche Insolvenzrecht: Unter besonderer Berücksichtigung des Konzerninsolvenzrechts (Diss. Uni Frankfurt, 2004), 2004; *Schopper,* Anmerkung zu LG Innsbruck v. 11.5.2004 – 9 S 15/04 m, KTS 2005, 223; *Schröder, J.,* Internationale Zuständigkeit, 1971; *Schulz,* Die Bestimmung des COMI nach Art. 3 EuInsVO aF bei Immobilien-SPV, NZI 2017, 142; *Smid,* EuGH zu „Eurofood", BGH zur internationalen Zuständigkeit: Neueste Judikatur zur EuInsVO, DZWIR 2006, 325; *ders.,* Internationales Insolvenzrecht im Spiegel ausgewählter Verfahren und Entscheidungen, DZWIR 2006, 45; *ders.,* Judikatur zum internationalen Insolvenzrecht, DZWIR 2004, 397; *ders.,* Vier Entscheidungen englischer und deutscher Gerichte zur europäischen internationalen Zuständigkeit zur Eröffnung des Hauptinsolvenzverfahrens, DZWIR 2003, 397; *Strasser,* Anmerkung zu AG Siegen v. 1.7.2004 – 25 IN 154/04, KTS 2005, 219; *Taupitz,* Das (zukünftige) europäische Internationale Insolvenzrecht – insbesondere aus international-privatrechtlicher Sicht, ZZP 111 (1998), 315; *Taylor,* Further into the fog – some thoughts on the European Court of Justice decision in the Eurofood case, International Caselaw Alert 10 – III/2006, 25; *Thieme,* in: *Kegel/Thieme,* Vorschläge und Gutachten zum Entwurf eines EG-Konkursübereinkommens, 1988, S. 213; *Thole,* Das COMI-Prinzip und andere Grundfragen des Europäischen Insolvenzrechts, ZEuP 2007, 1137; *ders.,* in: Leible/Terhechte, Europäisches Rechtsschutz- und Verfahrensrecht, Enzyklopädie Europarecht, Bd. 3, 2. Aufl. 2020, § 27; *ders.,* Die neue europäische Insolvenzverordnung, IPRax 2017, 213; *ders.,* Lehren aus dem Fall NIKI, ZIP 2018, 401; *Törz,* Gerichtsstände im internationalen Insolvenzrecht zur Eröffnung von Partikularinsolvenzverfahren: eine Untersuchung über die internationale Zuständigkeit zur Eröffnung von Partikularinsolvenzverfahren sowie deren Beschränkungen und Auswirkungen auf die Anerkennungszuständigkeit (Diss. Uni Bochum, 2005), 2005; *Thomale,* Der „Mittelpunkt der hauptsächlichen Interessen" bei Gesellschaftsinsolvenzen mit Auslandsberührung, IPrax 2018, 254; *Trunk,* Internationales Insolvenzrecht, 1998; *von der Fecht,* Die Insolvenzverfahren nach der neuen EG-Verordnung, in *van Bettery/Delhacs* (Hrsg.), FS Friedrich Wilhelm Metzeler zum 70. Geburtstag, 2003, S. 121 ff.; *Vallender,* Aufgaben und Befugnisse des deutschen Insolvenzrichters in Verfahren nach der EuInsVO, KTS 2005, 283; *ders.,* Verfahren für den Insolvenzstandort Deutschland, NZI 2007, 129; *Vallens/Dammann,* Die Problematik der Behandlung von Konzerninsolvenzen nach der EuInsVO – Bericht über ein internationales Richterseminar, NZI 2006, 29; *Virgós/Garcimartín,* The European Insolvency Regulation: Law and Practice, 2004; *Virgós/Schmit,*

Erläuternder Bericht, in: *Stoll,* Vorschläge und Gutachten zur Umsetzung des EU-Übereinkommens über Insolvenzverfahren im deutschen Recht, 1997, S. 32; *Vogler,* Die internationale Zuständigkeit für Insolvenzverfahren (Diss. Uni Wien, 2003), 2004; *Vormstein,* Zuständigkeit bei Konzerninsolvenzen: Verfahrensablauf bei grenzüberschreitenden Konzerninsolvenzen unter besonderer Berücksichtigung der Europäischen Insolvenzverordnung (EuInsVO), 2005; *Wagner, G.,* in *Lutter,* Europäische Auslandsgesellschaften in Deutschland, 2005; *Weber, J.,* Gesellschaftsrecht und Gläubigerschutz im Internationalen Zivilverfahrensrecht, 2011; *Weller,* Einschränkung der Gründungstheorie bei missbräuchlicher Auslandsgründung, IPRax 2003, 520; *ders.,* Forum Shopping im Internationalen Insolvenzrecht?, IPRax 2004, 412; *ders.,* Inländische Gläubigerinteressen bei internationalen Konzerninteressen, ZHR 2005, 570; *ders.,* Die Verlegung des Center of Main Interest von Deutschland nach England, ZGR 2008, 835; *ders.,* Brennpunkte des Insolvenzkollisionsrechts, FS von Hoffmann, 2011, S. 513; *Wessels,* The Place of the Registered Office of a Company: a Cornerstone in the Application of the EC Insolvency Regulation, European Company Law, Volume 3, 2006, 183; *ders.,* COMI: Are English courts coming-out?, IILR 2010, 2; *Wiedemann,* Kriterien und maßgeblicher Zeitpunkt zur Bestimmung des COMI, ZInsO 2007, 1009; *Wimmer,* Anmerkung zum Vorlagebeschluss des irischen Supreme Court in Sachen Parmalat, ZInsO 2005, 119; *ders.,* Die Besonderheiten von Sekundärinsolvenzverfahren unter besonderer Berücksichtigung des Europäischen Insolvenzübereinkommens, ZIP 1998, 982; *Zipperer,* Ein Plädoyer für eine europarechtskonforme Anwendung deutscher Verfahrensvorschriften am Beispiel von Niki, ZIP 2018, 956.

Zu insolvenzbezogenen Annexverfahren vgl. die Übersicht vor Art. 6.

Übersicht

		Rn.
I.	Normzweck	1
II.	Anwendungsbereich	7
III.	**Hauptinsolvenzverfahren (Abs. 1)**	11
1.	Allgemeines und Bedeutung der Vermutungsregeln	11
2.	In einem Mitgliedstaat	20
IV.	**Hauptinsolvenzverfahren – Gesellschaften und juristische Personen**	23
	a) Allgemeine Lehren zum COMI	23
	b) Die Rechtsprechung des EuGH	27
	c) Stellungnahme zum COMI	34
	d) Kasuistik	38
	e) Einzelkriterien	40
	f) Holding- und Konzerngesellschaften	44
	g) Abwicklungstätigkeiten und Einstellung der werbenden Tätigkeit	46
V.	**Hauptinsolvenzverfahren – natürliche Personen**	51
1.	Allgemeines	51
2.	Selbständige gewerbliche oder freiberufliche Tätigkeit (Abs. 1 und Unterabs. 3)	52
3.	Sonstige natürliche Privatpersonen (Abs. 1 und Unterabs. 4)	53
4.	Mischfälle	57
VI.	**Maßgeblicher Zeitpunkt und Verlegung des COMI**	59
1.	Allgemeines	59
2.	Sperrwirkung der Vermutungen nach Art. 3 Abs. 1 Unterabs. 2 Satz 2, Unterabs. 3 Satz 2, Unterabs. 4 Satz 2 EuInsVO 2015	61
3.	COMI-Verlegung vor Antragstellung	64
4.	COMI-Verlegung nach Antragstellung	70
VII.	**Kompetenzkonflikte und Prioritätsgrundsatz**	76
1.	Positiver Kompetenzkonflikt	77
2.	Negativer Kompetenzkonflikt	86
VIII.	**Partikularverfahren (Abs. 2–4)**	89
1.	Allgemeines	89
2.	Niederlassung	92
	a) Maßgeblicher Zeitpunkt	93
	b) Anforderungen an die Niederlassung	95
3.	In einem Mitgliedstaat bei Vorliegen des COMI in einem anderen Mitgliedstaat	96
4.	Begrenzung der Wirkungen (Abs. 2 S. 2)	97
5.	Sekundärinsolvenzverfahren (Abs. 3)	98
	a) Definition	98
	b) Unerheblichkeit der Verfahrensart	99
6.	Isoliertes Partikularverfahren (Abs. 4)	101
	a) Anwendbare Regeln	101
	b) Besondere Voraussetzungen	102
IX.	**Zuständigkeit für Neben- und Annexentscheidungen**	109
1.	Nebenentscheidungen und Sicherungsmaßnahmen	109
2.	Annexentscheidungen	110

I. Normzweck

Artikel 3 ist eine der **zentralen Normen** der Verordnung. Sie regelt die internationale Zuständigkeit für die Eröffnungsentscheidung. Dabei ist schon im Ansatz zu unterscheiden zwischen der Eröffnung eines Hauptinsolvenzverfahrens nach Art. 3 Abs. 1 und der Eröffnung eines Sekundär- oder Partikularverfahrens nach Art. 3 Abs. 2 bis 4. Anknüpfungspunkt für das Hauptinsolvenzverfahren ist der Mittelpunkt der hauptsächlichen Interessen, centre of main interests (COMI). Demgegenüber knüpfen die Territorialverfahren an das Erfordernis einer Niederlassung an, das in Art. 2 Nr. 10 näher definiert ist. Art. 3 wurde durch die **Reform der EuInsVO** mit Wirkung zum 26.6.2017 ergänzt und geändert. Die Änderungen betrafen Art. 3 Abs. 1, 3 und Abs. 4. Das Reformwerk führt das COMI-Prinzip des bisherigen Art. 3 EuInsVO 2000 für das Hauptinsolvenzverfahren **inhaltlich weitgehend unverändert** fort. Die Bestimmung des COMI sollte aber durch Übernahme des Erwägungsgrunds Nr. 13 aF in den Normtext (Art. 3 Abs. 1 Unterabs. 1 S. 2) stärker konturiert werden. Auch die Voraussetzungen für das isolierte Partikularverfahren wurden im neugefassten Art. 3 Abs. 4 präzisiert. Ergänzende Vorschriften zur internationalen Zuständigkeit finden sich in Art. 4 bis 6. Mit Art. 6 wurde das frühere Problem der Zuständigkeit bei insolvenzbezogenen Annexklagen (→ 3. Aufl., Art. 3 EuInsVO 2000 Rn. 98 ff.) vom Verordnungsgeber (partiell) legislatorisch gelöst.

2   Art. 3 Abs. 1 regelt nur die **internationale Zuständigkeit;** die sachliche und örtliche Zuständigkeit ergibt sich ebenso wie die funktionelle Zuständigkeit aus dem autonomen Recht (in Deutschland aus §§ 2, 3 InsO, ggf iVm Art. 102c § 1 Abs. 1 EGInsO; vgl. auch → Art. 102c § 1 EGInsO Rn. 1[1]).[2] Der in § 3 InsO verwendete Begriff des Mittelpunktes einer selbständigen wirtschaftlichen Tätigkeit des Schuldners ist nuanciert enger gefasst als der Begriff des Mittelpunktes der hauptsächlichen Interessen gemäß Art. 3, weil er die Selbständigkeit der ausgeübten Tätigkeit betont.[3] Die gleichwohl seltenen Fällen von Divergenzen zwischen internationaler und örtlicher Zuständigkeit adressiert Art. 102c § 1 EGInsO.

3   Indessen erschöpft sich der Bedeutungsgehalt von Art. 3 nicht in der Festlegung der internationalen Zuständigkeit. Die Bestimmung des COMI hat **weitreichende Konsequenzen,** weil davon ua das anwendbare Insolvenzstatut (lex fori concursus) abhängig ist (Art. 7) und der Vorrang des Hauptinsolvenzverfahrens gegenüber den Territorialverfahren (→ Rn. 97). Art. 3 ist eine **direkte und unionsrechtlich eigenständige Zuständigkeitsnorm;** die Zuständigkeit ergibt sich daher nicht aus dem über Art. 7 anwendbaren Insolvenzrecht. Der EuGH baut zudem seit der Rechtssache Eurofood den Prioritätsgrundsatz weiter aus, indem er es den Gerichten des Anerkennungsstaates untersagt, die internationale Zuständigkeit des Erstgerichts nachzuprüfen (→ Art. 19 Rn. 21), so dass sich die vom angegangenen Gericht vorgenommene Verortung des COMI im Falle eines Hauptinsolvenzverfahrens gleichsam als „insolvenzfest" erweist und auch eine fehlerhafte Beurteilung grundsätzlich keine Nichtanerkennung der Eröffnungsentscheidung rechtfertigt.[4]

4   Der damit mit erheblicher Bedeutung beladene Begriff des Mittelpunkts der hauptsächlichen Interessen ist ein **Unikum,** das sich in keiner anderen EU-Verordnung oder Richtlinie findet und insbesondere auch im Europäischen Zivilprozessrecht ungebräuchlich ist.[5] Seine Auslegung folgt dem Postulat **unionsrechtlich-autonomer Auslegung.** Der Begriff war schon mehrfach Gegenstand der Rechtsprechung des EuGH (→ Rn. 27 ff.). Die Bestimmung des COMI hat in der Praxis zu erheblichen Schwierigkeiten geführt. Das liegt ua daran, dass der Begriff an sich auslegungsbedürftig ist, gerade nicht vollständig mit dem Verwaltungssitz oder Satzungssitz identisch ist und die Verordnung dem Rechtsanwender wenige Leitlinien an die Hand gibt. Die früher in Erwägungsgrund Nr. 13 aF enthaltene Vorgabe des Art. 3 Abs. 1 Unterabs. 1 Satz 2 bleibt vage.

5   Art. 3 Abs. 2 regelt, wann der in der Verordnung verankerte Grundsatz der Universalität[6] und der damit verknüpfte **Gedanke des Einheitsverfahrens**[7] durchbrochen werden können und ein weiteres, dem Territorialitätsprinzip verpflichtetes Verfahren eröffnet werden kann. Mit Art. 3 Abs. 2 und der Bestimmung der Niederlassung verknüpft sich gleichfalls die Festlegung des anwendbaren Rechts (Art. 7 iVm Art. 34). Die Wirkungen dieses Sekundärverfahrens, das in Art. 34 ff. näher geregelt ist, beschränken sich auf das in dem jeweiligen Mitgliedstaat belegene Vermögen. Die Eröffnung des Sekundärverfahrens bringt eine Begrenzung der universellen Wirkungen des Hauptverfahrens mit sich. Es gilt demnach in der EuInsVO der Grundsatz der **modifizierten Universalität** (→ Vor Art. 1 Rn. 34). Zugleich hat der Verordnungsgeber die bloße Belegenheit von Vermögen nicht genügen lassen.[8]

---

[1] Zur früheren analogen Anwendung des § 19a ZPO bei Annexverfahren BGH NJW 2009, 2215, 2217, Rn. 21 ff.; → Art. 6 Rn. 4.
[2] *Virgos/Schmit,* Erläuternder Bericht, Rn. 72.
[3] LSZ/*Smid,* Int. Insolvenzrecht, Art. 102 § 1 InsO Rn. 3.
[4] EuGH v. 2.5.2006 – Rs. C-341/04 (Eurofood IFSC Ltd), Slg. 2006, I-3854, 3869, Rn. 38 ff. = NZI 2006, 360 = EU:C:2006:281. Dazu *Thole* ZEuP 2007, 1137 mwN.
[5] *Virgos/Garcimartin,* European Insolvency Regulation, Rn. 45.
[6] Vgl. Erwägungsgründe Nr. 11 und 12.
[7] Zur Unterscheidung zwischen Universalität und Einheitsprinzip *Smid,* Deutsches und Europäisches Internationales Insolvenzrecht, Einl., Rn. 2.
[8] Vgl. hierzu auch *Virgos/Schmit,* Erläuternder Bericht, Rn. 80; *Virgos/Garcimartin,* European Insolvency Regulation, Rn. 287, 288.

Art. 3 Abs. 3 und 4 gehören in den systematischen Kontext von Art. 3 Abs. 2. Während Art. 3 **6**
Abs. 2 das zuständigkeitsbegründende Merkmal der Niederlassung festlegt, regeln Art. 3 Absatz 3 und 4 das Verhältnis zwischen Haupt- und Sekundärverfahren und legen weitere Eröffnungsvoraussetzungen für das **Partikularverfahren** fest. Aus Art. 3 Abs. 4 ergibt sich, dass der Begriff des Partikularverfahrens als Oberbegriff zu sehen ist. Darunter fallen alle Verfahren, die auf Grund der in Art. 3 Abs. 2 definierten Zuständigkeit im Mitgliedstaat einer Niederlassung eröffnet werden (weil der Mittelpunkt der hauptsächlichen Interessen sich in einem anderen Mitgliedstaat befindet). Das Partikularverfahren ist ein Sekundärverfahren, wenn das Hauptverfahren bereits eröffnet ist und später eröffnet wird (Abs. 3 S. 1), andernfalls handelt es sich um ein **isoliertes Partikularverfahren,** für dessen Eröffnung nach Abs. 4 zusätzliche Voraussetzungen erfüllt sein müssen. Die unter der EuInsVO 2000 in Art. 3 Abs. 3 S. 2 EuInsVO 2000 enthaltene Vorgabe, dass das Partikularverfahren ein Liquidationsverfahren sein muss (→ 3. Aufl., Art. 3 EuInsVO 2000 Rn. 86), ist durch die Reform aufgegeben worden. Umgekehrt schließt, wie der EuGH schon in der **Rs. Handlowy** entschieden hat, ein Haupt-Sanierungsverfahren die Eröffnung eines Sekundärverfahrens nicht aus.[9]

II. Anwendungsbereich

Art. 3 regelt unmittelbar nur die Entscheidung über die Eröffnung des Haupt- oder Partikular- **7**
verfahrens. Dieser Begriff ist in der Verordnung inhaltlich nicht definiert. Der EuGH hatte in der Rs. Eurofood den **Eröffnungsbegriff** mit Blick auf das Prioritätsprinzip des heutigen Art. 19 näher konturiert und den maßgeblichen Zeitpunkt **vorverlagert,** indem der Gerichtshof schon die Anordnung des Vermögensbeschlags und einer vorläufigen Verwaltung genügen lässt.[10] Folgerichtig muss die internationale Zuständigkeit, wie die mit der Ausdehnung des Art. 1 verbundene Einbeziehung vorläufiger Verfahren weiter bekräftigt, schon für die Anordnung einer solchen als Eröffnung qualifizierenden Sicherungsmaßnahme gegeben sein. Das ist problematisch, weil die maßgeblichen Umstände in einem solchen frühen Verfahrensstadium meist noch nicht bekannt sind.[11] Die Eurofood-Formel und jetzt die Maßstäbe zu Art. 2 Nr. 7 (→ Art. 2 Rn. 20 ff.) müssen jedenfalls auch für Art. 3 gelten, weil das Prioritätsprinzip des Art. 19 und das dazu vom EuGH bestätigte Verbot einer Überprüfung der Zuständigkeitsannahme mit der Zuständigkeitsnorm des Art. 3 verzahnt sind. Dazu → Rn. 76 ff. Zu Annexverfahren → Rn. 110. Zur Reichweite der Eurofood-Formel → Art. 2 Rn. 28.

Darüber hinaus entnahmen der Gerichtshof und die h.M. auch die internationale Zuständigkeit **8**
für insolvenzbezogene, an sich eigenständige **Annexverfahren** dem Art. 3; dies ist seit der Reform zum 26.6.2017 eine Frage des Art. 6 (→ Rn. 110).[12] Weiterhin schweigt die VO zur Zuständigkeit bei **Neben- und Durchführungsentscheidungen** des Eröffnungsgerichts sowie der Anordnung von Sicherungsmaßnahmen. Man könnte dies indirekt über die lex fori concursus lösen, aber es erscheint sachgerechter, diese Entscheidungen zuständigkeitsrechtlich nach Art. 3 zu beurteilen, obwohl die Verordnung dazu keine Vorgaben macht.[13] Art. 6 passt auf solche Nebenentscheidungen, die keine eigenständige Natur haben, nicht (wie sich ua aus dem nicht passenden Art. 6 Abs. 2 ableiten lässt).

Aufgrund des Prioritätsprinzips erweist sich Art. 3 Abs. 1 als **Kompetenzabgrenzungsnorm** **9**
zwischen den Jurisdiktionen, weil es auf die zeitlich prioritäre Eröffnung ankommt (→ Rn. 78). Der COMI definiert nicht nur den räumlich-persönlichen Anwendungsbereich der EuInsVO in Abgrenzung zum autonomen Insolvenzrecht, sondern entscheidet auch darüber, gerade in welchem Mitgliedstaat das Hauptinsolvenzverfahren zu eröffnen ist. Nach der Konzeption der EuInsVO kann es **nur einen COMI und damit nur ein Hauptinsolvenzverfahren** geben.[14]

Art. 3 erweist sich darüber hinaus als Abgrenzungsnorm im Hinblick auf den verbleibenden **10**
Anwendungsbereich des autonomen Rechts. Mit der Zuordnung des COMI zu einem Mitgliedstaat (statt zu einem Drittstaat) ist zugleich die Aussage getroffen, dass das autonome Recht der Mitgliedstaaten nicht mehr zum Tragen kommen kann (dazu noch → Rn. 20).[15]

---

9   Richtig EuGH v. 22.11.2012 – Rs. C-116/11 (Handlowy), NZI 2013, 106 ff. Rn. 53 ff. = EU:C:2012:739.
10 EuGH v. 2.5.2006 – Rs. C-341/04 (Eurofood IFSC Ltd), Slg. 2006, I-3854, 3868 Rn. 38 ff. = NZI 2006, 360.
11 → 2. Aufl., Art. 3 Rn. 61; MüKoBGB/*Kindler* Art. 3 Rn. 46.
12 EuGH v. 12.2.2009 – Rs. C-339/07 (Christopher Seagon als Verwalter in dem Insolvenzverfahren über das Vermögen der Frick Teppichböden Supermärkte GmbH/Deko Marty Belgium NV), Slg. 2009, I-767, 799, Rn. 21 ff. = EU:C:2009:83.
13 Rauscher/*Mäsch,* EuZPR/EuIPR, 4. Aufl., Art. 3 EG-InsVO Rn. 2; Gebauer/Wiedmann/*Haubold,* Zivilrecht unter europäischem Einfluss, Kap. 32 Rn. 46.
14 High Court of Justice v. 22.3.2006 – [2006] EWHC 1056 (Ch), para. 5, ChD (Cross Construction Sussex Ltd v Tseliki); *Leible/Staudinger* KTS 2000, 533, 545.
15 *Thole,* Gläubigerschutz durch Insolvenzrecht, S. 773 f.

III. Hauptinsolvenzverfahren (Abs. 1)

11 **1. Allgemeines und Bedeutung der Vermutungsregeln.** Allgemeiner Anknüpfungspunkt für die Eröffnung eines Hauptinsolvenzverfahrens ist sowohl bei Gesellschaften und juristischen Personen als auch bei natürlichen Personen der Mittelpunkt der hauptsächlichen Interessen (COMI). Für jeden Schuldner gibt es nach der Konzeption der EuInsVO richtigerweise nur ein COMI, weil **keine parallelen Hauptverfahren** in Betracht kommen.[16] Auch bei **Konzerngesellschaften** ist stets gesondert für die jeweilige Gesellschaft zu prüfen (→ Rn. 44). Es handelt sich bei dem Begriff des COMI um eine Kompromissformel,[17] die weder eindeutig auf den Verwaltungssitz[18] verweist noch den Satzungssitz für maßgeblich erachtet.

12 Neu durch die EuInsVO 2015 eingefügt worden ist neben der in Unterabs. 1 Satz 1 eingefügten gesetzlichen Erwähnung des „Hauptinsolvenzverfahrens" die Fiktion nach Art. 3 Abs. 1 Unterabs. 1 Satz 2. Sie geht auf Erwägungsgrund Nr. 13 aF zurück, den der EuGH in Eurofood und Interedil bei der Auslegung des COMI-Prinzips besonders betont hatte.[19] Art. 3 Abs. 1 Unterabs. 1 Satz 2 bestimmt, der Mittelpunkt der hauptsächlichen Interessen sei der Ort, an dem der Schuldner für Dritte feststellbar „gewöhnlich der Verwaltung seiner Interessen nachgeht". Damit ist insbesondere die **Perspektive der Gläubiger** als Prototyp der Dritten einbezogen,[20] aber sonst wenig ausgesagt. Der Begriff des Mittelpunktes der hauptsächlichen Interessen ist als eigenständiger Begriff der Verordnung autonom und unabhängig von den nationalen Rechtsordnungen auszulegen.[21] Der EuGH betont, der COMI sei nach objektiven und für Dritte feststellbaren Kriterien zu bestimmen, um Rechtssicherheit und Vorhersehbarkeit bei der Bestimmung der Zuständigkeit und insbesondere der daran geknüpften kollisionsrechtlichen Folgen zu garantieren.[22] Die Anknüpfung an den COMI soll Gläubiger- und Sachnähe beinhalten,[23] ua weil sich an diesem Ort erfahrungsgemäß die meisten Vermögensgegenstände befinden und die Mehrheit der Gläubiger ansässig ist.[24] **Dritte im Sinne von Art. 3 Abs. 1 Unterabs. 1 Satz 2** sind die aktuellen und potenziellen Gläubiger.[25] Der EuGH betont die Gläubigerperspektive.[26] Bei der näheren Festlegung ist sodann zwischen der Art des Schuldners zu unterscheiden (im Folgenden → Rn. 13). Die Bestimmung des Art. 3 Abs. 1 Unterabs. 1 Satz 2 ist insoweit keine (widerlegliche) Vermutung, sondern eine gesetzliche Beschreibung des Mittelpunkts der hauptsächlichen Interessen; vom Rechtsanwender ist daher unter die genannten Voraussetzungen zu subsumieren.

13 Daher ergibt sich auch kein unmittelbarer Konflikt mit der in Unterabs. 2 für Gesellschaften und juristische Personen aufgenommenen Vermutung zugunsten des satzungsmäßigen Sitzes. Letztere ist (allein) beweisrechtlich von Bedeutung. Entsprechendes gilt für die in Unterabs. 3 und 4 eingefügten Vermutungen bei natürlichen Personen. Dabei wird **zwischen selbständig oder freiberuflich tätigen Personen und allen anderen natürlichen Personen unterschieden**. Bei Personen, die eine selbständige oder freiberufliche Tätigkeit ausüben, wird vermutet, dass der Mittelpunkt ihrer hauptsächlichen Interessen am Ort der Hauptniederlassung, bei allen anderen Personen, dh insbesondere auch abhängig Beschäftigten, gemäß Unterabs. 4 am Ort des gewöhnlichen Aufenthalts belegen ist. Diese Regelung nimmt den bisherigen Stand der Lehre und der Rechtsprechung auf und gießt ihn in Verordnungsform, allerdings ebenfalls nur in Form einer widerlegbaren Vermutung. Zu prüfen

---

[16] Rauscher/*Mäsch*, EuZPR/EuIPR, 4. Aufl., Art. 3 EG-InsVO Rn. 9; *Balz* ZIP 1996, 948, 949; nur im Ansatz anders *Herchen* ZIP 2005, 1401; *Paulus*, Europäische Insolvenzverordnung, Einl. Rn. 54, die meinen, ein Doppel-COMI sei nicht tatsächlich-logisch, sondern wegen des Prioritätsprinzips nur rechtlich ausgeschlossen.

[17] *Paulus*, Europäische Insolvezverordnung, Art. 3 Rn. 7.

[18] Zur Nähe zum Verwaltungssitz aber → Rn. 35.

[19] Dazu → Rn. 27 ff.

[20] EuGH v. 2.5.2006 – Rs. C-341/04 (Eurofood IFSC Ltd), Slg. 2006, I-3854, 3868 Rn. 33 = NZI 2006, 360 = EU:C:2006:281; ebenso schon High Court of Justice Leeds v. 16.3.2003 – [2004] BPIR 30 para. 16 (Daisytek-ISA Ltd), ZIP 2003, 1362, ZIP 2004, 963; High Court of Justice Dublin ZIP 2004, 1223, 1225 (Eurofood IFSC Ltd.).

[21] Vgl. EuGH v. 2.5.2006 – Rs. C-341/04 (Eurofood IFSC Ltd), Slg. 2006, I-3854 Rn. 31 = NZI 2006, 360, 361 = EU:C:2006:281.

[22] EuGH v. 2.5.2006 – Rs. C-341/04 (Eurofood IFSC Ltd), Slg. 2006, I-3854, 3868 Rn. 33 = NZI 2006, 360 = EU:C:2006:281. Teils kritisch K. Schmidt/*Brinkmann* Art. 3 Rn. 11 (iE).

[23] Vgl. MüKoBGB/*Kindler* Art. 3 Rn. 14 mwN; *Paulus*, Europäische Insolvenzverordnung, Art. 2 Rn. 5.

[24] *Virgos/Schmit*, Erläuternder Bericht, Rn. 75.

[25] EuGH v. 20.10.2011 – Rs. C-396/09 (Interedil Srl, in Liquidation/Fallimento Interedil Srl, Intesa Gestione Crediti SpA), ZIP 2011, 2153 = NZI 2011, 990 Rn. 49 = EU:C:2011:671; *Thole*, Gläubigerschutz durch Insolvenzrecht, S. 786.

[26] EuGH v. 20.10.2011 – Rs. C-396/09 (Interedil Srl, in Liquidation/Fallimento Interedil Srl, Intesa Gestione Crediti SpA), ZIP 2011, 2153 = NZI 2011, 990, Rn. 49, 64 = EU:C:2011:671.

ist jeweils, wo die Hauptniederlassung oder der Ort des gewöhnlichen Aufenthalts belegen ist. Für Gesellschaften und juristische Personen wird vorbehaltlich der Sitzverlegung (→ Rn. 14) gemäß Art. 3 Abs. 1 Unterabs. 2 Satz 1 EuInsVO **vermutet,** dass der COMI mit dem satzungsmäßigen Sitz übereinstimmt. Diese Vermutung ist widerlegbar.[27] Sie soll die Schwierigkeiten vermeiden helfen, die sich im Rahmen des EuGVÜ (vor Einführung der alternativen Anknüpfung in Art. 60 EuGVVO aF, Art. 63 EuGVVO nF) bei der Sitzbestimmung ergeben hatten.[28] Der EuGH hat mit dem Eurofood-Urteil die Bedeutung der Vermutung zumindest im Ansatz gestärkt. Dort wird betont, die Vermutung könne nur durch objektiv feststellbare und erkennbare Umstände widerlegt werden, die zeigen, dass in Wirklichkeit die Lage nicht derjenigen entspricht, die die Verortung am satzungsmäßigen Sitz widerspiegeln soll.[29] Diese Aussage legt Reichweite und Verständnis der Vermutung allerdings nicht abschließend fest.[30] Im Interedil-Urteil hat der EuGH betont, es müsse eine **wertende Gesamtbetrachtung** unter Berücksichtigung des Einzelfalls erfolgen (→ Rn. 31). Entscheidend sei für eine Abweichung von der Maßgeblichkeit des Staates des Satzungssitzes, dass „eine Gesamtbetrachtung aller relevanten Faktoren die von Dritten überprüfbare Feststellung zulässt, dass sich der tatsächliche Mittelpunkt der Verwaltung und der Kontrolle der Gesellschaft sowie der Verwaltung ihrer Interessen in diesem anderen Mitgliedstaat befindet".[31] In der Sache ist damit die typisierende Kraft der Vermutung doch erheblich vermindert, weil es auf eine Einzelfallbetrachtung ankommt.[32] Immerhin zeigt die Eurofood-Entscheidung, dass die zu würdigenden Umstände von hinreichender Substanz sein müssen.

Greift die Vermutung des Unterabs. 2 wegen der Sitzverlegung im Sinne von Satz 2 nicht ein, **14** bleibt es dabei, dass der Ort des Mittelpunkts der hauptsächlichen Interessen mit dem (nach den Maßstäben von eben → Rn. 13 für die Gläubiger erkennbaren) Ort der Hauptverwaltung übereinstimmt. Entsprechendes gilt bei den Vermutungen von Unterabs. 3 und 4.

Innerstaatlich ergibt sich in Deutschland bereits aus § 5 InsO die Pflicht, die Umstände **15** amtswegig zu ermitteln; sie verdrängt auch übereinstimmenden Vortrag der Beteiligten.[33] Die (allerdings eingeschränkte) Amtsermittlungspflicht ist unionsrechtlich durch Art. 4 festgelegt (dazu die Kommentierung dort → Art. 4 Rn. 3). Das AG Charlottenburg ging allerdings davon aus, es habe eine Prüfungs-, aber keine **Amtsermittlungspflicht;**[34] das erscheint verfehlt (→ Art. 4 Rn. 3).[35] Demgegenüber verlangt Erwägungsgrund Nr. 32, das Gericht „sollte – falls die Umstände des Falls Anlass zu Zweifeln an seiner Zuständigkeit geben – den Schuldner auffordern, zusätzliche Nachweise für seine Behauptung vorzulegen, und den Gläubigern des Schuldners Gelegenheit geben, sich zur Frage der Zuständigkeit zu äußern, falls das für das Insolvenzverfahren geltende Recht dies erlaubt". Die genannte Aufforderung an die Gläubiger zur Äußerung ist also schon deshalb nach deutschem Insolvenzrecht erlaubt, weil insoweit der Amtsermittlungsgrundsatz des § 5 InsO gilt.

Die Vermutung des Art. 3 Abs. 1 Unterabs. 2 Satz 1 greift nach verbreiteter Auffassung erst ein, **16** wenn die Ermittlungen zu keinem abweichenden Ergebnis geführt haben;[36] dann trägt der Schuldner die Darlegungs- und Beweislast in Bezug auf seine Behauptung, seinen COMI in Ausland begründet zu haben.[37] Nur wenn sich ein abweichender COMI nicht mit Sicherheit feststellen lässt, komme

---

[27] Duursma-Kepplinger/Duursma/Chaluspky/*Duursma-Kepplinger* Art. 3 Rn. 23; Gebauer/Wiedmann/ *Haubold*, Zivilrecht unter europäischem Einfluss, Kap. 32 Rn. 48; HKInsO/*Dornblüth* Art. 3 Rn. 6; LSZ/ *Smid*, Int. Insolvenzrecht, Art. 3 Rn. 11 ff.; A. Schmidt/*Undritz*, EuInsVO, Art. 3 Rn. 10.

[28] Vgl. *Kropholler/von Hein*, Europ. Zivilprozessrecht, Art. 60 EuGVO Rn. 2; *Lüke* ZZP 111 (1998), 288.

[29] EuGH v. 2.5.2006 – Rs. C-341/04 (Eurofood IFSC Ltd), Slg. I-3854, 3869 Rn. 36 = NZI 2006, 360 = EU:C:2006:281.

[30] Kritisch *Bachner* EFCR 2006, 310, 322 f.

[31] EuGH v. 20.10.2011 – Rs. C-396/09 (Interedil Srl, in Liquidation/Fallimento Interedil Srl, Intesa Gestione Crediti SpA), ZIP 2011, 2153 Rn. 52 f. = EU:C:2011:671.

[32] Befürwortend schon *Mankowski* NZI 2004, 450, 451.

[33] BGH NZI 2008, 121, 122 Rn. 11.

[34] AG Charlottenburg ZInsO 2018, 111 (Nichtabhilfebeschluss v. 4.1.2018); so auch Vallender/*Vallender/ Zipperer* Art. 4 Rn. 5 (Prüfungspflicht).

[35] *Thole* ZIP 2018, 401, 405.

[36] So BGH NZI 2012, 151, 152 Rn. 9 mAnm *Reinhart* WuB VII C. Art. 3 EuInsVO 1.12; BGH ZIP 2012, 1615, 1616 Rn. 10. Vgl. AG Köln NZI 2006, 57; Duursma-Kepplinger/Duursma/Chaluspky/*Duursma-Kepplinger* Art. 3 Rn. 24; Gebauer/Wiedmann/*Haubold*, Zivilrecht unter europäischem Einfluss, Kap. 32 Rn. 47; HKInsO/*Dornblüth* Art. 3 Rn. 6, 9; Rauscher/*Mäsch*, EuZPR/EuIPR, 4. Aufl., Art. 3 EG-InsVO Rn. 17; MüKoBGB/*Kindler* Art. 3 Rn. 25 ff; *Paulus*, Europäische Insolvenzverordnung, Art. 3 Rn. 4; LSZ/ *Smid*, Int. Insolvenzrecht, Art. 3 Rn. 11; *Smid* DZWIR 2003, 397, 399 f.; A. Schmidt/*Undritz*, EuInsVO, Art. 3 Rn. 10; *Vallender* KTS 2005, 283, 293 ff.

[37] AG Köln NZI 2012, 379, 380.

die Zweifelsregel zum Tragen.[38] Dies wird aber kaum der Fall sein.[39] Auch der Fall, dass eine Gesellschaft den Mittelpunkt ihrer hauptsächlichen Interessen in mehreren Mitgliedstaaten hat,[40] kann nach der Konzeption der EuInsVO nicht eintreten. Gegen die Anordnung, zwecks Klärung der Zuständigkeit ein Sachverständigengutachten einzuholen, ist die sofortige Beschwerde idR nicht statthaft,[41] wohl aber nach Art. 5 gegen die Zuständigkeitsentscheidung als solche.

17 Im Ergebnis ist die Bedeutung der Vermutungen in den Unterabsätzen zu Abs. 1 **abzuschichten:** Was zunächst die Frage der **Beweislast und Beweisführungslast** angeht, so wird zum Teil vertreten, es handele sich um eine echte gesetzliche Vermutung, die ihrem Wortlaut entsprechend dem Antragsteller eine Pflicht zur Darlegung und zum Beweis des Gegenteils aufbürdet.[42] Demgegenüber geht die eben referierte Gegenauffassung davon aus, es handele sich um eine bloße Zweifelsregel, die das Gericht daher auch nicht von einer etwaigen Pflicht zur amtswegigen Untersuchung entlaste.[43] Das Gericht könne im Falle von einer Gesellschaft oder juristischen Person, so wird behauptet, lediglich „zunächst" von einer Kongruenz des COMI mit dem Satzungssitz ausgehen, müsse dann aber weiter prüfen, ob der COMI nicht doch in einem anderen Staat belegen sei. Außerdem wird eine von der letztgenannten Auffassung nur marginal zu unterscheidende vermittelnde Lösung vertreten, die Art. 3 Abs. 1 Unterabs. 1 (und konsequenterweise dann die Vermutungen in Unterabs. 3 und 4) als Beweislastumkehr versteht. Sie soll das Gericht von der grundsätzlichen Pflicht zur amtswegigen Prüfung dispensieren, soweit nicht konkrete Anhaltspunkte vorgetragen sind, die gegen die Belegenheit des COMI am Satzungssitz sprechen. Für solche Anhaltspunkte reichten allerdings schon „leiseste Zweifel" aus.[44]

18 Richtigerweise ist die Einordnung als **Zweifelsregel** zu folgen, weil sie dem materiellen Kriterium des COMI den Vorrang einräumt. Insoweit hat **Art. 3 Abs. 1 Unterabs. 1 Satz 1 Vorrang vor den Vermutungen.**[45] Was sodann die Nachforschungspflicht des Gerichts angeht, so sind die Unterschiede nicht besonders groß, wenn leiseste Zweifel die nach § 5 InsO und Art. 4 bestehende Amtsermittlungspflicht begründen können sollen bzw. diese Pflicht dann nicht mehr dispensiert ist.[46] Anders gelagert ist die Frage, ob Art. 3 Abs. 1 Unterabs. 2 auch die **Behauptungslast** auf den Antragsgegner verlagert, so dass das Gericht untätig bleiben darf, solange nicht zu einem vom Satzungssitz abweichenden COMI vorgetragen ist. Insoweit kann man durchaus annehmen, dass das Gericht „zunächst" von der Kongruenz von Satzungssitz und COMI ausgehen darf,[47] weil damit die strukturierende Kraft des Art. 3 Abs. 1 Unterabs. 2 nicht ganz geleugnet würde. Das ändert sich, sobald substantiierte Anhaltspunkte dafür bestehen oder vorgetragen werden, dass es einen vom Satzungssitz abweichenden COMI der Gesellschaft gibt. Dann erscheint es geboten, die **Amtsermittlungs- und Nachforschungspflicht** des Gerichts nicht nur als autonome, nationalrechtliche, sondern sie auch als europäische Regel zu begreifen, wie dies nunmehr aus Art. 4 ableitbar ist. Es gilt daher eine aus der EuInsVO abgeleitete Pflicht der Gerichte zur Amtsprüfung ihrer internationalen Zuständigkeit zu postulieren (→ Art. 4 Rn. 1, 3).[48] Der EuGH schien schon vor der Reform der EuInsVO 2015 in diese Richtung zu tendieren, weil er in Interedil die Gesamtbetrachtung und die vom Gericht vorzunehmende Ermittlung der Einzelfallumstände betonte.

19 Praktisch empfiehlt es sich, schon den **vorläufigen Verwalter** mit der **Prüfung grenzüberschreitender Bezüge** und der Prüfung der Frage zu beauftragen, ob sich in anderen Mitgliedstaaten Betriebsstätten oder Niederlassungen befinden oder dort gar ein Mittelpunkt der hauptsächlichen

---

[38] P. Huber ZZP 114 (2001), 133, 141; Pannen/*Pannen* Art. 3 Rn. 33; MüKoBGB/*Kindler* Art. 3 Rn. 27; Gottwald, Grenzüberschreitende Insolvenzen, S. 20; LSZ/*Smid*, Int. Insolvenzrecht, Art. 3 Rn. 11; Strasser KTS 2005, 219, 221; näher *Thole*, Gläubigerschutz durch Insolvenzrecht, S. 798.
[39] MüKoBGB/*Kindler* Art. 3 Rn. 27.
[40] So MüKoBGB/*Kindler* Art. 3 Rn. 27, der dann die Vermutung eingreifen lassen will.
[41] BGH ZIP 2012, 1615, 1616 Rn. 6 ff.
[42] Herchen ZInsO 2004, 825, 827. **Anders** KPB/*Madaus* Art. 3 Rn. 14.
[43] Gottwald, Grenzüberschreitende Insolvenzen, S. 20; *Strasser* KTS 2005, 219, 221.
[44] Duursma-Kepplinger/Duursma/Chalupsky/*Duursma-Kepplinger,* Europäische Insolvenzverordnung, Art. 3 Rn. 25. Nur bei entsprechenden Anhaltspunkten *Eidenmüller* NJW 2004, 3455, 3457; ähnlich Rauscher/*Mäsch*, EuZPR/EuIPR, 4. Aufl., Art. 3 EG-InsVO Rn. 15 (begründete Zweifel). Anders zur EuInsVO 2000 KPB/*Kemper* Art. 3 Rn. 17 (nicht schon bei Anhaltspunkten Amtsermittlung; Beweis des Gegenteils erforderlich).
[45] Vgl. MüKoBGB/*Kindler* Art. 3 Rn. 25 ff.
[46] Zu den möglichen Zweifeln Rauscher/*Mäsch*, EuZPR/EuIPR, 4. Aufl., Art. 3 EG-InsVO Rn. 16.
[47] So im Ergebnis auch BGH NZI 2012, 151, 152 Rn. 11 (gewisser Beurteilungsspielraum, ab wann Anlass zu Ermittlungen).
[48] Eidenmüller NJW 2004, 3455, 3457 Fn. 18, tendenziell *Thole*, Gläubigerschutz durch Insolvenzrecht, S. 798. vorsichtig in diesem Sinne wohl auch Breitenbücher/Ehricke/*Prütting*, Insolvenzrecht, 2003, S. 59, 75.

Interessen befinden könnte. Die allein *rechtliche* Einschätzung, wo sich dieser COMI befindet, muss freilich das Gericht sodann selbst treffen (vgl. zur Begründungspflicht → Art. 4 Rn. 6). Noch besser dürfte es in geeigneten Fällen sein, **nur den Sachverständigen** zu bestellen, wenn eine rasche Klärung zu erwarten ist, weil die Einsetzung eines vorläufigen Verwalters schon selbst eine Eröffnung darstellt und dann ggf. wieder einzustellen wäre, → Art. 4 Rn. 7.

2. In einem Mitgliedstaat. Das COMI muss sich in einem Mitgliedstaat befinden. Liegt der 20 COMI nicht in einem Mitgliedstaat, sondern in einem Drittstaat, ist die EuInsVO nicht anwendbar und es greift für den Umgang mit einem etwaigen Drittstaatenverfahren das autonome Recht (→ Rn. 10). Auch die Eröffnung eines **Sekundärverfahrens** nach Art. 3 Abs. 2 setzt voraus, dass sich der COMI in einem Mitgliedstaat befindet. Das ist wegen der Zielsetzungen des Sekundärverfahrens fragwürdig,[49] aber de lege lata nicht zu ändern, weil Art. 3 Abs. 2 S. 1 die Belegenheit des COMI in einem Mitgliedstaat voraussetzt.

Fraglich ist, ob Art. 3 den Rückgriff auf das autonome Recht nicht nur im Hinblick auf die 21 Behandlung drittstaatlicher Verfahren (zB Anerkennung) determiniert, sondern ob ihr auch eine **negative Abgrenzung** zugrunde liegt, nach der auch die Eröffnung eines Insolvenzverfahrens auf der Grundlage des autonomen Rechts (zB einer Zuständigkeitsregel zugunsten des Satzungssitzes) nicht in Betracht kommt, wenn das COMI sowohl außerhalb des Forumstaates als auch eines sonstigen Mitgliedstaates belegen ist. Richtigerweise kommt Art. 3 eine solche **Ausschlusswirkung** aber nicht zu,[50] weil der europäische Verordnungsgeber die Bezüge zu Drittstaaten umfassend nicht regeln wollte.[51] Im deutschen Recht scheitert in derartigen Fällen eine Eröffnung eines Verfahrens freilich an § 3 InsO analog, der im Wesentlichen das gleiche Anknüpfungskriterium wie Art. 3 zugrundelegt.

Im Übrigen ist **zu unterscheiden zwischen Drittstaatenbezügen und der Insolvenz einer** 22 **Drittstaatengesellschaft.**[52] Auch eine in einem Drittstaat inkorporierte Gesellschaft kann seinen COMI in einem Mitgliedstaat haben. Hat die (Drittstaaten-)Gesellschaft ihren Interessenmittelpunkt in einem Mitgliedstaat, handelt es sich in der Konzeption der EuInsVO gewissermaßen um einen Binnengemeinschaftssachverhalt und gerade nicht um einen Drittstaaten*sachverhalt*.[53] Ein grenzüberschreitender Bezug zu mehreren Mitgliedstaaten **(qualifizierter Auslandsbezug)** ist bei Art. 3 nicht erforderlich, wie der EuGH am 16.1.2014 in der Rs. Ralph Schmid mit Recht entschieden hat.[54] Die internationale Eröffnungszuständigkeit wird von Gerichten eines Mitgliedstaates also immer nach Art. 3 geprüft; in Deutschland also nicht etwa nach § 3 InsO in doppelfunktioneller Anwendung auf die internationale Zuständigkeit.

IV. Hauptinsolvenzverfahren – Gesellschaften und juristische Personen

a) Allgemeine Lehren zum COMI. Der Begriff des COMI ist in der Verordnung nicht 23 legaldefiniert.[55] Aufgrund des daraus resultierenden weiten Auslegungsspielraumes hatte sich gerade in den Anfangsjahren seit Inkrafttreten der EuInsVO eine sehr unterschiedliche Rechtsprechung der nationalen Gerichte in den Mitgliedsstaaten entwickelt; insbesondere die Konzerninsolvenzen erwiesen sich als Prüfstein des COMI-Prinzip. In der Judikatur wurden **unterschiedliche Ansätze** gewählt:[56] Manche Gerichte verfolgen mitunter einem sog. *mind-of-management*-Ansatz, der bereits die Steuerungs- und Kontrollmöglichkeit der Konzernmutter über die Tochtergesellschaft bei der Bestimmung des COMI einer Konzerngesellschaft breiten Raum einräumt.[57] Maßgebend war dabei häufig der Ort der Konzernleitungsmacht als derjenige Ort, an dem die strategischen Managemententscheidungen getroffen werden, ebenso aber auch der Ort der betriebsintern vorgesehenen Leitungsstrukturen wie der Personaleinstellung, Buchhaltung und

---

[49] → 2. Aufl., Art. 3 Rn. 38.
[50] Richtig *Haubold* IPRax 2003, 34, 36; aA → 2. Aufl., Art. 3 Rn. 39.
[51] *Virgos/Schmit*, Erläuternder Bericht, Rn. 11.
[52] LSZ/*Smid*, Int. Insolvenzrecht, Rn. 28, aber kritisch zu High Court of Justice London ZIP 2003, 813 – BRAC Rent A Car.
[53] *Krebber* IPRax 2004, 540, 542.
[54] EuGH v. 16.1.2014 – Rs. C-328/12 (Ralph Schmid/Lilly Hertel), NJW 2014, 610 Rn. 39 = EU:C:2014:6.
[55] Moss/Fletcher/Isaacs/*Fletcher*, EC Regulation (OR), Rn. 3.11. Vgl. auch Rauscher/*Mäsch*, EuZPR/EuIPR, 4. Aufl., Art. 3 EG-InsVO Rn. 6.
[56] Vgl auch *Thole* ZEuP 2007, 1137, 1143 ff.; *Thole*, Gläubigerschutz durch Insolvenzrecht, S. 782 ff.
[57] High Court of Justice Leeds v. 16.5.2003 – [2004] BPIR 30, para. 12–18 (Daisytek-ISA Ltd.); High Court of Justice Birmingham v. 18.4.2005 – [2005] EWHC 874 (Ch), para. 9–16 (MG Rover Overseas Ltd), NZI 2005, 467; High Court of Justice v. 11.5.2005 – [2005] BPIR 1162 (MG Rover Espana SA). Ebenso die unveröffentlichte Entscheidung Crisscross Telecommunications Group, dargestellt bei *Fletcher*, Insolvency in Private International Law, Rn. 7.74. Ausführlich *P. Huber*, FS Heldrich, S. 679, 682 ff.

Verwaltung oder der Lageort der für das Betriebsgeschehen der Schulderin erheblichen Organisationsteile[58] ua m.[59]

24 Der *mind-of-management*-Ansatz fragt daher im Wesentlichen danach, wo die Leitungsfunktion wahrgenommen und die Kontrolle über die Gesellschaftsgeschicke ausgeübt wird. Jedenfalls bei zentral gesteuerten Konzerngesellschaften führt er tendenziell dazu, den COMI einer Tochtergesellschaft am Sitz der Muttergesellschaft zu lokalisieren.[60]

25 Die Gegenauffassung geht demgegenüber davon aus, es sei an den effektiven Verwaltungssitz der (Tochter-)Gesellschaft als den für Dritte erkennbaren Ort der Geschäftsleitung anzuknüpfen.[61] Mit dem **Verwaltungssitz** ist derjenige Ort bezeichnet, an dem die grundlegenden Entscheidungen der Unternehmensleitung effektiv in laufende Geschäftsführungsakte umgesetzt werden.[62] Dieser Ansatz wird häufig auch als *head office test* verstanden. Gefragt wird nach nach der Belegenheit des Hauptquartiers *(headquarters)* und zentraler Stabsstellen.[63]

26 Einzelne Entscheidungen und Stimmen aus der Literatur lassen sich demgegenüber der Lehre von der ***business activity*** zuordnen;[64] teilweise gehen die Auffassungen auch ineinander über. Diese Auffassung verfolgt das Ziel, gesellschaftsinterne Umstände weitmöglichst aus der Bestimmung des COMI herauszuhalten. Gefragt wird weniger nach den Leitungsfunktionen und dem Ort der Geschäftsführungsakte, als vielmehr nach dem Hauptort der werbenden Geschäftstätigkeit, dessen Bestimmung sich aus einer Gesamtschau aller Umstände einschließlich der Belegenheit des Passiv-, aber auch des verwertbaren Aktivvermögens des Schuldners speist.[65]

27 **b) Die Rechtsprechung des EuGH. aa) Eurofood.** Für die Praxis sind zunächst die **einschlägigen Judikate des EuGH** zu berücksichtigen, die auch nach der Reform 2015 weiterhin beachtlich sind, weil die Reform das COMI-Prinzip inhaltlich nicht angetastet hat. Die Eurofood-Entscheidung von 2006 betraf die Eröffnung des Insolvenzverfahrens über das Vermögen der Eurofood Ltd., einer Tochtergesellschaft der italienischen Parmalat SpA mit satzungsmäßigem Sitz in Dublin. Der vorlegende irische Supreme Court hatte ua die Frage gestellt, wie die Tatsachen gegeneinander abzuwägen sind, dass einerseits die Tochtergesellschaft der Verwaltung ihrer Interessen in einer für Dritte erkennbaren Art und Weise gewöhnlich und unter Wahrung ihrer eigenen Corporate Identity in dem Mitgliedstaat nachgeht, in dem ihr satzungsmäßiger Sitz liegt, und andererseits die Muttergesellschaft aufgrund ihrer Beteiligung und ihrer Befugnis zur Bestellung der Verwaltungsratsmitglieder in der Lage ist, die Geschäftspolitik der Tochtergesellschaft zu kontrollieren.

28 Der EuGH stellte fest, bei der Bestimmung des Mittelpunkts der hauptsächlichen Interessen einer Schuldnergesellschaft sei daher die vom Gemeinschaftsgesetzgeber zugunsten ihres satzungsmäßigen Sitzes aufgestellte widerlegliche Vermutung nur entkräftet, wenn objektive und für Dritte feststellbare Elemente belegen, dass in Wirklichkeit die Lage nicht derjenigen entspricht, welche die Verortung am genannten satzungsmäßigen Sitz widerspiegeln soll.[66] Wenn jedoch eine Gesellschaft ihrer Tätigkeit im Gebiet des Mitgliedstaats, in dem sie ihren satzungsmäßigen Sitz hat, nachgeht, so reiche die Tatsache allein, dass ihre **wirtschaftlichen Entscheidungen von einer Muttergesellschaft mit Sitz in einem anderen Mitgliedstaat kontrolliert werden** oder kontrolliert werden können, nicht aus, um die Vermutung des Art. 3 Abs. 1 S. 2 zu entkräften.[67]

---

[58] AG München ZIP 2004, 962, 963 („Hettlage"); AG Offenburg NZI 2004, 673; im Ergebnis AG Siegen NZI 2004, 673.

[59] Deutlich auch Tribunal de Grande Instance de Lure v. 29.3.2006 (unveröffentlicht): Ort der Vorstandssitzungen, das auf wesentliche Verträge anwendbare Recht, Ort der Kundenbeziehungen, Satzungssitz, Ort, an dem Finanzierungsentscheidungen fallen, Sitz der Finanzgeber, Ort der Vertriebs-, Einkaufs- und Personalabteilung.

[60] *Fletcher*, Insolvency in Private International Law, Rn. 7.67 ff., 7.75 („command and control test").

[61] AG Duisburg NZI 2003, 658, 659; AG Hamburg NJW 2003, 2835 f.; AG München ZIP 2004, 962, 963; Duursma-Kepplinger/Duursma/Chalupsky/*Duursma-Kepplinger* Art. 3, Rn. 24; *Eidenmüller/Eidenmüller*, Ausländische Kapitalgesellschaften im deutschen Recht, § 9 Rn. 11; *Eidenmüller* NJW 2004, 3455, 3457; *P. Huber* ZZP 114 (2001), 133, 141; *Kolmann,* Kooperationsmodelle im Internationalen Insolvenzrecht, S. 284; wohl auch AG Duisburg NZI 2003, 160 (jedenfalls für die örtliche Zuständigkeit); *Mankowski* NZI 2004, 450, 451.

[62] Für das Internationale Gesellschaftsrecht BGHZ 97, 269, 272; *Sandrock,* FS Beitzke, 1979, S. 669, 683 f.

[63] Nachw. bei Fn. 57.

[64] AG Mönchengladbach ZIP 2004, 1064, 1065; tendenziell *Bähr/Riedemann* ZIP 2004, 1066, 1067; *Freitag/Leible* RIW 2006, 641, 647; *Thole* ZEuP 2007, 1137, 1144 f.; *M.-Ph. Weller* ZHR 169 (2005), 570, 582.

[65] Übereinstimmend *Bähr/Riedemann* ZIP 2004, 1066, 1067; *Freitag/Leible* RIW 2006, 641, 647; *M.-Ph. Weller* ZHR 169 (2005), 570, 582.

[66] EuGH v. 2.5.2006 – Rs. C-341/04 (Eurofood IFSC Ltd), Slg. 2006, I-3854, 3868 Rn. 33 = NZI 2006, 360 = EU:C:2006:281.

[67] EuGH v. 2.5.2006 – Rs. C-341/04 (Eurofood IFSC Ltd), Slg. 2006, I-3854, 3869 Rn. 36 = NZI 2006, 360 = EU:C:2006:281. Zum Verständnis der Entscheidung *Oberhammer* KTS 2009, 27, 30 ff.

Inhaltlich schneidet der EuGH mit der Entscheidung die Auswüchse des mind-of-management- 29
Ansatzes zurecht, die Erkennbarkeit des Anknüpfungspunkts für die Gläubiger wird betont, was
partiell auch Auswüchse des head office tests betrifft.[68] Die Kontrolle einer Muttergesellschaft reicht
nicht aus, um den COMI der Tochter am Sitz der Mutter zu verorten. Die Entscheidung betont
damit indirekt auch, dass es **keinen Konzerngerichtsstand** unter der geltenden EuInsVO gibt.

bb) Interedil. In der Interedil-Entscheidung stellte der EuGH fest, zu den bei einer solchen 30
Gesamtbetrachtung zu berücksichtigenden Faktoren gehörten „ua alle Orte, an denen die Schuldnergesellschaft eine wirtschaftliche Tätigkeit ausübt, und alle Orte, an denen sie Vermögenswerte besitzt,
sofern diese Orte für Dritte erkennbar sind". Damit wird erneut die Gläubigerperspektive betont.
Die Gläubiger müssten den COMI-Ort kennen, um die Insolvenzrisiken kalkulierbar zu machen.[69]
Allerdings reiche die Belegenheit von Vermögenswerten als solche nicht aus. Der EuGH geht
mehrstufig vor, indem er zunächst die Vermutung des Art. 3 Abs. 1 S. 2 EuInsVO 2000 (Art. 3
Abs. 1 Unterabs. 2 Satz 1) in die Betrachtung einstellt. Wenn sich die Hauptverwaltung einer Gesellschaft am Ort ihres satzungsmäßigen Sitzes befinde, „das heißt dort ihre Geschäftsführung sitzt und
diese von dort aus die Geschicke der Gesellschaft lenkt und nach außen erkennbar auftritt", habe
es nach der Systematik der Verordnung für die Zuständigkeitsbestimmung keine Bedeutung, wo sich
die wesentlichen Vermögenswerte oder Betriebsstätten der Gesellschaft befinden.[70] Der EuGH
betont insoweit die weitgehende **Kongruenz des COMI mit dem effektiven Verwaltungssitz**,
wie dies auch im Schrifttum angenommen worden ist und dem head office test entspricht.[71] Dann,
wenn sich die Hauptverwaltung tatsächlich am satzungsmäßigen Sitz befindet, scheide eine anderweitige Verortung der hauptsächlichen Interessen von vornherein aus.

Der Gerichtshof prüft dann aber weiter: Wenn sich die Hauptverwaltung nicht am Satzungssitz 31
befinde, dh bei **Auseinanderfallen von Verwaltungs- und Satzungssitz,** müsse im Wege einer
Gesamtbetrachtung unter der Maßgabe der Gläubigerperspektive weiter geprüft werden, wo sich
der Mittelpunkt der hauptsächlichen Interessen befinde.[72] **Erwägungsgrund Nr. 30** nimmt das
auf. Erwägungsgrund Nr. 30 verlangt kumulativ Hauptverwaltung und Gesamtbetrachtung und
unterscheidet – wie der EuGH in Interedil – zwischen Hauptverwaltung, tatsächlichem Mittelpunkt
der Verwaltung und Verwaltung der Interessen. Das ist **wenig gelungen.** Aus der Formulierung
muss man wohl, wenn sie nicht in sich widersprüchlich sein soll, ableiten, dass in diesem Fall gerade
nicht der so ermittelte Ort des Verwaltungssitzes den COMI ausmacht, denn dann wäre die vom
EuGH geforderte weitere Prüfung entbehrlich. Hier bestätigt sich erneut, dass der Ort der Hauptverwaltung nur eine Näherung sein kann. De lege ferenda könnte man sich die Vermutung in Unterabs. 2 auch sparen.[73]

In der Konsequenz der Ausführungen des EuGH liegt es, dass eine Kongruenz von Satzungssitz 32
und Verwaltungssitz hinreichend stark ist, um insoweit – unter Einbeziehung der „Vermutungsregel" – den COMI an ebendiesem Ort zu lokalisieren. Bei **Auseinanderfallen von Satzungssitz
und Verwaltungssitz** geht der Gerichtshof offenbar davon aus, dass dann wertend geprüft werden
müsse. Der Verwaltungssitz sei in diesem Fall nicht ausschlaggebend, sondern jetzt dominierten die
Gläubigerinteressen und die Frage, wo aus ihrer Sicht das COMI zu verankern ist. In der Sache ist
das eine **Kombinationslösung.**[74] Zusammenfassend ergeben sich in der Rechtsprechung des EuGH
offenbar zwei maßgebliche Situationen:
– Hauptverwaltung und Satzungssitz stimmen überein: dieser Ort maßgeblich;
– Hauptverwaltung und Satzungssitz stimmen nicht überein: Gesamtbetrachtung und Ermittlung
  des tatsächlichen Mittelpunkts der Verwaltung.

cc) Rastelli/Hinoux. Mit seinem Urteil vom 15.12.2011 in der Rechtssache Hinoux bestätigt 33
der Gerichtshof erneut, dass die EuInsVO **keinen Konzerngerichtsstand** kennt.[75] Für jeden

---

[68] Insoweit richtig *Oberhammer* KTS 2009, 27, 30 ff., der aber meint, der head office test sei durch Eurofood im Wesentlichen, dh umfänglich überholt.
[69] EuGH v. 20.10.2011 – Rs. C-396/09 (Interedil Srl, in Liquidation/Fallimento Interedil Srl, Intesa Gestione Crediti SpA), ZIP 2011, 2153 = NZI 2011, 990, Rn. 46 = EU:C:2011:671.
[70] EuGH v. 20.10.2011 – Rs. C-396/09 (Interedil Srl, in Liquidation/Fallimento Interedil Srl, Intesa Gestione Crediti SpA), ZIP 2011, 2153 = NZI 2011, 990, Rn. 69 = EU:C:2011:671.
[71] Fn. 61.
[72] EuGH v. 20.10.2011 – Rs. C-396/09 (Interedil Srl, in Liquidation/Fallimento Interedil Srl, Intesa Gestione Crediti SpA), ZIP 2011, 2153 = NZI 2011, 990 Rn. 70 = EU:C:2011:671. Vgl. auch AG Ludwigshafen ZIP 2014, 1746 für ein Schutzschirmverfahren: Satzungssitz in Luxemburg nur Briefkasten.
[73] Dazu *Thole* ZEuP 2014, 39, 54 f.
[74] So ähnlich schon *Thole*, Gläubigerschutz durch Insolvenzrecht, S. 792 ff. und MüKoBGB/*Kindler* Art. 3 Rn. 21.
[75] EuGH v. 15.12.2011 – Rs. C-191/10 (Rastelli Davide e C. Snc/Jean-Charles Hidoux in seiner Eigenschaft als Insolvenzverwalter der Gesellschaft Médiasucre international), NZI 2012, 147 = EU:C:2011:838.

rechtlich selbständigen Schuldner ist danach eine „wertende Gesamtbetrachtung" erforderlich. Im Verfahren ging um die Frage, ob ein Gericht eines Mitgliedstaats, in dem das Hauptinsolvenzverfahren gegen eine Gesellschaft wegen des dort belegenen COMI geführt wird, dieses Verfahren in Anwendung einer innerstaatlichen Vorschrift auf eine zweite Gesellschaft erstrecken darf. In Rede stand dies für eine zweite Gesellschaft, deren satzungsmäßiger Sitz sich in einem anderen Mitgliedstaat befand, und nachdem festgestellt wurde, dass die Vermögensmassen beider Gesellschaften vermischt sind. Diese Frage hat der EuGH mit Recht verneint und ausgeführt, auch für die zweite Gesellschaft müsse festgestellt werden müsse, dass sich der Mittelpunkt ihrer hauptsächlichen Interessen im Mitgliedstaat des Verfahrens befinde. Die Feststellung, dass eine Vermischung der Vermögensmassen vorliege, reiche nicht aus, um die für die zweite Gesellschaft maßgebliche Vermutung zugunsten ihres satzungsmäßigen Sitzes zu widerlegen, weil dies insbesondere für Dritte nicht hinreichend feststellbar sei.[76]

34 **c) Stellungnahme zum COMI.** Unter den vorstehenden Prämissen gilt es bei der Bestimmung des COMI nicht nur die Erkennbarkeit für die Gläubiger zu wahren, sondern es geht darüber hinaus, den Mitgliedstaat zu identifizieren, der die Gewähr für ein reibungsloses Einrücken des Insolvenzverwalters in die unternehmensleitenden Funktionen bietet und damit die Effizienz des Verfahrens fördert.[77] Wenn das Forum über Art. 7 auch der Anknüpfungspunkt für das Sachrecht ist, muss es zugleich das Interesse an einer Anwendung des sachnahen Rechts wahren. Es gilt demnach die Koordinaten: Gläubigererkennbarkeit, Einrücken des Verwalters, Sachnähe, zu bedienen. Vor diesem Hintergrund kommt man um eine Gesamtbetrachtung jeweils nicht umhin. Einer mind-of-mangement-Theorie ist eine Absage zu erteilen, weil sie den Fokus zu sehr auf den unternehmensinternen Umständen legt. Der EuGH hat sich freilich auch in entgegengesetzter Richtung nicht ausdrücklich für eine business-actity-Lehre entschieden.[78] Das Urteil in *Interedil* weist vielmehr in eine andere Richtung, weil dort dem Verwaltungssitz Bedeutung zukommt, soweit er mit dem Satzungssitz übereinstimmt (→ Rn. 30). Gleichwohl ist der Ansatz des Anhänger der Lehre von der business-activity richtig, der Gläubigerperspektive entscheidenden Raum einzuräumen. Problematisch wird die Maßgeblichkeit dieser Lehre nur, soweit darunter verstanden würde, dass es etwa auf die Mehrzahl der Gläubiger oder ähnliche veränderliche Kriterien ankommt oder der Hauptort der werbenden Tätigkeit maßgeblich wäre, weil dieser unabhängig vom Betriebsstätten oder ähnlichen festen Vermögensständen sein kann.[79] Insofern ist darauf hinzuweisen, dass im Schrifttum head office test und business activity teils identisch verstanden werden,[80] so dass begriffliche Unsicherheiten vorherrschen. Wenn demnach hier die business-activity-Lehre betont wird, dann mit der Maßgabe, dass die für die Bestimmung des COMI maßgeblichen Kriterien für die Gläubiger erkennbar sein müssen. **Rein interne, strategische Unternehmensentscheidungen können insoweit nicht maßgeblich** sein. Andernfalls, wenn es allein auf Marktaktivitäten und Umsatzgebiete ankäme, wäre das Postulat, dass der Verwalter rasch in die unternehmesleitende Position einrücken können soll, kaum gewahrt.

35 Die Schwächen der mind-of-mangement-Lehre könnte allerdings auch der Ansatz über die **head office functions** überwinden. Gemeint ist die Ermittlung **des tatsächlichen Verwaltungssitzes,** wie er im Gesellschaftsrecht als gebräuchlicher Anknüpfungspunkt bekannt ist. Diese nur selten begründete Lesart des COMI-Prinzips wird dem Postulat der Erkennbarkeit gerecht.[81] Zugleich verschafft sie dem Insolvenzverwalter ein passendes Forum, an dem er in die unternehmensleitende Funktion einrücken kann. Ein möglicher Nachteil liegt darin, dass der Verwaltungssitz mitunter „unternehmensintern" begründet wird. Richtigerweise muss es aber darum gehen, darunter denjenigen Ort zu verstehen, an dem die grundlegenden Entscheidungen der Unternehmensleitung effektiv in laufende Geschäftsführungsakte umgesetzt werden,[82] denn dann ist der Bestimmung des Verwaltungssitz bereits eine gewisse Publizität einverleibt, weil es nicht mehr allein auf strategische Entscheidungen, sondern gerade auch auf die Umsetzung in das typischerweise nach außen bezogene operative Geschäft ankommt (nicht notwendigerweise auf dieses selbst). Doch selbst dann wäre eine

---

[76] EuGH v. 15.12.2011 – Rs. C-191/10 (Rastelli Davide e C. Snc/Jean-Charles Hidoux in seiner Eigenschaft als Insolvenzverwalter der Gesellschaft Médiasucre international), NZI 2012, 147 Rn. 30 ff. = EU:C:2011:838.
[77] Ähnlich *Brünkmans* KSzW 2012, 319, 323.
[78] So aber *Cranshaw* DZWIR 2012, 53, 57; vgl. MüKoBGB/*Kindler* Art. 3 EuInsVO Rn. 21 f.
[79] Insofern richtig *Fehrenbach* ZEuP 2013, 353, 367; Mankowski/Müllei/J. Schmidt/*Mankowski* Art. 3 Rn. 99.
[80] So offenbar Rauscher/*Mäsch*, EuZPR/EuIPR, 4. Aufl., Art. 3 EG-InsVO Rn. 7 der eigentlich den Verwaltungssitz definiert.
[81] Vgl. aber Gebauer/Wiedmann/*Haubold*, Zivilrecht unter europäischem Einfluss, Kap. 32 Rn. 52: Geschäftsführungstätigkeit im Ausland muss für Außenstehende erkennbar sein.
[82] BGHZ 97, 269, 272; *Sandrock*, FS Beitzke, 1979, S. 669, 683 f.

hinreichende **Robustheit** aus Gläubigerperspektive möglicherweise nicht gewährleistet, wenn das Unternehmen – in wohl eher seltenen Fällen – an dem so bestimmten Ort überhaupt keine nennenswerten Gläubigerkontakte pflegt. Es wäre nun aber misslich, auch in solchen Fällen, in denen der Sitz der Verwaltung von der wirtschaftlichen und werbenden Tätigkeit nicht einmal annähernd gedeckt ist, die Gläubigerschaft zur Geltendmachung ihrer Rechte an den ausländischen Insolvenzstandort des Hauptinsolvenzverfahrens zu zwingen. Überdies kann der Vermögensbezug verloren gehen, wenn der tatsächliche Verwaltungssitz – der gerade nicht die Hauptniederlassung sein muss – aus wenig mehr als einer kargen Büroeinrichtung besteht und sich das Verwertungsinteresse der Gläubiger damit eigentlich auf einen anderen, ausländischen Ort konzentriert. Der **Verwaltungssitz** taugt daher nur, aber immerhin als **Annäherung**.

Vorbehaltlich der vom EuGH verlangten wertenden Gesamtbetrachtung empfiehlt sich daher 36 als Näherung eine **kumulative Betrachtung**, wie sie dem EuGH offenbar ebenfalls vorschwebt.[83] Für den **Regelfall** kann man sich damit begnügen, dass der Ort, an dem der Schuldner *erkennbar* der Verwaltung seiner Interessen nachgeht, also der COMI, mit dem so bestimmten **effektiven Verwaltungssitz übereinstimmt**. Zweckmäßiger- und üblicherweise wird die Geschäftsführung dort angesiedelt sein, wo operative wirtschaftliche Aktivität nach außen stattfindet und stattfinden soll. Für die sodann noch erforderliche Ergänzung dieses Ausgangspunkts passt zumindest im Ansatz die Lehre von der Maßgeblichkeit des Hauptorts der werbenden Tätigkeit, denn ihr ist die Perspektive der aktuellen, aber auch der potentiellen Gläubiger gleichsam integriert.[84] Weicht der Ort der wirtschaftlichen Tätigkeit erkennbar deutlich von dem Verwaltungssitz ab, ist im Zweifel auf die *business activity* abzustellen. Anders formuliert: Wenn man nach dem *head office functions* fragt, ist schon dabei auch die Gläubigerperspektive einzustellen. Rein interne Umstände bleiben außer Betracht. Die Anknüpfung an den Verwaltungssitz trägt also in der Tat nur, wenn dort auch ein nicht unerheblicher Teil der Gläubigerbeziehungen und des Vermögens konzentriert ist, die jeweilige Gesellschaft in diesem Staat wirtschaftlich agiert und auf dem Markt auftritt.[85] Es ist demnach **wertend zu prüfen**, ob die Hauptverwaltung des jeweiligen Insolvenzschuldners tatsächlich nicht im Staat des Satzungssitzes belegen ist, also dort nicht die Verwaltungs- und Kontrollorgane sitzen,[86] nicht die *„Verwaltungsentscheidungen"*[87] getroffen werden oder dies nicht in für Dritte feststellbarer Weise erfolgt. **Hauptverwaltung einer Gesellschaft** in diesem Sinne meint mithin, dass „dort ihre Geschäftsführung sitzt und diese von dort aus die Geschicke der Gesellschaft lenkt und dies nach außen erkennbar auftritt".[88] Für die Prüfung dieser **nach außen erkennbaren Verwaltungsentscheidungen** und folglich für die Prüfung der Hauptverwaltung sind alle aus Drittsicht feststellbaren Anhaltspunkte heranzuziehen. Die Vermutung für den Satzungssitz ist nicht nur dann widerlegbar, wenn der Satzungssitz völlig fiktiv gewählt ist,[89] dh es dürfen auch Anhaltspunkte für den COMI am Satzungssitz sprechen, und dennoch kann der COMI und die Hauptverwaltung woanders belegen sein. Nur wenn die so bestimmte Hauptverwaltung und der Satzungssitz übereinstimmen, greift die Vermutung und ist der Satzungssitz maßgeblich, die Vermutung also nach den Vorstellungen des EuGH nicht mehr widerlegbar. Diese Prüfung muss mithin ihrerseits nach dem **Maßstab der „objektiven Erkennbarkeit"** erfolgen und folglich alle Umstände einbeziehen. Ist die Kongruenz nicht gegeben, ist dann weiter zu prüfen.

Zu beachten ist, dass nach den Vorgaben des EuGH am Ort des Satzungssitzes die *Hauptverwal-* 37 *tung* gegeben sein muss. Das bloße Vorhandensein einer **Niederlassung am Satzungssitz** kann nicht dazu führen, dass die Vermutung des Art. 3 Abs. 1 Unterabs. 2 S. 1 als unwiderlegt gilt. Auch im Hinblick auf die Abgrenzung zu einer Niederlassung muss eine Gewichtung und Abstufung vorgenommen werden. Die Hauptverwaltung eines Insolvenzschuldners ist nicht schon deshalb am Satzungssitz belegen, weil dort überhaupt eine gewisse organisatorische Festigkeit erreicht ist; sie muss gerade die Qualität einer Hauptverwaltung erreichen. Das erfordert aber notwendigerweise auch eine „Inbeziehungsetzung" zu dem Ausmaß und der Qualität der organisatorischen Strukturen, die an anderen Orten erreicht werden.[90]

---

[83] Ähnlich MüKoBGB/*Kindler* Art. 3 Rn. 21.
[84] Für deren Berücksichtigung AG Mönchengladbach ZIP 2004, 1065, 1066; *Mankowski* BB 2006, 1753, 1754; Pannen/*Pannen* Art. 3 Rn. 45.
[85] Vgl. LG Leipzig ZInsO 2006, 378, 379: Verbringung der Geschäftsunterlagen reicht nicht zur COMI-Verlegung.
[86] EuGH v. 20.10.2011 – Rs. C-396/09 (Interedil Srl, in Liquidation/Fallimento Interedil Srl, Intesa Gestione Crediti SpA), ZIP 2011, 2153 = NZI 2011, 990, Rn. 50.
[87] EuGH v. 20.10.2011 – Rs. C-396/09 (Interedil Srl, in Liquidation/Fallimento Interedil Srl, Intesa Gestione Crediti SpA), ZIP 2011, 2153 = NZI 2011, 990, Rn. 50.
[88] Schlussanträge GA Kokott, 10.3.2011 – Rs. C-396/09, ECLI:EU:C:2011:132, Rn. 69 – Interedil; vgl. auch *Weller* ZIP 2009, 2029, 2031.
[89] Richtig Mankowski/Müller/J. Schmidt/*Mankowski* Art. 3 Rn. 55.
[90] *Thole* ZIP 2018, 401, 404.

38 **d) Kasuistik.** Nach Maßgabe der mind-of-management-Theorie haben zunächst vorwiegend englische Gerichte, später auch kontinentaleuropäische Gerichte, den Mittelpunkt der hauptsächlichen Interessen dort verortet, wo die strategischen, unternehmensleitenden Entscheidungen einer Gesellschaft getroffen werden.[91] Diese Rechtsprechung ist seit der Eurofood-Entscheidung mit Vorsicht zu genießen. Die englische Rechtsprechung hat sich von ihrer früheren Judikatur deutlich abgewendet.[92] In der Post-Eurofood-Ära sind Versuche, in Konzernfällen zu einem einheitlichen Konzerngerichtsstand zu kommen, seltener geworden. Allerdings sind sie nicht völlig eingedämmt worden.[93] Im PIN-Urteil hat das AG Köln die örtliche Zuständigkeit für eine Reihe von konzernangehörigen Gesellschaften einer luxemburgischen Konzernmutter angenommen und dabei insbesondere auf die wechselseitige Abhängigkeit der Tochtergesellschaften verwiesen, eine isolierte Betrachtung des einzelnen Unternehmens verbiete sich,[94] hinsichtlich der internationalen Zuständigkeit hat das AG Köln gleichgerichtet entschieden.[95] Im Fall BenQ Mobile eröffnete ein Amsterdamer Gericht das Hauptverfahren in den Niederlanden, obwohl sich nahezu das gesamte Barvermögen der Gesellschaft, Cash-Pooling und auch das operative Geschäft in Deutschland befand.[96] Im Fall der Eurotunnel-Insolvenz hat das Tribunal de commerce de Paris über 32 Konzerngesellschaften einheitlich in Paris das Verfahren eröffnet.[97]

39 Weitere Beachtung kommt auch nach Eurofood den Urteilen zu, in denen schon bisher die Prüfung der business activity betont worden war. Im Fall der EMBIC GmbH, einer Tochtergesellschaft einer englischen Mutter, legte das AG Mönchengladbach in seinem Eröffnungsbeschluss vom 27.4.2004[98] nicht den Ort der strategischen Geschäftsentscheidungen, sondern vielmehr den Ort der werbenden Tätigkeit der Gesellschaft für die Bestimmung ihres Mittelpunktes der hauptsächlichen Interessen zugrunde. Es argumentierte, dass bloße **interne Entscheidungsprozesse,** die im vorliegenden Fall in England getroffen wurden, sowie die Beziehung zwischen Mutter- und Tochtergesellschaft für Außenstehende in der Regel nicht erkennbar seien. Relevant für die Lokalisierung des COMI sei hingegen eine Gesamtbetrachtung aller vorliegenden Faktoren. Dazu zog es für seine Argumentation den in Deutschland belegenen Geschäftszweck der Gesellschaft, die ausschließlich dort bestehenden Kundenbeziehungen sowie den gesamten Personaleinsatz heran. Ausschlaggebend war darüber hinaus, dass die Personalbuchhaltung am Satzungssitz der Gesellschaft erfolgte und die geschäftliche Bankverbindung in Deutschland geführt wurde. Das Gericht war der Auffassung, dass die Sitzvermutung des Art. 3 Abs. 1 S. 2 EuInsVO 2000 damit nicht widerlegt werden könne. Auch in anderen Entscheidungen wurden gleichlaufend insbesondere an die operative, nach außen erkennbare Tätigkeit eines Unternehmens angeknüpft und beispielsweise auch auf die Lieferungen von Rohmaterialien und Rechtsbeziehungen mit Dritten abgestellt.[99] In jüngerer Zeit finden dementsprechend (erkennbare) head office functions und business activity vermehrt Beachtung.[100] Bei **Single-Asset-Gesellschaften** und Special Purpose Vehicles (SPV) kann die Vermutung widerlegt sein.[101] Zweifelhaft ist die Entscheidung des Landesgerichts Korneuburg, im **Fall NIKI** den COMI in Österreich zu erkennen.[102] Nicht abgesichert erscheint es auch, wenn das LG Berlin[103] im selben Fall einer positiven Feststellung des COMI auswich, indem es meinte, es könne nicht mit

---

[91] Umfassend zur Rechtsprechung vor Eurofood → 2. Aufl., Art. 3 Rn. 8 ff. Einen Überblick über die dargestellte Rechtsprechung vermitteln auch *Kübler,* FS Gerhardt, S. 541 ff.; *Pannen/Riedemann* NZI 2004, 646; *Smid* DZWIR 2004, 397; *Smid* DZWIR 2003, 397; A. *Schmidt/Undritz,* EuInsVO, Art. 3 Rn. 16. Weitere Nachweise auch bei *Thole* ZEuP 2007, 1137, 1141.
[92] High Court of Justice London v. 3.7.2009 – [2009] EWHC 1441 (Ch.) (Stanford International Bank Ltd (In Receivership)), ZIP 2009, 1776, 1777 Rn. 63; vgl. zur Entwicklung auch *Wessels* IILR 2010, 2.
[93] A. Schmidt/*Undritz,* EuInsVO, Art. 3 Rn. 33.
[94] AG Köln NZI 2008, 254, 255 (PIN I).
[95] AG Köln NZI 2008, 257 (PIN II).
[96] Arrondissementrechtsbank Amsterdam ZIP 2007, 492, 493.
[97] Tribunal de commerce de Paris v. 2.8.2006 – 2006/47530, Recueil Dalloz Jurisprudence 2006, S. 2329 mAnm *Dammann/Prodeur;* zum Verfahren auch *J. Schmidt* ZIP 2007, 405, 408; A. Schmidt/*Undritz,* EuInsVO, Art. 3 Rn. 34.
[98] AG Mönchengladbach ZIP 2004, 1064 = NZI 2004, 383 mAnm *Bähr/Riedemann* ZIP 2004, 1064; *Kebekus* EWiR 2004, 705; *Lautenbach* NZI 2004, 383, 384.
[99] AG Weilheim i. OB ZIP 2005, 1611; AG Hamburg NZI 2006, 120; dazu *Herweg/Tschauner* EWiR 2006, 169.
[100] Vgl. AG Essen NZI 2009, 810 f. (Arcandor), das auch auf die Umsetzung der Willensbildung abstellt; AG Mönchengladbach ZIP 2012, 383, 384: Business activity.
[101] *Paulus,* Europäische Insolvenzverordnung, Art. 3 Rn. 31; Re Northsea Base Investment [2015] EWHC 121 (Ch); Frogmore Real Estate Partners [2017] EWHC 25 (Ch); dazu *Schulz* NZI 2017, 142.
[102] *Thole* ZIP 2018, 401 ff. Zum Fall tendenziell kritisch auch *Thomale* IPRax 2018, 254, 256.
[103] LG Berlin NZI 2018, 85 mAnm *Mankowski.*

ausreichender Sicherheit ein vom Satzungssitz abweichender COMI festgestellt werden; damit hat sich das LG auf die Vermutung zurückgezogen.

e) Einzelkriterien. Nach den in → Rn. 34 gewonnenen Einsichten kommen mehrere **40** Umstände in Betracht, zum maßgeblichen Zeitpunkt → Rn. 59. Wie eben bemerkt, bietet der **tatsächliche Verwaltungssitz eine taugliche Näherung**; entscheidend ist damit der Ort, an dem die Entscheidungen des Schuldners in laufende Geschäftsführungsakte nach außen sichtbar umgesetzt sein.[104] Nach der Konzeption des EuGH ist dieser Bestimmung besonders die Gläubigerperspektive und damit **die objektive Prüfung** zugrundezulegen bzw. der Verwaltungssitz muss durch die äußeren Umstände gedeckt sein. Für die damit ergänzende Prüfung des business activtyi im Sinne der Erkennbarkeit nach außen werden schon vom EuGH berücksichtigt "ua alle Orte, an denen die Schuldnergesellschaft eine wirtschaftliche Tätigkeit ausübt, und alle Orte, an denen sie Vermögenswerte besitzt, sofern diese Orte für Dritte erkennbar sind". Ein Briefkasten allein reicht nicht, um einen COMI zu begründen, weil und wenn am Ort der **Postfachadresse** keine nennenswerte Aktivität entfaltet wird.[105] Befindet sich der Briefkasten am Satzungssitz, kann die „Vermutung" des Art. 3 Abs. 1 Unterabs. 2 widerlegt sein, wie der EuGH in Eurofood bestätigt.[106]

Maßgeblich ist nicht der Ort, an dem das Management strategische Entscheidungen trifft oder **41** seinen reinen Aufenthaltsort hat, so dass die Abhaltung einer Geschäftsleitersitzung in England oder die Erteilung von Anweisungen per Fernkommunikation aus einem anderen Mitgliedstaat nicht reicht.[107] Auch die reine Zahl der in einem Mitgliedstaat ansässigen Gläubiger bzw. ein entsprechendes Übergewicht kann nicht für sich genommen nicht reichen, wohl aber indizielle Bedeutung hinsichtlich des Operationsgebiets des Schuldners haben.[108] Überhaupt müssen unternehmensinterne Umstände grundsätzlich (aber nicht generell) außer Betracht bleiben, etwa der Ort, an dem untergeordnete Verwaltungsaufgaben durchgeführt werden (Buchführung etc.).[109] Auch der Ort der Kapitalbeschaffung bei einer Abschreibungsgesellschaft und damit die Eigenfinanzierung sollen unbeachtlich sein.[110] Allerdings ist diese Aussage mit Vorsicht zu behandeln, weil auch die Finanzierung relevante Gläubigerkontakte schafft. Entscheidend ist die **Feststellbarkeit für Dritte**,[111] etwa die Angaben auf dem Briefpapier; Bezeichnungen (zB „Zentrale") und die gerade bei Konzerngesellschaften relevante Namensgebung, soweit sie den Schluss auf einen bestimmten Mittelpunkt der Interessen zulassen,[112] der Ort, an den Kontoauszüge versandt werden,[113] Marketingaktivitäten (Homepage etc.[114]). Eine bestimmte Rechtswahl kann nur sehr indiziell herangezogen werden.[115] Beachtlich können – mit der gebotenen Vorsicht – auch der Ort des Geschäftskontos sein, von dem aus der Zahlungsverkehr abgewickelt wird[116] sowie Ort und Art der Abwicklung von Vertragsvereinbarungen mit Gläubigern sowie der Sitz von Büro- und Geschäftsräumen[117] oder Produktionsstätten.[118] In

---

[104] Bork/van Zwieten/*Ringe*, Commentary on the European Insolvency Regulation, Art. 3 Rn. 3.49; Rauscher/*Mäsch*, EuZPR/EuIPR, 4. Aufl., Art. 3 EG-InsVO Rn. 7.
[105] Vgl. auch Gebauer/Wiedmann/*Haubold*, Zivilrecht unter europäischem Einfluss, Kap. 32 Rn. 53.
[106] EuGH v. 2.5.2006 – Rs. C-341/04 (Eurofood IFSC Ltd), Slg. 2006, I-3854, 3868, 3872 Rn. 33, 48 = EU:C:2006:281.
[107] Vgl. auch Gebauer/Wiedmann/*Haubold*, Zivilrecht unter europäischem Einfluss, Kap. 32 Rn. 53.
[108] Enger HKInsO/*Dornblüth* Art. 3 Rn. 8.
[109] Mankowski/Müller/J. Schmidt/*Mankowski* Art. 3 Rn. 85 mit weiteren Kriterien; Rauscher/*Mäsch*, EuZPR/ EuIPR, 4. Aufl., Art. 3 EG-InsVO Rn. 8; *Wiedemann*, ZInsO 2007, 1009, 1014 (zu weitgehend aber für Produktionsstätten, S. 1014 f.).
[110] Rauscher/*Mäsch*, EuZPR/EuIPR, 4. Aufl., Art. 3 EG-InsVO Rn. 8 gegen OLG Frankfurt IPRax 1986, 373, 374 (zum Gesellschaftsrecht).
[111] Auflistung bei OLG Nürnberg ZIP 2007, 83 f.
[112] *Paulus*, Europäische Insolvenzverordnung, Art. 3 Rn. 13; vgl. den Eurotunnel-Fall Tribunale de commerce de Paris v. 2.8.2006 – 2006/47530 = Recueil Dalloz Jurisprudence 2006, 2329 mAnm *Danmann/Prodeur*; *J. Schmidt* ZIP 2007, 405, 408 mit Fn. 37.
[113] AG Mönchengladbach ZIP 2012, 383, 384.
[114] Vgl. die Paralleldiskussion zum Ausrichten bei Art. 17 Abs. 1 lit. c EuGVVO, dazu EuGH v. 7.12.2010 – Rs. C-585/08 und C-144/09 (Peter Pammer ./. Reederei Karl Schlüter GmbH & Co. KG und Hotel Alpenhof GesmbH ./. Oliver Heller), Rn. 76 ff., IPRax 2012, 160 = EU:C:2010:740; dazu *Mankowski* IPRax 2012, 144.
[115] Wohl übereinstimmend *Herchen* ZInsO 2004, 825, 827; *Wimmer* ZInsO 2005, 119, 123 („allenfalls ergänzend"). **AA** MüKoBGB/*Kindler* Art. 3 Rn. 20; *Kübler*, FS Gerhardt, S. 527, 556.
[116] MüKoBGB/*Kindler* Art. 3 Rn. 20; *Kübler*, FS Gerhardt, S. 527, 556.
[117] High Court of Justice Leeds v. 16.5.2003 – [2004] BPIR 30, para. 12–18 (Daisytek-ISA Ltd.); AG Mönchengladbach ZIP 2004, 1064, 1066 = NZI 2004, 383; *Kübler*, FS Gerhardt, S. 527, 556.
[118] Für eine Unterscheidung nach Art des Unternehmens (Finanzierung, Handel, Produktion) *Knof/Mock* ZIP 2006, 911, 915.

letzteren erkennen die Gläubiger häufig, aber nicht zwingend einen Mittelpunkt der schuldnerischen Interessenverwaltung.[119]

42 Insgesamt ist besonders auf den Einsatz von Personal und die Belegenheit von Vermögensgegenständen, Geschäftsräumen mit Kundenverkehr, und die drittrelevanten Aktivitäten, dh eben die werbende Täigkeit abzustellen.[120] Hinsichtlich des Einsatzes von **Personal** kommt es auf den Einsatz von eigenen Arbeitnehmern, oder auch von Arbeitnehmern Dritter (auch von Konzerngesellschaften[121]) an, die auf Grund von Geschäftsbesorgungsverträgen tätig werden und aus der Sicht außen stehender Dritter für den Schuldner auftreten.[122] Vom Schuldner unabhängige selbständige Personen wie zB Vertriebshändler, Handelsvertreter etc. sind dagegen nicht als eingesetztes Personal des Schuldners zur Bestimmung des COMI anzusehen. Im Umkehrschluss kann auch die Tatsache, dass kein Personal eingesetzt wird, gegen die Annahme des Interessenmittelpunktes sprechen.[123] Bei den **Vermögenswerten** kann die Belegenheit von Sachanlagevermögen besonderes Gewicht haben, unabhängig ob es sich im Eigentum des Schuldners befindet oder lediglich gemietet bzw. geleast ist.[124] Bei produzierenden Unternehmen sind vor allem die Produktionsstätte und Warenlager die relevanten Anknüpfungspunkte, bei Handelsunternehmen die Geschäftsräume.[125]

43 Die **Art des Geschäftsbetriebes** des Schuldnerunternehmens ist daher nicht schematisch, wohl aber **wertend in die Betrachtung einzubeziehen.** Bei produzierenden Unternehmen sind die Anknüpfungspunkte eventuell anders zu gewichten als bei Unternehmen, die Dienstleistungen erbringen, oder als bei Unternehmen, deren Tätigkeitsschwerpunkt im Vertrieb liegt. Bei produzierenden Unternehmen können die Fabrikationsräume entscheidend sein, weil dort Rohstoffe und Energie bezogen werden und dort Maschinen, die als Kreditsicherheiten dienen, belegen sind,[126] doch auch insoweit ist stets der Einzelfall entscheidend. Bei einer **Reederei**, die ihre Geschäfte über einen shipping agent abwickelt, kann der COMI am Sitz des Dienstleisters belegen sein.[127]

44 **f) Holding- und Konzerngesellschaften.** In einem Verfahren über das Vermögen einer Holdinggesellschaft ist für diese Gesellschaft **gesondert zu ermitteln,** wo ihr COMI liegt. Die Beteiligungen und Mitgliedschaftsrechte der Holding führen nicht automatisch dazu, dass am Sitz der Tochtergesellschaft der COMI der Holding belegen wäre. In der untergerichtlichen Rechtsprechung ist allerdings angenommen worden, der COMI einer Zwischenholding befinde sich jedenfalls dann am Sitz der Tochter, wenn die Zwischenholding nur Anteile an dieser Tochter hält, die Korrespondenz über die Tochter abgewickelt wird und der Geschäftsführer der Zwischenholding unter derselben Adresse sein persönliches Büro hat.[128] Umgekehrt reicht die Vermögensbeteiligung nicht aus, um das Verfahren über das Vermögen der Tochter am Sitz der Holding zu eröffnen und ebensowenig ist die Beteiligung als solche hinreichend, eine das Sekundärverfahren rechtfertigende Niederlassung anzunehmen. Zum Belegenheits- und Niederlassungsbegriff in solchen Fällen Art. 2 Rn. 57 ff.

45 Einen **einheitlichen Konzerngerichtsstand** kennt die EuInsVO **nicht** (→ Rn. 33).[129] Daran ändern Art. 56 ff. nichts (→ Vor Art. 56 Rn. 6). Selbst bei stark integrierten grenzüberschreitenden Konzernen wird sich im Zweifel der COMI der Tochter vom COMI der Mutter unterscheiden, wenn und soweit die Tochter mit eigenen Aktivitäten, Produkten, Leistungen in eigenständige Beziehungen zu Gläubiger eintritt und eigene Vermögenswerte hält.[130]

46 **g) Abwicklungstätigkeiten und Einstellung der werbenden Tätigkeit.** Entscheidend für die Beurteilung ist grundsätzlich der Zeitpunkt der Antragstellung bzw. in den Zuzugsfallen auch der spätere Entscheidungszeitpunkt (genauer noch unten zur Sitzverlegung → Rn. 61 ff.). Offen ist, ob auch bei einer **bereits gelöschten, also im Zeitpunkt der Antragstellung aus Sicht des**

---

[119] Mankowski/Müller/J. Schmidt/*Mankowski* Art. 3 Rn. 91; Vgl. auch *Thole* ZEuP 2007, 1137, 1145.
[120] So schon → 2. Aufl., Art. 3 Rn. 31.
[121] Problematisch LG Berlin ZIP 2018, 140, 142; dazu kritisch *Thole* ZIP 2018, 401, 404.
[122] Vgl. hierzu für den Begriff der Niederlassung AG Köln NZI 2004, 151, 152; AG München ZIP 2007, 495, 496 (BenQ Mobile Holding B. V.).
[123] Vgl. auch MüKoBGB/*Kindler* Art. 3 Rn. 23; auch Tribunale di Parma ZIP 2004, 1220, 1221.
[124] High Court of Justice ZIP 2003, 813, 814; vgl. auch *Adam,* Zuständigkeitsfragen, S. 126 f.; *Kübler,* FS Gerhardt, S. 556; *Herchen* ZInsO 2004, 825, 827.
[125] *Mankowski* BB 2006, 1753, 1755; A. Schmidt/*Undritz,* EuInsVO, Art. 3 Rn. 17; vgl. auch AG Köln NZI 2008, 257 ff. (PIN II) zu Dienstleistungsunternehmen. Für eine generelle Unterscheidung nach Art des Unternehmens (Finanzierung, Handel, Produktion) *Knof/Mock* ZIP 2006, 911, 915.
[126] *Kübler,* FS Gerhardt, S. 527, 550; *Wimmer* ZInsO 2005, 119, 123; HKInsO/*Dornblüth* Art. 3 Rn. 8.
[127] Re Northsea Base Investment [2015] EWHC 121 Ch. = NZI 2015, 338.
[128] AG Mönchengladbach ZIP 2012, 883, 884; K. Schmidt/*Brinkmann* Art. 3 Rn. 13 (iE); Mankowski/Müller/J. Schmidt/*Mankowski* Art. 3 Rn. 69a.
[129] Bork/van Zwieten/*Ringe,* Commentary on the European Insolvency Regulation, Art. 3 Rn. 3.108.
[130] MüKoBGB/*Kindler* Art. 3 Rn. 31 f.

bisherigen Register- bzw. Satzungsstaates nicht mehr existenten Gesellschaft eine vom satzungsmäßigen Sitz abweichende Bestimmung des COMI in Betracht kommt. Diese Frage hat der EuGH in der Rechtssache Interedil entschieden.[131] Der Gerichtshof geht davon, es komme **auf den „letzten" Interessenmittelpunkt** an.[132] Für die Auffassung, nach der nach „Einstellung" der werbenden Tätigkeit einer Gesellschaft nur noch der Satzungssitz maßgeblich sei[133] – wie dies für die örtliche Zuständigkeit nach deutschem Insolvenzrecht vertreten wird[134] – finden sich in der Verordnung nach Auffassung des EuGH keine Anhaltspunkte. Im Ergebnis bedeutet die Entscheidung, dass sowohl COMI als auch Satzungssitz bis zuletzt veränderlich sind und dies Einfluss auf die Zuständigkeitsfrage haben kann.

Es ist demnach nicht notwendigerweise der satzungsmäßige Sitz mit der Folge maßgeblich, dass eine Widerlegung der Vermutung des Art. 3 Abs. 1 S. 2 EuInsVO 2000 (Art. 3 Abs. 1 Unterabs. 2 S. 1) bei einer im Zeitpunkt der Antragstellung nicht mehr werbend aktiven Gesellschaft nicht mehr in Betracht käme.[135] Vielmehr sei eine wertende Gesamtbetrachtung anzustellen, bei der es für die Widerlegung der Vermutung darauf ankomme, ob die Gesellschaft am satzungsmäßigen Sitz Aktivitäten entfalte (bzw. entfaltet habe) und dort ihre „Hauptverwaltung" (gehabt) habe.[136] Weiter heißt es: „Eine Widerlegung der Vermutung des Art. 3 Abs. 1 durch eine Berücksichtigung auch der Belegenheit des Vermögens der Gesellschaft, deren Betriebsstätten oder auch ihrer geschäftlichen Aktivitäten wird daher erst dann in Betracht kommen, wenn sich aus Gläubigerperspektive der Ort der Hauptverwaltung nicht am satzungsmäßigen Sitz befindet. Dann werden gegebenenfalls weitere, ebenfalls aus Gläubigersicht zu betrachtende objektive Faktoren erforderlich, um die Zuständigkeit für das Insolvenzverfahren zu klären. Vorzunehmen ist insofern eine wertende Gesamtbetrachtung des Einzelfalls." Hier wird die vom EuGH offenbar favorisierte **zweistufige Prüfung** zwischen Verwaltungssitz und den externen Gesichtspunkten wie Vermögensbelegenheit, Betriebsstätten erkennbar (→ Rn. 30). Die Argumentation ist freilich teils widersprüchlich, weil die „dann" erforderlichen, aus Gläubigersicht zu betrachtenden objektiven Faktoren genau diejenigen sind, die richtigerweise schon die Frage danach determinieren, wo aus Gläubigerperspektive der Ort der Hauptverwaltung belegen ist; jedenfalls geht die Prüfung ineinander über.

Es bleibt bei dem Grundsatz, nach dem bei der Bestimmung des COMI auf den Zeitpunkt der Antragstellung zu rekurrieren ist. Nur lässt sich ggf. feststellen, dass der Mittelpunkt der hauptsächlichen Interessen an dem bisherigen Ort abweichend von Satzungssitz bestand und sich daran bis zur Antragstellung als dem weiter maßgeblichen Zeitpunkt gewissermaßen nichts geändert hat. Durch die Löschung der Gesellschaft wird nach diesem Konzept in einem solchen Fall der **vorhandene Zustand** gleichsam bis zur Antragstellung **perpetuiert**.

Nuanciert anders gelagert ist die Frage, ob und unter welchen Voraussetzungen bestimmte **Abwicklungstätigkeiten** im Zeitraum zwischen Löschung oder Einstellung der werbenden Tätigkeit und Antragstellung geeignet sind, den bisherigen COMI zu ändern. Das AG Hamburg[137] hat dies in einem Fall mit dem Hinweis verneint, eine rein passiv verwaltende Abwicklungstätigkeit könne als rein verwaltende Abwicklungstätigkeit nicht genügen, um den COMI in den Abwicklungsstaat zu verlagern. Konkret ging es um die Verbringung von Geschäftsunterlagen und die Korrespondenz mit den Zollbehörden. Verlangt sei die Beendigung schwebender Geschäfte oder die dazu erforderliche Neubegründung von Geschäften in dem neuen Staat, die über die abwehrende Beantwortung von Zahlungsaufforderungen hinausgeht. Gemeint ist mithin eine aktive Tätigkeit. Obwohl die damit entwickelte **Abgrenzung zwischen passiver und wirtschaftlich-aktiver Abwicklungstätigkeit** eine schwierige Grenzziehung erforderlich macht,[138] die vom Art. 3 nicht ausdrücklich unterstützt wird, so ist die Lösung des AG Hamburg unter der Prämisse der hier

---

[131] EuGH v. 20.10.2011 – Rs. C-396/09 (Interedil Srl, in Liquidation/Fallimento Interedil Srl, Intesa Gestione Crediti SpA), ZIP 2011, 2153 = NZI 2011, 990 Rn. 52 = EU:C:2011:671.
[132] EuGH v. 20.10.2011 – Rs. C-396/09 (Interedil Srl, in Liquidation/Fallimento Interedil Srl, Intesa Gestione Crediti SpA), ZIP 2011, 2153 = NZI 2011, 990 Rn. 54 ff. = EU:C:2011:671. Ebenso Mankowski/Müller/ J. Schmidt/*Mankowski* Art. 3 Rn. 109.
[133] So *P. Huber*, in *Geimer/Schütze*, Int. Rechtsverkehr, B Vor I 20b, Art. 3 Rn. 11 = Haß/Huber/Gruber/ Heiderhoff/*Huber* Art. 3 Rn. 11.
[134] Vgl. → InsO § 3 Rn. 8; soweit keine Geschäftsräume mehr vorhanden sind HKInsO/*Sternal* § 3 InsO Rn. 11; Jaeger/*Gerhardt* § 3 InsO Rn. 11; LSZ/*Smid*, Int. Insolvenzrecht, § 3 InsO Rn. 9; für Ort der Abwicklungstätigkeit Uhlenbruck/*Pape* § 3 InsO Rn. 11.
[135] So aber wohl Mankowski/Müller/J. Schmidt/*Mankowski* Art. 3 Rn. 110 (wenn COMI zuvor im Satzungssitz war).
[136] EuGH v. 20.10.2011 – Rs. C-396/09 (Interedil Srl, in Liquidation/Fallimento Interedil Srl, Intesa Gestione Crediti SpA), ZIP 2011, 2153 = NZI 2011, 990 Rn. 69 = EU:C:2011:671.
[137] AG Hamburg NZI 2006, 652.
[138] *Klöhn* NZI 2006, 653, 654.

favorisierten Kumulationslösung bedenkenswert. Die bloße Abwicklung des Unternehmens in einem anderen Mitgliedstaat kann nur dann einen neuen COMI in diesem Mitgliedstaat begründen, wenn dort in nennenswerter Weise Gläubigerbeziehungen entstehen und damit in hinreichend robuster Weise einen COMI an diesem Ort neu begründen. Der COMI wird auch nicht an den Sitz der die Abwicklung betreibenden natürlichen Personen oder der Konzernzentrale verlagert.[139] Erst recht genügt auch **nicht die bloße Lagerung von Akten**.[140] **Ausgeschlossen ist die Verlagerung des COMI in diesem Zeitpunkt** freilich **richtigerweise nicht**. Die abwickelnde Tätigkeit ist vielmehr gleichfalls bei der Bestimmung des COMI zu berücksichtigen, wenn und weil auch diese Tätigkeit beispielsweise einen Personaleinsatz erfordert. Negativ abgegrenzt kann eine tatsächlich passive Abwicklungstätigkeit nur vorliegen, wenn mehr oder weniger gar nichts mehr passiert, sondern beispielsweise allenfalls noch Unterlagen gelagert oder gleichsam ohne Außenkontakt still liquidiert wird. Geht die Abwicklung darüber hinaus, sind noch **laufende Geschäfte oder Rechtsbeziehungen** einschließlich von Steuerverhältnissen **betroffen**, handelt es sich um eine aktive Abwicklung, so dass der COMI durchaus neu begründet worden sein kann. Daher ist denkbar, dass sich im Rahmen einer Liquidation der Vermögenswerte der Mittelpunkt der hauptsächlichen Interessen an den satzungsmäßigen Sitz oder auch einen Drittstaat verlagert wird. Auch Formulierungen in der Rs. Interedil deuten darauf hin, dass der EuGH die **Verwaltung von Abwicklungstätigkeiten** als hinreichend zur Begründung eines neuen COMI ansehen könnte.[141]

50 Der **BGH** hat in seinem im Anschluss an Interedil ergangenen Beschluss im Leitsatz erkannt, die internationale Zuständigkeit richte sich bei einer Gesellschaft, die ihren Geschäftsbetrieb eingestellt hat und nicht abgewickelt wird, danach, wo sie bei Einstellung ihrer Tätigkeit ihren COMI gehabt habe.[142] Der missverständliche Leitsatz beruht auf einer fehlenden Differenzierung gegenüber dem Interedil-Urteil.[143] Im BGH-Fall ging es um das Insolvenzverfahren über das Vermögen einer in den Niederlanden inkorporierten ehemaligen Komplementärin einer KG, die nach Ausscheiden des einzigen Kommanditisten aufgelöst wurde; das Vermögen wuchs bei der Komplementärin an. Die frühere Komplementärin war noch nicht vollständig abgewickelt. Bei bloßer Einstellung der werbenden Tätigkeit bedarf es aber nach den eben dargestellten Grundsätzen (→ Rn. 49) einer zeitlichen Rückbeziehung nicht. Im konkreten Fall war die Annahme der internationalen Zuständigkeit deutscher Gerichte vielmehr gerechtfertigt, weil die Gesellschaft in den Niederlanden zum Zeitpunkt der Antragstellung nicht den Mittelpunkt ihrer hauptsächlichen Interessen hatte, sondern sich dieser nach allgemeinen Regeln weiterhin – wie schon zuvor – in Deutschland befand.[144]

V. Hauptinsolvenzverfahren – natürliche Personen

51 **1. Allgemeines.** Während bei Gesellschaften und juristischen Personen die Vorgabe des Art. 3 Abs. 1 Unterabs. 2 zu beachten ist, gilt für natürliche Personen **die Grundregel des Art. 3 Abs. 1 Unterabs. 1 in Verbindungen mit den Vermutungen in Unterabs. 3 und 4**. Auch insoweit kommt es auf den Mittelpunkt der hauptsächlichen Interessen an, weil die EuInsVO nicht grundsätzlich zwischen der Art des Schuldners unterscheidet. Nach dem Erläuternden Bericht von *Virgos/Schmit* sollen durch die Verwendung des Begriffs „Interessen" nicht nur Handels-, gewerbliche oder berufliche Tätigkeiten, sondern auch allgemein wirtschaftliche Tätigkeiten erfasst werden.[145] Es ist daher auch die Tätigkeit von Privatpersonen erfasst. Bei Personen, die eine selbständige oder freiberufliche Tätigkeit ausüben, wird vermutet, dass der Mittelpunkt ihrer hauptsächlichen Interessen am Ort der Hauptniederlassung, bei allen anderen Personen, dh insbesondere auch abhängig Beschäftigten, gemäß Unterabs. 4 am Ort des gewöhnlichen Aufenthalts belegen ist. Diese Regelung nimmt den bisherigen Stand der Lehre und der Rechtsprechung auf und gießt ihn in Verordnungsform, allerdings ebenfalls nur in Form einer widerlegbaren Vermutung.

Im Einzelnen ist näher zu differenzieren:

52 **2. Selbständige gewerbliche oder freiberufliche Tätigkeit (Abs. 1 und Unterabs. 3).** Übt die natürliche Person eine selbständige wirtschaftliche Tätigkeit aus, so ist der COMI, wie

---

[139] Richtig Rauscher/*Mäsch*, EuZPR/EuIPR, 4. Aufl., Art. 3 EG-InsVO Rn. 12; aA wohl *Paulus,* Europäische Insolvenzverordnung, Art. 3 Rn. 25.
[140] BayObLG BeckRS 2019, 32702 Rn. 18.
[141] EuGH v. 20.10.2011 – Rs. C-396/09 (Interedil Srl, in Liquidation/Fallimento Interedil Srl, Intesa Gestione Crediti SpA), ZIP 2011, 2153 = NZI 2011, 990 Rn. 71 = EU:C:2011:671; wohl auch AG Hildesheim ZIP 2009, 2070, 2071: kein Fortwirken; ebenso grundsätzlich auch Mankowski/Müller/J.Schmidt/*Mankowski* Art. 3 Rn. 110.
[142] BGH ZIP 2012, 139 = NZI 2012, 151, 152 = NJW 2012, 936.
[143] Kritisch *Reinhart* WuB VII. C. Art. 3 EuInsVO 1.12., S. 313.
[144] *Reinhart* WuB VII. C. Art. 3 EuInsVO 1.12, S. 316.
[145] *Virgos/Schmit,* Erläuternder Bericht, Rn. 75.

schon vor der Reform 2015 anerkannt war, regelmäßig an dem Ort belegen, an dem die berufliche Tätigkeit ausgeführt wird bzw. die gewerbliche Niederlassung, die Kanzleiräume oder die Praxis belegen sind,[146] dh der Ort, wo die Person ihre wirtschaftlichen Interessen verwaltet, zu dem sie die engsten Beziehungen unterhält, wo der Schwerpunkt des Vermögens belegen ist und der für Dritte am besten erkennbar ist.[147] Dafür spricht auch, dass die EuInsVO keine ausdrückliche Wohnsitzanknüpfung vornimmt. Zudem dürften jedenfalls typischerweise die Gläubiger mehrheitlich dem beruflichen Bereich zuzuordnen sein, was aus dem Gesichtspunkt der Erkennbarkeit für die Maßgeblichkeit dieses Orts spricht. Eine Einzelfallprüfung danach, aus welchem Bereich die Schulden überwiegend stammen, sollte es schon aus Gründen der Effizienz des Verfahrens nicht geben.[148] Unterabs. 3 S. 1 bestätigt diese Einschätzung mit der Vermutung zugunsten der **Hauptniederlassung**.

3. Sonstige natürliche Privatpersonen (Abs. 1 und Unterabs. 4). Bei Privatpersonen, zu denen insbesondere auch **abhängig Beschäftigte** zählen, war und ist nicht vollständig geklärt, mit welchem Umfang der „Mittelpunkt der hauptsächlichen Interessen" mit den sonst gebräuchlichen und bekannten Anknüpfungskriterien korrespondiert. Unterabs. 4 spricht eine Vermutung für den gewöhnlichen Aufenthalt aus. Das deckt sich weitgehend mit dem bisherigen Meinungsstand vor der Reform der EuInsVO 2015. In Rechtsprechung und Schrifttum wurde die Anknüpfung an den **gewöhnlichen Aufenthalt** favorisiert,[149] nur teilweise an den Wohnsitz.[150] Diese durch den Verordnungsgeber bestätigte Lösung hat den Charme, den Anschluss an die modernen Entwicklungen im Europäischen Zivilverfahrens- und Internationalen Privatrecht herzustellen, da Art. 2 Abs. 1 lit. a EuEheVO, Art. 4 Abs. 1 Rom I VO, Art. 4 Abs. 2 Rom II-VO sowie Art. 4, 16 ErbrechtsVO den Begriff ebenfalls zugrunde liegen und er auch in der Rechtsprechung des EuGH schon teils ausgeformt ist;[151] allerdings kann die Rechtsprechung zum gewöhnlichen Aufenthalt eines Kindes ebenso wenig unbesehen übertragen werden wie umgekehrt die Rechtsprechung aus anderen Rechtsbereichen (→ Rn. 56).[152]

Unabhängig von der Vermutung besteht Einigkeit insoweit, als neben der unbeachtlichen Staatsangehörigkeit[153] auch der **Arbeitsort**, an dem der abhängig Beschäftigte seiner Tätigkeit nachgeht, **nicht ausschlaggebend** ist. Das betrifft insbesondere **Grenzgänger-Arbeitnehmer,** die wochentags in einem Mitgliedstaat arbeiten und am Wochenende zu ihrer Familie zurückkehren. In diesen Fällen bedarf es einer Gewichtung,[154] so dass der zeitlich überwiegende Aufenthaltsort, der insoweit am Arbeitsort liegen würde, nicht für sich genommen bestimmend ist. Nicht richtig ist auch, wenn teilweise angenommen wird, der Interessenmittelpunkt sei mit dem Wohnsitz identisch.[155]

---

[146] BGH NZI 2007, 344, 345; BGH BeckRS 2009, 26500 Rn. 3; BGH BeckRS 2006, 08542 Rn. 8; AG Köln NZI 2011, 159; *Virgos/Schmit,* Erläuternder Bericht, Rn. 75; so auch *Taupitz* ZZP 111 (1998), 315, 326f.; ebenso wohl *P. Huber* ZZP 114 (2001), 133, 140; Duursma-Kepplinger/Duursma/Chalupsky/*Duursma-Kepplinger* Art. 3 Rn. 22; *Mankowski* NZI 2005, 368, 370; MüKoBGB/*Kindler* Art. 3 Rn. 37; *Paulus,* Europäische Insolvenzverordnung, Art. 3 Rn. 33; Rauscher/*Mäsch,* EuZPR/EuIPR, 4. Aufl., Art. 3 EG-InsVO Rn. 13; aA wohl Leonhart/Smid/Zeuner/*Smid,* Int. Insolvenzrecht, Art. 3 Rn. 12.
[147] AG Köln NZI 2011, 159 f.
[148] *Paulus,* Europäische Insolvenzverordnung, Art. 3 Rn. 33.
[149] BGH NZI 2018, 997; BGH NZI 2017, 320 Rn. 10; OLG Hamm GWR 2012, 21 = BeckRS 2011, 25081; LG Göttingen ZVI 2008, 210; AG Göttingen ZVI 2008, 388, 389 („tatsächlicher Wohnsitz"); AG Köln ZIP 2009, 1242, 1243; AG Köln NZI 2012, 379, 380 („gewöhnlicher Aufenthalt zugleich Lebensmittelpunkt"); wohl *Virgos/Schmit,* Erläuternder Bericht, Rn. 75 („der gewöhnliche Wohnsitz"); Duursma-Kepplinger/Duursma/Chalupsky/*Duursma-Kepplinger* Art. 3 Rn. 21; *Taupitz* ZZP 111 (1998), 315, 326 ff.; *Mock* KTS 2013, 423, 442; *Leible/Staudinger* KTS 2000, 533, 543; HKInsO/*Dornblüth* Art. 3 Rn. 11; *Wiedemann* ZInsO 2007, 1009, 1012.
[150] OLG Celle ZInsO 2005, 895, 896. Zweifelhaft, aber vom BGH gehalten die Würdigung des AG Charlottenburg: Mietverträge in London und dortiger Wohnsitz von Lebensgefährtin und Tochter des Schuldners seit 5 Jahren reichten im konkreten Fall nicht, BGH NZI 2018, 997.
[151] Vgl. zB EuGH v. 2.4.2009 – Rs. C-523/07 (A/Perusturvalautakunta), NJW 2009, 1868 Rn. 37 bis 39 = BeckRS 2009, 70389 Leitsatz Nr. 2 zur Brüssel IIa-VO Nr. 2201/2003 = EU:C:2009:225; EuGH v. 22.12.2010 – C-497/10 (Mercredi), FamRZ 2011, 617 = EU:C:2010:829.
[152] Deutlich auch EuGH v. 2.4.2009 – Rs. C-523/07 (A/Perusturvalautakunta), NJW 2009, 1868 Rn. 36 = BeckRS 2009, 70389 = EU:C:2009:225.
[153] AG Celle NZI 2005, 410, 411; *Mankowski* NZI 2005, 368, 370.
[154] *Mankowski* NZI 2005, 368, 370 mit weiteren Hinweisen zu den notwendigen Feststellungen. Im Ergebnis auch für den umgekehrten Fall BGH NZI 2017, 320 Rn. 10: Deutscher Arbeitsort als COMI anerkannt, Mietverträge in Frankreich treten dahinter zurück.
[155] *Balz* ZIP 1996, 948, 949. Dogmatisch verfehlt auch VG Leipzig BeckRS 2013, 46072: Der COMI liege am (nach autonomen Recht bestimmten?) allgemeinen Gerichtsstand. Dieser wiederum befinde sich am ständigen Niederlassung oder dem Lebensmittelpunkt.

Dieser Auffassung ist nicht zu folgen, weil damit eine möglichst zu vermeidende Mehrfachanküpfung denkbar würde.[156] Eine Person kann **mehrere Wohnsitze** haben, ohne dass zwingend ein Vorrangverhältnis vorliegen müsste. Der Begriff des Wohnsitzes ist normativ geprägt und wird in den Mitgliedstaaten unterschiedlich verwendet.[157] Geschäftsunfähige und beschränkt Geschäftsfähige könnten – wie im deutschen Recht nach § 8 BGB – keinen eigenen Wohnsitz begründen oder aufheben,[158] was insolvenzrechtlich zur Vermeidung von Zuständigkeitslücken unbeachtlich sein müsste. Zudem träte das bei Art. 62 EuGVVO virulente Problem auf, dass unklar wäre, welche Rechtsordnung die rechtliche Bestimmung determiniert. Dies ginge nur über die lex fori concursus. Die Verweisung müsste man sodann wie bei Art. 62 EuGVVO als Sachnormverweisung verstehen (dazu 3. Aufl. Art. 3 EuInsVO 2000 Rn. 49).

55 Der COMI ist mit dem gewöhnlichen Aufenthalt gleichzusetzen, soweit keine von der Vermutung abweichenden Umstände vorliegen. Der gewöhnliche Aufenthaltsort ist dort belegen, wo der Schuldner **familiär und sozial in gewisser Weise integriert** ist. Hierfür sind insbesondere die Dauer, die Regelmäßigkeit und die Umstände des Aufenthalts in einem Mitgliedstaat sowie die Gründe für diesen Aufenthalt zu berücksichtigen. Im deutschen Schrifttum zum Kollisionsrecht wird der Ort des gewöhnlichen Aufenthalts als Ort eines nicht nur vorübergehenden Verweilens verstanden, an dem der Schwerpunkt der Bindungen einer Person in familiärer oder beruflicher Hinsicht, dh ihr **Daseins- und Lebensmittelpunkt** liegt.[159] Vom *Wohnsitz* unterscheidet sich der gewöhnliche Aufenthalt dadurch, dass der Wille, den Aufenthaltsort zum Mittelpunkt oder Schwerpunkt der Lebensverhältnisse zu machen, nicht erforderlich ist.[160] Die Kriterien sind wertend in Beziehung zu setzen, so dass im Grenzgänger-Fall trotz zeitlich überwiegendem Aufenthalt in einem Mitgliedstaat gleichwohl der gewöhnliche Aufenthalt am Ort der Familie angesiedelt sein kann. Mit dem Begriff des gewöhnlichen Aufenthalts ist stets ist eine **gewisse Festigkeit** verlangt, so dass ein (kraft Natur der Sache) vorübergehender Aufenhalt in ausländischer Untersuchungshaft den Mittelpunkt der hauptsächlichen Interessen nicht ändert.[161] Anders ist dies bei einem dauernden Gefängnisaufenthalt.[162] Auch beim COMI einer Privatperson kommt es entscheidend auf die Erkennbarkeit für die Gläubiger an.[163]

56 Wenn man eine **gewisse soziale Integration** und Bindung an die Umwelt, eine Festigkeit verlangt, entspricht dies weitgehend dem in der 2. Auflage dieses Kommentars von *Reinhart* favorisierten Begriff des „Lebensmittelpunkts",[164] den auch der BGH verwendet.[165] Zum Zwecke des Gleichschlusses mit den anderen VOen sollte terminologisch vom gewöhnlichen Aufenthalt die Rede sein, den man aber als autonomen Begriff der EuInsVO verstehen sollte.[166] Das vom EuGH für den gewöhnlichen Aufenthalt eines Kindes zu Art. 8 der Brüssel IIa-VO (EuEheVO) verwendete Kriterium der Staatsangehörigkeit spielt keine Rolle,[167] weil die Staatsangehörigkeit des Schuldners für die Durchführung des Insolvenzverfahrens unerheblich ist und andernfalls der Orts- und Sachbezug verloren ginge.

57 **4. Mischfälle.** Fraglich ist die Behandlung von Fällen, in denen Personen **sowohl freiberuflich oder gewerblich selbständig tätig** sind, aber dies nur einen (untergeordneten) Teil ihrer Tätigkeit ausmacht. Übt ein abhängig Beschäftigter **nebenberuflich** noch eine selbständige oder freiberufliche Tätigkeit mit entsprechender (Haupt-)Niederlassung aus, so kann fraglich sein, welcher Ort nunmehr maßgeblich ist. In diesem Fall einer Konkurrenz von abhängiger und selbständiger Beschäftigung kommt es nach dem Telos der Zuständigkeitsnorm auf den Ort des gewöhnlichen Aufenthalts an, wenn die selbständige Tätigkeit im Abgleich mit der abhängigen Beschäftigung nur untergeordneter

---

[156] MüKoBGB/*Kindler* Art. 3 Rn. 41.
[157] Vgl. hierzu *von Bar/Mankowski*, IPR I, § 7 Rn. 24; insbesondere die Rechtsordnungen des Common Law, das Vereinigte Königreich und Irland, verwenden einen anderen Wohnsitzbegriff, das Konzept des sog. *domicile;* vgl. auch *Kropholler/von Hein,* Europ. Zivilprozessrecht, Art. 59 EuGVO Rn. 1 ff.
[158] Vgl. *von Bar/Mankowski*, IPR I, § 7 Rn. 24 mwN.
[159] BGH NJW 1975, 1068; NJW 1994, 2047, 2048; vgl. BeckOKBGB/*Lorenz* Art. 5 EGBGB Rn. 15; Mankowski/Müller/J. Schmidt/*Mankowski* Art. 3 Rn. 128.
[160] Vgl. BeckOKBGB/*Lorenz* Art. 5 EGBGB Rn. 15.
[161] → 2. Aufl., Art. 3 Rn. 43; *Paulus,* Europäische Insolvenzverordnung, Art. 3 Rn. 36 mit Fn. 120 unter Hinweis auf Cour de cassation, Chambre commerciale v. 28.10.2008 – 06-16.108.
[162] *Paulus,* Europäische Insolvenzverordnung, Art. 3 Rn. 36 mit Fn. 121.
[163] Deutlich High Court of Justice London v. 15.2.2011 – No. 9360 of 2008 = IILR 2012, 460, 471 Rn. 61 – in the matter of Johann Joseph Körffer.
[164] → 2. Aufl., Art. 3 Rn. 43.
[165] BGH ZInsO 2009, 1955 Rn. 4; ferner LG Köln ZIP 2011, 2119 Rn. 84.
[166] Damit ist den Bedenken von → 2. Aufl., Art. 3 Rn. 42 Rechnung getragen.
[167] EuGH v. 2.4.2009 – Rs. C-523/07 (A/Perusturvalautakunta), NJW 2009, 1868 Rn. 37 bis 39 = BeckRS 2009, 70389.

Natur ist; Art. 3 Abs. 1 Unterabs. 3 ändert daran nichts. Soweit die selbständige wirtschaftliche Tätigkeit also nur untergeordneter Natur ist, zB bei neben- und zugleich freiberuflich tätigen Arbeitnehmern, gelten die für „sonstige natürliche Personen" (→ Rn. 53) einschlägigen Maßgaben. Dies kann dann anders sein, wenn man zu dem Schluss kommen muss, dass umgekehrt die abhängige Beschäftigung eher den untergeordneten Charakter einnimmt. Im Übrigen bleibt es aber dabei, dass der Ort der Hauptniederlassung auch dann maßgeblich ist, wenn die selbständige Tätigkeit insgesamt ein bescheidenes Maß nicht überschreitet. Baut ein Rentner nebenbei eine selbständige Tätigkeit mit eigener Niederlassung auf und verdient sich dabei etwa zu seiner Rente hinzu, so ist die Person auch dann nach Unterabs. 3 Satz 1 zu behandeln, wenn die selbständige Tätigkeit insgesamt eher den Charakter einer **Gelegenheitstätigkeit** hat. Dies ist gerechtfertigt, weil auch insoweit die Niederlassung für den Rechtsverkehr einen festen Anknüpfungspunkt bietet.

Unter Umständen kann sich auch nach dem **Wechsel in eine unselbständige Tätigkeit** der „Lebensmittelpunkt" (so der BGH[168]) weiter am Ort der früheren selbständigen Tätigkeit befinden; erst recht gilt das, wenn eine neue abhängige Beschäftigung in dem anderen Mitgliedstaat nur in Aussicht gestellt wurde.[169] Für den Regelfall eines vollzogenen Wechsels in eine abhängige Beschäftigung ist in einem solchen Fall aber nach den Vorgaben für Privatpersonen zu entscheiden. Art. 3 Abs. 1 gilt auch für den Fall des **Nachlassinsolvenzverfahrens**; entscheidend ist der COMI des Erblasser.[170] Es ist stets auf den aktuellen COMI im **Zeitpunkt der Antragstellung** zu rekurrieren (dazu sogleich → Rn. 59 ff.).[171]

VI. Maßgeblicher Zeitpunkt und Verlegung des COMI

1. Allgemeines. Die Verordnung regelt nicht, zu welchem Zeitpunkt die nach Art. 3 maßgeblichen Zuständigkeitskriterien gegeben sein müssen. Auch die Vermutungen in den Unterabsätzen zu Abs. 1 besagen dies nicht ausdrücklich; aus der Rückbindung der Sperrwirkung für die Vermutung an die Antragstellung ergibt sich aber die grundsätzliche Maßgeblichkeit des Antrags (→ Rn. 60). Die EuInsVO hat es sich ausweislich des Erwägungsgrunds Nr. 5 und Nr. 29 ausdrücklich zum Ziel gemacht, das Forum Shopping hintanzustellen, womit offenbar vor allem ein Forum Shopping im unmittelbaren Insolvenzvorfeld gemeint ist. Forum Shopping ist allerdings für sich genommen nicht zwingend schädlich oder verdächtig und man darf seine Gefahren nicht überschätzen.[172] Nicht in Abrede zu stellen ist allerdings, dass eine Verlagerung des COMI im Vorfeld des Verfahrens potenziell gläubigergefährdend ist. Durch eine **Verlagerung des COMI** und damit der internationalen Eröffnungszuständigkeit wird es vielen Gläubigern erheblich schwerer gemacht, ihre Ansprüche gegen den Schuldner zu verfolgen. Auch dies würde dem Ziel der Verordnung, Effizienz und Wirksamkeit von Insolvenzverfahren mit grenzüberschreitender Wirkung zu verbessern (Erwägungsgrund Nr. 8), entgegenstehen.

Der Umfang, in dem eine „Migration" in einen Insolvenzgerichtsstand möglich ist, hängt maßgeblich von der Frage ab, auf welchen Zeitpunkt es bei der Bestimmung des COMI ankommt. Insoweit kann als Grundsatz gelten, dass der **Zeitpunkt der Antragstellung** grundsätzlich maßgeblich ist,[173] also eine Verlagerung des COMI **aus dem Staat des *angerufenen* Gerichts** nach Antragstellung nicht mehr schadet; davon zu unterscheiden sind die Zuzugsfälle und die nachträgliche Begründung des COMI im Gerichtsstaat (→ Rn. 70 ff.). Der Verordnungsgeber hat eine relational-back oder Suspektperiode, wie sie in den Art. 6–8 des Entwurfs eines Konkursübereinkommens enthalten war, nicht in die EuInsVO 2000 übernommen.[174] In Art. 3 Abs. 1 Unterabs. 2 Satz 2, Unterabs. 3 Satz 2, Unterabs. 4 Satz 2 findet sich seit der Reform 2015 zwar eine Sperrwirkung für

---

[168] BGH ZInsO 2009, 1955 Rn. 3.
[169] So BGH BeckRS 2009, 88525 Rn. 1 für einen Notar (notwendige Abwicklung des Notariats, daher noch keine Verlagerung des COMI). Zur Anordnung von Sicherungsmaßnahmen beim noch zweifelhaften Gerichtsstand BGH NZI 2007, 344, 345 Rn. 14 = ZIP 2007, 878.
[170] AG Köln NZI 2011, 159; *Mankowski* ZIP 2011, 1501, 1502. Zur Anwendbarkeit der EuInsVO in diesen Fällen Art. 2 Rn. 4.
[171] AG Hildesheim ZIP 2009, 2070, 2071; vgl. auch BGH NZI 2012, 377 zu Art. 3 Abs. 2.
[172] Abwägend auch *Beale* J.I.B.L.R. 2006, 487, 491; *Klöhn* KTS 2006, 259, 271 ff. Für größer hält die Gefahren *Eidenmüller* ZGR 2006, 467, 473 ff.; *Eidenmüller* EBOR 6 (2005), 423, 426 f.; *Eidenmüller* JZ 2007, 487, 489.
[173] → Rn. 39; K. *Schmidt/Brinkmann* Art. 3 Rn. 8 (iE); Bork/van Zwieten/*Ringe*, Commentary on the European Insolvency Regulation, Art. 3 Rn. 3.56. Abweichend *M.-Ph. Weller* IPRax 2004, 412, 416, der auf die Insolvenzreife abstellt, damit aber ein unsicheres Kriterium einzieht, zumal die Insolvenzreife und damit der maßgebliche Eröffnungsgrund gerade vom anwendbaren Insolvenzrecht abhängt. Auch im materiellen Insolvenzrecht wird die Abhängigkeit von der materiellen Insolvenzreife nicht immer konsequent durchgehalten, zB bei den Anfechtungstatbeständen, die nicht auf die Überschuldung abstellen.
[174] Kritisch Kegel/Thieme/*Thieme*, Vorschläge und Gutachten, S. 213, 268.

die Vermutungen, nicht aber für den COMI selbst. Daher wäre es de lege lata zu weitgehend, eine anticipatio fori einzuziehen, dergemäß das jeweils ermittelte COMI nur dann anzuerkennen ist, wenn es für einen gewissen Zeitraum kontinuierlich an einem Ort besteht.[175] Entsprechendes darf auch nicht aufgrund nationalen Rechts verlangt werden, weil dies dem Vorrang der EuInsVO widerspräche.[176] Zudem sollte es dem Schuldner nicht ganz grundsätzlich verwehrt sein, auch noch kurz vor dem Antrag seinen COMI zu verlegen. Entscheidend ist vielmehr, ob von einem (neuen) Mittelpunkt der hauptsächlichen Interessen ausgegangen werden kann. Insoweit ist keine feste Zeitspanne anzulegen; der COMI-Begriff verlangt insofern schon implizit eine **gewisse Festigkeit**.

61 2. **Sperrwirkung der Vermutungen nach Art. 3 Abs. 1 Unterabs. 2 Satz 2, Unterabs. 3 Satz 2, Unterabs. 4 Satz 2 EuInsVO 2015.** Davon zu unterscheiden ist die **Drei-Monats-Sperrwirkung** in Art. 3 Abs. 1 Unterabs. 2 Satz 2 und Art. 3 Abs. 1 Unterabs. 3 Satz 2 bzw. für sonstige natürliche Personen **die Sechs-Monats-Sperrwirkung** in Art. 3 Abs. 1 Unterabs. 4 Satz 2. Der Verordnungsgeber hat damit **keine echte Suspektsperiode** eingeführt, und zwar mit Recht nicht, weil es einer solchen nicht bedarf, wenn der COMI hinreichend robust ausgelegt und bestimmt wird. Lediglich die Vermutungen (zu deren Funktion → Rn. 12 ff.) dürfen dann nicht herangezogen werden. Tatsächlich macht die zeitliche Anknüpfung es aber **nicht entbehrlich,** konkret zu ermitteln, ob an dem Zielort ein **neuer COMI** begründet worden ist. D.h. auch wenn die Vermutungen nicht greifen, weil innerhalb der Frist eine Verlegung stattfand, kann trotzdem der COMI im Zuzugstaat begründet sein. Umgekehrt kann auch bei einer Verlegung zB des Satzungssitzes, die länger als drei Monate vor dem Antrag zurückliegt, dennoch der COMI in einem anderen Mitgliedstaat oder im ursprünglichen Sitzstaat belegen sein. Überhaupt greift die **Ausnahme** bei juristischen Personen nur, wenn die **COMI-Verlagerung gerade durch Verlegung des Satzungssitzes (bzw. bei den natürlichen Personen der Hauptniederlassung oder des gewöhnlichen Aufenthalts)** erreicht werden soll; meist wird es aber um Fälle gehen, in denen der Satzungssitz identisch bleibt und nur zB die Hauptverwaltung (angeblich) verlagert wurde.

62 Bei natürlichen Personen, die selbständig gewerblich oder freiberuflich tätig sind, greift die Vermutung nach Unterabs. 3 nicht, wenn der Schuldner seine Hauptniederlassung in den letzten drei Monaten vor dem Insolvenzantrag in einen anderen Mitgliedstaat verlegt hat. Die **Ausnahme** ist **missverständlich formuliert.** Würde man annehmen wollen, dass mit dem „anderen" Mitgliedstaat ein anderer Staat als derjenige gemeint ist, in dem sich gemäß S. 1 die aktuelle Hauptniederlassung befindet, würde die Vermutung stets greifen, weil die Hauptniederlassung aus dem aktuellen Mitgliedstaat ja gerade nicht in einen anderen Staat verlegt wurde. Gemeint ist also die umgekehrte Situation, dass die Hauptniederlassung aus irgendeinem Mitgliedstaat in den jetzigen Staat oder – bei Mehrfachwechseln – in einen sonstigen Mitgliedstaat verlegt wurde, so dass es an einer für die Verortung des COMI im aktuellen Staat hinreichenden „Robustheit der Gläubigerbeziehungen" fehlt.

63 Eine dem Unterabs. 3 entsprechende Vermutung enthält Unterabs. 4 für die **sonstigen natürlichen Personen.** Hier ist der **gewöhnliche Aufenthalt** maßgeblich. Diese Annahme greift nicht, wenn der gewöhnliche Aufenthaltsort in den letzten sechs Monaten vor dem Antrag verlagert wurde. Außerdem kann die Vermutung widerlegt werden. Nach Erwägungsgrund Nr. 30 kommt dies zB in Betracht, wenn sich der Großteil des Vermögens außerhalb des Staats des gewöhnlichen Aufenthalts befindet oder der Umzug nur dazu diente, an einem anderen Gericht den Insolvenzantrag stellen zu können *und* dadurch die Interessen der Gläubiger, die vor der Verlagerung eine Rechtsbeziehung mit dem Schuldner eingegangen sind (Altgläubiger), wesentlich beeinträchtigt würden. In der Rs. Novo Banco hat der EuGH allerdings am 16.7.2020 gleichwohl die Vermutung gestärkt. Die Vermutung zugunsten des gewöhnlichen Aufenthalts wird nicht schon allein dadurch widerlegt, dass die **einzige Immobilie** dieser Person außerhalb des Mitgliedstaats des gewöhnlichen Aufenthalts belegen ist. Dem ist zu folgen; erst recht bei einer etwaigen Ferienimmobilie. Die Belegenheit von Vermögen fließt zwar in die **Gesamtwürdigung** ein, ist aber nur ein Aspekt unter mehreren. Der Gerichtshof weist unter anderem darauf hin, dass auch darauf abzustellen ist, wo die Verträge abgeschlossen wurden und die Geschäfte getätigt wurden, die zu der Insolvenz geführt haben.[177]

64 3. **COMI-Verlegung vor Antragstellung.** Da die Sperrwirkung zu den Vermutungen keine echte Suspektsperiode beinhaltet, ist eine **Änderung des COMI vor Antragstellung möglich und grundsätzlich auch beachtlich.** Zwar wird teilweise erörtert, ob eine Änderung der zuständigkeitsbegründenden Merkmale zeitlich vor Stellung eines Insolvenzantrages zu berücksichtigen ist

---

[175] *Virgós/Garcimartín*, European Insolvency Regulation, S. 41 Rn. 53, die eine Sechs-Monats-Grenze für eine tragfähige Richtschnur halten.
[176] Rauscher/*Mäsch*, EuZPR/EuIPR, 4. Aufl., Art. 3 EG-InsVO Rn. 34.
[177] EuGH v. 16.7.2020 – Rs. C-253/19 (MH/Novo Banco), ECLI:EU:C:2020:585.

oder durch eine Vorverlegung des maßgeblichen Zeitpunktes entsprechend zu korrigieren ist. In welchem Umfang, sich noch vor Antragstellung durch eine Sitzverlegung ein Wechsel der Zuständigkeit herbeiführen lässt, wird diskutiert; das Phänomen ist in der Praxis unter dem Stichwort „**Migration**" bekannt. Wenn hier häufig von „Sitzverlegung" die Rede ist, kann es – anders als bei der Sperrwirkung für die Vermutung des Art. 3 Abs. 1 Unterabs. 2 Satz 1 – nicht nur um eine Verlegung des Satzungssitzes gehen, sondern vor allem um eine Verlegung des **effektiven Verwaltungssitzes**, weil und soweit die COMI-Bestimmung auch auf diese *head office functions* abstellt. Entscheidend ist bei allem stets die Verlagerung des COMI, nicht des Sitzes.

Die bereits angesprochene Übernahme einer **anticipatio fori** ist aus den genannten Gründen **nicht statthaft.** Nicht zu überzeugen vermag aber auch ein flexibles System, wie es in der Literatur vorgeschlagen wird. Danach habe der Insolvenzrichter die Zuständigkeitsentscheidung nach Abwägung der Schutzbedürftigkeit der Gläubiger und der Schutzwürdigkeit des Schuldners zu treffen habe.[178] Der frühere COMI könne kompetenz- und kollisionsrechtlich fortwirken, wenn sich dies aus der Gesamtschau der Abwägungsfaktoren, ua der Erkennbarkeit einer späteren COMI-Verlagerung für die Gläubiger, der Zusammensetzung von Alt- und Neugläubigergruppen, der Notwendigkeit vorläufiger Sicherungsmaßnahmen und den Motiven des Schuldners, ergibt. Das Insolvenzverfahren solle an dem Ort eröffnet werden, an dem das Verfahren die geringsten Kosten im Hinblick auf die zu überwindenden räumlichen und sprachlichen Barrieren verursache. **65**

Tatsächlich hat die Maßgeblichkeit des Antragszeitpunkts ihren guten Grund. Die Antragstellung markiert einen **verlässlich bestimmbaren Zeitpunkt** und bietet unionsweit einheitliche Maßstäbe. Davon zu unterscheiden ist die Notwendigkeit, die Anknüpfungstatsachen sorgfältig zu ermitteln. Diese Ermittlung hat jeder Erwägung, die mit Rechtsmissbrauch oder Zuständigkeitserschleichung argumentiert, vorzugehen. Es ist zu prüfen, ob eine Änderung der zuständigkeitsbegründenden Merkmale tatsächlich vorliegt und nicht etwa nur simuliert wird (Simulation), was unbeachtlich wäre.[179] Der COMI muss sich tatsächlich ändern. Nach der hier vertretenen Auffassung muss der effektive Verwaltungssitz auch von einer nennenswerten business activity in dem jeweiligen Staat gedeckt sein (→ Rn. 35 f.). So reicht es beispielsweise auch für die Begründung einer Niederlassung nach Art. 2 Nr. 10 aus, nur „*vorübergehend*" einer Tätigkeit in einem anderen Mitgliedstaat nachzugehen. Dementsprechend ist eine nur vorübergehende Verlegung des Mittelpunktes der hauptsächlichen Interessen schon aus diesem Grund nicht zu berücksichtigen. Im Übrigen dürften Fälle der Migration in der Krise nur dann besonders rasch bewerkstelligbar sein, wenn es sich beispielsweise um eine Holdinggesellschaft handelt, die weitgehend ohne operatives Geschäft und Betriebsstätten auskommt.[180] **66**

Die Einschränkung der Vermutungsregel lässt freilich befürchten, dass sich die Gerichte in Fällen, in denen mehr als drei Monate vor dem Antrag eine Verlegung von **Unternehmensfunktionen** stattgefunden, nicht mehr genau hinschauen und tendenziell eher die Verlegung des COMI annehmen. Es kommt aber darauf an, ob und dass sich der COMI **tatsächlich ändert.** Die Abhaltung einzelner Geschäftsleitersitzungen in einem anderen Mitgliedstaat kann beispielsweise nicht genügen, wenn das gesamte operative Geschäft und Betriebsstätten sowie das Betriebsvermögen weitgehend in dem ursprünglichen Staat verbleiben;[181] bei natürlichen Personen ist die Ummeldung des Wohnsitzes nicht hinreichend.[182] Es reicht auch nicht, wenn eine natürliche Person zwar den gewöhnlichen Aufenthalt verlegt, aber sich alle Rückkehroptionen offenhält und sich nicht dauerhaft ansiedeln will.[183] Im Fall Hans Brochier hat sich gezeigt, dass der COMI vergleichsweise robust ist. Dort reichten die bloße Existenz eines Bankkontos im Zuzugstaat (in casu: England) und einzelne Geschäftskontakte trotz Art. 3 Abs. 1 Unterabs. 2 Satz 1 mit Recht nicht aus, einen COMI im Zuzugstaat zu begründen.[184] Stets ist **Erwägungsgrund Nr. 28** zu berücksichtigen. Danach ist besonders zu berücksichtigen, dass der Schuldner im Falle einer Verlegung seines COMI seine Gläubiger zeitnah über den neuen Ort unterrichtet, an dem er seine Tätigkeiten ausübt. Dieser Erwägungsgrund ist missverständlich formuliert. Fehlt es an einer Information der Gläubiger und **67**

---

[178] *Klöhn* KTS 2006, 259, 282 ff. Dagegen wie hier Gottwald/*Huber,* Europäisches Insolvenzrecht, S. 1, 34.
[179] Ähnlich auch *Virgos/Garcimartin,* European Insolvency Regulation, Rn. 69, die dies als „*reality test*" bezeichnen; richtigerweise handelt es sich hierbei um eine sorgfältige Überprüfung der Tatsachengrundlagen. Rauscher/*Mäsch,* EuZPR/EuIPR, 4. Aufl., Art. 3 EG-InsVO Rn. 35 f..
[180] So im Fall Deutsche Nickel, dazu *Thole,* Gläubigerschutz durch Insolvenzrecht, S. 800.
[181] *Thole,* Gläubigerschutz durch Insolvenzrecht, S. 799 ff.
[182] BayObLG BeckRS 2019, 32702. Zum Restschuldbefreiungstourismus *Hölzle* ZVI 2007, 1; *d'Avoine* NZI 2011, 310; *Mansel,* FS von Hoffmann, S. 683.
[183] BGH NZI 2017, 309 Rn. 12; K. Schmidt/*Brinkmann* Art. 3 Rn. 31 (iE).
[184] High Court of Justice v. 15.8.2006 – [2006] EWHC 2594 (Ch), ChD (Hans Brochier Ltd v Exner). Vgl. auch K. Schmidt/*Brinkmann* Art. 3 Rn. 16 (iE).

handelt es sich insoweit um einen „heimlichen" Wechsel, so ist u.U. die Annahme gerechtfertigt, dass der COMI gar nicht verlagert worden ist, weil der neue Ort für die Gläubiger nicht feststellbar ist. Es gibt dann gar keinen neuen COMI-Ort.

68 Ist dagegen das COMI tatsächlich verlagert worden, aber dieser nur künstlich geschaffen worden (**Zuständigkeitserschleichung**), so lässt sich in einigen Fällen der Gedanke des Rechtsmissbrauchs aktivieren, der jedenfalls dann zum Tragen kommt, wenn erkennbar und bewusst Anknüpfungspunkte für die COMI-Bestimmung manipuliert und verändert worden sind, um sich einen Insolvenzstandort zu sichern. Die Abwehr von Rechtsmissbrauch ist richtigerweise ein auch für das Verfahrensrecht beachtlicher Grundsatz des Unionsrechts.[185] Insoweit bedarf es nach allgemeinen Regeln des Rechtsmissbrauchs im Unionsrechts auch subjektiver Elemente.[186] Die Schlagkraft dieses Instituts ist insgesamt eher gering; die Parallelfrage stellt sich auf der **Anerkennungsebene** (→ Art. 33 Rn. 15). Bei Fehlen erkennbarer Sachgründe und bei einer schon in der Krise vorgenommenen Verlegung des Sitzes sowie bei Vorhandensein weiterer Indizien kann ggf. die Einschätzung eines rechtsmissbräuchlichen Verhaltens gerechtfertigt sein. Insgesamt sind freilich strenge Maßstäbe geboten, um die grundsätzliche Freiheit vor COMI-Verlagerung vor Antragstellung nicht zu unterlaufen. Die Grenzen zum zulässigen Forum Shopping sind fließend. Der Schwerpunkt sollte stets bei der Frage liegen, ob das COMI tatsächlich verlagert worden ist oder nicht.[187] Bei einer erfolgten Verlagerung wichtiger Geschäftsräume oder der Geschäftsleitung kann häufig bei Rückgriff auf die weiteren Umstände ohnedies die Einschätzung gerechtfertigt sein, dass das COMI weiter im Wegzugstaat liegt (beispielsweise weil dort das operative Geschäft oder ein Großteil der Produktion verblieben ist). – In gewissen Grenzen ist eine vertragliche „Fixierung" des COMI und Absicherung vor einer COMI-Verlagerung in der Gläubiger/Schuldnerbeziehung denkbar.[188]

69 Wird das COMI nur scheinbar verlegt und simuliert, genügt dies nicht[189] (näher soeben → Rn. 68). Im Übrigen sollte nach den eben entwickelten Kriterien der COMI mit der Maßgabe ermittelt werden, dass sich Verwaltungssitz und business activity decken müssen, was den Bedarf für einen weitergehenden Umgehungsschutz und den von den Gerichten gelegentlich bemühten Rückgriff auf den ordre public reduziert.[190] Vgl. auch zum Missbrauchseinwand bei der Restschuldbefreiung → Art. 33 Rn. 14.

70 **4. COMI-Verlegung nach Antragstellung.** Der **EuGH** hat entgegen der früheren englischen Rechtsprechung[191] den **Grundsatz der perpetuatio fori** in die Europäische Insolvenzordnung implantiert und damit den Versuch einer natürlichen Person, nach einem in Deutschland bereits erfolgtem Gläubigerantrag eine Gerichtszuständigkeit an seinem neuen Wohnsitz in Spanien zu begründen, vereitelt.[192] Für Gesellschaften und juristische Personen kann konsequenterweise nichts anderes gelten. Entscheidend ist stets der Antragszeitpunkt. Die Entscheidung in der Rechtssache Staubitz-Schreiber ist in der deutschen Literatur allgemein begrüßt worden,[193] und zwar mit Recht, weil der EuGH damit einem **Insolvenznomadentum**[194] eine Absage erteilt. Könnte der COMI noch nach Antragstellung verlegt werden, würde es dies den Schuldnern vereinfachen,

---

[185] Thole ZZP 122 (2009), 423 ff.
[186] Vgl. die Nachw. bei Thole ZZP 122 (2009), 423 ff. zur Rechtsprechung; gegen die Anwendung der fraus legis-Regel *Weller* ZGR 2008, 835, 849; EuGH v. 6.2.2019 – Rs. C-535/17 (NK./.BNP Paribas Fortis NV), NZI 2019, 302 = EU:C:2019:96 mAnm *Thole* IPRax 2019, 483.
[187] Ähnlich wie hier auch K. Schmidt/*Brinkmann* Art. 3 Rn. 16 (iE).
[188] Dazu ausführlich *Mankowski* ZIP 2010, 1376; *M.-Ph. Weller*, FS von Hoffmann, 2011, S. 513, 521 f.
[189] BGH EWiR 2008, 181 mAnm *Webel; Mankowsk*, NZI 2006, 154, 155; *M.-Ph. Weller* ZGR 2008, 835, 853; über den ordre public AG Nürnberg ZIP 2007, 81, 82.
[190] → Art. 33 Rn. 14 f.
[191] High Court of Justice v. 22.3.2006 – [2006] EWHC 1056 (Ch), para. 2 ChD (Cross Construction Sussex Ltd v Tselike); Court of Appeal of England and Wales (Civil Division) v. 27.7.2005 – [2005] EWCA Civ 974, para. 46 ff., CA (Malcolm Brian Shierson as trustee in bankruptcy of Martin Vlieland-Boddy v Clive Vlieland-Boddy).
[192] EuGH v. 17.1.2006 – Rs. C-1/04 (Susanne Staubitz-Schreiber), Slg. 2006, I-701, 728 f. Rn. 24 ff. = EU:C:2006:39; übereinstimmend *Duursma-Kepplinger* ZIP 2007, 896; *Hess/Laukemann* JZ 2006, 671; *Mankowski* NZI 2005, 575 f.; *Mankowski* RIW 2005, 561, 578.
[193] *Carstens*, Die internationale Zuständigkeit, S. 38; *Duursma-Kepplinger* DZWIR 2006, 177, 178; Duursma-Kepplinger/Duursma/Chalupsky/*Duursma-Kepplinger* Art. 3 Rn. 46; Geimer/Schütze/*Haß/Henweg,,* Int. Rechtsverkehr, B Vor I 20b, Art. 3 Rn. 16 = Haß/Huber/Gruber/Heiderhoff/*Haß/Henweg* Art. 3 Rn. 16; *Herchen* ZInsO 2004, 825, 829 f.; HKInsO/*Dornblüth* Art. 3 Rn. 12; *Kindler*, IPRax 2006, 114; *Knof*, ZInsO 2004, 754, 755; *Knof/Mock* ZIP 2006, 188, 189; *Liersch* NZI 2004, 141, 142; Rauscher/*Mäsch*, EuZPR/EuIPR, 4. Aufl., Art. 3 EG-InsVO Rn. 31 f.; *Mankowski* EWiR 2004, 229, 230; MüKoBGB/*Kindler* Art. 3 Rn. 33; *Saenger/Klockenbrink* DZWIR 2006, 183, 185; *Vallender* KTS 2005, 283, 300.
[194] MüKoBGB/*Kindler* Art. 3 Rn. 33.

sich unliebsamen Sicherungsmaßnahmen zu entziehen.[195] Damit ist auch der Gleichlauf mit dem Europäischen Verfahrensrecht gewahrt, das ebenfalls den Grundsatz der perpetuatio fori kennt, so etwa die EuGVVO.[196] Zum Verständnis der Entscheidung in Staubitz-Schreiber ist darauf hinzuweisen, dass der EuGH einen Gleichschluss mit den Maßstäben anstrebt, die auch in der für Zivil- und Handelssachen geltenden EuGVVO (Brüssel Ia-VO) gelten. Denn dort hat der EuGH ebenfalls den Grundsatz der perpetuatio fori, also der Fortdauer der bei Rechtshängigkeit gegebenen Zuständigkeit des angerufenen Gerichts, bestätigt.[197] Zudem ist die perpetuatio fori auch in vielen mitgliedstaatlichen Prozessrechten anerkannt, in Deutschland in § 261 Abs. 3 Nr. 2 ZPO, der über § 4 InsO grundsätzlich auch im Insolvenzverfahren gilt. Eine wieder andere Frage ist die Konkurrenz zwischen verschiedenen Anträgen und Verfahren. Insoweit handelt es sich um eine **Anerkennungsfrage.** Es gibt **keine Antragspriorität,** sondern es kommt auf die tatsächliche Eröffnung an (→ Art. 19 Rn. 11).

Die perpetuato fori und die Vorgaben des EuGH beziehen sich nur auf den **Wegfall des** 71 **zuständigkeitsbegründenden COMI** bei dem angerufenen Gericht nach Antragstellung, **nicht auf die Begründung des COMI bei dem angerufenen Gericht.** Nicht zu verwechseln ist die perpetuatio fori daher mit Fällen, in denen in dem Staat, in den der COMI verlegt wird (**Zuzugsstaat),** schon vor der (vollständigen) Verlegung des COMI der Antrag gestellt worden ist. In diesem Fall kann es nicht auf die Antragstellung ankommen, sondern es gilt der auch sonst im deutschen Prozessrecht beachtliche Grundsatz, dass die Zuständigkeits- und Zulässigkeitsvoraussetzungen spätestens im Entscheidungszeitpunkt gegeben sein müssen.[198] Der Zuzugsstaat ist insoweit ab dem ersten Moment zuständig, zumal andernfalls bei Abweisung des Antrags unmittelbar ein weiterer Antrag gestellt werden könnte.[199] Was der Entscheidungszeitpunkt genau ist und welche Umstände das Gericht noch berücksichtigen darf, ist unionsrechtlich zwar nicht vorgegeben, weil die EuInsVO insoweit wegen des Subsidiaritätsprinzips grundsätzlich nicht in die Verfahrensautonomie der Mitgliedstaaten eingreift. In Deutschland ist aber anerkannt, dass das Gericht seine Entscheidung für den Zeitpunkt der letzten mündlichen Verhandlung bzw. einem diesem gleichgestellten Zeitpunkt zu treffen hat.[200] Geht es um die Entscheidung in der sofortigen Beschwerde, ist es wiederum eine prozessrechtliche Frage, ob im Rahmen einer sofortigen Beschwerde nach § 6 InsO iVm Art. 5 EuInsVO, Art. 102c § 5 EGInsO, §§ 567 ff. ZPO nunmehr auf den Zeitpunkt der letzten mündlichen Verhandlung bzw. den Entscheidungszeitpunkt des Beschwerdeverfahrens abzustellen ist oder auf den Zeitpunkt der Entscheidung der mit der sofortigen Beschwerde angefochtenen Entscheidung des Insolvenzgerichts. Hierzu besagt § 571 Abs. 2 ZPO nur in prozessualer Hinsicht, dass in der Beschwerdeinstanz neues Vorbringen grundsätzlich zulässig ist. Der für die Sachentscheidung maßgebliche Zeitpunkt ist allerdings nach dem einschlägigen materiellen Recht zu bestimmen, weil das Prozessrecht dazu keine Festlegungen trifft.[201] So hat der BGH entschieden, dass es bei der sofortigen Beschwerde gegen den Eröffnungsbeschluss wegen eines vermeintlich fehlenden Insolvenzgrunds die Eröffnungsvoraussetzungen im Zeitpunkt der Eröffnungsentscheidung vorliegen müssen, also im **Zeitpunkt der Entscheidung des Insolvenzgerichts.**[202] Es dürfte naheliegen, dass dies auch für die Beurteilung des COMI gilt, weil auch diese Voraussetzung eine Eröffnungsvoraussetzung für das jeweilige Insolvenzgericht ist.

Offen ist damit allein, wie sich die Dinge verhalten, wenn der Schuldner das COMI nicht nach 72 Antragstellung aus einem Mitgliedstaat in einen anderen, sondern von einem **Drittstaat** aus nach der dort erfolgten Antragstellung in einen Mitgliedstaat verlagert und sodann in diesem Mitgliedstaat ein weiterer Antrag gestellt wird. In diesen Fällen ist es dem mitgliedstaatlichen Gericht richtigerweise nicht verwehrt, ein Hauptinsolvenzverfahren nach Maßgabe der EuInsVO zu eröffnen, weil die EuInsVO die Konkurrenz zu drittstaatlichen Verfahren nicht auflöst und sich die Anerkennungsregeln nach Art. 19 auf die Anerkennung mitgliedstaatlicher Eröffnungsbeschlüsse beschränken. Maßgebend

---

[195] So zutreffend *Oberhammer* ZInsO 2004, 761, 763 f.
[196] EuGH v. 5.2.2004 – Rs. C-18/02 (Danmarks Rederiforening), RIW 2004, 543, 546 Rn. 37 = EU:C:2004:74 mit Anmerkung *Franzen;* vgl. auch *Kropholler/von Hein,* Europ. Zivilprozessrecht, vor Art. 2 EuGVO Rn. 14; Stein/Jonas/*Wagner* Einl. vor Art. 2 EuVVO Rn. 30.
[197] EuGH v. 5.2.2004 – Rs. C-18/02 (Danmarks Rederiforening), RIW 2004, 543, 546 Rn. 37; vgl. auch *Kropholler/von Hein,* Europ. Zivilprozessrecht, 8. Aufl., vor Art. 2 EuGVO Rn. 14; Rauscher/*Mankowski,* EuZPR/EuIPR, 3. Aufl., Brüssel I-VO Rn. 4; Stein/Jonas/*Wagner,* 22. Aufl., Einl. vor Art. 2 EuGVVO Rn. 30. Vgl. auch EuGH v. 21.5.2015 – Rs. C-352/13 (CDC), EuZW 2015, 584 Rn. 26.
[198] Statt aller für das deutsche Recht Zöller/*Greger,* ZPO, 34. Aufl., § 253 Rn. 9.
[199] Rauscher/*Mäsch,* EuZPR/EuIPR, 4. Aufl., Art. 3 EG-InsVO Rn. 33.
[200] BGH NJW 1980, 520; ZIP 2001, 124; Zöller/*Greger* Vor § 253 Rn. 9; Thomas/Putzo/*Reichold,* ZPO, 41. Aufl., Vor § 253 Rn. 11.
[201] MüKoZPO/*Lipp,* 5. Aufl., § 571 Rn. 12.
[202] BGH NJW 2006, 3553 Rn. 9.

ist insofern allein der in einem Mitgliedstaat gestellte Antrag. Das gilt unabhängig davon, ob das mitgliedstaatliche Gericht nach Maßgabe des autonomen Rechts zur Anerkennung des drittstaatlichen Eröffnungsbeschlusses verpflichtet ist. In diesen Fällen ist ein positiver Kompetenzkonflikt nicht zu vermeiden (→ Rn. 77 ff.).

73 Der BGH hat die Rechtsprechung des EuGH aus Staubitz-Schreiber zwischenzeitlich auf die Fälle ausgedehnt, in denen mehrere Anträge gestellt werden, die **zeitlich früheren Anträge** jedoch zurückgenommen oder **für erledigt erklärt** werden. Danach soll das in diesen Fällen zuständige Gericht für weitere bei ihm eingegangene Anträge zuständig bleiben, wenn sich der erste Antrag erledigt.[203] Im konkreten Fall lagen die zuständigkeitsbegründenden Merkmale bei Stellung des Erstantrags noch vor. Nach Stellung des Antrags verlegte jedoch die Schuldnerin ihren Wohnsitz in einen anderen Mitgliedstaat. Sodann folgte bei dem erstangerufenen Gericht ein weiterer Insolvenzantrag. Der Antragsteller des Erstantrags wurde befriedigt und erklärte seinen Antrag für erledigt. Bei strenger Betrachtung liegt hier kein Fall der perpetuatio fori vor, weil nach deutschem Prozessrecht bei verschiedenen Anträgen auch mehrere Eröffnungsverfahren eingeleitet werden.[204]

74 **Gleiche Grundsätze** gelten für die Bestimmung der Zuständigkeit für die Eröffnung eines **Partikularverfahrens,** insbesondere eines Sekundärverfahrens nach Art. 3 Abs. 2 auf für die dort genannten Anknüpfungspunkte. Wird die „Niederlassung" nach Antragstellung aufgegeben oder verlagert, so ändert dies nichts an der Befugnis des angerufenen Gericht dieses Mitgliedstaats, das Sekundärverfahren zu eröffnen. Mit Antragstellung ist insoweit richtigerweise die Antragstellung im Hinblick auf das Sekundärverfahren gemeint,[205] weil die EuInsVO insoweit grundsätzlich zwischen den Verfahren differenziert und damit korrespondierend auch der Begriff der Eröffnung streng verfahrensbezogen verstanden wird, zB bei Art. 21 Abs. 2 S. 1 (näher zur Antragstellung → Rn. 60). War demnach im Zeitpunkt der Antragstellung der Eröffnung eines Sekundärverfahrens[206] eine Niederlassung in dem Mitgliedstaat des angerufenen Gerichts vorhanden, können die Gerichte dieses Staats auch dann das Sekundärverfahren eröffnen, wenn die **Niederlassung nach dieser Antragstellung nicht mehr besteht** oder in einen anderen (Mitglied-)Staat verlagert wird. Lag zum Zeitpunkt der Beantragung keine Niederlassung in diesem Staat mehr vor, wohl aber im früheren Zeitpunkt der Beantragung eines Hauptinsolvenzverfahrens, darf ein Sekundärverfahren nicht eröffnet werden. Das ist unschädlich, weil das Vermögen nicht mehr in Form einer Niederlassung verfestigt ist und verbliebene Vermögegenstände, die als solche nicht den Niederlassungsbegriff ausfüllen, ohnedies vom Beschlag des Hauptverfahrens erfasst werden.

75 Für Fälle, in denen der Schuldner **nach Antragstellung** eine **Niederlassung** in dem Antragsstaat erst begründet, wird vertreten, diese Rechtshandlungen seien unbeachtlich und könnten eine Zuständigkeit nicht mehr begründen,[207] weil sonst der (vorläufige) Verwalter des Hauptverfahrens die Möglichkeit hätte, eine Niederlassung in dem jeweiligen Staat zu begründen und so die dinglich gesicherten Gläubiger in das Partikularverfahren miteinzubeziehen. Letzteres stimmt zwar, ist aber zugleich eine notwendige Konsequenz des Konzepts der nur eingeschränkten Universalität und des Umstands, dass Art. 8 auf den Zeitpunkt der Eröffnung abstellt.

VII. Kompetenzkonflikte und Prioritätsgrundsatz

76 Der Begriff des Mittelpunkts der hauptsächlichen Interessen ist an seinen Rändern vage und kann daher zu unterschiedlichen Interpretationen durch die mitgliedstaatlichen Gerichte führen. Es können Kompetenzkonflikte entstehen, wenn Gerichte verschiedener Mitgliedstaaten konkurrierend die Zuständigkeit für sich in Anspruch nehmen[208] (sog. **positiver Kompetenzkonflikt**). Denkbar ist jedoch auch, dass mehrere angerufene Insolvenzgerichte jeweils die Gerichte eines anderen Mitgliedstaates für zuständig halten (sog. **negativer Kompetenzkonflikt**). Es könnte in letzter Konsequenz eine Verweigerung des Rechtsschutzes für den Antragsteller eintreten. Die EuInsVO geht vom Prioritätsgrundsatz (der Eröffnung, nicht des Antrags) aus, ohne die Konkurrenz explizit zu regeln. Gestützt wird diese Wertung von Erwägungsgrund Nr. 65, der den Grundsatz gegenseitigen Vertrauens zugrundelegt. Das Prioritätsprinzip folgt damit bereits aus der

---

[203] So BGH NZI 2006, 364 Rn. 14 ff. mit Anmerkungen *Flitsch/Hinkel* DZWIR 2006, 256; *Knof* ZInsO 2004, 754; *Mankowski* EWiR 2006, 397; *Smid* DZWIR 2006, 325.
[204] OLG Köln ZIP 2001, 1018, 1020; HKInsO/*Sternal* § 13 InsO Rn. 14, § 14 InsO Rn. 37; → 2. Aufl., § 13 Rn. 8; zu Recht skeptisch *Mankowski* EWiR 2006, 397, 398; *Knof* ZInsO 2006, 754, 757.
[205] AA → 2. Aufl., Art. 3 Rn. 49.
[206] Allerdings kann im Antrag auf Eröffnung eines Hauptinsolvenzverfahrens auch der Antrag auf Eröffnung eines Sekundärverfahrens enthalten sein, dazu AG Mönchengladbach ZIP 2004, 1064, 1065 = NZI 2004, 383. Dann ist dieser Antrag maßgeblich.
[207] → 2. Aufl., Art. 3 Rn. 50.
[208] Vgl. die Darstellung der Fälle und das „Kompetenzgerangel" → Rn. 8 ff.

EuInsVO selbst.²⁰⁹ Die Eröffnungsentscheidung eines mitgliedstaatlichen Gerichts ist anzuerkennen, ohne dass die Richtigkeit der Zuständigkeitsannahme im Anerkennungsstaat zu überprüfen wäre (→ Art. 19 Rn. 21). Im Einzelnen ist zwischen dem positiven und dem negativen Kompetenzkonflikt zu unterscheiden.

1. Positiver Kompetenzkonflikt. Die EuInsVO geht davon aus, dass es nur einen einzigen **77** COMI geben kann²¹⁰ und die Gerichte diesen stets einheitlich und richtig ermitteln und zuordnen. Demnach gibt es auch nur ein Hauptinsolvenzverfahren. Daher ist es rechtstechnisch konsequent, wenn die EuInsVO den Konkurrenzfall nicht explizit adressiert.²¹¹ Auch eine **Verweisung** durch das Gericht, ob von Amts wegen oder auf Antrag, kennt die EuInsVO ebenso wenig wie die EuGVVO.²¹² Es fehlt dafür schlicht an einer Grundlage.

Gleichwohl hatte schon den Erläuternden Bericht zum EuInsÜ für die ausnahmsweise auftre- **78** tenden Konflikte eine Handlungsanweisung gegeben, nach der zur Lösung solcher Fälle ua auf den Grundsatz des gemeinschaftlichen Vertrauens und das Anerkennungsprinzip, die Anrufung des EuGH und die allgemein gültigen Verfahrensgrundsätze verwiesen wird.²¹³ Das Vorabentscheidungsverfahren ist angesichts der Zeitverzögerung schwierig.²¹⁴ In der Eurofood-Entscheidung hat der EuGH insbesondere den Grundsatz des gegenseitigen Vertrauens betont und das Prioritätsprinzip gestärkt, weil er davon abgesehen hat, das Prinzip der ipso iure-Anerkennung durch eine Versagungsmöglichkeit bei fälschlich bejahter Zuständigkeit des Erststaats aufzuweichen.²¹⁵ Demnach gilt, dass stets das zeitlich zuerst eröffnende Gericht das Hauptinsolvenzverfahren führt und das nachfolgend eröffnende Gericht allenfalls ein Sekundärinsolvenzverfahren eröffnen darf. Entscheidend ist **Eröffnungspriorität, nicht die Antragspriorität.**²¹⁶ Die Eröffnungsentscheidung des Erstgerichts ist im Zweitstaat nach Art. 19 anzuerkennen, sobald sie wirksam ist, ohne dass die Zuständigkeitsbegründung nachzuprüfen wäre. Erforderlich ist nach hier vertretener, aber nicht mehrheitlich vertretener Auffassung allein, dass sich das Erstgericht überhaupt der internationalen Dimension des Falles bewusst geworden ist, weil es andernfalls an dem Merkmal „durch ein nach Art. 3 zuständiges Gericht" fehlt.²¹⁷ Die Versagung der Anerkennung unter Hinweis auf den ordre public kommt ganz grundsätzlich nicht in Betracht; eine fehlerhafte Zuständigkeitsannahme ist als solche nicht ordre public-widrig (→ Art. 33 Rn. 18),²¹⁸ allenfalls können verfahrensrechtliche Verstöße auf dem Weg zur Eröffnungsentscheidung beachtlich sein.²¹⁹ Die vor Eurofood vertretene Auffassung, nach der wegen Art. 16 EuInsVO 2000 („durch ein nach Artikel 3 zuständiges Gericht") die Annahme der internationalen Zuständigkeit stets überprüfbar sei,²²⁰ lässt sich nicht mehr aufrechterhalten, sie ist auch inhaltlich nicht überzeugend.²²¹

Ist die Entscheidung im Ausgangsstaat **nicht mehr wirksam,** so steht der Eröffnung des **79** Verfahrens oder dessen Hochstufung zum Hauptinsolvenzverfahren im Zweitstaat nichts mehr entge-

---

²⁰⁹ *Huber* ZZP 114 (2001), 133, 144, wohl auch Duursma-Kepplinger/Duursma/Chalupsky/*Duursma-Kepplinger* Art. 3 Rn. 30; gegen *Lüke* ZZP 111 (1998), 275, 290 f.
²¹⁰ → Rn. 9.
²¹¹ Bork/van Zwieten/*Ringe,* Commentary on the European Insolvency Regulation, Art. 3 Rn. 3.212.
²¹² Für die Zulässigkeit einer nicht bindenden Verweisung AG Hamburg NZI 2006, 486 mit Anmerkungen *Mankowski* NZI 2006, 487 sowie *Wagner* EWiR 2006, 433; befürwortend A. Schmidt/*Undritz,* EuInsVO, Art. 3 Rn. 53. Gegen eine Verweisung OLG Linz ZIK 2004, 178; Rauscher/*Mäsch,* EuZPR/EuIPR, 4. Aufl., Art. 3 EG-InsVO Rn. 45; *Vallender* KTS 2000, 283, 298. Zur EuGVVO vgl. OLG Düsseldorf WM 2000, 2192, 2195; OLG Koblenz NJW-RR 2001, 490.
²¹³ *Virgos/Schmit,* Erläuternder Bericht, Rn. 79.
²¹⁴ MüKoBGB/*Kindler* Art. 3 Rn. 44; Duursma-Kepplinger/Duursma/Chalupsky/*Duursma-Kepplinger* Art. 3 Rn. 37.
²¹⁵ Zust. *Bachner* EFCR 2006, 310, 317; zuvor Cour d'Appel Versailles v. 4.9.2003 – 05038/03 = Clunet 2004, 131 mAnm *Mankowski* EWiR 2003, 1239; OLG Wien NZI 2005, 56, 58; Duursma-Kepplinger/Duursma/Chalupsky/*Duursma-Kepplinger* Art. 3 Rn. 14; *P. Huber* ZZP 114 (2001), 133, 145 f.; *Paulus* ZIP 2003, 1725, 1727; zweifelnd *Saenger/Klockenbrink* EuZW 2006, 363 f.; *Paulus* NZG 2006, 609, 612; teilweise zust. *Knof/Mock* ZIP 2006, 911, 913; aA *Mankowski* BB 2006, 1753, 1756.
²¹⁶ → Art. 19 Rn. 11. Umfassend *Mankowski* KTS 2009, 453; aA *Virgos/Garcimartin,* European Insolvency Regulation, Rn. 70; Rauscher/*Mäsch,* EuZPR/EuIPR, 4. Aufl., Art. 3 Rn. 41; zum Problem bei Annexklagen *Thole* ZIP 2012, 605, 609 f.
²¹⁷ → Art. 19 Rn. 22.
²¹⁸ OLG Wien NZI 2005, 56, 58; Rauscher/*Mäsch,* EuZPR/EuIPR, 4. Aufl., Art. 3 Rn. 38; *Herchen* ZIP 2005, 1401, 1404.
²¹⁹ AG Düsseldorf ZIP 2004, 623, 624.
²²⁰ *Mankowski* BB 2006, 1753, 1756.
²²¹ *Thole* ZEuP 2007, 1137, 1148.

gen.²²² Das Erstgericht muss demnach nicht kraft Unionsrecht an seiner als falsch erkannten Eröffnungsentscheidung festhalten.²²³

80 Es ist indessen stets zu fragen, ob die Wirksamkeit der Erstentscheidung noch besteht. Im Fall NIKI ging das österreichische Landesgericht Korneuburg davon aus, es gebe kein Hauptverfahren in Deutschland mehr, weil der Eröffnungsbeschluss nicht mehr wirksam sei.²²⁴ Denn nach der Aufhebung der Eröffnung durch das LG Berlin komme der in Deutschland anhängig gemachten Rechtsbeschwerde keine aufschiebende Wirkung zu, so dass die Aufhebung durch das LG Berlin sofort wirksam geworden sei. Die Vorschrift des § 6 Abs. 3 InsO gelte nicht, sondern die allgemeine Regelung des § 575 Abs. 5, § 570 Abs. 1 ZPO. In Art. 102c § 4 EGInsO, der den Rechtsbehelf des Art. 5 EuInsVO konkretisiert und auf die sofortige Beschwerde verweist, werde nicht auf § 6 Abs. 3 InsO verwiesen, der die Entscheidung über die Beschwerde abweichend von §§ 575 Abs. 5, 570 Abs. 1 ZPO erst mit Rechtskraft wirksam werde lasse. In Art. 102c § 4 S. 2 EGInsO werde nur auf die §§ 574–577 ZPO verwiesen. Diese Auffassung überzeugt nicht.²²⁵ Richtigerweise ist im Rahmen des Beschwerdeverfahrens gemäß Art. 102c § 4 EGInsO die Vorschrift des § 6 Abs. 3 InsO anwendbar (näher bei Art. 5 Rn. 10).²²⁶ Dafür spricht bereits der insolvenzrechtliche Kontext. Wegen der Einzelheiten des mit Art. 5 geschaffenen Rechtsbehelfs verweist die EuInsVO auf das nationale Recht. Art. 102c § 4 EGInsO ist zwar nicht formal Teil der InsO, wohl aber Teil des Einführungsgesetzes zur InsO. Die Vorschriften des EGInsO dienen ja gerade der Konkretisierung der Insolvenzordnung. Das SanJusFoG wird die Frage im Sinne der hier vertreten Auffassung klären.

81 **Deutsche Gerichte** haben zusätzlich Art. 102c § 2 und § 3 EGInsO zu beachten. Ein prioritätswidrig eröffnetes Hauptinsolvenzverfahren ist einzustellen. Es kann ggf. als Sekundärverfahren eröffnet bzw. fortgeführt werden (→ Art. 102c § 2 EGInsO Rn. 11 ff.).²²⁷

82 Entscheidend ist die **zeitliche Priorität**. Dabei kommt einer Rückwirkungsfiktion (relation back) nach nationalem Recht innerhalb der EuInsVO richtigerweise keine Bedeutung zu.²²⁸ Der EuGH hat die Frage in Eurofood zwar nicht abschließend geklärt, ist aber auf die Schlussanträge von GA Jacobs,²²⁹ der sich im bejahenden Sinne geäußert hatte, auch nicht näher eingegangen. In der Eurofood-Entscheidung hat der Gerichtshof zugleich den Eröffnungszeitpunkt vorverlagert. Die Vorschrift des Art. 16 EuInsVO 2000 ist danach dahin auszulegen, dass die von einem Gericht eines Mitgliedstaats auf einen entsprechenden, auf die Insolvenz des Schuldners gestützten Antrag auf Eröffnung eines in Anhang A der Verordnung genannten Verfahrens hin erlassene Entscheidung eine Eröffnung eines Insolvenzverfahrens darstellt, wenn sie den Vermögensbeschlag gegen den Schuldner zur Folge hat und durch sie ein in Anhang C der Verordnung genannter Verwalter bestellt wird.²³⁰ Generell gilt erst recht seit der Vorverlagerung des Anwendungsbereichs der EuInsVO durch die Reform vom 2015, dass die Frage der Eröffnung (im Sinne des Art. 2 Nr. 7 und 8) zugleich die zeitliche Grenze für das Prioritätsprinzip markiert und ist damit bei Art. 3 unmittelbar zu beachten ist. Hat ein Gericht in einem anderen Mitgliedstaat das Verfahren durch Einsetzung eines vorläufigen Verwalters „eröffnet", sind die Gerichte eines anderen Mitgliedstaats an einer Eröffnung des Verfahrens als Hauptinsolvenzverfahren gehindert. Der Antrag auf Eröffnung dieses Verfahrens ist insoweit derzeit unzulässig,²³¹ solange das prioritäre Verfahren in der Welt ist.

83 Das Eurofood-Urteil (näher → Art. 19 Rn. 11) hat zu der Frage geführt, ob der damit inthronisierte Begriff der Eröffnung auch über den unmittelbaren Kontext des Prioritätsprinzips und damit über den Anwendungsbereich von Art. 3, 19, 20 hinaus generell der EuInsVO zugrundezulegen ist oder ob es einen **gespaltenen Eröffnungsbegriff** gibt.²³² Die Frage ist bei → Art. 2 Rn. 28 behandelt.

---

²²² Vgl. MüKoBGB/*Kindler* Art. 3 Rn. 50.
²²³ Generell gegen eine innerstaatliche Überprüfung bei zwischenstaatlicher Bindung; Duursma-Kepplinger/Duursma/Chalupsky/*Duursma-Kepplinger* Art. 3 Rn. 45.
²²⁴ LG Korneuburg ZInsO 2018, 164, 166.
²²⁵ Wie hier *Thole* ZIP 2018, 401, 406; Uhlenbruck/*Knof* Art. 3 Rn. 87. **AA** *Zipperer* ZIP 2018, 956, 959.
²²⁶ *Deyda* ZInsO 2018, 221, 230.
²²⁷ *Weller* IPRax 2004, 412, 413 f.; *Vallender* KTS 2005, 283, 302 f.
²²⁸ So auch *Mankowski* KTS 2008, 453, 459; *Paulus*, Europäische Insolvenzverordnung, Art. 19 Rn. 8; Gebauer/Wiedmann/*Haubold*, Zivilrecht unter europäischem Einfluss, Kap. 32 Rn. 159; *P. Huber*, FS Heldrich, S. 679, 687.
²²⁹ *GA Jacobs*, Schlussanträge v. 27.9.2005 – Rs. C-341/04 (Eurofood IFSC Ltd), Slg. 2006, I-3837, Rn. 92 = EU:C:2005:579.
²³⁰ EuGH v. 2.5.2006 – Rs. C-341/04 (Eurofood IFSC Ltd), Slg. I-3854, 3871 ff. Rn. 45 ff. = NZI 2006, 360 = EU:C:2006:281.
²³¹ So BGH ZIP 2006, 767 Rn. 9; AG Köln ZIP 2005, 1566; Rauscher/*Mäsch*, EuZPR/EuIPR, 4. Aufl., Art. 3 EG-InsVO Rn. 38.
²³² Für letzteres mit Blick auf Art. 4 *GA Kokott*, Schlussanträge v. 24.5.2012 – Rs. C-116/11 (Handlowy) = ZIP 2012, 1133, 1135 Rn. 35 ff. = EU:C:2012:308.

Nicht nach den eben genannten Maßgaben zu behandeln sind Kompetenzkonflikte innerhalb **84** einer mitgliedstaatlichen Jurisdiktion und im Hinblick auf die **örtliche Zuständigkeit**. Insoweit gelten die Regeln der lex fori concursus. Theoretisch wäre demnach – wenngleich misslich – die Eröffnung paralleler, aufgespaltener Verfahren innerhalb eines Mitgliedstaats denkbar. Das verstieße weder gegen Art. 3 noch gegen andere Wertungen der EuInsVO, weil Art. 3 lediglich dem Mitgliedstaat die internationale Zustandiktion zuweist. Möglich, aber in tatbestandlicher Hinsicht schwierig bleibt bei Missachtung des COMI-Prinzips die Einleitung eines Vertragsverletzungsverfahrens sowie die Geltendmachung staatshaftungsrechtlicher Ansprüche.[233]

Zu Kompetenzkonflikten im Bereich der Annexklagen → Rn. 110. **85**

2. Negativer Kompetenzkonflikt. Zu einem negativen Kompetenzkonflikt kann es – auch **86** im Lichte des Fehlens einer Verweisungslösung (→ Rn. 77) – kommen, wenn sich das angerufene Gericht für unzuständig hält, weil das COMI in einem anderen Mitgliedstaat belegen sei und das dort dann nachfolgend angegangene Gericht der Auffassung ist, das COMI sei in dem anderen oder einem weiteren Staat belegen. Davon zu unterscheiden ist das Problem einer Zuweisung der internationalen Zuständigkeit zu einem Mitgliedstaat und dem Fehlen einer örtlichen Zuständigkeit in diesem Staat; das Problem ist für Deutschland bei und durch Art. 102c § 1 EGInsO behandelt. Im Schrifttum wird darauf verwiesen, der Fall des negativen Kompetenzkonflikts sei nach den Grundsätzen des gegenseitigen Vertrauens zu lösen.[234] Vorrangig ist indessen zu fragen, ob sich aus Art. 32 Abs. 1 Unterabs. 1 S. 1 EuInsVO bereits die **Pflicht zur Anerkennung der ablehnenden Entscheidung** ergibt.[235] Das mag man so sehen, verträgt sich allerdings zuzugebenermaßen nicht recht mit dem Begriff der Durchführung des Insolvenzverfahrens, weil dieser eigentlich nur Entscheidungen im eröffneten Verfahren betrifft. Wollte man eine Anerkennung verneinen, griffe auch Art. 32 Abs. 2 mit dem intendierten Lückenschluss auf die EuGVVO nicht, weil der Anwendungsbereich der EuGVVO nicht berührt ist. Der Weg über Art. 32 Abs. 1 ist jedenfalls einer letztlich normlosen Anwendung des Prinzips des gegenseitigen Vertrauens vorzuziehen. Mit der Anerkennung wird dann freilich nur die Ablehnung insgesamt anerkannt ohne notwendige Bindung an die gegebene Begründung. Damit steht dann für das Anerkennungsgericht aber immerhin fest, dass der Erststaat nicht zuständig ist (zu der Rechtskraftfrage → Rn. 87). Damit wäre es unvereinbar, wenn das Zweitgericht seine eigene Zuständigkeit unter Hinweis auf die Zuständigkeit des Erstgerichts verneinen wollte. Unberührt bleibt nur die Ablehnung der Eröffnung unter Hinweis auf die Zuständigkeit eines Drittstaats oder eines anderen Mitgliedstaats. Im deutschen Recht folgt für deutsche Gerichte aus Art. 102c § 2 Abs. 3 EGInsO weitergehend, dass das deutsche Insolvenzgericht seine Zuständigkeit nicht ablehnen darf, wenn die Gerichte eines anderen Mitgliedstaats zugunsten des deutschen Gerichts ihre Zuständigkeit verneint haben.

Im Zusammenhang mit den Kompetenzkonflikten kann die **Rechtskraft** der Erstentscheidung **87** eine Rolle spielen. Es wurde die Auffassung vertreten, im Zusammenhang mit Kompetenzkonflikten und **bei Vorliegen widersprechender Entscheidungen** sei die Anerkennung ausnahmsweise erst bei Rechtskraft vorzunehmen,[236] bis zu diesem Zeitpunkt dürfe das Zweitgericht auch die Zuständigkeitsannahme oder Versagung durch das Erstgericht in Frage stellen. Andernfalls drohe die Gefahr, dass falsche Entscheidungen durch das Rechtsmittelgericht aufrechterhalten werden müssten, wenn zwischenzeitlich ein Gericht eines anderen Mitgliedstaats wegen der untergerichtlichen Entscheidung im Erststaat seine Zuständigkeit angenommen oder umgekehrt verneint hatte. Diese Auffassung ist jedoch mit den Wertungen des Art. 19 nicht vereinbar. Es bleibt bei der Maßgeblichkeit der Wirksamkeit der Entscheidungen. Eröffnet ein mitgliedstaatliches Gericht und geht sodann ein weiteres angerufenes Gericht davon aus, der COMI des Schuldners sei nicht im Eröffnungsstaat belegen, so darf es nicht eröffnen, solange die Eröffnungsentscheidung nicht auf Rechtsmittel aufgehoben ist und daher weiter Wirkungen entfaltet (oben zum Fall NIKI → Rn. 80). Umgekehrt muss das zweitangerufene Gericht die Eröffnung vornehmen, wenn das Erstgericht wirksam zu seinen Gunsten die Eröffnung abgelehnt hatte (und die Zuständigkeit eines weiteren Staates nicht in Betracht kommt, → Rn. 86). Die Folgerung, dass das Rechtsmittelgericht im Erststaat dann gezwungen wäre, seinerseits die zwischenzeitliche Entscheidung im Zweitstaat anzuerkennen, mag zwar zutreffen, wenn man der EuInsVO insoweit auch einen Einfluss auf den Instanzenzug zuschreibt, ist dann

---

[233] Duursma/Duursma-Kepplinger DZWIR 2003, 447, 452; Vallender KTS 2005, 283, 297 f.; MüKoBGB/Kindler Art. 3 Rn. 51.
[234] MüKoBGB/Kindler Art. 3 Rn. 52; Duursma-Kepplinger/Duursma/Chalupsky/Duursma-Kepplinger Art. 3 Rn. 36.
[235] KPB/Madaus Art. 3 Rn. 44; → 2. Aufl., Art. 3 Rn. 63, 66. Für Anerkennung nach Art. 16 EuInsVO 2000 Gebauer/Wiedmann/Haubold, Zivilrecht unter europäischem Einfluss, Kap. 32 Rn. 77 – aber eine Eröffnungsentscheidung ist dies gerade nicht.
[236] → 2. Aufl., Art. 3 Rn. 63, 67.

aber schlicht Folge davon, dass die EuInsVO die Anerkennungsversagungsgründe des Art. 45 Abs. 1 lit. c und d EuGVVO nF (unvereinbare Entscheidungen) nicht in Bezug nimmt, und es ist zudem eine notwendige Konsequenz aus dem Grundsatz gegenseitigen Vertrauens.

88 In seiner Entscheidung F-Tex hat der EuGH in Beantwortung der zweiten Vorlagefrage offengelassen, ob das durch Art. 47 der **Grundrechte-Charta** der EU garantierte Recht auf einen Rechtsbehelf es den nationalen Gerichten eines Mitgliedstaats verbietet, sich nach der EuGVVO für unzuständig zu erklären, wenn sich die Gerichte eines anderen Mitgliedstaats nach Art. 3 für unzuständig erklärt haben.[237] Die Frage betraf ein Annexverfahren und damit jetzt Art. 6 (→ Rn. 110) und wird dort in aller Schärfe relevant, weil die Abgrenzung zwischen EuGVVO und EuInsVO insoweit fließend ist. Die Frage ist in der Kommentierung zu Art. 6 behandelt.

VIII. Partikularverfahren (Abs. 2–4)

89 **1. Allgemeines. Art. 3 Abs. 2 regelt die internationale Zuständigkeit für die Eröffnung eines Partikularverfahrens.** Danach sind nur die Mitgliedstaaten zur Eröffnung eines Partikularverfahrens befugt, in deren Hoheitsbereich der Schuldner eine „Niederlassung" hat. Für den Begriff der Niederlassung gilt die Definition des Art. 2 Nr. 10. Art. 3 Abs. 2 Satz 2 ordnet darüber hinaus an, dass sich die Wirkungen des Partikularverfahrens allein auf die in diesem Mitgliedstaat belegenen Vermögensgegenstände beschränken. Art. 34 Satz 3 wiederholt diese Anordnung für das Sekundärverfahren.

90 Mit einem solchen Partikular-/Territorialverfahren können die inländischen Gläubiger ihre Rechte in einem Sekundärverfahren orts- und sachnah verfolgen, womit einem grundlegenden Regelungsprinzip der internationalen Zuständigkeit Rechnung getragen wird.[238] Eine Alternative stellt das sog. virtuelle oder **synthetische Sekundärverfahren** dar, das gerade kein echtes Verfahren ist (näher → Art. 36 Rn. 4). Mit der Möglichkeit, ein Partikularverfahren zu eröffnen, werden Konflikte mit ausländischen Staaten vermieden;[239] gerade daraus speist sich auch der Kompromisscharakter des Konzepts der modifizierten Universalität.[240] Die Verfahrenspluralität soll zugleich den Anforderungen des gemeinsamen Ziels einer internationalen par condicio creditorum möglichst weitgehend gerecht werden.[241] Das **Territorialitätsprinzip** sichert den inländischen Gläubigern eine Abwicklung nach dem ihnen vertrauten heimischen Recht, das sie in ihrer Insolvenzkalkulation eingepreist haben mögen. Daraus zieht Art. 35 die richtige Konsequenz und sieht die Geltung der Regeln des jeweils das Sekundärverfahren eröffnenden Staates vor. Zugleich haben die Sekundärverfahren Hilfscharakter gegenüber dem Hauptinsolvenzverfahren.[242]

91 Das Partikularverfahren kann entweder als **Sekundärverfahren** geführt und eröffnet werden oder als **isoliertes Partikularverfahren.** Für letzteres gelten die Bestimmungen in Art. 3 Abs. 4. Das Sekundär- und das Partikularverfahren unterscheiden sich allein dadurch, dass im ersten Fall bereits ein Hauptinsolvenzverfahren eröffnet ist, im zweiten Fall nicht oder noch nicht. In beiden Fällen ist der COMI des Schuldners in einem anderen Staat als dem Partikularverfahrensstaat belegen. Ist das Partikularverfahren eröffnet, regeln Art. 50 f. die Umwandlung in ein Sekundärverfahren, wenn sodann das Hauptinsolvenzverfahren eröffnet wird. Das Sekundärverfahren **schneidet einen Teil der Masse aus dem Hauptinsolvenzverfahren heraus**[243] und überlagert und suspendiert die mit dem Hauptinsolvenzverfahren verbundenen Insolvenzwirkungen, ist aber seinerseits mit europaweiter Anerkennung seiner Wirkungen verbunden (Art. 20 Abs. 2). Da es nur ein Hauptverfahren, aber mehrere Sekundärverfahren geben kann, regelt Art. 24 Abs. 2 die Anrechnung bei Teilnahme eines Gläubigers an mehreren Verteilungen.

92 **2. Niederlassung.** Erforderlich ist stets eine Niederlassung des Schuldners in dem jeweiligen Staat. Dafür stellt Art. 2 Nr. 10 eine eigene Definition auf, nach der eine Niederlassung jeden Tätigkeitsort bezeichnet, an dem der Schuldner einer wirtschaftlichen Aktivität von nicht vorübergehender Art nachgeht, die den Einsatz von Personal und Vermögenswerten erfordert. Es handelt sich um eine Kompromissformel;[244] ein reiner Vermögensgerichtsstand war nicht intendiert. Der Begriff der **Niederlassung** ist gleichwohl weit auszulegen.[245]

---

[237] EuGH v. 19.4.2012 – Rs. C-213/10 (F-Tex SIA/Lietuvos-Anglijos UAB „Jadecloud-Vilma"), NZI 2012, 469, 472 Rn. 52 ff. = EU:C:2012:215.
[238] J. Schröder, Internationale Zuständigkeit, 1971, S. 339, 351 ff.; *Mankowski*, FS Heldrich, S. 867, 873.
[239] *Trunk*, Internationales Insolvenzrecht, S. 235.
[240] → Art. 34 Rn. 1.
[241] *Ehricke* WM 2005, 397.
[242] MüKoBGB/*Kindler* Art. 3 Rn. 54; näher → Art. 34 Rn. 4 f.
[243] AG Köln NZI 2004, 151, 152; vgl auch *M.-Ph. Weller* ZHR 169 (2005), 570, 584 f.
[244] *Lüke* ZZP 111 (1998), 275, 299.
[245] Duursma-Kepplinger/Duursma/Chalupsky/*Duursma-Kepplinger* Art. 3 Rn. 24; *Ehricke* EWS 2002, 101, 104 f.; *Leible/Staudinger* KTS 2000, 533, 547; MüKoBGB/*Kindler* Art. 2 Rn. 22; *Lüke* ZZP 111 (1998), 275, 299; tendenziell enger LSZ/*Smid*, Int. Insolvenzrecht, Art. 3 Rn. 44 f.

a) Maßgeblicher Zeitpunkt. Auch für den Begriff der Niederlassung ist nach dem Grundsatz **93** der perpetuatio fori grundsätzlich der **Zeitpunkt der Antragstellung** für das Sekundärverfahren relevant.[246] Es scheidet die Eröffnung des Sekundärverfahrens aus, wenn die Niederlassung zu diesem Zeitpunkt nicht mehr bestand;[247] ausreichend ist aber wiederum wie beim COMI die (Neu-)Begründung der Niederlassung im Gerichtsstaat nach Antragstellung für das Sekundärverfahren, aber vor Entscheidung (→ Rn. 74). In Art. 2 Nr. 10 wird die Frage dahingehend angesprochen, dass eine Niederlassung auch dann vorliegt, wenn der wirtschaftlichen Aktivität in den letzten drei Monaten vor dem Antrag auf Eröffnung des Hauptinsolvenzverfahrens nachgegangen wurde. Das schließt aber gerade nicht aus, dass für die Frage, ob eine Niederlassung in diesem Sinne vorliegt, der Antrag für das Sekundärverfahren maßgeblich ist. Daraus ergeben sich folgende Situationen: Hat der Schuldner zum Zeitpunkt der Eröffnung des Hauptverfahrens eine **Niederlassung** in einem anderen Staat, kann dort ein Sekundärverfahren geführt werden. Besteht die Niederlassung im Zeitpunkt des Antrags für das Sekundärverfahren nicht mehr, dann ist ein Sekundärverfahren nicht mehr statthaft (es sei denn, die Niederlassung wird bis zum Zeitpunkt der Entscheidung über den Sekundärantrag neu oder erneut im Forumsstaat begründet). Allerdings kann eine Niederlassung in diesem Sinne nach Art. 2 Nr. 10 eben auch dann bestehen, wenn der wirtschaftlichen Aktivität an diesem Ort in den letzten drei Monaten vor dem Antrag auf Eröffnung des Hauptinsolvenzverfahrens nachgegangen wurde. Daher kann ein Sekundärverfahren auch dann geführt werden, wenn erst der Hauptinsolvenzverwalter die Einstellung oder Aufgabe der Niederlassung bewirkt. Das lässt sich rechtfertigen mit dem Umstand, dass die bisherigen Gläubiger in ihrem tatsächlichen oder vermeintlichen Vertrauen auf den Bestand der Niederlassung und damit auf die Möglichkeit eines Sekundärverfahrens enttäuscht würden, wenn ein solches Verfahren nach **Aufgabe der Niederlassung durch den Hauptverwalter** nicht mehr statthaft wäre.

Im **umgekehrten und theoretisch denkbaren Fall**, in dem, zB im Zuge von Sanierungsbe- **94** mühungen, nach Eröffnung des Hauptverfahrens eine Niederlassung in einem anderen Staat neu aufgebaut oder dahin verlagert wird, ist fraglich, ob dann gleichfalls das Sekundärverfahren in diesem Staat zulässig ist. Wenn auf den Zeitpunkt des Antrags für das Sekundärverfahren abgestellt wird, ist zunächst entscheidend, dass die Niederlassung in diesem Zeitpunkt bestand; es genügt aber auch die Begründung bis zum Zeitpunkt der Entscheidung über den Sekundärverfahrensantrag. Insbesondere sollte ein **Sekundärverfahren nicht gesperrt** sein, wenn sich beispielsweise der (Eigen-)Verwalter des Hauptverfahrens mit der Einrichtung der Niederlassung einen Sanierungserfolg erhofft, dieser ausbleibt und dann die Liquidation im Niederlassungsstaat über ein Sekundärverfahren geeigneter wäre als über eine Einbeziehung der Vermögensgegenstände in das Hauptverfahren.

b) Anforderungen an die Niederlassung. Wegen der **Einzelheiten** ist auf die **Erläuterun-** **95** **gen zu Art. 2 Nr. 10** zu verweisen (→ Art. 2 Rn. 49 ff.; dort auch zu Konzernfragen und Tochtergesellschaft). Der Definitionsnorm in Art. 2 Nr. 10 lässt sich nicht zweifelsfrei entnehmen, wie die genannten Anforderungen an wirtschaftliche Entfaltung, Dauerhaftigkeit und Organisationsgrad beschaffen sein müssen. Rechtsprechung und Lehre haben diese Formel bisher nur bedingt mit Leben füllen können. Die Belegenheit einzelner Vermögenswerte reicht zumindest nicht aus,[248] was der Vermeidung eines exorbitanten Gerichtsstands dient, aber zugleich problematisch sein kann, wenn die Verwertung dieses Gegenstands unter der Steuerung des fremden Hauptverfahrens Schwierigkeiten mit sich bringt. Es ist ein Mindestmaß an Organisation erforderlich. Die gelegentliche Tätigkeit an jenem Ort reicht auch nicht aus,[249] so dass Dienstleistungen des Schuldners wegen ihrer Flüchtigkeit jedenfalls als solche unbeachtlich bleiben. Schaut man auf die Gläubigerperspektive, ist danach zu fragen, ob eine nach außen, also marktgerichtete Tätigkeit vorliegt,[250] die jedoch weder mit Gewinnerzielungsabsicht verbunden sein noch sonst eine besondere Qualität aufweisen muss. Ein betriebsinternes Warenlager ohne jegliche Außenaktivität genügt aber nicht.[251] Eine

---

[246] BGH NZI 2012, 377 Rn. 7; Rauscher/*Mäsch*, EuZPR/EuIPR, 4. Aufl., Art. 3 EG-InsVO, Rn. 32. AA *Smid* ZInsO 2013, 953, 968.
[247] BGH NZI 2012, 377 Rn. 6 = ZIP 2012, 782, 783.
[248] BGH NZI 2011, 120 Rn. 4 = ZIP 2011, 389, 390; *Fritz/Bähr* DZWIR 2001, 221, 231; *M.-Ph. Weller* ZHR 169 (2005), 570, 586 f.; wohl auch *Becker* ZEuP 2002, 287, 301.
[249] So jetzt EuGH v. 20.10.2011 – Rs. C-396/09 (Interedil Srl, in Liquidation/Fallimento Interedil Srl, Intesa Gestione Crediti SpA), ZIP 2011, 2153 = NZI 2011, 990, Rn. 61 ff. = EU:C:2011:671; *GA Kokott*, Schlussanträge v. 10.3.2011 – Rs. C-396/09 (Interedil Srl, in Liquidation/Fallimento Interedil Srl, Intesa Gestione Crediti SpA), ZIP 2011, 918 Rn. 78 = EU:C:2011:132 unter Hinweis auf *Virgós/Schmit*, Erläuternder Bericht, Rn. 71.
[250] *Virgós/Schmit*, Erläuternder Bericht, Rn. 71.
[251] *Leible/Staudinger* KTS 2000, S. 533, 547 (sogar für Verkaufslager); *Carstens*, Die internationale Zuständigkeit im europäischen Insolvenzrecht, 2005, S. 77.

Mindestdauer des Personal- oder Vermögenseinsatzes ist nicht verlangt, sondern lediglich eine gewisse Stabilität und Verfestigung.[252] Der Einsatz **eigener Arbeitnehmer** ist nicht notwendigerweise erforderlich, wenn die eingesetzten Personen nach außen hin für den Schuldner auftreten.[253] Auch ein Büro mit einer **Ein-Mann-Besetzung** kann genügen.[254] Nach Auffassung des EuGH kann eine Niederlassung auch in dem Mitgliedstaat bestehen, in dem sich der satzungsmäßige Sitz der Schuldnergesellschaft befindet, solange der COMI in einem anderen Mitgliedstaat belegen ist (sogleich Rn. 96) (näher → Art. 2 Rn. 57 ff.).[255]

96 **3. In einem Mitgliedstaat bei Vorliegen des COMI in einem anderen Mitgliedstaat.** Die Niederlassung muss in einem Mitgliedstaat belegen sein, während der COMI des Schuldners in einem anderen Mitgliedstaat zu verorten ist. Es versteht sich daher die Eröffnung eines Partikularverfahrens, wenn der COMI im Gebiet des angerufenen Forumstaats belegen ist;[256] denkbar ist allein, dass ein anderer Mitgliedstaat trotz Fehlen eines COMI in diesem Staat **fälschlich das Hauptverfahren eröffnet** hat. Dann kann a maiore ad minus das Sekundärverfahren eröffnet werden, wenn ein entsprechender Antrag gestellt ist oder er in diesen umgedeutet werden kann[257] (→ Art. 102c § 3 EGInsO Rn. 3).

97 **4. Begrenzung der Wirkungen (Abs. 2 S. 2).** Das Partikularverfahren ist seiner Natur nach stets territorial begrenzt auf das in diesem jeweiligen Mitgliedstaat zum Zeitpunkt der Eröffnung belegene Vermögen. Art. 3 Abs. 2 S. 2 ordnet dies ausdrücklich an. Für die Eröffnung gelten die Maßgaben des Art. 2 Nr. 8 einschließlich der seit der Rs. Eurofood geltenden und im reformierten Art. 1 bestätigten Vorverlagerung auf vorläufige Verfahren.[258] Daher kann ua auch die Einsetzung eines vorläufigen Verwalters genügen. Die Begrenzung ist **massebezogen** zu verstehen, nicht streng territorial. Das ergibt sich auch aus dem Rückholrecht des Art. 21 Abs. 2 S. 1, das keinen Sinn hätte, wenn sich das Sekundärverfahren ohnedies auf das tatsächlich zu dem jeweiligen Zeitpunkt im Niederlassungsstaat belegene Vermögen begrenzen würde. Entscheidend ist die Zugehörigkeit zu der Masse des Sekundärverfahrens im Zeitpunkt seiner Eröffnung. Daher bleiben Gegenstände, die nach Eröffnung entfernt werden, Massebestandteil. Auch **Anfechtungsansprüche**, die sich naturgemäß auf vor der Eröffnung ausgeschiedene Gegenstände beziehen, sind massezugehörig (vgl. Art. 21 Abs. 2 S. 2; zur umstrittenen Erweiterung dieser Regelung auf andere Befugnisse → Art. 21 Rn. 18). Daraus können sich Abgrenzungsprobleme hinsichtlich der Befugnisse und Zuständigkeiten von Haupt- und Sekundärinsolvenzverwalter ergeben (dazu → Art. 21 Rn. 14). Zur Forderungsanmeldung und damit zur Passivmasse des Sekundärverfahrens vgl. → Art. 45 Rn. 10.

98 **5. Sekundärinsolvenzverfahren (Abs. 3). a) Definition.** Abs. 3 definiert den Begriff des Sekundärinsolvenzverfahrens. Ein solches Verfahren liegt immer dann vor, wenn ein Hauptverfahren geführt wird, sei es, weil dieses schon vor dem Sekundärverfahren eröffnet wurde, sei es, weil das jetzige Sekundärverfahren als isoliertes Partikularverfahren eröffnet wurde und sich dann nach Eröffnung des Hauptverfahrens im COMI-Staat in ein Sekundärverfahren umwandelt nach näherer Maßgabe von Art. 50 f. Mit der Einordnung als Sekundärinsolvenzverfahren wird zugleich implizit der Anwendungsbereich der Regeln der Art. 34 ff. eröffnet.

99 **b) Unerheblichkeit der Verfahrensart.** Art. 3 Abs. 3 S. 2 EuInsVO 2000 ordnete wie Art. 27 S. 2 EuInsVO 2000 an, dass ein Sekundärverfahren ein Liquidationsverfahren sein musste, andernfalls fehlte die internationale Zuständigkeit.[259] Diese Beschränkung ist mit dem Reformwerk 2015 entfallen. Die Beschränkung beruhte auf der zweifelhaften Einsicht, eine Niederlassung könne kaum getrennt und einzeln saniert werden; zudem erhöhe ein Sanierungsziel im Sekundärverfahren die Abstimmungskonflikte mit dem Hauptverfahren,[260] wenn die Sanierungsstrategien miteinander kollidieren. Die gesetzliche Anordnung war auch rechtstechnisch auch nicht konsequent umgesetzt (→ 3. Aufl., Art. 3 Rn. 86). Umgekehrt konnte ein **Sekundärinsolvenzverfahren** auch dann eröffnet werden, wenn es sich bei dem Hauptinsolvenzverfahren um ein (einheitlich gedachtes)

---

[252] *Mankowski* NZI 2007, 360 mwN.
[253] AG München NZI 2007, 358, 359.
[254] OGH ÖJZ 2007, S. 325, 327; *Mankowski* NZI 2007, 360 mwN zum niederländischen und belgischen Schrifttum.
[255] EuGH v. 4.9.2014 – Rs. C-327/13 (Burgo Group SPA/Illochroma SA), ZIP 2014, 2513 = EU:C:2014:2158 Rn. 31.
[256] Duursma-Kepplinger/Duursma/Chalupsky/*Duursma-Kepplinger* Art. 3 Rn. 71; MüKoBGB/*Kindler* Art. 3 EuInsVO Rn. 57.
[257] AG Mönchengladbach ZIP 2004, 1064, 1065 = NZI 2004, 383; *Thole* ZIP 2018, 401, 408.
[258] Vgl. auch → Art. 2 Rn. 23.
[259] HKInsO/*Dornblüth* Art. 3 Rn. 23.
[260] *Virgos/Schmit*, Erläuternder Bericht, Rn. 144.

Sanierungs- und Reorganisationsverfahren handelt.[261] Dies hat der **EuGH** („Bank Handlowy") konsequent bejaht, weil die Verfahrensart des Hauptverfahrens für das Sekundärverfahren nach der EuInsVO irrelevant ist und der Verwalter des Hauptverfahrens auf die freilich lückenhaften Instrumente in Art. 31 ff. EuInsVO 2000 beschränkt ist. Fraglich ist allerdings die Annahme des EuGH, dass das Gericht des Sekundärverfahrens in diesen Fällen die Insolvenzgründe selbst dann nicht prüfen darf, wenn diese Prüfung im Hauptverfahren nicht erfolgt.[262] (→ Art. 34 Rn. 17, 20).

Nach dem **Wegfall des Art. 3 Abs. 3 S. 2 EuInsVO 2000** kommt es daher nicht mehr darauf 100 an, welcher Art das Sekundärverfahren ist, ob es ein Sanierungsverfahren im eigentlichen Sinne oder ein Liquidations- oder ein Einheitsverfahren ist.

6. Isoliertes Partikularverfahren (Abs. 4). a) Anwendbare Regeln. Ein isoliertes Partiku- 101 larverfahren „nach Absatz 2" kann unter bestimmten, in Absatz 4 definierten Voraussetzungen eröffnet werden, wenn **noch kein Hauptinsolvenzverfahren eröffnet ist**. Wird dann später das Hauptverfahren eröffnet, wird das isolierte Partikularverfahren zum gewöhnlichen Sekundärverfahren (Abs. 4 S. 2). Die Eröffnung des isolierten Partikularverfahrens setzt auch deshalb gleichfalls voraus, dass eine **Niederlassung** in dem betreffenden Mitgliedstaat vorhanden ist. Die internationale Zuständigkeit folgt daher aus Art. 3 Abs. 2, während Abs. 4 nur **zusätzliche Voraussetzungen** normiert. Daher muss der Schuldner seinen COMI in einem anderen Mitgliedstaat als dem Niederlassungsstaat haben. Die für das Sekundärverfahren geltenden Regeln in Art. 34 ff. gelten auch für isolierte Partikularverfahren, insbesondere die Kollisionsnorm des Art. 35, soweit nicht sich etwas anderes daraus ergibt, dass ein Hauptverfahren nicht eröffnet ist. Die Kooperationsregelungen in Art. 41–44 können demnach kraft Natur der Sache nur für das Sekundärverfahren greifen. Was die **Passivmasse** des isolierten Partikularverfahrens angeht, so kommt die Regel zur **Mehrfachanmeldung** des Art. 45 nicht zum Tragen. Es sind richtigerweise nur die der Niederlassung und damit dem Partikularverfahrensstaat zuzuordnenden Verbindlichkeiten zu berücksichtigen.[263] Man sollte hier allerdings nicht ausschließlich auf den Wohnsitz des Gläubigers abstellen,[264] sondern den Gleichschluss mit Art. 3 Abs. 4 lit. b) i) ermöglichen. Der Niederlassungsbezug wird demnach entweder durch den Sitz oder den gewöhnlichen Aufenthalt des Gläubigers in diesem Staat oder durch den Bezug zum Betrieb der Niederlassung hergestellt.

b) Besondere Voraussetzungen. aa) Fehlende Insolvenzfähigkeit des Schuldners 102 **(Abs. 4 lit. a).** Art. 3 Abs. 4 lit. a betrifft die Fälle, in denen der Schuldner nach dem Recht des für das Hauptverfahren zuständigen Mitgliedstaats nicht insolvenzfähig ist. Das trifft beispielsweise auf **Nichtkaufleute in Frankreich** oder juristische Personen des öffentlichen Rechts (vgl. § 12 InsO) zu oder wenn das Hauptverfahren kein Verfahren nach Anhang A wäre.[265] Die Vorschrift rüttelt insofern nicht an dieser Zulässigkeitsvoraussetzung, ermöglicht aber als Ausweichlösung die Einleitung eines Partikularverfahrens im Staat der Niederlassung.[266] In diesem Fall ist jeder Gläubiger, auch ein Gläubiger aus dem für das Hauptverfahren an sich zuständigen Mitgliedstaat, antragsberechtigt.[267] Darüber hinaus ist auch ein **Eigenantrag** möglich, soweit und weil die lex fori concursus secondarii dies vorsieht.

Unklar war, welche Bedeutung dem Passus **„angesichts der Bedingungen ..."** zukommt. 103 Man könnte dies dahingehend auslegen, ein Partikularverfahren sei auch dann möglich, wenn die Eröffnung eines Hauptverfahrens (lediglich) an der fehlenden Antragsberechtigung des dortigen Antragstellers scheitert. Mit Urteil vom 17.11.2011 hat der **EuGH** geklärt, welcher Inhalt dem in Art. 3 Abs. 4 lit. a zukommt.[268] Der Ausdruck ist nach Auffassung des EuGH dahin auszulegen, dass er sich *nicht* auf die Voraussetzungen bezieht, nach denen bestimmte Personen aus dem Kreis derjenigen ausgeschlossen sind, die befugt sind, die Eröffnung eines solchen Verfahrens zu beantragen. M.a.W. das Verfahren muss **objektiv unmöglich** sein und darf nicht lediglich daran scheitern, dass eine bestimmte Person nicht antragsberechtigt ist. Mit der Antwort auf die zweite Vorlagefrage stellte

---

[261] EuGH v. 22.11.2012 – Rs. C-116/11 (Handlowy/Christianapol), NZI 2013, 106 = EU:C:2012:739 Rn. 63.
[262] EuGH v. 22.11.2012 – Rs. C- 116/11 (Handlowy/Christianapol), NZI 2013, 106 = EU:C:2012:739 Rn. 74 gegen *GA Kokott*, Schlussanträge v. 24.5.2012 – Rs. C-116/11 (Handlowy), ZIP 2012, 1133, 1137 Rn. 72 ff.
[263] Ähnlich, aber nuanciert anders MüKoBGB/*Kindler* Art. 3 Rn. 80, der ungenau von „inländischen Gläubigern" spricht und damit den Gleichschluss mit Art. 3 Abs. 4 lit. b) herstellen will; *Paulus*, Europäische Insolvenzverordnung, Art. 3 Rn. 60.
[264] Vallender/*Vallender/Zipperer* Art. 3 Rn. 46.
[265] *Paulus*, Europäische Insolvenzverordnung, Art. 3 Rn. 59; *Wienberg/Sommer* NZI 2005, 353, 355 unter Verweis auf eine unveröfftl. Entscheidung des AG Charlottenburg.
[266] Duursma-Kepplinger/Duursma/Chalupsky/*Duursma-Kepplinger* Art. 3 Rn. 88.
[267] Vallender/*Vallender/Zipperer* Art. 3 Rn. 50; bereits zur EuInsVO 2000: KPB/*Kemper* Art. 3 Rn. 39.
[268] EuGH v. 17.11.2011 – Rs. C-112/10 (Procureur-generaal bij het hof van beroep te Antwerpen/Zaza Retail BV), NZI 2012, 101 = EU:C:2011:743 mit zust. Anmerkung *Mankowski* NZI 2012, 103.

der EuGH sodann noch mit Recht fest, der **Begriff „Gläubiger"** in Art. 3 Abs. 4 lit. b) EuInsVO 2000, sei dahin auszulegen, dass er eine allein im Allgemeininteresse tätige Behörde eines Mitgliedstaats nicht umfasst, die weder als Gläubiger noch im Namen und für Rechnung der Gläubiger eingreift.[269] Dieses Problem ist durch Einfügung des Art. 3 Abs. 4 lit. b ii) aber **vom Verordnungsgeber der Reform anders gelöst worden.**

104 **bb) Antrag des Gläubigers (Abs. 4 lit. b) i))**. Nach Art. 3 Abs. 4 lit. b) i) ist die Eröffnung eines isolierten Partikularverfahrens in bestimmten Fällen auf Gläubigerantrag möglich. Allerdings hat die EuInsVO 2015 die frühere Beschränkung, nach der nur Gläubiger **antragsberechtigt sind,** die im Mitgliedstaat der Niederlassung ihren Wohnsitz, gewöhnlichen Aufenthalt oder Sitz haben, aufgegeben. Diese Beschränkung galt nach Auffassung des EuGH nur für das isolierte Partikularverfahren, nicht für das Sekundärverfahren nach Abs. 2 (→ 3. Aufl., Art. 3 Rn. 92 ff).[270]

105 Erforderlich ist weiterhin, dass die Forderung sich **aus dem Betrieb der Niederlassung ergeben oder damit im Zusammenhang** stehen muss. Damit wird insbesondere auch **ausländischen Gläubigern** eine Antragstellung ermöglicht.[271] Wann sich eine Forderung „aus dem Betrieb" der Niederlassung ergibt, lässt die Verordnung offen. Man wird jedoch insoweit auf die Rechtsprechung des EuGH zu dem wortgleichen Art. 7 Nr. 5 EuGVVO zurückgreifen können.[272] Danach muss es sich um eine Forderung handeln, die herrührt aus vertraglichen oder außervertraglichen Rechten und Pflichten in Bezug auf die eigentliche Führung der Niederlassung, oder eine Verbindlichkeit, die von der Niederlassung im Namen des Stammhauses eingegangen wurde oder sich aus einer außervertraglichen Tätigkeit der Niederlassung ergibt.[273] Es ist nicht erforderlich, dass der Erfüllungsort der Verpflichtungen an diesem Ort belegen ist.[274] Umgekehrt kann der Erfüllungsort am Sitz der Niederlassung bei den am Hauptsitz begründeten Verpflichtungen den Ortsbezug herstellen.[275] Auf die Art der Forderung kommt es demnach nicht an, auch Steuerforderungen sind beispielsweise erfasst.[276]

106 Mit dem Passus „aus dem Zusammenhang" wird deutlich, dass die Prüfung des Entstehens der Forderung „aus dem Betrieb" entbehrlich sein kann. Ein gewisser, freilich richtigerweise nicht jeder lose Zusammenhang mit dem Betrieb der Niederlassung genügt.

107 **cc) Eröffnungsgründe.** Für die Eröffnungsgründe gelten über den gleichfalls heranzuziehenden Art. 7 und insbesondere Art. 7 Abs. 2 Hs. 1 die Regeln der lex fori concursus particularis. Darin liegt ein Unterschied zum **Sekundärverfahren,** bei dem kraft ausdrücklicher Anordnung des Art. 34 S. 1 die **Eröffnungsgründe nicht geprüft werden müssen.**[277] Die Ermittlung von Überschuldung, soweit als **Insolvenzgrund** wie in Deutschland (§ 19 InsO) anerkannt, und Zahlungsunfähigkeit wirft die Frage auf, **welche Vermögensbestandteile oder Geldmittel** in die Betrachtung einzustellen sind.[278] Die Betrachtung ist auch deshalb schwierig, weil die Niederlassung gerade nicht rechtlich selbständig ist,[279] so dass es gar nicht um ihre Verbindlichkeiten oder Vermögenswerte geht. Bei der Zahlungsunfähigkeit spricht der intendierte Schutz der mit der Niederlassung verbundenen Gläubiger allerdings dafür, nur die im Niederlassungsstaat vorhandenen liquiden Mittel zu berücksichtigen. Es wäre demnach beispielsweise unzulässig, von einer Zahlungseinstellung im Niederlassungsstaat auf die Zahlungsunfähigkeit selbst dann zu schließen, wenn in einem anderen Mitgliedstaat fällige Zahlungen noch erbracht werden. Auch hinsichtlich der **Schuldenmasse** sprechen der Erwägungsgrund Nr. 37 und der dort zum Ausdruck gebrachte Schutz der „Niederlassungsgläubiger" (lokalen Gläubiger) für eine **territoriale Begrenzung,** wenngleich zugegebenermaßen weltweite Transfers von Vermögenswerten und liquiden Mitteln damit außer Betracht blieben. Für die **Über-**

---

[269] EuGH v. 17.11.2011 – Rs. C-112/10 (Procureur-generaal bij het hof van beroep te Antwerpen/Zaza Retail BV), NZI 2012, 101 Rn. 27 ff. = EU:C:2011:743.
[270] EuGH v. 4.9.2014 – Rs. C-327/13 (Burgo Group SPA/Illochroma SA), ZIP 2014, 2513 = EU:C:2014:2158 Rn. 48.
[271] Bereits zur EuInsVO 2000: KPB/*Kemper* Art. 3 Rn. 43; Duursma-Kepplinger/Duursma/Chalupsky/ *Duursma-Kepplinger* Art. 3 Rn. 93.
[272] → 2. Aufl., Art. 3 Rn. 77; Pannen/*Pannen* Art. 3 Rn. 131.
[273] EuGH v. 22.11.1978 – Rs. 33/78 (Somafer/Saar-Ferngas AG), Slg. 1978, 2183, 2193 Rn. 12 = EU:C:1978:205.
[274] EuGH v. 6.4.1995 – Rs. C-439/93 (Lloyd's Register of Shipping ./. Société Campenon Bernard), Slg. 1995, I-961 Rn. 22 = RIW 1995, 585 = EWS 1995, 194 = EU:C:1995:104.
[275] → 2. Aufl., Art. 3 Rn. 77 mit dem Beispiel von Arbeitsleistungen.
[276] Virgos/Schmit, Erläuternder Bericht, Rn. 85.
[277] → Art. 34 Rn. 21.
[278] Mankowski ZIP 1995, 1652, 1658. Differenzierend *Wimmer* ZIP 1998, 982, 986 f.; MüKoBGB/*Kindler* Art. 3 Rn. 75; Vallender/*Vallender/Zipperer* Art. 3 Rn. 63; → 2. Aufl., Art. 3 Rn. 78.
[279] Zur Tochtergesellschaft → Art. 2 Rn. 58.

schuldung (balance sheet insolvency) kann konsequenterweise entgegen Stimmen in der Literatur[280] nichts anderes gelten,[281] zumal sich Zahlungsunfähigkeit und Überschuldung als zwei Seiten einer Medaille darstellen.[282] Das an sich richtige Argument, die Überschuldung ließe sich nur mit Blick auf den Schuldner als Rechtsträger sinnvoll aufstellen,[283] könnte man auch auf die Zahlungsunfähigkeit, die ebenfalls eine bilanzielle Betrachtung voraussetzt, übertragen. Für die territoriale Ermittlung müssen demnach also die Vermögenswerte und die niederlassungsbezogenen Verbindlichkeiten eingestellt werden, die der Niederlassung räumlich zugeordnet werden können. Das wird in aller Regel schwierig sein, insbesondere hinsichtlich zu erwartender Finanzspritzen Dritter. Selbstredend reicht in allen Fällen die weltweite Zahlungsunfähigkeit oder, soweit anwendbar, Überschuldung, erst recht aus. Allgemein zur **Passivmasse** des isolierten Partikularverfahrens → Rn. 101.

dd) Antrag einer Behörde (Abs. 4 lit. b) ii)). Nach lit. b ii) ist auch der Antrag einer **108** Behörde geeignet, zur Eröffnung des Partikularverfahrens zu führen, wenn diese Behörde nach der prospektiven lex fori concursus particularis, also dem an der Niederlassung geltenden Recht, zur Antragstellung befugt. Gefragt werden muss daher erstens danach, ob das Recht des Niederlassungsstaats einen Insolvenzantrag einer Behörde ermöglicht (Reichweite der insolvenzrechtlichen Antragsbefugnisse), und zweitens, ob die in casu antragstellende Behörde nach den einschlägigen Regeln (zB des Verwaltungsrechts) die Kompetenz hat, von der durch das Insolvenzrecht gewährten Antragsbefugnis Gebrauch zu machen (Anwendung auf die konkrete Behörde).

IX. Zuständigkeit für Neben- und Annexentscheidungen

1. Nebenentscheidungen und Sicherungsmaßnahmen. Art. 3 regelt nach seinem Wortlaut **109** nur die internationale Zuständigkeit für die Eröffnung des Verfahrens. Art. 32 Abs. 1 S. 1 kennt gleichwohl auch eine Anerkennungsregel für Entscheidungen über die **Durchführung und Beendigung des Insolvenzverfahrens,** wie beispielsweise die Entscheidungen über die Verwalterbestellung, mit der Eröffnungsentscheidung korrespondierende weitere Anordnungen etc. Es ist davon auszugehen, dass die internationale Zuständigkeit für diese der Eröffnung untergeordneten Entscheidungen implizit in **Art. 3 mitgeregelt** ist und dem danach zuständigen Mitgliedstaat zugewiesen ist. Andernfalls ergäbe sich eine absurde Spaltung der Zuständigkeiten. Gleiches gilt richtigerweise für die in Art. 32 Abs. 1 Unterabs. 3 genannten Sicherungsmaßnahmen,[284] wie Erwägungsgrund Nr. 36 zeigt. Davon zu unterscheiden ist die Frage, wie es um die Zuständigkeit für eigenständige Annexentscheidungen bestellt ist; dies ist in Art. 6 geregelt.

2. Annexentscheidungen. Zu den **Annexentscheidungen** gehören Entscheidungen in Verfahren, die typischerweise mit der Insolvenz und dem Insolvenzverfahren verknüpft sind, aber doch als eigenständige Prozesse und Rechtsstreitigkeiten geführt werden. Die Zuständigkeit für solche Annexklagen ergibt sich aus Art. 6 bzw. bei Fehlen der dort normierten Voraussetzungen aus der EuGVVO. Als eigenständige Verfahren gehen sie über bloß verfahrensleitende Anordnungen hinaus. Prototyp ist der **Insolvenzanfechtungsprozess.** Im Einzelnen ist abzugrenzen zwischen insolvenztypischen Annexverfahren und den meist nach der EuGVVO zu behandelnden entfernteren Annexverfahren. Auf die Kommentierung zu Art. 6 wird verwiesen.

Art. 4 Prüfung der Zuständigkeit

(1) ¹**Das mit einem Antrag auf Eröffnung eines Insolvenzverfahrens befasste Gericht prüft von Amts wegen, ob es nach Artikel 3 zuständig ist.** ²**In der Entscheidung zur Eröffnung des Insolvenzverfahrens sind die Gründe anzugeben, auf denen die Zuständigkeit des Gerichts beruht sowie insbesondere, ob die Zuständigkeit auf Artikel 3 Absatz 1 oder Absatz 2 gestützt ist.**

(2) ¹**Unbeschadet des Absatzes 1 können die Mitgliedstaaten in Insolvenzverfahren, die gemäß den nationalen Rechtsvorschriften ohne gerichtliche Entscheidung eröffnet werden, den in einem solchen Verfahren bestellten Verwalter damit betrauen, zu prüfen, ob**

---

[280] Mankowski ZIP 1995, 1650, 1658 f.; *Wimmer* ZIP 1998, 982, 986 f.; vgl. KPB/*Madaus* Art. 3 Rn. 57; MüKoBGB/*Kindler* Art. 3 Rn. 78; *Brinkmann,* European Insolvency Regulation, Art. 3, Rn. 58.
[281] Vgl. auch *Paulus,* Europäische Insolvenzverordnung, Art. 3 Rn. 54 ff.
[282] *Thole,* Gläubigerschutz durch Insolvenzrecht, S. 78.
[283] MüKoBGB/*Kindler* Art. 3 Rn. 78.
[284] Für eine analoge Anwendung: MüKoBGB/*Kindler* Art. 3 Rn. 83; Pannen/*Riedemann* Art. 25 Rn. 29 f., *Virgós/Schmit,* Erläuternder Bericht, Rn. 78; Gebauer/Wiedmann/*Haubold,* Zivilrecht unter europäischem Einfluss, Kap. 32 Rn. 80.

der Mitgliedstaat, in dem der Antrag auf Eröffnung des Verfahrens anhängig ist, gemäß Artikel 3 zuständig ist. ²Ist dies der Fall, führt der Verwalter in der Entscheidung zur Verfahrenseröffnung die Gründe auf, auf welchen die Zuständigkeit beruht sowie insbesondere, ob die Zuständigkeit auf Artikel 3 Absatz 1 oder Absatz 2 gestützt ist.

I. Normzweck

1   Die Vorschrift hat keinen direkten Vorläufer in der EuInsVO 2000. Es geht ihr darum, den mitgliedstaatlichen Gerichten eine klarere Handreichung für die Prüfung grenzüberschreitender Sachverhalte zu geben. Es soll die Anwendung des Zuständigkeitsregimes und damit die Prüfung des COMI gestärkt werden, weil sich mitgliedstaatliche Gerichte nicht darauf „ausruhen" können, dass **keine Anträge seitens der Beteiligten gestellt** sind. Insbesondere darf das Gericht grundsätzlich nicht ohne weiteres das Vorbringen des Antragstellers zugrunde legen, weil dies sonst ein Forum Shopping und Insolvenztourismus zu leicht machte.[1] Dessen Abwehr will die EuInsVO vorsehen,[2] siehe Erwägungsgrund Nr. 29. Damit soll Art. 4 zugleich europaweit einheitliche Maßstäbe schaffen. Das gilt auch für die **Begründungspflicht** nach Art. 4 Abs. 1 S. 2 und Abs. 2 S. 2. Sie enthält die verbindliche Vorgabe, die Zuständigkeitsannahme zu begründen, auch wenn nach nationalem Recht Eröffnungsentscheidungen grundsätzlich nicht begründet werden. Auch damit werden das COMI-Prinzip und zugleich das **Prinzip gegenseitigen Vertrauens** gestärkt. Denn dieses Vertrauen kann sich nur dort entwickeln, wo das Anerkennungsgericht und das Gericht eines Zweitstaats davon ausgehen dürfen, das Erstgericht sei sich der Anwendbarkeit der EuInsVO bewusst geworden und habe sich über die Eröffnung als Haupt- oder Partikularverfahren Gedanken gemacht.[3] Zugleich ist mit der Begründung der Zuständigkeit die Grundlage für die Überprüfung durch Rechtsmittel nach Art. 5 gelegt.

II. Prüfung von Amts wegen durch das Gericht (Abs. 1 Satz 1)

2   **1. Prüfung von Amts wegen.** Die Vorschrift des Art. 4 Abs. 1 legt fest, dass für die Prüfung der Zuständigkeit das Offizialprinzip gilt. Danach hat ein mit der Eröffnung eines Insolvenzverfahrens befasstes Gericht seine Zuständigkeit von Amts wegen zu prüfen. Eine Prüfung von Amts wegen bedeutet, dass das Gericht auch dann eine Entscheidung über die Zuständigkeit treffen muss, wenn die Parteien nichts vorgetragen oder beantragt haben, und es darf einer Entscheidung nicht ausweichen, weil eine Partei nichts vorgetragen hat. An abweichenden Vortrag ist es nicht gebunden. Die Parteien können nicht über die Entscheidung disponieren.

3   **2. Aus Art. 4 abgeleitete Amtsermittlungspflicht. Entscheidung von Amts wegen** und **Amtsermittlungspflicht** (Untersuchungsgrundsatz statt Beibringungs-/Verhandlungsgrundsatz) sind **unterschiedliche Dinge.**[4] Das AG Charlottenburg ging dementsprechend aus, es habe gemäß Art. 4 eine Prüfungs-, aber keine Amtsermittlungspflicht.[5] Richtigerweise verbindet sich aber mit Art. 4 auch der Untersuchungsgrundsatz und damit eine aus dem Unionsrecht abgeleitete Amtsermittlungspflicht.[6] Gemeint ist nicht nur die Pflicht zur Entscheidung von Amts wegen, sondern auch die in **ihrem Umfang allerdings noch zu konturierende Pflicht,** die dafür maßgeblichen Umstände zusammenzutragen. Dafür lässt sich die englische Sprachfassung heranziehen, die von „examine" spricht, und auch „prüfen" in der deutschen Fassung ist mehr als bloßes Entscheiden. Freilich ließe sich auch annehmen, dass die Pflicht zur Prüfung nichts darüber aussagt, wie die für die Prüfung relevanten Umstände zu ermitteln sind. Selbst wenn man daher mit Art. 4 Abs. 1 einen Untersuchungsgrundsatz als unionsrechtliche Vorgabe verbindet, bleibt mithin unklar, wie weit dieser Untersuchungsgrundsatz im Zusammenspiel mit dem anwendbaren Verfahrensrecht reicht. Erwägungsgrund Nr. 32 formuliert wie folgt: „*Das Gericht sollte in allen Fällen, in denen die Umstände des Falls Anlass zu Zweifeln an seiner Zuständigkeit geben, den Schuldner auffordern, zusätzliche Nachweise für seine Behauptung vorzulegen, und, wenn das für das Insolvenzverfahren geltende Recht dies erlaubt, den Gläubigern des Schuldners Gelegenheit geben, sich zur Frage der Zuständigkeit zu äußern."* Daraus lässt sich ableiten, dass die grundsätzliche Entscheidung für eine Amtsermittlung es nicht versperrt, dass

---

[1] Vgl. Vallender/*Vallender/Zipperer* Art. 4 Rn. 1.
[2] Siehe Erwägungsgrund Nr. 29–32; Vgl. zu den Erwägungsgründen Vallender/*Zipperer* ErwG Rn. 6; EuGH v. 14.11.2018 – Rs. C-296/17 (Wiemer & Trachte), NZI 2018, 994 Rn. 34 = ECLI:EU:C:2018:902; Vgl. auch *Smid* ZInsO 2018, 766, 769.
[3] Vgl. auch Mankowski/Müller/J. Schmidt/*Mankowski* Art. 4 Rn. 1.
[4] *Brinkmann*, FS Prütting, S. 627, 635.
[5] AG Charlottenburg ZInsO 2018, 111 (Nichtabhilfebeschluss vom 4.1.2018); so auch Vallender/*Vallender/Zipperer* Art. 4 Rn. 5 (Prüfungspflicht); Uhlenbruck/*Knof* Art. 4 Rn. 7.
[6] **AA** K. Schmidt/*Brinkmann* Art. 4 Rn. 6 (iE) (nur Überprüfungspflicht).

prozessuale Mitwirkungspflichten und Darlegungslasten eingreifen. Für diese Pflichten muss die lex fori greifen. Es handelt sich mithin bei der so noch auszudifferenzierenden Amtsermittlungspflicht um eine echte Pflicht des Gerichts. Dass unionsrechtlich keine Sanktion festgelegt ist, schließt prozessuale Folgen bei Verletzung der Pflicht gemäß innerstaatlichem Recht nicht aus, weil dann ein auch in der Rechtsbeschwerde beachtlicher **Ermittlungs- und Verfahrensfehler** vorliegt. Art. 4 enthält daher richtigerweise eine eingeschränkte verordnungsautonome Amtsermittlungspflicht,[7] die allerdings gewisse Mitwirkungspflichten der Parteien nach der lex fori nicht ausschließt und auch im Übrigen auf das anwendbare Verfahrensrecht des Eröffnungsstaats verweist.[8] Insofern sind die Unterschiede zu den Auffassungen, die eine unionsrechtliche Amtsermittlungspflicht ablehnen,[9] nicht groß. Beide Auffassungen lassen den Rückgriff auf das nationale Recht zu, erkennen aber durchaus an, dass Art. 4 auch eine gewisse Vorgabe an die Prüfung und Ermittlung macht.

In Deutschland besteht freilich ohnehin der **Amtsermittlungsgrundsatz des § 5 InsO**, so dass das Gericht von sich aus alle relevanten Umstände ermitteln muss (schon bei → Art. 3 Rn. 15). Die in Erwägungsgrund Nr. 32 genannte Aufforderung an die Gläubiger zur Äußerung ist also in Deutschland schon deshalb nach deutschem Insolvenzrecht erlaubt, weil insoweit der Amtsermittlungsgrundsatz des § 5 InsO gilt.[10] Wird die Gläubigerperspektive nicht hinreichend in die Entscheidung einbezogen, verstößt das Gericht damit gegen verfahrensrechtliche Anforderungen, was die Entscheidung rechtsfehlerhaft macht. Wie stets kommt es dann für die Reichweite der Ermittlungspflicht auf die **Umstände des Einzelfalls** an. Ermittlungspflicht bedeutet nicht, dass etwa stets ein Sachverständiger einzusetzen und ein Beweis zu erheben wäre.[11] Das wäre schon deshalb kaum praktisch, weil Art. 2 Nr. 7 schon in der Bestellung eines (schwachen) vorläufigen Verwalters eine Eröffnungsentscheidung erkennt. Generell wird man vom Gericht nur dann weitergehende Prüfungen und Ermittlungen verlangen können, wenn der Fall erkennbar grenzüberschreitende Bezüge offenbart, was hier allerdings häufig so sein wird. Dann ist es dem Gericht zumindest zumutbar, die in Erwägungsgrund Nr. 32 angesprochenen Befragungen der Gläubiger vorzunehmen und ggf. weitere Nachweise anzufordern. 4

Fehlen dagegen anfängliche Zweifel und wird erst im Laufe des weiteren Verfahrensgangs deutlich, dass der COMI womöglich auch in einem anderen Mitgliedstaat belegen ist, muss sodann weiter geprüft werden. Richtigerweise endet die Pflicht des Gerichts nicht schon mit dem Erlass einer Sicherungsmaßnahme im deutschen Insolvenzeröffnungsverfahren, obwohl das Verfahren dann bereits aus Sicht der EuInsVO eröffnet ist.[12] Vielmehr ergibt sich aus Art. 102c § 2 und § 3 EGInsO, aber auch unionsrechtlich aus dem mit Art. 5 geschaffenen Rechtsbehelf, dass diese Eröffnungsentscheidung korrigierbar ist. Das Unionsrecht gibt insoweit zwar nur vor, dass sie gerade im Rechtsbehelfsverfahren angreifbar ist. Das deutsche Recht erlaubt aber ausweislich der Einstellungsmöglichkeit in Art. 102c § 2 und § 3 EGInsO und nach den allgemeinen Regeln des § 21 InsO[13] insoweit auch eine Aufhebung von Amts wegen (womit sich eine zugleich anhängige sofortige Beschwerde des Art. 5 erledigt). Es ist nicht zu erkennen, dass der Verordnungsgeber diese Möglichkeit der Aufhebung vom Amts wegen untersagen wollte. 5

III. Begründungspflicht des Gerichts (Abs. 1 Satz 2)

Soweit ein Gericht seine Zuständigkeit bejaht (nicht bei Ablehnung[14]), soll es weiter verpflichtet sein anzugeben, auf welche Gründe es seine Zuständigkeit stützt und insbesondere, ob es ein Haupt- oder Sekundärinsolvenzverfahren eröffnen will. Dies ergab sich für das deutsche Recht bereits aus Art. 102 § 2 EGInsO. Eine gewisse mittelbare Bestätigung findet sich in Art. 102c § 5 EGInsO, weil die dort an den Eröffnungsantrag gestellten Anforderungen dem Gericht die Prüfung erleichtern sollen.[15] Zudem ist die (konkludente) Angabe einer Begründung (wenn auch inhaltlich möglicherweise falschen) Begründung durch das Gericht nach hier vertretener Auffassung **positive Anerkennungsvoraussetzung** unter Art. 19 (Art. 19 Rn. 22)[16] und nicht nur unter dem Blickwinkel des ordre public relevant (näher zu den Rechtsfolgen für die Anerkennung siehe dort). Mit der neuen Vorschrift 6

---

[7] Mankowski/Müller/J. Schmidt/*Mankowski* Art. 3 Rn. 75; *Thole* ZIP 2018, 401, 405.
[8] Vgl. schon *Thole* IPRax 2017, 213, 216.
[9] Wie *Brinkmann*, FS Prütting, S. 627, 635.
[10] Vallender/*Vallender/Zipperer* Art. 4 Rn. 5.
[11] Im Ergebnis auch *Brinkmann*, FS Prütting, S. 627, 635.
[12] *Deyda* ZInsO 2018, 221, 230.
[13] Uhlenbruck/*Vallender*, Insolvenzordnung, 14. Aufl. 2015, § 21 InsO Rn. 51.
[14] Mankowski/Müller/J. Schmidt/*Mankowski* Art. 4 Rn. 17: dann lex fori concursus.
[15] Vallender/*Vallender/Zipperer* Art. 102c § 5 EGInsO Rn. 1.
[16] **AA** Vallender/*Vallender/Zipperer* Art. 4 Rn. 7, 14; KPB/*Madaus* Art. 4 EuInsVO Rn. 13; K. Schmidt/*Brinkmann* Art. 4 Rn. 12 (iE).

wird die Begründungspflicht positiviert und den Gerichten in transparenter Weise auferlegt. Diese Pflicht steht im Zusammenhang mit der in Art. 5 vorgesehenen Möglichkeit, gegen die Eröffnungsentscheidung einen Rechtsbehelf einlegen zu können. Inhaltlich ist eine besondere Ausgestaltung der Begründung nicht vorgesehen. Entscheidend ist arg. e. Satz 2. Hs. 2, dass die einschlägige Norm genannt wird. Demnach kann es genügen, wenn das Gericht feststellt, es sei nach Art. 3 Abs. 1 zuständig. Dies genügt, weil dann ersichtlich ist, dass das Gericht die EuInsVO überhaupt in den Blick genommen hat und es zudem ersichtlich ein Hauptinsolvenzverfahren und nicht lediglich ein Territorialverfahren eröffnen wollte. **Unionsrechtlich** ist das Gericht nicht verpflichtet, die tatsächlichen Umstände, die der Entscheidung zugrunde liegen, zu nennen (anders zB Art. 102 § 2 EGInsO).

7   Ist das deutsche Gericht sich der Internationalität des Sachverhalts nicht bewusst gewesen und hat es die Zuständigkeitsannahme nicht begründet, kann es dies **nicht** nach § 4 InsO iVm **§ 319 ZPO korrigieren,** weil der Fehler schon die Willensbildung betraf. Eine Korrektur kommt nur in Betracht, wenn versehentlich eine Verlautbarung des Willens unterblieben ist.[17] Die Begründung hat bei der Eröffnung zu erfolgen, nicht erst nachträglich. Das Gericht kann also nicht durch Anordnung der vorläufigen Verwaltung eröffnen (mit dann beginnender Rechtsmittelfrist nach Art. 5), sodann erst einen **Sachverständigen prüfen** lassen, wo der COMI belegen ist, und erst dann durch vermeintliche Berichtigung des Eröffnungsbeschlusses analog § 319 ZPO begründen. Vielmehr muss die Eröffnung durch Anordnung der Sicherungsmaßnahme bereits nach Art. 4 begründet werden, wobei es aber angesichts der häufigen Zeitnöte genügen dürfte, dass das Gericht von dem COMI ausgeht, solange abweichende Gesichtspunkte noch nicht ermittelt sind. Stellt sich dann durch die Prüfung des Sachverständigen heraus, dass der COMI in einem anderen Mitgliedstaat belegen ist, ist nach Art. 102c § 2 und 3 EGInsO zu verfahren.

8   Fehlt die Begründung, ist dies ein **Verfahrensfehler,** der innerstaatlich im Rechtsbehelfsverfahren u.U. beachtlich sein kann, insoweit entscheidet das nationale Recht. Zur Anerkennung → Art. 19 Rn. 22.

IV. Prüfung von Amts wegen durch den Verwalter (Abs. 2 S. 1)

9   Art. 4 Abs. 2 erfasst den denkbaren Fall, in dem das Insolvenzverfahren nach Maßgabe des nationalen Rechts ohne gerichtliche Entscheidung eröffnet werden kann, zB bei einem *out of court appointment*.[18] Dies kann insbesondere bei insolvenznahen Sanierungsverfahren der Fall sein, die über Art. 1 ebenfalls in den Anwendungsbereich der EuInsVO fallen können. In diesem Fall können die Mitgliedstaaten den Insolvenzverwalter damit betrauen, zu prüfen, ob der Mitgliedstaat, in dem das Verfahren anhängig ist, nach Art. 3 (international) zuständig ist. Der Insolvenzverwalter ist die in Art. 2 Nr. 5 iVm Anhang B definierte Person. Die Mitgliedstaaten betrauen den Insolvenzverwalter mit der Prüfungsaufgabe, indem sie eine entsprechende Vorschrift erlassen (wozu eine Pflicht nicht besteht).

V. Begründungspflicht des Verwalters (Abs. 2 Satz 2)

10 Ist die Prüfungsaufgabe in den Fällen des Abs. 2 Satz 1 auf den Insolvenzverwalter übertragen, muss der Insolvenzverwalter angeben, auf welche Gründe sich die Zuständigkeit stützt. Die sonst dem Gericht obliegende Begründungspflicht (Art. 4 Abs. 1 S. 2) trifft dann den Insolvenzverwalter. Die Begründungspflicht ist eine spezifische, durch die EuInsVO dem Verwalter auferlegte Pflicht. Unklar erscheint, wie rein tatsächlich die Angabe der Begründung erfolgen soll. Einen Beschluss im eigentlichen Sinne kann der Verwalter anders als ein Gericht nicht erlassen. Soweit das nationale Recht keine Vorgaben macht, ist im Zweifel die Begründung im etwa erforderlichen Einleitungsakt zu dokumentieren. Im Übrigen sieht Art. 24 Abs. 2 lit. d) vor, dass die Begründung in die öffentlich bekanntzumachenden Informationen des Europäischen Insolvenzregisters eingestellt wird (→ Art. 24 Rn. 6).[19]

Art. 5 Gerichtliche Nachprüfung der Entscheidung zur Eröffnung des Hauptinsolvenzverfahrens

(1) Der Schuldner oder jeder Gläubiger kann die Entscheidung zur Eröffnung des Hauptinsolvenzverfahrens vor Gericht aus Gründen der internationalen Zuständigkeit anfechten.

---

[17] Paulus, Europäische Insolvenzverordnung, Art. 4 Rn. 6, zu § 319 ZPO Prütting/Gehrlein/*Thole* § 319 Rn. 3.
[18] Mankowski/Müller/J. Schmidt/*Mankowski* Art. 4 Rn. 20.
[19] Vgl. auch *Mock* GPR 2013, 156, 158.

(2) Die Entscheidung zur Eröffnung des Hauptinsolvenzverfahrens kann von anderen als den in Absatz 1 genannten Verfahrensbeteiligten oder aus anderen Gründen als einer mangelnden internationalen Zuständigkeit angefochten werden, wenn dies nach nationalem Recht vorgesehen ist.

Übersicht

	Rn.		Rn.
I. Normzweck	1	b) Art des Rechtsbehelfs und Anwendbarkeit nationalen Rechts	5
II. Recht auf Anfechtung der Eröffnung aus Gründen der internationalen Zuständigkeit (Abs. 1)	2	c) In Deutschland: sofortige Beschwerde (Art. 102c § 4 EGInsO)	11
		d) Rechtsfolgen erfolgreicher Anfechtung	15
1. Voraussetzungen	2	2. Anfechtung der Eröffnungsentscheidung aus anderen Gründen und von anderen Personen (Abs. 2)	16
a) Schuldner und Gläubiger	3		

I. Normzweck

Die seit 26.6.2017 gültige Vorschrift hat keinen direkten Vorläufer in der EuInsVO 2000. Der **1** nach Abs. 1 statthafte Rechtsbehelf gegen die Eröffnungsentscheidung sichert das COMI-Prinzip zusätzlich ab. In Deutschland ist die sofortige Beschwerde statthaft gemäß Art. 102c § 4 EGInsO.

II. Recht auf Anfechtung der Eröffnung aus Gründen der internationalen Zuständigkeit (Abs. 1)

1. Voraussetzungen. Nach Art. 5 Abs. 1 hat der Schuldner und jeder Gläubiger das Recht, **2** die Entscheidung zur Eröffnung des Hauptinsolvenzverfahrens aus Gründen der internationalen Zuständigkeit anzufechten. Damit wird **echtes Sachrecht** und eine Rechtsbehelfsmöglichkeit geschaffen, die nach nationalem Recht des Hauptverfahrensstaats ggf. nicht bestünde. Die **genauen Voraussetzungen des Rechtsbehelfs** bleiben unionsrechtlich offen; der deutsche Gesetzgeber hat, wie im Schrifttum gefordert,[1] die Vorgabe in Art. 102c § 4 EGInsO konkretisiert, indem er auf die sofortige Beschwerde verweist (näher die Kommentierung zu Art. 102c § 4 EGInsO). Der Rechtsbehelf richtet sich gegen die Eröffnung eines Hauptinsolvenzverfahrens. Beim Sekundärinsolvenzverfahren greifen allein etwaige Rechtsbehelfe des nationalen Rechts.

a) Schuldner und Gläubiger. Der in Abs. 1 geschaffene Rechtsbehelf steht sowohl dem **3** Schuldner als auch jedem Gläubiger zu. Gläubiger ist, wer eine Forderung gegen den Schuldner hat. Was den Begriff des **Gläubigers** angeht, so liegt eine großzügige und **autonome Auslegung** nahe. Als Gläubiger müssen alle Personen angesehen werden, die etwas vom Schuldner zu beanspruchen haben;[2] nachrangige Gläubiger zB auch dann, wenn sie am Verfahren nur potentiell teilnahmeberechtigt sind. Es sind nicht nur lokale Gläubiger iSd Art. 2 Nr. 11 gemeint.[3] Eine Beteiligtenstellung im Verfahren, ohne dass Ansprüche an den Schuldner oder die Masse gestellt werden, genügt aber nicht. Doch trotz der damit mittelbar verbundenen Auswirkungen auf die einheitliche Handhabung des Art. 5 darf das nationale Recht erweiternd auch Behörden zur Anfechtung zulassen, wie sich aus Abs. 2 ergibt (→ Rn. 16). Zu den Gläubigern gehören auch solche, die nicht vollständig in das Verfahren eingebunden sind, wie zB **Aussonderungsberechtigte und auch gesicherte Gläubiger** bzw. **Absonderungsberechtigte oder auch**, wie angesprochen, **nachrangige Gläubiger**.[4] Bei **Massegläubigern** ist aber das Rechtsschutzbedürfnis für das Rechtsmittel problematisch, wenn sie in Kenntnis der Eröffnung in dem betreffenden Staat mit dem Verwalter ein Rechtsgeschäft abgeschlossen haben, aus dem sich die Forderung ergibt. Erfasst sind auch **Gläubiger aus Drittstaaten**, weil die EuInsVO insoweit nicht differenziert.[5] Grundsätzlich nicht erfasst sein sollten Gläubiger, die überhaupt nicht in das Verfahren eingebunden werden, etwa bei einem präventiven Restrukturierungsverfahren eine Gruppe von Gläubigern, in deren Rechte nicht eingegriffen werden soll.[6] Das

---

[1] Thole/Swierczok ZIP 2013, 550, 552; über § 6 InsO auch Prager/Keller NZI 2013, 57, 59. Vgl. auch zum Problem Thole ZEuP 2014, 39, 56.
[2] Vallender/Vallender/Zipperer Art. 5 Rn. 3; KPB/Madaus Art. 5 Rn. 3.
[3] Unklar Vallender/Vallender/Zipperer Art. 5 Rn. 3.
[4] Zu letzteren Paulus, Europäische Insolvenzverordnung, Art. 5 Rn. 4.
[5] Bork/van Zwieten/Ringe, Commentary on the European Insolvency Regulation, Art. 5 Rn. 5.11; Vallender/Vallender/Zipperer Art. 5 Rn. 3; Garcimartín ZEuP 2015, 694, 709; KPB/Madaus Art. 5 Rn. 3.
[6] Ebenso Paulus, Europäische Insolvenzverordnung, Art. 5 Rn. 4.

wirft freilich das Problem auf, dass mitunter in dem für die EuInsVO maßgeblichen Eröffnungszeitpunkt ggf. noch unklar ist, in wessen Rechte mit einem Restrukturierungsplan eingegriffen werden soll. Steht indes etwa eine Aussetzung bzw. Stabilisierung am Beginn, ist dies die Eröffnungsentscheidung. Dann können nur der Gläubiger ein Rechtsmittel einlegen, deren Forderungen betroffen sind.

4   Befindet sich der Schuldner in einem **isolierten Partikularverfahren,** ist der Insolvenzverwalter nicht anfechtungsberechtigt, da er nicht die Verwaltungs- und Verfügungsbefugnis über das (gesamte) Vermögen des Schuldners innehat. Befindet sich indes der Schuldner bereits in einem Hauptinsolvenzverfahren und wird nunmehr fälschlich und anerkennungswidrig ein **zweites Hauptinsolvenzverfahren** in einem anderen Mitgliedstaat eröffnet, kann diese zweite Entscheidung ggf. vom Insolvenzverwalter angefochten werden. Dies hängt davon ab, wer nach der lex fori concursus des ersten Verfahrens die Kompetenz genießt, die Verfahrensrechte des Schuldners in einem anderen (hier dem zweiten) Insolvenzverfahren geltend zu machen, ob der Verwalter oder die Gesellschaftsorgane.

5   **b) Art des Rechtsbehelfs und Anwendbarkeit nationalen Rechts.** Art. 4 Abs. 1 statuiert selbst eine Anfechtungsmöglichkeit. Dennoch ist unklar, ob damit ein gänzlich **eigenständiger, unionsrechtlicher Rechtsbehelf** gegeben ist und umgekehrt, ob der Anfechtende, wie im deutschen Recht mit der Verweisung auf die sofortige Beschwerde geschehen, auf nach **nationalem Recht statthafte Rechtsbehelfe** mit den dort jeweils geltenden weiteren Zulässigkeitsvoraussetzungen verwiesen werden darf und generell, ob die in Abs. 1 vorgesehene Anfechtungsmöglichkeit weitere einschränkende Zulässigkeitsvoraussetzungen vorsieht oder das nationale Recht sie einführen darf. Erwägungsgrund Nr. 34 spricht lediglich davon, dass allen Gläubigern ein wirksamer Rechtsbehelf zustehen soll und die „Folgen einer Anfechtung" dem nationalen Recht unterliegen; über die Anfechtung selbst verhält es sich nicht. Dennoch begründet Art. 5 Abs. 1 keinen voraussetzungslosen Rechtsbehelf. Das ergibt sich bereits aus Art. 24 Abs. 2 lit. j), denn danach ist im Insolvenzregister über das Gericht zu informieren, das gemäß Art. 5 für eine Anfechtung zuständig ist und gegebenfalls über die Frist bzw. die Kriterien für die Berechnung dieser Frist. Auch der Zweck gebietet **keine form- und fristfreie Anfechtungsmöglichkeit.** Wird die Information versäumt, kann nach allgemeinen Grundsätzen und unter Berücksichtigung des Effektivitätsgebots mangels Vorwerfbarkeit der Fristversäumung eine Fristverlängerung oder **Wiedereinsetzung** in Betracht kommen.

6   Vor diesem Hintergrund muss man die Einzelheiten der Anfechtung der jeweiligen lex fori concursus überlassen; die zugehörige Kollisionsnorm wäre Art. 7 Abs. 1.[7] In allen Fällen ist aber zu prüfen, dass etwaige weitere Zulässigkeitsvoraussetzungen, die das nationale Recht aufstellt, mit dem **Effektivitätsgrundsatz** (effet utile) vereinbar sein müssen und die praktische Wirksamkeit der Verordnung nicht unterlaufen dürfen. Das wäre etwa dann der Fall, wenn in diesem frühen Verfahrensstadium übermäßige Anforderungen an den Nachweis der Gläubigerforderung gestellt würden oder die Anfechtungsfrist unangemessen kurz wäre. Ob man aus dem Zusammenspiel mit Absatz 2 ableiten muss, dass eine Anfechtungsmöglichkeit wegen mangelnder internationaler Zuständigkeit stets nur dem Schuldner und den Gläubigern zustehen darf, nicht sonstigen Personen, ist zweifelhaft (näher sogleich → Rn. 16).

7   Die Anfechtung muss sich darauf stützen, dass die Regeln über die internationale Zuständigkeit und damit Art. 3 und folglich das Unionsrecht verletzt wurden. Die Geltendmachung des Verstoßes ist bereits eine **Zulässigkeitsvoraussetzung.** Wird nur die sachliche oder örtliche Zuständigkeit gerügt, ist dies kein Fall von Abs. 1. Der Anfechtung muss die Behauptung zugrundeliegen, dass das Insolvenzverfahren in einem anderen Mitgliedstaat hätte eröffnet werden müssen. Wird lediglich gerügt, das Gericht habe die Entscheidung nicht nach Art. 4 Abs. 1 S. 2 oder nicht hinreichend begründet, genügt dies nicht, wenn sich damit nicht die Aussage verbindet, dass zumindest (möglicherweise) falsch entschieden wurde. **Substantielle Anforderungen an die Darlegung,** dass die internationale Zuständigkeit verkannt wurde, wird man freilich kaum stellen können. Allerdings besteht die Gefahr, dass bei zweifelhaftem COMI die Gläubiger aus dem jeweils anderen potenziellen COMI-Staat massenhaft, in manchen Fällen ggf. unterstützt durch Anlegeranwälte oder Rechtsverfolgungsgesellschaften, eine Anfechtung ausbringen. Auch aus diesem Grund darf der Rechtsbehelfsführer für den Fall des Scheiterns seiner Anfechtung mit Kosten belastet werden. Zudem entscheidet das jeweilige nationale Recht, ob die Rechtsbehelfe gebündelt werden können. Art. 5 Abs. 1 verlangt **keine mündliche Verhandlung.** Auch muss **kein Instanzenzug** vorgesehen werden.

8   Zum Begriff des Gerichts vgl. Art. 2 Nr. 6.

9   Wird die Entscheidung **angefochten,** ändert dies je nach anwendbarem Verfahrensrecht mangels Suspensiveffekts meist nichts an ihrer Beachtlichkeit und ihrer Wirksamkeit, so dass auch die

---

[7] Vgl. auch Vallender/*Vallender/Zipperer* Art. 5 Rn. 6; zweifelnd offenbar *Mock* GPR 2013, 156, 158.

Anerkennungspflicht nach Art. 19 weiter besteht. Hat die Anfechtung Erfolg, entscheidet das **nationale Recht** über die **Folgen der Anfechtung** (Erwägungsgrund Nr. 34). Im deutschen Recht ist ein solcher Fall über Art. 102c § 2 und § 3 EGInsO zu lösen. Das Verfahren ist entweder einzustellen oder, bei entsprechendem Antrag (der in dem ursprünglichen Eröffnungsantrag enthalten sein kann), in ein Partikular-/Sekundärverfahren umzuwandeln (näher Art. 102c § 2 EGInsO).[8]

Kommt es zu einer Einstellung, gilt dafür ergänzend die Regelung in Art. 102c § 3 EGInsO. 10 Aus Art. 102c § 3 EGInsO ergibt sich, dass bei einer kompetenzwidrigen Eröffnung durch deutsche Gerichte und dann, wenn es zu einer Einstellung kommt, also kein Sekundärinsolvenzverfahren fortgeführt wird, eine Einstellung mit Wirkung ex nunc erfolgt.[9] Mit der **Einstellung** enden die Wirkungen des deutschen Verfahrens, die auf die Dauer des Verfahrens beschränkt sind (zB die Bestellung des Verwalters und die Sicherungsmaßnahmen).[10] Nur die das Insolvenzverfahren überdauernden Wirkungen, zB die Umgestaltung von Verträgen, bleiben nach Art. 102c § 3 Abs. 2 EGInsO bestehen, und zwar auch dann, wenn sie mit der universellen Wirkung des ausländischen Hauptverfahrens kollidieren.

c) In Deutschland: sofortige Beschwerde (Art. 102c § 4 EGInsO). Deutschland verweist 11 wegen des Rechtsbehelfs nach Art. 5 auf die sofortige Beschwerde; vgl. dazu die Kommentierung zu Art. 102c § 4 EGInsO. Die sofortige Beschwerde ist fristgebunden (vgl. → Rn. 5). Die **Frist** beträgt nach § 569 Abs. 1 S. 2 ZPO zwei Wochen nach Zustellung, spätestens fünf Monate nach Verkündung des Beschlusses. Es handelt sich um eine Notfrist, deren Versäumung folglich nur durch **Wiedereinsetzung in den vorigen Stand** geheilt werden kann (§ 233 ZPO). Die **Zustellung** richtet sich nach § 9 Abs. 3 InsO iVm § 9 Abs. 1 InsO.[11] Öffentliche Bekanntmachung reicht (Art. 28), im Übrigen wird die Zustellung und Bekanntmachung nach Umsetzung der **Vernetzung der Insolvenzregister** nach Art. 24–27 gewährleistet. Soll individuell zugestellt werden, kann dies auch vor der öffentlichen Bekanntmachung erfolgen.[12] Für die Modalitäten der Zustellung gilt § 8 InsO mit der möglichen Delegation nach § 8 Abs. 3 InsO.[13] Die Auslandszustellung erfolgt dann nach EuZustellVO oder § 183 ZPO. **Anderweitige Kenntnisverschaffung** etwa bei unbequemen Gläubigern kann die spätere Wiedereinsetzung in den vorigen Stand erschweren, genügt aber für den Lauf der Beschwerdefrist noch nicht.

Wegen Art. 24 Abs. 2 lit. j) ist eine Belehrung über das Beschwerdegericht und die Frist eine 12 Pflichtinformation. Zudem ist nach deutschem Recht auch § 232 ZPO einschlägig und verlangt die **Rechtsmittelbelehrung.** Das Gericht handelt fehlerhaft, wenn es die universell wirkende und mit grenzüberschreitenden Wirkungen belegte vorläufige Insolvenzverwaltung ohne Belehrung über die sofortige Beschwerde nach Art. 5 iVm Art. 102c § 4 EGInsO anordnet, sodann erst nach Prüfung des COMI durch einen Sachverständigen **nachträglich** wegen vermeintlicher offensichtlicher Unrichtigkeit den Beschluss um eine per Art. 5 anschließende **Rechtsmittelbelehrung ergänzt.** Dann gilt weiterhin die Rechtsmittelfrist ab Zustellung der ursprünglichen Anordnung, allerdings mit der Möglichkeit der Wiedereinsetzung nach § 233 ZPO. Anders ist es, wenn die Sicherungsmaßnahme von vornherein nur territorial wirken soll (wie bei Art. 3 Abs. 4).[14]

Enthalten sowohl der Beschluss über die vorläufige Verwaltung als auch der spätere „richtige" 13 Eröffnungsbeschluss (oder eine Aufstockung einer schwachen zur starken vorläufigen Verwaltung) die spezifische Belehrung über das Beschwerderecht nach Art. 5, ist die **zweite Belehrung falsch,** weil das Verfahren im Sinne der EuInsVO bereits mit der vorläufigen Verwaltung eröffnet ist. Die weitere Entscheidung ist in diesem Verständnis nur eine Durchführungsentscheidung, für die Art. 5 nicht gilt. Der Grundsatz der Meistbegünstigung gilt insoweit nicht, wohl aber kann wegen der durch die falsche Belehrung eingetretenen Fristversäumnis die Wiedereinsetzung in Betracht kommen. Ist gegen die erste Entscheidung die Beschwerde eingelegt worden, kann das Verfahren fortgeführt werden. Die Wirkungen dieser Eröffnungsentscheidung (iSd EuInsVO) leben in der späteren „richtigen" Eröffnung fort. Insbesondere fällt die Beschwer der sofortigen Beschwerde gegen die erste Entscheidung zur vorläufigen Verwaltung nicht durch den Eröffnungsbeschluss nachträglich weg.

---

[8] Zur Umwandlungsproblematik *Thole* ZIP 2018, 401, 406 f.
[9] BT-Drs. 15/16, S. 15; → 3. Aufl., Art. 102 § 4 EGInsO Rn. 10; Vallender/*Vallender/Zipperer* Art. 102c § 3 EGInsO Rn. 9; K. Schmidt/*Brinkmann* Art. 102c § 4 EGInsO Rn. 4 (iE).
[10] Vallender/*Vallender/Zipperer* Art. 102c § 3 EGInsO Rn. 10 f.
[11] Zum fehlenden Anscheinsbeweis für die erfolgte Internetveröffentlichung allein aufgrund des Sendeberichts für die Veröffentlichung BGH BeckRS 2017, 120080.
[12] BGH NZI 2004, 341; NZI 2009, 159.
[13] Demgegenüber gegen die Fiktion bei der Zustellung nach § 9 Abs. 3 InsO K. Schmidt/*Brinkmann* Art. 5 Rn. 8 (iE).
[14] Vgl. auch Begr RegE, BR-Drs. 654/16, S. 28 f.

14 Auch **ausländische Gläubiger** werden über die Zustellung nach § 9 InsO bzw. über das vernetzte Insolvenzregister nach Art. 24– 27 informiert. Ihnen gegenüber gibt es keinen abweichenden Fristbeginn für die sofortige Beschwerde; eine andere Frage ist allein die mögliche Wiedereinsetzung nach § 233 ZPO. Art. 54 mit der Pflicht zur individuellen Unterrichtung passt schon deshalb nicht, weil diese Vorschrift auf die Forderungsanmeldung bezogen ist.[15]

15 **d) Rechtsfolgen erfolgreicher Anfechtung.** Hat der Rechtsbehelf Erfolg, wird die Entscheidung des Gerichts aufgehoben, die weiteren Folgen richten sich nach der lex fori concursus. Für Deutschland ist Art. 102c § 2 und § 3 EGInsO zu beachten. Diese Vorschriften betreffen aber nur den Fall eines Kompetenzkonflikts, wenn in einem anderen Mitgliedstaat eröffnet worden ist. Dann gilt für die Einordnung der in Deutschland vom (vorläufigen) Verwalter begründeten Verbindlichkeiten, dass sie insolvenzrechtlich nach den Regeln des ausländischen Verfahrens beurteilt und innerhalb dieses Verfahrens behandelt werden. Theoretisch kann dann aus einer deutschen **Masseverbindlichkeit** (zB § 55 Abs. 2 InsO) im ausländischen Verfahren eine **Insolvenzforderung** werden. Ob **Sicherheiten in dem ausländischen Verfahren** anerkannt werden, entscheidet die dortige lex fori concursus, es kommt aber in Betracht, dass die deutsche Sicherheit aus Sicht des ausländischen Verfahrens Art. 8 unterfällt. Anders liegt es, wenn in Deutschland immerhin ein Sekundärverfahren eröffnet wird (dazu → Art. 102c § 2 EGInsO Rn. 11 ff.). Fehlt es daran und ist auch nicht in einem anderen Mitgliedstaat ein Antrag auf Eröffnung anhängig, bleibt es dabei, dass die deutsche Entscheidung aufgehoben wird und der Antrag zurückzuweisen ist. Es gilt dann jedenfalls § 34 InsO entsprechend, und zwar insbesondere dessen § 34 Abs. 3 S. 3 InsO. Die Wirkungen fallen zwar rückwirkend weg, das Verwalterhandeln bleibt aber wirksam.[16]

16 **2. Anfechtung der Eröffnungsentscheidung aus anderen Gründen und von anderen Personen (Abs. 2).** Art. 5 Abs. 2 ist **weitgehend deklaratorisch.** Die Vorschrift verweist auf das nationale Recht in Bezug auf eine Anfechtung der Eröffnung des Hauptinsolvenzverfahrens durch andere Parteien als die in Abs. 1 genannten, also Schuldner und Gläubiger, und aus anderen Gründen als der mangelnden Zuständigkeit, wobei damit allein die in Abs. 1 angesprochene internationale Zuständigkeit gemeint ist. Damit wird im Grunde eine Selbstverständlichkeit ausgesprochen, nämlich, dass das nach Art. 7 anwendbare Insolvenzrecht darüber entscheidet, ob die Eröffnungsentscheidung aus allgemeinen Gründen anfechtbar und auf welche Weise und von wem. Fraglich ist, ob man der Vorschrift auch eine nochmalige Abgrenzung zu Abs. 1 entnehmen kann. Aus dem Zusammenspiel mit Abs. 1 könnte man nämlich prima facie ableiten, das nationale Recht dürfe gerade nicht vorsehen, dass andere als die in Absatz 1 genannten Personen die Eröffnungsentscheidung aus Gründen der mangelnden internationalen Zuständigkeit anfechten dürfen. Das wäre jedoch verfehlt. Demgegenüber ist aus dem „oder" in Abs. 2 zu entnehmen, dass Abs. 2 eine **Erweiterung von Abs. 1** beinhaltet, und zwar in zwei Richtungen. Das nationale Recht darf eine Anfechtung auch aus anderen Gründen als der Rüge der Unzuständigkeit zulassen (was bisher selbstverständlich war) und das nationale Recht darf auch andere Personen (zB sonstige Beteiligte wie Arbeitnehmervertreter) zur Anfechtung zulassen, und zwar auch insoweit, als sie sich auf die in Absatz 1 genannten Gründe der internationalen Zuständigkeit stützen.

Art. 6 Zuständigkeit für Klagen, die unmittelbar aus dem Insolvenzverfahren hervorgehen und in engem Zusammenhang damit stehen

(1) Die Gerichte des Mitgliedstaats, in dessen Hoheitsgebiet das Insolvenzverfahren nach Artikel 3 eröffnet worden ist, sind zuständig für alle Klagen, die unmittelbar aus dem Insolvenzverfahren hervorgehen und in engem Zusammenhang damit stehen, wie beispielsweise Anfechtungsklagen.

(2) Steht eine Klage nach Absatz 1 im Zusammenhang mit einer anderen zivil- oder handelsrechtlichen Klage gegen denselben Beklagten, so kann der Verwalter beide Klagen bei den Gerichten in dem Mitgliedstaat, in dessen Hoheitsgebiet der Beklagte seinen Wohnsitz hat, oder – bei einer Klage gegen mehrere Beklagte – bei den Gerichten in dem Mitgliedstaat, in dessen Hoheitsgebiet einer der Beklagten seinen Wohnsitz hat, erheben, vorausgesetzt, die betreffenden Gerichte sind nach der Verordnung (EU) Nr. 1215/2012 zuständig. Unterabsatz 1 gilt auch für den Schuldner in Eigenverwaltung, sofern der Schuldner in Eigenverwaltung nach nationalem Recht Klage für die Insolvenzmasse erheben kann.

---

[15] AA *Paulus*, Europäische Insolvenzverordnung, Art. 5 Rn. 8; anders auch *Frind* EWiR 2017, 603, 604: keine starre Frist.
[16] Vgl. auch RGZ 36, 94; BGHZ 30, 175.

(3) Klagen gelten für die Zwecke des Absatzes 2 als miteinander im Zusammenhang stehend, wenn zwischen ihnen eine so enge Beziehung gegeben ist, dass eine gemeinsame Verhandlung und Entscheidung zweckmäßig ist, um die Gefahr zu vermeiden, dass in getrennten Verfahren miteinander unvereinbare Entscheidungen ergehen.

Literatur: *Ahrens,* Rechte und Pflichten ausländischer Insolvenzverwalter im internationalen Insolvenzrecht, 2002; *Bauer,* Die internationale Zuständigkeit bei gesellschaftsrechtlichen Klagen unter besonderer Berücksichtigung des EuGVÜ, 2000; *Berner/Klöhn,* Insolvenzantragspflicht, Qualifikation und Niederlassungsfreiheit, ZIP 2007, 106; *Braemkamp,* Die Attraktivgerichtsstände des europäischen Insolvenzrechts, 2019; *Brinkmann,* Der Aussonderungsstreit im internationalen Insolvenzrecht – Zur Abgrenzung zwischen EuGVVO und EuInsVO, IPrax 2010, 324; *Cranshaw,* Bestimmung der internationalen Zuständigkeit bei Klagen nach § 184 InsO nach Maßgabe der EuGGVO/Brüssel I/Ia-VO oder der EuInsVO?, Anmerkung zu OLG Braunschweig (ZInsO 2019, 1389), *Cranshaw,* jurisPR-IWR 4/2019 Anm. 1; *Cranshaw,* Tendenzen im Internationalen Insolvenzrecht, DZWiR 2018, 1; *Dutta,* Kapitalersatzrechtliche Ansprüche im internationalen Zuständigkeitsrecht, Anmerkung zu OLG München (IPrax 2007, 212 f.), IPRax 2007, 195; *Ebenroth/Kieser,* Die Qualifikation der ‚action en comblement du passif' nach Art. 180 des neuen französischen Insolvenzrechts, KTS 1988, 19; *Eidenmüller,* Geschäftsleiter- und Gesellschafterhaftung bei europäischen Auslandsgesellschaften mit tatsächlichem Inlandssitz, NJW 2005, 1618; *Eisner,* Kapitalersatz- und Insolvenzverschleppungshaftung im Fall der Scheinauslandsgesellschaft, ZInsO 2005, 20; *Freitag,* Internationale Zuständigkeit für Schadensersatzklagen aus Insolvenzverschleppungshaftung, ZIP 2014, 302; *Guski,* Die internationale Zuständigkeit für Klagen mit Insolvenzbezug, ZIP 2018, 2395; *Haas,* Insolvenzverwalterklagen und EuGVÜ, NZG 1999, 1148; *ders.,* Der Normzweck des Eigenkapitalersatzrechts, NZI 2001, 1; *ders.,* Aktuelle Rechtsprechung zum Kapitalersatzrecht, NZI 2002, 457; *ders.,* Die internationale und örtliche Zuständigkeit für Klagen nach § 64 II GmbHG aF (bzw. § 64 S. 1 GmbHG nF), NZG 2010, 495; *ders.,* Insolvenzrechtliche Annexverfahren und internationale Zuständigkeit, ZIP 2013, 2381; *Habersack/Verse,* Wrongful Trading – Grundlage einer europäischen Insolvenzverschleppungshaftung?, ZHR 2004, 174; *Haubold,* Internationale Zuständigkeit für gesellschaftsrechtliche und konzerngesellschaftsrechtliche Haftungsansprüche nach EuGVÜ und LugÜ, IPRax 2000, 375; *ders.,* Europäisches Zivilfahrensrecht und Ansprüche im Zusammenhang mit Insolvenzverfahren, IPRax 2002, 157; *Henckel,* Die internationalprivatrechtliche Anknüpfung der Konkursanfechtung, FS Nagel, 1987, S. 93 ff.; *Henry,* L'action en comblement pour insufficance d'actif relève du tribunal qui a ouvert la procédure, Dalloz 2004, 2145; *Huber, U.,* Gesellschafterdarlehen in der Inlandsinsolvenz von Auslandsgesellschaften, in: Lutter (Hrsg.), Europäische Auslandsgesellschaften in Deutschland, 2005, S. 131; *ders.,* Inländische Insolvenzverfahren über Auslandsgesellschaften nach der Europäischen Insolvenzverordnung, FS Gerhardt, 2004, S. 397; *Junker,* Die faktische Geschäftsführung (‚gerance de fait') in Frankreich und ihre Gefahren für deutsche Unternehmen, RIW 1986, 337; *Kindler,* Gesellschafterinnenhaftung in der GmbH und internationale Zuständigkeit nach der Verordnung (EG) Nr. 44/2001, FS Ulmer, 2003, S. 305; *Leipold,* Zuständigkeitslücken im neuen Europäischen Insolvenzrecht, FS Ishikawa, 2001, S. 221 ff.; *Mörsdorf-Schulte,* Zuständigkeit für Insolvenzanfechtungsklagen im Eröffnungsstaat, ZIP 2009, 1456; *Oberhammer,* Das Europäische Insolvenzrecht und Österreich: Grundstrukturen und ausgewählte Probleme, Zeitschrift für das gesamte Bank- und Börsenwesen (ÖBA) 2002, 698; *ders.,* Europäisches Insolvenzrecht in praxi – „Was bisher geschah", ZInsO 2004, 761; *ders.,* Europäisches Insolvenzrecht: EuGH Seagon/Deko Marty Belgium und die Folgen, FS Koziol, 2010, S. 1239 ff.; *ders.,* Im Holz sind Wege: EuGH SCT ./. Alpenblume und der Insolvenztatbestand des Art. 1 Abs. 2 lit. b EuGVVO, IPRax 2010, 317; *ders.,* Zur Abgrenzung von EuGVVO und EuInsVO bei insolvenzbezogenen Erkenntnisverfahren, ZIK 2010, 6, 11; *Paulus,* Anfechtungsklagen in grenzüberschreitenden Insolvenzverfahren, ZInsO 2006, 295; *Piekenbrock,* Klagen und Entscheidungen über Insolvenzforderungen zwischen LugÜB, EuGVVO und EuInsVO, ZIP 2014, 2067; *Ringe,* Insolvenzanfechtungsklage im System des europäischen Zivilverfahrensrechts, ZInsO 2006, 700; *Schlosser,* Konkurs- und konkursähnliche Verfahren im geltenden Europarecht, FS Weber, 1975, S. 395 ff.; *Schmidt, G.,* Anfechtungsklage des Konkursverwalters und Anwendbarkeit des GVÜ, EuZW 1990, 219; *Schwarz,* Insolvenzverwalterklagen bei eigenkapitalersetzenden Gesellschafterleistungen nach der Verordnung (EG) Nr. 44/2001 (EuGVVO), NZI 2002, 290; *Strobel,* Die Abgrenzung zwischen EuGVVO und EuInsVO im Bereich insolvenzbezogener Einzelentscheidungen (Diss. Univ. Köln 2006), 2006; *Stürner, M.,* Gerichtsstandsvereinbarungen und Europäisches Insolvenzrecht, IPrax 2005, 416; *ders.,* Internationalprivat- und verfahrensrechtliche Fragen bei Klage auf Herausgabe einer Bürgschaftsurkunde aus der Insolvenzmasse, IPRax 2006, 579; *Thole,* Die internationale Zuständigkeit für insolvenzrechtliche Anfechtungsklagen, ZIP 2006, 1383; *ders.,* Das COMI-Prinzip und andere Grundfragen des Europäischen Insolvenzrechts, ZEuP 2007, 1137; *ders.,* Missbrauchskontrolle im Europäischen Zivilverfahrensrecht, ZZP 122 (2009), 423; *ders.,* Vis attractiva concursus europaei? Die internationale Zuständigkeit für insolvenzbezogene Annexverfahren zwischen EuInsVO, EuGVVO und autonomem Recht, Entscheidung des EuGH vom 12.2.2009, Rs. C-339/07 (Rechtsanwalt Christopher Seagon als Insolvenzverwalter über das Vermögen der Frick Teppichboden Supermärkte GmbH ./. Deko Marty Belgium NV), ZEuP 2010, 904; *ders.,* Gläubigerschutz durch Insolvenzrecht, 2010; *ders.,* Anmerkung zu EuGH, Urt. v. 12.5.2011 – Rs. C-144/10 (BVG/JP MorganChase) = IPRax 2011, 576, IPrax 2011, 541; *ders.,* Negative Feststellungsklagen, Insolvenztorpedos und EuInsVO, ZIP 2012, 605; *ders.,* Die Abgrenzung zwischen EuInsVO und EuGVVO bei Haftungsklagen gegen Dritte wegen Gläubigergesamtschadens (zu EuGH, 6.2.2019 – Rs. C-535/17), IPRax 2019, 483; *Vallender/Fuchs,* Die Antragspflicht organschaftlicher Vertreter einer GmbH vor dem Hintergrund der Europäischen Insolvenzverordnung, ZIP 2004, 829; *Weber, J.*, Gesellschaftsrecht und Gläubigerschutz im Internationalen Zivilverfahrensrecht, 2011; *Willemer*, Vis attractiva concursus und die Europäische Insolvenzverordnung (Diss. Univ. Hamburg, 2005/2006), 2006.

Übersicht

	Rn.			Rn.
I. Normzweck	1		j) Haftungsklagen gegen den Insolvenzverwalter und Gläubigerorgane	30
II. Zuständigkeit nach Abs. 1	4			
1. Allgemeines	4	3.	Sonderfragen	32
2. Kreis der von Art. 6 erfassten Annexverfahren	8		a) Keine Rechtshängigkeitssperre	32
			b) Anerkennung und Kompetenzkonflikte	33
a) Allgemeines	8		c) Sekundärverfahren	35
b) Insolvenzanfechtungsklagen und verwandte Klagen	11		d) Annexverfahren gegen Klagegegner mit Sitz in einem Drittstaat	36
c) Aussonderungsklagen	14	4.	Gerichtsstand des Sachzusammenhangs (Art. 6 Abs. 2)	38
d) Rangstreitigkeiten und Feststellungsklagen zur Tabelle	16		a) Allgemeines	38
e) Absonderungsklagen	17		b) Zuständigkeit für die zivilrechtliche Klage nach der EuGVVO	40
f) Masseforderungen	18			
g) Rechtsstreitigkeiten zwischen Verwalter/Schuldner und Verwalter/Dritten	19		c) Erstreckung auf die insolvenzbezogene Annexstreitigkeit	41
h) Klagen gegen Gesellschafter aus dem Gesellschaftsverhältnis	20		d) Begrenzung auf Klagen des Verwalters	42
			e) Klagen gegen mehrere Beklagte	43
i) Klagen gegen die Vertretungsorgane und Geschäftsleiter	25		f) Begriff des Sachzusammenhangs (Art. 6 Abs. 3)	45

I. Normzweck

1   Der neue Art. 6 bedeutet eine Kodifizierung des Deko Marty-Urteils und der Gourdain-Formel (sogleich → Rn. 2). Damit soll der Gleichschluss mit Art. 32 Abs. 1 Unterabs. 2 hergestellt und eine effizientere Durchsetzung von Annexansprüchen im Interesse der Effektivität des Insolvenzverfahrens erzielt werden.[1] Die Zuständigkeit nach Art. 6 Abs. 1 ist grundsätzlich **ausschließlich**.[2] Art. 6 Abs. 2 begründet aber einen weiteren **Gerichtsstand des Sachzusammenhangs**[3] (zum Problem → Rn. 38). Das dient einer effizienten Bündelung von Verfahren, vgl. auch Erwägungsgrund Nr. 35. Es geht, wie Erwägungsgrund Nr. 35 zeigt, um eine Privilegierung der Masse im Interesse eines Effizienzgewinns. Die Vorschrift soll dem **Interesse der Masse** an einer ökonomischen Erledigung solcher Klagen dienen. Zudem geht es darum, sich widersprechende Entscheidungen zu vermeiden.

2   **Vor der Einführung des Art. 6 EuInsVO** war die internationale Zuständigkeit für Entscheidungen, die nicht die Eröffnung des Verfahrens selbst, sondern solche Annexverfahren betreffen, die mit dem Insolvenzverfahren lediglich in einem mehr oder weniger engen Zusammenhang stehen, ist in der EuInsVO nicht klar geregelt. Die Verweisung des Art. 4 EuInsVO 2000 auf das Insolvenzstatut begründete keine Zuständigkeit nach dem anwendbaren Recht des Forums, weil dies eine dem europäischen Prozessrecht fremde indirekte Zuständigkeitsregelung beinhaltete und Art. 4 EuInsVO 2000 einen ihm nicht zugedachten Bedeutungsgehalt verschafft hätte.[4] Art. 25 Abs. 1 Unterabs. 2 EuInsVO 2000 behandelte wie Art. 32 allein die Anerkennung und Vollstreckung solcher mit dem Insolvenzverfahren verknüpfter Entscheidungen; die Regel ist systematisch allein dem Abschnitt über die Anerkennung zugehörig und kann daher nicht für die Kompetenz herangezogen werden. Die Formulierung des Art. 25 Abs. 1 Unterabs. 2 EuInsVO 2000 ging auf die Entscheidung des EuGH in der Sache **Gourdain/Nadler** von 1979 zurück.[5] In der Entscheidung hatte der EuGH

---

[1] Vgl. EuGH v. 12.2.2009 – Rs. C-339/07 (Rechtsanwalt Christopher Seagon als Insolvenzverwalter über das Vermögen der Frick Teppichboden Supermärkte GmbH ./. Deko Marty Belgium NV), Slg. 2009, I-767 = NJW 2009, 2189 Rn. 22.

[2] EuGH v. 14.11.2018 – Rs. C-296/17 (Wiemer & Trachte), NZI 2018, 994 Rn. 36 = ECLI:EU:2018:902; Brinkmann/*Madaus*, European Insolvency Regulation, Art. 6 Rn. 8; Bork/van Zwieten/*Ringe*, Commentary on the European Insolvency Regulation, Art. 6 Rn. 6.35.

[3] *Thole/Swierczok* ZIP 2013, 550, 553; Mankowski/Müller/J. Schmidt/*Mankowski* Art. 6 Rn. 34.

[4] *Herchen*, Das Übereinkommen über Insolvenzverfahren, 2000, S. 228; *Leipold*, FS Ishikawa, 2001, S. 221, 230; Duursma-Kepplinger/Duursma/Chalupsky/*Duursma-Kepplinger* Art. 4 Rn. 23.

[5] → Art. 32 Rn. 17.

zu klären, ob die Bereichsausnahme, die Art. 1 Abs. 2 lit. b) EuGVÜ für „Konkurse, Vergleiche und ähnliche Verfahren" absteckt, auf die Vollstreckung eines Urteils anzuwenden ist, das auf der Grundlage der Geschäftsführerhaftung nach der *action en comblement du passif* ergangen war.[6] Diese Frage hatte der EuGH bejaht und anerkannt, dass der Ausschlussgrund auch die Verfolgung solcher Ansprüche betrifft, die im engen Zusammenhang mit dem Konkursverfahren stehen und unmittelbar aus ihm hervorgehen.[7] Der Begriff in Art. 1 Abs. 2 lit. b) EuGVVO ist damit nicht auf das Kollektivverfahren beschränkt, sondern erfasst auch auch Einzelverfahren.

Erwägungsgrund Nr. 6 der EuInsVO 2000 wiederum sprach zwar auch von einer Zuständigkeit 3 für Entscheidungen in diesem Sinne, die Zuständigkeitsregel fand sich aber in der EuInsVO 2000 nicht.[8] Demgegenüber enthielten die Entwürfe für ein europäisches Konkursübereinkommen von 1970 und 1980 ausdrückliche Regelungen für die internationale Zuständigkeit im Hinblick auf Annexentscheidungen. Auf eine solche ausdrückliche Regelung hatte jedoch der Verordnungsgeber der EuInsVO 2000 aus ungeklärten Gründen verzichtet, sie war auch im EuInsÜ schon nicht mehr enthalten. Wie diese hierdurch entstandene Regelungslücke zu schließen war, war hoch streitig,[9] bis der EuGH in der Entscheidung **Deko Marty** vom 12.2.2009 erstmals zugunsten einer Anwendung von Art. 3 EuInsVO 2000 Stellung genommen hat. Zur Lösung der Zuständigkeitslücke wurden **drei grundsätzliche Lösungsansätze** diskutiert: Rückgriff auf das autonome Recht, die EuGVVO und die analoge Anwendung von Art. 3 EuInsVO 2000.[10] Insbesondere in der Praxis wurde die internationale Zuständigkeit nach dem **nationalen Verfahrensrecht** und teils auch über die nach Art. 4 EuInsVO 2000 ermittelte lex fori concursus bestimmt,[11] so dass es beispielsweise den deutschen Insolvenzgerichten im gegebenen Fall mangels örtlicher und sachlicher Zuständigkeit zugleich an der internationalen Zuständigkeit zur Streitentscheidung im Annexverfahren fehlte. Ein **zweiter Lösungsweg** bestand darin, zur Lückenfüllung die Regelungen der EuGVVO entweder direkt oder entsprechend anzuwenden und damit die Bereichsausnahme in Art. 1 Abs. 2 lit. b) EuGVVO ihrem Wortlaut entsprechend auf das eigentliche Konkursverfahren zu beschränken.[12] Das kollidierte mit der Entscheidung des EuGH in Gourdain, der für diese Verfahren die Bereichsausnahme des EuGVÜ/EuGVVO für einschlägig und damit den Anwendungsbereich nicht eröffnet gehalten hatte, hatte rechtssystematisch aber den Vorteil, die Zuständigkeitsregel nicht dem nicht harmonisierten nationalen Recht zu überlassen. Demgegenüber wollte eine **verbreitete Strömung im Schrifttum und sodann auch der EuGH** dem Zuständigkeitsmangel mittels (analogen) Rückgriffs auf Art. 3 EuInsVO abhelfen, um damit Zuständigkeitsregel und Anerkennungsregel einheitlich der EuInsVO zuzuweisen.[13] Befürwortet wurde eine vis attractiva concursus im Sinne einer wohl ausschließlichen

---

[6] EuGH v. 22.2.1979 – Rs. C-133/78, Slg. 1979, 733 = EU:C:1979:49.
[7] EuGH v. 22.2.1979 – Rs. C-133/78, Slg. 1979, 733, 744 = EU:C:1979:49. Näher zur Vorgeschichte *Thole*, Gläubigerschutz durch Insolvenzrecht, S. 905 ff.
[8] Dazu ausführlich *Thole* ZIP 2006, 1383; *Thole*, Gläubigerschutz durch Insolvenzrecht, S. 904 ff.; vgl. auch *Haubold* IPrax 2002, 157, 161; ferner *Oberhammer* ZInsO 2004, 761, 764.
[9] Vgl. die Darstellung des Meinungsstandes bei BGH ZIP 2007, 1415 ff.
[10] Für Art. 3 EuInsVO *Leipold*, FS Ishikawa, S. 221, 234 ff.; *Haubold* IPrax 2002, 157, 160; *Haubold* EuZW 2003, 703, 704; *M. Stürner* IPrax 2005, 416, 419; *M. Stürner* IPRax 2006, 579, 580; *Duursma-Kepplinger/Duursma/Chalupsky/Duursma-Kepplinger* Art. 25 Rn. 36 ff.; Leonhart/Smid/Zeuner/*Smid*, Int. Insolvenzrecht, Art. 25 Rn. 10; *Paulus* ZInsO 2006, 295, 298 (anders, für autonomes Recht noch *Paulus* EWS 2002, 497, 504); *Carstens*, Die internationale Zuständigkeit im europäischen Insolvenzrecht, S. 107 f.; *V. Lorenz*, Annexverfahren bei Internationalen Insolvenzen, S. 57 ff., 104 ff.; *Willemer*, Vis attractiva concursus, S. 90 ff.; MüKoBGB/*Kindler* Art. 6 Rn. 1; *M.-Ph. Weller* ZHR 169 (2005), 570, 577; Rauscher/*Mäsch*, EuZPR/EuIPR, 4. Aufl., Art. 1 EG-InsVO Rn. 7; Bork/*Adolphsen*, Handbuch des Anfechtungsrechts, Kap. 20 Rn. 63 ff.; de lege ferenda *Oberhammer* ÖBA 2002, 698, 707.
Für *Schlosser*, EU-Zivilprozessrecht, 3. Aufl., Art. 1 EuGVVO Rn. 21a–e; im Ergebnis *Lüke*, FS Schütze, 1999, S. 467, 483 (der aber für Anfechtungs- und Verwalterhaftungsklagen Ausnahmen entwickelt); *Klöhn/Berner* ZIP 2007, 1418, 1419; *Klumb*, Kollisionsrecht der Insolvenzanfechtung, S. 192; Zöller/*Geimer*, ZPO, Anh. I Art. 1 EuGVVO Rn. 35 f.; dazu tendierend *Dutta* IPRax 2007, 195, 196.
Für das autonome Recht BGH ZIP 1990, 246, 246 f. mAnm *H. Schmidt* EuZW 1990, 219; BGH ZIP 2003, 1419, 1420; OLG Hamm EuZW 1993, 519; OLG Zweibrücken EuZW 1993, 165; wohl auch Rauscher/*Mankowski*, EuZPR/EuIPR, 4. Aufl., Art. 1 Brüssel Ia-VO Rn. 92 ff.; de lege lata *Oberhammer* ZInsO 2004, 761, 764; ders. RabelsZ 72 (2008), 820, 823.
[11] Im Ergebnis BGH ZIP 1990, 246, 246 f.; ZIP 2003, 1419, 1420; OLG Hamm EuZW 1993, 519; OLG Zweibrücken EuZW 1993, 165; OLG Wien v. 17.10.2003 – 3 R 151/03b unter www.ris.bka.at; dazu *Oberhammer* ZInsO 2004, 761, 765.
[12] *Schlosser*, EU-Zivilprozessrecht, 3. Aufl., Art. 1 EuGVVO Rn. 21a–e; *Klöhn/Berner* ZIP 2007, 1418, 1419 (Anmerkung zu BGH ZIP 2007, 1415); dazu tendierend *Dutta* IPRax 2007, 195, 196; *Thole* ZIP 2006, 1383.
[13] *Leipold*, FS Ishikawa, S. 234 ff.; *Haubold* IPrax 2002, 157, 160; *Duursma-Kepplinger/Duursma/Chalupsky/Duursma-Kepplinger* Art. 25 Rn. 36 ff.; *Paulus* ZInsO 2006, 295, 298; *Willemer*, Vis attractiva con-

Zuständigkeit im Insolvenzeröffnungsstaat. Über deren Umfang sind aber meist nur wenig konkrete Äußerungen zu finden. Damit wurde einer Lösung das Wort geredet, die in den Rechtsordnungen insbesondere der romanischen Länder aus Gründen der Sachnähe innerstaatlich verwirklicht ist.[14]

II. Zuständigkeit nach Abs. 1

4   1. **Allgemeines.** Die Regelung in Abs. 1 erfasst **nur die internationale Zuständigkeit;** sie wird für insolvenzbezogene Annexverfahren den Gerichten des Eröffnungsstaats (vgl. Art. 2 Nr. 6 lit. i)) zugewiesen. Nicht zwingend ist dies das eröffnende Gericht selbst. Andernfalls wäre die Zuständigkeit nach Art. 6 Abs. 1 weiter als jene, von der der sie abgeleitet ist, da Art. 3 ebenfalls nur die internationale Zuständigkeit regelt. Mithin bleibt die sachliche und örtliche Zuständigkeit unberührt. Für Deutschland war insoweit **§ 19a ZPO (analog)** zu beachten, der aber nur Passivprozesse der Masse bzw. des Verwalters erfasste. Das hat sich im deutschen Vorlageverfahren zu Deko Marty erwiesen, in dem nach dem Diktum des EuGH die internationale Zuständigkeit der deutschen Gerichte für die Anfechtungsklage begründet, aber mangels Anwendbarkeit des § 19a ZPO an sich keine örtliche und keine sachliche Zuständigkeit des Insolvenzgerichts gegeben ist. Der BGH sah sich daher gezwungen, **§ 19a ZPO analog** anzuwenden.[15] Nunmehr ist **Art. 102c § 6 EGInsO** für die innerdeutsche Zuständigkeit maßgebend.

5   Die Zuständigkeit ist grundsätzlich **abschließend und insoweit eine ausschließliche Zuständigkeit.**[16] Rechtspolitisch gesehen wäre auch der Weg über eine nur besondere Zuständigkeit denkbar gewesen.[17] Abweichende Gerichtsstandsvereinbarungen sind daher nach dem neuen Recht nicht zulässig, was freilich ebenfalls fragwürdig ist, wenn und soweit der Verwalter, um dessen Begünstigung es hier geht, von der Zuständigkeit abweichen wollte. Die Bindung erfasst sowohl den Verwalter als auch den jeweiligen Gegner. Allerdings darf der Verwalter zusätzlich (nur) vom Gerichtsstand des Sachzusammenhangs in Art. 6 Abs. 2 Gebrauch machen, wenn dessen Voraussetzungen vorliegen. Dies läuft – allerdings innerhalb der engen Grenzen des Art. 6 Abs. 2 – auf eine **relativ ausschließliche Zuständigkeit** hinaus,[18] wie sie GA Colomer in der Rs. Deko Marty vorschwebte.[19] Dort war freilich angedacht, dass der Verwalter auch allgemein von der Annexzuständigkeit abweichen kann. Das kann er nach der Neufassung in den Fällen des Art. 6 Abs. 1 gerade nicht. Dies ist auch in der **Entscheidung des EuGH in der Rs. Tiger** deutlich geworden. Wenn Art. 6 anwendbar ist, darf danach das Insolvenzgericht oder ein weiteres Gericht des Eröffnungsstats **dem Verwalter nicht erlauben, in einem anderen Staat zu klagen.** Eine solche Entscheidung ist auch nicht anzuerkennen in dem auf diese Weise „prorogierten" Gericht. Der Staat der Verfahrenseröffnung muss also seine nach Art. 6 Abs. 1 gegebene Zuständigkeit auch tatsächlich ausüben.[20]

6   Die eigentlichen Fragen nach der **inhaltlichen Reichweite der Zuständigkeitsregel** werden in Art. 6 Abs. 1 nicht angegangen (dazu gleich → Rn. 8). Exemplarisch wird die Anfechtungsklage im Normtext genannt; gemeint ist freilich nur eine solche, die auch innerhalb eines Insolvenzverfahrens geltend gemacht wird, nicht etwa die Gläubigeranfechtungsklage. Es ist auf die Fallgruppenbildung nach den Ausführungen → Rn. 9 ff. und auf Erwägungsgrund Nr. 35 zu verweisen.

7   Eine explizite Zuständigkeitsregel für **Durchführungs- und Beendigungsentscheidungen** ist in Art. 6 nicht zu finden, obwohl diese im Anerkennungsrecht bei Art. 25 Abs. 1 EuInsVO 2000 = Art. 32 Abs. 1 genannt sind. Insoweit muss man sich mit einer Analogie zu Art. 3 behelfen, zum Problem → Art. 3 Rn. 109.

8   **2. Kreis der von Art. 6 erfassten Annexverfahren. a) Allgemeines.** Die **Kriterien,** die für die Qualifikation der insolvenzbezogenen Annexverfahren relevant sind, werden noch stiefmütterlich

---

[14] cursus, S. 90 ff.; *M.-Ph. Weller* ZHR 169 (2005), 570, 577; de lege ferenda *Oberhammer* ÖBA 2002, 698, 707.
[14] Dazu *Thole* ZEuP 2010, 904, 908 f.
[15] BGH NJW 2009, 2215, 2217 Rn. 21 ff.; BGH WM 2014, 1766 = NZI 2014, 881 Rn. 7.
[16] Zu der früheren Rechtslage bei Annexverfahren unter Art. 3 EuInsVO EuGH v. 14.11.2018 – Rs. C-296/17 (Wiemer & Trachte), NZI 2018, 994 Rn. 36 = ECLI:EU:2018:902; Brinkmann/*Madaus,* European Insolvency Regulation, Art. 6 Rn. 8; Bork/van Zwieten/*Ringe,* Commentary on the European Insolvency Regulation, Art. 6 Rn. 6.35.
[17] Ausführlich Gottwald/*Hau,* Europäisches Insolvenzrecht, S. 79, 103 ff.; *Thole,* Gläubigerschutz durch Insolvenzrecht, S. 933 ff.
[18] Vgl. auch *Brinkmann/Kleindiek* EWiR 2019, 19, 20.
[19] *GA Ruiz-Jarabo Colomer,* Schlussanträge v. 16.10.2008 – Rs. C-339/07 (Rechtsanwalt Christopher Seagon als Insolvenzverwalter über das Vermögen der Frick Teppichboden Supermärkte GmbH/Deko Marty Belgium NV), Slg. 2009, I-767 = ZIP 2008, 2082 Rn. 44 ff. = EU:C:2008:575.
[20] EuGH v. 4.12.2019 – Rs. C-493/18 (Tiger ua), ZIP 2020, 80 Rn. 22 ff.

behandelt.[21] Die Abgrenzung der Verfahren ist bereits unter Art. 32 Abs. 1 Unterabs. 2 aktuell, allerdings nicht mit vergleichbarer Intensität, da Art. 32 Abs. 1 Unterabs. 2 wiederum auf Art. 32 Abs. 1 Unterabs. 1 EuInsVO und dieser mit Ausnahme von Art. 45 f. EuGVVO nF auf die Regeln der EuGVVO zurückverweist. Das eigentliche Problem liegt im Fehlen eines tauglichen Abgrenzungskriteriums, weil die Prüfung des „unmittelbaren Hervorgehens" und des „engen Zusammenhangs mit dem Insolvenzverfahren" im Grunde jedes Ergebnis ermöglicht und das Verhältnis der Kriterien zueinander unklar ist.[22] Es verbietet sich eine im Schrifttum vorgeschlagene Anknüpfung an die weitestreichende nationale vis attractiva concursus.[23] Der EuGH hat bisher nur wenige Hinweise gegeben, die eher eine recht formelle Betrachtung nahelegen. In Gourdain waren für die Zuordnung der französischen Geschäftsführerhaftung zum Insolvenzrecht ua ausschlaggebend, dass für die Haftungsklage eine ausschließliche Zuständigkeit des Insolvenzgerichts vorgesehen ist, die Klage von Amts wegen eingeleitet werden kann und sie der Gesamtheit der Gläubiger dient und schließlich, dass die Haftungsregeln eine von allgemeinen Vorschriften abweichende Beweislast mit einer Vermutung des Verschuldens, und eine modifizierte Verjährungsfrist vorsehen.[24] Im Alpenblume-Urteil[25] (→ Art. 32 Rn. 19) hebt der EuGH die Abweichung der relevanten Streitfragen von allgemeinen zivilrechtlichen Sachfragen hervor.[26] In der Rechtssache German Graphics betonte der EuGH, die **Beteiligung des Verwalters genüge für sich genommen nicht,** um den Insolvenzbezug herzustellen.[27] Gleiches gilt für das Urteil Nickel & Goeldner Spedition.[28] Denn dann macht der Verwalter mit der Anspruchsgeltendmachung nur das, was auch die Insolvenzschuldnerin machen würde.[29] Ähnliches ergibt sich der Sache nach auch aus dem Urteil in der Rs. CeDeGroup, der das ähnlich gelagerte Problem bei Art. 4 EuInsVO 2000 (Art. 7) betraf.[30] Eine bloße **vertragliche Zahlungsklage des Verwalters gegen den Vertragspartner der Schuldnerin** kann deshalb keine Annexklage iSd Art. 6 sein.

In F-Tex verneint der Gerichtshof den engen Zusammenhang des abgetretenen Anfechtungsanspruchs zum Verfahren ua mit dem eher formalen Argument, der Verwalter habe keinen Einfluss mehr auf das Verfahren.[31] In seinem Urteil vom 4.12.2014 (Rs. H.) unterstellt der EuGH auch Klagen nach **§ 64 GmbHG** dem Art. 3 mit dem Argument, dass die Vorschrift „eindeutig" von den allgemeinen Regeln des Zivil- und Handelsrecht abweiche, und zwar gerade wegen der tatbestandlich verlangten Zahlungsunfähigkeit der Schuldnergesellschaft.[32] In der Rs. NK vom 6.2.2019 will der EuGH eine wegen eines Gläubigergesamtschadens erhobene Klage nicht der EuInsVO unterstellen; freilich waren insoweit auch parallele Klagen einzelner Gläubiger nicht gesperrt.[33] Im Falle deliktischer Schadensersatzklagen gegen Gläubigerausschussmitglieder wegen rechtswidriger Ablehnung eines vorgelegten Sanierungsplans hat der EuGH in der Rs. Valach vom 20.12.2017 entschieden, dass derartige Klagen unter Art. 6 fallen. Zur Begründung wurde insbesondere angeführt, dass die Pflichten der Gläubigerausschussmitglieder ihren Ursprung in den Sonderregeln für Insolvenzverfahren finden.[34] Insgesamt zeigt sich in jüngeren Urteilen das Bestreben, die Kriterien des Art. 6

9

---

[21] Insoweit mit Recht *Haas* ZIP 2014, 2381, 2382. Dazu auch *Thole* ZEuP 2010, 904, 917 ff. Für enge Auslegung des Bereichs der EuInsVO *Oberhammer* ZIK 2010, 6, 11; EuGH v. 6.2.2019 – Rs. C-535/17 (NK/BNP Paribas Fortis NV), NJW 2019, 1791, 1792 f. Rn. 28 ff. zu Art. 1 Abs. 2 EuGVVO. Den Versuch einer näheren Konturierung der Kriterien unter Heranziehung der Grundsätze des Urteil EuGH v. 4.9.2014 – Rs. C-157/13 (Nickel & Goeldner Spedition/„Kintra" UB), NZI 2014, 919 = EU:C:2014:2145 macht *Braemkamp*, Die Attraktivgerichtsstände des europäischen Insolvenzrechts, 2019, S. 118 et passim.
[22] Zuletzt GA Bobek, Schlussantrag v. 18.10.2018 – Rs. C-535/17 (NK/BNP Paribas Fortis NV), Rn. 43 ff. = EU:C:2018:850.
[23] So aber *Paulus* RabelsZ 70 (2006), 458, 467 f.
[24] EuGH v. 22.2.1979 – Rs. C-133/78 (Gourdain ./. Nadler), Slg. 1979, 733, 744 Rn. 5 = EU:C:1979:49.
[25] EuGH v. 2.7.2009 – Rs. C-111/08, (SCT Industri AB i likvidation/Alpenblume AB), Slg. 2009, I-5655 = EuZW 2009, 610 = EU:C:2009:419.
[26] EuGH v. 2.7.2009 – Rs. C-111/08 Rn. 29 ff.
[27] EuGH v. 10.9.2009 – Rs. C-292/08 (German Graphics Graphische Maschinen GmbH/Alice van der Schee, Konkursverwalterin der Holland Binding BV), EuZW 2009, 785 = EU:C:2009:544.
[28] EuGH v. 4.9.2014 – Rs. C-157/13 (Nickel & Goeldner Spedition/„Kintra" UB), NZI 2014, 919 = EU:C:2014:2145 Rn. 29. Dazu *Thole* IPRax 2015, 396.
[29] *Thole* IPRax 2015, 396, 398; *Braemkamp*, Die Attraktivgerichtsstände des europäischen Insolvenzrechts, 2019, S. 110.
[30] EuGH v. 21.11.2019 – Rs. C-198/18 (CeDE Group), ZIP 2019, 2360 Rn. 36.
[31] EuGH v. 19.4.2012 – Rs. C-213/10 (F-Tex SIA/Lietuvos-Anglijos UAB „Jadecloud-Vilma"), NZI 2012, 469, 472 Rn. 44 = EU:C:2012:215.
[32] EuGH v. 4.12.2014 – Rs. C-295/13 (H. als Insolvenzverwalter der G. T. GmbH/H. K.), Rn. 23, EU:C:2014:2410.
[33] EuGH v. 6.2.2019 – Rs. C-535/17 (NK/BNP Paribas Fortis NV), NZI 2019, 302 = EU:C:2019:96.
[34] EuGH v. 20.12.2017 – Rs. C-649/16 (Peter Valach ua/Waldviertler Sparkasse Bank AG), ECLI:EU:C:2017:986.

unter dem Gesichtspunkt des „unmittelbaren Hervorgehens" auf die primäre, wenngleich nicht alles entscheidende Schlüsselfrage nach der **Rechtsgrundlage der Klage** herunterzubrechen und zu ermitteln, ob eine **„Abweichung von allgemeinen Regeln"** gegeben ist, also insolvenzspezifische Sonderbefugnisse geschaffen werden. Das erinnert an die Abgrenzung zwischen zivilrechtlichen und verwaltungsrechtlichen Streitigkeiten unter Art. 1 Abs. 2 EuGVVO;[35] dies wird auch in dem Urteil NK vom EuGH durchaus erkannt.[36] Der Generalanwalt stellt in der Rs. NK die Frage, ob die Klage „nur wegen" des Insolvenzverfahrens erhoben wird.[37] In der Rs. Tiger wird ebenfalls die Rechtsgrundlage und deren spezifischer Bezug zur Insolvenz betont.[38]

10 Insgesamt kommt der EuGH jedoch nicht darum herum, auch materielle Kriterien in den Blick nehmen, wie die Rs. H. mit der Behandlung von § 64 GmbHG zeigt; dieser Tatbestand kann auch außerhalb eines Insolvenzverfahrens zum Tragen kommen. Entscheidend, wenngleich nicht allein entscheidend ist richtigerweise der **teleologische Zusammenhang** des Annexverfahrens mit dem Insolvenzrecht und nicht so sehr die formale Stellung der Beteiligten oder die in Gourdain hervorgehobene Zuordnung zur innerstaatlichen vis attractiva. Es muss darum gehen, ob **insolvenztypische Zwecke:** Anreicherung der Masse, Wahrung der par condicio creditorum o.ä. die Streitigkeit prägen.[39] Zuzugeben ist, dass schon die Frage, was insolvenzrechtliche Zwecke sind, schnell an Grenzen stoßen lässt.[40] Die Differenzierung danach, ob eine prozessuale Aufspaltung zwischen Einzel- und Stammverfahren sinnvollerweise in Betracht kommt,[41] hilft nicht weiter, wenn die Maßstäbe dafür unklar bleiben. Da das Annexverfahren per definitionem selbständig vom Insolvenzverfahren ist, ist es technisch gesehen immer abspaltbar. Die von manchen favorisierte Anknüpfung an eine „insolvenztypische Befugnis"[42] ist demgegenüber zu berücksichtigen, hilft allerdings ihrerseits als alleiniger Maßstab nicht weiter, wenn es um Ansprüche geht, die sowohl innerhalb als auch außerhalb des Verfahrens geltend gemacht werden können, wie zB Anfechtungsansprüche nach Sec. 423 IA 1986. Man könnte dann formulieren, dass gerade innerhalb des Verfahrens nur der Verwalter befugt sein darf; eben dies reicht aber richtigerweise nicht aus, weil sonst jeder vom Verwalter geltend zu machender Anspruch zu einer Annexklage in diesem Sinne führen müsste. Es bedarf deshalb einer **Fallgruppenbildung**, die sich zumindest auch an den eben genannten materiellen Zwecken orientiert. Entscheidend muss zudem sein, dass die insolvenzspezifische Materie gerade den **Streitgegenstand** bildet (dazu noch → Rn. 18); dies wird im Schrifttum, soweit ersichtlich, bisher nicht klar ausgesprochen.[43] Ob man dies anhand formaler, aus dem IPR bekannter Kriterien wie Vor- und Hauptfrage abgrenzen sollte, ist allerdings fraglich, weil der Gerichtshof eher, auch zB bei Art. 29 EuGVVO, eine Sympathie für eine unionsrechtlich-autonome **Kernpunktbetrachtung** erkennen lässt.[44] – Eine grundsätzliche Einschränkung, nur **Aktivklagen des Verwalters** könnten erfasst sein, ist nicht angebracht.

11 **b) Insolvenzanfechtungsklagen und verwandte Klagen.** Schon nach der Deko Marty-Entscheidung vom 11.2.2009[45] fiel die Insolvenzanfechtungsklage in den Kreis der von Art. 3 erfassten Verfahren. Der EuGH folgerte dies unmittelbar aus Art. 3; in der Sache ging es aber um eine analoge Anwendung.[46] Das Vorlageverfahren betraf konkret die von dem deutschen Insolvenzverwalter erhobene Anfechtungsklage nach den §§ 129 ff. InsO gegen einen in Belgien ansässigen Anfechtungsgegner. Die Entscheidung des Gerichtshofs ist im Schrifttum auf Zustimmung, aber auch Kritik gestoßen.[47] Art. 6 nennt die Insolvenzanfechtung seit der Reform ausdrücklich im Wortlaut.

12 Insgesamt wird zu wenig beachtet, dass es „die" **Insolvenzanfechtung** nicht gibt, weil beispielsweise im deutschen Recht die Tatbestände der §§ 133, 134 InsO einen anderen Schutzzweck verfolgen als die Deckungsanfechtung. Gleichwohl sind sie einheitlich Art. 6 zuzuweisen, obwohl

---

[35] Hierzu Musielak/Voit/*Stadler* Art. 1 EuGVVO Rn. 2; MüKoZPO/*Gottwald* Art. 1 EuGVVO Rn. 4; BeckOKZPO/*Antomo* Art. 1 EuGVVO Rn. 44 ff.
[36] Vgl. EuGH v. 6.2.2019 – Rs. C-535/17 (NK/BNP Paribas Fortis NV), NZI 2019, 302 Rn. 27 = EU:C:2019:96; dazu *Thole* IPRax 2019, 483.
[37] GA Bobek, Schlussantrag vom 18.10.2018 – Rs. C-535/17 (NK/BNP Paribas Fortis NV), Rn. 82 = EU:C:2018:850.
[38] EuGH v. 4.12.2019 – Rs. C-493/18 (Tiger ua), ZIP 2020, 80 Rn. 30.
[39] *Thole* ZEuP 2010, 904, 918; *Thole*, Gläubigerschutz durch Insolvenzrecht, S. 926.
[40] Insofern durchaus berechtigte Kritik bei *Haas* ZIP 2014, 2381, 2384.
[41] So *Fehrenbach* ZEuP 2014, 353, 384.
[42] *Haas* ZIP 2014, 2381, 2384.
[43] Jetzt ansatzweise aber *Freitag* ZIP 2014, 302, 306, der zwischen Vor- und Hauptfrage unterscheiden will.
[44] Vgl. auch *Haas* ZIP 2014, 2381, 2387 f.
[45] EuGH v. 12.2.2009 – Rs. C-339/07 (Christopher Seagon als Verwalter in dem Insolvenzverfahren über das Vermögen der Frick Teppichböden Supermärkte GmbH/Deko Marty Belgium NV), Slg. 2009, I-767 ff. = EU:C:2009:83; ebenso BGH NJW 2009, 2215; OLG Naumburg ZIP 2011, 677, 678.
[46] MüKoBGB/*Kindler* Art. 6 Rn. 1.
[47] *Klöhn/Berner* ZIP 2009, 1418, 1419; *Mörsdorf-Schulte* ZIP 2009, 1456, 1460.

sie teleologisch stärker getrennt gehören. Die deutsche Regel des § 135 InsO, die als Teil des „Eigenkapitalersatzrechts" weitgehend bisher gesellschaftsrechtlich verstanden wurde,[48] gehört als insolvenzrechtliche Norm richtigerweise unter Art. 6.[49] Soweit in einzelnen anderen Rechtsordnungen sowohl innerhalb als auch außerhalb des Insolvenzverfahrens dieselben allgemeinen Anfechtungstatbestände (Art. 1341-2 code civil, Sec. 423 IA 1986) zur Anwendung kommen, also anders als nach deutschem Recht gesetzlich nicht zwischen AnfG und Insolvenzanfechtung unterschieden wird, würde der EuGH diese Tatbestände gleichwohl als insolvenzspezifisch einordnen, wenn und soweit es die Geltendmachung innerhalb des Verfahrens durch den Verwalter betrifft, zumal der Anfechtungserlös in die Masse fließt.[50]

In der Entscheidung in der Rechtssache F-Tex[51] vom 19.4.2012 hat der EuGH die Anwendung **13** des Art. 3 Abs. 1 auch für eine Insolvenzanfechtungsklage verneint, wenn die Klage nicht vom Verwalter erhoben wird, sondern **kraft abgetretenen Rechts** von einem Dritten, der das Verfahren nicht für die Masse, sondern zu eigenen Gunsten betreibt. In diesem Fall sei die EuGVVO anwendbar. Insoweit verneint der EuGH den engen Zusammenhang der Klage mit dem Insolvenzverfahren, weil der Verwalter keinen Einfluss mehr auf das Verfahren habe und der Anspruch vollständig in das Vermögen des Zessionars übergegangen sei. Diese formale Herangehensweise liegt in der Konsequenz des Gourdain-Urteils, das ebenfalls formal argumentierte.[52] Im Fall der **Abtretung des Anspruchs** durch den Verwalter an einen Dritten ist also die EuGVVO anwendbar;[53] bei bloßer Überlassung der Prozessführungsbefugnis wird man es dagegen bei Art. 6 belassen können, jedenfalls wenn die Masse von der Geltendmachung des Anspruchs noch profitiert (dh insbesondere bei Fehlen einer materiellen Einziehungsbefugnis) und die Überlassung der Prozessführungsbefugnis widerruflich ist.[54] Vergleichen sich Verwalter und Anfechtungsgegner in Bezug auf den Anfechtungsanspruch und kommt es zum Streit über die Wirksamkeit des **Vergleiches,** gilt ebenfalls Art. 6.[55] Der **EuGH** hat in der Rs. Tiger auch eine Klage auf **Feststellung der Unwirksamkeit des Verkaufs** einer in einem anderen als dem Eröffnungsstaat belegenen **Liegenschaft** sowie einer zugehörigen **Hypothek** als insolvenztypisch angesehen.[56] Die Begründung bleibt etwas dunkel, weil der EuGH auch darauf abstellt, der Verwalter werde **im Rahmen seiner allgemeinen Aufgabe, die Masse zu verwalten,** tätig.[57] Das alleine kann indes nicht genügen. Insoweit ist zu erkennen, dass der EuGH in der genannten Rechtssache als weiteres Argument auf die Besonderheiten der Rechtsgrundlage (des britischen Rechts) abstellt, die insolvenztypisch ausgestaltet war, wozu freilich das Urteil keine näheren Ausführungen macht (→ Rn. 9).[58] Nicht ausreichend ist es auch, wenn das Gericht bei einer im Prozess erfolgten (Hilfs-)Aufrechnung gegen einen vom Verwalter

---

[48] Für gesellschaftsrechtliche Qualifikation *Kallmeyer* DB 2002, 2521, 2522; *ders.* DB 2004, 636, 639; *Meilicke* GmbHR 2003, 1271, 1272; *Meilicke* GmbHR 2007, 225, 231; *Paefgen* DB 2003, 487, 490; *Paefgen* ZIP 2004, 2253, 2261 f.; *Trunk,* Internationales Insolvenzrecht, S. 192 f.; für die Kapitalerhaltung *Sandrock* ZVglRWiss 102 (2003), 447, 473; schon unter § 32a KO *Henckel,* FS Nagel, S. 93, 107; wohl auch *K. Schmidt,* FS Großfeld, S. 1031, 1042; für das Zuständigkeitsrecht *Willemer,* Vis attractiva concursus, S. 221 ff.; *Dutta* IPRax 2007, 195, 196 ff.: EuGVVO.

[49] Jetzt auch BGH ZIP 2011, 1775, 1778 Rn. 33; ebenso ebd. für den Rangrücktritt nach § 39 Abs. 1 Nr. 5 InsO; OLG Köln NZI 2010, 1001 = ZIP 2010, 2016; Vallender/*Hänel* Art. 6 Rn. 58; MüKoBGB/*Kindler* Art. 6 Rn. 16; für ausschließlich insolvenzrechtliche Qualifikation früher schon insbesondere *Haas* NZI 2001, 1, 5 ff.; *Haas* NZI 2002, 457, 466; *Kindler* NZG 2003, 1086, 1090 mit Fn. 63; *Kindler,* FS Jayme, S. 409, 418 mit Fn. 61; *M.-Ph. Weller* IPRax 2003, 520, 524; *ders.* IPRax 2004, 412, 414; *Eisner* ZInsO 2005, 20, 23; *Wienberg/Sommer* NZI 2005, 353, 357; früher schon differenzierend zwischen gesellschaftsrechtlichen und insolvenzrechtlichen Folgen eigenkapitalersetzender Darlehen *Schücking* ZIP 1994, 1156, 1158 f. mit einer Ausnahme für § 3b AnfG aF (§ 6 AnfG nF); für eine Unterscheidung zwischen Rechtsprechungsregeln und Novellenregeln grundlegend Lutter/*U. Huber,* Europäische Auslandsgesellschaften in Deutschland, S. 131, 166 ff.; *U. Huber,* FS Gerhardt, S. 397, 414 ff.; *Goette* ZIP 2006, 541, 546; *Ulmer* NJW 2004, 1201, 1207; *Ulmer* KTS 2004, 291, 298 f.

[50] So ein Gesichtspunkt bei EuGH v. 19.4.2012 – Rs. C-213/10 (F-Tex SIA/Lietuvos-Anglijos UAB „Jadecloud-Vilma"), ZIP 2012, 1049 = NZI 2012, 469 Rn. 44 f.: EU:C:2012:215.

[51] EuGH v. 19.4.2012 – Rs. C-213/10 (F-Tex SIA/Lietuvos-Anglijos UAB „Jadecloud-Vilma"), NZI 2012, 469 = EU:C:2012:215. Kritisch *Cranshaw* DZWIR 2018, 1, 12.

[52] Oben Rn. 2.

[53] EuGH v. 19.4.2012 – Rs. C-213/10 (F-Tex SIA/Lietuvos-Anglijos UAB „Jadecloud-Vilma"), ZIP 2012, 1049 = NZI 2012, 469 = EU:C:2012:215; kritisch *Guski* ZIP 2018, 2395, 2340.

[54] Vgl. den Hinweis bei EuGH v. 19.4.2012 – Rs. C-213/10 (F-Tex SIA/Lietuvos-Anglijos UAB „Jadecloud-Vilma") = ZIP 2012, 1049 = NZI 2012, 469 Rn. 46.

[55] Stein/Jonas/*Wagner* Art. 1 EuGVVO Rn. 53.

[56] EuGH vom 4.12.2019 – Rs. C-493/18 (Tiger ua), ZIP 2020, 80 Rn. 22 ff.

[57] EuGH vom 4.12.2019 – Rs. C-493/18 (Tiger ua), ZIP 2020, 80 Rn. 30.

[58] EuGH vom 4.12.2019 – Rs. C-493/18 (Tiger ua), ZIP 2020, 80 Rn. 30.

geltend gemachten Kaufpreisanspruch des Schuldners die **Unwirksamkeit der Aufrechnung nach § 96 Abs. 1 Nr. 3 InsO** prüfen muss.[59] Gläubigeranfechtungsansprüche in der Einzelzwangsvollstreckung sind nicht erfasst.[60] Die **örtliche Zuständigkeit** sollte nach Auffassung des BGH aus einer analogen Anwendung des § 19a ZPO folgen;[61] seit der Reform gilt Art. 102c § 6 EGInsO. Zu Klagen gegen Drittstaatenansässige Rn. 35. Ist die EuInsVO insgesamt nicht anwendbar (zB wegen Art. 1 Abs. 2 bei Kreditinstituten), kommt auch Art. 6 und eine Zuständigkeit am Sitz des Insolvenzgerichts nicht in Betracht.[62]

14 c) **Aussonderungsklagen.** Aussonderungsklagen zwischen Verwalter und einem Dritten fallen nicht unter die EuInsVO, weil ihnen die **Geltendmachung eines materiellen Anspruchs** zugrunde liegt, der allgemeiner Natur ist (zB § 985 BGB) und auch außerhalb des Verfahrens geltend gemacht werden könnte.[63] Das deutsche Recht bestätigt dies noch mit § 47 S. 2 InsO. Für eine auf einen Eigentumsvorbehalt gestütze Aussonderungsklage hat der EuGH zu Art. 1 Abs. 2 lit. b, 25 Abs. 1 Unterabs. 2 EuInsVO 2000 in diesem Sinne entschieden (→ Art. 32 Rn. 20).[64] Der Umstand allein, dass der Verwalter beteiligt ist, genügt nicht, um einen engen Insolvenzbezug herzustellen. Im **Alpenblume**-Urteil vom 2.7.2009 hat der EuGH mit Blick auf die dort streitgegenständliche Übertragung von Gesellschaftsanteilen besonders auf die Wahrnehmung besonderer Rechte abgehoben, die von den allgemeinen zivilrechtlichen Regelungen abweichen;[65] in concreto war die Bejahung dieser Vorgabe aber zu weitgehend.[66]

15 Die **Herausgabeklage des Verwalters** nach Art. 23 Abs. 1 ist richtigerweise als insolvenzspezifische und durch die EuInsVO geprägte Streitigkeit einzuordnen und damit dem Art. 6 zu unterstellen (→ Art. 23 Rn. 18).

16 d) **Rangstreitigkeiten und Feststellungsklagen zur Tabelle.** Streitigkeiten über den **Rang einer Forderung** sind genuin insolvenzrechtlicher (arg. Art. 4 Abs. 2 lit. i) und insolvenzspezifischer Natur. Sie sind damit von Art. 6 erfasst.[67] Entscheidend ist freilich jeweils der Streitgegenstand, der allerdings hier nicht nach autonomen Recht zu beurteilen ist, sondern unter Heranziehung der für die EuGVVO für die Rechtshängigkeitssperre geltenden Kernpunkttheorie (→ Rn. 10).[68] Vorfragen begründen allerdings auch danach nicht unbedingt den Streitgegenstand[69] (näher → Rn. 18), so dass Art. 6 jedenfalls nicht ohne weiteres einschlägig ist, wenn die Rangfrage nur Vorfrage eines anderen Gegenstands ist. **Feststellungsklagen zur Tabelle** werden nach teilweise vertretener Auffassung dem Art. 6 zugewiesen, weil schon Klageantrag und Vollstreckungssperre insolvenzbedingt seien.[70] Dem ist weitgehend zu folgen, jedenfalls für Fälle, in denen Feststellungsklagen wie im

---

[59] BGH NZI 2015, 1033 Rn. 21 ff.
[60] Zur EuGVVO und der vom EuGH verneinten Anknüpfung an Art. 5 Nr. 3 EuGVVO aF (= Art. 7 Nr. 2 EuGVVO nF) EuGH v. 26.3.1992 – Rs. C-261/90 (Mario Reichert ./. Dresdner Bank II), Slg. 1992, I-2149, 2180 f. Rn. 16 ff.
[61] BGH NJW 2009, 2215, 2217 Rn. 21 ff.
[62] OLG Frankfurt ZIP 2013, 277 – Lehman mAnm *Brinkmann* IPRax 2014, 243.
[63] MüKoBGB/*Kindler* Art. 6 Rn. 15; *Thole* ZEuP 2010, 904, 922; *Brinkmann* IPrax 2010, 324, 329. Vgl. *Virgos/Schmit,* Erläuternder Bericht, Rn. 196; *Ahrens,* Rechte und Pflichten ausländischer Insolvenzverwalter, S. 136; *Duursma-Kepplinger/Duursma/Chalupsky/Duursma-Kepplinger* Art. 25 Rn. 55; *Geimer/Schütze/ Geimer,* Europäisches Zivilverfahrensrecht, Art. 5 EuGVVO Rn. 35; *Gebauer/Wiedmann/Haubold,* Zivilrecht unter europäischem Einfluss, Kap. 32 Rn. 87; *Kropholler/von Hein,* Europ. Zivilprozessrecht, Art. 1 EuGVO Rn. 37; *Rauscher/Mankowski,* EuZPR/EuIPR, 4. Aufl., Art. 1 Brüssel Ia-VO Rn. 89; Stein/Jonas/ *Wagner* Art. 1 EuGVVO Rn. 51; *Leonhart/Smid/Zeuner/Smid,* Int. Insolvenzrecht, Art. 25 Rn. 14; *Trunk,* Internationales Insolvenzrecht, S. 117; *Willemer,* Vis attractiva concursus, S. 367; wohl auch *Lorenz,* Annexverfahren S. 64; **aA** *Weller* ZHR 169 (2005), 570 577: EuInsVO; *Guski* ZIP 2018, 2395, 2340 f.
[64] EuGH v. 10.9.2009 – Rs. C-292/08 (German Graphics Graphische Maschinen GmbH/Alice van der Schee, Konkursverwalterin der Holland Binding BV), EuZW 2009, 785 = EU:C:2009:544.
[65] EuGH v. 2.7.2009 – Rs. C-111/08 (SCT Industri AB i likvidation/Alpenblume AB), Slg 2009, I-5655 = EuZW 2009, 610 = EU:C:2009:419 mit zu Recht krit. Anm. *Oberhammer* IPRax 2010, 317.
[66] Kritisch auch Stein/Jonas/*Wagner* Art. 1 EuGVVO Rn. 52.
[67] AA → 2. Aufl., Art. 3 Rn. 94.
[68] Vgl. EuGH v. 6.11.1994 – Rs. C-406/92 (The owners of the cargo lately laden on board the ship „Tatry" ./. The owners of the ship „Maciej Rataj"), Slg. 1994, I-5439, 5475 Rn. 39 = EU:C:1994:400; EuGH v. 14.10.2004 – Rs. C-39/02 (Maersk Olie&Gas A/S ./. Firma M de Haan en W. de Boer), Slg. 2004, I-9657, 9699 Rn. 38 = EU:C:2004:615; EuGH v. 8.12.1987 – Rs. 144/86 (Gubisch Maschinenfabrik AG ./ . Giulio Palumbo), Slg. 1987, 4861, 4876 Rn. 16 = RIW 1988, 818 = EU:C:1987:528.
[69] Vgl. etwa zu Art. 24 Nr. 2 EuGVVO (= Art. 22 Nr. 2 EuGVVO aF) EuGH v. 12.5.2011 – Rs. C-144/10 (BVG/JP MorganChase) = IPRax 2011, 576 mAnm *Thole* IPrax 2011, 541.
[70] MüKoBGB/*Kindler* Art. 6 Rn. 14; *Kemper* ZIP 2001, 1609, 1614; im Ergebnis *Schack,* IVZR 1187; ebenso implizit BG ZIP 2014, 2095 = BGE 140 III 320; zustimmend *Piekenbrock* ZIP 2014, 2067, 2072 (aber anders bei Feststellungsklage gegen den widersprechenden Schuldner); ebenso *Cranshaw* jurisPR-IWR

deutschen Recht ausgestaltet sind, weil es zur Feststellungsklage nur innerhalb des Verfahrens nach Widerspruch kommen kann und es um die Berechtigung zur Teilnahme am Verteilungserlös und damit auch um die Absicherung der par condicio creditorum geht. Anders mag es sein, wenn nach Maßgabe des anwendbaren Rechts auch die Forderungsanmeldung durch Klage oder dessen Aufrechterhaltung erfolgen kann und sich das Verfahren wie eine gewöhnliche Forderungsdurchsetzung gegen den Schuldner darstellt mit dem bloßen Unterschied, dass nunmehr der Verwalter beteiligt ist. Für die insolvenzspezifische Einordnung spricht sich auch der **EuGH** mit Urteil vom 18.9.2019 aus, indem er eine Feststellungsklage (in casu: Klage nach § 110 österr. IO) zur Anmeldung einer Forderung in einem Insolvenzverfahren über Art. 1 Abs. 2 lit. b) EuGVVO vom Anwendungsbereich der EuGVVO ausnimmt.[71]

e) Absonderungsklagen. Absonderungsklagen werden nach h.M. nicht Art. 6 unterstellt.[72] **17** Sie stehen der **Pfandklage** gleich, die gleichermaßen außerhalb des Verfahrens relevant werden könnte. Für den Regelfall ist diese Beurteilung richtig, zumal Art. 8 die Rechtsstellung dinglich gesicherter Gläubiger ohnedies unberührt lässt. Unter den Prämissen der EuGH-Rechtsprechung dürfte es ggf. dann anders liegen, wenn der Verwalter beispielsweise einen Kostenbeitrag (§§ 170, 171 InsO) ausnahmsweise selbständig einzieht,[73] wenn und weil hier allein insolvenzrechtliche Sonderrechte geltend gemacht werden und der Kostenbeitrag dem Schutz vor Aushöhlung der Masse dient. Zumindest dann, wenn man Rangstreitigkeiten dem Art. 6 unterstellt,[74] lässt sich freilich auch allgemein bei der Geltendmachung eines Absonderungsrechts der **Insolvenzbezug** kaum leugnen;[75] hier geht es zumindest auch um die Rangstellung bzw. Befriedigungsvorrechte in der Gruppe derjenigen Gläubiger, die insgesamt in das Verfahren eingebunden sind.[76] Daher sollte Art. 6 jedenfalls dann bejaht werden, wenn der Streit nach seinem primären Streitgegenstand nicht das materielle Entstehen des Vorzugsrechts, sondern die Frage betrifft, ob überhaupt, insolvenzrechtlich, eine abgesonderte Befriedigung möglich ist.

f) Masseforderungen. Ansprüche von Massegläubigern, also im Hinblick auf die Passivmasse, **18** fallen nach h.M. nicht unter Art. 6.[77] Auch insoweit kann man den Insolvenzbezug jedenfalls dann kaum leugnen, wenn zuvörderst geklärt werden soll, ob überhaupt eine Vorrangbefriedigung möglich ist[78] und man Rangstreitigkeiten (→ Rn. 16) einbezieht. Teleologisch gesehen wäre es sinnvoll, danach zu unterscheiden, ob der Rechtsstreit in seinem Kern über die materielle Berechtigung des Anspruchs und dessen Umfang (zB nach Schlechtleistungen durch den Gläubiger) geführt wird (dann nicht insolvenztypisch) oder ob die Parteien darüber streiten, dass überhaupt eine Schuld die Qualität als Masseverbindlichkeit hat; eine Differenzierung, die freilich zugebenermaßen eine Unsicherheit einträgt. Entscheidend ist damit der **Streitgegenstand**.[79] Bloße Vorfragen begründen allerdings auch danach nicht den Streitgegenstand,[80] so dass bei einer Zahlungsklage gegen den Verwalter aufgrund einer vermeintlichen Masseschuld die Qualität der Forderung möglicherweise nur eine Vorfrage bildet, die nicht notwendigerweise den Kernpunkt der Streitigkeit

---

4/2019 Anm. 1; aA *Ahrens*, Rechte und Pflichten ausländischer Insolvenzverwalter, S. 136; *Haubold* IPRax 2002, 157, 162 f.; *Homann*, System der Anerkennung, S. 145; *Kropholler/von Hein*, Europ. Zivilprozessrecht, Art. 1 EuGVO Rn. 37; *Schlosser*, EU-Zivilprozessrecht, Art. 1 Rn. 21; differenzierend *Strobel*, Die Abgrenzung zwischen EuGVVO und EuInsVO, S. 256 f.

[71] EuGH v. 18.9.2019 – Rs. C-47/18 (Skarb Panstwa Rzeczypospolitej Polskiej/Riel), ZIP 2019, 1872 Rn. 34 ff.

[72] MüKoBGB/*Kindler* Art. 6 Rn. 15 mehr wohl auch Gebauer/Wiedmann/*Haubold*, Zivilrecht unter europäischem Einfluss, Kap. 32 Rn. 87; *Haubold* IPRax 2002, 157, 163; *Lorenz*, Annexverfahren S. 64; *Strobel*, Die Abgrenzung zwischen EuGVVO und EuInsVO, S. 261 f.; *Willemer*, Vis attractiva concursus, S. 367 Stein/Jonas/*Wagner*, ZPO, Art. 1 EuGVVO Rn. 51; aA *Weller* ZHR 169 (2005), 570, 577.

[73] Entsprechendes gälte für § 26 Abs. 4 InsO.

[74] So MüKoBGB/*Kindler* Art. 6 Rn. 14; *M. Stürner* IPRax 2005, 416, 421; *Willemer*, Vis attractiva concursus, S. 351 f.

[75] Daher für Einbeziehung *Thole* ZEuP 2010, 904, 922; im Ergebnis K. Schmidt/*Brinkmann* Art. 6 Rn. 20 (iE); anders MüKoBGB/*Kindler* Art. 6 EuInsVO Rn. 15.

[76] AA aber *P. Schlosser*, FS Weber, 1975, S. 395, 411; *Willemer*, Vis attractiva concursus, S. 363 f.

[77] Vgl. *Haubold* IPRax 2002, 157, 162; *Kropholler/von Hein*, Europ. Zivilprozessrecht, Art. 1 EuGVO Rn. 37; Rauscher/*Mankowski*, EuZPR/EuIPR, 4. Aufl., Art. 1 Brüssel Ia-VO Rn. 276; *Schlosser*, EU-Zivilprozessrecht, Art. 1 Rn. 21a, 21e; *Strobel*, Die Abgrenzung zwischen EuGVVO und EuInsVO, S. 206; *M. Stürner* IPRax 2005, 422; *Trunk*, Internationales Insolvenzrecht, S. 116; im Ergebnis ebenso *Willemer*, Vis attractiva concursus, S. 367 ff., 374. Für Ausschluss der EuGVVO OLG Zweibrücken EuZW 1993, 165; *Schack*, IVZR, Rn. 1187.

[78] Vgl. auch *Schack*, IZVR, Rn. 1187.

[79] → Rn. 10.

[80] → Rn. 10.

ausmacht.[81] Dann scheidet die Unterstellung unter Art. 3 nicht deshalb aus, weil es am Insolvenzbezug fehlt, sondern deshalb, weil diese Frage nicht den zuständigkeitsrelevanten Streitgegenstand bildet.

19   **g) Rechtsstreitigkeiten zwischen Verwalter/Schuldner und Verwalter/Dritten.** Streitigkeiten zwischen Verwalter und Schuldner sind in der Regel insolvenztypisch,[82] wenn und weil die Abgrenzung der Befugnisse im Raum steht (zur Klage gegen Vertretungsorgane → Rn. 20). Streitigkeiten mit Dritten und anderen Verfahrensbeteiligten über die Gültigkeit von Rechtsgeschäften des Schuldners nach Insolvenzeröffnung (vgl. §§ 81, 82 InsO) fallen nicht unter Art. 6,[83] ebenso wenig wie die Geltendmachung und Beitreibung von gewöhnlichen Aktivansprüchen durch den Verwalter gegen Dritte, ob sie nun auf Rechtsgeschäften des Schuldners oder des Dritten beruhen.[84] Gleiches gilt auch für **Aktivklagen** des Insolvenzverwalters gegen Drittschuldner des Schuldners aus Geschäften, die vor Eröffnung des Insolvenzverfahrens vorgenommen wurden. Auch für diese Klagen gilt – soweit der persönliche Anwendungsbereich eröffnet ist – die EuGVVO.[85] Das gilt etwa für Klagen des Insolvenzverwalters auf Vergütung von **Beförderungsleistungen**.[86] Hier wird im Ergebnis nur ein gewöhnlicher Anspruch geltend gemacht, die Überleitung der Verfügungsbefugnis auf den Verwalter genügt nicht. Bei der Insolvenzanfechtung ist es wegen ihres originären insolvenzrechtlichen Zwecks anders.[87] Zur Geschäftsleiter- und Gesellschafterhaftung → Rn. 20 ff. Klagen gegen **Kündigungen,** die ein Insolvenzverwalter in einem englischen Verfahren gegenüber in Deutschland tätigen Arbeitnehmern auf der Grundlage des deutschen Rechts (Art. 13) erklärt hat, sind keine Annexverfahren iSd Art. 6. Das gilt auch dann, wenn die Kündigungen auf der Grundlage eines Interessenausgleichs mit Namensliste nach § 125 InsO und mit der kurzen Frist des § 113 InsO erklärt worden sind.[88] Eine **Haftungsklage wegen unlauteren Wettbewerbs,** mit der dem Übernehmer eines im Rahmen eines Insolvenzverfahrens erworbenen Geschäftsbereichs vorgeworfen wird, sich zu Unrecht als Alleinvertriebshändler der vom Schuldner hergestellten Waren dargestellt zu haben, ist eine gewöhnliche deliktische oder wettbewerbsrechtliche Klage und nicht von Art. 6 erfasst.[89] Zu Klagen auf Feststellung der Unwirksamkeit eines Verkaufs → Rn. 13.

20   **h) Klagen gegen Gesellschafter aus dem Gesellschaftsverhältnis.** Die internationale Zuständigkeit für Klagen des Insolvenzverwalters gegen die Gesellschafter auf Grund verschiedener Tatbestände, die ihre Grundlage im Gesellschaftsrecht und in der Gesellschafterstellung habe, richtet sich grundsätzlich nach der EuGVVO. Dies gilt insbesondere für Ansprüche nach **§§ 30, 31 GmbHG** (zur Konkurrenzfrage → Rn. 38) sowie für die unter dem früheren Eigenkapitalersatzrecht relevanten Ansprüche auf Erstattung analog § 31 GmbHG sowie Streitigkeiten bezüglich §§ 32a, 32b GmbHG.[90] Demgegenüber waren die sog. Novellenregeln (§§ 39 Abs. 1 Nr. 5, 135

---

81   Zur Aufrechnung → Rn. 13 und BGH NZI 2015, 1033 Rn. 21 ff.
82   Gebauer/Wiedmann/*Haubold,* Zivilrecht unter europäischem Einfluss, Kap. 32 Rn. 87.
83   High Court of Justice v. 28.3.1996 – [1997] 1 All ER 32, 41 (Ch.D.) (Hayward (deceased)).
84   OLG Koblenz ZIP 1989, 1327, 1329; LG Mainz WM 1989, 1053, 1056 f.; *Virgos/Schmit,* Erläuternder Bericht, Rn. 196; Gebauer/Wiedmann/*Haubold,* Zivilrecht unter europäischem Einfluss, Kap. 32 Rn. 87; aA OLG Zweibrücken EuZW 1993, 165.
85   Vgl. EuGH v. 10.9.2009 – Rs. C-292/08 (German Graphics Graphische Maschinen GmbH/Alice van der Schee, Konkursverwalterin der Holland Binding BV), EuZW 2009, 785 = EU:C:2009:544; EuGH v. 4.9.2014 – Rs. C-157/13 (Nickel & Goeldner Spedition/„Kintra" UB), NZI 2014, 919 = EU:C:2014:2145 Rn. 29; ferner LG Mainz WM 1989, 1053, 1057; OLG Koblenz ZIP 1989, 1327, 1329; ebenso BGE 125 III 108 (zum gleichlautenden Luganer Übereinkommen); High Court of Justice v. 29.7.1999 – [2000] I. L.Pr. 51, 57 f. (UBS AG v. Omni Holding AG (in Liquidation)).
86   EuGH v. 4.9.2014 – Rs. C-157/13 (Nickel & Goeldner Spedition/„Kintra" UB), NZI 2014, 919 = EU:C:2014:2145 Rn. 27 ff.
87   Jedenfalls für die Deckungsanfechtung, → Rn. 12.
88   BAG NZI 2012, 1011 = ZIP 2012, 2312 Rn. 16.
89   EuGH v. 9.11.2017 – Rs. C-641/16 (Tünkers France, Tünkers Maschinenbau GmbH ./. Expert France), NZI 2018, 45 = ECLI:EU:C:2017:847.
90   Wohl auch hM bei den Vertretern der analogen Anwendung von Art. 3 EuInsVO, vgl. OLG München IPrax 2007, 212 f. mAnm *Dutta* IPRax 2007, 195; Baumbach/Lauterbach/*Hartmann* Art. 1 EuGVVO Rn. 8; *Haubold* IPRax 2002, 157, 163; *Kropholler/von Hein,* Europ. Zivilprozessrecht, Art. 1 EuGVO Rn. 35, Art. 5 EuGVO Rn. 13; Rauscher/*Leible,* EuZPR/EuIPR, 4. Aufl., Art. 7 Brüssel Ia-VO Rn. 26; *Nagel/Gottwald,* Internationales Zivilprozessrecht, S. 96; *Schlosser,* EU-Zivilprozessrecht, Art. 1 Rn. 21; *Schwarz* NZI 2002, 290, 294 f.; Lutter/*Wagner,* Europäische Auslandsgesellschaften in Deutschland, S. 247 ff.; *Willemer,* Vis attractiva concursus, S. 237; *Strobel,* Die Abgrenzung zwischen EuGVVO und EuInsVO, S. 228; vgl. auch OLG Köln NZG 2004, 1009 zu Fragen der Haftung der Gesellschafter wg. einer Unterkapitalisierung mit Anmerkung *Rauscher* WuB VII B Art. 5 EuGVVO 2.05.

InsO aF) ebenso wie die jetzigen Regeln in §§ 39 Abs. 1 Nr. 5, 135 InsO nF schon immer insolvenzspezifisch (entgegen der bisherigen h.M., → Rn. 12). Diesbezügliche Streitigkeiten sind daher von der EuInsVO erfasst.[91] Ansprüche aufgrund **Haftungsdurchgriffs** fallen unter die EuGVVO,[92] im Fall ÖFAB[93] war ohnedies das Insolvenzverfahren bereits beendet.

Die auf § 826 BGB gestützte **Existenzvernichtungshaftung** sollte man als deliktische Klage eher dem Art. 7 Nr. 2 EuGVVO zuweisen und damit bei Art. 6 ausklammern, weil es hier um eine über die Teilnahme an einer anfechtbaren Rechtshandlung hinausgehenden gesteigerten Vorwurf der sittenwidrigen Gläubigerschädigung geht, der auch außerhalb des Insolvenzverfahrens bedeutsam wird.[94] Das erklärt auch die Zuweisung der sog. Peeters/Gatzen-Klage nach niederländischem Recht an die EuGVVO.[95] **Konzernhaftungsansprüche** fallen ebenfalls unter die EuGVVO und sind daher nicht von Art. 6 umfasst.[96] 21

Auch soweit das einschlägige Insolvenzrecht im Hinblick auf Ansprüche Dritter die Einziehungsbefugnis auf den Verwalter überleitet, wie in **§§ 92, 93 InsO**, begründet dies *für sich genommen* noch keine insolvenztypische Qualität des Rechtsstreits, weil die bloße Parteirolle des Verwalters nicht ausreicht. Dennoch spricht viel dafür, dass die Geltendmachung des Quotenminderungsschadens durch den Verwalter nach entsprechender Überleitung der exklusiven Einziehungsbefugnis für den Gläubigeranspruch ein Fall des Art. 6 ist.[97] Mit der Überleitung nach § 92 InsO auf den Verwalter wird zuletzt ein Wettlauf der Gläubiger verhindert, was die Funktionsfähigkeit des Insolvenzverfahrens stärkt und dem Gleichbehandlungsgrundsatz und damit insolvenzrechtlichen Wertungsgesichtspunkten Rechnung trägt. Im Unterschied zur Peeters/Gatzen-Klage des niederländischen Rechts, die der EuGH nicht als insolvenztypisch angesehen hat, hat die Vorschrift des § 92 InsO eine echte Sperrwirkung für die einzelnen Gläubiger. Dem steht nicht entgegen, dass die Existenzvernichtungsansprüche nach § 826 BGB der EuGVVO zugewiesen werden, denn insoweit macht der Verwalter einen Anspruch der Schuldnerin geltend. 22

Aus demselben Grund dürften auch Fälle des § 93 InsO unter Art. 6 subsumiert werden können. Gemeint sind Ansprüche wegen **Gesellschafterhaftung nach § 128 HGB**.[98] Fragt man – wie der EuGH (Rn. 9) nach einer Abweichung der Rechtsgrundlage von allgemeinen Regeln, die sich aber nicht in der Überleitung der Einziehungsbefugnis auf den Verwalter erschöpfen dürfen, ist zwar § 128 HGB auch außerhalb des Insolvenzverfahrens anwendbar. Für die Einbindung unter Art. 6 spricht aber (ähnlich wie zwischen Insolvenzanfechtung und Einzelgläubigeranfechtung), dass parallele Klagen der Gläubiger gegen die Gesellschafter gesperrt sind. Vor allem ändert sich – *möglicherweise* – die Funktion und Rechtsnatur des § 93 InsO, wenn man 23

---

[91] → Rn. 12; ferner *Thole*, Gläubigerschutz durch Insolvenzrecht, S. 928. Im Ergebnis für das Sachrecht BGH NJW 2011, 3784 Rn. 27 ff.

[92] Vgl. EuGH v. 17.10.2013, Rs. C-519/12 (OTP/Hochtief), BeckRS 2013, 82083 Rn. 18 = EU:C:2013:674; zust. MüKoBGB/*Kindler* Art. 6 Rn. 5. Im Erg. EuGH v. 18.7.2013, Rs. C-147/12 (ÖFAB, Östergötlands Fastigheter AB ./. Frank Koot), EuZW 2013, 703 = EU:C:2013:490 mAnm *Thole* GPR 2014, 113; ferner Gebauer/Wiedmann/*Haubold*, Zivilrecht unter europäischem Einfluss, Kap. 32 Rn. 87, OLG Bremen RIW 1998, 63 f. (LugÜ); OLG Jena NZI 1999, 81; OLG Koblenz NZI 2002, 56, 57; Rauscher/*Mäsch*, EuZPR/EuIPR, 4. Aufl., Art. 1 EG-InsVO Rn. 9; *Ungan* ZVglRWiss 104(2005), 355; *Kindler*, FS Ulmer, 2003, S. 305, 308.

[93] EuGH v. 18.7.2013, Rs. C-147/12 (ÖFAB, Östergötlands Fastigheter AB ./. Frank Koot), EuZW 2013, 703 = EU:C:2013:490 mAnm *Thole* GPR 2014, 113.

[94] Ausführlich *Thole*, Gläubigerschutz durch Insolvenzrecht, S. 938; vgl. Geimer/Schütze/*Haß/Herweg*, Int. Rechtsverkehr, B Vor I 20b, Art. 3 Rn. 27 Fn. 64 = Haß/Huber/Gruber/Heiderhoff/*Haß/Herweg* Art. 3 Rn. 27 Fn. 64; Rauscher/*Mankowski*, EuZPR/EuIPR, 4. Aufl., Art. 1 Brüssel Ia-VO Rn. 84; *Kindler*, FS Ulmer, S. 305, 307 ff.; *Willemer*, Vis attractiva concursus, S. 257; K. *Schmidt/Brinkmann* Art. 6 Rn. 25 (iE); wohl auch *Haubold* IPRax 2002, 157, 163.

[95] EuGH v. 6.2.2019 – Rs. C-535/17 (NK./.BNP Paribas Fortis NV), NZI 2019, 302 = EU:C:2019:96 mAnm *Thole* IPRax 2019, 483.

[96] So zum EuGVÜ BGH DStR 1997, 203 mAnm *Goette;* OLG München IPRax 2000, 416; vgl. dazu auch *Haubold* IPRax 2000, 375, 379 ff.; zur Anwendbarkeit der EuGVVO Geimer/Schütze/*Haß/Herweg*, Int. Rechtsverkehr, B Vor I 20b, Art. 3 Rn. 27 Fn. 64 = Haß/Huber/Gruber/Heiderhoff/*Haß/Herweg* Art. 3 Rn. 27 Fn. 64; *Haubold* IPRax 2002, 157, 163; *Martiny*, FS Geimer, S. 641, 664; → 2. Aufl., Anhang Internat. Konzerninsolvenzrecht Rn. 49 ff.; *Kindler*, FS Ulmer, S. 305, 307 ff.; Rauscher/*Leible*, EuZPR/EuIPR, 4. Aufl., Art. 7 Brüssel Ia-VO Rn. 26; Rauscher/*Mankowski*, EuZPR/EuIPR, 4. Aufl., Art. 1 Brüssel Ia-VO Rn. 84; Stein/Jonas/*Wagner*, ZPO, Art. 5 EuGVVO Rn. 134; *Thole* ZEuP 2010, 904, 923 f.; Osterloh-Konrad JZ 2014, 44, 46.

[97] K. *Schmidt/Brinkmann* Art. 6 Rn. 14 (iE). Ablehnend *Freitag* ZIP 2014, 302, 304 f.

[98] **Ablehnend** K. *Schmidt/Brinkmann* Art. 6 Rn. 26 (iE) (anders für § 92 InsO); Mankowski/Müller/J. *Schmidt/Mankowski* Art. 6 Rn. 26.

mit einer im Schrifttum vertretenen Auffassung davon ausgehen will, dass aus der persönlichen Gesellschafteraußenhaftung eine interne Unterdeckungshaftung gegenüber der die Masse wird, die sich von den individuellen Forderungen der einzelnen Gesellschaftsgläubiger löst.[99]

24 Folgt man dem, ist konsequenterweise für die Kommanditistenhaftung nach §§ 171 Abs. 1, 172 Abs. 4 HGB ähnlich zu entscheiden, die nach § 171 Abs. 2 InsO vom Verwalter geltend gemacht wird.[100] Auch insoweit werden die einzelnen Gläubigerforderungen zumindest insoweit „entindividualisiert", als der Verwalter auf der Grundlage der zur Insolvenztabelle angemeldeten Forderungen tätig wird und die Anmeldung und Feststellung im Haftungsprozess grundsätzlich bindend ist. Das spricht dafür, dass es eben doch eine Abweichung von den allgemeinen Regeln gibt oder jedenfalls die Verknüpfung mit dem Insolvenzzweck augenscheinlich ist; nicht zuletzt deshalb ist auch im Rahmen der Kommanditistenhaftung in der Insolvenz oft streitig, ob die Haftung zur Gläubigerbefriedigung und für das Insolvenzverfahren erforderlich ist.[101]

25 **i) Klagen gegen die Vertretungsorgane und Geschäftsleiter.** Hinsichtlich der internationalen Zuständigkeit für Klagen des Insolvenzverwalters (oder auch einzelner Gläubiger) gegen die gesetzlichen Vertretungsorgane einer Kapitalgesellschaft ist zu unterscheiden: Die *action en comblement du passif* nach französischem Recht wurde vom EuGH aus dem Anwendungsbereich der EuGVVO (EuGVÜ) herausgeschnitten; der Gerichtshof erkennt sie als insolvenztypische Haftungsregel an.[102] Da der EuGH in Deko Marty implizit die Gourdain-Formel noch einmal bestätigt hat, ist dies immer noch der Stand der Dinge. Die Haftungsfigur fällt unter die vis attractiva concursus. Auch die **wrongful trading-Haftung** nach Sec. 214 IA 1986 ist als insolvenzrechtliche Streitigkeit anzusehen, weil es sich um ein dem Schutz der Gläubigergesamtheit dienendes Schutzinstrument handelt.[103]

26 Besonders umstritten ist die Einordnung von **Ansprüchen aus Insolvenzverschleppung** und nach § 64 GmbHG nF. Was die Insolvenzverschleppung angeht, die haftungsrechtlich nach § 823 Abs. 2 BGB, § 15a InsO behandelt wird, so dürften die in der Praxis eher nicht vorkommenden Ansprüche wegen des Altgläubigerschadens (Quotenschaden und damit Gesamtgläubigerschaden) der EuInsVO zuweisbar sein,[104] weil hier auch insolvenzspezifische Zwecke maßgeblich sind. Der Umstand, dass die Haftung auch bei Nichteröffnung mangels Masse zum Tragen kommt,[105] schließt

---

[99] So das Konzept von K. Schmidt/*K. Schmidt* § 93 InsO Rn. 35; MüKoHGB/ *K. Schmidt*, 4. Aufl., § 128 Rn. 86 mwN; eing. zuerst bei *K. Schmidt/Bitter* ZIP 2000, 1077, 1085 f.; zusf. *K. Schmidt*, FS Goette, S. 459, 465 f.

[100] Bejahend BeckOKInsO/*Mock*, 14. Edition (Stand: 25.4.2019), Art. 6 EuInsVO Rn. 7a; *Prager/Keller* WM 2015, 805, 817; **aA** K. Schmidt/*Brinkmann* Art. 3 Rn. 59; Vallender/*Hänel* Art. 6 Rn. 59; *Lüke*, FS Schütze, S. 467, 477; Mankowski/Müller/J. Schmidt/*Mankowski* Art. 6 Rn. 26; *Willemer*, Vis attractiva concursus und die Europäische Insolvenzverordnung, 2006, S. 135.

[101] Exemplarisch aus jüngerer Zeit OLG München ZInsO 2018, 1517, 1521; OLG Köln BeckRS 2018, 13782; OLG Schleswig ZInsO 2018, 1681; LG Rottweil ZInsO 2018, 1731; OLG Hamburg ZIP 2018, 1940; OLG Frankfurt ZInsO 2019, 42; OLG Hamburg ZIP 2019, 185.

[102] Anders → 2. Aufl., Art. 3 Rn. 100. Vgl. zur Rechtslage vor Inkrafttreten der EuInsVO *Gruber* EWS 1994, 190, 192; *Lüke*, FS Schütze, S. 467, 475; *Ebenroth/Kieser* KTS 1988, 19, 41, 43; wohl auch *Rinne*, Zweigniederlassungen ausländischer Unternehmen im deutschen Kollisions- und Sachrecht, 297 f.; für insolvenzrechtliche Qualifikation Cour de cassation, Chambre commerciale v. 5.5.2004, Rev. crit. dr. int. pr. 2005, 104; *Junker* RIW 1986, 337, 345; *Sonnenberger*, Französisches Handels- und Wirtschaftsrecht, S. 433; *Vallens* ALD 1995, 217, 220; Staudinger/*Großfeld*, IntGesR, Rn. 352; *Haas* NZG 1999, 1148, 1152 mit Bezug auf die bereits überholte Regelung des Art. 99 L. 13 juillet 1967; *Wackerbarth*, Grenzen der Leitungsmacht in der internationalen Unternehmensgruppe; S. 107 ff.; *Borges* ZIP 2004, 733, 739 f.; *Habersack/Verse* ZHR 2004, 174, 207; *Henry* Dalloz 2004, 2145, 2146; *Vallens* Dalloz, 2005, 1553, 1554; *Willemer*, Vis attractiva concursus, S. 392.

[103] Bork/van Zwieten/*Ringe*, Commentary on the European Insolvency Regulation, Art. 6 Rn. 6.23; Zur EuInsVO 2000 Moss/Fletcher/Isaacs/*Moss*, EC Regulation, Rn. 8.152; im Ergebnis High Court of Justice v. 6.6.1997 – [1998] BCC 549, 552 f. (Howard Holdings Inc.); ebenso *Eidenmüller* NJW 2005, 1618, 1620; *Schall* ZIP 2005, 965, 972; aA → 2. Aufl., Art. 3 Rn. 100.

[104] *Eidenmüller*, in *Eidenmüller*, Ausländische Kapitalgesellschaften, Kap. § 9 Rn. 32; MüKoBGB/*Kindler* Art. 6 Rn. 16; *Ahrens*, Rechte und Pflichten ausländischer Insolvenzverwalter, S. 136; *Bauer*, Die internationale Zuständigkeit bei gesellschaftsrechtlichen Klagen unter besonderer Berücksichtigung des EuGVÜ, S. 140 f.; K. Schmidt/*Brinkmann* Art. 6 Rn. 14 (iE); Zöller/*Geimer*, ZPO, Anh. I Art. 5 EuGVVO Rn. 13; *Kropholler/ von Hein*, Europ. Zivilprozessrecht, Art. 1 EuGVO Rn. 35, Art. 5 EuGVO Rn. 13; *Strobel*, Die Abgrenzung zwischen EuGVVO und EuInsVO, S. 237; *Willemer*, Vis attractiva concursus, S. 365, 372; differenzierend Duursma-Kepplinger/Duursma/Chalupsky/*Duursma-Kepplinger* Art. 25 Rn. 54; ähnlich *Mock* NZI 2006, 24, 26. Für EuGVÜ bzw. LugÜ OLG München ZIP 1999, 1558, 1559; *Haubold* IPRax 2000, 375 f.; differenzierend *Berner/Klöhn* ZIP 2007, 106.

[105] Dies betonend *Huber*, FS Gerhardt, S. 397, 426.

die Zuordnung für den Fall des eröffneten Verfahrens richtigerweise nicht aus,[106] weil es auf die Wertungszusammenhänge zum Insolvenzverfahren ankommt.[107] Dem lässt sich zwar entgegnen, dass der Anspruch den Gläubigern selbst und nicht der Masse zusteht und lediglich über § 92 InsO vom Verwalter geltend gemacht wird,[108] doch ist ebenso unbestreitbar, dass gerade die hiermit verbundene Wertung, einen Wettlauf der Gläubiger vermeiden zu wollen, insolvenzrechtlich beachtlich ist.[109] Dazu bereits → Rn. 22.

Anders liegt es, wenn ein Neugläubigerschaden geltend gemacht wird sowie dann, wenn der Altgläubigerschaden außerhalb des Insolvenzverfahrens durchgesetzt wird. Das ÖFAB-Urteil des EuGH vom 18.7.2013,[110] das eine Durchgriffshaftung nach schwedischem Recht betraf, gibt insofern wenig her, weil das dortige Sanierungsverfahren nach der EuInsVO offenbar schon abgeschlossen war.

Die **Geschäftsführerhaftung nach § 64 GmbHG** (künftig § 15b InsO) wird nach sehr umstrittener Auffassung der EuInsVO zugewiesen.[111] Die Frage war dem EuGH vom LG Darmstadt vorgelegt worden.[112] Auch der II. Senat des BGH hatte für Art. 4 EuInsVO 2000 = Art. 7 vorgelegt; er sieht in § 64 GmbHG wie dann auch der EuGH eine insolvenzrechtliche Haftung.[113] Der EuGH hat auf die Vorlage des LG Darmstadt zu Art. 3 EuInsVO 2000 mit Urteil vom 4.12.2014 entschieden, dass die Haftung in den Kreis der insolvenztypischen Annexverfahren fällt, wenn sie **in einem eröffneten Verfahren** geltend gemacht wird.[114] Dem ist zu folgen, denn diese Haftung will dafür Sorge tragen, dass Geschäftsführer die Masse vor Verfahrenseinleitung nicht schmälern und keine gläubigerschädigenden Zahlungen vornehmen. Es sind insolvenztypische Zwecke maßgeblich, die eine insolvenzrechtliche Qualifikation tragen. Auch die dem *solvency test* nachgebaute Insolvenzverursachungshaftung des § 64 S. 3 GmbHG nF macht insoweit keine Ausnahme, vorausgesetzt, das Insolvenzverfahren ist tatsächlich eröffnet worden. In der Sache geht es auch insoweit um eine Haftung für die Veranlassung gläubigerbenachteiligender Rechtshandlungen und damit eine dem Anfechtungsrecht verwandte Vorschrift.[115] Das denkbare Argument, dass sich die Haftungsregel gegen den Geschäftsführer und nicht den Empfänger der Zahlung richte, betrifft nur die Rechtsfolge und berührt nicht die teleologische Zusammengehörigkeit von Anfechtungsrecht und Haftung nach § 64 GmbHG. Dem steht nicht entgegen, dass diese Haftung ausnahmsweise auch außerhalb der Insolvenz von einem Einzelgläubiger kraft Pfändung des Gesellschaftsanspruchs geltend gemacht werden kann.[116] Gleiches ist über § 3 AnfG auch für die Einzelgläubigeranfechtung denkbar, ohne dass dies die Zuweisung der Vorsatzanfechtung des § 133 InsO zur vis attractiva concursus in Frage stellte. Ohnedies erkennt der BGH die Erstreckung des § 64 GmbHG auf Situationen außerhalb eines eröffneten Insolvenzverfahrens allein als einen Umgehungsschutz für Fälle der masselosen Insolvenz.[117] Die Zuordnung zu Art. 6 ist unabhängig davon, ob der Geschäftsführer seinen Wohnsitz in einem Mitgliedstaat hat.[118]

Zur Geschäftsführerhaftung in der Eigenverwaltung nach → §§ 60, 61 InsO Rn. 30.

j) Haftungsklagen gegen den Insolvenzverwalter und Gläubigerorgane. Haftungsklagen gegen einen **früheren Insolvenzverwalter,** die von seinem Nachfolger erhoben werden, sollten ebenfalls dem Art. 6 unterfallen. Hierfür streiten die Sach- und Beweisnähe und die geltend gemachte Schädigung gerade des Gläubigerkollektivs für eine Abwicklung in demselben Staat, in dem das

---

[106] *Thole,* Gläubigerschutz durch Insolvenzrecht, S. 872 und auch *Thole* ZIP 2012, 605, 607.
[107] → Rn. 10.
[108] *Freitag* ZIP 2014, 302, 304.
[109] In diesem Sinne zur Gesellschafterhaftung auch *Haas/Keller* ZZP 126 (2013), 335, 349.
[110] EuGH v. 18.7.2013, Rs. C-147/12 (ÖFAB, Östergötlands Fastigheter AB ./. Frank Koot), EuZW 2013, 703 = EU:C:2013:490 mAnm *Thole* GPR 2014, 113.
[111] *Haas* NZG 2010, 495, 496; *Kindler* IPRax 2010, 430, 431; *Thole* ZIP 2012, 605, 607; K. Schmidt/*Brinkmann* Art. 6 Rn. 16 (iE); Bork/van Zwieten/*Ringe,* Commentary on the European Insolvency Regulation, Art. 6 Rn. 6.23; *Guski* ZIP 2018 2395, 2340; offenlassend OLG Köln ZIP 2012, 1000; aA OLG Karlsruhe NZG 2010, 509 f.
[112] LG Darmstadt EuZW 2013, 560.
[113] BGH v. 2.12.2014 – II ZR 119/14, BeckRS 2014, 23471 Rn. 18 bestätigt durch EuGH v. 10.12.2015 – Rs. C-594/14 (Kornhaas/Dithmar), NJW 2016, 223 = EU:C:2015:806.
[114] EuGH v. 4.12.2014 – Rs. C-295/13 (H. als Insolvenzverwalter G.T. GmbH/H.K.), Rn. 23 ff., EU:C:2014:2410. Für die Zuordnung des § 64 GmbHG zum Insolvenzrecht iSd Art. 4 EuInsVO 2000 jetzt auch EuGH v. 10.12.2015 – Rs. C-594/14 (Kornhaas/Dithmar), NJW 2016, 223 = EU:C:2015:806.
[115] Ausführlich *Thole,* Gläubigerschutz durch Insolvenzrecht, S. 693 ff., 937 ff.
[116] BGH NJW 2001, 304, 305; vgl. ebenfalls für insolvenzrechtliche Qualifikation trotz dieser Möglichkeit MüKoBGB/*Kindler* Art. 6 Rn. 16, IntGesR Rn. 653; *Kindler* EuZW 2016, 136.
[117] BGH NJW 2001, 304, 305.
[118] Vgl. Vorlagefrage Nr. 4 und 5 des Vorlagebeschlusses LG Darmstadt EuZW 2013, 560.

Insolvenzverfahren anhängig ist. Anders gelagert ist die Frage, wie Einzelansprüche bzw. -schäden von Beteiligten behandelt werden. Teilweise werden diese Klagen (ebenso wie Haftungsklagen gegen den Verwalter generell) der EuGVVO zugewiesen.[119] Es wird mit beachtlichen Gründen argumentiert, dem geschädigten Gläubiger müsse die Möglichkeit verbleiben, den Insolvenzverwalter am Ort der deliktischen Handlung verklagen zu können (Art. 7 Nr. 2 EuGVVO).[120] Im Ergebnis bedarf es einer Differenzierung. Geht es um eine insolvenzspezifische Haftung (zB §§ 60, 61 InsO) und damit um die Verletzung insolvenzspezifischer Pflichten, so spricht mehr für die Zuweisung zu Art. 6; das gilt auch für die auf Art. 36 Abs. 10 gestützten Klagen bei nicht erfüllten **Zusicherungen**. Entsprechendes gilt dann für Ansprüche gegen Geschäftsführungsorgane der **Eigenverwaltung** nach §§ 60, 61 InsO,[121] soweit sie im Folgeinsolvenzverfahren geltend gemacht werden. Ähnliches dürfte künftig für entsprechende Haftungstatbestände betreffend den **präventiven Restrukturierungsrahmen** (StaRVG) gelten. Soweit der Anspruchsteller auch andere Ansprüche geltend macht, zB aus Deliktsrecht, sperrt Art. 6 die Zuordnung dieser Ansprüche zur EuGVVO nicht (zu dem Konkurrenzproblem → Rn. 38); es kommt nur Art. 6 Abs. 2 in Betracht. Erneut zeigt sich auch insoweit, dass die Ausgestaltung des Art. 6 als allseits besondere Zuständigkeit in Annexverfahren die entstehenden Konkurrenzfragen hätte sachgerechter auflösen können (→ Rn. 5 f.).

31 Der Gerichtshof hat mit Urteil vom 20.12.2017 in der Rs. Peter Valach entschieden, dass Art. 1 Abs. 2 lit. b EuGVVO auf eine deliktische Schadensersatzklage anzuwenden ist, die gegen **Mitglieder eines Gläubigerausschusses** wegen ihres Verhaltens bei einer Abstimmung über einen Sanierungsplan in einem Insolvenzverfahren erhoben worden ist; diese Klage wurde mit Recht dem Bereich der EuInsVO zugewiesen.[122]

32 **3. Sonderfragen. a) Keine Rechtshängigkeitssperre.** Eine Rechtshängigkeitssperre **analog Art. 29 EuGVVO** gibt es auch bei den Annexentscheidungen trotz der größeren Nähe zu den von der EuGVVO erfassten kontradiktorischen Verfahren nicht.[123] Ist demnach das angerufene Insolvenzgericht oder das als „EuInsVO-Gericht" angerufene ordentliche Gericht der Auffassung, es handele sich um eine insolvenztypische Annexstreitigkeit, so ist ein während der Rechtshängigkeit des Verfahrens im Eröffnungsstaat in einem anderen Mitgliedstaat auf der Grundlage der EuGVVO wegen derselben Streitigkeit angegangenes Gericht nicht schon kraft EuInsVO gehindert, über die Streitigkeit zu entscheiden, wenn es der Auffassung ist, dass es sich nicht um eine Annexmaterie handelt.[124]

33 **b) Anerkennung und Kompetenzkonflikte.** Anerkennungsrechtlich darf der Anerkennungsstaat die Zuständigkeitsbegründung ebenso wenig **nachprüfen** wie bei der Eröffnungsentscheidung. Eine Überprüfung kommt weder in Betracht hinsichtlich der ursprünglichen Bejahung der Eröffnungszuständigkeit noch hinsichtlich der vom Insolvenzgericht bejahten Zuweisung zu den insolvenztypischen Annexverfahren; Art. 45 Abs. 1 lit. e), Abs. 3 EuGVVO gelten nicht entsprechend.[125] Man wird aber nach hier vertretener Auffassung entsprechend Art. 19 („durch ein nach Art. 3 zuständiges Gericht") verlangen müssen, dass sich das Erstgericht zumindest implizit auf die EuInsVO stützt, und nicht etwa auf die EuGVVO oder autonomes Recht. Die Pflicht zur Anerkennung folgt aus Art. 32 Abs. 1 Unterabs. 2 (→ Art. 32 Rn. 16 ff.).

34 Im F-Tex-Verfahren[126] vor dem Gerichtshof stand die andersgelagerte Frage zur Entscheidung an, ob es dem Zweitgericht wegen **Art. 47 Grundrechte-Charta** verboten ist, sich nach der EuGVVO für unzuständig zu erklären, obwohl nach seiner Auffassung die Zuständigkeitsgründe

---

[119] → 2. Aufl., Art. 3 EuInsVO Rn. 102, ebenso zum EuGVÜ *Schlosser,* FS Weber, S. 395, 408; *Kegel/Thieme/Jahr,* Vorschläge und Gutachten, S. 305, 311; *Lüke* ZZP 111 (1998), 275, 295; aA *Ahrens,* Rechte und Pflichten ausländischer Insolvenzverwalter, S. 137; zur aktuellen Rechtslage ebenso *Schack,* IVZR, Rn. 1187; *Schlosser,* EU-Zivilprozessrecht, Art. 1 Rn. 21e; *Strobel,* Die Abgrenzung zwischen EuGVVO und EuInsVO, S. 242 f.; aA und für eine Anwendung der EuInsVO *Duursma-Kepplinger/Duursma/Chalupsky/Duursma-Kepplinger* Art. 25 Rn. 54; *Geimer/Schütze/Haß/Herweg,* Int. Rechtsverkehr, B Vor I 20b, Art. 3 Rn. 27 = *Haß/Huber/Gruber/Heiderhoff/Haß/Herweg* Rn. 27; *Lorenz,* Annexverfahren S. 65; *Rauscher/Mäsch,* EuZPR/EuIPR, 4. Aufl., Art. 1 EG-InsVO Rn. 9; *MüKoBGB/Kindler* Art. 6 Rn. 14; *LSZ/Smid,* Int. Insolvenzrecht, Art. 25 Rn. 13; *Willemer,* Vis attractiva concursus, S. 363.
[120] So → 2. Aufl., Art. 3 EuInsVO Rn. 102.
[121] BGH NZI 2018, 519.
[122] EuGH v. 20.12.2017 – Rs. C-649/16 (Valach ua ./. Waldviertler Sparkasse Bank AG ua), ECLI:EU:C:2017:986.
[123] *Thole* ZIP 2012, 605, 609 ff.; für die Eröffnungsentscheidungen ausführlich *Mankowski* KTS 2010, 453 ff.
[124] Näher *Thole* ZIP 2012, 605, 610 f.
[125] *Thole* ZIP 2012, 605, 612.
[126] EuGH v. 19.4.2012 – C-213/10 (F-Tex SIA/Lietuvos-Anglijos UAB „Jadecloud-Vilma"), NZI 2012, 469, 472 Rn. 52 = EU:C:2012:215.

der EuGVVO nicht anwendbar sind, wenn das Erstgericht Art. 3 EuInsVO 2000 nicht für einschlägig erachtet und sich (ohne dem EuGH vorzulegen) deshalb ebenfalls für unzuständig erklärt hatte (dazu schon → Art. 3 Rn. 88). Es ging damit um einen **negativen Kompetenzkonflikt.** Der EuGH konnte die Frage offenlassen, weil er die Zuständigkeit des Zweitgerichts nach Maßgabe der EuGVVO für gegeben hielt. In der Tat ist näher **zu differenzieren.** Lehnt das Erstgericht seine Zuständigkeit nach Art. 6 ab, weil es der Auffassung ist, das Verfahren sei von der vis attractiva nicht umfasst, sollte das Zweitgericht an die ablehnende Entscheidung jedenfalls entspechend Art. 32 Abs. 1 Unterabs. 1 iVm Unterabs. 2 (→ Art. 3 Rn. 87) so gebunden sein, wie es an die Verneinung der Eröffnungszuständigkeit gebunden wäre. Die Frage ist dann, ob die Anerkennungspflicht es ausschließt, dass das Zweitgericht seinerseits die Anwendung der EuGVVO und die damit ggf. verbundene eigene Zuständigkeit mit dem Hinweis verneint, in Wahrheit handele es sich doch um eine insolvenztypische Materie. Technisch umfasst die Anerkennung **die inhaltliche Begründung** der Entscheidung gerade **nicht.** Für das Zweitgericht steht allein fest, dass das Erstgericht nicht zuständig ist. Daraus folgt indessen mittelbar, dass das Zweitgericht seine Entscheidung nicht mit einer Begründung (zB Anwendbarkeit der EuInsVO und Zuständigkeit des Insolvenzverfahrensstaats) treffen dürfte, die doch wieder darauf hinausliefe, die Zuständigkeit dem Insolvenzverfahrensstaat, dh dem Erststaat, zuzuordnen. In Zweifelsfällen sollte schon das Erstgericht dem EuGH vorlegen.

c) Sekundärverfahren. Die bisherige Diskussion in Rechtsprechung und Lehre konzentrierte sich ganz auf die Analogie zu Art. 3 Abs. 1. In der Konsequenz des Ansatzes über die EuInsVO liegt es jedoch, für Annexstreitigkeiten, die das **Sekundärverfahren** betreffen, zB bei einer Anfechtungsklage des Sekundärverwalters, an den Ort der Niederlassung als dem Äquivalent des COMI anzuknüpfen. Das für die Eröffnung des Sekundärverfahrens zuständige Gericht entscheidet auch über die **Reichweite des Vermögensbeschlages im Sekundärverfahren,** allerdings nur alternativ zu dem Eröffnungsgericht des Hauptverfahrens. Das hat der EuGH mit Urteil vom 11.6.2015 entschieden.[127] Soweit Erwägungsgrund Nr. 47 es den Gerichten des Sekundärverfahrensstaats freistellt, Sanktionen gegen Mitglieder der Geschäftsleitung zu verhängen, sofern die Gerichte „nach nationalem Recht" zuständig sind, tritt dies hinter Art. 6 zurück.[128] 35

d) Annexverfahren gegen Klagegegner mit Sitz in einem Drittstaat. Der BGH hatte mit Beschluss vom 21.6.2012 dem EuGH die Frage vorgelegt, ob die Zuständigkeit nach Art. 3 analog (Art. 6) für eine Insolvenzanfechtungsklage auch dann gegeben ist, wenn der Anfechtungsgegner seinen (Wohn-)Sitz nicht in einem Mitgliedstaat hat.[129] Konkret ging es um eine Anfechtungsklage gegen einen in der Schweiz ansässigen Anfechtungsgegner. Verwiesen wurde hier ua auf die umstrittene Frage, ob es für die Anwendbarkeit der EuInsVO eines qualifizierten Auslandsbezugs bedarf (→ Art. 1 Rn. 27); der BGH neigte offenbar dazu, die Zuständigkeit nach Art. 3 EuInsVO 2000 zu verneinen, wenn sonstige Bezüge zu anderen Mitgliedstaaten als dem Eröffnungsstaat fehlen. Der **EuGH** hat die Vorlagefrage mit Recht **bejaht.**[130] Argumentativ wird auf die Vorhersehbarkeit des Gerichtsstands und die Rechtssicherheit abgestellt. Dem ist auch für die Reform und Art. 6 zu folgen. Wenn schon der Verordnungsgeber sich zu der Zuständigkeit nach Art. 6 in Anlehnung an Art. 3 für Annexverfahren durchgerungen hat, sollte man diese auch konsequent umsetzen. Der Harmonisierungseffekt wäre jedenfalls gemindert, wenn man Bezüge zu mehreren Mitgliedstaaten verlangte. Im Übrigen bedarf es auch in der EuGVVO keines qualifizierten Mitgliedstaatenbezugs.[131] Daher hat der EuGH in diesem Punkt richtigerweise keine Zurückhaltung gezeigt. Eine ganz andere Frage ist jene nach dem praktischen Nutzen eines gerichtlichen Vorgehens im Insolvenzeröffnungsstaat.[132] Die Klage ergibt häufig nur dann Sinn, wenn im Falle des Obsiegens mit einer **Anerkennung des Urteils** im Sitzstaat des Anfechtungsgegners gerechnet werden und dann dort vollstreckt werden kann, oder aber wenn eine Vollstreckung in Gegenstände in Betracht kommt, die im Eröffnungsstaat oder in einem anderen Mitgliedstaat belegen sind (so dass die Anerkennung gesichert 36

---

[127] EuGH v. 11.6.2015 – C-649/13 (Nortel Networks/Cosme Rogeau), BeckRS 2015, 432882 = EU:C:2015:384 Rn. 31 ff.
[128] Mankowski/Müller/J. Schmidt/*Mankowski* Art. 6 Rn. 39.
[129] BGH ZIP 2012, 1467.
[130] EuGH v. 16.1.2014 – Rs. C-328/12 (Ralph Schmid ./. Lilly Hertel), ZIP 2014, 181 Rn. 29 = EU:C:2014:6; nachfolgend BGH WM 2014, 1094 Rn. 6 f. Bestätigt durch EuGH v. 4.12.2014 – Rs. C-295/13 (H. als Insolvenzverwalter G. T. GmbH/H. K.), Rn. 34, EU:C:2014:2410.
[131] EuGH vom 13.7.2000 – Rs. C-412/98 (Group Josi Reinsurance Company SA ./. Universal General Insurance Company), Slg. 2000, I-5925, 5952, 5957 Rn. 57, 33 ff. = EU:C:2000:339 = IPRax 2000, 520 mAnm *Staudinger* 2000, 483; EuGH vo. 1.3.2005 – Rs. C-281/02 (Owusu ua ./. Jackson), Slg. 2005, I-1383 Rn. 26 = EU:C:2005:120 = IPRax 2005, 244, mAnm *Heinze/Dutta* IPRax 2005, 224.
[132] Insofern kritisch auch *Paulus* EWiR 2014, 85; *Baumert* NZI 2014, 106, 107.

ist). Die **Unbeachtlichkeit des Wohnsitzes der Beklagten** gilt bei allen von Art. 6 erfassten Annexverfahren.[133]

37   Anders ist die Rechtslage, wenn die EuInsVO wegen der **Bereichsausnahme** in Art. 1 Abs. 2 schon insgesamt nicht anwendbar ist.[134] Dann kann sich eine internationale Zuständigkeit für das Annexverfahren nicht aus Art. 6, sondern nur aus dem autonomen deutschen Recht ergeben. Eine **Zuständigkeit nach § 23 ZPO** für die Anfechtungsklage mit der Begründung, der beklagte Anfechtungsgegner habe ggf. eine Insolvenzforderung gegen die Masse, lässt sich aber jedenfalls nicht für Fälle begründen, in denen sich diese Forderung erst aus dem Wiederaufleben der Forderung nach erfolgreicher Anfechtung (§ 144 Abs. 1 InsO) ergäbe. Im Übrigen ist § 23 Alt. 1 ZPO aber denkbar,[135] zumal wenn die angefochtene Rechtshandlung im Inland erfolgte.

38   **4. Gerichtsstand des Sachzusammenhangs (Art. 6 Abs. 2). a) Allgemeines.** Die Abs. 2 und 3 enthalten einen **Gerichtsstand des Sachzusammenhangs.** Dieser Gerichtsstand soll auf die Schwierigkeiten der Abgrenzung zwischen insolvenztypischen und sonstigen Annexverfahren reagieren. Sie zeigt sich etwa, wenn Anfechtungsansprüche mit sonstigen Ansprüchen gegen Gesellschafter konkurrieren. Diese Abgrenzung war ua Gegenstand des zunächst beim EuGH anhängigen, dann gestrichenen Vorlagebeschlusses des LG Essen,[136] der das Zusammentreffen von Insolvenzanfechtungsansprüchen mit den (nicht insolvenztypischen) Ansprüchen aus Kapitalerhaltung betrifft. Nach der Vorstellung der Kommission sollte auch eine Haftungsklage gegen einen Geschäftsleiter, die sowohl auf insolvenzrechtliche Gründe als auch auf Delikt und Gesellschaftsrecht gestützt ist, vor demselben Gericht zulässig erhoben werden können; das kommt in Erwägungsgrund Nr. 35 zum Ausdruck.[137] Durch Art. 6 Abs. 2 wird es dem Verwalter ermöglicht, die Klage vor das nach der EuGVVO (= Brüssel Ia-VO) zuständige Wohnsitzgericht des Beklagten zu bringen, obwohl die EuGVVO auf die insolvenztypische Annexklage gerade nicht anwendbar ist.

39   Die Vorschrift hat ihr Vorbild in dem in den Schlussanträgen zur Deko Marty-Entscheidung des EuGH vom Generalanwalt beschriebenen Konzept einer **relativ ausschließlichen Zuständigkeit.**[138] Der Generalanwalt hatte dafür plädiert, dass es dem Insolvenzverwalter ermöglicht sein solle, seine Klage ggf. abweichend von Art. 3 in einem anderen Mitgliedstaat – und zwar offenbar auf der Grundlage autonomer Zuständigkeitsregeln – zu erheben, wenn dies zur Verteidigung der Masse am besten geeignet ist.[139] Der EuGH musste sich dazu nicht explizit äußern. Der neue Art. 6 Abs. 2 ist nunmehr ein Überbleibsel dieses Konzepts. Dem Verwalter wird neben der Zuständigkeit nach Art. 6 Abs. 1 die Wahl des Gerichtsstands des Sachzusammenhangs ermöglicht.

40   **b) Zuständigkeit für die zivilrechtliche Klage nach der EuGVVO.** Art. 6 Abs. 2 ist **sprachlich ungenau.** Der Passus „vorausgesetzt, die betreffenden Gerichte sind nach der Verordnung (EU) Nr. 1215/2012" zuständig, bezieht sich auf die beiden Varianten des Abs. 2, nämlich die Klage(n) gegen einen Beklagten und die Klage(n) gegen mehrere Beklagte. Während dies noch eindeutig ist, könnte man den Passus in sachlicher Hinsicht dahin missverstehen, dass das jeweils angegangene Gericht nach der EuGVVO für beide, sowohl die insolvenzbezogene als auch die nicht insolvenztypische Annexklage, zuständig sein müsse. Für die insolvenztypische Annexklage kann aber eine Zuständigkeit des Wohnsitzstaats des Beklagten nach der EuGVVO nicht gegeben sein, wenn man mit der grundsätzlichen Einordnung des Annexverfahrens unter die EuInsVO auch den Vorrang gegenüber der EuGVVO nach Maßgabe der Bereichsausnahme des Art. 1 Abs. 2 lit. b EuGVVO versteht, dh die EuGVVO auf die insolvenztypische Annexklage gerade nicht, auch nicht subsidiär, anwendbar ist. Daher ist der Verweis auf die Zuständigkeit nach der EuGVVO (VO 1215/2012) naturgemäß so zu verstehen, dass nur für die Klage in der zivil- und handelsrechtlichen Sache, die mit der Klage im Sinne des Abs. 1 verbunden werden soll, eine Zuständigkeit im Wohnsitzstaat des Beklagten (oder bei mehreren Beklagten eines der Beklagten) nach der EuGVVO besteht. Dabei kommt es nicht darauf an, ob sich diese Zuständigkeit aus Art. 4 EuGVVO oder zB aus Art. 7 Nr. 1 EuGVVO ergibt. Allerdings kann sich bei Klagen gegen einen einzelnen Beklagten im Grunde nur

---

[133] BGH WM 2014, 1766 Rn. 6 = NZI 2014, 881.
[134] OLG Frankfurt ZIP 2013, 277, 278.
[135] Sehr restriktiv OLG Frankfurt ZIP 2013, 277, 279.
[136] LG Essen ZIP 2011, 875; dazu auch *Thole* ZIP 2012, 605, 607. Die Vorlage wurde gestrichen unter Rs. C-484/10, siehe EU:C:2012:275.
[137] Erwägungsgrund (13b) idF des KomE vom 12.12.2012.
[138] Schlussanträge GA Colomer v. 16.10.2008, Rs. C-339/07 (Rechtsanwalt Christopher Seagon als Insolvenzverwalter über das Vermögen der Frick Teppichboden Supermärkte GmbH ./. Deko Marty Belgium NV), Slg. 2009, I-767 Rn. 62 = EU:C:2008:575.
[139] Schlussanträge GA Colomer v. 16.10.2008, Rs. C-339/07 (Rechtsanwalt Christopher Seagon als Insolvenzverwalter über das Vermögen der Frick Teppichboden Supermärkte GmbH ./. Deko Marty Belgium NV), Slg. 2009, I-767 Rn. 62 = EU:C:2008:575.

um die Zuständigkeit nach Art. 4 EuGVVO handeln, denn Art. 7 EuGVVO setzt nach seinen Eingangsworten gerade eine Zuständigkeit in einem anderen als dem Wohnsitzstaat voraus. Der Begriff des Wohnsitzes muss in Art. 6 Abs. 2 ebenso ausgelegt werden wie in Art. 62, 63 EuGVVO. Entsprechendes gilt nach der ausdrücklichen Anordnung in Abs. 2 S. 2 auch für Fälle der **Eigenverwaltung**. Allerdings kommt es hier naturgemäß darauf an, ob der eigenverwaltende Schuldner selbst nach nationalem Recht noch die Kompetenz genießt, Prozesse anzustrengen. Das wäre im deutschen Recht etwa für Anfechtungsklagen zu verneinen, die gemäß § 280 InsO in die Kompetenz des Sachwalters fallen (der Insolvenzverwalter im Sinne des Art. 2 Nr. 5 und Anhang B ist und folglich bereits von Art. 6 Abs. 2 S. 1 erfasst ist).

c) Erstreckung auf die insolvenzbezogene Annexstreitigkeit. Art. 6 Abs. 2 regelt wie Abs. 1 nur die internationale Zuständigkeit, nicht **auch die örtliche und sachliche Zuständigkeit**.[140] Art. 6 Abs. 2 S. 1 besagt nämlich nur, dass die insolvenzbezogene Annexklage in dem Wohnsitzstaat des Beklagten („in dem Mitgliedstaat") angestrengt werden kann. Das aber bedeutet, dass die Zuständigkeit nach der EuGVVO für die zivilrechtliche Klage nicht Eins zu Eins die Zuständigkeit für die insolvenzbezogene Klage begründet, sondern nur eine internationale Zuständigkeit in diesem Staat zugunsten des Verwalters eröffnet. Ohnehin regelt Art. 4 EuGVVO nur die internationale Zuständigkeit am allgemeinen Gerichtsstand des Beklagten an dessen Wohnsitz, während sich die örtliche Zuständigkeit aus dem nationalen Recht ergibt. Art. 6 Abs. 2 regelt jedenfalls nach seinem Wortlaut stets nur die internationale Zuständigkeit; was jedenfalls insofern konsequent ist, als sich Art. 3 und 6 Abs. 1 aus dem Recht der örtlichen Zuständigkeit generell raushalten. Dennoch ist diese Lücke nicht nur vor dem Hintergrund des Ziels, eine prozessökonomische Erledigung der Streitigkeit zu fördern, problematisch, sondern auch deshalb, weil in dem jeweiligen Forumstaat möglicherweise keine Regelungen existieren, nach denen eine örtliche Zuständigkeit am selben Ort wie für die zivilrechtliche Klage begründet werden kann. Das wird zwar oft der Fall sein, weil die nationalen Prozessrechte meist ebenfalls eine allgemeine Zuständigkeit am Wohnsitz kennen; dennoch kann es Divergenzen geben, nämlich dann, wenn auch nach autonomem Recht für insolvenzbezogene Klagen eine andere örtliche Zuständigkeit besteht. Im Zweifel ist daher die lex fori gefragt, der mit Art. 6 Abs. 2 begründeten internationalen Zuständigkeit für die Annexklage eine passende örtliche Zuständigkeit zu verschaffen.

d) Begrenzung auf Klagen des Verwalters. Nach dem Wortlaut und dem eben beschriebenen Zweck darf nur der Verwalter von dem Gerichtsstand Gebrauch machen. Eine negative Feststellungsklage eines Anspruchsgegners bezogen auf die vom Verwalter geltend gemachten Annexansprüche darf daher nicht im Forum des Art. 6 Abs. 2 erhoben werden. Freilich dürfte eine solche Zusammenfassung einer negativen Feststellungsklage am Wohnsitzgerichtsstand des Verwalters häufig aus allgemeinen Gründen möglich sein. Wenn und weil Art. 6 Abs. 1 nämlich auch **negative Feststellungsklagen** erfasst und über Art. 4 EuGVVO auch für die allgemeine zivilrechtliche Klage der allgemeine Gerichtsstand des Verwalters eröffnet ist, wird dies meist zu einer Zuständigkeit am Ort des Insolvenzgerichts führen. Dies muss freilich nicht so sein, wenn über Art. 4, 62, 63 EuGVVO der verklagte Verwalter nach dem anwendbaren nationalen Recht seinen Wohnsitz nicht am Ort des Insolvenzverfahrens hat (anders als bei § 19a ZPO). Insgesamt ist die Beschränkung auf Klagen des Verwalters überdenkenswert.[141]

e) Klagen gegen mehrere Beklagte. Art. 6 Abs. 2 sieht auch eine Zuständigkeit vor, wenn die Annexklage, die im Sachzusammenhang mit der zivilrechtlichen Klage steht, gegen mehrere Beklagte zu richten sind, etwa gegen Gesellschafter und Geschäftsführer oder gegen mehrere Anfechtungsgegner. Damit wird das, was schon bisher in **Art. 8 Nr. 1 EuGVVO** für den Bereich der EuGVVO anerkannt ist, auch in den Bereich der Annexklagen nach der EuInsVO transferiert. Das ist konsequent, weil der Graben zwischen den insolvenztypischen und nicht insolvenztypischen Annexklagen schmal ist. Die Zuständigkeit kann im Wohnsitzstaat eines der Beklagten erhoben werden. Wohlgemerkt ist darauf zu achten, dass der Sachzusammenhang so ausgelegt wird, dass **Missbrauch** und **Zuständigkeitserschleichungen** vorgebeugt wird. Entsprechende Probleme sind im Bereich des Art. 8 Nr. 1 EuGVVO nicht unbekannt.[142]

Wenn einer der Beklagten in einem **Drittstaat** wohnt, bleibt Art. 6 Abs. 2 gleichwohl insgesamt anwendbar.[143] Es ist nicht erkennbar, warum Drittstaatenangehörige privilegiert werden sollten. Für

---

140 Bork/van Zwieten/Ringe, Commentary on the European Insolvency Regulation, Art. 6 Rn. 6.51.
141 Näher Thole ZEuP 2014, 39, 61.
142 Dazu Thole ZZP 122 (2009), 423 m. Nachw.
143 Vallender/Hänel Art. 6 Rn. 74; aA Paulus, Europäische Insolvenzverordnung, Art. 6 Rn. 20.

die Lösung spricht auch der Gleichlauf mit Art. 6 Abs. 1 und der EuGH-Entscheidung in der Rs. Ralph Schmid (→ Rn. 36).[144]

45 **f) Begriff des Sachzusammenhangs (Art. 6 Abs. 3).** Der Begriff des Sachzusammenhangs ist inhaltlich aus Art. 8 Nr. 1 und Art. 30 EuGVVO übernommen. Auf die dort ergangene, noch nicht abschließend ausgeformte Rechtsprechung kann Bezug genommen werden, vor allem auf die ggf. etwas enger zu konturierende Rechtsprechung zur Zuständigkeit des Art. 8 Nr. 1 EuGVVO, während es bei Art. 30 EuGVVO um die Koordination von zwei bereits laufenden Prozessen geht. Der Begriff in Abs. 3 ist **autonom** zu bestimmen.[145] Zu beachten ist, dass die **Gefahr widersprechender Entscheidungen** nicht allein deshalb zu leugnen ist, weil insolvenzbezogene und nichtinsolvenzbezogene Annexklage stets zwei unterschiedliche Ausgangspunkte haben, denn dies liegt in der Natur der Sache. Ein Zusammenhang wäre gegeben, wenn der Geschäftsleiter auf der Grundlage von § 64 GmbHG (der richtigerweise insolvenzrechtlich zu qualifizieren ist) und wegen Insolvenzverschleppung aus Delikt (soweit man dies nicht von Abs. 1 erfasst) in Anspruch genommen wird, weil beides ggf. von der Insolvenzreife und dessen Eintritt abhängt. Bei einer Anfechtungsklage verbunden mit einer Kapitalerhaltungsklage ist die Gefahr auch gegeben, obwohl formal ein Widerspruch nicht auftritt, weil Ansprüche wegen Kapitalerhaltung und Anfechtung zwei unterschiedliche Vorwürfe beinhalten. Geht es aber jeweils um dieselbe Ausschüttung an den Gesellschafter, sind Widersprüche in der Beurteilung der Ausschüttung trotz unterschiedlicher Rechtsgrundlagen denkbar. Auch bei Art. 8 Nr. 1 EuGVVO kommt es auf die **Gleichartigkeit der rechtlichen Klagegründe nicht** an.[146]

Art. 7 Anwendbares Recht

(1) Soweit diese Verordnung nichts anderes bestimmt, gilt für das Insolvenzverfahren und seine Wirkungen das Insolvenzrecht des Mitgliedstaats, in dessen Hoheitsgebiet das Verfahren eröffnet wird (im Folgenden „Staat der Verfahrenseröffnung").

(2) ¹Das Recht des Staates der Verfahrenseröffnung regelt, unter welchen Voraussetzungen das Insolvenzverfahren eröffnet wird und wie es durchzuführen und zu beenden ist. ²Es regelt insbesondere:
a) bei welcher Art von Schuldnern ein Insolvenzverfahren zulässig ist;
b) welche Vermögenswerte zur Insolvenzmasse gehören und wie die nach der Verfahrenseröffnung vom Schuldner erworbenen Vermögenswerte zu behandeln sind;
c) die jeweiligen Befugnisse des Schuldners und des Verwalters;
d) die Voraussetzungen für die Wirksamkeit einer Aufrechnung;
e) wie sich das Insolvenzverfahren auf laufende Verträge des Schuldners auswirkt;
f) wie sich die Eröffnung eines Insolvenzverfahrens auf Rechtsverfolgungsmaßnahmen einzelner Gläubiger auswirkt; ausgenommen sind die Wirkungen auf anhängige Rechtsstreitigkeiten;
g) welche Forderungen als Insolvenzforderungen anzumelden sind und wie Forderungen zu behandeln sind, die nach der Eröffnung des Insolvenzverfahrens entstehen;
h) die Anmeldung, die Prüfung und die Feststellung der Forderungen;
i) die Verteilung des Erlöses aus der Verwertung des Vermögens, den Rang der Forderungen und die Rechte der Gläubiger, die nach der Eröffnung des Insolvenzverfahrens aufgrund eines dinglichen Rechts oder infolge einer Aufrechnung teilweise befriedigt wurden;
j) die Voraussetzungen und die Wirkungen der Beendigung des Insolvenzverfahrens, insbesondere durch Vergleich;
k) die Rechte der Gläubiger nach der Beendigung des Insolvenzverfahrens;
l) wer die Kosten des Insolvenzverfahrens einschließlich der Auslagen zu tragen hat;
m) welche Rechtshandlungen nichtig, anfechtbar oder relativ unwirksam sind, weil sie die Gesamtheit der Gläubiger benachteiligen.

---

[144] Vallender/*Hänel* Art. 6 Art. 6 Rn. 38 f. Vgl. EuGH v. 16.1.2014 – Rs. C-328/12 (Ralph Schmid ./. Lilly Hertel), ZIP 2014, 181 Rn. 29 = EU:C:2014:6.
[145] EuGH v. 27.9.1988 – Rs 189/87 (Kalfelis ./. Bankhaus Schröder, Münchmeyer, Hengst & Co.), Slg. 1988, 5565 Rn. 10 = NJW 1988, 3088, 3089 = EU:C:1988:459.
[146] Vgl. EuGH v. 11.10.2007 – Rs. C-98/06 (Freeport plc/Olle Arnoldsson), Slg. 2007, I-8319 Rn. 52 = EuZW 2007, 703 = EU:C:2007:595.

Literatur: *Adam/Poertzgen*, Überlegungen zum Europäischen Konzerninsolvenzrecht (Teil 1), ZInsO 2008, 283; *Altmeppen*, Änderungen der Kapital- und Insolvenzverschleppungshaftung aus „deutsch-europäischer" Sicht, NJW 2005, 1911; *ders.*, Anwendung deutschen Gläubigerschutzrechts auf die EU-Scheinauslandsgesellschaft, IWRZ 2017, 107; *Arts*, Ausfallhaftung von Geschäftsführern EU-ausländischer Gesellschaften bei deutschem Insolvenzstatut nach EuInsVO, RIW 2016, 148; *Beck*, Verteilungsfragen im Verhältnis zwischen Haupt- und Sekundärinsolvenzverfahren nach der EuInsVO, NZI 2007, 1; *Berner/Klöhn*, Insolvenzantragspflicht, Qualifikation und Niederlassungsfreiheit, ZIP 2007, 106; *Bierbach*, Wettlauf der Gläubiger um den Insolvenzgerichtsstand – Anfechtungsbefugnisse des Insolvenzverwalters nach Art. 18 Abs. 2 S. 2 EuInsVO, ZIP 2008, 2203; *Bierhenke*, Der ausländische Insolvenzverwalter und das deutsche Grundbuch, MittBayNot 2009, 198, 200; *Bode, Juliane*, Die Europäische Insolvenzverordnung – Möglichkeiten und Grenzen der Wahl des Insolvenzstatuts im Rahmen der EuInsVO; *Böcker*, Gesellschaftsrecht oder Insolvenzrecht? Keine „Einheit der Rechtsordnung" im IPR, DTWIR 2016, 174; *Brinkmann*, Die Auswirkungen der Eröffnung eines Verfahrens nach Chapter 11 U.S. Bankruptcy Code auf im Inland anhängige Prozesse, IPRax 2011, 146; *Borges*, Gläubigerschutz bei ausländischen Gesellschaften mit inländischem Sitz, ZIP 2004, 733; *Bork* (Hrsg.), Handbuch des Insolvenzanfechtungsrechts, 2006, (zit.: *Adolphsen*, in *Bork*, Handbuch); *Brenner*, Kurzkommentar zu: AG Hamburg, Beschl. v. 14.5.2003 – 67g IN 358/02, EWiR 2003, 925; *Burg*, Existenzvernichtungsschutz in der Private Limited Company?, GmbHR 2004, 1379; *Busch/Remmert/Rüntz/Vallender*, Kommunikation zwischen Gerichten in grenzüberschreitenden Insolvenzen, NZI 2010, 425; *Carrara*, The Parmalat Case, RabelsZ 2006, 538, (556); *Cranshaw*, Grenzüberschreitende Anfechtungsklagen – Auswirkungen der Rechtsprechung auf die Unionsgerichtsbarkeit, ZInsO 2012, 1237 ff.; *ders.*, Zehn Jahre EuInsVO und Centre of Main Interests – Motor dynamischer Entwicklungen im Insolvenzrecht?, DZWIR 2012, 134 ff.; *ders.*, Aktuelle Fragen zur europäischen Insolvenzverordnung vor dem Hintergrund der Rechtsprechung des EuGH, DZWIR 2009, 355 ff.; *ders.*, Fragen zur Durchsetzung des Eigentumsvorbehalts im Hauptinsolvenzverfahren des Vorbehaltskäufers im Geltungsbereich der EuInsVO, DZWIR 2010, 91 ff.; *ders.*, Bemerkungen zur Vorfinanzierung von Insolvenzgeld, ZInsO 2013, 1493; *ders.*, Maßgeblichkeit des Insolvenzstatuts für die Pfändbarkeit ausländischer Renten, jurisPR-InsR 19/2017 Anm. 2; *Dahl*, Internationales Insolvenzrecht in der EU, NJW 2009, 245–246; *Dammann/Lehmkuhl*, Unwirksamkeit insolvenzbedingter Lösungsklauseln – Vorrang der lex fori concursus nach Art. 4 II 2 lit. e EuInsVO?, NJW 2012, 3069 ff.; *Drouven/Mödl*, US-Gesellschaften mit Hauptverwaltungssitz in Deutschland im deutschen Recht, NZG 2007, 7; *Duursma-Kepplinger*, Anmerkung zu: OGH v. 23.2.2005, 9 Ob 135/04 z, Österr. Anwaltsblatt 2005, 348; *Eidenmüller*, Gesellschaftsstatut und Insolvenzstatut, RabelsZ 2006, 474, (482); *ders.*, Geschäftsleiter- und Gesellschafterhaftung bei europäischen Auslandsgesellschaften mit tatsächlichem Inlandssitz, NJW 2005, 1618; *ders.*, Rechtsmissbrauch im Europäischen Insolvenzrecht, KTS 2009, 139; *Eisner*, Kapitalersatz- und Insolvenzverschleppungshaftung im Fall der Scheinauslandsgesellschaft, ZInsO 2005, 20; *Fehrenbach*, Gläubigerschutz in der grenzüberschreitenden Gesellschaftsinsolvenz als Qualifikationsproblem, in: *Binder/Eichel* (Hrsg.) Internationale Dimensionen des Wirtschaftsrechts, 2012; *ders.*, Insolvenzanfechtung in grenzüberschreitenden Insolvenzverfahren bei Verfahrenspluralität, NZI 2015, 157; *Fischer*, Die Verlagerung des Gläubigerschutzes vom Gesellschafts- in das Insolvenzrecht nach „Inspire Art", ZIP 2004, 1477; *Frind*, Forum PINning? – Anmerkung zu AG Köln, Beschl. v. 19.2.2008 – 73 IE 1/08, ZInsO 2008, 388 und zugleich Erwiderung auf Knopf/Mock, ZInsO 2008, 253, ZInsO 2008, 364 ff.; *Goslar*, Annullierung englischer Insolvenzeröffnungsentscheidungen nach sec. 282 Insolvency Act (UK) – Verbesserte Rechtsschutzmöglichkeiten durch aktuelle Entscheidung des High Court of Justice Birmingham, NZI 2012, 913 ff.; *Geroldinger*, Verfahrenseröffnung nach der EuInsVO: Ermitteln und Ausweisen der Kompetenzgrundlage, in Gürzumar et al (Hrsg.), Gedächtnisschrift für Haluk Konuralp Bd I (2009) Ankara; *ders.*, Wirkungserstreckung des Hauptinsolvenzverfahrens und Rechtsverfolgungsmaßnahmen im Ausland – Anm. zu EuGH Rs C-444/07, ZIK 2010 S. 4 ff.; *Gräfe*, Director's fiduciary duties als Gläubigerschutzinstrument bei britischen Limiteds mit Verwaltungssitz in Deutschland, DZWIR 2005, 410; *Greulich/Bunnemann*, Geschäftsführerhaftung für zur Zahlungsunfähigkeit führende Zahlungen an die Gesellschafter nach § 64 I 3 GmbHG-RefE-Solvenztest im deutschen Recht?, NZG 2006, 681; *Gruschinske*, Die Aufrechnung in grenzüberschreitenden Insolvenzverfahren – eine Untersuchung anhand der vereinheitlichten europäischen Regelungen des Internationalen Privat- und Zivilverfahrensrechts, EuZW 2011, 172 ff.; *dies.*, Das europäische Kollisionsrecht der Aufrechnung unter besonderer Beachtung des Insolvenzfalles; *Haas/Vogel*, Durchsetzung gesellschaftsrechtlicher und insolvenzrechtlicher Haftungsansprüche im internationalen Konzern, NZG 2011, 457 f.; *Hau*, Masseanreicherung und Gläubigerschutz im Europäischen Insolvenzrecht, in: *Gottwald*, Europäisches Insolvenzrecht – kollektiver Rechtsschutz, S. 79 f.; *Hanisch*, Bemerkungen zur Insolvenzanfechtung im grenzüberschreitenden Insolvenzfall (Art. 102 Abs. 2 EGInsO und die angestrebte EU-Regelung), in: FS Stoll, 2001, S. 503; *Hergenröder*, Entschuldung durch Restschuldbefreiungstourismus? – Voraussetzungen, Grenzen und Verfahrensfragen der Anerkennung einer ausländischen Restschuldbefreiung im Inland nach der EuInsVO, DZWIR 2009, 316 ff.; *ders.*, Einzelgläubigeranfechtung und Restschuldbefreiung englischen Rechts, WuB 2016, 183; *Hirte/Mock*, Wohin mit der Insolvenzantragspflicht?, ZIP 2005, 474; *Holzer* Die Arbeiten der Uncitral zur Insolvenzfestigkeit von Lizenzverträgen, NZI 2014, 337; *Hübler*, Aktuelles internationales und ausländisches Insolvenzrecht – Juni/Juli 2012, NZI 2012, 645 ff.; *dies.*, Aktuelles internationales und ausländisches Insolvenzrecht – August/September 2012, NZI 2012, 837 ff.; *dies.*, Aktuelles internationales und ausländisches Insolvenzrecht – Oktober/November 2012, NZI 2012, 1001; *dies.*, Aktuelles internationales und ausländisches Insolvenzrecht – Dezember/Januar 2013, NZI 2013, 124; *Hützen/Poertzgen*, Insolvenzgeld für Arbeitnehmer in Deutschland bei ausländischem Insolvenzereignis am Beispiel der Niederlande, ZInsO 2010, 1720; INSOL Europe, Revision of the European Insolvency Regulation; *Jäger*, Anwendbarkeit von § 64 S. 1 GmbHG auf eine Limited, jM 2016, 319; *Jud*, Die Aufrechnung im internationalen Privatrecht, IPRax 2005, 104; *Keinert*, Vertragsbeendigung in der Insolvenz, zugleich Diss. Univ. Genf, Tübingen 2018; *Kienle,* Schnittstellen des internatonalen Gesellschafts- und Insolvenzrechts, in: *Süß/Wachter* (Hrsg.), Handbuch des internationalen GmbH-Rechts, 2006, S. 127 ff. (zit.: *Kienle,* in *Süß/Wachter,* Handbuch); *Kilgus,* Keine Zahlungspflicht unter internationalen Derivaten bei Insolvenz des Vertragspartners?, ZIP 2013, 615; *Kirchhof,* Cross Border Insolvency (Part 2), IILR 2010, 23 ff.; *Köke,* Die englische Limited in der Insolvenz, ZInsO 2005, 354; *Kodek,* Die Geltendmachung von Anfechtungsansprüchen nach der EuInsVO, in: *Konecny* (Hrsg.), Insolvenzforum 2004, 2005, S. 119; *ders.,* Feststellung zur Tabelle in Österreich (Forderungsfeststellung) und internationale Bindungswirkung, ZInsO 2011, 891; *Kuntz,* Die Insolvenz der Limited mit deutschem Verwaltungssitz – EU-Kapitalgesellschaft in Deutschland nach „Inspire Art", NZI 2005, 424; *Leutner/Langner,* Durchgriffshaftung bei Scheinauslandsgesellschaften, ZInsO 2005, 575; *Lieder,* Die Haftung der Geschäftsführer und Gesellschafter von EU-Auslandsgesellschaften mit tatsächlichem Verwaltungssitz in Deutschland, DZWIR 2005, 399; *Lutter* (Hrsg.), Europäische Auslandsgesellschaften in Deutschland: mit Rechts- und Steuerfragen des Wegzugs deutscher Gesellschaften, 2005 (zit.: *Bearbeiter* in *Lutter,* Auslandsgesellschaften); *Lüttringhaus,* Aussonderungsklagen an der Schnittstelle von EuGVVO und EuInsVO – Anm. zum Urt. des EuGH v. 10.9.2009, Rs C-292/08 – German Graphics Graphische Maschinen GmbH gegen Alice van der Schee, RIW 2009, 798, RIW 2010, 45 ff.; *Mankowski,* Internationale Nachlassinsolvenzen, ZIP 2011, 1503; *ders.,* Neues zur grenzüberschreitenden Forderungsanmeldung unter der EuInsVO, NZI 2011, 887 f.; *ders.,* Insolvenznahe Verfahren und Sicherung eines Eigentumsvorbehalts im Grenzbereich zwischen EuInsVO und EuGVVO, NZI 2008, 605; *ders.,* Keine Litispendenzsperre unter der EuInsVO, KTS 2009, 457; *ders.,* Bestimmung der Insolvenzmasse und Pfändungsschutz unter der EuInsVO, NZI 2009, 785 f.; *ders.,* Insolvenznahe Verfahren im Grenzbereich zwischen EuInsVO und EuGVVO – Zur Entscheidung des EuGH in Sachen German Graphics (NZI 2009, 741), NZI 2010, 511 f.; *ders.,* Nachrangigkeit kapitalersetzender Gesellschafterdarlehen – maßgebliches Insolvenzstatut, NZI 2010, 1001 ff.; *ders.,* Gläubigerstrategien zur Fixierung des schuldnerischen Centre of Main Interests (COMI), ZIP 2010, 1376; *ders.,* EuInsVO und Schiedsverfahren, ZIP 2010, 2483 f.; *ders.,* Insolvenzrecht gegen Gesellschaftsrecht 2:0 im europäischen Spiel um § 64 GmbHG, NZG 2016, 281; *ders.,* Vollstreckung einer Steuerforderung bei Zwangsvollstreckung und Insolvenzverfahren in verschiedenen Mitgliedstaaten, NZI 2016, 959; *Mehring,* Die Durchsetzung von Ansprüchen trotz Restschuldbefreiung nach englischem oder französischem Recht, ZInsO 2012, 1249; *Mock,* Anmerkung zu LG Kiel, Urt. v. 20.4.2006 – 10 S 44/05, Insolvenzverschleppungshaftung des directors bei inländischem Verwaltungssitz der Limited, NZI 2006, 482; *ders.,* Handlungsoptionen bei ausufernden Sekundärinsolvenzverfahren – Zugleich Anm. zu High Court of Justice London, Beschl. v. 11.2.2009 ([2009] EWHC 206 (Ch), ZInsO 2009, 914), ZInsO 2009, 895 ff.; *Mock/Schildt,* Anmerkung zu AG Hamburg, Beschl. v. 14.5.2003 – 67g IN 358/02, Insolvenzfähigkeit einer englischen Limited in Deutschland, NZI 2003, 442; *dies.,* Insolvenz ausländischer Kapitalgesellschaften mit Sitz in Deutschland, ZInsO 2003, 396; *Mock/Westhoff,* Verwendung ausländischer Kapitalgesellschaften bei Unternehmensakquisitionen, DZWIR 2004, 23; *Mörsdorf-Schulte,* Geschlossene europäische Zuständigkeitsordnung und die Frage der vis attractiva concursus, NZI 2008, 285, 287; *dies.,* Zuständigkeit für Insolvenzanfechtungsklagen im Eröffnungsstaat – Zugleich Besprechung EuGH v. 12.2.2009 – Rs C-339/07 (ZIP 2009, 427) und Folgeentscheidung BGH v. 19.5.2009 – IX ZR 39/06 (ZIP 2009, 1287 – Deko Marty), ZIP 2009, 1457; *Nassall,* Anwendung des § 64 S. 1 GmbHG auf eine englische private company limited by shares, jurisPR-BGHZivilR 14/2016 Anm. 3; *Oberhammer,* Zur internationalen Anfechtungsbefugnis des Sekundärverwalters nach Europäischem Insolvenzrecht, KTS 2008, 274 ff.; *ders.,* Von der EuInsVO zum europäischen Insolvenzrecht – Eine Zwischenbilanz über rechtspolitische Gestaltungsmittel und Ziele, KTS 2009, 47 ff.; *Paeffgen,* Geschäftsführer; Niederlassungsfreiheit; Schadensersatz; Zahlungsfähigkeit, WuB 2016, 369; *Panzani,* Security Interests and Crossborder Insolvency Procedures: The Italian Discipline, IILR 2014, 394; *Paulus,* Security Rights in Cross-Border Insolvency Proceedings, IILR 2014, 366; *ders.,* Die ersten Jahre mit der Europäischen Insolvenzverordnung: Erfahrungen und Erwartungen, RabelsZ 2006, 458, (466); *ders.,* Anfechtungsklagen im grenzüberschreitenden Insolvenzverfahren, ZInsO 2006, 295; *ders.,* Which law decides on a court's competence to decide in insolvency related matters? Higher Regional Court of Frankfurt a. M., International Caselaw Alert 10 – III/2006, 10; *ders.,* Die europäische Insolvenzverordnung und der deutsche Insolvenzverwalter, NZI 2001, 506 ff.; *Paulick/Simon,* „EU-Grenzgänger" und die Anwendbarkeit der deutschen Pfändungsschutzvorschriften, ZInsO 2009, 1934 ff.; *Prager/Keller,* Der Vorschlag der Europäischen Kommission zur Reform der EuInsVO, NZI 2013, 62; *dies.,* Die Einrede des Art. 13 EuInsVO, NZI 2008, 697; *Reinhart,* Die Durchsetzung im Inland belegener Absonderungsrechte bei ausländischen Insolvenzverfahren ohne Qualifikation, Vorfrage und Substitution im internationalen Insolvenzrecht – zu BGH, 3.2.2011 (V ZB 54/10), IPRax 2012, 419 f.; *Reisenhofer,* Zur Insolvenzmasse nach der EuInsVO – Lohnpfändungsschutz in der grenzüberschreitenden Insolvenz, in: *Clavora/Garber,* Grenzüberschreitende Insolvenzen im europäischen Binnenmarkt – Die EuInsVO, I. Österreichische Assistententagung zum Zivil- und Zivilverfahrensrecht der Karl-Franzens-Universität Graz, S. 157; *Reisch/Kodek,* Ausgewählte Probleme der Anfechtung nach der EuInsVO, International Caselaw Alert 13 – I/2007, 57; *Riedel,* Insolvenz in nationalen und internationalen Schiedsverfahren, zugl. Diss. Univ. Regensburg, Frankfurt am Main 2016; *Riedemann,* Das Auseinanderfallen von Gesellschafts- und Insolvenzstatut, GmbHR 2004, 345; *Ringe/Willemer,* Die „deutsche" Limited in der Insolvenz, EuZW 2006, 621; *dies.,* Zur Anwendung von § 64 GmbHG auf eine englische Limited, NZG 2010, 56; *dies.,* Anwendbarkeit des Rechts des Staats der Verfahrenseröffnung auf Einzelzwangsvollstreckungsmaßnahme eines anderen Mitgliedstaats („ENEFI"), EWiR 2017, 177; *Röhricht,* Insolvenzrechtliche Aspekte im Gesellschaftsrecht, ZIP 2005, 505; *Schall,* Englischer Gläubigerschutz bei der Limited in Deutschland, ZIP 2005, 965; *ders.,* Deutscher Gläubigerschutz und Europarecht – Lehren aus dem PIN-Fall des BGH, NJW 2011, 3745 ff.; *Schall,* Das Kornhaas-Urteil gibt grünes Licht für die Anwendung des § 64 GmbHG auf eine Limited mit Sitz in Deutschland – Alles klar dank EuGH, ZIP 2016, 289; *Schilling, M.,*

Die ausschließliche internationale Zuständigkeit für gesellschaftsrechtliche Streitigkeiten vor dem Hintergrund der Niederlassungsfreiheit, IPRax 2005, 208; *Schilling, S./Schmidt, J.*, Anm. zu AG Köln, Beschl. v. 10.8.2005, Insolvenzantragstellung in einem anderen EU-Mitgliedstaat, DZWIR 2006, 218; *Schmidt, J.*, Insolvenzantragspflicht und Insolvenzverschleppungshaftung bei der „deutschen" Limited – Das LG Kiel auf dem richtigen Weg?, ZInsO 2006, 737; *Schmidt, K.*, Verlust der Mitte durch „Inspire Art"? – Verwerfungen im Unternehmensrecht durch Schreckreaktionen der Literatur –, ZHR 168 (2004), 493; *Schmitz*, Schiedsverfahren und Insolvenz, zugl. Diss Univ. Heidelberg, Baden-Baden 2016; *Schollmeyer*, Vollstreckungsschutz kraft ausländischen Insolvenzrechts und Inlandsklausel – zu OLG Frankfurt a. M., 30.10.2001, 20 W 587/99, IPRax 2003, 227; *Schulz*, Zur Anwendbarkeit des § 64 GmbHG auf EU-Auslandsgesellschaften; hier: den Director einer Lts. („Kornhaas"), EWiR 2016, 67; *ders.*, Anwendbarkeit des Rechts des Staats der Verfahrenseröffnung auf Einzelzwangsvollstreckungsmaßnahmen eines anderen Mitgliedstaats („ENEFI"), EWiR 2016, 533; *Schwerdtfeger/Schilling, S.*, Innerstaatlicher Rechtsschutz gegen die Eröffnung eines Hauptinsolvenzverfahrens nach Art. 3 Abs. 1 EuInsVO in Deutschland, DZWIR 2005, 370; *Stehle*, Die Auslandsvollstreckung – ein Mittel zur Flucht aus dem deutschen Insolvenzrecht, DZWIR 2008, 55 ff.; *Strickler*, Vollstreckung einer Steuerforderung bei Insolvenzverfahren in anderem Staat, NJW 2017, 144; *Swierczok*, Insolvenzrecht: Vollstreckung einer Steuerforderung bei Zwangsvollstreckung und Insolvenzverfahren in verschiedenen Mitgliedstaaten, EuZW 2017, 59; *Tashiro*, Anm. zu EuGH, Urt. v. 21.1.2010 (C-444/07, BeckRS 2010, 90058), FD-InsR 2010, 297071; *Thole, C.*, Gläubigerschutz durch Insolvenzrecht, 2010; *Ulmer*, Insolvenzrechtlicher Gläubigerschutz gegenüber Scheinauslandsgesellschaften ohne hinreichende Kapitalausstattung?, KTS 2004, 291; *Undritz*, Kurzkommentar zu ArbG Frankfurt/M., Urt. v. 23.2.2010 (18 Ca 7714/09, ZIP 2010, 1313), EWiR 2010, 637; *Ungan*, Gläubigerschutz nach dem EuGH-Urteil in „Inspire Art" – Möglichkeiten einer Sonderanknüpfung für die Durchgriffshaftung in der Insolvenz?, ZVR 2005, 355; *Vallender*, Wohnungseigentum in der Insolvenz, NZI 2004, 401, (403); *Vallender/Fuchs*, Die Antragspflicht organschaftlicher Vertreter einer GmbH vor dem Hintergrund der Europäischen Insolvenzverordnung, ZIP 2004, 829; *Vorpeil*, Neuere Entwicklungen im englischen Handels- und Wirtschaftsrecht, RIW 2005, 370 (378); *Wagner*, Insolvenzantragstellung nur im EU-Ausland? Zivil- und strafrechtliche Risiken für den GmbH-Geschäftsführer, ZIP 2006, 1934; *ders.*, Insolvenz und Schiedsverfahren, KTS 2010, 51 ff.; *Walterscheid*, Die englische Limited im Insolvenzverfahren, DZWIR 2006, 95; *Wansleben*, Die feine Linie zwischen Gesellschafts- und Insolvenzstatut im Unionsrecht – EuGH-Urteil „Kornhaas", EWS Heft 2/2016, 72; *Weller*, Forum Shopping im Internationalen Insolvenzrecht?, IPRax 2004, 412, 414; *ders.*, Einschränkung der Gründungstheorie bei missbräuchlicher Auslandsgründung?, IPRax 2003, 520; *ders.*, Scheinauslandsgesellschaften nach Centros, Überseering und Inspire Art: Ein neues Anwendungsfeld für die Existenzvernichtungshaftung, IPRax 2003, 207; *ders.*, GmbH-Bestattung im Ausland, ZIP 2009, 2029; *Werner*, Anm. zu EuGH, Urt. v. 21.1.2010 (C-444/07, BeckRS 2010, 90058), GWR 2010, 42; *Westermann*, Auf dem Weg zum Wettbewerb der Gesellschaftsordnungen: die Kapitalbindung im Recht der GmbH, ZIP 2005, 1849; *Wienberg*, Anwendbarkeit von deutschem Eigenkapitalersatzrecht auf EU-Kapitalgesellschaften am Beispiel eines Partikularinsolvenzverfahrens im engeren Sinn nach Art. 3 II, IV EuInsVO, NZI 2005, 353; *Wilms*, Die englische Ltd. in deutscher Insolvenz (Diss. Uni Düsseldorf, 2006), 2006 (Zit.: *Wilms*, Die engl. Ltd.); *Wöhlert*, Anm. zu OLG Naumburg, Urt. v. 6.10.2010 – 5 U 73/10, BeckRS 2010, 29926, GWR 2011, 72 *Zeeck*, Die Anknüpfung der Insolvenzanfechtung, ZInsO 2005, 281; *Zerres*, Deutsche Insolvenzantragspflicht für die englische Limited mit Inlandssitz, DZWIR 2006, 356; *Zimmer*, Nach „Inspire Art": Grenzenlose Gestaltungsfreiheit für deutsche Unternehmen?, NJW 2003, 3585.

Übersicht

		Rn.			Rn.
I.	Allgemeines	1	6.	Lit. d: Insolvenzaufrechnung	23
II.	**Reichweite des Insolvenzstatuts**	3	7.	Lit. e: Auswirkungen auf laufende Verträge	28
1.	Allgemeines	3			
2.	Abgrenzung zum Gesellschaftsstatut	6	8.	Lit. f: Rechtsverfolgungsmaßnahmen	31
3.	Abgrenzung zum Vertragsstatut	12	9.	Lit. g: Insolvenzforderungen und Masseverbindlichkeiten	36
4.	Abgrenzung zum Deliktstatut	13			
5.	Abgrenzung zum Sachenrechtsstatut	15	10.	Lit. h: Anmeldung, Prüfung und Feststellung von Forderungen	39
III.	**Beispielkatalog des Abs. 2**	16			
1.	Voraussetzungen der Verfahrenseröffnung (Abs. 2 S. 1)	17	11.	Lit. i: Erlösverteilung, Rang	41
			12.	Lit. j: Beendigung des Insolvenzverfahrens	43
2.	Durchführung und Beendigung (Abs. 2 S. 1)	18	13.	Lit. k: Gläubigerrechte nach Verfahrensbeendigung	44
3.	Lit. a: Insolvenzfähigkeit	19			
4.	Lit. b: Insolvenzmasse	21	14.	Lit. l: Kosten des Insolvenzverfahrens	46
5.	Lit. c: Befugnisse des Schuldners und des Verwalters	22	15.	Lit. m: Unwirksame Benachteiligung der Gesamtheit der Gläubiger	47

I. Allgemeines

1 Art. 7 bis Art. 18 enthalten einheitliche Kollisions- oder auch Sachnormen für das internationale Insolvenzrecht in den Mitgliedstaaten,[1] wobei Art. 7 die **grundlegende Kollisionsnorm** statuiert, die immer zur Anwendung kommt, soweit keine davon abweichende Sonderregelung in der Verordnung enthalten ist *("Soweit diese Verordnung nichts anderes bestimmt")*. Danach findet auf alle Fragen des Insolvenzverfahrens (zur Reichweite des Statuts vgl. → Rn. 3) grundsätzlich das Recht des Staates der Verfahrenseröffnung Anwendung (sog. **lex fori concursus oder Insolvenzstatut**). Dies gilt für das Hauptverfahren, für Sekundärverfahren (vgl. Art. 35) sowie für unabhängige Partikularverfahren (vgl. ErwG. Nr. 66 sowie → Art. 35 Rn. 1 und 13). Es handelt sich bei der Regelung in Art. 7 jedoch nicht um eine Sachnorm, die im Wege einer unionsautonomen Auslegung einheitliches Sachrecht beinhaltet, auch wenn freilich die Kollisionsnorm – naturgemäß – Begriffe des Sachrechts verwendet.[2] Auch wenn dies im Text der Verordnung nicht ausdrücklich erwähnt ist, handelt es sich um eine Sachnormverweisung.[3] Ein Renvoi ist daher ausgeschlossen.[4]

2 Im Rahmen der **Reform der EuInsVO**[5] sind keine Änderungen an Art. 4 EuInsVO 2000 vorgenommen worden. Der sog. Vienna Report hat zwar einzelne Auslegungsfragen identifiziert, wie zum Beispiel die sich ergebenden Qualifikations- oder Abgrenzungsprobleme des Art. 4 EuInsVO 2000 zu anderen Rechtsgebieten, wie dem Gesellschaftsrecht.[6] Die Verfasser des Vienna Reports waren sich jedoch mit den Länderberichtsautoren einig, dass eine Änderung des Art. 4 EuInsVO 2000 deswegen nicht angezeigt ist, zumal es sich bei den Qualifikationsfragen um ein generelles Problem des internationalen Privatrechts handelt, das sich einer generellen Lösung auf abstrakter Ebene entzieht. Art. 7, der Art. 4 EuInsVO 2000 entspricht, ist daher – bis auf rein redaktionelle Änderungen – unverändert.

II. Reichweite des Insolvenzstatuts

3 **1. Allgemeines.** Die Verweisung auf die *lex fori concursus* gilt gemäß dem Wortlaut des Absatzes 1 für das Insolvenzverfahren und seine Wirkungen. Damit ist die im Kollisionsrecht grundsätzlich geltende Qualifikationsfrage angesprochen.[7] Bezogen auf das Insolvenzrecht bedeutet dies, dass zunächst jeweils zu prüfen ist, ob ein bestimmter Anspruch dem Insolvenzrecht zuzuordnen ist (dann Anwendung der Art. 7 bis 18), oder ob ein Anspruch systematisch einem anderen Rechtsgebiet zuzuordnen ist, sodass entsprechend eine andere Kollisionsnorm (zB die Kollisionsnorm für gesellschaftsrechtliche oder deliktische Ansprüche) heranzuziehen ist. Diese Qualifikationsfragen stellen sich auch im Zusammenhang mit der Anwendung der kollisionsrechtlichen Vorschriften der Verordnung, insbesondere im Zusammenhang mit der Anwendung der Generalklausel des Art. 7. Was dementsprechend unter *"Insolvenzverfahren und seine Wirkungen"* zu verstehen ist, ist verordnungsautonom auszulegen.[8] In welchem nationalen Gesetz der Anspruch oder die Rechtsfrage geregelt ist, gibt allenfalls einen Anhaltspunkt, spielt aber für die Frage der Qualifikation eines Anspruchs als insolvenzrechtlich keine ausschlaggebende Rolle.[9]

4 Orientierungshilfe zur Bestimmung der Reichweite des Insolvenzstatuts bieten *de lege lata* hierbei der Beispielkatalog in Art. 7 Abs. 2 sowie die in Art. 8 ff. enthaltenen Sonderanknüpfungen. Die dort genannten Fälle sind aus Sicht der Verordnung in jedem Fall als insolvenzrechtlich zu qualifizieren. Aus dem in Art. 7 Abs. 2 enthaltenen Katalog wird auch ersichtlich, dass die Reichweite des Insolvenzstatuts entgegen einer in der Literatur vertretenen Auffassung nicht

---

[1] Zum sachlich-räumlichen Anwendungsbereich der Verordnung, insbesondere der Kollisionsnormen vgl. → Art. 1 Rn. 25 ff.

[2] So zutreffend obiter dictum zur Frage der Verfahrensbeendigung in Art. 4 Abs. 2 lit. j EuInsVO 2000 das Urteil des EuGH v. 22.11.2012 – C-116/11 *(Handlowy)*, NZI 2013, 106 Rn. 44 ff.; vgl. auch die Schlussanträge des Generalanwalts in ZInsO 2012, 1213 Rn. 30 ff.

[3] Vgl. *Virgos/Schmit*, Erläuternder Bericht, Rn. 87; *Fletcher*, Insolvency, S. 266.

[4] Vgl. Duursma-Kepplinger/Duursma/Chalupsky/*Duursma-Kepplinger* EuInsVO 2000 Art. 4 Rn. 2; Geimer/Schütze/*Haß/Herweg*, B Vor I 20b, EuInsVO 2000 Art. 4 Rn. 2; Rauscher/*Mäsch* EuInsVO 2000 Art. 4 Rn. 2; MüKoBGB/*Kindler* Art. 7 Rn. 1.

[5] Vgl. zur Reform der EuInsVO grundsätzlich → Vor Art. 1 Rn. 11 ff.

[6] Vgl. Hess/Oberhammer/Pfeiffer/*Pfeiffer*, European Insolvency Law, Rn. 96 ff., 104 ff.

[7] Vgl. zum Rechtsinstitut der Qualifikation im internationalen Insolvenzrecht → Vor § 335 Rn. 37.

[8] Vgl. Duursma-Kepplinger/Duursma/Chalupsky/*Duursma-Kepplinger* EuInsVO 2000 Art. 4 Rn. 5 ff.; *Mankowski* RIW 2004, 481, 486; Rauscher/*Mäsch* EuInsVO 2000 Art. 4 Rn. 8; MüKoBGB/*Kindler* Art. 7 Rn. 4 ff.; *Paulus* Art. 7 Rn. 5.

[9] Vgl. *Kegel/Schurig*, IPR, S. 343 ff.; *Fehrenbach*, Gläubigerschutz, S. 223, 235.

„weit" zu fassen ist.[10] Ein solcher Ansatz ist schon deswegen verfehlt, weil eine „weite" Auslegung des Insolvenzstatuts spiegelbildlich entweder zu einer Verengung der Reichweite anderer Statuten führen muss (wofür eine sachliche Berechtigung fehlt) oder zu einer (kollisionsrechtlich ebenfalls ungewollten) Mehrfachanknüpfung. Aus dem in Art. 7 Abs. 2 enthaltenen Beispielkatalog ergibt sich vielmehr eine funktionale, auf die Haftungsverwirklichung für den Fall der Insolvenz begrenzte Betrachtungsweise. Der funktionale Zusammenhang des Anspruchs mit der Insolvenzsituation und der Befriedigung der Gesamtheit der Gläubiger ergibt sich auch deutlich aus Art. 7 Abs. 2 lit. m, der eine Benachteiligung der Gesamtheit der Gläubiger voraussetzt. Die Haftungsverwirklichung in einer Insolvenzsituation zugunsten der Gesamtheit der Gläubiger beschreibt daher die Reichweite des Insolvenzstatuts zutreffender als Definitionen, die auf die „Enge" des Sachverhaltes zum Insolvenzrecht oder das „unmittelbare Zusammenhängen" des Anspruchs mit dem Insolvenzrecht abstellen.[11]

Mit Urteil vom 29.11.2019 hat sich der EuGH zu der Frage geäußert, ob Art. 7 auf eine **5** Klage anwendbar sei, mit der die Bezahlung von Waren begehrt wird, die in Erfüllung eines vor der Eröffnung des Insolvenzverfahrens über das Vermögen dieser Gesellschaft geschlossenen Vertrags geliefert wurden, und die sich gegen die in einem zweiten Mitgliedstaat ansässige andere am Vertrag beteiligte Gesellschaft richtet.[12] Der EuGH hat geurteilt, dass Art. 7 nicht anwendbar sei. Dieser – mehr als unglücklichen – Entscheidung, insbesondere dem so formulierten Obersatz, sollte man für die Auslegung des Art. 7 jedoch keine weitere Bedeutung beimessen. Sowohl die Darstellung des Sachverhaltes durch das vorlegende schwedische Gericht, als auch die Herausarbeitung der dogmatischen Fragen lassen jegliches Verständnis für die Zusammenhänge des internationalen Insolvenzrechts – leider auch seitens des EuGH – vermissen.[13] Denn freilich ist die Geltendmachung einer Forderung des Schuldners, die vor Insolvenzeröffnung entstanden ist, nicht als insolvenzrechtliche Fragestellung zu qualifizieren. Diese Antwort des EuGH ist jedoch so banal wie nichtssagend. Denn geht es um die Frage, ob die Forderung in die Insolvenzmasse fällt und vom Insolvenzverwalter (als Aktivlegitimierten) geltend gemacht werden kann, so sind diese Fragen freilich insolvenzrechtliche Fragestellungen, die in den Anwendungsbereich von Art. 7 fallen. Das gilt erst recht, wenn – wie im Vorlagefall – der Schuldner der Forderung gegen den Anspruch des Insolvenzverwalters einwendet, dessen Forderung sei durch eine Aufrechnung mit einer Gegenforderung erloschen. Dann regelt nämlich Art. 7 Abs. 2 S. 2 lit. d welches Recht auf die Frage der Zulässigkeit der Aufrechnung anwendbar ist (vgl. dazu → Rn. 23 ff.).

2. Abgrenzung zum Gesellschaftsstatut. Viele Schnittstellen finden sich in der Praxis zwi- **6** schen dem Insolvenzstatut und dem Gesellschaftsstatut bei Kapitalgesellschaften. Das Gesellschaftsrecht der Kapitalgesellschaften enthält oft Vorschriften zum Schutze der Gläubiger der Gesellschaft. Diese betreffen die Finanzausstattung der Gesellschaft, die Erhaltung des nominalen Eigenkapitals der Gesellschaft oder auch die Pflicht zur Stellung eines Insolvenzantrages. Die Tatsache, dass sich diese Vorschriften vielfach in den gesellschaftsrechtlichen Gesetzen befinden, ist für die Qualifikation des Anspruchs ebenso wenig maßgebend wie die Tatsache, dass diese Ansprüche in der Praxis meist im Zusammenhang mit oder aufgrund eines Insolvenzverfahrens gegen die Gesellschafter oder gesetzlichen Vertreter geltend gemacht werden.

Nach der oben dargestellten Definition unterstehen diese Fragen in der Regel dem Gesell- **7** schaftsstatut, nicht aber dem Insolvenzstatut (mit einer unten noch darzustellenden Ausnahme). So sind beispielsweise die Ansprüche der Gesellschaft gegen die Gesellschafter wegen Verletzung der **Kapitalaufbringungs- oder -erhaltungsvorschriften** stets als gesellschaftsrechtlich zu qualifizieren.[14] Gleiches gilt für Ansprüche der Gesellschaft gegen einen Gesellschafter wegen eines

---

[10] So aber MüKoBGB/*Kindler* Art. 7 Rn. 6; Duursma-Kepplinger/Duursma/Chalupsky/*Duursma-Kepplinger* EuInsVO 2000 Art. 4 Rn. 7; hiergegen zurecht: Geimer/Schütze/*Haß/Herweg,* B Vor I 20b, EuInsVO 2000 Art. 4 Rn. 11.
[11] So zB Geimer/Schütze/*Haß/Herweg,* B Vor I 20b, EuInsVO 2000 Art. 4 Rn. 11.
[12] EuGH, Urt. v. 29.11.2019 – Rs C-198/18 *(CeDE Group AB)* = NZI 2020, 41 (mAnm *Mankowski*).
[13] Zu Recht kritisch *Mankowski* NZI 2020, 43; ebenfalls kritisch schon zur Vorlagefrage Generalanwalt *Bobek,* Schlussantr. v. 30.4.2019 – Rs C-198-18, BeckRS 2019, 7101, vgl. insb. die Rn. 25, 47, 63.
[14] Vgl Ulmer/Habersack/Winter/*Behrens,* GmbHG, Einleitung B 91; *Eidenmüller* RabelsZ 70 (2006), 474, 488; MüKoBGB/*Kindler* IntGesR Rn. 605 ff.; *K. Schmidt* ZHR 168 (2002), 493, 498; Lutter/*Fleischer,* Auslandsgesellschaften, S. 49 ff., S. 80 ff.; vgl. zur int. Zuständigkeit in diesem Fall auch OLG Köln ZIP 2005, 322, welches auf einen Anspruch gegen die Gesellschafter wegen Unterkapitalisierung die EuGVVO anwendet, was zwar keine Qualifikationsfrage darstellt, von der Problematik her (Art. 1 Abs. 2 lit. b EuGVVO) jedoch ähnlich gelagert ist; ebenso OLG München ZIP 2006, 2402 zu Ansprüchen nach §§ 30, 31 GmbHG und zur Anwendung des LugÜ hierauf.

Existenz vernichtenden Eingriffs.[15] Diese Vorschriften beanspruchen auch außerhalb der Insolvenz Geltung.[16] Sie regeln das organisationsrechtliche Leistungsverhältnis zwischen der Gesellschaft und ihren Gesellschaftern. Sie dienen funktional auch dem Schutz der anderen Gesellschafter.

8 Darunter fallen auch die Vorschriften, die sich nicht streng auf das jeweils gesetzliche Stamm- oder Grundkapital einer Kapitalgesellschaft beziehen, sondern auch Fragen der Finanzausstattung im Wege des Fremdkapitals wie beispielsweise das **Eigenkapital ersetzenden Gesellschafterdarlehen**.[17] Auch hier geht es um die gesetzlichen Regeln für die Finanzierung einer Kapitalgesellschaft, die im Kern gesellschaftsrechtlicher Natur sind. Das bedeutet aber keineswegs, dass Ansprüche, die im Zusammenhang mit einem Eigenkapital ersetzenden Darlehen geltend gemacht werden, grundsätzlich als gesellschaftsrechtlich zu qualifizieren wären. Geht es beispielsweise um den Rang der Darlehensforderung eines Gesellschafters (vgl. § 39 Nr. 5 InsO)[18] oder um die Anfechtbarkeit der Besicherung oder Befriedigung eines Eigenkapital ersetzenden Darlehens (§ 135 InsO), so bildet die Frage des Eigenkapitalersatzes in der Regel eine selbstständig anzuknüpfende Vorfrage.[19] Ist die Eigenkapitalersatzfunktion nach dem anwendbaren Gesellschaftsrecht festgestellt, so gilt für die Frage des Ranges der Forderung gemäß Art. 7 Abs. 2 lit. i das Insolvenzstatut; für die Voraussetzungen der Anfechtung der Sicherung oder Befriedung des Eigenkapitalersatzes gilt wiederum gemäß Art. 7 Abs. 2 lit. m die *lex fori concursus* iVm Art. 16 (vgl. hierzu noch Art. 16 unten).[20]

9 Als insolvenzrechtlich sind dagegen die **Insolvenzantragspflicht**[21] und **Insolvenzverschleppungshaftung** der gesetzlichen Vertreter zu qualifizieren.[22] Gleiches gilt für gesetzliche Vorschriften,

---

[15] Vgl. Ulmer/Habersack/Winter/*Behrens*, GmbHG, Einleitung B 91; *Eidenmüller* RabelsZ 70 (2006), 474, 488; MüKoBGB/*Kindler* IntGesR Rn. 605 ff.; *K. Schmidt* ZHR 168 (2002), 493, 498; Lutter/*Fleischer*, Auslandsgesellschaften, S. 49 ff., S. 80 ff.; Entscheidungen zum deutschen Recht dazu BGH v. 11.7.1957 WM 1957, 1047, 1049; BGHZ 78, 318, 334 = NJW 1992, 2026, 2030; OLG Bamberg v. 22.9.1988 IPRax 1990, 105, 108; OLG Oldenburg v. 4.4.1989 NJW 1990, 1621; LG Stuttgart v. 31.7.1989 IPRax 1991, 118, 119; LG Marburg v. 17.9.1992 RIW 1994, 63, 64.

[16] Zu den §§ 30, 31 GmbHG vgl. BGH NJW 1992, 1166 f.; dazu *Hunecke* EWiR 1992, 277.

[17] BGH NJW 2011, 3784 Rn. 23, der zwischen dem alten Eigenkapitalersatzrecht (gesellschaftsrechtliche Qualifikation) und dem Novellenrecht (insolvenzrechtliche Qualifikation) differenziert; hierzu *Schall* NJW 2011, 3745; vgl. auch Ulmer/Habersack/Winter/*Behrens*, GmbHG, Einleitung B 86; *Eidenmüller* RabelsZ 70 (2006), 474, 491 f.; *K. Schmidt* ZHR 168 (2002), 493, 497; *Zimmer* NJW 2003, 3585, 3589; aA *Haas* NZI 2001, 1, 5 ff.; MüKoBGB/*Kindler* IntGesR Rn. 708 ff.; *Paulus* ZIP 2002, 729, 734; LSZ/*Smid* EuInsVO 2000Art. 4 Rn. 9; vgl. auch OLG München ZIP 2006, 769.

[18] Vgl. OLG Köln NZI 2010, 1001 mAnm *Mankowski*.

[19] So auch *Eidenmüller* RabelsZ 70 (2006), 474, 491; wohl auch für das autonome Internationale Insolvenzrecht BGHZ 148, 167, 168; Süß/Wachter/*Kienle*, HdB, S. 187 Rn. 178.

[20] Ähnlich auch *Weber*, Gesellschaftsrecht und Gläubigerschutz, S. 161 ff.

[21] EuGH, Urt. v. 10.12.2015 – C-594/14 = NZI 2016, 48 mAnm *Swierczok* NZI 2016, 50; Urteilsanm. *Mankowski* NZG 2016, 281; KG NZI 2010, 542; LG Kiel v. 20.4.2006 EuZW 2006, 478 mAnm *Mock* NZI 2006, 484; *Ringe/Willemer* EuZW 2006, 621 (vgl. als Vorinstanz AG Bad Segeberg v. 24.3.2005 ZIP 2005, 812; dazu *Pannen/Riedemann* NZI 2005, 413); im Hinblick auf den Anwendungsbereich der EuGVVO als insolvenzrechtlich qualifiziert: OLG Düsseldorf, Urt. 18.12.2009, BeckRS 2010, 12145; so auch *Borges* ZIP 2004, 733, 739; *Eidenmüller* NJW 2005, 1619, 1621; *Goette* DStR 2005, 197, 200; *Kuntz* NZI 2005, 424, 427; *Leutner/Langner* ZInsO 2005, 575, 576; *Lieder* DZWIR 2005, 399, 406; *Müller* NZG 2003, 414, 416; *Pannen/Riedemann* NZI 2005, 413, 414; *Riedemann* GmbHR 2004, 345, 348; *Weller* IPRax 2003, 520, 522; *Zimmer* NJW 2003, 3585, 3589; aA und für eine gesellschaftsrechtliche Qualifikation vgl. *Groß/Schork* NZI 2006, 10, 14; *Jachmann/Klein* StB 2005, 374, 376; *Kiethe* RIW 2005, 649, 655; *Mock/Schildt* ZInsO 2003, 396 399 f.; *Müller* DB 2006, 824, 827; *Paefgen* ZIP 2004, 2253, 2260; *Schumann* DB 2004, 743, 746; *Spindler/Berner* RIW 2004, 7, 12; *J. Schmidt* ZInsO 2006, 737, 740, 742; *Ulmer* NJW 2004, 1201, 1207; *Vallender/Fuchs* ZIP 2004, 829, 830; *Wilms*, Die engl. Ltd., S. 189 f.; Vallender/*Liersch* Art. 7 Rn. 6; MüKoBGB/*Kindler* Art. 7 Rn. 63 ff.

[22] Vgl. EuGH, Urt. v. 10.12.2015 – Rs. C 594/14 (Kornhaas/Dithmar) = NZI 2016, 48; den Vorlagebeschluss des BGH v. 2.12.2014, ZInsO 2015, 92 und die nachfolgende Entscheidung des BGH, Urt. v. 15.3.2016 – II ZR 119/14 = NZG 2016, 550; LG Kiel v. 20.4.2006 EuZW 2006, 478 mAnm *Mock* NZI 2006, 484; *Ringe/Willemer* EuZW 2006, 621 (vgl. als Vorinstanz AG Bad Segeberg v. 24.3.2005 ZIP 2005, 812; dazu *Pannen/Riedemann* NZI 2005, 413); ausführlich: *Klein*, Gemeinschaftskonformität des Insolvenztragsflicht, S. 222 ff.; *Weber*, Gesellschaftsrecht und Gläubigerschutz, S. 130 f.; ebenso *Balthasar* RIW 2009, 221, 226; *Eidenmüller* NJW 2005, 1619, 1621; *Kuntz* NZI 2005, 424, 428; *Leutner/Lagner* ZInsO 2005, 575, 576; *Lieder* DZWIR 2005, 399, 404; *Römermann* GmbHR 2006, R 181, R 182; aA und für eine gesellschaftsrechtliche Qualifikation AG Bad Segeberg v. 24.3.2005 = NZG 2005, 762; so auch *Jachmann/Klein* StB 2005, 374, 376; *Kiethe* RIW 2005, 649, 655; *Spindler/Berner* RIW 2004, 7, 12; *Ulmer* NJW 2004, 1201, 1207; für eine deliktsrechtliche Qualifikation vgl. *Pannen/Riedemann* NZI 2005, 413, 414; *Riedemann* GmbHR 2004, 345, 348; *Schanze/Jüttner* AG 2003, 661, 670; *Zöllner* GmbHR 2006, 1, 7; *Jäger* jM 2016, 319; *Mankowski* NZI

die dem gesetzlichen Vertreter untersagen, im Zustand der Insolvenz noch **Zahlungen** an Gläubiger vorzunehmen.[23] Anders als die vorgenannten Vorschriften zur Kapitalerhaltung dienen diese Vorschriften funktional nicht den Gesellschaftern des Unternehmens und betreffen nicht ausschließlich das organisationsrechtliche Verhältnis der Gesellschaft mit den Gesellschaftern, sondern dienen ausschließlich dem Schutz der Gläubiger der Gesellschaft in der Insolvenzsituation. Sie zielen auf eine möglichst weitgehende Erhaltung der den Gläubigern zur Verfügung stehenden Insolvenzmasse.[24] Vom Schutzzweck unterscheiden sich diese Vorschriften insoweit nicht von den Sicherungsmaßnahmen, die seitens des Insolvenzgerichts im Rahmen des Insolvenzeröffnungsverfahrens angeordnet werden können. Zustimmungsvorbehalte oder Verfügungsbeschränkungen haben im Ergebnis die gleiche Intention. Sie gelten im Hinblick auf die bereits beantragte Insolvenz jedoch für alle Schuldner und nicht nur für Kapitalgesellschaften. Dass diese Sicherungsmechanismen bei Kapitalgesellschaften durch entsprechende Insolvenzantragspflichten sogar noch vor die Antragstellung vorverlagert werden, ergibt sich aus der Beschränkung der Haftungsmasse. Insoweit unterscheiden sich die Insolvenzantragspflicht und Insolvenzverschleppungshaftung funktional auch von den Vorschriften über Verlustanzeigeverpflichtungen, die der Warn- und Hinweispflicht gegenüber den Gesellschaftern der Gesellschaft dienen.[25]

Gegen eine insolvenzrechtliche Qualifikation spricht auch nicht die Rechtsprechung des EuGH **10** zur Niederlassungsfreiheit gemäß Art. 43, 48 EG.[26] Hierbei handelt es sich nicht um eine Marktzugangsschranke, sondern allenfalls um eine Tätigkeitsausübungsregelung, die nach der Rechtsprechung des EuGH keine rechtfertigungsbedürftige Beschränkung der Niederlassungsfreiheit darstellt. Eine solche Regelung ist allenfalls am Diskriminierungsverbot zu messen.[27] Selbst nach dem sog. Vier-Kriterien-Test des EuGH zur Prüfung der Beschränkung der Niederlassungsfreiheit (keine Anwendung in diskriminierender Weise, Rechtfertigung aus zwingenden Gründen des Allgemeininteresses, Geeignetheit zur Erreichung des verfolgten Ziels und Erforderlichkeit zur Erreichung dieses Ziels) ist nicht erkennbar, dass eine insolvenzrechtliche Qualifikation dieser Fragen die Niederlassungsfreiheit europarechtswidrig einschränken könnte. Ebenso wie bei der Bestimmung der internationalen Zuständigkeit auch der satzungsmäßige Sitz einer Gesellschaft nicht ausschlaggebend sein kann, kann auch das Gesellschaftsstatut nicht alleine ausschlaggebend sein, soweit der Schutz der Gläubiger betroffen ist. Schon die Anknüpfung an den für die Gläubigerinteressen maßgeblichen Mittelpunkt der wirtschaftlichen Interessen nach Art. 3 Abs. 1 zeigt daher deutlich, dass die Niederlassungsfreiheit durch eine im Ergebnis dem Recht des Verfahrensstaates folgende Qualifikation dieser Ansprüche nicht verletzt sein kann.

Abgrenzungsschwierigkeiten entstehen auch bei gesellschaftsrechtlichen Maßnahmen im Rah- **11** men einer Unternehmenssanierung, insbesondere wenn Kapitalmaßnahmen beschlossen werden müssen und Insolvenz- und Gesellschaftsstatut auseinanderfallen. Richtigerweise ist zu differenzieren. Das Gesellschaftsstatut entscheidet darüber, welche Maßnahme gesellschaftsrechtlich für die Gesellschaftsform rechtlich überhaupt zulässig ist, welches Verfahren einzuhalten ist und welche Mehrheiten erforderlich sind. Insolvenzrechtlich zu qualifizieren sind alle Regelungen, die für den Fall der Insolvenz davon abweichende Regelungen vorsehen,[28] beispielsweise verkürzte Einladungsfristen,

---

2016, 281; *Nassall* jurisPR-BGHZivilR 14/2016 Anm. 3; *Paefgen* WuB 2016, 369; *Schulz* EWiR 2016, 67; *Servatius* DB 2015, 1087; *Schall* ZIP 2016, 289; *von Wilcken* DB 2016, 225; *Weller/Hübner* NJW 2016, 225; Vallender/*Liersch* Art. 7 Rn. 6; MüKoBGB/*Kindler* Art. 7 Rn. 69 ff.

23 Vgl. KG NZI 2010, 542; aA: OLG Karlsruhe NJW-RR 2010, 714 (aber zur prozessualen Qualifikation); aA ebenfalls *Ringe/Willemer* NZG 2010, 56; *Eidenmüller* RabelsZ 70 (2006), 474, 498; *Thole*, Gläubigerschutz, S. 866 ff.

24 Zum sog. *wrongful trading* nach Art. 214 des engl. *Insolvency Codes* s. High Court, Urt. v. 15.7.2009, NZI 2010, 619.

25 Vgl. zB § 92 Abs. 1 AktG; § 49 Abs. 3 GmbHG.; vgl. hierzu auch *Borges* ZIP 2004, 733, 739.

26 Vgl. EuGH Urteile v. 9.3.1999 – Rs. C-212/97 Centros, mit Anmerkungen *Altmeppen* DStR 2000, 1061; *Behrens* IPRax 2000, 384; *Ebke* JZ 1999, 656; *Ulmer* JZ 1999, 662; v. 5.11.2002 – Rs. C-208/00 Überseering, sowie v. 30.9.2003 – Rs. C 167/01 Inspire Art, mAnm *Altmeppen* NJW 2004, 97; *Bayer* BB 2003, 2357; *Eidenmüller* JZ 2004, 24; *Hirsch/Britain* NZG 2003, 110; *Kindler* NZG 2003, 1086; *Kleinert/Probst* DB 2003, 2217; *Leible/Hofmann* EuZW 2003, 677; *Spindler/Berner* RIW 2003, 949; *Spindler/Berner* RIW 2003, 7; *Ziemons* ZIP 2003, 1913; *Zimmer* NJW 2003, 3585; vgl. zu den Urteilen auch *Behrens* IPRax 2004, 20; *Goette* DStR 2005, 197; *Kieninger* ZGR 1999, 724; *Kuntz* NZI 2005, 424; *Meilicke* DB 1999, 625; *Neye* EWiR 1999, 259; *Sandrock* BB 1999, 1337; *K. Schmidt* ZHR 168 (2004) 493; *Sedemund/Hausmann* BB 1999, 810; *Steindorff* JuZ 1999, 1140; *Weller* IPRax 2003, 207; *Werlauff* ZIP 1999, 867.

27 Vgl. EuGH v. 24.11.1993 – Rs. C-267/91 und C-268/91 Keck und Mithouard, Slg. 1993 I 6097 NJW 1994, 121 sowie *Altmeppen* NJW 2005, 1619, 1621; *Habersack*, Europ. Gesellschaftsrecht, Rn. 28; MüKoBGB/*Kindler* IntGesR Rn. 371, 418, 659; *Kuntz* NZI 2005, 424, 428.

28 Vgl. *Fehrenbach* ZIP 2014, 2485, 2490; vgl. auch *Haas* NZG 2012, 961, 964 f.; *Thole* ZIP 2013, 1937, 1940.

geringere Mehrheiten, die Ersetzung notwendiger Zustimmungen oder auch die Umwandlung von Forderungen in Mitgliedschaftsrechte.[29]

12   **3. Abgrenzung zum Vertragsstatut.** Die Abgrenzung des Insolvenzstatuts vom Vertragsstatuts wirft in der Praxis dagegen bisher keine Schwierigkeiten auf. Die Leistungsbeziehungen des Schuldners mit einem Gläubiger unterliegen grundsätzlich dem Recht, das auf die vertraglichen Ansprüche anzuwenden ist.[30] Lediglich soweit es aufgrund der Insolvenzsituation zu Modifikationen der vertraglichen Ansprüche kommt, unterliegen diese Modifikationen wiederum dem Insolvenzstatut und damit den Kollisionsnormen (oder auch Sachnormen) der Verordnung. Hierzu gehört aufgrund der ausdrücklichen Nennung in der Verordnung, wie sich das Insolvenzverfahren auf laufende Verträge des Schuldners auswirkt (Art. 2 Nr. 7), wie Forderungen zu behandeln sind, die nach Eröffnung des Verfahrens entstehen (Art. 2 Nr. 9), die Wirkungen der Verfahrenseröffnung auf einen Kauf unter Eigentumsvorbehalt (Art. 10) oder auch die Wirkungen des Insolvenzverfahrens auf einen Vertrag, der zum Erwerb oder zur Nutzung eines unbeweglichen Gegenstands berechtigt (Art. 11 Abs. 1). Dem grundsätzlich anwendbaren Vertragsstatut sind daher alle Fragen entzogen, die sich aus der Insolvenzsituation ergeben und die Vertragsbeziehungen der Vertragsparteien modifizieren.

13   **4. Abgrenzung zum Deliktsstatut.** Die Abgrenzung zum sog. Deliktsstatut wird in der Literatur bisher nur wenig diskutiert. Sie ist in der Rechtsanwendung aber auch weitgehend unproblematisch. Soweit die deliktischen Vorschriften das Eigentum oder sonstige absolute Rechte schützen, erscheint die Qualifikation unter dem Deliktsstatut unproblematisch. Soweit dagegen diese absoluten Rechte sowie deren Durchsetzung aufgrund der Insolvenz Beschränkungen oder Modifikationen unterliegen, findet das Insolvenzstatut Anwendung.

14   Abgrenzungsschwierigkeiten bestehen insoweit allenfalls bei deliktischen Ansprüchen, die grundsätzlich das Vermögen des Schuldners schützen sollen, wie beispielsweise die Insolvenzverschleppungshaftung. Diese wird gelegentlich als deliktisch qualifiziert.[31] Das ist jedoch unzutreffend. Ist dieser Vermögensschutz genereller Natur, so greift das Deliktsstatut. Dient der Vermögensschutz dem Schutz der Insolvenzmasse, so handelt es sich im Kern um eine insolvenzrechtliche Vorschrift (vgl. → Rn. 7). Im Ergebnis kommen jedoch beide Auffassungen meist zu gleichen Ergebnissen. Selbst wenn man diese Haftung dem Deliktsstatut zuordnen würde, so gelangt man über die Anknüpfung an das Recht des Staates, in dem der Schaden eintritt, ebenfalls zu dem Recht des Verfahrensstaates, da hier der Schaden (Schmälerung der Insolvenzmasse; Eingehung neuer Verbindlichkeiten) zu lokalisieren ist.[32]

15   **5. Abgrenzung zum Sachenrechtsstatut.** Auch die Abgrenzung zum Sachenrechtsstatut bereitet in der Praxis keine Schwierigkeiten. Das Recht an einer Sache unterliegt grundsätzlich der *lex rei sitae*. Soweit diese Rechte jedoch durch die Eröffnung eines Insolvenzverfahrens modifiziert werden (beispielsweise die Verwertung von Kreditsicherheiten), so richten sich diese insolvenzbedingten Modifikationen nach dem Insolvenzstatut bzw. eventuellen insolvenzrechtlichen Sonderregelungen nach der Verordnung (zB Art. 8). Dadurch bedingt kann es in einem Lebenssachverhalt zu unterschiedlichen Anknüpfungen kommen, je nachdem welche Rechtsfrage zu beurteilen ist. Die Frage, ob der Gläubiger, an den Vermögensgegenstände des Schuldners zur Sicherheit übereignet wurden, tatsächlich Eigentümer der Gegenstände ist, ist als Vorfrage selbständig an die *lex rei sitae* anzuknüpfen. Die Frage, ob dieser auch in der Insolvenz den Gegenstand herausverlangen und selbst verwerten darf (soweit ihm das auch außerhalb der Insolvenz aufgrund des Sicherungsvertrags möglich wäre), richtet sich nach den insolvenzrechtlichen Vorschriften (Art. 7 und 8). Verwertet der Insolvenzverwalter den Sicherungsgegenstand, so regelt ebenfalls das Insolvenzstatut die Verteilung des Erlöses an den Sicherungsgeber und die Gläubiger. Die Übereignung des Sicherungsgegenstandes durch den verwertenden Verwalter unterliegt dagegen als nicht-insolvenzspezifischer Vorgang wiederum der *lex rei sitae*.[33]

III. Beispielkatalog des Abs. 2

16   Art. 7 Abs. 2 enthält zur „Erleichterung der Auslegung"[34] in Satz 1 zunächst eine generalklauselartige Beschreibung des Umfanges des Insolvenzstatuts bezogen auf das Stammverfahren sowie in

---

[29] AA *Fehrenbach* ZIP 2014, 2490.
[30] Vgl. für das deutsche autonome Kollisionsrecht Art. 28 ff. EGBGB.
[31] So *Groß/Schork* NZI 2006, 10, 14; *Jachmann/Klein* StB 2005, 374, 376; *Kiethe* RIW 2005, 649, 655; *Mock/Schildt* ZInsO 2003, 396 399 f.; *Müller* DB 2006, 824, 827; *Paefgen* ZIP 2004, 2253, 2260; *Schumann* DB 2004, 743, 746; *Spindler/Berner* RIW 2004, 7, 12; *J. Schmidt* ZInsO 2006, 737, 740, 742; *Ulmer* NJW 2004, 1201, 1207; *Vallender/Fuchs* ZIP 2004, 829, 830.
[32] Vgl. Art. 4 Abs. 1 der Rom II VO (EG) 846/2007.
[33] So wohl auch Duursma-Kepplinger/Duursma/Chalupsky/*Duursma-Kepplinger* EuInsVO 2000 Art. 4 Rn. 8; Geimer/Schütze/*Haß/Herweg*, B Vor I 20b, EuInsVO 2000 Art. 4 Rn. 16 f.
[34] Vgl. *Virgos/Schmit*, Erläuternder Bericht, Rn. 91.

Satz 2 eine – nicht abschließende – **Beispielliste** der Fragen, die nach der *lex fori concursus* zu entscheiden sind. Die Liste ist an sich überflüssig, da nach Art. 7 ohnehin immer das Recht des Verfahrensstaats anzuwenden ist, soweit in der Verordnung ausdrücklich keine Sonderanknüpfung vorgesehen ist, und hat daher lediglich klarstellenden, nicht abschließenden Charakter.[35] Die Vorschrift ist wenig systematisch, da die Beispielsfälle nicht systematisch geordnet sind und Rechtsfragen verschiedentlich doppelt erfasst werden.

1. Voraussetzungen der Verfahrenseröffnung (Abs. 2 S. 1). Dem Insolvenzstatut unterliegt 17 gemäß Art. 7 Abs. 2 S. 1, erster Beispielsfall, zunächst die Frage, *„unter welchen Voraussetzungen das Insolvenzverfahren eröffnet wird"*. Hierunter fallen alle verfahrens- und materiell-rechtlichen Voraussetzungen für den Eröffnungsbeschluss. Hierzu gehören sowohl die Zulässigkeit eines Insolvenzantrags, die Insolvenzfähigkeit eines Schuldners (obwohl in lit. a nochmals genannt), die Antragsberechtigung etc, sowie die materiell-rechtlichen Eröffnungsgründe wie die Insolvenzgründe aber auch sonstige weitergehende materiell-rechtliche Eröffnungsvoraussetzungen (wie beispielsweise das Vorliegen einer hinreichenden Kostendeckung).[36] Zu beachten ist freilich, dass für sogenannte Partikularverfahren, sei es als unabhängige Partikularverfahren im Sinne von Art. 3 Abs. 4, sei es als Sekundärverfahren, die Verordnung zusätzlich Sondernormen mit weiteren Eröffnungsvoraussetzungen enthält, die jeweils zu beachten sind (vgl. zur Voraussetzung einer Niederlassung im Partikularverfahren → Art. 3 Rn. 92 ff.; zu den zusätzlichen Eröffnungsvoraussetzungen für ein unabhängiges Partikularverfahren vgl. → Art. 3 Rn. 96 ff.).

2. Durchführung und Beendigung (Abs. 2 S. 1). Nach Art. 7 Abs. 2 S. 1, 2. Beispielsfall, 18 regelt das Insolvenzstatut auch, wie das Insolvenzverfahren *„durchzuführen und zu beenden ist"*. Diese Formulierung ist identisch mit der in Art. 32 Abs. 1 S. 1 gewählten Formulierung für weitere Entscheidungen, die nach Art. 32 anerkannt werden sollen. Hiermit sind sämtliche Verfahrensabschnitte des eigentlichen Stammverfahrens gemeint, das sich an die Eröffnung des Verfahrens anschließt (vgl. hierzu auch die Ausführungen unter → Art. 32 Rn. 3). Mit dieser breit gefassten Verweisung sind nicht nur Verfahrensfragen gemeint, die international privatrechtlich ohnehin der *lex fori* unterstehen, sondern auch materiell-rechtliche Entscheidungen (wie beispielsweise eine mit der Verfahrensbeendigung eventuell einhergehende Restschuldbefreiung). Die Frage der Voraussetzungen und Wirkungen der Beendigung ist in Art. 7 Abs. 2 S. 2 lit. j und k nochmals geregelt.

3. Lit. a: Insolvenzfähigkeit. Art. 7 Abs. 2 S. 2 lit. a schreibt die Anwendung der *lex fori* 19 *concursus* für die Frage der Insolvenzfähigkeit vor. In den Mitgliedsstaaten existieren hierzu unterschiedliche Regelungen für natürliche Personen, juristische Personen oder Sondervermögen, wie beispielsweise den Nachlass.[37] In einigen Mitgliedstaaten sind beispielsweise natürliche Personen, die keine Kaufmannseigenschaft besitzen, oder öffentlich-rechtliche Körperschaften von Insolvenzverfahren ausgenommen.[38] Bejaht beispielsweise ein deutsches Insolvenzgericht seine internationale Zuständigkeit für ein Insolvenzverfahren über einen französischen Staatsbürger, da der Mittelpunkt seiner Interessen in Deutschland liegt, dann kann das deutsche Insolvenzgericht ein Insolvenzverfahren durchführen, auch wenn das französische Insolvenzrecht natürliche Personen ohne Kaufmannseigenschaft für nicht insolvenzfähig hält.[39] Die Kollisionsnorm gilt auch für Partikularverfahren, sodass ein deutsches Gericht über die in Deutschland belegenen Vermögensgegenstände einer in Frankreich lebenden natürlichen Person, über deren Vermögen dort ein Insolvenzverfahren nicht möglich ist, ein unabhängiges Partikularverfahren durchführen kann, wie auch Art. 3 Abs. 4 lit. a ausdrücklich bestätigt.[40] Folgerichtig darf das Gericht eines Mitgliedsstaats die Anerkennung eines ausländischen Verfahrens auch nicht deswegen ablehnen, weil im Anerkennungsstaat der Insolvenzschuldner nicht insolvenzfähig ist (vgl. auch Art. 19 Abs. 1 S. 2).[41]

---

[35] So auch EuGH, Urt. v. 21.2.2010 – C-444/07 *(MG Probud Gdynia)* NZI 2010, 156 RZ 25 („nicht erschöpfende Aufzählung"); *Virgos/Schmit*, Erläuternder Bericht, Rn. 91; MüKoBGB/*Kindler* Art. 7 Rn. 14; *Moss/Fletcher/Isaacs*, EU Regulation, EuInsVO 2000 Art. 4 Rn. 8.196; Nerlich/Römermann/*Nerlich/Hübler* EuInsVO 2000 Art. 4 Rn. 6; Vallender/*Liersch* Art. 7 Rn. 4, 7.

[36] Ebenso *Paulus* Art. 7 Rn. 13 ff.

[37] Zur Frage, dass auch Nachlassinsolvenzverfahren als Insolvenzverfahren im Sinne der Verordnung zu verstehen sind vgl. → Art. 1 Rn. 4.

[38] Vgl. beispielsweise die Länderberichte zu Frankreich Ziffer 2.1 und Italien, Ziffer 4.12.

[39] Vgl. Duursma-Kepplinger/Duursma/Chalupsky/*Duursma-Kepplinger* EuInsVO 2000 Art. 4 Rn. 13; Geimer/Schütze/*Haß/Herweg*, B Vor I 20b, EuInsVO 2000 Art. 4 Rn. 22; MüKoBGB/*Kindler* Art. 7 Rn. 15 f.; am Beispiel Belgien *Paulus* Art. 7 Rn. 21.

[40] Vgl. Duursma-Kepplinger/Duursma/Chalupsky/*Duursma-Kepplinger* EuInsVO 2000 Art. 4 Rn. 13; Geimer/Schütze/*Haß/Herweg*, B Vor I 20b, EuInsVO 2000 Art. 4 Rn. 23; MüKoBGB/*Kindler* Art. 7 Rn. 16; LSZ/*Smid* EuInsVO 2000 Art. 3 Rn. 36; am Beispiel des Vereinigten Königreichs *Paulus* Art. 3 Rn. 59.

[41] Vgl. *Virgos/Schmit*, Erläuternder Bericht, Rn. 91, 148; Geimer/Schütze/*Gruber*, B Vor I 20b, EuInsVO 2000 Art. 16 Rn. 19; *Paulus* Art. 19 Rn. 11.

20 Praktisch relevant wird die Frage der Insolvenzfähigkeit aber auch im Zusammenhang mit juristischen Personen. Die hiermit im Zusammenhang stehenden Fragen der Bedeutung der Parteifähigkeit für die Insolvenzfähigkeit sind unter allgemeinen kollisionsrechtlichen Gesichtspunkten noch nicht weiter erörtert worden. Zwar ist durch die Rechtsprechung des EuGH zur Anerkennung von juristischen Personen in anderen Mitgliedstaaten mittlerweile klargestellt, dass sich die Parteifähigkeit nach dem Recht des Gründungsstatuts richtet.[42] Daher ist denkbar, dass Insolvenzgerichte nach Art. 3 Abs. 1 für juristische Personen international zuständig sind, die nach dem Recht eines anderen Mitgliedstaates organisiert sind. Die deutsche Rechtsprechung hatte sich schon verschiedentlich mit Insolvenzverfahren über eine englische *Limited* zu beschäftigen, bei der die Frage der Insolvenzfähigkeit zu entscheiden war.[43] Ob die Parteifähigkeit des Schuldners dabei als Vorfrage für die Insolvenzfähigkeit zu prüfen ist oder ob es sich kollisionsrechtlich um eine Frage der Substitution handelt, ist noch nicht weiter erörtert worden.[44] Denn wie sich aus dem deutschen materiellen Insolvenzrecht ergibt, ist die Parteifähigkeit selbst nicht notwendig Voraussetzung für die Insolvenzfähigkeit (vgl. § 11 Abs. 2 InsO). Richtigerweise ist daher zunächst gemäß dem anwendbaren Gesellschaftsstatut (als Vorfrage) zu prüfen, ob es sich um eine Gesellschaft mit Rechtspersönlichkeit handelt.[45] Ist dies der Fall, steht die Insolvenzfähigkeit außer Frage, soweit nicht nach deutschem Recht bestimmte juristische Personen von der Insolvenzfähigkeit ausgenommen sind (vgl. § 12 InsO). Handelt es sich nach dem anwendbaren Gesellschaftsstatut um eine Gesellschaft ohne Rechtspersönlichkeit, so ist im Wege der Substitution zu klären, ob diese mit den in § 11 Abs. 2 InsO genannten Gesellschaften gleichgestellt werden kann.

21 **4. Lit. b: Insolvenzmasse.** Nach Art. 7 Abs. 2 S. 2 lit. b richtet sich auch die Frage, welche Vermögensgegenstände zur **Insolvenzmasse** gehören, nach der *lex fori concursus*, wobei an die Frage, ob der Schuldner tatsächlich Eigentümer bestimmter Sachen ist, als Vorfrage anzuknüpfen ist.[46] Die Reichweite dieser Verweisung erfasst auch die Frage, ob eine ausländische Rente pfändbar ist und damit zur Masse gehört und inwieweit Pfändbarkeitsgrenzen die Zugehörigkeit zur Insolvenzmasse ausschließen.[47] Die *lex fori concursus* gilt auch für die Behandlung von Vermögensgegenständen, die vom Schuldner nach Verfahrenseröffnung erworben wurden.[48] Für die nach Verfahrenseröffnung erworbenen Gegenstände sind allerdings die möglichen Sonderanknüpfungen zu beachten.[49] Ob beispielsweise die Forderung gegenüber einem Gläubiger, der nach Verfahrenseröffnung an den Schuldner geleistet hat, noch besteht, ist über Art. 31 zu bestimmen. Die *lex fori concursus* bestimmt auch, ob Sondervermögen des Schuldners noch zur Insolvenzmasse gehört, oder als massefremdes Vermögen unabhängig vom Insolvenzverfahren zu behandeln ist.[50] Gehört das Sondervermögen gemäß der anwendbaren *lex fori concursus* zur Insolvenzmasse, ist sodann gemäß Art. 7 Abs. 2 S. 2 lit. i zu bestimmen, wie das Sondervermögen zu verteilen ist (vgl. unten).

22 **5. Lit. c: Befugnisse des Schuldners und des Verwalters.** Art. 7 Abs. 2 S. 2 lit. c stellt klar, dass sich die **Befugnisse des Schuldners und des Verwalters** ebenfalls nach dem Recht des Verfahrensstaates richten. Das gilt sowohl für materiell-rechtliche Befugnisse wie die Ausübung vertraglicher Gestaltungsrechte,[51] als auch für die prozessualen Befugnisse des Verwalters oder auch

---

[42] Vgl. EuGH Urt. v. 9.3.1999 – Rs. C-212/97 *Centros;* EuGH Urt. v. 5.11.2002 – Rs. C-208/00 Überseering, sowie EuGH Urt. v. 30.9.2003 – Rs. C 167/01 Inspire Art; vgl. dazu bereits → Rn. 1 Fn. 26.
[43] Vgl. AG Saarbrücken v. 25.2.2005 ZInsO 2005, 727 = ZIP 2005, 2027; AG Duisburg v. 14.10.2003 NZI 2003, 658 (betreffend die Insolvenzfähigkeit einer aufgelösten Ltd.); AG Hamburg v. 14.5.2003 ZIP 2003, 1008; LG Duisburg ZIP 2007, 926.
[44] Zur Vorfrage und Substitution vgl. *v. Bar/Mankowski*, IPR, § 7 Rn. 182 ff., 239 ff.
[45] So auch die Entscheidungen der Amts- und Landgerichte, oben.
[46] Vgl. BGH, Beschl. v. 20.7.2017 – IX ZB 69/16 = ZIP 2017, 1627; zu diesen kollisionsrechtlichen Vorfragen vgl. auch → Art. 8 Rn. 7.
[47] Vgl. BGH, Beschl. v. 20.7.2017 – IX ZB 63/16 = NZI 2017, 816; zu den Pfändbarkeitsgrenzen vgl. BGH NJW-RR 2014, 1459; s. a. *Cranshaw* jurisPR 19/2017 Anm. 2; BGH ZInsO 2012, 1260; LG Passau NZI 2014, 1019 mAnm *Mankowski*, LG Traunstein NZI 2009, 818; Urteilsanm. *Mankowski* NZI 2009, 785; AG Deggendorf ZInsO 2007, 558 m. abl. Anm. *Griedl/Mack;* aA AG Passau NZI 2009, 820, das die Frage der Pfändungsfreigrenzen in der Insolvenz nicht insolvenzrechtlich, sondern als vollstreckungsrechtlich qualifiziert und daher die *lex fori executionis* anwendet; AG München NZI 2010, 664.
[48] *Duursma-Kepplinger/Duursma/Chalupsky/Duursma-Kepplinger* EuInsVO 2000 Art. 4 Rn. 14; *Geimer/Schütze/Huber*, B Vor I 20b, EuInsVO 2000 Art. 4 Rn. 27; *Paulus* Art. 7 Rn. 23; *LSZ/Smid* EuInsVO 2000 Art. 4 Rn. 13; AG Deggendorf ZInsO 2007, 558 zur Pfändbarkeit des Arbeitseinkommens.
[49] So auch HKInsO/*Dornblüth* Art. 7 Rn. 5.
[50] Zu derartigen Sondervermögen vgl. *Piepenbrock* ZZP 2009 (122), 63, 96 ff.; die meisten gesetzlich vorgesehenen Sondervermögen finden sich jedoch bei Schuldnern des Finanz- und Versicherungssektors, die vom Anwendungsbereich der Verordnung aber gerade ausgenommen sind, vgl. → Art. 1 Rn. 20.
[51] So für die Frage der Kündigung eines Arbeitsverhältnisses BAG WM 2013, 429, 433.

des Schuldners.⁵² Allerdings enthält Art. 21 Abs. 3 noch eine kollisionsrechtliche Sondervorschrift für die Verwertungsbefugnisse des Verwalters. Diese richten sich nämlich ausschließlich nach der *lex rei sitae* (vgl. → Art. 21 Rn. 20).⁵³

6. Lit. d: Insolvenzaufrechnung. Nach Art. 7 Abs. 2 S. 2 lit. d richtet sich auch die Wirksamkeit der **Insolvenzaufrechnung** nach dem Recht des Verfahrensstaates.⁵⁴ Hierbei ist zu beachten, dass Art. 9 für Fragen der Aufrechnung eine Sonderanknüpfung zugunsten des Rechts vorsieht, das auf die Forderung des insolventen Schuldners anwendbar ist (vgl. hierzu Art. 9 unten). Ist nach dem gemäß Art. 7 anzuwendenden Recht eine Aufrechnung in der Insolvenz nicht zulässig, so ist eine Aufrechnung dennoch zulässig, soweit die Aufrechnung nach dem für die Forderung des insolventen Schuldners maßgeblichen Recht zulässig ist (Art. 9). **23**

Die Reichweite der in Art. 7 Abs. 2 S. 2 lit. d festgestellten Kollisionsnorm ist umstritten. Es geht hierbei um die Frage, ob das Insolvenzstatut nach Art. 7 Abs. 2 S. 2 lit. d sowohl die allgemein zivilrechtliche als auch insolvenzrechtliche Zulässigkeit der Aufrechnung umfasst, oder ob Art. 7 Abs. 2 S. 2 lit. d sich nur auf die insolvenzrechtliche Zulässigkeit der Aufrechnung beschränkt, die allgemeinen zivilrechtlichen Aufrechnungsvoraussetzungen aber weiterhin nach der *lex causae* der Gegenforderung zu prüfen sind. Ein erheblicher Teil der Literatur spricht sich dafür aus, dass das nach Art. 7 Abs. 2 S. 2 lit. d anwendbare Insolvenzstatut nicht die allgemeinen Aufrechnungsvoraussetzungen wie beispielsweise Gegenseitigkeit, Gleichartigkeit oder Fälligkeit umfasst. Dem Insolvenzstatut sollen vielmehr nur diejenigen insolvenzrechtlichen Normen unterfallen, die für den Fall der Insolvenz eine Einschränkung oder sogar gegebenenfalls eine Erleichterung der Aufrechnung vorsehen.⁵⁵ Nach der Gegenmeinung soll sowohl die Frage der insolvenzrechtlichen Zulässigkeit als auch der materiell-rechtlichen Wirksamkeit der Aufrechnung einheitlich der *lex fori concursus* unterfallen.⁵⁶ Hierzu wird angeführt, dass eine rechtlich getrennte Behandlung von materieller Wirksamkeit und insolvenzrechtlicher Zulässigkeit dazu führen könne, dass diese in einer Rechtsordnung aufeinander abgestimmten Regelungsbereiche widersinnig aufgespalten würden. Nur eine einheitliche Behandlung der materiellen und insolvenzrechtlichen Aufrechnungsvoraussetzungen nach einem Recht garantiere eine in sich stimmige Regelung.⁵⁷ **24**

Nach der hier vertretenen Auffassung erfasst die Kollisionsnorm in Art. 7 Abs. 2 S. 2 lit. d jedoch nur die Frage der insolvenzrechtlichen Zulässigkeit der Aufrechnung, nicht aber auch die allgemeinen materiell-rechtlichen Aufrechnungsvoraussetzungen.⁵⁸ Die Tatsache, dass eine differenzierte Anknüpfung für die Zulässigkeit der Aufrechnung in zwei Rechtsordnungen zu Anpassungsschwierigkeiten führen kann, ist ein allgemeines Problem des Kollisionsrechts und rechtfertigt nicht, für die allgemeinen materiell-rechtlichen Voraussetzungen der Aufrechnung einen Statutenwechsel im Falle der Insolvenz zu vollziehen. Auch der BGH hat in seiner bisherigen Rechtsprechung zum **25**

---

⁵² So auch zur Befugnis des Verwalters BGH NZI 2011, 420; OLG München ZIP 2010, 2118, 2120; zur Aktivlegitimation des Schuldners bei einer Vollstreckungsgegenklage vgl. KG ZInsO 2015, 312.

⁵³ Zu beachten ist weiterhin, dass Art. 37 und 41 ff. EuInsVO weitere Befugnisse des Verwalters – unabhängig vom jeweils anzuwendenden nationalen Recht – vorsehen.

⁵⁴ Völlig missglückt das Urteil des EuGH v. 29.11.2019 – Rs C-198/18 = NZI 2020, 41, das im Obersatz ausführt, Art. 7 sei auf Klagen des Verwalters aus Forderungen, die aus der Zeit vor der Eröffnung stammten, nicht anwendbar; denn die Frage der Zulässigkeit der Aufrechnung wird sich aus Sicht des Verwalters gerade immer dann stellen, wenn er Forderungen des Schuldners aus der Zeit vor der Eröffnung geltend machen möchte, der Drittschuldner jedoch einwendet, die Forderung sei durch eine Aufrechnung erloschen; die damit zusammenhängenden Aufrechnungsfragen sind freilich von Art. 7 Abs. 2 S. 2 lit. d erfasst, vgl. auch bereits → Rn. 5 sowie die zu Recht kritische Anm. von *Mankowski* NZI 2020, 43.

⁵⁵ So bereits → 3. Aufl., Rn. 6; *Bork* ZIP 2002, 690, 692 ff.; *Herchen*, Insolvenzverfahren, S. 134 ff.; *Kolmann*, Kooperationsmodelle, S. 310 ff.; Nerlich/Römermann/*Nerlich/Hübler* EuInsVO 2000 Art. 4 Rn. 33 ff.; *Trunk* S. 179; *von Wilmowsky* KTS 1998, 343, 358 ff.; ebenso Geimer/Schütze/*Huber*, B Vor I 20b, EuInsVO 2000 Art. 32; Rauscher/*Mäsch* EuInsVO 2000 Art. 6 Rn. 10; Mankowski/Müller/Schmidt/*Müller* Art. 7 Rn. 26; Vallender/*Liersch* Art. 7 Rn. 20; K. Schmidt/*Undritz* Art. 7 Rn. 20; KPB/*Madaus* Art. 7 Rn. 26; nunmehr auch *Gruschinske*, Das europ. Kollisionsrecht, S. 147 ff. mit ausführlicher Begründung.

⁵⁶ Duursma-Kepplinger/Duursma/Chalupsky/*Duursma-Kepplinger* EuInsVO 2000 Art. 4 Rn. 16 und EuInsVO 2000 Art. 6 Rn. 3; *Eidenmüller* IPRax 2001, 2, 6, Fn. 33; *Gottwald*, Grenzüberschreitende Insolvenzen, S. 36; *Huber* ZZP 114 (2001), 133, 161; *Jeremias*, Internationale Insolvenzaufrechnung, S. 255; Leible/Staudinger KTS 2000, 533, 555; MüKoBGB/*Kindler* Art. 7 Rn. 22 ff.; *Taupitz* ZZP 111 (1998), 315, 343; *Virgos/Garcimartin*, European Insolvency Regulation, Rn. 181.

⁵⁷ So schon *Euen*, Die Aufrechnung im Internationalen Insolvenzrechtsverkehr, S. 109; ebenso *Jeremias*, Internationale Insolvenzaufrechnung, S. 247 f.

⁵⁸ So zur früheren Frage nach dem deutschen autonomen internationalen Insolvenzrecht auch BGH, Urt. v. 8.2.2018 – IX ZR 103/17 = NZI 2018, 721; sowie Urteilsanmerkungen *Reinhart* WuB 2018, 1264; *Riedemann* DZWiR 2018, 30 f.

deutschen autonomen internationalen Insolvenzrecht eine Aufspaltung der mit der Aufrechnung verbundenen Fragen in die *lex causae* der Gegenforderung und die *lex fori concursus* für möglich erachtet.[59] Entscheidend dürfte aber sein, dass sich auch aus der Systematik der Verordnung keine Notwendigkeit ergibt, Art. 7 Abs. 2 S. 2 lit. d so weit auszulegen, dass auch die allgemeinen zivilrechtlichen Voraussetzungen für die Wirksamkeit der Aufrechnung nun dem Insolvenzstatut unterfallen sollen. Schon Art. 7 Abs. 1 beschränkt sich seinem Wortlaut nach darauf, dass die *lex fori concursus* nur das „*Insolvenzverfahren und seine Wirkungen*" erfasst. Hinzu kommt, dass Art. 9 Abs. 1 im Rahmen der Doppelanknüpfung an die *lex causae* der Gegenforderung anknüpft. Diese Regelung ist nur dann sinnvoll, wenn auch die allgemeinen zivilrechtlichen Aufrechnungsvoraussetzungen im Rahmen des Art. 7 Abs. 2 S. 2 lit. d der *lex causae* der Gegenforderung und nicht dem Insolvenzstatut unterfallen.[60]

26 Die damit verbundene Aufspaltung ist im Regelungsgefüge der Art. 7 und Art. 8 ff. auch keine Besonderheit. Auch von den Befürwortern eines weit gefassten Insolvenzstatuts für die Aufrechnung wird anerkannt, dass auch andere Sonderanknüpfungen wie Art. 8 für dingliche Sicherheiten es für die Bestimmung, ob eine dingliche Sicherheit vorliegt, zunächst einmal bei der Kollisionsnorm belassen, die auch vor der Insolvenzeröffnung für die Entstehung des Rechtes des Gläubigers maßgeblich war.[61] Gleiches gilt auch für die Sonderanknüpfungen nach Art. 11 (Vertrag über einen unbeweglichen Gegenstand) und Art. 13 (Arbeitsvertrag), bei dem das Insolvenzrecht jeweils Modifikationen des außerhalb der Insolvenz anwendbaren Vertragsrechts vorsehen. Auch in diesem Zusammenhang wird soweit ersichtlich kein Statutenwechsel für die zugrundeliegende *lex causae* vorgeschlagen. Auch aus dem erläuternden Bericht von *Virgos/Schmit* ergibt sich nicht, dass das Insolvenzstatut für die Aufrechnung nach Art. 7 Abs. 2 S. 2 lit. d abweichend von der sonstigen Systematik auch die allgemeinen zivilrechtlichen Voraussetzungen der Aufrechnung erfassen soll. Dort ist ausdrücklich erwähnt, dass sich das Recht auf Aufrechnung gemäß den üblicherweise geltenden Rechtskollisionsnormen von einem anderen einzelstaatlichen Recht als der *lex fori concursus* ableitet, weshalb Art. 9 die nach den üblicherweise geltenden Rechtskollisionsnormen entstandene Aufrechnungslage schütze.[62] Daher beschränkt sich die Verweisung in Art. 7 Abs. 2 S. 2 lit. d auf die insolvenzrechtlichen Wirkungen, die die Verfahrenseröffnung auf die nach der allgemeinen Kollisionsnorm ermittelten Aufrechnungsvoraussetzungen hat.

27 Das ist zwar verwirrend, da Art. 9 für die Aufrechnung nochmals eine Sonderanknüpfung vorsieht. Es handelt sich aber um eine Doppelanknüpfung. Grundsätzlich ist für die Wirkungen der Verfahrenseröffnung auf die Aufrechnungslage zwar an das Recht des Verfahrensstaates anzuknüpfen. Sieht das Recht des Verfahrensstaates jedoch Einschränkungen der Aufrechnungsbefugnis vor, die über das Insolvenzrecht des Aufrechnungsstatuts hinausgehen, so finden diese Einschränkungen keine Anwendung (vgl. → Art. 9 Rn. 1). Eine Art. 7 Abs. 2 S. 2 lit. d gänzlich verdrängende Sonderanknüpfung besteht dagegen für die Aufrechnungsmöglichkeiten in Zahlungs- oder Abwicklungssystemen nach Art. 12 (vgl. → Art. 12 Rn. 2 ff.).

28 **7. Lit. e: Auswirkungen auf laufende Verträge.** Auch für die **Auswirkung der Verfahrenseröffnung auf laufende Verträge** sieht Art. 7 Abs. 2 S. 2 lit. e die Anknüpfung an die *lex fori concursus* vor. Gemeint sind damit die Themenbereiche, die sich aus deutscher Sicht insbesondere aus den in §§ 103 ff. InsO geregelten Fragen ergeben. Das Verwalterwahlrecht ist ein allgemeiner und international anerkannter Regelungsmechanismus für die Behandlung nicht vollständig abgewickelter Verträge in der Insolvenz.[63] Das Wahlrecht schützt aufgrund der synallagmatischen Verknüpfung der beiden Leistungen einerseits die andere Vertragspartei, die nur erfüllen muss, wenn der Insolvenzschuldner ebenfalls erfüllen leistet (als Masseverbindlichkeit). Andererseits ermöglicht das Wahlrecht dem Verwalter, die in der Vertragsabwicklung noch befindlichen Vermögenswerte für die Insolvenzmasse zu realisieren. Der Begriff des „**laufenden Vertrages**" ist vertragsautonom auszulegen und weiter als der Begriff des gegenseitigen, nicht erfüllten Vertrages in § 103 InsO.[64] Dabei ist jedoch zu beachten, dass es für diese Fragen in Art. 10 Abs. 2, 11 und 13 weitere Sonderanknüpfungen gibt, die das Recht des Verfahrensstaates verdrängen (vgl. zum autonomen Recht §§ 336, 337 InsO). Eine spezielle Regelung für Verbraucherverträge ist nicht vorgesehen und im Hinblick auf den in den Mitgliedstaaten weitgehend vereinheitlichten Verbraucherschutz auch nicht notwendig.

---

[59] Vgl. BGH v. 11.7.1985 NJW 1985, 2897 f.
[60] Vgl. *Bork* ZIP 2002, 690, 693; *von Wilmowsky* KTS 1998, 343, 359; vgl. auch *Kolmann* S. 311; ebenso Geimer/Schütze/*Huber*, B Vor I 20b, EuInsVO 2000 Art. 4 Rn. 32.
[61] So in Bezug auf die Sicherungsrechte nach Art. 5 auch *Huber* ZZP 114 (2001), 133, 153 ff.; *Taupitz* ZZP 111 (1998), 315, 329 ff.; aA *Leible/Staudinger* KTS 2000, 533, 555.
[62] Vgl. *Virgos/Schmit*, Erläuternder Bericht, Rn. 107.
[63] Vgl. hierzu rechtsvergleichend und ausführlich *Keinert*, Vertragsbeendigung in der Insolvenz, S. 46 ff.; *Schollmeyer*, Gegenseitige Verträge im internationalen Insolvenzrecht, S. 20 ff.
[64] So auch Mankowski/Müller/Schmidt/*Müller* Art. 7 Rn. 31.

Die Vorschrift gilt auch für Schiedsvereinbarungen sowie für Schiedsrichterverträge.[65] Daher **29** fällt auch das Schicksal einer getroffenen Schiedsvereinbarung unter Art. 7 Abs. 2 S. 2 lit. e.[66] Die *lex fori concursus* entscheidet daher, ob der Verwalter die Erfüllung des Schiedsvertrages ablehnen kann, oder an die Schiedsabrede gebunden bleibt.[67] In Abgrenzung zu Art. 7 Abs. 2 S. 2 lit. f und Art. 18 wird allerdings vertreten, dass lit. e nicht für Schiedsabreden gelte, wenn das Schiedsverfahren bereits begonnen habe.[68] Dem ist nach der Neufassung des Art. 18 (Wirkungen des Insolvenzverfahrens auf hängige Rechtsstreitigkeiten und Schiedsverfahren) zu folgen.[69] Denn Art. 18 erfasst nunmehr auch ausdrücklich anhängige Schiedsverfahren, sodass sich die Auswirkungen der Verfahrenseröffnung sowohl für die Schiedsvereinbarung als auch für die Schiedsrichtervereinbarung kollisionsrechtlich über Art. 18 ergeben.[70] Allerdings kann in diesem Zusammenhang nicht argumentiert werden, dass der Zweck der Schiedsvereinbarung bereits vollständig erfüllt sei.[71] Die Frage einer bereits eingetretenen Erfüllung ist eine Frage des anwendbaren materiellen Rechts, für die viel spricht, die allerdings nicht mit der kollisionsrechtlichen Frage verwechselt werden darf, welches Recht Anwendung findet. Art. 7 Abs. 2 lit. f findet daher bei einem erst nach Eröffnung des Insolvenzverfahrens anhängig gemachten Schiedsverfahren ebenfalls Anwendung zur Klärung der Frage, ob der Streitgegenstand schiedsfähig ist.[72]

Die Kollisionsnorm erfasst **sämtliche Auswirkungen** auf laufende Verträge, und zwar sowohl **30** die Regeln über die automatische Beendigung und Fortsetzung des Vertrages als auch die dem Verwalter möglicherweise zustehende Befugnis der Erfüllungsablehnung. Unter die Verweisung fallen daher gleichsam auch die Vorschriften, die insolvenzbedingte Kündigungen der anderen Vertragspartei zwingend ausschließen (§ 119).[73]

8. Lit. f: Rechtsverfolgungsmaßnahmen. Art. 7 Abs. 2 S. 2 lit. f erklärt das Insolvenzstatut **31** auch für anwendbar auf **Rechtsverfolgungsmaßnahmen** einzelner Gläubiger mit Ausnahme der Wirkungen auf anhängige Rechtsstreitigkeiten. Die letztgenannte Ausnahme ist lediglich klarstellender Natur, da sich die Wirkung der Verfahrenseröffnung auf anhängige Rechtsstreitigkeiten bereits aus der Sonderanknüpfung in Art. 18 ergibt. Daher erfasst Art. 7 Abs. 2 S. 2 lit. f alle Rechtsverfolgungsmaßnahmen mit Ausnahme von anhängigen Rechtsstreitigkeiten.[74]

Unter Rechtsverfolgungsmaßnahmen sind zunächst Vollstreckungsmaßnahmen der Gläubiger **32** zu verstehen, und zwar sowohl auf bereits begonnene als auch auf bereits beendete Vollstreckungsmaßnahmen. Über die Endgültigkeit dieser Vermögenszuordnung soll ebenfalls das Recht des Verfahrensstaates entscheiden.[75] Die Frage wird relevant, wenn bereits vor Verfahrenseröffnung in einem anderen Vertragsstaat eine Sicherung erlangt worden ist oder die Vollstreckung beendet wurde und das Recht des Verfahrensstaates eine zeitlich andere Rückschlagsperre als der Vollstreckungsstaat vorsieht. Ist die Rückschlagsperre im Vollstreckungsstaat länger als nach dem Recht des Verfahrensstaates, so darf der vollstreckende Gläubiger den Vermögensgegenstand gemäß dem Recht des Verfah-

---

[65] Vgl. *Mankowski* ZIP 2010, 2478, 2483; *Wagner*, Abstimmungsfragen, S. 146 f., 170 f.
[66] *Brinkmann/Piekenbrock* Art. 7 Rn. 54; *Bork/van Zwieten/Snowden* Art. 7 Rn. 7.29.
[67] So auch High Court of Justice *Syska v. Vivendi Universal SA* (QBD) [2008] EWHC 2155 = BeckRS 20009, 08753.
[68] So einschränkend aber die Entscheidung des High Court of Justice *Syska v. Vivendi Universal SA* (QBD) [2008] EWHC 2155 = BeckRS 20009, 08753; bestätigt durch den Court of Appeal [2009] EWCA Civ 677 = IILR 2010, 39.
[69] Insoweit anders noch der Verfasser in der → 3. Aufl., EuInsVO 2000 Art. 4 Rn. 28.
[70] Vgl. nochmals die Entscheidung des High Court und des Court of Appeal, oben sowie → Art. 18 Rn. 6, 17 ff.
[71] So aber K. *Schmidt/Brinkmann* Art. 4 Rn. 16 f., 28; ihm folgend Mankowski/Müller-Schmidt/*Müller* Art. 7 Rn. 31; *Brinkmann/Piekenbrock* Art. 7 Rn. 54.
[72] AA *Schmitz*, Insolvenz und Schiedsverfahren, S. 199, der sowohl für zukünftige als auch für anhängige Schiedsverfahren die Schiedsfähigkeit des Streitgegenstandes der *lex fori processus* unterstellen möchte.
[73] Hierzu nunmehr umfassend *Keinert*, Vertragsbeendigung in der Insolvenz, S. 344 ff.; ebenso MüKoBGB/*Kindler* Art. 7 Rn. 29; ebenso als insolvenzrechtlich qualifizierend (vor Inkrafttreten der EuInsVO): *Schollmeyer*, Gegenseitige Verträge im internationalen Insolvenzrecht, S. 150 ff.; anders, allerdings für einen Fall vor Inkrafttreten der EuInsVO OLG Karlsruhe NJW 2012, 3106; Urteilsanm. *Dammann/Lehmkuhl* NJW 2012, 3069.
[74] Vgl. EuGH, Urt. v. 9.11.2016 – Rs. C-212/15 *(ENEFI/DGRFP)* Rn. 32 = NZI 2016, 959; mit Urteilsanmerkungen *Mankowski* NZI 2016, 959; *Riedemann* EWiR 2017, 177; *Schulz* EWiR 2016, 533; *Tashiro* FD-InsR 2016, 384013.
[75] Vgl. AG Augsburg, Beschl. v. 25.3.2012 = BeckRS 2012, 09133; MüKoBGB/*Kindler* Art. 7 Rn. 32; zu einem Arrest nach Verfahrenseröffnung vgl. auch EuGH, Urt. v. 21.1.2010 *(MG Probud Gdynia)* NZI 2010, 156.

rensstaates dennoch behalten.[76] Denn für die Anwendung der *lex fori concursus* auf die Rückschlagsperre spricht zudem Art. 7 Abs. 2 S. 2 lit. m. Ebenso setzt sich das Recht des Verfahrensstaates durch, wenn nach diesem Recht die Rückschlagsperre länger ist, als nach dem Recht des Vollstreckungsstaates. Der vollstreckende Gläubiger wird in seinem Vertrauen auf die Rechtsbeständigkeit der Vollstreckungsmaßnahme nach dem Recht des Vollstreckungsstaates durch die Sonderanknüpfung des Art. 8 nicht geschützt, und zwar auch soweit er im Vollstreckungsverfahren bereits eine dingliche Rechtsposition erlangt hat. Denn Art. 8 Abs. 4 verweist als Rückausnahme wiederum auf Art. 7 Abs. 2 S. 2 lit. m, unter den auch die Rückschlagsperre fällt (vgl. → Rn. 47 ff.).

33 Unter Rechtsverfolgungsmaßnahmen fallen aber auch Erkenntnisverfahren. Während die Frage der Verfahrensunterbrechung in Art. 18 geregelt ist, wird hingegen die Frage, wie die Verfahren im Fall einer Insolvenz durchgeführt werden, von Art. 7 Abs. 2 S. 2 lit. f erfasst. Das gilt insbesondere für die Frage, ob nach der Insolvenzeröffnung noch eine Leistungsklage gegen den Schuldner zulässig ist.[77]

34 Mit umfasst werden von Art. 7 Abs. 2 S. 2 lit. f darüber hinaus die Untersagung von Rechtsverfolgungsmaßnahmen im Rahmen von Sicherungsanordnungen im vorläufigen Insolvenzverfahren.[78]

35 Der an sich weit gefasste Begriff der Rechtsverfolgungsmaßnahmen ist im Rahmen von lit. f aber enger zu verstehen, als es der weite Begriff der „Rechtsverfolgungsmaßnahmen" vermuten lässt. Neben den anhängigen Rechtsstreitigkeiten, die in Art. 18 im Wege einer Sonderanknüpfung geregelt werden, fallen hierunter nicht die Rechtsverfolgung durch Anmeldung zur Insolvenztabelle, die in lit. h gesondert erfasst wird, sowie die Rechtsverfolgung bei Masseverbindlichkeiten, die in lit. g geregelt sind. Nicht erfasst werden von dem Begriff der Rechtsverfolgungsmaßnahmen auch Rechtsverfolgungsmaßnahmen, die sich beispielsweise auf die Beantragung eines Partikularverfahrens beziehen. Die Zulässigkeit, seine Rechte durch Beantragung eines Insolvenzverfahrens geltend zu machen, richtet sich ausschließlich nach den Vorschriften der Verordnung.

36 **9. Lit. g: Insolvenzforderungen und Masseverbindlichkeiten.** Art. 7 Abs. 2 S. 2 lit. g behandelt gleich mehrere insolvenzrechtliche Fragen und ist wegen Überschneidungen mit anderen Kollisionsnormen unglücklich. Die Überschneidungen sind jedoch im Ergebnis unproblematisch, da sich diese nur mit anderen Regelbeispielen aus Art. 7 Abs. 2 ergeben. Dem Wortlaut nach behandelt Art. 7 Abs. 2 S. 2 lit. g zwei Fragen:

37 Zunächst regelt Art. 7 Abs. 2 S. 2 lit. g *„welche Forderungen als Insolvenzforderung anzumelden sind"*. Da Art. 7 Abs. 2 S. 2 lit. h schon die im Zusammenhang mit der Anmeldung auftauchenden Fragen regelt, liegt die Bedeutung des Beispielsfalles weniger in der Frage des Verfahrens der Anmeldung, als vielmehr in der Frage, welche Forderungen denn als *„Insolvenzforderungen"* zu qualifizieren sind. Der Rang derselben wird dann wiederum durch den Beispielsfall in Art. 7 Abs. 2 S. 2 lit. i erfasst. Es geht also primär um die Abgrenzung zu Masseverbindlichkeiten. Diese Abgrenzung untersteht dem Insolvenzstatut. Soweit bei öffentlich-rechtlichen Forderungen in der bisherigen Diskussion im internationalen Insolvenzrecht Zweifel geäußert wurden, ob diese berechtigt sind, an dem Insolvenzverfahren in einem anderen Staat teilzunehmen, enthält Art. 53 diesbezüglich einen klarstellenden Hinweis.[79]

38 Als zweiten Beispielsfall nennt Art. 7 Abs. 2 S. 2 lit. g, *„wie Forderungen zu behandeln sind, die nach der Eröffnung des Insolvenzverfahrens entstehen"*. Die Vorschrift umfasst daher die Frage der zu befriedigenden Masseverbindlichkeiten.[80] Das gilt in Abgrenzung zu Art. 13 auch für die insolvenzrechtliche Einordnung von Ansprüchen aus einem Arbeitsverhältnis.[81] Das Recht des Verfahrensstaates entscheidet über die Behandlung dieser Masseverbindlichkeiten auch dann, wenn für die Wirkungen der Verfahrenseröffnung die Verordnung eine Sonderanknüpfung vorsieht, wie dies zB in Art. 12 oder 13 der Fall ist.[82]

39 **10. Lit. h: Anmeldung, Prüfung und Feststellung von Forderungen.** Art. 7 Abs. 2 S. 2 lit. h regelt Fragen im Zusammenhang mit der **Anmeldung, Prüfung und Feststellung der**

---

[76] Ebenso MüKoBGB/*Kindler* Art. 7 Rn. 32.
[77] So auch EuGH v. 17.3.2005, Rechtssache C-294/02, BeckRS 2005, 70210 Rn. 49; in der Abgrenzung zwischen Art. 15 und Art. 4 unklar: FG Sachsen, Urt. v. 15.10.2009, BeckRS 2009, 26027978.
[78] Duursma-Kepplinger/Duursma/Chalupsky/*Duursma-Kepplinger* EuInsVO 2000 Art. 4 Rn. 19; Geimer/Schütze/Haß/*Herweg*, B Vor I 20b, EuInsVO 2000 Art. 4 Rn. 36.
[79] Vgl. auch MüKoBGB/*Kindler* Art. 7 Rn. 37; Mankowski/Müller/Schmidt/*Müller* Art. 7 Rn. 49; ähnlich Nerlich/Römermann/*Nerlich/Hübler* EuInsVO 2000 Art. 4 Rn. 43, die diese Frage jedoch als Fall des EuInsVO 2000 Art. 4 Abs. 2 lit. g ansehen.
[80] Duursma-Kepplinger/Duursma/Chalupsky/*Duursma-Kepplinger* EuInsVO 2000 Art. 4 Rn. 20; MüKoBGB/*Kindler* Art. 7 Rn. 38; *Paulus* Art. 7 Rn. 36.
[81] Zutreffend LAG Baden-Württemberg, Urt. v. 28.3.2012 – 20 Sa 47/11, BeckRS 2012, 69167.
[82] Vgl. *Virgos/Schmit*, Erläuternder Bericht, Rn. 128.

Insolvenzforderungen. Die Verordnung enthält in Kapitel III und IV verschiedene Sondervorschriften für die Forderungsanmeldung, die jeweils zu beachten sind. So sieht beispielsweise Art. 45 Abs. 1 vor, dass jeder Gläubiger seine Forderung im Hauptinsolvenzverfahren und in jedem Sekundärinsolvenzverfahren anmelden kann. Des Weiteren sieht Art. 45 Abs. 2 ein Anmelderecht der Verwalter in dem jeweiligen anderen Haupt- bzw. Sekundärinsolvenzverfahren vor. Insoweit modifiziert Art. 45 das jeweils nationale Insolvenzrecht bezüglich der Fragen der Anmeldeberechtigung (vgl. auch → Art. 45 Rn. 4 ff.). Darüber hinaus modifiziert auch Art. 53 das nationale Insolvenzrecht eines jeweiligen Landes, wonach jeder Gläubiger einschließlich der Steuerbehörden und der Sozialversicherungsträger seine Ansprüche in einem Insolvenzverfahren eines anderen Mitgliedsstaates schriftlich anmelden kann (vgl. → Art. 53 Rn. 6 ff.).

Das Insolvenzstatut nach Art. 7 Abs. 2 S. 2 lit. h umfasst aber nicht nur die verfahrensrechtlichen **40** Fragen der Anmeldung, sondern auch die möglichen Rechtsfolgen, beispielsweise aus einer unterbliebenen Anmeldung.[83] Einzelne Rechtsordnungen haben die Anmeldefrist als Ausschlussfrist ausgestaltet mit der Rechtsfolge, dass eine nachträgliche Anmeldung der Forderung nicht mehr möglich ist und die Forderung daher bei der Verteilung des Vermögens unberücksichtigt bleibt.[84] Gleiches gilt für die Rechtsfolgen der Feststellung einer Forderung zur Insolvenztabelle. Auch diese richten sich nach dem Insolvenzstatut und sind sodann gegebenenfalls gemäß Art. 19 in seinen Rechtswirkungen auch in den anderen Mitgliedsstaaten automatisch anzuerkennen.

11. Lit. i: Erlösverteilung, Rang. Art. 7 Abs. 2 S. 2 lit. i stellt klar, dass **Verteilungsfragen** **41** ebenfalls grundsätzlich nach dem Recht des Verfahrensstaates zu beantworten sind. Hierzu nennt Art. 7 Abs. 2 S. 2 lit. i drei Beispielsfälle: Zunächst „*Die Verteilung des Erlöses aus der Verwertung des Vermögens*": hiervon werden sämtliche Verteilungsfragen (beispielsweise auch Zeitpunkt der Verteilung) erfasst. Hierzu gehört auch die Verteilung von Sondervermögen, die zwar zur Insolvenzmasse gehören (vgl. lit. b, → Rn. 21), für deren Verteilung jedoch gesonderte Regelungen gelten. Darüber hinaus wird als Unterfall der Verteilungsfragen der „*Rang der Forderung*" verstanden, der sich ebenfalls nach dem Insolvenzstatut richtet, und zwar unabhängig davon, ob für die Wirkungen der Eröffnung auf den Vertrag Sonderanknüpfungen nach Art. 11, 12 oder 13 bestehen.[85] Der dritte Beispielsfall stellt klar, dass das Insolvenzstatut auch für Ansprüche der Gläubiger gilt, die aufgrund eines dinglichen Rechts oder infolge einer Aufrechnung gemäß einem anderen Recht als dem Recht des Verfahrensstaates teilweise befriedigt wurden. Diese Regelung ist im Hinblick auf die Sonderanknüpfungen in Art. 8 und 9 von besonderer Bedeutung, da sich beispielsweise die Verwertung und Verteilung für Sicherungsrechte nicht nach dem Insolvenzstatut richtet (vgl. → Art. 8 Rn. 17 ff. und → Art. 9 Rn. 12). Soweit jedoch der dinglich gesicherte Gläubiger im Rahmen seines Absonderungsrechtes nicht vollständig befriedigt wird und daher eine Restforderung übrig bleibt (vgl. § 52 InsO), richtet sich die Frage, ob und wie er mit dieser verbleibenden Restforderung am Insolvenzverfahren teilnehmen kann, nach dem ausdrücklichen Wortlaut von Art. 7 Abs. 2 S. 2 lit. i wiederum nach dem Insolvenzstatut.

Die Verweisung auf das Insolvenzstatut in Art. 7 Abs. 2 S. 2 lit. i hat zur Folge, dass es hinsichtlich der Verteilung in Haupt- und Sekundärinsolvenzverfahren zu erheblichen Unterschieden **42** kommen kann, weil die jeweiligen beiden Insolvenzordnungen jeweils unterschiedliche Ränge für die Forderungen vorsehen. Diese Unterschiede sind jedoch hinzunehmen und allenfalls im Rahmen der Kooperation der Verfahren zu beachten (vgl. auch → Art. 23 Rn. 25 sowie → Art. 41 Rn. 2).

12. Lit. j: Beendigung des Insolvenzverfahrens. Art. 7 Abs. 2 S. lit. j befasst sich mit den **43 Voraussetzungen und den Wirkungen der Verfahrensbeendigung,** die ebenfalls dem Recht des Verfahrensstaates unterstehen.[86] Dies gilt nach dem Wortlaut der Vorschrift ausdrücklich für den Vergleich. Die Vorschrift gilt jedoch auch für alle anderen Formen der Verfahrensbeendigung.[87]

---

[83] Ebenso EuGH, Urt. v. 9.11.2016, Rs. C-212/15 *(ENEFI/DGRFP)* = NZI 2016, 959 mAnm *Mankowski*; *Tashiro* FD-InsR 2016, 384013; MüKoBGB/*Kindler* Art. 7 Rn. 41 sowie Nerlich/Römermann/*Nerlich/Hübler* EuInsVO 2000 Art. 4 Rn. 44, die diese Frage jedoch Art. 4 Abs. 2 lit. g zuordnen.

[84] Zur Versäumung der Anmeldefrist vgl. EuGH, Urt. v. 10.12.2015, Rs. C 594/14 *(Kornhaas/Dithmar)* = NZI 2016, 48; vgl. dazu *Riedemann/Schmidt* EWiR 2017, 177; zum autonomen Recht OLG Saarbrücken v. 31.1.1989 ZIP 1989, 1145.

[85] Für den Fall von Ansprüchen aus Annahmeverzug aus einem Arbeitsverhältnis vgl. LAG Baden-Württemberg, Urt. v. 28.3.2012, Az. 20 Sa 7/11, BeckRS 2012, 69167.

[86] Dass die Vorschrift nur eine kollisionsrechtliche Verweisung beinhaltet und nicht das materielle Recht der Verfahrensbeendigung hätte an sich keiner EuGH-Entscheidung bedurft, vgl. EuGH, Urt. v. 22.11.2012 – C-116/11 *(Handlowy)* NZI 2013, 106 Rn. 44 ff.

[87] So auch Nerlich/Römermann/*Nerlich/Hübler* EuInsVO 2000 Art. 4 Rn. 49; MüKoBGB/*Kindler* Art. 7 Rn. 43; Geimer/Schütze/*Haß/Herweg*, B Vor I 20b, EuInsVO 2000 Art. 4 Rn. 42.

44 **13. Lit. k: Gläubigerrechte nach Verfahrensbeendigung.** Art. 7 Abs. 2 S. 2 lit. k ist an sich überflüssig, da die Wirkungen der Beendigung des Insolvenzverfahrens bereits in lit. j erfasst sind, und die Rechte der Gläubiger nur einen Unterfall der möglichen Beendigungswirkungen darstellen. Die Vorschrift macht daher ausdrücklich die Reichweite des Insolvenzstatuts auch für Fragen der Restschuldbefreiung oder von sonstigen gerichtlichen Vergleichen und Insolvenzplänen deutlich. Endet das Verfahren mit einem Insolvenzplan, so findet für die Rechtsfolgen des Insolvenzplanes ebenfalls nur das Recht des Verfahrensstaates Anwendung. Gleiches gilt für eine nach dem Recht des Verfahrensstaates gewährte Restschuldbefreiung. Die Vorschrift gilt auch, wenn das Insolvenzrecht vorsieht, dass bei einer Einstellung mangels Masse die Gläubiger nicht das Recht zurückerlangen, ihre Ansprüche noch gegen den Schuldner geltend zu machen.[88] Die Kollisionsnormen sind jedoch nur anzuwenden, wenn die Folgen kollisionsrechtlich zu ermitteln sind, dh keine nach Art. 32 verfahrensrechtlich anzuerkennende Entscheidung eines Gerichtes oder sonstiger zuständiger Stelle vorliegt. Liegt dagegen eine gerichtliche Entscheidung über einen Vergleich oder Insolvenzplan vor, so ist diese verfahrensrechtlich anzuerkennen.[89]

45 Hingegen fallen die Rechtsfolgen einer verspäteten Forderungsanmeldung und die Wirkungen entsprechender Ausschlussfristen bereits unter Art. 2 Abs. 2 S. 2 lit. h, da der Ausschluss der Forderung bereits im Verfahren eintritt.[90]

46 **14. Lit. l: Kosten des Insolvenzverfahrens.** Art. 7 Abs. 2 S. 2 lit. l stellt fest, dass sich die Frage, wer für die **Kosten des Verfahrens** aufzukommen hat, ebenfalls nach dem Recht des Verfahrensstaates zu richten hat. Die Regelung kann allerdings im deutschen Recht im Zusammenhang mit den Kostenbeiträgen der gesicherten Gläubiger (§§ 170 f. InsO) Zweifelsfragen aufwerfen. Die Kostenbeiträge für die gesicherten Gläubiger sind nach den Erläuterungen des deutschen Gesetzgebers als Beiträge zu den allgemeinen Verfahrenskosten eingeführt worden.[91] Selbst wenn man auch diese Beiträge zu den Feststellungs- und Verwertungskosten von Art. 7 Abs. 2 S. 2 lit. l erfasst sieht, wird das Recht des Verfahrensstaates zumindest für die nicht im Verfahrensstaat belegenen Kreditsicherheiten keine Anwendung finden, weil Art. 8 insoweit eine spezielle Sonderregelung zum Schutz der dinglich gesicherten Gläubiger und der Werthaltigkeit des Sicherungsgutes vorsieht. Das gilt auch für Kostenbeiträge aus dem Erlös des Sicherungsgutes.[92]

47 **15. Lit. m: Unwirksame Benachteiligung der Gesamtheit der Gläubiger.** Nach Art. 7 Abs. 2 S. 2 lit. m richtet sich auch die Nichtigkeit, Anfechtbarkeit oder relative Unwirksamkeit einer Rechtshandlung, die die Gesamtheit der Gläubiger benachteiligt, nach der *lex fori concursus*. Die Vorschrift ist von den Rechtsfolgen her (nämlich Nichtigkeit, Anfechtbarkeit und relative Unwirksamkeit) bewusst „breit" formuliert, weil die Mechanismen, Gläubiger benachteiligende Rechtshandlungen zu „neutralisieren" in den Mitgliedsstaaten durchaus unterschiedlich ausgestaltet sein können.[93] Denkbar sind schuldrechtliche oder dingliche Ansprüche, die automatische Unwirksamkeit der Rechtshandlung oder auch nur die Möglichkeit, die Rechtshandlung durch Anfechtung anzugreifen. Die Formulierung macht deutlich, dass sämtliche dieser Fälle von Art. 7 Abs. 2 S. 2 lit. m erfasst sein sollen.

48 Damit jedoch nicht alle Unwirksamkeitsgründe erfasst werden, die eine Rechtsordnung für Rechtshandlungen vorsieht (beispielsweise auch Sittenwidrigkeit nach § 138 BGB), enthält Art. 7 Abs. 2 S. 2 lit. m ein einschränkendes Korrektiv: die (breit formulierte) Rechtsfolge muss als Tatbestandsvoraussetzung oder als Zweck der Norm zum Gegenstand haben, die *„Gesamtheit der Gläubiger"* vor der Benachteiligung zu schützen.[94] Andere Unwirksamkeitsgründe werden daher von der Vorschrift nicht erfasst. Die Formulierung hat allerdings im englischen Sprachraum zu Diskussionen Anlass gegeben,[95] weil die Formulierung des englischen Textes lediglich auf *„all creditors"* verweist, was eine Prüfung der Auswirkungen für jeden einzelnen Gläubiger voraussetzen würde. Eine solche Auslegung wird jedoch auch im englischen Sprachkreis abgelehnt. Auch dort wird vielmehr die Verordnung so interpretiert, dass die *„creditors as a whole"* benachteiligt sein müssten.[96]

---

[88] So zutreffend OLG Celle, Urt. v. 7.1.2010, IPrax 2011, 186.
[89] Vgl. zu dieser Differenzierung bereits *Reinhart*, Sanierungsverfahren, S. 212 ff.; so auch MüKoBGB/*Kindler* Art. 7 Rn. 46 ff.
[90] Vgl. dazu → Rn. 40.
[91] Vgl. BT-Drs. 12/2443, 89 f.
[92] Jetzt ebenso Geimer/Schütze/*Haß/Herweg*, B Vor I 20b, EuInsVO 2000 Art. 4 Rn. 45; differenzierend MüKoBGB/*Kindler* Art. 7 Rn. 50.
[93] Vgl. auch *Virgos/Schmit*, Erläuternder Bericht, Rn. 91; *Paulus* Art. 7 Rn. 46; *Balz*, Anm. Bankruptcy L. J. 70, 1996, 485, 511 f.
[94] So auch *Paulus* Art. 7 Rn. 43.
[95] Auf diesen Umstand macht zurecht LSZ/*Smid* EuInsVO 2000 Art. 4 Rn. 23 aufmerksam.
[96] Vgl. *Moss/Fletcher/Isaacs*, EU Regulation, EuInsVO 2000 Art. 4 Rn. 8.208 f.

Entgegen der weit verbreiteten Auffassung in der Kommentarliteratur geht die Bedeutung der 49
Vorschrift jedoch über Fragen der Insolvenzanfechtung, für die jeweils auf die Sonderanknüpfung in
Art. 16 verwiesen wird, hinaus.[97] Abweichend von den anderen Beispielsfällen in Art. 7 Abs. 2 ist die
Reichweite dieses Beispielsfalles des Anwendungsbereichs der *lex fori concursus* nämlich von besonderer
Bedeutung, weil die Sonderanknüpfungen in Art. 8 Abs. 4, Art. 9 Abs. 2 und Art. 10 Abs. 3 für die
Fälle des Art. 7 Abs. 2 S. 2 lit. m Rückausnahmen von der Sonderanknüpfung zulassen.[98] Je nachdem,
wie weit man den Anwendungsbereich von Art. 7 Abs. 2 S. 2 lit. m definiert, sind daher auch die
Rückausnahmen zu vorgenannten Sonderanknüpfungen zu verstehen. Richtigerweise bezieht sich
Art. 7 Abs. 2 S. 2 lit. m jedoch nicht nur auf die Insolvenzanfechtung, die im Zusammenhang mit
der Vorschrift immer wieder genannt wird. Im Hinblick auf den weiten Anwendungsbereich von
Rechtsfolgen sind von der Vorschrift auch die Unwirksamkeit von Rechtshandlungen aufgrund von
Verfügungsbeschränkungen erfasst, soweit diese wiederum zum Schutz der Gesamtheit der Gläubiger
bestehen (vgl. §§ 81, 88, 89 InsO, § 24 iVm § 81 InsO). Denn zur Vermeidung einer Benachteiligung
der Gläubigergesamtheit werden hier ebenso Rechtshandlungen mit der Rechtsfolge der Unwirksamkeit belegt. Dagegen fallen Verfügungsbeschränkungen, die ihren Grund nicht in der Insolvenzsituation
des Schuldners haben, nicht in den Anwendungsbereich von Art. 7 Abs. 2 S. 2 lit. m.

Art. 8 Dingliche Rechte Dritter

(1) Das dingliche Recht eines Gläubigers oder eines Dritten an körperlichen oder unkörperlichen, beweglichen oder unbeweglichen Gegenständen des Schuldners – sowohl an bestimmten Gegenständen als auch an einer Mehrheit von nicht bestimmten Gegenständen mit wechselnder Zusammensetzung –, die sich zum Zeitpunkt der Eröffnung des Insolvenzverfahrens im Hoheitsgebiet eines anderen Mitgliedstaats befinden, wird von der Eröffnung des Verfahrens nicht berührt.

(2) Rechte im Sinne von Absatz 1 sind insbesondere
a) das Recht, den Gegenstand zu verwerten oder verwerten zu lassen und aus dem Erlös oder den Nutzungen dieses Gegenstands befriedigt zu werden, insbesondere aufgrund eines Pfandrechts oder einer Hypothek;
b) das ausschließliche Recht, eine Forderung einzuziehen, insbesondere aufgrund eines Pfandrechts an einer Forderung oder aufgrund einer Sicherheitsabtretung dieser Forderung;
c) das Recht, die Herausgabe von Gegenständen von jedermann zu verlangen, der diese gegen den Willen des Berechtigten besitzt oder nutzt;
d) das dingliche Recht, die Früchte eines Gegenstands zu ziehen.

(3) Das in einem öffentlichen Register eingetragene und gegen jedermann wirksame Recht, ein dingliches Recht im Sinne von Absatz 1 zu erlangen, wird einem dinglichen Recht gleichgestellt.

(4) Absatz 1 steht der Nichtigkeit, Anfechtbarkeit oder relativen Unwirksamkeit einer Rechtshandlung nach Artikel 7 Absatz 2 Buchstabe m nicht entgegen.

Literatur: *Beck,* Verteilungsfragen im Verhältnis zwischen Haupt- und Sekundärinsolvenzverfahren nach der EuInsVO, NZI 2007, 1; *Bierhenke,* Der ausländische Insolvenzverwalter und das deutsche Grundbuch, MittBayNot 2009, 201; *Bork/Van Zwieten,* Commentary on the European Insolvency Regulation; *Busch/Remmert/Rüntz/Vallender,* Kommunikation zwischen Gerichten in grenzüberschreitenden Insolvenzen, NZI 2010, 425; *Calme,* The recognition of foreign loan security – with a special focus on international interests in movable equipment, IILR 2014, 1; *Cranshaw,* Aktuelle Fragen zur europäischen Insolvenzverordnung vor dem Hintergrund der Rechtsprechung des EuGH, DZWIR 2009, 361 f.; *Csöke,* Case Note: Third Parties' Rights in Rem – Background to a question, IILR 2011, 382; *Garrido,* Oversecured and Undersecured Creditors in Cross-Border-Insolvencies, IILR 2014, 375; *Godfrey,* The Treatment of Security Rights in Cross-Border-Insolvency-Proceedings: The British Point of View, IILR 2014, 405; *Haas,* Die Verwertung der im Ausland belegenen Insolvenzmasse im Anwendungsbereich der EuInsVO, in *Schilken/Kreft/Wagner/Eckardt* (Hrsg.), FS Walter Gerhardt zum 70. Geburtstag am 18. Oktober 2004, 2004, S. 319–340; *Herchen,* Die Befugnisse des deutschen Insolvenzverwalters hinsichtlich der „Auslandsmasse" nach In-Kraft-Treten der EG-Insolvenzverordnung (Verordnung des Rates Nr. 1346/2000), ZInsO 2002, 345; *Hirte,* Sechs Thesen zur Kodifikation der Konzerninsolvenz in der EuInsVO, ZInsO 2011,

---

[97] IdR wird nur auf Art. 16 Bezug genommen, vgl. Geimer/Schütze/Haß/Herweg, B Vor I 20b, EuInsVO 2000 Art. 4 Rn. 46; LSZ/*Smid* EuInsVO 2000 Art. 4 Rn. 30; MüKoBGB/*Kindler* Art. 7 Rn. 51; HKInsO/ *Dornblüth* Art. 7 Rn. 13; so auch noch der Verfasser in der → 3. Aufl., EuInsVO 2000 Art. 4 Rn. 16.
[98] So auch Vallender/*Liersch* Art. 7 Rn. 45.

1799; *Hübler,* Aktuelles internationales und ausländisches Insolvenzrecht – Juni/Juli 2012, NZI 2012, 645 ff.; *INSOL Europe,* Revision of the European Insolvency Regulation; *dies.,* European Insolvency Regulations Supreme Court Debate, Supreme Court Westminster, London, July 6th 2012; *Keller,* Zur Verwertung im Ausland belegenen Schuldnervermögens durch deutsche Insolvenzverwalter, zugl. Diss. Universität Passau, Baden-Baden 2010; *Kirchhof,* Cross Border Insolvency (Part 2), IILR 2010, 24; *Kodek,* The Treatment of Security Rights – The Austrian Perspective, IILR 2015, 10; *Liersch,* Sicherungsrechte im Internationalen Insolvenzrecht, NZI 2002, 15; *Mankowski,* Bestimmung der Insolvenzmasse und Pfändungsschutz unter der EuInsVO, NZI 2009, 785; *ders.,* Insolvenznahe Verfahren im Grenzbereich zwischen EuInsVO und EuGVVO – Zur Entscheidung des EuGH in Sachen German Graphics (NZI 2009, 741), NZI 2010, 512; *ders.* Öffentliche Lasten als dingliche Rechte im Sinne von Art. 5 EuInsVO 2000 bzw. Art. 8 EuInsVO 2015, RIW 2017, 93; *Naumann,* Die Behandlung dinglicher Kreditsicherheiten und Eigentumsvorbehalte nach den Artikeln 5 und 7 EuInsVO sowie nach autonomem deutschen Insolvenzkollisionsrecht: zugleich ein Beitrag zur Auslegungstechnik des EuGH; *Oberhammer,* Von der EuInsVO zum europäischen Insolvenzrecht – Eine Zwischenbilanz über rechtspolitische Gestaltungsmittel und Ziele, KTS 2009, 37 ff.; *Panzani,* Security interests and Cross-Border Insolvency Procedures: The Italian Discipline, IILR 2014, 394; *Paulus,* Die europäische Insolvenzverordnung und der deutsche Insolvenzverwalter, NZI 2001, 513; *ders.,* EuInsVO: Änderungen am Horizont und ihre Auswirkungen, S. 9; *ders.,* Security Rights in Cross-Border-Insolvency Proceedings, IILR 2014, 366; *Plappert,* Dingliche Sicherungsrechte in der Insolvenz – Eine rechtevergleichende Analyse unter Berücksichtigung der Rechtslage bei grenzüberschreitenden Insolvenzen nach Art. 5 EuInsVO, zugleich Diss. Humboldt-Universität Berlin, Baden-Baden 2008; *Reinhart,* Die Durchsetzung im Inland belegener Absonderungsrechte bei ausländischen Insolvenzverfahren oder Qualifikation, Vorfrage und Substitution im internationalen Insolvenzrecht – zu BGH, 3.2.2011 (V ZB 54/10), IPRax 2012, 419 ff.; *ders.,* Die Überarbeitung der EuInsVO, NZI 2012, 308 f.; *Riewe,* Aktuelles Internationales und ausländisches Insolvenzrecht – Juni/Juli 2011, NZI 2011, 629; *Schmitz,* Dingliche Mobiliarsicherheiten im internationalen Insolvenzrecht, S. 69 ff. zugleich Diss. Universität Köln, Baden-Baden 2011; *Smart,* Rights in Rem, Article 5 and the EC Insolvency Regulation: An English Perspective, INSOL International Insolvency Review, Vol. 15, 2006, 17–55; *Schneider,* Registrierte Gegenstände im grenzüberschreitenden Insolvenzverfahren nach der EuInsVO, zugleich Diss. Univ. Köln, Baden-Baden 2019; *Stehle,* Die Stellung des Vollstreckungsgläubigers bei grenzüberschreitenden Insolvenzen, zugl. Diss. Uni Konstanz, Köln 2006; *ders.,* Die Auslandsvollstreckung – ein Mittel zur Flucht aus dem deutschen Insolvenzrecht, DZWIR 2008, 55 ff.; *Stürner,* Das EU-Insolvenzrecht und sein Einfluss auf die Gestaltung gedeckter Wertpapiere am Beispiel des so genannten Zweigstellenpfandbriefs, ZZPInt (15) 2010, 213–248; *Undritz,* Kurzkommentar zu BGH, Beschl. v. 3.2.2011 (V ZB 54/10, ZIP 2011, 926), EWiR 2011, 313; *von Bismarck/Schümann-Kleber,* Insolvenz eines ausländischen Sicherungsgebers – Anwendung deutscher Vorschriften auf die Verwertung in Deutschland belegener Kreditsicherheiten, NZI 2005, 147; *dies.,* Insolvenz eines deutschen Sicherungsgebers – Auswirkungen auf die Verwertung im Ausland belegener Kreditsicherheiten, NZI 2005, 89; *Wauschkuhn/Fröhlich,* EuGH: Insolvenzverfahrenseröffnung in Mitgliedsstaat – Anerkennung und Vollstreckung von Entscheidungen – MG Probud, BB 2010, 529–532.

Übersicht

	Rn.		Rn.
I. Normzweck	1	b) Maßgeblicher Zeitpunkt der Belegenheit	11
II. Insolvenzfeste dingliche Rechte	3	c) In einem anderen Mitgliedsstaat	13
1. Dingliche Rechte und dingliche Anwartschaftsrechte	3	3. Kein Sekundärverfahren im Belegenheitsstaat	15
a) Dingliche Rechte (Abs. 2)	3	4. Gläubiger oder Dritter	16
b) In Register eingetragene Anwartschaftsrechte (Abs. 3)	9	**III. Rechtsfolge**	17
2. Belegenheit in einem anderen Mitgliedsstaat zum Zeitpunkt der Verfahrenseröffnung	10	1. „Nicht berührt" (Abs. 1)	17
		2. Grenzen der Wirkungsbeschränkung	19
a) Belegenheitsort	10	**IV. Verhältnis zu anderen Unwirksamkeitsgründen (Abs. 4)**	20

I. Normzweck

1   Die Behandlung der Kreditsicherheiten in der Insolvenz des Schuldners ist eine der zentralen Fragen des Insolvenzrechts, und zwar nicht nur für die kreditgebenden Gläubiger, sondern auch für die Möglichkeiten eines Insolvenzverwalters zur Abwicklung des Verfahrens. Zum Schutz des Vertrauens der dinglich gesicherten Gläubiger im internationalen Rechtsverkehr enthält Art. 8 eine Beschränkung des nach Art. 7 ansonsten generell anwendbaren Insolvenzstatuts (vgl. ErwG Nr. 68). Diese Beschränkung gilt für dingliche Rechte eines Gläubigers oder eines Dritten, die sich im Gebiet eines anderen Mitgliedsstaates befinden. Art. 8 ordnet an, dass diese dinglichen Rechte von der Eröffnung des Verfahrens nicht berührt werden. Die Bedeutung dieser Ausnahme ist im Einzel-

nen umstritten (vgl. hierzu auch → Rn. 2 f.). Die von Art. 8 betroffenen dinglichen Rechte sind in Abs. 2 in Form von Beispielsfällen definiert und in Abs. 3 auch auf sogenannte Anwartschaftsrechte erstreckt. Abs. 4 enthält wiederum eine Rückausnahme für die von Art. 7 Abs. 2 lit. m erfassten Unwirksamkeitstatbestände. Für den Eigentumsvorbehalt, der ebenfalls als dingliches Recht im Sinne von Art. 8 qualifiziert werden könnte, enthält Art. 10 eine Sonderregelung.

Im Zusammenhang mit der **Reform der EuInsVO**[1] sind keine Änderungen an Art. 8 vorgenommen worden (vgl. vormals Art. 5 EuInsVO 2000). Zwar hatte der sog. Vienna Report einzelne Änderungen zu Art. 5 EuInsVO 2000 vorgeschlagen, so unter anderem auch eine Klarstellung bezüglich der Rechtsfolge, nämlich dass das dingliche Recht nicht berührt werden soll.[2] Der europäische Verordnungsgeber hat jedoch eine entsprechende Klarstellung nicht für notwendig erachtet.

II. Insolvenzfeste dingliche Rechte

1. Dingliche Rechte und dingliche Anwartschaftsrechte. a) Dingliche Rechte (Abs. 2). Von der Sonderanknüpfung in Art. 8 Abs. 1 werden dingliche Rechte erfasst, die sich zum Zeitpunkt der Eröffnung des Insolvenzverfahrens im Gebiet eines anderen Mitgliedsstaates befinden. Bei der Prüfung, ob ein Recht diese Voraussetzungen erfüllt, ist zwischen mehreren jeweils unterschiedlich anzuknüpfenden Rechtsfragen zu unterscheiden, nämlich erstens, ob das in Frage stehende Recht ein dingliches Recht im Sinne des Art. 8 ist (wofür jedoch zuerst nach dem anwendbaren Recht der Inhalt und die Tragweite des dinglichen Rechts herausgearbeitet werden muss), und zweitens, ob das gegebenenfalls als dingliches Recht im Sinne des Art. 8 qualifizierte Recht nach der jeweils anwendbaren Rechtsordnung zugunsten des Gläubigers tatsächlich besteht.

Die erste Frage, nämlich ob das Recht des Gläubigers als ein dingliches Recht im Sinne von Art. 8 zu qualifizieren ist, ist **verordnungsautonom**, dh ausschließlich anhand der Kriterien in Art. 8 auszulegen. Hierzu allerdings ist in einem ersten Schritt der Inhalt und die Reichweite des dinglichen Rechts nach dem auf das dingliche Recht selbst anwendbaren Recht *(lex rei sitae)* zu ermitteln und sodann in einem zweiten Schritt diese Rechte anhand der Vorgaben des Art. 8 zu subsumieren.[3]

Zur Subsumtion, welche Eigenschaften das jeweilige Recht aufweisen muss, um sich als dingliches Recht im Sinne des Art. 8 zu qualifizieren, dient die in Art. 8 Abs. 2 enthaltene Beispielliste, die in Absatz 3 noch durch Anwartschaftsrechte ergänzt wird (vgl. → Rn. 9). Nach diesem Beispielkatalog findet der Begriff des dinglichen Rechts sowohl auf Sachen als auch auf Rechte Anwendung, wie sich aus dem Beispiel in Art. 8 Abs. 2 lit. b ergibt. Gegenüber dem EuIÜ wurde in der ursprünglichen Vorschrift des Art. 5 EuInsVO 2000 bereits auf Verlangen von Irland und dem Vereinigten Königreich die – an sich zu Abs. 2 gehörende – Klarstellung aufgenommen, dass diese dinglichen Rechte sowohl an bestimmten Gegenständen, als auch an einer Mehrheit von nicht bestimmten Gegenständen mit wechselnder Zusammensetzung bestehen können. Damit ist klargestellt, dass auch die in diesem Rechtskreis bekannten Sicherungsrechte, wie beispielsweise die *floating charge*, unter Art. 8 fallen.[4] In Bezug auf diese beiden Vermögensgegenstände ergibt sich aus dem Beispielkatalog zudem, welche Rechte mit dem Vermögensgegenstand bei einer dinglichen Rechtsposition in der Regel verknüpft sind: das Recht auf Verwertung (bei einem Gegenstand) bzw. Einziehung (bei einer Forderung), das Recht auf Herausgabe, sowie das Recht auf Fruchtziehung.

Abgesehen von diesen beispielhaften Klarstellungen ist der Begriff des „dinglichen Rechts" jedoch eng auszulegen.[5] Ausgehend von dieser Liste sowie von dem Verständnis eines dinglichen

---

[1] Vgl. zur Reform der EuInsVO grundsätzlich → Vor Art. 1 Rn. 11 ff.
[2] Vgl. Hess/Oberhammer/Pfeiffer/*Pfeiffer*, European Insolvency Law, Rn. 673 ff., 742, 754.
[3] Vgl. zur Vorgehensweise EuGH, Urt. v. 26.10.2016, Rs C-195/15 *(Senior Home)* = NZI 2016, 1011 Rn. 18 ff., mAnm *Fritz* = EuZW 2016, 944 mAnm *Strickler* = EWiR 2016, 703 mAnm *Swierczok*; vgl. dazu Schlussanträge EuGH GA, v. 26.5.2016 – Rs C 195/15 = NZI 2016, 788 mAnm *Fritz*; vgl. auch die Schlussanträge EuGH GA, v. 27.11.2014, Rs C-557/13 *(Lutz)*, ZIP 2015, 381: in der Folge EuGH, Urt. v. 16.4.2015, Rs C-557/13 *(Lutz/Bäuerle)* Rn. 27 = NZI 2015, 478 mAnm *Mankowski* sowie dann abschließend BGH, Beschl. v. 8.12.2016, Az. V ZB 41/14 = NZI 2017, 457 mAnm *Mankowski*; Haas FS Gerhardt, 332; *Mankowski* RIW 2017, 93; K. Schmidt/*Undritz* Art. 8 Rn. 4; HKInsO/*Dornblüth* Art. 8 Rn. 5; Geimer/Schütze/*Huber*, B Vor I 20b, EuInsVO 2000 Art. 5 Rn. 3 f.; Raucher/*Mäsch* EuInsVO 2000 Art. 5 Rn. 7; Mohrbutter/Ringsmeier/*Wenner* § 20 Rn. 295; MüKoBGB/*Kindler* Art. 8 Rn. 4; Mankowski/Müller/Schmidt/*Schmidt* Art. 8 Rn. 9 f.; Brinkmann/Dahl/*Kortleben* Art. 8 Rn. 9 f.; missverständlich aber iE ebenso *Schneider*, Registrierte Gegenstände im grenzüberschreitenden Insolvenzverfahren nach der EuInsVO, S. 205 f.; unklar noch der BGH in dem Vorlagebeschluss v. 12.3.2015, V ZB 41/14 = NZI 2015, 668 mAnm *Fritz*.
[4] Das ist allerdings schon vorher von *Virgos/Schmit*, Erläuternder Bericht, Rn. 104 bejaht worden; vgl. auch Bork/Van Zwieten/*Snowden*, Commentary on the European Insolvency Regulation, Art. 8 Rn. 8.22.
[5] Ebenso Duursma-Kepplinger/Duursma/Chalupsky/*Duursma-Kepplinger* EuInsVO 2000 Art. 5 Rn. 51; MüKoBGB/*Kindler* Art. 8 Rn. 3; Huber ZZP 114 (2001), 113, 115; Geimer/Schütze/*Huber*, B Vor I 20b,

Rechts nach der EuGVVO[6] muss ein Recht zwei Voraussetzungen erfüllen, um als „dingliches Recht" im Sinne der Verordnung angesehen zu werden. Erstens, das Recht muss an die Sache direkt und unmittelbar gebunden sein, und zwar unabhängig von der Frage, zu wessen Vermögen die betreffende Sache gehört. Zweitens, das Recht muss absolut und gegenüber jedermann durchsetzbar sein.[7] Nicht entscheidend ist hingegen der Rechtsakt der Begründung des Rechts (zB durch Vertrag oder hoheitliche Zwangsvollstreckung) oder ob das dingliche Recht im Rahmen eines Handels- oder Kreditgeschäfts gewährt wurde. Daher fallen auch durch Zwangsvollstreckung begründete Sicherungsrechte wie Pfändungspfandrechte unter Art. 8.[8] Ausgehend davon sind auch öffentliche Lasten auf einem Grundstück als dingliche Rechte iSd Art. 8 zu qualifizieren.[9]

6 Liegt nach dieser autonom vorzunehmenden zweistufigen Auslegung ein dingliches Recht im Sinne von Art. 8 vor, ist zudem noch zu prüfen, ob das dingliche Recht nach der jeweils anwendbaren Rechtsordnung zugunsten des Gläubigers im Einzelfall besteht. Kollisionsrechtlich handelt es sich hierbei um eine Vorfrage.[10] Welchem Kollisionsrecht diese Vorfrage unterstehen soll, wird strittig erörtert. Zum Teil wird vertreten, dass hierzu konkludent auf das Kollisionsrecht des Belegenheitsortes verwiesen würde.[11] Die hM wiederum vertritt, dass das Kollisionsrecht des Hauptverfahrensstaates anwendbar sei.[12] Eine Diskussion hierüber ist entgegen *Virgos/Garcimartin* nicht akademischer Natur.[13] Zwar ist die Kollisionsnorm für Immobilien und bewegliche Gegenstände in den Mitgliedsstaaten weitgehend identisch (Anwendung der *lex rei sitae*). Das gilt jedoch nicht, soweit andere Sicherungsgegenstände (Forderungen, Rechte etc) betroffen sind.

7 Die beiden vorgenannten Auffassungen sind jedoch beide unzutreffend. Richtigerweise sind die Kollisionsnormen der *lex fori*, also des angerufenen Gerichts, heranzuziehen.[14] Unstreitig ist, dass es sich bei der Klärung, ob das dingliche Recht besteht, um eine Vorfrage handelt. Als Vorfrage ist diese kollisionsrechtlich selbständig anzuknüpfen.[15] Grundregel bei der Anknüpfung ist, dass jedes angerufene und zuständige Gericht grundsätzlich die Kollisionsnormen des eigenen Rechts anwendet (wozu freilich in den Mitgliedsstaaten auch die Kollisionsnormen der EuInsVO gehören). Bei der hier zu klärenden Vorfrage handelt es sich jedoch nicht um eine Frage des Insolvenzrechts. Schon von daher sind die Kollisionsnormen der Verordnung nicht anwendbar, die sich nur auf insolvenzrechtliche Tatbestände beziehen. Der Verordnung ist auch nicht zu entnehmen, dass mögliche, in den Kollisionsnormen von Art. 7 ff. auftauchende Vorfragen grundsätzlich ebenfalls einheitlich anzuknüpfen seien. Es handelt sich um eine rein sachenrechtliche Frage, für die das angerufene

---

EuInsVO 2000 Art. 5 Rn. 4; *Virgos/Schmit*, Erläuternder Bericht Nr. 102; *Moss/Fletcher/Isaacs*, EU Regulation, EuInsVO 2000 Art. 5 Rn. 8.219; *Sheldon*, Cross Border Insolvency, Rn. 2.66.

[6] Vgl. *Virgos/Schmit*, Erläuternder Bericht, Rn. 103; *Taupitz* ZZP 111 (1998), 315, 341; *Schlosser*, Bericht zur Brüsseler Verordnung Rn. 166 ff.; *Kropholler*, Europ. Zivilprozessrecht, Art. 22 Rn. 12 ff.; vgl. auch die vertragsautonome Auslegung des EuGH v. 10.1.1990, Rs. C-115/88 *(Reichert/Dresdner Bank)*, Slg. 1990 I 27 = RIW 1991, 331.

[7] Duursma-Kepplinger/Duursma/Chalupsky/*Duursma-Kepplinger* EuInsVO 2000 Art. 5 Rn. 52; *Haas* FS Gerhardt, 332; HKInsO/*Dornblüth* Art. 8 Rn. 5; Mohrbutter/Ringstmeier/*Wenner* § 20 Rn. 296; Rauscher/*Mäsch* EuInsVO 2000 Art. 5 Rn. 7; MüKoBGB/*Kindler* Art. 8 Rn. 5 f.; *Virgos/Schmit*, Erläuternder Bericht, Rn. 103.

[8] So auch implizit der EuGH zum Pfändungspfandrecht, vgl. Urt. v. 16.4.2015, Rs C-557/13 *(Lutz/Bäuerle)* = NZI 2015, 478 mAnm *Mankowski*; vgl. auch die Schlussanträge EuGH GA, v. 27.11.2014, Rs C-557/13 *(Lutz)*, ZIP 2015, 381; *Mankowski* RIW 2017, 93; ebenso *Schmitz*, Dingliche Mobiliarsicherheiten, S. 71; *Stehle*, Die Stellung des Vollstreckungsgläubigers, S. 204 ff.

[9] Vgl. nunmehr EuGH, Urt. v. 26.10.2016, Rs C-195/15 *(Senior Home)* = NZI 2016, 1011 Rn. 29, mAnm *Fritz* = EuZW 2016, 944 mAnm *Strickler* = EWiR 2016, 703 mAnm *Swierczok* (vgl. bereits oben Fn 3), der eine Einschränkung des Art. 8 EuInsVO auf Handels- oder Kreditgeschäfte ausdrücklich ablehnt; Vorlagebeschluss des BGH v. 12.3.2015, V ZB 41/14, NZI 2015, 668 mAnm *Fritz*.

[10] Vgl. hierzu → Vor § 335 Rn. 36; *v. Bar/Mankowski*, IPR, Bd. 1, § 7 Rn. 208 f.; *Kegel/Schurig*, IPR, § 9, S. 371 ff.

[11] So *Gottwald*, Grenzüberschreitende Insolvenzen, S. 33; *Herchen*, Insolvenzverfahren, S. 117.

[12] So wohl auch EuGH GA, Schlussanträge v. 27.11.2014, Rs C-557/13, ZIP 2015, 381; *Virgos/Schmit*, Erläuternder Bericht, Rn. 100; ebenso Duursma-Kepplinger/Duursma/Chalupsky/*Duursma-Kepplinger* EuInsVO 2000 Art. 5 Rn. 21 f.; *Eidenmüller* IPRax 2001, 2, 6 Fn. 29; Geimer/Schütze/*Huber*, B Vor I 20b, EuInsVO 2000 Art. 5 Rn. 8; *Leible/Staudinger* KTS 2000, 533, 551; *Paulus* Art. 8 Rn. 5; *Taupitz* ZZP 111 (1998), 315, 335.

[13] Das indiziert die Stellungnahme bei *Virgos/Garcimartin*, European Insolvency Regulation, Rn. 140 Fn. 146.

[14] Das ist in praktischer Hinsicht allerdings vielfach identisch mit dem Kollisionsrecht des Belegenheitsortes, da dort meist ein ausschließlicher Gerichtsstand für Klagen betreffend dingliche Rechte besteht, vgl. für unbewegliche Sachen Art. 22 Nr. 1 EuGVVO; wie hier iE auch MüKoBGB/*Kindler* Art. 8 Rn. 8; *Schmitz*, Dingliche Mobiliarsicherheiten, S. 71; Rauscher/*Mäsch* EuInsVO 2000 Art. 5 Rn. 4.

[15] Vgl. BGH, Beschl. v. 20.7.2017, IX ZB 69/19 Rn. 18 = NZI 2017, 770.

Gericht grundsätzlich seine eigenen Kollisionsnormen danach befragen muss, welches Recht über die Begründung, Tragweite und Gültigkeit des dinglichen Rechts entschieden. Daher wendet im Rahmen von Art. 8 das angerufene Gericht sein autonomes eigenes Kollisionsrecht an, um festzustellen, ob das dingliche Recht wirksam begründet wurde und welche Tragweite es hat.[16]

Weitere ungeschriebene, aber aus dem Verständnis der Norm herauszulesende Tatbestandsvoraus- 8 setzung ist, dass das dingliche Recht zum Zeitpunkt der Verfahrenseröffnung bestehen muss.[17] Auch diese Frage richtet sich als Vorfrage nach dem gemäß der Kollisionsnorm der *lex fori* anwendbaren Recht (vgl. → Rn. 7). Ist nach dem anwendbaren Recht der Erwerbstatbestand noch nicht vollständig verwirklicht, so findet Art. 8 keine Anwendung. Soweit nicht ohnehin eine Anfechtbarkeit über Art. 16 in Betracht kommt, gilt für die erst nach Verfahrenseröffnung entstandenen dinglichen Rechte mangels Sonderanknüpfung die allgemeine Kollisionsnorm des Art. 7.[18] Art. 8 gilt daher ebenfalls nicht für dingliche Rechte, die in einem Register geführt werden und die durch eine Verfügung nach Eröffnung des Verfahrens begründet werden. Deren zivilrechtlich wirksame Begründung wird zwar durch Art. 17 geschützt (vgl. → Art. 17 Rn. 13 f.). Das gilt jedoch nicht für den Schutzzweck des Art. 8. Auch die Behandlung dieser dinglichen Rechte unterfallen der *lex fori concursus* gemäß Art. 7.[19]

b) In Register eingetragene Anwartschaftsrechte (Abs. 3). Der Begriff des dinglichen 9 Rechts wird in Abs. 3 auf bestimmte, dinglich abgesicherte Erwerbsrechte erweitert. Das Erwerbsrecht muss daher zwangsläufig an einem dinglichen Recht im Sinne von Abs. 1 bestehen. Weitere Voraussetzung ist, dass das Erwerbsrecht in einem öffentlichen Register eingetragen sein und Wirkung gegen „jedermann" haben muss. Nicht eintragungsfähige Anwartschaftsrechte fallen demnach nicht unter die in Abs. 3 beschriebene Gleichstellung.[20] Erfasst wird daher beispielsweise die im Grundbuch einzutragende Vormerkung (§ 883 BGB).[21]

2. Belegenheit in einem anderen Mitgliedsstaat zum Zeitpunkt der Verfahrenseröff- 10 **nung. a) Belegenheitsort.** Art. 8 Abs. 1 setzt zudem voraus, dass sich der Vermögensgegenstand in einem „anderen Mitgliedsstaat befindet". Damit ist gemeint, dass sich der Vermögensgegenstand in einem anderen Mitgliedsstaat als dem Verfahrensstaat befinden muss.[22] Der Belegenheitsort ist gemäß der Legaldefinition in Art. 2 lit. g zu bestimmen, sodass es bei körperlichen Gegenständen auf die tatsächliche Belegenheit ankommt, bei Registerrechten auf den Sitz der Registerführung sowie bei Forderungen auf den COMI[23] des zur Leistung verpflichteten Dritten.[24]

b) Maßgeblicher Zeitpunkt der Belegenheit. Gemäß dem Wortlaut von Art. 8 Abs. 1 muss 11 sich das dingliche Recht *„zum Zeitpunkt der Eröffnung des Insolvenzverfahrens"* im Gebiet eines anderen Mitgliedsstaates befinden. Mit der „Eröffnung des Insolvenzverfahrens" kann denklogisch nur die Eröffnung des Hauptverfahrens gemäß Art. 3 Abs. 1 gemeint sein. Da Art. 8 im Verfahrensstaat eines Sekundärverfahrens nicht anwendbar ist und sich Sekundärverfahren grundsätzlich nur auf die in dem Verfahrensstaat des Sekundärverfahrens befindlichen Vermögensgegenstände beschränken (Art. 3 Abs. 2 S. 2), ist ein Auseinanderfallen zwischen Belegenheitsort und Verfahrensstaat nur bezogen auf das Hauptverfahren möglich.

Dieser Zeitpunkt ist nunmehr nach der Reform der EuInsVO in Art. 2 Nr. 7 und 8 vom 12 Verordnungsgeber definiert. Danach ist der Zeitpunkt der Verfahrenseröffnung der Zeitpunkt, zu dem die Entscheidung zur Eröffnung des Insolvenzverfahrens wirksam wird (Nr. 8). Die hierfür

---

[16] So auch die Vorgehensweise des EuGH für die Ermittlung des dinglichen Rechts in *Senior Home*, Urt. v. 26.10.2015, Rs. C-195/15, vgl. nunmehr auch *Schneider*, Registrierte Gegenstände im grenzüberschreitenden Insolvenzverfahren nach der EuInsVO, S. 203 ff.; vgl. oben Fn. 3 mwN.

[17] *Plappert*, Dingliche Sicherungsrechte, S. 259; Konecny/Schubert/*Maderbacher* EuInsVO 2000 Art. 5 Rn. 15; *Paulus* Art. 8 Rn. 7.

[18] *Schmitz*, Dingliche Mobiliarsicherheiten, S. 90; *Paulus* Art. 8 Rn. 7.

[19] *Schmitz*, Dingliche Mobiliarsichereiten, S. 90.

[20] *Haas* FS Gerhardt, 332 f.; Geimer/Schütze/*Huber*, B Vor I 20b, EuInsVO 2000 Art. 5 Rn. 6 Fn. 13; MüKoBGB/*Kindler* Art. 8 Rn. 28.

[21] Leible/Staudinger KTS 2000, 533, 552; Geimer/Schütze/*Huber*, B Vor I 20b, EuInsVO 2000 Art. 5 Rn. 6; MüKoBGB/*Kindler* Art. 17 Rn. 3; Mankowski/Müller/Schmidt/*Schmidt* Art. 5 Rn. 20; HKInsO/*Dornblüth* Art. 8 Rn. 7.

[22] Duursma-Kepplinger/Duursma/Chalupsky/*Duursma-Kepplinger* EuInsVO 2000 Art. 5 Rn. 8; *Haas* FS Gerhardt, 336; HKInsO/*Dornblüth* Art. 8 Rn. 4; Geimer/Schütze/*Huber*, B Vor I 20b, EuInsVO 2000 Art. 5 Rn. 9; Rauscher/*Mäsch* EuInsVO 2000 Art. 5 Rn. 14; MüKoBGB/*Kindler* Art. 8 Rn. 11; LSZ/*Smid* EuInsVO 2000 Art. 5 Rn. 2; *Paulus* Art. 8 Rn. 12.

[23] Vgl. zum Begriff „COMI" bei juristischen Personen → Art. 3 Rn. 23 ff.

[24] Ebenso: *Smart*, INSOL Int. Insolv. Rev. 2006, S. 17, 27 ff.; Gottwald/*Kolmann/Keller* § 132 Rn. 130 ff.; *Haas* FS Gerhardt, 336; Rauscher/*Mäsch* EuInsVO 2000 Art. 5 Rn. 14, EuInsVO 2000 Art. 2 Rn. 9; auf den Sitz abstellend LSZ/*Smid* EuInsVO 2000 Art. 5 Rn. 9.

zugrunde zu legende Entscheidung ist nach Art. 2 Nr. 7 die Entscheidung eines Gerichts zur Eröffnung des Insolvenzverfahrens oder die Entscheidung eines Gerichts zur Bestellung eines Verwalters. Damit wurde der Zeitpunkt der Eröffnung des Insolvenzverfahrens vorverlegt, weil nicht der formelle Eröffnungsbeschluss, sondern jeder Beschluss, durch den das Verfahren in Gang gesetzt wird, ausreicht, soweit bereits eine Verwalterbestellung erfolgt (vgl. dazu → Art. 2 Rn. 20 ff.). Das ist insoweit misslich, als auch zwischen der Bestellung eines vorläufigen Verwalters und der formellen Verfahrenseröffnung noch weitere dingliche Rechte begründet werden können, insbesondere bei revolvierenden Kreditsicherheiten. Richtigerweise müssen jedoch auch diese noch von Art. 8 EuInsVO erfasst werden.

13   c) **In einem anderen Mitgliedsstaat.** Befindet sich der Belegenheitsort des dinglichen Rechts nicht in einem anderen Mitgliedsstaat, sondern in einem Drittstaat, so stellt sich die Frage, ob dann Art. 7 für die Wirkungen der Verfahrenseröffnung auf das dingliche Recht heranzuziehen ist, oder das autonome Kollisionsrecht der *lex fori* (soweit der Rechtsstreit in einem Mitgliedstaat anhängig ist). Die Frage hängt davon ab, wie man den Anwendungsbereich der EuInsVO gegenüber Drittstaaten definiert. Richtigerweise findet Art. 7 in dieser Konstellation keine Anwendung. Vielmehr ist das autonome Kollisionsrecht des Mitgliedsstaates anzuwenden.[25]

14   Besonderheiten ergeben sich, wenn das dingliche Recht in einem Mitgliedstaat belegen war, der zum Zeitpunkt der Verfahrenseröffnung noch nicht der EuInsVO beigetreten war. Der EuGH hat Art. 8 rückwirkend mit dem Beitritt der Belegenheitsstaates zur EuInsVO angewandt.[26] Das Urteil ist jedoch nicht zutreffend und sollte auch nur eingeschränkt auf andere Fallkonstellationen übertragen werden. Denn sowohl im Kollisionsrecht als auch im materiellen Recht werden Änderungen der Rechtslage grundsätzlich nicht rückwirkend vorgenommen. Der Gesetzgeber würde ansonsten in eine einmal begründete Rechtsposition eingreifen. Richtigerweise hätte daher der EuGH die Sicherheit so behandeln müssen, als wäre diese in einem Drittstaat belegen gewesen.

15   **3. Kein Sekundärverfahren im Belegenheitsstaat.** Wird in dem anderen Mitgliedsstaat, in dem der Vermögensgegenstand belegen ist, ein Sekundärverfahren im Sinne des Art. 3 Abs. 3 S. 1 eröffnet, so findet Art. 8 keine Anwendung. Der Vermögensgegenstand fällt nach Art. 34 in die Insolvenzmasse des Sekundärverfahrens und untersteht dann gemäß Art. 35 dem Recht des Sekundärinsolvenzverfahrens.[27] Da die Eröffnungszeitpunkte für das Haupt- und Sekundärverfahren jedoch regelmäßig auseinanderfallen, kann es zu Abgrenzungsschwierigkeiten führen, auf welchen Zeitpunkt der Verfahrenseröffnung für Art. 8 abzustellen ist. In der praktischen Anwendung können sich hieraus jedoch keine Probleme ergeben. Wird zunächst ein Partikularverfahren eröffnet (ohne vorhergehendes Hauptverfahren), so ist die Möglichkeit eines in einem anderen Mitgliedsstaat belegenen Vermögensgegenstandes denklogisch nicht möglich, da sich die Vermögensgegenstände des Partikularverfahrens auf die im Partikularverfahrenstaat befindlichen Vermögensgegenstände beschränken. Wird dagegen zunächst das Hauptverfahren eröffnet, und sodann die Sekundärverfahren, in dem sich der Vermögensgegenstand befindet, so wurde der Vermögensgegenstand zwar zunächst von dem Hauptverfahren erfasst. Das dingliche Recht wurde jedoch von der Eröffnung des Verfahrens zunächst nicht berührt. Erst mit der Eröffnung des Sekundärverfahrens treten daher die insolvenzrechtlichen Wirkungen des Rechts des Sekundärverfahrensstaates ein.

16   **4. Gläubiger oder Dritter.** Aus dem Wortlaut in Art. 8 Abs. 1, der von einem dinglichen Recht „eines Gläubigers oder eines Dritten" spricht, wird auch ersichtlich, dass die dinglichen Rechte nicht notwendigerweise von einem Gläubiger des Schuldners geltend gemacht werden müssen. Sichern die von einem Schuldner gegebenen Kreditsicherheiten daher auch Ansprüche eines Dritten ab, dessen schuldrechtliche Forderung sich gegen einen anderen Schuldner richtet, so kommt auch dieser rein dingliche Gläubiger in den Genuss der Vorschrift von Art. 8.[28]

III. Rechtsfolge

17   **1. „Nicht berührt" (Abs. 1).** Die durch Art. 8 angeordneten Rechtsfolgen waren umstritten, dürften jedoch aufgrund der Neufassung der EuInsVO 2015 geklärt sein. Ein Teil der Literatur sah in

---

[25] Vgl. hierzu bereits → Art. 1 Rn. 28 ff.; *Schmitz*, Dingliche Mobiliarsicherheiten, S. 73; *Paulus* Art. 8 Rn. 13.
[26] EuGH, Urt. v. 5.7.2012, RS. C 527/10 *(ERSTE Bank Hungary Nyrt)*, ZIP 2012, 1815 = BeckRS 2012, 81360; vgl. mAnm *Csöke* IILR 2011, 382.
[27] Ganz herrschende Meinung, vgl. Geimer/Schütze/*Huber*, B Vor I 20b, EuInsVO 2000 Art. 5 Rn. 14; *Virgos/Schmit*, Erläuternder Bericht, Rn. 98; Vallender/*Liersch* Art. 8 Rn. 22; Mankowski/Müller/Schmidt/*Schmidt* Art. 8 Rn. 7, 38.
[28] Vgl. auch *Paulus* NZI 2001, 505, 513; MüKoBGB/*Kindler* Art. 8 Rn. 9.

Art. 8 eine Kollisionsnorm, die auf das Recht des Belegenheitsstaates einschließlich der nach dem dortigen Insolvenzrecht geltenden Einschränkungen verweist.[29] Insbesondere von *Flessner* wird argumentiert, dass der Wortlaut der Vorschrift so gelesen werden müsse, dass das dingliche Recht nicht „von der *Eröffnung* unberührt" werde, sondern „von der *Verordnung* unberührt" werde. Damit werde lediglich die Anwendung der *lex fori consursus* eingeschränkt, nicht aber das Insolvenzrecht des Belegenheitsstaates. Aus dem Erläuternden Bericht von *Virgos/Schmit* ergebe sich vielmehr, dass die Begründung, Gültigkeit und Tragweite dinglicher Rechte nach der *lex rei sitae* zu beurteilen seien.[30]

Dem gegenüber vertrat schon die hM zur EuInsVO 2000 die Auffassung, dass es sich bei Art. 8 (Art. 5 EuInsVO 2000) nicht um eine Kollisionsnorm, sondern um eine Sachnorm handele. Dingliche Rechte in einem anderen Mitgliedstaat unterlägen weder den insolvenzrechtlichen Beschränkungen der *lex fori concursus* noch denen der *lex rei sitae*.[31] Dem ist der Verordnungsgeber mit der Neufassung der EuInsVO in 2015 gefolgt. Denn eine entsprechende Klarstellung ist im Rahmen der Erörterungen zur Neufassung der EuInsVO ausdrücklich erörtert, jedoch vom Verordnungsgeber im Hinblick auf das allgemeine Verständnis der Norm nicht für notwendig befunden worden.[32] Dem ist auch zuzustimmen. Art. 8 ist entgegen seiner systematischen Stellung zwischen der generellen Kollisionsnorm in Art. 7 (Anknüpfung an das Recht des Verfahrensstaates) und den Sonderanknüpfungen in Art. 9 ff. **keine Kollisionsnorm,**[33] sondern eine Einschränkung der in Art. 20 enthaltenen Wirkungserstreckung. Denn Art. 8 regelt nicht, welches Recht auf die Behandlung dinglicher Rechte in der Insolvenz anwendbar ist, sondern stellt fest, dass diese Rechte durch die Eröffnung des Insolvenzverfahrens überhaupt nicht berührt werden. Die in den anderen Mitgliedstaaten liegenden dinglichen Sicherheiten unterstehen daher auch nicht den dort geltenden insolvenzrechtlichen Beschränkungen;[34] sie unterliegen im Ergebnis **keinerlei insolvenzrechtlichen Beschränkungen,** als ob das Insolvenzverfahren nicht eröffnet worden wäre. Die Alternativlösung, nämlich die dinglichen Rechte Dritter zumindest den insolvenzrechtlichen Beschränkungen der *lex rei sitae* zu unterstellen, ist zwar rechtspolitisch wünschenswert (vgl. noch → Rn. 18), entspricht jedoch weder dem Wortlaut der Verordnung, noch entsprach dies den Motiven des Verordnungsgebers der EuInsVO 2000. Eine Verweisung auf die *lex rei sitae* bereits im Rahmen der EuIÜ diskutiert worden; die Beratungskommission zur EuInsVO 2000 gab jedoch – wie auch der Rat – der dann in Art. 5 EuInsVO 2000 (nun Art. 8) festgelegten – und angeblich einfacheren – Alternative den Vorzug.[35]

17a

---

[29] Vgl. Konecny/Schubert/*Maderbacher* EuInsVO 2000 Art. 5 Rn. 46 ff.; *Buchberger/Buchberger* ZIK 2000, 149, 187; *Flessner* IPRax 1997, 1, 7 f.; *Fritz/Bähr* DZWIR 2001, 221, 227; *Kemper* ZIP 2001, 1609, 1615; *Lehr* KTS 2000, 577, 580; *Oberhammer* ZInsO 2004, 761, 772; *Paulus* EWS 2002, 497, 499 f.; *Prütting* ZIP 1996, 1277, 1284; auch schon *Potthast* zur Entwurfsfassung des EuInsÜ in ZIP 1992, 1192; ebenso unter Aufgabe seiner früheren Auffassung Geimer/Schütze/*Huber*, B Vor I 20b, EuInsVO 2000 Art. 5 Rn. 25; anders noch *Huber* ZZP 114 (2001), 133, 158 sowie EuZW 2002 490, 493.

[30] *Virgos/Schmit*, Erläuternder Bericht, Rn. 95; unklar Antwerp Court of Appeal, 23.8.2004, RGDC/TBBR 2006, 558 *(Stella Europe S. A. v. Apex International N. V.),* wonach dem gesicherten Gläubiger die Ansprüche auf Absonderung nach der *lex rei sitae* gewährt werden.

[31] *Balz* ZIP 1996, 948, 950; *Deipenbrock* EWS 2001, 113, 116 (Fn. 80); Duursma-Kepplinger/Duursma/ Chalupsky/*Duursma-Kepplinger* EuInsVO 2000 Art. 5 Rn. 18 ff.; *Haas* FS Gerhardt, 328; *Herchen* ZInsO 2002, 345, 347; früher noch *Huber* ZZP 114 (2001), 133, 154; *Leible/Staudinger* KTS 2000, 533, 551; *Liersch* NZI 2002, 15, 16; MüKoBGB/*Kindler* Art. 8 Rn. 22; *Rossmeier*, Besitzlose Mobiliarsicherheiten, S. 141; LSZ/*Smid* EuInsVO 2000 Art. 5 Rn. 15; *Taupitz* ZZP 111 (1998), 315, 334; *Trunk* S. 429; *von Wilmowsky* EWS 1997, 295 ff.; ebenso übrigens auch der Verfasser des Erläuternden Berichts: *Virgos/Garcimartin*, European Insolvency Regulation, S. 104; dies wird auch in der englischen Kommentarliteratur so gesehen, vgl. *Moss/Fletcher/Isaacs*, EU Regulation, EuInsVO 2000 Art. 5 Rn. 8.214; *Fletcher*, Insolvency in Private International Law, Rn. 7.96; *Israel*, Insolvency Regulation, S. 277; *Smart*, INSOL Int. Insolv. Rev. 2006, S. 17, 23, 25; Brinkmann/Dahl/*Kortleben* Art. 8 Rn. 25 f.

[32] Vgl. → Rn. 2; vgl. auch Hess/Oberhammer/Pfeiffer/*Piepenbrock*, European Insolvency Law, Rn. 673 f. zu weiteren Änderungsvorschlägen.

[33] So auch schon *von Wilmowsky* EWS 1997, 297; *Taupitz* ZZP 111 (1998), 315, 334; *Huber* ZZP 114 (2001), 133, 154; Vallender/*Liersch* Art. 8 Rn. 24; Mankowski/Müller-Schmidt/*Schmidt* Art. 8 Rn. 34; das wird vielfach verkannt, vgl. auch *Leible/Staudinger* KTS 2000, 533, 550 und *Fletcher*, Insolvency in Private International Law, S. 269, die von einer Sonderanknüpfung sprechen.

[34] *Virgos/Schmit*, Erläuternder Bericht, Rn. 95; nunmehr ausführlich: *Schneider*, Registrierte Gegenstände, S. 209–219; *Wunderer* WM 1998, 793, 798; *Liersch* S. 43; *Taupitz* ZZP 111 (1998), 315, 335; *von Wilmowsky* EWS 1997, 195, 297; *Huber* ZZP 114 (2001), 133, 157; *Fletcher*, Insolvency, S. 273; *Liersch*, Sicherungsrechte, S. 42 ff. mwN; aA *Flessner* FS Drobnig, 277, 282; für eine Anknüpfung an die *lex rei sitae* wohl auch *Wimmer* NJW 2002, 2427, 2430; das gilt auch für eine im Verfahrensstaat angeordnete Restschuldbefreiung; einer Prüfung der *discharge order* hätte es daher nicht in KG ZInsO 2015, 312 nicht bedurft; vgl. zur Wirkung der Restschuldbefreiung auch VG Regensburg, Urt. v. 17.6.2014, Az. RO 4 E 14.898, BeckRS 2014, 52848.

[35] Vgl. auch *Balz* ZIP 1996, 948, 950; *Virgos/Schmit*, Erläuternder Bericht, Rn. 94 ff.; dies räumt auch *Flessner* in Stoll/*Flessner*, Vorschläge und Gutachten, S. 222 ein.

18 Rechtspolitisch gesehen ist jedoch der Ausschluss jeglicher Wirkungen des Insolvenzverfahrens auf dingliche Rechte Dritter in anderen Mitgliedsstaaten ein konzeptioneller Fehler der Verordnung.[36] Das Vermögen insolventer Schuldner ist in den meisten Fällen mit dinglichen Sicherungsrechten Dritter behaftet. Verteilt sich dieses Vermögen über mehrere Mitgliedsstaaten, besteht für den Insolvenzverwalter in vielen Fällen keine Möglichkeit einer geordneten Abwicklung. Problematisch sind beispielsweise Situationen, in denen das Unternehmen als Ganzes veräußert werden soll, oder wenn eine Sanierung des Unternehmens geplant ist. Praktische Relevanz erlangen beide Fälle naturgemäß vor allem bei großen internationalen Insolvenzen. Dieser Nachteil wird auch nicht durch den Hinweis von *Virgos/Schmit* aufgewogen, der Verwalter des Hauptverfahrens könne ein Sekundärinsolvenzverfahren beantragen und dadurch die dinglichen Rechte Dritter den lokalen insolvenzrechtlichen Beschränkungen unterstellen.[37] Die Eröffnung eines Partikularverfahrens ist nämlich nur möglich, sofern der Schuldner im Belegenheitsstaat eine Niederlassung hat. Handelt es sich dagegen beispielsweise um einen internationalen Konzern, der nicht Niederlassungen, sondern Tochtergesellschaften in den anderen Mitgliedsstaaten hat, so scheidet die Eröffnung eines Sekundärverfahrens aus. Der Gläubiger, dem die Geschäftsanteile an den Tochtergesellschaften zur Sicherheit übertragen oder verpfändet worden sind, kann daher ungeachtet des Insolvenzverfahrens in einem anderen Mitgliedsstaat die Geschäftsanteile verwerten, selbst wenn am Lagerort der Geschäftsanteile weitgehende insolvenzrechtliche Beschränkungen bestehen. Damit werden aus Sicht des Sicherungsnehmers im Ergebnis die Kreditsicherheiten ausländischer Schuldner gegenüber denen inländischer Schuldner in einer eventuell diskriminierenden Weise bevorzugt.[38]

19 **2. Grenzen der Wirkungsbeschränkung.** Art. 8 schützt allerdings nur vor den insolvenzrechtlichen Eingriffen in das dingliche Recht, insbesondere vor den sich regelmäßig ergebenden Vollstreckungs- und Verwertungsbeschränkungen.[39] Wem die Verwertungsbefugnis zusteht, bestimmt das anwendbare Sachenrecht (ohne die Beschränkungen und Modifikationen, die das Insolvenzrecht vorsieht). Sieht dieses die Verwertung durch den dinglichen Gläubiger vor, so bleibt auch nach Eröffnung des Insolvenzverfahrens dieses Verwertungsrecht bestehen. Auch wird der belastete Vermögensgegenstand Massebestandteil des ausländischen Hauptverfahrens[40] mit der Folge, dass überschüssige Verkaufserlöse durch den Gläubiger der Masse des ausländischen Hauptverfahrens zuzuführen sind und der Verwalter berechtigt ist, diesen auch geltend zu machen. Umgekehrt richtet sich die Behandlung der Ausfallforderung wiederum nach Art. 7.[41] Gleichsam kann der ausländische Verwalter den Vermögensgegenstand mit Mitteln der Masse freikaufen, beispielsweise wenn dieser im Rahmen einer Sanierung für den Fortbestand des Unternehmens von Bedeutung ist. Der verwertungsberechtigte Gläubiger muss bei der Verfolgung seiner dinglichen Ansprüche daher auch andere, sich aus der Insolvenz ergebende Vorgaben des anwendbaren Sachenrechts, die vom Anwendungsbereich des Art. 8 nicht erfasst werden, beachten. Daher bedarf es beispielsweise bei einem Versteigerungsantrag eines Grundpfandrechtsgläubigers zunächst der Titelumschreibung auf den ausländischen Insolvenzverwalter.[42]

IV. Verhältnis zu anderen Unwirksamkeitsgründen (Abs. 4)

20 Abs. 4 enthält eine Einschränkung des in Art. 8 statuierten Vertrauensschutzes. Entsprechende Einschränkungen finden sich auch in Art. 9 Abs. 2, Art. 10 Abs. 3, sowie Art. 12 Abs. 2. Danach kann die Insolvenzfestigkeit der dinglichen Rechtsposition dennoch durch anderweitige Unwirksamkeitsgründe angegriffen werden. Art. 8 Abs. 4 schränkt damit den Vertrauensschutz für die Fälle wieder ein, in denen die dingliche Rechtsposition evtl. zum Nachteil der anderen Gläubiger – rechtswidrig – erlangt wurde. Die Vorschrift verweist auf Art. 7 Abs. 2 lit. m und erfasst damit

---

[36] Die Regelung war allerdings auch in § 390 I RegEInsO enthalten, vgl. BT-Drs. 12/2443, 69, 243 f.; kritisch hierzu bereits Stoll/*Drobnig*, Stellungnahmen und Gutachten, S. 180; kritisch auch *Liersch*, Sicherungsrechte, S. 42 ff.; *Deipenbrock* EWS 2001, 113, 117; *von Wilmowsky* EWS, 1997, 295, 298 f.; *Leible/Staudinger* KTS 2000, 531, 552.

[37] *Virgos/Schmit*, Erläuternder Bericht, Rn. 98; *Fletcher* S. 273; kritisch zur Konzeption (wenn auch mit anderer Begründung) *Taupitz* ZZP 111 (1998), 315, 337 ff.

[38] Kritisch daher auch *von Wilmowsky* EWS 1997, 297; *Huber* ZZP 114 (2001), 133, 156 f.

[39] Vgl. im deutschen Recht §§ 165 ff. InsO.

[40] *Virgo/Schmit*, Erläuternder Bericht, Rn. 99; *Taupitz* ZZP 111 (1998), 315, 339; *Huber* ZZP 114 (2001), 133, 158; *Leible/Staudinger* KTS 2000, 533, 552.

[41] *Virgos/Schmit*, Erläuternder Bericht, Rn. 175; *Schmitz*, Dingliche Mobiliarsicherheiten, S. 82.

[42] Instruktiv hierzu BGH NZI 2011, 420; Urteilsanm. *Reinhart* IPrax 2012, 419 ff.; *Flitsch* GWR 2011, 243; *Undritz* EWiR 2011, 313; ähnlich hat auch das VG München hinsichtlich der Passivlegitimation des Schuldners im Vollstreckungsverfahren geurteilt, vgl. VG München, Urt. v. 29.11.2012, Az. M 12 K 11.6500, BeckRS 2013, 47683.

nicht nur die Insolvenzanfechtung,[43] sondern auch andere Unwirksamkeitsgründe, wie beispielsweise Verfügungsbeschränkungen, soweit sie die Gesamtheit der Gläubiger benachteiligen. Hat nämlich der Gläubiger oder der Dritte das dingliche Recht durch eine Rechtshandlung erlangt, die die Gesamtheit der Gläubiger benachteiligt, so kann ihm der durch Art. 8 gewährte Vertrauensschutz nicht zugutekommen. Hat daher der gesicherte Gläubiger das dingliche Recht in anfechtbarer Weise erlangt oder ist der Erwerb des dinglichen Rechts aus anderen Gründen unwirksam (zB im deutschen Recht nach § 88 InsO),[44] so setzt sich diese Unwirksamkeit gegenüber dem in Art. 8 ausgesprochenen Vertrauensschutz durch. Dies gilt auch für eine missbräuchliche Lageveränderung vor Insolvenzeröffnung in einen anderen Mitgliedstaat, soweit diese gemäß Art. 16 anfechtbar ist.[45] Auch insolvenzrechtlich begründete Rückschlagsperren nach Vollstreckungsmaßnahmen stellen Unwirksamkeitsgründe im Sinne des Abs. 4 dar, da sie mit dem Anfechtungsrecht funktional vergleichbar sind. Allerdings wird man hier in Anlehnung an Art. 16 die Wirkungen der *lex fori concursus* einschränken müssen, soweit das Insolvenzrecht des Vollstreckungsstaates eine solche Rückschlagsperre nicht vorsieht.[46]

Art. 9 Aufrechnung

(1) Die Befugnis eines Gläubigers, mit seiner Forderung gegen eine Forderung des Schuldners aufzurechnen, wird von der Eröffnung des Insolvenzverfahrens nicht berührt, wenn diese Aufrechnung nach dem für die Forderung des insolventen Schuldners maßgeblichen Recht zulässig ist.

(2) Absatz 1 steht der Nichtigkeit, Anfechtbarkeit oder relativen Unwirksamkeit einer Rechtshandlung nach Artikel 7 Absatz 2 Buchstabe m nicht entgegen.

Gültig ab 26.6.2017

Literatur: *Binder*, Bankeninsolvenzen im Spannungsfeld zwischen Bankaufsichts- und Insolvenzrecht, zugl. Diss. Univ. Albert-Ludwigs-Universität Freiburg i. Br., 2005; *Bork*, Die Aufrechnung im internationalen Insolvenzverfahren, ZIP 2002, 6920; *Ehricke*, Zum anwendbaren Recht auf ein in einem Clearing-System vereinbartes Glattstellungsverfahren im Fall der Insolvenz ausländischer Clearing-Teilnehmer, WM 2006, 2109; *ders.*, Die Umsetzung der Finanzsicherheitenrichtlinie (Richtlinie 2002/47/EG) im Rahmen des Diskussionsentwurfs zur Änderung der Insolvenzordnung, ZIP 2003, 1065; *Gruschinske*, Die Aufrechnung in grenzüberschreitenden Insolvenzverfahren – eine Untersuchung anhand der vereinheitlichten europäischen Regelungen des Internationalen Privat- und Zivilverfahrensrechts, EuZW 2011, 172 ff.; *dies.*, Das europäische Kollisionsrecht der Aufrechnung unter besonderer Beachtung des Insolvenzfalles; *INSOL Europe*, Revision of the European Insolvency Regulation; *Jeremias*, Internationale Insolvenzaufrechnung (Diss. Freie Uni Berlin 2005), 2005; *ders.*, Internationale Insolvenzaufrechnung, zugl. Diss. Freie Univ. Berlin 2005; *Jud*, Die Aufrechnung im internationalen Privatrecht, IPRax 2005, 104; *Keller*, Die Wertpapiersicherheit im Gemeinschaftsrecht, BKR 2002, 347; *Kirchhof*, Cross Border Insolvency (Part 2), IILR 2010, 26; *Lastra*, Cross-Border Bank Insolvency; *Mankowski*, Bestimmung der Insolvenzmasse und Pfändungsschutz unter der EuInsVO, NZI 2009, 785; *Oberhammer*, Von der EuInsVO zum europäischen Insolvenzrecht – Eine Zwischenbilanz über rechtspolitische Gestaltungsmittel und Ziele, KTS 2009, 37; *Pannen*, Krise und Insolvenz bei Kreditinstituten, 1. Auflage 2010; *Weller*, Die Aufrechnung im europäischen Binnenmarkt – Die EuInsVO, 2011, S. 105 ff.; *Clavora/Garber*, Grenzüberschreitende Insolvenzen im europäischen Binnenmarkt – Die EuInsVO, 2011, S. 105 ff.; *von Hall*, Insolvenzverrechnung in bilateralen Clearingsystemen, zugl. Diss. Univ. Köln 2010; *von Wilmowsky*, Aufrechnung in internationalen Insolvenzfällen, KTS 1998, 343; *ders.*, Termingeschäft und Insolvenz: Die gesetzliche Regelung – Plädoyer für ein neues Verständnis des § 104 InsO, WM 2002, 2264; *Zerey* (Hrsg.), Finanzderivate – Rechtshandbuch, 3. Aufl. 2013.

Übersicht

	Rn.			Rn.
I. Normzweck	1	2.	Netting Vereinbarungen	4
II. Tatbestandsvoraussetzung	3	3.	Fehlende Aufrechnungsbefugnis gemäß	
1. Aufrechnungsbefugnis	3		Art. 7 Abs. 2 S. 2 lit. d	7

---

[43] Teilweise wird in der Lit. nur die Insolvenzanfechtung genannt; vgl. nur Rauscher/*Mäsch* EuInsVO 2000 Art. 5 Rn. 26; der Anwendungsbereich des Art. 7 Abs. 2 lit. m geht jedoch über die Insolvenzanfechtung hinaus, vgl. → Art. 7 Rn. 47 ff.

[44] Für § 88 InsO bejahend: EuGH GA, Schlussanträge v. 27.11.2014, Rs C-557/13 *(Lutz/Bauerle)* = ZIP 2015, 381 Rn. 41 ff.; vgl. sodann das Urteil des EuGH v. 16.4.2015 = NZI 2015, 478 Rn. 32 ff.; Vorlagebeschluss des BGH, NZI 2013, 1042; sowie nachfolgend BGH, Urt. v. 15.10.2015 Az. IX ZR 265/12 = NZI 2015, 1038; hierzu *Fridgen* GWR 2014, 67.

[45] *Schmitz*, Dingliche Mobiliarsicherheiten, S. 86.

[46] *Schmitz*, Dingliche Mobiliarsicherheiten, S. 87 ff.

	Rn.		Rn.
4. Bestehende Aufrechnungsbefugnis nach der *lex causae*	8	III. Rechtsfolge	13
5. Bestehen der Forderungen zum Zeitpunkt der Verfahrenseröffnung	12	IV. Rechtsunwirksamkeit der Aufrechnungsbefugnis aus anderen Gründen	14

I. Normzweck

1 In den Mitgliedsstaaten der Verordnung wird die Möglichkeit der Aufrechnung überwiegend als Sicherungsfunktion verstanden, die wie eine Absonderungsbefugnis an der eigenen Schuld wirkt.[1] Art. 9 sieht daher eine Einschränkung der allgemeinen Kollisionsnorm in Art. 7 Abs. 2 S. 2 lit. d vor, wonach das Recht des Verfahrensstaates die Wirkungen der Verfahrenseröffnung auf eine nach dem anwendbaren Aufrechnungsstatut bestehende Aufrechnungslage bestimmt.[2] Soweit das nach Art. 7 anwendbare Recht des Verfahrensstaates die Aufrechnung auch in der Insolvenz erlaubt, erübrigt sich eine Prüfung nach Art. 9.[3] Schränkt dagegen das Recht des Verfahrensstaates die Aufrechnung in der Insolvenz ein, so soll sich diese Einschränkung nach Art. 9 nur dann durchsetzen, wenn auch das Recht, das auf die (Haupt-)Forderung des insolventen Schuldners anwendbar ist, eine Aufrechnung in der Insolvenz untersagt.[4] Damit soll das **Vertrauen des Gläubigers in die Aufrechenbarkeit** mit einer Forderung des Schuldners geschützt werden (vgl. ErwG. Nr. 70).[5] Die Begründung ist jedoch wenig überzeugend, da sich im Ergebnis das Recht mit den weitesten Aufrechnungsmöglichkeiten durchsetzt.[6] Zu beachten ist, dass Art. 12 für die Aufrechnung im Rahmen von Zahlungs- oder Finanzierungssystemen eine Art. 9 verdrängende Spezialvorschrift enthält.

2 Im Zusammenhang mit der **Reform der EuInsVO**[7] sollte Art. 6 EuInsVO 2000 durch eine weitere Vorschrift ergänzt werden. Der von der Kommission vorgeschlagene Art. 6a EuInsVO-KomE beinhaltete eine eigene, von Art. 6 abweichende Kollisionsnorm für Aufrechnungs- und Schuldumwandlungsvereinbarungen, wie sie das autonome Recht bereits in § 340 Abs. 2 vorsieht (vgl. → § 340 Rn. 4). Damit wäre zumindest der zu Art. 6 EuInsVO 2000 geführte Streit obsolet, ob derartige Nettingvereinbarungen unter Art. 6 EuInsVO 2000 fallen oder nicht. Allerdings hat der Verordnungsgeber diese Ergänzung nicht übernommen. Vielmehr ist die Aufrechnung nunmehr in Art. 9 unverändert geregelt.

II. Tatbestandsvoraussetzung

3 **1. Aufrechnungsbefugnis.** Der Begriff der Aufrechnungsbefugnis ist wie alle von der Verordnung verwendeten Rechtsbegriffe vertragsautonom auszulegen. Die Rechtsordnungen der Mitgliedsstaaten sehen jedoch unterschiedliche Konzepte für die Aufrechnung vor.[8] So gibt es erhebliche Unterschiede im Vollzug der Aufrechnung, die teils eine entsprechende Erklärung des Aufrechnenden voraussetzt, teils jedoch auch *ipso iure* automatisch erfolgt. Teilweise ist die Aufrechnung als materiellrechtliches Rechtsinstitut, teilweise als prozessrechtliches Verteidigungsmittel ausgestaltet. Zudem kann sich die Aufrechnungsbefugnis – so zB das deutsche Recht – aus Gesetz, aber auch

---

[1] *Virgos/Garcimartin*, European Insolvency Regulation, Rn. 185; vgl. auch MüKoInsO/*Brandes* § 94 Rn. 3.
[2] Vgl. → Art. 7 Rn. 23.
[3] *Virgos/Schmit*, Erläuternder Bericht, Rn. 109; *Bork* ZIP 2002, 690, 694; Duursma-Kepplinger/Duursma/Chalupsky/*Duursma-Kepplinger* EuInsVO 2000 Art. 6 Rn. 13; Moss/Fletcher/Isaacs/*Fletcher*, EU Regulation, EuInsVO 2000 Art. 6 Rn. 8.228 f.; Rauscher/*Mäsch* EuInsVO 2000 Art. 6 Rn. 2; MüKoBGB/*Kindler* Art. 9 Rn. 2; *Paulus* Art. 9 Rn. 1; LSZ/*Smid* EuInsVO 2000 Art. 6 Rn. 4.
[4] *Huber* ZZP 114 (2001), 133, 161; anders wohl *Leible/Staudinger* KTS 2000, 533, 555; vgl. auch die Entscheidung des Court of Rotterdam v. 12.12.2002 [*Stober & Morlock Wärmekraft GmbH*], veröffentlicht unter www.eir-database.com (case no. 16).
[5] So *Virgos/Schmit*, Erläuternder Bericht, Rn. 109; vgl. auch *von Wilmowsky* KTS 1998, 343, 360 f.; *Wunderer* WM 1998, 793, 797; *Fletcher*, Insolvency, S. 274; vgl. auch Stoll/*Flessner*, Vorschläge und Gutachten, S. 223, der jedoch darauf abstellt, ob das Zivilrecht (und nicht das Insolvenzrecht) des Forderungsstatuts der aufzurechnenden Forderung die Aufrechnung zulässt.
[6] Kritisch auch *von Wilmowsky* KTS 1998, 343, 361; *Gottwald*, Grenzüberschreitende Insolvenzen, S. 36; *Fritz/Bähr* DZWIR 2001, 221, 228; *Trunk*, S. 392; *Kemper* ZIP 2001, 1609, 1617; *Geimer/Schütze/Huber*, B Vor I 20b, EuInsVO 2000 Art. 6 Rn. 2.
[7] Vgl. zur Reform der EuInsO grundsätzlich → Vor Art. 1 Rn. 11 ff.
[8] Vgl. rechtsvergleichend *Jeremias*, Internationale Insolvenzaufrechnung, S. 34 ff. mwN; *Bucher*, FS Geimer 2002, S. 97 ff., 99; zum dt., englischen, franz. und italienischen Recht vgl. *Gruschinske*, Das europäische Kollisionsrecht, 6 ff., 16 ff., 117 ff.; zu den Unterschieden vgl. auch den Vienna Report, Hess/Oberhammer/Pfeiffer/*Piekenbrock*, European Insolvency Law, Rn. 765 ff.

aus einer vertraglichen Vereinbarung ergeben. Funktional handelt es sich – trotz der bestehenden Unterschiede – jeweils um eine Garantie zugunsten des Gläubigers, seine eigene Schuld durch entsprechende Aufrechnung erfüllen zu können. Wegen dieser funktionalen Gemeinsamkeit ist der Begriff der Aufrechnung – trotz Unterschieden in der Ausgestaltung – weit auszulegen. Er umfasst alle Rechtsinstitute, die durch Saldierung oder Verrechnung zu einem Erlöschen in Höhe der sich gegenüberstehenden Forderungen führen.[9] Das gilt sowohl für gesetzliche, als auch für vertraglich vereinbarte Aufrechnungsbefugnisse. Denn in dem Erlöschen der Schuld des Gläubigers liegt die Garantiefunktion, die nach Ziff. 70 der Erwägungsgründe ausschlaggebend für die Sonderanknüpfung nach Art. 9 gewesen ist.[10]

2. Netting Vereinbarungen. Strittig ist bisher lediglich die Anwendung von Art. 9 auf sog. **4 Netting** oder auch sog. Close-out Netting-Vereinbarungen. Auch die Reform der EuInsVO hat insoweit leider keine Klarstellung gebracht. Allerdings war im Gesetzgebungsverfahren eine Ergänzung des Art. 6 EuInsVO 2000 diskutiert, letztlich aber nicht übernommen worden. Die diskutierte Ergänzung diente der Beendigung des Streites, ob von Art. 6 EuInsVO 2000 auch sog. Netting-Vereinbarungen erfasst würden oder nicht.[11] Die Europäische Kommission hatte am 12.12.2012[12] einen Vorschlag zur Einführung einer speziellen Norm für Netting-Vereinbarungen in Art. 6a mit folgendem Inhalt gemacht:

„Aufrechnungs- und Schuldumwandlungsvereinbarungen
Für Aufrechnungs- und Schuldumwandlungsvereinbarungen („netting agreements") ist ausschließlich das Recht maßgebend, das auf derartige Vereinbarungen anwendbar ist."

Das Europäische Parlament hatte den Vorschlag der Kommission am 5.2.2014[13] mit folgendem (geänderten) Wortlaut angenommen:

„Bestimmungen über die Aufrechnung infolge Beendigung
Fällt eine Partei des Vertrags mit einer Bestimmung zur Aufrechnung infolge Beendigung in den Anwendungsbereich der Richtlinie 2001/24/EG, ist für diese Bestimmung über die Aufrechnung infolge Beendigung ausschließlich das Recht maßgebend, das auf eine derartige Bestimmung anwendbar ist."

Der Vorschlag der Kommission war wortgleich mit der Regelung, die in der Richtlinie 2001/ **4a** 24/EG des Europäischen Parlaments und des Rats vom 4.4.2001 über die Sanierung und Liquidation von Kreditinstituten enthalten ist und die der deutsche Gesetzgeber in § 340 Abs. 2 InsO umgesetzt hat.[14] Art. 25 der Richtlinie sieht in Abweichung zu Art. 6 EuInsVO 2000 vor, dass für Aufrechnungs- und Schuldumwandlungsvereinbarungen *(„netting agreements")* ausschließlich das Recht maßgeblich ist, das auf derartige Vereinbarungen anwendbar ist (mithin die *lex contractus*).[15] Maßgeblich sollte für derartige Netting-Vereinbarungen mithin nicht mehr das Forderungsstatut der Hauptforderung sein, sondern das auf die Netting-Vereinbarung anwendbare Recht (welches sich meist aus der dazugehörigen Rahmenvereinbarung ergibt).[16] Der Vorschlag der Kommission stellte zugleich klar, dass die kollisionsrechtliche Verweisung in Art. 6a EuInsVO-KomE nicht nur die Frage der Aufrechnung, sondern auch die Frage der Zulässigkeit der vereinbarten automatischen Beendigung und die Einbeziehung aller Einzelgeschäfte in die Verrechnung erfassen sollte.[17]

Die Vorschläge der Kommission und des Parlaments zur Einführung eines neuen Art. 6a **5** EuInsVO-KomE hätten den Streit beendet, ob Art. 6 EuInsVO 2000 auch auf Netting-Vereinbarungen anwendbar ist. Die Vorschläge der Kommission und des Parlaments sind jedoch letztlich nicht übernommen worden. Weshalb diese, von Kommission und Parlament gemeinsam getragene Ergänzung abgelehnt wurde, ist den offiziellen Verlautbarungen der EU-Organe nicht zu entnehmen. Im Ergebnis wird man daher das anwendbare Recht für die Auswirkungen der Verfahrenseröffnung

---

[9] In ähnlicher Form weit definierend: *Virgos/Garcimartin,* European Insolvency Regulation, Rn. 192.
[10] Vgl. auch *Virgos/Schmit,* Erläuternder Bericht, Rn. 109.
[11] Vgl. → 3. Aufl., EuInsVO 2000 Art. 6 Rn. 4 ff.
[12] Vorschlag für eine Verordnung des Europäischen Parlamentes und des Rates zur Änderung der Verordnung (EG) Nr. 1346/2000 des Rates über Insolvenzverfahren, COM (2012) 0744 final, abrufbar unter: http// ec.europa.eu/justice/civil/files/insolvency-regulation_en.pdf; die englische Fassung ist ebenfalls abgedruckt in IILR 2013, 179 ff.
[13] Angenommene Texte des Europäischen Parlaments v. 5.2.2014, abrufbar unter europarl.europa.eu/sides/ getDoc.do?type=REPORT&reference=A7-2013-0481&language=DE.
[14] Zur Richtlinie und deren Bedeutung bei Kreditinstituten vgl. auch → Vor §§ 335 ff. Rn. 86 f.; zu den Richtlinien auch *Jeremias,* Internationale Insolvenzaufrechnung, S. 266 f.
[15] Vgl. hierzu *Lastra,* Cross-Border Bank Insolvency, Rn. 12.46 ff.; *Pannen,* Krise und Insolvenz bei Kreditinstituten, Kap. 6, Rn. 41.
[16] Zu den Rahmenvereinbarungen vgl. nochmals *Zerey/Fried* § 14 Rn. 8 ff.
[17] Dazu, dass Close-out Netting Vereinbarungen mehrere vertragliche Abreden enthalten vgl. bereits → EuInsVO 2000 Art. 6 Rn. 4 ff.

Art. 9 5a, 6

auf Netting-Vereinbarungen weiterhin aus den Vorschriften der Art. 7 und 9 EuInsVO herleiten müssen.[18]

Richtigerweise ist in verschiedener Hinsicht zu differenzieren. Handelt es sich um eine Netting-Vereinbarung zwischen Kreditinstituten (was in der Praxis meist der Fall ist), so ist die EuInsVO schon nicht anwendbar, da diese dem Anwendungsbereich der EuInsVO nicht unterfallen (Art. 1 Abs. 2). Handelt es sich um Vereinbarungen zwischen Mitgliedern eines Zahlungs- oder Abwicklungssystems oder eines Finanzmarktes, die keine Schuldner im Sinne des Art. 1 Abs. 2 sind, so gilt für die darin vereinbarte Auf- oder (besser) Verrechnung die in Art. 12 enthaltene Sonderanknüpfung.[19]

5a   Derartige Verrechnungsabreden sind jedoch auch außerhalb von Zahlungs- oder Abwicklungssystemen denkbar. Beim sog. Close-out netting werden alle schwebenden Geschäfte zu einem bestimmten Zeitpunkt beendet, der Marktwert der einzelnen Transaktionen bestimmt und die sich daraus ergebenden Forderungen miteinander verrechnet.[20] Als Beendigungszeitpunkte werden regelmäßig insolvenzbedingte Ereignisse in den Verträgen vereinbart (zB die Zahlungsunfähigkeit oder die Insolvenzeröffnung).[21] Zum Teil wird vertreten, dass die darin enthaltenen Verrechnungsabreden nicht von Art. 9 erfasst würden.[22] Dafür spricht, dass die Richtlinie über die Sanierung und Liquidation von Kreditinstituten, die weitestgehend identische Vorschriften zur Verordnung enthält, zwar ebenfalls eine zu Art. 9 wortgleiche Regelung zur Aufrechnung enthält, Aufrechnungsvereinbarungen („netting agreements") aber in einer weiteren Vorschrift nochmals regelt.[23] Da die EuInsVO keine weitere Regelung enthält, könnte man freilich argumentieren, dass damit derartige Abreden entweder unter Art. 7 oder aber unter Art. 9 fallen.[24] Für letzteres spricht wiederum, dass der Begriff der Aufrechnung grundsätzlich weit zu fassen ist und auch vertragliche Abreden über die Aufrechnung erfasst.[25] Für die Tatsache, dass diese Aufrechnungsvereinbarungen nicht unter Art. 9 fallen spricht hingegen, dass der europäische Verordnungsgeber im Rahmen der Reform zunächst eine weitere Spezialnorm für derartige Aufrechnungsvereinbarungen schaffen wollte (vgl. → Rn. 2). Daher fallen derartige Netting-Vereinbarungen nicht unter Art. 9.

6   Richtigerweise wird man für die kollisionsrechtliche Beurteilung derartiger Abreden daher zwischen den darin enthaltenen vertraglichen Vereinbarungen differenzieren müssen: die (vereinbarte) automatische Fälligstellung der unvollständig erfüllten Verträge für Fälle der Insolvenz ist zunächst eine Frage der Auswirkungen der Insolvenzeröffnung auf laufende Verträge des Schuldners, die gemäß Art. 7 Abs. 2 lit. e der *lex fori concursus* untersteht.[26] Ist eine solche „Lösungsklausel für den Insolvenzfall" nach dem anwendbaren Insolvenzstatut unwirksam, so fehlt es gegebenenfalls schon an der Fälligkeit der einen Forderung. Ist dagegen die Beendigung des Vertrages wirksam, so fällt die Folgefrage, ob die sich dann gegenüberstehenden Forderungen verrechnet werden, in den Anwendungsbereich des Art. 9, weil es sich um eine vertragliche Verrechnungsabrede handelt.[27] Denn bei der sich der Beendigung des Vertrages anschließenden Verrechnung handelt es sich lediglich um eine vertraglich vereinbarte automatische Saldierung, die sich von sonstigen Aufrechnungsvereinbarungen nicht unterscheidet. Die Tatsache, dass diese Aufrechnung für einen bestimmen Fall verein-

---

[18] Vgl. bereits → EuInsVO 2000 Art. 6 Rn. 4 ff.; vgl. auch → Art. 12 Rn. 8 f.
[19] *Paulus* Art. 9 Rn. 3; Konecny/Schubert/*Maderbacher* EuInsVO 2000 Art. 6 Rn. 13 ff.; *von Hall*, Insolvenzverrechnung in bilateralen Clearingsystemen, S. 277 f. hält den Anwendungsbereich für theoretisch; generell hierzu *Bosch* WM 1995, 365 ff.; Bankrechts-HdB/*Jahn* § 114 Rn. 136 ff.; *Ebenroth/Belze* ZVerglRWiss 96 (1996), S. 335 ff., 350; vgl. → Art. 12 Rn. 1; nach *Ebenroth/Belzer*, ZVerglRWiss 96 (1996), S. 335 ff., 366, 372 ist eine Close-out netting-Vereinbarung jedenfalls ein Abrechnungssystem nach Art. 12, sodass sich der Anwendungsbereich von Art. 9 nur auf die Aufrechnung der Saldoforderung selbst beziehen könne.
[20] Zur Funktionsweise rahmenvertraglicher Nettingvereinbarungen vgl. Zerey/*Fried*, Finanzderivate, 3. Aufl., § 14 Rn. 8 ff.; *Binder*, Bankeninsolvenzen, S. 435 ff.
[21] So *Ebenroth/Belzer* ZVerglRWiss 96 (1996), S. 335 ff., 352; Bankrechts-HdB/*Jahn* § 114 Rn. 131 ff.
[22] So *Schneider*, Bosch-Gedächtnisschrift 2006, S. 197, 206; Bankrechts-HdB/*Jahn* § 114 Rn. 137.
[23] Vgl. RL (EG) 2001/24 über die Sanierung und Liquidation von Kreditinstituten, ABl. L 125, 15 v. 5.5.2001, dort Art. 23 zur Aufrechnung und Art. 25 zu Aufrechnungsvereinbarungen; rechtliche Unsicherheiten in der Auslegung führt auch ein Arbeitspapier der European Financial Markets Lawyers Group in einem Report von Oktober 2004 an, veröffentlicht unter www.efmlg.org, die sich im Ergebnis jedoch für eine Anwendung von Art. 6 auf close-out netting Vereinbarungen aussprechen.
[24] So *Ehrike* ZIP 2003, 1065, 1075; *von Wilmowsky* WM 2002, 2264, 2277; *Keller* BKR 2002, 347, 349.
[25] Vgl. → Rn. 3.
[26] AA wohl *Virgos/Garcimartin*, European Insolvency Regulation, Rn. 193, die darin rechtlich ebenfalls zwei unterschiedliche Mechanismen sehen, die aber nicht unterschiedlich angeknüpft werden dürften, weil sie ein einheitliches Ziel der Risikominimierung zum Gegenstand hätten; das kann jedoch nicht die Qualifikation von Rechtsfragen bestimmen.
[27] Bezogen auf die entsprechende Norm des autonomen deutschen Insolvenzrechts wohl auch *von Wilmowsky* WM 2002, 2264, 2277; *Liersch* NZI, 2003, 302, 305; *Keller* BKR 2002, 347, 349.

bart wurde, ist selbständig anzuknüpfen und zu prüfen. Insoweit sind die entsprechenden Vereinbarungen in ihre rechtlichen Mechanismen (Beendigung, Verrechnung) zu zerlegen. Allerdings ist fraglich, auf welches Recht in diesem Fall Art. 9 verweist. Denn in die Verrechnungsabrede können Hauptforderungen einbezogen sein, die unterschiedlichen Rechtsordnungen unterstehen. Zudem kann die Verrechnungsabrede selbst einer eigenen Rechtswahlklausel unterstehen. Richtigerweise wird man in diesem Fall jedoch auf das anwendbare Recht der Verrechnungsabrede nach Art. 9 abstellen müssen, da dies als Teilrechtswahl für die in die Verrechnungsabrede einzubeziehenden Forderungen anzusehen ist.

3. Fehlende Aufrechnungsbefugnis gemäß Art. 7 Abs. 2 S. 2 lit. d. Art. 9 ist eine einseitige Alternativanknüpfung. Sie kommt nach dem insoweit nicht eindeutigen Wortlaut, aber klaren Normzweck, nur dann zur Anwendung, wenn die Aufrechnungsbefugnis des Gläubigers durch das nach Art. 7 Abs. 2 S. 2 lit. d anwendbare Recht des Verfahrensstaates „berührt", dh eingeschränkt wird.[28] Daher ist zunächst festzustellen, dass eine Aufrechnungsbeschränkung nach der *lex fori concursus* vorliegt. Es reicht jede für den aufrechnungsbefugten Gläubiger erdenkliche Art der Beschränkung der Aufrechnungsbefugnis. Führt die Anwendung des Rechts des Verfahrensstaates dagegen nicht zu einer Beschränkung der Aufrechnungsbefugnis, so ist Art. 9 nicht anwendbar, und zwar selbst dann nicht, wenn das auf die Forderung anwendbare Aufrechnungsstatut eine Beschränkung der Aufrechnungsmöglichkeit vorsehen würde.

4. Bestehende Aufrechnungsbefugnis nach der *lex causae*. Führt die Anwendung der *lex fori concursus* zu einer Einschränkung der Aufrechnungsmöglichkeit, so ist diese nicht zu beachten („berührt nicht"), wenn die Aufrechnung nach dem auf die Forderung des insolventen Schuldners maßgeblichen Recht zulässig ist. Die Kollisionsnorm verweist damit auf das auch außerhalb einer Insolvenz maßgebliche Statut. Die Ermittlung des Aufrechnungsstatuts für die Hauptforderung wiederum ist eine selbstständig anzuknüpfende **Vorfrage**, die durch die Verordnung nicht vorgegeben ist. Vielmehr hat das jeweils angerufene Gericht aufgrund seines eigenen autonomen Kollisionsrechts das auf die Hauptforderung anwendbare Recht zu ermitteln. Durch das Inkrafttreten der Rom I-VO zum 17.12.2009 ist die hierbei anzuwendende Kollisionsnorm jedoch zwischenzeitlich für alle Mitgliedstaaten vereinheitlicht. Nach Art. 17 Rom I-VO gilt das Recht, dem die Forderung unterliegt, gegen die aufgerechnet wird, mithin das Recht der Hauptforderung, soweit die Parteien für die Aufrechnung kein anderweitiges Recht vereinbart haben. Da Art. 17 Rom I-VO mithin die Rechtswahl bei der Aufrechnung erlaubt, ist diese auch im Rahmen des Art. 9 zu beachten.[29] Da die Aufrechnung den Gläubiger bevorzugt und daher dieser die Aufrechnung erklärt, kommt es also im Ergebnis immer auf das Recht der Forderung des Schuldners an, die im Rahmen des Art. 9 zu klären ist.

Ebenfalls als selbstständige Vorfrage ist zu klären, ob die Forderung des aufrechnenden Insolvenzgläubigers zum Zeitpunkt der Aufrechnungserklärung noch „aufrechenbar" existiert. Das Problem stellt sich vielfach bei bereits verjährten Forderungen (vgl. § 215 BGB), im Zusammenhang mit einer Insolvenz aber auch nach einer Restschuldbefreiung, oder einem Insolvenzplan, der die Verbindlichkeit des Schuldners modifiziert oder erlässt. In diesem Fall ist – ebenfalls als selbstständige Vorfrage – zu klären, welche Rechtsfolgen die Restschuldbefreiung auf die Verbindlichkeit des Schuldners hat. So wird bei einer Restschuldbefreiung nach § 301 InsO die Verbindlichkeit des Schuldners zu einer unvollkommenen Verbindlichkeit, deren Erfüllung nicht mehr erzwingbar ist. Der Insolvenzgläubiger kann daher mit dieser Forderung noch die Aufrechnung gegen eine eigene Verbindlichkeit erklären. Diese Wirkungen der Restschuldbefreiung sind aber nach dem jeweiligen Insolvenzstatut der Restschuldbefreiung zu ermitteln.[30]

Die Verweisung auf die *lex causae* umfasst nach allgemeiner Auffassung nicht nur die materiellrechtlichen Aufrechnungsregelungen, sondern auch die insolvenzrechtlichen Beschränkungen der Aufrechnung.[31] Die materiellrechtlichen Aufrechnungsregelungen waren bereits im Zusammenhang

---

[28] *Bork* ZIP 2002, 690, 694; Duursma-Kepplinger/Duursma/Chalupsky/*Duursma-Kepplinger* EuInsVO 2000 Art. 6 Rn. 14; Rauscher/*Mäsch* EuInsVO 2000 Art. 6 Rn. 2; Mohrbutter/Ringstmeier/*Wenner* § 20 Rn. 335; MüKoBGB/*Kindler* Art. 9 Rn. 2; BKInsO/*Pannen* EuInsVO 2000 Art. 6 Rn. 3.

[29] So auch *Gruschinske*, Das europäische Kollisionsrecht der Aufrechnung, S. 201 ff.; das schließt freilich die Anfechtung der Rechtswahl nicht aus, wenn hierfür die Anfechtungsvoraussetzungen vorliegen, vgl. dazu auch bei → Art. 16 Rn. 5.

[30] Nicht zutreffend insoweit BFH, Beschl. v. 8.3.2017, VII R 13/15 = BFH/NV 2017, 1011, der die Rechtswirkungen der Restschuldbefreiung auf Grundlage des englischen Insolvenzstatuts hätte prüfen müssen.

[31] Vgl. ausführlich *Gruschinske*, Das europäische Kollisionsrecht, S. 192 ff.; *Bork* ZIP 2002, 690, 694; Duursma-Kepplinger/Duursma/Chalupsky/*Duursma-Kepplinger* EuInsVO 2000 Art. 6 Rn. 7 u. 18; *Eidenmüller* IPRax 2001, 2, 7 Fn. 35; *Fritz/Bähr* DZWIR 2001, 221, 228; *Huber* EuZW 2002, 490, 494; *Jeremias*, Internationale Insolvenzaufrechnung, S. 259; *Leible/Staudinger* KTS 2000, 533, 555 f.; *Pannen/Riedemann/Kühnle* NZI 2002, 303, 305; *v. Wilmowsky* KTS 1998, 343, 360 f.; *Virgos/Garcimartin*, European Insolvency Regulation,

mit Art. 7 zu prüfen, da die dort genannte Verweisung auf die *lex fori concursus* nur die insolvenzrechtliche Zulässigkeit der Aufrechnung erfasst.[32] Scheitert die Aufrechnung schon daran, so hilft auch Art. 9 nicht weiter. Scheitert die Aufrechnung hingegen an insolvenzrechtlichen Einschränkungen der *lex fori concursus,* so verhilft Art. 9 zur Wirksamkeit der Aufrechnung, wenn die *lex causae* der Hauptforderung keine entsprechende insolvenzbedingte Einschränkung vorsieht. Untersagt jedoch auch die *lex causae* der Hauptforderung die Aufrechnung aufgrund der Insolvenz, dann bleibt die Aufrechnung unzulässig. Das ergibt sich aus der Garantiefunktion von Art. 9. Denn der Vertrauensschutz des Gläubigers geht nicht soweit, dass er für die Aufrechnung überhaupt nicht mit insolvenzrechtlichen Einschränkungen zu rechnen braucht. Dem Gläubiger werden daher die insolvenzrechtlichen Einschränkungen des Hauptforderungsstatutes „zugemutet". Ob freilich das Vertrauen eines Gläubigers tatsächlich dahin geht, dass er auf die insolvenzrechtlichen Einschränkungen des anwendbaren Forderungsrechts setzt, sei dahin gestellt, zeigt aber die Fragwürdigkeit des in Art. 9 statuierten Vertrauensschutzes (vgl. bereits → Rn. 1).

11   Die Forderung des insolventen Schuldners, gegen die aufgerechnet werden soll, muss entgegen einiger Stimmen in der Literatur[33] nicht dem Recht eines Mitgliedstaates unterstehen. Die Forderung des Schuldners kann auch dem Recht eines Drittstaates unterstehen.[34] Eine Einschränkung dahingehend, dass Art. 9 nur für die *lex causae* der Mitgliedstaaten gelte, lässt sich schon dem Wortlaut von Art. 9 Abs. 1 nicht entnehmen. Hierbei kann es sich auch nicht um ein Redaktionsversehen handeln, da andere Sonderanknüpfungen das Problem des Mitgliedsstaatenbezuges ausdrücklich aufgreifen und ausdrücklich festschreiben (vgl. nur Art. 8, 10, 11, 12, 13 und 14).[35] Eine Diskriminierung von Drittstaatenrechten ist zudem nicht begründet, denn entscheidend für das in Ziffer (2) der Präambel genannte reibungslose Funktionieren des Binnenmarktes ist nicht die Rechtswahl der Parteien, sondern dass – was Art. 9 Abs. 1 voraussetzt – zumindest eine Vertragspartei ihren Sitz im Bereich eines Mitgliedstaates hat. Bei der Aufrechnung durch den Gläubiger geht es um die Forderung des Schuldners, der gemäß Art. 3 den Mittelpunkt seiner Interessen in einem der Vertragsstaaten hat. Der Gemeinschaftsbezug ist daher gegeben. Würde man in der Rechtswahl den maßgeblichen Bezugspunkt sehen, so müsste man konsequenter Weise die Verordnung als sachlich-räumlich nicht anwendbar ansehen.[36] Das wird jedoch ebenfalls nicht gefordert. Die Rechtswahl eines Drittstaates dergestalt zu diskriminieren, dass die dem Art. 9 zugrunde liegenden Vertrauensgesichtspunkte dann nicht mehr gelten sollen, ist nicht nachvollziehbar.

12   **5. Bestehen der Forderungen zum Zeitpunkt der Verfahrenseröffnung.** Ob beide Forderungen zum Zeitpunkt der Verfahrenseröffnung bereits entstanden sein müssen, wird vom Wortlaut des Art. 9 ausdrücklich nicht beantwortet. Nach einhelliger Auffassung gilt Art. 9 jedoch nur für Forderungen des Gläubigers und gegenüber Forderungen des Schuldners, die vor der Eröffnung des Insolvenzverfahrens entstanden sind.[37] Das ergibt sich einerseits aus der Garantiefunktion von Art. 9,

---

Rn. 187; *Virgos/Schmit,* Erläuternder Bericht, Rn. 109; so auch Rechtbank Maastricht v. 14.7.2004, Case No HA ZA 99–91, veröffentlicht unter www.eir-database.com case no. 56, das den Verweis in Art. 6 ausdrücklich als einen Verweis auf das Insolvenzrecht der *lex causae* sieht.

[32] Vgl. → Art. 7 Rn. 23 f.

[33] So *Virgos/Schmit,* Erläuternder Bericht, Rn. 93; *Virgos/Garcimartin,* European Insolvency Regulation, Rn. 189; *Balz* ZIP 1996, 948, 950; *Bork* ZIP 2002, 690, 694; Duursma-Kepplinger/Duursma/Chalupsky/ *Duursma-Kepplinger* EuInsVO 2000 Art. 6 Rn. 22; *Huber* ZZP 114 (2001) 133, 162; *Leible/Staudinger* KTS 2000, 533, 554; MüKoBGB/*Kindler* Art. 9 Rn. 4; LSZ/*Smid* EuInsVO 2000 Art. 6 Rn. 4; *Taupitz* ZZP 111 (1998), 315, 343.

[34] Ebenso Gebauer/Wiedmann/*Haubold,* Zivilrecht, EuInsVO 2000 Art. 6 Rn. 127; Rauscher/*Mäsch* EuInsVO 2000 Art. 6 EG-InsVO Rn. 6; *Gruschinske,* Das europäische Kollisionsrecht, S. 187 ff.; das wird auch im Ausland so gesehen: vgl. Konecny/Schubert/*Maderbacher* EuInsVO 2000 Art. 6 Rn. 20 f.; *Fletcher,* Insolvency, Rn. 7.100; kritisch aber *Moss/Fletcher/Isaacs,* EU Regulation, EuInsVO 2000, Art. 6 Rn. 8.229.

[35] Die Einschränkung auf die Rechtsordnungen der Mitgliedstaaten kann daher nicht „implied" sein, wie *Virgos/Schmit* und *Virgos/Garcimartin* ausführen, vgl. Nachweise ebd.

[36] Vgl. zum Problem des sachlich-räumlichen Anwendungsbereiches der Sonderanknüpfung und der allg. Kollisionsnorm von Art. 7 bei → Art. 1 Rn. 31 ff.

[37] *Virgos/Schmit,* Erläuternder Bericht, Rn. 110; *Virgos/Garcimartin,* European Insolvency Regulation, Rn. 188; *Bork* ZIP 2002, 690, 694; Duursma-Kepplinger/Duursma/Chalupsky/*Duursma-Kepplinger* EuInsVO 2000 Art. 6 Rn. 9; *Fritz/Bähr* DZWIR 2001, 221, 228; Geimer/Schütze/*Gruber,* B Vor I 20b, EuInsVO 2000 Art. 6 Rn. 11; *Huber* ZZP 114 (2001), 133, 161; *Jeremias,* Internationale Insolvenzaufrechnung, S. 257; Rauscher/*Mäsch,* EuInsVO 2000 Art. 6 Rn. 5; Nerlich/Römermann/*Nerlich/Hübler* EuInsVO 2000 Art. 6 Rn. 9; *Moss/Fletcher/Isaacs,* EU Regulation, EuInsVO 2000, Art. 6 Rn. 8.234; MüKoBGB/*Kindler* Art. 9 Rn. 3; BKInsO/*Pannen* EuInsVO 2000 Art. 6 Rn. 4; LSZ/*Smid* EuInsVO 2000 Art. 6 Rn. 3; *Wunderer* WM 1998, 793, 797; instruktiv FG München, Urt. v. 29.4.2015, Az. 1K 1080/13 = BeckRS 2015, 95144; Vallender/*Liersch* Art. 9 Rn. 10.

andererseits implizit aus dem Wortlaut, wonach die Aufrechnungsbefugnis durch die Eröffnung nicht berührt wird: Art. 9 setzt daher zum Zeitpunkt der Eröffnung bereits zwei möglicherweise aufrechenbare Forderungen voraus. Für die Bestimmung des Zeitpunktes der Eröffnung des Verfahrens gilt wiederum der Zeitpunkt der formellen Eröffnung des Verfahrens.[38] Die Aufrechenbarkeit von Forderungen, die erst nach Eröffnung des Insolvenzverfahrens entstanden sind, richtet sich dagegen ausschließlich nach Art. 7 Abs. 2 S. 2 lit. d, also nach dem Recht des Verfahrensstaates. Insoweit besteht auch kein Bedürfnis für einen Vertrauensschutz des Gläubigers nach Art. 9, selbst wenn dem Gläubiger die Verfahrenseröffnung nicht bekannt war. Ein dem Art. 31 entsprechender Vertrauensschutz besteht für das Eingehen von Schuldverhältnissen nicht.

III. Rechtsfolge

Nach dem Wortlaut von Art. 9 Abs. 1 bleibt die nach der *lex causae* bestehende Aufrechnungsbefugnis „unberührt". Kann daher der Gläubiger sowohl nach den materiellrechtlichen als auch den insolvenzrechtlichen Regelungen der *lex causae* der Forderung des Schuldners aufrechnen, so ist eine entsprechende Aufrechnungserklärung des Gläubigers ungeachtet der Einschränkungen durch die *lex fori concursus* wirksam. Die *lex causae* der Schuldnerforderung bestimmt insgesamt die Reichweite des „unberührt Bleibens". Scheitert nämlich die Aufrechnung nach der *lex fori concursus* aus einem Grund (beispielsweise wegen fehlender Fälligkeit), so hilft die Anwendung der *lex causae* auch dann nicht, wenn diese zwar die Fälligkeit für die Insolvenzeröffnung statuiert, die Aufrechnung dann aber wiederum aus anderen Gründen scheitern lässt. Es ist daher nicht auf das Aufrechnungshindernis der *lex fori concursus* selbst abzustellen, sondern auf eine Gesamtbetrachtung der Aufrechnungsbefugnis. 13

IV. Rechtsunwirksamkeit der Aufrechnungsbefugnis aus anderen Gründen

Ebenso wie Art. 8 Abs. 4, Art. 10 Abs. 3 und Art. 12 Abs. 2 stellt auch Art. 9 Abs. 2 klar, dass eine Aufrechnung dann nicht möglich ist, wenn die Rechtshandlung nach Art. 7 Abs. 2 S. 2 lit. m unwirksam oder anfechtbar ist. Die Verweisung bezieht sich nicht nur auf die Insolvenzanfechtung, sondern auch auf alle weiteren von Art. 7 Abs. 2 S. 2 lit. m erfassten Unwirksamkeitsgründe. Im Falle von Art. 9 kann sich die Anfechtbarkeit oder sonstige Unwirksamkeit sowohl auf eine der beiden Forderungen beziehen, als auch auf die Begründung der Aufrechnungslage. Denkbar ist zudem auch, dass die von den Parteien getroffene Rechtswahl für die Forderung des Schuldners anfechtbar ist, soweit diese dazu dient, dem Gläubiger weiterreichende Aufrechnungsbefugnisse zu zugestehen. Die in der Literatur verschiedentlich geäußerte Kritik, dass Art. 9 den Parteien die Wahl eines aufrechnungsfreundlichen Rechts ermögliche,[39] ist daher lediglich im Rahmen von Art. 9 Abs. 2, Art. 16 zu korrigieren, soweit die Voraussetzungen für eine Insolvenzanfechtung vorliegen. Bei der Prüfung einer eventuell anfechtbaren Aufrechnungslage sowie der Rechtswahl ist wiederum Art. 16 heranzuziehen.[40] 14

Art. 10 Eigentumsvorbehalt

(1) Die Eröffnung eines Insolvenzverfahrens gegen den Käufer einer Sache lässt die Rechte der Verkäufer aus einem Eigentumsvorbehalt unberührt, wenn sich diese Sache zum Zeitpunkt der Eröffnung des Verfahrens im Hoheitsgebiet eines anderen Mitgliedstaats als dem der Verfahrenseröffnung befindet.

(2) Die Eröffnung eines Insolvenzverfahrens gegen den Verkäufer einer Sache nach deren Lieferung rechtfertigt nicht die Auflösung oder Beendigung des Kaufvertrags und steht dem Eigentumserwerb des Käufers nicht entgegen, wenn sich diese Sache zum Zeitpunkt der Verfahrenseröffnung im Hoheitsgebiet eines anderen Mitgliedstaats als dem der Verfahrenseröffnung befindet.

(3) Die Absätze 1 und 2 stehen der Nichtigkeit, Anfechtbarkeit oder relativen Unwirksamkeit einer Rechtshandlung nach Artikel 7 Absatz 2 Buchstabe m nicht entgegen.

---

[38] Vgl. hierzu → Rn. 8.
[39] So zB Geimer/Schütze/*Gruber*, B Vor I 20b, EuInsVO 2000 Art. 6 Rn. 14; zur Rechtswahl vgl. auch *Jeremias*, Internationale Insolvenzaufrechnung, S. 221 ff.
[40] Vgl. hierzu instruktiv (wenn auch zur gleich lautenden Vorschrift des deutschen autonomen Rechts) BGH, Urt. v. 8.2.2018, IX ZR 103/17 = NZI 2018, 721; s. a. die Urteilsbesprechungen von *Reinhart* WuB 2018, 523; *Riedemann* DZWiR 2019, 22, 30.

Literatur: *Cranshaw,* Aktuelle Fragen zur europäischen Insolvenzverordnung vor dem Hintergrund der Rechtsprechung des EuGH, DZWIR 2009, 356; *ders.,* Fragen zur Durchsetzung des Eigentumsvorbehalts im Hauptinsolvenzverfahren des Vorbehaltskäufers im Geltungsbereich der EuInsVO, DZWIR 2010, 91 ff.; *INSOL Europe,* Revision of the European Insolvency Regulation; *Kirchhof,* Cross Border Insolvency (Part 2), IILR 2010, 24; *Liersch,* Sicherungsrechte im Internationalen Insolvenzrecht, NZI 2002, 15; *Lüttringhaus,* Aussonderungsklagen an der Schnittstelle von EuGVVO und EuInsVO – Anm. zum Urt. des EuGH v. 10.9.2009, Rs C-292/08 – German Graphics Graphische Maschinen GmbH gegen Alice van der Schee, RIW 2009, 798, RIW 2010, 45 ff.; *Mankowski,* Bestimmung der Insolvenzmasse und Pfändungsschutz unter der EuInsVO, NZI 2009, 785; *ders.,* Insolvenznahe Verfahren im Grenzbereich zwischen EuInsVO und EuGVVO – Zur Entscheidung des EuGH in Sachen German Graphics (NZI 2009, 741), NZI 2010, 512; *Naumann,* Die Behandlung dinglicher Kreditsicherheiten und Eigentumsvorbehalte nach den Artikeln 5 und 7 EuInsVO sowie nach autonomem deutschen Insolvenzkollisionsrecht: zugleich ein Beitrag zur Auslegungstechnik des EuGH; *Paulus,* Die europäische Insolvenzverordnung und der deutsche Insolvenzverwalter, NZI 2001, 513; *Plappert,* Dingliche Sicherungsrechte in der Insolvenz – Eine rechtevergleichende Analyse unter Berücksichtigung der Rechtslage bei grenzüberschreitenden Insolvenzen nach Art. 5 EuInsVO, zugleich Diss. Humboldt-Universität Berlin, Baden-Baden 2008; *Schmitz,* Dingliche Mobiliarsicherheiten im internationalen Insolvenzrecht, S. 69 ff. zugleich Diss. Universität Köln, Baden-Baden 2011; *Wessels,* On the future of European Insolvency Law, IILR 2014, 310.

Übersicht

	Rn.		Rn.
I. Normzweck	1	III. Rechtsfolgen in der Käuferinsolvenz (Abs. 1)	9
II. Gemeinsame Tatbestandsvoraussetzungen	3	IV. Rechtsfolgen in der Verkäuferinsolvenz (Abs. 2)	11
1. Der Begriff des Eigentumsvorbehaltes	3		
2. Im Gebiet eines anderen Mitgliedsstaates	5	V. Rechtsunwirksamkeit des Eigentumsvorbehaltes aus anderen Gründen (Abs. 3)	14
3. Zum Zeitpunkt der Eröffnung des Verfahrens	8		

I. Normzweck

1 Art. 10 enthält eine weitere Ausnahme von der Anwendung der *lex fori concursus* gemäß Art. 7, und zwar für den Eigentumsvorbehalt. Die Vorschrift verfolgt ebenso wie die Sonderregelung für dingliche Rechte gemäß Art. 8 den Schutz des Vertrauens beider Parteien, dass sie auch in der Insolvenz der jeweils anderen Vertragspartei noch ihre Rechte aus dem Eigentumsvorbehalt bzw. (aus Sicht des Käufers) aus dem Anwartschaftsrecht auf das Eigentum geltend machen können.[1] Anders als Art. 8, nach dem die dinglichen Rechte des Berechtigten von der Verfahrenseröffnung in einem anderen Mitgliedsstaat unberührt bleiben, sieht Art. 10 jedoch eine differenzierte Regelung vor, und zwar je nachdem, welche Vertragspartei in die Insolvenz gefallen ist. So regelt Abs. 1 die Käuferinsolvenz in der gleichen Weise wie Art. 8, und zwar indem die Rechte durch die Verfahrenseröffnung „unberührt" bleiben. Dagegen regelt Abs. 2 die Verkäuferinsolvenz, und zwar ebenfalls unmittelbar durch eine der Kollisionsnorm in Art. 7 vorgehende Sachnorm.[2] Abs. 3 enthält wiederum die schon aus anderen Vorschriften (vgl. Art. 8, 9 und 12) bekannte Vorschrift, wonach die Vorschrift der Unwirksamkeit des Eigentumsvorbehaltes aus anderen Gründen nicht entgegensteht.

2 Im Zusammenhang mit der **Reform der EuInsVO**[3] sind keine Änderungen an Art. 10 vorgenommenen worden. Zwar hatte der Vienna Report einzelne Änderungen zu Art. 7 EuInsVO 2000 vorgeschlagen. Diese betrafen insbesondere den Ausschluss der Wirkungserstreckung *(„nicht berührt"),* den Art. 7 Abs. 1 EuInsVO 2000 ebenso wie Art. 5 EuInsVO 2000 enthält.[4] Weder die Kommission noch das Europäische Parlament haben jedoch die Änderungsvorschläge aufgegriffen.

II. Gemeinsame Tatbestandsvoraussetzungen

3 **1. Der Begriff des Eigentumsvorbehaltes.** Ähnlich wie bei Art. 8 ist bei der Rechtsanwendung zunächst zu klären, ob ein Eigentumsvorbehalt im Sinne des Art. 10 vorliegt. Art. 10 enthält

---

[1] Vgl. Erwägungsgründe (24) und (25); *Virgos/Schmit,* Erläuternder Bericht, Rn. 21 ff., 112; FKInsO/*Wenner/Schuster* Art. 10, Rn. 2 f.; MüKoBGB/*Kindler* Art. 10 Rn. 3 f.; Mohrbutter/Ringstmeier/*Wenner* § 20 Rn. 293; Vallender/*Liersch* Art. 10 Rn. 1; Brinkmann/*Dahl*/Kortleben Art. 10 Rn. 1.
[2] Art. 7 EuInsVO 2000 ebenfalls als Sachnorm qualifizierend: EuGH, Urt. V. 10.9.2009 *(German Graphics),* NZI 2009, 741 Rn. 35.
[3] Vgl. zur Reform der EuInsVO grundsätzlich → Vor Art. 1 Rn. 11 ff.
[4] Vgl. Hess/Oberhammer/Pfeiffer/*Piekenbrock,* European Insolvency Law, Rn. 781 ff., 794.

jedoch keine Definition, wie der Begriff des Eigentumsvorbehaltes zu verstehen ist. Das ist schon deswegen misslich, weil in den Mitgliedsstaaten unterschiedliche Formen von zulässigen Eigentumsvorbehaltsklauseln existieren.[5] Anders als bei Art. 8 fehlen auch Beispiele, sodass der Verordnungstext für eine verordnungsautonome Auslegung des Begriffes außer dem Begriff des „Eigentumsvorbehalts" keine weiteren Anhaltspunkte bietet. Nach allgemeiner Auffassung fällt unter den Eigentumsvorbehalt nach Art. 10 jedoch nur der sog. einfache Eigentumsvorbehalt, bei dem der Verkäufer die Übertragung des Eigentums bis zur vollständigen Kaufpreiszahlung vorbehält, der Erwerber jedoch für den Eigentumserwerb bereits ein Anwartschaftsrecht erhält. Weitergehende Formen des Eigentumsvorbehaltes, die für den Fall des Weiterverkaufs eine Abtretung der Kaufpreisforderung oder Miteigentum an einer neu entstandenen Sache vorsehen, sollen dagegen von dem Eigentumsvorbehalt im Sinne des Art. 10 nicht erfasst werden.[6] Eine solch weitgehende Einschränkung bedarf jedoch der Klarstellung. Ist bei einem verlängerten Eigentumsvorbehalt die Vorbehaltsware noch nicht weiter veräußert, dh wurde die Sicherheit des Eigentumsvorbehaltes noch nicht durch die Sicherungsabtretung der Kaufpreisforderung ersetzt, besteht kein Anlass, Art. 10 Abs. 1 auf die Ansprüche des Verkäufers nicht anzuwenden. Die Rechte, die aus dem Eigentumsvorbehalt geltend gemacht werden, sind die Rechte aus dem einfachen Eigentumsvorbehalt. Gleichfalls wäre nicht verständlich, warum der Käufer in der Verkäuferinsolvenz nicht auch bei einem verlängerten Eigentumsvorbehalt sein Anwartschaftsrecht auf Eigentumserwerb durchsetzen sollte. Art. 10 findet daher auch bei anderen Formen des Eigentumsvorbehaltes Anwendung, soweit – wie auch der Wortlaut von Abs. 1 und Abs. 2 indiziert – die Sicherheit am Vorbehaltsgut bzw. das Anwartschaftsrecht am Vorbehaltsgut in Frage steht, dh die Umstände für eine Erweiterung oder Verlängerung des Eigentumsvorbehaltes noch nicht eingetreten sind. Sind diese eingetreten, so bleibt der Verkäufer mit seinen anderweitigen dinglichen Ansprüchen (die sich nun nicht mehr auf das Vorbehaltsgut beziehen, sondern auf neue Sachen oder Rechte) über Art. 8 geschützt.[7]

Liegt ein Eigentumsvorbehalt im Sinne des Art. 10 vor, so ist – ebenso wie bei Art. 8 – als **4** selbständige Vorfrage zu prüfen, ob der Eigentumsvorbehalt wirksam vereinbart ist.[8] Diese Vorfrage hat das angerufene Gericht nach seinem autonomen Kollisionsrecht[9] zu entscheiden (bei beweglichen Sachen idR die *lex rei sitae*, dh das Recht des Belegenheitsortes).[10]

2. Im Gebiet eines anderen Mitgliedsstaates. Die Vorbehaltsware muss sich nach dem **5** Wortlaut von Art. 10 Abs. 1 und Abs. 2 „*im Gebiet eines anderen Mitgliedsstaates als dem der Verfahrenseröffnung*" befinden. Die Formulierung weicht damit von der in Art. 8 Abs. 1 verwendeten Formulierung ab, die nur auf das „*Gebiet eines anderen Mitgliedsstaates*" abstellt (ohne den Zusatz „*als dem der Verfahrenseröffnung*"). Hierbei handelt es sich jedoch lediglich um einen redaktionellen Fehler. Inhaltliche Unterschiede ergeben sich daher zu der fast gleichlautenden Voraussetzung in Art. 8 nicht.

Demgemäß ist Art. 10 nur anzuwenden, wenn sich die Vorbehaltsware in einem anderen Mit- **6** gliedsstaat befindet, als dem Staat des Hauptverfahrens nach Art. 3 Abs. 1.[11] Wo sich die Vorbehaltsware befindet, richtet sich nach Art. 2 lit. g, dh dem Belegenheitsort.[12] Findet in dem Mitgliedsstaat,

---

[5] Vgl. zum Eigentumsvorbehalt in weiteren Rechtsordnungen *Lehr* RIW 2000, 747; *Schlüter* IHR 2001, 141; für Österreich Duursma-Kepplinger/Duursma/Chalupsky/*Duursma-Kepplinger* EuInsVO 2000 Art. 7 Rn. 33 ff.; zum deutschem Recht vgl. BGH NJW 70, 1733; BGHZ 70, 96; BGH NJW 68, 392; BGH NJW 82, 1749 u. 1751; BGH NJW-RR 86, 1378 mwN; BGH NJW 65, 687; BGH NJW 75, 1269; BGHZ 64, 395; BGH NJW 70, 699; BGH NJW 69, 1171; BGH NJW 91, 2286; BGH NJW 91, 1038; BGHZ 27, 306; BGH NJW 87, 487 mwN; BGH NJW 78, 538; BGH NJW 68, 1516; BGHZ 26, 178; BGHZ 32, 361; BGH NJW 79, 213 und 2199; BGHZ 96, 182; BGHZ 97, 197 mwN; BGHZ 42, 58; BGH NJW 80, 175.
[6] Vgl. nur Duursma-Kepplinger/Duursma/Chalupsky/*Duursma-Kepplinger* EuInsVO 2000 Art. 7 Rn. 32 ff.; Gottwald/Kolmann/*Keller* § 133 Rn. 51 ff.; HKInsO/*Dornblüth* Art. 10 Rn. 2; Rauscher/*Mäsch* EuInsVO 2000 Art. 7 Rn. 3; MüKoBGB/*Kindler* Art. 10 Rn. 4; LSZ/*Zeuner* EuInsVO 2000 Art. 7 Rn. 2; wohl auch *Virgos/Garcimartin*, European Insolvency Regulation, Rn. 172; Konecny/Schubert/*Maderbacher* EuInsVO 2000 Art. 7 Rn. 9 f.; Mankowski/Müller/Schmidt/*Schmidt* Art. 10 Rn. 8; Vallender/*Liersch* Art. 10 Rn. 4; *Schmitz*, Dingliche Mobiliarsicherheiten, S. 96.
[7] Auf dieses Zusammenspiel mit Art. 8 weisen bereits *Virgos/Garcimartin*, European Insolvency Regulation, Rn. 172 hin; ebenso *Schmitz*; Dingliche Mobiliarsicherheiten, S. 97; Rauscher/*Mäsch* EuInsVO 2000 Art. 7 Rn. 3.
[8] Vgl. zu Vorfragen bei dinglichen Rechten im Sinne von → Art. 8 Rn. 6.
[9] Vgl. hierzu bereits die Darstellung der strittigen Diskussion im Rahmen des → Art. 8 Rn. 6 f.
[10] Vgl. dazu MüKoBGB/*Kindler* Art. 10 Rn. 5; auch MüKoBGB/*Wendehorst* Art. 43 EGBGB Rn. 85.
[11] *Virgos/Schmit*, Erläuternder Bericht, Rn. 113; *Fletcher*, Insolvency in International Private Law, S. 275 f.; *Huber* ZZP 114 (2001), 133, 159 f.; *Leible/Staudinger* KTS 2000, 533, 553.
[12] Vgl. → Art. 2 Rn. 32; für Transportmittel und *res in transitu* instruktiv auch *Schmitz*, Dingliche Mobiliarsicherheiten, S. 101.

in dem die Vorbehaltsware belegen ist, ein Sekundärverfahren statt, so ist die Sondervorschrift des Art. 10 grundsätzlich nicht anwendbar. Es gilt gemäß Art. 35 – ohne Sonderanknüpfung – die *lex fori concursus separatii*, dh das Insolvenzrecht des Sekundärverfahrensstaates. Ebenfalls findet Art. 10 dann keine Anwendung, wenn kein Hauptverfahren eröffnet wurde, sondern nur ein Partikularverfahren und sich die Vorbehaltsware in einem anderen Staat als dem des Partikularverfahrens befindet. Denn die Wirkungen eines Partikularverfahrens sind nach Art. 3 Abs. 2 ebenfalls auf die in dem Gebiet des Partikularverfahrensstaates belegenen Vermögenswerte beschränkt und erfassen daher schon nicht Vermögensgegenstände, die in einem anderen Mitgliedstaat belegen sind.

7   Ist die Vorbehaltsware nicht in einem anderen Mitgliedstaat belegen, sondern in einem Drittstaat (zu dem auch Dänemark gehört),[13] so ist Art. 10 nicht anwendbar. Die Vorschrift ist auch nicht zu einer allseitigen Kollisionsnorm auszubauen mit der Wirkung, dass die Vorschrift analog auch für Drittstaaten gelte.[14] Auch Art. 7 ist von seinem sachlich-räumlichen Anwendungsbereich nicht anwendbar.[15] Vielmehr richten sich die Wirkungen der Verfahrenseröffnung für Vorbehaltsware in Drittstaaten nach dem jeweiligen nationalen autonomen Kollisionsrecht des angerufenen Gerichts.[16] Mangels Sonderanknüpfung im deutschen autonomen Insolvenzkollisionsrecht unterliegen die Wirkungen der Verfahrenseröffnung bei einer Verkäuferinsolvenz daher dem Recht des Verfahrensstaates, während § 351 für den Fall der Käuferinsolvenz das Aus- oder Absonderungsrecht im Falle eines ausländischen Verfahrens unberührt lässt.[17]

8   **3. Zum Zeitpunkt der Eröffnung des Verfahrens.** Ebenfalls identisch mit den Tatbestandsvoraussetzungen nach Art. 8 ist das Erfordernis, dass sich die Vorbehaltsware jedenfalls *„zum Zeitpunkt der Eröffnung des Verfahrens"* in einem anderen Mitgliedstaat befinden muss. Art. 2 lit. f enthält für den Zeitpunkt der Verfahrenseröffnung eine Legaldefinition, die auch für die Bestimmung des Zeitpunktes nach Art. 10 Abs. 1 und Abs. 2 heranzuziehen ist. Soweit der EuGH im Rahmen der Eurofood Entscheidung den Zeitpunkt der Eröffnung eines Insolvenzverfahrens anderweitig definiert hat, so gilt diese Definition lediglich für das Prioritätsprinzip und Art. 19 Abs. 1 Unterabs. 1 (vgl. zur gleichen Problematik bei → Art. 8 Rn. 11 f.).

III. Rechtsfolgen in der Käuferinsolvenz (Abs. 1)

9   Art. 10 Abs. 1 schränkt die Wirkungen des Rechtes des Verfahrensstaates im Falle einer **Käuferinsolvenz** in derselben Weise ein, wie dies in Art. 8 für dingliche Rechte geregelt wurde: die Eröffnung lässt die Rechte des Verkäufers aus seinem Eigentumsvorbehalt unberührt. Die Rechtsfolge ist daher identisch mit der Rechtsfolge für dingliche Rechte nach Art. 8.[18] Der Verkäufer kann daher die sich aus der *lex rei sitae* ergebenden Rechte aus dem Eigentumsvorbehalt ungeachtet der Insolvenz des Vorbehaltskäufers ausüben, soweit die oben genannten Tatbestandsvoraussetzungen vorliegen. Auch insoweit betrifft die Einschränkung „nicht berührt" – ebenso wie bei Art. 8 – jedoch nur die sich aus dem Insolvenzrecht ergebenden Vollstreckungsbeschränkungen. Art. 10 verleiht dem Vorbehaltsverkäufer keine weitergehenden Rechte, als ihm nach dem zugrundeliegenden Rechtsverhältnis zustehen.

10 Die prozessuale Geltendmachung des Eigentumsvorbehalts durch den Eigentumsvorbehaltsverkäufer fällt nach der EuGH-Entscheidung *German Graphis* hingegen nicht unter die sog. Annexzuständigkeit des Art. 3. Die internationale Zuständigkeit für eine entsprechende Herausgabeklage richtet sich vielmehr nach der EuGVVO.[19] Ist eine Herausgabeklage zum Zeitpunkt der Verfahrenseröffnung anhängig, ist für den Fortgang des Verfahrens allerdings Art. 18 zu beachten, der nach der jeweils anzuwendenden *lex fori* gegebenenfalls zu einer Unterbrechung des Verfahrens führen kann.[20]

---

[13] Vgl. → Art. 1 Rn. 23.
[14] Vgl. hierzu bereits → Art. 1 Rn. 31 ff.
[15] Vgl. nochmals → Art. 1 Rn. 35.
[16] Vgl. *Virgos/Schmit*, Erläuternder Bericht, Rn. 94; *Virgos/Garcimartin*, European Insolvency Regulation, Rn. 158; Duursma-Kepplinger/Duursma/Chalupsky/*Duursma-Kepplinger* EuInsVO 2000 Art. 1 Rn. 54; *Paulus* Art. 10 Rn. 4.; Vallender/*Liersch* Art. 10 Rn. 8; KPB/*Bork* Art. 10 Rn. 9; aA und für eine Anwendung von Art. 7 Mankowski/Müller/Schmidt/*Schmidt* Art. 10 Rn. 12; Geimer/Schütze/*Huber*, B Vor I 20b, EuInsVO 2000 Art. 7 Rn. 6; Rauscher/*Mäsch* EuInsVO 2000 Art. 7 Rn. 11, EuInsVO 2000 Art. 4 Rn. 5, EuInsVO 2000 Art. 5 Rn. 15.
[17] Vgl. → § 335 Rn. 63, 92 sowie → § 351 Rn. 10 f.
[18] Vgl. hierzu → Art. 8 Rn. 17 ff.
[19] EuGH, Urt. V. 10.9.2009, Rs. C-292/08 *(German Graphics)*, NZI 2009, 741 Rn. 21 ff., 34; *Cranshaw* DZWIR 2010, 89 ff.; Lüttringhaus/Weber RIW 2010, 45 ff.; *Mankowski* NZI 2010, 508 ff.
[20] Dies war in dem Ausgangsverfahren vom LG Braunschweig, das der Entscheidung des EuGH zugrunde lag, nicht beachtet worden, vgl. *Cranshaw* DZWIR 2010, 89, 92.

Die Rechtsfolge aus Art. 10 Abs. 1 („nicht berührt") geht daher nicht soweit, die in Art. 15 angeordnete Verfahrensunterbrechung zu verdrängen.

IV. Rechtsfolgen in der Verkäuferinsolvenz (Abs. 2)

Bei Art. 10 Abs. 2, der den Fall der **Verkäuferinsolvenz** regelt, handelt es sich dagegen nicht **11** um eine Kollisions- oder Anerkennungsnorm, sondern (systemwidrig) um eine **Norm des materiellen Insolvenzrechts**.[21] Die Norm legt nämlich nicht das anwendbare Recht fest, sondern regelt, dass die Eröffnung des Insolvenzverfahrens nicht die Auflösung oder Beendigung des Kaufvertrages rechtfertigt. Die Norm ist daher mit § 107 Abs. 1 InsO vergleichbar und schützt das nach dem anwendbaren Sachenrecht eventuell bestehende Anwartschaftsrecht des Käufers,[22] und zwar unabhängig von dem Insolvenzrecht der beteiligten Rechtsordnungen. Rechtspolitisch ist eine solche Sachnorm jedoch zweifelhaft. Sie verdrängt damit sowohl das materielle Insolvenzrecht des Verfahrensstaates als auch dasjenige des Staates der Belegenheit der Vorbehaltsware. Art. 10 Abs. 2 hindert nämlich selbst dann die Auflösung oder Beendigung des Kaufvertrages, wenn dies sowohl nach dem Insolvenzrecht des Lageorts, als auch nach dem Recht des Verfahrensstaates möglich gewesen wäre. Damit wird das Anwartschaftsrecht des Käufers möglicherweise umfassender geschützt, als dessen Vertrauen auf Grundlage der möglicherweise anwendbaren Rechtsordnungen.

Ob sich die materielle Regelung des Art. 10 Abs. 2 auch durchsetzt, wenn in dem anderen **12** Vertragsstaat sodann ein Sekundärverfahren eröffnet wird, ist streitig, im Ergebnis jedoch zu verneinen.[23] Die Frage wird dann relevant, wenn das Recht des Sekundärverfahrensstaates hinter dem Schutz des Vorbehaltskäufers nach Art. 10 Abs. 2 zurück bleibt. Allerdings – und das ist unstreitig – gilt der Schutz des Art. 10 Abs. 2 auch nicht im Hauptverfahrensstaat, da die Regelung ausdrücklich voraussetzt, dass sich die Sache in einem anderen Mitgliedstaat als dem Hauptverfahrensstaat befinden muss. Warum sich dann nicht aber auch das Recht des Sekundärverfahrensstaates durchsetzen kann (wie dies auch im Rahmen des Art. 8 der Fall ist, vgl. → Art. 8 Rn. 15) ist nicht nachvollziehbar. Die sich hieraus ergebenden Ungereimtheiten sind alleine der Tatsache geschuldet, dass der europäische Gesetzgeber in das System der Kollisionsnormen in Art. 7 ff. systemwidrig eine dann räumlich begrenzte Sachrechtsnorm eingestellt hat.

Keineswegs klar, aber bisher nicht erörtert, ist die Reichweite der Sachnorm. Denn die Sach- **13** norm betrifft nach dem Wortlaut nur die „Auflösung" oder „Beendigung" des Kaufvertrages sowie den „Eigentumserwerb". Sie ist daher ihrem Zweck nach auf die Insolvenzfestigkeit des Eigentumserwerbes gerichtet. Unklar ist aber, ob anderweitige Modifikationen des Kaufvertragsverhältnisses im Zusammenhang mit der Insolvenz auch von Art. 10 Abs. 2 erfasst werden. Dass solche anderweitigen Modifikationen oder Fragen im Zusammenhang mit dem Kaufvertrag denkbar sind, ergibt sich schon aus § 107 Abs. 1 S. 2 InsO. Diese Vorschrift erstreckt das (damit insolvenzfeste) Wahlrecht des Käufers auch auf weitere Verpflichtungen des Verkäufers, die über die Eigentumsverschaffung hinausgehen. Danach kann der Käufer auch dann Erfüllung verlangen, wenn der Verkäufer gegenüber dem Käufer noch weitere Verpflichtungen übernommen hat. Man wird jedoch das in Art. 10 enthaltene Verbot der Auflösung oder Beendigung des Kaufvertrages auch dann gelten lassen müssen, wenn zu den Pflichten des Verkäufers noch weitere Pflichten neben der Eigentumsverschaffung hinzutreten. Ansonsten wäre der Anwendungsbereich von Art. 10 Abs. 2 auf den reinen Gattungskauf beschränkt. Werklieferungsverträge, bei denen der Hersteller nach Wünschen des Auftraggebers eine Maschine herstellt, wären ansonsten nicht erfasst. Hätte der Werklieferant die Maschine am Sitz des Bestellers zusammenzubauen und zu installieren, bestünden ansonsten zwar der insolvenzfeste Eigentumsverschaffungsanspruch. Dieser würde sich jedoch nicht mehr auf die hergestellte Maschine beziehen, sondern nur noch auf die vor Ort befindlichen Einzelteile. Durch eine weite Auslegung würde auch der Anwendungsbereich des Art. 10 Abs. 2 nicht unangemessen erweitert. Da nämlich der Eigentumsvorbehalt voraussetzt, dass der Gegenstand an den Käufer oder Besteller bereits überge-

---

[21] Ebenso Mankowski/Müller/Schmidt/*Schmidt* Art. 10 Rn. 17; K. Schmidt/*Undritz* Art. 10 Rn. 12; HKInsO/*Dornblüth* Art. 10 Rn. 7; Duursma-Kepplinger/Duursma/Chalupsky/*Duursma-Kepplinger* EuInsVO 2000 Art. 7 Rn. 22; Gebauer/Wiedmann/*Haubold*, Zivilrecht, EuInsVO 2000 Art. 7 Rn. 130; HKInsO/*Dornblüth* Art. 10 Rn. 7; Rauscher/*Mäsch* EuInsVO 2000 Art. 7 Rn. 8; MüKoBGB/*Kindler* Art. 10 Rn. 9; *Taupitz* ZZP 111 (1998), 315, 342; *Schmitz*, Dingliche Mobiliarsicherheiten, S. 99.

[22] *Virgos/Schmit*, Erläuternder Bericht, Rn. 114; *Huber* ZZP 114 (2001), 133, 160; *Leible/Staudinger* KTS 2000, 533, 553.

[23] Wie hier: Vallender/*Liersch* Art. 10 Rn. 10; *Paulus* Art. 10 Rn. 5; Konecny/Schubert/*Maderbacher* EuInsVO 2000 Art. 7 Rn. 25; Vorrang des Art. 10 Abs. 2 vor dem Recht des Sekundärverfahrensstaates räumen hingegen Mankowski/Müller/Schmidt/*Schmidt* Art. 10 Rn. 18; Duursma-Kepplinger/Duursma/Chalupsky/*Duursma-Kepplinger* EuInsVO 2000 Art. 7 Rn. 28; *Schmitz*, Dingliche Mobiliarsicherheiten, S. 99 f.; MüKoBGB/*Kindler* Art. 10 Rn. 15 ein.

ben wurde,[24] fallen Werklieferungsverträge, bei denen der Gegenstand noch nicht übergeben worden war, nicht unter Art. 10 Abs. 2, sodass es sich in der Praxis regelmäßig „nur noch" um die Installation des Kaufgegenstandes handeln dürfte.

V. Rechtsunwirksamkeit des Eigentumsvorbehaltes aus anderen Gründen (Abs. 3)

14 Art. 10 Abs. 3 wiederum hat lediglich klarstellenden Charakter und enthält eine Einschränkung der Sonderregeln für die Insolvenz des Vorbehaltskäufers oder die Insolvenz des Vorbehaltsverkäufers. Die Rückausnahme von Art. 10 erfasst sämtliche Tatbestände, aus denen sich eine Nichtigkeit, relative Unwirksamkeit oder Anfechtbarkeit herleiten lässt, weil die Gesamtheit der Gläubiger benachteiligt wird.[25] Hierzu gehört nicht nur die Insolvenzanfechtung, sondern vielmehr fallen darunter auch Regelungen über die Unwirksamkeit von Rechtshandlungen kurz vor der Insolvenz (zB § 88 InsO) oder im Rahmen des Insolvenzeröffnungsverfahrens (vgl. §§ 24, 81, 82 InsO). Insoweit kann auf die Kommentierung unter → Art. 7 Rn. 47 ff. verwiesen werden.

Art. 11 Vertrag über einen unbeweglichen Gegenstand

(1) Für die Wirkungen des Insolvenzverfahrens auf einen Vertrag, der zum Erwerb oder zur Nutzung eines unbeweglichen Gegenstands berechtigt, ist ausschließlich das Recht des Mitgliedstaats maßgebend, in dessen Hoheitsgebiet sich dieser Gegenstand befindet.

(2) Die Zuständigkeit für die Zustimmung zu einer Beendigung oder Änderung von Verträgen nach diesem Artikel liegt bei dem Gericht, das das Hauptinsolvenzverfahren eröffnet hat, wenn

a) ein derartiger Vertrag nach den für diese Verträge geltenden Rechtsvorschriften des Mitgliedstaats nur mit Zustimmung des Gerichts der Verfahrenseröffnung beendet oder geändert werden kann und

b) in dem betreffenden Mitgliedstaat kein Insolvenzverfahren eröffnet worden ist.

Literatur: Vergleiche die allgemeinen Literaturangaben vor Art. 1.

Übersicht

	Rn.		Rn.
I. Normzweck	1	4. Belegenheit in anderem Mitgliedstaat	14
II. Voraussetzungen	4	III. Rechtsfolgen	16
1. Unbewegliche Gegenstände	4	1. Lex rei sitae	16
2. Erfasste Vertragsformen	6	2. Reichweite im Hinblick auf andere Unwirksamkeitsgründe	18
3. Zeitpunkt des Vertragsschlusses	11	IV. Internationale Zuständigkeit (Abs. 2)	19

I. Normzweck

1 Wie sich die Eröffnung des Insolvenzverfahrens auf laufende Verträge des Schuldners auswirkt, untersteht gem. Art. 7 Abs. 2 S. 2 lit. e der *lex fori concursus*. Art. 11 enthält jedoch eine Sonderanknüpfung wonach sich die Wirkungen des Insolvenzverfahrens auf Verträge über den Erwerb oder die Nutzung unbeweglicher Gegenstände ausschließlich nach der *lex rei sitae* richten. Damit wird der Tatsache Rechnung getragen, dass für Immobilien zum Schutz des lokalen Rechtsverkehrs regelmäßig auf das Recht des Lageortes abgestellt wird und vielfach auch nur die Gerichte des Lageortes für Auseinandersetzungen über unbewegliches Vermögen zuständig sind.[1] Die ausschließli-

---

[24] *Virgos/Garcimartin*, European Insolvency Regulation, Rn. 171; Duursma-Kepplinger/Duursma/Chalupsky/ *Duursma-Kepplinger* EuInsVO 2000 Art. 7 Rn. 22; Geimer/Schütze/*Huber*, B Vor I 20b, EuInsVO 2000 Art. 7 Rn. 18; LSZ/*Zeuner* EuInsVO 2000 Art. 7 Rn. 11.

[25] Duursma-Kepplinger/Duursma/Chalupsky/*Duursma-Kepplinger* EuInsVO 2000 Art. 7 Rn. 52; Gottwald/ *Kolmann/Keller* § 133 Rn. 56; Geimer/Schütze/*Huber*, B Vor I 20b, EuInsVO 2000 Art. 7 Rn. 18; MüKoBGB/*Kindler* Art. 10 Rn. 22; LSZ/*Zeuner* EuInsVO 2000 Art. 7 Rn. 14; Mankowski/Müller/ Schmidt/*Schmidt* Art. 10 Rn. 20.

[1] Auf den Schutz lokaler Interessen stellen auch *Virgos/Schmit*, Erläuternder Bericht, Rn. 118 ab; *Fletcher*, Insolvency in International Private Law, S. 277; vgl. auch Art. 22 Nr. 1 EuGVVO, der eine ausschließliche Zuständigkeit für die Gerichte am Lageort begründet; zu dessen Reichweite vgl. *Kropholler/von Hein*, Europ.

che Anwendung der *lex rei sitae* statt der *lex causae* (dem Vertragsstatut) ist für die Wirkung der Verfahrenseröffnung auf schwebende Verträge freilich fraglich, weil nach dem über die Rom I-VO auch in den anderen Mitgliedsstaaten geltende Internationale Privatrecht die Vertragsparteien das auf die in Art. 11 genannten Vertragstypen anwendbare Recht frei wählen können.[2] Durch die Verweisung auf die *lex rei sitae* ist die Verweisung einer Rechtswahl durch die Parteien nicht zugänglich.[3] Die zwingende Anwendung der *lex rei sitae* kann daher an sich nur dem Rechtsverkehr dienen. Insoweit ist jedoch fraglich, welche Rechte Dritter, die durch die Anwendung des Rechts des Lageortes geschützt werden sollen, bei Nutzungs- oder Erwerbsverträgen überhaupt tangiert sind. Offensichtlich ist der direkte Verweis auf das Recht des Lageortes jedoch auf Druck einiger Mitgliedsstaaten entstanden, die die Anwendung ihres Lageortrechtes für Immobilien in ihrem Hoheitsbereich sicherstellen wollten.[4] Soweit damit eventuell ein Schutz nicht gewerblicher Mieter beabsichtigt war, geht Art. 11 deutlich über das Ziel hinaus.

Art. 11 ist zudem im Zusammenhang mit Art. 14 zu lesen, der – breiter gefasst – auch die 2 Wirkung des Insolvenzverfahrens „auf Rechte des Schuldners an einem unbeweglichen Gegenstand" dem Recht unterstellt, unter dessen Aufsicht das Register geführt wird (was ebenfalls auf das Recht des Lageortes hinausläuft). Die Abgrenzung zu Art. 14 zeigt jedoch den begrenzten Anwendungsbereich von Art. 11. Als Ausnahmevorschrift zur Regelanknüpfung in Art. 7 Abs. 2 S. 2 lit. e ist Art. 11 daher eng auszulegen.[5]

Im Zusammenhang mit der Reform der EuInsVO wurden keine Änderungen an der Vorgängerre- 3 gelung Art. 8 EuInsVO 2000 vorgenommen. Offensichtlich hat die Anwendung der Norm bisher auch in der Praxis keine erheblichen Anwendungsprobleme bereitet, weshalb Rechtsprechung zu Art. 11 bisher weitgehend fehlt. Allerdings wurde die Regelung des Art. 11 – ebenso wie die Kollisionsnorm des Art. 13 – durch einen weiteren Abs. 2 ergänzt, der den Fall erfasst, dass die Beendigung nach dem anwendbaren Recht der Zustimmung eines Gerichts bedarf (vgl. dazu näher → Rn. 19 f.).

II. Voraussetzungen

1. Unbewegliche Gegenstände. Nach allgemeiner Auffassung der Literatur ist der Begriff des 4 „unbeweglichen Gegenstandes" verordnungsautonom auszulegen.[6] Diese Schlussfolgerung ist jedoch nicht zwingend. So sehen die später erlassenen Richtlinien für Kreditinstitute und Versicherungsunternehmen[7] jeweils vor, dass das Recht des Lageortes darüber entscheiden soll, ob es sich um einen beweglichen oder unbeweglichen Gegenstand handelt.[8] Diesen in der Verordnung nicht enthaltenen Zusatz könnte man durchaus als spätere Klarstellung des Verordnungsgebers verstehen, dass er die Auslegung des Begriffes „unbeweglicher Gegenstand" dem Recht des Lageortes überlassen soll. Es würde sich demnach bei der Bestimmung des Begriffs „unbeweglicher Gegenstand" um eine selbstständige Vorfrage handeln, die über das Recht des Lageortes zu bestimmen wäre. Da die Vorschrift der Sicherung der Interessen des Rechts des Lageortes dient, wäre eine entsprechende Anwendung des Rechts des Lageortes auch nachvollziehbar. Im Ergebnis ist jedoch aus systematischen Gründen einer verordnungsautonomen Auslegung der Vorzug zu geben. Alle Sonderanknüpfungen in Art. 8 ff. berücksichtigen bestimmte näher bezeichnete Interessen, ohne die Bestimmung des Anwendungsbereiches dem nationalen Sachrecht zu überlassen. Das sollte auch für den Begriff des unbeweglichen Gegenstandes in Art. 11 gelten. Bei einer verordnungsautonomen Bestimmung

---

Zivilprozessrecht, Art. 22 EuGVO Rn. 10 f.; Rauscher/*Mankowski*, Europ. Zivilprozessrecht, Art. 22 Brüssel I-VO Rn. 4 ff.

[2] Vgl. Art. 3 Abs. 1 und Art. 12 Abs. 1 lit. c Rom I-VO; MüKoBGB/*Martiny* Rom I-VO Art. 4 Rn. 114 ff.

[3] Unbestritten, vgl. Stoll/*Flessner*, Vorschläge und Gutachten, S. 224; *Taupitz* ZZP 111 (1998), 345; Konecny/Schubert/*Maderbacher* EuInsVO 2000 Art. 8 Rn. 5.

[4] So zumindest *Virgos/Garcimartin*, European Insolvency Regulation, Rn. 204; *Taupitz* ZZP 111 (1998), 315, 345.

[5] Allg. Auffassung vgl. MüKoBGB/*Kindler* Art. 11 Rn. 1; Duursma-Kepplinger/Duursma/Chalupsky/*Duursma-Kepplinger* EuInsVO 2000 Art. 8 Rn. 4; Geimer/Schütze/*Huber*, B Vor I 20b, EuInsVO 2000 Art. 8 Rn. 1; Rauscher/*Mäsch* EuInsVO 2000 Art. 8 Rn. 3; LSZ/*Zeuner* EuInsVO 2000 Art. 8 Rn. 4.

[6] Vallender/*Liersch* Art. 11 Rn. 5; K. Schmidt/*Undritz* Art. 11 Rn. 3; HKInsO/*Dornblüth* Art. 11 Rn. 2; FKInsO/*Wenner/Schuster* Art. 11 Rn. 3; Mankowski/Müller/Schmidt/*Mankowski* Art. 11 Rn. 10 ff.; Duursma-Kepplinger/Duursma/Chalupsky/*Duursma-Kepplinger* EuInsVO 2000 Art. 8 Rn. 4; Gottwald/Kolmann/Keller § 133 Rn. 61; HKInsO/*Dornblüth* Art. 11 Rn. 2; Geimer/Schütze/*Huber*, B Vor I 20b, EuInsVO 2000 Art. 8 Rn. 3; MüKoBGB/*Kindler* Art. 11 Rn. 2; LSZ/*Zeuner* EuInsVO 2000 Art. 8 Rn. 4.

[7] RL (EG) 2001/24 über die Sanierung und die Liquidation von Kreditinstituten v. 4.4.2001, abgedruckt in ABl. EG Nr. L 125/15 v. 5.5.2001 sowie RL (EG) 2001/17 über die Sanierung und Liquidation von Versicherungsunternehmen v. 19.3.2001, abgedr. in ABl. EG Nr. L 110/28 v. 20.4.2001; vgl. dazu auch → Art. 1 Rn. 20.

[8] Jeweils Art. 20b und Art. 19b der beiden vorgenannten Richtlinien.

des Begriffs des unbeweglichen Gegenstandes sollte man daher strikt auf die physische Beweglichkeit des Gegenstandes abstellen und rechtliche Fiktionen weitgehend außer Acht lassen. Unter den Begriff des unbeweglichen Gegenstandes fallen daher nur Grundstücke und Gebäude.

5 Gelegentlich wird die Frage aufgeworfen, ob auch **Luftfahrzeuge** und **Schiffe** unter den Begriff des unbeweglichen Gegenstandes nach Art. 11 fallen können. Eine solche weite Auslegung von Art. 11 ist jedoch zu verneinen. Zwar haben Luftfahrzeuge und Schiffe mit unbeweglichen Gegenständen gemein, dass die dinglichen Rechte hieran einer Registerpflicht unterliegen. Für die Rechte an Schiffen, Luftfahrzeugen und unbeweglichen Gegenständen trifft jedoch Art. 14 eine Sonderregelung. Die Tatsache, dass in Art. 14 neben Luftfahrzeugen und Schiffen auch unbewegliche Gegenstände nochmals genannt sind (vgl. → Rn. 2) lässt im Umkehrschluss darauf schließen, dass Schiffe und Luftfahrzeuge von Art. 11 gerade nicht erfasst werden sollen.

6 **2. Erfasste Vertragsformen.** Art. 11 nennt zwei Vertragsrechte oder -pflichten im Hinblick auf den unbeweglichen Gegenstand, nämlich (a) dessen Erwerb oder (b) dessen Nutzung. Ein Vertrag, der zum **Erwerb** des Gegenstandes berechtigt, ist wiederum jeder Vertrag, der einem Vertragspartner nach Abwicklung des Vertrages die Eigentümerposition am Immobilienvermögen einräumt. Zu den Erwerbsverträgen zählen daher Kauf-[9] aber auch Schenkungsverträge.[10] Ein Vertrag über den Erwerb anderer Rechte, die dem Erwerber nicht die Eigentümerposition, sondern andere eventuell auch dinglich gesicherte Rechte einräumen, fällt dagegen nicht unter die Vorschrift, da eine solche Auslegung vom Wortlaut des Art. 11 nicht gedeckt ist.[11] Grundpfandrechte, die ein eigentümerähnliches Verwertungsrecht begründen, fallen daher nicht unter Art. 11.[12] Nicht erforderlich ist, dass beispielsweise die nach deutschem Recht erforderlichen dinglichen Übertragungserklärungen (die Auflassung) bereits abgegeben worden sind. Der Abschluss des schuldrechtlichen Kaufvertrages ist ausreichend,[13] zumal andere Rechtsordnungen das in dieser Differenzierung zum Ausdruck kommende Abstraktionsprinzip nicht unbedingt kennen.[14] Die Regelung gilt unabhängig davon, ob der Verkäufer oder Käufer insolvent ist.[15]

7 Art. 11 gilt darüber hinaus für alle Vertragstypen, die **Nutzungsrechte** an unbeweglichen Gegenständen einräumen. Hierzu gehören Miet-,[16] Pacht- oder Leasingverträge etc.[17] Die Vorschrift gilt auch unabhängig davon, ob das Nutzungsrecht rein schuldrechtlich oder sogar dinglich ausgestaltet ist.[18]

---

[9] *Virgos/Schmit*, Erläuternder Bericht, Rn. 119; *Balz* ZIP 1996, 950; *Vallender/Liersch* Art. 11 Rn. 9; KPB/ *Bork* Art. 11 Rn. 8; K. Schmidt/*Undritz* Art. 11 Rn. 6; Duursma-Kepplinger/Duursma/Chalupsky/ *Duursma-Kepplinger* EuInsVO 2000 Art. 8 Rn. 1; *Fritz/Bähr* DZWIR 2001, 221, 228; *Gottwald*, Grenzüberschreitende Insolvenzen, S. 37; HKInsO/*Dornblüth* Art. 11 Rn. 3; *Leible/Staudinger* KTS 2000, 533, 557; MüKoBGB/*Kindler* Art. 11 Rn. 4; *Paulus* Art. 11 Rn. 4; *Taupitz* ZZP 111 (1998), 315, 345.

[10] *Balz* ZIP 1996, 950; KPB/*Bork* Art. 11 Rn. 8; K. Schmidt/*Undritz* Art. 11 Rn. 6; *Vallender/Liersch* Art. 11 Rn. 9; Duursma-Kepplinger/Duursma/Chalupsky/*Duursma-Kepplinger* EuInsVO 2000 Art. 8 Rn. 1; *Fritz/ Bähr* DZWIR 2001, 221, 228; *Gottwald*, Grenzüberschreitende Insolvenzen, S. 37; HKInsO/*Dornblüth* Art. 11 Rn. 3; *Geimer/Schütze/Huber*, B Vor I 20b, EuInsVO 2000 Art. 8 Rn. 4; *Leible/Staudinger* KTS 2000, 533, 557; MüKoBGB/*Kindler* Art. 11 Rn. 4; *Taupitz* ZZP 111 (1998), 315, 345.

[11] Auch *Virgos/Schmit* sprechen nur von einem Vertrag, der auf Übereignung des Gegenstandes abzielt, vgl. *Virgos/Schmit*, Erläuternder Bericht, Rn. 119.

[12] Vgl. Rauscher/*Mäsch* EuInsVO 2000 Art. 8 Rn. 4; *Paulus* Art. 11 Rn. 5, 7; aA MüKoBGB/*Kindler* Art. 11 Rn. 5.

[13] *Vallender/Liersch* Art. 11 Rn. 12; *Gottwald/Kolmann/Keller*, InsO-HdB, § 133 Rn. 60; *Geimer/Schütze/ Huber*, B Vor I 20b, EuInsVO 2000 Art. 8 Rn. 4; MüKoBGB/*Kindler* Art. 11 Rn. 4; HambKommInsO/ *Undritz* EuInsVO 2000 Art. 8 Rn. 2; K. Schmidt/*Undritz* Art. 11 Rn. 4.

[14] Ebenso Duursma-Kepplinger/Duursma/Chalupsky/*Duursma-Kepplinger* EuInsVO 2000 Art. 8 Rn. 22; Geimer/Schütze/*Huber*, B Vor I 20b, EuInsVO 2000 Art. 8 Rn. 4; MüKoBGB/*Kindler* Art. 11 Rn. 5; Rauscher/ *Mäsch* EuInsVO 2000 Art. 8 Rn. 4.

[15] *Vallender/Liersch* Art. 11 Rn. 11; Duursma-Kepplinger/Duursma/Chalupsky/*Duursma-Kepplinger* EuInsVO 2000 Art. 8 Rn. 2; Geimer/Schütze/*Huber*, B Vor I 20b, EuInsVO 2000 Art. 8 Rn. 4; Rauscher/*Mäsch* EuInsVO 2000 Art. 8 Rn. 5.

[16] Vgl. zum Begriff der Miete oder Pacht auch Art. 22 Nr. 1 EuGVVO; *Kropholler/von Hein*, Europ. Zivilprozessrecht, Art. 22 Rn. 23 ff.; Rauscher/*Mankowski* Art. 22 Brüssel I-VO Rn. 13 ff.; vgl. auch EuGH v. 9.6.1994, Rs. C-292/93 Lieber/Göbel, Slg. 1994 I 2913 = NJW 1995, 37.

[17] *Virgos/Schmit*, Erläuternder Bericht, Rn. 118; Duursma-Kepplinger/Duursma/Chalupsky/*Duursma-Kepplinger* EuInsVO 2000 Art. 8 Rn. 1; Geimer/Schütze/*Huber*, B Vor I 20b, EuInsVO 2000 Art. 8 Rn. 4; Rauscher/*Mäsch* EuInsVO 2000 Art. 8 Rn. 4; Nerlich/Römermann/*Nerlich/Hübler* EuInsVO 2000 Art. 8 Rn. 7; Mohrbutter/Ringstmeier/*Wenner* § 20 Rn. 325; MüKoBGB/*Kindler* Art. 11 Rn. 3; *Paulus* Art. 11 Rn. 4; K. Schmidt/*Undritz* Art. 11 Rn. 5; Braun/*Josko de Marx* Art. 11 Rn. 14.

[18] Für eine generelle Ausweitung auf dingliche Verträge auch Rauscher/*Mäsch* EuInsVO 2000 Art. 8 Rn. 4; LSZ/*Zeuner* EuInsVO 2000 Art. 8 Rn. 5; MüKoBGB/*Kindler* Art. 11 Rn. 5; Braun/*Josko de Marx* Art. 11 Rn. 12; Brinkmann/*Dahl/Kortleben* Art. 11 Rn. 7.

Erfasst werden daher auch die dem deutschen Recht bekannten Erbbaurechtsverträge sowie Dienstbarkeiten, die eine Nutzung des Grundstücks zum Gegenstand haben.[19] Soweit die dinglichen Nutzungsrechte allerdings in ein Register eingetragen sind, ist die Spezialvorschrift des Art. 14 zu beachten, die mit dem Verweis auf das Recht des Registerrechts im Ergebnis ebenfalls zum Recht des Lageortes führen dürfte. Art. 11 gilt bei Nutzungsverträgen – ebenso wie bei Erwerbsverträgen – unabhängig davon, ob der Nutzungsberechtigte oder der zur Nutzungsüberlassung Verpflichtete insolvent geworden ist.[20]

Während die Abgrenzung, ob ein Gegenstand unbeweglich oder beweglich ist, in der Praxis **8** jedoch selten Schwierigkeiten hervorrufen dürfte, können vielfältige Abgrenzungsprobleme bei sogenannten **typengemischten Verträgen** auftreten, oder wenn Gegenstand des Vertrages Sachgesamtheiten von unbeweglichen und beweglichen Gegenständen sind. Bei typengemischten Verträgen ist dies insbesondere denkbar, wenn mit der Veräußerung der Immobilie weitergehende Herstellungsverpflichtungen, wie beispielsweise die Errichtung eines Bauwerkes verbunden ist (sogenannter Bauträgervertrag). Entscheidend kann dann nicht sein, ob der durch Art. 11 geschützte Teil des Vertrages separierbar ist,[21] sondern ob Schwerpunkt des Vertrages eine der in Art. 11 genannten Vertragsformen ist.

Ähnliche Probleme stellen sich bei Kaufverträgen zum Erwerb von Sachgesamtheiten, die sich **9** aus beweglichen und unbeweglichen Gegenständen zusammensetzen. Dies ist beispielsweise denkbar bei einem Unternehmenskauf in Form eines Asset Deals oder bei einem Kaufvertrag über ein Grundstück einschließlich der beweglichen Betriebsgegenstände. Gleiches gilt für Nutzungsverträge, soweit auch bewegliche Gegenstände erfasst werden (wie beispielsweise die Betriebspacht oder Pachtverträge samt der dazugehörigen Betriebsausstattung). Zum Teil wird darauf abgestellt, ob die jeweiligen Verträge teilbar sind.[22] Eine solche Teilbarkeit muss sich jedoch dem Willen der Vertragsparteien eindeutig entnehmen lassen. Ist dies nicht der Fall, hängt die Anwendung von Art. 11 auch bei solchen Sachgesamtheiten davon ab, was den Schwerpunkt des Erwerbs- oder Nutzungsrechtes bildet. Bei einem Unternehmenskauf ist dies, auch wenn es sich um ein Betriebsgrundstück mit einem komplexen Maschinenpark handelt, in der Regel nicht der unbewegliche Gegenstand selbst, sondern die Sachgesamtheit, sodass Art. 11 nicht anwendbar wäre. Anderes gilt beispielsweise bei der Verpachtung eines Restaurants einschließlich des beweglichen Mobiliars, weil insoweit die Lage des unbeweglichen Gegenstandes entscheidender sein dürfte, als die bewegliche im Ergebnis ersetzbare Innenausstattung.

Von Art. 11 nicht erfasst werden dagegen Verträge über Anteile an Immobiliengesellschaften.[23] **10** Grundsätzlich folgen auch die sonstigen Regeln beim Verkauf von Unternehmensanteilen der Tatsache, dass Verkaufsgegenstand die Gesellschaftsanteile und nicht das Immobilienobjekt selbst ist.[24] Eine analoge Anwendung auch für Immobiliengesellschaften würde auch im Einzelfall schwer definierbare Abgrenzungsschwierigkeiten auslösen, je nachdem welche Vermögensgegenstände ansonsten noch das Gesellschaftsvermögen bilden.

3. Zeitpunkt des Vertragsschlusses. Aus dem Wortlaut von Art. 11 lässt sich implizit auch **11** herleiten, dass der (Erwerbs- oder Nutzungs-)**Vertrag** zum Zeitpunkt der Eröffnung des Insolvenzverfahrens bereits **abgeschlossen** sein muss. Denn Art. 11 spricht von den Wirkungen des Insolvenzverfahrens auf „einen Vertrag", und kann folglich nur einen zur Verfahrenseröffnung bestehenden Vertrag meinen.[25] Forderungen, die nach Eröffnung des Insolvenzverfahrens erst entstehen, werden von Art. 7 Abs. 2 S. 2 lit. g abgedeckt.[26] Zur Bestimmung des Zeitpunktes, wann von einer Verfahrenseröffnung auszugehen ist, gelten die zu Art. 2 Nr. 8 gemachten Ausführungen. Danach ist der Zeitpunkt des formellen Eröffnungsbeschlusses maßgebend, und nicht die Bestellung eines vorläufi-

---

[19] Geimer/Schütze/*Huber*, B Vor I 20b, EuInsVO 2000 Art. 8 Rn. 4; *Paulus* Art. 11 Rn. 4; HambKommInsO/*Undritz* EuInsVO 2000 Art. 8 Rn. 2; K. Schmidt/*Undritz* Art. 11 Rn. 5.
[20] Geimer/Schütze/*Huber*, B Vor I 20b, EuInsVO 2000 Art. 8 Rn. 4; Konecny/Schubert/*Maderbacher* EuInsVO 2000 Art. 8 Rn. 16.
[21] So aber *Paulus* Art. 11 Rn. 4; Konecny/Schubert/*Maderbacher* EuInsVO 2000 Art. 11 Rn. 15; FKInsO/*Wenner/Schuster*, Art. 11 Rn. 7.
[22] So zB in Bezug auf typengemischte Verträge: *Paulus* Art. 11 Rn. 4.
[23] Ebenso Rauscher/*Mäsch* EuInsVO 2000 Art. 8 Rn. 3; *Paulus* Art. 11 Rn. 4; Mankowski/Müller/Schmidt/*Mankowski* Art. 11 Rn. 13.
[24] Vgl. MüKoBGB/*Martiny* Rom I-VO Art. 4 Rn. 207 f.
[25] Vallender/*Liersch* Art. 11 Rn. 12; HKInsO/*Dornblüth* Art. 11 Rn. 4; Braun/*Josko de Marx* Art. 11 Rn. 13; MüKoBGB/*Kindler* Art. 11 Rn. 6; K. Schmidt/*Undritz* Art. 11 Rn. 7; Konecny/Schubert/*Maderbacher* EuInsVO 2000 Art. 8 Rn. 17; Geimer/Schütze/*Huber* EuInsVO 2000 Art. 8 Rn. 5.
[26] Hier handelt es sich dann um einen vom Verwalter selbst abgeschlossenen Vertrag, auf den Art. 11 keine Anwendung findet, die Verordnung aber wohl generell, vgl. dazu missverständlich insoweit Konecny/Schubert/*Maderbacher* EuInsVO 2000 Art. 8 Rn. 18.

gen Verwalters sowie die Einschränkung der Verfügungsbefugnis des Schuldners, die der EuGH im Zusammenhang mit dem Prioritätsprinzip nach Art. 3 als maßgeblichen Zeitpunkt der Eröffnung angesehen hat (vgl. → Art. 2 Rn. 25 ff.).

12 Ein Vertrag gilt zum Zeitpunkt der Verfahrenseröffnung auch dann als abgeschlossen, wenn die zum Vertrag führenden Willenserklärungen zwar abgegeben wurden, die Wirksamkeit und Durchführung des Vertrages jedoch noch von **Bedingungen** abhängt, die zum Zeitpunkt der Verfahrenseröffnung noch nicht eingetreten sind. Gleiches gilt für erst nach Verfahrenseröffnung eintretende Befristungen. In beiden Fällen haben sich nämlich die Vertragsparteien bereits für sie bindend verpflichtet.

13 Abgrenzungsschwierigkeiten können jedoch bei **Optionsverträgen** bestehen, wenn der Vertrag zwar schon abgeschlossen ist, die Durchführung aber davon abhängt, dass eine Vertragspartei das ihr eingeräumte Optionsrecht ausübt. Derartige Optionen finden sich vielfach in gewerblichen Mietverträgen zur Verlängerung des Mietverhältnisses zugunsten des Mieters. Optionsrechte, die jedoch vor der Verfahrenseröffnung noch nicht ausgeübt wurden, fallen nicht unter Art. 11. Da es sich nur um ein einseitiges Optionsrecht handelt, ist nämlich auch der Optionsberechtigte aus dem Vertrag noch nicht verpflichtet. Nach deutschem materiellen Recht liegt daher in dieser Situation auch noch kein bedingt abgeschlossener Vertrag vor, sondern lediglich ein Vertragsangebot mit verlängerter Bindungswirkung.[27] Insoweit ist auch die Notwendigkeit für einen Vertrauensschutz in das Recht des Lageortes zum Zeitpunkt der Ausübung der Option nicht mehr gegeben. Darüber hinaus würde eine Erweiterung von Art. 11 auf derartige Optionsrechte auch das Wahlrecht des Insolvenzverwalters für die Fortführung laufender Verträge, das auch in anderen Rechtsordnungen der Mitgliedsstaaten existiert, unterlaufen.

14 **4. Belegenheit in anderem Mitgliedsstaat.** Nach dem Wortlaut von Art. 11 ist nicht Voraussetzung, dass sich der unbewegliche Gegenstand in einem anderen Mitgliedstaat befindet als dem der Verfahrenseröffnung. Entsprechende Klarstellungen sehen beispielsweise Art. 8 und Art. 10 vor. Die Belegenheit des Gegenstandes in einem anderen Vertragsstaat ist jedoch eine ungeschriebene Tatbestandsvoraussetzung für den Anwendungsbereich von Art. 11. Befindet sich nämlich der unbewegliche Gegenstand in dem Gebiet eines Verfahrensstaates selbst, so findet über den unbeweglichen Gegenstand über Art. 7 Abs. 2 S. 2 lit. e ohnehin das Recht des Mitgliedsstaates Anwendung, in dessen Gebiet der Gegenstand belegen ist (das Recht des Verfahrensstaates). Für eine von Art. 7 abweichende Sonderanknüpfung besteht daher kein Anlass. Gleiches gilt für unbewegliche Gegenstände, die im Mitgliedsstaat eines Sekundärverfahrens belegen sind.

15 Liegt der unbewegliche Gegenstand dagegen nicht in einem der Mitgliedsstaaten, sondern in einem **Drittstaat,** so ist nach dem klaren Wortlaut Art. 11 nicht anwendbar.[28] Nach der hier vertretenen, aber streitigen Auffassung findet jedoch auch die allgemeine Kollisionsnorm nach Art. 7 keine Anwendung.[29] Vielmehr sind die Kollisionsnormen der Verordnung für die Auswirkungen der Insolvenzeröffnung auf Erwerbs- und Nutzungsverträgen an unbeweglichen Gegenständen sachlich-räumlich nicht anwendbar, wenn der unbewegliche Gegenstand in einem Drittstaat liegt. Die Rechtsfolgen bestimmen sich daher ausschließlich nach dem autonomen Kollisionsrecht des angerufenen Gerichts (vgl. → Art. 1 Rn. 33).

III. Rechtsfolgen

16 **1. Lex rei sitae.** Handelt es sich um einen Vertrag in vorgenanntem Sinne, ist nach dem Wortlaut von Art. 11 für die Wirkung des Insolvenzverfahrens auf den Vertrag ausschließlich das Recht des Mitgliedsstaates maßgebend, in dessen Gebiet dieser Gegenstand belegen ist. Nach ganz überwiegender Auffassung handelt es sich hierbei um eine Sachnormverweisung und nicht um einen Verweis auf die Kollisionsnormen des Lagestaates.[30] Dafür spricht schon die Entstehungsgeschichte der Norm, wonach es den Mitgliedsstaaten darauf ankam, durch die Sonderanknüpfung in Art. 11 ihr eigenes örtliches Recht zur Anwendung zu bringen.[31] Dieser Zielrichtung würde nicht gerecht,

---

[27] Vgl. Palandt/*Ellenberger* Einf v. § 145 Rn. 23.
[28] Vallender/*Liersch* Art. 11 Rn. 14; Braun/*Josko de Marx* Art. 11 Rn. 7; K. Schmidt/*Undritz* Art. 11 Rn. 8; Uhlenbruck/*Lüer* EuInsVO 2000 Art. 8 Rn. 12; Geimer/Schütze/*Huber*, B Vor I 20b, EuInsVO 2000 Art. 8 Rn. 6; Mohrbutter/Ringstmeier/*Wenner* § 20 Rn. 326; Rauscher/*Mäsch* EuInsVO 2000 Art. 8 Rn. 7.
[29] Vgl. hierzu auch schon → Art. 1 Rn. 31; aA K. Schmidt/*Undritz* Art. 11 Rn. 8; Vallender/*Liersch* Art. 11 Rn. 13; Rauscher/*Mäsch* EuInsVO Art. 4, Rn. 5; Mohrbutter/Ringstmeier/*Wenner* § 20 Rn. 326.
[30] Ganz allg. Meinung, vgl. Mankowski/Müller/Schmidt/*Mankowski* Art. 11 Rn. 32; Braun/*Josko de Marx* Art. 11 Rn. 2; MüKoBGB/*Kindler* Art. 11 Rn. 1; Geimer/Schütze/*Huber*, B Vor I 20b, EuInsVO 2000 Art. 8 Rn. 2, 7; Rauscher/*Mäsch* EuInsVO 2000 Art. 8 Rn. 1; Konecny/Schuber/*Maderbacher* EuInsVO 2000 Art. 8 Rn. 6; s. a. BGH, Beschl. v. 20.7.2017, IX ZB 69/16, juris Rn. 19.
[31] Vgl. → Rn. 1.

würde man die Verweisung in Art. 11 als eine kollisionsrechtliche Verweisung verstehen. Die Verweisung auf das Sachrecht des Lageortes beschränkt sich allerdings auf eine Verweisung auf das Insolvenzrecht des Lageortes und die dort geregelten Wirkungen der Verfahrenseröffnung auf die Verträge.[32] Untersteht der Vertrag daher einem anderen Vertragsstatut, so ist dies für alle anderen Fragen – außer der Auswirkung der Eröffnung auf den Vertrag – maßgebend. Art. 11 erfasst ebenfalls keine Rang- oder Verteilungsfragen. Erlaubt das Insolvenzrecht der *lex rei sitae* – wie zB § 109 InsO – eine Beendigung des Nutzungsvertrages, so gilt für den Rang der sich hieraus ergebenden Schadensersatzforderung wiederum Art. 7 Abs. 2 S. 2 lit. i, mithin die *lex fori concursus*.

Anders als bei Art. 8, Art. 9 oder Art. 10 handelt es sich bei Art. 11 nicht um eine Alternativanknüpfung, die das ansonsten anwendbare Recht beschränkt, sondern um eine die anderen Rechtsordnungen im Anwendungsbereich von Art. 11 verdrängende Sondervorschrift. Dies wurde durch den Begriff „ausschließlich" klargestellt. Die Rechtsfolgen für die Wirkungen des Insolvenzverfahrens auf einen Vertrag ergeben sich daher ausschließlich unter Anwendung des Rechts des Lageortes, ohne dass noch das Recht des Verfahrensstaates parallel dazu geprüft werden müsste.[33]

2. Reichweite im Hinblick auf andere Unwirksamkeitsgründe. Art. 11 enthält anders als Art. 8 Abs. 4, Art. 9 Abs. 2, Art. 10 Abs. 3 und Art. 12 Abs. 2 keine Rückausnahme dahingehend, dass die Regelung in Art. 11 der Nichtigkeit, Anfechtbarkeit oder relativen Unwirksamkeit einer Rechtshandlung nach Art. 7 Abs. 2 S. 2 lit. m nicht entgegenstünde. In der Tat ließe sich im Umkehrschluss hieraus folgern, dass die Reichweite der in Art. 11 statuierten Verweisung auch die in Art. 7 Abs. 2 S. 2 lit. m genannten Unwirksamkeitsgründe und folglich auch die Sonderanknüpfung in Art. 16 erfasse. Dies wird jedoch von der ganz überwiegenden Meinung zu Recht abgelehnt.[34] Zunächst hat der Verordnungsgeber Art. 11 als Ausnahmevorschrift zu Art. 7 Abs. 2 S. 2 lit. e aufgefasst, wonach sich die Wirkungen auf laufende Verträge des Schuldners nach der *lex fori concursus* richten. Auch die Ausführungen von *Virgos/Schmit* im Erläuternden Bericht beziehen sich ausschließlich auf das Schicksal der Vertragsdurchführung und mögliche Lösungsrechte des Insolvenzverwalters für den Insolvenzfall.[35] Insoweit ist auch der Anwendungsbereich des Art. 8 wesentlicher enger, als der Anwendungsbereich der Art. 8 und 10, die weitergehend generell die „Rechte" des Gläubigers an einem Gegenstand regeln. Für diesen weiten Anwendungsbereich macht die Rückausnahme gegenüber Art. 7 Abs. 2 S. 2 lit. m wiederum Sinn. Soweit dagegen im Anwendungsbereich des Art. 11 die Unwirksamkeit oder Anfechtbarkeit des in Frage stehenden Vertrages zu überprüfen ist, bestimmt sich das hierfür maßgebende Recht ebenfalls nach Art. 7 Abs. 2 S. 2 lit. m, unter Berücksichtigung der für eine Insolvenzanfechtung geltenden Sonderanknüpfung gemäß Art. 16, ohne dass es einer ausdrücklichen Klarstellung bedurft hätte.

IV. Internationale Zuständigkeit (Abs. 2)

Der neu eingefügte Abs. 2 adressiert ein praktisches Problem, das dadurch entsteht, dass aufgrund der Sonderanknüpfung in Abs. 1 nicht das Recht des Verfahrensstaates Anwendung findet, sondern das davon abweichende Recht des Belegenheitsstaates. Da es einer Zustimmung durch das Insolvenzgericht für die Beendigung oder Änderung eines Dauerschuldverhältnisses nach Abs. 1 bedarf, entsteht eine Kompetenzlücke: denn im Recht des Belegenheitsstaates gibt es kein Insolvenzgericht, das das Insolvenzverfahren führt. Das materielle Insolvenzrecht verweist daher auf die Zustimmung eines Insolvenzgerichts, das es im Belegenheitsstaat in dieser Funktion nicht gibt. Das Insolvenzgericht des Hauptverfahrens hingegen kennt aber eventuell eine solche Zustimmungspflicht nach eigenem Insolvenzrecht nicht. In dieser Situation ist unklar, welches Insolvenzgericht die Zustimmung erteilen soll.

Abs. 2 regelt die Kompetenzlücke dahingehend, dass das Insolvenzgericht des Hauptverfahrensstaats für die Erteilung der Zustimmung zuständig ist. Das ist zutreffend, da die Zustimmungspflicht sich aus der Bedeutung der Vertragsbeendigung oder -änderung für das Insolvenzverfahren insgesamt herleitet und daher diese Entscheidung beim verfahrensführenden Insolvenzgericht liegen sollte. Die

---

[32] Ebenfalls ganz hM: *Virgos/Schmit*, Erläuternder Bericht, Rn. 118; Vallender/*Liersch* Art. 11 Rn. 15; *Paulus* Art. 11 Rn. 8 aE; Geimer/Schütze/*Huber*, B Vor I 20b, EuInsVO 2000 Art. 8 Rn. 2, 7.

[33] Allgemeine Auffassung, vgl. nur Geimer/Schütze/*Huber*, B Vor I 20b, EuInsVO 2000 Art. 8 Rn. 7; MüKoBGB/*Kindler* EuInsVO 2000 Art. 8 Rn. 8; *Paulus* Art. 11 Rn. 8; K. Schmidt/*Undritz* Art. 11 Rn. 9; Mankowski/Müller/Schmidt/*Mankowski* Art. 11 Rn. 31 ff.

[34] Vgl. OLG Koblenz NZI 2011, 448, 449; Duursma-Kepplinger/Duursma/Chalupsky/*Duursma-Kepplinger* EuInsVO 2000 Art. 8 Rn. 10 f.; Geimer/Schütze/*Huber*, B Vor I 20b, EuInsVO 2000 Art. 8 Rn. 7; Rauscher/*Mäsch* EuInsVO 2000 Art. 8 Rn. 8; MüKoBGB/*Kindler* Art. 11 Rn. 12; K. Schmidt/*Undritz* Art. 11 Rn. 10; LSZ/*Zeuner* Art. 8 Rn. 9; differenzierend: *Paulus* Art. 11 Rn. 11; ebenso: *Virgos/Garcimartin*, European Insolvency Regulation, Rn. 205.

[35] Vgl. *Virgos/Schmit*, Erläuternder Bericht Rn. 116.

Regelung gilt allerdings nicht, wenn in dem Belegenheitsstaat ebenfalls ein Verfahren, mithin ein Sekundärverfahren durchgeführt werden sollte.[36] Insoweit käme es aber auch nicht zu einer von der *lex fori concursus* abweichenden Sonderanknüpfung, da das Recht des (Sekundär-)Verfahrensstaats und der Belegenheit identisch wären. In diesem Fall entscheidet das Insolvenzgericht des Sekundärverfahrensstaates über die Zustimmung der Beendigung oder Änderung der unter Abs. 1 fallenden Dauerschuldverhältnisse. Art. 11 Abs. 2 regelt nicht nur die internationale, sondern auch die örtliche und sachliche Zuständigkeit des Gerichts, das die Zustimmung erteilen kann.[37] Die Tatsache hingegen, dass Abs. 2 nur das Zustimmungserfordernis durch Gerichte regelt, und damit enger als Art. 13 gefasst ist, der auch behördliche Entscheidungen in die Regelung mit einbezieht, dürfte eine bewusste Entscheidung des Verordnungsgebers gewesen sein. Insoweit war kein praktischer Anwendungsbereich nach den Insolvenzrechten der Mitgliedsländer für die Einbeziehung behördlicher Entscheidungen erkennbar.

Art. 12 Zahlungssysteme und Finanzmärkte

(1) Unbeschadet des Artikels 8 ist für die Wirkungen des Insolvenzverfahrens auf die Rechte und Pflichten der Mitglieder eines Zahlungs- oder Abwicklungssystems oder eines Finanzmarktes ausschließlich das Recht des Mitgliedsstaats maßgebend, das für das betreffende System oder den betreffenden Markt gilt.

(2) Absatz 1 steht einer Nichtigkeit, Anfechtbarkeit oder relativen Unwirksamkeit der Zahlungen oder Transaktionen gemäß den für das betreffende Zahlungssystem oder den betreffenden Finanzmarkt geltenden Rechtsvorschriften nicht entgegen.

Literatur: *Braun* (Hrsg.), Insolvenzordnung, 8. Aufl. 2020; *Kayser/Thole* (Hrsg.), Insolvenzordnung, 9. Aufl. 2018; *Keller*, Die EG-Richtlinie 98/26 vom 19.5.1998 über die Wirksamkeit von Abrechnungen in Zahlungs- sowie Wertpapierliefer- und -abrechnungssystemen und ihre Umsetzung in Deutschland, WM 2000, 1269; *Kübler/Prütting/Bork* (Hrsg.), InsO – Kommentar zur Insolvenzordnung, Stand: Oktober 2019; *Leonhardt/Smid/Zeuner* (Hrsg.), Internationales Insolvenzrecht: Kommentar, 2. Aufl. 2012; *Mankowski/Müller/J. Schmidt* (Hrsg.), Europäische Insolvenzordnung, 1. Aufl. 2015; Münchener Kommentar zum BGB, Bd. 12, 7. Aufl. 2018; Münchener Kommentar zur Insolvenzordnung, Bd. 1–3, 4. Auflage 2019–2020; *Nerlich/Römermann* (Hrsg.), Insolvenzordnung, Stand: Juli 2019; *Niggemann/Blenske*, Die Auswirkungen der Verordnung (EG) Nr. 1346/2000 auf den deutsch-französischen Rechtsverkehr, NZI 2003, 471; *Reiner*, ISDA Master Agreement, 1. Aufl. 2013; *Pannen* (Hrsg.), Europäische Insolvenzordnung, 1. Aufl. 2007; *Uhlenbruck* (Hrsg.), Kommentar zur Insolvenzordnung, 14. Aufl. 2015; *Zerey* (Hrsg.), Finanzderivate – Rechtshandbuch, 4. Aufl. 2016.

I. Normzweck

Art. 12 EuInsVO entspricht (abgesehen vom aktualisierten Querverweis auf Art. 8 EuInsVO statt auf Art. 5 EuInsVO 2000) wörtlich Art. 9 EuInsVO 2000.

1   Art. 12 enthält eine **Sonderanknüpfung für Mitglieder eines Zahlungs- oder Abwicklungssystems oder eines Finanzmarktes.** Für diese gilt nicht die Generalkollisionsnorm der *lex fori concursus* (Art. 7), sondern das für das System bzw. den Markt geltende Vertragsstatut eines Mitgliedsstaats *(lex systema).* Hintergrund der Regelung ist, dass der Zahlungsverkehr und die Abwicklung von Derivate-, Waren- und Wertpapiergeschäften vermehrt über Zahlungs-, Abwicklungs- und Clearingsysteme ausgeführt werden. Hierbei findet eine fortlaufende Verrechnung einer Vielzahl von Zahlungs- bzw. Lieferforderungen zwischen dem jeweiligen System und dessen Mitgliedern statt. Käme es im Hinblick auf solche fortlaufenden Verrechnungen oder hinsichtlich der Verwertung von Sicherheiten und offenen Positionen zur Insolvenz eines Systemmitglieds mit Sitz in einem anderen Staat als dem Staat des Systems, würde ohne die Sonderregelung des Art. 12 die *lex fori concursus* des Mitglieds nach Art. 7 angewendet werden. Der vom System festgelegte Abwicklungsmechanismus würde dann vom Insolvenzrecht des Mitglieds überlagert und könnte dadurch nicht, wie vom Regelwerk des Systems vorgesehen, durchsetzbar sein. Der Betreiber des Systems bzw. seine Mitglieder müssten dann eine Vielzahl von Rechtsordnungen analysieren, um einen Überblick über mögliche rechtliche Insolvenzrisiken zu bekommen.[1] Bereits der „Erläuternde Bericht" von *Virgós/Schmit* führte daher aus, dass mit der Sonderanknüpfung an das für das Zahlungs-

---

[36] Brinkmann/Dahl/Kortleben Art. 11 Rn. 8; Bork/van Zwieten/Snowden Art. 11 Rn. 11.11; Vallender/Liersch Art. 11 Rn. 18; HKInsO/Dornblüth Art. 11 Rn. 5; K. Schmidt/Undritz Art. 11 Rn. 12.

[37] Wimmer/Bornemann/Lienau Rn. 304; Paulus Art. 11 Rn. 15; MüKoBGB/Kindler Art. 11 Rn. 10; Braun/Josko de Marx Art. 11 Rn. 21.

[1] Die entsprechende Bestimmung im deutschen Insolvenzkollisionsrecht, die Art. 8 der Finalitätsrichtlinie umsetzt, ist § 340 Abs. 3 InsO; vgl. hierzu → § 340 Rn. 1.

system oder den Finanzmarkt geltende Recht das **allgemeine Vertrauen in die Wirksamkeit von Abrechnungs- und Zahlungsmechanismen** geschützt werden solle.[2]

II. Anwendungsvoraussetzungen

1. Vorliegen eines Zahlungs- und Abwicklungssystems. Die Begriffe „Zahlungs- oder Abwicklungssystem" oder „Finanzmarkt" sind in der Verordnung nicht näher definiert. Da Art. 12 denselben Regelungsinhalt und -zweck wie die Finalitätsrichtlinie wiedergibt und Erwägungsgrund 71 S. 4 der EuInsVO auf die Finalitätsrichtlinie verweist, erscheint es sinnvoll, zunächst auf die Definition des Begriffs „System" in Art. 2 Buchstabe (a) der Finalitätsrichtlinie zurückzugreifen.[3] Anders als nach dem Wortlaut der Richtlinie und § 96 Abs. 2 InsO ist für das Vorliegen eines Zahlungs- oder Abwicklungssystems nach Art. 12 Abs. 1 jedoch nicht erforderlich, dass dieses System der Europäischen Wertpapier- und Marktaufsichtsbehörde gemeldet wurde.[4]

2. Auffangcharakter des Finanzmarktbegriffs. Ob dem Begriff des „Finanzmarktes" gegenüber dem Begriff des „Zahlungs- und Abwicklungssystems" eigenständige Bedeutung zukommt, ist fraglich, jedoch zu bejahen. Die Finalitätsrichtlinie verwendet ausschließlich die Begriffe „Zahlungs-, sowie Wertpapierliefer- und -abrechnungssysteme", nicht aber den Begriff des Finanzmarktes. Schon bei der Finalitätsrichtlinie war kritisiert worden, dass im Zuge der Verhandlungen in den Ratsarbeitsgruppen der Anwendungsbereich auf „förmliche" Systeme verengt wurde.[5] Es erscheint insoweit sinnvoll, den Begriff des Finanzmarktes als übergeordneten Auffangbegriff zu verstehen, der auch weitere Finanzmarktsysteme erfasst, denen insolvenzrechtlich dasselbe Risiko zugrunde liegt. Dafür spricht auch die von *Virgós/Schmit* verwendete Definition des Begriffes Finanzmarkt. Danach ist unter dem Begriff des Finanzmarktes ein Markt in einem Vertragsstaat zu verstehen, auf dem Finanzinstrumente, sonstige Finanzwerte oder Warenterminkontrakte und -optionen gehandelt werden, der regelmäßig funktioniert, dessen Funktions- und Zugangsbedingungen durch Vorschriften geregelt sind und der dem Recht des jeweiligen Vertragsstaates unterliegt, einschließlich einer etwaigen entsprechenden Aufsicht von Seiten der zuständigen Behörde dieses Vertragsstaates.[6]

3. Mitglieder eines Systems oder Finanzmarktes. Mitglieder eines Zahlungs- und Abwicklungssystems sowie eines Finanzmarktes sind die Teilnehmer des Systems.[7] Die maßgebliche Definition des Begriffes „Teilnehmer" (*„Participant"*) ist hierbei vor dem Hintergrund von Art. 2 Buchstabe (f) der Finalitätsrichtline zu lesen. „Teilnehmer" waren in der Praxis vor diesem Hintergrund bislang vor allem Kreditinstitute, die jedoch, genauso wie Wertpapierfirmen und Versicherungsunternehmen, aufgrund von Art. 1 Abs. 2 EuInsVO vom Anwendungsbereich der EuInsVO ausgeschlossen sind. Die praktische Bedeutung des Art. 12 wurde daher zurecht als gering eingeschätzt.[8] Diese Beobachtung war für die üblichen Zahlungs- und Abwicklungssysteme aus dem Finanzbereich, die durch die Finalitätsrichtlinie erfasst werden, sicherlich ebenso zutreffend wie für typische, in der Regel regulierte Finanzmärkte.[9]

---

[2] *Virgos/Schmit*, Erläuternder Bericht, Rn. 120; vgl. zum Schutzzweck von Art. 9 EuInsVO 2000 auch Uhlenbruck/*Lüer* Art. 9 EuInsVO 2000 Rn. 2; Nerlich/Römermann/*Nerlich*, VO (EG) 1346/2000, Art. 9 EuInsVO 2000 Rn. 2; MüKoBGB/*Kindler*, VO (EU) 2015/848, Art. 12 Rn. 3; Mankowski/Müller/J. Schmidt/*Mankowski* EuInsVO Art. 12 Rn. 3; vgl. auch *Keller* WM 2000, 1269, 1272 zur entsprechenden Vorschrift der sog. Finalitätsrichtlinie.

[3] Danach ist ein „System" eine förmliche Vereinbarung zwischen mindestens drei Teilnehmern, die dem Recht eines von diesen gewählten Mitgliedstaaten, in dem zumindest einer der Teilnehmer seine Hauptverwaltung hat, unterliegt und gemeinsame Regeln für die Ausführung von Zahlungs- und Überweisungsaufträgen zwischen den Teilnehmern vorsieht, vgl. auch KPB/*Bork* Art. 12 Rn. 9 sowie Braun/*Josko de Marx* Art. 12 Rn. 6; ausführlich zum Begriff „System" auch → § 104 Rn. 246 ff. und § 340 Rn. 9.

[4] Die Europäische Wertpapier- und Marktaufsichtsbehörde veröffentlicht eine laufend aktualisierte Liste der Systeme nach Art. 10 Abs. 1 Finalitätsrichtlinie unter: https://www.esma.europa.eu/sites/default/files/library/designated_payment_and_securities_settlement_systems.pdf (Update 23.9.2019).

[5] Vgl. hierzu auch *Keller* WM 2000, 1269, 1270 mwN.

[6] *Virgós/Schmit*, Erläuternder Bericht, Rn. 120.

[7] Pannen/*Pannen* Art. 9 EuInsVO 2000 Rn. 21; LSZ/*Zeuner* Art. 9 EuInsVO 2000 Rn. 8.

[8] Vgl. bspw. Uhlenbruck/*Lüer* Art. 9 EuInsVO 2000 Rn. 4; MüKoBGB/*Kindler*, VO (EU) 2015/848, Art. 12 Rn. 4; KPB/*Bork* Art. 12 EuInsVO Rn. 7.

[9] Sofern an einem Finanzmarkt Geschäfte abgeschlossen werden, die mit erfolgtem Abschluss über ein Clearinghaus abgewickelt werden, käme es auf das entsprechende Clearinghaus als System und die Mitglieder (Clearingmitglieder) dieses Systems an, da die Rechte und Pflichten gegenüber dem Clearinghaus bestünden und der Finanzplatz lediglich für den Abschluss an sich Bedeutung hätte; vgl. zum Begriff des „Systems" und dessen Anwendung auf Clearinghäuser (zentrale Gegenparteien) generell → § 104 Rn. 246 ff.

5   Es ist davon auszugehen, dass zunehmend auch Unternehmen, die keine Kreditinstitute oder Wertpapierfirmen sind, Mitglieder an Clearinghäusern sein werden, zB im Rahmen von Direct Access-/Sponsored Membership-Modellen, die auch nicht regulierten Unternehmen unter bestimmten Voraussetzungen direkten Zugang zu Clearinghäusern geben. Solche Unternehmen wären dann nicht vom persönlichen Anwendungsbereich der EuInsVO auf Grundlage von Art. 1 Abs. 2 EuInsVO ausgenommen. Um solche Modelle rechtssicher zu ermöglichen, wurde die Definition des „Teilnehmers" in der Finalitätsrichtline erweitert.[10] „Teilnehmer" nach Art. 2 Buchst. (f) der Finalitätsrichtlinie sind mit der Änderung nicht mehr nur Institute, zentrale Gegenparteien, Verrechnungsstellen, Clearingstellen und Systembetreiber, sondern auch Clearingmitglieder von nach Art. 17 der Verordnung (EU) Nr. 648/2012 (EMIR) zugelassenen zentralen Gegenparteien. Dieser generelle Verweis auf Clearingmitglieder erfasst somit auch unregulierte Unternehmen, die Clearingmitglieder sind und die vom persönlichen Anwendungsbereich der EuInsVO erfasst sind.

6   **4. Wahl des Rechts eines Mitgliedsstaats.** Die Sonderanknüpfung in Art. 12 ist nach seinem Wortlaut jedoch nur anwendbar, wenn von den Teilnehmern des Systems oder Finanzmarktes das Recht eines Mitgliedsstaats vereinbart worden ist. Diese Beschränkung korrespondiert mit der Vereinheitlichung der Behandlung dieser Systeme im Insolvenzfall durch Art. 3 Abs. 1 der Finalitätsrichtlinie. Unterliegt das Vertragsstatut des Systems oder Finanzmarktes daher nicht dem Recht eines Mitgliedsstaats, so findet die Sonderanknüpfung keine Anwendung. Vielmehr verbleibt es – soweit keine sonstigen Sonderanknüpfungen wie beispielsweise für die Aufrechnung greifen – bei der Anknüpfung an die *lex fori concursus*.

III. Anwendungsfolgen

7   Für Mitglieder eines Zahlungs- und Abwicklungssystems sowie eines Finanzmarktes gilt im Anwendungsbereich von Art. 12 nicht die Generalkollisionsnorm der *lex fori concursus* (Art. 7), sondern das für das System bzw. den Markt geltende Recht *(lex systema)*.

8   **1. Ausnahme dinglicher Rechte nach Art. 8.** Die Verweisung auf das Vertragsstatut lässt nach Abs. 1 („Unbeschadet des Artikels 8") die Regelung über dingliche Rechte nach Art. 8 unberührt.[11] Dingliche Rechte, die im Zusammenhang mit einem relevanten System oder Markt eingeräumt wurden und zur Zeit der Eröffnung des Insolvenzverfahrens in einem anderen Mitgliedstaat als dem Eröffnungsstaat belegen sind, bleiben insoweit von der Eröffnung des Insolvenzverfahrens unberührt.[12]

9   Dies beeinträchtigt jedoch beispielsweise nicht die bei Clearinghäusern oft übliche **Vollrechtsübertragung von Wertpapieren als Margensicherheiten,** die sich durch eine uneingeschränkte Übereignung des Sicherungsgutes an den Sicherungsnehmer von Verpfändungen, Sicherungsübereignungen und ähnlichen Besicherungen unterscheidet.[13] Bei einer Vollrechtsübertragung findet damit vor Insolvenz eine vollständige Übereignung an den Sicherungsnehmer statt. Überträgt ein Clearingmitglied Wertpapiere als Margensicherheit im Wege der Vollrechtsübertragung auf das Clearinghaus, werden die Positionen bei Ausfall des Clearingmitglieds durch Verrechnung (Netting des Wertes der Wertpapiere mit dem Wert offener Positionen) und nicht dinglich verwertet.[14] Der Schutz solcher Mechanismen und die Trennung der Positionen und Vermögenswerte von Kunden im Clearingbereich spiegelt sich grundsätzlich auch in der Verordnung (EU) 648/2012 des Europäischen Parlaments und des Rates (EMIR) wieder.[15]

---

[10] Änderung von Art. 2 Buchst. (f) der Finalitätsrichtlinie durch Art. 2 der Richtlinie (EU) 2019/879 zur Änderung der Richtlinie 2014/59/EU in Bezug auf die Verlustabsorptions- und Rekapitalisierungskapazität von Kreditinstituten und Wertpapierfirmen und der Richtlinie 98/26/EG (ABl. EU L 150, 296 ff v. 7.6.2019).

[11] *Virgós/Schmit,* Erläuternder Bericht, Rn. 124; *Niggemann/Blenske* NZI 2003, 471, 476.

[12] MüKoBGB/*Kindler,* VO (EU) 2015/848, Art. 12 Rn. 11; *Pannen/Pannen* Art. 9 EuInsVO 2000 Rn. 30; *Kayser/Thole/Dornblüth* Art. 12 EuInsVO Rn. 8; Uhlenbruck/*Lüer* Art. 9 EuInsVO 2000 Rn. 12; *Braun/Josko de Marx* Art. 12 EuInsVO Rn. 13.

[13] Vgl. generell zur Rechtsnatur von Vollrechtsübertragungen bei typischen Besicherungsgeschäften im Derivatebereich *Zerey/Behrends* § 6 Rn. 65 ff. (zum Besicherungsanhang des Rahmenvertrages für Finanztermingeschäfte) und *Zerey/von Sachsen-Altenburg* § 7 Rn. 81 ff. sowie *Reiner,* ISDA Master Agreement, Anh. 2 Rn. 24 (zum Credit Support Annex des ISDA Master Agreements); Besicherungsgeschäfte (Margensicherheiten) in Clearinghäusern nutzen in der Regel dieselbe Technik, wobei teilweise parallel auch noch andere Typen von Sicherheiten (wie zB die Verpfändung von Wertpapieren) verwendet werden.

[14] Vgl. zur entsprechenden Auslegung von § 340 InsO → § 340 Rn. 10.

[15] Vgl. bspw. Erwägungsgrund (64) EMIR: „Den Kunden von Clearingmitgliedern, die ihre OTC-Derivatekontrakte über CCPs clearen, sollte ein hohes Schutzniveau gewährt werden. Das tatsächliche Schutzniveau hängt vom Grad der Trennung ab, den diese Kunden wählen. […] Die in dieser Verordnung festgelegten Vorschriften für die Trennung und die Übertragbarkeit von Positionen und Vermögenswerten von Kunden

2. Erweiterung der Sonderanknüpfung. Abs. 2 erweitert die in Abs. 1 gewählte Sonderan- 10
knüpfung, indem – abweichend von der sonstigen Systematik der Verordnung – auch für sonstige
Unwirksamkeitsgründe auf das Vertragsstatut, und nicht wie beispielsweise bei Art. 8 Abs. 4, 9 Abs. 2
und 10 Abs. 3 auf die *lex fori concursus* zurückgegriffen wird.[16] Damit ist nicht nur die Anwendbarkeit
des Art. 7 Abs. 2 S. 2 lit. m ausgeschlossen, sondern auch des Art. 16.[17] Insoweit wird für die Teilnehmer des Systems oder Finanzmarktes sichergestellt, dass sich die **Rechtsfolgen der Insolvenzeröffnung ausschließlich nach dem System- bzw. Marktstatut** richten.

Art. 13 Arbeitsvertrag

(1) Für die Wirkungen des Insolvenzverfahrens auf einen Arbeitsvertrag und auf das Arbeitsverhältnis gilt ausschließlich das Recht des Mitgliedstaats, das auf den Arbeitsvertrag anzuwenden ist.

(2) Die Zuständigkeit für die Zustimmung zu einer Beendigung oder Änderung von Verträgen nach diesem Artikel verbleibt bei den Gerichten des Mitgliedstaats, in dem ein Sekundärinsolvenzverfahren eröffnet werden kann, auch wenn in dem betreffenden Mitgliedstaat kein Insolvenzverfahren eröffnet worden ist.
Unterabsatz 1 gilt auch für eine Behörde, die nach nationalem Recht für die Beendigung oder Änderung von Verträgen nach diesem Artikel zuständig ist.

Literatur: *Beck,* Verteilungsfragen im Verhältnis zwischen Haupt- und Sekundärinsolvenzverfahren nach der EuInsVO, NZI 2007, 1; *Braun/Wierzioch,* Neue Entwicklungen beim Insolvenzgeld, ZIP 2003, 2001; *Cranshaw,* Grenzüberschreitende Anfechtungsklagen – Auswirkungen der Rechtsprechung auf die Unionsgerichtsbarkeit, ZInsO 2012, 1237; *Dahl,* International jurisdiction for legal action for dismissal protection, IILR 2013, 289; *Fuhlrott/von Grönheim,* Insolvenzarbeitsrecht: Aktuelle Rechtsprechung des BAG, NZA 2009, 1057; *Graf,* EU-Insolvenzverordnung und Arbeitsverhältnis, ZAS 2002, 173; *Godfrey,* The Treatment of Security Rights in Cross-Border Insolvency Proceedings: The British Point of View, IILR 2014, 405; *Göpfert/Müller,* Englisches Administrationsverfahren und deutsches Insolvenzarbeitsrecht, NZA 2009, 1057; *Hübler,* Aktuelles internationales und ausländisches Insolvenzrecht – Oktober/November 2012, NZI 2012, 996; *dies.,* Aktuelles internationales und ausländisches Insolvenzrecht – April/Mai 2013, NZI 2013, 532; *Hützen/Poertzgen,* Insolvenzgeld für Arbeitnehmer in Deutschland bei ausländischem Insolvenzereignis am Beispiel der Niederlande, ZInsO 2010, 1720; *INSOL Europe,* Revision of the European Insolvency Regulation; *Liebmann,* Der Schutz der Arbeitnehmer bei grenzüberschreitenden Insolvenzen (Diss. Uni Trier, 2004), 2005 (zit.: *Liebmann,* Der Schutz des Arbeitnehmers); *Mankowski,* Anwendbarkeit des deutschen Internationalen Insolvenzrechts bei Liquiditätsverfahren, Anm. zu LAG Düsseldorf, Urt. v. 14.7.2011, 15 Sa 786/10; *ders.,* Bestimmung der Insolvenzmasse und Pfändungsschutz unter der EuInsVO, NZI 2009, 785 ff.; *ders.,* Anm. zu LAG Hessen, Urt. v. 14.12.2010, NZI 2011, 203; *ders.,* Internationale Zuständigkeit für die Zustimmung zur Entlassung im besonderen Kündigungsschutz, EuEA 2016, 244; *Paulick/Simon,* „EU-Grenzgänger" und die Anwendbarkeit der deutschen Pfändungsschutzvorschriften, ZInsO 2009, 1934 ff.; *Paulus,* EuInsVO: Änderungen am Horizont und ihre Auswirkungen, NZI 2012, 297; *ders.,* Die europäische Insolvenzverordnung und der deutsche Insolvenzverwalter, NZI 2001, 505; *Reisenhofer,* Zur Insolvenzmasse nach der EuInsVO – Lohnpfändungsschutz in der grenzüberschreitenden Insolvenz, in: Clavora/Garber (Hrsgb.) Grenzüberschreitende Insolvenzen im europäischen Binnenmarkt – die EuInsVO, S. 157 ff., Wien/Graz, 2011; *Riewe,* Aktuelles Internationales und ausländisches Insolvenzrecht – August/September 2011, NZI 2011, 806; *Schmidt,* Kurzkommentar zu LAG Frankfurt/M., Urt. v. 14.12.2010 – 13 Sa 969/10 (ZIP 2011, 289), EWiR 2011, 215; *Smid,* Voraussetzungen der Eröffnung eines deutschen Sekundärinsolvenzverfahrens – Geltendes Recht und Reformpläne, ZInsO 2013, 953; *Undritz,* Kurzkommentar zu ArbG Frankfurt/M., Urt. v. 23.2.2010 (18 Ca 7714/09, ZIP 2010, 1313), EWiR 2010, 637; *Wauschkuhn/Fröhlich,* EuGH: Insolvenzverfahrenseröffnung in Mitgliedstaat – Anerkennung und Vollstreckung von Entscheidungen – MG Probud, BB 2010, 529–532.

Übersicht

	Rn.			Rn.
I. Normzweck	1	3.	Sachliche Reichweite: Wirkungen des Insolvenzverfahrens auf das Arbeitsverhältnis	
II. Tatbestandsvoraussetzungen	4		nis	7
1. Arbeitsvertrag oder Arbeitsverhältnis	4	4.	Sachlich-räumlicher Anwendungsbereich	18
2. Maßgeblicher Zeitpunkt	6	**III. Rechtsfolgen**		20

---

sollten daher Vorrang vor etwaigen kollidierenden Rechts- oder Verwaltungsvorschriften der Mitgliedstaaten haben, die den Parteien an der Erfüllung dieser Vorschriften hindern".

[16] *Virgós/Schmit,* Erläuternder Bericht, Rn. 122; *Fletcher,* Insolvency, S. 278.
[17] *Braun/Josko de Marx* Art. 12 Rn. 16.

		Rn.			Rn.
1.	Kollisionsrechtliche Verweisung	20	3.	Einseitige kollisionsrechtliche Verweisung – Recht eines Mitgliedsstaates	23
2.	Ausschließlichkeit der Verweisung	21	IV.	Internationale Zuständigkeit (Abs. 2)	25

I. Normzweck

1   Die Auswirkungen der Insolvenz auf das Arbeitsverhältnis unterliegen in starkem Umfange sozialpolitischen Erwägungen. Arbeitsrecht in der Insolvenz ist daher in der Regel auch eng verzahnt mit den damit zusammenhängenden sozialversicherungsrechtlichen Fragen (zB dem Insolvenzgeld, das in der Regel an die *lex loci laboris* anknüpft, vgl. hierzu → Rn. 11). Die Wirkungen des Insolvenzverfahrens auf das Arbeitsverhältnis werden nach der Verordnung zum Schutz der Arbeitnehmer nicht durch die *lex fori concursus* (Art. 7), sondern von der *lex causae* des Arbeitsverhältnisses bestimmt (Nr. 20, 72 ErwG). Die *lex causae* des Arbeitsverhältnisses wird in den Mitgliedsstaaten seit Inkrafttreten der Rom I-VO zum 17.12.2009 einheitlich angeknüpft.[1] Nach Art. 8 Rom I-VO besteht zwar grundsätzlich Rechtswahlfreiheit, jedoch darf diese Rechtswahl nicht dazu führen, dass dem Arbeitnehmer der Schutz der zwingenden Vorschriften des „lokalen" Arbeitsrechts, der *lex loci laboris,* entzogen wird. Mit der Sonderanknüpfung an die *lex causae* des Arbeitsverhältnisses ist daher zweierlei sichergestellt: zum einen kommt es zu einem Gleichlauf des auf das Arbeitsverhältnis anwendbaren Vertragsstatuts sowie dem anwendbaren Insolvenzrecht; zum anderen kommt es in den meisten Fällen zudem zu einem Gleichlauf mit den hierauf abgestimmten sozialversicherungsrechtlichen und betriebsverfassungsrechtlichen Ansprüchen des Arbeitnehmers, die in der Regel ebenfalls an die *lex loci laboris* anknüpfen.[2] Ein solcher Gleichlauf ist sinnvoll, weil sowohl das Insolvenzrecht als auch das Sozialversicherungsrecht auf das bestehende Arbeitsrecht „aufsetzen" und dieses für den Fall der Insolvenz entsprechend modifizieren.[3] Dadurch werden Probleme der Angleichung durch Normwidersprüche oder Normmängel vermieden.[4]

2   Die praktische Bedeutung von Art. 13 als eine von Art. 7 abweichende Sonderanknüpfung dürfte in der Praxis jedoch beschränkt bleiben. Für die im Staat des Hauptverfahrens tätigen Arbeitnehmer wird Art. 13 nur in den seltenen Fällen relevant, in denen die Rechtswahl der Parteien von dem lokalen Recht abweicht. Diese Rechtswahl wird – wenn es sich um das Recht eines Mitgliedslandes handelt – gemäß Art. 13 zwar auch in der Insolvenz anerkannt. Jedoch gilt über Art. 11 Abs. 1 S. 2 Rom I-VO der Günstigkeitsvergleich. Soweit dagegen Arbeitnehmer in einem anderen Mitgliedsstaat gewöhnlich ihre Arbeit verrichten, liegt in der Regel eine Niederlassung im Sinne des Art. 2 Nr. 10 vor, deren Existenz wiederum gemäß Art. 3 Abs. 2 die Möglichkeit der Eröffnung eines so genannten Sekundärverfahrens begründet. Wird ein solches eröffnet, so kommt es wiederum zu einem Gleichlauf zwischen dem Recht des Arbeitsortes und dem auf das Sekundärinsolvenzverfahren anwendbare Recht (Art. 7, 35). Art. 13 bleibt daher in seiner praktischen Anwendung auf die seltenen Fälle beschränkt, in denen Arbeitnehmer gewöhnlich in einem anderen Mitgliedstaat als dem des Hauptverfahrens beschäftigt sind, ohne dass dort eine Niederlassung im Sinne von Art. 2 Nr. 10 besteht, sowie auf die Fälle, in denen im Mitgliedstaat eines Verfahrens das anwendbare Recht von dem Recht des Arbeitsortes abweicht und daher ein Günstigkeitsvergleich anzustellen ist.

3   Im Zusammenhang mit der Reform der EuInsVO[5] sind keine Änderungen an Art. 10 EuInsVO 2000 (nunmehr Art. 13) vorgenommen worden. Vielmehr bestätigte der *Vienna Report,* dass die Vorschrift bisher zu keinen größeren Auslegungsschwierigkeiten geführt habe.[6] Auch in der Rechtsprechungspraxis hatten sich keine erkennbaren Anwendungsschwierigkeiten ergeben. Sowohl die EU-Kommission als auch das EU-Parlament ließen daher die Norm unverändert. Allerdings wurde Art. 13 um eine Zuständigkeitsregelung ergänzt, die Rechtsstreitigkeiten über die Beendigung oder Modifizierung des Arbeitsverhältnisses betrifft (vgl. Abs. 2 und → Rn. 25 ff.).

---

[1] Vgl. zur Geltung und Umsetzung in den Mitgliedsstaaten Palandt/*Thorn* (IPR) Vor Rom I-VO Rn. 1 ff.; MüKoBGB/*Martiny*, 5. Aufl., Vor Art. 1 Rom I-VO Rn. 12.

[2] So ist zB das BetrVG nur für die im Inland belegenen Betriebe anwendbar; vgl. MHdB ArbR/*Boemke*, 4. Aufl., § 284 Rn. 25 ff.

[3] Vgl. im deutschen Recht nur §§ 114 f., 120 ff. InsO.

[4] Vgl. hierzu *Kegel/Schurig,* IPR, S. 48, 357 ff.; *v. Bar/Mankowski,* IPR, § 7 Rn. 252 ff.; Staudinger/*Sturm* Einl. zum IPR Rn. 216 ff.

[5] Vgl. zur Reform der EUInsVO grundsätzlich → Vor Art. 1 Rn. 11 ff.

[6] Vgl. Hess/Oberkammer/Pfeiffer/*Piepenbrock,* European Insolvency Law, Rn. 803 ff.

II. Tatbestandsvoraussetzungen

1. Arbeitsvertrag oder Arbeitsverhältnis. Voraussetzung für die Anwendung des Art. 13 ist 4
zunächst das Vorliegen eines „*Arbeitsvertrages oder Arbeitsverhältnisses*". Beide Begriffe sind nicht identisch. Der Begriff des Arbeitsverhältnisses ist der Oberbegriff. Von diesem werden auch betriebsverfassungsrechtliche und tarifvertragliche Regelungen umfasst.[7] Des Weiteren kann ein Arbeitsverhältnis auch vorliegen, ohne dass ein wirksamer Arbeitsvertrag vorliegt. Der Begriff des Arbeitsvertrages ist daher enger. Die Differenzierung zwischen beiden Begriffen ist jedoch ohne weitere Bedeutung. Die Nennung beider Begriffe war Art. 6 EVÜ entlehnt, der ebenfalls beide Rechtsbegriffe nannte und der vor Einführung der Rom I-VO die arbeitsrechtliche Kollisionsnorm der Mitgliedsstaaten bildete.[8]

Die Begriffe des Arbeitsverhältnisses und des Arbeitsvertrages sind nach übereinstimmender 5
Auffassung **autonom auszulegen**.[9] Im Hinblick auf eine möglichst identische Auslegung von Rechtsbegriffen in den europäischen Rechtsnormen, kann hierbei auf Entscheidungen des EuGH zu arbeitsrechtlichen Richtlinien oder anderen Verordnungen, die die Begriffe des Arbeitsverhältnisses oder Arbeitsvertrages beinhalten, zurückgegriffen werden, wie zB Art. 8 Rom I-VO oder Art. 18 EuGVVO.[10] Darüber hinaus gibt es mehrere europäische Richtlinien, die sich mit arbeitsrechtlichen Fragen beschäftigen.[11] Nach der Rechtsprechung des EuGH besteht das wesentliche Merkmal des Arbeitsverhältnisses darin, dass jemand während einer bestimmten Zeit für einen anderen nach dessen Weisung Leistungen erbringt, für die er als Gegenleistung eine Vergütung erhält.[12] Das Arbeitsverhältnis ist gekennzeichnet durch die Fremdbestimmtheit (Weisungsgebundenheit) der Tätigkeit und der Abhängigkeit des Verpflichteten.[13] Abgrenzungsschwierigkeiten werden hier – ebenso wie im nationalen Recht – in der Regel gegenüber selbstständigen Handelsvertretern oder sonstigen Selbstständigen auftauchen.[14] Entscheidend ist nicht, wie der Mitgliedstaat des Hauptverfahrens oder der Mitgliedstaat des Ortes, an dem der Arbeitnehmer oder Dienstverpflichtete gewöhnlich die Arbeit verrichtet, das Rechtsverhältnis qualifiziert. So werden beispielsweise im französischen Recht bestimmte Handelsvertreter per Gesetz als Arbeitnehmer angesehen.[15] Damit sind sie jedoch nicht zugleich Arbeitnehmer im Sinne der Verordnung; das widerspräche der hier vorzunehmenden autonomen Auslegung.

---

[7] So auch *Virgos/Garcimartin*, European Insolvency Regulation, Rn. 207; *Paulus* NZI 2001, 505, 513; *Paulus* Art. 13 Rn. 3; HKInsO/*Dornblüth* Art. 13 Rn. 2; Braun/*Josko de Marx* Art. 13 Rn. 9; aA Mankowski/Müller/Schmidt/*Mankowski* Art. 13 Rn. 8; Konecny/Schubert/*Maderbacher* EuInsVO 2000 Art. 10 Rn. 7; Vallender/*Liersch* Art. 13 Rn. 8; zu den kollektiv-arbeitsrechtlichen Fragen auch unter Fn. 21.

[8] Das EVÜ ist mittlerweile außer Kraft; vgl. zur früheren Rechtslage die Ausführungen des Verfassers in der → 2. Aufl., EuInsVO 2000 Art. 10 Rn. 2, 4.

[9] Vallender/*Liersch* Art. 13 Rn. 6; Mankowski/Müller/Schmidt/*Mankowski* Art. 13 Rn. 5; K. Schmidt/*Undritz* Art. 13 Rn. 2; Duursma-Kepplinger/Duursma/Chalupsky/*Duursma-Kepplinger* EuInsVO 2000 Art. 10 Rn. 4; *Liebmann*, Der Schutz des Arbeitnehmers, S. 180; Rauscher/*Mäsch* EuInsVO 2000 Art. 10 Rn. 7; MüKoBGB/*Kindler* Art. 13 Rn. 3; *Virgos/Garcimartin*, European Insolvency Regulation, Rn. 209 – vgl. auch die ECJ Cases 75/63, 66/85 und 266/85.

[10] Vgl. *Kropholler*, Europ. Zivilprozessrecht, Art. 18 EuGVO Rn. 2; vgl. Rauscher/*Mankowski* Art. 18 Brüssel I-VO Rn. 3 ff.; MüKoBGB/*Martiny* Rom I-VO Art. 8 Rn. 19 ff; zum Begriff des Arbeitsverhältnisses in einzelnen Mitgliedstaaten der EU vgl. *Heilmann*, Neues Insolvenzrecht und Arbeitnehmerinteressen, S. 40 ff.

[11] So die RL 96/71/EG des Europäischen Parlaments und des Rates v. 16.12.1996 über die Entsendung von Arbeitnehmern im Rahmen der Erbringung von Dienstleistungen, ABl. EG Nr. L 18/1 v. 21.1.1997, dort Art. 2 Abs. 2; RL 2001/23/EG des Rates v. 12.3.2001 zur Angleichung der Rechtsvorschriften der Mitgliedstaaten über die Wahrung von Ansprüchen der Arbeitnehmer beim Übergang von Unternehmen, Betrieben oder Unternehmens- oder Betriebsteilen, ABl. EG Nr. L 82/16 v. 22.3.2001 dort Art. 2d; RL 80/987/EWG des Rates v. 20.10.1980 zur Angleichung der Rechtsvorschriften der Mitgliedstaaten über den Schutz der Arbeitnehmer bei Zahlungsunfähigkeit des Arbeitgebers, ABl. EG Nr. L 283/23 v. 28.10.1980, dort Art. 2 Abs. 2.

[12] Vgl. EuGH v. 3.7.1986, Rs. 66/85 *Lawrie Blum*, Slg. 1986, 2121 Rn. 16 f. = NJW 1987, 1138 (LS); EuGH v. 12.5.1998, Rs. 85/96 *Martinez Sala*, Slg. 1998, I 2691 Rn. 32 = EuZW 1998, 372; EuGH v. 8.6.1999, Rs. 337/97 *Meeusen*, Slg. 1999, I Rn. 13 = EWS 2000, 26 (LS); EuGH v. 23.3.2004, Rs. C-138/02 *Collins/Secretary of State for Work and Pensions*, Slg. 2004 I 2703 Rn. 26 = EuZW 2004, 507; EuGH NZA 2008, 995 *(Raccanelli/Max Planck Gesellschaft)*.

[13] Braun/*Josko de Marx* Art. 13 Rn. 7; Duursma-Kepplinger/Duursma/Chalupsky/*Duursma-Kepplinger* EuInsVO 2000 Art. 10 Rn. 6; KPB/*Bork* Art. 13 Rn. 6; *Liebmann*, Der Schutz des Arbeitnehmers, S. 175; MüKoBGB/*Kindler* Art. 13 Rn. 4; Rauscher/*Mäsch* EuInsVO 2000 Art. 10 Rn. 7; LSZ/*Zeuner* EuInsVO 2000 Art. 10 Rn. 6; Mankowski/Müller/Schmidt/*Mankowski* Art. 13 Rn. 6, 9.

[14] Vgl. hierzu auch *Mankowski* BB 1997, 469 ff.; *Hanau* NJW 1996, 1373.

[15] Art. 751–1 Abs. 1 Code travail; hierzu auch BAG ZIP 1992, 1158 ff.

6 **2. Maßgeblicher Zeitpunkt.** Aus dem Wortlaut von Art. 13 ergibt sich kein konkreter Zeitpunkt, zu dem das Arbeitsverhältnis bestehen muss. Da es dem Sinn und Zweck nach um die Wirkung des Insolvenzverfahrens auf das Arbeitsverhältnis geht, setzt Art. 13 implizit voraus, dass das Arbeitsverhältnis jedenfalls zum Zeitpunkt der Verfahrenseröffnung bereits besteht.[16] Ein Arbeitsverhältnis liegt auch dann vor, wenn ein entsprechender Arbeitsvertrag abgeschlossen wurde, der Arbeitnehmer jedoch die Arbeit noch nicht angetreten hat. Da auch dieser Arbeitnehmer eine durch das nationale Arbeitsrecht geschützte Rechtsposition hat, fallen auch abgeschlossene, aber noch nicht vollzogene Arbeitsverträge in den Anwendungsbereich von Art. 13.

7 **3. Sachliche Reichweite: Wirkungen des Insolvenzverfahrens auf das Arbeitsverhältnis.** Art. 13 enthält keine Einschränkung dahingehend, dass sich die Sonderanknüpfung nur auf ein Insolvenzverfahren über das Vermögen des **Arbeitgebers** beziehe. Nach allgemeiner und zutreffender Ansicht ist Art. 13 demnach auch in der Insolvenz des **Arbeitnehmers** anzuwenden.[17] Auch im Falle der Arbeitnehmerinsolvenz sind Konstellationen denkbar, bei denen der gewöhnliche Arbeitsort nicht in dem Mitgliedstaat des Hauptverfahrens liegt, so insbesondere bei den sogenannten Grenzgängern, die ihren Wohnsitz in einem Mitgliedstaat und ihren Arbeitsort in einem anderen Mitgliedstaat haben.[18]

8 Der Anwendungsbereich des Art. 13 beschränkt sich dem Wortlaut nach auf die Wirkung des Insolvenzverfahrens, auf den Arbeitsvertrag und das Arbeitsverhältnis. Damit unterstehen nicht sämtliche insolvenzrechtlichen Rechtsfragen dem Vertragsstatut des Arbeitsverhältnisses. Der Anwendungsbereich von Art. 13 erfasst nur – ebenso wie der gleichlautende Art. 11 – die Wirkungen der Verfahrenseröffnung auf das Dauerschuldverhältnis. Das arbeitsrechtliche Vertragsstatut bestimmt daher, ob, wie und mit welchen Fristen oder Rechtsfolgen aufgrund der Insolvenz das Arbeitsverhältnis gekündigt, aufgehoben oder im Rahmen einer Unternehmenssanierung geändert werden kann.[19] Sämtliche mit der Änderung des Arbeitsverhältnisses im Zusammenhang stehenden **individualarbeitsrechtlichen** und **kollektivarbeitsrechtlichen**[20] Fragen unterstehen der *lex causae* des Arbeitsverhältnisses, aufgrund des Günstigkeitsvergleiches in Art. 11 Abs. 1 S. 2 Rom I-VO jedenfalls mit dem Mindeststandard der *lex loci laboris*. In den Günstigkeitsvergleich sind im Falle der Insolvenz auch die insolvenzrechtlichen Vorschriften miteinzubeziehen, was im Einzelfall schwierige Anpassungsfragen aufwerfen kann.[21]

9 Nicht erfasst von der Verweisung in Art. 13 wird dagegen die Frage, welchen **Rang** die Forderung des Arbeitnehmers in der Insolvenz einnimmt. Diese Verteilungsfrage bestimmt sich ausschließlich nach dem Recht des Verfahrensstaates gemäß Art. 7 Abs. 2 S. 2 lit. i.[22] Gleiches gilt für die

---

[16] Vallender/*Liersch* Art. 13 Rn. 15; FKInsO/*Wenner/Schuster* Art. 13 Rn. 3; K. Schmidt/*Undritz* Art. 13 Rn. 5; Bork/van Zwieten/*Garcimartin/Virgos* Art. 13 Rn. 13.06; Duursma-Kepplinger/Duursma/Chalupsky/*Duursma-Kepplinger* EuInsVO 2000 Art. 10 Rn. 3; Geimer/Schütze/*Huber*, Int. Rechtsverkehr, B Vor I 20b, EuInsVO 2000 Art. 10 Rn. 3; KPB/*Bork* Art. 13 Rn. 9; MüKoBGB/*Kindler* Art. 13 Rn. 5.

[17] Vallender/*Liersch* Art. 13 Rn. 4; *Paulus* Art. 13 Rn. 2; Bork/van Zwieten/*Garcimartin/Virgos* Art. 13 Rn. 13.08; Braun/*Josko de Marx* Art. 13 Rn. 8; Duursma-Kepplinger/Duursma/Chalupsky/*Duursma-Kepplinger* EuInsVO 2000 Art. 10 Rn. 2; KPB/*Bork* Art. 13 Rn. 5; Rauscher/*Mäsch* EuInsVO 2000 Art. 10 Rn. 6.

[18] Vgl. hierzu bzgl. der Anknüpfung an den Mittelpunkt der hauptsächlichen Interessen bereits → Art. 3, Rn. 48 ff.

[19] Ganz überwiegende Auffassung, vgl. BAG BeckRS 2013, 67590; BAG NZA 2013, 669 Rn. 57; BAG NZI 2012, 1011 Rn. 33 mAnm *Hess*; sowie die Urteilsanm. von *Mückl* GWR 2013, 28; *Dahl* IILR 2013, 289; BAG ZInsO 2013, 1366 Rn. 33; BAG NZI 2013, 669 Rn. 57; ArbG Frankfurt ZIP 2010, 1313, 1315; Urteilsanm. *Undritz* EWiR 2010, 637; ArbG Frankfurt, Urt. v. 8.9.2010, Az. Ca 862/10 = BeckRS 2013, 67937; LAG Frankfurt NZI 2011, 203, 205; hierzu auch *Schmidt* EWiR Art. 10 EuInsVO 1/11; LAG Hessen, Urt. v. 15.2.2011, Az. 13 Sa 767/10 = BeckRS 2011, 70634; Vallender/*Liersch* Art. 13 Rn. 10; Braun/*Josko de Marx* Art. 13 Rn. 13; Duursma-Kepplinger/Duursma/Chalupsky/*Duursma-Kepplinger* EuInsVO 2000 Art. 10 Rn. 10 f.; HKInsO/*Dornblüth* Art. 13 Rn. 4; KPB/*Bork* Art. 13 Rn. 10 f.; Rauscher/*Mäsch* EuInsVO 2000 Art. 10 Rn. 8; MüKoBGB/*Kindler* Art. 13 Rn. 6; LSZ/*Zeuner* EuInsVO 2000 Art. 10 Rn. 4; *Göpfert* NZA 2009, 1057, 1059 f.; aA wohl *Liebmann*, Schutz des Arbeitnehmers, S. 192 ff.

[20] LAG Hessen NZI 2011, 203, 205 mAnm *Mankowski*; LAG Hessen, Urt. v. 15.2.2011, Az. 13 Sa 767/10 = BeckRS 2011, 70634; ebenso auch LAG Hessen, Beschl. v. 31.5.2011, Az. A TaBV 153/10 = BeckRS 2011, 78544, allerdings zur Reichweite des (jedoch gleichlautenden) § 337 InsO; *Göpfert* NZA 2009, 1057, 1060.

[21] Vgl. *Liebmann*, Schutz des Arbeitnehmers, S. 182 ff., ebenso auch *Israel*, Insolvency Regulation, S. 285 f. mit Beispielen aus dem niederländischen Recht.

[22] Vgl. dazu auch ErwG Nr. 72; allg. Auffassung vgl. LAG Baden-Württemberg, Urt. v. 28.3.2012, Az. 20 Sa 7/11 = BeckRS 2012, 69167; implizit ebenso High Court of Justice, Birmingham, NZI 2005, 515 (ansonsten hätte es nämlich der *supplemental order* des High Courts nicht bedurft); ebenso *Virgos/Schmit*, Erläuternder Bericht, Rn. 128; Vallender/*Liersch* Art. 13 Rn. 11; Bork/van Zwieten/*Garcimartin/Virgos* Art. 13

Frage, ob die nach Verfahrenseröffnung begründeten Forderungen aus der Beendigung des Arbeitsverhältnisses als Masseforderungen oder als einfache oder bevorrechtigte Insolvenzforderungen zu qualifizieren sind.[23]

Ebenfalls zum Anwendungsbereich von Art. 13 zählen Fragen des **Betriebsüberganges**.[24] Aus 10 deutscher Sicht ist dies zunächst nicht ganz nachvollziehbar, da im deutschen Recht die Regelungen zum Betriebsübergang nach § 613a BGB auch in der Insolvenz gelten und insoweit die Eröffnung des Insolvenzverfahrens keine unmittelbare Wirkung für die Anwendung des § 613a BGB hat.[25] Die Richtlinie über die Behauptung von Ansprüchen der Arbeitnehmer beim Betriebsübergang sieht jedoch vor, dass die Mitgliedsstaaten die Anwendbarkeit der Richtlinienregelungen für den Fall der Insolvenz modifizieren können.[26] Hiervon hat der deutsche Gesetzgeber keinen Gebrauch gemacht. Soweit jedoch der nationale Gesetzgeber in einem Mitgliedsstaat entschieden hat, die Regelungen über den Betriebsübergang für den Fall der Insolvenz auszuschließen, handelt es sich ebenfalls um eine Wirkung der Eröffnung des Insolvenzverfahrens auf das bestehende Arbeitsverhältnis, das nun ohne die Schutzvorschriften der europäischen Richtlinie bei einem Betriebsübergang nicht mehr automatisch auf den Erwerber übergeht. Die in Art. 13 vorgesehene Sonderanknüpfung wird man daher auch für die Frage heranziehen müssen, ob sich auf Grundlage der Verfahrenseröffnung Änderungen im Hinblick auf die Regeln zum Betriebsübergang ergeben. Auch diese richten sich demnach gemäß Art. 13 nach dem Recht des Arbeitsortes.

Gesondert anzuknüpfen ist dagegen die Frage, ob den betroffenen Arbeitnehmern in der 11 Insolvenz eines Unternehmens aus einem der Mitgliedsstaaten ein Anspruch auf **Insolvenzgeld** zusteht.[27] Dieser Anspruch gegen den zuständigen Sozialversicherer wird weder über Art. 7 noch über Art. 13 ermittelt; er fällt vielmehr grundsätzlich nicht in den Anwendungsbereich der Verordnung. Da es sich um einen sozialversicherungsrechtlichen Anspruch handelt, folgt dieser eigenen Regeln.

Basierend auf der Richtlinie des Rates vom 20.10.1980 zur Angleichung der Rechtsvor- 12 schriften der Mitgliedsstaaten über den Schutz der Arbeitnehmer bei Zahlungsunfähigkeit des Arbeitgebers[28] gewähren die §§ 165 ff. SGB III im **deutschen Sozialversicherungsrecht** dem Arbeitnehmer Insolvenzgeld, wenn die Arbeitsentgeltansprüche aufgrund der Insolvenz des Arbeitgebers nicht erfüllt werden. Die kollisionsrechtlichen Fragen zu §§ 165 (vormals § 183) ff. SGB III waren bisher umstritten, insbesondere ob und unter welchen Voraussetzungen bei einem

---

Rn. 13.10; Duursma-Kepplinger/Duursma/Chalupsky/*Duursma-Kepplinger* EuInsVO 2000 Art. 10, Rn. 3; *Fritz/Bähr* DZWIR 2001, 221, 228; KPB/*Bork* Art. 13 Rn. 11; *Lehr* KTS 2000, 577, 582, Rauscher/ Mäsch EuInsVO 2000 Art. 10 Rn. 9; MüKoBGB/*Kindler* Art. 13 Rn. 6; *Paulus* Art. 13 Rn. 10; Konecny/Schubert/*Maderbacher* EuInsVO 2000 Art. 10 Rn. 18 f.

[23] LAG Baden-Württemberg, Urt. v. 28.3.2012, Az. 20 Sa 7/11 = BeckRS 2012, 69167; MüKoBGB/*Kindler* Art. 13 Rn. 6.

[24] So auch Vallender/*Liersch* Art. 13 Rn. 12; Duursma-Kepplinger/Duursma/Chalupsky/*Duursma-Kepplinger* EuInsVO 2000 Art. 10 Rn. 11; HKInsO/*Dornblüth* Art. 13 Rn. 4; Rauscher/*Mäsch* EuInsVO 2000 Art. 10 Rn. 8; MüKoBGB/*Kindler* Art. 13 Rn. 6; LSZ/*Zeuner* EuInsVO 2000 Art. 10 Rn. 4; HambKommInsO/*Undritz* EuInsVO 2000 Art. 10 Rn. 3; K. Schmidt/*Undritz* Art. 13 Rn. 8; *Göpfert* NZA 2009, 1057, 1061.

[25] Vgl. auch Palandt/*Weidenkaff* § 613a Rn. 8; MüKoBGB/*Müller-Glöge* § 613a Rn. 176 ff.

[26] Vgl. Art. 4 der RL 2001/23/EG des Rates v. 12.3.2001 zur Angleichung der Rechtsvorschriften der Mitgliedstaaten über die Wahrung von Ansprüchen der Arbeitnehmer beim Übergang von Unternehmen, Betrieben oder Unternehmens- oder Betriebsteilen, Abl. EG Nr. L 82/16.

[27] So wohl auch EuGH, Urt. v. 10.3.2011, Rs. C-477/09 *(Defossez)* = NZI 2011, 496 zu den Arbeitnehmeransprüchen, wenn dieser seine Beschäftigung gewöhnlich in einem anderen Mitgliedstaat ausgeübt hat; ebenso für eine gesonderte Anknüpfung LAG Frankfurt, Urt. v. 15.2.2011, Az. 13 Sa 767/10, BeckRS 201, 70634; *Mankowski*, Urteilsanm. LAG Frankfurt NZI 2011, 206, 207; LSG Mainz, Urt. v. 24.9.2009, Az. L 1 AL 91/08, Info also 2010, 80; in der Literatur ganz herrschende Ansicht vgl. Mankowski/Müller-Schmidt/*Mankowski* Art. 13 Rn. 28 ff.; Vallender/*Liersch* Art. 13 Rn. 13; Bork/van Zwieten/*Garcimartin/Virgos* Art. 13 Rn. 13.11; Duursma-Kepplinger/Duursma/Chalupsky/*Duursma-Kepplinger* EuInsVO 2000 Art. 10 Rn. 14 ff.; HKInsO/*Dornblüth* Art. 13 Rn. 5; Geimer/Schütze/*Huber*, Int. Rechtsverkehr, B Vor I 20b, EuInsVO 2000 Art. 10 Rn. 4; MüKoBGB/*Kindler* Art. 13 Rn. 6 f.; LSZ/*Zeuner* EuInsVO 2000 Art. 10 Rn. 9; *Göpfert* NZA 2009, 1057, 1062; Konecny/Schubert/*Maderbacher* EuInsVO 2000 Art. 10 Rn. 10 f.; für die Anwendung von Art. 4 EuInsVO 2000 dagegen noch HambKommInsO/*Undritz* EuInsVO 2000 Art. 10 Rn. 4.

[28] RL 80/987/EWG des Rates v. 20.10.1980 über den Schutz der Arbeitnehmer bei Zahlungsunfähigkeit des Arbeitgebers, geändert durch die RL 2002/274/EG des Europäischen Parlaments und des Rates v. 23.9.2002, ABl. EG Nr. L 270 v. 8.10.2002; vgl. auch Hauck/Noftz/*Voelzke* SGB III § 183 Rn. 150 ff.; *Liebmann*, Der Schutz des Arbeitnehmers, S. 70 ff.; vgl. zur Anwendung der Richtlinie, wenn der Arbeitnehmer in einem anderen Mitgliedstaat tätig ist als dem der Verfahrenseröffnung auch EuGH NZI 2011, 496; zum persönlichen Schutzbereich der Richtlinie auch EuGH NZI 2011, 207.

deutschen Insolvenzverfahren auch die im Ausland beschäftigten Arbeitnehmer einen Anspruch auf Insolvenzgeld geltend machen können. Die kollisionsrechtlichen Fragen sind aufgrund klarstellender Entscheidungen des EuGH und des BSG[29] sowie einer Gesetzesänderung[30] geklärt:

13   Ein Anspruch auf Insolvenzgeld besteht gemäß § 165 Abs. 1 SGB III grundsätzlich, wenn der Arbeitnehmer **im Inland beschäftigt** war. Gleiches gilt, wenn zwar der Arbeitsort im Ausland liegt, der Arbeitnehmer jedoch für eine im Voraus begrenzte Zeit in das Ausland im Sinne des § 4 Abs. 1 SGB IV entsandt worden war.[31] Das Bundessozialgericht hat in einer folgenden Entscheidung diese Rechtsprechung ausgedehnt und auf die Voraussetzungen einer Entsendung im Sinne des § 4 Abs. 1 SGB IV verzichtet, wenn erhebliche Berührungspunkte zur deutschen Rechtsordnung bestehen oder bestehen geblieben sind, aus denen zu folgern ist, dass der Schwerpunkt der rechtlichen und tatsächlichen Verhältnisse des Arbeitnehmers im Inland lag.[32] Diese Rechtsprechung gilt sowohl, wenn der Arbeitsort in einem der Mitgliedsstaaten liegt, als auch wenn der Arbeitnehmer in einen Drittstaat entsandt wurde.

14   Ein Anspruch auf Insolvenzgeld in Deutschland besteht nach der neueren Rechtsprechung des BSG auch dann, wenn keine Entsendung vorliegt, sondern der Arbeitnehmer ständig in einem der Mitgliedsstaaten der EU beschäftigt ist. Weitere Voraussetzung ist dann allerdings, dass der deutsche Arbeitgeber dort jedoch nicht in einer Zweigniederlassung im Sinne der 11. Richtlinie des Rates vom 21.12.1989 über die Offenlegung von Zweigniederlassungen[33] beschäftigt war.[34] War dagegen der Arbeitnehmer in einer Zweigniederlassung in der EU beschäftigt, so ist nach Art. 3 der Zahlungsunfähigkeitsrichtlinie die Garantieeinrichtung des Staates zuständig, in dem der Arbeitnehmer beschäftigt war, weil dies in den meisten Fällen der den Arbeitnehmern vertrauten sozialen und sprachlichen Umgebung entspricht.[35]

15   Der EuGH hat jedoch in zwei Entscheidungen klargestellt, dass als Schuldner des Insolvenzgeldausfallanspruches die Garantieeinrichtung des Staates zuständig ist, in dem die Eröffnung des Verfahrens zur gemeinschaftlichen Befriedigung beschlossen oder die Stilllegung des Unternehmens bzw. Betriebes des Arbeitgebers festgestellt worden ist.[36] Unterhält dagegen der Arbeitgeber im Ausland eine oder mehrere Zweigniederlassungen, ist die Garantieeinrichtung des Staates zuständig, in dem der Arbeitnehmer seine Tätigkeit ausgeübt hat.[37]

16   Für die im Inland tätigen Arbeitnehmer eines **ausländischen Arbeitgebers** schreibt § 165 Abs. 1 S. 3 SGB III vor, dass auch ein ausländisches Insolvenzereignis einen Anspruch auf Insolvenzgeld auf im Inland beschäftigte Arbeitnehmer begründet.[38] Nicht geregelt in § 165 SGB III ist jedoch, unter welchen Voraussetzungen ein ausländisches Insolvenzereignis als leistungsauslösend anzuerkennen ist. In Anlehnung an Art. 19 ist die Eröffnung eines Insolvenzverfahrens in einem der Mitgliedsstaaten jedoch ohne Prüfung weiterer Voraussetzungen als leistungsauslösend anzuerkennen.[39]

17   Nicht in den Anwendungsbereich von Art. 13 fallen die jeweiligen Vorschriften zum **Pfändungsschutz** für das Gehalt des Arbeitnehmers. Diese Fragen werden relevant in der Insolvenz des Arbeitnehmers. Es handelt sich hierbei nicht um eine Wirkung der Verfahrenseröffnung „auf" das

---

[29] Zu den Entscheidungen s. u. in den folgenden Rn.
[30] Job-AQTIV-Gesetz v. 10.12.2001, BGBl. 2001 I 3443 durch Einfügung der Wörter „im Inland beschäftigt" sowie durch Einfügung des neuen S. 2 in Abs. 1 betreffend die Behandlung ausländischer Insolvenzereignisse.
[31] BSG SozR 4100 § 141b Nr. 24; Hauck/Noftz/*Voelzke* SGB III § 165 Rn. 194 ff.; Gagel/*Peters-Lange* SGB III § 165 Rn. 61 f.; *Kreikebohm* SGB III § 165 Rn. 10.
[32] BSG SozR 4100 § 141b Nr. 28; BSGE 56, 201, 202.
[33] 11. Richtlinie 89/666/EWG des Rates v. 21.12.1989 über die Offenlegung von Zweigniederlassungen, die in einem Mitgliedstaat von Gesellschaften bestimmter Rechtsformen errichtet wurden, die dem Recht eines anderen Staates unterliegen, ABl. EG Nr. 395/36 v. 30.12.1989.
[34] BSG v. 29.6.2000, NZI 2001, 277.
[35] So EuGH v. 16.12.1999, Rs. C-198/98 *Industrial Tribunal Bristol*, Slg. 1999 I, 8903 = ZIP 2000, 89 = NZA 2000, 995; vgl. auch Hauck/Noftz/*Voelzke* SGB III § 165 Rn. 201; Gagel/*Peters-Lange* SGB III § 165 Rn. 61 f.
[36] EuGH v. 17.9.1997, Rs. C-117/96 *(Mosbæk),* NZA 1997, 1155 Rn. 27 ff.
[37] EuGH v. 16.12.1999, Rs. C-198/98 *(Industrial Tribunal Bristol),* Slg. 1999 I, 8903, NZA 2000, 995 Rn. 20 ff.; vgl. hierzu auch *Gagel,* Anm. zu EuGH 16.12.1999, EWiR 2000, 139, 140; derselbe zur Folgeentscheidung des BSG v. 8.2.2001, EWiR 2001, 1073; ausführlich hierzu auch *Liebmann,* Der Schutz des Arbeitnehmers, S. 201 ff.
[38] Vgl. auch *Kreikebohm* SGB III § 165 Rn. 11; Gagel/*Peters-Lange* SGB III § 165 Rn. 63 f.; anders noch die frühere Rechtsprechung, vgl. BSG v. 8.2.2001, ZIP 2001, 1336; zur Gesetzesänderung auch Braun/*Wierzioch* ZIP 2003, 2001, 2002.
[39] So wohl auch Gagel/*Peters-Lange* SGB III § 165 Rn. 63.

Arbeitsverhältnis, sondern um die Frage, inwieweit das Gehalt des insolventen Arbeitnehmers zur Insolvenzmasse gehört. Diese Frage unterliegt nach Art. 7 Abs. 2 S. 2 lit. b der *lex fori concursus*.[40]

4. Sachlich-räumlicher Anwendungsbereich. Der sachlich-räumliche Anwendungsbereich von Art. 13 ist umstritten. Die Frage hat sich aus der Formulierung entwickelt, dass für die Wirkungen der Verfahrenseröffnung das Recht des Mitgliedstaates anzuwenden ist, dem der Arbeitsvertrag unterliegt. Die Rechtsfolgenseite der Norm (vgl. dazu auch noch → Rn. 20) erfasst daher grundsätzlich nur diejenigen Fälle, bei denen das Arbeitsverhältnis auch dem Recht eines Mitgliedstaates (und nicht etwa dem eines Drittstaates) untersteht.[41] Untersteht das Arbeitsverhältnis aufgrund einer Rechtswahl dem Recht eines Drittstaates, so ist wiederum streitig, zu welchen Rechtsfolgen dies führt. Einerseits wird vertreten, dass das autonome Kollisionsrecht des Eröffnungsstaates auf eine mögliche kollisionsrechtliche Sonderanknüpfung zu überprüfen ist.[42] Ansonsten bleibe es bei Art. 7 der Verordnung. Andere dagegen halten die Verordnung grundsätzlich für nicht mehr anwendbar, da diese nicht das Verhältnis zu Drittstaaten regele. Demzufolge sei bei der Verweisung auf das Recht eines Drittstaates grundsätzlich nicht mehr die Verordnung, sondern das jeweilige autonome Recht eines Mitgliedstaates anzuwenden.[43] Man wird jedoch differenzieren müssen zwischen der Anwendbarkeit der Verordnung einerseits und den Rechtsfolgen bei der Verweisung in Art. 13 andererseits.

Die Anwendbarkeit der Verordnung bestimmt sich ausschließlich nach dem **gewöhnlichen** 19 **Arbeitsort**. Findet das Insolvenzverfahren gemäß Art. 3 in einem der Mitgliedstaaten statt, und liegt der gewöhnliche Arbeitsort in einem der Mitgliedstaaten, so findet auch die Verordnung Anwendung (zur Frage, wie in diesen Fällen das anwendbare Recht zu bestimmen ist, wenn das Arbeitsverhältnis aber dem Recht eines Drittstaates untersteht, vgl. → Rn. 25 f.). Befindet sich der gewöhnliche Arbeitsort eines Arbeitnehmers nicht im Hoheitsgebiet eines Mitgliedstaates, sondern in dem eines Drittstaates, so ist für die Wirkungen der Eröffnung eines Insolvenzverfahrens kollisionsrechtlich nicht auf die Verordnung, sondern auf das autonome Kollisionsrecht des Mitgliedstaates abzustellen, in dem sich der Rechtsstreit zuständigkeitshalber befindet.

III. Rechtsfolgen

1. Kollisionsrechtliche Verweisung. Anders als die anderen Kollisionsnormen der Verord- 20 nung verweist Art. 13 nicht direkt auf das anzuwendende Sachrecht, sondern verweist auf das autonome Kollisionsrecht, das das Vertragsstatut bestimmen soll.[44] Damit ist jedoch nicht geklärt, welches Kollisionsrecht zur Entscheidung berufen ist. Einzelne Autoren verlangen eine Anknüpfung an das Kollisionsrecht des Eröffnungsstaates.[45] Eine solche Verweisung enthält jedoch weder Art. 13 noch Art. 7. Es verbleibt daher bei der Grundregel, dass das angerufene Gericht die Kollisionsnormen des eigenen Forums anwendet.[46] Da Art. 8 Rom I-VO in allen Mitgliedstaaten Anwendung findet, ergeben sich keine Unterschiede. Soweit das Arbeitsverhältnis dem Recht eines Mitgliedstaates untersteht und der gewöhnliche Arbeitsort sich in einem der Mitgliedstaaten befindet, gilt das gewählte Recht begrenzt durch den Mindestschutz des Rechts des gewöhnlichen Arbeitsortes.

---

[40] Vgl. → Art. 7 Rn. 21; Vallender/*Liersch* Art. 13 Rn. 11; Mankowski/Müller/Schmidt/*Mankowski* Art. 13 Rn. 24; ebenso AG Passau NZI 2009, 820; AG Passau NZI 2010, 664; ähnlich LG Traunstein NZI 2009, 818 (das aber nicht die *lex fori executionis* anwendet, sondern Art. 4 EuInsVO 2000; vgl. hierzu die Urteilsanm. *Paulick/Simon* ZInsO 2009, 1933; *Mankowski* NZI 2009, 785; *Virgos/Schmit,* Erläuternder Bericht, Rn. 128; ähnlich *Reisenhofer* S. 157 ff.; nunmehr auch *Paulus* Art. 13 Rn. 11.

[41] Zur Bedeutung dieser einseitigen Kollisionsnormen vgl. bereits → Art. 1 Rn. 19.

[42] So Geimer/Schütze/*Huber,* Int. Rechtsverkehr, B Vor I 20b, EuInsVO 2000 Art. 10 Rn. 2; *Ehricke/Ries* JuS 2003, 313, 317; *Fletcher,* Insolvency, S. 278; *Huber* EuZW 2002, 490, 494; ähnlich Duursma-Kepplinger/Duursma/Chalupsky/*Duursma-Kepplinger* EuInsVO 2000 Art. 10 Rn. 12; Vallender/*Liersch* Art. 13 Rn. 14; s. a. Mankowski/Müller/Schmidt/*Mankowski* Art. 13 Rn. 13 ff.

[43] So MüKoBGB/*Kindler* Art. 13 Rn. 11; Konecny/Schubert/*Madebacher* EuInsVO 2000 Art. 10 Rn. 20, der aber wiederum auf das autonome Recht des Eröffnungsstaates verweist und nicht auf das autonome Recht der *lex fori*.

[44] Dass es sich um eine kollisionsrechtliche Verweisung handelt, ist unstreitig; vgl. Vallender/*Liersch* Art. 13 Rn. 16; HKInsO/*Dornblüth* Art. 13 Rn. 1; Duursma-Kepplinger/Duursma/Chalupsky/*Duursma-Kepplinger* EuInsVO 2000 Art. 10 Rn. 1; Geimer/Schütze/*Huber,* Int. Rechtsverkehr, B Vor I 20b, EuInsVO 2000 Art. 10 Rn. 1; Rauscher/*Mäsch* EuInsVO 2000 Art. 10 Rn. 2; MüKoBGB/*Kindler* Art. 13 Rn. 8 ff.; LSZ/*Zeuner* EuInsVO 2000 Art. 10 Rn. 3.

[45] Geimer/Schütze/*Huber,* Int. Rechtsverkehr, B Vor I 20b, EuInsVO 2000 Art. 10 Rn. 1 mit Verweis auf *Virgos/Schmit,* Erläuternder Bericht, Rn. 125; der Erläuternde Bericht stützt diese Aussage jedoch nicht.

[46] Vallender/*Liersch* Art. 13 Rn. 16; ebenso wohl MüKoBGB/*Kindler* Art. 13 Rn. 8 ff.; nicht eindeutig, aber wohl auch in dem hier vertretenen Sinne: Rauscher/*Mäsch* EuInsVO 2000 Art. 10 Rn. 2.

Befindet sich der gewöhnliche Arbeitsort in einem der Mitgliedsstaaten, wurde jedoch das Recht eines Drittstaates gewählt, so gilt über eine modifizierte Anwendung von Art. 13 (vgl. → Rn. 23) im Ergebnis ausschließlich das Recht des Arbeitsortes.

21 **2. Ausschließlichkeit der Verweisung.** Die in Art. 13 enthaltene kollisionsrechtliche Verweisung ist ausschließlich. Es findet daher keine Kumulation oder alternative Anknüpfung mit dem Recht der *lex fori concursus* auf der Ebene des Art. 13 statt.[47]

22 Art. 13 verweist nicht direkt auf das anzuwendende Sachrecht, sondern vielmehr auf die Kollisionsnorm der Mitgliedsstaaten für Arbeitsverträge. Diese Kollisionsnorm ergibt sich seit dem 1.12.2009 aus Art. 8 Rom I-VO, der in allen Mitgliedsstaaten gilt.[48] Daher entscheidet das von den Parteien gewählte Recht bzw. – falls günstiger – das **Recht des Arbeitsortes** über die Wirkungen des Insolvenzverfahrens auf einen Arbeitsvertrag. Art. 13 beschränkt sich aber darauf, lediglich für die insolvenzrechtlichen Wirkungen des Insolvenzverfahrens auf das bestehende Arbeitsverhältnis an das anzuwendende Arbeitsrecht anzuknüpfen (zur Reichweite der Kollisionsnorm vgl. → Rn. 8).

23 **3. Einseitige kollisionsrechtliche Verweisung – Recht eines Mitgliedsstaates.** Die Verweisung in Art. 13 verweist ausschließlich auf das Recht eines Mitgliedsstaates. Es handelt sich daher um eine einseitige kollisionsrechtliche Verweisung.[49] Unklar ist, ob Art. 13 auch Anwendung findet, wenn die *lex causae* des Arbeitsvertrages nicht auf das Recht eines Mitgliedsstaates, sondern eines Drittstaates verweist. Im internationalen Privatrecht gibt es hierfür grundsätzlich nur zwei Lösungsmöglichkeiten. Entweder die einseitige Kollisionsnorm wird zu einer allseitigen erweitert mit der Folge, dass Art. 13 auch auf das Recht von Drittstaaten verweisen würde. Oder die Kollisionsnorm läuft im Falle der Verweisung auf das Recht eines Drittstaates ins Leere mit der Folge, dass es sodann bei der Anknüpfung an die *lex fori concursus* gemäß Art. 7 bleiben würde.[50]

24 Die Ausweitung von Art. 13 zu einer allseitigen Kollisionsnorm verbietet sich jedoch, zumal auch andere Sonderanknüpfungen der Verordnung nur einseitige Verweisungen enthalten. Richtigerweise – und mangels Anwendung von Art. 13 – richten sich die Wirkungen der Verfahrenseröffnung ausschließlich nach der *lex fori concursus* gemäß Art. 7.[51] Liegt der gewöhnliche Arbeitsort nicht im Verfahrensstaat, sondern in einem anderen Mitgliedsstaat, und ist das Recht dieses Mitgliedsstaates wiederum günstiger als das Recht des Verfahrensstaates, so setzt sich wiederum die in Art. 8 Abs. 1 S. 2 Rom I-VO enthaltene Verweisung auf das Recht des Mitgliedsstaates durch, sodass in diesen Fällen Art. 13 über den Günstigkeitsvergleich noch Anwendung findet und der Arbeitnehmer von dem Günstigkeitsvergleich profitieren kann.[52] Ist hingegen das Recht des Drittstaates für den Arbeitnehmer günstiger, so bleibt es bei der Anwendung der *lex fori concursus* gemäß Art. 7. Denn die damit verbundene Einschränkung zulasten der Insolvenzmasse ist nach der Verordnung nur durch das Recht eines Mitgliedsstaates erlaubt, nicht aber durch das Recht eines Drittstaates.

IV. Internationale Zuständigkeit (Abs. 2)

25 Neu ist im Vergleich zu Art. 10 EuInsVO 2000 der Abs. 2, der – ähnlich wie Art. 11 Abs. 2 – eine spezialgesetzliche Zuständigkeitsvorschrift enthält, wenn es für die Beendigung oder Änderung des Arbeitsverhältnisses nach dem anwendbaren Arbeitsrecht der Zustimmung eines Gerichts oder einer Behörde (Abs. 2) bedarf. Ebenso wie bei Art. 11 entsteht bei der Sonderanknüpfung nach Art. 13 ein praktisches Problem, wenn das anwendbare Recht des Arbeitsortes die Zustimmung des Insolvenz- oder auch des Arbeitsgerichts fordert. Im Mitgliedsstaat des Arbeitsortes, dessen Recht die gerichtliche Zustimmung fordert, gibt es kein Insolvenzverfahren. Das Arbeits- oder Insolvenzrecht des Hauptverfahrensstaates wiederum kennt eventuell eine solche Zustimmungspflicht nicht. Hierdurch entsteht eine **Kompetenzlücke**, die Art. 13 Abs. 2 dahingehend füllt, dass die Gerichte des Mitgliedsstaates die Zustimmung erteilen, in dem der Arbeitsort belegen ist.[53]

26 Für die Wirkungen eines Insolvenzverfahrens auf einen Arbeitsvertrag ist im Ergebnis immer das Recht des Arbeitsortes maßgebend. Letzterer ist nämlich für die Bestimmung des auf den Arbeitsvertrag anwendbaren Rechts maßgeblich. Liegt dieser außerhalb des Verfahrensstaates, so

---

[47] MüKoBGB/*Kindler* Art. 13 Rn. 9.
[48] Vgl. die Nachweise in Fn. 2.
[49] Vgl. hierzu bereits → Art. 1 Rn. 32.
[50] *Huber* ZZP 114 (2001), 133, 163.
[51] So auch *Huber* ZZP 114 (2001), 133, 163; *Ehrike/Ries* Jus 2003, 31, 317; Mohrbutter/Ringstmeier/*Wenner* § 20 Rn. 319; *Fletcher,* Insolvency in Private International Law, Rn. 7.110.
[52] Anders noch → 3. Aufl., Art. 10 Rn. 25 ff.
[53] Vgl. hierzu auch *Mankowski* EuZA 2016, 244 ff.

soll – anders als bei Art. 11 Abs. 2 – nicht das Gericht des Hauptverfahrens die Zustimmung erteilen, sondern das sachnähere Gericht des Arbeitsorts.[54] Fraglich ist allerdings, warum der Verordnungsgeber sprachlich verlangt, dass in diesem Mitgliedstaat auch ein Sekundärinsolvenzverfahren eröffnet werden können muss. Denn die Tatsache eines Arbeitsverhältnisses, das in einem anderen Mitgliedstaat ausgeübt wird, begründet in der Regel selbst noch nicht eine Niederlassung nach Art. 2 Nr. 10, die jedoch für die Eröffnung eines Sekundärverfahrens notwendig wäre. Verlangt man entsprechend dem Wortlaut der Vorschrift, dass sämtliche Voraussetzungen für die Eröffnung eines Sekundärverfahrens vorliegen müssen, mithin dass eine Niederlassung im Sinne von Art. 2 Nr. 10 vorlag, so beschränkt man den Anwendungsbereich der Zuständigkeitsnorm ausschließlich auf die Fälle, in denen trotz Zuständigkeit kein Sekundärverfahren in einem anderen Vertragsstaat durchgeführt wird.[55] Damit bleibt aber die Zuständigkeit für Arbeitnehmer, die in einem anderen Mitgliedstaat tätig waren, ohne dass sämtliche Voraussetzungen einer Niederlassung vorlagen, ungeregelt bzw. es bliebe bei der Zuständigkeit des Gerichts, bei dem die gerichtliche Auseinandersetzung über die Beendigung oder Änderung des Arbeitsverhältnisses ausgetragen wird. Aufgrund des klaren Wortlauts wird man die – in der Praxis ohnehin äußert seltene – Regelungslücke zu akzeptieren haben.[56]

Abs. 2 Unterabs. 2 stellt klar, dass die Regelung auch für Zustimmungen gilt, die nach dem anwendbaren Arbeitsrecht seitens einer **Behörde** erteilt werden müssen und ist daher bewusst weiter gefasst als die vergleichbare Zuständigkeitsvorschrift in Art. 19 Abs. 2.   27

Art. 14 Wirkung auf eintragungspflichtige Rechte

Für die Wirkungen des Insolvenzverfahrens auf Rechte des Schuldners an einem unbeweglichen Gegenstand, einem Schiff oder einem Luftfahrzeug, die der Eintragung in ein öffentliches Register unterliegen, ist das Recht des Mitgliedstaats maßgebend, unter dessen Aufsicht das Register geführt wird.

Literatur: *Balz,* Das neue Europäische Insolvenzübereinkommen, ZIP 1996, 948; *Bierhenke,* Der ausländische Insolvenzverwalter und das deutsche Grundbuch, MittBayNot 2009, 202; *INSOL Europe,* Revision of the European Insolvency Regulation; Stoll/*Flessner,* Vorschläge und Gutachten, S. 219, 225 f.; *Leible/Staudinger,* Die europäische Verordnung über Insolvenzverfahren, KTS 2000, 533; *Mankowski,* Bestimmung der Insolvenzmasse und Pfändungsschutz unter der EuInsVO, NZI 2009, 785; *Recker,* Luftverkehrsgesellschaften in der Insolvenz, NZI 2017, 428; *Taupitz,* Das (zukünftige) europäische Internationale Insolvenzrecht – insbesondere aus international-privatrechtlicher Sicht, ZZP 111 (1998), 315, 346 f.; *Schneider,* Registrierte Gegenstände im grenzüberschreitenden Insolvenzverfahren nach der EuInsVO, zugleich Diss. Univ. Köln, Baden-Baden 2019; *von Bismarck/Schümann-Kleber,* Insolvenz eines ausländischen Sicherungsgebers – Anwendung deutscher Vorschriften auf die Verwertung in Deutschland belegener Kreditsicherheiten, NZI 2005, 147; *dies.,* Insolvenz eines deutschen Sicherungsgebers – Auswirkungen auf die Verwertung im Ausland belegener Kreditsicherheiten, NZI 2005, 89; *von Bodungen,* Mobiliarsicherungsrechte an Luftfahrzeugen und Eisenbahnrollmaterial im nationalen und internationalen Rechtsverkehr, zugleich Diss. Univ. Mannheim, Berlin 2009.

Übersicht

	Rn.		Rn.
I. **Normzweck**	1	4. Zeitpunkt der Eintragung	8
II. **Voraussetzungen**	5	5. Belegenheit in einem Mitgliedstaat	9
1. Erfasste Vermögensgegenstände	5	III. **Rechtsfolgen**	11
2. Rechte des Schuldners	6	1. *Lex libri siti*	11
3. Eintragungsfähige Rechte	7	2. Verhältnis zu anderen Unwirksamkeitsgründen	16

I. Normzweck

Art. 14 ist hinsichtlich seines Anwendungsbereiches und seiner Rechtsfolgen eine der unklarsten   1
Vorschriften der EuInsVO. Dementsprechend erschließt sich auch aus den gängigen Kommentierungen der Sinn und Zweck sowie die praktische Anwendung der Vorschrift nicht eindeutig.

---

[54] Vgl. Wimmer/Bornemann/*Lienau* Rn. 306; *Garcimartin* ZEuP 2015, 694, 719.
[55] So wohl Wimmer/Bornemann/Lienau/*Bornemann* Rn. 306; Vallender/*Liersch* Art. 13 Rn. 18 f.
[56] Anders noch der Verfasser in der → 3. Aufl., EuInsVO 2015 Art. 13 Rn. 4.

2 Die Vorschrift geht auf einen deutschen Vorschlag zurück und soll für den Rechtsverkehr die **Verlässlichkeit des Registerrechts** bestätigen. Nach *Balz,* dem damaligen ständigen Vorsitzenden der Arbeitsgruppe Konkursübereinkommen des Rates der Europäischen Union, sollte die gleichlautende Vorschrift der EuIÜ[1] vor allem den **numerus clausus der Rechte an Immobilien und Grundbucheintragungen** sichern; der Bericht[2] – so *Balz* damals – werde klarstellen, dass es „lediglich" darum geht, die Wirkungen des ausländischen Insolvenzverfahrens so anzupassen, dass das Register nicht durch fremdartige Eintragungen gestört wird.[3] Nach *Virgos/Garcimartin* hingegen soll Art. 14 zwei Zwecke verfolgen: einerseits sollen Konflikte zwischen der *lex fori concursus* und dem Recht des Registerstaates vermieden werden, zum anderen soll der Handel und das Vertrauen des Rechtsverkehrs in die Registereintragungen geschützt werden.[4]

3 Für das Verständnis von Art. 14 ist zu beachten, dass die Vorschrift Schnittstellen zu mehreren anderen Sonderanknüpfungen der Verordnung aufweist, nämlich zu Art. 8 (dingliche Rechte Dritter und Gläubiger), zu Art. 11 (Wirkungen der Verfahrenseröffnung auf unbewegliche Gegenstände), zu Art. 17 (Schutz des Dritterwerbers bei Verfügungen über unbewegliche Gegenstände, Schiffe, Luftfahrzeuge) und zu Art. 29 (Eintragung in öffentliche Register). Während bei den Anwendungsvoraussetzungen des Art. 14 weitgehend Einigkeit herrscht, ist die Rechtsfolgenseite von Art. 14 jedoch strittig und bisher gerichtlich nicht weiter geklärt.

4 Trotz dieser Unklarheiten sind im Zusammenhang mit der **Reform der EuInsVO**[5] keine Änderungen gegenüber der Vorgängervorschrift des Art. 11 EuInsVO 2000 vorgenommen worden. Weder der Entwurf der Kommission noch der Entwurf des Europäischen Parlaments sahen Änderungen für Art. 14 vor. Die Vorschrift ist daher im Rahmen der Überarbeitung der EuInsVO unverändert geblieben.

II. Voraussetzungen

5 **1. Erfasste Vermögensgegenstände.** Art. 14 erfasst nur bestimmte Vermögensgegenstände, nämlich Rechte an Grundstücken, Schiffen oder Flugzeugen, die der Eintragung in ein öffentliches Register unterliegen.[6] Weitere Vermögensgegenstände werden nicht erfasst, selbst wenn diese in öffentlichen Registern geführt werden.[7] Art. 14 lässt offen, wie die Begriffe „unbeweglicher Gegenstand, Schiffe oder Luftfahrzeuge" zu bestimmen sind. Entgegen der bei vielen Vorschriften bevorzugten verordnungsautonomen Auslegung dieser Rechtsbegriffe empfiehlt sich bei Art. 14 eine Anknüpfung an das Recht des Registerstaates zur Bestimmung der in der Verordnung genannten Rechtsbegriffe.[8] Soweit Art. 14 nämlich die Verlässlichkeit des Registers und das Vertrauen in den numerus clausus der Eintragungen schützt, ist auch ein Gleichlauf zwischen der bei der Registrierung nach dem Registerrecht unterliegenden Vermögensgegenständen mit dem Anwendungsbereich von Art. 14 erforderlich. Andernfalls wäre theoretisch denkbar, dass bei einer vertragsautonomen Auslegung Vermögensgegenstände nicht erfasst werden, die aber von dem Recht des Registergerichtes der Registereintragung unterfallen. Die Rechtsprobleme, die sich üblicherweise aus der Bestimmung von Rechtsbegriffen der Verordnung durch das nationale Recht ergeben, nämlich starke Abweichungen des nationalen Rechts von den Rechtsbegriffen der Verordnung, sind bei den registerbezogenen Rechtsbegriffen der „unbeweglichen Gegenstände, Schiffe oder Luftfahrzeuge" als gering anzusehen, sodass auch von daher die üblichen Bedenken gegen eine Begriffsbestimmung durch das nationale Recht nicht ins Gewicht fallen.

---

[1] Vgl. zur geschichtlichen Entwicklung → Vor Art. 1 Rn. 7 f.
[2] Gemeint ist der später erschienene Erläuternde Bericht von *Virgos/Schmit*.
[3] *Balz* ZIP 1996, 948, 950.
[4] *Virgos/Garcimartin,* European Insolvency Regulation, Rn. 222; vgl. auch schon *Virgos/Schmit,* Erläuternder Bericht, Rn. 129 f.; ähnlich auch die Kommentarliteratur, vgl. MüKoBGB/*Kindler* Art. 14 Rn. 2; Duursma-Kepplinger/Duursma/Chalupsky/*Duursma-Kepplinger* EuInsVO 2000 Art. 11 Rn. 5; FKInsO/*Wenner/Schuster* Art. 14 Rn. 1; *Taupitz* ZZP 111 (1998), 315, 346; HKInsO/*Dornblüth* Art. 14 Rn. 1; Nerlich/Römermann/*Nerlich/Hübler* Art. 14 Rn. 1 ff.; HambKommInsO/*Undritz* EuInsVO 2000 Art. 11 Rn. 1; K. Schmidt/*Undritz* Art. 14 Rn. 1; Braun/*Josko de Marx* Art. 14 Rn. 1; Bork/van Zwieten/*Garcimartin/Virgos* Art. 14 Rn. 14.02.
[5] Vgl. hierzu → Vor Art. 1 Rn. 11 ff.
[6] Duursma-Kepplinger/Duursma/Chalupsky/*Duursma-Kepplinger* EuInsVO 2000 Art. 11 Rn. 3; Geimer/Schütze/*Huber,* Int. Rechtsverkehr, B Vor I 20b, EuInsVO 2000 Art. 11 Rn. 1; Rauscher/*Mäsch* EuInsVO 2000 Art. 11 Rn. 3; I SZ/*Zeuner* EuInsVO 2000 Art. 11 Rn. 1; Braun/*Josko de Marx* Art. 14 Rn. 3.
[7] Missverständlich insoweit MüKoBGB/*Kindler* Art. 14, Rn. 7, der bei der Beschreibung des öffentlichen Registers auch Patent- oder Wertpapierregister mit aufzählt, die im Rahmen des Art. 14 jedoch nicht einschlägig sind; *Moss/Fletcher/Isaacs,* EU Regulation, Rn. 8.253 verweisen darauf, dass auch die im Companies House registrierten Rechte nicht unter Art. 11 EuInsVO 2000 fallen.
[8] Ebenso *Paulus* Art. 14 Rn. 4.

2. Rechte des Schuldners. Art. 14 erfasst seinem ausdrücklichen Anwendungsbereich nach **6** nur die Rechte **des Schuldners** an den Vermögensgegenständen (unbewegliche Gegenstände, Schiffe, Luftfahrzeuge).[9] Rechte der Gläubiger an den Vermögensgegenständen oder auch mögliche Rechte Dritter werden dagegen von Art. 14 nicht erfasst. Die auf den ersten Blick überraschende Beschränkung auf Rechte des Schuldners erklärt sich jedoch aus der Funktion der Vorschrift, insbesondere auch aus deutscher Sicht (zumal die Vorschrift auf einen deutschen Vorschlag zurückgeht). Denn eingetragen werden in diese Register in der Regel die Verfahrenseröffnung über das Vermögen des Schuldners oder Verfügungsbeschränkungen zulasten des Schuldners, soweit der Schuldner Eigentümer ist oder über in besondere Register eingetragene Rechte verfügt. Für die Rechte Dritter oder Gläubiger kommen als Sondervorschriften Art. 8 für dingliche Rechte, Art. 11 für Wirkungen der Verfahrenseröffnung auf einen Erwerbs- oder Nutzungsvertrag oder auch Art. 17 in Frage, der den Schutz des Dritterwerbers bezweckt.[10]

3. Eintragungsfähige Rechte. Art. 14 beschränkt seinen Anwendungsbereich auf die Rechte, **7** die der Eintragung in ein **öffentliches Register** unterliegen. Der Begriff des öffentlichen Registers ist hierbei ähnlich wie in der Definition gemäß Art. 2 Nr. 9 lit. iv, weit zu verstehen:[11] Entscheidend ist hierbei nicht, dass das Register von einer öffentlichen Stelle, Behörde oder Amt geführt wird, sondern dass das Register für den Rechtsverkehr zugänglich ist, worauf sich gerade die mit Art. 14 bezweckte Stärkung des Vertrauens des Rechtsverkehrs begründet.[12]

4. Zeitpunkt der Eintragung. Nach dem Wortlaut von Art. 14 werden Rechte erfasst, die **8** „*der Eintragung unterliegen*". Nach dem Wortlaut ist daher nicht Voraussetzung, dass das eintragungsfähige Recht zum Zeitpunkt der Verfahrenseröffnung bereits im Register eingetragen wurde.[13] Das stimmt auch mit der hier vertretenen Auffassung überein, dass Art. 14 auf die Eintragungsfähigkeit zu beschränken ist.[14] Daher ist der Zeitpunkt der Eintragung auch kein Tatbestandsmerkmal von Art. 14.

5. Belegenheit in einem Mitgliedsstaat. Soweit die von Art. 14 erfassten Vermögensgegen- **9** stände unter Aufsicht eines Registers geführt werden, das im Staat des Hauptverfahrens liegt oder in dem Mitgliedstaat eines Sekundärverfahrens, so besteht für die Sonderanknüpfung nach Art. 14 kein Anwendungsbedürfnis. Sowohl Art. 11 als auch Art. 7 gelangen jeweils zum gleichen anwendbaren Recht. Praktisch relevant ist die Sonderanknüpfung nach Art. 14 daher nur dann, wenn das Register unter Aufsicht eines Mitgliedsstaates geführt wird, in dem weder ein Haupt- noch ein Sekundärverfahren (oder Partikularverfahren) durchgeführt wird.

Strittig ist die Rechtsfolge wiederum, wenn die betroffenen Vermögensgegenstände in Regis- **10** tern geführt werden, die der Aufsicht von Drittstaaten unterstehen. Während einige Autoren es sodann bei der alleinigen Maßgeblichkeit der *lex fori concursus* nach Art. 7 Abs. 1 belassen,[15] ergibt sich aus der hier vertretenen Auffassung zum sachlich-räumlichen Anwendungsbereich der Verordnung, dass sich die Rechte des Schuldners an den von Art. 14 erfassten Vermögensgegenständen nicht nach der Verordnung richten, sondern ausschließlich nach dem autonomen Kollisionsrecht eines jeden Mitgliedsstaates.[16]

---

[9] *Virgos/Schmit*, Erläuternder Bericht, Rn. 131; *Virgos/Garcimartin*, European Insolvency Regulation, Rn. 226; Vallender/*Liersch* Art. 14 Rn. 9; *Paulus* Art. 14 Rn. 2; Bork/van Zwieten/*Garcimartin/Virgos* Art. 14 Rn. 14.03; Duursma-Kepplinger/Duursma/Chalupsky/*Duursma-Kepplinger* EuInsVO 2000 Art. 11 Rn. 14; Stoll/*Flessner*, Vorschläge und Gutachten, S. 225; *Kemper* ZIP 2001, 1609, 1616; Rauscher/*Mäsch* EuInsVO 2000 Art. 11 Rn. 2; Nerlich/Römermann/*Nerlich/Hübler* EuInsVO 2000 Art. 11, Rn. 4 f.; MüKoBGB/*Kindler* Art. 14 Rn. 4; *Paulus* Art. 14 Rn. 2; *von Bismarck/Schümann-Kleber* NZI 2005, 147, 149; *Sheldon*, Cross Border Insolvency, Rn. 2.90.

[10] Dass die Rechte Gläubiger oder Dritter von Art. 14 nicht erfasst werden, entspricht der ganz allgemeinen Auffassung, vgl. Nachweise in voriger Fußnote.

[11] Vgl. → Art. 2 Rn. 38.

[12] Vgl. Duursma-Kepplinger/Duursma/Chalupsky/*Duursma-Kepplinger* EuInsVO 2000 Art. 11 Rn. 2; Geimer/Schütze/*Huber*, Int. Rechtsverkehr, B Vor I 20b, EuInsVO 2000 Art. 11 Rn. 1, EuInsVO 2000 Art. 2 Rn. 4; Braun/*Josko de Marx* Art. 14 Rn. 10; MüKoBGB/*Kindler* Art. 14 Rn. 7; Mankowski/Müller/Schmidt/*Mankowski* Art. 14 Rn. 4; Rauscher/*Mäsch* EuInsVO 2000 Art. 11 Rn. 4; LSZ/*Zeuner* EuInsVO 2000 Art. 11 Rn. 3; *Virgos/Schmit*, Erläuternder Bericht, Rn. 132, 69; *Virgos/Garcimartin*, European Insolvency Regulation, Rn. 225; Konecny/Schubert/*Maderbacher* EuInsVO 2000 Art. 11 Rn. 17; *Sheldon*, Cross Border Insolvency, Rn. 2.88; Bork/van Zwieten/*Garcimartin/Virgos* Art. 14 Rn. 14.06; Brinkmann/*Dahl/Kortleben* Art. 14 Rn. 5.

[13] So bereits Rauscher/*Mäsch* EuInsVO 2000 Art. 11 Rn. 5.

[14] Vgl. KPB/*Bork* Art. 14 Rn. 12; Vallender/*Liersch* Art. 14 Rn. 12; HKInsO/*Dornblüth* Art. 14 Rn. 3; Mankowski/Müller/Schmidt/*Mankowski* Art. 14 Rn. 10.

[15] So zB Rauscher/*Mäsch* EuInsVO 2000 Art. 11 Rn. 5.

[16] Vgl. zum sachlich-räumlichen Anwendungsbereich bereits → Art. 1 Rn. 25; ebenso auch *Virgos/Garcimartin*, European Insolvency regulation, Rn. 225; Vallender/*Liersch* Art. 14 Rn. 15; KPB/*Bork* Art. 14 Rn. 14; unklar Gebauer/Wiedmann/*Haubold*, Zivilrecht, EuInsVO 2000 Art. 11 Rn. 141.

III. Rechtsfolgen

11   **1. Lex libri siti.** Über den Zweck und somit auch über die Rechtsfolgen des Art. 14 wird allgemein gerätselt und sehr unterschiedliche Auffassungen vertreten. Während Art. 11 bis 13 ihrem Wortlaut nach eine ausschließliche Sonderanknüpfung vorsehen („*ist ausschließlich maßgeblich*"; „*gilt ausschließlich*"), ist die Anknüpfung in Art. 14 nach seinem Wortlaut nicht als ausschließliche Anknüpfung an das Recht des Registerstaates ausgestaltet. An die Bedeutung dieser Unterscheidung knüpft die Diskussion im Rahmen der Bedeutung und der Rechtsfolgen des Art. 14 an. Die hM sieht in dem Fehlen des Begriffes „ausschließlich" einen Hinweis darauf, dass die *lex fori concursus* und die *lex libri siti* kumulativ angewendet werden müssten. Allerdings bilde die *lex libri siti* die „Obergrenze" für die von der *lex fori concursus* vorgesehenen Wirkungen.[17] Die kumulative Anknüpfung gelte auch für die materiellrechtlichen Wirkungen der Eintragung. Diese Auffassung ist jedoch abzulehnen.

12   Richtigerweise ist Art. 14 auf die **Eintragungsfähigkeit** der Wirkungen eines Insolvenzverfahrens zu reduzieren.[18] Zunächst kann die kumulative Anknüpfung nicht alleine aus dem Umkehrschluss des Fehlens des Wortes „ausschließlich" hergeleitet werden. Der Begriff „ausschließlich" fehlt auch in Art. 17, wird jedoch von den Autoren der hM dort ebenfalls nicht als Hinweis für eine kumulative Anknüpfung gesehen.[19] Kumulative Anknüpfungen machen nur Sinn, wenn beabsichtigt ist, dass aus beiden Rechtsordnungen die Schnittmenge gewählt werden muss. Prüft man die Wirkungen eines Insolvenzverfahrens auf die **Rechte des Schuldners** – wie der Wortlaut der Vorschrift es vorsieht – kumulativ nach zwei Rechtsordnungen, so führt dies dazu, dass nur die (kleinere) Schnittmenge der Wirkungen aus beiden Rechtsordnungen überhaupt eintritt.[20] Die Wirkungen der *lex fori concursus* werden demnach „zurückgedrängt".

13   Verständlich wird die Ungeeignetheit einer kumulativen Anknüpfung an die Rechte des Schuldners auch, wenn man die in der Literatur vertretenen Auffassungen an einem Beispiel näher betrachtet. Primärer Anwendungsfall in der Praxis sind die in einem Insolvenzverfahren regelmäßig angeordneten Verfügungsbeschränkungen, die für die Verfügungsbefugnis des Schuldners ausgesprochen werden.[21] Mit *„Wirkungen auf Rechte des Schuldners"* sind also in der Regel die Verfügungsbeschränkungen gemeint. Unterstellt in einem Hauptverfahren treten bei Bestellung eines vorläufigen Insolvenzverwalters zugleich – gesetzlich angeordnet – Verfügungsbeschränkungen ein, wogegen das Insolvenzrecht des Registergerichts für den Fall der Bestellung eines vorläufigen Insolvenzverwalters keine automatische Beschränkung der Verfügungsbefugnis vorsieht (wenn auch ansonsten gerichtlich angeordnete Verfügungsbeschränkungen möglich und eintragungsfähig sind): eine kumulative Anknüpfung würde in diesem Fall dazu führen, dass im Register nun keine Eintragung erfolgen kann, weil hierfür keine Übereinstimmung zwischen den beiden Rechtsordnungen besteht. Da Art. 14 vom Wortlaut her an die Wirkungen des Insolvenzverfahrens anknüpft, müssen die Wirkungen nach beiden Rechtsordnungen eintreten. Es wird also nicht einmal die Verfügungsbeschränkung aus dem Hauptverfahren mehr kollisionsrechtlich anerkannt. Damit würde die Sonderanknüpfung in Art. 14 jedoch einen möglichen Dritterwerber privilegieren. Denn der vorläufige Insolvenzverwalter könnte keinen Registereintrag bewirken, der einen gutgläubigen Erwerb durch einen Dritten verhindern könnte.[22] Auch das macht deutlich, dass durch die kumulative Geltung der *lex fori concursus* und die *lex libri siti* die nach Art. 7 Abs. 2 S. 2 lit. b angeordnete Geltung der *lex fori concursus* eingeschränkt wird. Das jedoch ist

---

[17] *Virgos/Schmit*, Erläuternder Bericht, Rn. 130; *Virgos/Garcimartin*, European insolvency regulation, Rn. 223; Duursma-Kepplinger/Duursma/Chalupsky/*Duursma-Kepplinger* EuInsVO 2000 Art. 11 Rn. 7, 10; Geimer/Schütze/*Huber*, Int. Rechtsverkehr, B Vor I 20b, EuInsVO 2000 Art. 11 Rn. 4; *Leible/Staudinger* KTS 2000, 533, 557; MüKoBGB/*Kindler* Art. 14 Rn. 9; *Taupitz* ZZP 111 (1998), 315, 346; HKInsO/*Dornblüth* Art. 14 Rn. 6; Braun/*Josko de Marx* Art. 14 Rn. 13; Uhlenbruck/*Lüer* EuInsVO 2000 Art. 11 Rn. 5; *Paulus* Art. 14 Rn. 6; Brinkmann/*Dahl*/*Kortleben* Art. 14 Rn. 7; Bork/van Zwieten/*Garcimartin*/*Virgos* Art. 14 Rn. 14.07.

[18] So auch Stoll/*Flessner*, Vorschläge und Gutachten, S. 225 f.; *Balz* ZIP 1996, 948, 950; Vallender/*Liersch* Art. 14 Rn. 17; wohl auch *Taupitz* ZZP 111 (1998), 315, 347; kritisch gegenüber einer kumulativen Mankowski/Müller/Schmidt/*Mankowski* Art. 14 Rn. 18 ff.

[19] So zB Duursma-Kepplinger/Duursma/Chalupsky/*Duursma-Kepplinger* EuInsVO 2000 Art. 14 Rn. 15 ff.; Rauscher/*Mäsch* EuInsVO 2000 Art. 14 Rn. 7 f.; MüKoBGB/*Kindler* Art. 17 Rn. 10 ff; HKInsO/*Dornblüth* Art. 17 Rn. 4; *Paulus* Art. 17 Rn. 10.

[20] Wegen der sich aus der kumulativen Anknüpfung ergebenden Minimierung subjektiver Rechte wird die kumulative Anknüpfung im IPR auch kritisch gesehen, vgl. hierzu auch *Kegel/Schurig*, IPR, S. 319 ff.; *v. Bar/Mankowski*, IPR, § 7 Rn. 101.

[21] So auch *Virgos/Garcimartin*, European Insolvency Regulation, Rn. 245 (in Bezug auf EuInsVO 2000 Art. 14).

[22] Vgl. zu Verfügungen nach Verfahrenseröffnung → Art. 17 Rn. 11.

systemwidrig. Eine Einschränkung der *lex fori concursus* wird in allen anderen Sonderanknüpfungen vorgenommen, um Rechte der Gläubiger entsprechend zu berücksichtigen. Um diese geht es jedoch in Art. 14 nicht.

Hinzu kommt, dass die Auffassung von der kumulativen Anknüpfung nicht im Einklang mit Art. 17 zu bringen ist. Art. 17 wäre nämlich mit der Anordnung des Belegenheits- bzw. Registerrechts obsolet, wenn schon Art. 14 bezüglich der Wirkungen des Insolvenzverfahrens die Anordnung der *lex libri siti* für die Rechte des Schuldners vorschreiben würde. Gleiches gilt in der Abgrenzung zu Art. 8. Würde man Art. 14 weit auslegen und auch auf die materiellrechtlichen Wirkungen der Eröffnung erstrecken, so kollidiert dies mit den Rechten der Gläubiger. Zu derartigen Überschneidungen kommt es jedoch nicht, wenn man Art. 14 hinsichtlich seiner Reichweite auf die Funktionen beschränkt, die im Rahmen der Ausarbeitung der EuIÜ geäußert wurden: nämlich dass das Registerrecht nicht durch fremdartige Eintragungen gestört werden soll, die die *lex fori concursus* vorsieht, und dass das Vertrauen in die Eintragungen der Register geschützt werden müsse.[23] Dieses Vertrauen besteht – wie für Register typisch – sowohl in dem Umstand, dass bestimmte Rechte eingetragen werden bzw. dass bei Fehlen entsprechender Eintragungen von anderweitigen Rechten nicht ausgegangen werden muss.[24] Art. 14 will daher für die Wirkungen des Insolvenzverfahrens keine von der *lex fori concursus* abweichende Anknüpfung herbeiführen, sondern alleine für die Frage der Eintragungsfähigkeit eine Anpassung der Wirkungen an die *lex libri siti* vornehmen.[25] 14

Der Anwendungsbereich von Art. 14 ist daher auf die **Eintragungsfähigkeit** zu beschränken; die Wirkungen des Insolvenzverfahrens auf die Rechte des Schuldners bestimmen sich daher weiterhin nach der *lex fori concursus*; lediglich die Eintragungsfähigkeit dieser so ermittelten Wirkungen richtet sich nach der *lex libri siti*. Die *lex fori concursus* bestimmt daher, welche tatsächlichen Wirkungen mit der Verfahrenseröffnung eintreten; das Registerrecht bestimmt dagegen, welche dieser Wirkungen grundsätzlich eingetragen werden können und mit dem Registerrecht konform sind. Nur hinsichtlich der nach dem Registerrecht eintragungsfähigen Wirkungen findet gemäß dem Registerrecht eine entsprechende Eintragung statt. Nach deutschem Registerrecht wäre daher gemäß §§ 32, 33 InsO die Verfahrenseröffnung selbst einzutragen. Verfügungsbeschränkungen im vorläufigen Insolvenzeröffnungsverfahren, die das ausländische Insolvenzrecht vorsieht, sind nach § 23 Abs. 3 InsO ebenfalls eintragungsfähig. 15

2. Verhältnis zu anderen Unwirksamkeitsgründen. Da sich Art. 14 nur auf die Rechte des Schuldners, und nicht etwa die Rechte des Gläubigers bezieht, enthält Art. 14 abweichend von Art. 8, 9, 10 oder 12 auch keine die Reichweite einschränkende Klarstellung dahingehend, dass andere Unwirksamkeitsgründe gemäß Art. 7 Abs. 2 S. 2 lit. m unberührt blieben. Diese Einschränkung ist grundsätzlich nur bezüglich der Rechte der Gläubiger oder Dritter notwendig, da nur insoweit eine die Gesamtheit der Gläubiger benachteiligende Wirkung denkbar ist. 16

Art. 15 Europäische Patente mit einheitlicher Wirkung und Gemeinschaftsmarken

Für die Zwecke dieser Verordnung kann ein Europäisches Patent mit einheitlicher Wirkung, eine Gemeinschaftsmarke oder jedes andere durch Unionsrecht begründete ähnliche Recht nur in ein Verfahren nach Artikel 3 Absatz 1 miteinbezogen werden.

Literatur: *Benkard*, Patentgesetz Gebrauchsmustergesetz, Kommentar, 11. Aufl., 2015 (zit.: Benkard/*Bearbeiter* PatG); *Bulling/Langöhrig/Hellwig*, Gemeinschaftsgeschmackmuster, 2003; *INSOL Europe*, Revision of the European Insolvency Regulation; *Mankowski*, Bestimmung der Insolvenzmasse und Pfändungsschutz unter der EuInsVO, NZI 2009, 785; *Eisenführ/Schennen*, Unionsmarkenverordnung, Kommentar, 5. Aufl., 2017 (zit.: Eisenführ/Schennen/*Bearbeiter* UMV).

---

[23] Vgl. Duursma-Kepplinger/Duursma/Chalupsky/*Duursma-Kepplinger* EuInsVO 2000 Art. 11 Rn. 7 f.; *Balz* ZIP 1996, 948, 950; FKInsO/*Wenner/Schuster* Art. 14 Rn. 1.

[24] Vgl. im deutschen Recht § 15 HGB: *Baumbach/Hopt* § 15 Rn. 1; *Ensthaler* HGB § 15 Rn. 3; MüKoHGB/*Krebs* § 15 Rn. 33; §§ 891, 892 BGB: MüKoBGB/*Kohler* § 891 Rn. 1, § 892 Rn. 1; Staudinger/*Picker* § 891 Rn. 1 f., § 892 Rn. 3 f.; Palandt/*Herrler* § 891 Rn. 1, § 892 Rn. 1.

[25] Wie hier: Vallender/*Liersch* Art. 14 Rn. 18; Duursma-Kepplinger/Duursma/Chalupsky/*Duursma-Kepplinger* EuInsVO 2000 Art. 11 Rn. 7; Stoll/*Flessner*, Vorschläge und Gutachten, S. 219, 225 f.; *Taupitz* ZZP 111 (1998), 315, 346; unklar aber wohl ähnlich, weil auf eine Substitution bzw. Anpassung abstellend: *Schneider*, Registrierte Gegenstände, S. 125–139.

Art. 15

Übersicht

	Rn.		Rn.
I. Normzweck	1	3. Durch Unionsrecht begründete ähnliche Rechte	7
II. Erfasste Schutzrechte	4	III. Rechtsfolgen	8
1. Europäisches Patent mit einheitlicher Wirkung	4	1. Einbeziehung in die Masse des Hauptverfahrens	9
2. Unionsmarke	6	2. Belegenheit zum Zwecke von Art. 8	11

I. Normzweck

1 Bei Art. 15 handelt es sich systematisch nicht um eine Kollisionsnorm, sondern um eine Norm, die in Abweichung zu Art. 2 Nr. 9 iv), v) und vi), den **Lageort** bestimmter gewerblicher Schutzrechte definiert.[1] Das ist bei den gewerblichen Schutzrechten, die auf dem Gemeinschaftsrecht basieren, schon deswegen notwendig, weil diese – anders als die nationalen gewerblichen Schutzrechte – unmittelbare Wirkung im gesamten Gemeinschaftsgebiet haben. Diese müssen im Fall paralleler Insolvenzverfahren daher zum Zwecke der Feststellung der Belegenheit lokalisiert und damit einem der Verfahren zugeordnet werden.[2] Die bisherigen Verordnungen zu gemeinschaftsweiten gewerblichen Schutzrechten sahen vor, dass diese gewerblichen Schutzrechte in die Masse des Insolvenzverfahrens fallen, das zuerst eröffnet wurde.[3] Dieser Prioritätsgrundsatz entspricht jedoch nicht dem System der Verteilung der Vermögensgegenstände auf das Haupt- und Sekundärverfahren nach der EuInsVO.[4] Art. 15 ordnet daher an, dass gewerbliche Schutzrechte, die in einem Gemeinschaftsregister geführt werden, in das Hauptverfahren einbezogen werden. Eine Zuordnung zu einem Insolvenzverfahren ist zudem notwendig, weil es sich bei den in Art. 15 genannten gewerblichen Schutzrechten um sog. einheitliche Rechte handelt, die unteilbar sind.[5] Eine territoriale Aufteilung wäre daher nicht möglich.

2 Die Regelung hat in der Praxis zwei Konsequenzen: Findet in dem Mitgliedsstaat, in dem das Gemeinschaftsregister geführt wird, ein Sekundärverfahren statt, so gehört das Recht aus dem Gemeinschaftsregister in die Vermögensmasse des Hauptverfahrens und nicht in die Masse des Sekundärverfahrens. Art. 3 Abs. 2 S. 2 iVm Art. 2 Nr. 9 wird daher von der Spezialnorm des Art. 15 bezüglich der dort genannten Rechte verdrängt.[6] Da diese Rechte gemäß Art. 15 zur Insolvenzmasse des Hauptverfahrens gehören, gilt daher für diese Rechte auch nicht Art. 8.[7] Daher unterliegen die dinglichen Rechte eines Gläubigers an diesen Rechten ebenfalls den insolvenzrechtlichen Beschränkungen des Rechts des Hauptverfahrensstaates (Art. 7).

3 Im Rahmen der **Reform der EuInsVO**[8] wurde Art. 15 gegenüber der Vorgängerversion in Art. 12 EuInsVO 2000 nur redaktionell geändert. Der Begriff des Gemeinschaftspatents wurde – in Anpassung an die geänderte Rechtslage – ersetzt durch den Begriff des „Europäischen Patents mit einheitlicher Wirkung". Die beiden Klarstellungen zu Art. 12 EuInsVO 2000, die im *Vienna Report* vorgeschlagen wurden,[9] wurden jedoch von der Kommission nicht aufgegriffen.

II. Erfasste Schutzrechte

4 **1. Europäisches Patent mit einheitlicher Wirkung.** Art. 15 erfasst zunächst das sog. „*Europäische Patent mit einheitlicher Wirkung*". Dieses ist in der Verordnung (EU) Nr. 1257/2012 vom 17.12.2012[10] geregelt. Dabei handelt es sich um ein Patent, das aufgrund der Verordnung einheitli-

---

[1] MüKoBGB/*Kindler* Art. 15 Rn. 1; aA Geimer/Schütze/*Huber*, Int. Rechtsverkehr, B Vor I 20b, EuInsVO 2000 Art. 12 Rn. 5; KPB/*Bork* Art. 15 Rn. 3.
[2] So wohl *Virgos/Garcimartin*, European Insolvency Regulation, Rn. 229.
[3] So die nachfolgend darstellten Verordnungen zur Gemeinschaftsmarke (dort Art. 21) und zum Sortenschutz (dort Art. 25).
[4] Vgl. *Moss/Fletcher/Isaacs,* EU Regulation, EuInsVO 2000 Art. 12 Rn. 8.254.
[5] Vgl. zur Gemeinschaftsmarke Art. 1 Abs. 2; zum Gemeinschaftsgeschmacksmuster Art. 1 Abs. 3.
[6] MüKoBGB/*Kindler* Art. 15 Rn. 11; *Paulus* Art. 15 Rn. 3; *Virgos/Garcimartin*, European Insolvency Regulation, Rn. 228.
[7] Diese Konsequenz ist allerdings strittig, vgl. → Rn. 11.
[8] Vgl. zur Reform der EuInsVO grundsätzlich → vor Art. 1 Rn. 11 ff.
[9] Vgl. Hess/Oberhammer/Pfeiffer/*Magnus*, European Insolvency Law, Rn. 820 ff., 832 ff.
[10] Abl. L 361, 1 ff. v. 31.12.2012; s. a. den Kommissionsvorschlag v. 13.4.2011, KOM (2011) 2015; zu den schon bei Verabschiedung der EuInsVO bestehenden Vorschlägen vgl. Vorschlag für eine Verordnung des Rates über das Gemeinschaftspatent v. 1.8.2000, ABl. EG Nr. C 337 e/278 v. 28.11.2000.

che Wirkung in den teilnehmenden Mitgliedsstaaten hat.[11] Das europäische Patent mit einheitlicher Wirkung entspricht dem „Gemeinschaftspatent" im Sinne der vorherigen Fassung des Art. 15.[12]

Das in Art. 15 genannte „*Europäische Patent mit einheitlicher Wirkung*" ist nicht zu verwechseln **5** mit dem europäischen Patent, das gemäß dem Europäischen Patentübereinkommen (EPÜ)[13] von dem Europäischen Patentamt mit Sitz in München erteilt wird. Im Gegensatz zu dem „*Europäischen Patent mit einheitlicher Wirkung*" der Verordnung Nr. 1257/2012 (vgl. → Rn. 4) handelt es sich bei dem europäischen Patent nach dem EPÜ nicht um ein Patent, das in der gesamten europäischen Gemeinschaft Gültigkeit entfaltet. Lediglich die Patentanmeldung und das Verfahren zur Patenterteilung erfolgen zentral beim Europäischen Patentamt. Mit der Erteilung zerfällt das europäische Patent in ein „Bündel" einzelner nationaler Patente in den Staaten, die in der Anmeldung benannt worden sind. Ein Patent unter dem EPÜ fällt daher nicht unter den Begriff des Europäischen Patents mit einheitlicher Wirkung im Sinne von Art. 15.[14]

2. Unionsmarke. Zwar gilt Art. 15 zudem ausdrücklich auch für die Gemeinschaftsmarke. **6** Der Wortlaut der EuInsVO ist dabei allerdings begrifflich nicht mehr aktuell, da der ursprünglich in der Verordnung über die Gemeinschaftsmarke (GMV)[15] verwendete Begriff „Gemeinschaftsmarke" inzwischen durch die seit dem 1.10.2017 geltende Verordnung (UMV)[16] mit dem Begriff „Unionsmarke" ersetzt wurde. Inhaltlich gehen mit dieser terminologischen Anpassung jedoch keine Änderungen einher.[17] Die Regelung des Art. 15 gilt mithin auch weiterhin für die Unionsmarke.[18] Diese ist nach Art. 1 Abs. 2 UMV unverändert einheitlich und hat einheitliche Wirkungen für die gesamte Union.[19] Sie kann dementsprechend auch nur für das gesamte Unionsgebiet eingetragen oder übertragen werden.[20] Registerführende Stelle ist das Harmonisierungsamt für den Binnenmarkt (HABM)[21] mit Sitz in Alicante.[22]

3. Durch Unionsrecht begründete ähnliche Rechte. Art. 15 gilt darüber hinaus für jedes **7** andere durch Unionsrecht begründete ähnliche Recht. Hierzu zählt zunächst die Verordnung des Rates über das **Gemeinschaftsgeschmacksmuster** (GGV),[23] das ebenfalls einheitliche Wirkung in der gesamten Gemeinschaft hat. Registerführendes Amt ist auch hier – ebenso wie bei der Unionsmarke – das Harmonisierungsamt für den Binnenmarkt in Alicante.[24] Als weiteres, durch Unionsrecht begründetes ähnliches Recht zählt auch die EG Verordnung über den gemeinschaftlichen **Sortenschutz**.[25] Dagegen fallen die Verordnung über die Schaffung eines ergänzenden Schutzzertifikates für Arzneimittel[26] oder die Verordnung über die Schaffung eines ergänzenden Schutzzertifikates für

---

[11] Vgl. Art. 2 lit. c sowie Art. 3 der Verordnung.
[12] Einhellige Auffassung in der Literatur vgl. MüKoBGB/*Kindler* Art. 15 Rn. 4; Duursma/Kepplinger/Duursma/Chalupsky/*Duursma* EuInsVO 2000 Art. 12 Rn. 2 ff.
[13] Vgl. hierzu Benkard/*Ullmann*/*Tochtermann*, PatG, Internationaler Teil Rn. 101 ff.
[14] Ebenso KPB/*Bork* Art. 15 Rn. 6; Vallender/*Liersch* Art. 15 Rn. 5; Mankowski/Müller/Schmidt/*Mankowski* Art. 15 Rn. 12; Rauscher/*Mäsch* EuInsVO 2000 Art. 12 Rn. 5.
[15] Vgl. VO (EG) Nr. 40/94 des Rates v. 20.12.1993 über die Gemeinschaftsmarke (GMV), ABl. EG Nr. L 11/1 v. 14.1.1994; im Jahr 2009 ihrerseits ersetzt durch die VO (EG) Nr. 207/2009 des Rates v. 26.2.2009 über die Gemeinschaftsmarke (GMV), ABl. EG Nr. L 78/1 v. 24.3.2009.
[16] VO (EU) 2015/2424 des Europäischen Parlaments und des Rates v. 16.12.2015 zur Änderung der VO (EG) Nr. 207/2009 des Rates über die Gemeinschaftsmarke und der VO (EG) Nr. 2868/95 der Kommission zur Durchführung der VO (EG) Nr. 40/94 des Rates über die Gemeinschaftsmarke und zur Aufhebung der VO (EG) Nr. 2869/95 der Kommission über die an das Harmonisierungsamt für den Binnenmarkt (Marken, Muster und Modelle) zu entrichtenden Gebühren, ABl. EU Nr. 341/21 v. 24.12.2015.
[17] Vgl. Eisenführ/Schennen/*Schennen* UMV Art. 1 Rn. 2.
[18] MüKoBGB/*Kindler* Art. 15 Rn. 3 f.
[19] Vgl. zu den einzelnen Markenformen Art. 4 UMV.
[20] Zum Grundsatz der Einheitlichkeit nach Art. 1 UMV vgl. Eisenführ/Schennen/*Schennen* UMV Art. 1 Rn. 21 ff.
[21] https://europa.eu/european-union/about-eu/agencies/euipo_de.
[22] Vgl. Art. 2 UMV.
[23] Vgl. VO (EG) Nr. 6/2002 des Rates v. 12.12.2001 über das Gemeinschaftsgeschmacksmuster (GGV), ABl. EG Nr. L 3/1 v. 5.1.2002; Berichtigung der VO (EG) Nr. 6/2002 des Rates v. 12.12.2001 über das Gemeinschaftsgeschmacksmuster, ABl. EG Nr. L 3/1 v. 5.1.2002, ABl. EG Nr. L 179/31 v. 9.7.2002; s. zudem Mankowski/Müller/Schmidt/*Mankowski* Art. 15 Rn. 9.
[24] Vgl. Art. 2 GGV.
[25] VO (EG) Nr. 2100/94 des Rates v. 27.7.1994 über den gemeinschaftlichen Sortenschutz, ABl. EG Nr. L 227/1 v. 1.9.1994; s. zudem Mankowski/Müller/Schmidt/*Mankowski* Art. 15 Rn. 10.
[26] VO (EWG) Nr. 1768/92 des Rates über die Schaffung eines ergänzenden Schutzzertifikates für Arzneimittel v. 18.6.1992, ABl. EG Nr. L 182/1 v. 2.7.1992.

Pflanzenschutzmittel[27] nicht unter den Begriff der ähnlichen Rechte, da diese Verordnungen nicht die Schaffung eines einheitlich im gesamten Gemeinschaftsgebiet wirkenden, gewerblichen Schutzrechtes vorsehen.[28] Ob die Vorschrift nicht grundsätzlich auf alle gewerblichen Schutzrechte ausgeweitet werden sollte, ist eine erwägenswerte Frage,[29] auf Grundlage der derzeit geltenden Fassung von Art. 15 jedoch zu verneinen.

III. Rechtsfolgen

8   Als Rechtsfolge sieht Art. 15 vor, dass das betreffende gewerbliche Schutzrecht „*für Zwecke der Verordnung nur in ein Verfahren nach Art. 3 Abs. 1 miteinbezogen werden kann*". Diese Einbeziehung hat zwei Konsequenzen:

9   **1. Einbeziehung in die Masse des Hauptverfahrens.** Nach unbestrittener Auffassung soll das betreffende gewerbliche Schutzrecht zum Vermögen des Hauptverfahrens gehören.[30] Die betreffenden gewerblichen Schutzrechte werden daher weder von einem Sekundärverfahren erfasst, noch in die Insolvenzmasse eines unabhängigen Partikularverfahrens einbezogen (wenn kein Hauptverfahren stattfindet).[31] Soweit Verordnungen zu gewerblichen Schutzrechten noch anderweitige Vorschriften vorsehen, nämlich eine Zuordnung zu dem Insolvenzverfahren vornehmen, das zuerst eröffnet wurde, so werden diese Regelungen bei Anwendung der EuInsVO verdrängt.[32] Spätere Verordnungen, wie die Unionsmarkenverordnung, sind dagegen bereits hinsichtlich der insolvenzrechtlichen Bezüge auf die EuInsVO abgestimmt und widersprechen dieser mithin nicht.[33]

10 Die Regelung gilt hinsichtlich ihres **sachlich-räumlichen Anwendungsbereiches** allerdings nur, wenn einer der Mitgliedstaaten nach Art. 3 Abs. 1 zuständig ist. Hat der Schuldner dagegen seinen Sitz bzw. den Mittelpunkt seiner hauptsächlichen Interessen nicht in einem der Mitgliedstaaten der Verordnung, so bestimmt sich die Frage der Lokalisierung der gemeinschaftsrechtlichen Schutzrechte nach den einschlägigen allgemeinen Vorschriften der gemeinschaftsrechtlichen Verordnungen.[34] Hier richtet sich die Zuordnung von Schutzrechten zur Insolvenzmasse dann nach dem zeitlich zuerst eröffneten Verfahren, unabhängig davon, ob es sich um ein Hauptinsolvenzverfahren

---

[27] VO (EG) Nr. 1610/96 des Europäischen Parlamentes und des Rates v. 23.7.1996 über die Schaffung eines ergänzenden Schutzzertifikates für Pflanzenschutzmittel, ABl. EG Nr. L 198/30 v. 8.8.1996.

[28] Mankowski/Müller/Schmidt/*Mankowski* Art. 15 Rn. 11; vgl. zu den Verordnungen auch Benkard/*Benkard*, PatG, Anh. Nr. 9 und 10.

[29] Vgl. Hess/Oberhammer/Pfeiffer/*Magnus*, European Insolvency Law, Rn. 824.

[30] Vgl. auch ErwG Nr. 39; s. a. Duursma-Kepplinger-Duursma/Chalupsky/*Duursma* EuInsVO 2000 Art. 12 Rn. 10; *Fritz/Bähr* DZWIR 2001, 221, 229; Geimer/Schütze/*Huber*, Int. Rechtsverkehr, B Vor I 20b, EuInsVO 2000 Art. 12 Rn. 3; *Kemper* ZIP 2001, 1609, 1616; *Leible/Staudinger* KTS 2000, 533, 560; Nerlich/Römermann/*Nerlich/Hübler* EuInsVO 2000 Art. 12 Rn. 6; MüKoBGB/*Kindler* Art. 15 Rn. 6; *Paulus* Art. 15 Rn. 3; Mankowski/Müller/Schmidt/*Mankowski* Art. 15 Rn. 13; HKInsO/*Dornblüth* Art. 15 Rn. 2; K. Schmidt/*Undritz* Art. 15 Rn. 3; Vallender/*Liersch* Art. 15 Rn. 10; Bork/van Zwieten/*Garcimartin/Virgos* Art. 15 Rn. 15.05; LSZ/*Zeuner* EuInsVO 2000 Art. 12 Rn. 1; *Virgos/Garcimartin*, European Insolvency Regulation, Rn. 228 f.; strittig ist insoweit lediglich, ob es sich um eine Sonderregelung bezüglich des Lageortes handelt; verneinend: Geimer/Schütze/*Huber*, Int. Rechtsverkehr, B Vor I 20b, EuInsVO 2000 Art. 12 Rn. 5.

[31] Duursma-Kepplinger/Duursma/Chalupsky/*Duursma* EuInsVO 2000 Art. 12 Rn. 11, Art. 28 Rn. 17, 19; Vallender/*Liersch* Art. 15 Rn. 10; Mankowski/Müller/Schmidt/*Mankowski* Art. 15 Rn. 13; HKInsO/*Dornblüth* Art. 15 Rn. 2; Geimer/Schütze/*Huber*, Int. Rechtsverkehr, B Vor I 20b, EuInsVO 2000 Art. 12 Rn. 3; KPB/*Bork* Art. 15 Rn. 7f.; *Kemper* ZIP 2001, 1609, 1617; MüKoBGB/*Kindler* Art. 15 Rn. 6; Brinkmann/Dahl/*Kortleben* Art. 15 Rn. 10; hierfür aber scheinbar Hess/Oberhammer/Pfeiffer/*Magnus*, European Insolvency Law, Rn. 831.

[32] ZB Art. 25 der Sortenschutzverordnung (VO (EG) Nr. 2100/94) sieht ausdrücklich vor, dass diese Prioritätsregel nur „*bis zum Inkrafttreten gemeinsamer Vorschriften der Mitgliedstaaten auf diesem Gebiet*" gelten soll; ebenso: KPB/*Bork* Art. 15 Rn. 10; Rauscher/*Mäsch* EuInsVO 2000 Art. 12 Rn. 3; Nerlich/Römermann/*Nerlich/Hübler* Art. 12 Rn. 4; Moss/Fletcher/Isaacs, EU Regulation, EuInsVO 2000, Art. 8.254; MüKoBGB/*Kindler* Art. 15 Rn. 7 ff.; *Schack* IZVR, Rn. 1073; *Virgos/Garcimartin*, European Insolvency Regulation, Rn. 229.

[33] Vgl. Art. 24 Abs. 1 UMV nach dem Unionsmarken nur in Insolvenzverfahren erfasst werden, die in einem Mitgliedstaat eröffnet wurden, in dessen Hoheitsgebiet der Schuldner den Mittelpunkt seiner hauptsächlichen Interessen hat; vgl. dazu BeckOK-MarkenR/*Grüger* UMV Art. 24 Rn. 3; Eisenführ/Schennen/*Schennen* GMV 2009 Art. 21 Rn. 15; gleiches gilt für den Entwurf eines Gemeinschaftspatentes, vgl. dort Art. 18 Abs. 1.

[34] Duursma-Kepplinger/Duursma/Chalupsky/*Duursma* EuInsVO 2000 Art. 12 Rn. 12, HKInsO/*Dornblüth* Art. 15 Rn. 2; Vallender/*Liersch* Art. 15 Rn. 9; Geimer/Schütze/*Huber*, Int. Rechtsverkehr, B Vor I 20b, EuInsVO 2000 Art. 12 Rn. 4; KPB/*Bork* Art. 15 Rn. 8; Nerlich/Römermann/*Nerlich/Hübler* EuInsVO 2000 Art. 12 Rn. 5; aA *Schack* IZVR, Rn. 1073.

oder ein Sekundär- bzw. Partikularverfahren handelt. Das autonome Internationale Insolvenzrecht der einzelnen Mitgliedstaaten kommt nur in den Fällen zur Anwendung, in denen die entsprechende Verordnung keine Regelungen enthält oder auf das autonome Kollisionsrecht verweist. Gelegentlich enthalten die Verordnungen aber auch darüber hinausgehend entsprechende Regelungen, in welche Insolvenzverfahren das gemeinschaftsrechtliche Schutzrecht einzubeziehen ist (vgl. Art. 31 GGV).

2. Belegenheit zum Zwecke von Art. 8. Art. 15 trifft zudem für die Belegenheit der 11 gewerblichen Schutzrechte nach Art. 8 eine von Art. 2 Nr. 9 vi) (wenn auch nur geringfügig) abweichende Regelung. Das bedeutet, dass dingliche Rechte an den von Art. 15 erfassten Schutzrechten nicht von der Sondervorschrift des Art. 8 erfasst werden.[35] Vielmehr gelten diese als im Hauptverfahrensstaat belegen mit der Konsequenz, dass der Inhaber dinglicher Rechte an diesen Schutzrechten die insolvenzrechtlichen Beschränkungen des Hauptverfahrensstaates gegen sich gelten lassen muss, weil sich diese nach der *lex fori concursus* richten.[36] Diese Auffassung ist allerdings nicht unbestritten.[37] *Huber* argumentiert, Art. 15 besage nichts über die Belegenheit des Schutzrechts; dieses ergebe sich vielmehr aus den entsprechenden Verordnungen (zB Art. 19 UMV).[38] Diese Auffassung findet jedoch keine Stütze in den einschlägigen Verordnungen über gewerbliche Schutzrechte. So regeln diese nicht die Belegenheit des gewerblichen Schutzrechts. Vielmehr regelt beispielsweise Art. 19 UMV lediglich das für die vermögensrechtlichen Wirkungen anwendbare Recht (Realstatut).[39]

Dies entspricht letztlich auch der Intention des Verordnungsgebers. Zwar wurde durch den *Vienna Report* vorgeschlagen, in der Neufassung der EuInsVO klarzustellen, dass die Belegenheitsfiktion des Art. 15 nicht für Art. 8 gelten solle.[40] Weder die Kommission[41] noch das Parlament[42] haben diese Anregung aufgegriffen. Art. 8 ist im Ergebnis daher auf die gewerblichen Schutzrechte des Gemeinschaftsrechts nach Art. 15 nicht anwendbar, da sich diese nicht im Hoheitsgebiet eines anderen Verfahrensstaates befinden.

Art. 16 Benachteiligende Handlungen

Artikel 7 Absatz 2 Buchstabe m findet keine Anwendung, wenn die Person, die durch eine die Gesamtheit der Gläubiger benachteiligende Handlung begünstigt wurde, nachweist, dass

a) für diese Handlung das Recht eines anderen Mitgliedstaats als des Staates der Verfahrenseröffnung maßgeblich ist und

b) diese Handlung im vorliegenden Fall in keiner Weise nach dem Recht des Mitgliedstaats angreifbar ist.

Literatur: *Balz,* Das neue Europäische Insolvenzübereinkommen, ZIP 1996, 948; *Bierbach,* Wettlauf der Gläubiger um den Insolvenzgerichtsstand – Anfechtungsbefugnisse des Insolvenzverwalters nach Art. 18 Abs. 2 S. 2 EuInsVO, ZIP 2008, 2206; *Bierhenke,* Der ausländische Insolvenzverwalter und das deutsche Grundbuch, MittBayNot 2009, 200; *Bork* (Hrsg.), Handbuch des Insolvenzanfechtungsrechts, 2006, (zit.: Bearbeiter, in Bork, Handbuch); *Brinkmann,* Gesellschafterdarlehen und Art. 13 EuInsVO – Ein offenes Scheunentor für Gläubigerschutzes, ZIP 2016, Beilage zu Heft 22, S. 14; *Cranshaw,* Grenzüberschreitende Anfechtungsklagen – Auswirkungen der Rechtsprechung auf die Unionsgerichtsbarkeit, ZInsO 2012, 1238; *ders.,* Partikulare Insolvenzverfahren nach der EuInsVO, DZWiR 2014, 473; *Czaplinski,* Art. 13 EuInsVO aF und Art. 16 EuInsVO nF im Spannungsfeld zwischen der lex fori concursus, der lex causae und dem im Forumstaat geltenden Verfahrensrecht, jurisPR-IWR 6/2017 Anm. 3; *Dahl,* Internationales Insolvenzrecht in der EU, NJW 2009, 245–246;

---

[35] Mankowski/Müller/Schmidt/*Mankowski* Art. 15 Rn. 14; Vallender/*Liersch* Art. 15 Rn. 11; Bork/van Zwieten/*Garcimartin/Virgos* Art. 15 Rn. 15.06; Rauscher/*Mäsch* EuInsVO 2000 Art. 12 Rn. 7; MüKoBGB/*Kindler* Art. 15 Rn. 10; *Paulus* Art. 15 Rn. 3; Konecny/Schubert/*Maderbacher* EuInsVO 2000 Art. 12 Rn. 2.

[36] Rauscher/*Mäsch* EuInsVO 2000 Art. 12 Rn. 7; MüKoBGB/*Kindler* Art. 15 Rn. 10; *Wessels,* International Insolvency Law, Rn. 10715; Mankowski/Müller/Schmidt/*Mankowski* Art. 15 Rn. 14.

[37] Anders Geimer/Schütze/*Huber,* Int. Rechtsverkehr, B Vor I 20b, EuInsVO 2000 Art. 12 Rn. 5.

[38] So Geimer/Schütze/*Huber,* Int. Rechtsverkehr, B Vor I 20b, EuInsVO 2000 Art. 12 Rn. 5 mit Verweis auf Art. 16 UMV aF (GMV); ebenso *Berger* FS Sturm, 647, 652.

[39] Vgl. Eisenführ/Schennen/*Schennen,* UMV, Art. 16 Rn. 2f., 14.

[40] Vgl. Hess/Oberhammer/Pfeiffer/*Piepenbrock,* European Insolvency Regulation, Rn. 827 ff.

[41] Vorschlag für eine Verordnung des Europäischen Parlaments und des Rates zur Änderung der VO (EG) Nr. 1346/2000 des Rates über Insolvenzverfahren, COM (2012) 0744 final, abrufbar unter: http//ec.europa.eu/justice/civil/files/insolvency-regulation_en.pdf; die englische Fassung ist ebenfalls abgedruckt in IILR 2013, 179 ff.

[42] Angenommene Texte des Europäischen Parlaments v. 5.2.2014, abrufbar unter europarl.europa.eu/sides/getDoc.do?type=REPORT&reference=A7-2013-0481&language=DE.

Art. 16

Eidenmüller, Gesellschaftsstatut und Insolvenzstatut, RabelsZ 2006, 474; *Frevel,* Das europäischen Kollisionsrecht der Insolvenzanfechtung: eine Untersuchung zur Auslegung von Art. 16 EuInsVO, zugleich Diss. Univ. Bonn, Baden-Baden 2017; *Gruber,* Anmerkung zu BGH: Schwebend unwirksame Eröffnung eines inländischen Insolvenzverfahrens, Beschl. v. 29.5.2008, IX ZB 102/07, DZWIR 2008, 467 ff.; *Göpfert/Müller,* Englisches Administrationsverfahren und deutsches Insolvenzarbeitsrecht, NZA 2009, 1057; *Habscheid,* Konkursstatut und Wirkungsstatut bei der internationalen und der künftigen innereuropäischen Insolvenzanfechtung, ZZP 114 (2001), 167; *Hanisch,* Bemerkungen zur Insolvenzanfechtung im grenzüberschreitenden Insolvenzfall (Art. 102 Abs. 2 EGInsO und die angestrebte EU-Regelung), FS Stoll, 2001, S. 503; *Henckel,* Insolvenzanfechtung – Art. 4 und 5 des Vorentwurfs (VE) – und Gläubigeranfechtung außerhalb des Insolvenzverfahrens, in: *Stoll,* Stellungnahmen und Gutachten, 1992, S. 156; *ders.,* Die internationalprivatrechtliche Anknüpfung der Insolvenzanfechtung, FS Nagel, 1987, S. 93; *Huber,* Internationales Insolvenzrecht in Europa, ZZP 114 (2001), 133; *Huber, U.,* Inländische Insolvenzverfahren über Auslandsgesellschaften nach der Europäischen Insolvenzverordnung, in: *Schilken/Kreft/Wagner/Eckardt* (Hrsg.), FS Walter Gerhardt zum 70. Geburtstag am 18. Oktober 2004, 2004, S. 397–431; *Hübler,* Aktuelles internationales und ausländisches Insolvenzrecht – Oktober/November 2012, NZI 2012, 1000; *INSOL Europe,* Revision of the European Insolvency Regulation; *INSOL Europe,* European Insolvency Regulations Supreme Court Debate, Supreme Court Westminster, London, July 6th 2012; *Kindler,* EG-Klauselrichtlinie – Mobiliarsicherheiten im internationalen Insolvenzrecht – institutionalisierte Bekämpfung des organisierten Verbrechens in der Europäischen Union, IPRax 2005, 287; *Klumb,* Kollisionsrecht der Insolvenzanfechtung (Diss. Univ. Konstanz, 2004), 2005; *Kodek,* Die Geltendmachung von Anfechtungsansprüchen nach der EuInsVO, in: *Konecny* (Hrsg.), Insolvenzforum 2004, 2005, S. 119; *Kolmann,* Case note: OLG Naumburg (5 U 73/10): Vis attractiva concursus for actions to set transactions aside by the virtue of Insolvency, IILR 2011, 193 ff.; *Kranemann,* Insolvenzanfechtung im deutschen Internationalen Insolvenzrecht und nach der Europäischen Insolvenzrechtsverordnung: dargestellt am Beispiel England – Deutschland, zugleich Diss. Humboldt-Univ. Berlin, 2000; *Mankowski,* Bestimmung der Insolvenzmasse und Pfändungsschutz unter der EuInsVO, NZI 2009, 785; *ders.,* Die internationale Zuständigkeit für Insolvenzanfechtungsklagen, RIW 2009, 677; *ders.,* Anwendbarkeit des Art. 13 EuInsVO zur Lex fori concursus – benachteiligende Handlungen, NZI 2017, 633; *Müller,* Das europäische Kollisionsrecht der Insolvenzanfechtung zwischen Gläubigergleichbehandlung und Vertrauensschutz, EuZW 2016, 212; *Oberhammer,* Zur internationalen Anfechtungsbefugnis des Sekundärverwalters nach Europäischem Insolvenzrecht, KTS 2008, 274 ff.; *Paulus,* Anfechtungsklagen im grenzüberschreitenden Insolvenzverfahren, ZInsO 2006, 295; *ders.,* Die europäische Insolvenzverordnung und der deutsche Insolvenzverwalter, NZI 2001, 5012; *ders.:* EuInsVO: Änderungen am Horizont und ihre Auswirkungen, S. 10; *ders.,* Which law decides on a court's competence to decide in insolvency related matters? Higher Regional Court of Frankfurt a. M., International Caselaw Alert 10 – III/2006, 10; *Pietron/Reitzug,* 4th Symposium of the Department of International and European Insolvency Law at the University of Cologne, IILR 2013, 433; *Prager/Keller,* Die Einrede des Art. 13 EuInsVO, NZI 2011, 697; *Reisch/Kodek,* Ausgewählte Probleme der Anfechtung nach der EuInsVO, ZIK 2006, 182; *Schmitz, Jan,* Dingliche Mobiliarsicherheiten im internationalen Insolvenzrecht, S. 83 ff.; *Schulz,* Insolvenzrecht: Art. 13 EuInsVO aF – Anwendungsbereich – Beweislast, EuZW 2016, 35; *Stangl,* Urteilsanmerkung, NZI 2015, 44 f.; *Stehle,* Die Auslandsvollstreckung – ein Mittel zur Flucht aus dem deutschen Insolvenzrecht, DZWIR 2008, 56; *Taras,* Case note on the judgement of the European Court of Justice, of 16 April 2015, C-557/13, IILR 2015, 403 ff.; *Tashiro,* BGH: Vorlageersuchen zur Auslegung von Art. 13 EuInsVO bzgl. der lex causae – Einwendungen zu Form und Frist bei Anfechtungsklagen – Anmerkung, FD-InsR 2013, 352743; *Thole,* Die Anwendung des Art. 13 EuInsVO bei Zahlungen auf fremde Schuld, NZI 2013, 113; *von Bismarck/Schümann-Kleber,* Insolvenzanfechtung: Hinweis eines deutschen Sicherungsgebers – Auswirkungen auf die Verwertung im Ausland belegener Kreditsicherheiten, NZI 2005, 89; *Wöhlert,* Anmerkung zu OLG Naumburg, Urt. v. 6.10.2010, GWR 2011, 72; *Zeeck,* Die Anknüpfung der Insolvenzanfechtung, ZInsO 2005, 281; *ders.,* Das internationale Anfechtungsrecht in der Insolvenz: die Anknüpfung der Insolvenzanfechtung (Diss. Uni Hamburg, 2001), 2003.

Übersicht

	Rn.			Rn.
I. Normzweck	1	IV.	Aktivlegitimation bei Parallelverfahren	21
II. Voraussetzungen	3			
1. Gläubigerbenachteiligung	3	V.	Sachlich-räumlicher Anwendungsbereich	23
2. Handlung	6			
3. Maßgeblichkeit des Rechts eines anderen Mitgliedstaates	8	1.	Belegenheit des Vermögensgegenstandes in einem Mitgliedsstaat	23
4. Keine Angreifbarkeit nach der *lex causae*	11			
5. Beweislast	13	2.	Wahl eines anderen Rechts als das eines Mitgliedsstaates	24
III. Rechtsfolgen: Sperrwirkung der *lex fori concursus*	19	VI.	Internationale Zuständigkeit	26

I. Normzweck

Art. 16 enthält für Gläubiger benachteiligende Rechtshandlungen eine Abweichung von der in Art. 7 Abs. 2 S. 2 lit. m enthaltenen Regelanknüpfung an die *lex fori concursus*. Grundsätzlich sehen alle Rechtsordnungen vor, dass im Falle einer Insolvenz bestimmte Gläubiger benachteiligende Rechtshandlungen, die in einer näher bestimmten Zeit vor Eröffnung des Verfahrens vorgenommen wurden, von dem Verwalter angefochten werden können.[1] Hierbei ist jeweils abzuwägen zwischen den Interessen der Gläubiger an der die Insolvenzmasse mehrenden Rückabwicklung und den Interessen des Rechtsverkehrs an dem Bestand der Rechtshandlung. Diese Abwägung liegt auch Art. 16 zugrunde. Die Kollisionsnorm soll das Vertrauen des Rechtsverkehrs in die Gültigkeit einer Handlung schützen. Dabei wird unterstellt, dass sich dieses Vertrauen aus dem der Handlung zugrundeliegenden Recht, der *lex causae*, herleitet. Diese Annahme ist jedoch empirisch nicht begründbar.[2] Es wird ausgeführt, der Geschäftspartner habe nur so die Möglichkeit, im Zeitpunkt des Vertragsabschlusses abzuschätzen, auf was er sich einlässt.[3] Die Anknüpfung an die *lex causae* setzt jedoch voraus, dass der Geschäftspartner zum Zeitpunkt der Rechtshandlung auf die Anwendung des Insolvenzrechts der *lex causae* vertraut. Genauso gut könnte sich der Rechtsverkehr jedoch auch auf die Anwendung der zum Zeitpunkt der Rechtshandlung erkennbaren (zukünftigen) *lex fori concursus* einstellen, da in der Vielzahl der Fälle für den Geschäftspartner erkennbar ist, in welchem Mitgliedstaat ein Insolvenzverfahren durchgeführt werden würde. Allenfalls für Fälle, in denen sich nach Vornahme der Rechtshandlung eintretende Zuständigkeitsänderungen ergeben, könnte man eine Sonderanknüpfung vorsehen. Diesen Weg ist jedoch der Verordnungsgeber nicht gegangen, sondern fingiert das Vertrauen der anderen Vertragspartei auf Grundlage der *lex causae*. Problematisch ist bei dieser Anknüpfung zudem, dass es bei einer Anknüpfung an die *lex causae* grundsätzlich die Parteien in der Hand haben, das Recht zu wählen, nach dem die Anfechtungstatbestände später geprüft werden müssen. Die Umsetzung des Vertrauensschutzes durch die Anknüpfung an die *lex causae* ist daher nicht als gelungen zu bezeichnen.

Im Zusammenhang mit der **Reform der EuInsVO**[4] sind dennoch keine Änderungen am vorherigen Art. 13 EuInsVO 2000 vorgenommen worden. Der *Vienna Report* hatte zwar diverse, auch im Rahmen der folgenden Kommentierung zu diskutierende Unklarheiten aufgezeigt. Aus den dem *Vienna Report* zugrundeliegenden Berichten aus den Mitgliedländern ergab sich jedoch ebenfalls kein Änderungsbedarf.[5] Weder der Entwurf der Kommission noch der Entwurf des Europäischen Parlaments sahen daher Änderungen an Art. 13 EuInsVO 2000 vor (vgl. → Vor Art. 1 Rn. 15).

II. Voraussetzungen

1. Gläubigerbenachteiligung. Art. 16 setzt seinem Wortlaut nach zunächst *„eine die Gesamtheit der Gläubiger benachteiligende Handlung"* voraus. Die Benachteiligung der Gläubigergemeinschaft wird auch durch den englischen Verordnungstext (*„an act detrimental to all the creditors"*) gestützt. Dieses Tatbestandsmerkmal ist vergleichbar mit dem Tatbestandsmerkmal der Gläubigerbenachteiligung in § 129 InsO. Damit beschreibt der Verordnungsgeber das Rechtsinstitut, das die Sonderanknüpfung in Art. 16 rechtfertigt. Das Rechtsinstitut, das die Nichtigkeit, Anfechtbarkeit oder relative Unwirksamkeit nach Art. 7 Abs. 2 S. 2 lit. m begründet, muss sich auf eine Benachteiligung der Gläubigerge-

---

[1] Vgl. auch die Länderberichte; zur Insolvenzanfechtung im ausländischen Recht vgl. auch *Bruski,* Die Voraussetzungen der Konkursanfechtung: normprägende Prinzipien und Regelungsmöglichkeiten in rechtsvergleichender Betrachtung (Diss. Univ. Bonn, 1990), 1990; *Gerhardt,* Gedanken zu Gemeinsamkeiten und Abweichungen zwischen dem deutschen und dem österreichischen Anfechtungsrecht, ZZP 99 (1986), 407 ff.; *Göpfert,* Anfechtbare Aufrechnungslagen im deutsch-amerikanischen Insolvenzrechtsverkehr: vergleichende Darstellung der Aufrechnungs-Anfechtung und ihrer Rechtsverfolgung in parallelen grenzüberschreitenden Insolvenzverfahren (Diss. Univ. München, 1995), 1996; *Kamlah,* Die Anfechtung in der Insolvenz von Unternehmen: dargestellt am deutschen und englischen Recht (Diss. Univ. Göttingen, 1994), 1995; *Möhlenbrock,* Die Gläubigeranfechtung im deutschen und spanischen Recht: eine rechtsvergleichende Betrachtung der Gläubigeranfechtung innerhalb und außerhalb des Konkurses (Diss. Univ. Göttingen, 1996), 1996; *Niehus,* Die Insolvenzanfechtung in der Bundesrepublik Deutschland und den Vereinigten Staaten von Amerika (Diss. Univ. Köln, 1999), 1999; *von Campe,* Insolvenzanfechtung in Deutschland und Frankreich: das neue Sach- und Kollisionsrecht (InsO und Loi n_347 85–98) (Diss. Univ. Freiburg, 1994), 1996; zum Schweizer Recht *Zobl,* Fragen zur paulianischen Anfechtung, SJZ 96 (2000), S. 25 ff.
[2] So auch *Hanisch* IPRax 1993, 69, 73; *Sonnentag* IPRax 1998, 330, 335; *Wenner* WiB 1997, 138; *Zeek* ZInsO 2005, 281, 287; anders Hess/Oberhammer/Pfeiffer/*Pfeiffer,* European Insolvency Law, Rn. 836 ff.
[3] So zB Rauscher/*Mäsch* EuInsVO 2000 Art. 13 Rn. 1.
[4] Vgl. → Vor Art. 1 Rn. 11 ff.
[5] Vgl. Hess/Oberhammer/Pfeiffer/*Pfeiffer,* European Insolvency Regulation, Rn. 835 ff.

meinschaft stützen und zudem auf einer Handlung beruhen (zum Begriff der Handlung vgl. → Rn. 6f.).

4 Das Tatbestandsmerkmal der **„Gläubigerbenachteiligung"** in der Verordnung ist **autonom auszulegen,** sodass bei den durchaus zulässigen Rückgriffen auf das nationale Recht aber immer zu überprüfen ist, ob sich dieses im Einklang mit dem Begriff der Gläubigerbenachteiligung nach der Verordnung befindet.[6] Das Merkmal der Gläubigerbenachteiligung grenzt die unter Art. 16 fallenden Rechtsinstitute von sonstigen Unwirksamkeitsgründen ab, die ihren Ursprung nicht in der Wiederherstellung insolvenzrechtlicher Verteilungsgerechtigkeit haben, sondern aus anderen Gründen die Nichtigkeit, Anfechtbarkeit oder relative Unwirksamkeit anordnen. Hierunter fallen allgemeine Unwirksamkeitsgründe, die sich ausschließlich aus dem Rechtsverhältnis des Schuldners und des Gläubigers ergeben.[7] Gleiches gilt, wenn sich die Anfechtbarkeit aus gesellschaftsrechtlichen Gründen ergibt.[8] Demgegenüber wird die Unwirksamkeit von Rechtshandlungen aufgrund von Verfügungsbeschränkungen oder einer Rückschlagsperre von Art. 16 erfasst,[9] da es sich hierbei ebenfalls um die Wiederherstellung insolvenzrechtlicher Verteilungsgerechtigkeit handelt. Es kann dabei keinen Unterschied machen, ob die Anfechtung durch den Verwalter ausgesprochen werden muss, oder ob sie – wie zB im deutschen Recht nach § 88 InsO – bereits gesetzlich angeordnet ist.[10] Die Korrektur der Benachteiligung der Gläubiger bezieht sich hierbei nicht nur auf die mögliche Quote der Gläubiger, sondern schließt auch andere für das Verfahren nachteilige Rechtsfolgen ein, wie zB auch die Vereitlung, Erschwerung und Verzögerung des Verfahrens.[11]

5 Entgegen dem Wortlaut der Vorschrift setzt diese jedoch nicht voraus, dass der Anfechtungsgegner durch die Handlung tatsächlich „begünstigt" wurde.[12] Mit dem Begriff der „Begünstigung" im Verordnungstext ist keine mit der Gläubigerbenachteiligung korrespondierende Bereicherung des Anfechtungsgegners gemeint.[13] Eine Bereicherung oder ein sonstiger Vorteil für den Anfechtungsgegner ist daher für eine Anwendung des Art. 16 nicht erforderlich.

6 **2. Handlung.** Der Begriff der **Handlung** ist **autonom** zu verstehen und weit **auszulegen.**[14] Solange die Handlung rechtliche Wirkungen auslöst, dürfte die Qualifizierung nicht in Frage stehen. Hierunter fallen Verträge, Realakte, Verfügungen, Willensbetätigungen aber auch Unterlassungen. Auch die Rechtswahl der Parteien für einen Vertrag fällt unter den Begriff der Handlung. Daher kann grundsätzlich auch die Rechtswahl eines anfechtungsfeindlichen Rechts vom Insolvenzverwalter angefochten werden, soweit das anwendbare Recht eine solche Anfechtung der Rechtswahl zulässt.[15] Zur Ermittlung des auf eine solche Anfechtung anwendbaren Rechts vgl. → Rn. 8.

7 Art. 16 gilt nach der Entscheidung des EuGH *(Lutz)* nur für Rechtshandlungen, die **vor der Verfahrenseröffnung** vorgenommen wurden.[16] Eine solche Einschränkung findet im Wortlaut der Vorschrift allerdings keine Grundlage und war daher im Vorlagebeschluss des BGH auch zu Recht

---

[6] So auch Brinkmann/*Maesch*/*Knof* Art. 16 Rn. 12, 20; Mankowski/Müller/Schmidt/*Müller* Art. 7 Rn. 68; KPB/*Kemper* Art. 16 Rn. 8.
[7] So *Prager*/*Keller* NZI 2011, 697, 699; *Paulus* Art. 7 Rn. 44; hierbei dürfte es sich aber ohnehin nicht um einen Fall handeln, der Art. 7 Abs. 2 S. 2 lit. m unterliegt, denn die Unwirksamkeit ergibt sich dann ja bereits aus der *lex causae* des Rechtsverhältnisses, und zwar unabhängig von der Insolvenz.
[8] ZB die Rückforderung einer unerlaubten Eigenkapitalrückgewähr; hier ist schon fraglich, ob es sich überhaupt um Ansprüche handelt, die der *lex fori concursus* unterliegen, vgl. → Art. 7 Rn. 3ff.
[9] So auch *Prager*/*Keller* NZI 2011, 697, 699; *Paulus* Art. 7 Rn. 44; Gottwald/*Kolmann*/*Keller*,§ 133 Rn. 98; K. Schmidt/*Brinkmann* Art. 4 EuInsVO 2000 Rn. 30; aA MüKoBGB/*Kindler* Art. 7 Rn. 32; *Thole*, Gläubigerschutz durch Insolvenz, 2010, S. 814.
[10] Duursma-Kepplinger/Duursma/Chalupsky/*Duursma-Kepplinger* EuInsVO 2000 Art. 13 Rn. 12.
[11] Vgl. zum deutschen Recht → InsO § 129 Rn. 101; Uhlenbruck/*Borries*/*Hirte* InsO § 129 Rn. 174.
[12] Mankowski/Müller/Schmidt/*Müller* Art. 16 Rn. 15; *Paulus* Art. 16 Rn. 2.
[13] Das sieht beispielsweise auch das nationale Recht in der Regel nicht vor, vgl. bspw. → InsO § 129 Rn. 76.
[14] *Virgos*/*Garcimartin*, European Insolvency Regulation, Rn. 237; Konecny/Schubert/*Maderbacher* EuInsVO 2000 Art. 13 Rn. 6; Brinkmann/*Maesch*/*Knof* Art. 16 Rn. 12; Mankowski/Müller/Schmidt/*Müller* Art. 16 Rn. 6, Art. 7 Rn. 68; FKInsO/*Wenner*/*Schuster* Art. 16 Rn. 3.
[15] So auch FKInsO/*Dauernheim* InsO § 129 Rn. 21ff.; *Klumb*, Kollisionsrecht der Insolvenzanfechtung, S. 109; → InsO § 129 Rn. 6ff.; alleine die Tatsache, dass das gewählte Recht anfechtungsrechtlich weniger angreifbar ist, dürfte und sollte jedoch für eine Anfechtung der Rechtswahl nicht ausreichend sein, so auch Hess/Oberhammer/Pfeiffer/*Pfeiffer*, European Insolvency Law, Rn. 841; zu denken ist hier insb. an Fälle, in denen die Rechtswahl nachträglich und im Hinblick auf eine nahende Insolvenz vereinbart wird.
[16] EuGH, Urt. v. 16.4.2015, RS C-557/13 *(Lutz/Bäuerle)* = NZI 2015, 478 mAnm Mankowski; s. a. die Urteilsanm. von *Schulz* EuZW 2015, 429 und *Keller* EWiR 2015, 415; s. a. die Schlussanträge des GA v. 27.11.2014, Rs C-557/13 = ZIP 2015, 381 Rn. 56ff.; Anm. *Stangl* NZI 2015, 44; *Virgos*/*Schmit*, Erläuternder Bericht, Rn. 118, 138; MüKoBGB/*Kindler* Art. 16 Rn. 8; *Huber* ZZP 114 (2001), 133, 166; *Prager*/*Keller* NZI 2011, 697; dagegen Nehrlich/Römermann/*Nerlich*/*Hübler* EuInsVO 2000 Art. 13 Rn. 8.

abgelehnt worden.[17] Soweit der EuGH argumentiert, dass der mit Art. 16 beabsichtigte Vertrauensschutz nicht mehr für Rechtshandlungen nach der Verfahrenseröffnung gelte, weil die Gläubiger ab Verfahrenseröffnung vorhersehen könnten, welche Wirkungen die Anwendung die *lex fori concursus* auf die Rechtsbeziehungen habe, so ist dem im konkreten dem EuGH vorgelegten Fall zuzustimmen. Grundsätzlich sollte man auf internationaler Ebene aber zurückhaltend sein, Tatbestandsmerkmale des materiellen Rechts in die Kollisionsnormen der EuInsVO hinein zu lesen. Denn Kollisionsnormen enthalten keine Tatbestandsmerkmale des Sachrechts, sondern verweisen für ein funktional zu definierendes Regelungsproblem (hier der Insolvenzanfechtung) auf ein anwendbares Recht.[18] Bei der Qualifikation geht es um die Einordnung von Rechtsfragen.

3. Maßgeblichkeit des Rechts eines anderen Mitgliedsstaates. Nach Art. 13 lit. a muss **8** für die Handlung das Recht eines anderen Mitgliedsstaates maßgeblich sein. Wie die *lex causae* für die Rechtshandlung zu ermitteln ist, lässt Art. 16 allerdings offen. Vertreten wird einerseits, dass das Kollisionsrecht des Hauptverfahrensstaates (also das Kollisionsrecht der *lex fori concursus* bzw. bei einer Anfechtung durch den Verwalter des Sekundärverfahrens das Kollisionsrecht des Sekundärverfahrensstaates) anwendbar sei, um die *lex causae* zu bestimmen.[19] Nach anderer Ansicht beurteilt sich dies nach dem Kollisionsrecht des jeweils angerufenen Gerichts *(lex fori processus).*[20] Richtigerweise ist jedoch das Kollisionsrecht des jeweils angerufenen Gerichts, also die Kollisionsnormen der *lex fori processus,* zur Bestimmung der *lex causae* berufen.[21] Es handelt sich hierbei um eine gesondert anzuknüpfende Vorfrage. Art. 7 regelt derartige Vorfragen mit. Eine solche Bedeutung kommt Art. 7 nicht zu.[22] Daher gilt der im internationalen Privatrecht allgemeine Grundsatz, dass Gerichte zur Bestimmung des anwendbaren Rechts grundsätzlich zunächst ihre eigenen Kollisionsnormen anwenden.[23] Allerdings dürfte das Problem in der Praxis selten auftreten, wenn die Anfechtungsklage – wie nunmehr nach Art. 6 grundsätzlich möglich – im Verfahrensstaat erhoben wird. Denn dann kommt es zu einem Gleichlauf des Kollisionsrechts (dem Kollisionsrecht der *lex fori concursus* und dem Kollisionsrecht der *lex fori processus*).

Umstritten ist zudem, ob Art. 16 das auf die (anfechtbare) Rechtshandlung selbst anzuwendende **9** Recht oder das auf den Vertrag anwendbare Recht beruft. In der Literatur wird hierbei vereinzelt differenziert, ob die Rechtsnatur der angegriffenen Rechtshandlung eine Verpflichtung ist (dann gelte die *lex causae* des Vertrages) oder eine Verfügung (dann gelte die *lex rei sitae* bzw. die *lex cessio legis*).[24] Diese Differenzierung ist zusammen mit der Rechtsprechung jedoch abzulehnen. Bei allen Rechtshandlungen ist vielmehr einheitlich auf die *lex causae* des zugrundeliegenden Vertrages abzustellen. Deutlich wird dies an den von der unterinstanzgerichtlichen Rechtsprechung auch bereits entschiedenen Fällen einer Befriedigungsleistung. Dort hatte ein deutscher Insolvenzschuldner Zahlungen an den ausländischen Vertragspartner im Wege einer Auslandsüberweisung getätigt.[25] Mit der Zahlung wollte der (spätere) Insolvenzschuldner die dem ausländischen Recht unterstehende Zahlungspflicht erfüllen. Die Erfüllungshandlung (der Zahlungsvorgang) unterstand jedoch dem

---

[17] Vgl. den Vorlagebeschluss des BGH vgl. Beschl. v. 10.10.2013, Az. IX ZR 265/12 = BGH NZI 2013, 1042; vgl. Urteilsanm. *Fridgen* GWR 2014, 67; *Tashiro* FD-InsR 2013, 352743; hierzu nunmehr EuGH Rs *Lutz/Bäuerle,* Urt. v. 16.4.2015, Az C 557/13 = NZI 2015, 478; kritisch auch *Frevel,* Das europäische Kollisionsrecht der Insolvenzanfechtung, S. 75 ff.

[18] Vgl. → Vor §§ 335 ff. Rn. 37.

[19] So beispielsweise *Virgos/Schmit,* Erläuternder Bericht, Rn. 137; ebenso *Klump,* Kollisionsrecht der Insolvenzanfechtung, S. 43; Duursma-Kepplinger/Duursma/Chalupsky/*Duursma-Kepplinger* EuInsVO 2000 Art. 13 Rn. 16; Rauscher/*Mäsch* EuInsVO 2000 Art. 13 Rn. 5; LSZ/*Zeuner* EuInsVO 2000 Art. 13 Rn. 13; ebenso Konecny/Schubert/*Maderbacher* EuInsVO 2000 Art. 13 Rn. 5 f.

[20] MüKoBGB/*Kindler* Art. 16 Rn. 9; Geimer/Schütze/*Gruber,* Int. Rechtsverkehr, B Vor I 20b, EuInsVO 2000 Art. 13 Rn. 3; HambKommInsO/*Undritz* Art. 13 Rn. 4; K. Schmidt/*Brinkmann,* 19. Aufl., InsO Art. 13 Rn. 4; *Bork* FS 200 Jahre Carl Heymanns Verlag, 2015, S. 263, 271; ausführlich: *Frevel,* Das europäische Kollisionsrecht der Insolvenzanfechtung, S. 94 ff; instruktiv für den Fall einer Anfechtung nach dem AnfG OLG Düsseldorf, ZInsO 2010, 1934, 1936.

[21] Offenlassend BGH NZI 2014, 71; Urteilsanm. *Fridgen* GWR 2014, 67; *Tashiro* FD-InsR 2013, 352743; wie hier OLG Naumburg, ZIP 2011, 677, 678; OLG Stuttgart, ZInsO 2012, 2155; für die gleich, sich im Rahmen des § 19 AnfG stellende Frage vgl. BGH WM 2012, 185, 186.

[22] Vgl. → Art. 13 Rn. 22 zur gleich gelagerten Frage der kollisionsrechtlichen Verweisung in Art. 13.

[23] Ständige Rspr. im dt. Recht, vgl. nur BGH NJW 1996, 54, 1453; BGH NJW 2009, 916; *Bar/Mankowski,* IPR, 2. Aufl., § 5 Rn. 153; MüKoBGB/v. Hein, 6. Aufl., Einl. IPR Rn. 292; ebenso im Zusammenhang mit Art. 16 auch *Frevel,* Das europ. Kollisionsrecht der Insolvenzanfechtung, S. 94 ff.; *Bork* FS 200 Jahre Carl Heymanns Verlag, 2015, S. 263, 271.

[24] Vgl. zum Meinungsstand: *Frevel,* Das europäische Kollisionsrecht der Insolvenzanfechtung, S. 100 ff.

[25] Vgl. LG Potsdam, Urt. v. 6.10.2017, Az. 6 O 346/16 = NZI 2017, 943 mAnm *Friese;* LG Krefeld, Urt. v. 3.9.2014, Az. 7 O 67/12 = ZIP 2014, 1940; vgl. die Urteilsbspr. *Schmidt* EWiR 2014, 659.

deutschen Recht, das zwischen dem Insolvenzschuldner und seiner (meist) inländischen Bank galt. Auf das anwendbare Recht des Zahlungsvorgangs kann vorliegend jedoch schon deshalb nicht abgestellt werden, weil Art. 16 mit seiner Sonderanknüpfung gerade das Vertrauen des Vertragspartners in das mit dem Insolvenzschuldner vereinbarte Recht schützen will (also dem Recht, dem die Zahlungspflicht unterliegt). Welcher Rechtsordnung mögliche spätere Verfügungen des Schuldners unterstehen, ist für den Vertragspartner jedoch weder vorhersehbar, noch besteht insoweit ein Vertrauenstatbestand. Zudem ist aus Sicht des Vertragspartners ausschließlich ausschlaggebend, ob mit der Verfügung die vertragliche Verpflichtung erfüllt wurde, was aber wiederum der *lex causae* des Vertrags untersteht. Auch soweit daher die anfechtbare Rechtshandlung in einer Verfügung besteht (beispielsweise in der Lieferung und Übergabe einer beweglichen Sache), kann es nicht auf die möglicherweise abweichende *lex rei sitae* des Verfügungsvorgangs ankommen, sondern ausschließlich auf die *lex causae* des Vertrages, der mit der Verfügung erfüllt werden soll.

10   Die anfechtbare Rechtshandlung, die unter Art. 16 „Vertrauensschutz" genießen soll, muss nach dem Wortlaut der Vorschrift dem Recht eines anderen Mitgliedstaates unterstehen (Art. 16 lit. a).[26] Verweist die Kollisionsnorm zur Ermittlung des anwendbaren Rechts für die Rechtshandlung auf das Recht eines Drittstaates, so fehlt es an den Tatbestandsvoraussetzungen für die alternative Heranziehung der *lex causae*. Die Insolvenzanfechtung unterliegt dann gemäß Art. 7 Abs. 2 lit. m ausschließlich der *lex fori concursus*[27] (vgl. hierzu ausführlich → Rn. 19). Art. 16 schützt insoweit nur das Vertrauen des Rechtsverkehrs in die Rechtsordnungen der Mitgliedstaaten und diskriminiert insoweit Drittstaaten. Weshalb die an der Rechtshandlung Beteiligten allerdings kein Vertrauen in das Recht von Drittstaaten haben sollen (oder besser dürfen), ist nicht nachvollziehbar.

11   **4. Keine Angreifbarkeit nach der *lex causae*.** Art. 16 lit. b setzt zudem voraus, dass nach der anwendbaren *lex causae* die streitgegenständliche Handlung *„in keiner Weise angreifbar"* ist. Der Begriff „in keiner Weise" erfüllt hierbei zwei Funktionen: Erstens wird hierdurch klargestellt, dass die maßgebliche Handlung nicht nur nach den Insolvenzanfechtungsvorschriften der *lex causae* Bestand haben muss, sondern auch andere im Zusammenhang mit dem Insolvenzverfahren stehenden Unwirksamkeitsregelungen zu prüfen sind.[28] Dies hat zwischenzeitlich auch der EuGH in der *Nike* Entscheidung bestätigt.[29] Allerdings ist die Verweisung auf das über die Insolvenzanfechtung hinaus nach der *lex causae* geltende Recht „überschießend": ist die Handlung schon nach den allgemeinzivilrechtlichen Regeln der *lex causae* unwirksam, so bedarf es keiner Insolvenzanfechtung durch den Insolvenzverwalter.[30] Vielmehr kann der Insolvenzverwalter schon aufgrund der aus anderen Gründen bestehenden Unwirksamkeit den verfügten Gegenstand zurück verlangen oder den geschlossenen Vertrag für unwirksam erklären lassen.

12   Die Unangreifbarkeit *„in keiner Weise"* stellt zweitens sicher, dass die insolvenzrechtliche Angreifbarkeit der streitgegenständlichen Rechtshandlung nicht auf denselben Rechtsgründen oder Anfechtungsvoraussetzungen beruhen muss, aufgrund derer die Rechtshandlung in ihrem Bestand durch die *lex fori concursus* in Frage gestellt wird. Die Unwirksamkeitsgründe, die sich nach der *lex causae* ergeben, müssen daher nicht deckungsgleich sein mit den Unwirksamkeitsgründen, die sich nach der *lex fori concursus* ergeben haben.[31] Nur diejenigen Rechtshandlungen, die nach der *lex causae* grundsätzlich Bestand haben, werden über Art. 16 entsprechend geschützt. Die Nichtangreifbarkeit der Rechtshandlungen nach der *lex causae* setzt daher ebenso wenig voraus, dass die Rechtsfolge nach der *lex causae* identisch oder ebenso weitreichend sein müsste, wie die Rechtsfolge nach der *lex fori concursus*. Das Tatbestandsmerkmal der Nicht-Angreifbarkeit in keiner Weise ist daher auch

---

[26] Geimer/Schütze/*Gruber*, Int. Rechtsverkehr, B Vor I 20b, EuInsVO 2000 Art. 13 Rn. 9; KPB/*Bork* Art. 16 Rn. 16; MüKoBGB/*Kindler* Art. 16 Rn. 9; *Paulus* Art. 16 Rn. 9.

[27] OLG Naumburg, ZIP 2011, 677, 678; Urteilsanm. *Wöhlert* GWR 2011, 72; *Kolmann* IILR 2011, 193.

[28] Ganz herrschende Auffassung, vgl. *Klump*, Kollisionsrecht der Insolvenzanfechtung, S. 47; *Virgos/Garcimartin*, European Insolvency Regulation, Rn. 240; *Virgos/Schmit*, Erläuternder Bericht, Rn. 137; *Balz* ZIP 1996, 948, 951; *Leible/Staudinger* KTS 2000, 533, 557; Geimer/Schütze/*Gruber*, Int. Rechtsverkehr, B Vor I 20b, EuInsVO 2000 Art. 13 Rn. 3; Duursma-Kepplinger/Duursma/Chalupsky/*Duursma-Kepplinger* EuInsVO 2000 Art. 13 Rn. 18; *Fritz/Bähr* DZWIR 2001, 221, 229; aA *Herchen*, Übereinkommen, S. 172, der die Angreifbarkeit auf insolvenzspezifische Tatbestände beschränken will.

[29] EuGH, Urt. v. 15.10.2015, Rs C-310/14 *(Nike European Operations Netherlands)* = NZI 2015, 954 mAnm *Swierczok*; vgl. auch die Urteilsanm. von *Paulus* RIW 2016, 49.

[30] Duursma-Kepplinger/Duursma/Chalupsky/*Duursma-Kepplinger* EuInsVO 2000 Art. 13 Rn. 18; Geimer/Schütze/*Gruber*, Int. Rechtsverkehr, B Vor I 20b, EuInsVO 2000 Art. 13 Rn. 3; KPB/*Bork* Art. 16 Rn. 17; MüKoBGB/*Kindler* Art. 16 Rn. 14 ff.; *Paulus* Art. 16 Rn. 10.; LSZ/*Zeuner* EuInsVO 2000 Art. 13 Rn. 8; Bork/van Zwieten/*Garcimartin/Virgos* Art. 16 Rn. 16.16; Vallender/*Liersch* Art. 16 Rn. 8; gehen daher zu weit; richtig dagegen *Klumb*, Kollisionsrecht der Insolvenzanfechtung, S. 47.

[31] BGH NZI 2014, 71 Rn. 19; Urteilsanm. *Fridgen* GWR 2014, 67; *Tashiro* FD-InsR 2013, 352743.

dann nicht erfüllt, wenn die *lex causae* hinsichtlich ihrer Rechtsfolgen hinter der *lex fori concursus* deutlich zurückbleibt, solange der mit der Rechtshandlung von den Parteien beabsichtigte Erfolg durch die *lex causae* in Frage gestellt wird.

Im Einzelfall kann der Umfang der Verweisung in Art. 16 jedoch schwierig zu bestimmen sein. In der *Vinyls Italia Spa* Entscheidung des EuGH hatte dieser darüber zu befinden, dass der Anfechtungsgegner im Anfechtungsprozess verabsäumt hatte, gemäß den zivilprozessualen Vorschriften des mit dem Anfechtungsprozess befassten Gerichts die Einrede, dass die Rechtshandlung nach der *lex causae* nicht anfechtbar sei, fristgemäß zu erheben. Der Anfechtungsgegner machte geltend, dass eine solche Frist nach der *lex causae* nicht existierte. Der EuGH hat letzteren Einwand zurückgewiesen, da Art. 13 Vertrauensschutz für das materielle Insolvenzrecht gewähre, aber keinen Schutz gewähre vor dem Verfahrensrecht, das von dem zuständigen Gericht angewandt werde.[32] Das ist zutreffend. Bei dem zugrundeliegenden Problem handelt es sich jeweils um eine Qualifikationsfrage. Soweit es sich bei der streitigen Form- oder Fristfrage um eine verfahrensrechtliche Frage handelt, untersteht die Frage des anwendbaren Rechts der *lex fori processus* (und nicht Art. 16). Handelt es sich bei der Frist- oder Formfrage um Fragen des materiellen Rechts, findet die für materiellrechtliche Fragen anwendbare Kollisionsnorm, dh Art. 13, Anwendung. Dies entspricht auch der grundlegenden Differenzierung im deutschen IPR.[33]

5. Beweislast. Nach allgemeiner Auffassung, die insoweit auch von dem eindeutigen Wortlaut von Art. 16 gestützt wird, obliegt begünstigten Personen die Darlegungs- und Beweislast dafür, dass die streitgegenständliche Handlung nach der *lex causae* in keiner Weise angreifbar ist.[34] Art. 16 wird daher in den deutschen Kommentierungen allgemein als Einredetatbestand qualifiziert.[35] Eine solche Qualifikation von Art. 16 ist jedoch fraglich. Der Begriff der „Einrede" ist dem deutschen Zivilprozessrecht entlehnt.[36] Man sollte jedoch vorsichtig sein, Konzepte des deutschen Zivilprozessrechts auf EU-Vorschriften wie Art. 16 zu übertragen. Im Ergebnis dürfte jedoch Art. 16 ebenso wie eine Einrede im deutschen Zivilprozessrecht funktionieren, da aufgrund der Darlegungs- und Beweislast Art. 16 nicht von Amts wegen zu prüfen ist, sondern die begünstigte Person zum anwendbaren Recht und zur Nicht-Angreifbarkeit vortragen muss. Darin liegt konkludent immer die im deutschen Recht nur auf Vortrag zu beachtende Prozesseinrede, sodass sich aus prozessualer deutscher Sicht insoweit keine Probleme ergeben.

Die Zuweisung der Darlegungs- und Beweislast zulasten der begünstigten Person ist in der konkreten Rechtsanwendung jedoch nicht frei von Zweifeln und hat daher auch schon mehrfach den EuGH beschäftigt. Unproblematisch ist die Anwendung der Darlegungs- und Beweislastregelung von Art. 16 zunächst auf die **Tatsachen,** die der Nicht-Angreifbarkeit nach der *lex causae* zugrunde liegen.[37] In der praktischen Anwendung wirft die Verteilung der Darlegungs- und Beweislast jedoch Schwierigkeiten auf, weil es sich im Ergebnis um einen Negativbeweis handelt, der von der begünstigten Person zu führen ist. Die begünstigte Person müsste demnach für sämtliche, nach der *lex causae* erdenkbaren insolvenzrechtlichen Anfechtungs- oder Unwirksamkeitsgründe Tatsachenvortrag leisten. Dies ist in der Praxis jedoch nicht möglich, weshalb beispielsweise im deutschen Recht mit einer abgestuften Beweislastverteilung bei sogenannten Negativbeweisen gearbeitet wird. Die Ausgestaltung einer solchen Beweislastverteilung im Einzelnen gibt die Verordnung nicht vor und ist auch einer allgemeinen Beschreibung kaum zugänglich, da dies durch die Rechtsprechung einzelfallbezogen erfolgt. Nach der *Nike*-Entscheidung des EuGH[38] ist es mangels unionsrechtlicher Harmonisierung Sache der innerstaatlichen Rechtsordnung, dies jeweils zu konkretisieren, sodass deutsche Gerichte auf die im deutschen

---

[32] Vgl. EuGH, Urt. v. 8.6.2017, Rs C-54/16 *(Vinyls Italia Spa)* = NZI 2017, 633 Rn. 31.
[33] Vgl. MüKoZPO/*Rauscher*, 6. Aufl., Einl. Rn. 28.
[34] Allg. Auffassung, vgl. Virgos/Schmit, Erläuternder Bericht, Rn. 93; MüKoBGB/*Kindler* Art. 16 Rn. 17 f.; Geimer/Schütze/*Gruber*, Int. Rechtsverkehr, B Vor I 20b, EuInsVO 2000 Art. 13 Rn. 10; Bork/van Zwieten/*Garcimartin*/*Virgos* Art. 16 Rn. 16.19; Vallender/*Liersch* Art. 16 Rn. 11; FKInsO/*Wenner*/*Schuster* Art. 16 Rn. 12; EuGH, Urt. v. 15.10.2015, Rs. C-310/14 *(Nike European Operations Netherlands)* = NZI 2015, 954.
[35] *Virgos*/*Schmit*, Erläuternder Bericht, Rn. 136; Duursma-Kepplinger/Duursma/Chalupsky/*Duursma-Kepplinger* EuInsVO 2000 Art. 13 Rn. 10; Geimer/Schütze/*Gruber*, Int. Rechtsverkehr, B Vor I 20b, EuInsVO 2000 Art. 13 Rn. 10; HKInsO/*Dornblüth* Art. 16 Rn. 3 ff.; Huber ZZP 114 (2001), 133, 166; MüKoBGB/ *Kindler* Art. 16 Rn. 24; *Paulus* Art. 16 Rn. 14; LSZ/*Zeuner* EuInsVO 2000 Art. 13 Rn. 7; K. Schmidt/ *Undritz* Art. 16 Rn. 13; wohl auch FKInsO/*Wenner*/*Schuster* Art. 16 Rn. 12.
[36] Vgl. zur Einrede Baumbach/Lauterbach/Hartmann/Anders/Gehle/*Anders* ZPO § 139 Rn. 61; MüKoZPO/ *Rauscher* Einl. Rn. 418.
[37] So implizit auch der EuGH, Urt. v. 15.10.2015, Rs C-310/14 *(Nike European Operations Netherlands)* = NZI 2015, 954 Rn. 25; bestätigt in EuGH, Urt. v. 8.6.2017, Rs C-54/16 *(Vinyls Italia Spa)* = NZI 2017, 633 Rn. 39 mAnm *Mankowski*.
[38] Vgl. EuGH, Urt. v. 15.10.2015, Rs C-310/14 *(Nike European Operations Netherlands)* = NZI 2015, 954 Rn. 28; EuGH, Urt. v. 8.6.2017, Rs C-54/16 *(Vinyls Italia Spa)* = NZI 2017, 633 Rn. 26 mAnm *Mankowski*.

Recht entwickelten Grundregeln für eine abgestufte Beweislastverteilung zurückgreifen können. Der EuGH hat insoweit lediglich verlangt, dass bei der Anwendung des nationalen Rechts die Grundsätze der Äquivalenz und Effektivität zu beachten sind.[39]

15   In der Praxis wird ohnehin zunächst der Insolvenzverwalter die Tatsachen vorgetragen haben, aus der sich nach der *lex fori concursus* die Angreifbarkeit der streitgegenständlichen Handlung ergibt. Bevor daher die Sonderanknüpfung nach Art. 16 relevant wird, sind die dem Anfechtungs- oder Unwirksamkeitstatbestand zugrundeliegenden Tatsachen zunächst von dem Insolvenzverwalter zu beweisen. Hängt die von der begünstigten Person sodann nachzuweisende Unangreifbarkeit von weiteren Tatsachen ab, die im Zusammenhang mit der Angreifbarkeit nach der *lex fori concursus* bisher keine Rolle gespielt haben, sind diese Tatsachen zunächst von der begünstigten Person substantiiert vorzutragen und gegebenenfalls zu beweisen.

16   Inwieweit Art. 16 auch eine Beweislastregelung für das **Recht** der *lex causae* vorsieht, ist streitig. Ein Teil der Literatur vertritt die Auffassung, dass sich die prozessualen Regeln für die Ermittlung und Anwendung des gegebenenfalls ausländischen Sachrechts nach den Grundsätzen der *lex fori* richten müssen.[40] Dem ist nach der *Nike*-Entscheidung des EuGH zuzustimmen.[41] Die dort entwickelten Grundsätze im Hinblick auf die Beweislast für Tatsachen sind auf die Beweislastregeln für ausländisches Recht entsprechend anzuwenden. Ist eine Insolvenzanfechtungsklage daher bei einem deutschen Gericht anhängig, so richtet sich die Ermittlung des ausländischen Sachrechts nach § 293 ZPO. Danach wird ausländisches Sachrecht zwar wie eine Tatsache behandelt, weil es eines Beweises bedarf. Gleichzeitig ist das fremde Sachrecht jedoch nicht wie eine beweisbedürftige Tatsache anzusehen, für die jedenfalls die Beweislastregeln nicht gelten.[42] Art. 16 ist kein Einfallstor für die in verschiedenen Staaten vertretene Lehre, nach der fremdes Recht nur als Tatsache zu behandeln und daher von den Parteien in den Prozess einzubringen sei.[43]

17   Richtigerweise wird man Art. 16 nicht so verstehen können, dass sich die Ermittlung des ausländischen Rechts ausschließlich nach dem Zivilprozessrecht des angerufenen Gerichts richtet. Zwar ist hier zunächst zuzustimmen, dass das angerufene Gericht bei der Ermittlung des ausländischen Rechts zunächst von seinem eigenen autonomen Zivilprozessrecht ausgeht, wie ausländische Recht nachzuweisen ist. Das jeweils anzuwendende autonome Recht kann jedoch dort auf seine Grenzen stoßen, wo es sich in Widerspruch zu der in Art. 16 festgehaltenen Nachweispflicht setzt. Hinsichtlich des deutschen Rechts wird man daher im Hinblick auf Art. 16 die Rechtsprechung zu § 293 ZPO zumindest teilweise korrigieren müssen. Denn Art. 16 beruht seinem Zweck nach ja gerade darauf, dass die begünstigte Person auf die Nichtangreifbarkeit nach der *lex causae* vertraut hat oder vertrauen durfte. Insoweit wird man – weitergehend als nach § 293 ZPO – der begünstigten Person auch auferlegen dürfen, die Rechtssätze des ausländischen Rechts vorzutragen,[44] aufgrund derer sich die Unangreifbarkeit der Forderung nachvollziehbar und plausibel ergibt. Hierbei sind freilich nicht sämtliche erdenklichen Rechtsnormen vorzutragen, sondern insbesondere diejenigen, die von der Funktion und Wirkungsweise der Norm ähnlich sind, die nach der *lex fori concursus* zu einer Angreifbarkeit der Handlung geführt haben. Ein pauschaler Hinweis, dass die Handlung nach der *lex causae* jedenfalls nicht angreifbar wäre, ist daher nicht ausreichend. Ebenso wenig hat das Gericht die Anwendung ausländischen Rechts von Amts wegen zu prüfen.[45]

18   Darüber hinaus ist im Anwendungsbereich von Art. 16 ebenfalls die zu § 293 ZPO ergangene Rechtsprechung abzulehnen, wonach deutsches Ersatzrecht entscheiden muss, wenn sich das fremde Recht weder von Amts wegen noch mit Hilfe der Parteien ermitteln lässt.[46] Verbleiben Zweifel, wie der Sachverhalt nach der *lex causae* rechtlich zu beurteilen ist, so gehen diese Zweifel hinsichtlich der Rechtslage zulasten der begünstigten Person. Denn insoweit kann diese auch dann nicht mehr den mit Art. 16 bezweckten Vertrauensschutz beanspruchen. Art. 16 führt daher – weitergehend als § 293 ZPO – eine Beweislastregelung auch für das ausländische Recht ein.

---

[39] Vgl. EuGH, Urt. v. 15.10.2015, Rs C-310/14 *(Nike European Operations Netherlands)* = NZI 2015, 954 Rn. 28 und EuGH Urt. v. 8.6.2017, Rs C-54/16 *(Vinyls Italia Spa)* = NZI 2017, 633 Rn. 26 mAnm *Mankowski*.

[40] So beispielsweise Geimer/Schütze/*Gruber*, Int. Rechtsverkehr, B Vor I 20b, EuInsVO 2000 Art. 13 Rn. 12.

[41] Vgl. → Rn. 14.

[42] Vgl. zuletzt auch BGH v. 25.1.2005, NJW-RR 2005, 1071; Baumbach/Lauterbach/Hartmann/Anders/Gehle/*Nober* ZPO § 293 Rn. 10.

[43] So ausdrücklich Geimer/Schütze/*Gruber*, Int. Rechtsverkehr, B Vor I 20b, EuInsVO 2000 Art. 13 Rn. 12.

[44] In diesem Sinn wohl auch die *Nike*-Entscheidung des EuGH, Urt. v. 15.10.2015, Rs C-310/14 *(Nike European Operations Netherlands)* = NZI 2015, 954.

[45] So BGH, Beschl. v. 22.4.2010, Az IX ZR 94/08, BeckRS 2010, 11721; *Prager/Keller* NZI 2011, 697, 700; Vallender/*Liersch* Art. 16 Rn. 12.

[46] So zu § 293 ZPO: BGH FamRZ 82, 265; *Graf von Westphalen* NJW 1994, 2116; MüKoZPO/*Prütting* § 293 Rn. 59 ff.; Stein/Jonas/*Leipold* ZPO § 293 Rn. 65 ff.; Zöller/*Geimer* ZPO § 293 Rn. 27.

III. Rechtsfolgen: Sperrwirkung der *lex fori concursus*

Ist die Handlung nach der *lex causae* eines anderen Mitgliedsstaates in keiner Weise angreifbar, **19** so soll nach dem Wortlaut der Vorschrift Art. 7 Abs. 2 S. 2 lit. m keine Anwendung finden. Die Nichtanwendbarkeit der *lex fori concursus* bedeutet, dass die benachteiligende Handlung durch den Insolvenzverwalter im Ergebnis nicht angegriffen werden kann. Dass die in Art. 7 Abs. 2 S. 2 lit. m enthaltene Kollisionsnorm auf die *lex fori concursus* keine Anwendung findet, bedeutet nämlich im Ergebnis, dass sich die Angreifbarkeit nach der *lex causae* richtet, die – so schon die Voraussetzung der kollisionsrechtlichen Verweisung – die Handlung jedoch als unangreifbar ansieht.

Auch eine inhaltliche Einschränkung der durch die *lex fori concursus* vorgesehenen Rechtsfolgen **20** findet nicht statt. Das Zusammenspiel der beiden Kollisionsnormen (Art. 7 Abs. 2 S. 2 lit. m und Art. 16) ist dergestalt zu regeln, dass eine Angreifbarkeit der Handlung nach der *lex fori concursus* jedenfalls noch zulässig bleibt, wenn auch die *lex causae* eine Angreifbarkeit der Rechtshandlung zulässt. Wie oben bereits ausgeführt, ist die Tatbestandsvoraussetzung, dass die Handlung „in keiner Weise" angreifbar sein darf, dahingehend zu verstehen, dass nicht die Rechtsfolgen der Angreifbarkeit mit der der *lex fori concursus* verglichen werden sollen, sondern die Anfechtbarkeit grundsätzlich in Frage steht. Geschützt wird demnach nicht das Vertrauen der begünstigten Person in die Reichweite des Eingriffs, sondern nur in die grundsätzliche Frage der Nichtangreifbarkeit.[47] Lässt daher die *lex causae* die Angreifbarkeit zu, jedoch nur mit weniger weitreichenden Rechtsfolgen, so setzen sich in diesem Fall die weiter reichenden Rechtsfolgen der *lex foric concursus* durch. Ist hingegen der Anspruch nach der *lex causae* verjährt, so kann die Handlung nach der *lex fori concursus* nicht mehr angegriffen werden.[48]

IV. Aktivlegitimation bei Parallelverfahren

Die Sonderanknüpfung in Art. 16 gilt sowohl für Haupt- als auch für Sekundärverfahren, da **21** Art. 7 Abs. 2 S. 2 lit. m über Art. 35 auch für das Sekundärverfahrens gilt.[49] Art. 16 greift daher auch gegenüber dem Recht des Staates des Sekundärverfahrens ein. In der Literatur wird diesbezüglich oftmals das Problem konkurrierender Anfechtungsklagen behandelt. Entgegen einer vereinzelt vertretenen Auffassung ist für die Zulässigkeit konkurrierender Anfechtungsklagen jedoch nicht auf das Prioritätsprinzip zurückzugreifen.[50] Die Frage, welcher Insolvenzverwalter die Anfechtungsklage erheben kann, ist vielmehr eine Frage der Aktivlegitimation desselben. Diese hängt davon ab, zu welcher Insolvenzmasse der Anfechtungsanspruch gehört, was sich wiederum danach richtet, ob durch die streitgegenständliche Handlung die Insolvenzmasse des Hauptverfahrens oder die Insolvenzmasse des Sekundärverfahrens geschmälert wurde. Dies ist danach zu bestimmen, in welche Insolvenzmasse der Vermögensgegenstand ohne die benachteiligende Handlung gefallen wäre.

Erhebt ein Insolvenzverwalter eines Verfahrens Insolvenzanfechtungsklage, ohne dass er hierzu **22** nach dem zuvor Ausgeführten aktivlegitimiert ist, so ist seine Insolvenzanfechtungsklage als unbegründet abzuweisen. Ist die Zuordnung des Anspruchs zwischen mehreren Verfahren streitig oder zumindest unklar, empfiehlt sich daher, dass die Verwalter vorsorglich den Anspruch an einen Insolvenzverwalter abtreten, der sie sodann hilfsweise auch zugunsten der anderen Insolvenzmassen geltend machen kann. Hierzu sind die Insolvenzverwalter schon aufgrund ihrer Kooperationspflichten verpflichtet (zu diesen Pflichten sowie möglichen Kooperationsvereinbarungen vgl. insbesondere → Art. 41 Rn. 12 f.).

V. Sachlich-räumlicher Anwendungsbereich

1. Belegenheit des Vermögensgegenstandes in einem Mitgliedsstaat.
Art. 16 sowie die **23** in Art. 7 enthaltene Generalverweisung auf die *lex fori concursus* sind in Bezug auf Anfechtungsklagen

---

[47] So auch OLG Koblenz NZI 2011, 448, 449; allerdings hätte das OLG nicht nur die abstrakten Anfechtungstatbestände vergleichen dürfen, sondern diese auch für den konkreten Fall subsumieren müssen; vgl. auch → Rn. 9 f.

[48] So nunmehr der EuGH, Urt. v. 16.4.2015, Rs. C-557/13 *(Lutz/Bäuerle)* = NZI 2015, 478 aufgrund eines Vorlagegesuchs des BGH NZI 2014, 71; anders EuGH GA, Schlussanträge v. 27.11.2014, Rs C-557/13 = NZI 2015, 44 mit Urteilsanm. *Stangl;* vgl. Urteilsanm. *Fridgen* GWR 2014, 67; *Tashiro* FD-InsR 2013, 352743; dem folgend BGH NZI 2015, 1040; OLG Stuttgart ZInsO 2012, 2153, 2155; FKInsO/*Wenner/ Schuster* Art. 16 Rn. 10; Mohrbutter/Ringstmeier/*Wenner* § 20 Rn. 347; *Paulus* Art. 16 Rn. 11; KPB/*Bork* Art. 16 Rn. 18; *Prager/Keller* NZI 2011, 697, 700.

[49] *Virgos/Schmitt,* Erläuternder Bericht, Rn. 139; Geimer/Schütze/*Gruber,* Int. Rechtsverkehr, B Vor I 20b, EuInsVO 2000 Art. 13 Rn. 15; MüKoBGB/*Kindler* Art. 16 Rn. 5 f.; *Fehrenbach* S. 280.

[50] So aber Geimer/Schütze/*Gruber,* Int. Rechtsverkehr, B Vor I 20b, EuInsVO Art. 13 Rn. 16; ebenso wohl *Herchen* ZInsO 2004, 61, 64, *Fehrenbach* S. 280; *Fehrenbach* NZI 2015, 961.

nur dann anwendbar, wenn sich der Vermögensgegenstand, der zu einer Benachteiligung der Gläubiger geführt hat, gemäß Art. 2 Nr. 9 in einem Mitgliedsstaat befand.[51] Hierbei handelt es sich um die für die Insolvenzanfechtung maßgeblichen Gesichtspunkte, die erst die Anwendung der Verordnung begründen (vgl. hierzu → Art. 1 Rn. 26 f.). Befand sich der Vermögensgegenstand in einem Drittstaat, so ist für die Anfechtbarkeit der Rechtshandlung schon die Verordnung nicht anwendbar.

24   **2. Wahl eines anderen Rechts als das eines Mitgliedsstaates.** Nach dem ausdrücklichen Wortlaut von Art. 16 wird die Anwendung der *lex fori concursus,* die eine Insolvenzanfechtung ermöglicht, nur dann gesperrt, wenn für diese Handlung das Recht eines anderen Mitgliedsstaates maßgeblich ist. Nach ganz herrschender Auffassung findet Art. 16 daher keine Anwendung, wenn beide Parteien, auch wenn diese den Mittelpunkt ihres hauptsächlichen Interesses in den Mitgliedsstaaten haben, das Recht eines Drittstaates gewählt haben[52] oder auch wenn das Recht eines Drittstaates bei fehlender Rechtswahl aufgrund der einschlägigen Kollisionsnormen anwendbar ist.[53] Darin liegt eine Diskriminierung der Rechte von Drittstaaten, die sachlich an sich nicht gerechtfertigt ist. Es ist nämlich nicht ersichtlich, dass für die Beschränkung auf die Rechte der Mitgliedsstaaten eine Prüfung über Reichweite und Mechanismen der Insolvenzanfechtungsregeln der Mitgliedsstaaten vorausgegangen wäre oder dass bestimmte Mindeststandards erwartet wurden. Die Diskriminierung der Drittstaatenrechte ist daher rechtspolitisch fraglich. Nicht zuletzt wohl wegen dieser Zweifel wird in der Literatur vorgeschlagen, bezüglich einer vertrauensschützenden Sonderanknüpfung auf die Vorschriften des autonomen Rechts zurückzugreifen (beispielsweise § 339 InsO).[54] Trotz des rechtspolitisch sinnvollen Ausgleichs, der damit bezweckt ist, ist dieser Auffassung *de lege lata* jedoch nicht zu folgen. Eine Anwendung des insoweit identischen § 339 InsO parallel zu der Generalkollisionsnorm in Art. 7 der Verordnung ist schon deswegen ausgeschlossen, weil eine Abweichung von Art. 7 nur zulässig ist, „soweit *diese Verordnung* nichts anderes bestimmt". Einschränkungen von der in Art. 7 enthaltenen Regelung der *lex fori concursus* sind daher nur aufgrund der Verordnung selbst möglich, nicht dagegen aufgrund nationaler autonomer Rechtsvorschriften. Der Verordnungsgeber hat diese Einschränkung in Art. 16 nur für diejenigen Rechtshandlungen zugelassen, die dem Recht der Mitgliedsstaaten unterstehen.

25   Eine Korrektur dieser unbefriedigenden Ergebnisses wäre nur möglich, wenn man sowohl Art. 7 Abs. 2 S. 2 lit. m als auch Art. 16 für die Fälle, in denen die Handlung dem Recht eines Drittstaates untersteht, gänzlich aus dem sachlich-räumlichen Anwendungsbereich der Verordnung ausnehmen würde. Das erscheint jedoch im Hinblick auf die Kriterien, nach denen der sachlich-räumliche Anwendungsbereich der Verordnung zu bestimmen ist, nicht angebracht (vgl. → Art. 1 Rn. 25 ff.). Eine solche Regelung würde darüber hinaus den Parteien ermöglichen, durch Rechtswahl grundsätzlich die Anwendung der Verordnung auszuschließen. Die maßgeblichen Anknüpfungspunkte für den sachlich-räumlichen Anwendungsbereich der Verordnung sind jedoch nicht der Parteiwille, sondern objektive Anknüpfungspunkte bezogen auf die Sachnähe der Rechtsfrage zu den Mitgliedsstaaten.

VI. Internationale Zuständigkeit

26   Nachdem ehemals für Anfechtungsklagen nach der Deko-Marty Entscheidung des EuGH[55] die Gerichte des Verfahrensstaates international zuständig waren, ist die internationale Zuständigkeit nunmehr ausdrücklich in Art. 6 Abs. 1 geregelt.[56]

Art. 17 Schutz des Dritterwerbers

Verfügt der Schuldner durch eine nach Eröffnung des Insolvenzverfahrens vorgenommene Handlung gegen Entgelt über
a) **einen unbeweglichen Gegenstand,**
b) **ein Schiff oder ein Luftfahrzeug, das der Eintragung in ein öffentliches Register unterliegt, oder,**
c) **Wertpapiere, deren Eintragung in ein gesetzlich vorgeschriebenes Register Voraussetzung für ihre Existenz ist,**

---

[51] Vgl. aA Mankowski/Müller-Schmidt/*Müller* Art. 16 Rn. 18.
[52] Zur Anfechtbarkeit dieser Rechtswahl vgl. allerdings → Rn. 11 f.
[53] Vgl. nochmals die Nachweise bei → Rn. 6.
[54] So beispielsweise Geimer/Schütze/*Gruber*, Int. Rechtsverkehr, B Vor I 20b, EuInsVO 2000 Art. 13 Rn. 9.
[55] EuGH *(Deko Mary Belgium)* NZI 2009, 199; im Anschluss an den Vorlagebeschluss sodann BGH NJW 2009, 2215.
[56] Vgl. → EuInsVO Art. 6 Rn. 4.

so richtet sich die Wirksamkeit dieser Rechtshandlung nach dem Recht des Staates, in dessen Hoheitsgebiet sich dieser unbewegliche Gegenstand befindet oder unter dessen Aufsicht das Register geführt wird.

Literatur: *Bierhenke,* Der ausländische Insolvenzverwalter und das deutsche Grundbuch, MittBayNot 2009, 200; *Gruber,* Anmerkung zu BGH: Schwebend unwirksame Eröffnung eines inländischen Insolvenzverfahrens, Beschl. v. 29.5.2008, IX ZB 102/07, DZWIR 2008, 467 ff.; *INSOL Europe,* Revision of the European Insolvency Regulation; *Mankowski,* Bestimmung der Insolvenzmasse und Pfändungsschutz unter der EuInsVO, NZI 2009, 785; *Reinhart,* Die Bedeutung der EuInsVO im Insolvenzeröffnungsverfahren – Besonderheiten paralleler Eröffnungsverfahren, NZI 2009, 202 f.; *Schmitz,* Dingliche Mobiliarsicherheiten im internationalen Insolvenzrecht, S. 104 ff.; *Steinmetz/Giménez,* Deutsches Insolvenzverfahren und Immobilienvermögen in Spaneinen – Grundbuchsperre beim Registro de la Propiedad durch deutsche Insolvenzverwalter, NZI 2010, 973; *von Bismarck/Schümann-Kleber,* Insolvenz eines ausländischen Sicherungsgebers – Anwendung deutscher Vorschriften auf die Verwertung in Deutschland belegener Kreditsicherheiten, NZI 2005, 147; *dies.,* Insolvenz eines deutschen Sicherungsgebers – Auswirkungen auf die Verwertung im Ausland belegener Kreditsicherheiten, NZI 2005, 89.

Übersicht

	Rn.			Rn.
I. **Normzweck**	1	4.	Belegenheit in einem Mitgliedsstaat	12
II. **Voraussetzungen**	3	III.	**Rechtsfolgen**	13
1. Erfasste Vermögensgegenstände	3	1.	Reichweite der Verweisung	13
2. Entgeltliche Verfügungen	10	2.	Ausschließliche Geltung der *lex rei sitae*	
3. Nach Verfahrenseröffnung	11		bzw. *lex libri siti*	14

I. Normzweck

Art. 17 enthält eine von Art. 7 Abs. 2 S. 2 lit. c abweichende Sonderanknüpfung für entgeltliche **1** Verfügungen des Schuldners nach Verfahrenseröffnung. Die Vorschrift soll das **Vertrauen des Geschäftsverkehrs in die Systeme öffentlicher Register** schützen, in denen die durch die *lex fori concursus* angeordneten Verfügungsbeschränkungen des Schuldners nach Verfahrenseröffnung vermerkt werden.[1] Die Eintragung der durch die *lex fori concursus* angeordneten Verfügungsbeschränkungen stellt wiederum Art. 14 sicher, soweit diese nach dem Recht des Registerstaats eintragungsfähig sind.[2] Beide Normen hängen hinsichtlich ihrer Wirkungen eng zusammen. Ist die Verfügungsbeschränkung noch nicht in das Register eingetragen worden, so soll der gutgläubige Erwerber für die von der Norm erfassten Vermögensgegenstände durch eine Verfahrenseröffnung im Ausland nicht schlechter gestellt werden, als wenn im Inland ein Verfahren eröffnet worden wäre. Daher richtet sich die Frage der Wirksamkeit der (trotz Verfügungsbeschränkungen erfolgten) Verfügung abweichend von der Generalnorm des Art. 7 nicht nach dem Recht des Verfahrensstaats, sondern nach dem Recht des Lageortes des unbeweglichen Vermögens bzw. nach dem Recht des Vertragsstaats, unter dessen Aufsicht das Register geführt wird.

Im Rahmen der **Reform der EuInsVO**[3] sind keine Änderungen an Art. 17 vorgenommen **2** worden. Der *Vienna Report* hatte zwar aufgezeigt, dass unklar sei, ob die Vorgängervorschrift des Art. 14 EuInsVO 2000 auch Anwendung finde, wenn der von Art. 14 EuInsVO 2000 erfasste Gegenstand in einem Drittstaat belegen sei und insoweit eine Klarstellung erwogen. Ansonsten erkannte der *Vienna Report* jedoch keinen Änderungsbedarf. Dem folgend sahen daher weder der Entwurf der Kommission, noch der Entwurf des Europäischen Parlaments Änderungen für Art. 14 EuInsVO 2000 vor. Art. 17 entspricht daher wörtlich dem vorherigen Art. 14 EuInsVO 2000.

II. Voraussetzungen

1. Erfasste Vermögensgegenstände. Die Vorschrift gilt nach dem Wortlaut (a) für unbeweg- **3** liches Vermögen, (b) für registergeführte Schiffe und Luftfahrzeuge und (c) für Wertpapiere, soweit die Eintragung in das Register Voraussetzung für die Existenz des Wertpapiers ist.

---

[1] *Virgos/Schmit,* Erläuternder Bericht, Rn. 141; *Fletcher,* Insolvency in International Private Law, S. 280 f.; vgl. auch den § 388 des RegE, BT-Drs. 12/2443, 69, 243.
[2] Vgl. hierzu Art. 11, insb. → Art. 11 Rn. 7 f.
[3] Vgl. → Vor Art. 1 Rn. 11 ff.

4 Nach dem klaren Wortlaut der Vorschrift gilt Art. 17 für unbewegliche Gegenstände unabhängig davon, ob die Rechte an dem unbeweglichen Gegenstand in ein Register eingetragen sind oder nicht.[4] Diese Auslegung wird auch durch die Rechtsfolgenverweisung der Norm bestätigt, die für unbewegliche Gegenstände nicht etwa auf das Recht des Registerstaates verweist, sondern auf den Belegenheitsort (vgl. → Rn. 13). Die fehlende Anknüpfung an eine Registrierung ergibt sich daraus, dass nicht in allen Mitgliedsstaaten Grundbuchregister existieren oder jedenfalls noch nicht alle Immobilien in eingeführte Registersysteme eingetragen worden sind.[5]

5 Dagegen gilt Art. 17 bei Schiffen und Luftfahrzeugen wiederum nur soweit, als diese auch der Eintragung in ein öffentliches Register *„unterliegen"*. Ob damit nur die registrierungspflichtigen Schiffe oder Luftfahrzeuge gemeint sind oder auch diejenigen, für die eine Registrierungsmöglichkeit (nicht dagegen -pflicht) besteht, ist dem deutschen Wortlaut der Vorschrift nicht zu entnehmen. Auch die englische Textfassung *(„subject to registration")* lässt dies offen. Die Unterscheidung ist jedoch praktisch relevant. So müssen beispielsweise nach deutschem Recht Seeschiffe, die nach dem Flaggenrechtsgesetz die deutsche Flagge führen müssen oder dürfen, in das Seeschiffsregister eingetragen werden. Für Binnenschiffe besteht grundsätzlich keine Registrierungspflicht. Sie können jedoch ab einer Mindesttragfähigkeit oder Mindestverdrängung in das Binnenschiffsregister eingetragen werden.[6] Für Luftfahrzeuge besteht dagegen grundsätzlich keine Registrierungspflicht, sondern nur dann, wenn sie in der Luftfahrzeugrolle eingetragen sind und an ihnen ein Pfandrecht bestellt werden soll.[7] Auf die Registrierungspflicht wird es jedoch nicht ankommen, wie sich aus einem Umkehrschluss mit den ebenfalls in der Vorschrift erwähnten Wertpapieren (Art. 17 dritter Spiegelstrich) entnehmen lässt. Zudem besteht auch keine Veranlassung bei Schiffen oder Luftfahrzeugen, die registriert wurden, den Dritterwerber nicht ebenfalls den Vertrauensschutz des Registerrechts zukommen zu lassen. Neben den registrierungspflichtigen Schiffen und Luftfahrzeugen werden daher von Art. 17 auch die tatsächlich eingetragenen Schiffe und Luftfahrzeuge erfasst.[8]

6 Dagegen reicht bei Wertpapieren eine Eintragung in ein Register nicht aus. Der Anwendungsbereich für Wertpapiere ist wesentlich enger, da nur Wertpapiere erfasst werden, bei denen die Eintragung in das Register Voraussetzung für ihre Existenz ist. Zudem muss es sich um ein gesetzlich vorgegebenes Register handeln, die Registrierung also gesetzlich vorgegeben sein. Eine entsprechende satzungsrechtliche Bestimmung in den Statuten einer Gesellschaft reicht daher nicht aus. Aus deutscher Sicht werfen die in Art. 17 definierten „Wertpapiere" jedoch keine Anwendungsfragen auf, da das deutsche Recht keine Wertpapiere kennt, deren Eintragung in ein gesetzlich vorgeschriebenes Register Voraussetzung für deren Existenz ist.[9]

7 Für andere Rechte, für die ebenfalls öffentliche Register geführt werden, gilt die Vorschrift dagegen nicht.[10] Art. 17 gilt daher grundsätzlich nicht für bewegliche Gegenstände.[11] Gleiches gilt für registereingetragene gewerbliche Schutzrechte. Für diese von Art. 17 nicht erfassten Vermögensgegenstände verbleibt es daher für die Frage der insolvenzrechtlichen Wirksamkeit von Verfügungen grundsätzlich bei der Anwendung der *lex fori concursus*.[12]

8 Nach den Erläuterungen von *Virgos/Schmit* betrifft Art. 17 aber nicht nur Verfügungen über die eigentlichen Gegenstände, sondern auch Verfügungen über Rechte an diesen Gegenständen.[13]

---

[4] Mankowski/Müller/Schmidt/*Schmidt* Art. 17 Rn. 15; Duursma-Kepplinger/Duursma/Chalupsky/*Duursma-Kepplinger* EuInsVO 2000 Art. 14 Rn. 12; Geimer/Schütze/*Gruber*, Int. Rechtsverkehr, B Vor I 20b, EuInsVO 2000 Art. 14 Rn. 4; Rauscher/*Mäsch* EuInsVO 2000 Art. 14 Rn. 2; Nerlich/Römermann/*Nerlich/Hübler* Art. 14 Rn. 8; MüKoBGB/*Kindler* Art. 17 Rn. 6; LSZ/*Zeuner* EuInsVO 2000 Art. 14 Rn. 4.
[5] So gibt es in England und Wales weiterhin registrierte und nicht registrierte Immobilien, vgl. *Birks*, English Private Law, Band 1, Rn. 5.14 ff.
[6] Staudinger/*Nöll* Einl. zum SchiffsRG Rn. 10.
[7] Vgl. Erman/*Schmidt* BGB Einl. § 1204 Rn. 11; Staudinger/*Wiegand* Anh. zu § 1257 Rn. 25.
[8] Mankowski/Müller/Schmidt/*Mankowski* Art. 17 Rn. 17; K. Schmidt/*Undritz* Art. 17 Rn. 3.
[9] So auch Geimer/Schütze/*Gruber*, Int. Rechtsverkehr, B Vor I 20b, EuInsVO 2000 Art. 14 Rn. 4; *Keller* BKR 2002, 347, 349.
[10] Mankowski/Müller/Schmidt/*Mankowski* Art. 17 Rn. 23.
[11] Duursma-Kepplinger/Duursma/Chalupsky/*Duursma-Kepplinger* EuInsVO 2000 Art. 14 Rn. 13; HKInsO/Dornblüth Art. 17 Rn. 3; Rauscher/*Mäsch* EuInsVO 2000 Art. 14 Rn. 3; Mohrbutter/Ringstmeier/*Wenner* § 20 Rn. 289; MüKoBGB/*Kindler* Art. 17 Rn. 7.
[12] Zu unterscheiden ist hierbei freilich noch die allgemeine zivilrechtliche Wirksamkeit der Verfügung, die eine Vorfrage darstellt, vgl. → Rn. 13.
[13] *Virgos/Schmit*, Erläuternder Bericht, Rn. 141 aE; *Virgos/Garcimartin*, European Insolvency Regulation, Rn. 250; Duursma-Kepplinger/Duursma/Chalupsky/*Duursma-Kepplinger* EuInsVO 2000 Art. 14 Rn. 7; Rauscher/*Mäsch* EuInsVO 2000 Art. 14 Rn. 4; MüKoBGB/*Kindler* Art. 17 Rn. 3; *Paulus* Art. 17 Rn. 8; LSZ/*Zeuner* EuInsVO 2000 Art. 14 Rn. 4; erfasst ist nicht nur die Bestellung des dinglichen Rechts (Ersterwerb), sondern auch die Übertragung eines bereits bestehenden dinglichen Rechts (Zweiterwerb).

Aus dem Begriff „*verfügt*" wird auch ersichtlich, dass es sich nur um dingliche Rechte handeln kann. Das gilt jedoch bei den Vermögensgegenständen, bei denen die Registereintragung möglich ist (Schiffe, Luftfahrzeuge, Wertpapiere), nur soweit es sich auch um eintragungsfähige dingliche Rechte handelt.[14] Schuldrechtliche Verpflichtungen fallen demgegenüber nicht unter Art. 17.

Geradezu selbstverständlich ist, dass der jeweils betroffene Vermögensgegenstand nach Art. 7 **9** Abs. 2 S. 2 lit. b auch zur Insolvenzmasse des Verfahrens gehören muss. Praktisch relevant dürfte diese Unterscheidung allenfalls dann werden, soweit es Gegenstände im Eigentum des Schuldners betrifft, die jedoch nicht zur Insolvenzmasse gehören, weil sie gegebenenfalls als pfandfreie Gegenstände nicht zur Insolvenzmasse gezählt werden.

2. Entgeltliche Verfügungen. Nach dem Wortlaut der Vorschrift muss die Verfügung „gegen **10** Entgelt" vorgenommen werden. Damit ist jede Gegenleistung beschrieben, die im Austausch mit der Verfügung erbracht wird. Die Gegenleistung muss daher nicht notwendigerweise in einer Geldzahlung bestehen. Für eine ausschließlich unentgeltliche Verfügung kann der Verfügungsempfänger sich daher nicht auf die Gutglaubensvorschriften des Lageortes bzw. des Registerrechts berufen.[15] Diese Unterscheidung folgt dem anerkannten Grundsatz, wonach der Empfänger einer unentgeltlichen Verfügung grundsätzlich weniger schutzbedürftig ist als der Empfänger einer entgeltlichen Verfügung.[16] Die Wirksamkeit der unentgeltlichen Verfügung ist demnach ausschließlich über die *lex fori concursus* zu prüfen.[17] Dagegen fällt auch eine sogenannte gemischte Schenkung unter den Begriff einer „Verfügung gegen Entgelt".[18] Eine Einschränkung des Anwendungsbereiches von Art. 17 dahingehend, dass die Norm nur Anwendung findet, wenn die Verfügung keinerlei Schenkungsbestandteile enthält, bedarf es im Ergebnis auch deswegen nicht, weil im Rahmen einer gemischten Schenkung die Gläubiger hinsichtlich des unentgeltlichen Teils der Verfügung durch die Insolvenzanfechtungsvorschriften gem. Art. 16 geschützt sind.

3. Nach Verfahrenseröffnung. Art. 17 ist nach seinem ausdrücklichen Wortlaut nur insoweit **11** anwendbar, als die Verfügung nach Eröffnung des Insolvenzverfahrens vorgenommen wurde.[19] Entscheidend ist hierbei der Zeitpunkt des Verfügungserfolges, nicht dagegen derjenige der Verfügungshandlung. Hat der Schuldner beispielsweise eine entsprechende Verfügung noch vor der Verfahrenseröffnung erklärt, kommt es jedoch in dinglicher Hinsicht erst nach Eröffnung des Insolvenzverfahrens zu dem entsprechenden Verfügungserfolg, so findet Art. 17 hierauf ebenso Anwendung, allerdings nur bezogen auf die Wirksamkeit des nach Verfahrenseröffnung eingetretenen Verfügungserfolges. Die Wirkung der Verfahrenseröffnung auf den nicht vollständig abgewickelten Vertrag richtet sich – zumindest für unbewegliche Gegenstände – nach Art. 11.

4. Belegenheit in einem Mitgliedsstaat. Nach mittlerweile hM gilt Art. 17 jedoch nur, **12** soweit die von Art. 17 erfassten Vermögensgegenstände (vgl. → Rn. 3 ff.) auch in einem der Mitgliedsstaaten belegen sind.[20] Die Belegenheit richtet sich dabei nach Art. 2 Nr. 9 lit. iv. Zwar enthält

---

[14] Rauscher/*Mäsch* EuInsVO 2000 Art. 14 Rn. 4.
[15] *Virgos/Schmit*, Erläuternder Bericht, Rn. 140 aE; Geimer/Schütze/*Gruber*, Int. Rechtsverkehr, B Vor I 20b, EuInsVO 2000 Art. 14 Rn. 8; Mankowski/Müller/Schmidt/*Mankowski* Art. 17 Rn. 10; im Ergebnis auch Duursma-Kepplinger/Duursma/Chalupsky/*Duursma-Kepplinger* EuInsVO 2000 Art. 14 Rn. 8; HKInsO/ *Dornblüth*, EuInsVO 2000 Art. 17 Rn. 2; Nerlich/Römermann/*Nerlich/Hübler* EuInsVO 2000 Art. 14 Rn. 6; *Paulus* Art. 17 Rn. 5; LSZ/*Zeuner* EuInsVO 2000 Art. 14 Rn. 3.
[16] Vgl. beispielsweise im deutschen Bereicherungsrecht §§ 816 Abs. 1 S. 2, 822 BGB; so auch LSZ/*Zeuner* EuInsVO 2000 Art. 14 Rn. 3.
[17] *Balz* ZIP 1996, 948, 950; Duursma-Kepplinger/Duursma/Chalupsky/*Duursma-Kepplinger* EuInsVO 2000 Art. 14 Rn. 8; *Fritz/Bähr* DZWIR 2000, 221, 229; Geimer/Schütze/*Gruber*, Int. Rechtsverkehr, B Vor I 20b, EuInsVO 2000 Art. 14 Rn. 8; HKInsO/*Dornblüth* Art. 17 Rn. 4; Nerlich/Römermann/*Nerlich/Hübler* EuInsVO 2000 Art. 14 Rn. 3; *Paulus* Art. 17 Rn. 45 LSZ/*Zeuner* EuInsVO 2000 Art. 14 Rn. 3; K. Schmidt/ *Undritz* Art. 17 Rn. 7.
[18] Vgl. dazu auch Duursma-Kepplinger/Duursma/Chalupsky/*Duursma-Kepplinger* EuInsVO 2000 Art. 14 Rn. 9; MüKoBGB/*Kindler* Art. 17, Rn. 5; Vallender/*Thole* Art. 17 Rn. 6; differenzierend Geimer/Schütze/ *Gruber*, Int. Rechtsverkehr, B Vor I 20b, EuInsVO 2000 Art. 14 Rn. 10.
[19] *Virgos/Schmit*, Erläuternder Bericht, Rn. 141; Duursma-Kepplinger/Duursma/Chalupsky/*Duursma-Kepplinger* EuInsVO 2000 Art. 14 Rn. 7; Geimer/Schütze/*Gruber*, Int. Rechtsverkehr, B Vor I 20b, EuInsVO 2000 Art. 14 Rn. 12; Vallender/*Thole* Art. 17 Rn. 5; HKInsO/*Dornblüth* Art. 17 Rn. 2; *Leible/Staudinger* KTS 2000, 533, 557; MüKoBGB/*Kindler* Art. 17 Rn. 4; *Paulus* Art. 17 Rn. 7; LSZ/*Zeuner* EuInsVO 2000 Art. 14 Rn. 5; Vallender/*Thole* Art. 17 Rn. 5; Mankowski/Müller/Schmidt/*Mankowski* Art. 17 Rn. 7 f.; Bork/van Zwieten/*Garcimartin/Virgos* Art. 17 Rn. 17.05; *Taupitz* ZZP 111 (1998), 315, 341.
[20] So Geimer/Schütze/*Gruber*, Int. Rechtsverkehr, B Vor I 20b, EuInsVO 2000 Art. 14 Rn. 13; Duursma-Kepplinger/Duursma/Chalupsky/*Duursma-Kepplinger* EuInsVO 2000 Art. 14 Rn. 5; LSZ/*Zeuner* EuInsVO 2000 Art. 14 Rn. 2; *Paulus* Art. 17 Rn. 9; Vallender/*Thole* Art. 17 Rn. 4; HKInsO/*Dornblüth* Art. 17 Rn. 5; Bork/van Zwieten/*Garcimartin/Virgos* Art. 17 Rn. 17.10; MüKoBGB/*Kindler* Art. 17 Rn. 16; aA: KPB/

der Wortlaut von Art. 17 abweichend von der gleich gelagerten Problematik beispielsweise in Art. 14 keinen Verweis auf das Recht des Mitgliedsstaates, sondern – neutral formuliert – auf das Recht eines Staates (der nach dem Wortlaut somit nicht zwingend ein Mitgliedsstaat sein muss). Hierbei handelt es sich jedoch um einen redaktionellen Fehler, da die Verordnung auch ansonsten nicht die Wirkungen der Verfahrenseröffnung auf Gegenstände regelt, die nicht in einem der Mitgliedsstaaten, sondern in einem Drittstaat belegen sind (vgl. → Art. 1 Rn. 35).

III. Rechtsfolgen

13   **1. Reichweite der Verweisung.** Kollisionsrechtlich beinhaltet Art. 17 eine sogenannte Sachnormverweisung.[21] Nach zutreffender Auffassung erfasst diese Sachnormverweisung jedoch nur den Verweis auf Verfügungsbeschränkungen bzw. Schutz von Dritterwerbern, die insolvenzrechtlich bedingt sind. Die übrigen aus dem allgemeinen Zivilrecht stammenden Gutglaubensvorschriften finden über Art. 17 keine Anwendung. Hierbei handelt es sich um eine kollisionsrechtliche Vorfrage: zunächst muss der Verfügungsvorgang nach dem anwendbaren Recht *(lex rei sitae, lex libri siti)* wirksam sein. Ist das der Fall, bestimmt das nach Art. 17 anwendbare Insolvenzrecht des Belegenheitsstaates bzw. des Registerstaates die insolvenzrechtliche Wirksamkeit der Verfügung. Im Ergebnis dürfte die Unterscheidung jedoch nicht von Bedeutung sein, da auch Art. 17 für unbewegliche Gegenstände auf die *lex rei sitae*, sowie für die anderen, registereingetragenen Vermögensgegenstände auf die *lex libri siti* verweist. Die kollisionsrechtliche Verweisung von Art. 17 dürfte insoweit weitgehend identisch sein mit den anwendbaren sachenrechtlichen Kollisionsnormen des autonomen Rechts des jeweils betroffenen Mitgliedsstaates. Abweichungen sind dagegen allenfalls bei den Wertpapieren denkbar, soweit die sachenrechtliche Kollisionsnorm auf die Belegenheit des Wertpapiers abstellt und nicht auf den Ort des Registers.

14   **2. Ausschließliche Geltung der *lex rei sitae* bzw. *lex libri siti*.** Die (insolvenzrechtliche) Wirksamkeit der Verfügung des Schuldners richtet sich ausschließlich nach dem Belegenheitsort bzw. Registerrecht.[22] Zwar fehlt in Art. 17 im Vergleich zu anderen Kollisionsnormen der Verordnung das Wort „*ausschließlich*" im Wortlaut der Vorschrift. Insoweit ließe sich daran denken, Art. 17 auch dahingehend zu verstehen, dass unwirksame Verfügungen nach der *lex fori concursus* über das Recht des Belegenheitsortes bzw. Registerstaates noch zu retten. Entsprechende Beispiele für Alternativanknüpfungen finden sich in Art. 9 und Art. 16 der Verordnung. Eine Begrenzung auf die Fälle, in denen die *lex fori concursus* die Unwirksamkeit der Verfügung anordnet, würde an sich dem Umstand gerecht, dass über Art. 17 lediglich der Schutz des Dritterwerbers bezweckt ist, insoweit also ein Schutz gegenüber dem Recht der ansonsten anwendbaren *lex fori concursus* bezweckt ist. Dennoch wird man Art. 17 nicht als Alternativanknüpfung verstehen können. Die Regelungstechnik bei Art. 17 weicht eindeutig von der Regelungstechnik in Art. 9 und Art. 16 ab. Die Wirksamkeit der entgeltlichen Verfügung richtet sich daher ausschließlich nach dem Recht des Belegenheitsstaates bzw. Registerrechts. Insoweit wird man hinzunehmen haben, dass damit freilich sogar Einschränkungen zum Nachteil des Dritterwerbers möglich sind, nämlich dann, wenn die *lex fori concursus* eine Verfügung zwar noch als wirksam erachtet, sie jedoch nach dem Recht des Belegenheitsortes bzw. Registerrechts unwirksam ist. Die ausschließliche Anwendung des Rechts des Belegenheitsortes bzw. des Registerstaates geht daher über den in der Überschrift der Vorschrift intendierten „Schutz" des Dritterwerbers hinaus.

Art. 18 Wirkungen des Insolvenzverfahrens auf anhängige Rechtsstreitigkeiten und Schiedsverfahren

Für die Wirkungen des Insolvenzverfahrens auf einen anhängigen Rechtsstreit oder ein anhängiges Schiedsverfahren über einen Gegenstand oder ein Recht, der bzw. das Teil der

---

[21] *Bork* Art. 17 Rn. 16; Konecny/Schubert/*Maderbacher* EuInsVO 2000 Art. 14 Rn. 13; Brinkmann/*Dahl*/Kortleben Art. 17 Rn. 10; FKInsO/*Wenner*/Schuster Art. 17 Rn. 8; Braun/*Josko de Marx* Art. 17 Rn. 17. Mankowski/Müller/Schmidt/*Mankowski* Art. 17 Rn. 28; MüKoBGB/*Kindler* Art. 17 Rn. 10; Duursma-Kepplinger/Duursma/Chalupsky/*Duursma-Kepplinger* EuInsVO 2000 Art. 14 Rn. 4; Geimer/Schütze/*Gruber*, Int. Rechtsverkehr, B Vor I 20b, EuInsVO 2000 Art. 14 Rn. 15; HKInsO/*Dornblüth* Art. 17 Rn. 1; Rauscher/*Mäsch* EuInsVO 2000 Art. 14 Rn. 7; MüKoBGB/*Kindler* Art. 17 Rn. 10; LSZ/*Zeuner* EuInsVO 2000 Art. 14 Rn. 2.

[22] Ebenso Geimer/Schütze/*Gruber*, Int. Rechtsverkehr, B Vor I 20b, EuInsVO 2000 Art. 14 Rn. 18; Duursma-Kepplinger/Duursma/Chalupsky/*Duursma-Kepplinger* EuInsVO 2000 Art. 14 Rn. 15; Bork/van Zwieten/*Garcimartin*/*Virgos* Art. 17 Rn. 17.12; zu den Schwierigkeiten, entsprechende Vermerke zur Eintragung in das Grundbuch zu bringen vgl. *Steinmetz*/*Giménez* NZI 2010, 973.

Insolvenzmasse ist, gilt ausschließlich das Recht des Mitgliedstaats, in dem der Rechtsstreit anhängig oder in dem das Schiedsgericht belegen ist.

Literatur: *Brinkmann*, Zu Voraussetzungen und Wirkungen der Art. 15, 25 EuInsVO – Die Wirkungen der Anordnung von Sicherungsmaßnahmen im Insolvenzeröffnungsverfahren auf im Ausland anhängige Prozesse – OGH v. 23.2.2005, 9 Ob 135/04 z, IPRax 2007, 235; *ders.*, Die Auswirkungen der Eröffnung eines Verfahrens nach Chapter 11 U.S. Bankruptcy Code auf im Inland anhängige Prozesse, IPRax 2011, 144, 146; *Cranshaw*, Fragen zur Durchsetzung des Eigentumsvorbehalts im Hauptinsolvenzverfahren des Vorbehaltskäufers im Geltungsbereich der EuInsVO, DZWIR 2010, 90 ff.; *Duursma-Kepplinger*, Anmerkung zu: OGH v. 23.2.2005, 9 Ob 135/04 z, Österreichisches Anwaltsblatt 2005, 348; *Geimer*, Anmerkung zu OLG München: Widerklageprivileg der Befreiung von Prozesskostensicherheit gilt auch für ausländischen Insolvenzverwalter, 29 U 1513/07, GWR 2010, 227; *Habscheid*, § 240 ZPO bei ausländischen Insolvenzen und die Universalität des Konkurses; *ders.*, Unterbrechung oder Aussetzung des Inlandsprozesses bei ausländischen Konkursverfahren, KTS 1990, 403; *Hübler*, Aktuelles internationales und ausländisches Insolvenzrecht – Oktober/November 2012, NZI 2012, 996; *INSOL Europe*, Revision of the European Insolvency Regulation; *Mankowski*, Insolvenznahe Verfahren und Sicherung eines Eigentumsvorbehalts im Grenzbereich zwischen EuInsVO und EuGVVO, NZI 2008, 605; *ders.*, Keine Litispendenzsperre unter der EuInsVO, KTS 2009, 454; *ders.*, Bestimmung der Insolvenzmasse und Pfändungsschutz unter der EuInsVO, NZI 2009, 785; *ders.*, EuInsVO und Schiedsverfahren, ZIP 2010, 2479 ff.; *Paulus*, EuInsVO: Änderungen am Horizont und ihre Auswirkungen, S. 10; *Prager/Keller*, Der Vorschlag der Europäischen Kommission zur Reform der EuInsVO, NZI 2013, 61; *Riedl*, Insolvenz in nationalen und internationalen Schiedsverfahren, zugleich Diss. Univ. Regensburg, Frankfurt, 2016; *Rugullis*, Litispendenz im Europäischen Insolvenzrecht, zugleich Diss. Freie Univ. Berlin, 2002 (zit.: *Rugullis*, Litispendenz); *Schmitz*, Schiedsverfahren und Insolvenz, zugleich Diss. Univ. Heidelberg, Baden-Baden 2016; *Wagner*, Abstimmungsfragen zwischen internationalem Insolvenzrecht und internationales Schiedsgerichtsbarkeit, zugleich Diss. Univ. Rostock, Frankfurt, 2008 (zit. *Wagner*, Abstimmungsfragen); *ders.*, Insolvenz und Schiedsverfahren, KTS 2010, 58 ff.

Übersicht

	Rn.			Rn.
I. **Normzweck**	1	5.	Massebezogener Rechtsstreit	10
II. **Voraussetzungen**	4	6.	Anerkennung des Eröffnungsbeschlusses	12
1. Rechtsstreit	4	III. **Rechtsfolgen**		13
2. Schiedsverfahren	6	1.	Rechtsstreit	13
3. Anhängigkeit	7			
4. Rechtsstreit in einem Mitgliedsstaat	9	2.	Schiedsverfahren	17

I. Normzweck

Art. 18 beinhaltet lediglich eine Änderung gegenüber der Vorgängervorschrift des Art. 15 **1** EuInsVO 2000. Der sog. *Vienna Report* hatte hier aus den Länderberichten einzelne Auslegungsdifferenzen ausfindig machen können, insbesondere die Frage, ob der in Art. 15 EuInsVO 2000 verwendete Begriff des „Rechtsstreits" auch Schiedsverfahren erfasst würden.[1] Darüber hinaus sah der *Vienna Report* jedoch keinen Bedarf für eine Änderung des Art. 15 EuInsVO 2000. Der europäische Verordnungsgeber ist dieser Anregung gefolgt und hat im Wortlaut des Art. 18 neben dem Begriff des „Rechtsstreits" alternativ nun auch den Begriff des „Schiedsverfahrens" eingeführt. Die Anwendung des Art. 18 auf Schiedsverfahren wird in der neuen Fassung also ausdrücklich klargestellt, sodass die in der Literatur aber auch von den Schiedsgerichten geführte Diskussion, ob Art. 15 EuInsVO 2000 auch auf Schiedsverfahren Anwendung finden solle, nunmehr beendet wurde.[2] Diese Klarstellung ist erfreulich, zumal Schiedsgerichte diese Frage dem EuGH nicht zur Klärung hätten vorlegen können, da diese nicht vorlageberechtigt sind.[3]

Inhaltlich regelt Art. 18 die Wirkung des Insolvenzverfahrens auf **anhängige Rechtsstreitig-** **2** **keiten oder Schiedsverfahren.** Er richtet sich an die Gerichte der Mitgliedstaaten oder Schiedsgerichte, in denen ein massebezogener Rechtsstreit anhängig ist. In den meisten Mitgliedstaaten existieren Regelungen, wonach massebezogene Rechtsstreitigkeiten im Falle einer Insolvenzeröff-

---

[1] Vgl. Hess/Oberhammer/Peiffer/*Piekenbrock*, European Insolvency Law, 6.12 Rn. 852 ff., vgl. hierzu den diesbezüglichen Meinungsstand bei → Rn. 4.
[2] Vgl. → 3. Aufl., EuInsVO 2000 Art. 15 Rn. 6.
[3] Vgl. EuGH, Urt. v. 23.3.1982, Rs. 102/81 *(Nordsee Deutsche Hochseefischerei GmbH v Rederei Mond Hochseefischerei Nordstern Ag & Co KG)* = NJW 1982, 1207.

nung entweder automatisch,[4] auf Antrag einer Partei oder nach Ermessen des Gerichts[5] unterbrochen werden. Unterschiede bestehen in den Mitgliedsstaaten sowohl was die Unterbrechungswirkungen als auch Unterbrechungsdauer und die Wiederaufnahme des Verfahrens anbetrifft.[6] Die entsprechenden Vorschriften im deutschen Zivilprozessrecht finden sich in § 240 ZPO, der eine automatische Unterbrechung des Verfahrens vorsieht, sowie in den §§ 85, 86, 180 Abs. 2 InsO, die die Aufnahme von Aktiv- und Passivprozessen regeln.

3   Art. 18 ist abzugrenzen von den in Art. 7 Abs. 2 S. 2 lit. f genannten **Rechtsverfolgungsmaßnahmen**. Der Begriff der Rechtsverfolgungsmaßnahmen ist der Oberbegriff. Wie sich die Verfahrenseröffnung auf Rechtsverfolgungsmaßnahmen auswirkt, untersteht gemäß Art. 7 Abs. 2 S. 2 lit. f der *lex fori concursus*.[7] Ausdrücklich ausgenommen von der Verweisung sind jedoch anhängige Rechtsstreitigkeiten. Für diese ergeben sich die Wirkungen der Verfahrenseröffnung nach Art. 18 aus dem Recht des Mitgliedsstaates, in dem der Rechtsstreit anhängig ist, und damit in den meisten Fällen der *lex fori processus*. Die Tatsache, dass Rechtsverfolgungsmaßnahmen der *lex fori concursus* unterstehen, Rechtsstreitigkeiten dagegen der *lex fori processus*, erklärt sich letztlich daraus, dass Art. 18 sich nur auf das Erkenntnisverfahren, nicht aber auf sonstige vollstreckungsrechtliche Maßnahmen bezieht, die unmittelbar Masse schmälernde Wirkung haben.[8] Die Sonderanknüpfung führt daher – anders als Rechtsverfolgungsmaßnahmen der Einzelzwangsvollstreckung – zu keiner Verletzung der Gläubigergleichbehandlung, sodass eine von der *lex fori concursus* abweichende Sonderanknüpfung gerechtfertigt ist.

II. Voraussetzungen

4   **1. Rechtsstreit.** Art. 18 setzt einen „**anhängigen Rechtsstreit**" (oder ein anhängiges Schiedsverfahren, vgl. dazu nachfolgend) voraus. Während durch die Tatbestandsvoraussetzung, dass der Rechtsstreit „*über einen Gegenstand oder ein Recht der Masse*" geführt werden muss (vgl. dazu → Rn. 10), der inhaltliche Gegenstand des Rechtsstreits abgegrenzt wird, wird durch den Begriff des „Rechtsstreits" im Sinne von Art. 18 das Verfahren selbst von anderen möglichen Verfahrensarten abgegrenzt. Nach allgemeiner Auffassung werden hierunter nur **Erkenntnisverfahren** verstanden,[9] wozu jedoch auch Kostenfestsetzungsverfahren gehören und zwar selbst dann, wenn das Erkenntnisverfahren rechtskräftig abgeschlossen ist.[10] Keine Rechtsstreitigkeiten sind dagegen Verfahren der Einzelzwangsvollstreckung, deren Zulässigkeit und Rechtsfolgen sich gemäß Art. 7 Abs. 2 S. 2 lit. f grundsätzlich nach der *lex fori concursus* richten.[11] Hingegen ist ein Verfahren zur Vollstreckbarkeitserklärung ausländischer Urteile als ein Verfahren im Sinne des Art. 18 anzusehen.[12] Gleiches dürfte auch für die Vollstreckbarkeitserklärung von Schiedssprüchen gelten.[13] Denn es handelt sich um einen ordentlichen Zivilprozess, der die eigentliche Vollstreckung erst noch vorbereitet.

5   Abgesehen von der Ausgrenzung von Vollstreckungsverfahren und -maßnahmen spielt es für den Anwendungsbereich von Art. 18 keine Rolle, welcher **Gerichtsbarkeit** der Rechtsstreit zugeordnet ist. Unter Art. 18 fallen daher auch Verfahren der Arbeitsgerichtsbarkeit, der Sozialgerichtsbarkeit, der Verwaltungsgerichtsbarkeit und auch Finanzgerichtsbarkeit.[14] Auch Verfahren

---

[4]   So zB in Deutschland nach § 240 ZPO; in Österreich § 7 für das Konkursverfahren; Art. 47, 148–2 Loi n. 85–98 für Frankreich; vgl. *Rugullis*, Litispendenz, S. 43.
[5]   So im englischen Recht, section 285 (1) Insolvency Act für Bankruptcy Verfahren, section 252 (2) (b) Insolvency Act für *Company voluntary arrangements;* section 11(3) (d) Insolvency Act für *Administration Order;* vgl. umfassende Nachweise bei *Rugullis*, Litispendenz, S. 135 ff.
[6]   *Virgos/Garcimartin,* European Insolvency Regulation, Rn. 252; *Moss/Fletcher/Isaacs,* EU Regulation, EuInsVO 2000 Art 15 Rn. 8.271 ff.; MüKoBGB/*Kindler* Art. 18 Rn. 11; LSZ/*Smid* EuInsVO 2000 Art. 15 Rn. 3.
[7]   Vgl. hierzu → Art. 7 Rn. 31 ff.
[8]   *Virgos/Garcimartin,* European Insolvency Regulation, Rn. 254.
[9]   Vgl. OLG Köln ZIP 2007, 2287; MüKoBGB/*Kindler* Art. 18 Rn. 3; Duursma-Kepplinger/Duursma/Chalupsky/*Duursma-Kepplinger* EuInsVO 2000 Art. 15 Rn. 24; Geimer/Schütze/*Gruber,* Int. Rechtsverkehr, B Vor I 20b, EuInsVO 2000 Art. 15 Rn. 5; LSZ/*Smid* EuInsVO 2000 Art. 15 Rn. 13.
[10] So zutreffend OLG Brandenburg ZInsO 201, 398.
[11] Allg. Auffassung, vgl. Geimer/Schütze/*Gruber,* Int. Rechtsverkehr, B Vor I 20b, EuInsVO 2000 Art. 15 Rn. 6; Duursma-Kepplinger/Duursma/Chalupsky/*Duursma-Kepplinger* EuInsVO 2000 Art. 15 Rn. 27; *Virgos/Schmit,* Erläuternder Bericht, Rn. 142; MüKoBGB/*Kindler* Art. 18 Rn. 4; LSZ/*Smid* EuInsVO 2000 Art. 15 Rn. 15; *Fritz/Bähr* DZWIR 2001, 221, 229.
[12] So auch BGH NZI 2008, 681; allerdings in Bezug auf ein Urteil aus Kanada; für das Vollstreckbarkeitserklärungsverfahren nach der EuGVVO kann jedoch nichts anderes gelten.
[13] So auch *Wagner* KTS 2010, 39, 62.
[14] Zumindest für die Verwaltungsgerichtsbarkeit MüKoBGB/*Kindler* Art. 18 Rn. 5; für die Finanzgerichtsbarkeit nunmehr auch BFH, Beschl. v. 9.2.2015, Az. VII B 104/13 = BeckRS 2015, 94651.

der freiwilligen Gerichtsbarkeit gehören dazu.[15] Soweit diese Verfahren in öffentlich-rechtlichen Streitigkeiten noch vor der Einleitung eines Gerichtsverfahrens außergerichtliche formelle Rechtsbehelfsverfahren vorsehen, so sind auch diese bereits als Rechtsstreit im Sinne von Art. 18 anzusehen, weil auch in diesen Verfahren der Rechtskraft fähige und vollstreckbare Entscheidungen ergehen können.[16] Dagegen sind die Verfahren, die der Entscheidung einer Behörde vorgelagert sind (zB Verwaltungsverfahren im Sinne des § 9 VwVfG) noch keine Rechtsstreitigkeiten im Sinne des Art. 18, selbst wenn diese massebezogen sein sollten.[17] Jedoch werden nicht sämtliche der vorgenannten Verfahren unter Art. 18 fallen. Weitere Einschränkungen ergeben sich nämlich aus dem jeweiligen Gegenstand der dort geführten Verfahren, der jeweils massebezogen sein muss (vgl. hierzu → Rn. 10).

2. Schiedsverfahren. Art. 18 gilt nach der Reform der EuInsVO nun auch ausdrücklich für **6** Schiedsverfahren.[18] Der Begriff des *„Schiedsverfahrens"* ist in der EuInsVO allerdings nicht definiert. Er ergibt sich aus der Abgrenzung zu dem Begriff des *„Gerichtsverfahrens"*, der für den Verordnungsgeber die zweite Alternative für den Begriff des *„Rechtsstreits"* ist, wie er noch von Art. 15 EuInsVO 2000 als Oberbegriff verwendet wurde.[19] Im Sinne einer gleichmäßigen Anwendung europarechtlicher Rechtsbegriffe entspricht der Begriff daher dem wortgleichen Begriff des Schiedsverfahrens, wie er auch in Art. 1 Abs. 2 lit. d und Erwägungsgrund Nr. 12 der EuGVVO verwendet wird. Danach ist der Begriff des Schiedsverfahrens weit zu verstehen und erfasst alle Verfahren vor Privatpersonen, denen die Parteien die Befugnis zur Entscheidung ihres Streitfalles übertragen haben.[20] Nicht erfasst sind hingegen Mediationsverfahren, da es dem Mediator an der Befugnis zur Entscheidung des Rechtsstreits fehlt.[21] Anders als bei der EuGVVO bedarf es bei Art. 18 keiner genauen Abgrenzung zwischen Verfahren vor staatlichen Gerichten und Schiedsgerichten,[22] da insoweit für beide die gleichen Rechtsfolgen gelten, nämlich der Verweis auf das Recht des Mitgliedsstaates, in dem das Verfahren anhängig ist.

3. Anhängigkeit. Der Rechtsbegriff der **„Anhängigkeit"** ist autonom auszulegen. Insoweit **7** ist auf das in Art. 32 Abs. 1 EuGVVO (Art. 30 EuGVVO aF) enthaltene Konzept zurückzugreifen.[23] Denn in den Mitgliedstaaten finden sich zwei Grundkonzeptionen für den Beginn zumindest zivilrechtlicher Rechtsstreitigkeiten: der verfahrenseinleitende Schritt geschieht entweder durch Einreichung eines Schriftstücks bei Gericht (das dann das Schriftstück an den Beklagten zustellt) oder durch Zustellung eines Schriftstücks zunächst unmittelbar an den Beklagten (das dann ebenfalls vom dem Kläger an das Gericht übermittelt werden muss).[24] Nach Art. 32 EuGVVO ist darauf abzustellen, wann das verfahrenseinleitende Schriftstück bei Gericht eingereicht wurde oder – falls die Zustellung zunächst an den Beklagten zu bewirken ist – wann die für die Zustellung an den Beklagten zuständige Stelle das Schriftstück erhalten hat.[25] Im Hinblick auf in Deutschland anhängige Rechtsstreitigkeiten

---

[15] Vgl. Geimer/Schütze/*Gruber*, Int. Rechtsverkehr, B Vor I 20b, EuInsVO 2000 Art. 15 Rn. 5; LSZ/*Smid* EuInsVO 2000 Art. 15 Rn. 14; differenzierend *Paulus* Art. 18 Rn. 3; aA hingegen MüKoBGB/*Kindler* Art. 18 Rn. 5.

[16] Hierzu gehören zB das Vorverfahren im Verwaltungsrecht nach §§ 68 ff. VwGO oder das Einspruchsverfahren im Steuerrecht nach §§ 347 ff. AO.

[17] Vgl. MüKoBGB/*Kindler* Art. 18 Rn. 5; aA Geimer/Schütze/*Gruber*, Int. Rechtsverkehr, B Vor I 20b, EuInsVO 2000 Art. 15 Rn. 5; offenlassend Duursma/Kepplinger/Duursma/Chalupsky/*Duursma-Kepplinger* EuInsVO 2000 Art. 15 Rn. 28 ff.

[18] Zu Art. 15 EuInsVO 2000 bereits *Virgos/Garcimartin*, European Insolvency Regulation, Rn. 261; ebenso Court of Appeal, Urt. v. 9.7.2009, IILR 2010, 39; *Mankowski* ZIP 2010, 2482; *Wagner* KTS 2010, 39, 59; *Wagner*, Abstimmungsfragen, S. 113 ff., 138; *Paulus* Art. 18 Rn. 4; Vallender/*Thole* Art. 18 Rn. 8; Mankowski/Müller/Schmidt/*Müller* Art. 18 Rn. 11.

[19] Vgl. hierzu → EuInsVO 2000 Art. 15 Rn. 4 ff.

[20] Vgl. BGH IPrax 2009, 428; *Kropholler/von Hein*, Europäisches Zivilprozessrecht, Art. 1 Rn. 41.

[21] Mediationsverfahren werden auch von der EuGVVO nicht erfasst, vgl. *Kropholler/von Hein*, Europäisches Zivilprozessrecht, Art. 1 Rn. 41.

[22] Zu diesen Abgrenzungsschwierigkeiten im Rahmen der EuGVVO vgl. Saenger/*Dörner*, ZPO, EuGVVO Art. 1 Rn. 10, 12 f.

[23] Ebenso *Rugullis*, Litispendenz, S. 54 f.; Geimer/Schütze/*Gruber*, Int. Rechtsverkehr, B Vor I 20b, EuInsVO 2000 Art. 15 Rn. 7; Mankowski/Müller/Schmidt/*Mankowski* Art. 18 Rn. 13; K. Schmidt/*Undritz* Art. 18 Rn. 3; HKInsO/*Dornblüth* Art. 18 Rn. 4; Brinkmann/Dahl/*Kortleben* Art. 18 Rn. 7; KPB/*Bork* Art. 18 Rn. 8; *Leible*/Staudinger KTS 2000, 533, 558 Fn. 188; *Paulus* Art. 18 Rn. 9; ähnlich Duursma-Kepplinger/Duursma/Chalupsky/*Duursma-Kepplinger* EuInsVO 2000 Art. 15 Rn. 19.

[24] Vgl. *Kropholler/von Hein*, Europ. Zivilprozessrecht, Art. 30 EuGVVO aF Rn. 1; Geimer/Schütze/*Geimer*, Europ. ZivilverfahrensR, Art. 30 EuGVVO aF Rn. 4 ff.; Rauscher/*Leible*, Europ. Zivilprozessrecht, Brüssel I-VO Art. 32 Rn. 1.

[25] Vgl. *Kropholler/von Hein*, Europ. Zivilprozessrecht, Art. 30 EuGVVO aF Rn. 2; Rauscher/ *Leible*, Europ. Zivilprozessrecht, Brüssel I-VO Art. 32 Rn. 3 f.; *Schlosser*, EU-Zivilprozessrecht, Art. 30 EuGVVO aF.

verlangt Art. 18 daher auch nicht Rechtshängigkeit im Sinne des deutschen Zivilprozessrechts. Eine Zustellung an den Beklagten ist nicht Voraussetzung für Art. 18.

8   Art. 18 regelt das anwendbare Recht für die Wirkungen eines **„Insolvenzverfahrens"** auf einen anhängigen Rechtsstreit. Das bedeutet, dass der Rechtsstreit im Zeitpunkt der Verfahrenseröffnung anhängig sein muss. Hierbei ist zu berücksichtigen, dass ein Insolvenzverfahren nach der Konzeption der EuInsVO nicht erst durch den Eröffnungsbeschluss eröffnet wird, sondern eine Verfahrenseröffnung nach der Rechtsprechung des EuGH bereits dann vorliegt, wenn der Schuldner in seiner Verfügungsbefugnis eingeschränkt wird und sogleich ein Verwalter bestellt wird.[26] Diese Konzeption gilt auch für Art. 18. Die Vorschrift greift daher nicht nur bei einer formellen Eröffnung des Insolvenzverfahrens, sondern bereits früher.[27]

9   **4. Rechtsstreit in einem Mitgliedsstaat.** Aufgrund der Verweisung auf das Recht des Mitgliedsstaates, in dem der Rechtsstreit anhängig ist, ergibt sich, dass Art. 18 von seinem Anwendungsbereich her nur dann Anwendung finden kann, wenn der Rechtsstreit in einem Mitgliedstaat anhängig ist.[28] Für Schiedsverfahren ist hierbei auf den von den Parteien vereinbarten Sitz des Schiedsgerichts abzustellen. Gerichte aus Drittstaaten haben daher anhand des autonomen Rechts zu beurteilen, nach welcher Rechtsordnung sich die Verfahrenseröffnung auf anhängige Rechtsstreitigkeiten auswirkt.

10 **5. Massebezogener Rechtsstreit.** Neben der Voraussetzung eines „Rechtsstreits", der die erfassten Verfahren von Zwangsvollstreckungsmaßnahmen abgrenzt, setzt Art. 18 voraus, dass der Rechtsstreit „über einen **Gegenstand oder ein Recht der Masse**" geführt wird. Ob dies der Fall ist, ist selbständig anzuknüpfen und richtet sich nach der *lex fori concursus*.[29] Bezieht sich der Rechtsstreit gerade auf die Frage, ob ein Gegenstand oder ein Recht der Masse gilt, wie beispielsweise bei Aussonderungsklagen, so unterfallen auch diese Verfahren Art. 18.[30] Gleiches gilt für Verfahren, in denen Vorfragen zu nachfolgenden massebezogenen Rechtsstreitigkeiten geklärt werden sollen, wie zB die Ernennung eines Schiedsrichters. Da sich Art. 18 seinem Wortlaut nach nur darauf bezieht, ob über einen Gegenstand oder ein Recht der Masse gestritten wird, bezieht sich Art. 18 sowohl auf **Aktiv**- als auch auf **Passivprozesse**.[31]

11 Aus der Massebezogenheit des Rechtsstreites ergibt sich auch, dass Art. 18 sowohl auf Rechtsstreitigkeiten Anwendung findet, die Gegenstände oder Rechte der Insolvenzmasse des Hauptverfahrens, als auch des Partikularverfahrens oder Sekundärverfahrens, betreffen. Der Begriff des Insolvenzverfahrens schließt daher sowohl das Hauptverfahren, als auch Partikularverfahren mit ein.

12 **6. Anerkennung des Eröffnungsbeschlusses.** Art. 18 setzt zudem voraus, dass der Eröffnungsbeschluss anerkennungsfähig sein muss.[32] Das ist jedoch regelmäßig der Fall, da Art. 19 die Anerkennung des Eröffnungsbeschlusses eines Gerichts eines Mitgliedsstaates vorschreibt, solange die Anerkennung nicht gemäß Art. 33 gegen den *ordre public* verstößt.

III. Rechtsfolgen

13 **1. Rechtsstreit.** Die Rechtsfolgen der Verfahrenseröffnung auf einen wie oben definierten Rechtsstreit richten sich ausschließlich nach dem Recht des Mitgliedsstaates, in dem der Rechtsstreit

---

[26] Vgl. EuGH, Urt. v. 2.5.2006, Rs. C-341/04 *(Eurofood IFSC Ltd)*, NZI 2006, 360, 362; vgl. auch Art. 2 Nr. 7 sowie die Kommentierung in → Art. 2 Rn. 6f. sowie → Art. 3 Rn. 28.
[27] So auch OGH v. 23.2.2005, Österreichisches Anwaltsblatt 2005, 348 mAnm von *Duursma-Kepplinger*, S. 349.
[28] Vgl. Vallender/*Thole* Art. 18 Rn. 7.
[29] Duursma-Kepplinger/Duursma/Chalupsky/*Duursma-Kepplinger* EuInsVO 2000 Art. 15 Rn. 9; *Moss/Fletcher/Isaacs*, EU Regulation, Rn. 4.43, EuInsVO 2000 Art. 15 Rn. 8.284 ff.; Geimer/Schütze/*Gruber*, Int. Rechtsverkehr, B Vor I 20b, EuInsVO 2000 Art. 15 Rn. 3; HKInsO/*Dornblüth* Art. 18 Rn. 2; Rauscher/*Mäsch* EuInsVO 2000 Art. 15 Rn. 7; MüKoBGB/*Kindler* Art. 18 Rn. 8; *Paulus* Art. 18 Rn. 8; Mankowski/Müller/Schmidt/*Müller* Art. 18 Rn. 15; Braun/*Ehret* Art. 18 Rn. 14; *Virgos/Garcimartin*, European Insolvency Regulation, Rn. 258; *Rugullis*, Litisperdenz. S. 51 f., 94 f.; *Trunk*, Internationales Insolvenzrecht, S. 291 f.; zur Massebezogenheit auch OLG Frankfurt, Zwischenurteil v. 28.8.2012, Az. 5 U 150/11, wobei das OLG die Massebezogenheit mit den deutschen Insolvenzvorschriften begründet.
[30] OLG München NZI 2010, 826; ebenso Duursma-Kepplinger/Duursma/Chalupsky/*Duursma-Kepplinger* EuInsVO 2000 Art. 15 Rn. 9f.; Geimer/Schütze/*Gruber*, Int. Rechtsverkehr, B Vor I 20b, EuInsVO 2000 Art. 15 Rn. 3; LSZ/*Smid* EuInsVO 2000 Art. 15 Rn. 13; differenzierend Mankowski/Müller/Schmidt/*Müller* Art. 18 Rn. 16.
[31] *Balz* ZIP 1996, 948, 951; Duursma-Kepplinger/Duursma/Chalupsky/*Duursma-Kepplinger* EuInsVO 2000 Art. 15 Rn. 20; *Herchen* S. 189 f.; *Lüke* ZZP 111 (1998), 275, 311; HKInsO/*Dornblüth* Art. 18 Rn. 2; KPB/*Bork* Art. 18 Rn. 7; *Leible/Staudinger* KTS 2000, 531, 558; MüKoBGB/*Kindler* Art. 18 Rn. 3; Mankowski/Müller/Schmidt/*Müller* Art. 18 Rn. 6; LSZ/*Smid* EuInsVO 2000 Art. 15 Rn. 13; *Virgos/Garcimartin*, European Insolvency Regulation, Rn. 258.
[32] Vgl. OLG Hamburg, Urt. v. 17.4.2008, BeckRS 2009, 08980.

anhängig ist. Hierbei handelt es sich um eine **Sachnormverweisung** auf das Recht der *lex fori processus*.[33] Ob die entsprechenden Normen hierbei in den jeweiligen Zivilprozessgesetzen oder den Insolvenzgesetzen enthalten sind, spielt für die Verweisung keine Rolle.[34] So sind Unterbrechungswirkungen in manchen Mitgliedsstaaten in der Zivilprozessordnung geregelt,[35] in anderen dagegen in den Insolvenzgesetzen enthalten.[36] Entscheidend ist die prozessrechtliche Qualifikation der Vorschrift. Die Verweisung bezieht sich nicht nur auf die Frage, unter welchen Voraussetzungen und wie der Rechtsstreit unterbrochen wird,[37] sondern auch auf die verfahrensrechtlichen Fragen der Wiederaufnahme eines nach der *lex fori processus* unterbrochenen Rechtsstreites.[38] Dies entspricht auch der bisherigen deutschen Rechtsprechung zum autonomen Internationalen Insolvenzrecht, die die Unterbrechung und Fortführung als eine verfahrensrechtliche Frage des jeweiligen Rechtsstreites angesehen hat, für die die *lex fori processus* heranzuziehen sei.[39]

Der Begriff „*ausschließlich*" stellt klar, dass sich die Rechtsfolgen „ausschließlich" nach der *lex fori processus* richten. Anders als andere Sonderanknüpfungen nach Art. 8 ff. handelt es sich demnach weder um eine kumulative noch alternative Anknüpfung.[40] 14

Die Reichweite der kollisionsrechtlichen Verweisung bezieht sich auf die **Wirkungen** des Insolvenzverfahrens auf einen anhängigen Rechtsstreit. Geht es um die Wiederaufnahme des Verfahrens, so fällt auch diese Frage in den Anwendungsbereich des Art. 18. Die gemäß Art. 18 anwendbare *lex fori processus* entscheidet daher auch über die Frage, wie und – grundsätzlich von wem – das Verfahren wieder aufgenommen werden kann.[41] Nicht von Art. 18 erfasst werden dagegen sonstige prozessuale Fragen, nämlich die Stellung des Insolvenzverwalters im Verfahren.[42] Auch die Frage, durch wen das Verfahren wieder aufgenommen werden kann (vgl. §§ 85, 86 InsO), fällt in den Anwendungsbereich von Art. 7 und ist daher durch die *lex fori concursus* zu entscheiden.[43] Nicht nach Art. 18 zu beurteilen ist ebenfalls die dem Prozessbevollmächtigten erteilte **Prozessvollmacht** des Schuldners. Zwar wird gelegentlich vertreten, in Anlehnung an Art. 18 auch diese der *lex fori* 15

---

[33] Vgl. *Virgos/Schmit*, Erläuternder Bericht, Rn. 87; Vallender/*Thole* Art. 18 Rn. 11; HKInsO/*Dornblüth* Art. 18 Rn. 1; Mankowski/Müller/Schmidt/*Müller* Art. 18 Rn. 25 f.; Duursma-Kepplinger/Duursma/Chalupsky/*Duursma-Kepplinger* EuInsVO 2000 Art. 15 Rn. 6 ff.; Geimer/Schütze/*Gruber*, Int. Rechtsverkehr, B Vor I 20b, EuInsVO 2000 Art. 15 Rn. 10; *Herchen*, Übereinkommen, S. 196, 198; *Leible/Staudinger* KTS 2000, 531, 558; Rauscher/*Mäsch* EuInsVO 2000 Art. 15 Rn. 2; MüKoBGB/*Kindler* Art. 18 Rn. 2; LSZ/*Smid* EuInsVO 2000 Art. 15 Rn. 1.

[34] Ebenso Duursma-Kepplinger/Duursma/Chalupsky/*Duursma-Kepplinger* EuInsVO 2000 Art. 15 Rn. 8; Geimer/Schütze/*Gruber*, Int. Rechtsverkehr, B Vor I 20b, EuInsVO 2000 Art. 15 Rn. 10; LSZ/*Smid* EuInsVO 2000 Art. 15 Rn. 4; die Zuordnung wirft in der Praxis jedoch Probleme auf, wenn die Regelung in den Insolvenzgesetzen enthalten ist und diese nur für inländische Verfahren gelten, vgl. zu sect. 131, 221 Insolvency Act: *Mazur Media Ltd. v. Mazur Media GmbH*, [2005] 1 B. C. L. C. 305.

[35] So zB in Deutschland § 240 ZPO, oder in Italien Art. 299, 300 CPC; vgl. hierzu auch *Rugullis*, Litispendenz, S. 43, 127 ff.

[36] So zB in Frankreich Art. 47, 148–2 Loi n. 85–98 oder Österreich, § 7 KO; vgl. nochmals *Rugullis*, Litispendenz, S. 43, 109 ff., 117 ff.

[37] So auch zur Anwendung des § 249 Abs. 3 ZPO OLG Düsseldorf, Schlussurteil v. 2.12.2011, Az. I-17 U 99/09, BeckRS 2012, 03727.

[38] BGH NZI 2014, 969 Rn. 9; BGH NZI 2013, 690 Rn. 6; Duursma-Kepplinger/Duursma/Chalupsky/*Duursma-Kepplinger* EuInsVO 2000 Art. 15 Rn. 4; HKInsO/*Dornblüth* Art. 18 Rn. 5; Nerlich/Römermann/*Nerlich/Hübler* EuInsVO 2000 Art. 15 Rn. 11; MüKoBGB/*Kindler* Art. 18 Rn. 11; Vallender/*Thole* Art. 18 Rn. 11; *Rugullis*, Litispendenz, S. 47; *Virgos/Schmit*, Erläuternder Bericht, Rn. 142.

[39] Die Rechtsprechung geht implizit von der Anwendung des § 240 ZPO aus, vgl. BGH ZIP 97, 1242 mwN.

[40] So auch OLG München, Beschl. v. 4.2.2019, Az. 23 U 2894/17 = ZInsO 2019, 816; ebenso Duursma-Kepplinger/Duursma/Chalupsky/*Duursma-Kepplinger* EuInsVO 2000 Art. 15 Rn. 21; die zum autonomen Recht ergangene Entscheidung des BGH NZI 2012, 572, der keine Verfahrensunterbrechung aufgrund eines schweizerischen Nachlassstundungsverfahrens vorsah, weil schon das schweizerische Recht eine solche nicht vorsehe, ist daher auf Art. 15 EuInsVO 2000 nicht übertragbar; hierzu auch *Buntenbroich* NZI 2012, 547.

[41] Konecny/Schubert/*Maderbacher* EuInsVO 2000 Art. 15 Rn. 17; Geimer/Schütze/*Gruber*, Int. Rechtsverkehr, B Vor I 20b, EuInsVO 2000 Art. 15 Rn. 2; *Rugullis*, Litispendenz, S. 96 ff.; MüKoZPO/*Stackmann* § 240 Rn. 28 ff., 31 ff.

[42] Vgl. OLG München NZI 2010, 2119, 2120.

[43] Unklar insoweit BGH NZI 2013, 690, der ausführt, wer aufnehmen könne, bestimme sich über Art. 15 EuInsVO 2000, die Aufnahme hingegen nach den für das Insolvenzverfahren geltenden Vorschriften; wie hier hingegen auch BGH NZI 2009, 859 zur Vorschrift in § 352 Abs. 1 S. 2 InsO sowie *Virgos/Garcimartin*, European Insolvency Regulation, Rn. 256; ebenso *Virgos/Schmitt*, Erläuternder Bericht, Rn. 142; *Herchen*, S. 196, 207 f.; zur prozessualen Stellung des Verwalters vgl. Duursma-Kepplinger/Duursma/Chalupsky/*Duursma-Kepplinger* EuInsVO 2000 Art. 15 Rn. 32 ff.; Vallender/*Thole* Art. 18 Rn. 11; K. Schmidt/*Undritz* Art. 18 Rn. 5; aA und für eine Anwendung der *lex fori processus* Nerlich/Römermann/*Nerlich/Hübler* EuInsVO 2000 Art. 15 Rn. 1; MüKoBGB/*Kindler* Art. 18 Rn. 13.

processus zu unterstellen.⁴⁴ Damit würde jedoch die Sonderanknüpfung in Art. 18 über den Wortlaut hinaus ausgedehnt. Hierfür gibt es auch kein praktisches Bedürfnis. Vielmehr richten sich die Wirkungen der Verfahrenseröffnung auf die Prozessvollmacht des bevollmächtigten Prozessvertreters nach Art. 7 Abs. 2 S. 2 lit. e.⁴⁵

16 Gemäß Art. 18 ist daher die Wirkung ausländischer Insolvenzverfahren auf anhängige Rechtsstreitigkeiten in Deutschland nach § 240 ZPO zu bestimmen.⁴⁶ Eine Verfahrensunterbrechung tritt danach aber nur dann ein, wenn das Insolvenzverfahren durch einen formellen Eröffnungsbeschluss eröffnet wurde oder (im Insolvenzeröffnungsverfahren) bereits die Verwaltungs- und Verfügungsbefugnis auf den vorläufigen Insolvenzverwalter übergegangen ist. Der Begriff der Verfahrenseröffnung nach der ZPO bezieht sich auf den formellen Eröffnungsbeschluss, wie sich auch aus der Klarstellung in § 240 S. 2 ZPO ergibt. Der Begriff der Verfahrenseröffnung in Art. 18 ist dagegen weiter.⁴⁷ Sieht das ausländische Insolvenzrecht daher lediglich einen Zustimmungsvorbehalt zugunsten des vorläufigen Verwalters vor, so liegt zwar eine Verfahrenseröffnung nach der EuInsVO vor.⁴⁸ Das in Deutschland anhängige Verfahren wird jedoch gemäß dem anwendbaren § 240 ZPO erst unterbrochen, wenn auch die Verfügungsbefugnis auf den vorläufigen Insolvenzverwalter übergegangen ist oder das Insolvenzverfahren auch durch formellen Eröffnungsbeschluss eröffnet wurde.

17 **2. Schiedsverfahren.** Für Schiedsverfahren ist zunächst zu beachten, dass die kollisionsrechtliche Verweisung in Art. 18 ausschließlich für anhängige Schiedsverfahren gilt. Soweit daher zum Zeitpunkt der Eröffnung des Insolvenzverfahrens das Schiedsverfahren noch nicht anhängig war, bestimmt sich die Frage der Bindung des Insolvenzverwalters an die Schiedsvereinbarung vielmehr gemäß Art. 7 Abs. 2 lit. f.⁴⁹

18 Für anhängige Schiedsverfahren stellt sich die Frage der in Art. 18 ausgesprochenen kollisionsrechtlichen Verweisung in mehrfacher Hinsicht anders als für Rechtsstreitigkeiten. Soweit das Schiedsverfahren vom sachlich-räumlichen Anwendungsbereich von Art. 18 erfasst wird,⁵⁰ bestimmt das Recht des Mitgliedstaates, in dem das Schiedsgericht „belegen" ist, die Wirkungen auf den anhängigen Rechtsstreit. Damit verweist Art. 18 nunmehr ausdrücklich auf die *lex loci arbitri*. Diese Verweisung ist jedoch unglücklich, da das anwendbare Prozessrecht im Rahmen von Schiedsverfahren dispositiv ist und der Parteiautonomie der Schiedsparteien unterliegen kann. Soweit daher die *lex loci arbitri* den Parteien des Schiedsverfahren erlaubt, das Verfahrensrecht selbst zu bestimmen, ist mit der Verweisung in Art. 18 auch die darin liegende Weiterverweisung auf die von den Parteien gewählte Schiedsordnung, die sog. *lex arbitri*, erfasst.⁵¹ Fallen nämlich die *lex loci arbitri* und die *lex arbitri* auseinander, müsste das Schiedsgericht ansonsten für die Frage der Wirkungen der Insolvenzeröffnung ein anderes Verfahrensrecht heranziehen (nämlich die *lex loci arbitri*) als für die sonstigen Verfahrensfragen.

19 Da das Schiedsverfahren – anders als eine Rechtsstreitigkeit – seine Grundlage in einem entsprechenden Prozessvertrag der beiden Schiedsparteien hat, erfasst die Reichweite der kollisionsrechtlichen Verweisung nicht nur die Frage der Unterbrechung des Verfahrens, sondern auch weitere Fragen, die sich (nur) im Rahmen eines Schiedsverfahrens stellen können. Dazu gehört

---

⁴⁴ Vgl. Duursma-Kepplinger/Duursma/Chalupsky/*Duursma-Kepplinger* EuInsVO 2000 Art. 15 Rn. 36 ff.; LSZ/*Smid* EuInsVO 2000 Art. 15 Rn. 5; Geimer/Schütze/*Gruber*, Int. Rechtsverkehr, B Vor I 20b, EuInsVO 2000 Art. 15 Rn. 8.
⁴⁵ Konecny/Schubert/*Maderbacher* EuInsVO 2000 Art. 15 Rn. 13.
⁴⁶ OLG Celle ZIP 2013, 945; OLG München NZI 2012, 1028; Art. 240 ZPO findet meist auch aufgrund einer Verweisung in den Gerichtsordnungen anderer Gerichtszweige Anwendung, vgl. § 173 VwGO oder § 155 FGO.
⁴⁷ OLG München NZI 2012, 1028.
⁴⁸ Vgl. nochmals → Art. 2 Rn. 23.
⁴⁹ Vgl. → Art. 7 Rn. 31; für diese Differenzierung wohl auch *Schmitz*, Schiedsverfahren und Insolvenz, S. 175 ff.
⁵⁰ Vgl. hierzu → Rn. 6.
⁵¹ Wie hier: MüKoBGB/*Kindler* Art. 18 Rn. 24; Mankowski/Müller/Schmidt/*Müller* Art. 18 Rn. 23; *Mankowski* ZIP 2010, 2478, 2482 (allerdings noch zu Art. 15 EuInsVO 2000); offenlassend: Vallender/*Thole* Art. 18 Rn. 9; im Ergebnis wohl ebenso (ohne auf die Differenzierung zwischen *lex loci arbitri* und *lex arbitri* einzugehen): *Schmitz*, Schiedsverfahren und Insolvenz, S. 190; die meisten Schiedsverfahrensordnungen sehen jedoch weder eine unmittelbare Unterbrechung noch eine Aussetzung des Schiedsverfahrens vor; vgl. zB OLG Dresden SchiedsVZ 2005, 159; *Eberl* InVO 2002, 393; *Flöther* DZWIR 2001, 89; *Heidbrink/von der Groeben* ZIP 2006, 265; *Lenzen* NZBau 2003, 428; unklar: Court of Appeal, Urt. v. 9.7.2009, IILR 2010, 39 der auf das Verfahrensrecht am Sitz des Schiedsgerichts abgestellt, wobei sich aus den Entscheidungsgründe auch ergibt, dass das Schiedsverfahren englischem Recht unterlag; für eine Anwendung der gewählten Schiedsordnung auch *Mankowski* ZIP 2010, 2478, 2482.

auch die Frage, ob die Schiedspartei des anhängigen Schiedsverfahrens nach Eröffnung des Insolvenzverfahrens noch an die Schiedsvereinbarung gebunden ist, die Auswirkungen der Verfahrenseröffnung auf den Schiedsrichtervertrag sowie die objektive Schiedsfähigkeit des Rechtsstreits.[52] Anders als bei Schiedsverfahren, die zum Zeitpunkt der Eröffnung des Schiedsverfahrens noch nicht anhängig gewesen sind, rechtfertigt die Tatsache des bereits anhängig gemachten Verfahrens und der Grundsatz der *perpetuatio arbitrationis* diese Fragen nunmehr der *lex loci arbitri* bzw. soweit die Parteien ein davon abweichendes Schiedsverfahrensrecht wählen durften – der *lex arbitri* – zu unterstellen.

Kapitel II. Anerkennung der Insolvenzverfahren

Art. 19 Grundsatz

(1) Die Eröffnung eines Insolvenzverfahrens durch ein nach Artikel 3 zuständiges Gericht eines Mitgliedstaats wird in allen übrigen Mitgliedstaaten anerkannt, sobald die Entscheidung im Staat der Verfahrenseröffnung wirksam ist.
Die Regel nach Unterabsatz 1 gilt auch, wenn in den übrigen Mitgliedstaaten über das Vermögen des Schuldners wegen seiner Eigenschaft ein Insolvenzverfahren nicht eröffnet werden könnte.

(2) ¹Die Anerkennung eines Verfahrens nach Artikel 3 Absatz 1 steht der Eröffnung eines Verfahrens nach Artikel 3 Absatz 2 durch ein Gericht eines anderen Mitgliedstaats nicht entgegen. ²In diesem Fall ist das Verfahren nach Artikel 3 Absatz 2 ein Sekundärinsolvenzverfahren im Sinne von Kapitel III.

Literatur: *Bierbach,* Wettlauf der Gläubiger um den Insolvenzgerichtsstand – Anfechtungsbefugnisse des Insolvenzverwalters nach Art. 18 Abs. 2 S. 2 EuInsVO, ZIP 2008, 2203; *Blersch,* Masseverbindlichkeiten im Spannungsfeld zwischen Haupt- und Sekundärinsolvenzverfahren, FS Pannen, S. 125; *Bormann,* Kreditreorganisationsgesetz, ESUG und Scheme of Arrangement, NZI 2011, 892; *Bork,* Internationale Zuständigkeit und Ordre Public, ZIP 2016, Beilage zu Heft 22, 11; *Brinkmann,* Die Auswirkungen der Eröffnung eines Verfahrens nach Chapter 11 U.S. Bankruptcy Code auf im Inland anhängige Prozesse, zu BGH, 13.10.2009 – X ZR 79/06, IPRax 2011, 143; *Dammann/Müller,* Eröffnung eines Sekundärinsolvenzverfahrens in Frankreich gem. Art. 29 lit. a EuInsVO auf Antrag eines „schwachen" deutschen Insolvenzverwalters, NZI 2011, 752; *Duursma-Kepplinger,* Gegensteuerungsmaßnahmen bei ungerechtfertigter Inanspruchnahme der internationalen Zuständigkeit gemäß Art. 3 Abs. 1 EuInsVO, DZWIR 2003, 447; *Fehrenbach,* Haupt- und Sekundärinsolvenzverfahren, 2014; *ders.,* Die prioritätsprinzipwidrige Verfahrenseröffnung im europäischen Insolvenzrecht, Anmerkung zu BGH, 29.5.2008 – IX ZB 102/07, IPRax 2009, 51; *Freitag/Leible,* Justizkonflikte im Europäischen Internationalen Insolvenzrecht und (k)ein Ende?, Zugleich eine Besprechung von EuGH, RIW 2006, 619 – Eurofood, RIW 2006, 641; *Fritz/Bähr,* Die Europäische Verordnung über Insolvenzverfahren -Herausforderung an Gerichte und Insolvenzverwalter, DZWIR 2001, 221; *Garasic,* Anerkennung ausländischer Insolvenzverfahren: ein Vergleich des kroatischen, des deutschen und des schweizerischen Rechts sowie der Europäischen Verordnung über Insolvenzverfahren, des Istanbuler Übereinkommens und des UNCITRAL-Modellgesetzes (Diss. Uni Hamburg, 2004), 2005; *Gottwald,* Grundfragen der Anerkennung und Vollstreckung ausländischer Entscheidungen in Zivilsachen, ZZP 103 (1990), 257; *ders.,* Grenzüberschreitende Insolvenzen, 1997; *Graf,* Die Anerkennung ausländischer Insolvenzentscheidungen (Diss. Uni Mannheim, 2002/2003), 2003; *Gruber,* Zur Eröffnung eines Insolvenzverfahrens trotz eines in einem anderen Mitgliedstaat der EU bereits eröffneten Hauptinsolvenzverfahrens, DZWIR 2008, 467; *Herchen,* International-insolvenzrechtliche Kompetenzkonflikte in der Europäischen Gemeinschaft – Zugleich Besprechung der Entscheidungen des High Court Justice Leeds v. 16.5.2003 und des AG Düsseldorf v. 19.5/6.6.2003, ZInsO 2004, 61; *ders.,* Aktuelle Entwicklungen im Recht der internationalen Zuständigkeit zur Eröffnung von Insolvenzverfahren: Der Mittelpunkt der (hauptsächlichen) Interessen im Mittelpunkt der Interessen, ZInsO 2004, 825; *ders.,* Das Prioritätsprinzip im internationalen Insolvenzrecht – Zugleich Besprechung Stadtgericht Prag, Beschl. v. 26.4.2005 – 78 K 6/05-127 (ZIP 2005, 1431), ZIP 2005, 1401; *ders.,* Wer zuerst kommt, mahlt zuerst! Die Bestellung eines schwachen vorläufigen Insolvenzverwalters als Insolvenzverfahrenseröffnung im Sinne der EuInsVO, NZI 2006, 435; *Hölzle,* Die Sanierung von Unternehmen im Spiegel des Wettbewerbs der Rechtsordnungen in Europa, KTS 2011, 291; *Homann,* System der Anerkennung eines ausländischen Insolvenzver-

---

[52] Ebenso Court of Appeal, Urt. v. 9.7.2009, IILR 2010, 39, der von Art. 15 EuInsVO 2000 sämtliche Wirkungen der Eröffnung auf bereits anhängige Verfahren erfasst wissen will; ebenso wohl *Wagner* KTS 2010, 39, 59, der auch die Schiedsfähigkeit dem anwendbaren Prozessrecht überlassen will; anders aber wohl noch *Wagner,* Abstimmungsfragen, S. 142.

Art. 19

fahrens und die Zulässigkeit der Einzelrechtsverfolgung (Diss. Univ. Münster 2000), 2000; *ders.*, System der Anerkennung eines ausländischen Insolvenzverfahrens, KTS 2000, 343; *Huber, P.*, Internationales Insolvenzrecht in Europa – Das internationale Privat- und Verfahrensrecht der Europäischen Insolvenzverordnung, ZZP 114 (2001), 133; *ders.*, Die Europäische Insolvenzverordnung, EuZW 2002, 490; *Hützen/Poertzgen*, Insolvenzgeld für Arbeitnehmer in Deutschland bei ausländischem Insolvenzereignis am Beispiel der Niederlande, ZInsO 2010, 1719; *Knof*, Perpetuatio fori und Attraktivkraft des Erstantrags im Europäischen Insolvenzrecht?, ZInsO 2006, 754; *Knof/Mock*, Anmerkung zu EuGH „Eurofood" v. 2.5.2006 Rs C-341/04 (ZIP 2006, 907), Zur Anerkennung der internationalen Zuständigkeit des Insolvenzgerichts nach der EGV 1346/2000, ZIP 2006, 911; *KPB/Kemper*, Die Verordnung (EG) Nr. 1346/2000 über Insolvenzverfahren – Ein Schritt zu einem europäischen Insolvenzrecht, ZIP 2001, 1609; *Leible/Staudinger*, Die europäische Verordnung über Insolvenzverfahren, KTS 2000, 533; *Lüke*, Das europäische internationale Insolvenzrecht, ZZP 111 (1998), 275; *Mankowski*, Klärung von Grundfragen des europäischen Internationalen Insolvenzrechts durch die Eurofood-Entscheidung?, Centre of main interests (COMI), Anerkennung, ordre public, vorläufige Insolvenzverwaltung, BB 2006, 1753; *ders.*, Keine Litispendenzsperre unter der EuInsVO, KTS 2009, 453; *ders.*, Keine Anordnung von Vollstreckungsmaßnahmen nach Eröffnung des Hauptinsolvenzverfahrens in anderem Mitgliedstaat, NZI 2010, 178; *ders.*, EuInsVO und Schiedsverfahren, Zugleich Besprechung Court of Appeal England v. 9.7.2009 – [2009] EWCA Civ 677 (C.A.), ZIP 2010, 2528, ZIP 2010, 2478; *ders.*, Internationale Nachlassinsolvenzverfahren, ZIP 2011, 1501; *ders.*, Auswirkungen ausländischer Insolvenzverfahren auf deutsche Steuerforderungen (Teil II); DStR 2019, 1979; *Mock*, Internationale Restschuldbefreiung, KTS 2013, 423; *Moss*, Asking the Right Questions? Highs and Lows of the ECJ Judgment in Eurofood, Insolv. Int. 2006, S. 97 ff.; *Muguens/Esser*, Wirkungen eines deutschen Insolvenzverfahrens bei Vermögen im Ausland – Unterschiedliche Regelungsansätze im Internationalen Insolvenzrecht am Beispiel Argentiniens, NZI 2011, 277; *Pannen/Riedemann*, Die deutschen Ausführungsbestimmungen zur EuInsVO – Ein Überblick zu den Regelungen des Art. 102 EGInsO nF, NZI 2004, 301; *Paulus,*, Der EuGH und das moderne Insolvenzrecht, NZG 2006, 609; *Poelzig*, Parteieninsolvenz in der internationalen Schiedsgerichtsbarkeit, ZZPInt 14 (2009), 393; *Reinhart*, Sanierungsverfahren im internationalen Insolvenzrecht (Diss. Univ. Frankfurt 1994), 1995; *ders.*, Zur Anerkennung ausländischer Insolvenzverfahren, ZIP 1997, 1743; *ders.*, Die Bedeutung der EuInsVO im Insolvenzeröffnungsverfahren – Verfahren bei internationaler Zuständigkeit nach Art. 102 EGInsO, NZI 2009, 73; *Reinstadler/Reinalter*, Der Eröffnungsbeschluss auf Eigenverwaltung nach § 270a InsO ist kein Insolvenzverfahren im Sinne von Art. 1 EuInsVO 2002, IPrax 2016, 614, *Reuß*, Europäisches Insolvenzrecht 3.0 oder doch nur Version 1.1? Der Vorschlag der Kommission vom 12.12.2012 zur Reform der Europäischen Insolvenzverordnung, EuZW 2013, 165; *Ringstmeier/Homann*, Masseverbindlichkeiten als Prüfstein des internationalen Insolvenzrechts, NZI 2004, 354; *Sabel*, Hauptsitz als Niederlassung im Sinne der EuInsVO?, NZI 2004, 126; *Saenger/Klockenbrink*, Anerkennungsfragen im internationalen Insolvenzrecht gelöst? – Zugleich Anmerkung zum Urteil des EuGH vom 2.5.2006 – Rs. C-341/04 (Eurofood/Parmalat), EuZW 2006, 363; *Schilling/Schmidt*, COMI und vorläufiger Insolvenzverwalter – Problem gelöst? Die Schlussanträge in der Rechtssache Eurofood/Parmalat als wesentlicher Schritt zur Lösung der Kontroverse um die Auslegung der EuInsVO, ZInsO 2006, 113; *Schmittmann/Hesselmann*, Die internationale Zuständigkeit und Wirkungserstreckung in der EuInsVO unter besonderer Berücksichtigung von Kompetenzkonflikten, ZInsO 2008, 957; *Schneider*, Registrierte Gegenstände im grenzüberschreitenden Insolvenzverfahren nach der EuInsVO, 2018; *Schollmeyer*, Vollstreckungsschutz kraft ausländischen Insolvenzrechts und Inlandsklausel, IPRax 2003, 227; *Schopper*, Zum Mittelpunkt der hauptsächlichen Interessen iSd EG-VO 1346/2000 Art. 3 Abs. 1, KTS 2005, 224; *Seidl/Paulick*, Sekundärinsolvenz und Sanierungsplaninsolvenz: Das Zustimmungserfordernis des Art. 34 Abs. 2 EuInsVO, ZInsO 2010, 125; *Skauradszun*, Die Restrukturierungsrichtlinie und das „verschwitzte" internationale Zivilverfahrensrecht, ZIP 2019, 1501; *Smid*, Anmerkung zu Supreme Court of Ireland, ZIP 2004, 505, *ders.*, Mittelpunkt der hauptsächlichen Interessen bei internationaler Insolvenz, DZWIR 2005, 60; *ders.*, Vier Entscheidungen englischer und deutscher Gerichte zur europäischen internationalen Zuständigkeit zur Eröffnung des Hauptinsolvenzverfahrens, DZWIR 2003, 397; *ders.*, EuGH zu „Eurofood", BGH zur internationalen Zuständigkeit – Neueste Judikatur zur EuInsVO, DZWIR 2006, 325; *ders.*, Gegen den Strom – Eröffnet das deutsche Insolvenzgericht durch Bestellung eines vorläufigen Insolvenzverwalters ein Hauptinsolvenzverfahren?, NZI 2009, 150; *Steinmetz/Giménez*, Deutsches Insolvenzverfahren und Immobilienvermögen in Spanien, NZI 2010, 973; *Taylor*, Further into the fog – some thoughts on the European Court of Justice decision in the Eurofood case, International Caselaw Alert 10 – III/2006, 25; *Thole*, Das COMI-Prinzip und andere Grundfragen des Europäischen Insolvenzrechts, ZEuP 2007, 1137; *ders.*, Die Anerkennung von (außerinsolvenzlichen) Sanierungs- und Restrukturierungsverfahren im Europäischen Verfahrensrecht, FS Simotta, 2012, S. 613; *ders.*, Der Trend vom vorinsolvenzlichen Sanierungsverfahren – Bedeutung und Konsequenzen für das nationale und europäische Insolvenz- und Verfahrensrecht, KSzW 2012, 286; *ders.*, Negative Feststellungsklagen, Insolvenztorpedos und EuInsVO, ZIP 2012, 605; *Trunk*, Dogmatische Grundlagen der Anerkennung von Auslandskonkursen, KTS 1987, 415; *Wagner*, Abstimmungsfragen zwischen Internationalem Insolvenzrecht und Internationaler Schiedsgerichtsbarkeit, 2008; *Weller*, Windscheids Anspruchsbegriff im Strudel der Insolvenzrechtsarbitrage, IPRax 2011, 150; *Westpfahl/Knapp*, Die Sanierung deutscher Gesellschaften über ein englisches Scheme of Arrangement, ZIP 2011, 2033; *Wimmer*, Anmerkung zum Vorlagebeschluss des irischen Supreme Court in Sachen Parmalat, ZInsO 2005, 119; *Würdinger*, Die Anerkennung ausländischer Entscheidungen im europäischen Insolvenzrecht, IPRax 2011, 562; *Wunderer*, Auswirkungen des Europäischen Übereinkommens über Insolvenzverfahren auf Bankgeschäfte, WM 1998, 793; *Zenker*, Zur Anerkennung ausländischer Insolvenzverfahren in Mitgliedstaaten, NJ 2010, 159.

Übersicht

	Rn.		Rn.
I. Normzweck	1	3. Durch ein nach Artikel 3 zuständiges Gericht	20
1. Inhalt der Anerkennung	2	4. Unbeachtlichkeit der Insolvenzfähigkeit (Abs. 1 S. 2)	24
2. Automatische Anerkennung und Prioritätsprinzip	3	5. Rechtsfolgen der Anerkennung	25
II. Voraussetzungen der Anerkennung nach Abs. 1	5	**III. Sekundärinsolvenzverfahren, Abs. 2**	29
1. Eröffnung eines Insolvenzverfahrens	5	**IV. Reformentwicklungen und rechtsvergleichende Hinweise**	30
2. Wirksamkeit der Eröffnungsentscheidung	18		

I. Normzweck

Die Vorschriften des Kapitels II befassen sich mit der Anerkennung der in einem Mitgliedstaat **1** eröffneten Insolvenzverfahren. Die Vorschriften sind gegenüber der EuInsVO 2000 (Art. 16 ff. EuInsVO 2000) **weitgehend unverändert geblieben.** In Art. 19 und 20 ist der Grundsatz der sogenannten **automatischen Anerkennung**[1] der Verfahrenseröffnung verankert. Er wird in Art. 32 Abs. 1 auf die Anerkennung von Neben- und Annexentscheidungen erstreckt. Art. 21 f. enthalten ergänzende Regelungen im Hinblick auf die Person und die Befugnisse des Verwalters. Art. 24 bis 30 befassen sich flankierend mit der öffentlichen Bekanntmachung, dem Europäischen Insolvenzregister und folglich Fragen der Registereintragung der Verfahrenseröffnung. Die einzige wirkliche Anerkennungsschranke findet sich in dem ordre-public-Vorbehalt des Art. 33. Art. 23 enthält eine materiell-rechtliche Regelung. Die Anerkennungspflicht greift für die der EU nach Inkrafttreten der EuInsVO beigetretenen Mitgliedstaaten auch dann, wenn das Verfahren vor dem maßgeblichen Zeitpunkt eröffnet wurde;[2] für die Frage der Anwendbarkeit der EuInsVO im Verhältnis zur EuInsVO 2000 siehe die Erläuterungen bei Art. 84.

1. Inhalt der Anerkennung. Der Verordnungsgeber hat sich um ein schlankes Anerkennungsprinzip bemüht. Den Art. 19 ff. liegt der Grundsatz gegenseitigen Vertrauens zugrunde.[3] Anerkennung bedeutet zunächst die **Beachtlichkeit der ausländischen Verfahrenseröffnung im Inland,** wobei die ausländische Eröffnung im Inland ohne sachliche Prüfung auf ihre Rechtmäßigkeit als gegeben zu berücksichtigen ist.[4] Sodann geht es darüber hinaus um die **Erstreckung der Wirkungen** der Entscheidung; die Anerkennung ist inhaltlich in Art. 20 als Wirkungserstreckung der Eröffnungsentscheidung definiert. Der Eröffnung werden auch in den anderen Mitgliedstaaten die Wirkungen beigelegt, die sie im Eröffnungsstaat hat. Damit ist der Gleichstellungstheorie, die eine ausländische Entscheidung einer inländischen gleichstellte, eine Absage erteilt.[5] Die Frage nach der inhaltlichen Bedeutung der Anerkennung, die im Internationalen Zivilverfahrensrecht unterschiedlich behandelt wird, ist damit für die EuInsVO legislatorisch entschieden. Die Annahme einer **Wirkungserstreckung** entspricht auch der Behandlung im autonomen Recht (→ § 343 Rn. 67) und der herrschenden Meinung zur Anerkennung gewöhnlicher ausländischer Urteile bei § 328 ZPO.[6] Wirkungserstreckung bedeutet, dass die prozessualen und materiell-rechtlichen Wirkungen der Eröffnung im Grundsatz so anerkannt werden, wie sie nach dem ausländischen Herkunftsrecht der Entscheidung vorgesehen sind, zB im Hinblick auf den Verlust der Verwaltungs- und Verfügungsbefugnis des Schuldners, die Reichweite der Beschlagswirkung usw.[7] Die Regelung des Art. 20 ist nur konsequent vor dem Hintergrund, dass die EuInsVO in Art. 7 auch im Übrigen die lex fori concursus über die Wirkungen des Insolvenzverfahrens entscheiden lässt (näher zur Wirkungserstreckung → Art. 20 Rn. 3 f.). In der Konsequenz

---

[1] Dazu → Rn. 3; Bork/van Zwieten/*Veder*, Commentary on the European Insolvency Regulation, Art. 19.09. *Junker*, Internationales Zivilprozessrecht, § 27 Rn. 9 weist mit Recht darauf hin, dass der Begriff unglücklich ist, da nicht die Anerkennung automatisch erfolgt, sondern die Prüfung der Anerkennung.
[2] EuGH v. 5.7.2012 – Rs. C-527/10 (ERSTE Bank), ZIP 2012, 1815, 1817 Rn. 36 = EU:C:2012:417.
[3] EuGH v. 21.1.2010 – Rs. C-444/07 (MG Probud Gdynia sp. z o.o.), Slg 2010, I-417, 431, Rn. 27 f. = EU:C:2010:24; EuGH v. 2.5.2006 – Rs. C-341/04 (Eurofood IFSC Ltd), Slg. 2006, I-3854, 3870, Rn. 39 = NZI 2006, 360 = EU:C:2006:281 mAnm *Thole* ZEuP 2007, 1137.
[4] *Trunk* KTS 1987, 415, 419 (dort auch zum Unterschied zum Internationalen Gesellschaftsrecht); *Poelzig* ZZPInt 14 (2009), 393, 420.
[5] BGHZ 177, 12, 21 Rn. 30 = NZI 2008, 572, 574 = NJW-RR 2008, 1443, 1446; *Virgos/Schmit*, Erläuternder Bericht, Rn. 153: Modell der Ausdehnung.
[6] Dazu MüKoZPO/*Gottwald*, 5. Aufl., § 328 Rn. 4 m. Nachw.
[7] *Gottwald*, Grenzüberschreitende Insolvenzen, S. 25.

der Wirkungserstreckung liegt auch der Normzweck des Art. 19 Abs. 1 Unterabs. 2 begründet, nach dem die Anerkennung nicht daran scheitert, dass in dem Anerkennungsstaat ein Insolvenzverfahren über den Schuldner nicht hätte eröffnet werden können (→ Rn. 24).

3   **2. Automatische Anerkennung und Prioritätsprinzip.** Die Prüfung der Anerkennung erfolgt **automatisch**. Mit dem Grundsatz der automatischen Anerkennung ist also nicht gemeint, dass ohne weiteres anzuerkennen wäre. Lediglich ein gesondertes Anerkennungsverfahren, wie es beispielsweise in der Schweiz bekannt ist, gibt es nicht. Die Anerkennungsfähigkeit der Entscheidung muss demnach nicht in einem kontradiktorischen Verfahren geprüft werden. Jede mitgliedstaatliche Behörde oder Einrichtung muss die Anerkennung der Eröffnungsentscheidung (und gleichermaßen der in Art. 32 genannten Entscheidungen) **inzident** prüfen, soweit es in dem jeweiligen staatlichen Verfahren auf die Frage ankommt, ob ein Insolvenzverfahren in der Welt ist und welche beachtlichen Wirkungen sich daraus ergeben. Dieser Grundsatz der automatischen Anerkennung ist zugleich Ausdruck und Wesenselement des **Universalitätsprinzips,** das in modifizierter Form der EuInsVO zugrundeliegt.[8] Wäre die Anerkennung der Eröffnungsentscheidung nicht in weitreichendem Umfang gesichert, so bliebe faktisch nur ein territoriales Insolvenzverfahren übrig. Wenn und weil ein universaler Vermögensbeschlag gewollt ist, darf das Insolvenzverfahren nicht an der Grenze eines Mitgliedstaats „Halt machen".

4   Die Anerkennung einer zeitlich zuerst erfolgten Eröffnung als Hauptinsolvenzverfahren verhindert zugleich, dass weitere Gerichte ebenfalls ein Hauptinsolvenzverfahren eröffnen;[9] das ist im deutschen Recht über Art. 102c § 2 und 3 EGInsO abgesichert. Die **Priorität** ist aber nur an die **Eröffnung**, nicht schon an den Antrag geknüpft. Eine **Rechtshängigkeitssperre gibt es nicht.**[10] Über die Anerkennung in Drittstaaten (einschließlich Dänemark[11]) verhält sich das Kapitel II indessen notwendigerweise nicht, weil diese Staaten nicht an die EuInsVO gebunden sind (zum deutschen autonomen Recht → § 343 Rn. 8).

II. Voraussetzungen der Anerkennung nach Abs. 1

5   **1. Eröffnung eines Insolvenzverfahrens.** Der Begriff des Insolvenzverfahrens ist durch die Legaldefinition in Art. 1 iVm Anhang A ausgefüllt. Eine **negative Abgrenzung** ergibt sich zudem aus der Ausklammerung von bestimmten Insolvenzfällen in Art. 1 Abs. 2. Die Nennung in Anhang A ist eine notwendige Bedingung für die Qualifikation als Insolvenzverfahren; die Liste ist verbindlich. Die privilegierte Anerkennung ist nur unter der Prämisse gerechtfertigt, dass der Kreis der Insolvenzverfahren einheitlich festgelegt ist.

6   Auf die Erläuterungen zu Art. 1 wird verwiesen; Art. 2 Nr. 1 definiert zudem den Begriff des Gesamtverfahrens. Manche **außergerichtliche Sanierungsverfahren** wie vor dem Brexit das englische Scheme of Arrangement (→ Art. 2 Rn. 13) sind nicht erfasst;[12] im Hinblick auf Letzteres ist auch die Eigenschaft als gerichtlich bestätigter Vergleich iSd Art. 32 Abs. 1 zu verneinen (dazu bei → Art. 32 Rn. 9a). Auch als vorinsolvenzlich oder hybrid zu bezeichnende **präventive Restrukturierungsverfahren** und Sanierungsverfahren sind nur erfasst, wenn sie **in Anhang A genannt** sind (vgl. etwa die procédure de sauvegarde[13]). Damit ist zugleich gesagt, dass der Anerkennung eines von Anhang A erfassten Insolvenzverfahrens die zuvor erfolgte Anerkennung von Wirkungen eines nicht von der EuInsVO erfassten Verfahrens nicht entgegensteht und ihr auch nicht

---

[8]   Vor → Art. 1 Rn. 33.
[9]   Dazu unten → Art. 23 Rn. 6. Deutlich das Prioritätsprinzip betonend EuGH v. 2.5.2006 – Rs. C-341/04 (Eurofood IFSC Ltd), Slg. 2006, I-3854, 3870 Rn. 39 = NZI 2006, 360 = EU:C:2006:281 mAnm *Thole* ZEuP 2007, 1137; in der Rechtsprechung: AG Duisburg DZWIR 2003, 435 mit Besprechung *Smid* DZWIR 2003, 397; LG Innsbruck ZIP 2004, 1721 mAnm *Bähr/Riedemann* EWiR 2004, 1085; *Schopper* KTS 2005, 224; AG Düsseldorf ZIP 2004, 866 mAnm *Westphal/Wilkens* EWiR 2004, 909; AG Nürnberg ZIP 2007, 81; Stadtgericht Prag ZIP 2005, 1431 mit Besprechung *Herchen* ZIP 2005, 1401; auch OGH NZI 2005, 465; OLG Wien NZI 2005, 57 mAnm *Paulus* NZI 2005, 62; vgl. aus dem Schrifttum *Duursma-Kepplinger* DZWIR 2003, 447, 449; *Eidenmüller* IPRax 2001, 2, 7; *Herchen* ZInsO 2004, 61, 64; *Leible/Staudinger* KTS 2000, 533, 545; *Lüke* ZZP 111 (1998), 275, 289; *MüKoBGB/Kindler* Art. 19 Rn. 15; *Breutigam/Blersch/Goetsch/Pannen*, Art. 3 Rn. 13; *Pannen/Riedemann* NZI 2004, 646; *Paulus* ZIP 2003, 1725, 1726; LSZ/*Smid*, Int. Insolvenzrecht, Art. 3 Rn. 19.
[10] *Mankowski* KTS 2009, 453; vgl. auch AG Köln NZI 2009, 133, 135; zum Fehlen einer Rechtshängigkeitssperre speziell bei den von Art. 3 erfassten Annexverfahren *Thole* ZIP 2012, 605, 609 f.
[11] OLG NJOZ 2005, 2532, 2533; Rauscher/*Mäsch*, EuZPR/EuIPR, 4. Aufl., Art. 1 EG-InsVO Rn. 17; MüKoBGB/*Kindler* Art. 1 Rn. 22: Anwendung der §§ 335 ff. InsO.
[12] *Thole*, FS Simotta, S. 613, 617 f.; *Thole* KSzW 2012, 286, 289 ff.
[13] Zum französischen Recht *Flessner* KTS 2010, 127; näher zur rechtsvergleichenden Umschau *Thole*, FS Simotta, S. 613, 614 ff.; *Westphal* ZGR 2010, 385, 402 ff.; *Piekenbrock* ZVglRWiss 108 (2009), 242 ff.

entgegenstehen darf.[14] Nicht im Anhang A genannte Verfahren können nicht über die EuInsVO anerkannt werden, ebenso wenig *vertrauliche* präventive Verfahren nach der Maßgabe der RL 2019/1023 über präventive **Restrukturierungsrahmen.**

Die Frage der Anerkennung ist insbesondere nach dem **Brexit** für englische „echte" Insolvenzverfahren von Bedeutung. Sie können im Zweifel nach § 343 InsO anerkannt werden (zum Problem → § 343 Rn. 19). **Nicht in Anhang A aufgenommene präventive Restrukturierungsverfahren eines Mitgliedstaats** (zB die vertrauliche Variante des sog Dutch „Scheme of Arrangement") können dagegen nicht über § 343 InsO anerkannt werden, wenn man eine negative Abgrenzungsfunktion von Anhang A annehmen will. Dann bleibt nur § 328 ZPO, während die EuGVVO wegen Art. 1 Abs. 1 lit. b) EuGVVO gesperrt ist, wenn man – vor dem Hintergrund des erweiterten Verständnisses eines Insolvenzverfahrens nach Art. 1 und entgegen der früheren Rechtslage[15] – darin einen Konkurs oder ein konkursähnliches Verfahren erkennt (näher → § 343 Rn. 19). Denn dann kann man die Anwendbarkeit der EuGVVO nur dann annehmen, wenn man in Art. 1 Abs. 1 lit. b) EuGVVO hineinliest, dass der Anwendungsbereich nur für „in Anhang A der EuInsVO" aufgenommene Konkursverfahren nicht eröffnet ist.[16] Erwägungsgrund Nr. 7, letzter Satz der EuInsVO besagt indes ausdrücklich, der alleinige Umstand, dass ein nationales Verfahren nicht in Anhang A aufgeführt ist, bedeute nicht, dass es unter die EuGVVO fällt. Das Lückenschluss-Argument zum Verhältnis von EuGVVO und EuInsVO betrifft nur die Annexverfahren des Art. 6, nicht die Stammverfahren. Wenn sich ein Mitgliedstaat bewusst gegen die Aufnahme in die EuInsVO entscheidet, spricht viel dafür, dass er sich dann nicht auf die Anerkennung nach EuGVVO berufen kann. Die Frage wird mutmaßlich den EuGH erreichen.

Art. 19 unterscheidet nach seinem Wortlaut nicht nach Art des Insolvenzverfahrens („nach Artikel 3 zuständiges Gericht"). Erfasst sind sowohl Hauptinsolvenzverfahren als auch Partikularverfahren. Diese **Partikularverfahren** dürfen mit ihren (begrenzten) Wirkungen und in ihrer Existenz nicht in Frage gestellt.[17] Lediglich die praktische Bedeutung der Anerkennung ist durch den beschränkten Geltungsanspruch dieser Verfahren eingeschränkt. Da sich die Partikularverfahren auf das jeweilige Gebiet des Mitgliedstaates beschränkt (Art. 3 Abs. 2 S. 2), kann die Anerkennung im Wesentlichen nur dann relevant werden, wenn es beispielsweise darum geht, dass die der Masse des Partikularverfahrens zugehörigen Gegenstände in einen anderen Mitgliedstaat verbracht worden sind (→ Art. 21 Rn. 12).[18]

Art. 19 Abs. 1 erfasst nur die Eröffnungsentscheidung. Gemeint ist in erster Linie, aber **nicht notwendigerweise** (→ Rn. 10) der **formelle Eröffnungsbeschluss.**[19] Abzugrenzen ist insbesondere zu den sonstigen Entscheidungen zur „Beendigung und Durchführung des Insolvenzverfahrens" (Nebenentscheidungen), die nach Art. 32 Abs. 1 Unterabs. 1 anzuerkennen sind, den in Art. 32 Abs. 1 Unterabs. 2 erfassten Annexentscheidungen sowie den Sicherungsmaßnahmen nach Art. 32 Abs. 1 Unterabs. 3.

Der **Begriff der Eröffnung ist unionsrechtlich-autonom** auszulegen; allerdings enthält Art. 2 Nr. 7 und 8 eine lückenhafte Definition. Aus Art. 2 Nr. 7 lit. ii) folgt, dass nach der EuInsVO 2015 schon die Bestellung eines Verwalters für eine Eröffnung genügt. Das kann auch ein vorläufiger Verwalter oder provisional liquidator oder ein vorläufiger Sachwalter sein, solange er in Anhang B genannt ist.

Die Eröffnung ist nicht notwendigerweise mit der Bestimmung und dem Begriff der Eröffnungsentscheidung nach Maßgabe des Insolvenzstatuts identisch. So kann nach deutschem Recht schon die vorläufige Eigenverwaltung genügen (→ Art. 2 Rn. 11) oder die Einsetzung eines vorläufigen Verwalters, obwohl das Verfahren dann im deutschen Verständnis noch nicht eröffnet ist. Dass nach Art. 2 Nr. 7 lit. ii) die Einsetzung eines (auch vorläufigen) Verwalters genügt, hatte der EuGH hat in der Rechtssache **Eurofood** zum Begriff der Eröffnung eines Insolvenzverfahrens unter Art. 16 EuInsVO 2000 erkannt. Danach genüge auch die Einsetzung eines *provisional liquidator* (dort nach irischem Recht) für eine Eröffnung in diesem Sinne. Es sei unter einer Eröffnungsentscheidung jede Entscheidung zu verstehen, „die infolge eines auf die Insolvenz des Schuldners gestützten Antrags auf Eröffnung eines in Anhang A der Verordnung genannten Verfahrens ergeht, wenn diese Entscheidung den Vermögensbeschlag gegen den Schuldner zur Folge hat und durch sie ein in Anhang C der Verordnung genannter Verwalter bestellt wird".[20] Ein solcher Vermögensbeschlag bedeute, „dass der Schuldner die Befugnisse

---

[14] Pannen/*Pannen*/*Riedemann* Art. 16 Rn. 10; *Virgos*/*Schmit*, Erläuternder Bericht, Rn. 145.
[15] Dazu noch *Thole*, FS Simotta, 609 ff.
[16] Unreflektiert demgegenüber *Skauradszun* ZIP 2019, 1501, 1504.
[17] Vgl. MüKoBGB/*Kindler* Art. 19 Rn. 3; Duursma-Kepplinger/Duursma/Chalupsky/*Duursma-Kepplinger*/*Chalupsky* Art. 17 Rn. 2.
[18] → 2. Aufl., Art. 16 Rn. 7.
[19] → 2. Aufl., Art. 16 Rn. 8; *Paulus*, Europäische Insolvenzverordnung, Art. 19 Rn. 6.
[20] EuGH v. 2.5.2006 – Rs. C-341/04 (Eurofood IFSC Ltd), Slg. 2006, I-3854, 3871, Rn. 45 ff. = NZI 2006, 360 = EU:C:2006:281 mAnm *Thole* ZEuP 2007, 1137.

zur Verwaltung seines Vermögens verliert". Die Entscheidung des EuGH wurde kritisiert, da sie an den Grundfesten des Insolvenzrechts rühre.[21] Die Auffassung des EuGH[22] lässt sich aber mit dem Ziel rechtfertigen, die unterschiedlichen Zeiträume zwischen Antragstellung und Verfahrenseröffnung in den Mitgliedstaaten in einen Ausgleich zu bringen.[23] Die Ausgestaltung des Eröffnungsverfahrens als solches in den einzelnen Mitgliedstaaten darf nicht über den autonom zu bestimmenden Begriff der Eröffnung disponieren. Wenn dies so wäre, wäre es nur konsequent, auch das in einigen Rechtsordnungen geltende Prinzip des *relation-back,* dh einer Rückwirkung auf den **Antragszeitpunkt** anzuerkennen, dessen Beachtlichkeit indessen die Kritiker des EuGH gerade gleichfalls und mit Recht in Abrede stellen.[24] Nach diesem Prinzip wirkt die Eröffnung auf den Zeitpunkt der Antragstellung zurück. Obwohl der Generalanwalt in den Schlussanträgen zu Eurofood argumentiert hatte, diese nationalen Regelungen seien beachtlich, hat der EuGH die Überlegungen nicht aufgegriffen und sie damit weder ausdrücklich verworfen noch indessen bestätigt. Es wäre jedoch misslich, wenn die nationalen Regelungen über die Zeitpunktwirkungen das Prioritätsprinzip determinieren könnten. **Rückwirkungen nach nationalem Recht** sind **unbeachtlich;** das mitgliedstaatliche Gericht, das nach Maßgabe der tatsächlichen Gegebenheiten iSd der Eurofood-Formel zeitlich früher eröffnet, führt das Hauptinsolvenzverfahren, selbst wenn in einem anderen Mitgliedstaat ein Antrag früher anhängig gemacht worden ist und der tatsächlich späteren Eröffnung eine Rückwirkung auf den Antragszeitpunkt beigelegt wird. **Seit der Reform der EuInsVO** durch das Reformwerk von 2015 ist eine **weitere Vorverlagerung der Eröffnung** insoweit gegeben, als Art. 1 auch **Präventiv- und Konkursvermeidungsverfahren** erfasst, die ihrer Natur nach vor der Insolvenz einsetzen. Folglich wird man, soweit sie von Anhang A erfasst sind, in der Eröffnung dieser Verfahren (im Zweifel mit dem Antrag auf gerichtliche Aussetzung, Art. 1 Abs. 1 lit. c) eine Eröffnung iSd EuInsVO sehen. Auch eine gerichtliche Gewährung eines Zahlungsaufschubs kann genügen.[25] Das löst dann das Prioritätsprinzip aus. Es bedeutet zugleich, dass nicht in einem anderen Mitgliedstaat eine Aussetzung beantragt werden darf, selbst wenn davon andere Gläubigergruppen betroffen sein sollten. Maßgeblich ist der COMI-Staat.

12 Im Übrigen muss die Vorverlagerung der Eröffnung aus deutscher Sicht im Wettbewerb der Jurisdiktionen[26] kein Nachteil sein,[27] weil es zu einer prioritären Eröffnung kommt, aber die Möglichkeiten, die Insolvenzgeldfinanzierung zu nutzen, weiterlaufen. Freilich können Brüche entstehen, wenn beispielsweise im Anfechtungsrecht der lex fori concursus an die Eröffnung angeknüpft wird und damit die eigentliche, förmliche Eröffnung nach nationalem Recht gemeint ist.[28] Derartige Divergenzen sind indessen verkraftbar, weil die EuInsVO insoweit gerade die lex fori concursus für maßgeblich erachtet. Die bisher kaum erkannte Frage nach der Reichweite der Eurofood-Formel ist bei den einzelnen Vorschriften zu erläutern.

13 In der 2. Auflage dieses Kommentars ist von *Reinhart* die Auffassung vertreten worden, die Einsetzung des *provisional liquidators* in der Rechtssache Eurofood sei eine richtigerweise nach Art. 25 Abs. 1 Unterabs. 3 EuInsVO 2000 anzuerkennende Entscheidung, der EuGH habe nur eine funktionale Interpretation des Prioritätsprinzips vorgenommen.[29] Das dürfte indessen der Aussage des

---

[21] Paulus, Europäische Insolvenzverordnung, hier 4. Aufl., Art. 16 Rn. 6, für den diese Entscheidung an den Grundfesten des Insolvenzrechts rührt, weil der Gerichtshof bestimmte vorläufige Insolvenzverfahren wie bereits eröffnete behandle, obgleich die Insolvenz des Schuldners noch nicht festgestellt sei.

[22] EuGH v. 2.5.2006 – Rs. C-341/04 (Eurofood IFSC Ltd), Slg. 2006, I-3854, 3871, Rn. 45 ff. = NZI 2006, 360 = EU:C:2006:281 mAnm *Thole* ZEuP 2007, 1137.

[23] *Saenger/Klockenbrink* EuZW 2006, 363, 365; kritisch Moss/Fletcher/Isaacs/*Moss/Bayfield,* EC Regulation, Rn. 5.117-5.120; *Moss* Insolv. Int. 2006, 97, 99 f.

[24] Paulus, Europäische Insolvenzordnung, Art. 19 Rn. 8. Ebenso LG Hamburg ZVI 2005, 548, 549. Zuzugeben ist, dass das Problem keine Rolle spielt, wenn zwischen Antrag und Anordnung der vorläufigen Verwaltung keine nennenswerte Zeitspanne liegt und die Anordnung der vorläufigen Verwaltung schon den Eröffnungsbegriff ausfüllt.

[25] So schon Arrondissementrechtbank Amsterdam v. 31.1.2007 – FT RK 07-93, FT RK 07-122 = ZIP 2007, 492, 495 – BenQ Mobile Holding.

[26] Zuletzt erkennbar in Arrondissementrechtbank Amsterdam v. 31.1.2007 – FT RK 07-93, FT RK 07-122 = ZIP 2007, 492, 495 – BenQ Mobile Holding, wo das niederländische Gericht den COMI-Begriff weit ausdehnte, um das Verfahren eröffnen zu können; kritisch *Paulus* EWiR 2007, 143, 144; so den Hintergrund der gerichtsübergreifenden Kommunikation in diesem Fall *Bierbach* ZIP 2008, 2203, 2205.

[27] Knof/Mock ZIP 2006, 911, 912; anders Smid NZI 2009, 150, 151, der ausgehend von dem mE verfehlten Ansatz, das nationale Verfahrensrecht müsse in die Betrachtung des Eröffnungsbegriffs einbezogen werden, meint, gerade auch wegen des Insolvenzgelds sei das Eröffnungsverfahren eben kein eröffnetes Verfahren iSd Art. 16 EuInsVO 2000; vgl. auch Thierhoff/Müller/Illy/Liebscher/*Beck/Voss,* Unternehmenssanierung, 2011, Rn. 789.

[28] Zum Problem bei Art. 19, vgl. Vallender/*Thole,* EuInsVO, 2. Aufl., Art. 19 Rn. 12.

[29] → 2. Aufl., Art. 16 Rn. 8.

Urteils nicht gerecht werden. Der EuGH hatte sich ausdrücklich auf Art. 16 Abs. 1 EuInsVO 2000 gestützt. Auch die auf einen Eröffnungsantrag erfolgenden **Sicherungsmaßnahmen** wie die Einsetzung des vorläufigen Verwalters können danach bereits eine Eröffnung des Verfahrens darstellen, die folglich jeweils als Eröffnungsentscheidung anzuerkennen ist. Das ist nach der Reform 2015 nunmehr eindeutig. Soweit allerdings nach Maßgabe der in den jeweiligen Mitgliedstaaten vorherrschenden Usancen die Eröffnungsentscheidung und eine etwaige (konkretisierte) Bestellung des Verwalters in gesonderten Beschlüssen erfolgen, würde die Eröffnungsentscheidung als solche nach Art. 19 anerkannt, die **Nebenentscheidung der Verwalterbestellung** aber eher nach Art. 32 Abs. 1 Unterabs. 1 (Entscheidung zur Durchführung des Verfahrens).

Die frühere Streitfrage, ob für das **deutsche Recht** trotz Nennung des vorläufigen Verwalters 14 in Anhang C (jetzt Anhang B) alle Formen der vorläufigen Verwaltung genügen, um zu einer Eröffnung nach Art. 16 EuInsVO 2000 zu führen, hat sich mit der Vorverlagerung des Anwendungsbereichs der EuInsVO und Art. 2 Nr. 7 lit. ii) überholt. Während einige Autoren alle Formen vorläufiger Insolvenzverwaltung genügen lassen wollten,[30] hielten andere selbst die Einsetzung eines „starken" vorläufigen Verwalters für nicht ausreichend, da das beschlagnahmte Vermögen den Gläubigern noch nicht haftungsrechtlich zugewiesen sei.[31] Problematisch war insoweit, ob der vom EuGH verlangte Vermögensbeschlag vorlag oder nicht.

Wenn aber Art. 2 Nr. 7 lit. ii) schon die Bestellung des Verwalters genügen lässt, dürfte es 15 darauf nicht mehr entscheidend ankommen[32] (→ Art. 2 Rn. 23). Sicher erfasst unter Art. 19 Abs. 1 ist ohnehin eine **starke vorläufige Verwaltung,** die mit einem allgemeinen Verfügungsverbot einhergeht und dem starken vorläufigen Verwalter eine dem endgültigen Verwalter angenäherte Rechtsposition gibt, weil auf ihn die Verwaltungs- und Verfügungsbefugnis übergeht, § 21 Abs. 2 Nr. 2 Alt. 1 InsO, Art. 22 Abs. 1.[33] Aber auch ein **schwacher vorläufiger Verwalter** ist erfasst, wobei es aber nicht mehr darauf ankommt, ob ein Zustimmungsvorbehalt angeordnet wird.[34] Für die Fälle des Zustimmungsvorbehalts ist ohnedies unproblematisch von einer Eröffnung auszugehen, da der vorläufige Verwalter eigenverantwortlich prüft, ob die beabsichtigte Verfügung oder Verpflichtung[35] den Gläubigerinteressen widerspricht. Daher ist der Schuldner in seiner Verfügungsbefugnis begrenzt; ein teilweiser Vermögensbeschlag liegt vor.[36] Man kann nach dem eben Gesagten auch nicht, wie früher vertreten, zwischen einem umfassenden und einem begrenzten Zustimmungsvorbehalt unterscheiden.[37] Der EuGH setzte nicht voraus, dass die Befugnisse des vorläufigen Verwalters vollständig mit denen eines endgültigen späteren Verwalters übereinstimmen.[38] Der **ganz schwache vorläufige Verwalter,** der nur eine rein beratende Funktion hat, ist ebenfalls von dem unterschiedslosen Wortlaut des Art. 2 Nr. 7 lit. ii) erfasst, was auf Art. 19 ausstrahlt und zu einer „Eröffnung" führt. Nur, wenn sich das Gericht mit **sonstigen Sicherungsmaßnahmen** (zB Postsperre) begnügt, gilt Art. 32 Abs. 1 Unterabs. 3, so dass die praktischen Unterschiede kaum erkennbar sind.[39] Es ist allerdings richtig, dass schon die Eurofood-Formel und erst recht Art. 2 Nr. 7 lit. ii) sowie die Vorverlagerung durch die EuInsVO 2015 den Art. 52 praktisch bedeutungslos macht,[40] denn bisher bestand Einigkeit, dass die Vorschrift nur die im Zeitraum zwischen Antrag und Eröffnung angeordneten Sicherungsmaßnahmen erfasst.[41]

Die Eigenverwaltung ist auch als **vorläufige Eigenverwaltung** erfasst, weil der vorläufige 16 Sachwalter als Verwalter im Sinne des Anhang B bestellt wird. Gleiches gilt für das durch das ESUG

---

30 So *Herchen* NZI 2006, 435, 436 f.; ebenso *Schilling/Schmidt* ZInsO 2005, 113 f.; *Dammann/Müller* NZI 2011, 752, 754. Unterscheidend aber KPB/*Kemper* Art. 1 Rn. 4.
31 *Smid* DZWIR 2006, 325; *Smid* NZI 2009, 150, 151. Vgl. auch Cour d'appel Colmar ZIP 2010, 1460 Ls.
32 Vgl. Vallender/*Sutscher* Art. 19 Rn. 16.
33 *Reinhart* NZI 2009, 73, 74; *Freitag/Leible* RIW 2006, 641, 646; *Mankowski* BB 2006, 1753, 1757 f.; *Herchen* NZI 2006, 435, 437.
34 So noch *Knof/Mock* ZIP 2006, 911, 912.
35 Bei Vorliegen eines Verwaltungsvorbehalts.
36 Vgl. HKInsO/*Laroche* § 21 InsO Rn. 16.
37 *Reinhart* NZI 2009, 73, 74; *Herchen* NZI 2006, 435, 437. So aber wohl *Saenger/Klockenbrink* EuZW 2006, 363, 366.
38 Vgl. EuGH v. 2.5.2006 – Rs. C-341/04 (Eurofood IFSC Ltd), Slg. 2006, I-3854, 3872, Rn. 46 = EU:C:2006:281: teilweiser Vermögensbeschlag. Übereinstimmend *Freitag/Leible* RIW 2006, 641, 646; *Saenger/Klockenbrink* EuZW 2006, 363, 366; *Piekenbrock* NZI 2012, 905, 909; aA *Smid* DZWIR 2006, 325.
39 So auch Cour d'appel Colmar ZIP 2010, 1460 mAnm *Mankowski* EWiR 2010, 453, wonach die Anordnung der schwachen vorläufigen Verwaltung keine Insolvenzeröffnung ist, wohl aber eine Sicherungsmaßnahme nach Art. 25 Abs. 1 Unterabs. 3 EuInsVO 2000.
40 So auch Rauscher/*Mäsch*, EuZPR/EuIPR, 4. Aufl., Art. 16 EG-InsO Rn. 6.
41 → Art. 52 Rn. 6.

eingeführte **Schutzschirmverfahren.** Hier war unter der EuInsVO 2000 noch fraglich, inwieweit damit eine Eröffnung verbunden ist (→ 3. Aufl., Art. 16 Rn. 14).[42]

17 Wenn das Gericht zwar die Anordnung einer vorläufigen Insolvenzverwaltung als Eröffnung des Hauptinsolvenzverfahrens bezeichnet und eine entsprechende Rechtsmittelbelehrung beifügt, gleichzeitig aber durch einen entsprechenden **Prüfungsauftrag an den Sachverständigen** deutlich macht, dass es sich seiner Zuständigkeit noch gar nicht sicher ist, ist das Verfahren dennoch eröffnet. Die veranlasste Prüfung kann ja auch dazu dienen, zu ermitteln, ob nachträglich wieder einzustellen ist, Art. 102c § 2 und 3 EGInsO. Sie betrifft insoweit erst einmal die interne Sphäre des Mitgliedstaats. „Nach außen" ist die Entscheidung aber wirksam, solange sie nicht aufgehoben wird (dazu sogleich Rn. 19).

18 **2. Wirksamkeit der Eröffnungsentscheidung.** Die Eröffnungsentscheidung ist dann und nur dann in den anderen Mitgliedstaaten anzuerkennen, wenn sie im Staat der Verfahrenseröffnung wirksam geworden ist und weiterhin Wirkungen entfaltet. Ein **gesondertes Exequaturverfahren** ist **nicht erforderlich,** wie der Verweis auf die fehlende Notwendigkeit weiterer Förmlichkeiten zeigt. Die Anerkennung der Eröffnungsentscheidung ist nach Art. 19 Abs. 1 lediglich davon abhängig, dass die Entscheidung im Eröffnungsstaat wirksam ist. Die Wirksamkeit richtet sich grundsätzlich nach der lex fori concursus, wobei Art. 2 Nr. 8 vorgibt, dass der Beschluss nicht notwendigerweise endgültig, dh nicht rechtskräftig zu sein braucht.[43] Eine inhaltliche Definition des Begriffes der Wirksamkeit findet sich in Art. 2 Nr. 8 im Übrigen aber nicht. Entscheidend ist, dass die Entscheidung Wirkungen entfaltet, wie es auch in der englischen Sprachfassung heißt (becomes effective). Es ist nicht entscheidend, dass die Entscheidung formell und/oder materiell Rechtskraft entfaltet.[44] Wie es das Prinzip der **Wirkungserstreckung** nahelegt, ist vorausgesetzt, dass der Staat der Verfahrenseröffnung für seine Entscheidung schon selbst Wirkungen beansprucht und solche Wirkungen daran anknüpft.[45] Diese Wirkungen entfalten dann vom selben Zeitpunkt an Wirkungen in den anderen Mitgliedstaaten.[46] Sieht das Eröffnungsstatut vor, dass die Entscheidung mit Verkündung oder Bekanntgabe wirksam wird, tritt damit die Wirksamkeit der Entscheidung im Sinne des Art. 19 ein. Dieses legislatorische Verständnis entspricht auch dem beachtlichen Bestreben, das Verfahrensziel einer bestmöglichen Abwicklung zu erreichen, weil andernfalls die haftungsrechtliche Zuordnung des Vermögens an die Gläubiger und damit die Beschlagnahme des Vermögens erst mit Verzögerung einträte.[47]

19 Die Wirksamkeit der Entscheidung muss in dem **Zeitpunkt,** in dem die Anerkennung zu prüfen ist, fortdauern. Daran fehlt es, wenn die Eröffnungsentscheidung auf **Rechtsbehelf** hin aufgehoben worden ist,[48] nicht aber schon dann, wenn sie fehlerhaft oder rechtswidrig, aber **nicht nichtig** ist.[49] Der so bestimmte Zeitpunkt ist – mangels einer Rechtshängigkeitssperre analog Art. 29 EuGVVO[50] – sodann für die Prioritätswirkungen entscheidend (→ Art. 20 Rn. 3 ff.), auf den Antrag

---

[42] Zuletzt ablehnend auch Corte d'Appelo di Trento, IPRax 2016, 612 mAnm *Reinstadler/Reinalter* IPRax 2016, 614.

[43] *Virgos/Schmit,* Erläuternder Bericht, Rn. 68, 147; *Ahrens,* Rechte und Pflichten ausländischer Insolvenzverwalter, 2002, S. 289; *Balz* ZIP 1996, 948, 951, 953; Duursma-Kepplinger/Duursma/Chalupsky/*Duursma-Kepplinger/Chalupsky* Art. 16 Rn. 10; *Fritz/Bähr* DZWIR 2001, 221, 225; *Garasic,* Anerkennung ausländischer Insolvenzverfahren, 2005, S. 205; Gebauer/Wiedmann/*Haubold,* Zivilrecht unter europäischem Einfluss, Kap. 32 Art. 16, 17 Rn. 159; HKInsO/*Dornblüth* Art. 2 Rn. 5; *Homann,* System der Anerkennung, S. 104; *Huber* ZZP 114 (2001), 133, 145; *Huber* EuZW 2002, 490, 494; KPB/*Skauradszun* Art. 19 Rn. 14; *Kemper* ZIP 2001, 1609, 1613; Rauscher/*Mäsch,* EuZPR/EuIPR, 4. Aufl., Art. 16 EG-InsVO Rn. 7; *Paulus,* Europäische Insolvenzverordnung, Art. 19 Rn. 6; *Wunderer* WM 1998, 793, 795.

[44] *Virgos/Schmit,* Erläuternder Bericht, Rn. 68, 147; *Ahrens,* Rechte und Pflichten ausländischer Insolvenzverwalter, 2002, S. 289; *Balz* ZIP 1996, 948, 951, 953; Duursma-Kepplinger/Duursma/Chalupsky/*Duursma-Kepplinger/Chalupsky* Art. 16 Rn. 10; *Fritz/Bähr* DZWIR 2001, 221, 225; *Garasic,* Anerkennung ausländischer Insolvenzverfahren, 2005, S. 205; Gebauer/Wiedmann/*Haubold,* Zivilrecht unter europäischem Einfluss, Kap. 32 Art. 16, 17 Rn. 159; HKInsO/*Dornblüth* Art. 2 Rn. 5; *Homann,* System der Anerkennung, S. 104; *Huber* ZZP 114 (2001), 133, 145; *Huber* EuZW 2002, 490, 494; KPB/*Skauradszun* Art. 19 Rn. 14; *Kemper* ZIP 2001, 1609, 1613; Rauscher/*Mäsch,* EuZPR/EuIPR, 4. Aufl., Art. 16 EG-InsVO Rn. 7; *Paulus,* Europäische Insolvenzverordnung, Art. 19 Rn. 6; *Wunderer* WM 1998, 793, 795.

[45] Duursma-Kepplinger/Duursma/Chalupsky/*Duursma-Kepplinger/Chalupsky* Art. 16 Rn. 11.

[46] *Virgos/Schmit,* Erläuternder Bericht, Rn. 68.

[47] Vgl. auch MüKoBGB/*Kindler* Art. 19 Rn. 8; *Schack,* IZVR, Rn. 1220; *Trunk,* Internationales Insolvenzrecht, S. 273.

[48] *Virgos/Schmit,* Erläuternder Bericht, Rn. 147.

[49] Geimer/Schütze/*Gruber,* Int. Rechtsverkehr, B Vor I 20b, Art. 16 Rn. 11 = Haß/Huber/Gruber/Heiderhoff/*Gruber* Art. 16 Rn. 11.

[50] *Thole* ZIP 2012, 605, 609 f.

kommt es also nicht an. Soweit der Eröffnungsakt im Herkunftsland Publizität erfordert, um Wirksamkeit zu erlangen, ist dies auch für Art. 19 beachtlich;[51] in der Regel ist die öffentliche Bekanntmachung aber weder nach Art. 28 f. noch nach nationalem Insolvenzverfahrensrecht als Wirksamkeitserfordernis ausgestaltet und damit keine Anerkennungsvoraussetzung.[52] Jedenfalls die Gebrauchnahme der in Art. 28 und 29 dem Verwalter eingeräumten Möglichkeiten ist daher keine Anerkennungsvoraussetzung, zumal sonst eine manipulative Zeitverzögerung im Zweitstaat denkbar wäre.[53]

3. Durch ein nach Artikel 3 zuständiges Gericht. Anerkennungsvoraussetzung ist zunächst, **20** dass die Eröffnung durch ein Gericht erfolgt. Der Begriff ist in Art. 2 Nr. 6 recht weit definiert.[54] Er erfasst auch über die Justizorgane hinaus jede sonstige zuständige Stelle, die befugt ist, ein Insolvenzverfahren zu eröffnen (vgl. auch Erwägungsgrund Nr. 20).[55] Das kann im Einzelfall auch das Vertretungsorgan des Schuldners sein, beispielsweise wenn die Direktoren einer Gesellschaft zur Eröffnung eines *administration*-Verfahrens befugt sind.[56] Eröffnungsentscheidungen aus **Drittstaaten** sind nicht erfasst.

Der Hinweis auf die Zuständigkeit darf nicht zu der Annahme verleiten, das Anerkennungsgericht dürfe die Zuständigkeitsbegründung **inhaltlich nachprüfen.** Das lässt sich auch nicht aus **21** einem fehlenden Pendant zur ausdrücklichen Verbotsregel in Art. 35 Abs. 1, 3 EuGVVO aF = Art. 45 Abs. 3 S. 1 EuGVVO nF ableiten. Der **EuGH** hat sich ausdrücklich **gegen eine solche Möglichkeit** der Nachprüfung ausgesprochen;[57] dafür spricht jetzt auch die mit Art. 5 etablierte Überprüfungsmöglichkeit im Erststaat. Das Verbot der Nachprüfung gilt auch im Bereich der Restschuldbefreiung und deren Auswirkungen auf öffentlich-rechtliche Verfahren der Abgabenfestsetzung.[58] Das Urteil des EuGH wird kritisiert, weil der Grundsatz gegenseitigen Vertrauens nicht halte, was er verspreche, und weil die fehlende Überprüfbarkeit der Zuständigkeitsregelung bei der Eröffnungsentscheidung Kompetenzkonflikte begünstige.[59] Solche Konflikte sind indessen in dem Gedanken des favor recognitionis und dem Grundsatz automatischer Anerkennung schon eingepreist. Die Begründung der Zuständigkeit ist auch in Fällen der auf Art. 6 gestützten Annexentscheidungen nicht inhaltlich nachzuprüfen (→ Art. 33 Rn. 18).

Fraglich sind spätestens seit der EuInsVO 2015 die **Folgen für die Anerkennungspflicht, 22** wenn das Erstgericht seine Zuständigkeitsannahme **nicht auf die EuInsVO gestützt** hat. Das Verbot einer inhaltlichen Nachprüfung der Zuständigkeitsbegründung ändert nichts daran, dass eine Anerkennungspflicht sachlich nur dann gerechtfertigt ist, wenn sich das Gericht bei der Annahme seiner internationalen Zuständigkeit auf Art. 3 stützt, dh die **internationale Dimension** überhaupt erkannt hat. Auch fraglich ist die Anerkennungspflicht, wenn sich das Gericht entgegen Art. 4 Abs. 1 S. 1 auf das autonome Recht stützt,[60] und es nicht erkennbar wird, dass es seine internationale Zuständigkeit (ob zu Recht oder zu Unrecht) aus der EuInsVO ableitet.[61] Die **bisher hM** sieht dies

---

[51] Anders Pannen/*Pannen/Riedemann* Art. 16 Rn. 14.
[52] Insoweit richtig Pannen/*Pannen/Riedemann* Art. 16 Rn. 14.
[53] Duursma-Kepplinger/Duursma/Chalupsky/*Duursma-Kepplinger/Chalupsky* Art. 16 Rn. 16.
[54] → Art. 2 Rn. 17.
[55] *Virgos/Schmit*, Erläuternder Bericht, Rn. 52, 66.
[56] *Paulus*, Europäische Insolvenzverordnung, Art. 2 Rn. 23; zur Rechtslage in England nach dem Enterprise Act 2002 *Ehricke/Köster/Müller-Seils* NZI 2003, 409, hier speziell 414 f. (zu para. 22 ff. Schedule B 1 zum Insolvency Act 1986).
[57] EuGH v. 2.5.2006 – Rs. C-341/04 (Eurofood IFSC Ltd), Slg. 2006, I-3854 = EU:C:2006:281, Rn. 38 ff. Zur Diskussion zuvor vgl. das Verbot bejahend OLG Wien NZI 2005, 56 mAnm *Paulus;* AG Köln NZI 2004, 151, 152; AG Düsseldorf ZIP 2004, 623; *Virgos/Schmit*, Erläuternder Bericht, Rn. 202; *Balz* ZIP 1996, 948, 949; Duursma-Kepplinger/Duursma/Chalupsky/*Duursma-Kepplinger/Chalupsky* Art. 16 Rn. 14; Gottwald/*Gottwald/Kolmann*, Insolvenzrechts-Handbuch, § 130 Rn. 51; Gebauer/Wiedmann/*Haubold*, Zivilrecht unter europäischem Einfluss, Kap. 32 Art. 16, 17 Rn. 161; HKInsO/*Schultz* Art. 19 Rn. 5; *Herchen* ZInsO 2004, 61, 65; *Huber* ZZP 114 (2001), 133, 145 f.; *Huber* EuZW 2002, 490, 494 f.; KPB/*Skauradszun*, Art. 19 Rn. 10; *Kolmann*, Kooperationsmodelle, S. 282 f.; Stoll/*Leipold*, Vorschläge und Gutachten, S. 185, 191; Rauscher/*Mäsch*, EuZPR/EuIPR, 4. Aufl., Art. 16 EG-InsVO Rn. 12; vgl. zur zweitstaatlichen Überprüfungsmöglichkeit MüKoBGB/*Kindler* Art. 19 Rn. 10; *Paulus* ZIP 2003, 1725, 1727; *Sabel* NZI 2004, 126, 127; LSZ/*Smid*, Int. Insolvenzrecht, Art. 16 Rn. 3, 5, 10; A. Schmidt/*Undritz*, EuInsVO, Art. 19 Rn. 12; **aA** *Mankowski* EWiR 2003, 767; *Mankowski* BB 2006, 1753, 1754.
[58] VG Greifswald NZI 2018, 658, 661.
[59] So *Mankowski* BB 2006, 1753, 1754; wie hier Cour d'appel Versailles ZIP 2004, 377 Ls.; *P. Huber* ZZP 114 (2001), 133, 146; *Knof* ZInsO 2007, 629, 634.
[60] Rauscher/*Mäsch*, EuZPR/EuIPR, 4. Aufl., Art. 16 EG-InsVO Rn. 10; Gebauer/Wiedmann/*Haubold*, Zivilrecht unter europäischem Einfluss, Kap. 32 Art. 16, 17 Rn. 160.
[61] AG Köln NZI 2004, 151, 152; Rauscher/*Mäsch*, EuZPR/EuIPR, 4. Aufl., Art. 16 EG-InsVO Rn. 10; Gebauer/Wiedmann/*Haubold*, Zivilrecht unter europäischem Einfluss, Kap. 32 Art. 16, 17 Rn. 160; Pan-

bisher **nicht als Anerkennungshindernis**,[62] und auch der BGH hält es bis zur Grenze der Willkür für unschädlich, dass nicht feststehen mag, ob der Erstrichter die Frage der Zuständigkeit überhaupt geprüft hat.[63] Seit der EuInsVO 2015 gilt, dass das Gericht die Zuständigkeitsannahme zu begründen und sich auf Art. 3 Abs. 1 oder 2 zu stützen hat, Art. 4 Abs. 1. Über die Folgen für die Anerkennung verhält sich Art. 4 nicht. Gegen ein Anerkennungshindernis spricht, dass Art. 19 f. es nicht ausdrücklich vorsehen.[64] Man könnte zudem darauf verweisen, dass das COMI-Prinzip mit Art. 4 und 5 bereits gestärkt worden ist, so dass die Freizügigkeit der Eröffnungsentscheidung nicht weiter eingeschränkt werden muss und – so ließe sich argumentieren – eine solche Einschränkung vom Verordnungsgeber auch nicht gewollt war. Einzuräumen ist insoweit, dass eine Verneinung der Anerkennungspflicht dazu führt, das Rechtsbehelfsverfahren im Erststaat partiell zu entwerten, weil der Zweitstaat während des laufenden Rechtsbehelfsverfahrens nicht an die angegriffene Eröffnungsentscheidung gebunden ist. Zudem ist auch im Bereich der EuGVVO Zuständigkeits- und Anerkennungsregime nicht vollständig „synchronisiert"; auch Entscheidungen auf der Grundlage des autonomen Rechts sind anzuerkennen.[65] Dennoch sollte auch entgegen der ganz hM **weiterhin eine Anerkennungspflicht ausscheiden,** wenn das Erstgericht sich nicht einmal nach den Umständen auf die EuInsVO gestützt hat, also Art. 4 völlig missachtet wurde.[66] Denn sonst ergäbe sich das von der EuInsVO nicht gewollte mögliche Ergebnis, dass keiner der beteiligten Staaten den COMI prüft oder prüfen darf – im Erststaat nicht, um Anerkennungshindernisse nicht nach sich zu ziehen. Das bedeutet nicht, dass der Anerkennungsstaat in seinem Staat automatisch eröffnen darf; vielmehr kann die Prüfung ergeben, dass der COMI tatsächlich im Erststaat liegt (→ Rn. 23). Eine **inhaltlich bloß unzureichende Begründung** ist **unter keinen Umständen** ein **Anerkennungshindernis.** Es geht nur um Fälle, in denen die Entscheidung die EuInsVO überhaupt nicht geprüft hat und dies feststeht.

23 Vergleichbares gilt für die insolvenztypischen Annexverfahren bei Art. 32 Abs. 1 Unterabs. 2 (→ Art. 32 Rn. 22). Die Frage bleibt dann, ob der Anerkennungsstaat in diesen Fällen nicht anerkennen darf oder ob er nur nicht anerkennen muss. Der Wortlaut des Art. 19 spricht für eine Pflicht zur Nichtanerkennung mangels Vorliegen der Tatbestandsvoraussetzungen, da Art. 19 in Bezug auf dieses (abgeschwächte) Zuständigkeitsmerkmal anders als Art. 33 keinen echten Verweigerungsgrund enthält. Auch der Wunsch nach einheitlicher Handhabung der EuInsVO legt eigentlich eine Pflicht zur Nichtanerkennung nahe. Doch wäre dies jedenfalls in Bezug auf dieses Merkmal der argumentativen Anknüpfung der Zuständigkeitsbegründung an die EuInsVO zu eng. Denn es könnte durchaus der Fall vorliegen, dass das Eröffnungsgericht nach Art. 3 zuständig ist bzw. gewesen wäre. In einem solchen Fall ergibt es aber keinen Sinn, die Anerkennung zu versagen. Daher ist nach hier vertretener Auffassung **zu differenzieren:** Hat sich das Eröffnungsgericht auf die EuInsVO gestützt, greift die automatische Anerkennung ohne Überprüfungsmöglichkeit. Hat es sich nicht einmal im Ansatz auf die EuInsVO gestützt, dann darf der Anerkennungsstaat die Zuständigkeit des Eröffnungsgerichts nachprüfen. Ergibt sich bei dieser Prüfung, dass das Eröffnungsgericht auch nach Art. 3 international zuständig wäre, ist Art. 19 anwendbar. Wäre es danach nicht zuständig, ist der Anerkennungsstaat verpflichtet, nicht anzuerkennen. Andernfalls, bei bloß fakultativer Nichtanerkennung, würde er die Gefahr widersprüchlicher Entscheidungen heraufbeschwören, wenn dann etwa das „wahre" COMI-Gericht in einem anderen Mitgliedstaat das Hauptinsolvenzverfahren eröffnet und nunmehr die Anerkennung dieser Eröffnungsentscheidung im Anerkennungsstaat angestrebt wird.

24 **4. Unbeachtlichkeit der Insolvenzfähigkeit (Abs. 1 S. 2).** Die Regelung des Art. 19 Abs. 1 S. 2 erklärt sich aus den unterschiedlichen Anforderungen der mitgliedstaatlichen Rechtsordnungen an die Insolvenzfähigkeit des Schuldners. So kennt Frankreich traditionell im Wesentlichen nur den **Kaufmannskonkurs.**[67] Eine deutsche Eröffnung eines Verfahrens über das Vermögen eines Verbrauchers würde demnach in Frankreich auch dann anzuerkennen sein, wenn über das Vermögen des Schuldners dort kein Insolvenzverfahren (iSd Anhang A) durchgeführt werden könnte. Darüber

---

nen/*Pannen/Riedemann* Art. 16 Rn. 15; *Lüke* ZZP 111 (1998), 275, 286 f.; wohl auch K. Schmidt/*Brinkmann* Art. 19 Rn. 8 (iE).

[62] **AA** HKInsO/*Schultz* Art. 19 Rn. 5, 11; Geimer/Schütze/*Gruber,* Int. Rechtsverkehr, B Vor I 20b, Art. 16 Rn. 16 = Haß/Huber/Gruber/Heiderhoff/*Gruber* Art. 16 Rn. 11, 16; Pannen/*Pannen/Riedemann* Art. 16 Rn. 21; *Herchen* ZInsO 2004, 825; Bork/van Zwieten/*Veder,* Commentary on the European Insolvency Regulation, Art. 19 Rn. 19.16. Für die hier vertretene Auffassung spricht auch die tendenziell gleichgerichtete Erwägung des EuGH zu Art. 20 EuEheVO (Brüssel IIa) bei EuGH v. 15.7.2010, Rs. C-256/09 (Purrucker/Pérez), NJW 2010, 2861 Rn. 78 = EU:C:2010:437.

[63] BGH ZIP 2015, 2331 Rn. 13.

[64] Insoweit richtig Mankowski/Müller/J. Schmidt/*Mankowski* Art. 4 Rn. 19.

[65] MüKoZPO/*Gottwald* Art. 36 EuGVVO Rn. 2.

[66] **AA** *Bork* ZIP 2016, Beilage zu Heft 22, S. 11, 13.

[67] → 3. Aufl., Länderbericht Frankreich Rn. 15.

hat Art. 19 Abs. 1 S. 2 auch für **Nachlassinsolvenzverfahren** Bedeutung, die vom Anwendungsbereich der EuInsVO ebenfalls erfasst sind.[68] In manchen Mitgliedstaaten ist ein Nachlassinsolvenzverfahren nicht bekannt. Gleichwohl müssen die Wirkungen eines in einem anderen Mitgliedstaat eröffneten Verfahrens anerkannt werden. Davon unberührt bleibt die fehlende Möglichkeit, im Anerkennungsstaat ein Sekundärinsolvenzverfahren zu eröffnen, denn obwohl der Schuldner dort eine Niederlassung haben mag, fehlt es an der Insolvenzfähigkeit des Schuldners, für deren Beurteilung die lex fori concursus secundarii maßgeblich bleibt (Art. 35 iVm Art. 7 Abs. 2 S. 2 lit. a)).

5. Rechtsfolgen der Anerkennung. Ist die Eröffnungsentscheidung anerkennungsfähig, so **25** wird die Entscheidung in und von allen anderen Mitgliedstaaten anerkannt, dh es besteht eine **unionsrechtliche Pflicht zur Anerkennung,** ohne dass es indessen einer eigenen Anerkennungsentscheidung bedarf. Die Existenz der Entscheidung und ihre Wirkungen dürfen nicht in Frage gestellt werden (Art. 20); es gilt das bei Art. 20 näher zu erläuternde Ausdehnungsmodell, das vor allem für den Vermögensbeschlag und die Verwalterbefugnisse von Bedeutung ist. Aus dem Anerkennungssystem folgt sogleich das Prioritätsprinzip im Hinblick auf die Eröffnung des Hauptinsolvenzverfahrens. Ist in **Deutschland** ein Insolvenzverfahren als Hauptinsolvenzverfahren zeitlich nach Verfahrenseröffnung in einem anderen Staat eröffnet worden, so ist es gemäß Art. 102c § 3 Abs. 1 EGInsO (zumindest deklaratorisch) einzustellen,[69] unabhängig davon, ob die Eröffnungsentscheidung nach Maßgabe der neueren BGH-Rechtsprechung ohnedies „schwebend unwirksam" ist.[70] Zur **Vollstreckbarkeit** verhält sich Art. 19 nicht. Soweit der Eröffnungsbeschluss zu vollstrecken ist, ergibt sich die Vollstreckbarkeit aus Art. 32 iVm Art. 39 ff. EuGVVO (→ Art. 32 Rn. 14); vgl. Art. 102c § 10 EGInsO. Zum Umfang der Anerkennung bei einem **Insolvenzplan** und dort vorgenommenen Kapitalmaßnahmen → Art. 32 Rn. 9b.

Die Anordnung von Beschlagnahmemaßnahmen oder Maßnahmen der **Einzelzwangsvoll-** **26** **streckung,** die das Recht des Staates der Verfahrenseröffnung nicht vorsieht, ist nicht gestattet.[71] Der EuGH sichert in der Rechtssache MG Produd Gdynia und seinem Urteil vom 21.1.2010 die Anerkennungspflicht ab, indem er solche widersprechenden Anordnungen für „nicht rechtswirksam" erklärt.[72] In dogmatischer Hinsicht ist mit den etwas dunklen Ausführungen des Gerichtshofs die Frage aufgeworfen, ob sich ein widersprechender Pfändungsakt als tatsächlich nichtig erweist. Die Frage kann wegen des Prinzips der Wirkungserstreckung nur danach entschieden werden, ob die Eröffnungsentscheidung und damit die lex fori concursus (Art. 7 Abs. 2 S. 2 lit. f.) widersprechende Anordnungen für nichtig erklärt[73] (→ Art. 20 Rn. 16). Mit dem Urteil in MG Produd Gdynia verbindet sich zugleich eine negative Abgrenzung. Eine **Beschlagnahme von Vermögensgegenständen** außerhalb des Hauptinsolvenzverfahrens kann nach dem Konzept der EuInsVO nur innerhalb eines Sekundärverfahrens erfolgen. Das bedeutet umgekehrt auch, dass in einem deutschen Insolvenzverfahren das Verbot der **Einzelzwangsvollstreckung** nach § 89 InsO sich auch auf das in einem anderen Mitgliedstaat belegene Vermögen erstreckt.[74]

Die Anerkennungsregeln gelten auch, wenn mitgliedstaatliche **Schiedsgerichte** über die Frage **27** des Bestehens der Eröffnung zu entscheiden haben, etwa wenn es um die umstrittene Frage der Unterbrechung des Schiedsverfahrens geht.[75] Zwar wird teilweise mit Blick auf die private Natur der Schiedsgerichtsbarkeit und mangelnder Lokalisierung der Schiedsgerichte die Auffassung vertreten, die Anerkennungsfähigkeit ausländischer gerichtlicher Entscheidungen sei nicht bindend, doch das kann schon wegen des staatlichen Überbaus der Schiedsgerichtsbarkeit im Hinblick auf ordre public und die Aufhebbarkeit des Schiedsspruchs nicht recht überzeugen:[76] Schiedsgerichte sind

---

[68] AG Köln NZI 2011, 159; *Mankowski* ZIP 2011, 1501 ff.; Geimer/Schütze/*Gruber,* Int. Rechtsverkehr, B Vor I 20b, Art. 16 Rn. 20 = I/Huber/Gruber/Heiderhoff/*Gruber* Art. 16 Rn. 20; *Paulus,* Europäische Insolvenzverordnung, Art. 19 Rn. 11; Uhlenbruck/*Lüer* Art. 16 Rn. 2.
[69] → Art. 102c § 3 EGInsO Rn. 4 ff.; dazu *Pannen/Riedemann* NZI 2004, 301, 303.
[70] BGHZ 177, 12, 21 Rn. 30 = NZI 2008, 572 = NJW-RR 2008, 1443, der bei bewusst prioritätswidriger Eröffnung von Unwirksamkeit ausgeht und Art. 102 § 4 Abs. 2 EGInsO nicht anwendet, § 4 Abs. 1 bleibt anwendbar.
[71] EuGH v. 21.10.2010 – Rs. C-444/07 (MG Probud Gdynia), Slg. 2010, I-417, 431, Rn. 27 f. = EU:C:2010:24.
[72] EuGH v. 21.10.2010 – Rs. C-444/07 (MG Probud Gdynia), Slg. 2010, I-417, 435, Rn. 44 = EU:C:2010:24; ähnlich in der Sache: EuGH v. 2.7.2009 – Rs. C-111/08 (SCT Industri AB i likvidation/Alpenblume AB), Slg. 2009, I-5655 = EuZW 2009, 610 = EU:C:2009:419; sowie BGH NJW-RR 2008, 1443 mAnm *Fehrenbach* IPRax 2009, 51, 53 ff. zu Art. 102 § 4 Abs. 2 EGInsO: nicht anwendbar, wegen Vorrangs des Art. 17 EuInsVO 2000 in spezieller Fallkonstellation.
[73] *Würdinger* IPrax 2011, 562, 565.
[74] AG Duisburg ZInsO 2003, 476, 477.
[75] Zu letzterem im Bereich des autonomen Rechts § 343 InsO Rn. 69, § 352 InsO Rn. 15 f. mit Nachw.
[76] So auch *Poelzig* ZZPInt 14 (2009), 393, 420 ff.

damit an die EuInsVO gebunden, wenn sie ihren Sitz im **räumlichen Anwendungsbereich** der EuInsVO haben.[77]

28   Die **Regelung in Art. 102c § 3 Abs. 2 EGInsO,** nach der Rechtshandlungen des inländischen Verwalters des eingestellten Verfahrens trotz ausländischen Verfahrens wirksam bleiben, darf den Vorrang des Art. 20 nicht unterlaufen.[78] Unionsrechtlich ist dem Gericht des Hauptinsolvenzverfahrens auch nicht verwehrt, die möglichen Gerichte eines Sekundärinsolvenzverfahrens in Gestalt einer **Schutzschrift** auf das eröffnete Verfahren hinzuweisen.[79]

III. Sekundärinsolvenzverfahren, Abs. 2

29   Die Regelung in Abs. 2 ist weitgehend **deklaratorisch.** Schon aus dem systematischen Zusammenspiel der Zuständigkeitsregelungen in Art. 3 Abs. 1 und Art. 3 Abs. 2 ergibt sich, dass die Eröffnung des (Haupt-)Insolvenzverfahrens nicht die Eröffnung eines Sekundärverfahrens hindert, sofern dessen Voraussetzungen nach Art. 3 Abs. 2 gegeben sind. Art. 19 Abs. 2 S. 2 betont insoweit nochmals, dass das im Staat der Niederlassung eröffnete Verfahren lediglich als Sekundärverfahren geführt wird und folglich das Prioritätsprinzip gilt. Zwei konkurrierende Hauptinsolvenzverfahren kann es nach dem Konzept der EuInsVO innerhalb ihres räumlichen Anwendungsbereichs nicht geben. Das zuerst eröffnende Gericht muss sich nicht als Gericht des Hauptinsolvenzverfahrens bezeichnen.[80] Negativ folgt aus Art. 19 Abs. 2, dass die Eröffnung eines weiteren, sodann als Sekundärverfahren geführten Verfahrens der Anerkennung des Hauptverfahrens im Sekundärverfahrenstaat nicht entgegensteht. Aus der Parallelität von Haupt- und Sekundärinsolvenzverfahren ergibt sich demnach nicht, dass das Hauptinsolvenzverfahren im Sekundäreröffnungsstaat grundsätzlich nicht anerkannt würde, sondern das Sekundärinsolvenzverfahren führt lediglich zu einer **massebezogenen Einschränkung der Wirkungserstreckung des Hauptverfahrens.**[81] Bestimmte Vermögenswerte werden aus dem grundsätzlich universalen Vermögensbeschlag herausgeschnitten und dem Sekundärverfahren zugewiesen. Das Prinzip der Wirkungserstreckung kommt nicht zur vollen Blüte. Das ändert nichts daran, dass das Hauptverfahren in seiner Existenz und mit dieser Einschränkung auch in seinen Wirkungen vom Staat des Sekundärverfahrens anzuerkennen ist.

IV. Reformentwicklungen und rechtsvergleichende Hinweise

30   Im **UNCITRAL-Model Law,** das für das Anerkennungsrecht vieler Staaten außerhalb der EU prägend ist, finden sich Regelungen zur Anerkennung in Art. 17, 20, 21. Vgl. im Übrigen die Länderberichte in diesem Kommentar.

31   In **rechtspolitischer Hinsicht** dürfte eine weitere Lockerung des Anerkennungsregimes kaum in Betracht kommen. Bereits heute erweist sich die EuInsVO als das wohl anerkennungsfreundlichste Regime innerhalb der Europäischen Verfahrensrechte, weil es auf fast alle Förmlichkeiten verzichtet und als Anerkennungsversagungsgrund nur den ordre public kennt. Für die Zukunft könnten sich Überlegungen vor allem dahingehend abzeichnen, auch drittstaatliche Eröffnungsentscheidungen mit in den Kreis der anzuerkennenden Entscheidungen einbeziehen. In dem Maße, in dem beispielsweise auch für die EuGVVO die Einbeziehung von Drittstaatensachverhalten stärker diskutiert wird,[82] wird sich dieser Trend auch auf das Insolvenzrecht auswirken. Das könnte unter näher definierten Voraussetzungen zu einer Harmonisierung der Anerkennungsvoraussetzungen bei drittstaatlichen Eröffnungen führen. In den Vorüberlegungen zu dem „Insolvenzverfahren im Rahmen des EU-Gesellschaftsrechts"[83] waren die Drittstaatenfragen aber noch nicht genannt. Auch die refor-

---

[77] *Mankowski* ZIP 2010, 2478, 2481; *P. Wagner,* Abstimmungsfragen zwischen Internationalem Insolvenzrecht und Internationaler Schiedsgerichtsbarkeit, S. 114 bis 116; *Robertson* 12 Int. Arb. L. Rev. 125, 126. Im Ergebnis auch EuGH v. 17.3.2005 – Rs. C-294/02 (Semiconductor), Slg. 2005, I-2225, 2255 Rn. 69 = EU:C:2005:172.
[78] BGHZ 177, 12, 21 ff. Rn. 30 ff. = NZI 2008, 572, 574 = NJW-RR 2008, 1442, 1443; für Unionsrechtswidrigkeit *Hess,* Europäisches Zivilprozessrecht, § 9 Rn. 52; näher zum Problem Art. 102c § 3 EGInsO Rn. 11.
[79] High Court of Justice v. 11.2.2009 – [2009] EWHC 206 (Ch) = IILR 2010, 47 – Nortel Group.
[80] → Rn. 23; ferner Pannen/*Pannen/Riedemann* Art. 16 Rn. 20.
[81] MüKoBGB/*Kindler* Art. 19 Rn. 17; 2. Aufl., Art. 16 Rn. 18. Ebenso bei Art. 18 EuInsVO 2000 → 2. Aufl., Art. 18 Rn. 5; aA Rauscher/*Mäsch,* EuZPR/EuIPR, 4. Aufl., Art. 18 EG-InsVO Rn. 8. Davon unberührt bleibt die grundsätzliche Trennung von Haupt- und Sekundärverfahren.
[82] Dazu Art. 4 des Reformentwurfs, KOM 2010 (748), der aber in VO (EU) 1215/2012 nicht umgesetzt wurde.
[83] Dokument v. 6.6.2011, 2011/2006 (INI) – (JURI/7/04999). Zum Bericht von INSOL Europe Harmonisation of Insolvency Law at EU Level: http://www.europarl.europa.eu/studies.

mierte EuInsVO klammert die Drittstaatenfragen weiter aus.[84] Das Thema dürfte aber langfristig auf der Agenda bleiben.

Art. 20 Wirkungen der Anerkennung

(1) Die Eröffnung eines Insolvenzverfahrens nach Artikel 3 Absatz 1 entfaltet in jedem anderen Mitgliedstaat, ohne dass es hierfür irgendwelcher Förmlichkeiten bedürfte, die Wirkungen, die das Recht des Staates der Verfahrenseröffnung dem Verfahren beilegt, sofern diese Verordnung nichts anderes bestimmt und solange in diesem anderen Mitgliedstaat kein Verfahren nach Artikel 3 Absatz 2 eröffnet ist.

(2) ¹Die Wirkungen eines Verfahrens nach Artikel 3 Absatz 2 dürfen in den anderen Mitgliedstaaten nicht in Frage gestellt werden. ²Jegliche Beschränkung der Rechte der Gläubiger, insbesondere eine Stundung oder eine Schuldbefreiung infolge des Verfahrens, wirkt hinsichtlich des im Hoheitsgebiet eines anderen Mitgliedstaats befindlichen Vermögens nur gegenüber den Gläubigern, die ihre Zustimmung hierzu erteilt haben.

Literatur: siehe Art. 19

Übersicht

		Rn.
I.	Normzweck	1
II.	Ohne weitere Förmlichkeiten	2
III.	Wirkungen als Gegenstand der Anerkennung	3
IV.	Grenzen der Wirkungserstreckung	9
1.	Vorbehalt anderer Bestimmungen	9
2.	Beschränkung durch Sekundärinsolvenzverfahren (Abs. 1 Hs. 2)	13
V.	Grenzüberschreitende Wirkungen des Sekundär- und Partikularverfahrens	15
1.	Art. 20 Abs. 2 S. 1: Vorrang des Sekundärverfahrens	16
2.	Beschränkung von Gläubigerrechten, Art. 20 Abs. 2 S. 2	17

I. Normzweck

Die Vorschrift regelt die Rechtsfolgen der Anerkennung. Sie ist gegenüber Art. 17 EuInsVO 2000 unverändert geblieben. Es handelt sich um eine **verfahrensrechtliche Anerkennung der Entscheidung** selbst, keine „Anerkennung" im international-privatrechtlichen Sinne. Art. 20 unterscheidet in Abs. 1 und Abs. 2 zwischen dem Haupt- und dem Partikularinsolvenzverfahren. Die Regelung in Art. 20 Abs. 2, die das Territorialitätsprinzip für das Partikularverfahren festschreibt, ist weitgehend deklaratorisch, da sich die inhaltliche Begrenzung eines solchen Verfahrens schon aus Art. 3 Abs. 2 S. 2 ergibt. Soweit Art. 20 Abs. 2 S. 2 die Beschränkung der Rechte von Gläubigern bei einer Stundung und Forderungserlass nennt, ist dies exemplarischer Natur; die Regelung behandelt eine ausnahmsweise Erweiterung der Territorialwirkungen. Liegen die Voraussetzungen des Art. 19 vor, so gilt das in Art. 20 zum Ausdruck kommende **Prinzip der automatischen Anerkennung**. Die Anerkennung erfolgt „ohne dass es hierfür irgendwelcher Förmlichkeiten" und damit eines auch entschlackten Anerkennungs- oder Exequaturverfahrens bedürfte. Aus Art. 20 ergibt sich ferner, dass sich die Anerkennung als Wirkungserstreckung (→ Rn. 3) versteht; es gilt das **Ausdehnungsmodell,** das durch Art. 21, 31, 33 und die sach- und kollisionsrechtlichen Einschränkungen in Art. 8 ff. begrenzt ist. Der Gleichstellungstheorie ist eine Absage erteilt (näher → Rn. 3). Die **Wirkungen der Eröffnung** werden aus dem Eröffnungsstaat „exportiert",[1] nicht der Eröffnungsbeschluss in das Recht des Anerkennungsstaats importiert. Art. 20 gilt nur für bestimmte Wirkungen der Eröffnung und des Verfahrens (→ Rn. 3 ff.) und verhält sich nicht zur Anerkennung von Annexentscheidungen, dafür gilt Art. 32. Die Wirkungserstreckung bedeutet im Ausgangspunkt, dass die prozessualen und materiell-rechtlichen Wirkungen der Eröffnung im Grundsatz so anerkannt werden, wie sie nach dem ausländischen Herkunftsrecht der Entscheidung vorgesehen sind, zB im Hinblick auf den Verlust der Verwaltungs- und Verfügungsbefugnis des Schuldners, die Reichweite der Beschlagswirkung usw.[2] Die genaue Reichweite dieser Wirkungen, die schon verfahrensrechtlich

---

[84] Kritisch bezogen auf Konzerninsolvenzen *Eidenmüller/Frobenius* Beilage Nr. 3 zu ZIP 22/2013, 1, 14; *Reuß* EuZW 2013, 165, 168.
[1] *Paulus,* Europäische Insolvenzverordnung, Art. 20 Rn. 1.
[2] *Gottwald,* Grenzüberschreitende Insolvenzen, S. 25.

anzuerkennen sind, ist aber noch abzustecken (→ Rn. 9 ff.). Mit dem Prinzip der Wirkungserstreckung folgt der Verordnungsgeber dem auch im deutschen und wohl auch im europäischen Recht vorherrschenden Verständnis des Anerkennungsprinzips.[3]

II. Ohne weitere Förmlichkeiten

2   Mit dem Hinweis auf die fehlende Notwendigkeit weiterer Förmlichkeiten ist insbesondere der Notwendigkeit eines der Anerkennung vorgeschalteten Exequatur- oder Anerkennungsfeststellungsverfahrens oder Hilfskonkursverfahrens eine Absage erteilt, wie dies in einigen romanisch geprägten Rechtsordnung zumindest in manchen Fällen erforderlich ist (Art. 166 ff. Schweizer IPRG[4]). Auch die Bekanntmachung, Publizität des Eröffnungsbeschlusses oder die Einhaltung sonstiger Formerfordernisse sind nicht für die Anerkennung konstitutiv, soweit sie nicht Wirksamkeitsvoraussetzung im Eröffnungsstaat sind (→ Art. 19 Rn. 19). Die Anerkennung erfolgt **inzident,** wenn beispielsweise in einem Gerichtsprozess über die Eröffnung des Verfahrens als Tatbestandsmerkmal zu befinden ist. Der Rechtskraftumfang dieses Prozesses wird durch die Anerkennung nicht erweitert, so dass eine inzident festgestellte Anerkennung nicht notwendigerweise von Rechtskraftwirkungen der lex fori erfasst ist. Daher kann es auch zu widersprüchlichen Entscheidungen kommen, was aber im Lichte des Grundsatzes gegenseitigen Vertrauens in Kauf zu nehmen ist.[5]

III. Wirkungen als Gegenstand der Anerkennung

3   Die Reichweite der Anerkennung lässt sich im Allgemeinen auf **unterschiedliche Weise** bestimmen. Nach der Theorie der uneingeschränkten Wirkungserstreckung werden dem anzuerkennenden Akt im Zweitstaat diejenigen Wirkungen beigemessen, die dem Akt im Erststaat zugekommen. Diese Theorie wird mehrheitlich im Bereich der EuGVVO vertreten.[6] Die heute in Reinform nicht mehr vertretene Gleichstellungslehre legt der Entscheidung diejenigen Wirkungen zu, die einer entsprechenden inländischen Entscheidung zukäme.[7] Eine dritte Möglichkeit besteht darin, die Theorien zu kumulieren, indem die Wirkungserstreckung nur bis an die Grenze heran zugelassen wird, die durch die entsprechenden Wirkungen eines inländischen Entscheidung markiert wird.[8]

4   Für den Bereich des Art. 19, 20 und Art. 32 gilt die Wirkungserstreckung. Das ist durch den Wortlaut des Art. 20 abgesichert und spiegelte sich auch schon im Erläuternden Bericht zum EuInsÜ wider.[9] Was genau mit Wirkungserstreckung gemeint ist, ist weniger klar. Im Schrifttum wird die Wirkungserstreckung nicht auf die sich unmittelbar aus der Eröffnungsentscheidung ergebenden Folgen begrenzt, sondern – unter Hinweis auf den Bericht von *Virgos/Schmit* – als **umfassende Erstreckung prozessualer wie materiell-rechtlicher Wirkungen** verstanden, etwa im Hinblick auf den Vermögensbeschlag, die Verwalterbefugnisse, die Auswirkungen auf die Rechtsverfolgung ua m.[10] Eine **Restschuldbefreiung** wirkt auch gegen ausländische Insolvenzgläubiger, die sich nicht am Verfahren beteiligt haben.[11] Während die Wirkungserstreckung im Internationalen Zivilprozessrecht auf die prozessualen Wirkungen beschränkt sei, sei der Verordnungsgeber nicht gehindert, eine weitergehende Wirkungserstreckung anzuordnen.[12] In der 2. Aufl. ist demgegenüber

---

[3] EuGH v. 4.2.1988 – Rs. C-145/86 (Hoffmann), Slg. 1988, 645, Rn. 11 = EU:C:1988:61; BGH FamRZ 2008, 400; *Kropholler/von Hein* Vor Art. 33 Rn. 9; Stein/Jonas/*Oberhammer* Art. 33 EuGVVO Rn. 10; anders *Schack,* IZVR, Rn. 881 ff., der von einer Kumulationstheorie ausgeht. Zum Meinungsstand vgl. auch Rauscher/*Leible,* EuZPR/EuIPR, 4. Aufl., Art. 36 Brüssel Ia-VO Rn. 3; *Geimer,* IZPR, Rn. 2776 ff.; *Martiny,* in Handbuch des internationalen Zivil- und Verfahrensrechts, Band III/1, Rn. 362 ff.; *Junker,* Internationales Zivilprozessrecht, § 27 Rn. 15; *Gottwald* ZZP 103 (1990), 257, 260 ff.

[4] Zur jüngeren Reform des IPRG in der Schweiz *Deyda* ZInsO 2018, 1429.

[5] Vgl. auch schon → 2. Aufl., Art. 17 Rn. 9.

[6] EuGH v. 4.2.1988 – Rs. C-145/86 (Hoffmann), Slg. 1988, 645, Rn. 11 = EU:C:1988:61; BGH FamRZ 2008, 400; *Kropholler/von Hein* Vor Art. 33 Rn. 9; Stein/Jonas/*Oberhammer* Art. 33 EuGVVO Rn. 10; anders *Schack,* IZVR, Rn. 881 ff., der von einer Kumulationstheorie ausgeht. Zum Meinungsstand vgl. auch Rauscher/*Leible,* EuZPR/EuIPR, 4. Aufl., Art. 36 Brüssel Ia-VO Rn. 3; *Geimer,* IZPR, Rn. 2776 ff.; *Martiny,* in Handbuch des internationalen Zivil- und Verfahrensrechts, Band III/1, Rn. 362 ff.; *Junker,* Internationales Zivilprozessrecht, § 27 Rn. 15; *Gottwald* ZZP 103 (1990), 257, 260 ff.

[7] BGH NJW 1983, 514, 515; NJW 1983, 1976, 1977; IPRax 1985, 224, 225.

[8] *Schack,* IZVR, Rn. 886.

[9] *Virgos/Schmit,* Erläuternder Bericht, Rn. 153.

[10] Rauscher/*Mäsch,* EuZPR/EuIPR, 4. Aufl., Art. 17 EG-InsVO Rn. 3; Geimer/Schütze/*Gruber,* Europäisches Zivilverfahrensrecht, Art. 16 Rn. 5.

[11] FG Baden-Württemberg IStR 2017, 241, 244.

[12] Rauscher/*Mäsch,* EuZPR/EuIPR, 4. Aufl., Art. 17 EG-InsVO Rn. 3.

von *Reinhart* die Auffassung vertreten worden, Gegenstand der Wirkungserstreckung seien nur die prozessualen Wirkungen des Eröffnungsbeschlusses, namentlich die Rechtskraft, die Präklusionswirkung, die Gestaltungswirkung.[13] Die nach dem nationalen Recht des Eröffnungsstaates ipso iure eintretenden Rechtsfolgen seien nicht anerkennungsfähig, sondern nach Art. 4 EuInsVO 2000 = Art. 7 kollisionsrechtlich zu behandeln; weitergehende Wirkungen der Eröffnung seien nur anerkennungsfähig, wenn sie im formellen Eröffnungsbeschluss genannt seien.

Richtig ist, dass die Hinweise aus dem Bericht von Virgos/Schmit wenig ergiebig sind, denn dort ist nur gesagt, dass die materiellen Wirkungen auf Grund der „allgemeinen Anwendbarkeit" einbezogen bleiben; das deutet auf Art. 7 ff. hin.[14] Ob der Verordnungsgeber gehindert ist, eine weitergehende Vorgabe als im Internationalen Verfahrensrecht zu machen,[15] ist nicht die Frage, sondern entscheidend ist, ob er dies tatsächlich gemacht hat. Als Ergebnis muss im Grundsatz feststehen, dass die Eröffnung nicht nur verfahrensrechtlich, sondern auch materiell-rechtlich „anzuerkennen" ist, zumal Verfahrensrecht und materielles Recht im Insolvenzrecht miteinander verquickt ist. Der eben aufgezeigte Streit hat also wenig praktische Relevanz, sondern behandelt die dogmatische Frage, ob die Folgewirkungen des Eröffnungsbeschlusses über Art. 7 ff., oder über Art. 20 beachtlich sind. Unterschiede gibt es aber, wenn nach dem Kollisionsrecht für bestimmte Wirkungen gar nicht die lex fori concursus maßgeblich ist, so dass beispielsweise in den Fällen des Art. 18 die Unterbrechungswirkung nach der lex fori unabhängig davon eintreten kann, ob der Eröffnungsbeschluss auch im Eröffnungsstaat solche Wirkungen zeitigen würde.[16]

Im Ergebnis ist nach Art einer vermittelnden Auffassung **stärker zu präzisieren**.[17] Zunächst erfasst die Anerkennung die Gestaltungswirkung der Eröffnungsentscheidung dergestalt, dass im Anerkennungsstaat von der Existenz des Verfahrens und dessen Eröffnung auszugehen ist, also der **Tatbestand eines Insolvenzverfahrens anzuerkennen** ist.[18] Die Anerkennung darauf zu beschränken, wäre indessen zu eng, denn damit würde eigentlich nur das Substrat der Eröffnungswirkungen anerkannt, nicht aber diese Wirkungen selbst. Auch bei einer schlichten Urteilsanerkennung ergibt sich die Rechtskraftwirkung nicht schon aus dem Urteil selbst, sondern aus dem Verfahrensrecht der lex fori. In dem Export dieser Wirkungen liegt gerade das Wesen des Ausdehnungsmodells. Man kann nicht die Anerkennung beschränken mit dem Argument, bestimmte Wirkungen kämen der Eröffnungsentscheidung schon ipso iure zu. Art. 20 Abs. 2 ist im Übrigen selbst ambivalent, wenn hier die Wirkungen für eine Schuldbefreiung ausdrücklich angesprochen werden, obwohl diese Frage auch über Art. 7 Abs. 2 S. 2 lit. k) erfasst ist. Art. 20 erfasst damit durchaus gewisse Wirkungen über die Existenz der Eröffnung hinaus. Entsprechendes hat der BGH auch für das autonome Recht unter der KO anerkannt.[19] Die **Gestaltungswirkung des Eröffnungsbeschlusses** liegt aber gerade darin, dass das Vermögen dem Verfahren zugeordnet wird. Der EuGH hat schon zur EuInsVO 2000 in Eurofood die Kriterien für die Eröffnung eines Insolvenzverfahrens festgelegt, indem er ua auf die Notwendigkeit eines Vermögensbeschlags hingewiesen hat; er hat gerade keinen formellen Eröffnungsbeschluss im eigentlichen Sinne verlangt. Es wäre auch fragwürdig, die Reichweite des Art. 20 davon abhängig zu machen, ob das Eröffnungsgericht die Wirkungen ausdrücklich in den Beschluss aufgenommen hat.[20] Die Gestaltungswirkung der Eröffnung liegt eben nicht nur darin, dass das Verfahren eröffnet ist, sondern insbesondere auch darin, dass der Vermögensbeschlag eintritt und die Verwaltungs- und Verfügungsbefugnis übergeleitet wird oder diejenige des Schuldners unter Aufsicht gestellt wird. Daher darf die Anerkennung nicht auf die bloße Existenz des Verfahrens beschränkt sein, sondern muss darüber hinausgehen. Richtig erscheint es daher, dass die **unmittelbaren** verfahrensrechtlichen Wirkungen, die der Eröffnung zugewiesen werden, exportiert werden. Dazu gehört insbesondere der Vermögensbeschlag und dessen Überleitung auf einen Verwalter (für letzteres spricht auch die systematische Stellung von Art. 22); ferner das Verbot individueller Rechtsverfolgung und die Einbeziehung der Vermögensgegenstände.[21] Dazu mag ferner je nach dem Rechtskraftbegriff im Eröffnungsstaat auch die Feststellung gehören, dass der Schuldner insolvent ist.[22]

---

[13] → 2. Aufl., Art. 17 Rn. 7.
[14] *Virgos/Schmit*, Erläuternder Bericht, Rn. 153.
[15] So Rauscher/*Mäsch*, EuZPR/EuIPR, 4. Aufl., Art. 17 EG-InsVO Rn. 3.
[16] Für das Verhältnis zur USA *Brinkmann* IPRax 2011, 143, 146.
[17] Differenzierend auch *Homann* KTS 2000, 343, 354 ff.; *Graf*, Die Anerkennung ausländischer Insolvenzentscheidungen, S. 325 ff.
[18] → 2. Aufl., Art. 17 Rn. 8; KPB/*Skauradszun* Art. 19 EuInsVO Rn. 1; *Schneider*, Registrierte Gegenstände im grenzüberschreitenden Insolvenzverfahren nach der EuInsVO, S. 144.
[19] BGHZ 134, 79, 87 = NJW 1997, 524, 526 = ZIP 1997, 39, 42.
[20] → 2. Aufl., Art. 17 Rn. 8.
[21] AG Duisburg ZInsO 2003, 476, 477; MüKoBGB/*Kindler* Art. 20 EuInsVO Rn. 11.
[22] *Graf*, Die Anerkennung ausländischer Insolvenzentscheidungen, S. 326.

7   Wenn in der 2. Aufl. *(Reinhart)* auf die Entscheidung des BGH zum autonomen Recht unter der KO verwiesen wird,[23] dann wird in dieser Entscheidung gerade nicht differenziert, ob die entsprechende Wirkung im Beschluss noch einmal aufgeführt ist, denn diese Nennung kann auch rein deklaratorischer Natur sein. Maßgebend muss allein sein, dass es sich um eine **unmittelbare Wirkung der Eröffnungsentscheidung** handelt. Sonstige Folgewirkungen, die sich nicht rechtsgestaltend aus der Entscheidung ergeben, sondern nur daraus, dass ein eigenständiger Vorgang tatbestandlich die Eröffnung voraussetzt, bleiben ausgeklammert, ob sie nun im Beschluss genannt sind oder nicht; insoweit kann es sich allenfalls um eine Entscheidung nach Art. 32 Abs. 1 handeln.

8   Bei den **materiell-rechtlichen Wirkungen** geht es darum, wie sich die Eröffnung auf Rechtspositionen der Beteiligten auswirkt. Insoweit ist argumentiert worden, das Herkunftsrecht der Eröffnungsentscheidung schließe die Kollisionsregeln dieses Rechts mit ein, so dass Art. 7 iVm mit Art. 8 bis 18 über die Anerkennung anzuwenden seien und mithin also das Sachrecht des Eröffnungsstaats eben nicht umfänglich zum Tragen komme, weil die Wirkungserstreckung durch die Ausnahmen eingeschränkt sei.[24] Das ist deshalb dogmatisch fragwürdig, weil die Gerichte des Anerkennungsstaats ihr eigenes nationales Kollisionsrecht anwenden. Im Ergebnis wird man sagen können, dass die **materiell-rechtlichen Folgewirkungen der Verfahrenseröffnung nicht Gegenstand der Anerkennung** sind, sondern über Art. 7 ff. bereits in der EuInsVO in Bezug genommen sind und damit über das Kollisionsrecht des mitgliedstaatlichen Forums zur Anwendung kommen. In diesem Sinne ist wohl auch der Bericht von Virgos/Schmit zum EuInsÜ zu verstehen. Die Anerkennung bedeutet also nicht, dass das Sachrecht des Eröffnungsrechts umfassend gelten würde; was für **einzelne Insolvenzwirkungen** gilt, ist nach den **Art. 7 ff.** zu ermitteln.[25] Erst recht bleiben es bei allgemeinen Regeln, soweit es um bloße **Tatbestandswirkungen** der anzuerkennenden Eröffnung in anderen, außerinsolvenzlichen Rechtskontexten geht, beispielsweise, dass für den Vermögensverfall eines inländischen Steuerberaters nach § 46 Abs. 2 Nr. 4 StBerG auch die ausländische Insolvenzeröffnung genügt.[26] Zum Umfang der Anerkennung bei Maßnahmen in einem **Insolvenzplan** → Art. 32 Rn. 9b.

IV. Grenzen der Wirkungserstreckung

9   **1. Vorbehalt anderer Bestimmungen.** Nach den Ausführungen in → Rn. 7 ist die Wirkungserstreckung schon **inhaltlich begrenzt.** Darüber hinaus legt Art. 20 fest, dass die Wirkungserstreckung unter dem Vorbehalt einer anderen Bestimmung durch die Verordnung erfolgt.

10   Eine **Grenze der Anerkennung** zieht der anerkennungsrechtliche ordre public-Vorbehalt in Art. 33. Anders als die EuGVVO kennt die EuInsVO keine Anerkennungsversagungsgründe wie in Art. 45 EuGVVO. Die EuInsVO ist insofern bewusst schlank gehalten, so dass die Versagungsgründe der EuGVVO auch nicht ohne weiteres in den ordre public hineininterpretiert werden dürfen.[27]

11   **Anderweitige Bestimmungen** ergeben sich auch aus Art. 21 Abs. 1 S. 1 Halbs. 2, Art. 21 Abs. 1 S. 2, Art. 21 Abs. 2 und Art. 21 Abs. 3 EuInsVO,[28] soweit man die Verwalterbefugnisse schon als Folge der Eröffnungsentscheidung ansieht und nicht erst als eigenständige Entscheidung im Sinne des Art. 32 Abs. 1 (→ Art. 32 Rn. 6).

12   Wer sämtliche materiell-rechtlichen Folgewirkungen der Eröffnung in den Bereich der Anerkennung zieht, muss in den **Sonderkollisionsnormen** in Art. 9, 11–18 eine Begrenzung der Anerkennung sehen[29] und nicht nur eine Beschränkung der Grundregel des Art. 7. Art. 8 und 10 Abs. 1 und 2 stellen Sachnormen dar und sind insofern geeignet, die Anerkennung zu begrenzen, weil beispielsweise Art. 8 dazu führt, dass die Rechtsstellung der dinglichen Gläubiger nicht beeinträchtigt wird, selbst wenn dies nach der lex fori concursus eigentlich der Fall wäre.

---

[23] → 2. Aufl., Art. 17 Rn. 8 mit Hinweis auf BGH NJW 1997, 524, 526.
[24] In diesem Sinne, weil die Art. 5–15 EuInsVO als anderweitige Bestimmungen behandelnd zB *Virgos/Garcimartin*, European Insolvency Regulation, 2004, Rn. 356; Duursma-Kepplinger/Duursma/Chalupsky/ Duursma-Kepplinger/Chalupsky Art. 17 Rn. 2; Gebauer/Wiedmann/*Haubold*, Zivilrecht unter europäischem Einfluss, Kap. 32 Art. 16, 17 Rn. 166; *Huber* ZZP 114 (2001) 133, 148; Rauscher/*Mäsch*, EuZPR/EuIPR, 4. Aufl., Art. 17 EG-InsVO Rn. 7; MüKoBGB/*Kindler* Art. 20 Rn. 4; ebenso Moss/Fletcher/Isaacs/*Moss/Smith*, EC Regulation, Rn. 8.301; Breutigam/Blersch/Goetsch/*Pannen* Art. 17 Rn. 4; *Paulus*, Europäische Insolvenzverordnung, Art. 20 Rn. 5; A. Schmidt/*Undritz*, EuInsVO, Art. 20 Rn. 6; **aA** wie hier HKInsO/ *Schultz* Art. 20 Rn. 5 f.
[25] MüKoBGB/*Kindler* Art. 20 Rn. 11.
[26] BFH DStRE 2019, 1214.
[27] → Art. 33 Rn. 1 f.
[28] So MüKoBGB/*Kindler* Art. 20 Rn. 4.
[29] *Schack*, IZVR, Rn. 886. Ablehnend mit Recht K. Schmidt/*Brinkmann* Art. 20 Rn. 9 (iE).

2. Beschränkung durch Sekundärinsolvenzverfahren (Abs. 1 Hs. 2). Eine echte Begren- 13
zung der Anerkennung liegt in Art. 20 Abs. 1 Hs. 2 begründet; Näheres zum Verhältnis in Betreff
der Anerkennung ist unten zu Abs. 2 ausgeführt. Ein Sekundärinsolvenzverfahren iSd Art. 3 Abs. 2
begrenzt während seiner Dauer[30] die Wirkungen des Hauptinsolvenzverfahrens. In Wahrheit liegt
in dieser Begrenzung lediglich eine Überlagerung, da der Vorbehalt eng auszulegen ist.[31] Das nach
Art. 3 Abs. 1 eröffnete Insolvenzverfahren hat universale und vollumfänglich anzuerkennende Wirkung, bis das Sekundärinsolvenzverfahren eröffnet worden („solange"). Ist zunächst ein Partikularverfahren nach Art. 3 Abs. 4 eröffnet worden, so wandelt es sich bei Eröffnung des Hauptverfahrens in
Sekundärverfahren um, Art. 3 Abs. 3 S. 1. Jeweils berührt Art. 20 Abs. 1 Hs. 2 das Prinzip der
Anerkennung nicht als solches. Das Hauptinsolvenzverfahren wird also im Staat des Partikularverfahrens nicht etwa für nicht existent erachtet, sondern entfaltet auch dort grundsätzlich Wirkungen.
Andernfalls wären die Regelungen über die Kooperationspflichten, die verfahrensübergreifende
Möglichkeit der Forderungsanmeldung in Art. 45, 53 und auch die Regelung in Art. 49 nicht zu
erklären, nach der der Verwalter den im Sekundärverfahren erzielten Verwertungsüberschuss zur
Masse des Hauptverfahrens ziehen darf. Es wird die Ansicht vertreten, Verbindlichkeiten, die aus
der **Zeit vor der Eröffnung des Sekundärverfahrens** stammen und im (nunmehrigen) Hauptverfahren als **Masseverbindlichkeiten** gelten, könnten auch gegenüber dem Sekundärverfahren nach
Maßgabe des Hauptverfahrensstatuts geltend gemacht werden.[32] Dem ist in den Prämissen nicht zu
folgen. Nach Art. 35 findet auf das Sekundärinsolvenzverfahren das Recht des Sekundärverfahrensstaats Anwendung. Ist danach aber die Verbindlichkeit nicht als Masseverbindlichkeit zu qualifizieren,
weil sie vor Eröffnung dieses Verfahrens von einem anderen Verwalter begründet wurde, hat es dabei
sein Bewenden.[33] Das Vertrauensschutzargument zugunsten der Altmassegläubiger,[34] denen das im
Niederlassungsstaat belegene Vermögen als Haftungssubstrat entzogen wird, greift insoweit nicht ein,
weil sub specie Vertrauen mit der Eröffnung eines Sekundärverfahrens und dem „Herausschneiden"
der Masse gerechnet werden muss. Aus Art. 45 ergibt sich nichts Gegenteiliges. In Art. 35 iVm
Art. 7 Abs. 2 S. 2 lit. i) wird für den Rang der Forderung gerade auf die lex fori concursus secundarii
verwiesen. Gleichwohl werden noch **andere Lösungen** vertreten: Teils wird angenommen, sämtliche Teilmassen und mithin auch die Sekundärverfahrensmasse hafteten für die Forderung, letztere
aber nicht mit dem nach Eröffnung des Sekundärverfahrens erzielten Neuerwerb[35] oder es wird
eine Ausfallhaftung der Sekundärmasse gegenüber den Altmassegläubigern angenommen.[36] Letzteres
ließe sich an die Begründung knüpfen, dass die Sekundärmasse bereits bei Eröffnung des Sekundärverfahrens mit der vormals begründeten Masseverbindlichkeit belastet war. Auch diese Lösung geht
aber implizit zu Unrecht davon aus, über die Einordnung als Masseverbindlichkeit entscheide auch
im Sekundärverfahren das Recht des Hauptinsolvenzverfahrens. Eine von allem zu trennende Frage
ist, ob der Hauptverwalter bei der Liquiditätsplanung nach § 61 InsO mit dem Herausschneiden
von Vermögen durch Eröffnung eines Sekundärverfahrens rechnen muss. Das ist grundsätzlich zu
verneinen.

Die mit dem Sekundärverfahren verbundene Begrenzung liegt in der **Einschränkung des** 14
Vermögensbeschlags. Diese Einschränkung ist nicht territorial, sondern **massebezogen** zu
sehen.[37] Der Vermögensbeschlag des Hauptverfahrens wird nicht anerkannt, soweit das Sekundärverfahren für das im Sekundärstaat belegene Vermögen Geltung beansprucht. Fällt das Sekundärverfahren weg, ist auch die Begrenzung weg.[38] Umgekehrt genügt ein **Vollstreckungstitel**, der gegen
den Verwalter des Hauptverfahrens erlangt wurde, nicht mehr den Anforderungen des § 750 ZPO,
wenn das Hauptverfahren eingestellt und als Sekundärverfahren fortgeführt wird.[39] Streitig ist vor
diesem Hintergrund, ob der Entscheidungseröffnung des Sekundärverfahrens der **Vollstreckbarerklärung** der Entscheidung über die Hauptverfahrenseröffnung im Sekundärverfahrensstaat entgegensteht.[40] Die Frage ist bei Art. 32 Abs. 1 Unterabs. 1 S. 2 zu lösen. Die Rechtsprechung hat diese

---

[30] OLG Düsseldorf NZI 2004, 628, 629 = ZIP 2004, 1514, 1515.
[31] Pannen/*Pannen/Riedemann* Art. 17 Rn. 10; → 2. Aufl., Art. 17 Rn. 2.
[32] *Ringstmeier/Homann* NZI 2004, 354, 356.
[33] **AA** *Blersch*, FS Pannen, S. 125, 132; *Beck* NZI 2007, 1, 3.
[34] *Ringstmeier/Homann* NZI 2004, 354, 355 ff.; *Blersch*, FS Pannen, S. 125, 132 (mit instruktiver Aufbereitung des Meinungsstands).
[35] K. Schmidt/*Brinkmann* Art. 34 Rn. 21 (iE). Ähnlich Pannen/*Herchen* Art. 27 Rn. 53.
[36] Pannen/*Herchen* Art. 27 Rn. 53; *Blersch*, FS Pannen, S. 125, 136 f.
[37] OLG Düsseldorf NZI 2004, 628 f.
[38] Pannen/*Pannen/Riedemann* Art. 17 Rn. 11; Rauscher/*Mäsch*, EuZPR/EuIPR, 4. Aufl., Art. 17 EG-InsVO Rn. 9.
[39] BGHZ 177, 12 = NZI 2008, 572 = NJW-RR 2008, 1443, 1444 Rn. 17; BGH ZIP 2008, 2029 = ZInsO 2008, 745, 746 Rn. 13.
[40] Verneinend OLG Düsseldorf NZI 2004, 628, 629; bejahend *Paulus*, Europäische Insolvenzverordnung, Art. 20 Rn. 10; verneinend Rauscher/*Mäsch*, EuZPR/EuIPR, 4. Aufl., Art. 17 EG-InsVO Rn. 11.

Frage verneint.[41] In der 2. Aufl. *(Reinhart)* ist differenziert worden, ob die Masse des Sekundärverfahrens betroffen ist.[42] Teils wird für die Dauer des Sekundärverfahrens das Rechtsschutzbedürfnis verneint.[43] Mehrheitlich wird die Frage bejaht.[44] Eine Differenzierung nach Art der betroffenen Massegegenstände wäre zwar konsequent, ist aber mit schwierigen Abgrenzungsfragen belastet, die nicht schon bei der Vollstreckbarkeitserklärung geprüft werden sollte. Der Eröffnungsbeschluss wird meist keine entsprechende Differenzierung enthalten, da das Sekundärinsolvenzverfahren ja ohnedies erst nachfolgend eröffnet wird. Eine generelle Versagung des Rechtsschutzbedürfnis für den Hauptinsolvenzverwalter wäre zu weitgehend; der Verwalter des Sekundärverfahrens hat die Möglichkeit, durch Rechtsbehelfe im Vollstreckungsverfahren die Nicht-Zugehörigkeit des Gegenstands zur Masse des Hauptverfahrens geltend zu machen und damit einer Vollstreckung in die seinem Verfahren zugehörigen Gegenstände zu verhindern. Der zulässige **Rechtsbehelf** richtet sich nach dem Recht des Sekundärverfahrensstaats.[45]

V. Grenzüberschreitende Wirkungen des Sekundär- und Partikularverfahrens

15 Art. 20 Abs. 2 behandelt die Frage, welche Wirkungen dem Sekundär- oder Partikularverfahren in anderen Mitgliedstaaten zukommen. Die Regelung gilt auch für isolierte Partikularverfahren. Die entscheidende Wirkung der Eröffnung eines Partikularverfahrens liegt darin, dass das zum Zeitpunkt der Eröffnung des Verfahrens in diesem Mitgliedstaat belegene Vermögen nicht von den Wirkungen des zuvor oder nachfolgend eröffneten Hauptverfahrens erfasst wird, sondern dem Partikularverfahren zugewiesen ist. Die Definition der **Belegenheit** findet sich in Art. 2 Nr. 9.[46] Die Wirkungsbegrenzung ist nicht absolut, weil sie auf die Dauer des Sekundärinsolvenzverfahrens begrenzt ist. Insbesondere ist auch in Art. 49 angeordnet, dass ein (praktisch seltener) Überschuss im Sekundärverfahren an den Verwalter des Hauptverfahrens abzuführen ist.

16 **1. Art. 20 Abs. 2 S. 1: Vorrang des Sekundärverfahrens.** Art. 20 Abs. 2 S. 1 hat die Wirkungen des Sekundärverfahrens im Hinblick auf andere Mitgliedstaaten zum Gegenstand, S. 2 regelt die Beschränkung von Gläubigerrechten. Obwohl das Sekundärverfahren territorial auf das in diesem Staat zum Zeitpunkt der Verfahrenseröffnung belegene Vermögen begrenzt ist, ordnet Art. 20 Abs. 2 S. 1 an, dass die Wirkungen des Sekundärverfahrens in anderen Mitgliedstaaten nicht in Frage gestellt werden. Das gilt für den Staat des Hauptverfahrens ebenso wie erst recht für sonstige Mitgliedstaaten.[47] Damit gilt in der Sache auch für das Sekundärverfahren **ein abgemildertes Prinzip der Wirkungserstreckung,** das sich in der negativen Formulierung des S. 1 versteckt. Zwar greift das Sekundärverfahren nicht über das in diesem Mitgliedstaat belegene Vermögen hinaus. Über Art. 20 Abs. 2 S. 1 entsteht jedoch ein Bedarf für eine grenzüberschreitende Anerkennung, weil die Wirkungen des Sekundärverfahrens nur **massebezogen** eingeschränkt sind. So darf auf der Sekundärmasse zugehörige Vermögensgegenstände auch dann zugegriffen werden, wenn sie nach der Eröffnung des Sekundärverfahrens in einen anderen Mitgliedstaat verbracht worden sind;[48] dies spiegelt sich in Art. 21 Abs. 2 wider. Die Eröffnungsentscheidung des Sekundärverfahrens wird nach Art. 19 in allen Mitgliedstaaten automatisch anerkannt und darf dort nicht in Frage gestellt werden.[49] Einem Gläubiger darf vom Staat des Hauptverfahrens oder einem anderen Mitgliedstaaten nicht untersagt werden, seine Forderung im Sekundärverfahrenstaat anzumelden, weil dies Art. 45 Abs. 1 widerspräche;[50] eine entsprechende Anordnung könnte man mit dem Urteil des EuGH in MG Produd[51] für nicht rechtswirksam erachten. Der Hauptverwalter kann auch nicht auf den vom Gläubiger im Sekundärverfahren

---

41 OLG Düsseldorf NZI 2004, 628, 629 ohne Hinweis auf Art. 25 Abs. 1 Unterabs. 1 S. 2 EuInsVO 2000.
42 → 2. Aufl., Art. 17 Rn. 11.
43 *Paulus,* Europäische Insolvenzverordnung, Art. 20 Rn. 10.
44 Gebauer/Wiedmann/*Haubold,* Zivilrecht unter europäischem Einfluss, Kap. 32 Art. 16, 17 Rn. 169; Rauscher/*Mäsch,* EuZPR/EuIPR, 4. Aufl., Art. 17 EG-InsVO Rn. 11; Pannen/*Pannen/Riedemann* Art. 17 Rn. 11.
45 Pannen/Riedemann EWiR 2005, 177, 178, die bei Vollstreckung in Deutschland die Vollstreckungsgegenklage oder eine Vollstreckungserinnerung für denkbar erachten.
46 → Art. 2 Rn. 32.
47 *Paulus,* Europäische Insolvenzverordnung, Art. 20 Rn. 12; HKInsO/*Schultz* Art. 20 Rn. 8; Gebauer/Wiedmann/*Haubold,* Zivilrecht unter europäischem Einfluss, Kap. 32 Art. 16, 17 Rn. 164; MüKoBGB/*Kindler* Art. 20 Rn. 13; Rauscher/*Mäsch,* EuZPR/EuIPR, 4. Aufl., Art. 17 EG-InsVO Rn. 13.
48 *Virgos/Schmit,* Erläuternder Bericht, Rn. 156; *Leible/Staudinger* KTS 2000, 533, 562 f.; *Huber* ZZP 114 (2001), 133, 148.
49 Duursma-Kepplinger/Duursma/Chalupsky/*Duursma-Kepplinger/Chalupsky* Art. 17 Rn. 15.
50 Rauscher/*Mäsch,* EuZPR/EuIPR, 4. Aufl., Art. 17 EG-InsVO Rn. 13.
51 EuGH v. 21.10.2010 – Rs. C-444/07 (MG Probud Gdynia), Slg. 2010, I-417, 435, Rn. 44 = EU:C:2010:24.

erzielten Vorteil zugreifen, auch dann nicht, wenn der dem Gläubiger nach dem Recht des Hauptverfahrenstaats nicht zustünde;[52] zur Anrechnung siehe aber Art. 23. Davon zu unterscheiden ist, dass nach Art. 49 ein im Sekundärverfahren erzielter **Gesamtüberschuss** an den Verwalter des Hauptinsolvenzverfahrens herauszugeben ist. Weitere Folgerungen aus der Eröffnung eines Sekundärverfahrens für das Hauptverfahren ergeben sich aus der lex fori concursus des Hauptverfahrens.[53]

2. Beschränkung von Gläubigerrechten, Art. 20 Abs. 2 S. 2. Art. 20 Abs. 2 S. 2 ist eine 17 Parallelvorschrift zu Art. 47 Abs. 2. Sie hat über den dort geregelten Fall des Sekundärverfahrens hinaus Bedeutung auch für isolierte Partikularverfahren; im Übrigen ergibt sich aber aus der unterschiedlichen Formulierung kein Unterschied;[54] zum ordre public siehe Art. 33.[55] Inhaltlich bedeutet Art. 20 Abs. 2 S. 2 eine Einschränkung der Anerkennung. Danach kann eine Beschränkung der Rechte der Gläubiger durch ein Territorialverfahren in Bezug auf das in einem anderen als dem Partikularverfahrenstaat belegene Vermögen nur solche Gläubiger binden, die dieser Beschränkung zustimmen. Es geht um Situationen, in denen nach der lex concursus particularis eine Beschränkung der Gläubigerrechte wie beispielsweise eine Stundung oder Schuldbefreiung vorgesehen ist oder angeordnet wird. Die Stundung und die Schuldbefreiung sind nur exemplarisch genannt. Erfasst ist **jede Art der Einschränkung von Gläubigerrechten.** Das Problem begründet darin, dass diese Wirkungen an und für sich unabhängig von den haftenden Vermögensgegenständen eintreten. Art. 20 Abs. 2 S. 2 ordnet an, dass diese Beschränkungen sich im Zugriff auf das im Partikularverfahrenstaat belegene Vermögen beschränken. Auswirkungen auf das in anderen Mitgliedstaaten belegene Vermögen hat die Maßnahme nur gegenüber den Gläubigern, die der Erstreckung auf das Ausland zustimmen. Gemeint ist die Zustimmung nicht nur zur Maßnahme als solcher, sondern zur umfassenden Rechtsbeschränkung auch über den Partikularverfahrenstaat und das von diesem Verfahren betroffene Vermögen hinaus. Eine **Mehrheitsentscheidung,** auch in einem Insolvenzplan, reicht nicht,[56] ebenso wenig Schweigen.[57] Das ergibt sich auch aus der Entstehungsgeschichte der Norm.[58] Eine Zustimmungsersetzung durch das Gericht kommt im Partikularverfahren insoweit nicht in Betracht.[59] Freilich bleibt doch fraglich, ob eine Zustimmung fingiert werden darf, wenn dies die lex fori concursus secundarii ausnahmsweise so vorsehen sollte. In einer solchen gesetzlichen Fiktion läge jedoch ein unzulässiger Übergriff auf das Hauptverfahren; insoweit hat Art. 20 Abs. 2 S. 2 Vorrang. Aus diesem Grund ordnet **Art. 102c § 15 EGInsO** – wohl mit überschießender Tendenz – wohl an, dass in einem Partikularverfahren sowohl hinsichtlich der Inlands- als auch der Auslandswirkungen die Bestätigung eines Insolvenzplans abweichend von § 254 InsO nur bei **Zustimmung aller betroffenen Gläubiger** erfolgen darf.

Im Ergebnis bedeutet die Regelung, dass auch ein Gläubiger, der einer Stundung oder **Rest-** 18 **schuldbefreiung** oder einer sonstigen Rechtsbeschränkung im Rahmen des Territorialverfahrens zustimmt, nicht gehindert ist, sich aus den in einem anderen Mitgliedstaat belegenen Vermögen zu befriedigen. Anders ist es nur, wenn er auch insoweit auf sein Recht verzichtet hat;[60] nur bei entsprechender Zustimmung aller Gläubiger ist damit die grenzüberschreitende Wirkung erzielt.[61] Implizit ist hier auch anerkannt, dass die Restschuldbefreiung von der EuInsVO erfasst ist.[62] Soweit Art. 20 Abs. 2 S. 2 von „Belegenheit" spricht, kommt es richtigerweise darauf an, ob der jeweilige Vermögensgegenstand der Masse des Sekundär- oder Partikularverfahrens zugehört. Die Beschränkung der Rechte wirkt damit für die Masse des Partikularverfahrens, wenn dies so vorgesehen ist, für die Masse anderer Verfahren wirkt sie sich nur auf privatautonomer Grundlage aus.

---

[52] Geimer/Schütze/*Gruber*, Int. Rechtsverkehr, B Vor I 20b, Art. 17 Rn. 8 = Haß/Huber/Gruber/Heiderhoff/*Gruber* Rn. 8; zum autonomen Recht ebenso OLG Köln ZIP 1989, 321.
[53] Vgl. *Paulus*, Europäische Insolvenzverordnung, Art. 20 Rn. 11 zu dem Fall, dass das Hauptverfahren mangels dann wegen Eröffnung des Sekundärverfahrens fehlender Masse einzustellen ist. Allgemein zur Abstimmung der Verfahren *Lüke* ZZP 111 (1998), 275, 306 ff.
[54] AA Pannen/*Pannen/Riedemann* Art. 17 Rn. 21.
[55] → 2. Aufl., Art. 17 Rn. 14.
[56] Balz ZIP 1996, 948, 951; *Eidenmüller* IPrax 2001, 2, 9 mit Fn. 56; Duursma-Kepplinger/Duursma-Chalupsky/*Duursma-Kepplinger/Chalupsky* Art. 17 Rn. 18.
[57] Geimer/Schütze/*Gruber*, Int. Rechtsverkehr, B Vor I 20b, Art. 17 Rn. 10; Haß/Huber/Gruber/Heiderhoff/*Gruber* Art. 17 Rn. 10.
[58] *Kolmann*, Kooperationsmodelle, S. 325; MüKoBGB/*Kindler* Art. 20 Rn. 16.
[59] AA *Gottwald*, Grenzüberschreitende Insolvenzen, S. 42 f. („wohl"); wohl auch *Prütting* ZIP 1996, 1277, 1283 f.
[60] Vgl. *Virgos/Schmit*, Erläuternder Bericht, Rn. 157.
[61] Duursma-Kepplinger/Duursma-Chalupsky/*Duursma-Kepplinger/Chalupsky* Art. 17 Rn. 18.
[62] *Mock* KTS 2013, 423, 441.

Art. 21 Befugnisse des Verwalters

(1) ¹Der Verwalter, der durch ein nach Artikel 3 Absatz 1 zuständiges Gericht bestellt worden ist, darf im Gebiet eines anderen Mitgliedstaats alle Befugnisse ausüben, die ihm nach dem Recht des Staates der Verfahrenseröffnung zustehen, solange in dem anderen Staat nicht ein weiteres Insolvenzverfahren eröffnet ist oder eine gegenteilige Sicherungsmaßnahme auf einen Antrag auf Eröffnung eines Insolvenzverfahrens hin ergriffen worden ist. ²Er darf insbesondere vorbehaltlich der Artikel 8 und 10 die zur Masse gehörenden Gegenstände aus dem Hoheitsgebiet des Mitgliedstaats entfernen, in dem diese sich befinden.

(2) ¹Der Verwalter, der durch ein nach Artikel 3 Absatz 2 zuständiges Gericht bestellt worden ist, darf in jedem anderen Mitgliedstaat gerichtlich und außergerichtlich geltend machen, dass ein beweglicher Gegenstand nach der Eröffnung des Insolvenzverfahrens aus dem Hoheitsgebiet des Staates der Verfahrenseröffnung in das Hoheitsgebiet dieses anderen Mitgliedstaats verbracht worden ist. ²Des Weiteren kann der Verwalter eine den Interessen der Gläubiger dienende Anfechtungsklage erheben.

(3) ¹Bei der Ausübung seiner Befugnisse hat der Verwalter das Recht des Mitgliedstaats, in dessen Hoheitsgebiet er handeln will, zu beachten, insbesondere hinsichtlich der Art und Weise der Verwertung eines Gegenstands der Masse. ²Diese Befugnisse dürfen nicht die Anwendung von Zwangsmitteln ohne Anordnung durch ein Gerichts dieses Mitgliedstaats oder das Recht umfassen, Rechtsstreitigkeiten oder andere Auseinandersetzungen zu entscheiden.

Literatur: *Ahrens*, Rechte und Pflichten ausländischer Insolvenzverwalter, 2002; *Bierbach*, Wettlauf der Gläubiger um den Insolvenzgerichtsstand – Anfechtungsbefugnisse des Insolvenzverwalters nach Art. 18 Abs. 2 S. 2 EuInsVO, ZIP 2008, 2203; *Bierhenke*, Der ausländische Insolvenzverwalter und das deutsche Grundbuch, MittBayNot 2009, 197; *Garasic*, Anerkennung ausländischer Insolvenzverfahren, 2005; *Haas*, Die Verwertung der im Ausland belegenen Insolvenzmasse im Anwendungsbereich der EuInsVO, FS Gerhardt, 2004, S. 319 ff.; *Herchen*, Die Befugnisse des deutschen Insolvenzverwalters hinsichtlich der „Auslandsmasse" nach In-Kraft-Treten der EG-Insolvenzverordnung (Verordnung des Rates Nr. 1346/2000), ZInsO 2002, 345; *Huber*, Inländische Insolvenzverfahren über Auslandsgesellschaften nach der Europäischen Insolvenzverordnung, FS Gerhardt, 2004, S. 397 ff.; *Kodek/Reisch*, Ausgewählte Probleme der Anfechtung nach der EuInsVO, ZIK 2006, 182; *Mankowski*, Bestimmung der Insolvenzmasse und Pfändungsschutz unter der EuInsVO, NZI 2009, 785; *ders.*, Anmerkung zu KG, Beschl. v. 21.7.2011 – 23 U 97/09 (LG Berlin), NZI 2011, 729; *Mock*, Vergütung des Insolvenzverwalters in grenzüberschreitenden Insolvenzverfahren, ZInsO 2013, 2245; *Oberhammer*, Zur internationalen Anfechtungsbefugnis des Sekundärverwalters nach Europäischem Insolvenzrecht, KTS 2008, 271; *Pannen/Kühnle/Riedemann*, Die Stellung des deutschen Insolvenzverwalters in einem Insolvenzverfahren mit europäischem Auslandsbezug, NZI 2003, 72; *Paulick/Simon*, „EU-Grenzgänger" und die Anwendbarkeit der deutschen Pfändungsschutzvorschriften, ZInsO 2009, 1933; *Paulus*, Die europäische Insolvenzverordnung und der deutsche Insolvenzverwalter, NZI 2001, 505; *ders.*, Anfechtungsklagen in grenzüberschreitenden Insolvenzverfahren, ZInsO 2006, 295; *Ringstmeier/Homann*, Masseverbindlichkeiten als Prüfstein des internationalen Insolvenzrechts, NZI 2004, 354.

Übersicht

	Rn.		Rn.
I. Normzweck	1	2. Entfernung von Massegegenständen, Abs. 1 S. 2	7
II. Voraussetzungen des Abs. 1	4	3. Gegenteilige Sicherungsmaßnahmen	9
1. Bestellung als Verwalter	4	IV. Partikularverfahren (Abs. 2)	10
2. Durch ein nach Art. 3 Abs. 1 zuständiges Gericht	5	1. Rückholrecht (Abs. 2 S. 1)	10
III. Aussagen des Abs. 1	6	2. Anfechtung	14
1. Befugnisse, die ihm nach dem Recht des Verfahrenstaates zustehen (Satz 1)	6	V. Beachtung des lokalen Rechts (Art. 21 Abs. 3)	20

I. Normzweck

1   Art. 21 EuInsVO regelt in Ergänzung mit Art. 28 bis 30 die Rechte und Befugnisse des Verwalters in anderen Mitgliedstaaten. Die Vorschrift ist gegenüber Art. 18 EuInsVO 2000 unverändert geblieben. Art. 21 hat **nicht die Anerkennung der Verwalterbestellung** als solche zum Gegen-

stand, denn diese ist schon über Art. 32 Abs. 1 Unterabs. 1 oder über Art. 19 erfasst (→ Art. 20 Rn. 6; → Art. 32 Rn. 6, 9b). Zugleich wiederholt Art. 21 Abs. 1 partiell nur die kollisionsrechtliche Aussage, die sich schon aus Art. 7 Abs. 2 lit. c) ergibt. Danach gilt für die Verwalterbefugnisse grundsätzlich die lex fori concursus. Die Aussage wird durch Art. 21 noch einmal verteidigt und durchgesetzt.[1] Art. 21 greift indes nur einzelne Fragen der Verwalterbefugnisse auf; die **Regelung ist fragmentarisch**. Inhaltlich knüpfen die Vorschriften in den verschiedenen Absätzen **unterschiedliche Konstellationen** auf. Abs. 1 meint das Hauptinsolvenzverfahren am Mittelpunkt der Interessen des Schuldners, Abs. 2 regelt die Befugnisse des Sekundärinsolvenzverwalters. Es handelt sich bei Abs. 1 um eine Sachnorm.[2] Der Verwalter kann in allen Mitgliedstaaten, sofern er seine Rechtsposition gemäß Art. 22 nachgewiesen hat, die ihm nach der lex fori concursus zustehenden Rechte ausüben, solange die Rechtsausübung nicht durch die Anordnung eines Sekundärverfahrens[3] oder durch gegenteilige Sicherungsmaßnahmen begrenzt wird. Art. 21 Abs. 1 S. 2 gibt dem Verwalter das (eingeschränkte) Recht, die zur Masse gehörenden Gegenstände „zurückzuholen".

Art. 21 Abs. 2 nennt **einzelne Befugnisse** des Sekundärinsolvenzverwalters. Sie bietet zugleich 2 eine Regelung über die Soll-Masse und eine internationale Kompetenzabgrenzung.[4] Danach darf der Sekundärverwalter nach der etwas dunklen Regelung des Art. 21 Abs. 2 geltend machen, dass ein Gegenstand aus dem Eröffnungsstaat nach Eröffnung in einen anderen verbracht und damit dem Vermögensbeschlag des Territorialverfahrens entzogen worden ist. Insoweit ist die Regelung auch **Anspruchsgrundlage**. Der Verwalter darf auch eine den Interessen der Gläubiger dienende Anfechtungsklage in dem anderen Mitgliedstaat erheben.

Eine **weitere Schranke** für die Befugnisse des Verwalters findet sich in Art. 21 Abs. 3. Dabei 3 handelt es sich um eine Kollisionsnorm. Danach hat der Verwalter bei der Ausübung seiner Befugnisse die Rechtsordnung des Mitgliedstaats zu beachten, in dem er tätig wird. Abs. 3 gilt sowohl für die Fälle des Abs. 2 als auch des Abs. 1. Sie trägt den **örtlichen Regelungsbegebenheiten** Rechnung, in die sich der Verwalter bei der Ausübung seiner Tätigkeit einfügen muss.[5]

II. Voraussetzungen des Abs. 1

1. Bestellung als Verwalter. Die Vorschrift setzt die **Bestellung als Verwalter** voraus. Diese 4 Bestellungsentscheidung wird jedenfalls[6] nach Art. 32 Abs. 1, richtigerweise aber, zumindest, soweit sie dessen Bestandteil ist, als Teil der Eröffnungsentscheidung anerkannt, sofern auch die Eröffnungsentscheidung nach Art. 19 anerkannt wird. Der Begriff des Verwalters ist in Art. 2 Nr. 5 allgemein definiert und in Anhang B verbindlich festgelegt. Darunter fallen für Deutschland auch der Sachwalter und Treuhänder sowie der vorläufige Sachwalter,[7] aber nicht das Insolvenzgericht selbst. Erfasst ist insbesondere auch der **vorläufige Verwalter**,[8] dessen Einsetzung nach Art. 2 Nr. 7 lit. ii) das Insolvenzverfahren eröffnet;[9] ohne dass noch eine analoge Anwendung erforderlich ist.[10]

2. Durch ein nach Art. 3 Abs. 1 zuständiges Gericht. Entscheidend ist wie bei Art. 19, 5 dass sich das Gericht bei der Verwalterbestellung ausdrücklich oder den Umständen nach erkennbar auf eine internationale Zuständigkeit nach der EuInsVO gestützt hat. Der Verweis ermöglicht dem Zweitstaat nicht, die Zuständigkeitsbegründung inhaltlich nachzuprüfen. Abs. 1 meint nur Fälle des Hauptinsolvenzverfahrens, mithin wenn sich das Gericht als Gericht des Eröffnungsstaates, in dessen Gebiet der Mittelpunkt der hauptsächlichen Interessen des Schuldners belegen ist, ansieht und/oder bisher allenfalls ein isoliertes Partikularverfahren in einem anderen Mitgliedstaat[11] eröffnet ist. Das Verfahren muss **eröffnet** sein, so dass die Wirkungen der Eröffnungsentscheidung damit nach dem Prinzip der automatischen Anerkennung in den anderen Mitgliedstaaten anzuerkennen sind.

III. Aussagen des Abs. 1

1. Befugnisse, die ihm nach dem Recht des Verfahrenstaates zustehen (Satz 1). Nach 6 S. 1 hat der Verwalter auch in anderen Mitgliedstaaten alle Befugnisse, die ihm nach der lex fori

---

[1] MüKoBGB/*Kindler* Art. 21 Rn. 2.
[2] MüKoBGB/*Kindler* Art. 21 Rn. 4.
[3] Dazu BGH BeckRS 2014, 22641 Rn. 8. Zur Abstimmung der Befugnisse → Rn. 8.
[4] *Oberhammer* KTS 2009, 271, 280.
[5] *Paulus*, Europäische Insolvenzverordnung, Art. 21 Rn. 2.
[6] → Art. 20 Rn. 6.
[7] Zu diesem überholten Problem der Nichtnennung des vorläufigen Sachwalters unter der früheren EuInsVO 2000 *Thole*, FS Simotta, S. 613, 616 f.
[8] AG Hamburg ZIP 2007, 1767, 1768.
[9] → Art. 19 Rn. 12 ff.
[10] So noch zur EuInsVO 2000 AG Hamburg ZIP 2007, 1767, 1768.
[11] Nicht Dänemark.

concursus generalis zustehen. Insoweit kommt es zu einer **Wirkungserstreckung**.[12] Soweit der Verwalter bestimmte gerichtliche Maßnahmen beantragen kann, gilt für die Anerkennung der Entscheidungen sodann Art. 32. Der Verwalter besitzt auch in den anderen Mitgliedstaaten die **Prozessführungsbefugnis** im Hinblick auf massebezogene Prozesse, wenn sie ihm von der lex fori concursus gewährt wird. Dies lässt sich aus dem Umkehrschluss zu Abs. 2 ableiten, der dies für den Sekundär- und Partikularverfahrensverwalter explizit anordnet und anordnen muss.[13] Es bedarf **keines Exequaturverfahrens** oder der Bekanntmachung nach Art. 28; siehe aber den Nachweis nach Art. 22. Die Vorschrift nimmt teils deklaratorisch Art. 7 Abs. 2 S. 2 lit. c) auf, indem sie noch einmal wiederholt, dass sich die Befugnisse des Verwalters nach dem Recht des Eröffnungsstaats richten. Das gilt nicht nur für Rechte, sondern auch für **Pflichten**.[14] Es handelt sich bei Art. 21 um eine **Sachnorm,** da eine neue kollisionsrechtliche Aussage damit nicht verbunden ist.[15] Auch der Begriff der Befugnisse ist missverständlich, weil es weniger um originäre Rechte geht als vielmehr um die Frage, was das anwendbare Recht in Bezug auf die Abwicklung der Masse anordnet. Die Insolvenzgesetze geben eher abstrakt vor, wie die Masse zu verwalten und zu verwerten ist und berühren damit auch die **Pflichtenseite des Verwalters;**[16] daher trifft Art. 21 Abs. 1 S. 1 auch die Aussage, dass der Verwalter die ihm obliegenden Pflichten auch in den anderen Mitgliedstaaten ausüben kann und ggf muss. Diese Aufgaben umfassen etwa die Sichtung, Inventarisierung, Sicherung und Inbesitznahme der Masse.[17] In Deutschland ist demnach ua § 148 InsO zu beachten einschließlich des § 148 Abs. 2 InsO.[18] Art. 21 beschneidet auch nicht die Sonderanknüpfungen in den Art. 8 ff.,[19] gerade weil die Vorschrift keine kollisionsrechtliche Aussage treffen will.

6a   Eine **Zweifelsfrage** könnte sein, inwieweit **Fälle der Eigenverwaltung** unter Art. 21 erfasst werden können. Da die Definition des Verwalters den eigenverwaltenden Schuldner nicht erfasst (arg. Art. 2 Nr. 3) und (schon mangels Nennung in Anhang B) auch nicht deren Organe (die im Übrigen die in Art. 2 Nr. 5 genannten Aufgaben auch nicht selbst treffen), ist mit Art. 21 **keine Aussage** über die **Anerkennung des eigenverwaltenden Schuldners** getroffen. Anders als in anderen Vorschriften der neuen EuInsVO (zB Art. 28 Abs. 1) werden Insolvenzverwalter und Schuldner in Eigenverwaltung nicht ausdrücklich gleichgestellt. Erfasst ist aber der **Sachwalter,** da der unter die Definition des Art. 2 Nr. 5 fällt und in Anhang B genannt ist. Problematisch ist die Lücke aber dennoch, wenn und weil nach dem Recht des Staates der Verfahrenseröffnung der eigenverwaltende Schuldner die in Art. 21 angesprochenen grenzüberschreitenden Befugnisse wahrzunehmen hat und der Sachwalter reine Überwachungsaufgaben wahrnimmt. Hier kommt eine analoge Anwendung der Vorschrift kaum in Betracht. Dennoch wird die Lücke über das Kollisionsrecht abgemildert, weil nach Art. 7 für die Befugnisse des Insolvenzverwalters und des eigenverwaltenden Schuldners im Insolvenzverfahren die lex fori concursus maßgeblich ist. Daran ist auch der Zweitstaat gebunden, so dass sich die (kollisionsrechtliche) Anerkennung der Befugnisse des Schuldners in Eigenverwaltung auf diesem Weg ergeben kann (zur lediglich verstärkenden Funktion des Art. 21 gegenüber Art. 7 → Rn. 1). Art. 21 bleibt damit letztlich ebenso fragmentarisch und teils deklaratorisch wie der bisherige Art. 18 EuInsVO 2000.

7   **2. Entfernung von Massegegenständen, Abs. 1 S. 2.** Aus Art. 21 Abs. 1 S. 2 ergibt sich, dass der Verwalter dazu berechtigt ist, die in einem Mitgliedstaat belegenen, massezugehörigen Vermögensgegenstände aus diesem Staat zu entfernen und damit in einen anderen Mitgliedstaat zu verbringen. Das kann insbesondere erforderlich sein, um die Verwertung des Gegenstands einzuleiten oder durchzuführen. Ausdrücklich erwähnt ist das Recht des Verwalters, die Gegenstände der Masse aus anderen Mitgliedstaaten zu entfernen; „Entfernung" schließt bargeldlosen Zahlungsverkehr ein.[20] Auch insoweit ist Art. 21 Abs. 1 S. 2 **weitgehend deklaratorisch,** da sich dieses Recht und ggf. die Pflicht schon aus der lex fori concursus generalis ergibt. In Art. 21 Abs. 1 S. 2 wird noch einmal festgestellt, dass jeder andere Mitgliedstaat diese Befugnis beachten muss. Einen Vorbehalt macht die Vorschrift, soweit Art. 8 und 10 berührt sind, maW, die Entfernung darf nicht Rechte berühren, die nach diesen Vorschriften von der Eröffnung des Verfahrens unberührt bleiben sollen. Da indessen

---

[12] *Paulus,* Europäische Insolvenzverordnung, Art. 21 Rn. 6; *Ahrens,* Rechte und Pflichten ausländischer Insolvenzverwalter, 2002, S. 294 ff.
[13] *Paulus,* Europäische Insolvenzverordnung, Art. 21 Rn. 7.
[14] → 2. Aufl., Art. 18 Rn. 5.
[15] → 2. Aufl., Art. 18 Rn. 5.
[16] Pannen/*Pannen/Riedemann* Art. 18 Rn. 17; *Taupitz* ZZP 111 (1998), 315, 339.
[17] Vallender/*Hänel* Art. 21 Rn. 19; Bereits zur EuInsVO 2000 KPB/*Kemper,* Art. 18 Rn. 5; Pannen/*Pannen/ Riedemann* Art. 18 Rn. 18; Rauscher/*Mäsch,* EuZPR/EuIPR, 4. Aufl., Art. 18 EG-InsVO Rn. 3.
[18] *Pannen/Kühnle/Riedemann* NZI 2003, 72, 74.
[19] MüKoBGB/*Kindler* Art. 21 Rn. 8.
[20] K. Schmidt/*Brinkmann* Art. 21 Rn. 8 (iE).

der mit dem dinglichen Recht belastete Gegenstand nicht der Ausnahmeregelung unterfällt, kann eine Entfernung des Gegenstands gleichwohl möglich sein, sofern durch die Entfernung keine Beeinträchtigung des Sicherungsrechts eintritt.[21] Eine solche Beeinträchtigung kann aber schon darin liegen, dass ein Fruchtgenuss nicht mehr möglich ist, soweit das dingliche Recht in seinem Umfang auch darauf gerichtet ist.[22]

Eine Schranke findet die Aussage des Art. 21 Abs. 1 S. 1 in der **Einschränkung des Halbs. 2.** 8 Danach finden die Befugnisse nach dem Recht des Hauptverfahrens ihre Grenzen an dem **Sekundärverfahren** (näher → Rn. 10 ff.) und an **vorläufigen Sicherungsmaßnahmen.** Die Wirkungserstreckung hinsichtlich der Befugnisse macht an den Grenzen des Sekundärverfahrens und dessen Geltungsanspruch Halt. Dies ergibt sich schon aus Art. 3 Abs. 2. Ist das Sekundärverfahren aber bereits abgeschlossen, leben die Befugnisse des Hauptverwalters wieder vollumfänglich auf.[23] Es folgt zunächst, dass die Verfügungs- und Verwaltungsbefugnis des Hauptinsolvenzverwalters in Bezug auf die der Masse des Sekundärverfahrens zugehörigen Gegenstände suspendiert ist. Daraus folgt nicht, dass im Staat des Sekundärverfahrens sämtliche Rechte in Bezug auf Gegenstände des Hauptverfahrens unbeachtlich wären. Insoweit bleibt es bei der Aussage des Art. 21 Abs. 1 S. 1 von der Wirkungserstreckung nach Art. 19 f.; der Verwalter darf die seiner Masse zugehörigen Gegenstände zur Masse ziehen, was sich aus Art. 21 Abs. 1 S. 2 ergibt. Im Übrigen ist der Hauptinsolvenzverwalter aber auf das Instrumentarium der Art. 41 ff. verwiesen, das allerdings durchaus Steuerungsmöglichkeiten für den Hauptinsolvenzverwalter mit sich bringt. Relevante Fragen betreffen die Zusammenarbeits- und Unterrichtungspflichten in Art. 41; das Vorschlagsrecht nach Art. 47, das Anmeldungs- und Antragsrecht (Art. 45), das Antragsrecht in Bezug auf eine **Aussetzung der Verwertung** und der Aufhebung des Verfahrens (Art. 46), das Recht zur Abschöpfung eines Überschusses (Art. 49) und das Umwandlungsrecht nach Art. 51 sowie das Recht nach Art. 52.

3. Gegenteilige Sicherungsmaßnahmen. Die Befugnisse des Verwalters sind auch schon 9 vor Eröffnung des Sekundärverfahrens durch etwaige Sicherungsmaßnahmen des Insolvenzgerichts beschränkt. Gemeint sind vorläufige Sicherungsmaßnahmen, die zu Zwecken der Massesicherung des Sekundärverfahrens angeordnet werden. Es geht bei diesen Maßnahmen darum, die spätere Masse des Sekundärverfahrens schon vor seiner Eröffnung gegen Vermögensverschiebungen durch die Beteiligten, einschließlich des Verwalters des Hauptverfahrens zu schützen.[24] Die Anordnung dieser Sicherungsmaßnahmen durch das Gericht im Staat des späteren Sekundärverfahrens erfolgt nach der lex fori concursus secundarii.

IV. Partikularverfahren (Abs. 2)

1. Rückholrecht (Abs. 2 S. 1). Die Regelung in Abs. 2 betrifft die Befugnisse des Verwalters 10 in einem Partikularverfahren. Art. 21 Abs. 2 S. 1 regelt zunächst einen Fall, in dem *nach Verfahrenseröffnung* Massegegenstände des Sekundär- oder isolierten Partikularverfahrens in einen anderen Mitgliedstaat verbracht worden sind. Art. 21 Abs. 2 S. 2 knüpft an S. 1 an und erfasst in Erweiterung dieser Vorschriften den Fall einer anfechtbaren, dh idR vor der Eröffnung erfolgten Vermögensverschiebung.

Die Regelung in Abs. 2 S. 1 beschreibt die Befugnis des Verwalters des Partikularverfahrens, 11 die Gegenstände aus anderen Mitgliedstaaten zurückzuholen und wiederzuerlangen,[25] wenn sie **nach Verfahrenseröffnung** dorthin verbracht worden sind. Diese Regelung ist richtigerweise zugleich, was selten klar erkannt wird, eine einheitliche **europäische Anspruchsgrundlage** für ein Rückholungsrecht. Unberührt bleibt die Geltendmachung der sonstigen nach der lex fori concursus secundarii gegebenen Ansprüche und Rechte, zB bei deutschem Sekundärverfahren nach §§ 80, 81, 91 InsO.[26] Art. 21 Abs. 2 S. 1 regelt insoweit nur das Rückholrecht in Bezug auf die in einem anderen Staat belegenen Vermögensgegenstände der Masse. Eine **sonstige Durchsetzung** von Rechten der Partikularmasse ist demnach **nicht gesperrt.** Für die Eröffnung gelten die Maßgaben in → Art. 19

---

[21] MüKoBGB/*Kindler* Art. 21 Rn. 10; Duursma-Kepplinger/Duursma/Chalupsky/*Duursma-Kepplinger/Chalupsky* Art. 18 Rn. 10.
[22] Duursma-Kepplinger/Duursma/Chalupsky/*Duursma-Kepplinger/Chalupsky* Art. 18 Rn. 10; MüKoBGB/*Kindler* Art. 21 Rn. 10.
[23] BGH BeckRS 2014, 22641 Rn. 10 = ZIP 2015, 42.
[24] MüKoBGB/*Kindler* Art. 21 Rn. 13; Duursma-Kepplinger/Duursma/Chalupsky/*Duursma-Kepplinger/Chalupsky* Art. 18 Rn. 14.
[25] *Virgós/Schmit*, Erläuternder Bericht, Rn. 224.
[26] Vgl. auch KG NZI 2011, 729, 730; *Paulus*, Europäische Insolvenzverordnung, Art. 21 Rn. 18; *Mankowski* NZI 2011, 729, 731.

Rn. 5 ff. Der Belegenheitsbegriff folgt Art. 2 Nr. 9 (→ Art. 2 Rn. 32).[27] Die Befugnis zur Geltendmachung besteht sowohl gerichtlich als auch außergerichtlich und erfasst damit jede Art der Rechtswahrnehmung, zB auch in Schlichtungsverfahren.[28] Bestehen an den jeweiligen Vermögensgegenständen dingliche Rechte im Sinne des Art. 8 und 10 Abs. 1, so ändert daran die Verbringung nach Verfahrenseröffnung nichts; die Vorschriften setzen schon tatbestandlich voraus, dass die Rechte zum Zeitpunkt der Eröffnung in einem anderen als dem Verfahrenstaat belegen sind. Daher kann die Verbringung aus dem Staat der Eröffnung in einen anderen Mitgliedstaat nicht eine Privilegierung nach den Art. 8 und 10 begründen.

12 **Abgrenzungsfragen** stellen sich, wenn der Gegenstand in das **Gebiet eines anderen Staates** verbracht wird, in dem bereits ein anderes **Sekundärverfahren läuft**. Dann wird man davon ausgehen können, dass gleichwohl der Gegenstand der Masse des Sekundärverfahrens zugehört, in dem er sich ursprünglich befand. Das gilt auch dann, wenn er aus Sicht des zweiten Sekundärverfahrens als Neuerwerb als vermeintlicher Massebestandteil zu sehen sein mag, da die Belegenheit des Gegenstands im Zeitpunkt der Eröffnung entscheidet (Art. 2 Nr. 8, 9).[29] Schwieriger ist es nur, wenn der Gegenstand verbracht wird und erst sodann in diesem Staat ein Sekundärverfahren eröffnet wird, denn dann ist der Gegenstand im Zeitpunkt der **Eröffnung dieses zweiten Sekundärverfahrens** nach Maßgabe der Definitionsnorm in Art. 2 Nr. 9 in diesem Mitgliedstaat belegen. Richtigerweise wird man indessen aus Art. 21 Abs. 2 S. 1 ableiten können, dass auch in diesem Fall das ursprüngliche Sekundärverfahren dominierend bleibt, denn Abs. 2 S. 1 enthält gerade nicht wie Abs. 1 S. 1 eine Schranke zugunsten der Eröffnung eines anderen Sekundärverfahrens.

13 Ist der Gegenstand hier physisch nicht mehr vorhanden, so tritt zwar nicht kraft der EuInsVO eine **Surrogation** ein, wohl aber kann der Verwalter ggf. eine „verlängerte" Klage auf Rückkehr eines etwaigen Erlöses oder Surrogats erwerben; die Frage ist aber sogleich unter Art. 21 Abs. 2 S. 2 zu beantworten (→ Rn. 14).

14 **2. Anfechtung.** Als besonderer Stolperstein hat sich die Regelung in Art. 21 Abs. 2 S. 2 erwiesen. Danach kann der Sekundärverwalter eine den Interessen der Gläubiger dienende Anfechtungsklage erheben. Geregelt ist die **grenzüberschreitende Prozessführungsbefugnis** des Verwalters. Mit der Anfechtung werden Vermögensverschiebungen, die *vor der Verfahrenseröffnung* erfolgt sind, (haftungsrechtlich) rückgängig gemacht. Nach deutschem Recht scheidet der Gegenstand dinglich wirksam aus dem Vermögen des Schuldners aus, muss aber haftungsrechtlich noch zu dessen dann massezugehörigen Vermögen gerechnet werden oder jedenfalls kraft des schuldrechtlichen Rückgewähranspruchs der Masse zurückgewährt werden. Der jeweils verschobene Gegenstand ist daher im Zeitpunkt der Verfahrenseröffnung nicht Teil der Ist-Masse des Sekundärverfahrens, sondern nur Teil der Soll-Masse.

15 Das **Problem im Verständnis** des Art. 21 Abs. 2 S. 2 liegt darin, dass unklar ist, ob es für diese Befugnis auf die Belegenheit des Anfechtungsanspruchs selbst ankommt oder jenen des Rückforderungsgegenstands (→ Rn. 16). Die Vorschrift wäre jedenfalls überflüssig, wenn sie auf reine Binnensachverhalte beschränkt wäre und die Anfechtung nie gegen einen im Ausland ansässigen Anfechtungsgegner geltend gemacht werden könnte;[30] vielmehr geht diese Regelung wie auch Abs. 2 S. 1 von einer Erstreckung der Befugnis auf andere Mitgliedstaaten aus.[31] Zwar trifft Art. 21 Abs. 2 S. 2 bei isolierter Betrachtung nur eine gewissermaßen interne Regelung über die Befugnis des Verwalters zur Erhebung einer Anfechtungsklage,[32] doch nach seinem systematischen Kontext und Wortsinn („in jedem anderen Mitgliedstaat") meint Art. 21 Abs. 2 EuInsVO einschließlich des S. 2 doch offenbar die Rechtsverfolgung in einem anderen als dem Staat der Verfahrenseröffnung. Da dies nur dann Sinn ergibt, wenn die Klage dort auch zulässigerweise erhoben werden kann, steht Art. 21 Abs. 2 in einem ungelösten Konflikt zu einer vom EuGH als ausschließlich verstandenen Annexzuständigkeit nach Art. 6 Abs. 1 (→ Art. 6 Rn. 5).

16 Maßgebend ist die Frage, ob und **unter welchen Voraussetzungen der Anfechtungsanspruch überhaupt Teil des Sekundärinsolvenzverfahrens** ist (→ Art. 2 Rn. 44). Man muss zunächst prüfen, ob der Anfechtungsanspruch selbst Teil der Masse des Sekundärverfahrens ist,[33] obwohl dem Schuldner die Anfechtungsbefugnis nach deutschem Verständnis niemals originär

---

[27] Zu den im Ergebnis zu verneinenden Gestaltungsmöglichkeiten in Bezug auf die Belegenheit von Forderungen nach Art. 2 lit. g) 3. Spiegelstrich EuInsVO 2000 *Mankowski* NZI 2011, 729, 731.
[28] Für letzteres KPB/*Skauradszun* Art. 21 Rn. 26; Pannen/*Pannen/Riedemann* Art. 18 Rn. 39.
[29] *Virgos/Schmit*, Erläuternder Bericht, Rn. 224.
[30] So aber *Huber*, FS Gerhardt, S. 397, 423. Dagegen *Bierbach* ZIP 2008, 2203, 2206.
[31] Mit Recht *Oberhammer* KTS 2008, 271, 280.
[32] So in der Tat im Ergebnis *Willemer*, Vis attractiva concursus und die Europäische Insolvenzverordnung, 2006, S. 195 f.
[33] So wohl auch → 2. Aufl., Art. 18 Rn. 9.

zusteht und es sich daher bei dem Anfechtungsrecht streng genommen nicht um Vermögen des Schuldners handelt. Der Anfechtungsanspruch stellt sich gleichsam als Vermögenswert der Masse dar; nur über die Anknüpfung an die Belegenheit des Anfechtungsrechts ist eine einheitliche Lösung für Primär- und Sekundäransprüche möglich. Diese Frage hängt nun prima facie davon ab, dass der Anfechtungsanspruch im Sekundärverfahrenstaat belegen ist.[34] Will man nun aber die Rückforderung nur für sich genommen prüfen, so käme man, soweit es nicht um Kontoguthaben geht, immer zur Anwendung von Art. 2 Nr. 9 viii), so dass der Mittelpunkt der hauptsächlichen Interessen des Anfechtungsgegners im Eröffnungsstaat des Sekundärverfahrens (zum Zeitpunkt der Eröffnung) entscheidend wäre.[35] Das würde aber mit der eben gewonnenen Einsicht konfligieren, dass die Vorschrift sinnlos wäre, wenn sie gar nicht den grenzüberschreitenden Fall im Blick hätte.[36] Daher muss man den Gleichschritt zu Art. 21 Abs. 2 S. 1 auch im Übrigen konsequent vollziehen; in beiden Fällen geht es um die Herstellung der Soll-Masse. Dort geht es darum, dass ein nach Art. 2 Nr. 9 im Sekundärverfahrenstaat belegener Gegenstand nach Verfahrenseröffnung verlagert wird, hier darum, dass dieser Gegenstand schon vorher – anfechtbar – verschoben wird. Daher ist bei der **Prüfung der Belegenheit** der Anfechtungsforderung nicht auf diese Forderung selbst abzustellen, sondern auf den **Rückforderungsgegenstand,**[37] was freilich nur bei beweglichen Sachen unproblematisch zu ermitteln ist. Die Belegenheit des Anfechtungsrechts oder -anspruchs wird gleichsam durch diesen Gegenstand inhaltlich ausgefüllt; um seine Verwertung für die Masse des Sekundärverfahrens geht es gerade. In dieser Vorschrift lässt sich also in Erweiterung der eben entwickelten Grundsätze eine Kompetenzzuweisung an den Sekundärverwalter erkennen, die sich gegenüber dem Hauptinsolvenzverfahren durchsetzt.[38] Die Belegenheit richtet sich daher bei körperlichen Gegenständen nach dem situs der Sache (Art. 2 Nr. 9 lit. vii)), bei einer Anfechtungshandlung in Bezug auf eine Forderung (zB anfechtbare Abtretung) nach dem Mittelpunkt der hauptsächlichen Interessen des Drittschuldners (Art. 2 Nr. 9 lit. viii).

Hinsichtlich des **Zeitpunkts** bedarf es dann einer Modifikation. Entscheidend kann nicht sein, wo der Rückforderungsgegenstand im Zeitpunkt der Eröffnung des Haupt- oder Sekundärverfahrens belegen ist. Vielmehr gilt: War der Vermögenswert, der Gegenstand des anfechtungsrechtlich relevanten Vorgangs war, vor Insolvenzeröffnung und *im Zeitpunkt der Rechtshandlung* nach Maßgabe der Definitionsnorm des Art. 2 Nr. 9 im Staat des Sekundärverfahrens belegen[39] und ist daher die (zu diesem Zeitpunkt noch hypothetische) Masse des Sekundärverfahrens verkürzt worden,[40] muss der Hauptinsolvenzverwalter mit seinen Massesammlungsbefugnissen dahinter zurücktreten.[41] Geht es um einen anfechtungsrechtlichen Wertersatzanspruch bei Nichtherausgebbarkeit des ursprünglichen Anfechtungsgegenstands (vgl. § 143 Abs. 1 S. 2 InsO), so teilt dieser die (letzte) Belegenheit des Anfechtungsgegenstands. **17**

Teilweise wird die Auffassung vertreten, über Art. 21 Abs. 2 hinaus könnten dem Sekundärverwalter **auch weitere Befugnisse in anderen Staaten** zustehen, soweit sie ihm nach dem Recht des Sekundäreröffnungsstaates zustehen.[42] Das Sekundärverfahren sei damit eben nur massebezogen begrenzt. Dem tritt eine Gegenmeinung entgegen, die in Art. 21 Abs. 2 eine nicht erweiterungsfähige Ausnahme zu dem Grundsatz sieht, dass der Sekundärverwalter nur mit territorialer Wirkung und nur in „seinem" Mitgliedstaat tätig werden dürfe. Tatsächlich ist Art. 21 Abs. 2 genauso **fragmentarisch** wie Art. 21 insgesamt. Soweit die Masse des Sekundärverfahrens betroffen ist, kann der Sekundärverwalter in anderen Mitgliedstaaten diese Rechte in Bezug auf diesen Gegenstand wahrnehmen. Dafür spricht auch Art. 21 Abs. 3. Art. 3 Abs. 2 S. 2 definiert die territoriale Begrenzung des Sekundärverfahrens massebezogen. Entscheidend ist zunächst nur, dass der jeweils relevante Gegenstand im Zeitpunkt der Eröffnung zur Masse des Sekundärverfahrens gehört. Lediglich der in **18**

---

[34] So offenbar auch, wenngleich bezogen auf den Zeitpunkt der anfechtbaren Handlung, *Bierbach* ZIP 2008, 2203, 2207.
[35] So *Paulus* ZInsO 2006, 205, 299; *ders.* EWiR 2015, 84.
[36] Kritisch auch *Kodek/Reisch* ZIK 2006, 182, 184.
[37] So wohl auch *Oberhammer* KTS 2008, 271, 280 ff. Ebenso *Fehrenbach*, Haupt- und Sekundärinsolvenzverfahren, 2014, S. 282 ff. (aber anders für die Mehrung der Passivmasse).
[38] Ausführlich *Oberhammer* KTS 2008, 271, 278 ff.
[39] So wohl auch *Oberhammer* KTS 2008, 271, 285; *Kodek/Reisch* ZIK 2006, 182, 183 f.
[40] So wohl *Virgos/Schmit*, Erläuternder Bericht, Rn. 91; Duursma-Kepplinger/Duursma/Chalupsky/*Duursma-Kepplinger/Chalupsky* Art. 4 Rn. 28. Wohl jetzt auch *Paulus*, Europäische Insolvenzverordnung, Art. 21 Rn. 20 f.
[41] Ausführlich *Thole*, Gläubigerschutz durch Insolvenzrecht, 2010, S. 846 ff.
[42] → 2. Aufl., Art. 18 Rn. 7; Rauscher/*Mäsch*, EuZPR/EuIPR, 4. Aufl., Art. 18 EG-InsVO Rn. 8; *Bierbach* ZIP 2008, 2203, 2206; Geimer/Schütze/*Gruber*, Int. Rechtsverkehr, B Vor I 20b, Art. 18 Rn. 18 = Haß/Huber/Gruber/Heiderhoff/*Gruber* Rn. 18; **aA** MüKoBGB/*Kindler* Art. 21 Rn. 16; Pannen/*Pannen/Riedemann* Art. 18 Rn. 42.

Art. 21 Abs. 2 S. 2 erfasste Anfechtungsanspruch ist eine echte Ausnahme; die Regelung ist nicht bloß deklaratorisch, weil in den Anfechtungsfällen die Anfechtung nichts daran ändert, dass der jeweilige Gegenstand schon vor Verfahrenseröffnung aus dem Vermögen des Schuldners ausgeschieden ist. Die Regelung bedeutet daher gleichsam eine **zeitliche Vorverlagerung** der Einbeziehung in die Masse des Sekundärinsolvenzverfahrens. Daraus folgt freilich nicht, dass der Sekundärverwalter auch andere Rechte in Bezug auf Gegenstände hätte, die zwar im Sekundärverfahrenstaat belegen waren und sodann *vor* der Eröffnung des Sekundärverfahrens ausgeschieden sind. **Allgemeine zivilrechtliche Rückforderungsansprüche** beispielsweise nach § 812 BGB richten sich ggf. nicht nach dem Insolvenzstatut und Art. 47 Abs. 2 lit. m) iVm Art. 35. Sie darf der Sekundärverwalter nur geltend machen, wenn die **Forderung selbst bei Eröffnung im Sekundärverfahrenstaat belegen** ist, Art. 2 Nr. 9 lit. viii). Richtig ist nur, dass der Begriff der Anfechtung jedenfalls alle Klagen iSd des Art. 7 Abs. 2 lit. m) erfasst.[43] Es gilt dann auch Art. 16. „Verlängerte" **Klagen bei Verlust und Vereitelung des Rückholrechts** nach Verfahrenseröffnung sind stets unproblematisch, weil der ursprüngliche Gegenstand dann der Masse zugehörte.

19 Führt der Hauptverwalter einen **Prozess über einen Massegegenstand** und erfolgt sodann die Eröffnung des Sekundärverfahrens, dessen Masse der Gegenstand zugehört, so soll der Prozess nach teilweise vertretener Ansicht einzustellen sein, wenn der Sekundärverwalter den Gegenstand zur Masse des Sekundärverfahrens ziehen will.[44] Richtigerweise richtet sich die Folge des Verlusts der Prozessführungsbefugnis aber nach der lex fori, also dem Prozessrecht des Forums. Eine „Einstellung" ist durch die EuInsVO nicht vorgesehen. Nach deutschem Prozessrecht würde sich die Klage erledigen, denkbar wäre aber ein Parteiwechsel.

V. Beachtung des lokalen Rechts (Art. 21 Abs. 3)

20 Art. 21 Abs. 3 enthält eine Kollisionsnorm und zugleich eine Schranke für die Ausübung der Verwalterbefugnisse. Der Verwalter hat insoweit das Recht des Mitgliedstaats zu beachten, in dem er handeln will. Damit ist über das anwendbare Recht entschieden. Gemeint sind **nichtinsolvenzspezifische Regeln** wie zB Arbeitsschutzbestimmungen bei Fortführung des Betriebs, Ausfuhrverbote,[45] öffentlich-rechtliche Vorschriften, aber insbesondere auch Regeln über die Art und Weise der Verwertung.[46] Hier sind **Abgrenzungsfragen** vorprogrammiert, denn die grundsätzliche Frage der Verwertungsbefugnis im Hinblick auf den Massegegenstand (das Ob) richtet sich zunächst nach der lex fori concursus. Auch der universale Vermögensbeschlag als solcher wird nicht berührt. Unter die lex fori concursus gehört auch die grundsätzliche Entscheidung darüber, ob der Gegenstand freihändig veräußert werden darf.[47] Nur im Falle einer solchen Veräußerung oder einer etwa erforderlichen Versteigerung im Belegenheitstaat sind dessen Verfahrensregeln einzuhalten; nicht indessen, wenn der Verwalter die Gegenstände zunächst in den Eröffnungsstaat zurückführt und dann dort verwertet. Fraglich ist, ob es sich bei den Vorschriften über die **Pfändbarkeit** von Gegenständen um Regelungen über die Art und Weise der Verwertung handelt. Richtigerweise sollte man es hier bei der **lex fori concursus** belassen, da diese den Masseumfang determiniert.[48]

21 Soll in dem Staat, in dem der Verwalter tätig wird, der Ausübung der Befugnisse **widersprochen** werden, gelten die **allgemeinen Regeln**. Ein gesonderter **Rechtsbehelf** ist in der EuInsVO nicht vorgesehen.[49] Teilweise wird unter Hinweis auf den Erläuternden Bericht zum EuInsÜ danach differenziert, ob sich der Einwand gegen den Inhalt der Befugnis oder nur gegen die Modalität deren Ausübung richtet. Danach seien im ersten Fall die Gerichte des Eröffnungsstaates zuständig, im

---

[43] *Paulus,* Europäische Insolvenzverordnung, Art. 21 Rn. 20.
[44] So *Paulus,* Europäische Insolvenzverordnung, Art. 21 Rn. 24.
[45] *Virgos/Schmit,* Erläuternder Bericht, Rn. 164b; Duursma-Kepplinger/Duursma/Chalupsky/*Duursma-Kepplinger/Chalupsky* Art. 18 Rn. 21; *Garasic,* Anerkennung ausländischer Insolvenzverfahren, 2005, S. 69; Geimer/Schütze/*Gruber,* Int. Rechtsverkehr, B Vor I 20b, Art. 18 Rn. 7 = Haß/Huber/Gruber/Heiderhoff/*Gruber* Art. 18 Rn. 7; KPB/*Skauradszun* Art. 21 Rn. 17; A. Schmidt/*Undritz,* EuInsVO, Art. 21 Rn. 11.
[46] → 2. Aufl., Art. 18 Rn. 14.
[47] Ebenso *Ahrens,* Rechte und Pflichten ausländischer Insolvenzverwalter, 2002, S. 308; *Garasic,* Anerkennung ausländischer Insolvenzverfahren, 2005, S. 68; Geimer/Schütze/*Gruber,* Int. Rechtsverkehr, B Vor I 20b, Art. 18 Rn. 8 = Haß/Huber/Gruber/Heiderhoff/*Gruber* Art. 18 Rn. 8; Rauscher/*Mäsch,* EuZPR/EuIPR, 4. Aufl., Art. 18 EG-InsVO Rn. 9; A. Schmidt/*Undritz,* EuInsVO, Art. 21 Rn. 12; → 2. Aufl., Art. 18 Rn. 13 mwN; MüKoBGB/*Kindler* Art. 21 Rn. 14.
[48] Anders mit beachtlichen Gründen auch für Anknüpfung an den Zweitstaat *Haas,* FS Gerhardt, S. 319, 324 ff. (insbesondere unter Hinweis auf Art. 18 Abs. 3 EuInsVO 2000); *Hess,* Europäisches Zivilprozessrecht, § 9 Rn. 51; wie hier wie hier *Paulus,* Europäische Insolvenzverordnung, Art. 7 Rn. 24; → 2. Aufl., Art. 18 Rn. 16; Rauscher/*Mäsch,* EuZPR/EuIPR, 4. Aufl., Art. 18 EG-InsVO Rn. 11.
[49] *Virgos/Schmit,* Erläuternder Bericht, Rn. 166.

zweiten Fall diejenigen Stellen, in denen der Insolvenzverwalter gehandelt habe.[50] Die so behauptete Zuständigkeitszuweisung wird nicht begründet. Man könnte für das Hauptverfahren die internationale Zuständigkeit allenfalls auf Art. 6 stützen,[51] dann ist eine Abänderung der Befugnisse des Verwalters gleichfalls dort vorzunehmen. Entscheidend ist, dass die Verwalterbefugnisse und die Verwalterbestellung automatisch anzuerkennen sind. Damit darf sich ein Zweitstaat nicht in Widerspruch setzen, indem er die Befugnis des Verwalters generell und nicht bloß im Hinblick auf Art und Weise der Verwertung in Frage stellt.

Art. 22 Nachweis der Verwalterbestellung

Die Bestellung zum Verwalter wird durch eine beglaubigte Abschrift der Entscheidung, durch die er bestellt worden ist, oder durch eine andere von dem zuständigen Gericht ausgestellte Bescheinigung nachgewiesen.
[1]Es kann eine Übersetzung in die Amtssprache oder eine der Amtssprachen des Mitgliedstaats, in dessen Hoheitsgebiet er handeln will, verlangt werden. [2]Eine Legalisation oder eine entsprechende andere Förmlichkeit wird nicht verlangt.

I. Normzweck

Die Vorschrift knüpft an den Umstand an, dass für die Verwalterbefugnisse die lex fori concursus gilt (→ Art. 21 Rn. 6) und die Verwalterbestellung in den anderen Mitgliedstaaten automatisch anzuerkennen ist. Art. 22 begründet **kein Anerkennungshindernis**, reagiert aber auch die praktische Notwendigkeit für den Verwalter, seine Bestellung und damit auch seine Handlungsbefugnisse in vielen Situationen nachweisen zu können. Das betrifft etwa den Fall, dass der Verwalter gemäß Art. 28 die öffentliche Bekanntmachung der Verfahrenseröffnung beantragt, oder um Eintragungen in öffentliche Register nach Maßgabe des Art. 29 nachsucht. Die EuInsVO kennt darüber hinaus beispielsweise das Antragsrecht des Verwalters auf Eröffnung eines Sekundärverfahrens nach Art. 37 lit. a) und andere Antragsrechte (Art. 45, 46), bei denen jeweils die Bestellung des Verwalters nachzuweisen ist. Art. 33 wird auch über die in der EuInsVO explizit genannten Befugnisse des Verwalters hinaus auch in allen anderen Fällen relevant, in denen der Verwalter von seinen ihm nach der lex fori concursus gewährten Befugnissen Gebrauch machen will. Indessen bezieht sich Art. 22 nur auf die **Verwalterbestellung als solche,** nicht aber auf den Umfang der Befugnisse. Selten klar formulierter **Kerninhalt des Art. 22** ist, dass der Nachweis der Bestellung (aber eben auch nur dieser) durch die beglaubigte Abschrift der Bestellungsentscheidung oder eine andere vom zuständigen Gericht ausgestellte Bescheinigung geführt ist, ohne dass der Zweitstaat diese Bescheinigung in Frage stellen darf, indem er beispielsweise zum Nachweis der Echtheit der Urkunde auffordert. Eine Einschränkung, wie sie Art. 53 Abs. 1 EuGVVO aF enthielt, wonach die für die Beweiskraft erforderlichen Voraussetzungen zu erfüllen sind, ist in der EuInsVO für diese Frage nicht enthalten. Art. 22 bindet nicht nur die mitgliedstaatlichen Gerichte, sondern jede Person oder Stelle, die vom Verwalter zur Unterstützung oder Durchführung seiner Aufgaben angegangen wird.[1] Auch eine sonstige formale Legalisierung o.ä. wird nicht verlangt.[2] Anders als in Art. 2 des Istanbuler Übereinkommens vorgesehen, hat der Verordnungsgeber bewusst auf ein Einheitsmuster für die Bescheinigung verzichtet,[3] weil dies wegen der unterschiedlichen Rechtsstellungen und Bestellungsakte der Verwalter in den Mitgliedstaaten ohnedies nicht viel weitergeholfen hätte.[4]

II. Voraussetzungen

1. Bestellung als Verwalter. Art. 22 gilt für jeden in Anhang B genannten Verwalter iSd Art. 2 Nr. 5; praktische Bedeutung hat er namentlich für den Hauptinsolvenzverwalter, der häufiger als ein Sekundärinsolvenzverwalter grenzüberschreitend tätig sein wird,[5] für den Sekundärverwalter in den Fällen des Art. 21 Abs. 2. Damit ist für Deutschland **auch der vorläufige Verwalter** direkt erfasst,[6] da er in Anhang B genannt ist und auch sachlich kein Grund besteht, im Hinblick auf die gleichermaßen bestehenden Nachweisschwierigkeiten zu differenzieren. Erfasst ist nach → Rn. 1 nur der Bestellungs-

---

[50] Pannen/*Pannen/Riedemann* Art. 18 Rn. 56; *Paulus,* Europäische Insolvenzverordnung, Art. 21 Rn. 32.
[51] → Art. 6 Rn. 8 ff.
[1] *Paulus,* Europäische Insolvenzverordnung, Art. 22 Rn. 3.
[2] *Virgos/Schmit,* Erläuternder Bericht, Rn. 169.
[3] *Virgos/Schmit,* Erläuternder Bericht, Rn. 167.
[4] So MüKoBGB/*Kindler* Art. 22 Rn. 3.
[5] MüKoBGB/*Kindler* Art. 22 Rn. 4.
[6] *Paulus,* Europäische Insolvenzverordnung, Art. 22 Rn. 4.

akt als solcher, nicht etwa eine weitere Entscheidung, mit der dem Verwalter bestimmte Befugnisse verliehen oder übertragen werden; ihre Anerkennung richtet sich nach Art. 32 Abs. 1 Unterabs. 1. Eine solche Entscheidung wird gemäß Art. 32 Abs. 1 Unterabs. 1 S. 2 gemäß der EuGVVO vollstreckt. Für das deutsche Recht sind damit von Art. 22 erfasst der Insolvenzeröffnungsbeschluss, der die Verwalterbestellung enthält (§ 27 Abs. 2 InsO), oder die Bestellungsurkunde iSd § 56 Abs. 2 S. 1 InsO.[7]

3   **2. Vorlage einer beglaubigten Abschrift oder Bescheinigung.** Für den Nachweis reicht die Beglaubigung einer Abschrift der Bestellungsentscheidung oder eine andere vom zuständigen Bestellungsgericht ausgestellte Bescheinigung über die Bestellung. **Eine Legalisation** oder andere Förmlichkeit wird **nicht verlangt,** wie es in Art. 22 S. 2 ausdrücklich heißt. Damit entfällt die Notwendigkeit einer Bestätigung der Echtheit nach § 13 Abs. 1 KonsG durch den deutschen Konsularbeamten weg.[8] Eine solche Überbeglaubigung, wie sie auch § 438 Abs. 2 ZPO verlangt, ist weder erforderlich noch darf sie vom Zweitstaat gefordert werden. Auch eine Apostille nach dem Haager Übereinkommen vom 5.10.1961 zur Befreiung ausländischer öffentlicher Urkunden von der Legalisation[9] ist nicht verlangt oder vorauszusetzen, ebenso wenig in Gestalt einer Zwischenbeglaubigung durch eine Behörde des Errichtungsstaats.[10]

4   Nach dem Wortlaut des Art. 22 gilt das Beglaubigungserfordernis nur für die Abschrift der Bestellungsentscheidung, **nicht für die ausgestellte Bescheinigung.** Indessen wird man es ausreichen und zugleich auch einfordern können, dass eine **Abschrift der Bescheinigung** ebenfalls beglaubigt wird. Die Beglaubigung muss nach den Vorschriften des Bestellungsstaats und von einer nach diesem Recht dazu ermächtigten Person erfolgen;[11] der Zweitstaat kann nicht die Beglaubigung deshalb nicht anerkennen, weil die Beglaubigung nach dem Recht des Zweitstaates zusätzliche Voraussetzungen erforderte. Die Beglaubigung nach dem Herkunftsstaat kann zu praktischen Problemen führen, wenn im Herkunftsstaat eine anderen als das den Verwalter bestellende Gericht die Beglaubigung vornimmt; es muss dann geprüft werden, ob diese Stelle zur Beglaubigung ermächtigt ist.[12] Der Verwalter sollte sich den Bestellungsakt daher vorsorglich gleich nach seiner Bestellung durch das Insolvenzgericht beglaubigen lassen.

5   Ob die **Kosten der Beglaubigung** Kosten des Insolvenzverfahrens sind[13] oder vom Verwalter zu tragen sind, entscheidet richtigerweise nach Art. 7 Abs. 2 S. 2 lit. g) die lex fori concursus. Die Kostenregelungen in Art. 30 können demnach nicht ohne weiteres entsprechend angewendet werden. Im deutschen Insolvenzverfahren sind Beglaubigungskosten allerdings als Auslagen des Verwalters und damit als Masseverbindlichkeiten zu behandeln (dazu auch → § 53 Rn. 20); Entsprechendes gilt für Übersetzungskosten in Fällen des Abs. 2.

6   **3. Übersetzung, Art. 22 S. 2.** Nach Art. 22 S. 2 kann eine Übersetzung in die **Amtssprache** oder eine der Amtssprachen des Staats, in dem der Verwalter handeln will, verlangt werden. Die Vorschrift ist Art. 55 Abs. 2 S. 1 EuGVVO aF nachgebildet. Eine Beglaubigung der Übersetzung ist nicht vorgesehen. Da indessen die Übersetzung zur Grundlage bei weiteren Entscheidungen im Zweitstaat werden kann, ist es sachgerecht, wenn entsprechend Art. 55 Abs. 2 S. 2 EuGVVO aF bzw. Art. 57 Abs. 3 EuGVVO auch eine Beglaubigung der Übersetzung verlangt werden kann,[14] wie dies in § 347 Abs. 1 InsO für das autonome deutsche Recht auch vorgesehen ist. Dafür spricht auch der Erläuternde Bericht.[15] Insoweit reicht aber neben der Beglaubigung durch zuständige Stellen im Herkunftstaat der Entscheidung auch die Beglaubigung durch eine dazu nach den Regeln des Zweitstaats zur Beglaubigung ermächtigte Person.

---

[7] MüKoBGB/*Kindler* Art. 22 Rn. 6; Pannen/*Pannen/Riedemann* Art. 19 Rn. 4.
[8] Rauscher/*Mäsch*, EuZPR/EuIPR, 4. Aufl., Art. 19 EG-InsVO Rn. 4.
[9] BGBl. 1965 II S. 875.
[10] Rauscher/*Mäsch*, EuZPR/EuIPR, 4. Aufl., Art. 19 EG-InsVO Rn. 4.
[11] Virgos/Schmit, Erläuternder Bericht, Rn. 168; Duursma-Kepplinger/Duursma/Chalupsky/*Duursma-Kepplinger/Chalupsky* Art. 19 Rn. 3 mit Fn. 3; MüKoBGB/*Kindler* Art. 22 Rn. 5.
[12] → 2. Aufl., Art. 19 Rn. 6.
[13] So MüKoBGB/*Kindler* Art. 22 Rn. 7; Duursma-Kepplinger/Duursma/Chalupsky/*Duursma-Kepplinger/Chalupsky* Art. 19 Rn. 4; Pannen/*Pannen/Riedemann* Art. 19 Rn. 10; für Kosten des Verwalters Geimer/Schütze/*Gruber*, Int. Rechtsverkehr, B Vor I 20b, Art. 19 Rn. 3 = Haß/Huber/Gruber/Heiderhoff/*Gruber* Art. 19 Rn. 3.
[14] Rauscher/*Mäsch*, EuZPR/EuIPR, 4. Aufl., Art. 19 EG-InsVO Rn. 5; über Art. 37 Abs. 2 EuGVVO MüKoBGB/*Kindler* Art. 22 Rn. 9; → 2. Aufl., Art. 19 Rn. 7; Duursma-Kepplinger/Duursma/Chalupsky/*Duursma-Kepplinger/Chalupsky* Art. 19 Rn. 6; FKInsO/*Wenner/Schuster* Rn. 3; Geimer/Schütze/*Gruber*, Int. Rechtsverkehr, B Vor I 20b, Art. 19 Rn. 3 = Haß/Huber/Gruber/Heiderhoff/*Gruber* Art. 19 Rn. 3; ungenau HKInsO/*Schultz* Art. 22 Rn. 5; LSZ/*Smid*, Int. Insolvenzrecht, Art. 19 Rn. 4; A. Schmidt/*Undritz*, EuInsVO, Art. 22 Rn. 3.
[15] Virgos/Schmit, Erläuternder Bericht, Rn. 9.

III. Rechtsfolge

Wird der Nachweis erbracht, kann die Bestellung des Verwalters nicht mehr in Frage gestellt werden. Zusätzliche Anforderungen an den Nachweis dürfen nicht gestellt werden. Der Nachweis der **von Art. 22 nicht geregelten Befugnisse** ist demgegenüber in der EuInsVO auch im Übrigen nicht behandelt. Es handelt sich im Ansatz um eine Ermittlungsfrage bei Anwendung der aus Sicht des Zweitstaats ausländischen lex fori concursus. Ggf. kann es genügen, wenn sich der Verwalter im Eröffnungsstaat eine ggf. auch formlose[16] Bescheinigung über seine Befugnisse ausstellen lässt.[17] Im englischen Fall MG Rover hat etwa der High Court of Justice Birmingham zu diesem Zweck *supplemental orders* erlassen.[18] Ob eine solche Bescheinigung als hinreichender Nachweis des Umfangs der Befugnisse ausreicht, muss dann die lex fori (nicht die lex fori concursus) bzw. das Recht des Staats, in dem der Verwalter tätig werden will, entscheiden. Die lex fori entscheidet auch, ob der Verwalter die **Darlegungs- und Beweislast für den Umfang der Befugnisse** trägt,[19] was aber in der Tat meist der Fall sein wird. Insgesamt sollten mitgliedstaatliche Gerichte im Lichte der in der Art. 22 zum Ausdruck gekommenen Wertungen die Nachweishürden für den Umfang der Befugnis nicht übermäßig hoch schrauben.

7

Art. 23 Herausgabepflicht und Anrechnung

(1) Ein Gläubiger, der nach der Eröffnung eines Insolvenzverfahrens nach Artikel 3 Absatz 1 auf irgendeine Weise, insbesondere durch Zwangsvollstreckung, vollständig oder teilweise aus einem Gegenstand der Masse befriedigt wird, der im Hoheitsgebiet eines anderen Mitgliedstaat belegen ist, hat vorbehaltlich der Artikel 8 und 10 das Erlangte an den Verwalter herauszugeben.

(2) Zur Wahrung der Gleichbehandlung der Gläubiger nimmt ein Gläubiger, der in einem Insolvenzverfahren eine Quote auf seine Forderung erlangt hat, an der Verteilung im Rahmen eines anderen Verfahrens erst dann teil, wenn die Gläubiger gleichen Ranges oder gleicher Gruppenzugehörigkeit in diesem anderen Verfahren die gleiche Quote erlangt haben.

Literatur: *Beck*, Verteilungsfragen im Verhältnis zwischen Haupt- und Sekundärinsolvenzverfahren nach der EuInsVO, NZI 2007, 1

Übersicht

	Rn.		Rn.
I. Normzweck	1	III. Quotenanrechnung nach Art. 23 Abs. 2	19
II. Herausgabeanspruch (Art. 23 Abs. 1)	4	1. Voraussetzungen	19
1. Verhältnis zum nationalen Recht	4	a) Erlangung einer Quote	19
2. Eröffnung eines Hauptverfahrens	7	b) In einem anderen Insolvenzverfahren	20
3. Befriedigung eines Gläubigers	9	2. Rechtsfolge	21
4. Gegenstand der Masse	11	a) Begrenzung auf 100%	22
5. Belegenheit in einem anderen Mitgliedstaat	12	b) Anmeldung in voller Höhe	23
		c) Sperrwirkung	24
6. Zeitpunkt der Belegenheit	13	d) Rang	25
7. Befriedigung nach Eröffnung	15	3. Rechenbeispiel	27
8. Ausnahmen	16	4. Mehrerlös	30
9. Inhalt	17	IV. Auskunftsansprüche	32

I. Normzweck

Die Norm zielt unverändert gegenüber Art. 20 EuInsVO 2000 einheitlich auf die Wahrung der **Gläubigergleichbehandlung** ab. Dieses Prinzip ist ihrerseits begründet durch die damit verbunde-

1

---

[16] Das hält für ausreichend MüKoBGB/*Kindler* Art. 22 Rn. 12.
[17] *Virgos/Schmit*, Erläuternder Bericht, Rn. 170; *Pannen/Pannen/Riedemann* Art. 19 Rn. 11.
[18] High Court of Justice Birmingham v. 11.5.2005 – 2375 bis 2382/05 = NZI 2005, 515 – MG Rover II; dazu *Penzlin/Riedemann* NZI 2005, 517, 518.
[19] Zu pauschal *Virgos/Schmit*, Erläuternder Bericht, Rn. 170; MüKoBGB/*Kindler* Art. 22 Rn. 11.

nen Effizienzvorteile beim Andrängen auf das knappe Vermögen des Schuldners. Mit Art. 23 soll die Einheitlichkeit des Ausschüttungssystems gewahrt werden.[1] Die Vorschrift hat keinen kollisionsrechtlichen Gehalt, sondern ist eine Norm des materiellen Insolvenzrechts.

2 Art. 23 Abs. 1 hält zunächst eine **echte europäische Anspruchsgrundlage** vor, nach der ein Gläubiger, der nach Eröffnung aus einem Gegenstand der Masse Befriedigung erlangt hat, das Erlangte an den Verwalter herauszugeben hat, soweit nicht der Zugriff auf den Gegenstand auf der Grundlage von Art. 8 und 10 mit Recht erfolgte. Dadurch wird insbesondere die Zeitspanne abgedeckt, die sich trotz der Universalitätswirkung unvermeidlicherweise zwischen der Verfahrenseröffnung und dessen tatsächlicher Auswirkung und dem Bekanntwerden in den anderen Mitgliedstaaten ergibt. Es dient der **Sicherung der quotenmäßigen Verteilung,** weil sich der Gläubiger nicht gegenüber anderen Gläubigern einen Vorteil verschaffen soll, sondern der Gläubiger auf die spätere quotale Verteilung verwiesen ist.

3 Art. 23 Abs. 2 enthält eine **Anrechnungsvorgabe.** Neben der Individualanmeldung kennt Art. 45 Abs. 2 eine Sammelanmeldung durch einen Verwalter in konkurrierenden Verfahren; die Regelung wirft einige Zweifelsfragen auf.[2] Um wegen der möglichen Mehrfachanmeldung eine Überzahlung an einen Gläubiger zu vermeiden, muss die EuInsVO in der Konsequenz einen Anrechnungsmechanismus vorsehen. In Art. 23 Abs. 2 wird mit dem ausdrücklichen Ziel, die Gleichbehandlung der Gläubiger zu wahren, vorgesehen, dass ein Gläubiger, der in einem Verfahren bereits eine Quote erlangt hat, bei der Verteilung in anderen Verfahren erst dann berücksichtigt wird, wenn die gleichrangigen Gläubiger die gleiche Quote erlangt haben[3] **(konsolidierte Quotenberücksichtigung).**[4]

II. Herausgabeanspruch (Art. 23 Abs. 1)

4 **1. Verhältnis zum nationalen Recht.** Die Vorschrift gibt einen echten **materiellen Herausgabeanspruch** des Verwalters auf das „Erlangte". Damit werden das Fehlen einer solchen Anspruchsgrundlage in manchen nationalen Insolvenzgesetzen und die Schwierigkeiten eines Bereicherungsanspruchs oder der Konstruktion anderer Ansprüche überwunden.[5]

5 Fraglich ist, wie sich dieser Anspruch **zu Ansprüchen aus dem nationalen Recht** verhält. Soweit dazu überhaupt Stellung genommen wird, wird angenommen, das nationale Recht werde verdrängt,[6] für das deutsche Recht also Ansprüche nach § 812 BGB, ggf. auch bei Befriedigung durch Vollstreckung § 280 Abs. 1 BGB iVm § 89 Abs. 1 InsO[7] und §§ 823 Abs. 1, 823 Abs. 2 BGB iVm § 89 InsO.[8] Daran ist richtig, dass im Interesse der einheitlichen Auslegung die Anspruchsgrundlage in Tatbestand und Rechtsfolge autonom ausgelegt und interpretiert werden sollte, und nicht nach der lex fori (concursus) oder der lex rei sitae oder einem anderen Recht (näher → Rn. 17). Eine andere Frage ist aber, ob **Anspruchsgrundlagen des nationalen Rechts** gesperrt sind. Insofern gilt es zu beachten, dass Art. 23 Abs. 1 von vornherein nur die Fälle erfasst, in denen der Vermögensgegenstand, aus dem die Befriedigung erfolgt, in einem anderen als dem Eröffnungsstaat belegen ist. Wird aus einem im Eröffnungsstaat belegenen Gegenstand Befriedigung erlangt, bleibt es bei der Anwendbarkeit der lex fori concursus. Nach Art. 7 Abs. 2 lit. f) bestimmt das Insolvenzstatut, welche Auswirkungen die Verfahrenseröffnung auf Rechtsverfolgungsmaßnahmen einzelner Gläubiger hat. Art. 23 kommt daher ohnedies nur in den verbleibenden Fällen der Belegenheit des Gegenstands in einem anderen Mitgliedstaat (→ Rn. 12) zum Tragen. In diesem Fall ist aber davon auszugehen, dass nach dem Deliktsstatut oder Bereicherungsstatut oder dem Insolvenzstatut bestehende Rechte **nicht ausgeschlossen** werden. Art. 23 enthält keine Begrenzung der Verwalterbefugnisse, sondern soll sicherstellen, dass dem Verwalter einheitlich eine Anspruchsgrundlage zur Verfü-

---

[1] Virgos/Garcimartin, European Insolvency Regulation, 2004, Rn. 248.
[2] Paulus, Europäische Insolvenzverordnung, Art. 32 Rn. 3 ff.
[3] Zur Berechnung Gebauer/Wiedmann/Haubold, Zivilrecht unter europäischem Einfluss, Kap. 32 Art. 20 Rn. 179.
[4] Duursma-Kepplinger/Duursma/Chalupsky/Duursma-Kepplinger/Chalupsky Art. 20 Rn. 3. Zur Regel des BGH nach autonomen Recht BGHZ 88, 147, 153 ff. = NJW 1985, 2897.
[5] Duursma-Kepplinger/Duursma/Chalupsky/Duursma-Kepplinger/Chalupsky Art. 20 Rn. 22; Geimer/Schütze/Gruber, Int. Rechtsverkehr, B Vor I 20b, Art. 20 Rn. 2; MüKoBGB/Kindler Art. 23 Rn. 5. Zum englischen Recht vgl. Fletcher, Insolvency in International Private Law, 1999, S. 289, 86 ff. mwN.
[6] MüKoBGB/Kindler Art. 23 Rn. 5; Duursma-Kepplinger/Duursma/Chalupsky/Duursma-Kepplinger/Chalupsky Art. 20 Rn. 22.
[7] So MüKoBGB/Kindler Art. 23 Rn. 5 mit Fn. 9. Als Schuldverhältnis kommt aber richtigerweise nur eine etwaige Vertragsbeziehung, nicht die „Insolvenz" in Betracht, es liegt auch ein Unterschied zu der Vollstreckung in schuldnerfremde Sachen vor, dort BGHZ 58, 204, 210.
[8] Trunk, Internationales Insolvenzrecht, S. 160.

gung zur Herausgabe des „Erlangten" steht. Damit ist eine Einrede des Wegfalls der Bereicherung gesperrt, aber umgekehrt nicht ausgeschlossen, dass weitergehende, konkurrierende Ansprüche in Betracht kommen, beispielsweise Schadensersatzansprüche gegen den Gläubiger. Dass der Verordnungsgeber solche ggf. verschuldensabhängigen Ansprüche ausschließen wollte, ist weder ersichtlich noch wäre es gerechtfertigt, wenn der Schadensersatz über das Erlangte hinausgeht (dazu noch → Rn. 31).

Ebenfalls keine Regelung trifft Art. 23 Abs. 1 für **Rückforderungsansprüche** wegen Anfechtung und für die Rückforderung wegen Verstoßes gegen die Rückschlagsperre. Beide Ansprüche knüpfen an Rechtshandlungen vor Verfahrenseröffnung an; hier gilt ausschließlich und auch für die Rückschlagsperre Art. 7 Abs. 2 lit. m)[9] Hat der Gläubiger vor Verfahrenseröffnung ein insolvenzfestes **Pfändungspfandrecht** erworben, kann er als dinglich gesicherter Gläubiger iSd Art. 8 auch nach Eröffnung Befriedigung suchen. 6

2. Eröffnung eines Hauptverfahrens. Art. 23 Abs. 1 bezieht sich auf Art. 3 Abs. 1 und meint damit die Eröffnung eines Hauptinsolvenzverfahrens am Mittelpunkt der hauptsächlichen Interessen des Schuldners. Die Eröffnung eines Sekundärverfahrens genügt wegen dessen territorialer Beschränkung nicht.[10] Das ist eigentlich nur folgerichtig, wenn man für Art. 23 richtigerweise beim maßgeblichen Zeitpunkt (→ Rn. 13) verlangt, dass der Gegenstand zumindest auch im Zeitpunkt der Eröffnung des Verfahrens in dem anderen Mitgliedstaat belegen war, denn dann kann die in Art. 23 Abs. 1 genannte Situation tatsächlich nicht für das Sekundärverfahren eintreten.[11] Bei alleiniger Maßgeblichkeit eines späteren Zeitpunkts, wie es richtig ist (→ Rn. 13), wäre es denkbar, dass der Gegenstand bei Eröffnung des Sekundärverfahrens zu dessen Masse gehört, dann verbracht wird und sodann in einem anderen Mitgliedstaat die Befriedigung daraus gesucht worden ist. In einem solchen Fall würde dem Verwalter des Sekundärverfahrens Art. 21 Abs. 2 S. 1 nach Befriedigung nur helfen, wenn man damit auch die Befugnis zu einer verlängerten Klage verbindet (dazu → Art. 21 Rn. 18). Nur unter dieser Prämisse ist ausgeschlossen, dass die von Art. 23 erfasste Situation auch für das Sekundärverfahren relevant wird. 7

Ist **umgekehrt das Sekundärverfahren eröffnet,** so erfasst es die Gegenstände, die im Zeitpunkt der Eröffnung des Sekundärverfahrens in diesem Mitgliedstaat belegen sind; dadurch wird zugleich der Zugriff des Verwalters des Hauptverfahrens und damit auch Art. 23 Abs. 1 begrenzt. Das ergibt sich aus dem Tatbestandsmerkmal „Gegenstand der Masse". Der Gegenstand des Sekundärverfahrens ist dann trotz der Universalitätswirkung des Hauptverfahrens nicht mehr Gegenstand des Hauptinsolvenzverfahrens;[12] außerdem ist der Fall speziell in Art. 23 Abs. 2 geregelt.[13] 8

3. Befriedigung eines Gläubigers. Mit Befriedigung ist die vollständige oder teilweise Erfüllung der offenen Forderung gemeint. Art. 23 kommt naturgemäß nur zum Tragen, wenn sich der Gläubiger gleichsam eigenmächtig Befriedigung verschafft, nicht bei Auszahlungen durch den Verwalter und nicht bei Zahlung durch den **eigenverwaltenden Schuldner.** Die Regelung unterscheidet nach seinem Wortlaut nicht nach der Stellung des Gläubigers. Es geht vorrangig um ungesicherte Gläubiger bzw. Insolvenzgläubiger,[14] doch ist das **keine rechtliche Einschränkung** des Gläubigerbegriffs, sondern ergibt sich aus dem Vorbehalt in Abs. 1 zugunsten des Art. 8. Soweit ein Recht nach Maßgabe der dort relevanten autonomen Auslegung ein dingliches Recht ist, kann sich der Rechtsinhaber aus dem Sicherungsgut befriedigen. Das gilt im deutschen Recht für Aussonderungs- und Absonderungsrechte.[15] Art. 8 setzt voraus, dass der Sicherungsgegenstand zum Zeitpunkt der Eröffnung in einem anderen als dem Eröffnungsstaat belegen ist, zum Zeitpunkt bei Art. 23 → Rn. 13. Art. 23 Abs. 1 bleibt aber anwendbar, soweit der dingliche Rechtsinhaber einen **Übererlös** erzielt. Diesen muss er schon ausweislich des Erwägungsgrunds Nr. 68 aE an den Verwalter des Hauptverfahrens abführen, soweit kein Sekundärverfahren eröffnet ist. Dazu kann Art. 23 Abs. 1 bei Vorliegen der weiteren Voraussetzungen eine **Anspruchsgrundlage** liefern. 9

Die **Art und Weise der Befriedigung** ist unerheblich, Art. 23 Abs. 1 nennt nur als Beispiel die Zwangsvollstreckung, wobei es auf die in Deutschland bekannten Feinheiten, wann Erfüllung iSd § 362 BGB bei Zahlung an den Gerichtsvollzieher eintritt, nicht ankommt.[16] Daher ist **jede Art der individuellen Rechtsverfolgung** erfasst wie eine freiwillige Leistung des Schuldners, Erfüllungssurro- 10

---

[9] Stehle DZWIR 2008, 53, 55 f.
[10] MüKoBGB/Kindler Art. 23 Rn. 6; Paulus, Europäische Insolvenzverordnung, Art. 23 Rn. 3.
[11] Vgl. auch Paulus, Europäische Insolvenzverordnung, Art. 23 Rn. 3.
[12] Vgl. auch Rauscher/Mäsch, EuZPR/EuIPR, 4. Aufl., Art. 20 EG-InsVO Rn. 8.
[13] Pannen/Pannen/Riedemann Art. 20 Rn. 9.
[14] Darauf beschränkt MüKoBGB/Kindler Art. 23 Rn. 8.
[15] → Art. 8 Rn. 17a.
[16] Dazu Thole JURA 2010, 605.

gate, die Befreiung von einer Verbindlichkeiten, die Erfüllung der Forderungen durch einen gesetzlichen Erwerbstatbestand.[17] Auch die **Aufrechnung** ist erfasst, aber nicht soweit sie nach Art. 9 insolvenzfest ist,[18] denn die Aufrechnung wurde schon immer einer Sicherung im Wesentlichen gleichgesetzt.[19] Einer Mitwirkung des Schuldners bedarf es nicht.[20] Ob die lex fori concursus gemäß Art. 7 Abs. 2 S. 2 lit. c) und f) die individuelle Rechtsverfolgung (eingeschränkt) zulässt, ist unerheblich; Art. 23 **versagt** dem Gläubiger das **Recht auf ein Behaltendürfen des Erlöses**.

11 **4. Gegenstand der Masse.** Der Befriedigungserfolg muss aus einem Gegenstand der Masse herrühren. Was Massegegenstand ist, wird gemäß Art. 7 Abs. 2 S. 2 lit. b) nach der lex fori concursus beurteilt, nicht nach der lex rei sitae und ist auch bei Art. 23 **nicht autonom zu definieren**.[21] Insolvenz- und beschlagfreies Vermögen gehört demnach nicht dazu. Bei Eröffnung eines Sekundärverfahrens sind die diesem Verfahren zugehörigen Gegenstände nicht mehr Bestandteil der Masse des Hauptinsolvenzverfahrens in diesem Sinne (→ Rn. 8). Das Erlangte und der ursprüngliche Massegegenstand müssen naturgemäß nicht identisch sein. So ist das Erlangte bei einer Banküberweisung vom Schuldner aus massegebundenem Kontoguthaben der Auszahlungsanspruch gegen die Empfängerbank, der der Masse nie zustand.

12 **5. Belegenheit in einem anderen Mitgliedstaat.** Die Belegenheitsort ist unter Heranziehung der Definitionsnorm in Art. 2 Nr. 9 zu bestimmen. Art. 23 Abs. 1 erfasst nach seinem Wortlaut nur die Belegenheit in einem anderen Mitgliedstaat. Fraglich ist, ob die Belegenheit in einem **Drittstaat** genügt. Teilweise wird eine ausdehnende (wohl gemeint analoge) Auslegung des Art. 23 Abs. 1 befürwortet,[22] da die EuInsVO den Rückgriff auf das autonome Recht nicht zulasse. Die wohl überwiegende Auffassung lehnt dies ab und weicht auf das autonome Recht des Insolvenzeröffnungsstaats aus, das teils einen eigenen Herausgabeanspruch vorsieht – namentlich im deutschen Recht der Anspruch nach § 342 InsO – oder auf das für solche Herausgabeansprüche anwendbare Sachrecht verweist. Die Begründung für die **analoge Anwendung** erscheint eher zirkulär, weil es gerade die Frage ist, ob Art. 23 einen Anwendungsanspruch erhebt. Vom Zweck der Vorschrift ist die par condicio creditorum in gleicher Weise berührt. Doch kann der damit verbundene Zweck, das vom Vermögensbeschlag umfasste Vermögen umfänglich gegen Einzelzugriffe zu sichern, eben bei Belegenheit in Drittstaaten mangels deren Einbeziehung in die EuInsVO von vornherein nicht ohne weiteres verwirklicht werden. Die Frage sollte daher **de lege ferenda** geklärt werden.[23] Zu Art. 23 Abs. 2 → Rn. 19.

13 **6. Zeitpunkt der Belegenheit.** Der maßgebliche Zeitpunkt der Belegenheit in einem anderen Mitgliedstaat ist in Art. 23 Abs. 1 nicht genannt. Zunächst wäre eigentlich zu fordern, dass der Massegegenstand schon zum **Zeitpunkt der Eröffnung** in einem anderen Mitgliedstaat belegen war, weil sonst die lex fori concursus weiter maßgeblich bliebe und weil sonst der auch in Art. 23 genannte Fall des Art. 8 gar nicht vorliegen würde; die Frage wird aber, soweit ersichtlich, nicht diskutiert.[24] Bei Identität von Eröffnungs- und Belegenheitsstaat gilt nur die lex fori concursus (→ Rn. 7), bei dauerhafter Abweichung ist dies der Normalfall des Art. 23 Abs. 1. Verlangt man daher eine vom Eröffnungsstaat abweichende **Belegenheit schon bei Eröffnung**, könnten allerdings Schutzlücken entstehen, wenn der Gegenstand nach Eröffnung in einen anderen Mitgliedstaat verbracht wird. Der Verwalter kann zwar nach Art. 21 Abs. 1 S. 2 den Gegenstand zurückholen, aber im Zweifel ist damit und mit der lex fori concursus nicht ohne weiteres ein Befugnis zur Herausgabe des Erlangten verbunden (→ Art. 21 Rn. 7). Art. 23 Abs. 1 will aber gerade auch die Unsicherheiten überwinden, die sich ergeben, wenn bei Verbringung des Gegenstands nach Eröffnung ein **Statutenwechsel** angenommen würde und sich die Anknüpfungsmerkmale für allgemeine zivilrechtliche Ansprüche damit ändern. Daher ist auch der Fall, dass der die Abweichung von Belegenheits- und Eröffnungsstaat erst nach Eröffnung eintritt, nicht nur nach der lex fori concursus zu beurteilen, sondern auch von Art. 23 Abs. 1 erfasst.

14 Eine **andere Frage** ist, ob es dann auf den **Ort der Leistungshandlung** oder auf den **Ort des Befriedigungserfolgs** abzustellen ist. Dieser Ort kann insbesondere bei Banküberweisungen

---

17 MüKoBGB/*Kindler* Art. 23 Rn. 9.
18 *Balz* ZIP 1996, 948, 952.
19 Richtig 2. Aufl., Art. 20 Rn. 11; aA MüKoBGB/*Kindler* Art. 23 Rn. 13.
20 *Balz* ZIP 1996, 948, 952.
21 Duursma-Kepplinger/*Duursma*/Chalupsky/*Duursma-Kepplinger*/*Chalupsky* Art. 20 Rn. 9; Pannen/*Pannen*/*Riedemann* Art. 20 Rn. 8; *Paulus*, Europäische Insolvenzverordnung, Art. 23 Rn. 4.
22 In diese Richtung *Kolmann*, Kooperationsmodelle, S. 315; dem im Ergebnis folgend Rauscher/*Mäsch*, EuZPR/EuIPR, 4. Aufl., Art. 20 EG-InsVO Rn. 9.
23 → Art. 19 Rn. 31.
24 Wohl aber so Pannen/*Pannen*/*Riedemann* Art. 20 Rn. 16.

auseinanderfallen[25] oder bei Leistungen durch Schuldner in Gestalt der Versendung einer massezugehörigen Sache. Der Schutzzweck, die par condicio creditorum zu sichern, und das Bestreben, Unsicherheiten im grenzüberschreitenden Kontext zu vermeiden, sprechen dafür, in diesem Fall eine **alternative** Lösung anzunehmen und eine **weite Auslegung** zu favorisieren. Es reicht danach aus, wenn die **Leistungshandlung** im Eröffnungsstaat erfolgt, der Befriedigungserfolg aber im Ausland eintritt oder vice versa.[26] Entscheidend ist daher nur, dass der Massegegenstand entweder zum Zeitpunkt der Leistungshandlung oder zum Zeitpunkt des Befriedigungserfolgs, dh der Erfüllung,[27] in einem anderen Mitgliedstaat belegen ist.

7. Befriedigung nach Eröffnung. Art. 23 Abs. 1 erfasst nur die Befriedigung nach Eröffnung 15 des Hauptverfahrens.[28] Kommt es zur **Befriedigung des Gläubigers vor Eröffnung**, so greift nur die lex fori concursus und namentlich die Insolvenzanfechtung über Art. 7 Abs. 2 S. 2 lit. m).[29] Ob und wann die Erfüllung eingetreten ist, ist anhand des Forderungsstatuts zu ermitteln.[30] Ob dieser Zeitpunkt nach der Eröffnung liegt, hängt davon ab, **welcher Eröffnungsbegriff** maßgeblich ist. Dafür gilt die allerdings wenig aussagekräftige Definition in Art. 2 Nr. 7. Insoweit war unter der EuInsVO 2000 fraglich, ob die Definition der Eurofood-Entscheidung (→ 3. Aufl., Art. 16 Rn. 9 ff.)[31] auch für Art. 20 Abs. 1 EuInsVO 2000 beachtlich ist,[32] oder ob sie im unmittelbaren Kontext der Entscheidung auf Art. 16 EuInsVO 2000 zu begrenzen ist (→ 3. Aufl., Art. 2 Rn. 14). Richtig ist, dass die **jeweils nationalen Vorschriften** idR auf den Zeitpunkt der formellen Verfahrenseröffnung abstellen und dass **Anpassungsprobleme** entstehen, weil ua die Insolvenzanfechtung bei Rechtshandlungen vor formeller Eröffnung und während des Eröffnungsverfahrens eingreift.[33] Die Frage ist nur allgemein lösbar. Gleichwohl nimmt Art. 23 Abs. 1 ausdrücklich auf die Eröffnung nach Art. 3 Abs. 1 Bezug und steht im systematischen Kontext des Art. 19. Es wäre fragwürdig, wenn eine Eröffnung im Sinne der Anerkennungsregeln (→ Art. 19 Rn. 5 ff.) dazu führen würde, dass der Geltungsanspruch dieses Verfahrens europaweit anzuerkennen wäre, aber ein Verbot individueller Rechtsverfolgung für einzelne Gläubiger damit nicht verbunden wäre bzw. sich dieses nur aus der lex fori concursus ergeben könnte. Die Eurofood-Entscheidung zielte gerade darauf ab, nicht nur Zufälligkeiten über den Eröffnungszeitpunkt entscheiden zu lassen. Im grenzüberschreitenden Kontext ergibt es Sinn, dass der einzelne Gläubiger schon bei einer **Eröffnung im unionsrechtlichen Sinne** (→ Art. 2 Rn. 23) von einer individuellen Rechtsverfolgung absieht und damit das kollektive Ausschüttungsverfahren sichert.

8. Ausnahmen. Art. 23 Abs. 1 enthält einen ausdrücklichen Vorbehalt zugunsten der Art. 8 16 und 10. Nicht erfasst von Art. 23 Abs. 1 sind damit die Rechtspositionen der Inhaber dinglicher Rechte iSd Art. 8 sowie die Fälle, in denen sich der Verkäufer aus einem Eigentumsvorbehaltsgut befriedigt. Der Vorbehalt ist ein Rechtsgrundverweis, so dass die tatbestandlichen Voraussetzungen dieser Vorschriften vorliegen müssen. Näher schon → Rn. 9. Es wird darüber hinaus vertreten, die Art. 8 und 10 seien nur exemplarisch genannt; Art. 23 Abs. 1 enthalte ein **ungeschriebenes Tatbestandsmerkmal der Rechtswidrigkeit**,[34] das auf der Grundlage der Verordnung zu bestimmen sei, so dass die (ordnungsgemäße) Teilnahme an einem anderen Verfahren nicht schade.[35] Darin

---

[25] → 2. Aufl., Art. 20 Rn. 5; *Paulus*, Europäische Insolvenzverordnung, Art. 23 Rn. 7.
[26] → 2. Aufl., Art. 20 Rn. 5.
[27] Vgl. Vallender/*Hänel* Art. 23 Rn. 39 f.
[28] Duursma-Kepplinger/Duursma/Chalupsky/*Duursma-Kepplinger/Chalupsky* Art. 20 Rn. 163; Geimer/Schütze/*Gruber*, Int. Rechtsverkehr, B Vor I 20b, Art. 20 Rn. 3 = Haß/Huber/Gruber/Heiderhoff/*Gruber* Art. 20 Rn. 3; Gebauer/Wiedmann/*Haubold*, Zivilrecht unter europäischem Einfluss, Kap. 32 Art. 20 Rn. 178; HKInsO/*Schultz* Art. 23 Rn. 2; KPB/*Skauradszun* Art. 23 Rn. 11; Rauscher/*Mäsch*, EuZPR/EuIPR, 4. Aufl., Art. 23 EG-InsVO Rn. 5; MüKoBGB/*Kindler* Art. 23 Rn. 7; *Paulus*, Europäische Insolvenzverordnung, Art. 23 Rn. 5; LSZ/*Smid*, Int. Insolvenzrecht, Art. 20 Rn. 2; A. Schmidt/*Undritz*, EuInsVO, Art. 23 Rn. 5.
[29] Zur Taktik des Vollstreckungsgläubigers *Stehle* DZWIR 2008, 53, 55 ff.
[30] HKInsO/*Schultz* Art. 23 Rn. 6; → 2. Aufl., Art. 20 Rn. 7.
[31] EuGH v. 2.5.2006 – Rs. C-341/04 (Eurofood IFSC Ltd), Slg. 2006, I-3854, 3874, Rn. 54 = NZI 2006, 360 = EU:C:2006:281.
[32] Bejahend Pannen/*Pannen/Riedemann* Art. 20 Rn. 14; verneinend → 2. Aufl., Art. 20 Rn. 8; *Paulus*, Europäische Insolvenzverordnung, 4. Aufl., Art. 20 Rn. 4, *ders.* Europäische Insolvenzverordnung, Art. 23 Rn. 4; zur EuInsVO 2015 MüKoBGB/*Kindler* Art. 2 Rn. 14 f.
[33] → 2. Aufl., Art. 20 Rn. 8.
[34] → 2. Aufl., Art. 20 Rn. 10.
[35] *Ahrens*, Rechte und Pflichten ausländischer Insolvenzverwalter, 2002, S. 308; *Balz* ZIP 1996, 948, 952; *Bogdan*, in *Moss/Fletcher/Isaacs*, EC Regulation, Rn. 8.328; Duursma-Kepplinger/Duursma/Chalupsky/*Duursma-Kepplinger/Chalupsky* Art. 20 Rn. 30; *Garasic*, Anerkennung ausländischer Insolvenzverfahren,

ist richtig, dass die Erzielung einer Quote oder eines Erlöses im Rahmen einer ordnungsgemäßen Verfahrensteilnahme vom Zweck des Art. 23 Abs. 1 nicht gedeckt ist (→ Rn. 5). Im Übrigen kann ein solches Merkmal der Rechtswidrigkeit aber eher verwirren. Eine Gläubigerbenachteiligung, wie sie die Anfechtung kennt, muss nicht positiv festgestellt werden; sie liegt ohnedies in dem Verlust des massezugehörigen Gegenstands ohne Berücksichtigung etwaiger Vorteile. Art. 23 Abs. 1 ist insofern eine *flat rule*, die gerade die Ausschüttung sichern will. Der Anspruch ist beispielsweise auch dann begründet, wenn der Gläubiger nur eine Teilerfüllung in der Höhe der späteren oder voraussichtlichen Quote erzielt.

17 9. **Inhalt.** Der Anspruch geht auf Herausgabe des **Erlangten**. Eine Schadensersatzpflicht ist damit nicht begründet. Der Begriff ist **unionsrechtlich-autonom** auszulegen und darf nicht bei den Grundsätzen der lex fori concursus stehen bleiben, in Deutschland etwa beim Bereicherungsanspruch. Allzu rabulistisch darf das Verständnis nicht sein. Unter den Begriff des Erlangten lässt sich der Gegenstand als solcher fassen; das ist idR ein Geldbetrag. Der Gegenstand ist herauszugeben, soweit er noch gegenständlich vorhanden ist. Bei Untergang, Vermischung, Verarbeitung oder sonstiger Unmöglichkeit der Herausgabe lässt sich mit Art. 23 auch eine **Wertersatzpflicht** (in Höhe des objektiven Wertes) begründen.[36] Eine Einrede der Entreicherung ist in Art. 23 nicht vorgesehen. Sie wäre auch mit Unsicherheiten befrachtet, weil sodann entschieden werden müsste, unter welchen Voraussetzungen die Berufung auf diese Einrede entfällt. Ob auch **Nutzungen und Früchte** erfasst sind, insbesondere gezogene Zinsen, ist umstritten.[37] Wenn man die Berufung auf den Wegfall der Bereicherung nicht zulässt, wäre es sinnvoll, den Umfang des Anspruchs insoweit zu begrenzen. Ob weitergehende Anspruchsgrundlagen in Betracht kommen, ist dann eine andere Frage (→ Rn. 5).

18 Bisher **ungeklärt** ist die Frage möglicher sonstiger **Einwendungen**, wie zB Zurückbehaltungsrechte und Gegenansprüche. Für die Anknüpfung solcher Gegenrechte ist auf allgemeine Regeln des Internationalen Privatrechts zurückzugreifen. Allerdings verbietet es der Zweck des Art. 23 Abs. 1, dass sich der Gläubiger und Rückforderungsgegner zur Abwehr des Herausgabeanspruchs auf seine Quotenforderung oder seine Nominalforderung beruft. Ob der Anspruch in der Insolvenz des Rückforderungsgegners Aussonderungskraft hat, muss mangels anderweitiger Hinweise die lex fori concursus in diesem Verfahren entscheiden. Ein dingliches Recht im Sinne des Art. 8 begründet der Herausgabeanspruch allenfalls, wenn das Erlangte körperlich vorhanden ist. Die **internationale Zuständigkeit für den Herausgabeanspruch** ergibt sich richtigerweise aus Art. 6, da es sich um ein insolvenztypisches Annexverfahren handelt (→ Art. 6 Rn. 15).

III. Quotenanrechnung nach Art. 23 Abs. 2

19 1. **Voraussetzungen. a) Erlangung einer Quote.** Art. 23 Abs. 2 legt vor dem Hintergrund der Möglichkeit der Mehrfachanmeldung (Art. 45 und 53) eine Verteilungsregel fest. Der Gläubiger muss in einem anderen Verfahren (ob Haupt- oder Sekundärverfahren) bereits eine Quote erlangt haben. Es muss sich also um ein **parallel laufendes Verfahren** handeln, weil sonst keine Mehrfachanmeldung möglich. **Nicht erfasst** wäre der Fall, dass beispielsweise in einem von der EuInsVO erfassten **präventiven Restrukturierungsverfahren** eine Quote „ausgecasht" wird und der Gläubiger dann in einem **Folgeinsolvenzverfahren** nach Scheitern der Sanierung erneut eine Quote begehrt. Gemeint ist in Abs. 2 anders als bei Abs. 1 nur, dass der Gläubiger an einer **ordnungsgemäßen Verteilung** teilgenommen und dort eine **Quote** ausgezahlt bekommen haben muss.[38] Es wird vertreten, dass Absonderungsberechtigte nicht erfasst seien, da sie keine Quote bekämen, sondern den Erlös oder einen Teil des Erlöses aus dem Absonderungsgut.[39] Dem ist nur insoweit zu folgen, als die Voraussetzungen des Art. 8 bis 10 vorliegen.[40] Wie Gläubiger in diesem Sinne zu berücksichtigen und wie ihre Forderungen oder der Forderungsausfall **anzumelden** sind, richtet sich nach der **lex fori concursus** (Art. 7 Abs. 2 S. 2 lit. i). Bevorrechtigte, privilegierte Gläubiger wie nach

---

2005, S. 440; Rauscher/*Mäsch*, EuZPR/EuIPR, 4. Aufl., Art. 20 EG-InsVO Rn. 17; Breutigam/Blersch/Goetsch/*Pannen*, Art. 20 Rn. 5; *Virgos/Garcimartin*, European Insolvency Regulation, 2004, Rn. 465; K. Schmidt/*Brinkmann* Art. 23 Rn. 7 (iE).

[36] *Virgos/Schmit*, Erläuternder Bericht, Rn. 172; MüKoBGB/*Kindler* Art. 23 Rn. 15; Rauscher/*Mäsch*, EuZPR/EuIPR, 4. Aufl., Art. 20 EG-InsVO Rn. 11.

[37] Bejahend Duursma-Kepplinger/Duursma/Chalupsky/*Duursma-Kepplinger*/*Chalupsky* Art. 20 Rn. 24, Pannen/*Pannen*/Riedemann Art. 20 Rn. 22; verneinend Rauscher/*Mäsch*, EuZPR/EuIPR, 4. Aufl., Art. 20 EG-InsVO Rn. 12; MüKoBGB/*Kindler* Art. 23 Rn. 17.

[38] Geimer/Schütze/*Gruber*, Int. Rechtsverkehr, B Vor I 20b, Art. 20 Rn. 11 = Haß/Huber/Gruber/Heiderhoff/*Gruber* Rn. 11; Rauscher/*Mäsch*, EuZPR/EuIPR, 4. Aufl., Art. 20 EG-InsVO Rn. 14.

[39] → 2. Aufl., Art. 20 Rn. 14.

[40] MüKoBGB/*Kindler* Art. 23 Rn. 22; Duursma-Kepplinger/Duursma/Chalupsky/*Duursma-Kepplinger*/*Chalupsky* Art. 20 Rn. 34.

deutscher Diktion Massegläubiger sind dagegen ohne weiteres erfasst. Entscheidend ist, dass sie eine (quotale) Befriedigung erhalten haben.

b) In einem anderen Insolvenzverfahren. Die Vorschrift setzt anders als Abs. 1 ihrem Wortlaut nach nicht voraus, dass der Gläubiger in einem anderen mitgliedstaatlichen Verfahren bzw. einem anderen Mitgliedstaat befriedigt worden ist, auch wenn die zum Anlass der Vorschrift gemachte Mehrfachanmeldung nach Art. 45 naturgemäß nur Anmeldungen in anderen Mitgliedstaaten erfasst. Daher sind auch **Quoten aus drittstaatlichen Verfahren** erfasst.[41] Art. 23 Abs. 2 ist insoweit anwendbar und das autonome Recht (vgl. § 342) wird verdrängt. Auch der Zweck der par condicio creditorum gebietet keine Einschränkung, sondern legt die Anwendbarkeit bei Drittstaaten nahe. 20

2. Rechtsfolge. Unter Hinweis auf den Erläuternden Bericht[42] lassen sich vier **Grundregeln für die Verteilung** aufstellen. 21

a) Begrenzung auf 100%. Kein Gläubiger darf mehr als 100% seiner Forderung erlangen,[43] weil er sonst bevorteilt wäre. Hat der Gläubiger neben einer Hauptforderung noch Nebenforderungen wie Zinsansprüche oder Kostenerstattungsansprüche, so sind die Forderungen nach Maßgabe der lex fori concursus ggf. gesondert anzumelden; die lex fori concursus bestimmt, welchen Rang die Nebenforderung hat (für das deutsche Recht vgl. § 39 Abs. 1 Nr. 1 InsO). Insoweit kann auch Art. 23 Abs. 2 eingreifen. 22

b) Anmeldung in voller Höhe. Die Forderungen sind immer in voller Höhe zum **Nominalwert** anzumelden. Es ist also nicht nur die Restforderung anzumelden, die nach der Ausschüttung in einem anderen Verfahren verblieben ist. Die Berücksichtigung der erhaltenen Quote findet erst auf der nächsten Stufe statt. Eine Ausnahme gilt für die Gläubiger nach Art. 8 und 10.[44] Ob sie die nach der Verwertung noch offene Restforderung oder die ursprüngliche Gesamtforderung anmelden müssen, richtet sich nach der lex fori concursus (Art. 7 Abs. 2 S. 2 lit. i)). 23

c) Sperrwirkung. Kern der Regelung ist sodann, dass der Gläubiger, der bereits eine Quote erlangt hat, im zweiten Verfahren erst dann berücksichtigt wird, wenn die Gläubiger gleichen Rangs oder gleicher Gruppenzugehörigkeit in diesem zweiten Verfahren die gleiche Quote erlangt haben (Rechenbeispiel → Rn. 27). 24

d) Rang. Entscheidend ist, dass die Regel nur gilt, soweit Gläubiger gleichen Rangs oder gleicher Gruppenzugehörigkeit betroffen sind. Über den Rang entscheidet die lex fori concursus; er kann daher je nach Verfahren unterschiedlich sein. Demnach ändert Art. 23 Abs. 2 nichts daran, dass die Forderung in dem jeweiligen Verfahren nach allgemeinen Regeln und allein im jeweiligen Verfahren beurteilt wird. Maßgebend für Art. 23 Abs. 2 ist der gleiche Rang oder die gleiche Gruppenzugehörigkeit in dem Verfahren, in dem die Verteilung ansteht. Geht es um die Verteilung im zweiten Verfahren und ist danach die Forderung des Gläubigers beispielsweise als nicht bevorrechtigte Forderung einzustufen, muss der Verwalter die erlangte Quote des Gläubigers auch dann beachten, wenn der Gläubiger im ersten Verfahren als privilegierter Gläubiger bedient worden ist.[45] Berücksichtigt wird im Ergebnis also **nur die Quote**, nicht der Rang der Forderung. 25

Der Begriff „nimmt erst dann teil" meint nur, dass der Gläubiger von der Verteilung ausgeschlossen ist, nicht aber, dass er nicht Verfahrensbeteiligter ist. Seine etwaigen Beteiligungs- und Anhörungsrechte etc. verliert er durch Art. 23 Abs. 2 nicht; Näheres regelt sodann die lex fori concursus. 26

3. Rechenbeispiel. Meldet der ungesicherte Gläubiger seine Forderung von 5.000 Euro im Hauptinsolvenzverfahren X und in einem Sekundärinsolvenzverfahren Y an und erhält im Verfahren Y eine Auszahlung von 250 Euro und damit eine Quote von 5%, dann nimmt er an der Verteilung im Verfahren X nur teil, wenn die übrigen Gläubiger dort ebenfalls eine Quote von 5% erlangt haben. Dieses theoretisch einfache Beispiel wird aber dadurch verkompliziert, dass die Berechnung 27

---

[41] Gebauer/Wiedmann/*Haubold,* Zivilrecht unter europäischem Einfluss, Kap. 32 Art. 20 Rn. 181; Rauscher/*Mäsch,* EuZPR/EuIPR, 4. Aufl., Art. 20 EG-InsVO Rn. 18.
[42] *Virgos/Schmit,* Erläuternder Bericht, Rn. 175.
[43] *Virgos/Schmit,* Erläuternder Bericht, Rn. 175; Duursma-Kepplinger/Duursma/Chalupsky/*Duursma-Kepplinger/Chalupsky* Art. 20 Rn. 34; *Garasic,* Anerkennung ausländischer Insolvenzverfahren, 2005, S. 440; KPB/*Skauradszun* Art. 23 Rn. 31; Moss/Fletcher/Isaacs/*Moss/Smith,* EC Regulation, Rn. 8.329; MüKoBGB/*Kindler* Art. 23 Rn. 21; *Paulus,* Europäische Insolvenzverordnung, Art. 23 Rn. 10; LSZ/*Smid,* Int. Insolvenzrecht, Art. 20 Rn. 18; *Virgos/Garcimartin,* European Insolvency Regulation, 2004, Rn. 468.
[44] *Virgos/Schmit,* Erläuternder Bericht, Rn. 175; MüKoBGB/*Kindler* Art. 23 Rn. 22.
[45] *Virgos/Schmit,* Erläuternder Bericht, Rn. 175; *Blank* ZInsO 2008, 412, 414.

der Quote für alle Gläubiger wiederum von der Passivmasse abhängt. Daher empfiehlt sich eine **zweistufige Rechenoperation.**[46]

28   Auf der **ersten Stufe** wird ermittelt, welcher Betrag zur Verteilung zur Verfügung steht, zB 10.000 Euro. Danach werden alle angemeldeten Forderungen außer derjenigen des Gläubigers in Höhe von 5% berücksichtigt. Sind insoweit 40.000 Euro an Forderungen zu berücksichtigen, so entfallen auf diese Gläubiger zunächst 5%. Das entspricht einer Gesamtausschüttung von 2.000 Euro. Es verbleiben folglich noch 8.000 Euro zur Ausschüttung.

29   Auf der **zweiten Stufe** müssen noch die verbleibenden Mittel sodann quotal verteilt werden. Insoweit nimmt der Gläubiger wieder teil. Es sind also im Beispiel 45.000 Euro an Passivmasse zu berücksichtigen. Es ergibt sich eine „weitere Quote"[47] von 17,77%. Der Gläubiger erhält auf seine Forderung von 5.000 Euro in diesem Verfahren demnach noch 888,50 Euro ausgezahlt.

30   **4. Mehrerlös.** Art. 23 Abs. 2 enthält anders als Abs. 1 keine Anspruchsgrundlage, sondern nur eine **Anrechnungsregel.**[48] Das in dem anderen Verfahren bereits Erlangte kann nicht nach Art. 23 Abs. 2 zurückgefordert werden, auch nicht nach Abs. 1 (→ Rn. 20);[49] es ist lediglich bei dem zur Verteilung anstehenden Verfahren anzurechnen. Wird die Anrechnung zunächst versäumt, beispielsweise weil die Mehrfachanmeldung oder die erfolgte Verteilung im anderen Verfahren nicht bekannt war, kann der Verwalter auch die ungerechtfertigte „Spitze" nicht nach Art. 23 Abs. 2 herausverlangen. Für dieses Ergebnis wird angeführt, die Mehrfachanmeldung sei in der EuInsVO vorgesehen und der **Gleichbehandlungsgrundsatz** insoweit nicht voll verwirklicht.[50]

31   Nicht wirklich erörtert und nicht hinreichend davon unterschieden wird, ob **andere Ansprüche** greifen; insbesondere im Hinblick nicht nur auf das im ersten Verfahren Erlangte, sondern auf das im zweiten Verfahren zuviel Erlangte. Insoweit wäre durchaus denkbar, dass sich nach dem anwendbaren nationalen Recht allgemeine, insbesondere **Bereicherungsansprüche** des Verwalters ergeben.[51] Diese sind prima facie nicht rechtlich ausgeschlossen. Es ließe sich daher durchaus annehmen, dass die Ausschüttung im zweiten Verfahren, die Art. 23 Abs. 2 missachtet, im Sinne der bei dem Merkmal „ohne Rechtsgrund" im Sinne einer Vorfrage zu prüfenden lex fori concursus nicht ordnungsgemäß ist und daher das Recht auf Behaltendürfen der Quotenausschüttung fehlt. Doch kann man in der Tat aus dem vorrangigen Art. 23 Abs. 2, dem Fehlen einer Anspruchsgrundlage wie bei Abs. 1 und dem System der EuInsVO schließen, dass die Missachtung von Art. 23 Abs. 2 für den Gläubiger selbst „sanktionsfrei" bleibt und ein **Recht zum Behaltendürfen** besteht, solange die Ausschüttung nach der lex fori concursus im Übrigen fehlerfrei war. Zudem wäre es fragwürdig, den Gläubiger dafür zu „bestrafen", dass er von seinem Recht auf Mehrfachanmeldung Gebrauch macht und die beteiligten Verwalter der laufenden Verfahren, soweit es mitgliedstaatliche Verfahren sind, sich offenbar nicht nach Maßgabe des Art. 41 Abs. 1 ausgetauscht haben.

IV. Auskunftsansprüche

32   Sowohl in den Fällen des Abs. 1 als auch des Abs. 2 treten **Informationsasymmetrien** auf, weil der Verwalter regelmäßig nicht aus eigener Anschauung weiß, ob ein Gläubiger Befriedigung erlangt hat (Abs. 1) oder eine Quote in einem anderen Verfahren erzielt hat (Abs. 2). Ein Auskunftsanspruch ist in Art. 23 nicht geregelt. Art. 41 Abs. 1 greift als seinerseits defizitäre Regelung ein. Die Literatur will unter Heranziehung insbesondere des § 342 Abs. 2 InsO einen **Auskunftsanspruch** gegen den Gläubiger aus dem **autonomen Recht** ableiten.[52] Insoweit wird andererseits vertreten, die Informationspflichten zwischen den Verwaltern reichten aus.[53] In der 2. Aufl. *(Reinhart)* ist in vermeintlicher Abweichung zur Literaturmeinung differenziert worden, ob die jeweilige lex fori concursus einen Auskunftsanspruch bereithalte; nur wenn die Insolvenzmasse eines deutschen

---

[46] Richtig im Ergebnis mit etwas anderer Berechnung Gebauer/Wiedmann/*Haubold,* Zivilrecht unter europäischem Einfluss, Kap. 32 Art. 20 Rn. 180.
[47] Begriff bei Gebauer/Wiedmann/*Haubold,* Zivilrecht unter europäischem Einfluss, Kap. 32 Art. 20 Rn. 180.
[48] Duursma-Kepplinger/Duursma/Chalupsky/*Duursma-Kepplinger/Chalupsky* Art. 20 Rn. 30; Vallender/*Hänel* Art. 23 Rn. 57; Rauscher/*Mäsch,* EuZPR/EuIPR, 4. Aufl., Art. 20 EG-InsVO Rn. 17; *Virgos/Schmit,* Erläuternder Bericht, Rn. 174.
[49] Rauscher/*Mäsch,* EuZPR/EuIPR, 4. Aufl., Art. 20 EG-InsVO Rn. 17.
[50] MüKoBGB/*Kindler* Art. 23 Rn. 26; Duursma-Kepplinger/Duursma/Chalupsky/*Duursma-Kepplinger/Chalupsky* Art. 20 Rn. 3 mit Fn. 4.
[51] Vgl. zum deutschen Recht BGHZ 88, 147, 153 ff.
[52] Rauscher/*Mäsch,* EuZPR/EuIPR, 4. Aufl., Art. 20 EG-InsVO Rn. 19; Geimer/Schütze/*Gruber,* Int. Rechtsverkehr, B Vor I 20b, Art. 20 Rn. 15 = Haß/Huber/Gruber/Heiderhoff/*Gruber* Art. 20 Rn. 15; MüKoBGB/*Kindler* Art. 23 Rn. 27.
[53] So wohl *Beck* NZI 2007, 1, 6.

Insolvenzverfahrens betroffen sei, greife § 342 Abs. 3 InsO.[54] Das ist richtig und mit Art. 7 Abs. 1 zu begründen, steht aber zur Literaturauffassung auch nicht in Widerspruch. Auf § 342 Abs. 3 InsO, der auf § 342 Abs. 1 InsO Bezug nimmt, kann sich naturgemäß nur der Verwalter des deutschen Verfahrens berufen. Es geht nicht darum, § 342 Abs. 3 InsO analog als allgemeinen Anspruch der beteiligten Verwalter in allen europäischen Verfahren anzuwenden. Einen „europäischen" **Auskunftsanspruch** gibt es insoweit nicht.

Art. 24 Einrichtung von Insolvenzregistern

(1) ¹Die Mitgliedstaaten errichten und unterhalten in ihrem Hoheitsgebiet ein oder mehrere Register, um Informationen über Insolvenz[v]erfahren bekanntzumachen (im Folgenden „Insolvenzregister"). ²Diese Informationen werden so bald als möglich nach Eröffnung eines solchen Verfahrens bekanntgemacht.

(2) Die Informationen nach Absatz 1 sind gemäß den Voraussetzungen nach Artikel 27 öffentlich bekanntzumachen und umfassen die folgenden Informationen (im Folgenden „Pflichtinformationen"):
a) Datum der Eröffnung des Insolvenzverfahrens;
b) Gericht, das das Insolvenzverfahren eröffnet hat, und – soweit vorhanden – Aktenzeichen;
c) Art des eröffneten Insolvenzverfahrens nach Anhang A und gegebenenfalls Unterart des nach nationalem Recht eröffneten Verfahrens;
d) Angaben dazu, ob die Zuständigkeit für die Eröffnung des Verfahrens auf Artikel 3 Absatz 1, 2 oder 4 beruht;
e) Name, Registernummer, Sitz oder, sofern davon abweichend, Postanschrift des Schuldners, wenn es sich um eine Gesellschaft oder eine juristische Person handelt;
f) Name, gegebenenfalls Registernummer sowie Postanschrift des Schuldners oder, falls die Anschrift geschützt ist, Geburtsort und Geburtsdatum des Schuldners, wenn er eine natürliche Person ist, unabhängig davon, ob er eine selbständige gewerbliche oder freiberufliche Tätigkeit ausübt;
g) gegebenenfalls Name, Postanschrift oder E-Mail-Adresse des für das Verfahren bestellten Verwalters;
h) gegebenenfalls die Frist für die Anmeldung der Forderungen bzw. einen Verweis auf die Kriterien für die Berechnung dieser Frist;
i) gegebenenfalls das Datum der Beendigung des Hauptinsolvenzverfahrens;
j) das Gericht, das gemäß Artikel 5 für eine Anfechtung der Entscheidung zur Eröffnung des Insolvenzverfahrens zuständig ist und gegebenenfalls die Frist für die Anfechtung bzw. einen Verweis auf die Kriterien für die Berechnung dieser Frist.

(3) Absatz 2 hindert die Mitgliedstaaten nicht, Dokumente oder zusätzliche Informationen, beispielsweise denn Ausschluss von einer Tätigkeit als Geschäftsleiter im Zusammenhang mit der Insolvenz, in ihre nationalen Insolvenzregister aufzunehmen.

(4) Die Mitgliedstaaten sind nicht verpflichtet, die in Absatz 1 dieses Artikels genannten Informationen über natürliche Personen, die keine selbständige gewerbliche oder freiberufliche Tätigkeit ausüben, in die Insolvenzregister aufzunehmen oder diese Informationen über das System der Vernetzung dieser Register öffentlich zugänglich zu machen, sofern bekannte ausländische Gläubiger gemäß Artikel 54 über die in Absatz 2 Buchstabe j dieses Artikels genannten Elemente informiert werden.
Macht ein Mitgliedstaat von der in Unterabsatz 1 genannten Möglichkeit Gebrauch, so berührt das Insolvenzverfahren nicht die Forderungen der ausländischen Gläubiger, die die Informationen gemäß Unterabsatz 1 nicht erhalten haben.

(5) Die Bekanntmachung von Informationen in den Registern gemäß dieser Verordnung hat keine anderen Rechtswirkungen als die, die nach nationalem Recht und in Artikel 55 Absatz 6 festgelegt sind.

I. Normzweck

Die Art. 24 bis 27 beschäftigen sich mit der Errichtung eines europäischen Insolvenzregisters. 1
Dieses gehört zu den **Herzstücken der Reform der EuInsVO 2015**. Abs. 1 ist gültig seit

---

[54] → 2. Aufl., Art. 20 Rn. 22; Mohrbutter/Ringstmeier/*Wenner* Art. 20 Rn. 112.

26.6.2018, Abs. 2–5 seit 26.6.2017. Die **Publizität** der Verfahrenseinleitung und des Verfahrensgangs soll verbessert werden. In Erwägungsgrund Nr. 76 ist die Gewährleistung der Information von Gläubigern und Gerichte zum übergreifenden Ziel gemacht worden. Eine einzige Anlaufstelle soll einen raschen Zugang zu den relevanten Entscheidungen ermöglichen. Diese Publizität ist ein wichtiger Aspekt jedes grenzüberschreitenden Insolvenzverfahrens. Kompetenzkonflikte zwischen mitgliedstaatlichen Gerichten können vermieden werden, wenn und weil die beteiligten Gerichte zB wissen, dass in einem anderen Mitgliedstaat ein Verfahren bereits eröffnet ist. Zugleich kann Publizität den beteiligten Gläubiger zur Klarheit verhelfen und insbesondere auch der Masse dienlich sein, soweit nach dem anwendbaren Insolvenz- oder Vertragsrecht bei Eintragung in ein Register oder bei öffentlicher Bekanntmachung zB ein gutgläubiger Erwerb von Massebestandteilen nicht mehr möglich ist, vgl. zB §§ 81 Abs. 3, 82 S. 2 InsO.

2   Die Art. 24 bis 27 sehen die Schaffung eines europäischen Insolvenzregisters vor, das – dem e-Justice-Aktionsplan von 2009 folgend – in das **e-Justice-Portal** (https://ejustice.europa.eu)[1] eingestellt und somit zu einem echten europäischen Register ausgebaut wird (Art. 25). Die Grundlage für das europäische Register liefern einzelne, von den Mitgliedstaaten für ihr jeweiliges Gebiet zum Teil bereits bisher unterhaltene[2] oder noch einzurichtende Insolvenzregister, Art. 24. In Art. 25 wird die Vernetzung geregelt. Art. 26 regelt die Kostenfrage, Art. 27 die Bedingungen für den Zugang zu Informationen über das System der vernetzten Insolvenzregister.

3   Für den **Datenschutz** geltend ergänzend die Regelungen in Art. 78 bis 83.

II. Einrichtung von Insolvenzregistern (Art. 24)

4   Art. 24 ist Teil eines **zweistufig** ausgestalteten Prozesses zur Bildung eines einheitlichen Europäischen Insolvenzregisters. Zunächst sollen nationale, elektronisch über das Internet verfügbare Insolvenzregister geschaffen werden (Art. 24), die dann in einem zweiten Schritt miteinander vernetzt werden (Art. 25).

5   Die Regelung des Art. 24 hat **für Deutschland wenig Relevanz,** weil mit §§ 9, 30 InsO und der Internetseite www.insolvenzbekanntmachungen.de bereits ein Register mit entsprechender Suchfunktion bereit steht (vgl. aber → Rn. 6). Bedeutsam ist die Regelung für Staaten, in denen – wie zB in Frankreich – bis zur Reform der EuInsVO 2015 keine oder keine umfassende elektronische Version der Insolvenzeröffnungen bereitgehalten wird und damit der Zugang zu den Informationen für ausländische Gläubiger erheblich erschwert ist.[3]

III. Eintragungsgegenstände

6   Zu beachten ist, dass sich die in lit. a–i genannten Eintragungsgegenstände auf alle Insolvenzverfahren im Sinne des Art. 1, 2 Abs. 4 iVm Anhang A beziehen. Es sind sowohl das Hauptinsolvenzverfahren als auch Partikularverfahren erfasst. Dazu können auch **vorinsolvenzliche Sanierungsverfahren** gehören (→ Art. 2 Rn. 3 f.). Gerade hieraus ergibt sich das Problem, dass zu einem frühen Zeitpunkt Publizität hergestellt würde, selbst wenn das Sanierungsverfahren eigentlich auf eine stille und vertrauliche Abwicklung ausgelegt ist.[4] Vertrauliche Verfahren können daher nicht unter die EuInsVO gebracht werden, wie auch die RL 2019/1023[5] über präventive Restrukturierungsrahmen in ihrem Erwägungsgrund Nr. 13 mittelbar bestätigt.

7   Für das **deutsche Recht** ergibt sich, dass dann, wenn das **Schutzschirmverfahren** des § 270b InsO (künftig § 270d InsO) oder auch nur die vorläufige Eigenverwaltung nach § 270a InsO (künftig § 270c InsO) von Art. 1 Abs. 1 iVm Anhang A erfasst ist (→ Art. 2 Rn. 3 sowie zum bisher geltenden Recht Art. 2 EuInsVO 2000 Rn. 12 f.), schon die gerichtliche Anordnung selbst **zu publizieren** ist, weil darin die Eröffnungsentscheidung enthalten ist. Das wäre aber unabhängig davon, ob der Schuldner im Falle des § 270b InsO den Vollstreckungsschutz vor den Gläubigern nach § 270b Abs. 2 S. 3 InsO iVm Art. 21 Abs. 1 Nr. 3 InsO beantragt. Die in **Deutschland geführte Debatte**

---

[1]   Dazu überblicksartig *Hess,* Europäisches Zivilprozessrecht, 2010, § 3 Rn. 78 ff.; vgl Entscheidung 2001/470/EG über die Einrichtung eines Europäischen Justiziellen Netzes für Zivil- und Handelssachen, ABl. L 174/25 vom 27.6.2001; zum E-Justiz-Portal *Holzner* MMR-Aktuell 2010, 305999 = MultiMedia und Recht Fokus (MMR Fokus) 9/2010, S. XXII.
[2]   In Deutschland: www.insolvenzbekanntmachungen.de.
[3]   Report COM(2012) 743 final, 16 mit Hinweis auf verschiedene Mitgliedstaaten in Fn. 32.
[4]   Dazu *Thole* ZEuP 2014, 39.
[5]   RL 2019/1023 des Europäischen Parlaments und des Rates vom 20.6.2019 über präventive Restrukturierungsrahmen, über Entschuldung und über Tätigkeitsverbote sowie über Maßnahmen zur Steigerung der Effizienz von Restrukturierungs-, Insolvenz- und Entschuldungsverfahren und zur Änderung der Richtlinie (EU) 2017/1132 (Richtlinie über Restrukturierung und Insolvenz).

darüber, ob eine **öffentliche Bekanntmachung** erfolgen muss,[6] ist unter diesem Blickwinkel überholt.

Der **Begriff der Eröffnung** ergibt sich aus Art. 2 Nr. 7 (→ Art. 2 Rn. 20 ff.). Schon die Bestellung des vorläufigen Verwalters kann genügen, siehe Art. 2 Rn. 22. Fraglich ist, wie zu verfahren ist, wenn das jeweilige Insolvenzverfahren gar **nicht auf der Grundlage einer gerichtlichen Entscheidung** erfolgt, sondern vom Schuldner eigeninitiativ in Gang gesetzt wird oder wenn das Gericht lediglich eine Bestätigungsentscheidung zB zu einem Sanierungsplan zu erlassen hat (→. Art. 2 Rn. 21). In Art. 2 Abs. 7 lit. i) ist ein solcher Fall eigens berücksichtigt. Es gibt also prima facie gar kein Gericht, das „die Insolvenz eröffnet hat" (Art. 24 Abs. 2 lit. b)), obwohl das Verfahren rein faktisch schon eröffnet ist. Nach Art. 2 Nr. 7 lit. i) trifft aber das Gericht, das die Eröffnung bestätigt, mit dieser Bestätigungsentscheidung eine Eröffnungsentscheidung. Man wird daraus wohl ableiten können, dass die Eintragung erst nach der Bestätigungsentscheidung in Betracht kommt. Zum Problem der Vertraulichkeit bei vorinsolvenzlichen Sanierungsverfahren vgl. → Art. 1 Rn. 6a. 8

Die **eigentliche Pflicht der Mitgliedstaaten zur Eintragung in das nationale Insolvenzregister** ergibt sich aus Art. 24 Abs. 1 S. 2 sowie aus Art. 27. Sie kann bei der Insolvenz natürlicher Personen u.U. auf die Insolvenz solcher Personen beschränkt sein, die eine selbständige oder freiberufliche Tätigkeit ausüben; Näheres regelt Art. 24 Abs. 4 sowie Art. 27 Abs. 3. Es ist zu beachten, dass die Art. 28 f. anders als Art. 24 nicht nach Art des Schuldners unterscheiden. 9

Art. 25 Vernetzung von Insolvenzregistern

(1) ¹Die Kommission richtet im Wege von Durchführungsrechtsakten ein dezentrales System zur Vernetzung der Insolvenzregister ein. ²Dieses System besteht aus den Insolvenzregistern und dem Europäischen Justizportal, das für die Öffentlichkeit als zentraler elektronischer Zugangspunkt zu Informationen im System dient. ³Das System bietet für die Abfrage der Pflichtinformationen und alle anderen Dokumente oder Informationen in den Insolvenzregistern, die von den Mitgliedstaaten über das Europäische Justizportal verfügbar gemacht werden, einen Suchdienst in allen Amtssprachen der Organe der Union.

(2) Die Kommission legt im Wege von Durchführungsrechtsakten gemäß dem Verfahren nach Artikel 87 bis zum 26.6.2019 Folgendes fest:
a) die technischen Spezifikationen für die elektronische Kommunikation und den elektronischen Informationsaustausch auf der Grundlage der festgelegten Schnittstellenspezifikation für das System zur Vernetzung der Insolvenzregister;
b) die technischen Maßnahmen, durch die die IT-Mindestsicherheitsstandards für die Übermittlung und Verbreitung von Informationen innerhalb des Systems zur Vernetzung der Insolvenzregister gewährleistet werden;
c) die Mindestkriterien für den vom Europäischen Justizportal bereitgestellten Suchdienst anhand der Informationen nach Artikel 24;
d) die Mindestkriterien für die Anzeige der Suchergebnisse in Bezug auf die Informationen nach Artikel 24;
e) die Mittel und technischen Voraussetzungen für die Verfügbarkeit der durch das System der Vernetzung von Insolvenzregistern angebotenen Dienste und
f) ein Glossar mit einer allgemeinen Erläuterung der in Anhang A aufgeführten nationalen Insolvenzverfahren.

I. Normzweck

Art. 25 schafft die Grundlage für die Vernetzung der nationalen Insolvenzregister unter dem Dach des e-justice-Portals. 1

II. Durchführungsrechtsakt

Die Vernetzung der Insolvenzregister unter dem Dach des e-justice-Portals erfolgt auf der rechtlichen Grundlage eines von der Kommission im Wege der erleichterten Rechtssetzung (vgl. Art. 87) erlassenen Durchführungsrechtsakts. In dem Rechtsakt werden die in Art. 25 Abs. 2 genannten technischen Maßnahmen und Gegebenheiten näher präzisiert. Der Durchführungsrechtsakt ist am 5.6.2019 im Amtsblatt veröffentlicht worden und trat am zwanzigsten Tag nach der Veröffentlichung, dh am 26.6.2019 (wie auch Art. 25 selbst) in Kraft. Es handelt sich um die **Durchführungs-** 2

---

[6] *Keller* ZIP 2012, 1895; *Horstkotte* ZInsO 2012, 1161.

verordnung (EU) 2019/917 der Kommission vom 4.6.2019 zur Festlegung technischer Spezifikationen, Maßnahmen und sonstiger Anforderungen für das System zur Vernetzung der Insolvenzregister gemäß Artikel 25 der Verordnung (EU) 2015/848 des Europäischen Parlaments und des Rates. Das Grundprinzip ist, dass das System zur Verknüpfung der Insolvenzregister (IRI) ein dezentrales System bildet, das die nationalen Register und das Europäische Justizportal miteinander verbindet. Das IRI dient als zentrales Suchsystem, das Zugang zu allen in der EuInsVO vorgegebenen obligatorischen Insolvenzinformationen sowie zu sonstigen in den nationalen Registern enthaltenen Informationen oder Dokumenten bietet.

3   Bereits zuvor hatte die EU-Kommission am 7.7.2014 die Vernetzung der sieben Datenbanken der Tschechischen Republik, Deutschland, Estland, Niederlande, Österreich, Rumänien und Slowenien durchgeführt und damit einen ersten Schritt zur Vernetzung bewältigt.[1] Die Arbeiten am e-justice-Portal dauern an. Die Deadline für die vollständige Vernetzung ist der 30.6.2021. Die Vernetzung ist zudem eingebettet in eine noch größere Digitalisierungskampagne bezüglich des e-justice-Portals.[2]

Art. 26 Kosten für die Einrichtung und Vernetzung der Insolvenzregister

(1) Die Einrichtung, Unterhaltung und Weiterentwicklung des Systems zur Vernetzung der Insolvenzregister wird aus dem Gesamthaushalt der Union finanziert.

(2) ¹Jeder Mitgliedstaat trägt die Kosten für die Einrichtung und Anpassung seiner nationalen Insolvenzregister für deren Interoperabilität mit dem Europäischen Justizportal sowie die Kosten für die Verwaltung, den Betrieb und die Pflege dieser Register. ²Davon unberührt bleibt die Möglichkeit, Zuschüsse zur Unterstützung dieser Vorhaben im Rahmen der Finanzierungsprogramme der Union zu beantragen.

1   Art. 26 enthält eine in der EuInsVO eher fehlplatzierte **staatsorganisationsrechtliche Regelung** über die Kostenteilung zwischen der Union und den einzelnen Mitgliedstaaten. Letztere betreiben ihr nationales Register auf eigene Kosten und müssen nach Art. 26 Abs. 2 auch für die Anschlussfähigkeit ihres Registers an das e-justice-Portal sorgen. Die Entwicklung des Europäischen Insolvenzregisters über die Vernetzung der so vorhandenen nationalen Register auf der Plattform des Justizportals wird dann ebenso von der Union getragen wie die Einrichtung, Pflege und Weiterentwicklung des Systems zur Vernetzung (Art. 26 Abs. 1).

Art. 27 Voraussetzungen für den Zugang zu Informationen über das System der Vernetzung

(1) Die Mitgliedstaaten stellen sicher, dass die Pflichtinformationen nach Artikel 24 Absatz 2 Buchstaben a bis j über das System der Vernetzung von Insolvenzregistern gebührenfrei zur Verfügung stehen.

(2) Diese Verordnung hindert die Mitgliedstaaten nicht, für den Zugang zu den Dokumenten oder zusätzlichen Informationen nach Artikel 24 Absatz 3 über das System der Vernetzung von Insolvenzregister eine angemessene Gebühr zu erheben.

(3) Die Mitgliedstaaten können den Zugang zu Pflichtinformationen bezüglich natürlicher Personen, die keine selbständige gewerbliche oder freiberufliche Tätigkeit ausüben sowie bezüglich natürlicher Personen, die eine selbständige gewerbliche oder freiberufliche Tätigkeit ausüben, sofern sich das Insolvenzverfahren nicht auf diese Tätigkeit bezieht, von zusätzlichen, über die Mindestkriterien nach Artikel 25 Absatz 2 Buchstabe c hinausgehenden Suchkriterien in Bezug auf den Schuldner abhängig machen.

(4) ¹Die Mitgliedstaaten können ferner verlangen, dass der Zugang zu den Informationen nach Absatz 3 von einem Antrag an die zuständige Behörde abhängig zu machen ist. ²Die Mitgliedstaaten können den Zugang von der Prüfung des berechtigten Interesses am Zugang zu diesen Daten anhängig machen. ³Der anfragenden Person muss es möglich sein, die Auskunftsanfrage in elektronischer Form anhand eines Standardfor-

---

[1] Pressemitteilung der Europäischen Kommission vom 7.7.2014, IP/14/774.
[2] Vgl. dazu die Verordnung (EU) 2018/1724 vom 2.10.2018 über die Einrichtung eines einheitlichen digitalen Zugangstors zu Informationen, Verfahren, Hilfs- und Problemlösungsdiensten (Single Digital Gateway Regulation) Brinkmann/*Szirányi*, European Insolvency Regulation, Art. 25 Rn. 5.

mulars über das Europäische Justizportal zu übermitteln. ⁴Ist ein berechtigtes Interesse erforderlich, so ist es zulässig, dass die anfragende Person die Rechtmäßigkeit ihres Antrags anhand von Kopien einschlägiger Dokumente in elektronischer Form belegt. ⁵Die anfragende Person erhält innerhalb von drei Arbeitstagen eine Antwort von der zuständigen Behörde. Die anfragende Person ist weder verpflichtet, Übersetzungen der Dokumente, die die Berechtigung ihrer Anfrage belegen, zur Verfügung zu stellen, noch dazu, die bei der Behörde möglicherweise aufgrund der Übersetzungen anfallenden Kosten zu tragen.

I. Normzweck

Art. 27 regelt den Informationszugang zu den vernetzten und unter das Dach des Justizportals gebrachten Insolvenzregistern. **1**

II. Verfügbarkeit der Pflichtinformationen

Nach Art. 27 haben die Mitgliedstaaten sicherzustellen, dass die in Art. 24 Abs. 2 lit. a) bis j) genannten Pflichtinformationen gebührenfrei über das System der Vernetzung von Insolvenzregistern, im Ergebnis also das Europäische Justizportal zur Verfügung stehen. Daraus folgt auch ausweislich Erwägungsgrund Nr. 76 ein Recht auf Informationszugang. Die InsBekVO[1] ist bisher nicht geändert worden. Nach § 2 Abs. 1 Nr. 3 InsBekVO bedarf es nach Ablauf von zwei Wochen nach dem ersten Tag der Veröffentlichung stets der Angabe des Insolvenzgerichts und eines zusätzlichen Kriteriums, um unter www.insolvenzbekanntmachungen.de suchen zu können. Für das Europäische Justizportal muss demgegenüber sichergestellt sein, dass ohne Angabe des Insolvenzgerichts auch nach zwei Wochen noch gesucht werden kann.[2] Art. 10 der Durchführungs-VO 2019/917 zu Art. 25 Abs. 2 sieht als **harmonisierte Suchkriterien** den Namen oder alternativ die nationale Registernummer vor. **2**

Die **Gebührenfreiheit** betrifft nach Art. 27 Abs. 2 nur diese **Pflichtinformationen,** nicht aber Gebühren für zusätzliche Dokumente, die gemäß Art. 24 Abs. 3 von den Mitgliedstaaten für ihre nationalen Register und sodann für die Vernetzung weiterhin verlangt werden können, freilich ohne dass insoweit über die Höhe der Gebühr für die zusätzlichen Dokumente die Bereitstellung der Pflichtinformationen querfinanziert wird.[3] Außerdem ist nur der gebührenfreie Abruf gemeint, nicht die Kostenpflicht für die Bereitstellung der Information, die bei der Masse anfällt (§ 54 Nr. 1 InsO, KV 9004 GKG).[4] **3**

III. Einschränkungen

Bei der Insolvenz natürlicher Personen, die keine selbständige oder freiberufliche Tätigkeit ausüben oder bei Insolvenzverfahren, die sich nicht darauf beziehen, kann die Suche im System anhand zusätzlicher Kriterien eingeschränkt werden, dh Kriterien, die über die Mindestinformationen nach Art. 25 Abs. 2 lit. c) iVm Art. 24 Abs. 2 lit. a) bis j) hinausgehen, nicht aber anhand von Gebühren.[5] Nach Art. 27 Abs. 4 können im Fall des Abs. 3 die Mitgliedstaaten einen Antrag auf die Behörde verlangen, dh eine behördliche Genehmigung (Art. 27 Abs. 4 Unterabs. 1 Satz 2). Sie können ein berechtigtes Interesse voraussetzen, das von der Behörde zu prüfen ist. Dann muss der Anfragende die Möglichkeit haben, dieses berechtigte Interesse durch Kopien einschlägiger Dokumente in elektronischer Form über das Standardformular des e-justice-Portals geltend zu machen und der Mitgliedstaat muss innerhalb von nur drei Arbeitstagen antworten.[6] Im Ergebnis geht es insoweit um einen Schutz des jeweiligen Schuldners. Das Prozedere für das **Auskunftsersuchen** ist in Abs. 4 rudimentär beschrieben. Näheres regelt das nationale Recht, in Deutschland die InsBekVO. Es wird grundsätzlich davon ausgegangen, dass das berechtigte Interesse durch die Kenntnis der weiteren Suchkriterien gegeben ist. Nach Art. 27 Abs. 4 Unterabs. 2 dürfen vom Antragsteller **keine Übersetzungen** verlangt werden; das ist eine Spezialvorschrift, die § 184 GVG (Gerichtssprache ist deutsch) verdrängt.[7] **4**

---

[1] BGBl. I 2002, 677.
[2] Daraus leitet Vallender/*Zipperer* Art. 27 Rn. 3 einen Änderungsbedarf bei der IntBekVO ab.
[3] Vallender/*Zipperer* Art. 27 Rn. 7.
[4] Vallender/*Zipperer* Art. 27 Rn. 3.
[5] Mankowski/Müller/*J. Schmidt*/*Müller* Art. 27 Rn. 4; Vallender/*Zipperer* Art. 27 Rn. 3; Brinkmann/*Szirányi*, European Insolvency Regulation, Art. 27 Rn. 3.
[6] Kritisch *Paulus*, Europäische Insolvenzverordnung, Art. 25–27 Rn. 3.
[7] *Paulus*, Europäische Insolvenzverordnung, Art. 25–27 Rn. 4.

Art. 28 Öffentliche Bekanntmachung in einem anderen Mitgliedstaat

(1) ¹Der Verwalter oder der Schuldner in Eigenverwaltung hat zu beantragen, dass eine Bekanntmachung der Entscheidung zur Eröffnung des Insolvenzverfahrens und gegebenenfalls der Entscheidung zur Bestellung des Verwalters in jedem anderen Mitgliedstaat, in dem sich eine Niederlassung des Schuldners befindet, nach den in diesem Mitgliedstaat vorgesehenen Verfahren veröffentlicht wird. ²In der Bekanntmachung ist gegebenenfalls anzugeben, wer als Verwalter bestellt wurde und ob sich die Zuständigkeit aus Artikel 3 Absatz 1 oder Absatz 2 ergibt.

(2) Der Verwalter oder der Schuldner in Eigenverwaltung kann beantragen, dass die Bekanntmachung nach Absatz 1 in jedem anderen Mitgliedstaat, in dem er dies für notwendig hält, nach dem in diesem Mitgliedstaat vorgesehenen Verfahren der Bekanntmachung veröffentlicht wird.

Übersicht

	Rn.		Rn.
I. Normzweck	1	3. Rechtsfolge: Veröffentlichungspflicht	7
II. Bekanntmachung im Niederlassungsstaat	3	4. Bekanntmachung in Deutschland	10
1. Niederlassung	4	5. Inhalt der Veröffentlichung	11
2. Antragspflicht des Verwalters	5	III. Bekanntmachung in anderen Mitgliedstaaten	14

I. Normzweck

1 Die Vorschrift ist eine **Sachnorm** wie zuvor Art. 21 EuInsVO 2000. Sie verdrängt, soweit ihr Anwendungsbereich und Regelungsgehalt reicht, die Sachnormen der nationalen Rechte.[1] Art. 28 reagiert auf die in der grenzüberschreitenden Insolvenz zwangsläufig auftretenden Informationsdefizite der Gläubiger und sonstigen Beteiligten in Bezug auf die Verfahrenseröffnung. Die Eröffnung des Verfahrens ist mit Wirksamwerden der Entscheidung nicht ohne weiteres überall bekannt. Die mitgliedstaatlichen Rechtsordnungen sehen daher regelmäßig vor, dass bei Eröffnung in diesem Staat der Eröffnungsbeschluss in den Veröffentlichungsorganen wie Amtsblättern, Bundesanzeiger (§§ 9, 30 InsO für Deutschland) etc. zu veröffentlichen ist; darauf beruht auch das System der vernetzten Insolvenzregister in Art. 24 bis 27. Letzteres hat nach Art. 24 Abs. 5 Wirkungen nur nach nationalem Recht. Die öffentliche Bekanntmachung steht mithin im Zusammenhang mit der flächendeckenden Einrichtung eines von Insolvenzregister und deren Zusammenführung im Europäischen Insolvenzregister (Art. 24 bis 27). Daher wird die öffentliche Bekanntmachung meist **elektronisch** erfolgen können und wird dann standardmäßig erfolgen. Art. 28 ist insoweit in seiner Bedeutung gemindert, während Art. 29 mit der Eintragung in andere Register weiterhin Bedeutung haben wird. Die Bekanntmachung in den Mitgliedstaaten nach Art. 28 hat insbesondere den Effekt, dass der **gutgläubige Erwerb** vom Schuldner oder die Möglichkeit, noch schuldbefreiend an den Schuldner persönlich leisten zu können, eingeschränkt wird oder werden soll (vgl. §§ 81, 82 S. 2 InsO und Art. 17). Art. 28 regelt insoweit, dass und unter welchen Maßgaben der Verwalter in einem Niederlassungsstaat eine öffentliche Bekanntmachung herbeiführen muss (Fall des Abs. 1) oder ob er auch in anderen Mitgliedstaaten veröffentlichen lassen darf (Fall des Abs. 2). Eine Voraussetzung für die Anerkennung des Eröffnungsbeschlusses ist die Bekanntmachung nicht.[2]

---

[1] Zur Geltung HKInsO/*Schultz* Art. 28 Rn. 2; KPB/*Laroche* Art. 28 EuInsVO Rn. 1; MüKoBGB/*Kindler* Art. 28 Rn. 2.

[2] *Ahrens*, Rechte und Pflichten ausländischer Insolvenzverwalter, 2002, S. 290; *Balz* ZIP 1996, 948, 952; Duursma-Kepplinger/Duursma/Chalupsky/*Duursma-Kepplinger/Chalupsky* Rn. 1; Gebauer/Wiedmann/*Haubold*, Zivilrecht unter europäischem Einfluss, Kap. 32 Art. 21 Rn. 182; *Garasic*, Anerkennung ausländischer Insolvenzverfahren, 2005, Bd. 2, S. 64; *Graf*, Die Anerkennung ausländischer Insolvenzentscheidungen, S. 323; Geimer/Schütze/*Gruber*, Int. Rechtsverkehr, B Vor I 20b, Art. 21 Rn. 1 = Haß/Huber/Gruber/Heiderhoff/*Gruber* Rn. 1; Gottwald/*Gottwald/Kolmann*, Insolvenzrechts-Handbuch, § 133 Rn. 36; KPB/*Laroche* Art. 28 EuInsVO Rn. 1; Leible/*Staudinger* KTS 2000, 533, 564; Rauscher/*Mäsch*, EuZPR/EuIPR, 4. Aufl., Art. 21 EG-InsVO Rn. 1; Moss/Fletcher/Isaacs/*Moss/Smith*, EC Regulation, Rn. 8.331; MüKoBGB/*Kindler* Art. 28 Rn. 3; LSZ/*Smid*, Int. Insolvenzrecht, Art. 21 EuInsVO Rn. 2; A. Schmidt/*Undritz*, EuInsVO, Rn. 2; *Virgos/Garcimartin*, European Insolvency Regulation, 2004, Rn. 379; *Virgos/Schmit*, Erläuternder Bericht, Rn. 177. Zum deutschen autonomen internationalen Insolvenzrecht wohl aA LG München I WM 1987, 222 = WuB 1987, 637 mAnm *Johlke*.

Die Vorschrift steht im **systematischen Zusammenhang mit Art. 31 Abs. 2,** der ähnlich   2
dem § 82 S. 2 InsO die Möglichkeit gutgläubigen Erwerbs nach Verfahrenseröffnung einschränkt, sobald die Eröffnung öffentlich bekannt gemacht ist.[3] Die Kostentragung richtet sich nach Art. 30. Art. 28 geht auf den bisherigen Art. 21 EuInsVO 2000 zurück. Die bisher in Art. 21 Abs. 2 EuInsVO 2000 vorgesehene Möglichkeit, im Niederlassungsstaat eine obligatorische Bekanntmachung vorzuschreiben, ist entfallen. Aber nach Abs. 1 ist der Verwalter verpflichtet, die Bekanntmachung zu beantragen. **Das ist eine echte Rechtspflicht.** Allerdings erfolgt **keine Bekanntmachung von Amts wegen.** Abs. 1 regelt die Bekanntmachung, allerdings antragsabhängig, im Niederlassungsstaat und Abs. 2 die Bekanntmachung in anderen Mitgliedstaaten.

II. Bekanntmachung im Niederlassungsstaat

Eine Bekanntmachung erfolgt im Niederlassungsstaat auf Antrag des Insolvenzverwalters oder   3
des Schuldners in Eigenverwaltung. Damit wird auf die typischerweise damit erhöhte Zahl an geschäftlichen Kontakten und Beziehungen reagiert.[4] Vgl. Art. 2 Nr. 3 und 5.

1. Niederlassung. Der Begriff der Niederlassung folgt der **Legaldefinition** des Art. 2 Nr. 10.   4
Nicht erforderlich ist, dass in diesem Staat schon ein Sekundärverfahren eingeleitet worden ist, denn die Bekanntmachung soll insbesondere die betroffenen Gläubiger auch in die Lage versetzen, über einen entsprechenden Antrag auf Eröffnung eines Sekundärverfahrens zu räsonieren.

2. Antragspflicht des Verwalters. Die öffentliche Bekanntmachung im Niederlassungsstaat   5
erfolgt nicht ex officio, sondern nur auf Antrag des Verwalters, den dieser aber zu stellen hat. Art. 28 Abs. 1 gewährt ihm dazu unmittelbar eine Antragsbefugnis, die demnach nicht vom Staat in Frage gestellt werden darf.[5] Davon unberührt bleibt, dass sich der Verwalter bei den Modalitäten des Antrags und des Antragsverfahrens an die Vorschriften des jeweiligen Staates richten muss; auch die Bekanntmachung als solche erfolgt dann ausweislich des Wortlauts von Art. 28 Abs. 1 nach den **Bestimmungen des jeweiligen Staats.**[6] Ein Rechtshilfeverfahren oder ähnliches ist aber nicht erforderlich.[7] Der Bekanntmachungsstaat darf aber nur unter den Voraussetzungen des Art. 22 die Verwalterposition in Frage stellen, dh der Verwalter kann seine Stellung gemäß Art. 22 nachweisen (→ Art. 22 Rn. 1 f.). Art. 28 Abs. 1 **unterscheidet nicht nach Art des Verfahrens.** Sowohl Haupt- als auch Partikularverfahren sind erfasst (arg. Art. 28 Abs. 1 S. 2 aE), da sich auch beim Partikularverfahren u.U. grenzüberschreitende Bezüge ergeben können (vgl. schon Art. 21 Abs. 2). Art. 28 Abs. 1 erfasst für das deutsche Recht auch den Antrag eines vorläufigen Verwalters, da er in Anhang B als Verwalter im Sinne des Art. 2 Nr. 5 genannt ist und seine Einsetzung schon eine Eröffnung sein kann.[8]

Die **Pflicht** zum Antrag bedeutet zugleich eine Pflicht zur **Hinwirkung auf die Bekanntma-**   6
chung. Daraus folgt etwa die Pflicht, den Eröffnungsbeschluss oder die Bestellungsurkunde vorzulegen etc. Eine Anerkennung des ausländischen Verfahrens wird bei versäumter Mitwirkung nicht gesperrt.[9] Der Verwalter kann sich nach Maßgabe der lex fori concursus haftbar machen, wenn Nachteile für die Masse entstehen (vgl. → Rn. 2). Eine **Staatshaftung** des den Verwalter bestellenden Staats, dh nach der lex fori concursus,[10] wegen Verletzung der Mitwirkungspflichten kommt nur in Betracht, soweit der Verwalter nach dieser Rechtsordnung als Amtsperson angesehen wird.

3. Rechtsfolge: Veröffentlichungspflicht. Ein **Ermessen** ist dem Niederlassungsstaat **nicht**   7
eingeräumt. Der Passus „nach den in diesem Mitgliedstaat vorgesehenen Verfahren" darf nicht dahingehend verstanden werden, dass der Niederlassungsstaat vorsehen könne, ob es überhaupt zu einem Bekanntmachungsverfahren kommt. Lediglich der **Gang des Verfahrens darf näher ausgestaltet** werden, etwa hinsichtlich des Zusammenwirkens von Bekanntmachungsorganen und Eröffnungsgericht sowie hinsichtlich der Eintragungsformalien. Die Bekanntmachungsstellen sind verpflichtet, die öffentliche Bekanntmachung vorzunehmen, soweit die Voraussetzungen nach innerstaatlichem Recht vorliegen. Ein Ermessensspielraum oder gar eine Zweckmäßigkeitskontrolle besteht insoweit nicht; abweichende nationale Vorschriften sind (nur) insoweit als verdrängt anzusehen. Die zuständigen Stellen können die Bekanntmachung aber **verweigern,** wenn das aus ihrer

---

[3] Vgl. auch *Paulus* NZI 2001, 505, 510.
[4] Duursma-Kepplinger/Duursma/Chalupsky/*Duursma-Kepplinger/Chalupsky*, Rn. 14; vgl. auch zum Normzweck HKInsO/*Schultz* Art. 28 Rn. 2.
[5] *Leible/Staudinger* KTS 2000, 533, 565; *Kemper* ZIP 2001, 1609, 1615; MüKoBGB/*Kindler* Art. 28 Rn. 5.
[6] Vgl. auch *Virgos/Schmit*, Erläuternder Bericht, Rn. 181; KPB/*Laroche* Art. 28 EuInsVO Rn. 4.
[7] Bereits zur EuInsVO 2000 KPB/*Kemper* Art. 21 EuInsVO Rn. 2.
[8] → Art. 2 Rn. 22 f.
[9] *Virgos/Schmit*, Erläuternder Bericht, Rn. 177.
[10] So möglicherweise MüKoBGB/*Kindler* Art. 28 Rn. 6.

Sicht ausländische Verfahren oder die Verwalterbestellung nicht anzuerkennen ist, ggf. wegen ordre public-Verstoßes, (→ Art. 20 Rn. 10)[11] oder weil der Nachweis nach Art. 22 nicht erfolgt ist.

8 Davon zu unterscheiden ist der Fall, dass der Bekanntmachungsstaat die obligatorische Bekanntmachung entgegen Art. 19, 20 („ohne weitere Förmlichkeiten") als Bedingung für die Annerkennung ansehen würde; dann würde sich dieser Mitgliedstaat unionsrechtswidrig verhalten und könnte ggf. unionsrechtliche Haftungsansprüche gewärtigen.[12] Wieder anders ist es, wenn die zuständigen Stellen im Staat der Niederlassung die Veröffentlichung trotz Vorliegen der Voraussetzungen ablehnen. Dann kommt eine **Staatshaftung** wegen Verletzung der Veröffentlichungspflicht nach Maßgabe der allgemeinen Regeln dieses Staats in Betracht.[13]

9 Unberührt bleibt stets eine Veröffentlichung und Bekanntmachung auf unmittelbare, eigene Veranlassung durch die Gerichte oder staatliche Stellen des Eröffnungsstaats.[14]

10 **4. Bekanntmachung in Deutschland.** Für Bekanntmachungen in Deutschland in Bezug auf ausländische Verfahren gilt **Art. 102c § 7 Abs. 1 S. 1 EGInsO**. Danach ist das nach Art. 102c § 1 Abs. 2 EGInsO örtlich zuständige Insolvenzgericht am Ort der Niederlassung (im Sinne des Art. 2 Nr. 10) für die Anordnung der Bekanntmachung zuständig. Nach Art. 102c § 7 Abs. 3 kann eine beglaubigte Übersetzung des Eröffnungsbeschlusses verlangt werden, was sich mit Art. 28 trotz fehlender Anordnung verträgt, weil man hier die zu Art. 22 S. 2 geltenden Maßgaben übertragen kann[15] (näher die Kommentierung zu Art. 102c § 7 EGInsO).

11 **5. Inhalt der Veröffentlichung.** Die **Modalitäten der Veröffentlichung** richten sich grundsätzlich nach dem Recht und den Gebräuchlichkeiten in dem Staat, in dem die Bekanntmachung erfolgen soll (in Deutschland §§ 9, 30 InsO). Art. 28 Abs. 1 gibt insoweit aber einen **Mindestinhalt** vor. Das nationale Recht kann einen weitergehenden Inhalt zulassen (zB Anmeldefristen, Terminsbestimmungen[16]), nur nicht dahinter zurückbleiben.[17] In Art. 21 EuInsVO 2000 war noch die Rede von, dass der „wesentliche Inhalt" der Entscheidung über die Verfahrenseröffnung und gegebenenfalls die Entscheidung über die Bestellung des Verwalters, wenn es beispielsweise verschiedene Bestellungen gibt,[18] oder wenn die Verwalterbestellung gesondert erfolgt, zu veröffentlichen sind. Der wesentliche Inhalt umfasst insbesondere die Bezeichnung des Schuldners, den Vermögensbeschlag und damit die Überleitung der Verwaltungs- und Verfügungsbefugnis. Art. 28 Abs. 1 formuliert aber in der deutschen Fassung **weiter** und enthält diesen Passus nicht mehr. In der französischen Sprachfassung (le contenu essentiel) und vor allem in Erwägungsgrund Nr. 75 ist aber weiter der „wesentliche Inhalt" gemeint. Eine **Änderung ist gegenüber dem früheren Recht nicht bezweckt**, jedenfalls ist das daher nicht ersichtlich. Es ist daher weiterhin unionsrechtskonform, wenn nur der wesentliche Inhalt veröffentlicht wird.[19] Freilich kann der Mitgliedstaat auch die gesamte Entscheidung veröffentlichen.

12 Nach S. 2 ist auch anzugeben, **welcher Verwalter** bestellt wurde. Das ist eine Mindestangabe, soweit sie hier nicht schon über S. 1 zum Tragen kommt. S. 2 deckt damit insbesondere Fälle ab, in denen die Verwalterbestellung nicht schon Teil der Eörffnungsentscheidung ist. Der Name des Verwalters ist daher in jedem Fall zu nennen.[20] Darüber hinaus ist anzugeben, ob es sich um ein Hauptverfahren nach Art. 3 Abs. 1 oder ein Territorialverfahren nach Art. 3 Abs. 2 handelt.

13 In der 2. Auflage dieses Kommentars *(Reinhart)* ist die Auffassung vertreten worden, nicht nur die Bestellung des vorläufigen Verwalters, sondern auch die angeordneten **vorläufigen Sicherungsmaßnahmen** und die damit verbundenen Befugnisse des vorläufigen Verwalters könnten zum Gegenstand der Veröffentlichung gemacht werden, obwohl Art. 21 Abs. 1 EuInsVO 2000 nur von der Bestellung als solcher sprach.[21] Richtig ist, dass auch insoweit ein Informationsbedürfnis besteht, andererseits lässt in der Systematik der EuInsVO auch Art. 22 den Nachweis der Befugnisse gerade außen vor und beschränkt sich auf den Nachweis der Bestellung als solcher (→ Art. 22 Rn. 1).

---

11 Vgl. Vallender/*Vallender* Art. 28 Rn. 14.
12 So wohl *Virgos/Schmit*, Erläuternder Bericht, Rn. 180.
13 Dies offenbar verneinend → 2. Aufl., Art. 21 EuInsVO Rn. 15.
14 *Virgos/Schmit*, Erläuternder Bericht, Rn. 179.
15 Vgl. Art. 19 Rn. 6; Gebauer/Wiedmann/*Haubold*, Zivilrecht unter europäischem Einfluss, Kap. 32 Art. 21 Rn. 184; → 2. Aufl., Art. 21 EuInsVO 2000 Rn. 7.
16 *Virgos/Schmit*, Erläuternder Bericht, Rn. 181.
17 *Virgos/Schmit*, Erläuternder Bericht, Rn. 181; Duursma-Kepplinger/Duursma/Chalupsky/*Duursma-Kepplinger/Chalupsky* Rn. 17; MüKoBGB/*Kindler* Art. 28 Rn. 9; Pannen/*Pannen/Eickmann* Rn. 7; Bork/van Zwieten/*Veder*, Commentary on the European Insolvency Regulation, Art. 28 Rn. 28.05.
18 *Virgos/Schmit*, Erläuternder Bericht, Rn. 181.
19 So wohl Mankowski/Müller/J.Schmidt/*Müller* Art. 28 Rn. 11.
20 Pannen/*Pannen/Eickmann* Rn. 10.
21 → 2. Aufl., Art. 21 EuInsVO 2000 Rn. 4; *Reinhart* NZI 2009, 201, 203; HKInsO/*Schultz* Art. 28 Rn. 2; offen KPB/*Kemper* zur EuInsVO 2000, Art. 21 Rn. 2 mit Fn. 5.

Ohnedies geht diese Auffassung davon aus, die Bekanntmachung der „Verfahrenseröffnung" meine den formellen Eröffnungsbeschluss. Das ist indessen nicht mehr mit der EuInsVO vereinbar, die spätestens seit der Reform 2015 früher ansetzt (→ Art. 2 Rn. 22 f.). Daher ist zu differenzieren. Da die Einsetzung eines vorläufigen Verwalters für eine anzuerkennende Eröffnungsentscheidung genügt, gehören die Sicherungsmaßnahmen, die diese Eröffnung inhaltlich ausfüllen, schon zum „wesentlichen Inhalt" der Entscheidung und sind auf dieser Grundlage bekanntzumachen; allerdings nicht ohne weiteres sämtliche dem vorläufigen Verwalter nach der lex fori concursus weiter zustehenden Befugnisse. Sie sind nur dann Gegenstand der Bekanntmachung der Entscheidung über die Verwalterbestellung, wenn sie dort aufgeführt sind und das Recht des ersuchten Staats die Bekanntmachung ihrer Nennung so zulässt.

III. Bekanntmachung in anderen Mitgliedstaaten

Art. 28 Abs. 2 sieht zudem die Möglichkeit für den Verwalter oder den Schuldner in Eigenverwaltung vor, eine Bekanntmachung im Sinne des Abs. 1 in jedem anderen Mitgliedstaat zu erreichen, dh in jedem Staat, in dem **keine Niederlassung** besteht. Die Behörde oder das jeweilige Gericht dürfen die Erforderlichkeit oder Notwendigkeit einer Bekanntmachung nicht eigenständig nachprüfen. Auf Antrag ist die Bekanntmachung vorzunehmen. Für das Verfahren gilt insofern das Recht des jeweiligen Mitgliedstaats; das betrifft auch etwaige redaktionelle Anpassungen des Bekanntmachungsinhalts. Im Übrigen ist der jeweilige Staat aber verpflichtet, die begehrte Bekanntmachung vorzunehmen. Für den Inhalt der Bekanntmachung gilt wiederum Abs. 1, wie sich aus der Bezugnahme im Normtext ergibt. 14

Will ein **ausländischer Verwalter in Deutschland** nach Abs. 2 vorgehen, so ergibt sich das **zuständige Gericht** aus Art. 102c § 7 Abs. 2 EGInsO. Der Antrag ist an das Insolvenzgericht zu richten, in dessen Bezirk sich der wesentliche Teil des Vermögens des Schuldners befindet, bei fehlendem inländischen Vermögen bei jedem Insolvenzgericht. Es bedarf keiner Ersatzzuständigkeit entsprechend § 15 Abs. 1 S. 2 ZPO am Sitz der Bundesregierung mehr (→ 3. Aufl., Art. 21 EuInsVO 2000 Rn. 6). 15

Art. 29 Eintragung in öffentliche Register eines anderen Mitgliedstaats

(1) Ist es in einem Mitgliedstaat, in dem sich eine Niederlassung des Schuldners befindet und diese Niederlassung in einem öffentlichen Register dieses Mitgliedstaats eingetragen ist oder in dem unbewegliches Vermögen des Schuldners belegen ist, gesetzlich vorgeschrieben, dass die Informationen nach Artikel 28 über die Eröffnung eines Insolvenzverfahrens im Grundbuch, Handelsregister oder einem sonstigen öffentlichen Register einzutragen sind, stellt der Verwalter oder der Schuldner in Eigenverwaltung die Eintragung im Register durch alle dazu erforderlichen Maßnahmen sicher.

(2) Der Verwalter oder der Schuldner in Eigenverwaltung kann diese Eintragung in jedem anderen Mitgliedstaat beantragen, sofern das Recht des Mitgliedstaats, in dem das Register geführt wird, eine solche Eintragung zulässt.

Übersicht

	Rn.		Rn.
I. Normzweck	1	5. Pflicht des Verwalters oder des Schuldners in Eigenverwaltung	7
II. Eintragung im Niederlassungsstaat und im Belegenheitsstaat unbeweglichen Vermögens (Abs. 1)	2	6. Partikularverfahren	8
1. Register	3	III. Registereintragung in einem anderen Mitgliedstaat (Abs. 2)	9
2. Eintragungsgegenstand	4	1. Voraussetzungen	9
3. Gesetzlich vorgeschriebene Eintragung ..	5	2. Rechtsfolgen	14
4. Verfahrensgang	6		

I. Normzweck

Die Vorschrift entspricht teilweise dem bisherigen Art. 22 EuInsVO 2000. Art. 29 Abs. 1 regelt die früher in Art. 22 Abs. 2 S. 1 EuInsVO 2000 angesprochene obligatorische Eintragung, Art. 29 Abs. 2 die in Art. 22 Abs. 1 EuInsVO 2000 geregelte fakultative Eintragung in anderen Mitgliedstaa- 1 ten. Die Norm will die Voraussetzungen dafür schaffen, dass durch die Eintragung eines Insolvenzvermerks in ein öffentliches Register, namentlich ein Grundbuch, Schiffs- und Luftfahrzeugregister sowie Handels-, Genossenschafts- oder Vereinsregister, die Möglichkeiten des für die Masse schädlichen gutgläubigen **Dritterwerbs** von Gegenständen aus der Masse (dazu auch Art. 31) eingeschränkt werden können,[1] selbst wenn Art. 31 nicht unmittelbar an die Eintragung nach Art. 29 anknüpft.[2] Zugleich wird mit einer solchen Eintragung die fehlende Verfügungsbefugnis des Schuldners auch registerrechtlich abgesichert.[3] Schon auf der Ebene des mitgliedstaatlichen Rechts ist in der Regel vorgesehen, dass die Eröffnung des Verfahrens in ein öffentliches Register einzutragen ist (vgl. §§ 31 ff. InsO). In diesem Sinne verfolgt Art. 29 wie auch Art. 28 mittelbar den Zweck, die Sicherheit des Wirtschaftsverkehrs und den Schutz des Vertrauens Dritter auf die Richtigkeit der Bücher zu fördern.[4] Art. 29 steht auch in einem **systematischen Zusammenhang mit Art. 17,** der bestimmte Verfügungen nach Eröffnung des Verfahrens dem Recht des Registerstaates unterwirft.

II. Eintragung im Niederlassungsstaat und im Belegenheitsstaat unbeweglichen Vermögens (Abs. 1)

2   Abs. 1 regelt den Fall, dass in einem Mitgliedstaat, in dem sich eine **Niederlassung** des Schuldners befindet (im Sinne des Art. 2 Nr. 10 EuInsVO 2015) oder in dem unbewegliches Vermögen des Schuldners belegen ist, die Eintragung in ein **öffentliches Register gesetzlich vorgeschrieben** ist. Die Belegenheit richtet sich nach der Legaldefinition in Art. 2 Nr. 9 lit. iv, da die Inhaberschaft an dem Grundstück etc. meist registerpflichtig ist. Auch im Übrigen ist auf die allgemeinen Regeln des Art. 2 Nr. 9 zurückzugreifen. Das gilt insbesondere, wenn es nicht um Grundstücke geht, sondern um grundstücksgleiche Rechte, die ebenfalls von Art. 29 Abs. 1 erfasst sein können. Hat der Insolvenzverwalter das Grundstück bzw. Recht nach Maßgabe der lex fori concursus wirksam freigegeben, ist damit auch die Pflichtenbindung über Art. 29 beseitigt. Das unbewegliche Vermögen muss also (noch) Teil der Masse sein.

3   **1. Register.** Die Vorschrift erfasst ausdrücklich das Grundbuch und das Handelsregister. Sonstige Register sind gleichfalls erfasst. Art. 2 Nr. 9 **definiert den Begriff selbst nicht.** Es kommt darauf an, welche Register der jeweilige Mitgliedstaat kennt. Das Antragsrecht erfasst sowohl von der öffentlichen Hand geführte Register als auch privat organisierte Register,[5] wenn sie öffentlichen Zwecken dienen und der Öffentlichkeit zugänglich sind. Es ist nicht erforderlich, dass der Registerstaat mit der Eintragung außer einer Informationsfunktion weitergehende rechtliche Konsequenzen etwa für privatrechtliche Rechtsgeschäfte verknüpft. Beispiele sind Genossenschafts-, Partnerschafts-, Vereins-, Schiffs- und Luftfahrzeugregister, ebenso Marken-, Patent-, Geschmacksmuster- und Gebrauchsmusterregister.

4   **2. Eintragungsgegenstand.** Art. 29 regelt nach seinem Wortlaut die **Eintragung der Informationen nach Art. 28.** Gemeint ist also der wesentliche Inhalt der Eröffnung des Verfahrens und ggf. die Verwalterbestellung. Entscheidend ist letztlich, was der jeweilige Staat an Eintragung verlangt; das kann sich uU auf die Eröffnung als solche beschränken, kann aber auch den wesentlichen Inhalt der Entscheidung und die Verwalterbestellung beinhalten (→ Art. 28 Rn. 11 ff.). Sonstige Eintragungen wie zB die **Löschung** eines Rechts[6] fallen nicht darunter. Der Verwalter kann aber nach allgemeinen Regeln die Eintragung der Löschung oder sonstigen Eintragung beantragen.

5   **3. Gesetzlich vorgeschriebene Eintragung.** Die Eintragung muss gesetzlich im Niederlassungsstaat bzw. in dem Belegenheitsstaat vorgeschrieben sein. Gesetzlich vorgeschrieben ist die Eintragung auch, wenn sie von einem Gericht kraft allgemeiner Kompetenzen in dem jeweiligen Staat angeordnet wird.

6   **4. Verfahrensgang.** Der Verfahrensgang richtet sich nach dem Recht des jeweiligen Registerstaats. Für Eintragungen in **deutsche Register** gilt Art. 102c § 8 EGInsO.

7   **5. Pflicht des Verwalters oder des Schuldners in Eigenverwaltung.** Ist die Eintragung gesetzlich vorgeschrieben, muss der Insolvenzverwalter oder der Schuldner in Eigenverwaltung alle

---

[1]   So auch BGH NZI 2017, 770 Rn. 14.
[2]   Insoweit richtig Mankowski/Müller/J. Schmidt/*Müller* Art. 28 Rn. 18.
[3]   *Virgos/Schmit,* Erläuternder Bericht, Rn. 182.
[4]   *Virgos/Schmit,* Erläuternder Bericht, Rn. 182; MüKoBGB/*Kindler* Art. 29 EuInsVO Rn. 2; → 2. Aufl., Art. 22 EuInsVO 2000 Rn. 1.
[5]   KPB/*Laroche* Art. 29 EuInsVO Rn. 5.
[6]   AG Duisburg ZIP 2010, 594, 595 = NZI 2010, 199 f. Vgl. auch → Art. 102c § 8 EGInsO Rn. 4.

dazu erforderlichen Maßnahmen sicherstellen, also beispielsweise Unterlagen einreichen, einen Verfahrensantrag etc. stellen. Zu den Kosten Art. 30. Eine etwaige Haftung folgt der lex fori concursus.

6. Partikularverfahren. Unklar ist, ob Art. 29 anders als Art. 22 EuInsVO 2000 auch das Partikular- und Sekundärverfahren erfasst.[7] Dafür spricht die Bezugnahme auf Art. 28, der wiederum auch den Fall des Art. 3 Abs. 2 ausdrücklich benennt. Tatsächlich ist das ein **Scheinproblem.** Ist ein Sekundärverfahren in dem jeweiligen Niederlassungsstaat eröffnet und sieht dieser Staat eine gesetzliche Pflicht zur Registereintragung vor, ist der Verwalter des Sekundärverfahrens schon wegen seiner Bindung an die gesetzlichen Pflichten im Sekundärverfahrensstaat verpflichtet, die Eintragung herbeizuführen. Art. 29 meint demgegenüber gerade die grenzüberschreitenden Bezüge eines Verfahrens. Ist noch kein Sekundärverfahren eröffnet, muss demgemäß der (Haupt-)Verwalter nach Art. 29 Abs. 1 die Eintragung bewirken lassen. Dann aber wird gerade nicht das Sekundärverfahren eingetragen. Ist ein isoliertes Partikularverfahren nach Art. 3 Abs. 4 eröffnet worden, könnte zwar Art. 29 Abs. 1 greifen, aber es ist unwahrscheinlich, dass ein anderer Staat einer Niederlassung gesetzlich eine Eintragung vorschreibt, wenn doch das isolierte Partikularverfahren des anderen Staats territorial beschränkt ist. 8

III. Registereintragung in einem anderen Mitgliedstaat (Abs. 2)

1. Voraussetzungen. Abs. 2 erlaubt dem Verwalter und dem Schuldner in Eigenverwaltung auch, eine Registereintragung in einem anderen Mitgliedstaat als dem Niederlassungsstaat oder dem Belegenheitsstaat unbeweglichen Vermögens herbeizuführen. Dies steht allerdings unter dem **Vorbehalt,** dass das Recht des jeweiligen Mitgliedstaats die Eintragung zulässt. Es soll vermieden werden, dass die Register mit artfremden Eintragungen aus ausländischen Insolvenzverfahren belastet werden. Lässt das jeweilige Recht die Eintragung der Eröffnung des Insolvenzverfahrens in dem jeweiligen Register **dem Grunde und seiner Art nach** zu, ist insoweit aber lediglich der Inhalt und die Diktion anzupassen, ist der Mitgliedstaat **verpflichtet,** durch **Anpassung** und Substitution dem Eintragungsbegehren Rechnung zu tragen. Grundsätzlich hat der Registerstaat eine entsprechende, sich aus Art. 29 Abs. 2 ergebende Mitwirkungspflicht. 9

Soweit **die Eintragung anderer Tatsachen** als jenen im Sinne des Art. 28 verlangt wird, die nicht die Eröffnung oder Verwalterbestellung betreffen, kann dies nur nach nationalem Recht des Registerstaats unabhängig von Art. 29 erfolgen (→ Rn. 4). 10

Es wird vor diesem Hintergrund diskutiert, was mit Eintragungsinhalten geschieht, die – theoretisch – nach der lex fori concursus erforderlich sind, im Registerstaat aber **unbekannt** sind,[8] dh nicht einmal dem Grunde und der Art nach eintragungsfähig wären nach dem Recht des Registerstaats. Diese unbekannten Tatsachen sind (unabhängig von Art. 29) so einzutragen, dass die Eintragung der Eintragung im Eröffnungsstaat nahekommt,[9] um dem Inhalt der Tatsache weitmöglichst gerecht zu werden. Das sieht auch Art. 102c § 8 Abs. 3 S. 2 EGInsO so vor. Eine unionsrechtliche Pflicht zur Eintragung wird man aber im Fall des Art. 29 Abs. 2 bei diesen Tatsachen nicht anerkennen können, weil Art. 29 Abs. 2 – anders als Art. 29 Abs. 1 – einen expliziten Vorbehalt macht („soweit das Recht des Mitgliedstaats ... eine solche Eintragung zulässt"). 11

Die noch **fehlende Eintragung** ist einerseits **kein Anerkennungshindernis** in Bezug auf die Anerkennung der Insolvenzeröffnung und darf auch für die Anerkennung des Verfahrens nicht verlangt werden (→ Art. 19 Rn. 2). Andererseits darf auch die Eintragung des Insolvenzvermerks nicht von einer *förmlichen* Anerkennung der Eröffnungsentscheidung und damit von einem Anerkennungsfeststellungsverfahren abhängig gemacht werden,[10] auch insoweit bleibt es bei dem Prinzip der automatischen Anerkennung nach den Art. 19, 20. Eine andere Frage ist dann, ob die Registerstelle oder die für das Register zuständige Stelle die Anerkennungsvoraussetzungen inzident prüfen kann oder sogar muss. Insoweit ist wie bei Art. 28 davon auszugehen, dass vor Eintragung eine Überprüfung der **Anerkennungsvoraussetzungen** erfolgen kann.[11] Unionsrechtlich verpflichtet ist der Registerstaat dazu nicht. Selbst wenn er es tut, kann die Anerkennung nur aus den in Art. 19 genannten Gründen und wegen des ordre public-Verstoßes versagt werden; hier ist der Registerstaat aber zur praktischen Wirksamkeit des Unionsrechts wegen der Notwendigkeit der schnellen Eintra- 12

---

[7] Mankowski/Müller/J. Schmidt/*Müller* Art. 29 Rn. 3.
[8] Geimer/Schütze/*Gruber,* Int. Rechtsverkehr, B Vor I 20b, Art. 22 Rn. 7 = Haß/Huber/Gruber/Heiderhoff/Gruber Rn. 7; auch der Gesetzgeber hat im Rahmen der Gesetzgebung zu Art. 102 § 6 die Substitutionsproblematik diskutiert (vgl. Regierungsentwurf, BT-Drs. 15/16, S. 16).
[9] Pannen/*Pannen/Eickmann* Rn. 11.
[10] Virgos/Schmit, Erläuternder Bericht, Rn. 183.
[11] MüKoBGB/*Kindler* Art. 29 EuInsVO Rn. 7, vgl. Art. 21 Rn. 5; aA wohl Duursma-Kepplinger/Duursma/Chalupsky/*Duursma-Kepplinger/Chalupsky* Rn. 11.

gung zur Eile angeleitet.[12] Aus Gründen des **effet utile** ist zu verlangen, dass ein Verstoß gegen den ordre public nur auf Anhaltspunkte geprüft wird und die Prüfung **kein Vehikel zur Verfahrensverzögerung** sein darf.[13] Keineswegs darf die Annahme der internationalen Zuständigkeit nach Art. 3 Abs. 1 in der Sache nachgeprüft werden.[14]

13 In der 2. Auflage *(Reinhart)* war zu Art. 22 EuInsVO 2000 in ausdrücklicher Abgrenzung zum Erläuternden Bericht zum EuInsÜ[15] die Auffassung vertreten worden, die Anerkennungsvoraussetzungen seien von der Registerstelle nur dann zu überprüfen, wenn der Registerstelle auch sonst eine materiell-rechtliche Prüfung des Antrags abverlangt sei.[16] Tatsächlich ergibt sich aber aus dem Bericht nur, dass es den Mitgliedstaaten überlassen bleibt, eine **Pflicht zur Überprüfung** der Anerkennungsvoraussetzungen zu normieren. Damit ist gerade nicht verbunden, dass der Registerstaat gewissermaßen willkürlich **zusätzliche Anforderungen** aufstellen dürfte, die einem nicht in der EuInsVO vorgesehenen Anerkennungshindernis gleichkommen. Indessen ist für die Frage einer Überprüfungsbefugnis irrelevant, ob eine materielle Prüfungsbefugnis der Registerstelle vorliegt. Die Anerkennung der Verfahrenseröffnung (die ohnedies verfahrensrechtlicher Art ist) kann auch dann geprüft werden, wenn die Registerstelle im Übrigen keine materiell-rechtliche Prüfung vornimmt. Im Übrigen ist es aber eine Frage des nationalen Rechts, wer zur Prüfung berufen ist oder gar verpflichtet ist; das ist eine reine „interne" Zuständigkeitsfrage. In Deutschland bestimmt in der Tat Art. 102c § 8 Abs. 1 EGInsO, dass das Insolvenzgericht statt der das Register führenden Stelle für eine solche Überprüfung allein zuständig ist, um insoweit die international-insolvenzrechtliche Sachkompetenz zu konzentrieren. In diesem Fall darf das **Registergericht** oder die Registerstelle **nicht erneut die Anerkennung** prüfen, sondern sie ist kraft nationalen Rechts an die Prüfung durch das **Insolvenzgericht gebunden**.

14 **2. Rechtsfolgen.** Der Verwalter „kann" die in dem Registerstaat vorgesehene Eintragung beantragen, muss es aber nicht. Tut er dies aber, weil er es für zweckmäßig erachtet, darf der registerführende Mitgliedstaat die Zweckmäßigkeit der Eintragung nicht in Frage stellen. Art. 29 Abs. 2 legt insoweit die Antragsbefugnis des ausländischen Verwalters verbindlich fest. Form und Inhalt der Eintragung sind nicht nach der lex fori concursus zu bemessen. Wäre dies anders, würde dies zu einem vielfältigen Einbruch unbekannter Eintragungsformen in die Register der jeweiligen Mitgliedstaaten führen. Demnach wird die Eröffnung in den Formen eingetragen, die das Registerrecht vorsieht und kennt. Für Eintragungen in Deutschland gilt Art. 102c § 8 Abs. 3 und 3. Zuständig ist das nach Art. 102c § 7 Abs. 2 zuständige Gericht. Das Eintragungsersuchen soll mit einem Antrag nach Art. 28 Abs. 2 verbunden werden. Zwingend ist das nicht.

15 Erfolgt sodann die Eintragung, bestimmt Art. 29 nicht schon über die Rechtsfolgen selbst. **Materiell-rechtliche Rechtsfolgen** ergeben sich aus Art. 31. Die Eintragung kann einen guten Glauben bei Leistung an den Schuldner ggf. zerstören (→ Art. 31 Rn. 11). Im Übrigen wirkt sich die Registrierung auf **Verfügungen des Schuldners** nach Maßgabe des darauf nach allgemeinen Regeln oder des nach Art. 17 anwendbaren Rechts aus; insofern macht Art. 29 keine Vorgaben. Die Anerkennung in allen Mitgliedstaaten ist mit der erfolgten Eintragung in einem Mitgliedstaat nicht verbunden und sie ist dadurch auch nicht präjudiziert. Umgekehrt berechtigt die Verweigerung der Eintragung unter Hinweis auf die fehlende Anerkennungsfähigkeit der Verfahrenseröffnung nicht ohne weiteres auch andere Mitgliedstaaten zur Verweigerung der Anerkennung. **Präjudizielle Wirkungen** entstehen insoweit nicht.

Art. 30 Kosten

Die Kosten der öffentlichen Bekanntmachung nach Artikel 28 und der Eintragung nach Artikel 29 gelten als Kosten und Aufwendungen des Verfahrens.

I. Normzweck

1 Die Vorschrift ist eine **Sachnorm**.[1] Sie legt zwar nicht unmittelbar den (Vor-)Rang der Kosten der öffentlichen Bekanntmachung (Art. 28) sowie der Registereintragung nach Art. 29 fest[2] – dafür

---

[12] So wohl auch MüKoBGB/*Kindler* Art. 29 Rn. 9.
[13] Insoweit richtig → 2. Aufl., Art. 22 EuInsVO 2000 Rn. 7.
[14] Dazu → Art. 19 Rn. 17; EuGH vom 2.5.2006 – Rs. C-341/04 (Eurofood IFSC Ltd), Slg. 2006, I-3854, 3870, Rn. 39 ff. = EU:C:2006:281; zuvor schon Duursma-Kepplinger/Duursma/Chalupsky/*Duursma-Kepplinger/Chalupsky* Rn. 9.
[15] *Virgos/Schmit*, Erläuternder Bericht, Rn. 183.
[16] → 2. Aufl., Art. 22 EuInsVO 2000 Rn. 7 f.
[1] Geimer/Schütze/*Gruber*, Int. Rechtsverkehr, B Vor I 20 B, Art. 23 Rn. 1 = Haß/Huber/Gruber/Heiderhoff/*Gruber* Rn. 1; HKInsO/*Schultz* Art. 30 Rn. 1; KPB/*Laroche* Art. 30 EuInsVO Rn. 1.
[2] Missverständlich noch → 2. Aufl., Art. 23 EuInsVO 2000 Rn. 1.

bleibt es über Art. 7 Abs. 2 S. 2 lit. l) bei der lex fori concursus – wohl aber legt sie verbindlich fest, dass diese Kosten als „Kosten und Aufwendungen des Verfahrens" gelten. Mit dieser Festlegung ergibt sich aber meist zwanglos auch eine **Vorrangbefriedigung für solche Kosten**. Das ist insofern sachgerecht, als die Bekanntmachung oder Eintragung dem Schutz der Masse vor dem Verlust von Vermögenswerten durch die Vermeidung des gutgläubigen Dritterwerbs dient.[3] Die Vorschrift ist daher weitgehend deklaratorisch, da in vielen Mitgliedstaaten wie auch in Deutschland die bei der Bekanntmachung und Registereintragung anfallenden Kosten ohnedies als privilegierte Forderungen bzw. Masseverbindlichkeiten angesehen werden.[4] Nicht übernommen worden ist der noch in den Verhandlungen zum EuInsÜ aufgekommene Vorschlag, die Kosten für die obligatorische, vom Staat der Niederlassung vorgeschriebene öffentliche Bekanntmachung oder Registereintragung in den Fällen des Art. 28 Abs. 1, 29 Abs. 1 nicht der Insolvenzmasse des Hauptverfahrens zuzuweisen, weil sie gewissermaßen im Staat der Niederlassung veranlasst sind. Auf eine komplizierte Kostenteilungsregel o.ä. ist mit Recht verzichtet worden, Art. 30 stellt die Kostenzuordnung auch insoweit klar.

II. Kosten der Bekanntmachung und Eintragung

Der **Begriff** der Kosten ist **nicht ohne weiteres nach der lex fori concursus** und damit nicht etwa in Anlehnung an das GKG oder allgemein an das autonome Recht zu definieren. Es wird vertreten, das Begriffsverständnis richte sich nach dem Recht des Staats, in dem die Eintragung oder öffentliche Bekanntmachung erfolgen soll.[5] Damit wird zwar scheinbar verkannt, dass Art. 30 eine Anordnung in Bezug auf den Eröffnungsstaat trifft, gleichwohl kommt es in der Tat zunächst auf die Gebühren und Auslagen an, die von den zuständigen Stellen bzw. den für die Bekanntmachung oder Eintragung verantwortlichen Stellen (zB Grundbuchamt) nach **Maßgabe des dortigen Kostenrechts** erhoben werden.[6] In Deutschland werden bei einer **öffentlichen Bekanntmachung** gemäß Art. 102c § 7 EGInsO Kosten nach § 24 GKG, KV 9004 erhoben. Die Eintragung ins Register ist nach §§ 69 Abs. 2, 87 Nr. 1 KostO kostenfrei, die Maßnahmen des Insolvenzgerichts nach Art. 102c § 8 sind ebenfalls kostenfrei. Der Hintergrund der Kostenfreiheit liegt darin, dass diese Tätigkeit durch die Gebühren des Insolvenzverfahrens nach § 58 GKG abgedeckt sein soll, was bei einem ausländischen Verfahren aber gerade nicht der Fall ist. Die Lücke kann aber schon wegen der notwendigen Klarheit des Kostenrechts nur de lege ferenda geschlossen werden.

Eine andere Frage ist dann, ob auch **Aufwendungen** *des Verwalters*, die im Bekanntmachungs-/ 3 Eintragungsstaat ja gerade nicht ersetzt werden, erfasst sind. Demnach kann insoweit gerade nicht das Begriffsverständnis des Bekanntmachungsstaats maßgeblich sein, sondern der Begriff ist allgemein und **autonom** zu bestimmen.[7] Gemeint sind in erster Linie die beim Verwalter angefallenen Kosten in Gestalt von Übersetzungskosten, Portokosten, Reisekosten und Kosten der Beauftragung eines Anwalts vor Ort, um die Eintragung oder Bekanntmachung herbeiführen zu können.[8] Es wird vertreten, solche Kosten seien jedoch nur erfasst, wenn sie notwendig und angemessen waren,[9] ohne dass sich dies indes unmittelbar aus Art. 30 ableiten ließe. Tatsächlich erfordert es der Zweck des Art. 30, die Masse als Profiteur der Bekanntmachung und der Eintragung mit den Kosten zu belasten, auch die Aufwendungen des Verwalters als Kosten und Aufwendungen des Verfahrens anzusehen, weil sie die Bekanntmachung oder Eintragung gefördert haben. Die **Begrenzung auf notwendige Aufwendungen** lässt sich dann aus dem Zweck des Art. 30 heraus begründen: Die Aufwendung muss dazu gedient haben, die Bekanntmachung/Eintragung herbeizuführen. Art. 29 Abs. 1 spricht selbst von den „erforderlichen" Maßnahmen. Insoweit kann man ohne Rückgriff auf die lex fori concursus aus einer teleologischen Betrachtung den Schluss ziehen, dass die zur Herbeiführung der Bekanntmachung und Eintragung **erforderlichen Aufwendungen** unter Art. 30 fallen. Es muss sich aber um spezifizierte Aufwendungen gehen, so dass etwa ein Anteil an den **Gemeinkosten** des Verwalterbetriebs nicht erfasst ist und nur nach Maßgabe der lex fori concursus in eine Vergütungsforderung des Verwalters eingehen kann.

---

[3] MüKoBGB/*Kindler* Art. 30 Rn. 2; Duursma-Kepplinger/Duursma/Chalupsky/*Duursma-Kepplinger/Chalupsky* Rn. 2.
[4] Vallender/*Vallender*Art. 30 Rn. 3; → 2. Aufl., Art. 23 EuInsVO 2000 Rn. 2.
[5] KPB/*Laroche* Art. 30 EuInsVO Rn. 2.
[6] KPB/*Laroche* Art. 30 EuInsVO Rn. 2; Brinkmann/*Szirányi*, European Insolvency Regulation, Art. 30 Rn. 2; Pannen/*Pannen*/Eickmann Rn. 2.
[7] KPB/*Laroche* Art. 30 EuInsVO Rn. 2.
[8] Dies bejahend Pannen/*Pannen*/Eickmann Rn. 4; → 2. Aufl., Art. 23 EuInsVO 2000 Rn. 4.; KPB/*Laroche* Art. 30 EuInsVO Rn. 2.
[9] So die Einschränkung bei → 2. Aufl., Art. 23 EuInsVO 2000 Rn. 4.

III. Rechtsfolge

4 Art. 30 schreibt vor, dass die vorgenannten Posten als Kosten und Aufwendungen des Verfahrens zu gelten haben. Damit wird nicht automatisch ein Vorrang festgelegt. Für die Rechtsfolgen bleibt es bei der Maßgeblichkeit der **lex fori concursus**. Das wirft freilich Schwierigkeiten auf. So kann im deutschen Recht fraglich sein, ob die Kosten für die öffentliche Bekanntmachung und Registereintragung als Kosten des Insolvenzverfahrens nach § 54 oder als sonstige Masseverbindlichkeit nach § 55 Abs. 1 Nr. 1 InsO anzusehen sind, was wegen der Rangstellung bei Masseunzulänglichkeit nach § 209 Abs. 1 relevant ist. Insoweit gibt Art. 30 richtigerweise nichts vor. Entscheidend ist nur, dass die Positionen als Verfahrensaufwendungen betrachtet werden. Wenn der nationale Gesetzgeber Verfahrenskosten und Aufwendungen verschiedenen Regelungen zuweist, ist jeweils zu ermitteln, welcher Gruppe die Kosten gleichzuachten sind. Der nationale Gesetzgeber muss nicht zwingend einen Vorrang zuweisen, sondern sie nur **anderen Verfahrensverbindlichkeiten gleichstellen**. Kosten und Aufwendungen eines deutschen Insolvenzverwalters in einem anderen Mitgliedstaat sind nach dieser Maßgabe unter § 55 Abs. 1 Nr. 1 InsO zu subsumieren, nicht unter § 54 InsO, der nur Kosten in Bezug auf das (deutsche) Insolvenzgericht erfasst.[10]

Art. 31 Leistung an den Schuldner

(1) Wer in einem Mitgliedstaat an einen Schuldner leistet, über dessen Vermögen in einem anderen Mitgliedstaat ein Insolvenzverfahren eröffnet worden ist, obwohl er an den Verwalter des Insolvenzverfahrens hätte leisten müssen, wird befreit, wenn ihm die Eröffnung des Verfahrens nicht bekannt war.

(2) ¹Erfolgt die Leistung vor der öffentlichen Bekanntmachung nach Artikel 28, so wird bis zum Beweis des Gegenteils vermutet, dass dem Leistenden die Eröffnung nicht bekannt war. ²Erfolgt die Leistung nach der Bekanntmachung gemäß Artikel 28, so wird bis zum Beweis des Gegenteils vermutet, dass dem Leistenden die Eröffnung bekannt war.

Übersicht

		Rn.			Rn.
I.	Normzweck	1	4.	Leistung nach Verfahrenseröffnung	9
II.	Voraussetzungen	2	5.	Mitgliedstaatenbezug	10
1.	Leistung an den Schuldner	2	6.	Gutgläubigkeit	11
2.	Verpflichtung zur Leistung an den Verwalter	4	III.	Beweislastverteilung (Absatz 2)	12
3.	Drittleistungen	7	IV.	Rechtsfolge	15

I. Normzweck

1 Die Vorschrift, die durch die Reform 2015 gegenüber Art. 24 EuInsVO 2000 unverändert geblieben ist, ist keine Kollisionsnorm, sondern **Sachnorm**, die auf den Bereich der Mitgliedstaaten begrenzt ist. Bei Drittstaatensachverhalten ist das autonome Kollisionsrecht maßgeblich (in Deutschland § 350 InsO; näher → Rn. 10). Art. 31 begründet die **schuldbefreiende Wirkung** bei Leistung an den Schuldner, obwohl dieser infolge der Verfahrenseröffnung seine Empfangszuständigkeit verloren hat. Die Regelung **verdrängt andere Regelungen** des materiellen Insolvenzrechts der lex fori concursus. Daher sperrt die Vorschrift in ihrem Anwendungsbereich auch § 82 InsO. Der Zweck der Regelung ist es, den Rechtsverkehr zu schützen, indem derjenige Drittschuldner, der von der Verfahrenseröffnung keine Kenntnis hat, auf die Erfüllungswirkung seiner an den Schuldner erbrachten Leistung vertrauen darf. Abs. 2 beschreibt eine **Beweislastverteilung**, nach der die öffentliche Bekanntmachung der Insolvenzeröffnung den guten Glauben zerstören kann, so dass umgekehrt wieder die nunmehr beim Verwalter liegende Empfangszuständigkeit abgesichert ist. Insoweit kombiniert Art. 31 den Individualschutz des Drittschuldners mit dem Schutz des Allgemeininteresses an einem reibungslosen Wirtschafts- und Rechtsverkehr.[1] In der Sache geht es um die Frage der Risikoverteilung, nämlich darum, ob sich der Leistende das Geleistete vom Schuldner wiederholen oder ob der Verwalter den Schuldner in Anspruch nehmen muss, was sich in der Regel als erfolglos erweisen dürfte.

---

[10] Allgemein zu §§ 54, 55 InsO K. Schmidt/*Thole* § 54 Rn. 3.
[1] Vgl. MüKoBGB/*Kindler* Art. 31 Rn. 2.

II. Voraussetzungen

1. Leistung an den Schuldner. Unter den Begriff der Leistung fallen alle irgendwie gearteten 2 Leistungen, die der Drittschuldner zur Erfüllung einer Verbindlichkeit gegenüber dem nicht mehr empfangszuständigen Schuldner erbringt. Insofern muss sich die Tilgungsbestimmung auf die Erfüllung dieser Verbindlichkeit richten. Dass nur Leistungen solvendi causa gemeint sind, ergibt sich aus dem Zweck der Norm, den guten Glauben an die Empfangszuständigkeit des Schuldners zu schützen[2] und aus dem weiteren Erfordernis, dass eigentlich an den Verwalter hätte geleistet werden müssen (→ Rn. 4). Auch **Leistungen an Dritte** können nichtigerweise Leistungen an den Schuldner sein, wenn der Schuldner den Drittschuldner zur Leistung an den Dritten **anweist**.[3] Die Schutzbedürftigkeit des Drittschuldners ist hier nicht anders zu beurteilen als bei direkter Leistung an den Schuldner. Der **EuGH** hat die Frage aber **anders entschieden** und nimmt Leistungen an Dritte generell von Art. 31 aus, so dass allein das anwendbare nationale Recht maßgeblich sei.[4] Den Gerichtshof treibt vor allem die Sorge um, der Insolvenzschuldner könne sonst Vermögenswerte auf ihm genehme Gläubiger verlagern. Die Entscheidung überzeugt nicht. Bei der Parallelsituation des § 82 InsO werden im Übrigen auch Leistungen an ermächtigte Personen erfasst (§ 362 Abs. 2 BGB). Zum umgekehrten Fall der Leistung durch Dritte → Rn. 7.

Die Leistung muss so bewirkt werden, wie dies **nach der lex causae** der Verbindlichkeit, dh 3 dem für die Erfüllung der Forderung maßgeblichen Recht (vgl. Art. 12 Abs. 1 lit. b) Rom I-VO, Art. 15 lit. h. Rom II-VO) **erforderlich** ist, um die **Erfüllungswirkung** herbeizuführen, maW die Leistung muss – ungeachtet der fehlenden Empfangszuständigkeit des Schuldners – **grundsätzlich Erfüllungswirkung** gehabt haben. Hat nach der lex causae die Leistung aus anderen Gründen keine Erfüllungswirkung, so führt Art. 31 nicht zur Schuldbefreiung, da Art. 31 nur über den **Mangel der Empfangszuständigkeit** hinweghilft. Der Drittschuldner muss also ggf. erneut gegenüber dem Verwalter leisten.

2. Verpflichtung zur Leistung an den Verwalter. Aus dem Tatbestandsmerkmal, dass der 4 Drittschuldner verpflichtet gewesen wäre, an den Verwalter des Verfahrens zu leisten, ergibt sich, dass es sich um eine Leistung auf eine massezugehörige Forderung handeln müssen. Auf die **Art der Forderung** im Übrigen oder ihre **rechtliche Grundlage** kommt es nicht.[5] Gemeint ist also eine Forderung, die der Verwaltungsbefugnis des Verwalters iSd Art. 2 Nr. 5 unterliegt, so dass der Verwalter Leistung an sich bzw. an die Masse verlangen kann und der Schuldner nicht mehr Leistung an sich persönlich verlangen kann. Daraus ergibt sich zwanglos, dass die Forderung vom Insolvenzbeschlag erfasst sein muss, was nach Art. 7 Abs. 2 S. 2 lit. b) nach der lex fori concursus zu bestimmen ist. Bei einem **Hauptinsolvenzverfahren** ist die Beschlagnahme universell, bei einem **Partikularverfahren** kommt es darauf an, dass die Forderung im Eröffnungsstaat belegen ist, was nach Art. 2 Nr. 9 lit. viii) nach dem Mittelpunkt der hauptsächlichen Interessen des Drittschuldners zu bestimmen ist.[6] Bei **Eigenverwaltung und folglich einem Schuldner in Eigenverwaltung iSd Art. 2 Nr. 3** kann Art. 31 grundsätzlich nicht zum Tragen kommen, da die Empfangszuständigkeit nicht beim Verwalter iSd Art. 2 Nr. 5, dh etwa beim Sachwalter, liegt, sondern beim Schuldner verbleibt. Das ist auch dann nicht anders, wenn der Sachwalter die **Kassenführung** nach § 275 Abs. 2 InsO übernimmt, da dies eine rein interne Beschränkung des Schuldners bedeutet. Anders ist es, wenn nach dem anwendbaren Insolvenzrecht an den **Sachwalter** bzw. die Überwachungsperson zu leisten ist und dieser Sachwalter in Anhang B genannt ist.

Insbesondere **bei höchstpersönlichen Ansprüchen** des Schuldners, zB Entschädigungsan- 5 sprüchen etc. kann es am Insolvenzbeschlag fehlen, ebenso dann, wenn der Verwalter den Anspruch schon wieder wirksam freigegeben hatte. Art. 31 erfasst nur die Leistung **bei fehlender Kenntnis** von der Verfahrenseröffnung. Er greift nicht, wenn der Verwalter den Schuldner zur Einziehung der Forderung ermächtigt hatte, dies dem Dritten bekannt war und sich die Ermächtigung als unwirksam herausstellt.

Wird an den Schuldner geleistet, kann es auf Art. 31 und dessen Voraussetzungen dann nicht 6 ankommen, wenn der Verwalter die Leistung an den Insolvenzschuldner **genehmigt.** Dann tritt Erfüllung unabhängig davon ein, ob der Schuldner das Geleistete sodann an die Insolvenzmasse herausgibt. Umgekehrt führt die bloße Herausgabe des Geleisteten durch den Insolvenzschuldner

---

[2] Rauscher/*Mäsch*, EuZPR/EuIPR, 2015, Art. 24 EG-InsVO Rn. 1, 3.
[3] Bejahend auch Schlussanträge GA Kokott, vom 8.5.2013 – C-251/12 (Christian van Buggenhout und Ilse van de Mierop (Konkursverwalter der Grontimmo SA) ./. Banque Internationale à Luxembourg), BeckRS 2013, 80937 = EU:C:2013:295.
[4] EuGH vom 19.9.2013 – Rs. C-251/12 (Groutimmo/BIL), NZI 2013, 1039 = EU:C:2013:566 Rn. 35.
[5] Schlussanträge GA Wahl vom 28.6.2018 – Rs. C-296/17 (Wiemer & Trachte), ZIP 2018, 1739 Rn. 91.
[6] → Art. 2 Rn. 44, zur Anfechtung → Art. 21 Rn. 16 ff.

an die Masse oder der Umstand, dass die Leistung doch irgendwie der Masse zugutekommt, noch nicht ohne weiteres unabhängig von Art. 31 zur Erfüllung.[7] Das hängt davon ab, ob die **lex causae** für die Erfüllung den realen Erfüllungserfolg genügen lässt.

7   **3. Drittleistungen.** Bisher nicht als Problem diskutiert wird die Frage, wie **Leistungen Dritter** (also nicht Leistungen **an** Dritte, dazu → Rn. 2) zu beurteilen sind. Hier ist zunächst nach der lex causae der Forderung zu entscheiden, ob Dritte überhaupt in erfüllungsgeeigneter Weise erfüllen können (→ Rn. 3). Scheinbar unproblematisch ist sodann der Fall, dass der Drittschuldner einen ihm verpflichteten Dritten zur Zahlung an den Gläubiger (dh den Insolvenzschuldner) anweist; das ist wie eine gewöhnliche Leistung des Drittschuldners zu behandeln. Hat der Drittschuldner **keine Kenntnis von der Eröffnung,** wohl aber der angewiesene Dritte, so ist fraglich, ob sich schon aus Art. 31 eine Kenntniszurechnung ergibt, oder ob es insoweit auf die lex fori concursus oder auf die lex causae der Forderung ankommt. Grundsätzlich kann man eine Kenntniszurechnung bei Art. 31 autonom entwickeln (→ Rn. 11). Für den **Anweisungsfall** mit einem dem Drittschuldner verpflichteten Dritten spricht aber gegen eine Kenntniszurechnung, dass der Angewiesene regelmäßig weder eine Veranlassung hat, den Drittschuldner zu informieren noch überhaupt sich Gedanken machen muss, warum der Drittschuldner an den Schuldner leisten möchte.

8   Leistet ein **Dritter** ohne weitere Veranlassung und ohne eigene Verpflichtung auf die Verbindlichkeit des Drittschuldners (vgl. § 267 BGB), so mag das zwar bereicherungsrechtlich eine eigenständige Leistung des Dritten an den Gläubiger auf die fremde Verbindlichkeit darstellen. Art. 31 stellt aber gerade auf den Normfall einer Verpflichtung des Leistenden ab („hätte an den Verwalter leisten müssen"). Für Zwecke des Art. 31 sollte man die schuldbefreiende Wirkung daher nicht allein davon abhängig machen, dass der Dritte gutgläubig war. Auch der Drittschuldner muss gutgläubig gewesen sein, weil sonst der Verwalter nicht mehr auf den Drittschuldner zugreifen könnte, aber mangels Bestehen der Forderungsbeziehung auch nicht auf den Dritten.

9   **4. Leistung nach Verfahrenseröffnung.** Die Leistung muss nach Verfahrenseröffnung erfolgt sein. Dafür gilt die Definition des Art. 2 Nr. 7, es gelten die allgemeinen Regeln für die Eröffnung,[8] jeweils in Abhängigkeit von dem jeweils betriebenen Verfahren. Die vorläufige Verwaltung ist erfasst;[9] allgemein zum Problem → Art. 2 Rn. 11 ff. Jedenfalls regelmäßig wird es für die Anwendbarkeit des Art. 31 ausschlaggebend sein, dass bei vorläufiger Verwaltung die Forderung unter den Vermögensbeschlag fällt und mit anderen Worten der Schuldner insoweit nicht mehr verfügungsbefugt und empfangsermächtigt ist (vgl. auch die Parallele in § 24 InsO iVm § 82 InsO), denn der Empfang und damit die Erfüllung der Forderung wären einer Verfügung des Schuldners über die Forderung gleichzuachten. Schon unter der EuInsVO 2000 war bei Art. 24 EuInsVO 2000 richtigerweise die Eurofood-Formel maßgeblich (dazu → 3. Aufl., Art. 24 EuInsVO 2000 Rn. 9); das hat auch der Generalanwalt des EuGH so gesehen.[10] Es wäre auch inhaltlich fragwürdig, wenn ein in allen Mitgliedstaaten anzuerkennendes Insolvenzverfahren iSd EuInsVO vorläge und damit ein universeller Vermögensbeschlag beachtlich wäre, aber dann doch noch so zu tun wäre, als hätte der Drittschuldner an den Richtigen geleistet.

10   **5. Mitgliedstaatenbezug.** Art. 31 erfasst nur Leistungen, die in einem anderen Mitgliedstaat als dem der Verfahrenseröffnung erbracht werden. Es ist anerkannt, dass insoweit der Ort der Leistungserbringung maßgebend ist, in deutscher Diktion also der Erfüllungsort bzw. Leistungsort, dh zB der Absendeort bei Übersendung körperlicher Gegenstände, nicht aber der Erfolgsort.[11] Fraglich ist allein, ob insoweit der Ort der tatsächlichen Leistungserbringung maßgeblich ist.[12]

---

[7] Etwas undeutlich noch früher → 2. Aufl., Art. 24 EuInsVO 2000 Rn. 4.

[8] Gegen die allgemeine Bezugnahme auf die Eurofood-Formel nach der EuInsVO 2000 → 2. Aufl., Art. 24 EuInsVO 2000 Rn. 9; *Brinkmann* IPRax 2007, 235, 236.

[9] Schlussanträge GA Wahl, 28.6.2018, Rs. C-296/17 (Wiemer & Trachte), ZIP 2018, 1739 Rn. 86 = ECLI:EU:2018:515. Offenlassend sodann EuGH vom 14.11.2018 – Rs. C-296/17, (Wiemer & Trachte), ZIP 2018, 2327 = ECLI:EU:2018:902.

[10] Schlussanträge GA Wahl, 28.6.2018, Rs. C-296/17 (Wiemer & Trachte), ZIP 2018, 1739 Rn. 80 ff. = ECLI:EU:2018:515.

[11] Geimer/Schütze/*Gruber*, Int. Rechtsverkehr, B Vor I 20b, Art. 24 Rn. 2 = Haß/Huber/Gruber/Heiderhoff/ *Gruber* Rn. 2; Gebauer/Wiedmann/*Haubold*, Zivilrecht unter europäischem Einfluss, Kap. 32 Art. 24 Rn. 196; KPB/*Skauradszun* Art. 31 EuInsVO Rn. 12; *Paulus*, Europäische Insolvenzverordnung, Art. 31 Rn. 2; LSZ/*Smid*, Int. Insolvenzrecht, Art. 24 EuInsVO Rn. 5; *Virgos/Schmit*, Erläuternder Bericht, Rn. 188; HKInsO/*Schultz* Art. 31 Rn. 9. Unklar Duursma-Kepplinger/Duursma/Chalupsky/*Duursma-Kepplinger/Chalupsky* Rn. 7.

[12] So → 2. Aufl., Art. 24 EuInsVO 2000 Rn. 6; *Paulus*, Europäische Insolvenzverordnung, Art. 31 Rn. 2; Gebauer/Wiedmann/*Haubold*, Zivilrecht unter europäischem Einfluss, Kap. 23, Art. 24 Rn. 196; FKInsO/ *Wenner/Schuster* Rn. 5; Bork/van Zwieten/*Veder*, Commentary on the European Insolvency Regulation, Art. 31 Rn. 31.08.

Alternativ wäre denkbar, dass der rechtlich nach der lex causae maßgebliche Ort relevant ist, also der Ort, an dem die **Leistungshandlung** nach den Vereinbarungen oder den hilfsweise eingreifenden Regeln der lex causae hätte vorgenommen werden müssen,[13] so dass der **tatsächliche Leistungsort** nur dann beachtlich wäre, wenn er mit dem **vereinbarten oder rechtlichen Leistungsort** übereinstimmt. Für ersteres spricht zwar neben dem Erläuternden Bericht[14] der Wortlaut des Art. 31. Allerdings ist auch dieser keineswegs eindeutig, denn der Begriff der „Leistung" kann durchaus als rechtlich aufgeladener Begriff verstanden werden. Zudem ist schon nach den Maßgaben zu → Rn. 3 entscheidend, dass die Leistung im Übrigen mit Ausnahme der Empfangszuständigkeit alle Voraussetzungen für eine Erfüllungswirkung erfüllt; dazu gehört aber auch der passende Leistungsort. Im Ergebnis sollte daher der Gutglaubensschutz nur dann greifen, wenn der Drittschuldner die Leistung am **rechtlich richtigen Ort** vornimmt. Damit werden auch Manipulationen des Drittschuldners verhindert, der seine Leistungshandlung sonst noch zügig in einen anderen Staat verlegen könnte, in dem noch keine öffentliche Bekanntmachung erfolgt ist. Wenn vertreten wird, Art. 31 sei nur dann anwendbar, wenn der Drittschuldner seinen (Wohn-)Sitz in einem anderen als dem Eröffnungsstaat habe, weil sonst allein die lex fori concursus entscheide, ob der Drittschuldner geschützt sei,[15] ist dem nicht zu folgen; vgl. nur zu Beweislast → Rn. 12. Für das von Art. 31 anerkanntermaßen erfasste Partikularverfahren ist ja gerade der COMI des Drittschuldners im Eröffnungsstaat Voraussetzung für die Massezugehörigkeit der Forderung unter Art. 2 Nr. 9 lit. viii) (→ Rn. 4), und auch im Übrigen macht die EuInsVO im Gegensatz zur EuGVVO keine räumlich-persönliche Einschränkung im Hinblick auf den Sitz des Drittschuldners, sondern es kommt nur auf die Leistung selbst an. Es wäre auch inhaltlich von Zufälligkeiten abhängig, ob der Drittschuldner seinen Sitz im Eröffnungsstaat oder in einem anderen Staat hat. Allenfalls kann u.U. die lex causae der Verbindlichkeit ggf. wegen der (Hilfs-)Anknüpfung an den Sitz oder gewöhnlichen Aufenthalt des Drittschuldners unterschiedlich sein, für Art. 31 kommt es darauf nicht an. Die Vorschrift greift nur dann nicht ein, wenn das Insolvenzverfahren in einem **Drittstaat** eröffnet wurde, oder die Leistung in einem Drittstaat erbracht wurde; dann gelten das autonome Recht und die lex fori concursus.[16]

6. Gutgläubigkeit. Art. 31 schützt den gutgläubigen Drittschuldner. Gemeint ist der **gute** **11** **Glauben an das Nichtbestehen der Verfahrenseröffnung** (→ Rn. 9). Die schuldbefreiende Wirkung tritt schon dann ein, wenn der Drittschuldner keine positive Kenntnis von der Verfahrenseröffnung in dem anderen Mitgliedstaat hatte. Fahrlässigkeit, selbst grobe, ist unschädlich. Dabei ist die Beweislastverteilung nach Art. 31 Abs. 2 zu beachten. Als maßgeblicher Zeitpunkt wird, sofern überhaupt erörtert, auf den Zeitpunkt der Leistungshandlung abgestellt,[17] doch wäre besser – wie unter § 82 InsO – auf den Zeitpunkt abzustellen, bis zu dem der Leistende den **Eintritt des Leistungserfolgs vernünftigerweise noch verhindern** konnte.[18] Eine Wissens- und Kenntniszurechnung sollte man aus Art. 31 autonom entwickeln, weil es eben die Frage ist, wann von Kenntnis des Leistenden auszugehen ist, sei es eigener, sei es zugerechneter Kenntnis (vgl. auch → Rn. 7). Maßstab sind die allgemein ermittelten europäischen Maßstäbe für diese **Wissenszurechnung** (in Deutschland entsprechend § 166 BGB analog).

III. Beweislastverteilung (Absatz 2)

Art. 31 enthält eine unmittelbare prozessuale Beweisregelung für die Frage der Kenntnis von der **12** Verfahrenseröffnung. Leistet der Drittschuldner vor der öffentlichen Bekanntmachung (im Sinne des Art. 28), so wird vermutet, dass ihm die Eröffnung des Verfahrens nicht bekannt war. Demnach muss umgekehrt der Verwalter beweisen, dass dem Drittschuldner die Eröffnung bekannt war, wenn er von diesem erneut Leistung verlangt. Die Vermutung ist demnach **widerleglich** (bis zum Beweis des Gegenteils). Es handelt sich aber um eine **Beweislastumkehr,** so dass der einfache Gegenbeweis oder die Erschütterung noch nicht ausreicht, indem der Verwalter Anhaltspunkte für eine Kenntnis präsentiert, sondern der Verwalter muss die Bösgläubigkeit voll beweisen. Art. 31 Abs. 2 besagt nicht, dass es zwingend auf die öffentliche Bekanntmachung in dem Staat der Leistung ankommt. Ausreichend

---

[13] Vgl. MüKoBGB/*Kindler* Art. 31 Rn. 9; Rauscher/*Mäsch,* EuZPR/EuIPR, 2015, Art. 24 EG-InsVO Rn. 4.
[14] *Virgos/Schmit,* Erläuternder Bericht, Rn. 188.
[15] So → 2. Aufl., Art. 24 EuInsVO 2000 Rn. 7.
[16] Geimer/Schütze/*Gruber,* Int. Rechtsverkehr, B Vor I 20b, Art. 21 Rn. 3 f. = Haß/Huber/Gruber/Heiderhoff/*Gruber,* Rn. 3 f.
[17] Vgl. MüKoBGB/*Kindler* Art. 31 Rn. 10; Rauscher/*Mäsch,* EuZPR/EuIPR, 4. Aufl., Art. 24 EG-InsVO Rn. 8.
[18] Zu diesem Zeitpunkt bei § 82 InsO BGHZ 182, 85 = NZI 2009, 860 mAnm *Thole* JZ 2010, 48; dort auch zu den Schwierigkeiten. Ebenso HKInsO/*Schultz* Art. 31 Rn. 10.

ist auch, dass die öffentliche Bekanntmachung in einem anderen Staat erfolgt, in dem der Drittschuldner seinen Sitz oder Wohnsitz hat, denn dann ist er insoweit nicht schutzbedürftig.[19] Es ist nicht erforderlich, dass in beiden Staaten *kumulativ* die Bekanntmachung erfolgt.[20] Ist noch gar nichts veröffentlicht, bleibt Art. 31 Abs. 2 S. 1 erst recht anwendbar.[21] Eine Bekanntmachung nach alleiniger Maßgabe der lex fori concursus im Eröffnungsstaat ist zwar kein Fall des Art. 28, kann aber dazu führen, dass der Drittschuldner anderweitige Kenntnis von der Verfahrenseröffnung erlangt hat; das gilt allerdings wohl nur für ein Hauptinsolvenzverfahren. Im Übrigen muss der Verwalter nachweisen, dass Kenntnis besteht, zB weil er ein Rundschreiben versandt hatte. Art. 31 Abs. 2 erfasst nach seinem Wortlaut nur die Fälle der Bekanntmachung nach Art. 28, nicht die Registereintragung nach Art. 29.[22] Das ist gerechtfertigt, weil der für bestimmte Zwecke vorgenommenen Registereintragung nicht die notwendige Breitenwirkung zukommt. Gleichwohl lässt die tatsächliche Kenntnis von einem Insolvenzvermerk in einem Register auf die Kenntnis der Verfahrenseröffnung schließen.

13   Erfolgt die Leistung **nach der öffentlichen Bekanntmachung,** wird bis **zum Beweis des Gegenteils** vermutet, dass ihm die Eröffnung des Verfahrens bekannt war. Er muss sich also entlasten und beweisen, dass er keine Kenntnis hatte. Das ist der Beweis einer negativen Tatsache, der als solcher schon denklogisch nicht möglich ist. Hier greift ggf. die lex fori und erleichtert die Beweisführung beispielsweise im deutschen Recht über das Institut der **sekundären Behauptungslast.**[23] Der Verwalter müsste demnach darlegen, dass und wie der Drittschuldner unter normalen Umständen hätte Kenntnis von der Verfahrenseröffnung erlangen haben könnte, dann ist es an dem Drittschuldner darzulegen und zu beweisen, dass er tatsächlich auf diese Weise keine Kenntnis erlangt hat. Dieser Beweis wird regelmäßig scheitern.

14   Auch im Übrigen trifft Art. 31 Abs. 2 nur eine Aussage über die Beweislastverteilung. Was das **Beweismaß** angeht (zB volle richterliche Überzeugung oder überwiegende Wahrscheinlichkeit), bleibt es bei den allgemeinen Regeln der lex fori (soweit man das Beweismaß nicht irrigerweise der lex causae der Forderung zuweisen will).

IV. Rechtsfolge

15   Liegen die Voraussetzungen vor und war die Leistung mit Ausnahme der Empfangszuständigkeit erfüllungsgeeignet (→ Rn. 3), tritt die schuldbefreiende Wirkung der Leistung ein. Der Drittschuldner hat erfüllt und muss nicht nochmals an den Verwalter leisten. Davon unberührt bleiben etwaige **Sekundär- und Schadensersatzansprüche** gegen den Drittschuldner, wenn er zB verspätet geleistet hat oder die Leistung mangelhaft ist und damit Gewährleistungsansprüche ausgelöst sind.

Art. 32 Anerkennung und Vollstreckbarkeit sonstiger Entscheidungen

(1) ¹Die zur Durchführung und Beendigung eines Insolvenzverfahrens ergangenen Entscheidungen eines Gerichts, dessen Eröffnungsentscheidung nach Artikel 19 anerkannt wird, sowie ein von diesem Gericht bestätigter Vergleich werden ebenfalls ohne weitere Förmlichkeiten anerkannt. ²Diese Entscheidungen werden nach den Artikeln 39 bis 44 und 47 bis 57 der Verordnung (EU) Nr. 1215/2012 vollstreckt.
Unterabsatz 1 gilt auch für Entscheidungen, die unmittelbar aufgrund des Insolvenzverfahrens ergehen und in engem Zusammenhang damit stehen, auch wenn diese Entscheidungen von einem anderen Gericht getroffen werden.
Unterabsatz 1 gilt auch für Entscheidungen über Sicherungsmaßnahmen, die nach dem Antrag auf Eröffnung eines Insolvenzverfahrens oder in Verbindung damit getroffen werden.

(2) Die Anerkennung und Vollstreckung anderer als der in Absatz 1 dieses Artikels genannten Entscheidungen unterliegen der Verordnung (EU) Nr. 1215/2012, sofern jene Verordnung anwendbar ist.

---

[19] *Virgós/Schmit,* Erläuternder Bericht, Rn. 187.
[20] Pannen/*Pannen/Riedemann* Art. 24 Rn. 26; Geimer/Schütze/*Gruber,* Int. Rechtsverkehr, B Vor I 20b, Art. 24 Rn. 6 = Haß/Huber/Gruber/Heiderhoff/*Gruber* Rn. 6; Rauscher/*Mäsch,* EuZPR/EuIPR, 4. Aufl., Art. 24 EG-InsVO Rn. 9.
[21] Vgl. auch Schlussanträge GA Wahl, 28.6.2018, Rs. C-296/17 (Wiemer & Trachte), ZIP 2018, 1739 Rn. 95 ff. = ECLI:EU:2018:515.
[22] Mankowski/Müller/J. Schmidt/*Müller* Art. 31 Rn. 14.
[23] Für Deutschland vgl. BGHZ 86, 23, 29; 100, 190, 196; 140, 156, 158 f.; 163, 209, 214.

Literatur: *Brinkmann*, Zu Voraussetzungen und Wirkungen der Art. 15, 25 EuInsVO – Die Wirkungen der Anordnung von Sicherungsmaßnahmen im Insolvenzeröffnungsverfahren auf im Ausland anhängige Prozesse – OGH v. 23.2.2005, 9 Ob 135/04 z, IPRax 2007, 235; *ders.*, Der Aussonderungsstreit im internationalen Insolvenzrecht – Zur Abgrenzung zwischen EuGVVO und EuInsVO, IPRax 2010, 324; *Cranshaw*, Aktuelle Fragen zur europäischen Insolvenzverordnung vor dem Hintergrund der Rechtsprechung des EuGH, DZWIR 2009, 353; *ders.*, Fragen zur Durchsetzung des Eigentumsvorbehalts im Hauptinsolvenzverfahren des Vorbehaltskäufers im Geltungsbereich der EuInsVO, DZWIR 2010, 89; *Dornblüth*, Fortbestehende Geschäftsführerhaftung gem. § 823 Abs. 2 BGB, § 266a StGB trotz in England erlangter Restschuldbefreiung?, ZIP 2014, 712; *Ehricke*, Zur Anerkennung einer im Ausland einem Deutschen erteilten Restschuldbefreiung, IPRax 2002, 505; *Fehrenbach*, Die Zuständigkeit für insolvenzrechtliche Annexverfahren, IPRax 2009, 492; *ders.*, Kapitalmaßnahmen im grenzüberschreitenden Reorganisationsverfahren, ZIP 2014, 2485; *Haubold*, Europäisches Zivilverfahrensrecht und Ansprüche im Zusammenhang mit Insolvenzverfahren, IPRax 2002, 157; *Hergenröder*, Entschuldung durch Restschuldbefreiungstourismus?, DZWIR 2009, 309; *Hergenröder/Alsmann*, Das Privatinsolvenzrecht in Belgien, Luxemburg und den Niederlanden, ZVI 2009, 177; *Kuntz*, Kollisionsrechtliche Probleme der Restrukturierung von Kapitalgesellschaften im Insolvenzplanverfahren in der Europäischen Union, ZGR 2014, 649; *Kusche*, Die Anerkennung des Scheme of Arrangement in Deutschland, 2014; *Laier*, Die stille Sanierung deutscher Gesellschaften mittels eines „Scheme of Arrangement", GWR 2011, 252; *Lorenz*, Annexverfahren bei Internationalen Insolvenzen, 2005; *Lüttringhaus/Weber*, Aussonderungsklagen an der Schnittstelle von EuGVVO und EuInsVO, RIW 2010, 45; *Mankowski*, Keine Anordnung von Vollstreckungsmaßnahmen nach Eröffnung des Hauptinsolvenzverfahrens in anderem Mitgliedstaat, NZI 2010, 178; *ders.*, Insolvenznahe Verfahren im Grenzbereich zwischen EuInsVO und EuGVVO, NZI 2010, 508; *ders.*, Anerkennung englischer Solvent Schemes of Arrangement in Deutschland, WM 2011, 1201; *ders.*, Der ordre public im europäischen und im deutschen Internationalen Insolvenzrecht, KTS 2011, 185; *Meusburger-Hammerer*, Keine Anwendung der EuGVVO auf insolvenznahe Verfahren, ELR 2010, 20; *Mörsdorf-Schulte*, Internationaler Gerichtsstand für Insolvenzanfechtungsklagen im Spannungsfeld von EuInsVO, EuGVÜ/O und autonomen Recht und seine Überprüfbarkeit durch den BGH, IPRax 2004, 31; *Oberer*, Der deutsche Insolvenzschuldner im Ausland, ZVI 2009, 49; *Oberhammer*, Im Holz sind Wege: EuGH SCT./. Alpenblume und der Insolvenztatbestand des Art. 1 II b EuGVVO, IPRax 2010, 317; *ders.*, Zur Abgrenzung von EuGVVO und EuInsVO bei insolvenzbezogenen Erkenntnisverfahren, ZIK 2010, 6; *Piekenbrock*, Anmerkungen zu EuGH, Entscheidung vom 10.9.2009, C-292/08 und vom 21.1.2010, C-444/07 im Bereich von Insolvenz und Zwangsvollstreckung mit Auslandsbezug, KTS 2010, 208; *Pinterich*, Das grenzüberschreitende europäische Insolvenzverfahren nach der EuInsVO, ZfRV 2008, 221; *Reinhart*, Die Bedeutung der EuInsVO im Insolvenzeröffnungsverfahren – Besonderheiten paralleler Eröffnungsverfahren, NZI 2009, 201; *Schollmeyer*, Vollstreckungsschutz kraft ausländischen Insolvenzrechts und Inlandsklausel, IPRax 2003, 227; *Stürner*, Gerichtsstandsvereinbarungen und Europäisches Insolvenzrecht, IPRax 2005, 416; *Thole*, Die internationale Zuständigkeit für insolvenzrechtliche Anfechtungsklagen, ZIP 2006, 1383; *ders.*, Vis attractiva concursus europaei? Die internationale Zuständigkeit für insolvenzbezogene Annexverfahren zwischen EuInsVO, EuGVVO und autonomem Recht, ZEuP 2010, 904; *ders.*, Negative Feststellungsklagen, Insolvenztorpedos und EuInsVO, ZIP 2012, 605; *ders.*, Die Anerkennung von (außerinsolvenzlichen) Sanierungs- und Restrukturierungsverfahren im Europäischen Verfahrensrecht, FS Simotta, 2012, S. 613 ff.; *ders.*, Die Abgrenzung zwischen EuInsVO und EuGVVO bei Haftungsklagen gegen Dritte wegen eines Gläubigergesamtschadens, IPRax 2019, 483; *von Bismarck/Schümann-Kleber*, Insolvenz eines deutschen Sicherungsgebers – Auswirkungen auf die Verwertung im Ausland belegener Kreditsicherheiten, NZI 2005, 89; *Wais*, Internationale Zuständigkeit bei gesellschaftsrechtlichen Ansprüchen aus Geschäftsführerhaftung gemäß § 64 Abs. 2 Satz 1 GmbHG aF/§ 64 Satz 1 GmbHG nF, IPRax 2011, 138; *Willemer*, Vis attractiva concursus und die Europäische Insolvenzverordnung, 2006; *Zenker*, Zur Anerkennung ausländischer Insolvenzverfahren in Mitgliedstaaten, NJ 2010, 159; *ders.*, Zur Vollstreckbarkeit insolvenzrechtlicher Titel nach der EuVTO – zugleich ein Beitrag zur Auslegung von Art. 25 EuInsVO, FS Simotta, 2012, S. 741 ff.; *Zeuner/Elsner*, Die internationale Zuständigkeit der Anfechtungsklage oder die Auslegung des Art. 1 Abs. 2 lit. b EuGVVO, DZWIR 2008, 1.

Übersicht

		Rn.
I.	Normzweck	1
II.	Systematischer Zusammenhang mit den Zuständigkeitsregeln	4
III.	Anerkennung von Neben- und Annexentscheidungen	6
1.	Entscheidungen, die zur Durchführung und Beendigung des Verfahrens ergehen (Abs. 1 Unterabs. 1)	6
	a) Entscheidung	6
	b) Gericht	7
	c) Zur Durchführung und Beendigung und gerichtlich bestätigte Vergleiche, insbesondere Insolvenzpläne	9

		Rn.
	d) Rechtsfolge: Automatische Anerkennung	10
2.	Vollstreckung der Entscheidungen iSd Abs. 1 Unterabs. 1 und der gerichtlich bestätigten Vergleiche	13
3.	Anerkennung und Vollstreckung von insolvenztypischen Annexentscheidungen (Abs. 1 Unterabs. 2)	16
	a) Grundsatz	16
	b) Kriterien für die Bestimmung der Insolvenznähe	17
	c) Anforderungen an die Zuständigkeit des Gerichts	22

	Rn.		Rn.
d) Verweis auf Abs. 1 Unterabs. 1	23	5. Andere entferntere Entscheidungen (Abs. 2)	28
4. Entscheidungen über Sicherungsmaßnahmen (Abs. 1 Unterabs. 3)	26	a) Voraussetzungen	28
		b) Anerkennung und Vollstreckung	29

I. Normzweck

1 Art. 32 ist die zentrale Vorschrift der EuInsVO für die Anerkennung und Vollstreckbarkeit anderer Entscheidungen als der eigentlichen Eröffnungsentscheidung. Die Vorschrift entspricht dem bisherigen Art. 25 EuInsVO 2000, ist aber in Abs. 1 S. 2 an die Reform der EuGVVO durch die Verordnung 1215/2012 angepasst worden (dazu bereits → 3. Aufl., Art. 25 Rn. 13 f.). Außerdem ist Art. 25 Abs. 3 EuInsVO 2000 gestrichen worden (dazu → 3. Aufl., Art. 25 EuInsVO Rn. 30 ff.).

2 Art. 25 EuInsVO 2000 war schon mehrfach **Gegenstand der EuGH-Rechtsprechung.**[1] Art. 19 f. regeln die Anerkennung des eigentlichen Eröffnungsbeschlusses, der aufgrund seiner bloßen Gestaltungswirkung idR keiner Vollstreckung zugänglich ist, vgl. aber → Rn. 5. Art. 21 f. betreffen einzelne kollisions-, anerkennungs- und sachrechtliche Fragen des Verwalterhandelns. Demgegenüber regelt Art. 32 in Ergänzung zu Art. 19 andere insolvenzrechtliche Entscheidungen im Hinblick auf Anerkennung und Vollstreckung und erweitert damit in den Fällen des Abs. 1 auch das Prinzip der automatischen Anerkennung und der Wirkungserstreckung.[2] Dabei ist es in **systematischer Hinsicht** entscheidend, **zwischen Anerkennung und Vollstreckung** ebenso zu **unterscheiden** wie nach Art der Entscheidung. Für die Anerkennung enthält Abs. 1 S. 1 für alle Unterabsätze des Abs. 1 eine eigene Anerkennungsregelung, die dem Prinzip des Art. 19 entspricht. Hinsichtlich der Vollstreckbarkeit wird auf die Art. 39–57 EuGVVO (mit Ausnahme der Art. 45, 46 EuGVVO) verwiesen. In Abs. 1 Unterabs. 1 geht es um die Anerkennung und ggf. Vollstreckung von Nebenentscheidungen, die zur Durchführung oder Beendigung eines Insolvenzverfahrens ergehen sowie um gerichtlich bestätigte Vergleiche. Diese eigenständige Anerkennungsregelung ist notwendig, weil mit der Anerkennung der Eröffnungsentscheidung nicht alle denkbaren verfahrensleitenden Entscheidungen und alle Eventualitäten abgedeckt sind und die Eröffnungsentscheidung anerkennungsfähig sein kann, Folgeentscheidungen nicht.[3] Abs. 1 Unterabs. 2 erfasst Annexentscheidungen, die mit dem Verfahren im Zusammenhang stehen, ohne zwingend Teil desselben zu sein. Abs. 1 Unterabs. 3 betrifft Entscheidungen über vorläufige Sicherungsmaßnahmen. Fehlt es an einer Entscheidung im Sinne von Abs. 1 mit seinen drei Unterabsätzen und liegt mithin eine sonstige Entscheidung vor, wird in der Regel nicht das autonome Recht dazu berufen, die Anerkennung und Vollstreckung zu regeln, sondern über Art. 32 Abs. 2 EuInsVO die EuGVVO. Damit will das Anerkennungsregime einen Lückenschluss zwischen der EuGVVO und der EuInsVO herstellen und die europäische Vereinheitlichung durch ein **System der Lückenlosigkeit** bewahren.[4]

3 Im Ergebnis ergibt sich in der EuInsVO damit von den Sicherungsmaßnahmen abgesehen grob ein **vierstufiges System** der Anerkennung.[5]
– Insolvenzeröffnungsentscheidungen, Art. 19, 20
– Nebenentscheidungen im eröffneten Verfahren, Art. 32 Abs. 1 Unterabs. 1
– insolvenztypische Annexentscheidungen, Art. 32 Abs. 1 Unterabs. 2
– entferntere Annexentscheidungen, Art. 32 Abs. 2 mit Verweis auf die EuGVVO

II. Systematischer Zusammenhang mit den Zuständigkeitsregeln

4 Art. 32 enthält schon ausweislich seines Wortlaut und des systematischen Kontextes **keine Zuständigkeitsregelung.** Insbesondere die Regelung in Art. 32 Abs. 1 Unterabs. 2 hatte aber die Frage aufgeworfen, nach welcher Vorschrift sich die internationale Zuständigkeit für die dort erfassten Annexverfahren richtet. Das Besondere an dieser Regel ist, dass sie Annexentscheidungen, dh Entscheidungen, die unmittelbar aufgrund des Insolvenzverfahrens ergehen und in engem

---

[1] → Rn. 18.
[2] *Paulus*, Europäische Insolvenzverordnung, Art. 32 Rn. 1 und Gebauer/Wiedmann/*Haubold*, Zivilrecht unter europäischem Einfluss, Kap. 32 Art. 25 Rn. 199; einschränkend *Schack*, IZVR, Rn. 1218.
[3] Vgl. *Trunk*, Internationales Insolvenzrecht, S. 276 f. (auch zum Problem, dass sich Folgewirkungen teils aus dem Gesetz, teils aus einer Anordnung ergeben); MüKoBGB/*Kindler* Art. 32 Rn. 1.
[4] MüKoBGB/*Kindler* Art. 32 Rn. 26.
[5] Vgl. auch *Mankowski* NZI 2010, 508, 509, der aber ein fünfstufiges System spricht, weil er noch zwischen Art. 25 Abs. 2 EuInsVO-Verfahren und den direkt nach EuGVVO zu behandelnden Verfahren unterscheidet, indessen ist Art. 25 Abs. 2 ohnedies nur deklaratorisch, der Anwendungsbereich der EuGVVO muss eröffnet sein (→ Rn. 28).

Zusammenhang damit stehen, in die privilegierte Anerkennung einbezieht. Hier findet sich die Formel der Entscheidung des EuGH in Gourdain wieder.[6] Während also eine ausdrückliche Zuständigkeitsregelung für solche Annexentscheidungen fehlte, hatte der europäische Gesetzgeber eine Anerkennungsregel eingefügt. Die damit früher offene Frage nach der internationalen Zuständigkeit war schon vor der Reform 2015 durch die Deko Marty-Entscheidung[7] im Grundsatz verbindlich zugunsten einer Anwendung von Art. 3 EuInsVO 2000 entschieden worden. Seit der Reform enthält Art. 6 die kodifizierte ausdrückliche Zuständigkeitsvorschrift, so dass **Zuständigkeit und Anerkennungsregime gleichlaufend** in der EuInsVO geregelt sind.[8] Die Deko Marty-Entscheidung und die Reform 2015 haben indes nur ganz partiell die Frage geklärt, welche **Art von Annexverfahren** dem Art. 6 und damit auch dem Art. 32 Abs. 1 Unterabs. 2 zugehören; einzig für die Anfechtung ist dies im Wortlaut des Art. 6 Abs. 1 entschieden. In jedem Fall sind die Attraktivzuständigkeit nach Art. 6 und die Regelung in Art. 32 Abs. 1 Unterabs. 2 **im Einklang auszulegen,** wenn es um die nähere Bestimmung des Kreises der unmittelbar aufgrund des Insolvenzverfahrens ergehenden und in engem Zusammenhang damit stehenden Entscheidungen geht (s. auch → Rn. 16 f.). Zu Art. 6 Abs. 1 und Annexverfahren bei einem **Sekundärverfahren** Art. 6 Rn. 35.

Wie bisher wenig erkannt worden ist, enthält die EuInsVO auch für die in Art. 32 Abs. 1 5 Unterabs. 1 und Unterabs. 3 genannten **Durchführungs- und Beendigungsentscheidungen** sowie **Sicherungsmaßnahmen** keine direkte internationale Zuständigkeitsregelung; Art. 3 Abs. 1 spricht nach seinem Wortlaut nur von der Eröffnung. Man muss davon ausgehen, dass diese Entscheidungen (nach „Deko Marty" gewissermaßen erst recht) **implizit von Art. 3** erfasst sind (dazu → Art. 3 Rn. 109),[9] Art. 32 Abs. 1 Unterabs. 1 liefert das passende Anerkennungs- und Vollstreckungsregime dazu. Bei diesen verfahrenslenkenden oder -begleitenden Entscheidungen greift indes nicht nur Art. 3 Abs. 1, sondern auch Art. 3 Abs. 2 bis 4 in dem Sinne, dass immer der Eröffnungsstaat für die Entscheidungen international zuständig sind, weil und wenn sie das jeweilige (Partikular-)Verfahren betreffen (→ Art. 3 Rn. 109).

III. Anerkennung von Neben- und Annexentscheidungen

1. Entscheidungen, die zur Durchführung und Beendigung des Verfahrens ergehen 6
(Abs. 1 Unterabs. 1). a) Entscheidung. Der Begriff der Entscheidung ist **autonom** auszulegen. Anders als für den in Anhang A definierten Begriff des Insolvenzrechts kann es hier keine Auflistung geben, weil dies der Vielfalt und Vielgestaltigkeit der mitgliedstaatlichen Insolvenzrechte widerspräche.[10] Man kann, obwohl nicht direkt auf Art. 32 EuGVVO aF bzw. Art. 2 lit. a) EuGVVO (VO 1215/2012) verwiesen wird, doch auf die dort enthaltene Definition der Entscheidung zurückgreifen. Danach ist unter einer Entscheidung jede Entscheidung zu verstehen, ohne Rücksicht auf ihre Bezeichnung wie Urteil, Beschluss, Zahlungsbefehl o. ä. Erfasst sind mithin alle Entscheidungen, auch einfache Anordnungen oder Verfügungen.[11] Auf die Zuordnung zur *lex concursus* im Sinne des Art. 7 kommt es nicht zwingend an,[12] wenngleich eine Divergenz kaum vorstellbar ist, denn die Entscheidung muss gerade der Durchführung oder Beendigung des Verfahrens dienen und ist damit schon insolvenzrechtlich geprägt. Der Eröffnungsbeschluss selbst ist nicht erfasst, weil er unter Art. 19 fällt. Wohl aber gehören die vollstreckbaren Anordnungen im Eröffnungsbeschluss (vgl. auch § 148 Abs. 2 InsO) unter Art. 32 Abs. 1 Unterabs. 1,[13] dem Verwalter wird damit die Durchsetzung seiner Befugnisse ermöglicht.

---

[6] EuGH vom 22.2.1979 – Rs. 133/78 (Henri Gourdain/Franz Nadler), Slg. 1979, 733, 744, Rn. 4 f. = EU:C:1979:49.
[7] EuGH vom 12.2.2009 – Rs. C-339/07 (Christopher Seagon als Verwalter in dem Insolvenzverfahren über das Vermögen der Frick Teppichböden Supermärkte GmbH/Deko Marty Belgium NV), Slg. 2009, I-767, 801, Rn. 27 = NJW 2009, 2189 = NZI 2009, 199 = EU:C:2009:83.
[8] Näher Art. 3 Rn. 110.
[9] *Virgos/Schmit,* Erläuternder Bericht, Rn. 78; zu den Sicherungsmaßnahmen MüKoBGB/*Kindler* Art. 3 Rn. 83.
[10] *Paulus,* Europäische Insolvenzverordnung, Art. 32 Rn. 6.
[11] Gebauer/Wiedmann/*Haubold,* Zivilrecht unter europäischem Einfluss, Kap. 32 Art. 25 Rn. 3, Rauscher/*Mäsch,* EuZPR/EuIPR, 4. Aufl., Art. 25 EG-InsVO Rn. 3; für die Restschuldbefreiung bejahend BGH NJW 2002, 960 = IPRax 2002, 525 (vor Inkrafttreten der EuInsVO) mAnm *Ehricke* IPRax 2002, 505; Duursma-Kepplinger/Duursma/Chalupsky/*Duursma-Kepplinger/Chalupsky* Rn. 15; Gottwald/*Gottwald/Kolmann,* Insolvenzrechts-Handbuch, § 132 Rn. 84 ff.; Geimer/Schütze/*Gruber,* Int. Rechtsverkehr, B Vor I 20b, Art. 25 Rn. 8 = Haß/Huber/Gruber/Heiderhoff/*Gruber* Rn. 8; *Wimmer* NJW 2002, 2427, 2429; *Wunderer* WM 1998, 793, 796.
[12] Anders *Paulus,* Europäische Insolvenzverordnung, Art. 32 Rn. 6.
[13] *Virgos/Schmit,* Erläuternder Bericht, Rn. 189.

7   **b) Gericht.** Der Gerichtsbegriff ist **funktional** zu verstehen. Es ist auf die Definition in Art. 2 Nr. 6 zurückzugreifen. Gemeint ist das Justizorgan oder jede sonstige zuständige Stelle des Mitgliedstaats, die befugt ist, ein Insolvenzverfahren zu eröffnen oder im Laufe des Verfahrens Entscheidungen zu treffen.[14] Nach dem Wortlaut des Art. 32 Abs. 1 Unterabs. 1 muss sich zudem um eine Entscheidung gerade des Eröffnungsgerichts handeln, denn erforderlich ist, dass es sich um die Entscheidung eines Gerichts handeln, dessen Eröffnungsentscheidung nach Art. 19 anerkannt wird. Daraus wird geschlossen, das erlassende Gericht müsse auch den Eröffnungsbeschluss erlassen haben.[15] Das könnte man auch aus einem Umkehrschluss zu Art. 32 Abs. 1 Unterabs. 2 Hs. 2 herleiten, der für die Annexentscheidungen gerade auch auf die Möglichkeit der Entscheidung durch ein anderes Gericht verweist. Ferner ist mit dem Verweis auf die Anerkennung entgegen der h. M. verbunden, dass das Eröffnungsgericht seine internationale Zuständigkeit für die Verfahrenseröffnung aus der EuInsVO entnommen haben muss (→ Art. 19 Rn. 8).

8   Richtigerweise sollte Art. 32 Abs. 1 Unterabs. 1 allerdings entgegen dem Wortlaut so verstanden werden, dass **nicht zwingend dasselbe Gericht die Nebenentscheidung** erlassen haben muss. Zu der funktionellen, sachlichen und örtlichen Zuständigkeit verhält sich die EuInsVO nicht. Art. 32 Abs. 1 Unterabs. 1 greift auch dann, wenn aus Gründen der *lex fori concursus* während des Verfahrens zB die örtliche Zuständigkeit auf ein anderes als das Eröffnungsgericht übergeht. Es gibt keinen Grund, warum der Beendigungsbeschluss nicht anerkannt werden sollte, nur weil der Spruchkörper innerstaatlich gewechselt hat. Entscheidend ist nur, dass die internationale Zuständigkeit für die Verfahrenseröffnung ursprünglich auf Art. 3 EuInsVO gestützt wurde. Wollte man demgegenüber zwingend denselben Spruchkörper verlangen, müsste man bei einem Wechsel der innerstaatlichen Zuständigkeit im Verfahren jedenfalls Art. 32 Abs. 1 Unterabs. 2 anwenden, das Ergebnis bliebe allerdings gleich.

9   **c) Zur Durchführung und Beendigung und gerichtlich bestätigte Vergleiche, insbesondere Insolvenzpläne.** Abs. 1 Unterabs. 1 erfasst insbesondere verfahrensleitende Entscheidungen, denen Außenwirkung zukommen kann wie Anmeldefristen, Bestellung von Ausschüssen etc. und ist praktisch relevant vor allem für die Einstellungs- oder Beendigungsentscheidungen (§§ 200, 207, 258 InsO). Zu Entscheidungen der Nichteröffnung → Art. 3 Rn. 86. Auch die **Restschuldbefreiung** ist erfasst,[16] soweit sie nicht schon zu den Wirkungen der Eröffnung iSd Art. 20 zu zählen wäre (zu Art. 20 dort → Art. 20 Rn. 4). Die englische **discharge** (aus der Zeit vor dem Brexit) ist natürlich nur soweit anzuerkennen, wie sie selbst reicht (vgl. insbesondere die Ausnahmen in sec. 281 (2) IA 1986). Die Frage, ob eine Forderung von einer **im Ausland eingetretenen Restschuldbefreiung** erfasst ist, ist von den deutschen Gerichten grundsätzlich nach Art. 7 Abs. 2 S. 2 lit. k) unter Anwendung des ausländischen Rechts zu beantworten.[17] Der **BGH** meint aber, dass eine in einem englischen Hauptinsolvenzverfahren eingetretene Rechtsschuldbefreiung den Gläubiger nicht hindere, seine Forderung in einem vor Eintritt der Restschuldbefreiung im Inland eröffneten und noch nicht abgeschlossenen **Sekundärinsolvenverfahren** anzumelden und zu verfolgen, weil auch im Falle einer im Inland vor Verfahrensaufhebung ausgesprochenen Restschuldbefreiung bereits angemeldete Forderungen nicht erfasst wären.[18] Richtig ist zwar, dass die Anerkennungspflicht an der „Grenze" des Sekundärinsolvenzverfahrens Halt macht. Insofern kommt es im inländischen Sekundärverfahren auf die deutschen Verfahrensregeln an. Die Frage muss aber lauten, ob eine nach dem Recht des Hauptinsolvenzverfahrens erloschene und dort folglich nicht mehr verfolgbare Forderung (vgl. Art. 45) in einem deutschen Sekundärverfahren noch verfolgt werden kann. Dies hängt von der Wertung des deutschen Rechts ab, ob man auch eine nach dem Hauptinsolvenzstatut erloschene Forderung noch als anmeldefähig ansieht. Daran könnte man zweifeln; gleichwohl dürfte es richtig sein, die Frage zu bejahen, solange das Sekundärverfahren vor Eintritt der Erlöschenswirkung nach dem ausländischen Recht eröffnet wurde und

---

[14] Duursma-Kepplinger/Duursma/Chalupsky/*Duursma-Kepplinger/Chalupsky* Rn. 11; *Huber*, in: *Geimer/Schütze*, Int. Rechtsverkehr, B Vor I 20b Art. 2 Rn. 2; Rauscher/*Mäsch*, EuZPR/EuIPR, 2015, Art. 25 EG-InsVO Rn. 3; Mohrbutter/Ringstmeier/*Wenner* § 20 Rn. 177; MüKoBGB/*Kindler* Art. 2 EuInsVO Rn. 9 f.; *Paulus*, Europäische Insolvenzverordnung, Art. 2 Rn. 22; LSZ/*Smid*, Int. Insolvenzrecht, Art. 2 EuInsVO Rn. 12.

[15] MüKoInsO/*Reinhart*, 2. Aufl., Bd. 3, Art. 25 EuInsVO 2000 Rn. 7.

[16] BGH NJW 2002, 960 (vor Inkrafttreten der EuInsVO); VG Regensburg NZI 2014, 781, 782; Gebauer/Wiedmann/*Haubold*, Zivilrecht unter europäischem Einfluss, Kap. 32 Art. 25 Rn. 200; Duursma-Kepplinger/Duursma/Chalupsky/*Duursma-Kepplinger/Chalupsky* Art. 25 Rn. 15; Geimer/Schütze/*Gruber*, Int. Rechtsverkehr, B Vor I 20b, Art. 21 Rn. 8 = Haß/Huber/Gruber/Heiderhoff/*Gruber* Rn. 8; Rauscher/*Mäsch*, EuZPR/EuIPR, 4. Aufl., Art. 25 EG-InsVO Rn. 3; *Wimmer* NJW 2002, 2427, 2429.

[17] BGH NZI 2014, 283 Rn. 12; NZI 2014, 969 Rn. 31; *Dornblüth* ZIP 2014, 712.

[18] BGH NZI 2014, 969 Rn. 31.

folglich die Anerkennungspflicht noch rechtzeitig beschnitten wurde. Im Übrigen sieht das ausländische Recht ggf. nur Umwandlung zu natured obligation vor und lässt selbst Anmeldungen weiter zu. Für diesen Fall ist dem BGH daher zu folgen. Dagegen ändert sich nichts, wenn die Restschuldbefreiung nach dem ausländischen Recht eingetreten ist und erst dann das Sekundärverfahren eröffnet wird (was voraussetzt, dass nach dem ausländischen Recht die Restschuldbefreiung gerade nicht zur Beendigung des Hauptverfahrens geführt hat – sonst wäre für ein Sekundärverfahren kein Raum mehr).

Ausdrücklich genannt ist in Abs. 1 Unterabs. 1 der **gerichtlich bestätigte Vergleich**. Gemeint sind Rechtsinstitute, durch die die Rechtsbeziehungen des Schuldners zu den Gläubigern modifiziert werden.[19] wie etwa im Insolvenzplanverfahren (§ 248 InsO). Der gerichtlich bestätigte Schuldenbereinigungsplan (§ 308 InsO) ist nur dann erfasst,[20] wenn man für diesen Verfahrensabschnitt generell schon die EuInsVO für anwendbar hält.[21] Indessen ist zu beachten, dass Art. 32 Abs. 1 Unterabs. 1 nichts an den Restriktionen des Anwendungsbereichs der EuInsVO ändert. So sind **vergleichsähnliche oder mit Vergleich zu beendende Sanierungsverfahren** als solche nur erfasst, wenn es sich um ein Insolvenzverfahren im Sinne des Art. 1 handelt und es in Anhang A genannt ist.[22] Das gilt auch für die nach der **RL 2019/1023 über präventive Restrukturierungsrahmen** neu eingeführten **vorinsolvenzlichen oder hybriden Insolvenzvermeidungs- und Sanierungsverfahren**. Eine gerichtliche Bestätigung eines Vergleichsschluss im Rahmen eines englischen **Scheme of Arrangement** (Sections 895 ff. CA 2006) ist gerade nicht erfasst, jedenfalls wenn dieses Arrangement nicht als integraler Teil des Insolvenzverfahrens bzw. der Administration erfolgt,[23] selbst dann dürfte es nicht erfasst sein (→ Art. 2 Rn. 13). Mit dem **Brexit** wird sich die Frage ohnedies auf das autonome Recht verlagern (→ § 343 Rn. 19). Erforderlich ist zudem stets eine gerichtliche Bestätigung. Wird der Vergleich ohne eine solche Bestätigung wirksam, wie zB bei einem Company Voluntary Arrangement nach englischem Recht,[24] greift Art. 32 Abs. 1 nicht ein. Die Auswirkungen des Vergleichs auf bestehende Ansprüche und Verträge sind dann kollisionsrechtlich über das Forderungs- bzw. Vertragsstatut zu ermitteln. Eine Vollstreckung scheidet insoweit aus.[25] 9a

An Bedeutung gewinnt die Frage nach der Anerkennungsfähigkeit von Wirkungen eines **Insolvenzplans** oder sonstigen Plänen und Vergleichen in einem Sanierungsverfahren.[26] Insofern sind im Zusammenspiel von Art. 19 und 32 mehrere Fragen auseinanderzuhalten. Die **erste Frage** betrifft die generelle Anerkennung der Eröffnung des jeweiligen Sanierungsverfahrens nach Maßgabe des Art. 19 EuInsVO. Dies hängt im Ausgangspunkt davon ab, ob das Verfahren in **Anhang A** genannt ist, was beispielsweise auf das italienische Concordato preventivo und accordo di ristrutturazione, nicht aber für die französische conciliation zutrifft. In diesem Fall käme allenfalls eine Anerkennung nach der EuGVVO oder eine rein materiellrechtliche, kollisionsrechtliche Anerkennung in Betracht. Ein deutsches Insolvenzplanverfahren ist integraler Bestandteil des in Anhang A genannten Insolvenzverfahrens und insoweit ohne weiteres in die damit verbundenen Anerkennungswirkungen einbezogen. Die **zweite Frage** gilt dann der Reichweite des Art. 32 Abs. 1. In der Regel werden **innerhalb eines von Anhang A erfassten Verfahrens** aufgestellte Sanierungspläne, soweit sie vom Gericht bestätigt werden (müssen), als „gerichtlich bestätige Vergleiche" anzusehen sein. Die **dritte Frage** betrifft die Reichweite der Anerkennung, die generell wie bei Art. 20 zu beurteilen ist (dazu gleich noch Rn. 10). Die unmittelbaren Gestaltungswirkungen der Planbestätigung sind daher verfahrensrechtlich bereits nach Art. 32 Abs. 1 anerkennen, unabhängig vom Kollisionsrecht. Das wird im nicht überschaubaren Schrifttum nicht hinreichend gewürdigt.[27] Dort wird die Frage bei Art. 7 verortet. Das ist zwar für die Abgrenzung von Insolvenzstatut und Gesellschaftsstatut bei Kapitalmaßnahmen in einem solchen Plan richtig, erschöpft die Anerkennungsproblematik aber gerade nicht, wenn solche Maßnahmen unreflektiert und umfänglich auf der Grundlage der jeweiligen lex fori concursus unabhängig vom Personalstatut der Insolvenzschuldnerin vorgenommen wurden. Für Art. 32 ergibt sich, dass die Anerkennung der Planbestätigung als Wirkungserstreckung die unmittelbaren Gestaltungswirkungen umfasst, die nach Maßgabe des Insolvenzstatuts mit der gerichtlichen **Bestätigung des Insolvenzplans** verbunden sind (vgl. auch → Rn. 9, 9a). Das kann an § 254 InsO exemplifiziert werden. Mit der Planbestätigung treten die im gestaltenden Teil festgelegten Wirkungen für und gegen alle Beteiligten 9b

---

[19] MüKoBGB/*Kindler* Art. 32 Rn. 9; vgl. auch Vallender/*Reutershan* Art. 32 Rn. 7.
[20] So Gebauer/Wiedmann/*Haubold* Zivilrecht unter europäischem Einfluss, Kap. 32 Art. 25 Rn. 200.
[21] Dazu → Art. 2 Rn. 2 ff.
[22] Näher zur Problematik *Thole,* FS Simotta, S. 613.
[23] In diese Richtung einer solchen Einschränkung auch *Mankowski* WM 2010, 1201, 1202.
[24] Dazu *Bork*, Sanierungsrecht in Deutschland und England, 2010, § 6 Rn. 6.7.
[25] Die Anwendbarkeit des Art. 58 EuGVVO auf Schemes ablehnend *Mankowski* WM 2010, 1201, 1206 f.
[26] Dazu bereits im Überblick *Thole*, FS Simotta, 2012, S. 613.
[27] *Kuntz* ZGR 2014, 649; *Fehrenbach* ZIP 2014, 2485, die beide auf Art. 4 EuInsVO 2000 abstellen.

einschließlich der ferngebliebenen Gläubiger (§ 254b InsO) ein. Das ist in anderen Mitgliedstaaten anzuerkennen, mithin Forderungskürzungen (auch bei Forderungen, die eigentlich einem anderen Forderungsstatut unterliegen), Stundungen, der Verlust von Gesellschaftsanteilen oder deren Übertragung bzw. die Abgabe von Willenserklärungen (§ 254a InsO) ua m. Insoweit sind auch (vermeintlich) „gesellschaftsrechtliche" Wirkungen erfasst, selbst wenn die Insolvenzschuldnerin keine deutsche Gesellschaft ist. Etwa erforderliche Registereintragungen (vgl. § 254a Abs. 2 S. 3 InsO) müssen allerdings noch bewirkt werden, bei einer ausländischen Gesellschaft also ggf. in einem etwaigen Heimatregister – auch insoweit dürfte der Gründungsstaat aber die Planbestätigung und deren Wirkungen nicht in Frage stellen. Eine ganz **andere Frage** ist, ob das (deutsche) Insolvenzgericht einen Plan bestätigen darf, der Kapitalmaßnahmen enthält, die eine nach ausländischem Recht gegründete Insolvenzschuldnerin betreffen, wenn das ausländische Gründungsstatut nicht beachtet wurde. Nur das ist eine Frage der Abgrenzung von Gesellschafts- und Insolvenzstatut, die hier aber nicht entfaltet werden kann.[28] Insoweit ist jedenfalls tendenziell eine insolvenzrechtliche Qualifikation vorzunehmen, weil es im Ergebnis um Masseverwertung geht. Für Art. 32 kommt es darauf ohnehin nicht an. Hat das Gericht den Plan bestätigt (ob zu Recht oder zu Unrecht), tritt die Anerkennungspflicht im eben beschriebenen Umfang ein, solange der Beschluss noch wirksam ist.

10   **d) Rechtsfolge: Automatische Anerkennung.** Die in Abs. 1 Unterabs. 1 genannten Entscheidungen und die gerichtliche Bestätigung werden wie die Eröffnungsentscheidung ebenfalls ohne weitere Förmlichkeiten anerkannt. Die Regelung nimmt damit auf Art. 20 Abs. 1 Bezug. Insbesondere bedarf es keines irgendwie gearteten Anerkennungs- oder Exequaturverfahrens. Das Prinzip der automatischen Anerkennung gilt damit auch für diese Nebenentscheidungen (näher Art. 20 Rn. 2 ff.). Zu beachten ist, dass sich der Verweis in Art. 32 Abs. 1 Unterabs. 1 S. 2 auf die EuGVVO **nur auf die Vollstreckung** bezieht. Hinsichtlich der Anerkennung bleibt es dabei, dass die **Anerkennung abschließend in der EuInsVO selbst** und damit in dieser Vorschrift geregelt ist. Die Vorschriften über die Anerkennung nach den Art. 36 bis 38, 45 EuGVVO sind nicht anwendbar. Demnach kann die Anerkennung insbesondere **nicht unter Hinweis auf die Versagungsgründe des Art. 45 EuGVVO** verweigert werden, sondern nur unter Berufung auf Art. 33 (ordre public). Das Verbot der révision au fond gilt auch im Bereich des Art. 32, auch wenn es in Art. 32 Abs. 1 nicht ausdrücklich angesprochen ist. Der Anerkennungsstaat darf die Entscheidung **nicht** in der Sache **nachprüfen,** weil dies mit dem Grundsatz gegenseitigen Vertrauens nicht im Einklang stünde. Es darf auch nicht analog Art. 45 Abs. 1 lit. e) EuGVVO die Zuständigkeitsbegründung des Erstgerichts überprüfen.[29] Erforderlich ist aber, dass die Eröffnungsentscheidung nach Art. 19 anerkannt wird. Insofern kommt es aber entgegen der hM darauf an, dass sich das Eröffnungsgericht zur Begründung seiner internationalen Zuständigkeit auf die EuInsVO, jedenfalls nicht explizit auf autonomes Recht gestützt hat (→ Art. 19 Rn. 22).

11   Ist die Frage der Anerkennung streitig, so besteht allerdings die **Möglichkeit eines Feststellungsantrags** nach Art. 36 Abs. 2 EuGVVO analog im vereinfachten Verfahren. Das ist, wegen der Verweisung des Art. 32 Abs. 1 Unterabs. 1 S. 2 auf die EuGVVO für die Vollstreckung, gerechtfertigt, weil auch Art. 36 Abs. 2 EuGVVO mit dem Verweis auf Art. 45 EuGVVO, der in Art. 46 EuGVVO für die Vollstreckung gespiegelt ist, seinerseits einen Gleichlauf mit der Vollstreckung herstellt. Demnach kann jede Partei, die sich auf die Anerkennung beruft, einen Feststellungsantrag bei dem Gericht iSd Art. 47 Abs. 1 EuGVVO stellen.[30] Davon unberührt bleibt die Möglichkeit etwa des Verwalters, sich gegen die versagte Anerkennung nach allgemeinen Regeln in dem jeweiligen Mitgliedstaaten inzident und über das Rechtsbehelfssystem zu wehren. Demgegenüber kann der Anerkennungsstaat nicht analog Art. 38 EuGVVO das in seinem Staat geführte Verfahren aussetzen, wenn gegen die anzuerkennende Entscheidung im Eröffnungsstaat ein Rechtsbehelf eingelegt worden ist.[31] Entscheidend für die Anerkennung ist allein die Wirksamkeit der Entscheidung, soweit nicht ohnedies die Entscheidung auch im Herkunftsstaat, dh im Eröffnungsstaat, erst mit Rechtskraft Wirkungen entfaltet. Die Prüfung der Wirksamkeit und zugleich das Genügenlassen der Wirksamkeit ist zwar in Art. 32 Abs. 1 nicht ausdrücklich normiert, entspricht aber dem ersichtlich gewollten Gleichlauf mit Art. 19. Dort hat es die Verordnung bewusst in Kauf genommen, dass es wegen der späteren Aufhebung der Entscheidung zu widersprüchlichen Entscheidungen kommt.[32] Dem ist auch für Art. 32 Rechnung zu tragen, zumal andernfalls das Desiderat des zügigen und effektiven Insolvenzverfahrens kaum bedient werden könnte.[33]

---

[28] Dazu Brünkmans/Thole/*Thole,* Handbuch Insolvenzplan, 2. Aufl., § 40 S. 1121 ff.
[29] Näher dazu *Thole* ZIP 2010, 605, 612.
[30] Zur örtlichen Zuständigkeit: *Schlosser,* EU-Zivilprozessrecht, 2009, Art. 39 EuGVVO Rn. 4.
[31] **AA** → 2. Aufl., Art. 25 EuInsVO 2000 Rn. 17.
[32] → Art. 19 Rn. 2.
[33] Dies anerkennend auch schon → 2. Aufl., Art. 25 EuInsVO 2000 Rn. 17.

Inhaltlich ist die Anerkennung nach den gleichen Kriterien zu bemessen wie bei Art. 20. Es **12** gilt nicht die Gleichstellungstheorie, sondern das Prinzip der **Wirkungserstreckung** (→ näher Art. 20 Rn. 3). **Gestaltungswirkungen** werden anerkannt, wenngleich die Besonderheit des Zweitstaats zu berücksichtigen ist, so dass beispielsweise eine von einem britischen Gericht gewährte *discharge* **(Restschuldbefreiung)** nicht ohne weiteres zur Einstellung der Zwangsvollstreckung nach § 775 ZPO führt, sondern den Schuldner zur Vollstreckungsgegenklage nötigt.[34] Eine automatisch, von der Eröffnungsentscheidung abhängige *discharge* ist allerdings richtigerweise schon Teil der Wirkungen des Eröffnungsbeschlusses und fällt daher bereits unter Art. 19.[35]

2. Vollstreckung der Entscheidungen iSd Abs. 1 Unterabs. 1 und der gerichtlich **13** **bestätigten Vergleiche.** Vollstrecken meint „zwangsweise durchführen" und impliziert die Ausübung der Zwangsbefugnis durch den Staat zur Gewährleistung der Befolgung.[36] Andere Durchsetzungsmechanismen sind hier nicht erfasst. Auch der Begriff Vollstreckung ist irreführend, da es hier zunächst nicht um die eigentliche Zwangsvollstreckung, sondern nur um die Voraussetzungen der Zwangsvollstreckung und die Frage der Vollstreckbarkeit der ausländischen Entscheidung geht. Insoweit verweist Art. 32 Abs. 1 Unterabs. 1 S. 2 EuInsVO auf die Art. 39–57 EuGVVO (ohne Art. 45, 46 EuGVVO). Dabei ist naturgemäß nicht zu prüfen, ob der Anwendungsbereich der EuGVVO eröffnet ist (der sonst wegen Art. 1 Abs. 2 lit. b EuGVVO gar nicht eröffnet wäre) oder es sich um eine Entscheidung iSd Art. 2 lit. a, Art. 36 EuGVVO handelt. Insofern liegt eine **Rechtsfolgenverweisung** vor. Nach der EuGVVO wird die Vollstreckbarerklärung im Ergebnis bereits im Erststaat erteilt, wenn und soweit die nach Art. 53 EuGVVO zu erteilende **Bescheinigung** ausgestellt wird. Das dort zu verwendende **Formblatt** nach Anhang I der EuGVVO muss ggf. an die Zwecke des Insolvenzverfahrens angepasst werden. Einer Vollstreckungsklausel bedarf es im Inland nicht (§ 1112 ZPO, dazu sogleich → Rn. 14).

Im deutschen Recht galt bisher ergänzend das Anerkennungs- und Vollstreckungsausführungs- **14** gesetz (AVAG),[37] das die Vollstreckung von Entscheidungen nach der EuGVVO innerstaatlich regelte, auch wenn es nicht ausdrücklich auf die EuInsVO Bezug nimmt.[38] Es ist nach der Reform der EuGVVO nicht mehr anwendbar. Einschlägig sind nunmehr die Regelungen in §§ 1110 ff. ZPO. Zur Vollstreckung bedarf es nach der EuGVVO in der Fassung der VO 1215/2012 keiner **Vollstreckbarkeitserklärung** mehr. Wohl aber kann der Antragsgegner die Versagung der Anerkennung und die Aussetzung der Vollstreckung beantragen. Nicht von der Verweisung umfasst sind Art. 45, Art. 46 EuGVVO (zum Problem unter der EuInsVO 2000 → 3. Aufl., Art. 25 EuInsVO 2000, → Art. 25 Rn. 14). Im Rechtsbehelfsverfahren sind nur die Gründe zu prüfen, die auch ursprünglich einer Anerkennung der Entscheidung entgegenstehen, insbesondere der ordre public nach Art. 33, nicht aber insbesondere andere nicht liquide Einwendungen materiellrechtlicher Art.[39] Auch im Rahmen der Vollstreckung setzt sich daher das anerkennungsfreundliche Regime durch.

Ob die Verweisung auf die EuGVVO auch als (dann gewissermaßen dynamisch verstandene) **15** **Verweisung auf die jüngere EuVTO** (Vollstreckungstitel-VO)[40] anzusehen ist, ist fraglich und eher zu verneinen.[41] Dafür könnte zwar sprechen, dass die EuVTO seinerseits eine Erleichterung der Vollstreckung gegenüber EuGVVO bedeuten soll. Indessen wäre mit einer Verweisung auch die ordre-public-Kontrolle im Rechtsbehelfsverfahren ausgehebelt. Die Frage ist bisher ungeklärt. Praktisch fehlt es meist an einer unbestrittenen Forderung.

3. Anerkennung und Vollstreckung von insolvenztypischen Annexentscheidungen **16** **(Abs. 1 Unterabs. 2). a) Grundsatz.** Die in Unterabs. 2 genannten Annexentscheidungen, die unmittelbar auf Grund des Insolvenzverfahrens ergehen und in engem Zusammenhang damit stehen, sind typischerweise Entscheidungen, die eigenständiger Natur sind, aber nur anlässlich des Insolvenzverfahrens ergehen können. Seit der EuGH in der Deko Marty-Entscheidung den Weg zu einer

---

[34] *Hess*, Europäisches Zivilprozessrecht, § 9 Rn. 54.
[35] *Mankowski* KTS 2011, 185, 201.
[36] *Virgos/Schmit*, Erläuternder Bericht, Rn. 190.
[37] Gesetz zur Ausführung zwischenstaatlicher Verträge und zur Durchführung von Verordnungen der Europäischen Gemeinschaft auf dem Gebiet der Anerkennung und Vollstreckung in Zivil- und Handelssachen vom 19.2.2001, BGBl. I S. 288; früher Gesetz zur Ausführung zwischenstaatlicher Anerkennungs- und Vollstreckungsverträge in Zivil- und Handelssachen vom 30.5.1988, BGBl. I S. 662.
[38] Dazu auch → Art. 102c § 10 EGInsO Rn. 10.
[39] Näher BGH NJW 2012, 2663 zur EuGVVO im Anschluss an EuGH v. 13.11.2011 – Rs. C-139/10 (Prism Investments BV/Jaap Anne van der Meer), NJW 2011, 3506 = EU:C:2011:653.
[40] ABl. 2004 L 143/15.
[41] AA *Zenker*, FS Simotta, S. 741, 745 ff.

europäischen vis attractiva concursus geöffnet hat,[42] laufen die Zuständigkeitsregel über Art. 3 und die Anerkennungsregel konform. Fraglich ist allein, wie **eng der Zusammenhang sein muss und welche Kriterien** dafür gelten. Auch bei der Anerkennung stellt sich die bereits angesprochene Problematik, überhaupt herauszufiltern, welche Verfahren unmittelbar aufgrund des Insolvenzverfahrens ergehen und mit ihm in einem engen Zusammenhang stehen. Die Frage ist zwar für Art. 32 Abs. 1 weniger relevant als für die internationale Zuständigkeit. Greift nämlich Art. 32 Abs. 1 Unterabs. 2 nicht, wird es in der Regel um eine Entscheidung im Anwendungsbereich der EuGVVO handeln. Insoweit stellt Art. 32 Abs. 2 aber noch einmal klar, dass sich Anerkennung und Vollstreckung nach der EuGVVO richten. Da auch Art. 32 Abs. 1 Unterabs. 2 hinsichtlich der Vollstreckung auf die EuGVVO verweist, ist die praktische Bedeutung gemindert. Gleichwohl bestehen Unterschiede. So führt die Zuordnung zu Art. 32 Abs. 1 Unterabs. 2 zur automatischen Anerkennung ohne die Versagungsmöglichkeiten nach Art. 45 EuGVVO, wenngleich das rechtliche Gehör nach Art. 45 Abs. 1 lit. b) EuGVVO im ordre public-Vorbehalt des Art. 33 EuInsVO aufgeht.

17   **b) Kriterien für die Bestimmung der Insolvenznähe. aa) Maßgeblicher Gesichtspunkt.** In Abs. 1 Unterabs. 2 ist die vom EuGH in der Entscheidung Gourdain von 1979[43] zum Anwendungsbereich der EuGVVO und zum Ausschlustatbestand des Art. 1 Abs. 2 Nr. 2 EuGVÜ/lit. b EuGVVO entwickelte Definition verwirklicht. Der EuGH hat dort mehrere Kriterien genannt wie zB den Umstand, dass die dort relevante Geschäftsführerhaftung nur im Insolvenzverfahren eingreift (näher → Art. 6 Rn. 9 f.). Die jüngeren Entscheidungen des EuGH in den Rechtssachen Alpenblume, German Graphics sowie MG Produd und andere liefern wenig Hilfestellung (sogleich → Rn. 18 ff.).[44] Im Grundsatz muss für die erforderliche autonome Auslegung des Begriffs die Verwirklichung **insolvenzrechtlicher Zwecke** zumindest primär maßgebend sein.[45] Die Eröffnung eines Insolvenzverfahrens ist zwar im konkreten Einzelfall vorausgesetzt, allerdings nicht in dem Sinne, dass der Annexanspruch nach Maßgabe des einschlägigen nationalen Rechts stets nur in einem Insolvenzverfahren zum Tragen kommen dürfte.[46] Auf die Kommentierung von Art. 6 wird verwiesen (→ Art. 6 Rn. 8 ff.). Schon aus systematischen Gründen **kein tauglicher Gegenstand** einer Anerkennung ist nach der Entscheidung des EuGH in der Rs. Tiger ua die Entscheidung eines Gerichts des Eröffnungsstaats, dem Verwalter zu erlauben, **eine Klage in einem anderen Mitgliedstaat als dem Eröffnungsstaat** bei einer von der ausschließlichen Zuständigkeit des Art. 6 Abs. 1 erfassten Klage zu erheben (dazu → Art. 6 Rn. 9).[47] Jedenfalls kann das Zuständigkeitsregime auf diese Weise – selbstverständlich – nicht außer Kraft gesetzt werden.

18   **bb) Die Rechtsprechung des EuGH zu Art. 25 Abs. 1 Unterabs. 2 EuInsVO.** Die Zuweisung zum Kreis der insolvenztypischen Streitigkeiten und Entscheidungen nach Art. 25 Abs. 1 Unterabs. 2 ist mehrfach Gegenstand der EuGH-Rechtsprechung gewesen. An dieser Stelle werden nur die unmittelbar zur Anerkennungspflicht ergangenen und wesentlichen Entscheidungen dargestellt, wegen der Einzelheiten bei der Bestimmung der vis attractiva concursus wird auf die **Darstellung bei Art. 6** verwiesen (→ Art. 6 Rn. 8 ff.).

19   Im Fall **Alpenblume** vom 2.7.2009[48] ging es um die Frage, ob die Mitgliedstaaten untereinander eine gerichtliche Entscheidung anerkennen müssen, die in einer Zivilsache ergangen ist, die im Zusammenhang mit einem in einem anderen Mitgliedstaat durchgeführten Konkursverfahren steht. Im Einzelnen war zu entscheiden, ob eine Entscheidung, mit der das Gericht eines anderen Mitgliedstaats die Übertragung von Gesellschaftsanteilen im Rahmen eines Konkursverfahrens mit der Begründung für unwirksam erklärt hat, dass der Konkursverwalter, der die Anteile übertragen habe, nicht befugt gewesen sei, über Vermögenswerte in diesem Mitgliedstaat zu verfügen, unter die Ausnahme in Art. 1 Abs. 2 lit. b) EuGVVO fällt. Die Frage war, ob die vom Konkursverwalter vorgenommene Übertragung von Gesellschaftsanteilen auf der Grundlage konkursrechtlicher Sonderbefugnisse als insolvenzbezogene Streitigkeit einzuordnen ist, wie es Art. 25 Abs. 1 Unterabs. 2

---

[42] EuGH v. 12.2.2009 – Rs. C-339/07 (Christopher Seagon als Verwalter in dem Insolvenzverfahren über das Vermögen der Frick Teppichböden Supermärkte GmbH/Deko Marty Belgium NV), Slg. 2009, I-767 = NJW 2009, 2189 = NZI 2009, 199 = EU:C:2009:83; dazu bei → Art. 3 Rn. 105.
[43] EuGH v. 22.2.1979 – Rs. 133/78 (Henri Gourdain/Franz Nadler), Slg. 1979, 733, 744, Rn. 4 f. = EU:C:1979:49.
[44] Zu diesen Entscheidungen vgl. auch → Art. 6 Rn. 8.
[45] Thole, Gläubigerschutz durch Insolvenzrecht, 2010, S. 808 ff., 871. Für die Einbeziehung von einem *court order* bei einem *insolvent scheme of arrangement* Kusche, Die Anerkennung des Scheme of Arrangement in Deutschland, S. 76.
[46] AA MüKoBGB/*Kindler* Art. 32 Rn. 17.
[47] EuGH v. 4.12.2019 – Rs. C-493/18 (Tiger ua), ZIP 2020, 80 Rn. 36 ff.
[48] EuGH v. 2.7.2009 – Rs. C-111/08 (SCT Industri AB i likvidation/Alpenblume AB), Slg. 2009, I-5655 = EuZW 2009, 610 = EU:C:2009:419, dazu auch Thole ZEuP 2010, 904, 918 ff.

EuInsVO 2000 formuliert.[49] Der EuGH bejahte diese Frage. Er meinte, die Streitfrage liege eben darin, wer Inhaber von Gesellschaftsanteilen ist, die im Rahmen eines Konkursverfahrens von einem Konkursverwalter auf der Grundlage von Bestimmungen wie denen des schwedischen Konkursgesetzes übertragen wurden, die von den allgemeinen Regeln des Zivilrechts und insbesondere des Sachenrechts abweichen. Damit hebt der EuGH die Abweichung von allgemeinen zivilrechtlichen Sachfragen hervor und bejaht damit das unmittelbare Hervorgehen aus einem Konkursverfahren. Die Entscheidung überzeugt argumentativ nicht, weil es nicht ausreichen kann, dass der Insolvenzverwalter bloß das tut, was auch der Schuldner selbst hätte machen können[50] und weil in casu die Befugnis des Verwalters nur Vorfrage für die Rückforderungsklage war.

Eine entgegenlaufende Tendenz ist dem Urteil des EuGH vom 10.9.2009 zu entnehmen. Der EuGH betont, der Anwendungsbereich der EuInsVO sei eng auszulegen.[51] **German Graphics,** die Klägerin in dem Verfahren vor dem LG Braunschweig, hatte die Rückgabe der in ihrem Eigentum stehenden, unter Eigentumsvorbehalt veräußerten Sachen verlangt. Das Gericht hatte nur zu klären, wer Eigentümer bestimmter sich in den Geschäftsräumen der Insolvenzschuldnerin in den Niederlanden befindender Maschinen ist. Der EuGH verneinte die Merkmale der Gourdain-Formel: Die Beantwortung dieser Rechtsfrage erfolge unabhängig von der Eröffnung eines Insolvenzverfahrens. German Graphics wolle mit ihrer Klage nur sicherstellen, dass die zu ihren Gunsten vereinbarte Eigentumsvorbehaltsklausel angewandt wird. Unter diesen Umständen erschien dem EuGH die bloße Tatsache, dass die Konkursverwalterin an dem Rechtsstreit beteiligt ist, nicht als ausreichend, um das Verfahren vor dem LG Braunschweig als ein Verfahren anzusehen, das unmittelbar aus dem Konkurs hervorgeht und sich eng innerhalb des Rahmens eines Konkursverfahrens hält. Aussonderungsklagen fallen daher nicht unter Art. 32 Abs. 1 Unterabs. 2. Außerdem verhält sich die Entscheidung zum Anwendungsbereich des Art. 32 Abs. 2 (dazu → Rn. 28).

In dem Verfahren **MG Produd Gdynia**[52] ging es um die Anordnung von Vollstreckungsmaßnahmen nach Verfahrenseröffnung in einem anderen Mitgliedstaat. Der EuGH entschied, die EuInsVO 2000 und insbesondere deren Art. 3, 4, 16, 17, 25 seien so auszulegen, dass nach der Eröffnung eines Hauptinsolvenzverfahrens in einem Mitgliedstaat die zuständigen Behörden eines anderen Mitgliedstaats, in dem kein Sekundärinsolvenzverfahren eröffnet worden ist, vorbehaltlich der Nichtanerkennungsgründe verpflichtet seien, alle Entscheidungen im Zusammenhang mit diesem Hauptinsolvenzverfahren anzuerkennen und zu vollstrecken. Sie seien daher nicht berechtigt, nach dem Recht des anderen Mitgliedstaats Vollstreckungsmaßnahmen in Bezug auf in diesem anderen Mitgliedstaat befindliche Vermögenswerte des Schuldners anzuordnen, wenn das Recht des Staates der Verfahrenseröffnung dies nicht erlaubt und die Voraussetzungen für die Anwendung der Art. 5 und 10 EuInsVO 2000 (Art. 8 und 10) der Verordnung nicht erfüllt sind.

c) Anforderungen an die Zuständigkeit des Gerichts. Aus der Wendung „auch wenn diese Entscheidungen von einem anderen Gericht getroffen werden" in Art. 32 Abs. 1 Unterabs. 2 letzter Hs. entnahm der EuGH in der Deko Marty-Entscheidung lediglich den Hinweis auf eine abweichende örtliche oder sachliche Zuständigkeit innerhalb der Gerichtsbarkeit des Insolvenzeröffnungsstaates.[53] Demnach schadet es für die Anwendbarkeit der Vorschrift nicht, wenn innerhalb des Eröffnungsstaats ein anderes als das Eröffnungsgericht für die Entscheidung über die Annexklage sachlich oder örtlich zuständig ist. Im Verfahren Tiger ua hat der EuGH dies bestätigt.[54] Diese systematische Überlegung trägt nicht allerdings voll, denn die Begrenzung der Bezugnahme auf eine andere sachliche oder örtliche Zuständigkeit,[55] macht die Vorteile einer mit Art. 6 Abs. 1 verbundenen vis attractiva concursus zumindest partiell wieder zunichte. Überhaupt ist das Argument, der europäische Gesetzgeber habe sich einzig mit der Vereinheitlichung auf der Ebene der internationalen Zuständigkeit befassen wollen,[56] zweifelhaft, weil nicht zuletzt die EuGVVO ein Übergreifen auf

---

[49] Im Fall Alpenblume war die EuInsVO noch nicht anwendbar.
[50] Kritisch auch *Mankowski* NZI 2009, 572; *Oberhammer* IPRax 2010, 317, 322; *Oberhammer* ZIK 2010, 6, 8.
[51] EuGH v. 10.9.2009 – Rs. C-292/08 (German Graphics Graphische Maschinen GmbH/Alice van der Schee, Konkursverwalterin der Holland Binding BV), Slg. 2009, I-8421, 8434, 8437, Rn. 25, 38 = EuZW 2009, 785 = EU:C:2009:544. Dazu *Brinkmann* IPRax 2010, 324; *Thole* ZEuP 2010, 904, 920.
[52] EuGH v. 21.10.2010 – Rs. C-444/07 (MG Probud Gdynia), Slg. 2010, I-417 = EU:C:2010:24.
[53] EuGH v. 12.2.2009 – Rs. C-339/07 (Christopher Seagon als Verwalter in dem Insolvenzverfahren über das Vermögen der Frick Teppichböden Supermärkte GmbH/Deko Marty Belgium NV), Slg. 2009, I-767, 801, Rn. 27 = NJW 2009, 2189 = NZI 2009, 199 = EU:C:2009:83.
[54] EuGH v. 4.12.2019 – Rs. C-493/18 (Tiger ua), ZIP 2020, 80 Rn. 40.
[55] So auch zuvor *Lorenz*, Annexverfahren bei Internationalen Insolvenzen, 2005, S. 117, 122–126; *Willemer*, Vis attractiva concursus und die Europäische Insolvenzverordnung, 2006, S. 100; anders *Eidenmüller* IPrax 2001, 1, 7 mit Fn. 39.
[56] So aber *Willemer*, Vis attractiva concursus und die Europäische Insolvenzverordnung, 2006, S. 95.

die örtliche Zuständigkeit kennt[57] und sich diese behauptete Absicht genauso wenig belegen lässt wie umgekehrt der konsentierte Wille zur Einführung der vis attractiva concursus. Durch die Einführung des Art. 6 ist diese Frage aber für die praktische Rechtsanwendung obsolet geworden und nur noch rechtspolitischer Natur.

23   **d) Verweis auf Abs. 1 Unterabs. 1.** Art. 32 Abs. 1 Unterabs. 2 verweist auf die Regelungen in Abs. 1 Unterabs. 1. Demnach folgt auch für die Annexentscheidungen das Prinzip der automatischen Anerkennung ohne Rückgriff auf die Regelungen der EuGVVO. Für die Anerkennung der Entscheidung gilt, dass die Zuständigkeitsentscheidung nicht in der Sache nachprüfbar ist (→ Art. 19 Rn. 21). Indessen sollte es nicht genügen, dass sich das Gericht für die *Eröffnungs*entscheidung auf Art. 3 gestützt hat. Anders als bei den „natürlichen" Nebenentscheidungen wie zB der Beendigung des Verfahrens handelt es sich bei den Annexverfahren um eigenständige Prozesse. Erforderlich ist im Einklang mit Art. 19 daher eine Begründung der internationalen Zuständigkeit für das Annexverfahren als solches;[58] die Frage wird aber bisher kaum diskutiert. Da aber wegen Art. 6 die internationale Eröffnungszuständigkeit mit der internationalen Zuständigkeit für die Annexklage zusammenfällt, kann man in der Berufung des Gerichts auf Art. 3 indirekt auch eine Begründung der internationalen Zuständigkeit für das Annexverfahren sehen. Stützt sich demgegenüber das über das Annexverfahren entscheidende Gericht zur Begründung seiner internationalen Zuständigkeit expressis verbis auf das autonome Zuständigkeitsrecht, muss der Anerkennungsstaat nach hier vertretener Auffassung nicht nach der EuInsVO anerkennen. Die Frage ist allerdings umstritten, weil die h.M. und vermutlich auch der EuGH auch in Bezug auf Art. 19 auf eine für die Anerkennung relevante Begründungspflicht ganz verzichten wollen (zu diesem Problem → Art. 4 Rn. 6, → Art. 19 Rn. 22).

24   Richtigerweise *kann* der Anerkennungsstaat aber nach der EuInsVO anerkennen, wenn er davon ausgeht, dass die internationale Zuständigkeit des Erstgerichts auch nach Art. 3 Abs. 1 gegeben wäre; insoweit besteht **keine Pflicht zur Nichtanerkennung.** Es gilt das zu → Art. 19 Rn. 22 Gesagte. In Erweiterung zu den dort genannten Grundsätzen gilt dann für die hier relevanten kontradiktorischen Annexverfahren noch Folgendes: Ist das Anerkennungsgericht anderer Auffassung in Bezug auf die Zuständigkeit des Erstgerichts, weil es die Streitigkeit als entferntere Annexstreitigkeit zB dem Art. 32 Abs. 2 und der EuGVVO zuordnet, müsste es dann (ggf. nach insoweit bestätigender Klärung durch den EuGH) aber sinnvollerweise nach Art. 36 ff. EuGVVO anerkennen, denn die EuGVVO verlangt nicht, dass sich das Erstgericht zur Zuständigkeitsbegründung auf die EuGVVO gestützt hat.

25   Hinsichtlich der **Vollstreckbarkeit** wird auf Art. 32 Abs. 1 Unterabs. 1 S. 2 und damit wieder auf die Art. 39 bis 57 EuGVVO (ohne Art. 45, 46 EuGVVO) Bezug genommen, ohne dass der Anwendungsbereich der EuGVVO eröffnet sein müsste (insoweit Rechtsfolgenverweisung).

26   **4. Entscheidungen über Sicherungsmaßnahmen (Abs. 1 Unterabs. 3).** Art. 32 Abs. 1 Unterabs. 2 stellt den Nebenentscheidungen und den insolvenztypischen Annexentscheidungen Entscheidungen über Sicherungsmaßnahmen gleich, die nach dem Antrag auf Eröffnung des Insolvenzverfahrens getroffen werden. Diese Sicherungsmaßnahmen fallen nach der maßgeblichen EuGH-Entscheidung in der Sache De Cavel nicht unter die EuGVVO, weil sich ihre Rechtsnatur nach der jeweiligen Hauptmaterie richtet.[59] Dient die Sicherung der Durchführung des Insolvenzverfahrens, müsste insoweit aber der für Konkurse geltende Ausschlussgrund des Art. 1 Abs. 2 lit. b) EuGVVO eingreifen, so dass die Anerkennung nicht gesichert wäre. Gemeint sind alle Entscheidungen des Gerichts iSd Art. 2 Nr. 6 und 7, die im Hinblick auf eine mögliche Verfahrenseröffnung getroffen werden.[60] Erfasst sind in erster Linie, aber nicht notwendigerweise **Anordnungen im Hauptinsolvenzverfahren**, weil sich die Frage der grenzüberschreitenden Anerkennung im **Sekundärverfahren** nur bedingt stellt. Demgegenüber fallen Entscheidungen nach Verfahrenseröffnung schon unmittelbar unter Art. 32 Abs. 1 Unterabs. 1. Für die Verfahrenseröffnung ist der in Art. 19 zugrunde zu legende Begriff maßgeblich. Typische Sicherungsmaßnahmen sind vorläufige Beschränkungen der Verwaltungs- und Verfügungsbefugnis, Informationsanforderungen etc. Art. 52 bleibt unberührt.[61] Die Sicherungsmaßnahme muss nicht zwingend auf den Schutz der Gläubiger ausgerichtet sein. Zu den Sicherungsmaßnahmen in diesem Sinne könnte beispielsweise auch die Gewährung von Vollstreckungsschutz zugunsten des Schuldners im **Schutzschirmverfahren** nach § 270b InsO gehören,[62] doch wird dies bereits die maßgebliche Eröffnungsentscheidung sein und damit unter Art. 19 f. fallen.

---

57   ZB in Art. 7 Nr. 1 und 2 EuGVVO.
58   *Thole* ZIP 2012, 605, 612.
59   EuGH v. 27.3.1979 – Rs. 143/78 (De Cavel/De Cavel II), Slg. 1979, 1056, 1066 Rn. 8 = EU:C:1979:83.
60   Rauscher/*Mäsch*, EuZPR/EuIPR, 2015, Art. 25 EG-InsVO Rn. 12; MüKoBGB/*Kindler* Art. 32 EuInsVO Rn. 21.
61   *Leible/Staudinger* KTS 2000, 533, 570.
62   *Thole*, FS Simotta, S. 613, 616.

Anordnungen des vorläufigen Verwalters kraft der ihm zustehenden Befugnisse sind nicht 27 erfasst,[63] da die EuInsVO zwischen Verwalter und Gericht unterscheidet (vgl. Art. 2 Nr. 5 und 6). Davon zu unterscheiden ist der Fall, in dem die Einsetzung eines vorläufigen Verwalters eine Sicherungsmaßnahme darstellt und dann Art. 21 schon für den vorläufigen Verwalter gilt,[64] worauf es aber schon deshalb nicht maßgeblich ankommt, weil dann schon eine Verfahrenseröffnung gegeben ist und dann Art. 19 f. greifen.

5. Andere entferntere Entscheidungen (Abs. 2). a) Voraussetzungen. Die Vorschrift in 28 Art. 32 Abs. 2 regelt das Verhältnis zum allgemeinen EU-Verfahrensrecht und namentlich zur EuGVVO. Aus der Vorschrift wird besonders deutlich, dass ein Lückenschluss in dem Sinne intendiert ist, dass die im Umkreis des Insolvenzverfahrens getroffenen Entscheidungen jedenfalls nach **vereinheitlichtem Unionsrecht** anerkannt und für vollstreckbar erklärt werden.[65] Anders als in den Fällen des Abs. 1 S. 2 geht es aber nicht um einen Rechtsfolgenverweisung auf die EuGVVO), sondern um eine letztlich deklaratorische Rechtsgrundverweisung. Nach dem Wortlaut ist erforderlich, dass „jene Verordnung anwendbar ist". Nach der Auffassung des EuGH in German Graphics bedeutet dies, dass die Anerkennungs- und Vollstreckungsvorschriften der EuGVVO erst dann in Bezug auf andere als die in Art. 32 Abs. 1 genannten Entscheidungen für anwendbar erklärt werden können, wenn zuvor geprüft wurde, ob diese Entscheidungen nicht vom sachlichen Anwendungsbereich der EuGVVO ausgeschlossen sind.[66] Maßgeblich ist insofern Art. 1 („Zivil- und Handelssachen") und der Ausschlusstatbestand in Art. 1 Abs. 2 EuGVVO. Handelt es sich etwa um eine öffentlich-rechtliche Streitigkeit, findet die EuGVVO keine Anwendung. In diesen Fällen und in Fällen, in denen die EuGVVO nicht greift, kann ggf. nur das autonome Recht eingreifen, oder aber ein anderes Regelungswerk des Europäischen Verfahrensrechts, zB bei Entscheidung über eine Unterhaltsforderung die EuUnthVO.

b) Anerkennung und Vollstreckung. Für die **entfernten Entscheidungen** sind die dafür 29 maßgeblichen allgemeinen Regeln der EuGVVO vollumfänglich anwendbar. Es gelten für die Anerkennung und Vollstreckung Art. 36–57 EuGVVO einschließlich der Art. 45 f. EuGVVO. Besonderheiten bestehen nicht.

Art. 33 Öffentliche Ordnung

Jeder Mitgliedstaat kann sich weigern, ein in einem anderen Mitgliedstaat eröffnetes Insolvenzverfahren anzuerkennen oder eine in einem solchen Verfahren ergangene Entscheidung zu vollstrecken, soweit diese Anerkennung oder Vollstreckung zu einem Ergebnis führt, das offensichtlich mit seiner öffentlichen Ordnung, insbesondere mit den Grundprinzipien oder den verfassungsmäßig garantierten Rechten und Freiheiten des Einzelnen, unvereinbar ist.

Literatur: *Bork*, Internationale Zuständigkeit und ordre public, ZIP 2016, Beilage zu Heft 22, S. 11; *d'Avoine*, Internationale Zuständigkeit des deutschen Insolvenzgerichts bei offenkundiger „Rückkehroption" des ehemals selbstständig wirtschaftlich tätigen Schuldners (Unternehmer, Freiberufler, Arzt, Anwalt, Notar etc.) mit dem Ziel der Restschuldbefreiung, NZI 2011, 310; *Freitag/Leible*, Justizkonflikte im Europäischen Internationalen Insolvenzrecht und (k)ein Ende?, RIW 2006, 641; *Freitag/Korch*, Gedanken zum Brexit – Mögliche Auswirkungen im Internationalen Insolvenzrecht, ZIP 2016, 1849; *Graf*, Die Anerkennung ausländischer Insolvenzentscheidungen, 2003; *Gruber*, Die europäische Insolvenzzuständigkeit und der Einwand des Rechtsmissbrauchs, FS Schilken, 2015, S. 679; *Hanisch*, Allgemeine kollisionsrechtliche Grundsätze im internationalen Insolvenzrecht, FS Jahr, 1993, S. 455 ff.; *Herchen*, International-insolvenzrechtliche Kompetenzkonflikte in der Europäischen Gemeinschaft – Zugleich Besprechung der Entscheidung des High Court of Justice Leeds v. 16.5.2003 und des AG Düsseldorf v. 19.5./6.6.2003, ZInsO 2004, 61; *Hergenröder*, Entschuldung durch Restschuldbefreiungstourismus – Voraussetzungen, Grenzen und Verfahrensfragen der Anerkennung einer ausländischen Restschuldbefreiung im Inland nach der EuInsVO, DZWIR 2009, 309; *Heß*, Urteilsfreizügigkeit und ordre-public-Vorbehalt bei Verstößen gegen Verfahrensgrundrechte und Marktfreiheiten, IPRax 2001, 301; *Hess/Laukemann*, Überlegungen zum ordre-public-Vorbehalt der Europäischen Insolvenzverordnung, FS Wellensiek, 2011, S. 813 ff.; *Hölzle*, Wege in die Restschuldbefreiung und Schuldenerlass im Exil – Oder: Lohnt die Flucht nach Frankreich wirklich?, ZVI 2007,

---

[63] MüKoBGB/*Kindler* Art. 32 Rn. 23, der aber AG Hamburg ZIP 2007, 1767 fälschlich für die Gegenposition heranzieht, obwohl sich das Urteil dazu nicht verhält; *Gottwald* Grenzüberschreitende Insolvenzen, S. 29; *Leible/Staudinger* KTS 2000, 533, 570.
[64] AG Hamburg ZIP 2007, 1767; *Paulus*, Europäische Insolvenzverordnung, Art. 32 Rn. 19.
[65] *Balz* ZIP 1996, 948, 952; *Mankowski* NZI 2010, 508, 511; Vgl. MüKoBGB/*Kindler* Art. 25 Rn. 26.
[66] EuGH v. 10.9.2009 – Rs. C-292/08 (German Graphics Graphische Maschinen GmbH/Alice van der Schee, Konkursverwalterin der Holland Binding BV), Slg. 2009, I-8421, 8434, 8437, Rn. 25, 38 = EuZW 2009, 785 = EU:C:2009:544.

Art. 33   1

1; *Knof,* Der ordre public Vorbehalt nach Art. 26 EuInsVO – eine Allzweckwaffe gegen forum shopping im europäischen Insolvenzrecht?, ZInsO 2007, 629; *Laukemann,* Rechtshängigkeit im europäischen Insolvenzrecht, RIW 2005, 104; *ders.,* Der ordre public im europäischen Insolvenzverfahren, IPRax 2012, 207; *ders.,* Die ordre public-Kontrolle bei Erschleichung von Zuständigkeit und Restschuldbefreiung im Europäischen Insolvenzverfahren, IPRax 2014, 258; *Mankowski,* Klärung von Grundsatzfragen des europäischen Internationalen Insolvenzrechts durch die Eurofood-Entscheidung?, BB 2006, 1753; *ders.,* Anmerkung zu OLG Innsbruck, Beschluss vom 8.7.2008 – 1 R 176/08d, NZI 2008, 700; *ders.,* Keine Litispendenzsperre unter der EuInsVO, KTS 2009, 453; *ders.,* Anmerkung zu LG Köln, Urt. v. 14.10.2011, 82 O 15/08, (NZI 2011, 957) – Zur Anerkennung der ausländischen Restschuldbefreiung bei einem Verstoß gegen den deutschen Ordre public, NZI 2011, 958; *ders.,* Ordre public im europäischen und deutschen Insolvenzrecht, KTS 2011, 185; *Mock,* Internationale Restschuldbefreiung, KTS 2013, 423; *Parzinger,* Die neue EuInsVO auf einen Blick, NZI 2016, 63; *Renfert,* Über die Europäisierung der ordre public Klausel, 2003; *Saenger/Klockenbrink,* Anerkennungsfragen im internationalen Insolvenzrecht gelöst?, EuZW 2006, 363; *Spellenberg,* Der ordre public im Internationalen Insolvenzrecht, in: *Stoll,* Stellungnahmen und Gutachten, S. 192; *Stöber,* Restschuldbefreiung und Insolvenzanfechtung bei grenzüberschreitenden Insolvenzen mit Haupt- und Sekundärverfahren, IPRax 2016, 355; *Vallender,* Wirkungen und Anerkennung einer im Ausland erteilten Restschuldbefreiung, ZInsO 2009, 616; *Weller,* Die Verlegung des Center of Main Interest von Deutschland nach England, ZGR 2008, 835.

Übersicht

	Rn.			Rn.
I.	**Normzweck**	1	5. Kasuistik und Fallgruppen	13
II.	**Voraussetzungen**	6	a) Restschuldbefreiungstourismus	14
			b) COMI-Migration	16
1.	Entscheidung eines ausländischen Gerichts	6	c) Sonstige Einzelfälle	17
			d) Vorgaben der EuInsVO	18
2.	Öffentliche Ordnung	7	e) Rechtliches Gehör, Rechtsbehelfe und Verfahren	19
3.	Offensichtliche Unvereinbarkeit	10		
4.	Ordre public-Verstoß aus verfahrensrechtlicher und materiell-rechtlicher Sicht	11	6. Inlandsbezug	20
	a) Verfahrensrechtlicher Verstoß	11	7. Prüfung durch den Richter	21
	b) Verstoß aus materiell-rechtlichen Gründen	12	**III. Rechtsfolge**	22
			IV. Portugal	23

I. Normzweck

1   In Art. 33 EuInsVO ist gleichlautend mit Art. 26 EuInsVO 2000 ein ordre public-Vorbehalt eingezogen worden; der Vorbehalt ist, nachdem Art. 25 Abs. 3 EuInsVO 2000 gestrichen worden ist, die einzige wirkliche Schranke in Bezug auf die auf dem Prinzip gegenseitigen Vertrauens beruhende Pflicht zur Anerkennung von Insolvenzentscheidungen, da die EuInsVO anders als Art. 45 EuGVVO weitere Anerkennungshindernisse nicht einzeln normiert. Gemeint ist ein **verfahrensrechtlicher ordre public** im Sinne einer Prüfung der verfahrensrechtlichen Konsequenzen einer Anerkennung,[1] aber im Ergebnis auch der **materiell-rechtliche ordre public**, nicht aber der kollisionsrechtliche ordre public; die Begrifflichkeiten sind teils unklar (näher → Rn. 11). Der ordre public-Vorbehalt gehört zu den **klassischen Anerkennungsgrundlagen** sowohl im Europäischen Verfahrensrecht (zB Art. 45 Nr. 1 EuGVVO) als auch im autonomen Recht (vgl. für Deutschland § 343 Abs. 1 Nr. 2 InsO, § 328 Nr. 4 ZPO, bea. ferner Art. 6 EGBGB bzw. Art. 21 Rom I-VO, Art. 26 Rom II-VO). **Kontrollgegenstand** ist die Insolvenzentscheidung des Erststaats im Hinblick auf die Wirkungen der Entscheidung und deren Erstreckung auf den Zweitstaat. Der Rückgriff auf den ordre public bleibt **ultima ratio**. Eine inhaltliche Nachprüfung der Erstentscheidung erlaubt der Vorbehalt nicht, sondern nur eine ganz ausnahmsweise Versagung der Anerkennung.[2] Häufig verkannt wird, dass auch die **Zuständigkeitserschleichung** nicht für sich genommen zur Nichtanerkennung nach Art. 33 führen kann, sondern nur mit dem Gedanken des Rechtsmissbrauchs zu lösen ist (dazu unten bei **Restschuldbefreiung** → Rn. 14).[3] Das ist dann aber gleichwohl ein Fall des ordre public-Verstoßes. Raum für eine Versagung der Anerkennung **nach allgemeinen Grundsätzen von Treu und Glauben,** wie es dem **BFH** in Steuerverfahren vorschwebt, gibt es gerade **nicht**.[4]

---

[1] *Mankowski* KTS 2011, 185, 188.
[2] Vgl. *Virgos/Schmit,* Erläuternder Bericht, Rn. 202, 204.
[3] Richtig Rauscher/*Mäsch,* EuZPR/EuIPR, 4. Aufl., Art. 25 EG-InsVO Rn. 3; *Paulus,* Europäische Insolvenzverordnung, Art. 33 Rn. 23, *Paulus* NZI 2008, 1, 3 („unpassende Keule des ordre public").
[4] So aber BFH NZI 2016, 929 Rn. 21, vgl. auch *Paulus* RIW 2017, 84, 85; wie hier Mankowski/Müller/J. Schmidt/*Müller* Art. 33 Rn. 11.

Bei der inhaltlichen Auffüllung der Voraussetzungen des Art. 33 können nach ausdrücklich vom 2
EuGH bestätigter und vom BGH geteilter Auffassung die **Wertungsentscheidungen** des Art. 45
EuGVVO herangezogen werden;[5] freilich darf nicht über den Umweg des ordre public die bewusste
Entscheidung des Verordnungsgebers gegen eine Übernahme der einzelnen Anerkennungsversagungsgründe des Art. 45 EuGVVO (Art. 34, 35 EuGVVO aF) unterwandert werden. Umgekehrt
ist Art. 45 EuGVVO als Strukturelement insgesamt und nicht nur in dem direkten Pendant des
Art. 45 Nr. 1 EuGVVO zu beachten;[6] daher kann der in Art. 45 Nr. 2 EuGVVO genannte Verstoß
gegen den Grundsatz rechtlichen Gehörs auch in die inhaltliche Ausfüllung des Art. 33 einfließen.[7]
Insoweit erweist sich der Begriff des ordre public in der EuInsVO als partiell weiter als der von
anderen Versagungsgründen flankierte Vorbehalt in Art. 45 Nr. 1 EuGVVO. Nach der Rechtsprechung zur EuGVVO ist der ordre public-Vorbehalt eng auszulegen;[8] zur Europäisierung → Rn. 8.
Vgl. die Auswertung der Judikatur in einer Studie von 2011.[9]

Die Bedeutung als verfahrensrechtlicher ordre public zeigt sich darin, dass Kontrollgegenstand 3
das Ergebnis der Anerkennung und Vollstreckung der Entscheidung und **nicht die Entscheidung selbst** ist.[10] Es ist zu fragen, wie sich eine Anerkennung der Wirkungen der Erstentscheidung im Zweitstaat auswirken würde.

Wenn zu Art. 33 auch von der Maßgeblichkeit des materiell-rechtlichen ordre public-Vorbehalts 4
die Rede ist,[11] dann gilt es zu präzisieren, was damit gemeint ist. Das Zweitgericht darf **nicht** die
materielle Rechtsanwendung als solche überprüfen. Obwohl damit die Entscheidung nicht
als solche Gegenstand der Prüfung ist, sondern nur die Erstreckung der Wirkungen auf das Inland
und damit das *Ergebnis* der Rechtsanwendung, ist damit in gewisser Weise ein partieller materiell-rechtlicher ordre public-Vorbehalt geschaffen. Für die Frage, ob die Erstreckung des Ergebnisses auf
den Zweitstaat mit dessen öffentlicher Ordnung unvereinbar ist, wird die Anwendung des Rechts
durch das Erstgericht gerade wegen dessen Auswirkung auf das Ergebnis und die verfahrensrechtlichen Konsequenzen einer möglichen Wirkungserstreckung relevant sein; für diese Prüfung können
sowohl materielle als auch prozessuale Erwägungen relevant sein.[12] Ausländische Entscheidungen entfalten stets nur Wirkungen im Inland über die Anerkennung. Wenn daher vom materiell-rechtlichen ordre public unter Art. 33 die Rede ist, ist dies dahingehend zu verstehen, dass sich der
ordre public-Verstoß aus einem Konflikt der Wirkungen des Erstverfahrens mit materiell-rechtlichen
Vorstellungen des Anerkennungsstaats ergibt. Kein tauglicher Verstoß wäre es, wenn das Eröffnungsgericht seine Rechtsfolgen auch aus Sicht des materiellen Rechts des Anerkennungsstaats rechtlich
völlig unhaltbar begründet, solange **die Rechtsfolgen** als solche mit den Gerechtigkeitsvorstellungen
des Anerkennungsstaats vereinbar sind.

Nicht erfasst ist der **kollisionsrechtliche ordre public** als Teilausschnitt des materiell-rechtlichen ordre public. Die Kollisions-, Sach- und Zuständigkeitsnormen der EuInsVO *als solche* sind
nicht Gegenstand der Prüfung (so bei Art. 6 EGBGB),[13] es geht nicht darum, ob ein mitgliedstaatli-

---

[5] EuGH v. 2.5.2006 – Rs. C-341/04 (Eurofood IFSC Ltd), Slg. 2006, I-3854, 3876, Rn. 62 ff., 64 = NZI 2006, 360 = EU:C:2006:281; BGH NJW-RR 2014, 1135 Rn. 5; *Mankowski* KTS 2011, 185, 191.
[6] *Mankowski* KTS 2011, 185, 191.
[7] BGH BeckRS 2012, 24175 Rn. 3.
[8] Zur Rechtsprechung zum EuGVÜ bzw. zur EuGVVO vgl. EuGH v. 2.6.1994 – Rs. C-414/92 (Solo Kleinmotoren) = NJW 1995, 38, 39 Rn. 20 = EU:C:1994:221; EuGH v. 28.3.2000 – Rs. C-7/98 (Krombach/Bamberski), Slg. I-1956, 1968, Rn. 37 = NJW 2000, 1853, 1854, Rn. 21 = EU:C:2000:164 mAnm *Hau* EWiR 2000, 441; EuGH v. 11.5.2000 – Rs. C-38/98 (Renault) = NJW 2000, 2185 Rn. 26 = EU:C:2000:225; EuGH v. 2.5.2006 – Rs. C-341/04 (Eurofood IFSC Ltd), Slg. 2006, I-3854 Rn. 62 = NZI 2006, 360, 361 Rn. 62 = EU:C:2006:281. Vgl. auch Rauscher/*Leible*, Europäisches Zivilprozess- und Kollisionsrecht, 2016, Bd. 1, Art. 45 Brüssel Ia-VO Rn. 2. Duursma-Kepplinger/Duursma/Chalupsky/*Duursma-Kepplinger/Chalupsky* Art. 26 Rn. 11; Geimer/Schütze/*Gruber*, Int. Rechtsverkehr, B Vor I 20b, Art. 26 Rn. 2 = Haß/Huber/Gruber/Heiderhoff/*Gruber* Rn. 2; *Leible/Staudinger* KTS 2000, 533, 567; Rauscher/*Mäsch*, EuZPR/EuIPR, 2015, Art. 26 EG-InsVO Rn. 2; Moss/Fletcher/Isaacs/*Moss/Smith*, EC Regulation, Rn. 8.365; MüKoBGB/*Kindler* Art. 33 Rn. 6; *Paulus*, Europäische Insolvenzverordnung, Art. 33 Rn. 2.
[9] Interpretation of the Public Policy Exception as referred to in EU Instruments of Private International and Procedural Law, Study 2011 (*Hess/Pfeiffer*), PE 453.189 unter www.europarl.europa.eu. als IPOL-JURI_ET(2011)453189(PAR01)_en.pdf.
[10] MüKoBGB/*Kindler* Art. 33 Rn. 10; Rauscher/*Mäsch*, EuZPR/EuIPR, 4. Aufl., Art. 26 EG-InsVO Rn. 4; *Mankowski* KTS 2011, 185, 188 f., anders wohl → 2. Aufl., Art. 26 EuInsVO 2000 Rn. 2 für den kollisionsrechtlichen ordre public.
[11] So bereits zur EuInsVO 2000 KPB/*Kemper* Art. 26 EuInsVO Rn. 6, 8.
[12] MüKoBGB/*Kindler* Art. 33 Rn. 9; *Virgos/Schmit*, Erläuternder Bericht, Rn. 205; *Hess* IPRax 2001, 301, 305; Duursma-Kepplinger/Duursma/Chalupsky/*Duursma-Kepplinger/Chalupsky* Rn. 4.
[13] Rauscher/*Mäsch*, EuZPR/EuIPR, 2015, Art. 26 EG-InsVO Rn. 3.

ches Gericht eine Rechtsnorm des ausländischen Rechts nicht anwenden darf, wenn das Kollisionsrecht der EuInsVO darauf verweist.[14]

II. Voraussetzungen

6 **1. Entscheidung eines ausländischen Gerichts.** Gemeint sind alle von der EuInsVO erfassten Entscheidungen eines ausländischen Gerichts. Der Gerichtsbegriff ist in Art. 2 Nr. 6 definiert.[15] Nach dem Wortlaut geht es um „das eröffnete Insolvenzverfahren" und „in einem solchen Verfahren ergangene Entscheidung". Gemeint sind demnach die Entscheidungen im Sinne des Art. 19, sowie die Entscheidungen nach Art. 32 Abs. 1, einschließlich der Annexentscheidungen des Art. 32 Abs. 1 Unterabs. 2. Kein Fall des Art. 33 sind die in Art. 32 Abs. 2 genannten sonstigen Entscheidungen, die gerade unmittelbar nach der EuGVVO behandelt werden, soweit die EuGVVO anwendbar ist.

7 **2. Öffentliche Ordnung.** Der Begriff der öffentlichen Ordnung verweist auf die **Rechtsordnung des Anerkennungsstaats**. Maßgebend sind **die grundlegenden Gerechtigkeitsvorstellungen** und Wertungsgrundsätze dieses Staats und seiner Rechtsordnung, bzw. einer als wesentlich geltenden Rechtsnorm oder eines dort als grundlegend anerkannten Rechts.[16] Art. 32 nennt als Beispiele („insbesondere") die Grundprinzipien und die verfassungsrechtlich garantierten Rechte und Freiheiten des Einzelnen.

8 Geeignet, einen Verstoß zu begründen, ist insbesondere eine **Versagung rechtlichen Gehörs**, wie der EuGH in Eurofood erkannt hat.[17] Der EuGH hält dort an seiner Linie fest, wonach eine Anwendung der ordre public-Klausel nur unter strengen Voraussetzungen in Betracht kommt.[18] Er schafft aber einen **Interpretationsspielraum**, wenn er die Bedeutung des rechtlichen Gehörs und des Teilnahmeanspruchs der Gläubiger unter Beachtung des Grundsatzes der Waffengleichheit betont.[19] Das eröffnet den Beteiligten und dem Gericht des zweitangerufenen Verfahrens zwar die Möglichkeit, über den ordre public die eigenen konträren Vorstellungen von der Zuständigkeit schleichend in die EuInsVO einzuführen. Der Gerichtshof erkennt aber diese Gefahr und schreibt dem vorlegenden englischen Gericht ins Stammbuch, es dürfe die eigenen, vom Common Law geprägten Vorstellungen über die Mündlichkeit des Verfahrens nicht als allein maßgeblich heranziehen.[20] Der ureigen national geprägte ordre public-Vorbehalt wird damit gewissermaßen „europäisiert". Allgemein gilt, dass der Anerkennungsstaat **keinen uneingeschränkten Spielraum bei der Ausfüllung der öffentlichen Ordnung** besitzt. Wie der EuGH in der Eurofood-Entscheidung bestätigt hat,[21] wie es auch den Maßgaben bei der EuGVVO entspricht[22] und wie es auch bei den Reformüberlegungen zur EuGVVO diskutiert wurde,[23] setzt das Unionsrecht einen Rahmen.[24] Der EuGH überwacht damit, ob das Gericht des Anerkennungsstaates den Begriff der öffentlichen Ordnung im Hinblick auf die eigenen innerstaatlichen Anschauungen zutreffend ausgelegt hat.[25]

---

[14] **AA** MüKoBGB/*Kindler* Art. 33 Rn. 10; → 2. Aufl., Art. 26 EuInsVO 2000 Rn. 3. Wie hier Mankowski/Müller/J. Schmidt/*Müller* Art. 33 Rn. 5.

[15] → Art. 2 Rn. 9.

[16] EuGH v. 2.5.2006 – Rs. C-341/04 (Eurofood IFSC Ltd), Slg. 2006, I-3854, 3876 f., Rn. 63 = EU:C:2006:281; Duursma-Kepplinger/Duursma/Chalupsky/*Duursma-Kepplinger/Chalupsky* Rn. 5; Rauscher/*Mäsch*, EuZPR/EuIPR, 4. Aufl., Art. 26 EG-InsVO Rn. 6.

[17] EuGH v. 2.5.2006 – Rs. C-341/04 (Eurofood IFSC Ltd), Slg. 2006, I-3854, 3877, Rn. 66 f.; für den Regelfall verneinend für England *M.-Ph. Weller* ZGR 2008, 835, 853.

[18] EuGH v. 2.5.2006 – Rs. C-341/04 (Eurofood IFSC Ltd), Slg. 2006, I-3854, 3876, Rn. 61 = EU:C:2006:281.

[19] EuGH v. 2.5.2006 – Rs. C-341/04 (Eurofood IFSC Ltd), Slg. 2006, I-3854, 3877, Rn. 66 = EU:C:2006:281.

[20] EuGH v. 2.5.2006 – Rs. C-341/04 (Eurofood IFSC Ltd), Slg. 2006, I-3854, 3878, Rn. 68 = EU:C:2006:281.

[21] In diese Richtung EuGH v. 2.5.2006 – Rs. C-341/04 (Eurofood IFSC Ltd), Slg. 2006, I-3854, 3878, Rn. 65, 68; deutlich auch *Hess/Laukemann*, FS Wellensiek, S. 813, 815.

[22] EuGH v. 28.3.2000 – Rs. C-7/98 (Krombach/Bamberski), Slg. I-1956, 1969 f., Rn. 39, 42 = EU:C:2000:164.

[23] Art. 46 EuGVO-KE, KOM(2010), 748 endg, dazu *Hess* IPRax 2011, 125, 127 ff.; *Hess/Laukemann*, FS Wellensiek, 2011, S. 813, 815 f.

[24] Vgl. auch *Mankowski* KTS 2009, 185, 192 f.; vgl. zu dem gleichgelagerten Problem im Rahmen des Art. 34 EuGVVO; Kropholler/von Hein, Europ. Zivilprozessrecht, Art. 34 EuGVO Rn. 5; Rauscher/*Leible*, EuZPR/EuIPR, 4. Aufl., Art. 45 Brüssel Ia-VO Rn. 6 f.; vgl. *Hess/Laukemann*, FS Wellensiek, S. 813, 815.

[25] Dies entspricht der Herangehensweise des EuGH bei der Auslegung des Begriffes der öffentlichen Ordnung im Rahmen der EuGVÜ/EuGVVO, vgl. EuGH v. 28.3.2000 – Rs. C-7/98 (Krombach) = NJW 2000, 1853, 1854 Rn. 22 f. = EU:C:2000:164 mAnm *Hau*, EWiR 2000, 441; EuGH v. 11.5.2000 – Rs. C-38/98 (Renault) = NJW 2000, 2185 Rn. 27 = EU:C:2000:225. So auch *Kropholler/von Hein*, Europ. Zivilprozessrecht, Art. 34 EuGVO Rn. 6; Rauscher/*Leible*, EuZPR/EuIPR, 2016, Art. 45 Brüssel Ia-VO

Die Rechtsprechung des EuGH zur EuGVVO ist übertragbar.[26] Entscheidend ist, dass die Anerkennung oder Vollstreckung der in einem anderen Mitgliedstaat erlassenen Entscheidung gegen einen wesentlichen Rechtsgrundsatz verstieße und deshalb in einem nicht hinnehmbaren Gegensatz zur Rechtsordnung des Vollstreckungsstaates stünde.[27]

Zu den exemplarisch genannten **Grundprinzipien** und verfassungsrechtlich garantierten **9** Rechten und Freiheiten des Einzelnen gehören nicht nur die innerstaatlich garantierten Rechte, sondern auch die EU-Grundrechte und die wesentlichen Grundprinzipien der Union;[28] auch und gerade die EMRK bietet eine Bemessungsgrundlage[29] (näher zur Kasuistik → Rn. 13 ff.).

3. Offensichtliche Unvereinbarkeit. Verlangt ist ein **offensichtlicher** Verstoß gegen die **10** öffentliche Ordnung. Damit ist nicht gemeint, dass der Verstoß jedem unmittelbar ins Auge springen müsste, wohl aber, dass Art. 32 eng auszulegen und nur in Ausnahmefällen anzuwenden ist. Die offensichtliche Unvereinbarkeit bezieht sich wie Art. 32 insgesamt auf **das Ergebnis der Anerkennung** und Vollstreckung, nicht auf die Entscheidung selbst.[30] Eine inhaltliche Unrichtigkeit der Entscheidung, auch im Hinblick auf die Zuständigkeit, führt nicht zum Verstoß gegen den ordre public. Soweit allerdings darauf verwiesen wird, der anerkennungsrechtliche ordre public sei als ordre public attenué[31] zu sehen, dürfte daraus nicht gefolgert werden, dass die Maßstäbe des anerkennungsrechtlichen ordre public notwendigerweise großzügiger wären als jene des kollisionsrechtlichen ordre public[32] (zum Inlandsbezug aber → Rn. 20). Mit dem Begriff der offensichtlichen Unvereinbarkeit ist jedenfalls nicht zwingend verbunden, dass ein qualifizierter Verstoß gegen grundlegende inländische Wertvorstellungen erforderlich wäre. Das Qualifikationselement fließt bereits in die Ausfüllung der öffentlichen Ordnung insoweit ein, als nicht jede fehlende Übereinstimmung mit dem Recht des Anerkennungsstaates dessen öffentliche Ordnung berührt. Vielmehr müssen **wesentliche Grundprinzipien** berührt sein.[33]

**4. Ordre public-Verstoß aus verfahrensrechtlicher und materiell-rechtlicher Sicht. 11
a) Verfahrensrechtlicher Verstoß.** Grundsätzlich kann man unterscheiden, aus welchen Gründen die Versagung der Anerkennung in Betracht kommt (→ Rn. 4). Bei der Überprüfung des Verfahrens geht es um die Wahrung **elementarer verfahrensrechtlicher Garantien und der Fairness des Verfahrens.**[34] Wie vom EuGH bestätigt, kann die Nichteinhaltung der Verfahrensprinzipien insbesondere des fairen Verfahrens und des rechtlichen Gehörs die Versagung der Anerkennung begründen.[35] Der Gerichtshof betont die Bedeutung des rechtlichen Gehörs und des Teilnahmeanspruchs der Gläubiger unter Beachtung des Grundsatzes der Waffengleichheit betont.[36] In casu ging es darum, dass dem irischen provisional liquidator in einem italienischen Eröffnungsverfahren nicht die Möglichkeit eingeräumt worden war, zur internationalen Zuständigkeit des Gerichts Stellung zu nehmen und dass ihm die dazu maßgeblichen Dokumente nicht zugänglich gemacht wurden. **Rechtliches Gehör** muss allerdings nicht zwingend vor der Entscheidung gewährt werden, sondern kann auch **im Rechtsbehelfs-**

Rn. 9; Rauscher/*Mäsch*, EuZPR/EuIPR, 4. Aufl., Art. 26 EG-InsVO Rn. 2; Stein/Jonas/*Oberhammer*, ZPO, Art. 34 EuGVVO Rn. 15, der meint, möglicherweise nehme der EuGH mehr als eine Überwachung der Grenzen wahr.

[26] EuGH v. 2.5.2006 – Rs. C-341/04 (Eurofood IFSC Ltd), Slg. 2006, I-3854, 3876, Rn. 64 = EU:C:2006:281.
[27] EuGH v. 2.5.2006 – Rs. C-341/04 (Eurofood IFSC Ltd), Slg. 2006, I-3854, 3876, Rn. 63 = EU:C:2006:281.
[28] Vgl. MüKoBGB/*Kindler* Art. 33 Rn. 6; *Virgos/Schmit*, Erläuternder Bericht, Rn. 205; Bork/*Adolphsen,*, Handbuch des Insolvenzanfechtungsrechts, 2006, S. 677 f. Rn. 124; Duursma-Kepplinger/Duursma/Chalupsky/*Duursma-Kepplinger/Chalupsky* Rn. 5; Geimer/Schütze/*Gruber*, Int. Rechtsverkehr, B Vor I 20b, Art. 26 Rn. 2 = Haß/Huber/Gruber/Heiderhoff/*Gruber*, Rn. 2; KPB/*Skauradszun* Art. 33 Rn. 11; *Heß* IPRax 2001, 301, 305; *Hess/Laukemann*, FS Wellensiek, S. 813, 815; *Sujecki* ZEuP 2008, 458, 462.
[29] *Paulus*, Europäische Insolvenzverordnung, Art. 33 Rn. 9; *Paulus*, ZIP 2003, 1725, 1728 f. mit Nachw.; *Sujecki*, ZEuP 2008, 458, 462; zu den Anforderungen vgl. exemplarisch EGMR vom 20.7.2001 – 308882/96 (Pellegrini/Italien) Rn. 44; Court of Appeal vom 29.5.2002 – [2002] EWCA Civ 774 (Maronier v Larmer) = [2002] 3 WLR 1060 Rn. 12 (zwölfjährige Prozessdauer).
[30] MüKoBGB/*Kindler* Art. 33 Rn. 12.
[31] *Mankowski* KTS 2009, 185, 187.
[32] Richtig Rauscher/*Mäsch*, EuZPR/EuIPR, 4. Aufl., Art. 26 EG-InsVO Rn. 8 mwN.
[33] Anders aber *Graf*, Die Anerkennung ausländischer Insolvenzentscheidungen, S. 304; einzelne Fallgruppen benennt *Vallender* ZInsO 2009, 616, 619 f.
[34] BGH NJW 2016, 160, 161 f; *Paulus*, Europäische Insolvenzverordnung, Art. 33 Rn. 10.
[35] EuGH v. 2.5.2006 – Rs. C-341/04 (Eurofood IFSC Ltd), Slg. 2006, I-3854, 3877 f., Rn. 66 f. = EU:C:2006:281.
[36] EuGH v. 2.5.2006 – Rs. C-341/04 (Eurofood IFSC Ltd), Slg. 2006, I-3854, 3877, Rn. 66 = EU:C:2006:281.

verfahren erfolgen (näher → Rn. 19). Der BGH meint, **dass Rechtsschutz im Erststaat Vorrang hat**, auch in Täuschungsfällen.[37] Die Rechtsprechung geht ferner davon aus, ein Versagungsgrund sei nur dann gegeben, wenn das ausländische Verfahren von den Grundprinzipien des deutschen Verfahrensrechts in einem solchen Maße abweicht, dass nach der deutschen Rechtsordnung das Urteil nicht als in einem geordneten, **rechtsstaatlichen Verfahren** ergangen angesehen werden kann.[38] Es ist auch zu berücksichtigen, dass das Insolvenzverfahren kein kontradiktorisches Verfahren ist, so dass Gläubiger und Schuldner nicht notwendigerweise gleichermaßen rechtliches Gehör gewährt werden muss.[39]

12   b) **Verstoß aus materiell-rechtlichen Gründen.** Ein Verstoß gegen den ordre public kommt auch aus materiell-rechtlichen Gründen in Betracht,[40] wenn sich das Ergebnis der Anerkennung und Vollstreckung der (sonst ggf. in verfahrensrechtlicher Hinsicht einwandfrei zustande gekommenen) Entscheidung in einen unannehmbaren Gegensatz zu Wertungen des materiellen Rechts des Anerkennungsstaats setzt. Dabei ist zu berücksichtigen, dass aus unterschiedlichen Regelungen der nationalen Insolvenzrechte noch nicht die Befugnis folgt, der ausländischen Entscheidung die Anerkennung zu versagen; prävalent bleibt stets der Grundsatz **gegenseitigen Vertrauens**.[41]

13   **5. Kasuistik und Fallgruppen.** Der ordre public wird gelegentlich in Betracht gezogen, aber selten tatsächlich bejaht.[42] Es lassen sich mehrere Gruppen bilden.[43]

14   a) **Restschuldbefreiungstourismus.** In jüngerer Zeit sind insbesondere Fälle des Restschuldbefreiungstourismus aktuell geworden,[44] in denen Schuldner versuchen, von kürzeren Wohlverhaltensperioden (§ 287 Abs. 2 InsO) als in Deutschland Gebrauch zu machen. Das betrifft vor allem (vor dem Brexit)[45] die englische **discharge** (dazu schon → Art. 20 Rn. 18 sowie → Art. 32 Rn. 9). Insoweit gilt, dass die Gewährung einer Restschuldbefreiung, die den laxeren Vorschriften als der deutschen folgt, nicht per se gegen den ordre public verstößt,[46] erst recht nicht die **kürzere Wohlverhaltensperiode** als solche, die kein Prüfungsgegenstand ist.[47] Ob die jeweilige Forderung von der discharge erfasst ist, ist nach den Maßstäben zu § 293 ZPO zu ermitteln.[48] Soweit nach englischem Recht eine Befreiung von Ansprüchen wegen Vorenthaltens von Arbeitnehmeranteilen zur Sozialversicherung eintritt, ist dies nicht schon für sich genommen ordre public-widrig.[49] Das englische Recht verlangt für eine Ausnahme von der discharge insoweit wohl den Nachweis von „fraudulent intention". Damit ist das englische Recht zwar strenger als das deutsche, aber das Ergebnis erscheint nicht untragbar. Darüber hinaus ist fraglich, ob überhaupt ein Fall für Art. 33 vorliegt, wenn es darum geht, die Anerkennung deshalb zu versagen, weil sich der Schuldner seinen Wohnsitz nur zum Schein in einen anderen Mitgliedstaat verlegt habe **(Simulation),** um dort in den Genuss des Restschuldbefreiungs- bzw. Privatinsolvenzverfahrens zu gelangen. Hier gilt, dass das ausländische Gericht das Verfahren mangels tatsächlicher Verortung des Mittelpunkts der hauptsächlichen Interessen in diesem Staat an sich nicht eröffnen dürfte.[50] Allerdings handelt es sich bei der Restschuldbefrei-

---

[37] BGH ZIP 2015, 2331 Rn. 21.
[38] BGH NJW 2016, 160, 161; so bereits BGHZ 48, 327, 331 = NJW 1968, 354, 355; BGHZ 50, 370, 376; BGH ZIP 1992, 1256, 1264; vgl. auch EuGH v. 28.4.2009 – Rs. C-420/07 (Apostolides/Orams) Slg. I-3571, Rn. 58 = EU:C:2009:271.
[39] So aber tendenziell High Court Dublin ZIP 2004, 1223, 1227. Offen *Paulus*, Europäische Insolvenzverordnung, Art. 33 Rn. 20; wie hier MüKoBGB/*Kindler* Art. 33 Rn. 14.
[40] MüKoBGB/*Kindler* Art. 33 Rn. 10; Duursma-Kepplinger/Duursma/Chalupsky/*Duursma-Kepplinger/Chalupsky* Art. 26 Rn. 6; *Hess* IPRax 2001, 301, 305.
[41] MüKoBGB/*Kindler* Art. 33 Rn. 1.
[42] Bejaht bei AG Nürnberg ZIP 2007, 81, 82; OLG Nürnberg ZIP 2012, 241, 242; AG Göttingen NZI 2013, 206; verneinende Rechtsprechung bei Pannen/*Riedemann* Art. 26 Rn. 21; beispielhaft OGH NZI 2005, 465, 466 bei fehlender Begründung der Zuständigkeit.
[43] Umfassende Fallgruppenbildung bei *Mankowksi* KTS 2009, 195, 198 ff.
[44] AG Nürnberg ZIP 2007, 81, 82; OLG Nürnberg ZIP 2012, 241, 242; AG Göttingen NZI 2013, 206; LG Köln NZI 2011, 957 (bestätigt auf anderer Grundlage durch OLG Köln NZI 2013, 506 – Organhaftungsansprüche bei vorsätzlicher Pflichtverletzung); VG Greifswald, NZI 2018, 658, 661 (für die Abgabenfestsetzung); *Hölzle* ZVI 2007, 1; *d'Avoine* NZI 2011, 310; *Mock* KTS 2013, 423.
[45] Zu den Auswirkungen des Brexit auf den Restschuldbefreiungstourismus nach England *Fuchs* V, A 2020, 33.
[46] BGH NJW 2002, 960, 961; *Mankowski* KTS 2011, 185, 201; → 2. Aufl., Art. 26 EuInsVO Rn. 16; *Hergenröder* DZWIR 2009, 309, 320; MüKoBGB/*Kindler* Art. 33 Rn. 17 f.; Rauscher/*Mäsch*, EuZPR/EuIPR, 2015, Art. 26 EG-InsVO, Rn. 13.
[47] BGH NJW 2002, 960, 961; OVG Sachsen 16.5.2014 – 5 A 754/11; vgl. auch *Vallender* ZInsO 2009, 616, 619 f.
[48] BGH NZI 2014, 283 Rn. 15.
[49] Offenlassend BGH NZI 2014, 283 Rn. 25.
[50] Tatsächlich verneint denn auch in der Rechtsprechung des Cour d'appel Colmar, Nachw. bei *Mankowski* KTS 2011, 185, 201 mit Fn. 88.

ung zumindest um eine Entscheidung nach Art. 32 Abs. 1 Unterabs. 1. Erforderlich ist nach hier vertretener Auffassung, dass sich das Gericht zur Annahme seiner Eröffnungszuständigkeit zumindest den Umständen nach auf Art. 3 und nicht ausdrücklich auf autonomes Recht stützt. Fehlt es daran, scheidet die Anerkennung schon deshalb aus. Eröffnet es gleichwohl auf der Grundlage von Art. 3 und gewährt die Restschuldbefreiung,[51] ist diese fehlerhafte Zuständigkeitsbegründung an sich **kein Verstoß gegen den ordre public des Anerkennungsstaats,** denn dieser darf die Zuständigkeitsannahme nicht überprüfen.[52] **Steht** allerdings **fest,** dass der Antragsteller das Gericht **vorsätzlich getäuscht und falsche Angaben gemacht** hat, wird man argumentieren können, dass **Prozessbetrug** nicht nur Restitutionsgrund ist, sondern diese Form des **Verbots eines Rechtsmissbrauchs,** wenngleich mit der gebotenen Zurückhaltung,[53] auch zum anerkennungsrechtlichen ordre public gehört.[54] Dem scheint sich jetzt auch der BGH anzuschließen, denn er geht von einem Verstoß aus, wenn der Schuldner „sich **rechtsmissbräuchlich** die Zuständigkeit des Insolvenzgerichts erschlichen hat, indem er die Verlegung des Mittelpunktes seiner hauptsächlichen Interessen vorgetäuscht hat"; **freilich vorbehaltlich zu erlangenden Rechtsschutzes im Erststaat.**[55] Der Anerkennungsstaat muss einer Perpetuierung des Prozessbetrugs und Rechtsmissbrauchs in Gestalt der Anerkennung nicht die Hand reichen; fraglich ist aber, ob sich dies wird feststellen lassen. Generell kann effektiver Rechtsschutz im Erststaat der Wertung als Verstoß entgegenstehen.[56] Scheidet ein ordre public-Verstoß aus, kann auch nicht der Gläubiger über **§ 826 BGB** einen Anspruch auf Schadensersatz wegen der vermeintlich erschlichenen Restschuldbefreiung geltend machen, insbesondere, wenn **Rechtsschutz im Ausgangsstaat möglich** war.[57]

Von der **bloßen scheinbaren Sitzverlegung** sind die Fälle zu **unterscheiden,** in denen die **COMI-Verlagerung tatsächlich** erfolgt, aber dies mit dem bewussten und alleinigen Ziel des Schuldners, sich missbräuchlich in den Genuss einer laxeren Restschuldbefreiung zu bringen und sich seiner Schulden zu entledigen. Insoweit gilt auch hier, dass die COMI-Verlagerung für sich genommen kein Missbrauch ist, dass aber die **Abwehr von Zuständigkeitserschleichungen** und das Verbot des Missbrauchs von Unionsrecht im allgemeiner, richtigerweise auch für das Verfahrensrecht beachtliche Grundsätze darstellen.[58] **Steht fest,** dass sich der Schuldner die Zuständigkeit nur erschleichen wollte, kann auch das Zweitgericht wegen des Missbrauchs des Unionsrechts eine Anerkennung verweigern,[59] es sind aber **strenge Anforderungen** an diese Feststellung zu stellen. Auch der BGH hält in diesen Fällen die Versagung der Anerkennung für möglich, wenn der Schuldner vorwiegend deshalb ins Ausland verzogen ist, um sich seiner Schulden zu entledigen.[60] Es bleibt dann das Problem, dass man damit indirekt doch an die Verlagerung des COMI als solche anknüpft, weshalb manche einen ordre-public-Verstoß insoweit generell ablehnen.[61] Die Annahme eines Verstoßes erscheint aber tragbar, wenn Gründe für die Verlagerung nicht ersichtlich sind; erst recht können relevante Verfahrensverstöße wie zB Falschangaben dazukommen. Umgekehrt können rechtlich anerkennenswerte Gründe dieser Wertung als ordre public-Verstoß entgegenstehen.[62] Bei **Prozessbetrug** ist auch der ordre public betroffen sowie das Recht der Gegenseite und der anderen Beteiligten auf ein faires Verfahren.[63]

b) COMI-Migration. Das eben geschilderte Problem besteht auch bei der Verlagerung des Mittelpunkts der hauptsächlichen Interessen durch Unternehmen und Gesellschaften. Insoweit gilt,

---

[51] Zu einem solchen Fall einer eher zweifelhaften Wohnsitzverlegung High Court of Justice London ZVI 2008, 168, 169, Ch. D.
[52] Rauscher/*Mäsch,* EuZPR/EuIPR, 4. Aufl., Art. 26 EG-InsVO Rn. 11, 22; der sowohl den Einwand der Simulation als auch den des Rechtsmissbrauchs im Anerkennungsverfahren ausschließen will. Vgl. auch *Mehring* ZInsO 2012, 1247. In diesem Sinne auch OLG Köln NZI 2013, 506, 511; LG Trier BeckRS 2014, 21034.
[53] Insoweit mit Recht *Gruber,* FS Schilken, S. 679, 684.
[54] Dafür auch *Mankowski* KTS 2011, 185, 205; aA *Mock* KTS 2013, 423, 448.
[55] BGH ZIP 2015, 2331 Rn. 27; OLG Köln, 24.7.2019 – 13 U 261/12.
[56] *Paulus,* Europäische Insolvenzverordnung, Art. 33 Rn. 16.
[57] LG Trier ZIP 2017, 2374 mAnm *Schmittmann* VIA 2017, 68; OLG Köln 24.7.2019 – 13 U 261/12.
[58] *Thole* ZZP 122 (2009), 423 ff. mit Nachw.; im Erg. auch K. *Schmidt/Brinkmann* Art. 33 Rn. 8 (iE). Sowohl auch LG Berlin NZI 2014, 581, 582.
[59] AG Göttingen NZI 2013, 206; OLG Köln BeckRS 2015, 19430; Tendenziell BGH ZIP 2015, 2331 Rn. 27. Vgl. auch Rauscher/*Mäsch,* EuZPR/EuIPR, 4. Aufl., Art. 26 EG-InsVO Rn. 20.
[60] BGH NJW 2002, 960, 961 für das autonome Recht. Tendenziell BGH ZIP 2015, 2331 Rn. 27.
[61] *Paulus,* Europäische Insolvenzverordnung, Art. 33 Rn. 23; Mankowski/Müller/J.Schmidt/*Müller* Art. 33 Rn. 20.
[62] BGH NJW 2002, 960, 962 für das autonome Recht. Vgl. auch in diese Richtung OLG Düsseldorf BeckRS 2013, 15627.
[63] Vgl. MüKoBGB/*Kindler* Art. 33 Rn. 14; aA *Mock,* KTS 2013, 423, 448.

dass die Migration in erster Linie auf Tatbestandsebene bei Auslegung und Handhabung des Art. 3 Abs. 1 zu berücksichtigen ist.[64] Wo das Erstgericht dies versäumt, darf das Zweitgericht grundsätzlich nicht über den ordre public nachbessern. Nicht jeder Nachteil, der mit der COMI-Verlagerung für die inländischen Gläubiger entsteht, ist über den ordre public korrigierbar.[65] Ein Verstoß gegen den ordre public kann daher in der Migration als solcher und der dann folgenden Eröffnungsentscheidung grundsätzlich nicht entdeckt werden. Vielmehr muss auch im Übrigen ein relevanter Verstoß vorliegen.[66] Dieser kann wie eben → Rn. 14 beispielsweise darin liegen, dass der COMI durch vorsätzlich falsche oder unterdrückte Angaben simuliert worden ist, oder den Beteiligten effektive Beteiligungsrechte versagt worden sind.[67]

17 c) **Sonstige Einzelfälle.** Auch staats- und wirtschaftspolitische Gründe und Gesichtspunkte können u.U. den ordre public ausfüllen,[68] ebenso kartellrechtliche und außenwirtschaftsrechtliche Gründe. Freilich scheidet eine Beachtlichkeit für den anerkennungsrechtlichen ordre public idR schon aus tatsächlichen Gründen aus. Ein ordre public-Verstoß kann vorliegen, wenn die ausländische Insolvenzeröffnung von Korruption oder Willkür geprägt ist oder missbräuchlichen Zwecken diente.[69] Eine Divergenz der Insolvenzrechte als solche rechtfertigt nicht die Annahme des ordre public-Verstoßes,[70] auch nicht andersgelagerte Vorrechte einzelner Gläubiger (zB Fiskusprivilegien),[71] solange nicht nach dem Anerkennungsstaat die Wertung der par condicio creditorum gänzlich unterminiert wäre. Daran fehlt es jedenfalls dann, wenn es im Anerkennungsstaat zumindest entfernt ähnliche Privilegien für einzelne, nicht notwendigerweise dieselben Gläubiger gibt. Auch andere und strengere Eingriffe in Gläubigerrechte und Ausschlussfristen sind grundsätzlich nicht ordre public-relevant. Eine fehlende Begründung einer Entscheidung kann uU rechtsstaatlichen Prinzipien widersprechen,[72] doch wird man dies nur dann annehmen können, wenn es keinen Rechtsschutz gibt und im Zweitstaat Begründungen grundsätzlich obligatorisch sind. Versäumnisentscheidungen als solche sind nicht anrüchig.[73] Die Auferlegung von **Verfahrenskosten und Anwaltszeithonoraren** ist unbedenklich.[74] Noch ungeklärt ist, ob es mit dem deutschen ordre public vereinbar ist, wenn in einem **Konsortialkreditvertrag** durch Mehrheitsbeschluss eine ursprünglich auf deutsches Recht lautende **Rechtswahlklausel** zugunsten des englischen Rechts geändert wird und damit erreicht wird, dass ein englisches Gericht ein Scheme of Arrangement über die ursprünglich „deutschen" Forderungen zulässt **(Fall APCOA)**.[75] Die Frage ist keine Frage der EuInsVO, weil das Scheme erst recht nach dem **Brexit**[76] der EuInsVO nicht unterfällt (→ Art. 2 Rn. 13). Ggf. ergibt hier zudem schon die Auslegung, dass die Rechtswahlklausel als Schlussbestimmung trotz grundsätzlicher Zulassung von Mehrheitsbeschlüssen gerade nur einstimmig geändert werden kann. Für einen Verstoß gegen den ordre public könnte dann möglicherweise sprechen, dass durch diese Vorgehensweise ein cram down ermöglicht würde, den das deutsche Recht außerhalb der Insolvenz nicht kennt. Die Frage bleibt einstweilen offen.

18 d) **Vorgaben der EuInsVO.** Aus Art. 19 Abs. 1 folgt bereits, dass weder die fehlende Insolvenzfähigkeit nach dem Recht des Anerkennungsstaates noch die **fehlerhafte Inanspruchnahme der internationalen Zuständigkeit** nach Art. 3 der Anerkennung entgegenstehen. Diese Wertung darf über den ordre public nicht überspielt werden. Was die internationale Zuständigkeit angeht, so gelten die Grundsätze eben → Rn. 15. Fraglich ist, ob auch das **Sekundärverfahren** Vorrang vor dem ordre public beansprucht, ob also, wenn ein Sekundärverfahren eröffnet werden *kann*, um die Wirkungserstreckung des Hauptverfahrens einzuschränken, dies grundsätzlich Vorrang vor einer

---

[64] *Thole*, Gläubigerschutz durch Insolvenzrecht, 2010, S. 805.
[65] Für das autonome Recht BGH NJW 2002, 960, 961 f.
[66] K. Schmidt/*Brinkmann* Art. 33 Rn. 11 (iE).
[67] Vgl. BGH ZIP 2015, 2331 Rn. 27; vgl. *M.-Ph. Weller*, ZGR 2008, 835, 853. Anders wohl *Bork* ZIP 2016, Beilage zu Heft 22, S. 11, 13.
[68] MüKoBGB/*Kindler* Art. 33 Rn. 19 f.
[69] MüKoBGB/*Kindler* Art. 33 Rn. 16.
[70] *Hanisch*, FS Jahr, S. 455, 472; tendenziell anders *Trunk*, Internationales Insolvenzrecht, S. 272.
[71] Anders für „anstößige" Vorrechte MüKoBGB/*Kindler* Art. 33 Rn. 16; *Trunk*, Internationales Insolvenzrecht, S. 272 f.
[72] AG Nürnberg ZIP 2007, 81, 82; zu den Anforderungen nach Art. 19, → Art. 19 Rn. 22. Insoweit mag die Anwendung des ordre public ohnehin schon überflüssig sein.
[73] Vgl. auch EuGH vom 2.4.2009 – Rs. C-394/07 (Gambazzi/DaimlerChrysler), Slg. 2009, I-2582 Rn. 27 ff., 42 = NJW 2009, 1938, 1939 = EU:C:2009:219.
[74] BGH vom 8.5.2014, IX ZB 35/12, BeckRS 2014, 10645 Rn. 8.
[75] Vgl. [2014] EWHC 3849 Ch. Comp. Ct. vom 19.11.2014.
[76] Für Anwendbarkeit von § 328 ZPO nach dem Brexit auf das Scheme of Arrangement *Korch* ZInsO 2016, 1877, 1878; *Freitag/Korch* ZIP 2016, 1849, 1855.

Nichtanerkennung des Hauptverfahrens hat.[77] Davon ist nicht auszugehen, weil schon fraglich ist, ob das Sekundärverfahren die Unvereinbarkeit mit dem ordre public wirlich beseitigen kann, vor allem aber, weil dies den betroffenen Gläubiger zu einem Antrag zwänge, der aus anderen Gründen (zB Gefahr für Befriedigungsaussichten, Disruptionen im Verfahren und in der Sanierung) generell inopportun sein mag.[78] Anders ist es, wenn das Sekundärverfahren bereits tatsächlich eröffnet ist, bevor es zu den als fragwürdig empfundenen Wirkungen des Hauptverfahrens (zB Restschuldbefreiung) kommt und der Suspendierung dieser Wirkungen durch das Sekundärverfahren den Verstoß unbeachtlich macht.[79] Zur fehlenden Überprüfung der Vorgaben der EuInsVO als solche → Rn. 8.

e) Rechtliches Gehör, Rechtsbehelfe und Verfahren. Das Verfahren muss **rechtsstaatli-** 19 **chen Standards** genügen. Für Zustellungsmängel gilt Art. 45 Nr. 2 EuGVVO im Rahmen von Art. 33 entsprechend.[80] Den Beteiligten ist rechtliches Gehör zu gewähren.[81] Das bedeutet nicht, dass vor Erlass einer Entscheidung sowohl dem Schuldner als auch dem Gläubiger rechtliches Gehör zu gewähren wäre. Der Schuldner bzw. seine Leitungsorgane sind beim Fremdantrag stets zu hören, wenn auch ggf. erst auf Rechtsbehelf (vgl. auch §§ 14 Abs. 1, 10 InsO), um die Vermögenssicherung nicht zu gefährden, gerade bei gerichtlichen Sicherungsmaßnahmen.[82] Nicht aber zwingend sind die Gläubiger als Einzelne zu hören, wenn es beispielsweise um einen Fremdantrag eines anderen Gläubigers geht. Entscheidend ist lediglich, dass die Gläubiger unter dem auch in Erwägungsgrund Nr. 63 zur EuInsVO zum Ausdruck gekommenen Gläubigergleichbehandlungsgrundsatz ihre Forderungen in einem ordnungsgemäßen, rechtsstaatlichen Verfahren anmelden können. Eine Beteiligung vor Entscheidungen ex ante ist nicht zwingend geboten; die Eilbedürftigkeit einer Entscheidung kann also Einschränkungen rechtfertigen.[83] Ein **Rechtsbehelf im Erststaat** kann also genügen, um den ordre public-Verstoß auszuschließen;[84] das wird insbesondere jetzt bei Art. 5 relevant, wenngleich dort nur aus Gründen der internationalen Zuständigkeit angefochten werden darf. Grundsätzlich muss daher eine Abhilfemöglichkeit im Erststaat ergriffen werden,[85] allerdings wird man hier **Anforderungen an die Zumutbarkeit** stellen und sich fragen müssen, ob bei eklatanter Verletzung von deutschen Gerechtigkeitsvorstellungen der deutschen Partei noch weitergehende Rechtsverteidigung im Erststaat angesonnen werden kann. Der Rechtsschutz muss zudem **effektiv** sein.[86] Verletzungen der **Kommunikations- und Kooperationspflichten** unter den beteiligten Insolvenzverwaltern zwischen Haupt- und Sekundärinsolvenzverfahren rechtfertigen nicht die Anwendung des ordre public (näher zu den Rechtsfolgen → Art. 56 Rn. 9).[87] Die **fehlende Anhörung** von Arbeitnehmervertretern oder Betriebsverfassungsorganen begründet idR keinen offensichtlichen Verstoß gegen das Grundrecht auf rechtliches Gehör,[88] wohl aber können die Arbeitnehmer als Gläubiger betroffen sein. Auch die fehlende Unabhängigkeit des in einem ausländischen Verfahren bestellten *administrators* begründet entgegen der Rechtsprechung einen Verstoß gegen den deutschen ordre public nicht,[89] zumal der deutsche Gesetzgeber die Einflussmöglichkeiten von Schuldnern und Gläubigern auf die Verwalterbestellung gleichfalls erweitert hat (§ 56a InsO) und auch sonst die

---

[77] *Hess/Laukemann*, FS Wellensiek, S. 813, 817; *Laukemann* IPRax 2012, 207, 210.
[78] Soweit in der Vorauflage zu → 3. Aufl., Art. 26 EuInsVO 2000 Rn. 18 eine andere Auffassung zum Ausdruck kam, gebe ich diese Auffassung auf. Beachte aber den Unterschied zum Fall des eröffneten Sekundärverfahrens.
[79] *Stöber* IPRax 2016, 355, 360. Im Ergebnis BGH NZI 2014, 969 Rn. 31.
[80] BGH BeckRS 2012, 24176 = WM 2013, 45.
[81] BGH ZIP 2015, 2331 Rn. 24 f. Oben, Rn. 11.
[82] Vgl. AG Düsseldorf ZIP 2004, 623, 624 (ISA Daisytek); OLG Innsbruck NZI 2008, 700, 703 mit zust. Anm. *Mankowski*; Hessisches LAG ZIP 2011, 289, 290, das darauf hinweist, dass auch nach deutschem Recht ein Beschwerderecht des klagenden Arbeitnehmers gegen die Eröffnung des Insolvenzverfahrens nicht bestünde; einen ordre public Verstoß bejahend in Bezug auf eine Unterbrechungswirkung in einem Kündigungsschutzprozess BAG NZI 2008, 122, 126 Rn. 40 (zum autonomen Recht); *Hess/Laukemann*, FS Wellensiek, S. 813, 819.
[83] EuGH v. 2.5.2006 – Rs. C-341/04 (Eurofood IFSC Ltd), Slg. 2006, I-3854, 3876, Rn. 66 = EU:C:2006:281.
[84] Deutlich *Paulus*, Europäische Insolvenzverordnung, Art. 33 Rn. 12 mit zahlreichen Nachweisen; K. Schmidt/*Brinkmann*, Art. 33 Rn. 7 (iE); zurückhaltend aber Mankowski/Müller/J.Schmidt/*Müller* Art. 33 Rn. 30 ff.
[85] Vgl. EuGH v. 16.7.2015 – Rs C-681/13 (Diageo Brands BV/ Simiramida-04 EOOD), RIW 2015, 605 = EU:C:2015:471; vgl. auch LG Trier ZIP 2017, 2374.
[86] K. Schmidt/*Brinkmann*, Art. 33 Rn. 7 (iE).
[87] *Mankowski* KTS 2011, 185, 197.
[88] Cour de cassation Dalloz 2006 AJ 1816 zu ISA-Daisytek und Art. L 621-1 Code de commerce; Pannen/*Riedemann* Rn. 21.
[89] AA AG Nürnberg ZIP 2007, 81, 82 = NZI 2007, 185, 186.

Eigenverwaltung möglich ist.[90] Es muss ein ordnungsgemäßes Anmeldeverfahren sichergestellt sein, das ausländische Gläubiger nicht benachteiligt oder diskriminiert.[91]

20 **6. Inlandsbezug.** Für die Anwendung des Art. 33 wird häufig ein **hinreichender Inlandsbezug** gefordert.[92] Dieses Erfordernis wird entlehnt aus den herrschenden Maßstäben zum kollisionsrechtlichen ordre public.[93] Damit ist gemeint, dass eine Nichtanerkennung nur dann in Betracht kommt, wenn eine bestimmte Beziehung zum Inland besteht. Es wird insoweit darauf hingewiesen, der Inlandsbezug ergebe sich nicht schon daraus, dass es bei der Anerkennung immer um die Erstreckung der Wirkungen auf das Inland geht. Entscheidend sei ein zB durch Staatsangehörigkeit der Verfahrensbeteiligten oder sonstige Interessen des Zweitstaats vermittelter Inlandsbezug gerade der Verfahrenseröffnung.[94] Tatsächlich **bedarf es dieses Erfordernisses nicht,**[95] und zwar weder für die Geltendmachung des ordre public auf verfahrensrechtlicher noch auf materiell-rechtlicher Grundlage.[96] Der Inlandsbezug fließt ohne weiteres schon in den Begriff des ordre public ein, weil es insoweit darum geht, ob inländische Wertungen berührt werden. Auch die „Europäisierung" des ordre public spricht eher gegen einen Inlandsbezug, weil sonst die Wahrung europäischer Wertungen wieder aufgeweicht werden könnte. Jedenfalls wäre die Staatsangehörigkeit der Beteiligten ein für die Zwecke des Insolvenzrechts ungeeignetes Differenzierungskriterium. Auch auf die Belegenheit von dem Vollstreckungszugriff zugänglichen Vermögensgegenständen im Inland kann es kaum ankommen.[97]

21 **7. Prüfung durch den Richter.** Nach teilweise vertretener Auffassung ist Art. 33 als **Vorbehalt** konzipiert und daher nur auf **Rüge einer Partei,** nicht von Amts wegen zu beachten.[98] Das entspricht zwar der Rechtslage in der EuGVVO insoweit, als dort die Prüfung im Rechtsbehelfsverfahren erfolgt,[99] ist aber bei Art. 33 missverständlich. Eine **Rüge einer Partei** kann **nicht erforderlich** sein. Der Vorbehalt meint lediglich, dass sich der Anerkennungsstaat auf die Nichtanerkennung berufen muss.[100] Eine Rügepflicht einer Partei im Sinne eines Antragserfordernisses wäre fehlplatziert, weil es um die Wahrung übergeordneter, staatlicher Interessen geht und ohnedies die Anerkennung nur inzident im Rahmen anderer Verfahren geprüft wird.[101] Insofern ist der ordre public **von Amts wegen** zu prüfen, weil es um Rechtsanwendung geht. Davon zu unterscheiden ist die Frage der Darlegungs- und Ermittlungslast im Hinblick auf die den ordre public ausfüllenden Tatsachen. Insoweit ist nach allgemeinen Regeln typischerweise diejenige Partei darlegungsbelastet, die sich auf die Nichtanerkennung der ausländischen Entscheidung beruft.[102] Soweit allerdings die Anerkennung in einem Verfahren mit Amtsermittlungsgrundsatz relevant wird, würde auch insoweit der Amtsermittlungsgrundsatz gelten; die Frage der Darlegungslast ist insofern von Art. 33 nicht mitgeregelt. Demgegenüber wird man sagen müssen, dass ein non liquet zu Gunsten der Anerkennung aufgelöst werden muss, weil die EuInsVO den Grundsatz gegenseitigen Vertrauens wahren möchte und daher im Zweifel anzuerkennen ist.[103]

III. Rechtsfolge

22 Liegt eine offensichtliche Unvereinbarkeit mit der öffentlichen Ordnung des Anerkennungsstaates vor, so ist die Entscheidung weder anzuerkennen noch im Anerkennungsstaats vollstreckbar. Möglich, aber nach der EuInsVO[104] nicht gefordert, ist auch eine Teilanerkennung bzw.

---

[90] *Mankowski* KTS 2011, 185, 207.
[91] Vgl. *Virgos/Schmit,* Erläuternder Bericht, Rn. 206.
[92] KPB/*Skauradszun* Art. 33 Rn. 5; MüKoBGB/*Kindler* Art. 33 Rn. 3, 5.
[93] Duursma-Kepplinger/Duursma/Chalupsky/*Duursma-Kepplinger/Chalupsky* Rn. 3; *Kemper* ZIP 2001, 1609, 1614; LSZ/*Smid,* Int. Insolvenzrecht, Art. 26 EuInsVO Rn. 6; Stoll/*Spellenberg,* Stellungnahmen und Gutachten, S. 192; dagegen *Mankowski* KTS 2011, 185, 189 f.
[94] Zur EuInsVO 2000 KPB/*Mankowski* Art. 26 Rn. 10.
[95] AA Gebauer/Wiedmann/*Haubold,* Zivilrecht unter europäischem Einfluss, Kap 32, Art. 26 Rn. 207a mwN.
[96] Differenzierend aber noch MüKoInsO/*Reinhart,* 2. Aufl., Bd. 3, Art. 26 EuInsVO 2000 Rn. 12.
[97] Vgl. zu Art. 6 EGBGB MüKoBGB/*v. Hein* Art. 6 EGBGB Rn. 186.; Staudinger/*Blumenwitz,* Art. 6 EGBGB Rn. 153 ff.
[98] Vgl. MüKoBGB/*Kindler* Art. 33 Rn. 22; Duursma-Kepplinger/Duursma/Chalupsky/*Duursma-Kepplinger/Chalupsky* Rn. 2, 11.
[99] Art. 45 EuGVVO.
[100] Duursma-Kepplinger/Duursma/Chalupsky/*Duursma-Kepplinger/Chalupsky* Rn. 11; MüKoBGB/*Kindler* Art. 33 Rn. 22.
[101] *Mankowski* KTS 2011, 185, 213.
[102] Rauscher/*Mäsch,* EuZPR/EuIPR, 4. Aufl., Art. 26 EG-InsVO Rn. 17; → 2. Aufl., Art. 26 EuInsVO Rn. 13.
[103] Im Ergebnis über die Darlegungslast ebenso BGH NJW 2002, 960, 962.
[104] Ggf. aber nach dem nationalen Recht und dem dort geltenden Grundsatz der Verhältnismäßigkeit *Mankowski,* KTS 2011, 185, 216.

deren Teilversagung, was sich aus dem Passus „soweit" ergibt.[105] Es sollte allerdings aus Art. 33 nicht gefolgert werden, dass stets nur die „infizierten" Elemente einer einheitlichen Entscheidung herauszuschneiden wären, weil dann ggf. ein für sich genommen wenig sinnvolles Gerüst an Entscheidung verbliebe. Eine solche **Spaltung** ist daher nur möglich, wenn die Teile der Wirkungserstreckung tatsächlich konkret trennbar sind und die eine Rechtsfolge auch ohne die andere Sinn ergibt.[106] Soweit **einzelne Rechtsfolgen** eines Eröffnungsbeschlusses ordre public-widrig sind, ließe sich davon beispielsweise die Eröffnung als solche ausnehmen, insoweit würde es dann bei der Anerkennung bleiben. Der Einzelfall entscheidet.[107] Eine unionsrechtswidrige Annahme eines ordre public-Verstoßes durch den Anerkennungsstaat wäre eine Verletzung iSd Art. 258 AEUV.[108]

IV. Portugal

Portugal hatte gegenüber der Anwendung des Art. 37 EuInsVO 2000, der teilweise[109] Art. 51 entspricht, erklärt, die Umwandlung eines Sanierungsverfahrens im Rahmen eines Partikularverfahrens in ein Liquidationsverfahren stehe bei Anerkennung in Portugal unter dem **Vorbehalt** des Art. 26 EuInsVO 2000.[110] Insoweit hat Portugal die Anwendung des Vorbehalts und damit die Nichtanerkennung der Umwandlung in Aussicht gestellt. Da diese Umwandlung aber bereits durch die EuInsVO 2000 vorgesehen war, konnte sich Portugal der dahingehenden unionsrechtlichen Geltung und Verpflichtung durch einseitige Erklärung nicht entziehen. Die Anwendung des Art. 33 wäre insoweit bei Fehlen weiterer Anhaltspunkte unionsrechtswidrig;[111] die Erklärung ist insofern entweder nicht verordnungskonform oder als allgemeiner Verweis auf Art. 33 (ex Art. 26 EuInsVO 2000) nichtssagend.

23

Kapitel III. Sekundärinsolvenzverfahren

Art. 34 Verfahrenseröffnung

¹**Ist durch ein Gericht eines Mitgliedstaats ein Hauptinsolvenzverfahren eröffnet worden, das in einem anderen Mitgliedstaat anerkannt worden ist, kann ein nach Artikel 3 Absatz 2 zuständiges Gericht dieses anderen Mitgliedstaats nach Maßgabe der Vorschriften dieses Kapitels ein Sekundärinsolvenzverfahren eröffnen.** ²**War es für das Hauptinsolvenzverfahren erforderlich, dass der Schuldner insolvent ist, so wird die Insolvenz des Schuldners in dem Mitgliedstaat, in dem ein Sekundärinsolvenzverfahren eröffnet werden kann, nicht erneut geprüft.** ³**Die Wirkungen des Sekundärinsolvenzverfahrens sind auf das Vermögen des Schuldners beschränkt, das im Hoheitsgebiet des Mitgliedstaats belegen ist, in dem dieses Verfahren eröffnet wurde.**

Literatur: Adam/Poertzgen, Überlegungen zum Europäischen Konzerninsolvenzrecht (Teil 1), ZInsO 2008, 283; *Aderhold,* Auslandskonkurs im Inland: Entwicklung und System des deutschen Rechts mit praktischen Beispielen unter besonderer Berücksichtigung des Konkursrechts der Vereinigten Staaten von Amerika, Englands, Frankreichs sowie der Schweiz (Bonn, Univ., Diss., (1991)); *Albrecht, Achim,* Die Reform der EuInsVO ist abgeschlossen – eine Übersicht, ZInsO 2015, 1077; *Bähr/Riedemann,* Kurzkommentar zu: LG Innsbruck,

---

[105] *Virgos/Schmit,* Erläuternder Bericht, Rn. 209; Duursma-Kepplinger/Duursma/Chalupsky/*Duursma-Kepplinger/Chalupsky* Rn. 10; ungenau FKInsO/*Wenner/Schuster* Rn. 11; Geimer/Schütze/*Gruber,* Int. Rechtsverkehr, B Vor I 20b, Art. 26 Rn. 6 = Haß/Huber/Gruber/Heiderhoff/*Gruber,* Rn. 6; HKInsO/*Schultz* Art. 33 Rn. 21; KPB/*Skauradszun* Art. 33 Rn. 37; Rauscher/*Mäsch,* EuZPR/EuIPR, 4. Aufl., Art. 26 EG-InsVO Rn. 18; MüKoBGB/*Kindler* Art. 33 Rn. 24; *Paulus,* Europäische Insolvenzverordnung, Art. 33 Rn. 26; Stoll/*Spellenberg,,* Stellungnahmen und Gutachten, S. 193 f.; *Trunk,* Internationales Insolvenzrecht, S. 272 f.; *Virgos/Garcimartin,* European Insolvency Regulation, 2004, Rn. 412.
[106] Vgl. auch Duursma-Kepplinger/Duursma/Chalupsky/*Duursma-Kepplinger/Chalupsky* Rn. 10; *Knof* ZInsO 2007, 629, 635.
[107] Rauscher/*Mäsch,* EuZPR/EuIPR, 4. Aufl., Art. 26 EG-InsVO Rn. 18.
[108] MüKoBGB/*Kindler* Art. 33 Rn. 22.
[109] Zu den Unterschieden Mankowski/Müller/J.Schmidt/*Mankowski* Art. 51 Rn. 2.
[110] Vgl. die Erklärung Portugals zur Anwendung des Artikels 37 und 26 der Verordnung (EG) Nr. 1346/2000 vom 29.5.2000 über Insolvenzverfahren, ABl. EG Nr. C 183/1 vom 30.6.2000.
[111] Zur EuInsVO 2000 KPB/*Kemper,* Art. 26 Rn. 9.

Art. 34

Beschl. v. 11.5.2004 – 9 S 15/04, EWiR 2004, 1085; *Beutler/Debus,* Kurzkommentar zu: LG Klagenfurt, Beschl. v. 2.7.2004 – 41 S 75/04 h, EWiR 2005, 217; *Bierbach,* Wettlauf der Gläubiger um den Insolvenzgerichtsstand – Anfechtungsbefugnisse des Insolvenzverwalters nach Art. 18 Abs. 2 S. 2 EuInsVO, ZIP 2008, 2203, 2206; *Blitz,* Sonderinsolvenzverfahren im Internationalen Insolvenzrecht unter besonderer Berücksichtigung der europäischen Verordnung über Insolvenzverfahren, v. 29.5.2000, 2002 (zit.: *Blitz,* Sonderinsolvenzverfahren); *Camacho/Burguera,* Secondary Proceedings: are cross-border insolvencies in the EU dealt with efficiently?, IILR 2013, 140; *Cranshaw,* Aktuelle Fragen zur europäischen Insolvenzverordnung vor dem Hintergrund der Rechtsprechung des EuGH, DZWIR 2009, 361; *ders.,* Partikulare Insolvenzverfahren nach der EuInsVO, DZWiR 2014, 473; *Czaja,* Umsetzung der Kooperationsvorgaben durch die Europäische Insolvenzverordnung im deutschen Insolvenzverfahren, zugl. Diss. Univ. Regensburg 2009; *Dammann/Müller,* Eröffnung eines Sekundärinsolvenzverfahrens in Frankreich gem. Art. 29 lit. a EuInsVO auf Antrag eines „schwachen" deutschen Insolvenzverwalters, NZI 2011, 752 ff.; *Dawe,* Der Sonderkonkurs des deutschen internationalen Insolvenzrechts (Diss. 2005, Univ. Konstanz); *Degenhart,* Die Reform des französischen Insolvenzrechts vom 12.3.14 – Stärkung der Prävention und Einführung eines Schuldenbefreiungsverfahrens ohne vorgeschaltetes Insolvenzverfahren, NZI 2014, 433; *ders.,* Keine Verpflichtung zur Beantragung eines Sekundärverfahrens, NZI 2019, 656; *Duursma-Kepplinger,* Einfluss der Eröffnung eines Sekundärinsolvenzverfahrens auf die Befriedigung der zuvor begründeten Masseverbindlichkeiten, ZIP 2007, 752; *Fehrenbach,* Kapitalmaßnahmen im grenzüberschreitenden Reorganisationsverfahren, ZIP 2014, 2485; *ders.,* Haupt- und Sekundärinsolvenzverfahren, Tübingen 2014; *Geroldinger,* Verfahrenskoordination im Europäischen Insolvenzrecht – Die Abstimmung von Haupt- und Sekundärinsolvenzverfahren nach der EuInsVO, zugl. Diss. Univ. Wien 2009; *Grönda/Bünning/Liersch,* Hase oder Igel, oder: Die nachträgliche Eröffnung von Sekundärinsolvenzverfahren im Anwendungsbereich der Europäischen Insolvenzverordnung (EuInsVO), in FS Braun, S. 403 ff.; *Göpfert/Müller,* Englisches Administrationsverfahren und deutsches Insolvenzarbeitsrecht, NZA 2009, 1057; *Habscheid,* Antrags- und Beteiligungsrecht im gesonderten (Art. 102 III EGInsO) und im sekundären Insolvenzverfahren (Art. 27 ff. EuInsÜ), NZI 1999, 299; *Hübler,* Aktuelles internationales und ausländisches Insolvenzrecht – Dezember 2012/Januar 2013, NZI 2013, 124; *INSOL Europe,* Revision of the European Insolvency Regulation; *dies.,* European Insolvency Regulations Supreme Court Debate, Supreme Court Westminster, London, July 6th 2012; *Kokott,* Schlussanträge der Generalanwältin zum Verhältnis von Hauptverfahren und Sekundärverfahren, wenn das Hauptverfahren ein Sanierungsverfahren ist, NZI 2012, 553; *Leithaus/Lange,* Wer haftet für die Kosten des Sekundärinsolvenzverfahrens, FS Vallender, Köln 2015, S. 333 ff., *Mankowski,* Internationale Nachlassinsolvenzen, ZIP 2011, 1504; *ders.,* Keine Litispendenzsperre unter der EuInsVO, KTS 2009, 453; *ders.,* Kurzkommentar zu BGH, Beschl. v. 21.12.2010 – IX ZB 227/09; *Mock,* Handlungsoptionen bei ausufernden Sekundärinsolvenzverfahren – Zugleich Anm. zu High Court of Justice London, Beschl. v. 11.2.2009 ([2009] EWHC 206 (Ch), ZInsO 2009, 914), ZInsO 2009, 895 ff.; *Oberhammer,* Zur internationalen Anfechtungsbefugnis des Sekundärverwalters nach Europäischem Insolvenzrecht, KTS 2008, 275 ff.; *Omar,* Supreme Court of Bermuda (Commercial Court)/Common Law Assistance in Cross-Border Insolvency Matter, IILR 2013, 257; *Paulus,* Kurzkommentar zu: High Court of Justice Leeds (Companies Court), Beschl. v. 16.5.2003 – No 861 867/03, EWiR 2003, 709; *ders.,* EuInsVO: Änderungen am Horizont und ihre Auswirkungen, S. 15 f.; *Pogacar,* Rechte und Pflichten des Hauptverwalters im Sekundärverfahren, NZI 2011, 47; *Priebe,* Bankrott in Britain – Die Insolvenz natürlicher Personen in England und Wales, ZInsO 2012, 2074; *Reinhart,* Die Überarbeitung der EuInsVO, NZI 2012, 306, 309; *Schmüser, Gunnar Lennart,* Das Zusammenspiel zwischen Haupt- und Sekundärinsolvenzverfahren nach der EuInsVO, zugl. Diss. Univ. Hamburg 2009; *Smid,* Gegen den Strom – Eröffnet das deutsche Insolvenzgericht durch Bestellung eines vorläufigen Insolvenzverwalters ein Hauptinsolvenzverfahren?, NZI 2009, 151; *ders.,* Voraussetzungen der Eröffnung eines deutschen Sekundärinsolvenzverfahrens – Geltendes Recht und Reformpläne, ZInsO 2013, 953; *Spahlinger,* Sekundäre Insolvenzverfahren bei grenzüberschreitenden Insolvenzen: eine vergleichende Untersuchung zum deutschen, US-amerikanischen, schweizerischen und europäischen Recht (Tübingen, Univ., Diss., 1996/97); *Tschentner,* Anmerkung zum Urteil des BGH: Zuständigkeit deutscher Gerichte bei Einstellung des Geschäftsbetriebs einer Gesellschaft, FD-InsR 2012, 328078; *ders.,* Anmerkung zu einem Beschluss des BGH: Inländische Niederlassung als Voraussetzung für die Eröffnung eines Sekundärinsolvenzverfahrens; *Vallender,* Anm. zu LG Hannover, Beschl. v. 10.4.2008 (20 T 5/08), NZI 2008, 631–633; *Wimmer,* Die Besonderheiten von Sekundärinsolvenzverfahren unter besonderer Berücksichtigung des Europäischen Insolvenzübereinkommens, ZIP 1998, 82.

Übersicht

	Rn.			Rn.
I. Normzweck	1	1.	Sekundärverfahren	18
II. Voraussetzungen des Sekundärinsolvenzverfahrens	11	2.	Eröffnungsvoraussetzungen	20
			a) Insolvenzgrund	20
1. Eröffnung des Hauptinsolvenzverfahrens	11		b) Antragsrecht, Kostenvorschuss	25
2. Anerkennung des Hauptverfahrens	15		c) Keine eröffnungshindernde Zusicherung des Verwalters des Hauptverfahrens	26
3. Zuständigkeit nach Art. 3 Abs. 2	16		d) Sonstige Eröffnungsvoraussetzungen	27
4. Keine Insolvenzantragspflicht	17	3.	Liquidationsverfahren und Insolvenzplanverfahren	29
III. Rechtsfolgen	18			

		Rn.			Rn.
4.	Beschränkung der Aktivmasse	31		b) Masseverbindlichkeiten des Sekundärverfahrens	39
5.	Passivmasse	38			
	a) Insolvenzforderungen	38	6.	Verwalter des Sekundärverfahrens	42

I. Normzweck

Kapitel III der Verordnung enthält Regelungen über Sekundärinsolvenzverfahren. Wann ein **1** Sekundärinsolvenzverfahren vorliegt, ist in Art. 3 Abs. 3 definiert: es handelt sich um ein Insolvenzverfahren, das nach der Eröffnung des Hauptinsolvenzverfahrens gemäß Art. 3 Abs. 1 eröffnet wird und dessen Zuständigkeit sich aus Art. 3 Abs. 2 herleitet. Wie der Begriff „*sekundär*" bereits andeutet, handelt es sich hierbei um ein weiteres, eigenständiges Verfahren, das parallel zum Hauptinsolvenzverfahren durchgeführt wird und dessen Insolvenzmasse sich auf die im Sekundärverfahrensstaat belegenen Vermögensgegenstände bezieht. Die Zulassung eines zweiten Verfahrens neben dem Hauptinsolvenzverfahren ist eine Durchbrechung des ansonsten in der Verordnung angestrebten **Universalitätsprinzips,** weil die Reduzierung auf ein einziges Verfahren ohne Einschränkungen nicht realisierbar war.[1] Da weitere Verfahren aber die einheitliche Abwicklung der Insolvenz beeinträchtigen, hat der Verwalter eines Sekundärverfahrens bei seiner Verwaltungs- und Verwertungstätigkeit Belange des Hauptverfahrens zu berücksichtigen.[2]

Das sog. **Sekundärinsolvenzverfahren** (nachfolgend nur „Sekundärverfahren" genannt) ist **2** bezüglich der Begrifflichkeit abzugrenzen von einem unabhängigen **Partikularinsolvenzverfahren** (nachfolgend nur „Partikularverfahren" genannt) im Sinne des Art. 3 Abs. 4. Bei einem Partikularverfahren handelt es sich um ein auf die Niederlassungszuständigkeit nach Art. 3 Abs. 2 gestütztes Verfahren, das jedoch ohne paralleles Hauptinsolvenzverfahren am Sitz oder Mittelpunkt der wirtschaftlichen Interessen des Schuldners durchgeführt wird. Ein solches unabhängiges Partikularverfahren ist denkbar, wenn in dem Mitgliedsstaat, der gemäß Art. 3 Abs. 1 international zuständig ist, der Insolvenzschuldner beispielsweise nicht insolvenzfähig ist und daher kein Hauptverfahren durchgeführt werden kann (Art. 3 Abs. 4 lit. a).[3] Es ist zudem denkbar, wenn das Insolvenzgericht des nach Art. 3 Abs. 2 zuständigen Mitgliedsstaates das Verfahren früher eröffnet als das Insolvenzgericht des Hauptinsolvenzverfahrensstaates nach Art. 3 Abs. 1. Aufgrund der zusätzlichen Einschränkungen in Art. 3 Abs. 4 lit. b ist dies jedoch nur möglich, wenn der Antrag auf Eröffnung des Insolvenzverfahrens von einem Gläubiger gestellt wurde, dessen Forderung aus dem Betrieb der Niederlassung herrührt (Art. 3 Abs. 4 lit. b).[4] Bei späterer Eröffnung des Hauptinsolvenzverfahrens nach Art. 3 Abs. 1 wandelt sich das Partikularverfahren jedoch automatisch in ein Sekundärverfahren um (vgl. Art. 3 Abs. 4 S. 2, sowie Art. 50).

Art. 34 ff. enthalten für das Sekundärverfahren unmittelbar geltende **materiell-rechtliche Vor-** **3** **schriften,** die bei der Durchführung des Sekundärverfahrens zu beachten sind. Dazu gehört nach Art. 34, dass es keiner Prüfung der Insolvenzgründe bedarf (vgl. dazu → Rn. 21). Zudem schränkt Art. 34 den ansonsten in den Insolvenzordnungen territorial unbeschränkten Vermögensbeschlag

---

[1] Vgl. Erwägungsgrund (22); frühere EG-Entwürfe, die den Versuch unternahmen, das Universalitätsprinzip uneingeschränkt umzusetzen, scheiterten, vgl. → Vor Art. 1 Rn. 4 ff.; *Blitz,* Sonderinsolvenzverfahren, S. 45 ff.; *Garasic,* Anerkennung ausländischer Insolvenzverfahren, S. 71 f.; MüKoBGB/*Kindler* Vor Art. 1 Rn. 14; zum Universalitätsprinzip vgl. auch → InsO Vor §§ 335 ff. Rn. 19 ff. sowie *Garasic,* Anerkennung ausländischer Insolvenzverfahren, S. 26 ff.; Vallender/*Ch. Keller* Art. 34 Rn. 1; HKInsO/*Schultz* Art. 34 Rn. 2; KPB/*Kemper* Einl. EuInsVO 2000 Rn. 28 ff.; *Paulus* DStR 2005, 334 f.; LSZ/*Smid* EuInsVO 2000 Art. 27 Rn. 1 ff.; Uhlenbruck/*Lüer* EuInsVO 2000 Art. 27 Rn. 1.

[2] Ziff. 48 der Erwägungsgründe weist auf die dominierende Rolle des Hauptverfahrens; vgl. zur Berücksichtigung der Interessen des Hauptverfahrens auch → Art. 46 Abs. 1 und Art. 47 Abs. 1.

[3] Vgl. → Art. 3 Rn. 102 f., sowie Duursma-Kepplinger/Duursma/Chalupsky/*Duursma-Kepplinger* EuInsVO 2000 Art. 3 Rn. 88 ff.; Mankowski/Müller/Schmidt/*Mankowski* Art. 3 Rn. 191 ff.; Geimer/Schütze/*Haßweg/Herweg,* Int. Rechtsverkehr, B Vor I 20b, EuInsVO 2000 Art. 3 Rn. 50; HKInsO/*Dornblüth* Art. 3 Rn. 24 f.; KPB/*Madaus* Art. 3 Rn. 50; Rauscher/*Mäsch* Art. 3 Rn. 29; Nerlich/Römermann/*Nerlich/Hübler* Art. 3 Rn. 87; MüKoBGB/*Kindler* Art. 3 Rn. 71; *Paulus* Art. 3 Rn. 58 f.; LSZ/*Smid* EuInsVO 2000 Art. 3 Rn. 36; K. Schmidt/*Undritz* Art. 3 Rn. 75 ff.

[4] Vgl. → Art. 3 Rn. 104, sowie Duursma-Kepplinger/Duursma/Chalupsky/*Duursma-Kepplinger* EuInsVO 2000 Art. 3 Rn. 91 ff.; Mankowski/Müller/Schmidt/*Mankowski* Art. 3 Rn. 197 ff.; Geimer/Schütze/*Haß/Herweg,* B Vor I 20b, EuInsVO 2000 Art. 3 Rn. 51; Gebauer/Wiedmann/*Haubold* EuInsVO 2000 Art. 3 Rn. 63; HKInsO/*Dornblüth* Art. 3 Rn. 27; KPB/Madaus Art. 3 Rn. 51 ff.; Rauscher/*Mäsch* EuInsVO 2000 Art. 3 Rn. 29; Nerlich/Römermann/*Nerlich/Hübler* EuInsVO 2000 Art. 3 Rn. 88 f.; MüKoBGB/*Kindler* Art. 3 Rn. 72 ff.; *Paulus* Art. 3 Rn. 60; LSZ/*Smid* EuInsVO 2000 Art. 3 Rn. 36; K. Schmidt/*Undritz* Art. 3 Rn. 75 ff.

ein, und zwar auf das in dem jeweiligen Mitgliedsstaat des Sekundärverfahrens belegene Vermögen (vgl. → Rn. 31 ff.).

4   Aus Sicht der Verfahrensbeteiligten erfüllt die Durchführung eines Sekundärverfahrens insbesondere **zwei Zwecke:** Aus Sicht der **lokalen Gläubiger,** insbesondere der Gläubiger, die unmittelbar mit der Niederlassung in geschäftlichen Beziehungen standen,[5] ermöglicht das Sekundärverfahren den Betroffenen die Durchführung eines ortsnahen Insolvenzverfahrens, das auch nach den Vorschriften des lokalen Insolvenzrechts[6] abgewickelt wird. Die lokalen Gläubiger, deren Ansprüche sich insbesondere aus der Geschäftstätigkeit der Niederlassung im Sekundärverfahrensstaat ergeben, sind somit nicht darauf angewiesen, ihre Ansprüche in dem Hauptverfahren eines anderen Mitgliedsstaates verfolgen zu müssen. Sie können ihre Ansprüche vielmehr in dem Sekundärverfahren anmelden und die Anmeldung im Hauptverfahren über den Verwalter des Sekundärverfahrens vornehmen (vgl. hierzu noch Art. 45 Abs. 2). Das erleichtert den lokalen Gläubigern im Ergebnis die Teilnahme am Verfahren und die Geltendmachung ihrer Rechte. Es ermöglicht ihnen zudem eine bessere Einschätzung ihrer Rechtsposition als Beteiligte in dem Sekundärverfahren, da dieses aufgrund des lokalen Rechts durchgeführt wird (Art. 35).

5   Aus Sicht des **Verwalters des Hauptverfahrens** ist die Eröffnung eines Sekundärverfahrens in einem anderen Mitgliedstaat nicht notwendigerweise von Übel.[7] Zwar entsteht hierdurch zusätzlicher Kooperations- und Unterrichtungsaufwand (vgl. Art. 41). Je nach Komplexität der Rechtsbeziehung in dem Sekundärverfahrensstaat kann es jedoch einfacher sein, die Abwicklung dortiger Rechtsbeziehungen über einen mit dem lokalen Rechtssystem vertrauten Insolvenzverwalter vornehmen zu lassen. Zu Unrecht wird hierbei oft darauf abgestellt, dass die Insolvenzverwalter gegeneinander arbeiten könnten.[8] Das ist allerdings kein normatives Problem des Art. 34, sondern ein Problem der Sanktionierung nicht ordnungsgemäßen Verwalterhandelns. Denn es ist davon auszugehen, dass die jeweiligen Rechtsordnungen Rechtsmittel oder auch Haftungsnormen zur Verfügung stellen, die das Verhalten eines Verwalters sanktionieren, wenn dieses den Vorgaben des lokalen Insolvenzrechts – zB zur bestmöglichen Befriedigung der Gläubiger – zuwiderlaufen.[9] Zudem hat sich die Praxis gut, auf bestmögliche Gläubigerbefriedigung ausgerichteter Insolvenzverwaltung hierüber schon lange hinweggesetzt und beispielsweise in Form so genannter ‚protocols' sogar Vereinbarungen zur Koordination beider Verfahren entwickelt.[10] Im Ergebnis sind ohnehin sämtliche Forderungen in beiden Verfahren zu berücksichtigen. Denn beide Verwalter können ihre Verfahren nicht davor abschirmen, dass die Gläubiger ihre Forderung über den jeweiligen Verwalter auch in dem anderen Verfahren anmelden. Konflikte resultieren bei ordnungsgemäßem Verwalterhandeln schlichtweg daraus, dass unterschiedliche Zielsetzungen mit den beiden Verfahren verbunden sind. Dies ist insbesondere dann der Fall, wenn in dem Hauptverfahren eine Sanierung oder Reorganisation betrieben werden soll, die gegebenenfalls den Interessen der Gläubiger auf bestmögliche Befriedigung zuwiderläuft, wie dies gelegentlich bei industriepolitisch motivierten Sanierungsverfahren der Fall sein kann.

6   Gelegentlich hat der Verwalter des Hauptverfahrens sogar ein eigenes Interesse an der Durchführung eines Sekundärinsolvenzverfahrens, nämlich wenn in dem Sekundärverfahrensstaat dingliche Rechte Dritter belegen sind, die gemäß Art. 8 ohne die Eröffnung eines Sekundärverfahrens keinerlei insolvenzrechtlichen Einschränkungen unterliegen.[11] Durch die Eröffnung des Sekundärverfahrens werden die in dem Mitgliedstaat des Sekundärverfahrens belegenen Vermögensgegenstände, an denen Rechte Dritter bestehen, dem dort geltenden lokalen Insolvenzrecht unterworfen. Der Insolvenzverwalter des Hauptverfahrens kann daher durch die Eröffnung eines Sekundärverfahrens gesicherte Gläubiger mit einbeziehen und die weitere Nutzung und Verwertung der Vermögensgegen-

---

[5]   Neben den in Art. 8 ff. enthaltenen Sonderanknüpfungen gilt die Möglichkeit der Durchführung eines Sekundärverfahrens als ziemlich große Ausnahme des Universalitätsprinzips und der Geltung der lex fori concursus, vgl. Ziff. 22 der Erwägungsgründe.

[6]   Zur Geltung der lex fori concursus secundarii vgl. noch Art. 35; zu den Schutzfunktionen auch *Fehrenbach,* Haupt- und Sekundärinsolvenzverfahren, S. 305 ff.

[7]   Vgl. zu den Unterstützungsfunktionen *Fehrenbach,* Haupt- und Sekundärinsolvenzverfahren, S. 310 ff.

[8]   Die aus den Entscheidungen der Gerichte High Court Justice of Leeds v. 16.5.2003, AG Düsseldorf v. 6.6.2003 sowie Tribunal de Commerce de Pontoise v. 26.5.2003 im Fall ISA/Daisytek (Art. 3 Rn. 11) und der Gerichte Tribunale Civile di Parma v. 19.2.2004 und High Court Dublin v. 23.3.2004 im Fall Eurofood (→ Art. 3 Rn. 27 ff.) zu entnehmenden Zuständigkeitskämpfe sind daher kein Vorbild für die Praxis; anders: LG Innsbruck v. 11.5.2004, ZIP 2004, 1721; LG Klagenfurt v. 2.7.2004, NZI 2004, 677; AG Köln v. 24.1.2004, NZI 2004, 151; hinter diesem Zuständigkeitswettstreit stehen in der Regel handfeste wirtschaftliche Interessen wegen der mit der Durchführung großer internationaler Insolvenzen verbundenen Honorare und Einnahmen, vgl. auch *Grönda/Bünning/Liersch* FS Braun, 403 ff.

[9]   Vgl. zum deutschen Recht § 60; hierzu auch *Berger/Frege/Nicht* NZI 2010, 321 ff.

[10] Vgl. hierzu noch → Art. 41 Rn. 10 ff.

[11] Vgl. → Art. 8 Rn. 15.

stände den lokalen insolvenzrechtlichen Vorschriften unterwerfen, die oftmals die Position des gesicherten Gläubigers zugunsten der Interessen der Gesamtheit der Gläubiger einschränken.

Im Rahmen der **Reform der EuInsVO**[12] wurde die Vorgängernorm Art. 27 EuInsVO 2000 selbst nur redaktionell geändert, sodass Art. 34 dem Art. 27 EuInsVO 2000 inhaltlich im Wesentlichen entspricht.[13] Die einzige inhaltliche Änderung in Art. 34 ist die Streichung des vormals in Art. 27 S. 2 EuInsVO 2000 enthaltenen Satzes, dass es sich bei dem Sekundärverfahren vom Verfahrenstyp um ein **Liquidationsverfahren** im Sinne des vormaligen Anhang B EuInsVO 2000 handeln müsse. Die Beschränkung auf diesen Verfahrenstyp ist zu Recht entfallen.[14] 7

Allerdings hat sich die Prüfung der Eröffnungsvoraussetzungen in mehrfacher Hinsicht geändert. So wurde in Art. 34 S. 2 nunmehr klarstellend ergänzt, dass die Gerichte des Sekundärverfahrensstaates die **Insolvenzgründe** nur dann nicht nochmals prüfen müssen, wenn für die Eröffnung des Hauptverfahrens erforderlich war, dass der Schuldner insolvent ist. Mit dieser Einschränkung wurde der Tatsache Rechnung getragen, dass es zunehmend Reorganisationsverfahren gibt, die zwar unter den Begriff eines Insolvenzverfahrens im Sinne von Art. 1 fallen, deren Eröffnung jedoch keine Prüfung der Insolvenzgründe erfordert. 8

Darüber hinaus ergibt sich ein weiterer Prüfungsschritt aus Art. 38. Denn nach dem neu eingeführten Art. 36 kann der Verwalter des Hauptverfahrens den Gläubigern des Sekundärverfahrens zusichern, die Verwertungs- und Verteilungsrechte nach nationalem Recht zu wahren. Schützt diese Zusicherung die Interessen der lokalen Gläubiger angemessen, so kann das Gericht des Sekundärverfahrensstaates nach dem ebenfalls neu eingefügten Art. 38 von der Eröffnung des Sekundärverfahrens absehen. Dies ist konzeptionell neu und wird dazu führen, dass die Zahl der Sekundärverfahren geringer werden könnte. 9

Die Regelung ist das Ergebnis einer rechtspolitisch kontroversen Diskussion darüber, wie und unter welchen Voraussetzungen die Durchführung von Sekundärverfahren weiter eingeschränkt werden sollte.[15] So wurde zunächst überlegt, den Begriff der „Niederlassung" weiter einzuschränken. Weder Größe noch Art der Niederlassung lassen jedoch Rückschlüsse darauf zu, ob die Durchführung eines Sekundärinsolvenzverfahrens zum Schutz der lokalen Gläubiger geboten ist,[16] weshalb diese Überlegungen von der Kommission und vom Europäischen Parlament nicht weiter aufgegriffen wurden. Ebenfalls erörtert wurde, eine weitere Zulässigkeitsvoraussetzung einzuführen, die auf die Interessen der lokalen Gläubiger abstellt. Danach sollte ein Sekundärverfahren nur noch dann durchgeführt werden, wenn die Interessen der lokalen Gläubiger an der Durchführung des Sekundärverfahrens gegenüber den Interessen der Gläubiger des Hauptverfahrens überwiegen.[17] Der *Vienna Report* hat eine derartige Änderung abgelehnt mit dem Argument, dass dies zu komplizierten, kaum justiziablen Abwägungsvorgängen führen würde. Die Kommission und das Europäische Parlament haben jedoch die Idee aufgriffen. Letztlich hat sich aber der Rat im Gesetzgebungsverfahren für die nun umgesetzten Änderungen entschieden, bei Vorliegen einer Zusicherung durch den Verwalter des Hauptverfahrens von der Verfahrenseröffnung absehen zu können. Damit hat der Gesetzgeber eine in der Praxis bereits angewandte Vorgehensweise nunmehr gesetzlich geregelt. 10

II. Voraussetzungen des Sekundärinsolvenzverfahrens

1. Eröffnung des Hauptinsolvenzverfahrens. Art. 34 setzt aus Sicht des Sekundärverfahrensstaates voraus, dass zuvor durch ein Gericht eines anderen Mitgliedstaates ein Verfahren nach Art. 3 Abs. 1 eröffnet wurde. Bei dem eröffneten Verfahren muss es sich um ein **Insolvenzverfahren** im Sinne der Verordnung handeln. Die Verfahrenseröffnung muss sich daher auf eines in Anhang A der Verordnung genannten Verfahren beziehen (vgl. Art. 2 Nr. 4).[18] Unerheblich ist hierbei, ob das 11

---

[12] Vgl. zur Reform der EuInsVO grundsätzlich → Vor Art. 1 Rn. 11 ff.
[13] Der Text entspricht auch weitgehend dem Formulierungsvorschlag des Entwurfs der Kommission v. 12.12.2012, Vorschlag für eine Verordnung des Europäischen Parlamentes und des Rates zur Änderung der VO (EG) Nr. 1346/2000 des Rates über Insolvenzverfahren, COM (2012) 0744 final, abrufbar unter: http://ec.europa.eu/justice/civil/files/insolvency-regulation_en.pdf; die englische Fassung ist ebenfalls abgedr. in IILR 2013, 179 ff., sowie der Stellungnahme des Parlaments v. 5.2.2014, abrufbar unter europarl.europa.eu/sides/getDoc.do?type=REPORT&reference=A7-2013-0481&language=DE.
[14] Zur Kritik an der Einschränkung vgl. → 3. Aufl., Art. 27 Rn. 21 f.
[15] So auch der sog. *Vienna Report, Hess/Oberhammer/Pfeiffer*, European Insolvency Law, Rn. 888 ff.; s. a. *Camacho/Burguera* IILR 2013, 140, 143 ff., zu Missbrauchsfällen auch *Wessels*, International Insolvency Law, para 10702.
[16] So der Vorschlag von *INSOL Europe*, Revision of the European Insolvency Regulation, Rn. 27.3, der dem Gericht sogar einen Ermessensspielraum einräumen wollte; ebenso *Camacho/Burguera* IILR 2013, 140, 146 ff.
[17] *Hess/Oberhammer/Pfeiffer/Oberhammer*, European Insolvency Law, Rn. 913.
[18] *Virgos/Schmit*, Erläuternder Bericht, Rn. 214; Vallender/*Ch. Keller* Art. 34 Rn. 14; Duursma-Kepplinger/Duursma/Chalupsky/*Duursma-Kepplinger* EuInsVO 2000 Art. 27 Rn. 16; KPB/*Kemper* Art. 27 Rn. 4;

Gericht des anderen Mitgliedsstaates die Zuständigkeit nach Art. 3 Abs. 1 zu Recht in Anspruch genommen hat.[19] Diese Rechtsfrage darf durch das Insolvenzgericht des Sekundärverfahrensstaates nicht mehr überprüft werden.[20] Daher muss das andere Insolvenzgericht seine internationale **Eröffnungszuständigkeit** auf Art. 3 Abs. 1 gestützt haben, was bisweilen aus dem Beschluss nicht notwendigerweise erkennbar ist. Der deutsche Gesetzgeber hatte daher in Art. 102 § 2 EGInsO (zur Anwendung der EuInsVO) ausdrücklich vorgesehen, dass im Eröffnungsbeschluss Ausführungen zu den tatsächlichen Feststellungen und rechtlichen Erwägungen über die internationale Zuständigkeit mit aufzunehmen sind. Eine solche Vorgabe enthält Art. 102c Teil 1 EGInsO für Sekundärverfahren nach der EuInsVO 2015 nicht mehr. Allerdings ist ein entsprechender Hinweis im Beschluss erwähnenswert, insbesondere wenn das Insolvenzgericht aufgrund der vom Schuldner nunmehr nach Art. 102c § 5 EGInsO zu machenden Angaben weiteren Prüfungsaufwand zur Feststellung der internationalen Zuständigkeit nach Art. 3 EuInsVO hatte.

12 Grundsätzlich ist für die Eröffnung des Hauptverfahrens im Sinne des Art. 34 auf den **formellen Eröffnungsbeschluss** abzustellen. Nach der Entscheidung des EuGH in der Sache *Eurofood*[21] war unter der EuInsvO 2000 bereits fraglich, ob auch in der Bestellung eines vorläufigen Insolvenzverwalters sowie der Anordnung von vorläufigen Sicherungsmaßnahmen bereits eine Verfahrenseröffnung im Sinne des Art. 34 zu sehen ist. In der Entscheidung hatte der EuGH darauf abgestellt, dass eine für das **Prioritätsprinzip** maßgebliche Verfahrenseröffnung bereits mit Vorliegen der beiden vorgenannten Anordnungen gegeben sei. Das könnte man auch unter der Neuregelung der EuInsVO 2015 vermuten, da nach Art. 2 Nr. 7 lit. ii die Entscheidung zur Eröffnung eines Insolvenzverfahrens auch die Entscheidung zur Bestellung eines Verwalters ist, worunter nach Art. 2 Nr. 5 wiederum auch die Bestellung eines vorläufigen Verwalters fällt. Richtigerweise ist jedoch erst der formelle Eröffnungsbeschluss des Insolvenzgerichts des Hauptverfahrens für Art. 34 maßgebend.[22] Denn Art. 34 knüpft an den formellen Eröffnungsbeschluss des Hauptverfahrens bestimmte Rechtsfolgen, wie beispielsweise den Dispens von der Nachprüfung der Insolvenzgründe, was jedoch zum Zeitpunkt der Anordnung vorläufiger Sicherungsmaßnahmen noch nicht erfolgt ist.

13 Das bedeutet jedoch nicht, dass die Anordnung vorläufiger Sicherungsmaßnahmen wie die Bestellung eines vorläufigen Verwalters im Rahmen von Art. 34 unbeachtlich wäre. Denn auch diese Anordnungen sind in anderen Mitgliedsstaaten bereits anzuerkennen. Nimmt ein Insolvenzgericht bei der Anordnung von Sicherungsmaßnahmen und der Bestellung eines vorläufigen Verwalters bereits die Zuständigkeit nach Art. 3 Abs. 1 in Anspruch, so können die Insolvenzgerichte anderer Mitgliedsstaaten für Maßnahmen im Eröffnungsverfahren allenfalls die Zuständigkeit nach Art. 3 Abs. 2 in Anspruch nehmen. Die Sicherungsmaßnahmen können sich daher nur noch auf das inländische Vermögen beziehen. Gleichzeitig ist das Insolvenzgericht des Sekundärverfahrensstaates gehindert, ein auf Art. 3 Abs. 1 gestütztes Hauptverfahren zu eröffnen. Diese Möglichkeit ist durch die Inanspruchnahme der Zuständigkeit des anderen Insolvenzgerichts bereits gesperrt.[23] Ist das Insolvenzgericht des vermeintlichen Sekundärverfahrensstaates der Auffassung, es sei nach Art. 3 Abs. 1 zuständig, so empfiehlt sich, dass der vorläufige Insolvenzverwalter dies dem Insolvenzgericht des Hauptverfahrens kommuniziert. Denn die Kooperations- und Unterrichtungspflichten nach Art. 41 gelten bereits vor der formellen Verfahrenseröffnung.[24] Bei konkurrierenden Zuständigkeiten sollte das Gericht des vermeintlichen Sekundärverfahrens daher zunächst den formellen Eröffnungsbeschluss des Gerichts des vermeintlichen Hauptverfahrens abwarten (vgl. zum Prioritätsprinzip ausführlich auch → Art. 3 Rn. 76 ff.).

MüKoBGB/*Kindler* Art. 34 Rn. 10; *Paulus* Art. 34 Rn. 4; LSZ/*Smid* EuInsVO 2000 Art. 27 Rn. 9; Bork/van Zwieten/*Mangano* Art. 34 Rn. 34.12.

[19] Vgl. AG Düsseldorf v. 12.3.2004, NZI 2004, 269, 270; AG Köln v. 23.1.2004, NZI 2004, 151; so auch *Virgos/Schmit*, Erläuternder Bericht, Rn. 215 aE; Duursma-Kepplinger/Duursma/Chalupsky/*Duursma-Kepplinger* EuInsVO 2000 Art. 27 Rn. 17; Vallender/*Ch. Keller* Art. 34 Rn. 17; KPB/*Kemper* EuInsVO 2000 Art. 27 Rn. 2; *Leible*/Staudinger KTS 2000, 533, 545; Rauscher/*Mäsch* EuInsVO 2000 Art. 27 Rn. 5; MüKoBGB/*Kindler* Art. 34 Rn. 10; LSZ/*Smid* EuInsVO 2000 Art. 27 Rn. 9; *Vallender* KTS 2005, 283, 301.

[20] Vgl. EuGH *(Bank Handlowy)* NZI 2013, 106 Rn. 41; EuGH *(Eurofood)* NZI 2006, 360 Rn. 39, 42; EuGH *(MG Probud Gdynia)* NZI 2010, 156 Rn. 27, 29; LSZ/*Smid* EuInsVO 2000 Art. 27 Rn. 9; hierzu auch → Rn. 15 sowie die Ausführungen zu → Art. 19 Rn. 21.

[21] EuGH v. 2.5.2006, Rs. C-341/04 *(Eurofood)*, NZI 2006, 360, 361 Rn. 54; vgl. dazu bereits → Art. 3 Rn. 27.

[22] So auch Vallender/*Keller* Art. 34 Rn. 16; Konecny/Schubert/*Pogacar* EuInsVO 2000 Art. 27 Rn. 33; *Geroldinger*, Verfahrenskoordination, S. 84 ff.; K. Schmidt/*Brinkmann* EuInsVO 2000 Art. 27 Rn. 8; Mankowski/Müller/Schmidt/*Mankowski* Art. 34 Rn. 7; Brinkmann/*Madaus* Art. 34 Rn. 19.

[23] Sich dem anschließend: *Geroldinger*, Verfahrenskoordination, S. 84 ff., 90; *Reinhart* NZI 2009, 75.

[24] Vgl. → Art. 41 Rn. 2.

Ergeht der formelle Eröffnungsbeschluss, so ist für Art. 34 allein dessen Wirksamkeit, nicht **14** jedoch dessen Rechtskraft entschieden.[25] Damit sind die Prioritätsprobleme jedoch noch nicht gelöst, denn denkbar bleibt, dass die Hauptverfahrenszuständigkeit durch das Rechtsmittelgericht abgelehnt wird. Ist der Eröffnungsbeschluss des vermeintlichen Sekundärinsolvenzverfahrens noch nicht rechtskräftig, so kann dieses freilich nunmehr auch die Zuständigkeit nach Art. 3 Abs. 1 für sich in Anspruch nehmen (vgl. ausführlich hierzu → Art. 3 Rn. 78 ff.). Das zunächst vermeintliche Hauptinsolvenzverfahren, dessen fehlende Zuständigkeit nach Art. 3 Abs. 1 durch das Rechtsmittelgericht rechtskräftig festgestellt wurde, wandelt sich dann *ipso iure* in ein Sekundärinsolvenzverfahren um, sobald das Insolvenzgericht des anderen Mitgliedsstaates seinen früheren Beschluss abgeändert und die Zuständigkeit nunmehr auf Art. 3 Abs. 1 gestützt hat.

2. Anerkennung des Hauptverfahrens. Art. 34 verlangt zudem, dass das Hauptinsolvenzver- **15** fahren im Mitgliedsstaat des Sekundärinsolvenzverfahrens anerkannt wird. Diese Anerkennung ist im Sinne einer **Anerkennung** von Art. 19 zu verstehen. Es darf daher keine Überprüfung der von dem Insolvenzgericht des Hauptinsolvenzverfahrensstaates in Anspruch genommenen internationalen Zuständigkeit nach Art. 3 Abs. 1 durch das Insolvenzgericht des Sekundärverfahrensstaates erfolgen.[26] Von dem Insolvenzgericht des Sekundärverfahrensstaates ist lediglich zu überprüfen, ob das Insolvenzgericht des anderen Mitgliedsstaates seine Zuständigkeit auf Art. 3 Abs. 1 gestützt hat und ob die Entscheidung wirksam ist. Ist dies der Fall, so kann die Anerkennung des Hauptinsolvenzverfahrens allenfalls an einem *ordre public*-Verstoß nach Art. 33 scheitern. Dann muss aber der Eröffnungsbeschluss selbst gegen den *ordre public* verstoßen. Das ist allenfalls der Fall, wenn das zu dem Eröffnungsbeschluss führende Verfahren an schwerwiegenden Verfahrensmängeln leidet.[27] Dass einzelne Wirkungen des Verfahrens gegen den *ordre public* verstoßen, ist im Rahmen der Anerkennung dieser konkreten Wirkungen zu berücksichtigen, nicht aber im Rahmen der Anerkennung des Eröffnungsbeschlusses selbst.[28]

3. Zuständigkeit nach Art. 3 Abs. 2. Die Eröffnung des Sekundärinsolvenzverfahrens setzt **16** zudem voraus, dass das Insolvenzgericht nach Art. 3 Abs. 2 international zuständig ist, das heißt, dass sich im Mitgliedsstaat eine **Niederlassung** des Schuldners befindet. Hierzu ist auf den in Art. 2 Nr. 10 definierten Begriff der Niederlassung zurückzugreifen. Voraussetzung ist daher, dass der Schuldner im Gebiet dieses Mitgliedsstaates eine nicht nur vorübergehende wirtschaftliche Aktivität entfaltet und hierbei Personal- und Vermögenswerte eingesetzt hat.[29] Nicht notwendig ist hingegen, dass die Niederlassung noch werbend aktiv ist. Hat die Niederlassung ihre werbende Tätigkeit bereits eingestellt, ist die Liquidation der Niederlassung aber noch nicht abgeschlossen, so liegt weiterhin eine Niederlassung im Sinne des Art. 3 Abs. 2 vor.[30] Die Zuständigkeit nach Art. 3 Abs. 2 ist auch dann gegeben, wenn das Insolvenzgericht des vermeintlichen Sekundärverfahrensstaates in dieser „Niederlassung" sogar den Mittelpunkt der wirtschaftlichen Interessen des Schuldners sieht.[31] Zwar ist das Insolvenzgericht daran gehindert, seine Zuständigkeit auf Art. 3 Abs. 1 zu stützen, wenn bereits ein Insolvenzgericht eines anderen Mitgliedsstaates eine entsprechende Zuständigkeit für sich in Anspruch genommen hat.[32] Bei dem Begriff der Niederlassung handelt es sich jedoch um ein Minus und nicht um ein Aliud gegenüber dem Mittelpunkt der hauptsächlichen Interessen, weshalb auch in diesen Fällen die Eröffnung eines auf Art. 3 Abs. 2 gestützten Sekundärinsolvenzverfahrens möglich ist.[33]

---

[25] *Balz* ZIP 1996, 948, 953; MüKoBGB/*Kindler* Art. 34 Rn. 10; Vallender/*Ch. Keller* Art. 34 Rn. 17; Mankowski/Müller/Schmidt/*Mankowski* Art. 34 Rn. 7; Brinkmann/*Madaus* Art. 34 Rn. 19.

[26] Vgl. dazu bereits → Rn. 11.

[27] ZB an einer Verletzung des Rechts des Schuldners auf rechtliches Gehör, vgl. → Art. 33 Rn. 11.

[28] Vgl. → Art. 33 Rn. 22.

[29] Vgl. zu den Kriterien des Niederlassungsbegriffs, → Art. 2 Rn. 49.

[30] So auch *The Trustees of the Olympic Airlines S.A. Pension and Life Assurance Scheme v. Olympic Airlines S.A.* [2012] EWHC 1413 (Ch); *Trillium (Nelson) Properties v Office Metro Limited* [2012] EWHC 1191 (Ch); ebenso wohl auch Hess/Oberhammer/Pfeiffer/*Oberhammer*, European Insolvency Law Rn. 893; anders wohl BGH Beschl. v. 8.3.2012, Az. IC ZB 178/11, BeckRS 2012, 07433; hierzu Urteilsanm. *Tschentscher* FD-InsR 2012, 332104; der BGH Beschl. lässt sich evtl. aufgrund der Besonderheiten des von dem Schuldner betriebenen Notariats begründen.

[31] Zwar nicht ausdrücklich, aber von der Fallkonstellation ähnlich EuGH (*Bank Handlowy*) NZI 2013, Rn. 53; das gesamte Vermögen befand sich im Mitgliedsstaat des Sekundärverfahrens.

[32] Vgl. die anderslautende Entscheidung des AG Düsseldorf v. 6.6.2003, ZIP 2003, 1363.

[33] So das AG Köln v. 23.1.2004, NZI 2004, 151, dem zustimmend *Sabel* NZI 2004, 126, 127 und das AG Düsseldorf v. 12.3.2004, NZI 2004, 269, 270 mAnm *Herweg/Tschauner* EWiR 2004, 495; vgl. auch *Duursma/Duursma-Kepplinger* DZWIR 2003, 447, 451; Geimer/Schütze/*Heiderhoff*, B Vor I 20b, EuInsVO 2000 Art. 27 Rn. 9; Rauscher/*Mäsch* EuInsVO 2000 Art. 27 Rn. 9; MüKoBGB/*Kindler* Art. 34 Rn. 16; LSZ/*Smid* EuInsVO 2000 Art. 27 Rn. 13; *Vallender/Fuchs* ZIP 2004, 829, 834.

17 **4. Keine Insolvenzantragspflicht.** Hingegen gelten die aus dem materiellen Insolvenzrecht der Mitgliedstaaten bekannten Insolvenzantragspflichten nicht für das Sekundärverfahren.[34] Hat der Schuldner nämlich am COMI einen Insolvenzantrag gestellt, so erfüllt der Schuldner damit eine eventuell bestehende Antragspflicht auch in allen anderen Mitgliedstaaten, in denen ein Sekundärverfahren eröffnet werden könnte. Denn die Wirkungen des Hauptverfahrens erstrecken sich auf alle Mitgliedstaaten, sodass auch ohne ein Sekundärverfahren die Vermögensgegenstände aus dem Sekundärverfahrensstaat dem Insolvenzregime des Hauptverfahrens unterworfen sind.

III. Rechtsfolgen

18 **1. Sekundärverfahren.** Bereits Art. 3 Abs. 3 S. 1 regelt, dass es sich bei jedem Insolvenzverfahren, das zeitlich nach einem auf Grundlage von Art. 3 Abs. 1 eingeleiteten (Haupt-)Insolvenzverfahren eröffnet wird, automatisch um ein Sekundärinsolvenzverfahren handelt. Diese Rechtsfolge wiederholt Art. 34, indem es den Gerichten des Sekundärverfahrensstaates erlaubt, ein so genanntes Sekundärinsolvenzverfahren zu eröffnen. Der Wortlaut „kann eröffnen" deutet nicht etwa auf ein entsprechendes Ermessen für das Insolvenzgericht des Sekundärverfahrensstaates hin, sondern verdeutlicht, dass es sich um eine Ausnahme von dem Universalitätsprinzip handelt, wonach grundsätzlich nur ein Insolvenzverfahren über das Vermögen des Schuldners durchgeführt werden darf. Liegen die Voraussetzungen von Art. 34 vor, so handelt es sich um ein Sekundärinsolvenzverfahren, in dem die Vorschriften von Art. 34 ff. zwingend auch durch das Insolvenzgericht des Sekundärverfahrensstaates zu beachten sind.

19 Zulässig ist auch die Eröffnung mehrerer Sekundärinsolvenzverfahren. Da die Zulässigkeit im Ergebnis nur vom Vorliegen einer Niederlassung im Sinne von Art. 2 Nr. 10 abhängt, können in allen Mitgliedstaaten Sekundärinsolvenzverfahren durchgeführt werden, in denen sich Niederlassungen des Schuldners befinden. Dies kommt implizit auch in Art. 41 Abs. 1 zum Ausdruck, der davon spricht, dass ein Gläubiger seine Forderung in „jedem Insolvenzverfahren" anmelden könne.

20 **2. Eröffnungsvoraussetzungen. a) Insolvenzgrund.** Gemäß Art. 7 Abs. 2 und 35 bestimmt sich nach dem Recht des Verfahrensstaats, unter welchen Voraussetzungen ein Insolvenzverfahren zu eröffnen ist, soweit die Verordnung nichts anders bestimmt.[35] Eine solche anderweitige Bestimmung ist in der Verordnung jedoch in Art. 34 für die Prüfung der **Insolvenzgründe im Sekundärverfahren** enthalten. War es für die Eröffnung des Hauptverfahrens erforderlich, dass der Schuldner insolvent ist, so wird das Vorliegen eines Eröffnungsgrundes für das Sekundärverfahren unwiderleglich vermutet, wie sich nunmehr aus einem Umkehrschluss zu Art. 34 S. 2 ergibt.[36] Für die Eröffnung eines Sekundärverfahrens in Deutschland ist dann nicht mehr zu prüfen, ob der Schuldner zahlungsunfähig oder überschuldet ist (§§ 17–19 InsO). Das gilt selbst dann, wenn der Eröffnungsgrund, auf den das Gericht des Hauptverfahrens die Eröffnung gestützt hat (wie beispielsweise die drohende Zahlungsunfähigkeit), in dem Staat des Sekundärverfahrens unbekannt ist.[37]

21 Anders als noch bei Art. 27 S. 1 EuInsVO 2000 erteilt Art. 34 S. 2 keinen generellen Dispens mehr von der Prüfung der Insolvenzeröffnungsgründe. Der uneingeschränkte Verzicht auf die Prüfung der **Insolvenzeröffnungsgründe** aus Art. 27 EuInsVO 2000 („*ohne dass die Insolvenz des Schuldners geprüft wird*"), wird nach Art. 34 S. 2 eingeschränkt. Danach wird auf eine erneute Prüfung der Insolvenzeröffnungsgründe nur dann verzichtet, wenn es für das Hauptverfahren erforderlich ist, dass der Schuldner insolvent ist. Fand eine Prüfung, ob der Schuldner insolvent ist, nicht statt, so muss das Insolvenzgericht des Sekundärverfahrensstaates den Insolvenzgrund nach dem Recht des Sekundärverfahrensstaates (Art. 35) nochmals eigenständig prüfen. Die Prüfungspflicht steht im Zusammenhang mit der Öffnung der Verordnung auch für insolvenznahe Verfahren, die nicht die

---

[34] So auch Cour de Cassation, Urt. v. 7.2.2018, Az. 17/10056 = BeckRS 2018; 42662, hierzu auch *Degenhardt* NZI 2019, 656.
[35] Vgl. → Art. 28 Rn. 5.
[36] So für die EuInsVO 2000 noch EuGH *(Bank Handlowy)* NZI 2013, 106 Rn. 64 ff.; Brinkmann/*Madaus* Art. 34 Rn. 24; *Blitz,* Sonderinsolvenzverfahren, S. 186; HKInsO/*Schultz* Art. 34 Rn. 8; *Kolmann,* Kooperationsmodelle, S. 336 f.; *Wimmer* ZIP 1998, 982, 986; im Ergebnis auch, jedoch nicht auf eine unwiderlegliche Vermutung, sondern auf eine Ersetzung des Eröffnungsgrundes bzw. dessen Prüfung abstellend: Duursma-Kepplinger/Duursma/Chalupsky/*Duursma-Kepplinger* Art. 27 Rn. 33; KPB/*Kemper* Art. 27 Rn. 9; Rauscher/*Mäsch* Art. 27 EG-InsVO Rn. 13; MüKoBGB/*Kindler* Art. 34 Rn. 8; LSZ/*Smid* Art. 27 Rn. 16 ff.; Uhlenbruck/*Lüer* Art. 34 Rn. 32; Schmidt/*Knof* Art. 34 Rn. 11.
[37] Duursma-Kepplinger/Duursma/Chalupsky/*Duursma-Kepplinger* Art. 27 Rn. 34; HKInsO/*Stephan* Art. 27 Rn. 7; KPB/*Kemper* Art. 27 EuInsVO Rn. 9; *Kolmann,* Kooperationsmodelle, S. 337; *Lehr* KTS 2000, 584; Rauscher/*Mäsch* Art. 27 EG-InsVO Rn. 13; Nerlich/Römermann/*Nerlich,* Art. 27 Rn. 8; MüKoBGB/*Kindler* Art. 27 Rn. 20; *Paulus* Art. 27 Rn. 5; Uhlenbruck/*Lüer* Art. 27 Rn. 34; Konecny/Schubert/*Pogacar,* Art. 27 Rn. 61; Rn. 3; Schmidt/*Knof,* Art. 34 Rn. 12; *Wimmer* ZIP 1998, 982, 986.

Insolvenz des Schuldners voraussetzen, sondern dessen Vermeidung dienen.[38] Diese ermöglichen eine Verfahrenseröffnung noch vor der Insolvenz des Schuldners.

Diese nochmalige Prüfung des Insolvenzgrundes ist allerdings wenig geglückt und wird die Insolvenzgerichte vor praktische Probleme stellen. So gibt es beispielsweise in Rumänien, Frankreich und den Niederlanden Verfahren, die eine Insolvenz des Schuldners nicht voraussetzen.[39] Derartige, auf Insolvenzvermeidung gerichtete Verfahren enthalten in der Regel besondere Eröffnungsgründe, die die bestimmte wirtschaftliche Situation des Schuldners voraussetzen. Da die EuInsVO keine Definition des Insolvenzgrundes enthält, kann daher gelegentlich zweifelhaft sein, ob das Gericht des Hauptverfahrens geprüft hat, ob der Schuldner „*insolvent*" ist. Keinesfalls darf das Insolvenzgericht des Sekundärverfahrensstaates hierbei auf die Insolvenzgründe des eigenen Rechts zurückgreifen. Vielmehr ist der Begriff der „*Insolvenz*" autonom auszulegen. 22

Danach könnte allerdings zweifelhaft sein, ob der Insolvenzgrund des deutschen Rechts, nämlich der drohenden Zahlungsunfähigkeit, eine Prüfung im Sinne des Art. 34 S. 2 ist. Das ist jedoch zu bejahen. Eine enge Auslegung des Insolvenzgrundes „Insolvenz" hätte nämlich zur Folge, dass das Gericht des Sekundärverfahrensstaates keine Sekundärverfahren eröffnen könnte, wenn das nationale Recht strengere Anforderungen an die „Insolvenzsituation" des Schuldners stellen würde, als das Recht des Sekundärverfahrens. Da die Wirkungen des Hauptverfahrens dennoch anerkannt werden müssten, wäre die Funktion, nämlich auch der Schutz lokaler Rechte, konterkariert. Es ist nicht ersichtlich, dass der europäische Verordnungsgeber dies mit der Einschränkung beabsichtigt hat. Denn sowohl der Entwurf der Kommission als auch der Entwurf des Parlaments wollten auf die nochmalige Überprüfung des Insolvenzgrundes gänzlich verzichten.[40] 23

Im Ergebnis macht die Prüfung eines Insolvenzeröffnungsgrundes nach lokalem Recht auch in der Praxis wenig Sinn. Würde nämlich das Insolvenzgericht des Sekundärverfahrensstaates die Eröffnung eines Sekundärverfahrens mit der Begründung ablehnen wollen, es lägen keine Insolvenzgründe vor, so würde dies allenfalls dazu führen, dass nunmehr die Rechtswirkungen des Verfahrens aus dem Hauptverfahrensstaat gemäß Art. 19 anzuerkennen wären. Ein solches Verfahren wird jedoch regelmäßig untersagen, dass der Schuldner seine Gläubiger noch bezahlen darf. Von daher wird die Zahlungsunfähigkeit schon *de iure* regelmäßig zu bejahen sein. Was der Verordnungsgeber daher damit bezwecken wollte, dass die Gerichte des Sekundärverfahrensstaates die Insolvenzgründe erneut prüfen sollen, bleibt unklar. 24

b) Antragsrecht, Kostenvorschuss. Auch Art. 37 und 40 enthalten Bestimmungen für das Eröffnungsverfahren, die der *lex fori concursus secundarii* vorgehen. So steht das Antragsrecht für die Eröffnung eines Sekundärinsolvenzverfahrens nur den in Art. 37 benannten Personen zu (vgl. → Art. 37 Rn. 3 ff.).[41] Ebenso werden nationale Vorschriften bezüglich eines Kostenvorschusses durch Art. 40 verdrängt. Hiernach kann das Insolvenzgericht vom Antragsteller einen Kostenvorschuss oder eine angemessene Sicherheit verlangen, soweit auch das Recht des Mitgliedsstaates dies vorsieht (vgl. → Art. 40 Rn. 4 f.).[42] 25

c) Keine eröffnungshindernde Zusicherung des Verwalters des Hauptverfahrens. Allerdings ist der Eröffnungsantrag gemäß Art. 38 Abs. 2 abzulehnen, wenn der Verwalter des Hauptinsolvenzverfahrens eine Zusicherung nach Art. 36 gegeben hat und das Insolvenzgericht des Sekundärverfahrens der Überzeugung ist, dass die Zusicherung die allgemeinen Interessen der lokalen Gläubiger angemessen schützt (vgl. hierzu ausführlich → Art. 38 Rn. 7 sowie Art. 36). 26

d) Sonstige Eröffnungsvoraussetzungen. Die sonstigen Voraussetzungen der Verfahrenseröffnung richten sich dagegen mangels anderweitiger Bestimmung in der Verordnung unverändert nach der *lex fori concursus secundarii*, also nach dem Recht des Sekundärverfahrensstaates. Dies ergibt sich aus dem Zusammenspiel von Art. 27 und Art. 35. Denn nach Art. 35 finden, soweit die Verordnung nichts anderes bestimmt, die Rechtsvorschriften des Mitgliedsstaates Anwendung, in dessen Gebiet das Sekundärinsolvenzverfahren eröffnet worden ist. Dementsprechend richtet sich die Frage der **Insolvenzfähigkeit** des Schuldners nach der *lex fori concursus secundarii*, also nach dem Recht des Sekundärverfahrensstaates.[43] Gleiches gilt für die **örtliche Zuständigkeit** innerhalb des Mit- 27

---

[38] Vgl. dazu → Art. 1 Rn. 6b.
[39] Vgl. die jeweiligen Länderberichte.
[40] Vgl. Art. 27 EuInsVO-KomE, COM (2012) 0744 sowie Art. 27 EuInsVO-ParlE, vgl. auch → EuInsVO 2000 Vor Art. 1 Rn. 34 ff.
[41] MüKoBGB/*Kindler* Art. 34 Rn. 21.
[42] MüKoBGB/*Kindler* Art. 34 Rn. 9; K. Schmidt/*Undritz* Art. 34 Rn. 16.
[43] Ebenso MüKoBGB/*Kindler* Art. 34 Rn. 19; Mankowski/Müller/Schmidt/*Mankowski* Art. 34 Rn. 18; Vallender/*Ch. Keller* Art. 34 Rn. 23; LSZ/*Smid* EuInsVO 2000 Art. 27 Rn. 15; *Virgos/Schmit*, Erläuternder Bericht, Rn. 211; Konecny/Schubert/*Pogacar* EuInsVO 2000 Art. 27 Rn. 69 f.

gliedsstaates,[44] sowie für die Frage der Kostendeckung.[45] Für in Deutschland durchgeführte Sekundärinsolvenzverfahren sieht Art. 102c § 1 EGInsO eine entsprechende Sondervorschrift zur Bestimmung der örtlichen Zuständigkeit vor (vgl. die nachfolgende Kommentierung der Vorschrift bei Art. 102c § 1 EGInsO).

28 Ein über die allgemeinen Antragsvoraussetzungen hinausgehendes **besonderes Rechtsschutzinteresse** des Antragstellers (hierzu Art. 37) ist nicht erforderlich.[46] Zwar wird in der Literatur vereinzelt gefordert, dass eine entsprechende Einschränkung *de lege ferenda* sinnvoll sei.[47] Diese Einschränkung beruht jedoch auf einem von *Thieme* entwickelten Konzept des Sekundärverfahrens, wonach sich das Sekundärverfahren sowohl bezüglich der Insolvenzmasse als auch bezüglich der Passivmasse auf niederlassungsbezogene Aktiva und Passiva beschränken soll.[48] Dieses Konzept ist von dem Verordnungsgeber jedoch nicht übernommen worden.[49] Zudem ergibt sich aus dem Umkehrschluss von Art. 3 Abs. 4, dass nur im Falle der Durchführung eines Partikularverfahrens (dh bei Fehlen eines entsprechenden Hauptverfahrens) eine besondere Beziehung zum Betrieb der Niederlassung bestehen muss. Entsprechende Einschränkungen können auch nicht durch die Hintertür des jeweiligen nationalen Rechts eingeführt werden. Demnach dürfen deutsche Insolvenzgerichte den Antrag eines Gläubigers nicht nach § 14 InsO mit der Begründung ablehnen, dem Gläubiger fehle das rechtliche Interesse, weil er am Hauptverfahren teilnehmen könne (oder evtl. sogar dort bereits teilnimmt). Eine derartige Auslegung des § 14 InsO wäre mit der Verordnung nicht vereinbar.

29 **3. Liquidationsverfahren und Insolvenzplanverfahren.** Anders als Art. 27 EuInsVO 2000 enthält Art. 34 keine Einschränkung mehr hinsichtlich des für das Sekundärverfahren **zulässigen Verfahrenstyps**. Dies ist die konsequente Umsetzung der gegenüber Art. 3 Abs. 3 S. 2 EuInsVO 2000 vorgenommenen Streichung, dass es sich bei dem im Sekundärverfahren durchgeführten Verfahren um ein **Liquidationsverfahren** handeln müsse. Diese Streichung ist zu begrüßen.[50] Sie steht im Übrigen im Zusammenhang mit der in Art. 38 Abs. 4 angeordneten Kooperationspflicht des Insolvenzgerichts, den Verfahrenstyp zu wählen, der für die Durchführung des Sekundärverfahrens am besten geeignet ist. Daher kann das Gericht des Sekundärverfahrensstaates nunmehr jeden nach dem Recht des Sekundärverfahrensstaates zulässigen Verfahrenstyp auswählen.

30 Wird in Deutschland ein Sekundärverfahren durchgeführt, so ist daher auch in dem Sekundärverfahren die Durchführung eines Insolvenzplanverfahrens möglich.[51] Das ergibt sich nunmehr auch implizit aus Art. 47 Abs. 1, welcher dem Verwalter des Sekundärverfahrens erlaubt, einen Sanierungsplan oder Vergleich vorzuschlagen. Folglich muss ein Insolvenzplanverfahren auch in einem Sekundärverfahren zulässig sein, wie im Übrigen auch Art. 102c § 15 EGInsO bestätigt.[52]

---

[44] Vgl. Ziff. 26 der Erwägungsgründe; MüKoBGB/*Kindler* Art. 34 Rn. 17; Mankowski/Müller/Schmidt/*Mankowski* Art. 34 Rn. 17; Vallender/*Ch. Keller* Art. 34 Rn. 23; Rauscher/*Mäsch* EuInsVO 2000 Art. 27 Rn. 11; LSZ/*Smid* EuInsVO 2000 Art. 27 Rn. 20; *Virgos/Schmit*, Erläuternder Bericht, Rn. 213, 222; Konecny/Schubert/*Pogacar* EuInsVO 2000 Art. 27 Rn. 74.

[45] Mankowski/Müller/Schmidt/*Mankowski* Art. 34 Rn. 19; Vallender/*Ch. Keller* Art. 34 Rn. 23; Konecny/Schubert/*Pogacar* EuInsVO 2000 Art. 27 Rn. 73.

[46] Vallender/*Ch. Keller* Art. 37 Rn. 8; Duursma-Kepplinger/Duursma/Chalupsky/*Duursma-Kepplinger/Chalupsky* EuInsVO 2000 Art. 29 Rn. 7; Geimer/Schütze/*Heiderhoff*, B Vor I 20b, EuInsVO 2000 Art. 29 Rn. 5; Rauscher/*Mäsch* EuInsVO 2000 Art. 29 Rn. 4; MüKoBGB/*Kindler* Art. 37 Rn. 7; *Paulus* Art. 37 Rn. 8; LSZ/*Smid* EuInsVO 2000 Art. 29 Rn. 8; Bork/van Zwieten/*Mangano* Art. 37 Rn. 37.08 ff.; *Virgos/Schmit*, Erläuternder Bericht, Rn. 227; vgl. dazu auch *Balz* ZIP 1996, 948, 953, insbes. Fn. 35; *Kolmann*, Kooperationsmodelle, S. 336.

[47] So die Dissertation von *Dawe*, Der Sonderkonkurs des deutschen Internationalen Insolvenzrechts 2005, S. 155 ff.

[48] Vgl. *Thieme* IJVO 5 (1995/96) 44, 86; *Thieme*, Partikularkonkurs, S. 212.

[49] Entsprechende weitere Einschränkungen hat die Kommission und das Europäische Parlament auch im Zusammenhang mit der Reform der EuInsVO abgelehnt, vgl. → Rn. 7.

[50] Vgl. hierzu bereits die Kritik in → 2. Aufl., EuInsVO 2000 Art. 3 Rn. 75 und → 2. Aufl., EuInsVO 2000 Art. 27 Rn. 18; die alte Rechtslage allerdings verteidigend *Fehrenbach*, Haupt- und Sekundärinsolvenzverfahren, S. 339 ff.

[51] Die Durchführung von Sanierungsverfahren in Sekundärverfahren war zuvor grundsätzlich in Frage gestellt worden, vgl. nur *Virgos/Schmit*, Erläuternder Bericht, Rn. 221; ausführlich *Fehrenbach*, Haupt- und Sekundärinsolvenzverfahren, S. 340 ff.; die Unzulässigkeit von Partikularsanierungsverfahren findet sich auch in einigen Rechtsordnungen, so zB in England, vgl. Re International Bulk Commodities Ltd. 1992 BCC 463, 468 f.; Re Dallhold Estates (UK) Pty. Ltd. 1992 BCC 394; zur Rechtslage in der Schweiz vgl. BGE 62 III 74, 75 f.; *Staehelin*, Die Anerkennung, S. 117; zum deutschen Recht nach der KO und VerglO vgl. LG Freiburg KTS 1964, 189.

[52] Pannen/*Herchen* EuInsVO 2000 Art. 27 Rn. 84; für das öster. Recht, das ebenfalls ein Einheitsverfahren vorsieht ebenso Konecny/Schubert/*Pogacar* EuInsVO 2000 Art. 27 Rn. 130.

4. Beschränkung der Aktivmasse. Art. 34 S. 3 enthält eine im Wortlaut gegenüber Art. 27 **31**
S. 2 EuInsVO 2000 geänderte, aber inhaltsgleiche **räumliche Beschränkung der Aktivmasse** für
das Sekundärverfahren. Rechtliche Unterschiede sind aus den beiden Formulierungen (Art. 27 S. 2
EuInsVO 2000, Art. 34 S. 3) nicht zu erkennen. Art. 34 S. 3 wiederholt noch einmal, was bereits in
Art. 3 Abs. 2 S. 2 festgehalten ist, nämlich dass sich die Wirkungen des Sekundärverfahrens auf die im
Sekundärverfahrensstaat belegenen Vermögensgegenstände beschränken. Wo sich ein Vermögensgegenstand befindet, ist nach der Legaldefinition in Art. 2 Nr. 9 zu ermitteln.[53] Für körperliche Gegenstände ist daher der Belegenheitsort, für Forderungen der COMI des (Dritt-)Schuldners, für registergeführte Gegenstände und Rechte der Ort des Registers, für Gemeinschaftspatente und -marken der
Ort des Hauptverfahrens (Art. 15) maßgeblich.[54] Entscheidend ist demgegenüber nicht, ob eine Forderung durch Geschäftätigkeit der Niederlassung entstanden oder auch der Vertrag von der Niederlassung geschlossen wurde. Daher können beispielsweise auch Kaufpreisforderungen aus Warenlieferungen der Niederlassung an Dritte in die Insolvenzmasse des Hauptverfahrens fallen, wenn der belieferte
Dritte den Mittelpunkt seiner hauptsächlichen Interessen nicht im Sekundärverfahrensstaat hat.

Bei Zweifeln darüber, welchem Verfahren ein Vermögensgegenstand zuzuordnen ist, empfehlen **32**
sich entsprechende Vereinbarungen zwischen den Verwaltern des Verfahrens, und zwar bezüglich der
Frage, wer den Vermögensgegenstand zunächst verwerten, und gegebenenfalls welchem Verfahren
er zustehen soll.[55] Nach den Ausführungen des EuGH in der *Nortel* Entscheidung ist sowohl das
Insolvenzgericht des Hauptverfahrens als auch das Insolvenzgericht des Sekundärverfahrens zuständig, um über die Zuordnung des Verfahrensgegenstandes zu entscheiden.[56] Das setzt jedoch voraus,
dass es verfahrensrechtlich im jeweiligen Insolvenzrecht eine Regelung gibt, hierüber zu entscheiden.
In der Praxis wird der Drittschuldner (zB bei einer Forderung) jedoch schon keine Leistung erbringen, wenn sich beide Verwalter um einen Vermögensgegenstand streiten. Dann ist die Zuordnung
jedoch – wie in jedem Zivilverfahren – zwischen den Insolvenzverwaltern streitig auszutragen.

Wenig erörtert ist bisher die Frage, wie die Abgrenzung der Insolvenzmassen bezüglich **gesell-** **33**
schaftsrechtlicher Ansprüche zur Kapitalaufbringung oder -erhaltung oder bezüglich insolvenzrechtlicher Ansprüche wegen Insolvenzverschleppung vorzunehmen ist. Die Zuweisung der
Haftungsansprüche wegen Insolvenzverschleppung zum Hauptverfahren ist auch deswegen zutreffend, weil eine gegebenenfalls gesetzlich vorgeschriebene Antragspflicht oftmals an die Zahlungsunfähigkeit oder Überschuldung anknüpft, die im Hinblick auf das gesamte Vermögen des Schuldners
zu prüfen ist, weshalb die rechtzeitige Antragstellung im Hauptverfahren auch grundsätzlich eine
Schadensersatzpflicht des Organs wegen Insolvenzverschleppung vermeidet. Insolvenzrechtlich zu
qualifizierende Ansprüche, wie beispielsweise der Anspruch der Gesellschaft wegen Insolvenzverschleppung, sind grundsätzlich im Verfahrensstaat des Hauptverfahrens belegen.[57] Diese Ansprüche
der Insolvenzmasse des Sekundärverfahrens zuzuweisen, ist unbegründet.[58] Gesellschaftsrechtlich zu
qualifizierende Ansprüche, wie zum Beispiel Kapitalaufbringung und Kapitalerhaltung sind hingegen
am gesellschaftsrechtlichen Sitz der Gesellschaft belegen, der jedoch meist mit dem Mittelpunkt der
hauptsächlichen Interessen nach Art. 3 Abs. 1 übereinstimmt.[59] Befindet sich der Sitz des Schuldners
im Sekundärverfahrensstaat, so fallen gesellschaftsrechtliche Ansprüche aber auch in die Insolvenzmasse des Sekundärverfahrensstaates.

Entscheidender **Zeitpunkt** für die Ermittlung der Belegenheit ist gemäß Art. 2 Nr. 8 der Zeit- **34**
punkt der formellen Eröffnung des Insolvenzverfahrens.[60] Zwar hat der EuGH in der sog. *Eurofood*
Entscheidung[61] eine Verfahrenseröffnung bereits dann angenommen, wenn das Insolvenzgericht einen
vorläufigen Insolvenzverwalter bestellt und Verfügungsbeschränkungen anordnet. Diese Vorverlagerung

---

[53] Vgl. → Art. 2 Rn. 32 ff.; so auch EuGH, Urt. v. 11.6.2015, Rs. C-649/13 *(Comité d'entreprise de Nortel Networks/Rogeau ua),* EuZW 2015, 593; ausführlich auch *Fehrenbach*, Haupt- und Sekundärinsolvenzverfahren, S. 151 ff.
[54] Vgl. ausführlich *Geroldinger*, Verfahrenskoordination, S. 182 f.; vgl. auch → Art. 2 Rn. 35 ff.
[55] Vgl. hierzu → Art. 41 Rn. 27, 38 ff.
[56] Vgl. EuGH, Urt. v. 11.6.2015, Rs C-649/13 *(Nortel)* = EuZW 2015, 593 Rn. 46.
[57] *Degenhardt*, Case Note on the Judgement of the Commercial Court of Nanterre, France of 24th Octobre 2014, IILR 2015, 31 ff.
[58] Anders aber C.C. von Nanterre, der dem Verwalter des französischen Sekundärverfahrens über das Vermögen einer GmbH (bei einem Hauptverfahren in Deutschland) Ansprüche wegen Insolvenzverschleppung *(responsabilité pour insuffisance d'actif)* zuerkannt hat; hiergegen zurecht *Degenhardt*, Case Note on the Judgement of the Commercial Court of Nanterre, France of 24th Octobre 2014, IILR 2015, 31 ff.
[59] So der Verfasser in der → 2. Aufl., Art. 2 Rn. 23.
[60] Vgl. Duursma-Kepplinger/Duursma/Chalupsky/*Duursma-Kepplinger* EuInsVO 2000 Art. 27 Rn. 28; MüKoBGB/*Kindler* Art. 34 Rn. 27; *Virgos/Schmit*, Erläuternder Bericht, Rn. 224; Rauscher/*Mäsch* EuInsVO 2000 Art. 27 Rn. 19; Konecny/Schubert/*Pogacar* EuInsVO 2000 Art. 27 Rn. 94.
[61] Vgl. → Art. 3 Rn. 27 ff.

des Eröffnungszeitpunktes gilt jedoch nur für die Feststellung der Priorität, dh welches Gericht aufgrund der zeitlich ersten Eröffnung als Insolvenzgericht des Hauptverfahrens anzusehen ist.[62]

35 Die Zuordnung **schwebender Rechtsgeschäfte** richtet sich nach den allgemeinen Regeln der Vermögensbelegenheit. Da bei einem schwebenden Geschäft auch die Insolvenzmasse noch Forderungen aus dem nicht vollständig abgewickelten Vertrag hat, kommt es gemäß Art. 2 Nr. 9 lit. viii auf den Mittelpunkt der Interessen der anderen Vertragspartei an. Nicht entscheidend ist demgegenüber, von wo aus der Vertrag geschlossen wurde oder wo die andere Vertragspartei die Forderung erfüllen sollte.[63] Selbst bei einem Vertrag über Warenlieferungen an die Niederlassung fällt daher der Vertrag in die Insolvenzmasse des Hauptverfahrens, wenn der (Dritt-)Schuldner den Mittelpunkt seiner hauptsächlichen Interessen nicht im Sekundärverfahrensstaat hat. Dementsprechend ist auch nur der Verwalter des Hauptverfahrens berechtigt, mögliche Wahlrechte auf Erfüllung oder Ablehnung auszuüben.

36 Auch **Insolvenzanfechtungsansprüche** sind entweder dem Haupt- oder einem Sekundärverfahren zuzuordnen. Hierbei ist entscheidend, welche Insolvenzmasse durch die anfechtbare Rechtshandlung vermindert bzw. belastet wurde (vgl. im Einzelnen hierzu → Art. 16 Rn. 21).

37 Die Beschränkung auf das Inlandsvermögen schließt nicht aus, dass der **Verwalter** des Sekundärinsolvenzverfahrens auch in anderen Mitgliedstaaten **tätig werden kann** oder muss, oder dass das Verfahren in anderen Mitgliedstaaten keine Wirkungen entfaltet.[64] Andere Mitgliedsstaaten sind jedoch regelmäßig nur dann betroffen, wenn sich die Tätigkeit des Insolvenzverwalters zwar auf die Insolvenzmasse des Sekundärinsolvenzverfahrens bezieht, insoweit aber ein Auslandsbezug gegeben ist. Das kann beispielsweise der Fall sein, wenn der Verwalter einen Vermögensgegenstand wiederzuerlangen versucht, der nach Verfahrenseröffnung in einen anderen Mitgliedstaat verbracht wurde oder wenn der Insolvenzverwalter des Sekundärverfahrens gegen einen Beteiligten mangels internationaler Zuständigkeit im Inland nur in einem anderen Mitgliedstaat vorgehen kann.

38 **5. Passivmasse. a) Insolvenzforderungen.** Die Passivmasse des Sekundärverfahrens ist nicht auf die Gläubiger der Niederlassung oder etwa auf die lokalen Gläubiger beschränkt. Art. 45 erlaubt jedem Gläubiger des Schuldners, seine Forderung im Sekundärverfahren anzumelden (vgl. ausführlich → Art. 45 Rn. 4). Das Sekundärverfahren haftet daher – abhängig von der tatsächlichen Anmeldung der Forderungen durch die Gläubiger oder den Verwalter – für alle Insolvenzforderungen, hinsichtlich der Masseverbindlichkeiten jedoch nur für die durch das Sekundärverfahren ausgelösten Masseverbindlichkeiten (vgl. → Rn. 39). Alle weiteren Fragen der Forderungsanmeldung hingegen richten sich nach der *lex fori concursus secundarii*.

39 **b) Masseverbindlichkeiten des Sekundärverfahrens.** Anders als bei den vor Verfahrenseröffnung entstandenen Insolvenzforderungen haftet die Insolvenzmasse des Sekundärverfahrens **nur für die durch das Sekundärverfahren ausgelösten Masseverbindlichkeiten,** nicht dagegen für die durch das Hauptverfahren ausgelösten Masseverbindlichkeiten.[65] Es würde dem Konzept des Sekundärverfahrens und dem damit beabsichtigten Schutz der lokalen Gläubiger widersprechen, müsste die Insolvenzmasse des Sekundärverfahrens auch für Masseverbindlichkeiten des Hauptverfahrens haften, deren Entstehen und Höhe der Verwalter des Sekundärverfahrens nicht beeinflussen kann. Das gilt grundsätzlich auch für die ausgelösten Verfahrenskosten.[66] Allerdings ist bezüglich der Verfahrenskosten denkbar, dass das Hauptverfahren für ausgelöste Kosten des Sekundärverfahrens haftet, nämlich wenn der Antrag auf Eröffnung vom Schuldner oder vom Verwalter des Hauptverfahrens ausgelöst, der Antrag jedoch zurückgewiesen wird.

40 Beide Verfahren können auch **untereinander** Masseverbindlichkeiten eingehen, beispielsweise im Rahmen üblicher Umsatzgeschäfte (zB einer Warenlieferung der Niederlassung, an der sich Produktionsstätten befinden, an das Hauptverfahren, das über die Vertriebskontakte verfügt). Dem steht auch nicht entgegen, dass hinter beiden Insolvenzmassen derselbe Rechtsträger steht.[67] Zumin-

---

[62] Vgl. hierzu ausführlich → Art. 3 Rn. 82.
[63] Strittig: aA Konecny/Schubert/*Pogacar* EuInsVO 2000 Art. 27 Rn. 93, der auf den engsten Bezug des Vertragsverhältnisses abstellt; wieder anders Pannen/*Herchen* EuInsVO 2000 Art. 27 Rn. 77; *Weller* ZHR 169 (2005), 570, 590 f., die auf einen qualifizierten Bezug der vertragscharakteristischen Leistung zur Niederlassung des Schuldners abstellen; für eine Mehrfachzuständigkeit: *Fehrenbach*, Haupt- und Sekundärinsolvenzverfahren, S. 288 ff.
[64] Vgl. hierzu bereits → Art. 19 Rn. 29.
[65] Konecny/Schubert/*Pogacar* EuInsVO 2000 Art. 27 Rn. 96; Duursma-Kepplinger/Duursma/Chalupsky/*Duursma-Kepplinger* EuInsVO 2000 Art. 27 Rn. 57 f.; *Lüke* ZZP 111 (1998), 306; Ringstmeier/*Hohmann* NZI 2004, 354 ff.; Pannen/*Herchen* Art. 27 Rn. 50.
[66] Vgl. hierzu *Leithaus/Lange* FS Vallender, 333, 336 ff.
[67] Strittig: wie hier; Pannen/*Herchen* EuInsVO 2000 Art. 27 Rn. 74; Duursma-Kepplinger/Duursma/Chalupsky/*Duursma-Kepplinger* EuInsVO 2000 Art. 27 Rn. 64 f.; ausführlich *Reinhart*, Sanierungsverfahren, S. 296 ff.; *Geroldinger*, Verfahrenskoordination, S. 207 ff.; ebenso wohl *Wittinghofer*, Der nationale und interna-

dest aus Sicht des deutschen Rechts, das bei einem Insolvenzverfahren in Deutschland für die entsprechenden Befugnisse des Verwalters maßgeblich wäre, spricht nichts gegen entsprechende Verträge zwischen den Verwaltern der Verfahren (vgl. → Art. 41 Rn. 35 ff.).

Die Haftung für Verbindlichkeiten, die **zwischen dem Antrag auf Eröffnung und dem Eröffnungsbeschluss** begründet werden, richtet sich danach, ob es sich um Insolvenzforderungen handelt (für die grundsätzlich alle Verfahren unbeschränkt haften, vgl. → Rn. 38) oder um Masseverbindlichkeiten. Für Letztere haftet grundsätzlich nur das Verfahren, das die Masseverbindlichkeiten begründet hat. Über die Einordnung entscheidet jedoch grundsätzlich die jeweilige *lex fori concursus* bzw. *die lex fori concursus secundarii*.[68] Führen demnach Handlungen oder Zustimmungserklärungen des vorläufigen Insolvenzverwalters im Hauptverfahren zum Entstehen von Masseverbindlichkeiten im Hauptverfahren, so richtet sich die Frage, wie diese Forderungen im Sekundärverfahren zu behandeln sind, nach dem Recht des Sekundärverfahrensstaates. Dieses wird jedoch regelmäßig eine Haftung der inländischen Insolvenzmasse für Masseverbindlichkeiten, die durch den Verwalter eines anderen Verfahren begründet wurden, nicht vorsehen.[69] Solche Forderungen sind daher aus Sicht des Sekundärverfahrens regelmäßig nur einfache Insolvenzforderungen. Aber auch eine Qualifikation als Insolvenzforderung kann ausscheiden. Hängt schon die Wirksamkeit der Handlung von der Zustimmung des vorläufigen Verwalters im Sekundärverfahren ab, kann die Masse des Sekundärverfahrens unabhängig von der Einordnung nur dann überhaupt in Anspruch genommen werden, wenn für die Handlung des Schuldners oder des Verwalters des Hauptverfahrens eine solche Zustimmungserklärung vorliegt. 41

6. Verwalter des Sekundärverfahrens. Mangels abweichender Bestimmung in der Verordnung (vgl. → Art. 35 Rn. 5) richtet sich auch die Bestellung des Verwalters für das Sekundärinsolvenzverfahren nach der *lex fori concursus secundarii*.[70] Für die Auswahl des Insolvenzverwalters enthält die Verordnung keine Regelung, die die autonomen Insolvenzrechte der Mitgliedstaaten modifizieren würde. Daher ist die gelegentlich in der Literatur vorzufindende Auffassung, dass für die Verwalterbestellung im Haupt- und Sekundärinsolvenzverfahren das Verbot der Personalunion gelte,[71] nicht zutreffend.[72] Jedenfalls lässt sich ein entsprechendes Verbot nicht durch einen Umkehrschluss daraus herleiten, dass Art. 41 verschiedene Verwalter voraussetzt. Diese Konstellation bildet einfach den Regelfall ab. Diese Auffassung, dass eine Personalunion verboten sei, ist erst recht nach Einführung der Zusicherung in Art. 36 überholt. Denn dort wird auf die Durchführung des Sekundärverfahrens alleine aufgrund einer Zusicherung des Verwalters des Hauptverfahrens verzichtet und damit faktisch dem Verwalter des Hauptverfahrens ebenfalls die Abwicklung der „Teilmasse" des Sekundärverfahrensstaates überlassen, ohne dass dieser noch unter der ständigen Aufsicht des Insolvenzgerichts des Sekundärverfahrensstaates stünde. Die Frage der Möglichkeit der Bestellung identischer Verwalter für Haupt- und Sekundärverfahren richtet sich daher ausschließlich nach der *lex fori concursus* bzw. der *lex fori concursus secundarii*.[73] 42

Im Falle eines Sekundärverfahrens in Deutschland besteht daher kein Verbot einer Personalunion.[74] Ähnliche Interessekonflikte finden sich beispielsweise auch bei Konzerninsolvenzen, insbesondere wenn zwischen den Konzerninsolvenzen Leistungsverkehr bestand oder wenn die Einsetzung eines konzernweiten Insolvenzverwalters gerade mit der einheitlichen Verwertung des gesamten Konzernvermögens begründet wird. Im deutschen Recht wurde die Bestellung eines Insolvenzver- 43

---

tionale Insolvenzverwaltervertrag, S. 386; *Eidenmüller* ZZP 114 (2001), 3, 32 f.; vgl. auch → Art. 41 Rn. 35 ff.; vermittelnd: Konecny/Schubert/*Progacar* EuInsVO 2000 Art. 27 Rn. 113; aA aber: Rauscher/*Mäsch* EuInsVO 2000 Art. 27 Rn. 20; MüKoBGB/*Kindler* Art. 34 Rn. 34; *Lüke* ZZP 111 (1998), 255, 306.

[68] Wohl ebenso Pannen/*Herchen* EuInsVO 2000 Art. 27 Rn. 59; Art. 7 Abs. 2 S. 2 lit. g und Art. 35; vgl. auch → Art. 35 Rn. 5.

[69] Der in § 55 InsO genannte „Insolvenzverwalter" ist nur der Verwalter des eigenen Verfahrens (dh der inländischen Masse), nicht dagegen der Verwalter des ausländischen Verfahrens.

[70] Konecny/Schubert/*Pogacar* EuInsVO 2000 Art. 27 Rn. 132; Pannen/*Herchen* EuInsVO 2000 Art. 27 Rn. 91; MüKoBGB/*Kindler* Art. 34 Rn. 42; Vallender/*Ch. Keller* Art. 34 Rn. 23; *Geroldinger,* Verfahrenskoordination, S. 225; *Vallender* KTS 2005, 283, 310.

[71] So Vallender/*Ch. Keller* Art. 34 Rn. 25; Duursma-Kepplinger/Duursma/Chalupsky/*Duursma-Kepplinger* EuInsVO 2000 Art. 27 Rn. 83 f.; Gebauer/Wiedmann/*Haubold* EuInsVO 2000 Art. 27 Rn. 218; MüKoBGB/*Kindler* Art. 34 Rn. 42; *Kolmann,* Kooperationsmodelle, S. 351; *Lüke* ZZP 111 (1998), 275, 304; LSZ/*Smid* EuInsVO 2000 Art. 27 Rn. 29; *Vallender* KTS 2005, 283, 311; auch ablehnend: Rauscher/*Mäsch* EuInsVO 2000 Art. 27 Rn. 25; s. allg. *Eidenmüller* NJW 2004, 3455, 3458; *Schack* IVZR, Rn. 1143.

[72] So auch FKInsO/*Wenner/Schuster* Art. 34 Rn. 15; Mankowski/Müller/Schmidt/*Mankowski* Art. 34 Rn. 27 f.

[73] So wohl auch Mankowski/Müller/Schmidt/*Mankowski* Art. 34 Rn. 27 f., vgl. dort auch zur Zweckmäßigkeit einer Personalunion.

[74] So wohl auch BGH, ZIP 2008, 2029 Rn. 13, der in der Bestellung des Verwalters des ausländischen Hauptverfahrens für das inländische Sekundärverfahren kein Problem sah; der BGH betonte allerdings, dass es sich weiterhin um zwei getrennte Verfahren handele; aA allerdings → InsO § 56 Rn. 44 ff.

walters für mehrere Konzerngesellschaften noch ausdrücklich angestrebt.[75] Aus Sicht des deutschen Insolvenzrechts dürfte die Ernennung eines Insolvenzverwalters für mehrere Mitgliedsstaaten gleichwohl scheitern, weil ein lediglich in einem anderen Mitgliedsstaat erfahrener Insolvenzverwalter keine „geeignete" Person im Sinne des § 56 InsO darstellt. Zudem dürften – bis auf einzelne Ausnahmefälle[76] – auch unzureichende Sprachkenntnisse einer Eignung im Sinne des § 56 InsO entgegenstehen. Von daher wird schon das jeweilige Recht der Mitgliedstaaten entsprechende Einschränkungen vorsehen, die eine Personalunion des Verwalters für das Haupt- und Sekundärinsolvenzverfahren untersagt.

44 Zur Vereinfachung der Verfahrenskoordination bei einem Sekundärverfahren in Deutschland ist jedoch zulässig (wenn nicht sogar gegebenenfalls wünschenswert), beispielsweise die **Eigenverwaltung** anzuordnen, sodass die Abwicklung des inländischen Sekundärverfahrens vom ausländischen Hauptinsolvenzverwalter vorgenommen wird.[77] Allerdings ist in diesen Fällen als Sachwalter im Sinne des § 270 InsO dann jeweils ein geeigneter Sachwalter zu bestellen, was im Ergebnis auf die Bestellung eines erfahrenen deutschen Insolvenzverwalters hinaus läuft. Die Interessen der lokalen Gläubiger sind auch in diesem Fall sogar besser geschützt als bei einer Zusicherung durch den Verwalter des Hauptverfahrens nach Art. 36, zumal das Insolvenzgericht auf Antrag auch einzelner Gläubiger anordnen kann, dass bestimmte Rechtsgeschäfte nur mit Zustimmung des Sachwalters abgeschlossen werden dürfen.[78] Außerdem müsste der Verwalter des Hauptverfahrens die Abwicklung des Sekundärverfahrens im Rahmen seiner Zusicherung vorwegnehmen, was auf die in Art. 36 näher dargestellten Schwierigkeiten stößt. Von daher ist die Anordnung der Eigenverwaltung im Sekundärverfahren einer Zusicherung nach Art. 36 vorzuziehen.

Art. 35 Anwendbares Recht

Soweit diese Verordnung nichts anderes bestimmt, finden auf das Sekundärinsolvenzverfahren die Rechtsvorschriften des Mitgliedstaats Anwendung, in dessen Hoheitsgebiet das Sekundärinsolvenzverfahren eröffnet worden ist.

Literatur: *Albrecht,* Die Reform der EuInsVO ist abgeschlossen – eine Übersicht, ZInsO 2015, 1077; *Czaja,* Umsetzung der Kooperationsvorgaben durch die Europäische Insolvenzverordnung im deutschen Insolvenzrecht, zugl. Diss. Univ. Regensburg 2009; *Eckardt,* Anmerkung zu BGH, Beschl. v. 29.5.2008 – IX ZB 102/07, ZZP 112, 339 bzw. 345; *Fehrenbach,* Haupt- und Sekundärinsolvenzverfahren, Tübingen 2014; *Geroldinger,* Verfahrenskoordination im Europäischen Insolvenzrecht – Die Abstimmung von Haupt- und Sekundärinsolvenzverfahren nach der EuInsVO, zugl. Diss. Univ. Wien 2009; *Göpfert/Müller,* Englisches Administrationsverfahren und deutsches Insolvenzarbeitsrecht, NZA 2009, 1057; *Herchen,* Kurzkommentar zu BGH, Beschl. v. 29.5.2008, EWiR 2009, 17; *Kodek,* Feststellung zur Tabelle in Österreich (Forderungsfeststellung) und internationale Bindungswirkung, ZInsO 2011, 889; *Leithaus/Lange,* Wer haftet für die Kosten des Sekundärinsolvenzverfahrens, FS Vallender, Köln 2015; *Mankowski,* Anmerkung zu BGH, Beschl. v. 29.5.2008 – IX ZB 102/07; *ders.,* Keine Litispendenzsperre unter der EuInsVO, KTS 2009, 453; *Oberhammer,* Zur internationalen Anfechtungsbefugnis des Sekundärverwalters nach Europäischem Insolvenzrecht, KTS 2008, 274; *Panzani,* Security Interests and Crossborder Insolvency Procedures: The Italian Discipline, IILR 2014, 394; *Paulus,* Die europäische Insolvenzverordnung und der deutsche Insolvenzverwalter, NZI 2001, 515; *Schmüser,* Das Zusammenspiel zwischen Haupt- und Sekundärinsolvenzverfahren nach der EuInsVO, zugl. Diss. Univ. Hamburg 2009.

Übersicht

	Rn.		Rn.
I. Normzweck	1	III. Ausnahmen	6
II. Regelanknüpfung	5	1. Kapitel I	6

---

[75] Vgl. zum Regierungsentwurf eines Konzerninsolvenzrechts → 3. Aufl., Konzerninsolvenzrecht Rn. 60 f.; hierzu auch *Eidenmüller/Frobenius* Beilage zu ZIP 22/2013.

[76] *Geroldinger,* Verfahrenskoordination, S. 233; *Spahlinger,* Sekundäre Insolvenzverfahren, S. 328.

[77] So zutreffend AG Köln v. 23.1.2004, NZI 2004, 151, 153 ff., m. krit. Anm.: *Sabel* NZI 2004, 126, 182; s. a. Vallender/*Ch. Keller* Art. 34 Rn. 27; Rauscher/*Mäsch* EuInsVO 2000 Art. 27 Rn. 26; HambKomm-InsO/*Undritz* EuInsVO 2000 Art. 27 Rn. 12 f.; der Eigenverwaltung im Sekundärverfahren zustimmend, jedoch den ausländischen Insolvenzverwalter als Sachwalter ablehnend HKInsO/*Schultz* Art. 34 Rn. 10; Mankowski/Müller/Schmidt/*Mankowski* Art. 34 Rn. 29 f.; KPB/*Kemper* EuInsVO 2000 Art. 27 Rn. 12; Meyer-Löwy/*Poertzgen* ZInsO 2004, 195, 197; erhebliche Bedenken gegen die Eigenverwaltung *Beck* NZI 2006, 616 ff.; Haß/Huber/Gruber/Heiderhoff/*Haß* EuInsVO 2000 Art. 31 Rn. 6; Pannen/*Herchen* EuInsVO 2000 Art. 27 Rn. 92; *Geroldinger,* Verfahrenskoordination, s. 234; *Kübler* FS Gerhardt, 540.

[78] Vgl. § 277 InsO.

	Rn.		Rn.
2. Kapitel II	10	4. Kapitel IV	12
3. Kapitel III	11	IV. Partikularinsolvenzverfahren	13

I. Normzweck

Art. 35 regelt das auf Sekundärverfahren anwendbare Recht. Die Norm setzt die Durchbrechung 1 des Universalitätsprinzips auf kollisions- und sachrechtlicher Ebene fort. Denn es wird nicht nur ein weiteres paralleles Insolvenzverfahren zugelassen. Vielmehr richtet sich dieses weitere Verfahren auch nach anderen Vorschriften als denen des Hauptverfahrensstaates, nämlich nach denen des Sekundärverfahrensstaates. Art. 35 wiederholt insoweit die **Grundregel des Art. 7** auch für **Sekundärverfahren**. Auf die in Art. 7 aufgezählten Sachverhalte findet daher das Recht des Sekundärverfahrensstaats Anwendung *(lex fori concursus secundarii)*.¹ Diese Klarstellung ist an sich unnötig. Die systematische Stellung von Art. 7 in Kapitel I (Allgemeine Vorschriften) verdeutlicht, dass die Vorschrift für alle Verfahrenstypen (Haupt-, Sekundär- und Partikularverfahren) Geltung beansprucht.

Die *lex fori concursus secundarii* gilt jedoch nur, soweit die Verordnung „**nichts anderes** 2 **bestimmt**". Derartige anderweitige Bestimmungen können grundsätzlich in zweifacher Hinsicht bestehen: zum einen auf kollisionsrechtlicher Ebene, wenn nämlich Kollisionsnormen der Verordnung eine andere Anknüpfung als die an das Recht des Verfahrensstaates vorsehen (zB Art. 9, 13 und 16). Zum anderen, wenn Sachnormen der Verordnung das aufgrund der Kollisionsnormen in Art. 35 und Art. 7 anwendbare Recht modifizieren (vgl. zB Art. 203 Abs. 2 oder 37 Abs. 1 lit. a). Zwar handelt es sich im letztgenannten Fall nicht mehr um eine Ausnahme von Art. 35 im engeren Sinne, da die Kollisionsnorm selbst unberührt bleibt. Im weiteren Sinne handelt es sich freilich schon um eine Modifikation, jedoch dann auf der Ebene des materiellen Rechts. Auch diese Einschränkungen sind als anderweitige Bestimmungen der Verordnung zu beachten und gelten daher auch im Rahmen eines Sekundärverfahrens.

Die vorgenannten Sonderregelungen finden sich praktisch in allen Kapiteln der Verordnung: 3 zum einen in Kapitel I, das in Art. 8 ff. die von den Grundregeln in Art. 7 abweichenden Vorschriften enthält. Auch Kapitel II, das an die Anerkennung von Verfahren regelt, enthält abweichende oder jedenfalls klarstellende Bestimmungen zu den Befugnissen des Verwalters des Sekundärverfahrens (vgl. Art. 21 Abs. 2). Kapitel III schließlich enthält mehrere speziell für Sekundärverfahren geltende Sondervorschriften. Darüber hinaus enthält aber auch Kapitel IV (Unterrichtung der Gläubiger und Anmeldung ihrer Forderungen) einzelne Vorschriften, die als Sondernormen der *lex fori concursus secundarii* vorgehen.

Im Rahmen der **Reform der EuInsVO**² gab es keine Änderungsvorschläge zur Vorgängerrege- 4 lung Art. 28 EuInsVO 2000, die – soweit erkennbar – auch in der Praxis keine weiteren Anwendungsschwierigkeiten oder Probleme im Rahmen der Abwicklung einer Insolvenz hervorgerufen hatte. Daher sahen weder die sog. *Vienna Report*, noch die Vorschläge der Kommission oder des Europäischen Parlamentes Änderungen an Art. 28 EuInsVO 2000 vor. Art. 35 ersetzt daher wortgleich Art. 28 EuInsVO 2000.

II. Regelanknüpfung

Art. 35 schreibt auch für Sekundärverfahren die grundsätzliche Anwendbarkeit der *lex fori* (hier 5 dann der *lex fori concursus secundarii*) vor. Es gilt daher das Recht des (Sekundär-)Eröffnungsstaates, soweit in der Verordnung nichts anderes bestimmt ist.³ Die Reichweite des Insolvenzstatus ist identisch mit der von Art. 7, dh die *lex fori concursus secundarii* gilt für alle Fragen, die als insolvenzrechtlich zu qualifizieren sind.⁴

---

1 *Virgos/Schmit*, Erläuternder Bericht, Rn. 225; *Virgos/Garcimartin*, European Insolvency Regulation, Rn. 314.
2 Vgl. zur Reform der EuInsVO grundsätzlich → Vor Art. 1 Rn. 11 ff.
3 Vgl. EuGH, Urt. v. 5.7.2012, Rs C-527/10 *(ERSTE Bank Hungary Nyst)*, BeckRS 2012, 81360 = ZIP 2012, 1815 (Rn. 38); BGH NZI 2014, 969 Rn. 10; *Virgos/Schmit*, Erläuternder Bericht, Rn. 225; Duursma-Kepplinger/Duursma/Chalupsky/*Duursma-Kepplinger* EuInsVO 2000 Art. 28 Rn. 1; *Fritz/Bähr* DZWIR 2001, 221, 226; *Kolmann*, Kooperationsmodelle, S. 330; KPB/*Kemper* EuInsVO 2000 Art. 28 Rn. 1 f.; Rauscher/*Mäsch* EuInsVO 2000 Art. 28 Rn. 1 f.; MüKoBGB/*Kindler* Art. 35 Rn. 2; Vallender/*Ch. Keller* Art. 35 Rn. 1; Nerlich/Römermann/*Nerlich/Hübler*, EuInsVO 2000 Art. 28 Rn. 1; LSZ/*Smid* EuInsVO 2000 Art. 28 Rn. 1; *Wimmer* ZIP 1998, 982, 987; Bork/van Zwieten/*Mangano* Art. 35 Rn. 35.01; Brinkmann/*Madaus* Art. 35 Rn. 1 ff.
4 Vgl. zu Qualifikationsproblem und zur Abgrenzung von anderen Rechtsgebieten, → Art. 7 Rn. 2 ff.

III. Ausnahmen

6 **1. Kapitel I.** Die in Kapitel I, Art. 8 bis Art. 18 enthaltenen Ausnahmen zu Art. 7 gelten auch in Bezug auf die *lex fori concursus secundarii*.[5] Zwar wird gelegentlich erörtert, ob Art. 8 ff. nur Sonderausnahmen zu Art. 7 darstellen, während die *lex fori concursus secundarii* im Sekundärverfahren uneingeschränkt gelten müsse.[6] Soweit ersichtlich, wird dies zwar erörtert, jedoch von keiner Literaturmeinung im Ergebnis vertreten. Es gibt auch keinen Grund, grenzüberschreitende Sachverhalte aus einem Sekundärverfahren anders zu behandeln, als in einem Hauptverfahren. Denn die Interessen der Gläubiger und des Rechtsverkehrs im Allgemeinen sind im Rahmen des Sekundärverfahrens in gleicher Weise zu schützen.

7 Die Regelanknüpfung an das Recht des Sekundärverfahrensstaates gilt selbst dann, wenn die Eröffnung des Sekundärverfahrens letztlich abgelehnt wird. Daher richtet sich auch der Vergütungsanspruch des vorläufigen Verwalters nach Ablehnung einer Verfahrenseröffnung mangels Masse nach dem Recht des Sekundärverfahrensstaates.[7] Fraglich ist dann freilich, wie der vorläufige Verwalter seinen Vergütungsanspruch geltend machen kann, wenn nach der *lex fori secundarii* der Schuldner die Kosten des Verfahrens zu tragen hat. Wurde der Antrag von einem Gläubiger gestellt, so ist der vorläufige Verwalter hinsichtlich der Haftungsmasse auf das im Sekundärverfahrensstaat belegene Vermögen des Schuldners beschränkt. Anders ist hingegen der Fall, wenn der Antrag vom Schuldner oder vom vorläufigen Verwalter des Hauptverfahrens gestellt wurde. Dann haftet auch die Masse des Hauptinsolvenzverfahrens gemäß den dort geltenden Vorschriften der *lex fori concursus*. Gleiches gilt, wenn von der Durchführung des Sekundärverfahrens nach Art. 38 Abs. 2 aufgrund einer Zusicherung des Verwalters des Hauptverfahrens Abstand genommen wird.[8]

8 Zutreffend ist allerdings, dass einige der Vorschriften in Art. 8 ff. schon tatbestandlich ungeeignet sind, Ausnahmevorschriften zu Art. 35 darzustellen. Hierbei handelt es sich um alle Vorschriften, die die Belegenheit eines Rechts oder eines Gegenstandes in einem anderen Mitgliedstaat als dem Verfahrensstaat voraussetzen. Aufgrund der Beschränkung der Aktivmasse des Sekundärverfahrens auf das im Inland belegene Vermögen, können die von diesen Vorschriften erfassten Sachverhaltskonstellationen im Sekundärverfahren nicht auftreten.[9] Dies gilt für Art. 8 und Art. 10.[10] Zwar wird gelegentlich in der Literatur die Anwendbarkeit von Art. 10 Abs. 2 bei einem Sekundärverfahren erörtert,[11] richtigerweise findet jedoch die Vorschrift keine Anwendung. Denn auch diese Norm setzt voraus, dass der unter Eigentumsvorbehalt gelieferte Gegenstand sich in einem anderen Mitgliedstaat befindet als dem der Verfahrenseröffnung. Der Begriff „Eröffnung eines Insolvenzverfahrens" bezieht sich jedoch schon seinem Wortlaut nach nicht nur auf das Hauptverfahren, sondern auch auf ein Sekundärverfahren. Ähnlich wie bei Art. 8 wird durch die Eröffnung eines Sekundärverfahrens daher der Vorbehaltsgegenstand in das Sekundärverfahren einbezogen, sodass der Anwendungsbereich der Vorschrift nicht eröffnet ist.

9 Alle anderen Sondervorschriften des Art. 8 ff. können grundsätzlich auch in einem Sekundärverfahren Anwendung finden. Art. 15 modifiziert im Verhältnis zwischen Haupt- und Sekundärverfahren, welche Vermögensgegenstände vom Sekundärverfahren erfasst sind[12] und stellt klar, dass unabhängig davon, in welchem Mitgliedstaat das Haupt- und Sekundärverfahren eröffnet wird, die dort genannten gemeinschaftsrechtlichen Schutzrechte immer zur Insolvenzmasse des Hauptverfahrens

---

[5] *Balz* ZIP 1996, 948, 950; *Kolmann*, Kooperationsmodelle, S. 330 f.; KPB/*Kemper* EuInsVO 2000 Art. 28 Rn. 2; MüKoBGB/*Kindler* Art. 35 Rn. 11; High Court of Justice (Ch), *Alitalia Linee Aeree Italiane S.p.A.*, IILR 2011, 398 Rn. 58; differenzierend Mankowski/Müller/Schmidt/*Mankowski* Art. 35 Rn. 8 ff.

[6] Vgl. die diesbezüglichen Erörterungen bei Duursma-Kepplinger/Duursma/Chalupsky/*Duursma-Kepplinger* EuInsVO 2000 Art. 28 Rn. 10 ff.; MüKoBGB/*Kindler* Art. 35 Rn. 10 f.

[7] LG Aachen ZIP 2015, 192; vgl. zu den Kosten des Sekundärverfahrens auch *Leithaus/Lange* FS Vallender, 333, 338.

[8] Allerdings enthalten weder Art. 35, 38 noch das nationale deutsche Recht in Art. 102c Teil 2 EGInsO Vorschriften, wer in diesem Fall die Kosten zu tragen hat.

[9] Duursma-Kepplinger/Duursma/Chalupsky/*Duursma-Kepplinger* EuInsVO 2000 Art. 28 Rn. 14 ff.; Geimer/Schütze/*Heiderhoff*, Int. Rechtsverkehr, B Vor I 20b, EuInsVO 2000 Art. 28 Rn. 4; HKInsO/*Schultz* Art. 35 Rn. 4; Rauscher/*Mäsch* EuInsVO 2000 Art. 28 Rn. 2; MüKoBGB/*Kindler* Art. 35 Rn. 12; LSZ/*Smid* EuInsVO 2000 Art. 28 Rn. 4; wohl auch KPB/*Kemper* EuInsVO 2000 Art. 28 Rn. 2.

[10] Duursma-Kepplinger/Duursma/Chalupsky/*Duursma-Kepplinger* EuInsVO 2000 Art. 28 Rn. 14 ff.; Vallender/*Ch.Keller* Art. 35 Rn. 3; Geimer/Schütze/*Heiderhoff*, Int. Rechtsverkehr, B Vor I 20b, EuInsVO 2000 Art. 28 Rn. 4; LSZ/*Smid* EuInsVO 2000 Art. 28 Rn. 4.

[11] Duursma-Kepplinger/Duursma/Chalupsky/*Duursma-Kepplinger* Art. 28 Rn. 18; MüKoBGB/*Kindler* Art. 28 Rn. 6 ff., 670; HKInsO/*Stephan* Art. 28 Rn. 3; LSZ/*Smid* Art. 28 Rn. 3 aE.

[12] Duursma-Kepplinger/Duursma/Chalupsky/*Duursma-Kepplinger* EuInsVO 2000 Art. 28 Rn. 17; gegen eine Anwendbarkeit von Art. 15 auf Sekundärverfahren aber: Mankowski/Müller/Schmidt/*Mankowski* Art. 35 Rn. 17; Brinkmann/*Madaus* Art. 35 Rn. 10; wohl auch HKInsO/*Schultz* Art. 35 Rn. 4.

zählen. Dementsprechend sind sowohl Art. 9, als auch Art. 11 bis 18 auch im Sekundärverfahren anwendbar, solange der betroffene Vermögensgegenstand zur Insolvenzmasse des Sekundärverfahrens gehört oder – beispielsweise in Fällen der Insolvenzanfechtung nach Art. 16 – gehört hätte.[13]

2. Kapitel II. Das Kapitel über die Anerkennung von Insolvenzverfahren (Kapitel II) enthält 10 ebenso Sondervorschriften, die dem über die *lex fori concursus secundarii* anwendbaren Recht vorgehen. Denn Kapitel II enthält nicht nur Vorschriften über die Anerkennung der Eröffnungsentscheidung oder sonstiger im Rahmen des Insolvenzverfahren ergangener Entscheidungen, sondern auch materiellrechtliche Regelungen. So modifiziert Art. 21 Abs. 2 die nach der *lex fori concursus secundarii* bestehenden Befugnisse des Verwalters des Sekundärverfahrens.[14] Gleiches gilt für die Quotenanrechnung nach Art. 23 Abs. 2, die ebenfalls für den (wohl seltenen) Fall anwendbar ist, dass zuerst im Hauptverfahren eine Verteilung erfolgt.

3. Kapitel III. Anderweitige, von der *lex fori concursus secundarii* abweichende Bestimmungen 11 enthalten auch die Art. 34 ff. Hierbei handelt es sich jedoch um Abweichungen von dem gemäß der *lex fori concursus secundarii* anwendbaren materiellen Recht. Dies gilt zum einen für die Prüfung des Insolvenzgrundes, die nach Art. 34 S. 2 suspendiert wird.[15] Darüber hinaus schränkt Art. 34 S. 3 den in den Insolvenzordnungen enthaltenen, länderübergreifenden Vermögensbeschlag auf das Inlandsvermögen ein.[16] Weitere Sondervorschriften, die zudem das materielle Recht der *lex fori concursus secundarii* modifizieren können, sind Art. 37 bezüglich des Antragsrechts, Art. 40 bezüglich des für die Massekosten notwendigen Kostenvorschusses, Art. 41 und Art. 45 Abs. 2 bezüglich der zusätzlichen Pflichten des Insolvenzverwalters des Sekundärverfahrens, Art. 46 bezüglich der Verwertung der Insolvenzmasse des Sekundärverfahrens sowie Art. 47 bezüglich verfahrensbeendender Maßnahmen. Darüber hinaus enthalten auch Art. 49 bis 52 weitere Sondervorschriften, die jeweils das anwendbare materielle Insolvenzrecht des Sekundärverfahrensstaates modifizieren.

4. Kapitel IV. Die in Kapitel 4 enthaltenen Vorschriften über die Unterrichtung der Gläubiger 12 und die Anmeldung ihrer Forderung gelten auch für das Sekundärverfahren und sind insoweit auch als Sondervorschrift zu beachten. Hierzu zählen Art. 53 und Art. 55, die das Recht auf Forderungsanmeldung sowie dessen Form und Inhalt näher spezifizieren. Art. 54 enthält eine zusätzliche Pflicht für den Verwalter des Sekundärverfahrens, sämtliche ihm bekannte Gläubiger des Schuldners aus anderen Mitgliedstaaten von der Insolvenzeröffnung zu unterrichten.

IV. Partikularinsolvenzverfahren

Art. 35 gilt jedoch nicht für das unabhängige Partikularinsolvenzverfahren nach Art. 3 Abs. 4. 13 Für eine analoge Anwendung von Art. 35 auf Partikularinsolvenzverfahren fehlt eine entsprechende Regelungslücke.[17] Folglich kann für Partikularverfahren Art. 7 unmittelbar angewendet werden. Die Frage ist letztlich aber ohne praktische Relevanz, da sowohl Art. 35 als auch Art. 7 an das Recht des jeweiligen Verfahrensstaates anknüpfen.[18]

Art. 36 Recht, zur Vermeidung eines Sekundärinsolvenzverfahrens eine Zusicherung zu geben

(1) ¹Um die Eröffnung eines Sekundärinsolvenzverfahrens zu vermeiden, kann der Verwalter des Hauptinsolvenzverfahrens in Bezug auf das Vermögen, das in dem Mitgliedstaat, in dem ein Sekundärinsolvenzverfahren eröffnet werden könnte, belegen ist, eine einseitige Zusicherung (im Folgenden „Zusicherung") des Inhalts geben, dass er bei der Verteilung dieses Vermögens oder des bei seiner Verwertung erzielten Erlöses die Verteilungs- und Vorzugsrechte nach nationalem Recht wahrt, die Gläubiger hätten, wenn ein Sekundärinsolvenzverfahren in diesem Mitgliedstaat eröffnet worden wäre. ²Die Zusicherung nennt die ihr zugrunde liegenden tatsächlichen Annahmen, insbesondere in Bezug auf den Wert der in dem betreffenden Mitgliedstaat belegenen Gegenstände der Masse und die Möglichkeiten ihrer Verwertung.

---

[13] Zur Belegenheit des Insolvenzanfechtungsanspruchs bei parallelen Verfahren vgl. → Art. 16 Rn. 21 f.
[14] So wohl auch KPB/*Skauradszun* Art. 21 Rn. 22; *Paulus* Art. 21 Rn. 12 ff.
[15] Vgl. → Art. 34 Rn. 21.
[16] Vgl. § 35 InsO, der auch das Auslandsvermögen erfasst; s. a. → Art. 34 Rn. 23.
[17] Vgl. MüKoBGB/*Kindler* Art. 35 Rn. 14.; Mankowski/Müller/Schmidt/*Mankowski* Art. 35 Rn. 23; LSZ/*Smid* EuInsVO 2000 Art. 28 Rn. 1 f.; Duursma-Kepplinger/Duursma/Chalupsky/*Duursma-Kepplinger* EuInsVO 2000 Art. 28 Rn. 20; Konecny/Schubert/*Pogacar* EuInsVO 2000 Art. 28 Rn. 5.
[18] Vallender/*Ch. Keller* Art. 35 Rn. 4.

Art. 36

(2) ¹Wurde eine Zusicherung im Einklang mit diesem Artikel gegeben, so gilt für die Verteilung des Erlöses aus der Verwertung von Gegenständen der Masse nach Absatz 1, für den Rang der Forderungen und für die Rechte der Gläubiger in Bezug auf Gegenstände der Masse nach Absatz 1 das Recht des Mitgliedstaats, in dem das Sekundärinsolvenzverfahren hätte eröffnet werden können. ²Maßgebender Zeitpunkt für die Feststellung, welche Gegenstände nach Absatz 1 betroffen sind, ist der Zeitpunkt der Abgabe der Zusicherung.

(3) Die Zusicherung erfolgt in der Amtssprache oder einer der Amtssprachen des Mitgliedstaats, in dem ein Sekundärinsolvenzverfahren hätte eröffnet werden können, oder – falls es in dem betreffenden Mitgliedstaat mehrere Amtssprachen gibt – in der Amtssprache oder einer Amtssprache des Ortes, an dem das Sekundärinsolvenzverfahren hätte eröffnet werden können.

(4) ¹Die Zusicherung erfolgt in schriftlicher Form. ²Sie unterliegt den gegebenenfalls im Staat der Eröffnung des Hauptinsolvenzverfahrens geltenden Formerfordernissen und Zustimmungserfordernissen hinsichtlich der Verteilung.

(5) ¹Die Zusicherung muss von den bekannten lokalen Gläubigern gebilligt werden. ²Die Regeln über die qualifizierte Mehrheit und über die Abstimmung, die für die Annahme von Sanierungsplänen gemäß dem Recht des Mitgliedstaats, in dem ein Sekundärinsolvenzverfahren hätte eröffnet werden können, gelten, gelten auch für die Billigung der Zusicherung. ³Die Gläubiger können über Fernkommunikationsmittel an der Abstimmung teilnehmen, sofern das nationale Recht dies gestattet. ⁴Der Verwalter unterrichtet die bekannten lokalen Gläubiger über die Zusicherung, die Regeln und Verfahren für deren Billigung sowie die Billigung oder deren Ablehnung.

(6) ¹Eine gemäß diesem Artikel gegebene und gebilligte Zusicherung ist für die Insolvenzmasse verbindlich. ²Wird ein Sekundärinsolvenzverfahren gemäß den Artikeln 37 und 38 eröffnet, so gibt der Verwalter des Hauptinsolvenzverfahrens Gegenstände der Masse, die er nach Abgabe der Zusicherung aus dem Hoheitsgebiet dieses Mitgliedstaats entfernt hat, oder – falls diese bereits verwertet wurden – ihren Erlös an den Verwalter des Sekundärinsolvenzverfahrens heraus.

(7) ¹Hat der Verwalter eine Zusicherung gegeben, so benachrichtigt er die lokalen Gläubiger, bevor Massegegenstände und Erlöse im Sinne des Absatzes 1 verteilt werden, über die beabsichtigte Verteilung. ²Entspricht diese Benachrichtigung nicht dem Inhalt der Zusicherung oder dem geltendem Recht, so kann jeder lokale Gläubiger diese Verteilung vor einem Gericht des Mitgliedstaats anfechten, in dem das Hauptinsolvenzverfahren eröffnet wurde, um eine Verteilung gemäß dem Inhalt der Zusicherung und dem geltendem Recht zu erreichen. ³In diesen Fällen findet keine Verteilung statt, bis das Gericht über die Anfechtung entschieden hat.

(8) Lokale Gläubiger können die Gerichte des Mitgliedstaats, in dem ein Hauptinsolvenzverfahren eröffnet wurde, anrufen, um den Verwalter des Hauptinsolvenzverfahrens zu verpflichten, die Einhaltung des Inhalts der Zusicherung durch alle geeigneten Maßnahmen nach dem Recht des Staats, in dem das Hauptinsolvenzverfahren eröffnet wurde, sicherzustellen.

(9) Lokale Gläubiger können auch die Gerichte des Mitgliedstaats, in dem ein Sekundärinsolvenzverfahren eröffnet worden wäre, anrufen, damit das Gericht einstweilige Maßnahmen oder Sicherungsmaßnahmen trifft, um die Einhaltung des Inhalts der Zusicherung durch den Verwalter sicherzustellen.

(10) Der Verwalter haftet gegenüber den lokalen Gläubigern für jeden Schaden infolge der Nichterfüllung seiner Pflichten und Auflagen im Sinne dieses Artikels.

(11) Für die Zwecke dieses Artikels gilt eine Behörde, die in dem Mitgliedstaat, in dem ein Sekundärinsolvenzverfahren hätte eröffnet werden können, eingerichtet ist und die nach der Richtlinie 2008/94/EG des Europäischen Parlaments und des Rates (¹) verpflichtet ist, die Befriedigung nicht erfüllter Ansprüche von Arbeitnehmern aus Arbeitsverträgen oder Arbeitsverhältnissen zu garantieren, als lokaler Gläubiger, sofern dies im nationalen Recht geregelt ist.

---

1   RL 2008/94/EG des Europäischen Parlaments und des Rates v. 22.10.2008 über den Schutz der Arbeitnehmer bei Zahlungsunfähigkeit des Arbeitgebers (ABl. L 283, 36 v. 28.10.2008).

Literatur: *Commandeur/Römer,* Aktuelle Entwicklungen im Insolvenzrecht-Neufassung der Europäischen Insolvenzverordnung, NZG 2015, 988; *Fehrenbach,* Haupt- und Sekundärinsolvenzverfahren, Tübingen 2014; *MG Rover Belux SA/NV, High Court (Chancery Division)* NZI 2006, 416 mAnm *Mankowski; Collins & Aikman,* NZI 2006, 654 ff.; hierzu *Mankowski,* EWiR 2006, 623; *Re Nortel Networks, High Court of Justice London,* NZI 2009, 451 mAnm *Mankowski,* vgl. auch *Mock,* ZInsO 2009, 895 ff.; aus der engl. Kommetarlit. vgl. auch *Sheldon,* Cross Border Insolvency, Rn. 2.170 ff.; *Moss/Fletcher,* The EC Regulation, Rn. 8.373; *Prager/Keller,* Der Vorschlag der Europäischen Kommission zur Reform der EuInsVO, NZI 2013, 57; Vgl. *Re Nortel Networks SA and others* [2009] EWHC 2006 (Ch); Urteilsanm. *Paulus,* EWiR 2009, 177; *Mankowski,* NZI 2009, 451; *Mock,* ZInsO 2099, 895; zuvor bereits *Collins & Aikman III* [2006] EWHC 13443 (Ch); *Mankowski,* EWir 2006, 623; *MG Rover Belus SA/NV* [2006] EWHC 1296 (Ch); Urteilsanm. *Mankowski,* NZI 2006, 416; *Reinhart,* Developments in Cross-Border Insolvency – The European Insolvency Regulation 2015, Yearbook of Private International Law, Vol. 17 (2015/2016), S. 291 ff.; *Schmidt,* Die Zusicherung nach Art. 36 EuInsVO, Diss., Univ. Wiesbaden, 2019; *Schuster,* Die Abgabe der Zusicherung nach Art. 36 I 2 EuInsVO durch den Hauptinsolvenzverwalter, NZI 2017, 873; *Skauradszun,* Die „tatsächlichen Annahmen" der Zusicherung nach Art. 36 Abs. 1 S. 2 EuInsVO nF, ZIP 2016, 1563.

Übersicht

	Rn.			Rn.
I. **Normzweck**	1	3.	Anfechtung des Verteilungsplans (Art. 36 Abs. 7 S. 2)	48
II. **Rechtsnatur der Zusicherung**	5			
III. **Inhalt der Zusicherung (Abs. 1)**	7	4.	Rechtsbehelf zur Einhaltung der Zusicherung	51
1. Angabe der tatsächlichen Annahmen	7		a) Beim Gericht des Hauptverfahrens (Abs. 8)	51
2. Verteilungs- und Vorzugsrechte	11		b) Einstweilige Sicherungsmaßnahmen beim Gericht des Sekundärverfahrensstaates (Abs. 9)	55
a) Grundzüge	11			
b) (Lokale) Gläubiger	16			
c) Einzelne Gläubigergruppen	18			
3. Mindestanforderungen	28	5.	Herausgabeanspruch bei Eröffnung eines Sekundärverfahrens (Abs. 6 S. 2)	57
IV. **Erklärender der Zusicherung**	29			
V. **Erklärungsempfänger**	31	6.	Haftung des Verwalters für die Zusicherung (Abs. 10)	59
VI. **Form und Sprache der Zusicherung (Abs. 3 und 4)**	32		a) Eigenständige Haftungsnorm	59
			b) Anspruchsberechtigter	60
VII. **Billigungsverfahren (Abs. 5)**	35		c) Verletzungshandlung	61
VIII. **Rechtsfolgen der Billigung**	43		d) Kausaler Schaden	62
1. Verbindlichkeit der Zusicherung (Abs. 6)	43		e) Verschulden	63
			f) Mitverschulden	64
2. Informationspflichten über die Verteilung (Art. 36 Abs. 7 S. 1)	45		g) Verjährung	65
			h) Internationale Zuständigkeit	66

I. Normzweck

Art. 36 ist eine mit der Reform der EuInsVO entstandene Neuregelung. In der EuInsVO **1** 2000 findet sich keine entsprechende Vorgängernorm. Die Vorschrift dient der Vermeidung von Sekundärverfahren, wenn die Interessen der lokalen Gläubiger durch eine sogenannte „Zusicherung" des Insolvenzverwalters des Hauptverfahrens hinreichend geschützt werden. Der Verordnungsgeber greift damit eine in den Fällen *MG Rover, Collins & Aikman* sowie *Nortel* von der englischen Rechtsprechung entwickelte Regelungstechnik auf, wonach der Verwalter des Hauptverfahrens den lokalen Gläubigern des Sekundärverfahrens „zusichert", diese so zu stellen, als wäre das Sekundärverfahren eröffnet worden.[2] Die Zusage führt praktisch zur Bildung einer „Teilmasse",[3] nämlich der des Sekundärverfahrens, für die der Verwalter des Hauptverfahrens grundsätzlich die Vorschriften des Sekundärverfahrensstaates berücksichtigen muss. Die Praxis spricht daher von einem „synthetischen" oder „virtuellen" Sekundärverfahren.[4]

---

[2] Vgl. hierzu bereits *MG Rover, High Court of Justice (Birmingham)* NZI 2005, 515 ff.; sowie die Ablehnung des Sekundärverfahrens durch den *Cour d'appel de Versailles,* Dalloz 2006, 654 ff. mit der Ablehnung des Sekundärverfahrens; zur Behandlung der Forderungen in England sodann nochmals *MG Rover Belux SA/NV, High Court (Chancery Division)* NZI 2006, 416 mAnm *Mankowski; Collins & Aikman,* NZI 2006, 654 ff.; hierzu *Mankowski* EWiR 2006, 623; *Re Nortel Networks, High Court of Justice London,* NZI 2009, 451 mAnm *Mankowski,* vgl. auch *Mock* ZInsO 2009, 895 ff.; aus der engl. Kommentarlit. vgl. auch *Sheldon,* Cross Border Insolvency, Rn. 2.170 ff.; *Moss/Fletcher,* The EC Regulation, Rn. 8.373.

[3] Diesen Begriff verwendet ErwG Nr. 43.

[4] *Prager/Keller* NZI 2013, 57.

Art. 36 2, 3

2   Das Sekundärverfahren durch eine Zusicherung des Verwalters des Hauptverfahrens zu ersetzen, wirft jedoch eine Reihe von Folgefragen auf, weshalb eine solche Regelung zur Einschränkung von Sekundärverfahren zwar bereits früh im Gesetzgebungsverfahren auftauchte, dort jedoch mehrfach modifiziert wurde. So sah der Vorschlag der Europäischen Kommission vom 12.12.2012[5] (dort noch als Art. 29a EuInsVO-KomE nummeriert) folgende Fassung vor:[6]
„*Entscheidung zur Eröffnung eines Sekundärinsolvenzverfahrens*
1. Das mit einem Antrag auf Eröffnung eines Sekundärinsolvenzverfahrens befasste Gericht unterrichtet hiervon umgehend den Verwalter des Hauptinsolvenzverfahrens und gibt ihm Gelegenheit, sich zu dem Antrag zu äußern.
2. Auf Antrag des Verwalters des Hauptinsolvenzverfahrens vertagt das in Absatz 1 genannte Gericht die Entscheidung zur Eröffnung des Sekundärinsolvenzverfahrens oder lehnt die Eröffnung ab, wenn die Eröffnung dieses Verfahrens zum Schutz der Interessen der einheimischen Gläubiger nicht notwendig ist, insbesondere wenn der Verwalter des Hauptinsolvenzverfahrens die Zusicherungen im Sinne des Artikels 18 Absatz 1 abgibt und sich daran hält.
3. Beschließt das in Absatz 1 genannte Gericht, ein Sekundärinsolvenzverfahren zu eröffnen, wählt es das innerstaatliche Verfahren, das unter Berücksichtigung der Interessen der einheimischen Gläubiger am besten geeignet ist, unabhängig davon, ob etwaige die Solvabilität des Schuldners betreffende Bedingungen erfüllt sind.
4. Der Verwalter des Hauptinsolvenzverfahrens wird von der Entscheidung zur Eröffnung des Sekundärinsolvenzverfahrens in Kenntnis gesetzt und hat das Recht, einen Rechtsbehelf gegen diese Entscheidung einzulegen."

3   Das Europäische Parlament[7] änderte sodann den Kommissionsvorschlag am 5.2.2014 nochmals erheblich ab und formulierte bis auf Abs. 3 unter Hinzufügung der weiteren Abs. 2a bis 2c wie folgt neu:
1. Das mit einem Antrag auf Eröffnung eines Sekundärinsolvenzverfahrens befasste Gericht unterrichtet hiervon umgehend den Insolvenzverwalter des Hauptinsolvenzverfahrens und gibt ihm Gelegenheit, sich zu dem Antrag zu äußern.
2. Auf Antrag des Insolvenzverwalters des Hauptinsolvenzverfahrens vertagt das in Absatz 1 genannte Gericht die Entscheidung zur Eröffnung des Sekundärinsolvenzverfahrens oder lehnt die Eröffnung ab, wenn der Insolvenzverwalter des Hauptinsolvenzverfahrens hinreichend nachweist, dass die Eröffnung dieses Verfahrens zum Schutz der Interessen der einheimischen Gläubiger nicht notwendig ist, insbesondere wenn der Insolvenzverwalter des Hauptinsolvenzverfahrens die Zusicherungen im Sinne des Artikels 18 Absatz 1 abgibt und sich daran hält.
2a. Einheimische Gläubiger haben das Recht, die Entscheidung zur Vertagung oder Ablehnung der Eröffnung des Sekundärinsolvenzverfahrens innerhalb von drei Wochen nach Veröffentlichung der Entscheidung gemäß Artikel 20a Buchstabe a anzufechten.
2b. Einheimische Gläubiger haben das Recht, bei dem Gericht, dass das Hauptinsolvenzverfahren durchführt, vom Insolvenzverwalter des Hauptinsolvenzverfahrens zu verlangen, geeignete Maßnahmen, die für den Schutz der Interessen der einheimischen Gläubiger notwendig sind, zu ergreifen. Dazu können das Verbot des Beiseiteschaffens des Vermögens aus dem Mitgliedstaat, in dem die Eröffnung des Sekundärinsolvenzverfahrens vertagt oder abgelehnt wurde, die Vertagung der Verteilung des Erlöses im Hauptverfahren oder die Verpflichtung des Insolvenzverwalters im Hauptverfahren, Sicherheiten für das Einhalten der Zusicherungen zu stellen, gehören.
2c. Das Gericht im Sinne des Absatzes 1 kann einen Treuhänder bestellen, dessen Befugnisse beschränkt sind. Der Treuhänder stellt sicher, dass die Zusicherung ordnungsgemäß erfüllt wird und nimmt an ihrer Umsetzung teil, wenn dies für den Schutz der Interessen der einheimischen Gläubiger notwendig ist. Der Treuhänder hat das Recht, Anträge gemäß Absatz 2b zu stellen.
3. Beschließt das in Absatz 1 genannte Gericht, ein Sekundärinsolvenzverfahren zu eröffnen, wählt es das innerstaatliche Verfahren, das unter Berücksichtigung der Interessen der einheimischen Gläubiger am besten geeignet ist, unabhängig davon, ob etwaige die Solvabilität des Schuldners betreffende Bedingungen erfüllt sind.
4. Der Insolvenzverwalter des Hauptinsolvenzverfahrens wird von der Entscheidung zur Eröffnung des Sekundärinsolvenzverfahrens sofort in Kenntnis gesetzt und hat das Recht, innerhalb von drei Wochen nach Erhalt der Mitteilung einen Rechtsbehelf gegen diese Entscheidung einzulegen. In begründeten Fällen kann das Gericht, das das Sekundärinsolvenzverfahren eröffnet, diese Frist kürzen, die jedoch eine Woche nach Erhalt der Mitteilung nicht unterschreiten darf."

---

[5]   Vorschlag für eine Verordnung des Europäischen Parlamentes und des Rates zur Änderung der VO (EG) Nr. 1346/2000 des Rates über Insolvenzverfahren, COM (2012) 0744 final, abrufbar unter: http://ec.europa.eu/justice/civil/files/insolvency-regulation_en.pdf; die englische Fassung ist ebenfalls abgedr. in IILR 2013, 179 ff.

[6]   Vgl. zur Reform der EuInsVO grundsätzlich → Vor Art. 1 Rn. 11 ff.

[7]   Angenommene Texte des Europäischen Parlaments v. 5.2.2014, abrufbar unter europarl.europa.eu/sides/getDoc.do?type=REPORT&reference=A7-2013-0481&language=DE.

Auch dieser Vorschlag des Parlamentes ist in der letztlich verabschiedeten Fassung nochmals **4** deutlich geändert und ergänzt worden. Der Versuch, die vermeintlichen Hemmnisse bei Durchführung eines Sekundärverfahrens durch eine entsprechende Zusicherung des Verwalters des Hauptverfahrens zu vermeiden, ist jedoch regelungstechnisch nicht gelungen und dürfte daher auch in der Praxis auf erhebliche Vorbehalte stoßen. Denn die Vorschrift wirft eine Reihe komplexer materiellrechtlicher und verfahrensrechtlicher Fragen auf, die in der Praxis zu erheblicher Rechtsunsicherheit führen werden. Diese Fragen sind in der Regel im Rahmen eines Eröffnungsverfahrens nicht zu lösen und mit der Notwendigkeit einer schnellen und rechtssicheren Vorgehensweise nicht zu vereinbaren. Das Konzept, zugunsten eines Einheitsverfahrens lokale Teilmassen zu bilden, war bereits im EG Entwurf von 1980 unter dem Begriff der sog. „Untermasse" diskutiert, letztlich aber wegen der Komplexität verworfen worden.[8] Auch ist das Argument zur Einschränkung von Sekundärverfahren, nämlich dass diese eine effiziente Verwaltung der Insolvenzmasse behindern könnten (so ErwG Nr. 41),[9] kein rechtlich begründetes Argument, sondern entweder das Ergebnis sich unterscheidender rechtlicher Interessen der beiden Insolvenzmassen (und mithin hinzunehmen) oder das Ergebnis unkooperativen Verhaltens der beiden Verwalter. Letzteres lässt sich aber auch vermeiden, indem der Verwalter des Hauptverfahrens auch zum Verwalter des Sekundärverfahrens bestellt wird, oder das Sekundärverfahren in Eigenverwaltung durchgeführt und der die Eigenverwaltung durchführende ausländische Verwalter des Hauptverfahrens unter die Aufsicht eines „Sachwalters" gestellt wird (soweit dies das nationale Recht zulässt).[10] Dann bedarf es nicht eines „synthetischen" oder „virtuellen" Verfahrens. Es wird sich zeigen, ob diese Vorgehensweise, soweit sie nach nationalem Recht bereits möglich ist,[11] zu einer einfacheren Abwicklung führt, als mögliche Auseinandersetzungen über eine rechtlich hinreichende „Zusicherung" des Verwalters des Hauptverfahrens mit seinen Folgefragen.

II. Rechtsnatur der Zusicherung

Die Rechtsnatur der Zusicherung nach Art. 36 ist umstritten. Der Streit um die dogmatische **5** Einordnung ist dabei nicht nur theoretischer Natur. Praktisch relevant wird die Rechtsnatur der Zusicherung bei potenziellen Unstimmigkeiten hinsichtlich des Zustandekommens der Zusicherung – beispielsweise ob der Relevanz von Willensmängeln bei der Billigung der Zusicherung durch die lokalen Gläubiger – oder aber auch im Hinblick auf Sekundäransprüche bei Leistungsstörungen. Teilweise wird vertreten, es handele sich um eine einseitige Verpflichtungserklärung des Verwalters im Hauptverfahren.[12] Im Hinblick auf den Wortlaut „*einseitige Zusicherung*" mag ein solches Verständnis als einseitiges Rechtsgeschäft zunächst nachvollziehbar erscheinen. Andererseits ließe sich „*einseitig*" auch lediglich als dahingehende Klarstellung verstehen, dass dem Verwalter des Hauptverfahrens als einzigem Verfahrensbeteiligten die Kompetenz einer Zusicherungsvergabe zukommt. Vor allem aber steht dem vermeintlich einseitigen Charakter aus dogmatischer Sicht entgegen, dass die Zusicherung erst mit Billigung durch die lokalen Gläubiger verbindlich wird und ihre Wirkung entfaltet.[13] Für ein einseitiges Rechtsgeschäft ist jedoch demgegenüber gerade charakteristisch, dass die Wirksamkeit nicht von einer weiteren Mitwirkungshandlung wie einer Billigung abhängt.[14] Vor dem Hintergrund des Zustandekommens ist der Zusicherung daher ein vertraglicher oder zumindest vertragsähnlicher Charakter zuzuschreiben.[15]

Ähnlich dem im nationalen Recht vorgesehenen Institut eines Insolvenzplans besitzt die Zusi- **6** cherung dabei eine Doppelnatur.[16] Die Zusicherung entfaltet nämlich im Hinblick auf ihre rechtsge-

---

[8] Vgl. → 3. Aufl., EuInsVO 2000 Vor Art. 1 Rn. 4.
[9] Zu den Negativeffekten von Sekundärverfahren vgl. Hess/Oberhammer/Pfeiffer/*Oberhammer*, European Insolvency Law, Rn. 897 ff; Wimmer/Bornemann/Lienau/*Wimmer*, Die Neufassung der EuInsVO, Rn. 396 ff.
[10] Vgl. zu den diesbezüglichen Möglichkeiten im deutschen Sekundärverfahren → Art. 34 Rn. 42 ff.
[11] § 56 InsO steht der Bestellung eines ausländischen geschäftskundigen Insolvenzverwalters nicht entgegen, soweit man nicht – ebenso wie die Praxis bei Konzerninsolvenzen – aufgrund der gleichzeitigen Bestellung als Verwalter des Hauptverfahrens die Unabhängigkeit des Verwalters verneint; vgl. → InsO § 56 Rn. 35 ff., 44 ff.
[12] Wimmer/Bornemann/Lienau/*Wimmer*, Die Neufassung der EuInsVO, Rn. 438; *Fritz* DB 2015, 1882, 1887; *Mohr* ZInsO 2018, 1285; *Mohr*, Grenzüberschreitende Insolvenzen im europäischen Binnenmarkt, S. 219, 221; wohl auch MüKoBGB/*Kindler* Art. 36 Rn. 26.
[13] Vgl. Art. 36 Abs. 5 S. 1; zur Notwendigkeit der Billigung HKInsO/*Schultz* Art. 36 Rn. 9, 19; Wimmer/Bornemann/Lienau/*Wimmer*, Die Neufassung der EuInsVO, Rn. 438.
[14] Vgl. MüKoBGB/*Emmerich* § 311 Rn. 22.
[15] Vertraglich: Vallender/*Keller* Art. 36 Rn. 3; vertragsähnlich („*contractual-related mechanism*"): Brinkman/Laukemann Art. 36 Rn. 8.
[16] Vgl. zur Rechtsnatur des Insolvenzplans nach den §§ 217 InsO ff.: → InsO § 217 Rn. 13.

staltende Wirkung zum einen materiell-rechtliche Folgen.[17] Mit der verfahrensrechtlichen Einbettung des Zustandekommens der Zusicherung durch Billigung der Gläubiger und den prozessualen Rechtsfolgen in Gestalt einer Modifikation der Zulässigkeitsvoraussetzungen eines Sekundärverfahrens beinhaltet die Zusicherung zum anderen auch prozessuale Elemente.[18] Die Zusicherung ist daher einerseits ein materiell-rechtlicher Vertrag und andererseits auch ein Prozessvertrag. Mithin lässt sich die Zusicherung im Ergebnis als ein unionsrechtlicher Vertrag mit Doppelnatur charakterisieren. Insofern gebietet es die Dogmatik auch nicht, sich von bekannten Rechtsinstituten loszusagen und die Zusicherung als unionsrechtliches Institut *sui generis* einzuordnen.[19]

III. Inhalt der Zusicherung (Abs. 1)

7 **1. Angabe der tatsächlichen Annahmen.** Art. 36 Abs. 1 S. 2 verlangt, dass die Zusicherung die ihr zugrundeliegenden tatsächlichen Annahmen nennt, insbesondere in Bezug auf den Wert der Vermögensgegenstände aus dem Sekundärverfahrensstaat und die Möglichkeiten ihrer Verwertung. Dadurch soll den lokalen Gläubigern (aber auch dem über die Eröffnung befindenden Insolvenzgericht) eine fundierte Entscheidung über die Billigung der Zusicherung sowie die Qualität der Zusicherung des Verwalters ermöglicht werden.[20] Funktional erfüllt daher die Darstellung der der Zusicherung zugrundeliegenden Annahmen eine ähnliche informative Funktion, wie der darstellende Teil eines Insolvenzplans nach der Insolvenzordnung.

8 Zu schildern sind daher zunächst die genannten Annahmen tatsächlicher Natur, nicht hingegen die rechtlichen Grundlagen. Das setzt zunächst voraus, dass der Verwalter auflistet, welche **Vermögensgegenstände** die Insolvenzmasse des Sekundärverfahrens bilden würden. Das betrifft sowohl die im Sekundärverfahrensstaat belegenen unbeweglichen und beweglichen Gegenstände sowie alle anderen, zur Insolvenzmasse des Sekundärverfahrens gehörenden Vermögensgegenstände wie Forderung und sonstige Rechte. Nach dem eindeutigen Wortlaut von Art. 36 Abs. 1 ist zudem der Wert der einzelnen Vermögensgegenstände zu nennen, sowie die Möglichkeit ihrer Verwertung. Beides wird sich nicht voneinander trennen lassen, da der Wert im Ergebnis abhängig von der Verwertungsmöglichkeit sein dürfte.

9 Zu den **Bewertungsmaßstäben** schweigt Art. 36. Gemeint sein können hierbei jedoch nicht die handelsbilanziellen Buchwerte der Vermögensgegenstände. Anzugeben ist vielmehr der mögliche Liquidationswert im Fall der Durchführung eines Sekundärverfahrens.[21] Denn dieser Wert ist der Vergleichsparameter, an dem sich die lokalen Gläubiger ausrichten werden. Gibt es verschiedene Möglichkeiten der Verwertung, insbesondere im Hinblick auf die Nichtdurchführung des Sekundärverfahrens und in Koordination mit dem Hauptverfahren, so hat der Verwalter die Auswirkungen anderer Verwertungsmöglichkeiten auf den Wert der Vermögensgegenstände zu schildern.

10 Soweit zudem verlangt wird, der Verwalter müsse zugleich auch die möglichen **Insolvenzquoten** beziffern,[22] so ist dem zu widersprechen. Dazu ist er in Bezug auf die einfachen Insolvenzgläubiger schon deswegen nicht in der Lage, da er nicht absehen kann, welche Gläubiger in welcher Höhe Ansprüche im Sekundärverfahren anmelden werden.

11 **2. Verteilungs- und Vorzugsrechte. a) Grundzüge.** Nach dem Wortlaut von Art. 36 Abs. 1 S. 1 muss der Verwalter des Hauptverfahrens neben den zugrundeliegenden tatsächlichen Annahmen zusichern, dass er in Bezug auf die im Sekundärverfahrensstaat belegenen Vermögensgegenstände bei der „*Verteilung dieses Vermögens oder des bei ihrer Verwertung erzielten Erlöses die* **Verteilungs- und Vorzugsrechte**" nach dem Recht des Sekundärverfahrensstaates wahrt. Das weist Ähnlichkeiten auf zu dem Konzept einer Untermassenbildung, die bereits die EG-Entwürfe von 1970 und 1980 vorgesehen hatten.[23] Derartige Zusicherungen sind in der Praxis vor englischen Gerichten auch

---

[17] Vgl. Art. 36 Abs. 2 S. 1; Wimmer/Bornemann/Lienau/*Wimmer*, Die Neufassung der EuInsVO, Rn. 446; Vallender/*Keller* Art. 36 Rn. 15.
[18] Vallender/*Keller* Art. 36 Rn. 14; Brinkmann/*Laukemann* Art. 36 Rn. 3 f.
[19] So aber *Schmidt*, Die Zusicherung nach Art. 36 EuInsVO, S. 44; *Wessels*, International Insolvency Law Part II Rn. 10836.
[20] Vgl. *Skauradszun* ZIP 2016, 1563, 156; *Pluta/Keller* FS Vallender, 437, 443; Mankowski/Müller/Schmidt/*Mankowski* Art. 36 Rn. 19 („subjektive Geschäftsgrundlage"); *Schmidt*, Die Zusicherung nach Art. 36 EuInsVO, S. 54 ff.
[21] So wohl auch Vallender/*Keller* Art. 36 Rn. 7; *Schuster* NZI 2017, 873, 875; *Schmidt*, Die Zusicherung nach Art. 36 EuInsVO S. 57 f.; *Skauradszun* ZIP 2016, 1563, 1570; Brinkmann/*Laukemann* Art. 36 Rn. 41.
[22] Mankowski/Müller/Schmidt/*Mankowski* Art. 36 Rn. 19; *Pluta/Keller* FS Vallender, 437, 443; *Schmidt*, Die Zusicherung nach Art. 36 EuInsVO, S. 61.
[23] Vgl. → 3. Aufl., EuInsVO 2000 Vor Art. 1 Rn. 3 f.; Vorentwurf über ein Übereinkommen über den Konkurs, Vergleich und ähnliche Verfahren v. 16.2.1970, EG-Dok. 3327/XIV/1/70-D, dort Art. 40 ff., sowie Entwurf eines Übereinkommens über den Konkurs, Vergleiche und ähnliche Verfahren, EG-Dok. III/D/

schon vereinzelt erprobt worden.[24] Die Vorschrift bezieht sich ihrem Wortlaut nach nicht auf alle, die potentielle Aktivmasse des Sekundärverfahrens betreffenden Fragen, sondern nur auf Verteilungsfragen, die auch Gegenstand von Art. 7 Abs. 2 S. 2 lit. i sind.

Bei der Frage, wie diese Zusicherung inhaltlich auszugestalten ist, ist vieles streitig. Einigkeit **12** scheint zumindest insoweit zu bestehen, als den Gläubigern danach keine bestimmte Befriedigungsquote zugesichert wird, sondern – im Ergebnis – die Einhaltung der ihnen zustehenden Vorzugs- und Verteilungsrechte. Die Zusicherung bezieht sich insoweit auf die Rechtsposition der Gläubiger.[25]

Darüber hinaus ist jedoch streitig, ob eine weitere Präzisierung der Zusicherung durch den **13** Verwalter des Hauptverfahrens überhaupt möglich oder sogar erforderlich ist. Nach einer Auffassung kann der Verwalter den Umfang der Zusicherung nicht weiter ausgestalten oder konkretisieren.[26] Nach dieser Auffassung muss sich der Verwalter zwingendermaßen am Verordnungstext orientieren und mithin bestätigen, dass er bei der Verteilung dieses Vermögens oder des bei seiner Verwertung erzielten Erlöses die Verteilungs- und Vorzugsrechte nach nationalem Recht wahrt, die Gläubiger hätten, wenn ein Sekundärinsolvenzverfahren in diesem Staat eröffnet worden wäre.[27] Diese Auffassung ist jedoch abzulehnen. Mit einer allgemeinen Wiederholung des Verordnungstextes wäre die Prüfung der Zusicherung durch das Insolvenzgericht des Sekundärverfahrens obsolet. Dieses soll nämlich prüfen, ob die Zusicherung die allgemeinen Interessen der lokalen Gläubiger angemessen schützt. Bei einer abstrakten Wiederholung des Verordnungstextes könnte dies kaum verneint werden. Richtigerweise hat der Verwalter des Hauptverfahrens im Einzelnen zu spezifizieren, wie er im Hinblick auf die vorhandene Insolvenzmasse des Sekundärinsolvenzverfahrens die Verteilungs- und Vorzugsrechte der Gläubiger zu behandeln beabsichtigt.[28] Auch erscheint die Billigung durch die Gläubiger nur dann sinnvoll, wenn diese nicht lediglich abstrakt darin einwilligen, so behandelt zu werden, als wäre ein Sekundärverfahren eröffnet worden, sondern nur dann, wenn sie eine konkrete Zusicherungen des Verwalters billigen.

Teilweise wird der Verordnungstext von Art. 36 Abs. 1 S. 1 auch lediglich als Mindestanforde- **14** rung gesehen, sodass der Verwalter die Möglichkeit haben soll, inhaltlich weitreichendere Zusicherungen abzugeben.[29] Dem ist zu folgen. Denn es handelt sich im Ergebnis um die Frage, welche Befugnisse der Verwalter des Hauptverfahrens hat und wie die Insolvenzmasse abzuwickeln ist. Diese Frage richtet sich aber gemäß Art. 7 Abs. 2 lit. b und c ausschließlich nach der *lex fori concursus*. Mögliche weitergehende Zusicherungen belasten ausschließlich die Insolvenzmasse des Hauptverfahrens. In diesem Verfahren ist gemäß den dafür geltenden Vorschriften die Frage zu beantworten, inwieweit eine weiterreichende Zusicherung zulässig ist.

Der Begriff der **Verteilungs- und Vorzugsrechte** ist weit auszulegen und betrifft sämtliche **15** Verteilungsregeln des Insolvenzverfahrens. Er betrifft allgemeine Vorrechte, die bestimmte Insolvenzforderungen gegenüber anderen Insolvenzforderungen bei der Verteilung genießen können. Darunter fallen Absonderungsrechte, Masseforderungen, auch einfache Insolvenzforderungen in Abgrenzung zu nachrangigen Insolvenzforderungen, wie auch das Recht zur Aufrechnung. Die von Art. 36 Abs. 1 S. 1 geforderte Rechtewahrung bezieht sich daher grundsätzlich auf alle nach dem Recht des Sekundärverfahrensstaates vorgesehenen Ranggruppen im Rahmen einer Verteilung. Sämtliche andere Fragen, wie zB, welche Befugnisse dem Verwalter bei der Verwaltung und Verwertung der Aktivmasse zustehen oder wie die im Rahmen der Verwaltung und Verwertung begründeten Masseverbindlichkeiten zu bedienen sind, müssen nicht notwendig Inhalt der Zusicherung sein.

b) (Lokale) Gläubiger. Während Art. 36 für die Zusicherung die Berücksichtigung des lokalen **16** Rechts für **alle Gläubiger** verlangt, schränkt Art. 38 Abs. 2 die Prüfung für die Frage der Eröffnung eines Sekundärverfahrens wieder ein, indem er den angemessenen Schutz der allgemeinen Interessen

---

72/80-DE, dort Art. 43 ff., vgl. zur Untermassenbildung und Berechnungsbeispiele auch den sog. *Lemontey-Bericht*, EG-Dok. III/D/222/80-DE Rz. 105 ff., 116 ff.; jeweils abgedr. in *Kegel/Thieme*, Vorschläge und Gutachten, S. 1 ff., 45 ff., 93 ff.

[24] Vgl. *Re Nortel Networks SA and others* [2009] EWHC 2006 *(Ch)*; Urteilsanm. *Paulus* EWiR 2009, 177; *Mankowski* NZI 2009, 451; *Mock* ZInsO 2009, 895; zuvor bereits *Collins & Aikman III* [2006] EWHC 13443 *(Ch)*; Urteilsanm. *Mankowski* EWiR 2006, 623; *MG Rover Belus SA/NV* [2006] EWHC 1296 *(Ch)*; Urteilsanm. *Mankowski* NZI 2006, 416.

[25] So auch *Thole* IPRax 2017, 213, 218; *Skauradszun* ZIP 2016, 1563, 1564; *Fehrenbach* GPR 2017, 38, 41; *Schmidt*, Die Zusicherung nach Art. 36 EuInsVO, S. 46.

[26] *Schmidt*, Die Zusicherung nach Art. 36 EuInsVO, S. 51.

[27] *Schmidt*, Die Zusicherung nach Art. 36 EuInsVO, S. 51; FKInsO/*Wenner/Schuster* Art. 36 Rn. 8; *Schuster* NZI 2017, 873; Vallender/*Keller* Art. 36 Rn. 6.

[28] Bork/van Zwieten/*Mangano* Art. 36 Rn. 36.13; *Reinhart*, Yearbook of Private International Law Vol. XVII, S. 291, 308.

[29] MüKoBGB/*Kindler* Art. 36 Rn. 5.

der „*lokalen Gläubiger*" verlangt. Der Begriff der lokalen Gläubiger ist in Art. 2 Nr. 11 neu definiert worden und bezeichnet die Gläubiger, deren Forderungen gegen den Schuldner aus oder in Zusammenhang mit dem Betrieb einer Niederlassung in einem anderen Mitgliedstaat als dem entstanden sind, in dem sich der Mittelpunkt der hauptsächlichen Interessen des Schuldners befindet.[30] Zudem enthält Art. 36 Abs. 11 eine Erweiterung der Definition zum Zwecke dieses Artikels, wonach eine Behörde, die nach der Richtlinie 2008/94/EG verpflichtet ist, die Befriedigung nicht erfüllter Ansprüche von Arbeitnehmern aus Arbeitsverträgen oder Arbeitsverhältnissen zu garantieren, als lokaler Gläubiger gilt.[31]

17 Der Begriff des lokalen Gläubigers bezieht sich insoweit nicht auf Gläubiger eines bestimmten Rangs, sondern definiert unabhängig von deren Rang die Gruppe der Personen, die im Rahmen der Zusicherung so gestellt werden müssen, dass ihre allgemeinen Interessen ebenso geschützt sein müssen wie bei der Durchführung eines Sekundärverfahrens. Denn die Rechte der lokalen Gläubiger werden nach Art. 38 Abs. 2 angemessen geschützt, wenn sie im Ergebnis nicht schlechter stehen, als sie bei Eröffnung eines Sekundärverfahrens stünden. Hierfür ist die Rechtslage zugrunde zu legen, die bestünde, wenn das Sekundärverfahren eröffnet worden wäre. Entscheidend hierbei ist aber nicht alleine der Vergleich der abstrakten Rechtslage, sondern die sich hieraus ergebende Befriedigung. Zwar wird regelmäßig die Haftungsmasse insgesamt erhöht sein. Denkbar ist jedoch, dass diese durch bevorrechtigte Forderungen anderer Gläubiger aufgebraucht, oder aber so stark minimiert wird, dass im Ergebnis einzelne lokale Gläubiger bei Beteiligung im Hauptverfahren schlechter gestellt werden, als bei Durchführung eines Sekundärverfahrens. Dies ist insbesondere denkbar, wenn das Hauptverfahren in erheblichem Maße durch (meist arbeitsrechtlich bedingte) Masseverbindlichkeiten belastet wird. Denn für diese haftet auch bei Durchführung eines Sekundärverfahrens nur das Haupt-, nicht aber das Sekundärverfahren.[32] Um eine Schlechterstellung der lokalen Gläubiger in dieser Konstellation zu vermeiden, muss der Verwalter daher eine rechnerische Teilmasse bilden, aus der die Gläubiger des Sekundärverfahrens zunächst befriedigt werden, allerdings wiederum nur soweit, als eine Schlechterstellung gegenüber der Durchführung eines Sekundärverfahrens vermieden werden kann.

18 **c) Einzelne Gläubigergruppen. aa) Aus- oder absonderungsberechtigte Gläubiger.** Die Zusicherung hat sich zunächst – entgegen der in der Vorauflage vertretenen Auffassung – zur Behandlung der aus- oder **absonderungsberechtigten Gläubiger** zu äußern. Zwar werden die Rechte der absonderungsberechtigten Gläubiger an den im Sekundärverfahrensstaat belegenen Absonderungsgegenständen und -rechten gemäß Art. 8 durch die Eröffnung des Hauptverfahrens nicht berührt. Gleiches gilt für die Rechte des Verkäufers aus einem Eigentumsvorbehalt nach Art. 10 Abs. 1. Erst durch die Eröffnung eines Sekundärverfahrens werden diese auch dem lokalen Insolvenzregime unterworfen.[33] Der Verzicht auf Durchführung eines Sekundärverfahrens kann daher eigentlich nicht gleichzeitig die Rechte der aus- oder absonderungsberechtigten Gläubiger beschneiden. Wird das Sekundärverfahren aufgrund einer Zusicherung des Verwalters nicht durchgeführt, so könnten die aus- oder absonderungsberechtigten Gläubiger die im Sekundärverfahrensstaat belegenen Sicherheiten gemäß Art. 8 verwerten. Gleiches gilt für den Vorbehaltsverkäufer nach Art. 10 Abs. 1. Diesem Widerspruch trägt aber Art. 36 Abs. 2 – wenn auch versteckt – dadurch Rechnung, dass „*für die Rechte der Gläubiger in Bezug auf Gegenstände der Masse*" das Recht des Mitgliedsstaates gilt, in dem das Sekundärverfahren hätte eröffnet werden können. Es handelt sich hierbei um eine kollisionsrechtliche Rückausnahme zur Sachnorm des Art. 8 und Art. 10 Abs. 1.[34] Zwar wäre wünschenswert gewesen, wenn der Verordnungsgeber insoweit zumindest den Wortlaut von Art. 8 aufgegriffen hätte. Ein anderer Sinngehalt dieser Formulierung (*„Rechte in Bezug auf Gegenstände der Masse"*) ist jedoch nicht ersichtlich.

19 Diese Rückausnahme ist auch gerechtfertigt. Denn die dinglichen Gläubiger, deren dingliche Rechte in anderen Mitgliedsstaaten aufgrund von Art. 8 unberührt bleiben, haben kein rechtlich zu berücksichtigendes Interesse an der Vermeidung eines Sekundärverfahrens, nur um dem insolvenzrechtlichen Zugriff zu entgehen. Die Zusicherung schützt das Vertrauen der lokalen Gläubiger in die Durchführung eines Sekundärverfahrens und in das demzufolge anwendbare Insolvenzrecht. Die Zusicherung schützt aber nicht das Vertrauen der Gläubiger in die Nichtdurchführung eines Sekundärverfahrens. Diese müssen sich daher so behandeln lassen, als wäre das Sekundärverfahren eröffnet worden.

---

[30] Vgl. → Art. 2 Rn. 61.
[31] Zur Insolvenzgeldregelung im deutschen Recht vgl. § 55 Abs. 3 InsO.
[32] Vgl. → Art. 34 Rn. 39.
[33] Vgl. → Art. 8 Rn. 17 ff.
[34] Überzeugend insoweit *Schmidt*, Die Zusicherung nach Art. 36 EuInsVO, S. 82 ff.; *Cranshaw* DZWiR 2018, 1, 2 f.; *Brinkmann* KTS 2014, 381, 397.

bb) Massegläubiger. Für potentielle **Massegläubiger** fällt die Frage, wie die Zusicherung 20 auszugestalten ist, unterschiedlich aus. Nicht schützenswert sind die Gläubiger, die mit dem Verwalter Schuldverhältnisse neu begründen. Denn diesen steht es frei, mit dem Verwalter des Hauptverfahrens zu kontrahieren.[35] Diese hätten auch keinen Einfluss darauf, ob ein Sekundärverfahren durchgeführt werden soll oder nicht. Es besteht schon kein zu berücksichtigendes Vertrauen auf die Durchführung eines Sekundärverfahrens. Auf die Behandlung solcher Neu-Massegläubiger muss sich daher die Zusicherung nicht beziehen.

Die Zusicherung muss sich aber auf die Gläubiger beziehen, die bereits ein Schuldverhältnis 21 mit dem Schuldner begründet haben, das im Rahmen der Insolvenz abzuwickeln ist und das im Rahmen der Abwicklung auch Masseverbindlichkeiten auslösen kann. Zudem muss das noch abzuwickelnde Schuldverhältnis zur potentiellen Insolvenzmasse des Sekundärverfahrens gehören bzw. die Insolvenzmasse des Sekundärverfahrens im Falle der Eröffnung für die daraus entstehenden Masseverbindlichkeiten haften.[36] Denn wie sich das Insolvenzverfahren auf laufende Verträge des Schuldners (so die Terminologie von Art. 7 Abs. 2 lit. e) auswirkt, hat mittelbar ebenfalls Bedeutung für die Frage des Rangs einer Forderung. Der Verordnungsgeber hat dieses Problem zumindest für die Arbeitsverhältnisse des Schuldners erkannt und in ErwG Nr. 72 diese Verträge von der Zusicherung gemäß Art. 36 erfasst gesehen. Zwar kann man argumentieren, dass diese Auffassung des Verordnungsgebers der Differenzierung in Art. 13 folgt, der eine kollisionsrechtliche Sonderanknüpfung für Arbeitsverhältnisse vorsieht. Daraus lässt sich im Umkehrschluss jedoch nicht zwingend schlussfolgern, dass die Zusicherung für alle anderen laufenden Verträge nicht abgegeben werden müsse. Die Möglichkeit der Eröffnung eines Sekundärverfahrens dient dem Schutz der lokalen Gläubiger und dem Vertrauen in die Anwendbarkeit des lokalen Insolvenzrechts. Die Auswirkungen der Verfahrenseröffnung auf laufende Verträge und die Option des Verwalters, diese fortzuführen oder zu beenden, haben jedoch für die betroffenen Vertragspartner erhebliche Auswirkungen auf die Fortführung und den Rang der sich hieraus noch ergebenden Forderung. Ohne eine entsprechende Zusicherung durch den Verwalter des Hauptverfahrens wären denn allgemeinen Interessen im Sinne des Art. 38 Abs. 2 jedoch nicht angemessen geschützt. Die Zusicherung hat sich daher auch auf die Vertragspartner der laufenden Verträge, die zum Sekundärverfahren gehören würden, und die Behandlung dieser laufenden Verträge bei Nichteröffnung des Sekundärverfahrens zu erstrecken.[37]

cc) Bevorrechtigte Gläubiger. Die Zusicherung ist darüber hinaus insbesondere von Relevanz für **bevorrechtigte Gläubiger** des Sekundärverfahrens, insbesondere wenn das Recht 22 des Hauptverfahrens entsprechende Vorrechte nicht kennt. Abhängig davon, zu welchem Ergebnis die Verteilung der Haftungsmasse nach dem Recht des Hauptverfahrens führen würde, müsste der Verwalter deren bevorrechtigte Befriedigung durch Bildung einer rechnerischen Teilmasse sicherstellen.

dd) Einfache Insolvenzgläubiger. Hingegen ist nicht erkennbar, dass die Zusicherung sich 23 auch auf die Verteilung und den Rang der lokalen **einfachen Insolvenzgläubiger** erstrecken muss. Da nach Art. 45 Abs. 1 grundsätzlich jeder Gläubiger seine Forderung im Haupt- und Sekundärverfahren anmelden kann, haben einfache Insolvenzgläubiger in der Regel keine besondere Rechtsposition, die im Rahmen der Zusicherung durch Bildung einer Teilmasse geschützt werden könnte. Denn die Teilmasse stünde letztlich ebenso allen Gläubigern des Hauptverfahrens zu. Etwas anderes würde nur für den Ausnahmefall gelten, wenn die Gläubiger des Hauptverfahrens im Sekundärverfahren lediglich nachrangige Gläubiger wären. Jedoch sind solche Fallkonstellationen lediglich theoretischer Natur.

Gegebenenfalls erfasst von der Zusicherung ist hingegen die Frage der Anmeldung und Prüfung 24 der Insolvenzforderungen. Zwar bezieht sich Art. 36 Abs. 2 nur auf die Verteilung des Erlöses und den Rang der Forderung. Damit aber die allgemeinen Interessen der lokalen Gläubiger angemessen geschützt sind, ist für die Frage der Geltendmachung und Rechtsverfolgung der Forderung durch die lokalen Gläubiger ihre Position im Rahmen eines Sekundärverfahrens zu berücksichtigen. Denn diese verlieren bei Nichtdurchführung des Sekundärverfahrens den Gerichtsstand gegen den Verwalter im Sekundärverfahrensstaat und wären ansonsten darauf beschränkt, ihre Ansprüche im Hauptverfahrensstaat einzuklagen. Der Verwalter des Hauptverfahrens sollte sich daher im Rahmen der Zusicherung für bestimmte Rechtsstreitigkeiten dem Gerichtsstand des Sekundärverfahrensstaates unterwerfen.

---

[35] So auch *Schmidt*, Die Zusicherung nach Art. 36 EuInsVO, S. 78.
[36] Vgl. → Art. 34 Rn. 39.
[37] Wie hier: MüKoBGB/*Kindler* Art. 36 Rn. 16; aA *Schmidt*, Die Zusicherung nach Art. 36 EuInsVO, S. 92 ff.; FKInsO/*Wenner/Schuster* Art. 36 Rn. 24.

25 **ee) Aufrechnungsberechtigte Gläubiger.** Eine Zusicherung kann auch für **aufrechnungsberechtigte Gläubiger** von Bedeutung sein. Ist nämlich ein Gläubiger mit Sitz im Sekundärverfahrensstaat zugleich Drittschuldner des Schuldners, so kann die Berechtigung zur Aufrechnung davon abhängen, dass ein Sekundärverfahren eröffnet wird. Das ist denkbar, wenn nämlich nur das Insolvenzrecht des Sekundärverfahrensstaates dem Gläubiger eine Aufrechnungsbefugnis verleiht. In diesem Fall muss der Verwalter dem nach dem Recht des Sekundärverfahrensstaates aufrechnungsberechtigten Gläubiger zusichern, die Aufrechnung gegen sich gelten zu lassen, selbst wenn das Recht des Hauptverfahrensstaates sowie das Insolvenzrecht des auf die Hauptforderung anwendbaren Rechts eine solche Aufrechnung nicht zulassen würden.[38]

26 **ff) Vertragspartner schwebender Rechtsakte.** Vertragspartner aus nicht vollständig abgewickelten Verträgen (§§ 103 ff. InsO) gehören ebenfalls zu den Gläubigern, die im Rahmen der Zusicherung nach Art. 36 Abs. 1 zu berücksichtigen sind. Sie sind nämlich ebenfalls Gläubiger des Schuldners hinsichtlich der noch ausstehenden Vertragsleistung des Schuldners. Auch deren Verteilungsrechte werden durch die Nichteröffnung betroffen. Für diese Gläubigergruppe gibt es in jeder Rechtsordnung Vorschriften, ob und wie der Vertrag abzuwickeln ist und wie die Ansprüche dieser Gläubiger im Rahmen der Verteilung zu berücksichtigen sind. Für diese Gläubiger folgt aus der Nichteröffnung – soweit keine der Sonderanknüpfungen wie Art. 9 oder 11 greift – ein Statutenwechsel. Auch deren Rechte müssen durch entsprechende inhaltliche Zusicherungen gewahrt bleiben (vgl. bereits zu den Masseglaübigern, → Rn. 20 f.).

27 **gg) Anfechtungsgegner.** Nicht vom Wortlaut erfasst sind die Interessen der Drittschuldner der Insolvenzmasse, zu denen auch potentielle Anfechtungsgegner gehören. Die Nicht-Einbeziehung der **Anfechtungsgegner** ist jedoch fraglich. Denn das Anfechtungsrecht zielt auf die Rückabwicklung einer benachteiligenden Handlung (vgl. Art. 16) ab. Das Ergebnis dieser Rückabwicklung ist in der Regel, dass der Anfechtungsgegner sich wieder in der Gläubigerposition befindet, in der sich der Anfechtungsgegner vor der benachteiligenden Rechtshandlung befand. Der lokale Gläubiger einer Niederlassung ist hinsichtlich seiner vorinsolvenzrechtlichen Handlungen mit dem Schuldner jedoch nicht weniger schützenswert als die anderen lokalen Gläubiger. Der Begriff der Verteilung ist daher im Sinne einer teleologischen Auslegung auf Anfechtungsansprüche auszuweiten.[39]

28 **3. Mindestanforderungen.** Die Regelung stellt jedoch nur die inhaltliche Mindestanforderung für die Zusicherung des Verwalters des Hauptverfahrens dar. Die EuInsVO schließt daher nicht aus, dass der Verwalter inhaltlich weiterreichende Zusicherungen abgibt, um die Eröffnung eines Sekundärverfahrens zu verhindern. Ob solche weiterreichenden Zusicherungen wiederum im Einklang mit dem Recht des Hauptverfahrens gegeben werden können oder dürfen, da sie Fragen der Gläubigergleichbehandlung tangieren, ist eine Frage der Rechte und Pflichten des Verwalters des Hauptverfahrens.[40]

IV. Erklärender der Zusicherung

29 Erklärender der Zusicherung ist nach Art. 36 Abs. 1 S. 1 der **„Insolvenzverwalter des Hauptverfahrens"**. Die Person des „Verwalters" ist in Art. 2 Nr. 5 iVm Anhang B definiert. Insoweit kann Erklärender der Zusicherung bereits der **vorläufige Insolvenzverwalter** sein, da die Definition des „Insolvenzverwalters" in Art. 2 Nr. 5 auch den vorläufigen Insolvenzverwalter mit einschließt. In der Praxis dürfte es sogar notwendig sein, dass die Zusicherung bereits von dem vorläufigen Verwalter unterbreitet wird, da die Eröffnungsverfahren für Haupt- und Sekundärverfahren regelmäßig zeitlich parallel laufen. Allerdings steht dem vorläufigen Verwalter noch keine Kompetenz zu, verbindliche Vereinbarungen für die Verteilung nach der Eröffnung zu treffen. Seine Kompetenz ist in der Regel auf die Wert- und Bestandserhaltung gerichtet.[41] Der vorläufige Insolvenzverwalter wird daher aus Rechtsgründen die Zusicherung meist nur unter der aufschiebenden Bedingung abgeben können, dass er im Hauptverfahren auch zum Verwalter bestellt wird.

30 Umstritten ist allerdings, ob auch der Schuldner in Eigenverwaltung berechtigt ist, eine Zusicherung iSd Art. 36 abzugeben. Mit Blick auf den Wortlaut wird deutlich, dass Verfahren, die in

---

[38] Ebenso *Schmidt*, Die Zusicherung nach Art. 36 EuInsVO S. 86 ff.; MüKoBGB/*Kindler* Art. 36 Rn. 15; Brinkmann/*Laukemann* Art. 36 Rn. 34.

[39] Ebenso MüKoBGB/*Kindler* Art. 36 Rn. 17; offenlassend *Fehrenbach* BPR 2017, 38, 41 f.; aA *Schmidt*, Die Zusicherung nach Art. 36 EuInsVO, S. 89 ff.; Brinkmann/*Laukemann* Art. 36 Rn. 35; *Schuster* NZI 2017, 873, 874.

[40] Für diesen Fall eine weiterreichende Zusicherung für zulässig erachtend: *Mohr*, Grenzüberschreitende Insolvenzen, S. 219, 223; *Schmidt*, Die Zusicherung nach Art. 36 EuInsVO, S. 47 f.; aA: *Pluta/Keller* FS *Vallender*, 437, 443.

[41] Vgl. zu deutschen vorl. Verwalter → InsO § 21 Rn. 11 ff.; → InsO § 22 Rn. 73 ff.

Eigenverwaltung durchgeführt werden, nicht vom Anwendungsbereich der Norm erfasst sind, sodass für den Schuldner in Eigenverwaltung nach dem Wortlaut von Art. 36 nicht die Möglichkeit besteht, eine Zusicherung abzugeben.[42] Ob es sich hierbei um ein redaktionelles Versehen handelt oder ob der Wortlaut hingegen bewusst eine solche Einschränkung enthält, ist aus den Gesetzgebungsmaterialien nicht ersichtlich. Für eine bewusste Entscheidung spricht aber, dass der Verordnungsgeber den Schuldner in Eigenverwaltung an anderen Stellen der Verordnung ausdrücklich erwähnt hat (vgl. zB Art. 38 Abs. 1, Art. 76), sofern er eine entsprechende Anwendung der Vorschrift auf die Eigenverwaltung gewollt war, und demgegenüber die Erwägungsgründe Nr. 42 und 43 sowie die Art. 36 und 38 Abs. 2 ausdrücklich nur den Verwalter erwähnen.[43] Einer anderen Ansicht zur Folge soll dem Schuldner in Eigenverantwortung allerdings trotz des ausdrücklich entgegenstehenden Wortlauts die Abgabe einer Zusicherung möglich sein.[44] Begründet wird dies mit dem Befund einer *„sanierungsfreundlichen Grundhaltung"* der EuInsVO, welche sich aus der Aufnahme der Eigenverwaltung in die EuInsVO ergebe.[45] Ein potenzielles Sekundärverfahren dürfte danach einer Sanierung durch den Schuldner in Eigenverwaltung nicht entgegenstehen. Dem ist im Hinblick auf die zwischenzeitlich von der EU verabschiedete präventive Restrukturierungsrichtlinie[46] – in Abweichung zur Vorauflage – nunmehr zu folgen. Danach bildet der Schuldner in Eigenverwaltung bei Sanierungsverfahren den Regelfall. Gerade bei Sanierungsverfahren wirft die Parallelität von Insolvenzverfahren jedoch besondere Probleme auf, insbesondere wenn die Passivseite des Schuldners für alle Verfahren im Rahmen eines Sanierungsplans einheitlich umgestaltet werden soll.[47] Es ist daher nicht erkennbar, weshalb eine entsprechende Zusicherung nicht vom Schuldner in Eigenverwaltung abgegeben werden könnte.

V. Erklärungsempfänger

31 Erklärungsempfänger der Zusicherung sind die lokalen Gläubiger sowie das Insolvenzgericht des Sekundärverfahrens, das mit dem Eröffnungsantrag befasst ist. Zwar lässt Art. 36 offen, an wen die Zusicherung zu richten ist. Art. 36 Abs. 5 S. 4 erwähnt lediglich, dass der Verwalter die bekannten lokalen Gläubiger über die Zusicherung zu unterrichten hat. Aus der Tatsache, dass der Wortlaut von einer Unterrichtung über die Zusicherung spricht, und zudem den Empfängerkreis der Unterrichtung auf die lokalen Gläubiger beschränkt, lässt sich insoweit schließen, dass jedenfalls nicht alle Gläubiger des Insolvenzverfahrens Erklärungsempfänger der Zusicherung sein können. Teilweise wird sogar vertreten, die Zusicherung sei eine nicht empfangsbedürftige einseitige Erklärung des Verwalters, sodass es genüge, wenn die Zusicherung sich in den Akten des Verwalters verbleibe.[48] Eine solche Einordnung ist allerdings wenn nur theoretischer Natur. Zwar mag sich aus der EuInsVO nicht explizit ergeben, dass die Zusicherung jedem einzelnen Gläubiger in physischer oder elektronischer Form zu übersenden ist. Unberücksichtigt bliebe bei einem derartigen Verständnis der Zusicherung allerdings, dass zumindest die lokalen Gläubiger über die Abgabe der Zusicherung informiert werden müssen, damit sie von ihnen gebilligt oder ggf. abgelehnt werden kann. Bei praxisnaher Auslegung sind also faktisch die lokalen Gläubiger die Empfänger der Erklärung. Gleiches gilt für das Insolvenzgericht, dass im Rahmen seiner Entscheidung über den Eröffnungsantrag auch darüber zu befinden hat, ob aufgrund der Zusicherung eine Eröffnung unterbleiben kann. Zutreffend regelt Art. 102c § 12 S. 2 EGInsO daher auch, dass die Zusicherung den bekannten lokalen Gläubigern besonders zuzustellen ist.[49] Das gebietet schon deren Anspruch auf rechtliches Gehör.

VI. Form und Sprache der Zusicherung (Abs. 3 und 4)

32 Art. 36 Abs. 3 ordnet an, dass die Zusicherung in der Amtssprache desjenigen Mitgliedsstaates zu erfolgen hat, in dem die Eröffnung eines Sekundärverfahrens möglich wäre. Sollten mehrere Amtssprachen in dem jeweiligen Mitgliedstaat existieren, so gilt diejenige Amtssprache des jeweili-

---

[42] Bork/van Zwieten/*Mangano* Art. 36 Rn. 36.10; Brinkmann/*Laukemann* Art. 36 Rn. 39; FKInsO/*Wenner/Schuster* Art. 36 Rn. 12; HKInsO/*Schultz* Art. 36 Rn. 9; *Wessels,* IIL Part II, Rn. 108361; Schmidt/*Knof* Art. 36 Rn. 10; *Schmidt,* Die Zusicherung nach Art. 36 EuInsVO, S. 141, mwN.
[43] Vgl. *Schmidt,* Die Zusicherung nach Art. 36 EuInsVO, S. 141.
[44] MüKoBGB/*Kindler* Art. 36 Rn. 24; Vallender/*Keller* Art. 36 Rn. 5; Braun/*Delzant* Art. 36 Rn. 5; Nerlich/Römermann/*Commandeur/Hübler* Art. 36 Rn. 5; *Paulus* Art. 36 Rn. 3 iVm Fn. 6; Wimmer/Bornemann/Lienau/*Wimmer,* Die Neufassung der EuInsVO, Rn. 436.
[45] Vallender/*Keller* Art. 36 Rn. 5; MüKoBGB/*Kindler* Art. 36 Rn. 24.
[46] Vgl. hierzu → Art. 1 Rn. 11.
[47] Vgl. hierzu → Art. 47 Rn. 12 ff.
[48] *Schmidt,* Die Zusicherung nach Art. 36 EuInsVO, S. 149.
[49] Vallender/*Keller* Art. 36 Rn. 11.

gen Eröffnungsortes des möglichen Sekundärverfahrens. Die Norm trägt mithin dem Prinzip Rechnung, dass für die gerichtliche Kommunikation die *lex fori* des jeweiligen Gerichts und die dortige Amtssprache maßgeblich ist.[50] Die Regelung erstreckt sich zudem auch auf die Nennung der tatsächlichen Annahmen.[51]

33   Art. 36 Abs. 4 S. 1 schreibt vor, dass die Zusicherung in schriftlicher Form abgegeben werden muss. Da die EuInsVO keine Definition der „Schriftform" aufstellt, ist zur einheitlichen Anwendung von EU-Verordnungen zur näheren Konkretisierung die Rechtsprechung zur Schriftform bei Gerichtsstandsklauseln nach der EuGVVO heran zu ziehen.[52] Dem Schriftformerfordernis genügt demnach eine körperliche Dokumentation oder eine dauerhafte Reproduzierbarkeit, sodass auch die elektronische Form den Anforderungen genügen kann, sofern die Reproduzierbarkeit gewährleistet ist.[53]

34   Die weitere in S. 2 enthaltene Vorgabe, dass gegebenenfalls weitere Form- und Zustimmungserfordernisse, die im Mitgliedsstaat des Hauptverfahrens gelten, einzuhalten sind, ist keine weitere selbständige Voraussetzung, sondern ein an sich selbstverständlicher Hinweis an den die Zusicherung abgebenden Verwalter zur Beachtung der für ihn im Hauptverfahrensstaat geltenden Vorschriften. Unklar ist allerdings aufgrund der ausdrücklichen Erwähnung, wie ein Verstoß gegen Formvorschriften des Rechts des Hauptverfahrensstaates zu bewerten ist. Diese Frage untersteht hingegen der *lex fori concursus* des Hauptverfahrens, sodass Formverstöße für die Prüfung der Zusicherung durch das Insolvenzgericht des Sekundärverfahrensstaates nur dann relevant sind, soweit diese Formfehler auch Rechtsfolgen im Außenverhältnis nach sich ziehen. Soweit jedoch derartige Formverstöße die Wirksamkeit der Zusicherung im Außenverhältnis unberührt lassen, sind sie auch für die Prüfung der Zusicherung im Rahmen des Art. 38 unbeachtlich. Dies zu prüfen könnte für das Gericht des Sekundärverfahrens schwierig sein.

VII. Billigungsverfahren (Abs. 5)

35   Nach Art. 36 Abs. 5 S. 1 muss die Zusicherung von den bekannten lokalen Gläubigern gebilligt werden. Die Beschränkung auf die lokalen Gläubiger entspricht der Beschränkung des Prüfungsmaßstabs des Insolvenzgerichts nach Art. 38 Abs. 2, wonach für die Frage der Eröffnung oder der Ablehnung der Eröffnung des Sekundärverfahrens auf die Interessen der lokalen Gläubiger abzustellen ist. Nach Art. 2 Nr. 11 sind vom Begriff des lokalen Gläubigers diejenigen umfasst, deren Forderungen gegen den Schuldner aus oder in Zusammenhang mit dem Betrieb einer Niederlassung in einem anderen Mitgliedstaat als dem Mitgliedsstaat entstanden sind, in dem sich der Mittelpunkt der hauptsächlichen Interessen des Schuldners befindet. Zur Bestimmung der lokalen Gläubigereigenschaft ist demnach an die Forderung selbst anzuknüpfen, während der Sitz oder gewöhnliche Aufenthaltsort des Gläubigers demgegenüber unerheblich ist.[54]

36   Der EuInsVO lässt sich allerdings keine Definition entnehmen, was unter „bekannten" Gläubigern zu verstehen ist, sodass dieser Begriff einer autonomen Auslegung bedarf.[55] Darauf, ob bereits eine Anmeldung der Forderung durch den lokalen Gläubiger stattgefunden hat, kann es richtigerweise nicht ankommen.[56] Auch erscheint es aufgrund des damit verbundenen immensen Aufwands nicht praktikabel, vom Verwalter zu verlangen, alle potenziellen lokalen Gläubiger zu ermitteln.[57] Maßgeblich kann mithin nur die tatsächliche Kenntnis des Verwalters sein, sodass „bekannt" iSd. Art. 36 Abs. 5 als „dem Verwalter bekannt" zu verstehen ist.[58] Entscheidender Zeitpunkt für die Kenntnis ist dabei nicht die Abgabe der Zusicherung durch den Verwalter,[59] sondern der Zeitpunkt

---

[50] Mankowski/Müller/Schmidt/*Mankowski* Art. 36 Rn. 32.
[51] *Schmidt*, Die Zusicherung nach Art. 36 EuInsVO, S. 143; *Schuster* NZI 2017, 873, 875.
[52] So auch *Paulus* Art. Rn. 11; HKInsO/*Schultz* Art. 36 Rn. 17; Mankowski/Müller/Schmidt/*Mankowski* Art. 36 Rn. 33; vgl. Art. 25 Abs. 1 S. 3 lit. a EuGVVO; hierzu *Kropholler/von Hein*, Europäisches Zivilprozessrecht, 9. Aufl., Art. 23 EuGVVO aF Rn. 33; Baumbach/Lauterbach/Hartmann/Anders/Gehle/*Schmidt* Art. 25 Rn. 7 ff.; MüKoZPO/*Gottwald* Art. 25 Rn. 28 ff.; Musielak/Voit/*Stadler* Art. 25 Rn. 9 f.
[53] *Schmidt*, Die Zusicherung nach Art. 36 EuInsVO, S. 144.
[54] *Schmidt*, Die Zusicherung nach Art. 36 EuInsVO, S. 168; Mankowski/Müller/Schmidt/*Mankowski* Art. 36 Rn. 26; *Paulus* Art. 36 Rn. 15.
[55] Mankowski/Müller/Schmidt/*Mankowski* Art. 36 Rn. 37; FKInsO/*Wenner/Schuster* Art. 36 Rn. 36.
[56] *Schmidt*, Die Zusicherung nach Art. 36 EuInsVO, S. 173; Mankowski/Müller/Schmidt/*Mankowski* Art. 36 Rn. 37; FKInsO/*Wenner/Schuster* Art. 36 Rn. 36.
[57] *Schmidt*, Die Zusicherung nach Art. 36 EuInsVO, S. 173; Brinkmann/*Laukemann* Art. 36 Rn. 44; HKInsO/*Schultz* Art. 36 Rn. 20.
[58] *Schmidt*, Die Zusicherung nach Art. 36 EuInsVO, S. 173; Mankowski/Müller/Schmidt/*Mankowski* Art. 36 Rn. 37; FKInsO/*Wenner/Schuster* Art. 36 Rn. 36; HKInsO/*Schultz* Art. 36 Rn. 20; Brinkmann/*Laukemann* Art. 36 Rn. 45; Uhlenbruck/*Hermann* Art. 36 Rn. 29.
[59] So aber *Wessels*, International Insolvency Law, Part II, Rn. 10836.

der nach nationalem Recht letzten Teilnahmemöglichkeit am Billigungsverfahren für lokale Gläubiger.⁶⁰

Art. 36 Abs. 5 S. 2 enthält für die Billigung der Zusicherung einen Verweis auf die Vorschriften **37** des nationalen Rechts über die Billigung von Restrukturierungsplänen. Der Verweis umfasst seinem Wortlaut nach die *„Regeln über die qualifizierte Mehrheit und über die Abstimmung"*. ErwG Nr. 44 relativiert den Verweis dahingehend, dass das nationale Recht – *„soweit angemessen"* – Anwendung finden sollte. Die Anwendung welcher Vorschriften hierbei angemessen sein soll, wird bis auf ein Beispiel nicht weiter konkretisiert. Danach sollten insbesondere Forderungen der Gläubiger für die Zwecke der Abstimmung über die Zusicherung als festgestellt gelten, wenn die Abstimmungsregeln für die Annahme eines Sanierungsplans nach nationalem Recht die vorherige Feststellung dieser Forderungen vorschreiben.⁶¹ Danach handelt es sich jedoch nur um eine Modifikation, da freilich vor Eröffnung eines Sekundärverfahrens eine Feststellung von Forderungen freilich nicht möglich ist. Die Reichweite dieser Verweisung wird in jedem Mitgliedsstaat anhand der Regelungen des nationalen Rechts interpretiert werden müssen. Gibt es in einem Mitgliedsstaat unterschiedliche Verfahren für die Annahme von Sanierungsplänen, so schreibt ErwG Nr. 44 S. 3 vor, dass der Mitgliedsstaat das spezifische Verfahren benennen möge, das in diesem Zusammenhang maßgeblich sein soll. Dem nationalen Gesetzgeber steht insoweit ein Umsetzungsspielraum zu.

Von dem Verweis erfasst sind zunächst die Regeln über *„die qualifizierte Mehrheit"*, woraus sich **38** implizit ergibt, dass die EuInsVO keine Einstimmigkeit verlangt. Ebenso wenig setzt Art. 36 konkrete Mehrheitserfordernisse fest. Es gelten daher die Mehrheitserfordernisse, die das nationale Recht für Sanierungspläne vorschreibt, und zwar ob und inwieweit auf Summen- oder Kopfmehrheiten abzustellen ist. Sieht eine Rechtsordnung – wie das französische Recht – vor, dass über einen Sanierungsplan durch ein Repräsentationsorgan abzustimmen ist, so gelten die Mehrheitserfordernisse – ebenso wie die Abstimmungsregeln – auch für dieses Repräsentationsorgan.⁶²

Deutlich ungenauer ist hingegen der Verweis auf *„die Abstimmung"*. Hier ist vieles unklar, **39** nämlich inwieweit die Vorschriften über die Bildung von Abstimmungsgruppen gelten sollen, inwieweit das Abstimmungsverfahren gerichts- oder verwaltergesteuert ist, inwieweit das Abstimmungsergebnis gerichtlich bestätigt werden muss und fehlende Zustimmungen durch das Gericht ersetzt werden können.⁶³ Richtigerweise ist der Verweis in Art. 36 Abs. 5 lediglich als Verweis auf das Abstimmungsverfahren zu verstehen, nicht hingegen auf eine dem noch nachgelagerte Überprüfung durch das Gericht. Diese Mängel des Abstimmungsverfahrens (oder auch am Inhalt der Zusicherung) sind im Rahmen der Prüfung der Zusicherung nach Art. 38 vom Insolvenzgericht zu prüfen.⁶⁴

Wie in Deutschland über die Zusicherung abzustimmen ist, hat der Gesetzgeber in Art. 102c **40** §§ 17, 18 EGInsO umgesetzt. Danach führt der Verwalter des Hauptverfahrens die Abstimmung durch (Art. 102c § 17 Abs. 1 S. 1 EGInsO). Für das Abstimmungsverfahren gelten die §§ 222, 243, 244 (Abs. 1 und 2) sowie die §§ 245 und 245 InsO entsprechend (Art. 102c § 17 Abs. 1 S. 2 EGInsO), sodass Gruppen zu bilden und in Gruppen abzustimmen ist. Das sog. Obstruktionsverbot mit der Möglichkeit der Ersetzung der Zustimmung einer Gruppe hat der deutsche Gesetzgeber jedoch nicht umgesetzt, was insoweit konsequent ist, da das Abstimmungsverfahren nach Art. 36 keine gerichtliche Bestätigung kennt. Eine Überprüfung, ob die Zusicherung durch die Gläubiger ordnungsgemäß gebilligt wurde, erfolgt erst durch das Insolvenzgericht im Rahmen der Entscheidung über den Eröffnungsantrag nach Art. 38. Würde man das gerichtliche Bestätigungsverfahren durchlaufen müssen, so müsste das über die Verfahrenseröffnung entscheidende Insolvenzgericht zunächst die Rechtskraft des gerichtlichen Bestätigungsbeschlusses abwarten. So lange kann das Insolvenzgericht den Beschluss über die Verfahrenseröffnung jedoch nicht hinauszögern. Die inzidente Prüfung der rechtswirksamen Billigung im Rahmen des Eröffnungsbeschlusses verkürzt auch nicht den Rechtsschutz des Verwalters des Hauptverfahrens oder der Gläubiger, da diese gegen den Eröffnungsbeschluss bzw. gegen die Abweisung des Eröffnungsantrags Rechtsmittel einlegen können.⁶⁵

Zudem ist in Art. 102c § 18 EGInsO das Stimmrecht bei der Abstimmung über die Zustimmung **41** geregelt. Danach gilt eine angemeldete Forderung zunächst einmal als stimmberechtigt, und zwar auch dann, wenn der Verwalter oder ein Gläubiger die Forderung oder die Qualifikation als lokaler

---

⁶⁰ *Schmidt*, Die Zusicherung nach Art. 36 EuInsVO, S. 174; Mankowski/Müller/Schmidt/*Mankowski* Art. 36 Rn. 38; FKInsO/*Wenner/Schuster* Art. 36 Rn. 37; HKInsO/*Schultz* Art. 36 Rn. 20; Brinkmann/*Laukemann* Art. 36 Rn. 45; *Paulus* Art. 36 Rn. 15, der auf die Beendigung abstellt.
⁶¹ Hierzu auch *Schmidt*, Die Zusicherung nach Art. 36 EuInsVO, S. 183.
⁶² So *Schmidt*, Die Zusicherung nach Art. 36 EuInsVO, S. 178, mit Verweis auf das französische Recht.
⁶³ Vgl. hierzu *Schmidt*, Die Zusicherung nach Art. 36 EuInsVO, S. 179 ff. mwN; Mankowski/Müller/Schmidt/*Mankowski* Art. 36 Rn. 47.
⁶⁴ Vgl. → Art. 38 Rn. 10 ff.
⁶⁵ Vgl. → Art. 38 Rn. 7.

Gläubiger bestreitet. Erst wenn das Abstimmungsergebnis von derartig bestrittenen Forderungen abhängt, erfolgt eine gerichtliche Entscheidung über das Stimmrecht (vgl. hierzu näher die Kommentierung zu Art. 102c §§ 17, 18 EGInsO).

42   Art. 36 Abs. 5 S. 4 legt dem Verwalter des Hauptverfahrens verschiedene Unterrichtungspflichten auf, die jeweils zeitlich unterschiedlich zu erfüllen sind. So betrifft die Unterrichtungspflicht zunächst die Zusicherung, die Regeln und Verfahren für deren Billigung. Diese Unterrichtungspflicht trifft den Verwalter vor dem Billigungsverfahren. Es dient der Unterrichtung der lokalen Gläubiger über das Billigungsverfahren und den Inhalt der Billigung. Nach Durchführung des Billigungsverfahrens unterrichtet der Verwalter des Hauptverfahrens die lokalen Gläubiger über das Ergebnis, und zwar sowohl über die Billigung der Zusicherung als auch deren Ablehnung. Dass diese Unterrichtung freilich in der Sprache erfolgen muss, in der der Verwalter gemäß Art. 36 Abs. 3 die Zusicherung abgegeben hat, ist eine Selbstverständlichkeit, die Art. 36 Abs. 5 S. 4 nicht zu wiederholen brauchte. In welcher Form allerdings die Unterrichtung vorgenommen werden soll, lässt die Vorschrift offen. Auch ein Verweis auf nationale Regelungen durch die Mitgliedsstaaten zur Regelung der Form ist nicht vorgesehen. Dennoch regelt Art. 102c § 19 iVm § 12 EGInsO, dass die Unterrichtung durch besondere Zustellung zu veranlassen ist.

VIII. Rechtsfolgen der Billigung

43   **1. Verbindlichkeit der Zusicherung (Abs. 6).** Art. 36 Abs. 6 schreibt vor, dass eine gemäß diesem Artikel gegebene und gebilligte Zusicherung *„für die Insolvenzmasse verbindlich"* ist. Da die Billigung der Zusicherung keine gerichtliche Bestätigung voraussetzt (vgl. → Rn. 40), wird die Zusicherung damit alleine durch die Billigung verbindlich (zur Rechtsnatur, vgl. → Rn. 5 f.). Das ist insoweit unproblematisch, als die Zusicherung nur dann zum Tragen kommt, wenn das Insolvenzgericht des Sekundärverfahrens im Hinblick auf die Zusicherung eines Sekundärverfahrens ablehnt. In diesem Zusammenhang werden daher der Inhalt und das Abstimmungsverfahren einer gerichtlichen Überprüfung unterworfen. Eröffnet hingegen das Gericht ein Sekundärverfahren nach Art. 38, ist die Zusicherung zwar verbindlich. Sie läuft jedoch ins Leere, da der Verwalter des Hauptverfahrens die Insolvenzmasse des Sekundärverfahrens nicht mehr abwickelt (was ähnlich einer aufschiebenden Bedingung Bestandteil der Zusicherung ist).

44   Da die Zusicherung verbindlich ist, steht dem einzelnen lokalen Gläubiger das Recht zu, die Rechte aus der Zusicherung gerichtlich geltend machen zu können. Strittig war insoweit nur, ob der lokale Gläubiger zur Durchsetzung dieses Rechts auf die in Art. 36 Abs. 7 S. 2, Abs. 8 -10 erwähnten Rechtsbehelfe beschränkt ist, oder ob der lokale Gläubiger daneben den Verwalter auch auf Leistung aus der Zusicherung verklagen kann. Die ganz herrschende Auffassung sieht in Art. 36 Abs. 6 kein Recht des betroffenen Gläubigers, die Insolvenzmasse auf entsprechende Leistung zu verklagen. Der Gläubiger sei auf die Rechtsbehelfe beschränkt, die Art. 36 gewähre.[66] Soweit sich diese Auffassung auf die Gesetzgebungshistorie stützt, so ist dort lediglich abgelehnt worden, dass ein Gläubiger aus der Zusicherung vollstrecken könne (was zu Recht am Rat gescheitert sein soll).[67] Überzeugend dürfte allerdings sein, dass nicht erkennbar ist, in welchem Verhältnis eine solche Leistungsklage zu den speziellen Rechtsbehelfen stehen würde, die Art. 36 ansonsten gewährt (Anfechtung einer beabsichtigten Verteilung gemäß Abs. 7; Sicherstellung der Einhaltung der Zusicherung beim Gericht des Hauptverfahrens nach Abs. 8 und beim Gericht des (nicht eröffneten) Sekundärverfahrens nach Abs. 9).[68] Denn diese Vorschriften enthalten Sonderzuständigkeiten für die darin geregelten Rechtsbehelfe auf Durchsetzung der Zusicherung. Zudem gewähren diese kein Leistungsrecht, sondern nur den Anspruch darauf, dass das angerufene Insolvenzgericht die Einhaltung des Inhalts der Zusicherung durch geeignete Maßnahmen nach dem Recht des Staates sicherstellt. Sie modifizieren daher den Leistungsanspruch des lokalen Gläubigers. Diese Zuständigkeiten und Leistungsmodifikationen würden konterkariert, würde man dem lokalen Gläubiger zusätzlich einen unmittelbaren Erfüllungsanspruch zubilligen.

45   **2. Informationspflichten über die Verteilung (Art. 36 Abs. 7 S. 1).** Wickelt der Verwalter des Hauptverfahrens die Insolvenzmasse aufgrund einer Zusicherung nach Art. 36 ab, so obliegen ihm besondere Informationspflichten gegenüber den lokalen Gläubigern über die Verteilung der Insolvenzmasse. Gemäß Art. 36 Abs. 7 S. 1 ist der Insolvenzverwalter gehalten, *„vor der Verteilung von **Gegenständen der Masse oder des Erlöses im Sinne des Absatz 1"*** die lokalen Gläubiger über die

---

[66] So *Schmidt*, Die Zusicherung nach Art. 36 EuInsVO, S. 96 f.; Brinkmann/*Laukemann* Art. 36 Rn. 64; FKInsO/*Wenner/Schuster* Art. 36 Rn. 25; *Schuster* NZI 2017, 873, 878.

[67] Vgl. den Kommissionsentwurf und den Parlamentsentwurf, → Vor Art. 1 Rn. 13 f.; hierzu auch *Prager/Keller* WM 2015, 805, 808; *Pluta/Keller* FS Vallender, 437, 447 f.

[68] Insoweit revidiert der Verfasser die in der Vorauflage noch vertretene Auffassung.

beabsichtigte Verteilung zu informieren. Die Informationspflicht bezieht sich daher nur auf die Verteilung, nicht aber auf die Verwertung.[69] Für die Verteilung der sonstigen Masse, insbesondere des Hauptverfahrensstaates, besteht hingegen keine entsprechende Informationspflicht, da insoweit die lokalen Gläubiger des potentiellen Sekundärverfahrens auch nicht schutzwürdig sind. Der Verwalter ist daher gut beraten, die Teilmasse des Sekundärverfahrens durchgängig zu separieren. Hat der Insolvenzverwalter hingegen schon vor der Verteilung die Untermasse des Sekundärverfahrens mit der Masse des Hauptverfahrens vermischt, so erstreckt sich die Informationspflicht nunmehr auf sämtliche Verteilungen des Insolvenzverwalters, da hiervon auch immer die lokalen Gläubiger betroffen sind.[70]

Der Begriff der *Verteilung* ist weit auszulegen. Er beschränkt sich nicht nur auf die Zahlungen an die lokalen (Insolvenz-)Gläubiger, sondern schließt auch Zahlungen an Massegläubiger mit ein. Das ist misslich, da deren Ansprüche zeitnah zu erfüllen sind, andererseits aber konsequent, wenn man die Masseverbindlichkeiten, die sich aus der Erfüllungswahl laufender Verträge ergeben, als von der Zusicherung mit umfasst sieht (vgl. dazu → Rn. 15). Schon von daher muss der Insolvenzverwalter bemüht sein, die Trennung der beiden Haftungsmassen bis zur Verteilung aufrecht zu erhalten. Andernfalls infiziert er die Verteilung der Insolvenzmasse des Hauptverfahrens mit seinen Pflichten gegenüber den lokalen Gläubigern, die sich an sich nur auf die Vermögensgegenstände beziehen, die der Zusicherung unterliegen (Art. 36 Abs. 2 S. 2). **46**

Hinsichtlich der **Sprache** der Information gilt Art. 36 Abs. 3 entsprechend.[71] Umstritten ist allerdings, in welcher **Form** der Verwalter der Unterrichtungspflicht nachzukommen hat. Fraglich ist, ob dies durch eine individuelle Benachrichtigung nach Art. 36 Abs. 5 S. 4 zu erfolgen hat, ob hierfür eine Zustellung notwendig ist oder eine einfache postalische Übermittlung genügt oder ob hierfür nicht das nationale Verfahrensrecht des Sekundärverfahrensstaates maßgeblich ist.[72] Der deutsche Gesetzgeber hat Art. 36 Abs. 7 als Verweis auf das nationale Recht des Sekundärverfahrensstaates aufgefasst und sich mit Art. 102c § 13 EGInsO für eine besondere Zustellung gemäß § 8 InsO entschieden. **47**

3. Anfechtung des Verteilungsplans (Art. 36 Abs. 7 S. 2). Art. 36 Abs. 7 S. 2 gewährt ein spezielles Rechtsmittel, um eine von der Zusicherung abweichende Verteilung der Insolvenzmasse, die sich aus der vorangegangenen Benachrichtigung durch den Verwalter gemäß Art. 36 Abs. 7 S. 1 ergeben hat, anzufechten. Ein entsprechender Antrag bei Gericht hat Suspensiveffekt, dh der Verwalter darf – ohne dass es einer gerichtlichen Anordnung bedarf – die Teilmasse des Sekundärverfahren nicht verteilen, bis das Gericht über den Antrag entschieden hat. **48**

Anfechtungsgegenstand ist die Verteilung, wie sie in der Unterrichtung durch den Verwalter nach Art. 36 Abs. 7 S. 1 konkret vorgesehen war. Hat der Verwalter in der Unterrichtung fehlerhaft oder unvollständig informiert, so kann auch dies mit dem Rechtsbehelf des Art. 36 Abs. 7 S. 2 angefochten werden. Der Begriff der *Verteilung* ist weit zu verstehen. Grundsätzlich fallen hierunter nicht nur Zahlungen an dingliche gesicherte, bevorrechtigte oder einfache Insolvenzgläubiger, sondern auch Zahlungen an Massegläubiger, da auch die Masseverbindlichkeiten, die aus der Erfüllungswahl laufender Verträge resultieren, von der Zusicherung umfasst sind (vgl. → Rn. 15). Der Begriff der Verteilung bezieht sich daher auf alle Rechtshandlungen des Verwalters, bei denen – in Abgrenzung zur Verwertung – durch Zahlungen oder ähnliche Rechtshandlungen die zur Verteilung zur Verfügung stehende Insolvenzmasse geschmälert wird. **49**

Rechtsbehelfsbefugt sind jeweils nur die lokalen Gläubiger. Zuständig für den Rechtsbehelf sind die Gerichte des Mitgliedstaates (vgl. hierzu noch → Rn. 54). Der Rechtsbehelf erlaubt jedoch nur die Möglichkeit einer Anfechtung der vorgesehenen Verteilung, über die der Verwalter zuvor gemäß Art. 36 Abs. 7 S. 1 unterrichtet hat. Der lokale Gläubiger kann mithin den Verteilungsplan des Verwalters „anfechten", sodass dieser nicht durchgeführt werden kann. Der lokale Gläubiger kann jedoch nicht beantragen und das Gericht den Verwalter nicht verurteilen, die Teilmasse des (synthetischen) Sekundärverfahrens nach einem konkreten vorgegebenen Inhalt zu verteilen. Es ist nach erfolgreicher Anfechtung Aufgabe des Verwalters, einen neuen Verteilungsplan aufzustellen, der den Gründen eines Anfechtungsbeschlusses durch das Gericht Rechnung trägt, und die lokalen Gläubiger erneut zu unterrichten. **50**

---

[69] Wie hier *Schmidt,* Die Zusicherung nach Art. 36 EuInsVO, S 195; aA Wimmer/Bornemann/Lienau/*Wimmer,* Die Neufassung der EuInsVO, Rn. 449, der die Informationspflicht auch auf die Verwertung erstrecken möchte.
[70] So auch *Schmidt,* Die Zusicherung nach Art. 36 EuInsVO, S. 195.
[71] Brinkmann/*Laukemann* Art. 36 Rn. 58; FKInsO/*Wenner/Schuster* Art. 36 Rn. 47.
[72] Zum Meinungsstand vgl. *Schmidt,* Die Zusicherung nach Art. 36 EuInsVO, S. 196 ff.; Mankowski/Müller/ Schmidt/*Mankowski* Art. 36 Rn. 56.

51 **4. Rechtsbehelf zur Einhaltung der Zusicherung. a) Beim Gericht des Hauptverfahrens (Abs. 8).** Art. 36 Abs. 8 gewährt den lokalen Gläubigern das Recht, die Gerichte des Hauptverfahrensstaates anzurufen, um den Insolvenzverwalter des Hauptverfahrens zu verpflichten, die Einhaltung des Inhalts der Zusicherung durch alle geeigneten Maßnahmen nach dem nationalen Recht des Mitgliedsstaates des Hauptverfahrens sicherzustellen. **Antragsberechtigt** sind nach dem eindeutigen Wortlaut der Vorschrift nur die **lokalen Gläubiger.**[73] Die Vorschrift gewährt diesen eine Aktivlegitimation für alle im Rahmen der Zusicherung gegebenen Zusagen. Denn da sich im Ergebnis potentiell jede Verletzung der Zusicherung auch auf die Position jedes Gläubigers auswirken kann, bedarf es grundsätzlich keines weiteren Nachweises eines **Rechtsschutzbedürfnisses** oder einer **konkreten Betroffenheit** des antragstellenden Gläubigers bezüglich der konkreten Zusicherung, die sichergestellt werden soll.

52 Allerdings bedarf es eines **rechtlichen Interesses** an der Antragstellung. Der Verwalter muss einen konkreten Anlass geboten haben oder es muss die begründete Besorgnis bestehen, der Insolvenzverwalter werde die Zusicherung nicht einhalten. Denn der Inhalt der Zusicherung wurde durch das Insolvenzgericht des Sekundärverfahrensstaates im Rahmen des Eröffnungsverfahrens bereits geprüft und für ausreichend erachtet. Insoweit bedarf es einer Rechtfertigung dafür, dass die Gerichte des Hauptverfahrensstaates Anordnungen treffen sollen. Die Darlegung der konkreten Gefährdung der Einhaltung der Zusicherung ist Zulässigkeitsvoraussetzung für den Antrag des lokalen Gläubigers.

53 Die Begehr des Antragstellers richtet sich darauf, den Insolvenzverwalter des Hauptverfahrens *„zu verpflichten, die Einhaltung des Inhalts der Zusicherung sicher zu stellen".* Dies kann durch alle geeigneten Maßnahmen geschehen. Unglücklich formuliert ist dies insoweit, als die Zusicherung nach Art. 36 Abs. 6 ohnehin verbindlich ist. Die Vorschrift muss mithin weiter gemeint sein, als eine Klage auf Erfüllung der Zusicherung. Gemeint sein dürften vielmehr Sicherungsmaßnahmen, die zum Schutz der Einhaltung der Zusicherung nach nationalem Recht getroffen werden können. Denn nach den Vorentwürfen des Parlamentes (Art. 29 Abs. 2b EuInsV-ParlE) sollten Maßnahmen getroffen werden können, die zum Schutz der Interessen der lokalen Gläubiger notwendig sind. Dazu sollten gehören das Verbot des Beiseiteschaffens von Vermögen aus dem Sekundärverfahrensstaat, die Vertagung der Verteilung des Erlöses oder die Stellung von Sicherheiten für die Einhaltung von Zusicherungen.

54 Hinsichtlich der zulässigen Maßnahmen verweist Art. 36 Abs. 8 wiederum auf das **Recht des Hauptverfahrensstaates.** Auch dies ist wenig geglückt, da nicht erkennbar ist, ob hiermit nur Maßnahmen gemeint sind, die das Insolvenzgericht als Aufsichtsorgan über den Verwalter anordnen kann, oder aber alle Maßnahmen, die aufgrund der eingegangenen Verpflichtung des Verwalters im Rahmen der Zusicherung zivilrechtlich zulässig sind. Im Ergebnis ist Letzteres zu bejahen, da Art. 36 Abs. 8 die Kompetenz für diese Entscheidung nicht dem Insolvenzgericht des Hauptverfahrensstaates zugewiesen hat, sondern nach dem Wortlaut den **„Gerichten"** des Mitgliedsstaates. Wie sich aus der Definition in Art. 2 Nr. 6 ergibt, referenziert Art. 36 mit dem Begriff nämlich gerade nicht auf die Insolvenzgerichte. Denn Art. 2 Nr. 6 differenziert – abhängig davon, in welcher Vorschrift der Begriff gebraucht wird, zwischen Justizorganen eines Mitgliedsstaates (Art. 2 Nr. 6 lit. i) und den Gerichten, die den Eröffnungsbeschluss erlassen (Art. 2 Nr. 6 lit. ii). Art. 36 ist jedoch in Art. 2 Nr. 6 lit. i genannt, weshalb Art. 36 Abs. 8 auch keinen Verweis auf die Insolvenzgerichte enthält, sondern einen Verweis auf die allgemeine Zivilgerichtsbarkeit. Der deutsche Gesetzgeber hat jedoch die funktionelle Zuständigkeit in Art. 102c § 21 EGInsO anders geregelt und den Rechtsbehelf nach Art. 36 Abs. 8 den Insolvenzgerichten zugewiesen.

55 b) Einstweilige Sicherungsmaßnahmen beim Gericht des Sekundärverfahrensstaates (Abs. 9). Neben der Anrufung der Gerichte des Hauptverfahrensstaates lässt Art. 36 Abs. 9 auch die Anrufung der Gerichte des Mitgliedsstaats zu, in dem das Sekundärverfahren (ohne die Zusicherung des Verwalters) eröffnet worden wäre und das mithin den Eröffnungsantrag aufgrund der Zusicherung des Verwalters abgewiesen hat. **Antragsberechtigt** sind ebenfalls nur die lokalen Gläubiger.[74]

56 Der Rechtsbehelf ermöglicht jedoch nur **einstweilige Maßnahmen oder Sicherungsmaßnahmen,** um die Einhaltung der Zusicherung sicherzustellen. Diese zusätzliche Zuständigkeit soll dem antragstellenden Gläubiger ermöglichen, möglichst umgehend Sicherungsanordnungen hinsichtlich der Insolvenzmasse des potentiellen Sekundärverfahrensstaats treffen zu können. In der Hauptsache bleibt jedoch das Gerichts des Hauptverfahrensstaates gemäß Art. 36 Abs. 8 zuständig.

---

[73] Ebenso *Schmidt,* Die Zusicherung nach Art. 38 EuInsVO, S. 204 f.; aA Brinkmann/*Laukemann* Art. 36 Rn. 70.
[74] Vgl. bereits → Rn. 51.

5. Herausgabeanspruch bei Eröffnung eines Sekundärverfahrens (Abs. 6 S. 2). Art. 36 57
Abs. 6 S. 2 statuiert einen eigenständigen Herausgabeanspruch für den Fall, dass das Sekundärverfahren eröffnet wird und der Verwalter des Hauptverfahrens Gegenstände der Insolvenzmasse aus dem Sekundärverfahrensstaat entfernt hat. Die Norm enthält eine Selbstverständlichkeit und gehört auch nicht zum Regelungskonzept der Zusicherung, da der Herausgabeanspruch unabhängig davon gilt, ob der Insolvenzverwalter des Hauptverfahrens eine Zusicherung gegeben hat.

Der Herausgabeanspruch erfasst nicht nur die ins Ausland verbrachten Gegenstände der Insol- 58
venzmasse, sondern auch den entsprechenden Erlös. Ein solcher Herausgabeanspruch setzt voraus, dass das Sekundärverfahren eröffnet wurde.

6. Haftung des Verwalters für die Zusicherung (Abs. 10). a) Eigenständige Haftungs- 59
norm. Art. 36 Abs. 10 enthält eine eigenständige Haftungsnorm für den Insolvenzverwalter. Danach haftet der Insolvenzverwalter den lokalen Gläubigern für jeden Schaden infolge der Nichterfüllung seiner Pflichten und Auflagen im Sinne dieses Artikels. Die Norm ist überflüssig, soweit das nationale Recht ohnehin eine Haftung des Insolvenzverwalters für die Verletzung dessen insolvenzspezifischer Pflichten vorsieht.[75] Die Haftungsnorm ist daher auch nicht ausschließlich. Schadensersatzansprüche können auch auf Haftungsnormen der jeweiligen *lex fori concursus* gestützt werden.

b) Anspruchsberechtigter. Anspruchsberechtigt sind nach dem Wortlaut lediglich die lokalen 60
Gläubiger.[76] Daraus ergeben sich zwei Einschränkungen. Zum einen können die nicht-lokalen Gläubiger keine Schadensersatzansprüche aus Art. 36 Abs. 10 herleiten[77] (freilich wohl aber aus anderen Rechtsvorschriften, zB wenn der Verwalter zulasten der Insolvenzmasse des Hauptverfahrens dieses übervorteilt hat). Zum anderen sieht Art. 36 Abs. 10 keine Möglichkeit vor, dass ein Gesamtschaden der Teilmasse kollektiv oder zugunsten der Teilmasse geltend gemacht wird. Das ergibt sich aus dem Wortlaut, wonach der Verwalter „*gegenüber den lokalen Gläubigern*" und nicht gegenüber der Insolvenzmasse haftet. Hat der Verwalter daher durch eine Verletzung seiner Pflichten aus Art. 36 die Teilmasse insgesamt geschädigt, so muss jeder einzelne lokale Gläubiger den auf ihn entfallenden Schaden einklagen.

c) Verletzungshandlung. Haftungsauslösend ist nach dem Wortlaut die Nichterfüllung der 61
Pflichten und Auflagen im Sinne dieses Artikels. Die Haftung bezieht sich nicht nur auf die Einhaltung der Pflichten aus der Zusicherung, sondern auch auf sonstige „*Pflichten und Auflagen*" im Sinne dieses Artikels.[78] Damit ist die Verletzung oder ein Verstoß gegen die Informationspflichten zB nach Art. 36 Abs. 4 und Art. 36 Abs. 7 S. 1 ebenfalls umfasst. Gleiches gilt, wenn der Verwalter gegen sonstige Pflichten im Zusammenhang mit den Rechtsbehelfen der Gläubiger verstößt, zB entgegen Art. 36 Abs. 7 S. 2 die Verteilung nicht unverzüglich unterbricht, sobald ein lokaler Gläubiger hiergegen einen Antrag nach Art. 36 Abs. 7 S. 2 gestellt hat.

d) Kausaler Schaden. Die Pflichtverletzung muss für den Schaden **kausal** geworden sein, wie 62
sich sprachlich schon aus dem Begriff „infolge" herleiten lässt und dem allgemeinen Grundverständnis jedweden Schadensersatzes entspricht.[79]

e) Verschulden. Der Wortlaut des Art. 36 Abs. 10 verlangt kein Verschulden für die Haftung. 63
Als eigenständiger Haftungstatbestand kann diese Tatbestandsvoraussetzung nicht durch Rückgriff auf das nationale Haftungsrecht ergänzt werden. Dennoch ist das Verschulden als ungeschriebenes Tatbestandsmerkmal in den Haftungstatbestand des Art. 36 Abs. 10 hinein zu lesen.[80] Rechtsvergleichend verlangen alle Mitgliedstaaten für die Haftung ein schuldhaftes Handeln des Schädigers. Ausnahmen existieren insoweit nur für die sog. Gefährdungshaftung, die jedoch voraussetzt, dass der Schädiger eine per se gefahrengeneigte Tätigkeit ausübt, weshalb in diesen Fällen als Korrektiv das Tatbestandsmerkmal des Verschuldens entfällt. Es ist jedoch nicht erkennbar, dass der europäische Verordnungsgeber dem Verwalter vorliegend eine verschuldensunabhängige Haftung aufbürden wollte. Ein solch weitgehender Eingriff in das zivilrechtliche Haftungsregime aller Mitgliedstaaten hätte einer ausdrücklichen Entscheidung des Verordnungsgebers bedurft.

f) Mitverschulden. Demgegenüber werden sich die lokalen Gläubiger bei Verletzung der 64
Pflichten durch den Verwalter auch ein Mitverschulden anrechnen lassen müssen, soweit die Pflicht-

---

[75] Zum deutschen Recht vgl. § 60 sowie → InsO § 60 Rn. 10 ff.
[76] So auch Mankowski/Müller/Schmidt/*Mankowski* Art. 36 Rn. 71.
[77] AA Brinkmann/*Laukemann* Art. 36 Rn. 81.
[78] Ebenfalls weit fassend: *Schmidt*, Die Zusicherung nach Art. 36 EuInsVO S. 212 f.
[79] FKInsO/*Wenner/Schuster* Art. 36 Rn. 65; Bork/van Zwieten/*Mangano* Art. 36 Rn. 36.25; Brinkmann/*Laukemann* Art. 36 Rn. 82.
[80] AA Mankowski/Müller/Schmidt/*Mankowski* Art. 36 Rn. 68.

verletzung des Verwalters erkennbar war und daher durch Rechtsmittel hätte verhindert (oder verringert) werden können. Es empfiehlt sich daher für die Verwalter, die Informations- und Unterrichtungspflichten sorgfältig zu erfüllen und die Abwicklung und Verteilung der Teilungsmasse möglichst transparent für die lokalen Gläubiger zu kommunizieren, damit diese gezwungen sind, schon aufgrund dieser Information noch vor Eintritt eines Schadens denselben durch einen der Rechtsbehelfe nach Art. 36 abzuwenden.

65   **g) Verjährung.** Art. 36 Abs. 10 enthält keine Regelung über die Verjährung. Es handelt sich hierbei um eine notwendigerweise auszufüllende Regelungslücke, da es keine Ansprüche gibt, die nicht verjähren. Richtigerweise wird man die Verjährungsregeln für Schadensersatzansprüche gegen einen Insolvenzverwalter aus dem Recht des Sekundärverfahrensstaates ergänzend heranziehen müssen.

66   **h) Internationale Zuständigkeit.** Art. 36 Abs. 10 enthält ebenfalls keine Regelung über die **internationale Zuständigkeit** für Klagen gegen den Verwalter nach Art. 36 Abs. 10. Es gibt mehrere Lösungsmöglichkeiten. Zunächst könnte eine entsprechende Klage unter Art. 6 (sog. Annexstreitigkeit) fallen, weil die Klage unmittelbar aus dem Insolvenzverfahren hervorgeht.[81] Andererseits gilt Art. 6 nach der hier vertretenen Auffassung nur für Klagen des Verwalters, hingegen nicht für Klage gegen den Verwalter.[82] Soweit man Art. 6 hingegen auch für Klagen gegen den Verwalter zulässt, bedürfte die Anwendung der Vorschrift für Klagen nach Art. 36 Abs. 10 jedoch einer Korrektur: denn Grundlage für die Zusicherung nach Art. 36 Abs. 1 ist eine „als-ob" Behandlung der Gläubiger. Diese sollen so gestellt werden, als wäre das Sekundärverfahren eröffnet worden. Art. 38 erweitert die schutzwürdigen Interessen der lokalen Gläubiger dahingehend, dass die „allgemeinen Interessen der lokalen Gläubiger" angemessen geschützt sein müssen. Dies verlangt jedoch, dass den lokalen Gläubigern auch der Gerichtsstand erhalten bleibt, der ihnen bei Eröffnung eines Sekundärverfahrens zur Verfügung gestanden hätte. Art. 6 wird man daher im Zusammenhang mit der Geltendmachung von Schadensersatzansprüchen nach Art. 36 Abs. 10 so interpretieren müssen, dass die Gerichte des Mitgliedstaates zuständig sind, die für die Eröffnung des Sekundärverfahrens zuständig gewesen wären. Hält man hingegen Art. 6 für nicht anwendbar, bleibt für die Bestimmung der internationalen Zuständigkeit nur Art. 4 oder 7 EuGVVO 2015. Ein besonderer Gerichtsstand gegen den Verwalter im Sekundärverfahrensstaat wäre demnach entweder aus Art. 7 Nr. 1 oder aus Art. 7 Nr. 2 EuGVVO 2015 gegeben, je nachdem, ob man die Schadensersatzansprüche nach Art. 36 Abs. 10 als vertragliche oder nicht-vertragliche Ansprüche qualifiziert.

Art. 37 Recht auf Beantragung eines Sekundärinsolvenzverfahrens

(1) Die Eröffnung eines Sekundärinsolvenzverfahrens kann beantragt werden von
a) **dem Verwalter des Hauptinsolvenzverfahrens,**
b) **jeder anderen Person oder Behörde, die nach dem Recht des Mitgliedstaats, in dessen Hoheitsgebiet die Eröffnung des Sekundärinsolvenzverfahrens beantragt wird, dazu befugt ist.**

(2) Ist eine Zusicherung im Einklang mit Artikel 36 bindend geworden, so ist der Antrag auf Eröffnung eines Sekundärinsolvenzverfahrens innerhalb von 30 Tagen nach Erhalt der Mitteilung über die Billigung der Zusicherung zu stellen.

Literatur: *Beutler/Debus*, Kurzkommentar zu: LG Klagenfurt, Beschl. v. 2.7.2004, 41 S 75/04 h, EWiR 2005, 217; *Blenske*, Kurzkommentar zu: AG Köln, Beschl. v. 23.1.2004, 71 IN 1/04, EWiR 2004, 601; *Camacho/Nunez-Lagos Burguera*, Secondary Proceedings: are cross-border insolvencies in the EU dealt with efficency?, IILR 2013, 140; *Czaja*, Umsetzung der Kooperationsvorgaben durch die Europäische Insolvenzverordnung im deutschen Insolvenzverfahren, zugl. Diss. Univ. Regensburg 2009; *Dammann/Müller*, Eröffnung eines Sekundärinsolvenzverfahrens in Frankreich gem. Art. 29 lit. a EuInsVO auf Antrag eines „schwachen" deutschen Insolvenzverwalters, NZI 2011, 752 ff.; *Fehrenbach*, Haupt- und Sekundärinsolvenzverfahren, Tübingen 2014; *Geroldinger*, Verfahrenskoordination im Europäischen Insolvenzrecht – Die Abstimmung von Haupt- und Sekundärverfahren nach der EuInsVO, zugl. Diss. Univ. Wien 2009; *Göpfert/Müller*, Englisches Administrationsverfahren und deutsches Insolvenzarbeitsrecht, NZA 2009, 1057; *Hübler*, Aktuelles internationales und ausländisches Insolvenzrecht – Dezember/Januar 2013, NZI 2013, 124; *INSOL Europe*, Revision of the European Insolvency Regulation; *Kokott*, Schlussanträge der Generalanwältin zum Verhältnis von Haupt-

---

[81] So Mankowski/Müller/Schmidt/*Mankowski* Art. 36 Rn. 72; *Prager/Keller* WM 2015, 805, 808; Uhlenbruck/*Hermann* Art. 36 Rn. 61; FKInsO/*Wenner/Schuster* Art. 36 Rn. 67.
[82] Vgl. → Art. 6 Rn. 42.

verfahren und Sekundärverfahren, wenn das Hauptverfahren ein Sanierungsverfahren ist, NZI 2012, 553; *Liersch*, Anmerkung zu AG Düsseldorf, Beschl. v. 12.3.2004 – 502 IN 126/03, NZI 2004, 269; *Mankowski*, Kurzkommentar zu: AG Köln Beschl. v. 1.12.2005 – 71 IN 564/05, EWiR 2006, 109; *ders.*, Ausländische und Internationale Insolvenz, Anm. zu LG Berlin, 23 U 97/09, NZI 2011, 729 ff.; *ders.*, Keine Litispendenzsperre unter der EuInsVO, KTS 2009, 453; *ders.*, Kurzkommentar zu BGH, Beschl. v. 21.12.2010 – IX ZB 227/09; *Mock*, Handlungsoptionen bei ausufernden Sekundärinsolvenzverfahren – Zugleich Anm. zu High Court of Justice London, Beschl. v. 11.2.2009 ([2009] EWHC 206 (Ch), ZInsO 2009, 914), ZInsO 2009, 896 ff.; *Oberhammer*, Von der EuInsVO zum europäischen Insolvenzrecht – Eine Zwischenbilanz über rechtspolitische Gestaltungsmittel und Ziele, KTS 2009, 59 f.; *ders.*, Zur internationalen Anfechtungsbefugnis des Sekundärverwalters nach Europäischem Insolvenzrecht, KTS 2008, 271; *Omar*, Supreme Court of Bermuda (Commercial Court)/Common Law Assistance in Cross-Border Insolvency Matter, IILR 2013, 257; *Paulus*, EuInsVO: Änderungen am Horizont und ihre Auswirkungen, S. 11; *Pogacar*, Rechte und Pflichten des Hauptverwalters im Sekundärverfahren, NZI 2011, 46; *Prager/Keller*, Der Vorschlag der Europäischen Kommission zur Reform der EuInsVO, NZI 2013, 61 f.; *Priebe*, Bankrott in Britain – Die Insolvenz natürlicher Personen in England und Wales, ZInsO 2012, 2074; *Reinhart*, Rechte und Pflichten des Hauptverwalters im Sekundärverfahren, NZI 2012, 304; *Sabel*, Hauptsitz als Niederlassung im Sinne der EuInsVO?, NZI 2004, 126; *Schmüser*, Das Zusammenspiel zwischen Haupt- und Sekundärinsolvenzverfahren nach der EuInsVO, zugl. Diss. Univ. Hamburg 2009; *Smid*, Judikatur zum internationalen Insolvenzrecht, DZWIR 2004, 397; *ders.* Voraussetzung der Eröffnung eines deutschen Sekundärinsolvenzverfahrens – Geltendes Recht und Reformpläne, ZInsO 2013, 953; *Staak*, Mögliche Probleme der Koordination von Haupt- und Sekundärinsolvenzverfahren nach der Europäischen Insolvenzverordnung (EuInsVO), NZI 2004, 480; *Tschentner*, Anmerkung zum Urteil des BGH: Zuständigkeit deutscher Gerichte bei Einstellung des Geschäftsbetriebs einer Gesellschaft, FD-InsR 2012, 328078; *ders.*, Anmerkung zu einem Beschluss des BGH: Inländische Niederlassung als Voraussetzung für die Eröffnung eines Sekundärinsolvenzverfahrens, FD-InsR 2012, 332104; *Vallender*, Anmerkung zu LG Hannover, Beschl. v. 10.4.2008, NZI 2008, 631 bzw. 632.

Übersicht

	Rn.		Rn.
I. Normzweck	1	2. Antragsrecht nach dem Recht des Verfahrensstaates (lit. b)	10
II. Antragsrecht	3	III. Partikularinsolvenzverfahren	13
1. Verwalter des Hauptverfahrens (lit. a)	3	IV. Antragsrecht bei bindender Zusicherung (Abs. 2)	14

I. Normzweck

Art. 37 enthält zwei Regelungen für die **Befugnis zur Antragstellung** auf Eröffnung eines 1 Sekundärverfahrens: Zunächst schreibt Art. 37 Abs. 1 lit. a vor, dass auch der Verwalter des Hauptverfahrens antragsberechtigt ist. Zudem enthält lit. b die Klarstellung, dass sich das Antragsrecht anderer Personen nach der *lex fori concursus secundarii* richtet. Bei Art. 37 Abs. 1 lit. b handelt es sich daher um eine mit Art. 35 übereinstimmende Kollisionsnorm.[1] Art. 37 Abs. 1 lit. a ist dagegen eine Sachnorm,[2] die gegebenenfalls das materielle Insolvenzrecht des Sekundärverfahrensstaates modifiziert.

Im Rahmen der **Reform der EuInsVO**[3] wurde die Vorgängerregelung Art. 29 EuInsVO 2 2000 weitgehend unverändert übernommen. Zwar erfuhr die Formulierung von Art. 37 Abs. 1 lit. b (ehemals Art. 29 lit. b EuInsVO 2000) eine redaktionelle Änderung. Damit verbundene inhaltliche Änderungen sind jedoch nicht erkennbar. Auch im Verordnungsgebungsverfahren ist nicht geäußert worden, dass diesbezüglich eine inhaltliche Korrektur vorgenommen werden sollte. Zudem wurde Art. 37 mit dem neuen Abs. 2 auch inhaltlich um eine weitere Voraussetzung für die Beantragung eines Sekundärverfahrens ergänzt. In dem Fall, dass die Zusicherung des Verwalters des Hauptverfahrens nach Art. 36 zuvor bindend geworden ist, muss der Antrag auf Eröffnung eines Sekundärverfahrens nämlich nun innerhalb einer Frist von 30 Tagen nach Erhalt der Mitteilung gestellt werden. Die Vorschrift ergänzt insoweit die Möglichkeit der Einschränkung des Sekundärverfahrens.

---

[1] Geimer/Schütze/*Heiderhoff*, Int. Rechtsverkehr, B Vor I 20b, EuInsVO 2000 Art. 29 Rn. 1; Rauscher/*Mäsch* EuInsVO 2000 Art. 29 Rn. 1; MüKoBGB/*Kindler* Art. 37 Rn. 6; Vallender/*Ch. Keller* Art. 37 Rn. 2.

[2] Geimer/Schütze/*Heiderhoff*, Int. Rechtsverkehr, B Vor I 20b, EuInsVO 2000 Art. 29 Rn. 1; HKInsO/*Schultz* Art. 37 Rn. 2; KPB/*Kemper* EuInsVO 2000 Art. 29 Rn. 1; Rauscher/*Mäsch* EuInsVO 2000 Art. 29 Rn. 1; MüKoBGB/*Kindler* Art. 37 Rn. 2; Vallender/*Ch. Keller* Art. 37 Rn. 1; Mankowski/Müller/Schmidt/*Mankowski* Art. 37 Rn. 2.

[3] Vgl. zur Reform der EuInsVO grundsätzlich → Vor Art. 1 Rn. 11 ff.

II. Antragsrecht

3 **1. Verwalter des Hauptverfahrens (lit. a).** Art. 37 Abs. 1 lit. a ist eine klarstellende **Sachnorm** und erweitert die Antragsbefugnis des materiellen Insolvenzrechts des Mitgliedsstaates, da in rein nationalen Insolvenzverfahren, die keine Verfahrensmehrheit kennen, freilich keine Regelung darüber zu finden ist, dass der Verwalter selbst den Antrag auch stellen kann. Antragsbefugt sind in der Regel nur der Schuldner selbst, dessen Gläubiger, sowie in manchen Rechtsordnungen auch Aufsichtsbehörden oder öffentliche Stellen.[4] Zutreffenderweise ist die Antragsbefugnis des Verwalters auf der Ebene des anwendbaren materiellen Rechts schon daraus herzuleiten, dass mit Übergang der Vermögens- und Verwaltungsbefugnis auch das Antragsrecht des Schuldners auf den Verwalter übergeht. Denn das Recht des Schuldners, weitere Insolvenzverfahren über sein Vermögen zu beantragen, gehört zu der Verwaltungsbefugnis, die ihm gerade mit der Eröffnung entzogen wird. Von daher ist der Schuldner nach Eröffnung des Insolvenzverfahrens ohnehin nicht mehr befugt, einen Antrag auf Eröffnung eines Sekundärverfahrens zu stellen.[5] Derartiger Überlegungen bedarf es jedoch zur Begründung des Antragsrechts des Verwalters aufgrund der durch Art. 37 Abs. 1 lit. a ausdrücklich bestätigten Antragsbefugnis nicht mehr.

4 Ein Verwalter, auf den die Verwaltungs- und Verfügungsbefugnis nicht übergegangen ist, sondern der – ebenso wie im deutschen Recht der **Sachwalter** – nur Überwachungsaufgaben hat, ist nicht befugt, einen Antrag auf Eröffnung eines Sekundärinsolvenzverfahrens zu stellen.[6] Zwar ist gemäß Art. 2 Nr. 5 auch der Sachwalter ein Verwalter im Sinne der Verordnung (vgl. → Art. 2 Rn. 16 f.). Da Art. 37 Abs. 1 lit. a jedoch nur klarstellende Funktion hat, ist die Vorschrift dahingehend zu auszulegen, dass das Antragsrecht mit dem Schicksal der Verwaltungs- und Verfügungsbefugnis verknüpft ist.

5 Ob auch der **vorläufige Insolvenzverwalter** zur Antragstellung berechtigt ist, ist strittig. Teilweise wird – in Anknüpfung an die vor der *Eurofood* Entscheidung des EuGH noch geltende hM vertreten, der vorläufige Verwalter des Hauptverfahrens sei grundsätzlich nicht berechtigt, den Antrag zu stellen, da Art. 34 ein eröffnetes Hauptverfahren voraussetze.[7] Eine andere Auffassung billigt dem vorläufigen Verwalter des Hauptverfahrens nunmehr grundsätzlich das Recht zu,[8] wofür spricht, dass Art. 2 Nr. 5 unter den Begriff des Verwalters der Verordnung nunmehr auch den vorläufigen Verwalter erfasst. Eine vermittelnde Auffassung macht die Antragsbefugnis jedoch von den Aufgaben abhängig, die dem vorläufigen Verwalter im Hauptverfahren übertragen werden.[9] Letztgenannter Auffassung ist zuzustimmen.

6 Voraussetzung für die Antragsbefugnis ist, dass neben der Bestellung eines vorläufigen Insolvenzverwalters das Insolvenzgericht des Hauptverfahrens vorläufige Sicherungsmaßnahmen angeordnet hat, die einem Vermögensbeschlag gleichstehen (vgl. § 21 Abs. 2 Nr. 2, Var 1 und § 22 Abs. 1 InsO). So hatte bereits der EuGH in der *Eurofood*-Entscheidung den (für das Prioritätsprinzip nach Art. 3 Abs. 1 maßgeblichen) Zeitpunkt der Verfahrenseröffnung davon abhängig gemacht, dass dem vorläufigen Verwalter Befugnisse übertragen wurden, die einem Vermögensbeschlag gleichstanden.[10] Die Entscheidung hat freilich über die Frage des Prioritätsprinzips im Sinne des Art. 3 hinaus Bedeutung.[11]

---

[4] MüKoBGB/*Kindler* Art. 37 Rn. 2; HambKommInsO/*Undritz* EuInsVO 2000 Art. 29 Rn. 1.

[5] Vgl. Duursma-Kepplinger/Duursma/Chalupsky/*Duursma-Kepplinger/Chalupsky* EuInsVO 2000 Art. 29 Rn. 9; LSZ/*Smid* EuInsVO 2000 Art. 29 Rn. 9; abweichend *Paulus* Art. 37 Rn. 6; aA wohl AG Köln ZIP 2004, 473; Vallender/*Ch. Keller* Art. 37 Rn. 9; differenzierend Mankowski/Müller/Schmidt/*Mankowski* Art. 37 Rn. 24 ff; Brinkmann/*Laukemann* Art. 37 Rn. 14 ff.; s. zudem → Rn. 12.

[6] Pannen/*Herchen* EuInsVO 2000 Art. 29 Rn. 7; LSZ/*Smid* EuInsVO 2000 Art. 29 Rn. 4; Konecny/*Vallender,* Insolvenzforum 2006, S. 191, 234; aA *Geroldinger,* Verfahrenskoordination, S. 76 f.

[7] *Virgos/Schmit,* Erläuternder Bericht, Rn. 226, 262; MüKoBGB/*Kindler* Art. 37 Rn. 4; Duursma-Kepplinger/Duursma/Chalupsky/*Duursma-Kepplinger/Chalupsky* EuInsVO 2000 Art. 29 Rn. 9; Geimer/Schütze/ *Heiderhoff,* Int. Rechtsverkehr, B Vor I 20b, EuInsVO 2000 Art. 29 Rn. 2; KPB/*Kemper* EuInsVO 2000 Art. 29 Rn. 5; *Kolmann,* Kooperationsmodelle, S. 336; *Leible*/*Staudinger* KTS 2000, 533 ff., 570; Rauscher/ *Mäsch* EuInsVO 2000 Art. 29 Rn. 3; Nerlich/Römermann/*Commandeur/Hübler* EuInsVO 2000 Art. 29 Rn. 4; HambKommInsO/*Undritz* EuInsVO 2000 Art. 29 Rn. 2.

[8] So stets bejahend Mankowski/Müller/Schmidt/*Mankowski* Art. 37 Rn. 5; Brinkmann/*Laukemann* Art. 37 Rn. 10; Bork/van Zwieten/*Mangano* Art. 37 Rn. 37.03; wohl auch HKInsO/*Schultz* Art. 37 Rn. 6.

[9] Differenzierend Vallender/*Ch. Keller* Art. 37 Rn. 4; FKInsO/*Wenner/Schuster* Art. 37 Rn. 5; LSZ/*Smid* EuInsVO 2000 Art. 29 Rn. 5; *Dammann/Müller* NZI 2011, 752; *Reinhart* NZI 2009, 201, 205.

[10] EuGH *Eurofood;* abgedr. in NZI 2006, 360; Urteilsbesprechungen *Freitag*/*Leible* RIW 2006, 641; *Hess/ Laukemann/Seagon* IPRax 2007, 89; *Kammel* NZI 2006, 334; *Knof/Mock* ZIP 2006, 907, 911; *Liersch* NZI 6/2010 aktuell, V; *Mankowski* BB 2006, 1753; *Paulus* NZG 2006, 609; *Poertzgen/Adam* ZInsO 2006, 505; *Saenger/Klockenbrink* EuZW 2006, 363; *Smid* DZWIR 2006, 325; vgl. → Art. 3 Rn. 27 f.

[11] Die Entscheidung modifiziert den an sich legaldefinierten Begriff der Verfahrenseröffnung, der in der gesamten Verordnung verwendet wird, nun aber je nach Einzelfall unterschiedlich anzusehen ist, vgl. → Art. 2 Rn. 20 ff.

Für eine entsprechende Vorverlagerung der Antragsberechtigung bestehen zunächst schon **7** sachliche Gründe. Denn es liegt im Interesse der Gesamtheit der Gläubiger, frühzeitig Klarheit darüber zu gewinnen, ob gegebenenfalls ein paralleles Sekundärverfahren durchgeführt werden soll, oder nicht (vgl. nur Art. 36, 37 Abs. 2, 38). Dies ergibt sich auch aus Ziff. 38 der Erwägungsgründe, die ausdrücklich erwähnt, dass der Verwalter die Eröffnung eines Sekundärverfahrens beantragen kann, wenn dies für die effiziente Verwaltung der Masse erforderlich ist. Aus der neuen Definition in Art. 2 Nr. 5 lässt sich andererseits auch keine generelle Antragsbefugnis jedes vorläufigen Verwalters herleiten, da auch nach dieser Vorschrift dem vorläufigen Verwalter hinreichende Befugnisse verliehen worden sein müssen, die denen in lit. i–v entsprechen (was aber bei einem vorläufigen Verwalter, für den lediglich ein Zustimmungsvorbehalt vorgesehen ist, nicht der Fall ist).[12] Zur Vermeidung von Unklarheiten mag es sich empfehlen, dass der vorläufige Insolvenzverwalter des Hauptverfahrens in seinem Bestellungsbeschluss ausdrücklich ermächtigt wird, Sekundärinsolvenzverfahren zur Massesicherung zu beantragen. Zwar kann das Insolvenzrecht des Hauptverfahrensstaates nicht die Antragsberechtigung im Sekundärinsolvenzverfahren regeln. Andererseits sind jedoch die Befugnisse des vorläufigen Insolvenzverwalters nach Art. 21 im Sekundärverfahrensstaat anzuerkennen.[13]

Diese Möglichkeit des Verwalters des Hauptverfahrens ist insbesondere im Hinblick auf die **8** Erhaltung des mit Kreditsicherungsrechten belasteten Vermögens des Schuldners von Bedeutung, da nach Art. 8 die Eröffnung des Hauptverfahrens auf diese Rechte keine Wirkung entfaltet.[14] Um solche Rechte daher rechtzeitig insolvenzrechtlichen Beschränkungen zu unterwerfen, wird der Verwalter des Hauptverfahrens schon von sich aus einen entsprechenden Antrag stellen wollen.[15] Aber auch bei komplexen Verfahren, größeren Niederlassungen usw. kann die Eröffnung eines Sekundärverfahrens zur Vereinfachung der Gesamtabwicklung beitragen. Art. 41 bietet insoweit nicht nur eine hinreichende Möglichkeit für die Verwalter der beiden Verfahren miteinander zu kooperieren, sondern verpflichtet beide vielmehr hierzu. Zu Unrecht wird daher die Eröffnung eines parallelen Sekundärverfahrens oft als störend bezeichnet.[16]

Ob der Verwalter des Hauptverfahrens gegebenenfalls sogar zu einer Antragstellung in weiteren **9** Staaten verpflichtet ist, richtet sich nach dem Recht des Hauptverfahrensstaates. Insoweit können die Besonderheiten der Insolvenz dafür sprechen, dass es geboten ist, einen entsprechenden Antrag auf Eröffnung eines Sekundärverfahrens zu stellen. Da dem Verwalter in der Regel nach dem jeweiligen nationalen Recht die Pflicht zur möglichst günstigen Verwertung der Insolvenzmasse obliegt, ist denkbar, dass bei absehbaren Nachteilen, die sich bei Fehlen eines Sekundärverfahrens ergeben, eine Antragspflicht besteht.[17] In diesen Fällen kommt gegebenenfalls eine Haftung des Verwalters des Hauptverfahrens nach dem Recht des dortigen Verfahrensstaates in Betracht. Hierbei dürfte es sich jedoch allenfalls um unternehmerische Fehlentscheidungen des Verwalters handeln, für die nur unter strengen Voraussetzungen eine Haftung besteht.[18]

2. Antragsrecht nach dem Recht des Verfahrensstaates (lit. b). Art. 37 abs. 1 lit. b dage- **10** gen ist lediglich ein Verweis darauf, dass sich die Antragsbefugnis im Übrigen nach dem Recht des Verfahrensstaats richtet. Dabei handelt es sich um eine Sachnormverweisung auf die materiellrechtlichen Vorschriften für die Antragsberechtigung im Verfahrensstaat (§§ 13 ff. InsO). Die §§ 354 ff. InsO sind daher nicht anwendbar auf das autonome internationale Insolvenzrecht.[19] Art. 37 Abs. 1 lit. b wiederholt insoweit nur die in Art. 35 enthaltene Kollisionsnorm und wäre daher an sich unnötig. Da Art. 3 Abs. 4 lit. b für unabhängige Partikularverfahren jedoch verlangt, dass ein antragstellender Gläubiger seinen Sitz oder Wohnsitz in dem Staat des Partikularverfahrens hat, besitzt Art. 37 Abs. 1 lit. b für Sekundärverfahren klarstellende Bedeutung.

---

[12] Vgl. auch → Art. 2 Rn. 15 ff.
[13] Zur Anerkennung der Befugnisse des vorläufigen Insolvenzverwalters vgl. → Art. 2 Rn. 15 f.
[14] Vgl. → Art. 8 Rn. 17 f.
[15] Vgl. Erwägungsgrund (40) sowie auch *Ahrens*, Rechte und Pflichten ausländischer Insolvenzverwalter, S. 310; Duursma-Kepplinger/Duursma/Chalupsky/*Duursma-Kepplinger/Chalupsky* EuInsVO 2000 Art. 29 Rn. 2 aE; HKInsO/*Schultz* Art. 37 Rn. 4; MüKoBGB/*Kindler* Art. 37 Rn. 2; HambKommInsO/*Undritz* EuInsVO 2000 Art. 29 Rn. 4.
[16] HambKommInsO/*Undritz* EuInsVO 2000 Art. 29 Rn. 5.
[17] Entsprechende Pflichten aus dem nationalen Recht erörtern MüKoBGB/*Kindler* Art. 37 Rn. 5; Vallender/*Ch. Keller* Art. 37 Rn. 5; anders Duursma-Kepplinger/Duursma/Chalupsky/*Duursma-Kepplinger/Chalupsky* EuInsVO 2000 Art. 29 Rn. 3; Rauscher/*Mäsch* EuInsVO 2000 Art. 29 Rn. 2; LSZ/*Smid* EuInsVO 2000 Art. 29 Rn. 6, wobei unklar bleibt, ob die Pflicht aus Art. 37 oder aus dem anwendbaren materiellen Recht abgeleitet wird.
[18] Vgl. zum deutschen Recht § 60 InsO; vgl. auch Uhlenbruck/*Sinz* § 60 Rn. 12 ff.
[19] So aber *Paulus* Art. 37 Rn. 7; die Vorschriften des deutschen internationalen Insolvenzrechts sind schon vom Anwendungsbereich her nicht anwendbar, vgl. bereits → Vor Art. 1 Rn. 43 f.

11 Für die Antragsbefugnis des **Gläubigers** sind daher bei einem Sekundärverfahren keine weiteren qualifizierenden Voraussetzungen nach der Verordnung zu beachten.[20] Zwar wird in der Literatur verschiedentlich argumentiert, dass das Antragsrecht der Gläubiger weiter einzuschränken sei, weil durch den Antrag die Verwertungsstrategie des Hauptverfahrens unterlaufen werden könne.[21] So wird gelegentlich vorgeschlagen, das Antragsrecht auf diejenigen Gläubiger zu beschränken, die ein besonderes Rechtsschutzinteresse an der Eröffnung eines Sekundärverfahrens haben, sei es, weil sie ihren Sitz oder Wohnsitz im Sekundärverfahrensstaat haben (so Art. 3 Abs. 4 lit. b) oder, weil der Anspruch des antragstellenden Gläubigers aus dem Betrieb der Niederlassung herrührt. Das Konzept eines solchen funktional beschränkten Niederlassungsverfahrens wurde vor allem von *Thieme* vertreten.[22] Der Verordnungsgeber ist jedoch diesem Konzept nicht gefolgt. Der EuGH hat dieses nunmehr auch in seiner Entscheidung *In re Burgo Group SpA* bestätigt. Gem. Art. 37 Abs. 1 lit. b ist im Ergebnis jeder Gläubiger des Schuldners antragsberechtigt, und zwar unabhängig davon, ob er seinen Sitz oder Wohnsitz im Sekundärverfahrensstaat hat, oder ob seine Forderung aus dem Betrieb der Niederlassung herrührt.[23]

12 Strittig ist allerdings, inwieweit der **Schuldner** selbst sein regelmäßig nach dem Insolvenzrecht des Sekundärverfahrensstaates bestehendes Antragsrecht (vgl. § 13 Abs. 1 S. 2) aufgrund der Eröffnung des Hauptverfahrens verliert.[24] Richtigerweise handelt es sich hierbei jedoch nicht um eine Frage von Art. 37 Abs. 1 lit. b, sondern um eine gesondert anzuknüpfende **Vorfrage**. Denn das lokale Insolvenzrecht wird regelmäßig dem Schuldner eine Antragsbefugnis einräumen. Als selbständige Vorfrage aber ist zu klären, wie sich Anordnungen im Hauptverfahrensstaat auf die Verwaltungs- und Verfügungsbefugnis des Schuldners auswirken. Ist im Hauptverfahrensstaat das Verfahren bereits eröffnet und hat dieser dort die Verwaltungs- und Verfügungsbefugnis über sein Vermögen verloren, so sind diese Wirkungen anzuerkennen, sodass der Schuldner selbst keine Antragsbefugnis mehr besitzt. Denn die Disposition über die Verwaltung seines Vermögens, zu der auch die Frage der Abwicklung der Insolvenzsituation gehört, ist ihm entzogen. Der Antrag kann vielmehr nur noch vom Verwalter des Hauptverfahrens gestellt werden. Art. 37 Abs. 1 lit. b verleiht dem Schuldner insoweit kein originäres Antragsrecht, sondern verweist lediglich auf die allgemeinen Vorschriften zur Antragstellung. Gleiches gilt, wenn entsprechende Anordnungen schon im Eröffnungsverfahren ergehen, sodass auch nach einem entsprechenden Verlust der Verwaltungs- und Verfügungsbefugnis im Eröffnungsverfahren der Schuldner seine Antragsbefugnis im Sekundärverfahrensstaat verliert.

III. Partikularinsolvenzverfahren

13 Art. 37 findet keine Anwendung auf die Antragsbefugnis in einem Partikularverfahren, wenn also entweder im Staat, in dem der Schuldner den Mittelpunkt seiner hauptsächlichen Interessen hat, mangels Insolvenzfähigkeit des Schuldners kein Insolvenzverfahren eröffnet werden kann oder noch kein Insolvenzverfahren beantragt wurde. Insoweit enthält Art. 3 Abs. 4 lit. a eine Sonderregelung, die den Kreis der antragsberechtigten Gläubiger nochmals einschränkt. Allerdings kann danach ein zunächst unzulässiger Antrag zulässig werden, wenn nach Antragstellung auch im Staat des Hauptverfahrens ein Insolvenzantrag auf Eröffnung eines Hauptverfahrens gestellt wird. Denn dann zielt der Antrag auf Eröffnung eines Sekundärverfahrens, für den die Einschränkungen nach Art. 3 Abs. 4 lit. a nicht gelten.

---

[20] LSZ/*Smid* EuInsVO 2000 Art. 29 Rn. 8; *Lüke* ZZP 111 (1998), 275, 303; *Habscheid* NZI 1999, 299, 303f.; *Virgos/Schmit*, Erläuternder Bericht, Rn. 227; gegen Einschränkungstendenzen mit Verweis auf Kooperationspflichten auch EuGH *(Bank Handlowy)* NZI 2013, 106 Rn. 53ff.

[21] Vgl. insbesondere *Dawe*, Der Sonderkurs des deutschen und internationalen Insolvenzrechts, S. 153ff.

[22] Vgl. hierzu bereits → Art. 34 Rn. 28; *Thieme* IJVO 5 (1995/96), 44, 86; *Thieme*, Partikularkonkurs, S. 212.

[23] EuGH, Urt. v. 4.9.2014, In re Burgo Group SpA, IILR 2015, 55 = NZI 2014, 964; Vallender/*Ch. Keller* Art. 37 Rn. 6; Mankowski/Müller/Schmidt/*Mankowski* Art. 37 Rn. 15; KPB/*Kemper* EuInsVO 2000 Art. 29 Rn. 6; MüKoBGB/*Kindler* Art. 37 Rn. 6; Nerlich/Römermann/*Commandeur/Hübler* EuInsVO 2000 Art. 29 Rn. 6ff.; Brinkmann/*Laukemann* Art. 37 Rn. 20; im Umkehrschluss auch Duursma-Kepplinger/Duursma/Chalupsky/*Duursma-Kepplinger/Chalupsky* EuInsVO 2000 Art. 29 Rn. 13.

[24] Für den Verlust des Antragsrechts: Pannen/*Herchen* EuInsVO 2000 Art. 29 Rn. 14; LSZ/*Smid* EuInsVO 2000 Art. 29 Rn. 9; Duursma-Kepplinger/Duursma/Chalupsky/*Duursma-Kepplinger/Chalupsky* EuInsVO 2000 Art. 29 Rn. 5, 8; *Dawe*, Der Sonderkonkurs, S. 151f.; HKInsO/*Schultz* Art. 37 Rn. 9; *Kolmann*, Kooperationsmodelle, S. 336; KPB/*Kemper* EuInsVO 2000 Art. 29 Rn. 6; Rauscher/*Mäsch* EuInsVO 2000 Art. 29 Rn. 5; MüKoBGB/*Kindler* Art. 37 Rn. 9ff.; Vallender/*Ch. Keller* Art. 37 Rn. 9; *Paulus* Art. 37 Rn. 6; LSZ/*Smid* EuInsVO 2000 Art. 29 Rn. 9; *Thieme* IJVO 5 (1995/96), 44, 87; FKInsO/*Wenner/Schuster* Art. 37 Rn. 11; für den Fortbestand des Antragsrechts scheinbar: AG Köln v. 24.1.2004, NZI 2004, 151; Geimer/Schütze/*Heiderhoff*, Int. Rechtsverkehr, B Vor I 20b, EuInsVO 2000 Art. 29 Rn. 4; *Liersch* NZI 2004, 271, 272; wohl auch Bork/van Zwieten/*Mangano* Art. 37 Rn. 37.06.

IV. Antragsrecht bei bindender Zusicherung (Abs. 2)

Der neu eingefügte Abs. 2 schränkt die Antragsbefugnis aus Abs. 1 ein. Hat nämlich der 14
Verwalter des Hauptverfahrens eine Zusicherung nach Art. 36 Abs. 1 abgegeben und ist diese Zusicherung gemäß Art. 36 Abs. 5 gebilligt worden, so muss, falls nicht bereits zuvor ein entsprechender Antrag gestellt worden ist, ein Antrag auf Eröffnung eines Sekundärverfahrens innerhalb von 30 Tagen nach Erhalt der Mitteilung über die Billigung gemäß Art. 36 Abs. 5 S. 4 gestellt werden. Denn das (aufwendige) Verfahren zur Billigung einer Zusicherung dient dazu, das Sekundärverfahren zu vermeiden. Diese Frage bedarf daher schnellstmöglicher Klärung, da mit der Billigung der Zusicherung alleine noch nicht entschieden ist, ob von der Verfahrenseröffnung Abstand genommen werden kann (vgl. Art. 38 Abs. 2). Ein außerhalb dieser Frist gestellter Antrag eines unterrichteten Gläubigers ist als unzulässig zurückzuweisen, weshalb sich eine formelle Zustellung der Mitteilung empfiehlt.[25]

Durch die Regelung wird jedoch nur die Antragsbefugnis der lokalen Gläubiger eingeschränkt. 15
Denn nur diese sind nach Art. 36 Abs. 5 S. 3 zu unterrichten. Für die Gläubiger, die nicht lokale Gläubiger sind und daher nicht unterrichtet wurden, gilt die 30-Tages-Frist hingegen nicht.[26] Der Antrag nicht unterrichteter Gläubiger verstößt auch über die 30-Tages-Frist hinaus nicht gegen Art. 37 Abs. 2. Da Art. 38 Abs. 2 die Eröffnung bei einer gebilligten Zusicherung von dem Schutz „nur" der lokalen Gläubiger abhängig macht, fehlt den nicht-lokalen Gläubigern allerdings das Rechtsschutzbedürfnis.

Art. 38 Entscheidung zur Eröffnung eines Sekundärinsolvenzverfahrens

(1) Das mit einem Antrag auf Eröffnung eines Sekundärinsolvenzverfahrens befasste Gericht unterrichtet den Verwalter oder den Schuldner in Eigenverwaltung des Hauptinsolvenzverfahrens umgehend davon und gibt ihm Gelegenheit, sich zu dem Antrag zu äußern.

(2) Hat der Verwalter des Hauptinsolvenzverfahrens eine Zusicherung gemäß Artikel 36 gegeben, so eröffnet das in Absatz 1 dieses Artikels genannte Gericht auf Antrag des Verwalters kein Sekundärinsolvenzverfahren, wenn es der Überzeugung ist, dass die Zusicherung die allgemeinen Interessen der lokalen Gläubiger angemessen schützt.

(3) ¹Wurde eine vorübergehende Aussetzung eines Einzelvollstreckungsverfahrens gewährt, um Verhandlungen zwischen dem Schuldner und seinen Gläubigern zu ermöglichen, so kann das Gericht auf Antrag des Verwalters oder des Schuldners in Eigenverwaltung die Eröffnung eines Sekundärinsolvenzverfahrens für einen Zeitraum von höchstens drei Monaten aussetzen, wenn geeignete Maßnahmen zum Schutz des Interesses der lokalen Gläubiger bestehen.
²Das in Absatz 1 genannte Gericht kann Sicherungsmaßnahmen zum Schutz des Interesses der lokalen Gläubiger anordnen, indem es dem Verwalter oder Schuldner in Eigenverwaltung untersagt, Gegenstände der Masse, die in dem Mitgliedstaat belegen sind, in dem sich seine Niederlassung befindet, zu entfernen oder zu veräußern, es sei denn, dies erfolgt im Rahmen des gewöhnlichen Geschäftsbetriebs. ³Das Gericht kann ferner andere Maßnahmen zum Schutz des Interesses der lokalen Gläubiger während einer Aussetzung anordnen, es sei denn, dies ist mit den nationalen Vorschriften über Zivilverfahren unvereinbar.
⁴Die Aussetzung der Eröffnung eines Sekundärinsolvenzverfahrens wird vom Gericht von Amts wegen oder auf Antrag eines Gläubigers widerrufen, wenn während der Aussetzung im Zuge der Verhandlungen gemäß Unterabsatz 1 eine Vereinbarung geschlossen wurde.
⁵Die Aussetzung kann vom Gericht von Amts wegen oder auf Antrag eines Gläubigers widerrufen werden, wenn die Fortdauer der Aussetzung für die Rechte des Gläubigers nachteilig ist, insbesondere wenn die Verhandlungen zum Erliegen gekommen sind oder wenn offensichtlich geworden ist, dass sie wahrscheinlich nicht abgeschlossen werden, oder wenn der Verwalter oder der Schuldner in Eigenverwaltung gegen das Verbot der Veräußerung von Gegenständen der Masse oder ihres Entfernens aus dem Hoheitsgebiet des Mitgliedstaats, in dem sich seine Niederlassung befindet, verstoßen hat.

(4) ¹Auf Antrag des Verwalters des Hauptinsolvenzverfahrens kann das Gericht nach Absatz 1 abweichend von der ursprünglich beantragten Art des Insolvenzverfahrens ein anderes in Anhang A aufgeführtes Insolvenzverfahren eröffnen, sofern die Voraussetzun-

---

25 Vgl. nunmehr auch Art. 102c § 19 EGInsO.
26 AA aber im Ergebnis ebenso Vallender/*Keller* Art. 37 Rn. 11; vgl. auch FKInsO/*Schuster/Wenner* Art. 37 Rn. 16.

gen für die Eröffnung dieses anderen Verfahrens nach nationalem Recht erfüllt sind und dieses Verfahren im Hinblick auf die Interessen der lokalen Gläubiger und die Kohärenz zwischen Haupt- und Sekundärinsolvenzverfahren am geeignetsten ist. ²Artikel 34 Satz 2 findet Anwendung.

Literatur: Vgl. Art. 37.

Übersicht

	Rn.			Rn.
I. Normzweck	1	IV.	Aussetzung der Eröffnungsentscheidung wegen Schuldenbereinigung im Hauptverfahren (Abs. 3)	21
II. Unterrichtungs- und Anhörungspflichten (Abs. 1)	2			
III. Ablehnung der Eröffnung (Abs. 2)	7	1.	Einführung	21
1. Einführung	7	2.	Aussetzungsentscheidung (Unterabs. 1)	22
2. Antragsrecht	8	3.	Sicherungsmaßnahmen (Unterabs. 2)	27
3. Gebilligte Zusicherung	10	4.	Widerruf der Aussetzung (Unterabs. 3 und 4)	28
4. Lokale Gläubiger	13			
5. Allgemeine Interessen	15	V.	Wahl der Verfahrensart (Abs. 4)	31
6. Angemessener Schutz	17	1.	Einführung	31
7. Beweislast	20	2.	Voraussetzungen	32

I. Normzweck

1   Art. 38 ist neu und findet keine Entsprechung in der EuInsVO 2000. Die Vorschrift ist Folge der über Art. 36 geschaffenen Möglichkeit, die Eröffnung eines Sekundärverfahrens durch eine Zusicherung des Verwalters des Hauptverfahrens zu verhindern. Die Berücksichtigung der Zusicherung im Rahmen der Entscheidung über die Eröffnung des Sekundärverfahrens erfordert rechtliches Gehör für den Insolvenzverwalter des Hauptverfahrens im Eröffnungsverfahren (Abs. 1), die Ergänzung des Prüfungsmaßstabs für die Eröffnungsentscheidung, nämlich unter welchen Voraussetzungen die Zusicherung die Eröffnung eines Sekundärverfahrens verhindert (Abs. 2) sowie die Möglichkeit der Aussetzung der Eröffnungsentscheidung und Anordnung von Sicherungsmaßnahmen in der Schwebezeit (Abs. 3). Neu ist zudem, dass das Insolvenzgericht im Falle einer Eröffnung eines Sekundärverfahrens den am besten geeigneten Verfahrenstyp auswählen kann (Abs. 4). Art. 27 S. 2 EuInsVO 2000 ermöglichte nur die Eröffnung eines Liquidationsverfahrens und schränkte damit die Wahl der zur Verfügung stehenden Verfahrensarten ein. Die Öffnung für alle nach dem nationalen Recht zur Verfügung stehenden Verfahrenstypen unter der EuInsVO 2015 soll die bestmögliche Kohärenz der Verfahrensarten zwischen Haupt- und Sekundärverfahren sicherstellen. Auf Partikularverfahren ist Art. 38 mangels Eröffnung eines Hauptverfahrens demgegenüber nicht anwendbar.[1]

II. Unterrichtungs- und Anhörungspflichten (Abs. 1)

2   Art. 38 Abs. 1 verpflichtet das Gericht des Sekundärverfahrensstaates, den **Verwalter des Hauptinsolvenzverfahrens** oder den **Schuldner in Eigenverwaltung** umgehend von dem Antrag auf Eröffnung eines Sekundärverfahrens zu unterrichten und ihm Gelegenheit zu geben, sich zu dem Antrag zu äußern. Hierbei handelt es sich um eine **Sachnorm**, die das autonome Insolvenzrecht der Mitgliedstaaten überlagert.[2] Sie ist allenfalls in den Fällen relevant, in denen das nationale Recht keine Unterrichtung des Schuldners vorsieht.[3] Die Regelung stellt für das eröffnete Hauptverfahren erfreulicherweise klar, dass der Insolvenzverwalter anstelle des Schuldners zu hören ist. Denn der Verwalter des Hauptverfahrens, auf den die Verwaltungs- und Verfügungsbefugnis übergegangen ist, tritt an die Stelle des Schuldners. Denn es betrifft die Einschränkung seiner Verwaltungsbefugnis, da die im Sekundärverfahrensstaat befindliche Insolvenzmasse diesem mit Eröffnung entzogen wird.

3   Die Norm ist aber auch entsprechend anwendbar, wenn das Hauptverfahren noch nicht eröffnet wurde, sondern auch im Hauptverfahrensstaat – was der Regelfall sein dürfte – das Eröffnungsverfahren

---

[1] Vallender/*Keller* Art. 38 Rn. 33.
[2] MüKoBGB/*Kindler* Art. 36 Rn. 3.
[3] Vallender/*Keller* Art. 38 Rn. 3.

anhängig ist. Das Recht auf Anhörung gilt nach dem Zweck der Vorschrift, die anhängigen Verfahren auch hinsichtlich der Eröffnung zu koordinieren, auch für den vorläufigen Insolvenzverwalter.[4] Dieser ist vom Wortlaut ohnehin erfasst, da der Begriff des Insolvenzverwalters auch den vorläufigen Insolvenzverwalter einschließt (vgl. Art. 2 Nr. 5). Anders als im eröffneten Verfahren macht die Unterrichtung des vorläufigen Insolvenzverwalters die Unterrichtung des Schuldners jedoch nicht obsolet. Dieser ist vielmehr über den Wortlaut des Art. 38 Abs. 1 ebenfalls zu unterrichten.[5]

Die Unterrichtungspflicht gilt jedoch nicht für Insolvenzverwalter weiterer Sekundärverfahren.[6] **4** Zwar ergibt sich nach der Eröffnung auch mit den Insolvenzverwaltern weiterer Sekundärverfahren Abstimmungsbedarf. Diese sind jedoch hinsichtlich der von ihnen zu verwaltenden Insolvenzmasse durch die Eröffnung eines weiteren Sekundärverfahrens nicht betroffen. Sie können zudem auch keine Zusicherung nach Art. 36 geben, die im Rahmen der Eröffnungsentscheidung zu prüfen wäre. Die Unterrichtung aller vorläufiger Insolvenzverwalter ist jedoch dann anzustreben, wenn noch unklar ist, in welchem Mitgliedstaat der Schuldner seinen COMI hat und damit, in welchem Mitgliedstaat das Hauptverfahren eröffnet werden soll.

Um diese Pflicht auszuüben, werden die Gerichte weitere Fragen an den Antragsteller und den **5** zu befragenden Schuldner bzw. den vorläufigen Verwalter eines vermeintlichen Hauptverfahrens richten müssen. Denn nach Art. 4 hat das Insolvenzgericht seine Zuständigkeit nach Art. 3 (was die Zuständigkeit für Sekundärverfahren einschließt) von Amts wegen zu prüfen. Erkennt das Gericht, dass allenfalls eine Zuständigkeit als Sekundärverfahren in Betracht kommt oder dass der COMI des Schuldners sich in einem anderen Mitgliedstaat befindet, so ist es verpflichtet, weitere Informationen über den Stand des dortigen Verfahrens, insbesondere über die mögliche Bestellung eines Verwalters, einzuholen.

Zur Form der Unterrichtung trifft Art. 38 Abs. 1 keine Aussage. Richtigerweise richten sich **6** die weiteren, mit der Unterrichtung verbundenen Fragen jedoch nach der *lex fori concursus secundarii*.[7] Der deutsche Gesetzgeber hat hierzu in Art. 102c EGInsO keine Sonderregelung getroffen, sodass § 8 InsO anzuwenden ist. Entgegen § 10 Abs. 1 S. 1 kann die Unterrichtung jedoch nicht deswegen unterbleiben, da sich der Verwalter (oder Schuldner) im Ausland aufhält. Art. 38 Abs. 1 enthält insoweit eine diese Vorschrift verdrängende Sonderregelung. Für die Zustellung im Ausland gilt wiederum die EuZVO.[8] Die Unterrichtung muss zudem „umgehend" erfolgen. Der Begriff „umgehend" ist mangels einer Legaldefinition oder einer durch die EuInsVO vorgegebenen Frist zur Unterrichtung verordnungsautonom auszulegen.[9] „Umgehend" muss im Hinblick auf eine effektive Verfahrenskoordination dabei so verstanden werden, dass das Gericht unter Berücksichtigung der jeweiligen Umstände seiner Unterrichtungspflicht so schnell wie möglich nachzukommen hat.[10]

III. Ablehnung der Eröffnung (Abs. 2)

1. Einführung. Trotz Vorliegens der Eröffnungsvoraussetzungen nach Art. 34 (vgl. hierzu **7** → Art. 34 Rn. 11 ff.) kann das Insolvenzgericht des Sekundärverfahrensstaates auf Antrag des Insolvenzverwalters die Eröffnung gemäß Art. 38 Abs. 2 ablehnen, *„wenn es der Überzeugung ist, dass die Zusicherung das allgemeine Interesse der lokalen Gläubiger angemessen schützt"*. Diese Einschränkung von Sekundärverfahren ist eine der wesentlichen konzeptionellen Änderungen der EuInsVO 2015. Bisher war ein Sekundärverfahren auf Antrag zwingend zu eröffnen, wenn der Schuldner in einem anderen Mitgliedstaat eine Niederlassung unterhielt. Ein darüberhinausgehendes besonderes Rechtsschutzbedürfnis des Antragstellers war nicht notwendig.[11] Ein solches Rechtsschutzbedürfnis wird mit der Neuregelung des Art. 38 Abs. 2 jedoch eingeführt, allerdings beschränkt auf den Fall, dass der Verwalter des Hauptverfahrens eine Zusicherung im Sinne des Art. 36 gegeben hat und diese auch gebilligt wurde. Soweit diese die allgemeinen Interessen der lokalen Gläubiger angemessen schützt, so ist der Antrag auf Eröffnung des Sekundärverfahrens abzulehnen. Dem Insolvenzgericht des Sekundärverfahrens steht insoweit **kein Ermessensspielraum** zu *("so eröffnet ... kein Sekundärinsolvenzverfahren")*.

---

[4] Vallender/*Keller* Art. 38 Rn. 5; MüKoBGB/*Kindler* Art. 38 Rn. 5; FKInsO/*Wenner/Schuster* Art. 38 Rn. 3; Brinkmann/*Madaus* Art. 38 Rn. 5.
[5] Vallender/*Keller* Art. 38 Rn. 5; MüKoBGB/*Kindler* Art. 38 Rn. 5; wohl auch HKInsO/*Schultz* Art. 38 Rn. 6.
[6] Vallender/*Keller* Art. 38 Rn. 5.
[7] So auch Mankowski/Müller/Schmidt/*Mankowski* Art. 38 Rn. 3; Brinkmann/*Madaus* Art. 38 Rn. 6.
[8] Vgl. VO (EG) Nr. 1393/2007 über die Zustellung gerichtlicher und außergerichtlicher Schriftstücke in Zivil- oder Handelssachen in den Mitgliedstaaten.
[9] HKInsO/*Schultz* Art. 38 Rn. 6; Vallender/*Keller* Art. 38 Rn. 7.
[10] HKInsO/*Schultz* Art. 38 Rn. 7; Brinkmann/*Madaus* Art. 38 Rn. 6.
[11] Vgl. bereits → Art. 37 Rn. 11.

8   **2. Antragsrecht.** Voraussetzung ist zunächst ein **Antrag des Insolvenzverwalters** des Hauptverfahrens. Nur auf dessen Antrag hin hat das Insolvenzgericht des Sekundärverfahrensstaates zu prüfen, ob die Zusicherung die Interessen der lokalen Gläubiger hinreichend schützt. Der Antrag ist daher nur vor der Eröffnung des Sekundärverfahrens zulässig.

9   Zur zeitlichen Reihenfolge des Antrags sowie des Verfahrens zur Abgabe und Billigung einer Zusicherung sagt Art. 38 Abs. 2 nichts. Der Antrag kann jedoch vom Verwalter des Hauptverfahrens bereits gestellt werden, bevor er die Zusicherung abgegeben hat oder bevor eine solche gebilligt wurde (zu den möglichen Sicherungsmaßnahmen vgl. → Rn. 27). Dies empfiehlt sich auch, um dem Gericht des Sekundärverfahrensstaates über die beabsichtigte Abgabe einer Zusicherung schon vorab zu informieren. Das Insolvenzgericht muss dann dem Verwalter eine angemessene Frist einräumen,[12] um die Zusicherung auszuarbeiten, die lokalen Gläubiger gemäß Art. 36 Abs. 5 S. 4 zu unterrichten und die Zusicherung billigen zu lassen. Gelingt eine Billigung der Zusicherung nicht in der vom Gericht gesetzten Frist, so ist der Antrag des Verwalters unzulässig und bei Vorliegen der Eröffnungsvoraussetzungen im Übrigen das Sekundärverfahren zu eröffnen.[13]

10   **3. Gebilligte Zusicherung.** Die Ablehnung der Verfahrenseröffnung setzt nach dem Wortlaut lediglich das Vorliegen einer nach Art. 36 gegebenen Zusicherung des Insolvenzverwalters des Hauptverfahrens voraus. Damit ist die bereits zuvor gebilligte Zusicherung gemeint und nicht nur die Abgabe der Zusicherung. Denn erst mit der Billigung der Zusicherung gemäß Art. 36 Abs. 5 wird die Zusicherung verbindlich (Art. 36 Abs. 6 S. 1). Hat der Verwalter daher eine Zusicherung abgegeben und dem Insolvenzgericht die Zusicherung übermittelt,[14] muss das Insolvenzgericht mit der Entscheidung über den Antrag auf Eröffnung warten, bis die von dem Verwalter des Hauptverfahrens abgegebene Zusicherung das Abstimmungsverfahren der Billigung durchlaufen hat.[15] Gegebenenfalls ist dem Verwalter des Hauptverfahrens hierfür eine angemessene Frist zu setzen. In der Zwischenzeit kann das Insolvenzgericht des Sekundärverfahrensstaates freilich die nach dem Recht des Sekundärverfahrensstaates zulässigen Sicherungsmaßnahmen anordnen, um die Insolvenzmasse des potentiellen Sekundärverfahrens zu schützen (vgl. dazu noch nachfolgend → Rn. 27).

11   Im Rahmen der Eröffnungsentscheidung hat daher das Insolvenzgericht auch zu überprüfen, ob die Zusicherung durch die bekannten lokalen Gläubiger rechtmäßig gebilligt wurde. Da das Insolvenzgericht – anders als im Insolvenzplanverfahren – das Abstimmungsergebnis über die Billigung nicht gemäß § 248 InsO bestätigt,[16] muss das Insolvenzgericht im Rahmen der Entscheidung über die Nichteröffnung aufgrund einer Zusicherung implizit das Billigungsverfahren prüfen. Eine solche implizite Prüfung sahen auch bereits die Vorentwürfe der Kommission und des Parlaments vor.[17] Dabei überprüft das Gericht – wiederum vergleichbar mit dem Insolvenzplanverfahren, auf das Art. 36 Abs. 5 S. 2 verweist –, ob die Verfahrensvorschriften eingehalten wurden und die erforderlichen Mehrheiten erreicht wurde. Wurde bei einem in Deutschland anhängigen Eröffnungsverfahren in einer der Abstimmungsgruppen die notwendige Mehrheit nicht erreicht, so kann das Insolvenzgericht unter den Voraussetzungen des § 245 InsO dennoch von einer Billigung ausgehen und die Eröffnung ablehnen.[18]

12   Eine Ablehnung der Eröffnung ohne rechtmäßige Billigung der Zusicherung hingegen ist nicht möglich. Sollte nämlich die Billigung der Zusicherung später scheitern, so wäre diese nach Art. 36 Abs. 6 S. 1 auch nicht verbindlich. Zugleich wären nach Ablehnung der Eröffnungsentscheidung auch keine weiteren Sicherungsmaßnahmen nach dem Recht des Sekundärverfahrensstaates mehr möglich, da der Insolvenzantrag zurückgewiesen wurde. Die lokalen Gläubiger würden damit schutzlos gestellt. Auch durch eine spätere, nochmalige Antragstellung nach Scheitern der Billigung der Zusicherung kann die in der Zwischenzeit möglicherweise eingetretene Verschlechterung der Rechtsposition der lokalen Gläubiger nicht kompensiert werden.

---

[12] Mankowski/Müller/Schmidt/*Mankowski* Art. 38 Rn. 6 spricht von einer Aussetzung des Eröffnungsantrags.
[13] Vallender/*Keller* Art. 38 Rn. 12; Braun/*Delzant* Art. 38 Rn. 11.
[14] Vgl. → Art. 36 Rn. 31, wonach die Zusicherung beim Insolvenzgericht einzureichen ist.
[15] Vgl. → Art. 36 Rn. 35 ff.
[16] Vgl. hierzu → Art. 36 Rn. 35 ff. sowie Art. 102c § 17 Abs. 1 S. 2 EGInsO.
[17] Vgl. Art. 29a Abs. 2 EuInsVO-KomE, Vorschlag für eine Verordnung des Europäischen Parlamentes und des Rates zur Änderung der VO (EG) Nr. 1346/2000 des Rates über Insolvenzverfahren, COM (2012) 0744 final, abrufbar unter: http://ec.europa.eu/justice/civil/files/insolvency-regulation_en.pdf; die englische Fassung ist ebenfalls abgedr. in IILR 2013, 179 ff. sowie Art. 29a Abs. 2 EuInsVO-ParlE; angenommene Texte des Europäischen Parlaments v. 5.2.2014, abrufbar unter europarl.europa.eu/sides/getDoc.do?type=REPORT&reference=A7-2013-0481&language=DE; kritisch wegen dem Obstruktionspotential *Prager/Keller* WM 2015, 805, 808.
[18] Vgl. Art. 102c § 17 Abs. 1 S. 2 EGInsO, der den § 245 InsO für entsprechend anwendbar erklärt.

4. Lokale Gläubiger. Prüfungssubjekt sind die Interessen der *„lokalen Gläubiger"*, nicht 13
aber die möglichen Interessen des Schuldners bzw. des Insolvenzverwalters oder die Interessen der
Gläubigergemeinschaft als Ganzes.[19] Für den Begriff der lokalen Gläubiger ist auf die Definition in
Art. 2 Nr. 11 abzustellen. Danach sind lokale Gläubiger die Gläubiger, deren Forderungen gegen
den Schuldner aus oder in Zusammenhang mit dem Betrieb einer Niederlassung in einem anderen
Mitgliedstaat als dem entstanden sind, in dem sich der Mittelpunkt der hauptsächlichen Interessen
des Schuldners befindet.[20] Soweit der Schuldner in mehreren Mitgliedsstaaten Niederlassungen
unterhalten hat, sind lokale Gläubiger im Sinne des Art. 38 Abs. 2 freilich nur die lokalen Gläubiger,
deren Forderung aus oder in Zusammenhang mit dem Betrieb der Niederlassung dieses Sekundärverfahrensstaates entstanden sind.

Die Verletzung der Schutzinteressen eines einzelnen lokalen Gläubigers reicht hierbei aus. 14
Art. 38 Abs. 2 verlangt keine Gesamtbetrachtung der Gruppe der lokalen Gläubiger, sondern vielmehr eine Betrachtung aller lokalen Gläubiger, wobei hierbei freilich Gruppen lokaler Gläubiger
gebildet werden können, die in ihren Rechten gleichmäßig betroffen sind.[21]

5. Allgemeine Interessen. Prüfungsgegenstand sind nach dem Wortlaut die *„allgemeinen* 15
Interessen" der lokalen Gläubiger. Insoweit ist der Prüfungsgegenstand weiter als der Mindestinhalt
für die Zusicherung im Sinne des Art. 36 Abs. 1. Denn die Zusicherung muss die Verteilungs- und
Vorzugsrechte wahren, die die Gläubiger hätten, wenn ein Sekundärverfahren eröffnet werden
würde. Der weitere Begriff der „allgemeinen Interessen" geht daher über Fragen der Verteilungs-
und Vorzugsrechte hinaus und schließt weitere rechtlich schützenswerte Interesse der lokalen Gläubiger mit ein.

Gegenstand der Prüfung ist daher zum einen die Gewährleistung der Verteilungs- und Vorzugs- 16
rechte nach Art. 36 sowie zum anderen die angemessene Berücksichtigung sämtlicher weiterer
schützenswerter rechtlicher Interessen der lokalen Gläubiger. Zu diesen Interessen gehören auch
Fragen des Verfahrens für die Prüfung von Feststellungen von Forderungen. Abhängig von der
Gläubigerstruktur wird man von dem ausländischen Verwalter gegebenenfalls verlangen können,
dass Feststellungsstreitigkeiten in Deutschland auszutragen sind, insbesondere wenn es eine Vielzahl
von Arbeitsverhältnissen in der Niederlassung gegeben hat.

6. Angemessener Schutz. Prüfungsmaßstab ist der **angemessene Schutz** der Interessen der 17
lokalen Gläubiger. Anders als der Inhaltsmaßstab für die Zusicherung nach Art. 36 Abs. 1, der
bezüglich der Verteilungs- und Vorzugsrechte verlangt, die Gläubiger so zu stellen, als wäre das
Sekundärverfahren eröffnet worden, verlangt Art. 38 Abs. 2 keine absolute Gleichstellung mit der
Verfahrenseröffnung. Der Schutz der über die Verteilungs- und Vorzugsrechte hinausgehenden Interessen muss aufgrund der Zusicherung mithin nicht identisch sein mit dem Schutz, den das Sekundärinsolvenzverfahren den lokalen Gläubigern bieten würde.

Der Prüfungsmaßstab ist daher ein anderer als bei der Billigung der Zusicherung nach Art. 36 18
Abs. 5. Während dort der Prüfungsmaßstab die Wahrung der Verteilungs- und Vorzugsrechte ist,
wie sie bei Durchführung des Sekundärverfahrens bestanden hätten, gilt für andere Rechtspositionen
„nur" die Angemessenheit des Schutzes.

Darüber, wann der Schutz **angemessen** ist, gibt die Verordnung keine näheren Hinweise. Die 19
Beeinträchtigung der Interessen ist sowohl im Hinblick auf die Zahl der betroffenen lokalen Gläubiger (Quantität) als auch hinsichtlich der individuellen Schwere der Beeinträchtigung (Qualität) zu
würdigen. Deutliche Beeinträchtigungen ihrer Rechtsposition müssen sich jedoch auch einzelne
Gläubiger im Rahmen der Gesamtabwägung des Insolvenzgerichts nach Art. 38 Abs. 2 nicht gefallen
lassen.

7. Beweislast. Der angemessene Schutz muss zur Überzeugung des Insolvenzgerichts bestehen. 20
Die Verordnung verlangt daher keinen Vollbeweis, sondern allenfalls eine Glaubhaftmachung.[22]
Es widerspräche der Eilbedürftigkeit der Eröffnungsentscheidung, wollte man strittige Fragen des
Sachverhaltes oder der Rechtslage (insbesondere im Hinblick auf das dem Insolvenzgericht des
Sekundärverfahrens unbekannte Recht des Hauptverfahrens) im Rahmen eines Vollbeweises aufklären. In welcher Form der Nachweis zu erbringen ist und welche Beweismittel wie zu verwerten
sind, obliegt hingegen dem Verfahrensrecht des Sekundärverfahrensstaates. Verbleiben allerdings
Zweifel, so gehen diese zu Lasten des Insolvenzverwalters des Hauptverfahrens, der die Ablehnung
der Eröffnung mit seiner Zusicherung begehrt hat.

---

[19] MüKoBGB/*Kindler* Art. 36 Rn. 11 f.
[20] Vgl. → Art. 2 Rn. 61.
[21] Diese Gruppenbildung bietet sich schon im Rahmen des Billigungsverfahrens für die Zusicherung an, wenn
die Zusicherung für ein deutschen Sekundärinsolvenzverfahren gegeben werden soll, vgl. §§ 243, 222 InsO.
[22] MüKoBGB/*Kindler* Art. 38 Rn. 15; aA HKInsO/*Schultz* Art. 38 Rn. 14.

IV. Aussetzung der Eröffnungsentscheidung wegen Schuldenbereinigung im Hauptverfahren (Abs. 3)

21 **1. Einführung.** Art. 38 Abs. 3 ermöglicht die Aussetzung der Eröffnungsentscheidung und ermächtigt das Insolvenzgericht des Sekundärverfahrensstaates zugleich zur Anordnung von Sicherungsmaßnahmen, um die Interessen der lokalen Gläubiger bis zur Entscheidung über eine Verfahrenseröffnung zu schützen. Die Regelung steht nicht im Zusammenhang mit der Abgabe einer Zusicherung nach Art. 36, um die Eröffnung eines Sekundärverfahrens zu verhindern, obwohl auch in diesem Fall eine Aussetzung sinnvoll gewesen wäre, um zunächst das Verfahren zur Billigung der Zusicherung nach Art. 36 Abs. 5 abzuwarten.[23] Grund der Aussetzung der Eröffnung ist vielmehr das im Hauptverfahrensstaat anhängige vorinsolvenzrechtliche Schuldenbereinigungsverfahren.

22 **2. Aussetzungsentscheidung (Unterabs. 1).** Art. 38 Abs. 3 Unterabs. 1 ermächtigt das Insolvenzgericht, bei dem ein Antrag auf Eröffnung eines Sekundärverfahrens anhängig ist, die Verfahrenseröffnung für maximal drei Monate **auszusetzen**, soweit geeignete Maßnahmen zum Schutz der Interessen der lokalen Gläubiger bestehen. Auch hierbei handelt es sich um eine Sachnorm, die neben den Sachnormen des Rechts des Sekundärverfahrensstaates zum Schutz der Insolvenzmasse tritt. Die Aussetzung der Eröffnung bedeutet, dass das Insolvenzgericht des Sekundärverfahrensstaates während der Aussetzungsdauer über den Eröffnungsantrag nicht entscheiden darf, nicht aber, dass das Eröffnungsverfahren insgesamt ausgesetzt ist. Daher kann das Insolvenzgericht auch während der Aussetzung weitere verfahrensleitende Anordnungen treffen, insbesondere auch die Entscheidung über den Eröffnungsantrag durch entsprechende Maßnahmen weiter vorzubereiten.

23 Voraussetzung ist zunächst, dass im Hauptverfahrensstaat ein Verfahren zur Schuldenbereinigung anhängig ist, das eine vorübergehende **Aussetzung von Einzelzwangsvollstreckungsverfahren** gewährt. Schuldenbereinigungsverfahren, die ohne eine entsprechende Vollstreckungssperre durchgeführt werden, rechtfertigen daher die Aussetzung der Verfahrenseröffnung im Sekundärverfahrensstaat nicht. Ziel des Vollstreckungsverbotes muss zudem sein, dem Schuldner **Verhandlungen** mit den Gläubigern über eine Schuldenbereinigung zu ermöglichen.

24 Die Aussetzung des Eröffnungsbeschlusses ist jedoch nur auf Antrag möglich. **Antragsberechtigt** ist insoweit lediglich der Insolvenzverwalter, einschließlich des vorläufigen Insolvenzverwalters,[24] oder – falls keiner bestellt wurde – der Schuldner in Eigenverwaltung. Gläubigern steht das Antragsrecht nicht zu.[25]

25 Die Aussetzung setzt zudem voraus, dass geeignete **Maßnahmen zum Schutz der Interessen** der lokalen Gläubiger bestehen. Diese müssen jedoch nicht bereits vor und unabhängig von dem Aussetzungsbeschluss bestehen. Ausreichend ist, dass derartige Maßnahmen im Zusammenhang mit dem Beschluss zur Aussetzung getroffen werden (zu den Maßnahmen, vgl. nachfolgend Rn. 27).[26]

26 Die Aussetzung darf jedoch höchstens **drei Monate** betragen. Aufgrund der Höchstfrist ist auch ein wiederholter Antrag sowie eine wiederholte Aussetzungsentscheidung unzulässig. Nach Ablauf der Drei-Monatsfrist muss mithin das Insolvenzgericht das Verfahren über die Eröffnung fortsetzen, indem es entweder über den Eröffnungsantrag entscheidet oder indem es – falls die Entscheidung über den Eröffnungsantrag noch nicht entscheidungsreif ist – die Entscheidungsreife herbei führt. Mit Ablauf der Frist werden die für die Aussetzung angeordneten Sicherungsmaßnahmen unwirksam, es sei denn, diese werden auf Grundlage des Rechts des Verfahrensstaates nochmals unabhängig von der Aussetzung bestätigt.

27 **3. Sicherungsmaßnahmen (Unterabs. 2).** Abs. 3 Unterabs. 2 ermächtigt das Insolvenzgericht des Sekundärverfahrensstaates, die für den Aussetzungsbeschluss nach Unterabs. 1 notwendigen Maßnahmen zum Schutz der Interessen der lokalen Gläubiger selbst zu treffen. Die dort genannten Maßnahmen sind nicht abschließend, sondern nur Beispiele möglicher Anordnungen. Dazu gehört, dem Schuldner zu untersagen, Gegenstände der Insolvenzmasse des Sekundärverfahrensstaates zu entfernen oder zu veräußern. Soweit das Recht des Sekundärverfahrensstaates es ermöglicht, können sämtliche weitere Sicherungsanordnungen ergehen, die nach dem Recht des Sekundärverfahrensstaates möglich sind. Zugleich sind die in Unterabs. 2 genannten Maßnahmen freilich nur dann möglich, wenn diese nicht mit den nationalen Vorschriften über Zivilverfahren unvereinbar sind.[27] Ist das Sekundärverfahren in Deutschland beantragt worden, so kann das Insolvenzgericht mithin sämtliche Sicherungsanordnungen treffen, die die §§ 20, 21 InsO vorsehen.

---

[23] Vgl. bereits → Art. 36 Rn. 35 ff.
[24] Vgl. Art. 2 Nr. 5, wonach der Begriff Insolvenzverwalter auch den vorläufigen Insolvenzverwalter umfasst.
[25] MüKoBGB/*Kindler* Art. 38 Rn. 19.
[26] Vallender/*Keller* Art. 38 Rn. 25.
[27] Mankowski/Müller/Schmidt/*Mankowski* Art. 38 Rn. 24.

4. Widerruf der Aussetzung (Unterabs. 3 und 4). Art. 38 Abs. 3 Unterabs. 3 und 4 regeln 28
den Widerruf der Aussetzung. Unterabs. 3 behandelt den Fall, dass im Hauptverfahrensstaat zwischenzeitlich eine Vereinbarung zur Schuldenbereinigung geschlossen wurde. Weshalb in diesem Fall jedoch nur ein Gläubiger, nicht aber der Insolvenzverwalter oder Schuldner antragsberechtigt sein soll, erschließt sich nicht. Denn wurde ein entsprechender Schuldenbereinigungsplan verabschiedet, der im Inland auch anzuerkennen ist, ist nicht nur die Aussetzung zu widerrufen, sondern gegebenenfalls auch der Insolvenzantrag selbst abweisungsreif. Um aber den Antrag abzuweisen, muss zunächst die Aussetzung der Eröffnung widerrufen werden, weshalb dieses Recht – *contra legem* – auch dem Schuldner bzw. dem Insolvenzverwalter zustehen sollte. Der Fall bleibt jedoch theoretisch, da das Insolvenzgericht auch von Amts wegen die Aussetzung widerrufen kann und daher ein entsprechender Hinweis des Schuldners bzw. des Insolvenzverwalters genügt, um den Widerruf herbeizuführen.

Unterabs. 4 wiederum behandelt den Fall des Widerrufs, ohne dass im Hauptverfahrensstaat bereits 29
ein Schuldenbereinigungsplan verabschiedet werden konnte. Antragsberechtigt sind ebenfalls nur die Gläubiger, wobei es nicht notwendig ist, dass es sich um einen lokalen Gläubiger handelt. Letzteres ist überraschend, da die Sicherungsmaßnahmen auch nur auf den Schutz der lokalen Gläubiger abzielen. Darüber hinaus kann das Insolvenzgericht den Widerruf auch von Amts wegen veranlassen.

Voraussetzung ist, dass die Fortführung der Aussetzung den Rechten der Gläubiger schadet. 30
Hierfür nennt die Verordnung drei nicht abschließend gemeinte Beispiele, nämlich (a), wenn die Verhandlungen unterbrochen wurden, (b) wenn offensichtlich ist, dass die anstrebte Schuldenbereinigung wahrscheinlich nicht abgeschlossen werden kann, oder, (c) wenn der Insolvenzverwalter oder Schuldner gegen das Verbot der Veräußerung von Gegenständen verstoßen hat. Letztere Fallgruppe ist dahingehend zu verallgemeinern, dass jeder nicht nur unwesentliche Verstoß gegen die Sicherungsanordnungen durch den Schuldner bzw. Insolvenzverwalter zum Widerruf der Aussetzung berechtigt.

V. Wahl der Verfahrensart (Abs. 4)

1. Einführung. Die EuInsVO enthält nicht mehr die in Art. 3 Abs. 3 S. 2 EuInsVO 2000 noch 31
enthaltene Beschränkung, wonach im Sekundärverfahren lediglich der Verfahrenstyp des Liquidationsverfahrens durchgeführt werden darf. Damit stehen nunmehr sämtliche, nach dem Recht des Sekundärverfahrensstaates zulässigen Verfahrenstypen auch für das Sekundärinsolvenzverfahren zur Verfügung. Art. 38 Abs. 4 geht jedoch noch darüber hinaus. Denn das Insolvenzgericht erhält zudem die Möglichkeiten, in Abweichung zu dem gestellten Antrag dasjenige nationale Verfahren zu eröffnen, das den Interessen der lokalen Gläubiger und der Kohärenz zwischen Haupt- und Sekundärverfahren am besten Rechnung trägt. Die Vorschrift ist eine Sachnorm, die das nationale Insolvenzrecht des Sekundärverfahrensstaates bezüglich der Bindung an den Antrag auf Eröffnung einer bestimmten Verfahrensart modifiziert.

2. Voraussetzungen. Voraussetzung ist ein **Antrag** des Verwalters des Hauptverfahrens. Inso- 32
weit gewährt die Vorschrift als Sachnorm dem Verwalter des Hauptverfahrens ein eigenes Antragsrecht. Nicht ausgeschlossen ist, dass auch andere Verfahrensbeteiligte entsprechende Anträge stellen können. Die Anträge anderer Verfahrensbeteiligter richten sich jedoch hinsichtlich ihrer Zulässigkeit und Begründetheit nach dem Recht des Sekundärverfahrensstaates.

Der Antrag muss auf die Eröffnung eines anderen als den ursprünglich beantragten Verfahrenstyp 33
gerichtet sein. Art. 38 Abs. 4 gibt dem Insolvenzgericht des Sekundärverfahrensstaates als **konkrete Kooperationspflichten** auf, das innerstaatliche Verfahren zu wählen, das am besten geeignet ist, die Interessen der lokalen Gläubiger und dem der Kohärenz zwischen Haupt- und Sekundärverfahren Rechnung zu tragen. Die Vorschrift verlangt damit vom Insolvenzgericht bei der Auswahl, welcher Verfahrenstyp zu eröffnen ist, eine Geeignetheitsprüfung. Fraglich ist hierbei, weshalb für die Auswahlentscheidung des Insolvenzgerichts auch die Interessen der lokalen Gläubiger zu berücksichtigen sind. Denn es handelt sich bei den zur Auswahl stehenden Verfahren jeweils um Verfahren, die nach dem Recht des Sekundärverfahrensstaates zulässige Verfahren sind. Soweit ein Verfahrenstyp größere Einschnitte für Gläubiger vorsieht, ist nicht erkennbar, dass die lokalen Gläubiger diese Einschnitte nicht auch im Sekundärverfahren hinzunehmen haben, wenn die Eröffnungsvoraussetzungen ansonsten vorliegen. Es ist daher schwer nachvollziehbar, welche Geeignetheitskriterien das Insolvenzgericht für den Schutz der Interessen der lokalen Gläubiger bei der Auswahl des Verfahrenstyps anzuwenden hat. Ein eventuell weitergehender Eingriff in die Rechte aller Gläubiger kann jedenfalls kein Auswahlkriterium darstellen. Die Voraussetzung ist vielmehr dahingehend einzuschränken, dass der Schutz der Gläubigerinteressen aufgrund des Verfahrenstyps nicht hinreichend gewährleistet ist. Das kann beispielsweise der Fall sein in einem Verfahren, das eine Eigenverwaltung des Schuldners vorsieht, ohne über hinreichende Schutzmechanismen für die Gläubiger zu verfügen.

34 Darüber hinaus sind die Interessen an einer Kohärenz zwischen Haupt- und Sekundärverfahren zu berücksichtigen. Das ist beispielsweise der Fall, wenn im Hauptverfahren ein Sanierungsverfahren eröffnet wurde und nur ein Sanierungsverfahren im Sekundärverfahrensstaat einem Gleichlauf der Verfahrenszwecke Rechnung trägt.

35 Nicht nochmals zu prüfen ist in der Regel jedoch das Vorliegen von Insolvenzgründen. Art. 38 Abs. 4 S. 2 verweist insoweit auf die Regelung in Art. 34 S. 2, wonach die Insolvenz nicht nochmals zu prüfen ist, soweit die Insolvenz für die Eröffnung des Hauptverfahrens Voraussetzung war.

Art. 39 Gerichtliche Nachprüfung der Entscheidung zur Eröffnung des Sekundärinsolvenzverfahrens

Der Verwalter des Hauptinsolvenzverfahrens kann die Entscheidung zur Eröffnung eines Sekundärinsolvenzverfahrens bei dem Gericht des Mitgliedstaats, in dem das Sekundärinsolvenzverfahren eröffnet wurde, mit der Begründung anfechten, dass das Gericht den Voraussetzungen und Anforderungen des Artikels 38 nicht entsprochen hat.

Literatur: Vgl. Art. 37.

I. Normzweck

1 Der im Rahmen der **Reform der EuInsVO**[1] neu eingefügte Art. 39 verleiht dem Insolvenzverwalter des Hauptverfahrens die Befugnis, gegen die Entscheidung des Insolvenzgerichts zur Eröffnung des Sekundärinsolvenzverfahrens nach Art. 38 einen Rechtsbehelf einzulegen. Es handelt sich um eine Sachnorm, die im Hinblick auf die neu eingeführte Möglichkeit, durch eine Zusicherung nach Art. 36 die Eröffnung eines Sekundärinsolvenzverfahrens zu vermeiden, dem Insolvenzverwalter auch weitere Verfahrensrechte sichern soll. Rechtspolitisch ist diese Klarstellung zu begrüßen, auch wenn es einer entsprechenden Regelung an sich nicht bedurft hätte, weil sich diese Befugnis ohnehin aus der EuInsVO, nämlich der Anerkennung des ausländischen Insolvenzverwalters, und dem materiellen Recht (entsprechende Antragsrechte des Schuldners) herleiten lässt.

2 So gut nachvollziehbar das Konzept des Art. 39 auch ist, so wenig setzt der Wortlaut der Vorschrift das Konzept konsequent um. So ist aufgrund des engen Wortlauts streitig, ob die Rechtsmittelbefugnis auch dem Schuldner in Eigenverwaltung zusteht, ob nur bestimmte Anfechtungsgründe geltend gemacht werden können, und ob die Rechtsmittelbefugnis auch besteht, wenn die Eröffnung des Sekundärverfahrens abgelehnt wird. Die Literatur behilft sich überwiegend mit guten Argumenten, um den Anwendungsbereich von Art. 39 entgegen dessen Wortlaut auszudehnen. Bisweilen wirkt dies wenig konsistent, wenn einerseits aufgrund des Wortlauts einem engen Verständnis, gleichzeitig aufgrund teleologischer Überlegungen einem weiten Verständnis das Wort geredet wird.[2] Sinnvoller Weise sollte der Anwendungsbereich der Norm konsistent über seinen Wortlaut hinweg ausgeweitet werden.[3]

II. Rechtsmittelbefugnis bei Eröffnung

3 Art. 39 verleiht dem **Verwalter des Hauptverfahrens** ungeachtet der Vorschriften des nationalen Rechts die Befugnis, gegen die Entscheidung zur Eröffnung eines Sekundärverfahrens Rechtsmittel einzulegen. Anders als Kapitel V, das in Art. 76 eine Regelung enthält, wonach die für den Verwalter geltenden Bestimmungen gleichermaßen für den Schuldner in Eigenverwaltung gelten, findet sich in Kapitel III eine solche Gleichstellungsanordnung nicht. Vielmehr lässt Art. 38 in der Formulierung von Abs. 1, Abs. 3 Unterabs. 1, 2 und 4 erkennen, dass dem Verordnungsgeber die Notwendigkeit einer gelegentlichen Gleichstellung des Schuldners in Eigenverwaltung wohl bewusst war. Dennoch wird man die Rechtsmittelbefugnis gemäß Art. 39 auch dem **Schuldner in Eigenverwaltung** zubilligen müssen, soweit man – wie hier – dem Schuldner in Eigenverwaltung auch zubilligt, eine Zusicherung abgeben zu können.[4] Wenn der Schuldner durch die Eigenverwaltung –

---

[1] Vgl. zur Reform der EuInsVO grundsätzlich → Art. 1 Rn. 11 ff.
[2] Siehe nur Vallender/*Keller*, der einerseits die Rechtsmittelbefugnis (gegen den Wortlaut) auf den Schuldner in Eigenverwaltung ausweitet, andererseits aber (mit dem Wortlaut) nur die Entscheidung über die Eröffnung, nicht aber die Ablehnung derselben für rechtsmittelfähig nach Art. 39 hält, vgl. Vallender/*Keller* Art. 39 Rn. 3 und 6.
[3] Vgl. zu diesem Problem im Hinblick auf die Umsetzung der Richtlinie über den präventiven Restrukturierungsrahmen (dazu vgl. → Art. 1 Rn. 4) schon → Art. 36 Rn. 30.
[4] Vgl. Vallender/*Keller* Art. 39 Rn. 3; *Paulus* Art. 39 Rn. 5; Mankowski/Müller/Schmidt/*Mankowski* Art. 39 Rn. 5; Brinkmann/*Madaus* Art. 39 Rn. 4; Bork/van Zwieten/*Mangano* Rn. 39.06.

anstelle des Verwalters – die Kontrolle über sein Vermögen und seine Geschäfte behält, wird man ihm nicht die Rechte beschneiden können, die auch dem Verwalter zur Abwicklung der Insolvenz zur Verfügung stehen.

Die Sachnorm des Art. 39 modifiziert sachrechtlich jedoch nur die Befugnis zur Einlegung des 4 Rechtsmittels. Sämtliche **weiteren Zulässigkeitsvoraussetzungen** für die Einlegung der Rechtsmittelfristen bleiben hiervon unberührt. Entsprechende Überlegungen des Verordnungsgebers, auch weitere Zulässigkeitsvoraussetzungen im Rahmen der Norm zu regeln, sind zu Recht nicht übernommen worden.[5] Gegen Entscheidungen deutscher Insolvenzgerichte über die Eröffnung eines Sekundärverfahrens steht gemäß Art. 102c § 20 Abs. 1 dem Antragsteller die sofortige Beschwerde zu. Form und Frist der sofortigen Beschwerde richten sich daher ausschließlich nach den §§ 574–577 ZPO.

Wenig verständlich ist die Einschränkung der Rechtsmittelbefugnis auf bestimmte **Anfech- 5 tungsgründe**, nämlich dass der Verwalter die Entscheidung mit der Begründung anfechten können, dass das Insolvenzgericht den „*Voraussetzungen und Anforderungen des Art. 38*" nicht entsprochen habe. Das ist deswegen misslich, weil Art. 38 eigentlich nur die weiteren Anforderungen an eine Verfahrenseröffnung im Zusammenhang mit einer Zusicherung des Verwalters nach Art. 36 definiert. Würde man die Referenz daher wörtlich nehmen, bestände die Rechtsmittelbefugnis des Verwalters des Hauptverfahrens daher nur, wenn der Verwalter zuvor zur Vermeidung eines Sekundärverfahrens eine Zusicherung nach Art. 36 abgegeben hätte oder das Insolvenzgericht das Sekundärverfahren trotz eines Aussetzungsantrags eröffnet hätte. Eine solch enge Auslegung des Art. 39 ist jedoch abzulehnen. Ist beispielsweise das Bestehen einer Niederlassung im Sinne des Art. 3 Abs. 2 streitig, so muss dem Verwalter des Hauptverfahrens eine Rechtsmittelbefugnis auch aus diesen Gründen eröffnet sein.[6] Hilfsweise lässt sich eine solche Rechtsmittelbefugnis jedoch jeweils auch aus der *lex fori concursus secundarii* herleiten,[7] da das nationale Recht regelmäßig schon dem Schuldner eine Rechtsmittelbefugnis gegen eine Verfahrenseröffnung zubilligen dürfte. Ist dessen Verwaltungsbefugnis aber nach Art. 21 Abs. 1 anzuerkennen, muss dies generell auch für das Sekundärverfahren gelten. In einem deutschen Sekundärinsolvenzverfahren kann daher die Rechtsmittelbefugnis des Insolvenzverwalters des Hauptverfahrens aus § 34 Abs. 2 InsO und dessen Verwaltungsbefugnis hergeleitet werden.

III. Rechtsmittelbefugnis bei Ablehnung der Eröffnung

Dem Verwalter des Hauptverfahrens steht auch bei Ablehnung der Eröffnung die Befugnis zu, 6 gegen den Beschluss Rechtsmittel einlegen zu dürfen, wenn er selbst gemäß Art. 37 Abs. 1 lit. a die Eröffnung beantragt hatte. Zwar verleiht der Wortlaut des Art. 39 die Rechtsmittelbefugnis nur gegen die Entscheidung zur Eröffnung. Daraus lässt sich jedoch nicht der Umkehrschluss ziehen, dass der Verwalter gegen die Nichteröffnung keine Rechtsmittelbefugnis habe. Im Umkehrschluss lässt sich aus der Norm allerdings nicht herleiten, dass der Insolvenzverwalter gegen eine Ablehnung des Eröffnungsantrags keine Rechtsmittelbefugnis hätte. Denn Art. 37 Abs. 1 lit. a gewährt dem Insolvenzverwalter des Hauptverfahrens bereits das Recht, das Sekundärverfahren zu beantragen.[8] Insoweit ist es nur konsequent, ihm bei Ablehnung seines Antrags auch eine entsprechende Rechtsmittelbefugnis zuzubilligen. Hilfsweise lässt sich allerdings auch diese aus der *lex fori concursus secundarii* herleiten (vgl. → Rn. 5).

Art. 40 *Kostenvorschuss*

Verlangt das Recht des Mitgliedstaats, in dem ein Sekundärinsolvenzverfahren beantragt wird, dass die Kosten des Verfahrens einschließlich der Auslagen ganz oder teilweise durch die Masse gedeckt sind, so kann das Gericht, bei dem ein solcher Antrag gestellt wird, vom Antragsteller einen Kostenvorschuss oder eine angemessene Sicherheitsleistung verlangen.

Literatur: *Beutler/Debus*, Kurzkommentar zu: LG Klagenfurt, Beschl. v. 2.7.2004, 41 S 75/04 h, EWiR 2005, 217; *Blenske*, Kurzkommentar zu: AG Köln, Beschl. v. 23.1.2004, 71 IN 1/04, EWiR 2004, 601; *Czaja*, Umsetzung

---

[5] Vgl. Art. 29a Abs. 4 EuInsVO-ParlE; angenommene Texte des Europäischen Parlaments v. 5.2.2014, abrufbar unter europarl.europa.eu/sides/getDoc.do?type=REPORT&reference=A7-2013-0481&language=DE., wonach die Rechtsbehelfsfrist für den Insolvenzverwalter drei Wochen betragen hätte, die in begründeten Fällen auf eine Woche hätte abgekürzt werden können.
[6] *Vallender/Keller* Art. 39 Rn. 7; *Paulus* Art. 39 Rn. 6.
[7] So Mankowski/Müller/Schmidt/*Mankowski* Art. 39 Rn. 12.
[8] Vgl. zu diesem Antragsrecht bereits → Art. 37 Rn. 3.

der Kooperationsvorgaben durch die Europäische Insolvenzverordnung im deutschen Insolvenzverfahren, zugl. Diss. Univ. Regensburg 2009; *Fehrenbach*, Haupt- und Sekundärinsolvenzverfahren, Tübingen 2014; *Geroldinger*, Verfahrenskoordination im Europäischen Insolvenzrecht – Die Abstimmung von Haupt- und Sekundärinsolvenzverfahren nach der EuInsVO, zugl. Diss. Univ. Wien 2009; *INSOL Europe,* Revision of the European Insolvency Regulation; *Pogacar,* Rechte und Pflichten des Hauptverwalters im Sekundärverfahren, NZI 2011, 51; *Schmüser,* Das Zusammenspiel zwischen Haupt- und Sekundärinsolvenzverfahren nach der EuInsVO, zugl. Diss. Univ. Hamburg 2009.

I. Normzweck

1 Art. 40 regelt als **Sachnorm** die unionsrechtliche Möglichkeit, vom Antragsteller einen **Kostenvorschuss** oder eine angemessene **Sicherheitsleistung** verlangen zu dürfen, wenn nach dem ansonsten anzuwendenden Recht der *lex fori concursus secundarii* verlangt wird, dass die Kosten des Verfahrens einschließlich der Auslagen durch die Masse ganz oder teilweise gedeckt sein müssen. Ob ein Insolvenzgericht die Eröffnung eines Verfahrens mangels Masse abweisen darf, richtet sich gemäß Art. 35 nach dem Recht des Sekundärverfahrensstaates.[1] Für das Insolvenzeröffnungsverfahren enthalten die Art. 34 ff. nur einzelne von dem Recht des Sekundärverfahrensstaates abweichende Sonderbestimmungen (so beispielsweise den Verzicht auf den Nachweis des Insolvenzgrundes in Art. 34 S. 1 oder das zusätzliche Antragsrecht für den Verwalter des Hauptinsolvenzverfahrens in Art. 37 Abs. 1 lit. a.). Für die Frage, ob für das Insolvenzverfahren hinreichend Masse vorhanden sein muss, um die Kosten des Verfahrens zu decken, enthalten die Art. 34 ff. jedoch keine abweichende Sonderbestimmungen, sodass sich diese Frage nach Art. 35 ohnehin ausschließlich nach dem Recht des Verfahrensstaates richtet. Der Hinweis auf einen Kostenvorschuss oder eine Sicherheitsleistung im Falle der Masselosigkeit oder Massearmut führt aber zu einer – eventuell nicht kongruenten – Doppelregelung, denn vielfach wird bereits das Recht des Sekundärverfahrensstaates hierzu detailliertere Vorschriften vorsehen.[2] Art. 40 beschränkt sich in seiner Funktion daher darauf, zu bestätigen, dass entsprechende Sachnormen des Rechts des Sekundärverfahrens auch für das Sekundärverfahren gelten, ohne in die Regelung ansonsten inhaltlich einzugreifen.[3]

2 Die eigentliche Besonderheit der Regelung liegt daher darin, dass – unabhängig von der *lex fori concursus secundarii* – auch der nach Art. 37 zur Antragstellung berechtigte Verwalter des Hauptverfahrens zu einer solchen Sicherheitsleistung berechtigt ist.[4] Denn meist wird das anwendbare nationale Recht des Sekundärinsolvenzverfahrens nur von dem antragstellenden Insolvenzgläubiger verlangen, entsprechende Kostenvorschüsse oder Sicherheitsleistungen zu erbringen.[5] Da dem Verwalter des Hauptinsolvenzverfahrens nach Art. 37 jedoch ein eigenständiges Antragsrecht eingeräumt wird, sind die entsprechenden nationalen Bestimmungen zu Kostenvorschuss und Sicherheitsleistung hinsichtlich der Frage, von wem diese erbracht werden dürfen, im Anwendungsbereich der Art. 34 ff. erweiternd auszulegen.[6]

3 Im Rahmen der **Reform der EuInsVO**[7] sind keine Änderungen an der Vorgängerregelung Art. 30 EuInsVO 2000 vorgenommen worden. Weder der *Vienna Report,* noch *INSOL Europe* haben in ihren Stellungnahmen einen Änderungsbedarf erörtert. Daher haben auch die Kommission und das Europäische Parlament keine Änderungsvorschläge unterbreitet, sodass Art. 40 wörtlich der Regelung von Art. 30 EuInsVO 2000 entspricht.

II. Eigenständige Regelung im nationalen Recht

4 Art. 40 setzt voraus, dass das anwendbare Recht des Sekundärverfahrensstaates eine eigenständige Regelung zur Kostendeckung des Verfahrens enthält.[8] In diesem Fall bestätigt Art. 40, dass diese

---

[1] Vgl. → Art. 35 Rn. 5.
[2] Vgl. zB § 26 Abs. 4 InsO.
[3] Duursma-Kepplinger/Duursma/Chalupsky/*Duursma-Kepplinger/Chalupsky* EuInsVO 2000 Art. 30 Rn. 2; Geimer/Schütze/*Heiderhoff,* Int. Rechtsverkehr, B Vor I 20b, EuInsVO 2000 Art. 30 Rn. 1; Rauscher/*Mäsch* EuInsVO 2000 Art. 30 EG-InsVO Rn. 1.
[4] Duursma-Kepplinger/Duursma/Chalupsky/*Duursma-Kepplinger/Chalupsky* EuInsVO 2000 Art. 30 Rn. 3; FKInsO/*Wenner/Schuster* Art. 40 Rn. 2; Rauscher/*Mäsch* EuInsVO 2000 Art. 30 EG-InsVO Rn. 1; MüKoBGB/*Kindler* Art. 40 Rn. 1; *Paulus* Art. 40 Rn. 1; Vallender/*Ch. Keller* Art. 40 Rn. 2, der den Verwalter sogar als verpflichtet ansieht.
[5] Vgl. § 26 InsO; FKInsO/*Wenner/Schuster* Art. 40 Rn. 2; Mankowski/Müller/Schmidt/*Mankowski* Art. 40 Rn. 10; Vallender/*Ch. Keller* Art. 40 Rn. 2; Uhlenbruck/*Vallender* § 26 Rn. 19.
[6] Wohl auch so Mankowski/Müller/Schmidt/*Mankowski* Art. 40 Rn. 10.
[7] Vgl. zur Reform der EuInsVO grundsätzlich → Vor Art. 1 Rn. 11 ff.
[8] Duursma-Kepplinger/Duursma/Chalupsky/*Duursma-Kepplinger/Chalupsky* EuInsVO 2000 Art. 30 Rn. 2; Vallender/*Ch. Keller* Art. 40 Rn. 3; Mankowski/Müller/Schmidt/*Mankowski* Art. 40 Rn. 5 f.; HKInsO/*Schultz* Art. 40 Rn. 3; KPB/*Flöther* Art. 40 Rn. 3; MüKoBGB/*Kindler* Art. 40 Rn. 2; Nerlich/Römermann/ *Commandeur/Hübler* EuInsVO 2000 Art. 30 Rn. 2; LSZ/*Smid* EuInsVO 2000 Art. 30 Rn. 2.

Regelungen auch für das Sekundärinsolvenzverfahren gelten und uneingeschränkt angewendet werden dürfen.[9] Art. 40 enthält keine eigenständige inhaltliche Regelung zur Bestimmung der Massedeckung, sondern verweist vollständig auf das Recht des Sekundärverfahrensstaates, sodass die Frage, zu welchem Zeitpunkt die Massedeckung gegeben ist, welche Gegenstände hierfür berücksichtigt werden können und welche Kosten und Auslagen im Einzelnen gedeckt sein müssen, ausschließlich auf Grundlage des anwendbaren Rechts des Sekundärverfahrensstaates zu beurteilen sind.[10] Da Art. 40 keinen eigenständigen Regelungsinhalt enthält, sind die Rechtsfolgen einer mangelnden Kostendeckung ebenfalls ausschließlich dem anwendbaren Recht des Verfahrensstaates zu entnehmen.[11]

Enthält die *lex fori concursus secundarii* derartige Kostendeckungsregelungen, so gewährt in diesem Fall Art. 40 dem Insolvenzgericht des Sekundärverfahrens das Recht, vom Antragsteller einen Kostenvorschuss oder eine Sicherheitsleistung verlangen zu können. Die Möglichkeit ist eine zusätzliche Möglichkeit der Kostendeckung und schließt weitere nach dem Recht des Verfahrensstaates gegebene Möglichkeiten zur Deckung der Kosten weder aus, noch ist Art. 40 subsidiär. Die Formulierung „kann ... verlangen" eröffnet dem Gericht des Sekundärverfahrensstaates allerdings einen Ermessensspielraum, zunächst andere Möglichkeiten auszuschöpfen. Allerdings hat das Insolvenzgericht kein Ermessen mehr und muss dem Antragsteller zunächst die Möglichkeit eines Kostenvorschusses gewähren, wenn das Insolvenzgericht andernfalls den Eröffnungsantrag ablehnen müsste.[12] Denn insoweit gewährt Art. 40 dem Antragsteller eine eigenständige Abwendungsbefugnis des ansonsten drohenden Abweisungsbeschlusses.

§ 26 InsO findet daher auch im Rahmen eines in Deutschland beantragten Sekundärinsolvenzverfahrens Anwendung.[13] Daher sind durch das deutsche Insolvenzgericht zunächst die voraussichtlichen Verfahrenskosten für das Sekundärinsolvenzverfahren zu ermitteln. Bei der Prognose der voraussichtlichen Auslagen des Verwalters sowie der Vergütung sind entsprechende Erhöhungen oder Zuschläge aufgrund der zusätzlichen Aufgaben des Verwalters im Rahmen der grenzüberschreitenden Koordination mit dem Hauptverfahren zulässig. Bei der Prüfung, ob das Schuldnervermögen ausreicht, um diese so ermittelten Verfahrenskosten zu decken, ist nur auf die Insolvenzmasse des Sekundärinsolvenzverfahrens abzustellen.[14] Da nach deutschem Recht der Vorschussleistende nicht mit dem Antragsteller identisch sein muss,[15] ist vor einer Ablehnung der Verfahrenseröffnung mangels Masse immer auch der Verwalter des Hauptverfahrens zu hören, dem Gelegenheit zu geben, den Massekostenvorschuss zu leisten. Nicht anwendbar ist dagegen § 26 Abs. 3 InsO, da eine Insolvenzantragspflicht nur im Hauptverfahrensstaat besteht und sich dort nach dem Recht des Hauptverfahrensstaates richtet.[16]

III. Keine Regelung im nationalen Recht

Enthält das anwendbare Recht des Sekundärverfahrensstaates keine Regelung zur Kostendeckung, sondern ist das Insolvenzverfahren auch zu eröffnen, falls eine entsprechende Kostendeckung nicht gegeben ist, so gewährt Art. 40 keine Rechtsgrundlage, einen Massekostenvorschuss zu verlangen. Gleiches gilt, wenn das nationale Recht zwar eine Kostendeckung verlangt, nicht aber die Möglichkeit bietet, die Verfahrenseröffnung durch einen Massekostenvorschuss oder durch eine Sicherheitsleistung herbei zu führen.[17] Auch in diesen Fällen hat dann – gemäß dem anwendbaren nationalen Recht des Sekundärverfahrensstaates – die Verfahrenseröffnung zu unterbleiben.

Art. 41 Zusammenarbeit und Kommunikation der Verwalter

(1) ¹Der Verwalter des Hauptinsolvenzverfahrens und der oder die in Sekundärinsolvenzverfahren über das Vermögen desselben Schuldners bestellten Verwalter arbeiten soweit

---

[9] Duursma-Kepplinger/Duursma/Chalupsky/*Duursma-Kepplinger/Chalupsky* EuInsVO 2000 Art. 30 Rn. 2.
[10] HKInsO/*Schultz* Art. 40 Rn. 5; Mankowski/Müller/Schmidt/*Mankowski* Art. 40 Rn. 11.
[11] Vgl. OLG Wien ZIK 2007, 47, 31.
[12] Duursma-Kepplinger/Duursma/Chalupsky/*Duursma-Kepplinger/Chalupsky* EuInsVO 2000 Art. 30 Rn. 2; Vallender/*Ch. Keller* Art. 40 Rn. 4; HKInsO/*Schultz* Art. 40 Rn. 3; KPB/*Flöther* Art. 40 Rn. 6; *Kolmann*, Kooperationsmodelle, S. 338; Rauscher/*Mäsch* EuInsVO 2000 Art. 30 Rn. 3; MüKoBGB/*Kindler* Art. 40 Rn. 3; Bork/van Zwieten/*Mangano* Art. 40 Rn. 40.00; Brinkmann/*Madaus* Art. 40 Rn. 5.
[13] Geimer/Schütze/*Heiderhoff*, Int. Rechtsverkehr, B Vor I 20b, EuInsVO 2000 Art. 30 Rn. 2; Rauscher/*Mäsch* EuINsVO 2000 Art. 30 Rn. 1; *Paulus* Art. 40 Rn. 2.
[14] Pannen/*Herchen* EuInsVO 2000 Art. 30 Rn. 5; Konecny/Schubert/*Pogacar* EuInsVO 2000 Art. 30 Rn. 15.
[15] Uhlenbruck/*Vallender* § 26 Rn. 24; MüKoInsO/*Haarmeyer/Schildt* § 26 InsO Rn. 27.
[16] Vgl. → Art. 7 Rn. 9.
[17] Mankowski/Müller/Schmidt/*Mankowski* Art. 40 Rn. 3; *Virgos/Schmit* Nr. 228; Bork/van Zwieten/*Mangano* Art. 40 Rn. 40.04.

zusammen, wie eine solche Zusammenarbeit mit den für das jeweilige Verfahren geltenden Vorschriften vereinbar ist. ²Die Zusammenarbeit kann in beliebiger Form, einschließlich durch den Abschluss von Vereinbarungen oder Verständigungen, erfolgen.

(2) Bei der Durchführung der Zusammenarbeit nach Absatz 1 obliegt es den Verwaltern,
a) einander so bald wie möglich alle Informationen mitzuteilen, die für das jeweilige andere Verfahren von Bedeutung sein können, insbesondere den Stand der Anmeldung und Prüfung der Forderungen sowie alle Maßnahmen zur Rettung oder Sanierung des Schuldners oder zur Beendigung des Insolvenzverfahrens, vorausgesetzt, es bestehen geeignete Vorkehrungen zum Schutz vertraulicher Informationen;
b) die Möglichkeit einer Sanierung des Schuldners zu prüfen und, falls eine solche Möglichkeit besteht, die Ausarbeitung und Umsetzung eines Sanierungsplans zu koordinieren;
c) die Verwertung oder Verwendung der Insolvenzmasse und die Verwaltung der Geschäfte des Schuldners zu koordinieren; der Verwalter eines Sekundärinsolvenzverfahrens gibt dem Verwalter des Hauptinsolvenzverfahrens frühzeitig Gelegenheit, Vorschläge für die Verwertung oder Verwendung der Masse des Sekundärinsolvenzverfahrens zu unterbreiten.

(3) Die Absätze 1 und 2 gelten sinngemäß für Fälle, in denen der Schuldner im Haupt- oder Sekundärinsolvenzverfahren oder in einem der Partikularverfahren über das Vermögen desselben Schuldners, das zur gleichen Zeit eröffnet ist, die Verfügungsgewalt über sein Vermögen behält.

Literatur: *Adam/Poertzgen*, Überlegungen zum Europäischen Konzerninsolvenzrecht (Teil 1), ZInsO 2008, 283; dies., Überlegungen zum Europäischen Konzerninsolvenzrecht (Teil 2), ZInsO 2008, 349, 352; *Beck*, Verwertungsfragen im Verhältnis von Haupt- und Sekundärinsolvenzverfahren nach der EuInsVO, NZI 2006, 609; *Bufford*, Revision of the European Union Regulation on Insolvency Proceedings – Recommendations, IILR 2012, 341; *Busch/Remmert/Rüntz/Vallender*, Kommunikation zwischen Gerichten in grenzüberschreitenden Insolvenzen, NZI 2010, 417, 418, 421; *Corno*, EIR and Italian Rules governing the Lodging, Verification and Admission of Claims. Theory and Italian Practice, IILR 2012, 197; *Czaja*, Umsetzung der Kooperationsvorgaben durch die Europäische Insolvenzverordnung im deutschen Insolvenzverfahren, zugl. Diss. Univ. Regensburg 2009; *Ehricke*, Das Verhältnis des Hauptinsolvenzverwalters zum Sekundärinsolvenzverwalter bei grenzüberschreitenden Insolvenzen nach der EuInsVO, ZIP 2005, 1104; *ders.*, Die Zusammenarbeit der Insolvenzverwalter bei grenzüberschreitenden Insolvenzen nach der EuInsVO, WM 2005, 397; *ders.*, Verfahrenskoordination bei grenzüberschreitenden Unternehmensinsolvenzen, in FS 75 Jahre Max-Planck-Institut, 2001, S. 337; *Eidenmüller*, Der nationale und der internationale Insolvenzverwaltungsvertrag, ZZP 114 (2001), 3; *Fehrenbach*, Haupt- und Sekundärinsolvenzverfahren, Tübingen 2014; *Geroldinger*, Verfahrenskoordination im Europäischen Insolvenzrecht – Die Abstimmung von Haupt- und Sekundärinsolvenzverfahren nach der EuInsVO, zugl. Diss. Univ. Wien 2009; *ders.*, Die Koordinierung von Parallelverfahren nach der EuInsVO, in: *Clavora/Garber*, Grenzüberschreitende Insolvenzen im europäischen Binnenmarkt – Die EuInsVO, I. Österreichische Assistententagung zum Zivil- und Zivilverfahrensrecht der Karl-Franzens-Universität Graz, S. 123 ff.; *Hrycaj*, The cooperation of court bodies of international Insolvency Proceedings (in the context of Polish bankruptcy courts), IILR 2011, 7; INSOL Europe, Article 31 EC Regulation 1346/2000: Proposal for amendment, IILR 2013, 43 ff.; *dies.*, Revision of the European Insolvency Regulation; *Kodek*, Feststellung zur Tabelle in Österreich (Forderungsfeststellung) und internationale Bindungswirkung, ZInsO 2011, 891, 895; *Mankowski*, Ausländische und Internationale Insolvenz, NZI 2009, 450 ff.; *ders.*, Anmerkung zu High Court of Justice London, Beschl. v. 11.2.2009, NZI 2009, 450 bzw. 451; *Mock*, Handlungsoptionen bei ausufernden Sekundärinsolvenzverfahren – Zugleich Anm. zu High Court of Justice London, Beschl. v. 11.2.2009 ([2009] EWHC 206 (Ch), ZInsO 2009, 914), ZInsO 2009, 896 ff.; *Oberhammer*, Zur internationalen Anfechtungsbefugnis des Sekundärverwalters nach Europäischem Insolvenzrecht, KTS 2008, 279 ff.; *ders.*, Von der EuInsVO zum europäischen Insolvenzrecht – Eine Zwischenbilanz über rechtspolitische Gestaltungsmittel und Ziele, KTS 2009, 56; *Paulus*, Die ersten Jahre mit der Europäischen Insolvenzverordnung: Erfahrungen und Erwartungen, RabelsZ 2006, 458; *ders.*, „Protokolle" – ein anderer Zugang zur Abwicklung grenzüberschreitender Insolvenzen, ZIP 1998, 977; *ders.*, Kurzkommentar zu High Court of Justice London, Beschl. v. 11.2.2009 – [2009] EWHC 206 (Ch), ZIP 2009, 578 – EwiR 2009, 177; *ders.*, Die europäische Insolvenzverordnung und der deutsche Insolvenzverwalter, NZI 2001, 507, 516; *ders.*, EuInsVO: Änderungen am Horizont und ihre Auswirkungen, S. 16 f.; *ders.*, Kurzkommentar zu AG Köln, Beschl. v. 19.2.2008, EWiR 2008, 531; *Pogacar*, Rechte und Pflichten des Hauptverwalters im Sekundärverfahren, NZI 2011, 47 f.; *Priebe*, Bankrott in Britain – Die Insolvenz natürlicher Personen in England und Wales, ZInsO 2012, 2074; *Prütting*, Die europäische Insolvenzverordnung und das grenzüberschreitenden Insolvenzverfahren, in: Konecny, Insolvenzforum 2004, Wien, Graz 2005; *Reinhart*, Die Überarbeitung der EuInsVO, NZI 2012, 310 f.; *ders.*, Die Bedeutung der EuInsVO im Insolvenzeröffnungsverfahren – Besonderheiten paralleler Eröffnungsverfahren, NZI 2009, 206; *Riewe*, Aktuelles Internationales und ausländisches Insolvenzrecht – Juni/Juli 2011, NZI 2011, 628 f.; *Römermann*, Die Konzerninsolvenz auf der Agenda des Gesetzgebers – Der Regierungsentwurf eines Gesetzes zur Erleichterung der Bewältigung von Konzerninsolvenzen, ZRP 2013, 201; *Schmüser*, Das Zusammenspiel zwischen Haupt- und Sekundärinsolvenzverfahren nach EuInsVO, zugl. Diss. Univ. Hamburg 2009; *Singh/Xi*, Cross-border Insolvency in Singapore: The Effectiveness of the Judical Insolvency Network an the JIN Guidelines on the Administration of Cross-border Insolvency Matters, INSOL International Technical Series No. 40; *Smid*, Judikatur zum internationalen Insolvenzrecht, DZWIR 2004, 397; *Sommer*, Zu den Einflussmöglichkeiten des Hauptverwalters auf das Sekundärinsolvenzverfahren, ZInsO 2005, 1137; *Staak*, Mögliche Probleme im Rahmen der Koordination von Haupt- und Sekundärinsolvenzverfahren nach der Europäischen Insolvenzverordnung (EuInsVO), NZI 2004, 480; *Vallender*, Aufgaben und Befugnisse des deutschen Insolvenzrichters in Verfahren nach der EuInsVO, KTS 2005, 283; *ders.*, Gerichtliche Kommunikation und Kooperation bei grenzüberschreitenden Insolvenzverfahren im Anwendungsbereich der EuInsVO – eine neue Herausforderung für Insolvenzgerichte, KTS 2008, 62 ff.; *Wittinghofer*, Der nationale und internationale Insolvenzverwaltungsvertrag: Koordination paralleler Insolvenzverfahren durch Ad-hoc-Vereinbarungen (Münster (Westfalen), Univ., Diss., 2003), 2004; *Zipperer*, Die EU Cross-Border Insolvency Court-to-Court Cooperation Principles und Guidelines, ZIP 2017, 632.

Übersicht

		Rn.			Rn.
I.	Normzweck	1		f) Durchsetzung der Informationsansprüche	27
II.	Pflicht zur Zusammenarbeit (Abs. 1 S. 1)	7		g) Schranken der Informationspflicht	28
III.	Insolvenzverwaltungsverträge (,protocols') (Abs. 1 S. 2)	10	2.	Koordination eines Sanierungsplans (lit. b)	29
			3.	Koordination der Verwertung (lit. c)	31
1.	Allgemeines	10		a) Feststellung der Passivmasse	31
2.	Zulässigkeit	12		b) Geltendmachung von Forderungen	32
3.	Inhalt	14		c) Ausübung von Wahlrechten	34
IV.	Beispiele der Zusammenarbeit (Abs. 2)	16		d) Austauschverträge zwischen den Verfahren	35
				e) Verwertung	38
1.	Informationspflichten (lit. a)	17	V.	Zusammenarbeit bei Eigenverwaltung Abs. 3	43
	a) Allgemeines	17			
	b) Gegenseitigkeit	18	VI.	Sanktionen	44
	c) Umfang der Informationspflichten	19	1.	Haftung	44
	d) Art und Weise der Information	23			
	e) Kosten	25	2.	Aufsicht durch das Insolvenzgericht	47

I. Normzweck

Die **Koordination mehrerer Insolvenzverfahren** wird als das Hauptproblem der Abwicklung 1 paralleler Verfahren gesehen. Die Verordnung versucht das Problem zu lösen, indem den Verwaltern, und zwar sowohl dem Verwalter des Hauptverfahrens als auch dem oder den Verwaltern des Sekundärverfahrens, Koordinationspflichten auferlegt werden.[1] Dadurch sollen die durch die Dezentralisierung des Verfahrens eintretenden möglichen Effizienzverluste vermieden werden (vgl. auch ErwG Nr. 48 S. 1).[2]

Art. 41 gilt auch für die **vorläufigen Insolvenzverwalter** zweier paralleler Verfahren, und 2 zwar unabhängig davon, ob aufgrund einer entsprechenden Verfügungsbeschränkung und Inanspruchnahme der Zuständigkeit für das Hauptverfahren feststeht, welches Verfahren als Haupt- oder Sekundärverfahren zu betrachten ist.[3] Denn zum einen fällt auch der vorläufige Insolvenzverwalter unter die Legaldefinition des Verwalters in Anhang C. Zum anderen bedarf es gerade im Rahmen der Betriebsfortführung eines Unternehmens im Insolvenzeröffnungsverfahren der abgestimmten Vorgehensweise der vorläufigen Verwalter. Allerdings sind die Kooperationspflichten inhaltlich durch die Befugnisse beschränkt, die dem vorläufigen Verwalter im Rahmen seiner Bestellung durch das Insolvenzgericht verliehen worden sind.

Die Praxis war bereits frühzeitig bemüht, die Kooperationspflichten weiter zu konkretisieren. So 3 hatte *INSOL Europe* unter Führung von *Virgos* und *Wessels* eine entsprechende ‚Guideline' entworfen (***European Communication und Cooperation Guidelines*** for Cross-Border Insolvency, kurz *CoCo-Guide-*

---

[1] Vgl. die ähnliche Vorschrift, § 398 des RegE, BT-Drs. 12/2443, 70, 246 v. 15.4.1992.
[2] *Ehricke* WM 2005, 397; Mankowski/Müller/Schmidt/*Mankowski* Art. 41 Rn. 1; MüKoBGB/*Kindler* Art. 41 Rn. 1; *Paulus* Art. 41 Rn. 1; *Virgos/Garcimartin*, European Insolvency Regulation, Rn. 434; *Virgos/Schmit*, Erläuternder Bericht, Rn. 229; *Leible/Staudinger* KTS 2000, 533, 569; *Ehricke* FS MPI, 337, 344.
[3] Vgl. *Geroldinger*, Verfahrenskoordination, S. 160 f; Mankowski/Müller/Schmidt/*Mankowski* Art. 41 Rn. 6 f; HKInsO/*Schultz* Art. 41 Rn. 3.

lines genannt).[4] Die *CoCo-Guidelines* regeln weitestgehend verfahrensrechtliche Fragen der Information und Kooperation und Grundsätze der ‚*best practice*' in internationalen Verfahren. Die inhaltliche Ausgestaltung der Kooperation muss freilich abhängig von den Besonderheiten des einzelnen Insolvenzfalls erfolgen.

4   Im Rahmen der **Reform der EuInsVO**[5] wurden Stimmen laut, die Pflicht zur Zusammenarbeit durch eine Korrektur des Wortlautes sowie durch Ausdehnung der Kooperationspflichten auch auf die Insolvenzgerichte zu verbessern (vgl. nun Art. 42). So schlug der *Vienna Report* vor, die Pflichten der Zusammenarbeit der Verwalter in Art. 31 EuInsVO 2000 weiter zu spezifizieren, insbesondere auch die gemeinsame Prüfung einer Unternehmenssanierung mit aufzunehmen.[6] Zugleich sollten die Kooperationspflichten ausdrücklich auch auf die Insolvenzgerichte ausgedehnt werden.[7]

5   Nach der Reform ersetzt nun Art. 41 die in Art. 31 EuInsVO 2000 enthaltene (noch deutlich rudimentärere) Regelung über die Zusammenarbeit der Insolvenzverwalter des Haupt- und des oder der Sekundärverfahren. Der Verordnungsgeber hat hierbei die Bestrebungen aus der Praxis aufgegriffen, nähere Richtlinien zur Zusammenarbeit zu erarbeiten.[8] Ob diese Wohlverhaltensrichtlinien allerdings im Rahmen einer Verordnung kodifiziert werden sollten, mag bezweifelt werden. Wie die Kooperationspflichten auszuüben sind, ist ohnehin von jedem Einzelfall abhängig. Wohlverhaltensrichtlinien der Praxis hätten insoweit ausgereicht und hätten schneller auf Bedürfnisse der Praxis angepasst werden können, als der komplizierte Prozess der Änderung der Verordnung.

6   Die in Art. 41 vorgenommenen Änderungen zu Art. 31 EuInsVO 2000 zeigen, dass der europäische Verordnungsgeber in der grenzüberschreitenden Abwicklung von Insolvenzen von allen Beteiligten (sowohl von den Insolvenzverwaltern als auch von den Insolvenzgerichten)[9] eine **Kooperationsbereitschaft** verlangt, die über die notwendige und in der Regel auch im nationalen Insolvenzrecht vorgeschriebene Zusammenarbeit hinausgeht. Grundsatz ist hierbei, dass sich die Beteiligten nicht auf formale Standpunkte stützen, sondern durch Kooperation versuchen sollen, die aufgrund der Verfahrenspluralität notwendig werdende Abstimmung vorzunehmen, um eine effektive Abwicklung des Verfahrens zu erleichtern. Daher werden die Pflichten der Verwalter in dem neu formulierten Art. 41 weiter präzisiert.

II. Pflicht zur Zusammenarbeit (Abs. 1 S. 1)

7   Aus der Neuformulierung ergeben sich keine wesentlichen Änderungen zum bisherigen Art. 31 EuInsVO 2000. Art. 41 Abs. 1 enthält zunächst die generelle **Pflicht zur Zusammenarbeit**, die in Abs. 2 durch nicht abschließende Beispiele konkretisiert wird. Neu – aber auch nach dem bisherigen Recht schon möglich[10] – ist die Erwähnung des Abschlusses eines sog. *protocols* als Kooperationsvereinbarung unter den Verwaltern.

8   **Begrenzt** wird die Pflicht zur Kooperation nur **durch Vorschriften des jeweils nationalen Insolvenzrechts,** dh. *der lex fori concursus* des Insolvenzverwalters.[11] Steht das nationale Insolvenzrecht der beabsichtigten Kooperation entgegen, entbindet dies den Verwalter insoweit von einer Kooperation mit dem Insolvenzverwalter des anderen Verfahrens.

9   Zu den Begrenzungen, die sich aus dem entgegenstehenden nationalen Recht ergeben, gehören auch mögliche **Interessenkonflikte** eines Insolvenzverwalters, auch wenn sich dieses Tatbestandsmerkmal – anders als in anderen Vorschriften über eine Zusammenarbeit[12] – im Wortlaut des Art. 41 Abs. 1 nicht findet. Denn die Zusammenarbeit der Verwalter darf freilich den Schutz der einheimischen Gläubiger, der mit der Eröffnung des Sekundärverfahrens intendiert ist, nicht unterlaufen. Denkbar sind hier Zielkonflikte, die sich aus den unterschiedlichen Zwecken der Verfahren in den einzelnen Rechtsordnungen ergeben können. Zielt beispielsweise das französische Hauptverfahren auf eine Erhaltung der Arbeitsplätze (und nicht zwingend auf eine bestmögliche Gläubigerbefriedigung) ab, so können sich hieraus für den deutschen Verwalter des Sekundärverfahrens, dessen Aufgabe die bestmögliche Gläubigerbefriedigung ist, durchaus Interessenkonflikte ergeben. Zwar ist die Begrenzung der Kooperation durch einen Interessenkonflikt im Verord-

---

[4] Der Entwurf der Guidelines ist veröffentlicht unter http://www.iiiglobal.org.
[5] Vgl. zur Reform der EuInsVO grundsätzlich → Vor Art. 1 Rn. 11 ff.
[6] Vienna Report, Hess/Oberhammer/Pfeiffer/*Oberhammer*, European Insolvency Law, Rn. 918.
[7] Vienna Report, Hess/Oberhammer/Pfeiffer/*Oberhammer*, European Insolvency Law, Rn. 919.
[8] Vgl. zu den sog. CoCo-Guidelines bereits → 3. Aufl., EuInsVO 2000 Art. 31 Rn. 3.
[9] Vgl. hierzu auch die neu eingefügten Art. 42 und 43.
[10] Vgl. → 3. Aufl., EuInsVO 2000 Art. 31 Rn. 39 ff.
[11] Unstrittig, vgl. auch Vallender/*Hermann* Art. 41 Rn. 23; Wimmer/Bornemann/Linau/*Wimmer,* Die Neufassung der EuInsVO, Rn. 468; HKInsO/*Schultz* Art. 41 Rn. 4; *Moss/Fletcher/Isaacs,* The EU-Regulation Rn. 8.687.
[12] Vgl. zB Art. 43 Abs. 1 und 56 Abs. 1.

nungsbebungsverfahren erörtert,[13] letztlich aber nicht übernommen worden. Daraus lässt sich jedoch nicht herleiten, dass auch Interessenkonflikte die Kooperationspflichten nicht auch begrenzen könnten. Informationspflichten sind hiervon in der Regel jedoch nicht betroffen, wohl aber Kooperationspflichten bezüglich konkreter Verwertungshandlungen, die den inländischen Verfahrenszwecken entgegenstehen.

III. Insolvenzverwaltungsverträge (‚protocols') (Abs. 1 S. 2)

1. Allgemeines. Seit den neunziger Jahren sind die Verwalter großer internationaler Insolvenzfälle zunehmend bemüht, die sich im Rahmen mehrerer paralleler Verfahren ergebende Koordinationsprobleme in einem Rahmenvertrag zu regeln. Der erste bekannte Fall betraf die Insolvenz der *Maxwell Communication Corporation p. l. c.*, bezüglich deren Vermögen sowohl in den USA als auch in England ein Insolvenzverfahren eröffnet wurde, das jeweils den Anspruch erhob, das eigentliche Hauptverfahren zu sein. Die eingesetzten Verwalter regelten zu Beginn des Verfahrens nicht nur einvernehmlich ihre Zusammenarbeit, sondern legten den Gläubigern sogar in beiden Verfahren einen einheitlichen Insolvenzplan vor.[14] Diese Vorgehensweise hat Maßstäbe gesetzt. Mittlerweile sind derartige Vereinbarungen über die Kooperation im Rahmen der Insolvenzverwaltung in einer Vielzahl von größeren internationalen Insolvenzen abgeschlossen worden.[15] Derartige Vereinbarungen werden im anglo-amerikanischen Rechtsraum meist als ‚protocols' bezeichnet. Der Begriff ist jedoch irreführend, da es sich dem Inhalt nach um vertragliche Absprachen handelt. Im deutschen Sprachraum wird daher oft von Insolvenzverwaltungsverträgen gesprochen,[16] was den Charakter des Vertrages besser betont, andererseits zu Abgrenzungsschwierigkeiten gegenüber einfachen Austauschverträgen zwischen den Verwalter zweier Verfahren führt. Zutreffender erscheint es daher, von Kooperationsübereinkommen zu sprechen.

Die Bedeutung dieser Kooperationsübereinkommen für die Lösung der Kooperationsprobleme sollte jedoch auch im Anwendungsbereich der Verordnung nicht überschätzt werden. Eine Vielzahl dieser Kooperationsübereinkommen basieren auf der Tatsache, dass entweder die Verwalter beider Verfahren die Zuständigkeit des weltweit zu beachtenden Hauptverfahrens für sich in Anspruch nehmen,[17] oder daraus, dass das jeweils anwendbare internationale Insolvenzrecht keine oder kaum Vorgaben dazu macht, wie die Verfahren voneinander abzugrenzen sind und wie die Verwalter kooperieren dürfen und können.[18] Sowohl Art. 41 ff., als auch Art. 19 ff. geben jedoch im Verhältnis zwischen beiden Verfahren einen Rechtsrahmen für das Tätigwerden und die Koordination. Das schließt freilich weitergehende Absprachen, insbesondere solche zu einer fallbezogenen weitergehenden Konkretisierung der Kooperationspflichten nach Art. 41 nicht aus. Sie haben daher bei großen komplexen Insolvenzfällen weiterhin ihre Berechtigung.

2. Zulässigkeit. Nach Art. 41 Abs. 2 S. 2 kann die Zusammenarbeit in **beliebiger Form** erfolgen. Nach dem Verordnungstext zählt dazu der **Abschluss von Vereinbarungen** sowie Ver-

---

[13] Vgl. EuInsVO-ParlE, Angenommene Texte des Europäischen Parlaments vom 5.2.2014, abrufbar unter europarl.europa.eu/sides/getDoc.do?type=REPORT&reference=A7-2013-0481&language=DE.
[14] Vgl. hierzu die Darstellung bei *Reinhart*, Sanierungsverfahren, S. 270 ff.; Ziegel/Flaschen/Silverman, Current Developments, 1994, S. 621 ff.; *Göpfert* ZZPInt. 1 (1996), 269 ff.; die von beiden Insolvenzgerichten bestätigte Vereinbarung, sog. protocol, ist abgedr. bei *Wittinghofer*, Der nationale und internationale Insolvenzverwaltungsvertrag, S. 411 ff.; *Geroldinger*, Verfahrenskoordination, S. 295 ff.; *Sarra* BFLR 2008, 63 ff.
[15] Vgl. die Darstellung bei *Wittinghofer* S. 54 ff.; hierzu gehören die Fälle *Maxwell Communication Corporation p. l. c.* (zu diesem Fall s. Ziegel/Flaschen/Silverman, Current Developments, 1994, S. 621 ff.); *Göpfert*, In re Maxwell Communications – ein Beispiel einer „koordinierten" Insolvenzverwaltung in parallelen Verfahren, ZZPInt 1 (1996), 269 ff.; *Westbrook*, The Lessons of Maxwell Communication, Fordham L. Rev. 64 (1996), 2531; *Westbrook*, International Judicial Negotiation, Texas Int. L. J. 38 (2003), 567, 572; *Homan* (der Joint Administrator dieses Falles), Managing Default by a Multi-National Corporation, Texas Int. L. J., 1997; vgl. auch *Paulus* ZIP 1998, 977, 979 ff. sowie *Paulus* RabelsZ 2006, 458, 460 f.; *Everfresh Beverages Inc.* (zu diesem Fall s. Nielsen/Sigal/Wagner, The Crossborder Insolvency Concordat, 70 Am. Bankr. L. J 533, 557 ff. (1996)); *Nakash* (zu diesem Fall siehe Flaschen/Silverman Texas Int. L. J., 1997; vgl. auch *Paulus* ZIP 1998, 977, 980 f.; das ‚Nakash-Protocol' ist abgedruckt in ZIP 1998, 1013 ff.); *Manhattan Investment Fund Ltd.; Commodore Electronics Ltd.; AIOC Corporation* (zu diesem Fall s. *Paulus* ZIP 2000, 2189, 2195); *Philip Services; Loewen Group, Re. P. Macfadyen & Co.-Agreement* – die ‚protocols' der Ersten sechs Fälle sind unter http://www.rws-verlag.de/volltext/protokol.htm zu finden; die drei Letztgenannten unter http://www.iiiglobal.org/international/protocols.html; die ‚protocols' sind außerdem abgedr. bei *Wittinghofer*, Der nationale und internationale Insolvenzverwaltungsvertrag, S. 411 ff.
[16] So *Eidenmüller* ZZP 114 (2001), 3, 5; ihm folgend: *Wittinghofer*, Der nationale und internationale Insolvenzverwaltungsvertrag, S. 1 f.; *Ehricke* WM 2005, 397, 403; *Ehricke* ZIP 2005, 1104, 1111.
[17] So zB die Fälle der *Maxwell Communication Corp.*, der *Everfresh Beverages Inc.*
[18] So zB in den Verfahren *Commodore Electronics Ltd., Everfresh Beverages Inc.*

ständigungen. Die Zulässigkeit solcher Kooperationsübereinkommen nach dem Recht der Verordnung ergibt sich bereits daraus, dass sie die in Art. 41 Abs. 1 S. 1 geforderte Kooperation der Verwalter umsetzt.[19] Aufgrund des in Art. 41 Abs. 1 S. 1 enthaltenen Vorbehaltes zugunsten der *lex fori concursus* richten sich jedoch die Zulässigkeit und die formelle Voraussetzungen zum Abschluss eines solchen Kooperationsübereinkommens nach der jeweiligen Recht des Verfahrensstaates.[20]

13 Der Verwalter eines deutschen Insolvenzverfahrens, der ein entsprechendes Kooperationsübereinkommen abschließen möchte, hat daher die Vorschriften der InsO zu beachten. Das bedeutet allerdings nicht zwingend, dass das Kooperationsübereinkommen stets als besonders bedeutsame Rechtshandlung im Sinne des § 160 InsO der Gläubigerversammlung vorzulegen wäre.[21] Dies hängt vielmehr vom Inhalt des Kooperationsübereinkommens ab.[22] Sobald das Übereinkommen über eine Absprache zu verfahrenstechnischen Abwicklungsfragen hinaus geht (Art und Weise der Kommunikation und Information, Einrichtung einer gemeinsamen Internet-Plattform zum Informationsaustausch, etc), sondern bereits Verwertungsfragen betrifft, wird man in Anlehnung an die beispielhafte Aufzählung in § 160 Abs. 2 InsO von einer Zustimmungspflicht des Gläubigerausschusses ausgehen müssen.[23]

14 **3. Inhalt.** Welche inhaltlichen Regelungen zulässig sind, richtet sich ebenso nach dem Recht des Verfahrensstaates des jeweiligen Verwalters.[24] Der jeweilige Insolvenzverwalter darf daher zu Lasten der Insolvenzmasse keine vertraglichen Verpflichtungen eingehen, die seine Befugnisse nach der *lex fori concursus* überschreiten, oder seine Pflichten nach der *lex fori concursus* verletzen. Ebenso darf der Inhalt des Kooperationsübereinkommens nicht so weit gehen, andere Verfahrensorgane von den gesetzlich vorgeschriebenen Mitwirkungen (zB eine erforderliche Zustimmung des Gläubigerausschusses) abzuschneiden.

15 Von der Abschlusskompetenz zu trennen ist die Frage, nach welchem Recht sich der materiell-rechtliche Inhalt des Kooperationsübereinkommens richtet. Der Inhalt und die sich daraus ergebenden Pflichten der Vertragsparteien wiederum unterstehen dem Vertragsstatut des Kooperationsübereinkommens. Entgegen der von *Eidenmüller* vertretenen Auffassung handelt es sich bei einem Insolvenzverwalterübereinkommen grundsätzlich nicht um einen öffentlich-rechtlichen Vertrag.[25] Zumindest das deutsche Recht ordnet im Rahmen des Qualifikationsvorganges Verträge des Insolvenzverwalters – auch wenn dieser nach dem ausländischen Recht hoheitliche Befugnisse haben mag – dem Privatrecht zu.[26] Gemäß den für die Mitgliedstaaten einheitlichen Kollisionsnormen im internationalen Vertragsrecht entscheidet daher eine Rechtswahl der Insolvenzverwalter über das auf das Kooperationsübereinkommen anwendbare Recht.[27] Mangels einer Rechtswahl ist dann auf die engste Verbindung des Vertrages abzustellen, wobei Art. 3 abs. 1 S. 3 Rom I-VO sogar ausdrücklich eine Spaltung des Vertragsstatuts erlaubt, soweit es sich um einen trennbaren Teil des Vertrages handelt.[28]

IV. Beispiele der Zusammenarbeit (Abs. 2)

16 Art. 41 Abs. 2 konkretisiert die Kooperationspflichten der Verwalter für den Austausch von Informationen (lit. a), der Prüfung von Restrukturierungsmöglichkeiten (lit. b) sowie der Koordina-

---

[19] Die Zulässigkeit nach der Verordnung wird daher überwiegend nicht in Frage gestellt, vgl. *Virgos/Garcimartin*, European Insolvency Regulation, EuInsVO 2000 Art. 31 Rn. 441; *Paulus* Art. 41 Rn. 7, Rn. 17; *Ehricke* ZIP 2005, 1104, 1111; HKInsO/*Schultz* Art. 41 Rn. 7; MüKoBGB/*Kindler* Art. 41 Rn. 4; Guideline 12.4 der CoCo-Guidelines (vgl. Rn. 3) sieht die ‚protocols' ausdrücklich als Möglichkeit der Kooperation vor.

[20] Ebenso *Eidenmüller* ZZP 114 (2001), 3, 26; *Wittinghofer*, Der nationale und internationale Insolvenzverwaltungsvertrag, S. 355 ff.; *Virgos/Garcimartin*, European Insolvency Regulation, EuInsVO 2000, Art. 31 Rn. 441; MüKoBGB/*Kindler* Art. 41 Rn. 6; *Paulus* Art. 41 Rn. 10; so wohl auch in Bezug auf das Insolvenzgericht *Vallender* KTS 2005, 283, 323; Gottwald/*Ehricke*, Europ. Insolvenzrecht, S. 129, 145 f.

[21] So aber wohl *Eidenmüller* ZZP 114, (2001), 3, 18.

[22] So wohl auch Vallender/*Hermann* Art. 41 Rn. 30.

[23] Zur Anwendung des § 160 InsO vgl. → InsO § 160 Rn. 5 ff.

[24] Ebenso *Wittinghofer*, Der nationale und internationale Insolvenzverwaltungsvertrag, S. 368 f.; Vallender/*Hermann* Art. 41 Rn. 32, Wimmer/Bornemann/Lienau/*Wimmer*, Die Neufassung der EuInsVO, Rn. 479; *Paulus* Art. 41 Rn. 10; *Eidenmüller* ZZP 114, (2001), 3, 18; so wohl auch in Bezug auf das Insolvenzgericht *Vallender* KTS 2005, 283, 323.

[25] So *Eidenmüller* ZZP 114 (2001), 3, 12 ff.

[26] So zutreffend *Wittinghofer*, Der nationale und internationale Insolvenzverwaltungsvertrag, S. 344 ff.

[27] Vgl. Art. 3 Rom I-VO, VO (EG) Nr. 593/2008 des Europäisches Parlaments und des Rates v. 17.6.2008 über das auf vertragliche Schuldverhältnisse anzuwendende Recht.

[28] MüKoBGB/*Martiny*, 7. Aufl., Rom I-VO Art. 3 Rn. 66.

tion bei der Verwertung und Verwendung der Insolvenzmassen (lit. c). Die gemeinsame Prüfung von Restrukturierungsmöglichkeiten ist neu. Diese Aufgabe war dem Insolvenzverwalter des Sekundärverfahrens bisher schon deshalb untersagt, weil das Sekundärverfahren nach der EuInsVO 2000 zwingend ein Liquidationsverfahren sein musste[29] (was allerdings im Rahmen der Reform der EuInsVO 2015 gestrichen wurde[30]).

1. Informationspflichten (lit. a). a) Allgemeines. Wesentlich für die Koordination paralleler Verfahren ist, dass die Verwalter beider Verfahren über die Informationen verfügen, die für das **jeweilige andere Verfahren von Bedeutung sein können.** Zu diesen Informationen gehören nach der beispielhaften Aufzählung in Art. 41 Abs. Abs. 2 lit a Informationen über den Stand der Anmeldungen, über die Prüfung der Forderungen sowie über alle Maßnahmen zur Rettung oder Sanierung des Schuldners oder zur Beendigung des Insolvenzverfahrens. Die Informationspflicht ist jedoch kein Selbstzweck. Daher kann auch kein abschließender Katalog derjenigen Informationen erstellt werden, die ein Verwalter dem Verwalter des anderen Verfahrens auf jeden Fall mitteilen muss. Die Informationspflicht ist anhand des konkreten Einzelfalles zu konkretisieren.[31] Orientierungshilfe hierbei leistet zusätzlich die Frage, welchen Koordinierungspflichten die Auskunft dienen soll. Denn der Informationsanspruch nach Art. 41 Abs. 2 lit a ist nur ein Hilfsanspruch, um den Hauptanspruch der Verfahrenskoordination zu ermöglichen und durchzusetzen. Auskünfte über Umstände, die jedenfalls nicht zu einem Abstimmungsbedarf oder einer Kooperation der Verwalter oder zur Berücksichtigung im jeweils eigenen Verfahren führen können, sind daher grundsätzlich nicht geschuldet.[32] In der Praxis wird es sich empfehlen, zunächst den Verwalter des anderen Verfahrens über den möglichen weiteren Verfahrensablauf zu informieren und ihn darum zu bitten, mitzuteilen, welche weiteren Informationen er benötigt. Soweit der Verwalter zu Berichtspflichten gegenüber dem Insolvenzgericht angehalten ist – wie beispielsweise der deutsche Insolvenzverwalter –, dürfte es sich darüber hinaus empfehlen, diese Berichte ebenfalls dem Verwalter des anderen Verfahrens zu Verfügung zu stellen, da dort bereits wesentliche Informationen enthalten sind. Grundsätzlich gilt, dass bei Zweifeln ein Mehr an Kommunikation besser ist als ein Weniger.[33] 17

b) Gegenseitigkeit. Die in Art. 41 Abs. 2 lit. a enthaltene Informationspflicht ist gegenseitig. Sie trifft daher sowohl den Verwalter eines Hauptverfahrens als auch die Verwalter der Sekundärverfahren.[34] Die Informationspflichten gelten jedoch nicht nur im Verhältnis zwischen dem Verwalter des Hauptverfahrens und dem Verwalter des Sekundärverfahrens, sondern ebenso im Verhältnis zwischen den Verwaltern mehrerer Sekundärverfahren.[35] Allerdings ist der Umfang der zu erteilenden Informationen bei einem Informationsaustausch zwischen Verwaltern von Sekundärverfahren anders zu bewerten, als bei einem Informationsaustausch zwischen einem Verwalter des Hauptverfahrens und einem Verwalter eines Sekundärverfahrens. 18

c) Umfang der Informationspflichten. Der Umfang der Informationspflichten lässt sich nicht generell beschreiben, sondern hängt vom Einzelfall ab. Denn die Information erfüllt keinen Selbstzweck, sondern dient der Umsetzung der in Art. 41 Abs. 1 enthaltenen allgemeinen Kooperationspflicht, die ohne entsprechende Kenntnis der jeweiligen Verwalter über das jeweils andere Verfahren ins Leere laufen würde. Der Verordnungstext von Art. 41 Abs. 2 lit. a enthält daher auch eine weite Formulierung, indem er die Verpflichtung zur Mitteilung aller Informationen auferlegt, die für das jeweils andere Verfahren *von Bedeutung sein können* (in der englischen Fassung: *„which may be relevant"*). Es obliegt daher den Verwaltern der Verfahren, die Informationspflichten, insbesondere den Gegenstand der Auskunft, aber auch Art und Schwerpunkte der Auskunft, gemeinsam zu präzisieren.[36] 19

Über den Umfang der Informationspflichten gibt Art. 41 Abs. 2 lit. a jedoch insoweit einen Anhaltspunkt, indem mehrere Umstände genannt sind, die jeweils mitzuteilen sind. Hierzu gehört 20

---

[29] Vgl. Art. 3 Abs. 3 S. 2 und Art. 27 S. 2 EuInsVO 2000.
[30] Vgl. → Art. 38 Rn. 31.
[31] Die von *Virgos/Schmit,* Erläuternder Bericht, Rn. 230, diesbezüglich aufgestellte Liste dürfte daher etwas über das Ziel hinausgehen und nicht in jedem Fall von einem Verwalter zu erfüllen sein.
[32] So auch Mankowski/Müller/Schmidt/*Mankowski* Art. 41 Rn. 16; MüKoBGB/*Kindler* Art. 41 Rn. 16; Konecny/Schubert/*Pogacar* EuInsVO 2000 Art. 31 Rn. 28; Pannen/*Riedemann* EuInsVO 2000 Art. 31 Rn. 24.
[33] *Geroldinger,* Verfahrenskoordination, S. 265, 267.
[34] Konecny/Schubert/*Pogacar* EuInsVO 2000 Art. 31 Rn. 9; FKInsO/*Wenner/Schuster* Art. 41 Rn. 5 ff.
[35] MüKoBGB/*Kindler* Art. 41 Rn. 10; Duursma-Kepplinger/Duursma/Chalupsky/*Duursma-Kepplinger/Chalupsky* EuInsVO 2000 Art. 31 Rn. 8; FKInsO/*Wenner/Schuster* Art. 41 Rn. 15; *Geroldinger,* Verfahrenskoordination, S. 158 ff.; aA Pannen/*Riedemann* EuInsVO 2000 Art. 31 Rn. 10.
[36] Vgl. auch *Schmüser,* Das Zusammenspiel, S. 101 ff.

zunächst der „**Stand der Anmeldung der Forderungen**". Dies dient dazu, einen Überblick über die gesamte Passivmasse eines Verfahrens zu erhalten, aber auch zur Umsetzung der in Art. 23 Abs. 2 enthaltenen Anrechnungsregelung, die gerade voraussetzt, dass dem Verwalter jeweils bekannt ist, ob der Gläubiger seine Forderung auch jeweils in einem anderen Verfahren angemeldet hat. Insoweit sind jedenfalls mindestens die Insolvenztabellen, in denen die jeweils angemeldeten Forderungen aufgelistet sind, auszutauschen.[37]

21 Art. 41 Abs. 2 lit. a nennt zudem als Inhalt der Informationspflicht auch die „**Prüfung der Forderungen**". Insbesondere im Bereich der Prüfung angemeldeter Forderungen dürfte eine enge Zusammenarbeit der Verwalter zu Effizienzsteigerungen führen, weil sich hier die Verwalter nicht nur im Austausch notwendiger Informationen über die Begründetheit einer Forderung unterstützen können, sondern gegebenenfalls auch Vereinbarungen treffen können, welcher Verwalter sinnvollerweise die Begründetheit einer Forderung prüft und gegebenenfalls gerichtlich klärt. Dies führt auch dazu, dass Gläubiger nicht notwendigerweise zwei Feststellungsklagen bezüglich der Begründetheit ihrer Forderung erheben müssen.

21a Art. 41 Abs. 2 lit. a nennt zudem als bedeutende Information noch „**alle Maßnahmen zur Rettung oder Sanierung des Schuldners oder Beendigung eines Insolvenzverfahrens**". Damit sind im Ergebnis alle Maßnahmen zur Verwertung der Insolvenzmasse oder zur Beendigung des Verfahrens im Wege eines Vergleichs- oder Insolvenzplanes gemeint. Diese Maßnahmen betreffen eine der grundlegenden Entscheidungen eines jeden Insolvenzverfahrens, wie sie beispielsweise im deutschen Insolvenzrecht im Rahmen des Berichtstermins erörtert und von der Gläubigerversammlung beschlossen werden.

22 Die vorgenannte Liste ist jedoch nicht abschließend, sondern grundsätzlich um alle weiteren Umstände zu erweitern, bei denen die Verwalter auch zur Zusammenarbeit verpflichtet sind. Die Informationspflicht erstreckt sich daher auch auf den Umfang der Aktivmasse des Verfahrens, der Geltendmachung von Anfechtungsansprüchen, soweit das jeweils andere Verfahren hiervon betroffen ist, aber auch die Ausübung von Wahlrechten bei schwebenden Verträgen.

23 **d) Art und Weise der Information.** Auf welche Art und Weise die Kommunikationspflicht erfüllt wird, überlässt die Verordnung zutreffenderweise den Verwaltern. Auch hier hängt die Art und Weise der Informationsübermittlung vom Einzelfall und der übermittelten Information ab. Es empfiehlt sich jedoch, dass die Verwalter sich zu Beginn der Verfahren über die Kommunikationswege und Kommunikationsmöglichkeiten einigen.[38]

24 Art. 41 Abs. 2 lit. a enthält lediglich die Vorgabe, dass die Mitteilung „*so bald wie möglich*" zu erfolgen habe. Der englische Verordnungstext spricht entsprechend von „*as soon as possible*". Das dürfte im Gegensatz zur früheren Formulierung nach der EuInsvo 2000 („*unverzüglich*" bzw. „*immediately*") nun angemessen erscheinen. Ebenso wie bei der Frage des Umfangs der Information, hängen auch die zeitlichen Vorgaben von dem Einzelfall ab. Denn Art. 41 verlangt beispielsweise von dem Insolvenzverwalter nicht, den anderen Insolvenzverwalter jeweils über jede neu angemeldete Forderung zu informieren. Derartig weit gezogene Informationspflichten würden die Effizienz der Abwicklung gefährden. Entscheidend für die zeitliche Vorgabe ist vielmehr alleine, dass die Informationsübermittlung so rechtzeitig erfolgt, dass der Verwalter des jeweils anderen Verfahrens im Hinblick auf die Bedeutung der übermittelten Information entsprechende Maßnahmen noch rechtzeitig ergreifen bzw. seine Einflussnahme auf das jeweils andere Verfahren geltend machen kann.[39] Im Hinblick auf das deutsche Insolvenzverfahren bedeutet dies, dass der Verwalter eines deutschen Verfahrens den ausländischen Verwalter über den Stand des Verfahrens und die Verwertungsoptionen grundsätzlich vor dem Berichtstermin informieren muss. Im Rahmen eines Insolvenzplanverfahrens nach deutschem Recht hat daher der deutsche Insolvenzverwalter dem ausländischen Verwalter auch unverzüglich einen Insolvenzplan zu übermitteln, wenn das Insolvenzgericht ihm einen solchen Insolvenzplan vorlegt (und das Insolvenzgericht dem ausländischen Verwalter den Plan nicht schon gemäß Art. 43, § 343 Abs. 2 InsO übermittelt hat).

25 **e) Kosten.** Die mit der Informationserteilung verbundenen Kosten gehen zulasten der die Auskunft erteilenden Insolvenzmasse, und zwar auch dann, wenn die Auskunftserteilung auf Bitten des ausländischen Verwalters geschieht.[40] Denn es handelt sich um Kosten, die der Verwalter aufgrund der ihm obliegenden Pflichten erfüllt. Zwar fehlt eine ausdrückliche Norm für die Kosten des

---

[37] Näher *Geroldinger*, Verfahrenskoordination, S. 259 ff.
[38] *Geroldinger*, Verfahrenskoordination, S. 256 f.
[39] So auch *Geroldinger*, Verfahrenskoordination, S. 255 f; *Paulus* Art. 41 Rn. 18.
[40] MüKoBGB/*Kindler* Art. 41 Rn. 20; Rauscher/*Mäsch* EuInsVO 2000 Art. 31 Rn. 6; *Geroldinger*, Verfahrenskoordination, S. 251 f.; differenzierend Pannen/*Riedemann*, der zumindest die Übersetzungskosten dem informierten Verfahren auferlegen will.

Insolvenzverwalters. Jedoch gilt auch hier der sich in Art. 44 für die Kosten der Insolvenzgerichte enthaltene Grundsatz, dass die Kosten der Kommunikation und Kooperation von dem Verfahren zu tragen sind, welches die ihm obliegenden Pflichten erfüllt.

Zu den Kosten gehören Übersetzungskosten und sonstige Auslagen. Eine zeitlich aufwendige 26 Tätigkeit des Verwalters ist zudem bei der Festsetzung der Vergütung gemäß § 3 Abs. 1 InsVV zu beachten.

f) Durchsetzung der Informationsansprüche. Korrespondierend zu den Informations- 27 pflichten stehen freilich dem Verwalter des jeweils anderen Verfahrens entsprechende Informationsrechte zu. Dementsprechend ist der Auskunft ersuchende Verwalter auch befugt, gegen den auskunftsverpflichteten Verwalter gerichtliche Schritte zu ergreifen. Insoweit gewährt Art. 41 Abs. 2 lit. a dem Verwalter einen eigenen materiell-rechtlichen Informationsanspruch.[41] Wie der Informationsanspruch verfolgt werden kann, richtet sich jedoch nach dem Recht des Mitgliedsstaates, in dem das Verfahren durchgeführt wird, dessen Verwalter um Auskunft ersucht wurde. Abgesehen von einer wohl grundsätzlich überall möglichen, wegen des Zeitverzugs jedoch kaum realistischen Auskunftsklage vor den entsprechenden Zivilgerichten kommen hierbei aber auch Durchsetzungsmöglichkeiten in Betracht, die das jeweils nationale Insolvenzrecht für Ansprüche gegen den Insolvenzverwalter eröffnet. Soweit beispielsweise das zuständige Insolvenzgericht den Insolvenzverwalter im Rahmen seiner Fachaufsicht hierzu anhalten und anweisen kann, dürfte dieser Weg effizienter sein, als eine Klage vor der allgemeinen Zivilgerichtsbarkeit.[42] Unabhängig davon empfiehlt sich ohnehin im Falle eines Konfliktes bezüglich der Informationspflichten gegebenenfalls den informellen Weg über die Insolvenzgerichte zunächst zu versuchen.

g) Schranken der Informationspflicht. Hinsichtlich des Umfanges der zu übermittelnden 28 Informationen enthält Art. 41 Abs. 1 S. 1 eine Einschränkung, dass die Pflicht nämlich nur gilt, *„soweit eine solche Zusammenarbeit mit den für das jeweilige Verfahren geltenden Vorschriften vereinbar ist"*. Nach allgemeiner Auffassung sind darunter insbesondere die einzelstaatlichen Datenschutzbestimmungen gemeint.[43] Allerdings dürften die personenbezogenen Daten, um die es im Datenschutz vorrangig geht, ohnehin nicht zum Umfang der zu übermittelnden Informationen gehören. Zudem ist nicht erkennbar, dass im Zusammenhang mit der Übermittlung von Daten an den Verwalter des anderen Verfahrens Datenschutzbestimmungen verletzt werden könnten, da es sich nicht um die Weitergabe an einen Dritten handelt, sondern um die durch die Verfahrenspluralität getrennte Daten ein und derselben juristischen Person.[44]

2. Koordination eines Sanierungsplans (lit. b). Eine Kooperation der Verwalter ist auch 29 im Rahmen von Insolvenzplänen möglich.[45] Allerdings dürfte hierbei die Aufstellung mehrerer Insolvenzpläne zur grenzüberschreitenden Abwicklung der Insolvenz schon aus Rechtsgründen scheitern.[46] Da jedem Plan nur ein Teil des Schuldnervermögens zugrunde liegt, hat kein Insolvenzplan für sich gesehen die Berechtigung, die Forderung der Gläubiger zu kürzen. Diese Bedenken gelten sowohl für Sekundärverfahren, aber gleichermaßen auch für einen Insolvenzplan des Hauptverfahrens. Denn Forderungen haben „keine physisch, territorial beschränkte Existenz".[47] Anders als bei einer Liquidation, bei der sich die Vermögenswerte daher dem Haupt- und Sekundärverfahren zuordnen lassen, ist dies bei Forderungen, für die Art. 32 ausdrücklich eine Mehrfachanmeldung zulässt, nicht möglich. Mehrere Insolvenzpläne können daher nicht unterschiedliche Forderungsmodifikationen beinhalten, die gegebenenfalls aber aufgrund der unterschiedlichen Quoten in beiden Verfahren notwendig wären. Zudem entstünden erhebliche Probleme bei der Quotenberechnung für die an mehreren Verfahren teilnehmenden Gläubiger, da insoweit Art. 20 Abs. 2 jeweils eine Quotenanrechnung vorsieht.[48]

Denkbar ist daher nur ein einheitlicher Insolvenzplan für alle Verfahren, der die Rechtsbezie- 30 hungen aller Gläubiger einheitlich umgestaltet, dabei jedoch gleichzeitig sämtliche Vorgaben der betroffenen Insolvenzrechtsordnungen berücksichtigt. Diesen Weg sind beispielsweise die Verwalter

---

[41] Vallender/*Herrmann* Art. 41 Rn. 40; LSZ/*Smid* EuInsVO 2000 Art. 31 Rn. 16; *Pogacar* NZI 2011, 46, 48.
[42] Hierzu Konecny/Schubert/*Pogacar* EuInsVO 2000 Art. 30 Rn. 45 ff.
[43] MüKoBGB/*Kindler* Art. 41 Rn. 19; Vallender/*Herrmann* Art. 41 Rn. 23 ff.; Moss/Fletcher/Isaacs/*Moss/ Smith*, EU Regulation, Rn. 8.356; KPB/*Flöther* Art. 41 Rn. 67; Rauscher/*Mäsch* EuInsVO 2000 Art. 31 Rn. 5.
[44] Zu Recht zweifelnd daher auch *Geroldinger*, Verfahrenskoordination, S. 267 ff., 269 f.; aA wohl *Ehricke* ZIP 2005, 1110 f.
[45] *Geroldinger*, Verfahrenskoordination, S. 358 ff; MüKoBGB/*Kindler* Art. 41 Rn. 21.
[46] Ausführlich hierzu *Reinhart*, Sanierungsverfahren, S. 300 ff.
[47] So Stoll/*Flessner*, Stellungnahmen und Gutachten, S. 205.
[48] Vgl. → Art. 23 Rn. 19 ff.; *Reinhart*, Sanierungsverfahren, S. 307 f.

in dem Insolvenzverfahren *Maxwell Communication Corporation* gegangen.[49] Das Problem eines solchen einheitlichen Insolvenzplans liegt freilich darin, dass die Rechte der Gläubiger in beiden Verfahren voneinander abweichen oder sogar inkompatibel sein können. Wenn also das Insolvenzrecht der beteiligten Verfahrensstaaten für bestimmte Gläubiger zwingend eine jeweils andere Behandlung vorschreibt, so ist fraglich, ob überhaupt ein mit den jeweils anwendbaren Insolvenzvorschriften übereinstimmender Insolvenzplan aufgestellt werden kann. Das hängt im Ergebnis insbesondere von den Voraussetzungen ab, die das Insolvenzrecht des Sekundärverfahrensstaates für die Bestätigung eines Insolvenzplanes vorsieht. Das deutsche Insolvenzrecht erweist sich hier als bes. flexibel, da es eine flexible Gruppenbildung zulässt und den Schutz der Gläubiger auf die sogenannte Mindestbefriedigungsgarantie reduziert, nämlich dass einzelnen Gläubigern im Insolvenzplan nicht der Wert entzogen werden darf, der bei einer Liquidation des Schuldnervermögens auf ihn entfallen wäre.[50] Erhält der Gläubiger eines Sekundärverfahrens nach dem gemeinsamen Insolvenzplan jedoch mehr als diesen Wert, so sind die Gläubiger in der Verteilung des Schuldnervermögens weitgehend frei. Denn der potentielle Liquidationserlös lässt sich beispielsweise in einem Insolvenzfall, indem die Insolvenzmasse des Sekundärverfahrens einen deutlich geringeren Wert hat als die Insolvenzmasse des Hauptverfahrens, schon durch eine entsprechende Anmeldung sämtlicher Forderungen aus dem Hauptverfahren im Sekundärverfahren reduzieren (vgl. Art. 32 Abs. 2), sodass der garantierte Liquidationswert im Sekundärverfahren ohnehin nur noch äußerst gering wird. Hinsichtlich der darüber hinausgehenden Beträge, die der Gläubiger jedoch nur durch eine Teilnahme im Hauptverfahren erlangen könnte, kann der Gläubiger im Rahmen eines deutschen Insolvenzplanverfahrens nicht die Überprüfung des Insolvenzplans auf eine angemessene Beteiligung und Gruppenbildung nach deutschem Recht geltend machen. Denn die Angemessenheit der Beteiligung der Gläubiger richtet sich freilich nach den rechtlichen Gegebenheiten, sodass zu berücksichtigen ist, dass das Insolvenzrecht des Hauptverfahrens durchaus eine andere Beteiligung und Gruppenbildung erfordert. Solange daher ein Gläubiger nicht schlechter gestellt wird, als er ohne einen Plan stünde (Abwicklung des Sekundärverfahrens im Rahmen einer Liquidation), kann der Gläubiger des Sekundärverfahrens die Angemessenheit der Gruppenbildung, die sich eventuell am Recht des Hauptverfahren orientiert, nicht erfolgreich rügen.

31   **3. Koordination der Verwertung (lit. c). a) Feststellung der Passivmasse.** Schon aus Art. 41 Abs. 2 lit. a, der für die Feststellung der Passivmasse eine Informationspflicht statuiert, ergibt sich, dass der Verordnungsgeber jedenfalls Kooperationsnotwendigkeiten und -möglichkeiten im Rahmen der Feststellung der Passivmasse gesehen hat.[51] Die Notwendigkeit der Kooperation ergibt sich hierbei schon daraus, dass die Passivmasse in beiden Verfahren – vorbehaltlich der Anmeldung der Gläubiger – an sich gleich ist, weil grundsätzlich alle Gläubiger ihre Forderung in allen Verfahren anmelden können (Art. 42 Abs. 1 sowie → Art. 42 Rn. 2 f.). Zudem ist streitig, ob die Feststellung einer Forderung in einem Verfahren zugleich auch zu einer Anerkennung dieser Feststellung in dem anderen Verfahren nach Art. 32 führen muss.[52] Um einerseits zu vermeiden, dass Forderungen doppelt geprüft und Feststellungsstreitigkeiten doppelt geführt werden, andererseits aber sicher zu stellen, dass die in Art. 23 Abs. 2 vorgesehen Quotenanrechnung auch durchgeführt wird, empfiehlt sich, dass sich die Verwalter über die angemeldeten Forderungen und deren Berechtigung austauschen und gegebenenfalls eine notwendige Klärung über die Berechtigung der Forderungen nach sachgerechten Kriterien untereinander aufteilen.

32   **b) Geltendmachung von Forderungen.** Kooperationsmöglichkeiten sind auch denkbar bezüglich der Geltendmachung von Forderung zugunsten der Insolvenzmasse. Zwar steht die Forderungen nur der einen oder der anderen Insolvenzmasse zu. Muss die Forderung jedoch gerichtlich geltend gemacht werden, beispielsweise aufgrund der gerichtlichen Zuständigkeit in dem jeweils anderen Verfahrensstaat, oder benötigt der Verwalter hierzu Unterstützung durch die Insolvenzmasse aus dem jeweils anderen Verfahrensstaat (beispielsweise in Form von Unterlagen oder Informationen),

---

[49] Vgl. dazu noch → Rn. 39; zu dem Verfahren und dem unterbreiteten Insolvenzplan *Reinhart,* Sanierungsverfahren, S. 270 ff.; vgl. auch Ziegel/*Flaschen*/*Silverman,* Current Developments, 1994, S. 621 ff.; *Göpfert,* In re Maxwell Communications – ein Beispiel einer „koordinierten" Insolvenzverwaltung in parallelen Verfahren, ZZPInt 1 (1996), 269 ff.; *Westbrook,* The Lessons of Maxwell Communication, Fordham L. Rev. 64 (1996), 2531; *Westbrook,* International Jucicial Negotiation, Texas Int. L. J. 38 (2003), 567, 572; *Homan* (der *Joint Administrator* dieses Falles), Managing Default by a Multi-National Corporation, Texas Int. L. J., 1997; vgl. auch *Paulus* ZIP 1998, 977, 979 ff. sowie *Paulus* RabelsZ 2006, 458, 460 f.
[50] Vgl. § 245 Abs. 1 Nr. 1 sowie § 251 Abs. 1 Nr. 2, Abs. 2 InsO.
[51] Ausführlich hierzu *Geroldinger,* Verfahrenskoordination, S. 324 ff.
[52] Gegen eine Rechtskrafterstreckung *Kodek* ZInsO 2011, 889 ff.; *Kodek* ZIK 2005, 3, 6; dafür Konecny/ *Prütting,* Insolvenz Forum 2004, S. 157 ff.

so ist auch hier eine Effizienz steigernde Kooperation denkbar. Besteht beispielsweise ein Gerichtsstand gegen den Drittschuldner nur in dem jeweils anderen Verfahrensstaat, so kann der jeweils andere Verwalter ermächtigt werden, den Anspruch zugunsten der anderen Insolvenzmasse geltend zu machen.

Gleiches gilt für die Kooperation bei der Geltendmachung von Anfechtungsansprüchen, die 33 zwar jeweils auch nur einer Insolvenzmasse zuzurechnen sind (vgl. → Art. 16 Rn. 24 f.). Auch hier sind jedoch entsprechende Kooperationen der Verwalter denkbar.[53]

c) Ausübung von Wahlrechten. Eine Kooperation ist notwendig, was die Ausübung der 34 Wahlrechte bezüglich schwebender Verträge anbetrifft.[54] Zwar sind auch schwebende Geschäfte entweder nur dem Haupt- oder nur dem Sekundärverfahren zuzuordnen (vgl. → Art. 34 Rn. 35), sodass ein möglicherweise bestehendes Wahlrecht auch nur von einem der Verwalter ausgeübt werden kann. Es ist jedoch denkbar, dass dem Verwalter des Hauptverfahrens das Wahlrecht für eine Warenlieferung an die Betriebsstätte im Sekundärverfahren zusteht. Soweit daher ein schwebender Vertrag auch für das andere Verfahren von Bedeutung sein kann, sollte der Verwalter, dem das Wahlrecht zusteht, sich zuvor rückversichern, ob der Vertrag für den Verwalter des jeweils anderen Verfahrens wirtschaftliche Bedeutung hat. Vertragstechnisch müsste dann allerdings der Verwalter, in dessen Masse der „Vertrag" fällt, Erfüllung wählen und sodann den Vertrag an den Verwalter des Sekundärverfahrens weiter veräußern (vgl. hierzu → Rn. 41).

d) Austauschverträge zwischen den Verfahren. Befindet sich im Sekundärverfahrensstaat 35 eine Betriebsstätte, was aufgrund des Erfordernisses einer Niederlassung in der Regel der Fall sein dürfte, so wird es zwischen den beiden Insolvenzmassen regelmäßig zu einem Austausch von Lieferungen und Leistungen kommen. Das gilt insbesondere, wenn bei Unternehmensinsolvenzen das Unternehmen zunächst fortgeführt, eventuell sogar saniert werden soll. Die damit verbundenen Rechtsfragen sind noch nicht weiter erörtert worden. Rechtlich gesehen handelt es sich nicht um einen Austauschvertrag verschiedener Rechtssubjekte. Derartige Austauschverträge sind aber im Rahmen der Vorgaben der *lex fori concursus* zulässig. Denn da das Schuldnervermögen in verschiedene Insolvenzmassen getrennt wurde und diese Trennung von beiden Verwaltern zu beachten ist, setzt ein Leistungsaustausch zwingend voraus, dass die leistende Insolvenzmasse von der anderen Insolvenzmasse wiederum eine entsprechende Gegenleistung erhält, sodass hierfür zwingend ein gegenseitiger Vertrag erforderlich ist. Die Zulässigkeit dieser Austauschverträge richtet sich aufgrund des Vorbehaltes zugunsten der jeweiligen *lex fori concursus* nach dem Recht des jeweiligen Verfahrensstaates.

Nach deutschem Insolvenzrecht sind jedoch derartige Verträge zulässig.[55] Zwar ist aus Sicht 36 des deutschen Insolvenzrechts die Insolvenzmasse keine juristische Person.[56] Vielmehr bleibt die Schuldnerin weiterhin Rechtsträgerin des Vermögens auch während des Insolvenzverfahrens. Soweit diese Rechtsposition auch von dem Recht des ausländischen Verfahrensstaates eingenommen wird,[57] erfolgt der Leistungsaustausch – formal gesehen – nicht zwischen zwei verschiedenen Rechtssubjekten, sodass an sich auch vertragliche Beziehungen ausscheiden müssten. Eine solche, rein formale Betrachtung wäre jedoch abzulehnen. Zunächst ist zu berücksichtigen, dass das Vermögen jedes einzelnen Verfahrens getrennt und hinsichtlich seiner Verwendung für das Verfahren zweckgebunden ist. Daher darf beispielsweise der Verwalter des ausländischen Partikularverfahrens die an der dortigen Betriebsstätte hergestellten Waren nicht ohne angemessene Gegenleistung dem Verwalter des inländischen Hauptverfahrens überlassen. Die vermögensrechtlichen Transaktionen zwischen beiden Verfahren müssen daher so behandelt werden, als stünden sich zwei Rechtssubjekte gegenüber. Über ähnliche Schwierigkeiten hat sich die Rechtsprechung auch schon in dem Fall hinweggesetzt, dass ein Erbe mit dem Nachlassverwalter des Nachlasses, dessen Träger wiederum der Erbe selbst ist, einen Vertrag schließen möchte. Der BGH hat die Möglichkeit bejaht, dass der Erbe mit dem

---

[53] *Geroldinger,* Verfahrenskoordination, S. 280 f.; Pannen/*Riedemann* EuInsVO 2000 Art. 31, Rn. 35; *Bierbach* ZIP 2008, 2207.
[54] *Geroldinger,* Verfahrenskoordination, S. 278 f.
[55] Für eine Zulässigkeit nach deutschen Insolvenzrecht und zu den damit verbundenen Fragen vgl. *Reinhart,* Sanierungsverfahren, S. 296 ff.; ebenso wohl *Wittinghofer,* Der nationale und internationale Insolvenzverwaltervertrag, S. 386; Pannen/*Herchen* EuInsVO 2000 Art. 27, Rn. 74; *Eidenmüller* ZZP 114 (2001), 3, 32 f.; aA wohl *Lüke* ZZP 111 (1998), 275, 306 f.; Rauscher/*Mäsch* EuInsVO 2000 Art. 27 Rn. 20; vgl. hierzu auch → Art. 41 Rn. 35 ff.
[56] Vgl. *Hanisch,* Rechtszuständigkeit der Konkursmasse, S. 266 ff.
[57] Bei manchen Rechtsordnungen hängt dies auch von der Rechtspersönlichkeit des Schuldners ab. Im englischen Recht geht bei der Insolvenz einer natürlichen Person das Vermögen auf den „trustee" über, während bei Kapitalgesellschaften ein Vermögensübergang nicht für notwendig erachtet wird, da das Vermögen der Kapitalgesellschaft schon gesondertes Zweckvermögen darstellt, vgl. *Fletcher,* Insolvency S. 174 ff., 391.

Nachlassverwalter einen Vertrag abschließen kann, wenn das neugeschaffene Recht lediglich an die Stelle eines der Verwaltung unterliegenden Nachlassgegenstandes treten soll.[58] Dem ist in internationaler Hinsicht auch für Austauschverträge zwischen den Insolvenzverwaltern zu folgen.

37   Die Rechtsfolgen eines solchen Vertrages, insbesondere wie die nach Eröffnung des Verfahrens entstandenen Forderungen zu behandeln sind, richten sich gemäß Art. 7 Abs. 2 S. 2 lit. g ebenfalls nach der *lex fori concursus*. In der Regel dürfte es sich hier um Masseverbindlichkeiten des Verfahrens handeln. Davon zu trennen ist die Frage, welchem Recht beispielsweise der Kaufvertrag selbst untersteht. Dies richtet sich nach den allgemeinen kollisionsrechtlichen Vorschriften, sodass primär an die Rechtswahl und – falls eine solche nicht vorliegt – an die jeweils charakteristische Vertragsleistung anzuknüpfen ist.

38   **e) Verwertung. aa) Vorschlagsrecht.** Hinsichtlich der Frage der Verwertung der Insolvenzmasse enthält Art. 41 Abs. 2 lit. c eine ausdrückliche Regelung über die Kooperation. Danach ist dem Verwalter des Hauptverfahrens frühzeitig Gelegenheit zu geben, Vorschläge für die Verwertung oder Verwendung der Masse des Sekundärverfahrens zu unterbreiten. Die Vorschrift ergänzt die Kooperationsregelung bezüglich der Verwertung, die in Art. 46 enthalten ist. Die Pflicht trifft alleine den Verwalter des Sekundärverfahrens.[59] Zweck des Vorschlagsrechtes ist es, dem Verwalter des Hauptverfahrens die Möglichkeit zu geben, eine zwischen beiden Verfahren koordinierte Verwertung der Insolvenzmasse erreichen zu können. Während Art. 46 – defensiv – dem Verwalter des Hauptverfahrens „nur" ermöglicht, eine Zerschlagung zu verhindern, ermöglicht Art. 41 Abs. 2 lit. c dem Verwalter – aktiv – konstruktive Vorschläge zur Vorgehensweise zu unterbreiten. An diese Vorschläge des Verwalters des Hauptverfahrens ist jedoch der Verwalter (oder auch die Gläubigerversammlung) des Sekundärverfahrens nicht gebunden.[60] Das ergibt sich schon aus dem Wortlaut, der lediglich von einem Vorschlagsrecht (*„submit proposals"* in der englischen Sprachfassung) spricht. Den Vorschlag des Verwalters des Hauptverfahrens hat der Verwalter des Sekundärverfahrens grundsätzlich dem Organ im Insolvenzverfahren weiterzuleiten, das über die weitere Verwertung der Insolvenzmasse entscheidet. Das kann die Gläubigerversammlung sein; bisweilen obliegen die Verwertungsentscheidungen aber auch dem Insolvenzgericht. Dem Verwalter des Hauptverfahrens ist im Sinne einer teleologischen Auslegung des Vorschlagsrechts jedoch auf dessen Verlangen hin auch die Möglichkeit zu geben, seine Vorschläge direkt dem entscheidenden Organ vorzustellen. Auch Art. 41 Abs. 2 lit. c gibt daher dem Verwalter des Hauptverfahrens – neben dessen Teilnahmerecht nach Art. 45 Abs. 3 – in einem deutschen Sekundärverfahren das Recht, im Berichtstermin teilzunehmen, und seine Vorschläge der Gläubigerversammlung direkt zu unterbreiten.[61]

39   Dass dem Verwalter des Hauptverfahrens diese Möglichkeit *„frühzeitig"* (in der englischen Sprachfassung *„an early opportunity"*) gegeben werden muss, bedeutet, ihn in die Lage zu versetzen, seine Vorschläge rechtzeitig unterbreiten zu können.[62] Der Verwalter des Hauptverfahrens muss daher seine Vorschläge nicht nur unterbreiten können, bevor das im Sekundärverfahren zuständige Organ seine Entscheidung über die Verwertung getroffen hat. Die Möglichkeit zur Unterbreitung von Vorschlägen ist so rechtzeitig einzuräumen, dass der Verwalter des Hauptverfahrens wie andere Verfahrensbeteiligte nach dem anwendbaren Insolvenzrecht sich auch schon frühzeitig in den Diskussionsprozess einbringen kann. Die Einzelheiten hängen von der verfahrensrechtlichen Ausgestaltung der Entscheidungsfindung ab. In einem deutschen Sekundärverfahren ist dem Verwalter des Hauptverfahrens daher das Vorschlagsrecht spätestens im Berichtstermin zu geben.[63]

40   **bb) Gemeinsame Verwertung.** Zu den denkbaren Kooperationsmöglichkeiten paralleler Verfahren gehört auch die beispielsweise im Rahmen einer übertragenden Sanierung denkbare Veräußerung nahezu aller Vermögensgegenstände des Schuldners. Kommt eine solche Verwertung des Geschäftsbetriebs eines Schuldners in Betracht, sind beide Verwalter zwingend auf eine gegenseitige Kooperation angewiesen. Diese kann beginnen bei der gemeinsamen Beauftragung einer Investment-

---

[58] So BGH NJW-RR 1991, 683, 684; ebenso MüKoBGB/*Küpper* § 1976 Rn. 6.
[59] MüKoBGB/*Kindler* Art. 41 Rn. 22; Duursma-Kepplinger/Duursma/Chalupsky/*Duursma-Kepplinger/Chalupsky* EuInsVO 2000 Art. 31 Rn. 14; *Ehricke* WM 2005, 397, 400; *Ehricke* ZIP 2005, 1104, 1109.
[60] Ebenso Rauscher/*Mäsch* EuInsVO 2000 Art. 31 Rn. 9; MüKoBGB/*Kindler* Art. 41 Rn. 28; LSZ/*Smid* EuInsVO 2000 Art. 31 Rn. 20; aA *Ehricke* WM 2005, 397, 400; unklar Geimer/Schütze/*Heiderhoff*, B Vor I 20b, EuInsVO 2000 Art. 31 Rn. 5, der von einer Pflicht zur Berücksichtigung spricht, ohne jedoch einen Entscheidungsmaßstab zu nennen; von einer Abwägungspflicht spricht *Schmüser*, Das Zusammenspiel, S. 68 ff., 73 f.
[61] Restriktiver: *Geroldinger*, Verfahrenskoordination, S. 289 ff.
[62] Vgl. MüKoBGB/*Kindler* Art. 41 Rn. 27; *Geroldinger*, Verfahrenskoordination, S. 293 f.
[63] Auch der inländische Verwalter muss nicht zwingend vor dem Berichtstermin bereits berichten; leitet er seinen Bericht schon vorher an die Gläubiger zu, so sollte er dem Verwalter des Hauptverfahrens die gleiche Möglichkeit einräumen.

bank oder eines M&A Beraters für den Verkauf aller Wirtschaftsgüter, der Erstellung eines einheitlichen Kaufvertrages, bis zu Regelungen darüber, wie im Hinblick auf den Wert der beiden Insolvenzmassen ein erzielbarer Veräußerungserlös aufzuteilen ist.

cc) Verkauf der Masse des Sekundärverfahrens. Denkbar ist schließlich auch, dass der 41 Verwalter des Hauptverfahrens zur Vermeidung ständiger Abstimmungsschwierigkeiten bei einer Unternehmensfortführung dem Verwalter des Sekundärverfahrens die Insolvenzmasse abkauft. Aus Sicht des Sekundärverfahrens handelt es sich um einen Fall der übertragenden Sanierung, weil die gesamte Insolvenzmasse im Wege eines Asset Deals an einen Dritten – hier den Verwalter des Hauptverfahrens – veräußert wird. Besondere rechtliche Schwierigkeiten stellen sich hier allenfalls bei der Frage der Fortführung schwebender Verträge. Insbesondere sind die hiermit verbundenen arbeitsrechtlichen Probleme nicht einmal ansatzweise erörtert worden. Hinsichtlich der Arbeitsverhältnisse ist jedoch davon auszugehen, dass diese – ebenso wie bei einem Verkauf an einen Dritten – auf den Verwalter des Hauptverfahrens übergehen, soweit nicht das jeweils auf die Arbeitsverhältnisse anwendbare Recht, das wegen der Anknüpfung an den gewöhnlichen Arbeitsort mit dem Recht des Verfahrensstaates übereinstimmt,[64] die Regelungen über den Betriebsübergang (§ 613a BGB) für die Fälle der Insolvenz ausgeschlossen hat. Sieht das anwendbare Arbeitsrecht auch in der Insolvenz einen Betriebsübergang vor, so gehen die Arbeitsverhältnisse auf den Verwalter des Hauptverfahrens über. Nach Übergang unterliegen jedoch die Arbeitsverhältnisse nicht mehr den insolvenzrechtlichen Beschränkungen, die für die Arbeitsverhältnisse vor Betriebsübergang bestanden haben. Der übernehmende Verwalter des Hauptverfahrens könnte daher für arbeitsrechtliche Reorganisationsmaßnahmen nicht mehr die insolvenzrechtlichen Vorschriften der §§ 120 ff. InsO in Anspruch nehmen. In Anlehnung an Art. 7 Abs. 2 S. 2 lit. g würde es sich vielmehr um Masseverbindlichkeiten handeln, auf die das Insolvenzarbeitsrecht dann keine Anwendung mehr findet.

Ein entsprechender Asset Deal Vertrag wäre rechtlich ebenso zu behandeln, wie auch Austausch- 42 verträge über einzelne Wirtschaftsgüter (vgl. → Rn. 35 f.). Der Asset Deal Vertrag unterscheidet sich insoweit nur durch die Komplexität und Menge der verkauften Wirtschaftsgüter sowie der Tatsache, dass im Hinblick auf laufende Verträge eventuell auch Rechte oder laufende Vertragsbeziehungen verkauft werden.

V. Zusammenarbeit bei Eigenverwaltung Abs. 3

Die Kooperationspflichten der Abs. 1 und 2 gelten nach Abs. 3 sinngemäß, wenn der Schuldner 43 die Verfügungsgewalt über sein Vermögen behält. Damit ist der Schuldner in Eigenverwaltung, wie er in Art. 2 Nr. 3 definiert ist, gemeint. Denn dieser behält ganz oder zumindest teilweise die Kontrolle über sein Vermögen. Die Tatsache, dass der Verordnungsgeber hierbei eine eigene Umschreibung verwendet anstelle des in der Verordnung selbst definierten Begriffs, ist als redaktionelles Versehen zu werten.

VI. Sanktionen

1. Haftung. Art. 41 enthält keine Sanktion, wenn ein zur Zusammenarbeit verpflichteter Verwal- 44 ter die ihm obliegende Pflicht verletzt. Dies ist insoweit folgerichtig, als Art. 41 ohnehin nur Wohlverhaltenspflichten statuiert, die nur in Ausnahmefällen konkrete Handlungspflichten begründen. Im letztgenannten Fall haftet der Verwalter jedoch gegenüber seiner Insolvenzmasse auf Schadensersatz, sollte durch die Pflichtverletzung ein Schaden entstanden sein. Die Haftung richtet sich in diesem Fall nach der *lex fori concursus* des Insolvenzverfahrens, das der Verwalter führt.[65] Im deutschen Recht käme somit eine Haftung des Verwalters nach den §§ 60, 61 InsO in Betracht.[66]

Für den Verwalter eines deutschen Insolvenzverfahrens ist die Schadensersatzpflicht bei Verlet- 45 zung der Pflichten nach Art. 41 insbesondere nicht deswegen ausgeschlossen, weil § 60 InsO nur eine Schadensersatzpflicht vorsieht, wenn der Verwalter die Pflichten verletzt, die ihm *„nach diesem Gesetz"*, also nach der InsO, obliegen. Die fehlende Nennung der Verordnung ist darauf zurückzuführen, dass bei Verabschiedung der Insolvenzordnung die EuInsVO noch nicht verabschiedet war. Der Verweis in § 60 auf die Pflichten *„nach diesem Gesetz"* will vielmehr die insolvenzverwaltertypischen Pflichten, die sich aus der InsO ergeben, abgrenzen von den allgemeinen Verkehrspflichten, die sich aus sonstigen Gesetzen ergeben, und deren Haftung sich wiederum nach den allgemeinen Gesetzen richtet. Insolvenzspezifische Pflichten sieht jedoch zweifellos auch die EuInsVO vor. Nach

---

[64] Vgl. hierzu auch → Art. 13 Rn. 20.
[65] So LSZ/*Smid* EuInsVO 2000 Art. 31 Rn. 14; MüKoBGB/*Kindler* Art. 41 Rn. 30; Duursma-Kepplinger/Duursma/Chalupsky/*Duursma-Kepplinger/Chalupsky* EuInsVO 2000 Art. 31 Rn. 30; FKInsO/*Wenner/Schuster* Art. 41 Rn. 35; *Geroldinger*, Verfahrenskoordination, S. 410.
[66] Vgl. dazu ausführlich Vallender/*Herrmann* Art. 41 Rn. 43 ff.; KPB/*Flöther* Art. 41 Rn. 114 ff.

§ 60 haftet der Verwalter eines deutschen Verfahrens jedoch bei Verstößen gegen Art. 41 nicht nur gegenüber dem ausländischen Verwalter,[67] sondern auch gegenüber der inländischen Insolvenzmasse. Entscheidend ist allein, wo der Schaden durch Verletzung der Informations- und Kooperationspflichten entstanden ist, dh welche Insolvenzmasse geschädigt wurde, bzw. bei welcher Insolvenzmasse die Masseanreicherung mangels Kooperation unterblieben ist.

46 Ob entsprechende Schadensersatzansprüche nur von der Insolvenzmasse des pflichtverletzenden Verwalters oder auch von der Insolvenzmasse des anderen Verwalters geltend gemacht werden können, hängt demnach von der *lex fori concursus* des pflichtverletzenden Verwalters ab. Freilich ist hierbei auch zu berücksichtigen, ob der aufgrund der Verletzung der Informations- oder Kooperationspflicht eingetretene Schaden die Insolvenzmasse des pflichtverletzenden Verwalters oder die Insolvenzmasse des anderen Verwalters betrifft.

47 **2. Aufsicht durch das Insolvenzgericht.** Dem die Kooperation einfordernden Insolvenzverwalter steht es jedoch freilich offen, sich an die entsprechenden Aufsichtsorgane des Verwalters des anderen Verfahrens zu wenden, um dort auf informellem Weg zu erreichen, dass diese im Rahmen der ihnen zustehenden Möglichkeiten den Verwalter zur Kooperation anhalten. Deren Befugnisse richten sich jedoch wiederum nach dem eigenen Verfahrensrecht. Richtigerweise finden auf den Verwalter eines deutschen Insolvenzverfahrens die Aufsichtsbefugnisse des Insolvenzgerichts nach § 58 InsO Anwendung.[68] Da die aufsichtsführenden Verfahrensorgane jedoch auf die Befugnisse beschränkt sind, die ihnen nach dem nationalen Recht zustehen, dürfte die Aufsichtspflicht eines deutschen Insolvenzgerichts kaum zu entsprechenden Anweisungen des Insolvenzgerichts an den deutschen Insolvenzverwalter führen, da sich die gerichtliche Aufsicht primär auf eine Rechtsaufsicht beschränkt und die Zweckmäßigkeit des Insolvenzverwalterhandelns in der Regel nicht nachzuprüfen ist.[69] Entsprechende Maßnahmen wird ein deutsches Insolvenzgericht daher nur bei Fällen evidenter und eklatanter Kooperationsverweigerung durch den deutschen Insolvenzverwalter treffen können. Dagegen wird das deutsche Insolvenzgericht grundsätzlich nicht befugt sein, den Verwalter zu ganz konkreten Kooperationshandlungen anzuweisen.

Art. 42 Zusammenarbeit und Kommunikation der Gerichte

(1) ¹Um die Koordinierung von Hauptinsolvenzverfahren, Partikularverfahren und Sekundärinsolvenzverfahren über das Vermögen desselben Schuldners zu erleichtern, arbeitet ein Gericht, das mit einem Antrag auf Eröffnung eines Insolvenzverfahrens befasst ist oder das ein solches Verfahren eröffnet hat, mit jedem anderen Gericht, das mit einem Antrag auf Eröffnung eines Insolvenzverfahrens befasst ist oder das ein solchen Verfahren eröffnet hat, zusammen, soweit diese Zusammenarbeit mit den für jedes dieser Verfahren geltenden Vorschriften vereinbar ist. ²Die Gerichte können hierzu bei Bedarf eine unabhängige Person oder Stelle bestellen bzw. bestimmen, die auf ihre Weisungen hin tätig wird, sofern dies mit den für sie geltenden Vorschriften vereinbar ist.

(2) Bei der Durchführung der Zusammenarbeit nach Absatz 1 können die Gerichte oder eine von ihnen bestellte bzw. bestimmte und in ihrem Auftrag tätige Person oder Stelle im Sinne des Absatzes 1 direkt miteinander kommunizieren oder einander direkt um Informationen und Unterstützung ersuchen, vorausgesetzt, bei dieser Kommunikation werden die Verfahrensrechte der Verfahrensbeteiligten sowie die Vertraulichkeit der Informationen gewahrt.

(3) ¹Die Zusammenarbeit im Sinne des Absatzes 1 kann auf jedem von dem Gericht als geeignet erachteten Weg erfolgen. ²Sie kann sich insbesondere beziehen auf
a) **die Koordinierung bei der Bestellung von Verwaltern,**
b) **die Mitteilung von Informationen auf jedem von dem betreffenden Gericht als geeignet erachteten Weg,**
c) **die Koordinierung der Verwaltung und Überwachung des Vermögens und der Geschäfte des Schuldners,**

---

[67] So einschränkend aber Rauscher/*Mäsch* EuInsVO 2000 Art. 31 Rn. 11.
[68] Ebenso *Vallender* KTS 2005, 283, 326 (und zwar auch für den vorläufigen Insolvenzverwalter bejahend); Duursma-Kepplinger/Duursma/Chalupsky/*Duursma-Kepplinger/Chalupsky* EuInsVO 2000 Art. 31 Rn. 32 f.; *Ehricke* FS MPI, 337, 351; ebenso wohl auch LSZ/*Smid* EuInsVO 2000 Art. 31 Rn. 13 aE, Rn. 16; für eine analoge Anwendung MüKoBGB/*Kindler* Art. 41 Rn. 34; KPB/*Flöther* Art. 41 Rn. 109; einschränkend dagegen *Lüke* ZZP 111 (1998), 275 ff., 305; offenlassend: Geimer/Schütze/*Heiderhoff,* Int. Rechtsverkehr, B Vor I 20b, Art. 31 Rn. 4.
[69] So auch *Vallender* KTS 2005, 283, 327; LSZ/*Smid* EuInsVO 2000 Art. 31 Rn. 16; → InsO § 58 Rn. 39; Ansatzpunkte hierfür sieht jedoch *Geroldinger,* Verfahrenskoordination, S. 404 ff.

d) die Koordinierung der Verhandlungen,
e) soweit erforderlich die Koordinierung der Zustimmung zu einer Verständigung der Verwalter.

Literatur: Vgl. Art. 41.

Übersicht

	Rn.		Rn.
I. Normzweck	1	III. Direkte Kommunikation (Abs. 2)	4
II. Generelle Kooperationspflicht (Abs. 1)	2	IV. Beispielsfälle (Abs. 3)	6

I. Normzweck

Die ausdrückliche Einführung von Kommunikations- und Kooperationspflichten unter den Insolvenzgerichten der Mitgliedsstaaten in Art. 42 ist neu. Die EuInsVO 2000 enthielt keine entsprechende Vorschrift. Aus der Praxis wurden in den letzten Jahren bereits mehrere Fälle kooperierender Insolvenzgerichte bekannt,[1] auch wenn die Zulässigkeit derartiger Maßnahmen in der Literatur vereinzelt in Zweifel gezogen wurde.[2] Der Verordnungsgeber schafft mit der ausdrücklichen Regelung in Art. 42 nunmehr Klarheit. Art. 42 gestattet nicht nur die unmittelbare Amtshilfe, sondern verpflichtet die Insolvenzgerichte hierzu, ohne dass der formelle Weg für internationale Amtshilfeersuchen eingehalten werden müsste (für Deutschland vgl. §§ 16, 16a EGGVG). Angesichts der wenig präzisen Handlungspflichten hat Art. 42 – ebenso wie Art. 41 zur Kooperation der Insolvenzverwalter – eher appellierenden Charakter. Zudem steht auch die Kooperationspflicht der Insolvenzgerichte unter dem Vorbehalt, dass diese mit den Vorschriften des nationalen Rechts vereinbar sein muss.

II. Generelle Kooperationspflicht (Abs. 1)

Art. 42 enthält in Abs. 1 zunächst die **generelle Kooperationspflicht** in Form einer „*Zusammenarbeit*". Diese gilt nach dem Wortlaut bereits im Eröffnungsverfahren und nicht erst nach Eröffnung des Insolvenzverfahrens.[3] Die Pflicht endet mit der Beendigung des Insolvenzverfahrens. Sie gilt nur für Insolvenzgerichte, die ein Insolvenzverfahren über das Vermögen desselben Schuldners eröffnet haben (oder eröffnen wollen). Die Tatsache, dass sich wirtschaftliche Überschneidungen ergeben (wie zB bei der Insolvenz über Personengesellschaften und der Insolvenz der persönlich haftenden Gesellschafter) reicht demnach nicht aus.

Eine über das Sachrecht der Mitgliedsstaaten hinausgehende Befugnis enthält S. 2. Danach können sich die Insolvenzgerichte zur Koordination Hilfspersonen bedienen, die auf ihre Weisung hin tätig werden. Diese Hilfspersonen oder Stellen müssen zudem unabhängig sein. Daraus leitet ein Teil der Literatur ab, dass damit der bestellte oder auch vorläufige Verwalter ausscheide.[4] Das ist jedoch nicht der Fall.[5] Die Unabhängigkeit abzusprechen ist zunächst dem Schuldner, und zwar auch dem Schuldner in Eigenverwaltung. Warum jedoch der Verwalter selbst diese Unabhängigkeit grundsätzlich nicht haben soll, ist nicht nachvollziehbar, da die Unabhängigkeit meist schon zu den Voraussetzungen seiner Bestellung gehört und er zudem – ebenso wie das Insolvenzgericht – der Umsetzung des nationalen Insolvenzrechts verpflichtet ist. Der Verwalter kann daher nur dann nicht bestellt werden, wenn weitere Umstände des Einzelfalles Zweifel an seiner Unabhängigkeit wecken. Das ist insbesondere denkbar, wenn sich im Eröffnungsverfahren die vorläufigen Verwalter über die internationale Zuständigkeit für das Hauptverfahren streiten und beide Verwalter die Zuständigkeit gemäß Art. 3 Abs. 1 für „ihr" Verfahren in Anspruch nehmen wollen.,

III. Direkte Kommunikation (Abs. 2)

Abs. 2 enthält eine Form der spezialgesetzlich geregelten Amtshilfe. Die Vorschrift stellt nicht nur ausdrücklich klar, dass die Insolvenzgerichte direkt miteinander kommunizieren können, sondern

---

[1] Vgl. bereits frühzeitig OLG Wien NZI 2005 56; AG Köln NZI 2008, 257; vgl. auch *Nortel Group* [2009] EWHC 2006 (Ch) = NZI 2009, 450 m. Urteilsanm. *Mankowski* S. 451; Urteilsanm. *Paulus* EWiR 2009, 177; *Mock* ZInsO 2009, 895, 914.
[2] Vgl. *Geroldinger*, Verfahrenskoordination, S. 391 ff.
[3] Ebenso Vallender/*Zipperer* Art. 42 Rn. 6; Mankowski/Müller/Schmidt/*Mankowski*,Art. 42 Rn. 4.
[4] So Vallender/*Zipperer* Art. 42 Rn. 10; ebenso Brinkmann/*Skauradszun*/*Spahlinger* Art. 42 Rn. 14; *Paulus* Art. 42 Rn. 17; HKInsO/*Schultz* Art. 42 Rn. 5.
[5] Wie hier: Mankowski/Müller/Schmidt/*Mankowski* Art. 42 Rn. 9.

erlaubt einem Insolvenzgericht, das andere direkt um Informationen und Unterstützung zu ersuchen. Vorausgesetzt wird allerdings, dass bei dieser Kommunikation die Verfahrensrechte der Parteien sowie die Vertraulichkeit der Information gewahrt werden. Der Verweis auf die Verfahrensrechte der Parteien ist als Hinweis auf die Notwendigkeit rechtlichen Gehörs zu verstehen. Die von dem anderen Gericht übermittelten Informationen können freilich in dem Insolvenzverfahren nur verwertet werden, wenn die Beteiligten zuvor die Möglichkeit hatten, zu dieser Kommunikation und dem Inhalt der Kommunikation Stellung zu nehmen.

5 Problematischer ist die Einschränkung auf die Vertraulichkeit der Information. Dies ist aber nicht als eigenständige sachrechtliche Lösung zu verstehen, sondern als Verweis auf die Vorschriften des nationalen Rechts. Im Falle eines Auskunftsbegehrens gegenüber einem deutschen Insolvenzgericht ist die begehrte Auskunft im Wege der europäischen Amtshilfe zu gewähren. Denn andere Insolvenzgerichte sind zwar Dritte im Sinne des § 4 InsO iVm § 299 ZPO. Auf die Amtshilfe sind die Vorschriften des § 299 ZPO jedoch nicht anzuwenden, sodass diese aufgrund der Ermächtigung in Art. 42 Abs. 2 zu gewähren ist.[6]

IV. Beispielsfälle (Abs. 3)

6 Die generelle Kooperationspflicht in Art. 42 Abs. 1 wird ergänzt durch Beispiele der Kooperation in Abs. 3. Diese sind nicht abschließend, sondern bieten Anhaltspunkte, zu welchen Themen der Verordnungsgeber eine Zusammenarbeit generell für erforderlich erachtet. ErwG Nr. 48 S. 5 enthält zur Konkretisierung möglicher Kooperationsmaßnahmen zudem einen Verweis auf die Kommunikations- und Kooperationsgrundsätze und -leitlinien, die von europäischen und internationalen Organisationen auf dem Gebiet des Insolvenzrechts ausgearbeitet und niedergelegt worden sind, insbesondere die einschlägigen Leitlinien der UNCITRAL.[7] Diese enthalten zum Teil wesentlich detailliertere Regelungen über die Kooperationsmöglichkeiten und können seitens der Insolvenzgericht neben den in Abs. 3 aufgezählten Beispielsfällen herangezogen werden.

7 Hierzu gehört zunächst die **Koordination bei der Bestellung von Insolvenzverwaltern** (lit. a), die schon aufgrund ihrer praktischen Folgen für die Verfahren von zentraler Bedeutung für alle beteiligten Verfahren ist. Das Insolvenzgericht wird hierbei jedoch zu beachten haben, dass eine solche Koordination nur im Rahmen des Ermessensspielraums möglich ist, den die *lex fori concursus* dem Insolvenzgericht gewährt. Dazu gehört auch die Möglichkeit der Bestellung desselben Verwalters für mehrere Verfahren, wie dies in ErwG Nr. 50 ausdrücklich für zulässig erachtet wird.[8] Die Koordination ist nicht nur auf die Auswahl der Verwalter beschränkt, sondern erstreckt sich auch auf den Zeitpunkt der Bestellung, sowie auf jede Form der Abberufung.

8 Zudem können die Insolvenzgerichte vereinbaren, **auf welchem Weg** die Insolvenzgerichte miteinander **kommunizieren** wollen (lit. b). Der Vorschrift kommt jedoch keine eigenständige Bedeutung zu, da sich eine entsprechende Regelung über die Kommunikation bereits in Abs. 2 findet.

9 Die Zusammenarbeit bei der **Koordinierung der Verwaltung und Überwachung der Insolvenzmasse** (lit. c) erscheint aus deutscher Sicht jedoch nicht unproblematisch, da zumindest die Verwaltung der Insolvenzmasse ausschließlich dem Insolvenzverwalter obliegt. Dem deutschen Insolvenzgericht kommt insoweit keine aktive Gestaltungsrolle, sondern „nur" eine Aufsichtsfunktion zu, die sich zudem nicht auf die Zweckmäßigkeit des Handelns des Insolvenzverwalters erstreckt.[9] Allerdings gibt es Mitgliedsstaaten, in denen den Insolvenzgerichten eine weitaus aktivere Rolle bei der Insolvenzverwaltung zukommt. Insoweit kann ein deutsches Insolvenzgericht eine Koordinierung nur im Rahmen der ihm nach der Insolvenzordnung zustehenden Befugnisse wahrnehmen. Art. 42 erweitert die Möglichkeiten der Einflussnahme für die Insolvenzgerichte der Mitgliedsstaaten daher nicht.[10]

10 Die **Koordinierung der Verhandlungen** (lit. d) erfasst alle Verhandlungsarten, die nach der *lex fori concursus* zulässig sind und deren Koordination zur Effizienzsteigerung beitragen kann.

11 Die Koordinierung der Zustimmung zu einer Verständigung der Verwalter (lit. e) bezieht sich auf den Abschluss sog. *protocols* oder Kooperationsübereinkommen (vgl. → Art. 41 Rn. 10) zwischen den Verwaltern. Aber auch hier dürfte den deutschen Insolvenzgerichten angesichts ihrer Aufsichtsfunktion eine passive Rolle zufallen.

---

[6] Vgl. hierzu → InsO § 4 Rn. 68.
[7] Vgl. die UNCITRAL Practice Guides on Cross-Border Insolvency Cooperation, vgl. UN Resolution 64/112 vom 16.12.2009; s. a. die vom American Law Institute veröffentlichten Global Principles for Cooperation in International Insolvency Cases.
[8] Vgl. hierzu bereits → Art. 34 Rn. 42.
[9] Vgl. → InsO § 58 Rn. 39 ff.
[10] IE ebenso, die Möglichkeiten der Einflussnahme allerdings höher einschätzend Vallender/*Zipperer* Art. 42 Rn. 20; KPB/*Flöther* Art. 42 Rn. 32.

Art. 43 Zusammenarbeit und Kommunikation zwischen Verwaltern und Gerichten

(1) Um die Koordinierung von Hauptinsolvenzverfahren, Partikularverfahren und Sekundärinsolvenzverfahren über das Vermögen desselben Schuldners zu erleichtern,
a) arbeitet der Verwalter des Hauptinsolvenzverfahrens mit jedem Gericht, das mit einem Antrag auf Eröffnung eines Sekundärinsolvenzverfahrens befasst ist oder das ein solches Verfahren eröffnet hat, zusammen und kommuniziert mit diesem,
b) arbeitet der Verwalter eines Partikularverfahrens oder Sekundärinsolvenzverfahrens mit dem Gericht, das mit einem Antrag auf Eröffnung des Hauptinsolvenzverfahrens befasst ist oder das ein solches Verfahren eröffnet hat, zusammen und kommuniziert mit diesem, und
c) arbeitet der Verwalter eines Partikularverfahrens oder Sekundärinsolvenzverfahrens mit dem Gericht, das mit einem Antrag auf Eröffnung eines anderen Partikularverfahrens oder Sekundärinsolvenzverfahrens befasst ist oder das ein solches Verfahren eröffnet hat, zusammen und kommuniziert mit diesem,
soweit diese Zusammenarbeit und Kommunikation mit den für die einzelnen Verfahren geltenden Vorschriften vereinbar sind und keine Interessenkonflikte nach sich ziehen.

(2) Die Zusammenarbeit im Sinne des Absatzes 1 kann auf jedem geeigneten Weg, wie etwa in Artikel 42 Absatz 3 bestimmt, erfolgen.

Literatur: Vgl. Art. 41.

I. Normzweck

Der Verordnungsgeber hat allen Beteiligten (Verwaltern, Insolvenzgerichten) **länderübergreifend wechselseitige Kooperationspflichten** in Form der Zusammenarbeit und Kommunikation auferlegt. Art. 41 regelt die Zusammenarbeit zwischen den Verwaltern, Art. 42 die Zusammenarbeit zwischen den Insolvenzgerichten und Art. 43 die Zusammenarbeit zwischen den Verwaltern und den Insolvenzgerichten. Letztere „Überkreuz-Kooperation" wird in der Literatur auch als „crossover cooperation" oder als „diagonale Kooperation" bezeichnet. Die Statuierung einer Pflicht für die Verwalter, mit den Insolvenzgerichten zusammen zu arbeiten, erscheint zunächst als bedeutungslos. Denn zumindest der Verwalter des Hauptverfahrens ist im Sekundärverfahrensstaat Vertreter des Schuldners und von daher ohnehin am Verfahren beteiligt.[1] Art. 43 geht jedoch über diese Konstellation hinaus: die Kooperationspflicht wird jedem Insolvenzverwalter gegenüber jedem Verfahren auferlegt, unabhängig vom Verfahrenstypus als Hauptverfahren, Sekundärverfahren oder Partikularverfahren. Daher gilt Art. 43 sowohl für den Insolvenzverwalter des Hauptverfahrens gegenüber dem Insolvenzgericht des Sekundärverfahrens (Abs. 1 lit. a) als auch für den Verwalter des Sekundärverfahrens gegenüber dem Insolvenzgericht des Hauptverfahrens (Abs. 1 lit. b), und schließlich auch für die Verwalter von Sekundär- oder Partikularverfahren mit Insolvenzgerichten anderer Sekundär- oder Partikularverfahrensstaaten (Abs. 1 lit. c).

Soweit das nationale Recht keine Rechtsgrundlage für eine derartige Zusammenarbeit bietet, stellt Art. 43 als **Sachnorm** die Rechtsgrundlage für entsprechende Handlungen dar. Allerdings gilt auch hier – ebenso wie bei Art. 41 und 42 – dass die Zusammenarbeit und Kommunikation mit den für das betreffende Verfahren geltend Vorschriften vereinbar sein muss.[2]

II. Kooperationsverpflichteter

Nach dem Wortlaut der Vorschrift bezieht sich die Pflicht zur Zusammenarbeit grundsätzlich nur auf den **Verwalter,** nicht hingegen auf das Insolvenzgericht (*„arbeitet der Verwalter ... mit ... zusammen"*). Art. 43 ist insoweit eine Sachnorm, die unionsrechtlich die Pflichten eines Insolvenzverwalters dergestalt erweitert, dass er nicht nur dem Insolvenzgericht zur Rechenschaft verpflichtet ist, das ihn bestellt hat, sondern auch jedem anderen Insolvenzgericht, das ein Insolvenzverfahren über das Vermögen desselben Schuldners eröffnet hat. Diese anderen Insolvenzgerichte können daher dessen Mitwirkung einfordern und sich bei Differenzen gemäß Art. 42 direkt an das aufsichtsführende Insolvenzgericht wenden. Der Wortlaut der Vorschrift lässt zudem nicht erkennen, ob auch der Schuldner in Eigenverwaltung und der Sachwalter umfasst sind. Gemessen am Sinn und Zweck einer bestmöglichen Gläubigerbefriedigung erscheint es aber geboten, auch diese in die Kooperation mit einzubinden.[3]

---
[1] Vgl. → Art. 37 Rn. 3.
[2] *Paulus* Art. 43 Rn. 11; KPB/*Flöther* Art. 43 Rn. 15.
[3] KPB/*Flöther* Art. 43 Rn. 3; Mankowski/Müller/Schmidt/*Mankoswki* Art. 43 Rn. 4.

4 Die Verpflichtung kann hingegen **nicht** reziprok auf eine Verpflichtung der **Insolvenzgerichte** gegenüber den anderen Verwaltern ausgeweitet werden.[4] Zwar beschreibt ErwG Nr. 48 die Pflichten der Beteiligten (Verwalter, Gerichte) als wechselseitige Zusammenarbeit. Eine Pflicht erwächst hieraus den Insolvenzgerichten aber nicht. Man wird deren Erwähnung in Art. 43 daher nicht als Verpflichtung sondern als Ermächtigung zur Zusammenarbeit und Kooperation verstehen dürfen, was ebenfalls bereits eine Erweiterung bestehender Verpflichtungen des Sachrechts darstellt, da der Verwalter ausländischer Verfahren – auch wenn es sich um das Vermögen desselben Schuldners handelt – kein Verfahrensbeteiligter im Sinne der jeweiligen nationalen Insolvenzrechte sein dürfte.

III. Kooperationssituationen

5 Die Pflicht zur Zusammenarbeit und Kommunikation gilt zunächst nur für Verfahren über das **Vermögen desselben Schuldners.** Sie gilt daher nicht für Verfahren der Mitglieder einer Unternehmensgruppe nach Art. 56 ff., für die die dort enthaltenen Sonderregeln gelten (hier insb. Art. 58). Es muss sich – ebenso wie bei Art. 41 und 42 – um ein Verfahren über das Vermögen desselben Schuldners handeln. Eine wirtschaftliche Verflechtung, wie dies bei Insolvenzverfahren über Personengesellschaften einerseits und Insolvenzverfahren über das Vermögen der persönlich haftenden Gesellschafter andererseits der Fall ist, reicht daher nicht aus.

6 Art. 43 Abs. 1 lit. a bis c listet – unnötigerweise – sämtliche denkbare Überkreuzsituationen auf, nämlich die Verpflichtung des Verwalters des Hauptverfahrens gegenüber den Gerichten des oder der Sekundärverfahren (lit. a), die Verpflichtung der Verwalter der Partikular- oder Sekundärverfahren gegenüber dem Gericht des Hauptverfahrens (lit. b) sowie die Verpflichtung des Verwalters des Partikular- oder Sekundärverfahrens gegenüber dem Gericht eines anderen Partikular- oder Sekundärverfahrens (lit. c).

IV. Arten der Kooperation

7 **1. Zusammenarbeit.** Art. 43 verwendet – wie bereits Art. 41 und 42 – den Begriff der **Zusammenarbeit.** Er ist daher im gleichen Sinne zu verstehen, wie er in Art. 41 und 42 verwendet wird. Daher können die dort aufgeführten Beispielsfälle und Wege der Zusammenarbeit – Art. 41 Abs. 2, Art. 42 Abs. 3 – auch für die Ausfüllung des Begriffs in Art. 43 herangezogen werden (worauf Art. 43 Abs. 2 unnötigerweise, aber klarstellend hinweist). Die Zusammenarbeit erlaubt daher die Informationsübermittlung, die Prüfung von Restrukturierungsmöglichkeiten, die Koordination der Verwertung und Verwendung der Insolvenzmasse, die Koordination bei der Bestellung der Insolvenzverwalter, die Koordinierung der Verwaltung und Überwachung der Insolvenzmasse, die Koordinierung von Verhandlungen sowie die Koordinierung der Zustimmung zu einem Protokoll. Die Beispielsfälle, die sich in Art. 41–43 finden, sind nicht abschließend. Grundsätzlich ist jede Form der Zusammenarbeit möglich, wenn sie die Koordinierung der Verfahren erleichtert. Was hierzu notwendig ist, ergibt sich jeweils aus dem Einzelfall.

8 **2. Kommunikation.** Die Pflicht zur Kommunikation, die ebenfalls in Art. 43 Abs. 1 durchgängig für jede Konstellation nach lit. a bis c erwähnt ist, ist eigentlich ein Unterfall der Zusammenarbeit und als solcher Unterfall auch in Art. 41 Abs. 2 lit. a genannt. Daher gilt auch für Art. 43, dass für die Kommunikation jeder als geeignet erachtete Weg offensteht (Art. 42 Abs. 3 lit. b). Einschränkend gilt allerdings auch hier, dass bei der Kommunikation die Verfahrensrechte der Parteien sowie die Vertraulichkeit der Information gewahrt werden muss (Art. 42 Abs. 2).

9 **3. Grenzen der Zusammenarbeit.** Art. 43 Abs. 1 nennt am Ende des Absatzes generelle Grenzen der Zusammenarbeit. Diese bestehen zum einen darin, dass die Zusammenarbeit mit den für die einzelnen Verfahren geltenden Vorschriften vereinbar sein muss. Das Erfordernis der „Vereinbarkeit mit geltenden Vorschriften" verlangt nicht, dass auch die jeweilige *lex fori concursus* entsprechende Kooperationspflichten normiert hat. Nur soweit die *lex fori concursus* die gewünschte Kooperationshandlung untersagt, darf die Handlung von dem Verwalter oder dem Insolvenzgericht nicht vorgenommen werden.

10 Zum anderen können auch Interessenkonflikte die Zusammenarbeit unterbinden. Damit ist gemeint, dass insbesondere der Verwalter durch die Zusammenarbeit seine insolvenzrechtlichen Pflichten in Bezug auf die Insolvenzmasse und die Gläubiger verletzen könnte bzw. das Insolvenzgericht rechtswidrige Beschlüsse oder Anordnungen trifft. Die Formulierung, dass die Zusammenarbeit

---

[4] So auch Mankowski/Müller/Schmidt/*Mankowski* Art. 43 Rn. 2; Vallender/*Zipperer* Art. 43 Rn. 5a; *Wessels* FS Vallender 2015, 775, 786; KPB/*Flöther* Art. 43 Rn. 5; aA. HKInsO/*Schultz* Art. 43 Rn. 3; Braun/*Delzant* Art. 43 Rn. 5; Brinkmann/*Skauradszun*/*Spahlinger* Art. 43 Rn. 3.

einen Interessenkonflikt „*nach sich zieht*",[5] deutet allerdings darauf hin, dass die Handlung zu unterlassen ist, noch bevor der Interessenkonflikt eintreten wird. Damit wäre gegebenenfalls aber schon die Kommunikation untersagt, da sich aus den übermittelten Informationen durchaus Interessenkonflikte ergeben können. Die Formulierung ist daher eng auszulegen. Der Interessenkonflikt muss konkret und durch die in Frage stehende Handlung auch unmittelbar ausgelöst werden.

Art. 44 Kosten der Zusammenarbeit und Kommunikation

Die Anforderungen nach Artikel 42 und 43 dürfen nicht zur Folge haben, dass Gerichte einander die Kosten der Zusammenarbeit und Kommunikation in Rechnung stellen.

Literatur: *Beck*, Verteilungsfragen im Verhältnis zwischen Haupt- und Sekundärinsolvenzverfahren nach der EuInsVO, NZI 2007, 1; *Busch/Remmert/Rüntz/Vallender*, Kommunikation zwischen Gerichten in grenzüberschreitenden Insolvenzen, NZI 2010, 421; *Corno*, EIR and Italian Rules governing the Lodging, Verification an Admission of Claims. Theory and Italian Practice, IILR 2012, 197; *Cranshaw*, Aktuelle Fragen zur europäischen Insolvenzverordnung vor dem Hintergrund der Rechtsprechung des EuGH, DZWIR 2009, 361; *Czaja*, Umsetzung der Kooperationsvorgaben durch die Europäische Insolvenzverordnung im deutschen Insolvenzverfahren, zugl. Diss. Univ. Regensburg 2009; *Fehrenbach*, Haupt- und Sekundärinsolvenzverfahren, Tübingen 2014; *Geroldinger*, Wirkungserstreckung des Hauptinsolvenzverfahrens und Rechtsverfolgungsmaßnahmen im Ausland, ZIK 2010, 4; *ders.*, Verfahrenskoordination im Europäischen Insolvenzrecht (zugl. Diss. Universität Wien), Wien 2010 (zitiert: Verfahrenskoordination); *Hrycaj*, The cooperation of court bodies of international Insolvency Proceedings (in the context of Polish bankruptcy courts), IILR 2011, 7; *INSOL Europe*, Article 31 EC Regulation 1346/2000: Proposal for amendment, IILR 2013, 44; *dies.*, Revision of the European Insolvency Regulation; *Kodek*, Feststellung zur Tabelle in Österreich (Forderungsfeststellung) und internationale Bindungswirkung, ZInsO 2011, 889; *Mankowski*, Ausländische und Internationale Insolvenz, Anm. zu LG Berlin, 23 U 97/09, NZI 2011, 729 ff.; *Oberhammer*, Zur internationalen Anfechtungsbefugnis des Sekundärverwalters nach Europäischem Insolvenzrecht, KTS 2008, 275, 288; *ders.*, Von der EuInsVO zum europäischen Insolvenzrecht – Eine Zwischenbilanz über rechtspolitische Gestaltungsmittel und Ziele, KTS 2009, 56; *Paulus*, Die ersten Jahre mit der Europäischen Insolvenzverordnung: Erfahrungen und Erwartungen, RabelsZ 2006, 458; *Pogacar*, Rechte und Pflichten des Hauptverwalters im Sekundärverfahren, NZI 2011, 48 f.; *Reinhart*, Die Bedeutung der EuInsVO im Insolvenzeröffnungsverfahren – Besonderheiten paralleler Eröffnungsverfahren, NZI 2009, 207; *Riewe*, Aktuelles Internationales und ausländisches Insolvenzrecht – Juni/Juli 2011, NZI 2011, 628; *Schmüser*, Das Zusammenspiel zwischen Haupt- und Sekundärinsolvenzverfahren nach der EuInsVO, zugl. Diss. Univ. Hamburg 2009.

I. Normzweck

Art. 44 ist neu. Während sich die Vorschriften zur Kooperation unter den Insolvenzgerichten **1** und Insolvenzverwaltern schon im Kommissionsentwurf fanden,[1] wurde Art. 44 erst spät im Gesetzgebungsverfahren ergänzt.[2] Die Vorschrift betrifft die Kosten der Zusammenarbeit und der Kommunikation der Insolvenzgerichte und will verhindern, dass die Insolvenzgerichte sich untereinander für die Kooperation Gerichtskosten in Rechnung stellen.[3] Die Vorschrift ist allerdings wenig durchdacht. Sinnvoller wäre eine Regelung gewesen, dass die Kosten für die Kooperation ausschließlich der Insolvenzmasse zur Last fallen, bei der sie angefallen sind.[4]

II. Kosten der Gerichte untereinander

Adressat der Vorschrift sind ausschließlich die „**Gerichte**". Das sind nach Art. 2 Nr. 6 ii) das **2** Justizorgan oder jede sonstige Stelle, die befugt ist, ein Insolvenzverfahren zu eröffnen, die Eröffnung eines solchen Verfahrens zu bestätigen, oder im Rahmen dieses Verfahrens Entscheidungen zu treffen.

Spiegelbildlich gilt die Vorschrift **nur für Kosten**, die von einem **Insolvenzgericht** einem **3** anderen Insolvenzgericht in Rechnung gestellt werden sollen.[5] Die Vorschrift betrifft also weder die Vergütung der Insolvenzverwalter, die diese den Insolvenzgerichten oder gegebenenfalls auch direkt dem Schuldner in Rechnung stellen, noch die Kosten, die das Insolvenzgericht gegenüber dem Schuldner oder auch den Insolvenzverwaltern aus anderen Mitgliedstaaten in Rechnung stellen.[6] Art. 44 verbietet daher nicht, dass das Insolvenzgericht die Kosten der Kooperation der Insolvenz-

---

5 Vgl. dazu schon → Art. 41 Rn. 9 und → Art. 56 Rn. 2.
1 Zur Reform und dem Kommissionsvorschlag vgl. → Vor Art. 1 Rn. 11 ff.
2 Erstmals durch den Rat am 3.6.2014, 10284/14 ADD1, dort noch als Art. 31c EuInsVO-RatsE.
3 *Vallender/Zipperer* Art. 44 Rn. 1.
4 Deutlicher insoweit die Kostenregelung zur Koordination bei Konzerninsolvenzen in Art. 59.
5 *KPB/Flöther* Art. 44 Rn. 5; *Paulus* Art. 44 Rn. 2.
6 *Bork/van Zwieten/Wessels* Art. 44 Rn. 44.02.

masse in Rechnung stellt. Gleiches gilt auch für die Verwalter, die freilich Auslagen und den Aufwand gemäß den Vergütungsvorschriften der *lex fori concursus* geltend machen können.

4 Insoweit ist die Beschränkung des Kostenverbotes für Insolvenzgerichte untereinander jedoch fraglich. Denn soweit ein Insolvenzgericht die Kommunikation und die Zusammenarbeit durch den von ihm eingesetzten Insolvenzverwalter durchführen lässt (und sich von diesem sodann berichten lässt), könnte das Insolvenzgericht wiederum – freilich nur sofern entsprechende Kostentatbestände erfüllt sind – dem Schuldner gegenüber entsprechende Gerichtsgebühren erheben. Wenn ein Insolvenzgericht gegenüber einem ausländischen Verwalter Kosten in Rechnung stellen würde, so dürften diese wiederum in dem anderen Verfahren als Auslagen gegenüber der lokalen Insolvenzmasse erstattungsfähig sein. Die enge und etwas willkürliche Einschränkung auf Kostenstellungen unter den Insolvenzgerichten könnte daher zu Umgehungen einladen.

5 Konsequenter wäre es daher, Art. 44 über den Wortlaut hinaus dahingehend auszulegen, dass die Kosten der Kooperation weder dem ausländischen Insolvenzgericht, noch sonst der ausländischen Insolvenzmasse in Rechnung gestellt werden dürfen.[7] Regelungstechnisch einfacher und auch rechtspolitisch konsequenter wäre es daher gewesen, festzuschreiben, dass die Kosten der Kooperation grundsätzlich nur der lokalen Insolvenzmasse zu Last fallen dürfen, bei der die Kosten angefallen sind, wie dies mit der gebotenen Klarheit Art. 69 für die Kooperation bei Konzerninsolvenzen vorschreibt. Damit wäre auch untersagt, die Kosten dem ausländischen Insolvenzverwalter in Rechnung zu stellen bzw. die Kooperation von einem entsprechenden Vorschuss abhängig zu machen. Das erscheint allerdings aufgrund des klaren Wortlauts nicht möglich.

III. Kosten der Zusammenarbeit und Kommunikation

6 Das Kostenverbot gilt nur für die Kosten, die auf Seiten des Gerichts im Zusammenhang mit Art. 42 oder 43 anfallen. Das Kostenverbot gilt daher ausdrücklich nicht für die Kosten der Zusammenarbeit der Verwalter oder für die Kosten der Verwalter im Rahmen der Zusammenarbeit mit einem anderen Gericht nach Art. 43. Die Verwalter können Auslagen oder Mehraufwand im Rahmen der Zusammenarbeit nach Art. 41 (aber auch nach Art. 43) im Rahmen der Vergütungsvorschriften „ihres" Verfahren geltend machen. Der Begriff der Kosten ist weit zu verstehen.[8] Er betrifft nicht nur Gebührentatbestände, die im Rahmen der Zusammenarbeit verwirklicht werden, sondern auch Auslagen, die im Rahmen der Zusammenarbeit entstehen.

Art. 45 Ausübung von Gläubigerrechten

(1) Jeder Gläubiger kann seine Forderung im Hauptinsolvenzverfahren und in jedem Sekundärinsolvenzverfahren anmelden.

(2) Die Verwalter des Hauptinsolvenzverfahrens und der Sekundärinsolvenzverfahren melden in den anderen Verfahren die Forderungen an, die in dem Verfahren, für das sie bestellt sind, bereits angemeldet worden sind, soweit dies für die Gläubiger des letztgenannten Verfahrens zweckmäßig ist und vorbehaltlich des Rechts dieser Gläubiger, eine solche Anmeldung abzulehnen oder die Anmeldung ihrer Ansprüche zurückzunehmen, sofern das anwendbare Recht dies vorsieht.

(3) Der Verwalter eines Haupt- oder eines Sekundärinsolvenzverfahrens ist berechtigt, wie ein Gläubiger an einem anderen Insolvenzverfahren mitzuwirken, insbesondere indem er an einer Gläubigerversammlung teilnimmt.

Literatur: *Beck,* Verteilungsfragen im Verhältnis zwischen Haupt- und Sekundärinsolvenzverfahren nach der EuInsVO, NZI 2007, 1; *Busch/Remmert/Rüntz/Vallender,* Kommunikation zwischen Gerichten in grenzüberschreitenden Insolvenzen, NZI 2010, 421; *Corno,* EIR and Italian Rules governing the Lodging, Verification an Admission of Claims. Theory and Italian Practice, IILR 2012, 197; *Cranshaw,* Aktuelle Fragen zur europäischen Insolvenzverordnung vor dem Hintergrund der Rechtsprechung des EuGH, DZWIR 2009, 361; *Czaja,* Umsetzung der Kooperationsvorgaben durch die Europäische Insolvenzverordnung im deutschen Insolvenzverfahren, zugl. Diss. Univ. Regensburg 2009; *Fehrenbach,* Haupt- und Sekundärinsolvenzverfahren, Tübingen 2014; *Geroldinger,* Wirkungserstreckung des Hauptinsolvenzverfahrens und Rechtsverfolgungsmaßnahmen im Ausland, ZIK 2010, 4; *ders.,* Verfahrenskoordination im Europäischen Insolvenzrecht (zugl. Diss. Universität Wien), Wien 2010 (zitiert: Verfahrenskoordination); *Hrycaj,* The cooperation of court bodies of international Insolvency Proceedings (in the context of Polish bankruptcy courts), IILR 2011, 7; *INSOL Europe,* Article 31 EC

---

[7] Für einen erweiterten Anwendungsbereich auch Brinkmann/*Skauradszun/Spahlinger* Art. 44 Rn. 2; wohl auch Mankowski/Müller/Schmidt/*Mankowski* Art. 44 Rn. 3.
[8] KPB/*Flöther* Art. 44 Rn. 4.

Regulation 1346/2000: Proposal for amendment, IILR 2013, 44; *dies.*, Revision of the European Insolvency Regulation; *Kodek*, Feststellung zur Tabelle in Österreich (Forderungsfeststellung) und internationale Bindungswirkung, ZInsO 2011, 889; *Mankowski*, Ausländische und Internationale Insolvenz, Anm. zu LG Berlin, 23 U 97/09, NZI 2011, 729 ff.; *Oberhammer*, Zur internationalen Anfechtungsbefugnis des Sekundärverwalters nach Europäischem Insolvenzrecht, KTS 2008, 275, 288; *ders.*, Von der EuInsVO zum europäischen Insolvenzrecht – Eine Zwischenbilanz über rechtspolitische Gestaltungsmittel und Ziele, KTS 2009, 56; *Paulus*, Die ersten Jahre mit der Europäischen Insolvenzverordnung: Erfahrungen und Erwartungen, RabelsZ 2006, 458; *Pogacar*, Rechte und Pflichten des Hauptverwalters im Sekundärverfahren, NZI 2011, 48 f.; *Reinhart*, Die Bedeutung der EuInsVO im Insolvenzeröffnungsverfahren – Besonderheiten paralleler Eröffnungsverfahren, NZI 2009, 207; *Riewe*, Aktuelles Internationales und ausländisches Insolvenzrecht – Juni/Juli 2011, NZI 2011, 628; *Schmüser*, Das Zusammenspiel zwischen Haupt- und Sekundärinsolvenzverfahren nach der EuInsVO, zugl. Diss. Univ. Hamburg 2009.

Übersicht

	Rn.			Rn.
I. **Normzweck**	1	2.	Anzumeldende Forderungen	13
II. **Forderungsanmeldung durch Gläubiger (Abs. 1)**	4	3.	Kosten	16
		4.	Ausübung der Gläubigerrechte	17
III. **Forderungsanmeldung durch den Verwalter (Abs. 2)**	10	5.	Bedeutung für die Praxis	20
1. Zweckmäßigkeit	10	IV.	**Mitwirkungsrechte (Abs. 3)**	21

I. Normzweck

Art. 45, der zusammen mit Art. 53 zu lesen ist, regelt verschiedene Aspekte der Gläubigerrechte 1 im Falle eines parallelen Haupt- und Sekundärverfahrens. Hierzu gehört zunächst das **Recht** der Gläubiger, ihre **Forderungen anzumelden.** Abs. 1 stellt klar, dass jeder Gläubiger seine Forderung sowohl im Haupt- als auch in den Sekundärverfahren anmelden kann und damit nicht etwa auf die Anmeldung in einem Verfahren beschränkt ist. Art. 45 Abs. 2 bezweckt eine **Erleichterung der Anmeldung** in einem anderen Mitgliedsstaat: der Verwalter wird danach ermächtigt, die in seinem Verfahren bereits angemeldeten Forderungen auch in dem anderen Verfahren anzumelden. Art. 45 Abs. 3 wiederum betrifft die über das Recht zur Anmeldung hinausgehenden **Mitwirkungsrechte** zugunsten des Verwalters, insbesondere die Teilnahme an Gläubigerversammlungen. Die Vorschrift erweitert das in Art. 45 Abs. 2 dem Verwalter bereits gewährte Anmelderecht auf ein Mitwirkungsrecht im Verfahren.

Art. 45 enthält keine Grundsätze, die auf das Sekundärverfahren zu beschränken wären. Art. 45 2 ist daher entsprechend auch im Verhältnis mehrerer unabhängiger **Partikularverfahren** zueinander anzuwenden.[1] Schon Art. 53 ermöglicht, dass jeder Gläubiger seine Forderung in jedem Sekundärverfahren anmelden kann. Art. 45 Abs. 1 verleiht dem Gläubiger keine Sonderrechte für das Sekundärverfahren. Es handelt sich lediglich um eine Klarstellung. Gleiches gilt für die in Art. 45 Abs. 2 und Abs. 3 vorgesehenen Kooperationsmaßnahmen der Forderungsanmeldung sowie der Mitwirkung in Gläubigerversammlungen des jeweils anderen Verfahrens. Auch Art. 50 schließt die Anwendung von Art. 45 im Verhältnis zu anderen Partikularverfahren nicht aus. Die Vorschrift stellt nur klar, dass Art. 41 ff. im Verhältnis zum Hauptverfahren (freilich) erst dann gelten können, wenn das Hauptverfahren auch eröffnet wurde und dass es insoweit zu Einschränkungen kommen kann, zB wenn die Eröffnung des Hauptverfahrens erst erheblich später als die Eröffnung des Partikularverfahrens erfolgt und dort dann bereits Anmeldefristen verstrichen sind. Über diese kann dann auch Art. 45 nicht mehr hinweghelfen.

Im Rahmen der **Reform der EuInsVO**[2] wurden keine Änderungen an der Vorgängerregelung 3 Art. 32 EuInsVO 2000 vorgenommen. Weder *INSOL Europe,* noch der *Vienna Report* hatten konkreten Änderungsbedarf identifiziert.[3] Dementsprechend sahen weder der Kommissionsentwurf noch der Entwurf des Europäischen Parlaments Korrekturen an der Vorschrift vor.[4] Das ist bedauerlich, da gerade die Kooperation von Haupt- und Sekundärverfahren einer der zentralen Punkte der

---

[1] Strittig: wie hier: Konecny/Schubert/*Pogacar* EuInsVO 2000 Art. 32 Rn. 7 ff.; Pannen/Herchen EuInsVO 2000 Art. 32 Rn. 13 f.; Vallender/*Hübler* Art. 45 Rn. 2; KPB/*Flöther* Art. 45 Rn. 6; *Geroldinger*, Verfahrenskoordination, S. 310; Brinkmann/*Maesch*/Knof Art. 45 Rn. 5; aA *Dawe*, Sonderkonkurs, S. 161 ff., 174 ff.
[2] Vgl. zur Reform der EuInsVO grundsätzlich → Vor Art. 1 Rn. 11 ff.
[3] Vgl. *INSOL Europe,* Art. 32; Hess/Oberhammer/Pfeiffer/*Koller/Slonina*, European Insolvency Law, Rn. 937 f.
[4] Vgl. zu den Entwürfen → Vor Art. 1 Rn. 13 f.

Reform war.[5] Gerade die in Art. 45 Abs. 3 geregelte Mitwirkung des Verwalters in dem anderen Verfahren wirft derzeit noch wichtige, aber rechtlich nicht geklärte Fragen auf. Während der Verordnungsgeber die Mitwirkungsrechte im Eröffnungsverfahren sehr detailliert ergänzt hat,[6] bleiben die Mitwirkungsrechte im eröffneten Verfahren nach Art. 45 Abs. 3 hingegen weiterhin nur rudimentär geregelt.

II. Forderungsanmeldung durch Gläubiger (Abs. 1)

4   Art. 45 Abs. 1 stellt klar, dass **jeder Gläubiger** seine Forderung grundsätzlich in allen Verfahren in den Mitgliedstaaten der Verordnung **anmelden** kann.[7] Es handelt sich um eine **Sachnorm**, die daher in ihrem Anwendungsbereich abweichendem nationalen Recht vorgeht.[8] Vorschriften des autonomen Recht, die den Kreis der zur Forderungsanmeldung berechtigten Personen einschränken, sind in Verfahren nach der EuInsVO nicht anwendbar. Andere, nicht unter Art. 45 fallende Einschränkungen des nationalen Rechts bleiben jedoch möglich, da diese der *lex fori concursus secundarii* unterstehen.[9] Art. 45 Abs. 1 stellt daher zwei Zweifelsfragen klar:

5   Das Anmelderecht ist erstens nicht auf bestimmte Gläubiger beschränkt. Bisweilen wurde diskutiert, das Anmelderecht auf bestimmte Gläubiger, die ihre Forderungen aus dem Betrieb der Niederlassung erworben haben, oder auch auf Gläubiger mit Sitz oder Wohnsitz im Sekundärverfahrensstaat zu beschränken.[10] Dem erteilt Art. 45 Abs. 1 eine Absage. Dass einerseits ausländische Gläubiger anmeldebefugt sind, wird schon durch Art. 53 bestätigt. Dass andererseits das Sekundärverfahren nicht auf die Gläubiger der Niederlassung beschränkt ist, ergibt sich aus einem Umkehrschluss von Art. 3 Abs. 4 in Verbindung mit Art. 34. Eine solche Differenzierung sieht lediglich Art. 38 für das Rechtsschutzbedürfnis für die Eröffnung eines Sekundärverfahrens mit dem Begriff der „lokalen Gläubiger" vor.[11] In Art. 53 wird zudem bezüglich der Anmeldebefugnis klargestellt, dass auch die aus dem autonomen Recht bekannte Beschränkung, dass nämlich öffentlich-rechtliche Forderungen in ausländischen Verfahren nicht angemeldet werden könnten, in der Verordnung keine Grundlage haben. Grundsätzlich sind daher auch die Finanzbehörden, Sozialversicherungsträger und andere Körperschaften oder Institutionen mit hoheitlichen, öffentlich-rechtlichen Ansprüchen zur Anmeldung ihrer Forderung in den anderen Mitgliedsstaaten berechtigt, wie auch die Definition des ausländischen Gläubigers in Art. 2 Nr. 12 sowie ErwG Nr. 63 S. 2 nunmehr klarstellt.[12]

6   Zweitens stellt Art. 45 Abs. 1 darüber hinaus ausdrücklich klar, dass auch **Mehrfachanmeldungen** in mehreren Verfahren erlaubt sind. Die Gläubiger sind nicht auf die Anmeldung im Hauptverfahren beschränkt, sondern können ihre Forderung auch in dem parallelen Sekundärverfahren anmelden (mit der Folge, dass dann die Verwalter der beiden Verfahren die Verteilung international koordinieren).[13] Zudem ist dem Wortlaut des Art. 45 Abs. 1 zu entnehmen, dass die Gläubiger ihre Forderung auch in „jedem" Sekundärverfahren anmelden können, dh dass bei der Eröffnung mehrerer Sekundärverfahren die Mehrfachanmeldung auch für jedes weitere Sekundärverfahren gilt.[14]

---

[5] Vgl. hierzu → Vor Art. 1 Rn. 19.
[6] Vgl. hierzu Art. 38, insb. → Art. 38 Rn. 21 ff.
[7] Ganz hM, vgl. Duursma-Kepplinger/Duursma/Chalupsky/*Duursma-Kepplinger*/*Chalupsky* EuInsVO 2000 Art. 32 Rn. 5; Geimer/Schütze/*Heiderhoff*, Int. Rechtsverkehr, B Vor I 20b, EuInsVO 2000 Art. 30 Rn. 1; HKInsO/*Schultz* Art. 45 Rn. 2; *Lüke* ZZP 111 (1998), 275, 301 f.; Rauscher/*Mäsch* EuInsVO 2000 Art. 32 Rn. 1, 4; MüKoBGB/*Kindler* Art. 45 Rn. 1, 4; Vallender/*Hübler* Art. 45 Rn. 5; *Paulus* Art. 45 Rn. 3; LSZ/*Smid* EuInsVO 2000 Art. 32 Rn. 2; HambKommInsO/*Undritz* EuInsVO 2000 Art. 32 Rn. 2; aA wohl *Thieme* IJVO 5 (1995/96), 44, 89; *Dawe*, Der Sonderkonkurs, S. 153 ff., die jedoch von einem grundsätzlich anderen Konzept des Sekundärverfahrens ausgehen, vgl. dazu bereits → Art. 34 Rn. 28.
[8] Pannen/*Herchen* EuInsVO 2000 Art. 32 Rn. 3, 9 ff.
[9] Vgl. → Rn. 7.
[10] Vgl. hierzu die Konzeption des funktional beschränkten Sekundärverfahrens bei *Thieme* IJVO 5 (1995/96), 44, 86; *Thieme*, Partikularkonkurs, S. 212; *Thieme* RabelsZ 45 (1981), 459 und *Dawe*, Der Sonderkonkurs, S. 153 ff.; bereits → Art. 27 Rn. 28.
[11] Vgl. → Art. 38 Rn. 13 f.
[12] Brinkmann/*Dahl*/*Kortleben* Art. 53 Rn. 5; Vallender/*Riewe* Art. 53 Rn. 9.
[13] Das wäre konzeptionell ebenfalls denkbar, führt jedoch zu schwierigen Fragen bei der Verteilung, insbesondere zur Bildung verschiedener Untermassen, wie aus dem Entwurf eines EG Konkursübereinkommens von 1980 mit der komplizierten Untermassenbildung ersichtlich wurde, vgl. hierzu → 3. Aufl., EGInsO Vor Art. 102 Rn. 57 ff.
[14] Duursma-Kepplinger/Duursma/Chalupsky/*Duursma-Kepplinger*/*Chalupsky* EuInsVO 2000 Art. 32 Rn. 1; Mankowski/Müller/Schmidt/*Mankowski* Art. 45 Rn. 5; Geimer/Schütze/*Heiderhoff*, Int. Rechtsverkehr, B Vor I 20b, EuInsVO 2000 Art. 32 Rn. 1; KPB/*Flöther* Art. 45 Rn. 8; Rauscher/*Mäsch* EuInsVO 2000 Art. 32 Rn. 1.

Art. 45 modifiziert jedoch lediglich die Frage der Befugnis zur Anmeldung. Dagegen richten 7
sich sämtliche andere Fragen im Zusammenhang mit einer Forderungsanmeldung nach der *lex fori
concursus secundarii*: das gilt für die **Form der Anmeldung** (vgl. hierzu noch Art. 53, Art. 7 Abs. 2
S. 2 lit. h), die **Frist**, innerhalb derer die Forderungen anzumelden sind,[15] die **Prüfung und Feststellung** der Forderungen (Art. 7 Abs. 2 S. 2 lit. h) sowie die **Kosten** der Anmeldung. Diese Fragen
sind weiterhin ausschließlich nach dem Recht des Sekundärverfahrensstaates zu beurteilen.[16]

Zu Unrecht wird von Teilen der Literatur gefordert, dass sich Art. 45 dagegen nur auf das 8
Anmelderecht beschränke, sonstige Teilnahmerechte der Gläubiger am Verfahren sich jedoch nach
der *lex fori concursus secundarii* richten. Dies geht zurück auf die von *Thieme* vertretene Auffassung
zur funktionalen Beschränkung des Sekundärverfahrens, und zwar sowohl was die Aktivmasse, als
auch die Passivmasse des Sekundärverfahrens anbetrifft.[17] Danach soll auch für die Verordnung
differenziert werden zwischen der Anmeldebefugnis und der sonstigen Teilnahmeberechtigung.
Die Teilnahmeberechtigung sei dagegen anders als das Antragsrecht nur auf bestimmte Gläubiger
beschränkt.[18] Eine solche Konzeption des Sekundärverfahrens findet in der Verordnung jedoch
keine Grundlage. Schon aus Art. 23 Abs. 2 ergibt sich, dass ein Gläubiger nicht nur seine Forderungen mehrfach anmelden kann, sondern auch mehrfach an der Erlösverteilung teilnehmen kann.
Andernfalls würde die in Art. 23 Abs. 2 geregelte Anrechnung des Erlangten ins Leere laufen.[19]
Darüber hinaus ergibt sich an keiner Stelle der Verordnung, nach welchen Kriterien denn ein
so verstandenes Teilnahmerecht in einem Sekundärinsolvenzverfahren beschränkt werden soll.
Vielmehr ergibt sich gerade aus dem in Art. 3 Abs. 4 geregelten Sonderfall, der nämlich die
Antragsbefugnis zur Eröffnung eines Insolvenzverfahrens bei Partikularverfahren auf bestimmte
Gläubiger beschränkt, dass ansonsten entsprechende Beschränkungen für Gläubiger in Sekundärverfahren nicht gelten. Das Recht des Sekundärverfahrensstaates darf daher gemäß Art. 45 Abs. 1
weder die Forderungsanmeldung beschränken, noch die weiteren, daraus folgenden Rechte.[20]

Das Recht, seine Forderungen sowohl im Haupt- als auch im Sekundärinsolvenzverfahren 9
anmelden zu dürfen, gilt darüber hinaus nicht nur für die Gläubiger der Mitgliedstaaten, sondern
auch für die **Gläubiger aus Drittstaaten**.[21] Anders als Art. 53, dessen Wortlaut auf ausländische
Gläubiger abstellt, die nach der Definition in Art. 2 Nr. 12 ihren Sitz in einem Mitgliedstaat
haben müssen, findet sich diese Einschränkung in Art. 45 gerade nicht. Vielmehr gewährt Art. 45
das Anmelderecht „jedem Gläubiger". Zudem gilt die in Art. 23 enthaltene Anrechnungsregelung
nach allgemeiner Auffassung auch für Erlöse aus Drittstaaten, sodass auch für die Frage der Anmeldungsberechtigung eine einschränkende, diskriminierende Auslegung des Art. 45 nicht geboten
ist.[22]

III. Forderungsanmeldung durch den Verwalter (Abs. 2)

1. Zweckmäßigkeit. Art. 45 Abs. 2 ermächtigt und verpflichtet den Verwalter zudem, Forde- 10
rungen, die in dem eigenen Verfahren angemeldet wurden, auch in dem anderen Verfahren anzumelden, sofern dies zweckmäßig ist und die Gläubiger dies nicht ablehnen. Auch hier handelt es sich um
eine **Sachnorm,** die auf der Ebene des materiellen Rechts das autonome Recht der Mitgliedstaaten
entsprechend modifiziert.

---

[15] Das kann im Hinblick auf mögliche Ausschlussfristen besondere Bedeutung haben, vgl. aus dem autonomen Recht OLG Saarbrücken v. 31.1.1989, ZIP 1989, 1145.

[16] Allg. Auffassung; vgl. Hess/Oberhammer/Pfeiffer/*Koller/Slonina*, European Insolvency Law, Rn. 938; Duursma-Kepplinger/Duursma/Chalupsky/*Duursma-Kepplinger/Chalupsky* EuInsVO 2000 Art. 32 Rn. 1, 3; FKInsO/*Wenner/Schuster* Art. 45 Rn. 2; HKInsO/*Schultz* Art. 45 Rn. 3; KPB/*Flöther* Art. 45 Rn. 11; Rauscher/*Mäsch* EuInsVO 2000 Art. 32 Rn. 3; MüKoBGB/*Kindler* Art. 45 Rn. 6; Vallender/*Hübler* Art. 45 Rn. 6; Mankowski/Müller/Schmidt/*Mankowski* Art. 45 Rn. 23; *Corno* IILR 2012, 197 ff.

[17] *Dawe*, Der Sonderkonkurs des deutschen Internationalen Insolvenzrechts, S. 162 ff., 189 f.; *Thieme* IJVO 5 (1995/96), 44, 86; *Thieme*, Partikularkonkurs, S. 212; *Thieme* RabelsZ 45 (1981), 459; wohl auch *Kolmann*, Kooperationsmodelle, S. 342 ff., 346 f.

[18] *Dawe*, Der Sonderkonkurs des deutschen Internationalen Insolvenzrechts, S. 162 ff.; *Thieme* IJVO 5 (1995/96), 44, 86; *Thieme*, Partikularkonkurs, S. 212; *Thieme* RabelsZ 45 (1981), 459; ebenso nun auch MüKoBGB/*Kindler* Art. 45 Rn. 5.

[19] So auch Rauscher/*Mäsch* EuInsVO 2000 Art. 32 Rn. 2; aA MüKoBGB/*Kindler* Art. 45 Rn. 6.

[20] So iE auch Geimer/Schütze/*Heiderhoff*, Int. Rechtsverkehr, B Vor I 20b, EuInsVO 2000 Art. 32 Rn. 1; HKInsO/*Schultz* Art. 45 Rn. 2; *Lüke* ZZP 111 (1998), 275, 301 f.; LSZ/*Smid* EuInsVO 2000 Art. 32 Rn. 3; Vallender/*Hübler* Art. 45 Rn. 1.

[21] Wie hier Mankowski/Müller/Schmidt/*Mankowski* Art. 45 Rn. 3; Vallender/*Hübler* Art. 45 Rn. 7; nunmehr auch *Paulus* Art. 45 Rn. 3; anderer Auffassung: OLG Graz, Urt. v. 31.3.2006, 3 R 46/06v; *Geroldinger*, Verfahrenskoordination, S. 312 f.; wohl auch HKInsO/*Schultz* Art. 45 Rn. 3; KPB/*Flöther* Art. 45 Rn. 17.

[22] Vgl. bereits schon → Art. 20 Rn. 17.

11 An die Voraussetzung der **Zweckmäßigkeit** sind entgegen der Auffassung von *Virgos/Schmit*[23] keine hohen Anforderungen zu stellen und dem Verwalter ein gewisser Ermessensspielraum einzuräumen.[24] Grundsätzlich wird die Zweckmäßigkeit gegeben sein, weil dies den Gläubigern ermöglicht, durch eine ordnungsgemäße Anmeldung ihrer Forderung in ihrem Heimatstaat auch für eine Anmeldung ihrer Forderung in anderen Mitgliedsstaaten Sorge zu tragen, was ansonsten mit zusätzlichen Kosten verbunden wäre. Diese Aufgabe lässt sich einfacher durch den Verwalter erledigen. Auffassungen in der Literatur, die an die „Zweckmäßigkeit" strengere, insbesondere wirtschaftliche Maßstäbe anlegen wollen, sind abzulehnen.[25] Die Zweckmäßigkeit kann beispielsweise nämlich schon dann gegeben sein, wenn die Anmeldung dem Verwalter des Hauptverfahrens ermöglicht, über die daraus folgenden Teilnahmerechte Einfluss auf das Sekundärverfahren zu nehmen, um zu einer insgesamt für alle Gläubiger günstigeren Abwicklung der Insolvenz zu gelangen. Der Begriff „zweckmäßig" stellt daher weder auf eine höhere Quote noch darauf ab, dass bei Unterbleiben der Anmeldung die Insolvenzgläubiger des Sekundärverfahrens eventuell Quoten erhalten, die über die Quoten des Hauptverfahrens hinausgehen, sodass eine Quotenanrechnung nach Art. 23 Abs. 2 ins Leere liefe. Es kommt daher für die Frage der Zweckmäßigkeit weder auf eine höhere (dann quotenbezogene) Gruppenbetrachtung an,[26] noch auf eine Betrachtung aller Einzelforderungen.[27]

12 Dementsprechend darf die Frage der Zweckmäßigkeit bei der Anmeldung der Forderungen durch den Verwalter des jeweils anderen Verfahrens weder durch das Insolvenzgericht noch durch den eventuell die Insolvenztabelle führenden Verwalter überprüft werden.[28] Ob der Insolvenzverwalter das Anmelderecht pflichtgemäß ausübt, ist eine Frage der Verwalterpflichten aus seinem Heimatverfahren, also eine Frage des Innenverhältnisses. Beschränkungen aus dem Innenverhältnis sind allenfalls beachtlich, wenn es sich um offenkundige oder rechtsmissbräuchliche Ausnutzung des Anmelderechts handelt. Das wäre beispielsweise der Fall, wenn der Insolvenzverwalter Forderungen eines Gläubigers anmeldet, obwohl dieser dies ausdrücklich abgelehnt hat oder der Gläubiger die Anmeldung zurücknimmt.

13 2. **Anzumeldende Forderungen.** Ist die Anmeldung zweckmäßig, so sind durch den Verwalter **grundsätzlich alle Forderungen** aus dem von ihm geführten Verfahren anzumelden. Davon ausgenommen sind nach dem Wortlaut des Art. 45 lediglich die Forderungen, deren Anmeldung der Gläubiger zuvor abgelehnt hat. Aufgrund der Ablehnungsmöglichkeit ergibt sich, dass der Verwalter den Gläubigern, die Forderungen angemeldet haben, zunächst die Möglichkeit geben muss, der Anmeldung in dem anderen Verfahren zu widersprechen. Widersprechen diese einer Forderungsanmeldung nicht, so gilt die in Art. 45 Abs. 2 enthaltene gesetzliche Ermächtigung. Von der gesetzlichen Ermächtigung zur Anmeldung erfasst sind auch die Forderungen, die vom Verwalter bestritten worden sind. Allerdings besteht auch für diese keine Anmeldepflicht. Keine Anmeldepflicht besteht letztlich für Forderungen, die nach der *lex fori concursus* an einer Rangstelle stehen, für die keine Quote zu erwarten ist (zB nachrangige Forderungen, § 39 InsO). Denn hier ist die Anmeldung schon nicht zweckmäßig.

14 Umstritten scheint zu sein, wie die Forderungen von dem ausländischen Verwalter anzumelden sind, nämlich als **Sammel-** oder als **Einzelanmeldung.** Worin bei näherer Betrachtung jedoch der Unterschied liegen soll, ist nicht ersichtlich. Auch diejenigen, die aus dem Wortlaut des Art. 45 eine zwingende Sammelanmeldung herleiten, räumen nämlich ein, dass jede Forderung einzeln aufgelistet werden müsse.[29] Richtigerweise lässt sich dem Wortlaut des Art. 45 jedoch in keinster Weise entnehmen, wie die Forderung in dem anderen Verfahren durch den Verwalter anzumelden ist. Diese Frage ist auch nicht Regelungsgegenstand des Art. 45. Vielmehr hat sich der Verwalter bei der Anmeldung

---

[23] Zweckmäßigkeit soll danach nur gegeben sein, wenn die Anmeldung für eine ganze Kategorie von Gläubigern eindeutig zweckmäßiger ist, beispielsweise weil diese in dem ausländischen Verfahren eine höhere Quote erhalten können, vgl. *Virgos/Schmit*, Erläuternder Bericht, Rn. 239; *Fehrenbach*, Haupt- und Sekundärinsolvenzverfahren, S. 213 ff.

[24] Ebenso HKInsO/*Schultz* Art. 45 Rn. 5; Vallender/*Hübler* Art. 45 Rn. 9; wohl auch *Geroldinger*, Verfahrenskoordination, S. 317 f.

[25] So aber MüKoBGB/*Kindler* Art. 45 Rn. 10.

[26] So *Ahrens*, Rechte und Pflichten ausländischer Insolvenzverwalter, S. 312; Duursma-Kepplinger/Duursma/Chalupsky/*Duursma-Kepplinger/Chalupsky* EuInsVO 2000 Art. 32 Rn. 9 ff.; Mankowski/Müller/Schmidt/*Mankowski* Art. 45 Rn. 42; Geimer/Schütze/*Heiderhoff*, Int. Rechtsverkehr, B Vor I 20b, EuInsVO 2000 Art. 32 Rn. 2; *Kemper* ZIP 2001, 1609, 1620; KPB/*Flöther* Art. 45 Rn. 24; Rauscher/*Mäsch* EuInsVO 2000 Rn. 9; BKInsO/*Pannen* EuInsVO 2000 Art. 32 Rn. 4; *Paulus* Art. 45 Rn. 16; HambKommInsO/*Undritz* EuInsVO 2000 Art. 32 Rn. 3; K. Schmidt/*Undritz* Art. 45 Rn. 6.

[27] So MüKoBGB/*Kindler* Art. 45 Rn. 9.

[28] So auch Konecny/Schubert/*Pogacar* EuInsVO 2000 Art. 32 Rn. 32.

[29] So *Paulus* Art. 45 Rn. 11.

an die Vorschriften zu halten, die die *lex fori concursus* für die Forderungsanmeldung vorsieht, Art. 7 Abs. 2 S. 2 lit. h.[30] Da der anmeldende Verwalter ebenso über eine Liste der Gläubiger verfügt, sind hier sämtliche, den Anforderungen der *lex fori concursus* genügende Vorgehensweisen zulässig.[31] Diese sollten idealerweise zwischen den Verwaltern abgesprochen oder im Rahmen einer Verwaltervereinbarung (sog. *protocol*) vereinbart werden. Das gilt auch für die Frage der Prüfung der Forderung. Das ist jedoch keine Frage des Art. 45, sondern eine Frage der Kooperation nach Art. 41 Abs. 1.[32]

Liegen die Voraussetzungen vor, so ist der Verwalter gemäß dem Wortlaut zur Anmeldung **15 verpflichtet** *("melden an ..., soweit")*. Verletzt der Verwalter diese Pflicht, so haftet er allenfalls den Gläubigern seines Verfahrens gemäß dem Recht seines Verfahrensstaates. Praktisch wird dies jedoch nur zu einer Haftung des Verwalters führen, soweit über eine Quotenanrechnung nach Art. 23 die im Sekundärverfahren erlangten Vorteile bei der Verteilung im Hauptverfahren nicht ausgeglichen werden können. Besteht die Pflichtverletzung in einer Anmeldung, obwohl die Voraussetzungen für eine Anmeldung nicht vorlagen, so sind als Schaden allenfalls die Kosten für die Anmeldung denkbar.

3. Kosten. Mögliche **Kosten** fallen als Masseschulden der Insolvenzmasse des anmeldenden **16** Verwalters zur Last.[33] Eine Umlage der Kosten auf einzelne Gläubiger ist nur denkbar, wenn der Verwalter die Forderung nur für einzelne Gläubiger aufgrund einer rechtsgeschäftlichen Vollmacht vornimmt. Meldet dagegen der Verwalter die Forderungen aus seinem eigenen Verfahren nach Art. 45 Abs. 2 auch in dem anderen Verfahren an, so liegt in der Anmeldung eher eine abwicklungsbezogene Handlung des Insolvenzverwalters, zu der er nach Art. 45 Abs. 2 sogar verpflichtet ist. Denn die Pflicht setzt die Zweckmäßigkeit der Anmeldung voraus, mithin also auch ein Interesse des Verfahrens, aus dem die Anmeldung heraus erfolgt. Die Kosten sind daher als Masseschuld umzulegen, selbst wenn einige Gläubiger der Anmeldung durch den Verwalter widersprechen.

4. Ausübung der Gläubigerrechte. Meldet der Verwalter nach Art. 45 Abs. 2 die Forderun- **17** gen der Gläubiger aus seinem Verfahren in dem anderen Insolvenzverfahren an, so darf er auch die aus der Anmeldung folgenden **Gläubigerrechte** wahrnehmen. Hierzu gehören das Recht auf Teilnahme an Gläubigerversammlungen, auf Information, insbesondere in Form des Akteneinsichtsrechts sowie ein Äußerungsrecht in der Gläubigerversammlung.[34] Zu den Rechten, die der Verwalter nach Art. 45 Abs. 2 ausüben darf, gehören auch die **Stimmrechte,** die die Forderungsanmeldung für den Gläubiger gewährt.[35] Soweit die Ausübung von Stimmrechten von Teilen der Literatur abgelehnt wird, bezieht sich diese Ablehnung auf die durch Art. 45 Abs. 3 gewährten Mitwirkungsrechte.[36] Diese sind jedoch gesondert zu betrachten, weil sich diese nicht aus einer Forderungsanmeldung herleiten, sondern dem Verwalter unabhängig von einer Forderungsanmeldung zustehen.

Insoweit besteht der maßgebliche Unterschied zwischen den vertretenen Auffassungen in **18** einem unterschiedlichen Verständnis des Zusammenspiels zwischen Art. 45 Abs. 2 und Art. 45 Abs. 3. Ein Teil der Literatur sieht in Art. 45 Abs. 2 offensichtlich ausschließlich das Recht auf Anmeldung, während die sonstigen Mitwirkungsrechte sich aus Art. 45 Abs. 3 ergeben. Richtigerweise regelt Art. 45 Abs. 3 jedoch die Mitwirkungsrechte, die sich allein aus der Verwalterposition heraus ergeben (unabhängig von einer Forderungsanmeldung). Daher macht auch der Wortlaut von Art. 45 Abs. 3 die Mitwirkungsrechte nicht von einer vorherigen Forderungsanmeldung abhängig. Verzichtet beispielsweise der Verwalter auf eine Forderungsanmeldung, weil diese nicht zweckmäßig ist, gewährt Art. 45 Abs. 3 alleine aufgrund der Verwalterstellung die Möglichkeit der Mitwirkung in dem anderen Verfahren. Art. 45 Abs. 3 hat insoweit einen eigenen Regelungsgehalt. Auch ist nicht erkennbar, dass sich Art. 45 Abs. 2 alleine auf das Recht zur Anmeldung

---

[30] Vgl. bereits → Rn. 7.
[31] Konecny/Schubert/*Pogacar* EuInsVO 2000 Art. 32 Rn. 37; Pannen/*Herchen* EuInsVO 2000 Art. 32 Rn. 29.
[32] Vgl. daher auch → Art. 41 Rn. 7 ff.
[33] AA (Kosten des vertretenen Gläubigers): Duursma-Kepplinger/Duursma/Chalupsky/*Duursma-Kepplinger/ Chalupsky* EuInsVO 2000 Art. 32 Rn. 15; Kübler FS Gerhardt, 527, 534; Rauscher/*Mäsch* EuInsVO 2000 Art. 32 Rn. 10; *Paulus* Art. 45 Rn. 11; LSZ/*Smid* EuInsVO 2000 Art. 32 Rn. 10.
[34] Unstrittig wie hier Vallender/*Hübler* Art. 45 Rn. 16: allerdings aus Art. 45 Abs. 3 herleitend: Mankowski/ Müller/Schmidt/*Mankowski* Art. 45 Rn. 57 ff.; *Paulus* Art. 45 Rn. 17; MüKoBGB/*Kindler* Art. 45 Rn. 17; Pannen/*Herchen* EuInsVO 2000 Art. 32 Rn. 43; Konecny/Schubert/*Pogacar* EuInsVO 2000 Art. 32 Rn. 70 ff.; *Geroldinger,* Verfahrenskoordination, S. 341 ff.
[35] So auch – allerdings auch in Bezug auf Art. 45 Abs. 3 – Pannen/*Herchen* EuInsVO 2000 Art. 32 Rn. 45; HKInsO/*Schultz* Art. 45 Rn. 9; kritisch Mankowski/Müller/Schmidt/*Mankowski* Art. 45 Rn. 59 ff.
[36] Vgl. *Paulus* Art. 45 Rn. 18; MüKoBGB/*Kindler* Art. 45 Rn. 17; Konecny/Schubert/*Pogacar* EuInsVO 2000 Art. 32 Rn. 67 ff.; *Geroldinger,* Verfahrenskoordination, S. 343 f.; Haß/Huber/Gruber/Heiderhoff/*Heiderhoff* EuInsVO 2000 Art. 32 Rn. 45; *Beck* NZI 2006, 613.

beschränkt, ohne dass der Verwalter die sich hieraus ergebenden, weiteren Rechte nicht mehr wahrnehmen dürfte. Etwas anderes ergibt sich auch nicht aus der Tatsache, dass das noch in Art. 25 Abs. 2 des Vorentwurfes von 1992 enthaltene Stimmrecht in der EuInsVO nicht übernommen wurde.[37] Denn aus der Streichung des Zusatzes lässt sich jedenfalls keine Intention des Verordnungsgebers herleiten, der Verwalter sei zur Ausübung des Stimmrechts nicht befugt. Bedauerlich ist, dass der Verordnungsgeber auch im Rahmen der Reform der EuInsVO keine Klarstellung dieser strittigen Frage vorgenommen hat, zumal die Koordination von Haupt- und Sekundärverfahren Gegenstand vieler Änderungen ist und die Ausübung von Stimmrechten in dem anderen Verfahren dem jeweils anderen Verwalter Mitwirkungsrechte sichert. Gerade die Form der Einflussnahme über die Stimmrechte hätte sich für die Koordination angeboten,[38] weil sich die hieraus ergebenden Rechte aus dem nationalen Recht hätten herleiten lassen, und eigene materiell-rechtliche Regelungen in der EuInsVO überflüssig gemacht hätten.

19 Die Ausgestaltung dieser Rechte wiederum ergibt sich aus der jeweils anwendbaren *lex fori concursus*. Auch einer rechtsgeschäftlichen Vollmacht bedarf es für die von dem Verwalter angemeldeten Forderungen aufgrund der Ermächtigungsfiktion in Art. 45 Abs. 2 nicht, auch wenn diese oftmals empfohlen wird.[39] In einem deutschen Insolvenzverfahren sind die durch den ausländischen Verwalter angemeldeten Forderungen dergestalt aufzunehmen, dass der ausländische Verwalter als bevollmächtigter Vertreter aufgeführt wird.[40]

20 **5. Bedeutung für die Praxis.** Die in der Vorschrift nicht bedachten praktischen Schwierigkeiten haben dazu geführt, dass die Möglichkeiten der gegenseitigen Anmeldung in der Praxis weitgehend nicht wahrgenommen werden.[41] Die Mitgliedstaaten sehen unterschiedliche Anmeldefristen vor, die zudem bisweilen als Ausschlussfristen ausgestaltet sind mit der Folge, dass die Forderung nicht mehr geltend gemacht werden kann, wenn die Frist versäumt wurde. Diese bleiben von der Vorschrift unberührt.[42] Ein Gläubiger darf und kann sich daher nicht darauf verlassen, dass der Verwalter die Anmeldung für zweckmäßig halten wird und durch die fristgemäße Anmeldung seiner Forderung im inländischen Verfahren auch die Frist für das ausländische Verfahren gewahrt werden wird, sodass er praktisch gezwungen sein wird, doch wieder seine Forderung auch in den anderen Verfahren anzumelden, was den Zweck von Art. 45 Abs. 2 konterkariert. Darauf, wie dieses Zeitproblem zu lösen ist, gibt Art. 45 leider keine Antwort. Sinnvoll wäre gewesen, die maximale Anmeldefrist in allen Mitgliedstaaten zu vereinheitlichen und sodann vorzuschreiben, dass eine fristgemäße Anmeldung in einem Verfahren auch für das ausländische die eventuelle später erfolgende Anmeldung durch den Verwalter noch als fristgemäß gelten zu lassen. Zweckmäßigerweise sollte der Verwalter eines deutschen Verfahrens auf Ausschlussfristen in einem ausländischen Parallelverfahren hinweisen und, soweit die Anmeldefrist im ausländischen Verfahren erst nach dem Berichtstermin nach § 156 InsO abläuft, die Frage im Berichtstermin mit den Gläubigern erörtern, um zu einem koordinierten Vorgehen zu gelangen. Eine möglicherweise Schadensersatzansprüche auslösende Pflicht des Verwalters zur Anmeldung der Forderungen in den anderen Verfahren lässt sich jedenfalls aus Art. 45 nicht herleiten. Denn die Vorschrift soll weitere Optionen der vereinfachten Forderungsanmeldung in internationalen Fällen schaffen, nicht hingegen die Gläubiger von ihrer Verantwortung entbinden, sich um eine Anmeldung ihrer Forderung auch in den anderen Verfahren zu bemühen.[43]

IV. Mitwirkungsrechte (Abs. 3)

21 Art. 45 Abs. 3 räumt dem Verwalter zudem das Recht ein, an dem anderen Verfahren „wie ein Gläubiger" mitzuwirken. Die Vorschrift räumt dem Verwalter Mitwirkungsrechte unabhängig davon

---

[37] Abgedr. in ZIP 1992, 1197; kritisch zur Streichung auch *Balz* ZIP 1996, 954; *Wimmer* ZIP 1998, 988.
[38] So damals auch bereits *Balz* ZIP 1996, 954 und *Wimmer* ZIP 1998, 988.
[39] An der in der Vorauflage noch vertretenen Empfehlung, sich vorsorglich eine rechtsgeschäftliche Vollmacht ausstellen zu lassen, hält der Verfasser nicht mehr fest; so aber noch: Geimer/Schütze/*Heiderhoff*, Int. Rechtsverkehr, B Vor I 20b, EuInsVO 2000 Art. 32 Rn. 3; HKInsO/*Schultz* Art. 45 Rn. 9; *Kemper* ZIP 2001, 1609, 1620; Rauscher/*Mäsch* EuInsVO 2000 Art. 32 Rn. 13; MüKoBGB/*Kindler* Art. 45 Rn. 18; HambKommInsO/*Undritz* Art. 32 Rn. 8.
[40] Vgl. § 175 InsO, allgemein zur Führung der Insolvenztabelle *Breuer*, Insolvenzrechts-Formularbuch, S. 246; *Uhlenbruck* § 175 Rn. 9.
[41] Vgl. die Feststellungen im *Vienna Report*, Hess/Oberhammer/Pfeiffer European Insolvency Law, dort die jeweiligen Berichte aus den Mitgliedstaaten zur Frage 35.
[42] So *Virgos/Schmit*, Erläuternder Bericht, Rn. 238.
[43] AA Mankowski/Müller/Schmidt/*Mankowski* Art. 45 Rn. 54, der den Verwalter verpflichtet sieht, wenn dies für die Gläubiger vorteilhaft ist; für eine generelle Pflicht *Beck* NZI 2007, 1, 6; *Geroldinger*, Verfahrenskoordination, S. 317.

ein, ob er Forderungen der Gläubiger nach Art. 45 Abs. 2 angemeldet hat. Hat der Verwalter dagegen nach Art. 45 Abs. 2 die Forderungen der Gläubiger aus seinem Verfahren angemeldet, so kann er auch die weiteren, daraus folgenden Gläubigerrechte in dem anderen Verfahren wahrnehmen. Seine Mitwirkungsrechte ergeben sich dann aus Art. 45 Abs. 2 (vgl. → Rn. 17 f.).

Liegt keine Forderungsanmeldung vor oder stützt sich der Verwalter nicht auf von ihm angemeldete Forderungen, so gewährt Art. 45 Abs. 3 dem Verwalter eigene Mitwirkungsrechte. Welche Rechte hiervon erfasst werden, bleibt nach dem Wortlaut des Art. 45 Abs. 3 leider offen. Ausdrücklich erwähnt ist lediglich die Teilnahme an der Gläubigerversammlung. Unbestritten ist, dass der Verwalter darüber hinaus sich in der Gläubigerversammlung äußern darf und ihm daher auch die Informationsrechte, insbesondere Akteneinsichtsrechte zustehen.[44] Stimmrechte stehen ihm nach Art. 45 Abs. 3 jedoch in der Gläubigerversammlung nicht zu. Diese kann der Verwalter wiederum nur über eine Forderungsanmeldung nach Art. 45 Abs. 2 herleiten. 22

Ungeachtet der in Art. 45 Abs. 3 geregelten Teilnahmerechte, können dem Insolvenzverwalter des jeweils anderen Verfahrens jedoch aufgrund der Verordnung noch weitere Mitwirkungsrechte zustehen. So verfügte der Verwalter des Hauptinsolvenzverfahrens gemäß Art. 47 beispielsweise über das Recht, einen Insolvenzplan vorzuschlagen (vgl. Art. 47). Darüber hinaus kann der Verwalter des Hauptverfahrens die Aussetzung der Verwertung im Sekundärinsolvenzverfahren beantragen (vgl. Art. 46). 23

Art. 46 Aussetzung der Verwertung der Masse

(1) ¹Das Gericht, welches das Sekundärinsolvenzverfahren eröffnet hat, setzt auf Antrag des Verwalters des Hauptinsolvenzverfahrens die Verwertung der Masse ganz oder teilweise aus. ²In diesem Fall kann das Gericht jedoch vom Verwalter des Hauptinsolvenzverfahrens verlangen, alle angemessenen Maßnahmen zum Schutz der Interessen der Gläubiger des Sekundärinsolvenzverfahrens sowie einzelner Gruppen von Gläubigern zu ergreifen. ³Der Antrag des Verwalters des Hauptinsolvenzverfahrens kann nur abgelehnt werden, wenn die Aussetzung offensichtlich für die Gläubiger des Hauptinsolvenzverfahrens nicht von Interesse ist. ⁴Die Aussetzung der Verwertung der Masse kann für höchstens drei Monate angeordnet werden. ⁵Sie kann für jeweils denselben Zeitraum verlängert oder erneuert werden.

(2) Das Gericht nach Absatz 1 hebt die Aussetzung der Verwertung der Masse in folgenden Fällen auf:
a) auf Antrag des Verwalters des Hauptinsolvenzverfahrens,
b) von Amts wegen, auf Antrag eines Gläubigers oder auf Antrag des Verwalters des Sekundärinsolvenzverfahrens, wenn sich herausstellt, dass diese Maßnahme insbesondere nicht mehr mit dem Interesse der Gläubiger des Haupt- oder des Sekundärinsolvenzverfahrens zu rechtfertigen ist.

Literatur: *Beck,* Verwertungsfragen im Verhältnis zwischen Haupt- und Sekundärinsolvenzverfahren nach der EuInsVO, NZI 2006, 609; *Czaja,* Umsetzung der Kooperationsvorgaben durch die Europäische Insolvenzverordnung im deutschen Insolvenzverfahren, zugl. Diss. Univ. Regensburg 2009; *Ehricke,* Das Verhältnis des Hauptinsolvenzverwalters zum Sekundärinsolvenzverwalter bei grenzüberschreitenden Insolvenzen nach der EuInsVO, ZIP 2005, 1104; *ders.,* Zur Einflussnahme des Hauptinsolvenzverwalters auf die Verwertungshandlungen des Sekundärinsolvenzverwalters nach der EuInsVO, ZInsO 2004, 633; *Fehrenbach,* Haupt- und Sekundärinsolvenzverfahren, Tübingen 2014; *Geroldinger,* Verfahrenskoordination im Europäischen Insolvenzrecht – Die Abstimmung von Haupt- und Sekundärinsolvenzverfahren nach der EuInsVO, zugl. Diss. Univ. Wien 2009; *INSOL Europe,* Article 31 EC Regulation 1346/2000: Proposal for amendment, IILR 2013, 44; *dies.,* Revision of the European Insolvency Regulation; *Oberhammer,* Zur internationalen Anfechtungsbefugnis des Sekundärverwalters nach Europäischem Insolvenzrecht, KTS 2008, 279, 291; *ders.,* Von der EuInsVO zum europäischen Insolvenzrecht – Eine Zwischenbilanz über rechtspolitische Gestaltungsmittel und Ziele, KTS 2009, 56 f.; *Paulus,* EuInsVO: Änderungen am Horizont und ihre Auswirkungen, S. 12; *Pogacar,* Rechte und Pflichten des Hauptverwalters im Sekundärverfahren, NZI 2011, 49; *Schmitz,* Dingliche Mobiliarsicherheiten im internationalen Insolvenzrecht, S. 114 ff.; *Schmüser,* Das Zusammenspiel zwischen Haupt- und Sekundärinsolvenzverfahren nach der EuInsVO, zugl. Diss. Univ. Hamburg 2009; *Sommer,* Zu den Einflussmöglichkeiten des Hauptverwalters auf das Sekundärverfahren, ZInsO 2005, 1137; *Staak,* Mögliche Probleme der Koordination von Haupt- und Sekundärinsolvenzverfahren nach der Europäischen Insolvenzverordnung (EuInsVO), NZI 2004, 480; *Vallender,* Die Aussetzung der Verwertung nach Art. 33 EuInsVO in einem deutschen Sekundärinsolvenzverfahren, in: Haarmeyer/Hirte/Kirchhof/Graf von Westphalen, Verschuldung, Haftung, Vollstreckung, Insolvenz: FS Gerhard Kreft zum 65. Geburtstag, 1. Aufl. 2004; *ders.,* Gerichtliche Kommu-

---

[44] So auch *Virgos/Schmit,* Erläuternder Bericht, Rn. 240; die vergleichbare Vorschrift des Regierungsentwurfes, § 397, BT-Drs. 12/2443, 70, 246 v. 15.4.1992, war insoweit genauer, als sie dem Verwalter ausdrücklich Stimmrechtsvollmacht verlieh.

nikation und Kooperation bei grenzüberschreitenden Insolvenzverfahren im Anwendungsbereich der EuInsVO – eine neue Herausforderung für Insolvenzgerichte, KTS 2008, 69; *Wimmer*, in: Gerhardt/Haarmeyer/Kreft (Hrsg.), Insolvenzrecht im Wandel der Zeit, FS Hans-Peter Kirchhof zum 65. Geburtstag, S. 531.

Übersicht

	Rn.		Rn.
I. Normzweck	1	c) Voraussetzungen für einen Verlängerungsantrag	9
II. Aussetzung (Abs. 1)	4	d) Geltung bereits im Eröffnungsverfahren	10
1. Voraussetzungen	4	2. Rechtsfolgen	11
a) Antrag	4	a) Aussetzung der Verwertung	11
b) Interessen der Gläubiger des Hauptverfahrens	6	b) Schutzmaßnahmen	15
		c) Dauer und Verlängerung	16
		III. Aufhebung (Abs. 2)	17

I. Normzweck

1   Art. 46 ist – neben Art. 47 – die Norm, die konkret die Koordination der Abwicklung zwischen dem Haupt- und dem oder den Sekundärverfahrens regelt.[1] Art. 46 betrifft hierbei den Fall, dass es in dem Sekundärverfahren zu einer Liquidation der Insolvenzmasse kommt, während Art. 47 die Abwicklung des Sekundärverfahrens ohne Liquidation, also durch Insolvenz- oder Sanierungspläne betrifft. Da eine Liquidation der Insolvenzmasse des Sekundärverfahrens eine mögliche Sanierung des Schuldners im Hauptverfahren erheblich behindert, gegebenenfalls sogar verhindern kann, soll der Verwalter des Hauptverfahrens den Zerschlagungsmechanismus stoppen können.[2] Dies ist beispielsweise geboten, wenn die Vermögensmasse des Sekundärverfahrens für eine Sanierung benötigt wird, oder wenn ein asset deal bezüglich des gesamten Unternehmensvermögens einschließlich der Produktions- oder Betriebsstätten aus dem Sekundärverfahrensstaat geplant ist.[3] Art. 46 soll daher dem Verwalter des Hauptverfahrens die ihm nach dem Recht des Hauptverfahrensstaates möglichen Gestaltungsvarianten zur Abwicklung der Insolvenz erhalten.

2   Art. 46 ist eine **Sachnorm**, die abweichende Vorschriften des Insolvenzrechts des Sekundärverfahrensstaates verdrängt.[4] Unabhängig davon, ob und unter welchen Voraussetzungen das Recht des Sekundärverfahrensstaates eine Aussetzung der Verwertung in einem Liquidationsverfahren vorsieht, kann der Verwalter die Aussetzung nach Art. 33 beantragen. Sowohl Voraussetzungen als auch Rechtsfolgen des Art. 33 sind daher aus der Verordnung heraus zu entwickeln.

3   Im Rahmen der **Reform der EuInsVO**[5] sind keine Änderungen gegenüber der Vorgängernorm Art. 33 EuInsVO 2000 vorgenommen worden. Der *Vienna Report* hatte zwei Änderungen vorgeschlagen. Zum einen sollte die Aussetzung nicht nur auf Verwertungsmaßnahmen beschränkt werden, sondern sich auf alle Maßnahmen oder sogar das Verfahren selbst erstrecken. Zum anderen sollten die beiden Prüfungsmaßstäbe in Abs. 1 und 2 für die Aussetzungsentscheidung angepasst werden.[6] Die Kommission hatte den ersten Vorschlag aufgegriffen, die unterschiedlichen Prüfungsstandards in Abs. 1 und 2 jedoch im Ergebnis unverändert belassen. Demnach sah Art. 33 EuInsVO-KomE bei ansonsten gleichem Wortlaut vor, dass das Gericht des Sekundärverfahren selbst (und

---

[1]   *Ahrens*, Rechte und Pflichten ausländischer Insolvenzverwalter, S. 312; Duursma-Kepplinger/Duursma/Chalupsky/*Duursma-Kepplinger/Chalupsky* EuInsVO 2000 Art. 33 Rn. 2; *Ehricke* ZInsO 2004, 633; Geimer/Schütze/*Heiderhoff*, Int. Rechtsverkehr, B Vor I 20b, EuInsVO 2000 Art. 33 Rn. 1; HKInsO/*Schultz* Art. 46 Rn. 2; KPB/*Flöther* Art. 46 Rn. 2; *Leible/Staudinger* KTS 2000, 533, 569; Rauscher/*Mäsch* EuInsVO 2000 Art. 33 Rn. 2; MüKoBGB/*Kindler* Art. 46 Rn. 1 ff.; Vallender/*Hübler* Art. 46 Rn. 1; LSZ/*Smid* EuInsVO 2000 Art. 33 Rn. 1; *Vallender* KTS 2005, 283, 303; *Beck* NZI 2006, 611.
[2]   So auch HKInsO/*Schultz* Art. 46 Rn. 3.
[3]   Duursma-Kepplinger/Duursma/Chalupsky/*Duursma-Kepplinger/Chalupsky* EuInsVO 2000 Art. 33 Rn. 4; Vallender/*Hübler* Art. 46 Rn. 2; FKInsO/*Wenner/Schuster* Art. 46 Rn. 1; Geimer/Schütze/*Heiderhoff*, Int. Rechtsverkehr, B Vor I 20b, EuInsVO 2000 Art. 33 Rn. 1; *Herchen* ZInsO 2004, 345, 351; HKInsO/*Schultz* Art. 46 Rn. 3; *Israel*, Insolvency Regulation, S. 304; Rauscher/*Mäsch* EuInsVO 2000 Art. 33 Rn. 2; MüKoBGB/*Kindler* Art. 46 Rn. 3; LSZ/*Smid* EuInsVO 2000 Art. 33 Rn. 5; *Staak* NZI 2004, 480, 485; *Vallender* KTS 2005, 283, 303; Bork/van Zwieten/*Dammann* Art. 46 Rn. 46.03.
[4]   HKInsO/*Schultz* Art. 46 Rn. 3; Rauscher/*Mäsch* EuInsVO 2000 Art. 33 Rn. 1; MüKoBGB/*Kindler* Art. 46 Rn. 1; Vallender/*Hübler* Art. 46 Rn. 3; Mankowski/Müller/Schmidt/*Mankowski* Art. 46 Rn. 4.
[5]   Vgl. zur Reform der EuInsVO grundsätzlich → Vor Art. 1 Rn. 11 ff.
[6]   Vgl. Hess/Oberhammer/Pfeiffer/*Oberhammer*, European Insolvency Law, Rn. 923 ff.; vgl. auch *INSOL Europe*, Revision of the EIR, Rn. 33.1.

nicht nur die Verwertung) aussetzen darf. Dies ist letztlich vom Rat jedoch nicht übernommen worden wie sich bei Art. 46 zeigt.

II. Aussetzung (Abs. 1)

1. Voraussetzungen. a) Antrag. Voraussetzung der Aussetzung der Verwertung im Sekundär- 4 verfahren ist zunächst ein entsprechender **Antrag des Verwalters des Hauptverfahrens**. Richtigerweise wird man die Antragsberechtigung aber auch schon dem vorläufigen Verwalter des Hauptverfahrens zubilligen müssen, wenn im Hauptverfahren zugleich ein Vermögensbeschlag erfolgt ist.[7] Zwar gelten die Art. 41 ff. ausdrücklich nur für Sekundärverfahren, also erst nach Eröffnung des Hauptverfahrens (Art. 50). Aufgrund der *Eurofood*-Rechtsprechung des EuGH[8] und der in Folge dazu vorgenommenen Änderungen in Art. 2 Nr. 5 ist jedoch der Begriff der Eröffnung im Sinne der Verordnung bereits dann erfüllt, wenn der Schuldner seine Befugnis zur Verwaltung des Vermögens verliert.[9]

Art. 46 Abs. 1 S. 1 setzt hierbei voraus, dass der Antrag bei dem Gericht gestellt werden muss, 5 welches das Sekundärverfahren eröffnet hat, da es sich insoweit um eine verfahrensleitende Verfügung des Insolvenzgerichts handelt. Die Vorschrift beinhaltet insoweit auch die örtliche und sachliche **Zuständigkeit** des Gerichts für eine Entscheidung nach Art. 46.[10] Ansonsten gelten für das Antragsverfahren die allgemeinen verfahrensrechtlichen Vorgaben der *lex fori concursus secundarii*. Daher wird in der Regel auch dem Verwalter des Sekundärverfahrens rechtliches Gehör einzuräumen sein, zumal diesem nach Art. 46 Abs. 2 lit. b das Antragsrecht zur Aufhebung der Aussetzung zusteht.

b) Interessen der Gläubiger des Hauptverfahrens. Dem Antrag des Verwalters des Haupt- 6 verfahrens ist grundsätzlich stattzugeben. Das ergibt sich aus der Formulierung in Art. 46 Abs. 1 S. 3, wonach der Antrag nur abgelehnt werden kann, wenn die Aussetzung **offensichtlich** nicht im **Interesse der Gläubiger des Hauptverfahrens** liegt. Bei der Beurteilung, welche Interessen hierbei zu berücksichtigen sind, sind die Zielsetzungen des Rechts des Hauptverfahrensstaates zu berücksichtigen.[11] Maßstab für das Interesse der Gläubiger des Hauptverfahrens ist daher nicht alleine die bestmögliche Befriedigung der Gläubiger. Die bestmögliche Befriedigung der Gläubiger ist das vorrangige Ziel eines deutschen Insolvenzverfahrens. Die Konzeption des deutschen Gesetzgebers kann jedoch für Zwecke der vertragsautonom auszulegenden Verordnung nicht verallgemeinert werden. Andere Mitgliedstaaten stellen die bestmögliche Befriedigung der Gläubiger hinter anderen Interessen, beispielsweise dem Arbeitnehmer am Erhalt des Unternehmens, zurück. Auch derartige, von dem nationalen Gesetzgeber des Mitgliedstaates anerkannte Interessen sind zu berücksichtigen, zumal es sich auch um Interessen der Gläubiger, nämlich der Arbeitnehmer eines Unternehmens, handelt. Im Hinblick auf die der Verordnung immanenten Anerkennung der Verfahren der anderen Mitgliedstaaten, sind freilich auch die dort formulierten Verfahrenszwecke im Rahmen des Art. 46 zu berücksichtigen.

Der Wortlaut „**offensichtlich**" unterstreicht, dass eine Ablehnung des Antrags des Verwalters 7 nur in Ausnahmefällen, nämlich bei einem offensichtlichen Handeln gegen die Interessen der Gläubiger, gerechtfertigt ist. Es wird unterstellt, dass der Verwalter des Hauptverfahrens im Interesse der Gläubiger des Hauptverfahrens handelt.[12] Man wird daher von dem Verwalter des Hauptverfahrens allenfalls verlangen dürfen, dass er die Interessen der Gläubiger des Hauptverfahrens lediglich plausibilisiert, nicht jedoch im Einzelnen substantiiert vorträgt.[13] Ansonsten würde die in Art. 46 Abs. 1 S. 3 enthaltene Vermutung zugunsten der Interessen auf Aussetzung konterkariert. Im Ergebnis wird der (erste) Aussetzungsantrag daher nur in Fällen des Rechtsmissbrauchs abgelehnt werden können.[14] Dadurch ist sichergestellt, dass die Verwertung – zumindest vorübergehend – blockiert ist.

---

[7] *Geroldinger,* Verfahrenskoordination, S. 353; aA Pannen/*Herchen* EuInsVO 2000 Art. 33 Rn. 10; Konecny/ Schubert/*Pogacar* EuInsVO 2000 Art. 33 Rn. 9.
[8] Vgl. EuGH, Urt. v. 2.5.2006, Rs. C-341/04 *(Eurofood),* NZI 2006, 360, 362 Rn. 54; vgl. auch → Art. 2 Rn. 23.
[9] Vgl. hierzu auch → Art. 2 Rn. 23.
[10] *Geroldinger,* Verfahrenskoordination, S. 353; Pannen/*Herchen* EuInsVO 2000 Art. 33 Rn. 7.
[11] So auch *Geroldinger,* Verfahrenskoordination, S. 144, 145; *Virgos/Garcimartin,* Insolvency Regulation, Rn. 453.; Vallender/*Hübler* Art. 46 Rn. 11; KPB/*Flöther* Art. 46 Rn. 13; aA MüKoBGB/*Kindler* Art. 46 Rn. 8 ff.
[12] *Beck* NZI 2006, 609, 611; *Ehrike* ZInsO 2004, 633; 636; HKInsO/*Schultz* Art. 46 Rn. 8; Mankowski/ Müller-Schmidt/*Mankowski* Art. 46 Rn. 22 ff.; Moss/Fletcher/*Isaacs,* EU Regulation, EuInsVO 2000 Art. 33 Rn. 8.415; HambKommInsO/*Undritz* EuInsVO 2000 Art. 33 Rn. 8.
[13] HKInsO/*Stephan* Art. 33 Rn. 7; Vallender/*Hübler* Art. 46 Rn. 4; aA wohl Rauscher/*Mäsch* EuInsVO 2000 Art. 33 Rn. 4; MüKoBGB/*Kindler* Art. 46 Rn. 4; LSZ/*Smid* EuInsVO 2000 Art. 33 Rn. 5.
[14] Allg. Auffassung, allerdings nicht beschränkt auf den Erstantrag, vgl. Ehricke ZInsO 2004, 633; 636; HKInsO/ *Schultz* Art. 46 Rn. 8; Rauscher/*Mäsch* EuInsVO 2000 Art. 33 Rn. 4; MüKoBGB/*Kindler* Art. 46 Rn. 9; *Vallender* KTS 2005, 283, 304; *Beck* NZI 2006, 611; *Sommer* ZInsO, 2005, 1139.

8   Einige der in der Literatur genannten Beispielsfälle stellen zu hohe Hürden für den ersten Aussetzungsantrag (vgl. für spätere Aussetzungsanträge → Rn. 20). So kann das Interesse der Gläubiger des Hauptverfahrens nicht mit dem Argument abgelehnt werden, dass auch das Hauptverfahren auf Liquidation gerichtet sei.[15] Auch im Rahmen einer Liquidation (beispielsweise durch eine übertragende Sanierung des gesamten Geschäftsbetriebs) kann erforderlich sein, die Verwertung einzelner Betriebsteile zu verhindern.[16] Auch die Verhinderung der Verwertung dinglicher Rechte im Sekundärverfahren stellt ein berechtigtes Interesse der Gläubiger des Hauptverfahrens dar.[17] In einem deutschen Sekundärverfahren könnte ein entsprechender Antrag schon deswegen schwerlich zurückgewiesen werden, weil das deutsche Insolvenzrecht bereits die Möglichkeit vorsieht, bestimmte dinglich gesicherte Gläubiger an der Verwertung der Sicherheiten zu hindern[18] und daher das berechtigte Interesse schon vom deutschen Gesetzgeber anerkannt ist.[19] Auch ist nicht erforderlich, dass mit der Verwertung der Masse tatsächlich begonnen wurde oder diese droht.[20] Die dinglichen Gläubiger sind hinreichend geschützt, weil eine Aussetzung der Verwertung grundsätzlich von angemessenen Schutzmaßnahmen abhängig gemacht werden kann.

9   **c) Voraussetzungen für einen Verlängerungsantrag.** Diese Vermutungsregelung zugunsten der Interessen der Gläubiger des Hauptverfahrens ist jedoch aufgrund der geänderten Maßstäbe für die Aufhebung der Anordnung nach Art. 46 Abs. 2 nur für die zeitlich erste (dreimonatige) Anordnung anzuwenden.[21] Andernfalls stünde die Vermutungsregelung in einem nicht lösbaren Widerspruch zu der Tatsache, dass für die spätere Aufhebung der Anordnung nach Abs. 2 andere Voraussetzungen gelten, insbesondere die Interessen der Gläubiger des Sekundärverfahrens gleichberechtigt neben den Interessen der Gläubiger des Hauptverfahrens genannt werden (vgl. → Rn. 14). Bei einer Verlängerung oder Erneuerung des Antrags sind daher über den Wortlaut des Art. 46 Abs. 1 hinaus aber entsprechend dem Wortlaut des Art. 46 Abs. 2 lit. b auch die Interessen der Gläubiger des Sekundärverfahrens zu berücksichtigen.

10 **d) Geltung bereits im Eröffnungsverfahren.** Art. 46 Abs. 1 setzt seinem Wortlaut nach zwar die Eröffnung des Sekundärverfahrens voraus. Die Vorschrift gilt in analoger Anwendung bereits im Insolvenzeröffnungsverfahren, wenn der dortige Verwalter bereits zu diesem Zeitpunkt Verwertungshandlungen vornehmen kann, die den Interessen des Hauptverfahrens zuwiderlaufen.[22]

11 **2. Rechtsfolgen. a) Aussetzung der Verwertung.** Rechtsfolge ist die Anordnung der **Aussetzung der Verwertung** durch das Insolvenzgericht. Der Begriff ist autonom auszulegen.[23] Allerdings fehlen bisher konkretere Bestimmungen, was unter Aussetzung der Verwertung zu verstehen ist. Unstreitig sind darunter zunächst die Handlungen des Insolvenzverwalters zu verstehen, durch die Massegegenstände veräußert werden.[24] Aus dem Wortlaut ergibt sich zudem, dass die Verwertung „ganz oder teilweise" ausgesetzt werden kann. Die ganze Aussetzung der Verwertung bedeutet jedoch nicht, dass das Sekundärverfahren insgesamt ausgesetzt werden kann, sondern nur, dass die Verwertungshandlungen selbst ausgesetzt werden können.[25] Art. 46 erlaubt jedoch keine Einschränkung bezüglich der Verwendung der Massegegenstände des Sekundärverfahrens, solange die Verwendung durch außerordentliche Abnutzung einer Entwertung des Vermögensgegenstandes nicht gleichsteht.[26]

---

[15] So aber Uhlenbruck/*Lüer* EuInsVO 2000 Art. 33 Rn. 1; aA auch MüKoBGB/*Kindler* Art. 46 Rn. 9.

[16] Ebenso Duursma-Kepplinger/Duursma/Chalupsky/*Duursma-Kepplinger/Chalupsky* EuInsVO 2000 Art. 33 Rn. 4; Rauscher/*Mäsch* EuInsVO 2000 Art. 33 Rn. 5; MüKoBGB/*Kindler* Art. 46 Rn. 9.

[17] AA Duursma-Kepplinger/Duursma/Chalupsky/*Duursma-Kepplinger/Chalupsky* EuInsVO 2000 Art. 33 Rn. 4; Rauscher/*Mäsch* EuInsVO 2000 Art. 33 Rn. 7; MüKoBGB/*Kindler* Art. 46 Rn. 5.

[18] Vgl. § 30e ZVG, § 169 InsO für die Fälle, in denen dem Verwalter das Verwertungsrecht zusteht; das gilt lediglich nicht, wenn dem Gläubiger das Verwertungsrecht zusteht, vgl. § 166 InsO.

[19] Ungeachtet des kommt es freilich bei der Prüfung immer auf die Interessen des Hauptverfahrens an.

[20] So OLG Graz, Beschl. v. 20.10.2005, 3 R 149/05, NZI 2006, 660.

[21] So wohl auch Gebauer/Wiedmann/*Haubold*, Zivilrecht, EuInsVO 2000 Art. 33 Rn. 238.

[22] So auch HKInsO/*Schultz* Art. 46 Rn. 13; Konecny/Schubert/*Pogacar* EuInsVO 2000 Art. 33 Rn. 41; Pannen/*Herchen* EuInsVO 2000 Art. 33 Rn. 19; wohl auch Mankowski/Müller/Schmidt/*Mankowski* Art. 46 Rn. 73; aA Rauscher/*Mäsch* EuInsVO 2000 Art. 33 Rn. 3; HambKommInsO/*Undritz* EuInsVO 2000 Art. 33 Rn. 5; *Vallender* KTS 2005, 283, 305.

[23] *Ehrike* ZInsO 2004, 633, 634; HKInsO/*Stephan* Art. 33 Rn. 8.

[24] Vgl. § 159 InsO.

[25] Vgl. hierzu die Entscheidungen OLG Graz, Beschl. v. 20.10.2005, 3 R 149/05, ZIP 2006, 1544 sowie LG Leoben, Beschl. v. 31.8.2005, 17 S 56/05, NZI 2005, 646; hierzu *Beck* NZI 2006, 609, 612; vgl. auch MüKoBGB/*Kindler* Art. 46 Rn. 12; *Sommer* ZInsO 2005, 1137 ff.; Konecny/Schubert/*Pogacar* EuInsVO 2000 Art. 33 Rn. 13.

[26] *Geroldinger*, Verfahrenskoordination, S. 347 f.; Pannen/*Herchen* EuInsVO 2000 Art. 33 Rn. 22 ff.

Der durch Art. 46 an sich geschützte *status quo* des Sekundärverfahrens kann jedoch auch durch **12** andere Handlungen als eine Verwertung beeinträchtigt werden, und zwar indem der Geschäftsbetrieb in der Niederlassung selbst stillgelegt wird. Eine Verwertung der Vermögensgegenstände in Form einer sogenannten übertragenden Sanierung ist danach nämlich nicht mehr möglich.[27] Sinnvollerweise sollten nach Art. 46 Abs. 1 daher auch **Stilllegungsmaßnahmen** des Geschäftsbetriebs ausgesetzt werden können, weil andernfalls der mit Art. 46 bezweckte Erhalt der Abwicklungsmöglichkeiten für den Verwalter des Hauptverfahrens nicht erreicht werden könnte.[28] Das ist jedoch entgegen der noch zu Art. 33 EuInsVO 2000 vertretenen Auffassung nicht mehr der Fall. Die englische Fassung von Art. 33 EuInsVO 2000 sprach wörtlich noch von dem „*process of liquidation*", was für einen weiten Verwertungsbegriff sprach und man daher über den Wortlaut der deutschen Fassung der EuInsVO hinausgehen konnte.[29] Im Rahmen der Reform wurde jedoch auch der englische Wortlaut der Vorschrift angepasst, die nunmehr von „*the process of realisation of assets*" spricht. Die Aussetzung der Verwertung ist daher auf die Veräußerung oder einer der Veräußerung gleichstehenden Rechtshandlung beschränkt und kann aufgrund der Änderung des Verordnungstextes nicht mehr auf Stilllegungsentscheidungen erweitert werden.[30] Zu qualitativen Eingriffen in die Liquidationshoheit des Verwalters, wie zB auch die Anordnung einer anderen Art der Verwertung, berechtigt Art. 46 jedoch nicht.[31]

Hingegen ist eine Aussetzung der Liquidation des Umlaufvermögens (Forderungen, Verwertung **13** der Warenvorräte) zum Schutz der Interessen der Gläubiger des Hauptverfahrens in der Regel nicht angezeigt. Dementsprechend kann (und sollte) sich die Aussetzung der Verwertung möglichst auf in dem Beschluss bestimmte Vermögensgegenstände oder Kategorien von Vermögensgegenständen beziehen.[32] Denn Art. 46 erlaubt schon vom Wortlaut her auch nur eine „teilweise" Aussetzung der Verwertung.

Die Interessen der Gläubiger des Sekundärverfahrens, die für die erste Anordnung der Ausset- **14** zung der Verwertung keine Rolle spielen (abgestellt wird nur auf die Interessen der Gläubiger des Hauptverfahrens, vgl. → Rn. 6), sind jedoch für etwaige Schutzmaßnahmen zu beachten. Dabei kann schon nach dem Wortlaut auf die Gesamtheit der Gläubiger, aber auch auf einzelne betroffene Gläubiger abgestellt werden. Für den Begriff des Schutzes der Gläubiger geht es um die aus der konkreten Anordnung des Insolvenzgerichts folgenden Nachteile oder Gefahren zulasten der Gläubiger. Diese müssen auch hinreichend konkret sein. Das allgemeine Risiko, bei einer späteren Verwertung nicht mehr den Verwertungserlös erzielen zu können, der derzeit erreichbar ist, rechtfertigt nicht, eine entsprechende Sicherheitsleistung vom Verwalter des Hauptverfahrens zu verlangen.

b) Schutzmaßnahmen. Im Hinblick auf die so identifizierten Interessen der Betroffenen steht **15** dem Insolvenzgericht des Sekundärverfahrens das Recht zu, von dem Verwalter des Hauptverfahrens alle **„angemessenen Maßnahmen"** zum Schutz der Gläubiger zu verlangen. Es handelt sich hierbei um eine Ermessensentscheidung des Insolvenzgerichts.[33] Als angemessen sind hierbei in jedem Fall die Maßnahmen zu sehen, die das anwendbare Recht des Sekundärverfahrensstaates generell schon für den Fall einer Aussetzung der Verwertung vorsieht. Daher sind dem absonderungsberechtigten Gläubiger die geschuldeten Zinsen aus der Insolvenzmasse zu zahlen, wie der Gesetzgeber nunmehr in Anlehnung an § 169 InsO auch in Art. 102c § 16 EGInsO für das deutsche Recht ausdrücklich geregelt hat.[34] Soweit bei einem deutschen Sekundärverfahren nicht sichergestellt ist, dass die Entschädigungszahlungen an die gesicherten Gläubiger als Masseschuld ausgeglichen werden können, muss der Verwalter des Hauptverfahrens für die Zahlung dieser Entschädigungsleistungen Sicherheit

---

[27] Zu den Zusammenhängen beider Handlungen vgl. Uhlenbruck/*Zipperer* InsO § 157 Rn. 5 ff.; MüKoInsO/*Janssen* § 157 Rn. 16.
[28] So auch *Geroldinger*, Verfahrenskoordination, S. 349.
[29] Vgl. → 3. Aufl., EuInsVO 2000 Art. 33 Rn. 12.
[30] Ebenso iE Mankowski/Müller/Schmidt/*Mankowski* Art. 46 Rn. 45; aA unter Bezug auf den Verfasser aus der Vorauflage Vallender/*Hübler* Art. 46 Rn. 6; Brinkmann/Maesch/*Knof* Art. 46 Rn. 15.
[31] So auch Mankowski/Müller/Schmidt/*Mankowksi* Art. 46 Rn. 30.
[32] HKInsO/*Schultz* Art. 46 Rn. 5.
[33] *Beck* NZI 2006, 609, 611; Duursma-Kepplinger/Duursma/Chalupsky/*Duursma-Kepplinger/Chalupsky* EuInsVO 2000 Art. 33 Rn. 9; HKInsO/*Schultz* Art. 46 Rn. 10; Geimer/Schütze/*Heiderhoff*, Int. Rechtsverkehr, B Vor I 20b, EuInsVO 2000 Art. 33 Rn. 3; Rauscher/*Mäsch* EuInsVO 2000 Art. 33 Rn. 8; Vallender/*Hübler* Art. 46 Rn. 19; Mankowski/Müller/Schmidt/*Mankowski* Art. 46 Rn. 11; *Paulus* Art. 46 Rn. 15; HambKommInsO/*Undritz* EuInsVO 2000 Art. 33 Rn. 6; *Vallender* KTS 2005, 283, 304.
[34] Ebenso FKInsO/*Wenner/Schuster* Art. 46 Rn. 10; Geimer/Schütze/*Heiderhoff*, Int. Rechtsverkehr, B Vor I 20b, EuInsVO 2000 Art. 33 Rn. 3; HKInsO/*Schultz* Art. 46 Rn. 11; *Liersch* NZI 2003, 302, 310; Rauscher/*Mäsch* EuInsVO 2000 Art. 33 Rn. 9; *Paulus* Art. 46 Rn. 16; Vallender/*Hübler* Art. 46 Rn. 20; LSZ/*Smid* EuInsVO 2000 Art. 33 Rn. 8; *Vallender* FS Kreft, 473; die Gesetzgebungskompetenz für diese Regelung ist allerdings fraglich, vgl. Art. 102c § 16 EGInsO Rn. 2.

stellen. Die Form der Sicherheitsleistung liegt im Ermessen des Gerichts.[35] Soweit das Recht des Sekundärverfahrens eine Aussetzung der Verwertung nur gegen Entschädigungsleistung der dinglich gesicherten Gläubiger vorsieht, wie dies nach der Insolvenzordnung der Fall ist,[36] so müssen diese Entschädigungsleistungen sichergestellt sein. Werden durch die Anordnung Stilllegungsmaßnahmen des Verwalters des Sekundärverfahrens unterbunden, so muss der Verwalter des Hauptverfahrens für die zusätzlich entstehenden Masseverbindlichkeiten gegebenenfalls Sicherheit leisten, oder die Insolvenzmasse des Hauptverfahrens mit verpflichten. Zulässig ist auch, dass die Sicherungsmaßnahmen in einem Vertrag zwischen den Verwaltern der Verfahren enthalten sind. Soweit ein solcher Vertrag einen hinreichenden Nachteilsausgleich vorsieht, bedarf es keiner Anordnung von weiteren Schutzmaßnahmen.

16 c) **Dauer und Verlängerung.** Die Aussetzung ist zeitlich unbeschränkt möglich, jedoch jeweils immer nur für eine Periode von maximal drei Monaten.[37] Der Antrag ist daher vor Ablauf der zeitlich beschränkten Anordnung zu wiederholen, wenn die Aussetzung der Verwertung fortdauern soll. Gleichfalls sind vom Gericht bei jedem Antrag die Voraussetzungen sowie die angemessenen Maßnahmen zum Schutz der Interessen der Gläubiger aufs Neue zu prüfen.[38] Allerdings sind bei einer Verlängerung der erstmaligen Anordnung – anders als bei der erstmaligen Anordnung – zusätzlich noch die weitergehenden Anordnungsvoraussetzungen von Abs. 2 von Amts wegen zu berücksichtigen, sodass nunmehr auch die Interessen der Gläubiger des Sekundärverfahrens zu berücksichtigen sind (vgl. hierzu nachfolgend → Rn. 20).

III. Aufhebung (Abs. 2)

17 Die Aussetzung der Verwertung kann vor Ablauf der ohnehin zeitlichen Befristung der Anordnungsmaßnahme vom Insolvenzgericht wieder aufgehoben werden. Stellt der Insolvenzverwalter des Hauptverfahrens einen entsprechenden Antrag, so ist dem ohne weitere Prüfung stattzugeben, da Art. 46 Abs. 2 lit. a insoweit nur den Antrag des Verwalters als Aufhebungsvoraussetzung nennt.

18 Daneben kann die Aufhebung aber auch nach Art. 46 Abs. 2 lit. b von Amts wegen, auf Antrag eines Gläubigers oder auch auf Antrag des Verwalters des Sekundärverfahrens angeordnet werden. Bei einem Antrag dieser Personen sind jedoch weitere Voraussetzungen für die vorzeitige Aufhebung der Anordnung zu prüfen, nämlich dass die Maßnahmen nicht mehr mit den Interessen der Gläubiger im Haupt- oder Sekundärverfahren zu rechtfertigen sei. Der danach **geänderte Prüfungsmaßstab** für die Aufhebung der Anordnung erscheint zunächst merkwürdig.[39] Während bei der ersten Anordnung der Aussetzung nur die Interessen der Gläubiger des Hauptverfahrens zu berücksichtigen sind, sollen für die Aufhebung der Anordnung auch die Interessen der Gläubiger des Sekundärverfahrens berücksichtigt werden. Zudem soll keine Vermutung mehr dahingehend bestehen, dass die Anordnung der Aussetzung im Interesse der Gläubiger des Hauptverfahrens erfolgt (vgl. → Rn. 6 f.). Die Lösung dieses vermeintlichen Widerspruchs liegt in den Worten „nicht mehr" sowie dem Verständnis, dass der in Abs. 1 enthaltene Prüfungsmaßstab auch nur für die erste, nicht aber für nachfolgende wiederholte Anordnungen gilt. Denn bei der ersten Anordnung soll ohne langwierige Prüfung sichergestellt werden, dass der Verwalter des Hauptverfahrens die ohnehin zeitlich begrenzte Aussetzung der Verwertung erhält. Insoweit müssen für den vorläufigen Verwertungsstopp die Interessen der Gläubiger des Sekundärverfahrens zurückstehen. Wird jedoch die Anordnung verlängert oder erneuert, so ist bereits bei der Verlängerung der Prüfungsmaßstab des Abs. 2 zu anzuwenden. Eine Aufhebung setzt in diesen Fällen eine durch Zeitablauf oder durch Eintreten sonstiger Umstände geänderte Einschätzung voraus. Die Änderung dieser Umstände ist durch den Antragsteller darzulegen.

19 Während der **ersten Aussetzungsperiode,** dh in den ersten drei Monaten, wird eine Aufhebung der angeordneten Aussetzung in Anlehnung an die Vermutungsregelung in Abs. 1 nur möglich sein, wenn die Aufhebungsgründe offensichtlich sind.[40] Dazu gehört beispielsweise das Scheitern der Sanierungsbemühungen im Hauptverfahren, mit dem zunächst der Aussetzungsantrag begründet wurde. Anlass zur Aufhebung von Amts wegen kann bestehen, wenn der Verwalter des Hauptverfahrens die vom Insolvenzgericht angeordneten Schutzmaßnahmen, beispielsweise eine Sicherheitsleistung, nicht fristgerecht erbringt.

---

[35] *Virgos/Schmit,* Erläuternder Bericht, Rn. 244; Pannen/*Herchen* EuInsVO 2000 Art. 33 Rn. 36.
[36] Vgl. § 169 InsO; § 30e ZVG.
[37] *Virgos/Schmit,* Erläuternder Bericht, Rn. 245.
[38] HKInsO/*Schultz* Art. 46 Rn. 12; Vallender/*Hübler* Art. 46 Rn. 21.
[39] Zu recht kritisch Geimer/Schütze/*Heiderhoff,* Int. Rechtsverkehr, B Vor I 20b, EuInsVO 2000 Art. 33 Rn. 6.
[40] AA Brinkmann/*Maesch*/Knof Art. 46 Rn. 11; Vallender/*Hübler* Art. 46 Rn. 12, wonach das Insolvenzgericht schon bei der ersten Anordnung die Voraussetzungen für Abs. 2 zu berücksichtigen habe.

Dagegen können die durch Art. 46 Abs. 2 anerkannten gegenläufigen Interessen der Gläubiger 20
des Sekundärverfahrens **ab der zweiten Anordnung der Aussetzung** bereits im Rahmen der
Entscheidung des Gerichts bei der Verlängerungsanordnung nach Art. 46 Abs. 1 berücksichtigt
werden, weil andernfalls das Insolvenzgericht gezwungen wäre, aufgrund der Vermutung nach
Art. 46 Abs. 1 die Aussetzung anzuordnen, gleichzeitig aber wieder aufgrund der nach Art. 46
Abs. 2 zu berücksichtigenden Interessen wieder aufzuheben. Dieser Widerspruch lässt sich nur
durch eine restriktive Auslegung der Vermutungsregelung in Art. 46 Abs. 1 korrigieren (vgl. bereits
→ Rn. 6 ff.). Insoweit muss bei der jeweils späteren Verlängerung der Anordnung die bereits
anhaltende Dauer der Verwertungssperre durch das Insolvenzgericht entsprechend berücksichtigt
werden.

Art. 47 Recht des Verwalters, Sanierungspläne vorzuschlagen

(1) Kann nach dem Recht des Mitgliedstaats, in dem das Sekundärinsolvenzverfahren eröffnet worden ist, ein solches Verfahren ohne Liquidation durch einen Sanierungsplan, einen Vergleich oder eine andere vergleichbare Maßnahme beendet werden, so hat der Verwalter des Hauptinsolvenzverfahrens das Recht, eine solche Maßnahme im Einklang mit dem Verfahren des betreffenden Mitgliedstaats vorzuschlagen.

(2) Jede Beschränkung der Rechte der Gläubiger, wie zum Beispiel eine Stundung oder eine Schuldbefreiung, die sich aus einer im Sekundärinsolvenzverfahren vorgeschlagenen Maßnahme im Sinne des Absatzes 1 ergibt, darf ohne Zustimmung aller von ihr betroffenen Gläubiger keine Auswirkungen auf das nicht von diesem Verfahren erfasste Vermögen des Schuldners haben.

Literatur: *Czaja*, Umsetzung der Kooperationsvorgaben durch die Europäische Insolvenzverordnung im deutschen Insolvenzverfahren, zugl. Diss. Univ. Regensburg 2009; *Ehricke*, Das Verhältnis des Hauptinsolvenzverwalters zum Sekundärinsolvenzverwalter bei grenzüberschreitenden Insolvenzen nach der EuInsVO, ZIP 2005, 1104; *Fehrenbach*, Haupt- und Sekundärinsolvenzverfahren, Tübingen 2014; *Geroldinger*, Verfahrenskoordination im Europäischen Insolvenzrecht – Die Abstimmung von Haupt- und Sekundärinsolvenzverfahren nach der EuInsVO, zugl. Diss. Univ. Wien 2009; *INSOL Europe*, Revision of the European Insolvency Regulation; *Oberhammer*, Zur internationalen Anfechtungsbefugnis des Sekundärverwalters nach Europäischem Insolvenzrecht, KTS 2008, 274, 279; *ders.*, Von der EuInsVO zum europäischen Insolvenzrecht – Eine Zwischenbilanz über rechtspolitische Gestaltungsmittel und Ziele, KTS 2009, 56, 65; *Paulus*, EuInsVO: Änderungen am Horizont und ihre Auswirkungen, S. 12; *Pogacar*, Rechte und Pflichten des Hauptverwalters im Sekundärverfahren, NZI 2011, 49 f.; *Schmüser*, Das Zusammenspiel zwischen Haupt- und Sekundärinsolvenzverfahren nach der EuInsVO, zugl. Diss. Univ. Hamburg 2009; *Seidl/Paulick*, Sekundärinsolvenz und Sanierungsinsolvenzplan: Das Zustimmungserfordernis des Art. 34 Abs. 2 EuInsVO, ZInsO 2010, 125–130; *Staak*, Mögliche Probleme der Koordination von Haupt- und Sekundärinsolvenzverfahren nach der Europäischen Insolvenzverordnung (EuInsVO), NZI 2004, 480; *Werner*, Der Insolvenzplan im Anwendungsbereich der europäischen Insolvenzverordnung; *Wimmer*, in: Gerhardt/Haarmeyer/Kreft (Hrsg.), Insolvenzrecht im Wandel der Zeit, FS Hans-Peter Kirchhof zum 65. Geburtstag, S. 530.

Übersicht

		Rn.			Rn.
I.	Normzweck	1	1.	Allgemeines	12
II.	Zustandekommen von Insolvenzplänen	6	2.	Asset Deal mit dem Verwalter des Hauptverfahrens	13
1.	Anwendbares Recht	6			
2.	Vorschlagsrecht (Abs. 1)	8	3.	Insolvenzplan für eine übertragende Sanierung	16
3.	Bestätigung grenzüberschreitender Insolvenzpläne (Abs. 2)	9	4.	Parallele Insolvenzpläne	17
III.	Unternehmenssanierung bei parallelen Verfahren	12	5.	Einheitlicher Insolvenzplan	19

I. Normzweck

Art. 47 behandelt Fragen der Verfahrenskoordination für den Fall, dass das Schuldnerunterneh- 1
men nicht liquidiert, sondern erhalten werden soll, und daher die Rechtsbeziehungen des Schuldners
mit den Gläubigern im Wege eines Insolvenzplanes oder Sanierungsplanes umgestaltet werden müs-

sen.¹ Wenn die Niederlassung, über deren Vermögen das Sekundärverfahren eröffnet wurde, ebenso wie die Betriebsstätten im Hauptverfahrensstaat erhalten werden soll, scheidet eine Liquidation derselben aus. Es fragt sich dann, wie das Sekundärverfahren abgewickelt werden soll. Art. 47 ergänzt insoweit Art. 46, der die Koordination von Liquidationsmaßnahmen betrifft. Art. 47 enthält insoweit verschiedene **sachrechtliche Regelungen**,² die wiederum das Sachrecht des jeweiligen Sekundärverfahrensstaates verdrängen.

2   Art. 47 beinhaltet zwei Regelungskomplexe. Art. 47 Abs. 1 gewährt dem Insolvenzverwalter das Recht, gemäß der *lex fori secundariae* einen Sanierungsplan, einen Vergleich oder eine andere vergleichbare Maßnahme vorzuschlagen. Art. 47 Abs. 2 beinhaltet eine Regelung bezüglich der territorialen Wirkungen eines nur im Sekundärverfahrensstaat vereinbarten Insolvenzplans. Die Forderungsmodifikationen sind danach territorial auf den Sekundärverfahrensstaat beschränkt. Da das Sekundärverfahren nur das Vermögen im Sekundärverfahrensstaat erfasst, während Forderungsmodifikationen gerade nicht territorial beschränkt sind, bedarf es einer weiteren Wirkungsvoraussetzung, wenn die Wirkungen des Vergleichs über diese territoriale Beschränkung hinausgehen sollen. Als weitere Voraussetzung tritt nach Art. 47 Abs. 2 hinzu, dass eine in dem Vergleich enthaltene Beschränkung der Rechte der Gläubiger nur dann über das nicht von dem Sekundärverfahren erfasste Vermögen des Schuldners hinausgehen darf, wenn alle betroffenen Gläubiger zugestimmt haben. Die Zustimmung aller Gläubiger – ohne Ersetzungsbefugnis – wird aber in der Regel nicht zu erreichen sein, sodass die Regelung daher in der Praxis ins Leere laufen wird (vgl. hierzu → Rn. 9).

3   Damit führt der Verordnungsgeber trotz seiner sonstigen Bemühungen, Unternehmenssanierungen zu erleichtern, ausgerechnet eine Vorschrift fort, die die Möglichkeiten länderübergreifender Sanierung erschwert. Die Regelung war daher (zu Recht) in den ersten Entwürfen der Kommission und des Parlaments nicht enthalten, sondern ist erst mit dem Entwurf des Rates vom 3.6.2014 in das Verordnungsgebungsverfahren eingeführt worden.³ Die Vorschrift steht auch im Widerspruch zur Konzeption der Zusicherung nach Art. 36 und 38, wonach die lokalen Gläubiger nur verlangen können, so gestellt zu werden, wie sie bei Durchführung eines Sekundärverfahrens stehen würden. Darüber hinaus besteht kein Bedürfnis für einen Schutz der lokalen Gläubiger.

4   Sinnvoll wäre hingegen gewesen, in Anlehnung an das synthetische Sekundärverfahren nach Art. 36 ebenfalls ähnliche Regelungen mit dem Vorrang eines Insolvenzplans aus dem Hauptverfahren vorzusehen.⁴ Diese Konzepte weiter zu entwickeln, wird jedoch auch weiterhin Aufgabe der Sanierungspraxis bleiben. Dies wird jedoch – mangels entsprechender Instrumentarien in der Verordnung – jeweils nur auf der Grundlage der allgemeinen Kooperationsregeln der Verordnung (Art. 41) sowie auf Grundlage des jeweiligen nationalen Rechts möglich sein. Findet das Sekundärverfahren in Deutschland statt, bietet zumindest die Insolvenzordnung verschiedene Möglichkeiten, eine Koordination der Sanierungsmaßnahmen im Sekundärverfahren für eine Gesamtsanierung zu ermöglichen (vgl. hierzu → Rn. 12 ff.).

5   Im Rahmen der **Reform der EuInsVO**⁵ wurden Abs. 1 und Abs. 2 der Vorgängervorschrift Art. 34 EuInsVO 2000 weitgehend inhaltsgleich, aber mit geändertem Wortlaut übernommen. Hingegen entfallen ersatzlos sowohl Art. 34 Abs. 1 Unterabs. 2 EuInsVO 2000, der die Bestätigung eines Insolvenzplanes von der Zustimmung des Verwalters des Hauptverfahrens abhängig machte, sowie Art. 34 Abs. 3 EuInsVO 2000, der das Vorschlagsrecht für einen Insolvenzplan im Sekundärverfahren auf den Verwalter des Hauptinsolvenzverfahrens beschränkte, soweit die Verwertung ausgesetzt war.

II. Zustandekommen von Insolvenzplänen

6   **1. Anwendbares Recht.** Art. 47 Abs. 1 stellt klar, dass das Sekundärverfahren keinesfalls mit der Liquidation der Vermögenswerte enden muss, sondern auch eine Umgestaltung der Rechtsbeziehungen des Schuldners möglich ist. Art. 47 Abs. 1 setzt jedoch voraus, dass das Sekundärverfahren nach dem für dieses Verfahren maßgeblichen Recht ohne Liquidation durch einen Sanierungsplan, einen Vergleich oder eine andere vergleichbare Maßnahme beendet werden kann. Damit ist jedoch nicht gemeint, dass das autonome internationale Recht des Sekundärverfahrensstaates ein Insolvenzplanverfahren oder Sanierungsplanverfahren auch in einem Sekundärverfahren für zulässig erachten

---

¹   Duursma-Kepplinger/Duursma/Chalupsky/*Duursma-Kepplinger/Chalupsky* EuInsVO 2000 Art. 34 Rn. 1 f.; HKInsO/*Schultz* Art. 47 Rn. 2; Nerlich/Römermann/*Commandeur* EuInsVO 2000 Art. 34 Rn. 1; Rauscher/*Mäsch* EuInsVO 2000 Art. 34 Rn. 1; MüKoBGB/*Kindler* Art. 47 Rn. 1; *Paulus* Art. 47 Rn. 1; LSZ/ *Smid* EuInsVO 2000 Art. 34 Rn. 1.
²   HKInsO/*Schultz* Art. 47 Rn. 2; KPB/*Flöther* Art. 47 Rn. 2; Vallender/*Hübler* Art. 47 Rn. 2.
³   Zu den einzelnen Entwürfen vgl. → Vor Art. 1 Rn. 13 f.
⁴   Vgl. hierzu schon *Reinhart*, Sanierungsverfahren, S. 309, 311 ff.
⁵   Vgl. zur Reform der EuInsVO grundsätzlich → Vor Art. 1 Rn. 11 ff.

muss.[6] Insoweit verdrängt die EuInsVO die Regelungen der Mitgliedsstaaten aus dem autonomen Recht. Die Einschränkung, dass das Verfahren nach dem Recht des Sekundärverfahrensstaates eine Beendigung durch Insolvenzplan, Sanierungsplan oder vergleichbare Maßnahme vorsehen muss, bezieht sich auf den Verfahrenstyp des Sekundärverfahrens. Denn viele Mitgliedsstaaten sehen für die Insolvenz eines Schuldners unterschiedliche Verfahrenstypen mit unterschiedlichen Zielsetzungen vor. Einige dieser Verfahren sind reine Liquidationsverfahren. Ist ein solches Verfahren eröffnet worden, ist für die Anwendung des Art. 47 kein Raum.

Lässt der Verfahrenstyp des Sekundärverfahrensstaates die Beendigung durch einen Sanierungsplan, Vergleich oder vergleichbare Maßnahme zu, so richten sich freilich alle damit verbundenen Rechtsfragen gemäß Art. 35 nach dem Recht des Sekundärverfahrensstaates *(lex fori concursus secundarii)*. Dieses regelt zunächst grundsätzlich alle Fragen des Verfahrens, die Abstimmungserfordernisse sowie die Wirkungen des Insolvenzplans.[7] Diese Regelungen werden allerdings modifiziert durch die in Art. 47 enthaltenen sachrechtlichen Vorschriften, die in ihrem Anwendungsbereich das Sachrecht des Sekundärverfahrensstaates verdrängen. 7

2. Vorschlagsrecht (Abs. 1). Art. 47 Abs. 1 modifiziert das Planinitiativrecht des Rechts des Sekundärverfahrensstaates. Dieses soll auch dem Verwalter des Hauptverfahrens zustehen.[8] Wie ein Umkehrschluss mit der Regelung des Art. 34 Abs. 3 EuInsVO 2000 bestätigt, soll das Planinitiativrecht dem Verwalter des Hauptverfahrens nicht ausschließlich zustehen, sondern soll zu dem Planinitiativrecht hinzutreten, das nach dem nationalen Recht anderen Beteiligten zusteht. Im Falle eines deutschen Sekundärverfahrens steht daher das Planinitiativrecht abweichend von § 218 Abs. 1 S. 1 InsO nicht nur dem Schuldner und dem Verwalter (des Sekundärverfahrens), sondern auch dem Verwalter des Hauptverfahrens zu. 8

3. Bestätigung grenzüberschreitender Insolvenzpläne (Abs. 2). Art. 47 Abs. 2 enthält eine Sonderregelung für die notwendigen **Mehrheiten bei einem Insolvenzplan** in einem Sekundärverfahren. Danach müssen – abweichend von § 244 InsO – alle Gläubiger zustimmen, wenn sich der Eingriff der Gläubigerrechte nicht nur auf das Gebiet des Sekundärverfahrensstaates beschränken soll, sondern – territorial – auch darüber hinaus gelten soll. Ohne die Zustimmung aller Gläubiger kann ein Insolvenzplan mit einer derartigen Forderungsmodifikation nicht bestätigt werden.[9] Eine Mehrheitsentscheidung reicht mithin nicht. Sie würde den nicht zustimmenden Gläubigern im Ergebnis auch eine bessere Rechtsposition gewähren, da die Forderungsmodifikation in anderen Mitgliedsstaaten nicht anerkannt werden könnte. Zu Recht hat daher der Gesetzgeber in der Umsetzungsvorschrift Art. 102c § 15 EGInsO ebenfalls auf eine Zustimmung durch alle betroffenen Gläubiger abgestellt.[10] 9

Die ratio dieser Sonderregelung soll sich daraus ergeben, dass dem Sekundärverfahren für die Quotenberechnung auch nur die inländischen Vermögenswerte zur Verfügung stehen.[11] Das ist zwar zutreffend, in der Schlussfolgerung allerdings wenig konsequent, da diese Regelung dann freilich auch für einen Insolvenzplan im Hauptverfahrensstaat geltend müsste, dem die Vermögenswerte aus den Sekundärverfahren ebenfalls nicht zur Verfügung stehen. Außerdem führt diese Regelung dazu, dass es aber aus grundsätzlichen Erwägungen praktisch unmöglich wird, parallele Verfahren mit jeweils gesonderten Insolvenzplänen oder Sanierungsplänen abzuschließen.[12] Art. 47 Abs. 2 geht davon aus, dass jede Beschränkung der Rechte der Gläubiger nur Auswirkungen auf das Vermögen des Sekundärverfahrens habe. Forderungsmodifikationen lassen sich jedoch nicht auf eine bestimmte, räumlich definierte Vermögensmasse des Schuldners begrenzen. Forderungen haben keine „physisch, territorial beschränkbare Existenz".[13] Eine Forderungsmodifikation wäre ansonsten für das Schuld- 10

---

[6] So aber scheinbar Mankowski/Müller/Schmidt/*Mankowski* Art. 47 Rn. 3.
[7] Allg. Auffassung, vgl. bereits → Art. 34 Rn. 3; vgl. Pannen/*Herchen* EuInsVO 2000 Art. 34 Rn. 14; zum anwendbaren Recht im Insolvenzplanverfahren allgemein, *Werner,* Der Insolvenzplan, S. 127 ff.
[8] Mankowski/Müller/Schmidt/*Mankowski* Art. 47 Rn. 9; *Virgos/Schmit,* Erläuternder Bericht, Rn. 248.
[9] So die ganz hM, vgl. *Virgos/Schmit,* Erläuternder Bericht, Rn. 250; Haß/Huber/*Heiderhoff* EuInsVO 2000 Art. 34 Rn. 6; *Balz* ZIP 1996, 948, 954; *Wimmer* ZIP 1998, 982, 988; KPB/*Flöther* Art. 47 Rn. 10; Rauscher/*Mäsch* EuInsVO 2000 Art. 34 Rn. 11; LSZ/*Smid* EuInsVO 2000 Art. 34 Rn. 8; MüKoBGB/*Kindler* Art. 47 Rn. 10; HKInsO/*Schultz* Art. 47 Rn. 9; aA Pannen/*Herchen* EuInsVO 2000 Art. 34 Rn. 46; *Eidenmüller* IPRax 2001, 1, 9.
[10] Zu den nach Art. 102c § 15 EGInsO verbleibenden Fragen vgl. dort → Rn. 4.
[11] Vgl. die ähnliche Vorschrift in § 394 des Regierungsentwurfes und deren Begründung, BT-Drs. 12/2443, 70, 245 v. 15.4.1992.
[12] Das wird vielfach übersehen, vgl. auch *Wimmer* ZIP 1998, 982, 988.
[13] Vgl. Stoll/*Flessner,* Stellungnahmen und Gutachten, S. 205; *Reinhart,* Sanierungsverfahren, S. 300 ff.; kritisch ebenfalls Mankowski/Müller/Schmidt/*Mankowski* Art. 47 Rn. 17 f.; aA wohl *Taupitz* ZZP 111 (1998), 315, 348 ff.; *Lüke* ZZP 111 (1998), 275, 307 ff.

nerunternehmen auch nutzlos, weil der Gläubiger in anderen Mitgliedsstaaten als dem Sekundärverfahrensstaat dann seine ursprüngliche Forderung wieder geltend machen könnte (und sei es wiederum nur als Gläubiger in dem Hauptverfahren). Da die in dem Insolvenzplan des Sekundärverfahrens enthaltenen Beschränkungen daher in der Praxis zwingend auch in den anderen Mitgliedsstaaten Wirkungen entfalten müssen, führt Art. 47 Abs. 2 zu einem generellen Einstimmigkeitsprinzip.[14] Damit schränkt Art. 47 Abs. 2 die Möglichkeit der Sanierung durch parallele Sanierungspläne praktisch erheblich ein (vgl. hierzu auch noch → Rn. 17).

11 Des Weiteren lässt sich für einen Insolvenzplan des Sekundärverfahrens regelmäßig keine hypothetische Insolvenzquote ermitteln, die der Forderungsmodifikation zugrunde gelegt werden kann. Denn diese ergibt sich aus einer betriebswirtschaftlichen Prognose über die Fortführung des Unternehmens. Diese Prognose kann jedoch nur für das Gesamtunternehmen getroffen werden und nicht isoliert für die Vermögensgegenstände des Sekundärverfahrens.[15] Nicht lösbare Probleme entstehen auch durch die Mehrfachteilnahme von Gläubigern in Verfahren und aus dem Verhältnis mehrerer Insolvenzpläne zueinander.[16] Die Umgestaltung der Rechtsbeziehungen des Schuldners zu seinen Gläubigern ist daher nur in einem länderübergreifenden, einheitlichen Insolvenzplan möglich.[17] Art. 47 Abs. 2, dh das Erfordernis der Zustimmung jedes einzelnen Gläubigers, sollte daher bei einer teleologischen Auslegung keine Anwendung finden, wenn für die Berechnung der Quote des Insolvenzplans eine Betrachtung des Gesamtunternehmens zugrunde lag, bei dem auch die Vermögenswerte des Hauptverfahrens eingeschlossen waren (vgl. dazu auch noch → Rn. 19).

III. Unternehmenssanierung bei parallelen Verfahren

12 **1. Allgemeines.** Wie bereits ausgeführt (vgl. → Rn. 9), sind territorial beschränkte Forderungsmodifikationen grundsätzlich nicht möglich. Anders als bei einer Liquidation ist daher ein unabhängiger, neben dem Insolvenzplan im Hauptverfahren bestehender Insolvenzplan eines Sekundärverfahrens nicht möglich. Art. 47 Abs. 2 erkennt dies, verlangt aber dann die Zustimmung aller betroffenen Gläubiger, was in der Praxis kaum zu erzielen sein wird. Vielmehr sehen Sanierungsverfahren regelmäßig vor, dass Gläubiger kein Erpressungspotenzial durch eine Ablehnung erhalten, entweder indem nur einfache Mehrheiten vorgesehen werden, oder indem beispielsweise auch die Zustimmung zu einem Insolvenzplan ersetzt werden kann. Da die Verordnung insoweit keine Verfahrensmechanismen oder Sachnormen zur Verfügung stellt, um das Problem einer globalen Unternehmenssanierung bei parallelen Verfahren zu ermöglichen, bedarf es eines Rückgriffs auf die Möglichkeiten, die sich zur Lösung dieser Situation bereits nach dem nationalen Recht anbieten. Für die in Deutschland durchzuführenden Sekundärverfahren bieten sich nach der InsO hierfür die nachfolgend geschilderten Gestaltungsmöglichkeiten an.

13 **2. Asset Deal mit dem Verwalter des Hauptverfahrens.** Um eine Reorganisation des gesamten Unternehmens zu ermöglichen, bietet sich zunächst an, die Pluralität der Verfahren unter Berücksichtigung der Interessen der Gläubiger des Sekundärverfahrens wieder aufzuheben (soweit eine Vermeidung des Sekundärverfahrens durch eine entsprechende Zusicherung nicht möglich war). Dafür kann der Verwalter des Sekundärverfahrens zunächst die gesamte Insolvenzmasse einschließlich der Vertragsbeziehungen auf den Verwalter des Hauptverfahrens gegen einen entsprechenden Kaufpreis übertragen. Damit wäre eine vollständige Liquidation der Vermögenswerte des Sekundärverfahrens erreicht und das Sekundärverfahren könnte nach Verteilung des Verkaufserlöses beendet werden.

14 Hierdurch werden die Interessen der Gläubiger des Sekundärverfahrens auch nicht sachwidrig beeinträchtigt. Wirtschaftlich hängt die Quote der einfachen Insolvenzgläubiger ohnehin davon ab,

---

[14] Duursma-Kepplinger/Duursma/Chalupsky/*Duursma-Kepplinger/Chalupsky* EuInsVO 2000 Art. 34 Rn. 13; FKInsO/*Wenner/Schuster* Art. 47 Rn. 5; Geimer/Schütze/*Heiderhoff*, Int. Rechtsverkehr, B Vor I 20b, EuInsVO 2000 Art. 34 Rn. 6; HKInsO/*Schultz* Art. 47 Rn. 11; KPB/*Flöther* Art. 47 Rn. 12 ff.; Rauscher/ Mäsch EuInsVO 2000 Art. 34 Rn. 11; MüKoBGB/*Kindler* Art. 47 Rn. 11; aA wohl *Paulus* Art. 47 Rn. 15 ff.

[15] Zustimmend *Seidl/Paulick* ZInsO 2010, 125, 129 f.; zwar ist es möglich, für die Niederlassung im Sekundärverfahrensstaat eine betriebswirtschaftliche Auswertung zu erhalten, wie dies beispielsweise für Betriebsstättenbilanzen und -besteuerung geschieht; das Ergebnis der Betriebsstätte hängt jedoch vom Gesamtunternehmen ab, sodass sich – losgelöst von dem Schicksal des Unternehmens im Hauptverfahren – niemals ein betriebswirtschaftliches Ergebnis ermitteln ließe, vgl. *Reinhart*, Sanierungsverfahren, S. 303.

[16] S. hierzu auch *Reinhart*, Sanierungsverfahren, S. 305 ff.

[17] Stoll/*Flessner*, Vorschläge und Gutachten, S. 231; Stoll/*Hanisch*, Vorschläge und Gutachten, S. 214 f.; zu den rechtlichen Rahmenbedingungen eines international einheitlichen Planes vgl. *Reinhart*, Sanierungsverfahren, S. 309 ff.; einen international einheitlichen Insolvenzplan hat es bspw. bei der Sanierung der Maxwell Communication Corporation gegeben, vgl. *Reinhart*, Sanierungsverfahren, S. 270–275; *Göpfert* ZZPInt 1 (1996), 269 ff.

ob und in welchem Umfang Gläubiger aus anderen Mitgliedsstaaten, insbesondere die Gläubiger aus dem Mitgliedstaat des Hauptverfahrens, ihre Forderungen (eventuell auch über den dortigen Verwalter, vgl. Art. 45 Abs. 2) in dem Sekundärverfahren anmelden. Im Ergebnis kann daher der Verwalter des Hauptverfahrens die mögliche Quote für die einfachen Insolvenzgläubiger im Sekundärverfahren steuern und beeinflussen. Was die laufenden Vertragsverhältnisse anbetrifft (deren Allokation zum Haupt- und Sekundärverfahren ohnehin schwierig ist), so lassen sich im Rahmen des Asset Deals entsprechende interne Regelungen für die Fortführung durch den Verwalter des Hauptverfahrens treffen. Anderenfalls könnten die betroffenen Vertragspartner einem Vertragsübergang widersprechen, sodass der Verwalter des Sekundärverfahrens gezwungen wäre, die Erfüllung der Verträge nach den §§ 103 ff. InsO abzulehnen.

Auch aus Sicht des Hauptverfahrens bietet eine solche Vorgehensweise verschiedene Vorteile. **15** Der Insolvenzverwalter des Hauptverfahrens könnte nämlich eine Reorganisation oder Sanierung auf Grundlage eines einzigen Insolvenzplanverfahrens durchführen. Hierbei müssten freilich in Anlehnung an Art. 23 Abs. 2 die Zahlungen an die Gläubiger des Sekundärverfahrens bei der Planverteilung bereits entsprechend berücksichtigt werden. Die Parallelität von zwei nebeneinander bestehenden Insolvenzplänen würde hierdurch jedoch vermieden.

3. Insolvenzplan für eine übertragende Sanierung. Grundsätzlich denkbar wäre auch, **16** Sekundärverfahren durch einen Insolvenzplan zu beenden, mit dem wiederum im Rahmen einer übertragenden Sanierung dem Verwalter des Hauptverfahrens die Insolvenzmasse und Vertragsziehungen aus dem Sekundärverfahren übertragen wird, und im Rahmen dessen Gläubiger des Sekundärverfahrens wiederum Beteiligungsrechte und Mindestgarantien aus dem Hauptverfahren erhalten. Gegenstand des gestaltenden Teils eines solchen Insolvenzplanes wären daher nicht nur die Übertragung der Insolvenzmasse und der Vertragsbeziehungen auf den Verwalter des Hauptverfahrens, sondern eine entsprechende Vereinbarung mit dem Insolvenzverwalter des Hauptverfahrens über die Beteiligung und Berücksichtigung der Ansprüche und Interessen der Gläubiger des Sekundärverfahrens. Ob dies nach dem Recht des Hauptverfahrens überhaupt möglich ist, wäre seitens des Verwalters des Hauptverfahrens zu prüfen. Bei einem Sekundärverfahren in Deutschland stünde jedenfalls das deutsche Insolvenzrecht dem nicht entgegen, da das Insolvenzplanverfahren als flexibles Mittel der Masseverwertung für jede Regelung offensteht. Allerdings zeigt sich hier, dass Art. 47 Abs. 2 einer solchen Vorgehensweise entgegenstehen dürfte, soweit man darin eine Beschränkung der Rechte der Gläubiger sehen würde, weil in diesem Falle ansonsten entgegen den Regelungen in § 244 InsO alle betroffenen Gläubiger dem Insolvenzplan zustimmen müssten. Richtigerweise wird man jedoch in einem Insolvenzplan eines deutschen Sekundärverfahrens keine Beschränkung der Rechte der Gläubiger sehen können, soweit die Vereinbarung mit dem Insolvenzverwalter des Hauptverfahrens jedem Gläubiger eine Rechtsstellung gewährt, die jedenfalls mindestens der Rechtsstellung des Gläubigers im deutschen Sekundärverfahren entspricht. Auch dies dürfte durch entsprechende Vereinbarungen zwischen dem Verwalter des Hauptverfahrens sowie dem Verwalter des Sekundärverfahrens sichergestellt werden können. Denn was die Quote der Sekundärverfahrensgläubiger anbetrifft, so lässt sich diese schon durch eine entsprechende Forderungsanmeldung des Verwalters des Hauptverfahrens – je nach Verteilung der Vermögenswerte auf die beiden Verfahren – so erniedrigen, dass im Sekundärverfahren ohnehin nur eine äußerst geringe Quote erzielt werden könnte. Wichtig erscheint daher die Behandlung der Massegläubiger im Verfahren sowie die Fortführung noch laufender Verträge. Solange der Verwalter des Sekundärverfahrens aber sein Wahlrecht noch nicht ausgeübt hat, wäre die Mindestgarantie, die der Verwalter des Hauptverfahrens geben müsste, dass er mögliche Vertragsbeziehungen allenfalls unter Berücksichtigung der §§ 103 ff. InsO beendet. Hinsichtlich der absonderungsberechtigten Gläubiger müsste vereinbart werden, dass deren Rechte nach § 166 InsO bei der Verwertung zu beachten sind. Zudem müsste als Gerichtsstand für Auseinandersetzungen mit dem Verwalter des Hauptverfahrens die deutsche internationale Zuständigkeit vereinbart werden, um den Gläubigern des Sekundärverfahrens die Rechtsschutzmöglichkeit im Inland, die das Sekundärverfahren gewährt, nicht zu nehmen.

4. Parallele Insolvenzpläne. Die Reorganisation eines internationalen Unternehmens durch **17** mehrere parallele Insolvenzpläne ist praktisch nicht durchführbar.[18] Da jedem Plan nur ein Teil des Schuldnervermögens zugrunde liegt, hat kein Insolvenzplan für sich gesehen die Berechtigung, die Forderungen der Gläubiger zu kürzen. Diese Bedenken gelten nicht nur für den Insolvenzplan des Sekundärverfahrens, sondern gleichermaßen für den Insolvenzplan des Hauptverfahrens. Unklar ist weiter, welche Quote das jeweilige Verfahren zur Kürzung der Forderungen der Gläubiger zugrunde legen darf. Denn für Teile des Unternehmens lässt sich kein selbständiger unabhängiger Fortführungs-

---

[18] Ausführlich *Reinhart*, Sanierungsverfahren, S. 300 ff.

wert ermitteln. Für das Sekundärverfahren stellt sich zudem die Frage, ob es überhaupt berechtigt ist, dort einen Fortführungswert zugrunde zu legen, der eigentlich nur durch die Sanierungsmaßnahmen im Hauptverfahren zustande kommt. Auch eine Mehrfachteilnahme eines Gläubigers ist bei Insolvenzplänen nur schwer zu berücksichtigen. Dies wäre nur durch weitere Gruppenbildungen möglich, sodass die Kürzung der Forderungen aufeinander abgestimmt ist.

18 Hinzu kommt, dass bei parallelen Insolvenzverfahren der Insolvenzplan für das Sekundärverfahren notwendigerweise auch Beschränkungen enthält, die auch Auswirkungen auf das im Sekundärverfahrensstaat belegene Vermögen enthält. Dies führt wiederum dazu, dass gemäß Art. 47 Abs. 2 alle betroffenen Gläubiger dem Insolvenzplan zustimmen müssten, was in der Praxis jedoch nicht erreicht werden kann. Eine Unternehmenssanierung aufgrund paralleler Insolvenzpläne scheitert daher an grundsätzlichen Erwägungen sowie an der in Art. 47 Abs. 2 enthaltenen Voraussetzung, dass alle betroffenen Gläubiger der Maßnahme zustimmen müssten.

19 **5. Einheitlicher Insolvenzplan.** Als letzte Gestaltungsmöglichkeit aus Sicht der deutschen Insolvenzordnung wäre allenfalls noch die Aufstellung eines einzigen Insolvenzplanes, der den Anforderungen des Rechts des Hauptverfahrensstaates sowie dem deutschen Recht als Recht des Sekundärverfahrensstaates genügt. Soweit die Verteilungsregeln des Haupt- und Sekundärverfahrens jedoch nicht kompatibel sind, dürfte dies schwer zu erreichen sein.[19] Praktisch wäre dies nur möglich, wenn der Insolvenzplan im Sekundärverfahren nur einer eingeschränkten Überprüfung unterliegen würde, nämlich ob die Gläubiger des Sekundärverfahrens durch den Plan zumindest so gestellt werden, wie sie bei Durchführung einer Liquidation im Rahmen des Sekundärverfahrens stünden. Es käme daher auf die voraussichtliche Quote an. Ob die im Insolvenzplan enthaltenen Gruppen oder die Verteilung dem Recht des deutschen Sekundärverfahrens entspricht, müsste dagegen bei der Planbestätigung außer Betracht bleiben. Eine solche eingeschränkte Überprüfungsbefugnis ist im deutschen Insolvenzrecht nicht ausdrücklich vorgesehen, ließe sich jedoch über die Flexibilität, die das Instrument der Gruppenbildung zur Verfügung stellt, ermöglichen.[20] Die Frage bleibt sodann allerdings, ob das Recht des Hauptverfahrensstaates hinreichende Flexibilität ermöglicht, um eine Regelung für das Sekundärverfahren in das Planverfahren zu integrieren. Damit stößt die Unternehmenssanierung aufgrund eines einheitlichen Insolvenzplanes sowohl auf praktische, als auch auf rechtliche, nur schwer überwindbare Hindernisse.

Art. 48 Auswirkungen der Beendigung eines Insolvenzverfahrens

(1) Unbeschadet des Artikels 49 steht die Beendigung eines Insolvenzverfahrens der Fortführung eines zu diesem Zeitpunkt noch anhängigen anderen Insolvenzverfahrens über das Vermögen desselben Schuldners nicht entgegen.

(2) Hätte ein Insolvenzverfahren über das Vermögen einer juristischen Person oder einer Gesellschaft in dem Mitgliedstaat, in dem diese Person oder Gesellschaft ihren Sitz hat, deren Auflösung zur Folge, so besteht die betreffende juristische Person oder Gesellschaft so lange fort, bis jedes andere Insolvenzverfahren über das Vermögen desselben Schuldners beendet ist oder von dem Verwalter in diesem bzw. den Verwaltern in diesen anderen Verfahren der Auflösung zugestimmt wurde.

Literatur: *Czaja,* Umsetzung der Kooperationsvorgaben durch die Europäische Insolvenzverordnung im deutschen Insolvenzverfahren, zugl. Diss. Univ. Regensburg 2009; *Ehricke,* Das Verhältnis des Hauptinsolvenzverwalters zum Sekundärinsolvenzverwalter bei grenzüberschreitenden Insolvenzen nach der EuInsVO, ZIP 2005, 1104; *Fehrenbach,* Haupt- und Sekundärinsolvenzverfahren, Tübingen 2014; *Geroldinger,* Verfahrenskoordination im Europäischen Insolvenzrecht – Die Abstimmung von Haupt- und Sekundärinsolvenzverfahren nach der EuInsVO, zugl. Diss. Univ. Wien 2009; *INSOL Europe,* Revision of the European Insolvency Regulation; *Oberhammer,* Zur internationalen Anfechtungsbefugnis des Sekundärverwalters nach Europäischem Insolvenzrecht, KTS 2008, 274, 279; *ders.,* Von der EuInsVO zum europäischen Insolvenzrecht – Eine Zwischenbilanz über rechtspolitische Gestaltungsmittel und Ziele, KTS 2009, 56, 65; *Paulus,* EuInsVO: Änderungen am Horizont und ihre Auswirkungen, S. 12; *Pogacar,* Rechte und Pflichten des Hauptverwalters im Sekundärverfahren, NZI 2011, 49 f.; *Schmüser,* Das Zusammenspiel zwischen Haupt- und Sekundärinsolvenzverfahren nach der EuInsVO, zugl. Diss. Univ. Hamburg 2009; *Seidl/Paulick,* Sekundärinsolvenz und Sanierungsinsolvenzplan: Das Zustimmungserfordernis des Art. 34 Abs. 2 EuInsVO, ZInsO 2010, 125–130; *Staak,* Mögliche Probleme der Koordination von Haupt- und Sekundärinsolvenzverfahren nach der Europäischen Insolvenzverordnung (EuInsVO), NZI 2004, 480; *Werner,* Der Insolvenzplan im Anwendungsbereich der europäischen Insolvenzver-

---

[19] Vgl. hierzu *Reinhart,* Sanierungsverfahren, S. 309 ff.
[20] Zu einem konkreten Gesetzesvorschlag vgl. auch *Reinhart,* Sanierungsverfahren, S. 324 f.

ordnung; *Wimmer,* in: Gerhardt/Haarmeyer/Kreft (Hrsg.), Insolvenzrecht im Wandel der Zeit, FS Hans-Peter Kirchhof zum 65. Geburtstag, S. 530.

I. Normzweck

Art. 48 findet keine entsprechende Vorgängerregelung in der EuInsVO 2000. Die Vorschrift ändert als **Sachnorm** die sich üblicherweise aus der Beendigung eines Insolvenzverfahrens ergebenden Folgen. So soll die Beendigung eines Haupt- oder Sekundärverfahrens auf die Fortführung des jeweils anderen Verfahrens keinen Einfluss haben (Abs. 1).[1] Auch die Rechtsfolgen der Verfahrensbeendigung für Gesellschaften, nämlich die Auflösung einer Gesellschaft (gemeint ist wohl eher die Vollbeendigung), werden für den Fall der Beendigung nur eines von mehreren Insolvenzverfahren geändert (Abs. 2). Die Notwendigkeit dieser Ergänzung ist nicht nachvollziehbar.[2] Auch der *Vienna Report* hat diesbezüglich keinen Ergänzungsbedarf der bestehenden Vorschriften der EuInsVO 2000 identifizieren können. Dass die Beendigung eines Insolvenzverfahrens der Fortführung eines anderen Parallelverfahrens nicht entgegenstehen kann, ist eine Selbstverständlichkeit, die sich schon aus der Selbstständigkeit des Verfahrens und der Trennung der Insolvenzmassen ergibt, die es abzuwickeln gilt. Gleiches gilt für Abs. 2. Die Vorschrift betrifft eine materiell-rechtliche Frage des Registergerichts, das für die Löschung der Gesellschaft im Handelsregister zuständig ist. Auch hier dürfte selbstverständlich sein, dass die für die Löschung (nicht Auflösung, wie im Verordnungstext) notwendige Vollbeendigung freilich erst dann gegeben sein kann, wenn sämtliche Insolvenzverfahren über das Vermögen einer juristischen Person beendet wurden. Die Vorschrift hat daher – zumindest aus deutscher Sicht – allenfalls klarstellenden Charakter.[3]

1

II. Beendigung eines Insolvenzverfahrens

Art. 48 Abs. 1 regelt die Auswirkungen der Verfahrensbeendigung eines Insolvenzverfahrens auf andere Insolvenzverfahren über das Vermögen desselben Schuldners. Der Wortlaut ist bewusst offen formuliert und findet daher Anwendung sowohl auf die Beendigung des Hauptverfahrens, als auch auf die Beendigung des Sekundärverfahrens. Die Beendigung eines der Verfahren soll der Fortführung eines zu diesem Zeitpunkt noch laufenden weiteren Insolvenzverfahrens nicht entgegenstehen. Damit ist freilich nur eine Selbstverständlichkeit ausgesprochen, die sich auch schon aus Art. 20 Abs. 2 ergibt.[4] Das eröffnete Sekundärverfahren ist ein eigenständiges und vollständiges Insolvenzverfahren mit der Besonderheit, dass lediglich die Insolvenzmasse territorial beschränkt ist. Solange die Abwicklung nach dem anwendbaren Recht des Sekundärverfahrensstaates nicht abgeschlossen ist, bedarf es – unabhängig vom Schicksal des Hauptverfahrens – der Fortführung des Sekundärverfahrens. Erst wenn auch nach dem lokalen Insolvenzrecht das Verfahren beendet ist, tritt auch für das Sekundärverfahren Beendigung ein. Gleiches gilt umgekehrt für das Hauptverfahren, falls zunächst das Sekundärverfahren beendet wird. Art. 48 Abs. 1 ist daher eine (an sich überflüssige) **Sachnorm** mit klarstellendem Charakter.

2

III. Auflösung juristischer Personen

Art. 48 Abs. 2 regelt den Zeitpunkt der Löschung juristischer Personen bei Durchführung mehrerer Insolvenzverfahren und ist daher eine ergänzende Sachnorm des Gesellschaftsrechts. Danach besteht die juristische Person oder Gesellschaft so lange fort, bis alle Verfahren beendet wurden oder der oder die Verwalter der anderen Insolvenzverfahren der „Auflösung" zugestimmt haben. Der Wortlaut der deutschen Übersetzung ist allerdings missglückt. Denn der Begriff der „Auflösung" steht im deutschen Gesellschaftsrecht für den Übergang einer Gesellschaft ins Liquidationsstadium. Es geht aber im letzten Satzteil nicht um die Zustimmung des Verwalters zur Auflösung, sondern um die Zustimmung zur Löschung.

3

Letztlich ist Art. 48 Abs. 2 als Sachnorm für das Registergericht der juristischen Person oder Gesellschaft zu sehen. Die Löschung einer Gesellschaft mit Registersitz in Deutschland kann daher bei mehreren Insolvenzverfahren über das Vermögen der Gesellschaft abweichend von § 200 iVm § 31 InsO nicht alleine aufgrund der Mitteilung eines Insolvenzgerichts über die Aufhebung des Verfahrens erfolgen. Die Löschung ist vielmehr erst dann möglich, wenn auch das letzte Insolvenzverfahren über das Vermögen der Gesellschaft beendet ist.[5] Auch insoweit ist Art. 48 Abs. 2 obsolet. Denn schon die zutreffende Auslegung der materiell-rechtlichen Norm der *lex societas* dürfte – wie

4

---
1 Bork/van Zwieten/*Dammann* Art. 48 Rn. 48.05.
2 *Fehrenbach,* Haupt- und Sekundärinsolvenzverfahren, S. 410.
3 Brinkmann/*Maesch*/*Knof* Art. 48 Rn. 3.
4 So auch Mankowski/Müller/Schmidt/*Mankowski* Art. 49 Rn. 2.
5 Mankowski/Müller/Schmidt/*Mankowski* Art. 49 Rn. 4.

auch im deutschen Recht – ergeben, dass mit der Aufhebung eines von mehreren Verfahren keine Vollbeendigung eingetreten ist und daher die juristische Person fortbestehen muss, bis die tatsächliche Vollbeendigung durch Aufhebung aller angeordneter Insolvenzverfahren eintritt.

Art. 49 Überschuss im Sekundärinsolvenzverfahren

Können bei der Verwertung der Masse des Sekundärinsolvenzverfahrens alle in diesem Verfahren festgestellten Forderungen befriedigt werden, so übergibt der in diesem Verfahren bestellte Verwalter den verbleibenden Überschuss unverzüglich dem Verwalter des Hauptinsolvenzverfahrens.

Literatur: *Beck*, Verteilungsfragen im Verhältnis zwischen Haupt- und Sekundärinsolvenzverfahren nach der EuInsVO, NZI 2007, 1; *Czaja*, Umsetzung der Kooperationsvorgaben durch die Europäische Insolvenzverordnung im deutschen Insolvenzverfahren, zugl. Diss. Univ. Regensburg 2009; *Fehrenbach*, Haupt- und Sekundärinsolvenzverfahren, Tübingen 2014; *Geroldinger*, Verfahrenskoordination im Europäischen Insolvenzrecht – Die Abstimmung von Haupt- und Sekundärinsolvenzverfahren nach der EuInsVO, zugl. Diss. Univ. Wien 2009; *INSOL Europe*, Revision of the European Insolvency Regulation; *Oberhammer*, Zur internationalen Anfechtungsbefugnis des Sekundärverwalters nach Europäischem Insolvenzrecht, KTS 2008, 275 ff.; *Pogacar*, Rechte und Pflichten des Hauptverwalters im Sekundärverfahren, NZI 2011, 50; *Schmüser*, Das Zusammenspiel zwischen Haupt- und Sekundärinsolvenzverfahren nach der EuInsVO, zugl. Diss. Univ. Hamburg 2009.

I. Normzweck

1 Art. 49 enthält eine Selbstverständlichkeit, die sich auch bereits im autonomen Recht mancher Rechtsordnungen wiederfindet, nämlich dass ein **Überschuss** des Sekundärverfahrens der Insolvenzmasse des Hauptverfahrens zu Gute kommt.[1] Das ist deswegen selbstverständlich, weil die Möglichkeit der Durchführung eines Sekundärverfahrens primär dem Schutz der lokalen Gläubiger dient. Ist deren Interessen durch Abwicklung des Verfahrens gedient, so fällt die weitere Abwicklung der Insolvenz des Schuldners in den Aufgabenbereich des Hauptverfahrens, dem durch die Eröffnung des Sekundärverfahrens die dort belegene Masse „entzogen" wurde.[2] Der Insolvenzbeschlag des Hauptverfahrens, der durch die Eröffnung des Sekundärverfahrens „zurückgedrängt" wurde, geht daher automatisch wieder auf das Hauptverfahren über.[3]

2 Eine praktische Anwendung der Vorschrift ist jedoch kaum vorstellbar.[4] Da nach der Verordnung aber alle Gläubiger ihre Forderungen in allen Verfahren anmelden können, wird es praktisch aber nur dann zu einer Ausschüttung kommen, wenn das Insolvenzverfahren insgesamt einen Überschuss generiert.[5] Zeichnet sich dies ab, wird die finanzielle Attraktivität einer Forderungsanmeldung in dem Sekundärverfahren – volle Befriedigung der Forderung! – dazu führen, dass auch die Gläubiger des Hauptverfahrens – entweder selbst oder durch den Verwalter gemäß Art. 45 Abs. 2 – ihre Forderungen im Sekundärverfahren anmelden werden, sodass es auch hier nur zu einer Quotenausschüttung kommen wird.[6]

3 Soweit entgegen der vorgenannten Bewertung Art. 49 in der Praxis zur Anwendung kommen sollte, ist jedoch zu beachten, dass Art. 49 als **Sachnorm** zu bewerten ist[7] und daher entgegenstehende oder anderweitige Regelungen des Rechts der Mitgliedstaaten verdrängt.[8] Art. 49 gewährt daher dem Verwalter des Hauptverfahrens einen direkten Anspruch gegen den Verwalter des Sekundärverfahrens auf Übergabe des Überschusses.[9] Da die Norm die Aushändigung des Überschusses an den Verwalter des Hauptinsolvenzverfahrens verlangt, ist eine entsprechende Anwendung auf

---

[1] So auch § 358 InsO; so auch *Beck* NZI 2007, 1, 6; MüKoBGB/*Kindler* Art. 49 Rn. 1; HKInsO/*Schultz* Art. 49 Rn. 2.
[2] Rauscher/*Mäsch* EuInsVO 2000 Art. 35 Rn. 1; *Paulus* Art. 49 Rn. 3; Vallender/*Hübler* Art. 49 Rn. 1.
[3] Mankowski/Müller/Schmidt/*Mankowski* Art. 49 Rn. 3.
[4] Bork/van Zwieten/*Dammann* Art. 49 Rn. 49.01.
[5] Konecny/Schubert/*Pogacar* EuInsVO 2000 Art. 35 Rn. 1; Pannen/*Herchen* EuInsVO 2000 Art. 35 Rn. 1; *Schmüser*, Das Zusammenspiel, S. 123 f.; *Beck* NZI 2007, 1, 6.
[6] Von einer geringen praktischen Bedeutung gehen auch aus: *Beck* NZI 2007, 1, 6; Geimer/Schütze/*Heiderhoff*, Int. Rechtsverkehr, B Vor I 20b, EuInsVO 2000 Art. 35 Rn. 1; MüKoBGB/*Kindler* Art. 49 Rn. 3; Rauscher/ Mäsch EuInsVO 2000 Art. 35 Rn. 1; FKInsO/*Wenner/Schuster* Art. 49 Rn. 1.
[7] MüKoBGB/*Kindler* Art. 49 Rn. 1; Vallender/*Hübler* Art. 49 Rn. 3.
[8] ZB im deutschen Recht § 199 InsO; MüKoBGB/*Kindler* Art. 49 Rn. 6.
[9] MüKoBGB/*Kindler* Art. 49 Rn. 6; Rauscher/*Mäsch* EuInsVO 2000 Art. 35 Rn. 1; LSZ/*Smid* EuInsVO Art. 35 Rn. 6; Konecny/Schubert/*Pogacar* EuInsVO 2000 Art. 35, Rn. 19; Mankowski/Müller/Schmidt/ *Mankowski* Art. 49 Rn. 8.

Partikularverfahren nicht möglich. Hier entscheidet die *lex fori concursus secundarii* über die Verwendung des Überschusses.[10]

Im Rahmen der **Reform der EuInsVO**[11] wurden gegenüber der Vorgängerregelung Art. 35 **4** EuInsVO 2000 keine Änderungen vorgenommen. Änderungsbedarf am Regelungsinhalt oder am Wortlaut der Vorschrift sind weder im *Vienna Report*[12] noch im Gesetzgebungsverfahren[13] artikuliert worden. Dies dürfte schon alleine daran liegen, dass der praktische Anwendungsbereich der Norm kaum zu erkennen ist. Dementsprechend enthielten auch weder der Kommissionsentwurf noch der Entwurf des Europäischen Parlaments Änderungsvorschläge.

II. Voraussetzungen

1. Befriedigung aller „festgestellten" Forderungen. Art. 49 verlangt zunächst, die Befrie- **5** digung aller *„in diesem Verfahren festgestellten Forderungen"*. Hierunter sind nach allgemeiner Auffassung zunächst alle zur Insolvenztabelle festgestellten Insolvenzforderungen zu verstehen, was auch dem deutschen Sprachverständnis der Vorschrift entspricht. Forderungen, die zur Insolvenztabelle des Sekundärverfahrens nicht angemeldet oder nicht zugelassen wurden, bleiben daher unberücksichtigt.[14]

2. Befriedigung aller sonstigen Forderungen. Daraus ist jedoch nicht zu schließen, dass **6** nur Forderungen, die auch zur Insolvenztabelle angemeldet werden können, zunächst befriedigt werden mussten. Für die Auslegung von Art. 49 darf nicht auf den Begriff der „Feststellung" im deutschen Insolvenzrecht (§ 177 InsO) zurückgegriffen werden. Der Kreis der zu befriedigenden Forderungen ist weiter, als das deutsche Sprachverständnis von Art. 49 bei einer rein wörtlichen Auslegung zunächst vermuten lässt. Die englische Sprachversion (*„all claims allowed under those proceedings"*) bringt zum Ausdruck, dass hierunter nicht nur die zu einer Tabelle formal festgestellten Forderungen zu zählen sind. Freilich hat der Verwalter zunächst – gemäß der von der *lex fori concursus secundarii* vorgegebenen Verteilungsreihenfolge – eventuell vorrangige Forderungen zu begleichen (zB im deutschen Sekundärverfahren die Massekosten und Masseverbindlichkeiten, auch wenn diese nicht zur Insolvenztabelle anzumelden und festzustellen sind).

Darüber hinaus stellt sich die Frage, ob und gegebenenfalls bis zu welchem Rang in einem **7** deutschen Sekundärverfahren auch die sog. nachrangigen Insolvenzforderungen (§ 39 InsO) zu berücksichtigen wären.[15] Richtigerweise wird man die im letzten Rang genannten nachrangigen Forderungen der Gesellschafter auf Rückgewähr kapitalersetzender Darlehen jedoch ebenfalls hierzu zählen müssen.[16] Auch diese sind Ansprüche sind nach dem bei einem in Deutschland durchgeführten Sekundärverfahren *„allowed claims"*. Zwar ließe sich hier argumentieren, dass es sich wirtschaftlich um eine Verteilung an die Gesellschafter handele. Eine solche teleologische Einschränkung lässt sich jedoch der Konzeption des Sekundärverfahrens nicht entnehmen. Sollte daher praktisch der Fall auftreten, dass in einem Sekundärverfahren Gesellschafterforderungen auf kapitalersetzende Darlehen zur Befriedigung anstehen, ohne dass die Gläubiger des Hauptverfahrens vollständig befriedigt würden, so wäre es schon nach Art. 45 zweckmäßig, dass der Verwalter des Hauptverfahrens die in seinem Verfahren angemeldeten Forderungen auch im Sekundärverfahren anmeldet, um über die Erhöhung der Passivmasse im Sekundärverfahren auch international die gewollte Verteilungsgerechtigkeit herzustellen.

III. Rechtsfolgen

1. Übergabe des Überschusses. Was als Überschuss anzusehen ist, richtet sich nach der *lex* **8** *fori concursus secundarii*.[17] Die Verordnung geht dabei davon aus, dass sich der Überschuss in allen Mitgliedsländern gleichermaßen aus dem Betrag ermittelt, der sich nach Befriedigung aller in dem Verfahren zugelassenen Forderungen ergibt.

---

10 Mankowski/Müller/Schmidt/*Mankowski* Art. 49 Rn. 9.
11 Vgl. zur Reform der EuInsVO grundsätzlich → Vor Art. 1 Rn. 11 ff.
12 Hess/Oberhammer/Pfeiffer/*Oberhammer,* European Insolvency Law, Rn. 857 ff.
13 Vgl. → Vor Art. 1 Rn. 11 ff.
14 MüKoBGB/*Kindler* Art. 49 Rn. 4.
15 Bejahend *Paulus* Art. 49 Rn. 3.
16 Insoweit auch keine Differenzierung treffend *Paulus* Art. 49 Rn. 3; die Frage, ob einem Gesellschafterdarlehen kapitalersetzender Charakter zukommt, richtet sich nicht nach dem Insolvenzstatut (also nach dem Recht des Sekundärverfahrensstaates), sondern nach dem Gesellschaftsstatut, vgl. bereits → Art. 7 Rn. 8.
17 LSZ/*Smid* EuInsVO 2000 Art. 35 Rn. 5; Konecny/Schubert/*Pogacar* EuInsVO 2000 Art. 35 Rn. 9; Mankowski/Müller/Schmidt/*Mankowski* Art. 49 Rn. 4.

9   Soweit Vermögensgegenstände nicht verwertet werden konnten, sind diese ebenfalls an den Verwalter des Hauptverfahrens herauszugeben,[18] es sei denn, dieser erklärt nach dem für ihn geltenden Insolvenzrecht des Hauptverfahrens die Freigabe dieser Vermögensgegenstände. Zu einer Freigabe der Vermögensgegenstände wäre der Verwalter des Sekundärverfahrens nach Art. 49 jedenfalls nur nach Zustimmung durch den Verwalter des Hauptverfahrens befugt.

10   **2. „Unverzüglich".** Der Begriff unverzüglich ist verordnungsautonom auszulegen. Die englische Formulierung *(„immediately")* lässt ebenfalls erkennen, dass dies ohne schuldhaftes Verzögern geschehen muss.[19] Wann allerdings der Verwalter des Sekundärverfahrens grundsätzlich einen Überschuss auskehren kann, richtet sich nach dem Recht des Sekundärverfahrensstaates (der *lex fori concursus secundarii*).[20] In einem deutschen Sekundärverfahren hat der Verwalter daher den Überschuss nach der Schlussverteilung und dem Schlusstermin, aber vor der Aufhebung des Insolvenzverfahrens an den Verwalter des Hauptverfahrens zu übergeben.[21]

Art. 50 Nachträgliche Eröffnung des Hauptinsolvenzverfahrens

Wird ein Verfahren nach Artikel 3 Absatz 1 eröffnet, nachdem in einem anderen Mitgliedstaat ein Verfahren nach Artikel 3 Absatz 2 eröffnet worden ist, so gelten die Artikel 41, 45, 46, 47 und 49 für das zuerst eröffnete Insolvenzverfahren, soweit dies nach dem Stand dieses Verfahrens möglich ist.

Literatur: *Czaja,* Umsetzung der Kooperationsvorgaben durch die Europäische Insolvenzverordnung im deutschen Insolvenzrecht, zugl. Diss. Univ. Regensburg 2009; *Fehrenbach,* Haupt- und Sekundärinsolvenzverfahren, Tübingen 2014; *Geroldinger,* Verfahrenskoordination im Europäischen Insolvenzrecht – Die Abstimmung von Haupt- und Sekundärinsolvenzverfahren nach der EuInsVO, zugl. Diss. Univ. Wien 2009; *Oberhammer,* Von der EuInsVO zum europäischen Insolvenzrecht – Eine Zwischenbilanz über rechtspolitische Gestaltungsmittel und Ziele, KTS 2009, 29; *Schmüser,* Das Zusammenspiel zwischen Haupt- und Sekundärinsolvenzverfahren nach der EuInsVO, zugl. Diss. Univ. Hamburg 2009; *Smid,* Gegen den Strom – Eröffnet das deutsche Insolvenzgericht durch Bestellung eines vorläufigen Insolvenzverwalters ein Hauptinsolvenzverfahren?, NZI 2009, 151.

Übersicht

	Rn.		Rn.
I. Normzweck	1	1. Generelle Geltung	5
II. Voraussetzung	4		
III. Rechtsfolge	5	2. Betroffene Vorschriften des Kapitels III	6

I. Normzweck

1   Solange nur ein Partikularinsolvenzverfahren läuft (also noch kein Hauptverfahren nach Art. 3 Abs. 1 eröffnet wurde), findet Kapitel III (Art. 34–52) keine Anwendung, da diese Vorschriften nur für ein parallel zum Hauptverfahren laufendes Sekundärverfahren gelten. Wird zunächst ein Hauptverfahren gemäß Art. 3 Abs. 1 eröffnet, ist jedes später eröffnete Verfahren gemäß Art. 3 Abs. 3 eine Sekundärinsolvenzverfahren, auf das bereits zu Beginn Kapitel III (Art. 34–52) Anwendung findet. Wird zunächst ein Verfahren eröffnet, das nicht die Zuständigkeit als Hauptverfahren in Anspruch nimmt, handelt es sich um ein Partikularverfahren gemäß Art. 3 Abs. 4 S. 1, das nach Eröffnung des Hauptinsolvenzverfahrens automatisch zu einem Sekundärinsolvenzverfahren wird (Art. 3 Abs. 4 S. 2). Konsequenterweise müssten ab diesem Zeitpunkt dann auch die Vorschriften von Kapitel III (34–52) auf das nunmehr als Sekundärverfahren umqualifizierte Verfahren Anwendung finden.

2   Art. 50 adressiert die mit der Änderung des Verfahrenstyps einhergehenden Fragen, insbesondere die Anwendbarkeit der Vorschriften von Kapitel III (34–52). Die Vorschrift sieht vor, dass in diesem Fall die Art. 41, 45–47 und 49 für das Sekundärverfahren gelten, soweit dies nach dem Stand des Verfahrens möglich ist.[1] Der Verweis ist jedoch missglückt. Die Formulierung erweckt den Eindruck,

---

[18] MüKoBGB/*Kindler* Art. 49 Rn. 5; LSZ/*Smid* EuInsVO 2000 Art. 35 Rn. 5; Mankowski/Müller/Schmidt/ *Mankowski* Art. 49 Rn. 6.
[19] Brinkmann/*Maesch*/*Knof* Art. 49 Rn. 5.
[20] Bork/van Zwieten/*Dammann* Art. 49 Rn. 49.07.
[21] Vgl. §§ 197, 199, 200 InsO.

[1] *Virgos*/*Schmit,* Erläuternder Bericht, Rn. 255; Nerlich/Römermann/*Commandeur* EuInsVO 2000 Art. 36 Rn. 1; Rauscher/*Mäsch* EuInsVO 2000 Art. 36 Rn. 2; HKInsO/*Schultz* Art. 50 Rn. 3; Vallender/*Hübler* Art. 50 Rn. 5.

als könnten bei einer solchen zeitlichen Reihenfolge der Eröffnungen nur noch die explizit genannten Art. 41, 45–47 und 49 Anwendung finden, nicht dagegen die anderen Normen. Zwar ist zutreffend, dass aufgrund der zunächst erfolgten Eröffnung des Partikularverfahrens sämtliche Vorschriften, die die Eröffnung eines Sekundärverfahrens regeln, rückwirkend freilich keine Anwendung mehr finden können. Jedoch gibt es eine Vielzahl anderer Vorschriften, deren Anwendung auch nach einer Umqualifikation des Verfahrens in ein Sekundärverfahren noch sinnvoll ist, freilich immer unter dem Vorbehalt, dass deren Anwendung nach dem Stand des Verfahrens noch möglich ist. Dazu gehören zB Art. 42 und 43 über die Zusammenarbeit und Kommunikation zwischen den Gerichten und den Verwaltern mit den Gerichten sowie die damit verbundene Kostenregelung (Art. 44). Aber auch Art. 48 und 51 haben auch in einem später umqualifizierten Sekundärverfahren ihre sachliche Berechtigung, soweit sie aufgrund des Verfahrensstandes nicht überholt sind.

Es dürfte sich hierbei jedoch lediglich um einen redaktionellen Fehler handeln, der bei der **3** Anpassung der Verweisung im Rahmen der **Reform der EuInsVO** entstanden ist.[2] Denn Art. 50 entspricht wörtlich Art. 36 EuInsVO 2000, lediglich die Normverweisungen wurden angepasst. Weder INSOL Europe noch der sog. *Vienna Report* hatten Änderungsvorschläge unterbreitet.[3] Dementsprechend sahen auch weder der Kommissionsentwurf noch der Entwurf des Europäischen Parlamentes Änderungen an Art. 36 EuInsVO 2000 vor. Der Verordnungsgeber hat bei der Normverweisung mechanisch die Entsprechungstabelle in Anhang D kopiert. Die neu eingeführten Vorschriften der Art. 42–44 und 48 fanden jedoch keine Entsprechung in der EuInsVO 2000, weshalb diese bei der Anpassung der Verweisung wohl schlicht vergessen worden sind. Lediglich Art. 51 fand sich bereits in der EuInsVO 2000 (dort Art. 37) und war – ebenfalls fraglich – schon in dem alten Verweis nicht entsprechend berücksichtigt. Man wird daher den Verweis im Wege einer entsprechenden Auslegung entsprechend anpassen müssen (vgl. hierzu → Rn. 7. ff).

II. Voraussetzung

Art. 50 setzt voraus, dass das Hauptverfahren nach Art. 3 Abs. 1 eröffnet wird, **nachdem** bereits **4** in einem anderen Mitgliedstaat ein Verfahren nach Art. 3 Abs. 2 eröffnet wurde. Wann jeweils eine Verfahrenseröffnung vorliegt, ist nicht nur nach dem formellen Eröffnungsbeschluss zu beurteilen, sondern kann gemäß den Kriterien der *Eurofood*-Entscheidung des EuGH und dessen Umsetzung in Art. 2 Nr. 7 und Nr. 8 bereits dann vorliegen, wenn das Insolvenzgericht einen vorläufigen Insolvenzverwalter bestellt und gleichzeitig Sicherungsmaßnahmen anordnet, die den Vermögensbeschlag zur Folge haben.[4] Art. 50 gilt daher für die einer Verfahrenseröffnung entsprechenden Anordnungen entsprechend, freilich unter Berücksichtigung des noch vorläufigen Charakters des Eröffnungsverfahrens.[5] Auch hier kann der zeitliche Ablauf entsprechender Anordnungen keine Rolle spielen. Zu berücksichtigen ist ebenfalls, ob das jeweilige Gericht bei Anordnung dieser Maßnahmen zugleich entsprechende Zuständigkeiten für sich in Anspruch genommen hat.[6] Ist das der Fall, so liegt eine Eröffnung des Hauptverfahrens auch im Sinne des Art. 50 vor.

III. Rechtsfolge

1. Generelle Geltung. Im Falle der oben geschilderten nachträglichen Eröffnung des Haupt- **5** verfahrens hat der Verwalter des zunächst als Partikularverfahren eröffneten Verfahrens zusätzlich die in Art. **41, 45–47 und 49** ff. enthaltenen Kooperationspflichten zu beachten, *„soweit dies nach dem Stand des Verfahrens möglich ist"* (in der englischen Fassung: *„in so far as the progress of those proceedings so permits"*). Die Einschränkung ist restriktiv auszulegen[7] und befreit den Verwalter des Sekundärverfahrens von den Kooperationspflichten nach den genannten Vorschriften nur aus Gründen des zeitlichen Ablaufs und fortgeschrittenem Stadiums des Sekundärverfahrens, nicht dagegen aus anderen Gründen.[8]

2. Betroffene Vorschriften des Kapitels III. Die Auswahl der Vorschriften, die nach **6** Umwandlung des Verfahrens in ein Sekundärverfahren modifiziert anzuwenden sind, ist jedoch

---

[2] Vallender/*Hübler* Art. 50 Rn. 13; KPB/*Flöther* Art. 50 Rn. 6.
[3] *INSOL Europe*, Revision of the European Insolvency Regulation, Art. 36; Hess/Oberhammer/Pfeiffer/ *Oberhammer*, European Insolvency Law, Rn. 916 ff.
[4] Vgl. hierzu ausführlich bereits → Art. 2 Rn. 11, 23.
[5] *Geroldinger*, Verfahrenskoordination, S. 384 f.
[6] Vgl. → Art. 2 Rn. 23.
[7] Vgl. MüKoBGB/*Kindler* Art. 50 Rn. 4; Rauscher/*Mäsch* EuInsVO 2000 Art. 36 Rn. 2, denen zufolge der Begriff „möglich" weit auszulegen ist.
[8] MüKoBGB/*Kindler* Art. 50 Rn. 4; FKInsO/*Wenner/Schuster* Art. 50 Rn. 2; Vallender/*Hübler* Art. 50 Rn. 5; Bork/van Zwieten/*Dammann* Art. 50 Rn. 50.03.

wenig geglückt (vgl. hierzu schon → Rn. 2f.). Zunächst könnte man davon ausgehen, dass Art. 50 nur die Anwendung der Art. 41, 45–47 und 49 einschränkt, während die anderen Vorschriften des Kapitel III uneingeschränkt Anwendung finden. Denn nach Art. 3 Abs. 4 S. 2 wird jedes Partikularverfahren nach Eröffnung des Hauptverfahrens ohnehin zu einem Sekundärverfahren, sodass man schon aus dieser Vorschrift die (dann beginnende generelle) Anwendung der Vorschriften von Kapitel III herleiten könnte, die durch Art. 50 nur für bestimmte Vorschriften modifiziert wird, während die anderen Vorschriften unmodifiziert anzuwenden sind. Dagegen spricht aber, dass einige Vorschriften überholt sind und schon aufgrund der zuvor erfolgten Eröffnung des Partikularverfahrens nicht mehr angewendet werden können (zB Art. 34, 36, 37, 38 und 39). Andere in Art. 50 nicht genannte Vorschriften bleiben dagegen auch nach Umwandlung des Partikularverfahrens in ein Sekundärverfahren unverändert anwendbar (zB Art. **42–44, 48, 51**). Sinnvollerweise sollte man die Rechtsfolgen von Art. 50 auch auf die vorgenannten Vorschriften von Kapitel III erstrecken, soweit deren Anwendung nach dem Stand des Verfahrens möglich ist.

7 Aus der Tatsache, dass nicht auch auf die **Art. 42–44 und 48** verwiesen wird, lässt sich nichts herleiten. Es handelt sich um ein redaktionelles Versehen. Diese Vorschriften waren – wie sich aus der Entsprechungstabelle in Anhang D ergibt – in der EuInsVO 2000 nicht enthalten. Im Rahmen der Reform wurde in Art. 50 lediglich der Verweis gemäß der Entsprechungstabelle in Anhang D angepasst. Dafür, dass diese neuen Vorschriften bewusst ausgespart wurden, gibt es keinerlei Anhaltspunkte. Mithin können die Art. 42–44 und 48 ebenfalls Anwendung finden.[9]

8 Es bleibt insoweit nur die Frage, weshalb schon die EuInsVO 2000 (wie auch nun die EuInsVO 2015) nicht auch **Art. 51** (Art. 37 EuInsVO 2000) für anwendbar erklärt. Auch hier ist nicht ersichtlich, warum nicht ein Wechsel des Verfahrenstyps im Sekundärverfahren noch vorgenommen werden kann, wenn die Voraussetzungen des Art. 51 gewahrt und zudem der Wechsel nach dem Stand des Verfahrens noch möglich ist. Denn abhängig von der Koordination der Eröffnungsverfahren ist denkbar, dass das Hauptverfahren nur einige Tage nach der Eröffnung des Partikularverfahrens erfolgt. Dies gilt umso mehr, als der Zeitpunkt der Verfahrenseröffnung durch die Vorverlagerung ins Eröffnungsverfahren im Rahmen der Eurofood Entscheidung neue Fragen aufgeworfen hat, die bei Einführung der EuInsVO 2000 so nicht absehbar waren. Auch Art. 51 sollte daher von dem Verweis in Art. 50 erfasst sein.

9 Auf die **Kooperationspflichten** nach Art. 41 sowie der ebenfalls entsprechend anzuwendenden Art. 42 und 43 wirkt sich dies allenfalls im Hinblick auf den Inhalt der zu übermittelnden Information aus. Die Informationspflicht selbst gilt uneingeschränkt. Der Umfang der Berichtspflicht wiederum richtet sich nach den in Art. 41 Abs. 2 enthaltenen Kriterien. Auch die in Art. 41 enthaltene **Kooperationspflicht** gilt, jedoch freilich nur noch hinsichtlich der zukünftigen Verwaltungs- und Verwertungstätigkeit des Verwalters des Sekundärverfahrens. Das gilt entsprechend auch für die Kooperation der Gerichte (Art. 42) und die Überkreuzkoordination zwischen den Verwaltern und den Gerichten (Art. 43).

10 Gleiches gilt für die Rechte auf **Anmeldung von Gläubigerforderungen** im jeweils anderen Verfahren nach Art. 45. Die Berechtigung der Gläubiger zur Anmeldung der Forderung nach Art. 45 Abs. 1 galt ohnehin bereits unabhängig davon, ob es sich bei dem räumlich beschränkten Verfahren um ein Partikular- oder Sekundärverfahren handelte. Die Berechtigung des Insolvenzverwalters des Hauptverfahrens zur Anmeldung der Forderungen der Gläubiger aus seinem Verfahren besteht freilich erst mit der Eröffnung des Hauptverfahrens (und damit verbundenen Umqualifikation des Partikularverfahrens in ein Sekundärverfahren. Hier wird sich praktisch jedoch die Frage stellen, ob nach der *lex fori concursus secundarii* eine nachträgliche Forderungsanmeldung noch möglich ist.

11 Die **Aussetzung der Verwertung** nach Art. 46 ist denklogisch nur noch möglich hinsichtlich der Vermögensgegenstände, die noch nicht verwertet wurden. Bei noch bevorstehenden oder noch nicht abgeschlossenen Verwertungshandlungen des Verwalters des Sekundärverfahrens ist dem Verwalter des Hauptverfahrens jedoch die Möglichkeit zu gewähren, seine Rechte nach Art. 46 auszuüben. Deutet sich die Eröffnung eines Hauptverfahrens an, so entspricht es dem Geist der Kooperation nach Art. 46, Verwertungshandlungen, die nicht zeitkritisch sind und ohne weitere Nachteile zu Lasten der Masse des Sekundärverfahrens aufgeschoben werden können, auszusetzen, um den Verwalter des Hauptverfahrens hier vor vollendete Tatsachen zu stellen.

12 Auch die Abstimmung **verfahrensbeendender Maßnahmen** nach Art. 47 kann nach Eröffnung des Hauptverfahrens freilich nur noch dann erfolgen, wenn die Beendigungsmaßnahme noch nicht beschlossen und rechtskräftig geworden ist (vgl. Art. 47 Abs. 1). Ist die verfahrensbeendende Maßnahme noch nicht gemäß Art. 47 Abs. 1 bestätigt, so muss die Zustimmung des Verwalters des Hauptverfahrens noch eingeholt werden.[10]

---

[9] Für eine entsprechende Anwendung auch Vallender/*Hübler* Art. 50 Rn. 13; mit Ausnahme von Art. 48 auch Mankowski/Müller/Schmidt/*Mankowski* Art. 50 Rn. 9; KPB/*Flöther* Art. 50 Rn. 6.
[10] Vgl. Konecny/Schubert/*Pogacar* EuInsVO 2000 Art. 36 Rn. 25.

Die Anwendung der Verteilungsregelung für den Überschuss gemäß Art. 49 setzt denklogisch **13** voraus, dass im Mitgliedstaat des Sekundärverfahrens der Überschuss noch nicht verteilt worden ist. Ist die Verteilung des Überschusses zwar schon beschlossen, aber noch nicht erfolgt, darf die Verteilung des Überschusses (dann an den Schuldner) nicht mehr erfolgen. Vielmehr ist der Beschluss im Hinblick auf den nunmehr anzuwendenden Art. 49 zu ändern.

Auch wenn Art. 50 nicht auf Art. 51 verweist, kann auch Art. 51 noch angewandt werden, **14** soweit dies nach dem Stand des Verfahrens möglich ist. Daher kann das Gericht des Sekundärverfahrens unter den Voraussetzungen des Art. 51 noch einen Wechsel zwischen den in Anhang A genannten Verfahren anordnen, soweit dies nach dem Stand des Verfahrens noch möglich ist.

Da die Kooperationspflichten nach Art. 41 ff. bereits im vorläufigen Insolvenzverfahren gelten[11] **15** und eine Verfahrenseröffnung nach der *Eurofood* Entscheidung des EuGH (vgl. → Rn. 4) bereits mit der Bestellung des vorläufigen Insolvenzverwalters und der Anordnung eines Vermögensbeschlags eintritt, gilt Art. 50 freilich auch bereits im vorläufigen Insolvenzverfahren, wobei hierbei die in Art. 50 enthaltene Einschränkung der Kooperationspflichten für den Verwalter des Sekundärverfahrens geringer werden, je früher im laufenden Partikularverfahren die Eröffnung des Hauptverfahrens hinzutritt.

Art. 51 Umwandlung von Sekundärinsolvenzverfahren

(1) Auf Antrag des Verwalters des Hauptinsolvenzverfahrens kann das Gericht eines Mitgliedstaats, bei dem ein Sekundärinsolvenzverfahren eröffnet worden ist, die Umwandlung des Sekundärinsolvenzverfahrens in ein anderes der in Anhang A aufgeführten Insolvenzverfahren anordnen, sofern die Voraussetzungen nach nationalem Recht für die Eröffnung dieses anderen Verfahrens erfüllt sind und dieses Verfahren im Hinblick auf die Interessen der lokalen Gläubiger und die Kohärenz zwischen Haupt- und Sekundärinsolvenzverfahren am geeignetsten ist.

(2) Bei der Prüfung des Antrags nach Absatz 1 kann das Gericht Informationen von den Verwaltern beider Verfahren anordnen.

Literatur: *Czaja,* Umsetzung der Kooperationsvorgaben durch die Europäische Insolvenzverordnung im deutschen Insolvenzverfahren, zugl. Diss. Univ. Regensburg 2009; *Fehrenbach,* Haupt- und Sekundärinsolvenzverfahren, Tübingen 2014; *Geroldinger,* Verfahrenskoordination im Europäischen Insolvenzrecht – Die Abstimmung von Haupt- und Sekundärinsolvenzverfahren nach der EuInsVO, zugl. Diss. Univ. Wien 2009; *Schmüser,* Das Zusammenspiel zwischen Haupt- und Sekundärinsolvenzverfahren nach der EuInsVO, zugl. Diss. Univ. Hamburg 2009.

Übersicht

	Rn.			Rn.
I. **Normzweck**	1	4.	Eröffnungsvoraussetzungen nach nationalem Recht	8
II. **Voraussetzungen**	4			
1. Eröffnetes Verfahren	4	5.	Interessen der lokalen Gläubiger	8a
2. Antragsberechtigung	5	6.	Kohärenz der Verfahren	10
3. Zuständiges Gericht	7	III. **Rechtsfolgen**		11

I. Normzweck

Art. 51 regelt als Sachnorm das Mitwirkungsrecht des Insolvenzverwalters des Hauptverfahrens, **1** wenn zeitlich zunächst das Sekundärinsolvenzverfahren eröffnet wurde und erst nachfolgend das Hauptverfahren. In diesem Fall soll der Verwalter des Hauptverfahrens die Möglichkeit haben, bei Gericht zu beantragen, dass das Insolvenzverfahren des Sekundärverfahrens in einen anderen, nach der *lex fori secundariae* zulässigen Verfahrenstyp umgewandelt wird, der im Hinblick auf die Interessen der lokalen Gläubiger und der Kohärenz zwischen Haupt- und Sekundärverfahren am geeignetsten ist. In der Regel geht es hierbei um den Gleichlauf paralleler Sanierungs- oder Liquidationsverfahren. Die Vorschrift ergänzt daher die Antragsrechte in Art. 38 Abs. 4, wonach der Verwalter des Hauptverfahrens einen entsprechenden Antrag bereits vor Eröffnung des Sekundärverfahrens stellen kann. Da in der Praxis die Eröffnungsverfahren von Haupt- und Sekundärverfahren meist zeitgleich verlaufen,

---

[11] Vgl. → Art. 41 Rn. 2.

Art. 51 2–6

wird eine Abstimmung hinsichtlich der Verfahrenstypen meist bereits im Vorfeld der Verfahrenseröffnung – bestenfalls im Rahmen einer Kooperation der Insolvenzgerichte nach Art. 42 – stattfinden. Der praktische Anwendungsbereich des Art. 51 ist daher denkbar gering.

2 Findet das Sekundärinsolvenzverfahren in Deutschland statt, so ergibt sich für Art. 51 ohnehin kein Anwendungsspielraum, da das deutsche Recht keine unterschiedlichen Verfahrenstypen kennt. Nicht zur Disposition der deutschen Insolvenzgerichte steht die von der ersten Gläubigerversammlung getroffene Entscheidung über die Abwicklung der Insolvenz. Hat die Gläubigerversammlung dem Insolvenzverwalter die Liquidation der Insolvenzmasse aufgegeben, so kann dies durch einen Antrag nach Art. 51 nicht mehr korrigiert werden. Die Liquidation der Insolvenzmasse kann der Verwalter des Hauptverfahrens allenfalls über Art. 46 zunächst aussetzen lassen, aber über Art. 51 nicht mehr verhindern.

3 Im Rahmen der **Reform der EuInsVO**[1] wurde die Vorgängerreglung Art. 37 EuInsVO 2000 an die neuen Regelungen zu Sekundärverfahren angepasst. Denn die zuvor bestehende Beschränkung auf Liquidationsverfahren wurde gestrichen und das Sekundärverfahren für alle Verfahrensarten geöffnet.[2] Dem trägt die Neuregelung dadurch Rechnung, dass der Verwalter des eröffneten Hauptverfahrens im Sekundärverfahren einen Antrag stellen kann und das Verfahren im Sekundärverfahrensstaat in ein anderes, nach dem Recht des Sekundärverfahrensstaates zulässiges Verfahren (gemäß Anhang A) umwandeln kann. So kann der Verwalter des Hauptverfahrens gegebenenfalls eine bessere Abstimmung der Verfahren untereinander erreichen.

II. Voraussetzungen

4 **1. Eröffnetes Verfahren.** Erste Voraussetzung ist, dass das **Sekundärverfahren bereits eröffnet** wurde. Denn nur dann kommt die Umwandlung eines Insolvenzverfahrens in Betracht. Vor Eröffnung des Sekundärinsolvenzverfahrens kann der (vorläufige) Insolvenzverwalter des Hauptverfahrens über Art. 38 Abs. 4 Einfluss auf den zu eröffnenden Verfahrenstyp nehmen.[3]

5 **2. Antragsberechtigung.** Antragsberechtigt ist nach Art. 51 Abs. 1 der **Verwalter des Hauptinsolvenzverfahrens.** Da nach Art. 2 Nr. 5 unter „Verwalter" auch der vorläufige Insolvenzverwalter zu verstehen ist, kann der Antrag auch bereits von dem vorläufigen Insolvenzverwalter des Hauptverfahrens gestellt werden, auch wenn dort das Verfahren noch nicht eröffnet wurde.[4] Das ist jedoch deshalb nicht ganz unproblematisch, da bei der Bearbeitung des Antrags das Insolvenzgericht des Sekundärverfahrensstaates dasjenige Verfahren auszuwählen hat, dass die Kohärenz zwischen Haupt- und Sekundärverfahren am geeignetsten sicher stellt. Ist das Hauptverfahren jedoch noch nicht eröffnet und kommen auch im Hauptverfahrensstaat mehrere Verfahrenstypen in Betracht, so dürfte der Antrag des vorläufigen Insolvenzverwalters des Hauptverfahrens verfrüht sein.

6 Ob der Verwalter einen entsprechenden Antrag stellt, steht in seinem Ermessen,[5] soweit ihm das Recht des Hauptverfahrensstaates nicht eine entsprechende Pflicht auferlegt (beispielsweise aufgrund eines zu beachtenden Beschlusses der Gläubigerversammlung oder des Insolvenzgerichts). Er wird diesen Antrag daher nur stellen können, wenn der Wechsel des Verfahrenstyps im Sekundärverfahren auch im Interesse der Gläubiger des Hauptverfahrens liegt. Eine fehlerhafte Ausübung des Ermessens oder eine Verletzung der konkreten Pflicht zur Stellung des Antrags kann daher allenfalls Schadensersatzansprüche der Insolvenzmasse des Hauptverfahrens gemäß der *lex fori concursus* auslösen.[6] Sie begründet jedoch kein Umwandlungsrecht aus Art. 51 für das Insolvenzgericht von Amts wegen.[7]

---

[1] Vgl. zur Reform der EuInsVO grundsätzlich → Vor Art. 1 Rn. 11 ff.
[2] Vgl. → Art. 3 Rn. 99; → Art. 34 Rn. 29.
[3] Vgl. → Art. 38 Rn. 31 ff.
[4] Anders noch nach der EuInsVO 2000, da dort der vorläufige Insolvenzverwalter von der Definition des „Verwalters" nicht erfasst ist und es daher immer eines besonderen Bedürfnisses für eine entsprechende Anwendung auch auf den vorläufigen Insolvenzverwalter bedarf, vgl. → 3. Aufl., EuInsVO 2000 Art. 37 Rn. 7.
[5] Mankowski/Müller/Schmidt/*Mankowski* Art. 51 Rn. 4; wohl auch *Virgos/Garcimartin* Zu 457 *(„verify")*; Duursma-Kepplinger/Duursma/Chalupsky/*Duursma-Kepplinger/Chalupsky* EuInsVO 2000 Art. 37 Rn. 5; MüKoBGB/*Kindler* Art. 51 Rn. 8; Raucher/*Mäsch* EuInsVO 2000 Art. 37 Rn. 1; FKInsO/*Wenner/Schuster* Art. 51 Rn. 3.
[6] Mankowski/Müller/Schmidt/*Mankowski* Art. 51 Rn. 4; Duursma-Kepplinger/Duursma/Chalupsky/*Duursma-Kepplinger/Chalupsky* EuInsVO 2000 Art. 37 Rn. 6; MüKoBGB/*Kindler* Art. 51 Rn. 8.
[7] MüKoBGB/*Kindler* Art. 51 Rn. 8; LSZ/*Smid* EuInsVO 2000 Art. 37 Rn. 3; Duursma-Kepplinger/Duursma/Chalupsky/*Duursma-Kepplinger/Chalupsky* EuInsVO 2000 Art. 37 Rn. 6; FKInsO/*Wenner/Schuster* Art. 51 Rn. 5; *Geroldinger*, Verfahrenskoordination, S. 380; Konecny/Schubert/*Pogacar* EuInsVO 2000 Art. 37 Rn. 33.

3. Zuständiges Gericht. Der Antrag ist bei dem **Gericht** zu stellen, das das Insolvenzverfahren 7 eröffnet hat (Art. 2 Nr. 6 lit. ii). Die Zuständigkeitsregelung ist insoweit misslich, als es einfacher gewesen wäre, für die Zuständigkeit auf das Gericht zu verweisen, dass auch nach dem nationalen Recht befugt ist, einen solchen Verfahrenswechsel zu beschließen. Art. 51 setzt insoweit voraus, dass hierfür dasselbe Gericht zuständig ist, dass bereits das laufende Verfahren eröffnet hat (was jedoch rechtlich nicht zwingend so sein muss).

4. Eröffnungsvoraussetzungen nach nationalem Recht. Für die sonstigen Antragsvoraus- 8 setzungen gelten die Vorschriften der *lex fori secundariae*. Das gilt für die in Art. 51 Abs. 1 ausdrücklich genannten „Eröffnungsvoraussetzungen" für den beantragten Verfahrenstyp, aber auch für sonstige Voraussetzungen des Antrags (wie Form und Frist). Denn der Zweck des Art. 51 besteht ausschließlich darin, dem Insolvenzverwalter des Hauptverfahrens ein zusätzliches Antragsrecht zu gewähren, nicht aber die sonstigen Vorschriften des Sekundärverfahrensstaates zu verdrängen. Ungeachtet nationalrechtlicher Vorschriften ist allerdings dem Verwalter des Sekundärverfahrens rechtliches Gehör zu gewähren, ebenso wie den lokalen Gläubigern, deren Interessen im Rahmen des Verfahrenswechsels zu berücksichtigen sind.

5. Interessen der lokalen Gläubiger. Eine wesentliche Änderung hat Art. 51 gegenüber der 8a Vorläufervorschrift des Art. 37 EuInsVO 2000 dahingehend erfahren, dass es für den Verfahrenswechsel nicht mehr auf die Interessen der Gläubiger des Hauptverfahrens ankommt, sondern auf die Interessen der lokalen Gläubiger des Sekundärinsolvenzverfahrens.[8] Der Begriff der lokalen Gläubiger ist in Art. 2 Nr. 11 definiert und stellt darauf ab, dass sich die Forderung des Gläubigers aus oder im Zusammenhang mit dem Betrieb der Niederlassung entstanden ist. Das ist insoweit verwunderlich, als die Interessen der lokalen Gläubiger an sich von dem Verwalter des Sekundärverfahrens wahrzunehmen wären, dieser aber nach Art. 51 gerade keine Antragsbefugnis erhält. Sofern daher das nationale Recht dem Verwalter des Sekundärverfahrens kein entsprechendes Recht einräumt, kann der Antrag von diesem nicht gestellt werden, selbst wenn es im Interesse der lokalen Gläubiger wäre.

Der Umstand, dass der andere Verfahrenstyp im Hinblick auf die Interessen der lokalen Gläubi- 9 ger der am geeignetsten ist, ist von dem antragstellenden Verwalter des Hauptverfahrens nachzuweisen. Die zu berücksichtigenden „Interessen" der lokalen Gläubiger unterscheiden sich insoweit nicht von den **„allgemeinen Interessen"** der lokalen Gläubiger, die im Rahmen von Art. 38 Abs. 2 bei der Entscheidung über die Eröffnung eines Sekundärverfahrens zu berücksichtigen sind.[9] Auch hier bedarf es freilich keines Vollbeweises (dem diese Voraussetzung ohnehin nicht zugänglich ist), sondern einer für das Gericht nachvollziehbaren Erläuterung, welche Vorteile der beantragte Verfahrenstyp gegenüber dem laufenden Verfahrenstyp hat.[10]

6. Kohärenz der Verfahren. Der Antrag ist auf die Umwandlung in ein konkret zu benennen- 10 des anderes Verfahren zu richten, das sich in Anhang A der EuInsVO findet. Dieses muss im Hinblick auf die Kohärenz zwischen Haupt- und Sekundärverfahren am geeignetsten sein. Damit ist nicht gemeint, dass beide Verfahren den gleichen Charakter haben müssen (Liquidation bzw. Sanierung). So ist sehr wohl denkbar, dass die Insolvenzmasse des Sekundärverfahrens liquidiert, der Rechtsträger ansonsten aber im Hauptverfahren saniert wird. Entscheidend für die Kohärenz ist, dass der andere Verfahrenstyp besser einer koordinierten Abwicklung der Insolvenz entspricht und die definierten Ziele der beiden Verfahren fördert.[11] Auch dies ist vom Verwalter des Hauptverfahrens darzulegen.

III. Rechtsfolgen

Erweist sich der vom Insolvenzverwalter des Hauptverfahrens beantragte Verfahrenstyp als geeig- 11 net, die Interessen der lokalen Gläubiger zu schützen und der Kohärenz von Haupt- und Sekundärverfahren Rechnung zu tragen, so hat das Insolvenzgericht des Sekundärverfahrensstaates das bereits eröffnete Insolvenzverfahren in dieses Verfahren umzuwandeln.[12] Das Insolvenzgericht ist an das von dem Verwalter des Hauptverfahrens im Antrag genannten Insolvenzverfahren gebunden.[13] Liegen

---

[8] Vallender/*Hübler* Art. 51 Rn. 12; aA Mankowski/Müller/Schmidt/*Mankowski* Art. 51 Rn. 6, der entgegen dem Wortlaut auf die Interessen der Gläubiger des Hauptverfahrens abstellt.
[9] Vgl. hierzu → Art. 38 Rn. 13.
[10] K. Schmidt/*Undritz* Art. 51 Rn. 8.
[11] Vallender/*Hübler* Art. 51 Rn. 14; Wimmer/Bornemann/Lienau/*Wimmer,* Die Neufassung der EuInsVO, Rn. 500.
[12] Mankowski/Müller/Schmidt/*Mankowski* Art. 51 Rn. 10; MüKoBGB/*Kindler* Art. 51 Rn. 12; Brinkmann/Maesch/*Knof* Art. 51 Rn. 12.
[13] Vallender/*Reutershan* Art. 51 Rn. 16.

die Voraussetzungen vor, so steht dem Insolvenzgericht kein Ermessensspielraum bezüglich der Umwandlung zu.[14]

12 Problematisch ist, wenn das Recht des Sekundärverfahrensstaates die Umwandlung eines bereits eröffneten Verfahrens gar nicht vorsieht. In diesem Fall hilft auch Art. 51 nicht weiter. Denn die Vorschrift soll keine Umwandlungsmöglichkeiten schaffen, die nach dem nationalen Recht nicht vorgesehen werden. Denn eine nach nationalem Recht nicht geregelte Umwandlung würde sonst zu einer Reihe im Recht des Sekundärverfahrensstaates nicht geregelter Folgefragen führen.

Art. 52 Sicherungsmaßnahmen

Bestellt das nach Artikel 3 Absatz 1 zuständige Gericht eines Mitgliedstaats zur Sicherung des Schuldnervermögens einen vorläufigen Verwalter, so ist dieser berechtigt, zur Sicherung und Erhaltung des Schuldnervermögens, das sich in einem anderen Mitgliedstaat befindet, jede Maßnahme zu beantragen, die nach dem Recht dieses Mitgliedstaats für die Zeit zwischen dem Antrag auf Eröffnung eines Insolvenzverfahrens und dessen Eröffnung vorgesehen ist.

Literatur: *Czaja*, Umsetzung der Kooperationsvorgaben durch die Europäische Insolvenzverordnung im deutschen Insolvenzverfahren, zugl. Diss. Univ. Regensburg 2009; *Eidenmüller*, Rechtsmissbrauch im Europäischen Insolvenzrecht, KTS 2009, 139; *Fehrenbach*, Haupt- und Sekundärinsolvenzverfahren, Tübingen 2014; *Geroldinger*, Verfahrenskoordination im Europäischen Insolvenzrecht – Die Abstimmung von Haupt- und Sekundärinsolvenzverfahren nach der EuInsVO, zugl. Diss. Univ. Wien 2009; *INSOL Europe*, Revision of the European Insolvency Regulation; *Linna*, Protective Measures in Europan Cross-Border Insolvency Proceedings, IILR 2014, 6; *Mankowski*, Keine Litispendenzsperre unter der EuInsVO, KTS 2009, 459; *Paulus*, Die europäische Insolvenzverordnung und der deutsche Insolvenzverwalter, NZI 2001, 509; *Reinhart*, Die Bedeutung der EuInsVO im Insolvenzeröffnungsverfahren – Besonderheiten paralleler Eröffnungsverfahren, NZI 2009, 204 f.; *Schmüser*, Das Zusammenspiel zwischen Haupt- und Sekundärinsolvenzverfahren nach der EuInsVO, zugl. Diss. Univ. Hamburg 2009; *Vallender*, Aufgaben und Befugnisse des deutschen Insolvenzrichters in Verfahren nach der EuInsVO, KTS 2005, 283; *von Bismarck/Schümann-Kleber*, Insolvenz eines ausländischen Sicherungsgebers – Anwendung deutscher Vorschriften auf die Verwertung in Deutschland belegener Kreditsicherheiten, NZI 2005, 150.

Übersicht

		Rn.			Rn.
I.	Normzweck	1	III.	Rechtsfolgen	13
II.	Voraussetzungen	5	1.	Anordnung von Sicherungsmaßnahmen	13
1.	Vorläufiger Verwalter	5	2.	Vorrang vor Sicherungsmaßnahmen des Hauptverfahrens	16
2.	Des Hauptverfahrens	6			
3.	Anderer Mitgliedstaat	8	3.	Aufhebung der Sicherungsmaßnahmen	17
4.	Antrag	11	4.	Anpassungsprobleme	18

I. Normzweck

1 Art. 52 bezweckt den **Schutz der** in einem anderen Mitgliedstaat belegenen **Insolvenzmasse** nach Antragstellung, aber noch vor Eröffnung des Hauptverfahrens im Sinne des Art. 3 Abs. 1.[1] Die Vorschrift ergänzt Art. 32 Abs. 1 Unterabs. 3, der bereits die formlose Anerkennung von im Hauptverfahren angeordneten Sicherungsmaßnahmen in anderen Mitgliedstaaten vorsieht und daher ebenfalls auf Sicherung der Insolvenzmasse angelegt ist. Die Vorschrift steht zudem im Zusammenhang mit Art. 37, wonach auch der Verwalter des Hauptverfahrens die Eröffnung eines Sekundärverfahrens beantragen darf (was ebenfalls zu einer Sicherung der dort belegenen Insolvenzmasse führen würde). Hinsichtlich Art. 37 ist allerdings mittlerweile streitig, ob nur der Verwalter eines eröffneten Hauptverfahrens, oder auch schon der vorläufige Verwalter des Eröffnungsverfahrens in anderen Mitgliedsländern die Eröffnung eines Sekundärverfahrens beantragen darf, was sich auf den Normzweck und die praktische Anwendung von Art. 52 auswirkt (vgl. dazu → Rn. 5 ff.). Art. 52

---

[14] Mankowski/Müller/Schmidt/*Mankowski* Art. 51 Rn. 10; Vallender/*Reutershan* Art. 51 Rn. 16; MüKoBGB/*Kindler* Art. 51 Rn. 12; Brinkmann/*Maesch/Knof* Art. 51 Rn. 12.

[1] In dieser Kernaussage sind sich alle Kommentatoren einig: vgl. nur HKInsO/*Schultz* Art. 52 Rn. 2; Rauscher/*Mäsch* EuInsVO 2000 Art. 38 Rn. 1; FKInsO/*Wenner/Schuster* Art. 52 Rn. 1; Vallender/*Reutershan* Art. 52 Rn. 1; Mankowski/Müller/Schmidt/*Mankowski* Art. 52 Rn. 1; *Vallender* KTS 2005, 283, 307.

ergänzt diese Handlungsalternativen des Verwalters des Hauptverfahrens um die weitere Handlungsoption zum Schutz der Insolvenzmasse, nämlich die Möglichkeit, Sicherungsmaßnahmen in einem anderen Mitgliedsstaat nach dessen Sachrecht beantragen zu dürfen, ohne jedoch zugleich einen Insolvenzantrag gestellt zu haben. Diese Option hat im Rahmen der in Art. 36 nunmehr vorgesehenen Möglichkeit der Vermeidung eines Sekundärverfahrens durch Abgabe einer Zusicherung nach Art. 36 nochmals an praktischer Bedeutung gewonnen.

Es handelt sich um eine **Sachnorm**,[2] die das jeweilige nationale Recht des Mitgliedsstaates 2 überlagert: sie verleiht einerseits dem vorläufigen Verwalter ein besonderes Antragsrecht für Sicherungsmaßnahmen und ermächtigt andererseits das zuständige Insolvenzgericht zur Anordnung entsprechender Sicherungsmaßnahmen, obwohl kein Insolvenzantrag gestellt wurde.

Die Vorschrift ist jedoch sowohl im Zusammenspiel mit Art. 32 und Art. 37 als auch im 3 Zusammenspiel mit dem nationalen Insolvenzrecht der Mitgliedsstaaten missglückt. Dementsprechend sind die nähere Bedeutung und der Inhalt der Norm mittlerweile streitig. Denn die Auslegung der Vorschrift hängt davon ab, wie die anderen Normen, mit denen Art. 52 „korrespondiert", auslegt und anwendet (vgl. → Rn. 8 ff.). Zudem führt die Möglichkeit der Anordnung von Sicherungsmaßnahmen ohne Vorliegen eines Insolvenzantrags zu erheblichen, bisher aber nicht weiter erörterten Anpassungsschwierigkeiten im nationalen Sachrecht. Denn vielfach knüpfen Vorschriften des Insolvenzrechts an die Stellung eines Insolvenzantrags an (so zB zur Berechnung der Fristen für die Insolvenzanfechtung, aber auch für die Differenzierung zwischen Insolvenzforderungen und Masseverbindlichkeiten).[3] Die damit zusammenhängenden Fragen wurden jedoch bisher weder von der Literatur – und folglich – noch vom deutschen Gesetzgeber in den Umsetzungsvorschriften zur Verordnung (Art. 102c EGInsO) aufgegriffen. Die dortigen Vorschriften (Art. 102c §§ 15–20 EGInsO) enthalten keine Regelungen zur Umsetzung von Art. 52 in das deutsche Insolvenzrecht.

Trotz der Unklarheiten bei der Auslegung und der Anwendung sind im Rahmen der **Reform** 4 **der EuInsVO**[4] keine Änderungen an der Vorgängerregelung Art. 38 EuInsVO 2000 vorgenommen worden. Mithin entspricht Art. 52 der vorherigen Fassung des Art. 38 EuInsVO 2000. Der *Vienna Report* hatte keine Änderungen eingefordert,[5] weshalb weder der Entwurf der Kommission noch die Stellungnahme des EU Parlaments Korrekturen an der Norm vorsahen.[6] Das ist bedauerlich, da die Reform der Koordinierung von Verfahren große Aufmerksamkeit gewidmet hat. Andererseits war die praktische Bedeutung der Norm ohnehin fraglich, da nach Art. 32 die Sicherungsmaßnahmen des Gerichts des Hauptverfahrensstaates ohnehin automatisch anzuerkennen sind. Ordnet das Gericht entweder keine hinreichenden Sicherungsmaßnahmen an oder ist es dazu aufgrund des lokalen Insolvenzrechts nicht befugt, besteht an sich auch keine Veranlassung, durch das Gericht eines potentiellen Sekundärverfahrensstaates weitergehende Maßnahmen anordnen zu lassen. Insoweit wäre es konsequent gewesen, die Norm gänzlich zu streichen. Sie wird jedoch auch in Zukunft die Praxis der Abwicklung internationaler Insolvenzen nicht behindern, weshalb die Praxis auch in Zukunft mit der etwas verunglückten Fassung des Art. 52 leben kann.

II. Voraussetzungen

1. Vorläufiger Verwalter. Das in Art. 52 eingeräumte Antragsrecht steht nur einem vorläufi- 5 gen Verwalter zu.[7] Der Begriff des vorläufigen Verwalters ist in der Verordnung über die Legaldefinition in Art. 2 Nr. 5 und die Verweisung auf die Auflistung in Anhang B bestimmt.[8] Die Liste in Anhang B enthält jedoch für manche Mitgliedsstaaten ausdrücklich auch den Verwalter, der vom Insolvenzgericht „vorläufig", dh noch vor Verfahrenseröffnung bestellt wird,[9] für andere Mitglieds-

---

2   Rauscher/*Mäsch* EuInsVO 2000 Art. 38 Rn. 2; HKInsO/*Schultz* Art. 52 Rn. 2.
3   Vgl. zB § 38, § 129 InsO.
4   Zur Reform vgl. → Vor Art. 1 Rn. 11 ff.
5   Vgl. Hess/Oberhammer/Pfeiffer/*Oberhammer*, European Insolvency Law, Rn. 916 ff.
6   Vgl. den Vorschlag der Kommission, COM (2012) 744 final; sowie die Stellungnahme des Europäischen Parlamentes v. 5.2.2014, abrufbar unter europarl.europa.eu/sides/getDoc.do?type=REPORT&reference=A7-2013-0481&language=DE.
7   Rauscher/*Mäsch* EuInsVO 2000 Art. 38 Rn. 3; Geimer/Schütze/*Heiderhoff*, Int. Rechtsverkehr, B Vor I 20b, EuInsVO 2000 Art. 38 Rn. 1; Duursma-Kepplinger/Duursma/Chalupsky/*Duursma-Kepplinger/Chalupsky* EuInsVO 2000 Art. 38 Rn. 8; HambKommInsO/*Undritz* EuInsVO 2000 Art. 38 Rn. 3; K. Schmidt/*Undritz* Art. 52 Rn. 2; Mankowski/Müller/Schmidt/*Mankowski* Art. 52 Rn. 8.
8   Vgl. → Art. 2 Rn. 15 f.
9   Vgl. die Liste der Verwalter in Anhang B (früher C) für Österreich oder Deutschland, in denen ausdrücklich der vorläufige Insolvenzverwalter erwähnt wird; für andere Mitgliedstaaten ist dies nicht der Fall; aA *Smid*, Int. Insolvenzrecht, EuInsVO 2000 Art. 38 Rn. 9, der davon ausgeht, dass alle vorläufigen Insolvenzverwalter in Anhang B genannt sind; wie hier dagegen KPB/*Kemper* EuInsVO 2000 Art. 38 Rn. 3.

Art. 52 6–9

länder hingegen nicht. Man wird sich jedoch darauf verständigen können, dass mit dem Begriff des vorläufigen Insolvenzverwalters in Anlehnung an Art. 2 Nr. 5 jede Person oder Stelle gemeint ist, die nach Stellung eines Insolvenzantrags, aber noch vor Eröffnung des Insolvenzverfahrens vom Insolvenzgericht eingesetzt wird und verwaltertypische Pflichten bereits im Eröffnungsverfahren erfüllt.[10] Seine Bestellung kann der vorläufige Verwalter gemäß Art. 22 durch eine beglaubigte Abschrift der Bestellungsentscheidung nachweisen.[11]

6   **2. Des Hauptverfahrens.** Der vorläufige Verwalter muss zwingend der Verwalter des Hauptverfahrens nach Art. 3 Abs. 1 sein. Die Frage, was hier das Gericht des anderen Mitgliedstaates zu überprüfen hat, wird in der Literatur nicht weiter erörtert. Bisweilen wird formuliert, dass in dem Mitgliedstaat, in dem der vorläufige Verwalter bestellt wurde, ein Antrag auf Eröffnung eines Hauptverfahrens gestellt worden sein muss.[12] Das ist aber nicht entscheidend, denn der Wortlaut von Art. 52 verlangt, dass es sich um das nach Art. 3 Abs. 1 zuständige Gericht handeln und daher die Zuständigkeit objektiv vorliegen muss (und nicht lediglich durch einen Antrag in Anspruch genommen wird). Zudem kann der Insolvenzantrag nicht mit dem Inhalt gestellt werden, ein Haupt- oder Sekundärverfahren zu eröffnen.[13] Eine umfassende Prüfung, ob das den vorläufigen Verwalter bestellende Insolvenzgericht nach Art. 3 Abs. 1 zuständig ist, wird aber im Hinblick auf eine geforderte schnelle Entscheidung des Gerichts des anderen Mitgliedstaates kaum verlangt werden können. Es kann sich daher allenfalls um eine Plausibilitätsprüfung handeln. Befindet sich – bei einer Insolvenz einer juristischen Person – der Sitz in dem Mitgliedstaat, dessen Insolvenzgericht den vorläufigen Verwalter bestellt hat, so wird man die Vermutungsregelung des Art. 3 Abs. 1 S. 2 auch im Rahmen dieser Plausibilitätsprüfung heranziehen dürfen.

7   Hat das Insolvenzgericht neben der Bestellung des vorläufigen Verwalters auch Verfügungsbeschränkungen angeordnet und hierbei seine Zuständigkeit nach Art. 3 Abs. 1 in Anspruch genommen,[14] so liegt nach der *Eurofood* Entscheidung des EuGH[15] und der nunmehrigen Fassung des Art. 2 Nr. 7 ohnehin bereits eine Verfahrenseröffnung vor.[16] Nach den Ausführungen des EuGH ist in diesen Fällen die von dem Insolvenzgericht in Anspruch genommene internationale Zuständigkeit nach Art. 3 Abs. 1 für die Gerichte anderer Mitgliedstaaten bindend und anzuerkennen.[17] In diesen Fällen hat das Insolvenzgericht des anderen Mitgliedstaates keinerlei Prüfungskompetenz mehr, ob es sich um ein nach Art. 3 Abs. 1 zuständiges Gericht handelt. Die Inanspruchnahme der internationalen Zuständigkeit durch das den vorläufigen Insolvenzverwalter bestellenden Insolvenzgericht ist dann vielmehr entsprechend Art. 19, 20, 32 anzuerkennen.

8   **3. Anderer Mitgliedstaat.** Der Antrag nach Art. 52 kann nur in einem „anderen Mitgliedstaat" gestellt werden. Die räumliche Beschränkung der Vorschrift auf die **Mitgliedstaaten** der Verordnung ist ebenso selbstverständlich wie die Feststellung, dass der Antrag in einem **anderen** Mitgliedstaat gestellt werden muss, als in dem Mitgliedstaat, in dem das Hauptverfahren anhängig ist. Denn für den Verfahrensstaat bedürfte es für die Anordnung von Sicherheitsmaßnahmen im Verfahrensstaat selbst keinerlei internationalen Ermächtigungen durch die Verordnung.

9   Umstritten ist allerdings, ob der Antrag in jedem anderen Mitgliedstaat gestellt werden darf, in dem sich Vermögen des Schuldners befindet,[18] oder nur in den Mitgliedstaaten, die eine Zuständigkeit zur Eröffnung eines Sekundärverfahrens hätten, mithin in denen sich also eine

---

[10] Vgl. → Art. 2 Rn. 16; *Virgos/Garcimartin*, European Insolvency Regulation, Rn. 373; *Virgos/Schmit*, Erläuternder Bericht, Rn. 262; KPB/*Kemper* EuInsVO 2000 Art. 38 Rn. 3, die allerdings betonen, dass die Voraussetzungen des Art. 2 Nr. 5 gerade nicht erfüllt sein müssen.
[11] Vgl. → Art. 22 Rn. 3; Rauscher/*Mäsch* EuInsVO 2000 Art. 38 Rn. 5.
[12] So MüKoBGB/*Kindler* Art. 52 Rn. 5; Rauscher/*Mäsch* EuInsVO 2000 Art. 38 Rn. 3; Duursma-Kepplinger/ Duursma/Chalupsky/*Duursma-Kepplinger/Chalupsky* EuInsVO 2000 Art. 38 Rn. 5; HKInsO/*Schultz* Art. 52 Rn. 6; LSZ/*Smid* EuInsVO 2000 Art. 38 Rn. 8.
[13] Vgl. → Art. 102c § 2 EGInsO.
[14] Vgl. zur Notwendigkeit, hierbei auch die Zuständigkeit nach Art. 3 Abs. 1 in Anspruch zu nehmen → 2. Aufl., Art. 2 Rn. 13.
[15] Vgl. EuGH, Urt. v. 2.5.2006, Rs. C-341/04 *(Eurofood)*, NZI 2006, 360, hierzu ausführlich → Art. 3 Rn. 27 ff.; → Art. 2 Rn. 11.
[16] Vgl. → Art. 2 Rn. 20 ff.
[17] Vgl. EuGH, Urt. v. 2.5.2006, Rs. C-341/04 *(Eurofood)*, NZI 2006, 360.
[18] Rauscher/*Mäsch* EuInsVO 2000 Art. 38 Rn. 8; LSZ/*Smid* EuInsVO 2000 Art. 38 Rn. 10; HambKomm-InsO/*Undritz* EuInsVO 2000 Art. 38 Rn. 3; K. Schmidt/*Undritz* Art. 52 Rn. 4; Konecny/Schubert/ *Pogacar* EuInsVO 2000 Art. 38 Rn. 30 ff.; *Moss/Fletcher/Isaacs*, EU Regulation, Rn. 8.441; Pannen/*Herchen* EuInsVO 2000 Art. 38 Rn. 10 f.; Brinkmann/*Maesch/Knof* Art. 52 Rn. 9; Mankowski/Müller/Schmidt/*Mankowski* Art. 52 Rn. 18 ff.

Niederlassung des Schuldners befindet.[19] Richtigerweise ist jedoch Art. 52 auf die Mitgliedsstaaten zu beschränken, in denen ein Sekundärverfahren eröffnet werden kann. Denn Art. 52 findet sich in Kapitel III der Verordnung (mit dem Titel „Sekundärinsolvenzverfahren") und bezieht sich demnach auch ausschließlich auf die Durchführung von Sekundärinsolvenzverfahren. Hätte man die Antragsbefugnis auf jeden Mitgliedstaat erstrecken wollen, in dem sich Vermögensgegenstände des Schuldners befinden, so hätte die Regelung des Art. 52 systematisch besser in Kapitel II („Anerkennung der Insolvenzverfahren") aufgenommen werden müssen, in dem bestimmte Befugnisse des Verwalters in anderen Mitgliedstaaten geregelt sind (vgl. zB Art. 28, 29, die ebenfalls bestimmte Befugnisse des Verwalters in allen anderen Mitgliedstaaten mit masseschützendem Charakter vorsehen). Auch ErwG Nr. 36, der das Konzept der Sicherungsmaßnahmen erläutert, gewährt das Recht, Sicherungsmaßnahmen zu beantragen auch nur für die Mitgliedstaaten, in denen sich eine Niederlassung des Schuldners befindet. Art. 52 ergänzt insoweit die Möglichkeiten des vorläufigen Verwalters des Hauptverfahrens, in potentiellen Sekundärverfahrensstaaten die Insolvenzmasse ungeachtet der Wirksamkeit der Sicherungsmaßnahmen aus dem Hauptverfahrensstaat nach dem lokalen Recht zu sichern, ohne gleichzeitig ein Sekundärinsolvenzverfahren beantragen zu müssen.

Um funktionsfähig zu bleiben, dürfen jedoch keine hohen Anforderungen an den Nachweis 10 gestellt werden, dass sich in dem Mitgliedstaat, in dem der vorläufige Verwalter eines anderen Mitgliedstaats einen Antrag nach Art. 52 stellt, eine Niederlassung befindet, mithin also bei einer entsprechenden Beantragung eine internationale Zuständigkeit nach Art. 3 Abs. 2 begründet wäre. Denn die Anordnung von Sicherungsmaßnahmen präjudiziert nicht die Niederlassungszuständigkeit. Eine schlüssige Darlegung der Fakten, weshalb das angerufene Insolvenzgericht nach Art. 3 Abs. 2 zuständig wäre und eine Glaubhaftmachung der Fakten sind daher ausreichend, um dem Antrag zu entsprechen.[20]

4. Antrag. Art. 52 setzt zudem einen Antrag des vorläufigen Verwalters voraus. Damit ist 11 klargestellt, dass entsprechende Sicherungsmaßnahmen durch das Insolvenzgericht nicht von Amts wegen angeordnet werden dürfen. Eine Anordnung entsprechender Maßnahmen durch das Insolvenzgericht eines anderen Mitgliedstaaten von Amts wegen scheidet schon deshalb aus, weil in dem potentiellen Sekundärverfahrensstaat noch kein entsprechender Antrag auf Eröffnung eines Sekundärverfahrens gestellt worden ist und daher die Zuständigkeit des Insolvenzgerichts zur Anordnung von Sicherungsmaßnahmen nach der dies vorrangig regelnden Verordnung nicht gegeben ist.[21] Abgesehen von Art. 52 und der Möglichkeit eines Sekundärverfahrens bleibt alleine das Insolvenzgericht des Hauptverfahrens zur Anordnung von Sicherungsmaßnahmen zuständig, die dann wiederum gemäß Art. 32 von den Gerichten der anderen Mitgliedstaaten anzuerkennen sind.

Welches Gericht örtlich und sachlich für die Antragstellung zuständig ist, richtet sich nach dem 12 Recht des Mitgliedstaates, in dem die Sicherungsmaßnahmen beantragt werden. Entsprechende Maßnahmen können sinnvollerweise nur von dem auch für einen späteren Antrag auf Eröffnung eines Sekundärverfahrens zuständigen Insolvenzgericht getroffen werden. Im deutschen Recht kommt daher eine entsprechende Anwendung von Art. 102c § 1 Abs. 2 EGInsO in Betracht, auch wenn die Norm sich seinem Wortlaut nach nur auf den Antrag auf Eröffnung eines Sekundärverfahrens bezieht.[22]

III. Rechtsfolgen

1. Anordnung von Sicherungsmaßnahmen. Liegen die vorgenannten Voraussetzungen vor, 13 so ist das zuständige Gericht nach Art. 52 entsprechend ermächtigt, auch ohne Vorliegen eines Insolvenzantrags entsprechende Sicherungsmaßnahmen anzuordnen. Welche Sicherungsmaßnahmen zulässig sind, richtet sich nach dem Recht dieses Mitgliedstaates.[23] Art. 52 schränkt die nach dem Recht des Mitgliedstaates zulässigen Sicherungsmaßnahmen allerdings auf diejenigen ein, die für die Zeit zwischen dem Antrag auf Eröffnung und der Eröffnung eines Insolvenzverfahrens vorgesehen

---

[19] So Duursma-Kepplinger/Duursma/Chalupsky/*Duursma-Kepplinger/Chalupsky* EuInsVO 2000 Art. 38 Rn. 9; Geimer/Schütze/*Heiderhoff*, Int. Rechtsverkehr, B Vor I 20b, EuInsVO 2000 Art. 38 Rn. 2; MüKoBGB/*Kindler* Art. 52 Rn. 8; HKInsO/*Schultz* Art. 52 Rn. 7; Vallender/*Reutershan* Art. 52 Rn. 5; *Vallender* KTS 2005, 283, 308.
[20] *Vallender* KTS 2005, 283, 309.
[21] Diesen Vorrang der Verordnung übersehen MüKoBGB/*Kindler* Art. 52 Rn. 9 f. u. Rauscher/*Mäsch* EuInsVO 2000 Art. 38 Rn. 4.
[22] Vgl. → EGInsO Art. 102 § 1 Rn. 11.
[23] HKInsO/*Schultz* Art. 52 Rn. 8; Geimer/Schütze/*Heiderhoff*, Int. Rechtsverkehr, B Vor I 20b, EuInsVO 2000 Art. 38 Rn. 2; Duursma-Kepplinger/Duursma/Chalupsky/*Duursma-Kepplinger/Chalupsky* EuInsVO 2000 Art. 38 Rn. 15; Vallender/*Reutershan* Art. 52 Rn. 7; *Vallender* KTS 2005, 283, 308.

sind. Die Sicherungsmaßnahmen dürfen jedoch nur das in dem jeweiligen Mitgliedsstaat belegene Vermögen erfassen.[24]

14 Das zuständige Gericht ist jedoch an den Antrag bestimmter Maßnahmen durch den vorläufigen Insolvenzverwalter nicht gebunden. Ob und welche Sicherungsmaßnahmen angeordnet werden, entscheidet daher das Gericht unter Berücksichtigung der Zwecke der Verordnung nach eigenem Ermessen.[25] Es ist daher auch berechtigt, andere als die von dem vorläufigen Verwalter angeordneten Sicherungsmaßnahmen anzuordnen. Es darf jedoch – mangels vorliegendem Insolvenzantrages – nicht über die von dem vorläufigen Verwalter beantragten Einschränkungen hinaus Sicherungsmaßnahmen anordnen.

15 Befindet sich daher Vermögen in Deutschland, so kann der ausländische vorläufige Verwalter die nach § 21 InsO möglichen Sicherungsmaßnahmen beantragen, ohne dass bereits der Antrag eines Gläubigers auf Eröffnung eines Insolvenzverfahrens vorliegt. Die Sicherungsmaßnahmen, die der ausländische vorläufige Verwalter beantragen kann, umfassen daher auch die Möglichkeit, einen vorläufigen Insolvenzverwalter nach § 21 Abs. 2 Nr. 1 InsO bestellen zu lassen.[26] Als vorläufiger Insolvenzverwalter nach der Insolvenzordnung kann jedoch nicht der vorläufige Verwalter des Hauptverfahrens bestellt werden, da diesem meist die notwendige Geschäftskunde nach § 56 InsO für die Abwicklung inländischer Verfahren fehlen dürfte.

16 **2. Vorrang vor Sicherungsmaßnahmen des Hauptverfahrens.** Art. 20 Abs. 1 ordnet an, dass die Verfahrenseröffnung in allen Mitgliedsstaaten anzuerkennen ist, solange in einem Mitgliedsstaat nicht ein Sekundärverfahren eröffnet wurde. Dies drückt den Vorrang des Sekundärverfahrens gegenüber dem ansonsten in allen Mitgliedsstaaten unmittelbar Wirkung entfaltenden Hauptverfahren aus.[27] Über Art. 32 Abs. 1 Unterabs. 3 gilt gleiches für Sicherungsmaßnahmen.[28] Demnach sind Sicherungsmaßnahmen des Hauptverfahrens in jedem Mitgliedsstaat anzuerkennen. Hat jedoch das Gericht eines Mitgliedsstaates aufgrund Art. 52 ebenfalls Sicherungsmaßnahmen hinsichtlich des im Inland belegenen Vermögens angeordnet, so „verdrängen" diese Sicherungsmaßnahmen anderweitige oder entgegenstehende Anordnungen des Insolvenzgerichts des Hauptverfahrens. Soweit unterschiedliche Vermögensgegenstände oder Befugnisse des Schuldners betroffen sind, gelten jedoch die Anordnungen des Hauptverfahrens auch in dem anderen Mitgliedsstaat fort.

17 **3. Aufhebung der Sicherungsmaßnahmen.** Die von dem Insolvenzgericht angeordneten Sicherungsmaßnahmen sind erneut zu überprüfen, wenn der Verwalter des Hauptverfahrens (oder aber auch ein Gläubiger) nachfolgend einen Antrag auf Eröffnung eines Sekundärverfahrens stellt, mithin ein formelles Eröffnungsverfahren eingeleitet wird. Sieht der Verwalter auch nach Eröffnung des Hauptverfahrens davon ab, einen Antrag auf Eröffnung des Sekundärverfahrens zu stellen, so sind die Sicherungsmaßnahmen wieder aufzuheben, weil dann – ohne Sekundärverfahren – grundsätzlich das Recht des Hauptverfahrens in allen Mitgliedsstaaten Wirkungen entfaltet.[29]

18 **4. Anpassungsprobleme.** Als Sachnorm verursacht Art. 52 jedoch erhebliche Anpassungsschwierigkeiten bei der Integration in das jeweils nationale Insolvenzrecht. Denn die Rechtsfolgen von Sicherungsmaßnahmen ohne ein laufendes Insolvenzeröffnungsverfahren sind im Insolvenzrecht (naturgemäß) nicht geregelt, da das Insolvenzrecht Sicherungsmaßnahmen vor Stellung eines Insolvenzantrags nicht kennt. Die Anpassungsprobleme bestehen sowohl, wenn der vorläufige Insolvenzverwalter nach Eröffnung des Hauptverfahrens beschließt, kein Sekundärverfahren zu beantragen, als auch bei einem nachträglichen Insolvenzeröffnungsantrag selbst. Nimmt der Insolvenzverwalter später von der Durchführung eines Sekundärverfahrens Abstand, so würde für die Rechtsfolgen der Sicherungsmaßnahmen (nach dem Recht des Sekundärverfahrens) das Recht des Hauptverfahrens gelten. Beantragt der Verwalter später die Eröffnung eines Sekundärverfahrens, so stellt sich die Frage, wie beispielsweise diejenigen Normen auszulegen sind, die hinsichtlich der Sicherung der Insolvenzmasse grundsätzlich erst an die Stellung des Insolvenzantrags anknüpfen. Dies ist beispielsweise im deutschen Recht der Fall bei der Insolvenzanfechtung[30] oder bei Zwangsvollstreckungen vor Verfahrenseröffnung.[31] Auch

---

[24] Duursma-Kepplinger/Duursma/Chalupsky/*Duursma-Kepplinger/Chalupsky* EuInsVO 2000 Art. 38 Rn. 13.
[25] Rauscher/*Mäsch* EuInsVO 2000 Art. 38 Rn. 13; MüKoBGB/*Kindler* Art. 52 Rn. 12 (beide auf das „Ob" und „Wie" reduzierter Ermessensspielraum); FKInsO/*Wenner/Schuster* Art. 52 Rn. 9 (zweckmäßig); Vallender/*Reutershan* Art. 52 Rn. 7 (Zwecke der EuInsVO); aA *Vallender* KTS 2005, 283, 308.
[26] Vallender/*Reutershan* Art. 52 Rn. 8; HambKommInsO/*Undritz* EuInsVO 2000 Art. 38 Rn. 2; K. Schmidt/*Undritz* Art. 52 Rn. 6; Rauscher/*Mäsch* EuInsVO 2000 Art. 38 Rn. 12.
[27] Vgl. → Art. 20 Rn. 16.
[28] Vgl. → Art. 32 Rn. 26.
[29] Ebenso auch *Vallender* KTS 2005, 283, 309 f.
[30] So knüpfen die Fristen in der Regel an die Stellung des Insolvenzantrages an, vgl. nur §§ 130 bis 136 InsO.
[31] Vgl. zB § 88 InsO.

aus diesen Gründen bietet Art. 52 dem vorläufigen Verwalter des Hauptverfahrens keine wirkliche Hilfe beim Schutz der Insolvenzmasse in den potentiellen Sekundärverfahrensstaaten. Insoweit empfiehlt es sich eher, nach der hier vertretenen Auffassung, die Sicherungsmaßnahmen des Insolvenzgerichts des Hauptverfahrens nach Art. 32 im Sekundärverfahrensstaat vollstrecken zu lassen (die Anerkennung geschieht ohnehin automatisch), sowie gegebenenfalls schon vor Eröffnung des Hauptverfahrens auch als nur vorläufiger Insolvenzverwalter die Eröffnung des Sekundärverfahrens zu beantragen, soweit nicht beabsichtigt ist, über eine entsprechende Zusicherung die Eröffnung eines Sekundärinsolvenzverfahrens zu vermeiden.

Kapitel IV. Unterrichtung der Gläubiger und Anmeldung ihrer Forderungen

Art. 53 Recht auf Forderungsanmeldung

¹Jeder ausländische Gläubiger kann sich zur Anmeldung seiner Forderungen in dem Insolvenzverfahren aller Kommunikationsmittel bedienen, die nach dem Recht des Staats der Verfahrenseröffnung zulässig sind. ²Allein für die Anmeldung einer Forderung ist die Vertretung durch einen Rechtsanwalt oder sonstigen Rechtsbeistand nicht zwingend.

Literatur: *Corno*, EIR and Italian Rules governing the Lodging, Verification and Admission of Claims. Theory and Italian Practice, IILR 2012, 197; *Dutta*, Die Pflicht der Mitgliedstaaten zur gegenseitigen Durchsetzung ihrer öffentlich-rechtlichen Forderungen, EuR 2007, 744; *Fuchs*, Grenzüberschreitende Forderungsanmeldung im Insolvenzverfahren, NZI 2018, 9; *Geroldinger*, Verfahrenskoordination im Europäischen Insolvenzrecht – Die Abstimmung von Haupt- und Sekundärinsolvenzverfahren nach der EuInsVO, zugl. Diss. Univ. Wien, 2009; *ders.*, Verfahrenseröffnung nach der EuInsVO: Ermitteln und Ausweisen der Kompetenzgrundlage, in: Gürzumar et al (Hrsg.), Gedächtnisschrift für Haluk Konuralp Bd I (2009) Ankara, S. 306; *ders.*, Wirkungserstreckung des Hauptinsolvenzverfahrens und Rechtsverfolgungsmaßnahmen im Ausland, ZIK 2010, 4; *Ghia*, IILR 2011, 320 ff.; *INSOL Europe*, Revision of the European Insolvency Regulation; *Mankowski*, Neues zur grenzüberschreitenden Forderungsanmeldung unter der EuInsVO, NZI 2011, 887; *Martius*, Verteilungsregeln in der grenzüberschreitenden Insolvenz, Univ. Bayreuth, Diss., 2004.

I. Normzweck

Art. 53 enthält mehrere, teils überflüssige Klarstellungen bezüglich der Anmeldeberechtigung **1** der Gläubiger. Zunächst schließt Art. 53 eine Diskriminierung von ausländischen Gläubigern mit Sitz, Wohnsitz oder Aufenthalt in den anderen Mitgliedstaaten bei der Forderungsanmeldung aus (*„jeder ausländische Gläubiger"*). Während Art. 45 klarstellt, dass jeder Gläubiger seine Forderungen in allen Verfahren, also mehrfach anmelden kann, regelt Art. 53 – unabhängig von der Frage von Mehrfachanmeldungen – die eigentliche Befugnis zur Anmeldung der Forderung (nicht die Berechtigung zur Mehrfachteilnahme). Zudem regelt Art. 53 die Form der Forderungsanmeldung in anderen Mitgliedstaaten mit dem (ebenfalls überflüssigen) Verweis auf das Recht des Verfahrensstaates. Materiell ist insoweit lediglich, dass Art. 53 in Abweichung zu möglichen Anforderungen des nationalen Insolvenzrechts vorschreibt, dass die Vertretung durch einen Rechtsanwalt oder sonstigen Rechtsbeistand nicht zwingend ist.

Art. 53 ist eine **Sachnorm,** die die Berechtigung zur Forderungsanmeldung selbst im Einzelnen **2** nicht regelt, sondern für die vorgenannten Fragen einen Mindeststandard setzt, gegen den das ansonsten anwendbare Recht des Verfahrensstaates nicht verstoßen darf. Vorschriften des autonomen Rechts der Mitgliedstaaten, die hinter dem in Art. 53 definierten Mindeststandard zurückbleiben, werden daher durch Art. 53 verdrängt.[1] Sonstige insolvenzrechtliche Fragen,[2] die sich im Zusam-

---

[1] So ausdrücklich Urteil des High Court of Dublin *In the matter of Cedarlease Ltd.* vom 8.3.2005, veröffentlicht unter www.eir-database.com, case No. 78 bzgl. der Anmeldeberechtigung der Forderungen ausländischer Steuerbehörden; *Virgos/Schmit*, Erläuternder Bericht, Rn. 235; *Virgos/Garcimartin*, European Insolvency Regulation, Rn. 328; MüKoBGB/*Kindler* Art. 53 Rn. 1 f.; Duursma-Kepplinger/Duursma/Chalupsky/ *Duursma* EuInsVO 2000 Art. 39 Rn. 1; *Kemper* ZIP 2001, 1609, 1619.
[2] Art. 7 wiederum regelt nur insolvenzrechtliche Fragen; die Frage, wer den anmeldenden Gläubiger vertritt (zB falls der anmeldende Gläubiger eine juristische Person ist), entscheidet für die gesetzliche Vertretung das Personalstatut bzw. bei rechtsgeschäftlichen Vollmacht das Vollmachtsstatut, nicht aber die *lex fori concursus*; so aber Cour de Cassation, Chambre Commercial, Entscheidung v. 15.12.2009, Recueil Dalloz 2010, 87; hierzu *Mankowski* NZI 2011, 887, der dies zutreffend als Vorfrage kennzeichnet; zu Vorfragen im Int. Insolvenzrecht vgl. auch → Vor §§ 335 ff. Rn. 42.

menhang mit der Forderungsanmeldung stellen, wie zB das Verfahren der Anmeldung, Prüfung und Feststellung der Forderung, richten sich gemäß Art. 7 Abs. 2 S. 2 lit. h weiterhin nach dem Recht des Verfahrensstaates, vorbehaltlich der weiteren Sonderregelungen in Art. 54 ff.

3   Art. 53 gilt sowohl in Haupt-, Sekundär-, als auch Partikularverfahren.[3]

4   Die **Reform der EuInsVO**[4] bringt keine wesentlichen inhaltlichen Änderungen. Weder der *Vienna Report*, noch *INSOL Europe* hatten konkrete Änderungsvorschläge für die Vorgängerregelung Art. 39 EuInsVO 2000 unterbreitet.[5] Art. 53 ist im Vergleich zu Art. 39 EuInsVO 2000 vom Wortlaut her wesentlich, vom Inhalt her jedoch kaum geändert worden. Die Tatsache, dass in Art. 53 nicht mehr ausdrücklich erwähnt ist, dass auch die Steuerbehörden und Sozialversicherungsträger der Mitgliedsstaaten ihre Forderungen anmelden können, ist lediglich redaktioneller Natur. Denn diese sind durch den nun verwendeten Begriff der „ausländischen Gläubiger", der in Art. 2 Nr. 12 definiert ist und ausdrücklich auch Steuerbehörden und Sozialversicherungsträger einschließt, weiterhin erfasst.

5   Geändert wurde aber das in Art. 39 EuInsVO 2000 geregelte Formerfordernis der Anmeldung *(„schriftlich")*. Art. 53 stellt nun klar, dass sich der Gläubiger zur Anmeldung seiner Forderung aller Kommunikationsmittel bedienen kann, die nach dem Recht des Verfahrensstaates zulässig sind. Diese Feststellung ist freilich redundant, da sich die Anmeldung der Forderung nach Art. 7 Abs. 2 S. 2 lit. h ohnehin nach der *lex fori concursus*, also dem Recht des Verfahrensstaates, richtet.

II. Anmeldeberechtigung

6   Art. 53 regelt seinem Wortlaut nach vordergründig nur die Form der Forderungsanmeldung. Ebenso wie seine Vorgängervorschrift (Art. 39 EuInsVO 2000) enthält die Vorschrift jedoch auch die implizite Klarstellung, dass *„jeder ausländische Gläubiger"* seine Forderung in jedem Verfahren anmelden kann. Der Begriff des ausländischen Gläubigers ist in Art. 2 Nr. 12 dahingehend definiert, dass damit jeder Gläubiger gemeint ist, der seinen gewöhnlichen Aufenthalt, Wohnsitz oder Sitz in einem anderen Mitgliedstaat als dem Mitgliedstaat der Verfahrenseröffnung hat. Zudem schließt die Definition auch ausdrücklich die Steuerbehörden und Sozialversicherungsträger der Mitgliedsstaaten mit ein.[6] Damit ist die Vorschrift – trotz geänderten Wortlauts – inhaltsgleich mit Art. 39 EuInsVO 2000, die noch keine entsprechende Definition der ausländischen Gläubiger enthielt.

7   Die Anmeldeberechtigung von Gläubigern mit einem gewöhnlichen Aufenthalt, Sitz oder Wohnsitz außerhalb der Mitgliedsstaaten richtet sich nach dem Insolvenzrecht des jeweiligen Verfahrensstaates.[7] Das ergibt sich aus der Kollisionsnorm des Art. 7 Abs. 2 S. 2 lit. h. Denn diese gilt vorbehaltlich einiger Sonderregelungen in Art. 8 ff. auch für Gläubiger, die ihren Sitz außerhalb der Mitgliedsstaaten der Verordnung haben.[8] Es ist daher nach der Verordnung zulässig (wenn auch rechtspolitisch bedenklich), wenn nach dem nationalen Recht des Verfahrensstaates Gläubigern aus Drittstaaten das Recht zur Anmeldung ihrer Forderungen versagt wird.

8   Nach allgemeiner Auffassung gilt Art. 53 nicht für die Gläubiger aus dem Verfahrensstaat selbst.[9] Für deren Recht auf Forderungsanmeldung soll grundsätzlich die *lex fori concursus* Anwendung finden.[10] Bliebe das Recht des Verfahrensstaates für die inländischen Gläubiger hinter der in Art. 53 geregelten Anmeldebefugnis zurück, so hätte dies zur Konsequenz, dass ausländische Gläubiger aus anderen Mitgliedstaaten gegenüber den inländischen Gläubigern bevorzugt würden. Dies ist jedoch abzulehnen. Da Art. 53 eine Sachnorm ist, die Mindeststandards festlegt, setzt sich diese Regelung aufgrund des Diskriminierungsverbotes auch gegenüber Vorschriften des Verfahrensstaates durch, die die Anmeldebefugnis entgegen Art. 53 einschränken.[11] Die Frage dürfte allerdings theoretisch sein, da der in Art. 53 festgelegte Standard regelmäßig nicht unterschritten wird.

---

[3] *Virgos/Schmit*, Erläuternder Bericht, Rn. 243; Mankowski/Müller/Schmidt/*Schmidt* Art. 53 Rn. 7; Vallender/*Riewe* Art. 53 Rn. 3; Rauscher/*Mäsch* EuInsVO 2000 Art. 39 Rn. 2; Geimer/Schütze/*Heiderhoff*, Int. Rechtsverkehr, B Vor I 20b, EuInsVO 2000 Art. 39 Rn. 3; Duursma-Kepplinger/Duursma/Chalupsky/ *Duursma* EuInsVO 2000 Art. 39 Rn. 3; *Kemper* ZIP 2001, 1609, 1619.

[4] Vgl. → Vor Art. 1 Rn. 11 ff.

[5] Hess/Oberhammer/Pfeiffer/*Koller/Slonina*, European Insolvency Law, Rn. 936 ff.; *INSOL Europe*, Revision of the European Insolvency Regulation, Art. 39.

[6] Vgl. → Art. 2 Rn. 62.

[7] Vgl. *Virgos/Schmit*, Erläuternder Bericht, Rn. 269; Rauscher/*Mäsch* EuInsVO 2000 Art. 39 Rn. 8; Duursma-Kepplinger/Duursma/Chalupsky/*Duursma* EuInsVO 2000 Art. 39 Rn. 2; Konecny/Schubert/*Pogacar* EuInsVO 2000 Art. 39 Rn. 8.

[8] Vgl. zum sachlich-räumlichen Anwendungsbereich der Verordnung auch → Art. 1 Rn. 25 ff.

[9] Vallender/*Riewe* Art. 53 Rn. 4.

[10] Pannen/*Riedemann* EuInsVO 2000 Art. 39 Rn. 7; *Virgos/Schmit*, Erläuternder Bericht, Rn. 269.

[11] So auch Pannen/*Riedemann* EuInsVO 2000 Art. 39 Rn. 21; Konecny/Schubert/*Pogacar* EuInsVO 2000 Art. 39 Rn. 8.

III. Form der Anmeldung

Geändert wurde allerdings die in Art. 39 EuInsVO 2000 enthaltene Sachnorm, dass die Anmeldung „schriftlich" erfolgen könne. Art. 53 S. 1 verweist nunmehr als **Kollisionsnorm** auf die Kommunikationsmittel, die nach dem Recht des Verfahrensstaates zulässig sind. Dieser Verweis ist redundant, da sich die Anwendung der *lex fori concursus* für die Art und Weise der Anmeldung schon aus Art. 7 Abs. 2 S. 2 lit. h ergibt. Der Verweis ist aber nicht nur redundant, sondern zudem auch widersprüchlich, da Art. 55 weitere Regelungen zur Forderungsanmeldung enthält, die nicht nur das Verfahren der Forderungsanmeldung betreffen, wie die Überschrift anzudeuten scheint, sondern auch die Form und den Inhalt derselben. Eine Forderungsanmeldung mittels des in Art. 55 genannten Standardformulars ist daher immer wirksam, selbst wenn das Recht des Verfahrensstaates (auf das ja verwiesen wird), weitergehender Formerfordernisse oder Erklärungen zur Anmeldung vorschreibt (vgl. dazu → Art. 55 Rn. 3). 9

Der Verweis auf das Recht des Verfahrensstaates enthält allerdings zwei **Grenzen**. Zum einen können sich die ausländischen Gläubiger aller Kommunikationsmittel bedienen, die nach dem Recht des Verfahrensstaates zulässig sind. Das bedeutet gleichzeitig, dass das Recht des Verfahrensstaates für ausländische Gläubiger keine zusätzlichen Anforderungen stellen darf. Entsprechende qualifizierende Anmeldevoraussetzungen wären – zumindest für Gläubiger aus den Mitgliedsstaaten der EU[12] – unbeachtlich. Ungeachtet dessen enthält Art. 53 S. 2 eine das nationale Recht weiter einschränkende Sachnorm, wonach das Recht des Verfahrensstaates für die Anmeldung keine Vertretung durch einen Rechtsanwalt oder sonstigen Rechtsbeistand verlangen darf. Sollte das nationale Recht entsprechende Anforderungen vorsehen, so gelten diese nach Art. 53 S. 2 für ausländische Gläubiger nicht. Eine Forderungsanmeldung durch den Gläubiger persönlich ist mithin immer wirksam. Das ist deswegen konsequent, da durch das in Art. 55 geregelte Standardformular die Forderungsanmeldung durch ausländische Gläubiger vereinfacht und kostengünstig gestaltet werden sollte. 10

Art. 54 Pflicht zur Unterrichtung der Gläubiger

(1) Sobald in einem Mitgliedstaat ein Insolvenzverfahren eröffnet wird, unterrichtet das zuständige Gericht dieses Staates oder der von diesem Gericht bestellte Verwalter unverzüglich alle bekannten ausländischen Gläubiger.

(2) ¹Die Unterrichtung nach Absatz 1 erfolgt durch individuelle Übersendung eines Vermerks und gibt insbesondere an, welche Fristen einzuhalten sind, welches die Versäumnisfolgen sind, welche Stelle für die Entgegennahme der Anmeldungen zuständig ist und welche weiteren Maßnahmen vorgeschrieben sind. ²In dem Vermerk ist auch anzugeben, ob die bevorrechtigten oder dinglich gesicherten Gläubiger ihre Forderungen anmelden müssen. ³Dem Vermerk ist des Weiteren eine Kopie des Standardformulars für die Anmeldung von Forderungen gemäß Artikel 55 beizufügen oder es ist anzugeben, wo dieses Formular erhältlich ist.

(3) ¹Die Unterrichtung nach den Absätzen 1 und 2 dieses Artikels erfolgt mithilfe eines Standardmitteilungsformulars, das gemäß Artikel 88 festgelegt wird. ²Das Formular wird im Europäischen Justizportal veröffentlicht und trägt die Überschrift „Mitteilung über ein Insolvenzverfahren" in sämtlichen Amtssprachen der Organe der Union. ³Es wird in der Amtssprache des Staates der Verfahrenseröffnung oder – falls es in dem betreffenden Mitgliedstaat mehrere Amtssprachen gibt – in der Amtssprache oder einer der Amtssprachen des Ortes, an dem das Insolvenzverfahren eröffnet wurde, oder in einer anderen Sprache übermittelt, die dieser Staat gemäß Artikel 55 Absatz 5 zugelassen hat, wenn anzunehmen ist, dass diese Sprache für ausländische Gläubiger leichter zu verstehen ist.

(4) Bei Insolvenzverfahren bezüglich einer natürlichen Person, die keine selbständige gewerbliche oder freiberufliche Tätigkeit ausübt, ist die Verwendung des in diesem Artikel genannten Standardformulars nicht vorgeschrieben, sofern die Gläubiger nicht verpflichtet sind, ihre Forderungen anzumelden, damit diese im Verfahren berücksichtigt werden.

Literatur: *Corno*, EIR and Italian Rules governing the Lodging, Verification and Admission of Claims. Theory and Italian Practice, IILR 2012, 197; *INSOL Europe*, Revision of the European Insolvency Regulation; *Mankowski*, Neues zur grenzüberschreitenden Forderungsanmeldung unter der EuInsVO, NZI 2011, 887 ff.; ders., Ausländische und Internationale Insolvenz, NZI 2009, 450 ff.; ders., Anm. zu High Court of Justice London, Beschl. v.

---

[12] Für Gläubiger aus EU Mitgliedsländern, die nicht Mitgliedsländer der EuInsVO sind, gilt das Diskriminierungsverbot aufgrund des EU Rechts (Art. 18 AEUV).

Art. 54 1–5

11.2.2009, NZI 2009, 450; *Maysenhölder/Heidenhain,* Neuerungen im tschechischen Insolvenzrecht, WiRO 2012, 325; *Paulus,* Kurzkommentar zu High Court of Justice London, Beschl. v. 11.2.2009, EWiR 2009, 177; *Wimmer* in Gerhardt/Haarmeyer/Kreft (Hrsg.), Insolvenzrecht im Wandel der Zeit, FS Hans-Peter Kirchhof zum 65. Geburtstag, S. 531.

Übersicht

	Rn.		Rn.
I. Normzweck	1	III. Form und Inhalt der Unterrichtung (Abs. 2)	12
II. Unterrichtungsberechtigte Gläubiger (Abs. 1)	6	IV. Standardmitteilungsformular (Abs. 3)	17
1. Gläubiger aus Mitgliedsstaaten	6	V. Verzicht auf Standardmitteilungsformular (Abs. 4)	19
2. Bekannte Gläubiger	8		
3. Unverzügliche Unterrichtung	9	VI. Sanktionen bei Verletzung der Unterrichtungspflicht	20
4. Unterrichtungsverpflichteter	10		

I. Normzweck

1 Art. 54 dient dazu, die zuvor in Art. 40 und Art. 42 Abs. 1 EuInsVO 2000 geregelten Unterrichtungspflichten für das Insolvenzgericht oder den Verwalter weiter zu standardisieren. Hierfür hat die Kommission mittlerweile – gemäß der in Art. 88 vorgesehenen Ermächtigung – ein Standardmitteilungsformular eingeführt.[1] Durch die Standardisierung soll die Unterrichtung der ausländischen Gläubiger für den Verwalter oder das Insolvenzgericht vereinfacht werden. Art. 54 soll die Informationsdefizite ausländischer Gläubiger aus anderen Mitgliedsstaaten ausgleichen, die in der Regel über die Insolvenzeröffnung schlechter informiert sind als inländische Gläubiger. Diese Informationsdefizite ergeben sich nicht nur aus Sprachbarrieren, sondern auch daraus, dass die Eröffnung ausländischer Insolvenzverfahren nur selten Gegenstand der inländischen Presseberichterstattung sind und auch in den inländischen Registern meist nicht veröffentlicht werden, auch wenn durch die Einführung und Vernetzung der Insolvenzregister mittlerweile deutlich größere Transparenz geschaffen wurde. Verbleibende Informationsdefizite sind weniger eine Frage der Gläubigergleichbehandlung, als eine Frage faktisch gleicher Chancen auf eine Verfahrensteilnahme.

2 Diese Chancengleichheit versucht Art. 54 Abs. 1 herzustellen, indem dem Insolvenzgericht oder dem Verwalter die Pflicht auferlegt wird, die ihm bekannten Gläubiger aus anderen Mitgliedsstaaten zu informieren. Abs. 2 konkretisiert den Inhalt dieser Unterrichtung und Abs. 3 schreibt sodann die Verwendung des Standardformulars zwingend vor. Abs. 4 erteilt einen Dispens von der Verwendung des Standardformulars bei Verbraucherinsolvenzen, bei denen die Gläubiger nicht verpflichtet sind, ihre Forderungen anzumelden. Es handelt sich jeweils um **Sachnormen**, die jedoch den Sachverhalt (Unterrichtungspflicht) nicht abschließend regeln, sondern einen Mindeststandard setzen, hinter dem das nationale Recht nicht zurückbleiben darf. Dagegen kann das nationale Recht durchaus weitergehende Unterrichtungspflichten vorsehen, ohne in Widerspruch zu Art. 54 zu geraten.

3 Die Möglichkeit zur Unterrichtung von Gläubigern aus anderen Mitgliedsstaaten bietet zudem Art. 28, der eine öffentliche Bekanntmachung in jedem anderen Mitgliedsstaat erlaubt und daher auch eine Unterrichtung der Gläubiger ermöglicht. Art. 29 ermöglicht zudem die Eintragung der Insolvenzeröffnung in öffentliche Register anderer Mitgliedsstaaten.

4 Art. 54 findet auf Haupt-, Sekundär- sowie Partikularverfahren Anwendung.[2] Im Falle eines Sekundärverfahrens ist allerdings Art. 54 für die Gläubiger aus dem jeweils anderen Verfahrensstaat nicht anzuwenden (vgl. → Rn. 7)

5 Im Rahmen der **Reform der EuInsVO**[3] wurde die Vorgängerregelung Art. 40 EuInsVO 2000 aus verschiedenen Gründen als wenig praktikabel bezeichnet. Insbesondere der *Vienna Report* kritisierte, dass Art. 40 EuInsVO 2000 keine Rechtsfolge im Falle einer unterbliebenen Unterrichtung vorgesehen hat. Zudem wurde vorgeschlagen, die Unterrichtung der Gläubiger zu standardisie-

---

[1] Vgl. Durchführungsverordnung (EU) 2017/1105 der Kommission v. 12.6.2017 zur Festlegung der in der VO (EU) 2015/848 des Europäischen Parlamentes und des Rates über Insolvenzverfahren genannten Formulare, ABl. L 160/1, Art. 1 Anh. I v. 22.6.2017.

[2] Vallender/*Riewe* Art. 54 Rn. 4; Mankowski/Müller/Schmidt/*Schmidt* Art. 54 Rn. 6; HKInsO/*Schultz* Art. 54 Rn. 1; MüKoBGB/*Kindler* Art. 54 Rn. 1; Konecny/Schubert/*Pogacar* EuInsVO 2000 Art. 40 Rn. 4; LSZ/*Smid* EuInsVO 2000 Art. 40 Rn. 1.

[3] Vgl. → Vor Art. 1 Rn. 11 ff.

ren. Die Kommission hat letztgenannten Änderungsvorschlag aufgegriffen und nunmehr ein Standardformblatt zur Unterrichtung eingeführt und zudem eine Regelung getroffen, in welcher Sprache das Gericht bzw. der Verwalter Gläubiger aus anderen Mitgliedstaaten unterrichten kann (vgl. Art. 88).

II. Unterrichtungsberechtigte Gläubiger (Abs. 1)

1. Gläubiger aus Mitgliedstaaten. Art. 54 Abs. 1 entspricht inhaltlich Art. 40 Abs. 1 **6** EuInsVO 2000. Die Änderungen im Wortlaut sind einzig darauf zurückzuführen, dass Art. 2 Nr. 12 den Begriff des „**ausländischen Gläubigers**" nunmehr definiert, sodass die in Art. 40 Abs. 1 EuInsVO 2000 noch enthaltene Definition des ausländischen Gläubigers nach der Reform obsolet ist. Unterrichtungsberechtigt sind nach dem Wortlaut der Vorschrift nunmehr also ausländische Gläubiger gemäß Art. 2 Nr. 12. Der Verwalter ist daher nach der Verordnung nicht verpflichtet, **Gläubiger aus Drittstaaten** zu unterrichten.[4] Das schließt jedoch nicht aus, dass das nationale Insolvenzrecht dem Insolvenzgericht oder dem Verwalter eine Unterrichtungspflicht für alle ausländischen Gläubiger auferlegt. Art. 54 begründet jedoch keine Pflicht, auch die **inländischen Gläubiger** zu unterrichten.[5] Darin liegt auch keine europarechtswidrige Diskriminierung, da die Unterrichtungsmöglichkeiten für inländische Gläubiger eine grundsätzlich andere ist. Ob (und gegebenenfalls wie) die inländischen Gläubiger zu informieren sind, richtet sich alleine nach der *lex fori concursus* des Verfahrensstaates.

Art. 54 erfordert jedoch eine teleologische Reduktion in Fällen paralleler Insolvenzverfahren, **7** insbesondere in Fällen paralleler Haupt- und Sekundärverfahren. Denn Ziel des Art. 54 ist die Information der ausländischen Gläubiger über die Verfahrenseröffnung an sich. Eine Informationspflicht für die inländischen Gläubiger besteht hingegen nicht. Somit müssten die Gerichte bzw. die Verwalter jeweils die in dem anderen Verfahrensstaat ansässigen Gläubiger informieren. Eine solche Informationspflicht wäre jedoch eine Information über ein weiteres paralleles Insolvenzverfahren. Das ist jedoch mit Art. 54 nicht bezweckt. Art. 54 ist daher einschränkend dahingehend auszulegen, dass die Informationspflicht nur Gläubiger aus Mitgliedstaaten betrifft, in denen kein paralleles Insolvenzverfahren durchgeführt wird. Unklar bleibt sodann aber noch, ob die ausländischen Gläubiger sowohl vom Verwalter des Haupt- als auch vom Verwalter des Sekundärverfahrens unterrichtet werden müssen. Sinnvoll wäre es gewesen, die Unterrichtungspflicht in diesem Fall auf den Verwalter oder das Gericht des Hauptverfahrens zu konzentrieren und im Standardformular einen Hinweis auf mögliche Sekundärverfahren vorzusehen sowie eine Stellungnahme des Gläubigers, dass er gemäß Art. 45 Abs. 2 einer Anmeldung seiner Ansprüche in den Sekundärverfahren durch den Verwalter des Hauptverfahrens nicht widerspricht. Mangels entsprechender Regelungen und der Unterrichtungspflicht in Abs. 1 werden daher sowohl der Verwalter des Hauptverfahrens als auch der Verwalter des oder der Sekundärverfahren der Informationspflicht nachkommen müssen.

2. Bekannte Gläubiger. Die Unterrichtungspflicht erfährt in Art. 54 zugleich eine wesentli- **8** che Einschränkung: sie gilt nur für die „*bekannten Gläubiger*". Hierbei kommt es nicht auf tatsächliches Kennen, sondern auf ein Kennenkönnen an. Demnach hat das Insolvenzgericht bzw. der Verwalter alle Gläubiger aus anderen Mitgliedstaaten zu unterrichten, die sich aus den Geschäftsunterlagen des Schuldners ergeben.[6] Zu einer darüber hinausgehenden Nachforschung ist das Gericht bzw. der Verwalter insbesondere im Sekundärinsolvenzverfahren nicht verpflichtet.[7] Findet neben dem Hauptverfahren auch ein oder mehrere Sekundärverfahren statt, dürfte sich die Unterrichtungspflicht im Ergebnis auf die sog. lokalen Gläubiger gemäß Art. 2 Nr. 11 beziehen, da diese sich zumindest aus den Geschäftsunterlagen der Niederlassung ergeben sollten.

3. Unverzügliche Unterrichtung. Die Unterrichtungspflicht hat nach dem Wortlaut „unver- **9** züglich" zu erfolgen („*immediately*" in der englischen Sprachfassung). Die Formulierung indiziert, dass die Zeitvorgabe zur Unterrichtung der Gläubiger nicht dadurch relativiert werden darf, dass in den Mitgliedstaaten unterschiedliche Anmeldefristen existieren. Unabhängig davon muss unverzüg-

---

[4] Mankowski/Müller/Schmidt/*Schmidt* Art. 54 Rn. 10; LSZ/*Smid* EuInsVO 2000 Art. 40 Rn. 2; MüKoBGB/*Kindler* Art. 54 Rn. 4; *Virgos/Garcimartin*, European Insolvency Regulation, Rn. 277.

[5] Ebenso Mankowski/Müller/Schmidt/*Schmidt* Art. 54 Rn. 10; Braun/*Josko de Marx* Art. 54 Rn. 6; Vallender/*Riewe* Art. 54 Rn. 5; Rauscher/*Mäsch* EuInsVO 2000 Art. 40 Rn. 40; *Virgos/Garcimartin*, European Insolvency Regulation, Rn. 277.

[6] Ebenso *Virgos/Garcimartin*, European Insolvency Regulation, Rn. 277; *Mankowski* NZI 2011, 887, 889; *Wessels*, International Insolvency Law, Para 10915; Konecny/Schubert/*Pogacar* EuInsVO 2000 Art. 40 Rn. 8; Mankowski/Müller/Schmidt/*Schmidt* Art. 54 Rn. 12.

[7] Mankowski/Müller/Schmidt/*Schmidt* Art. 54 Rn. 12; K. Schmidt/*Brinkmann* EuInsVO 2000 Art. 40 Rn. 4; Brinkmann/*Dahl/Kortleben* Art. 54 Rn. 5; Rauscher/*Mäsch* EuInsVO 2000 Art. 40 Rn. 6.

lich unterrichtet werden, was vielfach als „ohne schuldhaftes Verzögern" präzisiert wird.[8] Werden weitere Gläubiger erst im Laufe des Verfahrens bekannt, so ist deren Unterrichtung nachzuholen, jedenfalls soweit die Anmeldung noch nicht verfristet ist.[9]

10 **4. Unterrichtungsverpflichteter.** Nach Art. 54 ist das Gericht oder der von diesem Gericht bestellte Verwalter zur Unterrichtung verpflichtet. Die Vorschrift überlässt es daher dem nationalen Recht zu bestimmen, welche der beiden Verfahrensorgane die Pflicht trifft.[10] Die Pflicht nach Art. 54 trifft dann das Organ, das auch nach dem nationalen Recht des jeweiligen Verfahrensstaates die Gläubiger von der Verfahrenseröffnung zu unterrichten hat. Fehlt eine solche Unterrichtungspflicht vollständig im nationalen Recht, trifft die Pflicht beide Verfahrensorgane gesamtschuldnerisch. Es empfiehlt sich dann eine interne Absprache, eventuell eine entsprechende Verfügung des Gerichts gegenüber dem Verwalter, soweit das Gericht hierzu befugt ist.

11 Für die deutschen Gerichte bzw. Insolvenzverwalter ist zu beachten, dass Art. 102c EGInsO für die Unterrichtung nach Art. 54 keine weiteren Umsetzungsvorschriften erlassen hat. Insoweit hat sich der Gesetzgeber auf die Umsetzung der öffentlichen Bekanntmachung eines ausländischen Verfahrens im Inland nach Art. 28 Abs. 1 sowie auf die Umsetzung der Eintragung in öffentliche Bücher und Register im Inland gemäß Art. 29 beschränkt (vgl. Art. 102c §§ 7, 8 EGInsO).

III. Form und Inhalt der Unterrichtung (Abs. 2)

12 Die Mindestanforderungen für die Form und an den Inhalt der Unterrichtung ist in Art. 54 Abs. 2 geregelt. Danach ist eine *„individuelle Versendung eines Vermerks"* gefordert. Das erfordert die Schriftform der Unterrichtung.[11] Nicht gefordert ist demgegenüber eine förmliche Zustellung des Schriftstücks an die Gläubiger. Eine Zustellung nach der EuZVO ist danach nicht erforderlich.[12] Sieht allerdings das nationale Recht grundsätzlich eine förmliche Zustellung vor, so ist diese auch im Rahmen von Art. 54 zu beachten.[13] Die Zustellung ist dann gemäß der EuZVO vorzunehmen, da auch Insolvenzverfahren in den Anwendungsbereich der EuZVO fallen.[14] Fordern die Vorschriften des Verfahrensstaates, dass der ausländische Gläubiger nach Forderungsanmeldung einen inländischen Zustellungsbevollmächtigten benennen müsse, so liegt darin kein Verstoß gegen Art. 54.[15] Denn Art. 54 regelt die Unterrichtung des Gläubigers über die Verfahrenseröffnung, stellt aber keine Regeln für darüber hinausgehende Kommunikationspflichten oder -möglichkeiten auf.

13 Inhaltlich muss der Vermerk die in Art. 54 Abs. 2 genannten Mindestangaben enthalten, hinter denen auch das nationale Recht nicht zurückbleiben darf.[16] Hierzu nennt Art. 54 Abs. 2 vier konkrete Inhaltsangaben, nämlich (1) die Anmeldefristen sowie die möglichen Versäumnisfolgen,[17] (2) den Adressaten für die Entgegennahme der Anmeldungen sowie (3) die Angabe, ob die bevorrechtigten oder dinglich gesicherten Gläubiger ihre Forderung anmelden müssen. Der Vermerk muss darüber hinaus angeben, (4) *„welche weiteren Maßnahmen vorgeschrieben sind"*. Darunter sind alle Maßnahmen der Gläubiger aufzuführen, die über die oben genannten Punkte nach dem anwendbaren Insolvenzrecht für eine ordnungsgemäße Forderungsanmeldung erforderlich sind. Setzt eine ordnungsgemäße Anmeldung beispielsweise einen über Art. 55 hinausgehenden Inhalt voraus, so sind in

---

[8] So Rauscher/*Mäsch* EuInsVO 2000 Art. 40 Rn. 9; MüKoBGB/*Kindler* Art. 54 Rn. 6; Mankowski/Müller/Schmidt/*Schmidt* Art. 54 Rn. 13; Duursma-Kepplinger/Duursma/Chalupsky/*Duursma* EuInsVO 2000 Art. 40 Rn. 2; der Verweis auf § 121 Abs. 2 BGB ist jedoch problematisch, da der Begriff „unverzüglich" verordnungsautonom auszulegen ist und ein Rückgriff auf das nationale Recht daher unzulässig ist; im Ergebnis dürften jedoch keine Unterschiede auszumachen sein, vgl. bereit → Art. 49 Rn. 10.
[9] *Mankowski* NZI 2011, 887, 889.
[10] Vallender/*Riewe* Art. 54 Rn. 7; MüKoBGB/*Kindler* Art. 54 Rn. 6; Rauscher/*Mäsch* EuInsVO 2000 Art. 40 Rn. 8; Duursma-Kepplinger/Duursma/Chalupsky/*Duursma* EuInsVO 2000 Art. 40 Rn. 2; *Mankowski* NZI 2011, 887, 889.
[11] Allg. Auffassung, vgl. nur Rauscher/*Mäsch* EuInsVO 2000 Art. 40 Rn. 11.
[12] So auch *Virgos/Garcimartin*, European Insolvency Regulation, Rn. 278; KPB/*Laroche* Art. 54 Rn. 11.
[13] Wohl auch Duursma-Kepplinger/Duursma/Chalupsky/*Duursma* EuInsVO 2000 Art. 40 Rn. 9 f.
[14] Der Anwendungsbereich der EuZVO geht insoweit über den Anwendungsbereich der EuGVVO hinaus, da Art. 1 Abs. 1 keinen entsprechenden Ausschluss für Insolvenzverfahren vorsieht wie Art. 1 Abs. 2 lit. b EuGVVO, vgl. Rauscher/*Heiderhoff* EG-ZustellVO Art. 1 Rn. 4.
[15] Das fordert zB das österreichische Recht, vgl. OLG Wien, 28 R 78/07g; 28 R 97/98b; 28 R 96/08f; hierzu auch Konecny/Schubert/*Pogacar* EuInsVO 2000 Art. 40 Rn. 22.
[16] *Virgos/Garcimartin*, European Insolvency Regulation, Rn. 279; *Virgos/Schmit*, Erläuternder Bericht, Rn. 272; Moss/Fletcher/Isaacs/*Moss/Smith*, EC Regulation, Rn. 8.408; MüKoBGB/*Kindler* Art. 54 Rn. 7.
[17] Die Umsetzungsvorschrift für die entsprechende Norm der EuInsVO 2000 in Art. 102 § 11 EGInsO verlangte deswegen ausdrücklich, dass auf die Folgen einer verspäteten Forderungsanmeldung nach § 177 InsO hinzuweisen sei; Art. 102c EGInsO enthält jedoch keine entsprechende Vorschrift mehr.

dem Vermerk die Gläubiger darauf hinzuweisen. Der Verwalter eines in Deutschland durchgeführten Insolvenzverfahrens hat daher in der Insolvenz einer natürlichen Person die Gläubiger zu unterrichten, dass bei der Forderungsanmeldung anzugeben ist, dass der Forderung eine vorsätzlich begangene unerlaubte Handlung zugrunde liegt, weil andernfalls die Gläubiger Gefahr laufen, dass ihre Forderung im Falle einer erteilten Restschuldbefreiung erlischt.

Sieht das nationale Recht inhaltlich geringere Anforderungen an die Unterrichtung der Gläubiger vor, so geht Art. 54 als Sonderregelung vor.[18] Geht das nationale Recht in der Unterrichtung der Gläubiger dagegen über die Anforderungen des Art. 54 hinaus, so sind die weitergehenden Unterrichtungspflichten auch im Rahmen von Art. 54 zu beachten.[19] **14**

Ergänzt wird der Inhalt der Unterrichtung noch durch S. 3 der Vorschrift, wonach dem Unterrichtungsvermerk das **Standardformular** für die Forderungsanmeldung beizufügen ist (vgl. hierzu Art. 55). Wird dieses nicht beigefügt, so ist zwingend anzugeben, wo dieses Formular erhältlich ist. **15**

Die ordnungsgemäße Form und der ordnungsgemäße Inhalt der Unterrichtung der Gläubiger sind insbesondere in den Fällen von Bedeutung, in denen Ausschlussfristen für die Forderungsanmeldung bestehen. Macht nämlich ein Mitgliedsstaat von der Möglichkeit Gebrauch, für natürliche Personen von der Veröffentlichung der Pflichtinformationen nach Art. 24 Abs. 2 abzusehen, so beträgt die Frist für die Forderungsanmeldung ausländischer Gläubiger 30 Tage ab der Unterrichtung gemäß Art. 54. Eine Unterrichtung, die nicht den Anforderungen des Art. 54 entspricht, kann daher den Beginn der Ausschlussfrist für den nicht ordnungsgemäß unterrichteten Gläubiger nicht auslösen. **16**

IV. Standardmitteilungsformular (Abs. 3)

Schon Art. 42 Abs. 1 EuInsVO 2000 sah für die Unterrichtung ausländischer Gläubiger ein Formblatt vor.[20] Art. 54 Abs. 3 sieht nunmehr zu diesen Zwecken ein sog. Standardmitteilungsformular vor. Dieses hat die Kommission gemäß dem in Art. 88 festgelegten Verfahren zwischenzeitlich erlassen und veröffentlicht.[21] **17**

Art. 54 Abs. 3 S. 3 regelt zudem die für die Unterrichtung zulässige Sprache. Das ist zunächst die Amtssprache des Staates der Verfahrenseröffnung. Gibt es in dem Verfahrensstaat mehrere Amtssprachen, dann in der Amtssprache oder in einer der Amtssprachen des Ortes der Verfahrenseröffnung. Darüber hinaus steht es den Mitgliedsstaaten offen, eine andere Sprache zuzulassen, in der die Unterrichtung der Gläubiger erfolgen kann. Allerdings ist Voraussetzung, dass anzunehmen ist, dass diese Sprache für ausländische Gläubiger leichter zu verstehen ist. Da die Zulassung anderer Sprachen nicht bezogen auf bestimmte ausländische Gläubiger getroffen werden kann, sondern nur generell, bedeutet diese Regelung, dass die Mitgliedsstaaten nunmehr entscheiden sollen, welche Sprache der Mitgliedsstaaten außer der Landessprache innerhalb der EU – denn die Gläubiger können potentiell ja aus allen anderen Mitgliedsstaaten kommen – am einfachsten verständlich ist. Man wird diese Ermächtigung für die Mitgliedsstaaten nur dahingehend verstehen dürfen, dass den Mitgliedsstaaten ein nicht überprüfbares Ermessen eingeräumt wird, welche andere Sprache als zulässige Sprache für die Anmeldung bestimmt werden kann. **18**

V. Verzicht auf Standardmitteilungsformular (Abs. 4)

Art. 54 Abs. 4 enthält – ähnlich wie beispielsweise Art. 24 Abs. 4 – eine Ausnahme für Verbraucherinsolvenzverfahren. Bei natürlichen Personen, die keine selbständige oder gewerbliche Tätigkeit ausüben, ist die Verwendung des Standardmitteilungsformulars nicht vorgeschrieben, allerdings nur sofern die Gläubiger nicht verpflichtet sind, ihre Forderungen anzumelden, damit diese im Verfahren berücksichtigt werden. In diesen Fällen ist die Unterrichtung freilich obsolet, da die Forderungen unabhängig von einer Anmeldung zu berücksichtigen sind. **19**

VI. Sanktionen bei Verletzung der Unterrichtungspflicht

Art. 54 regelt zwar die Unterrichtungspflichten für das Gericht bzw. den Verwalter, schweigt jedoch hinsichtlich der Rechtsfolgen bei der Verletzung dieser Pflicht. Die Rechtsfolgen wird man daher gemäß Art. 4 nur aus dem jeweils anwendbaren Recht des Verfahrensstaates herleiten können.[22] **20**

---

[18] LSZ/*Smid* EuInsVO 2000 Art. 40 Rn. 6; HKInsO/*Schultz* Art. 54 Rn. 7, der davon spricht, dass die Inhalte für das nationalstaatliche Recht „unabdingbar" sind.
[19] MüKoBGB/*Kindler* Art. 54 Rn. 7; Moss/Fletcher/Isaacs/*Moss/Smith*, EC Regulation, Rn. 8.409; Mankowski/Müller/Schmidt/*Schmidt* Art. 54 Rn. 19; HKInsO/*Schultz* Art. 54 Rn. 7.
[20] Vgl. → 3. Aufl., EuInsVO 2000 Art. 42 Rn. 3.
[21] Vgl. Art. 1 Anh. I der Durchführungsverordnung (EU) 2017/1105 der Kommission v. 12.6.2017 zur Festlegung der in der VO (EU) 2015/848 des Europäischen Parlaments und des Rates über Insolvenzverfahren genannten Formulare, ABl. v. 22.6.2017 L160/1.
[22] *Mankowski* NZI 2011, 887, 889.

Art. 55

21 Insoweit ist zunächst zu überlegen, welche Auswirkungen eine Verletzung der Unterrichtungspflicht auf eine **verfristete Anmeldung** haben kann.[23] Das nationale Recht wird hierzu meist schweigen, soweit keine entsprechende Unterrichtungspflicht nach dem Recht des Verfahrensstaates vorgesehen ist. Der *effet utile* verlangt jedoch, die verspätete Anmeldung eines nicht unterrichteten ausländischen Gläubiger grundsätzlich noch zuzulassen ist.[24] Davon kann allenfalls abgesehen werden, wenn die Insolvenzeröffnung in dem Mitgliedstaat, in dem der betroffene Gläubiger seinen Sitz hat, gemäß Art. 28 Abs. 2 öffentlich bekannt gemacht wurde. Denn dann ist der Gläubiger nicht mehr schutzwürdig.

22 Kann die Anmeldung nicht mehr nachgeholt werden und wird der Gläubiger daher bei der Verteilung nicht berücksichtigt, bleiben nur Schadensersatzansprüche gegen das verpflichtete Gericht und/oder den verpflichteten Verwalter.[25] Ein entsprechender Schadensersatzanspruch richtet sich nach dem Recht des Verfahrensstaates, dessen Verwalter bzw. Gericht die Unterrichtungspflicht oblag.[26] In der Regel wird dem Gläubiger jedoch ein überwiegendes Mitverschulden obliegen. War die Verfahrenseröffnung gemäß Art. 281 in dem Mitgliedstaat des Gläubigers bekannt gemacht worden, dürfte ein Schadensersatzanspruch gänzlich ausscheiden. Insoweit kann der Rechtsgedanke aus Art. 31 Abs. 2 S. 2 entsprechend herangezogen werden. Gleiches gilt, wenn das Insolvenzrecht keine kurzen Ausschlussfristen vorsieht und die Anmeldung daher erst zu einem Zeitpunkt erfolgt, zu dem ein ordentlicher Geschäftsmann sich längst um Beitreibung seiner Forderung gekümmert hätte. Relevanz hat eine mögliche Schadensersatzpflicht daher nur, wenn es sich um sehr kurze Ausschlussfristen bei der Forderungsanmeldung handelt.

Art. 55 Verfahren für die Forderungsanmeldung

(1) ¹**Ausländische Gläubiger können ihre Forderungen mithilfe des Standardformulars anmelden, das gemäß Artikel 88 festgelegt wird.** ²**Das Formular trägt die Überschrift „Forderungsanmeldung" in sämtlichen Amtssprachen der Organe der Union.**

(2) ¹Das Standardformular für die Forderungsanmeldung nach Absatz 1 enthält die folgenden Angaben:
a) Name, Postanschrift, E-Mail-Adresse sofern vorhanden, persönliche Kennnummer sofern vorhanden sowie Bankverbindung des ausländischen Gläubigers nach Absatz 1,
b) Forderungsbetrag unter Angabe der Hauptforderung und gegebenenfalls der Zinsen sowie Entstehungszeitpunkt der Forderung und – sofern davon abweichend – Fälligkeitsdatum,
c) umfasst die Forderung auch Zinsen, den Zinssatz unter Angabe, ob es sich um einen gesetzlichen oder vertraglich vereinbarten Zinssatz handelt, sowie den Zeitraum, für den die Zinsen gefordert werden, und den Betrag der kapitalisierten Zinsen,
d) falls Kosten für die Geltendmachung der Forderung vor Eröffnung des Verfahrens gefordert werden, Betrag und Aufschlüsselung dieser Kosten,
e) Art der Forderung,
f) ob ein Status als bevorrechtigter Gläubiger beansprucht wird und die Grundlage für einen solchen Anspruch,
g) ob für die Forderung eine dingliche Sicherheit oder ein Eigentumsvorbehalt geltend gemacht wird und wenn ja, welche Vermögenswerte Gegenstand der Sicherheit sind, Zeitpunkt der Überlassung der Sicherheit und Registernummer, wenn die Sicherheit in ein Register eingetragen wurde, und
h) ob eine Aufrechnung beansprucht wird und wenn ja, die Beträge der zum Zeitpunkt der Eröffnung des Insolvenzverfahrens bestehenden gegenseitigen Forderungen, den Zeitpunkt ihres Entstehens und den geforderten Saldo nach Aufrechnung.
²Der Forderungsanmeldung sind etwaige Belege in Kopie beizufügen.

---

[23] Hierzu *Mankowski* NZI 2011, 887, 890; zu unterschiedlichen Fristen bei in- und ausländischen Gläubigern im tschechischen Recht, vgl. *Maysenhölder/Heidenhain* WiRO 2012, 325, 328.
[24] In diese Richtung wohl auch Cour d'appel von Orleans [*R. Jung GmbH*] v. 9.6.2005, www.eir-database case no. 89; der Cour d'appel hatte allerdings zunächst rechtsfehlerhaft die Anmeldung als nicht ordnungsgemäß angesehen, da der anmeldende Geschäftsführer nicht angegeben hatte, dass er der Geschäftsführer der anmeldenden Gesellschaft war; ganz hM vgl. Mankowski/Müller/Schmidt/*Mankowski* Art. 54 Rn. 35 mwN.; vgl. auch die Zusammenstellung unterschiedlicher Rechtsprechung aus verschiedenen Mitgliedstaaten bei Bork/ van Zwieten/*Lenzing* Art. 54 Rn. 16 ff.
[25] *Virgos/Schmit*, Erläuternder Bericht, Rn. 234; LSZ/*Smid* EuInsVO 2000 Art. 40 Rn. 5; MüKoBGB/*Kindler* Art. 54 Rn. 12 f.; *Mankowski* NZI 201, 887, 891.
[26] Mankowski/Müller/Schmidt/*Schmidt* Art. 54 Rn. 34; LSZ/*Smid* EuInsVO 2000 Art. 40 Rn. 5; Duursma-Kepplinger/Duursma/Chalupsky/*Duursma* EuInsVO 2000 Art. 40 Rn. 5 (Haftungsregelungen des einzelstaatl. Rechts); Rauscher/*Mäsch* EuInsVO 2000 Art. 40 EG-InsVO Rn. 13 (autonomes Recht).

(3) Das Standardformular für die Forderungsanmeldung enthält den Hinweis, dass die Bankverbindung und die persönliche Kennnummer des Gläubigers nach Absatz 2 Buchstabe a nicht zwingend anzugeben sind.

(4) Meldet ein Gläubiger seine Forderung auf anderem Wege als mithilfe des in Absatz 1 genannten Standardformulars an, so muss seine Anmeldung die in Absatz 2 genannten Angaben enthalten.

(5) ¹Forderungen können in einer Amtssprache der Organe der Union angemeldet werden. ²Das Gericht, der Verwalter oder der Schuldner in Eigenverwaltung können vom Gläubiger eine Übersetzung in die Amtssprache des Staats der Verfahrenseröffnung oder – falls es in dem betreffenden Mitgliedstaat mehrere Amtssprachen gibt – in die Amtssprache oder in eine der Amtssprachen des Ortes, an dem das Insolvenzverfahren eröffnet wurde, oder in eine andere Sprache, die dieser Mitgliedstaat zugelassen hat, verlangen. ³Jeder Mitgliedstaat gibt an, ob er neben seiner oder seinen eigenen Amtssprachen andere Amtssprachen der Organe der Union für eine Forderungsanmeldung zulässt.

(6) ¹Forderungen sind innerhalb der im Recht des Staats der Verfahrenseröffnung festgelegten Frist anzumelden. ²Bei ausländischen Gläubigern beträgt diese Frist mindestens 30 Tage nach Bekanntmachung der Eröffnung des Insolvenzverfahrens im Insolvenzregister des Staats der Verfahrenseröffnung. ³Stützt sich ein Mitgliedstaat auf Artikel 24 Absatz 4, so beträgt diese Frist mindestens 30 Tage ab Unterrichtung eines Gläubigers gemäß Artikel 54.

(7) Hat das Gericht, der Verwalter oder der Schuldner in Eigenverwaltung Zweifel an einer nach Maßgabe dieses Artikels angemeldeten Forderung, so gibt er dem Gläubiger Gelegenheit, zusätzliche Belege für das Bestehen und die Höhe der Forderung vorzulegen.

Literatur: *Corno,* EIR and Italian Rules governing the Lodging, Verification and Admission of Claims. Theory and Italian Practice, IILR 2012, 197; *Fuchs,* Grenzüberschreitende Forderungsanmeldung im Insolvenzverfahren, NZI 2018, 9; *INSOL Europe,* Revision of the European Insolvency Regulation; *Mankowski,* Neues zur grenzüberschreitenden Forderungsanmeldung unter der EuInsVO, NZI 2011, 887; *Prager/Keller,* Der Vorschlag der Europäischen Kommission zur Reform der EuInsVO, NZI 2013, 57; *Priebe,* Bankrott in Britain – Die Insolvenz natürlicher Personen in England und Wales, ZInsO 2012, 2074; *Wimmer* in Gerhardt/Haarmeyer/Kreft (Hrsg.), Insolvenzrecht im Wandel der Zeit, FS Hans-Peter Kirchhof zum 65. Geburtstag, S. 531.

Übersicht

	Rn.		Rn.
I. Normzweck	1	V. Sprache der Forderungsanmeldung (Abs. 5)	9
II. Anmeldung mithilfe des Standardformulars (Abs. 1)	3	VI. Fristen der Forderungsanmeldung (Abs. 6)	12
III. Inhaltliche Vorgaben für die Forderungsanmeldung (Abs. 2, 3)	5		
IV. Anmeldung ohne Standardformular (Abs. 4)	8	VII. Rechtliches Gehör (Abs. 7)	13

I. Normzweck

Art. 55 dient wie zuvor Art. 41 EuInsVO 2000 dazu, die **Forderungsanmeldung** in Verfahren anderer Mitgliedsstaaten zu standardisieren und damit zu erleichtern.[1] Die Forderungsanmeldung kann mittels eines **Standardformulars** vorgenommen werden, das von der Kommission gemäß Art. 88 festgelegt wurde.[2] Bei der Festlegung des Standardformulars musste sich die Kommission an die inhaltlichen Vorgaben des Abs. 2 halten. Des Weiteren regelt Art. 55 die Fristen für die Forderungsanmeldung, die Sprache der Anmeldung sowie die Möglichkeit rechtlichen Gehörs im Falle der Nichtanerkennung. Die Vorschrift regelt als **Sachnorm** damit die Maximal- Anforderungen, die an die Forderungsanmeldung ausländischer Gläubiger gestellt werden dürfen. Soweit das jeweilige Recht des Verfahrensstaates, das gemäß Art. 7 Abs. 2 S. 2 lit. h für die Forderungsanmel-

---

[1] Vallender/*Riewe*, Art. 55 Rn. 1; HKInsO/*Schultz* Art. 55 Rn. 2.
[2] Vgl. die Durchführungsverordnung (EU) 2017/1105 der Kommission v. 12.6.2017 zur Festlegung der in der VO (EU) 2015/848 des Europäischen Parlaments und des Rates über Insolvenzverfahren genannten Formular, dort Art. 1 Nr. 2, Anh. II, ABl. L 160/1 v. 22.6.2017.

dung anwendbar ist, weitere formale oder inhaltliche Voraussetzungen verlangt, so gelten diese nicht für die Gläubiger anderer Mitgliedsstaaten.[3] Die Vorschrift gilt für Haupt-, Sekundär- und Partikularverfahren gleichermaßen.[4]

2   Im Rahmen der **Reform der EuInsVO**[5] wurde die Vorgängerregelung Art. 41 EuInsVO 2000 geändert und das Verfahren der Forderungsanmeldung europaweit vereinheitlicht. Schon der *Vienna Report* hatte kritisiert, dass die Regelungen des Art. 41 EuInsVO 2000 zur Forderungsanmeldung in der Praxis Schwierigkeiten aufwerfen, insbesondere, dass das Zusammenspiel zwischen den Regeln der Verordnung und den Regeln des Verfahrensstaates zur Forderungsanmeldung schwierig sei.[6] Die Kommission hat auf diese Anregung reagiert und nunmehr vorgesehen, dass ein von der Kommission verabschiedetes Standardanmeldeformular eingeführt wird, das in allen Mitgliedsstaaten zu verwenden ist. Das Verfahren der Forderungsanmeldung wird mithin europaweit vereinheitlicht.

II. Anmeldung mithilfe des Standardformulars (Abs. 1)

3   Art. 55 Abs. 1 stellt den Grundsatz auf, dass ausländische Gläubiger ihre Forderungen mithilfe des Standardformulars anmelden können, das gemäß Art. 88 durch die Kommission festgelegt wurde.[7] Der Begriff des ausländischen Gläubigers ist in Art. 2 Nr. 12 definiert und meint die Gläubiger, die ihren gewöhnlichen Aufenthalt, Wohnsitz oder Sitz in einem anderen Mitgliedstaat als dem Mitgliedstaat der Verfahrenseröffnung haben. Für die sogenannten lokalen Gläubiger (vgl. Art. 2 Nr. 11) gilt die Möglichkeit der Verfahrensanmeldung durch das Standardformular hingegen nicht. Die Vorschrift schafft für die ausländischen Gläubiger eine zusätzliche Möglichkeit für eine ordnungsgemäße Forderungsanmeldung, wie sich aus Abs. 4 der Vorschrift ergibt. Unabhängig von weiteren Anmeldevoraussetzungen, die das anwendbare nationale Recht vorsehen mag, enthält daher eine Anmeldung mit dem Standardformular mindestens die formellen Voraussetzungen einer Forderungsanmeldung. Neben der Forderungsanmeldung mithilfe des Standardformulars kann jeder ausländische Gläubiger seine Forderungen weiterhin gemäß den Vorgaben der *lex fori concursus* im Verfahrensstaat anmelden (vgl. allerdings hierzu noch → Rn. 7).

4   Art. 55 Abs. 1 S. 2 gibt eine inhaltliche Vorgabe für das Standardformular, damit dieses als solches sofort von den Beteiligten erkannt werden kann. Daher trägt das Standardformular die Überschrift „Forderungsanmeldung" in sämtlichen Amtssprachen der Organe der Union.[8]

III. Inhaltliche Vorgaben für die Forderungsanmeldung (Abs. 2, 3)

5   Art. 55 Abs. 2 enthält in lit. a bis h zunächst eine Liste der inhaltlichen Vorgaben für das Standardformular. Die Liste mit den erforderlichen Angaben für die Forderungsanmeldung hat in zweifacher Hinsicht Bedeutung. Zunächst waren die dort im Einzelnen gemachten Angaben als entsprechende Vorgaben für die Kommission bei der Festlegung des Standardformulars gemäß Art. 88 zu beachten. Darüber hinaus schreibt Abs. 4 vor, dass eine Anmeldung, die auf einem anderen Weg als mithilfe des Standardformulars gemacht wird, die in Abs. 2 enthaltenen Angaben enthalten muss.

6   Die von der Kommission zu beachtenden Vorgaben ergeben sich mithin aus Art. 55 Abs. 1 S. 2, aus Abs. 2 sowie aus Abs. 3. Letztgenannter Absatz ergänzt die inhaltlichen Vorgaben dergestalt, dass die Forderungsanmeldung den Hinweis enthalten muss, dass die Bankverbindung und die persönliche Kennnummer des Gläubigers nicht zwingend anzugeben sei.

7   Eine mittels des Standardformulars gemachte Anmeldung eines ausländischen Gläubigers muss grundsätzlich als ausreichend erachtet werden, unabhängig von weiteren Vorgaben, die andere Gläubiger nach der *lex fori concursus* gegebenenfalls beachten müssen. Insoweit genießt der anmeldende Gläubiger bei Verwendung des Standardformulars Vertrauensschutz.

IV. Anmeldung ohne Standardformular (Abs. 4)

8   Ausländische Gläubiger müssen jedoch nicht zwingend das Standardformular verwenden, wie sich aus Art. 55 Abs. 4 ergibt. Die Vorschrift lässt auch die Anmeldung auf anderem Wege zu als mithilfe des Standardformulars, solange die Anmeldung die in Abs. 2 gemachten Angaben enthält. Abs. 4 ist daher eine weitere **Sachnorm** für eine ordnungsgemäße Forderungsanmeldung. Damit

---

[3] So auch die Kommentarliteratur zu Art. 41 EuInsVO 2000, vgl. → EuInsVO 2000 Art. 41 Rn. 1.
[4] Vallender/*Riewe* Art. 55 Rn. 6.
[5] Vgl. → Vor Art. 1 Rn. 11 ff.
[6] Hess/Oberhammer/Pfeiffer/*Koller/Slonina*, European Insolvency Law, Rn. 954.
[7] Vgl. nochmals oben, Fn 1.
[8] Zu den Amtssprachen vgl. Verordnung Nr. 1 zur Regelung der Sprachenfrage für die Europäische Wirtschaftsgemeinschaft (ABl. Nr. 17 v. 6.10.1958, S. 385, zuletzt geändert durch VO (EU) Nr. 517/2013 des Rates vom Mai 2013 (ABl. L 158 v. 10.6.2013, S. 1).

ergeben sich insgesamt drei Möglichkeiten einer ordnungsgemäßen Forderungsanmeldung für ausländische Gläubiger: (i) die Anmeldung mittels des Standardformulars, (ii) eine Anmeldung, die in Abs. 2 gemachten Angaben enthält; (iii) und schließlich eine Anmeldung gemäß den Vorgaben der *lex fori concursus*. Letztere ist zwar in Art. 55 nicht ausdrücklich genannt. Aus Art. 7 Abs. 2 S. 2 lit. h ergibt sich jedoch, dass für die Forderungsanmeldung grundsätzlich die *lex fori concursus* anzuwenden ist. Art. 55 ist jedoch keine Spezialnorm, die in ihrem Anwendungsbereich (dh für ausländische Gläubiger) eine Anmeldung nach der *lex fori concursus* ausschließen möchte. Die Vorschrift eröffnet für die ausländischen Gläubiger vielmehr lediglich einen zusätzlichen einheitlichen Standard, den das Insolvenzgericht oder der Insolvenzverwalter als zulässige Form der Forderungsanmeldung akzeptieren muss.

V. Sprache der Forderungsanmeldung (Abs. 5)

Art. 55 Abs. 5 ersetzt Art. 42 Abs. 2 EuInsVO 2000, der geregelt hatte, in welcher Sprache die 9 Forderungsanmeldung erfolgen kann. Art. 55 Abs. 5 S. 1 lässt nun die Anmeldung in jeder der Amtssprachen der Organe der Europäischen Union zu.[9] Anders als noch in Art. 42 Abs. 2 EuInsVO 2000 ist daher der anmeldende Gläubiger nicht auf seine Heimatsprache beschränkt. Die Anmeldung kann daher auch in einer Drittsprache erfolgen, die der ausländische Gläubiger beherrscht und von der er ausgeht, dass sie auch seitens des Insolvenzverwalters bzw. des Insolvenzgerichts verstanden werden kann.[10] Es handelt sich daher um eine sehr praxisnahe Erweiterung, um die Sprachhindernisse zu überwinden.

Sollte die Anmeldung (zulässigerweise) nicht in der Amtssprache des Verfahrensstaates erfolgt 10 sein, so können der Verwalter oder das Insolvenzgericht ebenso wie auch ehemals in Art. 42 Abs. 2 EuInsVO 2000 eine Übersetzung der Forderungsanmeldung in die Amtssprache des Verfahrensstaates verlangen.[11]

Nach Art. 55 Abs. 5 S. 3 muss jeder Mitgliedstaat angeben, ob er generell eine weitere Sprache 11 der Amtssprachen der EU als zulässige Sprache zulässt. Wo diese Angabe erfolgen soll, ist unklar. Die Angabe sollte jedoch sinnvollerweise entweder in dem Standardformular der Forderungsanmeldung oder in dem Standardmitteilungsformular durch jeden Mitgliedstaat individuell ergänzt werden können. Das setzt freilich voraus, dass die Mitgliedstaaten in ihrem jeweiligen Insolvenzrecht entsprechende Regelungen vorsehen.

VI. Fristen der Forderungsanmeldung (Abs. 6)

Art. 55 Abs. 6 modifiziert als **Sachnorm** die nach dem Recht des Verfahrensstaates geltenden 12 Fristen für die Verfahrensanmeldung für die ausländischen Gläubiger. Zwar verweist S. 1 – in Wiederholung zu der nach Art. 7 Abs. 2 S. 2 lit. h geltenden Kollisionsnorm – für die Anmeldefristen auf das Recht des Verfahrensstaates. S. 2 schreibt wiederum vor, dass für ausländische Gläubiger diese Frist mindestens 30 Tage nach Bekanntmachung der Eröffnung des Insolvenzverfahrens im Insolvenzregister des Verfahrensstaates[12] beträgt. Eine möglicherweise kürzere Frist nach dem Recht des Verfahrensstaates gilt daher nicht für ausländische Gläubiger.[13] Macht ein Mitgliedstaat von der Option Gebrauch, für natürliche Personen keine Einträge im Insolvenzregister vorzusehen,[14] so läuft die 30-Tages-Frist ab Unterrichtung eines Gläubigers nach Art. 54.

VII. Rechtliches Gehör (Abs. 7)

Art. 55 Abs. 7 soll sicherstellen, dass dem ausländischen Gläubiger vor einer ablehnenden Ent- 13 scheidung des Insolvenzverwalters oder des Insolvenzgerichts rechtliches Gehör gewährt wird. Die Vorschrift verlangt daher, dass dem Gläubiger Gelegenheit zu geben ist, zusätzliche Belege für das Bestehen und die Höhe der Forderung vorzulegen. Voraussetzung ist jedoch, dass die Forderung nach Maßgabe von Art. 55 angemeldet wurde. Wurde das Standardformular nicht ordnungsgemäß ausgefüllt, besteht demnach kein Anspruch des Gläubigers auf Nachbesserung gemäß Art. 55. Für diesen Fall verweist ErwG Nr. 64 S. 4 auf das nationale Recht.

Die Möglichkeit, zusätzliche Belege vorzulegen, besteht daher nur dann, wenn der Verwalter 14 oder das Gericht Zweifel am Bestehen der (ordnungsgemäß) angemeldeten Forderung hat. Die

---

[9] Art. 42 Abs. 2 EuInsVO 2000 verlangte zumindest eine Anmeldung in der „Heimatsprache" des anmeldenden Gläubigers.
[10] Vallender/*Riewe* Art. 55 Rn. 26.
[11] Vgl. → 3. Aufl., EuInsVO 2000 Art. 42 Rn. 5 ff.; Mankowski/Müller/*Schmidt* Art. 55 Rn. 33.
[12] Vgl. zu den ebenfalls neu eingeführten Insolvenzregister Art. 24 ff. oben.
[13] Mankowski/Müller/*Mankowski* Art. 55 Rn. 39.
[14] Vgl. Art. 24 Abs. 4.

Forderungsanmeldung soll daher nicht an einfach behebbaren, vom Standardformular aber nicht abgedeckten Nachweismängeln der Forderung scheitern.[15] Es ist fraglich, ob die EuInsVO mit derartigen Selbstverständlichkeiten überfrachtet werden muss, die das Zusammenspiel zwischen den Sachrechtsnormen der EuInsVO mit den Normen des autonomen Rechts nur noch komplizierter werden lassen. Denn was mit der Regelung gewonnen werden soll, ist unklar, zumal nicht vorgesehen ist, dass die Möglichkeit zur Vorlage weiterer Belege schon einzuräumen ist, bevor der Verwalter die Forderung bestreitet. Sowohl das Anfordern weiterer Belege durch den Verwalter als auch die Vorlage weiterer Belege durch den Gläubiger dürften ohnehin im Interesse beider Parteien zur Vermeidung eines Rechtsstreites und weiterer Kosten sein.

Kapitel V. Insolvenzverfahren über das Vermögen von Mitgliedern einer Unternehmensgruppe

Abschnitt 1. Zusammenarbeit und Kommunikation

Vor Art. 56

Literatur: *Adam, Dietmar/Poertzgen, Christoph*, Überlegungen zum Europäischen Konzerninsolvenzrecht (Teil 1), ZInsO 2008, 281; *dies.*, Überlegungen zum Europäischen Konzerninsolvenzrecht (Teil 2), ZInsO 2008, 347; *Albrecht, Achim*, Die Reform der EuInsVO ist abgeschlossen – eine Übersicht, ZInsO 2015, 1077; *Bailey*, The insolvency of Group of Companies in English Law, IILR 2015, 344 ff.; *Brünkmans*, Konzerninsolvenzrecht, MüKo Band 3; *Braun*, Die Bewältigung von Konzerninsolvenzen nach neuem Recht, NWB 2018, 3325; *Commandeur/Römer*, Aktuelle Entwicklungen im Insolvenzrecht, NZG 2015, 988; *Dähnert, Alexander*, Haftung und Insolvenz – Englische Wahrnehmungen des Konzernphänomens, ZInsO 2011, 750; *ders.*, The Threat of Corporate Groups and the Insolvency Regulation, 18 Int. Insolvency Rev. 209, 233–234 (2009); *Deyda, Stephan*, Der Konzern im europäischen internationalen Insolvenzrecht, zugl. Diss. Univ. Köln 2007 (zit.: *Deyda*, Der Konzern); *Eble*, Auf dem Weg zu einem europäischen Konzerninsolvenzrecht – Die „Unternehmensgruppe" in der EuInsVO 2017, NZI 20016, 115; *ders.*, Der Gruppenkoordinator in der reformierten EuInsVO – Bestellung, Abberufung und Haftung, ZIP 2016, 619; *Eidenmüller, Horst*, Verfahrenskoordination bei Konzerninsolvenzen, ZHR 169 (2005), 528; *Eidenmüller, Horst/Frobenius, Tilmann*, Ein Regulierungskonzept zur Bewältigung von Gruppeninsolvenzen: Verfahrenskonsolidierung im Kontext nationaler und internationaler Reformvorhaben, Beilage ZIP 22/2013, S. 1 ff.; *Flöther, Lucas*, Handbuch zum Konzerninsolvenzrecht; *Frind, Frank*, Forum PINning? – Anm. zu AG Köln, Beschl. v. 19.2.2008 – 73 IE 1/08, ZInsO 2008, 388 (in dieser Ausgabe) und zugleich Erwiderung auf *Knof/Mock*, ZInsO 2008, 253, ZInsO 2008, 363; *ders.*, Ein letzter PIN: Zur Ökonomisierung des Prinzips vom gesetzlichen Richter – Kurz-Erwiderung zur Duplik von *Knof/Mock*, ZInsO 2008, 499, ZInsO 2008, 614; *Frind/Siemon*, Der Konzern in der Insolvenz – Zur Überwindung des Dominoeffekts in der (internationalen) Konzerninsolvenz, NZI 2013, 1; *Gropper*, United States Approaches to the Insolvency of Enterprise Groups, IILR 2015, 364; *Haas, Ulrich/Vogel, Oliver*, Durchsetzung gesellschaftsrechtlicher und insolvenzrechtlicher Haftungsansprüche im internationalen Konzern, NZG 2011, 455; *Heneweer, Jens Christoph Rainer*, Das Forum-Shopping einer deutschen GmbH unter der deutschen Insolvenzordnung und der europäischen Insolvenzverordnung, zugl. Diss. Univ. Düsseldorf 2009 (zit.: *Heneweer*, Das Forum-Shopping einer GmbH); *Himmer, Thomas*, Das europäische Konzerninsolvenzrecht nach der reformierten EuInsVO, zugl. Diss. Universität Bayreuth, Tübingen 2019; *Hirte, Heribert*, A Framework for the Regulation of Corporate Groups' Insolvencies, ECFR 2008, 213; *ders.*, Vorschläge für die Kodifikation eines Konzerninsolvenzrechts, ZIP 2008, 444; *Hermann*, The corporate group in insolvency – today and tomorrow, chances and risks, IILR 2015, 383; *Holzer, Johannes*, Das UNCITRAL Model Law on Enterprise Group Insolvency, NZI 2019, 777; *Honorati, Costanza/Corno, Giorgio*, A double lesson from Interedil: higher courts, lower courts and preliminary ruling and further clarifications on COMI and establishment under EC Insolvency regulaton, ILR 2013, 18; *Humbeck.Jochen*, Plädoyer für ein materielles Konzerninsolvenzrecht, NZI 2013, 957; *Jaffé, Michael/Friedrich, Andreas*, Verbesserung der Wettbewerbsfähigkeit des Insolvenzstandorts Deutschland, ZIP 2008, 1849; *Jawansky, Martin/Swierczok, Artur M.*, Das neue deutsche Konzerninsolvenzrecht – Fluch oder Segen?, BB 2017, Heft 23, Umschlagteil I; *Kindler/Sakka*, Die Neufassung der Europäischen Insolvenzverordnung, EuZW 2015, 460; *Jensen, Christoph*, Der Konzern in der Krise, zugl. Diss. Universität Kiel, Berlin 2018; *Knof, Béla*, Erfordert die Fortführungsfinanzierung (doch) einen Umverteilungstatbestand im Insolvenzrecht?, ZInsO 2010, 1999; *Koller, Christian*, Koordination von Konzerninsolvenzen, Das Instrumentarium der EuInsVO 2015 und ihre Grenzen, in: Europäisches Insolvenzrecht – Grundsätzliche Fragestellungen der Prozessrechtsvergleichung, hrsg. von Hess, Burkhardt, Bielefeld, 2019; *Leithaus, Rolf/Riewe, Anne Deike*, Inhalt und Reichweite der Insolvenzantragspflicht bei europaweiter Konzerninsolvenz, NZI 2008, 598; *Madaus*, Insolvency Proceedings for corporate groups under the new Insolvency Regulation, IILR 2015, 235; *Mankowski, Peter*, Lässt sich eine Konzerninsolvenz durch Insolvency Planning erreichen?, NZI 2008, 355; *Mevorach*, Appropriate treatment

---

[15] Mankowski/Müller/Schmidt/*Mankowski* Art. 55 Rn. 8; Bork/van Zwieten/*Lenzing* Art. 55 Rn. 55.16 f.

of corporate groups in insolvency: a universal view, EBOR 2007, 8 (2), 179–194; *ders.*, Centralising Insolvencies of Pan-European Corporate Groups, JBL 2006, 468–486; *ders.*, Centralising Insolvencies of Pan-European Corporate Groups: a Creditor's Dream or Nightmare, in: Journal of Business Law 2006, 468 ff; *ders.*, Determining the proper venue for multinational corporate groups' insolvency, Paper presented to Insol International Academics, Cape Town, South-Africa, March 18, 2007; *ders.*, Appropriate Treatment of Corporate Groups in Insolvency: A Universal View, in: 8 European Business Organisation Law Review 2007, 179 ff; *ders.*, Insolvency Within Multinational Enterprise Groups, Oxford University Press 2009; *ders.*, 15 Norton Journal of Bankruptcy Law and Practice (October 2006), 5, Article 1; *McCormack*, Reforming the European Insolvency Regulation: A legal and policy Perspective, 10 JPIL 41, 58 (2014); *Pannen, Klaus*, Europäische Insolvenzordnung, 2007; *ders.*, Aspekte der europäischen Konzerninsolvenz, ZInsO 2014, 222; *Paulus*, Die ersten Jahre mit der Europäischen Insolvenzverordnung, RabelsZ 70 (2006), 458; *ders.*, Überlegungen zu einem modernen Konzerninsolvenzrecht, ZIP 2005, 1948; *ders.*, Nach der Reform ist vor der Reform – Schwachstellen des neuen Konzerninsolvenzrechts, NZI Beilage 2018, 47; *Pleister/Sturm*, Die Herausforderungen des neuen Konzerninsolvenzrechts, ZIP 2017, 2329; *Pluta*, Insolvenzverwalter einer Unternehmensgruppe kooperiert! – Pflicht der Insolvenzverwalter zur Zusammenarbeit gem. § 269a InsO, NZI Beilage 2018, 18 ff.; *Prager/Keller*, Der Entwicklungsstand des europäischen Insolvenzrechts, WM 2015, 805; *Rainey*, The European Insolvency regulation and the treatment of group companies: an analysis, Int. C.R. 2006, 3(6), 322 ff; *Römermann, Volker*, Die Konzerninsolvenz auf der Agenda des Gesetzgebers, ZRP 2013, 201; *Rotstegge, Jochen P.*, Zuständigkeitsfragen bei der Insolvenz in- und ausländischer Konzerngesellschaften, ZIP 2008, 955; *Römermann, Volker*, Die Konzerninsolvenz auf der Agenda des Gesetzgebers – Der Regierungsentwurf eines Gesetzes zur Erleichterung der Bewältigung von Konzerninsolvenzen, ZRP 2013, 201; *Rühlemann, Sebastian*, Verfahrenskonzentration in der Konzerninsolvenz, Diss., Univ., Friedrich-Schiller-Universität Jena 1980; *Schmidt, Karsten*, Konzern-Insolvenzrecht – Entwicklungsstand und Perspektiven, KTS 2010, 1; *ders.*, Flexibilität und Praktikabilität im Konzerninsolvenzrecht – Die Zuständigkeitsfrage als Beispiel, ZIP 2012, 1054; *Schmidt*, Opt-out und Opt-in in Gruppenkoordinationsverfahren nach der EuInsO 2017; ZVglRWiss, 2017, 93; *Smalinkas*, Insolvency of Group of Companies in the scope of the new EiR: Lithuanian perspective, IILR 2015, 379; *Stadler*, International Jurisdiction under the Regulation EC 1346/2000 on Insolvency Proceedings, in: *Stürner/Kawano* (ed.), Cross Border Insolvency, Intellectual Property Litigation, Arbitration and Ordre Public (2011), 13 (25); *Töllenaar*, Dealing with the Insolvency of multinational Groups under the European Insolvency Regulation, Tijdschrift voor Insolventierecht 2010, 94 ff; *ders.*, Proposal for reform: Improving the Ability to rescue Miltinational Enterprises under the Insolvency Regulation, International Insolvency Law Review 3/2011, 252 ff; *Ungerer, Johannes*, Cross-Border-Insolvency Proceedings – After the Revision of the EU Insolvency Regulation – Report of the ERA-Conference in Trier, IILR 2015, 272; *Vallender, Heinz/Deyda, Stephan*, Brauchen wir einen Konzerninsolvenzgerichtsstand?, NZI 2009, 825; *Van Galen, Robert*, Insolvent groups of insolvent companies in the European Community, IILR 2012, 376; *Verhoeven, Alexander*, Ein Konzerninsolvenzrecht für Europa – Was lange währt wird endlich gut?, ZInsO 2012, 2369; *Weber, Johannes*, Gesellschaftsrecht und Gläubigerschutz im internationalen Zivilverfahrensrecht: die internationale Zuständigkeit bei Klagen gegen Gesellschafter und Gesellschaftsorgane vor und in der Insolvenz, zugl. Diss. Univ. Freiburg 2011 (zit.: *Weber*, Gesellschaftsrecht und Gläubigerschutz); *Wessels*, Multinational Groups of Companies under the EC Insolvency Regulation: where do we stand? Ondernemingrecht 2009–5, 243 ff.; ZInsO-Dokumentation, Verordnung (EU) 2015/848 des Europäischen Parlaments und des Rates v. 20.5.2015 über Insolvenzverfahren, ZInsO 2015, 1540.

Übersicht

		Rn.			Rn.
I.	Einführung	1	III.	**Konzerninsolvenzrecht in der EuInsVO**	10
II.	Lösungsmodelle	3			
1.	Übersicht	3	1.	Entstehungsgeschichte	10
2.	Vollkonsolidierung	5	2.	Sachlicher Anwendungsbereich	11
3.	Zuständigkeitskonzentration	6	3.	Räumlicher Anwendungsbereich	12
4.	Verfahrensmäßige Konsolidierung	7	4.	Sachlich-räumlicher Anwendungsbereich	13
5.	Koordinierung der Verfahren	9	5.	Regelungsinhalt	14

I. Einführung

Größere Insolvenzfälle betreffen fast ausschließlich Konzerngesellschaften, da größere Unternehmen regelmäßig Konzernstrukturen aufweisen. Innerhalb des Konzerns werden den Gesellschaften in der Regel unterschiedliche Aufgaben zugewiesen (bspw. Produktion, Vertrieb, Forschung, Marken- und/oder Patentverwaltung, etc.). Ist der Konzern international tätig, findet man neben der fachlichen Aufgabenteilung noch eine länderbezogene regionale Arbeitsteilung vor.[1] Bei derartigen Konzernstrukturen sind die einzelnen Konzerngesellschaften in der Regel nicht eigenständig überle- 1

---

[1] Vgl. zB die Aufteilung in die produzierende Muttergesellschaft und nationale Vertriebsgesellschaften im MG Rover Fall: NZI 2006, 416 mit Anm. *Mankowski*, MG Rover Belux SA/NV [2006] EWHC 12976 (Ch).

bensfähig. Das Geschäftsmodell der meisten Konzerngesellschaften funktioniert nur in Verbindung und in Zusammenarbeit mit den jeweils anderen Konzerngesellschaften.

2   Insolvenzverfahren werden jedoch jeweils für jeden einzelnen Schuldner separat eröffnet. Es gilt der Grundsatz: „Ein Schuldner, ein Vermögen, ein Verfahren".[2] Dieser Grundsatz gilt auch für Konzerngesellschaften, sodass bei einer Konzerninsolvenz – abhängig von der Anzahl der insolventen Konzerngesellschaften – eine Vielzahl selbstständiger Insolvenzverfahren eröffnet werden. Eine Sanierung des Gesamtkonzernes ist in diesen Fällen nur möglich, wenn in allen Insolvenzverfahren einem konzernweiten Sanierungskonzept zugestimmt wird. Aber auch die Rettung mehrerer Konzerngesellschaften im Wege einer übertragenen Sanierung ist nur denkbar, wenn sich die Insolvenzverwalter, aus deren Verfahren Assets übertragen werden sollen, gemeinsam auf einen entsprechenden Asset-Deal mit dem Käufer und einer Aufteilung des Kaufpreises einigen können. Rechtlich bestehen zwar keine Hindernisse, derartige Einigungen zu erzielen, sei es bei einer gruppenweiten Sanierung durch Insolvenzpläne, sei es bei einer gruppenweisen Veräußerung von Assets aus verschiedenen Insolvenzverfahren. Es gibt keine Vorschriften im Insolvenz- oder Gesellschaftsrecht, die einer entsprechenden Verfahrensweise entgegenstehen könnten. Anders als in einem Insolvenzverfahren, in dem die unterschiedlichen Interessen der Beteiligten gebündelt und durch entsprechende Verfahrensabläufe einer Klärung zugeführt werden können (vgl. zB §§ 235 ff. InsO für die Bestätigung eines Insolvenzplans für alle Beteiligten), fehlen für parallel geführte Insolvenzverfahren entsprechende Vorschriften, um eine Kooperation oder Einigung zu „erzwingen" oder anderweitig durchzusetzen.

II. Lösungsmodelle

3   **1. Übersicht.** Der europäische Verordnungsgeber hatte bei Verabschiedung der EuInsVO 2000 noch bewusst auf konzernrechtliche Regelungen verzichtet.[3] Seit Jahren gab es daher in der Literatur Diskussionen darüber, ob und ggf. welche zusätzlichen Regelungen für internationale Konzerninsolvenzen eingeführt werden sollten, um dieses Problem möglichst zu minimieren.[4] Bereits 1997 hatte UNCITRAL in seinem Model Law on Cross-Border Insolvency einen entsprechenden Regelungsvorschlag unterbreitet.[5] Insbesondere im Hinblick auf die besondere Komplexität der Konzerninsolvenz entwickelte UNCITRAL neben einem Practice Guide on Cross-Border Insolvency Cooperation[6] zur praktischen Anwendung des Model Law zudem einen Legislative Guide on Insolvency Law – Part three: Treatment of enterprise groups in insolvency, der sich mit der Umsetzung des Model Law in nationales Recht beschäftigte.[7] Inzwischen hat UNCITRAL nun auch einen Entwurf zu einem Model Law on Enterprise Group Insolveny vorgestellt.[8] Die in Art. 56 ff. aufgenommenen Regelungen folgten mithin diesem Trend, die mit Konzerninsolvenzen zusammenhängenden Koordinationsfragen durch entsprechende Gesetzgebung einer Lösung zuzuführen. Dem ist zwischenzeitlich auch der deutsche Gesetzgeber gefolgt.[9]

4   Die Vorschläge zur Regelung der Probleme einer Konzerninsolvenz lassen sich konzeptionell in vier Gruppen zusammenfassen:
(a) Konzepte, die auf eine **materielle Vollkonsolidierung** der Vermögen aller Schuldner abzielen;[10]

---

[2] Ehricke, Konzernunternehmen, S. 458; Flöther/Flöther, Konzerninsolvenz § 1 Rn. 2; so auch der EuGH für das in der EuInsVO angelegte Konzept, vgl. Urt. v. 15.11.2011, C-191/10 (Rastelli), NZI 2012, 148 Rn. 25, mit Anm. Mankowski.

[3] Virgos/Schmit, Rn. 180.

[4] Adam/Poertzgen, ZInsO 2008, 281; dies., ZInsO 2008, 347; Frind/Siemon, NZI 2013, 1; Pannen, ZInsO 2014, 222; Rotstegge, ZIP 2008, 955; Schmidt, KTS 2010, 1; ders., ZIP 2012, 1054; Vallender/Deyda, NZI 2009, 825; Van Galen, IILR 2012, 376; Verhoeven, ZInsO 2012, 2369; Deyda, Der Konzern, S. 19 ff.; Hess/Oberhammer/Pfeiffer/Oberhammer, European Insolvency Law, Rn. 584; Römermann, ZRP 2013, 201; Eidenmüller, ZHR 169 (2005), 528; Flöther/v.Wilcken, Konzerninsolvenz § 4 Rn. 31 ff.

[5] UNCITRAL Model Law, ZIP 1997, 2224 ff.; hierzu auch Wessels, International Insolvency Law, Rn. 10425b ff.; Pannen/Hollander/Graham, Europäische Insolvenzordnung, S. 705 ff.

[6] UNCITRAL Practice Guide on Cross-Border Insolvency Cooperation https://www.uncitral.org/pdf/english/texts/insolven/Practice_Guide_english.pdf

[7] UNCITRAL Legislative Guide on Insolveny Law – Part three https://www.uncitral.org/pdf/english/texts/insolven/Leg-Guide-Insol-Part3-ebook-E.pdf; siehe dazu ausführlich Flöther/Westpfahl, Konzerninsolvenz § 8 Rn. 186 ff.

[8] Siehe unter https://undocs.org/en/A/CN.9/WG.V/WP.161; ausführlich dazu Holzer, NZI, 2019, 777 ff.

[9] Vgl. die §§ 3a -3e, 56b, 269a – 269i InsO; Gesetz zur Erleichterung der Bewältigung von Konzerninsolvenzen vom 13.4.2017 (BGBl. I S. 866); siehe dazu Braun, NWB 2018, 3325.

[10] Die sog. „substantive consolidation", wie sie aus dem US-amerikanischen Insolvenzrecht bekannt ist, vgl. hierzu Paulus, ZIP 2005, 1948 ff.; Scheel, Konzerninsolvenzrecht, S. 241 ff.; MüKoInsO/Brünkmanns, 3. Aufl., Bd. 3, Konzerninsolvenzrecht Rn. 15 ff.; Schmollinger, Der Konzern, S. 314 ff.; Flöther/Thole, Konzerninsolvenz § 2 Rn. 57 ff.; zum diesbezüglichen UNCITRAL Vorschlag vgl. Holzer, ZIP 2011, 1894, 1896; MüKo-

(b) Konzepte, die eine **Zuständigkeitskonzentration** aller Insolvenzverfahren an einem Insolvenzgericht vorsehen;[11]
(c) Konzepte, die eine **verfahrensmäßige Konsolidierung** auf ein Verfahren mit mehreren Insolvenzmassen, aber die Bestellung nur eines Verwalters (sowie ev. auch anderer Verfahrensorgane) vorsehen,[12] sowie
(d) Konzepte, die auf eine **Koordinierung der separaten Verfahren**[13] abzielen.

2. Vollkonsolidierung. Die Möglichkeit einer **Vollkonsolidierung** wird von der überwiegenden Mehrheit in der Literatur,[14] aber auch vom *Vienna Report* abgelehnt.[15] Soweit ersichtlich gibt es auch keinen EU-Mitgliedsstaat, der eine entsprechende Vollkonsolidierung in seinem nationalen Insolvenzrecht vorsieht. Sowohl der deutsche Gesetzgeber, als auch der europäische Verordnungsgeber haben eine Vollkonsolidierung ausdrücklich abgelehnt.[16] Lediglich das amerikanische Insolvenzrecht kennt eine derartige Vollkonsolidierung.[17] Aber auch dort bleibt die Vollkonsolidierung auf wenige Ausnahmefälle beschränkt, nämlich wenn sich das Vermögen und die Verbindlichkeiten der Konzerngesellschaften voneinander nicht mehr hinreichend abgrenzen lassen. Dabei handelt es sich jedoch um einen Ausnahmefall, für den das nationale Gesellschaftsrecht meist Rechtsinstitute entwickelt hat, die den Gläubigern eine Durchgriffshaftung ermöglichen,[18] sodass jedenfalls auf der Passivseite der Bilanz der betroffenen Gesellschaften bereits faktisch eine zumindest teilweise Konsolidierung besteht. Derartige Ausnahmefälle, die in der Praxis meist auf kleine, mittelständische Konzerne beschränkt bleiben, sollten jedoch nicht Anlass für eine so grundlegende Änderung insolvenzrechtlicher Haftungsgrundsätze sein. 5

3. Zuständigkeitskonzentration. Zu Recht wird innerhalb der EU auch abgelehnt, einen wie auch immer definierten **einheitlichen Konzerngerichtsstand** zu schaffen, sei es durch die Einführung eines neuen COMI-Begriffs für einen Konzern oder einer Konzentration aller Gerichtsverfahren am COMI der Konzernobergesellschaft.[19] Denn die Verlagerung der internationalen Zuständigkeit für Tochtergesellschaften, die ihren COMI nicht am einheitlichen Konzerngerichtsstand haben, würde zu einer Änderung des anwendbaren Insolvenzrechts führen, da das Insolvenzverfahren dem Recht des Verfahrensstaates unterliegt. Es würde nun das Insolvenzrecht des Konzerngerichtsstandes zwingende Anwendung finden. Ungeachtet dessen würde eine solche zentralisierte Zuständigkeit aber auch nicht zur Folge haben, dass nunmehr alle Insolvenzverfahren in einem Mitgliedstaat zentralisiert wären. Vielmehr könnten in den Mitgliedstaaten, in denen die Konzerntochtergesellschaft ihr Geschäft betreibt und das Hauptverfahren eigentlich durchgeführt werden müsste, Sekundärverfahren eröffnet werden. Dies würde sogar zu einer zusätzlichen Vermehrung der zu eröffnenden Insolvenzverfahren führen, weil praktisch zwingend für jede Tochtergesellschaft, die ihren COMI nicht am einheitlichen Konzerngerichtsstand hat, jeweils ein Haupt- und ein Sekundärinsolvenzverfahren eröffnet werden müsste. Die Schaffung eines Konzern-COMI würde daher zu einer erheblichen Komplizierung und einem noch größeren Abstimmungsbedarf zwischen den Verfahren führen.[20] Dieser Lösungsansatz ist daher allenfalls auf nationaler Ebene zielführend (vgl. § 3a ff. für das deutsche Recht). 6

InsO/*Brünkmanns*, 3. Aufl., Bd. 3, Konzerninsolvenzrecht, Rn. 15 ff.; *Brünkmanns*, Die Koordinierung von Insolvenzverfahren, S. 93 ff.

[11] Siehe §§ 3a-3e InsO, vgl. MüKoInsO/*Bruns*, Bd. 1, § 3a Rn. 1.
[12] *Eidenmüller/Forbenius*, Beilage zu ZIP 22/2013, S. 6.
[13] Hierzu auch schon MüKoInsO/*Brünkmanns*, Bd. 3, § 269a, Rn. 1 ff. mwN; *Deyda*, Der Konzern, S. 133.
[14] Vgl. *Ehricke*, Konzernunternehmen, S. 471 ff.; *Schmidt*, Insolvenzrecht der Unternehmen, S. 221 ff.; *Schmöllinger*, Der Konzern, S. 314 f; *Eidenmüller*, ZHR 169 (2005), 528, 532; *Eidenmüller/Frobenius*, ZIP 2013, Heft 22 Beilage 3; *Hirte*, ZIP 2008, 444, 449; *K. Schmidt*, KTS 2010, 1, 14 f.; *Vallender/Deyda* NZI 2009, 825, 826; demgegenüber a.A. *Humbeck*, NZI 2013, 957; *Paulus*, ZIP 2005, 1948; *Jawansky/Swierczok*, BB 2017, Heft 23, Umschlagteil I.
[15] Vgl. *Hess/Oberhammer/Pfeiffer/Oberhammer*, European Insolvency Law, Rn. 599; *INSOL Europe*, Revision of the European Insolvency Regulation, S. 89 f. Rn. V3, und Art. 46, hatte allerdings einen Vollkonsolidierungstatbestand vorgeschlagen.
[16] Vgl. Gesetzesentwurf der Bundesregierung: Entwurf eines Gesetzes zur Erleichterung der Bewältigung von Konzerninsolvenzen BT-Drs. 18/407, S. 16; siehe nun die §§ 269a – 269c InsO und ebenso auch Art. 72 Abs. 3.
[17] *Flessner*, Sanierung und Reorganisation, S. 293 f.; *Brünkmanns*, Der Konzern, S. 93 ff.; vgl. den Länderbericht USA, unten, Rn. 17.
[18] Vgl. auch *Haas/Vogel*, NZG 2011, 455 ff.; *Jaffe/Friedrich*, ZIP 2008, 1849, 1851.
[19] Vgl. *Schmidt*, ZIP 2012, 1054 ff.; *Rostegge*, ZIP 2008, 955 ff.; *Vallender/Deyda*, NZI 2009, 825 ff.; *Jaffé/Friedrich*, ZIP 2008, 1849; dagegen wohl auch *Hess/Oberhammer/Pfeiffer/Oberhammer*, European Insolvency Law, Rn. 613 ff.
[20] So auch *INSOL Europe*, Revision of the European Insolvency Regulation, S. 92 f. Rn. V.3.

7 **4. Verfahrensmäßige Konsolidierung.** Praktisch schwierig im internationalen Kontext ist auch die **verfahrensmäßige Konsolidierung** durch Bestellung personenidentischer Organe, insbesondere durch Bestellung eines Verwalters für alle Konzerngesellschaften. Abgesehen von der praktischen Schwierigkeit, dass ein Verwalter nicht alle betroffenen Sprachen spricht, geschweige denn sich in allen betroffenen Rechtsordnungen auskennen kann, knüpfen einzelne Mitgliedstaaten die Verwalterbestellung an eine Kammerzugehörigkeit,[21] sodass auch rechtlich die Bestellung eines Verwalters für alle Verfahren kaum möglich ist.[22] Außerdem wären auch mit der Bestellung nur eines Verwalters nicht automatisch „die Verfahren" konsolidiert, sondern weiterhin eigenständig. Im Hinblick auf die praktische Umsetzbarkeit erscheint daher im internationalen Insolvenzrecht auch der Lösungsansatz, mehrere Gruppenmitglieder insgesamt über einheitliches Gruppeninsolvenzverfahren abzuwickeln, nicht überzeugend.[23]

8 Gleiches gilt daher auch für **andere Konsolidierungslösungen,** die im nationalen Insolvenzrecht entwickelt wurden. Diese funktionieren im internationalen Kontext nicht, da durch das Konzept der Sekundärverfahren jegliche Konsolidierungsbemühungen konterkariert werden. Aus diesem Grund hatten auch weder die Kommission noch das Europäische Parlament entsprechende Überlegungen aufgegriffen.

9 **5. Koordinierung der Verfahren.** Bei einer Koordinierung der Verfahren werden Kooperationspflichten zwischen Insolvenzverwaltern, die in Insolvenzverfahren über das Vermögen von zwei oder mehr Mitgliedern derselben Unternehmensgruppe bestellt wurden, festgelegt. Dadurch soll eine Zusammenarbeit und Kommunikation zwischen den Insolvenzverwaltern ermöglicht werden. Diesem Konzept folgen auch die Art. 56 ff.[24]

III. Konzerninsolvenzrecht in der EuInsVO

10 **1. Entstehungsgeschichte.** Im Rahmen der **Reform der EuInsVO**[25] schlugen INSOL Europe als auch der *Vienna Report* eine Regelung zur Koordination der Insolvenzverfahren der Konzerngesellschaften vor.[26] Die Kommission griff diese Überlegungen auf, und schlug die Einfügung eines weiteren Kapitels vor, das auf einem **Kooperationsmodell** beruhen sollte.[27] In Anlehnung an die Kooperations- und die Koordinationsvorschriften zwischen Haupt- und Sekundärinsolvenzverfahren sah Art. 42a EuInsVO-KomE eine Pflicht zur Kooperation und Kommunikation unter Verwaltern vor, Art. 42b EuInsVO-KomE eine Regelung zur Kommunikation und Zusammenarbeit unter den Insolvenzgerichten, Art. 42c EuInsVO-KomE eine Regelung zur Kooperation und Kommunikation zwischen Verwaltern und Gerichten und Art. 42d EuInsVO-KomE eine Regelung zu den Mitwirkungsmöglichkeiten der Verwalter in den jeweils anderen Verfahren. Das Europäische Parlament übernahm diese Vorschläge der Kommission weitgehend unverändert (dazu nachfolgend noch unten bzgl. der einzelnen Vorschriften). Es ergänzte jedoch die Vorschriften noch um die Einführung eines **Gruppen-Koordinationsverfahrens,** in dem ein gesonderter Koordinationsverwalter eingesetzt werden soll, dessen Aufgabe darin bestehen sollte, die Koordination der Verfahren zu bewerkstelligen (vgl. Art. 42d a–f EuInsVOParlE). Dieser Vorschlag wurde letztlich auch in der EuInsVO durch Ergänzungen eines neuen Kapitels *„Kapitel V Insolvenzverfahren über das Vermögen von Mitgliedern einer Unternehmensgruppe"* (Art. 56–77) übernommen.

11 **2. Sachlicher Anwendungsbereich.** Der durchgängig in Kapitel V verwendete Begriff der „**Unternehmensgruppe"** ist in Art. 2 Nr. 13 definiert und bedeutet *„eine Anzahl von Unternehmen bestehend aus Mutter- und Tochtergesellschaften".*[28] Was unter „Muttergesellschaft" zu verstehen ist, ergibt sich aus Art. 2 Nr. 14. Danach ist das Mutterunternehmen ein Unternehmen, das ein oder mehrere Tochterunternehmen entweder unmittelbar oder mittelbar kontrolliert. Zudem enthält Art. 2 Nr. 14 die Vermutungsregel, dass ein Unternehmen, das einen konsolidierten Abschluss gemäß der Richtlinie 2013/34/EU des Europäischen Parlaments und des Rates[29] erstellt, als Mutterunternehmen angesehen wird. Entscheidend ist daher die Mehrheit der Stimmrechte in einer anderen

---

[21] So zB England, vgl. den Länderbericht England unten, Rn. 1 ff.
[22] Die Möglichkeit eines einzigen Verwalters konnte sich bisher – trotz möglicher Verträge – nicht einmal im bilateralen Verhältnis zwischen Haupt- und Sekundärverfahren etablieren, vgl. oben Art. 41 Rn. 1 ff.
[23] Vgl. aber *Eidenmüller/Frobenius,* ZIP 2013, Heft 22, Beilage, 1, 4.
[24] Vgl. zur Koordinierung der Verfahren die Ausführungen in MüKoInsO/*Brünkmanns,* Bd. 3, § 269a Rn. 2 ff.
[25] Vgl. zur Reform der EuInsVO grundsätzlich oben, Vor Art. 1 Rn. 11 ff.
[26] Vgl. INSOL Europe, Revision of the European Insovency Regulation, Chapter V, Rn. 5.1 ff.; Hess/Oberhammer/Pfeiffer/*Oberhammer,* European Insolvency Law, Rn. 584 ff.
[27] Vgl. Kap. V a „Insolvenz von Mitgliedern einer Unternehmensgruppe", EuInsVO Kom-E.
[28] Vgl. oben, Art. 2 Rn. 19.
[29] Vgl. ABl. L 182 vom 29.6.2013, S. 19.

Gesellschaft. Erfasst wird somit auch der Vertragskonzern i. S. d. § 291 AktG,[30] nicht aber der Gleichordnungskonzern (vgl. auch oben, Art. 2 Rn. 65).[31]

3. Räumlicher Anwendungsbereich. Aufgrund des **räumlichen Anwendungsbereichs** 12 der Verordnung erfassen die Vorschriften zur Konzerninsolvenz keine Gesellschaften einer Unternehmensgruppe, deren COMI nach Art. 3 nicht in einem der Mitgliedstaaten gelegen ist.[32] Die Vorschriften zur Konzerninsolvenz finden daher nur Anwendung auf Gesellschaften, über deren Vermögen das Hauptverfahren in einem der Mitgliedstaaten geführt wird. In Abgrenzung zu den nationalen Vorschriften über Konzerninsolvenzen erfordert die Anwendung der Art. 56 ff. jedoch, dass der COMI der insolventen Gesellschaften der Unternehmensgruppe sich in mehr als einem Mitgliedstaat befindet.[33] Die Regelungen der EuInsVO gelten insoweit auch, soweit die Beziehungen zwischen zwei Gesellschaften in demselben Belegenheitsstaat betroffen sind. Ebenfalls ist nicht Voraussetzung, dass die Muttergesellschaft ihren COMI in einem der Mitgliedstaaten hat. Die Vorschriften finden daher auch Anwendung auf Teilkonzerne, die in den Mitgliedstaaten belegen sind, als auch auf mehrere gleichgeordnete Tochtergesellschaften, deren Muttergesellschaft wiederum in einem Drittstaat belegen ist.[34]

4. Sachlich-räumlicher Anwendungsbereich. Die Regelungen der EuInsVO verdrängen 13 auch die Koordinationspflichten mehrerer Gesellschaften einer Unternehmensgruppe, die sich in einem Mitgliedstaat befinden.[35] Gehören daher andere Unternehmen mit COMI in Deutschland einer Unternehmensgruppe im Sinne von Art. 2 Nr. 13 an, so verdrängen die Art. 56 und Art. 57 die entsprechenden nationalen Vorschriften der InsO (nämlich § 269a InsO sowie § 56b InsO und § 269b InsO).[36] Ebenso verdrängen die Vorschriften über das Gruppen-Koordinationsverfahren der EuInsVO (Art. 61-77) die nationalen Vorschriften über das Gruppen-Koordinationsverfahren nach §§ 269d – 269i InsO, wenn die Durchführung des nationalen Koordinationsverfahrens die Wirksamkeit des EU-Koordinationsverfahrens beeinträchtigen würde.[37]

5. Regelungsinhalt. Die **Kooperationsvorschriften** (Art. 56–60) sind im Wesentlichen den 14 Kooperationsvorschriften aus dem Verhältnis zwischen Haupt- und Sekundärverfahren nachgebildet (Art. 41–43). Es handelt sich nicht um Kollisionsnormen, sondern um **Sachnormen,** die gegenüber den Vorschriften des nationalen Rechts vorgehen. Dies ist konsequent und folgerichtig, da Koordinationsvorschriften, die sich in einzelnen Rechtsordnungen finden, wenig hilfreich sind und nur funktionieren können, soweit diese international aufeinander abgestimmt sind.

Ob derartige appellatorische Verhaltenspflichten, die letztlich „nur" eine generelle Pflicht zur 15 Kooperation vorsehen, die Abwicklung internationaler Konzerninsolvenzen erleichtern werden, bleibt abzuwarten. Im Ergebnis ließen sich die dort dargestellten Kooperations- und Informationspflichten ohnehin bereits aus den bestehenden Pflichten der Insolvenzverwalter herleiten. Denn in der Regel hat die Muttergesellschaft einer juristischen Person im Insolvenzverfahren über das Vermögen ihrer Tochtergesellschaft Beteiligungs- und Informationsrechte, die im Insolvenzverfahren dann vom Insolvenzverwalter der Gesellschaft geltend gemacht werden. Dass darüber hinaus Insolvenzverwalter zusammenarbeiten müssen, soweit es der Massemehrung dient (um die es im Ergebnis auch bei den Koordinationsvorschriften für Konzerninsolvenzen geht), ist ebenfalls unbestritten. Im Ergebnis kann die Entscheidung, auf welche Art und Weise die Insolvenz gewinnbringend abzuwickeln ist, ohnehin nur – abhängig von der Ausgestaltung in den nationalen Rechtsordnungen – von den Verwaltern, Gläubigern und Insolvenzgerichten entschieden werden. Sind die Verwalter unterschiedlicher Auffassung über die Abwicklung oder bspw. über die Verteilung eines Kauferlöses eines Asset-Deals, so können derartige Streitigkeiten auch nicht über den Gerichtsweg bereinigt werden. Das Verfahren steht daher in Konkurrenz mit der privatautonomen und deutlich flexibleren Möglichkeit, dass die Verwalter einem Verwalter aus ihrer Mitte zusätzliche Befugnisse übertragen können.[38] Es wird sich zeigen, ob nicht diese Variante der privatautonomen Regelung dem Gruppen-Koordinationsverfahren vorgezogen werden wird.[39]

---

[30] Ebenso *Thole,* ZEuP 2014, 39, 68; *Prager/Keller,* NZI 2013, 57, 63; *Commandeur/Römer,* NZG 2015, 988, 990; kritisch dazu *Reuß,* EuZW 2013, 165, 168.
[31] Ebenso MüKoBGB/*Kindler,* Bd. 12, Art. 2 Rn. 34; aA wohl Vallender/*Hermann,* Art. 56 Rn. 20.
[32] Ebenso Vallender/*Hermann,* Art. 56 Rn. 23; MüKoBGB/*Kindler,* Bd. 12, Art. 56 Rn. 5; kritisch zum Fehlen einer entsprechenden Regelung *Eidenmüller/Frobenius,* Beilage ZIP 22/2013, 1, 14.
[33] Vgl. Erwägungsgrund Nr. 62; ebenso wie hier: Vallender/*Hermann,* Art. 56 Rn. 24.
[34] So auch Vallender/*Hermann,* Art. 56 Rn. 24.
[35] Vgl. zur deutschen Umsetzung Art. 102c § 22 Abs. 2 EGInsO.
[36] Vgl. Art. 102c § 22 Abs. 2 EGInsO.
[37] Vgl. Art. 102c § 22 Abs. 1 EGInsO.
[38] Vgl. Art. 56 Abs. 2 Satz 2.
[39] Skeptisch auch *Thole,* ZEuP 2015, 39, 68.

16 Die Einführung eines sogenannten **Gruppen-Koordinationsverfahrens** geht demgegenüber über derartige Wohlverhaltensregeln hinaus, weil für die notwendige Koordination eine eigene, neue Zuständigkeit in Person eines Koordinators geschaffen wird. Da jedoch jeder Verwalter für „sein" Verfahren weiterhin zuständig und verantwortlich bleibt, beschränken sich die Rechte des Koordinators auf Empfehlungen und Vorschläge, sowie Teilnahme- und Mitwirkungsrechte in den Verfahren der Gruppenmitglieder, die in das Gruppen-Koordinationsverfahren einbezogen wurden. Da allerdings die Einbeziehung in das Gruppen-Koordinationsverfahren freiwillig ist, stellt sich die Frage, ob dieses Verfahren von der Praxis aufgenommen werden wird. Denn in Konzernkonstellationen mit einer „masseschweren" Muttergesellschaft, bei der eventuell auch die wesentlichen Betriebsmittel vorhanden sind, wird der Verwalter dieser Gesellschaft die Einwirkungsmöglichkeiten lieber selbst wahrnehmen, als diese einem Koordinator zu überlassen.

17 Besonderer insolvenzrechtlicher **Kollisionsnormen** bedarf es hingegen für die EuInsVO nicht. Denn die meisten der sich stellenden kollisionsrechtlichen Fragen bei einer Konzerninsolvenz betreffen haftungsrechtliche Fragen zwischen den Konzerngesellschaften. Diese sind jedoch in der Regel als gesellschaftsrechtlich zu qualifizieren.[40] Für diese gilt daher auch nicht Art. 7, sondern – mangels europarechtlicher Regelung – die gesellschaftsrechtlichen Kollisionsnorm des autonomen Rechts. Lediglich die Auswirkungen der Verfahrenseröffnung auf Unternehmensverträge sind als insolvenzrechtlich zu qualifizieren, weshalb das anwendbare Recht – übrigens für jede der beiden insolventen Konzerngesellschaften – über Art. 7 zu ermitteln ist.

18 Da es sich um **Sachnormen** handelt, die die Komplexität der Frage nur in den Grundzügen regeln, steht es den Mitgliedsstaaten offen, eigene nationale Bestimmungen zu erlassen, mit denen die Bestimmungen der Verordnung ergänzt werden, wie Nr. 61 der Erwägungsgründe ausdrücklich erlaubt. Voraussetzung ist lediglich, dass sich der Geltungsbereich der nationalen Vorschriften auf die nationale Rechtsordnung beschränkt und die Anwendung der ergänzenden Bestimmungen nicht die Wirksamkeit der in dieser Verordnung enthaltenen Vorschriften beeinträchtigt.

19 Dem ist der deutsche Gesetzgeber mit der Einführung der Art. 102c §§ 22–26 EGInsO gefolgt und hat dort diverse ergänzende Regelungen getroffen. Geregelt hat der Gesetzgeber die Beteiligung der Gläubiger bei der Entscheidung über die Einleitung eines Gruppen-Koordinationsverfahrens (Art. 102c § 23 EGInsO), das Verfahren zur Aussetzung der Verwertung (vgl. Art. 102c § 24 EGInsO) sowie die Umsetzung der nach Art. 69 Abs. 4 und Art. 77 Abs. 5 vorgesehenen Rechtsbehelfe in das nationale Recht (Art. 102 §§ 25, 26 EGInsO) (vgl. die Kommentierung jeweils dort). Hingegen hat der deutsche Gesetzgeber keine Umsetzungsvorschriften für Rechtsbehelfe gegen den Eröffnungsbeschluss für das Gruppen-Koordinationsverfahren nach Art. 68 oder gegen die Abberufung des Koordinators nach Art. 75 erlassen, da – anders als bei Art. 69 Abs. 4 und Art. 77 Abs. 5 – schon die EuInsVO in diesen Vorschriften keine Regelung über die Rechtsmittelfähigkeit getroffen hat. Ebenfalls keine eigenständige Umsetzungsregelung hat der deutsche Gesetzgeber im Hinblick auf eine Konkretisierung der Vergütungsregelung in Art. 77 Abs. 1 getroffen (vgl. dazu noch Art. 77 Rn. 2 ff. Vgl. zu den Umsetzungsvorschriften noch die Kommentierung zu Art. 102c §§ 22 ff. EGInsO).

Art. 56 Zusammenarbeit und Kommunikation der Verwalter

(1) ¹Bei Insolvenzverfahren über das Vermögen von zwei oder mehr Mitgliedern derselben Unternehmensgruppe arbeiten die Verwalter dieser Verfahren zusammen, soweit diese Zusammenarbeit die wirksame Abwicklung der Verfahren erleichtern kann, mit den für die einzelnen Verfahren geltenden Vorschriften vereinbar ist und keine Interessenkonflikte nach sich zieht. ²Diese Zusammenarbeit kann in beliebiger Form, einschließlich durch den Abschluss von Vereinbarungen oder Verständigungen, erfolgen.

(2) Bei der Durchführung der Zusammenarbeit nach Absatz 1 obliegt es den Verwaltern,
a) einander so bald wie möglich alle Informationen mitzuteilen, die für das jeweilige andere Verfahren von Bedeutung sein können, vorausgesetzt, es bestehen geeignete Vorkehrungen zum Schutz vertraulicher Informationen;
b) zu prüfen, ob Möglichkeiten einer Koordinierung der Verwaltung und Überwachung der Geschäfte der Gruppenmitglieder, über deren Vermögen ein Insolvenzverfahren eröffnet wurde, bestehen; falls eine solche Möglichkeit besteht, koordinieren sie die Verwaltung und Überwachung dieser Geschäfte;
c) zu prüfen, ob Möglichkeiten einer Sanierung von Gruppenmitgliedern, über deren Vermögen ein Insolvenzverfahren eröffnet wurde, bestehen und, falls eine solche Mög-

---

[40] Vgl. zur Qualifikation und Abgrenzung der Kollisionsnormen oben, Art. 7 Rn. 3 ff.

lichkeit besteht, sich über den Vorschlag für einen koordinierten Sanierungsplan und dazu, wie er ausgehandelt werden soll, abzustimmen.
¹Für die Zwecke der Buchstaben b und c können alle oder einige der in Absatz 1 genannten Verwalter vereinbaren, einem Verwalter aus ihrer Mitte zusätzliche Befugnisse zu übertragen, wenn eine solche Vereinbarung nach den für die jeweiligen Verfahren geltenden Vorschriften zulässig ist. ²Sie können ferner vereinbaren, bestimmte Aufgaben unter sich aufzuteilen, wenn eine solche Aufteilung nach den für die jeweiligen Verfahren geltenden Vorschriften zulässig ist.

Literatur: Vgl. Vor Art. 56.

I. Normzweck

Art. 56 regelt die Zusammenarbeit und Kommunikation zwischen den Verwaltern einer Unternehmensgruppe. Die Vorschrift entspricht bewusst der Konzeption von Art. 41, der die Zusammenarbeit und Kommunikation zwischen dem Verwalter des Hauptverfahrens und dem Verwalter des Sekundärverfahrens regelt. Die Vorschrift soll die ordnungsgemäße Zusammenarbeit der beteiligten Akteure fördern (so ErwG Nr. 52). Eine ähnliche Vorschrift findet sich zudem in Art. 74, der die Zusammenarbeit und Kommunikation zwischen dem Koordinator und den Verwaltern regelt. 1

II. Pflicht zur Zusammenarbeit

Art. 56 Abs. 1 sowie Art. 41 Abs. 1 enthalten die – fast – wortgleiche Pflicht zur Zusammenarbeit, soweit diese Zusammenarbeit mit den für die einzelnen Verfahren geltenden Vorschriften vereinbar ist.[1] Allerdings steht die Pflicht zur Zusammenarbeit bei Art. 56 Abs. 1 unter weiteren ausdrücklichen Einschränkungen: Art. 56 verlangt, dass die Zusammenarbeit die wirksame Abwicklung des Verfahrens erleichtern kann. Weitere Voraussetzung nach Art. 56 ist zudem, dass die Zusammenarbeit **keine Interessenkonflikte** „*nach sich zieht*". Die letztgenannte Einschränkung ist wenig geglückt, da die Zusammenarbeit gerade darin besteht, die Interessen der einzelnen Insolvenzverfahren zu koordinieren, um in der Gesamtschau zu einer effektiveren Abwicklung zu gelangen. Interessenkonflikte sind daher der Zusammenarbeit inhärent.[2] Man wird daher die Voraussetzung, dass die Zusammenarbeit keinen Interessenkonflikt nach sich zieht, eng auslegen müssen, da ansonsten schon potentiell die Zusammenarbeit ausgeschlossen wäre. Die genannten Interessenkonflikte verweisen vielmehr darauf, dass jeder beteiligte Insolvenzverwalter die ihm auferlegten Pflichten aus seinem eigenen Insolvenzverfahren vorrangig beachten muss und diese Pflichten durch die Zusammenarbeit nicht verletzt werden dürfen. Diese Pflichtenbegrenzung ist daher – zu Recht – in Art. 41 Abs. 1 nicht ausdrücklich genannt worden. 2

Rechtspolitisch ist die auch in Art. 61 Abs. 1 S. 1 sowie einigen anderen Vorschriften enthaltene weitere Beschränkung,[3] dass die Kooperation **mit den für die einzelnen Verfahren geltenden Vorschriften vereinbar** sein muss, kritisiert worden.[4] Es wird argumentiert, dass die Einschränkung entfallen sollte mit der Folge, dass sich das Europarecht gegenüber dem nationalen Recht durchsetze. Diese Kritik ist konzeptionell zutreffend, für die Kooperationspflichten nach der EuInsVO ist der Vorrang der Verordnung jedoch keine Option. Denn die Pflichten sind zu vage und ihre Integration in die nationalen Insolvenzordnungen zu unklar. Der Verordnung kommt an dieser Stelle vielmehr die Funktion zu, die nach dem nationalen Insolvenzrecht bestehenden Freiräume im Sinne einer europarechtskonformen Kooperation zu nutzen.[5] 3

Ebenso wie Art. 41 macht auch Art. 61 Abs. 1 S. 2 dem Verwalter keine Vorgabe über die Form der Zusammenarbeit, sondern stellt diese vielmehr in das **Ermessen** der Verwalter. Sie kann daher in „*beliebiger Form*" erfolgen, einschließlich durch den Abschluss von Vereinbarungen oder Verständigungen. Mit letztgenannter Formulierung genehmigt der Verordnungsgeber das in der Praxis schon mehrfach erprobte Instrumentarium sogenannter Insolvenzverwalterverträge (*„protocols"*) zwischen den Verwaltern.[6] 4

---

[1] Vgl. daher auch → Art. 41 Rn. 8.
[2] Ein möglicher Interessenkonflikt ist daher auch bei Art. 41 eine – ungeschriebene – Begrenzung der Pflicht zur Zusammenarbeit, vgl. → Art. 41 Rn. 9.
[3] Vgl. auch Art. 41 Abs. 1, 56 Abs. 1 S. 1, Abs. 2 S. 2; Art. 57 Abs. 1; Art. 58; Art. 60 Abs. 2 S. 2; Art. 74 Abs. 1.
[4] So zB von *Eidenmüller/Frobenius* ZIP 2013, Beilage zu Heft 22, 1, 15 f; Bork/Mangano/*Mangano*, European Cross-Border Insolvency Law, Rn. 8.49.
[5] So auch Vallender/*Hermann* Art. 56 Rn. 33 f.; Wimmer/Bornemann/Linau/*Bornemann*, Die Neufassung der EuInsVO, Rn. 550, 554.
[6] Vgl. hierzu ausführlich → Art. 41 Rn. 10 ff.

5   Art. 56 Abs. 2 wiederum ist Art. 41 Abs. 2 nachgebildet und enthält eine nicht abschließende, beispielhafte **Beschreibung,** auf welche **Bereiche** sich die **Zusammenarbeit** erstrecken soll. Diese betreffen den Informationsaustausch (lit. a), eine Koordination der Verwaltung und Überwachung der Geschäfte (lit. b), sowie die Prüfung von Möglichkeiten für eine Sanierung der Unternehmensgruppe (lit. c). Die in Art. 41 Abs. 2 lit. c) noch enthaltene Regelung über die Zusammenarbeit bei der Verwertung findet sich für Unternehmensgruppen in einer gesonderten Vorschrift, nämlich Art. 60. Da Ziel der Kooperation die Unternehmensfortführung der Gruppengesellschaften ist, stehen folglich in Art. 56 Abs. 2 lit. b) auch die zur Fortführung der Geschäftstätigkeit abzuschließenden Verträge im Vordergrund.

6   Art. 61 Abs. 2 Unterabs. 1 sieht darüber hinaus vor, dass die Verwalter vereinbaren können, einem Verwalter aus ihrer Mitte **zusätzliche Befugnisse** zu übertragen (Satz 1) oder bestimmte **Aufgaben unter sich aufzuteilen** (Satz 2), wenn eine solche Vereinbarung nach den für die einzelnen Verfahren geltenden Vorschriften zulässig ist. Eine solche Regelung findet sich in den Kooperationsvorschriften zu Sekundärverfahren hingegen nicht. Welche „*zusätzlichen*" Befugnisse hier gemeint sind, ist unklar. Mit „zusätzlichen" Befugnissen können jedoch nur Befugnisse gemeint sein, die nicht nur die von dem beauftragten Verwalter verwaltete Insolvenzmasse betreffen, sondern die Insolvenzmassen anderer Mitglieder der Unternehmensgruppe. Die konkrete Bevollmächtigung einer anderen Person zur Erledigung bestimmter Aufgaben dürfte aber ohnehin schon nach dem geltenden Insolvenzrecht der Mitgliedsstaaten für jeden Verwalter möglich sein. Unzulässig nach nationalem Insolvenzrecht dürfte hingegen sein, dem Verwalter eines anderen Insolvenzverfahrens zur freien Ausübung Verwaltungs- und Verwertungsbefugnisse zu übertragen. Hier wird innerhalb jeder Rechtsordnung zu prüfen sein, welche zusätzlichen Befugnisse anderen Verwaltern der Unternehmensgruppe übertragen werden können.

III. Anwendung auf Verwalter von Sekundärinsolvenzverfahren

7   Strittig ist, ob Art. 56 auch für den Verwalter eines Sekundärverfahrens gilt, oder ob es insoweit bei der Regelung des Art. 41 verbleibt. Zwar sind beide Normen hinsichtlich der den Verwalter treffenden inhaltlichen Pflichten weitgehend identisch. Art. 41 legt dem Verwalter des Sekundärverfahrens jedoch nur Zusammenarbeits- und Kommunikationspflichten im Verhältnis zum Hauptverfahren auf. Würde man daher Art. 56 nicht auch auf den Verwalter des Sekundärverfahrens anwenden, so müsste die Zusammenarbeit und Kommunikation bei Unternehmensgruppen mit Sekundärverfahren bei einzelnen Mitgliedern der Unternehmensgruppe mehrstufig verlaufen: die Verwalter der Sekundärverfahren kommunizieren und kooperieren jeweils nur mit dem jeweiligen Verwalter des Hauptverfahrens gemäß Art. 41. Sodann kommunizieren und kooperieren die Verwalter der Hauptverfahren gemäß Art. 56 untereinander.[7] Die Verwalter von Sekundärverfahren wären dann auch nicht berechtigt die in Art. 60 enthaltenen Rechte wahrzunehmen. Würde man hingegen Art. 56 auch auf Verwalter von Sekundärverfahren anwenden, so stünden diesen die dort geregelten Rechte und Pflichten zur Zusammenarbeit – unmittelbar – auch mit anderen Verwaltern anderer Hauptverfahren zu.[8]

8   Letzterer Auffassung ist der Vorzug zu geben. Art. 56 enthält – wie auch die anderen Vorschriften des Kapitels V. – schon vom Wortlaut her keine Beschränkung auf die Verwalter der Hauptverfahren. Der Wortlaut spricht lediglich von „*die Verwalter*" dieses oder dieser „*Verfahren*". Soweit die Verordnung den Begriff des Verwalters auf Haupt- oder Sekundärinsolvenzverfahren beschränkt, ist diese Beschränkung jeweils kenntlich gemacht.[9] Hinzu kommt, dass auch pragmatisch für eine derartige Beschränkung des Anwendungsbereichs der Art. 56 ff. auf die Verwalter der Hauptverfahren kein Bedürfnis besteht. Eine großzügige Anwendung auf alle Verwalter – ob aus Haupt- oder Sekundärinsolvenzverfahren – ermöglicht es vielmehr den Beteiligten, abhängig vom Einzelfall entsprechende Vereinbarungen über die Zusammenarbeit zu treffen. So wäre beispielsweise auch nicht einzusehen, weshalb eine Produktionsniederlassung, über deren Vermögen ein Sekundärinsolvenzverfahren eröffnet wurde, und die beispielsweise ausschließlich ein anderes Mitglied der Unternehmensgruppe beliefert, auf den Kommunikationsweg über den Verwalter des Hauptverfahrens verwiesen werden soll. Da Art. 56 für die Ausgestaltung der Zusammenarbeit gerade keine näheren Vorgaben macht, damit diese einzelfallbezogen und flexibel ausgestaltet werden kann, spricht auch eine teleologische Auslegung für eine weite Anwendung des Art. 56 unter Einbeziehung der Verwalter von Sekundärinsolvenzverfahren. Soweit dies im Hinblick auf die Masse des Sekundärinsolvenz-

---

[7] So wohl Vallender/*Hermann* Art. 56 Rn. 14.
[8] So *Thole* KTS 2014, 351, 377; Wimmer/Bornemann/Lienau/*Bornemann*, Die Neufassung der EuInsVO, Rn. 590; ähnlich wohl auch K. Schmidt/*Brinkmann* InsO Art. 56 Rn. 9 f.
[9] Vgl. die Kenntlichmachung in Kapitel III. durch die Begriffe „*Verwalter des Hauptinsolvenzverfahrens*" bzw. „*Verwalter des Sekundärinsolvenzverfahrens*", Art. 36 Abs. 1, Art. 37 Abs. 1 lit. a), Art. 8 Abs. 1, Art. 41, Art. 46.

verfahrens nicht opportun erscheint, können die beteiligten Verwalter untereinander auch anderes vereinbaren.

IV. Sanktionen

Wie auch andere Vorschriften über die Pflichten des Verwalters zur Zusammenarbeit enthält Art. 56 keine Regelung über die Durchsetzungsmöglichkeit der Pflichten oder über die Sanktionen bei Verletzung der Pflichten. Insoweit kann jedoch auf die Ausführungen zu Art. 41 verwiesen werden. Danach entscheidet das nationale Recht, welche verfahrensrechtlichen Optionen zur Verfügung stehen, um den Verwalter eines Verfahrens zur Einhaltung der ihm obliegenden Pflicht zu zwingen. Gleiches gilt für die Frage, ob und welche Sanktionen das nationale Insolvenzrecht für die Verletzung von Pflichten des Insolvenzverwalters vorsieht.[10] 9

Art. 57 Zusammenarbeit und Kommunikation der Gerichte

(1) ¹Bei Insolvenzverfahren über das Vermögen von zwei oder mehr Mitgliedern derselben Unternehmensgruppe arbeitet ein Gericht, das ein solches Verfahren eröffnet hat, mit Gerichten, die mit einem Antrag auf Eröffnung eines Insolvenzverfahrens über das Vermögen eines anderen Mitglieds derselben Unternehmensgruppe befasst sind oder die ein solches Verfahren eröffnet haben, zusammen, soweit diese Zusammenarbeit eine wirksame Verfahrensführung erleichtern kann, mit den für die einzelnen Verfahren geltenden Vorschriften vereinbar ist und keine Interessenkonflikte nach sich zieht. ²Die Gerichte können hierzu bei Bedarf eine unabhängige Person oder Stelle bestellen bzw. bestimmen, die auf ihre Weisungen hin tätig wird, sofern dies mit den für sie geltenden Vorschriften vereinbar ist.

(2) Bei der Durchführung der Zusammenarbeit nach Absatz 1 können die Gerichte oder eine von ihnen bestellte bzw. bestimmte und in ihrem Auftrag tätige Person oder Stelle im Sinne des Absatzes 1 direkt miteinander kommunizieren oder einander direkt um Informationen und Unterstützung ersuchen, vorausgesetzt, bei dieser Kommunikation werden die Verfahrensrechte der Verfahrensbeteiligten sowie die Vertraulichkeit der Informationen gewahrt.

(3) ¹Die Zusammenarbeit im Sinne des Absatzes 1 kann auf jedem von dem Gericht als geeignet erachteten Weg erfolgen. ²Sie kann insbesondere Folgendes betreffen:
a) die Koordinierung bei der Bestellung von Verwaltern,
b) die Mitteilung von Informationen auf jedem von dem betreffenden Gericht als geeignet erachteten Weg,
c) die Koordinierung der Verwaltung und Überwachung der Insolvenzmasse und Geschäfte der Mitglieder der Unternehmensgruppe,
d) die Koordinierung der Verhandlungen,
e) soweit erforderlich die Koordinierung der Zustimmung zu einer Verständigung der Verwalter.

Literatur: Vgl. Vor Art. 56.

I. Normzweck

Die in Art. 57 geregelte Kommunikation und Zusammenarbeit unter Gerichten entspricht – weitgehend wortgleich – der in Art. 42 enthaltenen Regelung zur Kooperation und Kommunikation unter Gerichten zwischen dem Haupt- und dem Sekundärinsolvenzverfahren. Die Erwägungsgründe verweisen insoweit auch auf Kommunikations- und Kooperationsgrundsätze, wie sie von europäischen und internationalen Organisationen aufgestellt wurden, zB Art. 25 UNCITRAL Model Law.[1] Ziel der Regelung ist, für die Kooperation der Insolvenzgerichte bei Insolvenzverfahren einer Unternehmensgruppe eine gesetzliche Grundlage zu schaffen. Dadurch wird das für die Zurückhaltung der Insolvenzgerichte einiger Mitgliedsländer angeführte Argument, nämlich dass es an einer gesetzlichen Grundlage zur Zusammenarbeit fehle, entkräftet. Die Vorschrift macht zudem den formellen Weg der Rechtshilfe überflüssig. 1

---

[10] Vgl. im Einzelnen → Art. 41 Rn. 44 ff.
[1] ErwG Nr. 52 S. 2 iVm ErwG Nr. 48 S. 4; zum UNCITRAL Model Law vgl. → Vor §§ 335 Rn. 79 ff.; vgl. auch die sog. EU Guidelines for Court-to-Court Communication in International Insolvency Cases.

II. Zeitlicher Anwendungsbereich

2 **Die Vorschrift gilt** – ebenso wie Art. 42 – nicht nur im eröffneten Insolvenzverfahren, sondern **bereits mit Antrag auf Eröffnung eines Insolvenzverfahrens.** Zwar indiziert der Wortlaut, dass sich die Pflicht zur Zusammenarbeit auf das Gericht beschränkt, *„das ein solches Verfahren eröffnet hat"* (Abs. 1 S. 1). Für eine solche Beschränkung auf eröffnete Verfahren (im Sinne des deutschen Insolvenzrechts) spricht zwar auch, dass sowohl der Kommissionsentwurf als auch der Entwurf des Europäischen Parlamentes noch eine offene, neutrale Formulierung vorgesehen hatte, die sodann entschieden wurde (*„Bei Insolvenzverfahren gegen zwei oder mehr Mitglieder derselben Unternehmensgruppe arbeiten die Gerichte,* **die mit einem Antrag auf Eröffnung eines Insolvenzverfahrens gegen ein Mitglied der Unternehmensgruppe befasst sind** *oder die ein solches Verfahren eröffnet haben, zusammen,..."*).[2] Warum letztlich die Formulierung sprachlich eingeschränkt wurde, ist den Materialien zur Verordnungsgebung nicht zu entnehmen. Die Einschränkung macht jedoch keinen Sinn. Denn nach dem Wortlaut soll das Gericht eines eröffneten Verfahrens mit den Gerichten, die ein Verfahren noch nicht eröffnet haben, *„zusammenarbeiten"*. Richtet man sich jedoch alleine am Wortlaut aus, dann dürften die Gerichte, die das Verfahren noch nicht eröffnet haben, wiederum mit dem Gericht des eröffneten Verfahrens nicht zusammenarbeiten. Außerdem kann eine Koordinierung bei der Bestellung von Verwaltern nach Abs. 3 lit. a) nur erfolgen, wenn noch kein Verfahren eröffnet wurde. Diese Koordination auf einen zufälligen Zwischenzeitraum zwischen der Eröffnung des ersten Verfahrens und der zeitlich nachfolgenden Insolvenzverfahren zu beschränken, ist ebenfalls wenig sinnvoll, zumal die Gerichte vor der Ersteröffnung eines Verfahrens gar nicht kommunizieren und zusammenarbeiten dürften. Die Regelung hätte daher vor der Eröffnung der Verfahren aller Mitglieder der Unternehmensgruppe nur dann einen sinnvollen Anwendungsbereich für die Insolvenzeröffnungsverfahren, wenn ein Verfahren zeitlich ganz deutlich vor den anderen Verfahren eröffnet werden würde. Das entspricht jedoch nicht der Praxis. Denn über die Mitglieder einer Unternehmensgruppe werden häufig in zeitlich engem Abstand, bisweilen sogar zeitlich koordiniert, Eröffnungsanträge gestellt. Der zeitliche Anwendungsbereich von Art. 57 hinge dann von den zeitlichen Zufälligkeiten der Eröffnung eines ersten Verfahrens und der erst deutlich späteren Eröffnung weiterer Verfahren ab. Es spricht insoweit alles dafür, dass der Verordnungsgeber die allgemeine Definition der „Eröffnung", wie sie unter der Eurofood-Entscheidung des EuGH verstanden wurde und nun in Art. 2 Nr. 7 kodifiziert wurde, auch für Art. 57 übernehmen wollte.[3] Art. 57 gilt daher grundsätzlich auch im Insolvenzeröffnungsverfahren.[4]

III. Zusammenarbeit der Gerichte (Abs. 1)

3 Art. 57 Abs. 1 verpflichtet zunächst die Gerichte zur Zusammenarbeit, soweit dies mit den für die einzelnen Verfahren geltenden Vorschriften vereinbar ist. Die Vorschrift ist insoweit wortgleich mit der Vorschrift zur Kooperation der Gerichte bei Haupt- und Sekundärverfahren (Art. 42). Allerdings enthält Art. 57 die auch in Art. 56 enthaltene weitere Beschränkung. Danach ist weitere Voraussetzung der Zusammenarbeit, dass diese eine wirksame Verfahrensführung erleichtern kann und keine Interessenkonflikte nach sich zieht.[5]

4 Ebenso wie in Art. 42 Abs. 1 S. 2 erlaubt auch Art. 57 Abs. 1 S. 2 die Delegation dieser Aufgaben an eine andere unabhängige Person oder Stelle, soweit dies mit den geltenden Vorschriften des Verfahrensstaates vereinbar ist.

IV. Kommunikation der Gerichte (Abs. 2)

5 Art. 57 Abs. 2 wiederum entspricht wörtlich Art. 42 Abs. 2. Insoweit kann auf die dortigen Ausführungen verwiesen werden.[6]

V. Beispiele (Abs. 3)

6 Art. 57 Abs. 3 listet wiederum – nicht abschließend – Möglichkeiten der Zusammenarbeit auf, die dem in Art. 42 Abs. 3 enthaltenen Katalog entsprechen. Auch insoweit kann auf die dortige Kommentierung verwiesen werden.[7]

---

[2] Vgl. Art. 42b EuInsVO-KomE und Art. 42b EuInsVO-ParlE, vgl. → Vor Art. 1 Rn. 35 f.
[3] Vgl. dazu eingehend → Art. 2 Rn. 20 ff.
[4] Im Ergebnis ebenso Vallender/*Vallender* Art. 57 Rn. 6; Wimmer/Bornemann/Linau/*Bornemann*, Die Neufassung der EuInsVO, Rn. 577.
[5] Vgl. hierzu bereits → Art. 56 Rn. 2.
[6] Vgl. → Art. 42 Rn. 4 f.; vgl. zudem Vallender/*Vallender* Art. 57 Rn. 15 f.
[7] Vgl. → Art. 42 Rn. 6 ff.; zudem ausführlich: Vallender/*Vallender* Art. 57 Rn. 33 ff.

VI. Sanktionen

Ähnlich wie alle anderen Kooperationsnormen enthält auch Art. 57 keine Regelung über die 7 Durchsetzung der in Art. 57 verankerten Pflichten oder über mögliche Sanktionen bei Verletzung derselben. Insoweit richten sich die rechtlichen Möglichkeiten zur Durchsetzung dieser Pflichten nach dem jeweiligen nationalen Verfahrensrecht, ebenso wie sich die Sanktionsmöglichkeiten ebenfalls nach dem jeweils anwendbaren nationalen Insolvenzrecht richten.[8]

Art. 58 Zusammenarbeit und Kommunikation zwischen Verwaltern und Gerichten

Ein Verwalter, der in einem Insolvenzverfahren über das Vermögen eines Mitglieds einer Unternehmensgruppe bestellt worden ist,
a) arbeitet mit jedem Gericht, das mit einem Antrag auf Eröffnung eines Insolvenzverfahrens über das Vermögen eines anderen Mitglieds derselben Unternehmensgruppe befasst ist oder das ein solches Verfahren eröffnet hat, zusammen und kommuniziert mit diesem und
b) kann dieses Gericht um Informationen zum Verfahren über das Vermögen des anderen Mitgliedes der Unternehmensgruppe oder um Unterstützung in dem Verfahren, für das er bestellt worden ist, ersuchen,
soweit eine solche Zusammenarbeit und Kommunikation die wirkungsvolle Verfahrensführung erleichtern können, keine Interessenkonflikte nach sich ziehen und mit den für die Verfahren geltenden Vorschriften vereinbar sind.

Literatur: Vgl. Vor Art. 56.

I. Normzweck

Art. 58 regelt die Kooperationspflichten der Verwalter gegenüber den Insolvenzgerichten, die 1 die Insolvenzverfahren über die anderen Mitglieder der Unternehmensgruppe führen. Die Vorschrift entspricht inhaltlich Art. 43, der die Pflichten zur Zusammenarbeit und Kommunikation des Verwalters gegenüber den Gerichten des Haupt- bzw. Sekundärverfahrens zum Gegenstand hat. Die Regelung steht neben den Vorschriften über die Zusammenarbeit zwischen den Verwaltern (Art. 56) und zwischen den Gerichten (Art. 57) und soll ebenso wie die beiden vorgenannten Vorschriften der Ausschöpfung der Synergien innerhalb der Unternehmensgruppe dienen (vgl. ErgG Nr. 52).

II. Pflicht zur Zusammenarbeit und Kommunikation (lit. a)

Art. 58 legt dem Verwalter im Verhältnis zu den Insolvenzgerichten der anderen Gruppenmit- 2 glieder zunächst die abstrakte Pflicht zur Zusammenarbeit und Kommunikation auf. Die Pflicht zur **Zusammenarbeit** findet sich wortgleich in Art. 43 Abs. 1, Art. 56 Abs. 1 und Art. 57 Abs. 1. Darüber hinaus verlangt die Vorschrift, dass der Verwalter mit den Insolvenzgerichten „kommuniziert". Da Zusammenarbeit ohne Kommunikation schwer vorstellbar ist, hat die Erwähnung der Kommunikation – ebenso wie in Art. 57 Abs. 2 – klarstellende Funktion dahingehend, dass es hierfür keines formellen Rechtshilfeersuchens bedarf. Die Kommunikation kann direkt und formlos erfolgen, wobei hierfür sämtliche Kommunikationsmittel zulässig sind.[1]

Die Pflichten gelten sowohl für den Verwalter als auch für die Insolvenzgerichte bereits im 3 **Insolvenzeröffnungsverfahren**. Bezüglich der Insolvenzgerichte ergibt sich dies bereits aus dem Wortlaut. Bezüglich des Verwalters ergibt sich dies daraus, dass unter dem Begriff des Verwalters nach der Klarstellung durch die EuInsVO 2015 (vgl. Art. 2 Nr. 5) nunmehr auch ausdrücklich der sog. vorläufige Insolvenzverwalter erfasst wird. Befindet sich der Schuldner in Eigenverwaltung, so beziehen sich die Rechte und Pflichten des „Verwalters" auf den Sachwalter bzw. den vorläufigen Sachwalter, da der Schuldner in Eigenverwaltung gerade ausdrücklich nicht in Anhang B erfasst wird.[2]

III. Informationsrecht des Verwalters (lit. b)

Art. 58 lit. b) gewährt dem Verwalter zudem einen eigenen materiellen **Auskunftsanspruch** 4 gegenüber dem Insolvenzgericht eines anderen Mitglieds der Unternehmensgruppe. Spiegelbildlich ermöglicht die Vorschrift dem Insolvenzgericht, dem Verwalter eines anderen Verfahrens Auskünfte

---

[8] Vgl. zu diesem Problem ausführlich → Art. 41 Rn. 44 ff.
[1] Ebenso Vallender/*Vallender* Art. 58 Rn. 4.
[2] Vgl. → Art. 2 Rn. 15 f.

zu erteilen, ohne dass die nach nationalem Insolvenzrecht erforderlichen Voraussetzungen vorliegen.[3] Wie diese Auskunftspflichten zu erfüllen sind, steht im Ermessen des ersuchten Gerichts. Das bedeutet, dass gegebenenfalls dem Verwalter eines anderen Gruppenverfahrens Akteneinsicht zu gewähren ist. Die Vorschrift geht insoweit über die vergleichbare Regelung über die Zusammenarbeit der Gerichte und Verwalter bei Haupt- und Sekundärinsolvenzverfahren nach Art. 43 hinaus. Denn dort ist ein solches ausdrückliches Auskunftsrecht nicht vorgesehen. Das überrascht, weil es sich bei den parallelen Haupt- und Sekundärinsolvenzverfahren immerhin um Insolvenzverfahren über dieselbe juristische oder natürliche Person handelt.

5 Die Auskunft muss sich auf **„das Verfahren"** beziehen, dh die Auskunft kann sich auch nur auf Tatsachen beziehen, die dem Insolvenzgericht aufgrund der Insolvenzakte gerichtsbekannt sind. Auskünfte, die nur der Verwalter des ersuchten Verfahrensgerichts geben könnte, müsste der ersuchende Verwalter daher gemäß Art. 56 Abs. 1 bei diesem einfordern.

6 Alternativ kann der Verwalter das Insolvenzgericht auch um **„Unterstützung"** ersuchen. An welche Unterstützungsmaßnahmen, die nicht bereits von einer Auskunft abgedeckt sind, der Verordnungsgeber hierbei gedacht haben mag, ist nicht ersichtlich. Denkbar ist beispielsweise, dass das Insolvenzgericht den von ihm bestellten Verwalter zur Zusammenarbeit anhalten kann, falls dies das nationale Recht zulässt, und dies von dem ersuchenden Verwalter begehrt wird. Jedenfalls kann es sich nur um Unterstützungsmaßnahmen handeln, die das Insolvenzgericht aus seinem eigenen Verfahren heraus leisten kann (und darf, vgl. zu den Einschränkungen nachfolgende Rn.).

IV. Beschränkung der Pflichten

7 Ebenso wie bei Art. 43, 56 und 57 stehen auch die Pflichten gemäß Art. 58 unter dem Vorbehalt, dass die Erfüllung dieser Pflichten **keine Interessenkonflikte** nach sich ziehen und **mit den für die Verfahren geltenden Vorschriften vereinbar** sein müssen (vgl. zu diesen Voraussetzungen jeweils → Art. 43 Rn. 9 f., → Art. 56 Rn. 2 f.). Anders als Art. 43 verlangt Art. 58 jedoch – ebenso wie Art. 56 – zudem, dass die Zusammenarbeit und Kommunikation die **wirkungsvolle Verfahrensführung erleichtern** können muss. Dies ist auf Nachfrage von dem ersuchenden Verwalter darzulegen. Allerdings sind hieran keine zu hohen Anforderungen zu knüpfen. Es reicht aus, dass die ersuchte Kooperationsmaßnahme grundsätzlich geeignet ist, die wirkungsvolle Verfahrensführung zu erleichtern. Ein konkreter Nachweis ist nicht geschuldet.[4]

V. Sanktionen

8 Ebenso wie Art. 56 f. sowie die Kooperationspflichten bei Sekundärverfahren gemäß Art. 41 ff. sieht auch Art. 58 keine Sanktion für die Verletzung der dort statuierten Pflichten vor. Das bedeutet jedoch auch hier nicht, dass eine Verletzung der in Art. 58 statuierten Pflicht folgenlos wäre. Da Art. 58 als Sachnorm materiell-rechtliche Pflichten der betroffenen Verfahrensorgane behandelt, sind für die Einklagbarkeit einer Pflicht oder auch die Sanktion bei Verletzung einer Pflicht die allgemeinen Vorschriften des nationalen Rechts heranzuziehen, die nach Art. 7 jeweils für das verpflichtete Organ gelten.[5]

Art. 59 Kosten der Zusammenarbeit und Kommunikation bei Verfahren über das Vermögen von Mitgliedern einer Unternehmensgruppe

Die Kosten der Zusammenarbeit und Kommunikation nach den Artikeln 56 bis 60, die einem Verwalter oder einem Gericht entstehen, gelten als Kosten und Auslagen des Verfahrens, in dem sie angefallen sind.

Literatur: Vgl. Vor Art. 56.

I. Normzweck

1 Art. 59 regelt die Kosten, die im Rahmen der Zusammenarbeit nach Art. 56–58 und Art. 60 entstehen (für die Kosten des Gruppen-Koordinationsverfahrens vgl. Art. 77). Die Vorschrift ist klarer als Art. 44, der für die Kosten der Zusammenarbeit zwischen Haupt- und Sekundärverfahren lediglich vorschreibt, dass die Gerichte einander die Kosten der Zusammenarbeit und Kommunikation nicht *„in Rechnung"* stellen dürfen. Art. 59 formuliert positiv die Kostenverteilung dahingehend,

---

[3] Vgl. zu den Voraussetzungen einer Akteneinsicht nach § 4 InsO iVm § 299 Abs. 1 ZPO, → § 4 Rn. 57.
[4] Mankowski/Müller/Schmidt/*Schmidt* Art. 58 Rn. 9.
[5] Vgl. hierzu bereits → Art. 41 Rn. 44 ff.

dass diese als Kosten und Auslagen des Verfahrens gelten, in dem sie angefallen sind. Sie sind daher nicht erstattungsfähig.

II. Kostenverteilung

Art. 59 weist die Kosten dem Verfahren zu, in dem die Kosten anfallen. Mithin gilt nicht das Verursacherprinzip, wonach das Verfahren die Kosten zu tragen hätte, das den Aufwand ausgelöst hat. Die Kosten bleiben vielmehr bei dem Insolvenzverfahren, in dem sie im Rahmen der Ausübung der Kooperationspflichten anfallen. Erbittet beispielsweise ein Verwalter das Insolvenzgericht eines anderen Gruppenmitglieds um Informationen, so sind die Kosten und Auslagen für diese Informationen nicht vom anfragenden Verwalter bzw. dessen Verfahren zu tragen, sondern vielmehr von dem Insolvenzverfahren, dessen Gericht seiner Verpflichtung nach Art. 58 lit. b) nachkommt.[1]

Art. 59 trifft jedoch nur eine Zuordnung von Kosten und Auslagen zu den jeweiligen Insolvenzverfahren. Wie diese Kosten und Auslagen in dem Insolvenzverfahren berücksichtigt werden, wird von der Regelung wiederum nicht erfasst, sondern obliegt gemäß Art. 7 Abs. 2 Satz 2 lit. l) dem Recht des Verfahrensstaates *(lex fori concursus)*.[2]

Art. 60 Rechte des Verwalters bei Verfahren über das Vermögen von Mitgliedern einer Unternehmensgruppe

(1) Der Verwalter eines über das Vermögen eines Mitglieds einer Unternehmensgruppe eröffneten Insolvenzverfahrens kann, soweit dies eine effektive Verfahrensführung erleichtern kann,
a) in jedem über das Vermögen eines anderen Mitglieds derselben Unternehmensgruppe eröffneten Verfahren gehört werden,
b) eine Aussetzung jeder Maßnahme im Zusammenhang mit der Verwertung der Masse in jedem Verfahren über das Vermögen eines anderen Mitglieds derselben Unternehmensgruppe beantragen, sofern
   i) für alle oder einige Mitglieder der Unternehmensgruppe, über deren Vermögen ein Insolvenzverfahren eröffnet worden ist, ein Sanierungsplan gemäß Artikel 56 Absatz 2 Buchstabe c vorgeschlagen wurde und hinreichende Aussicht auf Erfolg hat;
   ii) die Aussetzung notwendig ist, um die ordnungsgemäße Durchführung des Sanierungsplans sicherzustellen;
   iii) der Sanierungsplan den Gläubigern des Verfahrens, für das die Aussetzung beantragt wird, zugute käme und
   iv) weder das Insolvenzverfahren, für das der Verwalter gemäß Absatz 1 bestellt wurde, noch das Verfahren, für das die Aussetzung beantragt wird, einer Koordinierung gemäß Abschnitt 2 dieses Kapitels unterliegen;
c) die Eröffnung des Gruppen-Koordinationsverfahrens gemäß Artikel 61 beantragen.

(2) Das Gericht, das das Verfahren nach Absatz 1 Buchstabe b eröffnet hat, setzt alle Maßnahmen im Zusammenhang mit der Verwertung der Masse in dem Verfahren ganz oder teilweise aus, wenn es sich überzeugt hat, dass die Voraussetzungen nach Absatz 1 Buchstabe b erfüllt sind.
[1]Vor Anordnung der Aussetzung hört das Gericht den Verwalter des Insolvenzverfahrens, für das die Aussetzung beantragt wird. [2]Die Aussetzung kann für jeden Zeitraum bis zu drei Monaten angeordnet werden, den das Gericht für angemessen hält und der mit den für das Verfahren geltenden Vorschriften vereinbar ist.
Das Gericht, das die Aussetzung anordnet, kann verlangen, dass der Verwalter nach Absatz 1 alle geeigneten Maßnahmen nach nationalem Recht zum Schutz der Interessen der Gläubiger des Verfahrens ergreift.
Das Gericht kann die Dauer der Aussetzung um einen weiteren Zeitraum oder mehrere weitere Zeiträume verlängern, die es für angemessen hält und die mit den für das Verfahren geltenden Vorschriften vereinbar sind, sofern die in Absatz 1 Buchstabe b Ziffern ii bis iv genannten Voraussetzungen weiterhin erfüllt sind und die Gesamtdauer der Aussetzung (die anfängliche Dauer zuzüglich aller Verlängerungen) sechs Monate nicht überschreitet.

Literatur: Vgl. Vor Art. 56.

---

[1] Kritisch hierzu *Madaus*, IILR 2015, 235, der vorschlägt, dass die Verwalter von dieser Regelung im Rahmen einer Veräußerung abweichen können.
[2] So auch Vallender/*Hermann*, Art. 59 Rn. 2 f.

Übersicht

	Rn.		Rn.
I. Normzweck	1	6. Keine Gruppen-Koordinationsverfahren	16
II. Anhörungsrechte (Abs. 1 lit. a)	2	IV. Antragsrecht für Gruppen-Koordination (Abs. 2 lit. c)	17
III. Antragsrechte zur Aussetzung der Verwertung (Abs. 1 lit. b)	4	V. Anordnung der Aussetzung der Verwertung (Abs. 2)	18
1. Verwertung	4	1. Die Aussetzungsentscheidung (Unterabs. 1, 2)	19
2. Antragsrecht	10		
3. Koordinierter Sanierungsplan	11	2. Sicherungsmaßnahmen (Unterabs. 3)	21
4. Notwendigkeit der Aussetzung	14	3. Dauer der Aussetzung (Unterabs. 2, 4)	24
5. Gläubigerinteressen	15	4. Rechtsbehelfe	26

I. Normzweck

1 Art. 60 regelt die Mitwirkungsrechte eines Verwalters in dem Insolvenzverfahren eines anderen Mitglieds der Unternehmensgruppe. Diese umfassen drei Regelungsbereiche: Das betrifft zunächst das Recht, in den anderen Insolvenzverfahren *„gehört"* zu werden (Absatz 1 lit. a)). Vergleichbar zu der Befugnis des Verwalters eines Hauptverfahrens im Sekundärverfahren nach Art. 46, kann der Verwalter auch die Aussetzung der Verwertung im Insolvenzverfahren eines anderen Gruppenmitglieds beantragen (Absatz 1 lit. b)). Zudem wird der Verwalter ermächtigt, ein Gruppen-Koordinationsverfahren nach Art. 61 zu beantragen (Absatz 1 lit. c)). Ziel der Vorschrift ist mithin, dem Verwalter konkrete Einflussnahmemöglichkeiten einzuräumen. Mangels entsprechender Einschränkung im Wortlaut sind diese Mitwirkungsrechte unabhängig von der Stellung des Schuldnerunternehmens in der Unternehmensgruppe. Die außerhalb der Insolvenz bestehende Leitungshierarchie gilt daher nicht mehr in der Insolvenz der Unternehmensgruppe, weshalb dem Verwalter der Muttergesellschaft insoweit keine Sonderrechte eingeräumt wurden.[1] Deutlich weitreichendere Einflussnahmemöglichkeiten hat hingegen der Koordinator auf die Insolvenzverfahren der Gruppenmitglieder im Rahmen eines Gruppen-Koordinationsverfahrens nach Art. 72 Abs. 2. Wurde ein solches jedoch nicht beantragt oder nicht eröffnet, so gewährt Art. 60 zumindest jedem Verwalter eines Mitglieds der Unternehmensgruppe minimale Mitwirkungsrechte, um auch außerhalb des Gruppen-Koordinationsverfahrens eine weitreichende Koordination der Verfahren zu ermöglichen.

II. Anhörungsrechte (Abs. 1 lit. a)

2 Art. 60 Abs. 1 lit. a) greift die in Art. 45 Abs. 3 bestehenden Befugnisse der Verwalter auf, wonach der Verwalter wie ein Gläubiger an dem Insolvenzverfahren mitwirken, insbesondere an Gläubigerversammlungen teilnehmen darf. Die Vorschrift enthält jedoch vom Wortlaut her wesentliche Abweichungen. So spricht Art. 45 Abs. 3 von Mitwirkung und Teilnahme des Verwalters, während Art. 60 Abs. 1 lit. a) lediglich vorsieht, dass der Verwalter *„gehört"* werden kann, was ein Minus gegenüber den Mitwirkungsrechten nach Art. 45 darstellt. Dem Verwalter steht daher nach Art. 60 nicht die Befugnis zu, wie ein Gläubiger Anträge zu stellen und gegebenenfalls gegen Beschlüsse Rechtsmittel einzulegen. Das Recht des Insolvenzverwalters nach Art. 60 beschränkt sich auf das **Recht zum Gehör**, was wiederum entsprechende **Annexkompetenzen**, um dieses Recht wirksam ausüben zu können, einschließt. Daher muss der Verwalter zur Gläubigerversammlung eingeladen werden, dort teilnehmen können und dort auch die Möglichkeit der Stellungnahme erhalten.

3 Das Recht zum Gehör beschränkt sich jedoch nicht auf die **Gläubigerversammlung**. Das gleiche gilt auch für Sitzungen des **Gläubigerausschusses**,[2] da Art. 60 die Rechte des Verwalters – anders als bei Art. 45 Abs. 3 – nicht auf die Gläubigerversammlung beschränkt, sodass das Recht auf Gehör für alle Organe gelten muss, die entsprechende Entscheidungskompetenz für das Insolvenzverfahren besitzen. Das Recht auf Gehör gilt daher auch für verfahrensleitende Entscheidungen des **Insolvenzgerichts** selbst. Das Recht auf Gehör besteht lediglich dann nicht, wenn die Ausübung

---

[1] Himmer, Das europäische Konzerninsolvenzrecht nach der reformierten EuInsVO, S. 313 f.; so auch Wimmer/Bornemann/Lienau/*Bornemann*, Die Neufassung der EuInsVO, Rn. 583; Vallender/*Hermann* Art. 60 Rn. 9; anders in den Beratungen zur Reform noch INSOL Europe, Revision of the EIR, S. 96 Art. 43.

[2] So auch Brinkmann/*Skauradszun*/*Spahlinger* Art. 60 Rn. 7; Vallender/*Hermann* Art. 60 Rn. 7; Thole ZEuP 2014, 39, 70; aA Braun/*Esser* Art. 60 Rn. 10.

III. Antragsrechte zur Aussetzung der Verwertung (Abs. 1 lit. b)

1. Verwertung. Art. 60 Abs. 1 lit. b) gewährt jedem Verwalter eines Mitglieds der Unternehmensgruppe das Recht, in dem Insolvenzverfahren eines anderen Gruppenmitglieds unter den in der Norm festgelegten Voraussetzungen die Aussetzung jeder Maßnahme im Zusammenhang mit der Verwertung der Masse zu beantragen. Die Vorschrift sichert eine ähnliche Einflussnahme, wie sie auch dem Verwalter des Hauptverfahrens im Sekundärverfahren nach Art. 46 eingeräumt wird. Das Antragsrecht gilt jedoch nur außerhalb eines Gruppen-Koordinationsverfahrens (Art. 60 Abs. 1 lit. b) (iv)), weil für Gruppen-Koordinationsverfahren wiederum spezielle Vorschriften gelten. 4

Unter **Verwertungshandlungen** sind sämtliche Handlungen zu verstehen, durch die der Insolvenzverwalter über die Insolvenzmasse dinglich verfügt, sodass diese aus der Insolvenzmasse ausscheiden oder ihr nicht mehr uneingeschränkt zur Verfügung stehen. In der Regel ist damit der freihändige Verkauf, die Zwangsversteigerung, der Pfandverkauf oder andere gesetzlich vorgeschrieben Verwertungshandlungen gemeint, die zu einer Veräußerung des Vermögensgegenstandes führen. Nicht erfasst von dem Begriff der Verwertung ist jedoch die Verwendung von Vermögensgegenständen der Insolvenzmasse im Rahmen des Geschäftsbetriebs, selbst wenn die Verwendung zu einem „Untergang" des Vermögensgegenstan des führen würde, wie dies beispielsweise bei verbrauchbaren Rohstoffen des Umlaufvermögens der Fall ist.[4] 5

Strittig ist bisweilen, ob sich der Antrag auf Aussetzung der Verwertung auf alle **Vermögensgegenstände der Insolvenzmasse** bezieht. So wird bisweilen angenommen, dass der Begriff der Verwertung nicht die Einziehung von Forderungen[5] oder den Verkauf von Umlaufvermögen (als Maßnahme der Betriebsfortführung) erfasse. Eine solche Einschränkung ist grundsätzlich zu verneinen. So ist kein Grund ersichtlich, bestimmte Vermögensgegenstände der Insolvenzmasse von der Verwertung auszuschließen, zumal auch der Wortlaut („*Verwertung der Masse*") keine entsprechende Einschränkung erkennen lässt. Richtigerweise wird man entsprechend korrigierende Einschränkungen bei einzelnen Vermögensgegenständen schon über die in Ziffer i) bis iv) enthaltenen Voraussetzungen der Anordnung erreichen können. So ist die Aussetzung der Einziehung einer Forderung ersichtlich schwerer zu begründen, als beispielsweise die Verwertung von betriebsnotwendigem Anlagevermögen, soweit es um die Durchführung eines Sanierungsplans geht. 6

Bisweilen wird auch angenommen, dass die Aussetzung nicht in **dingliche Rechte von Gläubigern** eingreifen dürfe.[6] Begründet wird dies mit ErwG Nr. 69. Dieser bezieht sich allerdings auf die Aussetzung der „*Eröffnung eines Verfahrens oder von Vollstreckungsverfahren*" und sieht vor, dass eine solche Aussetzung die dinglichen Rechte von Gläubigern unberührt lassen solle. Richtigerweise betrifft ErwG Nr. 69 schon nicht die Aussetzung der Verwertung nach Art. 60. Der Begriff „Vollstreckungsverfahren" bezieht sich auf Verwertungshandlungen des Gläubigers, während Art. 60 „nur" die Verwertungsmöglichkeiten des Verwalters einschränkt. Soweit nicht das anwendbare nationale Recht dem Insolvenzverwalter es ermöglicht, die Durchsetzung von Kreditsicherheiten durch die dinglich gesicherten Gläubiger zu unterbinden, kann eine solche Verwertung der Sicherheit durch den dinglich gesicherten Gläubiger hingegen nicht durch einen Antrag nach Art. 60 erzielt werden. 7

Gegenstand des Antrags ist die Aussetzung „*jeder Maßnahme im Zusammenhang mit der Verwertung*". Schon der Wortlaut („jede Maßnahme" und „im Zusammenhang mit") indiziert, dass Gegenstand der Aussetzung nicht nur die eigentliche Verwertungshandlung selbst, sondern auch damit im Zusammenhang stehenden Handlungen gemeint sein können. Dazu gehören auch Handlungen, die eigentliche Verwertung noch vorbereiten sollen.[7] Daher kann bereits die vorübergehende Stilllegung des Geschäftsbetriebs als Maßnahme im Zusammenhang mit der Verwertung angesehen werden.[8] Korrigierende Einschränkungen sind sodann wieder über die Anordnungsvoraussetzungen in Ziffer i) bis iv) vorzunehmen. 8

---

[3] So auch Brinkmann/*Skauradszun*/*Spahlinger* Art. 60 Rn. 7.
[4] So wohl *Himmer,* Das europäische Konzerninsolvenzrecht, S. 319; vgl. zum gleichen Problem im Rahmen des → Art. 46 Rn. 13.
[5] So Braun/*Tschentscher* Art. 60 Rn. 13; aA Bork/van Zwieten/*Schmidt,* Art. 60 Rn. 60.06.
[6] So Vallender/*Hermann* Art. 60 Rn. 30.
[7] Vgl. zur Aussetzung von Vorbereitungshandlungen im Rahmen eines Sekundärverfahrens auch OLG Graz, NZI 2006, 660, 662.
[8] Vallender/*Herrmann,* Art. 60 Rn. 30; *Thole* ZEuP, 2014, 39, 71; *Himmer,* Das europäische Konzerninsolvenzrecht, S. 319; vgl. zu einer entsprechenden Aussetzung der Verwertung im Sekundärverfahren auch oben, Art. 46.

9   Anders als Art. 46 verlangt Art. 60 jedoch eine konkrete Sanierungssituation. Der Antrag setzt daher gemäß Art. 60 Abs. 1 lit. b) Ziffer i)-iv) voraus, dass (i) für alle oder einige Mitglieder der Unternehmensgruppe ein **Sanierungsplan** gemäß Art. 56 Abs. 2 lit. c) vorgeschlagen wurde und dieser hinreichende Aussicht auf Erfolg hat, (ii) die **Aussetzung notwendig** ist, um die ordnungsgemäße Durchführung des Sanierungsplans sicherzustellen, (iii) der Sanierungsplan den **Gläubigern** des Verfahrens, für das die Aussetzung beantragt wird, **zu Gute kommt** und schließlich, (iv) dass weder das Insolvenzverfahren des antragstellenden Verwalters noch das des ersuchten Gerichts einem **Gruppen-Koordinationsverfahren** unterliegt. Im Einzelnen:

10 **2. Antragsrecht.** Der persönliche Anwendungsbereich der Norm ist – sowohl was den antragstellenden Verwalter als auch das ersuchte Gericht anbetrifft – nicht ohne weiteres ersichtlich und wirft einige über den Wortlaut der Norm hinausgehende Fragen auf. So steht nach dem Wortlaut von Art. 60 Abs. 1 das Antragsrecht **jedem Verwalter eines „eröffneten Insolvenzverfahrens"** eines Gruppenmitglieds zu. Auf Grundlage des deutschen Verständnisses über die Eröffnung eines Insolvenzverfahrens könnte man hieraus schlussfolgern, dass dem **vorläufigen Insolvenzverwalter** ein entsprechendes Antragsrecht nicht zustünde. Dem ist jedoch nicht so. Denn Art. 2 Nr. 5 erfasst gemäß seiner Definition grundsätzlich auch den vorläufigen Verwalter.[9] Da auch der Begriff der Verfahrenseröffnung gemäß Art. 2 Nr. 7 autonom auszulegen ist und auch die Bestellung eines vorläufigen Verwalters erfasst, ist auch dem (nach deutschem Verständnis) vorläufigen Verwalter das Antragsrecht zuzubilligen.[10] Das Antragsrecht steht darüber hinaus auch dem **Schuldner in Eigenverwaltung** zu. Zwar ist dieser von der Definition des Verwalters in Art. 2 Nr. 5 nicht erfasst. Art. 76 erklärt jedoch die für den Verwalter geltenden Bestimmungen auch für den Schuldner in Eigenverwaltung für entsprechend anwendbar. Die Vorschrift steht zwar – redaktionell missglückt – in einem anderen Abschnitt der EuInsVO (nämlich Abschnitt 2 (Art. 61–77)). Die Vorschrift ordnet die entsprechende Anwendbarkeit jedoch ausdrücklich für das „*Kapitel*" an, mithin für alle in Kapitel V „*Insolvenzverfahren über das Vermögen von Mitgliedern einer Unternehmensgruppe*" (Art. 56–77) befindlichen Vorschriften.

11 **3. Koordinierter Sanierungsplan.** Art. 60 Abs. 1 lit. b) (i) verlangt zunächst das **Vorliegen eines koordinierten Sanierungsplans** iSd. Art. 56 Abs. 2 lit. c). Der Begriff des koordinierten Sanierungsplans ist nicht gleichzusetzen mit dem Begriff des Insolvenzplans nach §§ 217ff. InsO. Denn der koordinierte Sanierungsplan ersetzt bei Unternehmensgruppen, für die kein Gruppen-Koordinationsverfahren eingeleitet wurde, den Gruppen-Koordinationsplan nach Art. 72. Der koordinierte Sanierungsplan enthält daher Regelungen über die Wiederherstellung der wirtschaftlichen Leistungsfähigkeit der Gruppe und die hierfür zu ergreifenden Maßnahmen der einzelnen Insolvenzverfahren der beteiligten Gruppenmitglieder.[11] Nicht erforderlich hingegen ist das Vorliegen konkreter Restrukturierungs- oder Insolvenzpläne in den einzelnen Verfahren.

12 Ein solcher koordinierter Sanierungsplan muss **vorgeschlagen** worden sein. Das ist der Fall, wenn ein solcher (schriftlicher) Plan bei den entscheidungsrelevanten Gremien der in den Sanierungsplan einbezogenen Mitglieder der Unternehmensgruppe eingereicht wurde. Ankündigungen oder Absichtserklärungen reichen nicht aus. Eine (wie auch immer ausgestaltete) Bestätigung des Sanierungsplans ist hingegen nicht erforderlich.[12]

13 Der koordinierte Sanierungsplan muss zudem „*hinreichende Aussicht auf Erfolg*" haben. Wann dieses Kriterium erfüllt ist, wird unterschiedlich beurteilt. Bisweilen wird gefordert, dass der koordinierte Sanierungsplan eine überwiegende Wahrscheinlichkeit der Umsetzung haben müsse.[13] Wahrscheinlichkeitsprognosen sind jedoch für die Begründung juristischer Entscheidungen selten hilfreich. Da ein koordinierter Sanierungsplan nach Art. 56 Abs. 2 lit. c) unter den betroffenen Verwaltern abzustimmen ist, und daher schon per Definition die Unterstützung der betroffenen Verwalter hat, dürfen die Anforderungen an die hinreichende Erfolgsaussicht nicht zu hoch angesetzt werden.[14] Andernfalls wäre das Insolvenzgericht gezwungen, den Sanierungsplan der Unterneh-

---

[9] Vgl. → Art. 2 Rn. 16.
[10] Vgl. zur Verfahrenseröffnung → Art. 2 Rn. 23; für die Anwendung des Art. 60 Abs. 1 auf den vorläufigen Verwalter: Brinkmann/*Skauradszun/Spahlinger* Art. 60 Rn. 4; Braun/*Esser* Art. 60 Rn. 9; *Himmer*, Das europäische Konzerninsolvenzrecht nach der reformierten EuInsVO, S. 314, 286.
[11] Vgl. hierzu ausführlicher *Himmer*, Das europäische Konzerninsolvenzrecht nach der reformierten EuInsVO, S. 269 ff.; ebenso Vallender/*Hermann* Art. 60 Rn. 23 f.
[12] Ebenso *Himmer*, Das europäische Konzerninsolvenzrecht nach der reformierten EuInsVO, S. 320; Vallender/*Hermann* Art. 60 Rn. 23 ff.
[13] Für eine überwiegende Wahrscheinlichkeit Vallender/*Hermann* Art. 60 Rn. 22; dagegen Brinkmann/*Skauradszun/Spahlinger*, Art. 60 Rn. 19; Braun/*Esser* Art. 60 Rn. 16.
[14] Darauf weist zutreffend *Paulus* Art. 60 Rn. 12 hin; ihm folgend: *Himmer*, Das europäische Konzerninsolvenzrecht nach der reformierten EuInsVO, S. 320 f.

mensgruppe auf dessen Erfolgsaussicht zu überprüfen, was jedoch – soweit ersichtlich – von niemanden vertreten wird.[15] Richtigerweise ist die hinreichende Erfolgsaussicht nur dann zu verneinen, wenn der Sanierungsplan offensichtlich keine Aussicht auf Erfolg haben kann. Das ist der Fall, wenn der koordinierte Sanierungsplan selbst nicht schlüssig und nachvollziehbar ist oder wenn absehbar ist, dass der koordinierte Sanierungsplan aufgrund fehlender Zustimmungserfordernisse scheitern wird, beispielsweise weil bestimmte Gläubigergruppen oder auch Insolvenzgerichte den koordinierten Sanierungsplan ablehnen werden. Insoweit bietet es sich für das angerufene Insolvenzgericht an, die von dem koordinierten Sanierungsplan betroffenen Insolvenzgerichte gemäß Art. 57 um eine entsprechende kurze Stellungnahme zu bitten.

4. Notwendigkeit der Aussetzung. Die Aussetzung muss zudem **notwendig** sein, um die 14 ordnungsgemäße Durchführung des Sanierungsplans sicherzustellen (Art. 60 Abs. 1 lit. b) (ii)). Soweit das Insolvenzverfahren des ersuchten Gerichts in den koordinierten Sanierungsplan einbezogen ist, liegt die Notwendigkeit dann vor, wenn die Verwertung dem Sanierungsplan zuwider läuft, dh dessen Umsetzung bei einer Verwertung gefährdet ist.

5. Gläubigerinteressen. Ebenfalls prognostische Elemente enthält die Voraussetzung, dass der 15 koordinierte Sanierungsplan **den Gläubigern** des Verfahrens, für das die Aussetzung beantragt wird, *zu Gute kommt* (Art. 60 Abs. 1 lit. b) (iii)). Der Begriff des „*zu Gute kommen*" ist schon unbestimmter als die Liquidationsgarantie des deutschen Rechts,[16] obwohl Ähnliches damit gemeint sein dürfte. Der Nachweis einer höheren Quote für die Insolvenzgläubiger ist hingegen nicht erforderlich. Jedenfalls bedarf es eines vermögenswerten Vorteils für die Gläubiger des Insolvenzverfahrens, für das die Aussetzung beantragt wird. Wegen des darin enthaltenen Prognoseelements und zumal es sich „nur" um eine vorübergehende Aussetzung der Verwertung handelt, bei der auch noch Schutzmaßnahmen zugunsten der Gläubiger angeordnet werden können, sind auch an diese Tatbestandsvoraussetzung keine allzu hohen Beweisanforderungen zu stellen.[17] Es muss daher ausreichend sein, wenn der Sanierungsplan **geeignet** ist, den Gläubigern des ersuchten Verfahrens zu Gute zu kommen.

6. Keine Gruppen-Koordinationsverfahren. Art. 60 Abs. 1 lit. b) (iv) verlangt zudem aber 16 auch, dass keines der beteiligten Verfahren einer Gruppen-Koordination unterliegt. Die Voraussetzung sichert das Primat des Koordinators. Besteht ein solches Gruppen-Koordinationsverfahren, werden die konkreten Mitwirkungsrechte der einzelnen Verwalter zugunsten der Mitwirkungsrechte des Koordinators verdrängt. Für die am Gruppen-Koordinationsverfahren beteiligten Gruppenmitglieder besteht daher nur für den Koordinator die Möglichkeit, eine Aussetzung zu beantragen.[18] Gegen ein nicht am Gruppen-Koordinationsverfahren beteiligtes Mitglied der Unternehmensgruppe kann daher ein Antrag auf Aussetzung nur durch den Verwalter eines anderen Gruppenmitglieds beantragt werden, das ebenfalls nicht am Gruppen-Koordinationsverfahren teilnimmt. Weshalb das Opt-out bei der Gruppen-Koordination dazu führen soll, dass den teilnehmenden Gruppenmitgliedern (oder auch dem Koordinator) das allgemeinere Recht auf Aussetzung der Vertretung in einem anderen Verfahren entzogen wird, ist rechtspolitisch wenig nachvollziehbar.

IV. Antragsrecht für Gruppen-Koordination (Abs. 2 lit. c)

Art. 60 Abs. 1 lit. c) gewährt dem Verwalter eines Gruppenmitglieds das Recht, ein Gruppen- 17 Koordinationsverfahren nach Art. 61 zu beantragen. Die Ermächtigung ist redundant, da Art. 61 bereits die entsprechende Ermächtigung enthält.

V. Anordnung der Aussetzung der Verwertung (Abs. 2)

Art. 60 Abs. 2 enthält Regelungen über die Entscheidung des Gerichts, nämlich zum Ausset- 18 zungsbeschluss, zum Verfahren über den Aussetzungsantrag, zu möglichen Sicherungsmaßnahmen im Interesse der Gläubiger sowie zur möglichen Dauer der Aussetzung.

1. Die Aussetzungsentscheidung (Unterabs. 1, 2). Art. 60 Abs. 2 Unterabs. 2 S. 1 verlangt 19 zunächst die **Anhörung des Verwalters** des Verfahrens, für das die Aussetzung beantragt wird. Das ist konsequent, da der Antrag auf eine Einschränkung des dem Verwalter für „seine" Insolvenzmasse zustehenden Verwertungsrechts oder sogar auf eine Einschränkung der ihm obliegenden Verwer-

---

[15] Kritisch zu den ähnlichen Aussetzungsvoraussetzungen der Vorentwürfe auch *Eidenmüller/Frobenius* ZIP 2013, Beilage zu Heft 22, 1, 16; *Thole* ZEuP 2014, 39, 70f.; *Prager/Keller* NZI 2013, 57, 64.
[16] Vgl. § 245 Abs. 1 Nr. 1, § 251 Abs. 1 Nr. 2 InsO.
[17] So auch *Thole* ZEuP 2014, 39, 70.
[18] Vgl. → Art. 72 Rn. 18 ff.

tungsverpflichtung hinaus läuft. Soweit es nach dem nationalen Insolvenzrecht im Ermessen des Verwalters liegt, die beantragten Verwertungshandlungen zu unterlassen, steht es ihm frei, sein Einverständnis mit der beantragten Aussetzung gegenüber dem Gericht zu erklären. Allerdings bedarf es in diesen Fällen an sich keiner Anordnung durch das Gericht, da die Verwalter untereinander schon Entsprechendes vereinbaren können. Anträge nach Art. 60 dürften daher praktisch insbesondere dann relevant werden, wenn unter den Verwaltern keine Einigung über eine koordinierte Verwertung unter den Mitgliedern einer Unternehmensgruppe erzielt werden kann und der Verwalter, der eine Aussetzung erzielen möchte, auf eine entsprechende Anordnung durch das Gericht angewiesen ist.

20   Art. 60 Abs. 2 Unterabs. 1 definiert den Beweismaßstab, den das angerufene Gericht seiner Entscheidung zugrunde zu legen hat. Danach kann das Gericht die Aussetzung beschließen, wenn „*es sich überzeugt hat*". Aus dem Wortlaut werden zwei Schlussfolgerungen gezogen: zunächst gilt für die Entscheidungsfindung der Amtsermittlungsgrundsatz.[19] Vorschläge aus dem Gesetzgebungsverfahren,[20] die vorsahen, dass „der Insolvenzverwalter hinreichend nachweist", dass die Aussetzung den Gläubigern zugutekommt, hat der Verordnungsgeber nicht übernommen.[21] Darüber hinaus gilt für die Entscheidung der Beweismaßstab des „Überzeugt Seins". Auch dieser Begriff ist unionsautonom auszulegen, wobei die Literatur hierzu – an sich widersprüchlich – auch auf die Maßstäbe der *lex fori concursus* des angerufenen Gerichts zurück greift.[22] Übereinstimmung besteht jedoch dahingehend, dass mit „überzeugt sein" keine Vollbeweis, sondern der Beweismaßstab der Glaubhaftmachung gemeint ist.[23]

21   **2. Sicherungsmaßnahmen (Unterabs. 3).** Zur Sicherung der Interessen der Gläubiger des Insolvenzverfahrens kann das Insolvenzgericht diverse Maßnahmen ergreifen. Zunächst kann das Insolvenzgericht nur die **„teilweise" Aussetzung der Verwertung** anordnen. Die Teilbarkeit kann in mehrfacher Hinsicht vorliegen. Sie kann zunächst gegenstandsbezogen vorliegen. So ist beispielsweise denkbar, dass die ordnungsgemäße Durchführung des Sanierungsplans nur die Aussetzung der Verwertung bestimmter Vermögensgegenstände erfordert.[24] Denkbar ist auch, soweit praktisch umsetzbar, mehrstufige Verwertungshandlungen zu teilen. So können Vorbereitungsmaßnahmen für eine Verwertung zugelassen, der eigentliche Verwertungsakt selbst jedoch noch untersagt werden (zB im Rahmen der Zwangsversteigerung). Ungeachtet dessen setzt jedoch auch die nur teilweise Aussetzung der Verwertung voraus, dass ansonsten die Verwertungsvoraussetzungen des Absatzes 1 lit. b) vorliegen.

22   Das Insolvenzgericht kann darüber hinaus nach Art. 60 Abs. 2 Unterabs. 3 vom antragstellenden Verwalter verlangen, dass dieser alle geeigneten **Maßnahmen** nach nationalem Recht **zum Schutz der Interessen der Gläubiger** des Verfahrens ergreift. Damit greift der Verordnungsgeber einen Sicherungsmechanismus auf, der sich bereits bei der Aussetzung der Verwertung im Sekundärverfahren findet (vgl. Art. 46). Die Sicherungspflicht richtet sich daher ausschließlich an den antragstellenden Verwalter.[25] Zu den Sicherungsmaßnahmen gehören Sicherheitsleistungen in Form von Garantien oder Bürgschaft, oder auch Auflagen oder Bedingungen an den antragstellenden Verwalter.[26] Der deutsche Gesetzgeber hat insoweit in Art. 102c § 24 iVm 16 EGInsO angeordnet, dass bei einer Aussetzung der Verwertung von Gegenständen, an denen ein Absonderungsrecht besteht, dem Gläubiger laufend die geschuldeten Zinsen aus der Insolvenzmasse zu zahlen sind.[27] Die Sicherungsmaßnahmen haben sich an den möglichen Nachteilen der Insolvenzmasse oder betroffenen Gläubiger zu orientieren. Insoweit gelten die Ausführungen zu den möglichen Sicherungsmaßnahmen gemäß Art. 46 entsprechende.[28]

23   Anders als bei einem Aussetzungsantrag im Rahmen eines Sekundärverfahrens nach Art. 46 muss es sich um eine Maßnahme **„nach nationalem Recht"** handeln. Diese Einschränkung findet sich in der entsprechenden Vorschrift zum Sekundärverfahren nicht. Gemeint ist damit die *lex fori*

---

[19] So auch Vallender/*Hermann*, Art. 60 Rn. 19; Braun/*Tschentscher*, Art. 60 Rn. 15 und 22.
[20] Vgl. Legislative Entschließung des Europäischen Parlaments vom 5.2.2014 (P7-TA-PROV(2014)0093) Abänderung 59.
[21] Vgl. auch Vallender/*Hermann* Art. 60 Rn. 19.
[22] So zB auch *Himmer*, Das europäische Konzerninsolvenzrecht nach der reformierten EuInsVO, S. 324 mwN.
[23] So auch Vallender/*Hermann* Art. 60 Rn. 15, und 22; *Kindler*, KTS 2014, 25, 42; *Brinkmanns*, ZInsO 2013, 797, 805.
[24] Vgl. Bork/van Zwieten/*Schmidt* Art. 60 Rn. 60.14; Vallender/*Hermann* Art. 60 Rn. 30.
[25] So auch Vallender/*Hermann* Art. 60 Rn. 36; die Beschränkung ist allerdings fraglich, vgl. nachfolgende Rn.
[26] Vgl. hierzu auch Vallender/*Hermann* Art. 60 Rn. 34; Bork/van Zwieten/*Schmidt* Art. 60 Rn. 60.16; zu Auflagen im Sekundärverfahren nach Art. 46 vgl. auch OLG Graz NZI 2006, 660, 663; *Himmer*, Das europäische Konzerninsolvenzrecht nach der reformierten EuInsVO, S. 326 f.
[27] Vgl. hierzu die Kommentierung bei Art. 102c § 24 EGInsO unten.
[28] Vgl. die ausführlichere Kommentierung zu → Art. 46 Rn. 15 f.

concursus des Verfahrens, für das die Aussetzung beantragt wird. Das angerufene Gericht hat sich bei der Anordnung von Sicherungsmaßnahmen daher an das Instrumentarium zu halten, das die eigene Rechtsordnung ermöglicht. Der Verweis ist in der Umsetzung für den antragstellenden Verwalter fraglich, weil nur der Verwalter des Verfahrens, für das die Aussetzung beantragt ist, Maßnahmen „nach dem eigenen nationalen Recht" umsetzen kann, nicht aber der antragstellende Verwalter, der weder Besitz noch Verwaltungsbefugnis über die Insolvenzmasse des Insolvenzverfahrens hat, für das die Aussetzung beantragt ist. Zudem muss der antragstellende Verwalter freilich auch nach der *lex fori concursus* seines Verfahrens ermächtigt sein, die vom Gericht geforderten Sicherungsmaßnahmen umsetzen zu dürfen. Systematisch und vom Schutzgedanken einfacher wäre es daher gewesen, neben dem Gericht – abhängig von den Sicherungsmaßnahmen – auch dem Verwalter des Insolvenzverfahrens, für das die Aussetzung begehrt wird, die Umsetzung von Schutzmaßnahmen aufzuerlegen, zumal dies auch zu seinen originären Aufgaben gehört.

3. Dauer der Aussetzung (Unterabs. 2, 4). Zum Schutze der Interessen der Gläubiger des 24 Insolvenzverfahrens kann das Insolvenzgericht zudem die Aussetzung **zeitlich befristen.** Nach Art. 60 Abs. 2 Unterabs. 2 kann das Insolvenzgericht die Aussetzung für jeden Zeitraum von bis zu drei Monaten anordnen, wenn es die Dauer für angemessen hält und der Zeitraum mit den für das Insolvenzverfahren geltenden Vorschriften vereinbar ist. Die Drei-Monatsfrist beginnt nicht mit Erlass des Beschlusses oder der Zustellung des Beschlusses an den antragstellenden Verwalter, sondern mit der Zustellung des Beschlusses an den Verwalter des Verfahrens, in dem die Aussetzung erfolgt, da erst ab diesem Zeitpunkt die Aussetzungsmaßnahmen umgesetzt werden können.[29]

Unterabsatz 4 erlaubt zudem eine (oder mehrere) **Verlängerungen der Aussetzung**, jedoch 25 in der Summe auf maximal sechs Monate. Darüber hinaus ist eine Aussetzung nach Art. 60 grundsätzlich nicht möglich. Allerdings verlangt die Vorschrift, dass sich das Gericht für jede Verlängerung der Aussetzung überzeugt, dass die in Art. 60 Abs. 1 lit. b) (ii) bis (iv) genannten Voraussetzungen weiterhin erfüllt sind. Warum bei diesem Verweis die Anordnungsvoraussetzung nach Art. 50 Abs. 1 lit. b) (i) nicht genannt wurde, ist nicht nachvollziehbar und wohl eher ein Redaktionsversehen. Denn ist der Sanierungsplan zwischenzeitlich gescheitert, liegen die Voraussetzungen für eine Aussetzung der Verwertung nicht mehr vor.[30]

4. Rechtsbehelfe. Art. 60 sieht keinen Rechtsbehelf gegen eine stattgebende oder ablehnende 26 Entscheidung des angerufenen Gerichts vor. Aufgrund der Tatsache, dass Art. 69 Abs. 4 und Art. 70 Abs. 5 für die dort genannten Entscheidungen ausdrücklich anordnen, dass ein Rechtsbehelf möglich ist, darf man schließen, dass gegen die Entscheidung des angerufenen Gerichts nach Art. 60 kein Rechtsmittel möglich ist. Dies ist vertretbar, da es nur um eine kurzfristige Aussetzung der Verwertung geht und ein Rechtsmittelverfahren ebenfalls einige Wochen in Anspruch nehmen würde. Zudem sind die Aussetzungsmaßnahmen dringlich, weshalb sich ansonsten auch die Frage stellen würde, inwieweit überhaupt die Aussetzung vor Rechtskraft der Entscheidung vollzogen werden kann. Von daher ist eine sofortige Beschwerde gemäß § 6 InsO in einem deutschen Insolvenzverfahren nicht zulässig. Aus den vorgenannten Gründen ist aber auch abzulehnen, eine Rechtspflegerinnerung nach § 11 Abs. 2 RPflG zuzulassen, wenn die Entscheidung von einem Rechtspfleger erlassen wurde.[31] Denn der deutsche Gesetzgeber kann durch die Delegation der Entscheidung kein Rechtsmittel ermöglichen, das nach der EuInsVO gerade nicht zulässig ist.

Abschnitt 2. Koordinierung

Unterabschnitt 1. Verfahren

Art. 61 Antrag auf Eröffnung eines Gruppen-Koordinationsverfahrens

(1) Ein Gruppen-Koordinationsverfahren kann von einem Verwalter, der in einem Insolvenzverfahren über das Vermögen eines Mitglieds der Gruppe bestellt worden ist, bei jedem Gericht, das für das Insolvenzverfahren eines Mitglieds der Gruppe zuständig ist, beantragt werden.

---

[29] Leider unklar insoweit LG Leoben, Beschl. v. 1.12.2005, 17 S. 56/05, NZI 2006, 663.
[30] So auch Bork/van Zwieten/*Schmidt* Art. 60 Rn. 60.19.
[31] Nach § 3 Nr. 2 lit. g) iVm § 19a Abs. 3 RPflG ist die Entscheidung über die Aussetzung dem Rechtspfleger übertragen; für die Rechtspflegerinnerung in diesem Fall: Vallender/*Hermann* Art. 60 Rn. 20; *Vallender* FS Kreft, S. 565, 579.

(2) Der Antrag nach Absatz 1 erfolgt gemäß dem für das Verfahren, in dem der Verwalter bestellt wurde, geltenden Recht.

(3) Dem Antrag nach Absatz 1 ist Folgendes beizufügen:
a) ein Vorschlag bezüglich der Person, die als Gruppenkoordinator (im Folgenden „Koordinator") ernannt werden soll, Angaben zu ihrer Eignung nach Artikel 71, Angaben zu ihren Qualifikationen und ihre schriftliche Zustimmung zur Tätigkeit als Koordinator;
b) eine Darlegung der vorgeschlagenen Gruppen-Koordination, insbesondere der Gründe, weshalb die Voraussetzungen nach Artikel 63 Absatz 1 erfüllt sind;
c) eine Liste der für die Mitglieder der Gruppe bestellten Verwalter und gegebenenfalls die Gerichte und zuständigen Behörden, die in den Insolvenzverfahren über das Vermögen der Mitglieder der Gruppe beteiligt sind;
d) eine Darstellung der geschätzten Kosten der vorgeschlagenen Gruppen-Koordination und eine Schätzung des von jedem Mitglied der Gruppe zu tragenden Anteils dieser Kosten.

Literatur: Vgl. Vor Art. 56.

Übersicht

	Rn.			Rn.
I. Normzweck	1	IV.	Anwendbares Recht (Abs. 2)	12
II. Antragsbefugnis (Abs. 1)	2			
III. Zuständiges Gericht (Abs. 1)	9	V.	Antragsinhalt (Abs. 3)	14

I. Normzweck

1   In Kapitel V, Abschnitt 2 (Art. 61–77) der EuInsVO ist das Gruppen-Koordinationsverfahren geregelt, das die Koordinierung der Insolvenzverfahren über das Vermögen von Mitgliedern einer Unternehmensgruppe weiter verbessern und die Effizienz der Koordinierung gewährleisten soll (ErwG Nr. 54). Gleichzeitig soll die eigene Rechtspersönlichkeit jedes einzelnen Gruppenmitglieds zu achten sein. Art. 61 regelt die Antragsbefugnis sowie die Zuständigkeit (Abs. 1), das auf den Antrag anwendbare Recht (Abs. 2) sowie die inhaltlichen Vorgaben für einen solchen Antrag (Abs. 3). Es handelt sich sowohl um eine **Kollisionsnorm** (Abs. 2) als auch um eine **Sachnorm** (Abs. 1 und Abs. 3), die in das rechtliche Gefüge der ansonsten für Insolvenzanträge geltenden Vorschriften „einzupassen" ist. Es ist daher jeweils auf Grundlage des Rechts des angerufenen Insolvenzgerichts zu ermitteln, welche weiteren Vorschriften des nationalen Rechts für den Antrag neben Art. 61 noch Geltung beanspruchen und welche Vorschriften aufgrund des abschließenden Regelungscharakters von Art. 61 durch diesen verdrängt werden.

II. Antragsbefugnis (Abs. 1)

2   Das Gruppen-Koordinationsverfahren kann nicht von Amts wegen eingeleitet werden, sondern nur auf **Antrag**.

3   **Antragsberechtigt** ist nach dem Wortlaut jeder *„Verwalter, der in einem Insolvenzverfahren über das Vermögen eines Mitglieds der Gruppe bestellt worden ist"*. Die Antragsbefugnis ist daher grundsätzlich dem Verwalter vorbehalten. Andere Verfahrensorgane, wie der Gläubigerausschuss, das Insolvenzgericht oder auch einzelne Gläubiger, sind nicht berechtigt, einen Antrag auf Eröffnung eines Gruppen-Koordinationsverfahrens zu stellen.[1] Allerdings bedarf der Verwalter eines deutschen Insolvenzverfahrens aufgrund der ausdrücklichen Anordnung in Art. 102c § 23 Abs. 1 EGInsO der Zustimmung des Gläubigerausschusses bzw. der Gläubigerversammlung nach §§ 160, 161 InsO.[2]

4   Antragsberechtigt ist nur der Verwalter eines Unternehmens, das **zur Unternehmensgruppe** im Sinne des Art. 2 Nr. 13 **gehört**.[3] Der Insolvenzverwalter eines Unternehmens, an dem die

---

[1]   *Himmer*, Das europäische Konzerninsolvenzrecht nach der reformierten EuInsVO, S. 341; *Parzinger* NZI 2016, 63, 67 f.; Bork/van Zwieten/*Schmidt* Art. 61 Rn. 61.19; anders zB das deutsche Konzerninsolvenzrecht in § 269d Abs. 2 Satz 2 InsO.
[2]   Das Zustimmungserfordernis ist missglückt, vgl. unten Art. 102c § 23 EGInsO.
[3]   Vgl. → Art. 2 Rn. 64 ff.

Konzernholding der Unternehmensgruppe zwar beteiligt ist, aber nicht die Voraussetzungen des Art. 2 Abs. 2 Nr. 13 erfüllt, kann daher auch keinen Antrag auf ein Gruppen-Koordinationsverfahren stellen.

Die Antragsberechtigung gilt nicht für Verwalter von **Unternehmen aus Drittstaaten**.[4] In das Gruppen-Koordinationsverfahren sind nur Unternehmen einzubeziehen, die den Mittelpunkt der hauptsächlichen Interessen im Sinne des Art. 3 Abs. 1 in einem der Mitgliedstaaten haben, sodass das Hauptinsolvenzverfahren des antragstellenden Verwalters in einem der Mitgliedstaaten durchgeführt werden muss.[5] 5

Zur Antragstellung ist jedoch nur der **Verwalter des Hauptverfahrens** berechtigt, nicht jedoch der Verwalter eines Sekundärverfahrens gemäß Art. 3 Abs. 2.[6] Zwar sieht Art. 2 Nr. 5 für den Begriff des Verwalters keine entsprechende Differenzierung vor. Die Beschränkung auf den Verwalter des Hauptverfahrens ergibt sich jedoch aus der beschränkten Funktion des Sekundärverfahrens. So gewähren sowohl Art. 46 als auch Art. 47 jeweils nur dem Verwalter des Hauptverfahrens Antragsrechte zur Aussetzung der Verwertung im Sekundärverfahren bzw. Vorschlagsrechte für einen Sanierungsplan. Dem Verwalter des Sekundärverfahrens stehen hingegen keine über den Sekundärverfahrensstaat hinaus wirkenden Einflussmöglichkeiten auf das Hauptverfahren oder andere Sekundärverfahren zu. Auch der Wortlaut spricht für eine Beschränkung des Antragsrechts auf den Verwalter des Hauptverfahrens. Denn der Verwalter muss in einem Insolvenzverfahren *„über das Vermögen"* des Schuldners bestellt worden sein. Über das (gesamte) Vermögen des Schuldners ist jeweils nur der Verwalter des Hauptverfahrens bestellt, nicht hingegen der Verwalter des Sekundärverfahrens, bei dem sich die Bestellung nur auf das im Sekundärverfahrensstaat belegene Vermögen bezieht. 6

Zur Antragstellung ist auch der **vorläufige Insolvenzverwalter** berechtigt.[7] Denn die Definition des Verwalters in Art. 2 Nr. 5 schließt diesen mit ein. Allerdings muss entweder die Verwaltungs- und Verfügungsbefugnis bereits auf den vorläufigen Verwalter übergegangen sein oder der vorläufige Verwalter muss hierzu von dem Insolvenzgericht entsprechend ermächtigt worden sein. Bezogen auf den Antrag eines deutschen vorläufigen Verwalters muss es sich daher entweder um einen starken vorläufigen Verwalter handeln, oder um einen schwachen vorläufigen Verwalter, der zu einer entsprechenden Antragstellung vom Insolvenzgericht ausdrücklich ermächtigt wurde. 7

Zur Antragstellung ist zudem auch der **Schuldner in Eigenverwaltung** berechtigt, wie sich aus der ausdrücklichen Gleichstellung in Art. 76 ergibt.[8] Gleiches gilt im Ergebnis für den Sachwalter, der aufgrund seiner Nennung in Anhang B gemäß Art. 2 Nr. 5 ebenfalls als Verwalter im Sinne der EuInsVO anzusehen ist.[9] 8

III. Zuständiges Gericht (Abs. 1)

Der Antrag kann bei **jedem** Gericht gestellt werden, das für das Insolvenzverfahren eines Mitglieds der Gruppe zuständig ist. Die abstrakte Zuständigkeit reicht jedoch nicht aus. Vielmehr muss das Gericht bereits ein Insolvenzverfahren über ein Mitglied der Unternehmensgruppe eröffnet haben, zumindest aber muss ein entsprechend zulässiger Antrag anhängig sein.[10] Das Insolvenzgericht am Sitz eines solventen Mitglieds einer Unternehmensgruppe mit der gerichtlichen Leitung und Überwachung der Gruppen-Koordination zu betrauen, steht dem in ErwG Nr. 54 enthaltenen Grundsatz der effektiven Führung der Insolvenzverfahren entgegen. Denn dem Gericht stünden mangels anhängigen Insolvenzverfahrens weder die Rechte aus Art. 57 noch die Rechte aus Art. 58 zu. Die **wirtschaftliche Bedeutung** der Gesellschaft in der Unternehmensgruppe spielt jedoch keine Rolle. Auf entsprechend einschränkende Voraussetzungen wurde im Rahmen der Verordnungshistorie bewusst verzichtet.[11] Es findet daher keine Abwägung darüber statt, welche Bedeutung 9

---

[4] Ebenso *Himmer,* Das europäische Konzerninsolvenzrecht nach der reformierten EuInsVO, S. 341f; aA Braun/ Esser Art. 61 Rn. 13; *Prager/Keller* WM 2015, 805, 810.
[5] Vgl. → Vor Art. 56 Rn. 11.
[6] Strittig: wie hier Brinkmann/*Lienau* Art. 61 Rn. 16; MüKoBGB/*Kindler* Art. 61 Rn. 6; aA Bork/van Zwieten/*Schmidt* Art. 61 Rn. 61.17; *Himmer,* Das europäische Konzerninsolvenzrecht nach der reformierten EuInsVO, S. 342.
[7] Wimmer/Bornemann/*Lienau,* Die Neufassung der EuInsVO, Rn. 598; MüKoBGB/*Kindler* Art. 61 Rn. 7 einschränkend (auf den vorläufigen Verwalter, auf den die Verwaltungs- und Verfügungsbefugnis übertragen wurde); dagegen: *Himmer,* Das europäische Konzerninsolvenzrecht nach der reformierten EuInsVO, S. 340.
[8] Unstreitig, siehe auch Brinkmann/*Lienau* Art. 61 Rn. 15.
[9] AA aber ohne Begründung Vallender/*Madaus* Art. 61 Rn. 8.
[10] So wohl auch *Prager/Keller* WM 2015, 805, 809 f.; *Fehrenbach* GRP 2017, 38, 47; Brinkmann/*Lienau* Art. 61 Rn. 17; aA: Wimmer/Bornemann/Lienau/*Bornemann,* Die Neufassung der EuInsVO Rn. 599.
[11] Zutreffend mit Verweis auf die Gesetzgebungshistorie Wimmer/Bornemann/Lienau/*Bornemann,* Die Neufassung der EuInsVO Rn. 599; anders zB § 3a Abs. 1 S. 1 InsO.

das Insolvenzverfahren des Gruppenmitglieds im Gesamtkontext der beabsichtigten Koordination der Verfahren spielt oder spielen soll. Positive Kompetenzkonflikte hat der Verordnungsgeber über das Prioritätsprinzip (vgl. Art. 62) oder die Wahloption (Art. 66) gelöst.

10 Allerdings kann der Antrag nur in einem **Hauptinsolvenzverfahren** nach Art. 3 Abs. 1 gestellt werden. Das Insolvenzgericht eines Sekundärverfahrens im Sinne des Art. 3 Abs. 2 ist für die Eröffnung eines Gruppeninsolvenzverfahrens grundsätzlich nicht zuständig (streitig).[12] Dem Willen des Verordnungsgebers ist nichts gegenteiliges zu entnehmen. Denn die im Gesetzgebungsverfahren zunächst enthaltene Beschränkung war eine Beschränkung auf Hauptverfahren, die *„wichtige Aufgaben in der Gruppe wahrnehmen".*[13] Auch die Intention der Ratsdelegation, dass Sekundärverfahren eigenständig und gleichberechtigt am Koordinationsverfahren partizipieren können sollten, steht dem nicht entgegen. Denn insoweit ging es um die Frage der Teilnahme an einem bereits eröffneten Gruppen-Koordinationsverfahren.[14] Diese sollte freilich nicht auf die Verwalter der Hauptverfahren beschränkt sein (vgl. hierzu noch unten Rn. 18). Verfahrensleitende Initiativrechte stehen jedoch nach der Konzeption der EuInsVO den Sekundärverfahren, deren Bedeutung und Einwirkungsmöglichkeiten im Rahmen der EuInsVO eher verschränkt wurden, nicht zu. Insoweit gelten die gleichen Erwägungen wie auch zum Antragsrecht des Verwalters eines Sekundärverfahrens (vgl. oben Rn. 6).

11 **Örtlich, sachlich und funktional** zuständig ist das Gericht, das das Verfahren eröffnet hat, oder – falls noch kein Eröffnungsbeschluss vorliegt – das Gericht, bei dem ein entsprechender Eröffnungsantrag gestellt wurde.[15]

IV. Anwendbares Recht (Abs. 2)

12 Absatz 2 soll dem antragstellenden Verwalter erleichtern, einen zulässigen Antrag auch in einem anderen Mitgliedsstaat stellen zu können, dessen Zulässigkeitsvoraussetzungen der Verwalter gegebenenfalls nicht kennt. Absatz 2 enthält zu diesem Zweck eine (reichlich missglückte und daher hinsichtlich ihres Regelungsgehalts höchst umstrittene) Kollisionsnorm. Danach soll der Antrag gemäß der *lex fori concursus* des antragstellenden Verwalters erfolgen, und nicht der *lex fori concursus* des angerufenen Gerichts. Einigkeit besteht zumindest dahingehend, dass damit nicht gemeint ist, dass sich das gesamte Antragsverfahren nach dem Recht des antragstellenden Verwalters richten soll.[16] Als Grundregel des internationalen Insolvenzrechts ist auch bei dem Antrag auf ein Gruppen-Koordinationsverfahren davon auszugehen, dass sich das Verfahren über den Antrag und dessen Bescheidung nach der *lex fori concursus* des angerufenen Gerichts richtet, soweit nicht die Art. 61 ff. materiell-rechtliche Spezialvorschriften enthalten, die das nationale Recht verdrängen. Strittig ist jedoch, wie die Einschränkung der Reichweite der kollisionsrechtlichen Verweisung vorzunehmen ist. Ein Teil der Literatur versteht die Verweisung lediglich als eine Verweisung auf die Wahrung der Kompetenzordnung, weshalb der Verwalter die nach seinem Recht erforderliche Genehmigung für einen solchen Antrag eingeholt haben müsste.[17] Dagegen spricht jedoch der Wortlaut. Das Problem der Genehmigungsbedürftigkeit hat der Gesetzgeber in Art. 64 Abs. 3 gesehen, und dort die Kollisionsnorm ausdrücklich auf die Genehmigungsbedürftigkeit beschränkt. Richtigerweise beruht Absatz 2 auf einer dem Günstigkeitsprinzip folgenden Sonderanknüpfung, um dem antragstellenden Verwalter die Antragstellung zu vereinfachen.[18] Erfüllt der Antrag nicht die formellen Voraussetzungen der *lex fori concursus* des angerufenen Rechts, aber die formellen Voraussetzungen des Rechts des antragstellenden Verwalters, so ist der Antrag zulässig. Abgesehen von den inhaltlichen Vorgaben in Absatz 3 kann sich der Verwalter daher nach dem ihm bekannten Recht richten und formale Fehler sodann korrigieren. Sein Antrag bleibt – insbesondere für die Anwendung der Prioritätsregel nach Art. 62 – ein zulässiger Antrag und bildet daher auch dann noch der Erstantrag, wenn dem Verwalter auf Grundlage des *lex fori concursus* des angerufenen Gerichts Formfehler unterlaufen sind (soweit er sich hierbei zumindest an die rechtlichen Vorgaben seines Verfahrensstaates gehalten hat).

---

[12] AA Vallender/*Madaus* Art. 61 Rn. 10; Bork/van Zwieten/*Schmidt* Art. 61 Rn. 61.17; *Himmer,* Das europäische Konzerninsolvenzrecht nach der reformierten EuInsVO, S. 344 f.

[13] Vgl. Legislative Entschließung des Europäischen Parlaments vom 5.2.2014 (P7-TA-PROV(2014)0093) Abänderung 60.

[14] Vgl. den Vorschlag der UK Delegation vom 10.6.2014 (2012/0360(COD)), Dok. 10731/14, S. 3.

[15] *Paulus* Art. 61 Rn. 5; MüKoBGB/*Kindler* Art. 61 Rn. 13.

[16] Das wird ersichtlich an keiner Stelle gefordert, vgl. mit Begründung: Wimmer/Bornemann/Lienau/*Bornemann,* Die Neufassung der EuInsVO, Rn. 600; Braun/*Esser* Art. 61 Rn. 14.

[17] So Vallender/*Madaus* Art. 61 Rn. 12; Bork/van Zwieten/*Schmidt* Art. 60 Rn. 60.19; Wimmer/Bornemann/Lienau/*Bornemann,* Die Neufassung der EuInsVO Rn. 600; *Himmer,* Das europäische Konzerninsolvenzrecht nach der reformierten EuInsVO, S. 355 f.; vgl. zum Genehmigungserfordernis nach deutschem Recht auch Art. 102c § 23 Abs. 1 EGInsO.

[18] Ebenso MüKoBGB/*Kindler* Art. 61 Rn. 14.

Ob diese Vereinfachung sinnvoll ist, darf bezweifelt werden. Denn erfüllt der Antrag die Anforderungen des Rechts des angerufenen Gerichts nicht, so muss das Gericht zur Prüfung der Zulässigkeit des Antrags das ausländische Insolvenzrecht des antragstellenden Verwalters beurteilen. Sachgemäß wäre hingegen gewesen, den antragstellenden Verwalter in die Verantwortung zu nehmen, den Antrag auch nach dem Recht des Gerichts zu formulieren, bei dem er den Antrag einzureichen gedenkt. 13

V. Antragsinhalt (Abs. 3)

Art. 61 Abs. 3 enthält inhaltliche Vorgaben für den Antrag. Nach lit. a) muss der Antrag einen konkreten **Vorschlag** bezüglich des **Koordinators** und Angaben zu dessen Eignung und Qualifikation enthalten. Während der Begriff der „Qualifikation" die allgemeine berufliche Qualifikation umschreibt (also Ausbildung, ausgeübter Beruf und berufsrechtliche Zulassungen, praktische Expertise insbesondere im Insolvenzrecht, Restrukturierungsrecht, betriebswirtschaftliche Kenntnisse), ist mit dem Begriff der „Eignung" die konkrete Eignung der vorgeschlagenen Person für den konkreten Fall gemeint (Fehlen eines Interessenkonfliktes, erforderliche Sprachkenntnisse, besondere Branchenkenntnisse). Zudem ist der Vorschlag vorab mit dem vorgeschlagenen Koordinator abzustimmen, da dessen schriftliche Zustimmung zur Tätigkeit als Koordinator ebenfalls beigefügt werden muss. Die Zustimmung des Koordinators muss in entsprechender Anwendung von Art. 73 Abs. 2 in der Amtssprache, die das angerufene Gericht verwendet, übermittelt werden. Zwar gilt Art. 73 nur für den bestellten Koordinator. Die Sprachregelung muss jedoch für das Antragsverfahren gleichermaßen gelten. 14

Nach Absatz 3 lit. b) ist der vorgeschlagene **Gruppen-Koordination darzulegen**. Insbesondere muss der antragstellende Verwalter dem angerufenen Gericht darlegen, ob und weshalb die Eröffnungsvoraussetzungen, die Art. 63 Abs. 1 nennt, vorliegen. Was formell damit gemeint ist, bleibt unklar. Denn Art. 68 Abs. 1 lit. b) verlangt für den Eröffnungsbeschluss eine Entscheidung über den „*Entwurf der Koordination*". Einen solchen „**Entwurf**" sucht man in der deutschen Fassung der EuInsVO jedoch vergebens. Hiermit sind jedoch die Darlegungen nach Art. 61 Abs. 3 lit. b) gemeint, wie sich aus einem Vergleich mit der englischen Sprachfassung ergibt. Dort werden für Art. 61 Abs. 3 lit. b) und Art. 68 Abs. 1 lit. b) jeweils die gleichen Begriffe verwendet („*outline of the proposed group coordination*"/„*outline of the coordination*"). 15

Aber auch hier können die Anforderungen an den Antrag nicht zu hoch gesetzt werden. Keinesfalls wird verlangt, dass dort schon Vorschläge unterbreitet werden, wie die wirtschaftliche Leistungsfähigkeit der Unternehmensgruppe wieder hergestellt werden kann. Dies gehört zu den Aufgaben des sodann einzusetzenden Koordinators (Art. 72 Abs. 1 lit. b)). Ausreichend muss vielmehr sein, dass im Rahmen eines Antrags geschildert wird, warum es einen integrierten Ansatz für die Abwicklung der Insolvenz geben sollte.[19] Hierzu sind zunächst die Konzernbeziehungen, insbesondere die Leistungsbeziehungen im Konzern darzustellen. Gleiches gilt für eine Darstellung der Finanzierung der Unternehmensgruppe, wenn die Finanzierung – wie meist in der Praxis – einheitlich für die gesamte Unternehmensgruppe erfolgte. Für den Antrag nach Art. 61 Abs. 3 ist es ausreichend, wenn diese Ausgangslage geschildert und die hierfür notwendige Koordination beschrieben wird, ohne dass es hierzu bereits konkrete Koordinationsmaßnahmen geben muss. Dies schließt aber mit ein, die von dem Koordinator erwartete Tätigkeit möglichst hinreichend zu beschreiben, zumal dieser auf Grundlage eines Pauschalhonorars tätig wird.[20] Diese Darlegung muss das Gericht in die Lage versetzen, die in Art. 63 Abs. 1 enthaltenen Voraussetzungen für die Weiterleitung des Antrags zu prüfen. Hierzu gehört insbesondere, dass aus den Darlegungen ersichtlich wird, dass die Gruppen-Koordination die effektive Führung der Insolvenzverfahren erleichtert und keine Gläubiger benachteiligt (vgl. hierzu auch noch unten, Art. 63 Rn. 3 ff.).[21] 16

Nach Absatz 3 lit. c) muss der antragstellende Verwalter dem angerufenen Gericht eine **Liste** der zur Unternehmensgruppe gehörenden bestellten **Verwalter** und gegebenenfalls der **Gerichte** oder der zuständigen **Behörden** beifügen. Dies schließt den im Sekundärverfahren bestellten Verwalter mit ein. Diese haben im Gruppen-Koordinationsverfahren nur ein eingeschränktes Gestaltungs- und Initiativrecht, sind aber ansonsten uneingeschränkt zu beteiligen.[22] Auch wenn dies nicht ausdrücklich genannt ist, muss die Liste die Kontaktdaten der genannten Personen oder Institutionen enthalten, damit das angerufene Gericht ohne weiteres seiner Unterrichtungspflicht nach Art. 63 Abs. 1 nachkommen kann. In die Liste sind auch die Insolvenzverfahren mit aufzunehmen, die noch nicht eröffnet wurden, für die aber bereits vor dem Antrag auf Verfahrenseröffnung gestellt wurde. Für diese Verfahren sind die bestellten **vorläufigen Verwalter** anzugeben. 17

---

[19] Ebenso Bork/van Zwieten/*Schmidt* Art. 61 Rn. 61.25; MüKoBGB/*Kindler* Art. 61 Rn. 10; *Fritz* DB 2015, 1945, 1947.
[20] Vgl. hierzu noch → Rn. 21 und → Art. 72 Rn. 9 ff.
[21] Vallender/*Madaus* Art. 61 Rn. 18 f.
[22] Vgl. bereits → Rn. 10.

18 Im Verordnungswortlaut nicht angesprochen ist hingegen die Frage, ob der Antragsteller die Liste bewusst auf einzelne Gruppenmitglieder beschränken kann, deren Einbeziehung er für zielführend erachtet. Abhängig von dem intendierten Ziel der Gruppenkoordination und der intendierten Maßnahmen mag es sinnvoll sein, die Gruppenkoordination auf bestimmte Gruppenmitglieder zu beschränken. Eine solche Beschränkung wäre jedoch nach Art. 61 Abs. 2 lit. c unzulässig. Denn im Hinblick auf das Prioritätsprinzip nach Art. 62 bestände für einen anderen Verwalter eines Gruppenmitglieds dann keine Möglichkeit, mit einer anderen Zusammensetzung der Gruppenmitglieder einen anderen Koordinationsplan zu verfolgen. Dass der Gesetzgeber eine solche Möglichkeit nicht vorsehen wollte, ergibt sich zudem aus Art. 69 Abs. 1. Diese Vorschrift sieht ein nachträgliches Opt-in lediglich für die Verwalter vor, die die Einbeziehung zunächst abgelehnt hatten, sowie für die Verwalter, deren Insolvenzverfahren erst eröffnet wurde, nachdem das Gruppen-Koordinationsverfahren eröffnet worden war. Der bewusst unberücksichtigt gebliebene Verwalter ist danach nicht vorgesehen. Von daher steht dem antragstellenden Verwalter bei der Erstellung der Liste der Verwalter, die am Gruppen-Koordinationsverfahren teilnehmen sollen, kein Auswahlspielraum zu. Die Liste ist vollständig einzureichen.

19 Fraglich ist daher, ob die Liste nach dem Antrag noch ergänzt werden kann (oder sogar muss), wenn nach Einreichung des Antrags noch weitere Insolvenzeröffnungsverfahren anhängig werden. Ein nachträgliches Opt-in nach dem Wortlaut des Art. 69 Abs. 1 lit. b) ist in diesen Fällen zumindest fraglich,[23] da eine Eröffnung des Insolvenzverfahrens nach Art. 2 Nr. 7 bereits mit Eröffnung des vorläufigen Insolvenzverfahren in Betracht kommt. Richtigerweise wird man daher eine **Ergänzung** zulassen müssen,[24] allerdings nur unter Wahrung der Frist nach Art. 68 Abs. 1 (vgl. auch dort → Rn. 2). Der antragstellende Verwalter sollte daher überlegen, ob er die dadurch möglicherweise eintretende Verzögerung in Kauf nehmen will, oder ob er die Einbeziehung in Absprache mit dem Verwalter des betroffenen Verfahrens nicht besser durch ein – in diesem Fall ebenfalls zulässiges – nachträgliches Opt-in nach Art. 69 Abs. 1 lit. b) erreicht.[25]

20 Hingegen sind die Daten über anhängige oder eröffnete Insolvenzverfahren von Mitgliedern der Gruppe, deren Mittelpunkt der hauptsächlichen Interessen sich nicht in einem der Mitgliedsstaaten sondern in einem Drittstaat befindet, nicht beizufügen.[26] Zwar mag es für eine konzernweite Reorganisation zwingend sein, auch diese – informell und nicht gemäß den Vorschriften über die Gruppen-Koordination gesammelten – Informationen für die Entwicklung eines Sanierungskonzeptes miteinzubeziehen. Das ist jedoch Aufgabe des später eingesetzten Koordinators. Hingegen dient die nach Art. 61 Abs. 3 von dem Verwalter einzureichende Liste ausschließlich dazu, dem angerufenen Gericht die Informationen für die Mitteilungspflichten nach Art. 63 zur Verfügung zu stellen.

21 Art. 61 Abs. 3 lit. d) verlangt eine **Darstellung der geschätzten Kosten** der vorgeschlagenen Gruppen-Koordination sowie eine Schätzung des von jedem Mitglied der Gruppe zu tragenden **Anteils dieser Kosten**. Diese Angaben bilden für das Gericht die Grundlage, um bei Eröffnung des Gruppen-Koordinationsverfahrens gemäß Art. 68 Abs. 1 lit. c) über die Kostenschätzung und die Verteilung der Kosten unter den Gruppenmitgliedern zu entscheiden und um beurteilen zu können, ob eine Erleichterung der effektiven Führung im Verhältnis zu den möglichen Gesamtkosten vorliegt.

22 Für die **Kostenschätzung** ist ein konkreter Betrag zu benennen, während für die Aufteilung der Kosten nur die Grundsätze für die Aufteilung darzulegen sind. Aber auch diese, gegenüber dem Wortlaut schon eingeschränkte Vorgabe ist deutlich überambitioniert. Während Absatz 2 die Antragstellung für den eventuell aus einem anderen Mitgliedsstaat stammenden Verwalter vereinfacht, verkompliziert Absatz 3 lit. d) die Antragstellung unnötig. Von dem Verwalter wird eine Kostenschätzung verlangt, die auch später Grundlage der vom Verwalter zu berechnenden und vom Gericht zu billigenden Kosten sein soll. Das dürfte schon deswegen schwierig sein, weil unklar ist nach welchen Kriterien sich die Angemessenheit der Vergütung zu richten hat, solange sich noch keine Rechtsprechung herausgebildet hat.[27] Die Schätzung ist für den Koordinator insoweit von erheblicher Bedeutung, als eine spätere Erhöhung der Zustimmung des Gerichts bedarf. Bleibt diese aus, ist unklar, welche Auswirkungen dies auf die geschuldete Tätigkeit des Koordinators als Verfahrensorgan hat.[28]

---

[23] Vgl. → Art. 69 Rn. 7.
[24] Für die Abänderbarkeit des Antrags generell: *Paulus* Art. 61 Rn. 20 und Art. 64 Rn. 5.
[25] *Himmer*, Das europäische Konzerninsolvenzrecht nach der reformierten EuInsVO, S. 372; der allerdings dem Verwalter nur den Weg über Art. 69 zu lassen scheint, andererseits aber für eine generelle Abänderbarkeit plädiert, vgl. ebd. S. 378.
[26] AA *Himmer*, Das europäische Konzerninsolvenzrecht nach der reformierten EuInsVO, S. 360; Vallender/*Madaus* Art. 61 Rn. 20, der diese Angabe allerdings nicht als Pflichtangabe bezeichnet.
[27] Vgl. zur Unbestimmtheit der Kostenregelung noch → Art. 77 Rn. 2 ff.
[28] Vgl. hierzu noch → Art. 72 Rn. 9 ff.

Darüber hinaus soll der antragstellende Verwalter auch festlegen, in welchem **Verhältnis** die 23
Gruppenmitglieder **die Kosten zu** tragen haben. Die Verordnung macht keine konkreten Vorgaben,
welcher Verteilungsschlüssel zu verwenden ist. Aufgrund der möglicherweise sehr unterschiedlichen
Insolvenzmassen kommt eine quotale Aufteilung nach Anzahl der beteiligten Insolvenzverfahren
nicht in Betracht. Sachgerechter erscheint eine Aufteilung nach Größe der Insolvenzmasse der
beteiligten Verfahren. Da diese jedoch zu Beginn der Verfahren noch nicht feststeht, erscheint es
angemessen und zweckmäßig, den Aufteilungsschlüssel nach der Größe der Bilanzsumme des letzten
festgestellten Einzelabschlusses der Gruppenmitglieder zu bestimmen, wobei die Beteiligung an
anderen insolventen Gruppenmitgliedern jeweils herauszurechnen ist. Für gleichzeitig teilnehmende
Haupt- und Sekundärverfahren wird man insoweit die Bilanzsumme lediglich schätzungsweise aufteilen müssen. Jedenfalls bedarf es für den Antrag einer Schätzung der Gesamtkosten, eines abstrakten
Aufteilungsschlüssels für die teilnehmenden Gruppenmitglieder sowie der sich daraus ergebenden
konkreten Berechnung der Kosten für jedes einzelne Gruppenmitglied.

Art. 62 Prioritätsregel

Unbeschadet des Artikels 66 gilt Folgendes: Wird die Eröffnung eines Gruppen-Koordinationsverfahrens bei Gerichten verschiedener Mitgliedstaaten beantragt, so erklären sich die später angerufenen Gerichte zugunsten des zuerst angerufenen Gerichts für unzuständig.

Literatur: Vgl. Vor Art. 56.

I. Normzweck

Art. 62 regelt den Kompetenzkonflikt um die Zuständigkeit, wenn mehrere Gerichte zur Eröff- 1
nung eines Gruppen-Koordinationsverfahrens angerufen werden. Die Vorschrift ist im Zusammenhang mit Art. 61 zu lesen, wonach jedes Gericht eines insolventen Gruppenmitglieds zuständig ist
und somit eine Vielzahl möglicher Gerichtsstände besteht. Zur Bestimmung der Zuständigkeit ist
darüber noch Art. 66 zu beachten, der eine ausschließliche Zuständigkeit vorsieht, wenn es unter
den Verwaltern zur Vereinbarung eines Gerichtsstandes gekommen ist. Ist dies nicht der Fall, so gilt
das sog. Prioritätsprinzip.

II. Prioritätsprinzip

Bei Kompetenzkonflikten gilt das **Prioritätsprinzip.** Das ist konsequent, weil die EuInsVO – 2
bis auf die Vereinbarung eines Gerichtsstandes durch die Verwalter nach Art. 66 – keine besondere
Zuständigkeit schafft, sondern der Antrag nach Art. 61 Abs. 1 bei jedem Gericht gestellt werden
kann, das für das Insolvenzverfahren eines Mitglieds der Gruppe zuständig ist. Für die Priorität ist
nach dem Wortlaut auf die Antragstellung, nicht auf die Eröffnung des Gruppen-Koordinationsverfahrens abzustellen. Zur Bestimmung des Zeitpunktes, wann ein Antrag bei Gericht eingegangen
ist, ist nicht nach dem nationalen Prozessrecht des angerufenen Gerichts, sondern autonom zu
bestimmen. Mangels Definition sollte im Sinne einer europarechtlichen Auslegung, auf die auch
ErwG Nr. 7 verweist, auf die Regelung in Art. 32 EuGVVO zurückgegriffen werden, die auf den
Zeitpunkt abstellt, zu dem das verfahrenseinleitende oder ein gleichwertiges Schriftstück bei Gericht
eingereicht worden ist.[1] Für Anträge, die innerhalb eines gleichen Tages gestellt werden, zählt daher
der Zeitpunkt des Eingangs bei Gericht.
Nicht präzise definierbar scheint zu sein, welche Anforderungen ein Antrag erfüllen muss, um 3
die Prioritätsregel auszulösen. So wird vertreten, dass die Zulässigkeit des Antrags nicht relevant sei.[2]
Die Bezugnahme auf die Zulässigkeit trifft aber das Problem nicht. Denn soweit der Antrag (irreparabel) unzulässig ist, kann das Gericht ohnehin kein Gruppen-Koordinationsverfahren eröffnen, sodass
sich die Prioritätsfrage nicht stellt. Fraglich ist hingegen, wie der Fall zu beurteilen ist, wenn der
Antrag bei Einreichung in der eingereichten Form unzulässig ist, die die Unzulässigkeit auslösenden
Formmängel jedoch noch korrigiert werden können. Richtigerweise ist darauf abzustellen, dass der
Antrag den formellen Anforderungen des Art. 61 genügen muss.[3] Genügt er dem nicht, kann der
Antrag auch bei nachfolgender Korrektur zum Zeitpunkt seiner Erst-Einreichung keine Sperrwirkung nach Art. 61 auslösen. Genügt er hingegen den formellen Anforderungen, haben sich die
zeitlich später angerufenen Gerichte für unzuständig zu erklären.

---

[1] Bork/van Zwieten/*Schmidt* Art. 62 Rn. 5; Vallender/*Madaus* Art. 62 Rn. 2; MüKoBGB/*Kindler* Art. 62 Rn. 3.
[2] Brinkmann/*Lienau* Art. 62 Rn. 2; Braun/*Esser* Art. 62 Rn. 4.
[3] MüKoBGB/*Kindler* Art. 62 Rn. 3.

4   Der zunächst gestellte Antrag behält seine Priorität auch dann bei, wenn das Gericht davon absieht, den vorgeschlagenen Verwalter zu bestellen und gemäß Art. 67 auffordert, „einen neuen Antrag" einzureichen. Denn entgegen dem Wortlaut wird nach Art. 67 nicht verlangt, dass ein vollständig neuer Antrag gestellt werden müsse.[4] Die Vorschrift verlangt nur einen neuen Vorschlag hinsichtlich des zu benennenden Verwalters. Gleiches gilt, wenn der Antragsteller den vorgeschlagenen Gruppen-Koordinationsplan – von sich aus oder nach Anregung durch das Gericht oder andere Verfahrensbeteiligte – nachbessert.

5   Das Prioritätsprinzip wird außer Kraft gesetzt, wenn mindestens zwei Drittel der Verwalter, die für Insolvenzverfahren über das Vermögen der Mitglieder der Gruppe bestellt wurden, darüber einig sind, dass ein zuständiges Gericht eines anderen Mitgliedsstaates am besten für die Eröffnung eines Gruppen-Koordinationsverfahrens geeignet ist (Art. 66). Liegt eine solche gemeinsame Vereinbarung vor, so ist alleine das vereinbarte Gericht zuständig. Allerdings muss diese Vereinbarung zwingend vor der Eröffnung des Gruppen-Koordinationsverfahrens getroffen worden sein (vgl. Art. 66 Abs. 2 S. 2). Eine nach Eröffnung des Gruppen-Koordinationsverfahrens geschlossene Vereinbarung vermag die Zuständigkeit des vereinbarten Gerichts nicht mehr zu begründen. Dabei kommt es auf den Erlass des Eröffnungsbeschlusses an. Dessen Rechtskraft ist nicht entscheidend.

6   Der Verzicht auf eine gesetzliche Definition eines ausschließlichen Gerichtsstands für das Gruppen-Koordinationsverfahren ist wenig glücklich. Grundsätzlich wäre die Definition eines Konzerngerichtsstands am Sitz der Konzernmutter vorzugswürdig gewesen. Zwar sind die Konzernkonstellationen so unterschiedlich, dass eventuell der Gerichtsstand eines anderen Gruppenunternehmens besser geeignet sein könnte. Aber auch für diesen Fall hätte es den Verwaltern der Gruppenmitglieder offen gestanden, gemäß Art. 66 einen anderen Gerichtsstand zu vereinbaren. Das Prioritätsprinzip hingegen dürfte in der Praxis zu einem zeitlichen Wettbewerb unter den Verwaltern führen, wie er bereits im Rahmen der internationalen Zuständigkeit für das Hauptverfahren im letzten Jahrzehnt zu beobachten war.[5] Das Prioritätsprinzip bevorzugt daher Mitgliedsstaaten, bei denen die Gläubiger einen größeren Einfluss darauf nehmen können, welches Insolvenzgericht als Verwalter bestellt. Denn in diesem Fall können schon vor der Antragsstellung entsprechende Vorbereitungen mit dem avisierten Verwalter für den Antrag getroffen und Überlegungen zum bestmöglichen Gerichtsstand mit dem zukünftigen Verwalter angestellt werden. Andererseits hat die Zuständigkeit kaum Einfluss auf das Gruppen-Koordinationsverfahren. Während bei der internationalen Zuständigkeit für ein Insolvenzverfahren über die Zuständigkeit mittelbar auch das anwendbare Recht bestimmt wird (vgl. Art. 7), gelten für das Koordinationsverfahren europaweit die Vorschriften der Art. 61 ff. Zudem steht es den Verwaltern frei, sich am Koordinationsverfahren zu beteiligen. Auch kann der Koordinator im Ergebnis lediglich Empfehlungen aussprechen. Von daher sollte die dadurch geschaffene Möglichkeit eines *forum shoppings* nicht überbewertet werden.[6]

Art. 63 Mitteilung durch das befasste Gericht

(1) Das mit einem Antrag auf Eröffnung eines Gruppen-Koordinationsverfahrens befasste Gericht unterrichtet so bald als möglich die für die Mitglieder der Gruppe bestellten Verwalter, die im Antrag gemäß Artikel 61 Absatz 3 Buchstabe c angegeben sind, über den Antrag auf Eröffnung eines Gruppen-Koordinationsverfahrens und den vorgeschlagenen Koordinator, wenn es davon überzeugt ist, dass

a) die Eröffnung eines solchen Verfahrens die effektive Führung der Insolvenzverfahren über das Vermögen der verschiedenen Mitglieder der Gruppe erleichtern kann,

b) nicht zu erwarten ist, dass ein Gläubiger eines Mitglieds der Gruppe, das voraussichtlich am Verfahren teilnehmen wird, durch die Einbeziehung dieses Mitglieds in das Verfahren finanziell benachteiligt wird, und

c) der vorgeschlagene Koordinator die Anforderungen gemäß Artikel 71 erfüllt.

(2) In der Mitteilung nach Absatz 1 dieses Artikels sind die in Artikel 61 Absatz 3 Buchstaben a bis d genannten Bestandteile des Antrags aufzulisten.

(3) Die Mitteilung nach Absatz 1 ist eingeschrieben mit Rückschein aufzugeben.

(4) Das befasste Gericht gibt den beteiligten Verwaltern die Gelegenheit, sich zu äußern.

Literatur: Vgl. Vor Art. 56.

---

[4]   Vgl. → Art. 67 Rn. 4 ff.
[5]   Vgl. → Art. 3 Rn. 77 ff.
[6]   Zu kritisch daher *Himmer*, Das europäische Konzerninsolvenzrecht nach der reformierten EuInsVO, S. 345 ff.

Übersicht

	Rn.		Rn.
I. Normzweck	1	III. Inhalt der Unterrichtung	8
II. Voraussetzungen der Unterrichtung	2	IV. Sprache der Unterrichtung	11
1. Effektive Führung	3	V. Art der Übermittlung	12
2. Keine Benachteiligung	4		
3. Qualifikation des Verwalters	6	VI. Rechtliches Gehör	13

I. Normzweck

Artikel 63 regelt die **Vorprüfung** des gestellten Antrags sowie – falls der Antrag die formellen Voraussetzungen erfüllt – die **Unterrichtung** der anderen Verwalter der Unternehmensgruppe über den gestellten Antrag auf Eröffnung eines Gruppen-Koordinationsverfahrens. Die Vorschrift soll als **verfahrensrechtliche Vorschrift** das rechtliche Gehör der anderen Verwalter der Unternehmensgruppe sicherstellen. 1

II. Voraussetzungen der Unterrichtung

Vor Unterrichtung der anderen Verwalter schreibt Art. 63 Abs. 1 lit. a) – c) dem befassten Gericht eine – teilweise unnötige – Prüfung des gestellten Antrags vor. Es handelt sich um eine Schlüssigkeitsprüfung, an die keine zu hohen Anforderungen zu stellen ist. Vom Ergebnis der Prüfung muss das Gericht aber „*überzeugt*" sein.[1] 2

1. Effektive Führung. Nach lit. a) hat das Gericht zunächst zu prüfen, ob die Eröffnung eines solchen Verfahrens die effektive Führung des Insolvenzverfahrens über das Vermögen der verschiedenen Mitglieder der Gruppe erleichtern kann. Hieran sind keine hohen Anforderungen zu stellen. Denn der Wortlaut verlangt nicht, dass das Gruppen-Koordinationsverfahren die effektive Führung erleichtert. Ausreichend ist, dass das Gruppen-Koordinationsverfahren die effektive Führung erleichtern **kann**.[2] Zudem handelt es sich hierbei um eine unternehmerische Beurteilung, die einem Gericht nicht unnötigerweise zugewiesen werden sollte. Erleichtert das Gruppen-Koordinationsverfahren die effektive Führung der Insolvenzverfahren nicht, so können die Verwalter der Gruppenmitglieder, die Fragen der ökonomischen Abwicklung auch besser als Insolvenzgerichte beurteilen können, sich gegen eine Einbeziehung ihres Insolvenzverfahrens aussprechen (Art. 65). Insoweit findet ohnehin nochmals eine Prüfung über die Sinnhaftigkeit des Gruppen-Koordinationsverfahrens statt. Insolvenzgerichte sollten daher zurückhaltend sein, die Möglichkeit einer Erleichterung der Insolvenzabwicklung durch das Gruppen-Koordinationsverfahren zu verneinen (vgl. auch Art. 61 Rn. 16). 3

2. Keine Benachteiligung. Nach lit. b) hat das Gericht außerdem zu prüfen, dass nicht zu erwarten ist, dass ein Gläubiger eines Mitglieds der Gruppe durch die Einbeziehung benachteiligt wird. Auch hieran sind keine hohen Anforderungen zu stellen. Die Prüfung erscheint vielmehr sogar unnötig. Richtig ist freilich, dass Gläubiger durch die Einbeziehung in das Gruppen-Koordinationsverfahren nicht benachteiligt werden dürfen. Das ist aber im Hinblick auf die eingeschränkten Kompetenzen des Koordinators kaum denkbar. Zudem ist es originäre Aufgabe des Verwalters jedes Insolvenzverfahrens, im Rahmen der Koordination darauf zu achten, dass die Rechte der Gläubiger seines Verfahrens durch die Gruppen-Koordination nicht beeinträchtigt werden. Und letztlich ist kaum vorstellbar, dass schon alleine durch die Einbeziehung in das Koordinationsverfahren die Rechte eines Gläubiger verletzt werden könnten. Die Rechteverletzung ist vielmehr im Rahmen der Umsetzung von Koordinationsmaßnahmen denkbar, die jedoch noch nicht ausgearbeitet sind. Es ist also wenig nachvollziehbar, was das Gericht abstrakt, vor Einleitung des Verfahrens anhand eines Entwurfs für die Koordination[3] prüfen soll.[4] Im Übrigen gilt auch hier, dass ein Verwalter der Einbeziehung widersprechen müsste, wenn Rechte eines oder mehrerer Gläubiger seines Verfahrens verletzt würden. Enthält hingegen die Darlegung der vorgeschlagenen Gruppen-Koordination nach 4

---

[1] Bork/van Zwieten/*Schmidt* Art. 63 Rn. 63.02; *Himmer*, Das europäische Konzerninsolvenzrecht nach der reformierten EuInsVO, S. 365.
[2] MüKoBGB/*Kindler* Art. 63 Rn. 4; *Himmer*, Das europäische Konzerninsolvenzrecht nach der reformierten EuInsVO, S. 367.
[3] Vgl. dazu nochmals → Art. 61 Rn. 16.
[4] Kritisch ebenfalls *Himmer*, Das europäische Konzerninsolvenzrecht nach der reformierten EuInsVO, S. 367 f.

Art. 61 bereits erkennbare konkrete Nachteile für die Gläubiger eines Gruppenmitglieds, so bedarf es ebenso einer Darstellung, wie die konkreten Nachteile auszugleichen sind.[5]

5 In Abwesenheit von konkreten Auswirkungen zum Nachteil der Gläubiger wird man richtigerweise die Prüfung auf eine Kontrolle über die **Verhältnismäßigkeit der Kosten** für die einbezogenen Gruppenmitglieder (und deren Gläubiger) im Hinblick auf die dargestellten (potentiellen) Vorteile beschränken müssen. Denn der einzige finanzielle Nachteil, der *„durch die Einbeziehung"* in das Gruppen-Koordinationsverfahren unmittelbar entstehen kann, ist die sich aus Art. 77 ergebende Kostenpflicht für jedes Gruppenmitglied.

6 **3. Qualifikation des Verwalters.** Nach lit. c) hat das Gericht zudem zu prüfen, ob der vorgeschlagene Koordinator die Anforderungen des Art. 71 erfüllt (vgl. näher → Art. 71 Rn. 2 ff.). Das wiederum erscheint sinnvoll. Stammt der vorgeschlagene Koordinator nicht aus dem Mitgliedsstaat des befassten Gerichts, kann das befasste Gericht die **Geeignetheit** des vorgeschlagenen Koordinators nach Art. 71 Abs. 1 gegebenenfalls durch Anfrage bei dem Gericht des Mitgliedsstaates in Erfahrung bringen, aus dem der Koordinator stammt. Denn die Pflicht zur Zusammenarbeit der Gerichte nach Art. 57 gilt bereits im Eröffnungsverfahren der Gruppen-Koordination.[6]

7 Die Prüfung möglicher **Interessenkonflikte** des vorgeschlagenen Koordinators nach Art. 71 Abs. 2 hingegen ist auf eine Schlüssigkeitsprüfung beschränkt.[7] Das Gericht ist nicht dazu verpflichtet, alle denkbaren Interessenkonflikte zu prüfen und die dazugehörigen Tatsachen zu ermitteln. Zu prüfen ist daher lediglich, ob schon aufgrund des gestellten Antrags Interessenkonflikte erkennbar sind, die die Bestellung des vorgeschlagenen Verwalters ausschließen. Da die anderen Verwalter der Unternehmensgruppe nach Art. 64 Abs. 1 lit. b) gegen den vorgeschlagenen Verwalter Einwände erheben können, findet ohnehin durch die Beteiligten noch eine weitere, eingehendere Prüfung statt.

III. Inhalt der Unterrichtung

8 Liegen die vorgenannten Voraussetzungen nach Überzeugung des Gerichts vor, so sind die für die Mitglieder der Gruppe bestellten **Verwalter** über den Antrag und den vorgeschlagenen Koordinator **unverzüglich zu unterrichten.** Das Gericht darf sich hierbei auf die in der Liste seines Antrags nach Art. 61 Abs. 3 lit. c) aufgeführten Verwalter beschränken. Da in der Liste der bestellten Verwalter auch die vorläufigen Verwalter aufzuführen sind,[8] sind auch diese zu unterrichten. Die Unterrichtungspflicht gilt jedoch nicht für andere Verfahrensorgane (wie Gläubigerausschüsse oder Gerichte).[9]

9 Mit der Beschreibung des **Inhalts der Unterrichtung** macht es sich der Verordnungsgeber unnötigerweise schwer. Art. 63 Abs. 1 schreibt vor, dass über den Antrag und den vorgeschlagenen Koordinator zu unterrichten ist. Abs. 2 der Vorschrift ergänzt, dass in der Mitteilung die in Art. 61 Abs. 3 genannten *„Bestandteile aufzulisten"* sind (*„to list the elements"* in der englischen Sprachfassung). Nicht verlangt wird danach, dass die anderen Verwalter Abschriften des Antrags nebst Anlagen erhalten. Damit könnte sich die Unterrichtung auf eine Mitteilung über die Tatsache des gestellten Antrags, den Namen des vorgeschlagenen Koordinators sowie auf eine Liste beschränken, deren Aussagegehalt sich praktisch auf die Auflistung in Art. 61 Abs. 3 lit. a) bis d) beschränkt. Ob dies jedoch ausreicht, um rechtliches Gehör zu gewähren, ist zweifelhaft.

10 Die Gerichte sollten Art. 63 vorsorglich weit auslegen, um den Vorwurf zu vermeiden, nicht hinreichend unterrichtet zu haben. Abgesehen davon, dass ein Gericht Gefahr läuft, bei einer reinen Unterrichtung (ohne substantiellen Inhalt) unzähligen Akteneinsichtsgesuchen ausgesetzt zu sein, läuft das Gericht auch Gefahr, die für die Einwände der Verwalter geltenden 30-Tage Frist[10] nicht ordnungsgemäß in Gang gesetzt zu haben. Es ist daher auch für den antragstellenden Verwalter zu empfehlen, dem Antrag eine ausreichende Zahl von Abschriften beizufügen, die das Gericht an die Verwalter der anderen Gruppenmitglieder weiterleiten kann.

IV. Sprache der Unterrichtung

11 Die Unterrichtung der bestellten Verwalter darf das angerufene Gericht mangels anderweitiger Regelung in seiner Amtssprache vornehmen. Art. 73 enthält insoweit keine Vorgaben für die Gerichte

---

[5] Wimmer/Bornemann/*Lienau*, Die Neufassung der EuInsVO, Rn. 608.
[6] Vgl. → Art. 57 Rn. 2, → Art. 42 Rn. 2.
[7] MüKoBGB/*Kindler* Art. 63 Rn. 7.
[8] Vgl. → Art. 61 Rn. 17.
[9] *Paulus* Art. 63 Rn. 5; Bork/van Zwieten/*Schmidt* Art. 63 Rn. 63.13; *Himmer*, Das europäische Konzerninsolvenzrecht nach der reformierten EuInsVO, S. 371, allerdings mit dem Vorschlag, dass es dem Gericht freistehe, die anderen Beteiligten zu informieren.
[10] Vgl. → Art. 64 Rn. 6.

sondern lediglich Vorgaben für den Koordinator für dessen Kommunikation mit dem Gericht. Allerdings ist misslich, dass der europäische Verordnungsgeber für die Information der anderen Verwalter – anders als beispielsweise für die Information der Gläubiger nach Art. 54 Abs. 2 und 3 – kein Standardformular vorgesehen hat, aus dem der angesprochene Verwalter ohne weiteres erkennen kann, dass es sich um eine fristauslösende Verfügung handelt. Denn auch für die Einwände der Verwalter nach Art. 64 Abs. 1 ist nach Art. 64 Abs. 2 ein Standardformular eingeführt worden (vgl. dort).

V. Art der Übermittlung

Die Unterrichtung der Verwalter der anderen Gruppengesellschaften erfolgt mit eingeschriebenem Brief mit Rückschein *("registered letter, attested by an acknowledgement of receipt")*. Nicht erforderlich ist daher eine Zustellung. Die auch für Insolvenzverfahren grundsätzlich anwendbare EG-ZustVO 2007[11] findet daher für die Unterrichtung nach Art. 63 keine Anwendung, weil nach Art. 63 keine Übermittlung zum Zwecke der Zustellung vorgesehen ist.   12

VI. Rechtliches Gehör

Die Unterrichtung der Verwalter der anderen Gruppenmitglieder ist kein Selbstzweck, sondern dient der Einräumung rechtlichen Gehörs. Art. 63 Abs. 4 verlangt daher, dass das Gericht den beteiligten Verwaltern die Gelegenheit geben muss, sich zu äußern. Die Frist, innerhalb derer die beteiligten Verwalter sich entsprechend äußern können, ist hingegen in Art. 64 geregelt.   13

Art. 64 Einwände von Verwaltern

**(1) Ein für ein Mitglied einer Gruppe bestellter Verwalter kann Einwände erheben gegen
a) die Einbeziehung des Insolvenzverfahrens, für das er bestellt wurde, in ein Gruppen-Koordinationsverfahren oder
b) die als Koordinator vorgeschlagene Person.**

(2) Einwände nach Absatz 1 dieses Artikels sind innerhalb von 30 Tagen nach Eingang der Mitteilung über den Antrag auf Eröffnung eines Gruppen-Koordinationsverfahrens durch den Verwalter gemäß Absatz 1 dieses Artikels bei dem Gericht nach Artikel 63 zu erheben. Der Einwand kann mittels des nach Artikel 88 eingeführten Standardformulars erhoben werden.

(3) Vor der Entscheidung über eine Teilnahme bzw. Nichtteilnahme an der Koordination gemäß Absatz 1 Buchstabe a hat ein Verwalter die Genehmigungen, die gegebenenfalls nach dem Recht des Staats der Verfahrenseröffnung, für das er bestellt wurde, erforderlich sind, zu erwirken.

Literatur: Vgl. Vor Art. 56.

I. Normzweck

Art. 64 regelt in Umsetzung des ErwG Nr. 56 Satz 1, wann und wie die beteiligten Verwalter nach entsprechender Unterrichtung durch das Gericht Einwände gegen das Gruppen-Koordinationsverfahren erheben können. Die Norm steht im Kontext mit Art. 65–67, die sich mit den Rechtsfolgen der Einwände beschäftigen, sowie mit Art. 68, der sodann die Entscheidung des Insolvenzgerichts behandelt.   1

II. Einwände der „Verwalter"

Art. 64 Abs. 1 listet die beiden möglichen Einwände der beteiligten Verwalter auf. Der Einwand kann nur von dem „**Verwalter**" erhoben werden. Anderen Verfahrensbeteiligten steht das Veto-Recht hingegen nicht zu. Sie müssen sich bei internen Auseinandersetzungen über die Beteiligung am Gruppen-Koordinationsverfahren der Rechtsmittel der *lex fori concursus* ihres Verfahrens bedienen und darüber auf den Verwalter einwirken.[1] Das folgt auch aus Absatz 3 der   2

---

[11] Verordnung (EG) Nr. 1393/2007 über die Zustellung gerichtlicher und außergerichtlicher Schriftstücke in Zivil- und Handelssachen; vgl. zum Anwendungsbereich Rauscher/*Heiderhoff*, EuZPR/EuIPR, 4. Aufl., Art. 1 Rn. 4 EG-ZustVO 2007.

[1] *Himmer*, Das europäische Konzerninsolvenzrecht nach der reformierten EuInsVO, S. 374; Bork/van Zwieten/*Schmidt* Art 64 Rn. 64.08; vgl. zum deutschen Recht Art. 102c § 23 Abs. 2 Nr. 1 EGInsO, wonach ein deutscher Verwalter der Zustimmung nach §§ 160, 161 InsO bedarf.

Vorschrift, der auf die mögliche Genehmigungsbedürftigkeit nach der jeweiligen *lex fori concursus* des Verwalters verweist. Allerdings ist zu beachten, dass die Befugnis, Einwände zu erheben, auch dem Verwalter eines Sekundärverfahrens zustehen muss. Da Sekundärverfahren als eigenständige Verfahren in das Gruppen-Koordinationsverfahren einzubeziehen sind, stehen den Verwaltern der Sekundärverfahren auch sämtliche Rechte zu, die die EuInsVO den teilnehmenden Verwaltern gewährt. Denn schließlich entstehen durch die Teilnahme des Verwalters eines Sekundärverfahrens auch entsprechende Pflichten (vgl. nur Art. 70). Zu beachten ist weiterhin, dass unter dem Begriff des „Verwalter" nach Art. 1 Nr. 5 nicht nur der Verwalter im eigentlichen Sinn, sondern auch der vorläufige Verwalter sowie der Sachwalter zu verstehen ist. Darüber hinaus stehen nach Art. 76 dem Schuldner in Eigenverwaltung im Gruppen-Koordinationsverfahren die gleichen Rechte zu wie dem Verwalter, sodass die Einwendung auch vom Schuldner in Eigenverwaltung geltend gemacht werden kann.

III. Mögliche Einwände

3 **1. Gegen die Einbeziehung.** Da das Gruppen-Koordinationsverfahren kein Zwei-Parteien-, sondern ein Mehrparteienverfahren ist, kann sich ein einzelner Verwalter nicht gegen das Gruppen-Koordinationsverfahren insgesamt wenden. Seine Einwände sind auf seine Beteiligung zu beschränken. Jeder beteiligte Verwalter kann daher einen Einwand gegen die Einbeziehung des Insolvenzverfahrens, für das er bestellt wurde, erheben. Der Einwand muss nicht begründet werden. Denn das Gericht hat keine Entscheidungskompetenz über die Begründetheit des Einwands. Die Erhebung des Einwands ist ausreichend, um die Einbeziehung eines Insolvenzverfahrens in das Gruppen-Koordinationsverfahren zu verhindern.[2]

4 **2. Gegen die Person des Koordinators.** Jeder beteiligte Verwalter kann darüber hinaus nach Art. 64 Abs. 1 lit. b) Einwände gegen die als Koordinator vorgeschlagene Person erheben. Zwar fordert Art. 64 Abs. 1 keine schriftliche Begründung des Einwandes, sodass auch ein nicht begründeter Einwand seitens des Gerichts zu berücksichtigen ist. Es empfiehlt sich jedoch den Einwand zu begründen. Denn das Gericht hat den Einwand inhaltlich zu prüfen, insbesondere ob die Eignungsvoraussetzungen nach Art. 71 vorliegen, um sodann über den Einwand gemäß Art. 67 zu befinden.

5 **3. Sonstige Einwände.** Nach dem Wortlaut beschränkt sich die Möglichkeit der Verwalter inhaltlich auf Einwände gegen die Einbeziehung in das Gruppen-Koordinationsverfahren sowie gegen die Person des vorgeschlagenen Koordinators. Diese in Art. 64 Abs. 1 enthaltene Aufzählung ist jedoch nicht abschließend. Denn nach Art. 68 Abs. 1 lit. b) und c) hat das Gericht im Rahmen der Eröffnungsentscheidung auch über den Entwurf der Koordination sowie über die Kostenschätzung und den Verteilungsschlüssel zu entscheiden. Soweit der Verwalter daher auch zu anderen Gesichtspunkten, die Gegenstand der Entscheidung durch das angerufene Gericht sind, vortragen möchte, ist er hierzu berechtigt. Gleichermaßen ist das angerufene Gericht nach den Grundsätzen des rechtlichen Gehörs zugleich verpflichtet, sich mit den Einwänden des Verwalters auseinanderzusetzen.[3]

IV. Einwendungsfrist, Standardformular

6 Nach Absatz 2 der Vorschrift sind die Einwände innerhalb von **30 Tagen** nach Eingang der Mitteilung über den Antrag auf Eröffnung eines Gruppen-Koordinationsverfahrens zu erheben. Entscheidend ist jeweils der Eingang bei dem einwendungsberechtigten „Verwalter". Soweit für den Fristbeginn vereinzelt auf den Eingang des Antrags auf Eröffnung eines Gruppen-Koordinationsverfahrens nach Art. 61 Abs. 1 abgestellt wird,[4] führt dies zwar zu einer Verfahrensbeschleunigung. Dem ist jedoch nicht zu folgen. Das hätte zur Folge, dass die Frist für alle Verwalter zur Erhebung von Einwendungen reduziert werden würde, ohne dass die Verordnung eine Mindestfrist vorsehen würde. Benötigt das Gericht für die Vorprüfung nach Art. 63 drei Wochen, hätten die anderen Verwalter nach Eingang noch gerade eine Woche, um ihre Einwendungen zu erheben. Entscheidend ist daher alleine der Zugang bei dem jeweils einspruchsberechtigten Verwalter.[5]

---

[2] Vgl. → Art. 65 Rn. 3.
[3] So auch *Himmer*, Das europäische Konzerninsolvenzrecht nach der reformierten EuInsVO, S. 377 f.; aA Bork/van Zwieten/*Schmidt* Art. 64 Rn. 64.09, die den Verwalter auf die Möglichkeit der beiden in Art. 64 genannten Einwände beschränken möchte.
[4] So *Paulus* Art. 64 Rn. 8.
[5] Wie hier: *Himmer*, Das europäische Konzerninsolvenzrecht nach der reformierten EuInsVO, S. 376; Bork/van Zwieten/*Schmidt* Art. 64 Rn. 64.15; *Prager/Keller* WM 2015, 805, 810.

Zur Standardisierung und Vereinfachung der Erhebung der Einwände hat der europäische 7
Gesetzgeber in Umsetzung von Art. 88 zwischenzeitlich ein Standardformular erstellt, das zur Erhebung des oder der Einwände vom Verwalter ausgefüllt werden kann.[6] Wie sich aus dem Wortlaut von Art. 64 Abs. 2 S. 2 ergibt, ist die Verwendung des Standardexemplars jedoch nicht zwingend („kann").

V. Genehmigungen

Art. 64 Abs. 3 ist ein überflüssiger Hinweis. Danach hat ein beteiligter Verwalter vor der Ent- 8
scheidung über die Teilnahme bzw. Nichtteilnahme an der Koordination die nach der *lex fori concursus* seines Insolvenzverfahrens erforderlichen Genehmigungen zu erwirken. Das ergibt sich ohnehin schon aus der EuInsVO und hätte keiner Klarstellung bedurft. Denn nach Art. 7 Abs. 2 Satz 2 lit. c) richten sich die Befugnisse des Verwalters nach dem Recht seines Verfahrensstaates. Es ist daher Aufgabe eines jeden beteiligten Verwalters zu klären, ob er für die Entscheidung über die Teilnahme am Gruppen-Koordinationsverfahren der Zustimmung seines Insolvenzgerichts oder weiterer Verfahrensorgane bedarf.

Der Verwalter eines in Deutschland eröffneten Insolvenzverfahrens bedarf für die Entscheidung 9
über die Teilnahme oder Nichtteilnahme am Koordinationsverfahren aufgrund der ausdrücklichen Anordnung in Art. 102c § 23 Abs. 2 Nr. 1 EGInsO der Zustimmung nach §§ 160, 161 InsO. Dieses ausdrückliche Zustimmungserfordernis ist für die Praxis wenig hilfreich, insbesondere wenn die Vereinbarung eines Gruppen-Koordinationsverfahrens frühzeitig und bereits im Insolvenzeröffnungsverfahren beantragt und zeitnah nach den Verfahrenseröffnungen schon eingeleitet werden soll. Sie wäre auch materiell-rechtlich nicht notwendig gewesen. Denn die Teilnahme am Koordinationsverfahren ist noch keine besonders bedeutsame Rechtshandlung. Weder ist damit unmittelbar ein Verkauf wesentlicher Teile der Insolvenzmasse verbunden, noch wird die Insolvenzmasse in besonderem Maße belastet.[7] Ähnlich einem beauftragten Berater unterbreitet der Koordinator im wesentlichen Vorschläge für die koordinierte Abwicklung. Die Tatsache, dass dem Koordinator in diesem Zusammenhang das Recht gewährt wird, sich an dem Gruppen-Koordinationsverfahren zu beteiligen und Anträge zu stellen, hätte für die Anwendung des § 160 InsO alleine an sich noch nicht ausgereicht.

Art. 65 Folgen des Einwands gegen die Einbeziehung in ein Gruppen-Koordinationsverfahren

(1) Hat ein Verwalter gegen die Einbeziehung des Verfahrens, für das er bestellt wurde, in ein Gruppen-Koordinationsverfahren Einwand erhoben, so ist dieses Verfahren nicht in das Gruppen-Koordinationsverfahren einbezogen.

(2) Die Befugnisse des Gerichts gemäß Artikel 68 oder des Koordinators, die sich aus diesem Verfahren ergeben, haben keine Wirkung hinsichtlich des betreffenden Mitglieds und ziehen keine Kosten für dieses Mitglied nach sich.

Literatur: Vgl. Vor Art. 56.

I. Normzweck

Art. 65 enthält die Rechtsfolgen eines von einem Verwalter gemachten Einwands nach Art. 64 1
Abs. 1 lit. a). Das Insolvenzverfahren des Verwalters, der den Einwand erhoben hat, nimmt in der Folge an dem Gruppen-Koordinationsverfahren nicht teil. Allerdings kann der Verwalter seine Entscheidung später noch revidieren. Denn ihm bleibt die Möglichkeit eines nachträglichen Opt-ins nach Art. 69.

II. Rechtsfolgen des Einwands

Hat ein Verwalter den Einwand nach Art. 64 Abs. 1 lit. a) erhoben, so wird das Insolvenzverfah- 2
ren, für das der Verwalter bestellt ist, nicht in das Gruppen-Koordinationsverfahren einbezogen. Dem Verwalter stehen daher auch die sich aus dem Gruppen-Koordinationsverfahren ergebenden Rechte nicht zu. Auch die Aufgaben des Koordinators erstrecken sich nicht auf das nicht teilnehmende Gruppenmitglied. Andererseits kann weder das Gericht noch der Koordinator die in

---

[6] Vgl. die Durchführungsverordnung (EU) 2017/1105 vom 12.6.2017, L 160/1, Anhang III.
[7] Vgl. → InsO § 160 Rn. 5 ff.

Abschnitt 2 Unterabschnitt 2 (Art. 71–77) geregelten Befugnisse gegenüber dem nicht teilnehmenden Verwalter ausüben, soweit nicht der Verwalter hierzu nach den allgemeinen Vorschriften aus Abschnitt 1 (Art. 56 ff.) verpflichtet ist (zB Informationen mitzuteilen).[1] Dementsprechend hat der Koordinator auch nicht die Rechte nach Art. 72 Abs. 2 gegenüber dem nicht teilnehmenden Insolvenzverfahren. Gleichsam ist das nicht teilnehmende Gruppenmitglied auch nicht verpflichtet, sich an den Kosten des Gruppen-Koordinationsverfahrens zu beteiligen.

III. Prüfungsbefugnis des Gerichts

3   Bei der Nicht-Einbeziehung des widersprechenden Verfahrens steht dem Gericht keine Prüfungskompetenz zu. Der Einwand des Verwalters nach Art. 64 Abs. 1 lit. a) ist ausreichend. Er bedarf daher auch keiner weiteren Begründung. Die Wirkungen des Art. 65 treten *ipso iure* mit der Erhebung des Einwands ein.[2] Eines Beschlusses bedarf es nicht. Das ausgeschiedene Gruppenmitglied ist sodann aber im Beschluss des Gerichts zur Eröffnung des Gruppen-Koordinationsverfahrens nicht mehr als Beteiligter zu nennen.

Art. 66 Wahl des Gerichts für ein Gruppen-Koordinationsverfahren

(1) Sind sich mindestens zwei Drittel aller Verwalter, die für Insolvenzverfahren über das Vermögen der Mitglieder der Gruppe bestellt wurden, darüber einig, dass ein zuständiges Gericht eines anderen Mitgliedstaats am besten für die Eröffnung eines Gruppen-Koordinationsverfahrens geeignet ist, so ist dieses Gericht ausschließlich zuständig.

(2) ¹Die Wahl des Gerichts erfolgt als gemeinsame Vereinbarung in Schriftform oder wird schriftlich festgehalten. ²Sie kann bis zum Zeitpunkt der Eröffnung des Gruppen-Koordinationsverfahrens gemäß Artikel 68 erfolgen.

(3) Jedes andere als das gemäß Absatz 1 befasste Gericht erklärt sich zugunsten dieses Gerichts für unzuständig.

(4) Der Antrag auf Eröffnung eines Gruppen-Koordinationsverfahrens wird bei dem benannten Gericht gemäß Artikel 61 eingereicht.

Literatur: Vgl. Vor Art. 56.

Übersicht

	Rn.		Rn.
I. Normzweck	1	III. Form und Zeitpunkt der Entscheidung (Abs. 2)	6
II. Zwei-Drittel-Mehrheit (Abs. 1)	3	IV. Rechtsfolgen	8
		V. Entscheidungskompetenzen	11

I. Normzweck

1   Art. 66 enthält neben Art. 61 Abs. 1 und Art. 62 eine Regelung zur internationalen Zuständigkeit für die Eröffnung des Gruppen-Koordinationsverfahrens. Während Art. 61 Abs. 1 die internationale Zuständigkeit jedes Mitgliedstaates bejaht, in dem ein Insolvenzverfahren eines Mitglieds der Gruppe eröffnet wurde, und Art. 62 im Falle mehrerer Anträge den positiven Kompetenzkonflikt im Sinne des Prioritätsprinzips löst, enthält Art. 66 die Möglichkeit der Vereinbarung eines Gerichtsstandes, der von der vorgenannten Zuständigkeit abweichen kann. Danach können sich die Verwalter der Gruppenmitglieder mit einer Zwei-Drittel-Mehrheit für einen Gerichtsstand entscheiden. Dieser ist sodann ausschließlich.

2   Zweck der Regelung ist daher, es den beteiligten Verwaltern zu überlassen, das zuständige Gericht durch Mehrheitsentscheidung zu bestimmen.[1] Dem ist zuzustimmen. Abhängig von den jeweiligen Besonderheiten der Konzerninsolvenz sollte es den Verwaltern überlassen bleiben, das für die konkrete Gruppen-Konstellation geeignete Forum zu bestimmen. Wegen der vielen denkbaren

---

[1] Insoweit klarstellend ErwG Nr. 60; siehe auch Vallender/*Madaus* Art. 65 Rn. 3.
[2] Ebenso *Himmer*, Das europäische Konzerninsolvenzrecht nach der reformierten EuInsVO, S. 373; MüKoBGB/*Kindler* Art. 65 Rn. 5; Brinkmann/*Lienau* Art. 65 Rn. 2.
[1] *Thole/Duenas* 24 IIR (2015) 214, 216, die zu Recht darauf hinweisen, dass eine solche Gerichtsstandsvereinbarung für das Insolvenzrecht unbekannt sei.

Konstellationen des Mehrparteienverfahrens ist eine sinnvolle abstrakte Lösung durch den Verordnungsgeber nicht möglich.

II. Zwei-Drittel-Mehrheit (Abs. 1)

Art. 66 Abs. 1 verlangt eine Mehrheit von zwei Drittel aller Verwalter, die für Insolvenzverfahren 3 über das Vermögen der Mitglieder der Gruppe bestellt wurden. Es handelt sich nach dem Wortlaut um eine Kopfmehrheit. Die den Insolvenzverfahren zur Verfügung stehenden Insolvenzmassen spielen für die Berechnung der Mehrheit keinerlei Rolle.[2] Für die Berechnung des Kopf-Quorums stellen sich jedoch eine Vielzahl von Fragen. Das Quorum bemisst sich nach der Anzahl aller Verwalter der Gruppenmitglieder. Das wirft zunächst die Frage auf, ob auch die Verwalter einbezogener Sekundärverfahren ein Stimmrecht haben, das zur Ermittlung des Quorums zu berücksichtigen ist. Das ist zu bejahen. Soweit man das Teilnahmerecht der Verwalter von Sekundärverfahren bejaht und diese dadurch auch den damit korrespondierenden Pflichten unterwirft (vgl. Art. 70), so müssen diese auch berechtigt sein, die jedem Verwalter zustehenden Rechte auszuüben. Die Verwalter, die der Einbeziehung widersprochen haben, sind bei der Berechnungsgrundlage für das Quorum ebenfalls zu berücksichtigen.[3] Das ergibt sich im Umkehrschluss aus der Tatsache, dass andere Normen ausdrücklich regeln, wenn die Verwalter, die Einwände erklärt haben, nicht zu berücksichtigen sind. So werden in Art. 67 diejenigen Verwalter ausdrücklich ausgeschlossen, die gleichzeitig Einwände gegen die Einbeziehung geltend gemacht haben. Eine entsprechende Einschränkung fehlt hingegen in Art. 66. Zudem würden sich auch erhebliche Schwierigkeiten bei der Berechnung des zugrunde liegenden Quorums ergeben. Denn aus der unterzeichneten Vereinbarung ergibt sich nicht, welche Verwalter bisher einen Einwand gegen die Einbeziehung erhoben haben und daher für die Ermittlung der Berechnungsgrundlage außer Acht gelassen werden müssen. Wäre die Ermittlung der Berechnungsgrundlage zudem von der Erhebung des Einwands abhängig, müssten auch Regelungen getroffen werden, in welchem zeitlichen Verhältnis beide Erklärungen vorgebracht werden können. Spätere Widersprüche würden die Berechnungsgrundlage senken; eine von einer bestimmten Anzahl von Verwaltern schon frühzeitig unterzeichnete Erklärung könnte also mit Ablauf der 30-Tages-Frist von Art. 64 Abs. 2 das notwendige Quorum erreichen.

Dies korreliert mit der Frage, ob auch Verwalter, die der Einbeziehung widersprochen haben, 4 an der Einigung teilnehmen und ihre Zustimmung zu einem vereinbarten Gerichtsstand geben können. Auch hier gilt, dass Art. 66 – anders als Art. 67 – das Stimmrecht nicht ausdrücklich davon abhängig macht, dass der Verwalter keinen Einwand gegen die Einbeziehung erhoben hat. Dass auch ein Verwalter, der der Einbeziehung schon widersprochen hat, die Gerichtsstandsvereinbarung unterzeichnen darf, ist zudem deshalb konsequent, da ihm Art. 69 auch das Recht eines nachträglichen Opt-ins gewährt. Der Widerspruch ist daher nicht endgültig.

Fraglich ist darüber hinaus, ob sich die Berechnungsgrundlage dadurch ändert, dass nach Unter- 5 zeichnung der Vereinbarung weitere Verfahren eröffnet (oder dem gleichgestellt: Eröffnungsverfahren eingeleitet) werden. Denn es ist im Rahmen von Konzerninsolvenzen durchaus zu beobachten, dass zunächst versucht wird, Gruppen-Mitglieder aus der Insolvenz herauszuhalten, dies aber in den nachfolgenden Wochen der Antragstellung nicht möglich ist. In entsprechender Anwendung des Art. 64 Abs. 2 wird man in diesen Fällen den Verwalter des hinzugekommenen Verfahrens auffordern müssen, der Gerichtsstandsvereinbarung beizutreten. Andernfalls zählt auch dieses Verfahren mit zur Berechnungsgrundlage. Eine nicht fristgerechte Äußerung des Verwalters müsste konsequenterweise als Nicht-Zustimmung gewertet werden.

III. Form und Zeitpunkt der Entscheidung (Abs. 2)

Art. 66 verlangt keine Abstimmung, sondern eine gemeinsame Vereinbarung in Schriftform 6 oder eine schriftlich festgehaltene Vereinbarung. Die erste Alternative meint eine Vereinbarung, die von allen zustimmenden Verwaltern unterzeichnet wurde, während die zweite Alternative ermöglicht, dass die Zustimmung sich in mehreren Dokumenten findet. Der Begriff der Schriftform ist europarechtskonform auszulegen. Insoweit ist die Rechtsprechung zum Schriftformerfordernis bei Gerichtsstandsvereinbarungen nach der EuGVVO heranzuziehen.[4] Allerdings ist Art. 66 vom Wortlaut her deutlich enger gefasst, als Art. 25 EuGVVO, der auch auf Handelsbräuche Rücksicht nimmt und auch elektronische Übermittlungen der Schriftform gleichstellt (vgl. Art. 25 Abs. 2 EuGVVO). Darauf hat der Verordnungsgeber in Art. 66 jedoch bewusst verzichtet, weshalb auf eine Unterzeich-

---

[2] Brinkmann/*Lienau* Art. 66 Rn. 10; Vallender/*Madaus* Art. 66 Rn. 2.
[3] Ebenso Brinkmann/*Lienau* Art. 66 Rn. 10; Bork/van Zwieten/*Schmidt* Art. 66 Rn. 66.04.
[4] Vgl. MüKoZPO/*Gottwald*, Brüssel Ia-VO Art. 25 Rn. 28 ff., 36 ff.; zum Verweis auf die EuGVVO wie hier: Brinkmann/*Lienau* Art. 66 Rn. 11.

nung durch den zustimmenden Verwalter trotz zunehmender Digitalisierung des Rechtsverkehrs nicht verzichtet werden kann.[5]

7 Die Vereinbarung kann nach Absatz 2 Satz 2 bis zum Zeitpunkt der Eröffnung des Gruppen-Koordinationsverfahrens erfolgen. Entscheidend hierfür ist nicht der Zeitpunkt der letzten Unterschrift, die für die Zwei-Drittel-Mehrheit notwendig ist, sondern die Übermittlung der Vereinbarung an das zuerst angerufene Gericht, um dieses von einer abweichenden Entscheidung der Mehrheit der Verwalter in Kenntnis zu setzen. Sie muss auch vor Erlass der Eröffnungsentscheidung beim angerufenen Gericht für das Gruppen-Koordinationsverfahren eingehen. Die Tatsache, dass der Eröffnungsbeschluss noch nicht rechtskräftig ist bzw. er angefochten wurde, verschafft der nach dem Eröffnungsbeschluss übermittelten Einigung keinen Vorrang mehr.

IV. Rechtsfolgen

8 Liegt eine mit der erforderlichen Mehrheit unterzeichnete Vereinbarung vor, so wird nach Absatz 1 das in der Vereinbarung genannte Gericht ausschließlich zuständig. Folgerichtig haben sich alle anderen angerufenen Gerichte gemäß Absatz 3 für unzuständig zu erklären.

9 Absatz 4 verlangt, dass der Antrag auf Eröffnung eines Gruppen-Koordinationsverfahrens bei dem vereinbarten Gericht neu gestellt wird. Diese Regelung ist unglücklich, da die Vorgehensweise eine vollständige Wiederholung der Antragstellung und des nach 63 notwendigen Vorprüfungsverfahrens erfordert.[6] Zur Antragstellung ist – ebenso wie bei Art. 61 Abs. 1 – jeder Verwalter der beteiligten Insolvenzverfahren berechtigt. Sinnvollerweise sollte im Rahmen der Vereinbarung über den Gerichtsstand zwischen den Verwaltern auch bereits vereinbart werden, welcher Verwalter für die erforderliche Antragstellung übernimmt. Liegt dem vereinbarten Gericht allerdings bereits ein Antrag auf Eröffnung eines Gruppen-Insolvenzverfahrens vor (der jedoch nicht der erste Antrag war, weshalb es einer entsprechenden Vereinbarung bedurfte), so bedarf es keines neuen Antrags, wenn dem Gericht die Einigung vorgelegt wird.[7]

10 Für die Formalien eines neuen Antrags aufgrund einer Einigung gelten die Voraussetzungen des Art. 61 weiterhin. Denn die Einigung betrifft nur die Frage der Zuständigkeit, nicht hingegen die sonstigen Antragsvoraussetzungen. Die erneute Antragstellung löst – bedauerlicherweise – daher auch erneut die 30 Tage Frist des Art. 64 Abs. 2 aus. Das bedeutet auch, dass der – ansonsten unveränderte Antrag – nochmals allen anderen Verwaltern zuzustellen ist.

V. Entscheidungskompetenzen

11 Nicht geregelt ist, wer im Falle eines Streits über das wirksame Zustandekommen einer Einigung über den Gerichtsstand entscheidet. Um widersprechende Entscheidungen der Gerichte zu vermeiden, muss daher das erstangerufene Gericht in analoger Anwendung der Prioritätsregel nach Art. 62 entscheiden, ob eine wirksame Vereinbarung vorliegt oder nicht. Hält das erstangerufene Gericht die Vereinbarung über die Zuständigkeit eines anderen Gerichts für wirksam, so lehnt es seine eigene Zuständigkeit aufgrund der Vereinbarung ab mit der Folge, dass auch die eventuell nachfolgend angerufenen Gerichte diese Entscheidung als bindend gelten lassen müssen. Hält das erstangerufene Gericht die Einigung hingegen nicht für wirksam, so müsste es aufgrund der Prioritätsregel selbst das Gruppen-Koordinationsverfahren eröffnen.

Art. 67 Folgen von Einwänden gegen den vorgeschlagenen Koordinator

Werden gegen die als Koordinator vorgeschlagene Person Einwände von einem Verwalter vorgebracht, der nicht gleichzeitig Einwände gegen die Einbeziehung des Mitglieds, für das er bestellt wurde, in das Gruppen-Koordinationsverfahren erhebt, kann das Gericht davon absehen, diese Person zu bestellen und den Einwände erhebenden Verwalter auffordern, einen den Anforderungen nach Artikel 61 Absatz 3 entsprechenden neuen Antrag einzureichen.

Literatur: Vgl. Vor Art. 56.

I. Normzweck

1 Art. 67 regelt, wie die gemäß Art. 64 vorgebrachten Einwände gegen die als Koordinator vorgeschlagene Person zu behandeln sind. Hält das Gericht die Einwände für begründet, so darf nicht etwa

---

[5] AA *Paulus* Art. 66 Rn. 7, der die Unterzeichnung nicht für erforderlich hält.
[6] Ebenso Bork/van Zwieten/*Schmidt* Art. 66 Rn. 66.18.
[7] Ebenso Brinkmann/*Lienau* Art. 66 Rn. 16.

das Gericht einen anderen Verwalter bestimmen, sondern kann „*den Einwände erhebenden Verwalter*" auffordern, einen „*entsprechenden neuen Antrag*" einzureichen. Die Norm ist rechtspolitisch missglückt und führt bei einer Ablehnung des zuerst vorgeschlagenen Verwalters zu einer Reihe von Folgeproblemen. Es wäre deutlich einfacher gewesen, den anderen Verwaltern im Rahmen des Einwandsverfahrens nach Art. 64 weitere Vorschlagsrechte zuzubilligen, über die das Gericht sodann abschließend entscheidet, als eine – wie nun vorgesehen – zweite Vorschlagsrunde mit erheblichen Rechtsunsicherheiten zu starten.

II. Absehen von der Bestellung

Das angerufene Gericht muss sich vor der Entscheidung über die Eröffnung des Gruppen-Koordinationsverfahrens klar werden, ob die im Antrag nach Art. 61 als Koordinator vorgeschlagene Person bestellt werden soll oder nicht. Liegen in der Person des vorgeschlagenen Koordinators **Ausschlussgründe nach Art. 71** vor, so muss das angerufene Gericht von der Bestellung absehen und um andere Vorschläge bitten (vgl. unten Rn. 4 ff.). Das gilt unabhängig davon, ob entsprechende Einwände von anderen Verwaltern vorgebracht wurden oder nicht. Denn die Anforderungen nach Art. 71 sind von Amts wegen zu beachten.[1]

Von der Bestellung darf das Gericht darüber hinaus absehen, wenn die als Verwalter vorgeschlagene Person zwar die Voraussetzungen des Art. 71 erfüllt, aber Einwände geltend gemacht werden, die über die von Amts wegen nach Art. 71 zu beachtenden Bestellungskriterien hinausgehen (zB Erfahrung, Qualifikation, Sprachkenntnisse). Insoweit steht dem angerufenen Gericht – anders als bei den Ausschlussgründen nach Art. 71 – ein weiter **Ermessensspielraum** zu („*kann davon absehen*").[2] Als wenig praktikabel ist in dieser Hinsicht allerdings anzusehen, dass andere Verwalter erst nach der Ablehnung des vorgeschlagenen Koordinators andere Personen als Koordinator vorschlagen können. Denn ohne einen Vergleich möglicher anderer Verwalter dürfte es dem angerufenen Gericht schwer fallen, die Vor- und Nachteile der als Koordinator vorgeschlagenen Person abzuwägen.

III. Neuer Antrag

Nach dem Wortlaut des Art. 67 kann das Gericht „*den Einwände erhebenden Verwalter*" auffordern, einen nach Art. 61 Abs. 3 „*entsprechenden neuen Antrag*" einzureichen. Die Regelung ist sprachlich und rechtspolitisch missglückt und bedarf im Rahmen der Auslegung einer Korrektur.

Unproblematisch sollte zunächst die Feststellung sein, dass im Falle von Einwänden durch mehrere Verwalter **sämtliche Verwalter**, die einen Einwand gegen den Koordinator erhoben haben, aufzufordern sind, Alternativvorschläge zu unterbreiten.[3] Die Auffassung, das Gericht habe in diesem Fall ein Auswahlermessen, das Vorschlagsrecht einem der Verwalter zuzuweisen,[4] findet keine Grundlage im Wortlaut und würde zudem das Auswahlverfahren unnötig weiter verzögern. Allerdings führt die hier vertretene Zuweisung des Vorschlagsrechts an mehrere Verwalter dazu, dass das Gericht – was Art. 67 ebenfalls nicht vorsieht – ein Auswahlermessen unter möglicherweise dann mehreren vorgeschlagenen Verwaltern ausüben muss und bei mehreren Anträgen zudem zu Komplikationen bei der Berechnung der nach Art. 64 einzuhaltenden 30 Tage Frist. Weder sieht Art. 67 für das dann entstehende Auswahlermessen eine ausdrückliche Regelung vor, noch bietet Art. 64 für die Fristenberechnung bei mehreren Anträgen eine Lösung. Man wird dies jedoch als Folge der notwendigen Aufforderung an mehrere Verwalter sowie im Sinne einer zügigen Klärung der Verwalterbestellung akzeptieren müssen.

Die Beschränkung auf diejenigen Verwalter, die entsprechende Einwände erhoben haben, ist allerdings rechtspolitisch wenig nachvollziehbar. Das bedeutet, dass der ursprünglich antragstellende Verwalter nunmehr keine Möglichkeit für einen Alternativvorschlag haben soll – ebenso wie andere Verwalter, die dem Vorschlag nicht widersprochen haben. Für eine solche Begrenzung des Vorschlagsrechts gibt es rechtspolitisch keine einsichtige Begründung. Die Beschränkung provoziert geradezu (unnötige) Einwände, um sich später noch die Möglichkeit zu sichern, durch eigene Vorschläge Einfluss auf das Bestellungsverfahren sichern zu können. Sie ist auch von dem Verordnungsgeber nicht gewollt, der aufgrund der „*kann*" Regelung in der Vorschrift dem Gericht einen breiten Ermessensspielraum einräumen wollte. Denn das „*kann*" bezieht sich sprachlich nicht nur auf das Absehen von der Bestellung, sondern auch auf die Aufforderung zu neuen Vorschlägen. Das

---

[1] MüKoBGB/*Kindler* Art. 67 Rn. 2.
[2] *Himmer*, Das europäische Konzerninsolvenzrecht nach der reformierten EuInsVO, S. 388; MüKoBGB/*Kindler* Art. 67 Rn. 3; Brinkmann/*Lienau* Art. 67 Rn. 3.
[3] Ebenso *Himmer*, Das europäische Konzerninsolvenzrecht nach der reformierten EuInsVO, S. 389; MüKoBGB/*Kindler* Art. 67 Rn. 4.
[4] So Vallender/*Madaus* Art. 67 Rn. 4.

Gericht kann daher auch diejenigen Verwalter auffordern, neue Vorschläge zu unterbreiten, die keine Einwände erhoben haben.[5]

7 Einer weiteren (teleologischen) Korrektur bedarf auch die Rechtsfolge, dass nämlich aufzufordern ist, einen den Anforderungen nach Art. 61 Abs. 3 *„entsprechenden neuen Antrag"* einzureichen. Der neue Antrag betrifft nur den Vorschlag einer als Koordinator zu benennenden Person nach Art. 61 Abs. 3 lit. a), wie sich aus dem Wort *„entsprechenden"* ergibt, nicht aber die anderen dem Antrag beizufügenden Darlegungen und Listen. Insoweit ist kein komplett neuer Antrag zu stellen.[6]

8 Die danach neu unterbreiten **Personalvorschläge** sind für das Gericht aber ebenso **bindend** wie der Vorschlag des ursprünglichen Antrags. Das Gericht kann nur aus dem Kreis der von den Verwaltern als Koordinator vorgeschlagenen Personen auswählen.[7] Die Bestellung eines nicht vorgeschlagenen Verwalters, mag auch das Gericht von dessen besserer Qualifikation für die Aufgabe überzeugt sein, ist nicht möglich.

Art. 68 Entscheidung zur Eröffnung eines Gruppen-Koordinationsverfahrens

(1) ¹Nach Ablauf der in Artikel 64 Absatz 2 genannten Frist kann das Gericht ein Gruppen-Koordinationsverfahren eröffnen, sofern es davon überzeugt ist, dass die Voraussetzungen nach Artikel 63 Absatz 1 erfüllt sind. ²In diesem Fall hat das Gericht:
a) einen Koordinator zu bestellen,
b) über den Entwurf der Koordination zu entscheiden und
c) über die Kostenschätzung und den Anteil, der von Mitgliedern der Gruppe zu tragen ist, zu entscheiden.

(2) Die Entscheidung zur Eröffnung eines Gruppen-Koordinationsverfahrens wird den beteiligten Verwaltern und dem Koordinator mitgeteilt.

Literatur: Vgl. Vor Art. 56.

Übersicht

	Rn.		Rn.
I. Normzweck	1	IV. Mitteilung des Beschlusses	8
II. Eröffnungsvoraussetzungen	2		
III. Beschlussinhalt	4	V. Rechtsmittel	11

I. Normzweck

1 Art. 68 enthält Vorgaben für die Entscheidung zur Eröffnung eines Gruppen-Koordinationsverfahrens. Die Vorschrift regelt die Voraussetzungen für den Erlass eines Eröffnungsbeschlusses (Abs. 1 Satz 1), den Inhalt des Eröffnungsbeschlusses (Abs. 1 Satz 2) sowie die Bekanntgabe des Eröffnungsbeschlusses an die beteiligten Verwalter (Abs. 2). Auch diese Vorschrift ist inhaltlich und rechtspolitisch wenig geglückt. So bleibt die Frage eines Rechtsmittels gegen den Eröffnungsbeschluss ungeregelt, was zu kontroversen Diskussionen geführt hat. Auch was den Inhalt des Eröffnungsbeschlusses im Hinblick auf den Entwurf der Koordination anbetrifft, ist die Regelung wenig glücklich.

II. Eröffnungsvoraussetzungen

2 Art. 68 Abs. 1 Satz 1 nennt zwei Voraussetzungen für den Eröffnungsbeschluss. Formell bedarf es zunächst des **Ablaufs der 30 Tages-Frist** nach Art. 64 Abs. 2, bevor das Gericht den Eröffnungsbeschluss erlassen darf. Das Gericht muss daher aufgrund der von den unterrichteten Verwaltern zurückgesandten Rückscheine berechnen, wann die 30-tägige Stellungnahmefrist des zuletzt unterrichteten Verwalters abläuft.[1] Dadurch soll sichergestellt werden, dass jeder beteiligte Verwalter die Möglichkeit rechtlichen Gehörs hatte. Daraus ergibt sich, dass eine Entscheidung vor Ablauf der

---

[5] Im Ergebnis ebenso *Himmer,* Das europäische Konzerninsolvenzrecht nach der reformierten EuInsVO, S. 389.
[6] *Himmer,* Das europäische Konzerninsolvenzrecht nach der reformierten EuInsVO, S. 388; MüKoBGB/*Kindler* Art. 67 Rn. 6; aA Vallender/*Madaus* Art. 67 Rn. 5.
[7] Ähnlich Flöther/*Undritz,* Handbuch zum Konzerninsolvenzrecht, § 8 Rn. 112; Vallender/*Madaus* Art. 67 Rn. 3; *Prager/Keller* WM 2015, 805, 810.
[1] Vgl. zur Fristberechnung → Art. 64 Rn. 6.

30 Tages-Frist auch nur möglich ist, wenn alle benachrichtigten Verwalter schriftlich auf die Einhaltung der Frist verzichtet haben.[2] Da die Frist die benachrichtigten Verwalter schützt (und nicht etwa Verwalter neuer Verfahren, deren Verfahren eventuell vor Ablauf der 30 Tages-Frist noch eröffnet wird), können diese freilich auch auf die Einhaltung der Frist verzichten.

Das angerufene Gericht muss darüber hinaus überzeugt sein, dass die **Voraussetzungen** nach Art. 63 Abs. 1 **vorliegen,** mithin dass die Eröffnung eines solchen Verfahrens die effektive Führung der Insolvenzverfahren über das Vermögen der Gruppenmitglieder erleichtert, die Gläubiger der teilnehmenden Insolvenzverfahren durch die Einbeziehung nicht finanziell benachteiligt werden und die Eignung der als Koordinator vorgeschlagenen Person gemäß Art. 71 gegeben ist.[3] Die Prüfung ist von Amts wegen vorzunehmen.[4] Das Gericht muss vom Vorliegen der Voraussetzungen also auch dann überzeugt sein, wenn seitens der anderen Verwalter der Gruppenmitglieder keine Einwände nach 64 erhoben wurden, aber Anhaltspunkte für das Nicht-Vorliegen der Eröffnungsvoraussetzungen erkennbar sind.

III. Beschlussinhalt

Art. 68 Abs. 1 Satz 2 regelt den Mindestinhalt des Beschlusses. Neben der Feststellung der Eröffnung des Gruppen-Koordinationsverfahrens muss der Beschluss die Bestellung der vorgeschlagenen Person als **Koordinator** vorsehen.[5] Da sich die Qualifikation des Koordinators nach dem Recht aller Mitgliedstaaten richtet, ist denkbar, auch eine juristische Person als Koordinator zu bestellen, soweit diese juristische Person nach dem Recht eines Mitgliedstaates den Bestellungsvoraussetzungen genügt.[6]

Darüber hinaus muss der Beschluss über den **Entwurf der Koordination** entscheiden. Die Regelung ist unglücklich formuliert, weil schon unklar bleibt, was der konkrete Beschlussinhalt sein soll und welche Bindungswirkung der Entwurf entfaltet. Denkbar ist einerseits, dass das Gericht schlichtweg ausspricht, es genehmige den eingereichten Entwurf der Darlegung der Gruppen-Koordination. Das ist insoweit folgerichtig, da das Gericht keine inhaltliche Gestaltungskompetenz hinsichtlich der beabsichtigten Koordination hat. Es ist daher nicht berechtigt, den Koordinationsentwurf zu modifizieren oder eigene Vorschläge zu unterbreiten.[7] Andererseits unterbreitet Art. 61 keine konkreten Vorgaben, wie die Darlegung der vorgeschlagenen Gruppenkoordination im Einzelnen auszusehen hat. Ob die Genehmigung eventuell eher prosafähiger Darlegungen insoweit sinnvoll ist oder ob das Gericht die sich hieraus ergebenden Rechte, Pflichten oder Zielsetzungen nicht ähnlich einem Beschlussinhalt, wie er im Rahmen der Anordnungen nach §§ 21, 22 InsO ergeht, zusammenfassen sollte, ist fraglich und wird auch von den bisherigen Erörterungen in der Literatur nicht klar beantwortet.

Richtigerweise und in Abweichung zu der in der Vorauflage vertretenen Auffassung, wird sich der Beschlussinhalt jedoch auf die Genehmigung der eingereichten Darstellung beschränken müssen. Denn die Aufgaben und Rechte des Koordinators sind in Art. 72 abschließend aufgeführt. Eine Kompetenz zur Erweiterung oder Einschränkung der Rechte und Aufgaben des Koordinators durch das Gericht sieht die EuInsVO an keiner Stelle vor (anders als die §§ 21, 22 InsO).[8] Es könnte sich inhaltlich daher nur um die konzeptionellen Darlegungen zur Koordination handeln. Aber auch insoweit ist nicht erkennbar, dass die EuInsVO dem Gericht insoweit Gestaltungsspielräume eingeräumt hätte. Andererseits sind diese auch kaum notwendig, da der Plan ohnehin nicht bindend ist, sondern nur Empfehlungscharakter hat und zudem auch nur als Entwurf einzureichen ist. Insoweit kämen Einschränkungen oder Korrekturen auch nur dann in Betracht, wenn der Entwurf gegen fundamentale Grundsätze des verfahrensrechtlichen oder materiellrechtlichen Insolvenzrechts verstoßen würde. Dann aber kommt keine Korrektur oder Änderung in Betracht, sondern nur eine

---

[2] Ebenso *Himmer,* Das europäische Konzerninsolvenzrecht nach der reformierten EuInsVO, S. 379. Das wird schon praktisch kaum zu einer Fristverkürzung führen können, da die Verwalter für ihre Entscheidung auch die nach nationalem Recht notwendigen Genehmigungen einholen müssen, vgl bereits → Art. 64 Rn. 8.
[3] Vgl. → Art. 63 Rn. 2 ff.
[4] Vgl. Braun/*Esser* Art. 68 Rn. 10; *Himmer,* Das europäische Konzerninsolvenzrecht nach der reformierten EuInsVO, S. 379.
[5] Entweder die im Erstantrag nach Art. 61 vorgeschlagene Person oder die in einem neuen Antrag nach Art. 67 vorgeschlagene Person nach Art. 67 Rn. 4.
[6] Vgl. → Art. 71 Rn. 2.
[7] Vgl. die Erörterungen bei *Himmer,* Das europäische Konzerninsolvenzrecht nach der reformierten EuInsVO, S. 380 f.; Wimmer/Bornemann/Lienau/*Bornemann,* Die Neufassung der EuInsVO, Rn. 616; Bork/van Zwieten/*Schmidt* Art. 68 Rn. 68.11; Brinkmann/*Lienau* Art. 68 Rn. 3; Vallender/*Madaus* Art. 68 Rn. 5.
[8] Deswegen rückt der Verfasser von der in der Vorauflage vertretenen Auffassung ab; so aber noch: MüKoBGB/*Kindler* Art. 68 Rn. 7.

mögliche Zurückweisung des Antrags. Daher ist im Ergebnis lediglich die Genehmigung des Entwurfs der Koordination auszugeben.

7   Zu entscheiden ist auch über die **Kostenschätzung** und die **Verteilung der Kosten** unter den teilnehmenden Gruppenmitgliedern. Die Gesamtkosten sind konkret zu beziffern. Das ist notwendig, da Art. 72 Abs. 6 eine Informationspflicht des Koordinators vorsieht, sobald die zu erwartenden Kosten 10% der geschätzten Kosten übersteigen.[9] Darüber hinaus ist auch über den Aufteilungsschlüssel der beteiligten Insolvenzverfahren zu befinden. Auch insoweit verfügt das Gericht über keine Kompetenz, den von dem antragstellenden Verwalter gewählten Aufteilungsschlüssel zu ändern. Möglich ist allenfalls eine Änderung der konkreten auf die teilnehmenden Verwalter entfallenden Kosten, soweit ein oder mehrere Verwalter der Einbeziehung widersprochen haben und sich – bei gleichbleibendem Aufteilungsschlüssel – die Kosten entsprechend verschoben haben.[10]

IV. Mitteilung des Beschlusses

8   Nach Art. 68 Abs. 2 ist die Entscheidung zur Eröffnung „*den beteiligten Verwaltern*" und dem Koordinator mitzuteilen. Entgegen der noch in der Vorauflage vertretenen Auffassung beschränkt sich die Mitteilungspflicht nicht auf den antragstellenden Verwalter sowie die Verwalter, die keinen Einwand gegen die Einbeziehung des Insolvenzverfahrens, für das sie bestellt wurden, erhoben haben (Art. 64 Abs. 1 lit. a)).[11] Der Beschluss ist daher grundsätzlich allen Verwaltern mitzuteilen, die im Antrag nach Art. 61 Abs. 2 lit. c) aufgeführt waren.[12] Die ratio einer weiten Mitteilungspflicht ergibt sich aus der Sperrwirkung der Prioritätsregel nach Art. 62, die sich auf alle Verwalter sowie parallel dazu angerufene Gerichte erstreckt. Gleiches gilt, wenn das Gericht den Antrag ablehnt.[13]

9   Für die Mitteilung schreibt Art. 68 Abs. 2 keine besondere Form vor. Anders als nach der Mitteilung nach Art. 63 Abs. 3 bedarf es nach dem Wortlaut der Vorschrift keiner besonderen Form der Übermittlung. Das angerufene Gericht sollte aber als Übermittlungsform für eine mögliche Inlandszustellung diejenige Form wählen, die nach dem nationalen autonomen Recht auch für Eröffnungsbeschlüsse für Insolvenzverfahren vorgesehen ist, zumal der Eröffnungsbeschluss für das Koordinationsverfahren auch rechtsmittelfähig ist und sich die Möglichkeit eines Rechtsmittels ebenfalls nach dem Recht des Verfahrensstaates richtet (vgl. dazu → Rn. 11). Für eine Zustellung des Beschlusses in andere Mitgliedstaaten kommt eine Zustellung nach der Verordnung über die Zustellung von Schriftstücken Nr. 1393/2007 in Betracht.

10 Dem das Koordinationsverfahren eröffnenden Gericht steht es frei, die Aufnahme des Eröffnungsbeschlusses für das Koordinationsverfahren gemäß Art. 24 Abs. 3 in das Insolvenzregister des eigenen Mitgliedstaates zu veranlassen. Eine Veröffentlichungspflicht besteht jedoch nicht, da die Information über ein Kooperationsverfahren nicht zu den Pflichtinformationen nach Art. 24 Abs. 2 gehört.

V. Rechtsmittel

11 Art. 68 enthält keine Regelung darüber, ob und wie gegen den Eröffnungsbeschluss ein Rechtsmittel möglich ist und bei welchem Gericht und bis wann dieses einzulegen ist. Die Vorschrift unterscheidet sich insoweit von Art. 69 Abs. 4 und Art. 77 Abs. 5, die beide ausdrücklich die Möglichkeit vorsehen, gegen die dort bezeichneten Entscheidungen Rechtsmittel einzulegen. Der deutsche Gesetzgeber hat daraus die Schlussfolgerung gezogen, dass der Eröffnungsbeschluss nach der EuInsVO nicht rechtsmittelfähig ist und daher in den Durchführungsvorschriften zur Umsetzung der EuInsVO nur Regelungen zu den in Art. 69 Abs. 4 und Art. 77 Abs. 5 ausdrücklich zugelassenen Rechtsmitteln aufgenommen (vgl. Art. 102c §§ 25, 26 EGInsO).[14] Diese Schlussfolgerung war keineswegs zwingend. Sie hängt davon ab, ob man aus dem Schweigen in Art. 68 zu möglichen Rechtsmitteln im Umkehrschluss die Schlussfolgerung ziehen darf, dass gegen den Eröffnungsbeschluss kein Rechtsmittel möglich ist. Denkbar wäre jedoch auch eine Auslegung, dass Art. 69 Abs. 4 und Art. 77 Abs. 5 vom europäischen Gesetzgeber als Erweiterung der Rechtsmittelfähigkeit

---

[9] Vgl. → Art. 72 Rn. 9 f.; ebenso wohl Vallender/*Madaus* Art. 68 Rn. 6; Bork/van Zwieten/*Schmidt* Art. 68 Rn. 68.13.

[10] Bork/van Zwieten/*Schmidt* Art. 68 Rn. 68.13; *Himmer*, Das europäische Konzerninsolvenzrecht nach der reformierten EuInsVO, S. 381; aA Braun/*Esser* Art. 68 Rn. 13, die eine Modifikation des Verteilungsschlüssels durch das Gericht zulassen.

[11] So noch → 3. Aufl., Art. 68 Rn. 7; so aber auch MüKoBGB/*Kindler* Art. 68 Rn. 9; Brinkmann/*Lienau* Art. 68 Rn. 7.

[12] Die Mitteilung ebenfalls auf alle, auch die nicht teilnehmenden Verwalter erweiternd: Braun/*Esser* Art. 68 Rn. 16; *Himmer*, Das europäische Konzerninsolvenzrecht nach der reformierten EuInsVO, S. 381.

[13] *Paulus* Art. 68 Rn. 11.

[14] Vgl. hierzu noch die Kommentierung unten, Art. 102c § 25 und § 26 EGInsO.

angesehen wurden, während ein Rechtsmittel gegen den wesentlich grundlegenderen Beschluss, nämlich die Eröffnung des Kooperationsverfahrens, als gegeben unterstellt wurde. Denn da sich auch das Gruppen-Koordinationsverfahren nach dem Recht des Verfahrensstaates richtet (Art. 7 Abs. 2 Satz 1),[15] gelten die Vorschriften des autonomen Rechts ergänzend für das Gruppen-Koordinationsverfahren, soweit die EuInsVO keine verdrängende Spezialvorschrift enthält. Zu Recht verlangt daher die überwiegende Auffassung in der Literatur, dass auch der Eröffnungsbeschluss in entsprechender Anwendung des § 34 InsO rechtsmittelfähig sein sollte.[16]

Art. 69 Nachträgliches Opt-in durch Verwalter

(1) Im Einklang mit dem dafür geltenden nationalen Recht kann jeder Verwalter im Anschluss an die Entscheidung des Gerichts nach Artikel 68 die Einbeziehung des Verfahrens, für das er bestellt wurde, beantragen, wenn
a) ein Einwand gegen die Einbeziehung des Insolvenzverfahrens in das Gruppen-Koordinationsverfahren erhoben wurde oder
b) ein Insolvenzverfahren über das Vermögen eines Mitglieds der Gruppe eröffnet wurde, nachdem das Gericht ein Gruppen-Koordinationsverfahren eröffnet hat.

(2) Unbeschadet des Absatzes 4 kann der Koordinator einem solchen Antrag nach Anhörung der beteiligten Verwalter entsprechen, wenn
a) er davon überzeugt ist, dass unter Berücksichtigung des Stands, den das Gruppen-Koordinationsverfahren zum Zeitpunkt des Antrags erreicht hat, die Voraussetzungen gemäß Artikel 63 Absatz 1 Buchstaben a und b erfüllt sind, oder
b) alle beteiligten Verwalter gemäß den Bestimmungen ihres nationalen Rechts zustimmen.

(3) Der Koordinator unterrichtet das Gericht und die am Verfahren teilnehmenden Verwalter über seine Entscheidung gemäß Absatz 2 und über die Gründe, auf denen sie beruht.

(4) Jeder beteiligte Verwalter und jeder Verwalter, dessen Antrag auf Einbeziehung in das Gruppen-Koordinationsverfahren abgelehnt wurde, kann die in Absatz 2 genannte Entscheidung gemäß dem Verfahren anfechten, das nach dem Recht des Mitgliedstaats, in dem das Gruppen-Koordinationsverfahren eröffnet wurde, bestimmt ist.

Literatur: Vgl. Vor Art. 56.

Übersicht

		Rn.			Rn.
I.	Normzweck	1	V.	Unterrichtung (Abs. 3)	11
II.	Einbeziehungsantrag (Abs. 1)	2	VI.	Rechtsmittel (Abs. 4)	12
III.	Antragsvoraussetzungen (Abs. 1)	6			
IV.	Entscheidung	8	VII.	Nachträgliches Opt-out	14

I. Normzweck

Art. 69 regelt die Möglichkeit, auch nach Eröffnung eines Gruppen-Koordinationsverfahrens dem Verfahren noch beitreten zu können (Opt-in). Während vor Eröffnung eines Gruppen-Koordinationsverfahrens jeder Verwalter eines bereits eröffneten Verfahrens berechtigt ist, an dem Gruppen-Koordinationsverfahren teilzunehmen, bedarf es zum Opt-in nach Eröffnung eines Gruppen-Kooperationsverfahrens einer Aufnahmeentscheidung durch den Koordinator oder aller am Koordinationsverfahren bereits beteiligten Verwalter. Die Einzelheiten hierzu regelt Art. 69. Ein (nachträgliches) Opt-out ist jedoch von der Vorschrift nicht erfasst.

---
[15] Vgl. hierzu bereits oben → Art. 61 Rn. 12.
[16] *Himmer*, Das europäische Konzerninsolvenzrecht nach der reformierten EuInsVO, S. 382; Brinkmann/*Lienau* Art. 68 Rn. 9; Mankowski/Müller/Schmidt/*Schmidt* Art. 68 Rn. 29; *Prager/Keller* WM 2015, 805, 811; MüKoBGB/*Kindler* Art. 68 Rn. 15; aA (kein Rechtsmittel möglich) Vallender/*Madaus* Art. 68 Rn. 8; *Paulus* Art. 68 Rn. 12, der dies aus der Konsensualität des Verfahrens herleitet, was jedoch allenfalls auf einen Teil der Fallkonstellationen zutreffen wird.

II. Einbeziehungsantrag (Abs. 1)

2   Die Einbeziehung weiterer Insolvenzverfahren in das bereits eröffnete Gruppen-Koordinationsverfahren erfolgt nur auf **Antrag** des Verwalters, dessen Insolvenzverfahren noch einbezogen werden soll. Es findet daher keine automatische Ergänzung oder Aktualisierung statt, falls in der Folgezeit noch weitere Mitglieder der Unternehmensgruppe ebenfalls in Insolvenz geraten und dem Gruppen-Koordinationsverfahren beitreten wollen. Gemäß Art. 76 kann der Antrag bei einem Schuldner in Eigenverwaltung vom Schuldner selbst gestellt werden. Zulässig ist ebenfalls der Antrag eines vorläufigen Insolvenzverwalters nach Art. 2 Nr. 5.[1]

3   Der Antrag muss **im Einklang „*mit dem dafür geltenden nationalen Recht*"** gestellt werden. Die Vorschrift entspricht der kollisionsrechtlichen Verweisung in Art. 61 Abs. 2 und verweist auf das Recht des Verfahrensstaates des Insolvenzverfahrens, für das der Verwalter bestellt wurde.[2] Die Sonderanknüpfung soll die Antragsstellung für die betroffenen Verwalter in formeller Hinsicht vereinfachen. Sie betrifft mögliche Genehmigungen, die der Verwalter für das Opt-in in seinem Insolvenzverfahren einholen muss, für die – an sich selbstverständlich – die Vorschriften des Verfahrensstaates des Insolvenzverfahrens gelten, für das er bestellt wurde.[3] Nach Art. 102c § 23 Abs. 2 Nr. 2 EGInsO hat der deutsche Insolvenzverwalter daher vor Stellung des Antrags die Zustimmung nach §§ 160, 161 InsO einzuholen.[4]

4   Die Vorschrift ist nur anwendbar, nachdem das Gruppen-Koordinationsverfahren **eröffnet** wurde („*im Anschluss an die Entscheidung des Gerichts nach Art. 68*"). Vor Eröffnung ist grundsätzlich jedes Mitglied der Unternehmensgruppe in die Liste der Mitglieder der Gruppe aufzunehmen und daher automatisch zu berücksichtigen, und zwar auch dann, wenn das Insolvenzverfahren noch nicht eröffnet wurde.[5]

5   Wie sich aus den Absätzen 2 und 3 ergibt, ist der Antrag nicht beim Gericht des Gruppen-Koordinationsverfahrens zu stellen, sondern bei dem im Eröffnungsbeschluss eingesetzten Koordinator.[6] Denn dieser entscheidet über den Antrag und unterrichtet das Gericht über seine Entscheidung. Eine Begründung des Antrags ist nach der Vorschrift nicht zwingend notwendig, mithin auch ein unbegründeter Antrag zulässig. Da dem Koordinator jedoch ein Ermessensspielraum bei der ihm zustehenden Entscheidung zusteht, empfiehlt es sich jedoch, die Gründe für den Beitritt zu erläutern,[7] insbesondere wenn der Verwalter vor der Eröffnung des Gruppen-Koordinationsverfahrens der Einbeziehung noch widersprochen hatte.

III. Antragsvoraussetzungen (Abs. 1)

6   Art. 69 Abs. 1 nennt zwei Gründe für einen nachträglichen Opt-in-Antrag: erstens, der Verwalter war zwar im Eröffnungsverfahren zum Gruppen-Koordinationsverfahren beteiligt, hat jedoch **im Eröffnungsverfahren Einwände** gegen die Einbeziehung „seines" Insolvenzverfahrens geltend gemacht hat (Art. 64 Abs. 1 lit. a)). Die Verordnung erlaubt daher dem Verwalter, seine zunächst getroffene Entscheidung gegen eine Teilnahme später zu revidieren.

7   Zweitens kann der Antrag gestellt werden, wenn das Insolvenzverfahren des antragstellenden Verwalters **erst eröffnet worden ist, nachdem das Gruppen-Koordinationsverfahren eröffnet** worden war (Art. 64 Abs. 1 lit. b)). Denn in das Gruppen-Koordinationsverfahren können nur Insolvenzverfahren einbezogen werden, die bereits eröffnet und daher in die Liste nach Art. 61 Abs. 3 lit. c) aufgenommen wurden. Nach dem Wortlaut sind daher die Insolvenzverfahren, die zwar vor der Eröffnungsentscheidung des Gruppen-Koordinationsverfahrens eröffnet wurden, jedoch mangels Aufnahme in die Liste nach Art. 61 Abs. 3 lit. c) nicht in den Eröffnungsbeschluss bezüglich des Gruppen-Koordinationsverfahrens einbezogen sind, an sich nicht erfasst. Man wird jedoch den Wortlaut im Hinblick auf die Unzulänglichkeiten bei der Einbeziehung

---

[1]   Ebenso *Himmer,* Das europäische Konzerninsolvenzrecht nach der reformierten EuInsVO, S. 425; Braun/ Esser Art. 69 Rn. 26.
[2]   Vgl. → Art. 61 Rn. 12.
[3]   Vgl. die vergleichbare Regelung in Art. 64 Abs. 3, vgl. → Rn. 8 f.; *Himmer,* Das europäische Konzerninsolvenzrecht nach der reformierten EuInsVO, S. 425.
[4]   Vgl. auch → Art. 64 Rn. 8 f.
[5]   Vgl. Art. 61 Abs. 3 lit. c); → Art. 61 Rn. 17; vgl. zu Abgrenzungsfragen aber auch → Rn. 5.
[6]   *Himmer,* Das europäische Konzerninsolvenzrecht nach der reformierten EuInsVO, S. 425; Bork/van Zwieten/*Schmidt* Art. 69 Rn. 69.10; MüKoBGB/*Kindler* Art. 69 Rn. 6; Vallender/*Madaus* Art. 69 Rn. 5; Mankowski/Müller/Schmidt/*Schmidt,* Art. 69 Rn. 11; Vallender/*Madaus* Art. 69 Rn. 5; aA *Paulus* Art. 69 Rn. 7 (das Koordinationsgericht).
[7]   *Himmer,* Das europäische Konzerninsolvenzrecht nach der reformierten EuInsVO, S. 425; Bork/van Zwieten/*Schmidt* Art. 69 Rn. 69.11.

der Insolvenzverfahren, die erst nach dem Antrag gemäß Art. 61 eröffnet werden,[8] entsprechend korrigieren müssen. Nach ganz überwiegender Auffassung kann auch der Verwalter eines solchen nicht einbezogenen Verfahrens noch einen Einbeziehungsantrag stellen.[9]

IV. Entscheidung

Die **Kompetenz** zur Entscheidung über den Antrag des Verwalters auf Einbeziehung überträgt die Verordnung dem **Koordinator**. Das ist unglücklich, weil kein Grund ersichtlich ist, die Entscheidungskompetenz über die Eröffnung und Teilnahme für diesen Fall auf den Koordinator zu übertragen, gegen dessen Entscheidung gegebenenfalls ein anderer Rechtsmittelweg eröffnet wird, als gegen die Eröffnungsentscheidung.[10]   8

Vor der Entscheidung über den Antrag sind die Verwalter, die am Gruppen-Koordinationsverfahren beteiligt sind, zu hören. Art. 69 Abs. 2 enthält zwei Fallgruppen, nach denen dem Antrag stattgegeben werden kann: erstens (lit. a), wenn der Koordinator davon überzeugt ist, dass unter Berücksichtigung des Verfahrensstandes die Voraussetzungen gemäß Art. 63 Abs. 1 lit. a) und b) erfüllt sind, mithin die Einbeziehung die effektive Führung der beteiligten Insolvenzverfahren erleichtern kann und nicht erwartet werden kann, dass ein Gläubiger durch die Einbeziehung finanziell benachteiligt wird.[11] Zweitens (lit. b), wenn alle beteiligten Verwalter der Einbeziehung zustimmen. Für die internen Formalia der Zustimmung gelten wiederum die Bestimmungen des nationalen Rechts der jeweiligen Verfahrensstaates.   9

Auf die Einbeziehung hat der antragstellende Verwalter jedoch keinen Anspruch. Nach dem Wortlaut „*kann*" der Koordinator dem Antrag entsprechen, wenn die vorgenannten Voraussetzungen vorliegen.[12] Es bleibt mithin ein über die Voraussetzungen des Absatz 2 hinausgehender Ermessensspielraum, der jedoch, soweit keine weiteren Gründe einer Einbeziehung entgegen stehen, im Sinne einer Beteiligungspräferenz der Verordnung zugunsten der Einbeziehung auszuüben ist.[13]   10

V. Unterrichtung (Abs. 3)

Nach Art. 69 Abs. 3 hat der Koordinator das Gericht und die am Verfahren teilnehmenden Verwalter über seine Entscheidung gemäß Absatz 2 zu informieren und über die Gründe, auf denen sie beruht. Von dem Koordinator ist dementsprechend eine Entscheidung ähnlich einem Gerichtsbeschluss zu verfassen, das einen Tenor sowie Gründe enthält. Die Entscheidung und die Gründe sind in Schriftform abzufassen und dem Gericht und den beteiligten Verwaltern zu übermitteln. Eine besondere Form der Übermittlung sieht Absatz 3 – anders als beispielsweise Art. 63 Abs. 3 – hingegen nicht vor. Wegen möglicher Rechtsmittelfristen empfiehlt sich jedoch, die Unterrichtung per Einschreiben mit Rückschein vorzunehmen, damit der Zugang der Entscheidung des Koordinators zweifelsfrei festgestellt und mögliche Rechtsmittelfristen überprüft werden können.   11

VI. Rechtsmittel (Abs. 4)

Art. 69 Abs. 4 sieht ein ausdrückliches Rechtsmittel gegen die Entscheidung des Koordinators vor. Diese ausdrückliche Regelung eines Rechtsmittels ist schon deswegen notwendig, da es sich bei dem Koordinator um keine Behörde oder Gericht handelt, und der Verordnungsgeber damit klarstellt, dass auch gegen die Entscheidung des Koordinators ein Rechtsmittel möglich ist. **Rechtsmittelbefugt** ist zunächst der Verwalter, dessen Antrag auf Einbeziehung abgelehnt wurde. Darüber hinaus ist aber auch jeder beteiligte Verwalter befugt Rechtsmittel einzulegen, und zwar sowohl bei einer ablehnenden als auch bei einer der Einbeziehung stattgebenden Entscheidung des Koordinators.[14]   12

Für das Rechtsmittelverfahren verweist Art. 69 Abs. 4 auf das Recht des Mitgliedsstaates, in dem das Gruppen-Koordinationsverfahren eröffnet wurde, mithin auf die *lex fori* des Koordinations-   13

---

[8] Zur Problematik der nachträglichen Einbeziehung von Insolvenzverfahren, die nach dem Antrag auf Eröffnung eines Gruppen-Koordinationsverfahrens eröffnet wurden, vgl. auch → Art. 61 Rn. 19.
[9] Vgl. *Himmer*, Das europäische Konzerninsolvenzrecht nach der reformierten EuInsVO, S. 425; Braun/*Esser* Art. 69 Rn. 7; Brinkmann/*Lienau* Art. 69 Rn. 4.
[10] Vgl. hierzu noch → Rn. 12ff.
[11] Zur Beurteilung dieser Anforderungen vgl. → Art. 63 Rn. 3ff.
[12] Auch die englische Sprachfassung „*may accede*" und die französische Sprachfassung „*peut accéder*" sprechen gegen einen Anspruch auf Einbeziehung bei Vorliegen der Voraussetzungen. Andernfalls hätte es heißen müssen: „*ist zu entsprechen*".
[13] *Himmer*, Das europäische Konzerninsolvenzrecht nach der reformierten EuInsVO, S. 426 f.; differenzierend Brinkmann/*Lienau* Art. 69 Rn. 6, der kein Ermessen sieht, wenn alle anderen Verwalter der Einbeziehung zustimmen; aA Bork/van Zwieten/*Schmidt* Art. 69 Rn. 69.16 (generell gebundene Entscheidung).
[14] *Himmer*, Das europäische Konzerninsolvenzrecht nach der reformierten EuInsVO, S. 429.

gerichts. Der Verweis auf das Recht des Verfahrensstaates hilft bei einer Entscheidung durch den Koordinator jedoch nur eingeschränkt, da es im autonomen Recht für die Anfechtung einer Entscheidung des Koordinators nur dann eine Vorschrift geben wird, wenn das nationale Recht eine ähnliche Regelung zur Konzerninsolvenz oder rechtsmittelfähige Beschlüsse des Insolvenzverwalters kennt. Fehlen ähnliche Regelungen, so wird man Parallelen aus dem Insolvenzverfahren ziehen müssen. Der deutsche Gesetzgeber hat hierfür die in ErwG Nr. 61 enthaltene Möglichkeit aufgegriffen, eine ergänzende Regelung im nationalen Recht zu schaffen. Art. 102c § 25 EGInsO sieht insoweit vor, dass gegen die Entscheidung des Koordinators die Erinnerung statthaft ist und verweist hierbei ergänzend auf die Vorschriften zur Erinnerung nach § 573 ZPO.

VII. Nachträgliches Opt-out

14 Während Art. 69 ein nachträgliches Opt-in ermöglicht, enthält die Vorschrift – wie auch die anderen Vorschriften zum Gruppen-Koordinationsverfahren – **keine Regelung** über ein Opt-out im Anschluss an die Eröffnungsentscheidung des Gerichts nach Art. 68. Für ein solches Opt-out besteht jedoch auch kein Bedürfnis, solange die Kosten des Gruppen-Koordinationsverfahrens innerhalb des nach Art. 61 Abs. 3 lit. d) zulässigen Kostenrahmens zuzüglich der ausdrücklich zulässigen Überschreitung von 10% (vgl. Art. 72 Abs. 6) bleiben. Denn diesen Kosten hat jeder der teilnehmenden Verwalter zugestimmt. Der ausstiegswillige Verwalter darf sich daher durch ein Opt-out dieser Kostenlast, die das Gericht nach Erfüllung der Aufgaben durch den Koordinator festsetzt, nicht entziehen. Seine nicht mehr bestehende Kooperationsbereitschaft kann der Verwalter hingegen durch eine Information an den Koordinator entsprechend Art. 70 Abs. 2, Unterabs. 2 kundtun.

15 Hingegen muss ein Opt-out für jeden Verwalter möglich sein, wenn der Koordinator nach Art. 72 Abs. 6 anzeigt, dass das Verfahren zu einer **erheblichen Kostensteigerung,** dh von mehr als 10% der geschätzten Kosten, führen wird.[15] Denn die Kostenschätzung ist wesentlicher Bestandteil des Verfahrens. Diese müssen nach ErwG Nr. 58 angemessen, verhältnismäßig und vertretbar sein. Die Kosten (im Verhältnis zum Nutzen) spielen daher für die Frage der Durchführung eines Gruppen-Koordinationsverfahrens eine erhebliche Rolle. Jedem Verwalter muss daher die Möglichkeit gegeben werden, bei einer erheblichen Kostensteigerung, die für „sein" Verfahren in keinem Verhältnis zum Nutzen mehr steht, das Verfahren zu verlassen. An den Kosten aus der ursprünglichen Kostenschätzung bleibt er jedoch nach Art. 77 beteiligt.

Art. 70 Empfehlungen und Gruppen-Koordinationsplan

(1) Bei der Durchführung ihrer Insolvenzverfahren berücksichtigen die Verwalter die Empfehlungen des Koordinators und den Inhalt des in Artikel 72 Absatz 1 genannten Gruppen-Koordinationsplans.

(2) Ein Verwalter ist nicht verpflichtet, den Empfehlungen des Koordinators oder dem Gruppen-Koordinationsplan ganz oder teilweise Folge zu leisten.
Folgt er den Empfehlungen des Koordinators oder dem Gruppen-Koordinationsplan nicht, so informiert er die Personen oder Stellen, denen er nach seinem nationalen Recht Bericht erstatten muss, und den Koordinator über die Gründe dafür.

Literatur: Vgl. Vor Art. 56.

I. Normzweck

1 Art. 70 regelt, wie die von dem Koordinator erstellten Ergebnisse für eine effektive Abwicklung der Insolvenz der Gruppenmitglieder von den teilnehmenden Verwaltern zu berücksichtigen sind. Die Vorschrift ergänzt insoweit Art. 72 Abs. 1, der die Aufgaben des Koordinators festlegt. Danach soll der Koordinator Empfehlungen für die koordinierte Durchführung der Insolvenzverfahren abgeben oder einen Gruppen-Koordinationsplan aufstellen, der einen Katalog geeigneter Maßnahmen für einen integrierten Ansatz zur Bewältigung der Insolvenz der Gruppenmitglieder enthält. Diese Empfehlungen sowie der Gruppen-Koordinationsplan sind für die teilnehmenden Verwalter jedoch nicht bindend, wie sich aus Art. 70 ergibt. Sie sind jedoch zu *„berücksichtigen"*, wie der Wortlaut des Art. 70 weich formuliert. Weicht ein Verwalter von den Empfehlungen oder dem Gruppen-

---

[15] Ähnlich Vallender/*Madaus* Art. 69 Rn. 14, der mit gleicher Kostenfolge ein Opt-out grundsätzlich ermöglichen möchte; Für ein Opt-out, wenn alle anderen Verwalter zustimmen, *Himmer,* Das europäische Konzerninsolvenzrecht nach der reformierten EuInsVO, S. 430.

Koordinationsplan ab, so hat er den Koordinator sowie die Personen, denen er in seinem Insolvenzverfahren Bericht erstatten muss, zu informieren und Gründe für die Abweichung zu benennen (sog. *comply or explain*).[1]

II. Berücksichtigung (Abs. 1)

Art. 70 Abs. 1 legt den teilnehmenden Verwaltern die Pflicht auf, die Empfehlungen des Koordinators sowie den Inhalt des Gruppen-Koordinationsplans *„zu berücksichtigen"*. Es handelt sich um eine **Sachnorm**, die die Pflichten der teilnehmenden Verwalter klarstellend konkretisiert. *„Berücksichtigen"* im Sinne des Art. 70 Abs. 1 bedeutet, die Empfehlungen und den Gruppen-Koordinationsplan zur Kenntnis zu nehmen und zu prüfen.[2]

III. Unverbindlichkeit der Empfehlungen (Abs. 2)

Art. 70 Abs. 2 Satz 1 legt klarstellend fest, dass die Empfehlungen und der Gruppen-Koordinationsplan des Koordinators für die Verwalter unverbindlich sind. Die fehlende Bindungswirkung der Empfehlungen des Koordinators ist folgerichtig, soweit man kein dem Insolvenzplanverfahren vergleichbares Verfahren schafft, in dem die Empfehlungen oder der Koordinationsplan durch die *stakeholder* der Insolvenzverfahren rechtsverbindlich beschlossen werden können.[3] Sie entspricht insoweit auch der Freiwilligkeit des Gruppen-Koordinationsverfahrens (vgl. ErwG Nr. 56 S 2). Die Nichtbefolgung zieht daher keinerlei Sanktionen nach sich. Es steht im pflichtgemäßen Ermessen des Verwalters, den Empfehlungen oder dem Gruppen-Koordinationsplan zu folgen. Diese Pflicht besteht jedoch nur gegenüber der von ihm verwalteten Insolvenzmasse. War die Nichtbefolgung einer Empfehlung oder des Gruppen-Koordinationsplans pflichtwidrig, so können allenfalls Schadensersatzansprüche der Insolvenzmasse gegen den Verwalter bestehen, die gemäß Art. 7 Abs. 2 dem Recht des Verfahrensstaates des Insolvenzverfahrens unterstehen, für das der Verwalter bestellt wurde.[4] Der Koordinator hat mithin keinen schuldrechtlichen Anspruch auf Umsetzung seiner Empfehlungen oder Einhaltung des Gruppen-Koordinationsplans, und zwar auch dann nicht, wenn die Erklärungen des Verwalters bezüglich seiner Nichtbefolgung unzureichend oder sogar unzutreffend sind. Die Pflicht, dies zu erklären, soll lediglich dem Koordinator helfen, gegebenenfalls die Bedenken des Verwalters auszuräumen.

Nach Art. 70 Abs. 2 Satz 2 muss der Verwalter, der einer Empfehlung oder dem Gruppen-Koordinationsplan nicht folgt, den Koordinator und die im Gesetz näher bezeichneten Personen (dazu sogleich) **über** *„die Gründe informieren"*. Der Verordnungsgeber folgt damit dem Konzept des *„Comply or explain"*, das der Verordnungsgeber bereits im Corporate Governance Codex und in anderen bankaufsichtsrechtlichen Vorschriften eingeführt hat.[5] Informationsberechtigt ist zunächst der Koordinator. Darüber hinaus ist der abweichende Verwalter aber auch zur Information derjenigen Personen oder Stellen verpflichtet, *„denen er nach seinem nationalen Recht Bericht erstatten muss"*. Damit werden die Berichtspflichten des Verwalters nach den Vorschriften seines Verfahrensstaates erweitert. Die Regelung ist allerdings insoweit fraglich, weil sie dem Verwalter „lediglich" einen nachträglichen internen Begründungszwang für das von ihm in seinem Mitgliedstaat geführte Insolvenzverfahren auferlegt. Das ist insoweit ein Wertungswiderspruch, als der Verordnungsgeber die Entscheidung des Verwalters zum Beitritt zu einem Gruppen-Koordinationsverfahren von der vorherigen Zustimmung der entsprechenden Verfahrensorgane abhängig gemacht hat.[6] Zwar hat der deutsche Gesetzgeber in Art. 102c § 23 Abs. 2 EGInsO den Widerspruch nicht in die Liste der Handlungen aufgenommen, für die der deutsche Verwalter zunächst eine Zustimmung einholen muss. Angesichts dessen, dass der Gläubigerausschuss bzw. die Gläubigerversammlung zunächst den Beitritt zum Gruppen-Koordinationsverfahren in Kenntnis des Entwurf eines Koordinationsplans gebilligt hat, wird man davon ausgehen dürfen, dass der deutsche Verwalter für eine Abweichung sodann auch eine Zustimmung

---

[1] So auch Flöther/*Undritz*, Handbuch zum Konzerninsolvenzrecht, § 8 Rn. 103.
[2] So auch *Paulus*, Art. 70 Rn. 1; Braun/*Esser*, Art. 70 Rn. 3.
[3] Hierzu *Schmidt*, KTS 2015, 19, 41.
[4] Allg. Auffassung vgl. *Paulus* Art. 70 Rn. 3; Brinkmann/*Lienau* Art. 70 Rn. 5; Vallender/*Madaus* Art. 70 Rn. 4; *Prager/Keller* WM 2015, 805, 811; *Fehrenbach* BPR 2017, 38, 48; Bork/van Zwieten/*Schmidt* Art. 70 Rn. 70.20 f.
[5] Das Konzept geht zurück auf den sog. Cadbury-Report von „The Committee on the Financial Aspects of Corporate Governance" aus dem Jahr 1992; zur Umsetzung im Bereich der Unternehmensführung vgl. die Empfehlungen der Kommission vom 9.4.2014, AblEU vom 12.4.2014, L109/43; zur Übernahme des *comply* or *explain* Mechanismus im Kapitalmarktrecht vgl. Art. 16 Abs. 3 EMSA-VO, AblEU vom 15.12.2010, AblEU L331/87; Art. 16 Abs. 3 EBA-VO, AblEU vom 15.12.2010 AblEU L331/12; Art. 16 Abs. 3 EIOPA-VO, ABlEU vom 15.12.2010, L331/48.
[6] Vgl. Art. 61 Abs. 2 sowie → Art. 61 Rn. 3; Art. 69 Abs. 1 sowie → Art. 69 Rn. 3.

des betreffenden Organs einholen muss, soweit der Verwalter beabsichtigt, von den Empfehlungen grundlegend abzuweichen.

5   Art. 70 Abs. 2 Unterabs. 2 enthält keine Vorgaben über den Inhalt der Begründung. Der Verwalter wird sich hierbei jedoch an der sog. *comply or explain* Empfehlung der Kommission 2014/208/EU orientieren können, die in Art. 8f eine Regelung über die Begründung für eine Abweichung enthält.[7] Allerdings sind die dortigen Regelungen nur bedingt übertragbar. So ist der abweichende Verwalter nicht verpflichtet zu begründen, auf welchem Weg die Entscheidung getroffen wurde, weil Art. 70 Abs. 2 nicht auf eine bessere (interne) „Unternehmensführung" abzielt, sondern auf Transparenz bezüglich der möglichen Handlungsoptionen für die Gruppenmitglieder. Eine Verletzung dieser Pflicht ist in der Regel folgenlos. Denn es wäre Aufgabe der Empfänger des Berichts, entsprechende inhaltliche oder formelle Mängel zu rügen.

Unterabschnitt 2. Allgemeine Vorschriften

Art. 71 Der Koordinator

(1) Der Koordinator muss eine Person sein, die nach dem Recht eines Mitgliedstaats geeignet ist, als Verwalter tätig zu werden.

(2) Der Koordinator darf keiner der Verwalter sein, die für ein Mitglied der Gruppe bestellt sind, und es darf kein Interessenkonflikt hinsichtlich der Mitglieder der Gruppe, ihrer Gläubiger und der für die Mitglieder der Gruppe bestellten Verwalter vorliegen.

Literatur: Vgl. Vor Art. 56.

I. Normzweck

1   Artikel 71 enthält als Sachnorm die Anforderungen an die persönliche und sachliche **Qualifikation des Koordinators.** Die Vorschrift steht im Zusammenhang mit dem Vorschlag einer bestimmten Person als Koordinator gemäß Art. 61 Abs. 3 lit. a), dem möglichen Einwand der Verwalter der Gruppen-Mitglieder gegen die als Koordinator vorgeschlagene Person nach Art. 64 Abs. 1 lit. b) sowie die im Eröffnungsbeschluss vorzunehmende Bestellung des Koordinators nach Art. 68 Abs. 1 lit. a).

II. Eignung (Abs. 1)

2   Nach Art. 71 Abs. 1 muss der Koordinator eine Person sein, die nach dem Recht eines Mitgliedsstaates geeignet ist, als Verwalter tätig zu werden. Damit muss der vorgeschlagene Koordinator nicht die Eignungsvoraussetzungen erfüllen, die am Gerichtsstand des Gruppen-Koordinationsverfahrens bestehen.[1] Ebenfalls nicht erforderlich ist, dass die Eignung nach dem Recht eines Mitgliedsstaates besteht, in dem ebenfalls ein Insolvenzverfahren über ein Mitglied der Unternehmensgruppe durchgeführt wird. Insoweit kann der Koordinator auch nach dem Recht eines unbeteiligten Mitgliedsstaates geeignet sein. Da einige Rechtsordnungen auch die Bestellung einer juristischen Person als Verwalter zulassen, wird daher ein deutsches Koordinationsgericht die Bestellung einer juristischen Person nicht mit dem Hinweis auf § 56 InsO versagen dürfen.[2]

III. Interessenkonflikt (Abs. 2)

3   Art. 71 Abs. 2 enthält Regelungen zu möglichen Interessenkonflikten des Koordinators, die einer Bestellung als Koordinator entgegen stehen können. Die Vorschrift enthält zunächst ein Verbot, dass der Koordinator nicht personenidentisch mit einem der Verwalter sein darf, der für ein Mitglied der Unternehmensgruppe bestellt worden ist. Das ist nach der Konzeption der Gruppen-Koordination zwingend, da der Verwalter eines Verfahrens die Interessen der Beteiligten „seines" Verfahrens zu vertreten hat, während der Koordinator seine Handlungen an den Interessen der Beteiligten aller

---

[7]   So auch *Himmer*, Das europäische Konzerninsolvenzrecht nach der reformierten EuInsVO, S. 421 ff.; MüKoBGB/*Kindler*, Bd, 12, Art. 69 Rn. 6; Bork/van Zwieten/*Schmidt* Art. 70 Rn. 70.17 ff.

[1]   *Eble* ZIP 2016, 1619, 1620; *Himmer,* Das europäische Konzerninsolvenzrecht nach der reformierten EuInsVO, S. 383.

[2]   Vgl. zur Bestellung einer jur. Person die Länderbericht für Frankreich, Spanien, Tschechien und Polen; ebenso *Paulus* Art. 71 Rn. 2; Bork/van Zwieten/*Schmidt* Art. 71 Rn. 71.05; kritisch hingegen Vallender/*Fritz* Art. 71 Rn. 12.

Gruppen-Mitglieder ausrichten muss. Das sind bereits gegenläufige Interessen in einer Person, die die Bestellung ausschließen.

Darüber hinaus darf **kein sonstiger Interessenkonflikt** vorliegen, der jedoch – anders als der Fall der Personenidentität – einer Einzelfallwertung bedarf. Art. 71 Abs. 2 zählt mehrere Konfliktursachen auf, aus denen relevante Interessenkonflikte entstehen können. Die Vorschrift nennt zuerst einen möglichen **Interessenkonflikt** hinsichtlich der **Mitglieder der Gruppe**. Der Koordinator darf daher weder geschäftliche Beziehungen zu den Mitgliedern der Unternehmensgruppe gehabt haben, noch eines der Gruppenmitglieder eventuell sogar im Vorfeld der Insolvenz beraten haben. Jegliche Vorbefassung des Koordinators mit insolvenzrechtlichen Fragen eines der Gruppenmitglieder führt zu einem Interessenkonflikt im Sinne des Art. 71 Abs. 2. Zudem darf er weder an einem Unternehmen der Gruppen-Mitglieder beteiligt sein oder eine Organstellung inne haben.[3] 4

Die Vorschrift verlangt darüber hinaus das Fehlen eines **Interessenkonfliktes** hinsichtlich der **Gläubiger der Unternehmensgruppe**. Bei der Bejahung eines Interessenkonfliktes in diesem Verhältnis ist jedoch Zurückhaltung geboten. Nicht jede frühere Mandatierung durch einen einzelnen Gläubiger eines Gruppenmitgliedes löst einen nach Art. 71 Abs. 2 relevanten Interessenskonflikt aus. Auch die Tatsache, dass der Koordinator als Verwalter beispielsweise in früheren Verfahren mit den Finanzgläubigern, die regelmäßig Gläubiger in Insolvenzverfahren sind, geschäftlichen Kontakt hatte, führt nicht zu einer relevanten Interessenskollision. Anderes würde jedoch gelten, wenn der Koordinator einen der Gläubiger der Unternehmensgruppe bereits im Hinblick auf eine mögliche Insolvenz der Unternehmensgruppe oder eines der Gruppen-Mitglieder beraten hätte.[4] 5

Art. 71 Abs. 2 verlangt zudem, dass es keinen **Interessenkonflikt** hinsichtlich der für die Mitglieder der Gruppe bestellten **Verwalter** geben darf. Das bedeutet, dass der Koordinator mit keinem der Verwalter der Unternehmensgruppe zur gemeinsamen Berufsausübung verbunden sein darf.[5] Auf die Rechtsform der Zusammenarbeit des Koordinators mit einem der Verwalter eines Unternehmensgruppen-Mitgliedes kommt es nicht an. Damit setzt Art. 71 Abs. 2 gegebenenfalls sogar strengere Maßstäbe als die nationalen Rechte der Mitgliedsstaaten, die gelegentlich erlauben, dass bei Gruppeninsolvenzen personenidentische Verwalter oder verschiedene Verwalter einer Sozietät oder Wirtschaftsprüfungsgesellschaft bestellt werden. 6

Art. 72 Aufgaben und Rechte des Koordinators

(1) Der Koordinator
a) legt Empfehlungen für die koordinierte Durchführung der Insolvenzverfahren fest und stellt diese dar,
b) schlägt einen Gruppen-Koordinationsplan vor, der einen umfassenden Katalog geeigneter Maßnahmen für einen integrierten Ansatz zur Bewältigung der Insolvenz der Gruppenmitglieder festlegt, beschreibt und empfiehlt. Der Plan kann insbesondere Vorschläge enthalten zu
　(i) den Maßnahmen, die zur Wiederherstellung der wirtschaftlichen Leistungsfähigkeit und der Solvenz der Gruppe oder einzelner Mitglieder zu ergreifen sind,
　(ii) der Beilegung gruppeninterner Streitigkeiten in Bezug auf gruppeninterne Transaktionen und Anfechtungsklagen,
　(iii) Vereinbarungen zwischen den Verwaltern der insolventen Gruppenmitglieder.

(2) Der Koordinator hat zudem das Recht
a) in jedem Insolvenzverfahren über das Vermögen eines Mitglieds der Unternehmensgruppe gehört zu werden und daran mitwirken, insbesondere durch Teilnahme an der Gläubigerversammlung,
b) bei allen Streitigkeiten zwischen zwei oder mehr Verwaltern von Gruppenmitgliedern zu vermitteln,
c) seinen Gruppen-Koordinationsplan den Personen oder Stellen vorzulegen und zu erläutern, denen er aufgrund der nationalen Rechtsvorschriften seines Landes Bericht erstatten muss,
d) von jedem Verwalter Informationen in Bezug auf jedes Gruppenmitglied anzufordern, wenn diese Informationen bei der Festlegung und Darstellung von Strategien und Maßnahmen zur Koordinierung der Verfahren von Nutzen sind oder sein könnten, und

---
[3] Zu weiteren Fallbeispielen vgl. *Himmer*, Das europäische Konzerninsolvenzrecht nach der reformierten EuInsVO, S. 386.
[4] Vgl. nochmals *Himmer*, ebd. S. 386 f.
[5] Vallender/*Fritz* Art. 71 Rn. 24; MüKoBGB/*Kindler* Art. 71 Rn. 9; Bork/van Zwieten/*Schmidt* Art. 71 Rn. 71.13.

e) eine Aussetzung von Verfahren über das Vermögen jedes Mitglieds der Gruppe für bis zu sechs Monate zu beantragen, sofern die Aussetzung notwendig ist, um die ordnungsgemäße Durchführung des Plans sicherzustellen, und den Gläubigern des Verfahrens, für das die Aussetzung beantragt wird, zugute käme, oder die Aufhebung jeder bestehenden Aussetzung zu beantragen. Ein derartiger Antrag ist bei dem Gericht zu stellen, das das Verfahren eröffnet hat, für das die Aussetzung beantragt wird.

(3) Der in Absatz 1 Buchstabe b genannte Plan darf keine Empfehlungen zur Konsolidierung von Verfahren oder Insolvenzmassen umfassen.

(4) Die in diesem Artikel festgelegten Aufgaben und Rechte des Koordinators erstrecken sich nicht auf Mitglieder der Gruppe, die nicht am Gruppen-Koordinationsverfahren beteiligt sind.

(5) Der Koordinator übt seine Pflichten unparteiisch und mit der gebotenen Sorgfalt aus.

(6) Wenn nach Ansicht des Koordinators die Wahrnehmung seiner Aufgaben zu einer – im Vergleich zu der in Artikel 61 Absatz 3 Buchstabe d genannten Kostenschätzung – erheblichen Kostensteigerung führen wird, und auf jeden Fall, wenn die Kosten die geschätzten Kosten um 10 % übersteigen, hat der Koordinator
a) unverzüglich die beteiligten Verwalter zu informieren und
b) die vorherige Zustimmung des Gerichts einzuholen, das das Gruppen-Koordinationsverfahren eröffnet hat.

Literatur: Vgl. Vor Art. 56.

Übersicht

		Rn.			Rn.
I.	Normzweck	1	2.	Streitvermittlung	15
II.	Aufgaben (Abs. 1)	2	3.	Gruppen-Koordinationsplan	16
1.	Grundsätzliches	2	4.	Informationsrechte	17
2.	Empfehlungen (Abs. 1 lit. a)	5	5.	Aussetzung des Verfahrens	18
				a) Aussetzung des Verfahrens	18
3.	Gruppen-Koordinationsplan (Abs. 1 lit. b)	6		b) Voraussetzungen der Aussetzung	20
4.	Kostenkontrolle (Abs. 6)	9		c) Dauer der Aussetzung	22
				d) Zuständiges Gericht	23
III.	Rechte (Abs. 2)	14		e) Rechtsmittel	24
1.	Anhörungsrechte	14	IV.	Pflichtenmaßstab (Abs. 5)	25

I. Normzweck

1   Art. 72 ist die zentrale Norm für die Aufgaben und Befugnisse des Koordinators im Rahmen des Gruppen-Koordinationsverfahrens. Die Vorschrift enthält eine Auflistung der wesentlichen Aufgaben des Koordinators (Abs. 1, 3, 4 und 6) und eine Auflistung der ihm zustehenden Rechte (Abs. 2 und 4). Darüber hinaus enthält die Vorschrift Festlegungen zum Pflichtenmaßstab des Koordinators (Abs. 5). Von besonderer Bedeutung ist hierbei die Möglichkeit, die Aussetzung des Insolvenzverfahrens von Gruppenmitgliedern zu beantragen (Abs. 2 lit. e).

II. Aufgaben (Abs. 1)

2   **1. Grundsätzliches.** Angesichts der Vielfältigkeit der Konzernkonstellationen und der Lösungsansätze für die Abwicklung einer Konzerninsolvenz erscheint es sinnvoll, die Aufgaben des Koordinators von ihrem Ziel oder Zweck her zu betrachten. Der ErwG Nr. 51 stellt hierzu fest, dass die Verordnung gewährleisten sollte, dass Insolvenzverfahren über das Vermögen verschiedener Gesellschaften einer Unternehmensgruppe *„effizient"* geführt werden. Nach dem ErwG Nr. 52 soll Ziel der Zusammenarbeit zwischen dem Koordinator und den Verwaltern sein, eine Lösung zu finden, durch die *„Synergien innerhalb der Gruppe ausgeschöpft"* werden. ErwG Nr. 57 verlangt zudem, dass sich das Gruppen-Koordinationsverfahren *„positiv für die Gläubiger"* auswirkt. Art. 72 Abs. 3 begrenzt die Befugnisse des Koordinators inhaltlich dahingehend, dass zur Umsetzung dieser Ziele keine Empfehlung zur Konsolidierung von Verfahren oder Insolvenzmassen abgegeben werden darf.[1]

---

[1] Vgl. hierzu → Vor Art. 56 Rn. 5.

Zu berücksichtigen ist, dass die Vorschläge, die der Koordinator durch Empfehlungen oder 3
einem Gruppen-Koordinationsplan unterbreiten kann, für die teilnehmenden Verwalter allerdings
nicht verbindlich sind (vgl. Art. 70).

Die Aufgaben des Verwalters erstrecken sich nach Art. 72 Abs. 4 nicht auf Mitglieder der 4
Unternehmensgruppe, die nicht am Verfahren beteiligt sind. Die Beschränkung der Aufgaben korreliert mit der Anordnung in Art. 65, dass die Befugnisse des Gerichts und des Koordinators keine Wirkungen hinsichtlich des Gruppenmitglieds hat, das nicht am Verfahren beteiligt ist.

2. Empfehlungen (Abs. 1 lit. a). Nach Art. 72 Abs. 1 lit. a) legt der Koordinator **Empfeh-** 5
lungen für die koordinierte Durchführung der Insolvenzverfahren fest und stellt diese dar. Der Inhalt der Empfehlungen hängt vom Einzelfall ab. Diese Empfehlungen werden in der Regel die koordinierte Verwaltung der Insolvenzmassen betreffen, insbesondere soweit es innerhalb des Konzerns umfangreiche Leistungsbeziehungen gibt, deren Fortführung für den Erhalt des Unternehmenswertes und dessen Verwertung von Bedeutung sind. Konkret wird es hierbei um die koordinierte Fortführung der Unternehmenstätigkeit gehen, gegebenenfalls auch welche Entscheidungen im Hinblick auf laufende Verträge angesichts deren möglicher Bedeutung für die anderen Gruppenmitglieder getroffen werden sollten.

3. Gruppen-Koordinationsplan (Abs. 1 lit. b). Als zweite Aufgabe definiert Art. 72 Abs. 1 6
lit. b), dass der Koordinator einen **Gruppen-Koordinationsplan** vorschlägt, der einen umfassenden Katalog geeigneter Maßnahmen für einen integrierten Ansatz zur Bewältigung der Insolvenz der Gruppenmitglieder festlegt, beschreibt und empfiehlt. In Abgrenzung zu den Empfehlungen nach lit. a) geht es hierbei nicht um die Verwaltung der Insolvenzmasse, sondern um die Maßnahmen zur Bereinigung der Insolvenz. Sei es ein Konzept der gruppenweiten übertragenden Sanierung oder der koordinierten Liquidation. Insoweit wird die Empfehlung zutreffend als eine Art Vorstufe zu einem Gruppen-Koordinationsplan betrachtet, die die Ausarbeitung eines Gruppen-Koordinationsplans erst ermöglicht.[2] Der Koordinator wird jedoch zu berücksichtigen haben, dass ihm die Möglichkeit der Aussetzung anderer Insolvenzverfahren nur aufgrund eines Gruppen-Koordinationsplans zusteht, nicht dagegen aufgrund von Empfehlungen.[3]

Art. 72 Abs. 1 lit. b) (i) bis (iii) listet beispielhaft, auf, zu welchen Bereichen der Koordinator 7
Vorschläge unterbreiten kann. Dazu gehören zunächst (i) Maßnahmen zur Wiederherstellung der wirtschaftlichen Leistungsfähigkeit und der Solvenz der Gruppe. Erforderlich ist daher ein ausgearbeitetes **Sanierungskonzept,** das hinsichtlich der Sanierungsfähigkeit der Unternehmensgruppe (oder auch Teilen der Unternehmensgruppe) einer IDW S6 Prüfung stand hält. Darüber hinaus kann der Koordinator (ii) Vorschläge zur Beilegung gruppeninterner Rechtsstreitigkeiten unterbreiten sowie (iii) Vereinbarungen der Verwalter der insolventen Gruppenmitglieder empfehlen. Mit beiden Gesichtspunkten ist ein verfahrensrechtlicher Vorschlag zur Lösung der Interessenkonflikte der Mitglieder der Unternehmensgruppe gemeint. Diese lassen sich präventiv entweder durch entsprechende Vereinbarungen der Verwalter untereinander vertraglich regeln, wie dies auch durch sog. *protocols* im Rahmen der Kooperation von Haupt- und Sekundärverfahren bereits erfolgreich erprobt wurde.[4] Derartige Vereinbarungen lassen sich zugleich verbinden mit einer Regelung zur Beilegung von Rechtsstreitigkeiten. Hier sind die unterschiedlichen Methoden der Alternative Dispute Resolution gefragt, mithin Schlichtung und Mediation, sowie – falls eine Einigung nicht erzielt werden kann – eine Art Gruppen-Schiedsgericht, das kurzfristig über alle Rechtsstreitigkeiten zwischen den Verwaltern der Gruppenmitglieder entscheidet. Die Liste ist nicht abschließend. Denkbar sind auch Poolvereinbarungen zur Verwertung, soweit die Rechte der Insolvenzmasse und der jeweiligen Gläubiger hierbei nicht finanziell beeinträchtigt werden.

Allerdings untersagt Art. 72 Abs. 3, dass der Gruppen-Koordinationsplan Empfehlungen zur 8
Konsolidierung von Verfahren oder Insolvenzmassen enthält. Damit setzt der Verordnungsgeber eine inhaltliche Grenze für die Kooperation, zumal die Konsolidierung der Insolvenzmasse in den USA möglich ist und auch in Europa immer wieder als eine Form der Koordination diskutiert wird.[5]

4. Kostenkontrolle (Abs. 6). Als weitere konkrete Aufgabe nennt Art. 72 Abs. 6 die Informa- 9
tion der beteiligten Verwalter, wenn die im Eröffnungsantrag nach Art. 61 Abs. 3 lit. d) genannte **Kostenschätzung um 10% überschritten** wird oder wenn nach Ansicht des Koordinators die Wahrnehmung seiner Aufgaben zu einer erheblichen Kostensteigerung führen wird. Der Verweis auf

---

[2] So Vallender/*Fritz* Art. 72 Rn. 12; Brinkmann/*Lienau* Art. 72 Rn. 2; Bork/van Zwieten/*Schmidt* Art. 72 Rn. 72.06; Braun/*Honert* Art. 72 Rn. 4; etwas anders (Einzelmaßnahmen, die nicht Teil des Koordinationsplans sind): *Himmer,* Das europäische Konzerninsolvenzrecht nach der reformierten EuInsVO, S. 391 f.
[3] Vgl. → Rn. 20.
[4] Vgl. bereits → Art. 41 Rn. 10 ff.
[5] Vgl. → Vor Art. 56 Rn. 5.

den Eröffnungs**antrag** ist „irritierend", da maßgeblich nur die im Eröffnungs**beschluss** enthaltene Kostenschätzung relevant sein dürfte (auf die im Übrigen für die Festsetzung der Kosten auch Art. 77 Abs. 4 verweist). Hierbei dürfte es sich jedoch lediglich um ein Redaktionsversehen des Verordnungsgebers handeln, sodass bei einer Änderung der Kostenschätzung im Eröffnungsverfahren die Schätzung aus dem Eröffnungsbeschluss die relevante Bezugsgröße für die Kostenüberschreitung darstellen muss.[6]

10 Die Information über die Kostenüberschreitung muss nicht nur abstrakt auf die Überschreitung hinweisen, sondern muss zugleich eine **neue Kostenschätzung** enthalten, der das Gericht sodann zustimmen kann. Das ergibt sich zum einen aus der Zustimmungsbedürftigkeit (vgl. nachfolgende Rn.) und aus Art. 77. Denn für die abschließende Kostenentscheidung muss das Gericht nach Art. 77 Abs. 4 die ursprüngliche Kostenschätzung aus dem Eröffnungsbeschluss nach Art. 68 Abs. 1 und gegebenenfalls die nachgebesserte Kostenschätzung nach Art. 72 Abs. 6 zugrunde legen.[7]

11 Zudem muss der Koordinator die **vorherige Zustimmung des Gerichts** einholen, das das Gruppen-Koordinationsverfahren eröffnet hat. Die Vorschrift enthält keine Konkretisierung, wie dieses Zustimmungsverfahren ausgestaltet ist. Jedenfalls muss das Koordinationsgericht das rechtliche Gehör der beteiligten Verwalter sicher stellen (ErwG Nr. 59 Satz 2). Stimmen sämtliche beteiligte Verwalter zu, ist das Gericht verpflichtet, der Kostenerhöhung zuzustimmen. Die Vorschrift konkretisiert die hierbei anzulegenden Entscheidungskriterien nicht. Allerdings wird man dem Gericht insoweit ein Ermessen zubilligen müssen, das sich an den auch in Art. 77 enthaltenen Kriterien für die Kosten orientiert, nämlich die Angemessenheit und Verhältnismäßigkeit der wahrzunehmenden Aufgaben und den angemessenen Aufwendungen.[8] Zu entscheiden ist – ebenso wie über die Kostenschätzung im Eröffnungsbeschluss – durch Beschluss.

12 Unklar sind zudem die Rechtsfolgen, wenn das Gericht trotz Widerspruch einiger beteiligter Verwalter der Kostenerhöhung zustimmt. Nach der hier vertretenen Auffassung, muss dies einem widersprechenden Verwalter die Möglichkeit eines Opt-out gewähren, mit der Folge, dass der Verwalter ausscheidet und der von ihm zu tragende Kostenanteil auf seinen Kostenanteil aus der ursprüngliche Kostenschätzung beschränkt bleibt.[9]

13 Lehnt das Gericht die Kostenerhöhung (auch teilweise) ab, sind die Rechtsfolgen ebenfalls unklar. Richtigerweise ist das Gericht dann für die Endabrechnung nach Art. 77 an die ursprüngliche Kostenschätzung bzw. die durch einen Beschluss geänderte Kostenschätzung gebunden. Das stellt wiederum den Koordinator vor die schwierige Frage, ob, wann und wie er sodann angesichts der Kostenüberschreitung wirksam sein Amt niederlegen kann oder er auf Grundlage der ursprünglichen Kostenschätzung verpflichtet ist – gegebenenfalls in reduziertem Umfang – weiter zu arbeiten. Eine Amtsniederlegung dürfte andererseits nur wirksam sein, wenn dem Koordinator eine Fortsetzung seiner Arbeit auf Grundlage der ursprünglichen Kostenschätzung unzumutbar ist.[10] Der Koordinator tut daher gut daran sicherzustellen, dass die erwartete Tätigkeit schon im Rahmen des Eröffnungsantrags hinreichend konkret umrissen ist, um seinerseits seine Tätigkeit auf das zunächst vereinbarte Maß begrenzen zu können, ohne Haftungsrisiken ausgesetzt zu sein.[11]

III. Rechte (Abs. 2)

14 **1. Anhörungsrechte.** Art. 72 Abs. 2 lit. a) nennt zunächst das Recht, in jedem Insolvenzverfahren eines Gruppenmitglieds gehört zu werden und an Gläubigerversammlungen teilzunehmen. Das Recht bezieht sich nur auf die am Gruppen-Koordinationsverfahren teilnehmenden Gruppenmitglieder. Die Vorschrift ist eine **Sachnorm,** die dem Koordinator ergänzend zu den Vorschriften der jeweiligen *lex fori concursus* der Gruppenmitglieder besondere Rechte auf Teilnahme im Verfahren gewährt. Die Vorschrift ist insoweit Art. 45 Abs. 3 nachgebildet, der eine solche Teilnahmebefugnis im Verhältnis zwischen Haupt- und Sekundärverfahren regelt. Danach darf der Koordinator sich in der Gläubigerversammlung auch äußern. Stimmrechte stehen ihm jedoch nicht zu.[12]

15 **2. Streitvermittlung.** Art. 72 Abs. 2 lit. b) gewährt dem Koordinator das Recht, bei allen Streitigkeiten zwischen zwei oder mehr Verwaltern zu vermitteln. Das ist freilich ein stumpfes Schwert, da hiermit keine durchsetzbaren Rechte verbunden sind und die Streitvermittlung im

---

[6] Ebenso *Paulus* Art. 72 Rn. 39.
[7] Vgl. hierzu noch → Art. 77 Rn. 5 ff.
[8] So auch *Himmer,* Das europäische Konzerninsolvenzrecht nach der reformierten EuInsVO, S. 432; *Paulus* Art. 72 Rn. 42.
[9] Vgl. bereits → Art. 69 Rn. 15.
[10] Ebenfalls die Frage aufwerfend: *Paulus* Art. 72 Rn. 43; Vallender/*Fritz* Art. 72 Rn. 90, 100.
[11] Vgl. bereits → Art. 61 Rn. 22.
[12] Vgl. → Art. 45 Rn. 21 ff.; Vallender/*Fritz* Art. 72 Rn. 48 f.

Ergebnis alleine von der Kooperationsbereitschaft der betroffenen Verwalter abhängt. Die Regelung steht im Zusammenhang mit dem Vorschlag nach Art. 72 Abs. 1 lit. b) (ii), gruppeninterne Streitigkeiten beizulegen. Zur Vermeidung langjähriger Gerichtsverfahren könnte es sich beispielsweise anbieten, ein Schiedsgericht für sämtliche gruppeninterne Streitigkeiten einzurichten und zu vereinbaren, dem Koordinator in diesem Schiedsverfahren das Recht einzuräumen, als Beteiligter teilzunehmen. Die Funktion des Schiedsrichters scheidet für den Koordinator jedoch wegen möglicher Interessenkonflikte zu seinem Gruppen-Koordinationsplan oder seinen Empfehlungen grundsätzlich aus.[13] Denkbar ist allenfalls, eine zwingende Mediation vor dem Koordinator zu vereinbaren,[14] um so das in lit. b) gewährte Streitvermittlungsrecht entsprechend zu institutionalisieren.

3. Gruppen-Koordinationsplan. Art. 72 Abs. 2 lit. c) ergänzt die Rechte des Koordinators **16** um die Befugnis auf Vorlage des Gruppen-Koordinationsplans. Danach soll der Koordinator das Recht haben, den Gruppen-Koordinationsplan vorzulegen und zu erläutern. Unklar ist allerdings, gegenüber wem dieses Recht besteht. Nach dem Wortlaut der Vorschrift besteht dieses Recht „*gegenüber den Personen und Stellen, denen er aufgrund der nationalen Rechtsvorschriften seines Landes Bericht erstatten muss*". Hierbei handelt es sich jedoch um ein Redaktionsversehen,[15] denn für den Koordinator der EuInsVO gibt es keine nationalen Rechtsvorschriften, die dessen Berichterstattung regeln. Gemeint ist vielmehr die Berichterstattung gegenüber den Personen und Stellen, denen die jeweiligen Verwalter der Gruppenmitglieder Bericht erstatten müssen.[16] Die Norm soll nämlich sicherstellen, dass die Vorschläge des Koordinators entsprechend zur Kenntnis genommen und berücksichtigt werden.

4. Informationsrechte. Nach Art. 72 Abs. 2 lit. d) steht dem Koordinator gegenüber jedem **17** Verwalter das Recht zu, Informationen in Bezug auf das Gruppenmitglied anzufordern. Die Vorschrift enthält spiegelbildlich die Pflicht für die jeweiligen, am Gruppen-Koordinationsverfahren teilnehmenden Verwalter, die Information zu erteilen. Dementsprechend sind auch nur die Verwalter, nicht aber die Organe oder andere Verfahrensbeteiligte des nationalen Insolvenzverfahrens auskunftsverpflichtet.[17] Nach dem Wortlaut steht dem Koordinator das Recht allerdings nur zu, wenn diese Informationen bei der Festlegung und Darstellung von Strategien und Maßnahmen zur Koordinierung von Bedeutung sein können. Der auskunftsverpflichtete Verwalter hat insoweit jedoch keine Prüfungskompetenz, ob die Voraussetzungen erfüllt sind. Eine Verweigerung der Auskunft ist daher nur gerechtfertigt, wenn das Auskunftsbegehren offensichtlich unbegründet oder willkürlich ist. Zu den hiernach zu übermittelnden Dokumenten zählen nicht nur die Unterlagen der Rechnungslegung (Jahresabschlüsse etc.), sondern auch die relevanten Unterlagen aus dem Insolvenzverfahren wie zB Eröffnungsgutachten, Insolvenzverwalterberichte und gegebenenfalls auch bereits im Entwurf vorliegende Insolvenzpläne. Die Auskunft kann zudem verweigert werden, wenn diese Geheimhaltungsinteressen oder Betriebsgeheimnisse der betroffenen Insolvenzmasse verletzten würde, die im Rahmen der Verwertung einen eigenständigen Vermögenswert haben.

5. Aussetzung des Verfahrens. a) Aussetzung des Verfahrens. Als schärfstes Schwert der **18** Koordinationsbefugnisse gewährt Art. 72 Abs. 2 lit. e) dem Koordinator das Recht, in den beteiligten Insolvenzverfahren eine **Aussetzung des Verfahrens** oder auch die Aufhebung einer bestehenden Aussetzung zu beantragen. Entgegen dem vermeintlich weiteren Wortlaut (*„jedes Mitglied der Gruppe"*) besteht das Antragsrecht jedoch nur gegenüber den am Kooperationsverfahren **beteiligten** Gruppenmitgliedern.[18] Dieses Recht steht dem Koordinator sowohl in den Haupt- als auch den Sekundärverfahren der beteiligten Gruppenmitglieder zu.[19] Die Vorschrift ist Art. 46 nachgebildet, der ein entsprechendes Recht des Verwalters des Hauptverfahrens im Sekundärverfahren vorsieht, sowie Art. 60 Abs. 1 lit. b), der ebenfalls ein Antragsrecht für andere Mitglieder der Unternehmensgruppe gewährt. Beide Vorschriften erlauben jedoch jeweils nur die Beantragung der Aussetzung der Verwertung, nicht jedoch des Verfahrens selbst.

---

[13] Ebenso Bork/van Zwieten/*Schmidt* Art. 72 Rn. 72.34; diese Möglichkeit im Falle einer verbindlichen Absprache der Verwalter bejahend Vallender/*Fritz* Art. 72 Rn. 42.
[14] So auch Vallender/*Fritz* Art. 72 Rn. 29; *Madaus* IILR 2015, 135, 141; *Paulus* Art. 72 Rn. 7.
[15] Die Regelung findet sich mit diesem Wortlaut allerdings auch in anderen Sprachfassungen, vgl. in der engl. Sprachfassung: „*the persons or bodies that he or she is to report to under his or her national law*".
[16] So auch *Himmer*, Das europäische Konzerninsolvenzrecht nach der reformierten EuInsVO, S. 401; Vallender/*Fritz* Art. 72 Rn. 45 ff.; MüKoBGB/*Kindler* Art. 72 Rn. 12.
[17] *Himmer*, Das europäische Konzerninsolvenzrecht nach der reformierten EuInsVO, S. 403.
[18] So auch *Paulus* Art. 72 Rn. 28; *Himmer*, Das europäische Konzerninsolvenzrecht nach der reformierten EuInsVO, S. 406; Brinkmann/*Lienau* Art. 72 Rn. 25; so wohl auch Bork/van Zwieten/*Schmidt* Art. 72 Rn. 72.44.
[19] Ebenso Brinkmann/*Lienau* Art. 72 Rn. 16.

19 Konzeptionell ist dies wenig durchdacht. Das nationale Insolvenzrecht kennt in keiner der Rechtsordnungen der Mitgliedsstaaten eine Aussetzung des Insolvenzverfahrens, was auch mit dem Abwicklungscharakter des Verfahrens nicht zu vereinbaren ist. Es gibt daher auch aus dem nationalen Insolvenzrecht der Mitgliedsstaaten überhaupt keine Konzepte, was die „*Aussetzung des Verfahrens*" praktisch bedeutet. Die vom Verordnungsgeber angeordnete Rechtsfolge einer „*Aussetzung des Verfahrens*" führt daher zu erheblichen Rechtsunsicherheiten. Diese beginnt bei der Frage, was die **Rechtsfolgen einer solchen Verfahrensaussetzung** sein sollen. Denn auch bei Aussetzung des Insolvenzverfahrens wird die Insolvenzmasse weiterhin in irgendeiner Form zu verwalten sein. Rechtsfolge einer Aussetzung kann jedenfalls nicht sein, dass der Vermögensbeschlag und der Übergang der Verwaltungs- und Verfügungsbefugnis aufgehoben wird. Diese bestehen fort.[20] Im Hinblick auf einen lebenden Geschäftsbetrieb, den es zu verwalten gilt, können diese Befugnisse jedoch auch nicht „ruhen".[21] Es ergeben sich mithin für den Verwalter des Insolvenzverfahrens erhebliche Unsicherheiten, in welchem Umfang seine Verwaltungs- und Verfügungsbefugnis eingeschränkt ist. Im Zweifel wird sich das Insolvenzgericht damit zu behelfen haben, dass es weniger einschneidende, dafür aber konkretere und rechtssichere Anordnungen trifft, wie beispielsweise die **Aussetzung der Verwertung im Gesamten** oder die Aussetzung einzelner, definierter Verwertungshandlungen.[22] Daher hat der Gesetzgeber zu Recht in Art. 102c § 24 Nr. 2 EGInsO vorgesehen, dass Art. 102c § 16 EGInsO, der die Aussetzung der Verwertung regelt, auch für den (an sich weiter formulierten) Antrag nach Art. 72 Abs. 1 lit. e) gelten soll.[23] Allerdings „sollte" nach ErwG Nr. 69 die Aussetzung die **dinglichen Rechte von Gläubigern** oder Dritten unberührt lassen. Die Regelung ist daher keineswegs zwingend. Auch für dinglich gesicherte Gläubiger kann eine Aussetzung der Verwertung angeordnet werden. Die Notwendigkeit dieser Anordnung ist nach ErwG Nr. 69 gesondert zu prüfen. Allerdings verlangt Art. 72 Abs. 2 lit. e) nicht, dass die Aussetzung der Verwertung auch dieser Gläubigergruppe zugutekommen muss, sondern „nur" der Gläubigergesamtheit. Die Interessen des gesicherten Gläubigers sind zumindest bei den deutschen Verfahren dadurch geschützt, dass ihm die laufenden Zinsen zu zahlen sind (Art. 102c §§ 24 Nr. 2 iVm 16 EGInsO).[24]

20 **b) Voraussetzungen der Aussetzung.** Die Aussetzung muss **notwendig** sein, um die ordnungsgemäße Durchführung des Gruppen-Koordinationsplans sicherzustellen und muss den Gläubigern des Insolvenzverfahrens, für das die Aussetzung beantragt wird, zugutekommen. Der Antrag setzt daher einen bereits vom Koordinator ausgearbeiteten Gruppen-Koordinierungsplan voraus, dessen Umsetzung durch die ungehinderte Fortführung des Insolvenzverfahrens des angerufenen Gerichts konkret gefährdet werden würde.[25] Der Antrag kann nicht im Hinblick auf einen erst noch auszuarbeitenden Plan gestellt werden.[26] Der Koordinator muss dem angerufenen Gericht darüber hinaus erläutern, dass die Umsetzung des Plans auch den Gläubigern des Insolvenzverfahrens des angerufenen Insolvenzgerichts zugutekommt. Hierbei ist – wie auch bei den anderen Vorschriften über die Aussetzung von Verwertungsmaßnahmen – auf die Gläubigergesamtheit abzustellen.[27] An die Voraussetzung des „Zugutekommens" sind jedoch keine zu hohen Anforderungen zu stellen, da es sich um eine Prognose handelt, die einem Vollbeweis ohnehin nicht zugänglich ist.

21 Anders als Art. 46 gewährt die Vorschrift dem Gericht des betroffenen Verfahrens keine Möglichkeit, vom antragstellenden Koordinator angemessene Maßnahmen zum Schutz der Interessen der Gläubiger des betroffenen Insolvenzverfahrens zu verlangen.[28] Das Fehlen einer solchen Möglichkeit

---

[20] Das wird selbst von denjenigen so gesehen, die in der Formulierung nicht ein Versehen sondern eine bewusste Entscheidung des Verordnungsgebers sehen möchten, wie Vallender/*Fritz* Art. 72 Rn. 76 ff., der letztlich aber auch nicht definieren kann, was dies über die Aussetzung der Verwertung hinaus bedeuten soll.

[21] Zustimmend: *Himmer,* Das europäische Konzerninsolvenzrecht nach der reformierten EuInsVO, S. 406 f.

[22] So auch die überwiegende Auffassung der Literatur, vgl. MüKoBGB/*Kindler* Art. 72 Rn. 16; Braun/*Honert,* Art. 72 Rn. 24; *Fehrenbach* GPR 2017, 38, 48; trotz einem weiteren Verständnis der Aussetzungsmöglichkeit ebenso Vallender/*Fritz* Art. 72 Rn. 77.

[23] Vgl. auch unten, Art. 102c: Der Gesetzgeber hat offensichtlich ebenso konzeptionell keine Möglichkeit gesehen, hier eine gesonderte Rechtsfolge auf Aussetzung des Verfahrens in Art. 102c § 24 EGInsO zu vereinbaren; dies allerdings zu Unrecht kritisierend: Vallender/*Fritz* Art. 72 Rn. 78.

[24] Vgl. auch nachfolgend → Rn. 21; aA *Himmer,* Das europäische Konzerninsolvenzrecht nach der reformierten EuInsVO, S. 409, der die Verzinsungspflicht für europarechtswidrig hält.

[25] Wie hier: Brinkmann/*Lienau* Art. 72 Rn. 17.

[26] So aber *Paulus* Art. 72 Rn. 26; Vallender/*Fritz* Art. 72 Rn. 67; *Himmer,* Das europäische Konzerninsolvenzrecht nach der reformierten EuInsVO, S. 407.

[27] Vgl. nur → Art. 60 Rn. 15.

[28] Vgl. hierzu → Art. 46 Rn. 15.

erklärt sich daraus, dass bei der Aussetzung der Verwertung im Sekundärverfahren der Verwalter des Hauptverfahrens die finanziellen Nachteile der Aussetzung zu kompensieren hat. Anders als dem Koordinator steht dem Verwalter des Hauptverfahrens zur Ausgleichzahlung die Insolvenzmasse des Hauptverfahrens zur Verfügung, aus der die Zahlungen erfolgen können. Der Koordinator verfügt jedoch über keine Insolvenzmasse. Das führt allerdings nicht dazu, dass die Aussetzung grundsätzlich kompensationslos erfolgen muss. Sieht das Insolvenzrecht des betroffenen Insolvenzverfahrens – wie zB das deutsche Insolvenzrecht – bei einer Aussetzung der Verwertung Ausgleichzahlungen an bestimmte Gläubiger wie zB die absonderungsberechtigten Gläubiger vor,[29] so sind diese Vorschriften zum Schutz der Gläubiger auch für die vom Insolvenzgericht nach Art. 72 angeordnete Aussetzung der Verwertung anwendbar. Allerdings belasten diese Ausgleichszahlungen nicht die anderen Gruppen-Mitglieder, in deren Interesse die Aussetzung begehrt wird, sondern die Insolvenzmasse der Verfahren, in denen die Verwertung ausgesetzt wird. Das ist konzeptionell wenig durchdacht. Der deutsche Gesetzgeber hat dies in Art. 102c § 24 Nr. 2 EGInsO entsprechend umgesetzt, allerdings ohne diesen Unterschied zu berücksichtigen.[30]

c) Dauer der Aussetzung. Die Aussetzung ist auf maximal **sechs Monate** beschränkt. 22 Anders als Art. 46 sieht Art. 72 nicht vor, dass die Aussetzung verlängert oder erneuert werden kann. Daraus folgt, dass die Aussetzung zwar verlängert oder erneuert werden kann, nicht jedoch in der Summe über die angeordneten sechs Monate hinaus. Im Rahmen der Berücksichtigung der Interessen der Gläubiger des Verfahrens kann das Insolvenzgericht daher die Aussetzung für einen Monat anordnen und diese Aussetzung monatlich erneuern, insgesamt jedoch nur bis zu sechs Monaten.

d) Zuständiges Gericht. Sachlich, örtlich und funktionell zuständig ist nach Art. 71 23 Abs. 2 lit. e) Satz 2 das Insolvenzgericht, das das Insolvenzverfahren, in dem die Aussetzung beantragt wird, eröffnet hat.

e) Rechtsmittel. Art. 72 Abs. 2 lit. e) enthält keine Regelung über die Rechtsmittelfähigkeit 24 des vom Insolvenzgericht zu erlassenden Aussetzungsbeschlusses und wie sich ein mögliches Rechtsmittel auf dessen Wirksamkeit auswirkt. Der deutsche Gesetzgeber hat in den Durchführungsvorschriften (Art. 102c EGInsO) für den Aussetzungsbeschluss keine Regelung darüber getroffen, welche Rechtsmittelvorschriften anwendbar sind. Ebenso wie der Eröffnungsbeschluss für das Gruppen-Koordinationsverfahren[31] muss jedoch auch der Beschluss über die Aussetzung bzw. Nicht-Aussetzung rechtsmittelfähig sein. Für das Rechtsmittelverfahren gilt gemäß Art. 7 Abs. 2 analog die *lex fori concursus* des angerufenen Insolvenzgerichts. Bei Insolvenzverfahren in Deutschland steht dem Beschwerten die sofortige Beschwerde nach § 252 ZPO zu.[32]

IV. Pflichtenmaßstab (Abs. 5)

Art. 72 Abs. 5 legt den Pflichtenmaßstab für den Koordinator fest. Danach übt dieser seine 25 Pflichten „*unparteiisch*" und mit der „*gebotenen Sorgfalt*" aus. Beide Begriffe sind verordnungsautonom auszulegen, unterscheiden sich jedoch erkennbar nicht von anderen Haftungsmaßstäben einer einfachen Fahrlässigkeit.

Die Vorschrift stellt keine eigenständige Haftungsnorm dar, sondern betrifft nur den Pflichten- 26 maßstab. Jedoch besteht durch die Anordnung des Gruppen-Koordinationsverfahrens eine rechtliche Sonderbeziehung zwischen dem Koordinator und den teilnehmenden Insolvenzverfahren, die grundsätzlich auch Grundlage einer Haftung bildet.[33]

Anspruchsberechtigt sind nur die Verwalter der teilnehmenden Verfahren, nicht hingegen die 27 Gläubiger der teilnehmenden Insolvenzverfahren. Denn die Pflichten des Koordinators bestehen gegenüber den teilnehmenden Insolvenzverfahren, nicht gegenüber den einzelnen Gläubigern des Verfahrens. Eine Ausweitung der Haftung auf einzelne Beteiligte würde für den Koordinator, der die Abwicklung von Verfahren zu koordinieren hat, auch zu einer nicht erkennbaren Ausweitung der Haftungsrisiken führen. Da er ohnehin nur Vorschläge unterbreiten kann, die für die Verwalter der beteiligten Verfahren nicht verbindlich sind, ist es vielmehr Aufgabe der einzelnen Verwalter, mögliche Verletzungen der Rechte der Gläubiger seines Verfahrens zu prüfen. Insoweit ist ohnehin

---

[29] Vgl. § 169 InsO.
[30] Vgl. noch → Art. 102c § 24 Rn. 1 ff.
[31] Vgl. → Art. 68 Rn. 11.
[32] So auch MüKoBGB/*Kindler* Art. 72 Rn. 18; Vallender/*Fritz* Art. 72 Rn. 73, der allerdings das nach deutschem Recht einschlägige Rechtsmittel nicht benennt.
[33] AA *Ehle,* ZIP 2016, 1619, 1625; wie hier jedoch *Prager/Keller* WM 2015, 805, 811; Brinkmann/*Lienau* Art. 72 Rn. 33; MüKoBGB/*Kindler* Art. 72 Rn. 19.

nicht erkennbar, dass der Koordinator eine Pflichtverletzung begeht, ohne dass gleichzeitig eine Pflichtverletzung des den Vorschlag umsetzenden Verwalters gegeben sein könnte, für die dieser im Rahmen eines Mitverschuldens mit einstehen müsste.

28   Ansonsten richten sich Voraussetzung und Rechtsfolgen der Haftung in entsprechender Anwendung des Art. 7 Abs. 2 nach dem Recht des Insolvenzgerichts, das den Koordinator bestellt hat *(lex fori coordinarii)*.[34]

Art. 73 Sprachen

(1) Der Koordinator kommuniziert mit dem Verwalter eines beteiligten Gruppenmitglieds in der mit dem Verwalter vereinbarten Sprache oder bei Fehlen einer entsprechenden Vereinbarung in der Amtssprache oder in einer der Amtssprachen der Organe der Union und des Gerichts, das das Verfahren gegen dieses Gruppenmitglied eröffnet hat.

(2) Der Koordinator kommuniziert mit einem Gericht in der Amtssprache, die dieses Gericht verwendet.

Literatur: Vgl. Vor Art. 56.

I. Normzweck

1   Artikel 73 enthält eine Regelung, in welchen Sprachen der Koordinator mit den anderen Verwaltern (Abs. 1) und den Gerichten (Abs. 2) kommunizieren muss. Die Vorschrift gilt aufgrund ihrer systematischen Stellung in Unterabschnitt 2 (allgemeine Vorschriften zu Abschnitt 2 Koordinierung) nur für die Vorschriften des Gruppen-Koordinationsverfahrens nach Art. 61 bis 77, nicht hingegen für Abschnitt 1 von Kapitel V (Artikel 56 bis 60, obwohl letztgenannte Vorschriften keine Regelung über die zu verwendende Sprache aufweisen. Die isolierte Regelung des praktischen Problems, in welcher Sprache kommuniziert werden muss,[1] ist unglücklich. Sinnvoll wäre gewesen, das Sprachproblem im allgemeinen Teil für alle Kapitel der Verordnung einheitlich zu regeln. Zudem stellt sich die Frage, ob die Vorschrift – wie es der Wortlaut indiziert – nur für die Kommunikation des Koordinators mit den anderen Beteiligten gilt, oder auch umgekehrt auch für deren Kommunikation mit dem Koordinator.

II. Zulässige Sprache

2   **1. Kommunikation mit den Verwaltern (Abs. 1).** Artikel 73 Abs. 1 stellt dem Koordinator mehrere Optionen zur Verfügung, in welcher Sprache er mit den Verwaltern der beteiligten Gruppenmitglieder kommunizieren kann. Nach Art. 73 Abs. 1 kann der Koordinator
– in einer mit dem Verwalter **vereinbarten Sprache,** oder
– in der oder einer der **Amtssprachen** des Mitglieds des betroffenen Insolvenzverfahrens kommunizieren. Der Koordinator sollte daher frühestmöglich versuchen, mit den am Gruppen-Koordinationsverfahren beteiligten Verwaltern möglichst eine einheitliche Vereinbarung über die zu verwendende Sprache zu treffen. Die Sprachvereinbarung ist daher eine weitere Sonderaufgabe, die in Art. 72 nicht erwähnt, aber gemäß Art. 73 zulässig ist. Eine besondere Form ist hierfür nicht vorgesehen. Soweit es dem Koordinator nicht gelingt, eine Sprachvereinbarung abzuschließen, ist der Koordinator gezwungen, in der oder einer der Amtssprache des jeweiligen Verwalters zu kommunizieren, was bei Insolvenzverfahren mit mehreren beteiligten Mitgliedsländern durchaus zu praktischen Problemen führen dürfte.

3   Die Regelung gilt spiegelbildlich auch für die Kommunikation der Verwalter mit dem Koordinator. Soweit eine Vereinbarung über die Sprache vorliegt, wird – und sollte – diese Vereinbarung dies schon ausdrücklich vorschreiben. Ohne Vereinbarung jedenfalls kann der Verwalter eines teilnehmenden Gruppenmitglieds den Koordinator in der Amtssprache „seines" Verfahrens anschreiben.

4   **2. Kommunikation mit den Gerichten (Abs. 2).** Eine entsprechende Vereinbarung kann nach dem Wortlaut des Art. 73 Abs. 2 mit den Insolvenzgerichten der Gruppenmitglieder nicht getroffen werden. Hier sieht Art. 73 Abs. 2 vor, dass der Koordinator mit einem Gericht in der Amtssprache kommunizieren muss, die das Gericht verwendet. Allerdings werden auch hier aus

---

[34] Brinkmann/*Lienau* Art. 72 Rn. 33; MüKoBGB/*Kindler* Art. 72 Rn. 19.
[1] Vgl. auch die Regelung in Art. 55 Abs. 5 zur Forderungsanmeldung.

Praktikabilitätsgründen Ausnahmen diskutiert.[2] Richtigerweise wird der Koordinator Gespräche mit einem Richter (telefonisch, persönlich) *ad hoc* auch in anderen Sprachen führen dürfen. Art. 73 Abs. 2 beschränkt sich hinsichtlich der Formalisierung der Sprache insoweit nur auf schriftliche Dokumente (Anträge, Mitteilungen etc.), die zur Gerichtsakte hereingereicht oder vom Gericht verfasst werden, die aufgrund des Grundsatzes des rechtlichen Gehörs zugunsten der vielen anderen Verfahrensbeteiligten in der Verfahrenssprache abgefasst sein müssen. Für die Kommunikation mit den deutschen Gerichten gilt daher zwingend die deutsche Sprache. Auch das deutsche Recht enthält allerdings für Erörterungen in der mündlichen Verhandlung eine Ausnahme und lässt eine andere Sprache zu (§ 185 Abs. 2 GVG). Für derartige, über informelle Gespräche hinausgehende Kommunikation lässt jedoch auch das deutsche Recht keine Sprachenregelung zu.

Art. 74 Zusammenarbeit zwischen den Verwaltern und dem Koordinator

(1) Die für die Mitglieder der Gruppe bestellten Verwalter und der Koordinator arbeiten soweit zusammen, wie diese Zusammenarbeit mit den für das betreffende Verfahren geltenden Vorschriften vereinbar ist.

(2) Insbesondere übermitteln die Verwalter jede Information, die für den Koordinator zur Wahrnehmung seiner Aufgaben von Belang ist.

Literatur: Vgl. Vor Art. 56.

I. Normzweck

Artikel 74 ist das Pendant zur Regelung über die Zusammenarbeit und Kommunikation der Verwalter einer Unternehmensgruppe nach Art. 56. Art. 74 weitet die Pflicht zur Zusammenarbeit zwischen den Verwaltern auf die Pflicht zur Zusammenarbeit zwischen dem Koordinator und den Verwaltern aus. Gleichzeitig, ist diese Pflicht nicht wie in Art. 56 von verschiedenen Voraussetzungen abhängig. Die einzig verbliebene Einschränkung ist, dass die Zusammenarbeit nicht gegen die nationalen insolvenzrechtlichen Vorschriften des jeweiligen Verwalters verstoßen darf. Ähnliche Vorschriften über eine Zusammenarbeit finden sich in Art. 41 und 46 für die Zusammenarbeit der Verwalter des Haupt- und des Sekundärverfahrens. 1

II. Zusammenarbeit

Art. 74 Abs. 1 legt den Verwaltern der beteiligten Insolvenzverfahren und dem Koordinator die Pflicht auf, zusammenzuarbeiten. Diese Pflicht wird nur durch die möglicherweise kollidierenden Pflichten aus „seinem" Verfahren begrenzt (*„soweit die Zusammenarbeit mit den für das betreffende Verfahren geltenden Vorschriften vereinbar ist"*). Anders als in Art. 56 ist die Zusammenarbeit daher nicht zusätzlich davon abhängig, dass die Zusammenarbeit die wirksame Abwicklung der Verfahren erleichtern könne. Das wird aufgrund des eröffneten Gruppen-Koordinationsverfahrens als gegeben unterstellt. Auch enthält Art. 74 keine Einschränkung dahingehend, dass die Zusammenarbeit keine Interessenkonflikte nach sich ziehen dürfe. Auch diesen potentiellen Konflikt kann der Verordnungsgeber zumindest bei der Zusammenarbeit der Verwalter mit dem Koordinator, der zur Neutralität verpflichtet ist (vgl. Art. 71 Abs. 2), ebenfalls nicht erkennen. Auf diese einschränkenden Voraussetzungen hat der Verordnungsgeber im Zusammenhang mit der Zusammenarbeit zwischen den Verwaltern und dem Koordinator daher bewusst verzichtet. Eine Grenze der Pflicht zur Zusammenarbeit kann sich daher allenfalls aus der *lex fori concursus* des Verwalters ergeben. 2

III. Informationsübermittlung

Art. 74 Abs. 2 enthält die Pflicht der Verwalter, dem Koordinator jede Information zu übermitteln, die für den Koordinator zur Wahrnehmung seiner Aufgaben von Belang ist. Die Informationspflicht ist insoweit ebenfalls weiter als die Informationspflicht der Verwalter untereinander nach Art. 56 Abs. 2 lit. a). Dort steht die Informationspflicht unter der Voraussetzung, dass geeignete 3

---

[2] Vgl. *Himmer*, Das europäische Konzerninsolvenzrecht nach der reformierten EuInsVO, S. 413; Vallender/*Fritz* Art. 73 Rn. 10; Bork/van Zwieten/*Schmidt* Art. 73 Rn. 73.13; die eine Vereinbarung zulassen wollen, wenn das nationale Prozessrecht des Gerichts eine Sprachregelung erlaubt. Anders als *Himmer* meint, lässt das deutsche Prozessrecht die Wahl einer anderen Sprache jedoch nur im Falle einer mündlichen Verhandlung zu, § 185 Abs. 2 GVG.

Vorkehrungen zum Schutz vertraulicher Informationen bestehen. Auf diese Einschränkung hat der Verordnungsgeber im Rahmen von Art. 74 Abs. 2 ebenfalls bewusst verzichtet. Denn der Verwalter darf diese Information zwar grundsätzlich zur Erfüllung seiner Aufgabe verwenden, die Information jedoch nicht an andere Verwalter weitergeben. Aufgrund der neutralen Stellung des Koordinators und der Tatsache, dass dieser über keine Insolvenzmasse verfügt, die grundsätzlich im Wettbewerb mit den anderen Verwaltern stehen könnte, hat der Gesetzgeber keine Notwendigkeit für einen besonderen Schutz der übermittelten Informationen gesehen.[1] Übermittelt der Verwalter eines Verfahrens dem Koordinator Betriebs- oder Geschäftsgeheimnisse, so hat er diesen hierauf hinzuweisen und ihm eine Weitergabe oder Offenlegung dieser Informationen an andere Verfahrensbeteiligte zu untersagen. Da der Koordinator zur Neutralität verpflichtet ist und nicht zum Schaden der Gläubiger eines beteiligten Gruppenmitglieds handeln darf (vgl. Art. 75 lit. a)), ist ihm eine Weitergabe und Offenlegung untersagt.

4   Die Voraussetzung, dass die Information für den Koordinator zur Wahrnehmung seiner Aufgaben *„von Belang"* sein muss, ist großzügig auszulegen. Dem Verwalter steht insoweit kein Prüfungsspielraum zu, mit einer entsprechenden Begründung das Auskunftsbegehren zurückzuweisen, solange nicht der Fall eines Rechtsmissbrauches vorliegt.[2] Praktisch relevant dürfte die Einschränkung insbesondere bei der Übermittlung bereits erwähnter Betriebs- oder Geschäftsgeheimnisse sein, bei denen der Belang gesondert zu prüfen ist. So wäre nicht erkennbar, dass der Koordinator technische Betriebsgeheimnisse für die Gruppen-Koordination benötigt, während die Weitergabe von Lieferbeziehungen, Preisgestaltungen, die ebenfalls ein Geschäftsgeheimnis darstellen können, für die Gruppenkoordination durchaus von Belang sein können.

Art. 75 Abberufung des Koordinators

Das Gericht ruft den Koordinator von Amts wegen oder auf Antrag des Verwalters eines beteiligten Gruppenmitglieds ab, wenn der Koordinator
a) zum Schaden der Gläubiger eines beteiligten Gruppenmitglieds handelt oder
b) nicht seinen Verpflichtungen nach diesem Kapitel nachkommt.

Literatur: Vgl. Vor Art. 56.

I. Normzweck

1   Artikel 75 enthält eine Regelung zur Abberufung des im Eröffnungsbeschluss bestellten Koordinators. Dies ist konsequent. Soweit die EuInsVO auch die Bestellung des Koordinators regelt, ist auch dessen Abberufung gleichermaßen von der Verordnung zu regeln. Allerdings regelt Art. 75 nur die zulässigen Gründe für eine Abberufung. Nicht geregelt sind hingegen die Rechtsfolgen der Abberufung.

II. Abberufungsgründe

2   Art. 75 nennt zwei Gründe, weshalb das Insolvenzgericht des Gruppen-Koordinationsverfahrens den Koordinator abberufen kann. Lit. a) nennt als Abberufungsgrund zunächst, dass der Koordinator **zum Schaden der Gläubiger** eines beteiligten Gruppenmitglieds handelt. Der Abberufungsgrund ist redundant, ist nicht erkennbar ist, dass ein Handeln zum Nachteil der Gläubiger eines beteiligten Gruppenmitglieder nicht schon eine Pflichtverletzung nach lit. b) darstellen soll.[1] Unter dem Begriff des Handels ist nicht nur aktives Handeln sondern auch das Unterlassen einer an sich gebotenen Handlung zu verstehen.[2] Der Begriff des Schadens setzt voraus, dass durch das Handeln des Gruppenverwalters die Befriedigungsinteressen der Gläubiger eines Verfahrens[3] konkret beeinträchtigt wurden. Eine bloß gefährdende Handlung reicht hingegen nicht, weil sonst das Abberufungsverfahren zu einer gerichtlichen Auseinandersetzung um die besten Empfehlungen und den sinnvollsten Gruppen-Koordinationsplan werden würde.[4] Denn sämtliche Empfehlungen und Grup-

---

[1] Wie hier Vallender/*Fritz* Art. 74 Rn. 11; aA *Himmer*, Das europäische Konzerninsolvenzrecht nach der reformierten EuInsVO, S. 411, der auf eine analoge Anwendung von Art. 56 bei Interessenkonflikten verweist; ebenfalls wohl einschränkender Brinkmann/*Lienau* Art. 74 Rn. 4.
[2] Ebenso *Paulus* Art. 74 Rn. 7; MüKoBGB/*Kindler* Art 74 Rn. 5.
[1] So auch Bork/van Zwieten/*Schmidt* Art. 75 Rn. 75.07.
[2] *Eble* ZIP 2016, 1619, 1622; Vallender/*Fritz* Art. 75 Rn. 8; Bork/van Zwieten/*Schmidt* Art. 75 Rn. 75.08.
[3] Nicht das Gruppeninteresse, sondern das einzelne Verfahren ist entscheidend, vgl. auch *Himmer*, Das europäische Konzerninsolvenzrecht nach der reformierten EuInsVO, S. 416.
[4] Strittig: auf die Gefährdung als ausreichend abstellend *Eble* ZIP 2016, 1619, 1622; *Himmer*, ebd., S. 416.

pen-Koordinationspläne enthalten zwangsläufig einen Ausgleich der möglicherweise unterschiedlichen Interessen der Verfahrensbeteiligten. Will man diesen Interessenausgleich nicht ständig einer gerichtlichen Kontrolle unterwerfen, dürfen diese Vorschläge des Koordinators auch nicht einer fortlaufenden „Gefährdungskontrolle" unterliegen. Ein Schaden im Sinne des Art. 75 ist daher nur denkbar, wenn durch das Verhalten des Koordinators die Insolvenzmasse tatsächlich geschmälert (oder die Passivmasse tatsächlich erhöht) wurde.

Die praktische Relevanz dürfte jedoch gering sein. Da die Vorschläge des Koordinators unverbindlich sind, müssen diese zuvor vom Verwalter eines beteiligten Gruppenmitglieds geprüft werden. Führt die Umsetzung des Vorschlags aber zu einer Beeinträchtigung der Interessen der Gläubiger des von ihm geführten Insolvenzverfahrens, so hat der jeweilige Verwalter die Umsetzung zu unterlassen, da er andernfalls selbst eine Pflichtverletzung begehen würde. Setzt dieser die Empfehlungen oder den Gruppen-Koordinationsplan dennoch um, so begeht er gegebenenfalls eine eigene Pflichtverletzung in seinem Verfahren. Diese entlastet den Koordinator jedoch nicht, der aus diesen Gründen abberufen werden kann (und gegebenenfalls auch haften kann, vgl. → Art. 72 Rn. 25 ff.).[5] 3

Lit. b) ermöglicht darüber hinaus die Abberufung, wenn der Koordinator **nicht seinen Verpflichtungen** nach diesem Kapitel V (Art. 56 bis 77) **nachkommt**. Das betrifft insbesondere die in Art. 72 Abs. 1 enthaltenen Aufgaben des Koordinators. Da diese jedoch dem Koordinator einen erheblichen Ermessensspielraum gewähren, ist bei der Frage der Pflichtverletzung Zurückhaltung geboten. Nicht jede Meinungsverschiedenheit um die Ausgestaltung der Gruppenkoordination ist eine Verletzung der dem Koordinator obliegenden Pflichten.[6] 4

Die Abberufung kann **von Amts wegen** oder auf **Antrag** eines Verwalters einer der beteiligten Gruppenmitglieder erfolgen. Zuständig für die Abberufung ist das Gericht, das das Gruppen-Koordinationsverfahren eröffnet und den Koordinator nach Art. 68 bestellt hat. Ob gegen einen entsprechenden Beschluss ein Rechtsmittel möglich ist, ist in Art. 75 ebenfalls nicht geregelt. Ähnlich wie bei Art. 68 wird man jedoch sowohl dem antragstellenden Verwalter als auch dem betroffenen Koordinator die Möglichkeit eines Rechtsmittel einräumen müssen (vgl. hierzu bereits → Art. 68 Rn. 11). 5

Nicht geregelt sind die **Rechtsfolgen der Abberufung**. Das gilt sowohl für die Vergütung des abberufenen Koordinators, als auch für die Neubestellung eines neuen Koordinators. Die Frage, wem hier das Vorschlagsrecht zukommt, klingt nach einer Petitesse, hat jedoch erhebliche Auswirkungen, da schon bei der Erstbestellung das Gericht nur eine Person bestellen kann, die vorgeschlagen wurde (vgl. oben → Art. 68 Rn. 4). Die Frage ist strittig. Mangels eigener Verfahrensregeln für die Ersatzbestellung wird man jedoch die Regeln für die Erstbestellung entsprechend anwenden müssen.[7] Daher ist zunächst der ursprüngliche Antragssteller berechtigt und entsprechend aufzufordern, einen Vorschlag bezüglich der zu bestellenden Person zu unterbreiten. Hierzu sind sodann die Verwalter in entsprechender Anwendung von Art. 64 wiederum zur Stellungnahme aufzufordern. Bei entsprechend berechtigten Einwänden durch den oder die Verwalter steht das Vorschlagsrecht dem oder den widersprechenden Verwaltern zu (vgl. hierzu bereits oben → Art. 67 Rn. 5). 6

Art. 76 Schuldner in Eigenverwaltung

Die gemäß diesem Kapitel für den Verwalter geltenden Bestimmungen gelten soweit einschlägig entsprechend für den Schuldner in Eigenverwaltung.

Literatur: Vgl. Vor Art. 56.

I. Normzweck

Nach Art. 76 sind die in „diesem" Kapitel für den Verwalter geltenden Bestimmung auf den Schuldner in Eigenverwaltung entsprechend anwendbar, soweit diese einschlägig sind. Für beide 1

---

[5] In Anlehnung an Vallender/*Fritz* Art. 75 Rn. 14 handelt es sich insoweit zwangsläufig um mittelbare Schäden iSd § 249 BGB.
[6] So auch Bork/van Zwieten/*Schmidt* Art. 75 Rn. 75.13; ebenso wohl *Himmer*, Das europäische Konzerninsolvenzrecht nach der reformierten EuInsVO, S. 418.
[7] So auch Vallender/*Fritz* Art. 75 Rn. 20; MüKoBGB/*Kindler* Art. 75 Rn. 10; Brinkmann/*Lienau* Art. 75 Rn. 8; das Vorschlagsrecht aus Effizienzgründen nun allen beteiligten Verwaltern zusprechend: Braun/*Honert* Art. 75 Rn. 21; *Himmer*, Das europäische Konzerninsolvenzrecht nach der reformierten EuInsVO, S. 419; noch anders *Paulus* Art. 75 Rn. 7, der das Vorschlagsrecht wohl in analoger Anwendung von Art. 67 dem Verwalter zubilligen möchte, der den Abberufungsantrag gestellt hat. Hingegen Bork/van Zwieten/*Schmidt* Art. 75.20 ff., die scheinbar dem Gericht nunmehr eine Auswahlbefugnis einräumt.

Begriffe (Verwalter, Schuldner in Eigenverwaltung) ist auf die in Art. 2 enthaltene Definition zurück zu greifen (vgl. Art. 2 Nr. 3 und Nr. 5). Die Verortung der Vorschrift in Art. 76 ist systematisch jedoch missglückt. Denn trotz ihrer Stellung in Kapitel V Abschnitt 2 Unterabschnitt 2 soll die Regelung für das gesamte Kapitel V gelten. Ebenso wie für die Sprachregelung in Art. 73 (vgl. bereits oben → Art. 73 Rn. 1) wäre zudem eine generelle Regelung für die EuInsVO, inwieweit die für den Verwalter geltenden Regelungen auch für den Schuldner in Eigenverwaltung gelten sollen, von Vorteil gewesen.[1]

II. „soweit einschlägig"

Die Gleichsetzung des Schuldners in Eigenverwaltung mit dem Verwalter gilt zumindest nach dem Wortlaut jedoch nur eingeschränkt. Die Vorschriften gelten nur *„soweit einschlägig"* entsprechend. Die Einschränkung hat jedoch praktisch keine Bedeutung. Zwar finden sich in den Kommentierungen jeweils Auflistungen, bei welchen Vorschriften die Gleichsetzung nicht gelten soll.[2] Hierbei werden jedoch Vorschriften aufgezählt, die überhaupt nicht den Verwalter betreffen, sodass die Vorschriften schon vom ihrem Wortlaut gar nicht zu einer entsprechenden Gleichsetzung taugen. Gleiches gilt für die Aussage, die Gleichsetzung gelte auch nicht für Art. 71. Diese Erörterung ist schon von der Fallgestaltung her eine Scheindiskussion. Denn bei Art. 71 könnte eine Gleichsetzung nach dem Wortlaut nur dann in Betracht kommen, wenn als Koordinator eine juristische Person auserkoren werden würde, die insolvent ist und sich in Eigenverwaltung befindet, gleichzeitig aber die Qualifikation hätte, als Verwalter tätig zu werden. Diese Fallgestaltung ist schon praktisch nicht denkbar. Im Ergebnis gilt die Gleichsetzung uneingeschränkt für alle Vorschriften von Kapitel V. Praktisch relevante Einschränkungen sind in den Kommentierungen bisher zu Recht nicht identifiziert worden.[3]

Art. 77 Kosten und Kostenaufteilung

(1) Die Vergütung des Koordinators muss angemessen und verhältnismäßig zu den wahrgenommenen Aufgaben sein sowie angemessene Aufwendungen berücksichtigen.

(2) Nach Erfüllung seiner Aufgaben legt der Koordinator die Endabrechnung der Kosten mit dem von jedem Mitglied zu tragenden Anteil vor und übermittelt diese Abrechnung jedem beteiligten Verwalter und dem Gericht, das das Koordinationsverfahren eröffnet hat.

(3) ¹**Legt keiner der Verwalter innerhalb von 30 Tagen nach Eingang der in Absatz 2 genannten Abrechnung Widerspruch ein, gelten die Kosten und der von jedem Mitglied zu tragende Anteil als gebilligt.** ²**Die Abrechnung wird dem Gericht, das das Koordinationsverfahren eröffnet hat, zur Bestätigung vorgelegt.**

(4) Im Falle eines Widerspruchs entscheidet das Gericht, das das Gruppen-Koordinationsverfahren eröffnet hat, auf Antrag des Koordinators oder eines beteiligten Verwalters über die Kosten und den von jedem Mitglied zu tragenden Anteil im Einklang mit den Kriterien gemäß Absatz 1 dieses Artikels und unter Berücksichtigung der Kostenschätzung gemäß Artikel 68 Absatz 1 und gegebenenfalls Artikel 72 Absatz 6.

(5) Jeder beteiligte Verwalter kann die in Absatz 4 genannte Entscheidung gemäß dem Verfahren anfechten, das nach dem Recht des Mitgliedstaats, in dem das Gruppen-Koordinationsverfahren eröffnet wurde, vorgesehen ist.

Literatur: Vgl. Vor Art. 56.

I. Normzweck

Art. 77 regelt die Kosten des Gruppen-Koordinationsverfahrens sowie deren anteilige Verteilung auf die beteiligten Insolvenzverfahren. Trotz der verhältnismäßig umfangreichen Norm ist die Frage der Vergütung des Koordinators in Art. 77 jedoch nur rudimentär geregelt. Absatz 1 enthält lediglich eine Grundsatzaussage zur Vergütung des Koordinators, nämlich dass diese ange-

---

[1] Vgl. zu dem ähnlichen Problem bei Sekundärverfahren auch Art. 36 Rn. 30; kritisch insoweit auch Brinkmann/*Lienau* Art. 76 Rn. 3.
[2] Vgl. zB bei Bork/van Zwieten/*Schmidt* Art. 76 Rn. 76.06 f.; Vallender/*Fritz* Art. 76 Rn. 3.
[3] Vgl. *Himmer,* Das europäische Konzerninsolvenzrecht nach der reformierten EuInsVO, S. 219 f.; Braun/ *Honert* Art. 76 Rn. 6 f.; Brinkmann/*Lienau* Art. 76 Rn. 2; Vallender/*Fritz* Art. 76 Rn. 3.

messen und verhältnismäßig sein müsse. Die Absätze 2 bis 5 regeln den Verfahrensablauf zur Festsetzung der Kosten. Auslegungshilfe bietet zudem ErwG Nr. 58, der einige Aussagen zu den Kosten trifft. Die zentrale Frage, wie die Angemessenheit der Vergütung des Koordinators zu bestimmen ist, bleibt jedoch den nationalen Insolvenzrechten der Mitgliedstaaten überlassen. Aus deutscher Sicht kommt hinzu, dass die Vorschrift vom deutschen Gesetzgeber nur unzureichend in das deutsche Recht umgesetzt wurde, obwohl der Verordnungsgeber in ErwG Nr. 61 hierzu geradezu aufgefordert hat.[1] So hat der deutsche Gesetzgeber einerseits für die Vergütung des Koordinators keine Regelung vorgesehen, andererseits aber – wohl unter Verstoß gegen die EuInsVO – die Kosten des Koordinationsgerichts dem Schuldner auferlegt, dessen Verwalter den Antrag auf Eröffnung eines Koordinationsverfahrens gestellt hat.[2] Denkbar wäre insoweit auch gewesen, die Kosten des Koordinationsgerichts als Kosten der Gruppenkoordination zu behandeln, die von allen teilnehmenden Verwaltern bzw. Insolvenzmassen zu tragen wären und die Kostenlast sodann dem Antragsteller aufzuerlegen, wenn der Antrag abgelehnt wird. Koordinationsverfahren vor deutschen Gerichten werden daher eine Theorie bleiben.

II. Angemessene Vergütung (Absatz 1)

Art. 77 Abs. 1 macht für die Vergütung des Koordinators drei inhaltliche, aber weitgehend unbestimmte Vorgaben. Danach muss die Vergütung (a) angemessen sein, (b) im Verhältnis zu den wahrgenommenen Aufgaben stehen und (c) angemessene Aufwendungen berücksichtigen. 2

Ausgangspunkt ist daher zunächst der im Beschluss über die Bestellung des Koordinators nach Art. 68 Abs. 1 lit. b) definierte **Aufgabenkatalog,** der sich im Entwurf der Koordination findet. Ist der Aufgabenumfang gemäß der geplanten Koordination eingeschränkt, so wäre dies entsprechend zu berücksichtigen. Für die Angemessenheit ist sodann – neben diesem Aufgabenkreis – zu berücksichtigen, **wie viele Verwalter** sich an dem Gruppen-Koordinationsverfahren beteiligen, wie groß die **aggregierte Insolvenzmasse** aller am Gruppen-Koordinationsverfahren beteiligter Insolvenzmassen ist. Je mehr Verfahren sich beteiligen und je werthaltiger die Insolvenzmassen sind, desto höher muss freilich auch die dem Koordinator gewährte Vergütung sein. Berücksichtigungsfähig sind darüber hinaus die Dauer, Schwierigkeit und sonstige Komplexität.[3] Bisweilen sollen sogar besondere Qualifikationen des Koordinators oder der Erfolg der Koordination Berücksichtigung finden.[4] 3

Die EuInsVO enthält jedoch keinerlei Präzisierung, was unter einer angemessenen Vergütung bei Berücksichtigung dieser Parameter zu verstehen ist. Richtigerweise – und in Abweichung zur Vorauflage – hat das Koordinationsgericht im Rahmen des Kostenbeschlusses nach Art. 77 jedoch keine Kompetenz, die Vergütungsparameter festzulegen. Denn die Vergütungsstruktur ist bereits Gegenstand des Antrags nach Art. 61 Abs. 3 lit. d), über die das Koordinationsgericht bereits im Eröffnungsantrag entscheidet, ohne dass das Gericht von den Kostenvorgaben abweichen kann. Richtigerweise werden die Insolvenzgerichte der Mitgliedstaaten zur Ausfüllung dieses unbestimmten Rechtsbegriffes auf ihr eigenes nationales Recht zurückgreifen dürfen, zumal davon auszugehen ist, dass jeder Mitgliedstaat für die Vergütung von Insolvenzverwaltern in der Praxis umsetzbare, konkrete Regelungen verabschiedet hat. Diese sind freilich für den Koordinator nicht entsprechend anzuwenden, da dieser über keine eigene Insolvenzmasse verfügt und letztendlich nur den eingeschränkten Aufgabenkreis hat, entsprechende Vorschläge zu unterbreiten. Den Mitgliedstaaten steht es nach ErwG Nr. 61 jedoch offen, nationale Bestimmungen zu erlassen, mit denen die Bestimmungen dieser Verordnung ergänzt werden können. Davon hat der deutsche Gesetzgeber jedoch leider keinen Gebrauch gemacht. Es wäre daher dem deutschen Gesetzgeber zu empfehlen, entsprechende Vorschriften zur Vergütung des Koordinators in die Insolvenzverwaltervergütungsverordnung noch mit aufzunehmen. 4

III. Verfahren der Kostenfestsetzung (Absatz 2–4)

Nach Art. 77 Abs. 2 erstellt der Koordinator zunächst eine Endabrechnung der Kosten. Diese ist auf Basis der Parameter der Kostenschätzung vorzunehmen, die nach Art. 68 Abs. 1 lit. c) der 5

---

[1] Zur Umsetzung vgl. das Gesetz zur Durchführung der Verordnung (EU) 2015/848 über Insolvenzverfahren vom 5.6.2017, BGBl. I 2017, 1476.
[2] Vgl. § 23 Abs. 5 GKG.
[3] Diese Grundsätze sind weitgehend unstreitig, vgl. Vallender/*Fritz* Art. 77 Rn. 14; Brinkmann/*Lienau* Art. 77 Rn. 8; hierzu auch *Himmer,* Das europäische Konzerninsolvenzrecht nach der reformierten EuInsVO, S. 438 f.
[4] So bei Bork/van Zwieten/*Schmidt* Art. 77 Rn. 77.06; Vallender/*Fritz* Art. 77 Rn. 14; Mankowski/Müller/Schmidt/*Schmidt* Art. 77 Rn. 8.

Kostenschätzung zugrunde lag. Zugleich ermittelt der Koordinator, wie hoch der Anteil ist, den jedes teilnehmende Gruppenmitglied zu tragen hat. Diese Abrechnung ist sodann den beteiligten Verwaltern und dem Gericht, das das Koordinationsverfahren eröffnet hat, zu übermitteln. Für die Übermittlung sieht Art. 77 Abs. 2 keine besondere Form vor. Im Hinblick auf die nach Übermittlung der Endabrechnung laufende 30-Tagefrist empfiehlt es sich jedoch, ebenso wie bei Art. 30 Abs. 3, die Übermittlung eingeschrieben mit Rückschein aufzugeben, sodass der Fristenablauf entsprechend verifiziert werden kann.

6   Nach Art. 77 Abs. 3 gilt die Abrechnung als gebilligt, wenn keiner der Verwalter innerhalb von 30 Tagen nach Eingang der Endabrechnung Widerspruch einlegt. Nicht ausdrücklich erwähnt ist, bei wem der Widerspruch eines Verwalters einzulegen ist. Art. 77 Abs. 3 S. 2 scheint darauf hinzudeuten, dass der Widerspruch bei dem Koordinator einzulegen ist, der bei Ausbleiben eines Widerspruchs sodann die Abrechnung dem Gericht zur Bestätigung vorzulegen hat. Um rechtsstaatliche Grundsätze, insbesondere die Sicherung des rechtlichen Gehörs zu gewährleisten, wird man Art. 77 Abs. 3 jedoch dahin auslegen müssen, dass ein Widerspruch durch den Verwalter beim Insolvenzgericht einzulegen ist. Anderenfalls müsste sich das Insolvenzgericht für das bisherige Verfahren auf die Mitteilung des Koordinators verlassen. Richtigerweise legt der Koordinator nach Ablauf der 30-Tages-Frist dem Insolvenzgericht die Abrechnung vor mit zusätzlichen Informationen und Unterlagen, wann die Abrechnung den Verwaltern zugegangen ist, sodass das Gericht von sich aus den Ablauf der 30-Tages-Frist überprüfen kann. Die Vorlage der Abrechnung selbst ist nicht notwendig, da diese bereits zuvor gemäß Art. 77 Abs. 2 übermittelt wurde.

7   Legt einer der Verwalter Widerspruch ein, so entscheidet das Insolvenzgericht sodann im Einklang mit den Kriterien gemäß Art. 77 Abs. 1 und unter Berücksichtigung der Kostenschätzung gemäß Art. 68 Abs. 1 und ggf. Art. 72 Abs. 6. Die Entscheidung betrifft die gesamten Kosten, einschließlich der Aufwendungen sowie die Verteilung der Kosten auf die beteiligten Insolvenzverfahren.

8   Legt kein Verwalter Widerspruch ein, so gilt die Abrechnung gemäß Art. 77 Abs. 3 als gebilligt und muss vom Insolvenzgericht nur noch bestätigt werden. Dem Insolvenzgericht steht in diesem Falle keine eigene Prüfungskompetenz mehr zu. Das Insolvenzgericht hat lediglich den Ablauf der 30-Tages-Frist sowie die Tatsache, dass kein Verwalter Widerspruch eingelegt hat, zu überprüfen.

IV. Abschlagsrechnungen

9   Die Abrechnung des Koordinators erfolgt „nach Erfüllung seiner Aufgaben". Die Möglichkeit von Abschlagsrechnungen ist hiernach nicht vorgesehen. Daraus lässt sich im Umkehrschluss allerdings nicht zwingend schließen, dass eine solche Abschlagsrechnung nach der EuInsVO unzulässig wäre. Erstreckt sich die Gruppenkoordination auf einen längeren Zeitraum und erscheint es im Hinblick auf Dauer und Umfang der Tätigkeit unangemessen, bis zum Abschluss des Gruppen-Koordinationsverfahrens zu warten, so kann der Koordinator in entsprechender Anwendung der Absätze 2 bis 4 auch eine Abschlagszahlung auf seine ansonsten noch nicht fällige Vergütung fordern. Eine Vorschusszahlung auf noch zu erbringende Tätigkeiten ist hingegen unzulässig, da Art. 77 die Vorfinanzierung seiner Tätigkeit grundsätzlich dem Koordinator auferlegt.

V. Rechtsmittel (Absatz 5)

10 Gegen die Entscheidung des Insolvenzgerichts kann jeder beteiligte Verwalter nach Absatz 5 das Rechtsmittel einlegen, nach dem Recht des Mitgliedstaates, in dem das Gruppen-Koordinationsverfahren eröffnet wurde, vorgesehen ist. Mithin hat das Insolvenzgericht das Rechtsmittelverfahren durchzuführen, das auch bei der Festsetzung der Vergütung eines Insolvenzverwalters Anwendung findet.

Art. 78 Datenschutz

1. **Sofern keine Verarbeitungsvorgänge im Sinne des Artikels 3 Absatz 2 der Richtlinie 95/46/EG betroffen sind, finden die nationalen Vorschriften zur Umsetzung der Richtlinie 95/46/EG auf die nach Maßgabe dieser Verordnung in den Mitgliedstaaten durchgeführte Verarbeitung personenbezogener Daten Anwendung.**
2. **Die Verordnung (EG) Nr. 45/2001 gilt für die Verarbeitung personenbezogener Daten, die von der Kommission nach Maßgabe der vorliegenden Verordnung durchgeführt wird.**

I. Normzweck und Überblick

Die Vorschriften in Art. 78–83 sind eine **Konsequenz aus der Einführung des Europä-** 1
ischen Insolvenzregisters in Art. 24 bis 27. Sie haben keinen Vorläufer in der EuInsVO 2000.
Der Abschnitt trägt den Bedürfnissen und Vorgaben des Datenschutzrechts Rechnung, die durch
die Datenschutz-Grundverordnung VO (EU) 2016/679 zum 25.5.2018 neu geregelt worden sind.
An die Organe und Einrichtungen der Europäischen Union gerichtet ist die allgemeine Datenschutz-Verordnung (EG) Nr. 45/2001, die in Art. 78 Abs. 2 EuInsVO in Bezug genommen wird
und zwischenzeitlich durch VO (EU) Nr. 2018/1725[1] aufgehoben und ersetzt wurde, weil die
DSGVO diesen Bereich ausklammert (Art. 2 Abs. 3 S. 1 DSGVO).[2] Gem. Art. 99 VO (EU)
Nr. 2018/1725 gelten Bezugnahmen auf die aufgehobene Verordnung (EG) Nr. 45/2001 und den
aufgehobenen Beschluss als Bezugnahmen auf die neue Verordnung. Generell wird das europäische Datenschutzrecht auch über die DSGVO, die allerdings ihren zentralen Anker darstellt,
hinaus ausgeformt.[3]
Die DSGVO enthält in ihrem Art. 5 wesentliche Grundsätze einer rechtmäßigen Datenverarbeitung.[4] Die DSGVO ersetzt die in Art. 78 bis 83 EuInsVO in Bezug genommene Datenschutzrichtlinie 95/46/EG. Nach Art. 94 Abs. 2 S. 1 DGSVO gelten **Verweise auf die Datenschutzrichtlinie
als Verweise auf die DSGVO;** eine bereits stattgefundene Verarbeitung soll nach Erwägungsgrund
171 der DSGVO innerhalb von zwei Jahren mit der DSGVO in Einklang gebracht werden. Da die
DSGVO ebenso wie die EuInsVO unmittelbar geltendes Verordnungsrecht ist, stellt sich das Verhältnis
der beiden Rechtsakte zueinander. Die Bestimmungen der EuInsVO sind insoweit bereichsspezifische Datenschutzbestimmungen iSd Art. 6 Abs. 2 DSGVO.[5]

Soweit Lücken bestehen und die EuInsVO keine Regelung trifft, kann auf die DSGVO bzw. 2
das unionsrechtlichen Datenschutzrecht und, soweit dieses dafür Raum lässt, auf das nationale
Datenschutzrecht zurückgegriffen werden. Insbesondere definiert die EuInsVO nicht selbst,
wann eine Datenverarbeitung vorliegt. Dies folgt aus der DSGVO (Art. 2 Nr. 2 DSGVO) bzw.
der VO (EU) Nr. 2018/1725 (Art. 3 Nr. 3).[6] Zudem enthält die EuInsVO auch keine Aussage
zu der allgemein diskutierten Frage, ob der (vorläufige) Insolvenzverwalter Verantwortlicher iSd
DSGVO ist und welche Pflichten ihn treffen.[7] Auch Gerichte sind datenschutzrechtlich verantwortlich.

II. Einzelheiten

1. Verweis auf die DSGVO (Art. 78 Abs. 1). Mit Art. 78 Abs. 1 wird einerseits klargestellt, 3
dass die Mitgliedstaaten im Rahmen ihres nationalen Registers (Art. 24), aber auch im Übrigen im
Kontext der Datenverarbeitung unter dem rechtlichen Rahmen der EuInsVO[8] an die Vorgaben der
Datenschutzrichtlinie bzw. jetzt der DSGVO gebunden sind. Erwägungsgrund Nr. 84 bestätigt dies.
Andererseits bleiben die jeweiligen zur Flankierung und Umsetzung der DSGVO erlassenen **Rechtsakte in den jeweiligen Mitgliedstaaten unberührt,** soweit die DSGVO dafür als unmittelbar
geltendes Verordnungsrecht ihrerseits Raum gelassen hat. Die in das nationale Insolvenzregister
eingestellten Informationen iSd Art. 24 Abs. 1 sind personenbezogene Daten im Sinne des Art. 4
Nr. 1 DSGVO.[9]

2. Verweis auf die VO (EU) Nr. 2018/1725. Nach Art. 78 Abs. 2 wird (weitgehend deklara- 4
torisch[10]) der Anwendungsbereich der für die Unionsorgane geltenden VO (EU) Nr. 2018/1725

---

[1] Verordnung (EU) 2018/1725 des Europäischen Parlaments und des Rates vom 23.10.2018 zum Schutz natürlicher Personen bei der Verarbeitung personenbezogener Daten durch die Organe, Einrichtungen und sonstigen Stellen der Union, zum freien Datenverkehr und zur Aufhebung der Verordnung (EU) Nr. 45/2001 und des Beschlusses Nr. 1247/2002/EG.
[2] Vallender/*Zipperer* Vor Art. 78–83 Rn. 3. Zur Genese auch Uhlenbruck/*Knof* Art. 78 Rn. 1 f.
[3] Zu weiteren Rechtsakten KPB/*Petri* Vor Art. 78–83 Rn. 4 f.
[4] Dazu KPB/*Petri* Vor Art. 78–83 Rn. 20 ff.
[5] Vallender/*Zipperer* Vor Art. 78–83 Rn. 4.
[6] Vorher VO (EG) Nr. 45/2001 (Art. 2 lit. b)).
[7] *Thole* ZIP 2018, 1001; *Weiß/Reisener* ZInsO 2019, 481, 485; *Theurich/Degenhardt* NZI 2018, 870, 873.
[8] Richtig HKInsO/*Schultz* Art. 78 Rn. 4.
[9] Mankowski/Müller/J.Schmidt/*J.Schmidt* Art. 78 Rn. 7; Vallender/*Zipperer* Art. 78 Rn. 3.
[10] Brinkmann/*Rüther*, European Insolvency Regulation, Art. 78 Rn. 5. Anders Vallender/*Zipperer* Art. 78 Rn. 10, der den konstitutiven Aspekt darin sieht, dass die Errichtung des Europäischen Justizportals bisher nicht in den Anwendungsbereich des Unionsrechts gefallen sei. – Tatsächlich aber wäre die Errichtung auch dann von der Richtlinie erfasst, wenn es Art. 78 Abs. 2 nicht gäbe.

(vormals VO (EG) Nr. 45/2001, dazu → Rn. 1) auf die Verarbeitung personenbezogener Daten in der EuInsVO durch die Kommission erstreckt. Dies betrifft insbesondere die **Einrichtung des Europäischen Insolvenzregisters** und das Betreiben des Europäischen Justizportals nach Maßgabe von Art. 25 EuInsVO. Über Art. 25 EuInsVO wird die Datenverarbeitung durch die Kommisson legitimiert, Art. 5 Abs. 1 lit. a) VO (EU) Nr. 2018/1725.

Art. 79 Aufgaben der Mitgliedstaaten hinsichtlich der Verarbeitung personenbezogener Daten in nationalen Insolvenzregistern

1. Jeder Mitgliedstaat teilt der Kommission im Hinblick auf die Bekanntmachung dieser Informationen auf dem Europäischen Justizportal den Namen der natürlichen oder juristischen Person, Behörde, Einrichtung oder jeder anderen Stelle mit, die nach den nationalen Rechtsvorschriften für die Ausübung der Funktionen eines für die Verarbeitung Verantwortlichen gemäß Artikel 2 Buchstabe d der Richtlinie 95/46/EG benannt worden ist.
2. Die Mitgliedstaaten schreiben vor, dass die technischen Maßnahmen zur Gewährleistung der Sicherheit der in ihren nationalen Insolvenzregistern nach Artikel 24 verarbeiteten personenbezogenen Daten durchgeführt werden.
3. Es obliegt den Mitgliedstaaten, zu überprüfen, dass der gemäß Artikel 2 Buchstabe d der Richtlinie 95/46/EG benannte für die Verarbeitung Verantwortliche die Einhaltung der Grundsätze in Bezug auf die Qualität der Daten, insbesondere die Genauigkeit und die Aktualisierung der in nationalen Insolvenzregistern gespeicherten Daten sicherstellt.
4. Es obliegt den Mitgliedstaaten gemäß der Richtlinie 95/46/EG, Daten zu erheben und in nationalen Datenbanken zu speichern und zu entscheiden, diese Daten im vernetzten Register, das über das Europäische Justizportal konsultiert werden kann, zugänglich zu machen.
5. Als Teil der Information, die betroffene Personen erhalten, um ihre Rechte und insbesondere das Recht auf Löschung von Daten, wahrnehmen zu können, teilen die Mitgliedstaaten betroffenen Personen mit, für welchen Zeitraum ihre in Insolvenz-registern gespeicherten personenbezogenen Daten zugänglich sind.

I. Normzweck

1 Die Vorschrift des Art. 79 betrifft nicht die **Aufgaben** der Kommission beim Betrieb des Europäischen Justizportals, sondern jene der **Mitgliedstaaten** bei der Verarbeitung personenbezogener Daten in ihren nationalen Registern, die sodann über die Vernetzung das Europäische Justizportal speisen. Die Norm ist auch staatsorganisationsrechtlich für die Abgrenzung der Verantwortlichkeiten von Bedeutung.

II. Aufgaben der Mitgliedstaaten

2 **1. Benennung des Verantwortlichen (Art. 79 Abs. 1).** Abs. 1 verpflichtet die Mitgliedstaaten, der Kommission (nicht der Öffentlichkeit) die Person des für die Datenverarbeitung Verantwortlichen bzw. die jeweilige Stelle zu benennen. Das bezieht sich auf Art. 4 Nr. 7 DSGVO. Das **Insolvenzportal**, das www.insolvenzbekanntmachungen.de betreibt, stellt nach der InsIntBekV[1] die Datensicherheit, Missbrauchsschutz und die Einhaltung der Löschungsfristen sicher; für die inhaltliche Richtigkeit der Übermittlung Daten ist nach § 12 Abs. 4 EGGVG das Insolvenzgericht verantwortlich. Auf dieser Grundlage ist auch bei der Verantwortlichkeit unter Art. 79 zu differenzieren, doch genügt die Benennung des Insolvenzportals, weil es Anfragen betreffend die Löschung wegen inhaltlicher Unrichtigkeit an das zuständige Insolvenzgericht weiterzuleiten hat.[2]

3 **2. Sicherheit der Verarbeitung (Art. 79 Abs. 2).** Art. 79 Abs. 2 betrifft insbesondere die Sicherheit der Verarbeitung gemäß Art. 32 DSGVO.[3] Unter Berücksichtigung des Stands der Technik, der Implementierungskosten und der Art, des Umfangs, der Umstände und der Zwecke der

---

[1] Verordnung zu öffentlichen Bekanntmachungen in Insolvenzverfahren im Internet vom 12.2.2002 (BGBl. I S. 677), zuletzt geändert durch Artikel 1 der Verordnung vom 14.10.2019 (BGBl. I S. 1466).
[2] Vallender/*Zipperer* Art. 79 Rn. 4.
[3] HKInsO/*Schultz* Art. 79 Rn. 2.

Verarbeitung sowie der unterschiedlichen Eintrittswahrscheinlichkeit und Schwere des Risikos für die Rechte und Freiheiten natürlicher Personen treffen der Verantwortliche und der Auftragsverarbeiter geeignete technische und organisatorische Maßnahmen, um ein dem Risiko angemessenes Schutzniveau zu gewährleisten. Die Wahrung der Sicherheit wird auf dieser Ebene des Art. 79 Abs. 2 bereits in die Hand und **Verpflichtung der Mitgliedstaaten** gelegt, soweit es die nationalen Insolvenzregister betrifft. Damit soll verhindert werden, dass durch Datenlecks und unzureichende Datensicherheit auf nationaler Ebene zwangsläufig auch in der Vernetzung unter dem Europäischen Justizportal Datenschutzlücken entstehen. Das betrifft insoweit auch die aus Art. 44 DSGVO folgende Übermittlungssperre an Länder mit unangemessenen Schutzniveau. Es wird insoweit zugleich auf die IT-Mindeststandards im Sinne des Art. 25 Abs. 2 lit. b) EuInsVO angespielt, die Gegenstand des Durchführungsrechtsaktes VO (EU) 2019/917[4] sind.

3. Qualität der Daten (Art. 79 Abs. 3). Art. 79 Abs. 3 spielt auf die Verpflichtung aus Abs. 2 an und verpflichtet die Mitgliedstaaten zur Überprüfung des Verantwortlichen in Bezug auf die Richtigkeit und Aktualisierung bzw. allgemeiner die Qualität der in die nationale Register eingestellten Daten. Dies geschieht vor dem Hintergrund, dass dann die Übermittlung und Zugänglichmachung im Europäischen Justizportal, die ihrerseits ein Akt der Datenverarbeitung ist, datenschutzkonform erfolgen kann. Es betrifft das **Wie der Datenerhebung** und die Einstellung in das Register.[5]

4. Datenerhebung und Speicherung (Art. 79 Abs. 4). Bei Art. 79 Abs. 4 geht es um das **Ob der Datenerhebung** und die Datenspeicherung. Diese noch auf Ebene der Mitgliedstaaten erfolgende Tätigkeit unterliegt – selbstverständlich – den Anforderungen der DSGVO, was Abs. 4 nochmals klarstellt. Damit wird die Funktionsweise des Europäischen Insolvenzregisters unter dem Dach des Europäischen Justizportals deutlich, das im Kern nur in der Vernetzung der im Übrigen unberührt bleibenden nationalen Register besteht.

5. Mitteilungspflicht (Art. 79 Abs. 5). Praktisch bedeutsam dürfte die Regelung in Abs. 5 sein. Den betroffenen Personen ist nach Maßgabe des Art. 10 ff. der RL 95/46/EG bzw. jetzt sogar weitergehend Art. 13 Abs. 1 und Art. 14 DSGVO mitzuteilen, welche Informationen und für welchen Zeitraum sie gespeichert werden. Es bleibt auch dabei, dass das Recht auf Löschung nach den allgemeinen Regeln des jeweiligen Mitgliedstaates geltend gemacht wird. Insofern ist aber nach Art. 17 Abs. 1 lit. a) DSGVO zu berücksichtigen, dass personenbezogene Daten nicht länger aufbewahrt werden sollen, als es für die Realisierung der mit der Erhebung und Verarbeitung verbundenen Zwecke erforderlich ist. Über die **Löschungsfristen** des nationalen Rechts ist nach Art. 79 Abs. 5 zu informieren. Diese Informationspflichten sind mit der DSGVO erweitert worden; bei Absehen von Informationen in den Fällen des Art. 14 Abs. 5 lit. c) sind Schutzgarantien für die betroffenen Personen vorgesehen.[6]

Art. 80 Aufgaben der Kommission im Zusammenhang mit der Verarbeitung personenbezogener Daten

(1) Die Kommission nimmt die Aufgaben des für die Verarbeitung Verantwortlichen gemäß Artikel 2 Buchstabe d der Verordnung (EG) Nr. 45/2001 im Einklang mit den diesbezüglich in diesem Artikel festgelegten Aufgaben wahr.

(2) Die Kommission legt die notwendigen Grundsätze fest und wendet die notwendigen technischen Lösungen an, um ihre Aufgaben im Aufgabenbereich des für die Verarbeitung Verantwortlichen zu erfüllen.

(3) Die Kommission setzt die technischen Maßnahmen um, die erforderlich sind, um die Sicherheit der personenbezogenen Daten bei der Übermittlung, insbesondere die Vertraulichkeit und Unversehrtheit bei der Übermittlung zum und vom Europäischen Justizportal, zu gewährleisten.

---

[4] Durchführungsverordnung (EU) 2019/917 der Kommission vom 4.6.2019 zur Festlegung technischer Spezifikationen, Maßnahmen und sonstiger Anforderungen für das System zur Vernetzung der Insolvenzregister gemäß Artikel 25 der Verordnung (EU) 2015/848 des Europäischen Parlaments und des Rates vom 5.6.2019, ABl. L 146/100.
[5] Vallender/*Zipperer* Art. 79 Rn. 8.
[6] Näher Vallender/*Zipperer* Art. 79 Rn. 13 f.

(4) Die Aufgaben der Mitgliedstaaten und anderer Stellen in Bezug auf den Inhalt und den Betrieb der von ihnen geführten, vernetzten nationalen Datenbanken bleiben von den Verpflichtungen der Kommission unberührt.

I. Normzweck

1 Art. 80 EuInsVO ist eine **Parallelvorschrift** zu Art. 79 EuInsVO, betrifft aber nicht die **datenschutzrechtliche Verantwortlichkeit** der Mitgliedstaaten, sondern der **Kommission,** die für die Vernetzung der nationalen Insolvenzregister sorgt (Art. 25 Abs. 1). Damit hat auch die Kommission im Sinne der VO (EU) Nr. 2018/1725 über den Datenschutz der Institutonen eine zentrale Rolle und verarbeitet personenbezogene Daten.

II. Verantwortlichkeit der Kommission (Art. 80 Abs. 1)

2 Aus Art. 80 Abs. 1 folgt die originäre eigene[1] Verantwortlichkeit der Kommssion im Sinne des Art. 3 Nr. 8 VO (EU) Nr. 2018/1725. Sie ist **Verantwortlicher.** Diese Zuweisung ließe sich im Grunde auch schon aus der Subsumtion unter Art. 3 Nr. 8 der VO (EU) Nr. 2018/1725 ableiten,[2] weil die Kommission über die Verarbeitung in Gestalt der Vernetzung der Register und des angebotenen Suchdienstes entscheidet. Nach Art. 3 Nr. 8 ist „das Organ oder die Einrichtung der Union oder die Generaldirektion oder sonstige Organisations- einheit, das beziehungsweise die allein oder gemeinsam mit anderen über die Zwecke und Mittel der Verarbeitung von personenbezogenen Daten bestimmt; sind die Zwecke und Mittel dieser Verarbeitung durch einen besonderen Rechtsakt der Union bestimmt, so kann der Verantwortliche beziehungsweise können die bestimmten Kriterien für seine Benennung nach dem Unionsrecht vorgesehen werden."

III. Grundsätze der Datenverarbeitung (Art. 80 Abs. 2)

3 Aus Abs. 2 folgt, dass die Kommission innerhalb des ihr über Art. 25 EuInsVO für die Vernetzung der Register zugewiesenen Aufgabenbereichs die Grundsätze der Datenverarbeitung festlegt und die zur Aufgabenerfüllung notwendigen technischen Lösungen anwendet, allerdings ausweislich des Abs. 4 ohne Einfluss und ungeachtet der fortbestehenden **Aufgaben der Mitgliedstaaten auf der Ebene der nationalen Register,** die (lediglich) vernetzt werden. Mit der Durchführungsverordnung (EU) 2019/917 vom 4.6.2019 sind solche Grundsätze festgelegt worden.

IV. Datensicherheit (Art. 80 Abs. 3)

4 In Abs. 3 geht es um die technischen Umsetzungen bei der Datensicherheit. Dies geht auf eine Forderung des Europäischen Datenschutzbeauftragten zurück.[3] Die Kommission hat dazu in der Durchführungsverordnung (EU) 2019/917 Mindeststandards eingeführt.

V. Verhältnis zu den Mitgliedstaaten (Art. 80 Abs. 4)

5 Art. 80 Abs. 4 EuInsVO macht deutlich, dass die datenschutzrechtliche Verantwortlichkeit der Kommission nicht jene der Mitgliedstaaten aushebelt oder einschränkt. Das ist eine Selbstverständlichkeit und verweist implizit auf Art. 78 und Art. 79 zurück.

Art. 81 Informationspflichten

Unbeschadet anderer, den betroffenen Personen im Einklang mit Artikel 11 und 12 der Verordnung (EG) Nr. 45/2001 zu erteilenden Informationen informiert die Kommission die betroffenen Personen durch Bekanntmachung über das Europäische Justizportal über ihre Rolle bei der Datenverarbeitung und die Zwecke dieser Datenverarbeitung.

---

1 Vallender/*Zipperer* Art. 80 Rn. 3.
2 Für einen rein deklaratorischen Charakter auch Brinkmann/*Rüther,* European Insolvency Regulation, Art. 80 Rn. 1.
3 Vgl. Stellungnahme des Europäischen Datenschutzbeauftragten zum Vorschlag der Kommission für eine Verordnung zur Änderung der Verordnung (EG) Nr. 1346/2000 des Rates über Insolvenzverfahren (vollständig abzurufen unter https://edps.europa.eu/sites/edp/files/publication/13-03-27_insolvency_proceedings_de.pdf), Rn. 15, 40.

I. Normzweck

Nach Art. 81 ist betroffenen Personen über die Vorgaben der VO (EU) Nr. 2018/1725 hinaus 1
durch Bekanntmachung über das Europäische Justizportal mitzuteilen, welche Rolle die Kommission
bei der Datenverarbeitung wahrnimmt und zu welchem Zweck die Verarbeitung erfolgt. Der Hinweis auf die Verordnung bezieht sich auf Art. 15 und Art. 16 der VO (EU) Nr. 2018/1725, die
wiederum eine Parallele in Art. 13, 14 DGSVO haben.

II. Ergänzung zur VO (EU) Nr. 2018/1725

Die ohnehin nach der VO (EU) Nr. 2018/1725 bestehenden Informationspflichten können im 2
Einzelnen aus Art. 15 und Art. 16 VO (EU) Nr. 2018/1725 abgeleitet werden. Bei Art. 81 geht es
demgegenüber darum, den betroffenen Personen **Mindestinformationen** zukommen zu lassen,
nämlich über die Rolle bei der Datenverarbeitung und die Zwecke der Datenverarbeitung.

Darüber hinaus ist konkret Art. 16 VO (EU) Nr. 2018/1725 anwendbar, der Art. 14 DSGVO 3
entspricht, weil die Kommission im Europäischen Justizportal die verarbeiteten personenbezogenen
Daten nicht selbst bei den betroffenen Personen erhebt, sondern bei den nationalen Insolvenzregistern.

Art. 16 Abs. 1 und 2 VO (EU) Nr. 2018/1725 lauten: 4

(1) Wurden personenbezogene Daten nicht bei der betroffenen Person erhoben, so teilt der
Verantwortliche der betroffenen Person folgende Informationen mit:
a) den Namen und die Kontaktdaten des Verantwortlichen,
b) die Kontaktdaten des Datenschutzbeauftragten,
c) die Zwecke, für die die personenbezogenen Daten verarbeitet werden sollen, sowie die Rechtsgrundlage für die Verarbeitung,
d) die Kategorien personenbezogener Daten, die verarbeitet werden,
e) gegebenenfalls die Empfänger oder Kategorien von Empfängern der personenbezogenen Daten,
f) gegebenenfalls die Absicht des Verantwortlichen, die personenbezogene Daten an einen Empfänger in einem Drittland oder einer internationalen Organisation zu übermitteln, sowie das Vorhandensein oder das Fehlen eines Ange- messenheitsbeschlusses der Kommission oder im Falle von Übermittlungen gemäß Artikel 48 einen Verweis auf die geeigneten oder angemessenen Garantien und die Möglichkeit, eine Kopie von ihnen zu erhalten, oder wo sie verfügbar sind.

(2) Zusätzlich zu den Informationen nach Absatz 1 stellt der Verantwortliche der betroffenen
Person die folgenden weiteren Informationen zur Verfügung, die erforderlich sind, um der betroffenen Person gegenüber eine faire und transparente Verarbeitung zu gewährleisten:
a) die Dauer, für die die personenbezogenen Daten gespeichert werden, oder, falls dies nicht möglich ist, die Kriterien für die Festlegung dieser Dauer,
b) das Bestehen eines Rechts auf Auskunft seitens des Verantwortlichen über die betreffenden personenbezogenen Daten sowie auf Berichtigung oder Löschung oder auf Einschränkung der Verarbeitung in Bezug auf die betroffene Person, oder gegebenenfalls eines Widerspruchrechts gegen die sowie des Rechts auf Datenübertragbarkeit,
c) wenn die Verarbeitung auf Artikel 5 Absatz 1 Buchstabe d oder Artikel 10 Absatz 2 Buchstabe a beruht, das Bestehen eines Rechts, die Einwilligung jederzeit zu widerrufen, ohne dass die Rechtmäßigkeit der aufgrund der Einwilligung bis zum Widerruf erfolgten Verarbeitung berührt wird,
d) das Bestehen eines Beschwerderechts beim Europäischen Datenschutzbeauftragten,
e) aus welcher Quelle die personenbezogenen Daten stammen und gegebenenfalls, ob sie aus öffentlich zugänglichen Quellen stammen,
f) das Bestehen einer automatisierten Entscheidungsfindung einschließlich Profiling nach Artikel 24 Absätze 1 und 4 und — zumindest in diesen Fällen — aussagekräftige Informationen über die involvierte Logik sowie die Tragweite und die angestrebten Auswirkungen einer derartigen Verarbeitung für die betroffene Person.

Art. 16 Abs. 1 VO (EU) Nr. 2018/1725 findet nach Art. 16 Abs. 5 lit. b) VO (EU) Nr. 2018/1725 5
keine Anwendung, wenn die Erteilung dieser Informationen sich als unmöglich erweist oder einen
unverhältnismäßigen Aufwand erfordern würde oder Art. 16 Abs. 5 lit. c) VO (EU) Nr. 2018/172
5die Speicherung oder Weitergabe durch Unionsrecht, das geeignete Maßnahmen zum Schutz der
berechtigten Interessen der betroffenen Person vorsiehet, ausdrücklich geregelt ist.

In Art. 14 Abs. 5 lit. a) DSGVO wird auch der **Fall ausgeschlossen,** dass die betroffene Information 6
verfügt (Art. 14 Abs. 5 lit. a) DSGVO). Das spiegelt sich in Art. 16 Abs. 5 lit. a) VO (EU) Nr. 2018/
1725 wider, weil die Informationen nur zu geben sind, wenn nicht die betroffene Person über die
Information bereits verfügt.[1]

---

[1] Davon ausgehend für den Eigenantrag eines Schuldners Vallender/*Zipperer* Art. 81 Rn. 4.

Art. 82 Speicherung personenbezogener Daten

Für Informationen von vernetzten nationalen Datenbanken gilt, dass keine personenbezogenen Daten von betroffenen Personen auf dem Europäischen Justizportal gespeichert werden. Sämtliche derartige Daten werden in den von den Mitgliedstaaten oder anderen Stellen betriebenen nationalen Datenbanken gespeichert.

1 Nach Art. 82 werden personenbezogene Daten ausschließlich in den nationalen Datenbanken gespeichert, selbst wenn sie über das Europäische Justizportal abrufbar sind. Das bedeutet, dass die Kommission **keine Speicherung** vornehmen **darf,** auch nicht vorsorglich und zu Backup-Zwecken.[1] Daher richtet sich auch die Löschung nach den nationalen Vorschriften. Den Hintergrund dieser Klarstellung beschreibt die Struktur des Systems der vernetzten Insolvenzregister, weil die Mitgliedstaaten die entsprechenden Daten über die nationalen Register einspeisen und die Kommission nur für ihre Vernetzung sorgt. Daher ist die Kommission über Art. 4 Abs. 1 lit. d) VO (EU) Nr. 2018/1725 für die inhaltliche Richtigkeit und die Dauer der Speicherung der Daten nicht verantwortlich.

2 Zugleich ist damit auch in kompetenzieller Hinsicht klargestellt, dass die Mitgliedstaaten ihre nationalen Register in eigener Verantwortung betreiben.

Art. 83 Zugang zu personenbezogenen Daten über das Europäische Justizportal

Die in den nationalen Insolvenzregistern im Sinne des Artikels 24 gespeicherten personenbezogenen Daten sind solange über das Europäische Justizportal zugänglich, wie sie nach nationalem Recht zugänglich bleiben.

1 In der Konsequenz des Europäischen Insolvenzregisters, das nur die nationale Register in Echtzeit zusammenführt, liegt es, dass die nach Art. 24 gespeicherten Daten im Europäischen Justizportal nur so lange zugänglich sind und sein dürfen, wie sie nach dem für das jeweilige Ausgangsregister maßgebenden nationalen Recht zugänglich sind. Sind sie dort zu löschen, dürfen sie auch im Europäischen Register nicht mehr zugänglich sein.[1]

2 Für die nationale Ebene gelten insoweit die Vorgaben der DSGVO, nach denen die Datenverarbeitung nicht über den legitimen Zweck hinausgehen darf. Für Deutschland gilt ferner § 3 InsIntBekV.[2] Ein Abruf ist regelmäßig nach sechs Monaten nach Aufhebung oder Einstellung des Verfahrens nicht mehr möglich. Das schlägt sodann auf die Bereitstellung im Europäischen Justizportal durch.

Kapitel VII. *Übergangs- und Schlussbestimmungen*

Art. 84 Zeitlicher Anwendungsbereich

(1) ¹Diese Verordnung ist nur auf solche Insolvenzverfahren anzuwenden, die nach dem 26. Juni 2017 eröffnet worden sind. ²Für Rechtshandlungen des Schuldners vor diesem Datum gilt weiterhin das Recht, das für diese Rechtshandlungen anwendbar war, als sie vorgenommen wurden.

(2) Unbeschadet des Artikels 91 der vorliegenden Verordnung gilt die Verordnung (EG) Nr. 1346/2000 weiterhin für Verfahren, die in den Geltungsbereich jener Verordnung fallen und vor dem 26. Juni 2017 eröffnet wurden.

I. Normzweck

1 Die Vorschrift hat ihre Parallele dem bisherigen Art. 43 EuInsVO 2000. Sie regelt den zeitlichen Anwendungsbereich der Verordnung (zum persönlichen, räumlichen und sachlich-räumlichen

---

[1] Mankowski/Müller/J. Schmidt/*J. Schmidt* Art. 82 Rn. 4; HambKommInsO/*Undritz* Art. 82 Rn. 2; Brinkmann/*Rüther,* European Insolvency Regulation, Art. 82 Rn. 2.
[1] HambKommInsO/*Undritz* Art. 83 Rn. 2.
[2] BGBl. I 2002, 677, zuletzt geändert durch Erste VO zur Änderung der Verordnung vom 14.10.2019, BGBl. I 2019, 1466.

Anwendungsbereich vgl. → Art. 1 Rn. 2a ff.). Die Verordnung in ihrer Fassung nach der Reform 2015 ist für Verfahren anwendbar, die nach dem 26.6.2017 eröffnet worden sind. Für Rechtshandlungen des Schuldners und damit insbesondere die Anwendung der Anfechtungsregeln gilt eine Regelung in Satz 2, wie sie schon in Art. 43 Satz 2 EuInsVO 2000 vorgesehen ist (dazu → 3. Aufl., Art. 43 EuInsVO 2000 Rn. 7). In Abs. 2 wird die Abgrenzung zur bisherigen Verordnung unbeschadet des Artikels 91 normiert. Das bedeutet, dass die bisherige EuInsVO 2000 auf Altverfahren (sinnvollerweise) weiter Anwendung findet, obwohl sie nach Art. 91 mit der neuen Verordnung aufgehoben wird.

Die Vorschrift ist im Zusammenhang mit Art. 92 zu lesen, der bestimmt, dass die Verordnung grundsätzlich ab dem 26.6.2017 gilt. Für etwaige später beitretende neue Mitgliedstaaten wäre wiederum der Tag des Beitritts als der Tag des Inkrafttretens anzusehen. 2

II. Insolvenzverfahren (Abs. 1 Satz 1)

1. Eröffnung des Verfahrens. Die Verordnung ist auf ein Insolvenzverfahren nur anzuwenden, 3
wenn es nach dem 26.6.2017 eröffnet wird. Zu beachten ist Art. 84 auch im Hinblick auf **Annexverfahren,** die der Zuständigkeitsregel des Art. 6 unterstellt sind. Fällt das Insolvenzverfahren nicht unter die EuInsVO, kann auch die Zuständigkeit nach Art. 6 für das Annexverfahren nicht begründet werden.

Zur **Bestimmung des Zeitpunktes,** wann ein Insolvenzverfahren eröffnet wird, ist auf die 4
Legaldefinition des Art. 2 Nr. 8 zurückzugreifen. Danach ist entscheidend, wann die Eröffnungsentscheidung wirksam wird.[1] Auf die Endgültigkeit bzw. die Rechtskraft des Eröffnungsbeschlusses kommt es nicht an. Nach der auch vom EuGH bestätigten Rechtsprechung fällt ein Insolvenzverfahren zeitlich auch dann in den Anwendungsbereich der Verordnung, wenn vor dem Inkrafttreten die Eröffnung abgelehnt wurde, aber nach dem Inkrafttreten das **Rechtsmittelgericht** den Eröffnungsbeschluss erlässt.[2]

Für die Eröffnung gelten die Definition in Art. 2 Nr. 7 und die allgemeine Regeln (→ Art. 2 5
Rn. 20 ff.), schon zu Art. 47 EuInsVO 2000 war richtigerweise der vom EuGH entwickelte Eröffnungsbegriff auch auf Art. 47 EuInsVO 2000 zu erstrecken.[3] Mithin genügt die Einsetzung eines in Anhang B genannten (vorläufigen) Verwalters.

2. Konkurrenz mehrerer Verfahren. Die zeitliche Anwendbarkeit ist bei parallelen Insol- 6
venzverfahren für jedes Verfahren grundsätzlich **gesondert** zu beurteilen. Kommt es vor dem Inkrafttreten zur Eröffnung eines universalen Hauptverfahrens und nach dem Inkrafttreten zu einem Sekundärverfahren, so wäre nach Art. 84 eigentlich für das Hauptverfahren die EuInsVO 2000, für das Sekundärverfahren die neue EuInsVO anwendbar. Gleiches würde gelten, wenn es vor dem 26.6.2017 zur Eröffnung eines räumlich beschränkten, isolierten Partikularverfahrens kommt, und erst nach dem Inkrafttreten zu einem Hauptverfahren nach Art. 3 Abs. 1, denn dann würde für das nunmehr in ein Sekundärverfahren umgewandelte Partikularverfahren die EuInsVO 2000 gelten, für das Hauptverfahren die EuInsVO 2015 (Art. 84 Abs. 2). Das **AG München** hat wegen der damit verbundenen **Spaltung** angenommen, dass die Frage stets einheitlich zu beurteilen sei und es für die Frage, ob auf ein Sekundärinsolvenzverfahren die EuInsVO 2000 oder die EuInsVO 2015 anzuwenden ist, auf die **Eröffnung des Hauptinsolvenzverfahrens** und nicht auf die Eröffnung des Sekundärinsolvenzverfahrens ankomme.[4] Dem ist **nicht zu folgen,** weil das Unionsrecht mit Art. 84 und dem Begriff des Verfahrens **grundsätzlich zwischen Haupt- und Partikularverfahren trennt.** Trotz aller Interdepenzen handelt es sich um selbständige Verfahren. Es bleibt daher bei der getrennten Betrachtung.[5] Zudem sind die Divergenzen und Friktionen, die sich ergeben können, zumindest in den Griff zu bekommen, wenn und solange man nur das Hauptverfahren auch im Hinblick auf die Befugnisse im Sekundärverfahrenstaat als führend ansieht. Das bedeutet etwa, dass beispielsweise eine Zusicherung nach Art. 36 nicht in Betracht kommt, wenn für das Hauptverfahren noch die EuInsVO 2000 gilt, denn dies betrifft nicht allein die Rechtssphäre des Sekundärverfahrens. Demgegenüber kann bei

---

[1] Vgl. den Vorlagebeschluss des BGH in der Rechtssache Staubitz-Schreiber, BGH ZIP 2004, 94; vgl. hierzu *Mankowski* EWiR 2004, 229 f.; *Liersch* NZI 2004, 141; *Weller* IPrax 2004, 412; Rauscher/*Mäsch*, EuZPR/EuIPR, 2015, Art. 43 EG-InsVO Rn. 2; *Virgos/Schmit*, Erläuternder Bericht, Rn. 304; Duursma-Kepplinger/Duursma/Chalupsky/*Duursma-Kepplinger/Chalupsky* Rn. 2; MüKoBGB/*Kindler* Art. 84 Rn. 3.
[2] So ausdrücklich BGH ZIP 2004, 94, bestätigt durch das nach der Vorlage ergangene Urteil des EuGH vom 17.1.2006, Rs. C-1/04 (Staubitz-Schreiber), Slg. 2006, I-719 Rn. 21 = NZI 2006, 153 = EU:C:2006:29.
[3] AA → 2. Aufl., Art. 43 EuInsVO 2000 Rn. 5.
[4] AG München ZIP 2018, 796, 797 mAnm *Bork* EWiR 2018, 247.
[5] So auch *Fuchs* NZI 2018, 667.

Anwendbarkeit der EuInsVO 2015 im Sekundärverfahren für dieses Verfahren beispielsweise Art. 4 gelten, ohne dass sich dies mit der Geltung der alten EuInsVO für das Hauptverfahren in Widerspruch setzte.

III. Rechtshandlungen des Schuldners (Abs. 1 Satz 2)

7   Abs. 1 Satz 2 trifft eine **Sonderregelung** für Rechtshandlungen des Schuldners vor Eröffnung des Insolvenzverfahrens. Aus dem Wortlaut ergibt sich freilich nicht genau, dass nur Rechtshandlungen vor Eröffnung gemeint sind; das ergibt sich aber aus der Systematik. Denn im Fall, dass die Rechtshandlung nach Eröffnung, aber vor Inkrafttreten erfolgt ist, kann es wegen Abs. 1 Satz 1 nicht geben. Satz 2 reagiert darauf, dass das Insolvenzrecht und namentlich die EuInsVO auch selbst (Art. 7 Abs. 2 S. 2 lit. m) auch Anordnungen in Bezug auf Rechtshandlungen des Schuldners trifft, die dieser vor der Verfahreneröffnung vorgenommen hat. Das betrifft insbesondere Fragen der **Insolvenzanfechtung,** aber auch die Fälle einer ipso iure-Unwirksamkeit in Gestalt einer „Rückschlagsperre" oder sonstigen Rückwirkung. Diese Rechtshandlungen können freilich nicht rückwirkend – durch Inkrafttreten der Verordnung – einem anderen Recht unterstellt werden als zum Zeitpunkt der Vornahme der Rechtshandlung für die Rechtshandlung galt.[6] Die Regelung verhindert daher, dass zunächst unanfechtbare Rechtshandlungen nachträglich durch das Inkrafttreten der reformierten Verordnung anfechtbar werden.

8   Der in Satz 2 zum Ausdruck kommende Vertrauensschutz in die Rechtsbeständigkeit vorgenommener Rechtshandlung gemäß dem zum Zeitpunkt der Vornahme der Rechtshandlung geltenden Recht muss gleichermaßen – oder sogar noch mehr – für den Gläubiger oder außen stehende Dritte gelten. Die Vorschrift gilt daher über ihren Wortlaut hinaus jedoch **auch für Rechtshandlungen des Gläubigers,** die vor Eröffnung des Insolvenzverfahrens vorgenommen wurden, und nach Eröffnung einer insolvenzrechtlichen Beurteilung unterliegen, wie beispielsweise bei Zwangsvollstreckungsmaßnahmen, die ebenfalls der Anfechtung oder einer insolvenzrechtlichen Rückschlagsperre (vgl. § 88 InsO) unterliegen können.

IV. Fortgeltung der EuInsVO 2000 unbeschadet des Art. 91

9   Nach Abs. 2 gilt für die vor dem 26.6.2017 eröffneten Verfahren weiterhin die EuInsVO 2000, obwohl die EuInsVO durch Art. 91 als aufgehoben gilt. Der **Verweis ist** insofern **umfassend.** Für die intertemporalen Fragen der EuInsVO 2000 gilt dann Art. 43 EuInsVO 2000 (dazu 3. Aufl. Art. 43). Es kann also theoretisch eine Situation eintreten, bei der auch die EuInsVO 2000 gilt, wenn sie zeitlich nicht anwendbar ist. Sie trat am 31.5.2002 in Kraft. Für die zum 1. Januar 2004 der Europäischen Union beigetretenen zehn Mitgliedstaaten Estland, Lettland, Litauen, Malta, Polen, Slowakei, Slowenien, Tschechische Republik, Ungarn und Zypern trat die EuInsVO 2000 mit dem Beitritt am 1.1.2004 in Kraft.[7] Für die zum 1.1.2007 beigetretenen Mitgliedstaaten Bulgarien und Rumänien trat die EuInsVO 2000 zum 1.1.2007 in Kraft;[8] für Kroatien zum 1.7.2013.[9] Kam daher vor dem Inkrafttreten der EuInsVO 2000 zur Eröffnung eines räumlich beschränkten Partikularverfahrens, und erst nach dem Inkrafttreten zu einem Hauptverfahren nach Art. 3 Abs. 1, so wandelte sich das Partikularverfahren nicht in ein Sekundärverfahren um, sondern musste weiterhin nach dem autonomen Recht des Verfahrensstaates abgewickelt werden.[10] Die EuInsVO greift nicht ein. Kommt es dagegen vor dem Inkrafttreten zur Eröffnung eines universalen Hauptverfahrens und nach dem Inkrafttreten zu einem **Sekundärverfahren,** so findet für beide Verfahren die EuInsVO 2000 keine Anwendung, weil ein Sekundärverfahren nach der EuInsVO 2000 ein Hauptverfahren nach Art. 3 Abs. 1 voraussetzt, ein solches jedoch nicht vorliegt (→ 3. Aufl., Art. 43 Rn. 3 ff.). Vergleichbare Probleme stellen sich unter der EuInsVO 2015 nicht, weil die Verordnungen in ihrer Struktur vergleichbar sind und jeweils eine einheitliche unionsrechtliche Grundlage gegeben ist.

Art. 85 Verhältnis zu Übereinkünften

(1) Diese Verordnung ersetzt in ihrem sachlichen Anwendungsbereich hinsichtlich der Beziehungen der Mitgliedstaaten untereinander die zwischen zwei oder mehreren Mitgliedstaaten geschlossenen Übereinkünfte, insbesondere

---

[6] MüKoBGB/*Kindler* Art. 84 Rn. 5; Rauscher/*Mäsch,* EuZPR/EuIPR, 4. Aufl., Art. 43 EG-InsVO Rn. 6.
[7] Vgl. Art. 2 der Akte über die Bedingungen des Beitritts, ABl. EG Nr. L 236/33 vom 23.9.2003.
[8] Vgl. Art. 2 der Akte über die Bedingungen des Beitritts, ABl. EG Nr. L 157/203 vom 21.6.2005.
[9] Art. 1 Abs. 1 lit. k) der VO (EG) 517/2013 vom 13.5.2013; Art. 3 Abs. 3 des Abkommens zwischen den Mitgliedstaaten und Kroatien, ABl. EG Nr. L 112/10 vom 24.4.2012.
[10] Duursma-Kepplinger/Duursma/Chalupsky/*Duursma-Kepplinger/Chalupsky* Rn. 10; *Virgos/Schmit,* Erläuternder Bericht, Rn. 304; LSZ/*Smid,* Int. Insolvenzrecht, Art. 43 EuInsVO Rn. 4.

a) das am 8. Juli 1899 in Paris unterzeichnete belgisch-französische Abkommen über die gerichtliche Zuständigkeit, die Anerkennung und die Vollstreckung von gerichtlichen Entscheidungen, Schiedssprüchen und öffentlichen Urkunden;
b) das am 16. Juli 1969 in Brüssel unterzeichnete belgisch-österreichische Abkommen über Konkurs, Ausgleich und Zahlungsaufschub (mit Zusatzprotokoll vom 13. Juni 1973);
c) das am 28. März 1925 in Brüssel unterzeichnete belgisch-niederländische Abkommen über die Zuständigkeit der Gerichte, den Konkurs sowie die Anerkennung und die Vollstreckung von gerichtlichen Entscheidungen, Schiedssprüchen und öffentlichen Urkunden;
d) den am 25. Mai 1979 in Wien unterzeichneten deutsch-österreichischen Vertrag auf dem Gebiet des Konkurs- und Vergleichs-(Ausgleichs-)rechts;
e) das am 27. Februar 1979 in Wien unterzeichnete französisch-österreichische Abkommen über die gerichtliche Zuständigkeit, die Anerkennung und die Vollstreckung von Entscheidungen auf dem Gebiet des Insolvenzrechts;
f) das am 3. Juni 1930 in Rom unterzeichnete französisch-italienische Abkommen über die Vollstreckung gerichtlicher Urteile in Zivil- und Handelssachen;
g) das am 12. Juli 1977 in Rom unterzeichnete italienisch-österreichische Abkommen über Konkurs und Ausgleich;
h) den am 30. August 1962 in Den Haag unterzeichneten deutsch-niederländischen Vertrag über die gegenseitige Anerkennung und Vollstreckung gerichtlicher Entscheidungen und anderer Schuldtitel in Zivil- und Handelssachen;
i) das am 2. Mai 1934 in Brüssel unterzeichnete britisch-belgische Abkommen zur gegenseitigen Vollstreckung gerichtlicher Entscheidungen in Zivil- und Handelssachen mit Protokoll;
j) das am 7. November 1933 in Kopenhagen zwischen Dänemark, Finnland, Norwegen, Schweden und Irland geschlossene Konkursübereinkommen;
k) das am 5. Juni 1990 in Istanbul unterzeichnete Europäische Übereinkommen über bestimmte internationale Aspekte des Konkurses;
l) das am 18. Juni 1959 in Athen unterzeichnete Abkommen zwischen der Föderativen Volksrepublik Jugoslawien und dem Königreich Griechenland über die gegenseitige Anerkennung und Vollstreckung gerichtlicher Entscheidungen;
m) das am 18. März 1960 in Belgrad unterzeichnete Abkommen zwischen der Föderativen Volksrepublik Jugoslawien und der Republik Österreich über die gegenseitige Anerkennung und die Vollstreckung von Schiedssprüchen und schiedsgerichtlichen Vergleichen in Handelssachen;
n) das am 3. Dezember 1960 in Rom unterzeichnete Abkommen zwischen der Föderativen Volksrepublik Jugoslawien und der Republik Italien über die gegenseitige justizielle Zusammenarbeit in Zivil- und Handelssachen;
o) das am 24. September 1971 in Belgrad unterzeichnete Abkommen zwischen der Sozialistischen Föderativen Republik Jugoslawien und dem Königreich Belgien über die justizielle Zusammenarbeit in Zivil- und Handelssachen;
p) das am 18. Mai 1971 in Paris unterzeichnete Abkommen zwischen den Regierungen Jugoslawiens und Frankreichs über die Anerkennung und Vollstreckung gerichtlicher Entscheidungen in Zivil- und Handelssachen;
q) das am 22. Oktober 1980 in Athen unterzeichnete Abkommen zwischen der Tschechoslowakischen Sozialistischen Republik und der Hellenischen Republik über die Rechtshilfe in Zivil- und Strafsachen, der zwischen der Tschechischen Republik und Griechenland noch in Kraft ist;
r) das am 23. April 1982 in Nikosia unterzeichnete Abkommen zwischen der Tschechoslowakischen Sozialistischen Republik und der Republik Zypern über die Rechtshilfe in Zivil- und Strafsachen, der zwischen der Tschechischen Republik und Zypern noch in Kraft ist;
s) den am 10. Mai 1984 in Paris unterzeichneten Vertrag zwischen der Regierung der Tschechoslowakischen Sozialistischen Republik und der Regierung der Französischen Republik über die Rechtshilfe und die Anerkennung und Vollstreckung gerichtlicher Entscheidungen in Zivil-, Familien- und Handelssachen, der zwischen der Tschechischen Republik und Frankreich noch in Kraft ist;
t) den am 6. Dezember 1985 in Prag unterzeichneten Vertrag zwischen der Tschechoslowakischen Sozialistischen Republik und der Republik Italien über die Rechtshilfe in

Zivil- und Strafsachen, der zwischen der Tschechischen Republik und Italien noch in Kraft ist;
u) das am 11. November 1992 in Tallinn unterzeichnete Abkommen zwischen der Republik Lettland, der Republik Estland und der Republik Litauen über Rechtshilfe und Rechtsbeziehungen;
v) das am 27. November 1998 in Tallinn unterzeichnete Abkommen zwischen Estland und Polen über Rechtshilfe und Rechtsbeziehungen in Zivil-, Arbeits- und Strafsachen;
w) das am 26. Januar 1993 in Warschau unterzeichnete Abkommen zwischen der Republik Litauen und der Republik Polen über Rechtshilfe und Rechtsbeziehungen in Zivil-, Familien-, Arbeits- und Strafsachen;
x) das am 19. Oktober 1972 in Bukarest unterzeichnete Abkommen zwischen der Sozialistischen Republik Rumänien und der Hellenischen Republik über die Rechtshilfe in Zivil- und Strafsachen mit Protokoll;
y) das am 5. November 1974 in Paris unterzeichnete Abkommen zwischen der Sozialistischen Republik Rumänien und der Französischen Republik über die Rechtshilfe in Zivil- und Handelssachen;
z) das am 10. April 1976 in Athen unterzeichnete Abkommen zwischen der Volksrepublik Bulgarien und der Hellenischen Republik über die Rechtshilfe in Zivil- und Strafsachen;
aa) das am 29. April 1983 in Nikosia unterzeichnete Abkommen zwischen der Volksrepublik Bulgarien und der Republik Zypern über die Rechtshilfe in Zivil- und Strafsachen;
ab) das am 18. Januar 1989 in Sofia unterzeichnete Abkommen zwischen der Volksrepublik Bulgarien und der Regierung der Französischen Republik über die gegenseitige Rechtshilfe in Zivilsachen;
ac) den am 11. Juli 1994 in Bukarest unterzeichneten Vertrag zwischen Rumänien und der Tschechischen Republik über die Rechtshilfe in Zivilsachen;
ad) den am 15. Mai 1999 in Bukarest unterzeichneten Vertrag zwischen Rumänien und Polen über die Rechtshilfe und die Rechtsbeziehungen in Zivilsachen.

(2) Die in Absatz 1 aufgeführten Übereinkünfte behalten ihre Wirksamkeit hinsichtlich der Verfahren, die vor Inkrafttreten der Verordnung (EG) Nr. 1346/2000 eröffnet worden sind.

(3) Diese Verordnung gilt nicht
a) in einem Mitgliedstaat, soweit es in Konkurssachen mit den Verpflichtungen aus einer Übereinkunft unvereinbar ist, die dieser Staat mit einem oder mehreren Drittstaaten vor Inkrafttreten der Verordnung (EG) Nr. 1346/2000 geschlossen hat;
b) im Vereinigten Königreich Großbritannien und Nordirland, soweit es in Konkurssachen mit den Verpflichtungen aus Vereinbarungen, die im Rahmen des Commonwealth geschlossen wurden und die zum Zeitpunkt des Inkrafttretens der Verordnung (EG) Nr. 1346/2000 wirksam sind, unvereinbar ist.

I. Normzweck

1   Die Vorschrift entspricht strukturell dem bisherigen Art. 44 EuInsVO 2000 und wird in Abs. 2 und 3 lediglich mit Blick auf die Aufhebung der bisherigen EuInsVO angepasst. Art. 85 will dem **Anwendungsvorrang der EuInsVO** zur Geltung verhelfen. Art. 85 regelt das Verhältnis der Verordnung zu anderen internationalen Übereinkommen der Mitgliedstaaten, und zwar sowohl für das Verhältnis der Mitgliedstaaten untereinander (Abs. 1 und Abs. 2) als auch im Verhältnis zu Drittstaaten (Abs. 3). Dabei gilt grundsätzlich, dass die Verordnung im Verhältnis der Mitgliedstaaten untereinander Vorrang hat, während im Verhältnis zu Drittstaaten das Übereinkommen mit dem Drittstaat vorgeht.

II. Ersetzung der Übereinkünfte der Mitgliedstaaten untereinander

2   **1. Im sachlichen Anwendungsbereich (Abs. 1).** Art. 85 Abs. 1 regelt das Verhältnis der Verordnung zu den bilateralen und multilateralen („zwischen zwei oder mehreren Mitgliedstaaten") Übereinkommen, die die Mitgliedstaaten untereinander abgeschlossen haben und die in den sachlichen Anwendungsbereich der Verordnung fallen. Insoweit ist die EuInsVO wie schon nach Art. 44

EuInsVO 2000 die bisherige EuInsVO *lex specialis,* die Übereinkommen werden vollständig ersetzt.[1] Das gilt selbst dann, wenn die Verordnung an einer Stelle eine Regelungslücke aufweist, das von den Mitgliedstaaten abgeschlossene Übereinkommen dagegen eine Regelung trifft.[2] Insoweit enthält die EuInsVO auch **eine negative Abgrenzung** und ist abschließend. Sie erlaubt damit keine lückenfüllende Anwendung anderer Übereinkommen. Das gilt aus deutscher Sicht insbesondere auch für den detaillierten deutsch-österreichischen Konkursvertrag (vgl. lit. d).[3] Die Übereinkommen haben daher allenfalls noch dort Bedeutung, wo die EuInsVO als Ganzes vornherein tatbestandlich nicht anwendbar ist. Bei Insolvenzverfahren über das Vermögen der in Art. 1 Abs. 2 genannten Versicherungsunternehmen, Kreditinstituten usw. bleiben daher die Übereinkommen der Mitgliedstaaten weiterhin anwendbar.[4] Allerdings kann hier ohnedies bereits anderweitig gesetztes Unionsrecht greifen.

Die in Absatz 1 enthaltene Aufzählung ist **nicht abschließend,** wie sich aus dem Wortlaut 3 „insbesondere" ergibt. Es handelt sich lediglich um eine beispielhafte Aufzählung.

2. Im zeitlichen Anwendungsbereich (Abs. 2). Art. 85 Abs. 2 wiederholt den Grundsatz 4 aus Art. 84 und aus Art. 44 EuInsVO 2000 in zeitlicher Hinsicht für das Verhältnis der Verordnung zu Übereinkommen unter den Mitgliedstaaten. Danach gelten die in Absatz 1 genannten Übereinkommen zwischen den Mitgliedstaaten für die Insolvenzverfahren weiter, die vor dem Inkrafttreten der EuInsVO 2000 (nicht Inkrafttreten der EuInsVO 2015!) eröffnet worden sind. Grundsätzlich ist damit der Zeitpunkt des Inkrafttretens der EuInsVO 2000 am 31.5.2002 maßgeblich; bei den nach diesem Zeitpunkt beigetretenen Mitgliedstaaten gilt wie bei Art. 43 EuInsVO 2000 das Datum des Beitritts.[5]

III. Übereinkünfte mit Drittstaaten (Abs. 3)

Art. 85 Abs. 3 lit. a) normiert eine **Ausnahme** von dem Vorrang der EuInsVO. Die Verordnung 5 gilt gemäß Art. 85 Abs. 3 lit. a) nicht in einem Mitgliedstaat, der vor Inkrafttreten der EuInsVO 2000 mit einem Drittstaat ein (älteres) Übereinkommen abgeschlossen hat, bei dem die sich daraus ergebenden Verpflichtungen mit der EuInsVO 2015 unvereinbar sind. Sind die Verpflichtungen aus der Übereinkunft „nur" mit der EuInsVO 2000 unvereinbar, gilt Entsprechendes, wenn ohnedies über Art. 84 Abs. 2 noch die EuInsVO 2000 und damit dessen Art. 44 EuInsVO 2000 anwendbar ist. Mit Art. 85 Abs. 3 soll mit Vertragsbruch vermieden werden. Die Unvereinbarkeit ist für jeden Einzelfall zu prüfen und liegt vor, wenn sich die jeweiligen Rechtsfolgen gegenseitig ausschließen.[6] Sind die Rechtsfolgen dagegen vereinbar, bleibt – soweit überhaupt der sachlich-räumliche Anwendungsbereich der Verordnung eröffnet ist – die Verordnung anwendbar.[7]

Aus Sicht der deutschen Praxis ist Art. 85 Abs. 3 lit. a) ohne Bedeutung, weil keine weite- 6 ren Abkommen mit Drittstaaten existieren. Zwar werden in der Literatur noch die Abkommen zwischen der Schweiz und der Krone Württembergs, sowie zwischen einzelnen Kantonen und dem Königreich Bayern und dem Königreich Sachsen als mögliche Drittstaatenregelungen diskutiert.[8] Diese Abkommen sind jedoch im Verhältnis zu Deutschland nach Inkrafttreten der InsO nicht mehr anwendbar.[9]

Wie bei Art. 85 Abs. 2 gilt der **Vorrang von Drittstaatenabkommen** nur im Hinblick 7 auf Abkommen, die der jeweilige Mitgliedstaat **zum Zeitpunkt des Inkrafttretens** der EuInsVO 2000 schon abgeschlossen hatte. Damit wird – zumindest indirekt – auch die Frage berührt, inwieweit die Mitgliedstaaten auch zukünftig noch Verträge mit Drittstaaten abschließen dürfen. Hierzu hatte der Rat in einer Erklärung ausdrücklich bekannt gegeben, dass die Verordnung einen Mitgliedstaat nicht hindere, mit Nicht-Mitgliedstaaten Abkommen abzuschließen, die sich auf denselben Bereich wie diese Verordnung beziehen, sofern das betreffende Abkom-

---

[1] MüKoBGB/*Kindler* Art. 85 Rn. 2.
[2] Duursma-Kepplinger/Duursma/Chalupsky/*Duursma-Kepplinger/Chalupsky* Rn. 4 f.; MüKoBGB/*Kindler* Art. 85 Rn. 2.
[3] Rauscher/*Mäsch,* EuZPR/EuIPR, 2015, Art. 44 EG-InsVO Rn. 5.
[4] HKInsO/*Schultz* Art. 85 Rn. 4; LSZ/*Smid,* Int. Insolvenzrecht, Art. 44 EuInsVO Rn. 2; Duursma-Kepplinger/Duursma/Chalupsky/*Duursma* Rn. 7.
[5] Vgl. → 3. Aufl., Art. 43 EuInsVO 2000 Rn. 3 und Rn. 4 f.
[6] Rauscher/*Mäsch,* EuZPR/EuIPR, 2015, Art. 44 EG-InsVO Rn. 8; MüKoBGB/*Kindler* Art. 85 Rn. 6; Duursma-Kepplinger/Duursma/Chalupsky/*Duursma* Rn. 21.
[7] Zum sachlich-räumlichen Anwendungsbereich vgl. Art. 1 Rn. 12 ff.
[8] Vgl. Rauscher/*Mäsch,* EuZPR/EuIPR, 4. Aufl., Art. 44 EG-InsVO Rn. 9 mit Einzelnachweisen zu den Abkommen.
[9] Vgl. → Vor § 335 Rn. 73.

men diese Verordnung nicht berührt.[10] Eine entsprechende Abschlusskompetenz würde den Mitgliedstaaten daher weiterhin zustehen, solange die Rechtsnormen der Verordnung nicht beeinträchtigt werden.[11] Für den Bereich des LugÜ hat allerdings der EuGH im Gutachten 1/03 festgestellt, dass der Abschluss des Revisionsabkommens zum LugÜ vollständig in die ausschließliche Zuständigkeit der EG fällt. Daraus kann man schließen, dass die Abschlusskompetenz ganz bei den Organen der EU liegt.[12] Daran wird heute auch nicht mehr gezweifelt.

8 Eine **teilweise Ausnahme von der Anwendbarkeit der EuInsVO** gilt nach Art. 85 Abs. 3 lit. b) im Hinblick auf die Unvereinbarkeit mit Vereinbarungen, die Großbritannien oder Irland im Rahmen des Commonwealth geschlossen haben. Die Formulierung ist anders als der Verweis in lit. a, weil zum Zeitpunkt des Inkrafttretens das englische autonome Insolvenzrecht eine Vorschrift enthielt, die auf Vereinbarungen mit anderen Commonwealth-Staaten zurückging.[13] Mit den Brexit dürfte sich die Frage erledigt haben bzw. nur noch für Irland relevant sein.

Art. 86 Informationen zum Insolvenzrecht der Mitgliedstaaten und der Union

(1) Die Mitgliedstaaten übermitteln im Rahmen des durch die Entscheidung 2001/470/ EG des Rates[1] geschaffenen Europäischen Justiziellen Netzes für Zivil- und Handelssachen eine kurze Beschreibung ihres nationalen Rechts und ihrer Verfahren zum Insolvenzrecht, insbesondere zu den in Artikel 7 Absatz 2 aufgeführten Aspekten, damit die betreffenden Informationen der Öffentlichkeit zur Verfügung gestellt werden können.

(2) Die im Absatz 1 genannten Informationen werden von den Mitgliedstaaten regelmäßig aktualisiert.

(3) Die Kommission macht Informationen bezüglich dieser Verordnung öffentlich verfügbar.

1 Die Vorschrift hat in der EuInsVO 2000 keinen Vorläufer. Sie soll den grenzüberschreitenden Insolvenzrechtsverkehr erleichtern. Sie soll die justizielle Zusammenarbeit der Mitgliedstaaten und die Information über die Rechtslage in den verschiedenen Mitgliedstaaten fördern. Diese Verpflichtung setzt das Bestreben zur Schaffung eines Europäischen Justiziellen Netzes nach der Entscheidung 2001/470/EG[2] um. Dieses Netz besteht aus Kontakt- und Zentralstellen und Verbindungsrichtern nach näherer Maßgabe des Art. 2 der Entscheidung. Das Netz soll auch ein System zur Information der Öffentlichkeit konzipieren, wie es das **e-justice-Portal** darstellt. Dort sind die Informationen eingestellt. Dafür ist nach Abs. 3 die Kommission verantwortlich. Damit wird insbesondere die **grenzüberschreitende Forderungsanmeldung** erleichtert. Die Vorschrift steht damit auch im Zusammenhang mit Art. 53 ff.

Art. 87 Einrichtung der Vernetzung der Register

[1]Die Kommission erlässt Durchführungsrechtsakte zur Einrichtung der Vernetzung der Insolvenzregister gemäß Artikel 25. [2]Diese Durchführungsrechtsakte werden gemäß dem in Artikel 89 Absatz 3 genannten Prüfverfahren erlassen.

1 Die Vorschrift ergänzt die Vorschriften über die Einrichtung eines Europäischen Insolvenzregisters, das durch die Vernetzung der nationalen Register und Datenbanken aufgebaut werden soll. Art. 87 und das erleichterte Rechtssetzungsverfahren werden in Art. 25 Abs. 2 Satz 1 ausdrücklich in Bezug genommen. Art. 5 der VO Nr. 182/2011 regelt iVm Art. 89 Abs. 3 das sog. Prüfverfahren (zu unterscheiden vom Beratungsverfahren, das in Art. 88 angesprochen wird). Auf die Kommentierung des Art. 25 wird verwiesen. Als Durchführungsrechtsakt ist die VO

---

[10] Vgl. auch die Erklärung des Rates ABl. EG Nr. C 183/02 vom 30.6.2000; vgl. auch Rauscher/*Mäsch,* EuZPR/EuIPR, 4. Aufl., Art. 44 EG-InsVO Rn. 10; MüKoBGB/*Kindler* Art. 85 Rn. 8.
[11] MüKoBGB/*Kindler* Art. 85 Rn. 8; Vgl. auch EuGH, Gutachten 1/94, Slg. 994, I-5267 Rn. 13.
[12] Rauscher/*Mäsch,* EuZPR/EuIPR, 2015, Art. 44 EG-InsVO Rn. 10.
[13] Vgl. section 426 des Insolvency Act 1986; *Moss/Fletcher,* in: *Moss/Fletcher/Isaacs,* EC Regulation, Rn. 8.465.
[1] Entscheidung 2001/470/EG des Rates vom 28.5.2001 über die Einrichtung eines Europäischen Justiziellen Netzes für Zivil- und Handelssachen (ABl. L 174 vom 27.6.2001, S. 25).
[2] ABl. EG 2001 L 174/27.

(EU) 2019/917 der Kommission vom 4.6.2019 zur Festlegung technischer Spezifikationen, Maßnahmen und sonstiger Anforderungen für das System zur Vernetzung der Insolvenzregister gemäß Artikel 25 der Verordnung (EU) 2015/848 des Europäischen Parlaments und des Rates erlassen worden.

Art. 88 Erstellung und spätere Änderung von Standardformularen

¹Die Kommission erlässt Durchführungsrechtsakte zur Erstellung und soweit erforderlich Änderung der in Artikel 27 Absatz 4, Artikel 54, Artikel 55 und Artikel 64 Absatz 2 genannten Formulare. ²Diese Durchführungsrechtsakte werden gemäß dem in Artikel 89 Absatz 2 genannten Beratungsverfahren erlassen.

Mit der Neufassung werden Standardformulare für die Forderungsanmeldung vorgesehen: Die Vorschrift gibt der Kommission die Kompetenz, die Standardformulare im sog. Beratungsverfahren nach Art. 4 der VO Nr. 182/2011 (siehe Art. 89 Abs. 2) zu erlassen. Auf die Kommentierung zu den in Abs. 1 im Einzelnen genannten Vorschriften des neuen Rechts wird verwiesen. 1

Art. 89 Ausschussverfahren

(1) ¹Die Kommission wird von einem Ausschuss unterstützt. ²Dieser Ausschuss ist ein Ausschuss im Sinne der Verordnung (EU) Nr. 182/2011.

(2) Wird auf diesen Absatz Bezug genommen, so gilt Artikel 4 der Verordnung (EU) Nr. 182/2011.

(3) Wird auf diesen Absatz Bezug genommen, so gilt Artikel 5 der Verordnung (EU) Nr. 182/2011.
Gültig ab 26.6.2017

Der Ausschuss (iSd Art. 3 Abs. 2 VO 182/2011) unterstützt die Kommission. Art. 87 verweist auf Art. 89 Abs. 3, Art. 88 auf Art. 89 Abs. 2. Die VO 182/2011 ist die sog. Komitologie-VO. Art. 4 dieser Verordnung, der in Art. 89 Abs. 2 in Bezug genommen wird, ist das sog. Beratungsverfahren, Art. 89 Abs. 3 nimmt auf Art. 5 VO 182/2011 und das sog. Prüfverfahren Bezug. Die **Änderung der Anhänge zur EuInsVO** ist hier **nicht erfasst**. Dies erfolgt im gewöhnlichen Gesetzgebungsverfahren.¹ 1

Art. 90 Überprüfungsklausel

(1) ¹Die Kommission legt dem Europäischen Parlament, dem Rat und dem Europäischen Wirtschafts- und Sozialausschuss spätestens bis zum 27. Juni 2027 und danach alle fünf Jahre einen Bericht über die Anwendung dieser Verordnung vor. ²Der Bericht enthält gegebenenfalls einen Vorschlag zur Anpassung dieser Verordnung.

(2) ¹Die Kommission legt dem Europäischen Parlament, dem Rat und dem Europäischen Wirtschafts- und Sozialausschuss spätestens bis zum 27. Juni 2022 einen Bericht über die Anwendung des Gruppen-Koordinationsverfahrens vor. ²Der Bericht enthält gegebenenfalls einen Vorschlag zur Anpassung dieser Verordnung.

(3) Die Kommission übermittelt dem Europäischen Parlament, dem Rat und dem Europäischen Wirtschafts- und Sozialausschuss spätestens bis zum 1. Januar 2016 eine Studie zu den grenzüberschreitenden Aspekten der Haftung von Geschäftsleitern und ihres Ausschlusses von einer Tätigkeit.

(4) Die Kommission übermittelt dem Europäischen Parlament, dem Rat und dem Europäischen Wirtschafts- und Sozialausschuss spätestens bis zum 27. Juni 2020 eine Studie zur Frage der Wahl des Gerichtsstands in missbräuchlicher Absicht.

---

¹ Kritisch *Parzinger* NZI 2016, 63, 64 f.; MüKoBGB/*Kindler* Art. 89 Rn. 7.

I. Normzweck

1 Die Vorschrift dient dem übergeordneten Zweck, zu einer besseren Verordnungsgebung beizutragen, indem die Verordnung und ihre Anwendung evaluiert werden.[1] Zudem werden in den Absätzen 2 bis 4 Einzelaspekte in besonderer Weise zum Gegenstand einer Berichtspflicht gemacht, um ggf. diesbezüglich weitere Gesetzgebungsaktivitäten in Angriff zu nehmen oder vorzubereiten.

II. Einzelheiten

2 Art. 90 entspricht in Abs. 1 strukturell dem bisherigen Art. 46 EuInsVO 2000. Schon die EuInsVO 2000 enthielt eine Berichtspflicht. Art. 46 EuInsVO 2000 erlegte der Kommission die Verpflichtung auf, dem Europäischen Parlament, dem Rat und dem Wirtschafts- und Sozialausschuss bis zum 1.7.2012 einen Bericht über die Anwendung der Verordnung vorzulegen. Ein eigenständiger Bericht ist nicht vorgelegt worden, wohl aber dann mit dem Verordnungsentwurf zur EuInsVO 2015 die Neufassung angestoßen worden.

3 In Abs. 2 wird die Berichtspflicht zur Anwendung des Gruppen-Koordinationsverfahrens abweichend von Abs. 1 mit fünf Jahren festgelegt, um ggf. rascher auf etwaige Fehlentwicklungen reagieren zu können, die mit dem neuen Verfahren bei der Insolvenz von Mitgliedern einer Unternehmensgruppe verbunden sein können.

4 Abs. 3 und 4 verlangen die Vorlage einer Studie zu den grenzüberschreitenden Aspekten der Haftung und der Amtsenthebung von Mitgliedern der Geschäftsleitung sowie zur Frage der Wahl des Gerichtsstands in missbräuchlicher Absicht. Gerade das letztgenannte Thema dürfte trotz der Änderungen bei Art. 3 und trotz der stärkeren Konturierung des COMI-Prinzips auch nach der Reform auf der Agenda bleiben. Die **Haftung von Geschäftsleitern** (Abs. 3) könnte perspektivisch ein Thema sein, dem sich die Kommission annehmen wird, weil die mitgliedstaatlichen Konzepte insoweit nicht unerheblich voneinander abweichen. Die in Abs. 3 genannte Studie (von der Universität Leeds durchgeführt) liegt vor.[2]

Art. 91 Aufhebung

(1) Die Verordnung (EG) Nr. 1346/2000 wird aufgehoben.

(2) Verweisungen auf die aufgehobene Verordnung gelten als Verweisungen auf die vorliegende Verordnung und sind nach der Entsprechungstabelle in Anhang D dieser Verordnung zu lesen.

1 Die EuInsVO 2000 wird aufgehoben und nunmehr in der EuInsVO 2015 fortgeführt. Satz 2 passt deshalb auch die Verweisungen aus externen Regelungswerken auf die EuInsVO an. Dazu ist ergänzend Anhang D zu beachten. Der Anhang enthält eine Synopse der bisherigen und der zugehörigen neuen Vorschriften. Nach Art. 84 Abs. 2 bleibt die EuInsVO 2000 für Altverfahren weiterhin anwendbar. Daran ändert Art. 91 nichts.

Art. 92 Inkrafttreten

Diese Verordnung tritt am zwanzigsten Tag nach ihrer Veröffentlichung im Amtsblatt der Europäischen Union in Kraft.
Sie gilt ab dem 26. Juni 2017 mit Ausnahme von
a) Artikel 86, der ab dem 26. Juni 2016 gilt,
b) Artikel 24 Absatz 1, der ab dem 26. Juni 2018 gilt und
c) Artikel 25, der ab dem 26. Juni 2019 gilt.

1 Die Vorschrift regelt das Inkrafttreten der Verordnung. Zum zeitlichen Anwendungsbereich vgl. zudem Art. 84.

---

[1] Aktionsplan „Better Regulation" aus dem Jahr 2002, Mitteilung der Kommission, Aktionsplan „Vereinfachung und Verbesserung des Regelungsumfelds", KOM(2002) 278, S. 8 zu Überprüfungsklauseln; zu weiteren Vorarbeiten insbesondere bei Abs. 3 Uhlenbruck/*Knof* Art. 90 Rn. 5; Mankowski/Mühler/J. Schmidt/*J. Schmidt* Art. 90 Rn. 7.

[2] European Commission, Initiative on Insolvency, DE Just (A1), 2016/JuST/025 INSOLVENCY II S. 6 v. 3.3.2016.

Anhang A

Insolvenzverfahren im Sinne von Artikel 2 Nummer 4

BELGIQUE/BELGIË
- Het faillissement/La faillite,
- De gerechtelijke reorganisatie door een collectief akkoord/La réorganisation judiciaire par accord collectif,
- De gerechtelijke reorganisatie door een minnelijk akkoord/La réorganisation judiciaire par accord amiable,
- De gerechtelijke reorganisatie door overdracht onder gerechtelijk gezag/La réorganisation judiciaire par transfert sous autorité de justice,
- De collectieve schuldenregeling/Le règlement collectif de dettes,
- De vrijwillige vereffening/La liquidation volontaire,
- De gerechtelijke vereffening/La liquidation judiciaire,
- De voorlopige ontneming van het beheer, als bedoeld in artikel XX.32 van het Wetboek van economisch recht/Le dessaisissement provisoire de la gestion, visé à l'article XX.32 du Code de droit économique,

БЪЛГАРИЯ
- Производство по несъстоятелност,
- Производство по стабилизация на търговеца,

ČESKÁ REPUBLIKA
- Konkurs,
- Reorganizace,
- Oddlužení,

DEUTSCHLAND
- Das Konkursverfahren,
- Das gerichtliche Vergleichsverfahren,
- Das Gesamtvollstreckungsverfahren,
- Das Insolvenzverfahren,

EESTI
- Pankrotimenetlus,
- Võlgade ümberkujundamise menetlus,

ÉIRE/IRELAND
- Compulsory winding-up by the court,
- Bankruptcy,
- The administration in bankruptcy of the estate of persons dying insolvent,
- Winding-up in bankruptcy of partnerships,
- Creditors' voluntary winding-up (with confirmation of a court),
- Arrangements under the control of the court which involve the vesting of all or part of the property of the debtor in the Official Assignee for realisation and distribution,
- Examinership,
- Debt Relief Notice,
- Debt Settlement Arrangement,
- Personal Insolvency Arrangement,

ΕΛΛΑΔΑ
- Η πτώχευση,
- Η ειδική εκκαθάριση εν λειτουργία,
- Σχέδιο αναδιοργάνωσης,
- Απλοποιημένη διαδικασία επί πτωχεύσεων μικρού αντικειμένου,
- Διαδικασία εξυγίανσης,

ESPAÑA
- Concurso,
- Procedimiento de homologación de acuerdos de refinanciación,
- Procedimiento de acuerdos extrajudiciales de pago,
- Procedimiento de negociación pública para la consecución de acuerdos de refinanciación colectivos, acuerdos de refinanciación homologados y propuestas anticipadas de convenio,

FRANCE
- Sauvegarde,
- Sauvegarde accélérée,
- Sauvegarde financière accélérée,

Anhang A

- Redressement judiciaire,
- Liquidation judiciaire,

HRVATSKA
- Stečajni postupak,
- Predstečajni postupak,
- Postupak stečaja potrošača,
- Postupak izvanredne uprave u trgovačkim društvima od sistemskog značaja za Republiku Hrvatsku,

ITALIA
- Fallimento,
- Concordato preventivo,
- Liquidazione coatta amministrativa,
- Amministrazione straordinaria,
- Accordi di ristrutturazione,
- Procedure di composizione della crisi da sovraindebitamento del consumatore (accordo o piano),
- Liquidazione dei beni,

ΚΥΠΡΟΣ
- Υποχρεωτική εκκαθάριση από το Δικαστήριο,
- Εκούσια εκκαθάριση από μέλη,
- Εκούσια εκκαθάριση από πιστωτές
- Εκκαθάριση με την εποπτεία του Δικαστηρίου,
- Διάταγμα παραλαβής και πτώχευσης κατόπιν Δικαστικού Διατάγματος,
- Διαχείριση της περιουσίας προσώπων που απεβίωσαν αφερέγγυα,

LATVIJA
- Tiesiskās aizsardzības process,
- Juridiskās personas maksātnespējas process,
- Fiziskās personas maksātnespējas process,

LIETUVA
- Įmonės restruktūrizavimo byla,
- Įmonės bankroto byla,
- Įmonės bankroto procesas ne teismo tvarka,
- Fizinio asmens bankroto procesas,

LUXEMBOURG
- Faillite,
- Gestion contrôlée,
- Concordat préventif de faillite (par abandon d'actif),
- Régime spécial de liquidation du notariat,
- Procédure de règlement collectif des dettes dans le cadre du surendettement,

MAGYARORSZÁG
- Csődeljárás,
- Felszámolási eljárás,

MALTA
- Xoljiment,
- Amministrazzjoni,
- Stralċ volontarju mill-membri jew mill-kredituri,
- Stralċ mill-Qorti,
- Falliment f'każ ta' kummerċjant,
- Proċedura biex kumpanija tirkupra,

NEDERLAND
- Het faillissement,
- De surséance van betaling,
- De schuldsaneringsregeling natuurlijke personen,

ÖSTERREICH
- Das Konkursverfahren (Insolvenzverfahren),
- Das Sanierungsverfahren ohne Eigenverwaltung (Insolvenzverfahren),
- Das Sanierungsverfahren mit Eigenverwaltung (Insolvenzverfahren),
- Das Schuldenregulierungsverfahren,
- Das Abschöpfungsverfahren,
- Das Ausgleichsverfahren,

POLSKA
- Upadłość,
- Postępowanie o zatwierdzenie układu,

- Przyspieszone postępowanie układowe,
- Postępowanie układowe,
- Postępowanie sanacyjne,

PORTUGAL
- Processo de insolvência,
- Processo especial de revitalização,
- Processo especial para acordo de pagamento,

ROMÂNIA
- Procedura insolvenței,
- Reorganizarea judiciară,
- Procedura falimentului,
- Concordatul preventiv,

SLOVENIJA
- Postopek preventivnega prestrukturiranja,
- Postopek prisilne poravnave,
- Postopek poenostavljene prisilne poravnave,
- Stečajni postopek: stečajni postopek nad pravno osebo, postopek osebnega stečaja in postopek stečaja zapuščine,

SLOVENSKO
- Konkurzné konanie,
- Reštrukturalizačné konanie,
- Oddlženie,

SUOMI/FINLAND
- Konkurssi/konkurs,
- Yrityssaneeraus/företagssanering,
- Yksityishenkilön velkajärjestely/skuldsanering för privatpersoner,

SVERIGE
- Konkurs,
- Företagsrekonstruktion,
- Skuldsanering,

UNITED KINGDOM
- Winding-up by or subject to the supervision of the court,
- Creditors' voluntary winding-up (with confirmation by the court),
- Administration, including appointments made by filing prescribed documents with the court,
- Voluntary arrangements under insolvency legislation,
- Bankruptcy or sequestration.

Anhang B

Verwalter im Sinne von Artikel 2 Nummer 5

BELGIQUE/BELGIË
- De curator/Le curateur,
- De gerechtsmandataris/Le mandataire de justice,
- De schuldbemiddelaar/Le médiateur de dettes,
- De vereffenaar/Le liquidateur,
- De voorlopige bewindvoerder/L'administrateur provisoire,

БЪЛГАРИЯ
- Назначен предварително временен синдик,
- Временен синдик,
- (Постоянен) синдик,
- Служебен синдик,
- Доверено лице,

ČESKÁ REPUBLIKA
- Insolvenční správce,
- Předběžný insolvenční správce,
- Oddělený insolvenční správce,
- Zvláštní insolvenční správce,
- Zástupce insolvenčního správce,

Anhang B

DEUTSCHLAND
- Konkursverwalter,
- Vergleichsverwalter,
- Sachwalter (nach der Vergleichsordnung),
- Verwalter,
- Insolvenzverwalter,
- Sachwalter (nach der Insolvenzordnung),
- Treuhänder,
- Vorläufiger Insolvenzverwalter,
- Vorläufiger Sachwalter,

EESTI
- Pankrotihaldur,
- Ajutine pankrotihaldur,
- Usaldusisik,

ÉIRE/IRELAND
- Liquidator,
- Official Assignee,
- Trustee in bankruptcy,
- Provisional Liquidator,
- Examiner,
- Personal Insolvency Practitioner,
- Insolvency Service,

ΕΛΛΑΔΑ
- Ο σύνδικος,
- Ο εισηγητής,
- Η επιτροπή των πιστωτών,
- Ο ειδικός εκκαθαριστής,

ESPAÑA
- Administrador concursal,
- Mediador concursal,

FRANCE
- Mandataire judiciaire,
- Liquidateur,
- Administrateur judiciaire,
- Commissaire à l'exécution du plan,

HRVATSKA
- Stečajni upravitelj,
- Privremeni stečajni upravitelj,
- Stečajni povjerenik,
- Povjerenik,
- Izvanredni povjerenik,

ITALIA
- Curatore,
- Commissario giudiziale,
- Commissario straordinario,
- Commissario liquidatore,
- Liquidatore giudiziale,
- Professionista nominato dal Tribunale,
- Organismo di composizione della crisi nella procedura di composizione della crisi da sovraindebitamento del consumatore,
- Liquidatore,

ΚΥΠΡΟΣ
- Εκκαθαριστής και Προσωρινός Εκκαθαριστής,
- Επίσημος Παραλήπτης,
- Διαχειριστής της Πτώχευσης,

LATVIJA
- Maksātnespējas procesa administrators,
- Tiesiskās aizsardzības procesa uzraugošā persona,

LIETUVA
- Bankroto administratorius,
- Restruktūrizavimo administratorius,

LUXEMBOURG
- Le curateur,
- Le commissaire,
- Le liquidateur,
- Le conseil de gérance de la section d'assainissement du notariat,
- Le liquidateur dans le cadre du surendettement,

MAGYARORSZÁG
- Vagyonfelügyelő,
- Felszámoló,

MALTA
- Amministratur Proviżorju,
- Riċevitur Uffiċjali,
- Stralċjarju,
- Manager Speċjali,
- Kuraturi f'każ ta' proċeduri ta' falliment,
- Kontrolur Speċjali,

NEDERLAND
- De curator in het faillissement,
- De bewindvoerder in de surséance van betaling,
- De bewindvoerder in de schuldsaneringsregeling natuurlijke personen,

ÖSTERREICH
- Masseverwalter,
- Sanierungsverwalter,
- Ausgleichsverwalter,
- Besonderer Verwalter,
- Einstweiliger Verwalter,
- Sachwalter,
- Treuhänder,
- Insolvenzgericht,
- Konkursgericht,

POLSKA
- Syndyk,
- Nadzorca sądowy,
- Zarządca,
- Nadzorca układu,
- Tymczasowy nadzorca sądowy,
- Tymczasowy zarządca,
- Zarządca przymusowy,

PORTUGAL
- Administrador da insolvência,
- Administrador judicial provisório,

ROMÂNIA
- Practician în insolvenţă,
- Administrator concordatar,
- Administrator judiciar,
- Lichidator judiciar,

SLOVENIJA
- Upravitelj,

SLOVENSKO
- Predbežný správca,
- Správca,

SUOMI/FINLAND
- Pesänhoitaja/boförvaltare,
- Selvittäjä/utredare,

SVERIGE
- Förvaltare,
- Rekonstruktör,

UNITED KINGDOM
- Liquidator,
- Supervisor of a voluntary arrangement,

Anhang D

- Administrator,
- Official Receiver,
- Trustee,
- Provisional Liquidator,
- Interim Receiver,
- Judicial factor.

Anhang C

Aufgehobene Verordnung mit Liste ihrer nachfolgenden Änderungen

Verordnung (EG) Nr. 1346/2000 des Rates
(ABl. L 160 vom 30.6.2000, S. 1)
Verordnung (EG) Nr. 603/2005 des Rates
(ABl. L 100 vom 20.4.2005, S. 1)
Verordnung (EG) Nr. 694/2006 des Rates
(ABl. L 121 vom 6.5.2006, S. 1)
Verordnung (EG) Nr. 1791/2006 des Rates
(ABl. L 363 vom 20.12.2006, S. 1)
Verordnung (EG) Nr. 681/2007 des Rates
(ABl. L 159 vom 20.6.2007, S. 1)
Verordnung (EG) Nr. 788/2008 des Rates
(ABl. L 213 vom 8.8.2008, S. 1)
Durchführungsverordnung (EU) Nr. 210/2010 des Rates
(ABl. L 65 vom 13.3.2010, S. 1)
Durchführungsverordnung (EU) Nr. 583/2011 des Rates
(ABl. L 160 vom 18.6.2011, S. 52)
Verordnung (EU) Nr. 517/2013 des Rates
(ABl. L 158 vom 10.6.2013, S. 1)
Durchführungsverordnung (EU) Nr. 663/2014 des Rates
(ABl. L 179 vom 19.6.2014, S. 4)
Akte über die Bedingungen des Beitritts der Tschechischen Republik, der Republik Estland, der Republik Zypern, der Republik Lettland, der Republik Litauen, der Republik Ungarn, der Republik Malta, der Republik Polen, der Republik Slowenien und der Slowakischen Republik und die Anpassungen der die Europäische Union begründenden Verträge
(ABl. L 236 vom 23.9.2003, S. 33)

Anhang D

Entsprechungstabelle

Verordnung (EG) Nr. 1346/2000	In dieser Verordnung wird Folgendes festgelegt:
Artikel 1	Artikel 1
Artikel 2 Eingangsteil	Artikel 2 Eingangsteil
Artikel 2 Buchstabe a	Artikel 2 Nummer 4
Artikel 2 Buchstabe b	Artikel 2 Nummer 5
Artikel 2 Buchstabe c	–
Artikel 2 Buchstabe d	Artikel 2 Nummer 6
Artikel 2 Buchstabe e	Artikel 2 Nummer 7
Artikel 2 Buchstabe f	Artikel 2 Nummer 8
Artikel 2 Buchstabe g Eingangsteil	Artikel 2 Nummer 9 Eingangsteil
Artikel 2 Buchstabe g erster Gedankenstrich	Artikel 2 Nummer 9 Ziffer vii
Artikel 2 Buchstabe g zweiter Gedankenstrich	Artikel 2 Nummer 9 Ziffer iv
Artikel 2 Buchstabe g dritter Gedankenstrich	Artikel 2 Nummer 9 Ziffer viii
Artikel 2 Buchstabe h	Artikel 2 Nummer 10
–	Artikel 2 Nummern 1 bis Artikel 3 und Artikel 11 bis Artikel 13
–	Artikel 2 Nummer 9 Ziffern i bis iii, v, vi
Artikel 3	Artikel 3

Anhang D

Verordnung (EG) Nr. 1346/2000	In dieser Verordnung wird Folgendes festgelegt:
–	Artikel 4
–	Artikel 5
–	Artikel 6
Artikel 4	Artikel 7
Artikel 5	Artikel 8
Artikel 6	Artikel 9
Artikel 7	Artikel 10
Artikel 8	Artikel 11 Absatz 1
–	Artikel 11 Absatz 2
Artikel 9	Artikel 12
Artikel 10	Artikel 13 Absatz 1
–	Artikel 13 Absatz 2
Artikel 11	Artikel 14
Artikel 12	Artikel 15
Artikel 13 Absatz 1	Artikel 16 Buchstabe a
Artikel 13 Absatz 2	Artikel 16 Buchstabe b
Artikel 14 Gedankenstrich 1	Artikel 17 Buchstabe a
Artikel 14 Gedankenstrich 2	Artikel 17 Buchstabe b
Artikel 14 Gedankenstrich 3	Artikel 17 Buchstabe c
Artikel 15	Artikel 18
Artikel 16	Artikel 19
Artikel 17	Artikel 20
Artikel 18	Artikel 21
Artikel 19	Artikel 22
Artikel 20	Artikel 23
–	Artikel 24
–	Artikel 25
–	Artikel 26
–	Artikel 27
Artikel 21 Absatz 1	Artikel 28 Absatz 2
Artikel 21 Absatz 2	Artikel 28 Absatz 1
Artikel 22	Artikel 29
Artikel 23	Artikel 30
Artikel 24	Artikel 31
Artikel 25	rtikel 32
Artikel 26	Artikel 33
Artikel 27	Artikel 34
Artikel 28	Artikel 35
–	Artikel 36
Artikel 29	Artikel 37 Absatz 1
–	Artikel 37 Absatz 2
–	Artikel 38
–	Artikel 39
Artikel 30	Artikel 40
Artikel 31	Artikel 41
–	Artikel 42
–	Artikel 43
–	Artikel 44
Artikel 32	Artikel 45
Artikel 33	Artikel 46
Artikel 34 Absatz 1	Artikel 47 Absatz 1
Artikel 34 Absatz 2	Artikel 47 Absatz 2
Artikel 34 Absatz 3	–
–	Artikel 48
Artikel 35	Artikel 49
Artikel 36	Artikel 50
Artikel 37	Artikel 51
Artikel 38	Artikel 52

Thole

Anhang D

Verordnung (EG) Nr. 1346/2000	In dieser Verordnung wird Folgendes festgelegt:
Artikel 39	Artikel 53
Artikel 40	Artikel 54
Artikel 41	Artikel 55
Artikel 42	–
–	Artikel 56
–	Artikel 57
–	Artikel 58
–	Artikel 59
–	Artikel 60
–	Artikel 61
–	Artikel 62
–	Artikel 63
–	Artikel 64
–	Artikel 65
–	Artikel 66
–	Artikel 67
–	Artikel 68
–	Artikel 69
–	Artikel 70
–	Artikel 71
–	Artikel 72
–	Artikel 73
–	Artikel 74
–	Artikel 75
–	Artikel 76
–	Artikel 77
–	Artikel 78
–	Artikel 79
–	Artikel 80
–	Artikel 81
–	Artikel 82
–	Artikel 83
Artikel 43	Artikel 84 Absatz 1
–	Artikel 84 Absatz 2
Artikel 44	Artikel 85
–	Artikel 86
Artikel 45	–
–	Artikel 87
–	Artikel 88
–	Artikel 89
Artikel 46	Artikel 90 Absatz 1
–	Artikel 90 Absatz 2 bis Artikel 90 Absatz 4
–	Artikel 91
Artikel 47	Artikel 92
Anhang A	Anhang A
Anhang B	–
Anhang C	AnhangB
–	Anhang C
–	Anhang D

Einführungsgesetz zur Insolvenzordnung (EGInsO)

Vom 5. Oktober 1994 (BGBl. I S. 2911)

Zuletzt geändert durch Art. 3 G zur Durchführung der VO (EU) 2015/848 über Insolvenzverfahren vom 5.6.2017 (BGBl. S. 1476)

Einführungsgesetz zur Insolvenzordnung (EGInsO)

Vom 5. Oktober 1994 (BGBl. I S. 2911)

Zuletzt geändert durch Art. 3 G. zur Durchführung der VO (EU) 2015/848 über Insolvenzverfahren vom 5.6. 2017 (BGBl. S. 1476)

Art. 102a Insolvenzverwalter aus anderen Mitgliedstaaten der Europäischen Union

¹Angehörige eines anderen Mitgliedstaates der Europäischen Union oder Vertragstaates des Abkommens über den Europäischen Wirtschaftsraum und Personen, die in einem dieser Staaten ihre berufliche Niederlassung haben, können das Verfahren zur Aufnahme in eine von dem Insolvenzgericht geführte Vorauswahlliste für Insolvenzverwalter über eine einheitliche Stelle nach den Vorschriften des Verwaltungsverfahrensgesetzes abwickeln. ²Über Anträge auf Aufnahme in eine Vorauswahlliste ist in diesen Fällen innerhalb einer Frist von drei Monaten zu entscheiden. ³§ 42a Absatz 2 Satz 2 bis 4 des Verwaltungsverfahrensgesetzes gilt entsprechend.

Literatur: *Vallender*, Zugang ausländischer Insolvenzverwalter zur Vorauswahlliste deutscher Insolvenzgerichte nach Art. 102a EGInsO, ZIP 2011, 454; *Frind*, Geister, die ich rief – Zur Notwendigkeit, EU-Bewerbungen zum Zugang für das Insolvenzverwalteramt zu regeln, ZInsO 2010, 1678; *Marotzke,* Die Rechtsstellung des Insolvenzverwalters, ZInsO 2009, 1929; *Preuß,* Reform der Insolvenzverwalterauswahl – verfassungs- und europarechtliche Rahmenbedingungen und organisatorische Regelungsziele, ZIP 2010, 933; *Sabel/Wimmer,* Die Auswirkungen der europäischen Dienstleistungsrichtlinie auf Auswahl und Bestellung des Insolvenzverwalters, ZIP 2008, 2097.

I. Normzweck

Die Vorschrift dient der Umsetzung der Dienstleistungsrichtlinie,[1] die möglicherweise und jedenfalls nach Auffassung der Bundesregierung auch auf den Verwalter anwendbar ist.[2] Art. 102a ist durch das Gesetz zur Umsetzung der Dienstleistungsrichtlinie in der Justiz und zur Änderung weiterer Vorschriften vom 22.10.2010[3] eingefügt worden. Sie soll den Zugang ausländischer Insolvenzverwalter zum deutschen Markt verfahrensmäßig regeln, indem sie den Verfahrensgang für die Aufnahme in die **Vorauswahlliste** regelt. Damit wird zugleich eine sachgerechte Wahl des Verwalters ermöglicht. So kann gerade in einem inländischen Sekundärverfahren iSd Art. 3 Abs. 2 EuInsVO die Bestellung des Hauptinsolvenzverwalters als Sekundärverwalter in Personalunion in Betracht kommen, um eine einheitliche Abwicklung zu ermöglichen.[4] Änderungsbedarf aufgrund der Vorgaben an die Verwalterbestellung in Art. 26 f. der RL 2019/1023 über **präventive Restrukturierungsrahmen** ist nicht ersichtlich, solange der deutsche Gesetzgeber nicht anlässlich der Richtlinienumsetzung das Vorauswahlwesen generell auf den Prüfstand stellt. 1

Inhaltlich erfasst Art. 102a EGInsO **nur das Verfahren zur Aufnahme in die Vorauswahlliste**. Es ist nicht exklusiv und abschließend, sondern versteht sich als Erweiterung der Handlungsoptionen, indem die Zuständigkeit einer einheitlichen Stelle begründet wird. Soweit es nach Maßgabe des ESUG bei einer Bestellung des Verwalters auf Vorschlag des Gläubigerausschusses auf die Aufnahme in die Vorauswahlliste nicht mehr ankommt,[5] kann der ausländische Verwalter bei Vorliegen der Voraussetzungen des § 56 InsO auch ohne eine solche Aufnahme bestellt werden. 2

II. Persönlicher Anwendungsbereich

Die Vorschrift erfasst nur Angehörige eines anderen Mitgliedstaats der EU und der Vertragstaaten der EFTA sowie solche Personen, die dort ihre Niederlassung haben. Dänemark ist erfasst, weil es bei Art. 102a nicht um die Umsetzung oder Ausführung der EuInsVO geht. Ferner gehören der EFTA die Staaten Liechtenstein, Island und Norwegen an. Anknüpfungsmerkmal ist die Staatsangehörigkeit, nicht der Wohnsitz. Eine **berufliche Niederlassung** als weiteres Anknüpfungsmerkmal erfordert eine gewisse Festigkeit und Verkörperung der Tätigkeit an diesem Ort. Es geht um die „tatsächliche Ausübung einer ... Tätigkeit auf unbestimmte Zeit und mittels einer festen Infrastruktur, von der aus die Geschäftstätigkeit weitgehend ausgeübt wird" (Art. 4 Nr. 5 DL-RL). Es muss sich um einen festen Ort handeln, an dem die Person ihrer beruflichen Tätigkeit nachgeht und an 3

---

[1] RL 2006/123/EG des Europäischen Parlaments und des Rates über Dienstleistungen im Binnenmarkt, ABl. EG Nr. L 376/36 vom 27.12.2006, vgl. insbesondere Art. 44 der Dienstleistungsrichtlinie.
[2] Vgl. Begr. RegE BT-Drs. 17/3356, S. 15. Zum Streit über die Anwendbarkeit der Dienstleistungsrichtlinie auf Verwalter ablehnend *Frind* ZInsO 2010, 1678, 1683; *Smid* ZInsO 2009, 113 ff.; *Marotzke* ZInsO 2009, 1929 ff.; bejahend mE mit Recht *Sabel/Wimmer* ZIP 2008, 2097, 2103; *Preuß* ZIP 2011, 933, 938.
[3] BGBl. I S. 2248; vgl. auch Begr. RegE BT-Drs. 17/3356, S. 15.
[4] HKInsO/*Swierczok* Art. 102a Rn. 1. Diese Möglichkeit erachtet für unzulässig *Lüke* ZZP 111 (1998), 275, 304.
[5] §§ 56, 56a Abs. 2 InsO, zum fehlenden Erfordernis einer Aufnahme in die Vorauswahlliste Begr. RegE BT-Drs. 17/5712, S. 26.

dem sie gewöhnlich angetroffen werden kann, an dem vertrauliche Gespräche geführt und Unterlagen vor unbefugtem Zugriff aufbewahrt werden können.[6]

4   Die **beiden Anknüpfungsmerkmale** stehen nicht in einem Stufenverhältnis, sondern sind **alternativ** zu beachten. Sie müssen also nicht kumulativ vorliegen („oder"). Eine Beschränkung der Vorschrift auf natürliche Personen ist der Vorschrift für die zweite Alternative („Personen") nicht sicher zu entnehmen.[7] Theoretisch könnten auf dieser Grundlage auch juristische Personen von Art. 102a EGInsO Gebrauch machen. Der Gleichschluss mit der auf natürliche Personen zugeschnittenen ersten Tatbestandsalternative spricht allerdings für eine Beschränkung auf natürliche Personen ebenso wie der vom Gesetzgeber möglicherweise verfolgte Anschluss an § 56 InsO. Solange § 56 InsO indessen die Bestellung einer natürlichen Person vorsieht und dies unionsrechtlich haltbar ist, würde die Aufnahme in die Vorauswahlliste ohnehin nichts nutzen.

III. Verfahrensgang

5   Art. 102a ermöglicht es dem ausländischen Verwalter, seine Aufnahme in die Vorauswahlliste über eine einheitliche Stelle abzuwickeln oder das Gesuch – was durch Art. 102a unberührt bleibt – nach allgemeinen Regeln beim jeweiligen Insolvenzgericht zu richten.

6   **1. Abwicklung über eine einheitliche Stelle.** Mit dem Begriff der einheitlichen Stelle nimmt die Vorschriften der §§ 71a ff. VwVfG und die dortigen Verfahrensvorschriften Bezug. Entscheidend sind jeweils das VwVfG des Bundeslandes und die dort, nach Landesrecht, bestimmte einheitliche Stelle. Die einheitliche Stelle soll den Antragsteller bei der Antragsabwicklung unterstützen, vgl. auch die Informationspflicht in § 71b VwVfG und die Unterstützungspflicht in § 71c VwVfG. Insbesondere leitet die einheitliche Stelle den Antrag an die zuständigen Insolvenzgerichte weiter, § 71a Abs. 1 VwVfG;[8] genauer: an den Präsidenten oder Direktor des Gerichts mit der Bitte um Vorlage an das Insolvenzdezernat.[9] Die einheitliche Stelle kann auch auf eine etwa notwendige Klarstellung des Antrags hinwirken, beispielsweise wenn der Antragsteller kein bestimmtes Insolvenzgerichte ausgewählt hat, aber eine Listung bei allen Insolvenzgerichten und das dafür erforderliche umfangreiche Verwaltungsverfahren möglicherweise nicht angestrebt ist.[10]

7   **2. Unmittelbares Gesuch.** Dem ausländischen Verwalter bleibt es unbenommen, sein Ersuchen direkt an den Insolvenzrichter zu übermitteln. Maßgebend sind dann die allgemeinen verwaltungsverfahrensrechtlichen Vorschriften; die Vorschriften der § 71b Abs. 3, 4 und 6, § 71c Abs. 2 und § 71e VwVfG finden dann wegen § 71a Abs. 2 VwVfG gleichfalls Anwendung.[11]

8   **3. Verfahrensgang.** Das Insolvenzgericht, das den Antrag weitergeleitet bekommen hat, muss eine **Empfangsbestätigung** ausstellen, § 71a Abs. 3 S. 1 VwVfG. In der Empfangsbestätigung ist das Datum des Eingangs bei der einheitlichen Stelle mitzuteilen und auf die Drei-Monats-Frist nach Satz 2 (Rn. 8), die Voraussetzungen für den Beginn des Fristlaufs und auf eine an den Fristablauf geknüpfte Rechtsfolge sowie auf die verfügbaren **Rechtsbehelfe hinzuweisen**, § 71a Abs. 3 S. 2 VwVfG. Ist die Anzeige oder der Antrag unvollständig, muss das Insolvenzgericht unverzüglich mitteilen, welche Unterlagen nachzureichen sind. § 71a Abs. 4 S. 1 VwVfG. Die Mitteilung muss auch den Hinweis enthalten, dass der Lauf der Frist nach Art. 102a Satz 2 EGInsO erst mit Eingang der vollständigen Unterlagen beginnt, § 71a Abs. 4 S. 2 VwVfG. Es kommt eine Abwicklung des Verfahrens in elektronischer Form in Betracht; der Antragsteller kann dies verlangen, § 71e VwVfG. In diesem Fall müssen Dokumente ggf. mit einer Signatur versehen werden, § 71e Satz 2 VwVfG iVm § 3a Abs. 2 VwVfG. Eine persönliche Anhörung kann gleichwohl erfolgen.[12]

9   **4. Die Entscheidung des Insolvenzgerichts.** Das Insolvenzgericht muss binnen einer **Frist von drei Monaten** entscheiden. Sie beginnt mit dem Eingang des Antrags bei der einheitlichen Stelle, § 71a Abs. 2 S. 2 VwVfG. Satz 3 ordnet die entsprechende Anwendung von § 42a Abs. 2 S. 2 bis 4 VwVfG an. Danach beginnt die Frist mit Eingang der vollständigen Unterlagen. Sie kann einmal angemessen **verlängert** werden, wenn dies wegen der Schwierigkeit der Angelegenheit gerechtfertigt ist. Die Fristverlängerung ist zu begründen und rechtzeitig mitzuteilen. Für die Berechnung der Frist gelten über § 31 VwVfG die Grundsätze von §§ 187–193 BGB. Die Entscheidung

---

[6] BGHZ 187, 31, 37 Rn. 31 = NJW 2010, 3787; vgl. auch Begr. RegE BT-Drs. 17/3356, S. 15; HKInsO/*Swierczok* Art. 102a Rn. 3.
[7] Offen HKInsO/*Swierczok* Art. 102a Rn. 4.
[8] Vgl. auch Begr. RegE BT-Drs. 17/3356, S. 15.
[9] *Vallender* ZIP 2011, 454.
[10] HKInsO/*Swierczok* Art. 102a Rn. 6.
[11] Im Ergebnis auch *Vallender* ZIP 2011, 454, 456.
[12] Vgl. HKInsO/*Swierczok* Art. 102a EGInsO Rn. 8.

ist ein Justizverwaltungsakt, der über die §§ 23 ff. EGGVG den Weg zum OLG eröffnet (trotz möglicher Fristverlängerung nach § 42a Abs. 2 Satz 3 VwVfG[13]), Rechtsbeschwerde auf Zulassung nach § 29 EGGVG.

Vor Art. 102c Durchführung der Verordnung (EU) 2015/848 über Insolvenzverfahren

Literatur: *Arnold*, Der deutsch-österreichische Konkursvertrag, 1987; *Bierhenke*, Der ausländische Insolvenzverwalter und das deutsche Grundbuch, MittBayNot 2009, 197; *Deyda*, Der Fall NIKI Luftfahrt – Bruchlandung des neuen europäischen internationalen Insolvenzrechts?, ZInsO 2018, 221; *Duursma-Kepplinger*, Einfluss der Eröffnung eines Sekundärinsolvenzverfahrens auf die Befriedigung von zuvor gegründeten Masseverbindlichkeiten, ZIP 2007, 752; *Eidenmüller*, Europäische Verordnung über Insolvenzverfahren und zukünftiges deutsches internationales Insolvenzrecht, IPrax 2001, 2; *Fehrenbach*, Die prioritätsprinzipwidrige Verfahrenseröffnung im europäischen Insolvenzrecht, Besprechung von BGH, 29.5.2008 – IX ZB 102/07, IPRax 2009, 51; *Flessner*, in: Stoll, Stellungnahmen und Gutachten zur Reform des deutschen Internationalen Insolvenzrechts, 1992, S. 205; *Frind*, Geister, die ich rief – Zur Notwendigkeit, EU-Bewerbungen zum Zugang für das Insolvenzverwalteramt zu regeln – Zum RefE eines Gesetzes zur Umsetzung der Dienstleistungsrichtlinie in der Justiz, ZInsO 2010, 1678; *Gruber*, Zur Eröffnung eines Insolvenzverfahrens trotz eines in einem anderen Mitgliedstaat der EU bereits eröffneten Hauptinsolvenzverfahrens, DZWIR 2008, 468; *Hanisch*, Das Recht grenzüberschreitender Insolvenzen – Auswirkungen im Immobiliensektor, ZIP 1992, 1125; *Huber*, Inländische Insolvenzverfahren über Auslandsgesellschaften nach der Europäischen Insolvenzverordnung, FS Gerhardt, 2004, S. 397 ff.; *Kindler*, Hauptfragen der Reform des Europäischen Internationalen Insolvenzrechts, KTS 2014, 25; *Laukemann*, Zur Frage der Unwirksamkeit der Eröffnung eines Hauptinsolvenzverfahrens bei gleichzeitiger Eröffnung eines Insolvenzverfahrens in einem anderem Mitgliedstaat, JZ 2009, 636; *Ludwig*, Neuregelungen des dt. Internat. Insolvenzverfahrensrechts, 2004; *Madaus*, As simple as it can be? – Anregungen zum Gesetzesentwurf der Bundesregierung zur Durchführung der Verordnung (EU) 2015/848 über Insolvenzverfahren (BT-Drs. 18/10823), NZI 2017, 203; *Mankowski*, Zu den Verfahrenswirkungen der Eröffnung eines inländischen Insolvenzverfahrens in Kenntnis eines ausländischen Hauptinsolvenzverfahrens, NZI 2008, 575; *Marotzke*, Die Rechtsstellung des Insolvenzverwalters, ZInsO 2009, 1929; *Pannen/Riedemann*, Die deutschen Ausführungsbestimmungen zur EuInsVO – Ein Überblick zu den Regelungen des Art. 102 EGInsO nF, NZI 2004, 301; *Preuß*, Reform der Insolvenzverwalterauswahl – verfassungs- und europarechtliche Rahmenbedingungen und justizorganisatorische Regelungsziele, ZIP 2011, 933; *Reinhart*, Die Bedeutung der EuInsVO im Insolvenzeröffnungsverfahren – Verfahren bei internationaler Zuständigkeit nach Art. 102 EGInsO, NZI 2009, 73; *ders.*, Sanierungsstrategien im internationalen Insolvenzrecht, 1995; *Sabel/Wimmer*, Die Auswirkungen der europäischen Dienstleistungsrichtlinie auf Auswahl und Bestellung des Insolvenzverwalters, ZIP 2008, 2097; *Schillig/Schwerdtfeger*, Innerstaatlicher Rechtsschutz gegen die Eröffnung eines Hauptsolvenzverfahrens nach Art. 3 Abs. 1 EuInsVO in Deutschland, DZWIR 2005, 370; *Smid*, Vier Entscheidungen englischer und deutscher Gerichte zur europäischen internationalen Zuständigkeit zur Eröffnung von Hauptinsolvenzen, DZWiR 2003, 397; *ders.*, Richtlinie 2006/123/EG über Dienstleistungen im Binnenmarkt vom 12.12.2006 ohne Auswirkungen auf die Regelungen zur Vorauswahl und Auswahl des Insolvenzverwalters im deutschen Insolvenzrecht, ZInsO 2009, 113; *ders.*, Gegen den Strom – Eröffnet das deutsche Insolvenzgericht durch Bestellung eines vorläufigen Insolvenzverwalters ein Hauptinsolvenzverfahren, NZI 2009, 150; *ders.*, Internationales Insolvenzrecht, 2009; *Staak*, Mögliche Probleme im Rahmen der Kooperation von Haupt- und Sekundärinsolvenzverfahren nach der Europäischen Insolvenzverordnung (EuInsVO), NZI 2004, 480; *Steinmetz/Giménez*, Deutsches Insolvenzverfahren und Immobilienvermögen in Spanien – Grundbuchsperre beim Registro de la Propiedad durch deutsche Insolvenzverwalter, NZI 2010, 973; *Swierczok*, Der neue Art. 102c EGInsO, ZInsO 2017, 1861; *Thole*, Das COMI-Prinzip und andere Grundfragen des Europäischen Insolvenzrechts, ZEuP 2007, 1137; *ders.*, Negative Feststellungsklagen, Insolvenztorpedos und EuInsVO, ZIP 2012, 605; *ders.*, Lehren aus dem Fall NIKI, ZIP 2018, 401; *Vallender*, Aufgaben und Befugnisse des deutschen Insolvenzrichters in Verfahren nach der EuInsVO, KTS 2005, 283; *ders.*, Zugang ausländischer Insolvenzverwalter zur Vorauswahlliste deutscher Insolvenzgerichte nach Art. 102a EGInsO, ZIP 2011, 454; *Wehdeking*, Reform des Internationalen Insolvenzrechts in Deutschland und Österreich, DZWIR 2003, 133; *Weller*, Forum Shopping im Internationalen Insolvenzrecht?, zu BGH, 27.11.2003 – IX ZB 418/02 und AG Düsseldorf, 3.12.2004 – 502 IN 126/03 und AG München, 4.5.2004 – 1501 IE 1276/04, IPrax 2004, 412; *Wimmer*, Einpassung der EU-Insolvenzverordnung in das deutsche Recht durch das Gesetz zur Neuregelung des Internationalen Insolvenzrechts, in: *Gerhardt/Haarmeyer/Kreft*, Insolvenzrecht im Wandel der Zeit, FS Hans-Peter Kirchhof anlässlich der Vollendung seines 65. Lebensjahres, 2003, S. 521 ff.; *Zipperer*, Ein Plädoyer für eine europarechtskonforme Anwendung deutscher Verfahrensvorschriften am Beispiel von Niki, ZIP 2018, 956

Übersicht

	Rn.		Rn.
I. Geschichte und Anwendungsbereich	1	III. Auslegungszusammenhang mit der EuInsVO	11
II. Behandelte Umsetzungsfragen	3		

---

[13] *Vallender* ZIP 2011, 454, 458.

I. Geschichte und Anwendungsbereich

1 Bei Inkrafttreten der Insolvenzordnung am 1.1.1999 war das autonome Internationale Insolvenzrecht Deutschlands in Art. 102 EGInsO nur fragmentarisch geregelt worden. Diese Zurückhaltung erklärte sich aus der zu erwartenden Rechtssetzung auf europäischer Ebene. Am 31.5.2002 trat die Verordnung (EG) Nr. 1346/2000 des Rates vom 28.5.2000 über Insolvenzverfahren (EuInsVO 2000) in Kraft. Als Sekundärrechtsakt der Union galt die EuInsVO 2000 zwar gem. Art. 288 Abs. 2 AEUV in allen Mitgliedstaaten (mit Ausnahme Dänemarks[1]) unmittelbar und bedurfte daher keines expliziten Umsetzungsaktes. Dennoch hielt der deutsche Gesetzgeber eigene Regelungen zur Ausführung der EuInsVO im deutschen Recht für notwendig. Der von der Bundesregierung vorgelegte Entwurf zur Neuregelung des Internationalen Insolvenzrechts[2] enthielt sowohl ausführliche Vorschriften zum autonomen Internationalen Insolvenzrecht als auch Regelungen zur Umsetzung der EuInsVO. Während das autonome Internationale Insolvenzrecht durch das Gesetz zur Neuregelung des Internationalen Insolvenzrechts vom 14.3.2003[3] in §§ 335 ff. InsO eingefügt wurde, entschied sich der Gesetzgeber, die Umsetzungsvorschriften zur EuInsVO in den damit freigewordenen Art. 102 EGInsO aufzunehmen. Nach der Reform der EuInsVO durch die VO 2015/848 zum 26.6.2017 ist eine **Änderung und Erweiterung der Regelungen im EGInsO** erforderlich geworden. Der Gesetzgeber hat daher mit dem **Gesetz zur Durchführung der Verordnung (EU) 2015/848** über Insolvenzverfahren vom 27.4.2017[4] die Durchführungsbestimmungen **zur reformierten EuInsVO** unter das Dach des Art. 102c EGInsO gebracht und gegenüber Art. 102 EGInsO deutlich auf 26 Vorschriften erweitert. In Teil 2 (§§ 11 bis 21) sind Regelungen zur Behandlung von deutschen Sekundärinsolvenzverfahren und von deutschen Hauptinsolvenzverfahren bei möglichen Sekundärverfahren in anderen Staaten aufgenommen worden, in Teil 3 (§§ 22 bis 26) finden sich jetzt Bestimmungen zur Durchführung der Regeln über Insolvenzen bei Unternehmensgruppen nach den Art. 56 ff. EuInsVO 2015. **Art. 102 EGInsO selbst bleibt weiterhin gültig,** betrifft aber nur die (noch laufenden) Verfahren nach der **EuInsVO 2000** und ist deshalb in diesem Kommentar nicht mehr kommentiert (dazu die Kommentierung in der 3. Aufl.)

2 Art. 102c enthält **Durchführungsbestimmungen** zur EuInsVO, keine Umsetzungsbestimmungen im eigentlichen Sinne, da die EuInsVO unmittelbar gilt. Das Regelwerk des Art. 102c EGInsO gilt lediglich für Insolvenzverfahren im Anwendungsbereich der EuInsVO, dh bei Insolvenzverfahren, die in einem Mitgliedstaat als Haupt- oder Partikularverfahren geführt werden. Die einzelnen Vorschriften regeln sowohl Fragen der Verfahrensführung in Deutschland als auch Einwirkungen ausländischer Verfahren (vgl. insb. Art. 102c § 7 und 8). Art. 102c findet daher weder Anwendung bei Insolvenzverfahren in **Drittstaaten** noch bei Insolvenzverfahren in den Mitgliedstaaten der EuInsVO über das Vermögen der nach Art. 1 Abs. 2 EuInsVO vom persönlichen **Anwendungsbereich der EuInsVO** ausgenommenen Schuldner (Kreditinstitute, Versicherungsunternehmen ua).[5] Für die inländische Behandlung **dänischer Insolvenzverfahren** gilt Art. 102c nicht.

II. Behandelte Umsetzungsfragen

3 Im Einzelnen regelt Art. 102c in Teil 1 folgende Umsetzungsfragen: die örtliche Zuständigkeit bei nach der EuInsVO gegebener internationaler Zuständigkeit deutscher Gerichte (§ 1), den Kompetenzkonflikt bei Zuständigkeitsfragen (§§ 2–5), die örtliche Zuständigkeit bei Annexklagen (§ 6), die Bekanntmachung des ausländischen Insolvenzverfahrens und dessen Eintragung in öffentliche Register sowie mögliche Rechtsmittel (§§ 7–9), die Vollstreckung aus der gemäß Art. 19 EuInsVO im Inland anzuerkennenden Eröffnungsentscheidung (§ 10). Teil 2 ist wiederum unterteilt in die Situation eines Hauptinsolvenzverfahrens in Deutschland (§§ 11 bis 14), eines Sekundärverfahrens in Deutschland (§§ 15 bis 20) und Maßnahmen zur Einhaltung einer Zusicherung iSd Art. 36 EuInsVO (§ 21); in §§ 22 bis 26 werden die einzelnen Sachfragen der Insolvenz von Mitgliedern einer Unternehmensgruppe adressiert.

4 Weitestgehend spiegeln sich die in Art. 102c EGInsO getroffenen Regelungen in der Vorgängernorm zur Einführung der alten EuInsVO, Art. 102 EGInsO, wider. Es finden sich jedoch auch

---

[1] Mit Ausnahme Dänemarks. Im Vereinigten Königreich und Irland gilt die EuInsVO wegen des erklärten opt-in, vgl. → Art. 1 EuInsVO Rn. 11.
[2] BR-Drs. 715/02 vom 6.9.2002 und Begr. RegE BT-Drs. 15/16 vom 25.10.2002.
[3] BGBl. I S. 345.
[4] BGBl. I S. 1476.
[5] Vgl. Nerlich/Römermann/*Commandeur* Vor Art. 102 Rn. 3.

einige Neuerungen und Streichungen, die sich auf die umfangreichen Änderungen der EuInsVO zurückführen lassen.

Soweit Art. 102 § 2 EGInsO noch ausdrücklich eine Begründungspflicht der Eröffnungsent- 5
scheidung forderte, ergibt sich diese Pflicht nunmehr aus der Verordnung selbst, vgl. Art. 4 EuInsVO. Eine Aufnahme der Begründungspflicht in Art. 102c EGInsO erübrigt sich.

Die in Art. 102c § 5 EGInsO getroffene Neuregelung in Anlehnung an Art. 5 EuInsVO ermög- 6
licht nunmehr auch den Gläubigern, eine Eröffnungsentscheidung wegen mangelnder internationaler Zuständigkeit anzufechten.[6]

Erwähnenswert ist die Regelung über die örtliche Zuständigkeit für Annexklagen, Art. 102c 7
§ 6, weil Art. 6 EuInsVO nur die internationale Zuständigkeit regelt und folglich andere Zuständigkeitsaspekte außer Acht lässt.[7]

Zur Stärkung des COMI-Prinzips und in Ergänzung zu Art. 3, Art. 4 Abs. 1 S. 2 EuInsVO hat 8
der deutsche Gesetzgeber Art. 102c § 5 EGInsO eingefügt. Damit soll dem Gericht die Entscheidung zur Eröffnung eines Hauptinsolvenzverfahrens durch die zusätzlichen Angaben des Schuldners erleichtert werden.[8]

Insbesondere mit Blick auf Art. 36 EuInsVO ergab sich für den nationalen Gesetzgeber weiterer 9
Regelungsbedarf. Dies betrifft vor allem die in Art. 102c §§ 11 ff. EGInsO geregelten Fragen zur Form und dem Verfahren der Abgabe der Zusicherung durch den Insolvenzverwalter. Ferner erfolgten detaillierte Regelungen zum Verfahren der Abstimmung der lokalen Gläubiger über diese Zusicherung sowie über etwaige Rechtsmittel und Rechtsbehelfe gegen den Verwalter des Hauptinsolvenzverfahrens.[9]

Für weitere Neuerungen und Detailfragen wird auf die Kommentierungen zu den jeweiligen 10
Normen verwiesen.

III. Auslegungszusammenhang mit der EuInsVO

Die Vorschriften des Art. 102c tragen den Vorgaben der EuInsVO im deutschen Recht 11
Rechnung, indem sie notwendige flankierende Hilfsregelungen zur Einpassung der Vorgaben in die Strukturen der deutschen Rechtsordnung schaffen oder – namentlich in Art. 102c § 7 und 8 – (dort → Art. 102c § 7 Rn. 8 sowie → Art. 102c § 8 Rn. 7) den durch die EuInsVO bewusst offen gelassenen Regelungsspielraum des mitgliedstaatlichen Gesetzgebers ausnutzen.[10] Die allgemein geltenden Vorgaben der EuInsVO dürfen daher über Art. 102c nicht umgangen oder konterkariert werden. Im Zweifelsfall ist bei einer Auslegung der **Wertung der EuInsVO Vorrang** einzuräumen. Art. 102c §§ 1–26 sind daher im gegebenen Fall verordnungskonform auszulegen;[11] ihnen kommt lediglich eine Hilfsfunktion gegenüber der vorrangigen EuInsVO zu.

Die einzelnen Vorschriften innerhalb des Art. 102c EGInsO **korrespondieren mit einzel-** 12
nen Regelungsbereichen der EuInsVO. Im Rahmen der Anwendung und Auslegung der Art. 102c §§ 1 bis 26 EGInsO ist daher jeweils die Norm der EuInsVO zu berücksichtigen, deren Umsetzung die deutsche Vorschrift dient. Soweit die Vorschriften des Art. 102c EGInsO den Inhalt der EuInsVO lediglich wiederholen bzw. darauf verweisen, ist dies im Ergebnis nicht zu beanstanden, unionsrechtlich aber deshalb fragwürdig, weil damit die europäische Provenienz des Verordnungsinhalts überdeckt und die unmittelbare Geltung der Verordnung verschleiert wird.[12] Solche Wiederholungen finden sich vereinzelt in Vorschriften der §§ 1 bis 26.[13] Im Ergebnis ist dies ebenso wie überhaupt eine im Wesentlichen inhaltsgleiche Regelung unschädlich, solange sich die deutschen Vorschriften nicht in Widerspruch zu den Vorschriften der EuInsVO setzen, was jeweils gesondert ermittelt werden muss (insbesondere zu Art. 102c § 3 Abs. 2 → Art. 102c § 3 Rn. 11).

---

[6] BR-Drs. 654/16 vom 4.11.2016 S. 19.
[7] BR-Drs. 654/16 vom 4.11.2016 S. 19.
[8] BR-Drs. 654/16 vom 4.11.2016 S. 19.
[9] BR-Drs. 654/16 vom 4.11.2016 S. 18.
[10] So ermächtigt die EuInsVO den nationalen Gesetzgeber ausdrücklich in Art. 29 Abs. 1 EuInsVO, Eintragungen in Register vorzuschreiben, vgl. auch zum früheren Recht KPB/*Kemper* Vorbemerkung Art. 102 Rn. 2; *Eidenmüller* IPrax 2001, 2, 8; *Pannen/Riedemann* NZI 2004, 301.
[11] Vgl. MüKoBGB/*Kindler* Vor Art. 102c Rn. 1.
[12] Vgl. insoweit einen Verstoß aber ablehnend EuGH vom 28.3.1985 – Rs. C-272/83 (Kommission/Italien), Slg. 1985, 1057, 1074 Rn. 27 = EU:C:1985:147; strenger Geimer/Schütze/*Geimer*, Europäisches Zivilverfahrensrecht, D. § 1 Rn. 4.
[13] Vgl. zB § 15, der sich inhaltlich mit Art. 47 Abs. 2 EuInsVO überschneidet.

Teil 1 Allgemeine Bestimmungen

Art. 102c § 1 Örtliche Zuständigkeit

(1) ¹Kommt in einem Insolvenzverfahren den deutschen Gerichten nach Artikel 3 Absatz 1 der Verordnung (EU) 2015/848 des Europäischen Parlaments und des Rates vom 20. Mai 2015 über Insolvenzverfahren (ABl. L 141 vom 5.6.2015, S. 19; L 349 vom 21.12.2016, S. 6), die zuletzt durch die Verordnung (EU) 2017/353 (ABl. L 57 vom 3.3.2017, S. 19) geändert worden ist, die internationale Zuständigkeit zu, ohne dass nach § 3 der Insolvenzordnung ein Gerichtsstand begründet wäre, so ist das Insolvenzgericht ausschließlich örtlich zuständig, in dessen Bezirk der Schuldner den Mittelpunkt seiner hauptsächlichen Interessen hat.

(2) ¹Besteht eine Zuständigkeit der deutschen Gerichte nach Artikel 3 Abs. 2 der Verordnung (EU) 2015/848, so ist das Insolvenzgericht ausschließlich örtlich zuständig, in dessen Bezirk die Niederlassung des Schuldners liegt. ²§ 3 Absatz 2 der Insolvenzordnung gilt entsprechend.

(3) ¹Unbeschadet der Zuständigkeit nach diesem Artikel ist für Entscheidungen oder sonstige Maßnahmen nach der Verordnung (EU) 2015/848 jedes Insolvenzgericht örtlich zuständig, in dessen Bezirk sich Vermögen des Schuldners befindet. ²Zur sachdienlichen Förderung oder schnelleren Erledigung von Verfahren nach der Verordnung (EU) 2015/848 werden die Landesregierungen ermächtigt, diese Verfahren durch Rechtsverordnung für die Bezirke mehrerer Insolvenzgerichte einem von diesen zuzuweisen. ³Die Landesregierungen können die Ermächtigung auf die Landesjustizverwaltungen übertragen.

Übersicht

	Rn.		Rn.
I. Normzweck	1	III. Zuständigkeit für Sekundärinsolvenzverfahren (Abs. 2)	10
II. Zuständigkeit für Hauptinsolvenzverfahren (Abs. 1)	3	IV. Zuständigkeit für Entscheidungen und sonstige Maßnahmen nach der Verordnung (Abs. 3)	14
1. Internationale Zuständigkeit nach Art. 3 Abs. 1 EuInsVO	3	1. Erfasste Entscheidungen	14
2. Fehlen einer örtlichen Zuständigkeit	4	2. Belegenheit	16
3. Auffangzuständigkeit	6	3. Zuständigkeitskonzentration (Satz 2)	17
4. Neben- und Annexverfahren	8	V. Ausschließlichkeit	18

I. Normzweck

1   Art. 102c § 1 regelt im Anwendungsbereich der EuInsVO Fragen der örtlichen Zuständigkeit, wenn die EuInsVO in ihrem Art. 3 die internationale Zuständigkeit den deutschen Gerichten zuweist, die Anwendung des § 3 InsO aber zu keiner örtlichen Zuständigkeit im Inland führen würde. Sie ist eine **Auffangnorm**. Die Vorschrift ist notwendig, weil der Grundsatz der doppelfunktionellen Anwendung der Regeln über die örtliche Zuständigkeit, der sonst im Bereich des autonomen Internationalen Zivilverfahrensrechts beachtlich sein kann,[1] im Anwendungsbereich der EuInsVO naturgemäß nicht greift. Art. 3 EuInsVO beschränkt sich auf die Regelung der internationalen Zuständigkeit (→ EuInsVO Art. 3 Rn. 2) und überlässt die Regelung der örtlichen Zuständigkeit dem nationalen Gesetzgeber. Die Anknüpfung für die örtliche Zuständigkeit in § 3 Abs. 1 InsO unterscheidet sich schon ihrem Wortlaut nach von der entsprechenden Regelung der internationalen Zuständigkeit in Art. 3 Abs. 1 EuInsVO.[2] Während Art. 3 EuInsVO mit dem COMI-Prinzip auf den Interessenmittelpunkt abstellt, betont § 3 InsO stärker den wirtschaftlichen Aspekt, indem er auf den Mittelpunkt der selbständigen wirtschaftlichen Tätigkeit rekurriert.[3] Zwar sind die **Unterschiede gering**, so dass es

---

[1] BGHZ 115, 90, 91 f. = NJW 1991, 3092, BGH NJW 1999, 1395, 1396; Geimer/Schütze/*Geimer*, IZPR, Rn. 37.
[2] Vgl. im Einzelnen die Kommentierung → InsO § 3 Rn. 4 ff. sowie insbesondere zu → EuInsVO Art. 3 Rn. 23 ff.
[3] MüKoBGB/*Kindler* Art. 102c § 1 Rn. 3.

in der Vielzahl der Fälle nicht zu unterschiedlichen Ergebnissen kommen kann.[4] In Einzelfällen kann jedoch nicht ausgeschlossen werden, dass die EuInsVO den deutschen Gerichten die internationale Zuständigkeit zuweist, § 3 InsO jedoch keine örtliche Zuständigkeit begründet.[5] Diese möglichen Lücken versucht § 1 zu vermeiden, indem zur Bestimmung der örtlichen Zuständigkeit auf die Anknüpfungspunkte nach der EuInsVO und damit auf den Mittelpunkt der hauptsächlichen Interessen verwiesen wird. Inhaltlich erfasst § 1 primär nur die in Art. 3 Abs. 1 EuInsVO erfassten Eröffnungsentscheidungen. Zu Nebenentscheidungen und insbesondere Annexverfahren → Rn. 8.

§ 1 Abs. 1 regelt den Fall, dass den deutschen Gerichten aufgrund des Art. 3 Abs. 1 EuInsVO **2** die internationale Zuständigkeit für die Eröffnung eines Hauptinsolvenzverfahrens zukommt. § 1 Abs. 2 trifft eine entsprechende Regelung für Sekundär- und Partikularinsolvenzverfahren nach Art. 3 Abs. 2 EuInsVO. Die in § 1 Abs. 2 S. 2 angeordnete entsprechende Anwendung des § 3 Abs. 2 InsO gibt vor, wie die örtliche Zuständigkeit bei Bestehen mehrerer Niederlassung zu bestimmen ist. § 1 Abs. 3 regelt die örtliche Zuständigkeit für Entscheidungen oder sonstige Maßnahmen nach der EuInsVO, für die nach der EuInsVO deutsche Gerichte international zuständig sind.

II. Zuständigkeit für Hauptinsolvenzverfahren (Abs. 1)

1. Internationale Zuständigkeit nach Art. 3 Abs. 1 EuInsVO. Voraussetzung für die **3** Anwendung von § 1 ist, dass das deutsche Insolvenzgericht seine internationale Zuständigkeit zur Eröffnung des Hauptinsolvenzverfahrens auf der Grundlage von Art. 3 Abs. 1 EuInsVO annimmt. Einer vorherigen formellen Feststellung bedarf es insoweit aber nicht.[6] Hinsichtlich der Kriterien für die Zuständigkeit nach Art. 3 Abs. 1 EuInsVO wird auf die Kommentierung zu Art. 3 EuInsVO Rn. 23 ff. verwiesen.

2. Fehlen einer örtlichen Zuständigkeit. Bejaht ein Insolvenzgericht seine internationale **4** Zuständigkeit nach Art. 3 Abs. 1 EuInsVO, so gilt für das Insolvenzverfahren gem. Art. 7 EuInsVO die *lex fori concursus*, also das nationale Recht des Mitgliedstaates, in dem das Verfahren eröffnet wurde. Diese Verweisung erstreckt sich auch auf die Frage der örtlichen Zuständigkeit.[7] Bei einer Verfahrenseröffnung in Deutschland ist für die Festlegung der **örtlichen Zuständigkeit** dementsprechend § 3 InsO heranzuziehen.

Die Anknüpfungspunkte von Art. 3 Abs. 1 EuInsVO und § 3 InsO sind nicht vollständig deckungs- **5** gleich. Nach Art. 3 Abs. 1 EuInsVO sind Gerichte des Mitgliedstaates international zuständig, in dessen Gebiet der Schuldner den „Mittelpunkt seiner hauptsächlichen Interessen" hat. Art. 3 Abs. 1 Unterabs. 1 Satz 2 EuInsVO konkretisiert diesen Ort als den Ort, an dem der Schuldner gewöhnlich der Verwaltung seiner Interessen nachgeht und der damit für Dritte feststellbar ist.[8] Die örtliche Zuständigkeit nach § 3 InsO hingegen wird bei einer unternehmerischen Tätigkeit des Schuldners dem Insolvenzgericht zugewiesen, in dessen Bezirk der „Mittelpunkt der selbständigen wirtschaftlichen Tätigkeit" des Schuldners liegt. Besteht eine solche selbstständige wirtschaftliche Betätigung nicht, gilt der allgemeine Gerichtsstand, also der Wohnsitz des Schuldners gem. § 13 ZPO.[9] Der in der **EuInsVO** verwendete Begriff der Interessen ist tendenziell weiter zu fassen. Er umfasst auch alle handelsrechtlich relevanten, gewerblichen sowie andere beruflich-wirtschaftliche Aktivitäten des Schuldners.[10] **Abweichungen** können insbesondere bei der internationalen Zuständigkeit im Hinblick auf natürliche Personen als Schuldner auftreten, die zudem Arbeitnehmer (und nicht selbstständig Tätige) sind. Für **Gewerbetreibende** und **Selbständige** ist die Anknüpfung an die hauptsächlichen Interessen des Schuldners nach Art. 3 EuInsVO im Allgemeinen deckungsgleich mit der Anknüpfung an den Mittelpunkt der selbständigen wirtschaftlichen Tätigkeit nach § 3 InsO.[11] Dagegen knüpft § 3 InsO für **natürliche Personen,** die abhängig beschäftigt sind und keiner selbständigen wirtschaftlichen Tätigkeit nachgehen, an den Wohnsitz an, während Art. 3 EuInsVO in die Bestimmung des COMI auch die abhängige Beschäftigung

---

[4] So auch Nerlich/Römermann/*Commandeur* Art. 102 § 1 Rn. 2.
[5] Vgl. Begr RegE BT-Drs. 15/16 S. 14; Nerlich/Römermann/*Commandeur* Art. 102 § 1 Rn. 2; KPB/*Holzer* Art. 102c § 1 Rn. 5; *Pannen/Riedemann* NZI 2004, 301 f.; *Ludwig*, Neuregelungen des dt. Internat. Insolvenzverfahrensrechts, S. 24 ff.; MüKoBGB/*Kindler* Art. 102c § 1 EGInsO Rn. 3; FKInsO/*Wenner/Schuster* Art. 102c § 1 Rn. 4; der Gesetzgeber hat sich damit nicht der Forderung in der Literatur angeschlossen, die Regelung zur örtlichen Zuständigkeit in § 3 InsO entsprechend auf die EuInsVO anzupassen, so Stoll/*Trunk*, Vorschläge und Gutachten, S. 232, 235; ebenso *Eidenmüller* IPrax 2001, 2, 9.
[6] AA → 2. Aufl., Art. 102 § 1 Rn. 3.
[7] Vgl. FKInsO/*Wenner/Schuster* Art. 102c § 1 Rn. 4; LSZ/*Smid*, Int. Insolvenzrecht, Art. 102 § 1 Rn. 3; KPB/*Kemper* Art. 102 § 1 Rn. 3; vgl. auch → Art. 4 Rn. 15 EuInsVO.
[8] Vgl. zu dem Begriff des Interessenmittelpunktes → Art. 3 EuInsVO Rn. 23 ff.
[9] Vgl. HambKommInsO/*Undritz* Art. 102 § 1 Rn. 3.
[10] So auch LSZ/*Smid*, Int. Insolvenzrecht, Art. 102 § 1 Rn. 3, *Wehdeking* DZWIR 2003, 133, 135.
[11] → InsO § 3 Rn. 10.

einfließen lässt, selbst wenn sie nicht primär entscheidet.[12] Zu einer **Abweichung** könnte es beispielsweise kommen, wenn der Schuldner Arbeitnehmer ist und seinen Wohnsitz in Deutschland hat, aber er in Frankreich sowohl einer abhängigen als auch einen nebenberuflichen selbständigen Tätigkeit nachgeht.[13] Dann läge der Mittelpunkt der hauptsächlichen Interessen wegen des Lebensmittelpunkts und gewöhnlichen Aufenthalts in Deutschland. § 3 InsO würde aber keine Zuständigkeit begründen, da die dortige Anknüpfung an den Wohnsitz nur dann in Betracht kommt, wenn es an einer selbständigen wirtschaftlichen Tätigkeit fehlt.

6 **3. Auffangzuständigkeit.** Aufgrund der unterschiedlichen Anknüpfungskriterien, auf die Art. 3 Abs. 1 EuInsVO und § 3 InsO zur Bestimmung der gerichtlichen Zuständigkeit abstellen, können daher in Ausnahmefällen **Zuständigkeitslücken** entstehen, wenn Art. 3 EuInsVO die internationale Zuständigkeit deutschen Gerichten zuweist, dagegen nach § 3 InsO eine innerstaatliche, örtliche Zuständigkeit nicht besteht.[14] Für diese besonderen Sachverhalte bestimmt § 1, dass die Ermittlung der örtlichen Zuständigkeit derjenigen nach Art. 3 EuInsVO folgt, indem an den Mittelpunkt der hauptsächlichen Interessen des Schuldners angeknüpft wird. Es wird hilfsweise auf die EuInsVO verwendeten Anknüpfungskriterien abgestellt. § 1 erweitert daher die Zuständigkeitsgründe.[15] Es handelt sich um einen – nur selten anzuwendenden – **Auffangtatbestand** zur Bewältigung von **Zuständigkeitslücken** und negativen Kompetenzkonflikten.[16] Damit dieses Ziel erreicht werden kann, ist der deutsche Rechtsanwender allerdings gezwungen, die Begrifflichkeiten des Art. 3 Abs. 1 EuInsVO auch im Falle des § 1 Abs. 1 gleichlaufend auszulegen,[17] auch wenn insoweit das Gebot unionsrechtlich-autonomer Auslegung nicht gilt. Es entspricht dem Zweck dieser Zuständigkeitsnorm, den Begriff des Mittelpunkts der hauptsächlichen Interessen im Gleichklang mit Art. 3 EuInsVO und damit auch unter Heranziehung der einschlägigen EuGH-Judikate zu bestimmen.

7 Eine **weitergehende Funktion** kommt § 1 Abs. 1 **nicht** zu. So entbindet § 1 Abs. 1 das Insolvenzgericht nicht davon, die Anknüpfungspunkte für die örtliche Zuständigkeit nach § 5 InsO zu ermitteln. Die Vermutungsregelungen der Art. 3 Abs. 1 Unterabs. 2 bis 4 EuInsVO spielen für die Anwendung von § 1 keine Rolle.[18] Art. 3 EuInsVO regelt ausschließlich die zunächst zu beantwortende Frage der internationalen Zuständigkeit, während § 3 InsO (und hilfsweise Art. 102c § 1 Abs. 1 EGInsO) die örtliche Zuständigkeit bestimmt. Kommt das deutsche Insolvenzgericht zu der Auffassung, dass die deutsche internationale Zuständigkeit gegeben ist, örtlich jedoch nach § 1 Abs. 1 ein anderes Insolvenzgericht zuständig ist, so kann das Insolvenzgericht auf Antrag des Antragstellers das Verfahren an das örtlich zuständige Insolvenzgericht verweisen.[19]

8 **4. Neben- und Annexverfahren.** Unter § 1 fällt primär nur die Zuständigkeit bei der Eröffnung des Verfahrens, weil Art. 3 Abs. 1 EuInsVO nach seinem Wortlaut nur die Eröffnungsentscheidung betrifft. Was Nebenentscheidungen angeht, die der Verfahrensleitung und Durchführung des Insolvenzverfahrens dienen, so sind diese von der Zuweisung der internationalen Zuständigkeit in Art. 3 EuInsVO richtigerweise schon implizit mitumfasst (Art. 3 EuInsVO Rn. 109, Art. 32 EuInsVO Rn. 5). Auch in diesen Fällen ergibt sich daher die örtliche Zuständigkeit des Gerichts im gegebenen Fall gleichermaßen aus § 1. Es wäre auch widersinnig, wenn das Gericht auf der Grundlage von Art. 3 EuInsVO das Verfahren eröffnen, dann aber die verfahrensleitenden Anordnungen mangels örtlicher Zuständigkeit nicht treffen dürfte.

9 Für die örtliche Zuständigkeit bei **insolvenztypischen Annexentscheidungen** iSd Art. 6 EuInsVO gilt § 102c § 6 EGInsO.

III. Zuständigkeit für Sekundärinsolvenzverfahren (Abs. 2)

10 Art. 3 Abs. 2 EuInsVO erlaubt die Durchführung eines Sekundärverfahrens, wenn sich in einem anderen Mitgliedstaat als dem des Hauptverfahrens eine Niederlassung befindet.[20] Ist ein deutsches

---

[12] Ausführlich *Ludwig*, Neuregelungen des dt. Internat. Insolvenzverfahrensrechts, S. 24 ff.; vgl. auch die Beispiele bei MüKoBGB/*Kindler* Art. 102c § 1 Rn. 3; *Huber*, FS Gerhardt, S. 397, 406 Fn. 27; *Pannen/Riedemann* NZI 2004, 301; Pannen/*Pannen/Frind* Art. 102 § 1 Rn. 5.
[13] *Wimmer*, FS Kirchhof, S. 521, 524; MüKoBGB/*Kindler* Art. 102c § 1 Rn. 3; *Pannen/Riedemann* NZI 2004, 301.
[14] So schon zum EuInsÜ Stoll/*Trunk*, Vorschläge und Gutachten, S. 235.
[15] KPB/*Holzer* Art. 102c § 1 Rn. 3.
[16] Vgl. HKInsO/*Swierczok* Art. 102c § 1 Rn. 1, Art. 102 § 1 Rn. 4; Vallender/*Vallender/Zipperer* Art. 102c § 1 Rn. 5; Pannen/*Pannen/Frind* Art. 102 § 1 Rn. 3.
[17] MüKoBGB/*Kindler* Art. 102c § 1 EGInsO Rn. 3.
[18] Wie hier MüKoBGB/*Kindler* Art. 102c § 1Rn. 2.
[19] Vgl. hierzu → InsO § 3 Rn. 28 ff.
[20] Vgl. oben zum Niederlassungsbegriff → EuInsVO Art. 2 Rn. 49 ff.

Gericht für ein solches Sekundärverfahren nach Art. 3 Abs. 2 EuInsVO zuständig, so bestimmt sich die örtliche Zuständigkeit für das Sekundär- oder Partikularverfahren nach § 1 Abs. 2. Es handelt sich um eine **ausschließliche** Zuständigkeit.[21]

Die Vorschrift enthält anders als Abs. 1 **eine originäre Zuständigkeitsregel.** Im Gegensatz zu der Bestimmung der örtlichen Zuständigkeit für das Hauptverfahren enthält das deutsche Recht naturgemäß keine Regelung über die örtliche Zuständigkeit eines „Sekundärverfahrens", da die Durchführung paralleler Verfahren im Falle einer reinen Inlandsinsolvenz nicht zulässig ist. § 3 InsO ist trotz seines offenen Wortlauts auf die Durchführung und Eröffnung von **Sekundärverfahren nicht anwendbar,** weil sich die Vorschrift nach ihrem Regelungsplan auf die Eröffnung eines universellen, alleinigen Insolvenzverfahrens bezieht und überdies im Falle des Sekundärverfahrens tatbestandlich stets leerliefe, da der Mittelpunkt der selbständigen wirtschaftlichen Tätigkeit ja gerade in einem anderen Staat belegen ist. Auch eine vorrangige Anwendung von § 354 Abs. 3 Satz 1 InsO kommt nicht in Betracht, da die Vorschrift lediglich die örtliche Zuständigkeit für die Eröffnung eines Partikularverfahrens regelt, welches gerade nicht aufgrund einer Zuständigkeit nach der EuInsVO, sondern auf Grundlage des autonomen Rechts durchgeführt wird.[22] § 354 Abs. 3 InsO greift daher nur, wenn der Anwendungsbereich der EuInsVO gerade nicht eröffnet ist. Anders als bei der örtlichen Zuständigkeit für das Hauptverfahren, bei der zunächst die örtliche Zuständigkeit nach § 3 InsO zu prüfen ist, findet § 1 Abs. 2 daher unmittelbar Anwendung, falls das Insolvenzgericht seine internationale Zuständigkeit nach Art. 3 Abs. 2 EuInsVO bejaht hat.

Anknüpfungspunkt für die Bestimmung der örtlichen Zuständigkeit ist demnach das Vorliegen einer **Niederlassung.** Das entspricht dem in Art. 3 Abs. 2 EuInsVO verwendeten Rechtsbegriff. Aufgrund des Zwecks der Vorschrift, den Vorgaben der EuInsVO auch praktisch im Inland zur Geltung zu verhelfen, ergibt sich das Postulat, für die Auslegung des Begriffes der Niederlassung die Niederlassungsdefinition aus Art. 2 Nr. 10 EuInsVO und die dazu entwickelten Maßgaben heranzuziehen.[23] Unter den Begriff ist folglich jeder Tätigkeitsort einzuordnen, an dem der Schuldner einer wirtschaftlichen Aktivität von nicht vorübergehender Art nachgeht, die den Einsatz von Personal und Vermögenswerten voraussetzt.[24] Wegen der Einzelheiten wird auf die Kommentierung zu → Art. 2 EuInsVO Rn. 49 ff. verwiesen.

Art. 3 Abs. 2 EuInsVO geht nach seinem Wortlaut offenbar davon aus, dass in dem Mitgliedstaat, in dem eine Niederlassung unterhalten wird, **nur ein einziges Sekundärverfahren** eröffnet wird, selbst wenn in dem betreffenden Mitgliedstaat mehrere Niederlassungen bestehen. Ausgeschlossen wäre die Eröffnung mehrerer Sekundärverfahren in einem Mitgliedstaat durch Art. 3 Abs. 2 EuInsVO aber theoretisch nicht. Eine genaue Festlegung musste der Verordnungsgeber nicht treffen, da er mit Art. 3 Abs. 2 EuInsVO lediglich die internationale Zuständigkeit bestimmt hat und in den innerstaatlichen Verfahrensablauf weitmöglichst nicht eingreifen wollte. Der deutsche Gesetzgeber wollte indessen mehrere innerstaatliche Sekundärverfahren vermeiden.[25] Die Auflösung der möglichen Konkurrenz findet auf mehreren Ebenen statt. Sind Vermögensgegenstände, wie beispielsweise Grundstücke, an einem anderen Ort im Inland als dem Niederlassungsort belegen, so kann dort kein weiteres Sekundärverfahren eröffnet werden.[26] Insoweit kann es schon an einer Niederlassung fehlen, solange die Vermögensbelegenheit als solche nicht ausreicht.[27] Für den Fall des tatsächlichen Bestehens **mehrerer innerstaatlicher Niederlassungen** ordnet § 1 Abs. 2 S. 2 mit der Verweisung auf § 3 Abs. 2 InsO eine Konkurrenzregel an. Danach ist das Gericht zuständig, bei dem zuerst der Eröffnungsantrag eingegangen ist. Abgestellt wird hier, anders als nach der EuInsVO,[28] auf den Zeitpunkt der Antragstellung.[29] Diese **Prioritätsregel** greift allerdings nur, wenn mehrere Anträge gestellt werden. Bestehen mehrere Niederlassungen und ist bisher nur ein Antrag gestellt worden, so soll nach verbreiteter Auffassung die **Hauptniederlassung** für die Bestimmung der gerichtlichen Zuständigkeit maßgeblich sein.[30] Das angegangene Gericht dürfte daher kein Sekundärverfahren

---

[21] Vallender/*Vallender/Zipperer* Art. 102c § 1 EGInsO Rn. 11.
[22] Vgl. → InsO § 354 Rn. 5.
[23] Vgl. HKInsO/*Stephan* Art. 102c § 1 Rn. 1, Art. 102 § 1 Rn. 8.
[24] Zum Niederlassungsbegriff im Einzelnen → EuInsVO Art. 2 Rn. 25 ff.
[25] Deutlich Begr. RegE BT-Drs. 12/2443 S. 110.
[26] Vgl. Begr. RegE BT-Drs. 15/16 S. 14. Ebenso LSZ/*Smid,* Int. Insolvenzrecht, Art. 102 § 1 Rn. 7.
[27] Missverständlich → 2. Aufl., Art. 102 § 1 Rn. 13.
[28] AG Köln NZI 2009, 133, 135. Vgl. zum Problem bei Annexklagen *Thole* ZIP 2012, 605, 609 f.
[29] HambKommInsO/*Undritz* Art. 102 § 1 Rn. 8; MüKoBGB/*Kindler* Art. 102c § 1 Rn. 6; KPB/*Holzer* Art. 102c § 1 Rn. 9. Für einen Umkehrschluss aus Art. 102 § 3: AG Köln NZI 2009, 133, 135 (methodisch verfehlt, weil das Gericht nicht über die örtliche Zuständigkeit nach der EuInsVO entschieden hat).
[30] Begr. RegE BT-Drs. 12/2443 S. 110; MüKoBGB/*Kindler* Art. 102c § 1 EGInsO Rn. 6; FKInsO/*Wenner/Schuster* Art. 102c § 1 Rn. 6; K. Schmidt/*Brinkmann* Art. 102c § 1 Rn. 3 (iE); Pannen/*Riedemann* NZI 2004, 301, 302.

eröffnen, wenn erkennbar an einem anderen Ort die Hauptniederlassung besteht. Diese Auffassung ist mit dem Gleichlaufgedanken zwar nicht ohne weiteres vereinbar, weil Art. 3 Abs. 2 EuInsVO das Vorliegen einer Hauptniederlassung gerade nicht voraussetzt, aber ihr ist gleichwohl zu folgen, weil es dem deutschen Gesetzgeber unbenommen bleibt, die den deutschen Gerichten unionsrechtlich zugewiesene internationale Zuständigkeit auf diese Weise auszufüllen. Ist allerdings nicht erkennbar, dass es sich bei einer der in Betracht kommenden Niederlassungen um eine Hauptniederlassung handelt, so darf das zuerst angegangene Gericht das Sekundärverfahren an dem Ort „seiner" Niederlassung eröffnen; für nachfolgend angegangene Gerichte gilt die Prioritätssperre des § 1 Abs. 2 S. 2 iVm § 3 Abs. 2 InsO. Die nicht angegriffene Zuständigkeitsentscheidung des zuerst angegangenen Gerichts bleibt auch bestehen, wenn sich hinterher herausstellt, dass an einem anderen Ort noch eine Hauptniederlassung besteht.

IV. Zuständigkeit für Entscheidungen und sonstige Maßnahmen nach der Verordnung (Abs. 3)

14 **1. Erfasste Entscheidungen.** § 1 Abs. 3 S. 1 regelt, dass für Entscheidungen und sonstige Maßahmen nach der Verordnung jedes inländische Gericht zuständig ist, in dessen Bezirk Vermögen des Schuldners belegen ist. Die Reichweite dieser Zuständigkeitsbestimmung ist unklar. Der Wortlaut spricht von Entscheidungen oder Maßnahmen „nach der Verordnung". Damit könnten einerseits alle Entscheidungen erfasst sein, für die die Verordnung eine Regelung trifft, sei es auf kollisionsrechtlicher, sei es auf sachrechtlicher Ebene. Andererseits könnten auch nur diejenigen Entscheidungen erfasst sein, die aufgrund einer in der Verordnung selbst enthaltenen Sachnorm ergehen. Dann wären Entscheidungen, bei denen die Verordnung lediglich kollisionsrechtlich das anwendbare Recht bestimmt, von § 1 Abs. 3 ausgenommen, weil die Entscheidung nicht „nach der Verordnung" ergeht, sondern „nur" das anwendbare Recht nach der Verordnung bestimmt wird.[31] Die Gesetzesmaterialien verdeutlichen, dass in der Tat nur Entscheidungen und Maßnahmen erfasst sind, die ein inländisches Gericht anstelle des Insolvenzgerichts des ausländischen Hauptverfahrens treffen soll. Als Beispiele werden ausdrücklich die **öffentliche Bekanntmachung sowie die Eintragung in ein öffentliches Register nach Art. 28, 29 EuInsVO** genannt.[32] Insoweit verweisen § 7 Abs. 1 Satz 1 sowie § 8 Abs. 1 Satz 1 für die öffentliche Bekanntmachung sowie die Eintragung in öffentliche Bücher und Register auch expressis verbis auf die Zuständigkeit nach § 1. Als weitere Maßnahme kommt die Anordnung von Sicherungsmaßnahmen auf Antrag des ausländischen vorläufigen Verwalters und Art. 52 EuInsVO in Betracht.[33] Demnach sind diejenigen Entscheidungen erfasst, in denen **Mitwirkungshandlungen** deutscher Gerichte in Bezug auf die auf einzelne Vorschriften der EuInsVO gestützten Anordnungen in einem ausländischen Verfahren erforderlich sind.[34]

15 Insolvenztypische, eigenständige **Annexverfahren** sind **nicht erfasst;** dafür gilt allein § 6. § 1 Abs. 3 begründet in keinem Fall eine örtliche Zuständigkeit für Rechtsstreitigkeiten zwischen Gläubiger und Schuldner. Ob Entscheidungen im Rahmen der **Verwertung von Massegegenständen** gemäß Art. 21 Abs. 3 EuInsVO erfasst sind,[35] ist fraglich und im Ergebnis abzulehnen, weil die EuInsVO selbst auf das lokale Recht verweist und nicht anzunehmen ist, dass der deutsche Gesetzgeber die bestehenden Zuständigkeiten für Entscheidungen im Rahmen der Zwangsvollstreckung modifizieren wollte.[36] § 1 Abs. 3 beschränkt sich daher in seinem Anwendungsbereich auf die in Art. 28, 29 EuInsVO genannten, und damit in §§ 7 und 8 geregelten Maßnahmen.

16 **2. Belegenheit.** Örtlich zuständig für diese Maßnahmen ist das inländische Insolvenzgericht, in dessen Bezirk Vermögen des Schuldners belegen ist. Unter Vermögen ist jeder Vermögensgegenstand oder vermögenswerte Anspruch zu verstehen. Die Belegenheit sollte unter Rückgriff auf den **Belegenheitsbegriff des Art. 2 Nr. 9 EuInsVO** ermittelt werden,[37] weil andernfalls Divergenzen

---

[31] Die Verordnung enthält in Art. 7 ff. EuInsVO sowohl Kollisionsnormen als auch Sachnormen, die unmittelbar die entsprechende sachrechtliche Regelung treffen, vgl. → EuInsVO Vor Art. 1 Rn. 37.
[32] Begr. RegE BT-Drs. 15/16 S. 14; beide Vorschriften werden daher in der Literatur als Anwendungsfälle genannt, vgl. KPB/*Kemper* Art. 102 § 1 Rn. 10; FKInsO/*Wenner/Schuster* Art. 102c § 1 Rn. 8; Nerlich/Römermann/*Commandeur* Art. 102 § 1 Rn. 6; MüKoBGB/*Kindler* Art. 102c § 1 Rn. 7; LSZ/*Smid*, Int. Insolvenzrecht, Art. 102 § 1 Rn. 5; HKInsO/*Swierczok* Art. 102c § 1 Rn. 1, Art. 102 § 1 Rn. 10.
[33] Weitere Beispiele bei FKInsO/*Wenner/Schuster* Art. 102c § 1 Rn. 8.
[34] Vgl. auch MüKoBGB/*Kindler* Art. 102c § 1 Rn. 7.
[35] KPB/*Kemper* Art. 102 § 1 Rn. 10.
[36] Im Ergebnis ebenso, aber mit anderer Begründung → 2. Aufl., Art. 102 § 1 EGInsO Rn. 15, der vor allem wegen der Möglichkeit der – vom Gesetzgeber aber ja gerade nicht angeordneten – Zuständigkeitskonzentration Bedenken hat.
[37] → 2. Aufl., Art. 102 § 1 EGInsO Rn. 16.

zu den Tatbestandsvoraussetzungen von Art. 21, 22 EuInsVO drohen. Daher ist nicht auf den Belegenheitsbegriff des autonomen deutschen Rechts zurückzugreifen, wie er in § 828 Abs. 2 ZPO, § 23 Satz 2 ZPO zum Ausdruck kommt.[38] Die Anknüpfung an den europäischen Belegenheitsbegriff muss allerdings für die Bestimmung der örtlichen Zuständigkeit auf die innerstaatlichen Verhältnisse angepasst werden;[39] bei körperlichen Gegenständen kommt es darauf an, an welchem Ort sie sich befinden; bei Forderungen ist auf den COMI des Schuldners abzustellen.

3. Zuständigkeitskonzentration (Satz 2). § 1 Abs. 3 Satz 2 enthält für die Länder eine 17 Konzentrationsermächtigung bezüglich der Zuständigkeit für Entscheidungen und Maßnahmen. Ziel dieser Regelung ist es, dem Landesgesetzgeber die Möglichkeit zu geben, die Fachkompetenz bezüglich der internationalrechtlichen Fragen an einzelnen Gerichten zu konzentrieren.[40] Eine vergleichbare Regelung enthält § 2 Abs. 2 InsO, der eine Konzentrationsermächtigung für die Landesregierungen vorsieht.[41] Da die Länder in Bezug auf grenzüberschreitende Insolvenzfälle von ihrer Ermächtigung bisher, soweit ersichtlich, keinen Gebrauch gemacht haben,[42] bleibt es insofern bei den Regelungen, die die einzelnen Länder nach § 2 Abs. 2 InsO mit Wirkung zum 1.1.1999 für die Konzentration der Insolvenzgerichte im Allgemeinen getroffen haben.[43]

V. Ausschließlichkeit

Die angeordnete örtliche Zuständigkeit ist ausschließlich und daher einer Gerichtsstandsvereinbarung (die schon praktisch kaum vorstellbar ist) nicht zugänglich (vgl. §§ 38, 40 ZPO).[44] Das gilt nicht nur für die Eröffnungszuständigkeit nach Abs. 1 und Abs. 2, sondern auch für Abs. 3. 18

Art. 102c § 2 Vermeidung von Kompetenzkonflikten

(1) ¹Hat das Gericht eines anderen Mitgliedstaats der Europäischen Union ein Hauptinsolvenzverfahren eröffnet, so ist, solange dieses Insolvenzverfahren anhängig ist, ein bei einem deutschen Insolvenzgericht gestellter Antrag auf Eröffnung eines solchen Verfahrens über das zur Insolvenzmasse gehörende Vermögen unzulässig. ²Ein entgegen Satz 1 eröffnetes Verfahren ist nach Maßgabe der Artikel 34 bis 52 der Verordnung (EU) 2015/848 als Sekundärinsolvenzverfahren fortzuführen, wenn eine Zuständigkeit der deutschen Gerichte nach Artikel 3 Absatz 2 der Verordnung (EU) 2015/848 besteht; liegen die Voraussetzungen für eine Fortführung nicht vor, ist es einzustellen.

(2) ¹Hat das Gericht eines Mitgliedstaats der Europäischen Union die Eröffnung des Insolvenzverfahrens abgelehnt, weil nach Artikel 3 Absatz 1 der Verordnung (EU) 2015/848 die deutschen Gerichte zuständig seien, so darf ein deutsches Insolvenzgericht die Eröffnung des Insolvenzverfahrens nicht mit der Begründung ablehnen, dass die Gerichte des anderen Mitgliedstaats zuständig seien.

Literatur: Vor § 102c EGInsO.

Übersicht

		Rn.			Rn.
I.	Normzweck	1	a) Unzulässigkeit des Antrags		7
II.	Positiver Kompetenzkonflikt (Abs. 1)	4	b) Fortführung als Sekundärverfahren		11
			c) Einstellung des Verfahrens		17
1.	Voraussetzungen	4	d) Rechtsmittel		20
2.	Rechtsfolgen	7	III. Negativer Kompetenzkonflikt (Abs. 2)		21

---

[38] Vgl. hierzu auch noch → InsO § 354 Rn. 9 sowie → EuInsVO Art. 2 Rn. 17.
[39] Insoweit richtig die Kritik bei KPB/*Kemper* Art. 102 § 1 Rn. 12 mit Fn. 23.
[40] BT-Drs. 15/16 S. 14; MüKoBGB/*Kindler* Art. 102c § 1 Rn. 8; FKInsO/*Wenner/Schuster* Art. 102c § 1 Rn. 9; KPB/*Holzer* Art. 102c § 1 Rn. 15.
[41] Vgl. dazu → InsO § 2 Rn. 14 ff., insb. die Darstellung der einzelnen Bundesländer unter Rn. 18.
[42] Vgl. HKInsO/*Swierczok* Art. 102c § 1 Rn. 2.
[43] Vgl. dazu → InsO § 2 Rn. 18 ff.
[44] Vgl. FKInsO/*Wenner/Schuster* Art. 102c § 1 Rn. 7; KPB/*Holzer* Art. 102c § 1 Rn. 10; HKInsO/*Swierczok* Art. 102c § 1 Rn. 1, Art. 102 § 1 Rn. 4, 6.

I. Normzweck

1 § 2 regelt wie zuvor Art. 102 § 3 EGInsO, wie das deutsche Insolvenzgericht im Falle von Kompetenzkonflikten bezüglich der Zuständigkeit für die Eröffnung grenzüberschreitender Hauptinsolvenzverfahren nach Art. 3 Abs. 1 EuInsVO zu verfahren hat.[1] § 2 Abs. 1 widmet sich den Folgen eines **positiven Kompetenzkonflikts**, § 2 Abs. 2 den Folgen eines **negativen Kompetenzkonflikts**. In § 2 kommt der Grundsatz des gemeinschaftsweiten Vertrauens zum Ausdruck. Ein bereits in einem anderen Mitgliedstaat eröffnetes Hauptinsolvenzverfahren iSd Art. 3 Abs. 1 EuInsVO ist danach in Deutschland ohne eine Überprüfung der gerichtlichen Zuständigkeit des Erststaates anzuerkennen. In § 2, insbesondere in § 2 Abs. 1 wird in Form einer ausdrücklichen Regelung das schon in Art. 19 EuInsVO verankerte Anerkennungsprinzip konkretisiert.[2] Nach der EuInsVO kann über das Vermögen ein und desselben Schuldners nur ein Hauptinsolvenzverfahren eröffnet werden, da der Schuldner nur einen Mittelpunkt seiner hauptsächlichen Interessen haben kann.[3]

2 Obwohl die EuInsVO die Behandlung von Kompetenzkonflikten im Hinblick auf die vorzunehmenden Verfahrensschritte bei Eintreten eines Konfliktfalls nicht ausdrücklich adressiert, werden doch die maßgeblichen Weichenstellungen in der EuInsVO getroffen. So sieht die EuInsVO für den positiven Kompetenzkonflikt das **Prioritätsprinzip** vor, nach dem nur das zuerst eröffnete Verfahren das Hauptverfahren sein kann, dessen Wirkung nach Art. 19, 20 EuInsVO in den anderen Mitgliedstaaten anzuerkennen ist, während jedes nachfolgend eröffnete Verfahren zwingend nur ein Sekundärverfahren nach Art. 3 Abs. 2 EuInsVO sein kann.[4] In Anerkennung dieses Prinzips bestimmt § 3 Abs. 1 die Rechtsfolgen, die sich aus dem Prioritätsprinzip für das in Deutschland anhängige Verfahren ergeben. Genannt werden die Unzulässigkeit eines entsprechenden Antrags in Deutschland und die Einstellung eines fehlerhaft eröffneten Verfahrens.

3 Hinsichtlich negativer Kompetenzkonflikte vermeidet die EuInsVO eine explizite Stellungnahme. Ob sich aus der Fassung des Art. 32 Abs. 1 EuInsVO, nach dem Durchführungs- und Beendigungsentscheidungen erfasst sind, auch die Pflicht zur Anerkennung von negativen Entscheidungen über die internationale Zuständigkeit eines Gerichts eines anderen Mitgliedstaates anzuerkennen ist, bleibt fraglich, ist aber wohl zu bejahen, selbst wenn es sich streng genommen nicht um eine Beendigungsentscheidung handeln mag. In der Konzeption der EuInsVO können **negative Kompetenzkonflikte** eigentlich nicht auftreten, weil der Verordnung die Annahme zugrunde liegt, das COMI würde eindeutig bestimmt werden.[5] Mit § 2 Abs. 2 reagiert der deutsche Gesetzgeber auf die möglicherweise entstehenden Lücken, in dem er sich gewissermaßen dem Inhalt einer Entscheidung aus dem anderen Mitgliedstaat, in der die Zuständigkeit deutscher Gerichte angenommen wird, unterwirft und diese als bindend und richtig anerkennt. Damit wird mittelbar auch der in der EuInsVO verankerte Grundsatz verteidigt, dass **Zuständigkeitsentscheidungen der mitgliedstaatlichen Gerichte nicht inhaltlich überprüft** werden sollen.

II. Positiver Kompetenzkonflikt (Abs. 1)

4 **1. Voraussetzungen.** § 2 Abs. 1 regelt, wie zu verfahren ist, wenn das Gericht eines anderen Mitgliedstaates der EU ein Hauptinsolvenzverfahren eröffnet hat. Wann die „Eröffnung" eines Verfahrens zur Bestimmung des Prioritätsprinzips vorliegt, ist nach Art. 2 Nr. 7 EuInsVO zu bestimmen und kann, seitdem die EuInsVO auch präventive Restrukturierungs- und Sanierungsverfahren akkommodiert (→ EuInsVO Art. 1 Rn. 11), schon ohne Verlust der Verfügungsbefugnis des Schuldners gegeben sein.[6] Als weitere, nicht ausdrücklich genannte, wohl aber sich aus Art. 19 Abs. 1 EuInsVO („durch ein nach Artikel 3 zuständiges Gericht") abzuleitende[7] Voraussetzung ist jedoch entgegen der ganz hM[8] zu verlangen, dass das Insolvenzgericht mit dem Vermögensbeschlag zugleich eine Zuständigkeit nach Art. 3 Abs. 1 EuInsVO in Anspruch nimmt oder zumindest sich nicht ausdrücklich auf autonomes Recht stützt (dazu → EuInsVO Art. 19 Rn. 22).[9] § 2 Abs. 1 wiederholt diese Voraussetzung, da die Eröffnung eines „Hauptinsolvenzverfahrens" verlangt wird. Dieser, von der EuInsVO vorgegebene **Eröffnungsbegriff** ist auch für die Auslegung des Begriffs „eröffnet"

---

[1] Vgl. MüKoBGB/*Kindler* Art. 102c § 2 Rn. 1 f.; LSZ/*Smid*, Int. Insolvenzrecht, Art. 102 § 3 Rn. 1; zum innerstaatlichen Rechtsschutz *Schillig/Schwerdtfeger* DZWIR 2005, 370 ff.
[2] Dazu auch → EuInsVO Art. 19 Rn. 2.
[3] → EuInsVO Art. 3 Rn. 68.
[4] Vgl. zudem Erwägungsgrund Nr. 22.
[5] Vgl. oben → EuInsVO Art. 3 Rn. 76.
[6] BR Drucks 654/16 S. 15.
[7] → EuInsVO Art. 19 Rn. 21 f.
[8] Vallender/*Vallender/Zipperer* Art. 102c § 2 EGInsO Rn. 4.
[9] Vgl. → EuInsVO Art. 2 Rn. 9 ff., 13.

im Sinne des § 2 maßgebend. Es kommt daher **nicht auf den formellen Eröffnungsbeschluss** des ausländischen Insolvenzgerichts an.

Die Regelung des § 2, die das deutsche Verfahren zum „Zurücktreten" zwingt, kann naturgemäß nur Sinn ergeben, wenn der ausländische Eröffnungsbeschluss anzuerkennen ist. Dies ist indirekt zu prüfen; notwendige Bedingung ist ua, dass die Eröffnungsentscheidung „wirksam" geworden ist (näher → EuInsVO Art. 19 Rn. 18). Allerdings darf das Zweitgericht im Rahmen der Anerkennung nicht überprüfen, ob das ersteröffnende Gericht die internationale Zuständigkeit zu Recht in Anspruch genommen hat. Die Verweigerung der Anerkennung nach der EuInsVO kann im Ergebnis nur auf einen *ordre public*-Verstoß nach Art. 33 EuInsVO gestützt werden.[10] Liegt ein solcher vor, so ist das deutsche Insolvenzgericht durch § 2 Abs. 1 nicht gehindert, ein Hauptverfahren zu eröffnen, wenn seine internationale Zuständigkeit hierfür gegeben ist.[11]

Die Vorschrift verlangt nach ihrem Wortlaut zudem, dass die Eröffnung durch ein „Gericht eines anderen Mitgliedstaates der Europäischen Union" erfolgt ist. **Dänemark** ist davon nicht erfasst, da sich Dänemark nicht an der EuInsVO beteiligt.[12] Hier sind vielmehr – anders als im Rahmen der EuInsVO – die Voraussetzungen des § 343 InsO zu prüfen, bevor dem ausländischen Verfahren Priorität eingeräumt wird.[13]

2. Rechtsfolgen. a) Unzulässigkeit des Antrags. Liegen die vorgenannten Voraussetzungen vor, so ist der bei dem deutschen Gericht anhängig gemachte Antrag auf Eröffnung eines solchen Verfahrens (gemeint ist ein Antrag auf Eröffnung eines Hauptinsolvenzverfahrens, s. aber Rn. 11) grundsätzlich als unzulässig abzulehnen.[14] Dem ausländischen Verfahren kommt somit eine **Sperrwirkung** mit der Folge zu, dass kein weiteres Hauptverfahren im Inland eröffnet werden darf.[15]

Im Schrifttum wird diskutiert, ob die Rechtsfolgenregelung einer **Korrektur** in Fällen bedarf, in denen wenigstens ein Sekundärinsolvenzverfahren eröffnet werden dürfte, weil im Inland eine Niederlassung besteht. In der Tat hatte der Gesetzgeber bei der Schaffung des Art. 102 § 3 EGInsO offenbar § 3 Abs. 1 des Deutsch-österreichischen Konkursvertrags (DöKV) vor Augen,[16] der für Kompetenzkonflikte ebenfalls vorsah, dass das Verfahren weder eingeleitet noch ein nach Verfahrenseröffnung im Ausland eingeleitetes Verfahren fortgesetzt werden dürfe. Anders als die EuInsVO ging der DöKV indessen vom Prinzip des Einheitsverfahrens aus und verzichtete auf die Möglichkeit eines Sekundärverfahrens.[17] War daher die Zuständigkeit in einem Mitgliedstaat des Vertrages begründet, so musste ein Antrag in dem jeweils anderen Mitgliedstaat konsequenterweise als unzulässig abgelehnt werden. Unter der EuInsVO bleibt jedoch die Möglichkeit für das jeweils andere Gericht, ein Sekundärverfahren auf Grundlage von Art. 3 Abs. 2 EuInsVO zu eröffnen. Daher bestünde die Möglichkeit, den Antrag nicht abzulehnen, sondern das Verfahren mit einer anderen Rechtsfolge zu eröffnen, nämlich als Sekundärverfahren beschränkt auf das im Inland belegene Vermögen.[18]

In der Literatur wurde bereits vor der mit § 2 Abs. 1 Satz 2 erfolgten Klarstellung vor diesem Hintergrund überwiegend zwischen einem Antrag auf Eröffnung eines Hauptverfahrens und dem Antrag auf Eröffnung eines Sekundärverfahrens differenziert. Auch der BGH erkannte an, dass **Haupt- und Sekundärverfahren grundsätzlich zwei unterschiedliche Verfahren** sind (zur Parteiänderung vgl. aber → Art. 102c § 3 Rn. 10).[19] Der Antrag auf Eröffnung eines Hauptverfahrens sei gemäß § 2 abzulehnen. Dagegen könne ein Sekundärverfahren eröffnet werden, wenn der Antrag auf Eröffnung eines Hauptverfahrens in einen Antrag auf Eröffnung eines Sekundärverfahrens umgedeutet werden könne.[20] (dazu sogleich → Rn. 12 f.).

---

[10] Vgl. → EuInsVO Art. 19 Rn. 1 f.
[11] Zu Kollisionsfällen in Bezug auf Annexverfahren, insb. negative Feststellungsklagen *Thole* ZIP 2012, 605, 609 f.
[12] Vgl. dazu auch *Oberhammer* ZInsO 2004, 761, 762 Fn. 12. Dazu auch schon → EuInsVO Art. 1 EuInsVO Rn. 23.
[13] Das übersieht FKInsO/*Wimmer*, 4. Aufl. Anh II, Art. 102 § 3 Rn. 3.
[14] Vgl. OLG Frankfurt NJOZ 2005, 2532, 2533; vgl. MüKoBGB/*Kindler* Art. 102c § 2 Rn. 2.
[15] *Wimmer*, FS Kirchhof, S. 521, 525.
[16] Vgl. Begr. RegE BT-Drs. 15/16 S. 15; vgl. zum DöKV bei → InsO Vor §§ 335 Rn. 71.
[17] Vgl. *Arnold*, Der deutsch-österreichische Konkursvertrag, 1987, S. 25 f.
[18] Zur Überleitung in ein Sekundärinsolvenzverfahren *Thole* ZIP 2018, 401, 406 ff.; zur Beschränkung auf das inländische Vermögen vgl. Art. 3 Abs. 2 Satz 2 EuInsVO.
[19] BGHZ 177, 12, 16 Rn. 17 = NJW-RR 2008, 1443, 1444 = NZI 2008, 572, 573; *Kemper* ZIP 2001, 1609, 1618; *Staak* NZI 2004, 480 f.; tendenziell einschränkend *Duursma-Kepplinger* ZIP 2007, 752, 753, die von (bloßer) Vermögensteilung spricht; aA *Fehrenbach* IPRax 2009, 51, 54.
[20] So für den umgedeuteten Fall AG Mönchengladbach ZIP 2004, 1064 f. mAnm *Bähr/Riedemann* ZIP 2004, 1066, 1067; *Kebekus* EWiR 2004, 705; ähnlich auch AG Köln NZI 2006, 57, mit einem Antrag des Leiters der Niederlassung auf Eröffnung des Insolvenzverfahrens über das Vermögen der Niederlassung; AG München ZIP 2007, 495, 496; vgl. dazu auch KPB/*Kemper* Art. 102 § 3 Rn. 8; HKInsO/*Swierczok* Art. 102c

Art. 102c § 2 10–13

10 Die **Rechtsfolge** der Abweisung des Antrags als unzulässig ist vor diesem Hintergrund wegen Satz 2 (dazu gleich Rn. 11 ff.) auf die Fälle **zu beschränken,** in denen eine internationale Zuständigkeit für ein Sekundärverfahren nicht besteht und/oder der auf Eröffnung des Hauptverfahrens gerichtete Antrag nicht in einen Antrag auf Eröffnung des Hauptverfahrens umgedeutet werden kann. Ist die letztgenannte Hürde überwunden, so ist der praktische Anwendungsbereich der Regelung schmal. Es ist kaum denkbar, dass ein deutsches Gericht eine internationale Zuständigkeit für ein Hauptverfahren in Erwägung zieht, ohne dass überhaupt die geringeren Voraussetzungen für das Vorliegen einer Niederlassung und damit der Eröffnung eines Sekundärverfahrens gegeben sind.[21]

11 **b) Fortführung als Sekundärverfahren.** Nach § 2 Abs. 1 Satz 2 ist ein zu Unrecht eröffnetes Verfahren nach Maßgabe der Artikel 34 bis 52 EuInsVO als Sekundärinsolvenzverfahren fortzuführen, wenn eine Zuständigkeit der deutschen Gerichte nach Art. 3 Abs. 2 EuInsVO besteht; liegen die Voraussetzungen für eine Fortführung nicht vor, ist es einzustellen. Kommt es zu einer Einstellung, gilt dafür ergänzend die Regelung in Art. 102c § 3 EGInsO. Aus Art. 102c § 3 EGInsO ergibt sich, dass bei einer kompetenzwidrigen Eröffnung durch deutsche Gerichte und dann, wenn es zu einer Einstellung kommt, also kein Sekundärinsolvenzverfahren fortgeführt wird, eine Einstellung **mit Wirkung ex nunc** erfolgt (→ Art. 102c § 3 Rn. 9).[22] Stets ist die Entscheidung dem Richter vorbehalten, § 19a Abs. 3 Nr. 1 und 2 RpflG.[23] Ist das **Hauptverfahren noch gar nicht eröffnet** (→ Rn. 4), kann bei entsprechender Auslegung des Antrags ungeachtet des Art. 102c § 2 ein isoliertes Partikularverfahren eröffnet werden.[24]

12 Dagegen ist der Antrag **nicht als unzulässig** zu behandeln, soweit die Zuständigkeit für die Eröffnung eines Sekundärverfahrens nach Art. 3 Abs. 2 EuInsVO gegeben ist und der Antrag subsidiär auch als Antrag auf Eröffnung des Sekundärverfahrens verstanden werden kann.[25] Diese nach der EuInsVO bestehende Verfahrenszuständigkeit kann und wollte der Gesetzgeber mit der Vorschrift in § 2 Abs. 1 nicht einschränken. Nach ihrem Sinn und Zweck muss man diese Vorschrift aber auch anwenden, wenn in Deutschland die Eröffnung des Hauptverfahrens aufgehoben wird, in dem anderen Mitgliedstaat aber bisher nur ein Partikularverfahren anhängig ist.[26] Denn man wird aus Art. 32 Abs. 1 EuInsVO auch ableiten können, dass das ausländische Gericht an die Entscheidung der deutschen Gerichte zur Verneinung der Zuständigkeit zugunsten dieses Gerichts gebunden ist, also nicht ihrerseits die Zuständigkeit verneinen darf.[27] In diesem Fall muss der andere Mitgliedstaat also das Verfahren als Hauptinsolvenzverfahren eröffnen bzw. „hochstufen". Demnach kann es aus deutscher Sicht für die Fortführung des deutschen Verfahrens unter Art. 102c § 2 Abs. 1 S. 2 EGInsO keinen Unterschied machen, ob das ausländische Verfahren bereits als Hauptverfahren eröffnet ist oder dies nur zu erwarten steht.[28]

13 In § 2 Satz 2 findet sich zwar explizit kein Antragserfordernis. Art. 37 Abs. 1 EuInsVO regelt allerdings Modalitäten der Antragsbefugnis für ein Sekundärinsolvenzverfahren, ua wird dort der Verwalter des Hauptinsolvenzverfahrens für antragsberechtigt erklärt, Art. 37 Abs. 1 lit. a) EuInsVO. Daraus lässt sich aber nicht ableiten, dass eine Eröffnung bzw. hier: die Fortführung des Verfahrens von Amts wegen unionsrechtlich nicht zulässig wäre. Das Antragserfordernis folgt richtigerweise aus dem nationalen Recht, nicht unmittelbar aus dem Unionsrecht.[29] Ob das Insolvenzverfahren im jeweiligen Mitgliedstaat dem Dispositionsgrundsatz folgt oder der Offizialmaxime, ist mit Art. 37 EuInsVO nicht ausdrücklich vorgegeben.

---

§ 2 Rn. 3, Art. 102 § 3 Rn. 2; FKInsO/*Wenner/Schuster* Art. 102c § 2 Rn. 2, Art. 37 EuInsVO Rn. 15; Pannen/*Pannen/Frind*, Art. 102 § 3 Rn. 8.

[21] Vgl. → EuInsVO Art. 2 Rn. 49 ff.

[22] BT-Drs. 15/16, S. 15; → 3. Aufl., Art. 102 § 4 Rn. 10; KPB/*Holzer* Art. 102c § 3 EGInsO Rn. 9; Vallender/*Vallender/Zipperer* Art. 102c § 3 EGInsO Rn. 9; K. Schmidt/*Brinkmann,* Art. 102c § 3 Rn. 4 (iE).

[23] HKInsO/*Swierczok* Art. 102c § 2 Rn. 3, Art. 102c § 3 Rn. 1, Art. 102 § 4 Rn. 2; Vallender/*Vallender/Zipperer* Art. 102c § 3 EGInsO Rn. 5.

[24] Vgl. auch HKInsO/*Swierczok* Art. 102c § 2 Rn. 3, der Art. 102c § 2 insoweit erweiternd versteht.

[25] *Thole* ZIP 2018, 401, 408; HKInsO/*Swierczok* Art. 102c § 2 Rn. 3.

[26] *Thole* ZIP 2018, 401, 407.

[27] → 3. Aufl., EuInsVO 2000 Art. 3 Rn. 76; KPB/*Kemper* Art. 3 EuInsVO 2000 Rn. 25, Duursma-Kepplinger/Duursma/Chalupsky/*Duursma-Kepplinger/Chalupsky* Art. 3 Rn. 26; *Vallender* KTS 2000, 283, 299.

[28] Ungesichert ist dies allein bei der Frage, ob das Gerichte, zu dessen Gunsten sich das Erstgericht für unzuständig erklärt, unter Hinweis auf einen COMI außerhalb Europas für unzuständig erklären könnte, vgl. → 3. Aufl., EuInsVO 2000 Art. 3 Rn. 76.

[29] Für unionsrechtliches Antragserfordernis aber K. Schmidt/*Brinkmann,* Art. 37 Rn. 1 (iE); dagegen wie hier mit Verweis auf die jeweilige lex fori concursus *Paulus,* Europäische Insolvenzverordnung, Art. 7 Rn. 13; Mankowski/Müller/J. Schmidt/*Müller* Art. 7 Rn. 8; *Kemper* ZIP 2001, 1609, 1612; *Vallender* KTS 2005, 283, 290.

Soweit in der 2. Aufl. *(Reinhart)* die Auffassung vertreten worden ist, bei einem Hauptverfahren **14** und einem Sekundärverfahren handele es sich nicht tatsächlich um unterschiedliche Verfahren,[30] sondern es seien lediglich die Eröffnungswirkungen im Hinblick auf die nach § 35 InsO erfasste Insolvenzmasse unterschiedlich und insoweit könne der Antragsteller schon nicht die Eröffnung eines „Haupt-" oder „Sekundärverfahrens" beantragen, erscheint dies überholt. § 2 Satz 2 erkennt diese Möglichkeit implizit an. Dass das **Antragsbegehren** sehr wohl **aufgespalten** werden kann, zeigt auch Art. 37 EuInsVO, der das Antragsrecht explizit für das Sekundärverfahren regelt. Richtig ist zwar, das Insolvenzgericht unter der Umdeutungslösung bei einem entgegenstehenden Willen des Antragstellers das Verfahren nicht eröffnen, sondern trotz Vorliegens einer Insolvenzsituation die Eröffnung des Sekundärverfahrens abweisen müsste. Das schadet indessen nicht, denn das Insolvenzeröffnungsverfahren ist ein Antragsverfahren kontradiktorischer Natur; die Gegenauffassung liefe de facto auf eine Offizialmaxime hinaus.

Das Recht des Sekundärverfahrensstaat regelt, unter welchen Voraussetzungen das Sekundärver- **15** fahren zu eröffnen ist (Art. 35 iVm Art. 7 Abs. 2 S. 1 EuInsVO). Art. 37 Abs. 1 lit. b) EuInsVO verweist ausdrücklich auf das Recht des Sekundärverfahrensstaats. Auch beim Hauptinsolvenzverfahren regelt die lex fori concursus nach Art. 7 Abs. 2 S. 1 EuInsVO die Voraussetzungen, unter denen das Insolvenzverfahren eröffnet wird. Daher ist anzunehmen, dass die EuInsVO zwar einzelne Antragsrechte vorgibt, die auch vom jeweiligen Mitgliedstaat zu gewährleisten sind, dass es aber ergänzend nicht ausgeschlossen wäre, dass ein Insolvenzverfahren dort von Amts wegen eröffnet würde. Allerdings sieht das deutsche Insolvenzrecht gerade einen Antrag vor, daher hilft § 2 Satz 2 nicht über das Antragserfordernis hinweg.[31] Dementsprechend wird in der Begründung des Regierungsentwurfs zu Art. 102c EGInsO darauf hingewiesen, dass das Insolvenzgericht den Eröffnungsantrag dahin auslegen muss, ob er auch die Eröffnung eines Sekundärverfahrens zulässt.[32]

Fraglich ist allein, ob der (entsprechend ausgelegte oder umgedeutete) Antrag der Schuldnerin **16** auf Eröffnung des Sekundärverfahrens nach Eröffnung des Hauptinsolvenzverfahrens wegen Art. 37 Abs. 1 lit. b) EuInsVO noch von einer Antragsbefugnis getragen ist bzw. ob der Schuldner noch selbst den Antrag stellen darf. Richtigerweise gilt für das deutsche Sekundärverfahren deutsches Recht, nicht das Recht des Hauptinsolvenzverfahrensstaats. Folglich ist der **Schuldner weiter** über § 13 InsO **antragsberechtigt**.[33] Selbst wenn man dem Schuldner die Antragsbefugnis absprechen wollte, kann man § 2 Abs. 1 Satz 2 als Ausdruck dessen verstehen, dass auf der Grundlage des ursprünglichen Antrags amtswegig auch in ein Sekundärverfahren übergeleitet werden darf.[34] Kommt es zur Eröffnung des Sekundärverfahrens, so ist der inländische Insolvenzverwalter verpflichtet, Auslandsvermögen, das er zur Masse gezogen hat, an den Verwalter des Hauptverfahrens herauszugeben;[35] im Übrigen gilt darüber hinaus für die Abgrenzung der Masse sodann der Zeitpunkt der Eröffnung des Sekundärverfahrens.

c) Einstellung des Verfahrens. Satz 2 des Absatzes 1 bestimmt aE, dass ein deutsches Gericht **17** sein Verfahren, wenn es nicht als Sekundärverfahren fortgeführt werden kann, nicht fortsetzen darf, wenn es zB infolge von Unkenntnis der ausländischen Eröffnungsentscheidung, ungeachtet von Satz 1 ein Hauptinsolvenzverfahren eröffnet hat.[36] **Grundsätzlich** ist daher das Verfahren **einzustellen**.[37]

Die Einstellung des prioritätswidrig eröffneten Verfahrens erfolgt **von Amts wegen** zugunsten **18** des mitgliedstaatlichen Gerichtes, das zuerst ein Hauptinsolvenzverfahren eröffnet hat. Der Gesetzgeber schreibt insoweit einen eigenständigen Einstellungsgrund vor und hat davon abgesehen vollumfänglich, auf die für die vorzeitige Beendigung von inländischen Insolvenzverfahren geltenden §§ 207 ff. InsO zu verweisen;[38] § 3 Abs. 3 Satz 4 schließt nur die Anwendung des § 215 Abs. 2 InsO aus (aber → Art. 102c § 3 Rn. 7). Wegen der weiteren Einzelheiten der Einstellung → Art. 102c § 3 Rn. 4 ff.

Besteht eine Niederlassung im Inland und kommt wegen der Umdeutung des Antrags die **19** **Fortführung als Sekundärverfahren iSd Art. 3 Abs. 2 EuInsVO** in Betracht, ist dies **keine**

---

[30] → 2. Aufl., Art. 102 § 3 Rn. 10.
[31] Vallender/*Vallender/Zipperer* Art. 102c § 2 EGInsO Rn. 7.
[32] Begründung RegE, BR-Drs. 654/16, S. 27 f.
[33] Vgl. auch zum Streitstand *Thole* ZIP 2018, 401, 408 ff. mwN, → EuInsVO Art. 37 Rn. 12.
[34] Zu diesem Lösungsansatz *Thole* ZIP 2018, 401, 410 und AG Charlottenburg NZI 2018, 171.
[35] Der in Art. 23 Abs. 1 EuInsVO niedergelegte Grundgedanke findet daher auch für die Abgrenzung der Massen statt, → EuInsVO Art. 23 Rn. 7 f.; vgl. zum Leistungsverkehr zwischen den Insolvenzmassen auch unten Art. 56 EuInsVO Rn. 24 ff.
[36] LSZ/*Smid*, Int. Insolvenzrecht, Art. 102 § 3 Rn. 4.
[37] So generell HKInsO/*Swierczok* Art. 102c § 2 Rn. 3; HambKommInsO/*Undritz* Art. 102 § 3 Rn. 1.
[38] Vgl. insgesamt kritisch KPB/*Holzer* Art. 102c § 2 Rn. 14.

Einstellung iSd § 2 Abs. 1 Satz 2. Soweit es in praxi so bezeichnet werden mag, bezieht sich diese „Einstellung" lediglich auf die Einstellung des Insolvenzverfahrens als Hauptverfahren im Sinne des Art. 3 Abs. 1 EuInsVO (vgl. bereits → Art. 102c § 3 Rn. 7 ff.). In diesem Fall ist lediglich der Eröffnungsbeschluss von Amts wegen zu **berichtigen** und das Verfahren ausdrücklich als Sekundärverfahren gemäß Art. 3 Abs. 2, Art. 27 EuInsVO fortzusetzen[39] mit der Rechtsfolge, dass sich die Wirkungen des Insolvenzverfahrens auf das im Inland belegene Vermögen beschränken.[40]

20   **d) Rechtsmittel.** Die in Art. 102 § 3 Satz 3 EGInsO enthaltene Beschwerdebefugnis des ausländischen Verwalters ist in der zu Art. 5 EuInsVO geltenden Regelung des Art. 102c § 4 EGInsO aufgegangen. Siehe die Erläuterungen dort.

III. Negativer Kompetenzkonflikt (Abs. 2)

21   Absatz 2 will verhindern, dass sich mehrere Gerichte verschiedener Mitgliedstaaten für die Eröffnung eines Hauptinsolvenzverfahrens unter Verweisung auf ein jeweils anderes Gericht für unzuständig erklären und damit ein **Zuständigkeitsvakuum** entsteht. Eine echte bindende Verweisung kennt die EuInsVO nicht. Dieses Fehlen macht daher eine solche Regelung aus deutscher Sicht für erforderlich, weil über die Lokalisierung des COMI unterschiedliche Auffassungen bestehen können. Die Regelung bezieht sich nur auf den Fall, in dem ein zweites mitgliedstaatliches Gericht seine Zuständigkeit mit Verweis auf die gegebene Zuständigkeit eines deutschen Gerichts abgelehnt hat.[41] Einer solchen Regelung bedarf es selbst dann, wenn man von einer Bindungswirkung unter Art. 32 Abs. 1 Unterabs. 1 EuInsVO ausgeht (→ Rn. 3), weil sich die Anerkennungswirkung im Zweifel nur auf die Ablehnung der Zuständigkeit durch das ausländische Gericht, nicht aber auf die vom ausländischen Gericht vertretene Zuordnung der internationalen Zuständigkeit an die deutschen Gerichte erstreckte; das deutsche Gericht könnte dann zumindest seine Zuständigkeit noch unter Verweis auf einen dritten Mitgliedstaat ablehnen.[42] Dem steht die geschaffene Regelung entgegen.

22   Verweist die ablehnende Eröffnungsentscheidung des ausländischen Insolvenzgerichts auf die Zuständigkeit eines anderen Mitgliedstaates oder lässt es die **Frage der anderweitigen Zuständigkeit offen**, so steht es dem deutschen Insolvenzgericht frei, **eigenständig** – ohne Bindungswirkung durch § 2 Abs. 2 – über die eigene internationale Zuständigkeit zu entscheiden.[43] Das deutsche Gericht muss sich die Einschätzung des ausländischen Gerichts über die Zuständigkeit des anderen Mitgliedstaats oder gar eines Drittstaats weder zu eigen machen noch ist es ihm verwehrt, die eigene Zuständigkeit kraft eigener Überzeugungsbildung anzunehmen.

Art. 102c § 3 Einstellung des Insolvenzverfahrens eines anderen Mitgliedstaats

(1) ¹Vor der Einstellung eines bereits eröffneten Insolvenzverfahrens nach § 2 Absatz 1 Satz 2 soll das Insolvenzgericht den Insolvenzverwalter, den Gläubigerausschuss, wenn ein solcher bestellt ist, und den Schuldner hören. ²Wird das Insolvenzverfahren eingestellt, so ist jeder Insolvenzgläubiger beschwerdebefugt.

(2) ¹Wirkungen des Insolvenzverfahrens, die vor dessen Einstellung bereits eingetreten und nicht auf die Dauer dieses Verfahrens beschränkt sind, bleiben auch dann bestehen, wenn sie Wirkungen eines in einem anderen Mitgliedstaat der Europäischen Union eröffneten Insolvenzverfahrens widersprechen, die sich nach der Verordnung (EU) 2015/848 auf die Bundesrepublik Deutschland erstrecken. ²Dies gilt auch für Rechtshandlungen, die während des eingestellten Verfahrens vom Insolvenzverwalter oder ihm gegenüber in Ausübung seines Amtes vorgenommen worden sind.

(3) ¹Vor der Einstellung nach § 2 Absatz 1 Satz 2 hat das Insolvenzgericht das Gericht des anderen Mitgliedstaats der Europäischen Union, bei dem das Verfahren anhängig ist, und den Insolvenzverwalter, der in dem anderen Mitgliedstaat bestellt wurde, über die bevorstehende Einstellung zu unterrichten. ²Dabei soll angegeben werden, wie die Eröff-

---

[39] AA wohl AG Düsseldorf ZIP 2004, 866 = DZWIR 2004, 432 (mit ausführlicher Sachverhaltsdarstellung); dort wurde das Hauptverfahren eingestellt und am selben Tage gesondert ein Sekundärverfahren eröffnet.
[40] Vgl. Art. 3 Abs. 2 S. 2 und Art. 34 S. 3 EuInsVO sowie die Kommentierung hierzu im Rahmen der EuInsVO.
[41] MüKoBGB/*Kindler* Art. 102c § 3 Rn. 7; vgl. FKInsO/*Wenner/Schuster* Art. 102c § 2 Rn. 7 f.
[42] Dazu → EuInsVO Art. 3 Rn. 76 ff.. Anders noch → 2. Aufl., Art. 102 § 3 Rn. 16.
[43] Vgl. dazu das Beispiel bei *Pannen/Riedemann* NZI 2004, 301, 302 f.

nung des einzustellenden Verfahrens bekannt gemacht wurde, in welchen öffentlichen Büchern und Registern die Eröffnung eingetragen wurde und wer Insolvenzverwalter ist. ³In dem Einstellungsbeschluss ist das Gericht des anderen Mitgliedstaats zu bezeichnen, zu dessen Gunsten das Verfahren eingestellt wird. ⁴Diesem Gericht ist eine Ausfertigung des Einstellungsbeschlusses zu übersenden. ⁵§ 215 Absatz 2 der Insolvenzordnung ist nicht anzuwenden.

Übersicht

	Rn.		Rn.
I. Normzweck	1	III. Wirkungen der Verfahrenseinstellung (Abs. 2)	9
II. Verfahren bei der Einstellung (Abs. 1)	4	1. Grundregel	9
1. Anhörung	4	2. Reduktion des Anwendungsbereichs	11
2. Beschwerdebefugnis	6	IV. Unterrichtungspflicht und Kooperation zwischen den Insolvenzgerichten (Abs. 3)	13
3. Sonstige Verfahrensfragen	8		

I. Normzweck

Hat ein deutsches Gericht entgegen der Vorschrift des § 2 ein Hauptinsolvenzverfahren gem. **1** Art. 3 Abs. 1 EuInsVO eröffnet,[1] obwohl bereits in einem anderen Mitgliedstaat zuvor ein solches Verfahren über das Vermögen desselben Schuldners wirksam eröffnet wurde, darf das deutsche Gericht nach § 2 Abs. 1 das Verfahren **nicht fortsetzen, soweit es nicht als Sekundärverfahren fortgesetzt wird.** Nach § 2 Satz 2 aE ist es verpflichtet, das von ihm eröffnete Verfahren einzustellen. § 3 Abs. 1 beschreibt die verfahrensrechtlichen Anforderungen an den Erlass des Einstellungsbeschlusses. Die Vorschrift ist erforderlich, weil die EuInsVO zwar das Prioritätsprinzip in Art. 19 EuInsVO verankert, den verfahrensmäßigen Umgang mit dem prioritätswidrig eröffneten zweiten Hauptinsolvenzverfahrens aber nicht näher regelt.[2] § 3 legt aus diesem Grunde die entsprechende Vorgehensweise fest und beschreibt die sich ergebenden Folgen bzw. Wirkungen. § 3 dient der **Durchsetzung der Prioritätsregel der EuInsVO.**[3] In systematischer Hinsicht ergänzt § 3 die Einstellungsgründe der §§ 207 ff. InsO.

Die Regelung über die Einstellung des Verfahrens ist Art. 3 des Deutsch-österreichischen Kon- **2** kursvertrags (DöKV) nachgebildet, der allerdings von der Möglichkeit eines (einzigen) Einheitsverfahrens ausging und daher die Eröffnung von Sekundärverfahren nicht zuließ.[4] Soweit man indessen im Falle der prioritätswidrigen (Zweit-)Eröffnung im Inland es zulässt, dass das Verfahren als bloßes **Sekundärverfahren** weitergeführt wird, weil hier eine Niederlassung besteht, wird der Prioritätskonflikt bereits auf diese Weise aufgelöst und es besteht daher keine Notwendigkeit, das Verfahren einzustellen.

In Konsequenz der Ausführungen zu § 2 ist die in § 3 angeordnete Verfahrenseinstellung daher **3** auf die Fälle zu beschränken, in denen das deutsche Insolvenzgericht ein Insolvenzverfahren als Hauptverfahren eröffnet hat, jedoch nicht einmal eine Niederlassung im Sinne von Art. 2 Nr. 10 EuInsVO im Inland gegeben ist oder der Wille des Antragstellers die Fortführung und Eröffnung des Verfahrens als Sekundärverfahren nicht zulässt.[5] Kann das Verfahren **als Sekundärverfahren fortgesetzt** werden, so führt dies nicht zur Einstellung des Verfahrens, sondern zu einer von Amts wegen vorzunehmenden Berichtigung des Eröffnungsbeschlusses, mit der Folge der Beschränkung des Vermögensbeschlags nach Art. 3 Abs. 2 Satz 2 EuInsVO, Art. 34 Satz 3 EuInsVO (→ Art. 102c § 2 Rn. 10 f.).

II. Verfahren bei der Einstellung (Abs. 1)

1. Anhörung. Vor der Einstellung des Verfahrens soll das deutsche Gericht den inländischen **4** Insolvenzverwalter, den Schuldner und einen gegebenfalls bestehenden Gläubigerausschuss anhören,

---

[1] Mögliche Beispielsfälle nennt FKInsO/Wenner/Schuster Art. 102c § 3 Rn. 2.
[2] Vgl. auch FKInsO/Wenner/Schuster Art. 102c § 3 Rn. 2.
[3] LSZ/Smid, Int. Insolvenzrecht, Art. 102 § 4 Rn. 1, Vallender/Vallender Art. 102c § 3 EGInsO Rn. 3.
[4] Vgl. auch → InsO Vor §§ 335 Rn. 71.
[5] Zu einem solchen Fall AG München BeckRS 2010, 02341; noch weitergehend und für Abstraktion vom Willen des Antragstellers → 2. Aufl., Art. 102 § 4 Rn. 3.

Abs. 1 S. 1. Damit wird der Grundsatz des rechtlichen Gehörs zugunsten der am Verfahren Beteiligten gewahrt.[6]

5 Die Regelung gilt richtigerweise entsprechend für die Änderung des vermeintlichen Hauptverfahrens in ein Sekundärverfahren im Sinne der EuInsVO. Denn auch hier muss den Beteiligten rechtliches Gehör gewährt werden.

6 **2. Beschwerdebefugnis.** Bei der Einstellung des Verfahrens können die Rechte der Gläubiger betroffen sein.[7] Ihnen wird daher in Satz 2 des Absatzes 1 die Beschwerdebefugnis gegen die Verfahrenseinstellung eingeräumt. Welche Rechtsmittel den Gläubigern konkret zustehen, definiert die Vorschrift nicht.[8] Unter dem verwendeten Begriff des **Insolvenzgläubigers** sind die Insolvenzgläubiger gem. § 38 InsO zu verstehen. Es wird vertreten, **nachrangige** oder **absonderungsberechtigte Gläubiger** seien nicht erfasst, da der in § 3 verwendete Begriff des „Insolvenzgläubigers" in der InsO gesetzlich definiert sei und die absonderungsberechtigten Gläubigern weiter aus ihren Sicherheiten vorgehen könnten.[9] Daran ist richtig, dass absonderungsberechtigte Gläubiger in dieser Funktion nicht beschwerdebefugt sind. In aller Regel liegt der Sicherheit aber ein persönlicher Anspruch zugrunde, so dass die absonderungsberechtigten Gläubiger auch als Insolvenzgläubiger beschwerdebefugt sind, und zwar unabhängig von § 52 InsO. Nachrangige Gläubiger gehören, obwohl § 39 InsO greift, ebenfalls zur Gruppe der Insolvenzgläubiger im Sinne des Grundtatbestands des § 38 InsO; sie sind von Abs. 1 S. 2 erfasst.

7 Die Beschwerdebefugnis gilt entsprechend, wenn das inländische Insolvenzverfahren gemäß den obigen Ausführungen nicht eingestellt, sondern lediglich in ein Sekundärverfahren umgewandelt wird. Auch insoweit sind Interessen der Insolvenzgläubiger betroffen, so dass die Beschwerdebefugnis auch für diese Fälle entsprechend gilt. Freilich kann dann vorrangig § 5 und das Rechtsmittel nach Art. 4 EuInsVO greifen, allerdings nur gegen die Eröffnung des Hauptverfahrens in dem anderen Mitgliedstaat.

8 **3. Sonstige Verfahrensfragen.** § 3 ordnet für die Verfahrenseinstellung die öffentliche Bekanntmachung nicht ausdrücklich an. § 215 Abs. 1 InsO findet daher, wie die meisten Vorschriften des dritten Abschnitts des fünften Teils der Insolvenzordnung, **entsprechende Anwendung**.[10] Die Anwendung dieser Vorschrift ist allein schon aus Gründen des Gläubigerschutzes geboten;[11] zugleich lässt sich ein arg. e. contrario aus Absatz 3 Satz 4 herleiten, der nur § 215 Abs. 2 InsO ausschließt. Im Einstellungsbeschluss ist das zuständige ausländische Gericht explizit zu benennen. Nach Satz 2 des Abs. 3 sind die jeweiligen Register über die Einstellung des Verfahrens zu informieren, damit Insolvenzvermerke gelöscht werden können.

III. Wirkungen der Verfahrenseinstellung (Abs. 2)

9 **1. Grundregel.** § 3 ist nicht dahingehend zu verstehen, dass das Verfahren rückwirkend beendet würde.[12] Vielmehr entfaltet die Einstellung ihre Wirkung *ex nunc*.[13] Aus Gründen der Rechtssicherheit bestimmt Abs. 2 S. 1, dass ebenso die **Wirkungen** des einzustellenden Insolvenzverfahrens, sofern diese nicht auf die Dauer des Verfahrens beschränkt sind, **bestehen** bleiben.[14] Das gilt nach der gesetzlichen Anordnung selbst dann, wenn jene Wirkungen denjenigen aus einem anderen mitgliedstaatlichen Hauptinsolvenzverfahren widersprechen (aber vgl. → Rn. 12). Gemeint sind damit ua die §§ 115, 116 und 117 InsO. Zu den Wirkungen, die auf die Dauer des Verfahrens beschränkt sind und demzufolge mit der Einstellung automatisch beendet werden, gehören zB materiellrechtliche Wirkungen wie Vollstreckungsverbote nach §§ 89, 90 InsO, die Verjährungshemmung gem. § 204 Abs. 1 Nr. 10 BGB, die Prozessunterbrechung nach § 240 ZPO sowie verfahrensrechtliche Anordnungen des Insolvenzgerichts wie eine Postsperre nach § 99 InsO.[15] Satz 2 erweitert

---

[6] Ähnlich KPB/*Kemper* Art. 102 § 4 Rn. 4 („Transparenz"); kritisch zur Genese der Vorschrift KPB/*Holzer* Art. 102c § 3 Rn. 2.
[7] Vgl. Begr. RegE BT-Drs. 15/16 S. 15.
[8] Vgl. dazu KPB/*Holzer* Art. 102c § 3 Rn. 8.
[9] → 2. Aufl., Art. 102 § 4 Rn. 8; LSZ/*Smid*, Int. Insolvenzrecht, Art. 102 § 4 Rn. 2; MüKoBGB/*Kindler* Art. 102c § 3 Rn. 6; vgl. zur Abgrenzung des Begriffs Insolvenzgläubiger von anderen Gläubigergruppen auch → InsO § 38 Rn. 8 f.
[10] Vgl. auch FKInsO/*Wenner/Schuster* Art. 102c § 3 Rn. 3; KPB/*Holzer* Art. 102c § 3 Rn. 6; *Pannen/Riedemann* NZI 2004, 301, 303.
[11] KPB/*Kemper* Art. 102 § 4 Rn. 6.
[12] Vgl. RegE BT-Drs. 15/16 S. 15. So auch HKInsO/*Swierczok* Art. 102c § 3 Rn. 1, Art. 102 § 4 Rn. 6; LSZ/*Smid*, Int. Insolvenzrecht, Art. 102 § 4 Rn. 3.
[13] KPB/*Holzer* Art. 102c § 3 Rn. 9; vgl. auch → InsO § 215 Rn. 10.
[14] Vgl. *Wimmer*, FS Kirchhof, S. 521, 526.
[15] Vgl. HKInsO/*Swierczok* Art. 102c § 3 Rn. 1, Art. 102 § 4 Rn. 6; KPB/*Holzer* Art. 102c § 3 Rn. 10.

diesen Grundsatz auf die Wirkung aller vor der Verfahrenseinstellung von dem inländischen Insolvenzverwalter selbst vorgenommenen oder ihm gegenüber vorgenommenen Handlungen. **Verfügungen** wie die Veräußerung von Massegegenständen, die Belastung solcher Gegenstände, die Ausübung des Wahlrechts nach § 103 InsO oder die Kündigung von Mietverträgen gemäß § 109 InsO bleiben somit wirksam.[16] Auch die gegenüber dem Verwalter vorgenommenen Rechtshandlungen bleiben wirksam.[17] Im Schrifttum und in der untergerichtlichen Rechtsprechung wird überwiegend angenommen, der deutsche Insolvenzverwalter müsse in entsprechender Anwendung des § 209 InsO auch im Inland begründete **Masseverbindlichkeiten** berichtigen;[18] diese Auffassung steht auf dem Prüfstand (zur Ausnahme des BGH sogleich → Rn. 11 f.).

§ 3 Abs. 2 gilt entsprechend, wenn gemäß den obigen Ausführungen das Insolvenzverfahren 10 nicht eingestellt, sondern **in ein Sekundärverfahren umgewandelt** wird. Hier bleiben die auf das inländische Vermögen bezogenen Wirkungen und Rechtshandlungen ohnehin unverändert bestehen, weil bezüglich des inländischen Vermögens das Verfahren unverändert fortgesetzt wird. Für die auf das ausländische Vermögen bezogenen Rechtshandlungen gilt dagegen die in Abs. 2 getroffene Anordnung des Bestehenbleibens dieser Wirkungen nicht, weil diese Anordnung ohnehin nur für das inländische Vermögen gelten kann (vgl. nächste → Rn. 11). Wird das ursprüngliche Insolvenzverfahren eingestellt und als Sekundärverfahren mit Beschluss vom selben Tag eröffnet, so tritt eine **Parteiänderung** nicht automatisch ein.[19]

2. Reduktion des Anwendungsbereichs. Die universale Beschlagswirkung des (eigentlichen) 11 Hauptinsolvenzverfahrens wird durch diese Regelung im Ergebnis eingeschränkt.[20] Schon von daher lässt sich die Frage stellen, ob diese Anordnung des deutschen Rechts **mit der EuInsVO vereinbar** ist bzw. ob überhaupt dem deutschen Gesetzgeber eine Regelungskompetenz für die verbleibenden Rechtswirkungen des prioritätswidrigen zweiten Verfahrens zusteht. Richtigerweise wird man die in § 3 Abs. 2 getroffene Anordnung von vornherein auf die „inländischen" Wirkungen (dh das inländische Vermögen betreffende Wirkungen) **einschränken** müssen, was sich auch aus der Formulierung am Ende des Abs. 2 Satz 1 herleiten lässt. Dort ist nur die Rede von widersprüchlichen Wirkungen des Hauptverfahrens, die sich „auf das Inland erstrecken". Gleichwohl bleiben auch bei dieser Remedur Zweifel, ob der Gesetzgeber eines Mitgliedstaates die Wirkungen des „richtigen" ausländischen Hauptverfahrens durch ein nationales Gesetz wieder einschränken darf, indem dem „falschen" zweiten inländischen Verfahren Wirkungen beigelegt werden. Der **BGH** hat in seiner grundlegenden Entscheidung vom **29.5.2008** die Anwendbarkeit des Art. 102 § 4 Abs. 2 aF (= Art. 102c § 3 Abs. 2 nF) eingeschränkt. Es handelt sich um eine unionsrechtliche **Reduktion des Wortlauts**.[21] Nach der in der Grundhaltung zutreffenden Auffassung des BGH können einem unter Verstoß gegen die EuInsVO eröffneten zweiten Insolvenzverfahren keine Rechtswirkungen beigemessen werden, die die inländische, vom ersten Hauptinsolvenzverfahren umfasste Masse betreffen und den Grundgedanken der EuInsVO zuwiderlaufen.[22] Der BGH hält den **prioritätswidrigen Beschluss,** sofern er in Kenntnis des zuerst eröffneten Hauptinsolvenzverfahrens ergangen ist, zumindest für **schwebend unwirksam;** er könne allenfalls bei Aufhebung des zunächst ergangenen Eröffnungsbeschlusses Wirkung zeigen. Daher dürfe der „Scheinverwalter" nicht über die Masse verfügen. **Masseverbindlichkeiten,** die der Scheinverwalter entsprechend § 209 InsO zu berichtigen habe, könnten nicht entstehen; eine Zwangsvollstreckung könne der Scheinverwalter nach **§ 766 ZPO** abwehren. Der BGH geht davon aus, § 3 Abs. 2 sei jedenfalls dann nicht anwendbar, wenn der Eröffnungsbeschluss **in Kenntnis** des ersten Verfahrens ergangen sei.

Die Entscheidung ist von dem anerkennenswerten Bemühen getragen, prioritätswidrige Eröffnun- 12 gen zu verhindern. Sie bleibt freilich **teils inkonsequent,** weil der damit betonte unionsrechtliche Vorrang des Prioritätsprinzips der EuInsVO nicht davon abhängig sein kann, ob das deutsche Gericht

---

[16] FKInsO/*Wenner/Schuster* Art. 102c § 3 Rn. 6; HKInsO/*Swierczok* Art. 102c § 3 Rn. 1, Art. 102 § 4 Rn. 6; LSZ/*Smid,* Int. Insolvenzrecht, Art. 102 § 4 Rn. 3.
[17] KPB/*Holzer* Art. 102 § 4 Rn. 13.
[18] LG Düsseldorf BeckRS 2008, 22289; FKInsO/*Wimmer,* 4. Aufl., Art. 102 § 4 Rn. 13 (zweifelnd FKInsO/ *Wenner/Schuster* Art. 102c § 3 Rn. 13 f.); *Pannen/Riedemann* NZI 2004, 301, 303; Pannen/*Pannen/Frind,* Art. 102 § 4 Rn. 7; HambKommInsO/*Undritz* Art. 102 § 4 Rn. 2; *Paulus,* Europäische Insolvenzverordnung, 2. Aufl., Art. 28 EuInsVO Rn. 5. An der Verfügungsbefugnis des Verwalters zweifelnd *Weller* IPrax 2004, 412, 417; aA HKInsO/*Swierczok* Art. 102c § 3 Rn. 1, Art. 102 § 4 Rn. 7 ff.
[19] LG Düsseldorf BeckRS 2008, 22289.
[20] Vgl. FKInsO/*Wenner/Schuster* Art. 102c § 3 Rn. 6; *Weller* IPRrax 2004, 412, 416; *Mankowski* NZI 2008, 575.
[21] *Mankowski* NZI 2008, 576.
[22] BGHZ 177, 12 Rn. 28 = NJW-RR 2008, 1443 = ZIP 2008, 1338 = NZI 2008, 572, 574; ebenso BGH ZIP 2008, 2029 Rn. 17 ff. = DZWIR 2009, 64.

in Kenntnis oder in Unkenntnis des ersten Eröffnungsbeschlusses entscheidet.[23] Die Annahme der Nichtigkeit von Entscheidungen kommt nur ausnahmsweise in Betracht.[24] Sie ließe sich unionsrechtlich begründen, wie dies der EuGH in der MG Produd Gydnia-Entscheidung für die Anordnung von Vollstreckungsmaßnahmen angedacht hat,[25] doch zwingend gefordert erscheint dies jedenfalls nicht. Es reichte aus, die Wirkungen auszunehmen, die im Widerspruch zu der ausländischen Eröffnung stehen.[26] Umgekehrt wäre es nicht ausgeschlossen, dass die EuInsVO diese Widersprüche durchaus in Kauf nimmt bzw. schlicht nicht regelt, weil ein Fall des Prioritätskonflikts nach der Konzeption der EuInsVO eigentlich nicht vorkommen kann.[27] Dann aber muss dem zuerst eröffneten Verfahren unionsrechtlich auch nicht notwendigerweise jede Wirkung genommen werden.

IV. Unterrichtungspflicht und Kooperation zwischen den Insolvenzgerichten (Abs. 3)

13   Abs. 3 legt fest, welche Schritte deutsche Gerichte zur Information des betroffenen ausländischen Gerichts bei und anlässlich der Einstellung zu unternehmen haben; das trägt Art. 42 Abs. 1 EuInsVO Rechnung. Nach Satz 1 muss das Gericht des anderen Mitgliedstaates über die bevorstehende Einstellung des Verfahrens informiert werden. Diese **Informationspflicht** greift schon vor **dem Erlass des Einstellungsbeschlusses.**[28] Diese Unterrichtung soll nach Satz 2 die Angabe enthalten, wie die Verfahrenseröffnung bekannt gegeben wurde und in welche öffentlichen Bücher und Register das betreffende Verfahren eingetragen ist. Des Weiteren ist der Insolvenzverwalter des einzustellenden Verfahrens zu benennen. Das ist lex specialis zu § 16 EGGVG.[29] Eine **besondere Form ist nicht vorgesehen.** Nach Abs. 3 Satz 3 ist im Einstellungsbeschluss das Gericht des anderen Mitgliedstaats zu bezeichnen, zu dessen Gunsten das Verfahren eingestellt wird; nach Satz 4 ist diesem Gericht eine Ausfertigung des Beschlusses zu übersenden. Mit den Angaben nach Satz 2 sollen dem ausländischen Gericht und dem ausländischen Verwalter eine Einschätzung darüber ermöglicht werden, ob aufgrund der Bekanntmachungen und Eintragungen masseschädigende Wirkungen drohen oder sonst ein Potential zur Irreführung von Gläubigern und Beteiligten besteht. Der im ausländischen Hauptverfahren eingesetzte Verwalter kann rechtzeitig alle nötigen Sicherungsmaßnahmen bezüglich der Insolvenzmasse ergreifen.[30] Eröffnet das deutsche Gericht kein Sekundärinsolvenzverfahren nach der Aufhebung bzw. Einstellung des in Deutschland eröffneten Hauptinsolvenzverfahrens, entfällt die Sperrwirkung und das inländische Vermögen des Schuldners unterfällt automatisch der universalen Beschlagswirkung des im Ausland zuerst eröffneten Hauptverfahrens.[31] Daher erhält der Schuldner trotz der Einstellung des inländischen Insolvenzverfahrens nicht die Verwaltungs- und Verfügungsbefugnis über sein in Deutschland belegenes Vermögen zurück.[32] Das stellt Abs. 3 Satz 5 klar, der die Anwendung von § 215 Abs. 2 InsO ausschließt. § 215 Abs. 1 InsO ist nicht ausgeschlossen. Das Insolvenzgericht hat den Insolvenzvermerk in den deutschen Registern löschen zu lassen.[33]

14   § 3 Abs. 3 gilt **entsprechend**, wenn das deutsche Insolvenzgericht gemäß den obigen Ausführungen das Insolvenzverfahren nicht einstellt, sondern in ein **Sekundärverfahren** umwandelt. Auch insoweit besteht das Bedürfnis für eine entsprechende Unterrichtung des Gerichts des anderen Mitgliedstaates, das sodann weiß, dass ein Kompetenzkonflikt nicht bzw. nicht mehr umfänglich besteht.

Art. 102c § 4 Rechtsmittel nach Artikel 5 der Verordnung (EU) 2015/848

¹**Unbeschadet des § 21 Absatz 1 Satz 2 und des § 34 der Insolvenzordnung steht dem Schuldner und jedem Gläubiger gegen die Entscheidung über die Eröffnung des Hauptinsolvenzverfahrens nach Artikel 3 Absatz 1 der Verordnung (EU) 2015/848 die sofortige**

---

[23] Kritisch auch *Eckardt* ZZP 122 (2009), 345, 352; für „bemerkenswert" hält die Entscheidung *Smid* NZI 2009, 150, 152; für Gleichschluss bei fehlender Kenntnis *Gruber* DZWIR 2008, 468, 469 (BGH dürfte zum selben Ergebnis gelangen).
[24] Kritisch auch *Laukemann* JZ 2009, 636, 637. Allgemein zur Nichtigkeit von Urteilen *Prütting/Gehrlein/Thole*, ZPO, Vor § 300 Rn. 12.
[25] EuGH vom 21.10.2010 – Rs C-444/07 (MG Produd Gdynia), Slg. 2010, I-417, 435, Rn. 44 = EU:C:2010:24; dazu Art. 25 EuInsVO Rn. 21; vgl. tendenziell ebenso *Laukemann* JZ 2009, 636, 638 ff.
[26] So auch *Reinhart* NZI 2009, 73, 79; *Fehrenbach* IPRax 2009, 51, 53 ff., die beide Art. 102 § 4 Abs. 2 EGInsO aF nicht anwenden wollen, die Lösung aber im Fortbestand als Sekundärverfahren erkennen.
[27] In diese Richtung *Laukemann* JZ 2009, 636, 638 f.
[28] KPB/*Holzer* Art. 102c § 3 Rn. 15. Vallender/*Vallender/Zipperer* Art. 102c § 3 EGInsO Rn. 14.
[29] Vallender/*Vallender/Zipperer* Art. 102c § 3 Rn. 15.
[30] LSZ/*Smid*, Int. Insolvenzrecht, Art. 102 § 4 Rn. 4.
[31] Vgl. Begr. RegE BT-Drs. 15/16 S. 15; so auch FKInsO/*Wenner/Schuster* Art. 102c § 3 Rn. 9; *Wehdeking* DZWIR 2003, 133, 137.
[32] MüKoBGB/*Kindler* Art. 102c § 3 Rn. 8. Vgl. Vallender/*Vallender* Art. 102c § 3 EGInsO Rn. 19.
[33] Vallender/*Vallender/Zipperer* Art. 102c § 3 EGInsO Rn. 18.

Mitwirkungspflichten der Beteiligten (dazu → EuInsVO Art. 4 Rn. 3) in Gestalt von **Erklärungspflichten**[3] konkretisiert.

II. Anhaltspunkte für abweichenden COMI

Die zusätzlichen Angaben werden nur dann verlangt, wenn Anhaltspunkte dafür bestehen, dass 2 der COMI und damit die Zuständigkeit für das Hauptinsolvenzverfahren auch in einem anderen Mitgliedstaat begründet sein könnten. Zum Begriff des COMI wird auf die Kommentierung zu Art. 3 EuInsVO verwiesen (→ EuInsVO Art. 3 Rn. 23 ff.). Art. 102c § 5 gilt nicht, wenn zB ein isoliertes Partikularverfahren beantragt ist und das Gericht folglich davon ausgehen muss, dass in einem anderen Mitgliedstaat der COMI belegen ist. § 5 Satz 1 stellt ausdrücklich nur auf das Hauptsolvenzverfahren ab. § 5 gilt auch nicht, wenn ein COMI in einem **Drittstaat** in Betracht kommt. Doch bietet sich für diese Fälle eine entsprechende Anwendung an, weil dann gleichermaßen Zweifel am COMI in Deutschland bestehen; auch Erwägungsgrund Nr. 32 unterscheidet nicht. Doch wird man dann an die Versäumung wohl mangels gesetzgeberischer Klarstellung des deutschen Gesetzgebers keine nachteiligen Folgen (unten → Rn. 11) anknüpfen können.

Was **Anhaltspunkte** in diesem Sinne sind, ist im Lichte der Vorgaben der EuInsVO zu beantworten.[4] Das Gericht muss insbesondere prüfen, ob die Vermutungen für den satzungsmäßigen Sitz bzw. Hauptniederlassung bzw. gewöhnlichen Aufenthalt (Art. 3 Abs. 1 Unterabs. 2 bis 4) durch die wirkliche Lage gedeckt sind. Erwägungsgrund Nr. 32 sieht vor, dass das Gericht bei Anlass zu Zweifeln an seiner Zuständigkeit dem Schuldner aufgeben soll, zusätzliche Nachweise vorzulegen. Daher ist von entsprechenden Anhaltspunkten auszugehen, wenn entsprechende **Zweifel** aufgekommen sind bzw. gleichsam ein „**Anfangsverdacht**" für eine andere Verortung des COMI bestehen. Dann kann das Gericht darauf reagieren. Woher die Anhaltspunkte herrühren, ist unerheblich. Es kann sein, dass (ausländische) Gläubiger **Schutzschriften** hinterlegt haben.[5] 3

III. Zusätzliche Angaben

Die geforderten Angaben ergeben sich aus dem Katalog in Satz 1. 4

Nr. 1 verlangt Angaben zum Zeitraum, seit dem Sitz, Hauptniederlassung oder gewöhnliche 5 Aufenthalt an dem in Antrag genannten Ort bestehen. Die Anknüpfungsmomente sind alternativ danach, welche Art von Schuldner den Antrag stellt, weil sie die Vermutungen des Art. 3 Abs. 1 Unterabs. 2 bis 4 EuInsVO widerspiegeln. Diese Angaben dienen mithin dazu, überprüfen zu können, ob die Anwendbarkeit der Vermutungen ggf. wegen der Sitzverlegung gesperrt ist (Drei-Monats bzw. Sechs-Monats-Frist des Art. 3 Abs. 1 EuInsVO).

Nr. 2 verlangt positiv, dass Tatsachen für die Annahme eines COMI in Deutschland genannt 6 werden.

Nr. 3 setzt diese Tatsachen in Beziehung zu Anhaltspunkten für einen möglichen COMI in 7 einem anderen Mitgliedstaat. Dafür stellen Vermögenswerte oder Teile der Tätigkeiten wichtige Indizien dar, die folglich angegeben werden müssen.

Nr. 4 ist unmittelbar auf das Prioritätsprinzip der EuInsVO ausgelegt. Ist bereits ein Hauptsol- 8 venzverfahren in einem anderen Mitgliedstaat eröffnet worden, scheidet ein weiteres Hauptinsolvenzverfahren in Deutschland aus, sofern die ausländische Eröffnung anzuerkennen ist. Der bloße Eröffnungsantrag reicht für die Sperrwirkung zwar entgegen den Hinweisen in der Gesetzesbegründung[6] nicht aus, kann aber Nachforschungs- und Klärungsbedarf auslösen, wenn und weil – angesichts des weiten Eröffnungsbegriffs der EuInsVO – jederzeit mit einer Eröffnung (iSd Art. 2 Nr. 7 EuInsVO) gerechnet werden muss bzw. dies zwischenzeitlich bereits erfolgt sein kann. Dafür genügen Sicherungsmaßnahmen (→ EuInsVO Art. 2 Rn. 23, 27, → EuInsVO Art. 19 Rn. 9).[7]

IV. Verfahrensgang und Beweismaß

Art. 102c § 5 knüpft an den Umstand an, dass das Gericht grundsätzlich vom COMI in Deutsch- 9 land iSd § 4 InsO iVm § 286 ZPO überzeugt sein muss, um hier ein Hauptinsolvenzverfahren zu eröffnen.[8] Das gilt im Grunde auch für Anordnung von Sicherungsmaßnahmen wie die Bestellung eines vorläufigen Verwalters, weil auch dies eine Eröffnung im Sinne der EuInsVO ist. Tatsächlich

---

[3] Madaus NZI 2017, 203, 207.
[4] Vallender/*Vallender*/*Zipperer* Art. 102c § 5 EGInsO Rn. 5 ff.
[5] Vallender/*Vallender*/*Zipperer* Art. 102c § 5 EGInsO Rn. 10.
[6] Ungenau Vallender/*Vallender*/*Zipperer* Art. 102c § 5 EGInsO Rn. 15.
[7] BR-Drucks 654/16, S. 29.
[8] Vgl. BGH NZI 2010, 680, 681; BGH BeckRS 2009, 29634; Vallender/*Vallender*/*Zipperer* Art. 102c § 5 EGInsO Rn. 17.

konfligiert dies aber mit den berechtigten Sicherungsinteressen, die es nicht erlauben, zuzuwarten, bis eine Überzeugung von dem COMI erreicht werden kann. Da die EuInsVO das Beweis- und Überzeugungsmaß nicht vorgibt, gelten deshalb die **Vorgaben des BGH**.[9] Danach setzt die Anordnung von Sicherungsmaßnahmen zwar grundsätzlich einen zulässigen Insolvenzantrag voraus. Bei zweifelhaftem Gerichtsstand können berechtigte Sicherungsinteressen der Insolvenzgläubiger es jedoch gebieten, Sicherungsmaßnahmen vor der Feststellung der Zulässigkeit des Insolvenzantrags zu treffen, wenn sich das Insolvenzgericht letzte Gewissheit erst im weiteren Verfahrensablauf verschaffen kann. Wurzeln die Anknüpfungspunkte für eine Frage der Zulässigkeit des Insolvenzantrags wie bei der örtlichen und der internationalen Zuständigkeit in der Sphäre des Schuldners und trägt dieser zur Aufklärung nicht bei, kann es für die Anordnung der Sicherungsmaßnahme daher im Einzelfall ausreichen, dass die Zuständigkeit noch zu prüfen ist, solange sie nicht schon sicher zu verneinen ist.[10]

10 Führen die nach § 5 im Antrag gemachten Angaben dazu, dass das Gericht folglich einen **COMI in Deutschland verneint**, darf es **kein Verfahren eröffnen**. Besteht weiterer Aufklärungsbedarf, darf das Gericht ausweislich Erwägungsgrund Nr. 32 und zugleich mit Hilfe des Amtsermittlungsgrundsatzes aus § 5 InsO den Antragsteller zu weiteren Nachweisen auffordern und zugleich weitere Ermittlungen anstellen (zB Sachverständigengutachten). Besteht Sicherungsbedarf, kann durch deren Anordnung (iSd EuInsVO) „eröffnet" werden, wenn für die Annahme des COMI in Deutschland zumindest eine gesicherte Grundlage besteht oder etwa dann, wenn keine Zweifel an der Kongruenz des COMI mit den Anknüpfungspunkten der Vermutungen nach Art. 3 Abs. 1 Unterabs. 2 bis 4 bestehen. Die EuInsVO nimmt es mit der Vorverlagerung des Anwendungsbereichs auf vorinsolvenzliche und hybride Verfahren und der Erweiterung des Eröffnungsbegriffs in Art. 2 Nr. 7 EuInsVO zumindest in Kauf, dass zunächst fälschlich eröffnet wird und dann nachträglich korrigiert werden muss.

11 Eine andere Frage ist, welche **Folgen** die Nichtbeachtung der Angaben nach § 5 hat. Die EuInsVO hat in Erwägungsgrund Nr. 32 und in Art. 4 EuInsVO keine entsprechenden Sanktionen vorgesehen. Es erscheint aber möglich, dass das nationale Recht an die Missachtung der unionsrechtlich abgesicherten Mitwirkungspflicht (→ EuInsVO Art. 4 Rn. 3) Sanktionen knüpft. Insoweit ist zu unterscheiden: Zwar enthält Art. 102c § 5 nur eine **Soll-Vorschrift**. Dennoch ist dies regelmäßig als „Muss" zu verstehen, soweit nicht besondere Umstände vorliegen. Kommt der Antragsteller den Vorgaben des Art. 102c § 5 nicht nach, darf das Gericht durch Auflagenverfügung nachfordern. Es darf zwar nicht deshalb den Eröffnungsantrag zurückweisen, wohl aber dann, wenn aufgrund der dann mangelnden Mitwirkung eine Überzeugung über den COMI nicht sicher gewonnen werden kann.[11] Auch ist es sachgerecht, §§ 20 Abs. 1 Satz 2, 97 ff. InsO anzuwenden; es können also auch Zwangsmaßnahmen angeordnet werden, wenn das opportun erscheint.[12]

V. Verbraucherinsolvenzverfahren (Abs. 5)

12 Nach Art. 102c § 5 Satz 2 gilt die Vorgabe des Satz 1 nicht für den Antrag im Verbraucherinsolvenzverfahren, der in § 305 Abs. 1 InsO abschließend geregelt ist. Rechtspolitisch erscheint das angesichts der Vorgaben der EuInsVO und der spezifisch auch auf Verbraucher abstellenden Vermutung in Art. 3 Abs. 1 Unterabs. 4 EuInsVO samt der Sechs-Monats-Sperre inkonsequent und nur gerechtfertigt vor dem Hintergrund, dass die Formulare zu § 305 Abs. 1 InsO ohnedies durch die umfassenden Vermögensangaben eine Verortung des COMI erleichtern und der Aufwand begrenzt sein sollte; zudem ist die außergerichtliche Schuldenbereinigung ein gewisses Indiz für den gewöhnlichen Aufenthalt in Deutschland,[13] wenngleich ein eher schwaches.

Art. 102c § 6 Örtliche Zuständigkeit für Annexklagen

(1) Kommt den deutschen Gerichten infolge der Eröffnung eines Insolvenzverfahrens die Zuständigkeit für Klagen nach Artikel 6 Absatz 1 der Verordnung (EU) 2015/848 zu, ohne dass sich aus anderen Vorschriften eine örtliche Zuständigkeit ergibt, so wird der Gerichtsstand durch den Sitz des Insolvenzgerichts bestimmt.

(2) Für Klagen nach Artikel 6 Absatz 1 der Verordnung (EU) 2015/848, die nach Artikel 6 Absatz 2 der Verordnung in Zusammenhang mit einer anderen zivil- oder handelsrechtli-

---

[9] Für unionsrechtswidrig hält das K. Schmidt/*Brinkmann* Art. 2 Rn. 11 (iE); wie hier *Vallender/Zipperer* ZIsnO 2018, 960, 961.
[10] BGH NZI 2007, 344, 345.
[11] So wohl auch HKInsO/*Swierczok* Art. 102c § 5 Rn. 5.
[12] Vallender/*Vallender/Zipperer* Art. 102c § 5 EGInsO Rn. 11.
[13] Vallender/*Vallender/Zipperer* Art. 102c § 5 EGInsO Rn. 20.

chen Klage gegen denselben Beklagten stehen, ist auch das Gericht örtlich zuständig, das für die andere zivil- oder handelsrechtliche Klage zuständig ist.

Übersicht

	Rn.		Rn.
I. Normzweck	1	III. Zuständigkeit für den Gerichtsstand des Sachzusammenhangs nach Art. 6 Abs. 2 EuInsVO	8
II. Örtliche Zuständigkeit nach Abs. 1	3		
1. Annexverfahren nach Art. 6 EuInsVO	3	1. Voraussetzungen	8
2. Örtliche Zuständigkeit aus anderen Vorschriften	6	2. Folgen für die Zuständigkeit	11
		3. Sachliche und funktionelle Zuständigkeit	13

I. Normzweck

Art. 102c § 6 zieht die Konsequenz aus der Neuregelung der internationalen Zuständigkeit für 1 insolvenztypische Annexverfahren in Art. 6 EuInsVO. Für Insolvenzverfahren in Deutschland hält Art. 102c § 6 dafür die **passende örtliche Zuständigkeit** vor, um damit den mit Art. 6 EuInsVO angestrebten Effizienzgewinn (vgl. Erwägungsgrund Nr. 35 Satz 4) nicht zu konterkarieren. Die **sachliche und funktionelle Zuständigkeit** wird indes durch diese Vorschrift **nicht geregelt,** insofern gelten die allgemeinen Regeln, insb. §§ 23 Nr. 1, 71 GVG. Es wird also mit Art. 102c § 6 nicht etwa ein „Großes Insolvenzgericht" geschaffen, das zB auch über Anfechtungsstreitigkeiten entscheidet.

Den Hintergrund liefert zugleich die Deko Marty-Entscheidung des EuGH. Sie hatte sich für 2 die Zuständigkeit für insolvenzbezogenen Annexstreitigkeiten nach Art. 3 EuInsVO 2000 ausgesprochen (was nunmehr in Art. 6 EuInsVO aufgegangen ist), indes die sachliche und örtliche Zuständigkeit unberührt gelassen. Im deutschen Vorlageverfahren zu Deko Marty war mangels Anwendbarkeit des § 19a ZPO an sich keine örtliche und keine sachliche Zuständigkeit des Insolvenzgerichts gegeben, da § 19a ZPO nur Passivprozesse der Masse bzw. des Verwalters erfasst.[1] Der BGH sah sich daher gezwungen, **§ 19a ZPO analog** anzuwenden.[2] Diese Remedur macht Art. 102c § 6 **entbehrlich.**

II. Örtliche Zuständigkeit nach Abs. 1

1. Annexverfahren nach Art. 6 EuInsVO. Die Zuständigkeitsregel in Abs. 1 knüpft an die 3 Eröffnung eines Insolvenzverfahrens vor einem deutschen Gericht an. Der Eröffnungsbegriff ist im Einklang mit der EuInsVO zu verstehen, so dass die Einsetzung eines vorläufigen Verwalters oder Sachwalters oder auch die Aussetzung von Vollstreckungsmaßnahmen genügt (→ EuInsVO Art. 2 Rn. 23). Die örtliche Zuständigkeit besteht nur solange, wie Art. 6 EuInsVO für die internationale Zuständigkeit der Annexklage gilt und dies ist nur solange der Fall, wie das Insolvenzverfahren noch andauert. Wird etwa das Verfahren – im Sinne des Verständnis der InsO – nicht eröffnet, obwohl es bereits durch Einsetzung eines vorläufigen Verwalters im Sinne der EuInsVO eröffnet war, besteht grundsätzlich auch keine Annexzuständigkeit nach Art. 6 EuInsVO mehr und folglich auch nicht nach Art. 102c § 6, weil der EuGH tendenziell – wenngleich nicht durchgehend – die Qualifikation der insolvenzbezogenen Streitigkeit an die Erhebung innerhalb des Verfahrens knüpft (dazu Art. 6 Rn. 8 ff., 28). Denkbar wäre es allerdings, dass auch nach Beendigung eines Insolvenzverfahrens noch Streitigkeiten als insolvenztypisch iSd Art. 6 EuInsVO angesehen werden können. Das gilt etwa für die Anfechtungsstreitigkeiten nach § 259 Abs. 3 InsO oder Streitigkeiten zu Zwecke einer Nachtragsverteilung.[3]

Die Reichweite des § 6 hängt von der **Reichweite des Art. 6 EuInsVO** ab. Auf die Kommen- 4 tierung bei Art. 6 EuInsVO wird verwiesen. Entscheidend ist damit, ob eine **Annexklage** vorliegt. Das kann eine Aktivklage oder eine Passivklage des Verwalters, ggf. auch anderer Beteiligter sein; die Verwalterbeteiligung ist nicht zwingend. Die Regelung ist auch auf andere Arten als „Klagen" im deutschen prozessualen Sinne anwendbar, etwa auf den Antrag auf Erlass eines Mahnbescheids.[4] Art. 6 EuInsVO gilt auch für Klagen gegen Personen mit Sitz in einem Drittstaat.[5]

---

[1] Vgl. Musielak/Voit/*Heinrich* § 19a ZPO Rn. 5; BGH ZIP 2012, 1467, 1468; OLG Frankfurt ZIP 2013, 227, 280.
[2] BGH NJW 2009, 2215, 2217 Rn. 21 ff.; BGH WM 2014, 1766 = NZI 2014, 881 Rn. 7.
[3] Vallender/*Hänel* Art. 102c § 6 EGInsO Rn. 8.
[4] Vallender/*Hänel* Art. 102c § 6 EGInsO Rn. 13; Art. 6 EuInsVO Rn. 60; zur Frage, ob Verfahren der freiwilligen Gerichtsbarkeit erfasst sind siehe: *Kindler* KTS 2014, 25, 34 f.; Mankowski/Müller/J.Schmidt/*Mankowski* Art. 6 Rn. 9.
[5] Mankowski/Müller/J. Schmidt/*Mankowski* Art. 6 Rn. 11; vgl. zu Art. 3 Abs. I EuInsVO 2000 EuGH v. 16.1.2014 – Rs. C-328/12 (Schmid/Hertel), NJW 2014, 610, 611 ff.

5   Art. 102c § 6 gilt zudem wie Art. 6 EuInsVO auch für Annexklagen im Rahmen eines (deutschen) Sekundärinsolvenzverfahrens (→ Art. 6 EuInsVO Rn. 35).

6   **2. Örtliche Zuständigkeit aus anderen Vorschriften.** Die örtliche Zuständigkeit des § 6 wird am Sitz des Insolvenzgerichts begründet, kommt aber nur zum Tragen, wenn sich nicht aus anderen Vorschriften eine passende örtliche Zuständigkeit ergibt. Das gilt insbesondere für § 180 InsO bei Feststellungsklagen zur Tabelle, der einen ausschließlichen Gerichtsstand normiert. § 19a ZPO als besonderer Gerichtsstand ist für Passivprozesse des Verwalters anwendbar, nicht aber für Aktivprozesse. Die **vom BGH befürwortete Analogie** (→ Rn. 2) ist nunmehr mangels Regelungslücke **nicht mehr statthaft.** Denkbar sind auch besondere Gerichtsstände, insbesondere auch der Gerichtsstand der unerlaubten Handlung nach § 32 ZPO, der auch für negative Feststellungsklagen greift (zum Problem von deren Einbeziehung in Art. 6, dort → EuInsVO Art. 6 Rn. 42). Auch der Vertragsgerichtsstand des § 29 ZPO ist möglich, freilich wird bei gewöhnlichen Vertragserfüllungsklagen typischerweise gerade keine insolvenzbezogene Annexklage vorliegen (→ EuInsVO Art. 6 Rn. 19).[6] § 22 ZPO ist ggf. einschlägig[7] ebenso wie erst recht der Gerichtsstand des Beklagtenwohnsitzes nach §§ 12, 13, 17 InsO. Soweit sich **mehrere Zuständigkeiten** ergeben, bleibt dem Kläger die **Wahlmöglichkeit** des § 35 ZPO. Die örtliche Zuständigkeit nach Art. 102c § 6 steht dabei nicht zur Wahl, weil sie erst einsetzt, wenn keine Zuständigkeit nach anderen Vorschriften gegeben ist. Wird also das Insolvenzverfahren in Köln eröffnet, wohnt der vom Verwalter im Rahmen der Geschäftsführerhaftung nach § 64 GmbHG in Anspruch genommene Beklagte in Hamburg, kann eine örtliche Zuständigkeit nur nach § 32 ZPO (analog) am Sitz der Gesellschaft in Köln begründet sein, wenn man diesen Fall dem § 32 ZPO zuschlägt und man dort den Erfolgsort erkennt (was eher zu verneinen ist). § 22 ZPO dürfte nicht anwendbar sein. § 29 ZPO ist nach teilweise vertretener, umstrittener Ansicht nicht einschlägig.[8] Dann muss der Verwalter wählen, ob er in Hamburg oder Köln klagen will. Tut er letzteres, ergibt sich die örtliche Zuständigkeit aus § 32 ZPO (analog), nicht aus Art. 102c § 6 InsO. Das wird dann relevant, wenn beispielsweise nur ein amtsgerichtlicher Streitwert in Rede steht. Ist im Beispiel der Unternehmenssitz in Kerpen belegen, wäre das AG Kerpen als Gericht des Erfolgs- oder Handlungsorts zuständig, obwohl das zuständige Insolvenzgericht (AG Köln) für den gesamten Landgerichtsbezirk örtlich zuständig ist. Darüber hinaus kommt Art. 102c § 6 auch dann nicht zum Tragen, wenn die **örtliche Zuständigkeit eines anderen Gerichts** bereits durch rügelose Einlassung nach § 39 ZPO begründet wurde. Art. 102c § 6 Abs. 1 meint ausschließlich den Fall, dass es an einer innerstaatlichen örtlichen Zuständigkeit gänzlich fehlen würde,[9] weil kein ausschließlicher oder besonderer Gerichtsstand gegeben ist und zudem auch der allgemeine Beklagtengerichtsstand mangels Wohnsitzes des Beklagten nicht in Deutschland liegt. Im eben genannten Beispiel des § 64 GmbHG käme Art. 102c § 6 Abs. 1 also dann zum Tragen, wenn man weder §§ 29, 32, 22 ZPO auf die Haftungsklage anwenden noch der Beklagte in Deutschland wohnt.

7   Folgerichtig schließt Art. 102c § 6 es nicht aus, dass der Verwalter an Gerichtsstandsvereinbarungen des Schuldners gebunden ist, soweit sich aus den zugrunde liegenden materiellen Rechtsverhältnissen ausnahmsweise insolvenzbezogene Streitigkeiten iSd Art. 6 EuInsVO ergeben. Demgegenüber ist der Verwalter typischerweise gerade nicht an **Gerichtsstandsvereinbarungen** (und Schiedsvereinbarungen) gebunden, die spezifische Institute der Annexklagen betreffen, zB die Insolvenzanfechtung. Art. 6 Abs. 1 EuInsVO, dh die internationale Zuständigkeit, kann mangels einer Regelung wie Art. 25 EuGVVO in der EuInsVO nicht zum Gegenstand einer Gerichtsstandsvereinbarung gemacht werden.[10]

III. Zuständigkeit für den Gerichtsstand des Sachzusammenhangs nach Art. 6 Abs. 2 EuInsVO

8   **1. Voraussetzungen.** Art. 102c § 6 Abs. 2 sieht eine ergänzende örtliche Zuständigkeit für die in Art. 6 Abs. 2 EuInsVO geregelten Fälle einer Verbindung einer insolvenzbezogenen mit einer nicht insolvenztypischen Annexklage vor. Nach Art. 6 Abs. 2 EuInsVO kann der (regelmäßig) der Verwalter (zur Anwendung auf negative Feststellungsklagen → EuInsVO Art. 6 Rn. 42) die insolvenzbezogene Annexklage zusammen mit einer gewöhnlichen bzw. jedenfalls nicht im Sinne des

---

[6] Siehe auch EuGH v. 4.9.2014 – Rs. C-157/13 (Nickel & Goeldner/UAB), NZI 2014, 919 = EU:C:2014:2145.
[7] ZB bei Klagen des § 135 InsO, so jedenfalls OLG Frankfurt NZI 2015, 619.
[8] LG Frankfurt NZI 2019, 473, **aA** OLG München NZG 2017, 749. Für § 32 ZPO LG Karlsruhe ZIP 2010, 2123.
[9] Vgl. auch BR-Drs. 654/16 S. 29.
[10] Mankowski/Müller/J. Schmidt/*Mankowski* Art. 6 Rn. 29.

Art. 6 Abs. 1 EuInsVO insolvenztypischen Annexklage einheitlich im Mitgliedstaat des Wohnsitzes des Beklagten, bei mehreren Beklagten im Mitgliedstaat des Wohnsitzes eines der Beklagten erheben. Art. 6 Abs. 2 EuInsVO regelt ebenfalls nur die internationale Zuständigkeit (→ EuInsVO Art. 6 Rn. 41). Der Wohnsitzbegriff folgt Art. 63 EuGVVO (→ EuInsVO Art. 6 Rn. 40). Auf die Kommentierung zu Art. 6 Abs. 2 wird verwiesen. Allerdings ist zu berücksichtigen, dass ggf. die EuGVVO bereits eine Zuweisung der örtlichen Zuständigkeit enthalten kann. Wird bei mehreren Beklagten am Wohnsitz eines Beklagten Klage erhoben, gilt für die nicht insolvenztypische Klage gegen die Streitgenossen Art. 8 Nr. 1 EuGVVO, der auch die örtliche Zuständigkeit festlegt. Dann enthält Art. 102c § 6 Abs. 2 EGInsO insoweit keine neue örtliche Zuständigkeit, sondern erstreckt nur diese Zuständigkeit auch auf die insolvenzbezogene Annexklage.

Für den Sachzusammenhang gelten die Maßstäbe des Art. 6 Abs. 3 EuInsVO, nicht jene des § 260 ZPO. Fehlt es aber an einem entsprechenden Sachzusammenhang, kann eine **Klageverbindung** gleichwohl noch möglich sein über § 260 ZPO, indessen schafft Art. 102c § 6 dann gerade keine örtliche Zuständigkeit. Es muss also schon aus anderen Gründen eine entsprechende örtliche Zuständigkeit gegeben sein. Zu beachten ist allerdings, dass der BGH grundsätzlich bei identischem zugrundeliegenden Lebenssachverhalt einen **einheitlichen prozessualen Streitgegenstand** zwischen Ansprüchen aus Insolvenzanfechtung und anderen materiell-rechtlichen Rückgewähransprüchen annimmt.[11] Dann ist keine Klageverbindung gegeben, weil es nur einen Streitgegenstand gibt. Für diesen Fall ist zu beachten, dass die Zuständigkeitsnorm für die parallelen materiell-rechtlichen Rückgewähransprüche (zB aus Vertrag, § 29 ZPO) insoweit auch eine Entscheidung über die insolvenzbezogene Streitigkeit möglich macht, weil nach deutschem Prozessrecht das zuständige Gericht unter allen rechtlichen Gesichtspunkten entscheidet (arg. e. § 17 Abs. 2 GVG entsprechend).[12]

Aus dem Vorgenannten ergibt sich, dass **§ 6 Abs. 2 weitgehend entbehrlich** ist, denn **bei Annahme eines einzigen Streitgegenstands** gibt es gar keine Mehrheit von Klagen, wie sie § 6 Abs. 2 voraussetzt. Für die internationale Zuständigkeit ist zwar nach der EuInsVO zu unterscheiden. Innerstaatlich ist es dann aber nur eine Klage. Die für einen Teil des Streitgegenstands, nämlich die zivilrechtlichen Ansprüche geltende Zuständigkeit erfasst dann jedenfalls typischerweise, soweit sich für die konkrete Zuständigkeitsnorm keine andere Auslegung gebietet, auch die Entscheidung über die anderen Ansprüche im Sachzusammenhang. Nur soweit man tatsächlich von einer Klagenhäufung ausgehen will, kann es diese Erstreckung nicht geben und dann ist § 6 Abs. 2 von Bedeutung.

2. Folgen für die Zuständigkeit. Macht der Verwalter eine insolvenzbezogene Annexklage im Insolvenzeröffnungsstaat (Deutschland) zusammen mit einer im Sachzusammenhang stehenden gewöhnlichen Klage (zB Ansprüche aus Kapitalerhaltung oder allgemeinem Deliktsrecht) gegen einen Beklagten vor deutschen Gerichten anhängig, so ist für die insolvenztypische Annexklage „auch" **das für die gewöhnliche Zivilklage zuständige Gericht örtlich zuständig.** Will etwa der Verwalter die Insolvenzanfechtung und einen Deliktsanspruch zusammen geltend machen, wäre für die Anfechtungsklage der Beklagtengerichtsstand am Wohnsitz des Beklagten eröffnet (§§ 12, 13, 17 ZPO), nicht aber § 19a ZPO. Wohl aber würde subsidiär über Art. 102c § 6 Abs. 1 EGInsO das Gericht am Sitz des Insolvenzgerichts (nicht zwingend das Insolvenzgericht!) zuständig sein, wenn der Wohnsitz des Beklagten nicht in Deutschland liegt. Für diesen Fall erweitert Art. 102c § 6 Abs. 2 die Zuständigkeiten, indem „auch" das Gericht, das für die verbundene **Kapitalerhaltungs- oder Deliktsklage** zuständig ist (mithin das Gericht des § 29 ZPO, wenn man dies auf Ansprüche nach §§ 30, 31 GmbHG anwendet,[13] das Gericht des § 22 ZPO oder das Gericht des § 32 ZPO), für die Insolvenzanfechtungsklage zuständig ist. Der Verwalter ist nicht verpflichtet, die Klagen dort zu erheben, § 6 Abs. 2 ist kein ausschließlicher Gerichtsstand für die insolvenzbezogene Klage.[14] Dann kann der Verwalter die Insolvenzanfechtungsklage weiterhin isoliert am Gericht des § 6 Abs. 1 erheben, womit dann aber typischerweise die Klageverbindung scheitert, weil für die Zivilklage dort keine örtliche Zuständigkeit begründet ist. Das bedeutet zugleich, dass die für die insolvenzbezogene Klage mögliche Zuständigkeit nach Art. 102c § 6 Abs. 2 keine sich aus anderen Vorschriften ergebende Zuständigkeit im Sinne des Art. 102c § 6 Abs. 1 ist.

§ 6 Abs. 2 gilt auch, wenn **gegen mehrere Beklagte** vorgegangen wird, wie dies Art. 6 Abs. 2 EuInsVO ebenfalls vorsieht. Im Wortlaut des § 6 ist zwar nur von einem (denselben Beklagten) die Rede, doch insoweit muss § 6 Abs. 2 gleichermaßen gelten, weil sonst die durch Art. 6 Abs. 2 EuInsVO geschaffene Zuständigkeitskonzentration bei der internationalen Zuständigkeit leer liefe.[15]

---

[11] BGH NZI 2019, 119 Rn. 19.
[12] So für einen Gerichtsstand des Sachzusammenhangs unter § 32 ZPO BGH NJW 2003, 828.
[13] Vgl. MüKoZPO/*Patzina* § 29 ZPO Rn. 54; oder § 22 ZPO, vgl. ebenso MüKoZPO/*Patzina* § 22 ZPO Rn. 6.
[14] Und für die gewöhnliche Zivilklage nur, soweit dies nach allgemeinen Regeln so vorgesehen ist.
[15] Ebenso BR-Drs. 654/16 S. 30.

13 **3. Sachliche und funktionelle Zuständigkeit.** Auch Art. 102c § 6 Abs. 2 begründet nur eine ergänzende örtliche Zuständigkeit. Die sachliche und funktionelle Zuständigkeit ergibt sich aus allgemeinen Regeln.[16] Bei der Klageverbindung sind die Ansprüche, wenn sie mehrere Streitgegenstände begründen, grundsätzlich zu addieren, § 5 ZPO. Allerdings kann es trotz der Annahme verschiedener Streitgegenstände und folglich einer Klageverbindung wegen der wirtschaftlichen Einheit unter Umständen ein Additionsverbot bestehen; es gelten allgemeine Grundsätze.[17]

14 Bei der Klagehäufung unter Art. 6 EuInsVO kann es zu einer Spaltung im Hinblick auf die Zuständigkeit der **Kammer für Handelssachen kommen,** weil beispielsweise die Insolvenzanfechtung grundsätzlich nicht unter § 95 GVG fällt, während eine Klage nach § 171 Abs. 1 HGB, wenn man sie nicht unter Art. 6 EuInsVO erfasst (→ EuInsVO Art. 6 Rn. 24), von Teilen der Rechtsprechung (fälschlich) § 95 Abs. 4 a) GVG unterstellt wird.[18] Ist die KfH zuständig, gilt § 97 Abs. 1 GVG, wenn der Beklagte Verweisungsantrag stellt, sonst § 97 Abs. 2 GVG mit einem entsprechenden Ermessen des Gerichts.[19]

15 Werden mehrere Beklagte verklagt, die keinen gemeinsamen Wohnsitz in Deutschland haben, kann § 36 Abs. 1 Nr. 3 ZPO eine **Gerichtsstandsbestimmung** für die örtliche Zuständigkeit erforderlich machen.[20] Davon zu unterscheiden ist der Fall, dass einer von zwei Beklagten seinen Wohnsitz nicht in Deutschland hat. Dann wird er über Art. 6 Abs. 2 EuInsVO auch in den Wohnsitzstaat des anderen Beklagten (des Ankerbeklagten) gezwungen. Für diesen Fall gilt nicht § 36 Abs. 1 Nr. 3 ZPO, sondern es gibt dann aus Sicht des deutschen Prozessrechts nur einen Wohnsitzgerichtsstand des Beklagten, nämlich über §§ 12, 13, 17 ZPO jenen des Ankerbeklagten. Dieser ist dann über § 6 Abs. 2 auf die insolvenzbezogene Klage zu erstrecken.

Art. 102c § 7 Öffentliche Bekanntmachung

(1) ¹Der Antrag auf öffentliche Bekanntmachung nach Artikel 28 Absatz 1 der Verordnung (EU) 2015/848 ist an das nach § 1 Absatz 2 zuständige Gericht zu richten.

(2) ¹Der Antrag auf öffentliche Bekanntmachung nach Artikel 28 Absatz 2 der Verordnung (EU) 2015/848 ist an das Insolvenzgericht zu richten, in dessen Bezirk sich der wesentliche Teil des Vermögens des Schuldners befindet. ²Hat der Schuldner in der Bundesrepublik Deutschland kein Vermögen, so kann der Antrag bei jedem Insolvenzgericht gestellt werden.

(3) ¹Das Gericht kann eine Übersetzung des Antrags verlangen, die von einer hierzu in einem der Mitgliedstaaten der Europäischen Union befugten Person zu beglaubigen ist. ²§ 9 Absatz 1 und 2 und § 30 Absatz 1 der Insolvenzordnung gelten entsprechend. ³Ist die Eröffnung des Insolvenzverfahrens bekannt gemacht worden, so ist dessen Beendigung in gleicher Weise von Amts wegen bekannt zu machen.

(4) Geht der Antrag nach Absatz 1 bei einem unzuständigen Gericht ein, so leitet dieses den Antrag unverzüglich an das zuständige Gericht weiter und unterrichtet den Antragsteller hierüber.

Übersicht

	Rn.			Rn.
I. Normzweck	1	2.	Eröffnung eines Insolvenzverfahrens in einem anderen Mitgliedstaat	9
II. Veröffentlichung bei deutscher Niederlassung (Abs. 1)	3	3.	Zuständigkeit und Anerkennungsfähigkeit der Entscheidung	10
1. Zuständigkeit	3			
2. Antragsberechtigung	6	4.	Belegenheit eines wesentlichen Teils des Vermögens	11
3. Anerkennungsfähigkeit der Entscheidung	7	5.	Hilfszuständigkeit (Satz 2)	13
III. Veröffentlichung wegen Belegenheit von Vermögen (Abs. 2)	8	IV.	Verfahren und Formalitäten	14
1. Antrag nach Art. 28 Abs. 2 EuInsVO	8	1.	Übersetzung (Abs. 3)	14

---

[16] HKInsO/*Swierczok* Art. 102c § 6 Rn. 5.
[17] MüKoZPO/*Wöstmann* § 5 ZPO Rn. 4.
[18] LG Coburg ZInsO 2018, 1228. Verneinend aber mit Recht OLG Nürnberg NZI 2019, 600; OLG Frankfurt ZIP 2019, 292.
[19] MüKoZPO/Zimmermann § 97 GVG Rn. 11.
[20] Vallender/*Hänel* Art. 102c § 6 EGInsO Rn. 43.

Öffentliche Bekanntmachung 1–5 **Art. 102c § 7**

		Rn.			Rn.
2.	Inhalt der Bekanntmachung	15	VI.	Verweisung (Abs. 4)	19
3.	Form	17			
V.	**Entscheidung des Gerichts**	18	VII.	**Kosten**	20

I. Normzweck

Die Vorschrift geht auf Art. 102 § 5 EGInsO zurück. Art. 102c § 7 dient der Umsetzung von **1** Art. 28 EuInsVO. Gemeint ist eine Situation, in der in einem anderen Mitgliedstaat das Verfahren eröffnet wird. Nach Art. 28 Abs. 1 EuInsVO ist auf obligatorischen Antrag des Insolvenzverwalters der wesentliche Inhalt der Entscheidung über die Verfahrenseröffnung und gegebenenfalls der Entscheidung über seine Bestellung im Mitgliedstaat der Niederlassung nach den in diesem Mitgliedstaat vorgesehenen Verfahren zu veröffentlichen, dh nach dem Recht des Veröffentlichungsstaates; verwiesen wird für Deutschland insbesondere auf §§ 9, 30, 200 InsO. Nach Art. 28 Abs. 2 EuInsVO kann auch in jedem anderen Mitgliedstaat die öffentliche Bekanntmachung beantragt werden. Art. 28 EuInsVO gilt in beiden Absätzen sowohl für das Haupt- als auch das Sekundärverfahren (vgl. → EuInsVO Art. 28 Rn. 5).[1] § 7 spezifiziert das örtliche und sachliche **Zuständigkeit** zur Antragstellung **sowie** das **Verfahren der Veröffentlichung** für den Fall eines entsprechenden Antrags durch einen ausländischen Insolvenzverwalter. Die Vorschrift gilt sowohl für die Eröffnungsentscheidung als auch für die mit Art. 28 EuInsVO ebenfalls ermöglichte Veröffentlichung des (gesonderten) Bestellungsakts in Bezug auf den Verwalter. § 7 Abs. 1 dient der Ergänzung zu Art. 28 Abs. 1 EuInsVO, dh bei Niederlassung in Deutschland, § 7 Abs. 2 betrifft den Fall des Art. 28 Abs. 2 EuInsVO. § 7 Abs. 3 enthält eine für beide Fälle geltende Regelung zu dem Verfahren; demgegenüber betrifft § 7 Abs. 4 nur den Fall des § 7 Abs. 1.

Da die Anerkennung eines ausländischen Insolvenzverfahrens von der Veröffentlichung unabhängig ist, sondern automatisch und ohne weitere Förmlichkeiten erfolgt, dient die Veröffentlichung **2** nach Art. 28 EuInsVO der **Rechtssicherheit im internationalen Rechtsverkehr.** Insbesondere soll die Bekanntmachung dem Schutz der Insolvenzmasse vor einer schuldbefreienden Leistung des Drittschuldners iSd Art. 31 EuInsVO dienen, die nicht zur Insolvenzmasse, sondern an den Schuldner selbst gelangt.[2]

II. Veröffentlichung bei deutscher Niederlassung (Abs. 1)

1. Zuständigkeit. § 7 Abs. 1 Satz 1 regelt die **örtliche und sachliche Zuständigkeit des** **3** **Gerichts** für Anträge nach Art. 28 Abs. 1 EuInsVO. Die Vorschrift ordnet an, dass der ausländische Insolvenzverwalter den Antrag an das „nach § 1 Abs. 2 zuständige Gericht" zu richten hat und nicht unmittelbar an die Veröffentlichungsstelle.[3] Nach § 1 Satz 2 ist das Insolvenzgericht ausschließlich örtlich zuständig, in dessen Bezirk die Niederlassung (iSd Art. 2 Nr. 10 EuInsVO) liegt. Daher sind für die Veröffentlichung **sachlich** die Insolvenzgerichte zuständig.[4] Der Gesetzgeber ging davon aus, bei dem zuständigen Insolvenzgericht entwickele sich mit der Zeit ein entsprechender Sachverstand in Bezug auf die Abwicklung grenzüberschreitender Insolvenzen, der eine Zuweisung zu diesen Gerichten opportun erscheinen lasse.[5]

Der Fall eines Antrags des *deutschen* Sekundärverfahrens ist demgegenüber von § 5 nicht geregelt, **4** da Art. 28 EuInsVO lediglich die Veröffentlichung in einem anderen Mitgliedstaat erfasst.[6] In einem solchen Fall greifen bereits die allgemeinen Regeln der InsO. Die Zuständigkeit nach § 7 Abs. 1 greift gerade dann, wenn noch kein Sekundärverfahren in Deutschland eröffnet worden ist. Ist dies bereits geschehen, ist ohnedies nach den Regeln des deutschen Sekundärverfahrensstaats in Deutschland zu veröffentlichen.

Geht der Antrag bei einem unzuständigen Gericht ein, ist § 7 Abs. 4 zu entnehmen, dass dieses **5** Gericht den Antrag unverzüglich an das zuständige Gericht weiter zu leiten und den Antragsteller darüber zu informieren hat.[7]

---

[1] → EuInsVO Art. 21 Rn. 3.
[2] Vgl. Art. 31 EuInsVO Abs. 2 sowie Nerlich/Römermann/*Hübler* Art. 102 § 7 Rn. 5; vgl. zur EuInsVO 2000 HKInsO/*Swierczok* Art. 102 § 5 Rn. 2; MüKoBGB/*Kindler* Art. 102c § 7 EGInsO Rn. 1.
[3] Vgl. auch die entsprechende Vorschrift im autonomen Insolvenzrecht, § 345 InsO.
[4] Vgl. auch Pannen/*Pannen/Eickmann* Art. 102 § 5 Rn. 2.
[5] Vgl. Begr. RegE BT-Drs. 15/16 S. 15 f. zu Art. 102 EGInsO aF.
[6] Offenbar aA → 2. Aufl., Art. 102 § 5 Rn. 4.
[7] Vgl. schon zu Art. 102 § 6 Abs. 3 EGInsO aF LSZ/*Smid*, Int. Insolvenzrecht, Art. 102 § 5 Rn. 4; KPB/*Kemper* Art. 102 § 5 Rn. 2.

Art. 102c § 7 6–13 Teil 1 Allgemeine Bestimmungen

6   **2. Antragsberechtigung.** Die Berechtigung zur Antragstellung ergibt sich nicht aus § 7, sondern aus Art. 28 EuInsVO. Der Antrag kann daher nur von einem ausländischen Verwalter gestellt werden, wobei für der Auslegung des Begriffs „Verwalter" auf die in Art. 2 Nr. 5 EuInsVO vorhandene Definition sowie die konkrete Auflistung in Anhang B zurück zu greifen ist.[8] (dazu näher → EuInsVO Art. 28 Rn. 5).

7   **3. Anerkennungsfähigkeit der Entscheidung.** Der Antrag auf Veröffentlichung ist nur dann begründet, wenn das ausländische Insolvenzverfahren im Inland anerkannt werden kann. Das deutsche Insolvenzgericht ist nach der Verordnung nicht verpflichtet, ausländische Insolvenzeröffnungsbeschlüsse im Inland öffentlich bekannt zu machen, wenn eine Anerkennung im Inland versagt werden muss. Das zuständige Gericht hat daher vor der Veröffentlichung der Verfahrenseröffnung zu prüfen, ob es sich bei dem ausländischen Insolvenzverfahren um ein anerkennungsfähiges Verfahren im Sinne der EuInsVO handelt.[9] Eine solche Versagung ist jedoch i.W. nur bei einem Verstoß gegen den *ordre public* nach Art. 33 EuInsVO denkbar. Umgekehrt ist die Bekanntmachung niemals Anerkennungsvoraussetzung für den Eröffnungsbeschluss.[10]

III. Veröffentlichung wegen Belegenheit von Vermögen (Abs. 2)

8   **1. Antrag nach Art. 28 Abs. 2 EuInsVO.** Mit § 7 Abs. 2 regelt der Gesetzgeber die Zuständigkeit für den Fall des Art. 28 Abs. 2 EuInsVO. Auf die Kommentierung des Art. 28 Abs. 2 EuInsVO wird verwiesen. Zuständig für den Antrag ist nach Satz 1 grundsätzlich das Gericht der Belegenheit des wesentlichen Teils des Vermögens, Satz 2 greift nur subsidiär.

9   **2. Eröffnung eines Insolvenzverfahrens in einem anderen Mitgliedstaat.** Die in § 7 Abs. 2 geregelte Situation setzt voraus, dass in einem anderen Mitgliedstaat das Verfahren eröffnet und ggf. ein Verwalter bestellt worden ist. Art. 28 EuInsVO unterscheidet nicht nach Art des Verfahrens. Daher können auch Sekundär- und Partikularverfahren erfasst sein (anders noch bei Art. 102 § 5 Abs. 2 EGInsO).

10   **3. Zuständigkeit und Anerkennungsfähigkeit der Entscheidung.** Für die Fragen der örtlichen Zuständigkeit sowie die notwendige Prüfung der Anerkennungsfähigkeit des ausländischen Verfahrens bzw. genauer: der bekanntzumachenden Entscheidung im Rahmen von § 7 Abs. 2 gelten die zu Absatz 1 ausgeführten Grundsätze.[11]

11   **4. Belegenheit eines wesentlichen Teils des Vermögens.** Für die Zuständigkeit kommt es auf die Belegenheit des wesentlichen Teils des Vermögens an. Die Belegenheit ist an den Maßstäben des Art. 2 Nr. 9 EuInsVO zu prüfen, auch soweit es die innerstaatliche Belegenheit betrifft. Was wesentlich ist, bedingt eine wertende Betrachtung im Lichte der im Inland belegenen Vermögensgegenstände unter Berücksichtigung der Verkehrsauffassung.[12] Es ist also zu fragen, was unter allen im Inland vorhandenen Vermögenswerten den wesentlichen Teil ausmacht. Mathematische Genauigkeit bei der Wertbestimmung ist nicht erforderlich. Überhaupt muss die Prüfung nicht streng an quantitativen Gesichtspunkten ausgerichtet sein. So kann beispielsweise ein unbeweglicher Vermögensgegenstand (schon wegen des Gleichlaufs mit Art. 102c § 8) selbst dann bei wertender Betrachtung den wesentlichen Teil des Vermögens ausmachen, wenn es noch ein Bankkonto gibt, auf dem schwankende Bestände, die den Wert des Grundstücks übersteigen, vorhanden sind. Im Regelfall sollte allerdings der Wert das primäre Kriterium sein.

12   Grundsätzlich gilt für die Prüfung der Zuständigkeit der Amtsermittlungsgrundsatz des § 5 InsO. Allerdings wird man es ausreichen lassen können, wenn das Gericht auf der Grundlage des Antrags und der ergänzenden Angaben des Antragstellers zu einer Einschätzung der Vermögensbelegenheit kommt. Weitergehende **Ermittlungspflichten** des Insolvenzgerichts bestehen nicht.[13]

13   **5. Hilfszuständigkeit (Satz 2).** Satz 2 regelt nur den Fall, dass in Deutschland überhaupt kein Vermögen ersichtlich ist. Dann ist jedes Insolvenzgericht nach Wahl des Antragstellers zuständig. Ist demgegenüber nur ein untergeordneter Teil des Inlandsvermögens an einem Ort belegen, greift Satz 2 nicht, denn dann muss es denklogisch auch einen Ort mit dem wesentlichen Teil geben.

---

[8] Vgl. hierzu → EuInsVO Art. 2 Rn. 6.
[9] Vallender/Vallender Art. 102c § 7 EGInsO Rn. 18; FKInsO/*Wenner*/*Schuster* Art. 102c § 7 Rn. 6; zur EuInsVO aF KPB/*Kemper* Art. 102 § 5 Rn. 3.
[10] Vgl. FKInsO/*Wenner*/Schuster Art. 102c EGInsO § 7 Rn. 2; *Pannen*/*Riedemann* NZI 2004, 301, 304.
[11] Vgl. → Rn. 3 f., 7.
[12] Vallender/*Vallender* Art. 102c § 7 EGInsO Rn. 16.
[13] Ungenau Vallender/*Vallender* Art. 102c § 7 EGInsO Rn. 16.

IV. Verfahren und Formalitäten

1. Übersetzung (Abs. 3). Zur Arbeitserleichterung kann das Insolvenzgericht einer beantragten Bekanntmachung sowohl nach Abs. 2 als auch nach Abs. 1 eine beglaubigte **Übersetzung des Antrags verlangen.** Das schließt (wie bei Art. 22 S. 2 EuInsVO) die Übersetzung der Eröffnungsentscheidung ein.[14] Hierin ist eine Parallele zu Art. 57 EuGVVO zu erkennen.[15] 14

2. Inhalt der Bekanntmachung. Nach Art. 28 EuInsVO ist der wesentliche Inhalt der Entscheidungen bekannt zu machen (→ EuInsVO Art. 28 Rn. 11). Gemeint sind die in Art. 28 EuInsVO genannten Entscheidungen über die Verfahrenseröffnung und die Bestellung eines Verwalters. Der „wesentliche" Inhalt bestimmt sich nach dem Zweck, den inländischen Rechtsverkehr zu informieren. Soweit für das deutsche Insolvenzgericht nicht erkennbar ist, ob ein bestimmter Inhalt dieser Entscheidungen Relevanz nur für den ausländischen Verfahrenstaat hat oder ihm doch **Bedeutung für das Inland** zukommt, sollte grundsätzlich der gesamte Inhalt der Entscheidungen veröffentlicht werden.[16] 15

Nach Absatz 3 Satz 2 ist nicht nur die Eröffnung des Verfahrens öffentlich bekannt zu machen, sondern – soweit die Eröffnung bekannt gemacht wurde – auch stets seine **Beendigung;**[17] das entspricht § 34 Abs. 3 S. 1 InsO. Das gilt sowohl für den Fall des § 7 Abs. 1 als auch jenen des § 7 Abs. 2 (zum Problem unter dem Art. 102 EGInsO → 3. Aufl., Art. 102 § 5 Rn. 12). 16

3. Form. Die Art und Weise der Veröffentlichung selbst bestimmt sich gemäß Art. 28 EuInsVO nach dem Recht des Staates, in dem die Entscheidung veröffentlicht werden soll.[18] § 7 Abs. 3 verweist für Bekanntmachungen in Deutschland insoweit auf § 30 Abs. 1 Satz 1 InsO sowie auf § 9 Abs. 1 und Abs. 2 InsO. Mit der Verweisung auf § 9 Abs. 1 und 2 InsO wird nochmals sichergestellt, dass die Verfahrenseröffnung eines ausländischen Verfahrens möglichst wie ein inländisches Verfahren öffentlich bekannt gemacht wird.[19] 17

V. Entscheidung des Gerichts

Das Gericht hat grundsätzlich **kein Ermessen,** ob es die Bekanntmachung zulässt; auf die Kommentierung bei → EuInsVO Art. 28 Rn. 7 wird verwiesen. Liegen die Bekanntmachungsvoraussetzungen vor, hat das Gericht die Veröffentlichung unverzüglich zu bewirken (zur Mitwirkungspflicht → EuInsVO Art. 28 Rn. 7).[20] Die Anordnung ergeht durch den Rechtspfleger, § 3 Nr. 2 lit. g) RpflG, durch Beschluss, der dem Verwalter und dem Schuldner zuzustellen ist;[21] dafür greift die **EuZustellVO.**[22] 18

VI. Verweisung (Abs. 4)

§ 7 Abs. 4 sieht für Fälle des Abs. 1 eine **gerichtsinterne Verweisung** bzw. Weiterleitung an das zuständige Gericht vor. Dies erfolgt von Amts wegen. Allerdings darf das Gericht nicht nach Gusto von der Befugnis Gebrauch machen, sondern nur, wenn es davon ausgeht, es sei selbst nicht zuständig.[23] Damit soll den Schwierigkeiten Rechnung getragen werden, vor denen ausländische Verwalter ggf. stehen, wenn sie in Deutschland Anträge stellen wollen, weil das Zuständigkeitswesen schwer durchschaubar sein mag. Der Antragsteller ist über die Weiterleitung **zu unterrichten.** Dies wird man dahin verstehen müssen, dass jedenfalls dann, wenn die Dinge nicht eindeutig sind, auch eine vorherige Unterrichtung und Anhörung erforderlich ist. Beharrt der Antragsteller auf der Zuständigkeit des angerufenen Gerichts, muss das Gericht den Antrag ggf. zurückweisen, wenn es sich für unzuständig erachtet. Die erfolgte Weiterleitung ist **für das Zweitgericht nicht bindend,** 19

---

[14] Vgl. schon zu Art. 102 § 5 EGInsO aF RegE BT-Drs. 15/16 S. 16.
[15] Ebenso MüKoBGB/*Kindler* Art. 102c § 7 Rn. 8; HKInsO/*Swierczok* Art. 102c § 7 Rn. 3; FKInsO/*Wenner/ Schuster* Art. 102c § 7 Rn. 11 zu Art. 55 Abs. 2 EuGVVO aF; LSZ/*Smid,* Int. Insolvenzrecht, Art. 102 § 5 Rn. 3.
[16] FKInsO/*Wenner/Schuster* Art. 102c § 7 Rn. 3.
[17] LSZ/*Smid,* Int. Insolvenzrecht, Art. 102 § 5 Rn. 5.
[18] FKInsO/*Wenner/Schuster* Art. 102c § 7 Rn. 1.
[19] HKInsO/*Swierczok* Art. 102c § 7 Rn. 4; *Pannen/Riedemann* NZI 2004, 301, 303; LSZ/*Smid,* Int. Insolvenzrecht, Art. 102 § 5 Rn. 3. Zu Anpassungen → EuInsVO Art. 22 Rn. 7.
[20] Vgl. AG Mannheim ZIP 2016, 2235, 2237; Vallender/*Vallender* Art. 102c § 7 EGInsO Rn. 21.
[21] Vallender/*Vallender* Art. 102c § 7 EGInsO Rn. 22.
[22] Verordnung (EG) Nr. 1393/2007 des Europäischen Parlaments und des Rates vom 13.11.2007 über die Zustellung gerichtlicher und außergerichtlicher Schriftstücke in Zivil- oder Handelssachen in den Mitgliedstaaten (Zustellung von Schriftstücken) und zur Aufhebung der Verordnung (EG) Nr. 1348/2000 des Rates.
[23] Vgl. auch Vallender/*Vallender* Art. 102c § 7 EGInsO Rn. 25.

wohl aber darf das Zweitgericht nicht über eigene Weiter- oder Zurückverweisung die Effektivität des Antragsrechts aus Art. 28 EuInsVO konterkarieren.

VII. Kosten

20   Nach den geltenden Kostenbestimmungen fallen für die Entscheidung des inländischen Insolvenzgerichts über die Bekanntmachung der ausländischen Entscheidung **keine Gerichtsgebühren** an. Diese Lücke ist vom Gesetzgeber im Rahmen der Einführung des § 7 gesehen und ausdrücklich gebilligt worden.[24] Allerdings entstehen **Bekanntmachungskosten** (vgl. Nummer 9004 des Kostenverzeichnisses zum GKG). Gemäß § 24 GKG[25] ist der Antragsteller Kostenschuldner im Antragsverfahren nach § 7 Abs. 1. Diese Zuweisung der Kostenschuldnerschaft steht im Einklang mit der EuInsVO, die aufgrund der Regelung in Art. 30 EuInsVO implizit davon ausgeht, die mit der Bekanntmachung nach Art. 28 EuInsVO entstehenden Kosten seien von dem Antragsteller zu tragen.[26] Sie fallen dann in der Regel der ausländischen Masse zur Last.

21   Gleiches gilt für die Veröffentlichung nach § 7 Abs. 2. Auch diese Kosten fallen der ausländischen Insolvenzmasse zur Last und nicht etwa der Insolvenzmasse des inländischen Sekundärverfahrens. Art. 30 EuInsVO ordnet die Kosten dem Verfahren zu, das Gegenstand der Bekanntmachung ist.

Art. 102c § 8 Eintragung in öffentliche Bücher und Register

(1) ¹Der Antrag auf Eintragung nach Artikel 29 Absatz 1 der Verordnung (EU) 2015/848 ist an das nach § 1 Absatz 2 zuständige Gericht zu richten. ²Er soll mit dem Antrag nach Artikel 28 Absatz 1 der Verordnung (EU) 2015/848 verbunden werden. ³Das Gericht ersucht die registerführende Stelle um Eintragung. ⁴§ 32 Absatz 2 Satz 2 der Insolvenzordnung findet keine Anwendung.

(2) ¹Der Antrag auf Eintragung nach Artikel 29 Absatz 2 der Verordnung (EU) 2015/848 ist an das nach § 7 Absatz 2 zuständige Gericht zu richten. ²Er soll mit dem Antrag nach Artikel 28 Absatz 2 der Verordnung (EU) 2015/848 verbunden werden.

(3) ¹Die Form und der Inhalt der Eintragung richten sich nach deutschem Recht. ²Kennt das Recht des Mitgliedstaats der Europäischen Union, in dem das Insolvenzverfahren eröffnet worden ist, Eintragungen, die dem deutschen Recht unbekannt sind, so hat das Insolvenzgericht eine Eintragung zu wählen, die der des Mitgliedstaats der Verfahrenseröffnung am nächsten kommt.

(4) § 7 Absatz 4 gilt entsprechend.

Übersicht

		Rn.			Rn.
I.	Normzweck	1	IV.	Eintragungsvoraussetzungen	9
II.	Antrag bei Niederlassung in Deutschland (Abs. 1)	2	1.	Anerkennungsvoraussetzungen	9
			2.	Öffentliche Register	12
1.	Antragsberechtigung	2	V.	Inhalt und Form der Eintragung (Abs. 3)	13
2.	Zuständigkeit	4			
III.	Antrag nach § 8 Abs. 2	7	VI.	Antrag bei einem unzuständigen Gericht (Abs. 3)	14

I. Normzweck

1   Die Eintragung der Verfahrenseröffnung in öffentliche Register erfolgt nach näherer Maßgabe des Art. 29 Abs. 1 EuInsVO, ebenso wie die öffentliche Bekanntmachung, grundsätzlich auf Antrag des ausländischen Insolvenzverwalters. § 8 enthält in Absatz 1 eine auf europäischer Ebene fehlende **Regelung zur sachlichen und örtlichen Zuständigkeit des Gerichts,** an das der Eintragungsantrag zu richten ist, wenn wegen einer Niederlassung in Deutschland nach Art. 29 Abs. 1 EuInsVO die

---

[24] Vgl. Begr. RegE BT-Drs. 15/16 S. 26.
[25] Die Vorschrift wurde durch das Gesetz zur Neuregelung des internationalen Insolvenzrechts (vgl. BT-Drs. 15/16, S. 9) zunächst als § 51 in das GKG eingefügt und durch das Kostenrechtsmodernisierungsgesetz (BGBl. 2004 I S. 718) in § 24 GKG überführt.
[26] Vgl. → EuInsVO Art. 28 Rn. 2; KPB/*Holzer* Art. 102c § 7 Rn. 19.

Registereintragung herbeigeführt werden muss. Absatz 2 betrifft die Zuständigkeit für die fakultative Beantragung einer Eintragung in Deutschland, wenn dort keine Niederlassung gegeben ist, aber der ausländische Verwalter oder Schuldner in Eigenverwaltung die Eintragung gleichwohl für sinnvoll erachtet. Absatz 3 enthält nähere Vorgaben über den Inhalt und die Form. Er regelt auch die Frage der Anpassung und Verfahrensweise, wenn ein in Deutschland unbekannter Inhalt eingetragen werden müsste. Die Eintragung in öffentliche Register ist wie die öffentliche Bekanntmachung nach § 7 keine Anerkennungsvoraussetzung für ausländische Verfahren. Sie dient wie Art. 28 EuInsVO insbesondere dem Schutz der Masse vor einem gutgläubigen Erwerb von Massegegenständen sowie allgemein der Sicherheit des inländischen Rechtsverkehrs.[1]

II. Antrag bei Niederlassung in Deutschland (Abs. 1)

1. Antragsberechtigung. Antragsberechtigt ist der Verwalter des Hauptverfahrens, anders als bei Art. 102 § 7 EGInsO aF aber auch der Partikularverwalter. Daneben ist auch der Schuldner in **Eigenverwaltung** antragsberechtigt (Art. 2 Nr. 3 EuInsVO). 2

Die **Form des Antrags** bestimmt sich nach deutschem Recht (zur Form der Eintragung → Rn. 13).[2] Soweit öffentliche Register daher für die Antragsberechtigung öffentliche Urkunden verlangen,[3] steht es dem Verwalter offen, seine Verwalterstellung gemäß Art. 22 EuInsVO nachzuweisen. Anders als bei ausländischen öffentlichen Urkunden üblich, bedarf es jedoch gemäß Art. 22 EuInsVO keiner Legalisation oder einer Apostille. Es reicht die beglaubigte Abschrift des Originals des Bestellungsbeschlusses sowie eine beglaubigte Übersetzung.[4] Über Art. 19 EuInsVO hinausgehende Voraussetzungen dürfen jedoch nicht aufgestellt werden (→ EuInsVO Art. 19 Rn. 3). 3

2. Zuständigkeit. Der Antrag auf Eintragung der Verfahrenseröffnung ist bei dem nach § 1 Abs. 2 zuständigen Gericht zu stellen. Damit ist klargestellt, dass für die Bearbeitung des Antrags **sachlich** ein Insolvenzgericht zuständig ist. Den registerführenden Stellen wurde es somit abgenommen, die vorgeschaltete Prüfung auf Bestehen der Anerkennungsvoraussetzungen der ausländischen Insolvenzverfahren durchführen zu müssen.[5] Dem **Grundbuchamt ist diese Prüfung verwehrt.**[6] Das Insolvenzgericht ersucht nach Satz 3 die registerführende Stelle um Eintragung. Bei den Insolvenzgerichten wird die größte Sachkenntnis bezüglich grenzüberschreitender Insolvenzen vermutet. Aus diesen Gründen schließt auch Satz 4 des Absatzes die Anwendung des § 32 Abs. 2 S. 2 InsO aus, welcher dem inländischen Insolvenzverwalter eine Antragsbefugnis auf Eintragung der Verfahrenseröffnung unmittelbar beim Grundbuchamt gewährt.[7] Gegenüber dem Grundbuchamt besteht keine Antragsbefugnis, ein gleichwohl erfolgender Antrag ist unzulässig[8] (kann aber ggf. an das Insolvenzgericht abgegeben werden). Die Regelung über die abgespaltene **verbindliche Prüfungszuständigkeit des Insolvenzgerichts** bei Anträgen auf Eintragung des Insolvenzvermerks über ein ausländisches Insolvenzverfahren in ein deutsches Grundbuch ist **nicht** auf andere Fälle **analog** anzuwenden, in denen das **Grundbuchamt** anlässlich einer einzelnen Entscheidung vor der Frage steht, welche Rechtswirkungen die Eröffnung eines bestimmten ausländischen Insolvenzverfahrens hat und in welchem Umfang die Wirkungen im Inland anzuerkennen sind.[9] Demgegenüber ist auch bei der **Löschung des Insolvenzvermerkes** die Prüfungskompetenz des Grundbuchamts beschränkt, eine inhaltliche Nachprüfung des Ersuchens des Insolvenzgerichts erfolgt nicht.[10] Zu Rechtsmitteln vgl. → Art. 102c § 9 Rn. 8. 4

Besteht im Inland eine Niederlassung, so ist für den Antrag nach § 1 Abs. 2 dase Insolvenzgericht **örtlich** zuständig, in dessen Bezirk die Niederlassung des Schuldners liegt. Bestehen mehrere Niederlassungen, so gilt gem. § 1 Abs. 2 S. 2 iVm § 3 Abs. 2 InsO das Prioritätsprinzip. Für den **Begriff** 5

---

[1] FKInsO/*Wenner/Schuster* Art. 102c § 8 Rn. 2; *Pannen/Riedemann* NZI 2004, 301, 304; zu Art. 22 vgl. *Virgos/Schmit*, Erläuternder Bericht, Rn. 182. Zum Fehlen einer entsprechenden Koordinierungsregel **im spanischen Recht** und zur dortigen Grundbuchsperre *Steinmetz/Giménez* NZI 2010, 973, 974.
[2] Vgl. → EuInsVO Art. 22 Rn. 9 f. zu Form und Inhalt der Eintragung; nichts anderes kann für die Form des Antrags gelten.
[3] Vgl. § 29 Abs. 1 Satz 2 GBO, §§ 32, 34 Abs. 5 HGB; § 102 GenG; § 75 GBG; §§ 45, 37 Abs. 3 SchRegO; §§ 18, 86 Abs. 1 LuftfzRG.
[4] Vgl. → EuInsVO Art. 19 Rn. 4 ff.
[5] Vgl. Begr. RegE BT-Drs. 15/16 S. 16; so auch FKInsO/*Wenner/Schuster* Art. 102c § 8 Rn. 3; LSZ/*Smid*, Int. Insolvenzrecht, Art. 102 § 6 Rn. 3; vgl. auch *Steinmetz/Giménez* NZI 2010, 973, die von einer „Koordinierungsnorm" sprechen, wie sie in Spanien fehle.
[6] OLG Dresden ZIP 2010, 2108, 2109 mAnm *Cranshaw* juris-PR-InsR 21/2010 Anm. 2.
[7] FKInsO/*Wenner/Schuster* Art. 102c § 8 Rn. 3; HKInsO/*Swierczok* Art. 102c § 8 Rn. 1.
[8] Vallender/*Vallender* Art. 102c § 8 EGInsO Rn. 8.
[9] AG Duisburg NZI 2010, 199, 200 = ZIP 2010, 594; dazu auch → EuInsVO Art. 22 Rn. 3.
[10] OLG Dresden ZIP 2010, 2108, 2109; OLG Köln NZI 2019, 984 mAnm *Vallender*.

der Niederlassung gilt Art. 2 Nr. 10 EuInsVO. Im Übrigen wird auf die Kommentierung zu Art. 29 EuInsVO verwiesen.

6   Besteht im Inland keine Niederlassung, so gilt § 8 Abs. 2.

III. Antrag nach § 8 Abs. 2

7   Soll nach Art. 29 Abs. 2 EuInsVO die Eintragung erwirkt werden, ist nach § 8 das nach § 7 Abs. 2 zuständige Gericht örtlich und sachlich zuständig. Nach § 7 Abs. 2 ist das Gericht zuständig, in dessen Bezirk der wesentliche Teil des inländischen (!) Vermögens belegen ist. Auf die Registereintragung oder dessen Erfordernis in Bezug auf die Vermögensgegenstände kommt es nicht zwingend an.[11] Fehlt es an Vermögen in Deutschland gänzlich, ist nach § 7 Abs. 2 Satz 2 jedes Insolvenzgericht zuständig.

8   Der Antrag auf Eintragung soll nach § 8 Abs. 2 Satz 2 mit dem Antrag nach Art. 28 Abs. 2 **verbunden** werden.[12] Das soll der Verfahrenskonzentration dienen und kann zugleich widersprechende Entscheidungen (etwa bezüglich der Anerkennungsfähigkeit des ausländischen Verfahrens) vermeiden, weil dann dasselbe Gerichte über die Anträge nach Art. 28 Abs. 2 und nach Art. 29 Abs. 2 EuInsVO entscheidet. Es handelt sich um eine Vorgabe an den Antragsteller, die aber nur als **Soll-Vorgabe** formuliert. Die Unzulässigkeit des (jeweiligen) Antrags kann bei fehlender Verbindung mit dem anderen Antrag daraus nicht gefolgert werden. Wird indes dasselbe Gericht mit beiden Anträgen befasst, können sie auch hinsichtlich des Verfahrensgangs verbunden werden (wie § 148 ZPO).

IV. Eintragungsvoraussetzungen

9   **1. Anerkennungsvoraussetzungen.** Bevor das Insolvenzgericht die registerführenden Stellen ersucht, die Eintragung in deren Register vorzunehmen, hat das Insolvenzgericht die **Anerkennungsvoraussetzungen** zu prüfen.[13] Zwar ist die Eintragung in den jeweiligen Registern nicht Voraussetzung für die Anerkennung bestimmter Wirkungen des ausländischen Insolvenzverfahrens.[14] Der Zweck der Sicherheit des Rechtsverkehrs würde jedoch ins Gegenteil verkehrt, würde das inländische Insolvenzgericht die Eintragung der ausländischen Verfahrenseröffnung in einem Register anordnen, obwohl die Verfahrenseröffnung im Inland nicht anzuerkennen ist. Hat der ausländische Insolvenzverwalter die Verfahrenseröffnung sowie seine Bestellung nachgewiesen (vgl. → Rn. 3), so kann allerdings – da das anerkennende Gericht nach der EuInsVO weder den Eröffnungsbeschluss noch die internationale Zuständigkeit des eröffnenden Gerichts inhaltlich überprüfen – die Anerkennung lediglich bei Vorliegen eines *ordre public*-Verstoßes im Sinne des Art. 33 EuInsVO versagt werden. Eine Ermittlungspflicht dergestalt, Ansatzpunkte für einen ordre public-Verstoß erst zu erforschen, hat das inländische Insolvenzgericht nicht. Lediglich bei **Vorliegen konkreter Anhaltspunkte** muss das Insolvenzgericht dieser Frage nachgehen.[15]

10   Gemäß § 8 Abs. 1 Satz 3 ersucht das Insolvenzgericht die Registerstelle um Eintragung. Anders als unter Art. 102 § 6 Abs. 1 Satz 2 EGInsO aF kommt es **nicht darauf an,** ob die Verfahrenseröffnung nach dem Recht des Staates, in dem das Hauptinsolvenzverfahren eröffnet wurde, **ebenfalls eintragungsfähig** ist. Eine solche Einschränkung kennt Art. 29 EuInsVO in der Tat nicht. Art. 29 EuInsVO dient dem Schutz des Rechtsverkehrs in dem jeweils betroffenen Mitgliedstaat. Daher kann es keine Rolle spielen, wie im Hauptverfahrensstaat der Schutz des Rechtsverkehrs ausgestaltet ist. Über die Eintragung soll der Rechtsverkehr im Registerstaat in der Weise unterrichtet werden, wie es dort jeweils lokal vorgesehen ist. Das Schutzbedürfnis des Hauptverfahrens entfällt nicht dadurch, dass eventuell das Recht des Hauptverfahrensstaates keine Registereintragung vorsieht (eventuell für bestimmte Vermögensgegenstände auch gar kein Register hat). Auch schutzwürdige Interessen aus Sicht des deutschen Registerwesens sind insoweit nicht berührt; dieser Schutz wird bereits über § 8 Abs. 3 S. 2 bewerkstelligt.

11   Die Anordnung zur Eintragung erfolgt durch gerichtlichen Beschluss oder Verfügung; wegen der Beschwerdefrist nach § 9 ist dieser Beschluss zuzustellen.[16] Zugleich ist die registerführende Stelle um die Eintragung zu ersuchen. Die **Registerstelle darf nicht erneut prüfen,** ob die Eintragungsvoraussetzungen vorliegen, insbesondere ob die Insolvenzeröffnung anerkennungsfähig

---

[11] AA noch → 2. Aufl., Art. 102 § 6 Rn. 7.
[12] BR-Drs. 654/16 S. 32.
[13] Vgl. KPB/*Kemper* Art. 102 § 6 Rn. 3; Pannen/*Pannen/Eickmann* Art. 102 § 6 Rn. 7.
[14] Vgl. → EuInsVO Art. 22 Rn. 12.
[15] Vgl. → EuInsVO Art. 33 Rn. 21.
[16] Vallender/*Vallender* Art. 102c § 8 EGInsO Rn. 13.

ist.[17] Das Register darf nur nach Abs. 3 Satz 2 ggf. eine Substitution bei unbekannten Eintragungen vornehmen. Hat das Insolvenzgericht dies im Anordnungsbeschluss bereits selbst vorgenommen, ist das Registergericht daran richtigerweise ebenfalls gebunden, weil das Insolvenzgericht hier den Vorrang hat. Die **Entscheidung über das Ob der Eintragung** steht stets **nur dem Insolvenzgericht** zu.

2. Öffentliche Register. Beantragt werden kann nach Art. 29 EuInsVO die Eintragung in das Grundbuch, das Handelsregister und alle sonstigen öffentlichen Register. Darunter sind alle Register gemeint, die **öffentlich zugänglich** sind.[18] Neben dem in Art. 29 ausdrücklich genannten Grundbuch und Handelsregister fallen daher unter den Begriff des öffentlichen Registers auch das Genossenschaftsregister, das Vereinsregister, das Schiffs- und Luftfahrzeugsregister, sowie die sonstigen Register des gewerblichen Rechtsschutzes wie das beim Deutschen Marken- und Patentamt geführte Marken-, Geschmacks- sowie Patent- und Gebrauchsmusterregister.[19] Entscheidend ist, dass von der Eintragung **masserelevante Wirkungen** ausgehen können; insoweit kommt auch eine teleologische Reduktion in Betracht.[20] Der Anwendungsbereich ist mit Art. 29 EuInsVO abzustimmen (dort → EuInsVO Art. 29 Rn. 6). 12

V. Inhalt und Form der Eintragung (Abs. 3)

Inhalt und Form der Eintragung richten sich nach dem Recht des Registerstaates, dh nach deutschem Recht.[21] Wird von dem ausländischen Insolvenzverwalter eine Eintragung beantragt, das deutsche Recht nicht vorsieht, ist stattdessen eine Eintragung vorzunehmen, die der beantragten am nächsten kommt (Substitution), Abs. 3 Satz 2. Zur Zuständigkeit insoweit soeben → Rn. 4. Ist auch dies nicht möglich, so darf das zuständige Insolvenzgericht davon absehen, die Registerstelle um eine Eintragung der Verfahrenseröffnung zu ersuchen.[22] Für letzteres sollte allerdings ein ganz strenger Maßstab gelten (dazu → EuInsVO Art. 29 Rn. 11). Die Eintragung als solche ist nach §§ 69 Nr. 2, 87 Abs. 1 KostO kostenfrei. 13

VI. Antrag bei einem unzuständigen Gericht (Abs. 3)

Stellt der Insolvenzverwalter den Antrag auf Eintragung der Verfahrenseröffnung bei einem unzuständigen Gericht, so darf das angerufene Gericht gemäß § 8 Abs. 4 iVm § 7 Abs. 4 den Antrag nicht ablehnen, sondern muss ihn unverzüglich an das zuständige Gericht **weiterleiten**.[23] Den für ausländische Verwalter bestehenden Unsicherheiten bei der Ermittlung des zuständigen Gerichts soll damit Rechnung getragen werden. Das entspricht der Rechtslage beim Antrag auf öffentliche Bekanntmachung.[24] Der ausländische Insolvenzverwalter ist über die Weiterleitung zu informieren. 14

Art. 102c § 9 Rechtsmittel

¹**Gegen die Entscheidung des Insolvenzgerichts nach § 7 oder § 8 findet die sofortige Beschwerde statt.** ²**Die §§ 574 bis 577 der Zivilprozessordnung gelten entsprechend.**

I. Normzweck

Die Entscheidungen des Insolvenzgerichts über die Bekanntmachung gemäß § 7 oder die Registereintragung gemäß § 8 haben sowohl für den ausländischen Insolvenzverwalter als auch für den betroffenen Schuldner erhebliche Bedeutung. § 9 ordnet daher an, dass gegen die Entscheidung das Rechtsmittel der sofortigen Beschwerde statthaft ist. Damit wird zugleich der **Gleichschluss mit § 6 InsO** hergestellt, nach dem die sofortige Beschwerde gegen Entscheidungen des Insolvenzgerichts nur statthaft ist, soweit sie im Gesetz vorgesehen ist. Die Regelung in § 9 ist eine solche gesetzliche Gestattung. Die Vorschrift geht auf Art. 102 § 7 EGInsO aF zurück. Art. 102 § 7 Satz 2 1

---

[17] Zur Prüfung der Anerkennungsvoraussetzungen → Rn. 4.
[18] Vgl. → EuInsVO Art. 2 Rn. 38.
[19] Vgl. → EuInsVO Art. 29 Rn. 3 f.
[20] MüKoBGB/*Kindler* Art. 102c § 7 Rn. 5.
[21] Vgl. Begr. RegE BT-Drs. 15/16 S. 16; so auch LSZ/*Smid,* Int. Insolvenzrecht, Art. 102 § 6 → Rn. 4; HKInsO/*Swierczok* Art. 102c § 8 Rn. 3; *Hanisch* ZIP 1992, 1125, 1127.
[22] Vgl. Begr. RegE BT-Drs. 15/16 S. 16; so auch *Pannen/Riedemann* NZI 2004, 301, 304; LSZ/*Smid,* Int. Insolvenzrecht, Art. 102 § 6 Rn. 3; MüKoBGB/*Kindler* Art. 102c § 7 EGInsO Rn. 8; HKInsO/*Swierczok* Art. 102c § 8 Rn. 3; Vallender/*Vallender* Art. 102c § 8 EGInsO Rn. 14.
[23] Vgl. Begr. RegE BT-Drs. 15/16 S. 16.
[24] Vgl. schon → Art. 102c § 7 Rn. 5.

EGInsO aF ist durch das ESUG vom 21.10.2011[1] geändert worden, weil § 7 InsO, auf den zuvor verwiesen wurde, aufgehoben wurde. Der Gesetzgeber des ESUG hat die Möglichkeit der **Rechtsbeschwerde** durch Streichung des § 7 InsO eingeschränkt. Die Rechtsbeschwerde ist grundsätzlich nur noch statthaft, soweit sie in der Entscheidung über die sofortige Beschwerde zugelassen wird (§ 574 Abs. 1 Nr. 2 ZPO). Das galt auch für die Fälle des Art. 102 § 7 EGInsO und jetzt gleichermaßen für Art. 102c § 9. Die **Übergangsvorschrift** des Art. 103 f. ist zu beachten.

II. Sofortige Beschwerde (Satz 1)

2 **1. Sofortige Beschwerde.** Satz 1 regelt, dass gegen Entscheidungen des Insolvenzgerichts (zur Registerstelle → Rn. 8) nach §§ 7 oder 8 die sofortige Beschwerde statthaft ist. Die Regelung entspricht daher § 6 InsO für Rechtsmittel im Rahmen eines Insolvenzverfahrens. Für das Beschwerdeverfahren gelten die §§ 567 ff. ZPO. Insoweit kann – soweit nicht nachfolgend Besonderheiten gelten – auf die Ausführungen zu § 6 InsO sowie die Vorschriften der §§ 567 ff. ZPO verwiesen werden. Mit der Möglichkeit eines Rechtsmittels wird dem Interesse des ausländischen Verwalters an der Sicherung der im Inland belegenen Teile der Insolvenzmasse Rechnung getragen.[2]

3 **2. Beschwerdebefugnis.** Wer beschwerdeberechtigt ist, wird durch § 9 nicht ausdrücklich bestimmt. Unstreitig steht zunächst dem **ausländischen Verwalter** die Beschwerdebefugnis zu, soweit er durch die Entscheidung des Insolvenzgerichts beschwert ist (vgl. zu Beschwer → Rn. 5).[3] Gleichgestellt ist der Schuldner in Eigenverwaltung, Art. 2 Nr. 3 EuInsVO, weil er in Art. 28 und 29 EuInsVO genannt ist.

4 Ob auch der **Schuldner bei bestehender Verwalterschaft** beschwerdebefugt ist, ist für den Einzelfall zu bejahen, obwohl er als solcher (also außerhalb der Eigenverwaltung) nicht in Art. 28 und Art. 29 EuInsVO genannt ist. Im Schrifttum wird freilich die Beschwerdebefugnis des Schuldners verneint, da der Eingriff in seine Rechtssphäre durch die Eröffnung des ausländischen Insolvenzverfahrens erfolge und er daher lediglich die Rechtsbehelfe gegen die Eröffnungsentscheidung im Verfahrenstaat einlegen könne und zudem die Bekanntmachung und Eintragung seine Rechte nicht verletzten.[4] Richtig daran ist, dass der ausländische Schuldner die Beschwer nicht damit begründen kann, die ausländische Eröffnungsentscheidung sei falsch, weil der Anerkennungsstaat die Entscheidung des Erstgerichts im Rahmen der EuInsVO grundsätzlich nicht mehr auf seine Richtigkeit nachprüft.[5] Der Schuldner kann nach den Anerkennungsregeln der EuInsVO daher mit diesen Argumenten nicht gehört werden. Wohl aber steht dem Schuldner gegenüber einer Anerkennung des Eröffnungsbeschlusses auch nach der EuInsVO grundsätzlich der *ordre public* Einwand zu. Der **Schuldner** wird daher durch die Bekanntmachung des Eröffnungsbeschlusses oder dessen Registereintragung **zusätzlich beschwert**. Ihm kann daher nicht grundsätzlich das Recht abgesprochen werden, gegen den Beschluss des Insolvenzgerichts Rechtsmittel einlegen zu dürfen. Man wird insoweit aber schon für die Zulässigkeit der Beschwerde eine **qualifizierte Darlegung** einer auf diese Weise begründeten Beeinträchtigung eigener Rechte verlangen können.

5 **3. Beschwer.** Voraussetzung ist zudem, dass der Beschwerdeführer beschwert ist. Eine Beschwer liegt beim ausländischen Insolvenzverwalter stets vor, wenn sein Antrag auf Bekanntmachung oder Registereintragung entweder abgelehnt oder die Bekanntmachung oder Registereintragung aufgrund von Anpassungsfragen (vgl. → Art. 102c § 8 Rn. 14) nicht in der beantragten Form erfolgen soll (sog. formelle Beschwer[6]).[7] Auf Seiten des Schuldners liegt eine Beschwer vor, wenn die Bekanntmachung oder die Registereintragung erfolgen soll, ohne dass die Anerkennungsvoraussetzungen vorliegen (vgl. → Rn. 4).

6 **4. Notfrist.** Für die sofortige Beschwerde nach § 9 sind ebenso wie für § 6 InsO die Bestimmungen der §§ 567 ff. ZPO anzuwenden. Es ist eine begründete Beschwerdeschrift innerhalb einer Notfrist von zwei Wochen ab Verkündung der Entscheidung bzw. bei deren Fehlen ab Zustellung bei dem Insolvenzgericht oder dem zuständigen Beschwerdegericht einzureichen. Der Beschluss des Insolvenzgerichts ist sowohl dem Insolvenzverwalter als auch dem Schuldner **zuzustellen**, § 8 InsO.

---

[1] BGBl. 2011 I S. 2582.
[2] Vgl. HKInsO/*Swierczok* Art. 102c § 9 Rn. 1, Art. 102 § 7 Rn. 1; MüKoBGB/*Kindler* Art. 102c § 9 Rn. 1; Pannen/*Pannen*/*Eickmann* Art. 102 § 7 Rn. 1.
[3] Einhellige Auffassung, vgl. FKInsO/*Wenner*/*Schuster* Art. 102c § 9 Rn. 3; KPB/*Holzer* Art. 102c § 9 Rn. 6; MüKoBGB/*Kindler* Art. 102c § 9 EGInsO Rn. 1.
[4] So ausdrücklich FKInsO/*Wenner*/*Schuster* Art. 102c § 9 Rn. 3; ebenso KPB/*Holzer* Art. 102c § 9 Rn. 6.
[5] Vgl. oben Art. 19 und 20 EuInsVO.
[6] Vgl. → InsO § 6 Rn. 31.
[7] KPB/*Kemper* Art. 102 § 7 Rn. 2.

Für die Zustellung im Insolvenzverfahren gelten die Vorschriften der Europäischen Zustellungsverordnung (EuZustellVO).[8]

III. Rechtsbeschwerde

§ 9 Satz 2 verweist auf §§ 574–577 ZPO. Damit wird nicht nur das Rechtsmittel, sondern auch der Rechtsmittelweg dem des Insolvenzverfahrens grundsätzlich gleichgestellt. Für die Rechtsbeschwerde gilt eine Notfrist von einem Monat ab Zustellung; sie ist beim zuständigen Beschwerdegericht einzureichen. Die Rechtsbeschwerde ist damit (anders als unter § 7 InsO aF) bei fehlender Zulassung nur zulässig, wenn die besonderen Voraussetzungen des § 574 Abs. 2 ZPO vorliegen, dh die Rechtssache grundsätzliche Bedeutung hat, sie der Fortbildung des Rechts oder der Sicherung einer einheitlichen Rechtsprechung dient. § 6 Abs. 3 InsO ist anwendbar. 7

IV. Rechtsmittel gegen die registerführende Stelle

§ 9 erfasst unmittelbar nur die Entscheidungen des Insolvenzgerichts. In der Begründung des Gesetzentwurfs zu Art. 102 § 7 EGInsO wird als weitere rechtsmittelfähige Entscheidung die Entscheidung des Grundbuchamtes über das Ersuchen des Insolvenzgerichts genannt; auf diese Entscheidung fänden zusätzlich die im Grundbuchverfahren geltenden Beschwerdevorschriften Anwendung.[9] In der Literatur wird daraus hergeleitet, der Insolvenzverwalter könne auch die Rechtsmittel einlegen, die für das jeweilige Eintragungsverfahren in einem Register vorgesehen seien (so zB §§ 71 ff. GBO für Grundbucheintragungen).[10] Teilweise wird auch § 9 analog angewendet,[11] was konsequenterweise die sofortige Beschwerde statt der Beschwerde nach § 71 GBO eröffnete. Bei Ablehnung des Vollzugs eines Eintragungsersuchens sei ein Rechtsmittel nach § 58 FamFG gegeben.[12] Diese **Auffassungen bedürfen der Einschränkung.** Soweit das jeweils vom Insolvenzgericht ersuchte Register lediglich das Eintragungsersuchen des Insolvenzgerichts vollzieht, ist grundsätzlich kein Rechtsmittel gegen die Tätigkeit der Registerstelle zulässig, wie sich auch aus § 8 Abs. 1 Satz 4 mit dem Verweis auf § 32 Abs. 2 Satz 2 InsO ergibt (→ Art. 102c § 8 Rn. 4). Der Beschwerdeführer hat das Rechtsmittel vielmehr in Form der sofortigen Beschwerde gegen die Entscheidung des Insolvenzgerichts zu richten, auf Grund derer die Registerstelle lediglich die Eintragung vollzieht. Das zusätzliche Rechtsmittel unmittelbar gegen die Handlung der Registerstelle ist daher nur denkbar, wenn die Registerstelle von dem Eintragungsersuchen des Insolvenzgerichts abweicht oder den Vollzug ablehnt.[13] Diese Möglichkeit ist jedoch eher theoretischer Natur, weil die Registerstelle keine eigene Prüfungsbefugnis hinsichtlich der materiellen Zulässigkeit der Eintragung in Anspruch nehmen darf. Ein Amtswiderspruch gegen die Löschung des Insolvenzvermerks kann der Verwalter im Wege der Grundbuchbeschwerde nicht erreichen.[14] Zudem werden sich die Registerstellen nur selten weigern, Eintragungsersuchen des Insolvenzgerichts nachzukommen. Derartige Fälle sind bisher auch im Rahmen des § 31 InsO nicht bekannt geworden. Soweit die Frage ausnahmsweise auftritt, sollten die allgemeinen Regeln und damit §§ 71 ff. GBO für das Grundbuchamt und § 58 FamFG für die Registerverfahren nach §§ 374 ff. FamFG gelten. 8

Art. 102c § 10 Vollstreckung aus der Eröffnungsentscheidung

¹Ist der Verwalter eines Hauptinsolvenzverfahrens nach dem Recht des Mitgliedstaats der Europäischen Union, in dem das Insolvenzverfahren eröffnet worden ist, befugt, auf Grund der Entscheidung über die Verfahrenseröffnung die Herausgabe der Sachen, die sich im Gewahrsam des Schuldners befinden, im Wege der Zwangsvollstreckung durchzusetzen, so gilt für die Vollstreckung in der Bundesrepublik Deutschland Artikel 32 Absatz 1 Absatz 1 der Verordnung (EU) 2015/848. ²Für die Verwertung von Gegenständen der Insolvenzmasse im Wege der Zwangsvollstreckung gilt Satz 1 entsprechend.

---

[8] Verordnung (EG) Nr. 1348/2000 des Rates vom 29.5.2000 über die Zustellung gerichtlicher und außergerichtlicher Schriftstücke in Zivil- oder Handelssachen in den Mitgliedstaaten, ABl. EG Nr. L 160/37 vom 30.6.2000. Vgl. auch KPB/*Kemper* Art. 102 § 7 Rn. 3.
[9] Vgl. Begr. RegE BT-Drs. 15/16 S. 16.
[10] So FKInsO/*Wenner/Schuster* Art. 102c § 9 Rn. 6; HKInsO/*Swierczok* Art. 102c § 9 Rn. 1, Art. 102 § 7 Rn. 3; LSZ/*Smid*, Int. Insolvenzrecht, Art. 102 § 7 Rn. 2.
[11] MüKoBGB/*Kindler* Art. 102c § 9 Rn. 2.
[12] HKInsO/*Swierczok* Art. 102c § 9 Rn. 1, Art. 102 § 7 Rn. 3.
[13] So wohl auch MüKoBGB/*Kindler* Art. 102c § 9 Rn. 2, als Beispiel für ein Rechtsmittel gegen die Registerstelle den Fall nennt, dass die Registerstelle dem Ersuchen des Insolvenzgerichts nicht nachkommt; ebenso wohl Pannen/*Pannen/Eickmann* Art. 102 § 7 Rn. 13.
[14] So OLG Dresden ZIP 2010, 2108, 2109 mAnm *Cranshaw* juris-PR-InsR 21/2010 Anm. 2.

I. Normzweck

1 § 10 regelt die **Vollstreckung der Eröffnungsentscheidung in Bezug auf die Herausgabevollstreckung** betreffend der im Schuldnergewahrsam befindlichen Massegegenstände (nach dem Vorbild des § 148 Abs. 2 InsO) sowie die Verwertung von Massegegenständen im Wege der Zwangsvollstreckung. Für beide Vollstreckungsmaßnahmen verweist § 10 auf die Vollstreckung (anders als Art. 102 § 8 EGInsO nicht auf die Vollstreckbarerklärung) des Titels nach Art. 32 Abs. 1 Unterabs. 1 EuInsVO, der wiederum auf die Vollstreckung nach den Art. 39–57 EuGVVO (mit Ausnahme der 45, 46 EuGVVO) verweist. Näher zum Verfahren Art. 32 EuInsVO Rn. 13 f. Zugleich ergibt sich daraus, dass die §§ 1110 bis 1117 ZPO ergänzend eingreifen. Die Vorschrift des § 10 geht auf Art. 102 § 8 EGInsO zurück, trägt aber dem Umstand Rechnung, dass die EuGVVO kein Exequaturverfahren mehr voraussetzt (zum Problem → 3. Aufl., Art. 102 § 8 Rn. 10a). Deshalb ist nunmehr von Vollstreckung und nicht mehr von Vollstreckbarerklärung die Rede.

2 § 10 Abs. 1 hat **keine eigenständige Bedeutung,** sondern lediglich wiederholenden und deklaratorischen Charakter.[1] Der deutsche Gesetzgeber kann die Geltung des Art. 32 Abs. 1 Unterabs. 1 EuInsVO nicht eigenmächtig festschreiben oder modifizieren. Soweit die Vorschrift verdeutlicht, dass der ausländische Insolvenzverwalter für die Herausgabe von Sachen vom Schuldner oder für die Verwertung von Teilen der Insolvenzmasse im Wege der Zwangsvollstreckung eine Vollstreckung benötigt, ist diese Möglichkeit ohnehin schon in Art. 32 EuInsVO vorgesehen.[2] Auch ansonsten dürfte die **Bedeutung der Vorschrift gering** bleiben, da das Recht der anderen Mitgliedstaaten in der Regel keinen gesonderten Titel kennt, der die Verwertung von Massegegenständen im Wege der Zwangsvollstreckung anordnet, und der dementsprechend im Inland vollstreckt werden könnte (vgl. → Rn. 6).

II. Erfasste Vollstreckungsmaßnahmen

3 **1. Herausgabe von Sachen (Abs. 1 Satz 1).** Art. 21 Abs. 1 S. 1 EuInsVO sieht für den in einem Hauptinsolvenzverfahren iSv Art. 3 Abs. 1 EuInsVO bestellten Insolvenzverwalter vor, dass dieser in den anderen Mitgliedstaaten alle diejenigen Befugnisse ausüben darf, die ihm nach der lex fori concursus zustehen. In Deutschland bestimmt beispielsweise § 148 Abs. 1 InsO, dass der Insolvenzverwalter nach der Eröffnung des Insolvenzverfahrens das gesamte zur Insolvenzmasse gehörige Vermögen in Besitz und Verwaltung zu nehmen hat. Nach § 148 Abs. 2 InsO kann der Insolvenzverwalter eine vollstreckbare Ausfertigung des Eröffnungsbeschlusses anfordern, um den Weg der **Herausgabevollstreckung** gegen den Schuldner beschreiten zu können. Der Eröffnungsbeschluss ist dann als Herausgabetitel im Sinne von § 794 Abs. 1 Nr. 3 ZPO anzusehen. Vergleichbares soll für die Herausgabevollstreckung aus der ausländischen Entscheidung gelten. Sieht das Recht des Verfahrenstaates entsprechende Befugnisse zugunsten des Insolvenzverwalters vor, so ist eine Zwangsvollstreckung aus dem ausländischen Titel nach allgemeinen Regeln nicht ohne weiteres möglich.[3] Der ausländische Titel wird zwar nach Art. 32 Abs. 1 Satz 1 EuInsVO ohne weiteres anerkannt und nach den Art. 39 ff. EuGVVO werden Entscheidungen in einem anderen Mitgliedstaat vollstreckt, ohne dass ein besonderes Exequaturverfahren durchlaufen werden muss (Art. 41 EuGVVO). An dessen Stelle tritt aber die nach Art. 53 EuGVVO *im Erststaat* auszustellende **Bescheinigung** unter Verwendung des Formblatts nach Anhang I der EuGVVO. Dieses Formblatt passt freilich nicht recht zur Eröffnungsentscheidung. Es ist daher wegen des vom Verordnungsgeber intendierten Lückenschlusses zwischen EuInsVO und EuGVVO davon auszugehen, dass im Eröffnungsstaat eine ggf. an die Natur der Eröffnungsentscheidung angepasste Bescheinigung ausgestellt werden muss. Das bedeutet dann für § 10, dass auf der Grundlage der Regelungen der EuGVVO in Deutschland vollstreckt werden darf, ohne dass noch das in Art. 102 § 8 EGInsO beschriebene Exequaturverfahren bisheriger Fassung durchlaufen werden kann. Wohl aber kann man in Deutschland nach den allgemeinen Regeln der neuen EuGVVO die Vollstreckung zu verhindern suchen, nämlich wegen mangelnder Anerkennung der Eröffnungsentscheidung (Art. 38 iVm Art. 45 EuGVVO entsprechend). Für die dann inzident zu prüfende Anerkennungsfähigkeit der Eröffnungsentscheidung sind aber die Maßstäbe der EuInsVO anwendbar, nicht jene der EuGVVO. Die Eröffnung eines Sekundärinsolvenzverfahrens in Deutschland hindert zwar die Wirkungserstreckung der Eröffnung des Hauptinsolvenzverfahrens durch ein ausländisches Gericht auf das inländische Vermö-

---

[1] Vgl. HKInsO/*Swierczok* Art. 102c § 10 Rn. 1, Art. 102 § 8 Rn. 1; Nerlich/Römermann/*Hübler* Art. 102c § 10 Rn. 1; FKInsO/*Wenner/Schuster* Art. 102c § 10 Rn. 1; zum EuInsÜ Stoll/*Trunk*, Vorschläge und Gutachten, S. 232, 246 f.
[2] Vgl. → EuInsVO Art. 32 Rn. 6 ff., 18.
[3] Vgl. MüKoBGB/*Kindler* Art. 102 § 8 Rn. 1.

gen des Schuldners, sie steht aber der Vollstreckung der Eröffnungsentscheidung des ausländischen Gerichts regelmäßig nicht im Wege.[4]

§ 10 Abs. 1 betrifft seinem Wortlaut nach jedoch nur die Herausgabe von Sachen, die sich im Gewahrsam des Schuldners befinden. Befinden sich massezugehörige Sachen **im Besitz eines Dritten,** so soll § 10 keine Anwendung finden.[5] Ein Grund für diese Einschränkung ist jedoch nicht ersichtlich. Da sich der Herausgabetitel aus der Entscheidung über die Verfahrenseröffnung ergeben muss, ist ohnehin kaum denkbar, dass der Eröffnungsbeschluss eine solche weitreichende Regelung auch gegenüber (in der Regel im Eröffnungsverfahren nicht beteiligte) Dritte enthält.[6] Soweit der ausländische Eröffnungsbeschluss dies dagegen ausdrücklich anordnen würde, müsste der Beschluss, wenn nicht nach Art. 19 EuInsVO, so nach Art. 32 Abs. 1 Unterabs. 1 EuInsVO anerkannt und vollstreckt werden können, soweit darin kein *ordre public*-Verstoß nach Art. 33 EuInsVO liegt. Mangels Regelungskompetenz kann § 10 diese – zumindest theoretisch – bestehende Möglichkeit nicht ausschließen.

2. Verwertung der Insolvenzmasse (Abs. 1 Satz 2). Satz 2 erweitert den Anwendungsbereich von § 10 auch auf die Verwertung von Gegenständen der Insolvenzmasse im Wege der Zwangsvollstreckung. Gemeint sind Fälle, in denen sich der Verwalter des Zwangsvollstreckungsverfahrens bedient oder bedienen muss, um einen Gegenstand für die Masse zu verwerten. Die Begründung des Gesetzesentwurfes zu Art. 102 EGInsO nennt der Verwertung unbeweglicher Gegenstände im Wege der Zwangsversteigerung nach § 165 InsO.[7] Der Verweis auf § 165 InsO geht partiell fehl, weil § 165 InsO für die Bestimmung der Verwertungsbefugnis des ausländischen Verwalters gerade keine Anwendung findet. Stattdessen richtet sich die **Befugnis zur Verwertung** ausschließlich nach der lex fori concursus, also nach dem Recht des ausländischen Verfahrensstaates; auch aus Art. 21 Abs. 3 EuInsVO folgt keine Sonderanknüpfung an das Recht des Belegenheitsortes. Lediglich der Ablauf des Verfahrens (nicht dagegen die Wahl der Verfahrensarten) soll sich nach dem Recht des Belegenheitsortes richten.[8] Für den ausländischen Verwalter ergibt sich daher aus § 165 InsO lediglich, dass unbewegliche Gegenstände, die in Deutschland belegen sind, im Wege der Zwangsvollstreckung verwertet werden (das Wie), nicht aber, dass der Verwalter kraft Amtes zur Ergreifung dieser Maßnahme auch befugt oder verpflichtet ist (das Ob). Letzteres entscheidet die lex fori concursus.

Zu einer **Verwertung von Massegegenständen** im Wege der Zwangsvollstreckung kann es daher überhaupt nur dann kommen, wenn das Recht des Verfahrensstaates die Zwangsvollstreckung als Verwertungsart vorsieht. Eine solche Anordnung dürfte jedoch selten in einem Vollstreckungstitel enthalten sein, der dann im Inland vollstreckt werden könnte. Soweit sich die Befugnis, das Vollstreckungsverfahren als Verwertungsoption zu wählen, bereits aus dem anwendbaren Insolvenzrecht selbst ergibt, fehlt es an dem erforderlichen Titel, um dessen Vollstreckbarerklärung es gehen könnte.[9] Der Verwalter muss sich dann ggf. nach allgemeinen Regeln der ZPO zum Zwecke des Zugriffs auf den in Deutschland belegenen Gegenstand einen Vollstreckungstitel verschaffen. Der Anwendungsbereich des § 10 ist aber nicht berührt.[10] Die Vollstreckung des ausländischen Titels nach § 8 kommt nur in Betracht, soweit das Recht des Verfahrensstaates dem Verwalter die Befugnis ausdrücklich im Rahmen einer Entscheidung verleiht. Daran hat die weitere Sprachfassung des § 10 (Vollstreckung) gegenüber Art. 102 § 8 EGInsO aF (Vollstreckbarerklärung) nichts geändert.

Im Hinblick auf die Verwertung inländischen **Immobilienvermögens** bedeutet dies, dass § 165 InsO nur dann Anwendung findet, wenn bereits das Recht des Verfahrensstaates die Verwertung des Grundstücks im Rahmen einer gerichtlich oder behördlich durchgeführten Versteigerung erlaubt. Ist dies nicht der Fall, scheidet auch eine Zwangsversteigerung des inländischen Grundstücks per se aus, da dem ausländischen Verwalter diese Befugnis nach dem anwendbaren Recht des Verfahrensstaates nicht zusteht. Sieht dagegen das Recht des Verfahrensstaates eine behördlich oder gerichtlich durchgeführte Versteigerung und dessen Einleitung durch den Verwalter vor, so darf der ausländische Verwalter auch im Inland die Zwangsversteigerung gemäß § 165 InsO betreiben. Ergibt sich diese Befugnis aus dem Gesetz und aus seiner Stellung als Insolvenzverwalter, so bedarf es einer Vollstre-

---

[4] OLG Düsseldorf ZInsO 2004, 867, 868; Nerlich/Römermann/*Commandeur* Art. 102 § 8 Rn. 2.
[5] So wohl KPB/*Kemper* Art. 102 § 8 Rn. 3.
[6] Richtig → 2. Aufl., Art. 102 § 8 Rn. 8.
[7] Vgl. Begr. RegE BT-Drs. 15/16 S. 17; so wohl auch die überwiegende Literatur, vgl. FKInsO/*Wenner/Schuster* Art. 102c § 10 Rn. 5; LSZ/*Smid,* Int. Insolvenzrecht, Art. 102 § 8 Rn. 3; KPB/*Kemper* Art. 102 § 8 Rn. 9.
[8] Fast einhellige Auffassung der Literatur, vgl. → EuInsVO Art. 21 Rn. 20; aA wohl Pannen/*Pannen/Eickmann* Art. 102 § 8 Rn. 28–35.
[9] So auch das deutsche Recht, das für die Immobiliarvollstreckung nach § 165 InsO gerade keinen Vollstreckungstitel verlangt, vgl. Uhlenbruck/*Brinkmann* § 165 InsO Rn. 8; KPB/*Flöther* § 165 InsO Rn. 10.
[10] Vgl. → EuInsVO Art. 21 Rn. 6.

ckung mangels Entscheidungssubstrats indes schon nicht; der Insolvenzverwalter kann schlicht den entsprechenden Antrag stellen. § 10 darf daher nicht dazu führen, die durch Art. 32 Abs. 1 Unterabs. 1 EuInsVO und Art. 21 EuInsVO gebotene automatische Anerkennung der Verwalterbefugnisse zu unterlaufen, indem auf einen Vollstreckungsvorgang verwiesen wird.

III. Das Verfahren der Vollstreckung

8 **1. Anwendung der EuGVVO.** Das Verfahren der Vollstreckung für alle zur Durchführung und Beendigung eines Insolvenzverfahrens ergangenen Entscheidungen bestimmt sich nach Art. 32 Abs. 1 Unterabs. 1 EuInsVO. Die Vorschrift verweist ihrerseits auf die Artikel 39 bis 57 EuGVVO (ausgenommen Art. 45, 46 EuGVVO).

9 Voraussetzung ist, dass die Entscheidung im Erststaat selbst bereits vollstreckbar ist.[11] Dazu ist nach Art. 53 EuGVVO *im Erststaat* eine **Bescheinigung** auszustellen.

10 **2. Ausführungsbestimmungen.** Wie Art. 102 EGInsO als Ausführungsgesetz zu den Bestimmungen der EuInsVO, fungierte das AVAG[12] als Ausführungsgesetz zur EuGVVO. Das AVAG erfasst nach seinem § 1 nicht mehr die EuGVVO. Dafür gelten der Abschnitt 7 des 11. Buches der ZPO und speziell die §§ 1112 bis 1117 ZPO, die insoweit dann auch für die EuInsVO relevant werden. Neben der Bescheinigung (→ Rn. 3) bedarf es keiner zusätzlichen Vollstreckungsklausel, § 1112 ZPO.

Vor Teil 2 Sekundärinsolvenzverfahren (§§ 11–21)

1 Teil 2 EGInsO mit der Überschrift *„Sekundärinsolvenzverfahren"* regelt die Umsetzungsfragen, die im Zusammenhang mit der Durchführung eines Sekundärinsolvenzverfahrens nach Kapitel III (Art. 34–52) EuInsVO auftreten können. Weitere Umsetzungsregelungen zu Sekundärinsolvenzverfahren finden sich in Art. 102c § 1 Abs. 2 und § 2 Abs. 1 S 2 EGInsO. Letztere betreffen die Zuständigkeit zur Eröffnung eines Sekundärinsolvenzverfahrens.

2 Teil 2 gliedert sich in drei Abschnitte, nämlich Abschnitt 1 mit dem Titel „Hauptinsolvenzverfahren in der Bundesrepublik Deutschland", Abschnitt 2 mit dem Titel „Hauptinsolvenzverfahren in einem anderen Mitgliedsstaat der Europäischen Union" und Abschnitt 3 mit dem Titel „Maßnahmen zur Einhaltung einer Zusicherung".

3 **Abschnitt 1 (§§ 11–14)** regelt die Umsetzungsfragen, die sich ergeben, wenn in einem anderen Mitgliedsstaat ein Sekundärinsolvenzverfahren anhängig ist, während das Hauptinsolvenzverfahren in der Bundesrepublik Deutschland anhängig ist. Die EuInsVO gewährt dem (vorläufigen) Verwalter des Hauptinsolvenzverfahrens verschiedene Einflussmöglichkeiten auf das Sekundärinsolvenzverfahren, um eine koordinierte Abwicklung der parallelen Verfahren zu fördern. Als maßgebliche Einflussmöglichkeit sieht der im Rahmen der Reform 2015 neu eingeführte Art. 36 EuInsVO vor, dass der Verwalter des Hauptinsolvenzverfahrens den lokalen Gläubigern zusichern kann, diese auch im Falle der Nichteröffnung des Sekundärinsolvenzverfahren so zu behandeln, als wäre das Sekundärinsolvenzverfahren eröffnet worden. Faktisch wird daher dem Insolvenzverwalter gestattet, eine separate Teilmasse zu bilden, die nach anderen Regeln als denen des Hauptinsolvenzverfahrens verteilt wird. So schreibt Art. 36 Abs. 2 EuInsVO im Fall der Abgabe einer Zusicherung vor, dass für die Verteilung des Erlöses, für den Rang der Forderungen und für die Rechte der Gläubiger in Bezug auf Gegenstände der Masse des Sekundärinsolvenzverfahrens das Recht des Mitgliedstaates gilt, in dem das Sekundärinsolvenzverfahren hätte eröffnet werden können. Abschnitt 1 beschäftigt sich ausschließlich mit der Umsetzung der sich hieraus für das in Deutschland anhängige Hauptinsolvenzverfahren ergebenden Fragen (ähnlich wie Abschnitt 2, der sich ebenfalls in vier Vorschriften dem Thema „Zusicherung" widmet). Die Umsetzung der sich aus Art. 36 EuInsVO ergebenden Fragen wirft jedoch eine Vielzahl von Folgefragen und notwendiger Korrekturen auf, was jedoch weniger dem deutschen Gesetzgeber, sondern dem europäischen Verordnungsgeber geschuldet ist, der mit Art. 36 eine in der Praxis kaum rechtssicher handhabbare Norm geschaffen hat.

4 **Abschnitt 2 (§§ 15–20)** regelt die Fragen, die sich daraus ergeben, dass das Hauptinsolvenzverfahren im Ausland durchgeführt wird, aber in Deutschland ein Sekundärinsolvenzverfahren beantragt oder eröffnet worden ist. Bei der Überschrift für Abschnitt 2 ist dem deutschen Gesetzgeber allerdings ein redaktioneller Fehler unterlaufen. Denn die Referenz auf den räumlichen Anwendungsbereich, dass nämlich das Hauptinsolvenzverfahren in einem anderen Mitgliedsstaat *„der Europäischen Union"*

---

[11] Vgl. KPB/*Holzer* Art. 102c § 10 Rn. 7; *Kropholler*/*von Hein*, Europ. Zivilprozessrecht, Art. 38 EuGVO R n. 7.
[12] Gesetz zur Ausführung zwischenstaatlicher Verträge und zur Durchführung von Verordnungen der Europäischen Gemeinschaften auf Gebiet der Anerkennung und Vollstreckung in Zivil- und Handelssachen (Anerkennungs- und Vollstreckungsausführungsgesetz) vom 19.2.2001, BGBl. I S. 288, 436.

anhängig ist, ist offensichtlich unzutreffend. Gemeint ist, dass das Hauptinsolvenzverfahren in einem der Mitgliedsstaaten der EuInsVO stattfinden muss.[1]

Abschnitt 3 (§ 21) regelt die Zuständigkeit für Rechtsbehelfsverfahren, die den betroffenen 5 Gläubiger im Rahmen einer Zusicherung zustehen. Der Gesetzgeber hat hierbei sowohl die Rechtsbehelfe, die im Hauptinsolvenzverfahren, als auch die Rechtsbehelfe, die in einem Sekundärinsolvenzverfahren eingelegt werden können, in einem eigenen Abschnitt zusammengefasst. Redaktionell möglich wäre auch gewesen, die beiden in § 21 enthaltenen Regelungen entsprechend auf Abschnitt 1 und Abschnitt 2 zu verteilen.

Teil 2. Sekundärinsolvenzverfahren (§§ 11–21)

Abschnitt 1. Hauptinsolvenzverfahren in der Bundesrepublik Deutschland

Art. 102c § 11 Voraussetzungen für die Abgabe einer Zusicherung

(1) Soll in einem in der Bundesrepublik Deutschland anhängigen Insolvenzverfahren eine Zusicherung nach Artikel 36 der Verordnung (EU) 2015/848 abgegeben werden, hat der Insolvenzverwalter zuvor die Zustimmung des Gläubigerausschusses oder des vorläufigen Gläubigerausschusses nach § 21 Absatz 2 Satz 1 Nummer 1a der Insolvenzordnung einzuholen, sofern ein solcher bestellt ist.

(2) Hat das Insolvenzgericht die Eigenverwaltung angeordnet, gilt Absatz 1 entsprechend.

Literatur: *Brinkmann*, Grenzüberschreitende Sanierung und europäisches Insolvenzrecht, KTS 2014, 381; *Fritz*, Besser Sanieren in Deutschland? Wesentliche Aspekte der Einpassung der Europäischen Insolvenzverordnung in das deutsche Recht, BB 2017, 131; *Liersch*, Deutsches Internationales Insolvenzrecht, NZI 2003, 302; *Madaus*, As simple as it can be? Anregungen zum Gesetzentwurf der Bundesregierung zur Durchführung der Verordnung (EU) 2015/848 über Insolvenzverfahren (BT-Drs. 18/10823), NZI 2017, 203; *Schmidt*, Die Zusicherung nach Art. 36 EuInsVO, Univ. Diss., Wiesbaden, 2019; *Skauradszun*, Anmerkungen zum RefE des BMJV für ein Durchführungsgesetz zur neuen EuInsVO 2015, DB 2016, 2165; *Swierczok*, Der neue Art. 102c EGInsO, ZInsO 2017, 1861; *Thole*, Lehren aus dem Fall NIKI, ZIP 2018, 401; *Zipperer*, Ein Plädoyer für eine europarechtskonforme Anwendung deutscher Verfahrensvorschriften am Beispiel von NIKI, ZIP 1028, 956.

I. Normzweck

§ 11 dient der Umsetzung der sich aus Art. 36 EuInsVO ergebenden Fragen bei Abgabe einer 1 Zusicherung, und zwar für den Fall, dass das Hauptinsolvenzverfahren in Deutschland stattfindet, die Zusicherung mithin von dem Verwalter des deutschen Insolvenzverfahrens abgegeben wird. Art. 36 Abs. 4 S. 2 EuInsVO sieht vor, dass die Zusicherung *„den gegebenenfalls im Staat der Eröffnung des Hauptinsolvenzverfahrens geltenden Zustimmungserfordernissen für die Verteilung"* unterliegt. Der nationale Gesetzgeber war damit aufgerufen, den Verweis auf das nationale Recht gegebenenfalls zu konkretisieren. Dem kommt § 11 nach.

II. Zustimmungserfordernisse

Beabsichtigt der Verwalter eines in Deutschland eröffneten Hauptinsolvenzverfahrens eine Zusi- 2 cherung nach Art. 36 EuInsVO abzugeben, um die Eröffnung eines Sekundärinsolvenzverfahrens in einem anderen Mitgliedstaat zu vermeiden, so hat er nach § 11 für diese Handlung die Zustimmung des **Gläubigerausschusses** oder des **vorläufigen Gläubigerausschusses** nach § 21 Abs. 2 S. 1 Nr. 1a InsO einzuholen. Da Art. 36 Abs. 4 S. 2 EuInsVO auf die Zustimmungserfordernisse des nationalen Rechts *„für die Verteilung"* verweist, war der Gesetzgeber daher im Rahmen der Umsetzung an die in §§ 187–206 InsO enthaltenen Zustimmungserfordernisse gebunden (vgl. § 187 Abs. 3 S. 2 InsO). Eine Anknüpfung der Zustimmungserfordernisse an die Regeln über die Verwertung (vgl. § 160 InsO), war daher aufgrund der Verweisung in Art. 36 Abs. 4 S. 2 EuInsVO nicht möglich. Die Zustimmung des Gläubigerausschusses bzw. des vorläufigen Gläubigerausschusses ist daher – unabhängig von der Bedeutung der Zusicherung im Hinblick auf die Höhe und Umfang – grund-

---

[1] Zum räumlichen Anwendungsbereich vgl. → EuInsVO Art. 1 Rn. 23 f.; Dänemark ist zwar EU-Mitglied, nicht aber Mitgliedstaat der EuInsVO.

sätzlich einzuholen.[1] Auf die wirtschaftlichen Auswirkungen der Zusicherung für das deutsche (Haupt-) Insolvenzverfahren kommt es daher nicht an.

3   Das Zustimmungserfordernis gilt allerdings nur „sofern" ein Gläubigerausschuss (oder vorläufiger Gläubigerausschuss) bestellt ist.[2] Ist hingegen zum Zeitpunkt der Abgabe der Zusicherung weder ein Gläubigerausschuss noch ein vorläufiger Gläubigerausschuss bestellt, ist der Verwalter berechtigt, über die Abgabe der Zusicherung allein zu entscheiden; es bedarf in diesem Fall – ebenso wie bei § 187 Abs. 3 S. 2 InsO – auch nicht der Zustimmung der Gläubigerversammlung.[3]

4   Gibt der Verwalter eine Zusicherung nach Art. 36 EuInsVO ab, ohne dass der Gläubigerausschuss (oder der vorläufige Gläubigerausschuss) seine Zustimmung erteilt (oder wirksam erteilt) hätte, so ist die Zusicherung des deutschen Verwalters im Außenverhältnis dennoch wirksam.[4] Derartige Zustimmungserfordernisse für Rechtshandlungen des Insolvenzverwalters wirken alleine im Innenverhältnis und lassen die Wirksamkeit des Verwalterhandelns im Außenverhältnis grundsätzlich unberührt. Sie können allerdings im Innenverhältnis eine Haftung des Verwalters nach § 60 InsO begründen.[5]

III. Erklärender der Zustimmung

5   Die Zusicherung kann nicht nur von dem **Insolvenzverwalter**, sondern auch von dem **vorläufigen Insolvenzverwalter** abgegeben werden. Zwar spricht der Wortlaut des Art. 102c § 11 nur von dem „*Verwalter*", womit in der Terminologie der Insolvenzordnung ausschließlich der Verwalter eines eröffneten Insolvenzverfahrens gemeint ist. Eine solche (bewusste) Beschränkung auf den Insolvenzverwalter eines eröffneten Insolvenzverfahrens wäre jedoch nicht verordnungskonform, da Erklärender der Zusicherung nach Art. 36 EuInsVO auch der vorläufige Verwalter sein kann.[6] Dass der deutsche Gesetzgeber entgegen dem Wortlaut auch die Abgabe einer Zusicherung durch einen vorläufigen Insolvenzverwalter durch die Regelung der EuInsVO gedeckt sah, ergibt sich auch aus dem Referentenentwurf. Dort war ausgeführt worden, dass die Zusicherung bereits im Eröffnungsverfahren gegeben werden könne.[7] Auch die Tatsache, dass Art. 102c § 11 den vorläufigen Gläubigerausschuss als Organ benennt, der die Zustimmung zur Zusicherung erklären könne, spricht dafür, dass auch der vorläufige Insolvenzverwalter die Zusicherung nach Art. 36 EuInsVO abgeben kann. Denn den vorläufigen Gläubigerausschuss gibt es nur im Eröffnungsverfahren. Dieser verliert mit Eröffnung des Verfahrens seine Organstellung.

6   Darüber hinaus sprechen auch praktische Erwägungen dafür, auch den vorläufigen Verwalter in den Anwendungsbereich von § 11 mit einzubeziehen. Nach Art. 36 EuInsVO muss die Zusicherung des Verwalters des Hauptinsolvenzverfahrens zwingend vor der Eröffnung des Sekundärinsolvenzverfahrens abgegeben werden. In der Praxis werden zumindest bei größeren Insolvenzverfahren die Eröffnungsverfahren von Haupt- und Sekundärinsolvenzverfahren jedoch regelmäßig parallel verlaufen, sodass auch eine gleichzeitige Eröffnung der jeweiligen Verfahren durchaus nicht selten ist. Mithin stellt sich die Frage der Eröffnung eines Sekundärinsolvenzverfahrens nicht erst nach Eröffnung des Hauptinsolvenzverfahrens. Würde man die Befugnis zur Abgabe der Zusicherung bzw. zur Einholung der Zustimmung nur dem bereits bestellten Verwalter zusprechen, hätte dies zur Konsequenz, dass es dem Verwalter des Hauptinsolvenzverfahrens regelmäßig nicht mehr möglich sein wird, die Durchführung eines Sekundärverfahrens durch Abgabe einer Zusicherung zu vermeiden, da das Sekundärinsolvenzverfahren dann bereits eröffnet ist.

7   Nicht geklärt ist im Zusammenhang mit Art. 102c § 11 ist jedoch, ob (und welche) Befugnisse dem vorläufigen Insolvenzverwalter eines deutschen (Haupt-) Insolvenzverfahrens nach §§ 21, 22 InsO eingeräumt werden müssen, um für das später eröffnete Insolvenzverfahren rechtlich bindend eine Zusicherung abgeben zu können. Vorsorglich sollte sich der vorläufige Insolvenzverwalter für die Abgabe einer Zusicherung daher eine entsprechende Einzelermächtigung vom Insolvenzgericht einholen, damit der Verwalter auch nach Verfahrenseröffnung an die gegebene Zusicherung gebunden bleibt.[8] In Abwesenheit einer solchen Ermächtigung bliebe dem vorläufigen Verwalter nur die

---

[1] Jaeger/*Mankowski* § 11 Rn. 9; FKInsO/*Wenner/Schuster* § 11 Rn. 2.
[2] Jaeger/*Mankowski* § 11 Rn. 9; HKInsO/*Swierczok* § 11 Rn. 2; Nerlich/Römermann/*Hübler* § 11 Rn. 3.
[3] BT-Drs. 18/12154, 31; anders noch BT-Drs. 18/10823, 32; Jaeger/*Mankowksi* § 11 Rn. 8; HKInsO/*Swierczok* § 11 Rn. 2.
[4] HKInsO/*Swierczok* § 11 Rn. 2; Vallender/*Keller* § 11 Rn. 5; KPB/*Holzer* § 11 Rn. 4; anders nur MüKoBGB/*Kindler* § 11 Rn. 4.
[5] Vgl. in diesem Sinne zur Außenwirkung von Verstößen des Verwalters gegen Zustimmungserfordernisse → InsO § 160 Rn. 37 ff.; s. diesbezüglich auch die Regelung des § 164 InsO; sowie K. Schmidt/*Jungmann* § 187 Rn. 7; Braun/*Pehl* § 187 Rn. 13.
[6] Vgl. → EuInsVO Art. 36 Rn. 29.
[7] Referentenentwurf, S. 28, zu § 13.
[8] Vgl. hierzu → InsO § 22 Rn. 70a.

Möglichkeit, die Zusicherung im Eröffnungsverfahren lediglich inhaltlich zu kommunizieren und rechtlich verbindlich unmittelbar nach Eröffnung des Verfahrens abzugeben. Sinnvollerweise wäre hierüber auch das Insolvenzgericht des Sekundärinsolvenzverfahrens zu unterrichten, damit dort nicht – unbeabsichtigt – eine frühzeitige und dann nicht mehr reversible Verfahrenseröffnung erfolgt.

Nach § 11 Abs. 2 gilt Entsprechendes auch für den **Schuldner in Eigenverwaltung.** Somit 8 kann nach der Auffassung des deutschen Gesetzgebers auch der eigenverwaltende Schuldner die Zusicherung abgeben. Das ist nicht zwingend. Denn im Hinblick auf den unklaren Wortlaut von Art. 36 Abs. 1 S. 1 EuInsVO ist schon bei Auslegung der EuInsVO streitig, ob die Zusicherung auch durch den Schuldner in Eigenverwaltung erklärt werden kann.[9] § 11 Abs. 2 wird daher nur dann einen Anwendungsbereich haben, wenn unionsrechtlich geklärt wurde, ob auch der Schuldner in Eigenverwaltung eine Zusicherung abgeben kann. Denn insoweit kann der deutsche Gesetzgeber nicht über die Regelung der EuInsVO hinausgehen.

Gibt der Schuldner im Eigenverwaltung die Zusicherung ab, hat er im Innenverhältnis hierfür 9 stets die Zustimmung des Sachwalters einzuholen, da eine solche Zusicherung nicht zum gewöhnlichen Geschäftsbetrieb gehört (§ 275 InsO). Zusätzlich dazu bedarf es nach § 11 Abs. 1 sodann noch der Zustimmung des Gläubigerausschusses oder des vorläufigen Gläubigerausschusses. Im Außenverhältnis bleibt die Zusicherung des Schuldners in Eigenverwaltung jedoch auch dann wirksam wenn die vorgenannten Zustimmungen nicht vorliegen bzw. nicht wirksam erteilt wurden.[10]

Art. 102c § 12 Öffentliche Bekanntmachung der Zusicherung

Der Insolvenzverwalter hat die öffentliche Bekanntmachung der Zusicherung sowie den Termin und das Verfahren zu deren Billigung zu veranlassen. Den bekannten lokalen Gläubigern ist die Zusicherung durch den Insolvenzverwalter besonders zuzustellen; § 8 Absatz 3 Satz 2 und 3 der Insolvenzordnung gilt entsprechend.

Literatur: siehe § 11.

Übersicht

	Rn.		Rn.
I. Normzweck	1	IV. Inhalt der Unterrichtung	7
II. Verpflichteter der Unterrichtung	4		
III. Adressat der Unterrichtung	6	V. Form der Unterrichtung	10

I. Normzweck

Art. 36 Abs. 5 S. 4 EuInsVO verlangt als Sachnorm von dem Verwalter des Hauptinsolvenzverfah- 1 rens, dass dieser die lokalen Gläubiger über (a) die Zusicherung, (b) die Regeln und Verfahren für deren Billigung sowie (c) die Billigung der Zusicherung oder deren Ablehnung „unterrichtet". Während daher der Inhalt der Unterrichtung durch die Verordnung vorgegeben ist, lässt die Vorschrift offen, wie diese Unterrichtung zu erfolgen hat. Die Regelung enthält – anders als beispielsweise Art. 36 Abs. 4 EuInsVO[1] – auch keinen Verweis, dass die Unterrichtung gemäß den Vorschriften eines der beiden in Frage kommenden Mitgliedstaaten (dem Mitgliedstaat des Hauptinsolvenzverfahrens oder dem Mitgliedsstaat des Sekundärinsolvenzverfahrens) zu erfolgen habe. Da es unionsrechtlichen Begriff der „Unterrichtung" gibt, wird man den unterlassenen Verweis als Redaktionsversehen lesen können, so dass dem nationalen Gesetzgeber eine entsprechende Kompetenz zusteht, die Form der Unterrichtung festzulegen.

Diese Unterrichtungspflicht wird mit § 12 zum Schutz der lokalen Gläubiger in nationales 2 Recht umgesetzt. Danach hat der Verwalter des deutschen Hauptverfahrens die Zusicherung den bekannten lokalen Gläubigern besonders zuzustellen und die Zusicherung sowie der Termin und das Verfahren zu deren Billigung öffentlich bekanntzumachen. Die Verpflichtung zur Unterrichtung über den dritten Umstand, nämlich über die Billigung der Zusicherung oder deren Ablehnung, findet sich hingegen nicht in § 12, sondern in § 19. Das ist in zweifacher Hinsicht unglücklich. Zunächst behandelt Abschnitt 2 die Fallgruppe, dass in der Bundesrepublik Deutschland das Sekun-

---
[9] Vgl. → EuInsVO Art. 36 Rn. 30.
[10] AA wohl Jaeger/*Mankowski* § 11 Rn. 13, der die Zustimmung des Sachwalters für konstitutiv hält; allerdings entspricht dies nicht der „Soll"-Regelung im § 275 InsO, vgl. → InsO § 275 Rn. 18.
[1] Zum Verweis auf nationale Vorschriften → EuInsVO Art. 36 Rn. 34.

därinsolvenzverfahren durchgeführt wird. § 19 spricht daher – verordnungswidrig – den Verwalter des (deutschen) Sekundärverfahrens an (vgl. dazu noch → Art. 102c § 19 Rn. 2). Da Unterrichtungsverpflichteter nach Art. 36 Abs. 5 S. 4 EuInsVO für alle drei Unterrichtungsgegenstände der Verwalter des Hauptinsolvenzverfahrens ist, hätte die Unterrichtung bezüglich der Billigung der Zusicherung oder deren Ablehnung – aus Sicht des deutschen Gesetzgebers systematisch konsequent – ebenfalls im Rahmen des § 12 geregelt werden müssen.

3   Die erfolgte Umsetzung ist aber auch aus anderen Gründen unglücklich. Man kann schon darüber streiten, ob es sinnvoll war, dass Art. 36 Abs. 5 S. 4 EuInsVO die Unterrichtungspflicht dem Verwalter des Hauptinsolvenzverfahrens auferlegt (woran allerdings der deutsche Gesetzgeber gebunden war). Da es bei der Unterrichtungspflicht um den Schutz der lokalen Gläubiger geht, die ihre Rechte im Rahmen des Sekundärinsolvenzverfahrens geltend machen, hätte es näher gelegen, für die Form der Unterrichtung nicht an das Rechts des Hauptverfahrensstaates anzuknüpfen (wie dies der deutsche Gesetzgeber nunmehr getan hat), sondern dem Verwalter des Hauptinsolvenzverfahrens aufzuerlegen, für die Unterrichtung an das Recht anzuknüpfen, das der Sekundärverfahrensstaat vorschreibt.[2] Das wäre auch konsistent mit der generellen Kollisionsnorm in Art. 7 und Art. 35 EuInsVO. Denn es geht bei der Zusicherung durch den Verwalter des Hauptinsolvenzverfahrens darum, die Eröffnung eines bereits beantragten Sekundärinsolvenzverfahrens zu unterbinden. Für die Unterrichtung der Gläubiger dieses Verfahrens gilt kollisionsrechtlich daher auch die *lex fori concursus secundariae*. Es ist daher mehr als fraglich, ob die Anknüpfung an die Zustellungsvorschriften des Hauptverfahrens verordnungskonform ist. Dies lässt sich im Ergebnis nur dadurch als verordnungskonform retten, dass der unterrichtungsverpflichtete Verwalter des deutschen Hauptinsolvenzverfahrens mindestens den Standard einhält, den ihm das deutsche Recht in § 12 vorgegeben hat, sich vorsorglich darüber hinaus versichert, ob das Recht des Sekundärverfahrensstaates weitergehende oder strengere Unterrichtungsformen vorsieht, und diese gegebenenfalls einhält. Denn für die verordnungskonforme Unterrichtung wird es letztlich nicht darauf ankommen, wie der deutsche Gesetzgeber die Unterrichtungspflicht umgesetzt hat, sondern wie die betroffenen Gläubiger tatsächlich unterrichtet wurden.

II. Verpflichteter der Unterrichtung

4   Adressat der Unterrichtungspflicht ist der „**Insolvenzverwalter**". Der Begriff ist zwingend identisch mit dem Begriff des „Verwalters" in Art. 36 Abs. 5 S. 4 EuInsVO, der insoweit wegen des Vorrangs der EuInsVO ausschließlich maßgebend ist. Adressat ist daher auch der **vorläufige Insolvenzverwalter,** auch wenn die Insolvenzordnung unter den Begriff des Insolvenzverwalters nur den Insolvenzverwalter eines eröffneten Verfahrens erfasst.[3] Dies ist von besonderer Bedeutung, da Zusicherungen nach Art. 36 EuInsVO in der Regel bereits im Eröffnungsverfahren abgegeben werden müssen (vergleiche hierzu bereits → Art. 102c § 11 Rn. 5).

5   Mit dem „Insolvenzverwalter" ist nach Art. 36 Abs. 5 S. 4 EuInsVO nur der Insolvenzverwalter des Hauptinsolvenzverfahrens gemeint. Zwar wäre auch denkbar gewesen, das Billigungsverfahren in die Kompetenz des Verwalters des (potentiellen) Sekundärinsolvenzverfahrens zu geben. Denn schließlich richtet sich die Zusicherung an die lokalen Gläubiger des Sekundärinsolvenzverfahrens. Es ist jedoch unstreitig, dass Art. 36 Abs. 5 S. 4 EuInsVO die Unterrichtungspflichten dem Verwalter des Hauptinsolvenzverfahrens zuweist.[4] Davon ist offensichtlich auch der deutsche Gesetzgeber ausgegangen, der die Unterrichtungspflicht in Abschnitt 1 aufgenommen hat, der sich mit Hauptinsolvenzverfahren in der Bundesrepublik Deutschland befasst und sich somit auch nur an den Verwalter des Hauptinsolvenzverfahrens richten kann.

III. Adressat der Unterrichtung

6   Adressaten der Unterrichtung sind nach Art. 36 Abs. 5 S. 4 EuInsVO die *„bekannten lokalen Gläubiger"*. § 12 wiederholt insoweit lediglich die Tatbestandsmerkmale des Art. 36 Abs. 5 S. 4 EuInsVO[5] weshalb sich die Auslegung des Begriffs ausschließlich nach dieser Vorschrift richtet.

IV. Inhalt der Unterrichtung

7   Was den Inhalt der Unterrichtung anbetrifft, ist die Synchronisation von § 12 mit Art. 36 Abs. 5 S. 4 EuInsVO nicht geglückt.[6] § 12 erwähnt als Bekanntmachungsinhalt (a) die Zusicherung und

---

[2] Dafür auch *Schmidt*, Die Zusicherung, S. 163; FKInsO/*Wenner/Schuster* Art. 36 Rn. 39; Bork/van Zwieten/*Mangano* Art. 36 Rn. 36.17.
[3] Dazu bereits → EuInsVO Art. 36 Rn. 29; Vallender/*Keller* Art. 36 Rn. 4; Braun/*Delzant* Art 36 Rn. 4; Nerlich/Römermann/*Commandeur*/Hübler Art. 36 Rn. 5.
[4] Vallender/*Keller* Art. 36 Rn. 4; Braun/*Delzant* Art 36 Rn. 4.
[5] Zur Auslegung des Begriffs der „lokalen Gläubiger" → EuInsVO Art. 36 Rn. 36 sowie Art. 2 Nr. 11 EuInsVO.
[6] KPB/*Holzer* § 11 Rn. 2.

(b) den Termin und das Verfahren zu deren Billigung. Damit weicht der Inhalt von den Vorgaben des Art. 36 Abs. 5 S. 4 EuInsVO ab. Identisch ist insoweit lediglich, dass über „die Zusicherung" zu unterrichten ist.

Hingegen verlangt Art. 36 Abs. 5 S. 4 EuInsVO eine Unterrichtung über die „*Regeln und das* **8** *Verfahren*" für die Billigung der Zusicherung, während § 12 auf den „***Termin und das Verfahren***" abstellt. Man wird den Unterrichtungsinhalt jedoch nicht nur auf den „*Termin*" zur Billigung der Zusicherung beschränken können, sondern im Wege einer verordnungskonformen Auslegung auf die „*Regeln*" für deren Billigung erweitern müssen.[7] Das ist auch inhaltlich von Bedeutung. Denn Art. 36 Abs. 5 S. 2 EuInsVO verweist für die Regeln der Billigung auf das Recht des Sekundärinsolvenzverfahrensstaates, die den lokalen Gläubigern nicht zwingend bekannt sein müssen. Insofern hat der Verordnungsgeber zu Recht verlangt, mögliche Informationsdefizite der Gläubiger über die Regeln der Billigung aus einer anderen Rechtsordnung auszugleichen. Das inkludiert, dass der Verwalter des deutschen Hauptinsolvenzverfahrens auch über die zulässigen Fernkommunikationsmittel für die Abstimmung unterrichten muss (vgl. hierzu noch → Art. 102c § 17 Rn. 6). Die Pflicht zur Unterrichtung über die Regeln und das Verfahren der Billigung verlangt daher nicht nur eine abstrakte Beschreibung des Zustimmungsverfahrens, sondern eine konkrete Beschreibung für den Einzelfall (Termine etc.), die auch eine Unterrichtung darüber einschließt, welche Gruppen für die Abstimmung über die Zusicherung gebildet wurden (vgl. hierzu ebenfalls noch → § 17 Rn. 7).

Hingegen ist die Pflicht zur Unterrichtung über die erfolgte Billigung der Zusicherung oder **9** deren erfolgte Ablehnung, die in Art. 36 Abs. 5 S. 4 EuInsVO ebenfalls erwähnt ist, nicht in § 12, sondern in § 19 geregelt, der wiederum für die Unterrichtung auf § 12 S. 2 zurückverweist. Das ist wenig verständlich, weil sich § 19 in Abschnitt 2, mit dem Titel „Hauptinsolvenzverfahren in einem anderen Mitgliedstaat der Europäischen Union" befindet und daher – verordnungswidrig – den Verwalter des Sekundärinsolvenzverfahrens verpflichtet (vgl. bereits → Rn. 3f. sowie zu den sich hieraus ergebenden Problemen, § 19). Richtigerweise ist § 12 verordnungskonform dahingehend zu erweitern, dass der Verwalter des Hauptinsolvenzverfahrens auch über die erfolgte Billigung oder Ablehnung der Zusicherung zu unterrichten hat. Denn diese Pflicht legt schon Art. 36 Abs. 5 S. 4 EuInsVO dem Verwalter des Hauptinsolvenzverfahrens auf.

V. Form der Unterrichtung

Regelungskompetenz hatte der deutsche Gesetzgeber bei der in Art. 36 Abs. 5 S. 4 EuInsVO **10** nicht näher geregelten Art der Unterrichtung. Insoweit macht die EuInsVO keine weiteren Vorgaben, was „Unterrichtung" bedeutet und inwieweit der Begriff verordnungsautonom auszulegen oder durch den Gesetzgeber im nationalen Recht auszufüllen ist. Auch wenn Art. 36 Abs. 5 S. 4 EuInsVO anders als beispielsweise Art. 36 Abs. 4 S. 2 EuInsVO keinen Verweis auf das nationale Recht enthält, ist davon auszugehen, dass der Verordnungsgeber die formalen Vorschriften für eine Unterrichtung den Mitgliedsländern überlassen wollte. Insoweit ist dem nationalen Gesetzgeber eine Kompetenz zur Regelung dieser Frage zuzubilligen.

Art. 36 Abs. 5 S. 4 EuInsVO macht auch keine Vorgaben dazu, ob sich die Form der Unterrich- **11** tung an den Bekanntmachungsvorschriften des Rechts des Hauptinsolvenzverfahrensstaates oder des Sekundärinsolvenzverfahrensstaates orientieren muss. Denkbar wäre daher auch gewesen, sich am Recht des Sekundärinsolvenzverfahrensstaates zu orientieren, zumal die meisten „lokalen Gläubiger" (auch wenn es für deren Eigenschaft als lokale Gläubiger nicht auf deren Sitz ankommt) ihren Sitz oder Wohnsitz im Sekundärinsolvenzverfahrensstaat haben dürften. In Anlehnung an die Vorgabe, dass Verpflichteter der Unterrichtung jedoch der Insolvenzverwalter des Hauptinsolvenzverfahrens ist (vergleiche → Rn. 4) erscheint es praktikabel, diesen auf die ihm bekannten Zustellungsvorschriften seines eigenen Rechts (hier § 8 InsO) zu verweisen.

§ 12 verlangt insoweit, dass die Zusicherung den bekannten lokalen Gläubigern „**besonders** **12** **zuzustellen**" ist und verweist hierbei auf § 8 Abs. 3 S. 2 und 3 InsO. Nicht nachvollziehbar ist, weshalb der Verweis nur auf § 8 Abs. 3 S. 2 und 3 InsO erfolgt und Abs. 1 ausgespart wurde. Denn § 8 Abs. 1 InsO beinhaltet gegenüber den Zustellungsvorschriften der §§ 166 ff. ZPO diverse Erleichterungen (zB dass es einer Beglaubigung des zuzustellenden Schriftstücks nicht bedarf).[8] Mangels Bezugnahme auf den § 8 Abs. 1 InsO gelten die dort enthaltenen Erleichterungen daher nicht für die Zustellung nach § 12, so dass es einer Beglaubigung des zuzustellenden Schriftstücks bedarf. Praktisch relevant und vom Insolvenzverwalter des deutschen Hauptinsolvenzverfahrens zu beachten ist auch, dass für die Zustellungen im Bereich der Europäischen Union § 183 ZPO auf

---

[7] Jaeger/Mankowski § 11 Rn. 7, der sich auch für die Bekanntmachung der Regelungen des Verfahrens ausspricht.
[8] → InsO § 8 Rn. 13.

die anwendbaren EU-Verordnungen verweist,[9] die mithin auch bei der Zustellung nach § 12 zu beachten sind.

13 Nicht mehr verordnungskonform dürfte allerdings sein, dass der deutsche Gesetzgeber die individuelle Zustellung inhaltlich auf die Zusicherung beschränkt hat, während für *„den Termin und das Verfahren zu deren Billigung"* die öffentliche Bekanntmachung ausreichen soll.[10] Eine solche Einschränkung lässt sich aus Art. 36 Abs. 5 S. 4 EuInsVO nicht entnehmen. Vielmehr spricht gerade die Beschränkung der Unterrichtungspflicht auf *„bekannte"* Gläubiger dafür, dass zu deren Unterrichtung keine öffentliche Bekanntmachung ausreicht. Sonst hätte es der Beschränkung auf die „bekannten" Gläubiger nicht bedurft. Dem Insolvenzverwalter des Hauptinsolvenzverfahrens ist bei einem deutschen Sekundärinsolvenzverfahren daher dringend anzuraten, nicht nur über den Termin, sondern auch über die Regeln der Billigung zu unterrichten (vgl. → Rn. 12) und zudem diesen Inhalt ebenso zuzustellen und sich insoweit nicht auf eine öffentliche Bekanntmachung zu verlassen.

14 Mit dem Verweis auf § 8 Abs. 3 S. 3 InsO verpflichtet § 12 den Verwalter des Hauptinsolvenzverfahrens auch, die von ihm nach § 184 Abs. 2 S. 4 ZPO angefertigten Vermerke unverzüglich zu den Gerichtsakten „des Insolvenzgerichts" zu reichen. Damit stellt sich allerdings die Frage, bei welchem Gericht der Verwalter die angefertigten Vermerke einzureichen hat. Richtigerweise müssten diese Vermerke beim Gericht des Sekundärinsolvenzverfahrensstaates eingereicht werden,[11] da dieses im Rahmen der Entscheidung über die Eröffnung des Sekundärinsolvenzverfahrens auch über eine erfolgte Billigung oder Nichtbilligung durch die lokalen Gläubiger zu entscheiden hat. Damit gehört zum Billigungsverfahren aber auch der Nachweis, dass die zur Abstimmung berechtigten lokalen Gläubiger über die Regeln und das Verfahren der Billigung unterrichtet wurden.

15 Unproblematisch ist hingegen, dass § 12 dem Insolvenzverwalter des deutschen Hauptinsolvenzverfahrens zudem auferlegt, die Zusicherung auch öffentlich bekanntzumachen, wodurch grundsätzlich auch die ihm nicht bekannten Gläubiger die Möglichkeit der Unterrichtung erhalten. Insoweit lässt § 12 allerdings offen, in welchen Mitgliedstaaten die öffentliche Bekanntmachung erfolgen soll. Richtigerweise wird man nach § 12 die öffentliche Bekanntmachung mindestens im Hauptinsolvenzverfahrensstaat sowie im Sekundärinsolvenzverfahrensstaat verlangen müssen. Eine Pflicht zur öffentlichen Bekanntmachung in allen Mitgliedsstaaten der EuInsVO lässt sich hingegen aus § 12 nicht herleiten und ist auch von Art. 36 Abs. 5 S. 4 EuInsVO nicht gefordert.

16 § 12 schweigt zur Sprache der Unterrichtung. Insoweit enthält aber die EuInsVO bereits bindende Vorgaben. Danach hat die Unterrichtung in Anlehnung an Art. 36 Abs. 3 EuInsVO in der Sprache des Sekundärinsolvenzverfahrensstaates zu erfolgen (vgl. → EuInsVO Art. 32 Rn. 32, 42).

Art. 102c § 13 Benachrichtigung über die beabsichtigte Verteilung

Für die Benachrichtigung nach Artikel 36 Absatz 7 Satz 1 der Verordnung (EU) 2015/848 gilt § 12 Satz 2 entsprechend.

Literatur: siehe § 11

I. Normzweck

1 Art. 36 Abs. 7 S. 1 EuInsVO verpflichtet als Sachnorm den Verwalter des Hauptinsolvenzverfahrens im Falle einer gegebenen und gebilligten Zusicherung, die lokalen Gläubiger über die beabsichtigte Verteilung zu *„benachrichtigen"*, bevor er Massegegenstände und Erlöse im Sinne von Art. 36 Abs. 1 EuInsVO verteilt.[1] Da es keinen verordnungsautonom definierten Begriff der Benachrichtigung gibt, kann man – ebenso wie bei der Unterrichtung nach § 12[2] – dem nationalen Gesetzgeber eine Regelungskompetenz zubilligen, in Anlehnung an das nationale Recht zu bestimmen, wie diese „Benachrichtigung" zu erfolgen hat. § 13 setzt diese Benachrichtigungspflicht in das nationale

---

[9] Verordnung (EG) Nr. 1393/2007 des Europäischen Parlaments und des Rates v. 13.11.2007 über die Zustellung gerichtlicher und außergerichtlicher Schriftstücke in Zivil- oder Handelssachen in den Mitgliedstaaten („Zustellung von Schriftstücken") und zur Aufhebung der Verordnung (EG) Nr. 1348/2000 des Rates (ABl. L 324 v. 10.12.2007, S. 79), die durch die Verordnung (EU) Nr. 517/2013 (ABl. L 158 v. 10.6.2013, S. 1) geändert; sowie Abkommen zwischen der Europäischen Gemeinschaft und dem Königreich Dänemark v. 19.10.2005 über die Zustellung gerichtlicher und außergerichtlicher Schriftstücke in Zivil- oder Handelssachen (ABl. L 300 v. 17.11.2005, S. 55).
[10] Die Differenz erkennen ebenfalls Vallender/*Keller* § 12 Rn. 3; Jaeger/*Mankowski* § 11 Rn. 11, die dies jedoch als verordnungskonform ansehen.
[11] AA Vallender/*Keller* § 12 Rn. 6; HKInsO/*Swierczok* § 12 Rn. 3.
[1] HKInsO/*Swierczok* § 13 Rn. 1.
[2] Vgl. → Art. 102c § 12 Rn. 1.

deutsche Recht für den Verwalter des deutschen Hauptinsolvenzverfahrens um, indem die Vorschrift auf die vergleichbare Unterrichtungspflicht nach § 12 S. 2 verweist.[3]

II. Benachrichtigungsverpflichteter

Wer Benachrichtigungsverpflichteter nach § 13 ist, wird gemäß Art. 36 Abs. 7 S. 1 EuInsVO vorgegeben. Benachrichtigungsverpflichteter ist der Verwalter des Hauptinsolvenzverfahrens.[4] Daher hat der deutsche Gesetzgeber in § 13 diese Verpflichtung zutreffend in Abschnitt 1 (Durchführung des Hauptinsolvenzverfahrens in Deutschland) übernommen. Die Verpflichtung ist demnach von dem Verwalter eines deutschen Hauptinsolvenzverfahrens zu erfüllen. **2**

III. Adressat der Benachrichtigung

Auch wer Adressat der Benachrichtigung ist, ergibt sich aus Art. 36 Abs. 7 S. 1 EuInsVO, weshalb dem deutschen Gesetzgeber insoweit kein Regelungsspielraum verblieb. Adressaten sind danach die „lokalen Gläubiger". Danach weicht diese Benachrichtigungspflicht nach Art. 36 Abs. 7 S. 1 EuInsVO von der Unterrichtungspflicht nach Art. 36 Abs. 5 S. 4 EuInsVO (vgl. § 12) ab, da diese Vorschrift eine Unterrichtung der „bekannten lokalen Gläubiger" verlangt. Daraus wird bisweilen gefolgert, dass die Benachrichtigungspflicht weiter sei, als die Unterrichtungspflicht nach Art. 36 Abs. 5 S. 4 EuInsVO, und daher § 13 unzutreffend auf § 12 S. 2 verweise, der nur die besondere Zustellung, nicht aber die öffentliche Bekanntmachung regele (die sich in § 12 S. 1 findet, auf den aber gerade nicht verwiesen wird).[5] Teilweise wird auch angenommen, § 13 schränke mit der Begrenzung der Benachrichtigungspflicht auf „bekannte" Gläubiger den Art. 36 Abs. 7 S. 1 EuInsVO in verordnungswidriger Weise ein, sodass die Begrenzung im Insolvenzverfahren zu ignorieren sei.[6] Beides ist unzutreffend. Denn der Adressatenkreis von Art. 36 Abs. 5 S. 4 EuInsVO (für die Billigung der Zusicherung) ist ein anderer, als der Adressatenkreis bei der Verteilung des Insolvenzmasse des Sekundärinsolvenzverfahrens. Denn § 36 Abs. 5 S. 4 EuInsVO betrifft eine Unterrichtungspflicht aus dem Eröffnungsverfahren des Sekundärinsolvenzverfahrens heraus. Dem Verwalter des Hauptinsolvenzverfahrens können und müssen daher zu diesem Zeitpunkt die lokalen Gläubiger des Sekundärinsolvenzverfahrens noch nicht bekannt sein. Anders hingegen ist die Situation bei der Benachrichtigung über die Verteilung. Denn der Verwalter kann hier die Verteilung freilich auch nur an die Personen vornehmen, die als lokale Gläubiger ihre Ansprüche bei dem Verwalter des Hauptinsolvenzverfahrens im Rahmen des Verfahrens der Zusicherung angemeldet haben. Da insoweit durch die öffentliche Bekanntmachung der Zusicherung alle unbekannten lokalen Gläubiger bereits aufgefordert wurden, ihre Ansprüche anzumelden, bedarf es im Verteilungsverfahren nicht nochmals einer öffentlichen Bekanntmachung.[7] Adressat der Benachrichtigung sind die lokalen Gläubiger, die ihre Ansprüche angemeldet haben und die der Verwalter des Hauptinsolvenzverfahrens nunmehr im Rahmen der Verteilung zu berücksichtigen hat. **3**

IV. Inhalt der Benachrichtigung

Der Inhalt der Benachrichtigung ist ebenfalls durch Art. 36 Abs. 7 S. 1 EuInsVO vorgegeben, wonach der Verwalter über die beabsichtigte Verteilung zu unterrichten hat. **4**

V. Form der Benachrichtigung

In welcher Form die Benachrichtigung zu erfolgen hat, ist eigentlicher Regelungsinhalt von § 13. Dieser verweist insoweit auf § 12 S. 2, weshalb die Benachrichtigung besonders zuzustellen ist und § 8 Abs. 3 S. 2 und 3 InsO für entsprechend anwendbar erklärt wird. Insoweit kann auf die Ausführungen zu → Art. 102c § 12 Rn. 10 ff. verwiesen werden. Vorsorglich sollte jedoch der Verwalter die Form der Benachrichtigung berücksichtigen, die der Staat des Sekundärinsolvenzverfahrens vorgesehen hätte. Hinsichtlich der insoweit fehlerhaften Anknüpfung an das deutsche Zustellungsrecht sei auf → Art. 102c § 12 Rn. 2 f. verwiesen. **5**

§ 13 enthält hingegen keinen Verweis auf die Möglichkeit der öffentlichen Bekanntmachung nach § 12 S. 1 InsO. Das ist zutreffend und kein redaktioneller Fehler. Denn Benachrichtigungsempfänger über die beabsichtigte Verteilung können nur die lokalen Gläubiger sein, die der Verwalter **6**

---

[3] Jaeger/*Mankowski* § 13 Rn. 1.
[4] KPB/*Holzer* § 13 Rn. 1; HKInsO/*Swierczok* in § 13 Rn. 1.
[5] So Jaeger/*Mankowski* § 13 Rn. 8 f.
[6] KPB/*Holzer* § 13 Rn. 2.
[7] AA HKInsO/*Swierczok* § 13 Rn. 2; KPB/*Holzer* § 13 Rn. 2.

im Rahmen der Verteilung der Insolvenzmasse des synthetischen Sekundärinsolvenzverfahrens zu berücksichtigen hätte, die ihm aber zum Zwecke der Verteilung bereits bekannt sind (vgl. → Rn. 3).

Art. 102c § 14 Haftung des Insolvenzverwalters bei einer Zusicherung

Für die Haftung des Insolvenzverwalters nach Artikel 36 Absatz 10 der Verordnung (EU) 2015/848 in einem in der Bundesrepublik Deutschland anhängigen Insolvenzverfahren gilt § 92 der Insolvenzordnung entsprechend.

Literatur: siehe § 11.

I. Normzweck und Unionsrechtswidrigkeit von § 14

1   Art. 36 Abs. 10 EuInsVO enthält eine eigenständige Haftungsnorm für den Verwalter. Danach haftet der Insolvenzverwalter den lokalen Gläubigern für jeden Schaden infolge der Nichterfüllung seiner Pflichten und Auflagen im Sinne des Art. 36 EuInsVO.[1] Die Einzelheiten dieser unionsrechtlichen Haftungsnorm sind umstritten. Denn die Haftungsnorm ist nicht in einem System schuldrechtlicher Haftungsregeln eingebettet, die für die weiteren Voraussetzungen einer Haftung (zB Verschulden) abgestimmte Regelungen treffen, sondern steht isoliert ohne weitere ausfüllende schuldrechtliche Regelungen in der Verordnung und ohne einen ergänzenden Verweis auf das jeweilige nationale Haftungsregime. Der deutsche Gesetzgeber hat mit § 14 eine der (vielen) Fragen aufgegriffen, die sich im Rahmen der Anwendung des Art. 36 Abs. 10 EuInsVO stellen, nämlich wer zur Geltendmachung des Schadens aktivlegitimiert ist. Denn im Zusammenhang mit der Haftung eines Verwalters wird – zumindest nach deutschem Recht – differenziert, ob es sich um einen individuellen Schaden eines Gläubigers handelt (dann ist dieser alleine aktivlegitimiert) oder um einen Gesamtschaden durch Verkürzung der Insolvenzmasse, der alle Gläubiger trifft.[2] In letzterem Fall weist § 92 InsO die Geltendmachung des Schadensersatzanspruchs dem Verwalter zu, was sich im Falle eines Schadensersatzanspruchs gegen einen Verwalter dahingehend auswirkt, dass die Ansprüche nur durch einen eingesetzten Sonderverwalter für die Insolvenzmasse geltend gemacht werden können (§ 92 S. 2 InsO).[3] Letzteres hat der deutsche Gesetzgeber aufgegriffen und in § 14 für ein deutsches Hauptinsolvenzverfahren die entsprechende Anwendung von § 92 InsO angeordnet. Zu einer entsprechenden Regelung sah sich der deutsche Gesetzgeber befugt, da es sich lediglich um eine verfahrensrechtliche Bestimmung für die Geltendmachung des Anspruchs im laufenden Verfahren handele.[4] Inhaltlich hielt der deutsche Gesetzgeber dies für gerechtfertigt, da die im Niederlassungsstaat befindlichen Vermögenswerte gemäß ErwG 43 eine Teilmasse der Insolvenzmasse bilden würden.[5]

2   Die Unionsrechtskonformität des § 14 ist jedoch zu verneinen. Erhebliche Zweifel ergeben sich richtigerweise bereits daraus, dass die durch den Verweis auf § 92 InsO bedingte Einschränkung der Aktivlegitimation die Effizienz (den *effet utile*) des europarechtlichen Haftungsregimes nach Art. 36 Abs. 10 EuInsVO zumindest abstrakt zu bedrohen vermag.[6] In der Verordnung ist eine solche Beschränkung nicht vorgesehen und auch aus rechtssystematischer Perspektive wird deutlich, dass die Regelung des § 14 nicht in das verordnungsautonome Haftungsregime zu passen scheint. Denn Art. 36 Abs. 10 EuInsVO sieht keine Differenzierung zwischen einem Gesamt- und einem Individualschaden vor. Der Wortlaut des Art. 36 Abs. 10 EuInsVO spricht lediglich davon, dass der Verwalter gegenüber den lokalen Gläubigern haftet. Es ist unstreitig, dass eine Haftung gegenüber den anderen Gläubigern, die ihre Ansprüche ebenfalls im Sekundärinsolvenzverfahren hätten anmelden können, nach Art. 36 Abs. 10 EuInsVO nicht in Betracht kommt.[7] Insoweit unterscheidet sich der Kreis der durch die Haftung Begünstigten bei Art. 36 Abs. 10 EuInsVO auch von dem Kreis der Begünstigten nach § 92 InsO. Denn Art. 36 Abs. 10 EuInsVO gewährt den Schadensersatzanspruch nur den lokalen Gläubigern. Die Passivmasse des Sekundärverfahrens geht jedoch darüber hinaus, weshalb

---

[1]   Vgl. → EuInsVO Art. 36 Rn. 59 ff.
[2]   BGH NJW 1973, 1198; BGH NJW 1991, 982; BGH NJW 1994, 323; K. Schmidt/*Thole* § 60 Rn. 52; → InsO § 60 Rn. 114 ff.
[3]   Vgl. BGH NJW 1973, 1198; BGH NJW 1991, 982; BGH NZI 2004, 496; → InsO § 60 Rn. 114; HKInsO/*Lohmann* § 60 Rn. 51; K. Schmidt/*Thole* § 60 Rn. 52.
[4]   BT-Drs. 18/12154, 31.
[5]   Vgl. RegE BT-Drs. 18/10823, 33.
[6]   *Madaus* NZI 2017, 203, 206; *Skauradszun* DB 2016, 2165, 2166; Jaeger/*Mankowski* § 14 Rn. 12 ff.; aA Vallender/*Keller* § 14 Rn. 3, der die Unionsrechtswidrigkeit erst bei faktischer Beeinträchtigung annimmt.
[7]   Vgl. → EuInsVO Art. 36 Rn. 60; Mankowski/Müller/Schmidt/*Mankowski* Art. 36 Rn. 70; aA Brinkmann/*Laukemann* Art. 36 Rn. 81; *Schmidt*, Die Zusicherung, S. 212.

in der Verteilung auch die nicht lokalen Gläubiger zu berücksichtigen sind. Diese würden bei einer kollektiven Geltendmachung nach § 92 InsO jedoch ebenfalls (mittelbar) Schadensersatz erlangen, was jedoch im Widerspruch zu Art. 36 Abs. 10 EuInsVO stünde. Anspruchsberechtigt ist nach der EuInsVO daher auch nicht die Gesamtheit der lokalen Gläubiger hinsichtlich eines Kollektivschadens, sondern die lokalen Gläubiger jeweils einzeln zur Geltendmachung eines Individualschadens.[8] Damit unterscheidet sich Art. 36 Abs. 10 EuInsVO deutlich von dem Konzept des § 92 InsO. Denn dieser setzt einen Gesamtschaden durch eine Verkürzung der Insolvenzmasse voraus, die im Ergebnis die Gesamtheit der Gläubiger trifft. Veräußert aber der Verwalter des Hauptinsolvenzverfahrens Vermögenswerte des Niederlassungsstaates unter Wert, so trifft dies nicht nur die lokalen Gläubiger, sondern auf der Ebene der ungesicherten einfachen Insolvenzforderungen alle Gläubiger, die ihre Forderung im Sekundärinsolvenzverfahren angemeldet haben, gleichermaßen. Wie diese Fragen nach Art. 36 Abs. 10 EuInsVO aufzulösen sind (oder ob sie konzeptionell überhaupt aufgelöst werden können), ist jedoch keine Frage, die der deutsche Gesetzgeber zu beantworten hat. Diese sind vielmehr verordnungsautonom auszulegen. Es handelt sich daher auch nicht um eine rein verfahrensrechtliche Bestimmung, auch wenn man dem Lösungskonzept des § 14 viel Sympathie entgegenbringen mag. Der deutsche Gesetzgeber ist jedoch nicht berufen, konzeptionelle Fehler oder Lücken der EuInsVO auf nationaler Ebene zu reparieren.

II. Entsprechende Anwendung von § 92 InsO

Sieht man über die Frage hinweg, dass § 14 unionsrechtswidrig sein dürfte, so bereitet die **3** weitere Anwendung des § 14 wenig Auslegungsschwierigkeiten. Für die Haftung des Verwalters gilt dann § 92 InsO entsprechend. Daraus folgt zweierlei. Die lokalen Gläubiger können erstens ihre Ansprüche – soweit es sich nicht um Individualschäden handelt – nicht einzeln geltend machen. Ihnen fehlt die Klagebefugnis für einen Gesamtschaden (sog. Sperrwirkung des § 92 InsO). Sie sind zweitens darauf angewiesen, das nach § 92 S. 2 InsO die Ansprüche von einem neuen Insolvenzverwalter, dem sog. Sonderinsolvenzverwalter, geltend gemacht werden.[9] Die lokalen Gläubiger müssten daher einen Antrag auf Einsetzung eines Sonderinsolvenzverwalters im deutschen Hauptinsolvenzverfahren stellen, um die Haftungsansprüche nach Art. 36 Abs. 10 EuInsVO durchzusetzen.

Ob § 14 auch anzuwenden ist, wenn der Schuldner in Eigenverwaltung die Zusicherung abgege- **4** ben und seine Pflichten gegenüber den lokalen Gläubigern verletzt hat, ist keine Frage, die durch einen Rückgriff auf das deutsche Recht (zB § 270 Abs. 1 S. 2 InsO) geklärt werden könnte.[10] Ob Art. 36 Abs. 10 EuInsVO auch für den Schuldner in Eigenverwaltung gilt, ist ausschließlich auf Ebene der EuInsVO zu beantworten und durch entsprechende Auslegung der verordnungsrechtlichen Vorschriften zu ermitteln. Hält man es im Rahmen des Art. 36 EuInsVO für zulässig,[11] dass die Zusicherung überhaupt von einem Schuldner in Eigenverwaltung abgegeben werden kann (was schon strittig ist),[12] so spricht einiges dafür, auch den Schuldner in Eigenverwaltung der in Art. 36 Abs. 10 EuInsVO zum Schutz der lokalen Gläubiger angeordneten Haftung zu unterwerfen.

Abschnitt 2. Hauptinsolvenzverfahren in einem anderen Mitgliedstaat der Europäischen Union

Art. 102c § 15 Insolvenzplan

Sieht ein Insolvenzplan in einem in der Bundesrepublik Deutschland eröffneten Sekundärinsolvenzverfahren eine Stundung, einen Erlass oder sonstige Einschränkungen der Rechte der Gläubiger vor, so darf er vom Insolvenzgericht nur bestätigt werden, wenn alle betroffenen Gläubiger dem Insolvenzplan zugestimmt haben. Satz 1 gilt nicht für Planregelungen, mit denen in Absonderungsrechte eingegriffen wird.

Literatur: siehe § 11

---

[8] Vgl. → EuInsVO Art. 36 Rn. 60; Mankowski/Müller/Schmidt/*Mankowski* Art. 36 Rn. 71.
[9] Jaeger/*Mankowski* § 14 Rn. 8; Vallender/*Keller* § 14 Rn. 4; KPB/*Holzer* § 14 Rn. 3.
[10] So aber Jaeger/*Mankowski* § 14 Rn. 10 f.; Vallender/*Keller* § 14 Rn. 5.
[11] Vallender/*Keller* Art. 36 Rn. 5; MüKoBGB/*Kindler* Art. 36 Rn. 24; Braun/*Delzant* Art. 36 Rn. 5; Nerlich/Römermann/*Commandeur*/Hübler Art. 36 Rn. 5.
[12] Dazu → EuInsVO Art. 36 Rn. 30.

I. Normzweck

1 § 15 ist die Quadratur des Kreises. Der deutsche Gesetzgeber versucht, (ohne eine entsprechende Regelungskompetenz zu besitzen) eine missglückte Vorschrift der EuInsVO[1] nochmals erklärend zu wiederholen. Anlass für die Regelung in § 15 ist Art. 47 Abs. 2 EuInsVO. Dieser sieht vor, dass jede Beschränkung der Rechte der Gläubiger, wie zB eine Stundung oder eine Schuldbefreiung, die sich aus einer im Sekundärinsolvenzverfahren vorgeschlagenen Maßnahme im Sinne des Art. 47 Abs. 1 EuInsVO ergibt, ohne Zustimmung aller von ihr betroffenen Gläubiger keine Auswirkungen auf das nicht von diesem Verfahren erfasste Vermögen des Schuldners haben darf. Bei dieser Vorschrift handelt es sich um keine Kollisionsnorm, sondern um eine Sachnorm, die nach dem nationalen Insolvenzrecht mögliche Modifikationen der Forderungen der Gläubiger im Sekundärinsolvenzverfahren inhaltlich beschränkt. Da es sich um eine Sachnorm handelt, die unmittelbar nationales Recht modifiziert, ist schon nicht erkennbar, welches Regelungsbedürfnis diese Vorschrift der EuInsVO bei der Anwendung im nationalen Recht auslöst. Es bestand daher weder die Notwendigkeit einer Umsetzungsvorschrift, noch ist die Umsetzung unionsrechtskonform.

II. Unionsrechtswidrigkeit

2 Die Norm ist insgesamt unionsrechtswidrig und daher im Rahmen der Rechtsanwendung nicht zu beachten.[2] § 15 S. 1 verstößt schon gegen das unionsrechtliche Normwiederholungsverbot. Denn die Vorschrift wiederholt nur das, was nach Art. 47 Abs. 2 ohnehin angeordnet ist. Zudem enthält die Norm aber auch Modifikationen, die wegen des Vorrangs der EuInsVO ebenfalls nicht zu beachten sind. Denn § 15 S. 1 wiederholt zunächst lediglich die Notwendigkeit, dass Forderungsmodifikationen im Sekundärinsolvenzverfahren nicht mit einer Mehrheitsentscheidung getroffen werden können, sondern der Zustimmung aller von ihr betroffenen Gläubiger bedürfen. Sodann wird Art. 47 Abs. 2 EuInsVO modifiziert, indem die dem Verbot unterliegende Forderungsmodifikation dem Wortlaut nach abweichend von Art. 47 Abs. 2 EuInsVO definiert wird. Während Art. 47 Abs. 2 EuInsVO von *„jeder Beschränkung der Rechte der Gläubiger, wie zB eine Stundung oder eine Schuldbefreiung"* spricht, definiert § 15 S. 1 die unzulässigen Eingriffe als *„Stundung, Erlass oder sonstige Einschränkungen der Rechte der Gläubiger"*. Dies lässt sich nur durch eine verordnungskonforme Auslegung der von der EuInsVO abweichenden Wortwahl retten. Die Antwort für die Frage, welche Beschränkung dem Einstimmigkeitsprinzip zu unterwerfen ist, kann jedoch nur aus Art. 47 Abs. 2 EuInsVO und nicht aus § 15 hergeleitet werden.

3 Darüber hinaus schränkt § 15 S. 1 – unionsrechtswidrig – Art. 47 Abs. 2 EuInsVO auch inhaltlich ein.[3] Denn § 12 untersagt die Forderungsmodifikation, wenn nicht alle Gläubiger zugestimmt haben. Hingegen legt Art. 47 Abs. 2 EuInsVO fest, dass die Forderungsmodifikationen ohne Zustimmung des betroffenen Gläubigers lediglich *„keine Auswirkungen auf das nicht von diesem Verfahren erfasste Vermögen des Schuldners haben"*. Art. 47 Abs. 2 EuInsVO versucht also die Wirkungen der Forderungsmodifikation räumlich zu beschränken, nicht aber die Forderungsmodifikation grundsätzlich zu untersagen. Dass Art. 47 Abs. 2 EuInsVO ohnehin problematisch ist, da sich Forderungsmodifikationen nicht räumlich begrenzen lassen,[4] löst das Problem an dieser Stelle nicht. Denn denkbar ist insoweit, dass der europäische Verordnungsgeber hier die Möglichkeit sogenannter hinkender Rechtsverhältnisse[5] oder die Möglichkeit einer Vollstreckungssperre über eine bestimmte Forderungsquote hinaus anordnen wollte.[6] Die schon nach Art. 47 Abs. 2 EuInsVO ungeklärten Rechtsfragen lassen sich jedoch durch eine gesetzliche Regelung auf nationaler Ebene nicht klären, wie dies aber in § 15 S. 1 geschieht. Denn § 15 S. 1 enthält nicht nur die Einschränkung, dass die Forderungsmodifikationen keine Auswirkungen auf das nicht von dem Sekundärinsolvenzverfahren erfasste Vermögen des Schuldners haben kann, sondern schreibt weitergehend vor, dass die Forderungsmodifikationen generell nur bestätigt werden könne, wenn alle betroffenen Gläubiger zugestimmt hätten (ohne für den jedenfalls dem Wortlaut des Art. 47 Abs. 2 EuInsVO vorgesehenen Fall, dass diese Einschränkung keine Auswirkung auf das nicht von dem Sekundärinsolvenzverfahren erfasste Vermögen des Schuldners hätte, eine Rückausnahme zuzulassen).

---

[1] Vgl. zur Kritik an der Regelung → EuInsVO Art. 47 Rn. 9 ff. sowie ausführlich zu Unternehmenssanierung bei parallelen Verfahren → EuInsVO Art. 47 Rn. 12 ff.
[2] AA HKInsO/*Swierczok* § 15 Rn. 2.
[3] FKInsO/*Wenner/Schuster* § 15 Rn. 1.
[4] Vgl. nochmals → EuInsVO Art. 47 Rn. 10.
[5] Vgl. zu diesem Begriff des IPR *Bar/Mankowski*, IPR I, § 1 Rn. 16; *Kegel/Schurig*, IPR, § 2 3a, Hausmann/Odersky/*Hausmann* § 3 Rn. 95 f.
[6] Zur Problematik der Forderungsmodifikation in Sekundärinsolvenzverfahren *Reinhart*, Sanierungsverfahren, S. 300 ff.

Gleiches gilt auch für § 15 S. 2, der festlegt, dass die Regelung in S. 1 nicht für Planregelungen 4
gilt, mit denen in Absonderungsrechte eingegriffen wird. In der Beschlussempfehlung des Rechtsausschusses wird hierzu ausgeführt, dass es nach wie vor erforderlich erscheine klarzustellen, dass von dem Grundsatz des Verbots der Forderungsmodifikation ohne Zustimmung des betroffenen Gläubigers bei solchen Planregelungen eine Ausnahme zu machen sei, mit denen in Absonderungsrechte eingegriffen werde.[7] Auch wenn das Verständnis des deutschen Gesetzgebers von der Regelung in Art. 47 Abs. 2 EuInsVO zutreffen mag, verbietet sich jedoch für den nationalen Gesetzgeber, die von ihm als unklar erkannten Regelungen der EuInsVO durch Normen auf nationaler Ebene klarzustellen.

Soweit daher in einem in Deutschland durchgeführten Sekundärinsolvenzverfahren Forderungs- 5
modifikationen beabsichtigt sind, ist deren Zulässigkeit sowie deren Voraussetzungen ausschließlich an Art. 47 Abs. 2 EuInsVO zu messen.

Art. 102c § 16 Aussetzung der Verwertung

Wird auf Antrag des Verwalters des Hauptinsolvenzverfahrens nach Artikel 46 der Verordnung (EU) 2015/848 in einem in der Bundesrepublik Deutschland eröffneten Sekundärinsolvenzverfahren die Verwertung eines Gegenstandes ausgesetzt, an dem ein Absonderungsrecht besteht, so sind dem Gläubiger laufend die geschuldeten Zinsen aus der Insolvenzmasse zu zahlen.

Literatur: siehe § 11.

I. Normzweck

Kap. III (Sekundärinsolvenzverfahren) der EuInsVO enthält mittlerweile eine Vielzahl von 1
Regelungen, um die Abwicklung der Insolvenzmasse des Schuldners in mehreren parallelen Verfahren zu koordinieren. Dazu zählt, dass das Gericht, welches das Sekundärinsolvenzverfahren eröffnet hat, auf Antrag des Verwalters des Hauptinsolvenzverfahrens die Verwertung der Masse ganz oder teilweise aussetzen kann, Art. 46 Abs. 1 S. 1 EuInsVO. Die Aussetzung der Verwertung im Sekundärinsolvenzverfahren zugunsten des Hauptinsolvenzverfahrens ist jedoch zu kompensieren. Daher sieht Art. 46 Abs. 1 S. 2 vor, dass in diesem Fall das Gericht vom Verwalter des Hauptinsolvenzverfahrens verlangen kann, *„alle angemessenen Maßnahmen zum Schutz der Interessen der Gläubiger des Sekundärinsolvenzverfahrens sowie einzelner Gruppen von Gläubigern zu ergreifen"*. Bei Art. 46 Abs. 1 S. 1 EuInsVO handelt es sich daher um eine unionsrechtliche Sachnorm. § 16 greift die Frage auf, welche Maßnahmen zum Schutz der Interessen der Gläubiger des Sekundärinsolvenzverfahrens angemessen sind und regelt, dass im Falle der Aussetzung der Verwertung eines Gegenstandes dem Gläubiger laufend die geschuldeten Zinsen aus der Insolvenzmasse zu zahlen sind. Der deutsche Gesetzgeber greift damit das in § 169 S. 1 InsO bereits geregelte Konzept auf, dass Verzögerungen der Verwertung durch Zahlung von Zinsen aus der Insolvenzmasse auszugleichen sind.

So folgerichtig und nachvollziehbar die Regelung aus Sicht des deutschen Gesetzgebers auch 2
sein mag: Auch diese Regelung ist unionsrechtlich fraglich, da Art. 46 Abs. 1 EuInsVO nicht dem nationalen Gesetzgeber, sondern dem Insolvenzgericht des Sekundärinsolvenzverfahrens einen Ermessensspielraum einräumt, *„alle angemessenen Maßnahmen zum Schutz der Interessen der Gläubiger des Sekundärinsolvenzverfahrens sowie einzelner Gruppen von Gläubigern zu ergreifen"*. Der deutsche Gesetzgeber ist weder befugt, den Gerichten des Sekundärinsolvenzverfahrens Vorgaben zu machen, noch diese in der Wahl angemessener Maßnahmen einzuschränken. Was als angemessene Maßnahme anzusehen ist, haben deutsche Insolvenzgerichte des Sekundärinsolvenzverfahrens im Rahmen einer verordnungsautonomen Auslegung von Art. 46 Abs. 1 S. 1 EuInsVO zu ermitteln und gegebenenfalls dem EuGH zur alleinigen Entscheidung über die Auslegung des Begriffes vorzulegen. Das schließt zutreffender Weise nicht aus, den Ausgleich durch die Anordnung von Zinszahlungen gemäß § 169 InsO vorzunehmen. Das deutsche Insolvenzgericht ist daran jedoch nicht gebunden.

II. Schutz der absonderungsberechtigten Gläubiger

§ 16 regelt lediglich den Schutz der Gläubigergruppe der absonderungsberechtigten Gläubiger, 3
wobei der zur Absonderung berechtigende Gegenstand freilich im Inland belegen und daher zur

---

[7] BT-Drs. 18/12154, 32.

Insolvenzmasse des Sekundärinsolvenzverfahrens in Deutschland gehören muss. Entscheidend ist daher nicht der Wohnsitz oder Sitz des Gläubigers, sondern die Zuordnung des Absonderungsrechts zur Insolvenzmasse des Sekundärinsolvenzverfahrens.

4 Voraussetzung für die nachstehend noch näher beschriebene Kompensation des absonderungsberechtigten Gläubigers ist, dass die Verwertung eines Gegenstandes nach Art. 46 Abs. 1 S. 1 EuInsVO ganz oder teilweise ausgesetzt worden sein muss. Es bedarf daher zunächst eines entsprechenden Aussetzungsbeschlusses durch das Gericht des Sekundärinsolvenzverfahrens.[1] § 16 gilt insoweit nur für eine nach Art. 46 EuInsVO ausgesetzte Verwertung, nicht aber wenn die Verwertung der Masse aus anderen Gründen ausgesetzt wird, zB weil das nationale Recht des Sekundärinsolvenzverfahrens eines Aussetzung zulässt. Dann gelten freilich für die Rechtsfolgen der Aussetzung ausschließlich die Regelung des nationalen Insolvenzrechts.

5 Beruht die Aussetzung der Verwertung auf einem Beschluss des Gerichts nach Art. 46 Abs. 1 S. 1 EuInsVO, so schreibt § 16 vor, dass dem Gläubiger *„laufend die geschuldeten Zinsen aus der Insolvenzmasse zu zahlen"* sind. Damit greift der Gesetzgeber die bereits in § 169 InsO enthaltene Entschädigungsregelung zugunsten des absonderungsberechtigten Gläubigers bei einer Verzögerung der Verwertung auf. Zur Auslegung der Regelung, was unter *„geschuldete Zinsen"* zu verstehen ist, aber auch wie die Zahlung geschuldeter Zinsen im Verhältnis zum Wert oder der sonstigen Belastung des Gegenstandes zu sehen ist (§ 169 S. 3 InsO), kann auf die Regelung in § 169 InsO zurückgegriffen werden.[2]

6 Die geschuldeten Zinsen sind *„aus der Insolvenzmasse"* zahlen. Das ist insoweit unglücklich formuliert, als damit an die Regelung in § 169 InsO angeknüpft wird, die freilich ermöglicht, den Insolvenzverwalter die geschuldete Zahlung von Zinsen als Masseschuld aufzubürden. Welche Qualifikation die Zinszahlung im (ausländischen) Hauptinsolvenzverfahrensstaat hat, kann der deutsche Gesetzgeber hingegen nicht festlegen. Art. 46 Abs. 1 S. 1 EuInsVO verlangt insoweit nur – unter Bezugnahme auf nationale Regelungen zur Rangfolge –, dass der Verwalter *„angemessene Maßnahmen"* ergreifen müsse, was freilich nur Sinn macht, wenn es sich hierbei auch um eine von der Insolvenzmasse zu erfüllende Verpflichtung handelt. Richtigerweise dürften derartige Zahlungen daher Masseverbindlichkeiten des Hauptinsolvenzverfahrens darstellen.[3]

7 Anders als § 169 S. 1 InsO enthält § 16 keine Einschränkung dahingehend, dass die geschuldeten Zinsen *„vom Berichtstermin an"* zu zahlen sind. Da wegen des unionsrechtlichen Diskriminierungsverbotes die angemessenen Schutzmaßnahmen nach Art. 46 Abs. 1 EuInsVO jedoch nicht über den Schutz hinausgehen dürfen, die schon der deutsche Gesetzgeber bei inländischen Sachverhalten als angemessen betrachtet, wird man § 16 unionskonform dahingehend auslegen müssen, dass auch nach dieser Vorschrift Zinsen erst ab dem Berichtstermin zu zahlen sind, soweit der entsprechende Aussetzungsbeschluss des Insolvenzgerichts des Sekundärinsolvenzverfahrens noch vor dem Berichtstermin ergeht.

8 § 16 ist und kann jedoch keine abschließende Regelung hinsichtlich der vom Gericht zu treffenden angemessenen Maßnahmen sein. Das deutsche Insolvenzgericht des Sekundärinsolvenzverfahrens ist und bleibt daher weiterhin berechtigt, auch in Abweichung von § 16 eine Entscheidung darüber zu treffen, welche Maßnahmen zum Schutz des absonderungsberechtigten Gläubigers im konkreten Einzelfall angemessen ist.[4] Denn der deutsche Gesetzgeber hat – wie oben Rn. 2 bereits ausgeführt – keine Regelungsbefugnis, das in Art. 46 Abs. 1 S. 1 dem deutschen Insolvenzgericht eingeräumte Ermessen durch nationale Gesetzgebung zu beschränken.

III. Andere Gläubiger

9 § 16 regelt lediglich die Entschädigungsmaßnahmen zugunsten der absonderungsberechtigten Gläubiger. Daraus kann nicht geschlossen werden, dass Schutzmaßnahmen zugunsten anderer Gläubiger ausgeschlossen wären. Denn Art. 46 EuInsVO ist weiter und grenzt den Kreis der schutzberechtigten Gläubiger nicht ein. Ob daher auch für andere Gläubigergruppen Schutzmaßnahmen geboten sind und welche gegebenenfalls angemessen sind, richtet sich daher ausschließlich nach Art. 46 EuInsVO.

Art. 102c § 17 Abstimmung über die Zusicherung

(1) Der Verwalter des Hauptinsolvenzverfahrens führt die Abstimmung über die Zusicherung nach Artikel 36 der Verordnung (EU) 2015/848 durch. Die §§ 222, 243, 244 Absatz 1 und 2 sowie die §§ 245 und 246 der Insolvenzordnung gelten entsprechend.

---

[1] Jaeger/*Mankowski* § 16 Rn. 6.
[2] → InsO § 169 Rn. 32 ff.
[3] Jaeger/*Mankowski* § 16 Rn. 14; Vallender/*Keller* § 16 Rn. 5.
[4] Vallender/*Keller* § 16 Rn. 7; FKInsO/*Wenner/Schuster* § 16 Rn. 3; MüKoBGB/*Kindler* § 16 Rn. 2.

(2) Im Rahmen der Unterrichtung nach Artikel 36 Absatz 5 Satz 4 der Verordnung (EU) 2015/848 informiert der Verwalter des Hauptinsolvenzverfahrens die lokalen Gläubiger, welche Fernkommunikationsmittel bei der Abstimmung zulässig sind und welche Gruppen für die Abstimmung gebildet wurden. Er hat ferner darauf hinzuweisen, dass diese Gläubiger bei der Anmeldung ihrer Forderungen Urkunden beifügen sollen, aus denen sich ergibt, dass sie lokale Gläubiger im Sinne von Artikel 2 Nummer 11 der Verordnung (EU) 2015/848 sind.

Literatur: siehe § 11.

Übersicht

	Rn.		Rn.
I. Normzweck	1	f) Entsprechende Anwendung anderer Vorschriften	13
II. Abstimmungsverfahren (Abs. 1)	4	III. Unterrichtungs- und Hinweispflichten (Abs. 2)	14
a) § 222 InsO	5	1. Fernkommunikationsmittel	15
b) § 243 InsO	7		
c) § 244 Abs. 1 und Abs. 2 InsO	8	2. Gruppenbildung	16
d) § 245 InsO	11		
e) § 246 InsO	12	3. Nachweis als lokaler Gläubiger	17

I. Normzweck

Nach Art. 36 Abs. 5 S. 1 EuInsVO muss die von dem Verwalter des Hauptinsolvenzverfahrens abgegebene Zusicherung von den bekannten lokalen Gläubigern gebilligt werden. Gemäß Art. 36 Abs. 5 S. 2 EuInsVO gelten „*die Regeln über die qualifizierte Mehrheit und über die Abstimmung*", die für die Annahme von Sanierungsplänen gemäß dem Recht des Mitgliedstaates gelten, in dem ein Sekundärinsolvenzverfahren hätte eröffnet werden können, auch „*für die Billigung der Zusicherung*". Die EuInsVO verweist mithin für die Billigung der Zusicherung auf die Abstimmungsregeln des nationalen Rechts der Mitgliedstaaten, die für die Annahme von Sanierungsplänen gelten. § 17 dient – ebenso wie die nachfolgenden §§ 18, 19 und 20 – der verordnungsrechtlich zulässigen Konkretisierung des Billigungsverfahrens auf der Ebene des nationalen Rechts der Mitgliedstaaten. 1

Bei der Umsetzung des Verweises aus der Verordnung *(„gelten auch")* hat sich der deutsche Gesetzgeber in § 17 dafür entschieden, es nicht bei einem generellen Verweis auf die verfahrensrechtlichen Vorschriften des Insolvenzplanverfahrens zu belassen, sondern den Verweis auf konkret ausgewählte Normen (§§ 222, 243, 244 Abs. 1 u. 2, 245 und 246 InsO) zu beschränken. 2

§ 17 Abs. 2 hingegen enthält weitere, von der EuInsVO nicht vorgegebene, aber sinnvolle Unterrichtungspflichten für den Verwalter des Hauptinsolvenzverfahrens. So muss dieser nach S. 1 die Gläubiger über die Möglichkeit unterrichten, über Fernkommunikationsmittel an der Abstimmung teilzunehmen. Letzteres ist nach Art. 36 Abs. 5 S. 3 EuInsVO zulässig, sofern das nationale Recht dies gestattet. Darüber hinaus muss dieser die Gläubiger nach S. 2 darauf hinweisen, dass diese bei der Anmeldung ihrer Forderungen Urkunden beifügen sollen, aus denen sich ergibt, dass sie lokale Gläubiger im Sinne von Art. 2 Nr. 11 EuInsVO sind. Auch diese weitere Hinweispflicht ist verordnungsrechtlich zulässig und sinnvoll, da die Zusicherung nur von den lokalen Gläubigern zu billigen ist und insoweit nicht nur deren Eigenschaft als Gläubiger, sondern darüber hinaus gehend deren Eigenschaft als lokale Gläubiger geprüft werden muss, was die Regeln in Kap. 4 EuInsVO (Art. 53–55 EuInsVO) jedoch nicht berücksichtigen. 3

II. Abstimmungsverfahren (Abs. 1)

Der Verweis auf die entsprechend geltenden Vorschriften des Insolvenzplanverfahrens beschränkt sich auf die §§ 222, 243, 244 Abs. 1 und 2 sowie 245, 246 InsO. Daraus wird im Umkehrschluss gefolgert, dass es sich um eine abschließende Auswahl handelt, die anderen Vorschriften des Insolvenzplanverfahrens mithin nicht entsprechend angewandt werden können.[1] 4

a) § 222 InsO. Art. 36 Abs. 5 S. 3 EuInsVO verweist auf die nationalen Regeln über die qualifizierte Mehrheit und die Abstimmung. Der Gesetzgeber konnte daher die Vorschriften im Ersten 5

---

[1] Vgl. Jaeger/*Mankowski* § 17 Rn. 12; HKInsO/*Swierczok* § 17 Rn. 6; Vallender/*Keller* § 17 Rn. 1; Nerlich/Römermann/*Hübler* § 17 Rn. 1, 4.

Abschnitt (§§ 217–243 InsO) über die Aufstellung des Plans von der Verweisung in § 17 ausnehmen, bis auf den – zutreffend – erwähnten § 222 InsO. Denn dieser regelt die Pflicht zur Bildung von Gruppen sowie die zwingend zu bildenden Gruppen (mit der Möglichkeit weiterer Gruppen). Da die Gruppenbildung für die Mehrheitsverhältnisse und die Abstimmung elementare Bedeutung besitzt, wird zu Recht diese Norm ebenfalls für entsprechend anwendbar erklärt. Für das Abstimmungsverfahren hat der Insolvenzverwalter des Hauptinsolvenzverfahrens daher ebenfalls Gruppen zu bilden.

6 Richtigerweise ist auch keine gesonderte Gruppe der Anteilseigner zu bilden.[2] Das ergibt sich jedoch nicht daraus, dass es hierfür keinen praktischen Anwendungsfall gibt, sondern daraus, dass schon Art. 36 EuInsVO vorschreibt, dass die Zusicherung von den lokalen *„Gläubigern"* gebilligt werden müsse und daher schon die Verordnung dem Anteilseigner (§ 222 Abs. 1 Nr. 4, 246a InsO) und auch dem Schuldner (§ 247 InsO) keine Beteiligungsrechte für das Billigungsverfahren einräumt.

7 **b) § 243 InsO.** Nach § 17 erfolgt die Abstimmung in Gruppen gemäß § 243 InsO, was schon deswegen folgerichtig ist, da die Bestimmung der erforderlichen Mehrheit sich nach der Abstimmung in den Gruppen richtet.

8 **c) § 244 Abs. 1 und Abs. 2 InsO.** Der Verweis auf § 244 Abs. 1 InsO erfasst zunächst die Berechnung der erforderlichen Mehrheiten, mithin die Kombination von Kopf- und Summenmehrheit, die für die Billigung der Zusicherung entsprechend gelten soll.

9 Der Verweis auf § 244 Abs. 2 InsO beinhaltet für bestimmte Rechte, bei denen unklar ist, wer oder wie abzustimmen ist, Abstimmungsregeln. Als ein Gläubiger werden demnach gerechnet Gläubiger, denen ein Recht gemeinschaftlich zusteht oder deren Rechte bis zum Eintritt des Eröffnungsgrunds ein einheitliches Recht gebildet haben (Abs. 2 S. 1). Entsprechendes gilt, wenn an einem Recht ein Pfandrecht oder Nießbrauch besteht (Abs. 2 S. 2). Da es bei der Abstimmung um lokale Gläubiger des Sekundärinsolvenzverfahrens geht bzw. um Rechte, die in die Insolvenzmasse des Sekundärinsolvenzverfahrens fallen und daher dort belegen sind, wird man bei der Anwendung von § 244 Abs. 2 InsO zunächst als Vorfrage klären müssen, ob die jeweiligen streitgegenständlichen Rechte unter die Abstimmungsregelung des § 244 Abs. 2 InsO fallen.[3]

10 § 17 verweist lediglich auf die Abs. 1 und 2 von § 244 InsO und spart daher den Verweis auf § 244 Abs. 3 InsO aus, der sich mit der Berechnung der Mehrheit bei der Gruppe der Anteilseigner beschäftigt. Das ist insoweit konsequent, da eine Gruppe der Anteilseigner für die Billigung der Zusicherung nicht gebildet werden kann (vgl. → Rn. 6).

11 **d) § 245 InsO.** Mit dem Verweis auf § 245 InsO stellt der deutsche Gesetzgeber klar, dass das die Zusicherung im Rahmen der Eröffnungsentscheidung über das Sekundärinsolvenzverfahren prüfende Insolvenzgericht (vgl. Art. 38 Abs. 2 EuInsVO) die fehlende Zustimmung einzelner Gruppen ignorieren kann, wenn die dortigen Voraussetzungen für die Zustimmungsfiktion vorliegen.[4] Die im Rahmen des Obstruktionsverbotes zu prüfende „angemessene Beteiligung" ist jedoch zu unterscheiden von dem im Rahmen des Art. 38 Abs. 2 EuInsVO zu prüfenden „angemessenen Schutz" der lokalen Gläubiger. Bei dem entsprechend anwendbaren § 245 InsO geht es zunächst um die Feststellung, ob die Zusicherung überhaupt gebilligt wurde (weil insoweit die fehlende Mehrheitsentscheidung einer Gruppe fingiert werden kann). Hingegen richtet sich die Prüfung, ob die gebilligte Zusicherung „angemessenen Schutz" bietet, wiederum alleine nach den Kriterien des Art. 38 Abs. 2 EuInsVO (vgl. dazu → EuInsVO Art. 38 Rn. 17 f.).

12 **e) § 246 InsO.** Für entsprechend anwendbar erklärt wird darüber hinaus die in § 246 InsO enthaltene Zustimmungsfiktion der nachrangigen Gläubiger.[5]

13 **f) Entsprechende Anwendung anderer Vorschriften.** Nach allgemeiner Auffassung ist die Aufzählung in § 17 Abs. 1 S. 2 abschließend, so dass sich eine entsprechende Anwendung der anderen Vorschriften verbietet. Das ist zutreffend und ergibt sich überwiegend auch aus dem Verweis in Art. 36 Abs. 5 S. 2 EuInsVO, wonach die *„Regeln über die qualifizierte Mehrheit und über die Abstimmung"* gelten. Schon von daher können die Vorschriften über die Aufstellung des Plans (§§ 217–234 InsO mit Ausnahme des § 222 InsO) nicht gelten. Ebenfalls nicht gelten können die Regeln über die gerichtliche Bestätigung in §§ 248–253 InsO, da die Billigung der Zusicherung nach Art. 36, 38 EuInsVO nicht gerichtlich bestätigt wird, sondern vom Insolvenzgericht des Sekundärinsolvenzverfahrensstaates im Rahmen der Eröffnungsentscheidung inzident geprüft wird (vgl. → EuInsVO

---

[2] Vgl. BT-Drs. 18/20823, 33 f.; ebenso Jaeger/*Mankowski* § 17 Rn. 15 ff.
[3] So auch Jaeger/*Mankowski* § 17 Rn. 20 ff.
[4] Vgl. Regierungsentwurf, BT-Drs. 18/10823, 33; Vallender/*Keller* § 17 Rn. 7.
[5] Vgl. Regierungsentwurf, BT-Drs. 18/10823, 33.

Art. 36 Rn. 40). Im Gesetzgebungsverfahren wurde daher der zunächst noch in § 17 enthaltene Verweis auf § 251 InsO zu Recht gestrichen.[6] Entscheidend für die Möglichkeit einer analogen Anwendung ist ohnehin nicht die Entscheidung des deutschen Gesetzgebers in § 17, sondern die Reichweite der Verweisung in Art. 36 Abs. 5 S. 2 EuInsVO.

III. Unterrichtungs- und Hinweispflichten (Abs. 2)

§ 17 Abs. 2 regelt weitere Einzelfragen im Zusammenhang mit der Billigung der Zusicherung, nämlich (a) den Einsatz von Fernkommunikationsmittel (vgl. Art. 36 Abs. 5 S. 3 EuInsVO), (b) den inhaltlichen Umfang der Unterrichtung (der auf die Gruppenbildung erstreckt wird), sowie (c) die Nachweispflicht für die Forderungsanmeldung als lokaler Gläubiger. 14

1. Fernkommunikationsmittel. Nach Art. 36 Abs. 5 S. 4 EuInsVO unterrichtet der Verwalter des Hauptinsolvenzverfahrens die bekannten lokalen Gläubiger über die Zusicherung, die Regeln und das Verfahren für deren Billigung oder deren Ablehnung. Diese Unterrichtungspflichten hat der deutsche Gesetzgeber an sich in § 12 (Hauptinsolvenzverfahren in der Bundesrepublik Deutschland) für den inländischen Verwalter des deutschen Hauptinsolvenzverfahrens näher konkretisiert. Systematisch inkonsequent ist daher, weitere Einzelheiten der Unterrichtungspflicht nunmehr in dem Abschnitt „Hauptinsolvenzverfahren in einem anderen Mitgliedstaat der Europäischen Union" zu regeln. In der Systematik von Abschnitt 1 und 2 könnte der deutsche Gesetzgeber in Abschnitt 2 allenfalls dem Verwalter des deutschen (anhängigen) Sekundärinsolvenzverfahrens Pflichten auferlegen, nicht aber dem Verwalter des ausländischen Sekundärinsolvenzverfahrens. Er muss ebenso wie die anderen Mitgliedstaaten im Rahmen des § 12 darauf vertrauen, dass auch die anderen Mitgliedstaaten entsprechende verordnungskonforme Unterrichtungspflichten für den Verwalter des Hauptinsolvenzverfahren umsetzen, die die Gläubiger des inländischen Sekundärinsolvenzverfahrens entsprechend schützen. Das deutsche Insolvenzgericht des Sekundärinsolvenzverfahrens kann daher die im Rahmen der Eröffnungsentscheidung zu prüfende Billigung der Zusicherung nicht mit einem Verstoß gegen § 17 Abs. 2 S. 1 begründen. Entscheidend ist alleine, ob die Unterrichtung durch den Verwalter des ausländischen Hauptinsolvenzverfahrens den Anforderungen des Art. 36 Abs. 5 S. 4 EuInsVO genügt. 15

2. Gruppenbildung. Gleiches (vgl. → Rn. 15) gilt für die in § 17 Abs. 2 S. 1 enthaltene Pflicht des Verwalters des ausländischen Hauptinsolvenzverfahrens zur Unterrichtung, welche Gruppen gebildet wurden. Auch diese Pflicht kann der deutsche Gesetzgeber dem Verwalter des ausländischen Hauptinsolvenzverfahrens nicht auferlegen. Man wird eine entsprechende Verpflichtung für den Verwalter des Hauptinsolvenzverfahrens jedoch schon in Art. 36 Abs. 5 S. 4 EuInsVO hineinlesen können.[7] Denn eine Unterrichtung über die Regeln und das Verfahren inkludiert notwendigerweise eine Unterrichtung über die konkret gebildeten Gruppen zur Abstimmung (vgl. → Art. 102c § 12 Rn. 8). 16

3. Nachweis als lokaler Gläubiger. Systematisch an der zutreffenden Stelle findet sich hingegen die Frage, wie der lokale Gläubiger bei seiner Anmeldung seine Eigenschaft als lokaler Gläubiger nachweisen soll. Denn diese Frage richtet sich – wie Art. 7 Abs. 2 lit. h EuInsVO vorschreibt – nach dem Recht des Verfahrensstaates, dh vorliegend nach dem Rechts des Sekundärinsolvenzverfahrensstaates. Der deutsche Gesetzgeber ist daher befugt, für die Forderungsanmeldung im Sekundärinsolvenzverfahren auch Regelungen zum Nachweis der Eigenschaft als lokaler Gläubiger nach Art. 2 Nr. 11 EuInsVO zu fordern. Systematisch fehlerhaft ist hingegen, dies in eine Unterrichtungspflicht für den Verwalter des ausländischen Hauptinsolvenzverfahrens zu kleiden. Denn das Pflichtenprogramm des Verwalters des ausländischen Hauptinsolvenzverfahrens kann der deutsche Gesetzgeber nicht bestimmen (vgl. bereits → Rn. 15 f.). § 17 Abs. 2 S. 2 ist daher seinem Regelungsinhalt nach darauf zu reduzieren, dass die Gläubiger für die Anmeldung ihrer Forderungen im deutschen Sekundärinsolvenzverfahren nicht nur § 174 InsO zu beachten haben, sondern auch § 17 Abs. 2 S. 2 und daher auch für ihre Eigenschaft als lokaler Gläubiger entsprechende Urkunden beizufügen haben, die es dem ausländischen Verwalter (aber auch dem Gericht des Sekundärinsolvenzverfahrens) ermöglicht, die Eigenschaft des Gläubigers als lokalen Gläubiger zu prüfen. Von dieser Nachweispflicht befreit ist allenfalls die Bundesagentur für Arbeit (vgl. hierzu noch → Art. 102c § 18 Rn. 15 f.). 17

Art. 102c § 18 Stimmrecht bei der Abstimmung über die Zusicherung

(1) Der Inhaber einer zur Teilnahme an der Abstimmung über die Zusicherung angemeldeten Forderung gilt vorbehaltlich des Satzes 2 auch dann als stimmberechtigt,

---

[6] Vgl. die Streichung durch den Rechtsausschuss, BT-Drs. 18/12154, 33.
[7] Schmidt, Die Zusicherung, S. 233.

wenn der Verwalter des Hauptinsolvenzverfahrens oder ein anderer lokaler Gläubiger bestreitet, dass die Forderung besteht oder dass es sich um die Forderung eines lokalen Gläubigers handelt. Hängt das Abstimmungsergebnis von Stimmen ab, die auf bestrittene Forderungen entfallen, kann der Verwalter oder der bestreitende lokale Gläubiger bei dem nach § 1 Absatz 2 zuständigen Gericht eine Entscheidung über das Stimmrecht erwirken, das durch die bestrittenen Forderungen oder eines Teils davon gewährt wird; § 77 Absatz 2 Satz 2 der Insolvenzordnung gilt entsprechend. Die Sätze 1 und 2 gelten auch für aufschiebend bedingte Forderungen. § 237 Absatz 1 Satz 2 der Insolvenzordnung gilt entsprechend.

(2) Im Rahmen des Verfahrens über eine Zusicherung gilt die Bundesagentur für Arbeit als lokaler Gläubiger nach Artikel 36 Absatz 11 der Verordnung (EU) 2015/848.

Literatur: siehe § 11.

Übersicht

	Rn.		Rn.
I. Normzweck	1	5. Maßstäbe für die Entscheidung des Gerichts	10
II. Grundsatz: Stimmberechtigung (Abs. 1 S. 1)	2	IV. Sonderregeln für bestimmte Forderungen	12
III. Entscheidung über das Stimmrecht	5		
1. Relevanz der bestrittenen Forderung für das Abstimmungsergebnis	5	1. Aufschiebend bedingte Forderungen (Abs. 1 S. 3)	12
2. Keine Einigung über das Stimmrecht	7	2. Absonderungsberechtigte Gläubiger (Abs. 2 S. 4)	14
3. Antrag auf Entscheidung über das Stimmrecht	8	V. Dispens für die Bundesagentur für Arbeit	15
4. Zuständiges Gericht	9		

I. Normzweck

1 Nach Art. 36 Abs. 5 S. 1 EuInsVO muss die Zusicherung von den bekannten lokalen Gläubigern gebilligt werden. Während § 17 die Mehrheitserfordernisse und das Verfahren der Billigung für das deutsche Insolvenzrecht umsetzt, regelt § 18 die Frage der Stimmrechtsbefugnis für die abstimmungsberechtigten lokalen Gläubiger, und zwar insbesondere für den Fall, dass die Forderung selbst oder die Eigenschaft des Gläubigers als lokaler Gläubiger bestritten wird. Hierbei hatte der deutsche Gesetzgeber zu berücksichtigen, dass nach ErwG 44 die Forderungen der Gläubiger für die Zwecke der Abstimmung über die Zusicherung als festgestellt gelten sollten, wenn die Abstimmungsregeln für die Annahme eines Sanierungsplans nach nationalem Recht die vorherige Feststellung dieser Forderungen vorschreiben.

II. Grundsatz: Stimmberechtigung (Abs. 1 S. 1)

2 In § 18 Abs. 1 S. 1 setzt sich das Dilemma fort, das darauf beruht, dass das in Art. 36 EuInsVO geregelte Verfahren über die Abgabe einer bindenden Zusicherung zur Vermeidung der Eröffnung eines Sekundärinsolvenzverfahrens denklogisch vor Eröffnung desselben stattfinden muss. Wie an anderer Stelle bereits ausgeführt, werden sich bei der Abgabe der Zusicherung durch den Verwalter des Hauptinsolvenzverfahrens sowohl das Hauptinsolvenzverfahren als auch das Sekundärinsolvenzverfahren noch im Eröffnungsverfahren selbst befinden (vgl. → Art. 102c § 11 Rn. 6). Im Eröffnungsverfahren selbst findet jedoch noch keine Anmeldung von Gläubigerforderungen statt. Sowohl die deutsche Insolvenzordnung (§ 174 InsO) als auch die EuInsVO (Art. 54 EuInsVO) als auch die Anmeldung der Forderung erst nach Verfahrenseröffnung vor. Dennoch beruhen die Vorschriften der EuInsVO als auch § 18 Abs. 1 auf dem Konzept, als fände ein geordnetes Verfahren der Forderungsanmeldung statt.

3 § 18 Abs. 1 S. 1 regelt daher in Umsetzung von ErwG 44, dass der Inhaber einer zur Teilnahme an der Abstimmung über die Zusicherung „angemeldeten" Forderung vorbehaltlich des S. 2 auch dann als stimmberechtigt gilt, wenn der Verwalter des Hauptinsolvenzverfahrens oder ein anderer lokaler Gläubiger bestreitet, dass die Forderung besteht oder dass es sich um die Forderung eines lokalen Gläubigers handelt. Verordnungskonform darf daher zunächst einmal jeder Inhaber einer als

Forderung eines lokalen Gläubigers angemeldeten Forderung an der Abstimmung über die Zusicherung teilnehmen. Die Tatsache, dass die Forderung oder der Charakter der Forderung als Forderung eines lokalen Gläubigers bestritten ist, bleibt für das Recht zur Teilnahme an der Abstimmung unberücksichtigt.

Da sich das deutsche Sekundärinsolvenzverfahren noch im Eröffnungsverfahren befindet, ist der Begriff **Anmeldung** daher nicht im Sinne einer formellen Anmeldung der Forderung nach § 174 InsO zu verstehen. Als angemeldet im Sinne des § 18 Abs. 1 S. 1 gelten daher Forderungen, deren Forderungsinhaber durch den Verwalter des Hauptinsolvenzverfahrens über die Zusicherung gemäß Art. 36 Abs. 5 S. 4 EuInsVO unterrichtet wurde sowie sämtliche weitere dem Verwalter des Hauptinsolvenzverfahrens bis zu seiner Unterrichtung noch nicht bekannte Forderungen lokaler Gläubiger, die nach Unterrichtung über die Zusicherung noch dem Verwalter des Hauptinsolvenzverfahrens formlos bekannt gemacht werden. 4

III. Entscheidung über das Stimmrecht

1. Relevanz der bestrittenen Forderung für das Abstimmungsergebnis. Eine Klärung des Stimmrechts wird nach § 18 Abs. 1 S. 2 nur dann herbeigeführt, wenn das Abstimmungsergebnis von Stimmen abhängt, die auf bestrittene Forderungen entfallen. Der Verwalter des (ausländischen) Hauptinsolvenzverfahrens wird daher zunächst überlegen müssen, ob eine Ablehnung seiner Zusicherung auf Stimmen beruhen könnte, die bestritten sind, und falls dies der Fall ist, einen Antrag auf Entscheidung über das Stimmrecht stellen (vgl. → Rn. 7). 5

Beruht hingegen die Billigung der Zusicherung auf Stimmen, deren zugrundeliegende Forderung durch einen lokalen Gläubiger bestritten wurde, so wird der Verwalter sowie der bestreitende lokale Gläubiger aufgerufen sein zu ermitteln, ob das Abstimmungsergebnis von Stimmen abhängt, die auf bestrittene Forderungen entfallen. Ist dies der Fall, so können diese einen entsprechenden Antrag auf Entscheidung über das Stimmrecht stellen. Das setzt verfahrenstechnisch freilich voraus, dass es auch für das Zusicherungsverfahren ein entsprechend transparentes Verfahren über die Anmeldung von Forderungen sowie das Bestreiten von Forderungen gibt, damit lokale Gläubiger insoweit bei einer mehrheitlichen Billigung der Zusicherung ihre Rechte nach § 18 Abs. 1 S. 2 wahren können. Hierzu enthält die EuInsVO jedoch keinerlei Vorgaben. Es wird dem Geschick der Verwalter des Hauptinsolvenzverfahrens überlassen bleiben, die (in der EuInsVO nicht geregelte) Anmeldung der Forderung und deren Teilnahme an der Abstimmung insoweit möglichst verordnungskonform, aber im weitgehend rechtsfreien Rechtsraum auszugestalten. 6

2. Keine Einigung über das Stimmrecht. § 18 Abs. 1 S. 2 Hs. 2 erklärt § 77 Abs. 2 S. 2 InsO für entsprechend anwendbar und ermöglicht daher, dass sich der Verwalter und die stimmberechtigten Gläubiger über das Stimmrecht auch einigen können. Wie dies für den Verwalter des ausländischen Hauptinsolvenzverfahrens in dem Verfahren über die Billigung der Zusicherung, das in der Praxis voraussichtlich ausschließlich über Fernkommunikationsmittel ablaufen wird, möglich sein soll, ist nicht ersichtlich. Denn § 77 InsO beruht auf dem Konzept, dass die Stimmrechtsbefugnis im Rahmen einer Gläubigerversammlung erörtert wird und über diese auch mit den anwesenden Gläubigern eine Einigung erzielt werden kann. Da der Verweis auf § 77 Abs. 2 S. 2 InsO dem Verwalter des Hauptinsolvenzverfahrens lediglich eine weitere Handlungsoption eröffnet, wird daher ihm überlassen bleiben, ob er einen solchen Einigungsversuch im Hinblick auf die Anzahl der angemeldeten Forderungen und den sich hieraus ergebenden Schwierigkeiten, dies im Rahmen einer Fernkommunikation einer Einigung zuzuführen, unternehmen möchte. 7

3. Antrag auf Entscheidung über das Stimmrecht. Nach § 18 Abs. 1 S. 2 Hs. 1 kann bei dem nach § 1 Abs. 2 zuständigen Gericht eine Entscheidung über das Stimmrecht erwirkt werden. Antragsberechtigt hierzu ist nur der Verwalter oder der bestreitende lokale Gläubiger, nicht hingegen der Gläubiger, der sich einer bestrittenen Forderung berühmt oder behauptet, ein lokaler Gläubiger zu sein.[1] Diese Beschränkung der Antragsbefugnis ist folgerichtig und beruht auf dem in § 18 verfolgten und auf dem ErwG 44 basierenden Konzept, dass die Forderung für die Zwecke der Abstimmung über die Zusicherung als festgestellt gelten soll. Von daher ist Antragsziel nicht die positive Feststellung, dass eine bestimmte Forderung ein Stimmrecht vermittelt, sondern vielmehr die Negativ-Feststellung, dass eine bestimmte Forderung gerade nicht berechtigt ist, an der Abstimmung über die Zusicherung teilzunehmen. 8

4. Zuständiges Gericht. Der Antrag ist an das nach § 1 Abs. 2 zuständige Gericht zu richten, also an das Insolvenzgericht, bei dem der Antrag auf Eröffnung des Sekundärinsolvenzverfahrens 9

---

[1] Letzterem ein Antragsrecht zubilligend: Jaeger/*Mankowski* § 18 Rn. 16.

anhängig ist. Funktionell zuständig ist dort nach § 19a Abs. 1 Nr. 3 RpflG wegen der Eilbedürftigkeit der Richter.[2]

10 **5. Maßstäbe für die Entscheidung des Gerichts.** Anders als in einem eröffneten Insolvenzverfahren duldet die Entscheidung über die Frage, ob ein lokaler Gläubiger im Bewilligungsverfahren der Zusicherung stimmberechtigt ist, keinen Aufschub. Der Gesetzgeber verlangt daher von dem Insolvenzgericht lediglich eine summarische Prüfung.[3] Gefordert ist daher kein Vollbeweis, sondern lediglich eine Plausibilitätsprüfung.[4] Verordnungskonform wird man dabei die Darlegungs- und Beweislast dem antragstellenden Verwalter oder lokalen Gläubiger auferlegen müssen. Das bedeutet, dass vor dem Insolvenzgericht die Forderung so lange als stimmberechtigt zu gelten hat, solange nicht der Antragsteller das Insolvenzgericht im Rahmen der summarischen Prüfung vom Gegenteil überzeugen konnte.

11 Da es sich nur um eine summarische Prüfung im Insolvenzeröffnungsverfahren handelt, erwächst die Entscheidung für einen später eröffnetes Sekundärinsolvenzverfahren nicht in Rechtskraft. Ist die Forderung daher auch nach Eröffnung des Verfahrens noch streitig, ist diese Auseinandersetzung im Rahmen des Art. 7 Abs. 2 lit. h EuInsVO nach den §§ 174 ff. InsO auszutragen. Unklar ist insoweit lediglich, wie die Berechtigung zur Teilnahme an der Verteilung zu ermitteln ist, wenn aufgrund einer gegebenen Zusicherung das Sekundärinsolvenzverfahren nicht eröffnet wird. Insoweit kann es nicht mehr zu einer Erklärung nach §§ 174 ff. InsO kommen. In diesem Fall ist der Insolvenzgläubiger auf eine Klärung im Hauptverfahren angewiesen. Dies steht auch nicht in Widerspruch zu der vom Verwalter des Hauptinsolvenzverfahrens abgegebenen Zusicherung, da die Funktion, die Gläubiger so zu stellen, als wäre ein Sekundärinsolvenzverfahren eröffnet worden ist, nur für die Verteilung des Erlöses, den Rang der Forderungen und die Rechte der Gläubiger in Bezug auf Gegenstände der Masse gilt, nicht hingegen für die Feststellung der Passivmasse.

IV. Sonderregeln für bestimmte Forderungen

12 **1. Aufschiebend bedingte Forderungen (Abs. 1 S. 3).** In Anlehnung an § 77 Abs. 3 Nr. 1 InsO erklärt § 18 Abs. 1 S. 3 die Sätze 1 und 2 für aufschiebend bedingte Forderungen für entsprechend anwendbar. Das stößt verordnungsrechtlich schon deswegen auf keine Bedenken, da Art. 7 Abs. 2 lit. g und lit. h EuInsVO für die Frage der Forderungsanmeldung ohnehin auf die *lex fori secundariae* verweisen und auch Art. 36 EuInsVO keine Sachnorm enthält, die dem entgegenstehen könnte.

13 Ob es sich bei der Forderung um eine aufschiebend bedingte Forderung handelt, ist bei Forderungen, die ausländischem Recht unterstehen, als Vorfrage aufgrund des jeweils auf die Forderung anwendbaren materiellen Rechts zu entscheiden.

14 **2. Absonderungsberechtigte Gläubiger (Abs. 2 S. 4).** Für das Stimmrecht absonderungsberechtigter Gläubiger verweist § 18 Abs. 1 S. 4 auf die Vorschrift in § 30 Abs. 1 S. 2 InsO, die für das Stimmrecht entsprechend gelten soll. Danach sind absonderungsberechtigte Gläubiger nur insoweit zur Abstimmung als Insolvenzgläubiger berechtigt, als ihnen der Schuldner auch persönlich haftet und sie auf die abgesonderte Befriedigung verzichten oder bei ihr ausfallen; solange der Ausfall nicht feststeht, sind sie mit dem mutmaßlichen Ausfall zu berücksichtigen.

V. Dispens für die Bundesagentur für Arbeit

15 § 18 Abs. 2 dient der Umsetzung der bereits in Art. 36 Abs. 11 EuInsVO enthaltenen Regelung. Danach gilt für die Zwecke der Zusicherung nach Art. 36 EuInsVO eine Behörde, die in dem Mitgliedstaat, in dem ein Sekundärinsolvenzverfahren beantragt wurde, eingerichtet ist und nach der Richtlinie 2008/94/EG des europäischen Parlamentes und des Rates verpflichtet ist, die Befriedigung nicht erfüllter Ansprüche von Arbeitnehmern aus Arbeitsverträgen oder Arbeitsverhältnissen zu garantieren, als lokaler Gläubiger, sofern dies im nationalen Recht geregelt ist. Diese Regelung des nationalen Rechts setzt der Gesetzgeber mit § 18 Abs. 2 um. Danach gilt die Bundesagentur für Arbeit im Rahmen des Verfahrens über eine Zusicherung als lokaler Gläubiger nach Art. 36 Abs. 11 EuInsVO. Die Regelung trägt dem Rechnung, dass in der Bundesrepublik Deutschland nach § 165 Abs. 1 S. 3 SGB III nur die im Inland beschäftigten Arbeitnehmer einen Anspruch auf Insolvenzgeld auch bei einem ausländischen Insolvenzereignis haben, wodurch die Eigenschaft als lokaler Gläubiger schon aufgrund gesetzlicher Vorgaben sichergestellt ist.[5]

---

[2] Jaeger/*Mankowski* § 18 Rn. 18; HKInsO/*Swierczok* § 18 Rn. 3; Nerlich/Römermann/*Hübler* § 18 Rn. 3.
[3] BT-Drs. 18/10823, 35.
[4] MüKoBGB/*Kindler* § 18 Rn. 6.
[5] Vgl. → EuInsVO Art. 13 Rn. 11 ff.

Die nicht widerlegbare gesetzliche Vermutung nach § 18 Abs. 2 gilt zugunsten der Bundesagen- 16
tur für Arbeit jedoch nur, was deren Eigenschaft als *„lokaler Gläubiger"* anbetrifft. Soweit es hingegen
um das Bestehen oder die Höhe der Forderungen geht, mit denen die Bundesagentur für Arbeit an
dem Bewilligungsverfahren für die Zusicherung teilgenommen und abgestimmt hat, gelten die
allgemeinen Regelungen. Insoweit steht dem Verwalter oder einem bestreitenden lokalen Gläubiger
also weiterhin offen, eine Entscheidung über das Stimmrecht der Bundesagentur für Arbeit herbeizuführen.

Art. 102c § 19 Unterrichtung über das Ergebnis der Abstimmung

Für die Unterrichtung nach Artikel 36 Absatz 5 Satz 4 der Verordnung (EU) 2015/848 gilt
§ 12 Satz 2 entsprechend.

Literatur: siehe § 11.

I. Normzweck

§ 19 dient – wie der Verweis in der Vorschrift bereits offenbart – der Umsetzung von Art. 36 1
Abs. 5 S. 4 EuInsVO. Danach unterrichtet der Verwalter (des Hauptinsolvenzverfahrens) die bekannten lokalen Gläubiger über (a) die Zusicherung, (b) die Regeln und Verfahren für deren Billigung
sowie (c) die Billigung der Zusicherung oder deren Ablehnung. § 19 setzt insoweit lediglich die
Unterrichtungspflicht für lit. (c) um, nämlich die Unterrichtung über die Billigung der Zusicherung
oder deren Ablehnung. Hingegen findet sich die Umsetzung der Unterrichtungspflichten für lit. (a)
und lit. (b), nämlich über die Zusicherung sowie die Regeln und Verfahren für deren Billigung, in
§ 12.

II. Verordnungskonforme Korrektur des § 19

Obwohl die EuInsVO die Unterrichtung der vorgenannten Sachverhalte in Art. 36 Abs. 5 S. 4 2
EuInsVO einheitlich dem Verwalter des Hauptinsolvenzverfahrens zugewiesen hat, hat der deutsche
Gesetzgeber die Umsetzung dieser Unterrichtungspflicht in unterschiedlichen Abschnitten geregelt.
Wie die Unterrichtung über die Zusicherung (a) sowie über die Regeln und Verfahren für deren
Billigung (b) zu erfolgen hat, ist in Abschnitt 1 unter § 12 geregelt. Der deutsche Gesetzgeber gibt
damit dem Verwalter des inländischen Hauptinsolvenzverfahrens vor, wie die Unterrichtung der
Gläubiger des ausländischen Sekundärinsolvenzverfahrens zu erfolgen hat (Zustellung, öffentliche
Bekanntmachung). Die Regelung, wie über das Ergebnis des Billigungsverfahrens (c) selbst zu
unterrichten ist, findet sich hingegen in Abschnitt 2, § 19 (zur Kritik hieran vgl. bereits → Art. 102c
§ 12 Rn. 2 ff.). Das ist überraschend, da Abschnitt 2 die Konstellation behandelt, dass das Sekundärinsolvenzverfahren in der Bundesrepublik Deutschland anhängig ist, während das Hauptinsolvenzverfahren in einem anderen Mitgliedstaat der EuInsVO stattfindet. § 19 normiert daher Verhaltenspflichten für den Verwalter des ausländischen Hauptinsolvenzverfahrens, wofür dem deutschen
Gesetzgeber schon die Gesetzgebungskompetenz fehlen dürfte. Man könnte überlegen, ob angesichts
der Einordnung der Unterrichtungspflicht in Abschnitt 2 der deutsche Gesetzgeber nicht doch den
Verwalter des deutschen Sekundärinsolvenzverfahrens mit § 19 verpflichten wollte. Das wiederum
wäre jedoch verordnungswidrig, weil Art. 36 Abs. 5 S. 4 EuInsVO die Unterrichtungspflicht dem
Verwalter des Hauptverfahrens zuweist.

Richtigerweise sollte man § 19 verordnungskonform korrigieren, und zwar dahingehend, 3
dass § 19 regelt, dass die Gläubiger des Sekundärinsolvenzverfahrens in der Form zu unterrichten
sind, die § 12 vorschreibt. Denn verordnungskonformer Regelungsgehalt des § 19 kann ohnehin
nur die Form der Unterrichtung sein, während die Frage, wer Unterrichtungsverpflichteter sowie
Unterrichtungsempfänger ist, sowie über was zu unterrichten ist, bereits durch Art. 36 Abs. 5
S. 4 EuInsVO geregelt ist. Das ist auch deswegen verordnungskonform, weil sich alle anderen
Fragen der Unterrichtung der Gläubiger des Sekundärinsolvenzverfahrens gemäß Art. 7 und 35
EuInsVO nach der *lex fori concursus secundariae* richten.[1] Der deutsche Gesetzgeber hat daher eine
Regelungsbefugnis, wie die Gläubiger des inländischen Sekundärinsolvenzverfahrens zu unter-
richten sind.

---

[1] Zu diesem Ansatz bereits → Art. 102c § 12 Rn. 3; in Bezug auf § 19 ebenso wohl Jaeger/*Mankowski* § 19 Rn. 9, der jedoch – anders als der Verfasser – meint, dass das Regime der Art. 7 ff. EuInsVO diesen Ansatz nicht hergebe.

III. Verbleibender Regelungsgehalt des § 19

4   Ein eigenständiger (verbleibender) Regelungsgehalt könnte § 19 jedoch insoweit noch zukommen, als hierüber aus Sicht der lokalen Gläubiger definiert wird, wie diese über die Billigung der Zusicherung zu unterrichten sind, um die in Art. 37 Abs. 2 EuInsVO festgelegte Ausschlussfrist zu bestimmen.[2] Denn nach dieser Vorschrift muss der Antrag auf Eröffnung eines Sekundärinsolvenzverfahrens innerhalb von 30 Tagen nach Erhalt der Mitteilung über die Billigung der Zusicherung gestellt werden. Bei Versäumung dieser Frist ist der Antrag schon als unzulässig zurückzuweisen (vergleiche hierzu → EuInsVO Art. 37 Rn. 14). Das (deutsche) Gericht des Sekundärinsolvenzverfahrens hat diese Ausschlussfrist bei später eingehenden Eröffnungsanträgen entsprechend zu berücksichtigen. Zur Bestimmung dieser Frist legt wiederum § 19 für das (deutsche) Gericht des Sekundärinsolvenzverfahrens fest – ohne dies ausdrücklich als Handlungspflicht für den Verwalter des ausländischen Hauptinsolvenzverfahrens festzuschreiben –, dass die Unterrichtung nur dann die fristauslösende Wirkung des Art. 37 Abs. 2 EuInsVO, haben kann, wenn die Unterrichtung der lokalen Gläubiger gemäß § 12 S. 2 erfolgt ist. Hat der Verwalter des ausländischen Hauptinsolvenzverfahrens beispielsweise nur formlos unterrichtet, könnte das (deutsche) Insolvenzgericht des Sekundärinsolvenzverfahrens den Antrag nicht unter Berufung auf Art. 37 Abs. 2 EuInsVO als unzulässig zurückweisen, allerdings unter Berufung auf § 19. Die zu berücksichtigenden Formvorschriften richten sich nämlich nach dem Recht des Sekundärinsolvenzverfahrensstaates.

5   Demnach muss auch nach der hier vertretenen Lesart der Verwalter des ausländischen Hauptinsolvenzverfahrens die Mitteilung über die Billigung der Zusicherung den bekannten lokalen Gläubigern besonders zugestellt haben. Zudem muss der Verwalter des ausländischen Hauptinsolvenzverfahrens nach § 8 Abs. 3 S. 3 InsO den von ihm nach § 184 Abs. 2 S. 4 der ZPO angefertigten Vermerk unverzüglich zu den Gerichtsakten des Insolvenzgerichts des Sekundärinsolvenzverfahrens gereicht haben.

Art. 102c § 20 Rechtsbehelfe gegen Entscheidungen über die Eröffnung eines Sekundärinsolvenzverfahrens

(1) Wird unter Hinweis auf die Zusicherung die Eröffnung eines Sekundärinsolvenzverfahrens nach Artikel 38 Absatz 2 der Verordnung (EU) 2015/848 abgelehnt, so steht dem Antragsteller die sofortige Beschwerde zu. Die §§ 574 bis 577 der Zivilprozessordnung gelten entsprechend.

(2) Wird in der Bundesrepublik Deutschland ein Sekundärinsolvenzverfahren eröffnet, ist der Rechtsbehelf nach Artikel 39 der Verordnung (EU) 2015/848 als sofortige Beschwerde zu behandeln. Die §§ 574 bis 577 der Zivilprozessordnung gelten entsprechend.

Literatur: siehe § 11.

I. Normzweck

1   § 20 synchronisiert die Rechtsbehelfe, die dem Verwalter des Hauptinsolvenzverfahrens oder den Gläubigern gegen die Entscheidung über die Eröffnung oder Nichteröffnung eines Sekundärinsolvenzverfahrens im Zusammenhang mit den Vorschriften der EuInsVO zustehen, mit den Rechtsbehelfen, die auch ansonsten gegen die Eröffnung bzw. die Ablehnung der Eröffnung gegeben sind. Dabei unterscheidet § 20 zwischen einem Rechtsmittel gegen die Ablehnung der Eröffnung des Sekundärinsolvenzverfahrens (Abs. 1) und einem Rechtsmittel gegen die Eröffnung des Sekundärinsolvenzverfahren (Abs. 2). In Anlehnung an § 34 InsO soll für alle Rechtsmittel – unabhängig davon, wer Antragsteller ist (Schuldner, Verwalter des Hauptinsolvenzverfahrens, Gläubiger) und unabhängig von der Rechtsverletzung (Vorschriften der InsO oder der EuInsVO) das Rechtsmittelverfahren der sofortigen Beschwerde anwendbar sein.

II. Rechtsmittel gegen die Ablehnung der Eröffnung (Abs. 1)

2   Wird die Eröffnung eines Sekundärinsolvenzverfahrens unter Hinweis auf die Zusicherung nach Art. 38 Abs. 2 EuInsVO abgelehnt, so steht nach § 20 Abs. 1 dem Antragsteller die **sofortige Beschwerde** zu. Damit ist der Fall gemeint, dass das Insolvenzgericht des Sekundärinsolvenzverfahrensstaates die Eröffnung mit der Begründung abgelehnt hat, dass die Zusicherung des Verwalters des ausländischen Hauptinsolvenzverfahrens die Allgemeininteressen der lokalen Gläubiger angemessen schütze (Art. 38 Abs. 2 EuInsVO). § 20 Abs. 1 entspricht damit dem Rechtsmittel, das § 34 InsO

---

[2] Zu dieser Frist vgl. auch *Keller* ZInsO, 2018, 1999, 2005.

grundsätzlich gegen die Ablehnung der Eröffnung (oder auch die Eröffnung selbst) für statthaft erklärt. Es gelten daher für alle Rechtsmittel gegen die Ablehnung der Eröffnung die §§ 567 ff. ZPO. Rechtsmittelbefugt ist mithin der antragstellende Gläubiger. Strittig ist insoweit allerdings, ob die 3 Rechtsmittelbefugnis lediglich den **lokalen Gläubigern** oder auch den **sonstigen Gläubigern** des Schuldners zustehen soll. Richtigerweise ist die Rechtsmittelbefugnis gegen einen ablehnenden Eröffnungsbeschluss, der sich auf die Zusicherung des Verwalters des ausländischen Hauptinsolvenzverfahrens stützt (Art. 38 Abs. 2 EuInsVO) nur dem lokalen Gläubiger zu gewähren.[1] Denn durch die eindeutige Beschränkung des Wortlauts von § 20 Abs. 1 auf den Fall einer Ablehnung der Verfahrenseröffnung nach Art. 38 Abs. 2 EuInsVO kann mit der sofortigen Beschwerde nach § 20 Abs. 1 auch nur die Verletzung von Art. 38 Abs. 2 EuInsVO geltend gemacht werden, der ausschließlich dem Schutz der Interessen der lokalen Gläubiger dient. Aus den vorgenannten Gründen wäre auch ein antragstellender **Schuldner** – soweit dieser überhaupt berechtigt ist, ein Sekundärinsolvenzverfahren zu beantragen[2] – nicht rechtsmittelbefugt. Denn auch dieser könnte im Hinblick auf Art. 38 Abs. 2 EuInsVO keine Rechtsverletzung geltend machen. Die Interessen des Schuldners werden ohnehin nach der Konzeption des Art. 36 EuInsVO durch den Verwalter des Hauptinsolvenzverfahrens vertreten.

Eine Rechtsmittelbefugnis aller Gläubiger ist allerdings dann anzunehmen, wenn die Verfahrens- 4 eröffnung aus anderen Gründen als Art. 38 Abs. 2 EuInsVO abgelehnt wird.[3] In diesem Fall ist eine Rechtsverletzung aller Gläubiger möglich, zu deren Geltendmachung sie im Rahmen der sofortigen Beschwerde befugt sind. Denkbar ist beispielsweise, dass das Gericht die Eröffnung eines Sekundärinsolvenzverfahrens mangels Niederlassung im Sinne des Art. 3 Abs. 2 EuInsVO ablehnt. § 20 gilt in diesem Fall entsprechend. Sofern man auch dem Schuldner eine Antragsberechtigung zubilligen mag, kann sich dessen Rechtsmittelbefugnis ebenfalls aus der Verletzung anderweitiger Vorschriften als Art. 38 Abs. 2 EuInsVO ergeben.

§ 20 Abs. 1 S. 2 verweist für weitere Rechtsmittel gegen eine Entscheidung des Beschwerdege- 5 richts auf die §§ 574–577 ZPO, die entsprechend gelten sollen. Damit macht der deutsche Gesetzgeber davon Gebrauch, zur Vereinheitlichung der Rechtsprechung die Rechtsbeschwerde im Gesetz ausdrücklich zuzulassen (§ 574 Abs. 1 Nr. 1 ZPO). Das entspricht den gleichlautenden Regelungen für anderen Rechtsmittel in § 4 Satz 2 und § 9 S. 2.

III. Rechtsmittel gegen die Eröffnung (Abs. 2)

Wird das Sekundärinsolvenzverfahren eröffnet, so gewährt Art. 39 EuInsVO dem Verwalter des 6 Hauptinsolvenzverfahrens eine eigenständige, aus der EuInsVO abgeleitete Rechtsmittelbefugnis. Danach kann der Verwalter des Hauptinsolvenzverfahrens die Entscheidung zur Eröffnung eines Sekundärinsolvenzverfahrens mit der Begründung anfechten, dass das Gericht des Sekundärinsolvenzverfahrens den Voraussetzungen und Anforderungen des Art. 38 nicht entsprochen habe. § 20 Abs. 2 greift diese Rechtsmittelbefugnis auf und regelt, dass der Rechtsbehelf nach Art. 39 EuInsVO als sofortige Beschwerde zu behandeln sei.

§ 20 ist jedoch nicht dahingehend zu verstehen, dass dem Verwalter des ausländischen Hauptin- 7 solvenzverfahrens ein Rechtsbehelf gegen die Eröffnung nur nach Art. 39 EuInsVO zustehen würde. Denn der Verwalter des ausländischen Hauptinsolvenzverfahrens kann auch aus anderen Gründen beschwert und rechtsmittelbefugt sein. Dies ist beispielsweise denkbar, wenn schon das Bestehen einer Niederlassung im Sinne des Art. 3 Abs. 2 EuInsVO streitig ist und der Verwalter des ausländischen Hauptinsolvenzverfahrens schon aus diesen Gründen die Eröffnung des Sekundärinsolvenzverfahrens vermeiden möchte.[4] § 20 ist daher verordnungskonform auch auf die Rechtsbehelfe des Verwalters des ausländischen Hauptinsolvenzverfahrens zu übertragen, die dieser aus anderen als den in Art. 39 EuInsVO genannten Gründen einlegt.

Damit gelten für das Rechtsmittel des Verwalters des ausländischen Insolvenzverfahrens gegen 8 die Eröffnung des Sekundärinsolvenzverfahrens in Deutschland grundsätzlich die §§ 567 ff. ZPO. Nach § 20 Abs. 2 S. 2 ist gegen den daraufhin ergehenden Beschluss das Rechtsmittel der Rechtsbeschwerde nach §§ 574 ff. ZPO statthaft.

Abschnitt 3. Maßnahmen zur Einhaltung einer Zusicherung

Art. 102c § 21 Rechtsbehelfe und Anträge nach Art. 36 der Verordnung (EU) 2015/848
(1) Für Entscheidungen über Anträge nach Artikel 36 Absatz 7 Satz 2 oder Absatz 8 der Verordnung (EU) 2015/848 ist das Insolvenzgericht ausschließlich örtlich zuständig, bei

---

[1] AA Jaeger/*Mankowski* § 20 Rn. 8.
[2] Vgl. hierzu → EuInsVO Art. 37 Rn. 12.
[3] Jaeger/*Mankowski* § 20 Rn. 10.
[4] Vgl. hierzu → EuInsVO Art. 39 Rn. 5.

dem das Hauptinsolvenzverfahren anhängig ist. Der Antrag nach Artikel 36 Absatz 7 Satz 2 der Verordnung (EU) 2015/848 muss binnen einer Notfrist von zwei Wochen bei dem Insolvenzgericht gestellt werden. Die Notfrist beginnt mit der Zustellung der Benachrichtigung über die beabsichtigte Verteilung.

(2) Für die Entscheidung über Anträge nach Artikel 36 Absatz 9 der Verordnung (EU) 2015/848 ist das Gericht nach § 1 Absatz 2 zuständig.

(3) Unbeschadet des § 58 Absatz 2 Satz 3 der Insolvenzordnung entscheidet das Gericht durch unanfechtbaren Beschluss.

Literatur: siehe § 11.

Übersicht

		Rn.			Rn.
I.	Normzweck	1	1.	Örtliche und sachliche Zuständigkeit	9
II.	Einstweilige Sicherungsmaßnahmen (Abs. 2)	2	2.	Rechtsmittelfrist (Abs. 1 S. 2 u. 3)	11
III.	Einhaltung der Zusicherung (Abs. 1 S. 1 Alt. 2)	5	V.	**Entscheidungsform und weitere Rechtsmittel**	12
			1.	Entscheidung durch Beschluss	12
IV.	Anfechtung der Verteilung (Abs. 1 S. 1 Alt. 1)	8	2.	Unanfechtbarkeit des Beschlusses	13

I. Normzweck

1 Art. 36 EuInsVO gewährt den lokalen Gläubigern diverse Rechtsbehelfe für den Fall, dass das Sekundärinsolvenzverfahren aufgrund einer gebilligten Zusicherung des Verwalters des Hauptinsolvenzverfahrens nicht eröffnet wird. Hierbei geht es aus Sicht der lokalen Gläubiger jeweils darum, den Verwalter des (ausländischen) Hauptinsolvenzverfahrens anzuhalten, die gebilligte Zusicherung einzuhalten. Zu diesem Zwecke gewährt Art. 36 Abs. 8 EuInsVO den lokalen Gläubigern das Recht, die Gerichte des Mitgliedstaates des Hauptinsolvenzverfahrens anzurufen, um die Einhaltung des Inhalts der Zusicherung sicherzustellen. Art. 36 Abs. 9 EuInsVO gewährt den lokalen Gläubigern ein alternatives Rechtsmittel, mit dem die Einhaltung des Inhalts der Zusicherung durch einstweilige Maßnahmen oder Sicherungsmaßnahmen vorläufig sichergestellt werden kann, das aber wegen der vorläufigen Regelungsbefugnis und der Eilbedürftigkeit bei den Gerichten des Mitgliedstaates einzulegen ist, in dem ein Sekundärinsolvenzverfahren eröffnet worden wäre. Und letztlich gewährt Art. 36 Abs. 7 S. 2 EuInsVO eine Rechtsmittelbefugnis im Staat des Hauptinsolvenzverfahrens, wenn ein lokaler Gläubiger der Auffassung ist, dass die von dem Verwalter des Hauptinsolvenzverfahrens avisierte Verteilung der der Zusicherung unterliegenden Teilmasse nicht der gebilligten Zusicherung entspricht. § 21 fasst die vorgenannten Rechtsmittel in einer Norm zusammen und regelt sowohl die innerstaatliche Zuständigkeit als auch andere Einzelfragen, wie beispielsweise die Rechtsmittelfrist oder mögliche weitere Rechtsmittel gegen einen daraufhin ergehenden Beschluss.

II. Einstweilige Sicherungsmaßnahmen (Abs. 2)

2 § 21 Abs. 2 regelt die örtliche und sachliche Zuständigkeit deutscher Gerichte für den Fall eines Rechtsmittels der lokalen Gläubiger nach Art. 36 Abs. 9 EuInsVO. Danach können lokale Gläubiger die Gerichte des Mitgliedstaates, in dem ein Sekundärinsolvenzverfahren eröffnet worden wäre, anrufen, um die Einhaltung des Inhalts der Zusicherung durch den Verwalter durch einstweilige Maßnahmen oder Sicherungsmaßnahmen sicherzustellen. Anders als bei dem Rechtsbehelf nach Art. 36 Abs. 8 EuInsVO geht es somit nicht um die Verpflichtung des Verwalters des Hauptinsolvenzverfahrens zu Einhaltung des Inhalts der Zusicherung (was abschließend auch nur durch das Insolvenzgericht des Verfahrensstaates zu beschließen ist), sondern um einstweiligen Rechtsschutz. Für diesen weist die EuInsVO die internationale Zuständigkeit dem Gericht des Belegenheitsortes der Insolvenzmasse zu. Die Vorschrift regelt daher den Fall, dass in Deutschland ein Sekundärinsolvenzverfahren hätte durchgeführt werden können aber aufgrund der gebilligten Zusicherung nicht eröffnet wurde.

3 § 21 Abs. 2 setzt dies dergestalt um, dass für die Entscheidung über derartige Anträge das Gericht nach § 1 Abs. 2 zuständig ist. Dies ist das Insolvenzgericht, in dessen Bezirk die Niederlassung des Schuldners liegt. Das wird in der Regel das Insolvenzgericht sein, das bereits im Rahmen

des Zusicherungsverfahrens nach Art. 36 EuInsVO mit dem Antrag auf Eröffnung eines Sekundärinsolvenzverfahrens befasst war und nach Art. 38 Abs. 2 EuInsVO den Eröffnungsantrag abgelehnt hat.

§ 21 Abs. 2 regelt jedoch ausschließlich die örtliche und sachliche Zuständigkeit für das nach Art. 36 Abs. 9 EuInsVO gewährte Rechtsmittel.[1] Andere Fragen sind von der Vorschrift nicht erfasst. Das gilt beispielsweise für die Frage, ob der Antrag nur zulässig ist, wenn sich die Gefahr abzeichnet, dass durch ein Verhalten des Insolvenzverwalters oder anderer Gläubiger zu besorgen ist, dass die Umsetzung der Zusicherung gefährdet sein könnte.[2] Ebenso wenig trifft § 21 Abs. 2 Regelungen dazu, welche Anordnungen das angerufene Gericht treffen kann.[3] Diese Fragen werden ausschließlich durch Art. 36 Abs. 9 EuInsVO geregelt, der die Auswahl der zu treffenden Maßnahmen in das Ermessen des angerufenen Gerichts legt.[4]

III. Einhaltung der Zusicherung (Abs. 1 S. 1 Alt. 2)

§ 21 Abs. 1 S. 1 Alt. 2 regelt die örtliche und sachliche Zuständigkeit für den Rechtsbehelf lokaler Gläubiger, um den Verwalter des Hauptinsolvenzverfahrens zu verpflichten, den Inhalt der Zusicherung einzuhalten (Art. 36 Abs. 8 EuInsVO). Danach können lokale Gläubiger die Gerichte des Mitgliedstaates, in dem ein Hauptinsolvenzverfahren eröffnet wurde, anrufen, um den Verwalter des Hauptinsolvenzverfahrens zu verpflichten, die Einhaltung des Inhalts der Zusicherung durch alle geeigneten Maßnahmen nach dem Recht des Staates, in dem das Hauptinsolvenzverfahren eröffnet wurde, sicherzustellen. Anders als bei den Sicherungsmaßnahmen nach Art. 36 Abs. 9 EuInsVO handelt es sich insoweit um eine abschließende Entscheidung. Diese Vorschrift regelt daher den Fall, dass das Hauptinsolvenzverfahren in der Bundesrepublik Deutschland stattfindet, und der Verwalter des deutschen Hauptinsolvenzverfahrens die Eröffnung eines Sekundärinsolvenzverfahren in einem anderen Mitgliedstaat der EuInsVO aufgrund einer abgegebenen Zusicherung abwenden konnte.

§ 21 Abs. 1 S. 1 Alt. 2 setzt die den lokalen Gläubigern nach Art. 36 Abs. 8 EuInsVO gewährte Rechtsbehelfsmöglichkeit gegen den Verwalter des inländischen Hauptinsolvenzverfahrens dergestalt um, dass örtlich und sachlich das Insolvenzgericht ausschließlich zuständig ist, bei dem das Hauptinsolvenzverfahren anhängig ist.

Auch insoweit regelt Art. 21 Abs. 1 S. 1 Alt. 2 lediglich die Zuständigkeitsfragen. Bezüglich der Maßnahmen, die das Gericht aufgrund eines entsprechenden Antrags anordnen kann, verweist Art. 36 Abs. 8 EuInsVO auf das Recht des Staates, in dem das Hauptinsolvenzverfahren eröffnet wurde. Da es bei Art. 36 Abs. 8 EuInsVO um die Verpflichtung des Verwalters geht, diesen zur Erfüllung seiner Pflichten anzuhalten, hat der deutsche Gesetzgeber in § 21 Abs. 3 – wenn auch in anderem Zusammenhang – auf § 58 InsO verwiesen.

IV. Anfechtung der Verteilung (Abs. 1 S. 1 Alt. 1)

§ 21 Abs. 1 S. 1 Alt. 1 regelt wiederum die Fragen, die sich aus dem Rechtsmittel nach Art. 36 Abs. 7 S. 2 EuInsVO ergeben. Danach kann der lokale Gläubiger die Verteilung bei dem Gericht des Hauptinsolvenzverfahrens anfechten, wenn die Benachrichtigung über die Verteilung nicht dem Inhalt der Zusicherung oder dem geltenden Recht entspricht.

1. Örtliche und sachliche Zuständigkeit.
Ebenso wie für Rechtsmittel nach Art. 36 Abs. 8 EuInsVO weist § 21 Abs. 1 S. 1 die örtliche und sachliche Zuständigkeit dem Insolvenzgericht zu, bei dem das Hauptinsolvenzverfahren anhängig ist. § 21 Abs. 1 S. 1 findet daher Anwendung, wenn das Hauptinsolvenzverfahren in Deutschland geführt wird und von der Eröffnung eines Sekundärinsolvenzverfahrens in einem anderen Mitgliedstaat aufgrund der Zusicherung des Verwalters des deutschen Hauptinsolvenzverfahrens Abstand genommen wurde.

Die Regelung hat freilich zur Folge, dass das deutsche Insolvenzgericht die Ordnungsgemäßheit der Verteilung nach dem Recht des Sekundärverfahrensstaates, das Maßstab für die Zusicherung gewesen ist, zu überprüfen hat.[5] Das ist misslich, jedoch nicht Ergebnis der deutschen Umsetzungsregelung in § 21, sondern gegebenenfalls bereits ein Konstruktionsfehler in Art. 36 Abs. 7 EuInsVO, den der deutsche Gesetzgeber freilich nicht korrigieren kann.

---

[1] HKInsO/*Swierczok* § 21 Rn. 6.
[2] So aber missverständlich der RegE BT-Drs. 18/10823, 38.
[3] So missverständlich Jaeger/*Mankowski* § 21 Rn. 46 mit einer Erörterung, ob § 21 Abs. 2 die in §§ 916 ff. ZPO oder die in § 21 InsO enthaltenen Sicherungsmaßnahmen erfasst.
[4] HKInsO/*Swierczok* § 21 Rn. 7; *Schmidt*, Die Zusicherung, S. 209, 235; aA Vallender/*Zipperer* § 21 Rn. 19; Mankowski/Müller/Schmidt/*Mankowski* Art. 36 Rn. 66.
[5] So auch Jaeger/*Mankowski* § 21 Rn. 14.

11 **2. Rechtsmittelfrist (Abs. 1 S. 2 u. 3).** § 21 Abs. 1 S. 2 schreibt vor, dass der Antrag nach Art. 36 Abs. 7 S. 2 EuInsVO binnen einer Notfrist von zwei Wochen gestellt werden muss. Das ist verordnungskonform, da Art. 36 Abs. 7 EuInsVO insoweit keine Regelung enthält und sich daher sämtliche weitere Fragen, insbesondere Verfahrensfragen, nach der *lex fori concursus*, hier also nach dem Recht des Hauptinsolvenzverfahrensstaates richten. Der nationale Gesetzgeber besitzt daher die Regelungskompetenz, soweit diese nicht dem Sinn der europarechtlichen Regelung zuwiderläuft oder auch erschwert (Verstoß gegen den sog. *effet utile*). Konsistent knüpft § 21 Abs. 1 S. 3 sodann den Beginn der Notfrist an die Zustellung der Benachrichtigung über die beabsichtigte Verteilung, die wiederum in § 13 geregelt ist.

V. Entscheidungsform und weitere Rechtsmittel

12 **1. Entscheidung durch Beschluss.** Gemäß § 21 Abs. 3 entscheidet das nach Abs. 1 oder Abs. 2 zuständige Gericht jeweils durch Beschluss.

13 **2. Unanfechtbarkeit des Beschlusses.** Gemäß § 21 Abs. 3 ist der Beschluss über sämtliche in § 21 Abs. 1 und Abs. 2 geregelten Rechtsbehelfe unanfechtbar. Anders als beispielsweise bei den Rechtsbehelfen gegen die Eröffnung oder die Ablehnung der Eröffnung des Sekundärinsolvenzverfahrens stehen dem Antragsteller daher keine Beschwerdemöglichkeiten zu. Das ist nachvollziehbar für die Rechtsmittel nach Art. 36 Abs. 9 EuInsVO, weil es sich hierbei um vorläufige Rechtsschutzmaßnahmen handelt, die naturgemäß eilbedürftig zu entscheiden sind. Die Einschränkung weiterer Rechtsmittel ist jedoch rechtspolitisch fraglich, soweit die Rechtsmittel nach Art. 36 Abs. 7 S. 2 sowie Art. 36 Abs. 8 EuInsVO betroffen sind. Die entsprechende Regelung ist dennoch verordnungskonform, da die Fragen der verfahrensrechtlichen Ausgestaltung aufgrund der anwendbaren *lex fori concursus* durch den nationalen Gesetzgeber geregelt werden können und insoweit nicht erkennbar ist, dass diese Regelung die entsprechenden Vorschriften der EuInsVO vereitelt oder unangemessen erschwert (Verstoß gegen den *effet utile*). Auch die Verfassungsmäßigkeit der Vorschrift ist zu bejahen, da weder Art. 19 Abs. 4 GG noch das Rechtsstaatsprinzip den Instanzenzug gewährleisten.[6] Allerdings gewährt der deutsche Gesetzgeber den beteiligten Parteien keine Waffengleichheit, da die Regelung in § 21 Abs. 3 über die Unanfechtbarkeit des Beschlusses *„unbeschadet des § 58 Abs. 2 S. 3 InsO"* ergeht. Nach letztgenannter Vorschrift steht dem Verwalter die sofortige Beschwerde zu, wenn das Gericht nach § 58 Abs. 2 ein Zwangsgeld gegen ihn festgesetzt hat. Daher steht zwar dem antragstellenden Gläubiger gegen den ablehnenden Beschluss kein Rechtsmittel zu, während dem Verwalter als Antragsgegner gegen eine Zwangsgeldentscheidung des Insolvenzgerichts das Rechtsmittel der sofortigen Beschwerde zusteht.[7]

Teil 3. Insolvenzverfahren über das Vermögen von Mitgliedern einer Unternehmensgruppe

Art. 102c § 22 Eingeschränkte Anwendbarkeit des § 56b und der §§ 269a bis 269i der Insolvenzordnung

(1) Gehören Unternehmen einer Unternehmensgruppe im Sinne von § 3e der Insolvenzordnung auch einer Unternehmensgruppe im Sinne von Artikel 2 Nummer 13 der Verordnung (EU) 2015/848 an,
 1. findet § 269a der Insolvenzordnung keine Anwendung, soweit Artikel 56 der Verordnung (EU) 2015/848 anzuwenden ist,
 2. finden § 56b Absatz 1 und § 269b der Insolvenzordnung keine Anwendung, soweit Artikel 57 der Verordnung (EU) 2015/848 anzuwenden ist.

(2) Gehören Unternehmen einer Unternehmensgruppe im Sinne von § 3e der Insolvenzordnung auch einer Unternehmensgruppe im Sinne von Artikel 2 Nummer 13 der Verordnung (EU) 2015/848 an, ist die Einleitung eines Koordinationsverfahrens nach den §§ 269d bis 269i der Insolvenzordnung ausgeschlossen, wenn die Durchführung des Koordinations-

---

[6] BVerfG, Urt. v. 21.10.1954 – 1 BvL 9/51, BvL 2/53, BVerfGE 4, 74; BVerfG, Beschl. v. 18.2.1970 – 1 BvR 226/69, BVerfGE 28, 21; Maunz/Dürig/*Schmidt/Aßmann* GG Art. 19 Abs. 4 Rn. 179; Vallender/ *Zipperer* § 21 Rn. 23; aA KPB/*Holzer* § 21 Rn. 16.

[7] HKInsO/*Swierczok* § 21 Rn. 9.

verfahrens die Wirksamkeit eines Gruppen-Koordinationsverfahrens nach den Artikeln 61 bis 77 der Verordnung (EU) 2015/848 beeinträchtigen würde.

I. Normzweck

Die Regelung gilt seit dem 13.4.2018.[1] Sie dient der **Abstimmung des nationalen Konzernin-** **solvenzrechts** mit den **als Unionsrecht vorrangig zu beachtenden Regelungen der EuInsVO** betreffend die Kooperation (Art. 56 ff. EuInsVO) und das Koordinationsverfahren (Art. 61 bis 77 EuInsVO). § 22 Abs. 1 regelt das Verhältnis zu den Art. 56 f. EuInsVO, Abs. 2 das Verhältnis zum europäischen Koordinationsverfahren. Den Hintergrund für den Abstimmungsbedarf beschreibt die Genese der Gesetzeswerke. Das deutsche Konzerninsolvenzrecht in seiner ursprünglichen Fassung des Regierungsentwurfs vom 28.8.2013 war bei den Verhandlungen zur EuInsVO Impulsgeber für die schließlich in die EuInsVO eingeführten Regelungen. Ironischerweise trat das derart in das europäische Recht gespiegelte deutsche Konzerninsolvenzrecht gemäß dem Gesetz zur weiteren Erleichterung der Bewältigung von Konzerninsolvenzen dann tatsächlich erst zum 13.4.2018 und damit nach Gültigwerden der EuInsVO in Kraft, nachdem es zwischenzeitlich – obwohl weitgehend konsentiert – im Zuge der lange diskutierten Reform des Insolvenzanfechtungsrechts „auf Eis" gelegen hatte.

Der materielle Gehalt der Regelung in § 22 ist **weitgehend deklaratorischer Natur**. Dass die EuInsVO als Unionsrecht vorrangig anzuwenden ist und dass ferner die „praktische Wirksamkeit" des Unionsrechts nicht durch die Anwendung des nationalen Rechts beeinträchtigt werden darf (§ 22 Abs. 2), ist Ausdruck des Vorrangs des Unionsrechts im Allgemeinen und des unionsrechtlichen Effektivitätsgrundsatzes im Speziellen.[2] Erwägungsgrund Nr. 61 der EuInsVO erlaubt nationale Regelungen explizit nur innerhalb des so abgesteckten Rahmens. Danach sind die Mitgliedstaaten nicht gehindert, nationale Bestimmungen zu erlassen, mit denen die Bestimmungen der Verordnung über die Zusammenarbeit, Kommunikation und Koordinierung im Zusammenhang mit Insolvenzverfahren über das Vermögen von Mitgliedern einer Unternehmensgruppe ergänzt würden, „vorausgesetzt, der Geltungsbereich der nationalen Vorschriften beschränkt sich auf die nationale Rechtsordnung und ihre Anwendung beeinträchtigt nicht die Wirksamkeit der in dieser Verordnung enthaltenen Vorschriften."

§ 22 bestätigt den Vorrang des Unionsrechts, ohne die – in letzter Konsequenz allein **vom EuGH zu beantwortende** – Frage nach der **Reichweite des Unionsrechts** zu beantworten. Denn auch Erwägungsgrund Nr. 62 der EuInsVO bleibt darauf eine Antwort schuldig. Danach sollten die Vorschriften der EuInsVO über die Zusammenarbeit, Kommunikation und Koordinierung im Rahmen von Insolvenzverfahren über das Vermögen von Mitgliedern einer Unternehmensgruppe nur insoweit Anwendung finden, als Verfahren über das Vermögen verschiedener Mitglieder derselben Unternehmensgruppe in mehr als einem Mitgliedstaat eröffnet worden sind. Fraglich bleibt damit, ob die Regelungen der EuInsVO zur Kooperation und Koordination auch zwischen zwei innerstaatlichen Verfahren eingreifen, wenn zu derselben Unternehmensgruppe auch ein in einem anderen Mitgliedstaat eröffnetes Verfahren gehört (dazu unten → Rn. 6).

II. Vorrang von Art. 56 und 57 EuInsVO gemäß § 22 Abs. 1

1. Unternehmensgruppe. Die Vorschrift setzt voraus, dass Unternehmen sowohl im Sinne des § 3e InsO einer Unternehmensgruppe angehören als auch nach der Definition des Art. 2 Nr. 13 EuInsVO. Die Regelungen sind weitgehend **kongruent**. Unterschiede könnten sich ggf. bei der GmbH & Co. KG ergeben, die vom deutschen Gesetzgeber bewusst in § 3e Abs. 2 InsO als Anwendungsfall für das Konzerninsolvenzrecht angesehen wird. Personengesellschaften ohne eine natürliche Person als haftendem Gesellschafter sind aber über Art. 1 und Art. 22 Abs. 1 der RL 2013/34/EG auch von der Rechnungslegungsrichtlinie erfasst und können daher eine konsolidierten Abschluss erstellen, vgl. Art. 2 Nr. 14 S. 2 EuInsVO. Regelmäßig wird die GmbH & Co. KG daher auch Gegenstand des Konzerninsolvenzrechts der EuInsVO sein können.

2. Keine Anwendung von § 269a InsO (§ 22 Abs. 1 Nr. 1). § 22 Abs. 1 Nr. 1 sieht die Nichtanwendung von § 269a InsO vor. Das kann denklogisch nur Fälle betreffen, in denen über die betroffenen gruppenangehörigen Schuldner schon **Verfahren eröffnet** worden sind, weil sonst keine Pflicht zur Zusammenarbeit besteht; allerdings sieht § 21 Abs. 1 Nr. 1 InsO bereits die Anwendung des § 269a InsO auf vorläufige Verwalter vor. Damit ist der Gleichlauf mit dem für Art. 56 EuInsVO maßgeblichen Eröffnungsbegriff des Art. 2 Nr. 7 EuInsVO hergestellt.

Die entscheidende Frage ist, wann Art. 56 EuInsVO **Anwendungsvorrang** beansprucht. Diese Frage lässt § 22 gerade offen und muss sie auch offenlassen, weil der deutsche Gesetzgeber darüber

---

[1] Art. 9 Abs. 2 des Gesetzes zur Durchführung der VO (EU) 2015/848 über Insolvenzverfahren, BGBl. I 2017, S. 1476.
[2] Vgl. Art. 4 Abs. 3 EUV, Art. 197 AEUV.

nicht disponieren darf.³ Unproblematisch ist die Geltung des Art. 56 EuInsVO im Verhältnis zwischen zwei Verfahren, die in unterschiedlichen Mitgliedstaaten geführt werden. Ebenso kommt nur § 269a InsO in Betracht, wenn es ausschließlich innerstaatliche Verfahren gibt. Problematisch ist es, ob Art. 56 EuInsVO auch Geltung beansprucht, soweit bei mehreren Verfahren gruppenangehöriger Schuldner in verschiedenen Mitgliedstaaten die Kooperation **innerhalb von zwei oder mehreren innerstaatlichen, deutschen Verfahren** angesprochen ist. Die Frage ist zu bejahen, weil die von der EuInsVO angesprochene Koordinierungsaufgabe dann gleichfalls aktuell wird.⁴ Es gilt mithin Art. 56 EuInsVO, nicht § 269a InsO. Sachlich macht das deshalb keinen großen Unterschied, weil die Normen vergleichbar strukturiert sind und auch Art. 56 EuInsVO einen Vorbehalt zugunsten der nationalen Verfahrensvorschriften macht.

7   Aus dem „soweit" kann man ferner schließen, dass es nicht ausgeschlossen wäre, dem deutschen Recht strengere Kooperationspflichten zu entnehmen als der EuInsVO. Die **Anwendung strengeren genuin deutschen Rechts** wäre zulässig, soweit dadurch das Unionsrecht nicht in seiner praktischen Wirksamkeit beeinträchtigt wäre.⁵ Das wird in Erwägungsgrund Nr. 61 der EuInsVO bestätigt. Maßgebliche Unterschiede zwischen § 269a InsO und Art. 56 EuInsVO sind aber nicht ersichtlich. Unberührt bleiben stets die Vorgaben des § 269c InsO, die kein Pendant in der EuInsVO aufweisen. Sie gelten dann aber selbstverständlich nur für die deutschen Verfahren.

8   **3. Keine Anwendung von § 56b und § 269b InsO (Abs. 1 Nr. 2).** Die für die Verwalterbestellung geltende Pflicht der beteiligten Insolvenzgerichte, sich über die Person des Insolvenzverwalters abzustimmen (§ 56b InsO) und die allgemeine Kooperationspflicht der Gerichte nach § 269b InsO werden ebenfalls in dem Umfang verdrängt, in dem Art. 57 EuInsVO anzuwenden ist. Diese Regelung über die Kooperationspflicht enthält bereits in ihrem Abs. 3 Nr. 1 auch die grundsätzliche Pflicht zur **Koordinierung der Verwalterbestellung.** Wiederum gilt, dass Art. 57 EuInsVO auch das Verhältnis der innerdeutschen Verfahren zueinander erfasst, sofern überhaupt ein weiteres gruppenangehöriges Verfahren in einem anderen Mitgliedstaat geführt wird. Der Vorrang des Art. 57 EuInsVO ist schon deshalb zu befürworten, weil eine allein innerdeutsche Abstimmung bei Insolvenzverfahren in verschiedenen Mitgliedstaaten nicht sinnvoll erschiene. Allerdings sieht die EuInsVO die Möglichkeit, einen einzigen Verwalter zu bestellen, nicht explizit vor. In den allermeisten Fällen werden unterschiedliche Verwalter bestellt werden. Gleichwohl kann ein Austausch der beteiligten Gerichte sinnvoll sein, etwa wenn schon erkennbar ist, dass bestimmte Sprachkenntnisse oder sonstige Umstände für die jeweilige Verwalterbestellung bedeutsam sind. Dann können sich die an der erforderlichen Koordinierung beteiligten Gerichte wechselseitig über solche Umstände informieren.

III. Vorrang des Gruppen-Koordinationsverfahrens der EuInsVO gemäß § 22 Abs. 2

9   Für Abs. 2 gelten die gleichen Anforderungen wie bei Abs. 1 an die Zugehörigkeit zur Unternehmensgruppe im Sinne von § 3e und Art. 2 Nr. 13 EuInsVO. § 22 Abs. 2 enthält eine **Zulässigkeitsschranke für die Einleitung eines Gruppen-Koordinationsverfahrens** nach §§ 269d bis 269i InsO. Die Zulässigkeit der Einleitung, mithin des Antrags, wird an die Frage geknüpft, ob die Durchführung des Koordinationsverfahrens die Wirksamkeit des Gruppen-Koordinationsverfahrens nach den Art. 61 bis 77 EuInsVO beeinträchtigen würde. Richtigerweise wird man daran aber nicht nur die „Einleitung", sondern auch die Durchführung des deutschen Koordinationsverfahrens messen müssen, so dass ein solches Verfahren auch erst nach Antragstellung und seiner Einleitung unzulässig werden kann und der entsprechende Antrag sich erledigt, wenn das vorrangige Gruppen-Koordinationsverfahren nach der EuInsVO dadurch beeinträchtigt würde. Entscheidend ist letztlich, ob das deutsche Verfahren noch einen Koordinationsmehrwert schafft, der nicht schon durch das europäisch geprägte Verfahren generiert wird.⁶ Das dürfte selten sein.

Art. 102c § 23 Beteiligung der Gläubiger

(1) Beabsichtigt der Verwalter, die Einleitung eines Gruppen-Koordinationsverfahrens nach Artikel 61 Absatz 1 der Verordnung (EU) 2015/848 zu beantragen und ist die Durchführung eines solchen Verfahrens von besonderer Bedeutung für das Insolvenzverfahren, hat er die Zustimmung nach den §§ 160 und 161 der Insolvenzordnung einzuholen. Dem Gläubigerausschuss sind die in Artikel 61 Absatz 3 der Verordnung (EU) 2015/848 genannten Unterlagen vorzulegen.

---

³ Missverständlich Vallender/*Hermann*, EuInsVO, Art. 102c § 22 Rn. 2 f.
⁴ KPB/*Thole*, 83. EL 2020, § 269a Rn. 7 ff.
⁵ HKInsO/*Swierczok*, Art. 102c § 22 Rn. 4.
⁶ Bericht des Rechtsausschusses, BT-Drs. 18/12154, S. 34; HKInsO/*Swierczok*, Art. 102c § 22 Rn. 5.

(2) Absatz 1 gilt entsprechend
1. für die Erklärung eines Einwands nach Artikel 64 Absatz 1 Buchstabe a der Verordnung (EU) 2015/848 gegen die Einbeziehung des Verfahrens in das Gruppen-Koordinationsverfahren,
2. für den Antrag auf Einbeziehung des Verfahrens in ein bereits eröffnetes Gruppen-Koordinationsverfahren nach Artikel 69 Absatz 1 der Verordnung (EU) 2015/848 sowie
3. für die Zustimmungserklärung zu einem entsprechenden Antrag eines Verwalters, der in einem Verfahren über das Vermögen eines anderen gruppenangehörigen Unternehmens bestellt wurde (Artikel 69 Absatz 2 Buchstabe b der Verordnung (EU) 2015/848).

I. Normzweck

Die Vorschrift beinhaltet **nationale Regelungen** des deutschen Gesetzgebers für deutsche Insolvenzverfahren, wenn ein **Gruppen-Koordinationsverfahren** nach Art. 61 bis 77 EuInsVO eingeleitet oder durchgeführt wird. § 23 begründet in Abs. 1 S. 1 und Abs. 2 die Pflicht, die Zustimmung des Gläubigerausschusses bzw., soweit kein Gläubigerausschuss bestellt ist, der Gläubigerversammlung[1] einzuholen (Verweis auf § 160 InsO). Auch auf die Pflicht, den Schuldner zu unterrichten, und die vorläufige Untersagungsmöglichkeit des § 161 InsO wird verwiesen. § 23 Abs. 1 S. 2 beinhaltet eine besondere Pflicht zur Vorlage von Unterlagen.

II. Verweis auf §§ 160, 161 InsO

Abs. 1 S. 1 betrifft die vom Verwalter beabsichtigte Beantragung eines Gruppen-Koordinationsverfahrens iSd Art. 61 EuInsVO. Der **Verwalterbegriff** ist richtigerweise mit Art. 2 Nr. 5 EuInsVO abzustimmen, dh unionsrechtlich zu verstehen und erfasst damit auch den Sachwalter (→ EuInsVO Anhang B). Daher ist auch die **Eigenverwaltung** als denkbarer Anwendungsfall möglich. Jedenfalls wäre über § 276 InsO auch innerstaatlich schon die Anwendbarkeit des § 160 InsO anzunehmen, die dann über § 23 auch für die Eigenverwaltung gelten könnte. Freilich taucht hier ein dogmatischer Widerspruch insoweit auf, als Art. 76 EuInsVO seinerseits mit dem Verwalter im Sinne der Art. 61 ff. den „Schuldner in Eigenverwaltung" (Art. 2 Nr. 3 EuInsVO) meint. Da jedoch innerstaatlich die etwaige Pflicht zur Einholung der Zustimmung beim Sachwalter liegt, wäre daher auch bei Anlegung des Verständnisses von Art. 76 EuInsVO weiter der Sachwalter verpflichtet. Art. 76 EuInsVO lässt dieses Verständnis zu. („soweit einschlägig") Aus Art. 76 EuInsVO dürfte nur abzuleiten sein, dass das Gruppen-Koordinationsverfahren auch für die Eigenverwaltung gilt; die interne Abstimmung mit den Befugnissen des Sachwalters kann im innerstaatlichen Recht geregelt sein.

Abs. 1 S. 1 stellt aber die Beantragung nicht generell unter die Zustimmungspflicht, sondern verlangt kumulativ („und"), dass die Durchführung des beabsichtigten Gruppen-Koordinationsverfahrens für das konkrete Insolvenzverfahren **von besonderer Bedeutung** ist. In der Begründung des Gesetzentwurfs wird aber deutlich, dass davon **in der Regel** auszugehen ist,[2] so dass wenige Fälle bleiben, in denen die Zustimmung nicht einzuholen ist.[3] Unter dieser Prämisse hat die Regelung weitgehend klarstellende Funktion. Die Gegenauffassung meint, angesichts der bloß koordinierenden Wirkungen eines Gruppen-Koordinationsverfahrens sei es keineswegs sicher, dass von einer besonderen Bedeutung ausgegangen werden könne.[4] Tatsächlich ist aber schon die mit dem Gruppen-Koordinationsverfahren verbundene faktische Einbindung in die angestrebte Gesamtkoordination von zentraler Bedeutung für das eigene Verfahren, selbst wenn die Möglichkeit zum opt-out besteht und ein etwa vorgeschlagener Gruppen-Koordinationsplans nicht verbindlich ist. Nicht zuletzt die Kostenfolgen des Art. 77 EuInsVO, vor allem aber die Eingriffsmöglichkeiten des Koordinations im Sinne des Art. 72 EuInsVO sind bedeutsam.

Soweit geltend gemacht wird, § 23 sei **unionsrechtswidrig,** weil der effet utile der Koordinationsnormen beeinträchtigt wird,[5] ist dem nicht zu folgen. Aus Art. 61 ff. EuInsVO lässt sich nicht ableiten, dass der Verwalter unbeeinflusst von dem nationalen Verfahrensrahmen, in dem er bestellt worden ist, agieren kann und darf. Über interne Bindungen sagt die EuInsVO nichts aus. Die praktische Wirksamkeit der Regelungen wird ebenfalls nicht beeinträchtigt, weil der Verwalter auch bei Versagung der Zustimmung nicht daran gehindert und ggf. sogar weiter verpflichtet wäre, das Koordinationsverfahren zu betreiben, wenn das im Gläubigerinteresse liegt. In jedem Fall hat die Nichteinholung der Zustimmung keine Außenwirkung, § 164 InsO.

---

[1] Explizit Begründung RegE, BT-Drucks 18/10823, S. 38.
[2] Begründung RegE, BT-Drucks 18/10823, S. 38.
[3] So auch Vallender/*Hermann*, EuInsVO, Art. 102c § 23 Rn. 2.
[4] HKInsO/*Swierczok*, Art. 102c § 23 Rn. 3; *Madaus* NZI 2017, 203, 207.
[5] *Laroche* ZInsO 2017, 2585, 2597.

5 Ob eine **nachträgliche Zustimmung** in Form der Genehmigung genügt, ist eine allgemeine Frage des § 160 InsO.[6] Auch im Übrigen gelten die allgemeinen Regeln der §§ 160, 161 InsO.

III. Katalog des § 23 Abs. 2

6 Die Pflicht zur Einholung der Zustimmung wird in Abs. 2 auf verschiedene Fälle erstreckt. Nach Nr. 1 ist die Zustimmung auch einzuholen für die Erklärung eines Einwands nach Art. 64 Abs. 1 lit. a EuInsVO betreffend **das opt-out** des jeweiligen Verfahrens. Auch insoweit gilt der Verweis auf Abs. 1 nur mit der sich aus Abs. 1 S. 1 ergebenden Maßgabe, dass der opt-out von besonderer Bedeutung ist. Ist indes die Einleitung von besonderer Bedeutung, dürfte der Ausstieg aus dem Verfahren gleichfalls von besonderer Bedeutung sein. Zwingend ist der Schluss allerdings, weil mit dem Ausstieg die Handlungsspielräume des eigenen Verfahrens eher erweitert werden. Freilich wird damit zugleich die mögliche Chance vertan, an der mit der Koordinierung verbundenen Hebung eines Koordinationsmehrwerts zu partizipieren.

7 Nr. 2 betrifft den Fall des **nachträglichen opt-in** in das Koordinationsverfahren. Er ist konsequnterweise so zu behandeln wie ein erstmaliger Antrag im Sinne des Abs. 1 S. 1.

8 Nr. 3 betrifft den Fall des Art. 69 Abs. 2 EuInsVO, wenn ein anderes Verfahren die nachträgliche Einbeziehung beantragt und es auf die Zustimmung der bereits zuvor gebundenen Verfahren ankommt. Hier erscheint es weniger eindeutig, dass mit der Einbindung des anderen Verfahrens zugleich eine besondere Bedeutung für das eigene Verfahren einhergeht. Maßgeblich ist der Einzelfall.

IV. Unterlagen (§ 23 Abs. 1 S. 3)

9 Für den Fall der Beantragung eines Gruppen-Koordinationsverfahrens sind nach § 23 Abs. 1 S. 3 dem **Gläubigerausschuss sämtliche Unterlagen** im Sinne des Art. 61 Abs. 3 EuInsVO vorzulegen. Dies soll den Gläubigerausschuss in die Lage versetzen, Umfang und Tragweite des Gruppen-Koordinationsverfahrens und nicht zuletzt auch die zu erwartenden Kosten (Art. 61 Abs. 3 lit. d EuInsVO) abzuschätzen.

10 Gegenüber der Gläubigerversammlung besteht eine solche Pflicht nicht, und zwar auch dann nicht, wenn ein Gläubigerausschuss nicht bestellt ist und daher nach § 160 Abs. 1 S. 1 InsO die Gläubigerversammlung die Zustimmung zu erteilen hat. Die Darlegung fließt dann in den allgemeinen Bericht ein, aber eine Vorlage sämtlicher Unterlagen wäre schon aus Gründen der Vertraulichkeit problematisch.[7]

Art. 102c § 24 Aussetzung der Verwertung

§ 16 gilt entsprechend bei der Aussetzung
1. **der Verwertung auf Antrag des Verwalters eines anderen gruppenangehörigen Unternehmens nach Artikel 60 Absatz 1 Buchstabe b der Verordnung (EU) 2015/848 und**
2. **des Verfahrens auf Antrag des Koordinators nach Artikel 72 Absatz 2 Buchstabe e der Verordnung (EU) 2015/848.**

1 Die Vorschrift erstreckt § 16 auf die Fälle einer Aussetzung im Rahmen der unionsrechtlichen Regelungen zur Kooperation und Koordination bei Unternehmensgruppen. § 16 sieht die **Verzinsungspflicht** zugunsten von Absonderungsberechtigten vor, die an der Verwertung des Gegenstands zu ihren Gunsten durch die Aussetzung gehindert sind bzw. bei denen eine Verwertung ausgesetzt ist. Die Verzinsung ist aus der Masse als **Masseverbindlichkeit** zu bedienen.

2 Nr. 1 erweitert dies auf die Aussetzung der Verwertung bei einem Antrag des Verwalters eines anderen Verfahrens gemäß Art. 60 Abs. 1 lit. b) EuInsVO. Nr. 2 betrifft das Gruppen-Koordinationsverfahrens und die vom Koordinator erwirkte Aussetzung gemäß Art. 72 Abs. 2 lit. e) EuInsVO.

3 In allen Fällen gilt diese Rechtsfolge für das deutsche Verfahren und auch nur insoweit, als der Absonderungsberechtigte an der Verwertung gehindert wird. Gilt für die Sicherheit Art. 8 EuInsVO, kommt daher § 24 nicht in Betracht.

Art. 102c § 25 Rechtsbehelf gegen die Entscheidung nach Artikel 69 Absatz 2 der Verordnung (EU) 2015/848

Gegen die Entscheidung des Koordinators nach Artikel 69 Absatz 2 der Verordnung (EU) 2015/848 ist die Erinnerung statthaft. § 573 der Zivilprozessordnung gilt entsprechend.

---

[6] Dazu MüKoInsO/*Janssen*, § 160 Rn. 26.
[7] HKInsO/*Swierczok*, Art. 102c § 23 Rn. 5; Vallender/*Hermann*, EuInsVO, Art. 102c § 23 Rn. 7.

I. Normzweck

Die Aufgabe des § 25 ist es, den in Art. 69 Abs. 4 EuInsVO vorgesehenen **Rechtsbehelf gegen die Entscheidung des Koordinators über die Einbeziehung eines anderes Verfahrens** gemäß Art. 69 Abs. 2 EuInsVO für das deutsche Recht und mithin für eine Situation festzulegen, in der ein deutsches Gericht Gruppen-Koordinationsgericht ist. Art. 69 Abs. 4 EuInsVO betrifft – seltsamerweise – nicht die Anfechtung der Nichteinbeziehung eines Verfahrens durch den Verwalter dieses abgelehnten Verfahrens, sondern der Verwalter des nicht einbezogenen Verfahrens und jeder andere beteiligte Verwalter kann die Einbeziehung eines (weiteren) Verfahrens anfechten. Art. 69 Abs. 2 EuInsVO erfasst also nur die Entsprechung des Antrags auf Einbeziehung, nicht dessen Ablehnung.

Über Art. 76 gilt Art. 69 EuInsVO auch für die **Eigenverwaltung**, Entsprechendes muss dann für § 25 gelten.

II. Erinnerung

§ 25 legt für das deutsche Recht die Erinnerung als statthaften Rechtsbehelf fest. Es wird auf § 573 ZPO verwiesen (S. 2). Daher ist gegen die Entscheidung des Ausgangsgerichts über die Erinnerung die sofortige Beschwerde gemäß § 573 Abs. 2 ZPO möglich; das ist eine Zulassung im Sinne des § 6 InsO. Eine Rechtsbeschwerde ist nach den Regeln des § 574 Abs. 1 Nr. 2 ZPO nur bei Zulassung möglich, da auch insoweit die Aufhebung des früheren § 7 InsO zu berücksichtigen ist.

III. Rechtsfolge

Die gerichtliche Entscheidung über den Rechtsbehelf darf nicht selbst über die Einbeziehung des jeweiligen Insolvenzverfahrens in die Gruppen-Koordination entscheiden. Vielmehr wird bei Erfolg des Rechtsbehelfs dem Koordinator erneut die Entscheidung nach seinem Ermessen eingeräumt.[1]

Art. 102c § 26 Rechtsmittel gegen die Kostenentscheidung nach Artikel 77 Absatz 4 der Verordnung (EU) 2015/848

Gegen die Entscheidung über die Kosten des Gruppen-Koordinationsverfahrens nach Artikel 77 Absatz 4 der Verordnung (EU) 2015/848 ist die sofortige Beschwerde statthaft. Die §§ 574 bis 577 der Zivilprozessordnung gelten entsprechend.

§ 26 legt für das deutsche Recht den Rechtsbehelf des Art. 77 Abs. 4 EuInsVO konkret fest. Das betrifft den Fall, dass das deutsche Gericht das Gericht ist, das das Gruppen-Koordinationsverfahren eröffnet hat. Art. 77 Abs. 5 ermöglicht jedem beteiligten Verwalter die Anfechtung. Über Art. 77 Abs. 5 wird hinsichtlich der Art und der Modalitäten des in Art. 77 Abs. 4 EuInsVO vorgesehenen Rechtsbehelfs auf das nationale Recht verwiesen. Ebendiese Verweisung füllt § 26 aus. Dabei ist die grundsätzliche Beschwerdeberechtigung bereits durch Art. 77 Abs. 5 EuInsVO festgelegt (jeder beteiligte Verwalter).

Nach S. 1 ist gegen die Entscheidung die sofortige Beschwerde statthaft. Es gelten mithin die §§ 567 ff. ZPO. Über S. 2 wird auch auf die Rechtsbeschwerde verwiesen. Der Verweis auf §§ 574 bis 577 ZPO wird teils offenbar als gesetzliche Bestimmung der Statthaftigkeit der Rechtsbeschwerde iSd § 574 Abs. 1 Nr. 1 ZPO verstanden.[1] Tatsächlich wird nur auf die tatbestandlichen Voraussetzungen des § 574 ZPO verwiesen. Demnach muss, da eine gesondert erfolgte gesetzliche Bestimmung über die Eröffnung der Rechtsbeschwerde fehlt, die **Rechtsbeschwerde zugelassen** werden, § 574 Abs. 1 Nr. 2 ZPO.[2]

---

[1] *Madaus* NZI 2017, 203, 207.
[1] Nicht ganz klar HKInsO/*Swierczok*, Art. 102c § 26 Rn. 2; Vallender/*Madaus*, Art. 102c § 26 Rn. 4.
[2] So wohl auch *Madaus* NZI 2017, 203, 207.

Münchener Kommentar zur Insolvenzordnung

Länderberichte

Herausgegeben von Ursula Schlegel, Rechtsanwältin und Solicitor (England & Wales)

Die Autoren und deutschen Bearbeiter der Länderberichte[1]

Australien (Chris Prestwich, Yu Zhang, Ryan Jameson, Allens; deutsche Bearbeitung: Dr. Sabine Vorwerk, Linklaters LLP), **Belgien** (Esther Goldschmidt, Bart Heynickx, ALTIUS), **Brasilien** (Christian Moritz, Felsberg Advogados; Jo-Wendy Frege, CMS Hasche Sigle), **Bulgarien** (Mihail Boyadjiev, Tzvetana Chukleva, Hristina Panteva, Dokovska, Atanasov and Partners Law Firm; deutsche Bearbeitung: Ursula Schlegel), **Cayman Islands (Kaimaninseln)** (Colette Wilkins, Niall Hanna, Siobhan Sheridan, Walkers; deutsche Bearbeitung: Ursula Schlegel, Philip Falk), **Chile** (Úrsula Andrea Retamal Márquez, Abogada, Universidad de Concepción; deutsche Bearbeitung: Dr. Marvin Knapp, Freshfields Bruckhaus Deringer Rechtsanwälte Steuerberater PartG mbH), **(Volksrepublik) China** (Melvin Sng, Linklaters, Ryan Lyu und Rui Yang, Shanghai Zhao Sheng Law Firm; deutsche Bearbeitung: Dr. Sabine Vorwerk, Falk Müller-Braun, Linklaters LL.P.), **Dänemark** (Lars Lindencrone Petersen, Bech-Bruun Advocatfirma), **England & Wales** (Ursula Schlegel), **Estland** (Kasak & Lepikson/University of Fartu; deutsche Bearbeitung: Prof. Dr. Stephan Madaus), **Finnland** (Christoffer Waselius, Ida Keränen, Waselius & Wist; deutsche Bearbeitung: Dr. Christina Griebeler M.C.I.L., kallan), **Frankreich** (Prof. Dr. Reinhard Dammann, Dammann Avocat), **Griechenland** (Dr. Alexandros N. Rokas, LL. M. (HU Berlin), LL. M. (Harvard) und Dr. Dimitrios-Panagiotis L. Tzakas, LL. M. (Hamburg)), **Guernsey** (Linda Johnson, John Casey, KPMG; deutsche Bearbeitung: Ursula Schlegel, Philip Falk), **Hongkong** (Look Chan Ho, Tiffany Chan, Tinny Chan, Des Voeux Chambers; deutsche Bearbeitung: Ursula Schlegel), **Indien** (Kumar Saurabh Singh, Shruti Singh, Rahul Chakraborti, Ashwij Ramaiah, Khaitan & Co; deutsche Bearbeitung: Ursula Schlegel), **Indonesien** (Linna Simamora, Hendra Maranatha Silalahi, Dentons HPRP, Dr. Detlef Spranger; Andreas Ziegenhagen, Dentons Europe LL.P.), **Irland** (William Day, Philippa Pierse, Arthur Cox; deutsche Bearbeitung: Dr. Jonas Hermann, Ursula Schlegel), **Isle of Man** (Tim Shepherd, Cains; deutsche Bearbeitung: Ursula Schlegel, Philip Falk), **Italien** (Dr. Paolo Castagna, Castagna Consulting Sarl; Prof. Giacomo D'Attorre, Università degli Studi del Molise in Campobasso, Partner Studio Legale „Nardone, D'Attorre, Improta, Oliviero"), **Japan** (Tomohiro Okawa, Nagashima Ohno & Tsunematsu; deutsche Bearbeitung: Dr. Hauke Sattler, Freshfields Bruckhaus Deringer Rechtsanwälte Steuerberater PartG mbH), **Jersey** (Linda Johnson, John Casey, KPMG; deutsche Bearbeitung: Ursula Schlegel, Philip Falk), **Kanada** (John R. Sandrelli, Tevia R.M. Jeffries, Dentons; deutsche Bearbeitung: Oda Elmoutaouakil, Andreas Ziegenhagen, Dentons Europe LL.P.), **Korea** (Prof. Soogeun Oh, Ewha Womans University Law School Seoul; deutsche Bearbeitung: Wolfgang Zenker), **Kroatien** (Prof. Dr. Jasnica Garašić, Universität Zagreb), **Lettland** (Edvīns Draba, Sorainen; deutsche Bearbeitung: Prof. Dr. Stephan Madaus), **Litauen** (Dr. Salvija Mulevičienė, Universität Mykolas Romeris; deutsche Bearbeitung: Prof. Dr. Stephan Madaus), **Luxemburg** (Guy Loesch, Linklaters LLP; Pierre Goedert, BIL S.A.), **Malaysia** (Salwah Abdul Shukor, Dentons Zain & Co.; Dr. Detlef Spranger, Andreas Ziegenhagen, Dentons Europe LL.P.), **Malta** (Donald Vella, Steve Decesare, Francesca Galea Cavallazzi, Nicola Jaccarini, Camilleri Preziosi; deutsche Bearbeitung: Dr. Sabine Vorwerk, Linklaters LL.P.), **Marokko** (Prof. Dr. Reinhard Dammann, Dammann Avocat, Mustapha Mourahib, Ouns Lemseffer, Clifford Chance), **Mexiko** (Agustín Berdeja-Prieto, Attorney at Law (México City), LL.M (Harvard Law School); deutsche Bearbeitung: Prof. (a.D.) Dr. Christoph G. Paulus, LL.M. (Berkeley), Of Counsel White & Case), **Niederlande** (Lucas Kortmann, RESOR), **Nigeria** (Olasupo Shasore SAN, ALP Legal; deutsche Bearbeitung: Dr. Malte Köster, Dr. Hans-Joachim Berner, WILLMERKÖSTER), **Norwegen** (Stein Hegdal, SANDS Advokatfirma DA), **Österreich** (Norbert Abel, ABEL Rechtsanwälte), **Polen** (Dr. Marc Liebscher LL.M., Dr. Späth & Partner, Dr. Marek Porzycki, Jagiellonen-Universität, Krakau), **Portugal** (Nuno Ferreira Lousa, Teresa Nora, Linklaters LLP; deutsche Bearbeitung: Dr. Sabine Vorwerk, Linklaters LLP), **Rumänien** (Speranta Munteanu, Luiza Monica Rădulescu (Anca) LL.M., Nicoleta Mihai LL.M., KPMG, deutsche Bearbeitung: Ursula Schlegel), **Russische Föderation** (Michael Schwartz, Maxim Pogrebnoy, Freshfields Bruckhaus Deringer LLP), **Schweden** (Dr. Christina Griebeler M.C.I.L., kallan; Christoffer Monell, Evelina Karlsson, Mannheimer Swartling), **Schweiz** (Georg Zondler, Wenger & Vieli AG), **Singapur** (Ajinderpal Singh, Adriel Chioh, Dentons Rodyk; deutsche Bearbeitung: Dr. Benjamin Kurzberg, Andreas Ziegenhagen, Dentons), **Slowakische Republik** (Dr. Ernst Giese, JUDr. Zuzana Tužilová, Giese & Partner, s.r.o. – organizacná zložka), **Slowenien** (Doc. dr. Gregor Dugar, Universität Ljubljana), **Spanien** (Angel Martin Torres, Beatriz Rúa, KPMG; deutsche Bearbeitung: Dr. Malte Köster, Dr. Hans-Joachim Berner, WILLMERKÖSTER), **Südafrika** (Dr. Silvio Kupsch LLM, PwC; Dr. Eric Levenstein, Nastascha Harduth, Lara von Wildenrath, Werksmans), **Tschechische Republik** (Dr. Ernst Giese, Mgr. Bc. Karolína Szturc, Giese & Partner, s.r.o.), **Tunesien** (Prof. Imen Abdelhak, Prof. Dr. Reinhard Dammann, Dammann Avocat), **Ungarn** (Zoltán Fabók, LL.M., Heidelberg, DLA Piper Posztl, Nemescsói, Györfi-Tóth and Partners Law Firm; Ákos Bajorfi, LL.M. corp. restruc., Heidelberg, Noerr & Partners Law Firm; Jenő Kimmel, LL.M., Heidelberg, (Kimmel Law Firm), **USA** (Britta Grauke, Garrett Avery Fail, Natasha Hwangpo, Weil, Gotshal & Manges), **Vereinigte Arabische Emirate, VAE,** (Adrian Cohen, Melissa Coakley, Nicola Reader, Michael Panayi, Clifford Chance, Prof. (a.D.) Dr. Christoph G. Paulus LL.M. (Berkley), Of Counsel White & Case), **Zypern** (Maria Kyriacou, Maria Kyriacou & Associates LLC.; Elias Neocleous, Elias Neocleous & Co LLC.; deutsche Bearbeitung: Dr. Martin Rinscheid, LL.M., Ursula Schlegel)

---

[1] Die Länderberichte sind Kurzeinführungen in die Grundzüge des nat. Insolvenz- und Sanierungsrechts, die Rechtsrat im Einzelfall nicht ersetzen können.

Vorwort zu den Länderberichten, 4. Auflage 2021

Seit der 3. Auflage des Münchener Kommentars zur Insolvenzordnung, mit der zum ersten Mal ein internationaler Band 4 vorgelegt wurde (siehe Vorwort zur Vorauflage), hat sich die Sammlung der Länderberichte erneut weiterentwickelt.

Die Anzahl der Berichte wuchs von 43 auf 53, die EU ist jetzt vollständig vertreten; erweitert durch Bulgarien, Estland, Lettland, Litauen, Malta und Slowenien. Ebenfalls neu hinzugekommen sind die Kanalinseln Guernsey und Jersey; auf dem afrikanischen Kontinent Marokko, Tunesien und Nigeria; im asiatischen Raum Indonesien. Diesmal sind die Türkei und die Ukraine leider nicht dabei – was sich in der kommenden Auflage wieder ändern soll, so wie insgesamt die „Wachstumsphase" mit der 4. Auflage noch nicht abgeschlossen ist. Es gibt weitere „Wunschkandidaten" wie beispielsweise Argentinien, Island, Israel oder Neuseeland – hier sind Leserwünsche oder Autorenanfragen herzlich willkommen.

Dort, wo es seit der 3. Auflage zu einem Autorenwechsel kam, lag dies keinesfalls in der Qualität der bisherigen Berichte begründet: Bei allen ausgeschiedenen Autoren bedanken sich der Verlag C.H. Beck und die Herausgeber des Münchener Kommentars zur Insolvenzordnung ausdrücklich für die hervorragende Zusammenarbeit und die sehr wertvollen Beiträge, die zum Erfolg der Sammlung der Länderberichte beigetragen haben.

In einer Rezension zur Vorauflage beschrieb Prof. Dr. Martin Ahrens die Länderberichte als „informationsgesättigten Kraftakt". Der Dank für diesen Kraftakt gebührt allen bisherigen und neu hinzugekommen Autoren und deutschen Bearbeitern sowie dem zuständigen Team des Verlages C.H. Beck.

Nicht zuletzt gilt dieser Dank für den besonderen Kraftakt, kurzfristig vor Redaktionsschluss Ende August 2020 COVID-19-Kapitel beizusteuern. Naturgemäß konnten die Autoren hierbei nur Momentaufnahmen liefern. Das Ende der globalen Pandemie ist derzeit nicht absehbar, es ist mit weiteren gesetzgeberischen Maßnahmen zur Eindämmung der Auswirkungen insbesondere auf die Wirtschaft und das Funktionieren der Rechtspflege zu rechnen. Auch deshalb sind den Länderberichten (so national vorhanden) Zusammenstellungen allgemein zugänglicher elektronischer Informationsquellen zum Abrufen aktueller Informationen vorangestellt, die über Literaturapparate hinausgehen.

Das eben Gesagte gilt auch für die Kapitel der Autoren aus EU-Mitgliedstaaten zum jeweiligen Umsetzungsstand der „Richtlinie für Restrukturierung und Insolvenz", deren Umsetzungsfrist im Juli 2021 (bei Ausschöpfen der Verlängerungsoption durch einen Mitgliedstaat ein Jahr später) endet.

Natürlich stehen auch die Autoren und deutschen Bearbeiter der einzelnen Länderberichte den Lesern gerne als Ansprechpartner für Fragen zur Verfügung; freuen sich darüber hinaus über Lob und konstruktive Kritik.

Frankfurt am Main, Dezember 2020

Ursula Schlegel
Rechtsanwältin & Solicitor (England and Wales)
Herausgeberin der Länderberichte

Vorwort zu den Länderberichten, 3. Auflage 2015

Als sich in den Jahren 2010/11 der stark erhöhte Umfang abzeichnete, den die zu dieser Zeit bestehenden Bände 1–3 des Münchener Kommentar zur Insolvenzordnung durch die ESUG-Reformen annehmen würden, entschieden sich der Verlag C.H. Beck und die Herausgeber, einen weiteren Band 4 auszukoppeln, bestehend aus der Kommentierung zur EuInsVO und der Sammlung der Länderberichte.

Für die Länderberichte, seinerzeit rund 20 an der Zahl, bot dies für die 3. Auflage in zweierlei Hinsicht die Chance zum Wachstum:

Zum einen wurde ihre Anzahl mehr als verdoppelt, die Sammlung umfasst jetzt 43 Länderberichte aus allen Kontinenten. Sämtliche skandinavische Länder sind nun vertreten, die EU ist fast vollständig abgedeckt; es kamen einige Länder hinzu, die bei Insolvenzverfahren im deutschen Mittelstand mit Auslandsbeteiligungen regelmäßig eine Rolle spielen, so beispielsweise Brasilien, Mexiko oder Indien.

Zum anderen enthalten die einzelnen Länderberichte jetzt auch Kapitel zu Privatinsolvenzverfahren; sie wurden durch Grafiken zu Verfahrensabläufen und durch Glossare ergänzt. Da es angesichts der Verwendung von Fachausdrücken in den jeweiligen Landessprachen in den Länderberichten unmöglich wäre, diese Fachausdrücke im Stichwortverzeichnis des Bandes 4 verständlich zu erfassen, haben die Glossare eine Doppelfunktion: sie sind Sammlungen häufig verwendeter, wichtiger Fachbegriffe des jeweiligen Länderberichtes und dienen diesem mit Randnummern als eigenes Stichwortverzeichnis. Die Grafiken, Glossare und Hervorhebungen von Kernbegriffen in den Texten sollen dem Leser helfen, Zeit zu sparen und sich rasch in das unbekannte Recht einzufinden. Der Leser einer Einführung in ein Insolvenzrecht steht regelmäßig unter hohem Zeitdruck, dem haben die Autoren gerecht zu werden versucht.

Andere Länder, andere Sitten: Dieser Grundsatz gilt auch oder gerade im Insolvenzrecht. Die Länderberichte sind Teil des Münchener Kommentars zur Insolvenzordnung und daher als Kurzeinführungen in nationale Insolvenzrechte konzipiert. Der Begriff des Insolvenzrechts wurde hierbei jedoch in Abstimmung mit den Autoren sehr weit gefasst, er orientiert sich an der jeweiligen nationalen Rechtspraxis im Umgang mit Sanierungs-, Restrukturierungs- und Insolvenzsachverhalten. So finden sich in einzelnen Länderberichten Verfahren, die nicht insolvenzrechtlich geregelt sind, aber in Krisenszenarien zur Anwendung kommen und umgekehrt insolvenzrechtlich geregelte Verfahren, die sich mit der Abwicklung solventer Unternehmen befassen. Die einzelnen Autoren der Länderberichte waren frei darin, darzustellen, was den Leser aus ihrer Sicht den raschen Einstieg in die wesentlichen Bereiche der fremden Insolvenzrechtsordnung unter Beachtung lokaler Besonderheiten vermittelt. Der Einheitlichkeit halber und um den Zugang zu den einzelnen Berichten zu erleichtern folgen diese zwar alle einer Grundgliederung, auf die Vorgabe eines zu starren Schemas wurde jedoch bewusst verzichtet; insbesondere sind die Länderberichte nicht im Stil eines einheitlichen Frage-/Antwortkatalogs verfasst. Eine weitere Neuerung zu den Länderberichten in der 3. Auflage ist, dass eine große Zahl der Berichte von ausländischen Experten als Autoren geschrieben, und von fachkundigen Bearbeitern ins Deutsche übertragen wurde, da es nur wenige Experten gibt, die in deutscher Sprache über ein fremdes Recht schreiben können.

Auch weil Kurzeinführungen Schwerpunkte setzen müssen, sind allen Länderberichten Übersichten zu allgemein zugänglichen Informationen vorangestellt, die über Literaturapparate hinausgehen: Den Lesern werden insbesondere Internet-Adressen von Ministerien, Behörden, Gerichten, Anwalts-, Wirtschaftsprüferkammern oder Berufsverbänden an die Hand gegeben, bei denen sich sowohl Informationen zu konkreten Verfahren als auch Informationen zur aktuellen Gesetzeslage oder gesetzgeberische Tendenzen in den jeweiligen Ländern erfragen lassen. Damit soll auch dem Umstand Rechnung getragen werden, dass die Aktualität von 43 verschiedenen Rechtsordnungen (Gesetzgebung wie Rechtsprechung) in ständiger Bewegung ist.

Und natürlich stehen die Autoren der einzelnen Länderberichte gerne als Ansprechpartner für Auskünfte zur Verfügung und freuen sich auch über Lob und konstruktive Kritik.

Ursula Schlegel, Rechtsanwältin & Solicitor (England and Wales), Frankfurt am Main

Australien

bearbeitet von *Chris Prestwich, Yu Zhang* und *Ryan Jameson* (Allens, Sydney); deutsche Bearbeitung von *Dr. Sabine Vorwerk* (Linklaters LLP, Frankfurt am Main)

Übersicht

	Rn.
1. Schrifttum und weitere Informationsquellen	1
1.1 Rechtsquellen	1
1.2 Hilfreiche Informationen	4
1.3 Literatur	6
2. Einführung	7
2.1 Gesetzliche Grundlagen	7
2.2 Anforderungen an den Berufsstand des Verwalters	8
2.3 Die unterschiedlichen Verfahrensarten	13
2.3.1 Voluntary administration – Freiwillige Verwaltung	17
2.3.2 Liquidation/ Winding up – Liquidation und Abwicklung	26
2.3.3 Receivership – Verwaltung in Bezug auf bestimmte Vermögensgegenstände	34
2.3.4 „Safe Harbour" Regelungen für Unternehmensfortführungen	39
2.3.5 Spezielle Regelungen für Versicherungsunternehmen und Finanzinstitute	45
2.3.6 Konzerninsolvenzen	49
2.4 Bankruptcy – Privatinsolvenz	52
3. Wesentliche Grundzüge der jeweiligen Verfahrensarten	56
3.1 Eröffnung des Verfahrens	56
3.1.1 Einleitung der *Voluntary administration* – Freiwillige Verwaltung	56
3.1.2 Einleitung der *Liquidation/winding up* – Liquidation und Abwicklung	57
3.1.3 Einleitung des *Receivership*	60
3.2 Notifizierung der ASIC von der Bestellung eines externen Verwalters	62
3.3 Schuldner	64
3.4 Sicherungsmaßnahmen vor Verfahrenseröffnung	65
3.4.1 *Provisional liquidation* – Vorläufige Liquidation	65
3.4.2 Mareva-Verfügung	69
3.5 Wirkungen der Verfahrenseröffnung	70
3.5.1 Übergang der Verwaltungs- und Verfügungsbefugnis	70
3.5.2 Moratorium	72
3.5.3 Vollstreckungsschutz für „ipso facto" Bestimmungen	77

	Rn.
4. Verlauf der Verfahren	83
4.1 *Creditors proving their claims* – Anmeldungen der Forderungen durch die Gläubiger	83
4.2 *Creditors' Meeting* – Gläubigerversammlungen	86
4.3 *Administration and realisation of the estate* – Verwaltung und Verwertung des Gesellschaftsvermögens	92
5. Gläubiger und ihre Rangfolge bei der Verteilung der Masse	95
5.1 Rangfolge bei der Verteilung der Masse	96
5.2 Gläubiger mit Sicherungsrechten	98
5.2.1 Grundstücke	99
5.2.2 Bewegliche Sachen	101
5.3 Bevorzugte Insolvenzgläubiger	105
5.4 Unbesicherte Gläubiger	109
5.5 Massegläubiger	110
5.6 Nachrangige Insolvenzgläubiger	111
5.7 Treuhandvermögen in der Insolvenz	112
6. Verträge im Insolvenzverfahren	114
6.1 Voluntary Administration	114
6.2 Winding Up	120
6.3 Receivership	122
7. Aufrechnung	123
8. Rückgängigmachen von Rechtsgeschäften	125
8.1 Challenging of pre-insolvency transactions – Insolvenzanfechtung	125
8.1.1 Insolvent transactions	126
8.1.2 Wucherische Darlehen	132
8.1.3 Geschäfte mit der Geschäftsführung	133
8.2 Verteidigungsmöglichkeiten	134
8.2.1 Gutgläubigkeit	134
8.2.2 Laufende Rechnung *(running account)*	135
8.2.3 Doktrin der letztlichen Auswirkung *(doctrine of ultimate effect)*	136
9. Außergerichtliches Sanierungsverfahren	137
10. Internationales Insolvenzrecht	138
10.1 Anwendbarkeit australischen Insolvenzrechts auf ausländische Unternehmen	138

Australien 1–5

Länderberichte

	Rn.		Rn.
10.2 Internationale Zusammenarbeit und Anerkennung ausländischer Verfahren	139	11.2 Änderungen des *Bankruptcy Act* in Bezug auf *bankruptcy notices*	144
11. Zusammenfassung der wichtigsten Änderungen der australischen Insolvenzgesetze durch die COVID-19-Gesetzgebung	143	11.3 Änderungen des *Corporations Act* in Bezug auf gesetzlich geregelte Zahlungsaufforderungen	146
11.1 Hintergrund	143	11.4 Änderungen in Bezug auf die *safe harbour* Regelungen	148

1. Schrifttum und weitere Informationsquellen

1.1 Rechtsquellen

1 Das australische Recht für Insolvenzen und Restrukturierungen von Unternehmen ist überwiegend im *Corporations Act 2001 (Cth[1])* geregelt.[2] Darüber hinaus sind der *Cross-Border Insolvency Act 2008 (Cth)* für grenzüberschreitende Insolvenzszenarien, sowie der *Personal Property Securities Act (Cth)* und der *Real Property Act 1900 (NSW)*[3] für Fragen in Zusammenhang mit Sicherheiten der Gläubiger (die in den australischen Verfahrensarten eine besondere Rolle spielen) und die *Federal Court (Corporations) Rules 2000 (Cth)* von Bedeutung. Der *Bankruptcy Act 1966 (Cth)* regelt die Insolvenzen natürlicher Personen und ist damit das australische Pendant zu Verbraucherinsolvenzverfahren.

2 Darüber hinaus liegen der nachfolgenden Bearbeitung folgende Quellen zugrunde: Australian Securities and Investment Commission Act 2001 (Cth); Bankruptcy Act 1966 (Cth); Corporations Act 2001 (Cth), Corporations Regulations 2001 (Cth); Cross-Border Insolvency Act 2008 (Cth); Federal Court (Corporations) Rules 2000 (Cth); Payment Systems and Netting Act 1998 (Cth); Personal Property Securities Act 2009 (Cth); Real Property Act 1900 (NSW); Superannuation Guarantee Charge Act 1992 (Cth).

3 Airlines Airspares Ltd v Handley Page Ltd (1970) Ch 193, Commonwealth of Australia v Byrnes and Hewitt as receives and managers of Amerind Pty Ltd [2018] VSCA 41, Jackson v Sterling Industries Limited (1987) 162 CLR 612, Jonas v Rocklea Spinning Mills Pty Ltd (2000) 18 ACLC 333, Jones (liquidator) v Matrix Partners Pty Ltd, re Killarnee Civil & Concrete Contractors Pty Ltd (in liq) [2018] FCAFC 40, Knights Insolvency Administration Ltd v Duncan (2005) 54 ACSR 22, Mariconte v Batiste (2000) 48 NSWLR 724, Re Allebart Pty Ltd (in liquidation) [1971] 1 NSWLR 24, Re Diesels and Components Pty Ltd (Receivers and Managers Appointed) [1985] 2 Qd R 456, Re Reid Murray Holdings Ltd (in liq) [1969] VR 315; THO Services Limited, In the matter of [2016] NSWSC 509; Thomas v Mackay Investments Pty Ltd (1996) 14 ACLC 319.

1.2 Hilfreiche Informationen

4 Viele allgemeine Informationen zum australischen Insolvenz- und Restrukturierungsrecht und geltenden Gesetzen sind in englischer Sprache online verfügbar: Gesetzestexte im Volltext kann man unter anderem auf der Website der australischen Regierung abrufen,[4] wichtiges case law, Präzedenzfälle, die in Australien wie in anderen Common Law-Jurisdiktionen eine wichtige Rolle spielen, ist ebenfalls öffentlich abrufbar.[5]

5 Darüber hinaus finden sich wichtige Informationen auf der Website der *Australian Securities and Investments Commission (ASIC)*:[6] Sie betreibt die unter dem *Corporations Act 2001 (Cth)* zu führenden Gesellschaftsregister, die (teilweise kostenpflichtig) online verfügbar sind.[7] Darüber hinaus gibt es eine besondere Website zu „*Insolvency Notices*", auf der alle Veröffentlichungen, die unter dem

---

[1] Cth steht für „Commonwealth", es handelt sich also um ein Bundesgesetz.
[2] Der Beitrag ist Stand Juni 2014.
[3] NSW steht für „New South Wales", es handelt sich hierbei also um ein regionales Gesetz des State of New South Wales.
[4] http://www.comlaw.gov.au/.
[5] Ein Gemeinschaftsprojekt der rechtswissenschaftlichen Fakultäten der University of Technology, Sydney und der University of New South Wales ist http://www.austlii.edu.au, aber auch verschiedene Gerichte stellen ihre eigene Rechtsprechung online zur Verfügung, zB http://www.fedcourt.gov.au/publications/judgments.
[6] Die ASIC ist die australische Regulierungsbehörde für Märkte und Finanzdienstleistungen, die als unabhängige Bundesbehörde unter anderem Verantwortlichkeiten für Gesellschaften nach dem Companies Act hat.
[7] https://connectonline.asic.gov.au.

Corporations Act 2001 (Cth) im Rahmen von Insolvenzverfahren veröffentlicht werden müssen, abgerufen werden können.[8] Die Website der *ASIC* bietet auch umfangreiche allgemeine Informationen zu Insolvenzthemen für Betroffene (Gläubiger, Arbeitnehmer, Schuldner und Verwalter), einschließlich monatlicher Statistiken.[9]

1.3 Literatur

Grundlegende Literatur zum Insolvenzrecht und Insolvenzverfahren finden sich unter anderem in *Allens Arthur Robinson* (jetzt *Allens*), Directors' Duties During Insolvency (2nd ed) (2006), *Christopher Symes & John Duns,* Australian Insolvency Law (2012), *Ian M Ramsay and Robert P Austin,* Ford, Austin & Ramsay's Principles of Corporations Law (17th ed) (2018), *Michael Murray and Jason Harris,* Keay's Insolvency: Personal and Corporate Law and Practice (10th ed) (2018), *Terry Taylor, Ian Ferrier and A G Hodgson,* Australian Insolvency Management Practice. **6**

2. Einführung

2.1 Gesetzliche Grundlagen

Das **australische Insolvenzrecht für Unternehmen** ist in erster Linie im *Corporations Act 2001 (Cth), Corporations Act,* sowie in darunter erlassenen Verordnungen *(Corporations Regulations)* geregelt, darüber hinaus in den in → Rn. 1 genannten weiteren Rechtsquellen. Dieser gesetzliche Rahmen wird ergänzt durch umfangreiche Rechtsprechung, insbesondere zum Thema der privat bestellten *receiver* (s. u. zur Terminologie). Das **australische Insolvenzrecht für Privatpersonen** ist im *Bankruptcy Act 1966 (Cth)* geregelt. **7**

2.2 Anforderungen an den Berufsstand des Verwalters

Um in Australien als Insolvenzverwalter, Liquidator oder Vermögensverwalter zugelassen werden zu können, müssen die Bewerber bestimmte gesetzliche Voraussetzungen erfüllen,[10] unter anderem Rechnungswesen und Handels- und Gesellschaftsrecht studiert haben, langjährige Erfahrungen mit Insolvenzverfahren und bestimmte Fortbildungen absolviert haben. Dann können sie ihre Eintragung bei der ASIC als *registered liquidator* beantragen. Typischerweise sind sie Mitglied eines *accounting body,* zB des *Institute of Chartered Accountants* oder *CPA Australia.* Außerdem müssen die Verwalter eine gesetzlich vorgeschriebene Haftpflichtversicherung vorweisen können.[11] Alle Verwalter, die *registered liquidators* für Unternehmen sind, unterliegen der Aufsicht der ASIC. **8**

Dem *registered liquidator* obliegen mit seiner Bestellung eine Reihe von Verpflichtungen in Bezug auf die verwaltete Vermögensmasse, wie etwa Buchhaltungs- und Rechnungslegungspflichten, die Finanzberichterstattung und die Durchführung jährlicher Hauptversammlungen. Auch die Aufrechterhaltung einer angemessenen Berufshaftpflicht- und Vertrauensschadenversicherung gehört zu seinem Aufgabenkreis. **9**

Wer ein *registered liquidator* ist, kann auch die Zulassung als *official liquidator* beantragen.[12] Nur ein *official liquidator* kann vom Gericht bestellt werden.[13] Verwalter in Verbraucherinsolvenzverfahren, *registered trustees,* unterliegen der Aufsicht der *Australian Financial Security Authorites (AFSA).*[14] Um *registered trustee* werden zu können, muss eine Person ebenfalls bestimmte Voraussetzungen erfüllen und ihre Zulassung bei der zuständigen Behörde beantragen. Die AFSA tritt auch als der *Official Trustee in Bankruptcy* auf.[15] Der *Official Trustee in Bankruptcy* übernimmt die Rolle des Verwalters in Verbraucherinsolvenzen, wenn ein Schuldner nicht die Zustimmung eines *registered trustee* zur Übernahme des Verwalteramtes in seinem Verfahren erlangen konnte. **10**

Bei Unternehmens- wie Privatinsolvenzen gilt, dass der Verwalter grundsätzlich von einem Beteiligten des Verfahrens (zB den *directors* eines insolventen Unternehmens selbst) angesprochen wird und seine wirksame Bestellung als *liquidator* oder *trustee* eine Annahme durch den Verwalter erfordert. Die Bestellung durch ein Gericht ist, anders als in Deutschland, der Ausnahmefall. Der Verwalter muss grundsätzlich unabhängig sein. **11**

---

[8] https://insolvencynotices.asic.gov.au.
[9] http://www.asic.gov.au/asic/ASIC.NSF/byHeadline/Insolvency%20overview.
[10] Corporations Act 2001 (Cth) s 1282.
[11] Corporations Act 2001 (Cth) s 1284.
[12] Corporations Act 2001 (Cth) s 1283.
[13] Vgl. Corporations Act 2001 (Cth) s 472 (1), (2), s 532 (8).
[14] https://www.afsa.gov.au/.
[15] https://www.afsa.gov.au/practitioner/official-trustee-in-bankruptcy.

12 Informationen, wer als *registered liquidator* oder *registered trustee* zugelassen ist, kann man unter anderem auf den Seiten der Berufsverbände der Insolvenzverwalter oder der AFSA finden.[16]

2.3 Die unterschiedlichen Verfahrensarten

13 Die in Australien zur Verfügung stehenden Verfahren zur Sanierung oder Liquidation von Unternehmen und Vermögensgegenständen weisen durchaus Parallelen zum deutschen Recht auf. Das australische Recht kennt im Wesentlichen drei Arten von Sanierungs- und Liquidationsverfahren für Unternehmen, die, anders als im deutschen Recht, **nicht zwingend eine Involvierung der Gerichte** erfordern:

14 Freiwillige Verwaltung, *voluntary administration* (die auch in eine *Deed of Company Arrangement (DOCA)*, einer Vergleichsvereinbarung zwischen der Gesellschaft und ihren Gläubigern, münden kann, der Rechtskraft verliehen wird); Liquidation/Abwicklung (*liquidation* oder *winding up*); sowie Verwaltung in Bezug auf bestimmte Vermögensgegenstände *(receivership)*. Vorinsolvenzliche Sanierungsbemühungen werden zudem durch die im Jahr 2017 eingeführten *safe harbour* Bestimmungen gestärkt (dazu → Rn. 39 ff.).

15 In der *(voluntary) administration* ist das Augenmerk des Verfahrens noch vorrangig auf eine Sanierung des Unternehmens gerichtet. Das Verfahren ist entsprechend straff organisiert (mit einer Regeldauer von nur etwa einem Monat) und auf Fortführung des Unternehmens anstatt auf dessen Zerschlagung gerichtet. Hat sich der Rettungsversuch in der *voluntary administration* als erfolglos erwiesen, kann das Verfahren direkt in eine *liquidation/winding up* übergehen; sie ist ihr aber nicht zwingend vorgeschaltet. Die Stellung der Gläubiger ist in diesen Formen der externen Verwaltung stark davon abhängig, ob und welche Sicherheiten dem jeweiligen Gläubiger zur Verfügung stehen: hat der Gläubiger beispielsweise ein formgültig perfektioniertes Grundpfandrecht, ist er vom Fortgang der externen Verwaltung weitgehend unbetroffen und kann Befriedigung aus dem Sicherungsgegenstand erlangen. Für Gläubiger ohne Sicherheiten kommt es dagegen – wie im deutschen Verfahren – im Regelfall nur zu einer quotalen Befriedigung aus dem verbleibenden Gesellschaftsvermögen.

16 Das *receivership* steht neben den eben genannten Arten der externen Verwaltung: es ist eher ein besonderes Vollstreckungsverfahren, mit dem Gläubiger, die über Sicherheiten verfügen, die Verwertung ihres Sicherungsgegenstandes betreiben können. Es kann auch parallel zu *administration* und *winding up/liquidation* stattfinden.

2.3.1 Voluntary administration – Freiwillige Verwaltung

17 **Verfahrensziele:** Das (gesetzlich vorgesehene) Ziel der freiwilligen Verwaltung *(voluntary administration)* ist es, Geschäft, Vermögen und sonstige Angelegenheiten einer insolventen oder insolvenzbedrohten Gesellschaft dergestalt zu verwalten, dass entweder die Chancen auf Fortführung der Gesellschaft als Ganzes oder größtmöglicher Teile ihres Geschäftsbetriebs maximiert werden; oder, sofern sich herausstellt, dass die Gesellschaft und ihr Geschäftsbetrieb nicht fortgeführt werden können, für Gläubiger und Gesellschafter möglichst einen höheren Erlös zu erzielen, als er bei sofortiger Abwicklung der Gesellschaft zu erwarten (gewesen) wäre.[17] Sie ist somit im Gegensatz zur *liquidation/winding-up* vorrangig auf Sanierung und Fortführung des Unternehmens als Ganzes gerichtet.

18 Die *voluntary administration* hat, ergänzt um die *safe harbour* Bestimmungen (→ Rn. 39 ff.), aufgrund ihrer Ausrichtung auf den Erhalt sowie die Fortführung des Unternehmens und der Tatsache, dass sie ohne Einbindung des Gerichts durchgeführt werden kann, zugleich die Funktion eines präventiven Sanierungsverfahrens.

19 Anders als bei der im deutschen Recht verankerten Eigenverwaltung, geht auch im Rahmen der *voluntary administration* die Verwaltungs- und Verfügungsbefugnis auf den *administrator* über, sodass dieser in den Aufgaben- und Befugniskreis der bisherigen Geschäftsführung eintritt.

20 Ein möglicher Ausgang einer *voluntary administration* ist, dass die Gläubiger in der zweiten Gläubigerversammlung den Abschluss eines Vergleichsvertrages, des sogenannten *DOCA* beschließen. Ein *DOCA* regelt die Rechtsverhältnisse der Gesellschaft mit den jeweiligen Gläubigern: welche

---

[16] Die *Australian Restructuring Insolvency & Turnaround Assocation* (ARITA) ist einer der Berufsverbände der Insolvenzverwalter, allgemein *insolvency practitioners*. Nach eigenen Angaben sind 83 % aller *registered liquidators* Mitglied der ARITA. Sie bietet eine Suchfunktion für *insolvency practitioners*: http://www.arita.com.au/insolvency-you/look-up-a-practitioner. Die AFSA reguliert *registered trustees* für Privatinsolvenzen und bietet eine Übersicht über Kontaktdaten aktuell registrierter *trustees*: https://www.afsa.gov.au/resources/contact-lists/trustees-contact-list.

[17] Corporations Act 2001 (Cth) s 435A.

2. Einführung

Schulden die Gesellschaft in welchem Umfang und aus welchem Vermögen begleichen muss oder welche Gläubiger Sicherheiten aufgeben (nur mit deren Zustimmung möglich). Die erfolgreiche Durchführung eines DOCA dient somit auch der Schuldenregulierung. Der *DOCA* soll die Chance der Gesellschaft auf dauerhaft erfolgreiche Fortführung maximieren. Wird der Vorschlag eines *DOCA* bei einer Gläubigerversammlung angenommen,[18] hat der *administrator* nur 15 Werktage, um den *DOCA* tatsächlich abzuschließen, andernfalls geht die Gesellschaft in Liquidation. Ein *DOCA* bindet alle Gläubiger ohne Sicherungsrechte. Gläubiger mit Sicherheiten und Eigentümer von Gegenständen/Grundbesitz, den die Gesellschaft mietet, sind nur dann gebunden, wenn sie dem *DOCA* zugestimmt haben.[19] Das Gericht kann in bestimmten Fällen Bindungswirkung auch gegen weitere Gläubiger anordnen.[20] Die Rangfolge der Gläubiger wird vom *DOCA* geregelt und kann abweichend von der Rangfolge im Insolvenzfall sein (→ Rn. 65 ff.). Ist der *DOCA* wirksam abgeschlossen, wird der *voluntary administrator* ein *deed administrator,* der die Einhaltung der Verpflichtungen aller Beteiligten aus dem *DOCA* überwacht. Die Geschäftsführungsbefugnisse gehen jedoch wieder auf die Geschäftsführung über. Die Gläubiger können darüber hinaus einen Gläubigerausschuss (*committee of inspection*) einsetzen.

Verwalterbestellung und -aufgaben: Anders als im deutschen Insolvenzrecht, wird der Verwalter *(administrator),* der ein *official* oder *registered liquidator* sein[21] und seine Bestellung angenommen haben muss (→ Rn. 6 ff.), bei der *administration* nicht zwingend, sondern nur in Ausnahmefällen durch ein Gericht bestellt. Typischerweise wird der *administrator* vielmehr durch die *directors* der Gesellschaft oder bestimmte besicherte Gläubiger bestimmt, jeweils unter den in → Rn. 35 ff. genannten Voraussetzungen. 21

Der Verwalter ist der Vertreter der Gesellschaft. Er übernimmt ihre Geschäfte, untersucht die bisherige Führung der Geschäfte und Geschäftsangelegenheiten und erarbeitet und bewertet die verschiedenen Handlungsoptionen, die in einer Fortführung des Betriebs oder der Schließung oder Veräußerung des Geschäftsbetriebs in Teilen oder im Ganzen bestehen können.[22] Er muss einen Vorschlag erarbeiten, welche der folgenden Maßnahmen im besten Interesse der Gläubiger der Gesellschaft wäre: (i) Abschluss eines *DOCA*,[23] (ii) Beendigung der Verwaltung (Kontrolle und Verfügungsgewalt über die Gesellschaft fallen an das bisherige Management zurück), oder (iii) Abwicklung der Gesellschaft *(winding up)*.[24] Der Verwalter muss den Gläubigern seine Empfehlungen in einem schriftlichen Bericht vorstellen, der spätestens kurz vor der zweiten Gläubigerversammlung herausgegeben werden muss (→ Rn. 56 ff.). Entscheidet sich die Gesellschafterversammlung für Option (iii), ist dies der Übergang ins eigentliche Insolvenzverfahren mit dem unmittelbaren Ziel der Befriedigung der Gläubiger und Abwicklung der Gesellschaft. 22

Vollstreckungsschutz: Im Rahmen der freiwilligen Verwaltung ist die Gesellschaft grundsätzlich vor Einzelvollstreckungsmaßnahmen der Gläubiger geschützt. In folgenden Fällen kann eine Einzelvollstreckungsmaßnahme aber dennoch zulässig sein: wenn der vollstreckende Gläubiger ein besicherter Gläubiger ist und mit der Vollstreckung seiner Rechte begonnen hat, bevor die Verwaltung eingeleitet wurde;[25] wenn die Vollstreckung verderbliche Güter betrifft;[26] wenn der Gläubiger Sicherheiten über das gesamte oder den wesentlichsten Teil des Vermögens der Gesellschaft hat und innerhalb von 13 Werktagen nach Bestellung des Verwalters beschließt, die Vollstreckung über sein Sicherungsgut einzuleiten;[27] oder wenn das Gericht die Vollstreckung genehmigt (eine solche Genehmigung wird üblicherweise nicht erteilt, wenn nicht ein Schaden glaubhaft gemacht wird, der den grundsätzlichen Vorteil einer Suspendierung der Einzelvollstreckungsrechte während der Verwaltung deutlich überwiegt).[28] 23

Rolle des Gerichts im Verfahren: Obwohl eine Beteiligung des Gerichts[29] im Bereich der freiwilligen Verwaltung nicht zwingend ist, hat das Gericht doch eine große Anzahl von Möglichkeiten, den Prozess zu beeinflussen, um einen Missbrauch der freiwilligen Verwaltung zu verhindern. 24

---

[18] Zu den erforderlichen Mehrheiten → Rn. 59.
[19] Corporations Act 2001 (Cth) s 444D.
[20] Corporations Act 2001 (Cth) s 444F (2).
[21] Corporations Act 2001 (Cth) s 437 A (2).
[22] Corporations Act 2001 (Cth) s 437 A.
[23] → Rn. 10, → Rn. 34.
[24] Corporations Act 2001 (Cth) s 438 A.
[25] Corporations Act 2001 (Cth) s 441B.
[26] Corporations Act 2001 (Cth) s 441C.
[27] Corporations Act 2001 (Cth) s 441A.
[28] Corporations Act 2001 (Cth) s 440F.
[29] Die Regelungen des Corporations Act 2001 (Cth), der Insolvenzverfahren in Australien regelt, können vor verschiedenen Gerichten geltend gemacht werden, darunter vor dem Federal Court, dem Supreme Court eines Staates oder Gebietes und vor dem Family Court of Australia, s. im Corporations Act s 58AA.

Insbesondere kann das Gericht die freiwillige Verwaltung beenden oder verlängern, die Übertragung von Anteilen an der Gesellschaft genehmigen oder jede Art von Beschlüssen fassen und Maßnahmen ergreifen, die es für geeignet hält, einschließlich solcher zum Schutz der Interessen der Gläubiger.[30] Das Gericht wird hierbei nie ohne Antrag tätig, ein solcher Antrag kann aber auch von der ASIC als Aufsichtsbehörde gestellt werden.

25   Mögliche Beschlussfassungen des Gerichtes können sich auf die Festsetzung oder Überprüfung der Vergütung des Verwalters, die Einberufung einer Gläubigerversammlung oder die Beendigung oder Aufhebung eines *DOCA* richten. Zudem können auch im Rahmen der *voluntary administration* bestimmte Transaktionen und Maßnahmen nicht ohne Genehmigung des Gerichts durchgeführt werden, wie die Übertragung von Anteilen an einer Gesellschaft oder Vollstreckungsmaßnahmen gegen die Gesellschaft, sofern der Verwalter diesen nicht vorab zugestimmt hat. Dem Gericht kann damit auch im Rahmen der *voluntary administration* eine vielfältige Überwachungsfunktion zukommen.

2.3.2 Liquidation/ Winding up – Liquidation und Abwicklung

26   Das australische Recht unterscheidet zwei Formen der Liquidation und Abwicklung einer Gesellschaft: Freiwillige Abwicklung, *voluntary winding up,* das von Gesellschaftern oder Gläubigern initiiert wird, nur bei einer solventen Gesellschaft möglich ist und der deutschen Liquidation ähnelt; sowie Zwangsabwicklung/Abwicklung von Amts wegen, *compulsory winding up* (ua im Falle der Insolvenz).

27   **Verfahrensziele:** Das Ziel eines *winding-up*, egal welcher Art, ist es, das Vermögen der Gesellschaft zu verwerten, sämtliche gegenüber Gläubigern ausstehenden Verbindlichkeiten zu tilgen und verbleibendes Vermögen unter den Gesellschaftern entsprechend ihrer jeweiligen Beteiligung auszuschütten. Am Ende des Verfahrens wird die Gesellschaft beendet und gelöscht.

28   **Verwalterbestellung und -aufgaben:** Der Liquidator *(liquidator)* wird im Rahmen des *voluntary winding up* von Gesellschaftern oder Gläubigern aus den *registered liquidators* ausgewählt und muss seine Bestellung annehmen, → Rn. 7. Im Rahmen eines *compulsory winding up* dagegen können nur *official liquidators* die Rolle des Verwalters erhalten.

29   Der *liquidator* übernimmt nach dem Gesellschafter- oder Gerichtsbeschluss über die Abwicklung die Kontrolle über die Gesellschaft und ihre Angelegenheiten. Er wird das Vermögen der Gesellschafter verwerten und Gläubiger, die nicht über Sicherheiten verfügen, (quotal) aus den Erlösen, die er im Rahmen der Verwertung erzielt, befriedigen. Nachdem der *liquidator* die Abwicklung abgeschlossen hat, dh das Vermögen der Gesellschaft liquidiert und verteilt hat (einschließlich Erlöse aus fortgeführten Gerichtsverfahren), wird er beantragen aus seinen Verpflichtungen entlassen zu werden und die Gesellschaft aus dem Register der ASIC zu löschen.[31]

30   **Rolle des Gerichts im Verfahren:** Ein *members' voluntary winding up*, also eine Abwicklung durch die Gesellschafter, erfordert nicht zwingend eine Involvierung der Gerichte. Es bedarf hierfür vielmehr eines Abwicklungsbeschlusses der Gesellschafter. Auch die Gläubiger können ein *winding up* initiieren *(creditors' winding up);* dies ist insbesondere der Fall, wenn die Gläubiger in der zweiten Gläubigerversammlung im Rahmen einer *voluntary administration* beschließen, die Gesellschaft aufzulösen.

31   Eine Abwicklung von Amts wegen *(compulsory winding up)* erfordert dagegen einen Gerichtsbeschluss.[32] Die Insolvenz der Gesellschaft *(compulsory winding up of an insolvent company)* ist einer der (in der Praxis vorherrschenden) Gründe für eine solche Abwicklung von Amts wegen.[33] Nach australischem Recht ist eine Gesellschaft insolvent, wenn sie nicht mehr in der Lage ist, ihre **fälligen Zahlungsverpflichtungen** zu erfüllen *(unable to pay all its debts as and when they become due and payable).*[34] Es gilt eine Vermutung für die Insolvenz der Gesellschaft, wenn sie eine gesetzlich geregelte Zahlungsaufforderung nicht binnen 21 Tagen ab Zustellung (oder einem vom Gericht angeordneten längeren Zeitraum) erfüllt oder vom Gericht aufheben lässt.[35] Ein *compulsory winding up* kann **außer im Insolvenzfall** ua angeordnet werden, wenn die *directors* in ihrem Eigeninteresse und zum Nachteil der Gesellschaft oder in anderweitig unbilliger Weise gehandelt haben, oder wenn das Gericht der

---

30   Corporations Act 2001 (Cth) ss 447A und 447B; so kann das Gericht beispielsweise die Anhörung im Rahmen eines Antrags auf einen Abwicklungsbeschluss gegen eine Gesellschaft vertagen, wenn die Gesellschaft sich in administration befindet und das Gericht der Auffassung ist, dass es im Interesse der Gläubiger der Gesellschaft sei, dass diese in administration fortgeführt wird, anstatt aufgelöst zu werden.
31   Corporations Act 2001(Cth), s 480.
32   Corporations Act 2001(Cth), s 461.
33   Corporations Act 2001(Cth), s 459A.
34   Corporations Act 2001(Cth), s 95A.
35   Corporations Act 2001(Cth), ss 459 und 459F.

Auffassung ist, die Abwicklung sei recht und billig *(just and equitable)*.[36] Das Gericht wird stets nur auf Antrag tätig.

Über einen Antrag über ein *compulsory winding up* im Insolvenzfall muss binnen sechs Monaten entschieden werden, es sei denn, das Gericht beschließt eine Verlängerung des Zeitraums, den es zur Prüfung benötigt.[37] Ist ein entsprechender Beschluss ergangen, gibt es aber keine zeitlichen Regelungen oder Beschränkungen für die Dauer des *winding up*-Prozesses mehr, weder in Form einer Minimal-, noch einer Maximaldauer. **32**

Vollstreckungsschutz: Gläubiger mit Sicherungsrechten brauchen im Falle der Abwicklung von Amts wegen keinen separaten Gerichtsbeschluss, um in die zu ihren Gunsten als Sicherheiten bestellten Vermögensgegenstände zu vollstrecken.[38] Rechtsstreitigkeiten gegen die Gesellschaft dürfen dagegen, wie auch in der *voluntary administration,* nur mit Genehmigung des Gerichts fortgeführt werden.[39] **33**

2.3.3 Receivership – Verwaltung in Bezug auf bestimmte Vermögensgegenstände

Verfahrensziele: Die meisten vertraglichen Sicherungsabreden unter australischem Recht *(general security deeds),* also Verträge zur Gewährung von Sicherheiten über das schuldnerische Vermögen im Ganzen, Grundpfandrechte sowie sonstige Belastungen von Grundeigentum, sehen heutzutage vor, dass ein Verwalter *(receiver)* individuell von einem besicherten Gläubiger bestellt werden kann, um Kontrolle über die zugunsten des Gläubigers als Sicherheit bestellten Vermögensgegenstände zu erlangen und damit die Rechtsstellung des betroffenen Gläubigers weiter zu sichern. Der *receiver* wird ermächtigt, den Vermögensgengestand zu verwalten und zu verwerten, um die Rückzahlung der gegenüber dem besicherten Gläubiger bestehenden Verbindlichkeit zu bewirken. **34**

Rolle des Verwalters: Der *receiver* übernimmt die Kontrolle über das besicherte Vermögen in Übereinstimmung mit den Regelungen der zwischen den Parteien ursprünglich vereinbarten Sicherheitendokumentation und Bedingungen seiner Bestellung. Er kann durch die einschlägigen Sicherheitenverträge, den *Corporations Act* oder durch Gerichtsbeschluss mit der Befugnis ausgestattet werden, den Geschäftsbetrieb der Gesellschaft weiterzuführen.[40] Um den besicherten Gläubiger vor einer Inanspruchnahme aus Handlungen des *receivers* zu schützen, wird der *receiver* typischerweise unter den meisten Sicherheitenverträgen als Vertreter der Gesellschaft, nicht des besicherten Gläubigers, behandelt. Die Kompetenzen des *receiver* beschränken sich stets auf den Gegenstand oder den Teil des Vermögens, für den er bestellt wurde; über diesen übt er aber Kontrolle und Verfügungsgewalt aus. Die *directors* und sonstigen Vertreter der Gesellschaft werden durch die Bestellung eines *receiver* nicht automatisch ihrer Ämter enthoben; ihre Kompetenzen und Zuständigkeiten sind jedoch gegenüber denen eines *receiver* subsidiär. Typischerweise verbleibt während eines *receivership*-Verfahrens (soweit es sich nicht ausschließlich auf einzelne Vermögensgegenstände bezieht) für die Geschäftsführung der Gesellschaft daher keine aktive Rolle. Ist der besicherte Gläubiger in voller Höhe oder entsprechend des zur Verfügung stehenden Vermögens befriedigt, wird der privat bestellte *receiver* sein Amt beenden und die ASIC hiervon in Kenntnis setzen. Erzielt er einen Erlös, der über die besicherte Schuld hinausgeht, mehren die überschießenden Beträge das Vermögen der Gesellschaft. **35**

Mit der Amtsniederlegung des *receiver* erlangen die *directors* der Gesellschaft wieder uneingeschränkte Verfügungsgewalt über die Vermögenswerte des Unternehmens, sofern nicht ein weiteres Insolvenzverfahren anhängig ist, was zeitgleich mit der *receivership* der Fall sein kann. **36**

Rolle des Gerichts im Verfahren: Wie bei der freiwilligen Verwaltung oder Abwicklung[41] ist auch bei der Bestellung eines *receiver* eine Involvierung des Gerichts nicht zwingend. Ein Gericht kann jedoch auch einen *receiver* bestellen (dann als „*court-appointed receiver*" bezeichnet), wenn dies aus allgemeinen Billigkeitserwägungen heraus geboten erscheint. Beispielsfälle für die Benennung eines *receiver* durch das Gericht sind: (i) nachweislicher Betrug durch das Management der Gesellschaft; dann erfolgt die Bestellung, um die Interessen der Gesellschafter und der Gläubiger zu schützen; (ii) die ASIC hält es im Rahmen laufender Untersuchungen für erforderlich, zur Vermeidung von Vermögensverschiebungen das Vermögen der Gesellschaft einzufrieren; oder (iii) Bestellung eines *receiver* über das Vermögen eines *officer*[42] der Gesellschaft oder über das Vermögen eines verbunden Unternehmens, wenn die Betroffenen ansonsten eine Vermögensverschiebung einleiten **37**

---

[36] Corporations Act 2001(Cth), s 461.
[37] Corporations Act 2001 (Cth), s 459R.
[38] Corporations Act 2001 (Cth), s 459P.
[39] Corporations Act 2001 (Cth), s 477.
[40] Corporations Act 2001 (Cth), s 420.
[41] → Rn. 12 ff., 17 ff.
[42] Vertretungsorgane und Angestellte mit bestimmten Entscheidungsbefugnissen.

könnten, um zu vermeiden, dass mit diesem Vermögen Verbindlichkeiten des Unternehmens beglichen werden.

38 **Vollstreckungsschutz:** Dritte können trotz Bestellung eines *receiver* weiterhin in das nicht der *receivership* unterworfene Vermögen vollstrecken.

2.3.4 „Safe Harbour" Regelungen für Unternehmensfortführungen

39 Ähnlich wie im deutschen Recht ist auch der australische Gesetzgeber darum bemüht, Sanierungschancen für insolvenzgefährdete Unternehmen zu fördern und einem Werteverlust durch insolvenzbedingte Zerschlagung von Unternehmen entgegenzuwirken. Die zur Stärkung von Sanierungsbemühungen eingeführten *safe harbour* Reformen traten am 19.9.2017 in Kraft. Die Änderungen zielen darauf ab die Geschäftsführung zu ermutigen, Sanierungsbemühungen rechtzeitig einzuleiten und frühzeitig mit den relevanten Gläubigergruppen in Kontakt zu treten, sobald sich eine Insolvenzgefahr für ein Unternehmen abzeichnet.

40 Die *safe harbour* Regelungen führen zu einer Suspendierung von Haftungsnormen, welche anderenfalls die Neubegründung von Verbindlichkeiten zu Lasten eines insolvenzgefährdeten Unternehmens sanktionieren.

41 Der *Corporations Act 2001* (Cth) (Corporations Act) erlegt den Geschäftsführern die Pflicht auf, keine neuen Verbindlichkeiten für ein Unternehmen einzugehen, wenn der Verdacht besteht, dass das Unternehmen zahlungsunfähig ist oder werden könnte. Die im Jahr 2017 eingeführten *safe harbour* Regelungen geben Geschäftsführern für den Zeitraum konkreter Sanierungsbemühungen einen haftungsrechtlichen Schutz vor den restriktiven insolvenzrechtlichen Handelsbestimmungen des Corporations Act.[43] Dafür ist es erforderlich, dass Sanierungsmaßnahmen tatsächlich geprüft werden und mit deren Umsetzung begonnen wird. Die Anforderungen an den *safe harbour* sind insoweit mit den von der deutschen Rechtsprechung entwickelten Anforderungen an einen ernsthaften Sanierungsversuch vergleichbar.

42 Die Eingehung einer Verbindlichkeit wird von den *safe harbour* Bestimmungen privilegiert, wenn sie direkt oder indirekt im Zusammenhang mit den Sanierungsbemühungen bzw. der Umsetzung eines Sanierungskonzeptes entstehen. Dies kann sowohl gewöhnliche Verbindlichkeiten des operativen Geschäftsbetriebes umfassen als auch solche Passiva, die für den spezifischen Zweck der Durchführung von Sanierungsmaßnahmen aufgenommen werden, nicht aber Verbindlichkeiten außerhalb dieses Zwecks oder für einen unsachgemäßen Zweck.

43 Eine Anwendbarkeit der *safe harbour* Regelungen setzt zudem voraus, dass das Unternehmen alle fälligen Arbeitnehmeransprüche (einschließlich der in den Sanierungszeitraum fallenden Pensionsansprüche) vollständig erfüllt. Gleiches gilt für die Erfüllung von Steuerverbindlichkeiten. Schließlich muss ein an der Australian Securities Exchange (ASX) notiertes Unternehmen weiterhin alle kontinuierlichen Offenlegungspflichten erfüllen.

44 Die *safe harbour* Privilegierungen enden, sobald Sanierungsbemühungen nicht mehr ernsthaft verfolgt werden bzw. deren Umsetzung in einem angemessenen Zeitraum ausscheidet bzw. keine überwiegende Wahrscheinlichkeit einer erfolgreichen Umsetzung der entwickelten Sanierungsmaßnahmen besteht. Gleiches gilt, wenn ein *administrator* oder *liquidator* für die Gesellschaft bestellt wird.

2.3.5 Spezielle Regelungen für Versicherungsunternehmen und Finanzinstitute

45 Wenn die betroffene Gesellschaft ein **allgemeines Versicherungsunternehmen** ist, können die Australische Aufsichtsbehörde für Banken und Versicherungen, *Australian Prudential Regulation Authority (APRA)*, oder die Gesellschaft selbst bei Gericht beantragen, dass ein *judicial manager*, ein gerichtlich bestellter Sanierungsberater, bestellt wird. Die Bestellung wird (unter anderem) vorgenommen, wenn das Versicherungsunternehmen nicht mehr in der Lage ist, seine Verbindlichkeiten zu erfüllen, es wahrscheinlich scheint, dass es seine Verbindlichkeiten nicht mehr wird erfüllen können, oder wenn vernünftige Gründe für die Annahme bestehen, dass die finanzielle Situation oder die Führung der Angelegenheiten des Versicherungsgeschäfts unzureichend sind.

46 Die Geschäftsführungsbefugnisse und Verfügungsbefugnis über das Vermögen der Gesellschaft fallen dann dem *judicial manager* zu; die *directors* sind von der Geschäftsführung ausgeschlossen.

47 Sofern Verbindlichkeiten eines Versicherungsunternehmens gegenüber Dritten mit einer Rückdeckungsversicherung unterlegt sind, sind aus einer solchen Rückdeckung erlangte Zahlungen an die versicherte Person auszukehren. Das gilt auch im Fall einer Liquidation *(liquidation)* des Versicherungsunternehmens.

48 Eine ähnliche Sonderregelung gibt es für bestimmte Banken und Finanzinstitute. Wenn die APRA der Auffassung ist, dass ein zum Einlagengeschäft zugelassenes Finanzinstitut, *authorised*

---

[43] Corporations Act 2001 (Cth), s 588G.

deposit-taking institution (ADI), ohne fremde Unterstützung nicht mehr in der Lage sein wird, seine Verpflichtungen zu erfüllen oder vor der Einstellung seiner Zahlungen steht oder mit großer Wahrscheinlichkeit nicht in der Lage sein wird sein Bankgeschäft in Australien in Übereinstimmungen mit den Interessen seiner Einlagekunden oder der Stabilität des australischen Finanzsystems zu führen, kann die APRA dem ADI einen *statutory manager* zur Seite stellen. Der *statutory manager* hat weitreichende Befugnisse: ihm stehen alle Rechte zu, die sonst die Geschäftsführung ausübt, er kann den Geschäftsbetrieb der Gesellschaft veräußern, die Satzung der Gesellschaft ändern und der APRA weitere Maßnahmen bis hin zur Abwicklung vorschlagen. Während der *statutory manager* bestellt ist, gilt ein Moratorium hinsichtlich laufender Rechtsstreitigkeiten gegen das ADI. Die Bestellung anderer externer Verwalter wird durch die Bestellung des *statutory manager* beendet.

2.3.6 Konzerninsolvenzen

Ebenso wie im deutschen Recht gilt auch im australischen Recht der Grundsatz, dass jede Gesellschaft innerhalb eines Konzerns im Fall einer Insolvenz als separate Vermögensmasse behandelt wird, deren Haftung auf den jeweiligen Rechtsträger und die diesen zuzuordnenden Verbindlichkeiten beschränkt ist. **49**

Sofern die konzernbedingte Verknüpfung von mehreren insolventen Gruppengesellschaften derart verflochten ist, dass eine eigenständige Abwicklung kaum praktisch durchführbar ist, können Verfahren durch gerichtlichen Beschluss miteinander verbunden werden *(pooling order)*. Eine solche Verbindung von Insolvenzverfahren ist insbesondere dann möglich, wenn: jede Gesellschaft der Gruppe abgewickelt werden soll; ein Unternehmen der Gruppe eine verbundene Körperschaft *(related body corporate)* mit einer anderen Konzerngesellschaft darstellt; die Unternehmen der Gruppe ansonsten gesamtschuldnerisch für eine oder mehrere Schulden oder Forderungen haften würden oder ein oder mehrere Unternehmen der Gruppe Vermögenswerte besitzen, die auch für den Betrieb oder die Fortführung von anderen Konzerngesellschaften relevant und zur gemeinsamen Nutzung vorgesehen sind. **50**

Die gerichtliche Verbindung von Insolvenzverfahren im Rahmen von *pooling orders* ermöglicht es den Gläubigern jedes Unternehmens, ihre Forderungen zu bündeln, sodass sie wie Gläubiger eines einheitlichen Unternehmens behandelt werden. Jede Konzerngesellschaft haftet dann gesamtschuldnerisch auch für die Verbindlichkeiten der anderen verfahrensrechtlich *gepoolten* Unternehmen. Gruppeninterne Verbindlichkeiten bzw. Forderungen, die zwischen den *gepoolten* Konzerngesellschaften bestehen, erlöschen im Rahmen der Verbindung der Verfahren. **51**

2.4 Bankruptcy – Privatinsolvenz

Neben Insolvenzverfahren für Unternehmen gibt es im australischen Recht auch ein **Privatinsolvenzverfahren** für natürliche Personen, *bankruptcy* genannt, das im *Bankruptcy Act 1966 (Cth)* geregelt ist. Der *Bankruptcy Act* findet **unabhängig von der Staatsangehörigkeit** der Betroffenen Anwendung auf natürliche Personen,[44] die in Australien anwesend sind oder ihren gewöhnlichen Aufenthaltsort, Wohn- oder Geschäftssitz in Australien haben, die in Australien geschäftlich tätig sind (auch durch Vertreter oder Manager), oder Personen, die Mitglieder einer Firma oder Partnerschaft sind, die durch Partner, Vertreter oder Manager in Australien geschäftlich tätig ist.[45] Wie bei den Verfahren für Unternehmen kann auch *bankruptcy* „freiwillig" oder „unfreiwillig" sein: Im Rahmen einer *voluntary bankruptcy*, also eines Eigenantrags des Schuldners, reicht der Schuldner eine *petition* in der vorgeschriebenen Form (Formblatt oder elektronisch, kein *affidavit* erforderlich) gegen sich selbst beim *Official Receiver*[46] ein, zusammen mit einer Beschreibung seiner Angelegenheiten, dem *statement of affairs*. Billigt der Official Receiver den Antrag, ist der Schuldner *bankrupt* und sein Eigentum geht auf einen Treuhänder über, entweder den *Official Trustee in Bankruptcy* oder einen sonstigen *registered trustee*. **52**

Bei der *involuntary bankruptcy* beginnt das Verfahren dagegen dadurch, dass ein Gläubiger eine *creditor's petition* bei Gericht einreicht und diese dem Schuldner zugestellt wird. Voraussetzung hierfür ist, dass der Gläubiger als Nachweis der Insolvenz des Schuldners (oder dafür, dass dieser der Erfüllung bestimmter Verpflichtungen nicht nachkommen kann) einen *act of bankruptcy* nach- **53**

---

[44] Bankruptcy Act 1966 (Cth), s 7.
[45] Bankruptcy Act 1966 (Cth), s 55.
[46] Der Bankruptcy Act 1966 teilt Australien geographisch in sieben „bankruptcy districts" auf. Jeder dieser bankruptcy districts hat einen Official Receiver, der von der AFSA in der Ausübung seiner Rechte und Pflichten unterstützt wird.

weisen kann, der nicht länger als sechs Monate vor dem Antrag des Gläubigers liegen darf.[47] Typischerweise wird diese Anforderung durch die Zustellung einer sogenannten *bankruptcy notice* an den Schuldner erfüllt. Dabei handelt es sich um eine gesetzlich geregelte Zahlungsaufforderung, die den Schuldner zur Leistung einer Zahlung innerhalb eines bestimmten Zeitraums auffordert. Kann der Schuldner dieser Aufforderung nicht nachkommen, liegt ein *act of bankruptcy* vor. Andere *acts of bankruptcy* sind beispielsweise die Vornahme anfechtbarer Verfügungen über das Schuldnervermögen, die Übertragung oder Abtretung des gesamten Schuldnervermögens zum Vorteil einzelner Gläubiger oder die nachweisliche Absicht des Schuldners, Zahlungen an die Gläubiger zu verzögern oder zu vereiteln. Ein Gläubigerantrag kann nur dann gestellt werden, wenn der Betrag, den der Schuldner einem oder mehreren (gemeinsam den Antrag stellenden) Gläubigern schuldet, mindestens 5.000 AUD beträgt und entweder sofort oder zu einem feststehenden Zeitpunkt in der Zukunft zu zahlen ist.

54 Nach Einreichung des Antrags wird das Gericht eine Anhörung anordnen, in der die Richtigkeit der in der *petition* gemachten Angaben nachgewiesen werden muss, typischerweise durch eidesstattliche Versicherung, *affidavit,* einer Person, die mit der Sachlage vertraut ist. An die Qualifikation dieser Person werden keine besonderen Anforderungen gestellt – sie kann aber durchaus ein Sachverständiger sein, der damit beauftragt wurde, sich über die Sachlage kundig zu machen. Darüber hinaus muss dem Gericht der Nachweis erbracht werden, dass die geltend gemachten Verbindlichkeiten noch ausstehen und dass die *petition* zugestellt wurde. Können diese Voraussetzungen dem Gericht zu dessen Überzeugung dargelegt werden, wird das Gericht mit einer *sequestration order* die Beschlagnahme des Vermögens des Schuldners anordnen.[48] Die Rechtsfolge einer solchen *sequestration order* ist, dass das Eigentum des Schuldners, wie es am Tag der *bankruptcy* besteht und solches, dass er während der *bankruptcy* erwirbt, sequestriert und einem *trustee* übertragen wird.[49] Dies schließt auch während der *bankruptcy* erhaltene Geschenke und Erbschaften ein; nur wenige Vermögensgegenstände sind ausgenommen (zB bestimmte Haushaltsgeräte, die zur Deckung von Grundbedürfnissen erforderlich sind). Einkommen ist ab einem bestimmten Freibetrag an den *trustee* abzuführen. Der Schuldner muss innerhalb von 14 Tagen, nachdem er über die Eröffnung der *bankruptcy* in Kenntnis gesetzt wurde, ein *statement of affairs* (eidesstattliche Erklärung über die Vermögensverhältnisse) beim Official Receiver einreichen.[50] Verzögerungen haben strafrechtliche Konsequenzen, darüber hinaus beginnt die Drei-Jahresfrist bis zur Schuldenbefreiung erst mit Einreichung des *statement of affairs* zu laufen.

55 Die *bankruptcy* eines Schuldners hat wesentliche Auswirkungen auf die Forderungen der Gläubiger und auf alle Maßnahmen, die die Gläubiger vor Eröffnung der *bankruptcy* eingeleitet haben: der Anspruch wandelt sich in ein Recht, eine Forderung im Verfahren anzumelden und nachzuweisen und an den ausgeschütteten Erlösen zu partizipieren. Die *bankruptcy* endet mit der automatischen Schuldenbefreiung drei Jahre nach der Einreichung des *statement of affairs*.[51]

3. Wesentliche Grundzüge der jeweiligen Verfahrensarten

3.1 Eröffnung des Verfahrens

3.1.1 Einleitung der *Voluntary administration* – Freiwillige Verwaltung

56 Die Gesellschaft selbst kann *voluntary administration* beantragen, wenn das *board of directors* durch Beschluss festgestellt hat, dass die Gesellschaft insolvent ist oder mit einiger Wahrscheinlichkeit insolvent zu werden droht. Hierbei muss in jedem Einzelfall geklärt werden, welcher Betrachtungszeitraum für die Beurteilung der Insolvenz angelegt werden muss: bislang wurden ein bis zwei Monate als zukünftiger Betrachtungszeitraum für ausreichend erachtet; es gab aber auch Fälle, in denen der Zeitraum auf bis zu 12 Monate oder sogar fünf bis sieben Jahre in die Zukunft ausgedehnt wurde. Ist bereits ein *(provisional) liquidator* (→ Rn. 43 ff.) bestellt, so kann dieser ebenfalls das Verfahren der *voluntary administration* einleiten, wenn er der Auffassung ist, dass die Gesellschaft insolvent ist oder insolvent zu werden droht, der Geschäftsbetrieb durch eine *voluntary administration* aber gerettet werden könnte. Gläubiger können (nur) dann eine voluntary administration einleiten, wenn sich ihre Sicherungsrechte über alle oder den überwiegenden Teil der Vermögensgegenstände der Gesellschaft erstrecken.[52]

---

[47] Bankruptcy Act 1966 (Cth), s 44(1)(c).
[48] Bankruptcy Act 1966 (Cth), s 52.
[49] Bankruptcy Act 1966 (Cth), s 58.
[50] Bankruptcy Act 1966 (Cth), s 54.
[51] Bankruptcy Act 1966 (Cth), s 149.
[52] Corporations Act 2001 (Cth), s 436A.

3. Wesentliche Grundzüge der jeweiligen Verfahrensarten 57–65 **Australien**

3.1.2 Einleitung der *Liquidation/winding up* – Liquidation und Abwicklung

Wie die Liquidation einer Gesellschaft im deutschen Recht ist das *members' voluntary winding* **57** *up,* die freiwillige Abwicklung, eine Entscheidung der Gesellschafter im Rahmen einer Gesellschafterversammlung.[53] Sie kann nur bei einer solventen Gesellschaft durchgeführt werden; die Gläubiger spielen hier keine Rolle, da sie voll befriedigt werden.

Ein *creditors' winding up* kann beschlossen werden, wenn die Gesellschaft bereits insolvent ist und **58** die *directors* keine *declaration of solvency,* eine Bestätigung zur positiven Liquiditätslage der Gesellschaft, abgeben oder wenn der im Rahmen eines *members' voluntary winding up* bestellte *liquidator* zu der Auffassung gelangt, dass die Gesellschaft entgegen einer zuvor abgegebenen *declaration of solvency* ihre Verbindlichkeiten nicht fristgerecht begleichen kann. Bei einer bereits in *voluntary administration* befindlichen Gesellschaft können die Gläubiger in der zweiten Gläubigerversammlung beschließen, dass die Gesellschaft abgewickelt werden soll. Dies gilt dann als *voluntary winding up.*[54]

Schließlich kann die Abwicklung einer Gesellschaft im Insolvenzfall auch bei Gericht beantragt **59** werden. Ein Antragsrecht haben: die Gesellschaft selbst, jeder Gläubiger, jeder *contributory* (Gesellschafter einschließlich ehemaliger Gesellschafter, die noch zu Nachschusspflichten herangezogen werden können), jeder *director,* ein *liquidator* oder vorläufiger *liquidator,* und der ASIC. Typischerweise wird der Antrag auf eine insolvente Abwicklung jedoch durch einen Gläubiger gestellt. Es gibt verschiedene gesetzliche Vermutungen für das Vorliegen von Insolvenz, hierzu → Rn. 22.

3.1.3 Einleitung des *Receivership*

Die Bestellung eines *receiver* kann entweder außergerichtlich oder durch das Gericht erfolgen. **60** Bei einer außergerichtlichen Bestellung richtet sich das Recht auf Einleitung eines *receivership* in Umfang und Zeitpunkt nach den Bedingungen der Sicherheit, unter denen der *receiver* bestellt werden soll. Typischerweise entsteht das Recht zur außergerichtlichen Bestellung eines *receiver,* wenn ein *event of default* eintritt oder fortbesteht, also beispielsweise das Ausbleiben einer Zahlung zum Fälligkeitstermin. Damit die Bestellung wirksam wird, müssen die angesprochenen *receiver* sie annehmen.

Innerhalb von 14 Tagen nachdem die Bestellung eines *receiver* den *directors* angezeigt wurde, **61** müssen die *directors* dem *receiver* über Zustand und Angelegenheiten der Gesellschaft Bericht erstatten. Welche Rechte die *directors* während der Verwaltung noch haben, hängt von den Regelungen in der Bestellung des *receiver* ab.

3.2 Notifizierung der ASIC von der Bestellung eines externen Verwalters

Jeder der verschiedenen Verwaltertypen ist verpflichtet, seine Bestellung der ASIC anzuzeigen. **62** Ein *administrator* muss dazu spätestens einen Geschäftstag nach seiner Bestellung[55] eine Anzeige seiner Bestellung, eine *notice of appointment,* bei der ASIC einreichen und diese veröffentlichen. Für diese Veröffentlichung werden üblicherweise regional präsente Zeitungen gewählt, eine gesetzliche Regelung gibt es nicht. Die Anzeige eines *liquidators* (auch *provisional*) über seine Bestellung muss (unabhängig davon, wie seine Bestellung erfolgte) binnen 14 Tagen nach derselben erfolgen,[56] für *receiver* gilt eine Frist von sieben Tagen nach Bestellung.

Die ASIC ist zugleich Aufsichtsbehörde, welche die Einhaltung der qualitativen Anforderungen **63** an den Berufsstand der Verwalter und Liquidatoren überwacht und sicherstellt.

3.3 Schuldner

Ob eine Gesellschaft Gegenstand eines der vorgenannten Insolvenzverfahren sein kann, hängt **64** davon ab, ob sie unter den Regelungen des *Corporations Act* eingetragen, registered, ist. Auch Gesellschaften, die nicht ihren satzungsmäßigen Sitz in Australien haben, können eine solche Registrierung unter bestimmten Umständen vornehmen und damit dann Gegenstand eines australischen Insolvenzverfahrens sein. Zu Sonderregeln für Banken und Versicherungen, → Rn. 45 ff.

3.4 Sicherungsmaßnahmen vor Verfahrenseröffnung

3.4.1 *Provisional liquidation* – Vorläufige Liquidation

Im Rahmen einer *liquidation* kann es zu einer Zwischenphase zwischen Einleitung des Verfahrens **65** und Bestellung des *liquidator* kommen, ähnlich dem deutschen Eröffnungsverfahren. Zum Schutz

---

[53] Corporations Act 2001 (Cth), s 497.
[54] Corporations Act 2001 (Cth), s 446A (2).
[55] Corporations Act 2001 (Cth), s 450A.
[56] Corporations Act 2001 (Cth), s 537.

der Gesellschaft kann hier ein *provisional liquidator,* ein **vorläufiger Verwalter,** als vorübergehende Maßnahme bestellt werden, bis die Bestellung eines *liquidator* wirksam wird.[57]

66 Ein *provisional liquidator* hat grundsätzlich die Pflicht, die Kontrolle über das gesamte Vermögen der Gesellschaft zu ergreifen und es für die Zwecke der *liquidation* zu sichern und zu bewahren. Die Befugnisse des *provisional liquidator* sind entsprechend weitgehend und schließen das Recht ein, den Geschäftsbetrieb der Gesellschaft fortzuführen.[58]

67 Das Gericht kann einen *provisional liquidator* zu jedem Zeitpunkt nach einem Antrag auf Abwicklung und vor der Beschlussfassung über die Abwicklung der Gesellschaft bestellen, oder im Falle von Rechtsmitteln gegen eine *winding up order,* bevor über diese Rechtsmittel beschlossen wurde.[59] Bei der Entscheidung über die Bestellung eines *provisional liquidator* wird das Gericht abwägen, ob eine Gefährdung für den Bestand des Gesellschaftsvermögens zwischen dem Antrag auf *winding up* und dem entsprechenden Gerichtsbeschluss besteht. In seine Abwägung wird es einbeziehen, ob der Antragsteller einen *prima facie case,* also den Anscheinsbeweis dafür erbracht hat, dass die Gesellschaft abzuwickeln ist und der Gläubiger auch das nötige Standing zur Durchsetzung des Antrags hat.[60]

68 Der Antrag auf Ernennung eines *provisional liquidator* muss in engem zeitlichen Zusammenhang mit dem Antrag auf *winding up* gestellt werden und mit einer eidesstattlichen Versicherung (*affidavit*) versehen sein, aus der die Gründe zur Ernennung eines *provisional liquidator* hervorgehen. Es kann vom Antragsteller verlangt werden, eine Erklärung zur Übernahme von eventuellen Schadensersatzansprüchen abzugeben.[61]

3.4.2 Mareva-Verfügung

69 In- und außerhalb von Insolvenzverfahren gilt der allgemeine prozessrechtliche Grundsatz nach australischem Recht, dass ein potentieller Anspruchsberechtigter eine einstweilige Verfügung auf Einfrieren des Vermögens der Gesellschaft erwirken kann, wenn die Gefahr besteht, dass diese Gesellschaft ihr Vermögen bis zur Urteilsverkündung des zuständigen Gerichts entzieht, die sogenannte **Mareva injunction.** Dazu muss der Antragsteller hinreichende Gründe für die Wahrscheinlichkeit des Drohens von Vermögensverschiebungen darlegen können, sowie dass die Gefahr besteht, dass das Urteil nicht befolgt würde, zB weil der Beklagte sich oder sein Vermögen dem Zugriff des Gerichts entzieht. Eine Mareva-Verfügung wird erlassen, wenn die Interessenabwägung zugunsten eines Einfrierens des Vermögens ausfällt.[62]

3.5 Wirkungen der Verfahrenseröffnung

3.5.1 Übergang der Verwaltungs- und Verfügungsbefugnis

70 Im Rahmen einer *voluntary administration* oder eines *winding up*-Verfahrens gehen die Verfügungsbefugnisse über das Vermögen der Gesellschaft auf den *administrator* bzw. den *liquidator* über. Bei *receivership* hängt der Umfang der Befugnisse des *receiver* dagegen von den Bedingungen seiner Bestellung ab (hierzu auch → Rn. 26). Aufgrund der Natur des *receivership* kann es hier dazu kommen, dass sowohl die *directors* Zuständigkeiten über Angelegenheiten der Gesellschaft haben, als auch der *receiver*. Regelmäßig werden die Befugnisse eines *receiver* diejenigen der *directors* in Bezug auf die dem *receivership* unterworfenen Teile des Gesellschaftsvermögens verdrängen, sodass die *directors* während der Dauer des *receivership* dann faktisch keine Entscheidungs- und Verfügungsgewalt mehr haben.

71 Zu den jeweiligen Verfahrensarten ergänzend → Rn. 13 ff.

3.5.2 Moratorium

72 Sobald ein *administrator* oder *liquidator* ernannt ist, greift ein gesetzliches Moratorium für alle Gerichtsverfahren (einschließlich Liquidationsverfahren), wodurch vollstreckungsrechtliche Maßnahmen von Gläubigern gegenüber dem Unternehmen suspendiert bzw. unzulässig werden. Dieses Moratorium gilt vorbehaltlich bestimmter Ausnahmen für Sicherungsnehmer, Dritteigentümer und Leasinggeber.[63]

---

[57] Corporations Act 2001 (Cth), s 472 (2).
[58] Corporations Act 2001 (Cth), s 472.
[59] Corporations Act 2001 (Cth), s 472 (2).
[60] Thomas v Mackay Investments Pty Ltd (1996), 14 ALC 319, 321; hier wird das *standing* des Antragstellers als relevanter Faktor für die Abwägung des Gerichtes angeführt.
[61] Federal Court (Corporations) Rules 2000 (Cth), r 6.1(4).
[62] Jackson v Sterlin Industries Ltd. (1987), 162 CLR 612.
[63] Corporations Act 2001 (Cth), ss 440D und 471B.

Sofern ein Sicherungsnehmer nicht vor Beginn der Verwaltung mit der Vollstreckung begonnen hat oder das gesicherte Eigentum verderblich ist, kann ein Sicherungsnehmer seine Sicherheit nur dann durchsetzen, wenn das Sicherungsrecht ganz oder im Wesentlichen das gesamte Eigentum des Unternehmens umfasst oder mit Zustimmung des *administrators* oder *liquidators* geschieht. Ein Sicherungsnehmer mit nur teilweiser Sicherung ist an das gesetzliche Moratorium gebunden und kann daher während der Verfahrensdauer vorbehaltlich eines Gerichtsbeschlusses oder der Zustimmung des *administrators* seine Sicherungsrechte nicht durchsetzen. 73

Ein Dritteigentümer oder Vermieter kann während der Verfahrensdauer ohne Zustimmung des *administrators* oder *liquidators* oder ohne Erlaubnis des Gerichts keine Immobilien übernehmen oder wieder in Besitz nehmen, die sich im Besitz des Unternehmens befinden. Der Eigentümer oder Vermieter kann das Unternehmen während der Verfahrensdauer (sofern vertraglich zulässig) in Verzug setzen oder kündigen, sodass er dann in der Lage ist, seine Rechte nach Beendigung des Moratoriums durchzusetzen. 74

Das Moratorium wirkt sich auch auf sonstige anhängige Rechtsstreitigkeiten aus. Diese gelten mit der Eröffnung eines der in Betracht kommenden Insolvenzverfahren als unterbrochen, sofern der *administrator* oder *liquidator* einer Fortsetzung nicht ausdrücklich zustimmt. Ausnahmeregelungen gelten für Schiedsverfahren. 75

Im Rahmen eines *receivership* gibt es dagegen keine automatische Suspendierung von Rechtsstreitigkeiten, es sei denn, es ist zusätzlich ein *administrator* bestellt. 76

3.5.3 Vollstreckungsschutz für „ipso facto" Bestimmungen

Eine *ipso facto* Klausel ist eine Vertragsbestimmung, die spiegelbildlich zu den, aus dem deutschen Recht bekannten, insolvenzbedingten Lösungsklauseln, die automatische Beendigung eines Vertrages bei Eintritt eines insolvenzbezogenen Ereignisses vorsehen oder es einer Partei ermöglichen, den Vertrag zu beenden oder zu ändern. 77

Die so genannten *ipso facto* Bestimmungen gelten seit dem 1.7.2018 und für Verträge, die am oder nach dem 1.7.2018 abgeschlossen wurden. Die *ipso facto* Bestimmungen wurden im Rahmen der *Treasury Laws Amendment* (2017 Enterprise Incentives No. 2) Act 2017 (Cth) durch eine Änderung des *Corporations Act* eingeführt. 78

Die Durchsetzungsbeschränkungen für ipso facto Bestimmungen sehen einen Aufschub der Durchsetzung von Rechten lediglich wegen der finanziellen Lage des Unternehmens vor oder weil sich das Unternehmen in *einer voluntary administration, receivership* befindet oder Gegenstand einer *deed of company arrangements* ist. 79

Der Vollstreckungsaufschub entfällt, wenn ein Beschluss oder eine gerichtliche Anordnung zur Auflösung der Gesellschaft getroffen wurde. Die Ausübung von nicht insolvenzbedingten Kündigungsrechten bleibt grundsätzlich unberührt. 80

Der Vollstreckungsschutz gegenüber ipso facto Bestimmungen gilt nicht pauschal für jegliche Verträge. Ausgenommen von den Vollstreckungsbeschränkungen sind etwa: Unternehmensverkaufsverträge und Anteilsverkaufsverträge; behördliche Genehmigungen; Verträge über die Lieferung bestimmter Waren oder Dienstleistungen an oder die Ausführung bestimmter Arbeiten für die Regierung; Fremd- und Eigenkapitalmarktvereinbarungen, wie zB Underwriting-Vereinbarungen und Vereinbarungen über die Ausgabe von Wertpapieren, syndizierten Krediten, Anleihen oder anderen Finanzprodukten sowie Derivate, Netting-, Clearing- und Zahlungsvereinbarungen. 81

Zu Vollstreckungsschutz → Rn. 15, 24 und 29, und zur Auswirkung auf laufende Verträge → Rn. 81 ff. 82

4. Verlauf der Verfahren

4.1 *Creditors proving their claims* – Anmeldungen der Forderungen durch die Gläubiger

Auch in den australischen Insolvenzverfahrensarten ist eine Anmeldung der Forderungen, *proof of debt*, Voraussetzung für die Beteiligung der Gläubiger am Willensbildungsprozess im Verfahren und an der Erlösverteilung. Formell handelt es sich beim *proof of debt* um ein Dokument, mit dem der Gläubiger in einer *voluntary administration, liquidation* oder bei einem DOCA den Betrag und Details seiner Forderungen anmeldet. Für alle Verfahrensarten sind Form und Art der Anmeldung des *proof of debt* identisch: Ein **formgültiger *proof of debt*** muss Details der Geldschuld/Forderung gegen die Gesellschaft, sowie, im Falle einer Geldschuld, einen Kontoauszug und substantiierende Unterlagen hierzu enthalten. 83

Alle Geldschulden und Forderungen gegen die Gesellschaft (ob gegenwärtig, zukünftig, bedingt, unbedingt oder nur auf Schadensersatz gerichtet) können angemeldet werden, wenn die ihnen 84 zugrunde liegenden Umstände vor dem Datum, an dem die *administration/winding up* eingeleitet wurden, vorlagen. Lagen die Umstände erst an oder nach diesem Datum vor, können sie dennoch angemeldet werden, wenn zu dem Zeitpunkt des Vorliegens der Umstände die Gesellschaft einem *DOCA* unterliegt und die Gesellschaft diesem *DOCA* auch unmittelbar vor dem Beschluss über die Abwicklung unterlag.[64]

85   Die formgültige Anmeldung von Forderungen ist in der Regel auch Voraussetzung zur Teilnahme an der Gläubigerversammlung und der damit im Zusammenhang stehenden Ausübung von Stimmrechten (dazu → Rn. 86 ff.).

4.2 Creditors' Meeting – Gläubigerversammlungen

86   Im Rahmen der *voluntary administration* finden zwei Gläubigerversammlungen statt.[65] Bekanntmachungen über die Versammlungen werden den Gläubigern schriftlich zugesandt und müssen eine Tagesordnung enthalten, ein Formblatt *proof of debt* zur Anmeldung der Forderungen, sowie ein Formblatt für eine Vollmacht,[66] falls der Gläubiger an der Gläubigerversammlung nicht persönlich teilnehmen kann, sondern einen Vertreter senden möchte. Voraussetzung für die Ausübung von Stimmrechten an einer Gläubigerversammlung ist grundsätzlich, dass der Gläubiger einen formgültigen *proof of debt* eingereicht hat.

87   Die **erste Gläubigerversammlung** muss acht Werktage nach der Bestellung des Verwalters abgehalten werden.[67] In dieser Versammlung muss darüber entschieden werden, ob ein **Gläubigerausschuss** *(committee of creditors)* eingesetzt werden soll, und ob die Gläubiger einen anderen Verwalter bestellen wollen.[68] Darüber hinaus kann ein **Gläubigerausschuss als Aufsichtskommittee** eingesetzt werden *(committee of inspection)*, das in Abstimmung mit dem Verwalter für die Gläubiger handeln und die Berichte des Verwalters entgegennehmen kann.[69] Will ein Gläubiger die Bestellung eines anderen Verwalters bewirken, muss er die Bereitschaft eines *registered liquidator* vorweisen können, das Amt zu übernehmen.

88   Die **zweite Gläubigerversammlung** darf grundsätzlich nicht später als 20 Werktage nach der Bestellung des *administrator* abgehalten werden. Wenn die *administration* im Dezember oder kurz vor Ostern beginnt, wird die Frist auf 25 Werktage verlängert.[70] Das Gericht kann diese gesetzlichen Fristen auf Antrag (typischerweise des Verwalters) verlängern[71] und tut dies regelmäßig im Rahmen umfangreicher, komplexer Insolvenzen. In der zweiten Gläubigerversammlung entscheiden die Gläubiger ob ein DOCA abgeschlossen, die Gesellschaft wieder der Kontrolle ihrer *directors* zugeführt oder sie liquidiert werden soll. Der *administrator* wird hierzu die Optionen aufbereiten, auch über gegebenenfalls verschiedene Vorschläge zum Abschluss eines DOCA und Empfehlungen abgeben. An diese Empfehlungen ist die Gläubigerversammlung nicht gebunden. Empfindet ein Gläubiger die Informationslage als nicht ausreichend, um eine Abstimmung über die Zukunft der Gesellschaft zu rechtfertigen, kann er eine Verlängerung beantragen, über die die Versammlung dann abstimmt.

89   In den Gläubigerversammlungen werden **Abstimmungen** der Gläubiger per Akklamation *(on the voices)* oder durch Handzeichen *(show of hands)* durchgeführt, es sei denn, eine formelle Abstimmung *(poll)* wird verlangt. Bei einer solchen formellen Abstimmung gilt ein Beschluss der Gläubiger nur als gefasst, wenn der Beschluss sowohl die Mehrheit der Abstimmenden als auch die Mehrheit an ausstehenden Forderungen dafür stimmen. Stimmt die Mehrheit der Anzahl der (anwesenden und abstimmenden) Gläubiger für einen Beschluss, aber die Mehrheit der (anwesenden und abstimmenden) Gläubiger nach Wert der Forderungen dagegen, hat der Verwalter die entscheidende Stimme.

90   Beschließen die Gläubiger in der zweiten Gläubigerversammlung den **Abschluss eines *DOCA*,** muss der *administrator* einen entsprechenden Entwurf mit den von den Gläubigern abgesegneten Konditionen vorbereiten. Der Entwurf muss innerhalb von 15 Werktagen nach der zweiten Gläubigerversammlung von der Gesellschaft und dem Verwalter unterzeichnet werden, es sei denn, das Gericht genehmigt eine Fristverlängerung (→ Rn. 34).[72]

91   Befindet sich die Gesellschaft dagegen im *winding up,* muss der *liquidator* die Gläubigerversammlung binnen elf Tagen nach dem Beschluss der Gesellschafter zur Abwicklung der Gesellschaft

---

[64] Corporations Act 2001 (Cth), s 553.
[65] Corporations Act 2001 (Cth), Part 5.3A Divisions 2 und 5.
[66] Corporations Act 2001 (Cth), s 436E.
[67] Corporations Act 2001 (Cth), s 436E (2).
[68] Corporations Act 2001 (Cth), s 436E (1).
[69] Corporations Act 2001 (Cth), s 436F.
[70] Corporations Act 2001 (Cth), s 439A.
[71] Corporations Act 2001 (Cth), s 439A (6).
[72] Corporations Act 2001 (Cth), s 444B.

einberufen.[73] Vor der Gläubigerversammlung muss der *liquidator* jedem Gläubiger eine Zusammenfassung der Angelegenheiten der Gesellschaft in gesetzlich vorgeschriebener Form zusenden, zusammen mit einer Liste der Namen, Adressen und geschätzten Forderungen aller Gläubiger, so wie sie aus den Büchern der Gesellschaft hervorgehen.[74]

4.3 *Administration and realisation of the estate* – Verwaltung und Verwertung des Gesellschaftsvermögens

Im Rahmen der **freiwilligen Verwaltung** hat der *voluntary administrator* die Aufgabe, die Angelegenheiten, das Eigentum und den Geschäftsbetrieb eines insolventen Unternehmens in einer Weise zu verwalten, die entweder die Chancen der Gesellschaft oder eines möglichst großen Teils ihres Geschäftsbetriebs auf **Fortführung** maximiert, oder, wenn die Gesellschaft oder ihr Geschäftsbetrieb nicht fortgeführt werden können, den **Erlös** für die Gläubiger und Gesellschafter im Vergleich zu einer unmittelbaren Abwicklung **maximiert**.[75] Der *administrator* bekommt mit seiner Bestellung die allgemeinen Befugnisse des Managements zuerkannt,[76] darf über das Vermögen der Gesellschaft verfügen und einzelne *director* benennen oder abberufen.[77] Der *administrator* betreibt das Geschäft als Vertreter der Gesellschaft.[78]

Befindet sich die Gesellschaft in **Abwicklung,** muss der *liquidator* das im Eigentum der Gesellschaft stehende Vermögen lokalisieren und in seine Verfügungsgewalt bringen, und es verwerten zu können. Dazu wird er die Bücher und Schriften der Gesellschaft durchsehen,[79] ihr Eigentum in Besitz nehmen[80] und Untersuchungen und Erkundigungen über vergangene Aktivitäten der Gesellschaft initiieren[81] und gegebenenfalls zurückliegende Transaktionen anfechten (→ Rn. 92 ff.). Bei der Verwertung agiert der *liquidator* als Organ der Gesellschaft und ist einer Treue- und Sorgfaltspflicht unterworfen, sowie der Verpflichtung, seine Befugnisse in gutem Glauben und für einen *proper purpose* auszuüben.[82] Im Rahmen eines *winding up* sind alle (gewöhnlichen, unbesicherten) Schulden und Forderungen gleichrangig. Wenn die Insolvenzmasse nicht ausreicht, um alle vollständig zu befriedigen, wird nur noch eine proportionale Quote bezahlt.[83] Zu einer Rangordnung zwischen den Gläubigern, insbesondere besicherter/unbesicherter → Rn. 65 ff.

Bei *receivership* haben die *receiver* die Befugnis, sich Kontrolle über die (und nur die) Vermögensgegenstände zu verschaffen, für die sie bestellt wurden. Generell werden die *receiver* auch unverzüglich tätig, um Vermögensverschiebungen zu verhindern. Receiver haben grundsätzlich auch die Befugnis, die Vermögensgegenstände, auf die sich ihre Bestellung bezieht, zu veräußern oder anders darüber zu verfügen. Machen sie von ihrem Veräußerungsrecht Gebrauch, sind sie verpflichtet, alles vernünftigerweise Mögliche zu tun, um dafür zu sorgen, dass der betreffende Vermögensgegenstand nicht unter seinem Marktwert veräußert wird. Gibt es keinen Marktwert, – gilt der beste vernünftigerweise erzielbare Preis.[84]

5. Gläubiger und ihre Rangfolge bei der Verteilung der Masse

Die Stellung eines Gläubigers im Insolvenzverfahren hängt, wie bereits angedeutet, im Wesentlichen von den ihm zur Verfügung stehenden Sicherheiten ab. Erstrangig befriedigt werden besicherte Gläubiger (außer *floating charges/circulating security interests*) soweit ihre Sicherheit reicht (→ Rn. 66 ff.), dann werden die Kosten im Zusammenhang mit *winding up/administration* beglichen (einschließlich der Kosten und Auslagen des *liquidator*). Dies umfasst die notwendigen Ausgaben zur Erhaltung des Gesellschaftsvermögens, zur Verwertung oder Zurückerlangung der Vermögensgegenstände, unter bestimmten Umständen auch die Kosten der Fortführung des Geschäftsbetriebs der Gesellschaft, einige Steuerarten, Gerichtskosten, Kosten eines Berichts über die Angelegenheiten der Gesellschaft (wenn im Rahmen einer gerichtlich angeordneten Abwicklung vom Gericht angefordert), sowie Kosten im Zusammenhang mit der Prüfung der Rechnungslegung des *liquidators*

---

[73] Corporations Act 2001 (Cth), s 497 (1).
[74] Corporations Act 2001 (Cth), s 497 (2).
[75] Corporations Act 2001 (Cth), s 435A.
[76] Corporations Act 2001 (Cth), s 437A.
[77] Corporations Act 2001 (Cth), s 442A.
[78] Corporations Act 2001 (Cth), s 437B.
[79] Corporations Act 2001 (Cth), s 530A, die Arbeitnehmer und Organe der Gesellschaft müssen ihn hierbei unterstützen.
[80] Corporations Act 2001 (Cth), ss 477 und 478, hierzu ist er auch berechtigt.
[81] Re Allebart Pty Ltd (in liquidation) [1971], 1 NSWLR 24, 26 (per Street J).
[82] Corporations Act 2001 (Cth), ss 180 (1) und 181.
[83] Corporations Act 2001 (Cth), s 555.
[84] Corporations Act 2001 (Cth), s 420A.

oder des *provisional liquidator*. Danach folgen unbezahlte Löhne, Beiträge in die Altersvorsorge und andere Ansprüche der Arbeitnehmerschaft (→ Rn. 75), erst danach folgen Gläubiger, die durch *floating charges* oder *circulating security interests* besichert sind. Unbesicherte Gläubiger sind letztrangig (→ Rn. 77); nach ihnen rangieren nur noch die Ansprüche der Gesellschafter.

5.1 Rangfolge bei der Verteilung der Masse

96   Im Fall der Liquidation einer Gesellschaft stellt sich die Reihenfolge, in der die anderen Mittel als die Versicherungs- und Rückversicherungserlöse (dazu → Rn. 105 ff.) verteilt werden, im Allgemeinen wie folgt dar:
(a) Gesicherte Gläubiger (mit Ausnahme von *floating charges* oder *revolvierenden Sicherungsrechten*) im Umfang ihrer Sicherheit.
(b) Kosten der Abwicklung (einschließlich der Kosten und Auslagen des Liquidators).
(c) Löhne und Gehälter, unbezahlte Beiträge zur Altersversorgung und andere Ansprüche der Arbeitnehmer.
(d) Inhaber von *floating charges* oder *revolvierenden Sicherungsrechten* (im Umfang der Reichweite ihrer Sicherheit).
(e) Ungesicherte Gläubiger.
(f) Aktionäre.

97   Anders als im Fall der Liquidation, gelten für DOCAs vorrangige Rückzahlungsbestimmungen für Arbeitnehmerforderungen, um deren Besserstellung im Vergleich zu einem Liquidationsszenario sicherzustellen. Näheres dazu → Rn. 107 f.

5.2 Gläubiger mit Sicherungsrechten

98   Gläubiger, die über (wirksame) Sicherungsrechte an Gesellschaftsvermögen verfügen, sind von einer *administration* oder *liquidation* im Umfang ihrer Sicherheit zunächst einmal nicht betroffen. Dies gilt nur dann nicht, wenn sie die Sicherheit aufgeben, beispielsweise im Rahmen eines DOCA. Sie können dann Verwertung des Sicherungsgegenstandes verlangen und werden aus dem Erlös dieser Verwertung befriedigt. Zwischen einzelnen Sicherungsrechten haben solche Vorrang, die perfektioniert, *perfected*, sind (auch → Rn. 70 f.).

5.2.1 Grundstücke

99   Das australische Recht kennt verschiedene Formen von Sicherheiten, die den im deutschen Recht bekannten nur mehr oder weniger ähnlich sind: bei **Grundstücken** ist die übliche Form der Sicherheit die *mortgage*, ähnlich einer Grundschuld, von denen es zwei verschiedene Formen gibt: die ordentliche und die aus Billigkeitsgründen gewährte *(equitable)*. Darüber hinaus unterscheidet sich die Form der Grundschuld danach, ob das Grundstück dem sogenannten **Torrens title system**, einer Art Grundbuch, unterworfen ist, dass erst kürzlich in den meisten australischen Bundesstaaten und Territorien eingeführt wurde. Eine *legal mortgage*, die an einem dem Torrens System unterworfenen Grundstück *(Torrens title land)* bestellt werden soll, kann durch Unterzeichnung und Eintragung eines Formblattes bei den zuständigen Grundbuchämtern des Staates begründet werden.[85] Dadurch wird ein Recht am Land ohne Übertragung des Eigentums begründet. Eine *legal mortgage* über Grundstücke, die noch nicht dem *Torrens title system* unterworfen sind, überträgt dagegen das Eigentum am Grundstück an den Gläubiger und der Schuldner hat nur mehr ein Recht auf Rückübertragung nach Befriedigung der besicherten Forderung *(the equity of redemption)*. Im Unterschied dazu ist eine *equitable mortgage* eine Grundschuld, die entweder formellen Anforderungen an eine ordnungsgemäße Grundschuld nicht genügt, oder aber ausdrücklich als *equitable mortgage* begründet wurde. Ein Beispiel für eine *equitable mortgage* ist eine nicht ordnungsgemäß eingetragene *legal mortgage* über ein Grundstück, das dem *Torrens title system* unterliegt. Sie verleiht dem Gläubiger das Recht, einen Anspruch auf Übertragung des Eigentums an dem betroffenen Grundstück gerichtlich geltend zu machen, wenn der Schuldner seine Verpflichtungen nicht erfüllt. Handelt es sich um ein Grundstück, das dem Torrens-System unterliegt, kann der Inhaber der *equitable mortgage* eine Art Vormerkung (*caveat*) eintragen lassen, um weitere Rechtsgeschäfte, die das besicherte Grundstück zum Gegenstand haben, zu verhindern, bis er sein Recht zur Eintragung gebracht hat.

100   Ordentliche Grundschulden müssen (wie oben dargestellt) eingetragen werden, wobei unterschiedliche Register für Eigentum an Grundstücken unter dem Torrens-System und dem zuvor geltenden System geführt werden. Wer seine Grundschuld nicht zur Eintragung bringt kann unter Umständen seinen Vorrang gegenüber einem späteren Zeitpunkt ordnungsgemäß eingetragenen

---

[85] S. unter anderem Real Property Act 1900 (NSW), s 56.

Grundschulden verlieren. Werden andere Erfordernisse nicht eingehalten, so kann dies zu einer *equitable mortgage* statt einer ordnungsgemäßen Grundschuld führen. Jegliche Geschäfte mit Grundstücken, einschließlich der Begründung einer Grundschuld, müssen der Schriftform genügen, ansonsten sind sie nichtig.

5.2.2 Bewegliche Sachen

Die Rechtslage zu **Sicherheiten über bewegliche Sachen** ist durch *den Personal Property Securities Act 2009 (Cth)* (**PPSA**) grundlegend geändert worden. Auf die überwiegende Zahl beweglicher Sachen findet nun der PPSA Anwendung, nur in Ausnahmefällen ist noch altes Recht anwendbar (zB auf bestimmte Lizenzen).

Die **geläufigsten Formen** von Sicherheiten über dem PPSA unterworfene Vermögensgegenstände sind: (i) *circulating security interests,* also revolvierende Sicherheiten, bei denen der Schuldner den besicherten Gegenstand im Rahmen des gewöhnlichen Geschäftsbetriebes frei übertragen kann, (ii) **non-circulating security interests,** bei denen der Gläubiger nicht mehr frei über den besicherten Gegenstand verfügen kann, (iii) *equitable mortgages,* die es auch über unbewegliches Vermögen geben kann (→ Rn. 67), sowie (iv) *retention of title,* dem deutschen Eigentumsvorbehalt ähnelnd – hier erlangt der Schuldner Eigentum an dem Vermögensgegenstand erst mit vollständiger Bezahlung und der Gläubiger ist zwischenzeitlich durch *retention of title* geschützt. Bei *perfection* seiner Sicherheit (zB durch Eintragung im PPSA Register) hat der Gläubiger Vorrang gegenüber nicht-besicherten Gläubigern, zudem wird die *retention of title* als „*purchase money security interest*" behandelt, der nach Perfektionierung Vorrang sogar gegenüber anderen Sicherheiten eingeräumt wird. Die Sicherheit aus *retention of title* bleibt auch bei Vermischung (bis zum Wert am Tag der Vermischung) bestehen,[86] bzw. setzt sich an Erlösen fort (im Fall der Veräußerung), solange diese identifizier- und nachverfolgbar sind (dies ist wohl nicht mehr der Fall nach Einzahlung auf ein Bankkonto, auf dem schon andere Gelder liegen).[87] Darüber hinaus gibt es (v) sogenannte „**in substance**" **security interests**, Arrangements, die ihrer Natur nach Verpflichtungen eines Schuldners absichern[88] und (vi) darüber hinaus sogenannte **deemed security interests,** die wohl am ehesten als gesetzliche Sicherungsrechte zu beschreiben sind. Hierunter fallen beispielsweise die Rechte eines Versenders bei gewerblichen Versendungen oder eines Vermieters bei Mietverhältnissen mit einer Dauer von mehr als 90 Tagen.[89]

Der Rang der Sicherheiten untereinander bestimmt sich danach, ob sie wirksam bestellt *(attached),* vollstreckbar *(enforceable)* oder perfektioniert *(perfected)* (soeben → Rn. 70) sind. Bei mehreren *perfected securities* an einem Gegenstand ist der Zeitpunkt der *perfection* für ihren Rang entscheidend. Damit ein PPSA-Sicherungsrecht *enforceable* wird, muss entweder eine schriftliche Sicherungsvereinbarung bestehen, die den Gegenstand ausreichend bestimmt beschreibt, oder der Gläubiger muss im Besitz des Gegenstandes sein (bei verschiedenen Finanzinstrumenten ist Kontrolle über das Sicherungsgut ausreichend).[90] *Perfected* wird ein Sicherungsrecht durch Eintragung in einem bestimmten Register,[91] oder durch Besitz/Kontrolle (bei Finanzinstrumenten) des Gläubigers. Werden die Sicherheiten nicht *perfected,* verliert der Gläubiger seine Vorrangrechte und im Falle eines *winding up* seine Sicherheit insgesamt.[92]

Auf Sicherheiten über bewegliches Vermögen, die **außerhalb des Anwendungsbereiches des PPSA** gewährt werden (wie gesetzliche Lizenzen) oder aus der Zeit vor dem PPSA stammen, finden die bisherigen Regelungen weiter Anwendung. Hierzu gehören beispielsweise *fixed charges,* bei denen der Sicherungsgeber über den Vermögensgegenstand nicht ohne die vorige Zustimmung des Sicherungsnehmers verfügen kann, und *floating charges,* die sich nicht auf einen bestimmten Gegenstand, sondern der Art nach bestimmbare Vermögensgegenstände in ihrem wechselnden Bestand beziehen. Bis ein in der Zukunft liegendes, in der Sicherungsvereinbarung festgelegtes Ereignis eintritt, darf der Sicherungsgeber frei über das Sicherungsgut (bzw. Güter der Gattung des Sicherungsgutes) verfügen. Tritt das Ereignis jedoch ein, verfestigt sich *(crystallizes)* die *floating charge* und wird zu einer *fixed charge.* Die *floating charge* (zur Definition siehe auch der Länderbericht England & Wales) erlaubt einem Unternehmen, Gegenstände des Umlaufvermögens zur Besicherung zu verwenden ohne für jede Transaktion die Zustimmung des Sicherungsgebers einholen zu müssen.

---

[86] Personal Properties Securities Act 2009 (Cth), Teil 3.4.
[87] Personal Properties Securities Act 2009 (Cth), s 31–34.
[88] Personal Properties Securities Act 2009 (Cth), s 12.
[89] Personal Properties Securities Act 2009 (Cth), s 12 (3).
[90] Personal Property Securities Act 2009 (Cth), s 21.
[91] Für dem PPSA unterworfene Vermögensgegenstände: http://www.ppsr.gov.au/Pages/ppsr.aspx.
[92] Personal Property Securities Act 2009 (Cth), s 21.

5.3 Bevorzugte Insolvenzgläubiger

105 Hat eine Gesellschaft eine **Versicherung** abgeschlossen, die Forderungen Dritter abdeckt, haben die Gläubiger einen Anspruch auf Weitergabe von Leistungen der Versicherung (abzüglich Kosten und Auslagen) auch im Fall des *winding up* der Gesellschaft.[93] Daher sind Gläubiger, deren Forderungen vor Eröffnung des *winding up* von einer Versicherungspolice abgedeckt waren, nie auf die quotale Verteilung der Verwertungserlöse angewiesen. Gleiches gilt auch für Gläubiger einer insolventen Versicherungsgesellschaft, wenn diese entsprechende **Rückversicherungen** abgeschlossen hat.[94]

106 Das Gericht kann verfügen, dass bestimmte Beträge an Inhaber bestimmter Versicherungen ausgezahlt werden.

107 **Arbeitnehmer** werden in der Insolvenz ihres Arbeitgebers grundsätzlich wie andere Vertragspartner der Gesellschaft behandelt.

108 Ist allerdings ein *receiver* über bestimmte *circulating assets* bestellt, schreibt der Corporations Act den Vorrang von bestimmten Ansprüchen der Arbeitnehmer gegenüber denen der besicherten Gläubiger vor.[95] In der *voluntary administration* und bei Abschluss eines *DOCA* gibt es dagegen nicht zwingend Vorrangrechte der Arbeitnehmer,[96] allerdings wird ihren Ansprüchen üblicherweise Vorrang eingeräumt, da jeder Gläubiger wenigstens das erhalten soll, was er in einer *liquidation* erlangt hätte. Andernfalls könnte das *DOCA* als *unfair* angefochten werden. Im *winding up* haben bestimmte Arbeitnehmerforderungen Vorrang gegenüber unbesicherten Forderungen und den Ansprüchen besicherter Gläubiger, die nur über Sicherungsrechte an beweglichem Vermögen verfügen.[97] Die vorrangig zu befriedigenden Forderungen schließen ein: Löhne und Beiträge zur Altersversorgung, soweit sie sich auf vor dem Insolvenzstichtag erbrachte Leistungen beziehen, deliktische Ansprüche wegen Verletzung der körperlichen Unversehrtheit, Geldforderungen zur Abgeltung bezahlter Urlaube/Freistellungen, die an oder vor dem Stichtag fällig wurden, sowie Abfindungszahlungen (unabhängig davon, ob sie vor oder nach dem Stichtag fällig wurden).

5.4 Unbesicherte Gläubiger

109 Forderungen unbesicherter Gläubiger sind untereinander gleichrangig. Ist das Vermögen der Gesellschaft nicht ausreichend, um eine volle Befriedigung der Forderungen zu erlangen, werden sie quotal befriedigt.[98]

5.5 Massegläubiger

110 Im Fall der *voluntary administration* ist der Verwalter persönlich verantwortlich für Verbindlichkeiten, die er im Verlauf der *administration* eingegangen ist, um Dienstleistungen in Anspruch zu nehmen, Waren zu kaufen oder Grundbesitz zu mieten, auch → Rn. 82 ff.[99] Anders als im deutschen Recht sind diese nicht Masseverbindlichkeiten.

5.6 Nachrangige Insolvenzgläubiger

111 Ebenso wie im deutschen Recht kennt auch das australische Insolvenzrecht einen gesetzlichen insolvenzrechtlichen Nachrang für Ansprüche der Gesellschafter. Zudem kann ein insolvenzrechtlicher Nachrang auch für sonstige Gläubiger vertraglich vereinbart werden, sofern dies durch entsprechende Rangrücktrittsvereinbarungen abgedeckt ist.

5.7 Treuhandvermögen in der Insolvenz

112 Sofern das Insolvenzverfahren ein Treugut umfasst, stehen die dem Treuhandvermögen zuzuordnenden Vermögensgegenstände des Treuhänders nicht zur Verteilung an die sonstigen Gläubiger des insolventen Unternehmens zur Verfügung. Damit sind die Treugeber oder *beneficiaries* einer Treuhand

---

[93] Corporations Act 2001 (Cth), s 562.
[94] Corporations Act 2001 (Cth), s 562A.
[95] Corporations Act 2001 (Cth), s 433.
[96] Die gesetzlichen Bestimmungen sehen vor, dass, wenn das DOCA nichts anderes vorsieht, die Rangfolge der *liquidation* gilt; unter diesen Umständen haben Arbeitnehmerforderungen Vorrang gegenüber unbesicherten Forderungen und sogar gegenüber Forderungen, die durch Sicherheiten an beweglichem Vermögen besichert sind, s. Corporations Act 2001 (Cth) s 445 (5) und Schedule 8A, Nr. 4.
[97] Corporations Act 2001 (Cth) s 556.
[98] Corporations Act 2001 (Cth) s 559.
[99] Corporations Act 2001 (Cth), s 443A.

von der Insolvenz des Treuhänders nicht notwendigerweise negativ betroffen, insbesondere, wenn die Treuhandbedingungen die Ersetzung des insolventen Treuhänders erlauben oder verlangen.

Sofern dem insolventen Treuhänder Kosten aus der Verwaltung des Treuhandvermögens entstehen, sind diese jedoch aus dem Treuhandvermögen zu erstatten. Dieses Recht ist gegenüber den Ansprüchen der Treugeber *(beneficiaries)* auf Herausgabe des Treuhandvermögens vorrangig. 113

6. Verträge im Insolvenzverfahren

6.1 Voluntary Administration

Beendigung bestehender Vertragsbeziehungen: Die Bestellung eines *administrator* führt nicht zu einer automatischen Beendigung der Vertragsbeziehungen der Gesellschaft. Die *administration* kann jedoch unter dem jeweiligen Vertrag einen Kündigungsgrund für die andere Partei darstellen, zB unter sog. *change-of-control* Klauseln. Ein Verwalter kann die Erfüllung eines bestehenden Vertrages ablehnen. In diesem Fall kann die andere Partei Schadensersatzansprüche gegen die Gesellschaft stellen, und sogar eine einstweilige Verfügung gegen die Fortsetzung des Vertragsbruches erlangen, wenn Schadensersatzansprüche aufgrund des Vertragsbruches nicht ausreichend scheinen. Für den Verwalter entsteht durch die Wahl der Nichterfüllung von Verträgen typischerweise keine persönliche Haftung. 114

Eingehen neuer Verträge: Der Verwalter im Rahmen der *administration* hat auch umfassende Rechte, **neue Verträge** einzugehen, beispielsweise im Rahmen der Fortführung des Geschäftsbetriebs der Gesellschaft im Allgemeinen, und der Veräußerung von Vermögensgegenständen im Besitz der Gesellschaft im Rahmen des ordentlichen Geschäftsbetriebs (dieses Recht überlagert auch Ansprüche von Eigentümern und Vermietern[100]). 115

Grundsätzlich darf der Verwalter jedoch kein Vermögen veräußern, das einem Sicherungsrecht unterliegt oder im Eigentum eines anderen steht, auch wenn es sich im Besitz der Gesellschaft befindet.[101] Der administrator darf jedoch über solche Güter verfügen, die einem Eigentumsvorbehalt, *retention of title,* unterliegen. Er muss dann aber einen bestimmten Teil der Erlöse an den Gläubiger des Eigentumsvorbehalts abführen. Auch hier wird er daher versuchen, mit diesen Lieferanten praktikable Lösungen zu finden. 116

Alle Kosten, die durch die Fortführung von Verträgen während der *voluntary administration* entstehen, müssen grundsätzlich aus dem zur Verwertung und Verteilung zur Verfügung stehenden Vermögen gedeckt werden. Reicht dieses nicht aus, ist der *administrator* für den überschießenden Betrag persönlich haftbar. 117

Bei Verträgen, die Eigentum Dritter betreffen, wie zB Mietverträge, hat der Insolvenzverwalter fünf Werktage Zeit zu entscheiden, ob er dieses weiter nutzen will und die andere Partei hiervon in Kenntnis zu setzen. Wenn er sich für Fortführung des Vertragsverhältnisses entscheidet, ist er für die Ansprüche der Gegenseite persönlich haftbar. 118

Ist ein *DOCA* unterschrieben, sind die Bedingungen des Vergleichs entscheidend für das weitere Vorgehen in Bezug auf die Verträge, einschließlich des Rechts des Verwalters zur Fortführung des Geschäftsbetriebs. Bestimmt das *DOCA* eine solche Fortführung, dann werden auch die Auswirkungen auf die Verträge darin geregelt. Im Falle einer Veräußerung des Geschäftsbetriebs der Gesellschaft, werden in der Regel separate Regelungen für die Verträge getroffen (zB Abtretung, Novation). 119

6.2 Winding Up

Auch ein *winding up* führt nicht automatisch zur Beendigung bestehender Verträge, allerdings sehen Verträge auch für den Fall des *winding up* häufig ein Kündigungsrecht vor. Der Verwalter kann auf verschiedene Arten von Rechten an Vermögensgegenständen durch Mitteilung an die andere Partei verzichten, so beispielsweise auf mit Verpflichtungen belasteten Grund und Boden, auf Anteile, unverkäufliches oder schwer verkäufliche Gegenstände, Vermögensgegenstände, die eine Geldschuld oder sonstige belastete Verpflichtung mit sich bringen, Vermögensgegenstände, bei denen die Verwertungskosten den Verwertungserlös übersteigen und unprofitable Verträge. Unprofitabel sind dabei solche Verträge, die finanzielle Verpflichtungen enthalten, die nachteilig für die Gläubiger sind.[102] Ein solcher *disclaimer*, eine Art Verzichtserklärung, beendet die Rechte, Verpflichtungen und sonstigen Interessen, die die Gesellschaft in dem Vermögensgegenstand hatte, mit sofortiger Wirkung, die betroffene Gegenpartei wird, soweit sie daraus Verluste erleidet, unbesicherter Gläubiger der 120

---

[100] Corporations Act 2001 (Cth), s 437A.
[101] Corporations Act 2001 (Cth), s 442C.
[102] Corporations Act 2001 (Cth), s 568.

Gesellschaft.¹⁰³ Die Fortführung profitabler Verträge kann dagegen nur mit gerichtlicher Genehmigung abgelehnt werden und das Gericht kann nach billigem Ermessen Bedingungen hierfür auferlegen.¹⁰⁴ Gegen den *disclaimer* kann eine betroffene Gegenpartei vor Gericht innerhalb einer bestimmten Frist vorgehen.¹⁰⁵ Das Gericht kann den *disclaimer* aufheben, wenn es zu der Überzeugung gelangt, dass der Schaden des Antragstellers grob unverhältnismäßig zum Schaden der Gesellschaft bei Aufhebung des *disclaimer* ist.

121   Neue Verträge kann ein *liquidator* nur noch insoweit eingehen, wie die Fortführung des Geschäftsbetriebs für eine vorteilhafte Veräußerung oder sonstige Abwicklung der Gesellschaft notwendig ist, beispielsweise, wenn er in einem Übergangszeitraum die Profitabilität eruiert.

6.3 Receivership

122   Ist ein *receiver* bestellt, wird er die Verträge der Gesellschaft, die von seiner Bestellung umfasst sind, analysieren und entscheiden, ob ihre **Erfüllung oder Fortführung** finanziell vorteilhaft ist. Durch die Bestellung des *receiver* an sich werden die bestehenden Verträge jedenfalls nicht automatisch beendet. Da die hauptsächliche Pflicht des *receiver* jedoch ist, die besicherte Schuld „einzutreiben", wird er Verträge, die den Ertrag des besicherten Gläubigers nicht erhöhen, üblicherweise nicht fortführen lassen.¹⁰⁶ Macht ein *receiver* von seinem Recht Gebrauch, einen Vertrag nicht fortzuführen, hat der Vertragspartner einen Schadensersatzanspruch gegen die Gesellschaft. Dieser Anspruch ist jedoch ein unbesicherter Anspruch und besicherten Forderungen gegenüber nachrangig. Das Recht, den Vertrag nicht fortzuführen, führt nicht zwingend dazu, dass die Vertragspartei auf rein vertragliche Schadensersatzansprüche verwiesen wird. In Bezug auf den Abschluss neuer Verträge gibt das Dokument, unter dem der *receiver* bestellt ist, diesem verschiedene Rechte, damit er die Möglichkeit hat, seine Ziele (Verwaltung des Vermögens der Gesellschaft,¹⁰⁷ Fortführung des Geschäftsbetriebs¹⁰⁸ und Verkauf der Vermögensgegenstände der Gesellschaft zum Marktwert¹⁰⁹) zu erreichen. Der *receiver* kann allerdings persönlich haften, wenn er Sicherungsgut Dritter verwertet, wie zum Beispiel bei *retention of title*. Er wird daher typischerweise versuchen, zB mit den Lieferanten, deren Waren unter Eigentumsvorbehalt stehen, eine pragmatische Lösung zu finden.

7. Aufrechnung

123   Ist eine Gesellschaft nicht in *liquidation/winding up*, darf der Gläubiger vertragliche Aufrechnungsrechte geltend machen oder aus Billigkeitsgesichtspunkten aufrechnen, zB wenn er einen Anspruch gegen eine insolvente Gesellschaft hat, die ausreichend eng verbunden mit seiner eigenen Forderung gegen die Gesellschaft ist. In manchen australischen Bundesstaaten werden fällige Geldschulden von Gesetzes wegen aufgerechnet.

124   Ist die Gesellschaft bereits in *liquidation/winding up*, verlangt das Gesetz das gegenseitige Schulden, Forderungen und sonstige Verhältnisse, die die Gesellschaft und die Gläubiger betreffen, gegeneinander aufgerechnet werden, es sei denn, der Gläubiger, der von der Aufrechnung profitieren will, wusste zum Zeitpunkt der Kreditvergabe von der Insolvenz der Gesellschaft.

8. Rückgängigmachen von Rechtsgeschäften

8.1 Challenging of pre-insolvency transactions – Insolvenzanfechtung

125   Ein Geschäft mit einer Gesellschaft in einem Zeitraum vor *winding up* kann anfechtbar sein, wenn es als (i) *insolvent transaction*, (ii) wucherisches Darlehen *(unfair loan)* oder (iii) unangemessene *director*-bezogene Geschäft einzuordnen ist.

8.1.1 Insolvent transactions

126   Eine **insolvent transaction** liegt vor, wenn das Geschäft entweder einer Partei einen unangemessenen Vorteil vermittelt *(unfair preference)* oder wenn es sich um ein unwirtschaftliches Geschäft *(uncommercial transaction)* handelt:

---

[103] Corporations Act 2001 (Cth), s 568D.
[104] Corporations Act 2001 (Cth), s 568.
[105] Corporations Act 2001 (Cth), s 568B.
[106] Airlines Airspares Ltd v Handley Page Ltd (1970) Ch 193 at 198–199; Re Diesels and Components Pty Ltd (Receivers and Managers Appointed) [1985], 2 Qd R 456.
[107] Corporations Act 2001 (Cth), s 419A.
[108] Corporations Act 2001 (Cth), s 420.
[109] Corporations Act 2001 (Cth), s 420A.

8. Rückgängigmachen von Rechtsgeschäften

Eine *unfair preference* liegt vor, wenn das Geschäft zwischen der Gesellschaft und einem ungesicherten Gläubiger dazu führt, dass der Gläubiger mehr erhält, als er bekommen hätte, wenn er seine Forderung im Rahmen der Abwicklung hätte geltend machen müssen.[110] Eine *uncommercial transaction* ist im australischen Recht ein Geschäft, das ein vernünftig denkender Dritter in der Situation der Gesellschaft im Hinblick auf die Vor- und Nachteile für die Gesellschaft nicht getätigt hätte.[111]

Eine *unfair preference* oder *uncommercial transaction* kann angefochten werden, wenn sie oder eine Handlung, die darauf abzielt dem Geschäft zur Wirksamkeit zu verhelfen, zu einem Zeitpunkt vorgenommen wurde, der in der *relevant period* (→ Rn. 96) bis zum Tag des Beginns des *winding up* liegt, und zeitlich nach dem Eintritt der Insolvenz liegt oder das Geschäft die Insolvenz der Gesellschaft hervorgerufen oder zu ihr beigetragen hat.[112]

Der **relevante Zeitraum für Insolvenzanfechtungen** *(relevant period)* beträgt in Fällen von *unfair preference* sechs Monate, in Fällen von *uncommercial transactions* zwei Jahre. Wurden die betroffenen Geschäfte mit einem verbundenen Unternehmen geschlossen (dies schließt im australischen Recht für diesen Zweck Geschäftsführer, Gesellschafter, Verwandte und Lebenspartner eines der genannten ein), ist die **relevant period** vier Jahre.

Wurden *unfair preference* oder *uncommercial transaction* zu dem Zwecke der Gläubigerbenachteiligung vorgenommen, beträgt die *relevant period* zehn Jahre.

Berechnet wird dieser Zeitraum ab dem Tag, an dem das *winding up* beantragt wurde *(sog. relation-back day)*.[113]

8.1.2 Wucherische Darlehen

Angefochten werden kann darüber hinaus ein **wucherisches Darlehen**, *unfair loan*. Ein solches liegt dann vor, wenn die darauf erhobenen Zinsen oder die damit verbundenen Gebühren wucherisch sind.[114] Eine *relevant period* gilt hier nicht, alle *unfair loans* die zu irgendeinem Zeitpunkt vor dem Beginn des *winding up* getätigt wurden, können angefochten werden.

8.1.3 Geschäfte mit der Geschäftsführung

Schließlich sind auch noch **unangemessene Geschäfte mit den Geschäftsführern** *(unreasonable director-related transactions)* anfechtbar. Ein solches Geschäft liegt vor, wenn (i) die Gesellschaft an einen ihrer *directors* oder einen nahen Mitarbeiter des *directors* (oder eine Person die im Namen und zum Vorteil der betroffenen Person handelt) eine Zahlung leistet, Eigentum überträgt oder Sicherheiten bestellt und (ii) ein vernünftig denkender Dritter in der Situation der Gesellschaft ein solches Geschäft nicht vorgenommen hätte.[115]

8.2 Verteidigungsmöglichkeiten

8.2.1 Gutgläubigkeit

Ein Gläubiger oder Dritter kann sich gegen die Anfechtung damit verteidigen, dass er aus dem Geschäft keinen Vorteil erlangt hat oder beim Erhalt des Vorteils gutgläubig war und keinen Grund zu der Annahme hatte, die Gesellschaft sei insolvent. Dritte können sich unabhängig von der Erlangung eines Vorteils ebenfalls damit verteidigen, dass sie gutgläubig Partei eines Geschäfts wurden, dass sie keinen Grund zur Annahme hatten, die Gesellschaft sei insolvent und/oder dass sie eine werthaltige Gegenleistung erbracht haben oder im Vertrauen auf deren Wirksamkeit Dispositionen getroffen haben.[116] Das gilt nicht für *unfair loans* oder *unreasonable director-related transactions*.

8.2.2 Laufende Rechnung *(running account)*

Ist das angefochtene Geschäft Bestandteil einer laufenden Geschäftsbeziehung zwischen der Gesellschaft und einem Gläubiger, bei der sich die Höhe der Forderung des Gläubigers gegen die Gesellschaft wegen der Vielzahl einzelner Geschäfte laufend verändert, so gelten all diese Geschäfte als ein einziges. Dies bedeutet, dass die der Anfechtung zugängliche Summe auf die Differenz zwischen dem höchsten Stand der Forderung im relevanten Zeitraum (→ Rn. 96) und dem Stand

---

[110] Corporations Act 2001 (Cth), s 588FA.
[111] Corporations Act 2001 (Cth), s 588FB.
[112] Corporations Act 2001 (Cth), s 588FC.
[113] Corporations Act 2001 (Cth), s 588FE.
[114] Corporations Act 2001 (Cth), s 588FD.
[115] Corporations Act 2001 (Cth), s 588 FDA.
[116] Corporations Act 2001 (Cth), s 588 FG (2).

am letzten Tag dieses Zeitraums begrenzt ist und nicht der Betrag jeder einzelnen Rückzahlung maßgeblich ist.

8.2.3 Doktrin der letztlichen Auswirkung *(doctrine of ultimate effect)*

136 Nach der *doctrine of ultimate effect* ist ein Geschäft dann keine *unfair preference*, wenn das Geschäft die Gesellschaft und damit die anderen Gläuber nicht in eine schlechtere Lage gebracht hat als die, in der sie sich ohne das Geschäft befunden hätte. Es müssen die Gesamtheit des Geschäfts und seiner Auswirkungen betrachtet werden. Wird die *doctrine of ultimate effect* vom Gericht angewendet, wird es für den Insolvenzverwalter schwerer, die *unfair preference* nachzuweisen als bei einer wortgetreuen Auslegung der einschlägigen Regelungen. Der genaue Anwendungsbereich der Doktrin ist umstritten; so wird diskutiert; ob gutgläubige Zahlungen für Leistungen der Gesellschaft, welche für die Gesellschaft vorteilhaft sind während sie sich in finanziellen Schwierigkeiten befindet, von dieser Doktrin erfasst sind, während andererseits Zahlungen in Bezug auf vergangene Forderungen, die nicht gemacht werden, um die Sicherstellung der fortlaufenden Belieferung mit Waren oder Dienstleistung sicherzustellen, nicht darunter fallen sollen.

9. Außergerichtliches Sanierungsverfahren

137 Die freiwillige Verwaltung, *voluntary administration (einschließlich des DOCA)*, stellen zusammen mit den *safe harbour* Bestimmungen als auch in Kombination mit den *ipso facto* Vollstreckungseinschränkungen im australischen Recht die auf Erhalt und Sanierung der Gesellschaft ausgerichteten Verfahrensbausteine dar (→ Rn. 17 ff., 39 ff., 77 ff.).

10. Internationales Insolvenzrecht

10.1 Anwendbarkeit australischen Insolvenzrechts auf ausländische Unternehmen

138 Ausländische Unternehmen können unter bestimmen Voraussetzungen einem australischen Insolvenzverfahren unterworfen sein, → Rn. 42. Die Anwendung des *Bankruptcy Act* ist ebenfalls unabhängig von der Staatsangehörigkeit des Betroffenen (→ Rn. 30 ff.).

10.2 Internationale Zusammenarbeit und Anerkennung ausländischer Verfahren

139 Australien hat 2008 im *Cross-Border Insolvency Act 2008 (Cth)* das *UNCITRAL Model Law on Cross-Border Insolvency 1997 (Model Law)* umgesetzt,[117] dass die Anerkennung ausländischer Verfahren, Zusammenarbeit mit ausländischen Behörden, Gerichten und Verwaltern und die Rechte ausländischer Gläubiger regelt. Der *Cross-Border Insolvency Act 2008 (Cth)* ermöglicht in Umsetzung des Model Law dabei, dass ausländische Insolvenzverwalter australische Gerichte anrufen können, um eine vorübergehende Aussetzung von Insolvenzverfahren in Australien gegen Vermögen eines insolventen Schuldners zu erreichen.[118] Dies ist dann möglich, wenn das zuständige Gericht in Australien das ausländische Verfahren als *foreign main proceeding* im Sinne des Model Law und den Verwalter als *foreign representative* anerkannt hat.[119] Zuständige Gerichte hierfür sind der *Federal Court of Australia* oder der *Supreme Court* eines *State* oder *Territory* bei Unternehmen, bei *bankruptcy proceedings* gegen natürliche Personen dagegen nur der *Federal Court of Australia*.[120] Die Konsequenz ist dann eine automatische Aussetzung von Insolvenz- und Vollstreckungsverfahren,[121] sofern nicht ein Gericht gegenteilige Anordnungen trifft. Ein *foreign representative* darf nach Anerkennung auch in allen Verfahren auftreten, bei denen der Insolvenzschuldner Partei ist.[122]

140 Darüber hinaus haben ausländische Gläubiger (mit wenigen Ausnahmen) die gleichen Rechte und Möglichkeiten wie inländische australische Gläubiger in Bezug auf die Einleitung eines Insolvenzverfahrens und die Beteiligung an einem solchen Verfahren in Australien. Insbesondere dürfen sie nicht allein aufgrund ihres Status als „ausländische Gläubiger" im Rang unter australischen Gläubigern stehen,[123] die Regelungen zur Rangfolge der Gläubiger nach *Corporations Act*[124] bleiben unberührt. Darüber hinaus gilt die sogenannte „*hotchpot rule*", nach der ein Gläubiger in internationa-

---

[117] Das Model Law findet sich in Schedule 1 des Cross-Border Insolvency Act 2008 (Cth).
[118] Cross-Border Insolvency Act 2008 (Cth), s 16 iVm Model Law, Article 20.
[119] Definitionen finden sich in Model Law, Article 2.
[120] Cross-Border Insolvency Act 2008 (Cth), s 10.
[121] Cross-Border Insolvency Act 2008 (Cth), s 16 iVm Model Law, Artikel 20.
[122] Model Law, Artikel 24.
[123] Cross-Border Insolvency Act 2008 (Cth), s 12(2).
[124] Corporations Act 2001 (Cth), s 556.

11. Die wichtigsten Änderungen durch die COVID-19-Gesetzgebung

len Insolvenzszenarien sich nicht dadurch besser stellen können soll als andere Gläubiger seines Ranges, indem er den gleichen Anspruch in Insolvenzverfahren in verschiedenen Jurisdiktionen durchsetzt.[125] In einem anderen Insolvenzverfahren erlangte Zahlungen werden daher im Rahmen der Erlösverteilung im australischen Verfahren auf die zu erlangenden Beträge angerechnet (hat ein Gläubiger also beispielsweise für eine Forderung in einem ausländischen Verfahren 3 % seiner Forderung erlangt, während im australischen Verfahren eine Quote von 10 % Anwendung finden würde, erhält dieser Gläubiger im australischen Verfahren nur noch 7 % auf die betroffene Forderung).

In Übereinstimmung mit dem Model Law arbeiten australische Gerichte mit ausländischen Gerichten soweit wie möglich zusammen und werden, nachdem ihnen die Eröffnung eines ausländischen Hauptverfahrens bekannt geworden ist, ein Verfahren nach australischem Recht nur zulassen, wenn der Schuldner Vermögen in Australien hat. Dieses Verfahren bleibt dabei auf die sich in Australien befindlichen Vermögensgegenstände des Schuldners beschränkt.[126]

Über das Model Law stellt das australische Recht darüber hinaus generell einen (rechtlichen) Rahmen für die Zusammenarbeit und Koordinierung von Gerichten und Insolvenzverwaltern in verschiedenen Jurisdiktionen zur Verfügung.[127]

11. Zusammenfassung der wichtigsten Änderungen der australischen Insolvenzgesetze durch die COVID-19-Gesetzgebung

11.1 Hintergrund

Als Teil ihrer Reaktion auf COVID-19 erließ die australische Regierung das Coronavirus Economic Response Package Omnibus Act 2020 *(Cth)* **(CERPO)**. Dieses Gesetz ändert im Rahmen des Schedule 12 Regelungen des *Bankruptcy Act,* des *Corporations Act* und Vorschriften im Zusammenhang mit diesen Gesetzen. Die wichtigsten Änderungen sind nachfolgend zusammengefasst.

11.2 Änderungen des *Bankruptcy Act* in Bezug auf *bankruptcy notices*

Teil 1 des Schedule 12 des *CERPO* enthält Änderungen des *Bankruptcy Act*. Diese Änderungen traten am 25.3.2020 in Kraft. Unter anderem wurde das Forderungsminimum für die Zustellung einer *bankruptcy notice* zur Einleitung einer *involuntary bankruptcy* durch einen Gläubiger von 5.000 AUD auf 20.000 AUD erhöht.[128] Weiterhin erfolgte eine Ausdehnung der Frist für die Erfüllung einer solchen *bankruptcy notice* durch den Schuldner von 21 Tagen auf 6 Monate.[129]

Die Änderungen gelten nur für *bankruptcy notices,* die am oder nach dem 25.3.2020 zugestellt wurden. Sie sind nur vorübergehend und gelten bis zum 25.9.2020. Anschließend werden die entsprechenden Regelungen aufgehoben.[130]

11.3 Änderungen des *Corporations Act* in Bezug auf gesetzlich geregelte Zahlungsaufforderungen

Teil 2 des Schedule 12 des *CERPO* enthält Änderungen des *Corporations Act* in Bezug auf die gesetzlich geregelte Zahlungsaufforderung der Gläubiger gegenüber dem Schuldner. Die Änderungen sind im Wesentlichen dieselben wie die oben in Bezug auf die *bankruptcy notice* dargelegten. Einerseits wurde auch in diesem Rahmen das Forderungsminimum für den Erlass einer solchen Zahlungsaufforderung von 2.000 AUD auf 20.000 AUD erhöht.[131] Weiterhin wurde die Frist für die Erfüllung dieser Aufforderung von 21 Tagen auf 6 Monate ausgedehnt.[132]

Die Änderungen beziehen sich auf Zahlungsaufforderungen, die am oder nach dem 25.3.2020 zugestellt wurden. Sie sind ebenfalls auch nur vorübergehend und erlöschen mit Aufhebung der Regelung am 25.9.2020.[133]

11.4 Änderungen in Bezug auf die *safe harbour* Regelungen

Teil 3 des Schedule 12 des *CERPO* dehnt die *safe harbour* Bestimmungen für Neuverbindlichkeiten im Rahmen des operativen Geschäftsbetriebs auf die nächsten 6 Monate aus und schützt damit

---

[125] Cross-Border Insolvency Act 2008 (Cth), iVm Model Law, Artikel 32.
[126] Zum Grundsatz s. Model Law, Artikel 28.
[127] Cross-Border Insolvency Act 2008 (Cth), iVm Model Law, Kapitel IV.
[128] Bankruptcy Act 1996 (Cth), s 4.02AA(1); für Einzelheiten → Rn. 52 ff.
[129] Bankruptcy Act 1996 (Cth), s 4.02AA(2).
[130] Bankruptcy Act 1996 (Cth), s 4.02AA(3).
[131] Corporations Regulations 2001 (Cth), s 5.4.01AA(1); für Einzelheiten → Rn. 26 ff.
[132] Corporations Regulations 2001 (Cth), s 5.4.01AA(2).
[133] Corporations Regulations 2001 (Cth), s 5.4.01AA(3).

die Geschäftsführer vor den restriktiven insolvenzrechtlichen Handelsbestimmungen des *Corporations Act*.[134]

149   Voraussetzung dafür ist, dass es sich um eine Verbindlichkeit handelt, die im Rahmen der normalen Geschäftstätigkeit des Unternehmens zwischen dem 25.3.2020 und dem 25.9.2020 eingegangen wurde. Weiterhin muss die Eingehung der Verbindlichkeit vor der Ernennung eines *administrators* oder *liquidators* eingegangen worden sein. In diesem Fall ist Abschnitt 588G(2) des *Corporations Act* nicht anwendbar.[135] Der Geschäftsführer trägt dabei die Beweislast für das Vorliegen der Voraussetzungen.[136]

150   Das *CERPO* sieht ebenfalls die Möglichkeit der Erweiterung zum Schutz anderweitig begründeter Verbindlichkeiten vor.[137] Allerdings ist von dieser erweiterten Regelungsmöglichkeit bis jetzt kein Gebrauch gemacht worden.

---

[134] Für Einzelheiten → Rn. 39 ff.
[135] Corporations Act 2001 (Cth), s 588GAAA(1).
[136] Corporations Act 2001 (Cth), s 588GAAA(2).
[137] Corporations Act 2001 (Cth), s 588GAAA(2).

Australien

Freiwillige Verwaltung –
Voluntary Administration

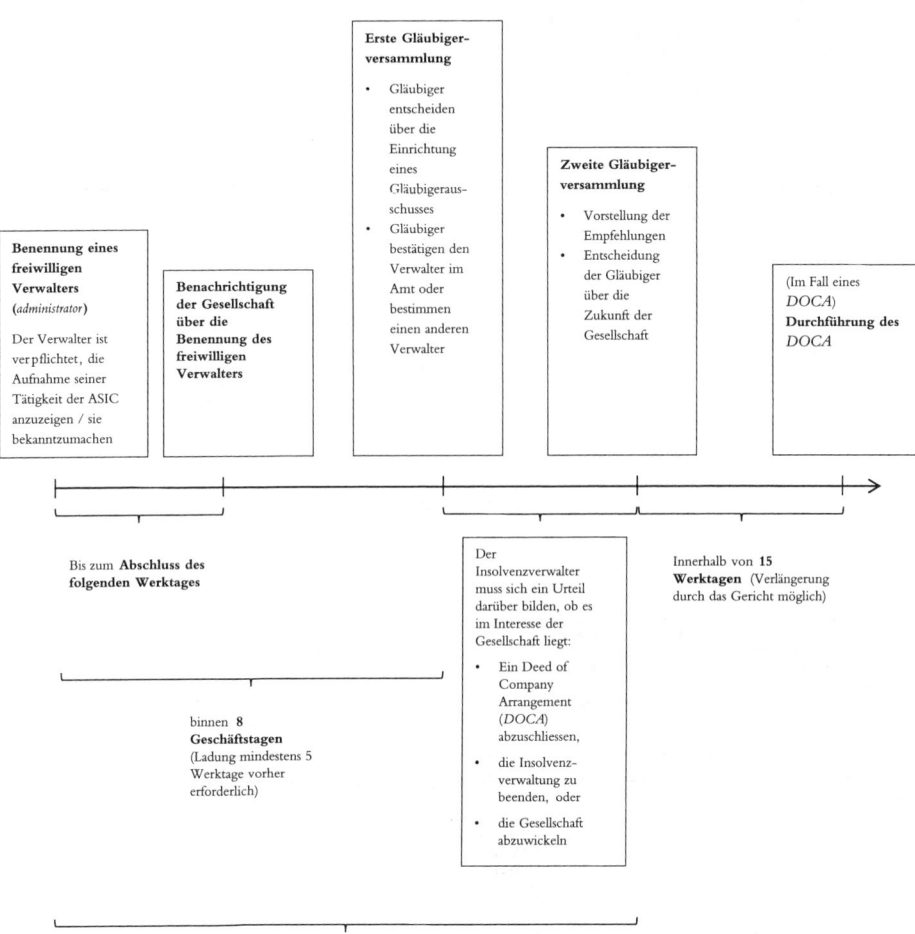

Australien

Abwicklung – *Liquidation / Winding up*

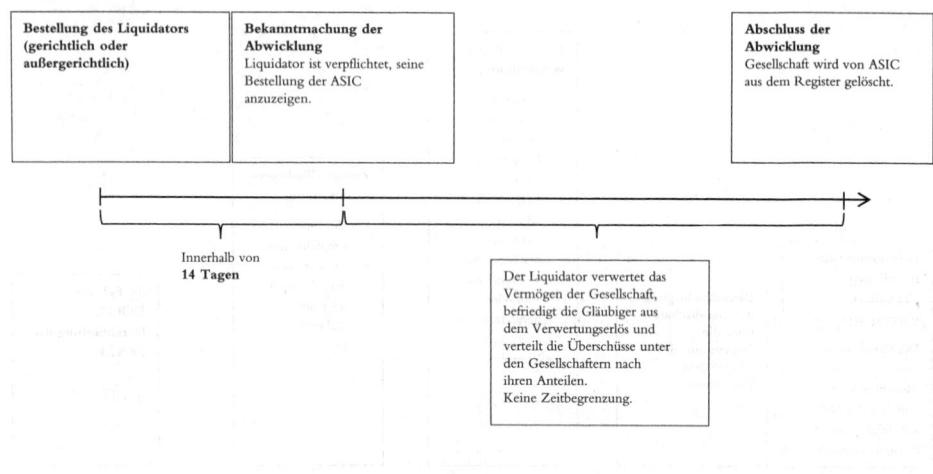

Receivership

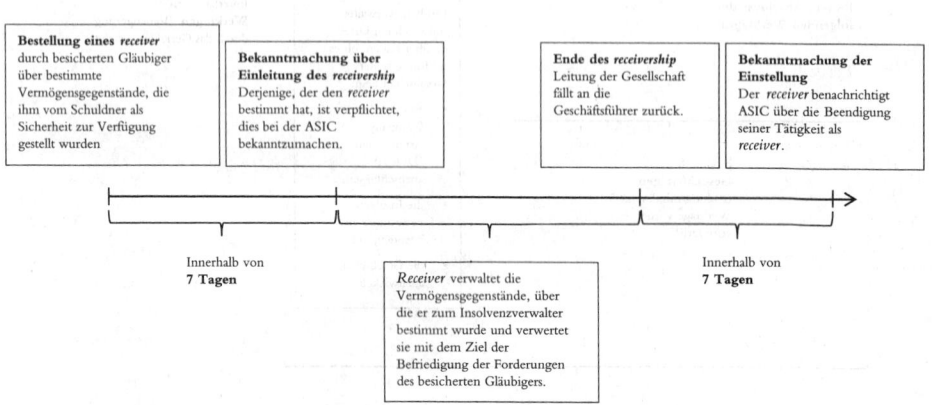

Australien

Glossar

Deutsch	Englisch	Rn.
Absonderungsrecht	*Secured creditors* werden grundsätzlich aus dem Erlös vorab befriedigt, wenn sie eine *perfected security* haben	66
Abstimmung, formelle	*Poll*	59
Abwicklung (eines Unternehmens)	*Winding up*	10 ff., 17 ff., 36 ff., 39, 45 f., 51, 55, 61, 63, 65, 71, 73 ff., 87 ff., 92, 95, 98, 99
Abwicklung, freiwillige	*Members' voluntary winding up*	21, 36 f.
Abwicklung, von Amts wegen	*Compulsory winding up*	17 ff.
Akklamation, Abstimmung per	*On the voices*	59
Anfechtbares Rechtsgeschäft	*Insolvent transaction*	93 ff.
Anfechtungsgründe	*Unfair preference* (unangemessener Vorteil), *uncommercial transaction* (unwirtschaftliches Geschäft), *unfair loan* (wucherisches Darlehen), *unreasonable director-related transactions* (unangemessene Geschäfte mit Geschäftsführern)	92 ff.
Anfechtungsfrist	*Relevant period*	96
Aufrechnung	*Set-off*	90
Bericht des Verwalters	*Report,* gibt es in jeder der Verfahrensarten, einschließlich *receivership*	14
Eidesstattliche Versicherung	*Affidavit*	32, 46
Eigentumsvorbehalt	*Retention of title*	70, 83, 89
Forderungsanmeldung	*Proof of debt*	54, 56
Geschäftsführer	*Director* – Exekutivorgan der Gesellschaft	100
Gesellschaftsvermögen	*Estate*	62 ff.
Gesetzgebung	Im Bereich des australischen Insolvenzrechts sind vor allem die folgenden Gesetze relevant: • Bankruptcy Act 1966 (Cth) – Gesetz über Privatinsolvenzen, Bundesgesetz • Corporations Act 2001 (Cth) – Gesetz betreffend inkorporierte Gesellschaften, Bundesgesetz • Cross-Border Insolvency Act 2008 (Cth) – Gesetz betreffend grenzüberschreitende Insolvenzen, Bundesgesetz • Personal Property Securities Act 2009 (Cth) – Gesetz über Sicherheiten an beweglichem Vermögen, Bundesgesetz • Real Property Act 1900 (NSW) – Gesetz über Grundeigentum, Gesetz des Staates New South Wales	1
Gläubigerausschuss	*Committee of creditors*	57
Gläubigerversammlung	*Meeting of creditors*	57 ff.
Handzeichen, Abstimmung durch	*Show of hands*	59

Australien

Deutsch	Englisch	Rn.
Insolvenz(verfahren)	*Receivership* – Auf bestimmte Vermögensgegenstände/Vermögensteile eines Unternehmens gerichtete externe Verwaltung *Voluntary administration* – Freiwillige Verwaltung mit vorrangigem Ziel der Fortführung des Unternehmens *Liquidation* – Liquidation eines Unternehmens, kann sowohl auf Grundlage eines Beschlusses der Gesellschafter stattfinden (dann ähnlich der deutschen Liquidation), als auch auf Grundlage eines Gerichtsbeschlusses oder durch Gläubigerentscheidung (dann eher vergleichbar dem deutschen Insolvenzverfahren)	9 ff.
Insolvenzanfechtung	*Challenging of pre-insolvency transactions*	92 ff.
Insolvenzantrag	Nicht vergleichbar mit dem deutschen Recht, Einleitung des Verfahrens abhängig von der Verfahrensart und der einleitenden Partei	35 ff.
Insolvenzantrag (im Privatinsolvenzverfahren)	*Petition/Creditor's petition*	30 f.
Insolvenzaufsichtsbehörde	Zuständige Behörde im Zusammenhang mit Insolvenzverfahren ist die *ASIC, Australian Securities and Investments Commission*	3, 6
Insolvenzeröffnung	Opening of insolvency proceedings	35 ff.
Insolvenzforderung	Creditor's claims	54 ff.
Insolvenzgläubiger	*Creditors*, es gibt *secured creditors, preferred creditors, unsecured creditors*. Es gibt keine rechtlichen Nachrang unter den verschiedenen Gläubigern (mit Ausnahme der Gesellschafter)	65 ff.
Insolvenzgrund (im Privatinsolvenzverfahren)	*Act of bankruptcy*	31
Insolvenzgrund	Abhängig von der Verfahrensart, grundsätzlich bei *liquidation* und *administration, insolvency* ähnlich Zahlungsunfähigkeit	35 ff.
Insolvenzregister	Verschiedene Veröffentlichungen zu Insolvenzen macht die *ASIC* unter https://insolvencynotices.asic.gov.au.	3
Insolvenzverwalter	*Liquidator* – (Insolvenz-)verwalter, insbesondere in der *liquidation/winding up*, der Begriff wird aber auch als Oberbegriff für externe Verwalter verwendet *Official Liquidator* – Durch die *ASIC* besonders zugelassener liquidator, nur ein solcher kann durch ein Gericht bestellt werden *Registered Liquidator* – Bei der ASIC eingetragener Verwalter *Administrator* – Externer Verwalter in der administration einer Gesellschaft *Statutory manager* – Durch die APRA bestellter Sonderverwalter eines (drohend) zahlungsunfähigen ADI	6 ff., 13 f., 19 f.
Insolvenzverwalter (Privatinsolvenzverfahren)	*Official trustee in bankruptcy* – Übernimmt die Rolle des Verwalters in Privatinsolvenzen, wenn ein Schuldner nicht die Zustimmung eines registered trustee zur Übernahme seines Verfahrens erlangen kann *Registered trustee* – Durch die AFSA zugelassener Verwalter für Verbraucherinsolvenzverfahren.	6, 30

Australien

Deutsch	Englisch	Rn.
Konzerninsolvenz	Bündelung von Verfahren *(pooling order)*	50 f.
Liquidation	*Liquidation* – Liquidation eines Unternehmens, kann sowohl auf Grundlage eines Beschlusses der Gesellschafter stattfinden (dann ähnlich der deutschen Liquidation), als auch auf Grundlage eines Gerichtsbeschlusses oder durch Gläubigerentscheidung (dann eher vergleichbar dem deutschen Insolvenzverfahren)	17 ff.
Massegläubiger	Kein Vorrang bei der Erlösverteilung, aber persönliche Haftung des Insolvenzverwalters für Verbindlichkeiten aus der Fortführung	78
Privatinsolvenzverfahren	*bankruptcy*	30 ff.
Reorganisationsverfahren/ Unternehmensreorganisation	Am ehesten repräsentiert durch die *voluntary administration*, die in einem Vergleichsvertrag, *DOCA*, enden kann	104
Sanierer/Verwalter (im Rekonstruktionsverfahren)	*Judicial manager* – Gerichtlich bestellter Sanierungsberater für insolvente Versicherungsunternehmen	48 f.
Schuldner	*Debtor*	42
Sicherheiten	*Circulating security interest* – Sicherheiten an beweglichem Vermögen, bei denen der Schuldner im gewöhnlichen Geschäftsbetrieb über den besicherten Gegenstand verfügen kann *General security deed* – Vertrag zur Besicherung des schuldnerischen Vermögens im Ganzen *Non-circulating security interest* – Sicherheiten an beweglichem Vermögen, bei denen der Schuldner nicht über den besicherten Gegenstand verfügen kann	66 ff.
Sicherungsmaßnahmen (vor Verfahrenseröffnung)	Bestellung eines *provisional liquidator*, Erlass einer *Mareva injunction*	43 ff.
Unangemessener Vorteil (Anfechtungsgrund)	*Unfair preference*	94
Unwirtschaftliches Geschäft (Anfechtungsgrund)	*Uncommercial transaction*	94
Vergleich/Insolvenzplan	*DOCA/Deed of Company Arrangement* – Vergleichsvertrag zwischen Gesellschaft, Gläubigern und Verwalter als Ergebnis einer *voluntary administration*	10, 12, 14, 34, 54 f., 58, 60, 66, 76, 86, 104
Verteilung	*Distribution*	65 ff.
Verteidigung gegen Anfechtung	Gutgläubigkeit, *running account* (laufende Rechnung), *doctrine of ultimate effect*	101 ff.
Verwaltung	*Receivership* – Auf bestimmte Vermögensgegenstände/Vermögensteile eines Unternehmens gerichtete externe Verwaltung	10 f., 25 ff., 39 f., 51 f., 64, 89
Vorläufiger Insolvenzverwalter	*Provisional liquidator*	43 ff.
Zahlungsaufforderung	*Bankruptcy notice* – Gesetzlich geregelte Zahlungsaufforderung im Privatinsolvenzverfahren, deren Nichtbeachtung einen Insolvenzgrund darstellt	31

Australien

Glossar

Englisch	Deutsch	Rn.
Act of bankruptcy	Insolvenzgrund im Privatinsolvenzverfahren	31
Administrator	Externer Verwalter in der *administration* einer Gesellschaft	13 f., 34, 41, 51 f., 58 ff., 81 ff.
Affidavit	Eidesstattliche Versicherung	32, 46
Australian Financial Security Authority	Bundesbehörde, verantwortlich für Verwaltung und Regulierung des Privatinsolvenzsystems und Register zur Verwaltung von Sicherheiten unter dem Personal Property Securities Act	6
Australian Prudential Regulation Authority	Australische Aufsichtsbehörde für Banken und Versicherungen	48
Australian Securities and Investments Commission	Australische Regulierungsbehörde für Märkte und Finanzdienstleistungen, die als unabhängige Bundesbehörde unter anderen Verantwortlichkeiten für Gesellschaften nach dem Companies Act hat	3
Authorised deposit-taking institution	Zum Einlagengeschäft zugelassenes Finanzinstitut	50
ADI	Siehe authorised deposit-taking institution	50
AFSA	Siehe *Australian Financial Security Authorities*	6
APRA	Siehe *Australian Prudential Regulation Authority*	48
ASIC	Siehe *Australian Securities and Investments Commission*	3
Bankruptcy	Privatinsolvenzverfahren	30 ff.
Bankruptcy Act 1966 (Cth)	Gesetz über Privatinsolvenzen, Bundesgesetz	5
Bankruptcy notice	Gesetzlich geregelte Zahlungsaufforderung im Privatinsolvenzverfahren, deren Nichtbeachtung einen Insolvenzgrund darstellt	31
Challenging of pre-insolvency transactions	Insolvenzanfechtung	92 ff.
Change-of-control	Kontrollwechsel über ein Unternehmen, löst zB in Finanzierungsverträgen uU Kündigungsrechte für den Kreditgeber aus	81
Circulating security interest	Sicherheiten an beweglichem Vermögen, bei denen der Schuldner im gewöhnlichen Geschäftsbetrieb über den besicherten Gegenstand verfügen kann	65, 70
Committe of creditors	Gläubigerausschuss	57
Committee of inspection	Gläubigerausschuss/Aufsichtskomitee der Gläubiger in der *administration* oder zur Überwachung der Ausführung eines DOCA	34, 57
Compulsory winding up	Abwicklung von Amts wegen, zB im Insolvenzfall	17 ff.
Corporations Act 2001 (Cth)	Gesetz betreffend inkorporierte Gesellschaften, Bundesgesetz	5
Creditor's petition	Antrag des Schuldners im Privatinsolvenzverfahren auf Verfahrenseröffnung	31
Creditors' winding up	(Initiierung der) Abwicklung eines Unternehmens durch seine Gläubiger	21, 37
Cross-Border Insolvency Act 2008 (Cth)	Gesetz betreffend grenzüberschreitende Insolvenzen, Bundesgesetz	106
Declaration of solvency	Erklärung der *directors* zur Zahlungsfähigkeit der Gesellschaft	37

Australien

Englisch	Deutsch	Rn.
Director	Exekutivorgan der Gesellschaft, unterscheidet sich in der Organisation vom deutschen Vorstand oder Geschäftsführer	100
Disclaimer	Erklärung, mit der der Verwalter auf Rechte und Pflichten der Gesellschaft aus einem Vermögensgegenstand oder Vertrag verzichtet	87
DOCA/Deed of Company Arrangement	Vergleichsvertrag zwischen Gesellschaft, Gläubigern und Verwalter als Ergebnis einer *voluntary administration*	10, 12, 14, 34, 54 f., 58, 60, 66, 76, 86, 104
Doctrine of ultimate effect	Doktrin der finalen Auswirkung, Verteidigung gegen Anfechtung	103
Estate	Gesellschaftsvermögen	62 ff.
Floating charge	Eine Art Gesamtpfandrecht an Vermögensgegenständen der Gesellschaft, auch wenn sich der Bestand derselben ändert	65, 72
General security deed	Vertrag zur Besicherung des schuldnerischen Vermögens im Ganzen	25
Insolvent transaction	Anfechtbares Rechtsgeschäft	93 ff.
Involuntary bankruptcy	Privatinsolvenzverfahren initiiert durch Gläubigerantrag	31
ipso facto clause	Eingeschränkte Vollstreckbarkeit insolvenzbedingter Lösungsklauseln	77 ff., 137
Judicial manager	Gerichtlich bestellter Sanierungsberater für insolvente Versicherungsunternehmen	48 f.
Liquidation	Liquidation eines Unternehmens, kann sowohl auf Grundlage eines Beschlusses der Gesellschafter stattfinden (dann ähnlich der deutschen Liquidation), als auch auf Grundlage eines Gerichtsbeschlusses oder durch Gläubigerentscheidung (dann eher vergleichbar dem deutschen Insolvenzverfahren)	17 ff.
Liquidator	(Insolvenz-) Verwalter, insbesondere in der *liquidation/winding-up*, der Begriff wird aber auch als Oberbegriff für externe Verwalter verwendet	6, 19 f.
Mareva injunction	Einstweilige Verfügung auf Einfrieren des Vermögens der Gesellschaft	47
Meeting of creditors	Gläubigerversammlung	56 ff.
Members' voluntary winding up	(Initiierung der) Abwicklung eines Unternehmens durch seine Gesellschafter	21, 36 f.
Mortgage	Grundschuld, nicht vollständig mit dem deutschen Rechtsinstitut vergleichbar, unterscheide „legal" und „equitable", die rechtliche ordnungsgemäß begründete und die aus Billigkeitserwägungen gewährte mortgage	10, 25, 67 ff.
Non-circulating security interest	Sicherheiten an beweglichem Vermögen, bei denen der Schuldner nicht über den besicherten Gegenstand verfügen kann	70
Notice of appointment	Anzeige der Bestellung durch die verschiedenen Typen externer Verwalter bei der *ASIC*	41
Official liquidator	Durch die *ASIC* besonders zugelassener *liquidator*, nur ein solcher kann durch ein Gericht bestellt werden	6, 19

Australien

Englisch	Deutsch	Rn.
Official receiver	Zuständig im Rahmen des Privatinsolvenzverfahrens, es gibt einen *official receiver* für jeden der sieben *bankruptcy* Bezirke	30 ff.
Official trustee in Bankruptcy	Übernimmt die Rolle des Verwalters in Privatinsolvenzen, wenn ein Schuldner nicht die Zustimmung eines *registered trustee* zur Übernahme seines Verfahrens erlangen kann	6, 30
On the voices	(Abstimmung per) Akklamation	59
Perfection (of a security)	Perfektionierung (einer Sicherheit) durch Erfüllung bestimmter Formerfordernisse, nur eine *perfected security* ist für den Gläubiger im Insolvenzfall uneingeschränkt durchsetzbar	66, 70 f.
Personal Property Securities Act 2009 (Cth)	Gesetz über Sicherheiten an beweglichem Vermögen, Bundesgesetz	1, 69
Petition	Antrag des Schuldners im Privatinsolvenzverfahren auf Verfahrenseröffnung	30 f.
Poll	Formelle Abstimmung	59
pooling order	Beschluss zur Zusammenfassung von Verfahren im Rahmen der Konzerninsolvenz	50 f.
Proof of debt	Forderungsanmeldung	54, 56
Provisional liquidator	Vorläufiger Verwalter	43 ff.
Real Property Act 1900 (NSW)	Gesetz über Grundeigentum, Gesetz des Staates New South Wales	1, 62
Receivership	Auf bestimmte Vermögensgegenstände/Vermögensteile eines Unternehmens gerichtete externe Verwaltung	10 f., 25 ff., 39 f., 51 f., 64, 89
Registered liquidator	Bei der ASIC eingetragener *liquidator*	6, 13, 19, 57
Registered trustee	Durch die AFSA zugelassener Verwalter für Verbraucherinsolvenzverfahren	6, 30
Relevant Period	Zeitraum, in dem Insolvenzanfechtungen bestimmter Geschäfte möglich sind	96 ff.
Retention of title	Eigentumsvorbehalt	70, 83, 89
Running account	Laufende Rechnung, Geschäft ist Teil einer Gesamtgeschäftsbeziehung, Verteidigung gegen Anfechtung	102
safe harbour	Vollstreckungsschutz zur Unternehmensfortführung	14, 18, 39 ff., 137, 148
Sequestration order	Gerichtliche Anordnung der Beschlagnahme des schuldnerischen Vermögens	32
Show of hands	(Abstimmung durch) Handzeichen	59
Statement of affairs	Beschreibung der Angelegenheiten des Schuldners im Privatinsolvenzverfahren	30 ff.
Statutory manager	Durch die APRA bestellter Sonderverwalter eines (drohend) zahlungsunfähigen ADI	50
Torrens title system	Eine Art Grundbuchsystem	67
Uncommercial transaction	Unwirtschaftliches Geschäft, Anfechtungsgrund	92 ff.
Unfair preference	Unangemessener Vorteil, Anfechtungsgrund	93 ff., 103
Unreasonable director-related transactions	Unangemessene Geschäfte mit den Geschäftsführern, Anfechtungsgrund	100 f.
Voluntary administration	Freiwillige Verwaltung mit vorrangigem Ziel der Fortführung des Unternehmens	10, 12 ff., 34 ff., 51, 54, 56, 76, 81 ff.

Australien

Englisch	Deutsch	Rn.
Voluntary bankruptcy	Privatinsolvenzverfahren initiiert durch Eigenantrag des Schuldners	30
Winding up	Abwicklung eines Unternehmens	10 ff., 12 ff., 36 ff., 39, 45 f., 51, 55, 61, 63, 65, 71, 73 ff., 87 ff., 92, 95, 98, 99

Belgien

bearbeitet von *Bart Heynickx* (ALTIUS, Brüssel) und *Esther Goldschmidt*

Übersicht

	Rn.
1. Gesetzessammlungen, Schrifttum und Informationsquellen	1
1.1 Gesetzessammlungen	1
1.2 Schrifttum	10
1.3 Informationsquellen	11
2. Einführung	17
2.1 Gesetzliche Grundlagen	19
2.2 Unterschiedliche Verfahrenstypen	23
2.2.1 Nach Art des Schuldners	23
2.2.2 Konkurs- und Reorganisationsverfahren für Unternehmen	28
2.2.3 Insolvenzverfahren für Privatpersonen	31
2.3 Präventive Restrukturierung (Vorinsolvenzlich), Frühwarnsysteme	39
2.4 Finanzielle Restrukturierung	48
2.5 Spezielle Regelungen für Insolvenzen von Finanzinstituten, Versicherungsunternehmen	49
2.6 Konzerninsolvenzen	51
2.7 Verbraucherinsolvenzverfahren	53
3. Wesentliche Verfahrensmerkmale des Konkursverfahrens („*failissement*"/ „*failite*")	57
3.1 Eröffnung des Verfahrens	57
3.1.1 Eröffnungsgründe	57
3.1.1.1 Prüfung der Eröffnungsgründe	57
3.1.1.2 Antragspflicht bei Vorliegen von Eröffnungsgründen; Folgen der Verletzung der Antragspflicht	60
3.1.2 Antragsbefugnis	62
3.2 Rolle der Gerichte (oder anderer Behörden Gerichten ähnliche Funktionen im Verfahren haben, zB Handelskammern)	63
3.3 Verwalter	66
3.4 Verwaltung und Verwertung der Masse	69
3.5 Fortführung durch den Schuldner oder Verwalter	76
3.6 Sicherungsmaßnahmen vor Verfahrenseröffnung	78
3.7 Wirkungen der Verfahrenseröffnung auf Rechtsverfolgungsmaßnahmen einzelner Gläubiger	80
3.8 Wirkungen der Verfahrenseröffnung auf laufende Gerichts- oder Schiedsverfahren	83

	Rn.
3.9 (Automatisches) oder gerichtlich anzuordnendes Moratorium	84
3.10 Organe der Gläubiger	85
3.11 Forderungsanmeldung, Feststellung oder Bestreiten von Forderungen	88
3.12 Verteilung der Masse	96
3.12.1 Massegläubiger	96
3.12.2 Bevorrechtige Gläubiger	98
3.12.3 Gesicherte Gläubiger	103
3.12.4 Ungesicherte Gläubiger	107
3.12.5 Nachrängige Gläubiger	109
3.13 Abschluss von Verfahren	111
4. Wesentliche Verfahrensmerkmale des gerichtlichen Reorganisationsverfahrens, („*gerechtelijke reorganisatie*"/ „*réorganisation judiciaire*")	116
4.1 Eröffnung des Verfahrens	116
4.1.1 Eröffnungsgründe	116
4.1.1.1 Einführung	116
4.1.1.2 Prüfung der Eröffnungsgründe	118
4.1.1.3 Antragspflicht bei Vorliegen von Eröffnungsgründen; Folgen der Verletzung der Antragspflicht	123
4.1.1.4 Verfahrenstypen	126
4.1.2 Antragsbefugnis	144
4.2 Rolle der Gerichte	146
4.3 Verwalter	151
4.4 Verwaltung und Verwertung der Masse	154
4.5 Fortführung durch den Schuldner oder Verwalter	156
4.6 Sicherungsmaßnahmen vor Verfahrenseröffnung	158
4.7 Wirkungen der Verfahrenseröffnung auf Rechtsverfolgungsmaßnahmen einzelner Gläubiger	161
4.8 Wirkungen der Verfahrenseröffnung auf laufende Gerichts- oder Schiedsverfahren	164
4.9 (Automatisches) oder gerichtlich anzuordnendes Moratorium	165
4.10 Organe der Gläubiger	169
4.11 Verfahrensveröffentlichung, Gläubigerinformationen	170
4.12 Forderungsanmeldung, Feststellung oder Bestreiten von Forderungen	172
4.13 Verteilung der Masse	175

	Rn.		Rn.
4.14 Abschluss von Verfahren	177	8.3 Sicherheiten an Flugzeugen und Schiffen	207
5. Verträge im Insolvenz- oder Restrukturierungsverfahren	178	9. Aufrechnung; Netting-Vereinbarungen	208
5.1 Unerfüllte Verträge	178	10. Insolvenzanfechtung	213
5.1.1 Unerfüllte Verträge im Falle eines Konkurses	178	11. Geltendmachung von Haftungsansprüchen gegen (frühere) Geschäftsführer, Gesellschafter oder Dritte	218
5.1.2 Unerfüllte Verträge im Falle einer gerichtlichen Reorganisation	182		
5.2 Miet- oder Pachtverhältnisse	185	11.1 Allgemeine Konkurshaftungsregelung	221
5.3 Leasingverträge	187	11.2 Haftungsregelung für Sozialschulden (Art. XX.226 WiGB)	226
5.4 Dienstverhältnisse	188		
6. Pensionsansprüche in der Insolvenz und Restrukturierung	190	11.3 Besondere Haftungsregelung für Konkursverschleppung (Art. XX.227 WiGB)	229
7. Eigentumsvorbehalt	195		
8. Sicherheiten in der Insolvenz	197	12. Asset tracing	231
8.1 Mobiliarsicherheiten	197	13. Internationales Insolvenzrecht	234
8.2 Grundstückssicherheiten	203	14. Impakt von Covid-19	239

1. Gesetzessammlungen, Schrifttum und Informationsquellen

1.1 Gesetzessammlungen

1 • **Wirtschaftsgesetzbuch** (*„Wetboek van economisch recht"/„Code de droit économique"*) vom 28.2.2013, B.S. 29.3.2013, 19975, in der zurzeit gültigen Fassung **(„WiGB")**;
2 • **Gesetz über die kollektive Schuldenregulierung und die Möglichkeit eines freihändigen Verkaufs gepfändeter unbeweglicher Güter** (*„Wet betreffende de collectieve schuldenregeling en de mogelijkheid of the mogelijkheid of the hand of the in beslag genomen onroerende goederen"/„Loi relative au règlement collectif de dettes et à la possibilité de vente de gré à gré des biens unmeubles saisis"*) vom 5.7.1998, B.S. 31.7.1998, 24613 zur Änderung des **Gerichtsgesetzbuches** (*„Gerechtelijk Wetboek"/„Code Judiciaire"*) vom 10.10.1967, B.S. 31.10.1967, 11360, in der zurzeit gültigen Fassung **(„Gerichtsgesetzbuch")**;
3 • Gesetz über Finanzsicherheiten und über verschiedene steuerrechtliche Bestimmungen in Bezug auf dingliche Sicherungsrechte und Darlehen an Finanzinstrumenten (*„Wet betreffende financiële zekerheden en houdende various fiscale bepalingen inzake zakelijke-Zekerheidsovereenkomsten in Leningen mit der Bereitstellung von Finanzinstrumenten"/„Loi relative aux sûretés financières et portant of disositions fiscales diverses in matière de conventions constitutives de sûreté réelle et de prêts portant sur les instruments financiers"*) vom 15.12.2014, B.S. 1.2.2005, 2961 („Gesetz über Finanzsicherheiten").
4 • **Gesetz über den Status und die Kontrolle der Kreditinstitute und Börsengesellschaften** („*Wet op het statuut van en het toezicht op kredietinstellingen en beursvennootschappen"/„Loi relative au statut et au contrôle des établissements de crédit et des sociétés de bourse"*) vom 25.4.2014, B.S. 7.5.2014, 36794, in der zurzeit gültigen Fassung **(„Bankengesetz")**.
5 • **Gesetz über den Status und die Kontrolle der Versicherungs- und Rückversicherungsunternehmen** („*Wet op het statuut van en het toezicht op de verzekerings- of herverzekeringsondernemingen"/„Loi relative au statut et au contrôle of entreprises d'assurance ou de réassurance"*) vom 13.3.2016, B.S. 23.3.2016, 19856, in der zurzeit gültigen Fassung **(„Versicherungsunternehmengesetz")**.
6 • Buch III, Titel XVIII **„Vorzugsrechte und Hypotheken – Hypothekengesetz"** (*„Voorrechten en Hypotheken – Hypotheekwet"/„Des privilèges et hypothèques – Loi hypothécaire"*) vom 16.12.1851 (in das belgische Zivilgesetzbuch aufgenommen), in der zurzeit gültigen Fassung **(„Hypothekengesetz")**;
7 • Buch III, Titel XVII **„Dingliche Sicherheiten auf beweglichen Gütern"** („Zakelijke zekerheden op roerende goederen – (Oude artikelen 2071 tot en met 2091 van het Burgerlijk Wetboek vormende de Titel XVII: Inpandgeving)"/„Des sûretés réelles mobilières – (Anciens articles 2071 à 2091 du Code civil formant le Titre XVII: Du Nantissement)") vom 11.7.2013 (in das belgische Zivilgesetzbuch aufgenommen), in der zurzeit gültigen Fassung **(„Pfandgesetz")**

- Kollektives Arbeitsabkommen Nr. 102 vom 5.10.2011 über die Beibehaltung der Arbeitnehmerrechte bei Arbeitgeberwechsel infolge einer gerichtlich angeordneten Neuorganisierung durch Übertragung unter Gerichtsbeschluss („*Collectieve arbeidsovereenkomst nr. 102 van 5 oktober 2011 betreffende het behoud van de rechten van de werknemers bij wijziging van werkgever ten gevolge van een gerechtelijke reorganisatie door overdracht onder gerechtelijk gezag*"/ „*Convention collective de travail n°102 du 5 octobre 2011 concernant le maintien des droits des travailleurs en cas de changement d'employeur du fait d'une réorganisation judiciaire par transfert sous autorité de justice*") (**„Kollektives Arbeitsabkommen Nr. 102"**).

In diesem Länderbericht wird im Verlauf der Darstellung auch auf die Umsetzung der Richtlinie des Europäischen Parlaments und des Rates über präventive Restrukturierungsrahmen, die zweite Chance und Maßnahmen zur Steigerung der Effizienz von Restrukturierungs-, Insolvenz- und Entschuldungsverfahren und zur Änderung der Richtlinie 2012/30/EU (**„EU-Richtlinie über präventive Restrukturierung"**) Bezug genommen. Es ist nicht zu erwarten, dass die Umsetzung der EU-Richtlinie über präventive Restrukturierung zu (größeren) gesetzlichen Änderungen des belgischen Insolvenzrechts für Unternehmen führen wird, da wesentliche Elemente der Richtlinie bereits mit einer Reform von 2018 vorweggenommen wurden, siehe hierzu im Folgenden.

1.2 Schrifttum

Alter, C./Curlo, P.S.G./Georges, F./Grégoire, M./Beernaert, F.M./Musch, C., „L'entreprise en difficulté", Larcier, Brüssel, 2012; *Braeckmans, H./Dirix, E./Wymeersch, E.* (Hrsg.), „Faillissement en gerechtelijk akkoord: Het nieuwe recht", Kluwer, Antwerpen, 1998; *Byttebier, K./Colle, Ph./Cornelis, L./Feltkamp, R.*, (Hrsg.), „Faillissement en gerechtelijk akkoord", Maklu, Antwerpen, 1998; *Byttebier, K./Dirix, E./Tison, M./Vanmeenen, M.* (Hrsg.), „Gerechtelijke reorganisatie. Getest, gewikt en gewogen." Intersentia, Antwerpen – Oxford, 2010; *Lambrecht, P./Gheur, C.* ua (Hrsg.), „La loi relative à la continuité des entreprises – De wet betreffende de continuïteit van de ondernemingen", Anthemis, Louvain-la-Neuve, 2010; *NOAB*, „Continuïteit van de ondernemingen", Knops Publishing, Herentals, 2010; *T'Kint, F./Derijcke, W.*, „La Faillite", Larcier, Brüssel, 2006 ; *Thirion, N.*, „Réorganisation judiciaire, faillite, liquidation déficitaire. Actualités et pratique", Anthemis, Lüttich, 2010 ; *Verougstraete, I.*, „Manuel de la continuité des entreprises et de la faillite", Kluwer, Waterloo, 2011 ; *ALTER, C./PLETINCKX, E.*, Insolvabilité des entreprises: dépistage, mesures préventives et procédures de réorganisation judiciaire, Larcier, Bruxelles, 2019 ; *FREMAT, V./BERG, S./DE SAUVAGE, G./GOFFIN, J.F.*, Continuïteit van ondernemingen. Artikelsgewijze commentaar bij boek XX WER en CAO nr. 102, Intersentia, Mortsel, 2018; *DE MAREZ, D./Ch. STRAGIER*, „Boek XX WER: een commentaar bij het nieuwe insolventierecht", Die Keure, Brugge, 2018; *BRAECKMANS,H./STORME, M.E., TILLEMAN, B./VANANROYE, J./VANMEENEN, M.*, (Hrsg.), „Curatoren en vereffenaars: actuele ontwikkelingen IV", Intersentia, Mortsel, 2017; *FRANSIS, R.*, „Achterstelling van schuldvorderingen in het insolventierecht", Intersentia, Mortsel, 2017.

1.3 Informationsquellen

Gerichtsurteile hinsichtlich Konkursverfahren und gerichtliche Reorganisationsverfahren werden im Belgischen Staatsblatt („Belgisch Staatsblad"/„Moniteur Belge") veröffentlicht.

Die Veröffentlichungen im Belgischen Staatsblatt können über eine Firmensuche auf der Website des Belgischen Staatsblatts (http://www.ejustice.just.fgov.be/cgi_tsv/tsv.pl) eingesehen werden.

Um aktuellere Informationen über den Status eines Unternehmens zu erhalten, kann eine öffentliche online Suche in der Datenbank der Zentralen Datenstelle der Unternehmen („Kruispuntbank voor Ondernemingen"/„Banque Carrefour des Entreprises") durchgeführt werden (https://economie.fgov.be/en/themes/enterprises/crossroads-bank-enterprises/services-everyone/cbe-public-search).

Regsol.be, die digitale Plattform des belgischen Zentralen Insolvenzregisters, („Centraal Register Solvabiliteit"/„Registre Central de la Solvabilité"), ermöglicht es Gläubigern und anderen interessierten Parteien, die über einen Online-Account verfügen, Informationen in anhängigen Konkursverfahren einzusehen (https://www.regsol.be/).

Die von belgischen Gesellschaften und Vereinigungen bei der Belgischen Nationalbank hinterlegten Jahresabschlüsse werden auf der Website der Belgischen Nationalbank (http://www.nbb.be) veröffentlicht.[1]

---

[1] Die meisten belgischen Gesellschaften mit beschränkter Haftung, sowie bestimmte andere belgische Gesellschaften, belgische Vereinigungen und Stiftungen eines bestimmten Umfangs und ausländische Gesellschaften mit einer Zweigstelle in Belgien müssen jährlich innerhalb eines Monats nach der Genehmigung des Jahresabschlusses und spätestens sechs Monate nach Ende des vorherigen Geschäftsjahres ihren Jahresabschluss bei der Belgischen Nationalbank hinterlegen.

16 **In Belgien ist Deutsch eine offizielle Sprache.** Die Website der Zentralen Dienststelle für Deutsche Übersetzungen (http://www.scta.be) enthält Datenbanken mit deutschen Übersetzungen wichtiger belgischer Gesetze und Begriffe.

2. Einführung

17 Das belgische Insolvenzrecht unterscheidet zwischen Insolvenzen von Unternehmen einerseits und Insolvenzen von Privatpersonen andererseits. Es gelten unterschiedliche rechtliche Rahmenbedingungen.

18 Unternehmen, die sich im Konkurs befinden, können sich für ein gerichtliches Reorganisationsverfahren im Hinblick auf die Fortführung des gesamten oder eines Teils des Unternehmens oder seiner Tätigkeiten, oder für ein Konkurs- oder Liquidationsverfahren, dh die Abwicklung des Unternehmens, entscheiden.

2.1 Gesetzliche Grundlagen

19 Das Buch XX über Insolvenzen von Unternehmen wurde 2017 in das WiGB aufgenommen und trat am 1.5.2018 in Kraft. Buch XX ersetzt das frühere Konkursgesetz vom 8.8.1997 („*Faillissementswet*"/„*Loi sur les faillites*") und das frühere Gesetz über die Kontinuität von Unternehmen vom 31.1.2009 („*Wet betreffende de continuïteit van de ondernemingen*"/„*Loi relative à la continuité des entreprises*"). Buch XX ist weitgehend eine Kodifizierung des damals bestehenden Rechtsrahmens für Insolvenzen von Unternehmen, erweiterte aber den Anwendungsbereich dieser Regeln und enthielt einige weitere Änderungen und Ergänzungen.

20 Im Rahmen der Vorbereitung und Einführung von Buch XX WiGB wurde auch der Entwurf der EU-Richtlinie über präventive Restrukturierung diskutiert.

21 Die Vorbereitungsarbeiten von Buch XX WiGB zeigen, dass der Inhalt von Buch XX WiGB im Allgemeinen im Einklang mit der vorgeschlagenen EU-Richtlinie über präventive Restrukturierung Stand 2017/Anfang 2018 ist.[2] Seinerzeit wurde erwartet, dass das Inkrafttreten der EU-Richtlinie über präventive Restrukturierung in Belgien nicht zu (größeren) Gesetzesänderungen führen würde. Angesichts ua der am 28.3.2019 vom Europäischen Parlament vorgeschlagenen Änderungen der EU-Richtlinie, die sich in der endgültigen Fassung niedergeschlagen haben, werden einige Änderungen am Buch XX WIGB erforderlich. Es handelt sich bei den Änderungen zB um die Regelung hinsichtlich der Bestellung eines Sachverständigen zur Unterstützung des Schuldners in Art. 5 § 3; die maximale Dauer des Aufschubs von 12 Monaten in Art. 6, § 8; das Verbot für Gläubiger um wesentliche Verträge zu kündigen in Art. 7, § 4; ein unterschiedliches System der Mehrheitsentscheidung bei den Abstimmungen in den Art. 9 und 10.

22 Insolvenzen von Privatpersonen, die keine Unternehmer sind, unterliegen dem Gerichtsgesetzbuch.[3]

2.2 Unterschiedliche Verfahrenstypen

2.2.1 Nach Art des Schuldners

23 Ob ein Schuldner als „Unternehmen" („*onderneming*"/„*entreprise*") gilt oder nicht, bestimmt, welche Insolvenzverfahrensarten ihm zur Verfügung stehen. Buch XX WiGB gilt für Schuldner, die als Unternehmer gelten, unter Ausnahme von juristischen Personen des öffentlichen Rechts.[4]

24 Zu den Unternehmen gehören natürliche Personen, die eine selbständige Tätigkeit ausüben, sowie juristische Personen und Organisationsformen, die keine Rechtspersönlichkeit besitzen.[5] Unternehmen ohne Rechtspersönlichkeit, die keinen Gewinnverteilungszweck[6] haben und keine Gewinnausschüttungen vornehmen, gelten nicht als Unternehmen.[7]

25 Freiberufler, die bestimmte selbständige intellektuelle Berufe („*vrij beroep*"/„*profession libérale*") ausüben, wie zB Rechtsanwälte, Ärzte und Architekten, werden als Unternehmen qualifiziert und können daher Gegenstand der Verfahren nach Buch XX des WiGB sein. In einem solchen Fall gelten bestimmte spezifische Regeln zum Schutz der Unabhängigkeit des Berufsstandes.[8]

---

[2] Vorbereitende parlamentarische Arbeiten zu Buch XX WiGB.
[3] Wie geändert durch das Gesetz über die kollektive Schuldenregelung.
[4] Definition des Schuldners („*schuldenaar*"/„*débiteur*") in Art. I.22, 8° WIGB.
[5] Art. I.1 Ziff. 1 Abs. 1 WIGB.
[6] Nicht die Gewinnerzielung, sondern der Gewinnverteilungszweck ist nach belgischem Recht maßgebend.
[7] Art. I.1 Ziff. 1 Abs. 2 (a) WIGB.
[8] ZB Art. XX.1, § 1 WIGB; Art. XX.20, § 1, Abs. 3 WIGB und Art. XX.123 WIGB.

Nur Unternehmen können eine gütliche Einigung (die eine Vorinsolvenzmaßnahme ist) vereinbaren oder Gegenstand eines gerichtlichen Reorganisationsverfahrens oder eines Konkursverfahrens sein. 26

Die kollektive Schuldenregelung (*„collectieve schuldenregeling"/„règlement collectif de dettes"*), die in dem Gerichtsgesetzbuch geregelt ist, kann nur für Privatpersonen eröffnet werden, die keine Unternehmen sind.[9] 27

2.2.2 Konkurs- und Reorganisationsverfahren für Unternehmen

Die heutigen Rechtsregeln hinsichtlich des Konkurses und der gerichtlichen Reorganisation für Unternehmen zielen in erster Linie darauf ab, wirtschaftlich tragfähige Unternehmen oder Aktivitäten vor den Folgen des Konkurses zu schützen. Das Konkursverfahren (*„faillissement"/„faillite"*), das in erster Linie auf die Liquidierung eines Unternehmens abzielt, muss als Ausnahme für aussichtslose Fälle gelten. 28

Als erstes Mittel für angeschlagene Unternehmen sieht das WiGB eine Reihe von Präventivmaßnahmen und Vorinsolvenzverfahren vor, um finanzielle Schwierigkeiten rechtzeitig zu erkennen und zu lösen. Zweitens hat ein Schuldner, der sich in finanziellen Schwierigkeiten oder im Konkurs befindet, die Möglichkeit, eine gerichtliche Reorganisation (*„gerechtelijke reorganisatie"/„réorganisation judiciaire"*) zur Reorganisation oder Übertragung seines Unternehmens oder bestimmter Tätigkeiten zu beantragen (→ Rn. 116). 29

Das Konkursverfahren ist das letzte Mittel der Wahl und sollte nur dann eröffnet werden, wenn vorbeugende Maßnahmen oder eine gerichtliche Reorganisation keine Rettung mehr bieten können (→ Rn. 57). In bestimmten Fällen kann eine insolvente Gesellschaft auch ohne Eröffnung eines Konkursverfahrens aufgelöst und liquidiert werden. 30

2.2.3 Insolvenzverfahren für Privatpersonen

Eine Privatperson, die nicht als Unternehmer gilt, kann, wenn sie dauerhaft nicht in der Lage ist, ihre fälligen oder vorhersehbar fällig werdenden Schulden zu begleichen, einen Antrag auf kollektive Schuldenregelung (*„collectieve schuldenregeling"/„règlement collectif de dettes"*) stellen mit dem Ziel, mit ihren Gläubigern unter Aufsicht des Gerichts einen gütlichen Schuldenvergleichsplan zu vereinbaren.[10] Die Privatperson darf nicht offensichtlich selbst auf die Überschuldung zugesteuert haben.[11] Gläubiger können keinen Antrag auf kollektive Schuldenregelung eines Schuldners stellen. 31

Damit dem Antrag auf kollektive Schuldenregelung stattgegeben wird, muss der Schuldner über unzureichende Mittel und unzureichendes Einkommen zur Befriedigung seiner Gläubiger verfügen, und seine Schuldenlast insgesamt muss das Vermögen, mit dem er für seine Verbindlichkeiten einsteht, übersteigen. Das Gericht kann die kollektive Schuldenregelung gegebenenfalls ablehnen, wenn der Schuldner wertvolle Aktiva besitzt, deren Verkauf den Schuldner in eine Position bringen würden, in der er seine Schulden begleichen kann.[12] 32

Der Schuldner muss auf dauerhafte und strukturelle Weise überschuldet sein, damit er die kollektive Schuldenregelung beanspruchen kann. Für zeitweilige Zahlungsschwierigkeiten kann durch ein Gericht außerhalb des Rahmens einer kollektiven Schuldenregelung ein Zahlungsaufschub gemäß dem Bürgerliches Gesetzbuch[13] oder ein Zahlungsaufschub gemäß der Gesetzgebung hinsichtlich Verbraucherkredite[14] oder der Gesetzgebung hinsichtlich Hypothekärer Kredite[15] zugestanden werden. 33

Wenn keine Einigung mit den Gläubigern erzielt wird, kann das Gericht per Gerichtsurteil einen verbindlichen gerichtlichen Schuldenbereinigungsplan vorschreiben.[16] Der gerichtliche Schuldenbereinigungsplan kann, soweit die Gleichheit der Gläubiger respektiert wird, unter anderem einen Aufschub oder einen geänderten Zahlungsplan für die Schulden, Zinsen und Kosten, sowie die Senkung von vertraglichen Zinssätzen auf den gesetzlichen Zinssatz und einen kompletten oder teilweisen Erlass von Aufschubzinsen, Aufschubsvergütungen und Aufschubskosten, beinhalten.[17] 34

---

[9] Art. 1675/2 des Gerichtsgesetzbuches und Art. 254 des Gesetzes zur Reform des Handelsrechts (*„Wet houdende hervorming van het ondernemingsrecht"/„Loi portant réforme du droit des entreprises"*) v. 15.4.2018, B.S. 27.4.2018, 36878.
[10] Art. 1675/2 und nachfolgende Gerichtsgesetzbuch.
[11] Art. 1675/2 Gerichtsgesetzbuch.
[12] Kassationshof, 15.1.2010, JLMB 2010, 1595.
[13] Art. 1244, Abs. 2 Bürgerliches Gesetzbuch.
[14] Art. VII.107, § 1 WiGB.
[15] Art. VII.147/24 WiGB.
[16] Art. 1675/3, Abs. 2 Gerichtsgesetzbuch.
[17] Art. 1675/12 Gerichtsgesetzbuch.

Falls diese Maßnahmen nicht ausreichen, kann das Gericht beschließen, Schulden ganz oder teilweise zu erlassen.[18] Güter, die verpfändet wurden, müssen in jedem Fall verwertet werden.

35   Die Laufzeit des gerichtlichen Schuldenbereinigungsplans wird in der gerichtlichen Entscheidung festgelegt und beträgt drei bis fünf Jahre.[19]

36   Schulden aus Unterhaltsverpflichtung, Schadensersatz für Körperverletzung, Restschulden nach einem vorhergehenden Konkurs des Schuldners und strafrechtliche Bußgelder[20] können prinzipiell nicht erlassen werden.[21]

37   In Ausnahmefällen, wenn deutlich ist, dass kein gütlicher oder gerichtlicher Schuldenbereinigungsplan möglich ist, weil der Schuldner über unzureichende Mittel verfügt, kann das Gericht per Gerichtsverfügung einen vollständigen Schuldenerlass beschließen.[22] Wenn die Bestimmungen des Schuldenregelungsplans nicht eingehalten werden sowie in bestimmten Fällen von Täuschung und Absicht des Schuldners, kann die gerichtliche Entscheidung zur Genehmigung der kollektiven Schuldenregelung oder des Schuldbereinigungsplans durch das Gericht widerrufen werden.[23] Nach einem Widerruf, gilt eine Wartezeit von fünf Jahren, in der kein neuer Antrag auf kollektive Schuldenregelung durch den Schuldner gestellt werden kann.[24]

38   Verfahren zur kollektiven Schuldenregelung werden vor den Arbeitsgerichten durchgeführt. Das wichtigste Organ dieses Verfahrens ist der gerichtlich bestellte Schuldenvermittler (*„schuldbemiddelaar"/ „médiateur de dettes"*).

2.3 Präventive Restrukturierung (Vorinsolvenzlich),[25] Frühwarnsysteme

39   Buch XX der WIGB enthält einen Rechtsrahmen für die Identifizierung und Beobachtung von Unternehmen in finanziellen Schwierigkeiten.[26]

40   Um das Überleben von Unternehmen in Schwierigkeiten zu sichern und Gläubiger zu schützen, sind bei den Unternehmensgerichten (*„ondernemingsrechtbank"/ „cour d'entreprise"*) Kammern für Unternehmen in Schwierigkeiten (*„kamers voor ondernemingen in moeilijkheden"/ „chambres des entreprises en difficulté"*) eingerichtet, die als Frühwarnsysteme funktionieren. Die Kammern sammeln nützliche Informationen und Daten über Unternehmen, wie zB Steuerschulden, Sozialversicherungsschulden, Versäumnisurteile, Urteile über die Beendigung von gewerblichen Mietverhältnissen usw.

41   Externe Wirtschaftsprüfer, Steuerberater und Abschlussprüfer müssen das Unternehmen oder dessen Geschäftsleitung informieren, wenn sie feststellen, dass wichtige und miteinander übereinstimmende Tatsachen, die die Kontinuität des Unternehmens gefährden, vorliegen. Externe Wirtschaftsprüfer, Steuerberater und Abschlussprüfer haben auch die Möglichkeit (jedoch keine Verpflichtung), den Vorsitzenden des Unternehmensgerichts zu informieren, wenn der Schuldner nicht innerhalb eines Monats ab Zeitpunkt der Warnung die notwendigen Maßnahmen ergreift, um die Kontinuität seiner Geschäftstätigkeit für einen Zeitraum von mindestens 12 Monaten sicherzustellen.

42   Liegen ausreichende Daten vor, um davon ausgehen zu können, dass sich ein Unternehmen in finanziellen Schwierigkeiten befindet, die seine Kontinuität gefährden, wird die Kammer eine Handelsuntersuchung einleiten. Im Rahmen der Handelsuntersuchung wird die Situation des Schuldners beobachtet und der Schuldner dazu ermutigt, die ihm zur Verfügung stehenden Mittel zur Rettung seines Unternehmens in Gang zu setzen.

43   Der Fokus liegt auf Präventionsmechanismen, dh Unternehmen in finanziellen Schwierigkeiten werden identifiziert und anschließend eventuell gerichtliche Maßnahmen ergriffen. Wenn Unternehmen jedoch nicht auf die Einladung der Kammern reagieren und/oder wenn die Handelsuntersuchung ergibt, dass sich das Unternehmen in ernsthaften Schwierigkeiten befindet, kann die Kammer beschließen, entweder (i) die Akte an den Staatsanwalt zu senden (der einen Antrag auf Eröffnung eines Konkursverfahrens stellen kann), (ii) die Akte an den Vorsitzenden des Gerichts zu senden (der einen vorläufigen Verwalter bestellen kann) oder (iii) ein gerichtliches Liquidationsverfahren zu eröffnen, wenn die rechtlichen Voraussetzungen erfüllt sind.

44   Das WiGB sieht die Möglichkeit vor, vorläufige Verwalter (*„voorlopig bewindvoerder"/ „administrateur provisoire"*) zu bestellen. Die Pflichten und Befugnisse dieser Verwalter werden vom Unterneh-

---

[18] Art. 1675/13, § 1 Gerichtsgesetzbuch.
[19] Art. 1675/13, § 2 Gerichtsgesetzbuch.
[20] Kassationshof, 21.11.2016, RW 2017-18, 99.
[21] Art. 1675/13, § 3 Gerichtsgesetzbuch.
[22] Art. 1675/13 Gerichtsgesetzbuch.
[23] Art. 1675/15, § 1 Gerichtsgesetzbuch.
[24] Art. 1675/2, letzter Abs. Gerichtsgesetzbuch.
[25] Die Regeln zu präventiven Maßnahmen sind in den Art. XX.21 bis XX.38 WIGB enthalten.
[26] Art. XX.21 bis XX.29 WIGB.

mensgericht festgelegt und hängen von dem Ernst der Vorwürfe gegen die Geschäftsführung des Unternehmens ab.

Auf Antrag des Unternehmens kann das Unternehmensgericht auch einen Unternehmensvermittler *("ondernemingsbemiddelaar"/„médiateur d'entreprise")* bestellen, der versuchen muss, die Reorganisation der Aktivitäten, Schulden und Vermögenswerte zu ermöglichen.[27] 45

Das Unternehmen kann darüber hinaus eine außergerichtliche gütliche Einigung *(„minnelijk akkoord"/„accord à l'amiable")* mit (mindestens) zwei seiner Gläubiger vorschlagen.[28] Eine gütliche Einigung bedarf der Schriftform und es muss begründet werden, wie ihre Verwendung zur erfolgreichen Reorganisation des Unternehmens beiträgt. Der Inhalt kann vertraulich bleiben. Die gütliche Einigung wird bei dem Unternehmensgericht registriert und hinterlegt. Auf Antrag der Partei kann das Unternehmensgericht die gütliche Einigung der Parteien homologieren *(„homologatie"/ „homologation")*. 46

Wie vorstehend in → Rn. 21 erläutert, wird die Umsetzung der EU-Richtlinie über präventive Restrukturierung hier wahrscheinlich keine (größeren) Gesetzesänderungen mit sich bringen. 47

2.4 Finanzielle Restrukturierung

Das belgische Insolvenzrecht unterscheidet nicht zwischen Situationen, in denen ein in Schwierigkeiten geratenes Unternehmen durch eine reine finanzielle Restrukturierung im Gegensatz zu einer vollständigen operativen Restrukturierung saniert wird. Die außergerichtliche gütliche Einigung und die im Rahmen eines gerichtlichen Reorganisationsverfahrens getroffenen gütlichen oder kollektiven Einigungen können sowohl operative Restrukturierungsmaßnahmen als auch finanzielle Restrukturierungsmaßnahmen umfassen. 48

2.5 Spezielle Regelungen für Insolvenzen von Finanzinstituten, Versicherungsunternehmen

Kreditinstitute und Versicherungsunternehmen sowie bestimmte andere regulierte Unternehmen des Finanzsektors (zB bestimmte Fondsmanager, Clearing- und Abwicklungsgesellschaften, Pensionsfonds und Finanzholdings) unterliegen grundsätzlich dem allgemeinen Rechtsrahmen für Insolvenzen von Unternehmen, wie er in Buch XX der WiGB festgelegt ist. Die Bestimmungen über Vorinsolvenzmaßnahmen und das gerichtliche Reorganisationsverfahren gelten jedoch nicht für sie.[29] Der allgemeine Rechtsrahmen wird darüber hinaus durch die im Bankengesetz und im Versicherungsunternehmensgesetz festgelegten speziellen Regelungen für Kreditinstitute und Versicherungsunternehmen ergänzt. 49

Die Belgische Nationalbank ist für die Mikro-Aufsicht über Finanzinstitute und Versicherungsunternehmen zuständig.[30] Im nationalen Kontext fungiert die Belgische Nationalbank als Liquidationsbehörde im Rahmen der Liquidation eines Kreditinstituts.[31] Die Belgische Nationalbank ist auch für die Überwachung von Maßnahmen zur Wiederherstellung der Finanzlage von Versicherungsunternehmen zuständig.[32] 50

2.6 Konzerninsolvenzen

Die belgische Rechtsordnung enthält keine besonderen Bestimmungen über die Insolvenz von Gesellschaftsgruppen. 51

Kapitel 5 der Verordnung (EU) 2015/848 des Europäischen Parlaments und des Rates vom 20.5.2015 über Insolvenzverfahren (Neufassung) enthält Regelungen um (innerhalb der EU) mit Insolvenzverfahren von Mitgliedern einer Gesellschaftsgruppe zu verfahren.[33] 52

2.7 Verbraucherinsolvenzverfahren

Wie bereits in → Rn. 23 erwähnt, unterscheidet das belgische Insolvenzrecht zwischen Insolvenzen von Unternehmen *(„onderneming"/„entreprise")*, die juristische Personen, Selbständige und Organisationen ohne Rechtspersönlichkeit sein können, und Privatpersonen, die nicht als Unternehmen gelten. 53

---

[27] Art. XX.36 WIGB.
[28] Art. XX.37 WIGB.
[29] Art. XX.1, § 2 WIGB.
[30] Art. 134 Bankrecht und Art. 303 Versicherungsunternehmensgesetz.
[31] Art. 3, 52° Bankengesetz.
[32] Art. 504 und nachfolgende Versicherungsunternehmensgesetz.
[33] S. hierzu die Kommentierung der EuInsVO in diesem Band.

Belgien 54–61

54 Das Insolvenzregime für selbständige natürliche Personen, die als Unternehmen eingeordnet werden können, ist dem für andere Unternehmen sehr ähnlich. Eine besondere Regel die nur für natürliche Personen gilt, ist die Möglichkeit, eine Restschuldbefreiung für die nach der Verwertung der Konkursmasse verbleibenden Schulden zu erhalten.[34] Der Schuldner muss dazu innerhalb von 3 Monaten ab Veröffentlichung des Konkursurteils einen Antrag auf Restschuldbefreiung stellen.[35] Der Konkursverwalter hat die Möglichkeit, einen Bericht über die Umstände, die zum Konkurs beigetragen haben, abzufassen, der zur Feststellung von schweren und schwerwiegenden Fehlern führen kann. Das Gericht entscheidet spätestens zum Zeitpunkt des Abschlusses des Konkurses über die Restschuldbefreiung. Bereits ab dem siebten Monat nach der Konkurseröffnung kann der Schuldner das Gericht auffordern, vorzeitig über die Restschuldbefreiung zu entscheiden. Wenn das Gericht daraufhin keine Entscheidung trifft, kann der Schuldner eine Begründung des Gerichts hierfür verlangen.

55 Personen mit berechtigtem Interesse, einschließlich **der Konkursverwalter** und die Staatsanwaltschaft, können nach Eröffnung des Konkursverfahrens die komplette oder teilweise Verweigerung der Restschuldbefreiung beantragen, wenn schwere und schwerwiegende Fehler, die zum Konkurs beigetragen haben, vorliegen.[36] Nachdem die Restschuldbefreiung erteilt wurde, können Personen mit berechtigtem Interesse noch bis zu drei Monate nach Veröffentlichung des Gerichtsurteils zur Restschuldbefreiung Einspruch gegen das Urteil einlegen.

56 Wie vorstehend in → Rn. 21 erläutert, ist nicht zu erwarten, dass die EU-Richtlinie über präventive Restrukturierung zu (größeren) Gesetzesänderungen in dieser Hinsicht führen wird.

3. Wesentliche Verfahrensmerkmale des Konkursverfahrens („*failissement*"/„*failite*")

3.1 Eröffnung des Verfahrens

3.1.1 Eröffnungsgründe

3.1.1.1 Prüfung der Eröffnungsgründe

57 Voraussetzung für die Eröffnung eines Konkursverfahrens („*failissement*"/„*failite*") ist die Zahlungseinstellung („*staking van betaling*"/„*cessation des paiements*") und die Kreditunwürdigkeit („*geschokt krediet*"/„*ébranlement du credit*").[37]

58 Ob der Schuldner die Zahlungen eingestellt hat, ist anhand der Umstände des Einzelfalls zu beurteilen. Ein Unternehmen ist daher nicht automatisch im Konkurs, wenn es überschuldet ist, dh wenn seine Schulden sein Vermögen übersteigen.

59 Der belgische Kassationshof („*Hof van Cassatie*"/„*Cour de Cassation*") ist der Ansicht, dass sich ein Unternehmen, das zahlungsunfähig ist, aber außerhalb des Konkursverfahrens aufgelöst und liquidiert wurde, nicht unbedingt in einem Konkurs befindet und dennoch als kreditwürdig angesehen werden kann, wenn ein ausreichender Teil seiner Schuldner auf der Grundlage korrekter Informationen das Vertrauen in das Liquidationsverfahren behält.[38] Diese Rechtsprechung ermöglicht es in bestimmten Fällen, ein Konkursverfahren zu vermeiden und sich für eine defizitaire Liquidation („*deficitaire vereffening*"/„*liquidation déficitaire*") einer dauerhaft insolventen Gesellschaft zu entscheiden.

3.1.1.2 Antragspflicht bei Vorliegen von Eröffnungsgründen; Folgen der Verletzung der Antragspflicht

60 Wenn Zahlungseinstellung und Kreditunwürdigkeit vorliegen, muss ein Schuldner innerhalb eines Monats Konkurs anmelden.[39] Die Verpflichtung zum Konkursantrag wird jedoch ab dem Tag der Einreichung eines Antrags auf gerichtliche Reorganisation und während der gesamten Dauer des Aufschubs („*opschorting*"/„*suspension*") im Zusammenhang mit der gerichtlichen Reorganisation („*gerechtelijke reorganisatie*"/„*réorganisation judiciaire*") ausgesetzt (→ Rn. 116).[40]

61 Wer den Konkurs nicht rechtzeitig beantragt, kann sowohl strafrechtlich als auch zivilrechtlich haftbar gemacht werden (zB aufgrund von Konkursverschleppungshaftung, → Rn. 218).

---

[34] Art. XX.173 und XX.174 WIGB.
[35] Art. XX.173, § 2 WIGB.
[36] Art. XX.173, § 3 WIGB.
[37] Art. XX.99 Abs. 1 WIGB.
[38] Kassationshof, 18.2.2005, RW 2006-07, 134.
[39] Art. XX.102 Abs. 1 WIGB.
[40] Art. XX.102 Abs. 4 WIGB.

3.1.2 Antragsbefugnis

Das Konkursverfahren wird nach Eingeständnis („*bekentenis*"/„*aveu*") des Schuldners oder auf **62** Antrag eines oder mehrerer Gläubiger, der Staatsanwaltschaft, eines vorläufigen Verwalters oder im Falle eines grenzüberschreitenden Konkurses auf Antrag des Konkursverwalters des Hauptverfahrens eröffnet.[41]

3.2 Rolle der Gerichte (oder anderer Behörden Gerichten ähnliche Funktionen im Verfahren haben, zB Handelskammern)

Der Konkurs wird durch ein Urteil des Unternehmensgerichts („*ondernemingsrechtbank*"/„*cour* **63** *d'entreprise*") festgestellt, wenn die Voraussetzungen erfüllt sind und das Verfahren ordnungsgemäß eingeleitet wurde. Zuständig ist das Unternehmensgericht des Ortes, an dem der Schuldner am Tag der Zulassung oder Einleitung des Verfahrens seinen Wohnsitz oder Gesellschaftssitz hat, oder im Falle einer Verlegung des Wohnsitzes oder Gesellschaftssitzes bis zu einem Jahr vor dem Antrag auf Eröffnung des Konkursverfahrens, seinen Wohnsitz oder Gesellschaftssitz hatte.

Gegebenenfalls kann das Gericht seine Entscheidung aussetzen, um es dem Schuldner zu ermög- **64** lichen, eine gerichtliche Reorganisation zu beantragen, oder um dem Schuldner, der Staatsanwaltschaft oder einem interessehabenden Dritten mit berechtigtem Interesse die Möglichkeit zu geben, eine Übertragung unter der Aufsicht des Gerichts zu beantragen.

Ein Auszug aus dem Konkursurteil wird im Belgischen Staatsblatt („*Belgisch Staatsblad*"/„*Moni-* **65** *teur Belge*") veröffentlicht.

3.3 Verwalter

Das Unternehmensgericht bestellt einen Konkursrichter („*rechter-commissarisis*"/„*juge-commis-* **66** *saire*") und einen oder mehrere Konkursverwalter („*curator*"/„*curateur*") im Konkursurteil.[42]

Als neutrale Partei vertritt der Konkursverwalter sowohl die Interessen des in Konkurs gegange- **67** nen Schuldners als auch die aller Gläubiger. Der Konkursverwalter muss die Vermögenswerte, die sich in der Konkursmasse befinden, verwerten und die Schulden durch Ausschüttungen an die Gläubiger begleichen. Bei der Erfüllung seiner Aufgaben ist er mit allen notwendigen Befugnissen ausgestattet. Einige Vorgänge von besonderer Bedeutung, wie zB die Fortführung des Unternehmens, müssen jedoch vom Konkursrichter und/oder vom Gericht genehmigt werden. Es gibt keine rechtliche Basis für die Einrichtung eines Gläubigerausschusses, der sich aus Vertretern der verschiedenen Gläubigergruppen bildet.

Der Konkursrichter ist für die Beschleunigung des Konkurses und die Überwachung der Liqui- **68** dationsschritte zuständig. Darüber hinaus gewährt ihm das Gesetz besondere Befugnisse, wie zB die Anordnung oder Genehmigung von dringenden Maßnahmen.

3.4 Verwaltung und Verwertung der Masse

Ab dem Tag des Konkursverfahrens wird dem Schuldner automatisch die Verwaltung seines **69** Vermögens entzogen.[43] Diese Regel verhindert, dass der Schuldner die Zusammensetzung seines Vermögens ändert und kreiert eine Konkursmasse („*failliete boedel*"/„*masse de la faillite*").

Als Folge des Konkursverfahrens wird eine Konkursmasse gebildet. Nicht-fällige Schulden **70** werden fällig und Zinsen wachsen im Verhältnis zur Masse nicht weiter an.[44] Masseschulden („*boedelschulden*"/„*dettes de masse*") (→ Rn. 96) und bestimmte andere bevorrechtigte Schulden sind nicht in der Konkursmasse enthalten und werden vor jeder Verteilung an die Gläubiger bezahlt.[45]

Das Vermögen der Konkursmasse wird am Ende des Konkursverfahrens auf die nicht bevorzug- **71** ten Gläubiger im Verhältnis zu ihren Forderungen verteilt. Ausschüttungen finden jedoch erst nach Zahlung der Masseschulden und bestimmter anderer bevorrechtigter Schulden statt.

Das Unternehmensgericht stellt den Zeitpunkt der Zahlungseinstellung („*staking van betaling*"/ **72** „*cessation des paiements*") in seinem Konkursurteil oder in einem späteren Urteil fest.[46] Der vom Gericht festgelegte Zeitpunkt der Zahlungseinstellung kann ausnahmsweise dem Datum des Konkursurteils vorausgehen, aber in der Regel handelt es sich um das gleiche Datum. Im Prinzip darf das Datum der Zahlungseinstellung nicht mehr als sechs Monate vor dem Konkursurteil liegen.

---

[41] Art. XX.100 Abs. 1 WIGB.
[42] Art. XX.104 WIGB.
[43] Art. XX.110, § 1 WIGB.
[44] Art. XX.116 und XX.117 WIGB.
[45] Art. XX.192 WIGB.
[46] Art. XX.105 WIGB.

Belgien 73–82

73 Der eventuelle Zeitraum zwischen der Zahlungseinstellung und dem Konkursurteil wird als verdächtiger Zeitraum („*verdachte periode*"/„*période suspecte*") bezeichnet. Einige außergewöhnliche Transaktionen sind nicht wirksam gegenüber der Konkursmasse, wenn der Schuldner sie nach dem Datum der Zahlungseinstellung durchgeführt hat.[47] Zu diesen außergewöhnlichen Transaktionen gehören beispielsweise unentgeltliche Transaktionen, Transaktionen, die eindeutig nicht zu marktüblichen Bedingungen durchgeführt wurden, Zahlungen von nicht fälligen Schulden, Zahlungen von fälligen Forderungen anders als in Bar oder per Wechsel, und die Gewährung neuer Sicherheiten für bereits bestehende Forderungen. Andere Zahlungen und Transaktionen, die während des verdächtigen Zeitraums durchgeführt wurden, können der Masse gegenüber als unwirksam gelten, wenn die Dritten, mit denen der Schuldner gehandelt hat, wussten, dass der Schuldner die Zahlungen zum Zeitpunkt der Handlung bereits eingestellt hatte.[48] Schließlich sind alle Handlungen und Zahlungen, die mit der Absicht vorgenommen werden, auf betrügerische Weise Gläubiger zu benachteiligen, der Masse gegenüber unwirksam, unabhängig davon, zu welchem Zeitpunkt sie durchgeführt wurden.[49]

74 Ist bereits deutlich, dass das Vermögen nicht ausreicht, um die voraussichtlichen Kosten des Konkursverfahrens zu decken, kann das Gericht das Konkursverfahren sofort beenden.[50] Einen Monat nach der Veröffentlichung dieser Entscheidung im Belgischen Staatsblatt („*Belgisch Staatsblad*"/„*Moniteur Belge*") können die Gläubiger ihre Forderungen individuell eintreiben.

75 Wird nicht festgestellt, dass das Vermögen eindeutig unzureichend ist, beginnt der Konkursverwalter mit der Verwertung der Masse, nachdem alle Forderungen zuerst auf definitive Weise akzeptiert oder abgelehnt wurden.

3.5 Fortführung durch den Schuldner oder Verwalter

76 Ab dem Tag des Konkursverfahrens verliert der Schuldner die Befugnis, sein Unternehmen zu führen.[51]

77 Der Konkursverwalter kann beschließen, bestimmte Aktivitäten vorübergehend unter seiner Führung und Aufsicht fortzusetzen,[52] zB mit dem Ziel einen Teil des Unternehmens ‚*in going concern*' zu übertragen. In der Praxis ist eine solche Fortführung der Aktivitäten eher außergewöhnlich.

3.6 Sicherungsmaßnahmen vor Verfahrenseröffnung

78 → *Rn. 80* für einen Überblick über präventive Maßnahmen außerhalb von Reorganisations- und Konkursverfahren und → *Rn. 83* über die Unwirksamkeit bestimmter Handlungen, die während des verdächtigen Zeitraums oder in betrügerischer Absicht vorgenommen wurden.

79 Ist ein Konkursantrag eingereicht worden, kann das Unternehmensgericht, das über die Eröffnung des Konkursverfahrens zu entscheiden hat, den Schuldner schon vor dem Konkursurteil von der Verwaltung seines Vermögens ausschließen und einen vorläufigen Verwalter („*voorlopig bewindvoerder*"/„*administrateur provisoire*") bestellen, wenn dies erforderlich erscheint und wenn es Hinweise darauf gibt, dass die Voraussetzungen für den Konkurs erfüllt sind.[53]

3.7 Wirkungen der Verfahrenseröffnung auf Rechtsverfolgungsmaßnahmen einzelner Gläubiger

80 Laufende Gerichtsverfahren und Vollstreckungsverfahren müssen gegen den Konkursverwalter weitergeführt werden.[54]

81 Die individuellen Vollstreckungsrechte von nicht bevorrechtigten Gläubigern und Gläubigern mit einem allgemeinen Vorzugsrecht („*algemeen voorrecht*"/„*privilège général*") werden ab dem Datum des Konkursurteils und während des gesamten Konkursverfahrens ausgesetzt.[55] Auch Pfändungen von beweglichen Gütern, die vor dem Konkursverfahren vorgenommen wurden, werden ausgesetzt.[56]

82 Grundsätzlich sind die Vollstreckungsrechte der gesicherten Gläubiger (zB Pfandgläubiger) bis zum ersten Bericht über die Prüfung der Forderungen („*proces-verbaal van de verificatie van de schuldvor-*

---

[47] Art. XX.111 WIGB.
[48] Art. XX.112 WIGB.
[49] Art. XX.114 WIGB.
[50] Art. XX.135 WIGB.
[51] Art. XX.110, § 1 WIGB.
[52] Art. XX.139 WIGB.
[53] Art. XX.32 WIGB.
[54] Art. XX.118 WIGB.
[55] Art. XX.118 WIGB.
[56] Art. XX.102, § 1, Abs. 1 WIGB.

deringen"/"procès-verbal de vérification des créances") ausgesetzt.⁵⁷ Auf Antrag des Konkursverwalters kann die Aussetzungsfrist bis zu einem Jahr nach dem Konkursurteil verlängert werden. Die Pfandgläubiger können ihre Sicherheit nach Ablauf der Aussetzungsfrist durchsetzen.

3.8 Wirkungen der Verfahrenseröffnung auf laufende Gerichts- oder Schiedsverfahren

Gerichtsverfahren hinsichtlich Massegegenständen werden bis zum ersten Bericht über die Prüfung der Forderungen ausgesetzt.⁵⁸ Die Gegenpartei kann ihre strittige Forderung einreichen, und wenn der Konkursverwalter in seinem ersten Bericht über die Prüfung der Forderungen die Forderung der Gegenpartei akzeptiert, wird das Verfahren gegenstandslos und endet. Bestreitet der Konkursverwalter die Forderung ganz oder teilweise, wird das Verfahren fortgesetzt. Das WiGB enthält keine ausdrückliche gesetzliche Regelung für anhängige Schiedsverfahren. Angesichts der zwingenden Art des belgischen Insolvenzrechts sollten die gleichen Grundsätze gelten wie für Gerichtsverfahren.

3.9 (Automatisches) oder gerichtlich anzuordnendes Moratorium

Die Aussetzung der Vollstreckungsrechte ab dem Konkursurteil erfolgt automatisch.

3.10 Organe der Gläubiger

Der Konkursverwalter ist eine neutrale Partei, die sowohl die Interessen des Konkursschuldners als auch die aller Gläubiger vertritt.

Die Rolle der Gläubiger während des Konkursverfahrens beschränkt sich daher auf die Überwachung der Konkursakte,⁵⁹ einschließlich der Zwischenberichte des Konkursverwalters, und die eventuelle Anfechtung von Entscheidungen des Konkursverwalters bezüglich seiner Forderung.

Die Gläubiger werden nur einmal zu einer Sitzung einberufen, am Ende des Konkursverfahrens, wenn alle Streitigkeiten über die Forderungen beigelegt sind und die Liquidation der Masse abgeschlossen ist.⁶⁰ Es gibt keine rechtliche Basis für die Einrichtung eines Gläubigerausschusses, der sich aus Vertretern der verschiedenen Gläubigergruppen bildet.

3.11 Forderungsanmeldung, Feststellung oder Bestreiten von Forderungen

Im Konkursurteil bestimmt das Gericht Datum und Ort der (ersten) Prüfung der Forderungen (*„verificatie van schuldvorderingen"/„vérification des créances"*).⁶¹ Es fordert die Gläubiger ferner auf, ihre Forderungen innerhalb einer bestimmten Frist einzureichen, die dreißig Tage nach dem Datum des Konkursverfahrens nicht überschreiten darf.⁶²

Die Gläubiger werden durch die Veröffentlichung eines Auszugs aus dem Konkursurteil im Belgischen Staatsblatt (*„Belgisch Staatsblad"/„Moniteur Belge"*) über das Konkursurteil informiert. Der Konkursverwalter muss die Gläubiger, soweit ihm bekannt, auch einzeln über das Konkursverfahren, die Frist für die Einreichung von Forderungen sowie über Datum und Ort der ersten Prüfung der Forderungen informieren.⁶³

Alle Gläubiger, sowohl gesicherte als auch ungesicherte, müssen ihre Forderungen vor dem im Konkursurteil angegebenen Zeitpunkt anmelden. Gläubiger mit Sitz außerhalb der Europäischen Union müssen eine Zustelladresse im Bezirk des Gerichts wählen, das das Konkursverfahren eröffnet hat.⁶⁴

Die Einreichung erfolgt durch Hinterlegung einer Forderungserklärung bei der Kanzlei des zuständigen Unternehmensgerichts (*„Ondernemingsrechtbank"/„Cour d'entreprise"*) oder über die Regsol-Internetplattform.

Hat ein Gläubiger seine Forderung nicht vor dem im Konkursurteil genannten Tag eingereicht, dann kann er mit seiner Forderung verbundene Vorrechte nicht geltend machen und seine Forderung wird bei der Verteilung der Masse nicht berücksichtigt.⁶⁵

Allerdings können die Gläubiger ihre Forderung noch bis zu dem Tag, an dem die Gläubiger zur Gläubigersitzung einberufen werden, oder, wenn der Tag der Einberufung ein Jahr oder mehr nach dem Konkursurteil liegt, bis zu dem Tag vor dem ersten Jahrestag des Konkursurteils, einrei-

---

⁵⁷ Art. XX.121 WIGB.
⁵⁸ Art. XX.119 WIGB.
⁵⁹ Art. XX.131, § 2 WIGB.
⁶⁰ Art. XX.170 WIGB.
⁶¹ Art. XX.104 Abs. 3 WIGB.
⁶² Art. XX.104 Abs. 2 WIGB.
⁶³ Art. XX.155, § 1 Abs. 2 und 3 WIGB.
⁶⁴ Art. XX.157 WIGB.
⁶⁵ Art. XX.155, § 1 Abs. 1 und XX.165 WIGB.

chen.⁶⁶ Bereits erfolgte Ausschüttungen bleiben von den verspätet eingereichten Forderungen unberührt. Diese Forderungen können nur an dem noch nicht ausgeschütteten Teil der Masse beteiligt sein, und die Gläubiger müssen die Kosten für die Prüfung ihrer Forderungen tragen.

94 Nachdem die Forderungen geprüft wurden, wird ein (oder werden mehrere) Bericht(e) über die Prüfung der Schuldforderungen („*proces-verbaal van de verificatie van de schuldvorderingen*"/„*procès-verbal de vérification des créances*") vom Konkursverwalter erstellt.

95 Die Gläubiger (und der Schuldner) können die Feststellungen des Konkursverwalters innerhalb eines Monats ab dem Tag, an dem der Bericht über die Prüfung der Forderungen eingereicht werden musste, vor dem Unternehmensgericht anfechten.⁶⁷ Wenn möglich, werden alle Streitigkeiten durch das Gericht in einem einzigen Urteil entschieden.⁶⁸

3.12 Verteilung der Masse

3.12.1 Massegläubiger

96 Forderungen, die nach der Eröffnung des Konkursverfahrens entstehen und vom Konkursverwalter als Verwalter der Konkursmasse begründet wurden, gelten als Masseschulden („*boedelschulden*"/„*dettes de masse*") und sind nicht in der Konkursmasse enthalten und werden vor jeder Verteilung der Masse bezahlt.⁶⁹ Die Kosten und die Vergütung des Konkursverwalters gelten ebenfalls als Masseschulden.

97 Wenn ein Schuldner nach einem erfolglosen Versuch einer gerichtlichen Reorganisation in Konkurs geht, können Forderungen aus Dienstleistungen oder Waren, die dem Schuldner im Rahmen des gerichtlichen Reorganisationsverfahrens geliefert wurden, als Masseschulden im Rahmen des nachfolgenden Konkurses geltend gemacht werden.⁷⁰

3.12.2 Bevorrechtige Gläubiger

98 Das Rangverhältnis der Gläubiger im Falle eines Konkurses ist nach belgischem Recht eine komplizierte Angelegenheit, eine umfassende Analyse dieser Frage würde den Rahmen dieses Berichts sprengen.⁷¹

99 Bevorrechtige Gläubiger (dh Gläubiger, an deren Forderung entweder ein Vorzugsrecht oder ein Sicherheitsrecht verbunden ist) stehen im Rangverhältnis vor nicht bevorrechtigten Gläubigern.

100 Vorzugsrechte („*voorrechten*"/„*privilèges*") sind von Sicherheitsrechten („*zekerheden*"/„*sûretés*") zu unterscheiden. Vorzugsrechte ergeben sich aus der Art der Schuldforderung eines Gläubigers (zB Steuerforderungen) und verleihen dem Vorzugsgläubiger das Recht, bei der Verteilung des Massevermögens gegenüber anderen Gläubigern bevorzugt zu werden. Es wird zwischen besonderen Privilegien („*bijzonder voorrecht*"/„*privilège spécial*") und allgemeinen Vorzugsrechten („*algemeen voorrecht*"/„*privilège général*") unterschieden. Besondere Vorzugsrechte stehen vor allgemeinen Vorzugsrechten.

101 Zu den allgemein bevorzugten Forderungen gehören zum Beispiel bestimmte Forderungen von Arbeitnehmern, Sozialversicherungsbehörden und Steuerbehörden.

102 Detailliertere Prioritätsregeln sind im Hypothekengesetz festgelegt. Im Schrifttum und in der Rechtsprechung sind auch Lösungen für spezifische Konflikte zwischen Gläubigern entwickelt worden. Beispielsweise (i) ergeben sich spezifische Rangfragen aus Eigentumsvorbehaltsklauseln, (ii) hat der unbezahlte Verkäufer einer Immobilie ein besonderes Vorzugsrecht auf diese Immobilie und (iii) haben unbezahlte Verkäufer von beweglichen Sachen, die sich noch im Besitz des Schuldners befinden, ein besonderes Vorzugsrecht auf diese bewegliche Sache.

3.12.3 Gesicherte Gläubiger

103 Gesicherte Gläubiger werden grundsätzlich bevorzugt aus den Vermögenswerten, die der Sicherheit zugrundeliegen, befriedigt.

---

66 Art. XX.165 WIGB.
67 Art. XX.162 WIGB.
68 Art. XX.163 WIGB.
69 Art. XX.139 Abs. 4 und Art. XX.192 WIGB.
70 Art. XX.58 WIGB.
71 S. weiterführend: M.E. STORME, „Samenloop en rangschikking van schuldvorderingen bij faillissement: algemene beginselen" in *Curatoren en vereffenaars: actuele ontwikkelingen IV*, Antwerpen, Intersentia, 2017, 157–210; E. DIRIX, „Zekerheden, eigendomsvoorbehoud en rangregeling" in *Curatoren en vereffenaars: actuele ontwikkelingen II*, 2010, 21–48; I. VEROUGSTRAETE, „Manuel de la faillite et du concordat", Brüssel, Kluwer, 2003, 445 – 548.

104 Haben verschiedene Gläubiger eine Sicherheit über das gleiche Gut, so hat in der Regel der Gläubiger, dessen Sicherheit zuerst begründet wurde (dh Drittwirksamkeit erlangt hat), Vorrang.

105 Werden mit einem Sicherungsrecht belastete Vermögensgegenstände vom Konkursverwalter verkauft, so zieht der Konkursverwalter den Überschuss zugunsten der Masse ein. Ein Gläubiger, der von einer erstrangigen Hypothek profitiert, kann das belastete unbewegliche Vermögen ab dem Zeitpunkt des ersten Berichts über die Prüfung von Forderungen (*„proces-verbaal van de verificatie van de schuldvorderingen"/„procès-verbal de vérification des créances"*) selbst verkaufen.[72] In allen anderen Fällen kann nur der Konkursverwalter die Initiative zum Verkauf von Immobilien ergreifen.

106 In der Praxis ergreift der Konkursverwalter meistens die Initiative für den Verkauf aller Vermögenswerte des Konkursschuldners.

3.12.4 Ungesicherte Gläubiger

107 Gläubiger, die kein Vorzugs- oder Sicherheitsrecht haben und deren Forderung in der Masse aufgenommen ist, werden ausgezahlt, nachdem (i) die Masseschulden, (ii) die Vergütungen für den täglichen Bedarf des Schuldners und seiner Familie und (iii) die Schulden der Gläubiger, die über Vorzugsrechte oder Sicherheitsrechte verfügen, beglichen wurden.[73]

108 Alle nicht-bevorrechtigten Gläubiger (mit Ausnahme von nachrangigen Gläubigern) sind gleichrangig.

3.12.5 Nachrängige Gläubiger

109 Die Parteien können vertraglich vereinbaren, einer bestimmten Forderung einen nachrangigen Status einzuräumen, wonach sie hinter den Forderungen gewöhnlicher nicht-bevorzugter Gläubiger zurückbleibt.

110 Einlagen in das Stammkapital oder das Eigenkapital einer Gesellschaft werden erst dann an die Gesellschafter zurückgezahlt, wenn alle anderen Schulden beglichen sind.

3.13 Abschluss von Verfahren

111 Wenn alle Streitigkeiten über die Forderungen beigelegt sind und die Verwertung der Masse abgeschlossen ist, beruft der Konkursverwalter alle Gläubiger und den Konkursschuldner zu einer Schlusssitzung ein.[74] Der Konkursrichter erlässt einen Beschluss über Zeitpunkt und Ort der Sitzung.

112 Zusammen mit der Einberufung erhalten die Gläubiger und der Schuldner einen vom Konkursverwalter erstellten vereinfachten Abschluss, in dem das Gesamtvermögen, die Kosten und die Vergütung des Konkursverwalters, die sonstigen Masseschulden (*„boedelschulden"/„dettes de masse"*) und die Verteilung auf die verschiedenen Gläubigerkategorien aufgeführt sind.

113 Der vereinfachte Abschluss wird in der Schlusssitzung diskutiert und finalisiert. Wenn der Abschluss einen Überschuss aufweist, wird dieser Überschuss verwendet, um die letzten Verteilungen an die Gläubiger und, wenn möglich, an den Konkursschuldner oder die Gesellschafter der in Konkurs geratenen Gesellschaft vorzunehmen.

114 Der Konkursrichter erstellt einen Bericht, auf dessen Grundlage das zuständige Unternehmensgericht den Abschluss des Konkurses anordnet.[75] Wenn es Streitigkeiten über den vereinfachten Abschluss gibt, entscheidet das Unternehmensgericht (*„ondernemingsrechtbank"/„cour d'entreprise"*) zunächst über diese Streitigkeiten. Das Urteil über den Abschluss des Konkursverfahrens wird im Belgischen Staatsblatt (*„Belgisch Staatsblad"/„Moniteur Belge"*) veröffentlicht.

115 Handelt es sich bei dem zahlungsunfähigen Schuldner um eine Gesellschaft, führt der Abschluss des Konkursverfahrens zur Auflösung mit sofortigem Abschluss der Liquidation der Gesellschaft.[76]

4. Wesentliche Verfahrensmerkmale des gerichtlichen Reorganisationsverfahrens, (*„gerechtelijke reorganisatie"/„réorganisation judiciaire"*)

4.1 Eröffnung des Verfahrens

4.1.1 Eröffnungsgründe

4.1.1.1 Einführung

116 Zweck des gerichtlichen Reorganisationsverfahrens (*„gerechtelijke reorganisatie"/„réorganisation judiciaire"*) ist es, die Geschäftstätigkeit unter Aufsicht des Gerichts zu sanieren, damit das in Schwie-

---

[72] Art. XX.193, § 1 WIGB.
[73] Art. XX.198 WIGB.
[74] Art. XX.170 WIGB.
[75] Art. XX.171 WIGB.
[76] Art. XX.172 WIGB.

rigkeiten befindliche Unternehmen, ein Teil davon oder ein Teil seiner Aktivitäten weiterhin bestehen können.

117 Ziel der gerichtlichen Reorganisation kann es sein, entweder (i) eine gütliche Einigung zwischen dem Schuldner und einigen seiner Gläubiger zu ermöglichen, (ii) dem Schuldner und den Gläubigern zu ermöglichen, eine kollektive Einigung über einen Reorganisationsplan zu schließen, oder (iii) die Übertragung des gesamten Unternehmens oder eines Teils davon auf einen oder mehrere Dritte unter der Aufsicht des Gerichts zu ermöglichen. Für jede Unternehmensaktivität oder jeden Teil einer Unternehmensaktivität kann ein eigenes Verfahrensziel gewählt werden, dieses kann während des gerichtlichen Reorganisationsverfahrens geändert werden.

4.1.1.2 Prüfung der Eröffnungsgründe

118 Ein gerichtliches Reorganisationsverfahren kann eröffnet werden, wenn der Fortbestand des Unternehmens unmittelbar oder in absehbarer Zeit gefährdet ist.[77] Laut Schrifttum bedeutet dies, dass die Schulden des Unternehmens derartig sind, dass die Weiterführung des Unternehmens schwierig oder unmöglich wird, wenn die Gläubiger ihre Forderungen eintreiben.

119 Es ist nicht erforderlich, nachzuweisen, dass die finanzielle Situation des Unternehmens saniert werden kann und dass eine erfolgreiche Restrukturierung des Unternehmens realistisch ist. Der Schuldner muss jedoch in seinem Antrag erläutern, wie die von ihm in Betracht gezogenen Maßnahmen und Vorschläge die Rentabilität und Solvabilität seines Unternehmens wiederherstellen können und den Abschluss eines Sozialplans und die Begleichung der Gläubigerforderungen ermöglichen.[78]

120 In der Rechtsprechung wurde in bestimmten Fällen die Einleitung des Reorganisationsverfahrens abgelehnt, weil kein Nachweis für (frühere) wirtschaftliche Aktivitäten erbracht wurde und es kein wirkliches Konzept für die Wiederherstellung der wirtschaftlichen Aktivitäten gab.[79]

121 Stellt ein Schuldner den Antrag, der bereits vor weniger als drei Jahren die Eröffnung eines gerichtlichen Reorganisationsverfahrens beantragt hat und dessen Antrag genehmigt wurde, kann das gerichtliche Reorganisationsverfahren nur eröffnet werden, wenn es darauf abzielt, das Unternehmen oder einen Teil der Aktivitäten unter der Aufsicht des Gerichts zu übertragen.[80] Der Aufschub („*opschorting*"/„*suspension*") gilt nicht, wenn ein gerichtliches Reorganisationsverfahren von einem Schuldner beantragt wurde, der in den letzten sechs Monaten bereits die gerichtliche Reorganisation beantragt hat (sofern nicht das Gericht beschließt, den Aufschub zu genehmigen).[81]

122 Stellt ein Schuldner, der bereits vor mehr als drei, aber weniger als fünf Jahren die Eröffnung eines gerichtlichen Reorganisationsverfahrens beantragt und genehmigt hat, den Antrag, so kann das neue Verfahren die im vorangegangenen Verfahren erzielten Rechte und Vorteile der Gläubiger nicht beeinträchtigen.[82]

4.1.1.3 Antragspflicht bei Vorliegen von Eröffnungsgründen; Folgen der Verletzung der Antragspflicht

123 Um das gerichtliche Reorganisationsverfahren einzuleiten, muss der Schuldner beim Unternehmensgericht („*ondernemingsrechtbank*"/„*cour d'entreprise*") einen Antrag stellen, in dem unter anderem die Tatsachen dargelegt werden, auf die sich sein Antrag stützt und aus denen hervorgeht, dass die Kontinuität seines Unternehmens gefährdet ist, und in dem auch das Ziel der Reorganisation dargelegt ist.[83] Die nachfolgenden Unterlagen müssen bei Gericht hinterlegt werden:[84]
1. eine Darlegung der Gegebenheiten, auf die sein Antrag gestützt ist und aus der hervorgeht, dass seiner Meinung nach der Fortbestand seines Unternehmens unmittelbar oder in absehbarer Zukunft gefährdet ist,
2. Angabe des Ziels oder der Ziele, für die er die Eröffnung des Reorganisationsverfahrens beantragt,
3. Angabe einer elektronischen Adresse, unter der er für die Dauer des Verfahrens der gerichtlichen Reorganisation zu erreichen ist und von der aus er den Empfang der Mitteilungen bestätigen kann,
4. die letzten zwei Jahresabschlüsse, die entsprechend der Satzung hätten hinterlegt sein müssen, und der möglicherweise noch nicht hinterlegte Jahresabschluss des letzten Geschäftsjahres oder, wenn der Schuldner eine natürliche Person ist, die letzten zwei Erklärungen zur Einkommensteuer der natürlichen Personen,

---

[77] Art. XX.45, § 1 WIGB.
[78] Art. XX.41, § 2 8° WIGB.
[79] ANTWERPEN, 27.7.2009, TBH 2009, 655–656; GENT, 25.6.2012, DAOR 2012, 369.
[80] Art. XX.45, § 5 Abs. 1 WIGB.
[81] Art. XX.45, § 5 Abs. 2 WIGB.
[82] Art. XX.45, § 5 Abs. 3 WIGB.
[83] Art. XX.41, § 2 WIGB.
[84] Art. XX.41, § 2 WIGB.

5. eine Zwischenbilanz seiner Aktiva und Passiva und eine Ergebnisrechnung, die nicht älter als drei Monate ist, die mit Hilfe eines Betriebsrevisors, eines externen Buchprüfers, eines externen zugelassenen Buchhalters oder eines externen zugelassenen Buchhalter-Fiskalisten erstellt wurden,
6. ein Budget mit einer Veranschlagung der Einnahmen und Ausgaben mindestens für die Dauer des beantragten Aufschubs, der mit Hilfe eines der in Nummer 5 erwähnten Berufsangehörigen erstellt wurde,
7. eine vollständige Liste der anerkannten und angeblichen Aufschubgläubiger mit Angabe ihres Namens, ihrer Adresse und der Höhe ihrer Forderung; die Eigenschaft eines außergewöhnlichen Aufschubgläubigers sowie Vermögen, das mit einer dinglichen Sicherheit oder einer Hypothek belastet ist oder das Eigentum dieses Gläubigers ist, sind besonders zu vermerken,
8. Maßnahmen und Vorschläge, die der Schuldner in Betracht zieht, um Rentabilität und Zahlungsfähigkeit seines Unternehmens wiederherzustellen, einen möglichen Sozialplan durchzuführen und die Gläubiger zu befriedigen,
9. Angaben, wie der Schuldner die gesetzlichen oder vertraglichen Verpflichtungen zur Unterrichtung und Konsultierung der Arbeitnehmer oder ihrer Vertreter eingehalten hat,
10. eine Liste der Gesellschafter, wenn der Schuldner ein Unternehmen oder eine juristische Person ist, deren Gesellschafter unbeschränkt haften, und der Nachweis, dass die Gesellschafter unterrichtet worden sind,
11. eine Abschrift der Zahlungsbefehle und Mobiliar- und Immobiliarvollstreckungspfändungen, wenn er die Aussetzung der Verkaufsverrichtungen mit Bezug auf eine Immobiliarvollstreckungspfändung beantragt.

Ferner kann der Schuldner seiner Antragschrift beliebige andere Schriftstücke beifügen, die er für zweckmäßig erachtet, um den Antrag zu stützen.

Es besteht keine Verpflichtung zum Antrag einer gerichtlichen Reorganisation. Wie vorstehend ausgeführt (→ Rn. 60) wird die Verpflichtung zum Konkursantrag ab dem Tag der Einreichung eines Antrags auf gerichtliche Reorganisation und während der gesamten Dauer des im Zusammenhang mit der gerichtlichen Reorganisation gewährten Aufschubs ausgesetzt.[85]

4.1.1.4 Verfahrenstypen

4.1.1.4.1. Gerichtliche Reorganisation durch gütliche Einigung mit zwei oder mehr Gläubigern

Im Rahmen eines gerichtlichen Reorganisationsverfahrens kann ein Schuldner versuchen, mit allen oder mit zwei oder mehr Gläubigern eine gütliche Einigung („*minnelijk akkoord*"/„*accord à l'amiable*") zu erreichen, um die finanzielle Lage wiederherzustellen oder das Unternehmen zu restrukturieren.[86]

Die gütliche Einigung hat für den Schuldner und die Gläubiger die Bindungswirkung eines Vertrages. Im Falle eines späteren Konkurses („*faillissement*"/„*failite*") des Schuldners können die gütliche Einigung und die bei der Umsetzung der Einigung durchgeführten Maßnahmen grundsätzlich nicht als Handlungen, die im verdächtigen Zeitraum („*verdachte periode*"/„*période suspecte*") stattgefunden haben, angefochten werden (→ Rn. 73).[87]

Während der Verhandlungen über die gütliche Einigung ist der Schuldner durch den Aufschub („*opschorting*"/„*suspension*") geschützt. Das Gericht kann dem Schuldner auch einen zivilrechtlichen Zahlungsaufschub gewähren („*gematigd uitstel voor de betaling*"/„*délais modérés pour le paiement*").[88] Diese Möglichkeit kann dazu dienen, den Schuldner nach Ablauf des Aufschubs vor Gläubigern zu schützen, deren Forderung nicht in die gütliche Einigung einbezogen wird.

Wenn eine gütliche Einigung erzielt wird und das Gericht dazu aufgefordert wird, kann das Gericht die gütliche Einigung homologieren („*homologatie*"/„*homologation*") und das Verfahren abschließen. Wird keine Einigung erzielt, kann der Schuldner immer noch zu einer gerichtlichen Reorganisation durch kollektive Einigung oder zu einer gerichtlichen Reorganisation durch Übertragung unter der Aufsicht des Gerichts wechseln.

4.1.1.4.2. Gerichtliche Reorganisation durch kollektive Einigung

Bei einer gerichtlichen Reorganisation durch kollektive Einigung versucht der Schuldner, die Zustimmung der Mehrheit seiner Gläubiger für einen Reorganisationsplan zu erhalten, der nach

---

[85] Art. XX.102, Abs. 4 WIGB.
[86] Art. XX.64 WIGB.
[87] Art. XX.65, § 2 WIGB.
[88] Art. XX.65, § 3 Abs. 2 WIGB.

der Homologation (*„homologatie"/„homologation"*) durch das Gericht alle Gläubiger, deren Forderungen durch den Aufschub (*„opschorting"/„suspension"*) suspendiert sind, bindet.

131 Während des Aufschubs erstellt der Schuldner einen Plan, in dem die Maßnahmen zur Begleichung der Forderungen der Gläubiger, insbesondere die vorgeschlagenen Zahlungsaufschübe und Kürzungen der Forderungen, festgelegt sind.[89]

132 Der Plan kann differenzierte Zahlungsbedingungen für verschiedene Kategorien von Forderungen vorsehen, zB aufgrund ihres Umfangs oder ihrer Art, jedoch gelten bestimmte Einschränkungen.[90] Zum einen wird auf der Grundlage der Rechtsprechung zum früheren Recht argumentiert, dass die Differenzierung auf objektiven Kriterien beruhen muss. Des Weiteren sieht das WiGB eine Reihe von ausdrücklichen Einschränkungen vor:[91]

133 So muss beispielsweise jeder Gläubiger grundsätzlich mindestens 20 Prozent der Hauptsumme seiner Forderung erhalten. Allgemein privilegierte öffentliche Gläubiger müssen mindestens dem ungesicherten Gläubiger gleichbehandelt werden, der im Rahmen des vorgeschlagenen Plans am vorteilhaftesten behandelt wird. Ansprüche auf Löhne, Unterhalt, Entschädigung für Körperverletzung oder Tod und strafrechtliche Bußgelder können im Reorganisationsplan nicht reduziert werden. Weitere Einschränkungen bestehen hinsichtlich der Ansprüche von gesicherten Gläubigern und Gläubigern, denen ein Eigentumsvorbehalt an beweglichen Gütern zusteht.[92]

134 Der Plan kann die Übertragung des gesamten oder eines Teils des Unternehmens oder seiner Aktivitäten auf einen Dritten beinhalten.[93]

135 Während der Verhandlungen über die kollektive Einigung ist der Schuldner durch den Aufschub geschützt.

136 Der Reorganisationsplan wird genehmigt, wenn er von der Mehrheit der an der Abstimmung beteiligten Gläubiger gebilligt wird, die mit ihren unbestrittenen oder vorläufig anerkannten Forderungen mindestens die Hälfte der Summe der Hauptsummen aller Forderungen vertreten.[94]

137 Das Gericht homologiert den Plan, es sei denn, es stellt fest, dass gegen die öffentliche Ordnung (*„openbare orde"/„ordre public"*) verstoßen wurde oder dass die gesetzlich vorgeschriebenen Anforderungen nicht eingehalten wurden.[95] Die Homologation des Reorganisationsplans macht ihn für alle Gläubiger mit Forderungen im Aufschub (*„schuldvordering in de opschorting"/„créance sursitaire"*) verbindlich, auch für diejenigen, die den Plan bei der Abstimmung abgelehnt haben.

138 Wenn der Schuldner im Rahmen der gerichtlichen Reorganisation keine kollektive Einigung erreicht, besteht die Möglichkeit, auf ein gerichtliches Reorganisationsverfahren durch Übertragung unter der Aufsicht des Gerichts überzugehen (→ Rn. 139).

4.1.1.4.3. Gerichtliche Reorganisation durch Übertragung des Unternehmens unter die Aufsicht des Gerichts

139 Schließlich kann im Rahmen einer gerichtlichen Reorganisation das gesamte oder ein Teil des Unternehmens des Schuldners oder seiner Aktivitäten unter der Aufsicht des Gerichts auf einen Dritten übertragen werden.[96] Eine solche Übertragung kann vom Gericht entweder auf Antrag des Schuldners oder mit dessen Zustimmung angeordnet werden.

140 Schlug eine gerichtliche Reorganisation fehl, kann die Übertragung in bestimmten Fällen gegen den Willen des Schuldners auf Antrag des Staatsanwalts, eines Gläubigers oder eines an dem Erwerb interessierten Dritten angeordnet werden.

141 Die Übertragung des Unternehmens und/oder bestimmter Aktivitäten wird von einem gerichtlichen Mandatsträger (*„gerechtsmandataris"/„mandataire de justice"*) durchgeführt. Der gerichtliche Mandatsträger holt Angebote ein, bei denen er darauf abzielen muss, die gesamte oder einen Teil der Geschäftstätigkeit des Unternehmens unter Berücksichtigung der Rechte der Gläubiger aufrechtzuerhalten.[97]

142 Nach dem WiGB und dem kollektiven Arbeitsabkommen Nr. 102 werden die Rechte der Arbeitnehmer im Falle einer Übertragung von Arbeitnehmern im Rahmen einer gerichtlichen Reorganisation grundsätzlich geschützt. Der Erwerber kann jedoch mit den Arbeitnehmern Änderungen einzelner Arbeitsverträge vereinbaren, die über die durch eine rein vertragliche Übertragung

---

[89] Art. XX.70 WIGB.
[90] Art. XX.72 WIGB.
[91] Art. XX.73 WIGB.
[92] Art. XX.74 WIGB.
[93] Art. XX.75 WIGB.
[94] Art. XX.78 WIGB.
[95] Art. XX.79 WIGB.
[96] Art. XX.84 und folgende WIGB.
[97] Art. XX.87 WIGB.

4. Wesentliche Verfahrensmerkmale des gerichtlichen Reorganisationsverfahrens

zulässigen Änderungen, wie zB die Umwandlung eines unbefristeten Arbeitsvertrags in einen befristeten Arbeitsvertrag, hinausgehen, sofern diese Änderungen hauptsächlich aus technischen, wirtschaftlichen oder organisatorischen Gründen erfolgen. Darüber hinaus bleibt es grundsätzlich dem Erwerber überlassen, die Arbeitnehmer auszuwählen, die er übernehmen möchte, sofern er technische, wirtschaftliche und organisatorische Gründe nachweisen kann und keine Diskriminierung vorliegt, insbesondere gegenüber Arbeitnehmervertretern.

Der gerichtliche Mandatsträger kann die ganze oder teilweise Übertragung des Unternehmens **143** erst durchführen, nachdem das Gericht ihm die Erlaubnis hierzu erteilt hat.[98] Spätestens vor Ablauf des Aufschubs („*opschorting*"/„*suspension*") und mit der Feststellung, dass alle übertragbaren Aktivitäten übertragen wurden, fordert der gerichtliche Mandatsträger das Gericht auf, das gerichtliche Reorganisationsverfahren zu schließen oder, wenn die Fortsetzung der gerichtlichen Reorganisation für andere Ziele gerechtfertigt ist, ihn von seinem Mandat freizustellen. Ist der Schuldner eine juristische Person, kann das Gericht im dem Antrag stattgebenden Urteil die Einberufung einer Generalversammlung anordnen und die Auflösung der Gesellschaft auf die Tagesordnung setzen.

4.1.2 Antragsbefugnis

Die Eröffnung des gerichtlichen Reorganisationsverfahrens wird grundsätzlich vom Schuldner **144** beantragt.

Nur in Sonderfällen, zB wenn der Schuldner im Konkurs ist und keine gerichtliche Reorganisa- **145** tion beantragt hat oder wenn das Gericht die Genehmigung des im Rahmen einer gerichtlichen Reorganisation erstellten Reorganisationsplans verweigert hat, können die Staatsanwaltschaft, ein Gläubiger oder ein Dritter mit berechtigtem Interesse gegen den Willen des Schuldners die Zwangsübertragung unter der Aufsicht des Gerichts beantragen.

4.2 Rolle der Gerichte

Gerichtsstand ist das Unternehmensgericht („*Ondernemingsrechtbank*"/„*Cour d'entreprise*") des **146** Ortes, an dem der Schuldner seinen Wohnsitz oder Gesellschaftssitz am Tag der Einleitung des Reorganisationsverfahrens hat. Im Rahmen von Reorganisationsverfahren werden einige Aspekte von den Arbeitsgerichten behandelt.

Das Gericht muss den Antrag innerhalb von 15 Tagen prüfen und den Schuldner zu einer **147** Anhörung laden.[99]

Scheinen die Voraussetzungen für die Eröffnung des Verfahrens erfüllt zu sein, erklärt das **148** Gericht das Verfahren als eröffnet und bestimmt die Dauer des gewährten Aufschubs („*opschorting*"/„*suspension*").

Ein Auszug aus der Entscheidung wird im belgischen Staatsblatt („*Belgisch Staatsblad*"/„*Moniteur* **149** *belge*") veröffentlicht. In diesem Auszug werden unter anderem das Ziel des Reorganisationsverfahrens, der Name des beauftragten Richters, das Enddatum des Aufschubs und gegebenenfalls Ort, Datum und Uhrzeit für die Entscheidung über eine mögliche Verlängerung des Aufschubs („*opschorting*"/„*suspension*") oder für die Abstimmung und Entscheidung über den Reorganisationsplan genannt.[100]

Am Ende des gerichtlichen Reorganisationsverfahrens wird das Gericht, je nach Ziel des Verfah- **150** rens, die gütliche Einigung oder die kollektive Einigung homologieren und die Übertragung des gesamten Unternehmens oder eines Teils davon durch den gerichtlichen Mandatsträger („*gerechtsmandataris*"/„*mandataire de justice*") genehmigen und das gerichtliche Reorganisationsverfahren abschließen. Die Gerichtsurteile werden auszugsweise im Belgischen Staatsblatt veröffentlicht.

4.3 Verwalter

Unmittelbar nach Einreichung des Antrags auf gerichtliche Reorganisation bestellt der Präsident **151** des Unternehmensgerichts („*ondernemingsrechtbank*"/„*cour d'entreprise*") einen beauftragten Richter („*gedelegeerd rechter*"/„*juge délégué*"), der dem Gericht über die Zulässigkeit und Begründetheit des Antrags Bericht erstattet.[101]

Im Bedarfsfall wird vor oder jederzeit während des Verfahrens ein vom Gericht bestellter vorläu- **152** figer Verwalter („*voorlopig bewindvoerder*"/„*administrateur provisoire*") bestellt, der den Schuldner bei der gerichtlichen Reorganisation unterstützt.[102]

---

[98] Art. XX.89 WIGB.
[99] Art. XX.46, § 1 WIGB.
[100] Art. XX.48 WIGB.
[101] Art. XX.42 WIGB.
[102] Art. XX.31 WIGB.

153 In dem Urteil, das eine Übertragung des Unternehmens oder dessen Geschäftstätigkeiten unter Aufsicht des Gerichts anordnet, wird ein gerichtlicher Mandatsträger („*gerechtsmandataris*"/„*mandataire de justice*") bestellt, der die Übertragung im Namen des Schuldners durchführt.[103]

4.4 Verwaltung und Verwertung der Masse

154 Im Rahmen des Reorganisationsverfahrens wird zwischen neuen Forderungen einerseits und Forderungen im Aufschub („*schuldvorderingen in de opschorting*"/„*créances sursitaires*") andererseits unterschieden. Letztere sind Forderungen, die vor dem Urteil zur Eröffnung des gerichtlichen Reorganisationsverfahrens entstanden sind.

155 Die neuen Forderungen beziehen sich auf Dienstleistungen und bewegliche Güter, die in Erfüllung laufender oder neuer Verträge nach Eröffnung des Verfahrens erbracht werden.
Der Aufschub („*opschorting*"/„*suspension*") betrifft nur Forderungen im Aufschub.[104]

4.5 Fortführung durch den Schuldner oder Verwalter

156 Grundsätzlich leitet der Schuldner den Reorganisationsprozess selbst und behält auch die Kontrolle über sein Unternehmen (sog. „Debtor in Possession").

157 Das WiGB sieht jedoch die Möglichkeit vor, während des Verfahrens jederzeit einen Unternehmensvermittler („*ondernemingsbemiddelaar*"/„*médiateur d'entreprise*") oder einen vorläufigen Verwalter („*voorlopig bewindvoerder*"/„*administrateur provisoire*") zu bestellen.

4.6 Sicherungsmaßnahmen vor Verfahrenseröffnung

158 → Rn. 126 für einen Überblick über vorbeugende Maßnahmen außerhalb von Reorganisations- und Konkursverfahren und → Rn. 73 über die Unwirksamkeit bestimmter Handlungen, die während des verdächtigen Zeitraums („*verdachte periode*"/„*période suspecte*") oder in betrügerischer Absicht vorgenommen wurden.

159 Im Rahmen eines gerichtlichen Reorganisationsverfahrens kann der Schuldner auch während des Aufschubs („*opschorting*"/„*suspension*") freiwillig Forderungen im Aufschub („*schuldvorderingen in de opschorting*"/„*créances sursitaires*") (→ Rn. 154) weiter begleichen, wenn dies zur Aufrechterhaltung des Unternehmens erforderlich ist.[105]

160 Die Auswirkungen des verdächtigen Zeitraums (soweit dieser im Falle eines späteren Konkurses entstehen würde) sind zudem bei den während des Aufschubs getätigten Zahlungen und Transaktionen begrenzt. Solche Zahlungen und Transaktionen können im Rahmen eines späteren Konkursverfahrens nicht angefochten werden als: Zahlungen uneinbringlicher Forderungen, Zahlungen fälliger Forderungen mit Ausnahme von Bar- oder Wechselzahlungen oder neue Sicherungsrechte für bestehende Schulden oder als Zahlungen oder Transaktionen, die während des verdächtigen Zeitraums mit Dritten durchgeführt wurden, die wussten, dass der Schuldner die Zahlungen zum Zeitpunkt der Handlung bereits eingestellt hatte.[106]

4.7 Wirkungen der Verfahrenseröffnung auf Rechtsverfolgungsmaßnahmen einzelner Gläubiger

161 Während des Aufschubs („*opschorting*"/„*suspension*") (→ Rn. 154) kann kein Vollstreckungsverfahren fortgesetzt und können keine Pfändungen vorgenommen werden. Bestehende Pfändungen bleiben grundsätzlich weiterhin wirksam, jedoch kann das Gericht anordnen, sie aufzuheben.[107]

162 Einige Ausnahmen bestehen, wenn bereits ein Datum für den öffentlichen Verkauf der Vermögenswerte festgelegt wurde.[108]

163 Während des Aufschubs kann ein Pfand, das sich spezifisch auf bestimmten Forderungen (mit Ausnahme von Pfandrechten auf Gesamtvermögen oder Handelsfonds) bezieht, noch durchgesetzt werden.[109]

4.8 Wirkungen der Verfahrenseröffnung auf laufende Gerichts- oder Schiedsverfahren

164 Laufende Gerichts- und Schiedsverfahren sind von der Eröffnung des gerichtlichen Reorganisationsverfahrens nicht betroffen.

---

[103] Art. XX.85 WIGB.
[104] Art. XX.50 WIGB.
[105] XX.53 WIGB.
[106] Art. XX.53 WIGB.
[107] Art. XX.51 WIGB.
[108] Art. XX.51, § 2 und 3 WIGB.
[109] Art. XX.52 WIGB.

4.9 (Automatisches) oder gerichtlich anzuordnendes Moratorium

Bei der Eröffnung des gerichtlichen Reorganisationsverfahrens bestimmt das Unternehmensgericht die Dauer des gewährten Aufschubs („*opschorting*"/„*suspension*"), welcher grundsätzlich maximal sechs Monate beträgt.[110]   165

Eine Verlängerung des Aufschubs durch das Gericht ist auf Antrag des Schuldners möglich.[111]   166
Die Höchstdauer des so verlängerten Aufschubs darf zwölf Monate ab dem Tag des Urteils, welches den Aufschub ursprünglich genehmigt hat, nicht überschreiten. Unter außergewöhnlichen Umständen und wenn es die Interessen der Gläubiger zulassen, kann diese Frist aber noch einmal um höchstens weitere sechs Monate verlängert werden.

Während des Aufschubs kann kein Konkursverfahren gegen den Schuldner eröffnet werden   167
und der Schuldner wird von seiner möglichen Verpflichtung zum Konkursantrag befreit.[112] Wenn der Schuldner eine Gesellschaft ist, kann er während des Aufschubs nicht gerichtlich aufgelöst werden. Ein Vollstreckungsverfahren gegen das Unternehmen und seine Vermögenswerte aufgrund von Forderungen im Aufschub kann nicht eingeleitet oder fortgesetzt werden.[113]

Mitschuldner und Personen, die persönliche Bürgschaften für die Schulden des Schuldners   168
geleistet haben, profitieren nicht von dem Aufschub.[114]

4.10 Organe der Gläubiger

Es sind gesetzlich keine Gläubigerorgane im Rahmen des gerichtlichen Reorganisationsverfahrens vorgesehen.   169

4.11 Verfahrensveröffentlichung, Gläubigerinformationen

Ein Auszug aus dem Urteil über die gerichtliche Reorganisation wird im Belgischen Staatsblatt   170
(„*Belgisch Staatsblad*"/„*Moniteur Belge*") veröffentlicht.[115] Darüber hinaus müssen Gläubiger, die eine Forderung im Aufschub („*schuldvordering in de opschorting*"/„*créance sursitaire*") haben, vom Schuldner individuell informiert werden.

Im Falle einer gerichtlichen Reorganisation durch kollektive Einigung werden die Gläubiger   171
mit einer Forderung im Aufschub vom Unternehmensgericht („*ondernemingsrechtbank*"/„*cour d'entreprise*") unmittelbar nach der Einreichung des Plans über den Plan informiert. Sie werden auch über Ort, Datum und Uhrzeit der Sitzung informiert, in der über den Plan abgestimmt wird.

4.12 Forderungsanmeldung, Feststellung oder Bestreiten von Forderungen

Ein Verfahren zur Überprüfung von Forderungen gilt nur im Verfahrenstyp der gerichtlichen   172
Reorganisation durch kollektive Einigung.

Spätestens vierzehn Tage nach Eröffnung der gerichtlichen Reorganisation zur kollektiven Einigung unterrichtet der Schuldner jeden seiner Gläubiger mit einer Forderung im Aufschub („*schuldvordering in de opschorting*"/„*créance sursitaire*") über den Betrag, für den die Forderung des Gläubigers in den Büchern des Schuldners verzeichnet ist, so weit wie möglich unter Angabe von bestehenden Sicherheitsrechten („*zekerheden*"/„*sûretés*") oder Vorzugsrechten („*voorrechten*"/„*privilèges*").   173

Gläubiger und andere Dritte mit berechtigtem Interesse können die Höhe oder den Rang der   174
vom Schuldner angegebenen Forderung bestreiten. Sind sich der Gläubiger und der Schuldner über die Forderung nicht einig, so entscheidet das Unternehmensgericht („*ondernemingsrechtbank*"/„*cour d'entreprise*") entweder selbst über die strittige Forderung oder, wenn die Streitigkeit nicht in die Zuständigkeit des Unternehmensgerichts fällt oder wenn das Unternehmensgericht nicht innerhalb einer ausreichend kurzen Frist entscheiden kann, bestimmt es einen vorläufigen Betrag und Rang der Forderung und verweist die Parteien an das zuständige Gericht, welches über den definitiven Betrag und Rang der Forderung urteilen wird.

4.13 Verteilung der Masse

Gerichtliche Reorganisationsverfahren werden mit dem Ziel der Erhaltung des Unternehmens   175
des Schuldners und nicht mit dem Ziel der Verwertung des Unternehmens und der Verteilung der Vermögenswerte durchgeführt.

---

[110] Art. XX.46, § 2 WIGB.
[111] Art. XX.59 WIGB.
[112] Art. XX.50, Abs. 2 WIGB.
[113] Art. XX.50 Abs. 1 WIGB.
[114] Art. XX.54, § 2 WIGB.
[115] Art. XX.48 WIGB.

176 Nur im Falle einer gerichtlichen Reorganisation, die zu einer Übertragung des gesamten oder eines Teils des Unternehmens führt, wird der gerichtliche Mandatsträger („*gerechtsmandataris*"/„*mandataire de justice*") Gelder einziehen und unter den Gläubigern gemäß den gesetzlichen Bestimmungen über die Rangordnung verteilen.[116]

4.14 Abschluss von Verfahren

177 Das gerichtliche Reorganisationsverfahren wird entweder durch eine Gerichtsentscheidung abgeschlossen, die im Belgischen Staatsblatt („*Belgisch Staatsblad*"/„*Moniteur Belge*") veröffentlicht wird, oder es endet nach Ablauf des Aufschubs („*opschorting*"/„*suspension*").

5. Verträge im Insolvenz- oder Restrukturierungsverfahren

5.1 Unerfüllte Verträge

5.1.1 Unerfüllte Verträge im Falle eines Konkurses

178 Die Parteien können vereinbaren, dass der Konkurs („*faillissement*"/„*failite*") (automatisch) die Vereinbarung beendet. In Ermangelung einer solchen Vereinbarung entscheidet der Konkursverwalter („*curator*"/„*curateur*"), ob er die Verträge fortsetzt oder kündigt. Eine einseitige Kündigung ist nur dann möglich, wenn dies für die Verwaltung der Konkursmasse („*failliete boedel*"/„*masse de la faillite*") erforderlich ist.

179 Eine Partei, die hierüber eine klare Aussage erhalten möchte, kann sich an den Konkursverwalter wenden und ihn bitten, innerhalb von 15 Tagen eine Entscheidung zu treffen. Erfolgt keine Reaktion, so gilt der Vertrag als gekündigt. Ein eventueller Anspruch aus Nichtausführung wird in die Masse aufgenommen.

180 Entscheidet sich der Konkursverwalter für die Fortsetzung des Vertrages, so hält der Vertragspartner für nach dem Konkurs erbrachte Leistungen ein „Superprivileg" als Massegläubiger.

181 Wie oben erwähnt, kann der Konkursverwalter den Vertrag nur kündigen, wenn dies für die Konkursverwaltung erforderlich ist. Nach Ansicht des Kassationshofs („*Hof van Cassatie*"/„*Cour de Cassation*"), der oberste Gerichtshof in Belgien, ist diese Voraussetzung erfüllt, wenn die Fortsetzung des Vertrages die Liquidation des Konkurses ungewöhnlich beeinträchtigt; sie ist nicht erfüllt, wenn die vertragsgegenständlichen Waren einen niedrigeren Marktwert haben, solange der Vertrag nicht beendet wurde.[117]

5.1.2 Unerfüllte Verträge im Falle einer gerichtlichen Reorganisation

182 Die Parteien können vertraglich nicht vorsehen, dass ein Vertrag durch den Antrag auf das gerichtliche Reorganisationsverfahren („*gerechtelijke reorganisatie*"/„*réorganisation judiciaire*") (automatisch) beendet wird. Im Rahmen einer gerichtlichen Reorganisation bleiben jedoch die üblichen vertragsrechtlichen Rechtsbehelfe bestehen (obwohl sie bestimmten Formalitäten unterliegen). Diese Regeln haben zur Folge, dass ein unbefriedigter Gläubiger auch dann, wenn der Schuldner Schutz vor seinen Gläubigern erlangt hat, nach wie vor verlangen kann, dass sein Vertragspartner den Vertrag einhält und anschließend die ausstehende Forderung begleicht. Erfolgt innerhalb von 15 Tagen nach einer Inverzugsetzung keine Zahlung, kann der Vertrag durch den Vertragspartner gekündigt werden.

183 Das Unternehmen in der Reorganisation kann nach Erhalt des Schutzes vor seinen Gläubiger beschließen, die Ausführung bestimmter Vereinbarungen auszusetzen, wenn dies für den erfolgreichen Abschluss des Reorganisationsverfahrens erforderlich ist.

184 Seit Mai 2018 gilt eine wichtige Ergänzungsregelung hinsichtlich laufender Verträge.[118] Wenn das Vermögen des Schuldners zB im Rahmen einer gerichtlichen Reorganisation durch Übertragung unter gerichtlicher Aufsicht auf eine neue Partei übertragen wird, kann diese Partei einen Vertrag des Schuldners als wesentlich für die Fortführung des (erworbenen) Unternehmens bezeichnen. Wenn die erwerbende Partei im Folgeschritt alle ausstehenden Schulden im Zusammenhang mit dem Vertrag begleicht, kann die Vertragspartei den Vertrag grundsätzlich nicht kündigen oder die Übertragung des Vertrags auf den Käufer blockieren.

---

[116] Art. XX.91 WIGB.
[117] Cass., 10.4.2008, TBH 2008, 454.
[118] Art. XX.87, § 3 WIGB.

5.2 Miet- oder Pachtverhältnisse

Es gelten die oben genannten Regeln (→ Rn. 178). **185**

Der Konkursverwalter (*„curator"/„curateur"*) der feststellt, dass sich eine vermietete Immobilie **186** in der Masse (*„failliete boedel"/„masse de la faillite"*) befindet, kann den Mietvertrag nicht aus dem bloßen Grund kündigen, dass die Immobilie ohne Mietvertrag einen höheren Marktwert hat. Nur wenn sich die Immobilie aufgrund des Mietvertrags als unverkäuflich erweist, kann eine solche Kündigung in Betracht gezogen werden.[119]

5.3 Leasingverträge

Es gelten die oben genannten Regeln (→ Rn. 178). **187**

5.4 Dienstverhältnisse

Nach dem Konkursurteil wird der Konkursverwalter (*„curator"/„curateur"*) in den meisten Fällen **188** die Arbeitsverträge sofort kündigen. Wenn die Masse (*„failliete boedel"/„masse de la faillite"*) nicht ausreicht, um Kündigungsabfindungen an die Arbeitnehmer zu zahlen, können die Arbeitnehmer einen Zahlungsanspruch an den Fonds für die Entschädigung der bei Unternehmensschließungen entlassenen Arbeitnehmer (*„Fonds tot vergoeding van de in geval van Sluiting van Ondernemingen ontslagen werknemers"/„Fonds d'Indemnisation des Travailleurs licenciés en cas de Fermeture d'Entreprises"*) richten.

Im Falle einer gerichtlichen Reorganisation (*„gerechtelijke reorganisatie"/„réorganisation judiciaire"*) **189** kann das Unternehmen die Ausführung der Arbeitsverträge nicht aussetzen.

6. Pensionsansprüche in der Insolvenz und Restrukturierung

Eine ergänzende Pension oder Versorgungszusage muss nach belgischem Recht zwingend einer **190** Versorgungseinrichtung anvertraut werden.[120] Dies hat zur Folge, dass aufgebaute Pensionsansprüche durch eine gerichtliche Reorganisation (*„gerechtelijke reorganisatie"/„réorganisation judiciaire"*) oder einen Konkurs (*„faillissement"/„failite"*) des Arbeitgebers normalerweise nicht beeinträchtigt werden.

Die Arbeiter geniessen zusätzlichen Schutz unter dem WiGB und dem kollektiven Arbeitsab- **191** kommen Nr. 102. Aufgrund dieser Regelwerke werden die Rechte der Arbeitnehmer im Falle einer Übertragung von Arbeitnehmern im Rahmen einer gerichtlichen Reorganisation grundsätzlich geschützt.

Das kollektive Arbeitsabkommen Nr. 102 enthält ausdrücklich keine Regelung hinsichtlich des **192** Übergangs von Arbeitnehmerrechten aus Alters-, Überlebens- und Invaliditätspensionen, die aufgrund der ergänzenden Regelungen für Soziale Sicherheit gewährt wurden.[121]

Der Übergang des Unternehmens oder eines Teils davon darf in keinem Fall eine Herabsetzung **193** der zum Zeitpunkt der Übertragung aufgebauten Rücklagen der Versorgungsanwärter mit sich bringen.[122]

Im Rahmen einer gerichtlichen Reorganisation durch kollektive Einigung können Arbeitneh- **194** meransprüche, die als Entlohnung für Arbeit zu qualifizieren sind, nicht gekürzt werden.[123] Obwohl im Schrifttum argumentiert wird, dass hiervon nur Entlohnung im engen Sinn (zB keine Kündigungsentschädigungen) erfasst wird, muss davon ausgegangen werden, dass Kürzungen von Ansprüchen aus ergänzenden sozialversorgungsrechtlichen Regelungen im Rahmen eines Reorganisationsplans nicht erfolgreich durchgesetzt werden können und spätestens zum Zeitpunkt der Homologation (*„homologatie"/„homologation"*) des Gerichts abgelehnt werden würden.

7. Eigentumsvorbehalt

Bewegliche Güter, die unter der Bedingung veräußert werden, dass das Eigentum erst nach **195** vollständiger Zahlung des Kaufpreises übergeht, können gemäß belgischem Zivilgesetzbuch zurückgefordert werden, sofern der Eigentumsvorbehalt spätestens zum Zeitpunkt der Lieferung der Sache

---

[119] Cass., 10.4.2008, TBH 2008, 454.
[120] Art. 5, § 3, Gesetz v. 28.4.2003 über ergänzende Pensionen und das Besteuerungssystem für diese Pensionen und für bestimmte Zusatzleistungen im Bereich der sozialen Sicherheit, B.S. 15.5.2003, 26407, in der zurzeit gültigen Fassung.
[121] Art. 3 kollektives Arbeitsabkommen 102.
[122] Art. 37, § 1 Gesetz v. 28.4.2003 über ergänzende Pensionen und das Besteuerungssystem für diese Pensionen und für bestimmte Zusatzleistungen im Bereich der sozialen Sicherheit, B.S. 15.5.2003, 26407, in der zurzeit gültigen Fassung.
[123] Art. XX.73 WIGB.

schriftlich vereinbart wurde.[124] Die Vereinbarung zum Eigentumsvorbehalt kann in das belgische Pfandregister eingetragen werden (→ Rn. 198).

196 Das Recht des Eigentümers, Herausgabe eines Gutes, das sich im Besitz des Schuldners befindet, zu fordern, wird durch den Konkurs (*„faillissement"/„failite"*) prinzipiell nicht beeinträchtigt.[125] Der Eigentümer muss die Herausgabeforderung jedoch vor dem ersten Bericht der Prüfung der Schuldforderungen (*„proces-verbaal van de verificatie van de schuldvorderingen"/„procès-verbal de vérification des créances"*) einleiten.

8. Sicherheiten in der Insolvenz

8.1 Mobiliarsicherheiten

197 Vorbehaltlich einiger weniger Ausnahmen können alle beweglichen Vermögenswerte nach dem Pfandgesetz verpfändet werden, vorausgesetzt, dass die verpfändeten Vermögenswerte (i) bestimmt oder bestimmbar und (ii) auf dem Markt handelbar sind.[126] Dabei spielt es keine Rolle, ob es sich bei den beweglichen Vermögenswerten um materielle oder immaterielle Vermögenswerte handelt, ob sie zum Zeitpunkt des Abschlusses des Pfandvertrages bestehen oder in Zukunft bestehen werden oder ob sie individualisierbar oder nicht-individualisierbar sind.

198 Nach dem Pfandgesetz gibt es zwei Methoden, um die Sicherheit (*„zekerheid"/„sûreté"*) gegenüber Dritten wirksam zu machen: entweder ist das Pfand im Pfandregister eingetragen oder der Pfandgeber überträgt den Besitz über das Pfandrecht auf den Pfandgläubiger.

199 Ein Pfandrecht an geistigen Eigentumsrechten muss zusätzlich in das entsprechende Register für geistige Eigentumsrechte eingetragen oder der zuständigen Behörde für geistige Eigentumsrechte gemeldet werden, wenn ein solches Register oder eine solche Meldepflicht existiert.

200 Eine Verpfändung von Forderungen (zB im Rahmen einer Verpfändung eines Bankkontos) erlangt prinzipiell Drittwirksamkeit zum Zeitpunkt der vertraglichen Vereinbarung, die die Verpfändung dieser Forderungen begründet. Eine Verpfändung von Forderungen kann nicht in das Pfandregister eingetragen werden (es sei denn im Rahmen einer Verpfändung des Handelsfonds (*„handelszaak"/„fonds de commerce"*). Dem Schuldner der verpfändeten Forderung und bestimmten anderen Dritten gegenüber ist eine Verpfändung solcher Forderungen jedoch erst wirksam, wenn das Pfand dem Schuldner der verpfändeten Forderung mitgeteilt oder von einem solchen Schuldner anerkannt wurde.

201 Im Konkursfall sind die Vollstreckungsrechte der Pfandgläubiger bis zum ersten Bericht über die Prüfung der Forderungen ausgesetzt (*„proces-verbaal van de verificatie van de schuldvorderingen"/„procès-verbal de vérification des créances"*) (→ Rn. 94).

202 Mit Ausnahme der Vollstreckung von Pfandrechten auf bestimmten Forderungen (Pfandrechte auf Gesamtvermögen oder Handelsfonds (*„handelszaak"/„fonds de commerce"*) sind hier nicht mit einbegriffen), kann während des Aufschubs (*„opschorting"/„suspension"*) im Rahmen einer gerichtlichen Reorganisation durch den Pfandgläubiger kein Vollstreckungsverfahren eingeleitet oder fortgesetzt werden. Es gilt eine weitere Ausnahme, wenn bereits ein Datum für den öffentlichen Verkauf der Vermögenswerte festgelegt wurde.[127]

8.2 Grundstückssicherheiten

203 Durch die Bestellung einer **Hypothek** (*„hypotheek"/„hypothéque"*) kann eine Sicherheit über Grundstücke begründet werden. Eine Hypothek berechtigt den Gläubiger zu bevorrechtigter Befriedigung aus dem Erlös aus dem Verkauf bei Zwangsvollstreckung.

204 Das Rangverhältnis wird im Allgemeinen durch das Datum der Registrierung bestimmt, Änderungen der Rangfolge können aber vertraglich vereinbart werden. Die Hypothek muss notariell beurkundet und in das für den Ort, in dem sich die Immobilie befindet, zuständige Hypothekenregister eingetragen werden, um Drittwirksamkeit zu erlangen. Die Registrierung wird vom Notar vorgenommen. Die Kosten einer Hypothek betragen ca. 1,57 % des gesicherten Betrages.

205 **Hypothekenmandate** (*„hypothecair mandaat"/„mandat hypothécaire"*) (dh unwiderrufliche Vollmachten zur Ausführung einer Hypothek) werden gelegentlich als Alternative zu einer Hypothek verwendet, um die mit einer Hypothek verbundenen Kosten zu vermeiden. Hypothekenmandate stellen keine gegen Dritte durchsetzbare Sicherheit dar, sondern einen Auftrag an den Begünstigten des Hypothekenmandats, der es ihm ermöglicht, das Mandat nach eigenem Ermessen in eine tatsäch-

---

[124] Art. 69 Zivilgesetzbuch.
[125] Art. XX.194 WIGB.
[126] Art. 7 Pfandgesetz.
[127] Art. XX.52 WIGB.

liche Hypothek umzuwandeln. Die Marktpraxis zeigt, dass ein Hypothekenmandat oft in Kombination mit einer so genannten „Mini-Hypothek" verwendet wird, dh eine für einen begrenzten Betrag eingetragene Hypothek wird mit einem Hypothekenmandat kombiniert, das den Rest des gesicherten Betrags deckt.

Im Konkursfall sind die Vollstreckungsrechte des Hypothekengläubigers bis zum ersten Bericht **206** über die Prüfung der Forderungen (*„proces-verbaal van de verificatie van de schuldvorderingen"/„procès-verbal de vérification des créances"*) ausgesetzt (→ Rn. 94). Die Hypothekgläubiger können ihre Sicherheit nach Ablauf der Aussetzungsfrist durchsetzen und die Immobilie verkaufen. Im Falle einer gerichtlichen Reorganisation kann der Hypothekengläubiger kein Vollstreckungsverfahren einleiten oder fortsetzen. Es gelten Ausnahmen, wenn bereits ein Datum für den öffentlichen Verkauf der Immobilie festgelegt wurde.

8.3 Sicherheiten an Flugzeugen und Schiffen

Das belgische Pfandgesetz findet Anwendung auf die Verpfändung von Flugzeugen. Bestimmte **207** Schiffe, die in Belgien eingetragen sind, können nicht gemäß des Pfandgesetzes verpfändet werden.[128] Eine über solche Schiffe verliehene Sicherheit muss in das entsprechende Hypothekenregister eingetragen werden.

9. Aufrechnung; Netting-Vereinbarungen

Nach belgischem Recht wird zwischen drei Formen der Aufrechnung (*„schuldvergelijking"/* **208** *„compensation"*) unterschieden. Die **gesetzliche Aufrechnung** (*„wettelijke schuldvergelijking"/„compensation légale"*) erfolgt kraft Gesetzes, auch ohne Wissen des Schuldners, sobald sich zwei feste und fällige Geldforderungen gegenüberstehen. Die **gerichtliche Aufrechnung** (*„gerechtelijke schuldvergelijking"/„compensation judiciaire"*) erfolgt durch eine gerichtliche Entscheidung. Schließlich besteht die Möglichkeit einer **vertraglichen Aufrechnung** (*„contractuele schuldvergelijking"/„compensation conventionelle"*), wenn die Parteien in ihrem Vertrag die Bedingungen festgelegt haben, unter denen die Aufrechnung erfolgt.

Unabhängig von der Form der Aufrechnung ist die Aufrechnung von Forderungen Dritter und **209** der Konkursmasse (*„failliete boedel"/„masse de la faillite"*) gegenüber grundsätzlich nicht mehr wirksam, wenn sie nach dem Zeitpunkt des Konkursurteils erfolgt. Sind jedoch die Voraussetzungen für die rechtliche oder vertragliche Aufrechnung bereits vor dem Konkursurteil gegeben, so ist die Aufrechnung der Masse gegenüber wirksam. Mit Ausnahme von Betrugsfällen hat eine rechtliche oder vertragliche Aufrechnung, die durch die Erfüllung der gesetzlichen oder vertraglichen Bedingungen während des verdächtigen Zeitraums stattfindet, auch Drittwirkung.

In der Rechtsprechung wird weiter akzeptiert, dass die Aufrechnung zwischen verbundenen **210** Forderungen (*„verknochte schuldvorderingen"/„dettes connexes"*) auch wenn die Aufrechnungswirkung erst nach Datum des Konkursurteils eintritt, gegen die Konkursmasse wirksam ist. Ob Schuldforderungen hinreichend miteinander verbunden sind, wird durch eine Tatsachenentscheidung des Gerichts entschieden. Grundsätzlich kann der Zusammenhang zwischen Schuldenforderungen auch vorab vertraglich vereinbart werden.

Seit Einführung des Gesetzes über Finanzsicherheiten können Aufrechnungsvereinbarungen **211** (*„nettingovereenkomsten"/„conventions de netting"*) gegenüber Gläubigern auch im Falle eines Konkursverfahrens durchgesetzt werden, wenn die entsprechenden Forderungen bei Eröffnung des Konkursurteils bestehen und dies unabhängig von ihrer Fälligkeit, ihrem Zweck oder der Währung, in der sie denominiert sind.

Das Gesetz über Finanzsicherheiten bestimmt weiter, dass Aufrechnungsvereinbarungen ab dem **212** Zeitpunkt der Eröffnung der gerichtlichen Reorganisation nur dann drittwirksam geltend gemacht werden können, wenn der Gläubiger nicht (gleichzeitig) die Anwendung einer Kündigungsklausel geltend macht.[129]

10. Insolvenzanfechtung

Die Art. XX.111, XX.112 und XX.114 WiGB enthalten Bestimmungen, auf deren Grundlage **213** vor dem Konkurs abgeschlossene Geschäfte für der Masse gegenüber unwirksam (*„failliete boedel"/„masse de la faillite"*) erklärt werden können.

Art. XX.111 WiGB sieht vor, dass die folgenden Transaktionen der Masse gegenüber nicht **214** wirksam sind, wenn sie nach dem vom Gericht bestimmten Zeitpunkt der Zahlungseinstellung (*„staking van betaling"/„cessation des paiements"*) vom Schuldner durchgeführt wurden:

---

[128] Art. 7 Pfandgesetz.
[129] Art. 4, § 3 Gesetz über Finanzsicherheiten.

1. alle Handlungen, bei denen bewegliches oder unbewegliches Vermögen unentgeltlich veräußert wird, sowie Handlungen, Transaktionen oder Verträge, wenn der Wert des Vermögensbestandteils, über den der Konkursschuldner verfügt hat, den Wert des als Gegenleistung erhaltenen Vermögensbestandteils erheblich übersteigt.
2. alle Zahlungen, ob in bar oder im Wege einer Übertragung, Verkauf oder auf anderer Art, für noch nicht fällige Forderungen und alle Zahlungen, die nicht in bar erfolgen, für fällige Forderungen.
3. alle Hypotheken und alle Pfandrechte, die aufgrund von zuvor eingegangenen Verbindlichkeiten an Vermögenswerten des Schuldners begründet wurden.

215 Art. XX.112 WIGB fügt hinzu, dass alle anderen Zahlungen des Schuldners wegen fälliger Forderungen und alle anderen entgeltlichen Handlungen des Schuldners, die nach Zahlungseinstellung und vor dem Konkursurteil getätigt wurden, aufgehoben werden können, wenn der Gegenpartei die Zahlungseinstellung bekannt war (oder hätte sein müssen).

216 In beiden Fällen sind Ausnahmen für Vereinbarungen vorgesehen, die im Rahmen der gerichtlichen Reorganisation („*gerechtelijke reorganisatie*"/ „*réorganisation judiciaire*") eines Unternehmens abgeschlossen wurden.[130]

217 Art. XX.114 WiGB, welches die so genannte „Actio Pauliana" im Konkursfall beschreibt, besagt, dass alle Handlungen oder Zahlungen, die mit betrügerischer Benachteiligung der Rechte der Gläubiger vorgenommen werden, der Masse gegenüber nicht wirksam sind, unabhängig davon, zu welchem Zeitpunkt sie stattgefunden haben.

11. Geltendmachung von Haftungsansprüchen gegen (frühere) Geschäftsführer, Gesellschafter oder Dritte

218 Die Haftung von (ehemaligen) Geschäftsführern und Verwaltungsratsmitgliedern im Konkursfall ist in den Art. XX.225, XX.226 und XX.227 WiGB beschrieben. Diese Artikel gelten jedoch grundsätzlich nicht, wenn es sich bei dem in Konkurs gegangenen Unternehmen um eine natürliche Person handelt, die im eigenen Namen tätig ist.[131]

219 Für Verwaltungsratsmitglieder und Geschäftsführer belgischer Gesellschaften, gelten außerdem allgemeine Haftungsregeln nach belgischen Gesellschaftsrecht.

220 Wenn der Schuldner eine Gesellschaft mit beschränkter Haftung ist, haften Gesellschafter nur in wenigen Ausnahmefällen. Eine besondere Haftungsregel existiert für die Gründer einer Gesellschaft mit beschränkter Haftung, die innerhalb der ersten drei Jahre in Konkurs gerät und nach Beurteilung des Gerichts offensichtlich nicht mit ausreichenden Eigenmitteln ausgestattet war.[132]

11.1 Allgemeine Konkurshaftungsregelung

221 Wenn in einem Konkurs („*faillissement*"/ „*failite*") die Schulden die verbleibenden Mittel übersteigen, können die derzeitigen oder ehemaligen Geschäftsführer, Personen verantwortlich für die tägliche Geschäftsführung, Mitglieder des Verwaltungsrats oder jede andere Person, die eine Verwaltungsfunktion innerhalb des Unternehmens hatte, persönlich für die gesamten oder einen Teil der verbleibenden Schulden haftbar gemacht werden, wenn festgestellt wird, dass eine solche Person einen schweren und schwerwiegenden Fehler (zB Steuerbetrug), der zum Konkurs des Unternehmens beigetragen hat, begangen hat.[133]

222 Die obigen Haftungsregelungen gelten nicht, wenn das zahlungsunfähige Unternehmen in den drei Jahren vor seinem Konkurs einen durchschnittlichen Umsatz von weniger als 620.000 EUR (ohne Umsatzsteuer) hatte und wenn die Bilanzsumme am Ende des letzten Geschäftsjahres unter 370.000 EUR lag. Auch gemeinnützige Organisationen sind ausgeschlossen.

223 Sowohl der Konkursverwalter („*curator*"/ „*curateur*") als auch jeder geschädigte Gläubiger können in dieser Situation ein Verfahren einleiten. Ein Gläubiger kann ein Verfahren nur dann einleiten, wenn der Konkursverwalter dies nicht innerhalb eines Monats nach der Aufforderung durch den Gläubiger tut. In einem solchen Fall kann der Konkursverwalter eingreifen und das Verfahren vom initiierenden Gläubiger übernehmen.

---

[130] Art. XX.111 und XX.112 WIGB.
[131] Art. XX.224 WIGB.
[132] Art. 229, 5° (für die BVBA-Rechtsform), 405, 5° (für die CVBA-Rechtsform) und 456, 4° (für die NV-Rechtsform) des belgischen Gesellschaftsgesetzbuches v. 7.5.1999 und Art. 5:16, 5° (für die BV-Rechtsform), 6:17, 2° (für die CV-Rechtsform) und 7:18, 2° für die NV-Rechtsform) des belgischen Gesetzbuches über Gesellschaften und Vereinigungen v. 23.3.2019.
[133] Art. XX.225 WiGB).

Wenn der Konkursverwalter in das Verfahren eingreift, muss die Konkursmasse („*failliete boedel*"/ **224**
„*masse de la faillite*") die Kosten und Auslagen des Gläubigers erstatten. Wenn der Konkursverwalter
nicht eingreift, müssen diese Kosten nur dann erstattet werden, wenn die Forderung zu einem
positiven Ergebnis für die Masse geführt hat.

Die vom Gericht festgestellte Entschädigung wird an die Gläubiger verteilt. **225**

11.2 Haftungsregelung für Sozialschulden (Art. XX.226 WiGB)

Ebenso können der Konkursverwalter („*curator*"/„*curateur*") und die Sozialversicherungsbehör- **226**
den ein Verfahren gegen die (ehemaligen) Geschäftsführer und Manager (dieselbe Gruppe wie in
Art. XX.225 WiGB angegeben, → Rn. 218) einleiten, um die (Teil-)Zahlung aller verbleibenden
Sozialversicherungsforderungen (einschließlich Zinsen) zu verlangen, wenn nachfolgende Voraussetzungen vorliegen: (1) diese (ehemaligen) Verwalter in (mindestens) zwei weiteren Konkursen während des Zeitraums von fünf Jahren vor der Eröffnung des betreffenden Konkurses involviert waren,
(2) in diesen (früheren) Konkursen Sozialversicherungsforderungen unbezahlt geblieben sind und
(3) diese Personen entweder als Geschäftsführer, Verwaltungsratsmitglied oder Mitglied des Vorstands
in diesen Unternehmen gehandelt haben oder dort tatsächlich die Geschäfte führten.

Für „kleine" Unternehmen mit einem durchschnittlichen Umsatz von weniger als 620.000 **227**
EUR und einer Bilanzsumme von weniger als 370.000 EUR wird keine Ausnahme gemacht. Auch
gemeinnützige Organisationen sind nicht ausgeschlossen.

Abschließend ist zu beachten, dass im Rahmen dieser Haftungsregelung Fehlverhalten oder **228**
Verschulden der Geschäftsführer nicht nachgewiesen werden muss.

11.3 Besondere Haftungsregelung für Konkursverschleppung (Art. XX.227 WiGB)

Schließlich kann nur der Konkursverwalter („*curator*"/„*curateur*") ein Verfahren gegen die derzeiti- **229**
gen oder ehemaligen Geschäftsführer und Verwalter des in Konkurs geratenen Unternehmens einleiten,
um die vollständige oder teilweise Erstattung der verbleibenden Schulden zu fordern, wenn: (1) diese
Personen wussten oder hätten wissen müssen, dass es keine vernünftige Aussicht auf die Fortführung
des Unternehmens oder die Vermeidung eines Konkurses gab, und (2) wenn sie nicht wie ein normaler
und sorgfältiger Verwalter, der sich in den gleichen Umständen befand, gehandelt haben.

Die gewährte Entschädigung wird vom Gericht an die Gläubiger verteilt. **230**

12. Asset tracing

Die Aufspürung von Vermögenswerten ist eine schwierige Angelegenheit, insbesondere wenn **231**
vor dem Konkurs („*faillissement*"/„*failite*") Vermögenswerte verschoben wurden. Es ist die Aufgabe
des Konkursverwalters („*curator*"/„*curateur*"), die Vermögenswerte zurückzuholen und zu verwerten,
auch hinsichtlich „verloren" gegangenen Vermögenswerten. Im belgischen Recht sind Sonderverfahren vorgesehen wenn Vermögenswerte erst nach der formalen Beendigung des Konkursverfahrens
aufgefunden werden[134]

Notfalls kann ein Strafverfahren eröffnet werden, um zu versuchen, Vermögenswerte zurückzu- **232**
holen.

Vor dem Konkursverfahren können sich die Gläubiger auf die Mechanismen der am 18.1.2017 **233**
in Kraft getretenen Verordnung (EU) Nr. 655/2014 des Europäischen Parlaments und des Rates
vom 15.5.2014 zur Einführung eines Verfahrens für einen Europäischen Beschluss zur vorläufigen
Kontenpfändung im Hinblick auf die Erleichterung der grenzüberschreitenden Eintreibung von
Forderungen in Zivil- und Handelssachen berufen.

13. Internationales Insolvenzrecht

Die Art. XX.202 bis XX.223 WiGB enthalten die auf internationale Insolvenzverfahren **234**
anwendbaren Regeln.

Seit dem 25.6.2015 ist die Verordnung (EU) 2015/848 des Europäischen Parlaments und des **235**
Rates vom 20.5.2015 über Insolvenzverfahren (Neufassung) in Kraft getreten. Grundsätzlich werden
Insolvenzverfahren aus Drittländern anerkannt, sofern sie nicht gegen die öffentliche Ordnung oder
zwingendes Recht verstoßen. Die Art. XX.202 bis XX.209 WiGB enthalten einen Verweis auf die
Verordnung.

Die Art. XX.210 bis XX.223 WiGB enthalten die Regeln für internationale Insolvenzverfahren, **236**
die nicht unter den Anwendungsbereich der Verordnung fallen.

In der Regel wird für Insolvenzfragen das ‚lex fori concursus' angewendet. **237**

---

[134] Art. XX.172 WiGB.

Belgien 238–251

238 Aufgrund des Grundsatzes der Universalität und der Einheit des Konkurses gilt ein in Belgien eröffnetes Verfahren für alle Vermögenswerte des Schuldners, auch wenn sie sich im Ausland befinden. Ausländische Konkursverfahren werden grundsätzlich auch in Belgien anerkannt und haben die Folgen, die sie nach dem Recht dieses Landes haben.

14. Impakt von Covid-19

239 Infolge der von der belgischen Regierung zur Bekämpfung der COVID-19-Pandemie verhängten Lockdown-Maßnahmen und anderen Einschränkungen, haben viele Unternehmen mit Umsatzeinbußen zu kämpfen, während (Fix-)Kosten auf gleichem Niveau bleiben.

240 Um diese Unternehmen zu schützen, veröffentlichte die belgische Regierung am 24.4.2020 den Königlichen Erlass Nr. 15 über die vorübergehende Aussetzung von Vollstreckungmaßnahmen und anderer Maßnahmen während der COVID-19-Krise. Da das belgische Parlament die belgische Regierung mit Sondervollmachten ausstattete, kann dieser (nummerierte) Königliche Erlass rechtsgültig den bestehenden belgischen gesetzlichen Rahmen für Insolvenzen beeinflussen und ändern.

241 Die beschlossenen Maßnahmen gelten mindestens bis zum 17.6.2020.

242 Im Grundsatz gilt der Königliche Erlass Nr. 15 nur für Unternehmen. Die belgische Regierung hat angekündigt, dass ähnliche Maßnahmen für Forderungen und Verfahren gegen Verbraucher ergriffen werden sollen.

243 Inhaltlich untersagt der Königliche Erlass Nr. 15 den Gläubigern:
- sichernde oder vollstreckbare Pfändungen von Gütern, mit Ausnahme von unbeweglichem Vermögen, zu veranlassen oder fortzusetzen;
- die Eröffnung eines Konkurs- oder Liquidationsverfahrens zu beantragen; und
- Verträge, die vor dem 24.4.2020 abgeschlossen wurden, im Falle der Nichtzahlung zu kündigen (asgenommen Arbeitsverträge).

244 Auf einseitiges Ersuchen einer Partei, die ein Interesse daran hat, kann der Vorsitzende des zuständigen Unternehmensgerichts entscheiden, dass ein Unternehmen nicht in den Anwendungsbereich des Königlichen Erlasses Nr. 15 fällt, oder beschließen, die Auswirkungen der Maßnahmen abzumildern.

245 Um über diese Fälle zu entscheiden, wird der Vorsitzende des zuständigen Unternehmensgerichts die Interessen des Antragstellers und die Auswirkungen der COVID-19-Krise auf das Unternehmen des Schuldners berücksichtigen, insbesondere
- ob ein erheblicher Rückgang des Umsatzes oder der Tätigkeit des Schuldners vorliegt;
- ob vollständig oder teilweise auf „zeitweilige Arbeitslosigkeit" (vorübergehende Freistellung von Arbeitnehmern) umgeschaltet wurde; und
- ob das Unternehmen des Schuldners gemäß der Anordnung der öffentlichen Behörden geschlossen wurde.

246 Die Verpflichtung der Verwalter notleidender Unternehmen, rechtzeitig einen Konkursantrag zu stellen, wird ebenfalls bis (mindestens) 17.6.2020 ausgesetzt, vorausgesetzt, dass die (Bedingungen des) Konkurses aus der COVID-19-Krise resultieren.

247 Die Zahlungsfristen, die in einem vor oder am 17.5.2020 genehmigten Reorganisationsplan enthalten sind, werden ebenfalls für die Dauer dieser vorübergehenden Maßnahmen verlängert. Infolgedessen wird der Königliche Erlasses auch nach dem 17.5.2020 noch Auswirkungen haben.

248 Die oben genannten Maßnahmen gelten nicht für Unternehmen, die sich bereits vor der COVID-19-Krise (dh vor dem 18.3.2020) in einer Insolvenzsituation befanden. Eine solche Unterscheidung wird in der Praxis wohl schwer zu treffen oder nachzuweisen sein.

249 Diese vorübergehenden Maßnahmen entlassen Unternehmen nicht aus ihren Verpflichtungen gegenüber Geschäftspartnern und Mitarbeitern und berühren nicht die Anwendung des Gesetzes über Finanzsicherheiten.

250 Da der Grundsatz bestehen bleibt, dass fällige Schulden beglichen werden müssen, bleiben andere vertragliche Rechtsbehelfe, wie zB das Rücktrittsrecht bei Nichterfüllung, Aufrechnungs- und Zurückbehaltungsrechte, bestehen.

251 Die oben genannten Maßnahmen werden trotzdem erhebliche Auswirkungen auf Gläubiger haben. Gläubiger sollten daher zB prüfen, ob sie ihre Sicherheiten vollstrecken oder Zahlungen von Dritten verlangen können (zB auf der Grundlage einer Garantie).

Belgien

Timeline judicial Reorganisation under Belgian law

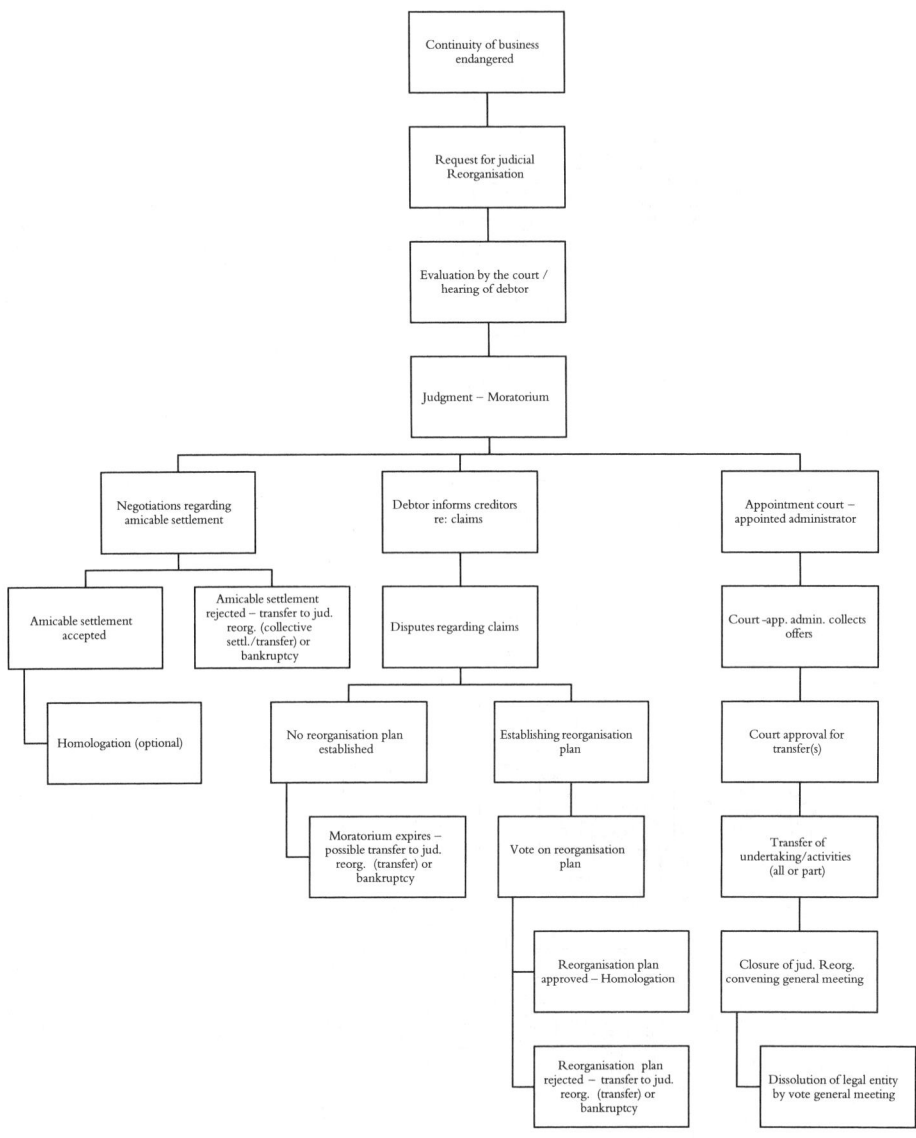

Belgien

Zeitstrahl Konkursverfahren nach belgischem Recht

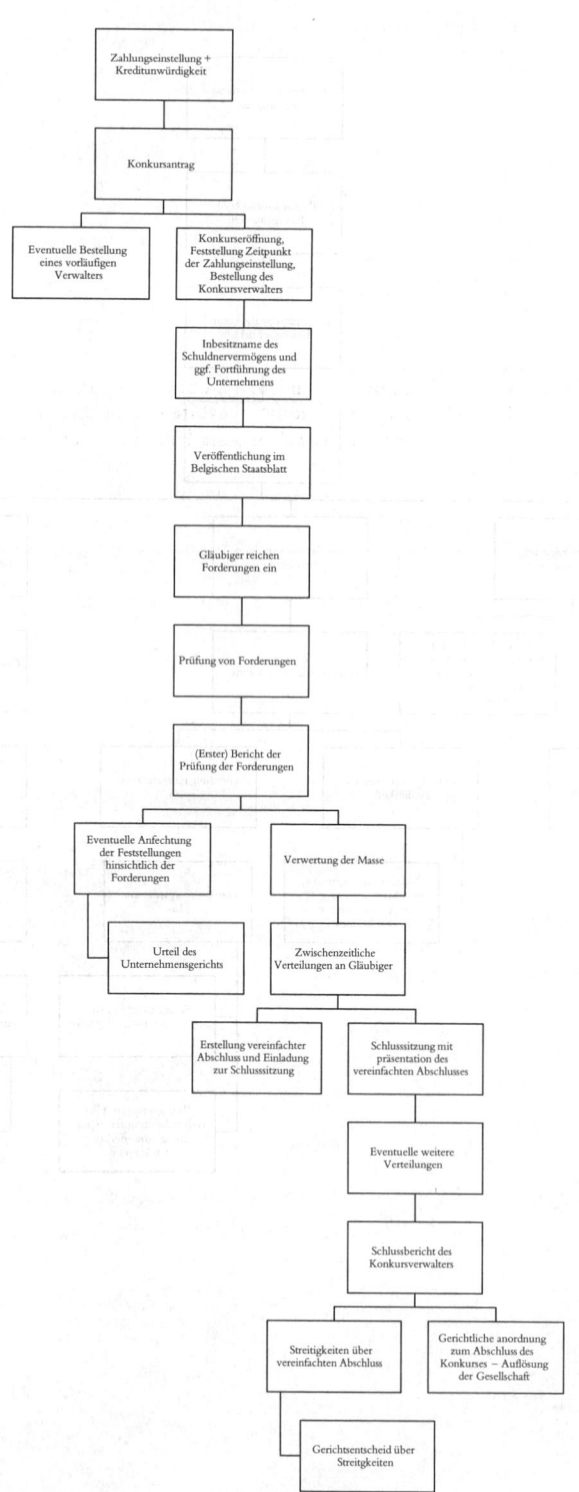

Belgien

Glossar

Begriff (NL/FR)	Übersetzung – Erklärung	Translation – Explanation	Rn.
algemeen voorrecht/privilège général	**Allgemeines Vorzugsrecht** – Vorzugsrecht, das sich auf die Gesamtheit der Güter des Schuldners bezieht	**General Privilege** – privilege right that relates to the totality of the assets of the debtor	31, 100
bekentenis/aveu	**Eingeständnis** – mit Bezug auf eine Konkurssituation, Beantragung des Konkurses durch den Schuldner	**Confession** – with respect to bankruptcy situations: if a debtor files for bankrutpcy	62
Belgisch Staatsblad/ Moniteur Belge	**Belgisches Staatsblatt**	**Belgian State Gazette**	11, 65, 74, 89, 114, 119, 170, 177
boedelschulden/dettes de masse	**Masseschulden** – Schulden, die nach der Konkurseröffnung entstehen und die durch den Konkursverwalter als Verwalter der Konkursmasse eingegangen wurden	**Debts incumbent on the estate** – debts that arise after the bankruptcy judgment and that were incurred by the bankruptcy receiver as administrator of the estate	70, 96, 112
Bijzonder voorrecht/privilège spécial	**Besonderes Vorzugsrecht** – Vorzugsrecht, das sich auf bestimmte Güter des Schuldners bezieht	**Special Privilege** – privilege right that relates to certain particular assets of the debtor	100
Centraal Register Solvabiliteit/Registre Central de la Solvabilité	**Zentrales Insolvenzregister**	**Central Solvency Register**	14
Collectieve arbeidsovereenkomst nr. 102 van 5 oktober 2011 betreffende het behoud van de rechten van de werknemers bij wijziging van werkgever ten gevolge van een gerechtelijke reorganisatie door overdracht onder gerechtelijk gezag/ Convention collective de travail n°102 du 5 octobre 2011 concernant le maintien des droits des travailleurs en cas de changement d'employeur du fait d'une réorganisation judiciaire par transfert sous autorité de justice	**Kollektives Arbeitsabkommen Nr. 102** – Kollektives Arbeitsabkommen Nr. 102 vom 5.10.2011 über die Beibehaltung der Arbeitnehmerrechte bei Arbeitgeberwechsel infolge einer gerichtlich angeordneten Neuorganisierung durch Übertragung unter Gerichtsbeschluss	**Collective Bargaining Agreement no. 102** – Collective Bargaining Agreement no. 102 of 5 October 2011 regarding the protection of employee rights in the case of a change of employer pursuant to a judicial reorganisation by transfer of undertaking under the supervision of the court	8
collectieve schuldenregeling/règlement collectif de dettes	**kollektive Schuldenregelung**	**collective debt settlement**	2, 27, 31
contractuele schuldvergelijking/compensation conventionnelle	**vertragliche Aufrechnung** – Aufrechnung die stattfinden kann, wenn die Parteien in ihrem Vertrag die Bedingungen festgelegt haben, unter denen die Aufrechnung erfolgt	**Contractual set-off** – netting that can occur if the parties have agreed on the conditions for netting in their contractual agreement	208

Belgien

Begriff (NL/FR)	Übersetzung – Erklärung	Translation – Explanation	Rn.
curator/curateur	**Konkursverwalter** – Person, die durch das Unternehmensgericht bestellt wird und unter Aufsicht des Konkursrichters im Hinblick auf die Verwertung des Vermögens des Konkursschuldners und die Berichtigung der Schulden durch Verteilung an die Gläubiger an die Stelle des Konkursschuldners tritt	**Bankrupcy Receiver** – person appointed by the Business Court that replaces the bankrupt debtor with a view to liquidating the estate of the bankrupt debtor and paying the debts through distributions to the creditors	66, 178, 186, 188, 223, 226, 229, 231
deficitaire vereffening/ liquidation déficitaire	**defizitäre Liquidation** – gemeinrechtliche Liquidation einer Gesellschaft, dessen Schulden die Aktiva übersteigen, außerhalb eines Konkursverfahrens	**Liquidation in deficit** – liquidation of a company whose debts exceed its assets under the general legal framework, outside of bankruptcy	59
failliete boedel/masse de la faillite	**Konkursmasse**	**Bankruptcy estate**	69, 178, 186, 188, 209, 213, 224
faillissement/faillite	**Konkursverfahren – Konkurs**	**Bankrupty proceedings – bankruptcy**	28, 127, 178, 190, 196, 221, 231
Faillissementswet/Loi sur les faillites	**Früheres Konkursgesetz** – früheres Konkursgesetz vom 8.8.1997	**Former bankruptcy law** – former Bankruptcy Act of 8 August 1997	19
Fonds tot vergoeding van de in geval van Sluiting van Ondernemingen ontslagen werknemers/ Fonds d'Indemnisation des Travailleurs licenciés en cas de Fermeture d'Entreprises	**Fonds für die Entschädigung der bei Unternehmensschließungen entlassenen Arbeitnehmer**	**Fund for compensation of employees made redundant in the event of bankruptcy**	188
gedelegeerd rechter/juge délégué	**beauftragter Richter** – Richter der durch den Präsidenten des Unternehmensgerichts bestimmt wird und mit der Behandlung eines Reorganisationsverfahrens betraut ist	**Appointed judge** – Judge appointed by the President of the Business Court charged with dealing with the judicial reorganisation proceedings	151
gematigd uitstel voor de betaling/délais modérés pour le paiement	**mäßige Zahlungsfristen** – Zahlungsaufschub der durch einen Richter gemäß Artikel 1244 Bürgerliches Gesetzbuch gewährt werden kann	**Deferral of payment** – payment deferral granted by a judge in accordance with Article 1244 of the Civil Code	128
Gerechtelijk Wetboek/ Code Judiciaire	**Gerichtsgesetzbuch** – Gerichtsgesetzbuch vom 10.10.1967, B.S. 31.10.1967, 11360, in der zurzeit gültigen Fassung	**Judicial Code** – Judicial Code of 10 October 1967, B.S. 31 October 1967, 11360, as amended from time to time	2
gerechtelijke schuldvergelijking/compensation judiciaire	**Gerichtliche Aufrechnung** – Aufrechnung die aufgrund einer Gerichtsentscheidung stattfindet	**Judicial set-off** – Netting that occurs based on a court decision	208

Belgien

Begriff (NL/FR)	Übersetzung – Erklärung	Translation – Explanation	Rn.
gerechtelijke reorganisatie/réorganisation judiciaire	**gerichtliche Reorganisation**	**Judicial reorganisation**	8, 10, 29, 60, 116, 182, 189, 190, 216
gerechtsmandataris/ mandataire de justice	**gerichtlicher Mandatsträger** – Mandatsträger, der durch ein Gericht im Hinblick auf die Ausführung einer bestimmten Aufgabe ernannt wird	**Court-appointed administrator** – administrator appointed by the Court to perform a certain task	141, 150, 153, 176
geschokt krediet/ébranlement du crédit	**Kreditunwürdigkeit** – Zustand, in dem Gläubiger dem Schuldner keinen Kredit mehr gewähren und der eine der Konkursvoraussetzungen bildet	**Credit unworthiness** – state in which a debtor is no longer given credit by its creditors. I.e., one of the bankruptcy conditions	57
handelszaak/fonds de commerce	**Handelsfonds** – Gesamtheit aller materiellen und immateriellen Elemente, die die beweglichen Güter eines Handelsunternehmens darstellen	**Business Unit** – universality of all tangible and intangible elements of which the moveable goods of a business consist	200, 202
Hof van Cassatie/Cour de Cassation	**Kassationshof** – Der oberste Gerichtshof in Belgien	**Belgian Supreme Court** – the highest Court in civil matters in Belgium	59, 181
homologatie/ homologation	**Homologation** – Gerichtsbeschluss zur Bestätigung eines Reorganisationsplans oder einer gütlichen Einigung im Rahmen einer gerichtlichen Reorganisation	**Homologation** – court ruling to confirm a reorganisation plan or amicable settlement in the framework of a judicial reorganisation	46, 129, 130, 194
hypothecair mandaat/ mandat hypothécaire	**Hypothekenmandat** – unwiderrufliche Vollmacht zur Ausführung einer Hypothek die als Alternative zu einer Hypothek verwendet wird um die mit einer Hypothek verbundenen Kosten zu vermeiden	**Mortgage mandate** – irrevocable power of attorney to execute a mortgage which is used as an alternative to a mortgage in order to avoid the costs associated with a mortgage	205
kamers voor ondernemingen in moeilijkheden/ chambres des entreprises en difficulté	**Kammern für Unternehmen in Schwierigkeiten** – Kammern der Unternehmensgerichte, die sich mit Unternehmen, die sich in Schwierigkeiten befinden, befassen	**Chambers for Businesses in Difficulty** – Chambers of the Business Courts that deal with businesses in difficulty	40
Kruispuntbank voor Ondernemingen/Banque Carrefour des Entreprises	**Zentrale Datenstelle der Unternehmen**	**Crossroads Bank for Enterprises**	13
minnelijk akkoord/ accord à l'amiable	**gütliche Einigung** – gerichtliche oder außergerichtliche Einigung, die ein Schuldner mit zwei oder mehreren Gläubigern verein-	**Amicable settlement** – judicial or extrajudicial settlement agreement that a debtor concludes with creditors in view of restoring his finan-	46, 126

Belgien

Begriff (NL/FR)	Übersetzung – Erklärung	Translation – Explanation	Rn.
	bart, im Hinblick auf die Sanierung seiner Finanzlage oder auf die Reorganisation seines Unternehmens	cial position or reorganising his business	
nettingovereenkomst/ convention de netting	**Nettingvereinbarung** – Vereinbarung über Schuldumwandlung oder über bilaterale oder multilaterale Aufrechnung	**Netting agreement** – agreement regarding the transformation of a debt or the bilateral or multilateral set-off between claims	211
onderneming/entreprise	**Unternehmen**	**Business**	23, 53
ondernemingsbemiddelaar/médiateur d'entreprise	**Unternehmensvermittler** – unabhängiger und unparteiischer Spezialist, der einen Schuldner, der sich in Schwierigkeiten befindet, auf vertrauliche Weise beraten und ihm beistehen kann	**Mediator**	45, 157
ondernemingsgrechtbank/cour d'entreprise	**Unternehmensgericht**	**Business Court**	40, 63, 91, 114, 123, 146, 151, 171, 174
openbare orde/ ordre public	**öffentliche Ordnung**	**Public policy**	137
opschorting/suspension	**Aufschub** – Zeitraum, in dem der Schuldner durch ein Moratorium vor seinen Gläubigern geschützt wird und der unmittelbar nach dem Antrag zur gerichtlichen Reorganisation anfängt	**Moratorium** – time period beginning immediately after the request for judicial reorganisation during which a debtor is protected from its creditors by means of a moratorium	60, 121, 128, 130, 137, 143, 148, 149, 154, 155, 159, 161, 165, 170, 173, 177, 202
proces-verbaal van verificatie van de schuldvorderingen/procès-verbal de vérification des créances	**Protokoll der Prüfung der Forderungen** – Bericht des Konkursverwalters, der erstellt wird, nachdem alle oder bestimmte Schuldforderungen geprüft wurden	**Report on the Examination of the Claims** – report of the bankruptcy receiver that is drafted after all or part of the claims have been examined	82, 94, 105, 196, 201, 206
rechter-commissaris/ juge-commissaire	**Konkursrichter** – Richter, der mit der Beschleunigung des Konkursverfahrens und der Überwachung der Konkursabwicklung betraut ist	**Bankruptcy Judge** – Judge responsible for speeding up the bankruptcy proceedings and supervising the liquidation process	66
schuldbemiddelaar/ médiateur de dettes	**Schuldenvermittler** – gerichtlich bestelltes Organ in dem kollektiven Schulden Verfahren für Privatpersonen	**Debt mediator** – court-appointed mandate holder in the collective debt settlement proceedings for private individuals	38
schuldeiser in de opschorting/ créancier sursitaire	**Aufschubgläubiger** – Gläubiger einer aufgeschobenen Schuldforderung	**Moratorium creditors** – creditors having a claim in the moratorium	123
schuldvergelijking/ compensation	**Aufrechnung**	**Set-off/netting**	208–212

Belgien

Begriff (NL/FR)	Übersetzung – Erklärung	Translation – Explanation	Rn.
schuldvordering in de opschorting/créance sursitaire	**aufgeschobene Schuldforderung** – Schuldforderung, die vor dem Urteil zur Eröffnung des Verfahrens der gerichtlichen Reorganisation entstanden ist oder die aufgrund der Einreichung des Antrags oder der im Rahmen des Verfahrens getroffenen Entscheidungen entstanden ist	**Claims in the moratorium** – claims that arose prior to the judgment opening the judicial reorganisation or that arose as a consequence of the request for judicial reorganisation	137, 170, 173
staking van betaling/cessation des paiements	**Zahlungseinstellung** – die dauerhafte Zahlungseinstellung eines Unternehmens, die eine der Konkursvoraussetzungen bildet	**Suspension of payments** – the permanent suspension of payments of a business, i.e., one of the bankruptcy conditions	57, 72, 214
verdachte periode/période suspecte	**verdächtiger Zeitraum** – eventueller Zeitraum zwischen dem gerichtlich festgestellten Zeitpunkt der Zahlungseinstellung und dem Konkursurteil	**Hardening period** – possible time period between the time of cessation of payments as established by the Court and the bankruptcy judgment	73, 127, 158
verificatie van schuldvorderingen/vérification des créances	**Prüfung der Schuldforderungen** – durch den Konkursverwalter erfolgende Prüfung der Richtigkeit und Gültigkeit der Schuldforderungen, die durch die Gläubiger eines Konkursschuldners nach einem Konkursurteil angemeldet wurden	**Examination of claims** – examination of the correctness and validity of the claims that the creditors of the bankrupt debtor have filed following the bankruptcy judgment	88
verknochte schuldvorderingen/dettes connexes	**zusammenhängende Schuldforderungen**	**Related debt claims**	210
voorlopig bewindvoerder/administrateur provisoire	**Vorläufiger Verwalter** – vorläufiger Verwalter, der durch das Unternehmensgerichts bestellt wird, entweder vor der Entscheidung über die Eröffnung eines Konkursverfahrens, oder im Rahmen einer gerichtlichen Reorganisation	**Provisional administrator** – provisional administrator appointed by the Business Court either prior to the decision on the bankruptcy proceedings or in the framework of a judicial reorganisation.	44, 79, 152, 157
voorrecht/privilège	**Vorzugsrecht** – Vorzugsrecht, welches seinen Ursprung in der Art einer Schuldforderung eines Gläubigers findet und dem bevorzugten Gläubiger das Recht verleiht, bei der Verteilung der Aktiva seines Konkursschuldners bevorzugt zu werden	**Privilege** – a preferential right based on the origin and nature of a creditor's claim and that gives a right of preference to the creditor benefitting from it	100, 173
Voorrechten en Hypotheken – Hypotheekwet/ Des privilèges et hypo-	**Hypothekengesetz** – Buch III, Titel XVIII „Vorzugsrechte und Hypotheken –	**Mortgage Law** – Book III, Title XVIII „Privileges and mortgages – Mortgage Law"	6

Belgien

Begriff (NL/FR)	Übersetzung – Erklärung	Translation – Explanation	Rn.
thèques – Loi hypothécaire	Hypothekengesetz" vom 16.12.1851 (in das belgische Zivilgesetzbuch aufgenommen), in der zurzeit gültigen Fassung	of 16 December 1851 (incorporated into the Belgian Civil Code), as amended from time to time	
vrij beroep/profession libérale	Freier Beruf	Independent intellectual profession	25
Wet betreffende de collectieve schuldenregeling en de mogelijkheid van verkoop uit de hand van de in beslag genomen onroerende goederen/Loi relative au règlement collectif de dettes et à la possibilité de vente de gré à gré des biens immeubles saisis	Gesetz über die kollektive Schuldenregelung – Gesetz über die kollektive Schuldenregelung und die Möglichkeit eines freihändigen Verkaufs gepfändeter unbeweglicher Güter vom 5.7.1998, B.S. 31.7.1998, 24613 zur Änderung des Gerichtsgesetzbuches	Law on Collective Debt Settlement – Law regarding the collective settlement of debt and the possibility of selling seized real property of 5 July 1998, B.S. 31 July 1998, 24613 amending the Judicial Code	2
Wet betreffende de continuïteit van de ondernemingen/Loi relative à la continuité des entreprises	Früheres Gesetz über die Kontinuität der Unternehmen – früheres Gesetz über die Kontinuität der Unternehmen vom 31.1.2009	Former Law on the Continuity of Enterprises – Former law on the Continuity of Enterprises of 31 January 2009	10, 19
Wet betreffende financiële zekerheden en houdende diverse fiscale bepalingen inzake zakelijke-zekerheidsovereenkomsten en leningen met betrekking tot financiële instrumenten/Loi relative aux sûretés financières et portant des dispositions fiscales diverses en matière de conventions constitutives de sûreté réelle et de prêts portant sur des instruments financiers	Gesetz über Finanzsicherheiten – Gesetz über Finanzsicherheiten und zur Festlegung verschiedener steuerrechtlicher Bestimmungen in Bezug auf Vereinbarungen über die Leistung von dinglichen Sicherheiten und den Verleih mit Bezug auf Finanzinstrumente vom 15.12.2014, B.S. 1.2.2005, 2961, in der zurzeit gültigen Fassung	Law on Financial Collateral – Law on financial collateral and regarding various tax law provisions with respect to security interests in rem and loans regarding financial instruments of 15 December 2014, B.S. 1 February 2005, 2961, as amended from time to time	3
Wet op het statuut van en het toezicht op de verzekerings- of herverzekeringsondernemingen/ Loi relative au statut et au contrôle of entreprises d'assurance ou de réassurance	Versicherungsunternehmengesetz – Gesetz über den Status und die Kontrolle der Versicherungs- und Rückversicherungsunternehmen vom 13.3.2016, B.S. 23.3.2016, 19856, in der zurzeit gültigen Fassung	Insurance Companies Law – Law on the status and supervision of insurance and reinsurance undertakings of 13 March 2016, B.S. 23 March 2016, 19856	5
Wet op het statuut van en het toezicht op kredietinstellingen en beursvennootschappen /Loi relative au statut et au contrôle des établissements de crédit et des sociétés de bourse	Bankengesetz – Gesetz über den Status und die Kontrolle der Kreditinstitute und Börsengesellschaften vom 25.4.2014, B.S. 7.5.2014, 36794, in der zurzeit gültigen Fassung	Bank Law – Law on the status and supervision of credit institutions and exchanges of 25 April 2014, B.S. 7 May 2014, 36794	4

Belgien

Begriff (NL/FR)	Übersetzung – Erklärung	Translation – Explanation	Rn.
Wetboek van economisch recht/Code de droit économique	**Wirtschaftsgesetzbuch ("WiGB")** vom 28.2.2013, B.S. 29.3.2013, 19975, in der zurzeit gültigen Fassung	**Code of Economic Law ("CEL")** of 28 February 2013, B.S. 29 March 2013, 19975, as amended from time to time	1
wettelijke schuldvergelijking/compensation légale	**Rechtliche Aufrechnung** – Aufrechnung die kraft Gesetzes, auch ohne Wissen des Schuldners, stattfindet sobald sich zwei feste und fällige Geldforderungen gegenüberstehen	**Legal set-off** – netting that occurs by operation of law, even without the debtor's knowledge, as soon as two claims for money that are both fixed and due come to face each other	208
zekerheden/sûretés	**Sicherheiten**	**Security interests**	100, 173
Zakelijke zekerheden op roerende goederen – (Oude artikelen 2071 tot en met 2091 van het Burgerlijk Wetboek vormende de Titel XVII: Inpandgeving)/ Des sûretés réelles mobilières – (Anciens articles 2071 à 2091 du Code civil formant le Titre XVII: Du Nantissement	**Pfandgesetz** – Buch III, Titel XVII „Sicherheiten auf Mobiliar" vom 11.7.2013 (in das belgische Zivilgesetzbuch aufgenommen), in der zurzeit gültigen Fassung	**Pledge Law** – Book III, Title XVII „Collateral on Moveables" of 11 July 2013 (included in the Belgian Civil Code), as amended from time to time	7

Glossar

Übersetzung – Erklärung	Begriff (NL/FR)	Translation – Explanation	Rn.
Allgemeines Vorzugsrecht – Vorzugsrecht, das sich auf die Gesamtheit der Güter des Schuldners bezieht	*algemeen voorrecht/privilège général*	**General Privilege** – privilege right that relates to the totality of the assets of the debtor	31, 100
aufgeschobene Schuldforderung – Schuldforderung, die vor dem Urteil zur Eröffnung des Verfahrens der gerichtlichen Reorganisation entstanden ist oder die aufgrund der Einreichung des Antrags oder der im Rahmen des Verfahrens getroffenen Entscheidungen entstanden ist	*schuldvordering in de opschorting/créance sursitaire*	**Claims in the moratorium** – claims that arose prior to the judgment opening the judicial reorganisation or that arose as a consequence of the request for judicial reorganisation	137, 170, 173
Aufrechnung	*schuldvergelijking/ compensation*	**Set-off / netting**	208–212
Aufschub – Zeitraum, in dem der Schuldner durch ein Moratorium vor seinen Gläubigern geschützt wird und der unmittelbar nach dem Antrag zur gerichtlichen Reorganisation anfängt	*opschorting/suspension*	**Moratorium** – time period beginning immediately after the request for judicial reorganisation during which a debtor is protected from its creditors by means of a moratorium	60, 121, 128, 130, 137, 143, 148, 149, 154, 155, 159, 161, 165, 170, 173, 177, 202

Belgien

Übersetzung – Erklärung	Begriff (NL/FR)	Translation – Explanation	Rn.
Aufschubgläubiger – Gläubiger einer aufgeschobenen Schuldforderung	*schuldeiser in de opschorting/créancier sursitaire*	**Moratorium creditors** – creditors having a claim in the moratorium	123
Bankengesetz – Gesetz über den Status und die Kontrolle der Kreditinstitute und Börsengesellschaften vom 25.4.2014, B.S. 7.5.2014, 36794, in der zurzeit gültigen Fassung	*Wet op het statuut van en het toezicht op kredietinstellingen en beursvennootschappen / Loi relative au statut et au contrôle des établissements de crédit et des sociétés de bourse*	**Bank Law** – Law on the status and supervision of credit institutions and exchanges of 25 April 2014, B.S. 7 May 2014, 36794	4
beauftragter Richter – Richter der durch den Präsidenten des Unternehmensgerichts bestimmt wird und mit der Behandlung eines Reorganisationsverfahrens betraut ist	*gedelegeerd rechter/juge délégué*	**Appointed judge** – Judge appointed by the President of the Business Court charged with dealing with the judicial reorganisation proceedings	151
Belgisches Staatsblatt	*Belgisch Staatsblad/Moniteur Belge*	**Belgian State Gazette**	11, 65, 74, 89, 114, 119, 170, 177
Besonderes Vorzugsrecht – Vorzugsrecht, das sich auf bestimmte Güter des Schuldners bezieht	*Bijzonder voorrecht/privilège spécial*	**Special Privilege** – privilege right that relates to certain particular assets of the debtor	100
defizitäre Liquidation – gemeinrechtliche Liquidation einer Gesellschaft, dessen Schulden die Aktiva übersteigen, außerhalb eines Konkursverfahrens	*deficitaire vereffening/liquidation déficitaire*	**Liquidation in deficit** – liquidation of a company whose debts exceed its assets under the general legal framework, outside of bankruptcy	59
Eingeständnis – mit Bezug auf eine Konkurssituation, Beantragung des Konkurses durch den Schuldner	*bekentenis/aveu*	**Confession** – with respect to bankruptcy situations: if a debtor files for bankrutpcy	62
Fonds für die Entschädigung der bei Unternehmensschließungen entlassenen Arbeitnehmer	*Fonds tot vergoeding van de in geval van Sluiting van Ondernemingen ontslagen werknemers/Fonds d'Indemnisation des Travailleurs licenciés en cas de Fermeture d'Entreprises*	**Fund for compensation of employees made redundant in the event of bankruptcy**	188
Freier Beruf	*vrij beroep/profession libérale*	**Independent intellectual profession**	25
Früheres Gesetz über die Kontinuität der Unternehmen – früheres Gesetz über die Kontinuität der Unternehmen vom 31.1.2009	*Wet betreffende de continuïteit van de ondernemingen/Loi relative à la continuité des entreprises*	**Former Law on the Continuity of Enterprises** – Former law on the Continuity of Enterprises of 31 January 2009	10, 19
Früheres Konkursgesetz – früheres Konkursgesetz vom 8.8.1997	*Faillissementswet/Loi sur les faillites*	**Former bankruptcy law** – former Bankruptcy Act of 8 August 1997	19

Belgien

Übersetzung – Erklärung	Begriff (NL/FR)	Translation – Explanation	Rn.
Gerichtliche Aufrechnung – Aufrechnung die aufgrund einer Gerichtsentscheidung stattfindet	*gerechtelijke schuldvergelijking/compensation judiciaire*	**Judicial set-off** – Netting that occurs based on a court decision	208
gerichtliche Reorganisation	*gerechtelijke reorganisatie/réorganisation judiciaire*	**Judicial reorganisation**	8, 10, 29, 60, 116, 182, 189, 190, 216
gerichtlicher Mandatsträger – Mandatsträger, der durch ein Gericht im Hinblick auf die Ausführung einer bestimmten Aufgabe ernannt wird	*gerechtsmandataris/mandataire de justice*	**Court-appointed administrator** – administrator appointed by the Court to perform a certain task	141, 150, 153, 176
Gerichtsgesetzbuch – Gerichtsgesetzbuch vom 10.10.1967, B.S. 31.10.1967, 11360, in der zurzeit gültigen Fassung	*Gerechtelijk Wetboek/Code Judiciaire*	**Judicial Code** – Judicial Code of 10 October 1967, B.S. 31 October 1967, 11360, as amended from time to time	2
Gesetz über die kollektive Schuldenregelung – Gesetz über die kollektive Schuldenregelung und die Möglichkeit eines freihändigen Verkaufs gepfändeter unbeweglicher Güter vom 5.7.1998, B.S. 31.7.1998, 24613 zur Änderung des Gerichtsgesetzbuches	*Wet betreffende de collectieve schuldenregeling en de mogelijkheid van verkoop uit de hand van de in beslag genomen onroerende goederen/Loi relative au règlement collectif de dettes et à la possibilité de vente de gré à gré des biens immeubles saisis*	**Law on Collective Debt Settlement** – Law regarding the collective settlement of debt and the possibility of selling seized real property of 5 July 1998, B.S. 31 July 1998, 24613 amending the Judicial Code	2
Gesetz über Finanzsicherheiten – Gesetz über Finanzsicherheiten und zur Festlegung verschiedener steuerrechtlicher Bestimmungen in Bezug auf Vereinbarungen über die Leistung von dinglichen Sicherheiten und den Verleih mit Bezug auf Finanzinstrumente vom 15.12.2014, B.S. 1.2.2005, 2961, in der zurzeit gültigen Fassung	*Wet betreffende financiële zekerheden en houdende diverse fiscale bepalingen inzake zakelijke-zekerheidsovereenkomsten en leningen met betrekking tot financiële instrumenten/Loi relative aux sûretés financières et portant des dispositions fiscales diverses en matière de conventions constitutives de sûreté réelle et de prêts portant sur des instruments financiers*	**Law on Financial Collateral** – Law on financial collateral and regarding various tax law provisions with respect to security interests in rem and loans regarding financial instruments of 15 December 2014, B.S. 1 February 2005, 2961, as amended from time to time	3
gütliche Einigung – gerichtliche oder außergerichtliche Einigung, die ein Schuldner mit zwei oder mehreren Gläubigern vereinbart, im Hinblick auf die Sanierung seiner Finanzlage oder auf die Reorganisation seines Unternehmens	*minnelijk akkoord/accord à l'amiable*	**Amicable settlement** – judicial or extrajudicial settlement agreement that a debtor concludes with creditors in view of restoring his financial position or reorganising his business	46, 126
Handelsfonds – Gesamtheit aller materiellen und immate-	*handelszaak/fonds de commerce*	**Business Unit** – universality of all tangible and intangible	200, 202

Belgien

Übersetzung – Erklärung	Begriff (NL/FR)	Translation – Explanation	Rn.
riellen Elemente, die die beweglichen Güter eines Handelsunternehmens darstellen		elements of which the moveable goods of a business consist	
Homologation – Gerichtsbeschluss zur Bestätigung eines Reorganisationsplans oder einer gütlichen Einigung im Rahmen einer gerichtlichen Reorganisation	*homologatie/ homologation*	**Homologation** – court ruling to confirm a reorganisation plan or amicable settlement in the framework of a judicial reorganisation	46, 129, 130, 194
Hypothekengesetz – Buch III, Titel XVIII „Vorzugsrechte und Hypotheken – Hypothekengesetz" vom 16.12.1851 (in das belgische Zivilgesetzbuch aufgenommen), in der zurzeit gültigen Fassung	*Voorrechten en Hypotheken – Hypotheekwet/ Des privilèges et hypothèques – Loi hypothécaire*	**Mortgage Law** – Book III, Title XVIII „Privileges and mortgages – Mortgage Law" of 16 December 1851 (incorporated into the Belgian Civil Code), as amended from time to time	6
Hypothekenmandat – unwiderrufliche Vollmacht zur Ausführung einer Hypothek die als Alternative zu einer Hypothek verwendet wird um die mit einer Hypothek verbundenen Kosten zu vermeiden	*hypothecair mandaat/ mandat hypothécaire*	**Mortgage mandate** – irrevocable power of attorney to execute a mortgage which is used as an alternative to a mortgage in order to avoid the costs associated with a mortgage	205
Kammern für Unternehmen in Schwierigkeiten – Kammern der Unternehmensgerichte, die sich mit Unternehmen, die sich in Schwierigkeiten befinden, befassen	*kamers voor ondernemingen in moeilijkheden/ chambres des entreprises en difficulté*	**Chambers for Businesses in Difficulty** – Chambers of the Business Courts that deal with businesses in difficulty	40
Kassationshof – Der oberste Gerichtshof in Belgien	*Hof van Cassatie/Cour de Cassation*	**Belgian Supreme Court** – the highest Court in civil matters in Belgium	59, 181
kollektive Schuldenregelung	*collectieve schuldenregeling/règlement collectif de dettes*	**collective debt settlement**	2, 27, 31
Kollektives Arbeitsabkommen Nr. 102 – Kollektives Arbeitsabkommen Nr. 102 vom 5.10.2011 über die Beibehaltung der Arbeitnehmerrechte bei Arbeitgeberwechsel infolge einer gerichtlich angeordneten Neuorganisierung durch Übertragung unter Gerichtsbeschluss	*Collectieve arbeidsovereenkomst nr. 102 van 5 oktober 2011 betreffende het behoud van de rechten van de werknemers bij wijziging van werkgever ten gevolge van een gerechtelijke reorganisatie door overdracht onder gerechtelijk gezag/ Convention collective de travail n°102 du 5 octobre 2011 concernant le maintien des droits des travailleurs en cas de changement d'employeur du fait d'une réorganisation judiciaire par*	**Collective Bargaining Agreement no. 102** – Collective Bargaining Agreement no. 102 of 5 October 2011 regarding the protection of employee rights in the case of a change of employer pursuant to a judicial reorganisation by transfer of undertaking under the supervision of the court	8

Belgien

Übersetzung – Erklärung	Begriff (NL/FR)	Translation – Explanation	Rn.
	transfert sous autorité de justice		
Konkursmasse	failliete boedel/masse de la faillite	Bankruptcy estate	69, 178, 186, 188, 209, 213, 224
Konkursrichter – Richter, der mit der Beschleunigung des Konkursverfahrens und der Überwachung der Konkursabwicklung betraut ist	rechter-commissaris/ juge-commissaire	Bankruptcy Judge – Judge responsible for speeding up the bankruptcy proceedings and supervising the liquidation process	66
Konkursverfahren – Konkurs	faillissement/faillite	Bankrupty proceedings – bankruptcy	28, 127, 178, 190, 196, 221, 231
Konkursverwalter – Person, die durch das Unternehmensgericht bestellt wird und unter Aufsicht des Konkursrichters im Hinblick auf die Verwertung des Vermögens des Konkursschuldners und die Berichtigung der Schulden durch Verteilung an die Gläubiger an die Stelle des Konkursschuldners tritt	curator/curateur	Bankrupcy Receiver – person appointed by the Business Court that replaces the bankrupt debtor with a view to liquidating the estate of the bankrupt debtor and paying the debts through distributions to the creditors	66, 178, 186, 188, 223, 226, 229, 231
Kreditunwürdigkeit – Zustand, in dem Gläubiger dem Schuldner keinen Kredit mehr gewähren und der eine der Konkursvoraussetzungen bildet	geschokt krediet/ébranlement du crédit	Credit unworthiness – state in which a debtor is no longer given credit by its creditors. I.e., one of the bankruptcy conditions	57
Masseschulden – Schulden, die nach der Konkurseröffnung entstehen und die durch den Konkursverwalter als Verwalter der Konkursmasse eingegangen wurden	boedelschulden/dettes de masse	Debts incumbent on the estate – debts that arise after the bankruptcy judgment and that were incurred by the bankruptcy receiver as administrator of the estate	70, 96, 112
mäßige Zahlungsfristen – Zahlungsaufschub der durch einen Richter gemäß Artikel 1244 Bürgerliches Gesetzbuch gewährt werden kann	gematigd uitstel voor de betaling/délais modérés pour le paiement	Deferral of payment – payment deferral granted by a judge in accordance with Article 1244 of the Civil Code	128
Nettingvereinbarung – Vereinbarung über Schuldumwandlung oder über bilaterale oder multilaterale Aufrechnung	nettingovereenkomst/ convention de netting	Netting agreement – agreement regarding the transformation of a debt or the bilateral or multilateral set-off between claims	211
öffentliche Ordnung	openbare orde/ordre public	Public policy	137
Pfandgesetz – Buch III, Titel XVII „Sicherheiten auf Mobiliar" vom 11.7.2013 (in das belgische Zivilgesetzbuch	Zakelijke zekerheden op roerende goederen – (Oude artikelen 2071 tot en met 2091 van	Pledge Law – Book III, Title XVII „Collateral on Moveables" of 11 July 2013 (included in the Belgian	7

Belgien

Übersetzung – Erklärung	Begriff (NL/FR)	Translation – Explanation	Rn.
aufgenommen), in der zurzeit gültigen Fassung	het Burgerlijk Wetboek vormende de Titel XVII: Inpandgeving)/ Des sûretés réelles mobilières – (Anciens articles 2071 à 2091 du Code civil formant le Titre XVII: Du Nantissement	Civil Code), as amended from time to time	
Protokoll der Prüfung der Forderungen – Bericht des Konkursverwalters, der erstellt wird, nachdem alle oder bestimmte Schuldforderungen geprüft wurden	proces-verbaal van verificatie van de schuldvorderingen/procès-verbal de vérification des créances	**Report on the Examination of the Claims** – report of the bankruptcy receiver that is drafted after all or part of the claims have been examined	82, 94, 105, 196, 201, 206
Prüfung der Schuldforderungen – durch den Konkursverwalter erfolgende Prüfung der Richtigkeit und Gültigkeit der Schuldforderungen, die durch die Gläubiger eines Konkursschuldners nach einem Konkursurteil angemeldet wurden	verificatie van schuldvorderingen/vérification des créances	**Examination of claims** – examination of the correctness and validity of the claims that the creditors of the bankrupt debtor have filed following the bankruptcy judgment	88
Rechtliche Aufrechnung – Aufrechnung die kraft Gesetzes, auch ohne Wissen des Schuldners, stattfindet sobald sich zwei feste und fällige Geldforderungen gegenüberstehen	wettelijke schuldvergelijking/compensation légale	**Legal set-off** – netting that occurs by operation of law, even without the debtor's knowledge, as soon as two claims for money that are both fixed and due come to face each other	208
Schuldenvermittler – gerichtlich bestelltes Organ in dem kollektiven Schulden Verfahren für Privatpersonen	schuldbemiddelaar/médiateur de dettes	**Debt mediator** – court-appointed mandate holder in the collective debt settlement proceedings for private individuals	38
Sicherheiten	zekerheden/sûretés	**Security interests**	100, 173
Unternehmen	onderneming/entreprise	**Business**	23, 53
Unternehmensgericht	ondernemingsrechtbank/cour d'entreprise	**Business Court**	40, 63, 91, 114, 123, 146, 151, 171, 174
Unternehmensvermittler – unabhängiger und unparteiischer Spezialist, der einen Schuldner, der sich in Schwierigkeiten befindet, auf vertrauliche Weise beraten und ihm beistehen kann	ondernemingsbemiddelaar/médiateur d'entreprise	**Mediator**	45, 157
verdächtiger Zeitraum – eventueller Zeitraum zwischen dem gerichtlich festgestellten Zeitpunkt der Zahlungseinstellung und dem Konkursurteil	verdachte periode/période suspecte	**Hardening period** – possible time period between the time of cessation of payments as established by the Court and the bankruptcy judgment	73, 127, 158

Belgien

Übersetzung – Erklärung	Begriff (NL/FR)	Translation – Explanation	Rn.
Versicherungsunternehmengesetz – Gesetz über den Status und die Kontrolle der Versicherungs- und Rückversicherungsunternehmen vom 13.3.2016, B.S. 23.3.2016, 19856, in der zurzeit gültigen Fassung	*Wet op het statuut van en het toezicht op de verzekerings- of herverzekeringsondernemingen/ Loi relative au statut et au contrôle of entreprises d'assurance ou de réassurance*	**Insurance Companies Law** – Law on the status and supervision of insurance and reinsurance undertakings of 13 March 2016, B.S. 23 March 2016, 19856	5
vertragliche Aufrechnung – Aufrechnung die stattfinden kann, wenn die Parteien in ihrem Vertrag die Bedingungen festgelegt haben, unter denen die Aufrechnung erfolgt	*contractuele schuldvergelijking/compensation conventionelle*	**Contractual set-off** – netting that can occur if the parties have agreed on the conditions for netting in their contractual agreement	208
Vorläufiger Verwalter – vorläufiger Verwalter, der durch das Unternehmensgerichts bestellt wird, entweder vor der Entscheidung über die Eröffnung eines Konkursverfahrens, oder im Rahmen einer gerichtlichen Reorganisation	*voorlopig bewindvoerder/ administrateur provisoire*	**Provisional administrator** – provisional administrator appointed by the Business Court either prior to the decision on the bankruptcy proceedings or in the framework of a judicial reorganisation.	44, 79, 152, 157
Vorzugsrecht – Vorzugsrecht, welches seinen Ursprung in der Art einer Schuldforderung eines Gläubigers findet und dem bevorzugten Gläubiger das Recht verleiht, bei der Verteilung der Aktiva seines Konkursschuldners bevorzugt zu werden	*voorrecht/privilège*	**Privilege** – a preferential right based on the origin and nature of a creditor's claim and that gives a right of preference to the creditor benefitting from it	100, 173
Wirtschaftsgesetzbuch („**WiGB**") vom 28.2.2013, B.S. 29.3.2013, 19975, in der zurzeit gültigen Fassung	*Wetboek van economisch recht/Code de droit économique*	**Code of Economic Law** („**CEL**") of 28 February 2013, B.S. 29 March 2013, 19975, as amended from time to time	1
Zahlungseinstellung – die dauerhafte Zahlungseinstellung eines Unternehmens, die eine der Konkursvoraussetzungen bildet	*staking van betaling/cessation des paiements*	**Suspension of payments** – the permanent suspension of payments of a business, i.e., one of the bankruptcy conditions	57, 72, 214
Zentrale Datenstelle der Unternehmen	*Kruispuntbank voor Ondernemingen/Banque Carrefour des Entreprises*	**Crossroads Bank for Enterprises**	13
Zentrales Insolvenzregister	*Centraal Register Solvabiliteit/Registre Central de la Solvabilité*	**Central Solvency Register**	14
zusammenhängende Schuldforderungen	*verknochte schuldvorderingen/dettes connexes*	**Related debt claims**	210

Belgien

Glossar

Translation – Explanation	Begriff (NL/FR)	Übersetzung – Erklärung	Rn.
Amicable settlement – judicial or extrajudicial settlement agreement that a debtor concludes with creditors in view of restoring his financial position or reorganising his business	minnelijk akkoord / accord à l'amiable	**gütliche Einigung** – gerichtliche oder außergerichtliche Einigung, die ein Schuldner mit zwei oder mehreren Gläubigern vereinbart, im Hinblick auf die Sanierung seiner Finanzlage oder auf die Reorganisation seines Unternehmens	46, 126
Appointed judge – Judge appointed by the President of the Business Court charged with dealing with the judicial reorganisation proceedings	gedelegeerd rechter / juge délégué	**beauftragter Richter** – Richter der durch den Präsidenten des Unternehmensgerichts bestimmt wird und mit der Behandlung eines Reorganisationsverfahrens betraut ist	151
Bank Law – Law on the status and supervision of credit institutions and exchanges of 25 April 2014, B.S. 7 May 2014, 36794	Wet op het statuut van en het toezicht op kredietinstellingen en beursvennootschappen / Loi relative au statut et au contrôle des établissements de crédit et des sociétés de bourse	**Bankengesetz** – Gesetz über den Status und die Kontrolle der Kreditinstitute und Börsengesellschaften vom 25.4.2014, B.S. 7.5.2014, 36794, in der zurzeit gültigen Fassung	4
Bankrupcy Receiver – person appointed by the Business Court that replaces the bankrupt debtor with a view to liquidating the estate of the bankrupt debtor and paying the debts through distributions to the creditors	curator / curateur	**Konkursverwalter** – Person, die durch das Unternehmensgericht bestellt wird und unter Aufsicht des Konkursrichters im Hinblick auf die Verwertung des Vermögens des Konkursschuldners und die Berichtigung der Schulden durch Verteilung an die Gläubiger an die Stelle des Konkursschuldners tritt	66, 178, 186, 188, 223, 226, 229, 231
Bankruptcy estate	failliete boedel / masse de la faillite	**Konkursmasse**	69, 178, 186, 188, 209, 213, 224
Bankruptcy Judge – Judge responsible for speeding up the bankruptcy proceedings and supervising the liquidation process	rechter-commissaris / juge-commissaire	**Konkursrichter** – Richter, der mit der Beschleunigung des Konkursverfahrens und der Überwachung der Konkursabwicklung betraut ist	66
Bankrupty proceedings – bankruptcy	faillissement / faillite	**Konkursverfahren – Konkurs**	28, 127, 178, 190, 196, 221, 231
Belgian State Gazette	Belgisch Staatsblad / Moniteur Belge	**Belgisches Staatsblatt**	11, 65, 74, 89, 114, 119, 170, 177

Belgien

Translation – Explanation	Begriff (NL/FR)	Übersetzung – Erklärung	Rn.
Belgian Supreme Court – the highest Court in civil matters in Belgium	Hof van Cassatie/Cour de Cassation	**Kassationshof** – Der oberste Gerichtshof in Belgien	59, 181
Business	onderneming/entreprise	**Unternehmen**	23, 53
Business Court	ondernemingsrechtbank/cour d'entreprise	**Unternehmensgericht**	40, 63, 91, 114, 123, 146, 151, 171, 174
Business Unit – universality of all tangible and intangible elements of which the moveable goods of a business consist	handelszaak/fonds de commerce	**Handelsfonds** – Gesamtheit aller materiellen und immateriellen Elemente, die die beweglichen Güter eines Handelsunternehmens darstellen	200, 202
Central Solvency Register	Centraal Register Solvabiliteit/Registre Central de la Solvabilité	**Zentrales Insolvenzregister**	14
Chambers for Businesses in Difficulty – Chambers of the Business Courts that deal with businesses in difficulty	kamers voor ondernemingen in moeilijkheden/chambres des entreprises en difficulté	**Kammern für Unternehmen in Schwierigkeiten** – Kammern der Unternehmensgerichte, die sich mit Unternehmen, die sich in Schwierigkeiten befinden, befassen	40
Claims in the moratorium – claims that arose prior to the judgment opening the judicial reorganisation or that arose as a consequence of the request for judicial reorganisation	schuldvordering in de opschorting/créance sursitaire	**aufgeschobene Schuldforderung** – Schuldforderung, die vor dem Urteil zur Eröffnung des Verfahrens der gerichtlichen Reorganisation entstanden ist oder die aufgrund der Einreichung des Antrags oder der im Rahmen des Verfahrens getroffenen Entscheidungen entstanden ist	137, 170, 173
Code of Economic Law („CEL") of 28 February 2013, B.S. 29 March 2013, 19975, as amended from time to time	Wetboek van economisch recht/Code de droit économique	**Wirtschaftsgesetzbuch („WiGB")** vom 28.2.2013, B.S. 29.3.2013, 19975, in der zurzeit gültigen Fassung	1
Collective Bargaining Agreement no. 102 – Collective Bargaining Agreement no. 102 of 5 October 2011 regarding the protection of employee rights in the case of a change of employer pursuant to a judicial reorganisation by transfer of undertaking under the supervision of the court	Collectieve arbeidsovereenkomst nr. 102 van 5 oktober 2011 betreffende het behoud van de rechten van de werknemers bij wijziging van werkgever ten gevolge van een gerechtelijke reorganisatie door overdracht onder gerechtelijk gezag/Convention collective de travail n°102 du 5 octobre 2011 concernant le maintien des droits des travailleurs en cas de changement d'emplo-	**Kollektives Arbeitsabkommen Nr. 102** – Kollektives Arbeitsabkommen Nr. 102 vom 5.10.2011 über die Beibehaltung der Arbeitnehmerrechte bei Arbeitgeberwechsel infolge einer gerichtlich angeordneten Neuorganisierung durch Übertragung unter Gerichtsbeschluss	8

Belgien

Translation – Explanation	Begriff (NL/FR)	Übersetzung – Erklärung	Rn.
	yeur du fait d'une réorganisation judiciaire par transfert sous autorité de justice		
collective debt settlement	collectieve schuldenregeling/règlement collectif de dettes	**kollektive Schuldenregelung**	2, 27, 31
Confession – with respect to bankruptcy situations: if a debtor files for bankrutpcy	bekentenis/aveu	**Eingeständnis** – mit Bezug auf eine Konkurssituation, Beantragung des Konkurses durch den Schuldner	62
Contractual set-off – netting that can occur if the parties have agreed on the conditions for netting in their contractual agreement	contractuele schuldvergelijking/compensation conventionelle	**vertragliche Aufrechnung** – Aufrechnung die stattfinden kann, wenn die Parteien in ihrem Vertrag die Bedingungen festgelegt haben, unter denen die Aufrechnung erfolgt	208
Court-appointed administrator – administrator appointed by the Court to perform a certain task	gerechtsmandataris/mandataire de justice	**gerichtlicher Mandatsträger** – Mandatsträger, der durch ein Gericht im Hinblick auf die Ausführung einer bestimmten Aufgabe ernannt wird	141, 150, 153, 176
Credit unworthiness – state in which a debtor is no longer given credit by its creditors. I.e., one of the bankruptcy conditions	geschokt krediet/ébranlement du crédit	**Kreditunwürdigkeit** – Zustand, in dem Gläubiger dem Schuldner keinen Kredit mehr gewähren und der eine der Konkursvoraussetzungen bildet	57
Crossroads Bank for Enterprises	Kruispuntbank voor Ondernemingen/Banque Carrefour des Entreprises	**Zentrale Datenstelle der Unternehmen**	13
Debt mediator – court-appointed mandate holder in the collective debt settlement proceedings for private individuals	schuldbemiddelaar/médiateur de dettes	**Schuldenvermittler** – gerichtlich bestelltes Organ in dem kollektiven Schulden Verfahren für Privatpersonen	38
Debts incumbent on the estate – debts that arise after the bankruptcy judgment and that were incurred by the bankruptcy receiver as administrator of the estate	boedelschulden/dettes de masse	**Masseschulden** – Schulden, die nach der Konkurseröffnung entstehen und die durch den Konkursverwalter als Verwalter der Konkursmasse eingegangen wurden	70, 96, 112
Deferral of payment – payment deferral granted by a judge in accordance with Article 1244 of the Civil Code	gematigd uitstel voor de betaling/délais modérés pour le paiement	**mäßige Zahlungsfristen** – Zahlungsaufschub der durch einen Richter gemäß Artikel 1244 Bürgerliches Gesetzbuch gewährt werden kann	128
Examination of claims – examination of the correctness and validity of the claims that the creditors of the bankrupt debtor have filed following the bank-	verificatie van schuldvorderingen/vérification des créances	**Prüfung der Schuldforderungen** – durch den Konkursverwalter erfolgende Prüfung der Richtigkeit und Gültigkeit der Schuldforderungen, die durch die Gläubi-	88

Belgien

Translation – Explanation	Begriff (NL/FR)	Übersetzung – Erklärung	Rn.
ruptcy judgment= Proces verbaal van verificatie van schuldvorderingen ?		ger eines Konkursschuldners nach einem Konkursurteil angemeldet wurden	
Former bankruptcy law – former Bankruptcy Act of 8 August 1997	*Faillissementswet/Loi sur les faillites*	**Früheres Konkursgesetz** – früheres Konkursgesetz vom 8.8.1997	19
Former Law on the Continuity of Enterprises – Former law on the Continuity of Enterprises of 31 January 2009	*Wet betreffende de continuïteit van de ondernemingen/Loi relative à la continuité des entreprises*	**Früheres Gesetz über die Kontinuität der Unternehmen** – früheres Gesetz über die Kontinuität der Unternehmen vom 31.1.2009	10, 19
Fund for compensation of employees made redundant in the event of bankruptcy	*Fonds tot vergoeding van de in geval van Sluiting van Ondernemingen ontslagen werknemers/Fonds d'Indemnisation des Travailleurs licenciés en cas de Fermeture d'Entreprises*	**Fonds für die Entschädigung der bei Unternehmensschließungen entlassenen Arbeitnehmer**	188
General Privilege – privilege right that relates to the totality of the assets of the debtor	*algemeen voorrecht/privilège général*	**Allgemeines Vorzugsrecht** – Vorzugsrecht, das sich auf die Gesamtheit der Güter des Schuldners bezieht	31, 100
Hardening period – possible time period between the time of cessation of payments as established by the Court and the bankruptcy judgment	*verdachte periode/période suspecte*	**verdächtiger Zeitraum** – eventueller Zeitraum zwischen dem gerichtlich festgestellten Zeitpunkt der Zahlungseinstellung und dem Konkursurteil	73, 127, 158
Homologation – court ruling to confirm a reorganisation plan or amicable settlement in the framework of a judicial reorganisation	*homologatie/homologation*	**Homologation** – Gerichtsbeschluss zur Bestätigung eines Reorganisationsplans oder einer gütlichen Einigung im Rahmen einer gerichtlichen Reorganisation	46, 129, 130, 194
Independent intellectual profession	*vrij beroep/profession libérale*	**Freier Beruf**	25
Insurance Companies Law – Law on the status and supervision of insurance and reinsurance undertakings of 13 March 2016, B.S. 23 March 2016, 19856	*Wet op het statuut van en het toezicht op de verzekerings- of herverzekeringsondernemingen/ Loi relative au statut et au contrôle of entreprises d'assurance ou de réassurance*	**Versicherungsunternehmensgesetz** – Gesetz über den Status und die Kontrolle der Versicherungs- und Rückversicherungsunternehmen vom 13.3.2016, B.S. 23.3.2016, 19856, in der zurzeit gültigen Fassung	5
Judicial Code – Judicial Code of 10 October 1967, B.S. 31 October 1967, 11360, as amended from time to time	*Gerechtelijk Wetboek/Code Judiciaire*	**Gerichtsgesetzbuch** – Gerichtsgesetzbuch vom 10.10.1967, B.S. 31.10.1967, 11360, in der zurzeit gültigen Fassung	2
Judicial reorganisation	*gerechtelijke reorganisatie/réorganisation judiciaire*	**gerichtliche Reorganisation**	8, 10, 29, 60, 116, 182, 189, 190, 216

Belgien

Translation – Explanation	Begriff (NL/FR)	Übersetzung – Erklärung	Rn.
Judicial set-off – Netting that occurs based on a court decision	*gerechtelijke schuldvergelijking/compensation judiciaire*	**Gerichtliche Aufrechnung** – Aufrechnung die aufgrund einer Gerichtsentscheidung stattfindet	208
Law on Collective Debt Settlement – Law regarding the collective settlement of debt and the possibility of selling seized real property of 5 July 1998, B.S. 31 July 1998, 24613 amending the Judicial Code	*Wet betreffende de collectieve schuldenregeling en de mogelijkheid van verkoop uit de hand van de in beslag genomen onroerende goederen/Loi relative au règlement collectif de dettes et à la possibilité de vente de gré à gré des biens immeubles saisis*	**Gesetz über die kollektive Schuldenregelung** – Gesetz über die kollektive Schuldenregelung und die Möglichkeit eines freihändigen Verkaufs gepfändeter unbeweglicher Güter vom 5.7.1998, B.S. 31.7.1998, 24613 zur Änderung des Gerichtsgesetzbuches	2
Law on Financial Collateral – Law on financial collateral and regarding various tax law provisions with respect to security interests in rem and loans regarding financial instruments of 15 December 2014, B.S. 1 February 2005, 2961, as amended from time to time	*Wet betreffende financiële zekerheden en houdende diverse fiscale bepalingen inzake zakelijke-zekerheidsovereenkomsten en leningen met betrekking tot financiële instrumenten/Loi relative aux sûretés financières et portant des dispositions fiscales diverses en matière de conventions constitutives de sûreté réelle et de prêts portant sur des instruments financiers*	**Gesetz über Finanzsicherheiten** – Gesetz über Finanzsicherheiten und zur Festlegung verschiedener steuerrechtlicher Bestimmungen in Bezug auf Vereinbarungen über die Leistung von dinglichen Sicherheiten und den Verleih mit Bezug auf Finanzinstrumente vom 15.12.2014, B.S. 1.2.2005, 2961, in der zurzeit gültigen Fassung	3
Legal set-off – netting that occurs by operation of law, even without the debtor's knowledge, as soon as two claims for money that are both fixed and due come to face each other	*wettelijke schuldvergelijking/compensation légale*	**Rechtliche Aufrechnung** – Aufrechnung die kraft Gesetzes, auch ohne Wissen des Schuldners, stattfindet sobald sich zwei feste und fällige Geldforderungen gegenüberstehen	208
Liquidation in deficit – liquidation of a company whose debts exceed its assets under the general legal framework, outside of bankruptcy	*deficitaire vereffening/liquidation déficitaire*	**defizitäre Liquidation** – gemeinrechtliche Liquidation einer Gesellschaft, dessen Schulden die Aktiva übersteigen, außerhalb eines Konkursverfahrens	59
Mediator	*ondernemingsbemiddelaar/médiateur d'entreprise*	**Unternehmensvermittler** – unabhängiger und unparteiischer Spezialist, der einen Schuldner, der sich in Schwierigkeiten befindet, auf vertrauliche Weise beraten und ihm beistehen kann	45, 157
Moratorium – time period beginning immediately after the request for judicial reorganisation during which a debtor is protected from its credi-	*opschorting/suspension*	**Aufschub** – Zeitraum, in dem der Schuldner durch ein Moratorium vor seinen Gläubigern geschützt wird und der unmittelbar nach dem	60, 121, 128, 130, 137, 143, 148, 149, 154, 155,

Translation – Explanation	Begriff (NL/FR)	Übersetzung – Erklärung	Rn.
tors by means of a moratorium		Antrag zur gerichtlichen Reorganisation anfängt	159, 161, 165, 170, 173, 177, 202
Moratorium creditors – creditors having a claim in the moratorium	*schuldeiser in de opschorting/créancier sursitaire*	**Aufschubgläubiger** – Gläubiger einer aufgeschobenen Schuldforderung	123
Mortgage Law – Book III, Title XVIII „Privileges and mortgages – Mortgage Law" of 16 December 1851 (incorporated into the Belgian Civil Code), as amended from time to time	*Voorrechten en Hypotheken – Hypotheekwet/ Des privilèges et hypothèques – Loi hypothécaire*	**Hypothekengesetz** – Buch III, Titel XVIII „Vorzugsrechte und Hypotheken – Hypothekengesetz" vom 16.12.1851 (in das belgische Zivilgesetzbuch aufgenommen), in der zurzeit gültigen Fassung	6
Mortgage mandate – irrevocable power of attorney to execute a mortgage which is used as an alternative to a mortgage in order to avoid the costs associated with a mortgage	*hypothecair mandaat/ mandat hypothécaire*	**Hypothekenmandat** – unwiderrufliche Vollmacht zur Ausführung einer Hypothek die als Alternative zu einer Hypothek verwendet wird um die mit einer Hypothek verbundenen Kosten zu vermeiden	205
Netting agreement – agreement regarding the transformation of a debt or the bilateral or multilateral set-off between claims	*nettingovereenkomst/ convention de netting*	**Nettingvereinbarung** – Vereinbarung über Schuldumwandlung oder über bilaterale oder multilaterale Aufrechnung	211
Pledge Law – Book III, Title XVII „Collateral on Moveables" of 11 July 2013 (included in the Belgian Civil Code), as amended from time to time	*Zakelijke zekerheden op roerende goederen – (Oude artikelen 2071 tot en met 2091 van het Burgerlijk Wetboek vormende de Titel XVII: Inpandgeving)/ Des sûretés réelles mobilières – (Anciens articles 2071 à 2091 du Code civil formant le Titre XVII: Du Nantissement*	**Pfandgesetz** – Buch III, Titel XVII „Sicherheiten auf Mobiliar" vom 11.7.2013 (in das belgische Zivilgesetzbuch aufgenommen), in der zurzeit gültigen Fassung	7
Privilege – a preferential right based on the origin and nature of a creditor's claim and that gives a right of preference to the creditor benefitting from it	*voorrecht/privilège*	**Vorzugsrecht** – Vorzugsrecht, welches seinen Ursprung in der Art einer Schuldforderung eines Gläubigers findet und dem bevorzugten Gläubiger das Recht verleiht, bei der Verteilung der Aktiva seines Konkursschuldners bevorzugt zu werden	100, 173
Provisional administrator – provisional administrator appointed by the Business Court either prior to the decision on the bankruptcy proceedings or in the frame-	*voorlopig bewindvoerder/ administrateur provisoire*	**Vorläufiger Verwalter** – vorläufiger Verwalter, der durch das Unternehmensgerichts bestellt wird, entweder vor der Entscheidung über die Eröffnung eines Konkurs-	44, 79, 152, 157

Belgien

Translation – Explanation	Begriff (NL/FR)	Übersetzung – Erklärung	Rn.
work of a judicial reorganisation.		verfahrens, oder im Rahmen einer gerichtlichen Reorganisation	
Public policy	*openbare orde/ordre public*	**öffentliche Ordnung**	137
Related debt claims	*verknochte schuldvorderingen/dettes connexes*	**zusammenhängende Schuldforderungen**	210
Report on the Examination of the Claims – report of the bankruptcy receiver that is drafted after all or part of the claims have been examined	*proces-verbaal van verificatie van de schuldvorderingen/procès-verbal de vérification des créances*	**Protokoll der Prüfung der Forderungen** – Bericht des Konkursverwalters, der erstellt wird, nachdem alle oder bestimmte Schuldforderungen geprüft wurden	82, 94, 105, 196, 201, 206
Security interests	*zekerheden/sûretés*	**Sicherheiten**	100, 173
Set-off / netting	*schuldvergelijking/ compensation*	**Aufrechnung**	208–212
Special Privilege – privilege right that relates to certain particular assets of the debtor	*Bijzonder voorrecht/privilège spécial*	**Besonderes Vorzugsrecht** – Vorzugsrecht, das sich auf bestimmte Güter des Schuldners bezieht	100
Suspension of payments – the permanent suspension of payments of a business, i.e., one of the bankruptcy conditions	*staking van betaling/cessation des paiements*	**Zahlungseinstellung** – die dauerhafte Zahlungseinstellung eines Unternehmens, die eine der Konkursvoraussetzungen bildet	57, 72, 214

Brasilien

bearbeitet von *Christian Moritz*, Rechtsanwalt (Felsberg Advogados, Baden-Baden/São Paulo) und *Jo-Wendy Frege*, Rechtsanwältin (CMS Hasche Sigle, Düsseldorf)

Übersicht

	Rn.
1. Einführung	1
1.1 Schrifttum und Informationsquellen	1
1.1.1 Literatur	1
1.1.2 Gesetzestext	2
1.2 Gesetzgeberischer Rahmen	3
1.3 Verfahrensarten	4
1.3.1 Antragsberechtigung	7
1.3.2 Verfahrensziele	8
1.4 Personeller Anwendungsbereich des Insolvenzgesetzes	9
1.4.1 Einzelunternehmer und „unternehmerische" Gesellschaften	9
1.4.2 Vom Anwendungsbereich gänzlich oder teilweise ausgeschlossene Gesellschaften	11
1.5 Zuständiges Insolvenzgericht	12
1.6 Die Forderungsanmeldung und -prüfung	13
1.7 Ausgeschlossene Forderungen	19
1.8 Allgemeine Wirkungen der *recuperação judicial* und der *falência*	20
1.8.1 Hemmung der Verjährung	20
1.8.2 Einstellung der Einzelzwangsvollstreckung	21
1.8.3 Bestellung des *administrador judicial*	23
2. Die *Recuperação Judicial*	24
2.1 Zielsetzung	24
2.2 Einteilung der *recuperação judicial* in drei Phasen	25
2.2.1 Bewilligungsphase: Von der Bewilligung des Antrags der *recuperação judicial* bis zur Plangenehmigung	26
2.2.2 Konzessionsphase: von der Genehmigung des *plano de recuperação judicial* bis zum Ablauf von zwei Jahren	27
2.2.3 Nachverfahrensrechtliche Planerfüllungsphase: nach dem Ende der Konzessionsphase bis zur vollständigen Erfüllung der im *plano de recuperação judicial* vorgesehenen Pflichten	29
2.3 Antragsberechtigung	30
2.4 Bewilligungsvoraussetzungen und Bewilligungsbeschluss	31
2.5 Besondere Wirkungen der Bewilligung	32
2.5.1 Keine Dispositionsbefugnis über den gestellten Antrag	32

	Rn.
2.5.2 Schutz gegen Vollstreckungsmaßnahmen	33
2.5.3 Schutz vor Aussonderung von betriebsnotwendigen Vermögensgegenständen	34
2.5.4 Eigenverwaltung als Regelfall	35
2.5.5 Aufsicht über den Schuldner	37
2.6 Von der *recuperação judicial* erfasste Forderungen	39
2.7 Inhalt des *plano de recuperação*	41
2.7.1 Weitgehende Gestaltungsfreiheit	42
2.7.2 Gesetzliche Einschränkungen der Gestaltungsfreiheit	43
2.8 Genehmigung des Plans durch Gläubiger und Insolvenzrichter	45
2.8.1 Stimmberechtigung	47
2.8.2 Beschlussquorum für die Genehmigung des Plans	50
2.8.3 Änderungsvorschläge der Gläubiger	52
2.8.4 Richterlicher *Cram Down* bei fehlender Mehrheit der Gläubiger	53
2.8.5 Bindungswirkung des *plano de recuperação*	54
2.9 Fälle der Überleitung der *recuperação judicial* in die *falência*	55
3. Die *Falência*	56
3.1 Zielsetzung	56
3.2 Antragsrecht	57
3.3 Eröffnungsgründe	58
3.4 Befriedigung der Anspruchsinhaber	63
3.4.1 Dringend notwendige Verwaltungsausgaben	1
3.4.2 Arbeitnehmer mit Lohnansprüchen für die letzten drei Monate vor Eröffnung der *falência*	65
3.4.3 Aussonderungsberechtigte Gläubiger	66
3.4.4 Sonstige Gläubiger der *massa falida* (Massegläubiger)	69
3.4.5 Insolvenzgläubiger	70
3.4.5.1 Arbeitsrechtliche Forderungen	72
3.4.5.2 Dinglich besicherte Forderungen	74
3.4.5.3 Forderungen der Finanzverwaltung	76
3.4.5.4 Besonders-privilegierte Forderungen	77
3.4.5.5 Allgemein-privilegierte Forderungen	78
3.4.5.6 Ungesicherte und nicht-privilegierte Forderungen	79

	Rn.		Rn.
3.4.5.7 Forderungen aus Vertragsstrafen und Bußgeldern	80	fahrens vor Verwertung des Vermögens	102
3.4.5.8 Nachrangige Forderungen	81	5. Internationale Aspekte der Insolvenzverfahren	103
3.4.6 Ausgeschlossene Forderungen	82
3.5 Verwertung der Insolvenzmasse	83	5.1 Fehlen von Verfahrensregeln bei Auslandsbezug	103
3.6 Haftung der Geschäftsleitung und der Gesellschafter	88	5.2 Auswirkungen eines deutschen Insolvenzverfahrens über das Vermögen einer deutschen Muttergesellschaft auf die brasilianische Tochtergesellschaft	104
3.7 Verjährungsfrist und Einzelzwangsvollstreckung nach Beendigung der *falência*	90
3.8 Erlöschen der Gläubigerforderungen	92	5.3 Keine Möglichkeit des Gläubigers zur Rechtsverfolgung in Deutschland	106
4. Das Privatinsolvenzverfahren	94
4.1 Gesetzgeberischer Rahmen	94	5.4 Sicherheitsleistung von ausländischen Gläubigern	107
4.1.1 Anwendungsbereich	95	6. COVID-19 Maßnahmen	108
4.1.2 Antragsberechtigung	96	6.1. Allgemeine Maßnahmen	108
4.1.3 Wirkungen der Verfahrenseröffnung	99	6.2. Empfehlung des Nationalen Justizrates	110
4.1.4 Befriedigung der Gläubiger	101	6.3. Ausmaß der Wirtschaftskrise	113
4.2 Zivilgerichtliches Vergleichsverfahren im Rahmen des Privatinsolvenzver-		6.4. Geplantes Insolvenz-Übergangsgesetz PL 1.397/20	114

1. Einführung[1]

1.1 Schrifttum und Informationsquellen

1.1.1 Literatur

1   *Arruda Alvim Wambler, Teresa/Lins Conceicao, Maria Lucia/Ferresvda Silva Ribeiro, Lenoardo/Licasto Torres de Mello, Rogero,* Comentários ao Novo Código de Processo Civil de acordo com a Lei 13.256/2016, 2 edicao; *Bezerra Filho, Manoel Justino,* Lei de recuperação de empresas e falência – Lei 11.101/2005 comentada artigo por artigo, 14. Auflage 2019; *Carnio Costa, Daniel,* Business Judicial Reorganization – US and Brazil, 1. Auflage 2018; *Corotto, Susana,* Modelos de reorganização empresarial brasileiro e alemão – comparação entre a lei de recuperação e falências de empresa e a Insolvenzordnung (InsO), 1. Auflage 2009; *Felsberg, Thomas Benes/Campana Filho, Paulo Fernando,* Corporate Bankruptcy and Reorganization in Brazil: National and Cross-Border Perspectives, Norton Annual Review of International Insolvency 2009, 275–300; *Mamede, Gladstone,* Falência e recuperação de empresas, 8. Auflage 2016; *Marioni, Luiz Guilherme/Cruz Arenhart, Sergio/Mitidiero, Daniel,* Comentarios ao Código de Processo Civil XVII; *Moritz, Christian,* Das Insolvenzrecht in Brasilien – aus der Sicht deutscher Unternehmen, in: Mitteilungsblatt 1/2011 der Arbeitsgemeinschaft für Internationalen Rechtsverkehr im Deutschen AnwaltVerein, S. 51–60; *Negrão, Ricardo,* Aspectos objetivos da lei de recuperação de empresas e de a falências 5. Auflage, 2014; *Nery Junior, Nelson/de Andrade Nery, Rosa Maria,* Código de processo civil comentado e legislação extravagante, 17. Auflage 2018; *Paes de Almeida, Amador,* Curso de Falência e Recuperação de Empresa, 28. Auflage 2017; *Pontes de Miranda.* Comentários ao código de processo civil, 2. Auflage 2002; *Sacramone, Marcelo Barbosa,* Comentários à LFRE, 1. Auflage 2018; *Revista do Consumidor, Vol. 118/2018, Jul-Aug 2018, DTR/2018/19474,* Superendividamento e insolvencia civil no Brasil:Oportunidade de Reforma no Marco Regulatorio; *Spinelli Luis Felipe/Tellechea Rodrigo/Scalzilli João Pedro,* Recuperação Extrajudicial de Empresas, 1. Auflage 2013; *Ulhoa Coelho, Fábio,* Comentários a lei de falência e de recuperação de empresas, 13. Auflage 2018.

---

[1] Die Darstellung des brasilianischen Insolvenzrechts vermittelt aufgrund ihrer Knappheit nur Grundzüge und stellt eine unverbindliche Information ohne Gewähr auf Richtigkeit und Vollständigkeit dar; **Einzelfälle bedürfen einer individuellen und verbindlichen Rechtsberatung.**

1. Einführung

1.1.2 Gesetzestext

Das brasilianische Insolvenzgesetz,[2] namentlich das *„Lei de Falências e de Recuperação de Empre-* 2
sas" vom 9.2.2005 (im Folgenden „LFRE") trat am 9.6.2005 in Kraft. Es löste das seit 1945 geltende Insolvenzrecht der Gesetzesverordnung *Decreto-Lei* 7661/45 ab.

Eine Originalfassung des LFRE in portugiesischer Sprache ist auf der folgenden Internetseite der brasilianischen Bundesregierung abrufbar: http://www.planalto.gov.br/ccivil_03/_ato2004-2006/2005/lei/l11101.htm.

Eine englisch- oder deutschsprachige Übersetzung des brasilianischen Insolvenzgesetzes liegt derzeit nicht vor.[3]

1.2 Gesetzgeberischer Rahmen

Das LFRE enthält die zentralen Vorschriften über das Sanierungsplan- und das kollektive 3
Zwangsliquidationsverfahren von Schuldnern mit Sitz in Brasilien. Es regelt auch die Verfahren unselbständiger Niederlassungen ausländischer Unternehmen, sofern diese ihren Sitz in Brasilien haben.[4] Das LFRE umfasst acht Kapitel mit 201 Artikeln und lässt sich in einen verfahrensübergreifenden Teil (Kapitel I und II) und einen besonderen Teil (Kapitel III bis VI) untergliedern. Letzterer regelt nacheinander die einzelnen Verfahrensarten. Die Kapitel VII und VIII des LFRE enthalten strafrechtliche Vorschriften sowie Übergangs- und Schlussbestimmungen.

Weite Kreise der Anwaltschaft, der Sanierungsberater, der Unternehmerverbände und der Justiz sehen Änderungsbedarf in elementaren Teilaspekten des LFRE. Dementsprechend ist das LFRE im Nationalkongresses regelmäßig Gegenstand von Reformdiskussionen. Gegenwärtig befinden sich zwei Gesetzesentwürfe zur Änderung des LFRE im brasilianischen Kongress: zum einen der Gesetzesentwurf PL 10.220/2018[5] der bis Ende 2018 amtierenden Regierung des Präsidenten Michel Temer. Zum anderen der Gesetzesentwurf PL 4.108/2019[6] des Senators Angelo Coronel. Erfolgsaussichten scheint der erstgenannte Gesetzesentwurf zu haben, der eine umfassende Reform des LFRE vorsieht und von der aktuell amtierenden Regierung des Präsidenten Jair Bolsonaro nachdrücklich unterstützt wird.[7] Dieser Entwurf zielt insbesondere auf die Stärkung der Rechte der Insolvenzgläubiger und der neuen Kreditgeber beim *DIP-financing* sowie auf die Erweiterung der Ratenzahlungsoptionen bei Steuerschulden ab. Weiter sieht er eine verbesserte Möglichkeit des *fresh starts* für Schuldner und eine systematische Zusammenarbeit mit Gerichten anderer Staaten bei transnationalen Insolvenzfällen vor. Zudem soll eine größere Rechtssicherheit zugunsten von Investoren im Fall des Erwerbs einer selbständigen Betriebseinheit des Schuldnerunternehmens im Verfahren der *recuperação judicial* erreicht werden.

1.3 Verfahrensarten

Das LFRE sieht **drei Insolvenzverfahrensarten** vor: 4
- die **recuperação judicial,**
- die **recuperação extrajudicial** und
- die **falência.**

In der Praxis bilden die *recuperação judicial*[8] und die *falência*[9] den Zahlen[10] nach die **mit Abstand** 5
wichtigsten Verfahrensarten des LFRE.

Die *recuperação judicial* kann vereinfacht bezeichnet werden als die **brasilianische Version eines deutschen Insolvenzplanverfahrens** zur Unternehmenssanierung in Eigenverwaltung[11] mit

---

[2] „Lei que regula a recuperação judicial, a extrajudicial e a falência do empresário e da sociedade empresaria"; lei n° 11.101 de 9-2-2005, zuletzt geändert in 2014 durch *Lei Complementar n° 147, de 2014.*
[3] Viele Übersetzungen brasilianischer Gesetze findet sich auf http://www.mpf.mp.br/atuacao-tematica/sci/normas-e-legislacao/legislacao/legislacao-em-ingles-1.
[4] Art. 3 LFRE iVm Art. 1.136 § 2 *Código Civil.*
[5] https://www.camara.leg.br/propostas-legislativas/2174927.
[6] https://www25.senado.leg.br/web/atividade/materias/-/materia/137798.
[7] „*Governo espera aprovação de nova lei de recuperação judicial em 2019*", in: Valor Econômico v. 9.10.2019.
[8] Kapitel III, Art. 47–72 LFRE.
[9] Kapitel V, Art. 75–160 LFRE.
[10] Für das Jahr 2018 sind 1.408 Anträge auf Eröffnung der *recuperação judicial* und 1.459 Anträge auf Eröffnung der *falência* zu verzeichnen (Quelle: http://www.serasaexperian.com.br/release/indicadores/falencias_concordatas.htm).
[11] Die Eigenverwaltung des Schuldners ist der gesetzliche Regelfall (Art. 64 *caput* LFRE); die Fremdverwaltung durch einen von der Gläubigerversammlung zu bestimmenden *gestor judicial* ist der gesetzliche Ausnahmefall (Art. 65 LFRE).

gerichtlich bestelltem Sachwalter und vorgeschaltetem Schutzschirmverfahren zur Vorbereitung der Sanierung.

Mikro- und Kleinunternehmen[12] können eine **einfachere und weniger kostenintensive Variante der** *recuperação judicial* wählen (Art. 70–72 LFRE). Diese kommt insbesondere ohne eine aufwändige Gläubigerversammlung aus. Allerdings kommt diese Variante in der Praxis bislang kaum vor. Die Vermutung liegt nah, dass die gesetzlichen Vorgaben in der Plangestaltung (Art. 70 II-IV LFRE) von den antragsberechtigten Schuldnern als zu starr empfunden werden.

Die *falência* mit ihrer vollständigen Verwertung des Schuldnervermögens **ähnelt dem deutschen Regelinsolvenzverfahren ohne Insolvenzplan**. Im Vergleich zu europäischen[13] Verhältnissen wird in Brasilien von der *falência* bislang noch zurückhaltend Gebrauch gemacht. Hintergrund könnte die attraktivere und einfach zugängliche Alternative der *recuperação judicial* sein. Aber auch das Fehlen eines Tatbestands der Insolvenzverschleppung iSd § 15a InsO, der totalen Kontrollverlusts des Schuldners im Rahmen des Verfahrens sowie die übermäßig lange Verfahrensdauer sprechen für die zurückhaltende Anwendung.

6 Das Verfahren der *recuperação extrajudicial*[14] wird angesichts **deutlich geringerer Praxisrelevanz** mit jährlich in der Regel nur 10 bis 20 richterlich bestätigten Plänen an dieser Stelle nicht näher erörtert.[15] Es sei lediglich darauf hingewiesen, dass mit diesem Verfahren eine Art *pre-packaged restructuring plan* iSd *Chapter 11, Title 11, United States Code*, gerichtlich bestätigt werden kann. Die Attraktivität der *recuperação extrajudicial* ist jedoch aus Sicht des Schuldners gegenüber der *recuperação judicial* aufgrund vergleichsweise gering, da bestimmte Forderungstypen nicht erfasst werden und der Vollstreckungsschutz eingeschränkt[16] wird. Im Übrigen kommt auch die *recuperação extrajudicial* entgegen ihrer Bezeichnung nicht ganz ohne die Beteiligung eines Insolvenzrichters aus. Der mit den Gläubigern außergerichtlich verhandelte Sanierungsplan (*plano de recuperação*) wird erst durch die richterliche Bestätigung wirksam.[17]

1.3.1 Antragsberechtigung

7 Bei allen drei im LFRE geregelten Verfahrensarten ist der **Schuldner selbst befugt, einen Antrag**[18] **zu stellen**. Demgegenüber steht den **Gläubigern allein die Beantragung der Eröffnung der** *falência* über das Schuldnervermögen zu; die Durchführung einer *recuperação judicial* oder *extrajudicial* können sie rechtlich nicht erzwingen.[19]

1.3.2 Verfahrensziele

8 In den Hauptzielsetzungen einer **effizienten Befriedigung der Gläubiger**[20] (**in der** *falência*) und des **Erhalts sanierungsfähiger Unternehmen (in der** *recuperação judicial*) lassen sich die brasilianischen Verfahren in den wesentlichen Zügen mit dem Regelinsolvenzverfahren und dem Insolvenzplanverfahren der deutschen Insolvenzordnung (InsO) vergleichen. Es unterscheiden sich jedoch die Gewichtung der Zielsetzungen erheblich. So zielt das brasilianische Insolvenzgesetz stärker als die deutsche Insolvenzordnung auf den Erhalt des Unternehmens ab. Hintergrund ist die soziale Funktion der Unternehmen, insbesondere der Arbeitsplätze. Dies ist ausdrücklich im LFRE vorgesehen[21]

---

[12] Nach der Legaldefinition sind das Unternehmen mit einem Jahresbruttoumsatz in Höhe von bis zu 4.800.000 BRL; vgl. Art. 3 II *Lei Complementar n° 123, de 14 de Dezembro de 2006*.
[13] Beispielsweise lag die Zahl in Deutschland bei 19.302 Unternehmensinsolvenzen im Jahr 2018 (Quelle: Statistisches Bundesamt Destatis).
[14] Kapitel VI, Art. 161–167 LFRE; zu diesem Thema s. ua *Spinelli Luis Felipe/Tellechea Rodrigo/Scalzilli João Pedro*, Recuperação Extrajudicial de Empresas, 1. Aufl. 2013.
[15] Die jährlichen Fallzahlen der beantragten und gerichtlich bestätigten *recuperação extrajudicial* der letzten Jahre bis einschließlich 2018 liegen alle im unteren zweistelligen Bereich (Quelle: https://www.serasaexperian.com.br/sala-de-imprensa/recuperacoes-judiciais-tem-queda-de-18-em-outubro-aponta-serasa).
[16] Art. 161 Abs. 1, Art. 161 Abs. 4 LFRE.
[17] Art. 165 *caput* LFRE.
[18] Nach der brasilianischen Terminologie lauten diese Anträge „*pedido de homologaçao do plano de recuperação extrajudicial*", „*pedido de deferimento da recuperação judicial*" und „*pedido de decretação da falência*" (Art. 3 LFRE); Formulare für die Anträge stellen die brasilianischen Gerichte bislang nicht zur Verfügung.
[19] Die Genehmigungen des Plans der *recuperação extrajudicial* und des Plans der *recuperação judicial* bedürfen jedoch sowohl der Zustimmung (*aprovação*) der Gläubiger als auch der Bewilligung (*concessão*) des Insolvenzrichters.
[20] Art. 47 LFRE.
[21] Art. 47 LFRE.

1.4 Personeller Anwendungsbereich des Insolvenzgesetzes

1.4.1 Einzelunternehmer und „unternehmerische" Gesellschaften

Lediglich Einzelunternehmer *(empresários individuais)*[22] und „unternehmerische" Gesellschaften *(sociedades empresárias)* fallen in den Anwendungsbereich des brasilianischen Insolvenzgesetzes LFRE.[23]

Die Einordnung als **„unternehmerisch" bzw. als „Unternehmer"** hängt von der Art und vom Ausmaß der Tätigkeit des Schuldners ab.[24] Der Tatbestand „Unternehmer" bzw. „unternehmerisch"[25] liegt vor, wenn dauerhaft und in nennenswert organisierter Form Waren und/oder Dienstleistungen erworben bzw. generiert und/oder vertrieben werden.[26] Als „nicht-unternehmerisch" gelten überwiegend geistige, wissenschaftliche, schriftstellerische oder künstlerische Tätigkeiten[27] sowie sonstige Tätigkeiten, soweit eine organisierte Geschäftsstruktur in nennenswerter Form fehlt. Dafür, dass eine solche Geschäftsstruktur fehlt sprechen insbesondere ein geringes Geschäftsvolumen und das Fehlen von abhängig Beschäftigten in der betreffenden Gesellschaft.[28]

Das LFRE ist auch auf **Einzelunternehmer** anwendbar, wenn sich der Unternehmer aufgrund eines mangelnden Eintrags im Handelsregister in einem irregulären Zustand befindet.[29] Ein Landwirt gilt nur dann als Einzelunternehmer, wenn er sich (freiwillig) ins Handelsregister eingetragen hat.[30]

Gemäß gesetzlicher Fiktion[31] gilt die im Jahr 2011 eingeführte[32] Rechtsform des **Ein-Personen Unternehmen mit beschränkter Haftung** *(Empresa individual de responsabilidade limitada* oder abgekürzt EIRELI) ohne inhaltliche Prüfung der jeweiligen Tätigkeit stets als **„unternehmerische"** Gesellschaft. Gleiches gilt für die **Aktiengesellschaft** *(sociedade por ações* oder *sociedade anônima* bzw. abgekürzt *S.A.)*.[33]

Demgegenüber gehören die Genossenschaft *(cooperativa)*, der Verein *(associação)*, die Stiftung *(fundação)*, die Kirche *(organização religiosa)* und die politische Partei *(partido político)* aufgrund einer gesetzlichen Fiktion[34] stets zu den **„nicht-unternehmerischen"** Gesellschaften.[35]

Rechtsformen von Gesellschaften ohne eine solche gesetzliche Fiktion sind die „einfache" Gesellschaft *(sociedade simples)*,[36] die Kollektivgesellschaft *(sociedade em nome coletivo)*,[37] die einfache Kommanditgesellschaft *(sociedade em comandita simples)* und die Gesellschaft mit beschränkter Haftung *(sociedade limitada* oder abgekürzt *Ltda.)*.[38] Bei diesen Rechtsformen ist stets zu prüfen, ob eine „unternehmerische" Tätigkeit tatsächlich vorliegt[39] oder nicht.[40]

---

[22] Art. 966 und 968 *Código Civil*.
[23] Art. 1 LFRE.
[24] Art. 966, 982 f. *Código Civil*.
[25] Mit der Aufhebung des *Código Comercial* (brasilianisches Handelsgesetzbuch) – mit Ausnahme des Kapitels zum Seehandelsrecht – und der Einführung eines eigenen Kapitels zum Unternehmensrecht im *Código Civil* (Art. 966–1.195) ging die Einführung einer neuen Terminologie einher; statt der früheren Begriffe „*mercantil*" oder „*comercial*" spricht das Gesetz (LFRE und *Código Civil*) nunmehr von „*empresarial*"; zur Vermeidung von irreführenden Assoziationen werden die Begriffe mit „unternehmerisch" übersetzt.
[26] Die Legaldefinition im Wortlaut: „*...exerce profissionalmente atividade econômica organizada para a produção ou a circulação de bens ou de serviços*" (Art. 966 *Código Civil*).
[27] Darunter sind Berufsbilder der „*profissões intelectuais*" (etwa: „Berufe geistiger Arbeit") wie bspw. Architekten, Ärzte, Künstler, Musiker, Schauspieler und Schriftsteller zu verstehen (Art. 966 einziger Absatz *Código Civil)*.
[28] Ulhoa Coelho Fábio, Comentários a lei de falência e de recuperação de empresas, 13. Aufl. 2018, Art. 1 S. 55.
[29] Sogenannter *empresário irregular*.
[30] Dann: *empresário rural*.
[31] Art. 980-A § 5 *Código Civil*.
[32] Gesetz Lei n. 12.411/2011.
[33] Gemäß Art. 982 einziger Absatz *Código Civil*.
[34] S. dazu bspw. Art. 44 *Código Civil* und Art. 15 Anwaltsgesetz *(Estatuto da advocacia, Lei n. 8.906/94)*.
[35] Auf diese juristischen Personen sowie auf natürliche Personen, die keine Einzelunternehmer sind, finden die allgemeinen zivilinsolvenzrechtlichen Regelungen des *Código de Processo Civil* von 1973 Anwendung.
[36] Die *sociedade simples* ist eine Art Grundgesellschaft des brasilianischen Privatrechts und vergleichbar mit der deutschen GbR.
[37] Die *sociedade em nome coletivo* ist eine Personengesellschaft und ähnelt in ihren Grundzügen der offenen Handelsgesellschaft nach deutschem Recht.
[38] Von den vier genannten Rechtsformen ist allerdings nur die *sociedade limitada* praxisrelevant.
[39] Regelmäßig bei Produktions- oder Vertriebsgesellschaften sowie bei Dienstleistungsgesellschaften außerhalb der freien Berufe.
[40] Dies betrifft insbesondere Dienstleistungsgesellschaften.

1.4.2 Vom Anwendungsbereich gänzlich oder teilweise ausgeschlossene Gesellschaften

11 Die **Gesellschaft mit Fremdbeteiligung** (*sociedade em conta de participação*)[41] unterliegt mangels eigener Rechtspersönlichkeit[42] unabhängig von einer möglichen Handelsregistereintragung und „unternehmerischen" Tätigkeit nicht dem Anwendungsbereich des LFRE.[43],[44]

Hingegen ist bei der **faktischen Gesellschaft** (*sociedade em comum* bzw. *sociedade de fato* oder *sociedade irregular*) eine *falência* durch Eigen- oder Fremdantrag möglich. Bei der faktischen Gesellschaft handelt es sich um eine solche ohne Registereintragung und damit einhergehend gemäß Art. 985 *Código Civil* (brasilianisches Zivilgesetzbuch) ohne Rechtspersönlichkeit.[45],[46]. Voraussetzung ist, dass die Gesellschaft als „unternehmerisch" einzustufen ist. Die Berufung auf das LFRE hinsichtlich der *recuperação judicial* oder *extrajudicial* ist diesen Gesellschaften jedoch mangels Rechtspersönlichkeit verwehrt.[47]

Das LFRE findet zudem auf gesetzlich ausdrücklich genannte[48] Gesellschaften keine oder eine nur eingeschränkte Anwendung – ungeachtet einer eigenen Rechtspersönlichkeit und „unternehmerischen" Tätigkeiten.

Gänzlich **ausgeschlossen von der Anwendung des LFRE** sind Unternehmen der öffentlichen Hand (*empresas públicas*), „privat-öffentlich gemischte Gesellschaften zu Wirtschaftszwecken" (*sociedades de economia mista*)[49] und Vorsorgeeinrichtungen (*entidades de previdência complementar*).[50]

Finanzinstitute (*instituições financeiras*),[51] Kreditkooperativen (*cooperativas de crédito*) und Versicherungsgesellschaften (*sociedades seguradoras*) sind **teilweise von der Anwendung des LFRE** ausgeschlossen. Auf sie findet die *recuperação (judicial* oder *extrajudicial)* keine Anwendung. Die Anwendbarkeit der *falência* ist bei Scheitern eines vorgeschalteten Verwaltungsverfahrens zur außergerichtlichen Liquidierung des Schuldnervermögens indirekt möglich. Dies ist ausschließlich der Fall, wenn der Liquidator die *falência* beantragt (sogenannte *autofalência* bzw. Eigenantrag zum Regelinsolvenzverfahren ohne Plan).

Auf die vorgenannten juristischen Personen finden **gesonderte Regelungen** Anwendung, die weder im LFRE noch im *Código de Processo Civil* enthalten sind. Eine Ausnahme bildet der seltene Falle der indirekten Anwendung,. So finden beispielsweise für Finanzinstitute besondere Regeln der brasilianischen Zentralbank *Banco Central do Brasil* – BACEN und für die privaten Versicherungen besondere Regeln der Versicherungsaufsicht *Superintendência de Seguros Privados* – SUSEP Anwendung.

1.5 Zuständiges Insolvenzgericht

12 **Funktional zuständig** ist der Insolvenzrichter (*juízo de direito*) am Zivilgericht (*Vara Cível*). Konkrete (Sonder-)Zuständigkeiten der ersten und zweiten Instanz richten sich nach Landesrecht bzw. Landesjustizorganisation. Die Justiz von São Paulo, dem – wirtschaftlich betrachtet – wichtigsten der 27 brasilianischen Bundesstaaten verfügt in der gleichnamigen Landeshauptstadt über zwei Zivilgerichte mit Sonderzuständigkeit für Unternehmensinsolvenzen in erster Instanz. In zweiter Instanz hat das Landgericht (*Tribunal de Justiça do Estado de São Paulo* bzw. abgekürzt *TJSP*) zwei Kammern mit der Sonderzuständigkeit für Unternehmensrecht einschließlich Unternehmensinsolvenzen.

Örtlich zuständig ist das **Gericht am Hauptsitz des Schuldners**.[52] Bei mehreren Unternehmenssitzen ist – ungeachtet entgegenstehender gesellschaftsvertraglicher oder satzungsmäßiger Bestimmungen – idR der umsatzstärkste[53] Sitz ausschlaggebend für die Begründung der örtlichen Zuständigkeit des Gerichts.

---

[41] Entspricht der stillen Gesellschaft nach deutschem Recht.
[42] Gemäß Art. 991 *Código Civil*.
[43] *Sacramone, Marcelo Barbosa*, Comentário à LFRE, 2a tiragem 2019, S. 54.
[44] Nur der Kapitalnehmer (*sócio ostensivo*) kann sich auf das LFRE berufen, wenn er für sich selbst die Anwendungsvoraussetzungen erüllt.
[45] Art. 45 *Código Civil*.
[46] Umkehrschluss aus Art. 105 IV LFRE; Prozessfähigkeit dieser Gesellschaft ergibt sich aus Art. 75 *Código de Processo Civil*.
[47] *Sacramone, Marcelo Barbosa*, Comentário à LFRE, 2a tiragem 2019, S. 53.
[48] Art. 2 LFRE.
[49] Die „*Sociedade de Economia Mista*" ist eine auf Grundlage eines Spezialgesetzes gegründete brasilianische Aktiengesellschaft; sie verfolgt einen wirtschaftlichen Zweck; ihre Stammaktien müssen mehrheitlich von der Bundesverwaltung gehalten werden; der Begriff ist in Art. 5 III der Gesetzesverordnung über den „Aufbau der Bundesverwaltung" legaldefiniert (*decreto-lei n° 200/1967 que dispõe sôbre a organização da Administração Federal*); prominentestes Beispiel einer „*Sociedade de Economia Mista*" ist die Erdölgesellschaft Petrobras (Petróleo Brasileiro S.A.).
[50] *Sacramone, Marcelo Barbosa*, Comentário à LFRE, 2a tiragem 2019, S. 54.
[51] „*Lei n° 6.024 de 13-3-1974 que dispõe sobre a intervencão e a liquidacão extrajudicial de instituições financeiras*".
[52] Art. 3 LFRE („*local do principal estabelecimento do devedor*").
[53] *Sacramone, Marcelo Barbosa* in Comentários à LFRE, Kommentierung zu Art. 3 LFRE, S. 66.

1.6 Die Forderungsanmeldung und -prüfung

Die **Ansprüche der Gläubiger müssen zur Insolvenztabelle festgestellt** worden sein, um in der *falência* eine Befriedigung aus der Insolvenzmasse zu erhalten; bei der *recuperação judicial* im Plan berücksichtigt zu werden und in der *assembleia-geral de credores* (Gläubigerhauptversammlung) stimmberechtigt zu sein.

Zusammen mit dem Antrag auf Eröffnung der *recuperação judicial* oder der *autofalência*[54] hat der Schuldner eine Liste mit Angaben zu sämtlichen Gläubigern sowie zu der Höhe und Klasse der jeweiligen Forderungen beim Insolvenzgericht abzugeben.[55] Auf Basis dieser Angaben sowie unter Berücksichtigung der auszuwertenden Geschäftsunterlagen des Schuldners erstellt der *administrador judicial* (Insolvenzverwalter) eine entsprechende **Gläubigerliste**.[56] Diese Liste wird gemeinsam mit dem Eröffnungsbeschluss durch einen Edikt *(edital)* öffentlich bekannt gemacht. Gleichzeitig wird den Gläubigern eine **Frist von 15 Tagen**[57] zur **Anmeldung ihrer Forderungen**(en) *(habilitação)* oder zur Beanstandung *(divergência)* der Höhe bzw. des Bestehens einer Forderung in der Gläubigerliste des *administrador judicial* eingeräumt.[58]

Bei der **Anmeldung** ihrer Forderungen haben die Gläubiger Angaben zu dem Forderungsgrund, der Forderungshöhe und etwaigen Sicherheiten zu machen sowie entsprechende Nachweise beizufügen.[59]

Sollte eine Forderung nicht binnen der vorbezeichneten Frist angemeldet werden, so gilt ihre nachträgliche Anmeldung als **verspätet.** Solche Verspätungen können zum Verlust von Stimm- und Befriedigungsrechten sowie zu Kostenübernahmepflichten zu Lasten des betreffenden Gläubigers führen.[60]

Auf Basis der erhaltenen Informationen macht der *administrador judicial* binnen 45 Tagen nach Ablauf der Anmelde- und Beanstandungsfrist durch einen *edital* die **zweite Gläubigerliste** unter Angabe des Ortes und der Uhrzeit zwecks Einsichtnahme in die der Gläubigerliste zugrunde liegenden Unterlagen **öffentlich bekannt.**[61] Der Gläubigerausschuss, sämtliche Gläubiger, der Schuldner (oder seine Gesellschafter) und die Staatsanwaltschaft können binnen einer **Frist von zehn Tagen** ab der vorbezeichneten Bekanntmachung gegenüber dem Insolvenzrichter ihre **Einwendungen** *(impugnações)* hinsichtlich des Fehlens oder der Legitimation einer Forderung erheben.[62]

Werden keine Einwendungen erhoben, stellt der Insolvenzrichter die durch einen *edital* öffentlich bekanntgemachte Gläubigerliste als Insolvenztabelle *(quadro-geral de credores)* fest.[63]

1.7 Ausgeschlossene Forderungen

Forderungen, die auf eine **unentgeltliche Leistung des Schuldners** *(obrigações a título gratuito)* gerichtet sind sowie solche, die aus **Verfahrenskosten** der Gläubiger herrühren – mit Ausnahme der Kosten aus einem Erkenntnisverfahren oder einer fruchtlosen Einzelzwangsvollstreckung –, sind sowohl in der *recuperação judicial* als auch in der *falência* von der **Befriedigung ausgeschlossen.**[64]

1.8 Allgemeine Wirkungen der *recuperação judicial* und der *falência*

1.8.1 Hemmung der Verjährung

Sowohl der Beschluss über die Eröffnung der *falência*,[65] als auch der Beschluss der Bewilligung der *recuperação judicial*[66] **hemmen** ohne weitere Voraussetzung den Lauf der **Verjährung** grds. sämtlicher Ansprüche der Gläubiger gegen den Schuldner.[67]

---

54 Eigener Antrag des Schuldners auf Eröffnung seiner *falência* (Art. 105 LFRE).
55 Im Falle des Antrags auf *falência* durch einen Gläubiger ist der Schuldner strafbewehrt verpflichtet, binnen fünf Tagen nach dem richterlichen Eröffnungsbeschluss die Gläubigerliste vorzulegen (Art. 99 III LFRE).
56 Die sog. „*relação de credores*" (Art. 7 Abs. 2 LFRE).
57 Art. 7 Abs. 1 LFRE.
58 Art. 52 Abs. 1 II, Art. 99 einziger Absatz LFRE.
59 Art. 9 LFRE.
60 Art. 10 LFRE.
61 Art. 7 Abs. 2 LFRE.
62 Art. 8 *caput* LFRE.
63 Art. 14 LFRE.
64 Art. 5 LFRE.
65 „*Decretação da falência*"; Art. 99;6 LFRE.
66 „*Deferimento do processamento da recuperação judicial*"; Art. 52, 6 LFRE.
67 Art. 6 *caput* LFRE.

Brasilien

1.8.2 Einstellung der Einzelzwangsvollstreckung

21   Der **Eröffnungsbeschluss** des Insolvenzgerichts führt zu einer **Unterbrechung der Einzelzwangsvollstreckungsmaßnahmen** gegenüber dem Schuldner.[68]

22   Laufende Erkenntnisverfahren sowie arbeitsrechtliche Verfahren werden jedoch nicht unterbrochen.[69] Auf Antrag können streitgegenständliche Forderungen in einer unter dem Vorbehalt des Ausgangs des Rechtsstreits angegebenen Höhe in der *recuperação judicial* und der *falência* zur Gläubigerliste angemeldet werden.[70]

1.8.3 Bestellung des *administrador judicial*

23   Zum *administrador judicial*[71] bestellt der Insolvenzrichter eine fachlich geeignete, natürliche Person. Diese ist vorzugsweise ein Rechtsanwalt (*„advogado"*), Buchhalter (*„contador"*), Betriebswirt (*„administrador de empresas"*) oder Volkswirt (*„economista"*) oder eine entsprechend spezialisierte juristische Person (*„pessoa jurídica especializada"*).[72] Der *administrador judicial* hat sowohl in der *falência* als auch in der *recuperação judicial* primär die Aufgabe, die Transparenz des Verfahrens zu gewährleisten.[73] Er nimmt, je nach Verfahrensart, **ähnliche Funktionen der Aufsicht und Umsetzung wie der Insolvenzverwalter und der Sachwalter nach der deutschen InsO**, wahr. So wacht er beispielsweise über die Leitung des Geschäfts des Schuldners und die Umsetzung des Sanierungsplans in der *recuperação judicial*.[74]

2. Die *Recuperação Judicial*

2.1 Zielsetzung

24   Die *recuperação judicial* zielt nach dem Gesetzeswortlaut[75] auf die **„Überwindung der wirtschaftlich-finanziellen Krise des Schuldners"** ab. Ziel ist es, den Geschäftsbetrieb aufrecht zu erhalten[76] und die Arbeitsplätze und die Interessen der Gläubiger zu bewahren. Die Fortführung des Unternehmens, die Wahrnehmung seiner sozialen Funktion und die Stimulierung der wirtschaftlichen Aktivitäten im Allgemeinen sollen gefördert werden.

2.2 Einteilung der *recuperação judicial* in drei Phasen

25   Die *recuperação judicial* lässt sich grob in **drei Phasen** untergliedern. Für die Gläubiger ergeben sich in jeder der drei Phasen unterschiedliche Rechtspositionen und Vollstreckungsmöglichkeiten.

2.2.1 Bewilligungsphase: Von der Bewilligung des Antrags der *recuperação judicial* bis zur Plangenehmigung

26   Das mit der **Bewilligung** der *recuperação judicial* beginnende Verfahren **schützt** den Schuldner vor den **Vollstreckungen seiner Gläubiger.** Dieser Schutz umfasst aber nur Verbindlichkeiten, die bis zum Bewilligungsantrag *(petição inicial da recuperação judicial)* entstanden sind. Auch zeitlich ist die Wirkung des Schutzes auf einen Zeitraum von maximal 180 Tagen ab Bewilligung beschränkt.[77] Dieser Zeitraum soll dem Schuldner eine „Atempause" verschaffen und ihm die Möglichkeit zur Ausarbeitung eines für die Gläubiger akzeptablen Sanierungsplans *(plano de recuperação)* geben.[78]
Der **plano de recuperação** ist dem Insolvenzrichter innerhalb einer nicht verlängerbaren **Ausschlussfrist** von 60 Tagen nach Veröffentlichung der Bewilligung des Verfahrens der *recuperação*

---

[68] Art. 6 *caput* LFRE.
[69] Art. 6 Abs. 1, 2 LFRE.
[70] Art. 6 Abs. 3 LFRE.
[71] Art. 52 *caput* I, 99 iVm 21 LFRE.
[72] Art. 52 *caput* I iVm 21 *caput* LFRE.
[73] Vergleich Kommentierung zu Art. 22 a) LFRE in *Sacramone, Marcelo Barbosa*, Comentários à LFRE, S. 121.
[74] Art. 22 II c) LFRE; *Corotto, Susana*, Modelos de reorganização empresarial brasileiro e alemão – comparação entre a lei de recuperação e falências de empresa e a Insolvenzordnung (InsO), 1. Aufl. 2009, S. 139.
[75] Art. 47 LFRE.
[76] Das Gesetz manifestiert durch die Nennung des Geschäftsbetriebes an erster Stelle eine Vorrangstellung gegenüber den beiden anderen aufgeführten Zielen; so *Bezerra Filho, Manoel Justino,* in LFRE, Rn. 2 zu Art. 47.
[77] Art. 6 *caput*, Abs. 4 LFRE.
[78] *Carnio Costa, Daniel*, in Business Judicial Reorganization – US and Brazil, S. 61.

judicial vorzulegen.[79] Bei Fristüberschreitung erfolgt ohne Ausnahme[80] die Überleitung in das Verfahren der *falência*.[81]

2.2.2 Konzessionsphase: von der Genehmigung des *plano de recuperação judicial* bis zum Ablauf von zwei Jahren

Soweit der *plano de recuperação* von den Gläubigern und vom Insolvenzrichter genehmigt wird, werden die Rechte und Pflichten des Schuldners im Sinne einer rechtlichen **Novation**[82] neu geregelt. Vom *plano de recuperação* **nicht neu geregelte Forderungen** bewahren ihren ursprünglichen Inhalt einschließlich ihrer Nebenforderungen.[83]

Mit der richterlichen Genehmigung des *plano de recuperação* beginnt das sog. **Konzessionsverfahren,** für das gesetzlich ein Zeitraum von zwei Jahren ab dem Zeitpunkt der Genehmigung vorgesehen ist.[84] Während dieser Zeit muss der Schuldner die Pflichten aus dem *plano de recuperação* erfüllen. Verstöße gegen diese Pflichten führen zur Überleitung in ein Verfahren der *falência*. Rechtsfolge einer solchen Verfahrensüberleitung ist, dass die Forderungen der Gläubiger in Gestalt ihrer ursprünglichen Inhalte, d.h. in der Form, in der sie vor Genehmigung des *plano de recuperação* bestanden haben, wieder aufleben.

2.2.3 Nachverfahrensrechtliche Planerfüllungsphase: nach dem Ende der Konzessionsphase bis zur vollständigen Erfüllung der im *plano de recuperação judicial* vorgesehenen Pflichten

Der *plano de recuperação* kann Regelungen enthalten, die weit über die zweijährige Konzessionszeit hinausgehen.[85] Darin festgelegte Pflichten des Schuldners stellen **Vollstreckungstitel** für die betreffenden Gläubiger dar.[86] Verstöße gegen solche Pflichten, die nach Ablauf der zweijährigen Konzessionsfrist erfolgen, führen dann aber nicht *ipso iure* zu einer Überleitung in eine *falência*. Der Gläubiger kann jedoch in diesem Fall die Einzelzwangsvollstreckung aus dem *plano de recuperação* betreiben oder einen *protesto*[87] einlegen. Im Falle des Scheiterns des Einzelzwangsvollstreckungsversuches bzw. des *protesto* kann der Gläubiger die Eröffnung des Verfahrens der *falência* über das Vermögen des Schuldners beantragen. Die Forderung des Gläubigers lebt dann aber – anders als in dem zweijährigen Zeitraum der Bewilligungsphase – nicht mit dem ursprünglichen, vor Genehmigung des *plano de recuperação* bestehenden Inhalt, wieder auf.

2.3 Antragsberechtigung

Allein der Schuldner ist zur Stellung des Antrages auf Bewilligung (*petição inicial*) des Verfahrens der *recuperação judicial* **berechtigt.**[88] Die Voraussetzungen für die Berechtigung der Antragstellung sind, dass der Schuldner seine „unternehmerische" Tätigkeit seit mindestens zwei Jahren regulär ausübt, er im Handelsregister eingetragen ist und kein Verfahren der *falência* über sein Vermögen (mehr) eröffnet ist. Darüber hinaus darf er innerhalb der letzten fünf Jahre keinen Antrag auf Bewilligung des Verfahrens der *recuperação judicial* gestellt haben. Zudem darf keine Verurteilung des Einzelunternehmers oder, im Falle der „unternehmerischen" Gesellschaft, eines Geschäftsführers bzw. Vorstandes oder eines Mehrheitsgesellschafters wegen einer Insolvenzstraftat vorliegen.[89]

2.4 Bewilligungsvoraussetzungen und Bewilligungsbeschluss

Seine Zahlungsunfähigkeit oder Überschuldung[90] muss der Schuldner im Rahmen der *recuperação judicial* nicht darlegen und auch nicht beweisen. Vielmehr genügt für die Eröffnung des Verfahrens

---

[79] Art. 53 *caput* LFRE.
[80] *Sacramone, Marcelo Barbosa*, zu Art. 53 S. 248; Landgericht Sao Paulo TJSP, *2a Câmara Reservada de Direito Empresarial*, AI 2070668-74.2014, j. 8-10-2014.
[81] Zur Rechtsfolge bei einer Fristüberschreitung vgl. → Rn. 55.
[82] Art. 59 LFRE iVm Art. 360-367 *Código Civil*.
[83] Art. 49 Abs. 2 LFRE.
[84] Art. 61 *caput* LFRE.
[85] Vgl. Rn. 1 zu Art. 61 LFRE in *Manoel Justino Bezerra Filho, Lei de recuperação de empresas e falência – Lei 11.101/2005 comentada artigo por artigo*, 14. Aufl. 2019.
[86] Art. 59 Abs. 1 iVm Art. 584 *caput* III *Código de Processo Civil*.
[87] Bei einem solchen *protesto* handelt es sich um ein förmliches Verfahren zur Geltendmachung der Forderung und zum öffentlichen Nachweis des Schuldnerverzugs (Art. 1 im *Lei n. 9.492, de 10 de setembro de 1997*).
[88] Art. 48 LFRE; antragsberechtigt ist ua auch der alleinige Gesellschafter.
[89] Art. 48 LFRE.
[90] Konsequenterweise enthält das LFRE auch keine Definition dieser Begriffe.

das **bloße Einreichen des entsprechenden Antrags und der wesentlichen Unterlagen**[91] beim Insolvenzgericht.[92] Es fehlt im LFRE auch an einem ausdrücklichen Erfordernis des Nachweises oder zumindest der Glaubhaftmachung der Sanierungsfähigkeit des Schuldners. Ob der Insolvenzrichter die Bewilligung des Verfahrens mit der Begründung mangelnder Erfolgsaussichten der Sanierung dennoch ablehnen kann ist äußerst streitig und höchstrichterlich nicht entschieden. Eine Reihe von Insolvenzrichtern verlangt in Zweifelsfällen vor der Entscheidung der Einleitung der *recuperação judicial* eine richterlich veranlasste gutachterliche Prüfung *(perícia prévia)* der Sanierungsfähigkeit des Schuldners. Dabei wird darauf verwiesen, dass die Sanierungsfähigkeit eine ungeschriebene Grundvoraussetzung für die Inanspruchnahme des Privilegs der 180-tägigen Schutzschirmphase bzw. Phase des *automatic stay* sei.[93] Von anderer Seite wird, dem Gesetzeswortlaut entsprechend, der bewusste Verzicht auf die richterliche bzw. gutachterliche Prüfung der Sanierungsfähigkeit als folgerichtig im Sinne einer gewollten Prozessbeschleunigung und weitgehenden Autonomie von Schuldner und Gläubigerversammlung angesehen.[94]

2.5 Besondere Wirkungen der Bewilligung

2.5.1 Keine Dispositionsbefugnis über den gestellten Antrag

32 Der Schuldner kann einen einmal gestellten Antrag auf Eröffnung der *recuperação judicial* ab dem Zeitpunkt der Verfahrenseröffnung *(deferimento do processamento)* nur noch **mit Zustimmung der Gläubigerversammlung zurücknehmen.**[95]

2.5.2 Schutz gegen Vollstreckungsmaßnahmen

33 **Einzelzwangsvollstreckungsmaßnahmen** sind den Inhabern der Forderungen für einen Zeitraum von **180 Tagen** (sogenannte *stay period* oder *período de respiro*[96]) ab der richterlichen Bewilligung des Verfahrens[97] grds. **verwehrt.**[98] Dies gilt jedoch nur für Forderungen, die bis zum Zeitpunkt des Antrags auf Bewilligung der *recuperação judicial* **entstanden** sind. Auf den Zeitpunkt des Eintritts der jeweiligen Fälligkeit kommt es insoweit nicht an.[99]

2.5.3 Schutz vor Aussonderung von betriebsnotwendigen Vermögensgegenständen

34 Der Schuldner ist vor der **Aussonderung von Vermögensgegenständen,** die für die Fortführung seines Geschäftsbetriebes notwendig sind, während der Zeit des Vollstreckungsschutzes von maximal 180 Tagen[100] ab Verfahrenseröffnung geschützt.[101]

2.5.4 Eigenverwaltung als Regelfall

35 Der Schuldner behält als *debtor-in-possession* in der *recuperação judicial* grds. die **Verwaltungs- und Verfügungsbefugnis** über sein Vermögen und führt den Geschäftsbetrieb selbstständig fort. Allerdings steht er unter **der Aufsicht des Insolvenzrichters und des** *administrador judicial*.[102] Die **Verfügungsbefugnis ist insoweit beschränkt,** als er Güter des Anlagevermögens nur mit richterlicher Ermächtigung veräußern kann.[103]

36 In wenigen Ausnahmefällen kann durch Dritte ein **Wechsel in der Geschäftsleitung** des Schuldners herbeigeführt werden. So kann die Gläubigerversammlung etwa bei rechtskräftiger Verurteilung wegen bestimmter Straftaten, bei Verdacht auf die Begehung von Insolvenzstraftaten, bewusst gläubigerschädigenden Verhaltens und unverhältnismäßiger Ausgaben beschließen, die Geschäftsleitung auf einen **gerichtlich bestellten Fremdverwalter** *(gestor judicial)* zu übertragen.[104] Ferner

---

[91] Art. 51 LFRE.
[92] Art. 52 *caput* LFRE.
[93] *Carnio Costa, Daniel*, in Business Judicial Reorganization – US and Brazil, S. 77.
[94] So *Bezerra Filho, Manoel Justino* in Lei de recuperação de empresas e falência, Rn. 2-C zu Art. 52 LFRE und *Sacramone, Marcelo Barbosa* in Comentários à LFRE, Kommentierung zu Art. 52 LFRE, S. 240.
[95] Art. 52 Abs. 4 LFRE.
[96] *Sacramone, Marcelo Barbosa*, Comentário à LFRE, 2a tiragem 2019, S. 78.
[97] Art. 52 LFRE.
[98] Art. 6 Abs. 4 LFRE: „… suspensão de todas as ações ou execuções contra o devedor".
[99] Art. 49 *caput* LFRE.
[100] Art. 6 Abs. 4 LFRE.
[101] Art. 49 Abs. 3 LFRE.
[102] Art. 64 LFRE.
[103] Art. 66 LFRE.
[104] Art. 64, 65 LFRE.

kann auch schon der *plano der recuperação* selbst einen Austausch der Geschäftsleitung als Sanierungsmaßnahme vorsehen.[105]

2.5.5 Aufsicht über den Schuldner

Der **administrador judicial** wacht über die Handlungen der Geschäftsführung bzw. -leitung des Schuldners und die Umsetzung des *plano de recuperação*.[106]

Eine vergleichbare **Aufsichtsfunktion** übt auch das *comitê de credores*[107] (Gläubigerausschuss) aus, welches von der Gläubigerversammlung auf fakultativer Basis eingerichtet werden kann.

2.6 Von der *recuperação judicial* erfasste Forderungen

Die *recuperação judicial* erfasst grds. **alle Forderungen,** die bis zum Zeitpunkt des Antrags auf Bewilligung der *recuperação judicial* **entstanden** sind.[108] Der Eintritt der Fälligkeit ist insoweit unerheblich.

Forderungen, die nach Stellen des Antrags auf Eröffnung des Verfahrens der *recuperação judicial* entstanden sind, sind mithin nicht von dieser erfasst. Ferner sind folgende Forderungsarten von der *recuperacao judicial* **ausgenommen:**
- Forderungen mit **Eigentumsrechten** *(creditos proprietários),*[109] worunter bspw. Sicherungsübereignungen[110] sowie Warenlieferungen unter Eigentumsvorbehalt[111] fallen;
- Forderungen aus geleisteten Vorauszahlungen bei **Währungswechselverträgen** im Rahmen von Exportlieferungen,[112] soweit die vertragliche Abwicklung bestimmte Fristen nicht überschreitet;[113] und
- Forderungen des **Leasinggebers** *(„arrendador mercantil").*[114]

2.7 Inhalt des *plano de recuperação*

Zwingender Inhalt des *plano de recuperação* ist die **Beschreibung** der geplanten Maßnahmen der finanziellen Sanierung[115] sowie die **Darlegung der Sanierungsfähigkeit** des Schuldners.[116] Zusätzlich muss dem *plano de recuperação* ein **Bericht** über die wirtschaftliche und finanzielle Lage des Schuldners sowie ein Gutachten zur Bewertung seines Vermögens[117] beigefügt sein. Beides ist durch einen rechtlich dazu befugten Gutachter oder ein entsprechend spezialisiertes Unternehmen zu erstellen.[118]

2.7.1 Weitgehende Gestaltungsfreiheit

Das Gesetz überlässt dem Schuldner beim Entwurf des *plano de recuperação* eine **inhaltlich weitgehende Gestaltungsfreiheit.** Es enthält eine nicht abschließende Aufzählung von 16 möglichen Maßnahmen, zu denen u.a. gesellschaftsrechtliche Restrukturierungen sowie die Gewährung längerer Zahlungsfristen und anderer abweichender Zahlungsbedingungen für die fälligen oder fällig werdenden Gläubigerforderungen zählen. Insbesondere gehören dazu der (teilweise) Forderungsverzicht sowie Ratenzahlungen und Stundungen. Auch kann vom Zahlungsmodus nach der gesetzlichen Gläubigerrangordnung der *falência* abgewichen werden.

2.7.2 Gesetzliche Einschränkungen der Gestaltungsfreiheit

Auf **Forderungen arbeitsrechtlicher Natur,** die bis zum Zeitpunkt der Verfahrenseröffnung entstanden und fällig geworden sind, sind Zahlungen zwingend binnen einer Frist von einem Jahr zu leisten.[119] Ausnahmsweise kann diese Frist überschritten werden. Dies kommt bei Schuldnern mit

---

[105] Art. 50 IV LFRE.
[106] S. zur Rolle des *administrador judicial* im Detail Fn. 73.
[107] Art. 26 LFRE.
[108] Hierzu → Rn. 33.
[109] Art. 49 Abs. 3 LFRE.
[110] „*Alienação fiduciária em garantia*" (Art. 1.361 *caput Código Civil*).
[111] „*Venda com reserva de domínio*"(Art. 521 *Código Civil*).
[112] Art. 49 Abs. 4 iVm Art. 86 II LFRE.
[113] Art. 75 Abs. 3 und 4 Lei n° 4.728, 14-07-1965.
[114] Art. 49 Abs. 3 LFRE.
[115] „*Discriminação pormenorizado dos meios de recuperação, ..., e seu resumo*" (Art. 53 I LFRE).
[116] „*Demonstração de sua viabilidade econômica*" (Art. 53 II LFRE).
[117] „*Laudo econômico-financeiro e de avaliação dos bens e ativos do devedor*" (Art. 53 III LFRE).
[118] Art. 53 LFRE.
[119] Art. 54 *caput* LFRE.

Brasilien 44–50

einer Tätigkeit im Bereich der Leiharbeit oder bei Schuldnern mit überwiegend arbeitsrechtlichen Verbindlichkeiten in Betracht. Die zuständige Gewerkschaft muss der Fristüberschreitung zustimmen.[120]

44 Zudem müssen **Lohnforderungen, die innerhalb des Dreimonatszeitraums vor Verfahrenseröffnung fällig geworden sind,** bis zu einer maximalen Höhe von fünf monatlichen Mindestlöhnen[121] pro Arbeitnehmer innerhalb von 30 Tagen nach Verfahrenseröffnung an die jeweiligen Arbeitnehmer gezahlt werden.[122]

2.8 Genehmigung des Plans durch Gläubiger und Insolvenzrichter

45 Soweit innerhalb der vom Insolvenzrichter festzusetzenden Frist gegen den vorgelegten und bekannt gemachten *plano de recuperação* **keine Einwendungen** von Gläubigern erhoben werden, **gilt dieser als genehmigt.**[123] Für den Fall, dass Einwendungen erhoben werden, beruft der Insolvenzrichter eine Gläubigerversammlung ein.[124]

46 **Beschlussfähig** ist die **Gläubigerversammlung** mit **erster Einberufung,** soweit aus jeder der vier Gläubigerklassen Gläubiger anwesend sind, die mindestens die Hälfte der Summe aller Forderungsbeträge innerhalb ihrer Klasse auf sich vereinen. Bei der **zweiten Einberufung** genügt für die Beschlussfähigkeit die Anwesenheit lediglich eines Gläubigers.[125]

2.8.1 Stimmberechtigung

47 **Abstimmungsberechtigt** sind die in der Gläubigerversammlung anwesenden Gläubiger.[126] Nicht anwesende Gläubiger können sich durch einen bevollmächtigten Dritten *(procurador)* vertreten lassen, wenn dem *administrador judicial* diese Vertretung mindestens 24 Stunden vor Beginn der Gläubigerversammlung schriftlich angezeigt worden ist.[127]

48 Das Gewicht des Stimmrechts der **Gläubiger dinglich gesicherter Forderungen der Klasse 2** richtet sich nach dem Wert der jeweiligen Sicherheit.[128]

49 **Aussonderungsberechtigte Gläubiger, Inhaber von Forderungen aus Kredit-Währungswechselverträgen**[129] **und Leasinggeber** haben weder ein Stimmrecht in der Gläubigerversammlung, noch zählt ihre Stimme für das Erreichen des Mindestquorums für die Beschlussfähigkeit bei der ersten Einberufung der Versammlung.[130] Gläubiger, deren Forderung (hinsichtlich der Höhe und Zahlungsmodalitäten) durch den *plano de recuperação* nicht betroffen sind, haben bei der Abstimmung über diesen ebenfalls kein Stimmrecht.[131]

2.8.2 Beschlussquorum für die Genehmigung des Plans

50 Die **Genehmigung** des *plano de recuperação* erfordert eine **Mehrheitsentscheidung** der in der Gläubigerversammlung anwesenden bzw. vertretenen Gläubiger. In einem ersten Schritt muss in jeder der vier folgenden Gläubigerklassen mindestens die einfache **Mehrheit** der Gläubiger nach **Köpfen** erreicht werden:[132]
- Klasse 1: Arbeitnehmer mit Forderungen arbeitsrechtlicher Natur[133]
- Klasse 2: Inhaber von Forderungen mit dinglichen Sicherheiten[134]

---

[120] So in einem vom TJ-SP entschiedenen Fall der *recuperação judicial* der Gelre Trabalho Temporário.
[121] Der bundesweit geltende Mindestlohn ist verfassungsrechtlich garantiert (Art. 7 IV CF) und wird jährlich von der Regierung entsprechend des Inflationsindex INPC und unter Berücksichtigung der Entwicklung des Bruttoinlandsproduktes neu festgelegt; seit Beginn des Jahres 2019 beträgt der monatliche Mindestlohn 998 BRL; dies entspricht zum Erhöhungszeitpunkt einem Eurowert von 224; der maximale Auszahlungswert pro Arbeitnehmer beträgt damit 4.990 BRL bzw. umgerechnet 1.095 EUR zum Kurs v. 1.9.2019.
[122] Art. 54 einziger Absatz LFRE.
[123] Art. 58 *caput* LFRE.
[124] Art. 56 *caput* LFRE.
[125] Art. 37 Abs. 2 LFRE.
[126] Art. 45 Abs. 3 LFRE.
[127] Art. 37 Abs. 4 LFRE.
[128] Art. 41 Abs. 2 LFRE.
[129] Art. 49 Abs. 4 iVm Art. 86 II LFRE; bei den Kredit-Währungswechselverträgen *(„contratos de câmbio para exportação")* handelt es sich um Kreditverträge brasilianischer Banken für die Vorfinanzierung von Kaufpreisforderungen brasilianischer Exporteure gegenüber ausländischen Käufern in ausländischer Währung.
[130] Art. 39 Abs. 1 iVm Art. 49 Abs. 3, 4 LFRE.
[131] Art. 45 Abs. 3 LFRE.
[132] Art. 41, 45 LFRE.
[133] *„Titulares de créditos derivados da legislação do trabalho".*
[134] *„Titulares de créditos com garantia real".*

2. Die Recuperação Judicial

- Klasse 3: Inhaber von Forderungen ohne dingliche Sicherheiten[135]
- Klasse 4: Forderungsinhaber, die als Mikro- und Kleinunternehmen zu qualifizieren sind.[136]

In einem zweiten Schritt ist es erforderlich, dass die **Summe der Forder**ungen der zustimmenden Gläubiger in den Klassen 2 und 3 jeweils mindestens die Hälfte des Wertes der Gesamtforderung aller anwesenden bzw. vertretenen Gläubiger innerhalb der jeweiligen Klasse ergibt.[137,138] Für die Genehmigung des *plano de recuperação* ist demnach (mit Ausnahme der Klassen 1 und 4) eine **doppelte Mehrheit nach Kopf- und Forderungssumme** erforderlich.

2.8.3 Änderungsvorschläge der Gläubiger

Eventuelle Vorschläge der Gläubiger für die Änderung des *plano de recuperação* bedürfen zur wirksamen Einbeziehung der **Zustimmung** des Schuldners.[139]

2.8.4 Richterlicher *Cram Down* bei fehlender Mehrheit der Gläubiger

Falls in nur einer der vier Klassen die **erforderliche Mehrheit nicht zustande** kommt, kann der Richter den *plano de recuperação* – ähnlich dem sog. *cram down* aus dem *Chapter 11, Title 11, United States Code* – bei **kumulativem** Vorliegen der folgenden Voraussetzungen **bestätigen und damit zur Wirksamkeit verhelfen:**[140]

- alle dem Plan zustimmenden Gläubiger, unabhängig von ihrer jeweiligen Klasse, repräsentieren mehr als die Hälfte des Wertes der stimmberechtigten Forderungen aller anwesenden bzw. vertretenen Gläubiger **(klassenübergreifende Summenmehrheit);**
- die Klasse mit der fehlenden Mehrheit stimmt **mindestens mit einem Drittel** der anwesenden bzw. vertretenen Gläubiger, berechnet sowohl nach Köpfen als auch den jeweiligen Forderungssummen, für den *plano de recuperação*;
- der *plano de recuperação* **behandelt die Gläubiger der ihn ablehnenden Klasse nicht schlechter** als die der zustimmenden Klassen.[141]

2.8.5 Bindungswirkung des *plano de recuperação*

Ein vom Schuldner vorgelegter und von den Gläubigern genehmigter *plano de recuperação* wird mit **Genehmigung des Richters** für beide Seiten **bindend.**[142] Der Richter kann seine Genehmigung nur im Fall der Unvereinbarkeit des Plans mit nicht-dispositiven gesetzlichen Vorgaben verweigern.[143]

2.9 Fälle der Überleitung der *recuperação judicial* in die *falência*

Dem insoweit eindeutigen Gesetzeswortlaut[144] nach **eröffnet** der Insolvenzrichter die *falência*, wenn der Schuldner nicht innerhalb von 60 Tagen nach der Eröffnung der *recuperação judicial* seinen *plano de recuperação* vorlegt.[145]

Die **Einleitung** der *falência* ist im Übrigen vorgesehen im Fall der Abweisung des *plano de recuperação* durch die Gläubiger (ohne *cram down*) oder die Versagung der Bestätigung durch den Richter.[146] Die *falência* wird ebenfalls bei Verstößen des Schuldners gegen seine im *plano de recuperação* festgelegten Pflichten eröffnet.[147]

---

[135] „*Titulares de créditos quirografários, com privilégio especial, com privilégio geral ou subordinados*".
[136] „*Titulares de créditos enquadrados como microempresa ou empresa de pequeno porte*".
[137] Gläubiger der Klassen 1 und 4 (Inhaber arbeitsrechtlicher Forderungen sowie Mikro- und Kleinuntenehmen) sind von diesem doppelten Mehrheitserfordernis ausdrücklich ausgenommen; Art. 45 Abs. 2 LFRE.
[138] Das Stimmrecht der Gläubiger mit einer Forderung in ausländischer Währung richtet sich nach dem Umrechnungskurs zum BRL am Stichtag des Vorabends der Gläubigerversammlung, Art. 38 LFRE.
[139] Art. 56 Abs. 3 LFRE.
[140] Art. 58 Abs. 1 LFRE.
[141] Art. 58 Abs. 2 LFRE.
[142] Art. 59 *caput* LFRE.
[143] Art. 58 caput LFRE; vergleich Kommentierung zu Art. 58 LFRE in *Sacramone, Marcelo Barbosa*, Comentários à LFRE, S. 260.
[144] Das Gesetz spricht ausdrücklich von „nicht verlängerbarer Frist" („*prazo improrrogável*").
[145] Art. 53 *caput* LFRE.
[146] Art. 56 Abs. 4 iVm Art. 73 III LFRE.
[147] Art. 62, 73 LFRE.

3. Die *Falência*

3.1 Zielsetzung

56 Die *falência*[148] **zielt** nach dem Gesetzeswortlaut[149] auf die „Entfernung des Schuldners[150] aus seinem Geschäft" sowie auf den „Erhalt der Vermögenswerte des Unternehmens und die Optimierung ihrer produktiven Nutzung" ab.

Die *falência* sieht **Insolvenzgläubiger** *(credores concursais)* und **Gläubiger außerhalb der Insolvenz** *(credores extraconcursais)* vor.[151] Zu den Letztgenannten gehören die aussonderungsberechtigten und die absonderungsberechtigten Gläubiger sowie die Massegläubiger *(credores da massa)*.

Unter den **Insolvenzgläubigern** gilt der **Grundsatz der gleichmäßigen Befriedigung**. Dieser Grundsatz wird jedoch vielfältig durchbrochen, da die *falência* unterschiedliche **Priorisierungen** der insgesamt **acht Klassen** von Insolvenzgläubigern vorsieht.[152] Die Befriedigung innerhalb einer Klasse erfolgt zwar gleichmäßig. Insolvenzgläubiger werden aber nur befriedigt, soweit die Insolvenzgläubiger der jeweils höheren Klasse zuvor vollständig befriedigt worden sind.[153]

3.2 Antragsrecht

57 Die *falência* wird vom Insolvenzrichter **nur auf Antrag** eröffnet. **Antragsbefugt** sind:[154]
- der Schuldner;
- der überlebende Ehegatte des Schuldners;
- der Erbe des Schuldners;
- ein Gesellschafter des Schuldners;
- ein Gläubiger des Schuldners allein;
- mehrere Gläubiger des Schuldners zusammen.

3.3 Eröffnungsgründe

58 Der **Schuldner** selbst kann[155] die Eröffnung der *falência* über sein Vermögen *(decretação da falência)* beantragen, wenn er der Auffassung ist, dass die Sanierung seines Geschäftsbetriebes im Wege einer *recuperação judicial* nicht möglich ist.[156] Bei Unternehmen stellt die Geschäftsführung bzw. der Vorstand den Eröffnungsantrag auf Basis eines entsprechenden Beschlusses der Gesellschafter. In dem Antrag ist die Unmöglichkeit der Fortführung des Geschäftsbetriebes darzulegen. Es existiert in solchen Situationen aber weder eine Antragspflicht noch eine Sanktion für den Fall des Unterlassens der Antragstellung.[157] Vor diesem Hintergrund und in Anbetracht der mangelnden Attraktivität des Verfahrens der *falência*[158] sind die Fälle eines Eigenantrags des Schuldners *(autofalência)* rar.[159]

59 Auch ein **Gläubiger** kann die Eröffnung *(decretação)* der *falência* über das Vermögen des Schuldners beantragen, wenn zumindest einer der folgenden Tatbestände vorliegt:[160]
- **Zahlungsverzug** des Schuldners hinsichtlich der Forderung des antragstellenden Gläubigers;
- **fruchtlose Einzelzwangsvollstreckung** des antragstellenden Gläubigers in das Vermögen des Schuldners;
- **Insolvenzhandlung** des Schuldners.

60 Ein **Zahlungsverzug** iSd brasilianischen Rechts liegt vor, wenn der Schuldner in ungerechtfertigter Weise eine fällige und vollstreckbare Verbindlichkeit[161] trotz Vorliegens eines *„protesto"*[162] nicht

---

[148] Zur Vergleichbarkeit der *falência* mit dem deutschen Regelinsolvenzverfahren → Rn. 5.
[149] Art. 75 *caput* LFRE.
[150] Nach Eröffnung der *falência* wird der Schuldner („*devedor*") als „*falido*" bezeichnet.
[151] *Sacramone, Marcelo Barbosa*, Comentário à LFRE, 2a tiragem 2019, S. 324.
[152] Art. 83 LFRE.
[153] Art. 149 LFRE; *Sacramone, Marcelo Barbosa*, Comentário à LFRE, 2a tiragem 2019, S. 481.
[154] Art. 97 *caput* I–IV LFRE.
[155] Das Gesetz spricht in Art. 105 *caput* LFRE von „muss" *(„deverá requerer")*; die Rechtsfolge einer Zuwiderhandlung bleibt aber unklar; zumindest existiert in Brasilien kein mit der Insolvenzverschleppung iSd 15a InsO vergleichbarer Tatbestand.
[156] Art. 97 I iVm Art. 105 *caput* LFRE.
[157] S. Kommentierung zu Art. 97 LFRE in *Sacramone, Marcelo Barbosa*. Comentários à LFRE, S. 368.
[158] Hierzu → Rn. 5.
[159] *Carnio Costa, Daniel*, in Business Judicial Reorganization – US and Brazil, S. 56.
[160] Art. 94 LFRE.
[161] Das brasilianische Gesetz spricht in Art. 94 I LFRE von *„obrigação líquida materializada em título executivo"* und setzt damit eine Forderung voraus, die vor dem Antrag auf Eröffnung der *falência* ohne weiteres Erkenntnisverfahren in der Einzelzwangsvollstreckung durchsetzbar war.
[162] → Rn. 83.

3. Die Falência

bezahlt.[163] Die Höhe der Verbindlichkeit muss mindestens die Summe von 40 monatlichen Mindestlöhnen[164] betragen. Zum Erreichen dieses Betrages können sich im Rahmen der Antragstellung mehrere Gläubiger mit ihren jeweiligen Forderungen streitgenossenschaftlich zusammenschließen.[165]

Darüber hinaus kann ein **Gläubiger** einen Antrag auf Eröffnung der *falência* stellen, wenn er bereits einen erfolglosen Versuch der Einzelzwangsvollstreckung gegen den Schuldner unternommen hat.[166]

Das Gesetz zählt in einem **abschließenden Katalog** sieben Handlungen mit gläubigerschädigender Wirkung **(Insolvenzhandlungen)** auf, deren Vorliegen ebenfalls Gründe für die Eröffnung der *falência* darstellen.[167]

3.4 Befriedigung der Anspruchsinhaber

Im Gegensatz zu der Einzelzwangsvollstreckung[168] nach der allgemeinen brasilianischen Zivilprozessordnung (*Código de Processo Civil*) werden in dem Verfahren der *falência* nach den Regelungen des LFRE alle Insolvenzgläubiger – nach fester Ordnung ihrem Rang entsprechend – aus dem Erlös der Verwertung des Schuldnervermögens **befriedigt**.

Vor der Befriedigung der Insolvenzgläubiger hat der *administrador judicial* aus den Mitteln der Insolvenzmasse (*massa falida*) die Ansprüche derjenigen Gläubiger zu erfüllen, die nicht bzw. nicht wie die Insolvenzgläubiger von der *falência* betroffen sind. Dazu gehören nach der Systematik des LFRE folgende Gläubiger:
- Inhaber von Ansprüchen auf der Grundlage von **dringend notwendigen Ausgaben** für den Erhalt oder die Verwaltung der *massa falida*;
- Arbeitnehmer mit **offenen Lohnansprüchen** aus dem Dreimonatszeitraum vor der Eröffnung der *falência*;
- **aussonderungsberechtigte** Gläubiger;
- Gläubiger der *massa falida* **(Massegläubiger)**.

3.4.1 Dringend notwendige Verwaltungsausgaben

Bei der **Rangfolge der Erfüllung** sind zunächst die Ansprüche zu erfüllen bzw. Forderungen zu bedienen, die im Zusammenhang mit der Verwaltung der *massa falida* bzw. der *falência* im weitesten Sinne stehen. Dies gilt auch für Forderungen, die auf Zahlungen beruhen, die zur Aufrechterhaltung und Fortführung des Geschäftsbetriebs des Schuldners dringend notwendig waren.[169] Für die Zahlung **dringend notwendiger Ausgaben** zur Aufrechterhaltung des Geschäftsbetriebs bedarf der *administrador judicial* der vorherigen **Zustimmung des Insolvenzrichters**. Im Fall der Abwendung einer drohenden Gefahr für die *massa falida* reicht indes die nachträgliche richterliche Zustimmung der nicht aufgeschobenen Zahlung aus.[170, 171]

3.4.2 Arbeitnehmer mit Lohnansprüchen für die letzten drei Monate vor Eröffnung der *falência*

Arbeitnehmer mit **offenen Lohnansprüchen** aus dem Zeitraum von drei Monaten vor Eröffnung der *falência* müssen bis zu einer maximalen Höhe von fünf monatlichen Mindestlöhnen[172] unverzüglich befriedigt werden, sobald eine entsprechende Liquidität der *massa falida* gegeben ist.[173]

3.4.3 Aussonderungsberechtigte Gläubiger

Nicht zum Eigentum des Schuldners (*falido*) gehörende Gegenstände (einschließlich Sicherungseigentum) fallen nicht in die *massa falida*[174] und können von dem jeweiligen Eigentümer aus

---

[163] Art. 94 I LFRE („*impontualidade*").
[164] Seit 2019 entspricht diese Summe 39.920 BRL bzw. zum Kurs v. 1.9.2019 umgerechnet 8.761 EUR.
[165] Art. 94 Abs. I LFRE.
[166] Art. 94 II LFRE („*execução individual frustrada*").
[167] Art. 94 III a-g LFRE („*práticas de atos de falência*").
[168] Geregelt in Art. 771 ff. *Código de Processo Civil de 2015*.
[169] Art. 150 iVm 84 LFRE.
[170] *Sacramone, Marcelo Barbosa* in Comentários à LFRE, Kommentierung zu Art. 150 LFRE, S. 485 f.
[171] Nicht dringend notwendige Ausgaben stellen Masseverbindlichkeiten dar, die entsprechend der unten in Abschnitt 3.4.4 erläuterten Rangordnung zu befriedigen sind.
[172] Zur Höhe des Mindestlohns s. Fn. 121.
[173] Art. 151, 86 einziger Absatz LFRE.
[174] Bezeichnung für das durch den *administrador judicial* vertretenen Schuldnervermögen nach Eröffnung der *falência*.

Brasilien 67–72

der Insolvenzmasse herausverlangt werden.[175] Der Eigentümer kann nach dem Erhalt des Gegenstandes wie gewohnt über ihn verfügen.

67 Auch dem Eigentümer einer dem Schuldner auf der Grundlage einer **Ratenzahlungsvereinbarung** verkauften Sache, die innerhalb eines Zeitraumes von höchstens 15 Tagen vor dem Zeitpunkt des Antrags auf Eröffnung der *falência* an den Schuldner übergebenen, aber nicht bereits weiterveräußert wurde, steht ein Herausgabeanspruch zu.[176]

68 Die Herausgabe an den Eigentümer erfolgt auf Grundlage einer entsprechenden Entscheidung des Insolvenzrichters. Dieser entscheidet auf schriftlichen Antrag des aussonderungsberechtigten Gläubigers unter Vorlage des entsprechenden Eigentumsnachweises.[177]

3.4.4 Sonstige Gläubiger der *massa falida* (Massegläubiger)

69 Aus den Mitteln der Insolvenzmasse (*massa falida*) sind zunächst die **Kosten des Verfahrens** der *falência* sowie die **sonstigen Masseverbindlichkeiten** zu begleichen. Massegläubiger (Gläubiger der *massa falida*)[178] werden demnach vor den Gläubigern der *falência* (Insolvenzgläubiger) iSd Art. 83 LFRE befriedigt. Innerhalb der Gruppe der **Massegläubiger** bzw. der Masseverbindlichkeiten gilt für die **Reihenfolge der Befriedigung** folgende Rangordnung:
- Vergütungsansprüche des *administrador judicial* und seiner Mitarbeiter;
- Lohnansprüche und sonstige arbeitsrechtliche Forderungen von Arbeitnehmern (oder diesen rechtlich gleichgestellten Personen) sowie Forderungen von Arbeitnehmern aufgrund von Arbeitsunfällen;
- Forderungen aus Lieferungen und Leistungen zugunsten der *massa falida*;
- Forderungen aufgrund von entstandenen Kosten für die Inbesitznahme, Verwaltung, Verwertung und Verteilung der *massa falida* sowie für die Durchführung des Verfahrens der *falência*;[179]
- zu Lasten der *massa falida* angefallene Gerichtskosten aus Erkenntnis- und Vollstreckungsverfahren;
- Forderungen der Finanzverwaltung aus Steuerschuldverhältnissen.

Sämtliche Masseverbindlichkeiten sind solche, die nach Eröffnung der *falência* entstanden sind.

3.4.5 Insolvenzgläubiger

70 Die Befriedigung der Insolvenzgläubiger erfolgt dem **jeweiligen Rang entsprechend stufenweise**. Das bedeutet, dass nur im Falle einer **100%igen Befriedigung** der Gläubiger des **vorhergehenden** Rangs auch die Gläubiger des nachfolgenden Rangs ganz oder anteilsmäßig an der Verteilung partizipieren.[180]

71 Die Insolvenzgläubiger[181] werden nach der folgenden **Rangfolge** befriedigt:[182]
- arbeitsrechtliche Forderungen;
- dinglich besicherte Forderungen;
- steuerrechtliche Forderungen;
- besonders-privilegierte Forderungen;
- allgemein-privilegierte Forderungen;
- ungesicherte, nicht-privilegierte Forderungen;
- Forderungen aus Vertragsstrafen und Bußgeldern;
- nachrangige Forderungen.

3.4.5.1 Arbeitsrechtliche Forderungen

72 **Forderungen aus Arbeitsverhältnissen** (*créditos trabalhistas*) – und diesen iSd Insolvenzrechts gleichgestellte Forderungen[183] – sind gegenüber allen anderen Insolvenzforderungen **vorrangig** zu

---
[175] Art. 85 *caput* LFRE.
[176] Art. 85 einziger Absatz LFRE.
[177] Art. 87, 88 LFRE.
[178] Die Gläubiger der *massa falida* werden auch als „*credores extraconcursais*" bezeichnet (Art. 84 *caput* LFRE).
[179] Eine noch privilegiertere Stellung innerhalb der Zahlungsordnung kommt den sogenannten notwendigen Ausgaben zuteil; s. hierzu die Ausführungen unter → Rn. 64.
[180] Art. 83 iVm Art. 149 *caput* LFRE; vgl. *Bezerra Filho*, *Manoel Justino*, in LFRE, Rn. 4 zu Art. 149.
[181] Das LFRE spricht von „*créditos na falência*" bzw. „*credores concursais*"; gemeint sind insoweit Forderungen bzw. Gläubiger der *falência*, die nicht bevorzugt, sondern – innerhalb ihrer jeweiligen Forderungskategorie – gleichmäßig zu befriedigen sind.
[182] Art. 83 LFRE.
[183] Beispielsweise der Kommissionsanspruch des selbstständigen Handelsvertreters nach Art. 44 des brasilianisches Handelsvertretergesetzes (*lei n° 4.886 de 9-12-1965 que regula as atividades dos representantes comerciais autônomos*).

befriedigen. Dieselbe Priorität gilt auch für Arbeitnehmeransprüche aus Arbeitsunfällen vor der Zeit der Eröffnung der *falência*.

Die vorrangige Befriedigung ist bis zu einer **Höhe von maximal** 150 Mindestmonatslöhnen[184] pro Arbeitnehmer begrenzt. Diese Begrenzung wirkt jedoch nicht zu Lasten von Forderungen die aus Arbeitsunfällen herrühren.[185]

Der Vorrang der arbeitsrechtlichen Forderung entfällt im Falle einer Forderungsabtretung an einen Dritten.[186]

3.4.5.2 Dinglich besicherte Forderungen

Im Rang nach den Forderungen aus Arbeitsverhätnissen stehen die **absonderungsberechtigten** Gläubiger. Diese stehen mithin im zweiten Rang der Insolvenzgläubiger. Dieser Vorrang ist der Höhe nach begrenzt auf den erzielten Verwertungserlös des mit einer Sicherheit belasteten Gegenstandes.[187] Ein absonderungsberechtigter Gläubiger ist beispielsweise ein hypothekarisch gesicherter Darlehensgeber oder ein Pfandrechtsinhaber.

Wird bei der Verwertung der dinglichen Sicherheit ein **Übererlös** erzielt, fällt dieser der *massa falida* zu. Ist der Erlös hingegen geringer als die besicherte Forderung, nimmt der Gläubiger mit dem verbleibenden Forderungsbetrag (sog. **Ausfall**) an der Auszahlung der Quote innerhalb des niedrigeren Rangs der ungesicherten und nicht privilegierten Forderungen teil.

3.4.5.3 Forderungen der Finanzverwaltung

Zu den **Steuerforderungen** *(créditos tributários)*, die im an dritter Stelle der Insolvenzgläubiger rangen, gehören jede Art von Steuern, einschließlich Abgaben und Beiträge, von Bund, Ländern und Gemeinden.[188]

3.4.5.4 Besonders-privilegierte Forderungen

Die besonders-privilegierten Forderungen *(créditos com privilégio especial)*[189] werden im *Código Civil*[190] und in anderen zivil- oder handelsrechtlichen Gesetzen legaldefiniert bzw. einzeln aufgeführt.[191] Hierunter fallen ua Forderungen mit gesetzlichen Zurückbehaltungsrechten.[192]

3.4.5.5 Allgemein-privilegierte Forderungen

Auch die **allgemein-privilegierten Forderungen** *(créditos com privilégio geral)*,[193] deren Inhaber im fünften Rang der Insolvenzgläubiger stehen, werden im *Código Civil* und in anderen zivil- oder handelsrechtlichen Gesetzen legaldefiniert bzw. einzeln aufgeführt.[194] Ursprünglich als ungesichert und nicht privilegiert eingestufte Forderungen gelangen in die ranghöhere Stufe der allgemein-privilegierten Forderungen, wenn der Gläubiger den Schuldner nach der Eröffnung einer der *falência* vorausgegangenen *recuperação judicial* weiterhin mit Waren oder Dienstleistungen beliefert hat.[195] Die höhere Rangstufe ist in diesem Fall jedoch auf den Wert der in diesem Zeitraum gelieferten Waren bzw. Dienstleistungen begrenzt.

3.4.5.6 Ungesicherte und nicht-privilegierte Forderungen

Unter sog. **ungesicherte und nicht-privilegierte Forderungen** *(créditos quirografários)*, die im sechsten Rang der Insolvenzgläubiger befriedigt werden, subsumiert das LFRE alle Forderun-

---

[184] Zur Höhe des Mindestlohns s. Fn. 120.
[185] Art. 83 Abs. 1 LFRE.
[186] Art. 83 Abs. 4 LFRE.
[187] Als dingliche Sicherheiten *(direitos reais de garantia* oder *créditos com garantia real)* iSd LFRE kennt das brasilianische Recht das als Pfandrecht bzw. Nutzungspfand ausgestaltete *penhor* (Art. 1.225 VIII *Código Civil*) und *anticrese* (Art. 1.225 IX, X und 1.419 ff. *Código Civil*) sowie die in einem öffentlichen Grundstücksregister eingetragene *hipoteca*.
[188] *Manoel Justino Bezerra Filho* in Lei de recuperação de empresas e falência – Lei 11.101/2005 comentada artigo por artigo, 14. Aufl. 2019, zu Art. 83 Rn. 12.
[189] Dazu gehören bspw. Forderungen des Kommissionärs aus Provisionen und Aufwendungen (Art. 707 *Código Civil*).
[190] Brasilianisches Zivilgesetzbuch von 2002.
[191] Art. 83 *caput* IV LFRE iVm Art. 964 *Código Civil* und anderen Gesetzen.
[192] Art. 93 IV c) LFRE.
[193] Dazu gehören bspw. Forderungen des Kommissionärs aus Provisionen und Aufwendungen (Art. 707 *Código Civil*).
[194] Art. 83 *caput* IV LFRE iVm Art. 965 *Código Civil* und anderen Gesetzen.
[195] Art. 67 einziger Absatz LFRE.

gen, die es nicht einer anderen Kategorie von Insolvenzforderungen zuordnet. Ein klassisches Beispiel ist die nicht bzw. nicht wirksam besicherte Forderung eines Lieferanten. Darüber hinaus fallen in diese Kategorie auch Forderungen arbeitsrechtlicher Natur, soweit sie die Höhe eines Betrags von 150 monatlichen Mindestlöhnen[196] übersteigen oder an einen Dritten abgetreten wurden. Auch dinglich besicherte Forderungen werden in der Höhe ihres Ausfalls in diesem Rang befriedigt.

3.4.5.7 Forderungen aus Vertragsstrafen und Bußgeldern

80 Forderungen aus **Vertragsstrafen** sowie aus **Bußgeldern** strafrechtlicher, steuerrechtlicher oder verwaltungsrechtlicher Art *(multas contratuais e as penas pecuniárias por infração das leis penais, administrativas ou tributárias)* werden im vorletzten siebten Rang befriedigt.[197]

3.4.5.8 Nachrangige Forderungen

81 Zu den **nachrangigen Forderungen** *(créditos subordinados)* zählen u.a. Forderungen der Gesellschafter und der Geschäftsführer, sofern sie nicht arbeitsrechtlicher Natur sind.[198]

3.4.6 Ausgeschlossene Forderungen

82 Forderungen auf **unentgeltliche Leistungen** *(obrigações a título gratuito)* des Schuldners sowie **Ausgaben des Gläubigers** im Zusammenhang mit dem Insolvenzverfahren sind von der Teilnahme an der *falência* ausgeschlossen.[199]

3.5 Verwertung der Insolvenzmasse

83 Das Insolvenzgesetz[200] enthält folgende (nicht abschließende) **Aufzählung** möglicher Arten der **Veräußerung des schuldnerischen Vermögens**. Die Veräußerung kann wie folgt erfolgen:
1. das Unternehmen mit „en bloc"-Verkauf sämtlicher Betriebsstätten;
2. das Unternehmen mit gesondertem Verkauf jeder einzelnen Betriebsstätte;
3. sämtliche Vermögensgüter einer einzelnen Betriebsstätte „en bloc";
4. einzelne Vermögensgüter.

Die Aufzählung ist hierarchisch zu verstehen,[201] wobei der *administrador judicial* eine grds. nachrangige Verwertungsart ausnahmsweise vorziehen kann, sofern dadurch dem Interesse der Gläubiger oder der Allgemeinheit bzw. der Verfahrenseffizienz besser gedient ist.[202]

84 Die Veräußerungen werden im Wege **öffentlicher Bieterverfahren** durchgeführt. Sie können wie folgt gestaltet werden:[203]
- **Einstufiges Bieterverfahren** mit schriftlich (geheim) oder mündlich abgegebenen Angeboten;
- **Zweistufiges Bieterverfahren** mit zunächst schriftlich abgegebenen Angeboten (1. Stufe) und anschließend mündlich abgegebenen Angeboten von Bietern, die mehr als 90 % des Höchstgebots der 1. Stufe geboten haben (2. Stufe).

85 Ungeachtet eines eventuell höheren Schätzwertes erhält der **Höchstbietende den Zuschlag** für den zu veräußernden Gegenstand.[204]

86 Einen entscheidenden Anreiz für Investoren bildet die vom Gesetz[205] im Rahmen der *falência* gewährte **Haftungsbefreiung des Erwerbers von Altverbindlichkeiten** des erworbenen schuldnerischen Unternehmens. Auch steuerliche und arbeitsrechtliche Altforderungen werden von der Befreiung erfasst.

Von dem **Haftungsprivileg ausgeschlossen** sind Gesellschafter des Schuldners *(sócio da sociedade falida)*, vom Schuldner kontrollierte Gesellschaften *(sociedade controlada pelo falido)*, dem Schuldner

---

[196] Dies entspricht einer Summe von 149.700 BRL bzw., umgerechnet zum Wechselkurs v. 6.9.2020, 23.839,50 EUR; s. Details zum Mindestlohn in Fn. 120.
[197] Art. 83 VII LFRE.
[198] Art. 83 VIII LFRE.
[199] Art. 5 I LFRE.
[200] Art. 140 LFRE.
[201] *Manoel Justino Bezerra Filho* in Lei de recuperação de empresas e falência – Lei 11.101/2005 comentada artigo por artigo, 14. Aufl. 2019, zu Art. 140 Rn. 5 ff.
[202] *Sacramone, Marcelo Barbosa* in Comentários à LFRE, Kommentierung zu Art. 140 LFRE, S. 465 f.
[203] Art. 142 LFRE.
[204] Art. 142 Abs. 2 LFRE; TJSP (Berufungsgericht von Sao Paulo), *1ª Câmara Reservada de Direito Empresarial* (1. Kammer für Unternehmensrecht), AI 2247171-13.2015, 28-3-2016.
[205] Art. 141 LFRE iVm Art. 133 Steuergesetzbuch CTN *(Código Tributário Nacional)*.

oder dessen Gesellschafter durch Verwandtschaft oder Schwägerschaft nahestehende Personen oder, bei Umgehungsabsicht, Mittelsleute des Schuldners.[206]

Mit der – dank der Haftungsbefreiung verbundenen – **höheren Wertigkeit** des schuldnerischen Unternehmens geht eine höhere Befriedigungsquote zugunsten der Gläubiger einher.

3.6 Haftung der Geschäftsleitung und der Gesellschafter

Bei den brasilianischen Gesellschaftsformen wie der *sociedade limitada* (**vergleichbar mit der GmbH**) und der *sociedade em ações* (**vergleichbar mit der AG**) ist die **Haftung der Geschäftsführer** und Vorstände sowie der Gesellschafter für Verbindlichkeiten der Gesellschaft grds. ausgeschlossen. Ihre **persönliche Haftung** kann jedoch unter bestimmten Voraussetzungen gegeben sein (so bspw. bei missbräuchlicher Verwendung der Rechtsform, Umgehung des Gesellschaftszwecks oder Vermischung von Betriebs- und Privatvermögen).[207]

In den oben genannten Fällen der persönlichen Haftung kann ein Gläubiger ein – vom eigentlichen Insolvenzverfahren getrenntes – **Klageverfahren** beim Insolvenzgericht einleiten.[208]

3.7 Verjährungsfrist und Einzelzwangsvollstreckung nach Beendigung der *falência*

Nach **rechtskräftiger Entscheidung** der Beendigung der *falência* fängt die während des Verfahrens gehemmte Verjährungsfrist[209] der Forderungen der Gläubiger gegen den Schuldner erneut zu laufen an.[210]

Den Gläubigern steht es im Anschluss an eine beendete *falência* frei, eine **Einzelzwangsvollstreckung**[211] zu betreiben, sofern die entsprechende Forderung nicht zwischenzeitlich erloschen ist.[212]

3.8 Erlöschen der Gläubigerforderungen

Mit rechtskräftiger Entscheidung der Beendigung der *falência* **erlöschen** sämtliche Forderungen im Falle der Befriedigung aller Forderungen.[213] Ebenso verhält es sich bei der Verwertung sämtlicher Vermögenswerte des Schuldners und Befriedigung von mindestens 50 % der ungesicherten und nicht privilegierten Forderungen, sofern eine vollständige Befriedigung der Gläubiger der *massa falida* erfolgt ist.[214] Zudem ist Voraussetzung die eine Befriedigung der Gläubiger der *falência*, die im Rang vor den Inhabern von ungesicherten und nicht privilegierten Forderungen stehen.[215]

Anderenfalls erlöschen die Forderungen erst nach **Ablauf von fünf oder zehn Jahren** nach der rechtskräftigen Entscheidung der Beendigung der *falência*. Die Anwendung des kürzeren bzw. längeren Zeitraums hängt von dem Vorliegen bzw. Nichtvorliegen der Verurteilung des Schuldners wegen einer Insolvenzstraftat ab. Liegt eine solche Verurteilung nicht vor, erlöschen die Forderungen bereits nach fünf,[216] anderenfalls erst nach zehn[217] Jahren.

Bei allen vorgenannten Tatbeständen muss der Schuldner zudem eine Negativbescheinigung für Steuerschulden vorlegen.[218]

4. Das Privatinsolvenzverfahren

4.1 Gesetzgeberischer Rahmen

Das Privatinsolvenzverfahren („*procedimento de insolvencia civil* oder *processo de insolvencia cicil*") spielt in der Praxis eine nur **untergeordnete Rolle**.

---

[206] Art. 141 Abs. 1 LFRE.
[207] Art. 50 *Código Civil*.
[208] Art. 82 *caput* LFRE.
[209] Art. 6 *caput* LFRE.
[210] Art. 157 LFRE.
[211] Art. 6 *caput* LFRE.
[212] Art. 158 LFRE.
[213] Art. 158 Abs. 1 LFRE; die Befriedigung kann in der *falência* oder nach Beendigung der *falência* durch die *massa falida*, den Schuldner oder Dritte erfolgen; so *Sacramone, Marcelo Barbosa* in Comentários à LFRE, Kommentierung zu Art. 158 LFRE, S. 494.
[214] Art. 158 Abs. 2 LFRE.
[215] S. zur Rangfolge der Gläubiger unter → Rn. 70 f.
[216] Art. 158 Abs. 3 LFRE.
[217] Art. 158 Abs. 4 LFRE.
[218] Die Notwendigkeit dieser Bescheinigung (*Certidão Negativa de Débito Tributário*) folgt aus Art. 191 Steuergesetzbuch CTN (*Código Tributário Nacional*), s. hierzu *Sacramone, Marcelo Barbosa* in Comentários à LFRE, Kommentierung zu Art. 158 LFRE, S. 495.

Brasilien 95–102

Im LFRE finden sich keine speziellen Vorschriften über das Privatinsolvenzverfahren. Auch in den Art. 748 bis 768-A des *Código de Processo Civil* (brasilianische Zivilprozessordnung; im Folgenden „CPC") finden sich keine Vorschriften zu dem Privatinsolvenzverfahren. Vielmehr verweist Art. 1.052 CPC auf die Regelungen des CPC von 1973 („*Livro II, Título IV, da Lei n.5869, de 11 de janeiro de 1973*", im Folgenden „CPC/1973"). Das Privatinsolvenzverfahren richtet sich demnach insgesamt nach den Vorschriften des CPC/1973.

4.1.1 Anwendungsbereich

95 Das Verfahren findet Anwendung, wenn die Verbindlichkeiten des Schuldners das Vermögen oder die liquiden Mittel übersteigt. **Schuldner** ist bei dieser Verfahrensart eine natürliche Person („*pessoa física*") oder eine juristische Person, die keine unternehmerische Aktivität ausübt („*pessoa jurídica não empresária*").

4.1.2 Antragsberechtigung

96 Bei dem Privatinsolvenzverfahren handelt es sich um ein **Antragsverfahren. Antragsberechtigt** sind gemäß Art. 753 CPC/1973 der Schuldner selbst, dessen Rechtsnachfolger sowie jeder Gläubiger.

97 Gemäß Art. 755 CPC/1973 hat der Schuldner die Möglichkeit, binnen einer Frist von 10 Tagen dem Insolvenzantrag eines Gläubigers sowie Beschlagnahmen und Pfändungen zu **widersprechen**. Insoweit kann der Schuldner darlegen, aus einem bestimmten, in den Art. 741,742 und 745 CPC/ 1973 aufgeführten Grund, die offene Verbindlichkeit nicht begleichen zu müssen. Weiter kann er darlegen, dass seine Aktiva seine Passiva übersteigen, Art. 756 CPC/1973. Die Insolvenzantragstellung kann zudem abgewendet werden, indem der Schuldner die offenen Verbindlichkeiten ausgleicht bzw. eine entsprechende Summe hinterlegt.

98 Sofern dies binnen einer **Frist von zehn Tagen** nicht erfolgt beschließt der Insolvenzrichter des **Gerichts,** in dem der Schuldner wohnhaft ist bzw. seinen Sitz hat, die Eröffnung des Verfahrens, Art. 758 und Art. 760 CPC/1973.

4.1.3 Wirkungen der Verfahrenseröffnung

99 Der Insolvenzrichter bestimmt in seinem Eröffnungsbeschluss einen **Insolvenzverwalter** („*administrador de massa*"), Art. 761 I CPC/1973. Der Insolvenzverwalter **verwahrt** die Insolvenzmasse und **verfügt** über diese, Art. 763 CPC/1973. Während seiner Tätigkeit unterliegt der Insolvenzverwalter der Leitung und Aufsicht des Insolvenzrichters, Art. 763 CPC/1973.

100 Der Insolvenzverwalter **verwertet** die zur Insolvenzmasse gehörenden Gegenstände und bildet daraus die **Teilungsmasse** für die Befriedigung der durch die Gläubiger angemeldeten Forderungen. Die Insolvenzmasse wird gesichert, Gegenstände mit Zustimmung des Gerichts verkauft oder versteigert und Forderungen zur Insolvenzmasse eingezogen, Art. 766 I – IV CPC/1973. Darüber hinaus nimmt der Insolvenzverwalter sämtliche erforderlichen Maßnahmen zum Erhalt von Rechten vor, Art. 766 III CPC/1973.

4.1.4 Befriedigung der Gläubiger

101 Der Insolvenzrichter setzt den Gläubigern eine **Frist von 20 Tagen** ab Verfahrenseröffnung zur **Forderungsanmeldung,** Art. 761 II CPC/1973. Nach der **Feststellung** der Forderungen nehmen die Gläubiger an der Vermögensverteilung teil. Sofern nach Abschluss der Vermögensverwertung eine vollständige Zahlung der Gläubiger nicht erfolgen kann, bleibt der Schuldner auch weiterhin zum Ausgleich der Verbindlichkeiten verpflichtet, Art. 774 CPC/1973.

Nach Ablauf einer Frist von **fünf Jahren** ab dem Zeitpunkt der Verfahrensbeendigung gelten sämtliche Verbindlichkeiten des Schuldners als **erloschen,** Art. 778 CPC/1973.

4.2 Zivilgerichtliches Vergleichsverfahren im Rahmen des Privatinsolvenzverfahrens vor Verwertung des Vermögens

102 Für eine entsprechende Einigung legt der Schuldner den im Verfahren festgestellten Gläubigern einen **Plan** vor, der die Möglichkeit der Begleichung seiner Verbindlichkeiten vorsieht, Art. 783 CC/1973. Sofern seitens der Gläubiger kein Widerspruch erhoben wird, genehmigt der Insolvenzrichter den Plan durch einen entsprechenden Beschluss, der für die Beteiligten **bindend** ist.

5. Internationale Aspekte der Insolvenzverfahren

5.1 Fehlen von Verfahrensregeln bei Auslandsbezug

Internationale Verfahrensregeln iSd *UNCITRAL Model Law on Cross-Border Insolvency* haben keinen Einzug in das LFRE erhalten. Auch der *Código de Processo Civil* von 1973, der die Liquidation des Vermögens von „nicht-unternehmerischen" Personen bei Zahlungseinstellung regelt, enthält keine Regelungen zu grenzüberschreitenden Sachverhalten. Lediglich das in Brasilien geltende **lateinamerikanische Abkommen zum Internationalen Privatrecht**, der sog. *Código de Derecho Internacional Privado*,[219] enthält einige wenige Regelungen hinsichtlich der Gerichtsbarkeit und der weiteren verfahrensrechtlichen Zusammenarbeit bei grenzüberschreitenden Insolvenzsachverhalten. Da das Abkommen in seiner territorialen Anwendbarkeit auf die **15 lateinamerikanischen Unterzeichnerstaaten** beschränkt ist, erfasst der Anwendungsbereich weder Deutschland noch andere europäische Staaten.

103

5.2 Auswirkungen eines deutschen Insolvenzverfahrens über das Vermögen einer deutschen Muttergesellschaft auf die brasilianische Tochtergesellschaft

Allein die Tatsache, dass ein Insolvenzverfahren über das Vermögen der Muttergesellschaft in Deutschland eröffnet wurde, führt nicht dazu, dass brasilianische Gerichte den Antrag eines Gläubigers auf Eröffnung einer *falência* über das Vermögen der Tochtergesellschaft oder der (unselbstständigen) Niederlassung in Brasilien als unzulässig zurückweisen.[220]

104

Bei **Konzernstrukturen und Unternehmensgruppen** mit Standorten sowohl in Deutschland als auch in Brasilien ist gegebenenfalls **in jedem Land ein eigenständiges Insolvenzverfahren** über das Vermögen des Schuldners zu eröffnen. Prinzipiell umfasst ein in Deutschland eröffnetes (Haupt-)Insolvenzverfahren zwar das gesamte weltweite Vermögen eines Unternehmens. Die Eröffnung eines **Sekundärinsolvenzverfahrens** im Sinne der EU-Verordnung ist über das Vermögen der in Brasilien ansässigen Tochtergesellschaft jedoch aufgrund der fehlenden internationalen Regelungen im brasilianischen Recht **nicht möglich.** Das in Brasilien eröffnete Verfahren richtet sich **ausschließlich nach brasilianischem Recht.** Dies führt im Ergebnis zu einer erschwerten Entflechtung und Verwertung des Schuldnervermögens. Dem deutschen Insolvenzverwalter verbleibt die Möglichkeit, durch die Ausübung der Gesellschafterrechte Einfluss auf die brasilianische Tochtergesellschaft bzw. deren Geschäftsleitung auszuüben oder die Gesellschaft an einen Investor zu veräußern.

105

5.3 Keine Möglichkeit des Gläubigers zur Rechtsverfolgung in Deutschland

Nach einem Urteil des LAG Hessen[221] stellt die brasilianische *recuperação judicial* ein ausländisches **Insolvenzverfahren iSd § 343 Abs. 1 InsO** dar. Dies führt zu dem Ergebnis, dass in Deutschland ansässige Gläubiger ihre **Forderungen im brasilianischen Insolvenzverfahren** nach den dort geltenden Formen und innerhalb der dort vorgesehenen Fristen **anmelden** müssen, da eine Rechtsverfolgung in Deutschland mangels Vorliegens des erforderlichen Rechtsschutzbedürfnisses unzulässig ist.

106

5.4 Sicherheitsleistung von ausländischen Gläubigern

Außerhalb Brasiliens ansässige Gläubiger eines brasilianischen Insolvenzschuldners müssen bei Beantragung der Eröffnung des Verfahrens der *falência* eine **Sicherheitsleistung hinterlegen.**[222] Ihre Höhe richtet sich nach der Höhe der Verfahrenskosten und der eventuellen Schadenersatzansprüche des Schuldners.

107

6. COVID-19 Maßnahmen

6.1. Allgemeine Maßnahmen

Brasilien hat zur Bewältigung der Probleme, die durch die zunehmende Verbreitung an Covid-19-Erkrankungen verursacht werden, am 6.2.2020 mit dem **Maßnahmengesetz *Lei* 13.979** reagiert. Dieses Gesetz beinhaltet eine Reihe von Hygienevorgaben und Einreisevorschriften und

108

---

[219] Auch bekannt unter der Bezeichnung „*Código de Bustamante*".
[220] Art. 90 *Código de Processo Civil*.
[221] Urt. v. 4.8.2011 – 5 Sa 1549/10 (Fundstelle: BeckRS 2012, 69431).
[222] Art. 97 Abs. 2, 101 LFRE iVm Art. 835 *Codigo de Processo Civil*.

Brasilien 109–114

sieht darüber hinaus Erleichterungen für Import- und Zulassungsbestimmungen für bestimmte medizinische Produkte vor (vgl. http://www.planalto.gov.br/ccivil_03/_ato2019-2022/2020/Lei/L13979.htm).

109 Am 20.3.2020 erklärte der Nationalkongress per **Gesetzesdekret** (*decreto legislativo*) **Nr. 6/2020** den **öffentlichen Notstand** *(calamidade pública)*. Dem vorausgegangen war ein entsprechendes Ersuchen des Bundespräsidenten in der Mitteilung Nr. 93 vom 18.3.2020 aufgrund der sich in Brasilien zuspitzenden Covid-19 Pandemie (vgl. http://www.planalto.gov.br/ccivil_03/portaria/DLG6-2020.htm). Seither haben die brasilianische Bundesregierung, die 26 Landesregierungen und der Bundesdistrikt Brasília diverse finanzielle Hilfen und steuerliche Begünstigungen beschlossen und umgesetzt, um den Umsatzrückgang bei Unternehmen und Beschränkungen des Arbeitsentgelts als Folge der Corona-Krise möglichst gering zu halten.

6.2. Empfehlung des Nationalen Justizrates

110 Am 31.3.2020 gab der Nationale Justizrat (CNJ) die **Empfehlung 63/2020** (https://atos.cnj.jus.br/files/original220958202003315e83bfb650979.pdf) heraus, die den Insolvenzrichtern bei der Durchführung von bereits laufenden Insolvenzverfahren **als nicht bindender Leitfaden** dient. Erklärtes Ziel dieser Empfehlung ist, die negativen Auswirkungen auf Unternehmen abzuschwächen, die sich während der Covid-19-Pandemie in den Insolvenzverfahren der *recuperação judicial* oder in der *falência* befinden.

111 In der Empfehlung werden **nicht konkret benannte „sofortige Lösungen"** für die Zeit der Corona-Krise ausgesprochen, um Unternehmen bei der Bewältigung der Corona-Krise zu unterstützen und zu erhalten. Die im **LFRE vorgesehenen Folgen werden abgemildert,** wenn dies **„gerechtfertigt"** ist. So soll beispielsweise die automatische Eröffnung der *falência* nach Artikel 73 LFRE bei Nichterfüllung von Verpflichtungen aus einem *plano de recuperação* entfallen, wenn die Nichterfüllung auf die Corona-Krise, also ein zufälliges Ereignis oder höhere Gewalt, zurückzuführen ist. Darüber hinaus empfiehlt der CNJ **Gläubigerversammlungen** mit Anwesenheit der Gläubiger zu verschieben. Stattdessen sind **virtuelle Versammlungen** durchzuführen, wenn es um die Aufrechterhaltung des Geschäftsbetriebes des Schuldners und/oder die Verteilung des Vermögens an die Gläubiger geht. Sofern eine Gläubigerversammlung verschoben werden muss ist eine Verlängerung des Schutzschirms bis zur Beschlussfassung in der Gläubigerversammlung erforderlich.

112 Für die Verfahren **der *recuperação judicial*** mit bereits genehmigten Sanierungsplänen kann ein **Zusatz zu dem Plan** vorgelegt werden, vorausgesetzt (i) der Schuldner weist nach, dass er seinen Verpflichtungen infolge der Pandemie nicht wie zuvor nachkommen kann; und (ii) die im aktuellen Plan enthaltenen Verpflichtungen bislang erfüllt wurden. Die Änderung des Plans bzw. ein Zusatz zum Plan ist in der Gläubigerversammlung zu beschließen. Diese ist binnen einer angemessenen Frist durchzuführen.

6.3. Ausmaß der Wirtschaftskrise

113 Ungeachtet der genannten Empfehlung des CNJ und der Unterstützungen durch die Bundes- und Landesregierungen schätzt der Verband für Warenhandel, Dienstleistungen und Tourismus des Bundesstaates São Paulo *(FecomercioSP)*, dass im Laufe des Jahres 2020 mehr als 202.000 Unternehmen, von denen die Mehrheit (197.000) kleinerer Unternehmen sind, ihre Geschäftstätigkeit einstellen werden. Diese Angabe trifft jedoch keine Aussage dahingehend, ob über das Vermögen dieser Unternehmen auch ein Insolvenzverfahren eröffnet wird. Der. *FecomercioSP* geht zudem davon aus, dass fast 97 % dieser Unternehmen nach der Corona-Krise nicht fortgeführt werden – jedenfalls nicht durch die bisherigen Eigentümer. (vgl. https://www.fecomercio.com.br/noticia/pandemia-deve-fechar-quase-200-mil-empresas-de-pequeno-porte-neste-ano-no-brasil)

6.4. Geplantes Insolvenz-Übergangsgesetz PL 1.397/20

114 Angesichts der mit der Corona-Krise einhergehenden Wirtschaftskrise hat die brasilianische Bundesabgeordnetenkammer am 21.5.2020 den eingebrachten **Entwurf** des Bundesabgeordneten Hugo Leal eines **Insolvenz-Übergangsgesetzes (PL 1397/2020)** im **Eilverfahren** verabschiedet (vgl. https://legis.senado.leg.br/sdleg-getter/documento?dm=8115572&ts=1595512945190&disposition=inline), nachdem noch einige einzelne Änderungen in den Gesetzesentwurf eingeflossen waren. In seiner aktuellen Fassung hat das Vorlagegesetz PL 1397/20 eine **beschränkte Geltungsdauer bis zum 31.12.2020 bzw. bis zu dem Zeitpunkt des Außerkrafttretens des og Gesetzesdekrets Nr. 6/2020.** Das PL 1397/20 sieht **diverse Notfallmaßnahmen** zugunsten von notleidenden Wirtschaftsakteuren (Unternehmen, Vereine, Freiberufler) vor. Das PL 1397/20 besteht aus insgesamt 17 Artikeln und unterteilt sich in zwei Hauptteile (Kapitel I und II) sowie die Schlussbe-

stimmungen (Kapitel III). Im Kern will das Insolvenz-Übergangsgesetz zum einen Vollstreckungs- und Insolvenzverfahren ua durch einen weiteren Schutzschirm aufschieben bzw. vermeiden. Zum anderen sollen den durch die Corona-Krise betroffenen Schuldnern nach Möglichkeit neue außergerichtliche Verhandlungswege zur Lösung von Konflikten mit Gläubigern eröffnet werden.

Seit dem 27.5.2020 liegt der Gesetzesentwurf dem **Bundessenat zur Abstimmung** vor. Da noch keine Zustimmung erfolgte und zum heutigen Zeitpunkt bereits 16 **Änderungsanträge** von sieben Bundessenatoren gestellt wurden, ist davon auszugehen, dass der Bundessenat weitere Änderungen an der Gesetzesvorlage vornehmen und diese erneut der Bundesabgeordnetenkammer als Initiativorgan der Vorlage zur wiederholten Abstimmung vorlegen wird. Zu welchem Zeitpunkt und in welcher Form und Geltungsdauer das Gesetz in Kraft treten wird ist daher trotz des Eilverfahrens bislang ungewiss.

Brasilien

Gerichtliches Sanierungsverfahren
(Recuperação judicial)

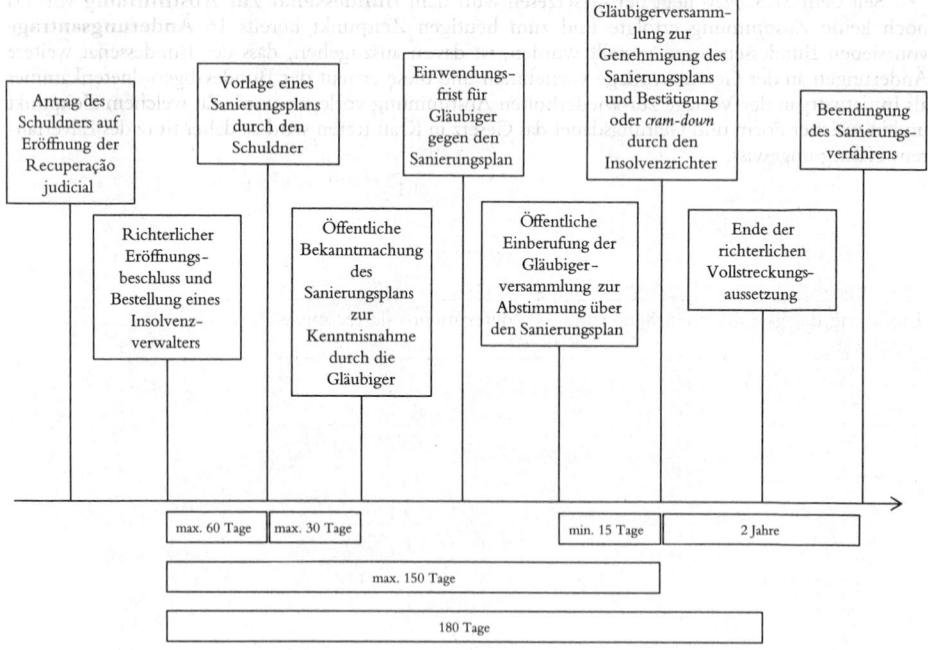

Kollektivzwangsvollstreckung (*falência*)

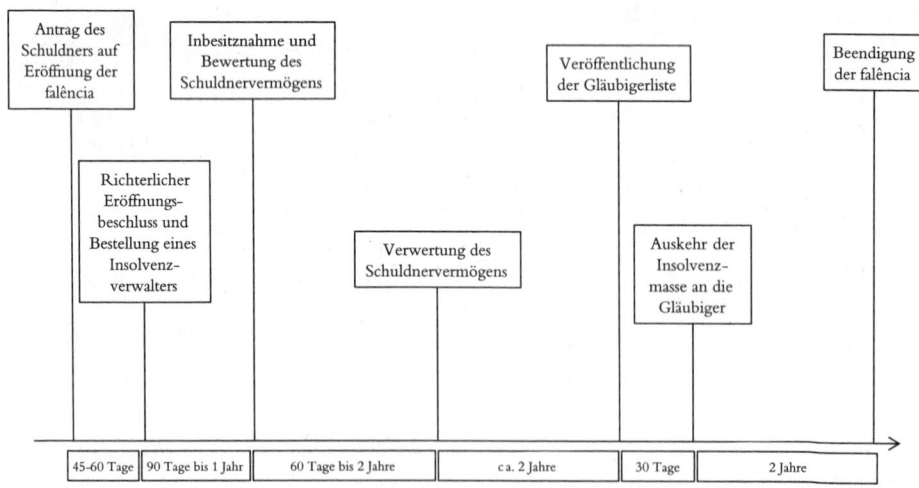

Brasilien

Glossar

Deutsch	Portugiesisch	Rn.
allgemein-privilegierte Forderung	crédito com privilégio geral	71, 78
Anspruch auf unentgeltliche Leistung	crédito a título gratuito	19, 82
außergerichtliche Sanierung	recuperação extrajudicial	6, 7, 11
besonders-privilegierte Forderung	crédito com privilégio especial	71, 77
Bieterverfahren mit mündlichen Angeboten	leilão, por lances orais	84
Bieterverfahren mit schriftlichen Angeboten	leilão, por lances fechados	84
dinglich besicherte Forderung	crédito com garantia real	74, 48
„einfache" Gesellschaft	sociedade simples	10
Einzelzwangsvollstreckungsmaßnahme	execução individual	21, 33
Eröffnung der Kollektivzwangsvollstreckung	decretação da falência	59 ff.
Eröffnung des gerichtlichen Sanierungsverfahrens	deferimento da recuperação judicial	32, 43
Ersatzgeschäftsführer in der Insolvenz	gestor judicial	5, 36
Forderung arbeitsrechtlicher Natur	crédito trabalhistas	72
Forderungs-/Insolvenztabelle	quadro-geral de credores	18
Forderungsausfall	déficit de crédito	75, 79
gerichtliche Sanierung	recuperação judicial	24 ff.
Geschäftsführer	administrador (bei *sociedade limitada*)	88
Gläubigerausschuss	comitê de credores	17, 38
Gläubigerhauptversammlung	assembleia-geral de credores	38
Hauptsitz des Schuldners	principal estabelecimento do devedor	12
Hemmung der Verjährung	suspensão da prescrição	20
(Insolvenz-)Gläubiger	Credor	17, 101
(Insolvenz-)Schuldner	Devedor	17, 27, 107
Insolvenzverwalter	administrador judicial	23, 37, 47
Kollektivzwangsvollstreckung	Falência	55 ff.
Landgericht	Tribunal de Justiça do **Estado**	12
nachrangige Forderung	crédito subordinado	81
Sanierungsplan	plano de recuperação	26, 42, 52, 54
Schuldner (in der *falência*)	Falido	57, 66
Schuldner (in der *recuperação judicial*)	Devedor	17, 27, 30, 107
Steuerforderungen	créditos tributáries	76
ungesicherte Forderung	crédito quirografário	79
Zahlungsverzug	mora no pagamento; impontualidade	59
zweistufiges Bieterverfahren	Pregão	84

Glossar

Portugiesisch	Deutsch	Rn.
administrador judicial	Insolvenzverwalter bzw. Sachwalter	14, 17, 23, 37, 47, 64, 69
Associação	Verein	10

Brasilien

Portugiesisch	Deutsch	Rn.
administrador (sociedade limitada)	Geschäftsführer	88
assembleia-geral de credores	Gläubigerhauptversammlung	38
Código Civil	brasilianisches Zivilgesetzbuch	11
Código de Processo Civil	brasilianische Zivilprozessordnung	11
Cooperativa	Genossenschaft	10
cooperativa de crédito	Kreditkooperative	11
comitê de credores	Gläubigerausschuss	17, 38
crédito com garantia real	dinglich besicherte Forderung	50
crédito com privilégio especial	besonders-privilegierte Forderung	77
crédito com privilégio geral	allgemein-privilegierte Forderung	78
crédito quirografário	ungesicherte Forderung	79
crédito subordinado	nachrangige Forderung	81
crédito a título gratuito	Anspruch auf unentgeltliche Leistung	19, 82
crédito trabalhista	Forderung arbeitsrechtlicher Natur	72
crédito tributário	Steuerforderung	76
credor concursal	Insolvenzgläubiger	17, 101
credor da massa	Massegläubiger	56
decretação da falência	Eröffnung der Kollektivzwangsvollstreckung	59
deferimento da recuperação judicial	Eröffnung des gerichtlichen Sanierungsverfahrens	32
déficit de crédito	Forderungsausfall	75, 79
Devedor	(Insolvenz-)Schuldner	17, 27, 30, 107
Divergência	Beanstandung	14
empresa individual de responsabilidade limitada	Ein-Personen Unternehmen mit beschränkter Haftung	10
empresário individual	Einzelunternehmer	9
empresa pública	Unternehmen der öffentlichen Hand	11
entidade de previdência complementar	Vorsorgeeinrichtung	11
execução individual	Einzelzwangsvollstreckungsmaßnahme	21, 29, 59, 61
Falência	Kollektivzwangsvollstreckung	55 ff.
Falido	Schuldner in dem Verfahren der *falência*	57, 66
Fundação	Stiftung	11
gestor judicial	Ersatzgeschäftsführer in der *recuperação judicial*	5, 36
Habilitação	Forderungsanmeldung	14
Impugnação	Einwendung	17
instituição financeira	Finanzinstitut	11
juízo de direito	Insolvenzrichter	12
leilão, por lances orais	Bieterverfahren mit mündlich abgegebenen Angeboten	84
leilão, por lances fechados	Bieterverfahren mit schriftlich abgegebenen Angeboten	84
mora no pagamento; impontualidade	Zahlungsverzug	59
obrigação a título gratuito	Forderungen auf unentgeltliche Leistung	19

Brasilien

Portugiesisch	Deutsch	Rn.
perícia prévia	gutachterliche Prüfung	31
plano de recuperação	Sanierungsplan	6, 26, 42, 52, 54
Pregão	zweistufiges Bieterverfahren	84
principal estabelecimento	Hauptsitz	12
Procurador	Bevollmächtigter	47
quadro-geral de credores	Forderungs-/Insolvenztabelle	18
recuperação extrajudicial	außergerichtliche Sanierung	6, 7
recuperação judicial	gerichtliche Sanierung	24 ff.
sociedade anônima	Aktiengesellschaft	10
sociedade de economia mista	privat-öffentlich gemischte Gesellschaft zu Wirtschaftszwecken	11
sociedade em comandita simples	einfache Kommanditgesellschaft	10
sociedade em comum	faktische Gesellschaft	11
sociedade em conta de participação	Gesellschaft mit Fremdbeteiligung bzw. stille Gesellschaft	11
sociedade em nome coletivo	Kollektivgesellschaft	10
sociedade empresária	„unternehmerische" Gesellschaft	9
sociedade limitada	Gesellschaft mit beschränkter Haftung	10
sociedade seguradora	Versicherungsgesellschaft	11
sociedade simples	„einfache" Gesellschaft	10
suspensão da prescrição	Hemmung der Verjährung	20
Tribunal de Justiça do **Estado**	Landgericht	12
Vara Cível	Zivilgericht (erste Instanz)	12

Bulgarien

bearbeitet von *Tzvetana Chukleva, Mihail Boyadjiev, Hristina Panteva,* Dokovska, Atanasov and Partners Law Firm, Sofia; deutsche Bearbeitung: *Ursula Schlegel,* Rechtsanwältin & Solicitor (England and Wales), Frankfurt am Main

Übersicht

	Rn.
1. Gesetze, Fachliteratur und Informationsquellen	1
2. Einführung	6
2.1 Gesetzliche Grundlagen	6
2.2 Verfahrensarten bei Insolvenz	9
2.2.1 Nur Unternehmensinsolvenzverfahren, kein Privatinsolvenzverfahren; spezielle Verfahren für Banken und Versicherungsunternehmen	9
2.2.2 Grundzüge des Insolvenzverfahrens	12
3. Das präventive Restrukturierungsverfahren; die Umsetzung der „Richtlinie über Restrukturierung und Insolvenz"	18
3.1 Verfahrensziel, Anwendungsbereich des präventiven Restrukturierungsverfahrens	18
3.2 Initiativrecht; Einstiegsvoraussetzungen; Planinhalte	20
3.2.1 Initiativrecht	20
3.2.2 Planinhalte	21
3.2.3 Einstiegsvoraussetzungen	22
3.3 Rechte und Pflichten der Beteiligten; die „Organe" Treuhänder und Prüfer; Registeröffentlichkeit des Verfahrens	25
3.3.1 Rechte und Pflichten der Beteiligten	25
3.3.2 Die „Organe" Treuhänder und Prüfer	27
3.3.3 Registeröffentlichkeit des Restrukturierungsverfahrens	28
3.4 Die Rolle des Kaufmanns im Restrukturierungsverfahren; Einschränkung der Verwaltungs- und Verfügungsbefugnis	30
3.5 Aussetzung anhängiger Vollstreckungsverfahren, Vollstreckungsverbote	31
3.6 Die Abstimmung über den Restrukturierungsplan; Genehmigung durch das Gericht; Bindungswirkung; Beendigung des Verfahrens und Überwachung der Umsetzung	33
3.6.1 Die Abstimmung über den Restrukturierungsplan	33
3.6.2 Genehmigung durch das Gericht	37
3.6.3 Bindungswirkung des Plans	38
3.6.4 Beendigung des Verfahrens und Überwachung der Umsetzung	39

	Rn.
3.7 Umsetzung der „Richtlinie über Restrukturierung und Insolvenz"	40
3.7.1 Präventives Restrukturierungsverfahren	40
3.7.2 Einführung eines Privatinsolvenzverfahrens, um insolventen Privatpersonen die „zweite Chance" zu bieten	42
4. Insolvenzverfahren für Banken und Versicherungsunternehmen	46
4.1 Anwendungsbereich	46
4.2 Verfahrensarten	47
4.3 Aufspüren und Einziehung von Vermögenswerten bei Bankeninsolvenzen	53
5. Konzerninsolvenzverfahren, Erstreckung auf „Strohmanngesellschaften"	54
6. Wesentliche Verfahrensmerkmale des Insolvenzverfahrens	57
6.2 Eröffnung des Insolvenzverfahrens	57
6.2.1 Eröffnungsgründe	57
6.2.2 Antragspflichten- und -fristen, Haftungsfolgen bei Versäumnis	58
6.2.3 Antragsbefugnis, formelle Erfordernisse	59
6.3 Das zuständige Insolvenzgericht	60
6.4 Der Insolvenzverwalter	61
6.4.1 Liste von Insolvenzverwaltern, Zugangsvoraussetzungen	61
6.4.2 Auswahl, Bestellung, Überwachung und Vergütung des Insolvenzverwalters	62
6.4.3 Pflichten und Befugnisse des Insolvenzverwalters	64
6.4.4 Haftung des Insolvenzverwalters	66
6.4.5 Vorläufiger Insolvenzverwalter	67
6.5 Verwaltung und Verwertung der Insolvenzmasse	68
6.6 Fortführung des Geschäftsbetriebs	70
6.7 Maßnahmen zur Erhaltung der Insolvenzmasse vor Beginn des Insolvenzverfahrens	71
6.8 Auswirkung der Eröffnungsentscheidung auf Vollstreckungsmaßnahmen, Изпълнителни действия, einzelner Gläubiger	74
6.9 Wirkung der Entscheidung über die Eröffnung eines Insolvenzverfahrens auf anhängige Gerichts- und Schiedsverfahren	75
6.10 Organe der Gläubiger	77

Bulgarien 1–5

	Rn.
6.10.1 Gläubigerversammlung *(Събрание на кредиторите)*	77
6.10.2 Gläubigerausschuss (Комитет на на кредиторите)	82
6.11 Phase 3 des Insolvenzverfahrens: Sanierungsplan oder Abwicklung	84
6.12 Verwertung der Insolvenzmasse	86
6.13 Forderungsanmeldung und -feststellung	90
6.14 Verteilung der Insolvenzmasse	92
6.14.1 Grundprinzipien der Gläubigerbefriedigung	92
6.15 Rangfolge der Forderungen bei der Verteilung der Insolvenzmasse	96
6.15.1 Bevorrechtigte Forderungen	97
6.15.2 Ungesicherte Forderungen	104
6.15.3 Nachrangige Forderungen, Последен клас вземания	105
6.16 Verfahrensbeendigung	107
6.17 Verträge in Insolvenz-, Restrukturierungs- oder sonstigen Verfahren	109
6.17.1 Nicht oder nicht vollständig erfüllte Verträge	109
6.17.2 Dauerschuldverhältnisse	110

	Rn.
6.17.3 Arbeitsverträge	111
6.18 Pensionsansprüche in einem Insolvenzverfahren oder einer Restrukturierung des Unternehmens	112
6.19 Aufrechnung, Прихващане, in der Insolvenz	113
7. Anfechtungsansprüche: Ungültigkeit und „relative Ungültigkeit", *Отменителни искове*	115
7.1 Einführung	115
7.2 „Ungültige" und „relativ ungültige" Rechtshandlungen und Rechtsgeschäfte	117
7.2.1 „Ungültige" Rechtshandlungen und Rechtsgeschäfte	117
7.2.2 „Relativ ungültige" Rechtshandlungen und Rechtsgeschäfte	122
7.2.3 Nichtigerklärung von Handlungen und Rechtsgeschäften	124
8. Haftung der Geschäftsführer; ausstehende Kommanditeinlagen; Haftung für Steuerverbindlichkeiten	126
9. Internationales Insolvenzrecht	129
10. COVID-19-Maßnahmen	133

1. Gesetze, Fachliteratur und Informationsquellen

Gesetze

1 Die in diesem Länderbericht zitierten Gesetze sind **auf Bulgarisch** in dem von der bulgarischen Nationalversammlung herausgegebenen Staatsanzeiger https://dv.parliament.bg/ abrufbar.

Fachliteratur

2 Dr. Nelly Madanska, The New Regulations in the Commerce Code (Labour and Law, 2017), „Нели Маданска", Новите положения в Търговския закон (изд. Труд и право, 2017); Dr. Nelly Madanska, The Insolvency Practitioner in the Insolvency Procedure (Siela, 2016), Нели Маданска, Синдикът в производството по несъстоятелност (изд. Сиела, 2016); Grigor Grigorov, Insolvenz (Sibi, 2017), Григор Григоров, Несъстоятелност (изд. Сиби, 2017).

Informationsquellen

3 Das vom **bulgarischen Justizministerium** verwaltete Register über Insolvenzinformationen, *Информационна система за производство по несъстоятелност*, ist zugänglich unter http://ispn.mjs.bg/MJ/ispn.nsf/indexPublic.xsp. Das **öffentliche Handelsregister** und das **Register der nicht auf Gewinnerzielung ausgerichteten juristischen Personen**, *„Търговски регистър и регистър на юридическите лица с нестопанска цел"* (im Folgenden: **CRNPLE**),[1] werden bei der Registerbehörde, die eine Exekutivagentur des Justizministeriums ist, geführt und sind frei zugänglich unter http://www.brra.bg/. Das **Zentralregister für Schuldner**, *Централен регистър на длъжниците*, https://newregistry.bcpea.org/pages/reports.html, im Folgenden **CRD**, ist eine zentrale Datenbank zur Erfassung der eingeleiteten Verfahren. Jeder private Vollstreckungsbeamte ist verpflichtet, in das CRD natürliche oder juristische Personen einzutragen, die den Status eines Schuldners haben.

4 Im Staatsgebiet der Republik Bulgarien belegene Immobilien sind im **Immobilienregister**, www.icadastre.bg, erfasst, Eintragungen sind chronologisch nachzuverfolgen.[2]

5 Sämtliche vorgenannten **Register** werden **auf Bulgarisch** geführt.

---

[1] Gesetz über das Handelsregister und das Register der nicht auf Gewinnerzielung ausgerichteten juristischen Personen, Art. 11.

[2] Verordnung № 2 vom 21.4.2005 zur Führung des Immobilienregisters, Art. 2, Art. 3.

2. Einführung

2.1 Gesetzliche Grundlagen

Bulgarien kennt keine spezialgesetzlichen insolvenzrechtlichen Regelungen. Die Insolvenz ist in Abschnitt IV des **Handelsgesetzbuches *(Търговски закон,* im Folgenden CA)** geregelt.[3] Die **Zivilprozessordnung (Граждански *процесуален* кодекс,** im Folgenden **CCP)** findet ergänzende Anwendung. Die **Interessen der Arbeitnehmer** werden im Insolvenzverfahren durch das **Gesetz über die bei Zahlungsunfähigkeit des Arbeitgebers garantierten Ansprüche von Fabrikarbeitern und Büroangestellten *(Закон за гарантираните вземания на работниците и служителите при несъстоятелност на работодателя,* im Folgenden AFOWCGETEB)** geschützt. Das **Strafgesetzbuch *(Наказателен кодекс)*** regelt gläubigerschädigende Straftaten, die meist im Rahmen des Insolvenzverfahrens verfolgt werden.[4] Weitere für Restrukturierungs- und Insolvenzsachverhalte relevante Regelungen finden sich im **Gesetz über eingetragene Pfandrechte *(Закон за особените залози,*im Folgenden RPA)**[5] sowie in der **Steuer- und Sozialversicherungverfahrensordnung *(Данъчно-осигурителен процесуален*** кодекс, im Folgenden **TSIPC).**[6]

Insolvenzverfahren für **Banken und Versicherungen** sind im **Gesetz über die Insolvenz von Banken (Закон за банковата несъстоятелност,** im Folgenden **BBA)** bzw. im **Gesetz über die Insolvenz von Versicherungen *(Кодекс на застраховането,*** im Folgenden **IC),** geregelt.

Spezielle Regelungen[7] gelten für die Insolvenzen von Kaufleuten,[8] die als „öffentlichrechliche Regiebetriebe" ein staatliches Monopol ausüben, Kaufleute, die als „öffentlich-rechlicher Regiebetrieb" aufgrund Spezialgesetz tätig sind und für **Banken und Versicherungsunternehmen.**[9] Soweit in den Spezialgesetzen keine Sonderregelungen vorgesehen sind, gelten die allgemeinen Regeln des CA.

2.2 Verfahrensarten bei Insolvenz

2.2.1 Nur Unternehmensinsolvenzverfahren, kein Privatinsolvenzverfahren; spezielle Verfahren für Banken und Versicherungsunternehmen

Die Regelungen des CA betreffend Insolvenz und Restrukturierung sind auf auf „Kaufleute" anwendbar. Der Begriff des „Kaufmanns", Търговец, ist hierbei sehr weit zu verstehen, umfaßt Einzelkaufleute und in unterschiedlichen Gesellschaftsformen verfaßte Unternehmen, insbesondere juristische Personen mit beschränkter Haftung. Für natürliche Personen (es sei denn, sie sind als Einzelkaufleute tätig und im Rahmen dieser Tätigkeit insolvent) ist **kein spezielles Privatinsolvenzverfahren** vorgesehen.

Das Insolvenzverfahren kann auch als Nachlassinsolvenzverfahren über das Vermögen eines verstorbenen Einzelkaufmannes oder über das Vermögen unbeschränkt haftender Gesellschafter von im Register CRNPLE gelöschten Gesellschaften eröffnet werden. Der Antrag auf Eröffnung des Insolvenzverfahrens kann innerhalb eines Jahres nach dem Tod des Gesellschafters bzw. nach der Löschung der Gesellschaft im CRNPLE gestellt werden.

Verfahrensziele des Insolvenzverfahrens sind sowohl die **gleichmäßige Gläubigerbefriedigung** als auch die **Sanierung** des schuldnerischen Unternehmens unter Berücksichtigung der Interessen der Gläubiger, des Schuldners und seiner Mitarbeiter. Es ist ein **Kollektivverfahren,** an dem alle Gläubiger des Schuldners beteiligt sind.

2.2.2 Grundzüge des Insolvenzverfahrens[10]

Insolvenzverfahren finden immer in **drei Phasen** statt, wobei sich das Verfahrensziel – Sanierung oder Abwicklung – erst in der dritten Phase entscheidet:

Phase 1: Prüfung des Antrags auf Eröffnung eines Insolvenzverfahrens. Hier werden die materiellen Eröffnungsgründe geprüft und festgestellt. Das Gericht entscheidet darüber, den Antrag

---

[3] Art. 607 – Art. 760 CA.
[4] Art. 227b – 227f Strafgesetzbuch.
[5] Art. 26 Abs. 3 S. 9 und S. 10, Art. 43 iVm Art. 32 und Art. 35 RPA.
[6] Art. 78,115,164, 189,189, 193 TSIPC.
[7] Art. 612 CA.
[8] Zum weit gefaßten Begriff des „Kaufmanns" siehe → Rn. 9.
[9] Zu den Insolvenzverfahren von Banken und Versicherungsunternehmen siehe → Rn. 46 ff.
[10] Zu den Einzelheiten des Verfahrensablaufs siehe → Rn. 18 ff.

entweder abzulehnen oder die Insolvenz des Schuldners festzustellen und das Insolvenzverfahren zu eröffnen.

14 **Phase 2: Klärung der Verbindlichkeiten und der Vermögensverhältnisse** des Schuldners, Erstellung einer Übersicht der Gläubigerforderungen und der Liste der vom Insolvenzverwalter akzeptierten Forderungen. In dieser Phase werden die Organe des Verfahrens bestellt bzw. einberufen. Organe sind die Gläubigerversammlung, der Gläubigerausschuss und der „vorläufige" Insolvenzverwalter.

15 **Phase 3:** Hier entscheiden sich die unterschiedlichen **Verfahrensziele Sanierung oder Abwicklung,** dh:

16 (a) **Sanierungsverfahren:** Vorschlag, Annahme und Bestätigung eines **Sanierungsplans,** *план за оздравяване,* für das Unternehmen des Schuldners; der Plan muss Garantien für die Befriedigung der Gläubiger enthalten;

17 (b) **Abwicklungsverfahren:** Wenn die Sanierung des Unternehmens nicht möglich ist oder der Schuldner den Sanierungssplan nicht einhält, wird in diesem Stadium die **Masse,** *осребряване на масата на несъстоятелността,* verwertet und die Gläubiger werden durch die Verteilung der Verwertungserlöse befriedigt.

3. Das präventive Restrukturierungsverfahren; die Umsetzung der „Richtlinie über Restrukturierung und Insolvenz"[11]

3.1 Verfahrensziel, Anwendungsbereich des präventiven Restrukturierungsverfahrens

18 Änderungen des CA, die seit dem 1.7.2017 in Kraft sind, sehen die Möglichkeit der Durchführung eines **präventiven Restrukturierungsverfahrens,** Производство по стабилизация на търговеца, für einen Kaufmann vor.[12] **Ziel** der präventiven Restrukturierung ist es, die **Eröffnung des Insolvenzverfahrens zu verhindern,**[13] indem zwischen dem Kaufmann und seinen Gläubigern eine Vereinbarung über die Begleichung seiner Verbindlichkeiten erzielt wird, mit der die Fortführung des Geschäftsbetriebs ermöglicht wird.[14] Für das präventive Restrukturierungsverfahren ist das **Gericht am Sitz des Kaufmanns zuständig.**[15] Diese neuen Bestimmungen des CA über das präventive Restrukturierungsverfahren spiegeln die **Empfehlungen der Europäischen Kommission vom 12.3.2014** wider.[16]

19 Vom Anwendungsbereich des Restrukturierungsverfahrens ausgeschlossen ist ein Kaufmanns, der ein staatliches Monopol ausübt oder aufgrund eines Sondergesetzes tätig wird, weiterhin Banken oder Versicherungsunternehmen.[17]

3.2 Initiativrecht; Einstiegsvoraussetzungen; Planinhalte

3.2.1 Initiativrecht

20 Das Verfahren kann **nur auf Antrag des Schuldners** eingeleitet werden. Auch das **Initativrecht für den Plan liegt beim Schuldner,** der den Plan bereits mit dem Antrag vorlegen kann.

3.2.2 Planinhalte

21 **Planinhalte des Restrukturierungsplans** können Stundungen sowie der (teilweise) Erlass von Forderungen sein; der Plan kann auch den Abschluss eines Vertrags über den Verkauf des gesamten Unternehmens des Kaufmanns, eines separaten Teils hiervon oder einzelner Vermögenswerte vorsehen.

3.2.3 Einstiegsvoraussetzungen

22 Das Restrukturierungsverfahren ähnelt in seiner Einleitung dem Insolvenzverfahren eines zahlungsunfähigen oder überschuldeten Kaufmanns, unterscheidet sich hiervon aber wesentlich

---

[11] RL (EU) 2019/1023 DES EUROPÄISCHEN PARLAMENTS UND DES RATES v. 20.6.2019 über präventive Restrukturierungsrahmen, über Entschuldung und über Tätigkeitsverbote sowie über Maßnahmen zur Steigerung der Effizienz von Restrukturierungs-, Insolvenz- und Entschuldungsverfahren und zur Änderung der RL (EU) 2017/ 1132 („Richtlinie über Restrukturierung und Insolvenz").
[12] Art. 761–797 CA.
[13] Art. 761 CA.
[14] Art. 761 CA.
[15] Art. 765 Abs. 6 CA.
[16] https://eur-lex.europa.eu/legal-content/EN/TXT/HTML/?uri=CELEX:32014H0135&from=EN.
[17] Art. 764 CA.

3. Das präventive Restrukturierungsverfahren

dadurch, dass es nur bei „**unmittelbarer Insolvenzgefahr**", *непосредствена опасност от неплатежоспособност,* eröffnet werden kann. Diese liegt vor, wenn der Kaufmann **in den nächsten sechs Monaten** ab Einreichung des Restrukturierungsantrags zur **Begleichung seiner fälligen Zahlungsverpflichtungen** nicht in der Lage sein wird[18] oder wenn **Zahlungsaussetzung droht.**[19] Diese Vorraussetzung unterstreicht den **präventiven Charakter** des Restrukturierungsverfahrens, das in einem frühen Stadium durchgeführt werden soll. Gleichzeitig hilft die Definition, einen möglichen **Missbrauch** des Verfahrens zu verhindern.

Bei der Durchführung eines Restrukturierungsverfahrens für eine offene Handelsgesellschaft, Kommanditgesellschaft oder Kommanditgesellschaft auf Aktien gilt das Verfahren für die unbeschränkt haftenden Gesellschafter als eröffnet.[20]

Ein präventives Restrukturierungsverfahren darf nicht eingeleitet werden im Fall eines Kaufmanns, der seinen Jahresabschluss der letzten drei Jahre nicht innerhalb der gesetzlich festgelegten Fristen beim Handelsregister eingereicht hat; eines Kaufmanns, für den in den letzten drei Jahren vor Einreichung des Restrukturierungsantrags bereits ein Restrukturierungsverfahren eingeleitet wurde; eines Kaufmanns, für den vor Einreichung des Sanierungsantrags ein Antrag auf Eröffnung eines Insolvenzverfahrens gestellt wurde; oder wenn mehr als ein Fünftel der Verbindlichkeiten des Kaufmanns gegenüber nahestehenden Unternehmen und Personen bestehen, die in den letzten drei Jahren Forderungen von Unternehmen oder Personen erworben haben, die dem Kaufmann nahestanden.

3.3 Rechte und Pflichten der Beteiligten; die „Organe" Treuhänder und Prüfer; Registeröffentlichkeit des Verfahrens

3.3.1 Rechte und Pflichten der Beteiligten

Die Rechte und Pflichten aller Beteiligten des Verfahrens sind umfassend im CA geregelt, angesichts der Besonderheit des Verfahrens enthält das CA **spezielle Verfahrensregelungen,** das CCP findet subsidiären Anwendung.[21]

Für die Prüfung des Antrags und für die Verfahrenseröffnung ist das **Amtsgericht am Sitz des Kaufmanns** zum Zeitpunkt der Einreichung zuständig. Das Gericht prüft den Antrag unverzüglich in nichtöffentlicher Sitzung. Es kann eine öffentliche Anhörung anberaumen, um den Kaufmann anzuhören und weitere Unterlagen anzufordern.

3.3.2 Die „Organe" Treuhänder und Prüfer

Stellt das Gericht fest, dass die Gründe für die Einleitung eines präventiven Restrukturierungsverfahrens vorliegen, leitet es das Verfahren ein, bestellt einen **Treuhänder,** *доверено лице,* und bestimmt den Termin einer öffentlichen Gerichtsverhandlung zur Prüfung und Annahme des vorgeschlagenen Restrukturierungsplans. Das Gericht kann Sicherungsmaßnahmen anordnen. Es kann auch einen **Prüfer,** *проверител,* bestellen. Der **Treuhänder, der über eine juristische Ausbildung verfügen muss,** und **der Prüfer, der registrierter Wirtschaftsprüfer** sein muss, sind für das bulgarische Restrukturierungs- und Insolvenzrecht neue Akteure. Die Pflichten und Befugnisse des Treuhänders umfassen ua die **Erstellung und Prüfung der Gläubigerliste** und, so vom Gericht angeordnet, die **Überwachung der Geschäftstätigkeit** des Schuldners. Der Treuhänder wird zwingend bestellt, vom Gericht ausgewählt und überwacht. Erkennt das Gericht **eine Gefährdung der Gläubigerinteressen, kann es dem Treuhänder auch die Verwaltungs- und Verfügungsbefugnis über das Vermögen des Schuldners übertragen.** Der Schuldner hat den Treuhänder zu unterstützen. **Aufgaben des Prüfers sind beispielsweise die Erstellung von Planrechnungen und die Validierung der Projektionen, auf denen der Restrukturierungsplan basiert.** Seine Vergütung wird vom Gericht festgesetzt, sie ist vom Kaufmann zu begleichen.[22] Die Bestellung des Prüfers ist nicht zwingend erforderlich, nur dann, wenn der Plan eine gesellschaftsrechtliche Umstrukturierung oder die Umwandlung von Forderungen in Kapital vorsieht.

---

[18] Zahlungsverpflichtungen gem. Art. 608 Abs. 1 CA.
[19] Art. 762 Abs. 2 CA.
[20] Art. 763 CA.
[21] Art. 768 Abs. 2 CA.
[22] Art. 782 Abs. 1 CA.

Bulgarien

3.3.3 Registeröffentlichkeit des Restrukturierungsverfahrens

28 Die Entscheidung des Gerichts zur Eröffnung des Restrukturierungsverfahrens hat Wirkung *erga omnes*. Sie ist im **Register CRNPLE** einzutragen, ebenso wie sämtliche anderen verfahrensleitenden Entscheidungen des Gerichts und **die vom Gericht bestellten Personen**, dh der Treuhänder, der Prüfer und (eine) Person(en), die zur Überwachung der Umsetzung des Umstrukturierungsplans bestellt wurde(n). Gerichtliche Änderungsentscheidungen während des Verfahrensverlaufs werden ebenfalls im CRNPLE eingetragen. Auch alle Ein- und Vorladungen sowie Ankündigungen während des Verfahrens erfolgen durch Bekanntmachung im CRNPLE, im Register des Kaufmanns.

29 Mit der **Eröffnungsentscheidung** veröffentlicht das Gericht im CRNPLE die vom Kaufmann gemäß der gesetzlichen Vorgaben aufgestellte **Gläubigerliste**, die eine klare und vollständige Identifizierung der Gläubiger, die von dem Plan zur Restrukturierung des Unternehmens des Kaufmanns betroffen sein werden, enthalten soll.[23]

3.4 Die Rolle des Kaufmanns im Restrukturierungsverfahren; Einschränkung der Verwaltungs- und Verfügungsbefugnis

30 Der Kaufmanns ist zwingend am Verfahren zu beteiligen. Sowohl zu Beginn als auch im späteren Verlauf des Verfahrens können durch das Gericht Einschränkungen der Verwaltungs- und Verfügungsbefugnis des Kaufmanns verfügt werden. Das Gericht kann die Fortsetzung des Geschäftsbetriebs des Kaufmanns unter der **Aufsicht des Treuhänders** anordnen. Stellt das Gericht fest, dass der Kaufmann durch seine Geschäftstätigkeit die Interessen der Gläubiger gefährden könnte, kann das Gericht den Kaufmann in der Verwaltung und Verwertung seines Vermögens einschränken oder ihm die **Verwaltungs- und Verfügungsbefugnis entziehen,** indem es sie dem Treuhänder überträgt. Der Kaufmann ist verpflichtet, den Treuhänder zu unterstützen.

3.5 Aussetzung anhängiger Vollstreckungsverfahren, Vollstreckungsverbote

31 Eine weitere wichtige Folge der Verfahrenseröffnung ist die Aussetzung anhängiger Vollstreckungsverfahren sowie der Durchsetzung registrierter Pfandrechte, da sie die Erfolgsaussichten einer Restrukturierung beeinträchtigen könnten. Die Einleitung eines neuen Vollstreckungsverfahrens und die Durchsetzung eingetragener Pfandrechte ist nach Einleitung des Restrukturierungsverfahrens nicht mehr zulässig, **der Vollstreckungsschutz gilt bis zum Ende des präventiven Restrukturierungsverfahrens.** Während eines ausgesetzten Vollstreckungsverfahrens können Sicherungsmaßnahmen zum Schutz des Vermögens des Kaufmanns ergriffen werden.

32 Wenn allerdings nach Annahme und Bestätigung des Restrukturierungsplans ein Gläubiger nicht oder nur teilweise innerhalb der im Plan vorgesehenen Fristen befriedigt wird, kann der Gläubiger eine Vollstreckungsanordnung für die offene Forderung beantragen.[24]

3.6 Die Abstimmung über den Restrukturierungsplan; Genehmigung durch das Gericht; Bindungswirkung; Beendigung des Verfahrens und Überwachung der Umsetzung

3.6.1 Die Abstimmung über den Restrukturierungsplan

33 Sobald der Inhalt des **Restrukturierungsplans,** *план за стабилизация,* endgültig feststeht, erstattet das Gericht Bericht über den Inhalt des Plans und geht zur Abstimmung über. Die Abstimmung erfolgt in Gläubigergruppen. Es ist **kein** *cross-class cram-down* vorgesehen.

34 **Nichtöffentlichkeit der Abstimmung über den Plan:** Die Prüfung und Genehmigung des Plans erfolgen in nichtöffentlicher Sitzung mit den in die endgültige Gläubigerliste aufgenommenen Gläubigern unter Teilnahme des Treuhänders, ggf. des Prüfers.

35 **Gläubigerbeteiligung und Gläubigerklassen:** Alle offenen Forderungen des Kaufmanns werden zu ihrem Marktwert zum Zeitpunkt der Einreichung des Antrags auf Eröffnung des Verfahrens bewertet. Alle Gläubiger des Kaufmannes (sowohl gesicherte als auch ungesicherte Gläubiger, einschließlich derjenigen, denen der Kaufmann Sicherheiten für Verpflichtungen Dritter gestellt hat) sind am Verfahren beteiligt, **das Verfahren kann nicht auf einzelne Gläubigerklassen beschränkt werden.** Gläubiger mit unterschiedlichen Interessen werden in getrennten Klassen zusammengefasst. **Für Gläubiger der gleichen Klasse werden gleiche Rechte geschaffen.**

---

[23] Art. 770 Abs. 2 S. 1 CA.
[24] Art. 405 CCP.

Der **Plan gilt als angenommen,** wenn er **in sämtlichen Gruppen** die **einfache Mehrheit** 36
der anwesenden Gläubiger (nach Forderungssummen berechnet) erhält.

3.6.2 Genehmigung durch das Gericht

Das Gericht genehmigt (oder verweigert die Genehmigung) des angenommenen Plans in einer 37
nichtöffentlichen Sitzung. Hierbei nimmt **das Gericht** keine materielle Prüfung vor, **überprüft nur die Einhaltung formeller Kriterien.** Gegen die Entscheidung des Gerichts kann Beschwerde beim Obersten Kassationsgericht eingelegt werden. Der Kaufmann und jeder Gläubiger, der von den Maßnahmen des Plans betroffen ist, haben das Recht auf Beschwerde. Die Entscheidung des Obersten Kassationsgerichts ist endgültig.

3.6.3 Bindungswirkung des Plans

Der vom Gericht genehmigte Plan bindet zwingend den Kaufmann und die Gläubiger, deren 38
Forderungen vor dem Datum der Prüfung des Plans entstanden sind, einschließlich derjenigen, die nicht an dem Verfahren teilgenommen oder gegen den Plan gestimmt haben. **Keine Bindungswirkung entfaltet er gegenüber Gläubigern,** die nicht auf der Gläubigerliste standen oder nicht die Möglichkeit erhielten, über den Plans abzustimmen.

3.6.4 Beendigung des Verfahrens und Überwachung der Umsetzung

Mit Überprüfung des Plans **beendet das Gericht das präventive Restrukturierungsverfah-** 39
ren und bestellt **(eine) Person(en) zur Beaufsichtigung der Umsetzung des Plans, wenn dies im Plan vorgeschlagen und/oder von der Gläubigerversammlung beschlossen wurde.** Diese Person(en) hat/haben die Aufgabe, die Durchführung des Plans durch den Schuldner und die Gläubiger zu überwachen und muss/müssen erforderlichenfalls sicherstellen, dass wirksame Maßnahmen zum Schutz der berechtigten Interessen der beteiligten Parteien ergriffen werden. Gegen die Entscheidung des Gerichts, das Verfahren zu beenden, haben sowohl der Kaufmann als auch jeder der Gläubiger das Recht, Beschwerde einzulegen.[25]

3.7 Umsetzung der „Richtlinie über Restrukturierung und Insolvenz"

3.7.1 Präventives Restrukturierungsverfahren

Wie sich aus den obigen Ausführungen ergibt, **enthält das 2017 eingeführte präventive** 40
Restrukturierungsverfahren bereits die meisten der von der Richtlinie geforderten wesentlichen Elemente dieses Verfahrens, zu den fehlenden Elementen gehört beispielsweise der *cross-class cram-down*. Allerdings wird das Verfahren bislang kaum genutzt, was vor allem daran liegt, dass es aus Praktikersicht zu kompliziert, zu „sperrig", d.h. mit Hindernissen behaftet betrachtet wird, was vor allem auf die starke gerichtliche Beteiligung zurückgeführt wird.

Auch diesbezüglich ist **im Rahmen der Umsetzung der Richtlinie mit weiteren Refor-** 41
men zu rechnen.

3.7.2 Einführung eines Privatinsolvenzverfahrens, um insolventen Privatpersonen die „zweite Chance" zu bieten

In den letzten zehn Jahren haben fast alle großen politischen Parteien Bulgariens versucht, ein 42
Privatinsolvenzverfahren einzuführen, aber alle Versuche sind trotz starker öffentlicher Unterstützung gescheitert.

Im Juni 2020 fand im bulgarischen Parlament eine Diskussion zum **Entwurf des „Gesetzes** 43
über den Schutz von privaten Personen im Fall der Insolvenz" Закон за защита на физическите лица при неплатежоспособност statt. Der Gesetzesentwurf weist noch eine Reihe von Mängeln auf. Es bleibt abzuwarten, ob dieser Gesetzentwurf oder seine bearbeitete Fassung der parlamentarischen Rechtskommission des Parlaments vorgelegt wird.

Im Juli 2020 hat das Parlament in erster Lesung Änderungen zum Obligationen- und Vertragsge- 44
setz verabschiedet, wonach für die privaten Verpflichtungen von Privatpersonen eine absolute Verjährungsfrist von zehn Jahren eingeführt werden soll. Die Änderungen sehen eine zehnjährige Verjährungsfrist für die Rückzahlung aller Forderungen gegen Privatpersonen vor, es sei denn, die Verbindlichkeiten wurden gestundet oder umgeschuldet. Die Vorschrift gilt nicht für die Verbindlichkeiten von Einzelunternehmern sowie für Schulden, die sich aus unerlaubter Handlung und

---

[25] Art. 790 Abs. 3 bis Abs. 5 CA.

ungerechtfertigter Bereicherung ergeben. Nach Ablauf der zehn Jahre haben Gläubiger nicht mehr das Recht, ihre Forderung gerichtlich geltend zu machen oder zu vollstrecken.

45 Gegenwärtig gilt eine absolute Verjährungsfrist von zehn Jahren nur für die Verpflichtungen von Privatpersonen gegenüber der öffentlichen Hand wie Steuern und Sozialversicherungsbeiträge. Im Rahmen weiterer Lesungen des Gesetzentwurfs werden noch Änderungen erwartet.

4. Insolvenzverfahren für Banken und Versicherungsunternehmen

4.1 Anwendungsbereich

46 Die bulgarische Nationalbank führt ein Register der Finanzinstitute nach Art. 3a des Kreditinstitutsgesetzes *(„Закон за кредитните институции"*, im Folgenden CIL).

4.2 Verfahrensarten

47 Die besonderen Bestimmungen für Insolvenzverfahren von **Banken und Versicherungsunternehmen** sind im **BBA und im IC** enthalten.[26]

48 Das **Bankinsolvenzverfahren** ist ein Abwicklungsverfahren ohne Sanierungsoption. Das Insolvenzgericht erklärt die Bank für zahlungsunfähig und damit insolvent, ordnet die Verwertung der Vermögenswerte und die Verteilung der Masse an die Gläubiger an. Rechtlich wird die Bank in diesem Verfahren zu einer „Vermögensmasse mit Rechtspersönlichkeit", die der Verwertung zugunsten der Gläubiger dient, deren Forderungen in der gesetzlich vorgegebenen Rangfolge befriedigt werden. Vereinfacht dargestellt ist diese Insolvenzmasse Eigentum der Gläubiger, deren Interessen vom Insolvenzverwalter gewahrt werden.

49 Mit dem Verfahren soll die Befriedigung der Einlagengläubiger und anderer Gläubiger der Bank sichergestellt werden.[27] Nur die **bulgarische Nationalbank** ist berechtigt, ein solches Verfahren einzuleiten.[28] Dies ist einer der wesentlichen Unterschiede zu den Regelungen des CA, nach dem jeder Gläubiger die Eröffnung eines Insolvenzverfahrens über das Vermögen des Schuldner beantragen kann.

50 Die Bestimmungen der Richtlinie (EU) 2017/2399 des Europäischen Parlaments und des Rates vom 12.12.2017 zur Änderung der Richtlinie 2014/59/EU über die Inanspruchnahme unbesicherter Finanzinstrumente im Insolvenzfall (Richtlinie (EU) 2017/2399) plant ein vom bulgarischen Finanzministerium vorgelegter „Gesetzentwurf zur Änderung und Ergänzung der BBA" umzusetzen.

51 Ab dem Tag, an dem die Entscheidung der bulgarischen Nationalbank angekündigt wird, eine Banklizenz zu entziehen,[29] werden Vollstreckungsmaßnahmen gegen das von der Insolvenzmasse umfasste Vermögen ausgesetzt.

52 Ein **Insolvenzverfahren über Versicherungsunternehmen** wird eröffnet, wenn die Finanzaufsicht aufgrund der Insolvenz die Lizenz des Versicherungsunternehmens entzogen hat.[30] Nur die **Finanzaufsicht** kann ein Insolvenzverfahren über das Versicherungsunternehmen eröffnen. Ab dem Datum der Eröffnungsentscheidung gelten Versicherungsverträge mit einer Laufzeit von mehr als einem Jahr als beendet. Die Eröffnung eines Insolvenzverfahrens **berührt nicht die Rechte der Gläubiger oder Dritter an den Vermögenswerten** des Versicherungsunternehmens, einschließlich immaterieller Vermögenswerte, unbeweglicher oder beweglicher Sachen (ob einzelne Vermögensgegenstände oder Sachgesamtheiten), **die sich zum Zeitpunkt der Verfahrenseröffnung im Gebiet eines anderen EU-Mitgliedstaats befinden**.[31]

4.3 Aufspüren und Einziehung von Vermögenswerten bei Bankeninsolvenzen

53 Die bulgarische Nationalbank kann an Personen, die über die **erforderliche internationale Expertise im Aufspüren von Vermögenswerten in Insolvenzsachverhalten** verfügen, den Auftrag vergeben, Verfolgungsmaßnahmen zur Auffindung und Rückgabe von Vermögenswerten durchzuführen, bezüglich derer die Bank gegen geltendes Recht oder bewährte Bankenpraxis verstoßen hat; die verschleudert oder an nahestehende Personen übertragen wurden, wenn diese Transaktionen zur Verschlechterung der finanziellen Lage der Bank geführt haben; gleiches gilt bei Darlehen mit unzureichender oder fehlender Risikoabsicherung. Der Auftrag darf keine Geheimhaltungsklauseln enthalten. Innerhalb von sieben Tagen nach Unterzeichnung des Auftrags und/oder seiner

---

[26] Zu den Gesetzen BBA und IC siehe → Rn. 7.
[27] Art. 2 Abs. 1 BBA.
[28] Art. 8 Abs. 3 BBA.
[29] Art. 36 Abs. 2 CIL.
[30] Art. 129 IC.
[31] Art. 147 IC.

Anlagen gibt der Insolvenzverwalter auf seiner Website Informationen über das Ziel und den Zeitrahmen der Beauftragung, den Auftragnehmer und Einzelheiten seiner internationalen Expertise bekannt. **Nach Annahme des Berichts der beauftragten Person ist der Insolvenzverwalter verpflichtet, ihn auf seiner Website in bulgarischer Sprache zu veröffentlichen,** hiervon ausgenommen sind die Handlungsempfehlungen zum Einzug der Vermögenswerte.

5. Konzerninsolvenzverfahren, Erstreckung auf „Strohmanngesellschaften"

Die EuInsVO, die in Bulgarien Anwendung findet, ermöglicht ein koordiniertes Verfahren 54 einer Unternehmensgruppe für alle nach dem 26.6.2017 eröffneten Insolvenzverfahren.[32]

Das rumänische Insolvenzrecht sieht **keine Konsolidierung der Vermögensmassen der** 55 **einzelnen insolventen Gruppengesellschaften** vor, dh es gilt der Grundsatz: Eine juristische Person; ein Verfahren; eine Masse, die nur den Gläubigern dieser juristischen Person zur Befriedigung zur Verfügung steht.

Verbirgt sich hinter einem Unternehmen die gewerbliche Tätigkeit eines insolventen Schuld- 56 ners, wird auch über dieses Unternehmen ein Insolvenzverfahren eröffnet. Zeitgleich mit der Eröffnung des Insolvenzverfahrens über eine Handelsgesellschaft gilt dieses automatisch auch für ihren unbeschränkt haftenden Gesellschafter als eröffnet.[33]

6. Wesentliche Verfahrensmerkmale des Insolvenzverfahrens

6.2 Eröffnung des Insolvenzverfahrens

6.2.1 Eröffnungsgründe

Über einen insolventen Kaufmann[34] wird ein Insolvenzverfahren **bei Zahlungsunfähigkeit,** 57 „Insolvenz" genannt, *неплатежоспособен*, eröffnet.[35] Bei Kaufleuten in Form von Gesellschaften mit beschränkter Haftung wird das Insolvenzverfahren auch im Fall der **Überschuldung,** *свръхзадълженост*, eröffnet.[36]

6.2.2 Antragspflichten- und -fristen, Haftungsfolgen bei Versäumnis

Ein Schuldner hat inner**halb von 30 Tagen nach Eintritt der Zahlungsunfähigkeit** oder 58 Überschuldung die Eröffnung eines Insolvenzverfahrens zu beantragen.[37] Der Antrag ist vom gesetzlichen Vertreter oder Bevollmächtigten des Schuldners (auch von einem Erben), einem Liquidator, im Fall einer Handelsgesellschaft von deren Vertretern oder dem unbeschränkt haftenden Gesellschafter zu stellen. Bei Nichteinhaltung der Antragspflicht haften die vorgenannten Personen den Gläubigern gegenüber gesamtschuldnerisch für den durch die Verzögerung verursachten Schaden.[38] Die Nichteinhaltung der Insolvenzantragspflicht innerhalb der gesetzlichen Frist wird auch strafrechtlich verfolgt.[39]

6.2.3 Antragsbefugnis, formelle Erfordernisse

Der Antrag auf Eröffnung eines Insolvenzverfahrens an das zuständige Gericht hat schriftlich 59 zu erfolgen, antragsbefugt sind der Schuldner, die gesetzlichen Vertreter des Schuldners oder ein Liquidator, Gläubiger, die nationale Steuerbehörde wegen Verbindlichkeiten gegenüber dem bulgarischen Staat oder Gemeinden in Zusammenhang mit der Geschäftstätigkeit des Schuldners oder einer Haftung aus einer privatrechtlichen Forderung des Staates sowie die Agentur „Aufsicht für Arbeitnehmerangelegenheiten" im Fall offener Vergütungen von mehr als zwei Monaten von mindestens einem Drittel der Arbeitnehmer des Schuldners. Beantragen der Schuldner oder Gläubiger die Verfahrenseröffnung, ist die vorherige Unterrichtung der nationalen Steuerbehörde eine Verfahrensvoraussetzung für die Eröffnung eines Insolvenzverfahrens.[40]

---

[32] Art. 84 EuInsVO.
[33] Art. 609 CA.
[34] Zur weiten Definition des „Kaufmanns", die Unternehmen, insbesondere juristische Personen mit beschränkter Haftung umfasst, s.o. → Rn. 9.
[35] Art. 607a Abs. 1 CA.
[36] Art. 607a Abs. 2 CA.
[37] Art. 626 CA.
[38] Art. 627 CA.
[39] Art. 227b des Strafgesetzbuches.
[40] Art. 78 TSIPC.

6.3 Das zuständige Insolvenzgericht

60 Zuständiges Insolvenzgericht, Съд по несъстоятелност, ist das Amtsgericht am Sitz des Kaufmanns zum Zeitpunkt der Antragstellung auf Eröffnung eines Insolvenzverfahrens.[41]

6.4 Der Insolvenzverwalter

6.4.1 Liste von Insolvenzverwaltern, Zugangsvoraussetzungen

61 Die Liste der Personen, die als Insolvenzverwalter, *синдици*, bestellt werden können, wird durch den bulgarischen **Justizminister** genehmigt. Die Auswahl der Insolvenzverwalter auf der Liste erfolgt durch eine **Qualifikationsprüfung**.[42] Insolvenzverwalter kann nach bulgarischem Recht nur eine natürliche Person sein, die zahlreichen gesetzlich festgelegten Anforderungen genügen muss.[43]

6.4.2 Auswahl, Bestellung, Überwachung und Vergütung des Insolvenzverwalters

62 Der Insolvenzverwalter wird in der ersten Gläubigerversammlung gewählt und danach vom Insolvenzgericht bestellt.[44]

63 Die Handlungen des Insolvenzverwalters unterliegen der Kontrolle durch das Insolvenzgericht, durch die Gläubigerversammlung und, wenn einer solcher bestellt ist, durch den Gläubigerausschuss.[45] Der Insolvenzverwalter führt über seine Verfahrenshandlungen in einem gerichtlich beglaubigten Dokument Buch.[46] Weiterhin erstattet der Insolvenzverwalter dem Gericht und dem Gläubigerausschuss monatlich (oder auf Verlangen unverzüglich) Bericht[47] und erhält eine laufende und eine endgültige **Vergütung**, deren Höhe von der Gläubigerversammlung[48] oder vom Gericht festgesetzt werden.[49]

6.4.3 Pflichten und Befugnisse des Insolvenzverwalters

64 Das Amt des Insolvenzverwalters ist es, die Insolvenzmasse zu verwalten, zu verwahren und Vermögenswerte zur Masse zu ziehen; die Masse zu verwerten und die erzielten Erlöse zu verteilen. Der Insolvenzverwalter ist verpflichtet, seine Befugnisse mit der Sorgfalt eines ordentlichen Kaufmanns auszuüben.[50] **Das Amt des Insolvenzverwalters umfasst – nicht abschließend**[51] **– insbesondere die folgenden Rechte und Pflichten:** Vertretung des schuldnerischen Unternehmens; Führung der laufenden Geschäfte; Überwachung des Schuldners im eröffneten Insolvenzverfahren oder, vor Eröffnung des Insolvenzverfahrens, im Rahmen angeordneter Sicherungsmaßnahmen; Entgegennahme und Verwahrung von Massegegenständen sowie Führung der Geschäftsbücher und Geschäftskorrespondenz des Schuldners; Identifizierung und Inventarisierung des Vermögens des Schuldners; so gesetzlich vorgesehen, die Beendigung, Aufhebung oder Annullierung von Verträgen; Aufnahme oder Einleitung von Gerichtsverfahren; Einziehung der Forderungen auf ein Sonderkonto; mit Einwilligung des Gerichts Vornahme von Verfügungen über Geldbeträge von den Bankkonten des Schuldners, wenn diese im Zusammenhang mit der Verwaltung des Vermögens und seiner Erhaltung erforderlich sind; Feststellung der Gläubiger; Einberufung und Organisation der Gläubigerversammlungen gemäß Gerichtsbeschluss; Erarbeitung und Vorschlag eines Sanierungsplans; Durchführung von Maßnahmen zur Beendigung der Beteiligung des Schuldners an Handels-

---

[41] Art. 613 CA.
[42] Art. 655 Abs. 2 Abs. 7 CA.
[43] Art. 655 Abs. 2 CA.
[44] Art. 656 Abs. 1 CA.
[45] Art. 659 Abs. 1 CA.
[46] Art. 659 Abs. 2 CA.
[47] Art. 659 Abs. 2 CA.
[48] Art. 661 Abs. 1 CA.
[49] Art. 661 Abs. 6 CA.
[50] Art. 660 der CA.
[51] Neben diesen in Art. 658 CA geregelten Rechten und Pflichten sind in den gesonderten Abschnitten des Vierten Teils des CA eine Reihe weiterer Befugnisse aufgeführt, so (1) **betreffend die Ermittlung der Insolvenzmasse:** Einziehung von nicht eingezahltem Kapital, Art. 643 CA; Kündigung von Verträgen, Art. 644 CA; Aufrechnung, Art. 655 CA; Durchsetzung von Ansprüchen, Art. 646, 647, 649 CA; Siegelung Art. 650 CA; Erstellung des Inventars, Art. 653 CA; (2) **betreffend die Ermittlung und Feststellung von Gläubigerforderungen:** Erstellung der Listen gem. Art. 686 CA und Art. 688 CA und Abgabe einer Stellungnahme gem. Art. 690 (2)CA; (3) **betreffend Sanierung** Art. 696–709 CA; **betreffend die Verwertung von Vermögen und die Verteilung von Erlösen** Art. 716–719 und 720–732 CA.

gesellschaften; Verwertung der Insolvenzmasse; Durchführung jeder Art vom Gesetz vorgesehener oder vom Gericht angeordneter Maßnahmen. Der Insolvenzverwalter übt seine Befugnisse gemäß dem Stand des Verfahrens, den Entscheidungen der Gläubigerversammlung und des Gerichts aus.[52] **Das Gericht kann dem Schuldner das Verwaltungs- und Verfügungsrecht über dessen Vermögen entziehen und auf den Insolvenzverwalter übertragen,** wenn es feststellt, dass die Handlungen des Schuldners die Interessen der Gläubiger gefährden.[53]

6.4.4 Haftung des Insolvenzverwalters

Kommt der Insolvenzverwalter seinen Verpflichtungen nicht nach, kann er gerichtlich mit einer Geldbuße belegt werden. Ungeachtet der Verhängung der Geldbuße haftet er auch für Sachschäden – er schuldet beispielsweise **Ersatz in Höhe der gesetzlichen Zinsen** für die Zeit, in der er die Verteilung der verwerteten Masse verzögert hat, sowie Ersatz für schuldhaft in Ausübung seiner Befugnisse verursachten Schaden.[54] Der Insolvenzverwalter haftet nach allgemeinen und besonderern Sorgfaltsmaßstäben für die Erfüllung seiner Aufgaben und Einhaltung seiner Befugnisse hinsichtlich der Verwaltung und Erhaltung des ihm anvertrauten Vermögens, wenn die Amtsführung zu erheblichen Schäden für das schuldnerischen Unternehmen oder die Masse führt.[55]

6.4.5 Vorläufiger Insolvenzverwalter

Ein vorläufiger Insolvenzverwalter kann zwischen dem Tag der Antragstellung auf Eröffnung eines Insolvenzverfahrens und der Entscheidung über dessen Eröffnung bestellt werden.[56] Des Weiteren bestellt das Insolvenzgericht einen **vorläufigen Insolvenzverwalter** mit der Entscheidung, ein Insolvenzverfahren zu eröffnen, dh für die Phase vor der ersten Gläubigerversammlung, in der ein Insolvenzverwalter gewählt wird, oder wenn ein Insolvenzverwalter abbestellt wird.[57] Seine Befugnisse entsprechen dem soeben in 3.3.4. Dargestellten, darüber hinaus ist er verpflichtet, innerhalb von 14 Tagen nach der Entscheidung über die Eröffnung des Insolvenzverfahrens eine Liste der Gläubiger auf der Grundlage der Handelsbücher des Schuldners zu erstellen; einen von ihm beglaubigten Auszug aus den Handelsbüchern vorzulegen; einen schriftlichen Bericht über die Ursachen der Insolvenz, den Stand des Vermögens und die zu seiner Erhaltung getroffenen Maßnahmen sowie über die Möglichkeiten der Unternehmensführung zu erstellen.[58]

6.5 Verwaltung und Verwertung der Insolvenzmasse

Die **Insolvenzmasse** umfasst sämtliches Eigentum des Schuldners zum Zeitpunkt der Entscheidung über die Eröffnung des Insolvenzverfahrens sowie Neuerwerb.[59]

Für **Einzelunternehmer und Komplementäre** sind **Sonderregelungen** vorgesehen. Ihr Eigentumsanteil und damit die Insolvenzmasse, die in dem sie betreffenden Verfahren zur Verfügung steht, umfasst die Hälfte der Vermögenswerte und der Geldeinlagen der betreffenden Gesellschaft, an der sie beteiligt sind oder an einer ehelichen Gütergemeinschaft, der sie angehören, *съпружеска имуществена общност*.[60] Es ist zu beachten, dass in diesen Fällen **nicht liquidierbares Vermögen**, *„несеквестируемо имущество"*, nicht in die Insolvenzmasse einbezogen wird.

6.6 Fortführung des Geschäftsbetriebs

Stellt das Insolvenzgericht Zahlungsunfähigkeit oder Überschuldung fest, so erklärt es die Zahlungsunfähigkeit oder Überschuldung des Schuldners und bestimmt deren Eintrittsdatum; eröffnet das Insolvenzverfahren; bestellt den vorläufigen Insolvenzverwalter; ordnet Sicherungsmaßnahmen an und bestimmt den Termin der ersten Gläubigerversammlung spätestens einen Monat nach der Eröffnungsentscheidung.[61] Mit der Entscheidung über die Eröffnung des Insolvenzverfahrens (in gewissen Fällen auch bei Anordnung von Sicherungsmaßnahmen) setzt der Schuldner seine Geschäftstätigkeit unter der Aufsicht des Insolvenzverwalters fort. Der Schuldner darf **neue**

---

[52] Art. 658 CA.
[53] Art. 635 Abs. 2 CA.
[54] Art. 663 CA.
[55] Art. 219 Strafgesetzbuch.
[56] Art. 629a CA.
[57] Art. 666 CA.
[58] Art. 668 CA.
[59] Art. 614 CA.
[60] Art. 614 Abs. 2 und 3 CA.
[61] Art. 630 Abs. 1 CA.

Geschäfte nur mit vorheriger Zustimmung des Insolvenzverwalters und nach Maßgabe der gerichtlichen Entscheidung über die Eröffnung des Insolvenzverfahrens oder der Anordnung über die vorläufigen Sicherungsmaßnahmen eingehen.[62] Stellt das **Gericht** fest, dass die Handlungen des Schuldners die Interessen der Gläubiger gefährden, kann es dem Schuldner die **Verwaltungs- und Verfügungsbefugnis über sein Vermögen entziehen** und auf den Insolvenzverwalter übertragen.[63] Alle nicht ausdrücklich dem Insolvenzverwalter übertragenen Rechte zur Vornahme von Verfahrenshandlungen, Widerrufsrechten und Geltendmachung von Feststellungsansprüchen stehen weiterhin dem Schuldner zu.

6.7 Maßnahmen zur Erhaltung der Insolvenzmasse vor Beginn des Insolvenzverfahrens

71 Das Insolvenzgericht kann auf Antrag eines Gläubigers oder von Amts wegen **Sicherungsmaßnahmen** anordnen: einen vorläufigen Insolvenzverwalter bestellen; die Aussetzung von Vollstreckungsverfahren gegen das Vermögen des Schuldners anordnen, ausgenommen nach der **Steuer- und Sozialversicherungverfahrensordnung** (TSIPC) eingeleitete Vollstreckungsverfahren; die gesetzlich vorgesehenen **Maßnahmen zur Sicherung der Vermögenswerte des Schuldners** einleiten; die Versiegelung von Räumlichkeiten, Fahrzeugen und anderen Räumlichkeiten oder Behältnissen, in denen sich Vermögensgegenstände des Schuldners befinden, anordnen. Die Versiegelung erfolgt durch einen privaten Vollstreckungsbeamten, der dem Gericht ein Protokoll über die ergriffenen Maßnahmen übermittelt.[64]

72 Wird der Antrag durch einen Gläubiger gestellt, so ist dessen Forderung zwingend schriftlich nachzuweisen oder nach Wahl des Gerichts dem Schuldner eine Sicherheit für den Schaden zu stellen, der entstehen würde, wenn nicht nachgewiesen wird, dass der Schuldner zahlungsunfähig oder überschuldet ist.

73 Solche **Sicherungsmaßnahmen werden in der Praxis regelmäßig von Gläubigern genutzt,** da die Entscheidung des Gerichts zwar innerhalb von sieben Tagen angefochten werden kann, aber sofort vollstreckbar ist.[65] Die angeordneten Maßnahmen gelten bis zum Tag der Entscheidung über die Eröffnung des Insolvenzverfahrens, ab diesem werden ihre Wirkung durch die der Entscheidung ersetzt.[66]

6.8 Auswirkung der Eröffnungsentscheidung auf Vollstreckungsmaßnahmen, Изпълнителни действия, einzelner Gläubiger

74 Mit der Eröffnung des Insolvenzverfahrens **werden Vollstreckungsmaßnahmen,** Изпълнителни действия, **gegen Vermögenswerte der Insolvenzmasse ausgesetzt,** hiervon ausgenommen sind solche Vermögenswerte, gegen die Sicherungsmaßnahmen der öffentlichen Hand ausgebracht wurden oder wenn mit dem Zwangseinzug öffentlicher Forderungen begonnen wurde.[67] Wird zwischen dem Zeitpunkt der Verfahrenseinleitung und der Aussetzung eine Zahlung an einen Gläubiger geleistet, ist die Zahlung an die Insolvenzmasse zurück zu gewähren. Erfolgt die Vollstreckung zugunsten eines gesicherten Gläubigers zur Verwertung seiner Sicherheit, kann das Gericht die Fortsetzung des Vollstreckungsverfahrens zulassen, wenn die Gefahr besteht, dass die Interessen des Gläubigers beeinträchtigt werden. Der den Betrag der Sicherheit übersteigende Betrag ist für die Insolvenzmasse zu hinterlegen.[68]

6.9 Wirkung der Entscheidung über die Eröffnung eines Insolvenzverfahrens auf anhängige Gerichts- und Schiedsverfahren

75 Mit der Eröffnung des Insolvenzverfahrens **werden Gerichts- und Schiedsverfahren in Zivil- und Handelssachen gegen den Schuldner ausgesetzt,** mit **Ausnahme** von **Arbeitnehmerangelegenheiten** über Geldforderungen. Dies gilt nicht, wenn das Gericht zum Zeitpunkt der Eröffnung des Insolvenzverfahrens in einem anderen Verfahren, in dem der Schuldner beklagt ist, eine Gegenforderung oder einen Einwand des Schuldners zur gemeinsamen Verhandlung angenommen hat. Ein anhängiges Gerichtsverfahren wird nicht ausgesetzt, wenn gegen den Schuldner Forderungen auf Geldzahlung geltend gemacht werden, die durch Eigentum Dritter gesichert sind. Ein ausgesetztes Verfahren wird eingestellt, wenn die Forderung in die vom Gericht genehmigte Liste

---

[62] Art. 635 Abs. 1 CA.
[63] Art. 635 Abs. 2 CA.
[64] Art. 629a Abs. 1 CA.
[65] Art. 629 a Abs. 2, Abs. 6 und Abs. 7 CA.
[66] Art. 629a Abs. 9 CA.
[67] Art. 638 Abs. 1 CA; Art. 193 Abs. 1 TSIPC.
[68] Art. 638 Abs. 2 und 3 ZB.

der vom Insolvenzverwalter akzeptierten Forderungen aufgenommen wird, mit Ausnahme negativer Feststellungsklagen des Schuldners betreffend das Bestehen einer solchen Forderung.[69] **Ein ausgesetztes Verfahren wird wieder aufgenommen und unter Beteiligung des Insolvenzverwalters und des betroffenen Gläubigers fortgesetzt,** wenn die Forderung nicht in der vom Insolvenzverwalter akzeptierten oder in der vom Gericht genehmigten Forderungsliste enthalten ist. Ist Beschwerde gegen die Aufnahme einer Forderung in die Liste erhoben, so wird das ausgesetzte Verfahren ebenfalls wieder aufgenommen und unter Beteiligung des Insolvenzverwalters, des betroffenen Gläubigers und des Beschwerdeführers fortgesetzt.

Gerichts- und Schiedsverfahren nach Eröffnung des Insolvenzverfahrens: Es ist unzulässig, nach Eröffnung des Insolvenzverfahrens ein neues Gerichts- oder Schiedsverfahren in Zivil- oder Handelssachen gegen den Schuldner einzuleiten, mit Ausnahme von: Verfahren zum Schutz von Rechten Dritter an Vermögenswerten, die sich in der Insolvenzmasse befinden; Arbeitskampfmaßnahmen und Verfahren betreffend Geldforderungen, die durch Eigentum Dritter gesichert sind.[70]

6.10 Organe der Gläubiger

6.10.1 Gläubigerversammlung *(Събрание на на кредиторите)*

Die Gläubigerversammlung ist ein im Insolvenzverfahren zwingend vorgesehenes Organ und hat weitreichende Befugnisse.[71] Unterschieden wird zwischen der „ersten" Gläubigerversammlung, der „ständigen" Gläubigerversammlung und den Gläubigerversammlungen zum Beschluss über den Sanierungsplan und zur Abhaltung des Schlusstermins.

Das Gericht bestimmt den Termin, an dem die erste Gläubigerversammlung stattfindet.[72] Zur Teilnahme berechtigt sind Gläubiger, die im Handelsbuch des Schuldners aufgelistet sind und sich entsprechend in der vom vorläufigen Insolvenzverwalter erstellten Gläubigerliste wiederfinden.[73] Die Befugnisse der ersten Gläubigerversammlung sind im CA umfassend geregelt.[74] So können die Gläubiger beispielsweise mehrere von ihnen bevorzugte Personen vorschlagen, unter denen das Gericht eine Person zum Insolvenzverwalter ernennen kann, wenn der bereits bestellte Insolvenzverwalter sein Amt nicht innerhalb der vorgeschriebenen Frist antreten sollte; des Weiteren können die Gläubiger den bestellten Insolvenzverwalter bis zur ordentlichen Gläubigerversammlung abwählen, wenn er eine der zwingenden Bedingungen für seine Ernennung nicht erfüllt.[75] Wählt die Gläubigerversammlung keinen Insolvenzverwalter, wird dieser vom Gericht bestellt.[76]

Die **Entscheidungen der ersten Gläubigerversammlung** werden mit **einfacher Mehrheit** getroffen, **berechnet nach den Forderungsbeträgen,** die in der ursprünglichen Liste des vorläufigen Insolvenzverwalters aufgeführt sind. Die Entscheidungen sowohl der ersten als auch der ständigen Gläubigerversammlung können angegriffen werden.

Bei der Zusammensetzung der ständigen Gläubigerversammlung werden nur Gläubiger mit akzeptierten Forderungen einbezogen, dh sie müssen in die vom Gericht genehmigte Liste der akzeptierten Forderungen aufgenommen worden sein.[77] Ausgenommen sind Forderungen, die Gegenstand einer vom Schuldner erhobenen negativen Feststellungsklage sind.[78] In besonderen Fällen kann das Gericht den Gläubigern, deren Forderungen nicht in der Liste der akzeptierten Forderungen aufgeführt sind, Stimmrechte einräumen.[79] Die Gläubigerversammlung kann vom Schuldner, dem Insolvenzverwalter, dem Gläubigerausschuss und von Gläubigern einberufen werden, die ein Fünftel des Gesamtbetrags der angenommenen Forderungen innehaben.[80] Das Gericht kann die Sitzung auch von Amts wegen einberufen.[81] Die Sitzung wird mit einer im CRPLE

---

[69] Art. 637 Abs. 2 iVm Art. 693, Art. 692 und Art. 694 Abs. 1 CA.
[70] Art. 637 Abs. 6 CA.
[71] Art. 677 CA.
[72] Art. 630 Abs. 1 S. 5, Art. 669 Abs. 1 CA.
[73] Art. 669 Abs. 2 CA.
[74] Art. 672 Abs. 1 CA: Anhörung des Insolvenzverwalters zu den Gründen für die Insolvenz des Schuldners und zum Stand der Masse, zu den Maßnahmen zur Erhaltung des Vermögens und den Möglichkeiten zur Rettung des Unternehmens; Auswahl und Ernennung eines ständigen Insolvenzverwalters und Vorschlag für seine Ernennung an das Gericht; Wahl eines Gläubigerausschusses.
[75] Art. 672 Abs. 2 CA.
[76] Art. 677 Abs. 2 CA.
[77] Art. 673 Abs. 2 CA.
[78] Art. 693 CA in Bezug auf Art. 692 in Bezug auf Art. 694 Abs. 1 Nr. 2 1 CA.
[79] Art. 673 Abs. 3 CA.
[80] Art. 674 Abs. 1 CA.
[81] Art. 657 Abs. 7 und Art. 674 Abs. 2 CA.

angekündigten Einladung mit gesetzlich festgelegtem Inhalt einberufen.[82] Für die Sitzung ist keine Beschlussfähigkeit der Teilnehmer erforderlich. Die Beschlüsse werden mit einfacher Mehrheit gefasst.

81   Die **Entscheidungen der Gläubigerversammlung** können mit **Beschwerde** beim Insolvenzgericht angegriffen werden.

6.10.2 Gläubigerausschuss (Комитет на на кредиторите)

82   Der Gläubigerausschuss ist ein **fakultatives Organ,** das von der Gläubigerversammlung bestellt wird[83] und besteht aus **drei bis neun Mitgliedern.** Ihm gehören Personen an, die gesicherte und ungesicherte Gläubiger vertreten.[84] Die Mitglieder des Ausschusses haben Anspruch auf eine Vergütung, die direkt zu Lasten der Gläubiger geht (im Gegensatz zur Vergütung des Insolvenzverwalters, die aus der Insolvenzmasse beglichen wird). Wie der Insolvenzverwalter[85] darf ein Mitglied des Gläubigerausschusses weder direkt noch indirekt Gegenstände oder Rechte aus der Insolvenzmasse erwerben. Dieses Verbot gilt auch für die gesetzlich definierten nahestehenden Personen des Ausschussmitglieds.

83   Die Befugnisse des Gläubigerausschusses sind auf die **Unterstützung und Kontrolle des Insolvenzverwalters** ausgerichtet. Der Gläubigerausschuss erhält monatlich (oder auf Verlangen ad hoc) einen **Bericht des Insolvenzverwalters,**[86] er kann die Entlassung des Insolvenzverwalters vorschlagen, wenn dieser seinen Pflichten nicht nachkommt oder die Interessen der Gläubiger gefährdet.[87] Der Gläubigerausschuss kann den Bericht des Insolvenzverwalters im Fall der Beendigung seiner Tätigkeit beanstanden,[88] mindestens einmal im Monat den Inhalt der Kasse prüfen und hat dann das Gericht über den Stand zu informieren;[89] kann die Einberufung einer Gläubigerversammlung beantragen;[90] kann Stellungnahmen abgeben über: die Fortführung der Tätigkeit des Schuldnerunternehmens; die Vergütung des (vorläufigen) Insolvenzverwalters; Anfechtungen und Rückgewährungen in die Masse; die Haftung des Insolvenzverwalters,[91] wenn er seine Aufgaben nicht oder nur unzureichend erfüllt.

6.11 Phase 3 des Insolvenzverfahrens:[92] Sanierungsplan oder Abwicklung

84   **Die Gläubigerversammlung beschließt einen Sanierungsplan, wenn das Unternehmen in Phase 3 des Insolvenzverfahrens saniert werden soll.** Dabei werden die Gläubiger in folgende Gruppen unterteilt: Gläubiger mit gesicherten Forderungen und Gläubiger mit Zurückbehaltungsrecht; Gläubiger nach Art. 722 Abs. 1 Nr. 2 1, Ziffer 4 des CA; Gläubiger gemäß Art. 722 Abs. 1 Nr. 2 1 Ziffer 6 der AV; Gläubiger mit ungesicherten Forderungen und Gläubiger gemäß Art. 616 Abs. 2 des CA. Der Plan wird in jeder Gruppe mit einfacher Mehrheit angenommen. **Der Plan gilt als nicht angenommen,** wenn Gläubiger mit mehr als der Hälfte der angenommenen Forderungen dagegen gestimmt haben, unabhängig davon, welchen Klassen sie zugeordnet sind. Gegen den angenommenen Plan kann innerhalb von sieben Tagen nach der Abstimmung Widerspruch eingelegt werden.

85   **Bei Abwicklung des Unternehmens** beruft das Gericht innerhalb von 14 Tagen nach Verwertung der Masse und Erhalt des Berichts des Insolvenzverwalters eine abschließende Gläubigerversammlung ein, in der den Gläubigern über die Verwertung und Erlösverteilung berichtet wird. Die Gläubiger entscheiden, wie mit nicht verwerteten Massegegenständen zu verfahren ist. Die in der abschließenden Gläubigerversammlung getroffenen Entscheidungen können nicht durch eine gerichtliche Entscheidung ersetzt, aber durch Beschwerde angegriffen werden.[93] **Kommt es in dieser letzten Gläubigerversammlung zu keinen abschließenden Entscheidungen der Gläubiger,** kann das Gericht die Einstellung des Insolvenzverfahrens nicht anordnen.

---

[82] Art. 675 Abs. 1 CA.
[83] Art. 672 CA.
[84] Ausnahmen sind in Art. 616 Abs. 2 CA geregelt.
[85] Art. 662 Abs. 2 CA.
[86] Art. 659 Abs. 2 CA.
[87] Art. 657 Abs. 2 ZB.
[88] Art. 664 Abs. 2 CA.
[89] Art. 681 Abs. 1 und Abs. 2 CA.
[90] Art. 674 Abs. 1 CA.
[91] Gem. Art. 663 Abs. 1 1 CA.
[92] Zu den „3 Phasen" des Verfahrens, bei dem ein Unternehmen in Phase 3 entweder abgewickelt oder saniert wird, siehe → Rn. 12 ff.
[93] Art. 679 CA.

6.12 Verwertung der Insolvenzmasse

Der Verkauf von Massegegenständen **erfolgt durch den Insolvenzverwalter** nach Beschluss der Gläubigerversammlung und Genehmigung des Gerichts. Der Insolvenzverwalter kündigt den Verkauf öffentlich an. Der Schuldner, seine gesetzlichen Vertreter und nahestehende Personen und der Insolvenzverwalter sind nicht berechtigt, an dem Verkaufsprozess teilzunehmen, ein Erwerb durch sie ist nichtig. Käufer von Massegegenständen müssen innerhalb von fünf Tagen nach Verkaufsabschluss den Kaufpreis hinterlegen. 86

Wurden keine gültigen Gebote abgegeben oder hat ein Käufer den Kaufpreis nicht beglichen, findet ein erneuter Verkaufsprozess in einer **öffentlichen Auktion** mit offener Ausschreibung und einem Aufruf von 80 % des Gutachtenwerts statt. Hat der Erwerber, der den Zuschlag erhielt, den fälligen Kaufpreis fristgerecht bezahlt, so überträgt ihm das Gericht das Eigentum oder Recht an dem der Zahlung folgenden Tag. 87

Wenn der zum Verkauf stehende Gegenstand im **Miteigentum** des Schuldners steht, wird nur das ideelle Miteigentum des Schuldners verkauft. Vom Schuldner an anderen Unternehmen gehaltene Aktien werden nach dem Angebot an die anderen Aktionäre verkauft, wenn das Angebot nicht innerhalb eines Monats angenommen wird. 88

Beim Verkauf einer Immobilie, die vom Schuldner zur **Sicherung von Auslandsschulden** mit Sicherheiten belastet wurde, hat der Insolvenzverwalter dem Hypothekengläubiger eine Mitteilung über den beabsichtigten Verkauf zu übermitteln. 89

6.13 Forderungsanmeldung und -feststellung

Die Gläubiger melden ihre **Forderungen,** Вземания на кредиторите, **innerhalb eines Monats** nach der Bekanntmachung der Eröffnung des Insolvenzverfahrens im Register CRNPLE schriftlich bei Gericht an.[94] Die Anmeldungen müssen die Anspruchsgrundlage und den Betrag der Forderung sowie ggf. Sicherheiten bezeichnen. Gläubiger, die die einmonatige **Frist zur Anmeldung ihrer Forderungen versäumt** haben, können dies innerhalb von weiteren zwei Monaten nach Ablauf der Frist **nachholen**. Gläubiger von Forderungen, die vor dem Zeitpunkt der Eröffnung des Insolvenzverfahrens entstanden sind, verlieren dieses Recht der Nachmeldung, wenn sie die 2-Monats-Frist versäumt haben.[95] Hierdurch wird die Möglichkeit der Blockade des Insolvenzverfahrens durch die kontinuierliche Forderungsanmeldungen ausgeschlossen. 90

Ansprüche aus (gekündigten) Arbeitsverhältnissen werden vom Insolvenzverwalter **von Amts wegen** in die Liste der anerkannten Forderungen aufgenommen.[96]

Der Insolvenzverwalter erstellt eine Liste der anerkannten Forderungen und veröffentlicht diese im CRNPLE.[97] Jeder Gläubiger oder Schuldner kann der Liste innerhalb von sieben Tagen nach Bekanntgabe der Liste schriftlich bei Gericht widersprechen.[98] Wenn das Gericht der Ansicht ist, dass die Einwände begründet sind, nimmt es die entsprechende Änderung in der Liste vor. Das Gericht stellt die Liste der Forderungen fest, wenn keine Einwände erhoben werden; in jedem Fall stellt es die anerkannten Forderungen fest. Die Bekanntmachung der Entscheidung des Gerichts erfolgt im Register CRNPLE.[99] 91

6.14 Verteilung der Insolvenzmasse

6.14.1 Grundprinzipien der Gläubigerbefriedigung

Die Verteilung der Masse an die Gläubiger, deren Forderungen festgestellt wurden, findet am Ende des Insolvenzverfahrens statt, die Rangfolge richtet sich nach folgenden Grundprinzipien: 92

Befriedigung aller Gläubiger in bar[100]**:** Diese ist gesetzlich ausdrücklich vorgesehen, damit auch die vollständige Verwertung des unbeweglichen und beweglichen Vermögens. 93

Bevorrechtigte Befriedigung: Die bevorrechtigte Befriedigung der Forderungen bestimmter Gläubiger vor den ungesicherten Forderungen und den nachrangigen Forderungen. Bevorrechtigt sind auch Forderungen, die nach der Eröffnung des Insolvenzverfahrens entstehen.[101] 94

---

[94] Art. 685 Abs. 1 CA.
[95] Art. 688 Abs. 1 AV.
[96] Art. 687 Abs. 1 Nr. 2 CA.
[97] Art. 689 CA.
[98] Art. 690 Abs. 1 ZB.
[99] Art. 690 CA.
[100] Art. 716 CA.
[101] Art. 639 CA.

95 Grundsatz der Verhältnismäßigkeit: Der Insolvenzverwalter ist verpflichtet, erst nach der vollständigen Befriedigung der Gläubiger der vorherigen Klasse nachfolgende Gläubigergruppen zu befriedigen.[102] Reicht die Masse zur vollständigen Befriedigung der Forderungen der jeweiligen Klasse nicht aus, ist der Insolvenzverwalter verpflichtet, die Gläubiger dieser Klasse anteilig zu befriedigen.

6.15 Rangfolge der Forderungen bei der Verteilung der Insolvenzmasse

96 Forderungen werden in folgender gesetzlich festgelegter Rangfolge[103] berichtigt:

6.15.1 Bevorrechtigte Forderungen

- **Besicherte Forderungen,** *обезпечени вземания*

97 Forderungen, die durch Verpfändung oder Hypothek oder nach dem Gesetz über eingetragene Pfandrechte, RPA, gesichert sind, werden aus dem Verwertungserlös des Sicherungsgutes befriedigt, inklusive der bis zum Zeitpunkt der Befriedigung angefallenen Zinsen.[104] Reicht der Erlös aus der Verwertung des Sicherungsguts nicht zur vollständigen Befriedigung aus, nimmt der Gläubiger mit dem Differenzbetrag an der Verteilung der Masse als ungesicherter Gläubiger teil.

- **Forderungen aus Zurückbehaltungsrecht**

98 Im Insolvenzverfahren kann ein Kaufmann aus aus einem mit dem Schuldner abgeschlossenen Geschäft alle rechtmäßig erhaltenen beweglichen Sachen und Wertpapiere des Schuldners zurückbehalten.[105] Dieses Recht besteht, solange der Kaufmann die beweglichen Sachen und Wertpapiere in seinem Besitz hat. Forderungen, wegen derer ein Zurückbehaltungsrecht ausgeübt wird, werden aus dem Erlös des zurückbehaltenen Vermögenswerts befriedigt.

- **Verfahrenskosten**

99 Die Verfahrenskosten umfassen die bis zum Inkrafttreten der Entscheidung über die Eröffnung des Verfahrens entstehenden Kosten, Gebühren für die Veröffentlichung der Gläubigerlisten durch den Insolvenzverwalter im CRNPLE, alle Aufwendungen des Insolvenzverwalters für die Inventarisierung von Massegegenständen und die Vergütung des Insolvenzverwalters. Hinzu kommen die Kosten dafür, Vermögenswerte zur Masse zu ziehen und zu bewerten, alle staatlichen Gebühren und Ausgaben für vom Schuldner oder Insolvenzverwalter geltend gemachten, aber abgewiesenen Ansprüchen, sowie die Kosten für Unterhalt des Schuldners und seiner Familie.

- **Ansprüche aus Arbeitsverhältnissen**

100 Ansprüche auf Löhne und Gehälter, die vor dem Zeitpunkt der Entscheidung über die Eröffnung des Insolvenzverfahrens entstanden sind; wenn das Unternehmen nach dem Tag der Entscheidung über die Eröffnung des Verfahrens den Betrieb nicht eingestellt hat, fallen Löhne und Gehälter unter den Begriff der Verfahrenskosten (siehe soeben).

- **Unterhalt**

101 Ist der Schuldner Einzelkaufmann oder hat ein schuldnerisches Unternehmen persönlich haftende Gesellschafter, vom Schuldner an Dritte zu zahlender **gesetzlicher Unterhalt.**[106]

- **Öffentlich-rechtliche Forderungen des Staates und der Gemeinden**

102 **Dieses sind Forderungen** wie Steuern, Zölle, Gebühren oder Pflichtbeiträge zur Sozialversicherung, die vor dem Tag der Entscheidung über die Verfahrenseröffnung entstanden sind.[107]

- **Forderungen, die im Insolvenzverfahren entstanden sind**

103 Gläubiger, deren Forderungen nach dem Tag der Entscheidung über die Eröffnung des Insolvenzverfahrens entstanden sind, erhalten grundsätzlich Zahlung zum vereinbarten Zahlungstermin. Haben sie zu diesem Zeitpunkt keine Zahlung erhalten, sind sie vor den ungesicherten Forderungen zu befriedigen.[108]

6.15.2 Ungesicherte Forderungen

104 Ungesicherte Forderungen, *хирографарни*, die vor der Entscheidung über die Verfahrenseröffnung entstanden sind und Forderungen, hinsichtlich derer besicherte Gläubiger ausgefallen sind.

---

[102] Art. 722 Abs. 1 Nr. 2 3 CA mit Ausnahme derjenigen nach Art. 722 Abs. 1 Nr. 1 und 2 CA.
[103] Art. 722 Abs. 1 Nr. 2 1 CA.
[104] Art. 724 Abs. 2 ZB.
[105] Art. 315 CA.
[106] Art. 722 Abs. 1 Nr. 2 1, Ziff. 4, Ziff. 5 CA.
[107] Art. 722 Abs. 1 Nr. 2 1, Ziff. 6 ZB, basierend auf dem allgemeinen Grundsatz der privilegierten Befriedigung öffentlich-rechtlicher Ansprüche, der in vielen Rechtsnormen zum Ausdruck kommt; Art. 628 Abs. 1 Nr. 2 3 CA in Bezug auf Art. 78 Abs. 2 und Art. 2 und Art. 193 TSIPC.
[108] Art. 639 CA.

6.15.3 Nachrangige Forderungen, Последен клас вземания

- **Zinsansprüche**

Gesetzliche oder vertragliche Zinsansprüche aus ungesicherten Forderungen, die nach dem Datum der Entscheidung über die Verfahrenseröffnung fällig werden. 105

- **Forderungen aus Gesellschafterdarlehen**
- **Aufwendungen der Gläubiger für die Teilnahme am Insolvenzverfahren**

Zu den Aufwendungen, die Gläubigern durch ihre Teilnahme am Insolvenzverfahren entstehen, gehören beispielsweise Anwaltsgebühren und Sachverständigengebühren, Kosten für Verzichtserklärungen sowie alle anderen Kosten, die bei der Einreichung von Forderungen und der Teilnahme an Gläubigerversammlungen anfallen.[109] 106

6.16 Verfahrensbeendigung

Das Gericht entscheidet über die **Einstellung des Verfahrens:** Wenn die Masse die Verfahrenskosten nicht deckt, bei Masseunzulänglichkeit, nach Genehmigung des Sanierungsplans[110] im Insolvenzverfahren, nach Befriedigung aller Forderungen, nach vertraglicher Einigung zwischen dem Schuldner und Gläubigern mit akzeptierten Forderungen. 107

In den ersten beiden Fällen ordnet das Gericht gleichzeitig mit der Entscheidung über die Einstellung des Verfahrens auch die **Löschung** des Kaufmanns im Register CRNPLE an. **Gläubiger, die ihre Forderungen nicht im Verfahren geltend gemacht haben, verlieren ihre Ansprüche gegen den Schuldner.** Gläubiger, die im Verfahren nicht (vollständig) befriedigt wurden, verlieren ebenfalls ihre Ansprüche, es sei denn, nach Beendigung des Verfahrens wird Vermögen des Schuldners aufgefunden. In diesem Fall nimmt das Gericht das Verfahren wieder auf. Das Gericht kann die Wiederaufnahme des Verfahrens beschließen.[111] 108

6.17 Verträge in Insolvenz-, Restrukturierungs- oder sonstigen Verfahren

6.17.1 Nicht oder nicht vollständig erfüllte Verträge

Der Insolvenzverwalter kann gegenseitige Verträge kündigen, wenn diese nicht oder nicht vollständig erfüllt sind. Der Insolvenzverwalter hat hierbei eine **Kündigungsfrist von 15 Tagen** einzuhalten, bei Auffordern der anderen Vertragspartei hat der Insolvenzverwalter innerhalb von 15 Tagen zu erklären, ob der Vertrag aufrechterhalten oder beendet wird. Bei Schweigen des Insolvenzverwalters nach Aufforderung gilt der Vertrag als beendet. Bei Beendigung des Vertrags hat die andere Vertragspartei **Anspruch auf Ersatz des entstandenen Schadens.**[112] 109

6.17.2 Dauerschuldverhältnisse

Eine Fortführung von Verträgen, gemäß derer der Schuldner regelmäßig Zahlungen leistet, verpflichtet den Insolvenzverwalter nicht, ausstehende Zahlungen zu begleichen, die vor Eröffnung des Insolvenzverfahrens fällig und nicht beglichen wurden.[113] 110

6.17.3 Arbeitsverträge

Innerhalb eines Monats nach Veröffentlichung der Entscheidung über die Eröffnung des Verfahrens im Register CRNPLE oder der Aussetzung des Verfahrens wegen unzureichender Vermögenswerte zur Deckung der anfänglichen Verfahrenskosten und der Nichteinzahlung des hierfür vom Gericht festgesetzten Betrags[114] **hat der Insolvenzverwalter Arbeitsverhältnisse zu kündigen,** Mitteilungen hierüber an die jeweilige territoriale Direktion der nationalen Steuerbehörde zu senden, die erforderlichen Dokumente über geleistete Arbeit, Sozialversicherung und das versicherte Einkommen auszustellen, die Arbeitnehmer in einem hierfür vorgesehen Verfahren zu unterrichten, die erforderlichen Berichte im Rahmen der AFOWCGETEB[115] zu erstellen und die Gehaltsabrechnungen an die örtliche Abteilung der nationalen Steuerbehörde zu übermitteln.[116] 111

---

[109] Ausnahmen regelt Art. 629b CA.
[110] Zu diesem → Rn. 84 f.
[111] Art. 709, 741a, 744 CA.
[112] Art. 644 CA.
[113] Art. 644 Abs. 5 CA.
[114] Art. 632 Abs. 1 CA.
[115] Abkürzung für das „Gesetz über die bei Zahlungsunfähigkeit des Arbeitgebers garantierten Ansprüche von Fabrikarbeitern und Büroangestellten".
[116] Art. 632 Abs. 6 CA.

6.18 Pensionsansprüche in einem Insolvenzverfahren oder einer Restrukturierung des Unternehmens

112 Im Insolvenzverfahren wird der Pensionsfonds gemäß des AFOWCGETEB durch die nationale Steuerbehörde vertreten. Der Teil der unbezahlten Löhne und Gehälter, der nicht durch den Fonds garantiert wird, muss vom Arbeitnehmer im Insolvenzverfahren geltend gemacht werden.[117]

6.19 Aufrechnung, Прихващане, in der Insolvenz

113 Im Insolvenzverfahren kann ein Gläubiger mit einer Forderung gegen eine Forderung des Schuldners aufrechnen, **wenn beide Forderungen vor dem Zeitpunkt der Entscheidung über die Eröffnung des Insolvenzverfahrens wirksam bestanden, gegenseitig, fällig und gleichartig sind.** Ist die Forderung des Gläubigers im Laufe des Insolvenzverfahrens oder infolge der Entscheidung über die Eröffnung des Insolvenzverfahrens fällig geworden und sind durch diese Entscheidung beide Forderungen gleichartig geworden, kann der Gläubiger erst nach Fälligwerden seiner Forderung bzw. Vorliegen von Gleichartigkeit aufrechnen. Die Aufrechnung ist dem Insolvenzverwalter gegenüber zu erklären.[118]

114 Eine **Klage auf Feststellung der Aufrechnung** kann vom Insolvenzverwalter oder, so dieser nicht tätig wird, von jedem Insolvenzgläubiger innerhalb eines Jahres ab Eröffnung des Verfahrens erhoben werden. Erfolgt die Aufrechnung nach dem Tag der Entscheidung über die Eröffnung des Insolvenzverfahrens, so läuft die Frist ab dem Zeitpunkt der Aufrechnung.[119]

7. Anfechtungsansprüche: Ungültigkeit und „relative Ungültigkeit", *Отменителни искове*

7.1 Einführung

115 Das CA schützt Insolvenzgläubiger vor Rechtshandlungen und Rechtsgeschäften des Schuldners, die in der **Absicht, die Insolvenzmasse zu mindern und die Interessen der Gläubiger zu beeinträchtigen,** vorgenommen wurden. Hierfür sieht das Gesetz den so genannten **„verdächtigen Zeitraum",** *подозрителен период*, vor, für den die **unwiderlegliche Annahme,** *необорима презумпция*, gilt, dass den Gläubigern ein Schaden entstanden ist, wenn während dieser Zeit bestimmte Handlungen oder Rechtsgeschäfte vorgenommen wurden. Abhängig von der Art der Handlung oder dem Rechtsgeschäft, die das Gesetz als gläubigerschädigend erachtet, ist der „verdächtige Zeitraum" von **unterschiedlicher Dauer.**

116 Die Rechtshandlungen und Rechtsgeschäfte, die als schädlich definiert werden, sind in zwei Kategorien unterteilt: **ungültig,** нищожни[120], und **„relativ ungültig",** *относително недействителни.*

7.2 „Ungültige" und „relativ ungültige" Rechtshandlungen und Rechtsgeschäfte

7.2.1 „Ungültige" Rechtshandlungen und Rechtsgeschäfte[121]

117 Ungültig sind die folgenden Rechtshandlungen, die nach dem Tag der Entscheidung über die Eröffnung des Insolvenzverfahrens und nicht im Rahmen der Verfahrensdurchführung vorgenommen werden:
1. Die Erfüllung einer Verpflichtung, die vor dem Tag der Entscheidung über die Eröffnung des Verfahrens entstanden ist;
2. Besicherung mit einem zur Masse gehörenden Recht oder Vermögenswert;
3. jede Verfügung über zur Masse gehörende Rechte oder Vermögenswerte.

118 Nachfolgende Handlungen oder Transaktionen, die der Schuldner nach dem Zeitpunkt der Zahlungsunfähigkeit oder der Überschuldung im „verdächtigen Zeitraum" vornimmt, können gegenüber den Insolvenzgläubigern für ungültig erklärt werden:
1. jede Form der Befriedigung einer unrechtmäßigen Forderung innerhalb eines Jahres;
2. jede Verpfändung oder Verpfändung zur Sicherung einer Forderung gegen den Schuldner, die bisher vom Schuldner nicht besichert war, innerhalb eines Jahres;

---

[117] Art. 30 AFOWCGETEB.
[118] Art. 645 Abs. 1, Abs. 2 CA.
[119] Art. 649 Abs. 1 CA.
[120] Art. 646 Abs. 1 Nr. 2 1 CA.
[121] Art. 645 Abs. 1 bis Abs. 3, Art. 646 Abs. 2 und Art. 647 ZB, sowie Art. 135 CA.

3. jede Art der Zahlung einer fälligen Forderung eines Schuldners innerhalb von sechs Monaten.[122] Wenn der Gläubiger wusste, dass der Schuldner zahlungsunfähig oder überschuldet ist, erhöht sich der Zeitraum für 1. und 2. auf zwei Jahre und für 3. auf ein Jahr. Als Kenntnis gilt, wenn der Schuldner und der Gläubiger nahestehende Personen sind oder der Gläubiger die Umstände kannte oder kennen konnte, wegen derer eine begründete Annahme der Zahlungsunfähigkeit oder Überschuldung getroffen werden kann. Für die Vermutung der Kenntnis sieht das Gesetz Ausnahmen vor.[123]

Von Dritten nach Treu und Glauben vor der Anfechtung durch Zahlung erworbenen Rechte bleiben von der gesetzlich vorgesehenen Ungültigkeit unberührt, es sei denn, der Dritte ist mit dem Schuldner oder der Person, mit der der Schuldner einen Vertrag abgeschlossen hat, verbunden oder steht dieser nahe.

Die Zwangsvollstreckung öffentlicher Forderungen oder privater staatlicher Forderungen, deren Zwangsbeitreibung gesetzlich vorgeschrieben ist, kann gegenüber den Insolvenzgläubigern nicht für ungültig erklärt werden.

7.2.2 „Relativ ungültige" Rechtshandlungen und Rechtsgeschäfte[124]

Die folgenden Rechtsgeschäfte und Handlungen können gegenüber den Insolvenzgläubigern für ungültig erklärt werden, wenn sie vom Schuldner innerhalb der nachstehend genannten Fristen vor Einreichung des Antrags auf Eröffnung des Insolvenzverfahrens vorgenommen wurden:[125] ein unentgeltliches Rechtsgeschäft innerhalb der letzten zwei Jahre, mit Ausnahme üblicher Geschenke an eine mit dem Schuldner verbundene Partei, dann erhöht sich der Zeitraum auf drei Jahre; ein Tauschgeschäft, bei dem der Wert der gegebenen Sache deutlich höher ist als der Wert der erhaltenen Sache, und das innerhalb von zwei Jahren, jedoch nicht früher als der Tag des Eintritts der Zahlungsunfähigkeit bzw. Überschuldung durchgeführt wurde; die Bestellung einer Hypothek, Verpfändung oder persönlichen Sicherheit für Schulden Dritter, innerhalb eines Jahres, jedoch nicht vor Eintritt der Zahlungsunfähigkeit bzw. Überschuldung; Bestellung einer Hypothek, eines Pfandes oder einer persönlichen Sicherheit für Schulden Dritter zu Gunsten eines Gläubigers oder einer mit dem Schuldner verbundenen Partei, innerhalb von zwei Jahren; eine Transaktion mit einer mit dem Schuldner verbundenen Partei zum Nachteil der Gläubiger, die innerhalb von zwei Jahren durchgeführt wurde.

Die vorgenannten Bestimmungen gelten auch für Rechtsgeschäfte und Handlungen des Schuldners zwischen der Einreichung des Antrags auf Eröffnung des Insolvenzverfahrens und dem Tag der Entscheidung über die Eröffnung des Insolvenzverfahrens. Rechte, die durch Zahlungen Dritter nach Treu und Glauben vor Antragstellung erworben wurden, bleiben unberührt.

7.2.3 Nichtigerklärung von Handlungen und Rechtsgeschäften

Die Nichtigerklärung eines Rechtsgeschäfts oder einer Handlung gegenüber Insolvenzgläubigern können vom Insolvenzverwalter oder von einem Gläubiger geltend gemacht werden.[126] Erfolgt die Geltendmachung durch einen Gläubiger, so betrachtet das Gericht von Amts wegen den Insolvenzverwalter als Antragsteller. Einem von einem Gläubiger geltend gemachten Anspruch kann sich ein weiterer Gläubiger nur verfahrensrechtlich anschließen, er kann nicht denselben Anspruch geltend machen.[127] Die Entscheidung des Gerichts hat Wirkung für den Schuldner, den Insolvenzverwalter und alle Gläubiger.[128]

Wird ein Rechtsgeschäft mit Wirkung gegenüber den Insolvenzgläubigern für nichtig erklärt, ist der vom Dritten erhaltene Vermögenswert an diesen zurückzugeben. Wird der Vermögenswert nicht in der Masse aufgefunden oder zur Zahlung fällig und bleibt diese aus, wird der Dritte zum Gläubiger.[129]

8. Haftung der Geschäftsführer; ausstehende Kommanditeinlagen; Haftung für Steuerverbindlichkeiten

Wenn der gesetzliche Vertreter des Schuldners oder ein Einzelkaufmann nicht innerhalb von 30 Tagen nach Zahlungseinstellung beim Gericht die Eröffnung eines Insolvenzverfahrens bean-

---

[122] Art. 646 Abs. 2 ZB.
[123] Art. 646 Abs. 5 und Abs. 6 CA.
[124] Art. 645 Abs. 1 bis Abs. 3, Art. 646 Abs. 2 und Art. 647 CA, sowie Art. 135 CA.
[125] Art. 647 Abs. 1 CA.
[126] Art. 649 Abs. 1 CA.
[127] Art. 649 Abs. 3 CA.
[128] Art. 649 Abs. 5 CA.
[129] Art. 648 CA.

Bulgarien

tragt,[130] wird er mit einer Freiheitsstrafe von bis zu drei Jahren oder einer Geldstrafe von bis zu 5000 Levs bestraft.

127 Ein Anteil oder eine Einlage, der von Kommanditisten nicht eingezahlt wurde, wird vom Insolvenzverwalter zur Masse eingezogen.[131]

128 Eine persönliche Haftung von Geschäftsführern für offene Steuerverbindlichkeiten sieht das TSIPC vor.[132] Hier wurde ein Sonderfall der persönlichen Vermögenshaftung für diejenigen Personen geschaffen, die die Geschäfte des Steuerpflichtigen verwalten. Seit August 2017[133] ist auch eine Haftung für unbezahlte Steuern und Beiträge vorgesehen, die von den Mehrheitseigentümern und Gesellschaftern zu tragen sind, die zum Zeitpunkt des Entstehens der Verpflichtungen bösgläubig Anteile oder von ihnen gehaltene Aktien übertragen, um sich ihrer Verantwortung als Mehrheitsgesellschafter oder Aktionär zu entledigen. Ihre Haftung entspricht proportional dem übertragenen Teil des Kapitals.

9. Internationales Insolvenzrecht

129 Die **EuInsVO** ist Teil des bulgarischen Rechts. Wurde ein Urteil, das für ein Insolvenzverfahren relevant ist, in einem anderen EU-Mitgliedstaat als Dänemark erlassen, wie z.B. die Eröffnung eines Insolvenzverfahrens, so muss diese Entscheidung ohne weitere Formalitäten in Bulgarien anerkannt werden und hat dieselbe Wirkung wie nach dem Recht des Staates der Verfahrenseröffnung. **Die Republik Bulgarien erkennt darüber hinaus** auf der Grundlage der Gegenseitigkeit ein ausländisches Urteil über die Feststellung der Zahlungsunfähigkeit an, wenn es von einer zuständigen Behörde des Staates, in dem der Schuldner seinen Sitz hat, erlassen wird.[134] Die von einem ausländischen Gericht ernannte Amtsperson hat die Rechte, die ihr nach dem Recht des Staates, in dem das Insolvenzverfahren eröffnet wurde, zustehen, soweit sie nicht im Widerspruch zu den Vorschriften des *Ordre Public* der Republik Bulgarien stehen.[135]

130 Auf Antrag des Schuldners, des vom ausländischen Gericht bestellten Verwalters oder eines Gläubigers kann ein bulgarisches Gericht ein Insolvenzverfahren über einen von einem ausländischen Gericht für zahlungsunfähig erklärten Kaufmann eröffnen, wenn er **im Hoheitsgebiet der Republik Bulgarien über erhebliches Vermögen** verfügt. Die Entscheidung hat nur für das Vermögen des Schuldners im Gebiet der Republik Bulgarien Wirkung. Eine Verfahrenshandlung, die in einem Haupt- oder Sekundärverfahren vorgenommen wird, gilt als in beiden Verfahren vorgenommen. Ein Gläubiger, der im Hauptinsolvenzverfahren Befriedigung erhalten hat, nimmt an der Verteilung der Vermögenswerte im Sekundärverfahren teil, wenn die Befriedigung, die er hätte erhalten müssen, höher ist als die Quote, die Gläubiger des Sekundärverfahrens erhalten. Nach Beendigung der Verteilung im Sekundärverfahren wird ein verbleibender Überschuss in die Masse des Hauptverfahrens übertragen.[136]

131 Ein Sanierungsplan kann im Sekundärinsolvenzverfahren nur mit Zustimmung des Verwalters des Hauptverfahrens genehmigt werden.

132 Bulgarien hat das **UNCITRAL Modell Law** über grenzüberschreitende Insolvenzen **nicht** übernommen.

10. COVID-19-Maßnahmen

133 Am 24.3.2020 wurde im bulgarischen Staatsanzeiger das „**Gesetz über die Maßnahmen und Aktionen während des Ausnahmezustands und über die Bewältigung der Folgen**" („das Gesetz"), von der Nationalversammlung beschlossen am 13.3.2020, veröffentlicht.

134 Die letzten Änderungen und Ergänzungen des Gesetzes wurden am 18.7.2020 mit Wirkung vom 18.7.2020 verkündet. Das Gesetz trat rückwirkend zum 13.3.2020 in Kraft, mit Ausnahme einiger Bestimmungen, die zum Zeitpunkt seiner Verkündung in Kraft traten.

135 Das Gesetz enthält keine spezifischen Bestimmungen für Restrukturierungs- und Insolvenzverfahren. Für den **Zeitraum zwischen dem 13.3.2020 und dem 13.5.2020** (als der Ausnahmezustand aufgehoben wurde) waren jedoch Regelungen über Verfahrensfristen außer Kraft, dh Fristen für Gerichts-, Schieds- und Vollstreckungsverfahren (mit Ausnahme bestimmter Fristen für Strafver-

---

[130] § 227b Strafgesetzbuch.
[131] Art. 643 CA.
[132] Art. 14, Ziff. 1 und Ziff. 2, Art. 19 TSIPC.
[133] Am 4.8.2020 in Kraft getretene Änderungen von Art. 19 TSIPC.
[134] Art. 757 CA.
[135] Art. 758 CA.
[136] Art. 759 und Art. 760 CA.

fahren, Verfahren nach dem Auslieferungsgesetz, Verfahren betreffend den Europäischen Haftbefehl, Verfahren im Zusammenhang mit Überwachungsmaßnahmen).

Des Weiteren waren **Regelungen über Verjährungsfristen und andere gesetzlich vorgese- 136 hene Fristen außer Kraft,** bei deren Ablauf Rechte erlöschen oder Verpflichtungen für natürliche und juristische Personen entstehen, mit Ausnahme der Fristen nach dem Strafgesetzbuch und dem Gesetz über Ordnungswidrigkeiten. Ebenfalls außer Kraft waren Regelungen über Fristen für die Ausführung von Anweisungen, die von einer Verwaltungsbehörde an Parteien oder interessierte Personen in Verfahren erteilt werden, mit Ausnahme der Verfahren im Rahmen der Verwaltung von Mitteln aus dem Europäischen Struktur- und Investitionsfondsgesetz. Diese Fristen liefen noch sieben Tage nach der Veröffentlichung des Gesetzes im Staatsanzeiger (dh bis zum 20.5.2020).

Das Gesetz sieht auch vor, dass während des Ausnahmezustands keine Rechtsfolgen für verspä- 137 tete Zahlungen privater juristischer und natürlicher Personen, einschließlich Verzugszinsen und -strafen, sowie Rechtsfolgen wie beschleunigte Rückzahlung, Vertragsauflösung und Beschlagnahme von Eigentum geltend gemacht werden. **Alle angekündigten öffentlichen Verkäufe wurden ausgesetzt.**

Bulgarien

Präventives Restrukturierungsverfahren

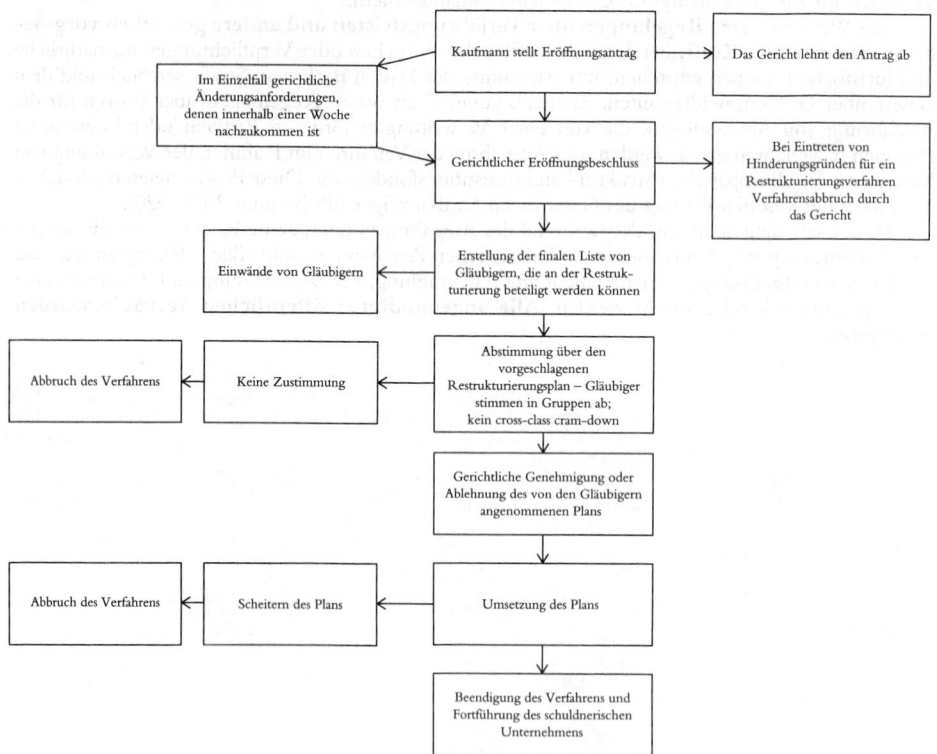

Bulgarien

Insolvenzverfahren

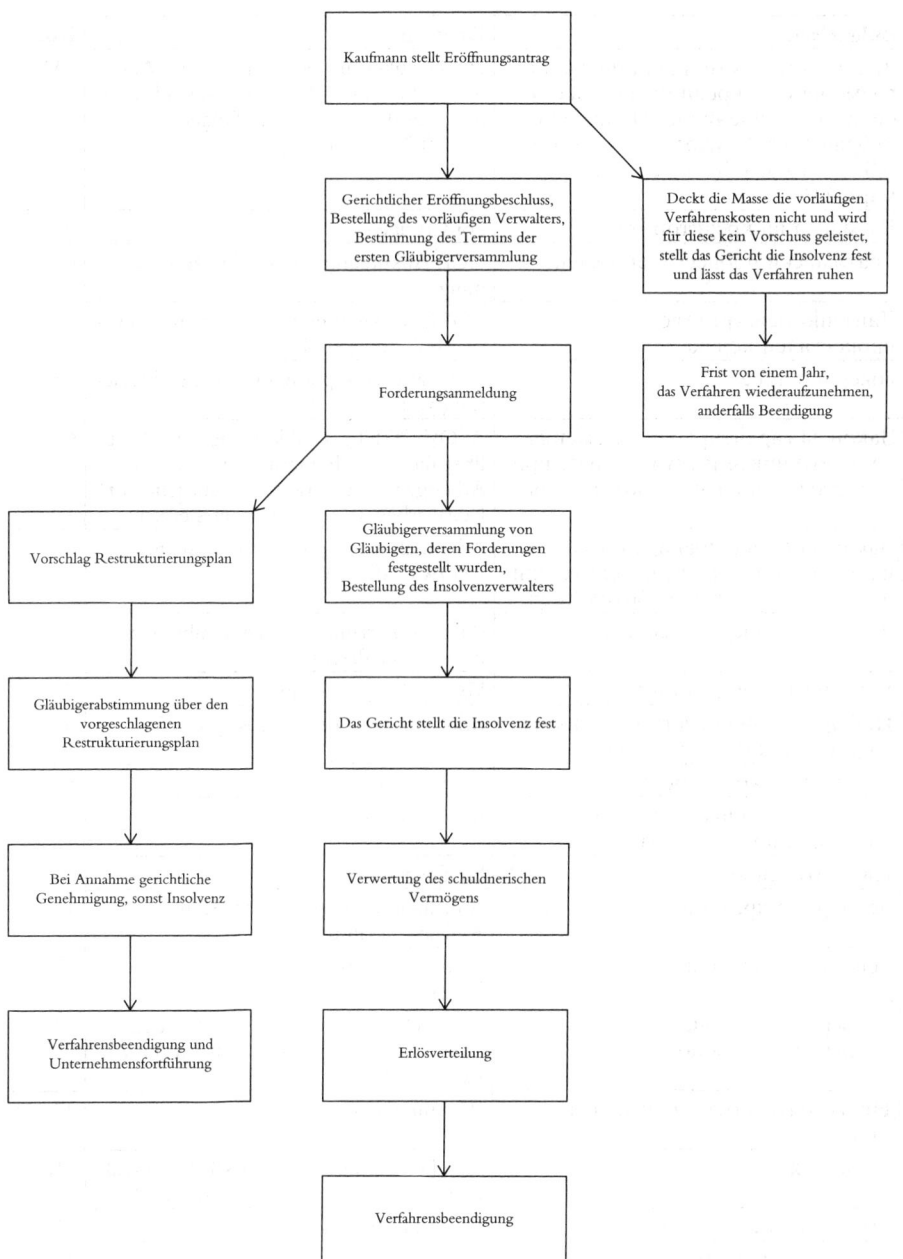

Bulgarien

Glossar

Bulgarisch	Deutsch	Rn.
Закон за мерките и действията по време на извънредното положение, обявено с решение на Народното събрание от 13 март 2020 г.(обн. В ДВ на 24 март 2020г., в сила от 13 март 2020г.)	„Gesetz über die Maßnahmen und Aktionen während des Ausnahmezustands und über die Bewältigung der Folgen" (COVID-19 Kontext)	133
Вземания на кредиторите	Forderungen	90
Граждански процесуален кодекс	CCP, Abkürzung für: Zivilprozessordnung	6
Данъчно-осигурителен процесуален кодекс	TSIPC, Abkürzung für: Steuer- und Sozialversicherungverfahrensordnung	6
доверено лице	Treuhänder (im präventiven Restrukturierungsverfahren)	27
Закон за гарантираните вземания на работниците и служителите при несъстоятелност на работодателя	AFOWCGETEB, Abkürzung für: Gesetz über die bei Zahlungsunfähigkeit des Arbeitgebers garantierten Ansprüche von Fabrikarbeitern und Büroangestellten	6
Закон за гарантираните вземания на работниците и служителите при несъстоятелност на работодателя	Arbeitnehmeransprüche, siehe auch: AFOWCGETEB	6
Закон за особените залози	RPA, Abkürzung für: Gesetz über eingetragene Pfandrechte	6
Изпълнителни действия	Vollstreckungsmaßnahmen	74
Информационна система за производство по несъстоятелност	Insolvenzinformationen, Register für	3
Комитет на кредиторите	Gläubigerausschuss	82
Молба за откриване на производството по несъстоятелност	Insolvenzantrag	59
Наказателен кодекс	Strafgesetzbuch	6
необорима презумпция	Annahme, unwiderlegliche (Kontext Anfechtungsansprüche)	115
неплатежоспособен	Zahlungsunfähigkeit, als „Insolvenz" bezeichnet	57
непосредствена опасност от неплатежоспособност	unmittelbare Insolvenzgefahr (Einstiegsvoraussetzung des präventiven Restrukturierungsverfahrens)	22
Несъстоятелност на физическо лице	Privatinsolvenz	42
нищожни	Handlungen und Rechtsgeschäfte, ungültige, (Kontext Anfechtungsansprüche)	116
обезпечени вземания	Forderungen, besicherte	97
Осребряване на масата на несъстоятелността	Masse	17
Отменителни искове	Anfechtungsansprüche	115
относително недействителни	Handlungen und Rechtsgeschäfte, relativ ungültige (Kontext Anfechtungsansprüche)	116
План за оздравяване	Sanierungsplan	16
план за стабилизация	Restrukturierungsplan (im präventiven Restrukturierungsverfahren)	33

Bulgarien

Bulgarisch	Deutsch	Rn.
подозрителен период	Zeitraum, verdächtiger (Kontext Anfechtungsansprüche)	115
Последен клас вземания	Forderungen, nachrangige	105
Прихващане	Aufrechnung	113
проверител	Prüfer (im präventiven Restrukturierungsverfahren)	27
Производство по несъстоятелност	Insolvenzverfahren	9
Производство по стабилизация на търговеца	Restrukturierungsverfahren, präventives	18
свръхзадълженост	Überschuldung	57
синдици	Insolvenzverwalter	61
Събрание на на кредиторите	Gläubigerversammlung	77
Съд по несъстоятелност	Insolvenzgericht	60
Съдия по несъстоятелност	Insolvenzrichter	
Търговец	Kaufmann, weit gefasster Begriff, umfasst ua juristische Personen mit beschränkter Haftung und Einzelkaufleute. In diesem Länderbericht ist mit „Kaufmann" idR das „schuldnerische Unternehmen" bezeichnet.	9
Търговец	Unternehmen, schuldnerisches: In diesem Länderbericht idR mit „Kaufmann" (siehe dort) bezeichnet	9
Търговски закон	CA, Abkürzung für: Handelsgesetzbuch, enthält die auf Insolvenzverfahren anwendbaren Regelungen	6
Търговски закон	Handelsgesetzbuch (anwendbar auf Insolvenzverfahren und Restrukturierung) siehe auch: CA	6
Търговски регистър и регистър на юридическите лица с нестопанска цел	Handelsregister, siehe auch: CRNPLE	3, 28, 91
Търговски регистър регистър на на юридическите лица нестопанска нестопанска цел	CRNPLE, Abkürzung für: Register der nicht auf Gewinnerzielung ausgerichteten juristischen Personen	3, 28, 91
хирографарни	Forderungen, ungesicherte	104
Централен регистър на длъжниците	Zentralregister für Schuldner	3

Glossar

Deutsch	Bulgarisch	Rn.
„Gesetz über die Maßnahmen und Aktionen während des Ausnahmezustands und über die Bewältigung der Folgen" (COVID-19 Kontext)	Закон за мерките и действията по време на извънредното положение, обявено с решение на Народното събрание от 13 март 2020 г.(обн. В ДВ на 24 март 2020г., в сила от 13 март 2020г.)	133
AFOWCGETEB, Abkürzung für: Gesetz über die bei Zahlungsunfähigkeit des Arbeitgebers garantierten Ansprüche von Fabrikarbeitern und Büroangestellten	Закон за гарантираните вземания на работниците и служителите при несъстоятелност на работодателя	6

Bulgarien

Deutsch	Bulgarisch	Rn.
Anfechtungsansprüche	Отменителни искове	115
Annahme, unwiderlegliche (Kontext Anfechtungsansprüche)	необорима презумпция	115
Arbeitnehmeransprüche, siehe auch: AFOWCGETEB	Закон за гарантираните вземания на работниците и служителите при несъстоятелност на работодателя	6
Aufrechnung	Прихващане	113
CA, Abkürzung für: Handelsgesetzbuch, enthält die auf Insolvenzverfahren anwendbaren Regelungen	Търговски закон	6
CCP, Abkürzung für: Zivilprozessordnung	Граждански процесуален кодекс	6
CRNPLE, Abkürzung für: Register der nicht auf Gewinnerzielung ausgerichteten juristischen Personen	Търговски регистър регистър на на юридическите лица нестопанска нестопанска цел	3, 28, 91
Forderungen	Вземания на кредиторите	90
Forderungen, nachrangige	Последен клас вземания	105
Forderungen, besicherte	обезпечени вземания	97
Forderungen, ungesicherte	хирографарни	104
Gläubigerausschuss	Комитет на кредиторите	82
Gläubigerversammlung	Събрание на на кредиторите	77
Handelsgesetzbuch (anwendbar auf Insolvenzverfahren und Restrukturierung) siehe auch: CA	Търговски закон	6
Handelsregister, siehe auch: CRNPLE	Търговски регистър и регистър на юридическите лица с нестопанска цел	3, 28, 91
Handlungen und Rechtsgeschäfte, relativ ungültige (Kontext Anfechtungsansprüche)	относително недействителни	116
Handlungen und Rechtsgeschäfte, ungültige, (Kontext Anfechtungsansprüche)	нищожни	116
Insolvenzantrag	Молба за откриване на производството по несъстоятелност	59
Insolvenzgericht	Съд по несъстоятелност	60
Insolvenzinformationen, Register für	Информационна система за производство по несъстоятелност	3
Insolvenzrichter	Съдия по несъстоятелност	
Insolvenzverfahren	Производство по несъстоятелност	9
Insolvenzverwalter	синдици	61
Kaufmann, weit gefasster Begriff, umfasst ua juristische Personen mit beschränkter Haftung und Einzelkaufleute. In diesem Länderbericht ist mit „Kaufmann" idR das „schuldnerische Unternehmen" bezeichnet.	Търговец	9
Masse	Осребряване на масата на несъстоятелността	17
Privatinsolvenz	Несъстоятелност на физическо лице	42
Prüfer (im präventiven Restrukturierungsverfahren)	проверител	27

Bulgarien

Deutsch	Bulgarisch	Rn.
Restrukturierungsplan (im präventiven Restrukturierungsverfahren)	план за стабилизация	33
Restrukturierungsverfahren, präventives	Производство по стабилизация на търговеца	18
RPA, Abkürzung für: Gesetz über eingetragene Pfandrechte	Закон за особените залози	6
Sanierungsplan	План за оздравяване	16
Strafgesetzbuch	Наказателен кодекс	6
Treuhänder (im präventiven Restrukturierungsverfahren)	доверено лице	27
TSIPC, Abkürzung für: Steuer- und Sozialversicherungverfahrensordnung	Данъчно-осигурителен процесуален кодекс	6
Überschuldung	свръхзадълженост	57
unmittelbare Insolvenzgefahr (Einstiegsvoraussetzung des präventiven Restrukturierungsverfahrens)	непосредствена опасност от неплатежоспособност	22
Unternehmen, schuldnerisches: In diesem Länderbericht idR mit „Kaufmann" (siehe dort) bezeichnet	Търговец	9
Vollstreckungsmaßnahmen	Изпълнителни действия	74
Zahlungsunfähigkeit, als „Insolvenz" bezeichnet	неплатежоспособен	57
Zeitraum, verdächtiger (Kontext Anfechtungsansprüche)	подозрителен период	115
Zentralregister für Schuldner	Централен регистър на длъжниците	3

Cayman Islands (Kaimaninseln)

bearbeitet von *Colette Wilkins*, Cayman Islands Attorney (Walkers, Cayman Islands) und Barrister-at-law (England & Wales, nicht praktizierend), *Niall Hanna* und *Siobhan Sheridan*, Cayman Islands Attorneys (Walkers, Cayman Islands); deutsche Bearbeitung: *Ursula Schlegel*, Rechtsanwältin & Solicitor (England and Wales), *Philip Falk*, wiss. Mitarbeiter Prof. Dr. *Stefan Reinhart*, FPS Partnerschaft von Rechtsanwälten mbB., Frankfurt am Main.

Übersicht

	Rn.		Rn.
1. Schrifttum, Gesetzessammlungen und Informationsquellen	1	3.4 Sicherungsmaßnahmen vor Verfahrenseröffnung	79
1.1. Schrifttum	1	3.4.1 Bestellung eines Inspektors	79
1.2. Gesetzessammlungen, Informationsquellen	2	3.4.2 Vorläufige Verwalter, *provisional liquidator* & „*Soft-touch liquidation*"	85
2. Einführung	5	3.5 Wirkungen der Verfahrenseröffnung	92
2.1 Gesetzlicher Rahmen	6	3.6. Gläubigerausschuss	99
2.2 Die unterschiedlichen Verfahrenstypen	12	3.7 Anmeldung und Feststellung von Forderungen, *proof of claims*	101
2.3 Vorinsolvenzliche Restrukturierung, *Preventive Restructuring (Pre-Insolvency)*	15	3.8 Verteilung der Insolvenzmasse	103
		3.9 Rangfolge der der Gläubiger	109
2.3.1 Finanzielle Restrukturierung, *Financial Restructuring*	16	3.9.1 Bevorrechtigte Gläubiger, *preferred creditors*	110
2.3.2 Vergleich der Gesellschafter mit ihren Gläubigern, *arragement/compromise, scheme, scheme of arrangement*	18	3.9.2 Gesicherte Gläubiger, *secured creditors*	113
		3.9.3 Einfache Gläubiger, *unsecured creditors*	117
2.4 Privatinsolvenzverfahren, Verbaucherinsolvenzverfahren, *Bankruptcy, insolvency proceedings for individuals*	25	3.9.4 Nachrangige Gläubiger, *lowest ranking creditors, subrogated creditors*	119
3. Merkmale der Verfahrensarten	33	3.10 Verträge im Insolvenzverfahren, Arbeitnehmerforderungen	122
3.1 Verfahren	33	4. Aufrechnung; Netting-Vereinbarungen, *set-off, netting agreements*	126
3.1.1 „Freiwillige" Abwicklung, *voluntary winding up*	33	5. Insolvenzanfechtung	129
3.1.2. Gerichtlich angeordnete Abwicklung, *Compulsory winding up*	42	5.1 Betrügerische Gläubigerbegünstigung, *fraudulent prefrences*	129
3.2 Verwalter, *liquidator*	61	5.2 „Unter Wert"-Geschäfte, *transactions at an undervalue*	130
3.2.1 Freiwillige Verwalter, *voluntary liquidator*	62	6. Internationales Insolvenzrecht	135
3.2.2 Vorläufige Verwalter, *provisional liquidator*	64	6.1 Comity	135
3.2.3 Gerichtlich bestellter Verwalter, *official liquidator:*	67	6.2 Foreign Judgments (Reciprocal Enforcement) Law (1996 Revison)	141
3.2.4. Anforderungen an die Qualifikation von *provisional liquidators* und *official liquidators*; Haftpflichtversicherung	69	6.3 Internationale Protokolle, Kommunikation und Zusammenarbeit des *Grand Court* mit ausländischen Insolvenzgerichten	142
3.3 Verwaltung und Verwertung der Insolvenzmasse, *administration and realisation of the estate*	72	7. COVID-19 Maßnahmen	144

1. Schrifttum, Gesetzessammlungen und Informationsquellen

1.1. Schrifttum

The Restructuring Review, 11. Auflage (The Law Reviews) 1
Insolvency and the Law of Offshore Trusts (James Corbett QC and Tim Prudhoe, (Oxford University Press, Juni 2020).

Cayman Islands (Kaimaninseln) 2–7

Bermuda, British Virgin Islands and Cayman Islands Company Law, 4. Auflage (Sweet & Maxwell, 2013).
The Restructuring Review, 11. Auflage (The Law Reviews); *Insolvency and the Law of Offshore Trusts*, (James Corbett QC and Tim Prudhoe, Oxford University Press, Juni 2020).
Bermuda, British Virgin Islands and Cayman Islands Company Law, 4. Auflage (Sweet & Maxwell, 2013).

1.2. Gesetzessammlungen, Informationsquellen

2   Unter www.judicial.ky, einer Website für juristische und rechtliche Informationen der *Cayman Islands*, sind unter anderem Gesetze und auch in den *Cayman Islands Law Reports* veröffentliche sowie nicht veröffentlichte Entscheidungen abrufbar.

3   Unter www.cimoney.com.ky, der Website der *Cayman Islands Monetary Authority* („CIMA") sind Gesetze, Verordnungen sowie Materialien zu Angelegenheiten, die der Aufsicht der CIMA unterfallen, veröffentlicht.

4   www.gazettes.gov.ky ist die Website des Amtsblatts der Cayman Islands, *Cayman Islands Gazette*, das alle amtlichen Meldungen, auch in Insolvenzsachen, veröffentlicht.

2. Einführung

5   Die **Cayman Islands** bestehen aus drei kleinen Inseln in der Westkaribik. Die **erhebliche praktische Bedeutung** der Cayman Islands im Rechts- und Wirtschaftsverkehr mag vor dem Hintergrund, dass *Grand Cayman*, die größte der drei Inseln, lediglich 76 Quadratmeilen groß[1] ist und die Inselgruppe insgesamt nur eine Bevölkerung von etwa 60.000 Menschen beherbergt, überraschen. Doch trotz seiner geringen Größe ist **Grand Cayman** eines der **größten Offshore-Finanzzentren der Welt**. Die Zahl der auf den Cayman Islands registrierten aktiven Unternehmen ist seit 2010 stetig gestiegen. Zum 31. März 2020 waren 109.986.309 werbend tätige Unternehmen auf den Cayman Islands registriert. Hauptsächlich handelt es sich bei den Gesellschaften um *„Exempted Limited Companies"*, die zwar auf den Cayman Islands eingetragen sind, ihren Geschäftstätigkeiten jedoch außerhalb der Cayman Islands nachgehen (91.833 von 109.986 registrierten Unternehmen zum 31. März 2020 waren deratige Gesellschaften). Auf den Cayman Islands sind aber auch noch weitere Gesellschaftsformen üblich (wie zum Beispiel: Limited Liability Companies, Exempted Limited Partnerships, Limited Partnerships, Segregated Portfolio Companies, Foundation Companies und bestimmte Formen von Treuhandgesellschaften).

2.1 Gesetzlicher Rahmen

6   **Die Rechtsquellen** des britischen Überseegebiets finden sich in der eigenen Gesetzgebung der Cayman Islands sowie dem **englischen *Common Law*,** das durch ein Abkommen, *settlement*, von 1734 in das Recht der Cayman Islands übernommen wurde. Die Gerichte der Cayman Islands ziehen die **Rechtsprechung der Gerichte von England und Wales** zu *Common Law* Fragen heran, wenn und soweit es auf den Cayman Islands keine Gesetze oder eigene Rechtsprechung zu der streitgegenständlichen Rechtsfrage gibt.

7   Das Unternehmensinsolvenzrecht auf den Cayman Islands wird durch das *Companies Law* (Revision 2018) *(„Companies Law")* und die *Companies Winding Up Rules 2018 („CWR")* geregelt. Das *Companies Law* (dort Abschnitt V, *Part V*) und die *Rules* regeln sowohl die der deutschen **Liquidation** vergleichbare „freiwillige" Unternehmensabwicklung solventer Gesellschaften, **voluntary winding up**[2] (die auch **unter gerichtliche Aufsicht gestellt werden** kann[3]) als auch die dem deutschen **Regelinsolvenzverfahren** vergleichbare „gerichtlich angeordnete" Abwicklung insolventer Gesellschaften, *compulsory winding up*. Das *Companies Law* enthält auch Regelungen zu gerichtlich genehmigten Vergleichen, *schemes of arrangement*, und Restrukturierungsverfahren, *reorganisations*, die es Unternehmen ermöglichen vertragliche Absprachen mit ihren Gläubigern, *creditors*, und/oder Gesellschaftern, *members*, zu schließen.[4] Das **Privatinsolvenzverfahren**, *bankruptcy*, ist im Gesetz über

---

[1] Dies entspricht ca. 200 Quadratkilometern; zum Vergleich: sogar das Stadtgebiet von Frankfurt am Main ist mit einer Fläche von ca. 250 Quadratkilometer größer als die Hauptinsel *Grand Cayman*.
[2] *Companies Law*, s 116 ff.
[3] Der *liquidator* muss einen Antrag auf Anordnung gerichtlicher Überwachung, *supervision order*, beim *Grand Court* stellen, wenn die Geschäftsführer die erforderliche *declaration of solvency* nicht innerhalb von 28 Tagen abgeben (*Rules*, O.15, r.1). Der *liquidator* kann eine Überwachung auch aufgrund der in s 131 *Companies Law* aufgeführten Gründe beantragen.
[4] *Companies Law*, s 86 ff., das Gesetz verwendet für das Vergleichsverfahren teilweise synonym die Begriffe *compromise, arrangement* oder *scheme*, die Praxis spricht auch vom *scheme of arrangement*.

Privatinsolvenzen, **Bankruptcy Law, (1997 Revision)** und in den **Grand Court (Bankruptcy) Rules** geregelt.

Das *Companies Law* bezieht sich auf alle Gesellschaften im Sinne des *Companies Law*.[5] Dabei handelt es sich um Gesellschaften, die unter dem *Companies Law* errichtet und im Handelsregister der Cayman Islands eingetragen wurden (z.B. *„Exempted Limited Partnerships"*), sowie um sogenannte *„existing companies"*, „bestehende Gesellschaften".[6] Auf **ausländische Gesellschaften** findet Teil V des *Companies Law* Anwendung, wenn der **Grand Court** ihre **Abwicklung angeordnet hat.**[7]

Die Zuständigkeit des *Grand Court* für eine solche *winding up order* liegt vor, wenn die ausländische Gesellschaft[8] Vermögenswerte hält, die sich auf den Cayman Islands befinden; eine Geschäftstätigkeit auf den Cayman Islands ausübt; persönlich haftende Gesellschafterin einer *Cayman Islands limited partnership* ist oder gemäß Teil IX des *Companies Law* (Abschnitt über die Registrierung ausländischer Gesellschaften) auf den Cayman Islands eingetragen ist.

Die Regelungen über die Abwicklung von Gesellschaften finden keine Anwendung auf Partnerschaftsgesellschaften, *partnerships*. Anwendbar sind die Vorschriften allerdings auf sog. *„Exempted Limited Partnerships"*, die gemäß des *Exempted Limited Partnerships Law (2018 Revision)* auf den Cayman Islands registriert sind.[9]

Insolvenzsachen fallen auf den Cayman Islands in die Zuständigkeit der *Financial Services Division*, einer Gerichtsabteilung des **Grand Courts,** die im Jahr 2009 eingerichtet wurde. Der *Grand Court* ist ein *"Superior Court of Record of First Instance"*.[10] Jedes Verfahren, das bei der *Financial Services Division* anhängig ist, wird der Alleinzuständigkeit eines in *Financial Services* Angelegenheiten erfahrenen Richters zugeordnet, der für die Bearbeitung des Verfahrens bis zu seiner Beendigung verantwortlich ist. Gegen Entscheidungen des *Grand Court* kann Berufung beim *Cayman Islands Court of Appeal* erfolgen, wobei unter Umständen eine gesonderte Zulassung der Berufung erforderlich sein kann. In bestimmten Fällen ist darüber hinaus auch die Revision, *final appeal*, zum englischen *Judicial Committee* des *Privy Council*,[11] der letzten Berufungsinstanz für britische *overseas territories* und *crown dependencies* (wie es die Cayman Islands sind), möglich.

2.2 Die unterschiedlichen Verfahrenstypen

Die Abwicklungsverfahren, *winding up regimes,* der Cayman Islands sind in Teil V des *Companies Law* festgelegt. **Zu unterscheiden ist zwischen:**
(a) der freiwilligen Abwicklung, *voluntary winding up;*
(b) der freiwilligen Abwicklung unter der Aufsicht des *Grand Court, voluntary winding up subject to the supervision of the Grand Court;*[12]
(c) und der gerichtlich angeordneten Abwicklung, *compulsory winding up.*

Die „freiwillige" Abwicklung solventer Gesellschaften, **voluntary winding up,** wird entweder durch einen außerordentlichen Beschluss der Gesellschafter oder durch Regelungen im Gesellschaftsvertrag in Gang gesetzt. Das Gericht wird hier nicht zwingend involviert, sondern nur, wenn die Geschäftsführer nicht binnen 28 Tagen nach Beginn der Abwicklung eine **„Solvenzerklärung",** (Erklärung über die Zahlungsfähigkeit der Gesellschaft), **declaration of solvency,** abgeben. Ein **voluntary winding up kann** auf Antrag des Verwalters, *liquidator,* und auf Gläubiger- oder Gesellschafterantrag hin **der Aufsicht des Gerichts unterstellt werden,** wenn sich die Insolvenz der Gesellschaft herausstellt, wenn die Insolvenz droht oder wenn eine gerichtliche Überwachung des Verfahrens zu einer effektiveren, wirtschaftlicheren oder zügigeren Abwicklung der Gesellschaft im Interesse der Gesellschafter oder Gläubiger führen würde.

Eine **gerichtlich angeordnete Abwicklung,** *compulsory winding up,* wird durch **Antrag,** *winding up petition,* eingeleitet und steht immer unter der Aufsicht des Gerichts.

---

[5] *Companies Law,* s 91.
[6] Eine *existing company* ist eine Gesellschaft, die vor dem 1. Dezember 1961 auf den Cayman Islands eingetragen wurde.
[7] *Companies Law,* s 91.
[8] *Companies Law,* s 91.
[9] *Exempted Limited Partnerships Law (Revision 2018),* s 36(3).
[10] Zur Gerichtsorganisation und den Zuständigkeiten des *Grand Court* siehe https://www.judicial.ky/courts/the-grand-court.
[11] www.jcpc.uk.
[12] Der Verwalter muss beim *Grand Court* einen „Überwachungsbeschluss" beantragen, wenn die Geschäftsführer der Gesellschaft nicht innerhalb von 28 Tagen nach Beginn der Abwicklung eine Solvenzerklärung abgeben (*Rules,* O.15, r.1). Der Verwalter kann auch aus einem der in s 131 des *Companies Law* genannten Gründe eine Aufsichtsanordnung beantragen.

2.3 Vorinsolvenzliche Restrukturierung, Preventive Restructuring (Pre-Insolvency)

15 Das *Companies Law* legt auch den Rahmen für die Sanierung *(„corporate reorganisations")* eines Unternehmens und außergerichtliche Vergleiche („shemes of *arragements*") zwischen der Gesellschaft und ihren Gläubigern fest, die alternativ zur Insolvenzabwicklung zur Verfügung stehen. Das Gericht muss eine außergerichtliche Sanierungsvereinbarung bzw. einen Vergleich zwischen Unternehmen und seinen Gläubigern jedoch unter Umständen gesondert genehmigen (siehe dazu im Folgenden).

2.3.1 Finanzielle Restrukturierung, Financial Restructuring

16 Ein Unternehmen ist jederzeit berechtigt, eine finanzielle Restrukturierung, *financial reorganisation,* durchzuführen. Es gibt keine gesetzlichen Anforderungen an eine solche freiwillige finanzielle Restrukturierung, *voluntary financial reorganisation.* Soll die Restrukturierung jedoch für alle Gläubiger der Gesellschaft verbindlich sein, muss sie vom Gericht gebilligt werden. In einer durch Beschluss des Gerichts einberufenen Sitzung muss die Gesellschaft dazu nachweisen, dass der Restrukturierung bereits von den Gläubigern der Gesellschaft mit einer einfachen Kopfmehrheit und einer Summenmehrheit (Mehrheit der Forderungssumme) von mindestens 75 % zugestimmt wurde.

17 Dass die Gläubiger eine gerichtlich anzuordnende Reorganisation einleiten, ist in den rechtlichen Bestimmungen der Cayman Islands nicht vorgesehen. Dennoch ist jede Vereinbarung zwischen einem Unternehmen, das freiwillig aufgelöst werden soll, und seinen Gläubigern bindend, wenn sie durch einen Sonderbeschluss der Gläubiger mit einer Kopfmehrheit und einer Summenmehrheit von jeweils mindestens 75 % gebilligt wird.

2.3.2 Vergleich der Gesellschafter mit ihren Gläubigern, arragement/compromise, scheme, scheme of arrangement

18 Ein *arragement, compromise* oder auch *scheme* (sämtliche Begriffe werden vom Gesetz synonym verwandt, die Praxis spricht regelmäßig vom *„scheme of arrangement")* ist ein gerichtlich genehmigter Vergleich zwischen einer Gesellschaft und ihren Gläubigern und/oder Gesellschaftern oder einzelnen Gläubiger- oder Gesellschaftergruppen, *classes of creditors or members.*[13]

19 Auf den Cayman Islands sind *arrangements/compromises* das einzige gesetzlich geregelte Mittel, mit dem die Sanierung einer in Zahlungsschwierigkeiten oder in die Insolvenz geratenen Gesellschaft erzwungen werden kann. Um zur Flankierung der Sanierung ein Moratorium zu erlangen, werden sie in der Praxis oft mit der Bestellung eines vorläufigen Insolvenzverwalters, *provisional liquidator,* verbunden. Ein *arrangement/compromise* setzt zunächst einen Antrag beim *Grand Court* voraus. Der Antrag kann von der Gesellschaft oder einem ihrer Gesellschafter, einem Gläubiger, oder, wenn sich die Gesellschaft in Abwicklung befindet, einem *liquidator* gestellt werden.[14] Der Antrag wird mit dem Ziel eingericht, vom Gericht eine Billigung des vorgeschlagegen Vergleichs *(scheme of arrangement or compromise)* zu erwirken.[15]

20 Obwohl gesetzlich nicht zwingend, ist es gängige Praxis, den Vergleichsvorschlag mit einem **erläuternden Bericht** *(„scheme document")* an die betroffenen Gläubiger und Gesellschafter zu versenden.

21 In dem Bericht sollten die Regelungen des Vergleichs ausführlich dargelegt werden; der Bericht sollte zudem die Auswirkungen des Vergleichs auf die bestehenden Rechte der Gesellschafter und/oder der Gläubiger verständlich erläutern. Der Bericht muss im Ergebnis all die Informationen enthalten, die benötigt werden, um sich eine klare Meinung über den Vorschlag bilden zu können und auf dieser Basis die Zustimmung erteilen oder den Vorschlag ablehnen zu können. Hält der *Grand Court* den Bericht für unvollständig oder irreführend, kann er aus diesem Grund die Genehmigung des *scheme of arrangement* verweigern.

22 Der konkrete Verfahrensablauf gestaltet sich derart, dass die Gesellschaft bei Gericht einen Antrag auf Einleitung des Verfahrens und Einberufung der verschiedenen Gesellschafter- und Gläubigersversammlungen stellt. In einem Beschluss ordnet das Gericht sodann die abzuhaltenden Versammlungen sowie die Länge der Einberufungsfrist an und äußert sich dazu, wie die Einberufung zu erfolgen hat und inwiefern eine Vollmachtserteilung, *proxy,* möglich ist. Das Gericht kann zudem auch anordnen, dass die Einberufung der Sitzungen gegebenenfalls öffentlich bekannt gemacht wird. Von der Erstellung des erläuternden Berichts, *scheme document,* vergehen bis zu diesem Zeitpubkt ca. vier bis sechs Wochen.

23 Die Versammlungen der verschiedenen Gesellschafter- und Gläubigergruppen werden entsprechend den Anordnungen des Gerichts mit dem Ziel einberufen, die im erläuternden Bericht, *scheme*

---

[13] *Companies Law,* s 86(5).
[14] *Companies Law,* s 86(1).
[15] *Companies Law,* s 87(1).

document, enthaltenen Vergleichsvorschläge zu erörtern. Die Versammlungen werden in der Regel mit der gleichen Einberufungsfrist einberufen, die auch für die außerordentliche Gesellschafterversammlung, **Extraordinary General Meeting (EGM)**, im Gesellschaftsvertrag festgelegt ist. Zur Genehmigung muss dem Vergleich in den jeweiligen Versammlungen der Gesellschafter- bzw. Gläubigergruppen mit einer Stimmmehrheit zustimmt werden, die dreiviertel der Forderungssumme auf sich vereint.

Im Rahmen einer Restrukturierung, *reorganisation,* ist die Fortsetzung oder Einleitung neuer 24 Verfahren grundsätzlich nicht untersagt, es sei denn, eine entsprechende Regelung ist im Vergleich vorgesehen. Für Unternhemen, die nach Abschluss eines Vergleichs ihre Geschäftstätigkeit forsetzten, bestehen zumindest keine gesetzlichen Beschränkungen. **Im Vergleich selbst können jedoch Beschränkungen hinsichtlich der weiteren Geschäftstätigkeit des Unternehmens vorgesehen sein.** Der Verkauf von einzelnen Vermögenswerten oder des gesamten Unternehmens unterliegt ebenfalls den Bedingungen des Vergleichs. Darüberhinaus kann auch der Billigungsbeschluss des Vergleichs durch das Gericht bestimmte Bedingungen festlegen.

2.4 Privatinsolvenzverfahren, Verbaucherinsolvenzverfahren, *Bankcruptcy, insolvency proceedings for individuals*

Privatinsolvenzverfahren sind im *Bankuptcy Law* und in den *Grand Court (Bankruptcy) Rules* 25 geregelt. Auf den Cayman Islands steht **Privatpersonen kein spezialgesetzlich geregeltes eigenständiges Vergleichsverfahren,** das beispielsweise mit dem *Individual Voluntary Arrangement* nach englischem Recht vergleichbar wäre, zur Verfügung.

Eine *bankruptcy petition*[16]*,* der **Antrag** auf Durchführung eines Privatinsolvenzverfahrens, kann 26 beim *Grand Court* durch den Schuldner selbst oder durch einen Gläubiger gestellt werden, wenn dieser eine Forderung von mindestens $40,000 gegen den Schuldner[17] hat. Der Insolvenzantrag eines Gläubigers muss begründet werden, d.h. es ist die Vornahme einer oder mehrerer **„Insolvenzhandlungen"**, *acts of bankrupcy,* darzulegen. Diese Insolvenzhandlung(en) darf/dürfen nicht länger als sechs Monate vor dem Antrag liegen. Welches Verhalten einen *act of bankrupcy* darstellt ist im *Bankruptcy Law* geregelt.[18] Dies sind beispielsweise betrügerische Verfügungen über Vermögen, auf Gläubigerbenachteiligung ausgerichtetes Verhalten oder eine Erklärung des Schuldners über seine Zahlungsunfähigkeit.

Der Schuldner selbst kann den Insolvenzantrag auch ohne Angabe von Gründen stellen,[19] muss 27 aber glaubhaft darlegen, dass er insolvent ist.[20] Dazu muss er eine **Erklärung zu seiner finanziellen Lage,** *statement of financial position,* vorlegen, in der sein Vermögen auf den Cayman Islands und die gegen ihn auf den Cayman Islands durchsetzbaren Verbindlichkeiten aufgelistet sind.[21] Stellt sich im Verlauf des Verfahrens heraus, dass der Schuldner nicht insolvent ist, werden zwar üblicherweise bislang ergangene gerichtliche Entscheidungen aufgehoben oder für nichtig erklärt, dies entbindet den Schuldner jedoch nicht davon, zu Beginn des Verfahrens *prima facie* seine Insolvenz nachzuweisen.[22]

Wurden der Anspruch des Gläubigers und der Insolvenzgrund zur Überzeugung des Gerichts 28 festgestellt, kann das Gericht ohne Anhörung der betroffenen Parteien, *ex parte,* eine **vorläufige Anordnung zur Abwicklung und Verwaltung des Vermögens** des Schuldners im Rahmen eines Privatinsolvenzverfahrens erlassen.[23] Mit der Anordnung wird ein vorläufiger Treuhänder, *provisional Trustee in Bankruptcy* (oder dessen Vertreter, *agent*) ernannt, um die Masse vor nachteili-

---

[16] Eine *bankruptcy petition* ist im *Bankuptcy Law* (Revision 1997) definiert als ein Antrag, mit dem erbeten wird, dass die Angelegenheiten des Schuldners nach den Bestimmungen des *Bankuptcy Law* aufgelöst und sein Vermögen verwaltet werden kann.
[17] Der Schuldner wird gesetzlich definiert als eine natürliche Person, die zu dem Zeitpunkt des *act of bankruptcy* auf den Cayman Islands persönlich anwesend war, sich dort gewöhnlich aufgehalten hat oder einen Wohnsitz hatte; auf den Cayman Islands einer Geschäftstätigkeit nachging oder ein Gesellschafter eines Unternehmens oder einer Partnerschaftsgesellschaft war, die ihre Geschäfte auf den Cayman Islands betrieb (siehe *Bankruptcy Law* (1997), s 2).
[18] *Bankruptcy Law (1997 Revision),* s 14.
[19] *Bankruptcy Law (1997 Revision),* s 15.
[20] *The Government of the Commonwealth of the Nothern Mariana Islands v Millard* (Cayman Island Court of Appeal Civil), CACV013/2013, 15 April 2014, Martin J.A.).
[21] *Die Regierung des Commonwealth of the Northern Mariana Islands v. Millard* (Cayman Islands Court of Appeal (Civil) CACV013/2013, 15. April 2014, Martin J.A.).
[22] *The Government of the Commonwealth of the Nothern Mariana Islands v Millard* (Cayman Island Court of Appeal Civil), CACV013/2013, 15 April 2014, Martin J.A.); Bankruptcy Law (1997 Revison), s 8, 170.
[23] *Bankruptcy Law (1997 Revision),* s 29.

gen Veränderungen zu schützen;[24] die Verfügungsgewalt über das Vermögen des Schuldners geht auf den *provisional Trustee in Bankruptcy* (oder seinen Vertreter) über.[25]

29   Wurde der Antrag durch einen Gläubiger gestellt, muss dieser dem Schuldner die vorläufige Anordnung zustellen, verbunden mit dem Hinweis, dass dieser innerhalb einer festgelegten Frist Gründe vorbringen kann, aufgrund derer die vorläufige Anordnung aufgehoben werden sollte.[26] Ist dies dem Schuldner nicht möglich, fordert ihn das Gericht zur Abgabe einer **Erklärung über sein Vermögen und seine Verbindlichkeiten,** *statement of assets and liabilities,* auf. Kommt der Schuldner der Aufforderung des Gerichts nicht nach, kann das Gericht die vorläufige Anordnung für endgültig erklären.

30   Sobald als möglich nach Erlass der vorläufigen Anordnung wird durch das Gericht eine **Gläubigerversammlung,** *meeting of creditors* einberufen,[27] in der die Gläubiger darüber abstimmen, ob die Wirkungen der Anordnung mit der Folge ausgesetzt werden, dass die Verwaltung unter einer *„deed of arrangement",* d.h. auf Grundlage eines Vergleichs erfolgt, oder dass das Vermögen des Schuldners weiterhin durch einen Verwalter verwaltet wird. Die Gläubigerversammlung kann einen Gläubiger benennen, der den Treuhänder in seiner Amtsausübung unterstützt.

31   Das Ergebnis der Gläubigerversammlung muss dem Gericht mitgeteilt werden, das daraufhin entweder die Aussetzung des Verfahrens bis zur Vorlage des Vergleichs oder aber das Privatinsolvenzverfahren anordnet.[28] Ist der Vergleich vom Gericht bestätigt worden, liegt die Vergleichsdurchführung in den Händen des Treuhänders.[29] Das Gericht kann dem Schuldner **Restschuldbefreiung** erteilen, wenn und soweit dies im Vergleich vorgesehen ist oder sobald der Treuhänder die vollständige Erfüllung des Vergleichs anzeigt. Anders als beispielsweise das deutsche oder englische Insolvenzrecht sieht das *Bankruptcy Law* der Cayman Islands keine **„Wohlverhaltensperiode"** vor, nach deren Ablauf dem Schuldner **automatisch Restschuldbefreiung** erteilt wird.

32   Wird das Privatinsolvenzverfahren endgültig eröffnet, ordnet das Gericht eine **öffentliche Überprüfung der Führung und der Vermögensangelegenheiten** des Schuldners an und ermächtigt den *Trustee,* das Vermögen des Schuldners zu Gunsten der Gläubiger zu verwalten und zu verwerten. Nach Abschluss dieser Überprüfung erstellt der Verwalter einen Bericht. Im Anschluss daran kann der Schuldner **Restschuldbefreiung** beantragen. Das Gericht hört zu dieser Entscheidung den Schuldner, den *Trustee* und solche Gläubiger an, die sich zu dem Antrag äußern. Das Gericht kann dann die Restschuldbefreiung endgültig oder unter Auflagen erteilen oder die Erteilung aussetzen bzw. verweigern.

3. Merkmale der Verfahrensarten

3.1 Verfahren

3.1.1 „Freiwillige" Abwicklung, *voluntary winding up*

33   Eine *voluntary liquidation* wird durch entsprechenden **Gesellschafterbeschluss** eingeleitet.[30]

34   Zunächst berufen die *directors* der Gesellschaft ein Treffen des Exekutivorgans, *board meeting,* ein, in dem die Gründe für die Abwicklung erörtert werden. Durch Beschluss, der üblicherweise einfacher Mehrheit bedarf, berufen die *directors* dann eine außerordentliche Gesellschafterversammlung, **Extraordinary General Meeting (EGM),** ein, um den Sachverhalt zu erörtern und gegebenenfalls einen außerordentlichen Gesellschafterbeschluss zur Liquidation der Gesellschaft zu fassen sowie über die **Bestellung des oder der Verwalter(s),** *liquidators,* deren Vergütung und etwaige **Haftungsfreistellungen** entscheiden zu lassen. Üblicherweise wird einer der *directors* dazu ermächtigt, die *EGM* alleine einzuberufen und alle notwendigen Unterlagen vorzubereiten und zu unterzeichnen.

35   Zur Einberufung der Gesellschafterversammlung erstellt die Gesellschaft pro-forma eine Einladung, in der über die in der Versammlung zu treffenden Beschlüsse informiert wird und der ein Vollmachtsformular, *proxy form,* beigefügt ist. Das genaue Verfahren zur Einberufung der Versammlung richtet sich nach dem Gesellschaftsvertrag.

36   Nachdem die Versammlung abgehalten wurde und die freiwillige Abwicklung der Gesellschaft beschlossen wurde, wird sodann ein Verwalter, *liquidator,* bestellt, über dessen Vergütung und etwaige Haftungsfreistellungen entschieden. Ab dem Zeitpunkt der Bestellung befindet sich die Gesellschaft

---

[24] *Bankruptcy Law (1997 Revision),* s 38.
[25] *Bankruptcy Law (1997 Revision),* s 37.
[26] *Bankruptcy Law (1997 Revision),* s 30.
[27] *Bankruptcy Law (1997 Revision),* s 41.
[28] *Bankruptcy Law (1997 Revision),* s 45.
[29] *Bankruptcy Law (1997 Revision),* s 37.
[30] *Companies Law,* s 117.

unter der **Kontrolle der Verwalter** und die Vertretungsmacht der Geschäftsführer endet, es sei denn, der Gesellschafterbeschluss bestimmt etwas anderes.

Sofern nicht auch die Aufsicht des Gerichts über das Verfahren beantragt wurde,[31] muss jeder, der zum Zeitpunkt des Verfahrensbeginns Geschäftsführer, *director*, war, eine *declaration of solvency* abgeben, welche besagt, dass die Gesellschaft **dazu in der Lage sein wird, ihre sämtlichen Verbindlichkeiten inklusive vereinbarter Zinsen binnen zwölf Monaten zu begleichen**. Die **inhaltlichen und formellen Voraussetzungen** der *declaration of solvency* sind detailliert in den *Rules* geregelt, beispielsweise muss sie die volle Anschrift jedes unterzeichnenden Geschäftsführers sowie dessen Ernnenungsdatum enthalten.[32] Die *declaration of solvency* muss dem *voluntary liquidator* zugestellt werden und innerhalb von 28 Tagen beim Handelsregister eingereicht werden. Entbehrt die *declaration of solvency* einer vernünftigen Grundlage, *reasonable grounds,* hatten also die *directors* keine ausreichende sachliche Rechtfertigung, die (positive) *declaration of solvency* abzugeben, droht ihnen eine **Geld- und/oder Freiheitsstrafe**.[33] 37

Die Bestellung der Verwalter, *liquidators,* deren Amtsannahme und die *declaration of solvency* werden beim **Handelsregister, *Registrar of Companies,*** eingereicht. Sodann erfolgt die gesetzlich vorgeschriebene Bekanntmachung in der ***Cayman Island Gazette***.[34] 38

Die Verwalter fordern durch Veröffentlichung in geeigneten Zeitungen alle Gläubiger und *contributories*[35] dazu auf, ihre **Forderungen anzumelden**. Üblicherweise wird den Gläubigern und *contributories* hierzu eine **Frist** gesetzt; eine solche Frist ist jedoch nicht bindend und hindert die Gläubiger nicht, auch zu einem späteren Zeitpunkt noch Forderungen anzumelden. 39

Sobald die Angelegenheiten der Gesellschaft vollständig abgewickelt sind, sollen die Verwalter, *liquidators,* eine letzte Gesellschafterversammlung („Final Meeting") einberufen, um **Bericht über die Verfahrensführung und die Vermögensverwertung** zu erstatten.[36] Mindestens 21 Tage vor der Schlussversammlung, *final meeting,* informiert der Verwalter die *contributories* über Zeit, Ort und Zweck der Versammlung. Zur Mitteilung stehen dem Verwalter dabei alle im Gesellschaftsvertrag vorgesehene Kommunikationsmöglichen zur Verfügung sowie eine Veröffentlichung in der *Cayman Island Gazette.* 40

Wenn die Verwalter aufgrund einer geänderten Sachlage zu der Ansicht gelangen, dass die Abwicklung der Gesellschaft „zurückgerufen" *(„to recall")* werden muss (die Gesellschaft aus der freiwilligen Abwicklung herausgeführt werden muss) und dadurch die Interessen der involvierten Parteien nicht geschädigt werden, können die Verwalter beim Gericht einen Antrag auf Rückruf der Abwicklung *(„order to recall the liquidation")* stellen und so die Gesellschaft wieder in einen aktiven Status versetzen. Dadurch soll das Ansehen der Gesellschaft zumindest in dem Maße wiederhergestellt werden, wie es noch vor Beginn ihrer freiwilligen Abwicklung bestand. Dies kann jedoch nur vor der Schlussversammlung *(final meeting)* erfolgen. 41

3.1.2. Gerichtlich angeordnete Abwicklung, *Compulsory winding up*

Die Gesellschaft selbst sowie ein *contributory*[37] oder ein Gläubiger (auch Gläubiger bedingter oder künftiger Forderungen) einer Gesellschaft auf den Cayman Islands können einen **Antrag auf Abwicklung, *winding up petition*,** beim *Grand Court* stellen, gestützt auf folgende Gründe: 42
1. Es wurde ein entsprechender außerordentlicher Gesellschafterbeschluss gefasst.
2. Die Gesellschaft hat ihren Geschäftsbetrieb ein Jahr nach der Eintragung noch nicht aufgenommen oder seit (mindestens) einem Jahr wieder eingestellt.
3. Ein im Gesellschaftsvertrag bestimmter Zeitraum für das Bestehen der Gesellschaft ist abgelaufen.
4. Es ist ein Ereignis eingetreten, das nach dem Gesellschaftsvertrag zur Abwicklung der Gesellschaft führt.
5. Die Gesellschaft kann ihre fälligen Verbindlichkeiten nicht mehr begleichen.
6. Es ist recht und billig, *just and equitable,* dass die Gesellschaft aufgelöst wird.[38]

Die *CIMA*[39] kann die Abwicklung jeder Gesellschaft beantragen, die auf den Cayman Islands ohne rechtliche Grundlage einer Geschäftstätigkeit nachgeht, also nicht ordnungsgemäß zugelassen, *licensed,* oder nicht ordnungsgemäß registriert ist.[40] 43

---

[31] → Rn. 12 ff.
[32] *Rules,* O.14, r.1.
[33] *Companies Law,* s 123(1), (2).
[34] *Companies Law,* s 123, zur *Cayman Islands Gazette* → Rn. 2 ff.
[35] „*Contributories*" sind insbesondere Gesellschafter oder andere Personen, die im Fall der Abwicklung einer Gesellschaft gemäß s 49 *Companies Law* nachschussverpflichtet sein können, *Companies Law* s 89, s 49.
[36] *Companies Law,* s 127.
[37] → Rn. 39.
[38] *Companies Law,* s 92.
[39] Die Finanzaufsichtsbehörde der Cayman Islands, *Cayman Islands Monetary Authority (CIMA).*
[40] *Companies Law,* s 94(4).

44 Wenn dies ausdrücklich im Gesellschaftsvertrag vorgesehen ist, sind auch die Geschäftsführer einer Gesellschaft, die nach dem 1. März 2009 eingetragen wurde, zur Antragstellung befugt.[41]

45 Der häufigste Grund für eine Abwicklung ist ein Gläubigerantrag wegen **Zahlungsunfähigkeit** der Gesellschaft. Eine Gesellschaft **gilt als zahlungsunfähig,** wenn:[42]
1. Ein Gläubiger der Gesellschaft an ihrem eingetragen Firmensitz einen Mahnbescheid, *statutory demand,* zugestellt hat und die Gesellschaft der Begleichung der Schuld nicht innerhalb von 21 Tagen nachkommt.
2. Ein Urteil, Beschluss oder eine Anordnung eines Gerichts zu Gunsten eines Gläubigers gegen die Gesellschaft ergangen ist und diesem ganz oder teilweise nicht nachgekommen wird.
3. Zur Überzeugung des Gerichts nachgewiesen wurde, dass die Gesellschaft nicht in der Lage ist, ihre Verbindlichkeiten zu begleichen.

46 Der **Antrag** ist an den **Grand Court** zu richten,[43] unter Beifügung einer **eidesstattliche Versicherung,** *affidavit,* die den Inhalt des Antrags bestätigt und alle weiteren relevanten Tatsachen darlegt.[44] Der Antrag muss darüber hinaus eidesstattliche Versicherungen des vorgeschlagenen Verwalters, *official liquidator,* über seine Amtsannahme, Unabhängigkeit, ausreichende Haftpflichtversicherung und Befähigung enthalten.[45] Diese Voraussetzungen gelten auch, wenn **ausländische Insolvenzverwalter** als *official liquidator* vorgeschlagen werden.[46]

47 Der Antrag muss der Gesellschaft an ihrem **Firmensitz** zugestellt werden, diese **Zustellung** muss durch eidesstattliche Versicherung unter Angabe der Art der Zustellung und Beifügung gesiegelter Kopie des Antrags nachgewiesen werden.[47] Handelt es sich beim Schuldner um einen regulierten *mutual fund,* müssen der Antrag und die eidesstattliche Versicherung auch der *CIMA* zugestellt werden.[48]

48 Darüber hinaus muss eine **Bekanntmachung** des Antrags durch eine Anzeige in einer auf den Cayman Islands verbreiteten Zeitung erfolgen.[49] Ist die Gesellschaft auch außerhalb der Cayman Islands geschäftlich tätig, so muss der Antrag darüber hinaus in einer Zeitung bekannt gemacht werden, die in einem Land verbreitet ist, in dem die Gläubiger am ehesten Kenntnis erlangen können. Die Bekanntmachung muss dann in der offiziellen Landessprache dieses Landes erfolgen.[50]

49 Die Bekanntmachung muss bei einem Eigenantrag der Gesellschaft mindestens 7 Tage vor dem Tag der Anhörung erfolgen. Handelt es sich nicht um einen Eigenantrag der Gesellschaft, müssen auch mindestens 7 Tage seit Zustellung an die Gesellschaft vergangen sein.[51]

50 Nach Erlass des **Eröffnungsbeschlusses,** *winding up order,* und der Bestellung der Verwalter, *liquidators,* wird ein **Gläubigerausschuss,** *liquidation committee,* mit mindestens drei und maximal fünf Vertretern eingesetzt.

51 Das *liquidation committee* berät den/die Verwalter und unterstützt diese(n) darin, die Ansichten der Verfahrensbeteiligten einzuschätzen. Es ist jedoch nicht befugt, dem/den Verwalter(n) Anweisungen hinsichtlich der Verfahrensführung zu geben.

52 Die **Aufgabe des Verwalters** ist es, die Vermögenswerte des Schuldners zur Befriedigung der bevorrechtigten Gläubiger[52] und bestimmter anderer Personen[53] **zunächst zu sichern, anschließend zu verwerten und wie folgt zu verteilen:**
(a) bei Abwicklung eines insolventen Unternehmens an alle Gläubiger im selben Rang zu gleichen Teilen *(pari passu);*
(b) im Fall einer solventen Abwicklung werden zunächst sämtliche Gläubiger in voller Höhe befriedigt, danach erfolgt die Verteilung unter den Gesellschaftern entsprechend ihrer Beteiligung und sonstigen Rechte an der Gesellschaft.

53 Der Verwalter erstattet den Geschäftsführern und *contributories*[54] über die Angelegenheiten der Gesellschaft und die Verfahrensführung Bericht.[55]

---

[41] *Companies Law,* s 94(2).
[42] *Companies Law,* s 93.
[43] *Rules,* O.3, r.1.
[44] *Rules,* O.3, r.3.
[45] *Rules,* O.3, r.4(1).
[46] *Rules,* O.3, r.4(2).
[47] *Rules,* O.3, r.5(2).
[48] *Rules,* O.3, r.5(3).
[49] *Rules,* O.3, r.6(1).
[50] *Rules,* O.3, r.6(2).
[51] *Rules,* O.3, r.6(3).
[52] *Companies Law,* s 99.
[53] *Companies Law,* s 141.
[54] → Rn. 39.
[55] *Companies Law,* s 110.

3. Merkmale der Verfahrensarten   54–62   **Cayman Islands (Kaimaninseln)**

Damit er seinen **Rechten und Pflichten** die mit der **Verfahrensführung** verbunden sind, 54
nachkommen kann, stehen dem Verwalter eine Vielzahl von **Befugnissen** zu, die im *Companies Law* geregelt sind und sich in Befugnisse, die nur mit der Genehmigung des Gerichts ausgeübt werden dürfen und solche, für die keine gerichtliche Genehmigung erforderlich ist, untergliedern.[56]

Bevor eine **Gläubigerversammlung,** *meeting of creditors* einberufen wird, muss der Verwalter 55 ermitteln, ob die Gesellschaft zahlungsfähig, *solvent,* zahlungsunfähig, *insolvent* oder „**zweifelhaft zahlungsfähig**", *doubtful solvent,* ist.[57]

(a) Ist die Gesellschaft **zahlungsfähig,** beruft der Verwalter lediglich Versammlungen der *contributories* ein.
(b) Ist die Gesellschaft **zahlungsunfähig,** beruft der Verwalter lediglich Gläubigerversammlungen ein.
(c) Ist die **Zahlungsfähigkeit** der Gesellschaft **zweifelhaft,** so beruft der Verwalter Versammlungen der Gläubiger **und** *contributories* ein.

Die erste Versammlung muss binnen 28 Tagen nach Anordnung der Abwicklung stattfinden, es 56 sei denn, das Gericht trifft anderweitige Anordnungen.[58] In der ersten Versammlung wird der Gläubigerausschuss bestellt. Weitere Versammlungen müssen mindestens einmal pro Jahr einberufen werden[59] und können zudem dann einberufen werden,
1. wenn der Verwalter dies für nötig erachtet; oder
2. wenn das Gericht dies anordnet; oder
3. wenn eine diesbezügliche Anfrage besteht (siehe dazu im Folgenden)

Gläubiger, deren Forderungen mehr als $500.000 oder mehr als 5% der ungesicherten Verbindlich- 57 keiten der Gesellschaft betragen (maßgeblich ist der geringere Wert), können die Einberufung einer Gläubigerversammlung verlangen, die dann innerhalb von 21 Tagen nach dem Zugang der entsprechenden Anfrage einzuberufen ist.[60]

Zu den Gläubigerversammlungen sind all diejenigen, die als Gläubiger der Gesellschaft in 58 Frage kommen und diejenigen Gläubiger, die eine nicht bestrittene Forderung angemeldet haben, einzuladen. Die Gläubiger können einstimmig auf die Benachrichtigung verzichten.

Darüber hinaus muss der Verwalter die Gläubigerversammlung auf von ihm eingerichteten 59 Webseiten bekannt machen, sowie in einer oder mehreren Zeitungen, die in den Ländern, in denen die Gesellschaft aller Wahrscheinlichkeit nach Gläubiger hat, veröffentlicht werden. Die Bekanntmachung muss mindestens 14 Tage vor dem Stattfinden der Gläubigerversammlung erfolgen.[61]

Eine Gläubigerversammlung ist beschlussfähig, wenn mindestens drei Gläubiger anwesend 60 sind. Hat die Gesellschaft weniger als drei Gläubiger, müssen alle Gläubiger anwesend sein.[62] Stimmberechtigt sind die Gläubiger dann, wenn sie einen Nachweis über ihre Forderung eingereicht haben oder einer Gläubigergruppe angehören, deren Mitglieder unabhängig von einem entsprechenden Nachweis stimmberechtigt sind.[63] Für die Wirksamkeit von Beschlüssen ist Summenmehrheit der Anwesenden erforderlich.[64]

3.2 Verwalter, *liquidator*

Das Recht der Cayman Islands kennt drei Typen von Verwaltern: Die Verwalter können je 61 nach Art des Abwicklungsverfahrens als *voluntary liquidator, official liquidator* oder als *provisional liquidator* bestellt werden.

3.2.1 Freiwillige Verwalter, *voluntary liquidator*

Der *voluntary liquidator* wird im Verfahren *voluntary winding up,*[65] der Abwicklung der solventen 62 Gesellschaft, bestellt und muss keine gesetzlich geregelten persönlichen Eigenschaften oder fachlichen Qualifikationen aufweisen; auch der bisherige Geschäftsführer des Unternehmens kann für das Amt bestellt werden.[66] Die Person des *voluntary liquidator* kann bereits im Gesellschaftsvertrag festgelegt

---
[56] *Companies Law,* s 110 und *Schedule 3.*
[57] Ebenda O.8, r.l.
[58] Ebenda O.8, r.2.
[59] Ebenda O.8, r.2.
[60] Ebenda O.8, r.3.
[61] Siehe grundsätzlich *Rules,* O.8, r.4.
[62] Ebenda O.8, r.6.
[63] *Rules,* O.8, r.7 und O.16, r.7.
[64] Ebenda O.8, r.9.
[65] *Companies Law,* s 116 ff.
[66] *Companies Law,* s 120.

werden, spätestens wird er im Liquidationsbeschluss bestimmt; in diesem Fall wird die Bestellung mit Mitteilung an das Handelsregister wirksam.[67]

63   Die Verwalter können allein oder zusammen mit anderen Verwaltern bestellt werden, wobei im Rahmen einer freiwilligen Abwicklung, *voluntary winding up*, im Allgemeinen nur ein *voluntary liquidator* bestellt wird. Werden mehrere Verwalter, *voluntary liquidators,* **gemeinsam,** *jointly,* **bestellt,** sind diese befugt, sowohl gemeinsam als auch einzeln zu handeln, es sei denn, ihre Befugnisse werden ausdrücklich durch Gesellschafterbeschluss beschränkt.[68]

3.2.2 Vorläufige Verwalter, *provisional liquidator*

64   Der *provisional liquidator* ist mit dem deutschen vorläufigen Insolvenzverwalter vergleichbar. Er wird auf Antrag eines Gläubigers oder eines *contributory,* für den Verfahrensabschnitt zwischen Eröffnungsantrag und gerichtlicher Anhörung über den Antrag bestellt.[69]

65   Regelmäßig werden mehrere *provisional liquidator* **gemeinsam,** *jointly,* **bestellt („joint provisional liquidator"),** diese sind befugt, sowohl gemeinsam als auch einzeln zu handeln, es sei denn, ihre Befugnisse werden ausdrücklich durch Gerichtsbeschluss beschränkt.[70]

66   Im Regelfall wird der *provisional liquidator* bei Verfahrenseröffnung auch zum Verwalter im gerichtlich angeordneten Abwicklungsverfahren, also zum *official liquidator* bestellt.

3.2.3 Gerichtlich bestellter Verwalter, *official liquidator:*

67   Der *official liquidator* wird vom *Grand Court* zum Zeitpunkt des Erlasses des Abwicklungsbeschlusses, *winding up order,* bestellt, **sowohl** im Verfahren *compulsory winding up* als auch dann, wenn eine *voluntary winding up* der Aufsicht des *Grand Court* unterstellt wird.

68   Auch *official liquidator* werden regelmäßig **gemeinsam,** *jointly,* **bestellt,** diese sind befugt, sowohl gemeinsam als auch einzeln zu handeln, es sei denn, ihre Befugnisse werden ausdrücklich durch Gerichtsbeschluss beschränkt.[71]

3.2.4. Anforderungen an die Qualifikation von *provisional liquidators* und *official liquidators;* Haftpflichtversicherung

69   Die Verwalter sind Bevollmächtigte des Gerichts, *officers of the court* (sie stehen damit auch unter dem Schutz des Gerichts) und nur derjenige, der ein *qualified insolvency practitioner* ist, kann als *provisional liquidator* oder *official liquidator* bestellt werden. Die Qualifikationsvoraussetzungen für *qualified insolvency practitioners* sind in den *Insolvency Practitioners' Regulations 2018 („IPR")* geregelt. Zur Ernennung zum *official liquidator* ist nur derjenige befugt, der (a) in England und Wales, Schottland, Nordirland, der Republik Irland, Australien, Neuseeland oder Kanada als Verwalter zugelassen ist; oder (b) von einer offiziellen Einrichtung als Steuerberater zugelassen ist und bereits über eine mindestens fünfjährige Berufserfahrung mit 2.500 abrechenbaren Arbeitsstunden verfügt.[72]

70   Um zum *provisional liquidator* oder *official liquidator* ernannt zu werden, muss der Verwalter zudem eine eidesstattliche Versicherung abgeben, die bestätigt, dass er (a) seinen Wohnsitz auf den Cayman Islands hat;[73] (b) im Besitz einer Gewerbe- und Geschäftslizenz ist, die es ihm ermöglicht, beruflich als Verwalter tätig zu werden;[74] und (c) von der Gesellschaft, für die er als Verwalter ernannt werden möchte, unabhängig ist.[75] Gerichtlich bestellte *liquidators* müssen eine Berufshaftpflichtversicherung in einer Höhe von mindestens US $10 Millionen im Einzelfall und mindestens US $20 Millionen in der Gesamtsumme nachweisen können, mit einem Selbstbehalt von nicht mehr als US $1 Millionen.[76]

71   Ausländische Insolvenzverwalter (Verwalter, die nicht auf den Cayman Islands ansässig sind), die die übrigen Anforderungen erfüllen, können vom Gericht gemeinsam mit einem einheimischen Verwalter zum *liquidator* ernannt werden; allerdings nicht zum alleinigen *official liquidator*.[77] In der Praxis ist eine gemeinsame Bestellung von einem ausländischen und einem inländischen Verwalter-

---

[67] *Companies Law,* s 199 (3).
[68] *Companies Law,* s 119 (69).
[69] *Companies Law,* s 104.
[70] *Companies Law,* s 106.
[71] *Companies Law,* s 106.
[72] IPR, regulation 4(1)(b).
[73] IPR, regulation 5(1)(a).
[74] IPR, regulation 5(1)(b).
[75] IPR, regulation 6.
[76] IPR, regulation 7.
[77] IPR, regulation 8.

aufgrund der hohen Anzahl von „*exempted companies*" (solche Unternehmen, die zwar auf den Cayman Islands registriert, aber außerhalb der Inseln tätig sind) häufig zu beobachten.

3.3 Verwaltung und Verwertung der Insolvenzmasse, *administration and realisation of the estate*

Um die Vermögenswerte der Gesellschaft zu verwerten, kann der Verwalter (in manchen Fällen erst nach Genehmigung des Gerichts):[78] **72**
(a) die Geschäfte der Gesellschaft weiterführen, soweit es für eine erfolgreiche Abwicklung notwendig ist,
(b) für die Gesellschaft Rechtsstreitigkeiten führen,
(c) Vergleiche mit Gläubigern und *contributories*[79] schließen,
(d) das gesamte Eigentum der Gesellschaft durch Auktion oder freihändig verkaufen,
(e) Darlehen aufnehmen oder auf sonstige Weise Finanzmittel aufnehmen, sowie Sicherheiten über Vermögenswerte der Gesellschaft gewähren,
(f) Arbeitnehmer und Berater anstellen, die den Verwalter bei der Erfüllung seiner Aufgaben unterstützen,
(g) das Eigentum der Gesellschaft in Besitz nehmen und alle hierfür notwendigen Maßnahmen ergreifen,
(h) im Namen der Gesellschaft Urkunden ausfertigen,
(i) im Fall der Insolvenz eines *contributory*, Forderungen gegen diesen prüfen, bewerten und gegebenenfalls geltend machen,
(j) den Abschluss eines *scheme of arragement* fördern.

Darüber hinaus kann das Gericht auf Antrag des Verwalters Personen, die im Besitz von **Eigentum oder Dokumenten** der Gesellschaft sind, zur **Herausgabe** an den Verwalter anweisen.[80] **73**

Der Verwalter kann, sobald ausreichend Masse vorhanden ist, vorbehaltlich der Deckung anfallender Kosten, vorläufige oder endgültige **Abschlagszahlungen** an die Gläubiger vornehmen.[81] **74**

Der Verwalter muss seine Absicht, die **Schlussverteilung** vornehmen zu wollen, bekannt machen, sobald er das gesamte Vermögen der Gesellschaft verwertet hat oder dieses so weit verwertet ist, dass eine Weiterführung der Abwicklung zu einer unnötigen Verfahrensverlängerung führen würde und nicht verwertetes Vermögen in Sachwerten unter den Gläubigern verteilt wurde, wenn und soweit möglich.[82] **75**

Sobald die Abwicklung abgeschlossen wurde, muss der Verwalter **Bericht über die Verfahrensführung und die Vermögensverwertung** erstatten. Im Falle einer *voluntary liquidation* sollen die Verwalter eine letzte Gesellschafterversammlung zur Vorstellung des Berichts einberufen.[83] **76**

Im Falle einer *compulsory winding up* können die Verwalter, sofern sie der Ansicht sind, die Angelegenheiten der Gesellschaft seien vollständig abgewickelt, beim Gericht ihre **Entlassung** und die Anordnung der Löschung der Gesellschaft beantragen. Ab diesem Zeitpunkt endet die Existenz des Unternehmens. **77**

Bei einer *voluntary winding up* wird die Gesellschaft **drei Monate nachdem** die Beendigung der Liquidation gegenüber dem Handelsregister **angezeigt** wurde, **aufgelöst**. **78**

3.4 Sicherungsmaßnahmen vor Verfahrenseröffnung

3.4.1 Bestellung eines Inspektors

Die Gesellschafter eines Unternehmens können durch außerordentlichen Gesellschafterbeschluss oder durch Antrag beim *Grand Court* die **Einsetzung eines oder mehrerer Inspektoren**, *inspector(s)*, bewirken. Aufgabe des Inspektors oder der Inspektoren ist es, die **Geschäftsangelegenheiten der Gesellschaft zu untersuchen** und dem Gericht oder den in dem außerordentlichen Gesellschafterbeschluss benannten Personen **Bericht** über die Ergebnisse der Untersuchung zu erstatten.[84] **79**

Von der Möglichkeit, einen Inspektor einzusetzen, wird **selten Gebrauch gemacht**.[85] Dementsprechend gibt es keine Rechtspraxis oder Rechtsprechung zu der Frage, welche Anforderungen **80**

---

[78] *Companies Law,* s 110 und *Schedule* 3 und *Rules,* O.13, r.3 (7).
[79] → Rn. 39.
[80] *Companies Law,* s 138.
[81] *Rules,* O.18, r.2 und r.6.
[82] *Rules* O.18, r.7.
[83] *Companies Law,* s 127.
[84] *Companies Law,* s 64–s 66.
[85] So weit ersichtlich ist die einzige Gerichtsentscheidung zu dieser Frage *re Fortuna Development Corporation, (2004-05) CILR 197.*

ein Gericht an die Darlegungen der Gesellschafter für die Einsetzung eines Inspektors stellt. In der Praxis wird dem Gericht darzulegen sein, dass es zu fragwürdigem Geschäftsgebaren gekommen ist, welches einer näheren Untersuchung bedarf und dass die Geschäftsführung zu befangen ist, um die Untersuchung selbst durchzuführen.

81 Im Verfahren re Fortuna Development Corporation[86] wurde der Antrag auf Einsetzung eines Inspektors von einem Minderheitsgesellschafter gestellt, der gegen das Unternehmen und seine Geschäftsführer Vorwürfe wegen Betruges, gravierenden Missmanagements und Fehlverhaltens gegenüber der Gesellschafterminderheit erhob.

82 Wurde ein Inspektor bestellt, sind die **Führungskräfte und Vertreter der Gesellschaft verpflichtet,** diesem alle in ihrem Besitz befindlichen **Geschäftsbücher und -unterlagen zur Verfügung zu stellen.** Der Inspektor ist befugt, Führungskräfte und Vertreter der Gesellschaft unter Eid zu befragen.[87] Da es Aufgabe des Inspektors ist, die Geschäftsbücher des Unternehmens zu untersuchen, wird das Gericht in der Regel einen Wirtschaftsprüfer aus einer angesehenen Wirtschaftsprüfungsgesellschaft als Inspektor bestellen. Gleichermaßen werden Gesellschafter verfahren, wenn diese den Inspektor einsetzen, wenngleich sie **in der Auswahl der Person freie Hand** haben.

83 Die **Gebühren und Auslagen des Inspektors** werden, auch wenn er gerichtlich bestellt worden ist, von dem oder den Gesellschafter(n) beglichen, auf dessen/deren Antrag hin er bestellt wurde. Allerdings bestellt das Gericht den Inspektor regelmäßig unter dem Vorbehalt, dass die Kosten alternativ aus dem Vermögen der Gesellschaft beglichen werden.[88] Die Frage, wer die Gebühren und Auslagen des Inspektors trägt, wenn dieser durch die Gesellschafter bestellt wird, ist weder gesetzlich geregelt noch durch die Rechtsprechung geklärt.

84 Mit dem Abschluss der Untersuchung erstattet der Inspektor dem Gericht einen Bericht.[89] Dieser Bericht ist ein **zulässiges Beweismittel in jeder Art von Gerichtsverfahren** im Hinblick auf alle in dem Bericht angesprochenen Fragen. Der Bericht kann damit auch als Beweismittel in einem gerichtlichen Abwicklungsverfahren verwendet werden, wenn ein solches auf die Untersuchung folgt.[90]

3.4.2 Vorläufige Verwalter, *provisional liquidator* & „*Soft-touch liquidation*"

85 Der *Grand Court* kann in dem **Zeitraum zwischen dem Antrag auf Abwicklung und der Anhörung über die Verfahrenseröffnung** jederzeit einen oder mehrere vorläufige(n) Insolvenzverwalter, *provisional liquidator(s)* bestellen.[91] Der Antrag kann von einem Gläubiger oder einem *contributory*[92] gestellt werden. Die *CIMA*[93] kann die Bestellung unter folgenden Voraussetzungen beantragen:
(a) das Vorliegen der Voraussetzungen einer gerichtlichen Abwicklung wurde glaubhaft gemacht und
(b) die Bestellung eines vorläufigen Insolvenzverwalters ist notwendig, um
  (i) der Verschlechterung der Masse vorzubeugen,
  (ii) eine Benachteiligung von Minderheitsgesellschaftern zu verhindern, oder
  (iii) Missmanagement durch die Geschäftsführer vorzubeugen.

86 Der Antrag kann auch *ex parte*[94] von der Gesellschaft mit der Begründung gestellt werden, dass die Gesellschaft (drohend) zahlungsunfähig ist[95] und beabsichtigt, mit ihren Gläubigern einen Vergleich, *arrangement/compromise*, abzuschließen.

87 Die **Rechte und Pflichten des vorläufigen Insolvenzverwalters** werden durch das Gericht bestimmt, ebenso setzt das Gericht seine **Vergütung** fest. Stellt sich heraus, dass der vorläufige Insolvenzverwalter seiner **Aufgabe der Massesicherung** nicht nachkommen kann, beispielsweise weil die Geschäftsführung ihm den Zugang zu den Geschäftsbüchern verwehrt, kann der vorläufige

---

[86] Siehe vorherige Fußnote.
[87] *Companies Law*, s 65.
[88] *Companies Law*, s 66 (3).
[89] *Companies Law*, s 66 (1).
[90] *Companies Law*, s 68.
[91] *Companies Law*, s 104.
[92] Im Insolvenzfall nachschussverpflichtete Gesellschafter, → Rn. 39.
[93] Die Finanzaufsichtsbehörde der Cayman Islands, *Cayman Islands Monetary Authority (CIMA)*.
[94] Ohne Anhörung anderer betroffener Parteien.
[95] Gem. *Companies Law*, s 93 gilt eine Gesellschaft als zahlungsunfähig, wenn sie nicht mehr in der Lage ist, einen fälligen Betrag von mehr als $100 innerhalb von drei Wochen zu begleichen, wenn sie eine Forderung, zu deren Zahlung sie rechtskräftig verurteilt wurde, ganz oder teilweise nicht begleichen kann oder wenn das Gericht auf andere Weise zu der Überzeugung gelangt, dass die Gesellschaft nicht zahlungsfähig ist.

Insolvenzverwalter seine **Bestellung zum *official liquidator*** beantragen um die vollständige Kontrolle über das Unternehmen zu erlangen.[96]

Das Recht der Cayman Islands kennt keine Verfahren, die, vergleichbar dem US-amerikanischen *Chapter 11*-Verfahren oder dem englischen Verfahren *administration,* ein Moratorium auslösen, unter dessen Schutz eine Sanierung durchgeführt werden kann. Allerdings löst die **Bestellung eines vorläufigen Verwalters** ein Moratorium aus. Dessen Bestellung kann *ex parte*[97] erfolgen, wenn das Unternehmen zahlungsunfähig ist und beabsichtigt, mit seinen Gläubigern ein *arrangement* oder *compromise (scheme of arrangement)* abzuschließen.[98] Während des Moratoriums sind Vollstreckungshandlungen oder die (Wieder-)Aufnahme von Rechtsstreitigkeiten, auch die Einleitung strafrechtlicher Verfahren, **nur mit Genehmigung des Gerichts** möglich. Das Gericht kann eine solche Genehmigung auch unter Auflagen erteilen.[99] Bei dieser „Verfahrensvariante" erfolgt die Bestellung eines vorläufigen Insolvenzverwalters **zum Zwecke der Erlangung eines Moratoriums,** um unter dessen Schutz eine **Sanierung** im Wege eines *scheme of arrangement* zu erreichen, sie wird *„soft-touch" liquidation* genannt. Der vorläufige Insolvenzverwalter hat während des Moratoriums und der **Sanierungsbemühungen** des Unternehmens die Aufgabe, das Vermögen der Gesellschaft zu schützen. Sind die Sanierungsbemühungen erfolgreich und ein *arrangement* oder *scheme* vereinbart und wirksam, wird der *provisional liquidator* wieder abbestellt. 88

Zum Zwecke der unabhängigen Untersuchung der Geschäftsangelegenheiten eines Unternehmens können auf den *Cayman Islands* auch **vorläufige Insolvenzverwalter,** *provisional liquidators,* bestellt werden.[100] Diese vorläufigen Insolvenzverwalter werden wieder abbestellt, wenn die Untersuchungen abgeschlossen sind und das Gericht von der Solvenz des Unternehmens überzeugt ist. 89

Wird der Eröffnungsantrag von *contributories*[101] mit der Begründung gestellt, dass es billig und gerecht, *just and equitable,* sei, das Unternehmen abzuwickeln, so hat das Gericht die Möglichkeit, **alternativ zur Anordnung der Abwicklung** folgende **Maßnahmen** anzuordnen:[102] 90
(a) eine Anordnung über die künftige Führung der Geschäftsangelegenheiten;
(b) die Anordnung der Unterlassung oder Vornahme von Handlungen (Rechtsakten), auf die sich eine Beschwerde des Antragstellers gerichtet hat;
(c) die Aufnahme eines Zivilrechtsstreits im Namen des Unternehmens durch den Antragsteller entsprechend der Anordnungen des Gerichts; oder
(d) die Anordnung eines Anteilserwerbs; im Falle des Erwerbs durch das Unternehmen selbst mit einhergehender Kapitalherabsetzung.

Die Anordnung der obigen Maßnahmen ist **unabhängig von der Bestellung vorläufiger Insolvenzverwalter.** Vom *Grand Court* wurde die Anordnung solcher Maßnahmen unter anderem genutzt, um im Wege der Einberufung einer außerordentlichen Gesellschafterversammlung einen Wechsel in der Geschäftsführung zu erreichen.[103] Auf diesem Wege können die oben (a) bis (d) dargestellten möglichen Maßnahmen **zur Vermeidung einer Abwicklung** durch eine Änderung der Geschäftsführungsverhältnisse oder -kontrolle genutzt werden. 91

3.5 Wirkungen der Verfahrenseröffnung

Mit Beginn der „freiwilligen" Abwicklung, *voluntary liquidation,* stellt das Unternehmen seinen gewöhnlichen Geschäftsbetrieb insoweit ein, als dieser nicht für eine erfolgreiche Abwicklung, *beneficial winding up,* notwendig ist. Die Übertragungen von Gesellschaftsanteilen sind ab diesem Zeitpunkt unwirksam, es sei denn, sie werden mit Genehmigung des Verwalters vorgenommen. Vom Liquidationsstatus abgesehen bleibt der gesellschaftsrechtliche Status des Unternehmens bis zur Beendigung der Abwicklung unverändert erhalten. 92

Der oder die Verwalter übernehmen die Funktionen des Geschäftsführers; im Rahmen einer freiwilligen Abwicklung können sie auch ohne Zustimmung des Gerichts sämtliche Befugnisse ausüben, die dem *official liquidator* in der gerichtlich angeordneten Abwicklung zustehen.[104] Die Verwalter sind von Gesetzes wegen befugt, über das Vermögen des Unternehmens, den Betrieb oder Betriebsteile zu verfügen, benötigen hierzu allerdings die Zustimmung des Gerichts. 93

---

[96] *VC Computer Holdings Limited v Zukiapa Management Limited (Cayman Islands Court of Appeal (Civil) CACV03/2015, 21 April 2015, Chadwick, P.).*
[97] Ohne Anhörung anderer betroffener Parteien.
[98] *Companies Law,* s 104 (3).
[99] *Companies Law,* s 97.
[100] *In the matter of Ambow Education Holding Ltd. (FSD 50 of 2013, 26 June 2014 Jones J).*
[101] Im Insolvenzfall nachschussverpflichtete Gesellschafter, → Rn. 39.
[102] *Companies Law,* s 95 (3).
[103] *In the matter of Acorn International, Inc, (unreported, FSD 109 of 2014, 6 March 2015, Jones J).*
[104] *Rules,* O.12, r. 3(7), die Befugnisse ergeben sich aus dem *Third Schedule* des *Companies Law.*

94 **Bei der gerichtlich angeordneten Abwicklung** kann das Gericht in dem Zeitraum zwischen Antragstellung und Anhörung über den Antrag Rechtsstreitigkeiten oder Vollstreckungshandlungen gegen das Unternehmen nach Ermessen aussetzen oder unterbrechen bzw. deren Anhängigmachung untersagen; diese Wirkungen treten nach Erlass des Eröffnungsbeschlusses kraft Gesetzes ein, es sei denn, es wird eine anderslautende gerichtliche Genehmigung eingeholt.[105]

95 Mit Ergehen des Abwicklungsbeschlusses, *winding up order,* oder der Ernennung eines vorläufigen Verwalters, *provisional liquidator,* ist es aufgrund der gesetzlichen Bestimmungen nur mit Genehmigung des Gerichts möglich, Klage- oder sonstige Verfahren gegen die Gesellschaft einzuleiten oder fortzusetzen.

96 Alle **Verfügungen** der Gesellschaft, die vorgenommen wurden, nachdem die Abwicklung angeordnet wurde, sind – ebenso wie **Übertragungen von Gesellschaftsanteilen,** die im Zeitraum zwischen der Einreichung des Abwicklungsantrag und der Abwicklungsanordnung erfolgten – **unwirksam,** es sei denn das Gericht ordnet die Wirksamkeit an.[106]

97 Mit Erlass des Abwicklungsbeschlusses, *winding up order,* ernennt das Gericht eine oder mehrere Personen zu *official liquidators.* Die *official liquidators* haben mit Zustimmung des Gerichts die gesetzliche Befugnis, das Vermögen oder den gesamten Geschäftsbetrieb der Gesellschaft zu veräußern.[107]

98 Bei einer freiwilligen Abwicklung, *voluntary winding up,* besteht zwar kein automatischer Verfahrensstopp.[108] Jedoch ist es ebenfalls ab Ergehen des Abwicklungsbeschlusses, *winding up order,* oder der Ernennung eines vorläufigen Verwalters, *provisional liquidator,* aufgrund der gesetzlichen Bestimmungen nur noch mit Genehmigung des Gerichts möglich, Klage- oder sonstige Verfahren gegen die Gesellschaft einzuleiten oder fortzusetzen.

3.6. Gläubigerausschuss

99 Wie bereits erwähnt, ist es, sofern das Gericht nicht etwas gegenteiliges bestimmt, Aufgabe der *official liquidators* nach Erlass des **Eröffnungsbeschlusses,** *winding up order,* und der Bestellung der Verwalter, *liquidators,* einen **Gläubigerausschuss,** *liquidation committee* bzw. im Fall der solventen Liquidation einen **Gesellschafterausschuss** mit mindestens drei und höchstens fünf Mitgliedern einzurichten. In dem Fall, dass die Zahlungsfähigkeit der Gesellschaft nicht zweifelsfrei feststeht, muss ein Ausschuss gebildet werden, der aus mindestens drei und höchstens sechs Mitgliedern besteht, von denen die Mehrheit Gläubiger sein müssen.

100 Das *liquidation committee* berät den/die Verwalter und prüft die Vergütung des *official liquidator.*

3.7 Anmeldung und Feststellung von Forderungen, *proof of claims*

101 Wollen Gläubiger Forderungen im Verfahren geltend machen, sind sie dazu verpflichtet, dem Verwalter, *liquidator,* **Forderungsnachweise,** *proofs of debt,* zu übermitteln.[109] Die Kosten hierfür obliegen den Gläubigern. Der Verwalter kann weitere Nachweise sowie nähere Angaben zu den Forderungen verlangen.

102 Das Verfahren zur Prüfung von Forderungen ist in Beschluss 16 der „*CWR*" festgelegt. Das Verfahren ist wie folgt geregelt:
(a) die Gläubiger haben ab Zustellung der Mitteilung, dass eine Quote zu erwarten ist, eine Frist von 30 bis 60 Tagen, um eine Forderungsanmeldung einzureichen,[110]
(b) die Anmeldung muss alle notwendigen Nachweise enthalten, die das Bestehen und die Höhe des Anspruches nachweisen; der Verwalter kann sie dazu auffordern, weitere Nachweise zu liefern und nähere Angaben zu den Forderungen zu machen,
(c) nach Einreichung kann die Anmeldung – jeweils mit Zustimmung des Verwalters – zu jedem Zeitpunkt geändert oder zurückgenommen werden,
(d) die Anmeldung der Forderung kann von jedem anderen Gläubiger oder *contributory* eingesehen werden (hier bestehen Vertraulichkeitserfordernisse),
(e) der Verwalter, der hier in „quasi-richterlicher" Eigenschaft tätig wird, entscheidet über die Feststellung oder Ablehnung der Forderungen,
(f) hat ein Gläubiger Einwendungen gegen die Entscheidung des Verwalters, kann er das Gericht zur Überprüfung dieser Entscheidung anrufen.[111]

---

[105] *Companies Law,* s 97.
[106] *Companies Law,* s 99.
[107] *Companies Law,* s 110.
[108] *Companies Law,* s 97.
[109] *Companies Law,* s 139.
[110] Die Länge der Frist hängt davon ab, ob die Insolvenzverwalter die Absicht haben, eine Zwischen- oder Schlussverteilung vorzunehmen, siehe *Rules,* O.18, r. 6–7.
[111] Ebenda O.8, r. l.

3.8 Verteilung der Insolvenzmasse

Vor der **Schlussverteilung** müssen die Verwalter alle Gläubiger, deren Anschrift bekannt ist 103 und die noch keine Forderungen angemeldet haben, darüber benachrichtigen, dass eine Verteilung nach Ablauf von vier Monaten geplant ist. Im Anschluss daran werden alle Gläubiger darüber informiert, welcher Betrag zur Verteilung ansteht.

Anschließend kündigen die Verwalter die Verteilung gegenüber denjenigen Gläubigern an, die 104 Forderungen angemeldet haben. Die Ankündigung gibt Auskunft über den zur Verteilung anstehenden Betrag, die Quote und die Wahrscheinlichkeit einer weiteren Verteilung.

Bei der Berechnung der Quote müssen Verwalter **Rückstellungen** bilden für: 105
(a) Mögliche Ansprüche von Gläubigern, denen nicht ausreichend Zeit für die Anmeldung zur Verfügung stand,
(b) Streitige Forderungen,
(c) Noch zu erwartende Kosten des Verfahrens.

Gläubiger, die ihre Forderungen vor der Ankündigung der Verteilung nicht nachgewiesen haben, 106 sind nicht mehr berechtigt, in die Verteilung einzugreifen. Sobald jedoch eine Forderung festgestellt ist, die noch nicht bei der Verteilung berücksichtigt wurde, steht dem Gläubiger Befriedigung aus künftig zur Verteilung kommender Masse in gleichem Rang mit den bereits befriedigten Gläubigern zu. Eine Verteilung der Vermögenswerte im Wege einer **Sachausschüttung** ist mit gerichtlicher Zustimmung möglich, wenn der Verwalter Unveräußerlichkeit darlegt oder Gründe dafür vorbringt, weshalb die Sachausschüttung geboten ist.

Eventuell verbleibende Vermögenswerte *("contingent assets")* können auch durch Übertragung 107 oder Abtretung an eine neue Gesellschaft, an der die Gläubiger oder Gesellschafter beteiligt sind, verteilt werden.

Die Verteilung im Rahmen eines Vergleichs, *scheme of arrangement,* erfolgt entsprechend den 108 darin vorgesehenen Bestimmungen.

3.9 Rangfolge der der Gläubiger

Die Rangfolge, in der die Gläubiger befriedigt werden, ist gesetzlich vorgeschrieben.[112] 109

3.9.1 Bevorrechtigte Gläubiger, *preferred creditors*[113]

Alle bei einer Abwicklung ordnungsgemäß anfallenden **Kosten,** einschließlich der Vergütung 110 der Verwalter und Gerichtskosten, sind vorrangig gegenüber allen anderen Forderungen aus der Masse (in die zu diesem Zwecke keine Vermögenswerte mit eingerechnet werden, die mit *fixed charges,* Sicherheiten über bestimmte Vermögenswerte wie beispielsweise Hypotheken, belastet sind) zu begleichen.[114]

Den Verwaltergebühren und – auslagen folgen die bevorrechtigten Forderungen, zu denen 111 beispielsweise **Arbeitnehmer- und Steuerforderungen** aus den letzten 12 Monaten vor Verfahrensbeginn zählen. Bei der Abwicklung von Banken zählen hierzu ebenfalls *qualifying deposits.*[115] Diese Forderungen gehen auch Ansprüchen unter *floating charges*[116] vor.

Die vorgenannten Ansprüche werden im gleichen Rang nach dem Verhältnis ihrer Beträge 112 befriedigt.[117]

3.9.2 Gesicherte Gläubiger, *secured creditors*

Ein Gläubiger, dem Sicherheiten am gesamten Gesellschaftsvermögen oder einem Teil hier- 113 von zustehen, ist dazu berechtigt, seine Sicherheiten ohne Genehmigung des Gerichts und ohne Einbeziehung des Verwalters durchzusetzen. Verwalter können die Sicherungsgläubiger jedoch bei der Durchsetzung ihrer Sicherheiten unterstützen und unter Wahrung einer 28-tägigen Mitteilungsfrist die Sicherheiten in Höhe des vom Sicherungsgläubiger bezifferten Betrages ablösen.[118]

---

[112] Siehe allgemein Teil V, *Companies Law.*
[113] Siehe allgemein *Companies Law,* s 141 und *Schedule* 2.
[114] *Rules,* O.20.
[115] *Qualifying deposits* in einem Gesamtbetrag von bis zu $120.000 oder weniger: *In the matter of Caledonian Bank Limited (Grand Court of the Cayman Islands (Financial Services Division) FSD 27 of 2015, Smellie, CJ).*
[116] Zu deren Definition siehe den Länderbericht England und Wales, die englischen Rechtsprechungsregeln gelten entsprechend.
[117] *Companies Law,* s 140.
[118] *Rules,* O.17, r.2.

114 Hierbei ist wesentlich, dass der Sicherungsgläubiger bei der Forderungsanmeldung die Sicherheit **offenlegt**. Andernfalls gibt er seine Sicherheit zugunsten der Gläubigergemeinschaft auf; eine Rückgängigmachung der Aufgabe liegt dann im Ermessen des Gerichts.[119]

115 Der Gläubiger hat 21 Tage Zeit, um – wenn er dies wünscht – bei Gericht die Erlaubnis zu beantragen, den Wert seiner Sicherheit abzuändern.[120]

116 Falls der Wert des Sicherungsgutes strittig ist, können Verwalter verlangen, dass das Sicherungsgut auf abgestimmte Art und Weise zum Kauf angeboten wird. Wenn Verwalter Vermögenswerte für besicherte Gläubiger veräußern, sind sie berechtigt, ihre Vergütung vom Verkaufserlös einzubehalten.

3.9.3 Einfache Gläubiger, *unsecured creditors*

117 Ungesicherte Gläubiger werden nur an der Verteilung der Masse beteiligt, sofern nach vollständiger Befriedigung der bevorrechtigten Gläubiger, der gesicherten Gläubiger und der Inhaber von *floating charges*[121] noch ein Überschuss verbleibt.[122]

118 Die Verwalter können nur mit Billigung des Gerichts einen gesonderten Vergleich mit den einfachen Insolvenzgläubigern schließen. Das Gericht wird einen solchen Vergleich allerdings nicht billigen, es sei denn, dem Vergleich wird von einer Mehrheit der Gläubiger, die 75% der Forderungssumme auf sich vereinen, oder einer Gläubigergruppe in einer Versammlung zugestimmt.

3.9.4 Nachrangige Gläubiger, *lowest ranking creditors, subrogated creditors*

119 Es gibt zwei Arten nachrangiger Gläubiger:
(a) Gläubiger, die mit der Gesellschaft vereinbart haben, dass ihre Ansprüche nachrangig sind oder die auf sonstige Weise hinter die Ansprüchen anderer Gläubiger zurückgetreten sind;[123]
(b) Gesellschafter.

120 Jede Vereinbarung zwischen der Gesellschaft und einem Gläubiger, die vor der Abwicklung getroffen wurde und die Nachrangigkeit oder sonstige Rückstellung der Ansprüche des Gläubigers vorsieht, ist vom Verwalter als bindend zu betrachten und durchzusetzen.

121 Ausschüttungen an Gesellschafter dürfen erst nach Befriedigung aller Gläubiger erfolgen.[124] Die Ausschüttung erfolgt dabei gleichberechtigt *(„pari-passu")* entsprechend der Regelungen im Gesellschaftsvertrag.

3.10 Verträge im Insolvenzverfahren, Arbeitnehmerforderungen

122 Auf den Cayman Islands existieren **keine gesetzlichen Regelungen,** die Verwalter ermächtigen würden, hinsichtlich Verträgen eine **Nichterfüllung** zu wählen oder von Verträgen zurückzutreten. Folglich bieten sich Verwaltern nur die Möglichkeiten:
(a) den Vertrag seinen Bestimmungen gemäß auszuführen,
(b) den Vertrag seiner Kündigungsbestimmungen gemäß aufzulösen,
(c) den Vertrag zu verletzen (und Schadensersatzverpflichtungen auszulösen, die den Rang ungesicherter Forderungen erhalten).

123 Auch für **Arbeitsverträge** bestehen keine speziellen Regelungen für den Fall der Abwicklung, auch sie werden somit gemäß den allgemeinen Vorschriften behandelt. Um das Arbeitsverhältnis des Arbeitnehmers auflösen zu können, müssen sich die Insolvenzverwalter bei der Kündigung an die Bestimmungen des Arbeitsvertrages halten.

124 Arbeitnehmerforderungen sind **bevorrechtigte Forderungen.**[125] Diese umfassen unter anderem:
(a) Löhne, Gehälter und Sondervergütungen aus den letzten vier Monaten vor Beginn der Abwicklung,
(b) jegliche fälligen und von der Gesellschaft zu zahlenden Kranken- oder Rentenversicherungsbeiträge,

---

[119] *Rules,* O.17, r.1.
[120] *Rules,* O.17, r.2.
[121] Zu diesen siehe den Länderbericht England and Wales, die englischen Rechtsprechungsregeln gelten entsprechend.
[122] *Companies Law,* s 140.
[123] *Companies Law,* s 140(2); *Rules,* O.16, r.9.
[124] *Companies Law,* ebenda s 140(1).
[125] *Companies Law,* s 141 und *Schedule 2.*

(c) Abfindungen und Urlaubsentgeltfortzahlungen für Arbeitsverträge, die auf Grund der Abwicklung gekündigt wurden sowie
(d) Arbeitsunfallversicherungen.
Arbeitnehmer können zudem andere ihnen zustehende Forderungen im Rang eines ungesicherten Gläubigers gegen die Gesellschaft geltend machen.

4. Aufrechnung; Netting-Vereinbarungen, *set-off, netting agreements*

Vertraglich eingeräumte Rechte auf Aufrechnung, *set-off* oder *Netting*, bleiben, vorbehaltlich gegebenenfalls bestehender Verzichts- oder Einschränkungsvereinbarungen, im Abwicklungsfall bestehen.[126]

Ferner enthalten das *Companies Law*[127] und auch die *Rules* Vorschriften zur Aufrechnung, wobei die jeweils zwischen der Gesellschaft und den Gläubigern bestehenden Verbindlichkeiten zum Zeitpunkt des Beginns des Verfahrens berücksichtigt werden. Der sich daraus ergebende Differenzbetrag ist an die jeweils anspruchsberechtigte Partei zu zahlen. Der Aufrechnung steht es entgegen, wenn der Gläubiger zum Zeitpunkt der Fälligkeit seiner Forderung Kenntnis vom eingereichten und anhängigen Antrag auf Einleitung des Verfahrens hatte.[128]

Ein vom Gericht bestätigtes *scheme of arrangement* steht Aufrechnungsmöglichkeiten nur entgegen, wenn diese darin wirksam eingeschränkt oder ausgeschlossen wurden. Eine wirksame Einschränkung setzt dabei einen Mehrheitsbeschluss der Gläubiger sowie die Billigung des *Grand Court* voraus.

5. Insolvenzanfechtung

5.1 Betrügerische Gläubigerbegünstigung, *fraudulent prefrences*

Verwalter können beim *Grand Court* beantragen, Sicherheiten für ungültig zu erklären, wenn diese in der betrügerischen Absicht gewährt wurden, einen Gläubiger gegenüber anderen zu begünstigen.[129] Jede von der Gesellschaft innerhalb der letzten sechs Monate vor Beginn der Abwicklung gewährte Sicherheit kann angefochten werden, wenn der Verwalter nachweist, dass die insolvente Gesellschaft bei der Gewährung der Sicherheit davon geleitet war, einen Gläubiger bei der Befriedigung seiner Forderung zu begünstigen.[130] Die **Anforderungen** an die in diesem Fall **beim Verwalter liegende Beweislast sind hoch,** es sei denn, bei dem Begünstigten handelt es sich um eine der Gesellschaft **nahestehende Person,** *related party*, die gesetzlich als eine Person definiert wird, die Kontrolle über die Gesellschaft ausübt oder in Bezug auf finanzielle und operative Entscheidungen wesentlichen Einfluss ausübt.[131]

5.2 „Unter Wert"-Geschäfte, *transactions at an undervalue*

Nach den Vorschriften des **Fraudulent Dispositions Law (1996 Revision)** kann jede „Unter Wert"-Veräußerung von Gesellschaftsvermögen, die in der Absicht erfolgte, dadurch einem Gläubiger zu schaden, von einem beeinträchtigten Gläubiger angefochten werden.[132] Der Anwendungsbereich des Gesetzes ist dabei nicht nur auf Insolvenzverfahren beschränkt, sondern gilt für jegliche „Unter-Wert"- Geschäfte.

Der Begriff „unter Wert" wird definiert als
(a) Verfügung ohne Gegenleistung oder
(b) Verfügung, deren Gegenleistung im Betrag oder Geldwert erheblich niedriger ist als der Wert des Gegenstandes der Verfügung.[133]
Als Verfügung wird hierbei[134] jede Form der Auflassung, Übertragung, Abtretung, Vermietung, Hypothekengewährung, Verpfändung oder ein sonstiges Rechtsgeschäft definiert, durch das ein Recht begründet, übertragen oder aufgehoben wird.

---

[126] *Companies Law*, s 140(2).
[127] *Companies Law*, s 140(2).
[128] *Companies Law*, s 140(4).
[129] *Companies Law*, s 145.
[130] *Companies Law*, s 145(1).
[131] *Companies Law*, s 145(2).
[132] *Fraudulent Dispositions Law (1996 Revision)*, s 4.
[133] *Companies Law*, s 146 (1)(e) und siehe auch s 2 *Fraudulent Dispositions Law* für eine Definition des Begriffes *disposition*.
[134] *Companies Law*, s 146(1)(a) i. V. m. *Trust Law (2011)*.

Cayman Islands (Kaimaninseln) 133–139

133 Gelangt das Gericht zur Überzeugung, dass eine Verfügung unter Wert stattgefunden hat, die mit **Gläubigerschädigungsabsicht**[135] erfolgte, erklärt es die **Verfügung nur insoweit für unwirksam**, als es zur Befriedigung des Anspruchs desjenigen Gläubigers notwendig ist, dessen Anfechtung zur Teilnichtigkeit der Verfügung geführt hat. Das Gericht kann hierbei auch die dem Gläubiger entstandenen **Rechtsverfolgungskosten** berücksichtigen.

134 Alle Anfechtungsanträge unter dem *Fraudulent Disposition Law* müssen innerhalb einer **Frist von sechs Jahren,** gerechnet ab der Vornahme der gegenständlichen Verfügung, gestellt werden.

6. Internationales Insolvenzrecht

6.1 Comity

135 Teil XVII des *Companies Law* ermächtigt den *Grand Court,* Anordnungen zur Unterstützung in ausländischen Insolvenzverfahren zu erlassen. Diese Ermächtigung ist Ausdruck des auf den Cayman Islands seit jeher gepflegten Prinzips **des völkerrechtlichen Entgegenkommens,** der *comity.* Sie folgt im Grundsatz einigen der im UNICITRAL – Modellgesetz über grenzüberschreitende Insolvenzen – niedergelegten Grundsätze, allerdings ohne diese formell umzusetzen.

136 Dementsprechend gibt es **Einschränkungen des Umfangs, in dem das Gericht** ein ausländisches Insolvenzverfahren in Bezug auf einen Schuldner, der auf den Cayman Islands eingetragen oder niedergelassen ist, **anerkennt oder anderweitig Unterstützung gewährt,** insbesondere in Ermangelung eines Insolvenzverfahrens auf den Cayman Islands. Wenn jedoch ein Schuldner, der auf den Cayman Islands ansässig oder niedergelassen ist, Gegenstand eines ausländischen Konkursverfahrens ist, hat das Gericht unter bestimmten Umständen bereits von seinem Ermessen nach *common law* Gebrauch gemacht, dieses Verfahren anzuerkennen oder anderweitig Unterstützung in Bezug auf dieses Verfahren zu gewähren.

137 Die in Teil XVII des *Companies Law* enthaltene Definition ausländischer Insolvenzverfahren[136] schließt Verfahren zur Restrukturierung oder Sanierung mit ein. Auf Antrag eines **ausländischen Repräsentanten,** *foreign representative,* der als Treuhänder, Insolvenzverwalter oder sonstiger im Rahmen eines ausländischen Insolvenzverfahrens bestellter Amtsträger definiert wird, kann der *Grand Court* nach eigenem Ermessen ergänzende Anordnungen[137] zu ausländischen Insolvenzverfahren[138] erlassen.

138 Auf Antrag eines **ausländischen Repräsentanten,** *foreign representative,* der als Treuhänder, Insolvenzverwalter oder sonstiger im Rahmen eines ausländischen Insolvenzverfahrens bestellter Amtsträger definiert wird, kann der *Grand Court* nach eigenem Ermessen ergänzende Anordnungen[139] zu ausländischen Insolvenzverfahren[140] erlassen. Diese erfolgen zum Zwecke der: a) Anerkennung der Berechtigung, auf den Cayman Islands namens und im Auftrag des Schuldners bzw. in dessen Namen handeln zu dürfen; b) Untersagung der Aufnahme neuer oder Aussetzung anhängiger Gerichtsverfahren gegen den Schuldner; c) Aussetzung der Vollstreckung eines Urteils gegen den Schuldner; d) Vorladung von Personen, die sich im Besitz relevanter Informationen über die Geschäftsangelegenheiten des Schuldners befinden, zu dem Zwecke, dass diese vom ausländischen Repräsentanten befragt werden können und diesem die Unterlagen bereitgestellt werden und e) Übergabe von Schuldnervermögen an einen ausländischen Repräsentaten.

139 Das Gericht muss sich bei der Entscheidung, ob es unterstützende Anordnungen erteilt, von Erwägungen leiten lassen, die eine **wirtschaftliche und effektive Verwaltung des Schuldnervermögens** am besten gewährleisten. Diese müssen insbesondere im Einklang stehen mit a) der gerechten Behandlung von Gläubigern, ungeachtet dessen, wo diese ihren Wohnsitz haben; b) dem Schutz von *Cayman Island-Gläubigern* vor Diskriminierung oder anderen Beeinträchtigungen bei der Geltendmachung von Ansprüchen in ausländischen Insolvenzverfahren; c) der Vermeidung benachteiligender Verfügungen über die Masse; d) der Ausschüttung an Gläubiger nach Maßgabe der in Teil V vorgeschriebenen Rangstufen; e) der Anerkennung und Durchsetzung der durch den Schuldner begründeten Sicherheitsrechte; f) der Nicht-Durchsetzung ausländischer Steuern, Bußgelder und Strafen und g) dem Prinzip völkerrechtlichen Entgegenkommens, *comity.*[141]

---

[135] Der *Grand Court* muss zu der Überzeugung gelangen, dass das Geschäft in *bad faith,* bösem Glauben getätigt wurde, *Companies Law,* s 146 (5).
[136] *Companies Law,* s 240.
[137] *Companies Law,* s 241.
[138] Insolvenzverfahren, die am Ort der Registrierung der schuldnerischen Gesellschaft eröffnet wurden.
[139] *Companies Law,* s 241.
[140] Insolvenzverfahren, die am Ort der Registrierung der schuldnerischen Gesellschaft eröffnet wurden.
[141] *Companies Law,* s 242.

Sind **mehrere Gesellschaften** Gegenstand des ausländischen Insolvenzverfahrens, wird dies **140** dem Handelsregister vom Verwalter, oder, wenn ein solcher nicht bestellt ist, der Geschäftsführung innerhalb von 14 Tagen nach Beginn des ausländischen Insolvenzverfahrens mitgeteilt und im Amtsblatt, der *Cayman Islands Gazette,* veröffentlicht.

6.2 Foreign Judgments (Reciprocal Enforcement) Law (1996 Revison)

Die Cayman Islands haben ein Gesetz zur gegenseitigen Durchsetzung ausländischer Urteile, **141** *Foreign Judgments (Reciprocal Enforcement) Law (1996 Revision),* erlassen, das den rechtlichen Rahmen für die Anerkennung ausländischer Urteile bereit stellt. Allerdings wurde die Anwendbarkeit dieses Gesetzes bislang lediglich auf bestimmte Bundesstaaten und Territorien Australiens erstreckt, folglich bestimmt sich die Anerkennung und Vollstreckung sonstiger ausländischer Urteile nach den Grundsätzen des *Common Law,* insbesondere danach, ob nach dem Recht der Cayman Islands die Zuständigkeit des Ausgangsgerichts gegeben war.

6.3 Internationale Protokolle, Kommunikation und Zusammenarbeit des *Grand Court* mit ausländischen Insolvenzgerichten

Der *Grand Court* kann internationalen Protokollen[142] beitreten und hat grenzüberschreitenden **142** Protokollen zu verschiedenen Zwecke zugestimmt, unter anderem zum Zwecke der Zusammenfassung, *pooling,* von Vermögenswerten, dem Austausch von Informationen sowie der Zuordnung der Verantwortungsbereiche unter Verwaltern verschiedener Rechtsordnungen, um Arbeitsdopplungen zu vermeiden und damit Kosten einzusparen.

Der *Grand Court* hat auch schon vorläufige Verwaltungen für Unternehmen mit dem Ziel **143** angeordnet, hierdurch Restrukturierungen nach ausländischem Recht, beispielsweise durch *Chapter 11*-Verfahren in den USA, zu ermöglichen. Zudem hat sich der *Grand Court* in der Praxis mit ausländischen Insolvenzgerichten abgestimmt, unter anderem solchen aus England, den USA oder Luxemburg, sowie gemeinsame Anhörungstermine mit ausländischen Gerichten abgehalten.

7. COVID-19 Maßnahmen

Die Cayman Islands haben keine wesentlichen Gesetze im Zusammenhang mit COVID-19 **144** verabschiedet, allerdings wurden einige Änderungen in Bezug auf Gerichtsverfahren vorgenommen.

---

[142] *Companies Law,* s 243.

Cayman Islands (Kaimaninseln)

Gerichtlich angeordnete Abwicklung, *compulsory winding-up*

Stellen des Eröffnungsantrags beim Grand Court durch das Unternehmen selbst, einen nachschussverpflichteten Gesellschafter (*contributory*), oder Gläubiger (auch Gläubiger bedingter oder künftiger Forderungen) unter Beifügung der erforderlichen Unterlagen

↓

Zustellung des Antrags an das Unternehmen an seinem Registersitz sowie Veröffentlichung (in einer auf den Cayman Islands veröffentlichten Zeitung und, wenn das Unternehmen andernorts Geschäftstätigkeiten nachgeht, in einer Zeitung eines Landes, in dem die Wahrscheinlichkeit, dass Gläubiger von der Veröffentlichung Kenntnis erhalten, am höchsten ist)

↓

Gerichtlicher Anhörungstermin – üblicherweise 30 Tage nach Antragstellung; gegebenenfalls Bestellung eines oder mehrerer vorläufiger Verwalter

↓

Eröffnungsbeschluss, Bestellung des oder der Verwalter als *official liquidator(s)*

↓

Ggf. Bestellung eines Gläubigerausschusses bestehend aus mindestens 3, höchstens aber 5 Mitgliedern → Innerhalb von 28 Tagen nach Erlass des Eröffnungsbeschlusses: Bekanntgabe der Bestellung des oder der Verwalter im Amtsblatt *Cayman Islands Gazette* und den Publikationen, in denen schon die Antragstellung veröffentlicht wurde; gleichzeitig Aufforderung der Gläubiger zur Forderungsanmeldung

↓

Sicherung und Verwertung der Masse durch den oder die *official liquidator(s)*, Prüfen der von den Gläubigern angemeldeten Forderungen, Feststellung oder Ablehnung der Forderungen

↓

Bei Abwicklung einer **insolventen** Gesellschaft: Verteilung der Masse an die Gläubiger *pari passu*, zu gleichen Teilen im jeweils selben Rang in der gesetzlich vorgeschriebenen Rangfolge der verschiedenen Gläubigerklassen

Bei Abwicklung einer **solventen** Gesellschaft (auch wenn eine *voluntary liquidation* auf Antrag unter gerichtliche Aufsicht gestellt wurde): Verwendung der Liquidationserlöse nach Begleichung der Kosten des oder der *official liquidator(s)* zur vollen Befriedigung der Gläubiger, ein Überschuss wird entsprechend der gesellschaftsvertraglichen Regelungen an die Gesellschafter ausgekehrt

↓

Nach Abschluss der Abwicklung des Unternehmens erstellen der oder die *official liquidator(s)* einen Verfahrensbericht und können im Anschluss hieran bei Gericht ihre Entlassung aus dem Verwalteramt und die Auflösung der Gesellschaft durch Gerichtsbeschluss beantragen.

Cayman Islands (Kaimaninseln)

Die Abwicklung solventer Gesellschaften, Liquidation, voluntary winding-up

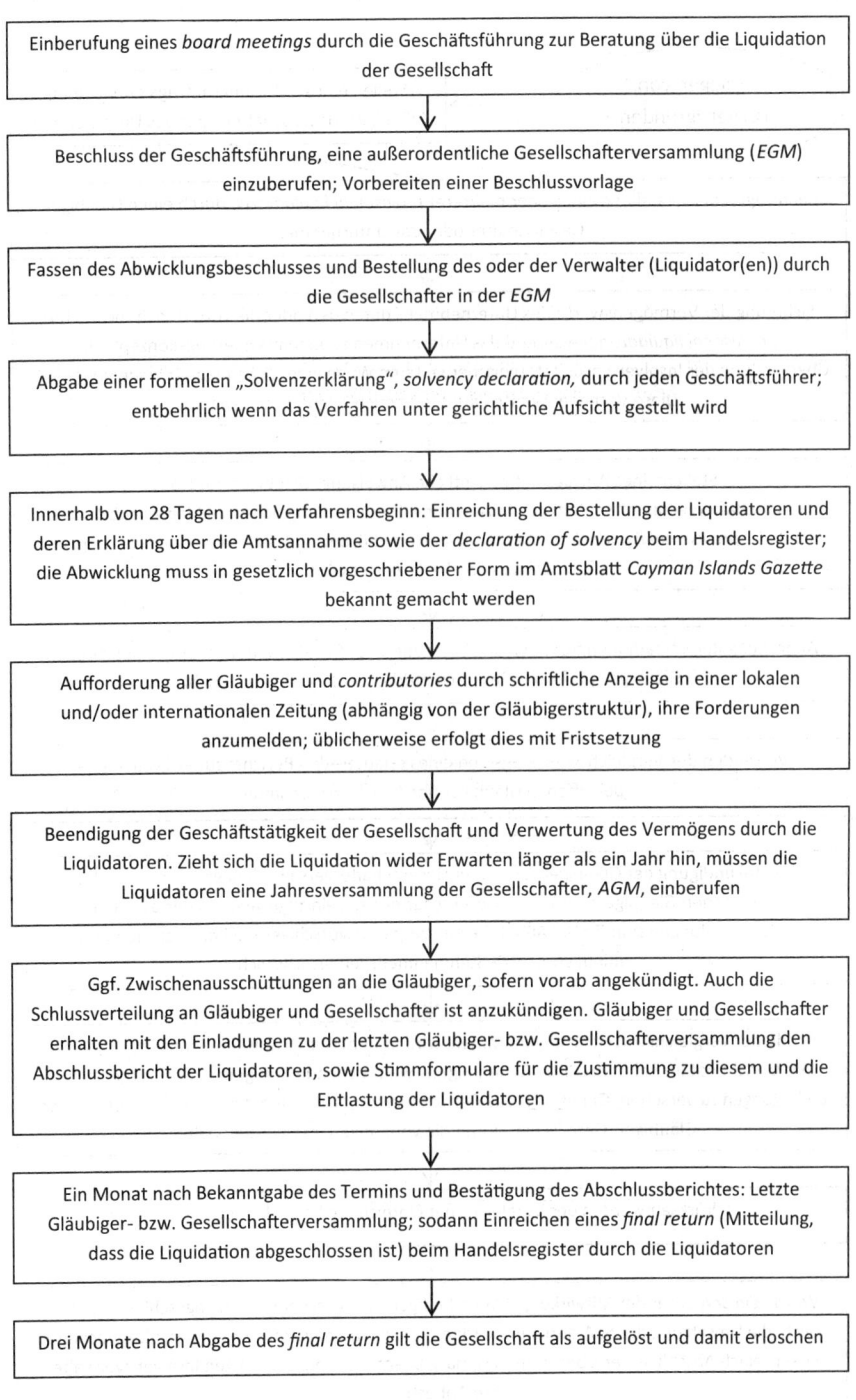

Cayman Islands (Kaimaninseln)

Sanierung durch Bestellung eines vorläufigen Insolvenzverwalters, *Provisional Liquidator*

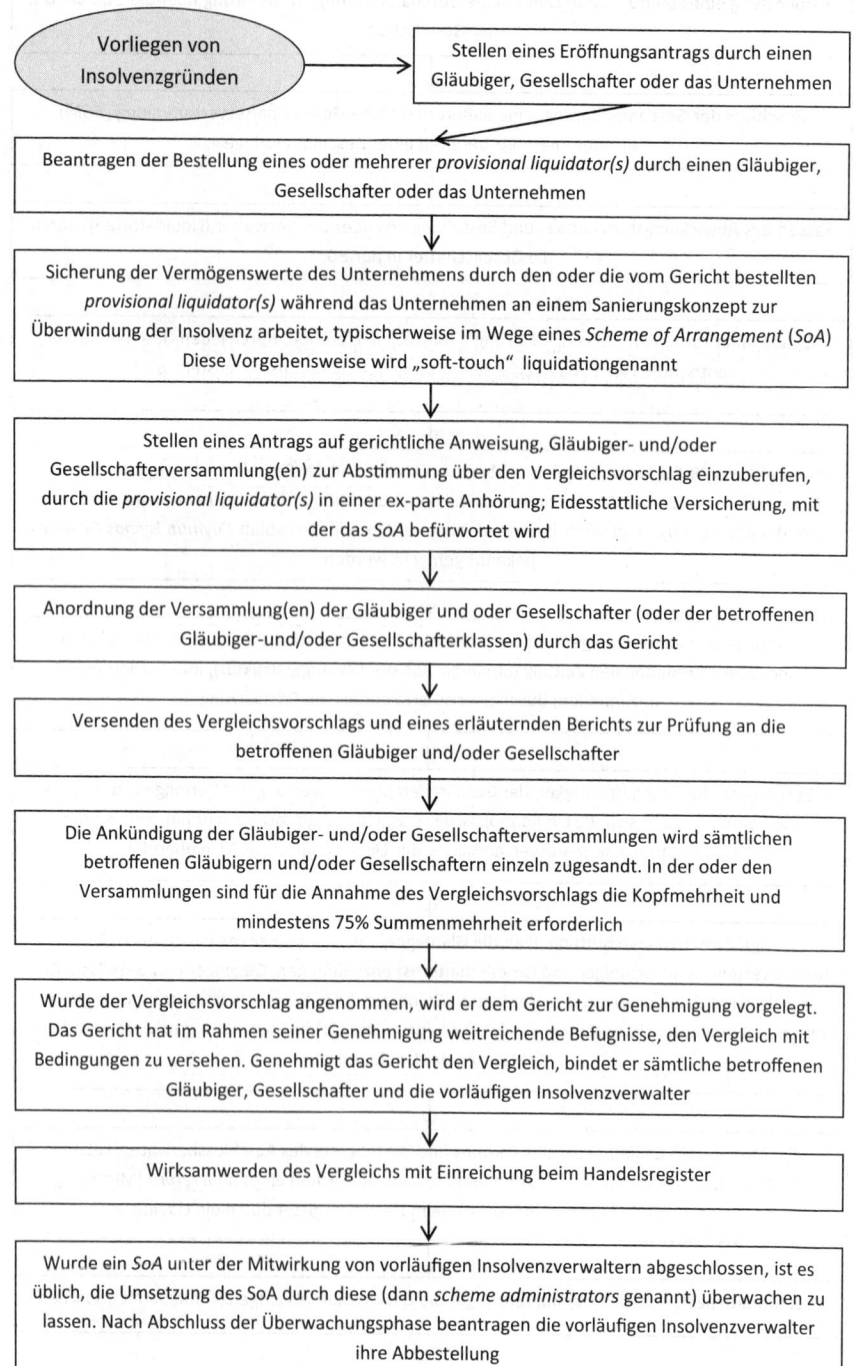

Cayman Islands (Kaimaninseln)

Privatinsolvenzverfahren

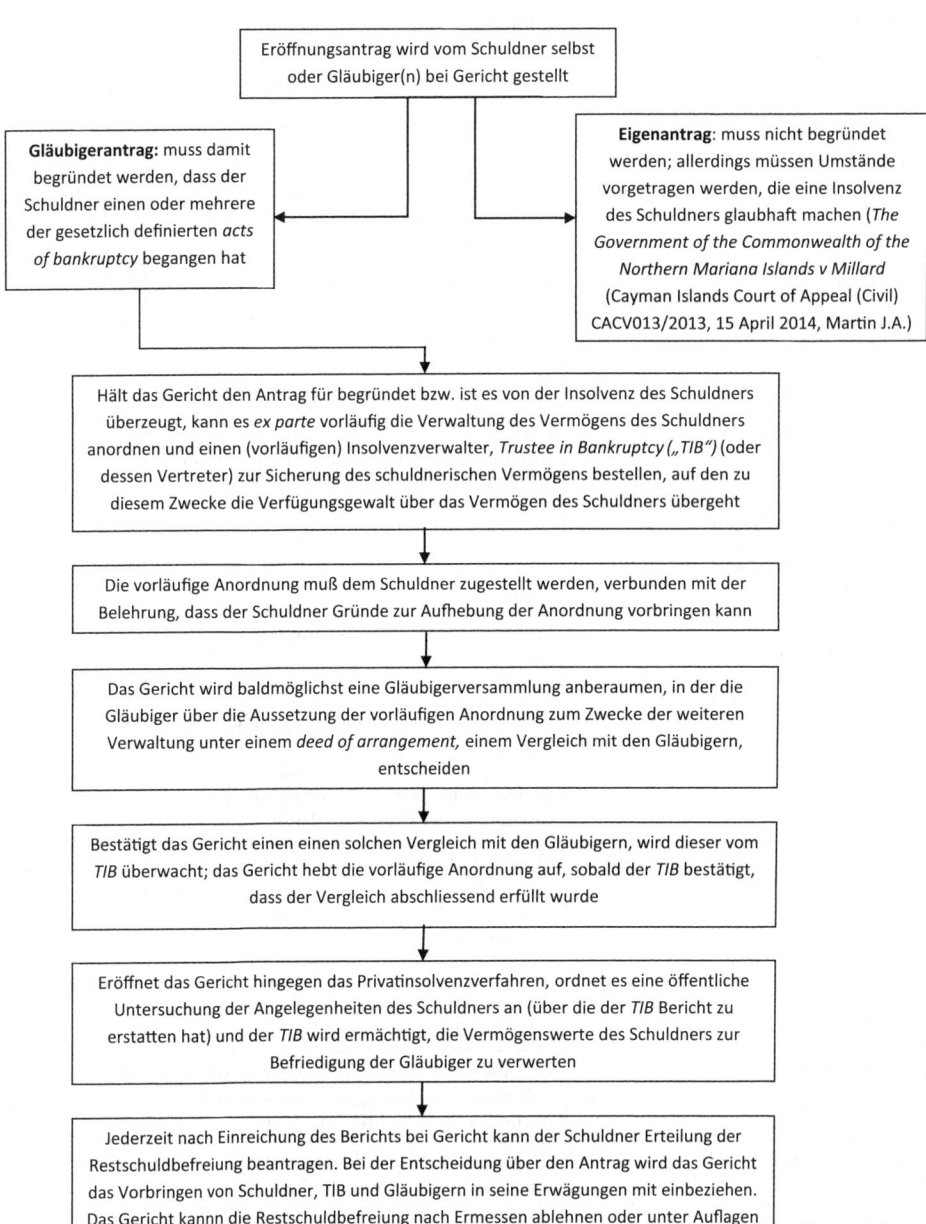

Cayman Islands (Kaimaninseln)

Glossar

Englisch	Deutsch	Rn.
Act of Bankruptcy	Insolvenzhandlung (Voraussetzung der Einleitung des Privatinsolvenzverfahrens)	40
Affidavit	Eidesstattliche Erklärung	24, 111
Arrangement	Vergleich der Gesellschaft mit ihren Gläubigern/Gesellschaftern, Sanierungsvereinbarung, auch *scheme of arrangement* oder *compromise*	8, 37, 51, 54, 99, 105 ff.
Bankruptcy	Privatinsolvenzverfahren	8, 37 ff.
Bankruptcy petition	Antrag auf Durchführung des Privatinsolvenzverfahrens	38
Board meeting	Exekutivorgan, Treffen des Exekutivorgans	28
Cayman Islands Court of Appeal	Berufungsgericht in Insolvenzsachen, zuständig für Berufungen gegen Entscheidungen des *Grand Court*	9
Cayman Islands Gazette	Amtsblatt der Cayman Islands	31
Cayman Islands Monetary Authority (CIMA)	Finanzaufsichtsbehörde der Cayman Islands	4
Comity	Völkerrechtliches Entgegenkommen, Prinzip des	113, 115
Companies Law (2013 Revision)	Das Unternehmensgesetz der Cayman Islands, in dem auch das Unternehmensinsolvenzrecht geregelt ist	7, 16 ff., 33
Companies Winding Up Rules	Verfahrensrecht zum Unternehmensinsolvenzrechts der Cayman Islands	7, 16 ff.
Compromise	Vergleich der Gesellschaft mit ihren Gläubigern/Gesellschaftern, Sanierungsvereinbarung, auch *arrangement* oder *scheme of arrangement*.	8, 51, 106 ff.
Compulsory winding up	Abwicklung, gerichtlich angeordnete Abwicklung, vergleichbar dem deutschen Regelinsolvenzverfahren	7, 13, 19, 76
Contributory	Gesellschafter oder andere Person, die im Fall der Abwicklung einer Gesellschaft nachschussverpflichtet sein kann	39
Declaration of solvency	Solvenzerklärung, Erklärung über die Zahlungsfähigkeit der Gesellschaft	7, 17, 30
Deed of arrangement	Vergleich im Privatinsolvenzverfahren	44
Director	Geschäftsführer, Exekutivorgan einer Gesellschaft	28, 29, 30
Ex parte	Anordnung des Gerichts ohne vorherige Anhörung betroffener Parteien	42, 51
Exempted Company	Gesellschaft, die zwar auf den Cayman Islands eingetragen ist, ihrer Geschäftstätigkeit aber hauptsächlich außerhalb der Cayman Islands nachgeht	33

Cayman Islands (Kaimaninseln)

Englisch	Deutsch	Rn.
Exempted Limited Partnership	Partnerschaftsgesellschaft, die gemäß des *Exempted Limited Partnership Law (2013 Revision)* auf den Cayman Islands registriert ist	7
Existing Company	Gesellschaft, die vor dem 1. Dezember 1961 auf den Cayman Islands eingetragen wurde	16
Extraordinary General Meeting (EGM)	Außerordentliche Gesellschafterversammlung	28
Financial Services Division	Insolvenzgericht, die dort (beim *Grand Court*) für Insolvenzsachen zuständige Abteilung	9
Fixed Charge	Sicherheit, unter der genau bestimmtes Vermögen (z. B. ein Grundstück oder Maschinen) für die Rückzahlung einer Schuld haftet, wenn der Schuldner mit der Rückzahlung des Darlehens ausfällt	82
Floating Charge	Sicherheit, bei der einer Klassen von Vermögenswerten oder sämtliche Vermögenswerte eines Unternehmens in ihrem wechselnden Bestand für die Rückzahlung einer Schuld haften	83, 85
Foreign representative	Ausländischer Repräsentant, Treuhänder Insolvenzverwalter o.ä. in ausländischen Insolvenzverfahren	114
Fraudulent Preference	Gläubigerbegünstigung, betrügerische Gläubigerbegünstigung	100
Grand Court	Insolvenzgericht, dort Zuständigkeit der *Financial Services Division*	8, 16
Inspector	Inspektor, der vor Eröffnung des Insolvenzverfahrens durch die Gesellschafter eingesetzt wird und die Aufgabe hat, die Geschäftsangelegenheiten der Gesellschaft zu prüfen	46 ff.
Joint appointment	Gemeinsame Bestellung, mehrerer Verwalter in demselben Verfahren	11, 12, 13, 14
Liquidation committee	Gläubigerausschuss	61, 67
Liquidator	Verwalter	10 ff.
Meeting of creditors	Gläubigerversammlung	44, 45, 66 ff.
Member	Gesellschafter (nachschussverpflichteter Gesellschafter siehe *contributory*)	8, 106
Netting	Verrechnung von Forderungen im Finanzwesen	98
Officer of the court	Bevollmächtigter des Gerichts (Verwalter kann in dieser Rolle bestellt werden)	15
Official liquidator	Verwalter, gerichtlich bestellt im Verfahren *compulsory winding up* sowie *voluntary winding up*, wenn dieses Verfahren der Aufsicht des *Grand Court* unterstellt wird	13
Pari passu	Prinzip der Gleichbehandlung aller Gläubiger im Hinblick auf die zu verteilenden Vermögenswerte	62
Partnership	Partnerschaftsgesellschaft	7
Preferred creditor	Gläubiger, bevorrechtigter	82

Cayman Islands (Kaimaninseln)

Englisch	Deutsch	Rn.
Proof of debt	Forderungsanmeldung – und -feststellung	64
Provisional liquidator	Verwalter, vorläufiger	12
Proxy	Vollmacht, Stellvertretung auf Basis einer	70
Registrar of Companies	Handelsregister der Cayman Islands	31
Scheme of arrangement	Vergleich der Gesellschaft mit ihren Gläubigern/Gesellschaftern, Sanierungsvereinbarung, auch *arrangement* oder *compromise*	53, 54, 105 ff.
Secured Creditor	Gläubiger, gesicherter	79 ff.
Segregated Portfolio Companie (SPC)	*Exempted Company* mit voneinander isolierten Portfolien, die nicht für die Verbindlichkeiten der anderen Portfolien haften	78
Set-off	Aufrechnung, siehe auch *Netting*	98
Setting aside antecedent transactions	Insolvenzanfechtung, Anfechtung von Rechtsgeschäften	100 ff.
Soft-touch liquidation	Sanierungsverfahren, in dem ein *provisional liquidator* bestellt wird um unter dem Schutz eines Moratoriums ein *scheme of arrangement* zu erreichen	54
Statement of assets and liabilities	Erklärung über das Vermögen und die Verbindlichkeiten eines Schuldners	43
Statutory demand	Mahnbescheid, Zahlungsaufforderung	23
Subrogated creditor	Gläubiger, nachrangiger	86 ff.
Transaction at an undervalue	Unter-Wert-Veräußerung	101
Trustee in Bankruptcy	Treuhänder im Privatinsolvenzverfahren	42, 43
Unsecured creditor	Gläubiger, einfacher (ungesicherter)	85
Voluntary liquidator	Verwalter im Verfahren der *voluntary winding up*	11
Voluntary winding up, auch voluntary liquidation	Abwicklung, freiwillige Unternehmensabwicklung solventer Gesellschaften, vergleichbar der deutschen Liquidation	17, 18
Winding up order	Eröffnungsbeschluss	34, 61
Winding up petition	Eröffnungsantrag	20

Glossar

Deutsch	Englisch	Rn.
Insolvenzhandlung (Voraussetzung der Einleitung des Privatinsolvenzverfahrens)	Act of Bankruptcy	40
Eidesstattliche Erklärung	Affidavit	24, 111
Vergleich der Gesellschaft mit ihren Gläubigern/Gesellschaftern, Sanierungsvereinbarung, auch *scheme of arrangement* oder *compromise*	Arrangement	8, 37, 51, 54, 99, 105 ff.
Privatinsolvenzverfahren	Bankruptcy	8, 37 ff.
Antrag auf Durchführung des Privatinsolvenzverfahrens	Bankruptcy petition	38
Exekutivorgan, Treffen des Exekutivorgans	Board meeting	28
Berufungsgericht in Insolvenzsachen, zuständig für Berufungen gegen Entscheidungen des *Grand Court*	Cayman Islands Court of Appeal	9

Cayman Islands (Kaimaninseln)

Deutsch	Englisch	Rn.
Amtsblatt der Cayman Islands	Cayman Islands Gazette	31
Finanzaufsichtsbehörde der Cayman Islands	Cayman Islands Monetary Authority (CIMA)	4
Völkerrechtliches Entgegenkommen, Prinzip des	Comity	113, 115
Das Unternehmensgesetz der Cayman Islands, in dem auch das Unternehmensinsolvenzrecht geregelt ist	Companies Law (2013 Revision)	7, 16 ff., 33
Verfahrensrecht zum Unternehmensinsolvenzrechts der Cayman Islands	Companies Winding Up Rules	7, 16 ff.
Vergleich der Gesellschaft mit ihren Gläubigern/Gesellschaftern, Sanierungsvereinbarung, auch *arrangement* oder *scheme of arrangement*.	Compromise	8, 51, 106 ff.
Abwicklung, gerichtlich angeordnete Abwicklung, vergleichbar dem deutschen Regelinsolvenzverfahren	Compulsory winding up	7, 13, 19, 76
Gesellschafter oder andere Person, die im Fall der Abwicklung einer Gesellschaft nachschussverpflichtet sein kann	Contributory	20, 50, 65, 71
Solvenzerklärung, Erklärung über die Zahlungsfähigkeit der Gesellschaft	Declaration of solvency	7, 17, 30
Vergleich im Privatinsolvenzverfahren	Deed of arrangement	44
Geschäftsführer, Exekutivorgan einer Gesellschaft	Director	28, 29, 30
Anordnung des Gerichts ohne vorherige Anhörung betroffener Parteien	Ex parte	42, 51
Gesellschaft, die zwar auf den Cayman Islands eingetragen ist, ihrer Geschäftstätigkeit aber hauptsächlich außerhalb der Cayman Islands nachgeht	Exempted Company	33
Partnerschaftsgesellschaft, die gemäß des *Exempted Limited Partnership Law (2013 Revision)* auf den Cayman Islands registriert ist	Exempted Limited Partnership	7
Gesellschaft, die vor dem 1. Dezember 1961 auf den Cayman Islands eingetragen wurde	Existing Company	16
Außerordentliche Gesellschafterversammlung	Extraordinary General Meeting (EGM)	28
Insolvenzgericht, die dort (beim *Grand Court*) für Insolvenzsachen zuständige Abteilung	Financial Services Division	9
Sicherheit, unter der genau bestimmtes Vermögen (z. B. ein Grundstück oder Maschinen) für die Rückzahlung einer Schuld haftet, wenn der Schuldner mit der Rückzahlung des Darlehens ausfällt	Fixed Charge	82
Sicherheit, bei der einer Klassen von Vermögenswerten oder sämtliche Vermögenswerte eines Unternehmens in ihrem wechselnden Bestand für die Rückzahlung einer Schuld haften	Floating Charge	83, 85

Cayman Islands (Kaimaninseln)

Deutsch	Englisch	Rn.
Ausländischer Repräsentant, Treuhänder Insolvenzverwalter o.ä. in ausländischen Insolvenzverfahren	Foreign representative	114
Gläubigerbegünstigung, betrügerische Gläubigerbegünstigung	Fraudulent Preference	100
Insolvenzgericht, dort Zuständigkeit der *Financial Services Division*	Grand Court	8, 16
Inspektor, der vor Eröffnung des Insolvenzverfahrens durch die Gesellschafter eingesetzt wird und die Aufgabe hat, die Geschäftsangelegenheiten der Gesellschaft zu prüfen	Inspector	46 ff.
Gemeinsame Bestellung, mehrerer Verwalter in demselben Verfahren	Joint appointment	11, 12, 13, 14
Gläubigerausschuss	Liquidation committee	61, 67
Verwalter	Liquidator	10 ff.
Gläubigerversammlung	Meeting of creditors	44, 45, 66 ff.
Gesellschafter (nachschussverpflichteter Gesellschafter siehe *contributory*)	Member	8, 106
Verrechnung von Forderungen im Finanzwesen	Netting	98
Bevollmächtigter des Gerichts (Verwalter kann in dieser Rolle bestellt werden)	Officer of the court	15
Verwalter, gerichtlich bestellt im Verfahren *compulsory winding up* sowie *voluntary winding up*, wenn dieses Verfahren der Aufsicht des *Grand Court* unterstellt wird	Official liquidator	13
Prinzip der Gleichbehandlung aller Gläubiger im Hinblick auf die zu verteilenden Vermögenswerte	Pari passu	62
Partnerschaftsgesellschaft	Partnership	7
Gläubiger, bevorrechtigter	Preferred creditor	82
Forderungsanmeldung – und -feststellung	Proof of debt	64
Verwalter, vorläufiger	Provisional liquidator	12
Vollmacht, Stellvertretung auf Basis einer	Proxy	70
Handelsregister der Cayman Islands	Registrar of Companies	31
Vergleich der Gesellschaft mit ihren Gläubigern/Gesellschaftern, Sanierungsvereinbarung, auch *arrangement* oder *compromise*	Scheme of arrangement	53, 54, 105 ff.
Gläubiger, gesicherter	Secured Creditor	79 ff.
Exempted Company mit voneinander isolierten Portfolien, die nicht für die Verbindlichkeiten der anderen Portfolien haften	Segregated Portfolio Companie (SPC)	78
Aufrechnung, siehe auch *Netting*	Set-off	98
Insolvenzanfechtung, Anfechtung von Rechtsgeschäften	Setting aside antecedent transactions	100 ff.
Sanierungsverfahren, in dem ein *provisional liquidator* bestellt wird um unter dem Schutz eines Moratoriums ein *scheme of arrangement* zu erreichen	Soft-touch liquidation	54
Erklärung über das Vermögen und die Verbindlichkeiten eines Schuldners	Statement of assets and liabilities	43

Cayman Islands (Kaimaninseln)

Deutsch	Englisch	Rn.
Mahnbescheid, Zahlungsaufforderung	Statutory demand	23
Gläubiger, nachrangiger	Subrogated creditor	86 ff.
Unter-Wert-Veräußerung	Transaction at an undervalue	101
Treuhänder im Privatinsolvenzverfahren	Trustee in Bankruptcy	42, 43
Gläubiger, einfacher (ungesicherter)	Unsecured creditor	85
Verwalter im Verfahren der *voluntary winding up*	Voluntary liquidator	11
Abwicklung, freiwillige Unternehmensabwicklung solventer Gesellschaften, vergleichbar der deutschen Liquidation	Voluntary winding up, auch voluntary liquidation	17, 18
Eröffnungsbeschluss	Winding up order	34, 61
Eröffnungsantrag	Winding up petition	20

Chile

bearbeitet von *Úrsula Andrea Retamal Márquez*, Abogada (Universidad de Concepción) und Dr. *Marvin Knapp* (Freshfields Bruckhaus Deringer Rechtsanwälte Steuerberater PartG mbH)

Übersicht

	Rn.
1. Gesetzessammlungen, Schrifttum und Informationsquellen	1
1.1 Gesetzessammlungen	1
1.2 Schrifttum	4
1.3 Informationsquellen	5
2. Einleitung	9
2.1 Gesetzliche Grundlagen	12
2.2 Unterschiedliche Verfahrenstypen	14
2.3 Präventive Restrukturierung	17
2.4 Finanzielle Restrukturierung	21
2.5 Spezielle Regelungen für Insolvenzen von Finanzinstituten und Versicherungen	22
2.6 Konzerninsolvenzen	43
2.7 Verbraucherinsolvenzverfahren	44
3A. Wesentliche Verfahrensmerkmale des Insolvenzverfahrens – *Reorganización*	60
3.1 Eröffnung des Verfahrens	60
3.1.2 Eröffnungsgründe	62
3.1.2.1 Prüfung der Eröffnungsgründe	63
3.1.2.2 Antragspflicht bei Vorliegen von Eröffnungsgründen; Folgen der Verletzung der Antragspflicht	64
3.1.3 Antragsbefugnis	66
3.2 Rolle der Gerichte	67
3.3 Insolvenzverwalter	74
3.3.1 Überwachung des Insolvenzverwalters	79
3.4 Verwaltung und Verwertung der Masse	82
3.5 Fortführung durch den Schuldner oder Verwalter	84
3.6 Sicherungsmaßnahmen vor Verfahrenseröffnung	89
3.7 Wirkungen der Verfahrenseröffnung auf Rechtsverfolgungsmaßnahmen einzelner Gläubiger	91
3.8 Wirkungen der Verfahrenseröffnung auf laufende Gerichts-/ oder Schiedsverfahren	92
3.9 (Automatisches) oder gerichtlich anzuordnendes Moratorium	93
3.10 Organe der Gläubiger	94
3.11 Forderungsanmeldung, Feststellung oder Bestreiten von Forderungen	96
3.12 Verteilung der Masse	101

	Rn.
3.12.1 Massegläubiger	102
3.12.2 Bevorrechtigte Gläubiger	103
3.12.3 Gesicherte Gläubiger	106
3.12.4 Ungesicherte Gläubiger	107
3.12.5 Nachrangige Gläubiger	108
3.13 Abschluss von Verfahren	110
3B. Wesentliche Verfahrensmerkmale des Insolvenzverfahrens – *Liquidación*	112
3.1 Eröffnung des Verfahrens	112
3.1.2 Eröffnungsgründe	116
3.1.2.1 Prüfung der Eröffnungsgründe	118
3.1.2.2 Antragspflicht bei Vorliegen von Eröffnungsgründen; Folgen der Verletzung der Antragspflicht	124
3.1.3 Antragsbefugnis	126
3.2 Rolle der Gerichte	127
3.3 Insolvenzverwalter	133
3.3.1 Überwachung des Insolvenzverwalters	140
3.4 Verwaltung und Verwertung der Masse	143
3.5 Fortführung durch den Schuldner oder Verwalter	149
3.6 Sicherungsmaßnahmen vor Verfahrenseröffnung	152
3.7 Wirkungen der Verfahrenseröffnung auf Rechtsverfolgungsmaßnahmen einzelner Gläubiger	153
3.8 Wirkungen der Verfahrenseröffnung auf laufende Gerichts- oder Schiedsverfahren	154
3.9 (Automatisches) oder gerichtlich anzuordnendes Moratorium	158
3.10 Organe der Gläubiger	159
3.11 Forderungsanmeldung, Feststellung oder Bestreiten von Forderungen	164
3.12 Verteilung der Masse	170
3.12.1 Massegläubiger	170
3.12.2 Bevorrechtigte Gläubiger	171
3.12.3 Gesicherte Gläubiger	174
3.12.4 Ungesicherte Gläubiger	176
3.12.5 Nachrangige Gläubiger	177
3.13 Abschluss von Verfahren	178
4. Verträge im Insolvenz- oder Restrukturierungsverfahren	181
4.1 Unerfüllte Verträge	183

Chile

	Rn.		Rn.
4.2 Miet- oder Pachtverhältnisse	184	7.3 Sicherheiten an Flugzeugen, Schiffen; andere Sicherheiten	194
4.3 Leasingverträge	185		
4.4 Dienstverhältnisse	186	8. Aufrechnung; Netting-Vereinbarungen	196
5. Pensionsansprüche in der Insolvenz und Restrukturierung	188	9. Insolvenzanfechtung	197
6. Eigentumsvorbehalt	189	10. Geltendmachung von Haftungsansprüchen gegen (frühere) Geschäftsführer, Gesellschafter oder Dritte	201
7. Sicherheiten in der Insolvenz	190		
7.1 Mobiliarsicherheiten	190	11. Internationales Insolvenzrecht	203
7.1.1 Pfandrecht	190		
7.1.2 Derecho de retención	191	12. Maßnahmen zur Abmilderung der Auswirkungen der COVID-19 Pandemie in Chile	205
7.2 Grundstückssicherheiten	193		

1. Gesetzessammlungen, Schrifttum und Informationsquellen

1.1 Gesetzessammlungen

1   Das chilenische Insolvenzverfahren ist in den folgenden Gesetzen geregelt:
Ley N° 20.720 (Gesetz Nr. 20.720) betreffend die Restrukturierung und Liquidation von Gesellschaften und Personen aus dem Jahr 2014.
Ley N° 20.146 (Gesetz Nr. 20.416), das besondere Regelungen für kleinere Unternehmen enthält und in seinem 11. Artikel Regelungen für die Restrukturierung oder Schließung von *micro y pequeñas empresas* (Kleinstunternehmen und kleinen Unternehmen) in der Krise beinhaltet.

2   Das IV. Buch des *Código de Comercio*, das mittlerweile nicht mehr in Kraft ist, enthält Übergangsregelungen für Insolvenz- und Vergleichsverfahren, die im Geltungszeitraum des IV. Buchs eingeleitet wurden.[1]

3   Zusätzlich können in der Insolvenz die folgenden Spezialregelungen wie das *Decreto con Fuerza de Ley N.° 4* (Verordnung Nr. 4) des Ministeriums für Wirtschaft, Förderung und Wiederaufbau von 2007 (Regulierung der Stromversorgung), das *Decreto con Fuerza de Ley N.° 382* (Verordnung Nr. 382) des Bauministeriums von 1989 (Verordnung zum Gesundheitsdienst) und das *Ley N.° 20.529* (Gesetz Nr. 20.529) von 2011 (Gesetz zur Sicherung der Bildungsqualität und dessen Kontrolle) Anwendung finden.

1.2 Schrifttum

4   *Abeliuk Manasevich, René,* Las obligaciones tomo II, Editorial Jurídica de Chile, Quinta edición actualizada, año 2008; *Bahamondez Prieto, Luis,* La prelación de créditos, Editorial Jurídica de Chile, año 1993; *Román Rodríguez, Juan Pablo,* Salvamento de las Empresas en Crisis, Editorial Jurídica de Chile, año 2007; *Puga Vial, Juan Esteban,* Derecho Concursal Del Procedimiento Concursal de Liquidación, Ley N° 20.720, Editorial Jurídica de Chile, Cuarta Edición Actualizada, año 2015; *Sandoval López, Ricardo,* Reorganización y Liquidación de Empresas y Personas, Derecho Concursal, Editorial Jurídica de Chile, Séptima Edición actualizada, año 2015; *Contador Rosales, Nelson y Palacios Vergara Cristián,* Procedimientos Concursales Ley de Insolvencia y Reemprendimiento Ley N.° 20.720, Legal Publishing, año 2015; *Goldenberg Serrano, Juan Luis,* La visión Privatista del Derecho Concursal, Legal Publishing, año 2015; *Ruz Lártiga, Gonzalo,* Nuevo Derecho Concursal Chileno, Thomson Reuters, año 2017; *Lagos Gatica Jorge y Bustos Díaz Andres,* Curso de Derecho Concursal, Editorial Metropolitana, año 2017.

1.3 Informationsquellen

5   Die Internetseite der *Superintendencia de Insolvencia y Reemprendimiento* (Aufsicht über Insolvenz und Wiederherstellung), http://www.superir.gob.cl/, enthält unter anderem Informationen zu laufenden Insolvenz- und Vergleichsverfahren, den Insolvenzverwaltern sowie Statistiken und rechtliche Hinweise zu den Verfahren.

6   Eine weitere Quelle ist die *Boletín Concursal* (https://www.boletinconcursal.cl/boletin/procedimientos; Website der Insolvenzmitteilungen), von der *Superintendencia de Insolvencia y Reemprendi-*

---

[1] *Ley Nr. 20.720,* Art. 347 Nr. 20 iVm dem ersten Übergangsartikel des genannten Gesetzes bestimmt die Fortwirkung *(ultraactividad)* des IV. Buches für Prozesse, welche vor Außerkrafttreten begannen.

2. Einleitung

miento geführte Homepage, auf der einige Entscheidungen der Insolvenzgerichte veröffentlicht werden. Auf derselben Seite können alle Insolvenzverfahren im Rahmen des *Ley N° 20.720* und ihr Status eingesehen werden.

Darüber hinaus stellt die Homepage der chilenischen Justiz (http://www.poderjudicial.cl/) 7 Informationen über gerichtliche Aspekte zu Insolvenzverfahren vor allen chilenischen Gerichten zur Verfügung. Für den Abruf dieser Informationen sind gewisse Informationen zum jeweiligen Verfahren erforderlich, wie beispielsweise der Namen des Schuldners, das Aktenzeichen, die betrauten Rechtsanwälte oder die Registernummer der Gesellschaft.

Die aktuellen chilenischen Gesetze sind auf der offiziellen Seite der Bibliothek des Nationalkon- 8 gresses (http://www.bcn.cl/) verfügbar.

2. Einleitung

Im *Ley N° 20.720* aus dem Jahr 2014 sind Insolvenzverfahren unterteilt nach Unternehmen[2] 9 und Privatpersonen[3] geregelt. Handelt es sich um ein Unternehmen, kommt, abhängig vom Einzelfall, eine *reorganización voluntaria* (freiwillige Restrukturierung) oder eine *liquidación voluntaria o forzosa* (freiwillige oder erzwungene Liquidation) in Betracht. Wenn der Insolvenzschuldner eine Privatperson ist, kann entweder eine *renegociación voluntaria* oder ebenfalls die *liquidación voluntaria o forzosa* in Betracht kommen.

Der elfte Artikel des *Ley N° 20.416* regelt die *asesoría* (Beratung) eines Unternehmens oder 10 einer Privatperson, die bereits insolvent ist oder bei der eine Insolvenz droht. Dies erfolgt durch eine von der *Superintendencia de Insolvencia y Reemprendimiento* bestellte Person mit dem Ziel, die wirtschaftliche Notlage zu überwinden und das Unternehmen oder die Privatperson zu restrukturieren oder, im Falle eines Unternehmens, eine geordnete Abwicklung zu ermöglichen.

Schließlich legt das fortgeltende IV. Buch des *Código de Comercio* das Verfahren zur Bewälti- 11 gung der Insolvenz eines Unternehmens oder einer Privatperson in Form der *quiebra* (Liquidierungsverfahren) als einziges Verfahren für Unternehmen und Privatpersonen fest, das freiwillig vom Schuldner oder von einem oder mehreren Gläubigern eingeleitet werden kann. Des Weiteren wird für noch rentable und tragfähige Unternehmen ein *convenio judicial* (gerichtliches Vergleichsverfahren) eingeführt, das präventiv oder im Rahmen der *quiebra* durchgeführt werden kann.

2.1 Gesetzliche Grundlagen

Das allgemeine Insolvenzverfahren ist in *Ley N.° 20.720* geregelt. Das Gesetz unterscheidet 12 zwischen Verfahren für Unternehmen und Privatpersonen. Außerdem werden, je nach Ausmaß der wirtschaftlichen Schieflage, Verfahren zur Liquidation von Vermögenswerten oder zum Erhalt des gefährdeten Vermögens eingeführt. Dabei handelt es sich um:
- *acuerdo de reorganización judicial* (gerichtliche Restrukturierungsvereinbarung):[4] Ein Verfahren mit dem Ziel des Abschlusses einer Restrukturierungsvereinbarung zwischen dem Unternehmen und seinen Gläubigern.
- *Acuerdo de reorganización extrajudicial o simplificado* (außergerichtliche oder vereinfachte Restrukturierungsvereinbarung):[5] Ein vor einem *ministro de fe* (Vertrauensperson) geführtes Verfahren zwischen einem Unternehmen und seinen Gläubigern, in dem die Restrukturierung der Vermögenswerte und Verbindlichkeiten vereinbart wird und das einer gerichtlichen Genehmigung unterliegt.

---

[2] In Chile können Unternehmen auch natürliche Personen sein, die unter ihrem Namen handeln und unbegrenzt mit ihrem Vermögen haften, ebenso wie juristische Personen in einer der gesetzlichen Formen, das heißt insbesondere haftungsbeschränkte Personen- oder Kapitalgesellschaften.
[3] *Ley N° 20.720* unterscheidet zwischen Unternehmen („alle juristischen Personen mit oder ohne Gewinnerzielungsabsicht und alle natürlichen Personen, die unter die erste Kategorie fallen oder unter Art. 42 Nr. 2 der Verordnung Nr. 824 des Finanzministeriums von 1974, durch die das Einkommenssteuergesetz (*ley sobre impuesto a la renta*) beschlossen wurde") und, in Form eines Auffangtatbestandes, Privatpersonen, die diesem Unternehmensbegriff nicht unterfallen; die Unterscheidung zwischen Unternehmen und Privatpersonen nach Steuerklasse hat dazu geführt, dass natürliche Personen, die nach Steuerklasse klassifiziert wie Unternehmen behandelt werden, keinen Zugang zur *renegociación* für Privatpersonen haben; dies soll durch eine Änderung des *Ley N° 20.720* korrigiert werden; diesbezüglich sei auf das aktuelle Verfahren im Nationalkongress des *proyecto de ley Boletín N° 12025-03* von 2018 verwiesen (*http://www.senado.cl/appsenado/templates/tramitacion/index.php*).
[4] Kapitel III des *Ley N° 20.720*.
[5] Dritter Titel des Kapitel III des *Ley N° 20.720*.

- *Liquidación forzosa* (Erzwungene Liquidation):[6] Ein durch einen Gläubiger eines Unternehmens eingeleitetes gerichtliches Verfahren mit dem Ziel des Verkaufs der Vermögenswerte zur Tilgung der Verbindlichkeiten.
- *Liquidación voluntaria* (Freiwillige Liquidation):[7] Ein durch das Unternehmen eingeleitetes gerichtliches Verfahren mit dem Ziel des Verkaufs der Vermögenswerte zur Tilgung der Verpflichtungen.
- *Renegociación* (Nachverhandlung):[8] Ein durch eine Privatperson eingeleitetes Verwaltungsverfahren vor der *Superintendencia de Insolvencia y Reemprendimiento*, mit dem Ziel der Vereinbarung neuer Zahlungsbedingungen und -fristen oder der Vereinbarung einer Liquidation.

13 Daneben existieren Regelungen für bestimmte Sachverhalte. Von diesen seien erwähnt:
1. *Asesoría económica de insolvencia:* Das Verfahren wird im elften Artikel des *Ley N.° 20.416* geregelt. Es ist anwendbar auf *micro o pequeña empresas* in der Krise und regelt, dass ein Berater die wirtschaftliche Situation des Unternehmens analysiert und Vorschläge zur Bewältigung der Krise unterbreitet. Diese können von der *renegociación* bis hin zur Abwicklung des Unternehmens reichen. Dieses Verfahren ermöglicht den Aufschub von Vollstreckungsverfahren, sonstiger Gerichts- und Verwaltungsverfahren, sowie den Aufschub von Verjährungsfristen bis zu 90 Tagen.
2. Das Insolvenzverfahren von Stromerzeugern, -versorgern oder -anbietern ist in Artikel 146. TER der Verordnung Nr. 4 des Ministeriums für Wirtschaft, Förderung und Wiederaufbau aus dem Jahr 2007 geregelt.
3. Das Insolvenzverfahren von Konzessionsnehmern der Trinkwasserversorgung und Abwasserentsorgung wird in den Art. 32 BIS ff. der Verordnung Nr. 382 des Bauministeriums (Verordnung zum Gesundheitsdienst) aus dem Jahr 1989 geregelt.
4. Das Insolvenzverfahren für subventionierte oder staatlich unterstützte Bildungseinrichtungen ist in den Art. 87 ff. des *Ley N.° 20.529* aus dem Jahr 2011 geregelt.
5. Das Insolvenzverfahren für Banken und Finanzinstitute ist in den Art. 130 ff. des *Decreto con Fuerza de Ley N.° 3* (Verordnung Nr. 3) des Finanzministeriums vom 12.1.2019 geregelt.

2.2 Unterschiedliche Verfahrenstypen

14 Allgemein unterscheiden sich die Insolvenzverfahren zum einen danach, ob es sich beim Schuldner um ein Unternehmen oder eine Privatperson handelt, und zum anderen danach, ob das Ziel des Verfahrens die Rettung und Erhaltung des Schuldners oder dessen Auflösung ist:
15 Für Unternehmen:
– *Reorganización*, die gerichtlich oder außergerichtlich sein kann.
– *Liquidación*, die vom Schuldner oder von Gläubigern beantragt werden kann.
16 Für Privatpersonen:
– *Renegociación*, die mit der neuen Vereinbarung von Forderungen oder der erzwungenen oder freiwilligen *liquidación* enden kann.
– *Liquidación*, die freiwillig oder erzwungen sein kann.

2.3 Präventive Restrukturierung

17 Grundsätzlich gilt, dass jeder Schuldner präventiv seine Vermögenswerte und Verpflichtungen restrukturieren kann, gegebenenfalls aber die Zustimmung der Gläubiger braucht, deren Kreditsicherheiten beeinträchtigt sein könnten, wie beispielsweise Hypothekare oder Pfandrechtsinhaber. Außerdem muss er darauf achten, dass eine Verringerung der Vermögenswerte nicht das *derecho de prenda general* (allgemeines Pfandrecht) der Gläubiger beeinträchtigt. Diese präventive Restrukturierung hat jedoch **keinen rechtlichen Rahmen**.
18 Gleichwohl wurde für nach Jahresumsätzen und sonstigen Erträgen[9] als *micro y pequeñas empresas* einzuordnende Unternehmen ein Rechtsrahmen entwickelt, der im Hinblick auf die Verfahrenseinleitung und die Komplexität des Verfahrens der Unternehmensgröße Rechnung trägt. So beinhaltet

---

[6] Kapitel IV Abschnitt 2 des *Ley N° 20.720*.
[7] Kapitel IV Abschnitt 1 des *Ley N° 20.720*.
[8] Kapitel V des *Ley N° 20.720*.
[9] Art. 2 des *Ley N° 20.416*, das Spezialregelungen für kleinere Unternehmen enthält, definiert die *microempresa* als solche, deren jährliche Einnahmen durch Verkauf, Dienstleistungen und andere Geschäftstätigkeiten 2.400 *unidades de fomento* nicht übersteigen, und die *pequeña empresa* als solche, bei der dieselben Einnahmen zwischen 2.400 und 25.000 *unidades de fomento* liegen; die *unidad de fomento* ist eine Werteinheit, die täglich angepasst wird und auf dem Verbraucherpreisindex *(índice de pecios al consumidor)* beruht; der Wert einer *unidad de fomento* betrug am 7.6.2019 $27.781,33 CLP, was zu diesem Datum ca. 35,59 EUR entsprach; für weitere Informationen s. http://www.bcentral.cl/.

der Rechtsrahmen Regelungen „zur Restrukturierung oder Schließung von *micro y pequeñas empresas* in der Krise", die von einem *Asesor Económico de Insolvencia* (Insolvenz-Wirtschaftsberater) geleitet werden. Hierbei handelt es sich um eine Person, die vom Staat ernannt wird und auf Antrag eines Unternehmens dessen wirtschaftliche, finanzielle und buchhalterische Lage überprüft, um Empfehlungen zur Restrukturierung und zur Vermeidung einer dem Schuldner drohenden Insolvenz abzugeben.

Dieses Verfahren steht allen Unternehmen kleiner und mittlerer Größe offen, die bereits insolvent sind, bei denen die Insolvenz droht oder die nicht in der Lage sind, eine oder mehrere ihrer Verbindlichkeiten zu erfüllen. Eine drohende Insolvenz liegt vor, wenn das Unternehmen auf Grundlage der Einschätzung der Geschäftsführung innerhalb von drei Monaten insolvent werden könnte. Zusätzlich muss aus dem Bericht des *Asesor Económico de Insolvencia* hervorgehen, dass das Unternehmen rentabel, tragfähig und restrukturierbar ist.

Ausprägungen präventiver Restrukturierungsverfahren enthalten auch **Spezialgesetze,** die eine Insolvenz oder *quiebra* von öffentlichen Dienstleistern verhindern sollen. Des Weiteren enthalten die Gesetze betreffend das Bank- und Versicherungswesen „Maßnahmen für die frühzeitige Regulierung".[10]

2.4 Finanzielle Restrukturierung

In Chile existiert kein gesondertes außerinsolvenzliches Restrukturierungsverfahren zur Umsetzung einer finanziellen Restrukturierung.

2.5 Spezielle Regelungen für Insolvenzen von Finanzinstituten und Versicherungen

Finanzunternehmen

Die Insolvenz von Finanzunternehmen ist in der *Decreto con Fuerza de Ley N.° 3* des Finanzministeriums aus dem Jahr 1997 geregelt. Die Verordnung wurde zuletzt 2019 neugefasst. In dieser Verordnung ist die *pre insolvencia* (Vorinsolvenz) in den Art. 112 ff. und die erzwungene Auflösung von Banken in den Art. 120 ff. geregelt.

Pre-Insolvencia

Wenn bei einem Finanzinstitut ein in Art. 112 genannter Insolvenzfall vorliegt, soll es dies der *Comisión para el Mercado Financiero* (öffentlich-rechtliche Aufsichtsbehörde von bestimmten Wertpapier- und Versicherungsinstituten – im Folgenden „die Kommission")[11] anzeigen. Das Finanzinstitut ist gehalten, innerhalb eines begrenzten Zeitraums einen **Regulierungsplan** vorzulegen, der von dessen Geschäftsleitung genehmigt wurde, konkrete Maßnahmen zur Beseitigung der Insolvenz benennt und den normalen Geschäftsbetrieb sicherstellt. Diese Maßnahmen sollen innerhalb von sechs Monaten nach Genehmigung durch die Kommission durchgeführt werden. Die Kommission kann diese Frist verlängern und zudem Anpassungen und/oder notwendige Ergänzungen verlangen. Falls keine solche Mitteilung durch das Finanzinstitut erfolgt, kann die Kommission einen solchen Plan unbeschadet der bestehenden Verantwortlichkeit des Finanzinstituts und etwaiger Sanktionen für die Nichtvorlage einfordern. Alle Informationen in diesem Vorgang werden vertraulich behandelt.

Falls ein Finanzinstitut keinen solchen Regulierungsplan vorlegt oder er von der Kommission abgelehnt wird, eine der im Plan vereinbarten Maßnahmen nicht erfüllt wird, wiederholt Verstöße begangen werden oder sich ein schwerwiegender Vorfall ereignet, der Anlass zur Sorge um die finanzielle Stabilität gibt, kann die Kommission durch begründeten Beschluss einen **Inspektor** ernennen, der die von der Kommission zugewiesenen Befugnisse hat, wie beispielsweise die Berufung eines vorläufigen Verwalters nach vorangehender Zustimmung der chilenischen Zentralbank. Dieser Verwalter unterliegt dann derselben Verantwortung wie ein Vorstand einer Aktiengesellschaft und soll die Interessen der Einleger und anderen Gläubiger, sowie grundsätzlich das öffentliche Interesse an den Finanzaktivitäten des Unternehmens voranstellen. Er wird für ein Jahr bestellt; diese Frist kann jedoch verlängert werden.

Wenn ein Finanzinstitut sich in einem Insolvenzfall nach Art. 112 befindet, kann die Kommission bestimmte **Verbote** in Bezug auf Kreditvergaben, den Kauf und Verkauf von Waren, die Vornahme von Investitionen, die vorgezogene Fälligstellung von Forderungen oder die Restrukturierung der Verbindlichkeiten verhängen und diese von ihrer Genehmigung abhängig machen.

---

[10] Art. 112 ff. des *Decreto con Fuerza de Ley N.° 3* vom Finanzministerium aus dem Jahr 1997, zu finden unter https://www.leychile.cl/Consulta/listaresultadosimple?cadena=dfl+3+hacienda+1997.
[11] http://www.cmfchile.cl/portal/principal/605/w3-propertyvalue-25539.html.

Liquidación forzosa

26 Falls ein Finanzinstitut den Vorgang der *liquidación voluntaria* einleitet, wird dieses Verfahren entsprechend dem *Ley N° 20.720* durchgeführt, das das Verfahren der Auflösung und Reorganisation von Unternehmen regelt.

27 Das Gegenstück, die *liquidación forzosa,* wird in den Art. 130 ff. des *Decreto con Fuerza de Ley N.° 3* geregelt. In diesem Verfahren gibt die Kommission eine Erklärung ab, dass die Bank nicht über die notwendigen Mittel verfügt, um ihre Geschäftstätigkeit fortzuführen oder die Sicherheit der Einleger oder anderer Gläubiger eine Liquidation erforderlich macht und widerruft unter vorheriger Zustimmung der chilenischen Zentralbank die Genehmigung zum Betrieb des Unternehmens.

28 Dazu ernennt die Kommission einen oder mehrere **Liquidatoren.** Dies können Beamte der Kommission oder entsprechend qualifizierte Experten sein. Die Ernennung erfolgt für drei Jahre und kann, sofern notwendig, für jeweils höchstens ein Jahr verlängert werden. Die Liquidatoren haben dabei den Pflichten- und Aufgabenkreis eines Liquidators einer Aktiengesellschaft,[12] der im Wesentlichen in der Ausführung und Vornahme von Handlungen und Verträgen zur Liquidierung der Gesellschaft besteht. Die Kommission kann eine Genehmigung zur Fortführung unter separater Rechnungslegung erteilen.

29 Ist die *liquidación forzosa* eröffnet, werden Einlagen und Sichteinlagen mittels von der Bank gehaltener Barreserven oder Einlagen bei der chilenischen Zentralbank gezahlt. Diese Verbindlichkeiten sind vorrangig gegenüber den anderen ungesicherten oder bevorrechtigten Verbindlichkeiten zu bedienen.

30 Die übrigen Gläubiger werden vom Liquidator nach der **Feststellung ihrer Forderungen** in einer Liste erfasst. Sie können die Aufnahme oder den Ausschluss von Forderungen in dieser Liste vor einem erstinstanzlichen Gericht am Hauptsitz der Bank bestreiten. Nur die in der Liste geführten Gläubiger nehmen an der Verteilung der *liquidación* teil.

31 Der Verkauf von Akkreditiven und Hypothekenbriefen wird mittels eines Portfolioverkaufs im Wege der Versteigerung durchgeführt und von der Kommission beaufsichtigt.

32 Sobald alle Verbindlichkeiten und die Kosten der *liquidación* befriedigt sind, wird die *liquidación* von der Kommission auf die Aktionäre übertragen.

Versicherungsunternehmen

33 Die Insolvenz von Versicherungsunternehmen ist im *Decreto con Fuerza de Ley N.° 251* des Finanzministeriums vom Mai 1931 (zuletzt geändert am 12.1.2019) geregelt.

34 Wie für Finanzinstitute existieren zwei separate Verfahren, nämlich die *regularización de las compañías de seguro* (Regulierung von Versicherungen) und die *liquidación.*

Regularización de las compañías de seguro

35 Kommt es zu einer Verringerung des Vermögens, einer Investitionslücke und/oder einer Überschuldung, wird die *regularización de las compañías de seguro* durchgeführt.

36 Grundsätzlich handelt es sich um ein am Hauptsitz des Versicherungsunternehmens durchgeführtes **Verfahren.** Versicherungsunternehmen sind verpflichtet, die Kommission bei Vorliegen eines oder mehrerer der oben genannten Merkmale zu benachrichtigen und diese zudem über den Zeitraum, in dem diese Voraussetzungen vorlagen zu informieren. Zusätzlich haben sie die Kommission über die ergriffenen und zu ergreifenden Maßnahmen zur Beseitigung derselben zu unterrichten.

37 Zu den zu ergreifenden **Maßnahmen** gehören beispielsweise im Falle einer Vermögensverringerung die Einberufung der Hauptversammlung zum Zwecke der Durchführung einer Kapitalerhöhung. Im Falle eines Investitionsdefizits oder einer Überschuldung die *sustitución de inversiones* (Austausch-/Ersatzinvestition) oder der Abschluss von Rückversicherungsverträgen und die Bestandsübertragung.

38 Die Kommission ist befugt, eine oder mehrere dieser Maßnahmen zur Beseitigung der defizitären Situation anzuordnen, die Leitung des Versicherungsunternehmens zu übernehmen oder die Genehmigung zum Betrieb des Unternehmens zu widerrufen.

Liquidación

39 Es kommen im Grundsatz die Regelungen über die *liquidación concursal* aus dem *Ley N° 20.720* sowohl bezüglich des Reorganisations- als auch des Liquidationsverfahrens zur Anwendung.

40 Darüber hinaus ermöglicht das *Decreto con Fuerza de Ley N.° 251* eine *liquidación,* die am Hauptsitz und vor der Kommission stattfindet und die die Möglichkeit von *convenios extrajudiciales* (außergerichtliche Vergleiche) mit den Gläubigern eröffnet, wobei die Kommission einen in diesem **Verfahren** ausgehandelten Vergleichsvorschlag genehmigen muss.

---

[12] Diese werden im Art. 114 des *Ley 18046* des *ley de sociedades anónimas* (Aktiengesetz) geregelt, zu finden unter https://www.leychile.cl/Navegar?idNorma=29473&buscar=18046.

Der *convenio extrajudicial* muss für alle Gläubiger der Gesellschaft gleichermaßen ergehen. Es wird eine Liste der Gläubiger erstellt, die das Recht haben, sich an dem Vergleich zu beteiligen. Der **Vergleich** gilt als angenommen, wenn die Versicherung und mindestens 60 % der bei der aufgrund des Vorschlags einberufenen Versammlung anwesenden Gläubiger für den Vergleich stimmen. Der angenommene Vergleich ist für alle beteiligten Gläubiger verbindlich. Mit dem Vergleich kann jedoch nicht in die Rechte der Arbeitnehmer eingegriffen werden. Für diese gelten ihre jeweiligen vertraglichen Bestimmungen fort. 41

Sofern eine *liquidación* beantragt wird, unterrichtet das Gericht die Kommission, damit diese die Solvenz des Versicherungsunternehmens prüfen kann. Sofern das Versicherungsunternehmen noch solvent ist, schlägt die Kommission einzuleitende Schritte vor. 42

2.6 Konzerninsolvenzen

In Chile existiert kein gesetzlich geregeltes Konzerninsolvenzrecht. Es gilt vielmehr der Grundsatz, dass über jede insolvente Konzerngesellschaft ein separates und unabhängiges Insolvenzverfahren durchzuführen ist. 43

2.7 Verbraucherinsolvenzverfahren

Das Verbraucherinsolvenzverfahren ist im 5. Kapitel, Art. 260 ff. des *Ley N° 20.720* „Insolvenzverfahren für Verbraucher" geregelt. 44

Die Vorschriften sehen zwei unterschiedliche Verfahren vor, je nachdem ob der Schuldner im Falle der Insolvenz seine Verbindlichkeiten durch Änderung der Zahlungstermine und eine Herabsetzung der Forderungen befriedigen kann oder nicht. Das eine Verfahren ist ein Verwaltungsverfahren – das *Procedimiento Concursal de Renegociación* –, das im *Boletín Concursal* veröffentlicht und vor der *Superintendencia de Insolvencia y Reemprendimiento* geführt wird. Das andere ist ein vor den ordentlichen Gerichten geführtes Gerichtsverfahren – das *Procedimiento Concursal de Liquidación de los Bienes*. 45

Procedimiento Concursal de Renegociación

Natürliche Personen, die nicht der gesetzlichen Kategorie der Unternehmen unterfallen (Fn. 2 in → Rn. 9) und bestimmte Voraussetzungen[13] erfüllen, können sich dem Verfahren der *renegociación* unterziehen. Zu den Voraussetzungen gehört beispielsweise die Einstellung von Zahlungen über einen gewissen Zeitraum und von einem gewissen Volumen.[14] Ferner dürfen die Forderungen noch nicht gerichtlich eingeklagt sein. 46

Das **Verfahren** der *renegociación* ist ein Insolvenzverfahren, das auf Antrag des Schuldners eingeleitet werden kann und vor der *Superintendencia de Insolvencia y Reemprendimiento* mit dem Schuldner und seinen Gläubigern durchgeführt wird. Das Verfahren behandelt die vom Schuldner vorgeschlagene *renegociación,* welche je nach Zahlungsfähigkeit des Schuldners die Neuverhandlung, Novation oder den Erlass von Verbindlichkeiten zum Ziel haben kann. In den Terminen der *renegociación* kann zwischen dem Schuldner und seinen Gläubigern und der *Superintendencia* in der Rolle eines Mediators ein Vorschlag des Schuldners zur Begleichung seiner Verbindlichkeiten verhandelt und in der vorgeschlagenen oder einer abgeänderten Form beschlossen werden. Der *acuerdo de renegociación* verpflichtet alle Gläubiger, deren Forderungen festgestellt wurden, unabhängig davon, ob sie an den Verhandlungen teilgenommen haben. 47

Sofern es zu **keiner Einigung** kommt, wird ein Vollstreckungstermin anberaumt, in dem über einen Vorschlag zur Liquidation der Vermögenswerte des Schuldners abgestimmt und ein Liquidator[15] benannt werden soll. Sofern eine Einigung nicht zustande kommt, kann das Gericht einen Liquidationsbeschluss erlassen. Näheres zu diesem Verfahren (→ Rn. 67 ff.). 48

---

[13] Die *Superintendencia* prüft das Vorliegen dieser Voraussetzungen, damit der Schuldner sich diesem Verfahren unterziehen kann und erlässt hierfür einen Zulässigkeitsbeschluss, welcher wichtige Auswirkungen haben kann wie die Aussetzung von Verjährungsfristen, das Einfrieren von Säumniszinszuwächsen, das Verbot der Einleitung von Verfahren über das Vermögen des Schuldners und ein Verfügungsverbot des Schuldners.

[14] Um Zugang zu diesem Verfahren zu haben, muss der Schuldner zwei oder mehr seit über 90 Tagen fällige Verpflichtungen in Höhe von mindestens *80 unidades de fomento* (s. Fn. 9) haben.

[15] Dies ist eine unparteiische dritte und natürliche Person, welche die Vermögenswerte des Schuldners verwaltet und für die Zahlung der Verbindlichkeiten sorgt; es handelt sich um einen Fachmann, der bestimmte gesetzliche Anforderungen des *Ley N° 20.720* erfüllen muss und auf einer nationalen Liste eingetragen ist; er nimmt eine öffentliche Funktion wahr und wird in seiner Arbeit durch die *Superintendencia de Insolvencia y Reemprendimiento* überwacht.

49 Der *acuerdo de renegociación* oder die Einigung über die Liquidation können aufgrund bestimmter Fehler oder wegen Täuschung durch den Schuldner oder wegen kollusiver Täuschung von diesem und einem Gläubiger gemeinsam vor dem zuständigen Gericht **angefochten** werden.

Procedimiento Concursal de Liquidación de los Bienes
Dieses Verfahren entspricht im Wesentlichen dem Verfahren, das für **Unternehmen** Anwendung findet und das weiter unten (→ Rn. 112 ff.) behandelt wird.

50 Das Verfahren kann freiwillig durch den Schuldner oder auf Antrag eines Gläubigers **eingeleitet** werden, wenn gegen den Schuldner zwei oder mehr Vollstreckungsverfahren eingeleitet wurden. Darüber hinaus kann das Verfahren im Fall des Scheiterns eines *acuerdos de renegociación* oder eines vorzeitigen Abbruchs des Verfahrens der *renegociación* zur Anwendung kommen.

51 Das **Verfahren** beginnt mit einem gerichtlichen Liquidationsbeschluss, der auf Antrag des Schuldners unverzüglich ergeht. Wenn das Verfahren durch einen Gläubiger beantragt wird, muss dieser für die Annahme seines Antrages neben der Erfüllung weiterer Voraussetzungen 200 *unidades de fomento*[16] beim Gericht hinterlegen.[17] Daraufhin wird ein „Einspruchsverfahren" durchgeführt, das beiden Seiten rechtliches Gehör verschaffen soll. Am Termin des Einspruchsverfahren können der Schuldner und der antragsstellende Gläubiger teilnehmen. Im Rahmen dieses Termins kann der Schuldner seine Zustimmung zur *liquidación* erteilen, die eingeforderten Verbindlichkeiten begleichen oder der beantragten *liquidación* widersprechen wie zum Beispiel aufgrund von Verjährung, Rechtskraft oder aufgrund sonstiger materiell-rechtlicher Einwendungen gegen die geltend gemachten Forderungen.

52 Sofern der Schuldner der *liquidación* **widerspricht,** wird eine Beweisaufnahme über die von den Parteien im Einspruchsverfahren angebotenen Beweise angeordnet. Im Anschluss findet eine streitige Verhandlung statt und es ergeht ein Urteil, gegen das das Rechtsmittel der *apelación* (Berufung) möglich ist.

53 Wenn durch dieses Urteil die *liquidación* des Schuldners beschlossen wird, treten die **Folgen des Insolvenzverfahrens** *(liquidación concursal)* ein, wie die Beschlagnahme des Vermögens des Schuldners und der Übergang der Verfügungsmacht auf einen bestellten Liquidator. Dieser verwaltet und verfügt über das Vermögen des Schuldners mit dem Ziel der Befriedigung dessen Gläubiger. Alle zum Zeitpunkt der Eröffnung der *liquidación* bestehenden Gerichtsverfahren, die sich auf das Vermögen des Schuldners beziehen, werden beim Insolvenzgericht konzentriert, die Rechte der Gläubiger werden auf den Zeitpunkt der Eröffnung der *liquidación* fixiert, Zahlungen durch und Leistungen an den Schuldner werden unwirksam und es wird untersagt, neue Gerichtsverfahren gegen den Schuldner einzuleiten.

54 Der durch den Eröffnungsbeschluss bestellte Liquidator beschlagnahmt sämtliches Vermögen des Schuldners und verfährt entsprechend den Regeln zur *realización simplificada del activo* (vereinfachte Realisierung des Vermögens),[18] wonach die Vermögenswerte des Schuldners durch **öffentliche Versteigerung** veräußert werden müssen. Ebenso pfändet er für die folgenden drei Monate den pfändbaren Anteil des Gehalts oder des Einkommens des Schuldners.[19]

55 Nach dem Eröffnungsbeschluss findet parallel zur Beschlagnahme der Vermögenswerte durch den Liquidator ein **Verfahren zur Feststellung der Forderungen** statt. Die Forderungsfeststellung erfolgt in einem komplexen Verfahren auf Grundlage der von den Gläubigern vor dem zuständigen Gericht angemeldeten Forderungen. Falls der Liquidator eine angemeldete Forderung in Bezug auf ihre rechtliche Grundlage, Höhe oder in Bezug auf einen behaupteten Vorrang als nicht gerechtfertigt erachtet, muss er dies vor dem Insolvenzgericht beanstanden. Dies löst eine Frist aus, in der die jeweilige Gläubiger die Möglichkeit hat, die Einwände des Liquidators zu widerlegen. Sofern dies dem Gläubiger nicht gelingt, gilt die Forderung als bestritten. In diesem Fall ist das Gericht berufen zu entscheiden, ob die Forderung am Verfahren der *liquidación* teilnimmt.

56 Unbestrittene Forderungen und bestrittene Forderungen, die zum Verfahren zugelassen werden, werden in der **Liste anerkannter Forderungen** geführt und nehmen an der Verteilung teil.

57 Mit dem Erlös aus dem Verkauf der beschlagnahmten Vermögenswerte des Schuldners und mit dem gegebenenfalls beschlagnahmten Gehalt des Schuldners werden die anerkannten Forderungen gemäß der in den Art. 2469 ff. des *Código Civil*[20] geregelten Reihenfolge befriedigt. An dieser

---

[16] Vgl. Fn. 9.
[17] Diese Hinterlegung soll der Deckung der initialen Kosten des Liquidationsverfahrens dienen und zudem davon abhalten, die *liquidación* als Zwangsmittel zum Eintreiben einer Forderung zu nutzen.
[18] Art. 204 ff. des *Ley N° 20.720*.
[19] Art. 57 des *Código de Trabajo* legt den unpfändbaren Betrag des Gehalts oder des Einkommens des Arbeitnehmers auf 56 *unidades de fomento* fest; bzgl. des Werts vgl. Fn. 9 oder http://www.sii.cl/valores_y_fechas/uf/uf2019.htm.
[20] Der *Código Civil* ist zu finden unter https://www.leychile.cl/Navegar?idNorma=172986.

Stelle kann auf die entsprechend Anwendung findenden Regelungen zur Unternehmensinsolvenz verwiesen werden (→ Rn. 170 ff.).

Sobald die Gläubiger des Schuldners vollständig oder teilweise befriedigt sind und kein verwertbares Vermögen des Schuldners mehr existiert, ist der Liquidator verpflichtet, eine **Schlussrechnung** vorzulegen. Gegen diese Schlussrechnung können Schuldner die *Superintendencia* und Gläubiger Einwände erheben. Sofern die Schlussrechnung genehmigt ist, erklärt das Gericht durch Beschluss die Beendigung des Verfahrens. Der Beendigungsbeschluss hat zur Folge, dass alle ausstehenden und vor Verfahrenseröffnung begründeten Forderungen des Schuldners erlöschen.

Das Verfahren beinhaltet auch Maßnahmen der **Insolvenzanfechtung**,[21] mit der rückwirkend vom Schuldner vorgenommene Handlungen oder Verträge, die seine Verbindlichkeiten erhöhen, sein Vermögen reduzieren oder einzelne Gläubigerbevorteilen, rückgängig gemacht werden können. Diese Maßnahmen können nur durch die Gläubiger eingeleitet werden und haben keine Auswirkungen auf etwaige gegen den Schuldner eingeleitete Strafverfahren.[22]

3A. Wesentliche Verfahrensmerkmale des Insolvenzverfahrens – *Reorganización*

3.1 Eröffnung des Verfahrens

Die Einleitung der *reorganización* ist immer freiwillig und erfolgt nur auf Antrag eines schuldnerischen Unternehmens beim zuständigen Gericht.[23] Dem **Antrag** müssen bestimmte Unterlagen beigefügt werden, wie eine Bescheinigung eines unabhängigen Wirtschaftsprüfers über die Verschuldung des Unternehmens, die Höhe der Forderungen nebst dazugehöriger Belege, eine Einzelaufstellung der Vermögenswerte sowie etwaiger Belastungen und eine Beschreibung der Notwendigkeit der Vermögenswerte für das Unternehmen. Darüber hinaus sind der Jahresabschluss des letzten Geschäftsjahres und ein vorläufiger Jahresabschluss des laufenden Geschäftsjahres, dessen Abschlussdatum nicht länger als 45 Tage zurückliegt und relevante finanzielle Informationen enthält, einzureichen.

Das Verfahren wird in **zwei Phasen** durchgeführt: Die erste Phase wird durch den Antrag zur Eröffnung einer *reorganización* eingeleitet und hat den Abschluss eines *acuerdo de reorganización* zum Ziel. Diese Phase endet entweder mit dem erfolgreichen Abschluss eines *acuerdo* oder mit einem Liquidationsbeschluss. Die zweite Phase betrifft die Umsetzung und Erfüllung des *acuerdo*. Sie beginnt mit der Annahme des *acuerdo* und endet mit der vollständigen Erfüllung der darunter geregelten oder begründeten Verpflichtungen oder, für den Fall, dass der *acuerdo* nicht erfüllt wird, nichtig ist oder sich die wirtschaftliche Situation des Schuldner erheblich verschlechtert, mit einem Liquidationsbeschluss.

3.1.2 Eröffnungsgründe

Die Eröffnungsgründe sind im Gesetz nicht ausdrücklich geregelt. Da es sich bei der *reorganización* um eine Art Insolvenzverfahren handelt, muss sich das dem Verfahren unterwerfende Unternehmen in einem Zustand befinden, der eine Restrukturierung der Verbindlichkeiten und Vermögenswerte erforderlich macht.

3.1.2.1 Prüfung der Eröffnungsgründe

Das Gericht prüft lediglich, ob alle gesetzlich vorgeschriebenen Unterlagen beigebracht wurden. Sofern diese Voraussetzung erfüllt ist, erlässt es einen Beschluss zur Einleitung der *reorganización*, durch den ein Insolvenzverwalter bestellt wird, der das Unternehmen während des Verfahrens kontrolliert. Dessen Befugnisse beschränken sich auf bestimmte Prüfungstätigkeiten in Bezug auf Handlungen des Unternehmens und die Bewertung von bestimmten Vermögenswerten, um Verkäufe, die 20 % des Vermögens nicht überschreiten dürfen, genehmigen zu können.

3.1.2.2 Antragspflicht bei Vorliegen von Eröffnungsgründen; Folgen der Verletzung der Antragspflicht

Eine Pflicht zur Einleitung eines *reorganización*-Verfahrens existiert nicht. Das schuldnerische Unternehmen, das ein Verfahren der *reorganización* einleitet, ist jedoch verpflichtet, einen **Vorschlag für ein *acuerdo*** innerhalb der gesetzlichen Frist auszuarbeiten, damit die einzuberufende Gläubiger-

---

[21] Art. 287 ff. des *Ley N° 20.720*.
[22] Art. 463 ff. des *Código Penal*, zu finden unter https://www.leychile.cl/Navegar?idNorma=1984.
[23] Zuständig ist das Gericht im Gerichtsbezirk des Sitzes des Unternehmens gem. Art. 145 des *Código Orgánico de Tribunales*.

versammlung über diesen abstimmen kann. Die Gläubigerversammlung kann gegen den Vorschlag des Schuldners stimmen und eine Frist von 10 Tagen zur Ausarbeitung eines neuen Vorschlags der *reorganización* gewähren. Sofern das schuldnerische Unternehmen seiner Pflicht einen *acuerdo de reorganización* innerhalb der Frist zu unterbreiten nicht nachkommt, erlässt das Gericht unverzüglich einen Beschluss zur Einleitung einer *liquidación*.

65   Eine Strafbarkeit kann nach Art. 463 ff. des *Código Penal* aus einer Erhöhung der Verbindlichkeiten oder einer Verringerung der Aktiva resultieren oder sofern dem Sachwalter falsche oder unvollständige Unterlagen zur Verfügung gestellt werden.

3.1.3 Antragsbefugnis

66   Das Insolvenzverfahren der *reorganización* kann nur durch das schuldnerische Unternehmen eingeleitet werden.

3.2 Rolle der Gerichte

67   Das Verfahren der *reorganización* ist ein komplexes Verfahren, an dem neben dem Unternehmen das erstinstanzliche Zivilgericht, gegebenenfalls die Rechtsmittelinstanzen und der *Corte Suprema*, sowie die Gläubigerversammlung des Unternehmens und die *Superintendencia de Insolvencia y Reemprendimiento* beteiligt sind.

68   Der Antrag auf Einleitung des Verfahrens der *reorganización* muss vor einem erstinstanzlichen Gericht gestellt werden. Dieses erlässt den Beschluss der *reorganización*, der den in Art. 57 des *Ley N° 20.720* genannten Mindestinhalt (→ Rn. 63) haben muss. Das erstinstanzliche Gericht kontrolliert das gesamte Verfahren, bis es entweder die Genehmigung des *acuerdo* erteilt oder einen Beschluss zur Einleitung einer *liquidación* erlässt.

69   Sobald die gesetzlichen Voraussetzungen erfüllt sind, muss das Gericht das Verfahren einleiten und zu diesem Zweck einen **Sachwalter**, einen von der *Superintendecia y Reemprendimiento* beaufsichtigten Insolvenzverwalter, bestellen. Das Gericht entscheidet bei Konflikten im Rahmen der Forderungsfeststellung, bei Streitigkeiten in Bezug auf die Höhe ihrer Forderungen, das Recht zur Teilnahme am Verfahren oder den Rang von angemeldeten Forderungen. Des Weiteren ist es für die Genehmigung des von der Gläubigerversammlung beschlossenen *acuerdo de reorganización* zuständig und es erlässt, sofern ein *acuerdo* nicht zu Stande kommt (→ Rn. 64 sowie → Rn. 68), den Beschluss zur Einleitung der *liquidación*.

70   Ebenfalls entscheidet das Gericht über **Anträge auf Nichtigerklärung** aufgrund von Verheimlichung oder Überbewertung von Vermögenswerten oder Verbindlichkeiten sowie über Klagen wegen Verletzung des vereinbarten *acuerdo*. Sofern es die Nichtigkeit erklärt oder eine Verletzung feststellt, muss das Gericht einen Beschluss zur *liquidación* erlassen.

71   Das Gericht ist entsprechend den allgemeinen Regeln der übrigen Zivilverfahren für alle rechtlich relevanten Vorfälle zuständig, die während des Verfahrens der *reorganización* auftreten können und die nicht ausdrücklich in *Ley N° 20.720* geregelt sind.

72   **Rechtsmittel** sind nur im Rahmen der gesetzlich vorgeschriebenen Fälle möglich, wie beispielsweise gegen einen Beschluss betreffend die Anfechtung eines beschlossenen *acuerdo de reorganización* und Beschlüsse betreffend die Nichtigkeit und Verletzungen des *acuerdo*. Gegen diese Beschlüsse können Rechtsmittel nach den allgemeinen Regeln eingelegt werden, wobei in diesen Fällen sogar eine Revision durch den *Corte Suprema* möglich ist.

73   Die **Kosten des Verfahrens** beschränken sich auf die Kosten für Rechtsanwälte, die das Unternehmen in dem Verfahren vertreten und die Gebühr des Sachwalters, der an dem Verfahren der Vorlage und Annahme des *acuerdo de reorganización*, wie auch an der nachgelagerten Erfüllung des bewilligten *acuerdo* beteiligt ist. Er bleibt nach der Genehmigung des *acuerdo* ein Jahr im Amt.

3.3 Insolvenzverwalter

74   Das Verfahren wird durch einen Sachwalter begleitet. Dieser ist eine natürliche Person und in einer Liste der *Superintendencia de Insolvencia y Reemprendimiento* gelistet.[24]

75   Der Sachwalter wird in einem konkreten Verfahren **durch die drei Hauptgläubiger des Unternehmens nominiert** und wird im anschließend ergehenden Beschluss der *reorganización* des erstinstanzlichen Gerichts formal bestellt.

76   Die **Vergütung** beruht auf einer Vereinbarung zwischen dem Sachwalter, den Gläubigern und dem Unternehmen. Ausgangspunkt ist ein Vorschlag des Sachwalters im Termin vor dem erstinstanzlichen Gericht.

---

[24]   Art. 9 ff. des *Ley N° 20.720*.

3A. Wesentliche Verfahrensmerkmale des Insolvenzverfahrens

Die **Hauptaufgabe** des Sachwalters liegt in der Förderung der Einigung zwischen dem Unternehmen und seinen Gläubigern, indem er bei der Verhandlung des *acuerdo de reorganización* vermittelt. Darüber hinaus verfügt der Sachwalter über diverse Eingriffsbefugnisse.[25] Diese werden durch zusätzliche Befugnisse ergänzt, wie beispielsweise die Überwachung der Unternehmensfortführung, die Bewertung des Vermögens des schuldnerischen Unternehmens, die Genehmigung der notwendigen Verkäufe von Vermögenswerten und der Beschaffung von Mitteln, die Erhaltung des Vermögens des Unternehmens unter Wahrung der Interessen der Gläubiger.[26] Darüber hinaus hat der Sachwalter das Gericht und die Gläubiger darüber zu informieren, ob der vom Unternehmen vorgeschlagene *acuerdo* auf Grundlage der Situation des schuldnerischen Unternehmens eingehalten werden kann, wie hoch die zu erwartende Quote der Gläubiger im Falle einer *liquidación* ist und ob der Vorschlag bezüglich der Feststellung der Forderungen einschließlich ihrer Rangfolge mit dem Gesetz im Einklang steht.

Die zivilrechtliche Haftung des Sachwalters erstreckt sich auch auf Fahrlässigkeit[27] und kann nach der Vorlage der Schlussrechnung geltend gemacht werden.

3.3.1 Überwachung des Insolvenzverwalters

Der Sachwalter wird durch die ***Superintendencia de Insolvencia y Reemprendimiento*** überwacht, die diverse Aufgaben und Befugnisse hat.[28] Ihre Hauptaufgabe besteht jedoch in der Überwachung der Handlungen von Sachwaltern, Liquidatoren, *Martilleros Concursales* (Versteigerungspersonen) – die sich freiwillig der Überwachung der *Superintendencia* unterziehen können –, *administratores de la continuación* des Betriebs und von Insolvenzverwaltern während der *quiebra, convenios* oder der Veräußerung von Vermögenswerten in Bezug auf alle Aspekte ihrer Tätigkeit.

Die *Superintendencia* kann im Rahmen ihrer Aufsicht einen Insolvenzverwalter sanktionieren, indem sie ihn von seinen Aufgaben entbindet und ihn für eine bestimmte Dauer für künftige Verfahren suspendiert, oder ihn im Falle von schweren Verstößen aus der Auswahlliste löscht. Das wichtigste Kontrollmittel der *Superintendencia* ist die Möglichkeit, gegen die vom Insolvenzverwalter erstellte Schlussrechnung Einspruch einzulegen. Daher prüft die *Superintendencia* die Schlussrechnung durch ein multidisziplinäres Team bestehend aus Rechtsanwälten und Rechnungsprüfern und weist den Verwalter ggf. an, etwaige Unregelmäßigkeiten zu korrigieren.

Des Weiteren ist die *Superintendencia* für die verwaltungsrechtliche Auslegung des Insolvenzrechts zuständig und ist verpflichtet, den Gerichten auf Verlangen über insolvenzrechtliche Fragen Auskunft zu erteilen.

3.4 Verwaltung und Verwertung der Masse

Im Verfahren der *reorganización concursal* verbleibt die **Verwaltung** der Vermögenswerte in der Hand der Unternehmensleitung des schuldnerischen Unternehmens. Damit geht eine nur eingeschränkte Möglichkeit des Insolvenzverwalters einher, das Unternehmen zu überwachen und Informationen über die Fortführung der unternehmerischen Tätigkeit zu erhalten.

Solange das Verfahren der *reorganización concursal* andauert, können die in der Antragsstellung benannten Vermögenswerte des Unternehmens nicht veräußert werden, es sei denn, es handelt sich um Gegenstände des Umlaufvermögens oder eine Veräußerung ist für die Fortführung des Betriebs notwendig. Im letztgenannten Fall muss der Sachwalter sicherstellen, dass der Verkauf der genannten Vermögenswerte 20 % des Vermögens des schuldnerischen Unternehmens nicht überschreitet. Ist ein Verkauf notwendig, der diese Schwelle überschreitet, bedarf es der vorherigen Genehmigung der Gläubiger. Erforderlich ist, dass die zustimmenden Gläubiger die Mehrheit der Forderungen gegen das Unternehmen halten. Dasselbe gilt, wenn Geschäfte mit verbundenen Unternehmen getätigt werden oder Darlehen benötigt werden, die 20 % der Verbindlichkeiten des Unternehmens übersteigen.

3.5 Fortführung durch den Schuldner oder Verwalter

Mit dem Beschluss zur Einleitung der *reorganización* treten eine Reihe von Wirkungen für das Vermögen des Unternehmens und die Gläubiger ein. Dem Unternehmen wird eine Frist zur Verhandlung mit seinen Gläubigern gesetzt. Der Sachwalter kann in diese Verhandlungen eingreifen. Vollstreckungshandlungen in das Vermögen des schuldnerischen Unternehmens oder Handlungen,

---

[25] Art. 294 des *Código de Procedimiento Civil*.
[26] Art. 25 des *Ley N° 20.720*.
[27] Art. 337 des *Ley N° 20.720*.
[28] Art. 337 des *Ley N° 20.720*.

die das Vermögen des Unternehmens beeinträchtigen, sind untersagt. Auch müssen vereinbarte Warenlieferungen oder Dienstleistungen, die für die Fortführung des Betriebs erforderlich sind, fortgeführt werden.

85 Der Beschluss zur Einleitung einer *liquidación* löst einen Zeitraum von 30, 60 oder 90 Tagen aus (abhängig von der Unterstützung der Gläubiger),[29] in dem mit Ausnahme gewisser arbeitsrechtlicher Verfahren weder **Vollstreckungsverfahren,** noch Liquidierungsverfahren gegen das Unternehmen eingeleitet werden können *(protección financiera concursal).*[30] Bereits eingeleitete Verfahren sowie etwaige Verjährungsfristen werden ausgesetzt. Vertragsverhältnisse bleiben unangetastet und aufgrund der Einleitung der *reorganización* dürfen weder Kündigungsrechte hergeleitet werden, noch Garantien oder sonstige Sicherungsrechte in Anspruch genommen werden. Sollte dies dennoch geschehen, werden die Forderungen des betreffenden Gläubigers erst befriedigt, wenn alle vom *acuerdo de reorganización* betroffenen Gläubiger, sowie Gläubigern, welche den Status von *personas relacionadas*[31] haben, befriedigt sind.

86 Die **öffentlichen Register,** in denen das Unternehmen als Vertragspartner oder Dienstleistungserbringer aufgeführt ist, dürfen das Unternehmen weder löschen, noch es ihm verbieten, an Ausschreibungen teilzunehmen, es sei denn, es verletzt seine Pflicht gegenüber einem Auftraggeber. Untersagt ist auch jede Änderung der Satzung oder der Zuständigkeiten innerhalb der Gesellschaft.

87 Weiter darf das Unternehmen seine Vermögenswerte nicht veräußern, es sei denn, es handelt sich um **Gegenstände des Umlaufvermögens** oder die Veräußerung ist für die Fortführung des Betriebs erforderlich, wobei der Wert der zu veräußernden Gegenstände 20% des Vermögens des Unternehmens nicht überschreiten darf. Dieses Verbot endet in der Regel mit der Vorlage eines Vorschlags für ein *acuerdo de reorganización* durch das Unternehmen, über das im Anschluss durch die einzuberufende Gläubigerversammlung abgestimmt werden muss. Der Zeitraum kann auch vorzeitig beendet werden, wenn das Unternehmen keinen Vorschlag bezüglich eines *acuerdo* unterbreitet oder diesen wieder zurücknimmt. In dem Fall muss das Gericht dann aber unverzüglich einen Beschluss zur Einleitung einer *liquidación* erlassen.

88 Eine weitere Maßnahme zur Ermöglichung der Betriebsfortführung während der laufenden Verhandlungen über ein *acuerdo* ist die **suministro asegurado,** wodurch einzelne Gläubiger durch die Aufrechterhaltung der Zahlungsbedingungen der diesen gegenüber bestehenden Verbindlichkeiten bevorzugt werden können,[32] sofern diese 20 % der Verbindlichkeiten des Unternehmens nicht überschreiten, was durch den Sachwalter nachgewiesen werden muss. Darüber hinaus sind die während der *protección financiera concursal* begründeten Forderungen im Fall einer anschließenden *liquidación* gemäß Art. 2472 des *Código Civil* vorrangig, weshalb sie vor den sonstigen Forderungen befriedigt werden. Darüber hinaus besteht als Anreiz zum Abschluss eines *acuerdo* die Möglichkeit der Rückerstattung der gezahlten Mehrwertsteuer *(IVA)* für Forderungen, die im Verfahren der *reorganización* festgestellt werden.

3.6 Sicherungsmaßnahmen vor Verfahrenseröffnung

89 Immobilien sind von der Eröffnung des Verfahrens der *reorganización* grundsätzlich nicht betroffen, da das Verfahren die Restrukturierung der Verbindlichkeiten und die Fortsetzung des Unternehmens zum Ziel hat. Eine Immobilie kann im Verfahren veräußert werden, wenn die unter → Rn. 82 f. genannten Voraussetzungen erfüllt sind.

90 Auch Sicherungsrechte von Gläubigern an Immobilien des Unternehmens werden durch die *reorganización* nicht beeinträchtigt. Der *acuerdo* kann für verschiedene Gläubigerklassen unterschiedliche Vorschläge vorsehen und die Hypothekengläubiger können als ungesicherte Gläubiger am Verfahren teilnehmen, wenn sie ausdrücklich auf ihr Sicherungsrecht verzichten.

---

[29] Art. 58 des *Ley N° 20.720.*
[30] Art. 57 Nr. 1 des *Ley N° 20.720.*
[31] Als *personas relacionadas* gelten diejenigen natürlichen oder juristischen Personen, die unter einen der Fälle des Art. 100 des *Ley N° 18.045 de Mercado de Valores* fallen; das sind a) Unternehmen der Unternehmensgruppe des Schuldners, b) Mutter-, Tochter- oder Schwestergesellschaften des schuldnerischen Unternehmens. den im *Ley N° 18.046* enthaltenen Definitionen, c) Direktoren, Manager, Verwalter, Hauptgeschäftsführer oder Liquidatoren des Unternehmens, sowie deren Ehepartner oder Verwandte bis zum zweiten Grad, sowie jedes Unternehmen, das unmittelbar oder mittelbar durch eine dieser Personen kontrolliert wird, d) jede Person, die allein oder mit anderen aufgrund eines Stimmbindungsvertrags mindestens ein Mitglied der Geschäftsführung berufen kann oder im Falle einer Aktiengesellschaft zehn oder mehr Prozent der Aktien oder des Kapitals mit Stimmrecht kontrolliert; ebenfalls werden bezogen auf eine oder mehrere Personen oder deren Vertreter Ehegatten und bestimmte Verwandte als *personas relacionadas* angesehen (Art. 2 Nr. 26 des *Ley N° 20.720*).
[32] Art. 72 des *Ley N° 20.720.*

3.7 Wirkungen der Verfahrenseröffnung auf Rechtsverfolgungsmaßnahmen einzelner Gläubiger

Die mit dem Beschluss zur Einleitung der *reorganización* ausgelöste *protección financiera concursal* 91 führt dazu, dass keine Vollstreckungshandlungen begonnen und alle bereits begonnenen Vollstreckungshandlungen ausgesetzt werden.

3.8 Wirkungen der Verfahrenseröffnung auf laufende Gerichts-/ oder Schiedsverfahren

Ordentlichen Gerichtsverfahren und Schiedsverfahren, an denen das schuldnerische Unterneh- 92 men beteiligt ist, werden ungeachtet der *protección financiera concursal* ohne Besonderheiten fortgesetzt, sofern das Gesetz nicht ausnahmsweise ihre Aussetzung vorsieht. Dies macht bereits deshalb Sinn, da das Verfahren der *reorganización* nicht länger als 100 Tage dauern soll, während im Vergleich dazu beispielsweise ein normales Gerichtsverfahren vor den ordentlichen Gerichten regelmäßig einige Jahre dauert.

3.9 (Automatisches) oder gerichtlich anzuordnendes Moratorium

Während der *protección financiera concursal,* die durch die Einleitung des Verfahrens der *reorganiza-* 93 *ción* ausgelöst wird, sind die Gläubiger daran gehindert, ihre Forderungen durch die Einleitung von Vollstreckungshandlungen durchzusetzen.

3.10 Organe der Gläubiger

Im Verfahren der *reorganización* ist eine aktive und gemeinschaftliche Beteiligung der Gläubiger 94 des Unternehmens im Rahmen einer Gläubigerversammlung vorgesehen. Die Gläubigerversammlung ist ein Kollegialorgan, das zur Beratung und Abstimmung über den vom Unternehmen vorgelegten *acuerdo* einberufen wird.

Es besteht ferner die Möglichkeit, dass der *acuerdo de reorganización* eine Bestimmung enthält, 95 nach der ein Gläubigerausschuss *(comisión de acreedores)* zur Überwachung der Erfüllung und Einhaltung des *acuerdo* eingesetzt wird. Die Befugnisse, Pflichten und gegebenenfalls die Vergütung dieses Ausschusses sind im *acuerdo* geregelt.

3.11 Forderungsanmeldung, Feststellung oder Bestreiten von Forderungen

Die Passiva des Verfahrens der *reorganización* beziehen sich auf Verbindlichkeiten, die vor dem 96 Beschluss zur Einleitung der *reorganización* entstanden sind. Die Verbindlichkeiten werden entweder durch eine Bescheinigung eines externen Wirtschaftsprüfers,[33] die zusammen mit dem Antrag auf Verfahrenseinleitung eingereicht wird, oder auf Gläubigerantrag durch die Entscheidung des erstinstanzlichen Gerichts innerhalb von 8 Tagen nach der Mitteilung des Beschlusses der *reorganización* festgestellt. Der Gläubigerantrag entspricht einer Klage des Gläubigers gegen die übrigen Gläubiger und den Schuldner vor einem Insolvenzgericht, in dem der Gläubiger sein Recht auf Teilnahme am Verfahren mit dem von ihm behaupteten Rang geltend macht. Auf dieser Grundlage wird eine Liste der festgestellten Forderungen mit deren Höhe und Rang erstellt, die den Gläubigern mitgeteilt wird.

Gegen die Feststellung können der Sachwalter, das Unternehmen und die anderen Gläubiger 97 **Einwände** mit der Begründung erheben, dass die geltend gemachte Forderung oder der ihr zukommende Rang nicht ausreichend begründet erscheinen. Der Sachwalter ist verpflichtet, die zur Beseitigung der Einwände notwendigen Maßnahmen zu ergreifen.

Sofern die Einwände nicht ausgeräumt werden können, erstellt der Sachwalter eine neue Liste 98 mit den beanstandeten Forderungen und informiert das Gericht über die vorgebrachten Einwände sowie darüber, ob plausible Gründe vorliegen, die vom Gericht beachtet werden müssen.

Das Gericht entscheidet in einem einzigen Termin über die vorgebrachten Einwände. 99

Die innerhalb der Frist von 8 Tagen nicht beanstandeten Forderungen und die **bestrittenen** 100 **Forderungen,** hinsichtlich derer das Gericht die Einwände zurückgewiesen hat, gelten als anerkannt und bilden die Verbindlichkeiten des Schuldners, so dass die Gläubiger am Verfahren teilnehmen und in der Gläubigerversammlung abstimmen können.

3.12 Verteilung der Masse

Eine Verteilung findet im Verfahren der *reorganización* im Gegensatz zur *liquidación* oder *quiebra* 101 nicht statt (→ Rn. 170 ff.). Im *acuerdo* kann jedoch ein Verkauf von besicherten Grundstücken

---

[33] Art. 55 des *Ley N° 20.720.*

vorgesehen und die Erlösverteilung geregelt sein. Im Grundsatz müssen die durch Grundsicherheiten besicherten Forderungen bedient werden. Die besicherten Gläubiger können jedoch zugunsten anderer Gläubiger (wie beispielsweise zugunsten der Arbeitnehmer) auf eine vollständige Befriedigung verzichten.

3.12.1 Massegläubiger

102 Die während der *reorganización* im Rahmen der Betriebsfortführung begründeten Forderungen (→ Rn. 84 ff.), werden bevorzugt bezahlt und sind im Fall der *liquidación* vorrangig.

3.12.2 Bevorrechtigte Gläubiger

103 Bevorrechtigten Gläubigern steht das sogenannte **derecho de prenda general** zu, das darin besteht, verlangen zu können, dass alle Vermögenswerte des Schuldners veräußert werden und mit dem Erlös die Forderungen, Zinsen und Kosten befriedigt werden.[34]

104 Sofern eine vollständige Befriedigung der Gläubiger nicht möglich ist, erhalten die Gläubiger eine quotale Befriedigung, sofern es sich nicht um **vorrangige Forderungen** handelt.[35] Auf die bevorrechtigten Gläubiger der ersten Klasse folgen im zweiten Rang die gesicherten Gläubiger (mit Ausnahme der Hypothek). Im dritten Rang folgen schließlich die Hypothekengläubiger. Im letzten Rang stehen die ungesicherten Gläubiger.

105 Im Verfahren der *reorganización* sollte ein Vorrang eines Gläubigers gegenüber anderen grundsätzlich keine weitreichenden Auswirkungen haben, da Gegenstand des *acuerdo* ein Vorschlag über die Befriedigung aller Forderungen ist. Üblicherweise enthält der Vorschlag der *reorganización* jedoch einen Tilgungsplan, der die Rangverhältnisse entsprechend reflektiert.

3.12.3 Gesicherte Gläubiger

106 Durch Pfandrecht oder Hypothek gesicherte Gläubiger behalten ihre Sicherheiten, es sei denn, sie stimmen positiv über einen Vorschlag der ungesicherten Gläubiger ab, wodurch sie auf ihre Hypothek verzichten. Wenn ihre Forderung teilweise ungesichert ist, können sie über den Vorschlag der ungesicherten Gläubiger abstimmen auch ohne ihren Vorrang zu verlieren, wenn sie anzeigen, dass nur für den ungesicherten Teil der Forderung abgestimmt wird.

3.12.4 Ungesicherte Gläubiger

107 Ungesicherte Gläubiger sind alle Gläubiger ohne Vorrang. Regelmäßig sind dies die Lieferanten eines Unternehmens.

3.12.5 Nachrangige Gläubiger

108 Nachrangige Gläubiger sind *personas relacionadas* des Unternehmens mit Forderungen, die nicht mindestens 90 Tage vor Beginn des Verfahrens der *reorganización* ordnungsgemäß dokumentiert wurden oder bis zur vollständigen Bezahlung aller übrigen Forderungen aus dem *acuerdo* entstanden sind.

109 Ebenfalls zu den nachrangigen Gläubigern,aber noch hinter den *personas relacionadas* stehend, gehören Gläubiger, die unter Berufung auf die Einleitung des Verfahrens einseitig vom Unternehmen die Erfüllung eines Vertrags verlangen oder bestellte Sicherheiten verwerten wollen, ohne mit ihren Forderungen am *acuerdo* teilzunehmen. In diesem Fall wird die Zahlung der Forderungen zurückgestellt bis alle am *acuerdo de reorganización* teilnehmenden Forderungen und die Forderungen der *personas relacionadas* erfüllt sind.

3.13 Abschluss von Verfahren

110 Die Erfüllung des *acuerdo* beendet das Verfahren ohne dass es eines Beschlusses zur Verfahrensbeendigung bedarf.

111 Schließlich kann das **Verfahren vorzeitig beendet** werden, wenn ein Beschluss zur *liquidación* erlassen wird. Ein solcher Beschluss ergeht im Falle einer Verschlechterung der wirtschaftlichen Situation des Unternehmens, der gerichtlichen Feststellung der Nichtigkeit oder Verletzung des *acuerdo*, der Ablehnung des *acuerdo* durch die Gläubiger, der Zurücknahme des *acuerdo* oder sofern

---

[34] *Abeliuk Manasevich, René,* Las obligaciones. Tomo II, Editorial Jurídica de Chile, Quinta edición actualizada, Seite 975.

[35] *Bahamondez Prieto, Luis,* La prelación de créditos, Editorial Jurídica de Chile, Seite 37.

das Unternehmen der Gläubigerversammlung den *acuerdo* nicht oder nicht innerhalb der gesetzlichen Frist vorgelegt hat.

3B. Wesentliche Verfahrensmerkmale des Insolvenzverfahrens – *Liquidación*

3.1 Eröffnung des Verfahrens

Die *liquidación* kann auf Antrag des Unternehmens, sog. ***liquidación voluntaria***, oder auf Antrag eines oder mehrerer Gläubiger, sog. ***liquidación forzosa***, eingeleitet werden. Beide Anträge sind beim erstinstanzlichen Gericht im Gerichtsbezirk des Sitzes der Schuldnergesellschaft zu stellen.[36] 112

In der konstitutiven Sitzung der Gläubigerversammlung können die Gläubiger mit mindestens zwei Dritteln der Forderungen beschließen, die *liquidación* vor einem Schiedsgericht zu führen. Dabei müssen der Schiedsrichter und dessen Vergütung festgelegt werden. 113

Die *liquidación voluntaria* und die *liquidación forzosa* unterscheiden sich nur bei der Einleitung des Verfahrens. Sobald durch das Gericht der Beschluss zur *liquidacón* erlassen ist, kommt in beiden Fällen dasselbe Verfahren zur Anwendung. 114

Ergeht ein Beschluss, der die *liquidación* eines Unternehmens einleitet, treten die Folgen der *liquidación concursal* ein. Diese sind unter anderemdie **Beschlagnahme** der Vermögenswerte des Schuldners, der Übergang der Verwaltungs- und Verfügungsbefugnis auf den bestellten Liquidator, die Konzentration aller gegen den Schuldner eingeleiteten Gerichtsverfahren beim Insolvenzgericht, die Fixierung der Rechte der Gläubiger auf den Zeitpunkt des Beschlusses der *liquidación*, die Unwirksamkeit von Zahlungen und Lieferungen an den Schuldner und das Verbot, neue Gerichtsverfahren gegen den Schuldner anzustrengen. 115

3.1.2 Eröffnungsgründe

Liquidación voluntaria 116
Auch ohne ausdrückliche Regelung im Ley N° 20.720 ist für die *liquidación voluntaria* erforderlich, dass das schuldnerische Unternehmen insolvent ist.

Liquidación forzosa 117
Die Eröffnung einer *liquidación forzosa* setzt voraus, dass der antragsstellende Gläubiger entweder einen vollstreckbaren Titel gegen das Unternehmen hat oder er sich auf mindestens zwei gegen den Schuldner eingeleitete Vollstreckungsverfahren anderer Gläubiger berufen kann. Ein zusätzlicher Eröffnungsgrund ist die Flucht des Schuldners oder das Verschleiern durch den Schuldner, was vermutet wird, wenn dieser seine Büros geschlossen hält, ohne einen Sachwalter zur Verwaltung seines Vermögens bzw. der Erfüllung seiner Verbindlichkeiten ernannt zu haben.[37] Der antragsstellende Gläubiger muss in diesem Fall auf Gerichtsbeschluss hin einen Betrag von *100 unidades de fomento*[38] zur Deckung der initialen Verfahrenskosten hinterlegen.[39]

3.1.2.1 Prüfung der Eröffnungsgründe

Über einen Antrag auf Eröffnung einer *liquidación* wird immer von einem erstinstanzlichen Gericht entschieden. Dieses überprüft auch das Vorliegen der Eröffnungsgründe. Sofern Rechtsmittel eingelegt werden, entscheiden die höheren Gerichte. 118

Liquidación voluntaria 119
Das Gericht prüft, ob aufgrund der vom Unternehmen beigebrachten Informationen die Eröffnungsvoraussetzungen erfüllt sind. Es trifft innerhalb von drei Tagen nach Vorlage der Informationen eine Entscheidung.

Liquidación forzosa 120
Das Gericht prüft das Vorliegen der von einem Gläubiger geltend gemachten Gründe entsprechend → Rn. 117 und die weiteren für den Antrag notwendigen Angaben.[40] Es beraumt einen Verhandlungstermin an, der im *Boletín Concursal* veröffentlicht und dem Schuldner persönlich mitgeteilt werden muss.

In diesem Termin kann der Schuldner die ausstehenden Verbindlichkeiten zusammen mit den bis dahin angefallenen Gerichtskosten (und Auslagen) hinterlegen, sich dem Antrag auf *liquidación* fügen, alternativ das Verfahren der *reorganización* einleiten oder Einspruch einlegen. Ein Einspruch 121

---

[36] Art. 145 *Código Orgánico de Tribunales*.
[37] Art. 117 des *Ley N° 20.720*.
[38] Bzgl. des Werts vgl. Fn. 9 oder http://www.sii.cl/valores_y_fechas/uf/uf2020.htm.
[39] Hierbei handelt es sich um den einzigen Fall im chilenischen Recht, in dem eine solche Zulässigkeitsvoraussetzung für eine Klage erfüllt werden muss.
[40] Art. 118 des *Ley N° 20.720*.

kann nur auf Einwände gestützt werden, die auch gegen die Einleitung eines Vollstreckungsverfahrens vorgebracht werden können,[41] wie beispielsweise Erfüllung, Erlass, Aufrechnung, Verjährung oder die anderweitige Rechtshängigkeit.

122 Für die Dauer eines Einspruchsverfahrens bestellt das Gericht einen **Sachwalter** mit Sicherungsbefugnissen. Sofern es aufgrund der vorgebrachten Einwände zweckmäßig sein sollte, wird ein Beweisverfahren und im Anschluss ein Entscheidungstermin anberaumt. Im Einspruchsverfahren kann nur im selben Termin das Rechtsmittel der *reposición* (Beschwerde) eingelegt werden. Gegen eine den Einwänden stattgebende Entscheidung kann wiederum eine *apelación* eingelegt werden.

123 Das Gericht eröffnet die *liquidación* ohne Weiteres, wenn das Unternehmen im Verhandlungstermin nicht vertreten ist, keinen zulässigen Einwand geltend macht oder die erhobenen Einwände nicht die gesetzlichen Voraussetzungen erfüllen.

3.1.2.2 Antragspflicht bei Vorliegen von Eröffnungsgründen; Folgen der Verletzung der Antragspflicht

124 Nur in der *liquidación forzosa* bedarf es zur Zulässigkeit des Antrages der Hinterlegung eines Verrechnungsschecks oder einer Bankgarantie zugunsten des Gerichts über einen Betrag in Höhe von 100 *unidades de fomento*.[42] Dieser Betrag dient der Deckung der initialen Verfahrenskosten.

125 Falls dieser Betrag nicht hinterlegt wird oder eine andere Voraussetzung für den Antrag auf *liquidación forzosa* nicht erfüllt wird, setzt das Gericht dem Antragssteller eine Frist zur Erfüllung dieser Voraussetzungen.

3.1.3 Antragsbefugnis

126 Das Verfahren der *liquidación* kann nur auf Antrag des Unternehmens oder eines Gläubigers unter den oben beschriebenen Voraussetzungen eingeleitet werden.

3.2 Rolle der Gerichte

127 Wie das Verfahren der *reorganización* ist die *liquidación* ein komplexes Verfahren, an dem neben dem Unternehmen das erstinstanzliche Zivilgericht, gegebenenfalls die Rechtsmittelinstanzen und der *Corte Suprema,* sowie die Gläubigerversammlung des Unternehmens und die *Superintendencia de Insolvencia y Reemprendimiento* beteiligt sind.

128 Es handelt sich bei der *liquidación* immer um ein vor einem erstinstanzlichen Gericht durchzuführendes **gerichtliches Verfahren.** Das erstinstanzliche Gericht erlässt einen Eröffnungsbeschluss mit dem gemäß Art. 129 des *Ley N° 20.720* vorgeschriebenen Inhalt. Das Gericht bleibt während des gesamten Verfahrens bis zur Beendigung oder gegebenenfalls bis zur Genehmigung des Verfahrens der *reorganización* zuständig.

129 Sofern die gesetzlichen Voraussetzungen erfüllt sind, muss das **Gericht** das Verfahren eröffnen und einen Liquidator, dh einen von der *Superintendecia y Reemprendimiento* beaufsichtigten Insolvenzverwalter, bestellen, der bei der *liquidación voluntaria* durch die drei Hauptgläubiger des Unternehmens und bei der *liquidación forzosa* durch den Antragssteller nominiert wurde. Das Gericht entscheidet im Falle von Streitigkeiten im Rahmen der Forderungsfeststellung bzgl. des Rechts zur Teilnahme am Verfahren oder des Rangs der angemeldeten Forderungen. Es ist zudem für sonstige rechtliche Verfahrensfragen zuständig[43] und weiter dazu berufen, über erhobene Nichtigkeitsklagen zu entscheiden, sich über die Vorgänge in der Gläubigerversammlung und über die Verteilung der Masse zu informieren und über Einwände gegen die Schlussrechnung des Liquidators zu entscheiden.

130 **Rechtsmittel** stehen nur in den gesetzlich vorgesehenen Fällen zur Verfügung, wie beispielsweise gegen einen Beschluss, der dem Einspruch des schuldnerischen Unternehmens stattgibt, gegen den Eröffnungsbeschluss und gegen Entscheidungen, durch die Einwände gegen die festgestellten Forderungen zurückgewiesen werden.

131 Die **Kosten** des Verfahrens beschränken sich auf die Kosten für Rechtsanwälte, die das Unternehmen in dem Verfahren vertreten und die Gebühr des Sachwalters.

132 **Mitteilungen** im *Boletín Concursal* sind kostenfrei. Nur ausnahmsweise fallen für gerichtliche Mitteilungen Kosten an, wie für die Gebühren eines *Receptor Judicial,* der das schuldnerische Unternehmen über den Antrag hinsichtlich einer *liquidación forzosa* informiert oder bestimmte Beschlüsse einem Beteiligten persönlich mitteilt, wenn ein Gericht dies für notwendig erachtet.

---

[41] Art. 464 des *Código de Procedimiento Civil.*
[42] Bzgl. des Werts vgl. Fn. 9 oder http://www.sii.cl/valores_y_fechas/uf/uf2020.htm.
[43] Art. 131 des *Ley N° 20.720.*

3.3 Insolvenzverwalter

Der am Verfahren beteiligte Insolvenzverwalter ist ein **Liquidator**. Dieser ist eine natürliche 133
Person und muss in der von der *Superintendencia de Insolvencia y Reemprendimiento* geführten Liste aufgeführt sein.[44]

Der Liquidator wird in der *liquidación voluntaria* durch die drei Hauptgläubiger des Unterneh- 134
mens nominiert und wird im anschließend ergehenden Eröffnungsbeschluss des erstinstanzlichen Gerichts formal **bestellt**.

Im Fall der *liquidación forzosa* wird der Liquidator durch den antragsstellenden Gläubiger **nomi-** 135
niert, es sei denn, die drei größten Gläubiger des Unternehmens nominieren im ersten Termin einen Liquidator.

Die **Hauptaufgabe des Liquidators** liegt in der Beschlagnahme, Verwaltung und Veräußerung 136
der Vermögenswerte zum Zwecke der Befriedigung der Forderungen. Außerdem obliegt dem Liquidator der Forderungseinzug und die Aufnahme von Darlehen zur Deckung der Kosten des Verfahrens. Er ist ferner berechtigt vom Schuldner alle notwendigen Unterlagen anzufordern, vom bisherigen Vermögensverwalter Rechenschaftslegung zu verlangen und das schuldnerische Unternehmen gerichtlich und außergerichtlich zu vertreten.

Die **Haftung** des Liquidators erstreckt sich auch auf Fahrlässigkeit[45] und kann nach der Vorlage 137
der Schlussrechnung geltend gemacht werden.

Der Liquidator hat als **Vergütung** einen Anspruch auf einen Teil der zu verteilenden Insolvenz- 138
masse. Sofern mangels Masse keine Verteilung erfolgt, zahlt die *Superintendencia de Insolvencia y Reemprendimiento* dem Liquidator eine einmalige Gebühr in Höhe von 30 *unidades de fomento*.[46]

Zusätzliche Gebühren können anfallen, wenn der Liquidator den Betrieb als sog. *administrator* 139
de la continuación fortführt.

3.3.1 Überwachung des Insolvenzverwalters

Der Liquidator wird durch die *Superintendencia de Insolvencia y Reemprendimiento* überwacht, die 140
diverse **Befugnisse** und Aufgaben hat.[47] Ihre Hauptaufgabe liegt in der Überwachung der Handlungen von Sachwaltern, Liquidatoren, *Martilleros Concursales* (siehe auch → Rn. 79), die sich freiwillig der Überwachung der *Superintendencia* unterziehen können, von *administratores de la continuación* und Insolvenzverwaltern während der *quiebra, convenios* oder der Veräußerung von Vermögenswerten.

Die *Superintendencia* kann im Rahmen ihrer Aufsicht einen Insolvenzverwalter sanktionieren, 141
indem sie ihn von seinen Aufgaben entbindet und ihn für eine bestimmte Dauer für künftige Verfahren suspendiert, oder ihn im Falle von schweren Verstößen aus der Auswahlliste löscht. Das wichtigste Kontrollmittel der *Superintendencia* ist die Möglichkeit, gegen die vom Insolvenzverwalter erstellte Schlussrechnung Einspruch einzulegen. Die *Superintendencia* prüft die Schlussrechnung durch ein multidisziplinäres Team bestehend aus Rechtsanwälten und Wirtschaftsprüfern und weist den Verwalter im Fall von Unregelmäßigkeiten an, diese zu korrigieren.

Des Weiteren ist die *Superintendencia* für die verwaltungsrechtliche Auslegung des Insolvenzrechts 142
zuständig und verpflichtet, den Gerichten auf Verlangen über insolvenzrechtliche Fragen Auskunft zu erteilen.

3.4 Verwaltung und Verwertung der Masse

Zur Insolvenzmasse gehören in diesem Verfahren alle zur Zeit des gerichtlichen Eröffnungsbe- 143
schlusses existierenden Vermögenswerte mit Ausnahme der gesetzlich unpfändbaren Gegenstände.

Nach Erlass des Eröffnungsbeschlusses ist zu unterscheiden: Unentgeltlich erworbene Vermö- 144
genswerte werden durch den Liquidator nur verwaltet, sind jedoch nicht Teil der Insolvenzmasse. Entgeltlich erworbene Vermögenswerte werden durch ihn verwertet und die Gläubiger werden aus dem Erlös befriedigt.

Die Verwertung der Vermögenswerte wird vom Liquidator schnellstmöglich durchgeführt. Für 145
den Verwertungsprozess stehen dem Liquidator höchstens vier Monate für bewegliche Sachen und sieben Monate für Immobilien zur Verfügung.

Es bestehen verschiedene Möglichkeiten der **Verwertung** der Vermögenswerte. Das Gesetz 146
sieht als Regelfall die *realización ordinaria* vor. Bei dieser werden die Vermögenswerte entweder durch einen *martillero concursal* versteigert oder durch den Verwalter an der Börse oder freihändig veräußert.

---

[44] Art. 9 ff. des *Ley N° 20.720*.
[45] Art. 44 des *Código Civil*.
[46] Bzgl. des Werts vgl. Fn. 9 oder http://www.sii.cl/valores_y_fechas/uf/uf2020.htm.
[47] Art. 337 des *Ley N° 20.720*.

Das Unternehmen kann mit Zustimmung der Gläubigerversammlung als wirtschaftliche Einheit oder in sonstiger Weise verkauft werden.

147 Der **Verkauf des Unternehmens als wirtschaftliche Einheit** kann sich auf die Gesamtheit oder auf Teile des Vermögens des schuldnerischen Unternehmens erstrecken. Hat die Gläubigerversammlung einem Verkauf zugestimmt, so suspendiert dies das Recht der Gläubiger, nach Eintritt des Sicherungsfalls im Hinblick auf die zu ihren Gunsten bestellten Pfandrechte und Hypotheken Verkaufsaktivitäten einzuleiten oder zu verfolgen. In der Einigung mit der Gläubigerversammlung über einen Verkauf kann jedoch der auf die einzelnen Vermögenswerte zu allokierende Kaufpreis vereinbart werden, sodass die gesicherten Gläubiger ihre Sicherheiten durchsetzen können. Der Verkauf muss öffentlich beurkundet werden und bedarf der gerichtlichen Genehmigung. Zur Sicherung des Anspruches der Masse auf Zahlung des Kaufpreises werden zugunsten der Masse Sicherheiten an den verkauften Vermögensgegenständen bestellt.

148 Der **freihändige Verkauf** kommt dann in Betracht, wenn ein potentieller Käufer ein Kaufangebot für das Unternehmen als Ganzes oder für einzelne Vermögenswerte unterbreitet. Ein solches Angebot ist dem Liquidator in Schriftform zu unterbreiten. Dieser wiederum präsentiert das Angebot der Gläubigerversammlung, die mit einer Mehrheit von mindestens zwei Dritteln des festgestellten Forderungsvolumens dem Verkauf zustimmen kann. Sofern die Vermögenswerte einen Wert von weniger als 5.000 *unidades de fomento*[48] haben, es sich um eine *micro empresa*[49] handelt, keine Gläubiger am Verfahren teilnehmen oder dies mit der Gläubigerversammlung vereinbart wird, findet eine sogenannte *realización sumaria del activo* (summarische Realisierung der Vermögenswerte) statt. In dieser werden alle Vermögenswerte im Wege der Versteigerung durch einen vom Liquidator bestimmten *martillero concursal* verkauft. Sachen mit Börsenwert werden an der Börse verkauft.

3.5 Fortführung durch den Schuldner oder Verwalter

149 Um einen Verkauf des Unternehmens als wirtschaftliche Einheit zu ermöglichen, kann der Betrieb im Liquidationsverfahren fortgeführt werden. Die Fortführung kann vorläufig vom Liquidator und endgültig durch die Gläubigerversammlung mit mindestens zwei Dritteln der stimmberechtigten Gläubiger beschlossen werden.

150 Der Beschluss über die **endgültige Betriebsfortführung** muss die hierfür notwendigen Vermögenswerte, den Verwalter, dessen Vergütung und die Dauer der Fortführung bestimmen. Die Fortführung darf zunächst nicht länger als ein Jahr andauern, kann jedoch einmalig durch Beschluss mit der zuvor genannten Zwei-Drittel-Mehrheit verlängert werden. Der Liquidator kann auch *administrator de las actividades* werden; in diesem Fall steht ihm eine zusätzliche Vergütung zu.

151 Des Weiteren erhalten die Gläubiger im Hinblick auf Rechnungen, die auf das Unternehmen ausgestellt sind, Steuervorteile in Form einer Steuergutschrift in Höhe der abzuführenden Umsatzsteuer auf Verkäufe an das Unternehmen.

3.6 Sicherungsmaßnahmen vor Verfahrenseröffnung

152 Wie oben näher beschrieben (→ Rn. 143 ff.), unterliegen alle zur Zeit des Eröffnungsbeschlusses im Eigentum der Schuldnerin stehenden Vermögenswerte einschließlich der Immobilien dem Liquidationsverfahren und damit dem Vermögensbeschlag.

3.7 Wirkungen der Verfahrenseröffnung auf Rechtsverfolgungsmaßnahmen einzelner Gläubiger

153 Die Eröffnung des Verfahrens der *liquidación* steht der Erhebung von Klagen gegen das Unternehmen nicht entgegen. Diese Klagen müssen allerdings vor dem Gericht, das die *liquidación* eröffnet hat, geführt werden. Im Falle gerichtlicher Spezialzuständigkeiten werden diese Klagen weiterhin vor den speziell zuständigen Gerichten geführt. Dasselbe gilt für die gesetzlich vorgesehenen Schiedsverfahren.[50]

3.8 Wirkungen der Verfahrenseröffnung auf laufende Gerichts- oder Schiedsverfahren

154 Der Eröffnungsbeschluss führt zu einer Verfahrenskonzentration, sodass alle laufenden Verfahren vor dem Eröffnungsgericht nach den anwendbaren Regeln fortgeführt werden. Neue Verfahren müssen vor dem Eröffnungsgericht erhoben werden.

---

[48] Bzgl. des Werts vgl. Fn. 9 oder http://www.sii.cl/valores_y_fechas/uf/uf2020.htm.
[49] Vgl. Fn. 9.
[50] Der Art. 227 *Código Orgánico de Tribunales* behandelt das Recht der Zwangsschlichtung.

Schiedsgerichtsverfahren und Verfahren vor Gerichten anderer Gerichtsbarkeiten, wie beispiels- 155
weise den Arbeitsgerichten, sind hiervon jedoch nicht erfasst.
Bereits gegen den Schuldner eingeleitete Vollstreckungsverfahren werden ausgesetzt. 156
Nach Eröffnungsbeschluss erfolgende Pfändungen und Sicherungsmaßnahmen, die die Masse 157
beeinträchtigen, sind nichtig.

3.9 (Automatisches) oder gerichtlich anzuordnendes Moratorium

Sobald der Beschluss der *liquidación* für ein Unternehmen erlassen worden ist, müssen alle 158
Gläubiger ihre Forderungen vor dem Gericht der *liquidación* **anmelden,** um an der Verteilung der
Masse teilnehmen zu können. Eine Vollstreckung ist ausgeschlossen, es sei denn, es handelt sich um
besicherte Gläubiger, die ihre Sicherheiten durchsetzen können. In diesem Fall sind sie jedoch
verpflichtet, den Erlös aus der Sicherheitenverwertung der Insolvenzmasse zur Verfügung zu stellen,
um gegebenfallseine Befriedigung der erstrangigen Gläubiger zu ermöglichen.

3.10 Organe der Gläubiger

Der **Gläubigerversammlung** obliegt die Entscheidung über die Art und Weise der Veräuße- 159
rung der Vermögenswerte, die anwendbaren Fristen sowie sonstige Bedingungen.
In der ersten, konstitutiven Sitzung muss eine Entscheidung hinsichtlich der Person des Liquida- 160
tors, des Verkaufs der Vermögenswerte, der Sitzungsfrequenz und der Bestimmung eines Vorsitzenden und eines Schriftführers getroffen werden.
Die nachfolgenden Gläubigerversammlungen sind in ordentliche oder außerordentliche zu 161
unterteilen. Die ordentlichen Versammlungen finden an den von der konstitutiven Versammlung
vorgesehenen Terminen statt und befassen sich mit Verfahrensfragen. Die außerordentlichen Versammlungen werden zur Befassung mit bestimmten Angelegenheiten einberufen. Die Einberufung
einer außerordentlichen Gläubigerversammlung erfolgt durch den Liquidator auf dessen Vorschlag
oder auf Vorschlag von Gläubigern, die zusammen mindestens ein Viertel der stimmberechtigten
Forderungen vertreten, auf Verlangen des Gerichts oder der *Superintendencia de Insolvencia y Reemprendimiento* oder auf Beschluss der ordentlichen Gläubigerversammlung.
Die Gläubigerversammlung kann Gläubigerausschüsse bilden und deren Zusammensetzung, 162
Befugnisse und Dauer festlegen.
An den Gläubigerversammlungen dürfen nur Gläubiger teilnehmen und abstimmen, deren 163
Forderungen festgestellt sind oder denen gerichtlich ein Stimmrecht erteilt wurde. An den Gläubigerversammlungen dürfen zudem der Liquidator, der Schuldner und die *Superintendencia de Insolvencia
y Reempredimiento* teilnehmen. Ihnen steht jedoch nur ein Rederecht und kein Stimmrecht zu.

3.11 Forderungsanmeldung, Feststellung oder Bestreiten von Forderungen

Die Gesamtheit der zum Zeitpunkt des Eröffnungsbeschlusses begründeten Verbindlichkeiten 164
des schuldnerischen Unternehmens stellen die Passiva des Liquidationsverfahrens dar. Nicht fällige
Forderungen gegen das schuldnerische Unternehmen gelten mit der Verfahrenseröffnung als fällig,
damit diese am Verfahren und der Verteilung teilnehmen können.
Das Verfahren zur Prüfung und **Feststellung der Forderungen** ähnelt dem im Verfahren der 165
reorganización. Es handelt sich um ein Verfahren, das in mehrere Phasen untergliedert ist.
Die erste Phase besteht in der **Anmeldung und Prüfung** der Forderungen. Für diese Zwecke 166
müssen die Gläubiger ihre Forderungen und deren Rang vor dem Eröffnungsgericht geltend machen
und belegen. Der Liquidator nimmt die angemeldeten Forderungen in eine Liste, die *nómina de
creditos verificados*, auf. Gegen die in die Liste aufgenommenen Forderungen können der Liquidator,
das Unternehmen und die anderen Gläubiger Einwände erheben.
Sofern gegen eine Forderung Einwände erhoben wurden, muss der Liquidator den Sachverhalt 167
aufklären und sofern die Einwände nicht innerhalb einer bestimmten Frist ausgeräumt werden
können, die zur Beseitigung der Einwände notwendigen Maßnahmen ergreifen. Sofern die Einwände nicht innerhalb einer bestimmten Frist ausgeräumt werden können, nimmt der Liquidator
die betreffenden Forderungen in eine neue Liste der beanstandeten Forderungen auf und informiert
das Gericht über die vorgebrachten Einwände, sowie darüber, ob den Einwänden plausible Gründe
zugrunde liegen.
Das Gericht beruft daraufhin einen Termin zur Prüfung und Entscheidung über die Einwände 168
ein. Gegen das Urteil kann Berufung vor dem Berufungsgericht – dem nächsthöheren Gericht im
Verfahren der *liquidación* – eingelegt werden.
Die **anerkannten Forderungen** sowie die beanstandeten Forderungen, hinsichtlich derer die 169
Einwände ausgeräumt oder vom Gericht zurückgewiesen wurden, werden in die Liste der anerkann-

ten Forderungen aufgenommen. Als Folge der Aufnahme in diese Liste nehmen die Gläubiger an der Verteilung in ihrem jeweiligen Rang teil.

3.12 Verteilung der Masse

3.12.1 Massegläubiger

170　Forderungen, die nach dem Eröffnungsbeschluss begründet wurden, sind nicht Teil der *liquidación* bzw. der *reorganización*. Sie werden unmittelbar aus der Insolvenzmasse befriedigt.

3.12.2 Bevorrechtigte Gläubiger

171　In der *liquidación* gilt grundsätzlich der anerkannte Grundsatz *par conditio creditorum*.[51] Von diesem Grundsatz gibt es aufgrund bestimmter Vorrangregelungen Ausnahmen. Auf die erstrangigen Forderungen folgen im zweiten Rang die gesicherten Forderungen (mit Ausnahme der Hypothek). Im dritten Rang folgen die Hypothekenforderungen. Im letzten Rang stehen die ungesicherten Forderungen bzw. solche ohne Vorrang. In diesen Rang können auch nachrangige Forderungen fallen. Nachrangig gegenüber dem letzten Rang sind die aufgeschobenen Forderungen von Gläubigern, die beispielsweise gegen einen *acuerdo* verstoßen haben.

172　Der erste Rang ist wiederum in **neun Stufen** unterteilt, die untereinander ein Rangverhältnis darstellen. Darunter fallen beispielsweise die Kosten des Verfahrens (Nr. 4), die Gehälter und Sozialversicherungsbeiträge der Arbeitnehmer (Nr. 5), Abfindungen aus Arbeitsverhältnissen (Nr. 8) und verschiedene Forderungen des Fiskus, wie beispielsweise Umsatzsteuerforderungen (Nr. 9). Sofern die Insolvenzmasse nicht ausreicht, um alle Gläubiger innerhalb einer Stufe zu befriedigen, werden die Gläubiger dieser Stufe quotal befriedigt.

173　Die Forderungen des ersten Ranges haben auch gegenüber Hypothekaren und Pfandrechtsinhabern Vorrang. Daher haften auch Vermögenswerte, die Gegenstand von Sicherungsrechten sind, vorrangig für die Forderungen des ersten Rangs. Somit kann der Fall eintreten, dass gesicherte Gläubiger keinerlei Zahlung erhalten.

3.12.3 Gesicherte Gläubiger

174　Gesicherte Gläubiger sind jene mit einer Sicherheit aus **Hypothek und Pfandrecht.** Die Gläubiger können ihre Sicherheit außerhalb des Verfahrens verwerten, wobei sie sicherzustellen haben, dass aus dem Erlös die Forderungen des ersten Rangs befriedigt werden, sofern die freie Masse für deren Befriedigung nicht ausreichend ist.

175　Das Verwertungsrecht wird durch einen Beschluss über den Verkauf als wirtschaftliche Einheit ausgesetzt. In diesem Fall können die gesicherte Gläubiger von der Gläubigerversammlung verlangen, dass der Verkaufserlös anteilig auf die einzelnen besicherten Vermögenswerte allokiert wird, damit sich das Sicherungsrecht an dem Erlös in einer bestimmten Höhe fortsetzt. Sie können unter Vorlage eines Wertgutachtens vom Insolvenzgericht die Berichtigung des allokierten Erlöses verlangen.

3.12.4 Ungesicherte Gläubiger

176　Ungesicherte Gläubiger haben keinen Vorrang. Innerhalb dieses Rangs gibt es Gläubiger, welche die Befriedigung ihrer Forderungen der vollständigen oder teilweisen Befriedigung anderer Gläubiger desselben Rangs unterordnen können.[52]

3.12.5 Nachrangige Gläubiger

177　Nachrangige Gläubiger sind *personas relacionadas* des Unternehmens mit Forderungen, die nicht mindestens 90 Tage vor Beginn des Verfahrens der *liquidación* ordnungsgemäß dokumentiert wurden. Sie erhalten erst dann eine Befriedigung, wenn sämtliche ungesicherte Gläubiger vollständig befriedigt sind. Ebenso werden Zinsen, die nach dem Beschluss zur *liquidación* entstanden sind, erst nachrangig befriedigt.

3.13 Abschluss von Verfahren

178　Das Verfahren wird durch einen entsprechenden **Aufhebungsbeschluss** beendet. Dieser ergeht sobald alle beschlagnahmten Vermögenswerte verkauft worden sind und die Schlussrechnung vom Liquidator erstellt wurde.

---

[51] Art. 2469 des *Código Civil*.
[52] Art. 2489 des *Código Civil*.

Durch Erlass dieses Aufhebungsbeschlusses erlöschen kraft Gesetzes die noch nicht befriedigten 179
Forderungen gegen das Unternehmen, sofern diese vor dem Eröffnungsbeschluss begründet wurden.[53] Nach Erlass dieses Beschlusses gilt das schuldnerische Unternehmen als saniert und die Verwaltungsbefugnis geht wieder auf den Schuldner über.

Das Verfahren kann alternativ auch durch die Genehmigung eines *acuerdo de reorganización* 180 *judicial* beendet werden. Einen entsprechenden Vorschlag kann das Unternehmen seinen Gläubigern, die in der Liste der anerkannten Gläubiger enthalten sind, unterbreiten.

4. Verträge im Insolvenz- oder Restrukturierungsverfahren

Verträge bleiben im Verfahren der *reorganización* unverändert bestehen. Vertragspartnern ist es 181 untersagt, allein auf Grundlage der Einleitung des Verfahrens Kündigungsrechte auszuüben. Im Falle eines Verstoßes gegen dieses Verbot, werden die Forderungen der entsprechenden Vertragspartner erst nach Zahlung aller im Verfahren geltend gemachter Forderungen – einschließlich der Forderungen von *personas relacionadas* – befriedigt. Sofern bestimmte Verträge vom *acuerdo* erfasst sind, unterliegenden diese den im Rahmen des *acuerdo* vereinbarten Änderungen.

Im Verfahren der *liquidación* unterliegen Verträge ebenfalls keinen Änderungen und Anpassungen. 182 Jedoch müssen die Gläubiger ihre Forderungen im Verfahren feststellen lassen, wofür der Vertrag grundsätzlich als Nachweis ausreicht, sofern dieser die Forderung hinreichend bestimmt. Ist dies nicht der Fall, muss der Gläubiger zur Bestimmung der Höhe der Forderung ein Verfahren vor dem Insolvenzgericht einleiten.

4.1 Unerfüllte Verträge

Auch wenn keine speziellen gesetzlichen Regelungen für den Umgang mit (beidseitig) unerfüllten 183 Verträgen existieren, ist davon auszugehen, dass der Liquidator gegebenenfalls mit Zustimmung der Gläubigerversammlung die **Erfüllung** eines für die Gesellschaft und ihre Gläubiger vorteilhaften Vertrags wählen wird. Dies folgt aus der Verpflichtung des Liquidators, die Masse im Interesse der Gläubiger und des Schuldners zu erhalten und zumindest teilweise den Betrieb fortzuführen. Sofern die Erfüllung eines Vertrages abgelehnt wird, können Vertragspartner des Schuldners ihren aus der **Nichterfüllung** resultierenden Schaden im Wege eines regulären Gerichtsverfahrens vor dem Gericht der *liquidación* geltend machen.

4.2 Miet- oder Pachtverhältnisse

Das Verfahren der *liquidación* beendet Miet- und Pachtverträge nicht. Gläubiger müssen daher 184 Forderungen auf Zahlung von Miet-/Pachtzinsen feststellen lassen. Sie können zudem die Herausgabe des Miet- bzw. Pachtobjekts verlangen und Schadensersatz vor dem Gericht der *liquidación* geltend machen.

4.3 Leasingverträge

Auch Leasingverträge werden durch das Verfahren der *liquidación* nicht beendet. Die konstitutive 185 Gläubigerversammlung kann die weitere Erfüllung des Leasingvertrags beschließen, wobei die nach dem Beschluss zur *liquidación* entstehenden Forderungen Vorrang haben. Dies gilt auch für einen Beschluss über die vorzeitige Ausübung der Kaufoption. Ebenso kann die Gläubigerversammlung die vorzeitige Beendigung des Vertrags beschließen. Der Leasinggeber kann in jedem Fall die vor Erlass des Eröffnungsbeschlusses entstandenen und fällig gewordenen Forderungen feststellen lassen.

4.4 Dienstverhältnisse

Arbeitsverträge werden durch das Verfahren der *reorganización* nicht verändert und die erbrachte 186 Arbeit muss zum vereinbarten Zeitpunkt vergütet werden. Nach Genehmigung des Vorschlags zur *reorganización* gelten die im *acuerdo* getroffenen Regelungen.

Im Verfahren der *liquidación* werden die zur Zeit des Eröffnungsbeschlusses mit dem Unternehmen 187 geschlossenen Arbeitsverträge beendet.[54] Der Liquidator muss den Arbeitnehmern die Beendigung der Arbeitsverhältnisse mitteilen und die nicht bezahlten Löhne, Gehälter und Honorare aus der Insolvenzmasse bezahlen, ohne dass es einer Anmeldung, Prüfung und Feststellung dieser Forderungen bedarf. Der Liquidator muss eine Abrechnung über die geschuldeten Gehälter erstellen, die der jeweilige Arbeitnehmer vor einem Notar unterzeichnen muss. Sollte ein Arbeitnehmer

---

[53] Art. 254 des *Ley N° 20.720*.
[54] Art. 163 BIS des *Código de Trabajo*.

Einwände gegen die Abrechnung haben, kann er sich vorbehalten, den durch die Abrechnung nicht gedeckten Teil vor einem Arbeitsgericht an seinem Gerichtsstand geltend zu machen.

5. Pensionsansprüche in der Insolvenz und Restrukturierung

188 Die Parteien können nicht über die Pensionsansprüche der Arbeitnehmer verfügen. Sie sind nicht Gegenstand einer *liquidación*. Die Pensionsansprüche werden von Pensionsfonds – dem AFP gem. des *Ley N° 3500* – verwaltet. Sobald ein Arbeitnehmer in den Ruhestand geht, wird die Pension vom AFP gezahlt.

6. Eigentumsvorbehalt

189 Im chilenischen Recht existiert kein dem Eigentumsvorbehalt vergleichbares Rechtsinstitut.

7. Sicherheiten in der Insolvenz

7.1 Mobiliarsicherheiten

7.1.1 Pfandrecht

190 Das Pfandrecht kann als **Besitzpfandrecht und als besitzloses Pfandrecht** bestellt werden, wobei das besitzlose Pfandrecht deutlich häufiger anzutreffen ist.[55] Das Pfandrecht gewährt dem Gläubiger in der *liquidación* des Schuldners das Recht einer abgesonderten Befriedigung, es sei denn, die Masse reicht nicht zur Befriedigung vorrangiger Forderungen aus. Der Pfandgläubiger ist auch berechtigt, den Pfandgegenstand eigenhändig zu verwerten. Er muss jedoch den Erlös der Insolvenzmasse zur vorrangigen Befriedigung der erstrangigen Gläubiger zur Verfügung stellen. Wird das Unternehmen als wirtschaftliche Einheit verkauft kann der Pfandgläubiger verlangen, dass der verpfändete Vermögensgegenstand separat bewertet wird, damit er seine Rechte aus dem Pfandrecht geltend machen kann.

7.1.2 Derecho de retención

191 Das *derecho de retención* (Zurückbehaltungsrecht) berechtigt den Vertragspartner, einen Vermögenswert bis zur Bezahlung seiner Forderung zurückzuhalten. Dieses Recht wird als Sicherheit qualifiziert. Ein *derecho de retención* an beweglichen Sachen aufgrund der Nichtzahlung von Mietzins entsteht nur, wenn das *derecho de retención* vor Beschluss der *liquidación* erklärt wurde. Es hat Vorrang vor einem Pfandrecht, wenn der Mietvertrag vor Begründung des Pfandrechts in einer öffentlichen Urkunde dokumentiert wurde.

192 Das *derecho de retención* gewährt dem Gläubiger zudem ein Recht auf abgesonderte Befriedigung und eigenhändige Verwertung, wobei wie auch beim Pfandrecht aus dem Erlös die erstrangigen Gläubiger bevorzugt zu befriedigen sind.

7.2 Grundstückssicherheiten

193 Ein Hypothekengläubiger hat ein vorrangiges Befriedigungsrecht an der belasteten Immobilie. Der Vorrang besteht in der *liquidación* gegenüber sämtlichen Gläubigern mit Ausnahme der erstrangigen Gläubiger, die aus dem Verwertungserlös vorrangig zu befriedigen sind. Der Hypothekar hat das Recht, die Immobilie eigenhändig zu verwerten, wobei er wiederum die Befriedigung der erstrangigen Forderungen beachten muss.

7.3 Sicherheiten an Flugzeugen, Schiffen; andere Sicherheiten

194 An Schiffen können je nach ihrer Einordnung als große oder kleine Schiffe **Hypotheken** oder **Pfandrechte** bestellt werden. Große Schiffe sind solche, die mehr als fünfzig Tonnen Bruttotonnage wiegen. An ihnen können Hypotheken bestellt werden, auch wenn sie sich noch im Bau befinden. An kleineren Schiffen kann ein Pfandrecht bestellt werden. Pfandgläubiger und Hypothekare sind als gesicherte Gläubiger zur vorrangigen Befriedigung berechtigt. Ihnen gegenüber vorrangig sind jedoch die in Art. 844 des *Código de Comercio* genannten Forderungen. Zu diesen gehören unter

---

[55] Art. 13 des *Ley N° 20.190;* grundsätzlich kann diese Form des Pfandrechts für jedes bewegliche Gut bestellt werden, gleich ob materiell oder immateriell beispielsweise für das Vorhandensein von Waren, Rohstoffen, verarbeiteten oder halbverarbeiteten Produkten, Ersatzteilen des Handels oder der Industrie und allgemein jegliche Tätigkeit der Produktion oder von Dienstleistungen, Konzessionen und Handelswechseln und für Fahrzeuge und Tiere.

anderem Forderungen aus Heuerverträgen, Gebühren von Häfen, Kanälen und Wasserstraßen, sowie Entschädigungen für Schäden oder Verluste an anderen Schiffen.

Auch an Flugzeugen können Hypotheken bestellt werden. Diese Forderungen genießen Vorrang gegenüber allen Forderungen mit Ausnahme der in Art. 122 des *Código Aeronáutico* genannten Forderungen. Zu diesen gehören Kosten einer Zwangsversteigerung des Flugzeugs, die Kosten der Rettung des Flugzeugs und die notwendigen Kosten für die Erhaltung des Flugzeugs.

8. Aufrechnung; Netting-Vereinbarungen

Der Beschluss der *liquidación* verbietet jegliche Aufrechnung von Forderungen des Schuldners und von Gläubigern, die nicht bereits vor der Eröffnung des Verfahrens zulässigerweise hätte erfolgen können. Eine Ausnahme gilt für konnexe Forderungen, die in demselben Vertragsverhältnis oder derselben Verhandlung begründet sind. Diese Forderungen können aufgerechnet werden, auch wenn sie zu unterschiedlichen Zeiten fällig werden.

9. Insolvenzanfechtung

Handlungen, die das schuldnerische Vermögen mindern, können nach den gesetzlichen Vorschriften angefochten werden. Eine Anfechtung solcher Handlungen ist sowohl in der *liquidación* und *reorganización* eines Unternehmens, als auch in der *liquidación* einer natürlichen Person vorgesehen.

Anfechtungsklagen können aufgrund von Handlungen erhoben werden, die ein Jahr vor Eröffnung der *liquidación* vorgenommen wurden, wenn die Klage auf Grundlage objektiver Gründe erhoben wird.[56] Mit einer Frist von zwei Jahren vor der Verfahrenseröffnung kann eine Anfechtungsklage erhoben werden, wenn diese auf subjektiven Gründen beruht[57] oder es sich um unentgeltliche Leistung handelt.

Die innerhalb von sechs Monaten vor Verfahrenseröffnung vorgenommenen Satzungsänderungen von Gesellschaften können ebenfalls angefochten werden, sofern durch sie das Vermögen gemindert wurde.

Anfechtungsklagen müssen innerhalb eines Jahres ab dem Beschluss über die Eröffnung der *liquidación* erhoben werden und werden in einem Eilverfahren vor dem erstinstanzlichen Gericht durchgeführt.

10. Geltendmachung von Haftungsansprüchen gegen (frühere) Geschäftsführer, Gesellschafter oder Dritte

Eine Schadensersatzpflicht trifft nach chilenischem Recht im Grundsatz denjenigen, der einem anderen schuldhaft einen Schaden zufügt. Darüber hinaus existieren im *Ley de Sociedades Anónimas* spezielle Regelungen zur **Verantwortlichkeit von Geschäftsleitern** und Liquidatoren für Schäden, die Aktionären oder Dritten aufgrund eines Verstoßes gegen Treuepflichten oder gegen Pflichten aus dem Gesellschaftsvertrag zugefügt werden. Ebenfalls gesondert geregelt ist die Haftung von Geschäftsführern aufgrund von leichter Fahrlässigkeit,[58] für die Verursachung einer Schädigung der Gesellschaft durch vorsätzliches oder schuldhaftes Handeln[59] und für Verletzung von Sorgfalts- und Informationspflichten.

Zudem sei der Straftatbestand der Untreue im *Ley N° 21.121* erwähnt, der Art. 470 des *Código Penal* modifiziert. Er begründet eine Haftung für denjenigen, der aufgrund Gesetzes, behördlicher Anordnung oder eines Vertrags für die Sicherung oder die Verwaltung fremden Vermögens verantwortlich ist und diesem Dritten entweder durch den Missbrauch einer Verpflichtungs- oder Verfügungsbefugnis oder durch offenkundig dem Interesse des anvertrauten Vermögens zuwiderlaufende Handlung oder Unterlassung Schaden zufügt. In diesen Fällen wird zudem ein Bußgeld in Höhe der Hälfte des Schadens verhängt.

11. Internationales Insolvenzrecht

Das *Ley N° 20.720* hat im Kapitel VIII den Gesetzesentwurf des UNCITRAL von 1997[60] übernommen und an das chilenische Insolvenzrecht angepasst. Es wurden die Grundsätze des Gesetzesentwurfs betreffend Zugang, Anerkennung, Einführung von Maßnahmen und Kooperation zwi-

---

[56] Art. 287 der *Ley N° 20.720*.
[57] Art. 288 der *Ley N° 20.720*.
[58] Definiert in Art. 44 des *Código Civil* als „leichte Schuld, Fahrlässigkeit, leichte Fahrlässigkeit ist der Mangel an der in eigenen Angelegenheiten gewöhnlichen Sorgfalt und Vorsicht".
[59] Art. 41 des *Ley N° 18.046*.
[60] http://uncitral.org/uncitral/es/uncitral_texts/insolvency/1997Model.html [abgerufen am 5.2.2014].

schen den verschiedenen Beteiligten des Insolvenzverfahrens übernommen. Hierbei wurde den Mitteilungs- und Öffentlichkeitsregelungen eine erhebliche Bedeutung beigemessen, weshalb gewisse Maßnahmen im *Boletín Concursal* bekanntgemacht werden müssen.

204 Eine an das chilenische Rechtssystem angepasste Regel spricht der *Superintendencia* das Recht zu, als Vertreter für ein in Chile eröffnetes Insolvenzverfahren in einem fremden Land zu handeln oder dieses Recht zur Wahrnehmung dieser Funktion auf einen von ihr bestimmten Insolvenzverwalter zu übertragen.

12. Maßnahmen zur Abmilderung der Auswirkungen der COVID-19 Pandemie in Chile

205 Anlässlich der ersten COVID-19 Fälle in Chile hat der Staatspräsident am 18.3.2020 per Dekret *(Decreto Supremo N.° 104)* für 90 Tage den Katastrophenfall ausgerufen und der nationalen Verteidigung weitreichende Befugnisse im Hinblick auf die Umsetzung der vom Gesundheitsministerium auferlegten gesundheitlichen Maßnahmen eingeräumt. Diese Befugnisse erfassen unter anderem die Kontrolle der Quarantänezonen und die Bewahrung der öffentlichen Ordnung.

206 Neben weiteren gesetzlichen Maßnahmen zur Eindämmung der Pandemie hat der chilenische Staat zugunsten von Unternehmen und Privatpersonen auch eine Reihe finanzieller Maßnahmen zur Abmilderung der wirtschaftlichen Auswirkungen der Pandemie ergriffen. Diese beinhalten insbesondere die direkte Zurverfügungstellung von Liquidität, die Gewährung von Bürgschaften für Betriebsmittelfinanzierungen sowie eine Art Kurzarbeitergeld. Durch diese Maßnahmen konnte eine Vielzahl an Insolvenzen vermieden werden. Im Bereich des Insolvenzrechts hat der chilenische Gesetzgeber indes noch keine spezifischen Anpassungen vorgenommen.

207 Neben den genannten Finanzierungsmaßnahmen wurden eine Reihe von Verwaltungsmaßnahmen ergriffen, durch die das Verfahren der *renegociación* für kleinere und mittelgroße Unternehmen, die von der Pandemie betroffen sind, erleichtert wurde. So wurden Anreize für das Verfahren der *Asesoría Económica* geschaffen, indem die eigentlich vom Schuldner zu tragenden Kosten für den *asesor económico* vom Staat übernommen werden, um dem Schuldner für einen begrenzten Zeitraum von 90 Tagen unter insolvenzrechtlichem Schutz zu ermöglichen, mit den Gläubigern verhandeln.

208 Darüber hinaus gab es weitreichende Änderungen im Bereich der Gerichtsorganisation. Gerichtliche Verfahren sowie Anhörungen oder Verhandlungstermine werden weitgehend durch schriftliche Verfahren ersetzt oder virtuell durchgeführt.

Chile

Zeitlicher Überblick über das Verfahren der *liquidación* (Gläubigerantrag)

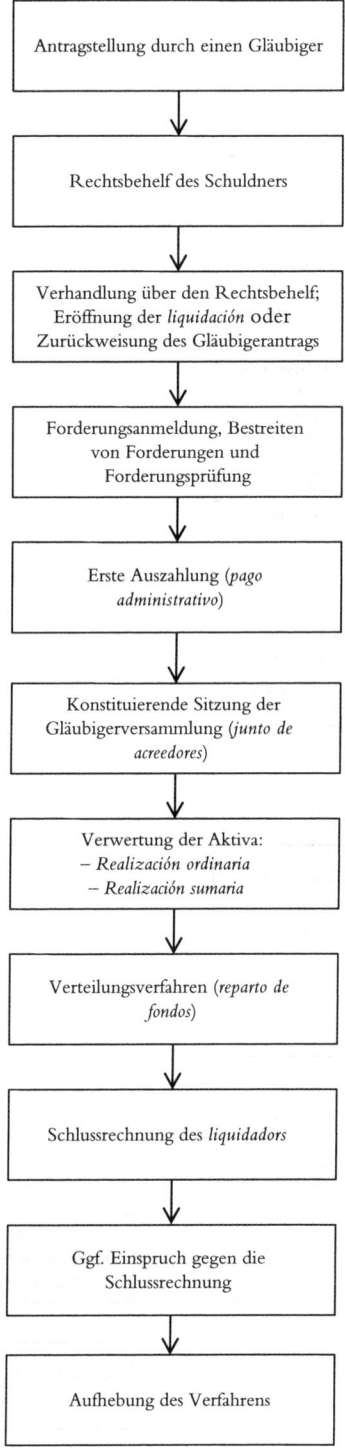

Chile

Zeitlicher Überblick über das Verfahren der *reorganización*

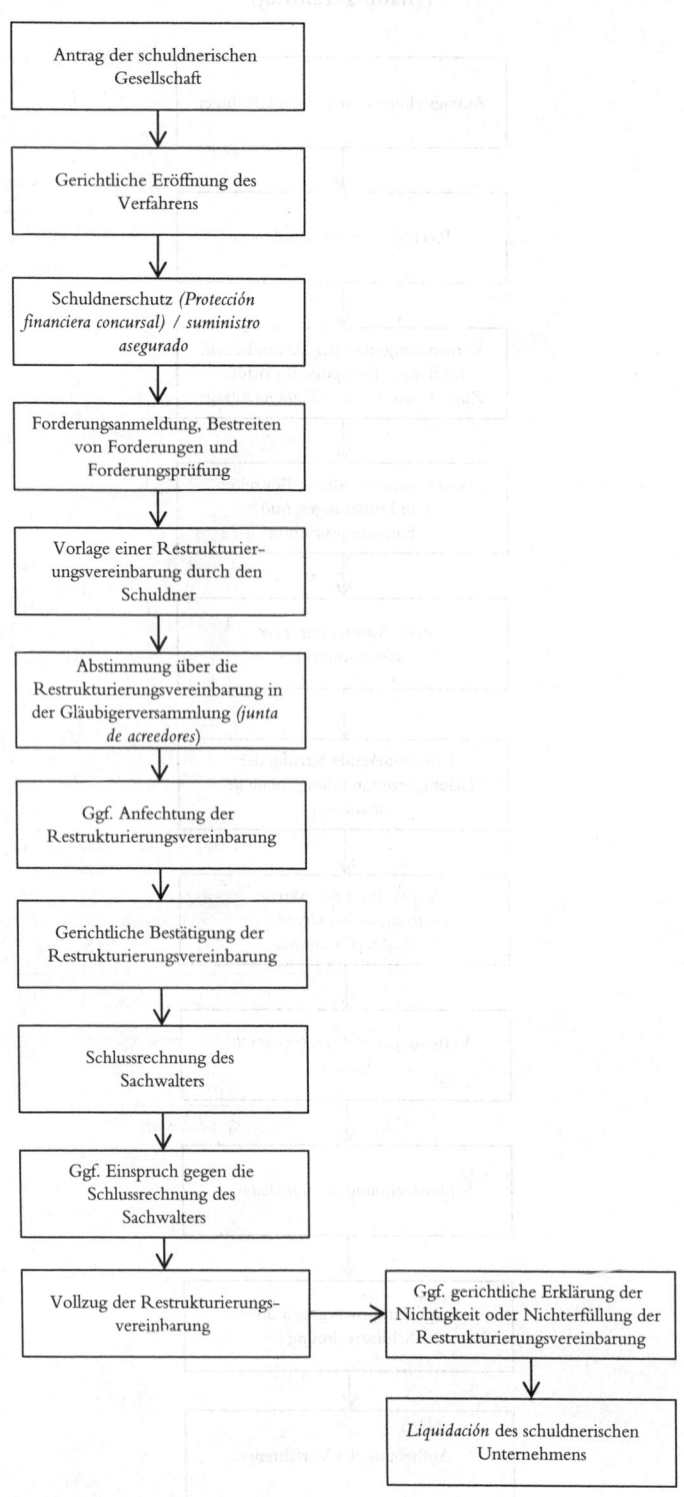

Chile

Glossar

Deutsch	Spanisch	Rn.
Anerkannte Forderungen	Créditos reconocidos	56, 169
Anfechtungsfrist von zwei Jahren vor der Eröffnung des Verfahrens der *quiebra*	Período sospechoso	198
Aufsichtsbehörde, staatliche, chilenische, für Insolvenzverfahren	Superintendencia de Insolvencia e Reemprendimiento (früher Superintendencia de Quiebras genannt)	79
Berater, der im Rahmen der *asesoría económica de insolvencia* tätig und durch die *Superintendencia de Quiebras* bestellt und überwacht wird	Asesor económico	18, 207
Beschlagnahmeverfahren, gesetzlich geregeltes, im Rahmen von Insolvenzverfahren	Incautación de bienes	53
Beschluss, gerichtlicher, betreffend die Eröffnung der *quiebra*	Declaración de quiebra	128, 134
Bevorrechtigte Forderungen	Créditos preferentes	103, 171
Forderungsanmeldung	Verificación de créditos	96, 166
Fortführung bestimmter Liefer- und Leistungsbeziehungen mit dem schuldnerischen Unternehmen nach Eröffnung des Verfahrens	Suministro asegurado	88
Freiwilliges Restrukturierungsverfahren nach dem neuen Gesetz Nr. 20.720	Reorganizacón	12, 15, 60
Gerichtsverfassungsgesetz, chilenisches	Código Orgánico de Tribunales	60, 112, 153 in den Fußnoten
Gesetz Nr. 18.175	Ley de Quiebras	11
Gläubiger	Acreedor	17, 75, 112, 135
Gläubiger, einfach, nicht bevorrechtigt	Acreedor commún	107, 176
Gläubigerausschuss	Comisión de acreedores	95
Gläubigerversammlung	Junta de acreedores	67,
Handelsgesetzbuch, chilenisches	Código de Comercio	2, 11, 194
Insolventes Unternehmen	Fallida	15, 112
Insolvenzanfechtung	Revocabilidad concursal	197
Insolvenzrechtliches Verfahren, das auf Kleinstunternehmen *(micro empresa)* und kleine Unternehmen *(pequeña empresa)* Anwendung findet	Asesoría económica de insolvencia	13
Liquidationsverfahren nach dem Gesetz 18.175	Quiebra	11
Liquidationsverfahren, auf Antrag des Gläubigers eingeleitet	Liquidación forzosa	12, 117, 120
Liquidationsverfahren, auf Antrag des Schuldners eingeleitet	Liquidación voluntaria	12, 116, 119
Liquidationsverfahren, das unter bestimmten Umständen im Falle einer gescheiterten *reorganización* eingeleitet wird	Liquidación consecuencial	61, 64, 68

Chile

Deutsch	Spanisch	Rn.
Liquidationsverfahren, das unter bestimmten Umständen im Falle eines gescheiterten *convenio judicial preventivo* oder *convenio simplemente judicial* eingeleitet wird	*Quiebra consequencial*	11
Nationale Liste der *síndicos*	*Nómina Nacional de Síndicos,*	74, 133
Person, der im Rahmen des Verfahrens der *quiebra* die Funktion eines Insolvenzverwalters zukommt	*Síndico (de quiebras)*	11
Restrukturierungsvereinbarung, außergerichtlich bzw. vereinfacht, mit dem Ziel der Restrukturierung des schuldnerischen Unternehmens, die lediglich der gerichtlichen Bestätigung bedarf	*Acuerdo de reorganización extrajudicial o simplificado*	12
Restrukturierungsvereinbarung, gerichtliche, zwischen dem schuldnerischen Unternehmen und seinen Gläubigern	*Acuerdo de reorganización judicial*	12
Richter des Zivilgerichts erster Instanz	*Juez de letras*	67, 127
Sachwalter	*Interventor*	74
Sachwalter nach dem neuen Gesetz Nr. 20.720	*Veedor*	74
Schlussrechnung des *síndico*	*Cuenta definitiva de administración*	58, 137, 178
Schuldnerschutzverfahren	*Protección financiera concursal*	85, 91
Umsatzsteuer	*Impuesto al valor agregado (I.V.A.)*	151, 172
Uneinbringliche Forderungen	*Créditos incobrables*	169
Unternehmen, dessen jährliche Einnahmen nach Steuern 2.400 *unidades de fomento* nicht übersteigen	*Microempresa*	18
Unternehmen, dessen jährliche Einnahmen nach Steuern über 2.400 jedoch unter 25.000 *unidades de fomento* liegen	*Pequeña empresa*	18
Unternehmensfortführung im Insolvenzverfahren	*Continuación del giro*	84, 149
Vergleichsverfahren, gerichtliche	*Convenios judiciales*	11
Vergleichsverfahren, präventives, gerichtliches, mit dem Ziel der Restrukturierung und der Vermeidung einer Insolvenz des schuldnerischen Unternehmens	*Convenio judicial preventivo*	11
Verhandlungsleiter	*Facilitador*	47
Verhandlungsverfahren, auf Entschuldung einer natürlichen Person gerichtet	*Renegociación*	47
Verkauf der gesamten oder eines Teils der Aktiva eines schuldnerischen Unternehmens als wirtschaftliche Einheit	*Realización como unidad económica*	147
Versteigerungsperson oder Auktionator	*Martillero concursal*	79
Verteilung der Insolvenzmasse	*Repartos de fondos*	170
Verwertung durch öffentlichen Verkauf im Wege der Versteigerung vor dem Richter	*Venta en pública subasta ante el juez*	54, 148
Verwertung durch Verkauf an der Börse	*Venta en remate en bolsa de valores*	146, 148

Chile

Deutsch	Spanisch	Rn.
Verwertungsformen	*Realización ordinaria, extraordinaria y sumaria*	146
Virtuelle Plattform auf der bestimmte Handlungen und Dokumente im Rahmen der Insolvenzverfahren bekanntgegeben und veröffentlicht werden	*Boletín Concursal*	6, 45, 132
Vorschlag einer Restrukturierungsvereinbarung des schuldnerischen Unternehmens im Rahmen des Verfahrens der *reorganización*	*Propuesta de acuerdo de reorganización*	64
Werteinheit, die täglich angepasst wird und auf dem Verbraucherpreisindex *(índice de pecios al consumidor)* beruht	*Unidad de fomento*	18

Glossar

Spanisch	Deutsch	Rn.
Acreedor	Gläubiger	17, 75, 112, 135
Acreedor commún	Einfacher, nicht bevorrechtigter Gläubiger	107, 176
Acuerdo de reorganización extrajudicial o simplificado	Außergerichtliche bzw. vereinfachte Restrukturierungsvereinbarung, die lediglich der gerichtlichen Bestätigung bedarf	12
Acuerdo de reorganización judicial	Gerichtliche Restrukturierungsvereinbarung zwischen dem schuldnerischen Unternehmen und seinen Gläubigern	12
Asesor económico	Durch die *Superintendencia de Quiebras* bestellter und überwachter Berater, der im Rahmen der *asesoría económica de insolvencia* tätig wird	18, 207
Asesoría económica de insolvencia	Ein insolvenzrechtliches Verfahren, das auf Kleinstunternehmen *(micro empresa)* und kleine Unternehmen *(pequeña empresa)* Anwendung findet	13
Boletín Concursal	Virtuelle Plattform auf der bestimmte Verfahrensmaßnahmen und Dokumente im Rahmen der Insolvenzverfahren bekanntgegeben und veröffentlicht werden	6, 45, 132
Código de Comercio	Chilenisches Handelsgesetzbuch	2, 11, 194
Código Orgánico de Tribunales	Chilenisches Gerichtsverfassungsgesetz	60, 112, 153 in den Fußnoten
Comisión de acreedores	Gläubigerausschuss	95
Continuación del giro	Die Unternehmensfortführung im Insolvenzverfahren	84, 149
Convenio judicial preventivo	Präventives gerichtliches Vergleichsverfahren mit dem Ziel der Restrukturierung und der Vermeidung einer Insolvenz des schuldnerischen Unternehmens	11

Chile

Spanisch	Deutsch	Rn.
Convenios judiciales	Gerichtliche Vergleichsverfahren	11
Créditos incobrables	Uneinbringliche Forderungen	169
Créditos preferentes	Bevorrechtigte Forderungen	103, 171
Créditos reconocidos	Anerkannte Forderungen	56, 169
Cuenta definitiva de administración	Schlussrechnung des síndico	58, 137, 178
Declaración de quiebra	Gerichtlicher Beschluss betreffend die Eröffnung der quiebra	128, 134
Facilitador	Verhandlungsleiter	47
Fallida	Bezeichnung eines insolventen Unternehmens	15, 112
Impuesto al valor agregado (I.V.A.)	Umsatzsteuer	151, 172
Incautación de bienes	Gesetzlich geregeltes Beschlagnahmeverfahren im Rahmen von Insolvenzverfahren	53
Interventor	Sachwalter	74
Juez de letras	Richter des Zivilgerichts erster Instanz	67, 127
Junta de acreedores	Gläubigerversammlung	67
Ley de Quiebras	Bezeichnung des Gesetzes Nr. 18.175	11
Liquidación consecuencial	Liquidationsverfahren, das unter bestimmten Umständen im Falle einer gescheiterten reorganización eingeleitet wird	61, 64, 68
Liquidación forzosa	Auf Antrag des Gläubigers eingeleitetes Liquidationsverfahren	12, 117, 120
Liquidación voluntaria	Auf Antrag des Schuldners eingeleitetes Liquidationsverfahren	12, 116, 119
Martillero concursal	Versteigerungsperson oder Auktionator	79
Microempresa	Unternehmen, dessen jährliche Einnahmen nach Steuern 2.400 unidades de fomento nicht übersteigen	18
Nómina Nacional de Síndicos,	Nationale Liste der síndicos	74, 133
Pequeña empresa	Unternehmen, dessen jährliche Einnahmen nach Steuern über 2.400 jedoch unter 25.000 unidades de fomento betragen	18
Período sospechoso	Für die Anfechtung relevante Frist von zwei Jahren vor der Eröffnung des Verfahrens der quiebra	198
Propuesta de acuerdo de reorganización	Vorschlag einer Restrukturierungsvereinbarung des schuldnerischen Unternehmens im Rahmen des Verfahrens der reorganización	64
Protección financiera concursal	Schuldnerschutzverfahren	85, 91
Quiebra	Insolvenzverfahren in der Form eines gerichtlichen Liquidationsverfahrens nach dem Gesetz 18.175	11
Quiebra consequencial	Liquidationsverfahren, das unter bestimmten Umständen im Falle eines gescheiterten convenio judicial preventivo oder convenio simplemente judicial eingeleitet wird	11

Chile

Spanisch	Deutsch	Rn.
Realización como unidad económica	Verkauf der gesamten oder eines Teils der Aktiva eines schuldnerischen Unternehmens als wirtschaftliche Einheit	147
Realización ordinaria, extraordinaria y sumaria	Verschiedene Arten der Verwertung der Insolvenzmasse	146
Renegociación	Auf eine Entschuldung gerichtetes Verhandlungsverfahren einer natürlichen Person	47
Reorganizacón	Freiwilliges Restrukturierungsverfahren nach dem neuen Gesetz Nr. 20.720	12, 15, 60
Repartos de fondos	Verteilung der Insolvenzmasse	170
Revocabilidad concursal	Insolvenzanfechtung	197
Síndico (de quiebras)	Person, der im Rahmen des Verfahrens der *quiebra* die Funktion eines Insolvenzverwalters zukommt	11
Suministro asegurado	Fortführung bestimmter Liefer- und Leistungsbeziehungen mit dem schuldnerischen Unternehmen nach Eröffnung des Verfahrens	88
Superintendencia de Insolvencia e Reemprendimiento (früher *Superintendencia de Quiebras* genannt)	Staatliche chilenische Aufsichtsbehörde für Insolvenzverfahren	79
Unidad de fomento	Werteinheit, die täglich angepasst wird und auf dem Verbraucherpreisindex *(índice de pecios al consumidor)* beruht	18
Veedor	Bezeichnung des Sachwalters nach dem neuen Gesetz Nr. 20.720	74
Venta en pública subasta ante el juez	Verwertung durch öffentlichen Verkauf im Wege der Versteigerung vor dem Richter	54, 148
Venta en remate en bolsa de valores	Verwertung durch Verkauf an der Börse	146, 148
Verificación de créditos	Forderungsanmeldung	96, 166

China

bearbeitet von *Melvin Sng* (Linklaters LLP, Singapur), *Ryan Lyu* und *Rui Yang* (Shanghai Zhao Sheng Law Firm); deutsche Bearbeitung von *Dr. Sabine Vorwerk* und *Falk Müller-Braun* (Linklaters LLP, Frankfurt am Main).

Übersicht

	Rn.
1. Gesetzestexte, Fachliteratur und Informationsquellen	1
1.1 Gesetzestexte	1
1.2 Fachliteratur	2
1.3 Informationsquellen	3
2. Einleitung	4
2.1 Rechtsgrundlagen	4
2.2 Bestimmte Verfahrensarten	8
2.2.1 Das Sanierungsverfahren	10
2.2.1.1 Vorläufige Sicherungsmaßnahmen	13
2.2.1.2 Der Sanierungsplan	19
2.2.1.3 Aufhebung des Verfahrens	23
2.2.2 Das schuldenbereinigende Vergleichsverfahren	24
2.2.3 Das gerichtliche Liquidationsverfahren	29
2.2.3.1 Einleitung des Verfahrens	30
2.2.3.2 Durchführung des Verfahrens	34
2.3 Präventive Restrukturierung	38
2.4 Sonderregelungen für Finanzinstitute und Versicherungsunternehmen	41
2.5 Insolvenz von verbundenen Unternehmen, Konzerninsolvenzen	47
2.6 Insolvenz von natürlichen Personen	54
3. Wesentliche Verfahrensmerkmale des Insolvenzverfahrens	57
3.1 Einleitung des Verfahrens	57
3.1.1 Feststellung der Insolvenzreife	57
3.1.2 Insolvenzantragspflichten	61
3.1.3 Antragsbefugnis	63
3.2 Beteiligung der Gerichte	68
3.3 Der Verwalter	74
3.3.1 Auswahl und Ernennung des Verwalters	74
3.3.2 Vergütung des Verwalters	79
3.3.3 Pflichten des Verwalters	80
3.4 Verwaltung und Realisierung der Insolvenzmasse	85
3.5 Die Fortführung des Geschäftsbetriebs	92
3.6 Insolvenzanfechtung zum Schutz des Vermögens	95
3.7 Auswirkungen des Insolvenzverfahrens auf das Vollstreckungshandlungen	100

	Rn.
3.8 Auswirkungen der Eröffnung des Insolvenzverfahrens auf Gerichts- oder Schiedsverfahren	103
3.9 Vertreter der Gläubiger	104
3.9.1 Der Gläubigerausschuss	104
3.9.2 Die Gläubigerversammlung	106
3.10 Forderungsanmeldung	109
3.11 Verteilung der Insolvenzmasse	111
3.11.1 Masseverbindlichkeiten	111
3.11.2 Vorrangige Gläubiger	116
3.11.3 Besicherte Gläubiger	120
3.11.4 Unbesicherte Gläubiger	123
3.12 Beendigung des Verfahrens	126
3.12.1 Beendigung des Sanierungsverfahrens	127
3.12.2 Beendigung des Vergleichsverfahrens	131
4. Verträge in Insolvenz-, Sanierungs- oder anderen Verfahren	134
4.1 Nichterfüllte Verträge	134
4.1.1 Frist zur Ausübung der Erfüllungswahl	138
4.1.2 Kriterien zur Ausübung der Erfüllungswahl	139
4.1.3 Entscheidung zur Erfüllung des nichterfüllten Vertrags	140
4.2 Mietverträge	142
4.3 Finanzierungsleasingverträge	145
4.4 Arbeitsverträge	149
5. Pensionsansprüche in der Insolvenz	155
5.1 Die gesetzliche Grundrente	155
5.2 Rangfolge zur Befriedigung der Grundrentenansprüche	159
6. Eigentumsvorbehalt	161
6.1 Die Insolvenz des Eigentumsvorbehaltsverkäufers	162
6.2 Die Insolvenz des Eigentumsvorbehaltskäufers	165
7. Sicherheiten in der Insolvenz	168
7.1 Arten von Sicherheiten	168
7.1.1 Die Hypothek	169
7.1.2 Besitzpfandrechte	173
7.1.3 Privilegierte Pfandrechte	175
7.2 Die Realisierung von Sicherungsrechten in der Insolvenz	178

	Rn.		Rn.
7.2.1 Sicherungsrechte im Liquidationsverfahren	180	9. Insolvenzanfechtung	194
7.2.2 Sicherungsrechte im Sanierungsverfahren	183	10. Haftung der Geschäftsführer oder Gesellschaftern	198
7.2.3 Sicherungsrechte im Vergleichsverfahren	184	11. Verfolgung von Vermögen	202
7.2.4 Durchsetzung von Garantieansprüchen	185	12. Internationales Insolvenzrecht	204
8. Aufrechnung und Aufrechnungsvereinbarungen	186	13. Änderungen des Gesellschaftsrechts der VRC im Hinblick auf das Insolvenzrecht als Ergebnis von COVID-19	206
8.1 Aufrechnung	186		
8.2 Aufrechnungsvereinbarungen	191		

1. Gesetzestexte, Fachliteratur und Informationsquellen

1.1 Gesetzestexte

1   *Anwendungsvorschriften zu Fragen in Prozessen des obersten Volksgerichtshofs der Volksrepublik China bei Unternehmensinsolvenzen* (in Kraft seit 1.9.2002)
Gesetz über Unternehmensinsolvenzen der Volksrepublik China (in Kraft seit 1.6.2007) *("Insolvenzgesetz VRC")*
Anwendungsvorschriften des obersten Volksgerichts zur Ernennung der Verwaltung in Insolvenzverfahren (in Kraft seit 1.6.2007)
Anwendungsvorschriften des obersten Volksgerichts zur Festlegung der Verwaltervergütung (in Kraft seit 1.6.2007)
Anwendungsvorschriften (I) des obersten Volksgerichts zu Problemen im Zusammenhang mit Anträgen nach dem Insolvenzgesetz VRC (in Kraft seit 26.9.2011) *("Anwendungsvorschriften (I)")*
Anwendungsvorschriften (II) des obersten Volksgerichts zu Fragen im Zusammenhang mit dem Antrag nach dem Insolvenzgesetz VRC (in Kraft seit 16.9.2013) *("Anwendungsvorschriften (II)")*
Bekanntmachung des obersten Volksgerichtshofs über die Veröffentlichung von Leitsätzen zu mehreren Fragen der Übertragung von Vollstreckungsfällen zur Prüfung des Konkurses (in Kraft seit 20.1.2017)
Bekanntmachung des obersten Volksgerichtshofs über die Veröffentlichung der Protokolle der Arbeitskonferenz des nationalen Gerichtshofs zu Insolvenzverfahren (in Kraft seit 4.3.2018) *("Protokolle")*
Anwendungsvorschriften (III) des obersten Volksgerichts zu Problemen im Zusammenhang mit dem Antrag nach dem Insolvenzgesetz VRC (in Kraft seit 28.3.2019) *("Anwendungsvorschriften (III)")*

1.2 Fachliteratur

2   *Supreme People's Court Civil Adjudication Tribunal No. 2 ed.*, Interpretation and Application of the Judicial Interpretation of the Enterprise Bankruptcy Law by the Supreme People's Court – Interpretation on Bankruptcy Law (I) and Interpretation on Bankruptcy Law (II), People's Court Press, 2017
Wang Xinxin, Bankruptcy Law, China Renmin University Press, 2011
Wang Xinxin, Study on Bankruptcy Law Theories and Practical Issues, China Legal Publishing House, 2011
Xu Gencai, Practice Guide for Bankruptcy Law, China Legal Publishing House, 2018
Li Shuguang und Liu Yanling ed., Bankruptcy Law Review: Volume I, China Legal Publishing House, 2018
Wang Xinxin and Zheng Zhibin ed., Bankruptcy Law Forum: Volume XIII, China Legal Publishing House, 2018

1.3 Informationsquellen

3   Das Insolvenzgesetz VRC ist unter http://www.npc.gov.cn/wxzl/wxzl/2006-09/26/content_354980.htm (auf Chinesisch) veröffentlicht
Die offizielle Website des *Supreme People's Court* (englische Website verfügbar) ist http://www.court.gov.cn/
Veröffentlichungen zu nationalen Unternehmensinsolvenzen finden sich auf der Plattform: http://pccz.court.gov.cn/pcajxxw/index/xxwsy
Die Informationen zu chinesischen Gerichtsverfahren sind online abrufbar unter: https://splcgk.court.gov.cn/gzfwww/

Informationen zur Zwangsvollstreckung in China finden sich auf folgender Plattform veröffentlicht: http://zxgk.court.gov.cn/
Das *National Enterprise Credit Information Publicity System* ist abrufbar unter: http://www.gsxt.gov.cn/index.htm

2. Einleitung

2.1 Rechtsgrundlagen

Das Insolvenzverfahren für Unternehmen in der Volksrepublik China wird hauptsächlich durch **4** das **Insolvenzgesetz VRC** bestimmt.

Das Insolvenzgesetz VRC gilt für alle juristischen Personen,[1] ob öffentlich oder privat, und **5** enthält sowohl verfahrensrechtliche (dh das Insolvenzverfahren) als auch materiell-rechtliche Bestimmungen (wie die Feststellung des Insolvenzvermögens und des Verteilungsmechanismus) für die Insolvenz.[2] Natürliche Personen fallen nicht unter das Insolvenzgesetz VRC.[3]

Das chinesische Insolvenzrecht wurde zudem in erheblichem Umfang durch Rechtsprechung **6** weiterentwickelt.[4] Es gibt eine Vielzahl von gerichtlichen Auslegungen zur Anwendung des Insolvenzgesetzes VRC.[5] Darüber hinaus gibt es spezialgesetzliche Regelungen für bestimmte Aspekte des Insolvenzverfahrens, wie zB die Bestellung eines Verwalters.

Eine jüngste Entwicklung im Rahmen der insolvenzrechtlichen Regelungen ist die Veröffentli- **7** chung der Protokolle und der Anwendungsvorschriften (III) durch das Oberste Volksgericht. Die Protokolle heben wichtige Problemstellungen hervor, die sich aus Insolvenzfällen ergeben und enthalten insbesondere weitere Leitlinien bezüglich der Zusammensetzung, Ernennung und Verwaltung und der Befugnisse des Verwalters, der Verbesserung des Sanierungs- und Liquidationsverfahrens, der Insolvenz von verbundenen Unternehmen und dem Übergang vom Zwangsvollstreckungsverfahren in das Insolvenzverfahren. Die Anwendungsvorschriften (III) präzisieren, wie die Rechte der Gläubiger ausgeübt und ihre Interessen geschützt werden können. Sie befassen sich weiterhin mit praktischen Fragen wie der Finanzierung nach Annahme des Insolvenzantrags, Forderungen und Rückzahlung im Falle der Insolvenz eines Bürgen sowie mit dem Abstimmungsmechanismus und der Beschlussfassung in der Gläubigerversammlung.

2.2 Bestimmte Verfahrensarten

Ein Insolvenzverfahren kann im Allgemeinen bei einem berechtigten Interesse eröffnet werden.[6] **8** Ein solches wird angenommen, wenn ein Unternehmen als juristische Person nicht in der Lage ist, seine fälligen Verbindlichkeiten zu bedienen, oder das Vermögen nicht ausreicht, um sämtliche Verbindlichkeiten zu begleichen.[7]

In China gibt es drei Arten von Verfahren mit dem Fokus auf eine Insolvenz oder Sanierung **9** von Unternehmen: das Sanierungsverfahren, das Vergleichsverfahren und das Liquidationsverfahren.[8]

---

[1] Juristische Personen sind Gesellschaften, die in der Lage sind, selbstständig in ihrem eigenen Namen bürgerliche Rechte und Pflichten zu übernehmen, was sie von nicht eingetragenen Unternehmen wie Personengesellschaften und Einzelunternehmungen unterscheidet.

[2] Das Insolvenzgesetz VRC besteht aus zwölf Kapiteln, die sowohl verfahrensrechtliche als auch materielle Fragen im Zusammenhang mit der Insolvenz behandeln: (1) allgemeine Grundsätze, (2) Antrag und Annahme, (3) Verwalter, (4) Schuldnervermögen, (5) Verfahrenskosten und kollektive Schulden, (6) Erklärung der Gläubigerrechte, (7) Gläubigerversammlung, (8) Reorganisationsverfahren, (9) Vergleichsverfahren, (10) Liquidationsverfahren, (11) gesetzliche Haftung und (12) ergänzende Bestimmungen.

[3] Für Details → Rn. 54 ff.

[4] Die Anwendungsvorschriften, die durch das oberste Volksgericht im Zusammenhang mit Unternehmensinsolvenzen vor der Verkündung des Insolvenzgesetzes VRC erlassen wurden, sind nach wie vor wirksam; im Anschluss an die Verkündung des Insolvenzgesetzes VRC erlässt das oberste Volksgericht weitere Anwendungsvorschriften, in denen spezifische Fragen im Zusammenhang mit Insolvenzfällen, wie beispielsweise die Ernennung und Vergütung des Verwalters, geregelt werden.

[5] Das oberste Volksgericht hat eine Reihe von Auslegungen zur Anwendung des Gesetzes über Unternehmensinsolvenzen herausgegeben, darunter die Anwendungsvorschriften (I), die Anwendungsvorschriften (II) und die neuesten Anwendungsvorschriften (III).

[6] Insolvenzgesetz VRC, Art. 2 (2007).

[7] Neben den oben genannten allgemeinen Bestimmungen kann alternativ ein Restrukturierungsverfahren eingeleitet werden, wenn für das Unternehmen eine offensichtliche Gefahr besteht, dass es seine Fähigkeit zur Schuldentilgung verliert.

[8] Insolvenzgesetz VRC, Art. 7 (2007).

2.2.1 Das Sanierungsverfahren

10 Das Sanierungsverfahren ist ein Instrument, bei dem alle betroffenen Parteien unter der Aufsicht des Gerichts einen Sanierungsplan zur Fortführung des Geschäftsbetriebs und zur Schuldenregulierung aushandeln, mit dem Ziel, das Unternehmen vor der Insolvenz zu bewahren und es nachhaltig zu sanieren.

11 Die Beantragung eines Sanierungsverfahrens kann unmittelbar durch die Gesellschaft oder einen Gläubiger erfolgen. Sofern ein Gläubiger anstatt des Sanierungsverfahrens das Liquidationsverfahren beantragt, kann die Gesellschaft oder ein Gesellschafter, der mindestens 10 % des Grundkapitals der Gesellschaft hält, gleichwohl noch das Sanierungsverfahren beantragen.[9] Der konkurrierende Insolvenzantrag eines Gläubigers entfaltet so lange keine Sperrwirkung für ein Sanierungsverfahren, solange dem Gläubigerantrag auf Durchführung eines Liquidationsverfahrens noch nicht stattgegeben wurde.[10] Ist die Insolvenzreife einer Gesellschaft festgestellt, ist ein Antrag auf Durchführung eines Sanierungsverfahrens ausgeschlossen.

12 Voraussetzung für die Durchführung einer Sanierung im Rahmen des Sanierungsverfahrens ist ferner, dass Fortführungsaussichten für das Unternehmen bestehen und es sich nicht um eine Zombiefirma handelt, welche zahlungsunfähig ist und keinen fortführungsfähigen Geschäftsbetrieb mehr hat.[11] Es ist Aufgabe des Gerichts zu entscheiden, ob das Unternehmen saniert werden soll.[12] Bei bedeutenden Unternehmen oder in Fällen, in denen börsennotierte Unternehmen beteiligt sind, kann das Gericht eine Anhörung durchführen, bevor es seine Entscheidung trifft.[13]

2.2.1.1 Vorläufige Sicherungsmaßnahmen

13 In der Restrukturierungsphase[14] während des Sanierungsverfahrens können die Vermögenswerte und die Geschäfte des Unternehmens entweder von einem Verwalter geführt oder auf Antrag der Gesellschaft und mit Zustimmung des Gerichts vom Management der Gesellschaft selbst verwaltet werden. Das Insolvenzgesetz VRC sieht eine Reihe von vorläufigen Sicherungsmaßnahmen für das selbstverwaltende Management vor:

14 Das Gericht kann ein **Moratorium** anordnen, durch welches es den besicherten Gläubigern untersagt wird aus ihren Sicherheiten in das Vermögen der zu sanierenden Gesellschaft zu vollstrecken.[15]

15 In Ausnahmefällen kann ein besicherter Gläubiger bei Gericht die Befreiung von den Beschränkungen des Moratoriums beantragen, sofern ein potenzieller Schaden oder eine erhebliche Wertminderung der mit Sicherungsrechten belasteten Vermögenswerte und damit eine nachteilige Beeinträchtigung der Sicherungsrechte nachgewiesen werden kann.

16 Andererseits können die Gesellschaft oder der Verwalter Sicherheiten zugunsten von Darlehen gewähren, die zur Fortführung der Geschäftstätigkeit der Gesellschaft während des Sanierungsverfahrens aufgenommen werden.

17 Darüber hinaus kann das Gericht die Durchsetzung von Herausgabeansprüchen im Sinne eines Aussonderungsverlangens aussetzen.[16] Um eine willkürliche Aussonderung von Dritteigentum, das sich rechtmäßig im Besitz des Unternehmens befindet, zu vermeiden, muss der Eigentümer im Voraus zu vereinbarende Bedingungen erfüllen, sofern er während des Sanierungsverfahrens die Herausgabe dieses Eigentums beansprucht.[17] Grundsätzlich sollen sämtliche Vermögenswerte des

---

[9] Ebenda, Art. 70.
[10] Ebenda.
[11] Um einen Missbrauch des Sanierungsverfahrens zu vermeiden, betonen die Protokolle in § 14 die Fortführungsaussichten des Unternehmens.
[12] Insolvenzgesetz VRC, Art. 71 (2007).
[13] In bestimmten komplexen Situationen, die große Unternehmen und erhebliche Auswirkungen beinhalten, erfordert die Analyse der Rettungsmöglichkeit eine professionelle Beurteilung des Geschäfts des Unternehmens und der betreffenden Branche sowie die Berücksichtigung aller interessierten Parteien; die Protokolle sehen daher vor, dass das Gericht eine Anhörung durchführen kann (an der der Antragsteller, der Schuldner, die Gläubiger, die Beitragszahler und die Sanierungssponsoren teilnehmen können), um seinen Entscheidungsprozess zu erleichtern.
[14] Die Restrukturierungsphase beginnt mit dem Datum der Entscheidung des Gerichts über das Sanierungsverfahren und endet mit dem Datum der Beendigung des Sanierungsverfahrens (in der Regel, wenn das Gericht entscheidet, ob es den Entwurf des Sanierungsplans genehmigt), wobei die Durchsetzungsfrist des Restrukturierungsplans nicht enthalten ist.
[15] Insolvenzgesetz VRC, Art. 75 (2007).
[16] Ebenda, Art. 76.
[17] Grundsätzlich, wenn das Gericht einen Antrag auf Insolvenz gestattet, kann Fremdeigentum ausgesondert werden; das Insolvenzrecht VRC bildet jedoch eine Ausnahme für die Restrukturierungsphase, da dieses Eigentum für die Fortführung der Geschäftstätigkeit des Unternehmens von wesentlicher Bedeutung sein kann.

Schuldners, die für die Fortführung des Geschäftsbetriebes erforderlich sind im schuldnerischen Unternehmen verbleiben, auch wenn sie im Dritteigentum stehen.

Schließlich besteht während des Sanierungsverfahrens eine Ausschüttungssperre gegenüber den Gesellschaftern. Ebenso wenig darf ein Geschäftsführer, Aufsichtsorgan oder leitender Angestellter der Gesellschaft seine Beteiligungen an der Gesellschaft ohne Zustimmung des Gerichts auf einen Dritten übertragen.[18]

2.2.1.2 Der Sanierungsplan

Die Gesellschaft oder der Verwalter, je nachdem, wer das Vermögen und die Geschäfte der Gesellschaft verwaltet, erstellt und legt dem Gericht sowie der Gläubigerversammlung innerhalb von sechs Monaten nach Einleitung des Sanierungsverfahrens den Entwurf für einen Sanierungsplan vor.[19]

Der Entwurf soll nicht nur die Schuldenbereinigung, sondern auch Maßnahmen zur Wiederherstellung der Rentabilität des Unternehmens umfassen.[20] Nach Erhalt dieses Planentwurfs beruft das Gericht innerhalb von 30 Tagen eine Gläubigerversammlung ein, damit Gläubiger aus verschiedenen Gruppen[21] über den Entwurf abstimmen können.[22]

Der Sanierungsplan gilt als angenommen, wenn die Mehrheit der in der Gläubigerversammlung anwesenden Gläubiger jeder Stimmrechtsgruppe (einschließlich der besicherten Gläubiger), die mindestens zwei Drittel des Wertes der Gesamtforderungen in dieser Gruppe vertreten, dem Plan zustimmt.[23] Die Gesellschafter stimmen als separate Klasse über Angelegenheiten ab, die ihre Rechte und Interessen betreffen. Der von den Gläubigern angenommene Sanierungsplan bedarf darüber hinaus noch der Zustimmung des Gerichts.[24]

Wird der Sanierungsplan von einer Gläubigergruppe nicht mehrheitlich angenommen, kann die Gesellschaft oder der Verwalter beim Gericht die Ersetzung der erforderlichen Zustimmung beantragen.[25] Der Sanierungsplan wird wirksam und durchsetzbar, sobald das Gericht ihn genehmigt.

2.2.1.3 Aufhebung des Verfahrens

Das Sanierungsverfahren ist beendet, nachdem das Gericht entschieden hat, den Sanierungsplan entweder zu genehmigen oder abzulehnen. Sofern das Gericht den Plan genehmigt, ist das Unternehmen für dessen Umsetzung und der Verwalter für die Überwachung der Umsetzung verantwortlich.[26] Andernfalls erklärt das Gericht die Insolvenz der Gesellschaft und wandelt das Sanierungsverfahren nachgelagert in ein Liquidationsverfahren um.[27]

2.2.2 Das schuldenbereinigende Vergleichsverfahren

Das Vergleichsverfahren stellt eine weitere Art von Sanierungsverfahren dar, bei dem das Unternehmen mit seinen Gläubigern eine Vergleichslösung verhandelt, um bestehende Verbindlichkeiten zu regulieren und eine Insolvenz zu vermeiden. In der Praxis ist das Vergleichsverfahren bisher eher selten anzutreffen.

---

[18] Insolvenzgesetz VRC, Art. 77 (2007).
[19] Ebenda, Art. 79.
[20] Ebenda, Art. 81.
[21] Im Allgemeinen können folgende Gläubigergruppen über den Entwurf des Sanierungsplans abstimmen:
besicherte Gläubiger;
Arbeitnehmer, bzw. Gläubiger mit Ansprüchen aus Zuschüssen für medizinische Behandlungen, Verletzungen und Invalidität sowie Ausgleichsgebühren, ausstehende Grundrentenversicherungen und Gebühren der Grundversicherung, sowie gesetzlich vorgeschriebenen Arbeitnehmerentgelten;
Gläubiger von Steuern; und
sonstige Gläubiger.
Kapitalgeber der Gesellschaft können auch berechtigt sein, als Gruppe über den Entwurf des Sanierungsplans abzustimmen, wenn der Entwurf einen Eingriff in ihre Rechte und Interessen vorsieht.
[22] Insolvenzgesetz VRC, Art. 82 (2007).
[23] Ebenda, Art. 84 und Art. 86.
[24] Ebenda, Art. 86 (2007).
[25] Die erforderliche Zustimmung des Gerichts unterliegt den in Art. 87 des Insolvenzgesetzes VRC festgelegten Bedingungen; darüber hinaus verlangen die vor kurzem veröffentlichten Protokolle, dass (1) im Falle mehrerer Gruppen mindestens eine Gruppe den Entwurf des Restrukturierungsplans annehmen muss; und (2) die Zahlungen unter der Vergleichsvereinbarung nicht geringer sind als die Zahlung, welche die Gläubiger im Fall einer Zerschlagung der Gesellschaft zu erwarten hätten.
[26] Insolvenzgesetz VRC, Art. 90 (2007).
[27] Ebenda, Art. 88.

25 Ein Vergleichsverfahren kann nur auf Antrag der Gesellschaft eingeleitet werden. Ähnlich wie bei dem Sanierungsverfahren ist ein Antrag auch noch nach der Beantragung eines Liquidationsverfahrens möglich, aber nur solange das Gericht nicht die Insolvenz der Gesellschaft festgestellt hat.[28] Sobald ein gerichtliches Liquidationsverfahren formell eröffnet wurde, entfaltet dieses eine verfahrensrechtliche Sperrwirkung sowohl gegenüber dem Vergleichsverfahren als auch gegenüber dem Sanierungsverfahren.

26 Mit der Einreichung eines Antrags auf Eintritt in das Vergleichsverfahren legt das Unternehmen zugleich den Entwurf einer Vergleichsvereinbarung vor.[29]

27 Beschließt das Gericht das Vergleichsverfahren zuzulassen, beruft es eine Gläubigerversammlung ein, um den Entwurf einer Vergleichsvereinbarung zu erörtern.[30] Eine Vergleichsvereinbarung wird wirksam und durchsetzbar, wenn die Mehrheit der bei der Gläubigerversammlung anwesenden Gläubiger (ohne besicherte Gläubiger), die mindestens zwei Drittel des Wertes der gesamten unbesicherten Forderungen repräsentieren, dem Vergleich zustimmt. Wie auch beim Sanierungsplan, bedarf die Vergleichsvereinbarung mit Sanierungscharakter ebenfalls der Zustimmung des Gerichts.[31]

28 Eine wirksame Vergleichsvereinbarung ist für das Unternehmen und alle unbesicherten Gläubiger verbindlich.[32] Die Gesellschaft ist für die Umsetzung der Vergleichsvereinbarung verantwortlich und wird von ihren Verbindlichkeiten befreit, soweit die Vergleichsvereinbarung dies vorsieht.[33]

2.2.3 Das gerichtliche Liquidationsverfahren

29 Das Liquidationsverfahren als gerichtliches Liquidationsverfahren ist das wichtigste Insolvenzverfahren in der Volksrepublik China.

2.2.3.1 Einleitung des Verfahrens

30 Das Liquidationsverfahren kann sowohl durch die Gesellschaft als auch deren Gläubiger beantragt werden.[34]

31 Darüber hinaus besteht eine Insolvenzantragspflicht, wenn eine Gesellschaft bereits aufgelöst, aber noch nicht vollständig liquidiert wurde und sich während der Abwicklung des Vermögens herausstellt, dass ihr Vermögen nicht ausreicht, um ihre Schulden zu begleichen. In diesen Fällen ist der Verwalter verpflichtet, das Liquidationsverfahren der Gesellschaft zu beantragen.[35]

32 Auch sofern anfängliche Sanierungsbemühungen der Gesellschaft zur Eröffnung eines Sanierungsverfahrens oder Vergleichsverfahrens führen, können diese Verfahren jederzeit in ein Liquidationsverfahren überführt werden, sofern das Gericht die Voraussetzungen für eine Sanierung nicht als gegeben ansieht. Näheres → Rn. 23.

33 Gleiches gilt für Verfahren der Einzelvollstreckung, die bei Vorliegen einer Insolvenzreife als Liquidationsverfahren fortgesetzt werden können.

2.2.3.2 Durchführung des Verfahrens

34 Die gerichtliche Liquidation im Rahmen des Liquidationsverfahrens beginnt mit der Feststellung der Insolvenzreife eines Unternehmens durch das Gericht.[36] Nach dem Recht der Volksrepublik China hat die Feststellung der Insolvenz universelle Gültigkeit und gilt für das weltweite Firmenvermögen, nicht nur für in China belegene Vermögenswerte.[37]

---

[28] Ebenda, Art. 95.
[29] Ebenda.
[30] Ebenda, Art. 96.
[31] Ebenda, Art. 97, 98.
[32] Ebenda, Art. 100; besicherte Gläubiger können ihre Sicherungsrechte ausüben, sobald das Gericht entscheidet, das Vergleichsverfahren durchzuführen; unbesicherte Gläubiger, die ihre Forderungen nicht nach dem Insolvenzrecht VRC anmelden, können ihre Rechte erst ausüben, sobald die Vergleichsvereinbarung umgesetzt ist.
[33] Ebenda, Art. 102, 106.
[34] Ebenda, Art. 107; im Falle des Antrags des Gläubigers muss der Gläubiger nur beweisen, dass das Unternehmen seine Schulden nicht bei Fälligkeit beglichen hat.
[35] Ebenda, Art. 7.
[36] Anwendungsvorschriften des obersten Volksgerichtshofs Zivilprozessrecht (die **„Anwendungsvorschriften zum Zivilprozessrecht"**), Art. 513 (2015); wenn das Unternehmen in einem Vollstreckungsverfahren Insolvenzgründe erfüllt, so kann das Vollstreckungsverfahren in ein Insolvenz- oder Sanierungsverfahren überführt werden.
[37] Insolvenzgesetz VRC, Art. 107 (2007).

Mit der gerichtlichen Feststellung der Insolvenzreife erstellt der Verwalter einen Verwertungs- und einen Verteilungsplan für die Insolvenzmasse und legt diesen der Gläubigerversammlung vor.[38]

Sofern die Mehrheit der auf der Gläubigerversammlung anwesenden Gläubiger (ohne besicherte Gläubiger), die mindestens die Hälfte des Wertes der gesamten ungesicherten Forderungen repräsentieren, den Verwertungs- und den Verteilungsplan annimmt, ist dieser noch vom Gericht zu bestätigen.[39] Der Verwalter ist verpflichtet, sowohl den Verwertungsplan (in der Regel durch Versteigerung) als auch den Verteilungsplan (in der Regel durch Verteilung der sich aus der Versteigerung ergebenden Barmittel) umzusetzen.[40]

Stimmt die Gläubigerversammlung dem Verwertungsplan und auch im Rahmen einer zweiten Abstimmung dem Verteilungsplan nicht zu, so trifft das Gericht die Entscheidung über die weitere Durchführung der Verwertung und Verteilung des Vermögens.[41]

2.3 Präventive Restrukturierung

Während es in der Volksrepublik China derzeit keine Rechtsvorschriften im Zusammenhang mit der präventiven Restrukturierung von Unternehmen gibt, finden sich in der Praxis vereinzelt Fälle, in denen eine präventive Restrukturierung in Verbindung mit einem gerichtlichen Sanierungsverfahren umgesetzt wird.

Ein bekanntes Beispiel ist der Sanierungsplan der China National Erzhong Group (中国第二重型机械集团公司, „**Erzhong Group**") und der *Erzhong Group (Deyang) Heavy Equipment Co. Ltd.* (二重集团（德阳）重型装备股份有限公司, „**Erzhong Deyang**").[42] Mit Unterstützung der zuständigen Behörden haben die Erzhong Group und Erzhong Deyang mit ihren Finanzierungsgläubigern verhandelt und einen außergerichtlichen Sanierungsplan für ihre Finanzverbindlichkeiten vereinbart. In einem sich später anschließenden Sanierungsverfahren hat das Gericht den außergerichtlichen Sanierungsplan, soweit möglich, in den formalen und gerichtlich zu bestätigenden *Sanierungsplan* aufgenommen. Weitere bekannte Einzelfälle sind die Reorganisation der *Shenzhen Fuchang Electronic Technology Co, Ltd.* (深圳市福昌电子技术有限公司), *Hangzhou Yifengcheng Real Estate Development Co., Ltd.* (杭州怡丰成房地产开发有限公司) sowie der *Beijing Bitech Co., Ltd.* (北京理工中兴科技股份有限公司).

Ein jüngst erschienenes Protokoll signalisiert die Bereitschaft des chinesischen Gesetzgebers, eine Kombination aus außergerichtlicher und gerichtlicher Sanierung zu ermöglichen, dh bevor das Unternehmen ein Sanierungsverfahren einleitet, können interessierte Parteien (das Unternehmen, seine Gläubiger, seine Aktionäre usw) einen Sanierungsplan im Rahmen außergerichtlicher Verhandlungen vorab vereinbaren.[43] Während der Dauer einer solchen außergerichtlichen Sanierung kann die Gesellschaft den gesetzlich vorgeschriebenen Entwurf eines Sanierungsplans auf der Grundlage des oben genannten vorverhandelten Plans zur gerichtlichen Überprüfung vorlegen.[44]

2.4 Sonderregelungen für Finanzinstitute und Versicherungsunternehmen

Die Insolvenz von Finanzinstituten ist einer Unternehmensinsolvenz vergleichbar und unterliegt daher grundsätzlich ebenfalls den Vorschriften des Insolvenzgesetzes VRC.

Gleichzeitig ermächtigt das Insolvenzgesetz VRC die zuständigen Behörden, ergänzende Vorschriften speziell für die Insolvenz von Finanzinstituten zu erlassen.[45]

Nach dem Insolvenzgesetz VRC können die zuständigen Behörden, wenn Gründe für die Insolvenz eines Finanzinstituts bestehen, bei Gericht die Sanierung oder die Liquidation des Instituts beantragen.[46]

In der Praxis ziehen die Behörden jedoch häufig zunächst die Geschäftsführung eines Finanzinstituts mit erheblichen Betriebsrisiken an sich, bevor ein Antrag auf Eintritt in ein Liquidationsverfahren gestellt wird.

Während des Übernahmezeitraums kann die Behörde bei Gericht die Aussetzung von Zivil- oder Vollstreckungsverfahren gegenüber dem Finanzinstitut beantragen.

---

[38] Ebenda, Art. 5.
[39] Ebenda, Art. 111, Art. 115.
[40] Ebenda, Art. 61, 64.
[41] Ebenda, Art. 65.
[42] Dieser Fall ist als einer der Beispielsfälle auf der nationalen Plattform zur Offenlegung von Informationen über Unternehmensinsolvenzen (全国企业破产重整案件信息网), erreichbar unter http://pccz.court.gov.cn/pcajxxw/pcdxal/dxalxq?id=11CCD43AFB3C4CF7D635B09C076DE2B0.
[43] Die Protokolle, § 22 (2019).
[44] Ebenda.
[45] Insolvenzgesetz VRC, Art. 134 (2007).
[46] Ebenda.

46 Weitergehende Sonderregelungen⁴⁷ für Finanzinstitute und Versicherungsunternehmen sehen vor, dass die Einleitung eines Insolvenzverfahrens über das Vermögen von Finanzinstituten im Allgemeinen der Zustimmung oder Genehmigung ihrer Aufsichtsbehörden bedarf und besondere Regeln für die Rangfolge von Forderungen bestehen.⁴⁸

2.5 Insolvenz von verbundenen Unternehmen, Konzerninsolvenzen

47 Ein Hauptproblem bei der Insolvenz verbundener Unternehmen besteht in der Anwendung der Doktrin über die substantielle Konsolidierung, die verbundene Unternehmen als ein zusammenhängendes Unternehmen betrachtet, sodass ihre Vermögenswerte und Verbindlichkeiten konsolidiert werden, wenn sie zu eng miteinander verbunden sind, um ihren Rechtsstatus aufrechtzuerhalten.

48 Trotz des Fehlens spezifischer Rechtsvorschriften haben einige Gerichte der Volksrepublik China bereits die Doktrin angewandt, um Konzernsachverhalte zu entscheiden. Auf der Grundlage dieser Praxis legen die erst kürzlich veröffentlichten Protokolle Grundsätze für die Insolvenz von verbundenen Unternehmen fest, insbesondere für die Anwendung der Doktrin über die substantielle Konsolidierung.⁴⁹

49 Die Protokolle stellen klar, dass die Doktrin nur in Ausnahmefällen angewendet werden sollte.⁵⁰ Ausgangsprämisse bei der Beurteilung von Insolvenzfällen verbundener Unternehmen ist nach wie vor, jedes Unternehmen als eigenständige juristische Person in einem separaten Insolvenzverfahren zu behandeln.

50 Bei der Prüfung eines Antrags auf substantielle Konsolidierung kann das Gericht Faktoren wie das Verfahren und die Dauer der Aufteilung von Vermögenswerten und gemeinsame Interessen zwischen verbundenen Unternehmen berücksichtigen.⁵¹

51 Befürwortet das Gericht eine substantielle Konsolidierung, erlöschen konzerninterne Verbindlichkeiten und Forderungen.⁵² Die Vermögenswerte aller verbundenen Unternehmen werden konsolidiert und haften allen Gläubigern in einem einzigen Verfahren.⁵³

52 Darüber hinaus gelten im Rahmen der substantiellen Konsolidierung die Bestimmungen zur Vorlage eines Vergleichs- oder Sanierungsplans für alle Gläubiger der verbundenen Unternehmen einheitlich. Diese werden als eine Gläubigerschaft zusammengefasst. Alle verbundenen Unternehmen können infolge der Konsolidierung nur insgesamt an einem Sanierungsverfahren teilnehmen, sei es im Rahmen des Sanierungsverfahrens oder des Vergleichsverfahrens. Im Fall eines Liquidationsverfahrens werden alle verbundenen Unternehmen nach Abschluss des Verfahrens aus dem Handelsregister gelöscht.⁵⁴

53 Wenn eine Konsolidierung nicht möglich ist, werden die verbundenen Unternehmen weiterhin als eigenständige Unternehmen betrachtet und in jeweils gesonderte Insolvenzverfahren überführt.⁵⁵ Die zuständigen Gerichte können jedoch eine verfahrenstechnische Konsolidierung herbeiführen, indem das Oberste Gericht für alle Konzernverfahren ein einheitlich zuständiges Gericht ernennt.⁵⁶

2.6 Insolvenz von natürlichen Personen

54 Derzeit gibt es in der Volksrepublik China keine Insolvenz für natürliche Personen. Wenn jedoch eine natürliche Person (sowie einige nicht eingetragene juristische Personen) einem Zwangsvollstreckungsverfahren ausgesetzt ist und nicht über ausreichend Vermögenswerte verfügt, um alle Verbindlichkeiten zu begleichen, können sich andere Gläubiger, die das Vollstreckungsverfahren

---

⁴⁷ Einschließlich Kapitel Sieben des Gesetzes über Geschäftsbanken und der Art. 90 und 91 des Versicherungsrechts.
⁴⁸ Nach Zahlung der Abwicklungskosten, der Arbeitnehmerlöhne und der Sozialversicherungsbeiträge zahlt ein Finanzinstitut vorrangig das Kapital und die Zinsen für einzelne Spareinlagen, und die Versicherungsgesellschaften zahlen vorrangig die Entschädigungs- oder Versicherungsleistungen.
⁴⁹ Die Protokolle, Section 6 (2018).
⁵⁰ Ebenda, § 32; den Protokollen zufolge kann die Doktrin über die substantielle Konsolidierung angewendet werden, wenn es stark verwirrende rechtliche Identitäten zwischen verbundenen Unternehmen gibt, wodurch die Kosten für die Unterscheidung von Vermögenswerten der verbundenen Unternehmen zu hoch sind und die Gläubigerinteressen an einer gleichwertigen Entschädigung schwer beeinträchtigt werden.
⁵¹ Ebenda, § 33.
⁵² Ebenda, § 36.
⁵³ Ebenda.
⁵⁴ Ebenda, § 37.
⁵⁵ Ebenda.
⁵⁶ Ebenda, §§ 38, 39; die Protokolle berücksichtigen die Doktrin über den Nachrang von Gesellschafterdarlehen und sehen vor, dass Forderungen, die sich aus der unzulässigen Begünstigung des Verhältnisses zwischen verbundenen Unternehmen ergeben, hinter anderen gewöhnlichen Forderungen zurücktreten.

nicht betreiben, auf Antrag bei Gericht an der Verteilung der Vollstreckungserlöse partizipieren.[57] Die Einzelvollstreckung kann durch Beitritt weiterer Gläubiger somit zu einem faktischen Gesamtvollstreckungsverfahren werden.

In Vollstreckungsverfahren, bei denen mehrere Gläubiger an der Verteilung der Vollstreckungserlöse teilhaben, werden die Erlöse aus dem Vollstreckungsverfahren zunächst zur Zahlung von Vollstreckungskosten und besicherten Forderungen verwendet.[58] Unbesicherte Forderungen werden grundsätzlich gleichrangig bedient.[59]

Im Gegensatz zur gerichtlichen Liquidation von Unternehmen, bei der die Unternehmen letztendlich beendet werden, gibt es für natürliche Personen in der Volksrepublik China keine Restschuldbefreiung. Die verbleibenden Verbindlichkeiten müssen auch im Nachgang zu Vollstreckungsversuchen weiterhin bedient werden. Ein Gläubiger kann jederzeit die Vollstreckung fortsetzen, sofern ihm weitere Vermögenswerte des Schuldners bekannt werden.[60]

3. Wesentliche Verfahrensmerkmale des Insolvenzverfahrens

3.1 Einleitung des Verfahrens

3.1.1 Feststellung der Insolvenzreife

Nach dem Insolvenzgesetz VRC gilt ein Unternehmen dann als insolvenzreif, wenn es nicht mehr in der Lage ist, seine fälligen Verbindlichkeiten zu bedienen – was der Zahlungsunfähigkeit im deutschen Insolvenzrecht entspricht – oder der Wert seines Vermögens die Höhe der Verbindlichkeiten des Unternehmens nicht decken kann.[61] Letzteres findet in der rechnerischen Überschuldungsprüfung seine Entsprechung im deutschen Recht.

Das Insolvenzverfahren wird eröffnet, wenn ein Unternehmen nicht in der Lage ist, seine Schulden bei Fälligkeit zu begleichen, was vom Gericht in der Regel nach folgendem Prüfungskanon festgestellt wird: (a) die relevanten Zahlungsverpflichtungen sind ihrer Natur nach wirksam oder durch ein Urteil bestätigt, (b) sie sind überfällig geworden und (c) stehen zum Prüfungszeitpunkt tatsächlich weiterhin aus.

Stellt das Gericht fest, dass der Schuldner nicht in der Lage ist, seine fälligen Verbindlichkeiten zu begleichen, prüft es in einem zweiten Schritt, ob das Vermögen des Schuldners ausreicht, um die Höhe seiner Verbindlichkeiten zu decken. Dies ermittelt das Gericht üblicherweise durch Auswertung von Finanzkennzahlen anhand von Geschäftsberichten, insbesondere Bilanzen, Prüfungsberichten oder Gutachten. Bei der Gegenüberstellung der Vermögenswerte und Verbindlichkeiten ist es den Parteien in der Regel gestattet, die sich aus den Geschäftsberichten ergebenden Informationen entweder zu untermauern oder anhand ergänzender Informationen zu widerlegen.

Gemäß Art. 4 der Ansichten des obersten Volksgerichts zum Gesetz über Unternehmensinsolvenzen („**Ansichten zum Gesetz über Unternehmensinsolvenzen**") kann das Gericht ein Insolvenzverfahren jedoch auch dann eröffnen, wenn der Wert des Vermögens die Summe der Verbindlichkeiten des Unternehmens zwar vollständig deckt, aber das Unternehmen gleichwohl nicht über genügend Liquidität verfügt, um die laufenden Zahlungsverpflichtungen zu bedienen. In diesen Fällen hat das Gericht folgende Auslegungsregel unter den Ansichten zum Gesetz über Unternehmensinsolvenzen heranzuziehen: sofern (a) der Gesellschaft die liquiden Mittel fehlen und die vorhandenen Vermögenswerte nicht liquidiert werden können oder (b) die Gesellschaft führungslos ohne gesetzlichen Vertreter ist oder (c) Zahlungsverpflichtungen aus einem bisher nicht vollstreckten Gerichtsurteil bestehen oder (d) die Gesellschaft einen Verlust erlitten hat, der sich langfristig auswirken wird und schwer auszugleichen wäre oder (e) andere berechtigte Gründe bestehen, kann das Gericht ein Insolvenzverfahren eröffnen.[62]

3.1.2 Insolvenzantragspflichten

Im Allgemeinen sieht auch das Recht der Volksrepublik China keine gesetzlich zwingende Insolvenzantragspflicht vor, auch wenn ein Unternehmen nicht in der Lage ist, seine Schulden zu begleichen.

---

[57] The Interpretations on Civil Procedure Law, Art. 508 (2015).
[58] Ebenda, Art. 510.
[59] Ebenda.
[60] Ebenda.
[61] Insolvenzgesetz VRC, Art. 2 (2007).
[62] Die Anwendungsvorschriften (I), Art. 4 (2011).

62 Etwas anderes gilt dann, wenn sich das Unternehmen in der freiwilligen Abwicklung befindet. Sofern der Verwalter eine Insolvenzreife der Gesellschaft feststellt, ist er verpflichtet, bei Gericht den Eintritt in das Liquidationsverfahren der Gesellschaft zu beantragen.

3.1.3 Antragsbefugnis

63 Das Liquidationsverfahren kann sowohl von der Gesellschaft als Schuldner, ihrem Verwalter als auch von den Gläubigern eingeleitet werden.

64 Beantragt ein Gläubiger das Insolvenzverfahren, muss er die Nichterfüllung von fälligen Verbindlichkeiten durch den Schuldner nachweisen. Sofern ein Gläubiger bereits fruchtlos in das Schuldnervermögen vollstreckt hat, kann sich das Vollstreckungsgericht mit dem zuständigen Insolvenzgericht in Verbindung setzen, um die Informationen aus dem Vollstreckungsverfahren in die Entscheidung über den Insolvenzantrag einzubeziehen.[63]

65 Bei einem Antrag des Schuldners ist ebenfalls ein Nachweis über die bestehenden Verbindlichkeiten und die Finanzlage insgesamt zu führen, üblicherweise durch Vorlage einer aktuellen Bilanz, Auflistung der Vermögenswerte und Verbindlichkeiten sowie Beibringung von Geschäftsberichten.

66 Ebenso wie im deutschen Recht, wird das Liquidationsverfahren nicht bereits mit Antragstellung eröffnet, sondern erst dann, wenn der Antrag von einem zuständigen Gericht angenommen wurde, dh in der Regel von dem Gericht am Satzungs- oder Verwaltungssitz des Schuldners.

67 Die Eröffnung eines Liquidationsverfahrens entfaltet dann keine Sperrwirkung für eine spätere Sanierung durch ein Sanierungsverfahren oder Vergleichsverfahren, wenn das Insolvenzverfahren vom Schuldner oder dessen Gesellschafter beantragt wurde. Beruht die Insolvenzeröffnung hingegen auf einem Gläubigerantrag, ist eine spätere Überleitung in ein Sanierungsverfahren nicht mehr möglich.

3.2 Beteiligung der Gerichte

68 Für das Insolvenzverfahren und alle damit im Zusammenhang stehenden Entscheidungen ist das Gericht am Sitz der jeweiligen Gesellschaft zuständig.[64]

69 Abweichend vom Sitz des Schuldners kann eine Zuständigkeit der Gerichte auch durch einen vom Sitz abweichenden Schwerpunkt der betrieblichen Tätigkeit begründet werden.

70 Der Grundgedanke des centre of main interest (COMI) als Anknüpfungspunkt für die Zuständigkeit eines Insolvenzgerichts findet sich insoweit auch im Recht der Volksrepublik China wieder.

71 Aufgabe des Gerichts besteht darin, das Verfahren durch Unterstützung des Verwalters zu überwachen und verfahrensleitende Entscheidungen, Ernennungen und Anordnungen zu erlassen.

72 Alle Rechtsstreitigkeiten oder Schiedsverfahren, die vor dem Insolvenzverfahren eingeleitet wurden, werden bis zur vollständigen Beschlagnahme des Schuldnervermögens durch den Verwalter suspendiert. Mit Eröffnung eines Insolvenzverfahrens ist das Insolvenzgericht nicht nur für die Verfahrensleitung selbst, sondern für sämtliche Rechtsstreitigkeiten in Bezug auf das Unternehmen ausschließlich zuständig.[65]

73 Der Schuldner wird, ungeachtet der Verfahrensart, über die Eröffnungsentscheidung des Gerichts informiert. Zugleich ernennt das Insolvenzgericht einen Verwalter zur Inbesitznahme, Verwaltung und (je nach Verfahrensart) Abwicklung oder Sanierung des insolventen Vermögens.

3.3 Der Verwalter

3.3.1 Auswahl und Ernennung des Verwalters

74 Der Verwalter wird als Amtsinhaber vom Gericht ernannt, um das Verfahren zu überwachen und die Insolvenzmasse zu verwalten.

75 Es handelt sich dabei in der Regel um einen qualifizierten Experten, zB eine Anwaltskanzlei, Wirtschaftsprüfungsgesellschaft oder vergleichbar auf Insolvenzberatung spezialisierte Gesellschaft. Es gibt jedoch keine zwingend vorgegebene berufliche Qualifikation für die Ernennung als Verwalter.

76 Im Regelfall wird der Verwalter nach dem Rotationsprinzip aus der beim jeweils zuständigen Gericht geführten Liste ausgewählt.

77 Besteht ein übergeordnetes öffentliches Interesse an der Durchführung des Verfahrens, wie etwa bei Finanzinstituten, börsennotierten Unternehmen, sonstigen Großunternehmen oder Konzernen mit erheblichen landesweiten Auswirkungen oder ist das Insolvenzverfahren aus sonstigen Gründen

---

[63] Die Anwendungsvorschriften zum Zivilprozessrecht, Art. 513 (2015).
[64] Insolvenzgesetz VRC, Art. 3 (2007).
[65] Ebenda, Art. 20.

komplex oder hochsensibel, kann das Gericht ein Ausschreibungsverfahren für die Bestellung des Verwalters einleiten.

In besonderen Fällen kann das Amt des Verwalters auch auf eine Expertengruppe übertragen werden. Eine Expertengruppe wird vom Gericht insbesondere dann bestellt, wenn eine Expertengruppe bereits vor der Einleitung des Insolvenzverfahrens auf Basis der Bestimmungen des Obersten Volksgerichts zur Erennung der Verwaltung in Insolvenzverfahren gebildet worden ist. Weiterhin kommt die Einsetzung einer solchen Expertengruppe dann in Betracht, wenn es sich um die Insolvenz eines staatlichen Unternehmens oder um ein Finanzinstitut bzw. Versicherungsgesellschaft handelt, die den spezialgesetzlichen Regelungen nach dem Gesetz für Geschäftsbanken oder dem Versicherungsrecht unterliegen. Schließlich kann die Einsetzung auch dann erfolgen, wenn das Gericht dies für angemessen hält.[66] 78

3.3.2 Vergütung des Verwalters

Die Vergütung des Verwalters richtet sich nach den Bestimmungen des obersten Gerichtshofs zur Festlegung der Verwaltervergütung und bemisst sich auf der Grundlage der den Gläubigern zur Verteilung zur Verfügung stehenden Vermögenswerte und unter Anwendung entsprechender prozentualer Grenzen.[67] 79

3.3.3 Pflichten des Verwalters

Die Befugnisse und Pflichten des Verwalters, die für die jeweiligen Verfahrensarten gelten, sind umfassend gesetzlich geregelt. 80

Der Verwalter nimmt die Verwaltungs- und Verfügungsbefugnis über das schuldnerische Unternehmen vollumfänglich wahr. Im Fall einer Fortführung führt er den Geschäftsbetrieb und ist verantwortlich für die Einhaltung der gesetzlichen Rechnungslegungspflichten. Der Verwalter übt die dem Schuldner obliegenden gesetzlichen oder vertraglichen Rechte aus und zieht Vermögenswerte im Namen der Gesellschaft ein. 81

Der Aufgabenkreis umfasst zudem die Vertretung des Unternehmens im Rahmen von Rechtsstreitigkeiten/Schiedsverfahren, sofern diese nach Insolvenzeröffnung aufgenommen oder bestehende Streitigkeiten fortgesetzt werden. Als Amtsträger agiert der Verwalter bei bestimmten Rechtsstreitigkeiten auch im eigenen Namen, als Partei kraft Amtes, wie etwa im Rahmen der Insolvenzanfechtung, → Rn. 194 ff. 82

Ebenfalls ist er für die prozessuale Durchführung des Insolvenzverfahrens verantwortlich, etwa die Einberufung von Gläubigerversammlungen und die Prüfung der Forderungsanmeldungen. Der Verwalter untersucht die Finanzlage des Unternehmens und erstellt die dem Gericht und den Verfahrensbeteiligten vorzulegenden Berichte. 83

Sofern erforderlich, kann das Gericht dem Verwalter weitere Aufgaben übertragen. 84

3.4 Verwaltung und Realisierung der Insolvenzmasse

Die Insolvenzmasse umfasst alle Immobilien, Vermögenswerte und Rechte, die sich zum Zeitpunkt der Eröffnung des Insolvenzverfahrens im Besitz oder Eigentum des Schuldners befinden. 85

Nach den Anwendungsvorschriften (II) werden neben den Barwerten, Devisen und Immobilien, die im Eigentum des Schuldners stehen, auch alle Eigentumsrechte erfasst, die einen Geldwert haben und übertragbar sind, wie Anleihen, Aktien, geistige Eigentumsrechte, Wertpapierrechte.[68] 86

Es gibt aber auch einige Arten von Eigentumsrechten, die nicht Teil der Insolvenzmasse sind. Dazu gehören Liegenschaften, die von der Gesellschaft im Rahmen einer Vereinbarung (wie beispielsweise Miete, Verwahrung oder Leihe) genutzt werden und Liegenschaften, die von der Gesellschaft mit einem Eigentumsvorbehalt erworben wurden. Weiterhin fällt unübertragbares, staatliches Eigentum und Eigentum, welches der Gesellschaft nach einschlägigen Gesetzen und Vorschriften nicht gehört, nicht in die Insolvenzmasse. 87

Die Verwertung der Insolvenzmasse erfolgt auf der Basis des vom Verwalter zu erstellenden Verwertungsplans. Dieser wird der Gläubigerversammlung sodann zur Abstimmung vorgelegt oder vom Gericht im Wege einer öffentlichen Versteigerung genehmigt. 88

Der Verwalter hat weitreichende Befugnisse zur Verwaltung des Schuldnervermögens, wobei er die Vorgaben des von der Gläubigerversammlung genehmigten Verwertungsplans zu beachten und einzuhalten hat. 89

---

[66] Bestimmungen des obersten Volksgerichts zur Ernennung der Verwaltung in Insolvenzverfahren, Art. 18 (2007).
[67] Bestimmungen des obersten Volksgerichts zur Festlegung der Verwaltervergütung, Art. 2 (2007).
[68] Verwaltungsvorschriften (II), Art. 1 (2013).

China 90–103

90 Einzelne Verwertungshandlungen können auch einem vorherigen Zustimmungserfordernis durch den Gläubigerausschuss unterliegen. Vergleichbar dem deutschen Recht, nimmt der Gläubigerausschuss ergänzend zur Gläubigerversammlung eine wesentliche verfahrensbegleitende Rolle ein.

91 Der Gläubigerausschuss ist im Allgemeinen auch über vermögensbezogene Transaktionen zu informieren.[69] Darunter fallen unter anderem die Übertragung von Eigentumsrechten (zB Immobilien, Bergbaurecht, geistigen Eigentumsrechten), Transaktionen in Bezug auf Inventar oder Betrieb, Darlehen, die Einräumung von Sicherungsrechten, die Übertragung von Forderungen oder Wertpapieren, die einen Geldwert haben. Weiterhin ist der Gläubigerausschuss auch über die Erfüllung unvollendeter Verträge, den Verzicht auf ein Recht der Gesellschaft, die Verwertung von gesichertem Eigentum und andere Angelegenheiten, die sich auf die Interessen der Gläubiger auswirken könnten, zu informieren.

3.5 Die Fortführung des Geschäftsbetriebs

92 Das Gesetz der Volksrepublik China erlaubt es dem Verwalter, den operativen Betrieb des Unternehmens fortzusetzen, um den Wert des Vermögens zu erhalten oder zu steigern. Vor der ersten Gläubigerversammlung kann der Verwalter einen Antrag auf gerichtliche Zustimmung zur Fortführung des Geschäftsbetriebs stellen. In der ersten Gläubigerversammlung entscheiden die Gläubiger dann, ob der Betrieb fortgesetzt werden soll.

93 Während bei einem Sanierungsverfahren als auch bei einer Vergleichsvereinbarung die Fortführung des Geschäftsbetriebs aufgrund des Sanierungsziels dieser Verfahrensarten im Allgemeinen dem Regelfall entspricht, ist eine werterhaltende Fortführung des Unternehmens zunächst auch im Liquidationsverfahren möglich.

94 Näheres zur Fortführung im Rahmen des Sanierungsverfahrens → Rn. 10 ff.

3.6 Insolvenzanfechtung zum Schutz des Vermögens

95 Nach dem Insolvenzgesetz VRC kann der Verwalter Transaktionen innerhalb eines Jahres vor Beginn des Insolvenzverfahrens im Wege der Insolvenzanfechtung angreifen, sofern es sich um Transaktionen unter Marktwert handelt.[70]

96 Von einer Anfechtbarkeit ist regelmäßig dann auszugehen, wenn Vermögenswerte der insolventen Gesellschaft entweder unentgeltlich oder jedenfalls unter Marktwert übertragen wurden.

97 Als Transaktion unter Marktwert gilt es auch, wenn die Gesellschaft eine Sicherheit für eine zuvor ungesicherte Schuld gewährt hat oder der Schuldner bestehende Verbindlichkeiten vor Eintritt ihrer Fälligkeit bezahlt hat. Schließlich gelten auch Verzichte durch den Schuldner als Transaktion unter Wert.

98 Wenn das Unternehmen sechs Monate vor der Annahme des Insolvenzantrags durch das Gericht bereits zahlungsunfähig war, ist jede innerhalb dieses Zeitraums bediente Verbindlichkeit unwirksam und kann als ungerechte Bevorzugung angefochten werden, sofern die Zahlung dem Unternehmen nicht nachweislich zugutegekommen ist.[71]

99 Darüber hinaus sind betrügerische Übertragungen oder das Verschweigen von Vermögenswerten des Unternehmens nichtig und damit bei Eröffnung des Insolvenzverfahrens angreifbar.

3.7 Auswirkungen des Insolvenzverfahrens auf das Vollstreckungshandlungen

100 Jedes Verfahren zur Vollstreckung eines Gerichtsurteils oder Schiedsspruchs, das zum Zeitpunkt der Eröffnung des Insolvenzverfahrens anhängig ist, wird ausgesetzt.
101 Näheres → Rn. 8 ff.
102 Der Antragsteller kann seine Forderungen im Rahmen des für ihn geltenden Verteilungsrangs weiterverfolgen; → Rn. 111 ff.

3.8 Auswirkungen der Eröffnung des Insolvenzverfahrens auf Gerichts- oder Schiedsverfahren

103 Laufende Gerichts- oder Schiedsverfahren gegen die Gesellschaft werden mit der Eröffnung eines Insolvenz- oder Sanierungsverfahrens ausgesetzt und können im Einzelfall erst mit vollständiger Beschlagnahme des schuldnerischen Vermögens fortgesetzt werden, wobei sich die gerichtliche

---

[69] Insolvenzgesetz VRC, Art. 69 (2007).
[70] Ebenda, Art. 31.
[71] Ebenda, Art. 32.

Zuständigkeit für sämtliche Streitigkeiten auf das für das jeweilige Verfahren zuständige Gericht verlagert.

3.9 Vertreter der Gläubiger

3.9.1 Der Gläubigerausschuss

Jeder Gläubiger, der Forderungen im Verfahren angemeldet hat, kann grundsätzlich Mitglied im **Gläubigerausschuss** werden. Die Mitglieder des Ausschusses, welcher aus nicht mehr als neun Gläubigern bestehen darf, werden von der Gläubigerversammlung gewählt. Außerdem muss es einen Vertreter der Arbeitnehmer oder einen Vertreter der Gewerkschaft im Gläubigerausschuss geben.[72]

Zu den Aufgaben des Gläubigerausschusses gehören die Aufsicht über die Verwaltung und die Verteilung des Eigentums der Gesellschaft, die Aufsicht über die bestehende Aufteilung des Schuldnervermögens. Zudem kann die Gläubigerversammlung weitere Aufgaben auf den Gläubigerausschuss übertragen.[73]

3.9.2 Die Gläubigerversammlung

Die Gläubigerversammlung ist ebenso wie im deutschen Insolvenzrecht das Organ aller am Verfahren teilnehmender Gläubiger. Zu den Aufgaben und Befugnissen der Gläubigerversammlung gehören insbesondere die Prüfung der Forderungen der Gläubiger und die Ernennung bzw. Entlassung der Mitglieder des Gläubigerausschusses. Außerdem ist sie für den Austausch des Verwalters und seine Beaufsichtigung zuständig. Darüber hinaus trifft die Gläubigerversammlung Entscheidungen über die Fortsetzung/Einstellung des Geschäftsbetriebs oder Auflösung der Gesellschaft und fasst weiterhin Beschlüsse über einen etwaigen Vergleichs- oder Sanierungsplan, Vermögensverteilungs-, Verwaltungs- und Verkaufspläne, sowie über weitere Angelegenheiten, die der Gläubigerversammlung durch Anordnung des Gerichts übertragen wurden.[74]

Der Umfang der Stimmrechte der Gläubiger in der Gläubigerversammlung wird nach dem Wert ihrer Forderungen bestimmt. Gläubiger, die über Sicherungsrechte verfügen, haben kein Stimmrecht hinsichtlich einer Vergleichsvereinbarung und eines Vermögensverteilungsplans, weil hierdurch nicht in Sicherungsrechte eingegriffen werden kann.

Ein Beschluss der Gläubigerversammlung wird mit einfacher Mehrheit der Stimmen der bei der Versammlung anwesenden Gläubiger gefasst, wobei mindestens die Hälfte der gesamten unbesicherten Gläubigerrechte vertreten sein müssen.

3.10 Forderungsanmeldung

Nach dem Insolvenzgesetz VRC werden alle Ansprüche (einschließlich, aber nicht beschränkt auf unberechtigte Forderungen, bedingte Forderungen und besicherte Forderungen) gegen das Unternehmen zu fälligen Insolvenzansprüchen.

Mit Eröffnung des Insolvenzverfahrens bestimmt das Gericht die Frist für die Anmeldung von Forderungen, innerhalb derer die Gläubiger ihre Forderungsnachweise dem Verwalter zur Prüfung vorzulegen haben. Diese Frist beträgt mindestens 30 Tage, höchstens jedoch drei Monate.[75]

3.11 Verteilung der Insolvenzmasse

3.11.1 Masseverbindlichkeiten

Bei den während des Insolvenzverfahrens entstandenen Masseverbindlichkeiten wird zwischen den Verfahrenskosten und den sonstigen Masseverbindlichkeiten unterschieden. Sowohl Verfahrenskosten als auch sonstige Masseverbindlichkeiten können jederzeit aus dem Vermögen der Gesellschaft beglichen werden.

Als Verfahrenskosten gelten die Gerichtskosten sowie die Kosten für die Verwaltung, den Verkauf und die Verteilung des Vermögens. Weiterhin zählen auch die Vergütung des Verwalters sowie die Kosten für weitere berufsmäßige Vertreter (zB anwaltlicher Berater und Wirtschaftsprüfer), die an der Unterstützung des Insolvenzverfahrens beteiligt sind, zu den Verfahrenskosten.[76]

---

[72] Ebenda, Art. 67.
[73] Ebenda, Art. 68.
[74] Ebenda, Art. 61.
[75] Ebenda, Art. 45.
[76] Ebenda, Art. 41.

113 Zu den Masseverbindlichkeiten gehören solche Verbindlichkeiten, die sich aus der Fortsetzung von Verträgen auf Antrag des Verwalters oder des Schuldners ergeben, sowie Verbindlichkeiten aus der (vorläufigen) Fortführung des schuldnerischen Unternehmens. Des Weiteren stellen Verbindlichkeiten aus (unsachgemäßer) Gewinnerzielung, Arbeitsentgeltansprüche sowie während der Fortführung des Unternehmens anfallende Sozialversicherungsbeiträge sowie alle sonstigen aus der Unternehmensfortführung resultierenden Verbindlichkeiten Masseverbindlichkeiten dar.

114 Weiterhin zählen auch Schäden, die durch Handlungen des Verwalters bzw. seines Personals entstehen oder Schäden Dritter, die vergleichbar einer Zustands- oder Gefährdungshaftung durch das Vermögen des Schuldners ausgelöst werden, zu den sonstigen Masseverbindlichkeiten.

115 Drei Arten von Verbindlichkeiten, die nach Eröffnung des Insolvenzverfahrens entstehen können, gelten jedoch nicht als Masseverbindlichkeiten: Entschädigungs- oder Schadenersatzforderungen einer Gegenpartei hinsichtlich eines Vertrages, der vom Verwalter nicht fortgeführt wurde, Zahlungen unter einem Treuhandvertrag an den Treuhänder, der das Treugut weiterhin ohne Kenntnis des Insolvenzverfahrens verwaltet und schließlich Ansprüche des Inhabers von Schuldverschreibungen gegen die Gesellschaft als Emittenten.[77]

3.11.2 Vorrangige Gläubiger

116 Neben der grundsätzlichen Unterscheidung zwischen Insolvenzforderungen und Masseverbindlichkeiten gibt es im Rahmen des Insolvenzgesetzes VRC kein allgemeingültiges Konzept von vorrangigen Gläubigern. Lediglich sofern die Insolvenzmasse nicht ausreicht, um sämtliche vorrangigen Verfahrenskosten und Masseverbindlichkeiten zu bedienen, greift eine weitere Rangfolge bei der Verteilung der ungesicherten Vermögenswerte.[78] Danach sind im Fall einer Masseunzulänglichkeit die Kosten des Insolvenzverfahrens vorrangig gegenüber anderen Masseverbindlichkeiten zu bedienen. Die Verfahrenskosten gehen damit im Rang sowohl den Arbeitsentgeltansprüchen, Sozialversicherungskosten als auch den Steuern vor, die aus der Unternehmensfortführung resultieren.[79]

117 Reicht die Insolvenzmasse nicht aus, um die Kosten des Insolvenzverfahrens zu decken, kann der Verwalter beim Gericht die Einstellung des Verfahrens beantragen.

118 Soweit Vermögenswerte mit Sicherungsrechten belastet sind, haften daraus resultierende Erlöse zunächst den besicherten Gläubigern und dürfen nicht vorrangig zur Bedienung der Verfahrenskosten oder sonstigen Masseverbindlichkeiten herangezogen werden. Ergänzend dazu → Rn. 120 ff.

119 Eine Ausnahme können bestimmte Steuerforderungen darstellen, die im Einzelfall den Ansprüchen besicherter Gläubiger vorgehen können, sofern diese bereits vor Gewährung der Sicherheit fällig waren.

3.11.3 Besicherte Gläubiger

120 Das Insolvenzgesetz VRC sieht vor, dass der Inhaber eines Sicherungsrechts einen Anspruch auf vorrangige Befriedigung aus denjenigen Vermögenswerten des Schuldners hat, die Gegenstand von Sicherungsrechten des jeweiligen Gläubigers sind.[80] Die grundsätzliche Unterscheidung zwischen freien und mit Sicherungsrechten belasteten Vermögenswerten findet sich auch im Recht der Volksrepublik China.

121 Mit der Eröffnung des Insolvenzverfahrens zählen auch die mit Sicherungsrechten belasteten Vermögenswerte formell zur Insolvenzmasse und werden vom Verwalter gehalten und verwaltet. Der Verteilungsplan der von der Gläubigerversammlung zu bestätigen ist, beschränkt sich jedoch ausschließlich auf die freie Insolvenzmasse, die zur Verteilung an die unbesicherten Gläubiger tatsächlich zur Verfügung steht. Die Forderungen der besicherten Gläubiger werden unabhängig vom Verteilungsplan aus den Erlösen der Sicherungsrechte zurückgezahlt, bevor die verbleibende freie Insolvenzmasse an die ungesicherten Gläubiger verteilt wird.

122 Nach dem Recht der Volksrepublik China gehören zu den besicherten Gläubigern in der Regel Hypothekengläubiger, Pfandgläubiger und dergleichen. Ergänzend dazu → Rn. 168 ff.

3.11.4 Unbesicherte Gläubiger

123 Die Forderungen der unbesicherten Insolvenzgläubiger werden nach vollständiger Bedienung der Verfahrenskosten und Masseverbindlichkeiten aus dem verbleibenden freien Vermögen des Schuldners quotal bedient.

---

[77] Ebenda, Art. 42.
[78] Der besicherte Vermögenswert wird an die besicherten Gläubiger verteilt, der Restwert des Grundstücks entfällt auf die unbesicherten Gläubiger.
[79] Ebenda, Art. 43.
[80] Ebenda, Art. 109.

Auch innerhalb der Gruppe der unbesicherten Insolvenzgläubiger sieht das chinesische Insolvenzrecht einen Nachrang für Forderungen des Gesellschafters vor, der als Gläubiger am Insolvenzverfahren teilnimmt, ohne die Gesellschaft zuvor mit hinreichend Kapital ausgestattet zu haben. 124

Der aus dem deutschen Insolvenzrecht bekannte Nachrang für Gesellschafterdarlehen findet sich in vergleichbarer Ausprägung auch im Recht der Volksrepublik China. 125

3.12 Beendigung des Verfahrens

Das Liquidationsverfahren wird beendet, wenn das Vermögen des Schuldners vollständig verteilt wurde. Sofern das Schuldnervermögen nicht ausreicht, um die Verfahrenskosten vollständig zu bedienen, kann eine Einstellung auch schon vor dem Abschluss der vollständigen Vermögensverwertung und -verteilung erfolgen. 126

3.12.1 Beendigung des Sanierungsverfahrens

Die Beendigung eines Sanierungsverfahrens erfolgt einerseits immer dann, wenn das mit einem Sanierungsplan verfolgte Sanierungsziel erreicht und umgesetzt wurde. Dazu legt der Verwalter dem Gericht einen Prüfbericht vor, der das Erreichen der Planmaßnahmen bestätigt. 127

Demgegenüber kann das Gericht ein Sanierungsverfahren auch aufgrund des Nichterreichens des Sanierungsziels beenden und in ein Insolvenzverfahren überführen. Hierfür kommen verschiedene Beendigungsgründe in Betracht: Ein Einstellungsgrund ist etwa die fehlende Vorlage des Entwurfs eines Sanierungsplans durch die Gesellschaft bzw. den Verwalter. Die Frist hierfür beträgt maximal neun Monate nach der Genehmigung des Sanierungsverfahrens durch das Gericht. Weiterhin wird das Gericht ein Sanierungsverfahren einstellen, wenn der Sanierungsplan nicht von der Gläubigerversammlung angenommen oder anschließend durch das Gericht abgelehnt wurde. 128

Darüber hinaus besteht für den Verwalter oder andere betroffene Parteien die Möglichkeit die Beendigung des Sanierungsverfahrens zu beantragen, wenn die Gesellschaft betrügerische oder offensichtlich gläubigerschädigende Handlungen begeht oder andere Handlungen vornimmt, die einer ordnungsgemäßen Geschäftsführung entgegenstehen. 129

Auch wenn sich während dem Sanierungsverfahren die geschäftlichen oder finanziellen Bedingungen erheblich oder unerwartet verschlechtern oder die Handlungen der Gesellschaft die Aufgabenerfüllung des Verwalters unmöglich machen, kann dieser die Aufhebung des Verfahrens bei Gericht beantragen. Schließlich kann die Beendigung auch dann noch beantragt werden, wenn der Sanierungsplan nicht innerhalb der vom Gericht gesetzten Frist durchgeführt wurde oder das mit dem Plan verfolgte Sanierungsziel nicht erreicht wurde. 130

3.12.2 Beendigung des Vergleichsverfahrens

Die Einstellung eines Vergleichsverfahrens kann ebenso aus der Erreichung des mit dem Verfahren angestrebten Sanierungszieles resultieren, so etwa bei Bedienung oder erfolgreicher Besicherung der vergleichsrelevanten Verbindlichkeiten, oder aber umgekehrt aus der Verfehlung des Sanierungszieles. 131

Letzteres droht vor allem dann, wenn der Abschluss einer Vergleichsvereinbarung zwischen der Gesellschaft und den Gläubigern nicht zustande kommt oder die Vereinbarung von der Gläubigerversammlung nicht angenommen beziehungsweise vom Gericht anerkannt wird. 132

Außerdem sind als gesetzliche Beendigungsgründe die Fälle vorgesehen, in denen die Gesellschaft die Vergleichsvereinbarung nicht durchsetzen kann oder die Vergleichsvereinbarung aufgrund von Betrug oder anderem rechtswidrigem Verhalten des Unternehmens nichtig ist. 133

4. Verträge in Insolvenz-, Sanierungs- oder anderen Verfahren

4.1 Nichterfüllte Verträge

Sofern ein Schuldner sich nicht in einem Sanierungsverfahren befindet, entscheidet der Verwalter, ob er die laufenden vertraglichen Verpflichtungen des Schuldners im Rahmen eines Insolvenzverfahrens beendet oder erfüllt. Ergreift der Verwalter innerhalb einer bestimmten Frist keine aktiven Schritte zur Fortsetzung der Vertragsverpflichtungen, wird davon ausgegangen, dass der Vertrag beendet wurde. 134

Ähnlich wie das deutsche Insolvenzrecht unterscheidet das chinesische Recht nach dem Stand der Erfüllung eines Vertrages. Hat das insolvente Unternehmen seinerseits bereits vollständig erfüllt, wird der Verwalter den Vertragspartner auffordern, seinerseits ebenfalls vollständig zu leisten, wodurch die nicht erfüllten Verpflichtungen für die Insolvenzmasse durchsetzbar werden. 135

136 Hat der Vertragspartner hingegen seine Verpflichtungen vollständig erfüllt, aber Leistungen des Schuldners unter dem Vertrag stehen noch aus, kann der Verwalter nicht mit der Erfüllung des Vertrags fortfahren, da diese Leistung eine ungerechte Bevorzugung des Vertragspartners gegenüber den sonstigen Gläubigern darstellen würde. Der Verwalter wird den Vertrag in dieser Konstellation nicht fortsetzen, sondern beenden. Der Vertragspartner kann einen Schadenersatzanspruch geltend machen, der jedoch nur anteilig als einfache Insolvenzforderung entschädigt werden kann.

137 Das Wahlrecht des Verwalters Verträge nicht fortzusetzen, sondern verfahrensbedingt zu beenden, beschränkt sich auf diejenigen Verträge, die vor Insolvenzeröffnung abgeschlossen wurden. Es erstreckt sich ferner nur auf bestimmte Arten von Verträgen, insbesondere gegenseitige Verträge. So gilt das Wahlrecht des Verwalters zum Beispiel nicht für Garantievereinbarungen, bei denen der Schuldner Garantiegeber ist. Dies folgt daraus, dass solche vertraglichen Verpflichtungen des Schuldners nicht aufgrund seiner Insolvenz erlöschen.

4.1.1 Frist zur Ausübung der Erfüllungswahl

138 Das Insolvenzgesetz VRC sieht vor, dass der Verwalter von seiner Option, von dem Vertragspartner Erfüllung seiner vertraglichen Verpflichtung zu verlangen, innerhalb von zwei Monaten ab Insolvenzeröffnung Gebrauch zu machen hat. Fordert der Vertragspartner den Verwalter zur Ausübung des Wahlrechts auf, muss er dem Vertragspartner innerhalb von 30 Tagen nach Erhalt seiner Leistungsaufforderung antworten. Andernfalls gilt der Vertrag als gekündigt.[81]

4.1.2 Kriterien zur Ausübung der Erfüllungswahl

139 Der Verwalter ist verpflichtet, die Entscheidung über die Erfüllung oder Beendigung des nichterfüllten Vertrages dem Gläubigerausschuss oder dem Insolvenzgericht (wenn es keinen Gläubigerausschuss gibt) zu melden.[82] Vom Verwalter wird erwartet, dass er gutgläubig handelt und seine Sorgfaltspflicht gegenüber den Gläubigern erfüllt. Das Gericht wird die Angemessenheit der Ausübung der Option des Verwalters prüfen und dabei berücksichtigen, ob die Ausübung der Option auch die Interessen der ungesicherten Gläubiger schützt.

4.1.3 Entscheidung zur Erfüllung des nichterfüllten Vertrags

140 Wenn der Verwalter beschließt, einen nichterfüllten Vertrag zu erfüllen, ist der Vertragspartner zur Leistung verpflichtet. Der Vertragspartner ist jedoch berechtigt, vom Verwalter die Bereitstellung von Sicherheiten zu verlangen. Die Nichtbereitstellung von Sicherheiten würde dazu führen, dass der Vertrag als beendet gilt.[83]

141 Vertragliche Verpflichtungen, die erst nach Insolvenzeröffnung begründet werden, haben den Rang von bevorzugt zu bedienenden Masseverbindlichkeiten, auf die das Recht zur Erfüllungswahl keine Anwendung findet.[84] Dazu → Rn. 111 ff.

4.2 Mietverträge

142 Während in vielen Jurisdiktionen ein insolventer Vermieter kein Recht zur Kündigung des Mietvertrags hat, ist in der Rechtsprechung der Volksrepublik China anerkannt, dass der Verkauf einer Immobilie aus der Insolvenzmasse erschwert ist, wenn diese einem Mietvertrag unterliegt. Daher besteht die Tendenz, das Recht des Verwalters auf Kündigung des Mietvertrages vor dem Verkauf von vermieteten Flächen anzuerkennen, sofern die Anerkennung einen positiven Einfluss auf das Schuldnervermögen hat.

143 Der Verwalter hat im Falle der Insolvenz eines Mieters das Recht, den Mietvertrag zu kündigen.[85] Im Rahmen des Liquidationsverfahrens wird der Mietvertrag in der Regel gekündigt, es sei denn, der Verwalter beabsichtigt, die gemieteten Räumlichkeiten zur Erfüllung seiner Verpflichtungen zu nutzen.

144 Aber auch im Rahmen des Sanierungsverfahrens oder des Vergleichsverfahrens ist ein Mietvertrag nur dann zu erfüllen, wenn die gemieteten Räumlichkeiten im Rahmen des normalen Geschäftsbetriebs des Schuldners genutzt würden und er für einen nicht genutzten Teil teilweise gekündigt werden könnte.

---

[81] Insolvenzgesetz VRC, Art. 18 (2007).
[82] Ebenda, Art. 69.
[83] Ebenda, Art. 18.
[84] Ebenda, Art. 42 (1).
[85] Ebenda, Art. 18.

4.3 Finanzierungsleasingverträge

Nach dem Vertragsrecht der Volksrepublik China, in Kraft seit dem 1.10.1999, (**"Vertragsrecht VRC"**) ist „Finanzierungsleasing" eine Transaktion, bei der der Leasinggeber den vom Lieferanten erworbenen Vermögenswert (nach Wahl des Leasingnehmers und/oder des Lieferanten) an den Leasingnehmer zur Inbesitznahme oder Nutzung vermietet und ein Leasingentgelt vom Leasingnehmer erhält.[86] 145

Im Rahmen des Insolvenzverfahrens hat der Verwalter das Recht zu entscheiden, ob er einen Finanzierungsleasingvertrag kündigt oder erfüllt, wenn sich der Leasingnehmer im Insolvenzverfahren befindet, → Rn. 134 ff. 146

Entscheidet sich der Verwalter für die Kündigung eines Finanzierungsleasingvertrages, so ist der Leasinggeber berechtigt, das Leasingobjekt über den Verwalter[87] wieder in Besitz zu nehmen und Ersatz für Schäden aus der Kündigung geltend zu machen. Dieser Schadenersatz ist auf die Differenz zwischen dem Wert des zurückgenommenen Leasingobjekts und den unbezahlten Leasingentgelten sowie den Aufwendungen, die der Leasingnehmer schuldet, beschränkt. Für den Fall, dass die Parteien den Eigentumserwerb des Leasingnehmers für den Fall des Ablaufs des Leasingvertrages aufschiebend bedingt haben, kann der Schadensersatzanspruch ebenfalls den Restwert des Leasingobjekts umfassen.[88] Übersteigt der Wert des vom Leasingnehmer geschuldeten Betrags, ist der Leasingnehmer nicht mehr schadensersatzpflichtig, sondern berechtigt, die Differenz vom Leasinggeber zu verlangen.[89] 147

Wenn sich der Leasinggeber in einem Insolvenzverfahren befindet und der Verwalter beschließt, mit einem Finanzierungsleasingvertrag fortzufahren, wird das Leasingentgelt, das nach Insolvenzeröffnung fällig ist, als Masseverbindlichkeit kategorisiert.[90] Es ist jedoch fraglich, ob die vor Beginn der Insolvenz angefallenen Leasingentgeltrückstände ebenfalls als Masseverbindlichkeiten angesehen werden können. Nach herrschender Meinung würde, wenn der Verwalter beschließt, den Finanzierungsleasingvertrag zugunsten aller Gläubiger fortzusetzen, und wenn das Leasingobjekt für den Betrieb des Leasingnehmers unerlässlich ist, ein vor Beginn der Insolvenz aufgelaufenes Leasingentgelt ebenfalls als Masseverbindlichkeit eingestuft werden. 148

4.4 Arbeitsverträge

Das Recht des Verwalters zur Erfüllungswahl von Verträgen gilt nicht für Arbeitsverträge. Der Verwalter kann jedoch einen Arbeitsvertrag aus anderen rechtlichen Gründen kündigen, zB nach dem Arbeitsvertragsrecht der Volksrepublik China, in Kraft seit dem 1.7.2013 (**"Arbeitsvertragsrecht VRC"**). 149

Wenn ein Schuldner ein Sanierungsverfahren nach dem Insolvenzgesetz VRC durchläuft und der Schuldner beabsichtigt, 20 oder mehr Mitarbeiter zu entlassen (oder wenn die entlassenen Mitarbeiter 10 % der Gesamtbelegschaft übersteigen), ist der Schuldner verpflichtet, das Sanierungsverfahren der Gewerkschaft oder allen Arbeitnehmern 30 Tage vor der Entlassung darzulegen und ihre Stellungnahme einzuholen. Der Entlassungsplan ist dann den zuständigen Arbeitsverwaltungsbehörden zu melden.[91] Erst nach Abschluss dieses Verfahrens kann der Entlassungsplan umgesetzt werden. Im Rahmen eines Sanierungsverfahrens wird ein Verwalter üblicherweise die Arbeitsverträge gemäß den oben genannten Verfahren im Namen des Schuldners kündigen. 150

Das Arbeitsvertragsrecht sieht vor, dass ein Arbeitsvertrag beendet wird, wenn ein Schuldner als Arbeitgeber in die Insolvenz geht.[92] In der Praxis werden die meisten oder sogar alle Arbeitsverträge im Insolvenzverfahren beendet, sofern nicht eine teilweise Fortführung der Arbeitsverhältnisse bis zur Einstellung des Geschäftsbetriebs erforderlich ist. 151

Arbeitnehmerentgelte und bestimmte arbeitsbezogene Aufwendungen, die vor Beginn des Insolvenzverfahrens anfallen, werden als einfache Insolvenzforderungen eingestuft, haben aber Vorrang vor anderen Forderungen. Dazu → Rn. 159 f. 152

Arbeitsrechtliche Ansprüche, die nach Insolvenzeröffnung entstehen (unabhängig davon, ob der Arbeitsvertrag gekündigt wurde oder nicht), werden als Aufwendungen für den laufenden Betrieb des Unternehmens betrachtet und daher als Masseverbindlichkeiten klassifiziert.[93] 153

Dazu → Rn. 111 ff. 154

---

[86] Vertragsrecht VRC, Art. 237 (1999).
[87] Insolvenzgesetz VRC, Art. 38 (2007).
[88] Die Erläuterungen des Obersten Volksgerichts zu Fragen der Rechtsanwendung bei der Verhandlung von Fällen mit Streitigkeiten über Finanzleasingverträge, Art. 22 (2014).
[89] Vertragsrecht VRC, Art. 249 (1999).
[90] Insolvenzgesetz VRC, Art. 42 (2007).
[91] Arbeitsvertragsrecht VRC, Art. 41(1) (2013).
[92] Ebenda, Art. 44 (6).
[93] Insolvenzgesetz VRC, Art. 42 (4) (2007).

5. Pensionsansprüche in der Insolvenz

5.1 Die gesetzliche Grundrente

155 Die Grundrente ist eine typische Form der Sozialversicherung,[94] die vom Arbeitgeber und vom Arbeitnehmer gemeinsam getragen werden muss. Für den Fall, dass die Kosten der Grundrentenversicherung nicht vollständig vom Arbeitgeber beglichen werden, kann die zuständige Sozialversicherungsbeitragserhebungsbehörde den Arbeitgeber auffordern, die Zahlung innerhalb einer vorgegebenen Frist zu leisten. Kommt dieser dem nicht nach, kann der geschuldete Betrag durch die zuständige Verwaltungsbehörde direkt vom Bankkonto des Arbeitgebers abgezogen werden.

156 Im Falle der Insolvenz des Arbeitgebers werden ausstehende Beiträge zur Grundrente, die auf dem persönlichen Konto des Arbeitnehmers gutzuschreiben sind, als arbeitsbezogene Forderungen eingestuft. Die Mitarbeiter sind nicht verpflichtet, arbeitsbezogene Forderungen beim Verwalter anzumelden, sondern der Verwalter prüft und registriert diese in einer Liste, die der Öffentlichkeit zur Verfügung zu stellen ist.

157 Mitarbeiter könnten Einwände gegen die Liste erheben und beim Verwalter Änderungen beantragen. Wenn ihre Änderungswünsche vom Verwalter abgelehnt werden, steht den Mitarbeitern der Klageweg gegen den Verwalter offen.[95]

158 Arbeitnehmer mit Ansprüchen gegen das insolvente Unternehmen auf Gehaltszahlung oder Sozialversicherungskosten sind ebenfalls zur Teilnahme an der Gläubigerversammlung berechtigt und stimmberechtigt.

5.2 Rangfolge zur Befriedigung der Grundrentenansprüche

159 Ausstehende Grundrentenversicherungskosten, die vor Insolvenzeröffnung entstanden sind, werden im Liquidationsverfahren als einfache Insolvenzforderungen erst nach den Verfahrenskosten und Masseverbindlichkeiten aber vor Steuern und sonstigen Sozialversicherungsaufwendungen berücksichtigt.

160 Demgegenüber werden die nach Insolvenzeröffnung im Rahmen der Fortführung der Geschäftstätigkeit des Schuldners angefallenen Grundrentenversicherungskosten als Masseverbindlichkeiten klassifiziert und vorrangig abgeführt.[96]

6. Eigentumsvorbehalt

161 Wird eine Partei eines Kaufvertrages mit einem vereinbarten Eigentumsvorbehalt (der „**Eigentumsvorbehaltsvertrag**") vor Eigentumsübertragung zahlungsunfähig, wird der Vertrag als nicht erfüllter Vertrag eingestuft, sodass das Erfüllungswahlrecht des Verwalters gilt, sofern dieser im Vorfeld nicht bereits vollständig erfüllt wurde.[97] Dazu → Rn. 134 ff.

6.1 Die Insolvenz des Eigentumsvorbehaltsverkäufers

162 In der Insolvenz des Verkäufers einer unter Eigentumsvorbehalt verkauften Ware macht der Verwalter in der Regel den durch die vollständige Warenlieferung bestehenden Kaufpreiszahlungsanspruch geltend. Sofern die Lieferung noch nicht vollständig erfolgt ist, greift wiederum das Erfüllungswahlrecht des Verwalters.

163 Beschließt der Verwalter, den Eigentumsvorbehaltsvertrag zu erfüllen, hat der Käufer den Kaufpreis zu zahlen und/oder seine sonstigen Verpflichtungen gemäß den Vertragsbedingungen zu erfüllen. Unterlässt er dies oder verursacht er durch unrechtmäßige Veräußerung der Waren (Verkauf, Verpfändung usw) gegenüber dem Verkäufer einen Verlust, wird das Recht des Verkäufers begründet, die Waren vom Käufer wieder in Besitz zu nehmen, es sei denn, dass 75 % des Kaufpreises bezahlt oder die Waren an einen gutgläubigen Dritten verkauft, belastet oder verpfändet wurden.

164 Ein uneingeschränktes Aussonderungsrecht steht dem insolventen Verkäufer nur dann zu, wenn der Verwalter den Eigentumsvorbehaltsvertrag nicht erfüllt, sondern beendet. Der Verkäufer ist dann berechtigt, die Ware wieder in Besitz zu nehmen.

---

[94] Die Sozialversicherung umfasst im Wesentlichen die Grundrentenversicherung, die medizinische Grundversicherung, die Arbeitslosenversicherung, die Berufsunfallversicherung und die Geburtenversicherung.
[95] Insolvenzgesetz VRC, Art. 48 (2007).
[96] Ebenda, Art. 42 (4).
[97] Anwendungsvorschriften (II), Art. 34 (2013).

6.2 Die Insolvenz des Eigentumsvorbehaltskäufers

Spiegelbildlich, in der Insolvenz des Eigentumsvorbehaltskäufers, müssen die Verpflichtungen 165
auf Kaufpreiszahlung vom Verwalter rechtzeitig erfüllt werden, sofern er eine Aussonderung der nicht bezahlten Eigentumsvorbehaltsware durch den Verkäufer verhindern möchte.

Die Weigerung, den Vertrag zu erfüllen, sowie die unrechtmäßige Verfügung über die Waren, 166
führen zum Recht der Wiederinbesitznahme der Waren durch den Verkäufer, es sei denn, dass 75 % des Kaufpreises bezahlt wurden oder die Waren an einen gutgläubigen Dritten verkauft, belastet oder verpfändet wurden. Auch wenn die Ware nicht wieder in Besitz genommen werden kann, kann der Verkäufer den unbezahlten Kaufpreis geltend machen und vom Käufer eine bestimmte Leistung oder Schadensersatz verlangen. Schäden, die durch unsachgemäßes Verhalten des insolventen Käufers entstehen, gelten als Masseverbindlichkeiten.[98]

Wenn der Käufer zahlungsunfähig ist und der Verwalter beschließt, den Eigentumsvorbehalts- 167
vertrag zu kündigen, ist der Verkäufer berechtigt, die Ware auszusondern. Der Verwalter kann dann einen gegebenenfalls bereits teilweise gezahlten Kaufpreis vom Verkäufer wieder zurückverlangen.

7. Sicherheiten in der Insolvenz

7.1 Arten von Sicherheiten

Das Sicherheitenrecht der Volksrepublik China, in Kraft getreten am 1.10.1995, („Sicherhei- 168
tenrecht VRC") und das Sachenrecht der Volksrepublik China, in Kraft getreten am 1.10.2007, („Sachenrecht VRC") sehen drei Arten von Sicherheiten vor nämlich Hypotheken, Besitzpfandrechte und privilegierte Pfandrechte.

7.1.1 Die Hypothek

Eine Hypothek ist als eine Art von Sicherheit am Eigentum definiert, die vom Schuldner oder 169
einem Dritten begeben wird, ohne dass das Eigentum oder der Besitz auf den Hypothekengläubiger übertragen wird. Wenn der Schuldner seinen Verpflichtungen nicht nachkommt, ist der Gläubiger berechtigt, seine Sicherheit durch den Verkauf des Gegenstands oder durch den Erhalt einer Zahlung aus dem Erlös der Versteigerung oder des Verkaufs des besicherten Gegenstands vorrangig gegenüber den unbesicherten Gläubigern durchzusetzen.

Zu den hypothekarisch belastbaren Vermögenswerten gehören sowohl bewegliche als auch 170
unbewegliche Vermögenswerte. Belastbar sind Gebäude und andere Anlagen auf Grundstücken, Landnutzungsrechte, Ausrüstungen, Rohstoffe, (Zwischen-)Produkte und Transportmittel. Weiterhin sind Grundstücke, Schiffe und Flugzeuge im Bau und anderes Eigentum, deren Verpfändung nach dem Gesetz nicht verboten ist, belastbar.[99]

Eine Verpfändung des Grund und Bodens selbst ist nicht möglich, weil sich dieses in seiner 171
Gesamtheit im staatlichen Eigentum befindet.

Während ein Hypothekenvertrag in der Regel mit seiner ordnungsgemäßen Ausführung in 172
Kraft tritt, muss die zugrunde liegende Hypothek als Sicherungsrecht bei der zuständigen Registrierungsbehörde registriert werden, damit die Sicherheit wirksam entsteht und vorrangig gegenüber potentiellen Drittsicherungsrechten ist.

7.1.2 Besitzpfandrechte

Eine Verpfändung von beweglichen Vermögenswerten stellt eine Sicherheit dar, bei der ein 173
Schuldner oder ein Dritter den Besitz der beweglichen Vermögenswerte auf den Gläubiger überträgt. Wenn der Schuldner seinen Verpflichtungen nicht nachkommt, kann der Pfandgläubiger das bewegliche Vermögen verwerten oder verkaufen (im Wege der Versteigerung oder anderweitig) und hat in jedem Fall Vorrang hinsichtlich des erzielten Erlöses.

Gemäß dem Sicherheitenrecht VRC und dem Sachenrecht VRC können bewegliche 174
Sachen, Fondsanteile, Aktien, Gesellschaftsanteile und geistige Eigentumsrechte, die nach dem Gesetz übertragbar sind, verpfändet werden.[100] Zu den verpfändbaren Gegenständen gehören ebenfalls Wechsel, Schecks, Schuldscheine, Schuldverschreibungen, Kautionsbescheinigungen,

---

[98] Ebenda, Art. 37.
[99] Sachenrecht VRC, Art. 180 (2007).
[100] Die Verpfändung von beweglichen Vermögenswerten erfolgt bei Übergabe des beweglichen Vermögens an den Pfandgläubiger.

Lagerscheine und Frachtbriefe, sowie Forderungen aus Lieferungen und Leistungen[101] und andere Rechte, sofern nach den Rechts- und Verwaltungsvorschriften eine Verpfändung möglich ist.[102]

7.1.3 Privilegierte Pfandrechte

175   Nach dem Sicherheitenrecht VRC und dem Sachenrecht VRC bezeichnet das privilegierte Pfandrecht eine Sicherheit, die bei Nichterfüllung durch den Schuldner den Gläubiger berechtigt, das zuvor rechtmäßig durch den Gläubiger in Besitz genommene, bewegliche Vermögen des Schuldners in Besitz zu nehmen und zu verwerten.

176   Die Verwertung kann im Wege einer Versteigerung oder anderweitig erfolgen. In jedem Fall genießt der Gläubiger hinsichtlich der erzielten Erträgen Vorrang. Der zugrunde liegende besicherte Vertrag sollte derselbe sein wie der Vertrag, mit dem der Gläubiger den Besitz des beweglichen Vermögens übernimmt.

177   Der Inhaber eines privilegierten Pfandrechts genießt in seinen Sicherungsrechten Vorrang, auch wenn vor der Begründung dieses Pfandrechts eine Hypothek oder ein Besitzpfandrecht über dasselbe Vermögen begründet wurde.

7.2 Die Realisierung von Sicherungsrechten in der Insolvenz

178   Mit Beantragung eines Insolvenz- oder Sanierungsverfahrens werden die Vollstreckungsrechte eines besicherten Gläubigers zunächst automatisch ausgesetzt.[103]

179   Wie bereits erwähnt, stellt das Insolvenzgesetz VRC drei Verfahren zur Verfügung: Liquidationsverfahren, Sanierungsverfahren und Vergleichsverfahren, von denen eines vom Schuldner in der Insolvenz gewählt wird, → Rn. 8 ff. Während keines der Verfahren die Rechte eines besicherten Gläubigers erheblich beeinträchtigen sollte, variiert die Durchsetzung der Sicherheiten von Verfahren zu Verfahren.

7.2.1 Sicherungsrechte im Liquidationsverfahren

180   Im Liquidationsverfahren muss der Sicherungsnehmer dem Verwalter einen Nachweis für seine Forderungen als Gläubiger vorlegen. Das Gericht gestattet einem Sicherungsnehmer die Ausübung seiner Sicherungsrechte erst dann, wenn die besicherte Forderung vom Gericht nach der Eröffnung des Liquidationsverfahrens bestätigt wurde.

181   Ziel dieses Vorgehens ist es, dass zum Zeitpunkt der Bestätigung einer besicherten Forderung durch das Gericht auch Gewissheit über die Art des durchzuführenden Verfahrens besteht, ob als Insolvenz- oder Sanierungsverfahren. Daher kann die Vollstreckung von Sicherungsrechten im Fall eines Liquidationsverfahrens für einen nicht unerheblichen Zeitraum eingeschränkt sein, woraus sich für den besicherten Gläubiger bei der Durchsetzung seiner Sicherheit praktische Schwierigkeiten ergeben können.

182   Der Verwalter ist verpflichtet, alternative Sicherheiten zu bestellen oder die Schulden zurückzuzahlen, wenn er Vermögenswerte beanspruchen will, die einem Besitzpfandrecht oder einem privilegierten Pfandrecht des Gläubigers unterliegen.[104]

7.2.2 Sicherungsrechte im Sanierungsverfahren

183   Im Rahmen eines Sanierungsverfahrens unterliegen besicherte Gläubiger zunächst ebenfalls einem Vollstreckungsverbot und können ihre Sicherheit nicht durchsetzen. Sie können jedoch beim Gericht eine Befreiung vom Vollstreckungsverbot beantragen, indem sie nachweisen, dass das Sicherungsgut einen Schaden oder eine Wertminderung erleiden wird, die das Recht des Gläubigers beeinträchtigt.[105]

7.2.3 Sicherungsrechte im Vergleichsverfahren

184   In einem Vergleichsverfahren unterliegen besicherte Gläubiger keinem Vollstreckungsverbot und können ihre Sicherungsrechte weiterhin ausüben.[106]

---

[101] Die Verpfändung von Fondsanteilen, Aktien und Gesellschaftsanteilen, geistigen Eigentumsrechten und Forderungen wird bei der Registrierung bei der zuständigen Registrierungsbehörde je nach Art der verpfändeten Rechte begründet.
[102] Sachenrecht VRC, Art. 223 (2007).
[103] Insolvenzgesetz VRC, Art. 19 (2007).
[104] Ebenda, Art. 37.
[105] Ebenda, Art. 75.
[106] Ebenda, Art. 96.

7.2.4 Durchsetzung von Garantieansprüchen

Die Garantie eines Dritten für die Verpflichtungen des Schuldners bleibt von einem Insolvenzantrag gegen den Schuldner unberührt. Ein Gläubiger wird weiterhin in den Genuss einer Garantie für die Verpflichtungen des Schuldners während des Insolvenzverfahrens kommen und darauf zurückgreifen können, da es sich hier um eine Drittsicherheit handelt, die von den insolvenzrechtlichen Beschränkungen gegenüber dem Schuldnervermögen nicht betroffen ist.[107]

8. Aufrechnung und Aufrechnungsvereinbarungen

8.1 Aufrechnung

Das Insolvenzgesetz VRC erlaubt es einem Gläubiger, ein Aufrechnungsrecht auszuüben, das mit Erhalt der Aufrechnungserklärung des Gläubigers durch den Verwalter wirksam wird (sofern das Gericht nichts anderes anordnet).

Die Aufrechnung des Gläubigers dient nach dem Insolvenzgesetz VRC der Selbsthilfe, da keine Maßnahmen des Verwalters notwendig sind um die Aufrechnung wirksam werden zu lassen.

Die Aufrechnungsbefugnis des Gläubigers greift nicht, wenn der Gläubiger seine Forderung gegen den insolventen Schuldner erst nach Insolvenzeröffnung erlangt. Weiterhin ist eine Aufrechnung untersagt, wenn der Gläubiger gegenüber dem insolventen Schuldner eine Aufrechnungslage herbeigeführt und Forderungen gegen den Schuldner erlangt hat, als er von der Insolvenz des Schuldners Kenntnis hatte. Eine Ausnahme von den genannten Aufrechnungsbeschränkungen gilt dann, wenn die Forderungen des Gläubigers kraft Gesetzes oder mehr als ein Jahr vor Eröffnung des Insolvenzverfahrens entstanden sind.[108]

Einem Verwalter ist es verboten, das Recht eines Gläubigers auf Aufrechnung anzufechten, wenn entweder die Forderung des Gläubigers oder aber die Forderung des Schuldners zum Zeitpunkt des Antrags auf Insolvenzeröffnung noch nicht fällig waren. Schließlich ist eine Anfechtung des Aufrechnung seitens des Verwalters bei Ungleichartigkeit der geschuldeten Beträge nicht möglich.[109] Das heißt, nicht fällige Schulden (unabhängig davon, ob sie vom oder gegenüber dem zahlungsunfähigen Schuldner geschuldet sind) und Schulden unterschiedlicher Art und Natur können gegenüber dem Verwalter aufgerechnet werden.

Der Verwalter kann die Aufrechnungsforderung eines Gläubigers anfechten, indem er innerhalb der vereinbarten Anfechtungsfrist oder, wenn keine solche Frist vereinbart ist, innerhalb von drei Monaten nach Erhalt der Aufrechnungsanzeige des Gläubigers eine Klage beim Gericht einreicht.[110]

8.2 Aufrechnungsvereinbarungen

Das Recht einer Partei auf Aufrechnung von Forderungen aus beendeten Transaktionen ist ein zulässiges Mittel im Rahmen der Aufrechnung im Insolvenz- oder Sanierungsverfahren.

Wenn eine Partei eines Derivat-Rahmenvertrages insolvent wird, unterliegen nach herrschender Auffassung alle ausstehenden Derivatgeschäfte mit Eröffnung des Insolvenzverfahrens durch das Gericht einer Suspendierung. Dies wirkt sich auf das vertragliche Recht der sich nicht in Verzug befindlichen Partei auf wechselseitigen Ausgleich der Transaktionen aus.

Eine Vertragspartei, die dieses Recht wahren möchte, müsste die Einbeziehung einer automatischen vorzeitigen Kündigung in ihrem Derivat-Rahmenvertrag in Betracht ziehen. Dabei würde sich als Kündigungsgrund beispielsweise die Einreichung des Insolvenzantrages beim Gericht anbieten. Dadurch würden alle Transaktionen vor einer insolvenzbedingten Suspendierung automatisch beendet werden.

9. Insolvenzanfechtung

Rechtshandlungen innerhalb eines Jahres vor Annahme des Insolvenzantrags durch das Gericht können vom Gericht auf Antrag des Verwalters aufgehoben werden. Zu den anfechtbaren Rechtshandlungen gehören insbesondere solche Geschäfte, bei denen die Vermögenswerte des Schuldners ohne Gegenleistung oder zu einem niedrigeren Wert übertragen wurden, neue Sicherheiten für bestehende unbesicherte Forderungen bestellt wurden, auf Forderungen des Gläubigers verzichtet wurde oder Schulden vor ihrer Fälligkeit beglichen wurden.[111]

---

[107] Anwendungsvorschriften (II), Art. 42 (2013).
[108] Ebenda, Art. 40.
[109] Anwendungsvorschriften (II), Art. 43 (2013).
[110] Ebenda, Art. 42.
[111] Insolvenzgesetz VRC, Art. 31 (2007).

195 Zudem sind Zahlungen des Schuldners innerhalb von sechs Monaten vor Insolvenzeröffnung nach dem Grundsatz der ungerechten Bevorzugung anfechtbar, wenn der Schuldner zu diesem Zeitpunkt bereits zahlungsunfähig war.[112] Ausnahmen von der Anfechtbarkeit bestehen dann, wenn die Zahlung für die Aufrechterhaltung des operativen Geschäftsbetriebs des Schuldners erforderlich war, wie etwa die Zahlung von Gehältern,[113] oder besicherte Forderungen zurückgeführt werden.[114] In diesen Fällen, in denen das Gericht davon ausgeht, dass Zahlungen dem Vermögen des Schuldners zugutekommen, steht es im gerichtlichen Ermessen, einen Anfechtungsanspruch des Verwalters abzuweisen.

196 Betrügerische, verdeckte oder fiktive Schulden können ebenso wie die Übertragung des Vermögens zum Zwecke der Schuldenumgehung angefochten werden.[115]

197 Die skizzierten Anfechtungsregeln gelten gleichermaßen für das Liquidationsverfahren als auch bei einem Sanierungsverfahren.

10. Haftung der Geschäftsführer oder Gesellschaftern

198 Im Allgemeinen kann der Verwalter einen Geschäftsführer im Namen des Schuldners verklagen, wenn der Geschäftsführer gegen seine Pflichten verstoßen hat und dies zu einem Verlust oder Schaden für den Schuldner führt.[116]

199 Geht der Verwalter nicht gegen einen pflichtwidrig handelnden Geschäftsführer vor, kann ein Gläubiger diese Ansprüche wahrnehmen und gegen den Geschäftsführer vorgehen.[117] Darüber hinaus kommen bei Pflichtverletzungen des Geschäftsführers, die zur Insolvenz des Unternehmens geführt haben ebenfalls eine zivilrechtliche Haftung in Betracht. Im Haftungsfall droht dem Geschäftsführer ein Berufsverbot von 3 Jahren nach Beendigung Insolvenzverfahrens.[118] Außerdem kann der Gläubiger in Ausnahmefällen direkt gegen den Geschäftsführer vorgehen. So wird der Verwalter beispielsweise normalerweise zunächst beim Gericht beantragen, die Transaktionen, anzufechten, → Rn. 194 ff.

200 Soweit die dem Schuldner entstandenen Verluste trotz der Anfechtung nicht vollständig eingetrieben werden können, kann der Verwalter oder der Gläubiger gegen den Geschäftsführer persönlich vorgehen, sofern dieser aufgrund von Vorsatz oder grober Fahrlässigkeit direkt für die betreffende angefochtene Transaktion verantwortlich ist.[119]

201 In der Regel bestehen die Pflichten der Geschäftsführung gegenüber der Gesellschaft selbst. Ein Gesellschafter kann jedoch gegen die Geschäftsführung vorgehen, wenn diese gegen Gesetze, Vorschriften oder die Satzung des Schuldners verstoßen hat und dem Gesellschafter dadurch ein Schaden entstanden ist.[120] Solche Pflichtverstöße können etwa in der Verletzung von Informationspflichten gegenüber dem Gesellschafter bestehen.

Im Hinblick auf die Haftung von Gesellschaftern der Schuldnerin kann der Verwalter ab dem Zeitpunkt der Verfahrenseröffnung jeden Gesellschafter, der seine Kapitaleinlage nicht vollständig eingezahlt hat, auffordern alle ausstehenden Beträge an die Schuldnerin zu zahlen.[121] Insbesondere gilt dieses Forderungsrecht unabhängig von etwaigen Festlegungen der Fälligkeit der Einlage durch die Gesellschaftssatzung. Außerdem kann der Verwalter den Gesellschafter zur Rückzahlung auffordern, wenn dieser Teile seiner Einlage unrechtmäßig zurückzieht. Der Geschäftsführer oder anderes leitendes Personal, welches für die Überwachung des Gesellschafters hinsichtlich seiner Einlageverpflichtung verantwortlich ist oder diesem bei der unrechtmäßigen Entnahme hilft, haftet ebenfalls für den offenen Betrag.[122]

11. Verfolgung von Vermögen

202 Nach dem Recht der Volksrepublik China ist ein Verwalter verpflichtet, den Status des Vermögens der zahlungsunfähigen Schuldnerin zu untersuchen/überprüfen und einen Bericht zu erstellen.[123] Zu den Aufgaben des Verwalters in Bezug auf die Verfolgung von Vermögen gehören im

---

[112] Ebenda, Art. 32.
[113] Anwendungsvorschriften (II), Art. 16 (2013).
[114] Ebenda, Art 14.
[115] Ebenda, Art. 33.
[116] Ebenda, Art. 36.
[117] Anwendungsvorschriften (II), Art. 23 (2013).
[118] Insolvenzgesetz VRC; Art. 125 (2007).
[119] Insolvenzgesetz VRC, Art. 128 (2007); Anwendungsvorschriften (II), Art. 18 (2013).
[120] Gesellschaftsrecht der Volksrepublik China, (in Kraft getreten am 26.10.2018), Art. 152 (2018).
[121] Insolvenzgesetz VRC; Art. 35 (2007).
[122] Anwendungsvorschriften (II), Art. 20 (2013).
[123] Insolvenzgesetz VRC, Art. 25 (5) (2007).

Allgemeinen die Beantragung der Anfechtung von Transaktionen zugunsten der Insolvenzmasse,[124] die Identifizierung von Geldern und Vermögenswerten die von einem Gesellschafter, Mitglied der Geschäftsleitung des Schuldners oder sonstigen Organvertretern veruntreut oder unrechtmäßig erworben wurden[125] sowie das Aufspüren von nicht erbrachten Kapitaleinlagen, die von einem Gesellschafter geschuldet werden oder unrechtmäßig an den Gesellschafter zurückgezahlt wurden.[126]

Der Verwalter ist berechtigt, solche Ansprüche auch im Rahmen von Schieds- oder Gerichtsverfahren im Namen des Schuldners geltend zu machen und zu verfolgen.

12. Internationales Insolvenzrecht

Obwohl die Volksrepublik China das UNCITRAL-Modellgesetz über grenzüberschreitende Insolvenzen nicht übernommen hat, hat das Insolvenzgesetz VRC eine extraterritoriale Wirkung. Es sieht ausdrücklich vor, dass eine nach dem Insolvenzgesetz VRC eingeleitete Insolvenz Auswirkungen auf die im Ausland befindlichen Vermögenswerte des Schuldners hat.[127]

Die Anerkennung und Vollstreckung der Urteile und/oder Entscheidungen eines ausländischen Insolvenzverfahrens über das Vermögen des Schuldners in der Volksrepublik China folgt ebenfalls den Regelungen des Insolvenzgesetzes VRC. Urteile und/oder Entscheidungen eines ausländischen Insolvenzverfahrens sind nach den Verträgen, denen die Volksrepublik China beigetreten ist, anzuerkennen und durchzusetzen, sofern sie nicht gegen die grundlegenden Rechtsgrundsätze der Volksrepublik China, die staatliche Souveränität, das öffentliche Interesse, eine soziale Kriegsführung oder die Interessen der Gläubiger der Volksrepublik China verstoßen.[128]

13. Änderungen des Gesellschaftsrechts der VRC im Hinblick auf das Insolvenzrecht als Ergebnis von COVID-19

Zum aktuellen Zeitpunkt hat die Volksrepublik China keine ausdrücklichen Gesetzesänderungen oder Maßnahmen im Zusammenhang mit COVID-19 erlassen. Ebenfalls sind keine Planungen in dieser Richtung bekannt.

---

[124] Ebenda, Art. 34.
[125] Ebenda, Art. 36.
[126] Insolvenzgesetz VRC, Art. 35; Anwendungsvorschriften (II), Art. 20.
[127] Insolvenzgesetz VRC, Art. 5 (2007).
[128] Ebenda, Art. 5.

China

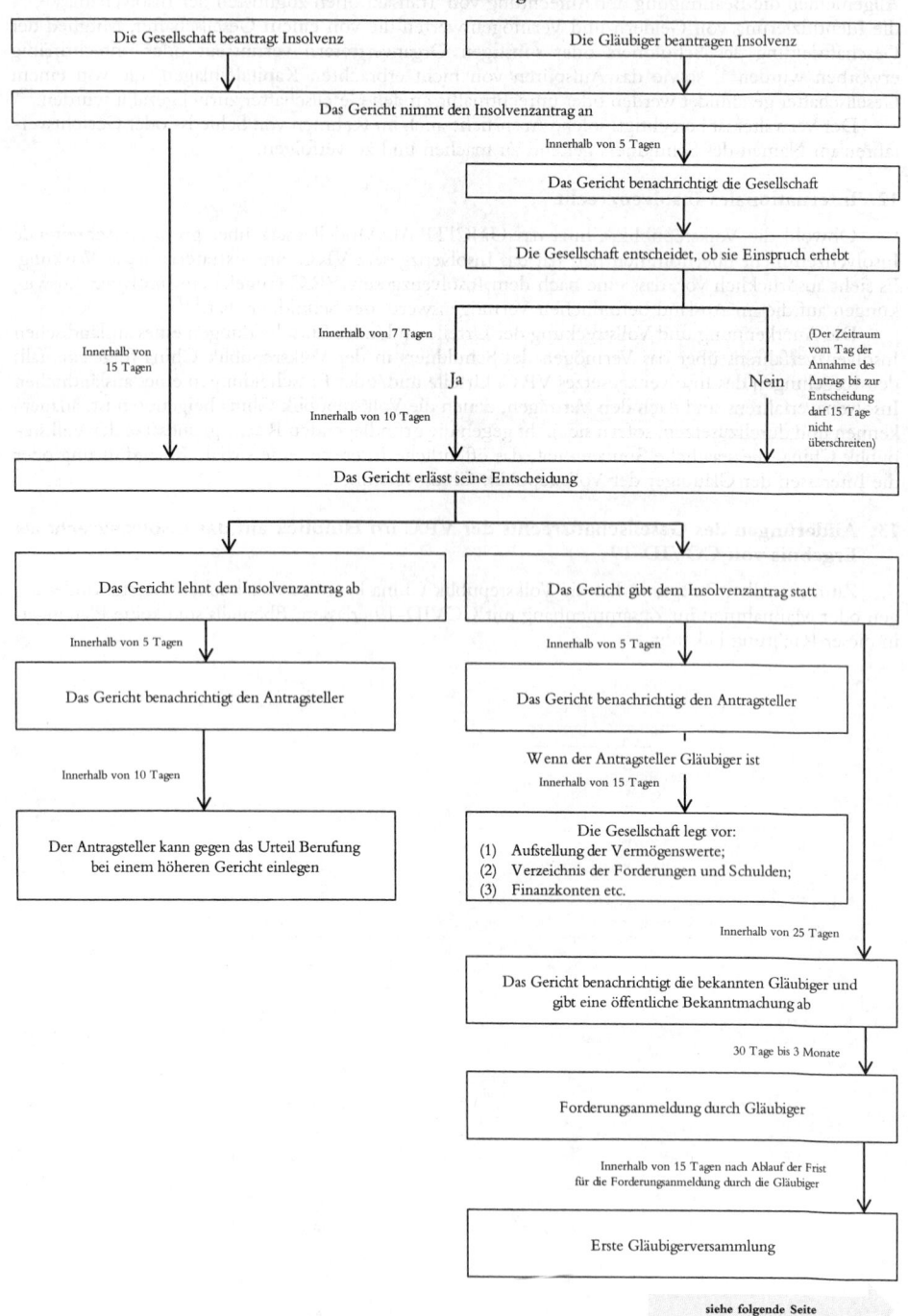

China

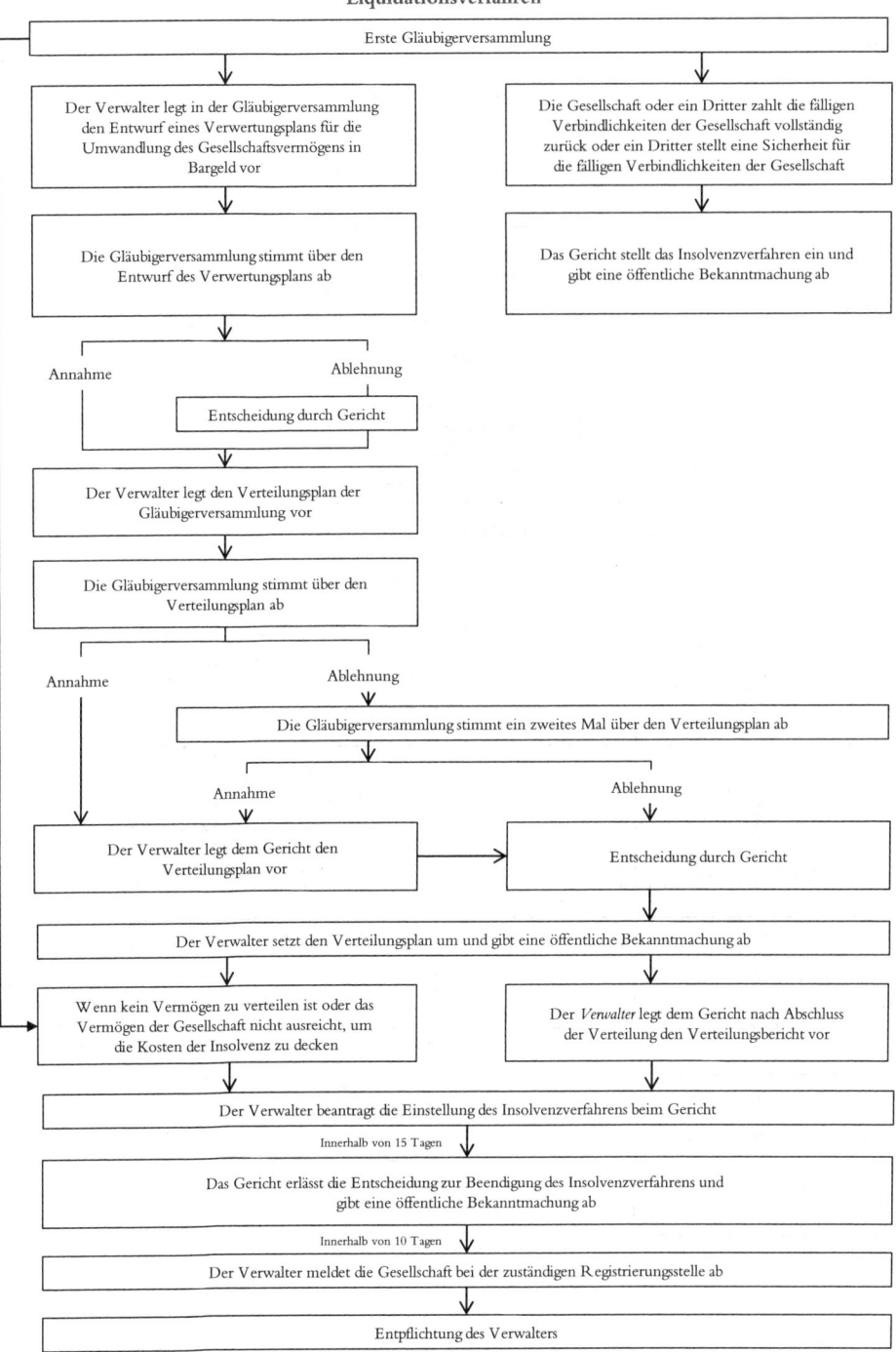

* Anm.: Das Unternehmenskonkursrecht ist nicht eindeutig, was den Zeitpunkt der gerichtlichen Konkurserklärung des Unternehmens betrifft

China

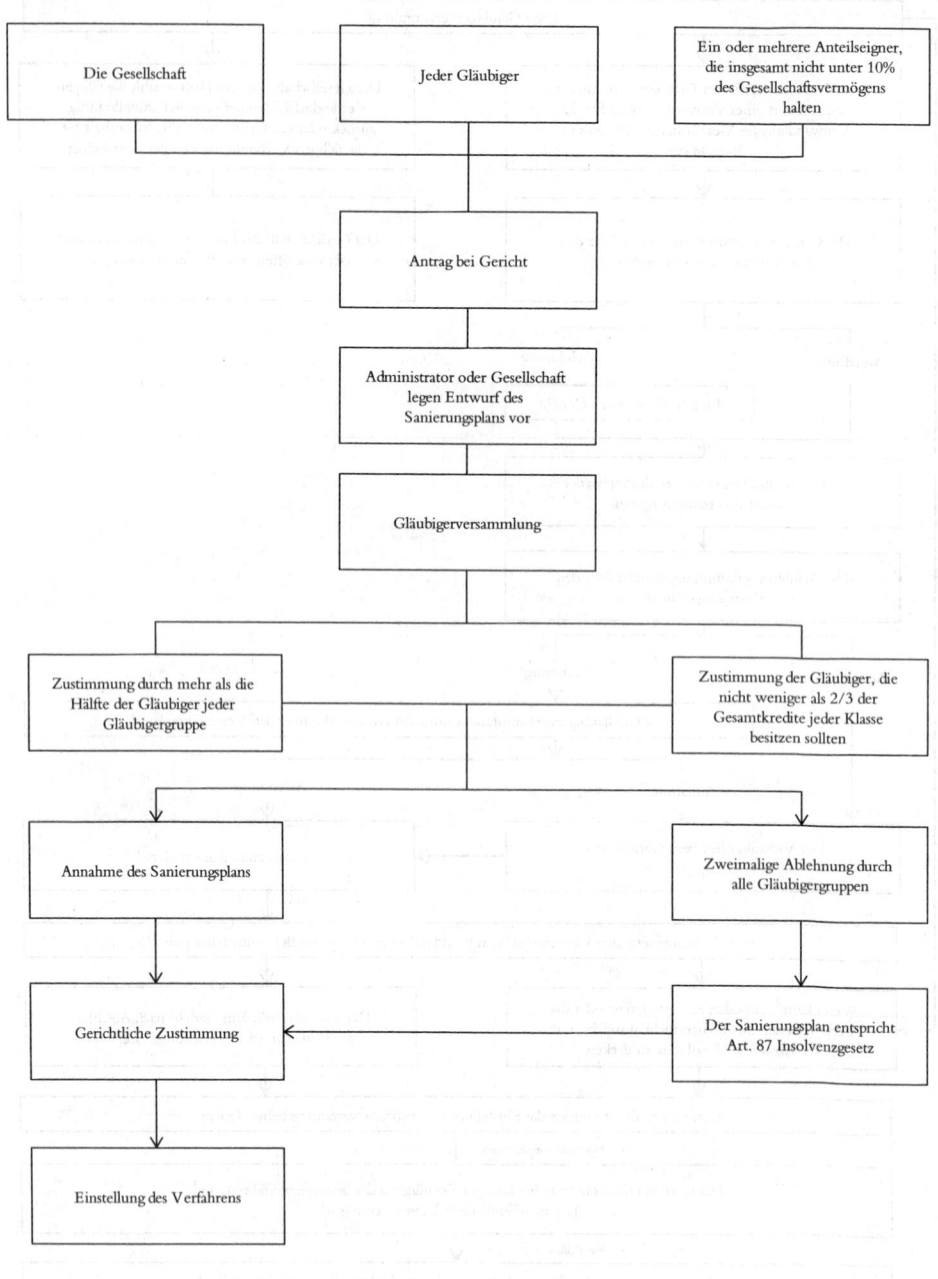

China

Vergleichsverfahren

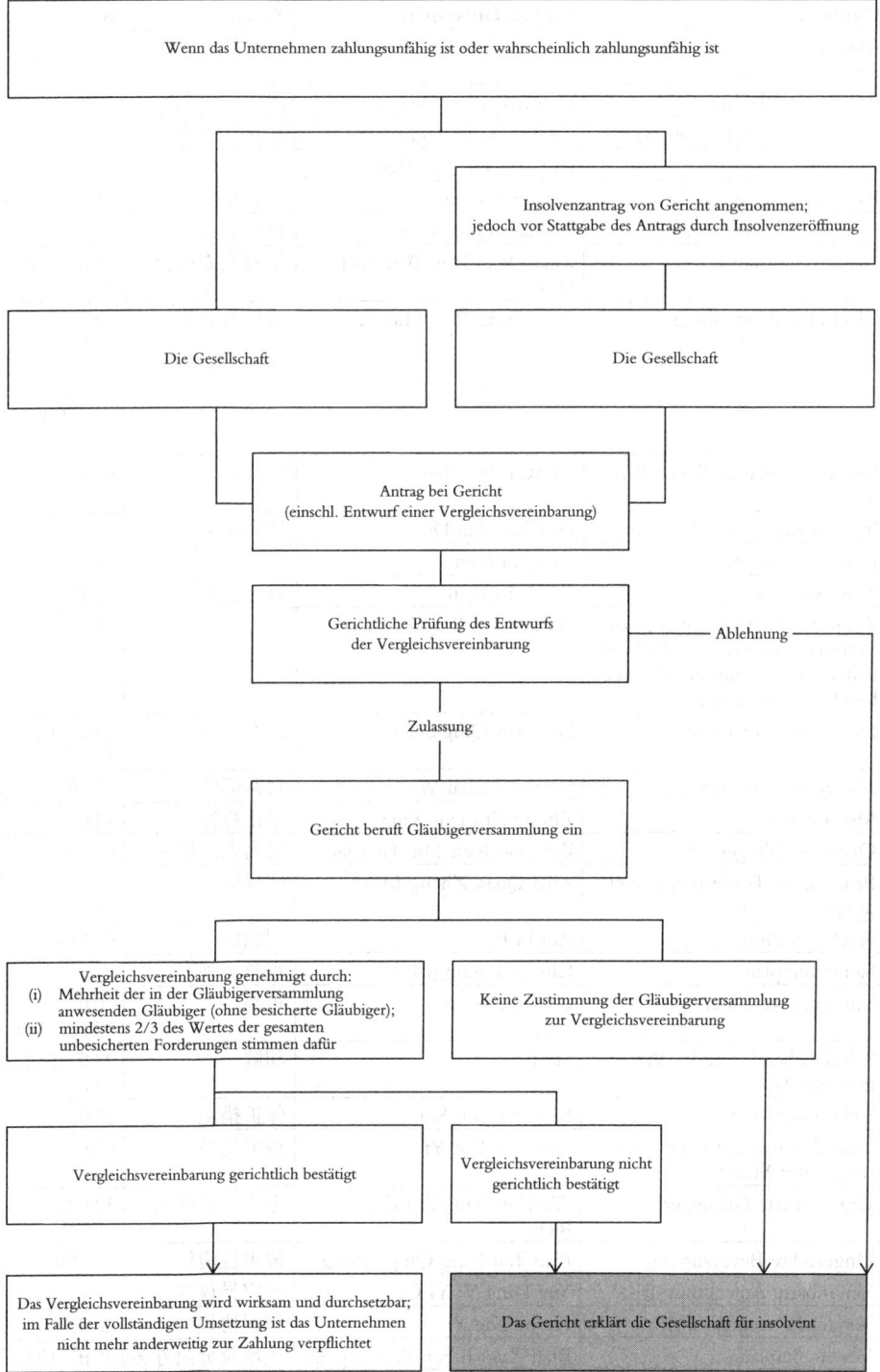

China

Glossar

Deutsch	Pinyin-Umschrift	Zeichen	Rn.
Ausschüttungssperre gegenüber den Gesellschaftern	Shou Yi Fen Pei Xian Zhi	收益分配限制	18
Besicherte Gläubiger	Dan Bao Zhai Quan Ren	担保债权人	121 ff.
Betrügerische Übertragungen	Qi Zha Xing Zhuan Rang	欺诈性转让	100, 130
Bilanzen	Zi Chan Fu Zhai Biao	资产负债表	59, 65
Expertengruppe	Qing Suan Zu	清算组	78
Freiwillige Abwicklung	Zi Yuan Qing Suan	自愿清算	62
Gläubigerausschuss	Zhai Quan Ren Wei Yuan Hui	债权人委员会	91 f., 105 f., 140
Gläubigerversammlung	Zhai Quan Ren Hui Yi	债权人会议	19 ff., 27, 35 ff., 88 ff., 107 ff., 122, 129, 133
Insolvenz von natürlichen Personen	Ge Ren Po Chan	个人破产	54 ff.
Insolvenzrechtliche Regelungen	Po Chan Zhi Du	破产制度	4 ff.
Insolvenzverwalter	Guan Li Ren	管理人	74 ff.
Juristische Person	Qi Ye Fa Ren	企业法人	8, 49, 54
Konsolidierte Betrachtung von Vermögenswerten und Verbindlichkeiten eng miteinander verbundener Unternehmen	Shi Zhi He Bing	实质合并	47 ff.
Liquidationsverfahren	Po Chan Qing Suan	破产清算	29 ff., 126, 180 ff.
Masseverbindlichkeiten	Gong Yi Zhai Wu	共益债务	112 ff.
Moratorium	Zhong Zhi Lyu Xing	中止履行	14 f.
Oberstes Volksgericht	Zui Gao Ren Min Fa Yuan	最高人民法院	60, 78
Prüfung der Forderungsanmeldungen	Zhai Quan Zheng Ming	债权证明	83, 107, 111
Rechtsprechung	Pan Li Fa	判例法	6, 143
Sanierungsplan	Chong Zheng Ji Hua	重整计划	19 ff.
Sanierungsverfahren	Chong Zheng	重整	10 ff., 128 ff., 183
Schuldenbereinigendes Vergleichsverfahren	He Jie	和解	24 ff., 132, 184
Sicherungsmaßnahmen	Bao Hu Cuo Shi	保护措施	13 ff.
Transaktionen mit einer Leistung unter Marktwert	Xun Zhi Jiao Yi	逊值交易	96 ff.
Unbesicherte Gläubiger	Wu Dan Bao Zhai Quan Ren	无担保债权人	124 ff.
Ungerechte Bevorzugung	Pian Tan Xing Qing Chang	偏袒性清偿	98, 136
Vereinbarte Anfechtungsfrist	Yue Ding Yi Yi Qi	约定异议期	190
Vergleichsvereinbarung	He Jie Xie Yi	和解协议	26 ff.
Verteilungsplan	Bian Xian Ji Fen Pei Fang An	变现及分配方案	35 ff., 122
Vorrangige Gläubiger	You Xian Zhai Quan Ren	优先债权人	117 ff.

Dänemark

bearbeitet von *Lars Lindencrone Petersen,* Advokat (Bech-Bruun Rechtsanwälte, Dänemark)

Übersicht

	Rn.
I. Literatur und sonstige Informationsquellen	1
1. Einführung	4
1.1 Gesetze	4
1.2 Arten des Insolvenzverfahrens	5
2. *Gældssanering,* Restschuldbefreiung im Privatinsolvenzverfahren; die Besonderheiten des Privatinsolvenzverfahrens	6
3. *Konkursbehandling,* Konkursverfahren zur Abwicklung insolventer Unternehmen	7
3.1 *Indledning af konkursbehandling* (Eröffnung des Konkursverfahrens)	7
3.1.1 Voraussetzungen	7
3.1.2 *Insolvenssubjektivitet* (Insolvenzfähigkeit)	11
3.1.3 *Urådighed* (Verlust der Verfügungsbefugnis des Schuldners)	14
3.2 *Konkursens virkninger* (Wirkungen des Konkursverfahrens)	15
3.2.1 Materiell-rechtliche Wirkungen, Gutgläubigkeit Dritter	15
3.2.2 Wahl des *kurator* (des Konkursverwalters) und Einsetzung eines *kreditorudvalg* (eines Gläubigerausschusses)	19
3.3 Verlauf des Konkursverfahrens	21
3.3.1 *Anmeldelse af fordringer* (Anmeldung von Forderungen)	21
3.3.2 *Skiftesamlinger* (Gläubigerversammlungen)	22
3.3.2.1 Gesetzlich vorgesehene Gläubigerversammlungen	23
3.3.2.2 Ad hoc einberufene Gläubigerversammlungen	26
3.3.2.3 Abstimmungen in Gläubigerversammlungen	27

	Rn.
3.3.3 Mitteilungen des Konkursverwalters an die Gläubiger	28
3.3.3.1 Vermögensverzeichnis und Verbindlichkeiten des Schuldners	29
3.3.3.2 Darlegung der Ursachen der Eröffnung des Konkursverfahrens	30
3.3.3.3 Halbjährliche Mitteilungen des Konkursverwalters	31
3.3.4 Aufsicht des Konkursgerichts über den Konkursverwalter und das Konkursverfahren	32
3.4 *Kreditorer* (Die Gläubiger)	33
3.4.1 *Separatister* (aussonderungsberechtigte Gläubiger)	35
3.4.2 *Sikrede kreditorer* (Absonderungsberechtigte Gläubiger)	36
3.4.3 *Dækningsrækkefølge* (Rangordnung)	37
3.4.3.1 *Massekrav* (Masseverbindlichkeiten)	38
3.4.3.2 Forderungen aus versuchter Unternehmensrestrukturierung	41
3.4.3.3 Löhne und Gehälter	42
3.4.3.4 Lieferanten	44
3.4.3.5 Nichtbevorrechtigte Forderungen	45
3.4.3.6 Nachrangige Forderungen	46
3.4.4 Verteilung der Masse	48
3.5 Entgeltliche gegenseitige Verträge	50
3.6 Aufrechnung	59
3.7 Anfechtung	63
4. *Rekonstruktionsbehandling* (Unternehmensrestrukturierung)	75
5. Richtlinie (EU) 2019/1023	82
6. Dänisches internationales Insolvenzrecht	91

I. Literatur und sonstige Informationsquellen

Literatur in dänischer Sprache: 1

Torben Kuld Hansen und Lars Lindencrone Petersen: Insolvenzverfahrensrecht *(Insolvensprocesret)* – ISBN 978-87-619-3498-7.

Torben Kuld Hansen und Lars Lindencrone Petersen: *Schuldbefreiung – Status 2019* (Gældssanering – status 2019) – ISBN 978-87-619-4111-4.

Henry Heiberg, Lars Lindencrone Petersen und Anders Ørgaard: Unternehmensrestrukturierung *(Rekonstruktionsret)* – ISBN 978-87-574-3857-4.

Lars Lindencrone Petersen und Anders Ørgaard: Das dänische Konkursgesetz mit Kommentaren *(Konkursloven med kommentarer)* – ISBN 978-87-619-3966-1.

Anders Ørgaard: Konkursrecht *(Konkursret)* – ISBN 978-87-574-3995-3.

Literatur in englischer Sprache: 2

Lars Lindencrone Petersen und Niels Ørgaard: Danish Insolvency Law – ISBN 978-87-574-0324-4.

Dänemark 3–6

3 Sonstige Informationsquellen:

Eine englische Übersetzung des dänischen Konkursgesetzes *(konkursloven)* steht unter www.kar novgroup.com zur Verfügung.

Mitteilungen über Eröffnungsbeschlüsse und abgeschlossene Konkursverfahren werden im dänischen Amtsblatt (Statstidende) verkündet und – bei Kapitalgesellschaften – in das dänische Handelsregister unter www.erhvervsstyrelsen.dk elektronisch eingetragen.

Auskunft über Eigentums- und Pfandrechte sind auf den Webseiten www.tinglysning.dk (Immobilien), www.vp.dk (eingetragene Wertpapiere), www.skibsregister.dma.dk (Schiffe) bzw. www.dcaa.trafikstyrelsen.dk (Luftfahrzeuge) erhältlich.

Statistiken zu Insolvenzeröffnungen sind abrufbar unter: http://www.domstol.dk/om/talog fakta/statistik/Pages/skiftesager.aspx

1. Einführung

1.1 Gesetze

4 Das geltende dänische **Konkurslov (Konkursgesetz)**[1] stammt im Wesentlichen aus dem Jahr 1977. Dieses Gesetz basiert auf den Arbeiten gemeinsamer skandinavischer Ausschüsse. Die seit Inkrafttreten des Gesetzes durchgeführten Änderungen sind jedoch im Wesentlichen auf individueller nationaler Basis erfolgt. In Dänemark wurden Änderungen 1984 (Zahlungseinstellung und Restschuldbefreiung), 1996 (Rationalisierung und Modernisierung des Konkursverfahrens) und 2007 (Beschleunigung des Konkursverfahrens und Verschärfung der Aufsicht über die Arbeit der Konkursverwalter durch die Gerichte) und zuletzt 2010 (Unternehmensrestrukturierung) durchgeführt.[2] Zuletzt als Gesetz Nr. 11 vom 6.1.2014 verkündet, erstreckt sich das Gesetz auf **alle Arten des Insolvenzverfahrens über sowohl natürliche als auch juristische Personen.**

1.2 Arten des Insolvenzverfahrens

5 Das dänische **Konkurslov (Konkursgesetz)** sieht **drei Arten** des Insolvenzverfahrens vor: **Konkursbehandling (Konkursverfahren),** *rekonstruktionsbehandling* **(Unternehmensrestrukturierung)** und *gældssanering* **(Restschuldbefreiung beim Privatinsolvenzverfahren).** Die Regelungen zum Konkursverfahren, mit denen die Abwicklung eines insolventen Unternehmens verbunden ist, sind in den Abschnitten 3 bis 9 behandelt, während die Regelungen zur Unternehmensrestrukturierung, deren Zweck die Möglichkeit der Weiterführung existenzfähiger, jedoch vorübergehend insolventer Unternehmen ist, im Abschnitt 10 behandelt werden.

2. *Gældssanering,* Restschuldbefreiung im Privatinsolvenzverfahren; die Besonderheiten des Privatinsolvenzverfahrens

6 Der Grundgedanke des dänischen Insolvenzverfahrens ist, dass der Schuldner auch nach dem Abschluss eines Konkursverfahrens für diejenigen Forderungen weiterhin haftet, die nicht durch die Auskehrung von Verwertungserlösen befriedigt wurden.[3] Handelt es sich um eine Kapitalgesellschaft, ist diese Haftung gegenstandslos, da die Gesellschaft nach dem Abschluss des Insolvenzverfahrens aus dem Handelsregister gelöscht wird. Bei **natürlichen Personen** beginnt mit dem Abschluss des Konkursverfahrens eine **Verjährungsfrist für die Restforderungen.** Diese Frist beträgt grundsätzlich **drei Jahre** und kann durch die Einreichung eines Vollstreckungsantrages beim *fogedretten* (Vollstreckungsgericht) **unterbrochen** werden. Diese **„Rest-Haftung"** kann durch Restschuldbefreiung nach den besonderen Regeln über **Restschuldbefreiung** beim Konkursverfahren bzw. bei Unternehmensrestrukturierung (die für Unternehmen geltenden Regeln werden dann auf Privatpersonen entsprechend angewendet) beendet werden.[4] Restschuldbefreiung nach diesen Regeln können natürliche Personen erlangen, die dem Konkursverfahren unterstellt worden sind, oder deren Schulden im Wesentlichen auf eine Bürgschaft oder ähnliche Haftung für die Schulden einer Gesellschaft zurückzuführen sind, deren Eigenkapital in wesentlichem Ausmaß vom Schuldner oder dessen Ehegatten gehalten wurde. Die wichtigste Voraussetzung für das Erlangen von Restschuldbefreiung ist, dass der Schuldner als **„ausweglos insolvent"** anzusehen ist. Nach dänischer Rechtsprechung ist

---

[1] Das Konkursgesetz *(Konkursloven)* wird im Folgenden KL abgekürzt.
[2] Die gesetzlichen Regelungen über die Erklärung der vorübergehenden Zahlungseinstellung durch den Schuldner wurden mit Wirkung ab dem 1.4.2011 aufgehoben, s. Gesetz Nr. 718 v. 25.6.2010.
[3] KL § 156.
[4] Die Regeln dazu enthält KL Kapitel 29 (§§ 231–237); natürliche Personen können auch ohne Konkurs- oder Restrukturierungsverfahren Restschuldbefreiung erlangen, die Regelungen hierfür enthält KL Kapitel 25–28 (§§ 197–230).

hierfür erforderlich, dass die ungesicherten Schulden des Schuldners einen Betrag von 325.000 DKK[5] übersteigen. Subjektiv muss sich der Schuldner einigermaßen **vernünftig verhalten** haben und in seiner Geschäftsführung die ihm als Gewerbetreibendem gegenüber der öffentlichen Hand und den Gläubigern obliegenden Pflichten nicht in wesentlichem Ausmaß außer Acht gelassen haben.[6] Die Grundlage für den Beschluss über Restschuldbefreiung ist eine **Beurteilung der Zahlungsfähigkeit** des Schuldners über einen **Zeitraum von drei Jahren**. Für den Schuldner und dessen Haushalt wird ein Budget erstellt, und der Betrag, der nach der Zahlung der laufenden angemessenen Aufwendungen übrig bleibt, muss an die Gläubiger gezahlt werden. Besteht keine Möglichkeit der Leistung von Zahlungen an die Gläubiger, können die Schulden auf 0 herabgesetzt werden (entfallen). Sind die Voraussetzungen dafür erfüllt, kann der Schuldner, unabhängig davon ob seine finanziellen Verhältnisse stabil sind oder nicht, Restschuldbefreiung erlangen. Sind die finanziellen Verhältnisse des Schuldners (und seines Ehegatten) stabil, kann der prozentuale Anteil, auf den seine Schulden herabgesetzt werden, nicht erhöht werden, unabhängig davon, ob seine Zahlungsfähigkeit während des Abwicklungszeitraums verbessert wird. Sind die finanziellen Verhältnisse des Schuldners nicht stabil, ist die Restschuldbefreiung dadurch bedingt, dass der Schuldner Auskunft darüber erteilt, wenn sich seine Zahlungsfähigkeit – beispielsweise weil er eine Erwerbstätigkeit aufnimmt – um mindestens 1.000 DKK[7] pro Monat erhöht, damit die Auskehrungsquote entsprechend erhöht werden kann. Der Konkursverwalter ist verpflichtet, im Zusammenhang mit dem Abschluss des Insolvenzverfahrens den Schuldner über die Möglichkeit, Restschuldbefreiung zu erlangen, zu informieren.

3. *Konkursbehandling,* Konkursverfahren zur Abwicklung insolventer Unternehmen

3.1 *Indledning af konkursbehandling* (Eröffnung des Konkursverfahrens)

3.1.1 Voraussetzungen

Die Voraussetzung für die Anordnung der **Eröffnung des Konkursverfahrens** ist, dass der Schuldner *insolvent,* dh **zahlungsunfähig,** ist.[8] Bei der Beurteilung der Zahlungsunfähigkeit ist es grundsätzlich ohne Belang, inwieweit das Eigenkapital des Schuldners positiv ist. Entscheidend ist, inwieweit er in der Lage ist, seine fälligen Zahlungspflichten zu erfüllen. Hat der Gläubiger verlässliche, anfechtungsfreie Sicherheit für seine Forderung, ist die Eröffnung des Konkursverfahrens ausgeschlossen.[9] Ein Gläubiger muss generell ein anerkennenswertes Interesse, „ein individuelles, wesentliches Interesse" *(„en individuel, væsentlig interesse")* an der Eröffnung des Konkursverfahrens über das Vermögen des Schuldners haben. Ein solches Interesse liegt beispielsweise nicht vor, wenn der Schuldner keine unbelasteten Vermögenswerte hat, und kein konkreter Verdacht besteht, dass er anfechtbare Rechtsgeschäfte[10] getätigt hat.

Eine *likvidation* **(Liquidation, solvente Abwicklung von Kapitalgesellschaften)** erfolgt nach den Vorschriften des dänischen Gesetzes über Kapitalgesellschaften[11] über Liquidation.[12]

Die Forderung, welche die Grundlage der Eröffnung des Konkursverfahrens bildet, bedarf keiner gesonderten Feststellung (zB durch gerichtliche Entscheidung), auch zB eine Rechnungsforderung kann verwendet werden, nur muss dargelegt werden, dass sie besteht.[13] Das dänische *Skifteret* (Konkursgericht) kann nur in begrenztem Umfang die Beweisaufnahme zur Forderung des Gläubigers zulassen. Kann die Forderung nicht ohne umfassende Beweisaufnahme glaubhaft gemacht werden, muss das Konkursgericht die Forderung an die ordentlichen Gerichte zur Entscheidung verweisen.

Der Konkursverwalter hat unverzüglich nach Erlass des Eröffnungsbeschlusses eine Mitteilung darüber an sämtliche ihm bekannten Gläubiger sowie Unternehmens- und Forderungspfandgläubiger zu übersenden.[14]

---

[5] Entspricht Stand April 2019 etwa 45.000 EUR.
[6] KL § 231a.
[7] Entspricht Stand April 2019 etwa 140 EUR.
[8] KL §§ 17–18.
[9] KL § 20.
[10] Zur Anfechtung → Rn. 63 ff.
[11] *Selskabsloven,* Durchführungsverordnung Nr. 322 v. 11.4.2011.
[12] Die Abwicklung solventer Kapitalgesellschaften erfolgt nach den Vorschriften des dänischen Gesetzes der Kapitalgesellschaften (selskabsloven); wird während der Liquidation festgestellt, dass die Gesellschaft nicht mehr solvent ist, ist das Konkursverfahren nach den Vorschriften des Konkursgesetzes zu eröffnen.
[13] Grundsätzlich besteht deswegen die Möglichkeit, dass es sich bei einer späteren Prüfung einer Forderung herausstellt, dass diese nicht besteht; in solchen Fällen haftet der Gläubiger auf objektiver Grundlage für Schäden des Schuldners aus dem Konkursantrag, KL § 28.
[14] KL § 124.

3.1.2 *Insolvenssubjektivitet* (Insolvenzfähigkeit)

11   Das Konkursverfahren kann **über alle natürlichen Personen**[15] eröffnet werden. Das Konkursverfahren kann unmittelbar dann über Gesellschaften eröffnet werden, wenn kein Mitglied der *sammenslutning* (Personengemeinschaft) für die Verbindlichkeiten der Personengemeinschaft haftet, zB *aktieselskaber* **(Aktiengesellschaften),** *anpartsselskaber* **(dänische Gesellschaften mit beschränkter Haftung)** und *fonde* **(Stiftungen).** In dem Umfang, in dem die Mitglieder einer Personengemeinschaft für die Verbindlichkeiten der Personengemeinschaft persönlich haften, zB Gesellschafter einer *interessentskab* **(dänischen offenen Handelsgesellschaft)** oder Komplementäre einer *kommanditselskab* **(dänischen Kommanditgesellschaft),** ist über das Vermögen dieser das Konkursverfahren zu eröffnen, ehe das gesonderte Konkursverfahren über die Personengemeinschaft eröffnet werden kann. Ist der **Nachlass** einer verstorbenen Person insolvent, kann auf Beschluss des Konkursgerichts ein *konkursbehandling af dødsboet* **(Nachlassinsolvenzverfahren)** eröffnet werden.[16]

12   *Konkursbegæring* **(Konkursantrag) und „Stichtag"**
Der *konkursbegæring* (Konkursantrag) wird beim Konkursgericht des Ortes eingereicht, in dem der Schuldner unternehmerisch tätig ist.[17] Der Tag, an dem der Konkursantrag beim Konkursgericht eingeht, wird als *fristdag* (Stichtag)[18] bezeichnet und hat für die Berechnung von Aufrechnungsfristen,[19] Anfechtung[20] und Bevorrechtigung von Forderungen Bedeutung.[21] Wird das Konkursverfahren infolge einer erfolglosen Unternehmensrestrukturierung,[22] eröffnet, gilt der Tag der Einleitung der Unternehmensrestrukturierung als Stichtag. Der Stichtag ist ein Datum, dh dass es ohne Belang ist, zu welchem Zeitpunkt des Tages der Antrag beim Konkursgericht eingeht (bzw. zu welchem Zeitpunkt die Unternehmensrestrukturierung eingeleitet wurde).

13   **Die Eröffnung des Konkursverfahrens**
Im Zusammenhang mit *konkursdekretets afsigelse* (Erlass des Eröffnungsbeschlusses) wird das Konkursgericht vom Antragsteller Sicherheitsleistung für die mit dem Konkursverfahren verbundenen Kosten (Gerichtskosten und Honorar des Konkursverwalters)[23] verlangen. In der Praxis wird jedoch keine Sicherheitsleistung von Arbeitnehmern, die Lohn- bzw. Gehaltsansprüche gegen einen Arbeitgeber geltend machen, verlangt.

3.1.3 *Urådighed* (Verlust der Verfügungsbefugnis des Schuldners)

14   Der Schuldner verliert nicht die Verfügungsbefugnis über seine Vermögenswerte, nur weil ein Konkursantrag gestellt wird. Dies ist erst dann der Fall, wenn über sein Vermögen das Konkursverfahren eröffnet wird.[24] Unter besonderen Umständen kann das Konkursgericht jedoch anordnen, dass, während über den Konkursantrag entschieden wird, dem Schuldner die Verfügungsbefugnis über dessen Vermögenswerte genommen werden soll. Eine Möglichkeit, die nur außerordentlich selten genutzt wird: wenn der Schuldner ohne Mitteilung eines wichtigen Grundes zu einem Gerichtstermin nicht erscheint, wenn anzunehmen ist, dass er untertaucht oder wenn die Gefahr besteht, dass er zum Nachteil der Gläubiger über sein Vermögen verfügen wird. Das gilt auch bei Gesellschaften, wenn beispielsweise zu befürchten ist, dass deren Geschäftsführer/der Gesellschafter untertauchen.

3.2 *Konkursens virkninger* (Wirkungen des Konkursverfahrens)

3.2.1 Materiell-rechtliche Wirkungen, Gutgläubigkeit Dritter

15   Die **Wirkungen des Konkursverfahrens** treten in dem **Augenblick** ein, in dem das Konkursverfahren über das Vermögen des Schuldners **eröffnet** wird. Bei Eröffnung des Konkursverfahrens **verliert** der Schuldner seine **Verfügungsbefugnis** über die vom Konkursverfahren erfassten Vermögenswerte (dh sein gesamtes im In- und Ausland belegenes Vermögen), mit Wirkung für die Konkursmasse, und die Möglichkeit seiner Gläubiger, ihre Ansprüche zu verfolgen, entfällt grundsätzlich.

---

[15] Zu den Besonderheiten von Privatinsolvenzverfahren und Restschuldbefreiung s. Kapitel 2.
[16] §§ 69–73 des dänischen Gesetzes über die Nachlassauseinandersetzung *(Dødsboskifteloven)*.
[17] KL § 3; dies gilt für sowohl natürliche als auch rechtliche Personen.
[18] KL § 1.
[19] KL Kapitel 6 (§§ 42–45) und → Rn. 59 ff.
[20] KL Kapitel 8 (§§ 64–81) und → Rn. 63 ff.
[21] KL Kapitel 10 (§§ 93–99) und → Rn. 37 ff.
[22] → Rn. 75 ff.
[23] KL § 27; die Sicherheit beträgt normalerweise 30.000 DKK, entspricht nach Stand April 2019 etwa 4.000 EUR.
[24] → Rn. 14.

3. Konkursbehandling, Konkursverfahren zur Abwicklung insolventer Unternehmen

Der Schuldner verliert mit dem Ablauf des Tages, an dem die Eröffnung des Konkursverfahrens im *Statstidende* (dänischen Amtsblatt) verkündet wurde, mit Wirkung gegenüber allen die Verfügungsbefugnis über sein Vermögen. **16**

Bis zu diesem Zeitpunkt gilt die fehlende Verfügungsbefugnis nur gegenüber denen, die vom Konkurs wissen oder hätten wissen müssen, während eine Person, die ohne vom Konkurs Kenntnis zu haben mit dem Schuldner einen Vertrag schließt, sich auf die fehlende Kenntnis berufen kann.[25] Bei **Vermögenswerten**, auf die die Vorschriften über die Grundbucheintragung bzw. die gerichtliche Eintragung oder sonstige **registergerichtliche Anmeldungen** Anwendung finden (zB **Immobilien, Schiffe, Luftfahrzeuge** oder **registrierte Anlagepapiere**), ist jedoch die **Eintragung** – und nicht die Verkündung im Amtsblatt – entscheidend. Damit dem Schuldner seine Verfügungsbefugnis genommen wird, muss der *kurator* (Konkursverwalter) unverzüglich nach **konkursdekretets afsigelse (dem Erlass des Eröffnungsbeschlusses)** die erforderlichen Registrierungen in diversen öffentlichen Registern und Wertpapierzentralen veranlassen. **17**

Nach der Eröffnung des Konkursverfahrens können vom Konkursverfahren erfasste Vermögenswerte nicht gepfändet und schon gepfändete Vermögenswerte nicht im Wege der Zwangsversteigerung verwertet werden. Ein Nutzungspfandrecht kann nicht mehr ausgeübt werden.[26] Ein Zurückbehaltungsrecht bleibt jedoch bestehen und auch Schutzrechte können durchgesetzt werden.[27] **18**

3.2.2 Wahl des *kurator* (des Konkursverwalters) und Einsetzung eines *kreditorudvalg* (eines Gläubigerausschusses)

Im Zusammenhang mit dem Erlass des Eröffnungsbeschlusses werden vom Konkursgericht ein oder mehrere *kuratorer* (**Konkursverwalter**) bestellt. Das Konkursgericht kann grundsätzlich den oder die Konkursverwalter nach eigenem Ermessen bestellen. Da es letzten Endes aber die Gläubiger sind, die entscheiden dürfen, wer Konkursverwalter[28] sein soll, wird das Gericht in der Praxis mit den zum Zeitpunkt des Erlasses des Eröffnungsbeschlusses anwesenden Gläubigern[29] Rücksprache nehmen. Der Konkursverwalter vertritt *konkursmassen* (**die Konkursmasse**) in jeder Hinsicht und ist in diesem Zusammenhang vor allem für die Verwertung des Vermögens und die Verteilung des Erlöses nach den Vorschriften des Konkursgesetzes zuständig.[30] Der Konkursverwalter hat ferner festzustellen, inwieweit Umstände[31] vorliegen, welche die Einleitung der strafrechtlichen Ermittlung durch die Polizei veranlassen, und inwieweit die Grundlage für eine sogenannte *konkurskarantæne* (Konkursquarantäne) gegenwärtiger oder ausgeschiedener Mitglieder der Geschäftsleitung des Schuldners besteht. Die Vorschriften über Konkursquarantäne eröffnen die Möglichkeit der Auferlegung eines **Verbots der weiteren gewerblichen Tätigkeit**.[32] Der Konkursverwalter darf weder dem Schuldner nahestehen noch von ihm abhängig sein.[33] Ist der Schuldner eine Gesellschaft, kann das Amt als Konkursverwalter nicht von einem Aufsichtsratsmitglied ausgeübt werden. Das Konkursgesetz schreibt nicht vor, dass der Konkursverwalter Rechtsanwalt zu sein hat; das ist in der Praxis jedoch immer der Fall. Der Konkursverwalter muss eine natürliche Person sein. Er muss über eine bestehende Haftpflichtversicherung verfügen und ferner eine gesonderte Versicherung abschließen, durch die die Gläubiger des insolventen Schuldners gegen Verluste abgesichert sind, falls sich der Konkursverwalter die Mittel der Masse aneignet (eine sogenannte *kautionsforsikring* (**Kautionsversicherung**)). **19**

Das Konkursgericht kann ferner beschließen, dass ein *kreditorudvalg* (**Gläubigerausschuss**) bestellt werden soll. Dies ist in der Praxis jedoch außerordentlich selten der Fall. Ein Gläubigerausschuss hat keinen bestimmenden oder kontrollierenden Einfluss, sondern nur eine Rolle als Ratgeber für den Konkursverwalter. In den Fällen, in denen ein Gläubigerausschuss bestellt wird, sind die Mitglieder typischerweise Vertreter der wichtigsten Gläubiger. **20**

3.3 Verlauf des Konkursverfahrens

3.3.1 *Anmeldelse af fordringer* (Anmeldung von Forderungen)

Die **Eröffnung des Konkursverfahrens** wird vom Konkursgericht im *Statstidende* (dänischen Amtsblatt) bekanntgemacht.[34] In der Bekanntmachung wird angegeben, wen das Kon- **21**

---

[25] KL §§ 29–30.
[26] KL § 31 Abs. 1 und 4.
[27] KL § 31 Abs. 2 und § 82.
[28] KL § 113.
[29] KL § 107.
[30] KL § 110.
[31] § 110 Abs. 4.
[32] Die diesbezüglichen Regelungen der KL §§ 157–169 sind am 1.1.2014 in Kraft getreten.
[33] KL § 238 Abs. 1.
[34] KL § 109.

Dänemark 22–27

kursgericht zum Konkursverwalter bestellt hat und die Gläubiger werden aufgefordert, ihre Forderungen innerhalb einer Frist von 4 Wochen anzumelden. Diese Frist hat keine ausschließende Wirkung; ein Gläubiger hat Anspruch auf Auszahlung einer Quote ungeachtet dessen, ob er seine Forderung erst nach dem Ablauf der Frist angemeldet hat. Eine Forderung muss jedoch spätestens zu dem Zeitpunkt angemeldet werden, zu dem das Gericht über die **Schlussverteilung** beschließt, um zur Quotenauszahlung berechtigt zu sein.[35] Das Konkursgericht kann jedoch auf Antrag des Konkursverwalters eine Anzeige im dänischen Amtsblatt aufgeben, nach der die Forderungsanmeldung durch die Gläubiger zu einem früheren Zeitpunkt erfolgen muss.[36]

3.3.2 Skiftesamlinger (Gläubigerversammlungen)

22 Der Konkursverwalter hat eine sehr selbstständige Rolle und übt grundsätzlich seine Funktionen ohne Beratung mit den Gläubigern aus. Das Konkursgesetz enthält jedoch Vorschriften,[37] nach denen eine **Gläubigerversammlung** – der Termin, an dem sämtliche Gläubiger anwesend sind – zwecks der Stellungnahme zu bestimmten Fragen einzuberufen ist. Ferner kann der Konkursverwalter die Einberufung der Gläubigerversammlung durch das Gericht dann beantragen, wenn dies seiner Auffassung nach erforderlich ist.

3.3.2.1 Gesetzlich vorgesehene Gläubigerversammlungen

23 Das Konkursgesetz sieht die Abhaltung von Gläubigerversammlungen nur in zwei Fällen verpflichtend vor:

24 1) Der vom Konkursgericht im Zusammenhang mit dem Erlass des Eröffnungsbeschlusses bestellte Konkursverwalter wird grundsätzlich auch das Konkursverfahren beenden. Jeder Gläubiger kann jedoch innerhalb einer Frist von 3 Wochen nach der Bekanntmachung der Eröffnung des Konkursverfahrens die Einberufung einer Gläubigerversammlung zwecks der **Wahl einer anderen Konkursverwaltung** – einen anderen Konkursverwalter und eventuell einen *kreditorudvalg* (Gläubigerausschuss)[38] – beantragen.[39] Das Konkursgericht kann eine solche Gläubigerversammlung auch von Amts wegen einberufen. Eine Gläubigerversammlung wird selten zur Wahl einer Konkursverwaltung einberufen. Ist dies der Fall, ist es in der Regel darauf zurückzuführen, dass die Hauptgläubiger des insolventen Schuldners nicht zum Zeitpunkt des Erlasses des Eröffnungsbeschlusses anwesend waren und deswegen keinen Einfluss auf die Bestellung des Konkursverwalters gehabt haben.

25 2) Bei der Beendigung seines Amtes wird vom Konkursverwalter ein Entwurf zur *regnskab* (**Schlussrechnung**) und zum *udlodningsliste* (**Verteilungsverzeichnis**) erstellt. Vom Konkursgericht wird dann eine Gläubigerversammlung zwecks der Vorlage und Zustimmung der *regnskab* (Schlussrechnung) bzw. des *udlodningsliste* (Verteilungsverzeichnisses) einberufen.[40]

3.3.2.2 Ad hoc einberufene Gläubigerversammlungen

26 Gläubigerversammlungen können ad hoc vom Konkursgericht einberufen werden, wenn dieses es für erforderlich hält. Die Einberufung hat ferner auf Antrag des Konkursverwalters oder eines Mitglieds des Gläubigerausschusses zu erfolgen.[41] In der Praxis finden nur ganz selten weitere Gläubigerversammlungen als die gesetzlich vorgesehenen statt.

3.3.2.3 Abstimmungen in Gläubigerversammlungen

27 Die Stimmrechte der Gläubiger in Gläubigerversammlungen richten sich nach der Höhe ihrer Forderungen.[42] Bei der Feststellung der Stimmrechte gilt, dass Forderungen, die nach Einschätzung des Gerichtes entweder volle Befriedigung oder keine Befriedigung erreichen, unabhängig vom Ergebnis der Abstimmung kein Stimmrecht gewähren. Pfandgesicherte Forderungen gewähren Stimmrechte für den Teil, der nach Ermessen des Konkursgerichts voraussichtlich nicht durch die gestellte Sicherheit gedeckt wird.[43]

---

[35] KL § 150 Abs. 2.
[36] KL § 134.
[37] KL §§ 116 und 118.
[38] Hierzu → Rn. 19 f.: die Einsetzung von Gläubigerausschüssen ist in der Praxis die Ausnahme.
[39] KL § 108.
[40] KL § 150.
[41] KL § 118.
[42] KL § 119; ein Drittel der bekannten Gläubiger (nach Anzahl der Gläubiger) kann jedoch die Bestellung eines Gläubigerausschusses verlangen.
[43] KL § 120.

3.3.3 Mitteilungen des Konkursverwalters an die Gläubiger

Der Konkursverwalter hat eine sehr selbstständige Rolle und kann grundsätzlich alle Handlungen ohne Einbeziehung der Gläubiger durchführen. Gleichzeitig hat der Konkursverwalter eine umfassende Pflicht dahingehend, die Gläubiger regelmäßig über den Verlauf des Verfahrens zu informieren.

3.3.3.1 Vermögensverzeichnis und Verbindlichkeiten des Schuldners

Spätestens 3 Wochen nach Eröffnung des Konkursverfahrens hat der Konkursverwalter den Gläubigern und dem Konkursgericht eine Übersicht über die Gegenstände der Insolvenzmasse und die Verbindlichkeiten des Schuldners sowie die geschätzten Kosten des Konkursverfahrens (Gerichtskosten und Honorar des Konkursverwalters) zu übersenden.[44]

3.3.3.2 Darlegung der Ursachen der Eröffnung des Konkursverfahrens

Spätestens 4 Monate nach der Eröffnung des Konkursverfahrens hat der Konkursverwalter den Gläubigern und dem Konkursgericht einen ausführlichen Bericht abzulegen.[45] Dieser Bericht hat einen **aktualisierten Statusbericht über die Konkursmasse** mit Auskunft über die wichtigsten Zahlen seit dem zuletzt erstellten Abschluss sowie eine **Erklärung der Abweichungen** gegenüber der Konkursmasse zu enthalten. Der Bericht hat ferner eine Darlegung der wichtigsten Ursachen der Eröffnung des Konkursverfahrens sowie der bisher vom Konkursverwalter durchgeführten Aufgaben, mit Auskunft über den Zeitaufwand und den Zeitpunkt der Durchführung der einzelnen Aufgaben zu enthalten. Schließlich muss der Bericht Auskunft über die noch durchzuführenden Verfahrensschritte und – wenn möglich – den Zeitpunkt des Abschlusses des Verfahrens enthalten.

3.3.3.3 Halbjährliche Mitteilungen des Konkursverwalters

Danach wird der *kurator* (Konkursverwalter) jedes halbe Jahr **denjenigen Gläubigern** einen Bericht übersenden, die **voraussichtlich eine Quote** erhalten werden. Der Bericht hat zu enthalten: Auskünfte über die Gegenstände der Insolvenzmasse und Verbindlichkeiten des Schuldners, einschließlich Auskünfte inwieweit anfechtbare Rechtsgeschäfte oder Rechtsverfolgung vorliegen; eine Darlegung der Verwaltung im Zeitraum seit dem letzten Bericht, einschließlich des Verlaufs und des Ergebnisses einer etwaigen Weiterführung des Unternehmens des Schuldners, Auskunft über die vom Konkursverwalter seit der letzten Mitteilung durchgeführten Maßnahmen, mit Auskunft über den Zeitaufwand und den Zeitpunkt für die Ausführung der einzelnen Aufgaben, Auskunft über die noch durchzuführenden Verfahrensschritte und – wenn möglich – den Zeitpunkt des voraussichtlichen Abschlusses des Verfahrens; Auskunft über einen etwaigen Antrag über die vorzeitige Auszahlung eines Honorars an den Konkursverwalter.[46]

3.3.4 Aufsicht des Konkursgerichts über den Konkursverwalter und das Konkursverfahren

Skifteretten (das Konkursgericht) entscheidet über etwaige Beschwerden des Schuldners oder der Gläubiger über den *kurator* (Konkursverwalter). Ferner obliegt es dem Gericht von Amts wegen, Aufsicht über den Konkursverwalter, einschließlich der Kontrolle, inwieweit dieser das Konkursverfahren vorantreibt, auszuüben. Wesentlich für diese Aufsicht sind die periodischen Berichte des Konkursverwalters. Darüber hinaus kann das Konkursgericht aber auch diejenigen Auskünfte vom Konkursverwalter verlangen, die es als erforderlich erachtet.[47] Wird das Konkursverfahren nicht in ausreichendem Ausmaß vom Konkursverwalter vorangetrieben, kann das Gericht dies bei der Festsetzung des Honorars des Konkursverwalters berücksichtigen, und in extremen Fällen kann das Konkursgericht den Konkursverwalter aus dem Amt entlassen.

3.4 *Kreditorer* (Die Gläubiger)

Die Konkursgläubiger unterfallen grundsätzlich in **zwei Gruppen**: Gläubiger die aussonderungsberechtigt sind oder für deren Forderungen vom Schuldner Sicherheit geleistet wurde, *separatister* bzw. *sikrede kreditorer* (aus- und absonderungsberechtigte Gläubiger)[48] und *usikrede kreditorer* (unge-

---

[44] KL § 125 Abs. 1.
[45] KL § 125 Abs. 2.
[46] KL § 125 Abs. 4.
[47] KL § 126 Abs. 2.
[48] Zur Terminologie s. Fn. 51.

sicherte Gläubiger); inwieweit und ob für solche Forderungen Sicherheit durch Dritte geleistet wurde, ist in diesem Zusammenhang ohne Belang. Der wesentliche Unterschied zum deutschen Insolvenzrecht besteht darin, dass auch alle Sicherheiten, die **nicht** in Register eingetragen sind (Sicherheiten an Grundstücken, Schiffen und Flugzeugen), in der Insolvenz des Schuldners ein Absonderungsrecht gewähren. Die Interessen von aus- und absonderungsberechtigten Gläubigern und ungesicherten Gläubigern unterscheiden sich in Bezug auf die Verwaltung und Verwertung der Masse grundlegend. Die absonderungsberechtigten Gläubiger bevorzugen unter sonst gleichen Umständen eine schnelle Verwertung des Vermögens der Konkursmasse (vorausgesetzt, dass die Verwertung zur Abdeckung ihrer Forderungen führt), während die ungesicherten Gläubiger unter sonst gleichen Umständen die Verwertungsgeschwindigkeit bevorzugen, die zum höchsten Erlös führt. In diesem fundamentalen Interessenkonflikt haben die Verfasser des dänischen Konkursgesetzes sehr stark die Partei der ungesicherten Gläubiger ergriffen.

34　Die Regelungen bezüglich der gesicherten Gläubiger sind im Kapitel 9 des Konkursgesetzes zu finden,[49] während die Regelungen bezüglich der ungesicherten Gläubiger im Kapitel 10 des Konkursgesetzes zu finden sind.[50]

3.4.1 *Separatister* (aussonderungsberechtigte Gläubiger)

35　*Separatister* **(aussonderungsberechtigte Gläubiger)** sind nach dänischem Recht solche Gläubiger, die Eigentum, einschließlich Eigentumsvorbehalt, an Vermögensgegenständen, die zum Zeitpunkt der Eröffnung des Konkursverfahrens im Besitz des Schuldners waren, geltend machen **und diejenigen, die ein Faustpfandrecht** an Sachen des Schuldners haben.[51] Dh, es gibt nach dänischem Recht Sicherungsrechte, die nicht zur Ab- sondern zur Aussonderung berechtigen; der Gläubiger kann außerhalb des Konkursverfahrens Herausgabe der Sache verlangen,[52] dies gilt beispielsweise für das Recht einer Leasinggesellschaft an den geleasten Gegenständen. Für durch Faustpfandrecht oder ein ähnliches Sicherungsrecht gesicherte Forderungen gilt, dass der Pfandgläubiger selbst den Sicherungsgegenstand verwerten kann.[53]

3.4.2 *Sikrede kreditorer* (Absonderungsberechtigte Gläubiger)

36　*Sikrede kreditorer* (absonderungsberechtigte Gläubiger) sind Gläubiger, deren Forderungen durch ein gerichtlich eingetragenes Pfandrecht an beweglichen Sachen oder durch ein Grundpfandrecht oder durch ein eingetragenes Pfandrecht an Schiffen oder Luftfahrzeugen gesichert sind. Für solche Gläubiger gilt, dass sie den Sicherungsgegenstand nicht selbst verwerten können, da eine Zwangsversteigerung der Vermögenswerte der Konkursmasse nur auf Antrag des Konkursverwalters oder mit dessen Zustimmung erfolgen kann.[54] Während der Zeit nach der Eröffnung des Konkursverfahrens und bis zur Verwertung des Vermögensgegenstandes – auf dem freien Markt oder durch Zwangsversteigerung – wird der Vermögensgegenstand für den Pfandgläubiger vom Konkursverwalter verwaltet. Bei einer Verwertung von Pfandgegenständen werden die Pfandgläubiger aus dem Erlös voll befriedigt, bzw. sie erhalten Quoten auf Forderungen nach Rangordnung. Ferner tragen die Pfandgläubiger mit der Verwaltung des Vermögensgegenstandes verbundene Kosten in angemessener Höhe.[55]

3.4.3 *Dækningsrækkefølge* (Rangordnung)

37　Die ungesicherten Forderungen sind im Falle der Insolvenz grundsätzlich gleichmäßig zu befriedigen. Im internationalen Vergleich wird der Gleichbehandlungsgrundsatz nach dem dänischen Konkursgesetz streng durchgesetzt. Die Regelungen zur Rangordnung der Konkursgläubiger schreiben dennoch Abweichungen vom Grundsatz der Gleichbehandlung aller Gläubiger vor. Einzelnen Typen von Forderungen werden ein bevorzugter Rang oder ein geringerer Rang eingeräumt.

3.4.3.1 *Massekrav* (Masseverbindlichkeiten)

38　*Massekrav* **(Masseverbindlichkeiten)** sind solche, die im Eröffnungs- und Konkursverfahren unmittelbar gegen die Masse verpflichtend eingegangen worden sind. Sie werden vor den vor der

---

[49]　KL §§ 82–91.
[50]　KL §§ 93–99.
[51]　Die dänische Terminologie entspricht also nicht der Terminologie nach deutschem Recht.
[52]　KL § 82.
[53]　KL § 91.
[54]　KL § 85.
[55]　KL § 87; die Rechtsprechung zu dieser Vorschrift ist vielfältig und wirft eine Reihe von schwierigen Fragen auf.

Eröffnung des Konkursverfahrens bereits bestehenden Forderungen befriedigt. Die Masseverbindlichkeiten umfassen drei Gruppen von Forderungen:
1. Durch die Eröffnung des Konkursverfahrens entstehende Kosten. Diese sind der Höhe nach typischerweise gering und umfassen die mit der Stellung des Konkursantrages verbundene Gerichtsgebühr sowie das Honorar des Rechtsanwaltes, der den Eröffnungsantrag für den Gläubiger eingereicht hat.
2. Mit dem Konkursverfahren verbundene Kosten. Diese sind vor allem das Honorar des Konkursverwalters (das nach einer konkreten Bewertung der durchgeführten Aufgaben festzusetzen ist),[56] sowie Aufwendungen für die Beratung des Konkursverwalters, beispielsweise Wirtschaftsprüfer.
3. Während des Konkursverfahrens entstandene und durch dieses veranlasste Verbindlichkeiten, es sei denn, es handelt sich um Vertrags- oder Deliktsansprüche (auch Einkommenssteuern bei Unternehmen sind keine Masseverbindlichkeiten; andere Steuerarten wie zB Umsatzsteuer sind dann Masseverbindlichkeiten, wenn sie nach Konkurseröffnung entstehen).

Die drei Gruppen der Masseverbindlichkeiten sind gleichgestellt. Dies bedeutet, dass, wenn die **39** Masseverbindlichkeiten nicht aus der Konkursmasse völlig gedeckt werden können, diese bei gleichem Rang nach dem Verhältnis ihrer Beträge aus den zur Verfügung stehenden Vermögenswerten berichtigt werden, das Konkursverfahren abzuschließen ist. Die vom Antragsteller geleistete Sicherheit[57] kann zu der weiteren Befriedigung der von Nr. 2, jedoch nicht der von Nr. 1 und 3 umfassten Forderungen verwendet werden.

Eine im Konkurs befindliche Gesellschaft ist in genau der gleichen Weise wie andere Gesellschaf- **40** ten verpflichtet, die für die Ausübung einer gewerblichen Tätigkeit geltenden Regeln zu beachten. Eine Geldstrafe wegen einer gesetzwidrigen Handlung, die während des Konkursverfahrens vorgenommen wurde, gilt somit als Masseverbindlichkeit. Allerdings ist eine im Konkurs befindliche Gesellschaft, die „**Altlasten**" aus der vom Schuldner bisher ausgeübten gewerblichen Tätigkeit übernimmt, zB Verunreinigungen, zu deren Beseitigung der Schuldner verpflichtet war, im Falle des Konkursverfahrens nicht verpflichtet, einen solchen Zustand im Range einer Masseverbindlichkeit abzuhelfen.

3.4.3.2 Forderungen aus versuchter Unternehmensrestrukturierung

Im Rang nach den Masseverbindlichkeiten ist eine Gruppe von Forderungen zu berichtigen, **41** die hauptsächlich infolge vorhergehender Bemühungen der Abwendung des Konkurses entstanden sind. Solche sind:
1. Angemessene Kosten, die durch Bemühungen, eine Gesamtordnung der Vermögensverhältnisse des Schuldners durch Unternehmensrestrukturierung, Abwicklung, Vergleich oder sonst wie herbeizubringen, entstanden sind.
2. Sonstige Verbindlichkeiten, die dem Schuldner mit der Zustimmung eines vom Konkursgericht bestellten sog. Restrukturierungsbeauftragten entstanden sind.
3. Angemessene Kosten, die durch die angefangene Liquidation einer Aktiengesellschaft oder einer Gesellschaft mit beschränkter Haftung entstanden sind.
4. Die Gerichtsgebühren.

Punkt 1. umfasst Ansprüche auf Honorare an Experten, die Tätigkeiten entfaltet haben, um eine Ordnung der Vermögensverhältnisse des Schuldners herbeizuführen, typischerweise Rechtsanwälte und Wirtschaftsprüfer. Nach der Rechtsprechung ist der Vorrang solcher Honoraransprüche davon abhängig, dass die übrigen Gläubiger von diesen Beauftragungen wussten. Punkt 2. umfasst während einer Unternehmensrestrukturierung entstandene Forderungen. Punkt 3. umfasst während der Liquidation einer Aktiengesellschaft oder einer Gesellschaft mit beschränkter Haftung, über die das Konkursverfahren nach den Vorschriften des Konkursgesetzes eröffnet werden muss, entstandene Forderungen.[58] Punkt 4. umfasst die an den Staat für die Tätigkeit des Konkursgerichts im Zusammenhang mit dem Konkursverfahren zu entrichtenden Gerichtsgebühren.[59]

3.4.3.3 Löhne und Gehälter

Ansprüche der Arbeitnehmer eines schuldnerischen Unternehmens auf **Löhne, Gehälter und** **42** **sonstige Ansprüche aus dem Arbeitsverhältnis,** die in einem Zeitraum von **sechs Monaten**

---

[56] Nach KL § 239 muss das Konkursgericht dabei den Umfang der Aufgaben und die Beschaffenheit des im Konkurs befindlichen Unternehmens sowie die mit der Ausführung der Aufgaben verbundene Verantwortung und das unter den gegebenen Umständen erzielte Ergebnis berücksichtigen.
[57] → Rn. 11 ff.
[58] Zur Liquidation s. Fn. 12.
[59] Die Gebühr beträgt von 2.500 DKK bis 10.000 DKK, entspricht nach Stand September 2014 etwa 330 EUR bis 1.330 EUR, je nach dem Wert der Gegenstände der Konkursmasse.

Dänemark 43–46

vor dem **Stichtag**[60] fällig wurden, haben **Vorrang** vor den Ansprüchen anderer Gläubiger. Dies gilt für Ansprüche auf Löhne bzw. Gehälter und **sonstige Vergütung** sowie Ansprüche auf **Schadensersatz und Abfindung** wegen der Beendigung des Arbeitsverhältnisses infolge des Konkursverfahrens und Ansprüche auf **Urlaubsentgelt**,[61] jedoch nicht für sonstige Forderungen, zB aus Auslagen des Arbeitnehmers für den Arbeitgeber. Der Vorrang ist im Hinblick auf den **Betrag unbeschränkt** und erstreckt sich auf die Personen, die „im Dienst des Schuldners angestellt" sind. Mit dieser Formulierung werden die **Mitarbeiter der obersten Leitungsebene ausgeschlossen**. Hierbei ist die tatsächliche Funktion und nicht die Stellenbezeichnung entscheidend. Das Konkursgericht kann aufgrund einer Beurteilung im konkreten Fall einem Nahestehenden[62] des Schuldners den Vorrang verweigern, falls die Gewährung des Vorrangs unter Berücksichtigung der Gehalts- und Arbeitsverhältnisse, eines Zahlungsaufschubs sowie des etwaigen finanziellen Interesses am Betrieb des Unternehmens nicht ausreichend gerechtfertigt ist.[63] In der Rechtsprechung wurde festgestellt, dass der Ehegatte des Schuldners eindeutig keinen Vorrang in Bezug auf deren Gehaltsansprüche hat.

43 In der Praxis werden die Forderungen von Arbeitnehmern, die in im Konkurs befindlichen Unternehmen beschäftigt sind, beim *Lønmodtagernes Garantifond* (dänischen Lohngarantiefonds) angemeldet, der ein Versicherungssystem ist, an das alle eingetragenen Unternehmen ihre Beiträge zahlen. Der Garantiefonds zahlt die Forderungen der Arbeitnehmer aus und tritt in die Ansprüche dieser gegen das Schuldnerunternehmen ein. Der Garantiefonds trägt somit das Risiko dafür, ob aus der Konkursmasse die Gehaltsansprüche völlig gedeckt werden können. Vom Garantiefonds werden die Ansprüche des einzelnen Arbeitnehmers in Höhe von bis zu 160.000 DKK, entspricht nach Stand September 2014 etwa 21.500 EUR nach Steuern gedeckt.

3.4.3.4 Lieferanten

44 Eine Reihe von Waren ist vor allem aus fiskalischen oder gesundheitlichen Gründen oder wegen der Umweltbelastung verbrauchsteuerpflichtig. Die Einnahmen aus solchen Verbrauchsteuern sind ansehnlich, und um die Interessen der öffentlichen Hand zu schützen, gelten deswegen für die Haftung für solche Steuern besondere Regelungen. So müssen beispielsweise Großhändler, die verbrauchsteuerpflichtige Waren an ihre Abnehmer auf Kredit liefern, einen der *punktafgift* (**Verbrauchsteuer**) auf die gelieferten Waren entsprechenden Betrag einzahlen, wenn dies nicht vom Abnehmer getan wird. Dafür hat der Großhändler für den Verbrauchsteueranteil an seinem Gesamtanspruch im Falle des Konkursverfahrens über das Vermögen seines Abnehmers Vorrang.[64]

3.4.3.5 Nichtbevorrechtigte Forderungen

45 Alle Forderungen gegen den Schuldner, die nicht bevorrechtigt und auch nicht nachrangig sind, werden zu jeweils gleichen Teilen befriedigt. Die Gruppe der nichtbevorrechtigten Forderungen besteht somit aus allen zum Zeitpunkt der Eröffnung des Konkursverfahrens bestehenden Forderungen,[65] für die im Konkursgesetz keine anderen Bestimmungen vorgesehen sind. Dass eine Forderung vor der Bestätigung der Konkursbilanz durch das Konkursgericht angemeldet wird, ist Voraussetzung des Anspruches auf Auszahlung einer Quote.[66]

3.4.3.6 Nachrangige Forderungen

46 Nach den übrigen Forderungen werden drei Gruppen von Forderungen befriedigt, die von keiner (nennenswerten) kommerziellen Bedeutung sind, weshalb es nach Auffassung des Gesetzgebers unzumutbar wäre, wenn diese mit den übrigen Forderungen gegen den Schuldner in Konkurrenz stehen sollten.[67] Nachrangige Forderungen sind die seit der Eröffnung des Insolvenzverfahrens auf die Forderungen nach §§ 95–97 auflaufenden Zinsen.[68]

---

[60] Zu dessen Bestimmung → Rn. 11 ff.
[61] KL § 95 Abs. 1.
[62] Ehegatte, Verwandte in auf- und absteigender Linie und deren Ehegatten, vgl. KL § 2 Nr. 1.
[63] KL § 95 Abs. 2.
[64] KL § 96; betrifft nicht MwSt., da für MwSt. ein von der Konkursmasse unabhängiges Mehrwertsteuererstattungssystem gilt.
[65] KL § 38.
[66] KL § 134 Abs. 3.
[67] KL § 98.
[68] Für die Verzinsung von den KL §§ 93–94 unterliegenden Ansprüchen ist der Rang der des jeweiligen Anspruchs maßgebend.

Forderungen, die gemäß Vereinbarung nachrangig sind – beispielsweise Darlehen, bei denen **47**
der Darlehensnehmer persönlich haftet –, werden typischerweise nach den nichtbevorrechtigten
Forderungen, jedoch vor den nachrangigen Forderungen befriedigt.

3.4.4 Verteilung der Masse

Um die Einhaltung des Gleichbehandlungsgrundsatzes sicherzustellen, muss der Konkursver- **48**
walter sich vor der Auskehrung an einen Gläubiger vergewissern, dass sämtliche vorrangigen
Forderungen voll berichtet werden können bzw. voll berichtet worden sind, und dass eine
entsprechende Auskehrung an andere Gläubiger mit dem gleichen Rang erfolgen kann. Deswegen
erfolgt nur ausnahmsweise eine vorzeitige Auskehrung an nichtbevorrechtigte Gläubiger. Auf der
anderen Seite haben die vorrangigen Gläubiger ein Interesse daran, dass ihre Forderungen
rasch befriedigt werden. Der Konkursverwalter ist deswegen verpflichtet, die bevorrechtigten Forderungen möglichst bald zu befriedigen.[69] Entsprechend hat der Konkursverwalter den Erlös aus der
Verwertung verpfändeter Vermögensgegenstände an die Gläubiger auszuzahlen, die Rechte an
dem Gegenstand haben. Der Gläubiger, dessen Forderung gegen den Schuldner aus der Verwertung
des verpfändeten Gegenstandes teilweise gedeckt wird, hat nur Anspruch auf (quotale) Befriedigung seiner Restforderung.[70] Will der Konkursverwalter eine vorzeitige Auskehrung vornehmen,
kann er das Gericht dazu auffordern, eine Anzeige im dänischen Amtsblatt aufzugeben, wodurch
die Gläubiger mit der Wirkung einberufen werden, dass sie daran gehindert werden, an der
Verteilung der Masse teilzunehmen, wenn sie ihre Forderungen nicht angemeldet haben bzw.
nicht jetzt anmelden.[71]

Bei der Beendigung seines Amtes erstellt der Konkursverwalter einen Entwurf zur Schlussrech- **49**
nung, welcher der Gläubigerversammlung vorgelegt[72] und vom Konkursgericht bestätigt wird. Nach
Ablauf der 4-wöchigen Rechtsmittelfrist ohne Einlegung von solchen wird die Verteilung vom
Insolvenzverwalter vorgenommen. Das Konkursgericht kann entscheiden, dass bei der Auskehrung
von Forderungen abzusehen ist, bei der die Auskehrungsquote vernachlässigbar ist. Dies bewirkt
eine Erhöhung der an die übrigen Gläubiger auszukehrenden Quote. Das Konkursgericht kann
ferner entscheiden, dass Quotenbeträge, deren Auszahlung unzumutbar hohe Kosten bewirken
würde, an den Staat zu zahlen sind.[73]

3.5 Entgeltliche gegenseitige Verträge

Nach einem allgemeinen Grundsatz des dänischen Schuldrechts kann ein Schuldner keinen **50**
anderen Schuldner ohne die Zustimmung des Gläubigers an seine eigene Stelle setzen. Von diesem
Grundsatz wird durch die Bestimmungen über das Recht eines Konkursverwalters, in die entgeltlichen Verträge des Schuldners einzutreten, abgewichen,[74] nach denen der Vertragspartner des Schuldners innerhalb des Geltungsbereichs dieser Bestimmungen verpflichtet ist, den Konkursverwalter als
neuen Vertragspartner zu akzeptieren. In den Bestimmungen ist zwar nicht vorgesehen, dass durch
Vereinbarung der Parteien von diesen abgewichen werden kann, es wird aber in der Praxis so
gehandhabt, dass dies von dem Zweck der Bestimmungen gedeckt ist.

Der Konkursverwalter ist berechtigt, in die entgeltlichen Verträge des Schuldners einzutreten, **51**
es sei denn, anderes ist gesetzlich vorgesehen oder ergibt sich aus der Natur des Rechtsverhältnisses.[75] Als Beispiel für Gesetzesvorschriften, durch die der Konkursverwalter vom Eintrittsrecht
ausgeschlossen wird, sind die Bestimmungen des dänischen Wertpapierhandelsgesetzes über
Close-Out-Netting bzw. Netting zu erwähnen,[76] und als Beispiel von Rechtsverhältnissen, durch
deren Natur der Konkursverwalter vom Eintrittsrecht ausgeschlossen wird, sind Vereinbarungen
zu erwähnen, bei denen die Person des Schuldners von wesentlicher Bedeutung ist – beispielsweise Beratungsverträge oder Verträge über künstlerische Leistungen – sowie Solvenz-Vereinba-
rungen, die Solvenz voraussetzen: so wird von der Rechtsprechung als ausgeschlossen angesehen,
dass der Konkursverwalter eines Gesellschafters einer offenen Handelsgesellschaft in die Gesell-

---

[69] KL § 145.
[70] KL § 46; bei der Restforderung handelt es sich im Allgemeinen um eine nichtbevorrechtigte Forderung, vgl. KL § 97; hat der Schuldner jedoch ausnahmsweise eine solche Forderung durch ein Pfand gesichert, wird die Restforderung bei der Auskehrung als bevorrechtigt behandelt.
[71] KL § 134 Abs. 2.
[72] → Rn. 23 ff.
[73] S. KL § 153.
[74] Kapitel 7, §§ 53–63.
[75] KL § 53.
[76] Wertpapierhandelsgesetz §§ 58–58 m.

schaft eintritt oder dass der Konkursverwalter in eine Zusage eintritt, dem Schuldner ein Darlehen zu gewähren.[77]

52 Mit dem Eintritt des Konkursverwalters in ein Vertragsverhältnis sind keine Formerfordernisse verbunden. Der Eintritt kann somit sowohl durch Erklärung als auch durch konkludentes Handeln erfolgen. Er erfolgt jedoch nicht infolge Untätigkeit.

53 Durch Eintritt in einen Vertrag wird die Konkursmasse nach den Vertragsbedingungen berechtigt und verpflichtet. Dies bedeutet, dass sämtliche Forderungen der betreffenden anderen Vertragspartei aus dem Vertrag als Masseverbindlichkeit behandelt werden,[78] und zwar unabhängig davon, ob die Forderungen beweissicher Handlungen des Schuldners vor der Eröffnung des Konkursverfahrens (und somit vor dem Eintritt in den Vertrag) zuzurechnen sind. Ist der Vertragsgegenstand eine wiederkehrend an den Schuldner zu entrichtende Leistung, gilt das Entgelt nur für die Zeit nach der Eröffnung des Konkursverfahrens als Masseverbindlichkeit.[79] Solche Verträge können ungeachtet des Eintritts vom Konkursverwalter mit einer Frist von einem Monat gekündigt werden. Dadurch wird dem Interesse der Konkursmasse daran, beispielsweise über einen kurzen Zeitraum zwecks der Fertigstellung einer Produktion über geleaste Anlagen zu verfügen, Rechnung getragen.

54 Tritt der Konkursverwalter in einen Vertrag nicht ein, ist der Vertragspartner berechtigt, vom Vertrag zurückzutreten und Schadensersatz zu verlangen.[80] Die Schadensersatzforderung hat den gleichen Rang wie die primäre vertragliche Forderung, dh typischerweise den einer nichtbevorrechtigten Forderung.

55 Ein Konkursverwalter ist – ungeachtet davon, ob er in einen entgeltlichen Vertrag eintritt oder nicht – nicht verpflichtet, vereinbarte unzumutbare oder unübliche Kündigungsfristen zu beachten. Der Konkursverwalter kann deswegen verlangen, dass eine solche Frist auf die übliche oder zumutbare Länge abgekürzt wird – eine sogenannte *konkursregulering* („**Konkursanpassung**").[81] Dies bedeutet zB, dass Angestellte des Schuldners es dulden müssen, dass eine vereinbarte Kündigungsfrist – unabhängig davon, ob diese individuell oder tarifvertraglich vereinbart wurde – in der Insolvenz die gesetzlich festgelegten Kündigungsfristen nicht übersteigen kann.

56 Der Konkursverwalter soll unverzüglich dazu Stellung nehmen, inwieweit die Konkursverwaltung in die Verträge mit den Angestellten des Unternehmens eintreten wird. Wird eine solche Erklärung nicht spätestens 14 Tage nach der Eröffnung des Konkursverfahrens abgegeben, werden die Gehalts- bzw. Lohnansprüche der Angestellten zu Masseverbindlichkeiten.[82]

57 Sonderregelungen für gewerbliche Mietverträge
Ein Recht gegen „Konkursanpassung" kann allerdings durch Eintragung im Grundbuch gesichert werden. Ein gewerblicher Mieter, der seine Investitionen in die Miträume schützen will, kann somit seinen gewerblichen Mietvertrag mit der Bedingung der Unkündbarkeit für einen längeren Zeitraum ins Grundbuch eintragen lassen, und sich gegen Abkürzung der Kündigungsfrist im Falle der Eröffnung des Konkursverfahrens über das Vermögen des Vermieters sichern.

58 Hat der Schuldner seine Tätigkeit in Miträumen ausgeübt und kann die Konkursverwaltung nicht unverzüglich eine Erklärung darüber abgeben, inwieweit sie in den Mietvertrag eintreten wird, kann der Vermieter verlangen, dass die Miete vorrangig gezahlt wird, bis eine Erklärung über den Eintritt bzw. Nicht-Eintritt abgegeben wird.[83]

3.6 Aufrechnung

59 Die meisten Voraussetzungen, die bei der Aufrechnung außerhalb des Konkursverfahrens erfüllt werden müssen, gelten auch für Fälle, in denen ein Gläubiger gegen einen insolventen Schuldner aufrechnen will. Dies gilt auch für die Voraussetzungen der Gegenseitigkeit und der Gleichartigkeit. Ferner gibt es auch im Konkursverfahren Forderungen, die wegen ihrer Beschaffenheit nicht durch Aufrechnung berichtigt werden können, so zB wenn vorausgesetzt wurde, dass ein Betrag zu einem bestimmten Zweck zu verwenden ist.

60 Außerhalb des Konkursverfahrens ist es Voraussetzung der Aufrechnung, dass die Gegenforderung fällig ist, da die Aufrechnung bedeutet, dass die aufrechnende Partei faktisch eine Zwangsvollstreckung ihrer Forderung vornimmt. Diese Voraussetzung muss nicht bei der Aufrechnung gegen einen insolventen Schuldner vorliegen. Der Gesetzgeber hat es für unzumutbar gehalten, dass der

---

[77] S. zB *Lars Lindencrone Petersen/Anders Ørgaard*, Das dänische Konkursgesetz mit Kommentaren (Konkursloven med kommentarer) § 53 Note 4 mit weiteren Hinweisen.
[78] KL § 56 Abs. 1.
[79] KL § 56 Abs. 2.
[80] KL §§ 58–59.
[81] KL § 61.
[82] KL § 63.
[83] KL § 62.

zufällige Umstand, inwieweit eine Forderung fällig oder nicht ist, dafür entscheidend sein sollte, inwieweit Aufrechnung stattfinden kann, oder ob der Gläubiger seine Schulden voll an die Konkursmasse zu zahlen hat, und danach – bloß weil seine Forderung zum Zeitpunkt der Eröffnung des Konkursverfahrens nicht fällig war – nur Auskehrung der Konkursquote erhalten würde. Die im Konkursgesetz vorgesehene zeitliche Bedingung ist, dass sowohl die Hauptforderung als auch die Gegenforderung vor dem Stichtag oder im Zeitraum zwischen dem Stichtag und dem Tag der Eröffnung des Konkursverfahrens entstanden sein müssen.[84] Die Möglichkeit der „Aufrechnung über den Stichtag", wie es üblicherweise formuliert wird, ist somit ausgeschlossen. Bei der Konstellation, in der die Hauptforderung vor dem Stichtag (zB ein Anspruch auf Schadensersatz wegen Mängel an einer Warenlieferung) und die Gegenforderung nach dem Stichtag entstanden ist (Anspruch auf den Kaufpreis einer späteren Lieferung), ist der Ausschluss der Möglichkeit der Aufrechnung nur in seltenen Fällen ein Problem, da die Gegenforderung üblicherweise mit der Zustimmung des Restrukturierungsbeauftragen entstanden und deswegen bevorrechtigt ist.[85] Zur umgekehrten Situation, in der die Gegenforderung vor dem Stichtag und die Hauptforderung danach entstanden ist, → Rn. 61.

Der Umstand, dass über das Vermögen einer Partei eines gegenseitigen Schuldverhältnisses **61** das Konkursverfahren eröffnet worden ist, bewirkt eine Reihe von insolvenzrechtlich begründeten Beschränkungen der Möglichkeit der Aufrechnung gegen eine Konkursmasse. Somit wäre es für die Konkursmasse nachteilig, wenn diese eine von einem Gläubiger vorgenommene Aufrechnung zu respektieren hätte, der sich die Möglichkeit der Aufrechnung durch den Erwerb einer Forderung gegen den Schuldner nach dem Entstehen der Forderung des Schuldners verschafft hätte. Die Möglichkeit, eine derartige Aufrechnung vorzunehmen, ist deswegen dann ausgeschlossen, wenn der Erwerb der Forderung später als drei Monate vor dem Stichtag erfolgte, oder wenn der Erwerber wusste oder hätte wissen müssen, dass der Schuldner zahlungsunfähig ist[86] – ein typisches Beispiel ist der Kauf von Forderungen gegen einen zahlungsunfähigen Schuldner, typischerweise für einen geringeren Betrag als der Nennwert. In der gleichen Weise ist die Möglichkeit der Aufrechnung dann ausgeschlossen, wenn der Erwerb der Gegenforderung im Zusammenhang mit Aufrechnung einer anfechtbaren Zahlung[87] gleichzustellen ist – ein Musterbeispiel ist der Kauf auf Ziel, wo der Kaufpreis durch Aufrechnung gegen die Schulden des Käufers gegen den Verkäufer berichtigt wird. Da in der Praxis regelmäßig keine Konkursquote an nachrangige Gläubiger ausgekehrt wird, können solche nicht zur Aufrechnung verwendet werden, es sei denn, sie sind ausnahmsweise gedeckt.[88]

Forderungsverwertung und Aufrechnung **62**

Zu den Aufgaben des Konkursverwalters gehört die Verwertung der Gegenstände der Konkursmasse, einschließlich der Betreibung fälliger und der Verwertung nicht fälliger Forderungen. Die Verwertung einer Forderung bewirkt je nach den Umständen, dass die Möglichkeit des betreffenden Schuldners, gegen den insolventen Schuldner bzw. die Konkursmasse aufzurechnen, verloren geht. Dies ist vor allem dann der Fall, wenn eine übertragbare Schuldurkunde an den jetzt im Konkurs befindlichen Schuldner als ursprünglichen Gläubiger ausgestellt wurde. In solchen Fällen gilt, dass Verluste des Forderungsschuldners, die darauf zurückzuführen sind, dass er infolge der Abtretung die Möglichkeit der Aufrechnung verloren hat, gegen die Konkursmasse als Masseverbindlichkeit geltend gemacht werden können.[89]

3.7 Anfechtung

Handlungen, durch die der Schuldner einen Gläubiger zum Nachteil anderer begünstigt, oder **63** durch die Eigentum des Schuldners dem Zugriff der Gläubiger entzogen wird, können nach dänischem Recht weitgehend zurückgeführt werden, um den Grundsatz der gleichmäßigen Befriedigung der Gläubiger zu gewährleisten. Dies erfolgt durch Anwendung der Vorschriften zur Anfechtung nach Kapitel 8[90] des dänischen Konkursgesetzes.

Die Anfechtungsvorschriften können weitgehend auf objektiver Basis, dh unabhängig davon, **64** ob der Schuldner insolvent war oder wegen der betreffenden Rechtshandlung wurde – und deswegen auch ungeachtet der Einsicht des Begünstigten in die Vermögensverhältnisse –, angewandt werden.

---

[84] KL § 42 Abs. 2.
[85] KL § 94 Nr. 2 iVm → Rn. 41.
[86] KL § 42 Abs. 3.
[87] KL § 42 Abs. 4.
[88] KL § 44.
[89] KL § 45 iVm § 93 Nr. 3.
[90] KL §§ 64–81.

65 Anfechtbar sind weitergehend Rechtshandlungen, bei denen der Begünstigte dem Schuldner nahestehend[91] ist, dh Verwandte in gerader auf- oder absteigender Linie, Geschwister, Ehegatten solcher Personen oder im Falle einer insolventen Gesellschaft die natürliche oder juristische Person, in deren Eigentum ein wesentlicher Teil dieser Gesellschaft steht. Die Verschärfungen bestehen bei nahestehenden Personen hauptsächlich darin, dass die Frist, innerhalb derer die Rechtshandlung durchgeführt werden muss, verlängert wird (auf 2 Jahre vor dem Stichtag[92]).

66 Die Anfechtungsvorschriften finden auf benachteiligende Rechtshandlungen,[93] gläubigerbegünstigende Handlungen[94] und Vollstreckung[95] Anwendung. Die Vorschriften beinhalten eine ziemlich weitgehende Regelung der Rechtswirkung der Anfechtung von Rechtshandlungen sowie Vorschriften über die Frist für die Erhebung einer Anfechtungsklage.[96]

67 Die Vorschriften über Anfechtung von benachteiligenden Rechtshandlungen sind objektiv (das heißt, dass die Vorschriften unabhängig davon, ob der Schuldner zu dem Zeitpunkt, in dem die Rechtshandlung erfolgte, nachweislich solvent war, anwendbar sind, und dass es deswegen ohne Belang ist, inwieweit der Begünstigte von den finanziellen Verhältnissen des Schuldners Kenntnis hatte) und finden auf Rechtshandlungen Anwendung, die später als 6 Monate vor dem Stichtag durchgeführt wurden. Dies gilt für Zuwendungen, einschließlich solcher, die nur teilweise gegen Entgelt erfolgen, Erbverzicht durch den Schuldner und unangemessen hohe Gehaltsauszahlungen an dem Schuldner nahestehende Personen.[97]

68 Auch die Vorschriften über die Anfechtung von Gläubigerbegünstigungen sind objektiv und finden auf Rechtshandlungen Anwendung, die später als 3 Monate vor dem Stichtag durchgeführt wurden. Dies gilt für gewisse Formen der verdächtigen Zahlungen:[98] Zahlung mit außergewöhnlichen Zahlungsmitteln (in der Praxis Zahlung mit anderen Mitteln als Bargeld), vorzeitige Zahlung oder Zahlung mit Beträgen, durch die die Zahlungsfähigkeit des Schuldners entscheidend verringert wurde, vorausgesetzt, dass die Zahlung nicht den Umständen nach als ordentlich gekennzeichnet waren.

69 Dies gilt ferner für fast jede Art der Sicherheit, durch die keine Kreditlinie ausgelöst wurde, die mindestens dem Wert der geleisteten Sicherheit entspricht.[99] Auch gewisse Zahlungen durch Wechsel und per Scheck sind anfechtbar,[100] auch bei Aufrechnung, wenn diese vor der Eröffnung des Konkursverfahrens erfolgt ist.[101] Vollstreckungshandlungen, die später als 3 Monate vor dem Stichtag erfolgt bzw. registriert wurden, sind unwirksam.[102]

70 Die Anwendung einiger Vorschriften ist objektiv davon abhängig, dass der Schuldner insolvent war oder wurde, und subjektiv davon, dass der Begünstigte dies wusste oder hätte wissen müssen.[103]

71 Das gilt für Zahlungen, die vom Schuldner nach dem Stichtag vorgenommen wurden und die aus Sicht des Gläubigers eher nicht vom Schuldner hätten vorgenommen werden sollen,[104] und auch für sonstige Rechtshandlungen.[105]

72 Die Generalklausel für Anfechtung[106] betrifft diejenigen Rechtshandlungen, die nach einer der objektiven Vorschriften hätten angefochten werden können, sowie eine Reihe von weiteren Rechtshandlungen. Somit gilt für die nach § 74 anfechtbaren Rechtshandlungen keine zeitliche Beschränkung. In der Praxis wirkt sich der Umstand, dass der Konkursverwalter sowohl die Insolvenz des Schuldners als auch die Bösgläubigkeit des Begünstigten zu beweisen hat, als Beschränkung aus. Die praktische Hauptregel ist, dass die Vorschrift nicht auf Rechtshandlungen, die früher als rund 6 Monate vor dem Stichtag durchgeführt wurden, angewandt werden kann.

73 Die Rechtswirkung der Anfechtung ist, dass der Begünstigte das, was er erhalten hat, zurückgeben muss.[107] Unter gewissen Umständen ist dies nicht möglich oder wünschenswert – der Gegen-

---

[91] KL § 2.
[92] Zu dessen Bestimmung und Definition unter → Rn. 11 ff.
[93] KL §§ 64–66, 72 Abs. 1, und § 74.
[94] KL §§ 67–70, 72 Abs. 2, und § 74.
[95] KL § 71.
[96] KL §§ 75–80 bzw. § 81.
[97] KL §§ 64–66.
[98] KL § 67.
[99] KL § 70.
[100] KL § 68.
[101] KL § 69.
[102] KL § 71 Abs. 1.
[103] KL §§ 72 und 74.
[104] KL § 72 Abs. 1.
[105] KL § 72 Abs. 2.
[106] KL § 74.
[107] KL § 77.

stand ist untergegangen oder der Wert ist gestiegen oder gefallen; der Begünstigte kann auch mit dessen Aufrechterhaltung verbundene Kosten getragen oder Einkünfte bezogen haben. In solchen Fällen ist ein finanzieller Ausgleich davon abhängig, inwieweit für die Anfechtung nur objektive oder auch subjektive Voraussetzungen erforderlich waren. Im erstgenannten Fall ist es vorgesehen,[108] dass der Begünstigte auf den erzielten Vermögensvorteil zu verzichten hat (jedoch nicht über den Verlust der Konkursmasse hinaus), während er im letztgenannten Fall Schadensersatz nach den allgemeinen Bestimmungen zu zahlen hat[109] (die erforderliche Haftungsgrundlage ist ja, dass er an der Rechtshandlung beteiligt war, obwohl er wusste oder hätte wissen sollen, dass dies zum Nachteil der (übrigen) Gläubiger des Schuldners war). In den Fällen, in denen sich das Ergebnis nach der Berechnung nach den beiden Regeln unterscheidet, ist die Schadensersatzregel für die Konkursmasse am günstigsten.

Es besteht die Möglichkeit der Beschränkung der Haftung der Begünstigten in den Fällen, in denen sie eine besondere Belastung darstellen würde,[110] und der Konkursverwalter hat die Möglichkeit einen Gegenstand einer anfechtbaren Rechtshandlung vom Dritten ausgehändigt zu bekommen, dem dieser vom Begünstigten übertragen oder übergeben wurde.[111] Eine Anfechtung kann unter gewissen Umständen gegen einen Dritten durchgesetzt werden, dessen Bürgschaftsverpflichtung oder Pfandsicherheit infolge einer grundsätzlich aufhebbaren Rechtshandlung freigegeben wurde,[112] und eine Anfechtungsklage ist grundsätzlich spätestens ein Jahr nach dem Zeitpunkt, an dem die Konkursverwaltung im Stande wurde, den Anspruch geltend zu machen, zu erheben.[113] Anfechtungsklagen werden grundsätzlich im Namen des Schuldners vom Konkursverwalter erhoben.[114] Wird von der Konkursverwaltung keine Klage erhoben – beispielsweise mangels Masse – kann von jedem Gläubiger Klage erhoben werden. Ist der Gläubiger unterlegen, trägt er die Kosten, und obsiegt er, geht der Erlös in die Konkursmasse über.[115]

4. *Rekonstruktionsbehandling* (**Unternehmensrestrukturierung**)

Um die Möglichkeiten der Weiterführung vorübergehend in Schieflage geratener und insolventer, grundsätzlich aber lebensfähiger Unternehmen zu verbessern, wurden Regelungen zur *rekonstruktionsbehandling* (Unternehmensrestrukturierung), eingeführt, die zum 1.4.2011 in Kraft traten. Diese Regelungen ersetzen die bisherigen dänischen Regeln über die angemeldete vorübergehende Zahlungseinstellung und den Zwangsvergleich. Eine Unternehmensrestrukturierung kann zu einem **Zwangsvergleich mit Schuldenschnitt** (Restrukturierung des Unternehmensträgers, nach Herabsetzung der Schulden wird das Unternehmen weitergeführt) **oder** einer **sanierenden Unternehmensübertragung** (eine Restrukturierung des Unternehmens selbst durch Verwertung in Kombination mit einem Insolvenzverfahren über die nicht von der Verwertung umfassten Vermögens-teile) führen.[116] Wurde eine Unternehmensrestrukturierung eingeleitet, kann sie nur in einer der beiden genannten Varianten durchgeführt und beendet werden (ausgenommen, es stellt sich im Verfahrensverlauf ausnahmsweise heraus, dass der Schuldner nicht insolvent ist).

Eine Unternehmensrestrukturierung kann auf Antrag des Schuldners selbst oder auf Antrag eines Gläubigers eingeleitet werden. Im Zusammenhang mit der Einleitung werden **vom Konkursgericht** ein *rekonstruktør* (**Restrukturierungsbeauftragter**) und ein *regnskabskyndig tillidsmand* (**Prüfungsbeauftragter**) ernannt. Der Restrukturierungsbeauftragte ist in der Regel ein Rechtsanwalt, während der Prüfungsbeauftragte in der Regel ein Wirtschaftsprüfer ist. Der Restrukturierungsbeauftragte ist für die Vorantreibung des Restrukturierungsverfahrens und für die Erstellung eines *rekonstruktionsplan* (**eines Restrukturierungsplans**)[117] und des *rekonstruktionsforslag* (**des Restrukturierungsvorschlages**)[118] zuständig, während die Hauptaufgabe des Prüfungsbeauftragten darin besteht, die wirtschaftliche Grundlage des Plans und des Vorschlages zu verifizieren und Berechnungen der Auswirkungen zu erstellen. Ferner ist der Prüfungsbeauftragte befugt, den Wert

---

[108] KL § 75.
[109] KL § 76.
[110] KL § 78.
[111] KL § 79.
[112] KL § 80.
[113] KL § 81 Abs. 1.
[114] KL § 135.
[115] KL § 137.
[116] KL §§ 10–10a.
[117] Der Restrukturierungsplan ist eine vorläufige Angabe davon, inwieweit das Restrukturierungsverfahren auf einen Zwangsvergleich oder eine Unternehmensübertragung abzielt, vgl. KL § 11c.
[118] Der Restrukturierungsvorschlag ist der Vorschlag, über den von den Gläubigern abgestimmt wird, und in dem der endgültige Inhalt der Restrukturierung angegeben ist, vgl. KL §§ 13 und 13b.

der verpfändeten Vermögenswerte des Schuldners – von Immobilien, Schiffen und Luftfahrzeugen abgesehen – festzusetzen. Diese Bewertung hat die Wirkung, dass die Ansprüche des Pfandgläubigers gegen den Schuldner auf einen dem vom Prüfungsbeauftragten festgesetzten Wert entsprechenden Betrag herabgesetzt werden. Zum Beispiel: wird vom Prüfungsbeauftragten eine Maschine mit 7,5 Mio. DKK angesetzt, so sind die Ansprüche des Pfandgläubigers in Zukunft nur in dieser Höhe gesichert, während der Pfandgläubiger für einen etwaigen weiteren Teil ausschließlich die Konkursquote wie die nichtbesicherten Gläubiger erhält,[119] und im Falle einer Unternehmensübertragung übernimmt der Käufer nur eine Haftung von 7,5 Mio. DKK, während die Restforderung zur Quotenauszahlung berechtigt wird.[120] Vor allem wegen dieser Befugnis werden an den Prüfungsbeauftragten besondere hohe Anforderungen gestellt. So darf er innerhalb eines Zeitraums von zwei Jahren vor der Einleitung des Restrukturierungsverfahrens nicht als Abschlussprüfer oder geschäftlicher Berater für den Schuldner tätig gewesen sein, und auch für einen Zeitraum von zwei Jahren nach Beendigung des Restrukturierungsverfahrens darf er keine solche Tätigkeit[121] ausüben. Diese Regel findet auf alle Mitarbeiter des Unternehmens des Prüfungsbeauftragten Anwendung. Aus dieser Regel ergibt sich, dass der üblicherweise für den Schuldner tätige Wirtschaftsprüfer sowohl während des Restrukturierungsverfahrens als auch danach keine Tätigkeit für den Schuldner ausüben kann.

77 Spätestens vier (ausnahmsweise acht) Wochen nach der Einleitung des Restrukturierungsverfahrens ist eine *skiftesamling* (Gläubigerversammlung) einzuberufen, während der Restrukturierungsbeauftragte den Gläubigern den Restrukturierungsplan vorlegt.[122] Wird dieser Plan verworfen (zur Abstimmung s. im Folgenden), wird der Schuldner vom Gericht sofort als im Konkursverfahren befindlich erklärt. Wird der Plan genehmigt, wird das Restrukturierungsverfahren zwecks der Erstellung des endgültigen Restrukturierungsvorschlages fortgesetzt. Dieser muss spätesten sechs Monate nach Genehmigung des Restrukturierungsplans vorgelegt werden.[123] Diese Frist kann um bis zu jeweils zwei Monate, jedoch höchstens vier Monate insgesamt, verlängert werden.[124] Die theoretische Höchstdauer eines Restrukturierungsverfahrens beträgt somit fast ein Jahr. Wird der Restrukturierungsvorschlag genehmigt, wird er vom Konkursgericht bestätigt, es sei denn, dass ernste Verfahrensfehler oder sachliche Fehler im Zusammenhang mit dem Verfahren festgestellt werden. Wird der Vorschlag verworfen, eröffnet das Gericht sofort das Konkursverfahren für den Schuldner.

78 **Abstimmung:** Bei allen Abstimmungen wird nach der Höhe der Forderungen abgestimmt, und nur die Gläubiger, die an der Abstimmung teilnehmen, werden bei der Berechnung davon, inwieweit der Vorschlag genehmigt oder nicht genehmigt wird, miteingerechnet. Stimmen können auch per Vollmacht abgegeben werden. Grundsätzlich gilt sowohl der Restrukturierungsplan als auch der -vorschlag als genehmigt.[125] Das gleiche gilt für einen Antrag auf die Verschiebung einer Abstimmung. Ein solcher Antrag gilt nur als abgelehnt, wenn eine Mehrheit der Gläubiger gegen ihn stimmt.

79 Während des Restrukturierungsverfahrens ist der Schuldner grundsätzlich berechtigt, über sein Unternehmen zu verfügen. Wichtige Rechtshandlungen bedürfen jedoch der Zustimmung des Restrukturierungsbeauftragten.[126] Entsteht zwischen dem Restrukturierungsbeauftragten und der Geschäftsleitung einer Kapitalgesellschaft Uneinigkeit über das Restrukturierungsverfahren, kann das Konkursgericht nach Beantragung den Restrukturierungsbeauftragten mit der Führung der Geschäfte beauftragen.[127]

80 Während des Restrukturierungsverfahrens finden die Vorschriften über Aufrechnung im Konkursverfahren,[128] über das Recht auf Eintritt in entgeltliche Verträge[129] und über Anfechtung[130] Anwendung.

---

[119] KL § 12e.
[120] KL § 14c Abs. 4; wird eine Maschine verkauft und nicht im Rahmen einer Unternehmensübertragung übertragen, verbleibt der Teil des Verkaufserlöses, der den geschätzten Preis übersteigt, in der Konkursmasse; kann die Maschine nicht zum geschätzten Preis verkauft werden, muss der Pfandgläubiger entweder auf das Pfandrecht verzichten, oder der Verkauf muss durch Zwangsversteigerung erfolgen.
[121] KL § 238 Abs. 5.
[122] KL §§ 11c–11e.
[123] KL § 13.
[124] KL § 13a.
[125] KL § 13d.
[126] KL § 12.
[127] KL § 12a–12b.
[128] → Rn. 59 ff.
[129] → Rn. 50 ff.
[130] → Rn. 63 ff.

Im Falle des Zwangsvergleichs werden die Schulden des Schuldners herabgesetzt oder gestri- 81
chen. Der Vergleich umfasst nicht durch Pfandrecht gesicherte Forderungen.

5. Richtlinie (EU) 2019/1023

1. Umsetzungserfordernisse betreffend die Richtlinie (EU) 2019/1023 über vorbeugende Rah- 82
men für Umstrukturierungen, über Schuldenerlass und Rechtsverluste sowie über Maßnahmen
zur Steigerung der Effizienz von Verfahren bei Umstrukturierungen, Insolvenz und Schuldenerlass
(„Richtlinie")

1.1. Opt-out EuInsVO in Dänemark, aber Umsetzung der Richtlinie 83
Dänemark ist der einzige EU-Mitgliedstaat, in dem die Europäische Insolvenzverordnung
(EuInsVO) keine Anwendung findet, da Dänemark diesbezüglich von der nach EU-Recht gegebe-
nen Opt-out-Möglichkeit bei der Zusammenarbeit in rechtlichen und internen Angelegenheiten
Gebrauch gemacht hat. Die Richtlinie allerdings nimmt Dänemark vor dem Hintergrund der Art. 53
und 114 des Vertrags über die Arbeitsweise der Europäischen Union an und ist verpflichtet, diese
bis spätestens 17.7.2022 (bezieht man die Verlängerungsoption von einem Jahr des Art. 34 Abs. 2
Richtlinie mit ein) in nationales Recht umzusetzen.

Bekanntermaßen legt die Richtlinie zwingende Anforderungen fest, denen die nationalen 84
Rechte entsprechen werden müssen, gleichzeitig bietet sie den EU-Mitgliedstaaten auch verschiedene Optionen. Wesentlicher Umsetzungsbedarf besteht in Dänemark nicht, das dänische Recht
entspricht bereits den meisten der zwingenden Umsetzungsanforderungen der Richtlinie.

Insofern, als die Richtlinie den Mitgliedstaaten Optionen bietet, ist zu erwarten, dass Dänemark 85
nur solche Änderungen einführen wird, die logische Folge der zwingend erforderlichen Umsetzungen sein werden.

1.2 Umsetzungsbedarf hinsichtlich zwingender Anforderungen der Richtlinie
1.2.1 Die dänischen Regelungen betreffend die Aussetzung von Einzelvollstreckungsmaßnah- 86
men entsprechen nicht den Anforderungen des Art. 6 Abs. 6 der Richtlinie, da derzeit die Aussetzung
einzelner Durchsetzungsmaßnahmen für die gesamte Dauer der Umstrukturierung gilt, die in der
Praxis im Allgemeinen etwa 7 Monate beträgt. Es ist daher zu erwarten, dass die Vorschriften gemäß
der in der Richtlinie festgelegten flexiblen Anforderung geändert werden.

1.2.2 Ob das dänische Recht den Anforderungen des klassenübergreifenden „cram-down" des 87
Art. 11 Richtlinie genügt, steht zur Diskussion, da hiernach nur bestimmte Gruppen von Gläubigern
in eine Umstrukturierung einbezogen werden, diese untereinander aber gleich behandelt werden,
auch wenn der Vergleich von einzelnen Gruppen nicht angenommen wird. Es ist zu erwarten, dass
der dänische Gesetzgeber besonders genau prüfen wird, ob Änderungen aufgrund von Art. 11
Richtlinie erforderlich sind.

1.2.3 Die Frist der Restschuldbefreiung, dh die Wohlverhaltensperiode, wird gemäß Art. 21 88
der Richtlinie auf drei Jahre zu reduzieren sein. Derzeit ist diese noch an die Bedingung geknüpft,
dass mindestens 70 % der Schulden aus der Geschäftstätigkeit des Schuldners stammen; ist dies nicht
der Fall, beträgt die Rückzahlungsfrist fünf Jahre.

1.2.4 Auch wenn die dänische Praxis bereits elektronische Kommunikationsmittel im Verkehr 89
mit Gläubigern und Behörden verwendet, ist zu erwarten, dass ein den Anforderungen des Art. 28
der Richtlinie entsprechendes, öffentlich betriebenes digitales Kommunikationssystem zur Verfügung
gestellt werden wird.

1.2.5 Es ist auch zu erwarten, dass die Regelungen für die gem. Art. 29 der Richtlinie erforderli- 90
che Datenerfassung eingeführt werden.

6. Dänisches internationales Insolvenzrecht

Wegen des dänischen Vorbehalts hinsichtlich der justiziellen Zusammenarbeit der EU hat sich 91
Dänemark **nicht** an der Annahme der **EuInsVO** beteiligt. Dänisches internationales Insolvenzrecht
baut auf dem Grundsatz auf, dass ein dänisches Konkursverfahren grundsätzlich sämtliche Vermögenswerte des Schuldners umfasst, unabhängig davon, wo in der Welt sich diese befinden, während
ein ausländisches Konkursverfahren nur unter bestimmten Voraussetzungen in Dänemark Rechtswirkungen entfaltet. Voraussetzung für die Entfaltung von Rechtswirkungen ist, dass mit dem Staat, in
dem das ausländische Konkursverfahren eröffnet wurde, ein **Vertrag** vorliegen muss, nach dem
gerichtliche Entscheidungen über **Konkurs und Unternehmensrestrukturierung** gegenseitig
für die beteiligten Staaten verbindlich erklärt werden. Ein solcher Vertrag wurde **1934** zwischen
Norwegen, Schweden und Dänemark geschlossen, heute gilt er auch im Verhältnis zu Island.[131]

---

[131] Anordnung Nr. 250 v. 9.1.1934 über in Dänemark eröffnete Konkursverfahren, die Vermögen in Finnland, Island, Norwegen oder Schweden umfassen, durch Gesetz Nr. 35 v. 14.2.1934 in Kraft gesetzt.

Dänemark

Mangels eines solchen Vertrages wird angenommen, dass durch ein ausländisches Konkursverfahren nicht ausgeschlossen wird, dass ein dänisches Konkursverfahren über die in Dänemark befindlichen Vermögenswerte eröffnet wird. Auch die Einzelvollstreckung in Vermögenswerte des Schuldners in Dänemark ist weiterhin möglich. Vereinbarungen des Schuldners über anzuwendendes Recht und Beilegung von Rechtsstreitigkeiten, zB durch schiedsrichterliches Verfahren, sind hierbei von einem dänischen Konkursverwalter zu beachten. Im dänischen Konkursverfahren werden insbesondere die dänischen rechtlichen Regelungen angewandt, die auf den Schutz der Gläubigerinteressen abzielen, zB das Erfordernis der Abrechnung und Kontrolle bei Konsignationsverträgen und die Erfordernisse bezüglich der Gültigkeit eines Eigentumsvorbehalts – bei letzterem vorausgesetzt, der Gegenstand befand sich zum Zeitpunkt des Erlasses des Eröffnungsbeschlusses in Dänemark, jedenfalls wenn der ausländische Verkäufer zum Zeitpunkt des Verkaufes wusste, dass der Gegenstand nach Dänemark überführt werden sollte.

92   In Verfahren, an denen ein dänischer im Konkurs befindlicher Schuldner beteiligt ist, wird ein dänisches Gericht auch die dänischen Regelungen über Anfechtung anwenden.

Dänemark

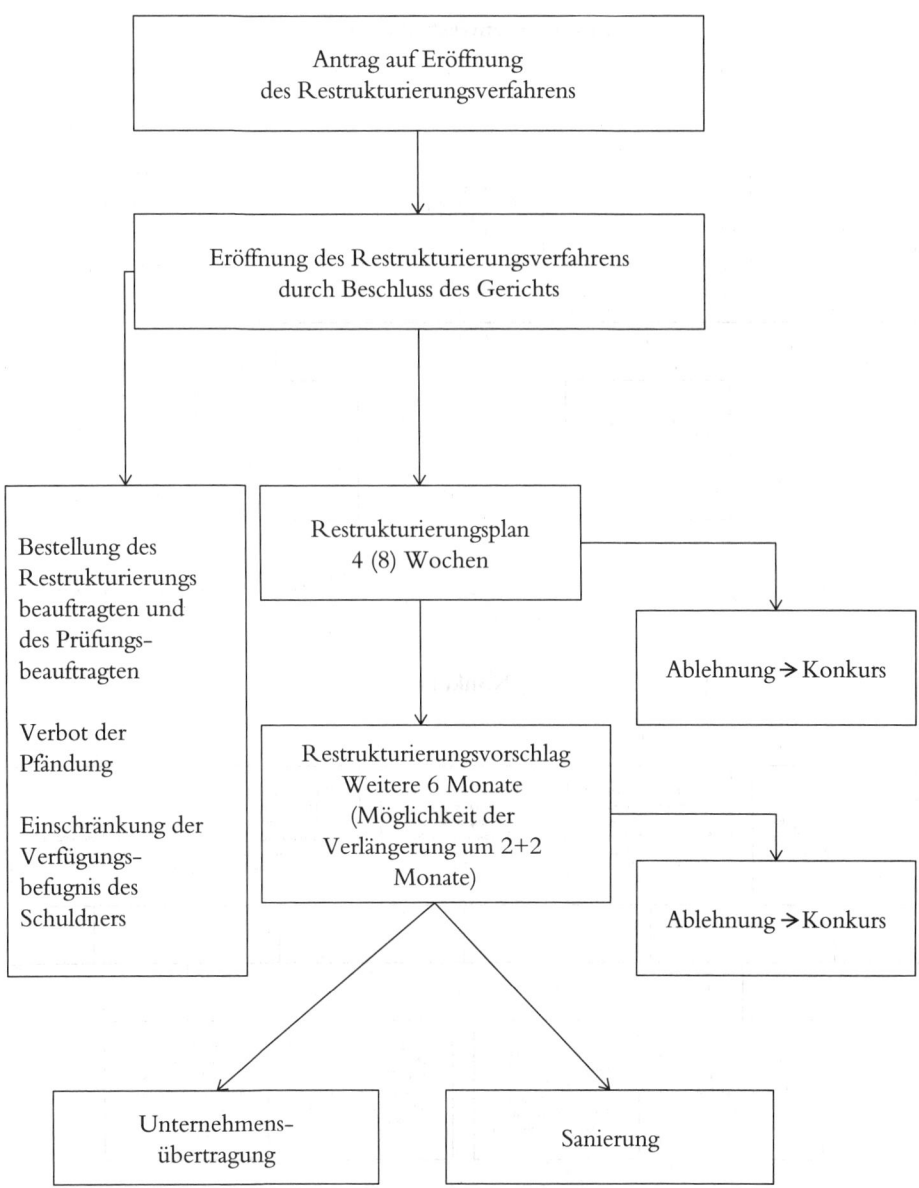

Dänemark

Unternehmensrestrukturierung

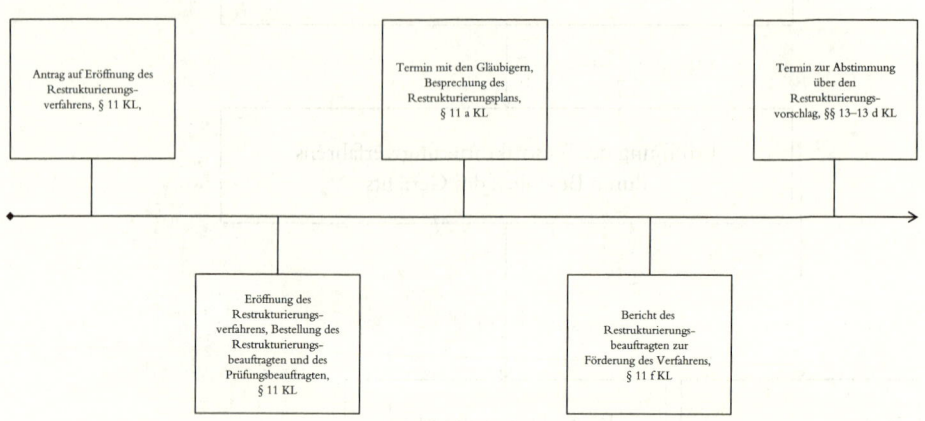

Konkurs

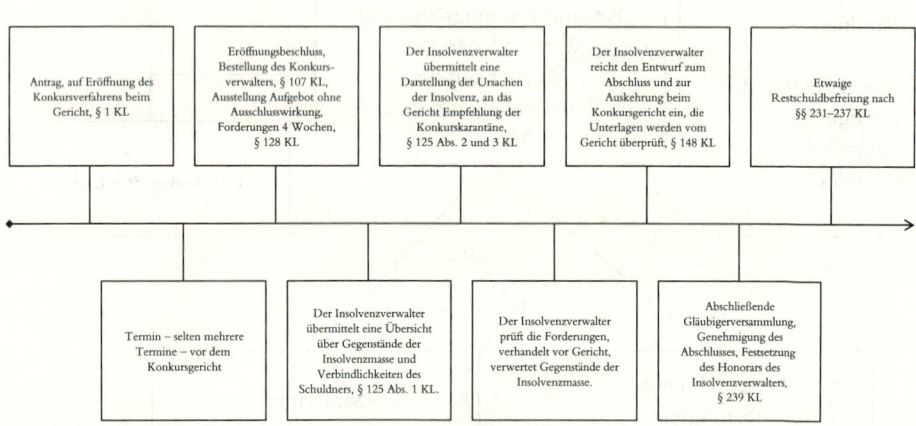

Dänemark

Restschuldbefreiung

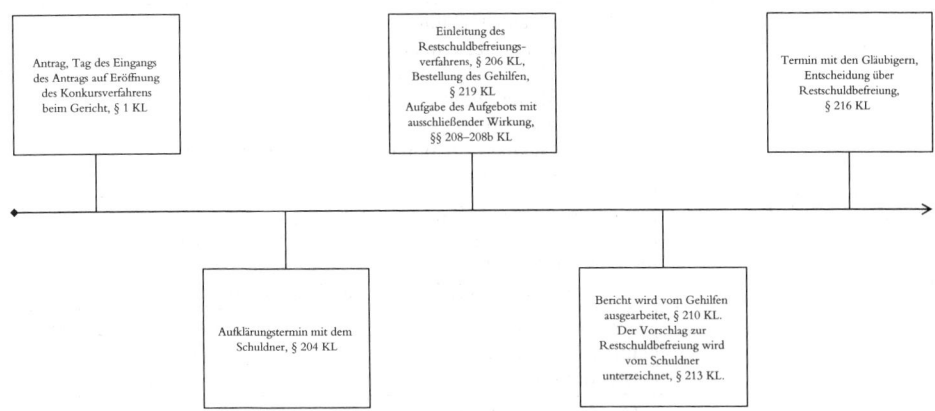

Gesamtdauer typisch 6–8 Monate, keine Höchstdauer

Dänemark

Glossar

Deutsch	Dänisch	Rn.
Absonderungsberechtigte Gläubiger	*Sikrede kreditorer.* Gläubiger, deren Forderung durch ein vom Schuldner eingeräumtes Pfandrecht gesichert ist. Der Konkursverwalter ist für die Verwertung der Sicherheiten zuständig. Dies ist jedoch nicht der Fall, wenn es sich um aussonderungsberechtigte Gläubiger handelt (siehe aussonderungsberechtigte Gläubiger).	33, 36
Aktiengesellschaft	*Aktieselskab (A/S).* Eine Kapitalgesellschaft mit einem Kapital von mindestens 500.000 DKK (etwa 67.000 EUR). Die Aktionäre haften nicht persönlich für die Verbindlichkeiten der Gesellschaft.	1, 11
Amtsblatt	*Statstidende.* Das offizielle Organ für die Bekanntmachung öffentlicher Rechtsakte u.a.m. – erscheint elektronisch.	16, 21, 48
Anmeldung von Forderungen	*Anmeldelse af fordringer.* Die Anmeldung hat innerhalb von 4 Wochen nach der Veröffentlichung der Mitteilung über die Eröffnung des Konkursverfahrens in dem dänischen Amtsblatt zu erfolgen, vgl. § 128 des dänischen Konkursgesetzes. Diese Frist hat keine ausschließende Wirkung.	21
Aussonderungsberechtigte Gläubiger	*Separatister.* Bezeichnung der Gläubiger, die dem Konkursverfahren einen Gegenstand insgesamt entziehen können. Im Gegensatz zu den übrigen Gläubigern können sie ihre Ansprüche unabhängig vom Konkurs verfolgen. Faustpfandgläubiger, Leasinggesellschaften und Inhaber eines Eigentumsvorbehaltes sind Beispiele solcher Gläubiger. Siehe §§ 82 und 91 des dänischen Konkursgesetzes.	35
Erlass des Beschlusses über die Eröffnung des Konkursverfahrens	*Konkursdekretets afsigelse.* Der Konkurs wird mit dem Erlass des Eröffnungsbeschlusses rechtswirksam, vgl. § 29 des dänischen Konkursgesetzes	7, 13, 15, 18
Eröffnungsbeschluss	Siehe Erlass des Beschlusses über die Eröffnung des Konkursverfahrens.	
Gläubiger	*Kreditorer.* Das Gesetz unterteilt die Gläubiger in absonderungsberechtigte und ungesicherte Gläubiger (siehe absonderungsberechtigte bzw. ungesicherte Gläubiger).	22–28
Gläubigerausschuss	*Kreditorudvalg.* Nach § 115 des dänischen Konkursgesetzes kann ein Drittel der bekannten, stimmberechtigten Gläubiger – nach Anzahl oder Höhe der Forderungen – verlangen, dass ein aus höchstens 3 Mitgliedern bestehender Gläubigerausschuss bestellt wird. Ein solcher Gläubigerausschuss, der über keine Entscheidungszuständigkeit verfügt, wird selten bestellt.	20
Insolvenz	*Insolvens.* Ein Schuldner gilt dann als insolvent, wenn er nicht in der Lage ist, seine fälligen Zahlungspflichten zu erfüllen, und es sich nicht nur um Schwierigkeiten vorübergehender Art handelt, vgl. § 17 Abs. 2 des dänischen Konkursgesetzes. Die Grundlage ist somit ein reines Liquiditätskriterium, und grundsätzlich ist es ohne Bedeutung, inwieweit der Schuldner ein positives Eigenkapital hat.	7

Dänemark

Deutsch	Dänisch	Rn.
Insolvenzfähigkeit	*Insolvenssubjektivitet.* Die Frage, wer Gegenstand des Insolvenzverfahrens sein kann. Nach dänischem Recht können alle natürlichen Personen und alle Personenvereinigungen, in denen keines der Mitglieder für die Verbindlichkeiten der Personenvereinigung persönlich haftet, Gegenstand des Insolvenzverfahrens sein. Haftet bzw. haften ein oder mehrere Mitglieder persönlich für die Verbindlichkeiten der Personenvereinigung, muss ein Konkursverfahren über dieses Mitglied bzw. diese Mitglieder durchgeführt werden, ehe über das Vermögen der Personenvereinigung das Konkursverfahren eröffnet werden kann.	11
Kautionsversicherung	*Kautionsforsikring.* Nach § 111 des dänischen Konkursgesetzes hat der Konkursverwalter eine Kautionsversicherung abzuschließen, durch die die Gläubiger des insolventen Schuldners gegen Verluste versichert sind, falls sich der Konkursverwalter die Mittel der Masse aneignet.	19
Kommanditgesellschaft	*Kommanditselskab (K/S).* Eine Gesellschaftsform, bei der einer oder mehrere Komplementäre persönlich haftet bzw. haften, während die übrigen Gesellschafter, die Kommanditisten, allein in Höhe der versprochenen Einlage haften. Voraussetzung der Eröffnung des Konkursverfahrens über das Vermögen einer K/S ist, dass über das Vermögen sämtlicher Komplementäre das Konkursverfahren eröffnet worden ist.	11
Konkursanpassung	*Konkursregulering.* Nach § 61 des dänischen Konkursgesetzes kann ein Vertrag über ein Dauerschuldverhältnis unter Einhaltung einer üblichen oder angemessenen Frist gekündigt werden, ungeachtet dessen, dass im Vertrag eine längere Frist vorgesehen ist. Diese Möglichkeit besteht jedoch nicht, wenn das Recht des Vertragspartners durch Eintragung ins Grundbuch oder sonstige öffentliche Registrierung gesichert ist (zB eine ins Grundbuch eingetragene Unkündbarkeit eines gewerblichen Mietvertrages).	55
Konkursantrag	*Konkursbegæring.* Konkurs kann von einem Gläubiger oder vom Schuldner selbst beantragt werden, vgl. § 17 des dänischen Konkursgesetzes. Wird beim Konkursgericht in dem Gerichtsbezirk beantragt, in dem der Schuldner gewerblich tätig ist.	12, 14
Konkursgericht	*Skifteretten.* Das Konkursgericht, das eine Abteilung des Amtsgerichts ist, ist für alle Fälle der Insolvenz (Restrukturierung, Konkurs und Restschuldbefreiung) zuständig, vgl. § 3 des dänischen Konkursgesetzes. In Groß-Kopenhagen gibt es ein Fachgericht für Insolvenz, das See- und Handelsgericht *(Sø- og Handelsretten),* vgl. § 4 des dänischen Konkursgesetzes.	9, 12, 14, 19–21, 24–27, 29–30, 32
Konkursgesetz	*Konkursloven.* Gesetz Nr. 298 vom 8.6.1977, jetzt Durchführungsverordnung Nr. 11 vom 6.1.2014, wie durch Gesetz Nr. 84 vom 28.1.2014, Nr. 737 vom 25.6.2014, Nr. 573 vom 4.5.2015, Nr. 550 vom 30.5.2017, Nr. 1555 vom 19.12.2017 und Nr. 58 vom 30.1.2018 geändert.	4

Dänemark

Deutsch	Dänisch	Rn.
Konkursmasse	*Konkursmasse.* Die Vermögenswerte, die Gegenstand des Konkursverfahrens sind. Das gilt für das Vermögen des Schuldners zum Zeitpunkt des Erlasses des Eröffnungsbeschlusses und alles, was ihm während des Konkursverfahrens zufällt, vgl. § 32 des dänischen Konkursgesetzes. Ausgenommen sind Erträge aus der eigenen Tätigkeit des Schuldners, vgl. § 33 des dänischen Konkursgesetzes, sowie Vermögenswerte, die von der Einzelverfolgung ausgeschlossen sind, und die in der Regel auch nicht im Falle eines Konkursverfahrens einbezogen werden, vgl. § 36 des dänischen Konkursgesetzes.	15, 53, 60–62
Konkursquarantäne	*Konkurskarantæne.* Im Falle der groben Fahrlässigkeit der Geschäftsführung eines im Konkurs befindlichen Unternehmens kann das Konkursgericht den fahrlässig Handelnden von der Geschäftsführung von Unternehmen ausschließen. Eine Quarantäne (Ausschluss) ist im Ausgangspunkt 3 Jahre lang wirksam.	19
Konkursverfahren	*Konkursbehandling.* Die Regeln dazu enthalten die Kapitel 3 bis 23 (§§ 17–169) des dänischen Konkursgesetzes.	5–7, 11, 13–16, 18, 21–32, 91
Konkursverwalter	*Kurator.* Der Konkursverwalter ist für die Konkursabwicklung allein zuständig. Konkursverwalter sind in der Praxis immer Rechtsanwälte, dies ist jedoch nicht gesetzlich vorgeschrieben.	19, 22
Liquidation, solvente Abwicklung von Kapitalgesellschaften	*Likvidation.* Solvente Kapitalgesellschaften werden durch Liquidation nach den Vorschriften des Kapitels 14, §§ 217–224 des dänischen Gesetzes über Kapitalgesellschaften *(selskabsloven)* aufgelöst.	41
Masseverbindlichkeiten	*Massekrav,* nach § 93 des dänischen Konkursgesetzes. Durch die Eröffnung des Konkursverfahrens entstehende Kosten (Nr. 1), mit dem Konkursverfahren verbundene Kosten (Nr. 2) und während des Konkursverfahrens entstehende Schulden, abgesehen von bestimmten Steueransprüchen (Nr. 3).	38–40
Prüfungsbeauftragter	*Regnskabskyndig tillidsmand.* Der Prüfungsbeauftragte ist für die finanzielle Dokumentation während des Restrukturierungsverfahrens zuständig. Der Prüfungsbeauftragte ist in der Praxis immer Wirtschaftsprüfer, dies ist aber nicht gesetzlich vorgesehen. Der übliche Wirtschaftsprüfer des Schuldners kann nicht als Prüfungsbeauftragter tätig sein.	76
Rangordnung	*Dækningsrækkefølge.* Siehe Ungesicherte Gläubiger	
Restschuldbefreiung	*Gældssanering.* Restschuldbefreiung, durch die der Schuldner von den Schulden befreit wird, die nicht im Rahmen des Konkursverfahrens beglichen wurden. Die Regeln dazu enthält Kapitel 29 (§§ 231–237) des dänischen Konkursgesetzes. Die Restschuldbefreiung kann auch – und dies ist am häufigsten der Fall – ohne ein vorhergehendes Konkursverfahren eingeräumt werden. Die Regeln dazu enthalten die Kapitel 25 bis 28 (§§ 197–230) des dänischen Konkursgesetzes.	6

Dänemark

Deutsch	Dänisch	Rn.
Restrukturierungsbeauftragter	*Rekonstruktør.* Bei der Einleitung der Restrukturierung wird vom Konkursgericht ein Restrukturierungsbeauftragter bestellt, der für die Förderung des Verfahrens sowie die Erstellung eines Restrukturierungsplans und eines Restrukturierungsvorschlages zuständig ist. Restrukturierungsbeauftragte sind in der Praxis immer Rechtsanwälte, dies ist jedoch nicht gesetzlich vorgeschrieben.	60, 76, 79
Restrukturierungsplan	*Rekonstruktionsplan.* Ein vorläufiger Plan dafür, inwieweit das Restrukturierungsverfahren auf einen Vergleich für den Schuldner oder eine Unternehmensübertragung in Verbindung mit Konkurs abzielt. Muss innerhalb von 4, ausnahmsweise 8 Wochen, nach der Einleitung des Restrukturierungsverfahrens genehmigt werden, vgl. § 11e des dänischen Konkursgesetzes.	76–77
Restrukturierungsvorschlag	*Rekonstruktionsforslag.* Der endgültige Vorschlag über Zwangsvergleich oder Unternehmensübertragung. Muss innerhalb von 6 Monaten, ausnahmsweise 10 Monaten, nach der Genehmigung des Restrukturierungsplans genehmigt werden, vgl. §§ 13 und 13a des dänischen Konkursgesetzes.	76–77
Schlussrechnung	*Regnskab.* Nach Abschluss des Konkursverfahrens wird vom Konkursverwalter ein Entwurf zur Schlussrechnung erstellt, der vom Konkursgericht zu überprüfen und in einer Gläubigerversammlung zu genehmigen ist, vgl. § 148 des dänischen Konkursgerichts. Aus der Schlussrechnung geht die Höhe des zur Verteilung an die Gläubiger zur Verfügung stehenden Betrages hervor.	25
Stichtag	*Fristdag.* Tag des Eingangs des Antrags auf Einleitung des Restrukturierungsverfahrens, auf Eröffnung des Konkursverfahrens oder auf Restschuldbefreiung beim Gericht, vgl. § 1 des Konkursgesetzes. Ausgangspunkt für die Festsetzung einer Reihe von Fristen, vor allem bezüglich Anfechtung.	12, 60, 65–69, 71
Ungesicherte Gläubiger	*Usikrede kreditorer.* Diese werden im Ausgangspunkt gleich behandelt, vgl. § 97 des dänischen Konkursgesetzes. Im dänischen Recht wird jedoch eine begrenzte Anzahl absonderungsberechtigter Forderungen anerkannt, vgl. §§ 93–96 des dänischen Konkursgesetzes, sowie nachrangige Forderungen, vgl. § 98, Nr. 1–3 des Konkursgesetzes.	33, 37
Unternehmensrestrukturierung	*Rekonstruktionsbehandling.* Ein Verfahren, dessen Zweck die Abwendung des Konkurses für Schuldner oder Unternehmen ist, der bzw. das vorübergehend insolvent, im Prinzip aber lebensfähig ist.	75–81
Verfügungsbefugnis, Verlust der	*Urådighed.* Beim Erlass des Beschlusses über die Eröffnung des Konkursverfahrens verliert der Schuldner seine Befugnis über die Vermögenswerte der Konkursmasse mit Wirkung für die Masse.	14–17
Verteilungsverzeichnis	*Udlodningsliste.* Eine Übersicht über die Beträge, die den einzelnen Gläubiger zustehen, vgl. §§ 150 bzw. 152 des dänischen Konkursgesetzes.	25

Dänemark

Deutsch	Dänisch	Rn.
Wirkungen des Konkursverfahrens	*Konkursens virkninger.* Eine Gesamtbezeichnung für den Grundsatz des Verlustes der Verfügungsbefugnis § 29 des dänischen Konkursgesetzes, das Verbot gegen Einzelverfolgung, § 31 des dänischen Konkursgesetzes, den Gleichbehandlungsgrundsatz, § 97 des dänischen Konkursgesetzes, und den Anfechtungsgrundsatz, Kapitel 8 (§§ 64–81) des dänischen Konkursgesetzes.	15–18
Zahlungsunfähigkeit	Siehe Insolvenz.	

Glossar

Dänisch	Deutsch	Rn.
Aktieselskab (A/S)	*Aktiengesellschaft.* Eine Kapitalgesellschaft mit einem Kapital von mindestens 500.000 DKK (etwa 67.000 EUR). Die Aktionäre haften nicht persönlich für die Verbindlichkeiten der Gesellschaft.	1, 11
Anmeldelse af fordringer	*Anmeldung von Forderungen.* Die Anmeldung hat innerhalb von 4 Wochen (keine Ausschlussfrist) nach der Veröffentlichung der Mitteilung über die Eröffnung des Konkursverfahrens in dem dänischen Amtsblatt zu erfolgen, vgl. § 128 des dänischen Konkursgesetzes.	21
Dækningsrækkefølge	*Rangfolge.* Siehe Ungesicherte Gläubiger	
Fristdag	*Stichtag.* Tag des Eingangs des Antrags auf Einleitung des Restrukturierungsverfahrens, auf Eröffnung des Konkursverfahrens oder auf Restschuldbefreiung beim Gericht, vgl. § 1 des Konkursgesetzes. Ausgangspunkt für die Festsetzung einer Reihe von Fristen, vor allem bezüglich Anfechtung.	12k, 60, 65–69, 71
Gældssanering	*Restschuldbefreiung.* Restschuldbefreiung, durch die der Schuldner von den Schulden befreit wird, die nicht im Rahmen des Konkursverfahrens beglichen wurden. Die Regeln dazu enthält Kapitel 29 (§§ 231–237) des dänischen Konkursgesetzes. Die Restschuldbefreiung kann auch – und dies ist am häufigsten der Fall – ohne ein vorhergehendes Konkursverfahren gewährt werden. Die Regeln dazu enthalten die Kapitel 25 bis 28 (§§ 197–230) des dänischen Konkursgesetzes.	6
Insolvens	*Insolvenz.* Ein Schuldner gilt dann als insolvent, wenn er nicht in der Lage ist, seine fälligen Zahlungsverpflichtungen zu erfüllen, und es sich nicht nur um Schwierigkeiten vorübergehender Art handelt, vgl. § 17 Abs. 2 des dänischen Konkursgesetzes. Die Grundlage ist somit ein reines Liquiditätskriterium, und grundsätzlich ist es ohne Bedeutung, inwieweit der Schuldner ein positives Eigenkapital hat.	7
Insolvenssubjektivitet	*Insolvenzfähigkeit.* Die Frage, wer Gegenstand des Insolvenzverfahrens sein kann. Nach dänischem Recht können alle natürlichen Personen und alle Personenvereinigungen, in denen keines der Mitglieder für die Verbindlichkeiten der Personenvereinigung persönlich haftet, Gegenstand des Insolvenz-	11

Dänemark

Dänisch	Deutsch	Rn.
	verfahrens sein. Haftet bzw. haften ein oder mehrere Mitglieder persönlich für die Verbindlichkeiten der Personenvereinigung, muss ein Konkursverfahren über dieses Mitglied bzw. diese Mitglieder durchgeführt werden, ehe über das Vermögen der Personenvereinigung das Konkursverfahren eröffnet werden kann.	
Kautionsforsikring	*Kautionsversicherung.* Nach § 111 des dänischen Konkursgesetzes hat der Konkursverwalter eine Kautionsversicherung abzuschließen, durch die die Gläubiger des insolventen Schuldners gegen Verluste versichert sind, falls sich der Konkursverwalter (die) Masse aneignet.	19
Kommanditselskab (K/S)	*Kommanditgesellschaft (K/S).* Eine Gesellschaftsform, bei der einer oder mehrere Komplementäre persönlich haftet bzw. haften, während die übrigen Gesellschafter, die Kommanditisten, allein in Höhe der versprochenen Einlage haften. Voraussetzung der Eröffnung des Konkursverfahrens über das Vermögen einer K/S ist, dass über das Vermögen sämtlicher Komplementäre das Konkursverfahren eröffnet worden ist.	11
Konkursbegæring	*Konkursantrag.* Konkurs kann von einem Gläubiger oder vom Schuldner selbst beantragt werden, vgl. § 17 des dänischen Konkursgesetzes. Konkurs wird beim Konkursgericht in dem Gerichtsbezirk beantragt, in dem der Schuldner gewerblich tätig ist.	12, 14
Konkursbehandling	*Konkursverfahren.* Die Regeln dazu enthalten die Kapitel 3 bis 23 (§§ 17–169) des dänischen Konkursgesetzes.	5–7, 11, 13–16, 18, 21–32, 91
Konkursdekretets afsigelse	*Erlass des Beschlusses über die Eröffnung des Konkursverfahrens.* Der Konkurs wird mit dem Erlass des Eröffnungsbeschlusses rechtswirksam, vgl. § 29 des dänischen Konkursgesetzes	7, 13, 15, 18
Konkursens retsvirkninger	*Wirkungen des Konkursverfahrens.* Eine Gesamtbezeichnung für den Grundsatz des Verlustes der Verfügungsbefugnis gem. § 29 des dänischen Konkursgesetzes, das Verbot gegen Einzelverfolgung, § 31 des dänischen Konkursgesetzes, den Gleichbehandlungsgrundsatz, § 97 des dänischen Konkursgesetzes, und den Anfechtungsgrundsatz, Kapitel 8 (§§ 64–81) des dänischen Konkursgesetzes.	15–18
Konkurskarantæne	*Konkursquarantäne.* Im Falle der groben Fahrlässigkeit der Geschäftsführung eines im Konkurs befindlichen Unternehmens kann das Konkursgericht den fahrlässig Handelnden von der Geschäftsführung von Unternehmen ausschließen. Eine Quarantäne (Ausschluss) ist grundsätzlich 3 Jahre lang wirksam.	19
Konkursloven	*Konkursgesetz.* Gesetz Nr. 298 vom 8.6.1977, jetzt Durchführungsverordnung Nr. 11 vom 6.1.2014, wie durch Gesetz Nr. 84 vom 28.1.2014, Nr. 737 vom 25.6.2014, Nr. 573 vom 4.5.2015, Nr. 550 vom 30.5.2017, Nr. 1555 vom 19.12.2017 und Nr. 58 vom 30.1.2018 geändert.	4

Dänemark

Dänisch	Deutsch	Rn.
Konkursmasse	*Konkursmasse.* Die Vermögenswerte, die Gegenstand des Konkursverfahrens sind. Das gilt für das Vermögen des Schuldners zum Zeitpunkt des Erlasses des Eröffnungsbeschlusses und alles, was ihm während des Konkursverfahrens zufällt, vgl. § 32 des dänischen Konkursgesetzes. Ausgenommen sind Erträge aus der eigenen Tätigkeit des Schuldners, vgl. § 33 des dänischen Konkursgesetzes, sowie Vermögenswerte, die von der Einzelverfolgung ausgeschlossen sind, und die in der Regel auch nicht im Falle eines Konkursverfahrens einbezogen werden, vgl. § 36 des dänischen Konkursgesetzes.	15, 53, 60–62
Konkursregulering	*Konkursanpassung.* Nach § 61 des dänischen Konkursgesetzes kann ein Vertrag über ein Dauerschuldverhältnis unter Einhaltung einer üblichen oder angemessenen Frist gekündigt werden, ungeachtet dessen, dass im Vertrag eine längere Frist vorgesehen ist. Diese Möglichkeit besteht jedoch nicht, wenn das Recht des Vertragspartners durch Eintragung ins Grundbuch oder sonstige öffentliche Registrierung gesichert ist (zB eine ins Grundbuch eingetragene Unkündbarkeit eines gewerblichen Mietvertrages).	55
Kreditorer	*Gläubiger.* Das Gesetz unterteilt die Gläubiger in absonderungsberechtigte und ungesicherte Gläubiger (siehe absonderungsberechtigte bzw. ungesicherte Gläubiger).	22–28
Kreditorudvalg	*Gläubigerausschuss.* Nach § 115 des dänischen Konkursgesetzes kann ein Drittel der bekannten, stimmberechtigten Gläubiger – nach Anzahl oder Höhe der Forderungen – verlangen, dass ein aus höchstens 3 Mitgliedern bestehender Gläubigerausschuss bestellt wird. Ein solcher Gläubigerausschuss, der über keine Entscheidungszuständigkeit verfügt, wird selten bestellt.	20
Kurator	*Konkursverwalter.* Der Konkursverwalter ist für die Konkursabwicklung allein zuständig. Konkursverwalter sind in der Praxis immer Rechtsanwälte, dies ist jedoch nicht gesetzlich vorgeschrieben.	19, 22
Likvidation	*Liquidation, solvente Abwicklung von Kapitalgesellschaften.* Solvente Kapitalgesellschaften werden durch Liquidation nach den Vorschriften des Kapitels 14, §§ 217–224 des dänischen Gesetzes über Kapitalgesellschaften *(selskabsloven)* aufgelöst.	41
Massekrav	*Masseverbindlichkeiten,* nach § 93 des dänischen Konkursgesetzes. Durch die Eröffnung des Konkursverfahrens entstehende Kosten (Nr. 1), mit dem Konkursverfahren verbundene Kosten (Nr. 2) und während des Konkursverfahrens entstehende Schulden, abgesehen von bestimmten Steueransprüchen (Nr. 3).	38–40
Regnskab	*Schlussrechnung.* Nach Abschluss des Konkursverfahrens wird vom Konkursverwalter ein Entwurf zur Schlussrechnung erstellt, der vom Konkursgericht zu überprüfen und in einer Gläubigerversammlung zu genehmigen ist, vgl. § 148 des dänischen Konkursgerichts. Aus der Schlussrechnung geht die	25

Dänemark

Dänisch	Deutsch	Rn.
	Höhe des zur Verteilung an die Gläubiger zur Verfügung stehenden Betrages hervor.	
Regnskabskyndig tillidsmand	*Prüfungsbeauftragter.* Der Prüfungsbeauftragte ist für die finanzielle Dokumentation während des Restrukturierungsverfahrens zuständig. Der Prüfungsbeauftragte ist in der Praxis immer Wirtschaftsprüfer, dies ist aber nicht gesetzlich vorgesehen. Der übliche Wirtschaftsprüfer des Schuldners kann nicht als Prüfungsbeauftragter tätig sein.	76
Rekonstruktionsforslag	*Restrukturierungsonsvorschlag.* Der endgültige Vorschlag über Zwangsvergleich oder Unternehmensübertragung. Muss innerhalb von 6 Monaten, ausnahmsweise 10 Monaten, nach der Genehmigung des Restrukturierungsplans genehmigt werden, vgl. §§ 13 und 13 a des dänischen Konkursgesetzes.	76–77
Rekonstruktionsplan	*Restrukturierungsplan.* Ein vorläufiger Plan dafür, inwieweit das Restrukturierungsverfahren auf einen Vergleich für den Schuldner oder eine Unternehmensübertragung in Verbindung mit Konkurs abzielt. Muss innerhalb von 4, ausnahmsweise 8 Wochen, nach der Einleitung des Restrukturierungsverfahrens genehmigt werden, vgl. § 11e des dänischen Konkursgesetzes.	76–77
Rekonstruktør	*Restrukturierungsbeauftragter.* Bei der Einleitung der Restrukturierung wird vom Konkursgericht ein Restrukturierungsbeauftragter bestellt, der für die Förderung des Verfahrens sowie die Erstellung eines Restrukturierungsplans und eines Restrukturierungsvorschlages zuständig ist. Restrukturierungsbeauftragte sind in der Praxis immer Rechtsanwälte, dies ist jedoch nicht gesetzlich vorgeschrieben.	60, 76, 79
Rekonstruktuktionsbehandling	*Unternehmensrestrukturierung.* Ein Verfahren, dessen Zweck die Abwendung des Konkurses für Schuldner oder Unternehmen ist, der bzw. das vorübergehend insolvent, im Prinzip aber lebensfähig ist.	75–81
Separatister	*Aussonderungsberechtigte Gläubiger.* Bezeichnung der Gläubiger, die dem Konkursverfahren einen Gegenstand insgesamt entziehen können. Im Gegensatz zu den übrigen Gläubigern können sie ihre Ansprüche unabhängig vom Konkurs verfolgen. Faustpfandgläubiger, Leasinggesellschaften und Inhaber eines Eigentumsvorbehaltes sind Beispiele solcher Gläubiger. Siehe §§ 82 und 91 des dänischen Konkursgesetzes.	35
Sikrede kreditorer	*Absonderungsberechtigte Gläubiger.* Gläubiger, deren Forderung durch ein vom Schuldner eingeräumtes Pfandrecht gesichert ist. Der Konkursverwalter ist für die Verwertung der Sicherheiten zuständig. Dies ist jedoch nicht der Fall, wenn es sich um aussonderungsberechtigte Gläubiger handelt (siehe aussonderungsberechtigte Gläubiger).	33, 36
Skifteret	*Konkursgericht.* Das Konkursgericht, das eine Abteilung des Amtsgerichts ist, ist für alle Fälle der Insolvenz (Restrukturierung, Konkurs und Restschuldbefreiung) zuständig, vgl. § 3 des dänischen Konkursgesetzes. In Groß-Kopenhagen gibt es ein Fachgericht für Insolvenz, das See- und Handelsge-	9, 12, 14, 19–21, 24–27, 29–30, 32

Dänemark

Dänisch	Deutsch	Rn.
	richt *(Sø- og Handelsretten)*, vgl. § 4 des dänischen Konkursgesetzes.	
Statstidende	*Amtsblatt*. Das offizielle Organ für die Bekanntmachung öffentlicher Rechtsakte u.a.m. – erscheint elektronisch.	16, 21, 48
Udlodningsliste	*Verteilungsverzeichnis*. Eine Übersicht über die Beträge, die den einzelnen Gläubiger zustehen, vgl. §§ 150 bzw. 152 des dänischen Konkursgesetzes.	25
Urådighed	*Verlust der Verfügungsbefugnis*. Beim Erlass des Beschlusses über die Eröffnung des Konkursverfahrens verliert der Schuldner seine Befugnis über die Vermögenswerte der Konkursmasse mit Wirkung für die Masse.	14–17
Usikrede kreditorer	*Ungesicherte Gläubiger*. Diese werden im Ausgangspunkt gleich behandelt, vgl. § 97 des dänischen Konkursgesetzes. Im dänischen Recht wird jedoch eine begrenzte Anzahl absonderungsberechtigter Forderungen anerkannt, vgl. §§ 93–96 des dänischen Konkursgesetzes, sowie nachrangige Forderungen, vgl. § 98, Nr. 1–3 des Konkursgesetzes.	33, 37

England und Wales

bearbeitet von *Ursula Schlegel*, Rechtsanwältin & Solicitor (England and Wales), Frankfurt a. M.

Übersicht

	Rn.
1. Literatur, Gesetzessammlungen, Informationsquellen	1
1.1 Hinweis zu Literatur und Gesetzessammlungen betreffend das am 26. Juni 2020 in Kraft getretene Gesetz *Corporate Insolvency and Governance Act 2020* („*CIGA 2020*")	1
1.2 Literatur	3
1.3 Gesetzessammlungen	5
1.4 Informationsquellen	8
2. Einführung	13
2.1 Gesetzliche Grundlagen	13
2.1.1. Die Reformen des *Enterprise Act 2002*, des *Small Business, Enterprise and Employment Act 2015 (SBEE 2015)* und des *CIGA 2020*; „Berufsrecht" der Verwalter, *SIPs*	13
2.1.1.1 Grundzüge	13
2.1.1.2 Enterprise Act 2002	15
2.1.1.3 „*Corporate Insolvency and Governance Act 2020*" („*CIGA 2020*")	16
2.1.2 „Berufsrecht" der Verwalter, *SIPs*; *Insolvency Code of Ethics*	19
2.2. Die Verwendung von Formularen, *prescribed forms*, im Verfahren	21
2.4 Räumlicher Anwendungsbereich, Schottland und Nordirland	22
2.4.1 Schottland	25
2.4.2 Nordirland	26
2.5 Verfahrensarten, Einführung	27
2.6 *Corporate insolvency* und *corporate rescue*, Unternehmensabwicklung und -sanierung; das neue *moratorium* nach dem CIGA 2020	29
2.7 Gerichte	43
2.8 Verwalter, *office-holder*	44
2.9 Official Receiver	48
3. *Corporate insolvency*, Unternehmensabwicklung und Unternehmenssanierung, die einzelnen Verfahrensarten	50
3.1 *Winding up*, Unternehmensabwicklung	50
3.1.1 Ausgestaltungen der *winding up*, Verfahrensgrundzüge	50
3.1.2 *Members' voluntary winding up*, Abwicklung des solventen Unternehmens auf Initiative der Gesellschafter	54
3.1.3 *Creditors' voluntary winding up*, Abwicklung des insolventen Unternehmens auf Initiative der Gesellschafter	55

	Rn.
3.1.4 *Compulsory winding up*, Abwicklung des insolventen Unternehmens aufgrund gerichtlicher Anordnung	57
3.1.5 Die Stellung der Gläubiger im Verfahren *winding up*	60
3.1.6 Unvollständig erfüllte Verträge in den Verfahren *winding up* und *administration*	62
3.2 *Administrative receivership*: Bestellung eines „Verwalters" im Interesse nur eines Sicherungsnehmers	64
3.2.1 Verfahrensgrundzüge, weitgehende Abschaffung der *Administrative receivership*	64
3.2.2 Die Sicherheit *floating charge*	65
3.3 *Administration*: das Verfahren zur Unternehmenssanierung	66
3.3.1 Verfahrensgrundzüge, die Reformen des *Enterprise Act 2002* und des *Small Business, Enterprise and Employment Act 2015* („*SBEEA 2015*")	66
3.3.2 Der Verwalter, *administrator*	69
3.3.3 Erlösverteilung	72
3.3.4 Gerichtliche Anordnung der *administration*	73
3.3.5 Außergerichtliche Einleitung der *administration* durch das Unternehmen oder seine Geschäftsführung, *out of court appointment*	74
3.3.6 Außergerichtliche Einleitung der *administration* durch den Sicherungsnehmer unter einer *qualifying floating charge*	75
3.3.7 *Pre-packaged sales*, „übertragende Sanierung" im Verfahren *administration*	76
3.4 *Company Voluntary Arrangement (CVA)*: Vergleich zwischen Unternehmen, Gläubigern und Gesellschaftern	77
3.4.1 Grundzüge des Verfahrens	77
3.4.2 Wirksamwerden und Überwachung des Vergleichs	79
4. *Scheme of Arrangement (SoA)*, der Vergleich eines Unternehmens mit seinen Gläubigern und/oder Gesellschaftern; der *Restructuring Plan* des *CIGA 2020*	80
4.1 Grundzüge des Verfahrens *Scheme of Arrangement (SoA)*	80
4.2 Wesentlicher Anwendungsfall *creditor scheme*, grenzübschreitende Fälle	81
4.3. Das *Restructuring Plan*-Verfahren des *CIGA 2020*	84
5. *Bankruptcy*, die Insolvenz natürlicher Personen	89

England und Wales 1–3 Länderberichte

	Rn.		Rn.
5.1 Grundzüge des Verfahrens	89	7.2.3 Anfechtbarkeit von *floating charges*	101
5.2 Restschuldbefreiung, *Bankruptcy Restrictions Order* (BRO) und *Bankruptcy Restrictions Undertaking* (BRU)	92	7.2.4 *Extortionate credit transactions*, „Wucherkredite"	102
5.3 Ungültigkeitserklärung des Beschlusses über die Anordnung des Privatinsolvenzverfahrens	93	7.2.5 *Transactions defrauding creditors*, „vorsätzliche Gläubigerbenachteiligung"	103
5.4 *Individual Voluntary Arrangement*, IVA; der Gläubigervergleich im Privatinsolvenzverfahren; *Debt Relief Orders*	95	8. Haftung und Disqualifikation von Geschäftsführern insolventer Unternehmen	104
6. *Set-off*, Aufrechnung	97	8.1 *Fraudulent trading*	104
7. „Anfechtungsrecht", *adjustment of prior transactions*	98	8.2 *Wrongful trading*	105
7.1 Einführung	98	8.3 Untersagung der Ausübung von Geschäftsführung nach dem *Directors Disqualification Act 1986*	109
7.2 Die verschiedenen „Anfechtungstatbestände"	99	9. Internationales Insolvenzrecht	110
7.2.1 *Preference*, Gläubigerbevorzugung	99	9.1 Anwendbarkeit der EuInsVO nach dem „Brexit"	110
7.2.2 *Transactions at an Undervalue*, Verfügungen unter Wert	100	9.2 Anerkennung von Verfahren aus Drittstaaten in Großbritannien	112
		10. COVID-19-Gesetzgebung	114

1. Literatur, Gesetzessammlungen, Informationsquellen

1.1 Hinweis zu Literatur und Gesetzessammlungen betreffend das am 26. Juni 2020 in Kraft getretene Gesetz *Corporate Insolvency and Governance Act 2020* („*CIGA 2020*"):

1 Die englische Fachliteratur hatte bis zum Redaktionsschluss dieses Länderberichts nur die Diskussionen zu notwendigen Reformen des Insolvenzrechts aufgegriffen, naturgemäß nicht das *CIGA 2020*. Lesern werden daher vorerst die *„Explanatory Notes"* **zum *CIGA 2020* empfohlen**, erstellt von dem auch für Insolvenzsachen zuständigen Ministerium *Business, Energy and Industrial Strategy*, um der Praxis Informationen für die Umsetzung des Gesetzes an die Hand geben;[1] des Weiteren ein **umfangreicheres** *„Digest"* der *Barristers South Square Chambers*.[2] Instruktiv zu dem mit dem *CIGA 2020* neu eingeführten *Restructuring Plan*-Verfahren ist die Entscheidung des *High Court* in Sachen *Virgin Atlantic* vom 4.9.2020.[3]

2 **Die Gesetzesänderungen des *CIGA 2020*** waren bei Redaktionsschluss dieses Länderberichts noch nicht in die auf www.legislation.gov.uk abrufbaren betroffenen Gesetze (insbesondere *Insolvency Act 1986* und *Companies Act 2006*) eingearbeitet worden. Auch die in diesem Länderbericht zitierten Auflagen von **Gesetzessammlungen** aus dem Jahr 2020, *Insolvency Law Handbook* (*Crystal* u.a.) und Sealy/Milman, *Annotated Guide to the Insolvency Legislation*, werden das *CIGA 2020* erst in kommenden Auflagen berücksichtigen können. **Daher wird Lesern vorerst empfohlen,** für die Gesetze, die von den Reformen betroffen sind, die jeweiligen Textpassagen des *CIGA 2020* heranzuziehen, abrufbar unter https://www.legislation.gov.uk/ukpga/2020/12/, ggf. unter Heranziehung der eben erwähnten *Explanatory Notes* der englischen Regierung.

1.2 Literatur

3 Bailey, Groves, *Corporate Insolvency – Law and Practice*, 5. Auflage 2017; *Ian F. Fletcher, The Law of Insolvency*, 5. Auflage 2017; *Goode on Principles of Corporate Insolvency Law*, Kristin van Zwieten, 2019; Lightman & Moss, *The Law of Administrators and Receivers of Companies*, 6. Auflage 2017; *Totty, Peter/ Moss, Gabriel, Insolvency*, Kommentar, Loseblattsammlung; *Dennis Vernon, Insolvency Law Handbook*,

---

[1] http://www.legislation.gov.uk/ukpga/2020/12/notes/division/1/index.htm. Diese *Explanatory Notes* wurden schon wenige Monate nach Inkrafttreten des CIGA 2020 in der Entscheidung über die Bestätigung des *Restructuring Plans* in Sachen *Virgin Atlantic* herangezogen: *Virgin Atlantic Airways Limited and in the Matter of Part 26A of the Companies Act 2002 (2020) EWHC 2376 (Ch)*, dort Rn. 44.

[2] Artikelserie *„A series of articles by Members of South Square examining the newly enacted Corporate Insolvency and Governance Act 2020", „Digest"* vom 08. Juli 2020, *www.southsquare.com*.

[3] *Virgin Atlantic Airways Limited and in the Matter of Part 26A of the Companies Act 2002 (2020) EWHC 2376 (Ch).*

3. Auflage 2013 (Ein Handbuch das auch eine ausführliche Darstellung des Privatinsolvenzverfahrens, *Bankruptcy*, enthält); *Geoffrey M. Weisgard, Michael Griffiths, Company Voluntary Arrangements and Administrations*, 3. Auflage 2013; Köster, Malte, die Bestellung des Insolvenzverwalters. Eine vergleichende Untersuchung des deutschen und englischen Rechts, 2005, Baden-Baden, (Diss.); Müller-Seils, Carsten Oliver, Rescue Culture und Unternehmenssanierung in England und Wales nach dem Enterprise Act 2002, 2006, Baden-Baden, (Diss.); *Redeker,* Die Haftung für wrongful trading im englischen Recht, (Diss.) Leipzig 2007; *Thole,* Gläubigerschutz durch Anfechtungsrecht (dort § 5: Gläubigerschutz durch Insolvenzanfechtung und verwandte Regelungsinstrumente im englischen Recht), Mohr Siebeck, Tübingen, 2010; *Geofe O'Dea, Julian Long, Alexandra Smith, Schemes of Arrangement, Law and Practice,* Oxford University Press, 2. Auflage 2016; *Schlegel,* Das *Scheme of Arrangement* – global tief verwurzelter Evergreen, Festschrift für Marie Luise Graf-Schlicker, 2018 S. 381 ff.; *Sax, Swierczok,* Die Anerkennung des englischen *Scheme of Arrangement* in Deutschland post Brexit, ZIP 2017, S. 601*; Dieselben,* Sanierungsverfahren in sonstigen Rechtsordnungen: Großbritanien, in Flöther, Sanierungsrecht, S. 350 ff., 2019*; Sealy, Len/Milman, David, Annotated Guide to the Insolvency Legislation,* eine jährlich erscheinende zweibändige kommentierte Sammlung von Gesetzestexten zum Insolvenzrecht.[4]

Die **Law Society Library**[5] in London, die **Präsenzbibliothek** der *Law Society,* der zentralen Anwaltskammer für *solicitors* in England und Wales, verfügt über eine umfangreiche Auswahl an insolvenzrechtlicher Literatur.

1.3 Gesetzessammlungen

Sealy, Len/Milman, David, Annotated Guide to the Insolvency Legislation, eine jährlich erscheinende zweibändig kommentierte Sammlung von Gesetzestexten zum Insolvenzrecht; *Crystal, Michael; Phillips, Mark; Davis, Glen; Butterworths,* Insolvency Law Handbook, eine jährlich erscheinende Sammlung von Gesetzestexten zum Insolvenzrecht.

Die in diesem Bericht zitierten Gesetze sind elektronisch verfügbar auf der offiziellen Website der englischen Regierung[6] www.legislation.gov.uk.

Vor dem Hintergrund der **COVID-19 Pandemie** hat die englische Regierung eine **Website zu COVID-19-Spezialgesetzgebung,** *Coronavirus legislation,* eingerichtet, hier finden sich auch für das Restrukturierungs- und Insolvenzrecht relevante Gesetze und Informationen: ***https://www.legislation.gov.uk/coronavirus.***

1.4 Informationsquellen

Bei **Companies House,** dem **zentral** geführten **Handelsregister**[7] für England und Wales, werden auch Insolvenzvermerke für Gesellschaften mit beschränkter Haftung, *limited companies,* eingetragen,[8] diese und andere insolvenzbezogene Unternehmensinformationen sowie umfangreiche allgemeine Informationen zum Unternehmensinsolvenzrecht sind abrufbar unter *www.companieshouse.gov.uk*. Bekanntmachungen zu Privatinsolvenzverfahren sind einsehbar im zentralen „Register über Privatinsolvenzverfahren", **Bankruptcy Insolvency Register** unter *www.gov.uk/search-bankruptcy-insolvency-register* (hier findet sich auch Informationen darüber, ob der Schuldner einen Vergleich, *Individual Voluntary Arrangement (IVA),* mit seinen Gläubigern geschlossen hat).

Der Insolvency Service, ein Exekutivorgan, *executive agency,* des Ministeriums *Department for Business, Energy & Industrial Strategy,*[9] das auch für Insolvenzangelegenheiten zuständig ist, veröffentlicht neben den **offiziellen Insolvenzstatistiken umfangreiche Informationen zum englischen Insolvenzrecht,** *https://www.gov.uk/government/organisations/insolvency-service.*

Auch **R3,** eine Vereinigung englischer Restrukturierungsexperten, veröffentlicht unter *www.r3.org.uk* umfangreiche Informationen zum englischen Insolvenzrecht.

---

[4] Sealy/Milman ist eine von englischen Praktikern verwendete Gesetzessammlung, in die vor/nach inhaltlich zusammenhängenden Abschnitten von Vorschriften „*introductory notes*" und „*general notes*" (inkl. Rechtsprechungsverweisen und -kommentierungen) platziert sind. Insofern nimmt diese Publikation eine „Zwitterstellung" zwischen Gesetzessammlung und klassischer Kommentierung ein.

[5] Siehe *www.lawsociety.org.uk/support-services/library-services.*

[6] In diesem Länderbericht werden der Einfachheit halber die Begriffe „englisch", „England" oder „Großbritannien" auch für „Vereinigtes Königreich von Großbritannien und Nordirland" verwendet.

[7] Anders als in Deutschland wird das Handelsregister nicht gerichtlich geführt, *Companies House* ist ein Exekutivorgan, *executive agency,* und untersteht dem Ministerium *Department for Business, Energy & Industrial Strategy.*

[8] Dazu, in welcher Form und durch welche Verfahrensbeteiligten Meldungen solcher Eintragungen an *Companies House* erfolgen, siehe bei den Darstellungen der einzelnen Verfahrensarten.

[9] *https://www.gov.uk/government/organisations/department-for-business-energy-and-industrial-strategy,* vormals (siehe hierzu auch 3. Auflage MüKoInsO) *Department for Business Innovation Skills, (BIS).*

11 Gerichtsentscheidungen (auch in Insolvenzsachen) sind auf der Website des *British and Irish Legal Information Institute* unter *www.bailii.org* abrufbar.

12 Die *Law Society*[10] stellt auf ihrer Website unter *www.lawsociety.co.uk/choosingandusing/findasolicitor.law* einen **Anwaltssuchservice** bereit, über den auf Insolvenzrecht spezialisierte, englische Anwälte gefunden werden können.

2. Einführung

2.1 Gesetzliche Grundlagen

2.1.1. Die Reformen des *Enterprise Act 2002*, des *Small Business, Enterprise and Employment Act 2015 (SBEE 2015)* und des *CIGA 2020*; „Berufsrecht" der Verwalter, SIPs

2.1.1.1 Grundzüge

13 Das Insolvenzrecht von England und Wales[11] ist im Wesentlichen im *Insolvency Act 1986 (IA)*[12] und in den *Insolvency Rules (England and Wales) 2016 (IR)*[13] geregelt. Der *IA* enthält vorwiegend materielle, die *IR* enthalten vorwiegend verfahrensrechtliche Bestimmungen. Auch zahlreiche andere englische Gesetze und Verordnungen enthalten Vorschriften, die für Insolvenzsachverhalte (indirekt) relevant sind, so beispielsweise der *Companies Act 2006*, das Gesetz über Gesellschaften mit beschränkter Haftung oder das Gesetz *Companies Directors Disqualification Act 1986*, gemäß dem Geschäftsführern insolventer Unternehmen bei relevanten Verstößen für bestimmte Zeit die Ausübung von Geschäftsführungstätigkeiten verboten wird. Die Abwicklung insolventer Personengesellschaften regelt die *Insolvent Partnerships Order 1994*. Für die gerichtliche Praxis in Insolvenzsachen von Bedeutung sind die *Practice Directions on Insolvency Proceedings*, hier trat die letzte grundlegende Reform am 4.7.2018 *in Kraft*.[14] Englische Gesetze und Verordnungen werden regelmäßig nach dem Jahr ihres Inkrafttretens benannt, der Namensbestandteil erlaubt jedoch keinen Rückschluss auf den letzten Gesetzesstand. So wurde beispielsweise der *Insolvency Act 1986* wiederholte Male geändert. Die *Insolvency Rules (England and Wales) 2016 (IR)* ersetzen die bis dahin geltenden *Insolvency Rules 1986*, der Großteil der Vorschriften trat am 6.4.2017 in Kraft.[15] Diese *Insolvency Rules (England and Wales) 2016* werden erneut durch die *Insolvency (Amendment) (EU Exit) Regulation 2019* überarbeitet werden, wenn es im Bereich des Insolvenzrechts über den 31.12.2020 hinaus zu keinem gegenseitigen Abkommen zwischen der EU und Großbritannien kommt.[16]

14 Die mit dem *Small Business, Enterprise and Employment Act 2015 (SBEE 2015)* eingeführten Änderungen betreffen insbesondere das Sanierungsverfahren *administration*.

2.1.1.2 Enterprise Act 2002

15 Eine tiefgreifende Reform des englischen Insolvenzrechts stellte bereits der *Enterprise Act 2002* dar, durch den das englische Insolvenzrecht – weg von der bloßen Befriedigung der Interessen einzelner Gläubiger – hin zu einer Sanierungskultur (*Rescue Culture*) reformiert wurde.[17]

2.1.1.3 „Corporate Insolvency and Governance Act 2020" („CIGA 2020")

16 Die jüngste und grundlegende Änderung ist der am 26.6.2020 in Kraft getretene „*Corporate Insolvency and Governance Act 2020*" („CIGA 2020").[18]

---

[10] Die zentrale Anwaltskammer für *solicitors* in England und Wales.
[11] „Englisches Recht" meint in diesem Beitrag das für England und Wales geltende Recht, zu den für Nordirland und Schottland geltenden Besonderheiten → Rn. 22 ff.
[12] Der *Insolvency Act* wird im Folgenden mit „IA", dessen Vorschriften mit „*section(s)*" oder abgekürzt „s" zitiert.
[13] Die *Insolvency Rules* werden im Folgenden mit „IR", deren Vorschriften mit „*rule(s)*" oder abgekürzt „r" zitiert.
[14] https://www.justice.gov.uk/courts/procedure-rules/civil/rules/insolvency_pd.
[15] Eine Auflistung sämtlicher *Rules* nebst Kurzeinführung zu den wesentlichen Änderungen, auch dazu, welche Rolle die EuInsVO hierbei spielte, findet sich bei *Sealy/Milman*, 23. Auflage 2020, S. 779 ff. Für eine tabellarische Übersicht zum „Auffinden" der *Rules* 1986 in den *Rules* 2016 siehe „*Guide to the destination of the Insolvency Rules 1986 (SI 1986/1925) in the Insolvency Rules (England and Wales) 2016 (SI 2016/1024)*", https://assets.publishing.service.gov.uk/government/uploads/system/uploads/attachment_data/file/567245/Insolvency_Rules_1986_Table_of_Destinations_260815-1.pdf.
[16] Siehe *Sealy & Milman*, 23. Auflage 2020, S. 780 ff.
[17] Hierzu: *Müller-Seils, Carsten Oliver*, Rescue Culture und Unternehmenssanierung in England und Wales nach dem Enterprise Act 2002, 2006, Baden-Baden, (Diss.).
[18] https://www.legislation.gov.uk/ukpga/2020/12/enacted.

2. Einführung

Der Gesetzgeber **verzahnt in diesem Gesetz zwei Zielsetzungen.** Zum einen **die Reform** 17 **der präventiven Restrukturierung,** die in England im Vorfeld intensiv diskutiert wurde,[19] und zum anderen **temporäre Maßnahmen gegen die negativen wirtschaftlichen Auswirkungen der COVID-19-Pandemie:** *„An Act to make provision about companies and other entities in financial difficulty; and to make temporary changes to the law relating to the governance and regulation of companies and other entities."*[20] Das *CIGA 2020* ermächtigt den englischen Gesetzgeber zur Verlängerung der am 30.9.2020 endenden Suspendierungen um maximal weitere sechs Monate.[21]

Die wesentlichen Neuregelungen und COVID-19-Maßnahmen des *CIGA 2020* sind: 18
- **Einführung eines autonomen Moratoriums**[22] **für Unternehmen in finanziellen Schwierigkeiten,** die unter der Aufsicht eines *„monitor"*[23] (einem für das englische Restrukturierungs- und Insolvenzrecht neuen Amt) eine Restrukturierung durchzuführen beabsichtigen. Moratorien standen zwar auch vor dem *CIGA 2020* zur Verfügung, insoweit, als das Sanierungsverfahren *administration* ein Moratorium vorsieht und ein solches im Vergleichsverfahren *CVA* in einem engen Anwendungsbereich für kleine und mittelgroße Unternehmen vorgesehen ist, was in der Praxis zu „Verfahrenskombinationen" führte. Kritisiert wurde in der Praxis u.a., dass das praktisch so bedeutsame *Scheme of Arrangement* (im Folgenden: *„SoA"*) kein Moratorium vorsah;
- **Suspendierung der Geschäftsführerhaftung wegen** *wrongful trading,* wenn die Verschlechterung der finanziellen Lage des Unternehmens zwischen dem **1.3.2020 und 30.9.2020 stattfand;**
- **Einführung eines neuen** *"Restructuring Plan"***-Verfahrens" im** *Companies Act 2006,* das dort **neben** dem bereits bestehenden *SoA* eingeführt wird, anders als dieses aber nur Unternehmen in finanziellen Schwierigkeiten zur Verfügung steht und einen *cross-class cram down* ermöglicht, die Möglichkeit der Überstimmung von Gläubigerklassen, die gegen den Plan stimmen;
- **Unwirksamkeit von Lösungsklauseln: Schon vor dem** *CIGA 2020* **sah der** *IA* zur Ermöglichung der Fortführung des Geschäftsbetriebs durch Verwalter ein „Verbot" von Lösungsklauseln für bestimmte Versorgungs- und Lieferantenverträge (Wasser- und Energieversorgung, Telekommunikation, andere *„essential goods"*) in gewissem Umfang vor, beschränkt auf die Verfahren *administration* und *CVA*.[24] Das *CIGA 2020* führt nunmehr[25] ein sehr weit reichendes Verbot von Lösungsklauseln für fast jegliche Art von Liefer- und Versorgungsverträgen in (mit Ausnahme des *SoA*) sämtlichen (auch den neu durch das *CIGA 2020* eingeführten) Verfahrensarten nach dem *IA* oder *Companies Act 2006* ein;[26]
- Gläubigeranträge auf Eröffnung des Insolvenzverfahrens *winding-up* werden bis zum 30.9.2020 suspendiert (es sei denn, der Gläubiger weist nach, dass die finanziellen Schwierigkeiten des Schuldners nicht durch die COVID-19-Pandemie bedingt sind), gleiches gilt für die Zustellung der Zahlungsaufforderungen, *statutory demands,* deren Erfolglosigkeit formelle Voraussetzung der Stellung eines Eröffnungsantrags sind.[27]

2.1.2 „Berufsrecht" der Verwalter, SIPs; *Insolvency Code of Ethics*

Zentrale Bedeutung für die englische Insolvenz- und Sanierungspraxis haben die **Statements of** 19 **Insolvency Practice (SIPs).**[28] Erlassen werden *SIPs* durch ein *Joint Insolvency Committee (JIC),* das sich aus Vertretern der verschiedenen „Kammern", *recognized professional bodies,* denen Verwalter angehören müssen, und einem Vertreter des *Insolvency Service* zusammensetzt. *SIPs* sind damit zwar keine gesetzlichen Regelungen oder „Berufsrecht" nach deutschem Verständnis, haben aber in Ausfüllung der gesetzlichen Regelungen als ethische Standards, der – in *„recognized professional bodies"* (*„RPBs"*) verkammerten – **englischen Insolvenzverwalter,** *insolvency practitioners (*„IPs"*)*, wesentlichen

---

[19] Siehe insbesondere die Konsultation der englischen Regierung *„A Review of the Corporate Insolvency Framework"* vom 25.5.2016, https://www.gov.uk/government/consultations/a-review-of-the-corporate-insolvency-framework.
[20] „Ein Gesetz, das Vorkehrungen für Unternehmen (i.S. von Gesellschaften mit beschränkter Haftung gem. des *Companies Act*) und andere juristische Personen in finanziellen Schwierigkeiten trifft und vorübergehende Änderungen der Regelungen über die Leitung und Regulierung von Unternehmen und andere juristische Personen vorsieht", „Introductory Text" des CIGA 2020.
[21] Section 31 Abs. 1 (b) CIGA 2020.
[22] Sections A1 CIGA 2020.
[23] Section 1 A34–A41 CICA 2020.
[24] Siehe *section 233 ff. IA*.
[25] Section 14 CIGA 2020, Einführung einer neuen *section 233B IA,* „Termination clauses in supply contracts: Protection of supplies of goods and services".
[26] Ausführlich zur Unwirksamkeit von Lösungsklauseln nach dem *CIGA 2020* siehe Toube/Peters in der Artikelserie *„A series of articles by Members of South Square examining the newly enacted Corporate Insolvency and Governance Act 2020"* im *„Digest"* vom 8.7.2020, www.southsquare.com, S. 55 ff.
[27] Section 8 und Schedule 10 CIGA 2020.
[28] https://www.gov.uk/government/collections/statements-of-insolvency-practice-for-insolvency-practitioners.

Einfluss auf die Vorbereitung und Durchführung sämtlicher Arten von Abwicklungs-, Insolvenz- und Sanierungsverfahren. **Nichteinhaltung** der Vorgaben der *SIPs* durch den *insolvency practitioner* kann zu empfindlichen **Disziplinarmaßnahmen** der „Kammer" des betroffenen *IP* führen. Sämtliche *SIPs* können in ihren jeweils geltenden Fassungen auch auf den Websites der *recognized bodies*,[29] der Website des *Insolvency Service* und der Website von *R3*[30] abgerufen werden.

20 Des Weiteren richten sich *insolvency practitioner* nach den ethischen Standards des ***Insolvency Code of Ethics***,[31] der 2020 überarbeitet wurde und Verwaltern „Orientierungshilfen" bietet (*„intended to assist Insolvency Practitioners meet the obligations expected of them by providing professional and ethical guidance*[32]"), d.h. wie die *SIPs* kein Berufsrecht ist.

2.2. Die Verwendung von Formularen, *prescribed forms*, im Verfahren

21 Englische Abwicklungs- und Sanierungsverfahren sind stark formalisiert, für alle wesentlichen Verfahrenshandlungen **müssen** gesetzlich vorgeschriebene **Formulare,** *prescribed forms*[33], verwendet werden.

2.4 Räumlicher Anwendungsbereich, Schottland und Nordirland

22 Innerhalb des Vereinigten Königreichs von Großbritannien und Nordirland bilden England und Wales gemeinsam einen eigenständigen Rechtskreis. **In diesem Beitrag wird das Recht von England und Wales dargestellt,** das allerdings in weiten Teilen auch in Schottland und Nordirland Anwendung findet.

23 Keine Anwendung finden in Schottland und Nordirland die neu eingeführten *Insolvency Rules (England and Wales) 2016*.

24 Das *CIGA 2020* führt detailliert aus, welche seiner Änderungen in welche gesetzlichen Regelungen der jeweiligen Rechtskreise Großbritanniens einzuarbeiten sind.

2.4.1 Schottland

25 Im Bereich der Unternehmensinsolvenzen findet der *Insolvency Act 1986* weitgehend auch in Schottland Anwendung, Ausnahmen hiervon sind in S. 440 IA aufgeführt. Schottische Sonderregelungen gelten insbesondere für Anfechtungsfragen und für *receivership*, was auch daran liegt, dass das schottische *property law*, Sachenrecht, grundlegend vom englischen Recht abweicht, insbesondere im Grundstücksrecht. Für Privatinsolvenzverfahren, *bankruptcy*, gilt in Schottland nicht der *Insolvency Act 1986,* sondern ein eigenes Gesetz, der *Bankruptcy (Scotland) Act 1985*.

2.4.2 Nordirland

26 S. 441 IA listet die Vorschriften des *Insolvency Act 1986* auf, die in Nordirland unmittelbare Anwendung finden. Eine Angleichung von englischem und nordirischem Insolvenzrecht erfolgte durch die *Insolvency (North Ireland) Order 1989*.

2.5 Verfahrensarten, Einführung

27 Zwischen deutschen und englischen Insolvenzverfahren bestehen **grundlegende** Unterschiede, sowohl bei der Differenzierung nach Verfahrenszielen als auch hinsichtlich der handelnden Personen und insbesondere bei der Einbindung der Gerichte, die in England vergleichsweise gering ist. Je nach Schuldner, *debtor* (natürliche Person oder juristische Personen), und Verfahrensziel (Sanierung oder Abwicklung) hält das englische Insolvenzrecht unterschiedliche Verfahrensarten bereit. Das bis dahin seit dem Mittelalter weitgehend unverändert gebliebene englische Insolvenzrecht wurde erstmals 1985 von Grund auf reformiert. Die Fokussierung auf Sanierung, mit der die englische Rechtspraxis aus deutscher Sicht oft assoziiert wird, ist noch relativ jung, erfolgte durchgreifend erst mit den einschneidenden **Reformen des *Enterprise Act 2002*.**[34] Diese Reformen stärkten vor allem das Sanierungsverfahren *administration*, das seitdem auch ohne wesentliche gerichtliche Beteiligung

---

[29] Zu diesen → Rn. 44.
[30] https://www.gov.uk/government/organisations/insolvency-service; www.r3.org.uk.
[31] https://www.gov.uk/government/publications/insolvency-practitioner-code-of-ethics.
[32] Ebenda, *Introduction*, Ziff. 1.
[33] Sämtliche dieser Formulare sind bei *Totty and Moss* abgedruckt, die wichtigsten Formulare finden sich auch auf *www.insolvency.gov.uk*, siehe dort unter *„forms"*.
[34] Siehe hierzu ausführlich *Müller-Seils, Carsten Oliver,* Rescue Culture und Unternehmenssanierung in England und Wales nach dem Enterprise Act 2002, 2006, Baden-Baden, (Diss.).

eingeleitet und durchgeführt werden kann. Die als sanierungsfeindlich geltende **administrative receivership,** eine Form von Zwangsverwaltung, die eher Einzel- denn Gesamtvollstreckungsverfahren ist, wurde weitgehend abgeschafft. Eines der Ziele der Reformen des *Enterprise Act* war es, Insolvenzverfahren verstärkt zu *collective proceedings,* zu Gesamtverfahren zu machen. Völlig abgeschafft wurde seinerzeit die *crown preference,*[35] die bevorrechtigte Gläubigerstellung des Fiskus in Bezug auf Steueransprüche und Sozialversicherungsbeiträge. Diese Abschaffung wurde mit dem *Finance Act 2020* rückgängig gemacht. Hiernach wird *HMRC* ab dem 1.12.2020 wieder als „*secondary preferential creditor*" im Rang vor *floating charge charge* Gläubigern, anderen Sicherungsgläubigern und ungesicherten Gläubigern befriedigt werden.

Arbeitnehmeransprüche sind in England auch weiterhin privilegiert, Arbeitnehmer werden als *preferential creditors,* **bevorrechtigte Gläubiger,**[36] behandelt, die **vor** allen anderen Gläubigern befriedigt werden. Die dem deutschen **Insolvenzgeld** vergleichbaren Zahlungen allerdings fallen in England relativ gering aus, sie sind auf einen Zeitraum von maximal acht Wochen und Zahlungen bis GBP 538,00 pro Woche begrenzt.[37] Eine der deutschen „Insolvenzgeldvorfinanzierung" vergleichbare Praxis kennt England nicht, da dem Sanierungsverfahren *administration,* in dem eine solche Praxis relevant wäre, kein Eröffnungsverfahren vorgeschaltet ist. **28**

2.6 *Corporate insolvency* und *corporate rescue,* Unternehmensabwicklung und -sanierung; das neue *moratorium* nach dem CIGA 2020

Hier hält das englische Insolvenzrecht die folgenden eigenständigen Verfahrenstypen für unterschiedliche Verfahrensziele bereit, in denen „Verwalter", „*office-holder*" (der gesetzlich verwendete Oberbegriff für die verschiedenen „Verwalterämter"), bestellt werden, je nach Verfahrenstyp mit unterschiedlichen Rechten und Pflichten ausgestattet. Das Verfahren der **winding up,**[38] auch **liquidation** genannt (mit den Unterarten *members' voluntary winding up, creditors' voluntary winding up* und *compulsory winding up*), hat die **Abwicklung** und **Löschung** eines Unternehmens zum Ziel. An die Stelle der bisherigen Geschäftsführung treten als „Verwalter" ein oder mehrere (dann: „*joint*") **liquidator(s).** Ausdrückliche gesetzliche Ziele der *administration* hingegen sind **Erhalt** und **Sanierung** eines Unternehmens, flankierende Maßnahmen, insbesondere ein **Moratorium,** sind gesetzlich geregelt.[39] Hier werden als „Verwalter" ein oder mehrere (dann: „*joint*") **administrator(s)** bestellt. Verwalter werden regelmäßig von Gläubigern, Gesellschaft oder Geschäftsführung ausgewählt und eingesetzt. Besteht Uneinigkeit über die Auswahl, zum Beispiel zwischen Gläubigern und Unternehmen, trifft das dann angerufene Gericht keine originäre Auswahl, sondern wählt unter den divergierenden Vorschlägen aus. **29**

Die Sanierung eines Unternehmens hat auch das **Company Voluntary Arrangement (CVA)** zum Ziel. Bei diesem Vergleich zwischen Unternehmen, Gläubigern und Gesellschaftern wird der Weg bis zum Abschluss des Vergleichs von einem *nominee* begleitet, ein *supervisor* beaufsichtigt die ordnungsgemäße Durchführung des *CVA* in einer Überwachungsphase nach seinem Wirksamwerden. **30**

Das Verfahren der *administrative receivership* wurde, wie unter → Rn. 27. bereits erwähnt, mit dem *Enterprise Act 2002* weitgehend abgeschafft, da es als sanierungsfeindlich und einzelne Gläubiger begünstigend gilt. Es kommt nur noch in **Ausnahme-**[40] und **„Altfällen"** zur Anwendung, Bestellungen unter vor dem 15.9.2003 bestellte *floating charges.* **31**

Die **unterschiedlichen Verfahrensarten für Unternehmensabwicklung und -sanierung** kommen auch in **Kombination** zur Anwendung. So kann eine *administration* ein *CVA* ergänzen, um dieses Vergleichsverfahren mit einem Moratorium[41] zu sichern, oder sie kann relativ rasch in eine *liquidation*[42] münden, wenn beispielsweise eine Sanierung im Wege des Verkaufs von Unternehmensvermögen aus der *administration* heraus erfolgte, es die verbliebene Hülle zu liquidieren gilt. **Englische Insolvenzstatistiken,**[43] die nur nach Anzahl der einzelnen Verfahrensarten aufgeschlüsselt sind und regelmäßig sehr hohe Zahlen an Abwicklungen aufzeigen, sind auch vor diesem Hintergrund, d.h. der Möglichkeit der Kombination verschiedener Verfahren, zu sehen. **32**

---

[35] „*Crown*", synonym für HMRC, *Her Majesty's Revenue and Customs.*
[36] Bevorrechtigte Gläubiger werden vor allen anderen, auch gesicherten, Gläubigern befriedigt.
[37] *Sections 184 (1), 186 (1)(a) Employment Rights Act 1996.*
[38] Zu den verschiedenen Ausgestaltungen der *winding up* siehe im Folgenden unter → Rn. 50 ff.
[39] *Schedule B1 Para. 42 ff. IA.*
[40] *Section 72A ff. IA.*
[41] Siehe hierzu → Rn. 50.
[42] Zur *creditors' voluntary winding up* siehe *Schedule B1, § 83 IA* und zur *compulsory winding up Schedule B1, section 79 (4) (d) IA.*
[43] Der *Insolvency Service* veröffentlicht nach Verfahrensarten aufgeschlüsselte Insolvenzstatistiken.

33 Das *Moratorium* des *CIGA 2020*

33a Die Vorschriften des *CIGA 2020* über das *moratorium* werden in den *Insolvency Act*, dort innerhalb des *„First Group of Parts"*, vor *Part 1*, als *sections A1 – A55* eingefügt.

34 Auch wenn das *moratorium* gerichtlich zu beantragen ist und von einem *monitor*, der ein *licensed insolvency practitioner* sein muss,[44] überwacht wird, handelt es sich hierbei nicht um ein „Verfahren" zum Zwecke der Sanierung, sondern um ein **autonomes Sanierungsinstrument,** das die Durchführung gesetzlich vorgesehener Sanierungsverfahren oder anderweitiger konsensualer Sanierungen durch Gläubigerschutz flankieren soll.

35 Das *moratorium* steht Unternehmen zur Verfügung, die *„eligible"*, d.h. nicht „ausgeschlossen", *excluded*, sind, was sich wiederum aus einem Anhang, *Schedule ZA1*, ergibt. Die Aufzählung der dort „ausgeschlossenen" Unternehmen ist umfangreich, hierzu zählen nicht nur Banken und Versicherungen, sondern auch Unternehmen, die an *„capital market arrangements"* ab einem Betrag von zehn Millionen GBP beteiligt sind, wovon insbesondere *bonds* (Schuldverschreibungen) umfasst sind. Dieses letzte Ausschlusskriterium wird von Praktikern bereits kritisiert, da es in der Praxis aufgrund moderner Kapitalstrukturen, angesichts der Verbreitung von *bonds*, zu einer Begrenzung der Anwendbarkeit des *moratoriums* auf kleine und mittlere Unternehmen führen wird, deren Kapitalstruktur unter dieser Schwelle liegt.[45]

36 Ist ein Unternehmen *„eligible"*, so kann es das *moratorium* beim *High Court* beantragen, wenn es keine *overseas company* (nicht in England inkorporiert) ist und wenn für das Unternehmen kein Insolvenzeröffnungsantrag, *winding-up petition*, anhängig ist (*section* A13B). Der Antrag erfolgt durch Einreichung vorgeschriebener Unterlagen, *relevant documents*. Die *relevant documents* und ihre Inhalte sind in *section A13BC* aufgelistet, **hier spielt auch der vorgeschlagene,** *proposed, monitor* **bereits eine wesentliche Rolle**: so muss er beispielsweise Erklärungen, *statements*, darüber abgeben, dass das Unternehmen *„eligible"* ist (*section* A13BC Abs. 1 (c)) und dass es aus seiner Sicht wahrscheinlich ist, dass ein *moratorium* zur Sanierung des Unternehmens führen wird („... *likely that a moratorium for the company would result in the rescue of the company as a going concern"*), (A13BC Abs. 1(e)).

37 Ebenfalls erforderlich für den Antrag ist eine Erklärung darüber, dass das Unternehmen (wahrscheinlich) zahlungsunfähig ist („... *is, or is likely to become, unable to pay its debts"*), diese Erklärung wird **von den Geschäftsführern des Unternehmens** abgegeben ((A 13BC Abs. 1 (d)).

38 Auch wenn ein Insolvenzantrag gestellt ist, kann das *moratorium* beantragt werden, das Gericht wird dieses jedoch nur anordnen, wenn es überzeugt ist, dass es zu einem für die Gläubiger des Unternehmens besseren Ergebnis als Abwicklung (ohne vorheriges *moratorium*) führen wird (*section* A4).

39 Dauer des *moratorium*: Mit Anordnung des *moratoriums* beginnt eine sogenannte *„initial period"* von 20 Werktagen, die ohne Gläubigerzustimmung um weitere 20 Tage oder mit Gläubigerzustimmung (mit Ansprüchen, die aus der Zeit vor dem *moratorium* herrühren) auf bis zu 12 Monate verlängert werden kann. Eine Verlängerung kann auch durch das Gericht erfolgen, das hierfür insbesondere die Interessen von Gläubigern berücksichtigen muss, des Weiteren, ob es wahrscheinlich ist, dass eine Verlängerung noch zur Sanierung führen wird („... *the likelihood that the extension will result in the rescue of the company as a going concern"*) (A9 ff.). Das *moratorium* kann **mehrfach** verlängert werden (*section* A13 Abs. 8).

40 Die Wirkungen des *moratorium* sind weitreichend und detailliert geregelt (A18 ff.), **zu den praktisch wichtigsten Wirkungen gehört die Untersagung von Vollstreckungsmaßnahmen.** Das Unternehmen hat das *moratorium* in seinen Geschäftsräumen Geschäftspartnern durch Aushang zur Kenntnis zu bringen.

41 Während des *moratorium* verbleiben die Verwaltungs- und Verfügungsbefugnis beim Unternehmen. Als Korrelat wird das Unternehmen und wird der Fortbestand der Wahrscheinlichkeit der Sanierung, durch den *monitor* überwacht, der fortlaufend kontrolliert, ob eine Sanierung noch wahrscheinlich ist (*section* A35). Hält der *monitor* die Sanierung nicht mehr für möglich, hat er dies dem Gericht anzuzeigen und damit das *moratorium* zu beenden; gleichermaßen beendet er das *moratorium*, wenn das Ziel der Sanierung erreicht wurde (A38).

42 Im englischen Recht gibt es **kein der deutschen Eigenverwaltung, §§ 270 ff. InsO oder dem US-amerikanischen Chapter 11 vergleichbares Verfahren.** Dies dürfte auch daran liegen, dass solche Verfahren ihrer Natur nach eine signifikante gerichtliche Beteiligung und gleichzeitig

---

[44] → Rn. 44.
[45] Siehe hierzu die Anmerkung „...*far from being „one size fits all" legislation and appears to be better suited to SMEs"* bei Phillips /Willson/ Johnson, *"Corporate Insolvency 05 and Governance Bill 2020*: *a breath of fresh air ",* S. 11 in der Artikelserie *"A series of articles by Members of South Squar examining the newly enacted Corporate Insolvency and Governance Act 2020"* im *„Digest"* vom 8.7.2020.

eine zurückgenommene Rolle des beteiligten „Insolvenzverwalters" vorsehen und daher nicht in das System englischer Insolvenzpraxis passen, in dem die Gerichte eine eher passive, die Verwalter eine starke Rolle spielen.[46] Hiermit könnte sich auch die starke Rolle des *monitors* im Rahmen des neu geschaffenen *moratoriums* erklären.

2.7 Gerichte

Für Insolvenzsachen zuständig ist der **High Court,** das höchste erstinstanzliche Gericht in England und Wales, dort die **Chancery Division.** Überschreitet das Stammkapital der insolventen Gesellschaft nicht GBP 120.000,00, sind für *compulsory winding,* gerichtliche Abwicklung, auch die *county courts* zuständig.[47] **43**

2.8 Verwalter, *office-holder*

Bei Unternehmenssanierung oder Unternehmensinsolvenz werden je nach Verfahrenstyp Verwalter mit unterschiedlich ausgestalteten Recht- und Pflichtenkatalogen bestellt. Wer die Ämter *administrator, administrative receiver, (provisional) liquidator, nominee* oder *supervisor* bekleidet, agiert automatisch als **insolvency practitioner**[48], der gesetzliche **Oberbegriff** für diese „Verwalterämter" ist *office-holder.* Seit dem 29.12.1986 darf die Ämter *liquidator, administrator* oder *administrative receiver* nur bekleiden, wer **authorised insolvency practitioner** ist; Zuwiderhandlung hat strafrechtliche Konsequenzen.[49] Die erforderliche *authorisation,* Befähigung, wird vom *Insolvency Service (Secretary of State)* oder einer der berufsständischen Organisationen, *recognized professional bodies, RPBs*[50] genannt, verliehen.[51] In England und Wales gibt es derzeit etwa 1800 *authorised insolvency practitioners,* von denen rund 800 regelmäßig als *office-holder* bestellt werden.[52] Englische *insolvency practitioner* sind meist Wirtschaftsprüfer. Voraussetzungen für die Erlangung der *authorisation* (auch *license* genannt) sind das Bestehen theoretischer Prüfungen, der *JIEB exams*,[53] und der Nachweis praktischer Erfahrung in Sanierungs- und Insolvenzsachverhalten. **44**

Auch die mit dem **CIGA 2020** neu eingeführte Rolle des *monitor*[54] **kann nur von einem** *insolvency practitioner* bekleidet werden. Während des Gesetzgebungsprozesses wurde eine Ausweitung auf andere geeignete Personen (etwa Anwälte oder Wirtschaftsprüfer, die nicht „licensed" sind) diskutiert, jedoch nicht in das Gesetz aufgenommen (die „Öffnungsklauseln" des *CIGA 2020* könnten hier noch zu Änderungen führen). Der als *monitor* tätige *insolvency practitioner* wird durch dieses Amt nicht von einer nachfolgenden Verwalterbestellung ausgeschlossen. **45**

Die **Auswahl und Bestellung**[55] des *office-holder* im jeweiligen Verfahren obliegt in der Praxis insbesondere bei Sanierungen grundsätzlich nicht den Gerichten,[56] sondern regelmäßig den Gläubigern, dem (insolventen) Unternehmen oder seinen Gesellschaftern. **Vorbefassung** des so ausgewählten *insolvency practitioner* ist **regelmäßig unschädlich,** Ausschlusskriterium ist jedoch, wenn ein *insolvency practitioner* (oder die Firma, in der er tätig ist) **in den letzten drei** Jahren vor Verfahrensbeginn Wirtschaftsprüfer des schuldnerischen Unternehmens war. Die Gerichte bestimmen den *insolvency practitioner* grundsätzlich nur bei Anrufung in Streitfällen, selbst dann aber wählen sie nur unter den von streitenden Parteien vorgeschlagenen Verwalter aus. Diese zurückhaltende Rolle der Gerichte ist Teil der englischen (Insolvenz)rechtskultur und erklärt sich auch durch Qualifikation und offizielle Funktion des *insolvency practitioner,* dessen Amt im Sanierungsverfahren *administration* sogar die eines *officer of the court,* eines „Beamten des Gerichts", ist.[57] Selbst bei *voluntary winding up,* **46**

---

[46] Gesetzgeberische Ansätze zu einer Einführung von Eigenverwaltung um die Jahrtausendwende scheiterten bereits in einem frühen Anhörungsstadium an Widerstand der Praxis.
[47] Section 117(2) IA.
[48] Section 388 IA.
[49] Secion 389 IA.
[50] Diese *recognized professional bodies* sind die jeweiligen Wirtschaftsprüferkammern von England und Wales, Nordirland und Schottland sowie die *Association of Certified Chartered Accountants* und die *Insolvency Practitioners Association,* siehe https://www.gov.uk/government/publications/insolvency-practitioners-recognised-professional-bodies/recognised-professional-bodies.
[51] Zu Einzelheiten der *authorisation* siehe *Insolvency Practitioner Regulations 2005.*
[52] Aktuelle Zahlen können bei R3, www.R3.org.uk, erfragt werden.
[53] *www.jieb.co.uk/jieb_exams.*
[54] → Rn. 34.
[55] Zur Verwalterbestellung siehe auch *Köster,* Die Bestellung des Insolvenzverwalters, eine vergleichende Untersuchung des deutschen und englischen Rechts, dort zusammenfassend S. 155.
[56] Für Insolvsachen zuständig ist der *High Court,* das höchste erstinstanzliche Gericht in England und Wales, dort die *Chancery Division.*
[57] Siehe für das Amt des *administrator Para. 5 Schedule B 1 des Insolvency Act 1986.*

Liquidation eines solventen Unternehmens oder Sanierung in der Krise mittels *CVA*, ist immer ein *insolvency practitioner* zu bestellen. Ein *insolvency practitioner* wird auch oder gerade in den Fällen, wo die Einleitung eines Verfahrens ganz oder weitgehend durch Geschäftsführung, Gesellschafter oder Gläubiger erfolgt, bestellt. Prüfungspflichten, die man hier aus deutscher Sicht beim Insolvenzgericht vermuten würde, liegen dann beim *insolvency practitioner*, so ist es beispielsweise dessen Amtspflicht, je nach angestrebtem Verfahren das Vorliegen von Insolvenz oder Sanierungsfähigkeit des Unternehmens förmlich zu versichern.

47   Zwar kann in England für die **Verwaltervergütung** auf gesetzliche Regelungen zurückgegriffen werden, Vergütungen werden jedoch in den Verfahren, in denen Verwalter, *office-holder*, durch Gläubiger oder Unternehmen bestellt werden, typischerweise vorab vereinbart, regelmäßig erfolgt eine Abrechnung auf Stundenbasis zu festgesetzten Stundensätzen. Die Verwalter sind hierbei an die in *SIP 9* festgelegten berufsrechtlichen Grundsätze gebunden.

2.9 Official Receiver

48   Der *Official Receiver* ist eine Eigenheit des englischen Insolvenzrechts. Seine Funktion erklärt sich im Bereich des Unternehmensinsolvenzrechts teilweise daraus, dass nach englischem Recht die Auswahl und Bestellung des Verwalters nicht bei den Insolvenzgerichten liegt, d.h. Verwalterämter von den praktizierenden Insolvenzverwaltern angenommen werden müssen, es so zu (insbesondere massearmen) Verfahren kommen kann, für die sich kein *insolvency practitioner* findet, der bereit ist, das Verwalteramt anzunehmen. *Official Receiver* sind selbst keine lizensierten *insolvency practitioner*. Eine ihrer wesentlichen Funktionen[58] ist die Übernahme des Verwalteramtes als *liquidator* im gerichtlich angeordneten Abwicklungsverfahren *compulsory winding-up* bei der bereits angesprochenen *vacancy*,[59] d.h. wenn und solange dieses Amt nicht durch einen *insolvency practitioner* übernommen wird. In der *compulsory winding up* gehört es zu den Amtspflichten des *Official Receiver*, die Gründe für die Insolvenz zu untersuchen und nach eigenem Ermessen dem Gericht hierüber Bericht zu erstatten,[60] entsprechende Pflichten hat der *Official Receiver* im Privatinsolvenzverfahren. *Official Receiver* sind Beamte des *Insolvency Service*, sie unterstehen dessen Aufsicht und sind durch den *Secretary of State* dem High Court sowie anderen Gerichten mit Zuständigkeiten in Insolvenzsachen zugeordnet. Damit sind sie gleichzeitig „Beamte des Gerichts", *officers of the court*.

49   Die Bestellung des *Official Receiver* zum *liquidator* kann jedoch auch in Großverfahren geboten sein, wenn in einem Verfahren eine starke staatliche Involvierung vorliegt oder erforderlich wird (sei es, dass der Schuldner staatliche Aufgaben wahrnimmt oder dass für die Unternehmensfortführung substanzielle finanzielle Unterstützung von staatlicher Seite erforderlich wird), da der *Official Receiver* als *executive agency* unter der Aufsicht des *Insolvency Service* (einer Regierungsbehörde) steht. Ein „prominentes" Praxisbeispiel waren die Insolvenzverfahren über Gruppengesellschaften der *Carrillion*-Gruppe, in denen der *Official Receiver* als *liquidator* bestellt wurde. In dieser Konstellation werden dem *liquidator* auf dessen Antrag „*special manager*" gerichtlich zur Seite gestellt, die ihn bei seiner Ausübung unterstützen und die in der Praxis regelmäßig *licensed insolvency practitioners* sind.[61]

3. **Corporate insolvency, Unternehmensabwicklung und Unternehmenssanierung, die einzelnen Verfahrensarten**

3.1 *Winding up*, **Unternehmensabwicklung**

3.1.1 **Ausgestaltungen der** *winding up*, **Verfahrensgrundzüge**

50   ***Winding up*** **(synonym auch** ***liquidation*** **genannt)** ist statistisch gesehen die gebräuchlichste Verfahrensform in England und Wales, wobei auch das Sanierungsverfahren *administration* oft in eine Unternehmensabwicklung mündet, wenn es nach abgeschlossener oder gescheiterter Sanierung die verbliebene Unternehmenshülle zu liquidieren gilt. ***Winding up*** von insolventen Unternehmen kommt unter den im englischen Insolvenzrecht vorgesehenen Verfahrenstypen dem deutschen Regelinsolvenzverfahren am nächsten, ist ein **Gesamtverfahren** mit dem Ziel, nach Verwertung des Unternehmensvermögens sämtliche Gläubiger in gesetzlich festgelegter Reihenfolge bestmöglich zu befriedigen und abschließend die Gesellschaft im Register zu löschen. Das Amt des *(provisional) liquidator* ähnelt hierbei in Funktion und Aufgabenbereich dem des deutschen (vorläufigen) Insol-

---

[58]   Ausführlich zu Rolle und Pflichten des *Official Receiver* und des *Secretary of State* siehe *Bailey/Groves* in *Corporate Insolvency*, 2017, S. 227 ff.
[59]   Section 136(3) IA.
[60]   Section 132(1) IA.
[61]   Section 177 ff. Insolvency Act.

venzverwalters. Allerdings geht auf den *liquidator* die Verfügungsbefugnis über das Unternehmensvermögen nicht automatisch über. Der *liquidator* ist *agent*, „Vertreter" des Unternehmens, er kann bei *compulsory winding up* gerichtlich beantragen, dass die Verfügungsbefugnis auf ihn übertragen wird, diesem Antrag wird gewöhnlich stattgegeben.

Wird *winding up* gerichtlich angeordnet, können die Gläubiger ein **liquidation committee**, einen „Gläubigerausschuss", bestellen.[62] Die Verfahrensdurchführung ist Aufgabe des *liquidator*. Forderungen sind bei diesem anzumelden, ihm obliegt deren Prüfung unter Einbindung der Gläubiger in hierfür nach seinem Ermessen einzuberufenden Gläubigerversammlungen die Forderungsprüfung und -feststellung, die Verwertung und Verteilung des Unternehmensvermögens. 51

Im *Insolvency Act 1986* sind die folgenden **unterschiedliche Ausgestaltungen der *winding up*** geregelt:[63] 52
- *Members' voluntary winding up*,[64] die „freiwillige" Abwicklung des **solventen** Unternehmens auf Initiative der Gesellschafter (vergleichbar mit der deutschen Liquidation gem. §§ 60 ff. GmbHG),
- *Creditors' voluntary winding up*,[65] die „freiwillige" Abwicklung des **insolventen** Unternehmens auf Initiative der Gesellschafter (ohne Mitwirkung des Gerichts),
- *Winding up by the Court / Compulsory winding up*,[66] die Abwicklung des **insolventen** Unternehmens aufgrund gerichtlichen Beschlusses.

Eine Fortführung des Unternehmens in der *winding up* ist nur ausnahmsweise dann zulässig, wenn dies der optimalen Vermögensverwertung förderlich ist,[67] im Falle der *compulsory winding up* ist für Veräußerungen an nahestehende Personen Anzeige an den Gläubigerausschuss erforderlich.[68] 53

3.1.2 *Members' voluntary winding up*,[69] Abwicklung des solventen Unternehmens auf Initiative der Gesellschafter

Members' voluntary winding up ist die (wenngleich im *Insolvency Act*, also insolvenzrechtlich geregelte) freiwillige *(voluntary)* Abwicklung einer solventen Gesellschaft auf Initiative der Gesellschafter *(members)*. Als Gründe für eine solche Liquidation nennt das Gesetz[70] beispielsweise die Erreichung des Gesellschaftszwecks. Auch hier müssen durch Gesellschafterbeschluss als *liquidator* ein oder mehrere *authorised insolvency practitioner* eingesetzt werden. Die *directors*, Geschäftsführer, haben in gesetzlich vorgeschriebener Form eine „Solvenzerklärung", *statutory declaration of solvency*,[71] eine Versicherung darüber, dass das Unternehmen solvent ist und für die kommenden zwölf Monate (während derer es nicht mehr werbend tätig sein wird) über ausreichende Mittel zur Begleichung sämtlicher Verbindlichkeiten verfügen wird, zu erstellen und beim Handelsregister einzureichen. Geschäftsführer, die eine *statutory declaration of solvency* einreichen, ohne dass eine ausreichende Basis dafür vorhanden ist, dass die Gesellschaft dazu in der Lage sein wird, in den kommenden zwölf Monaten Verbindlichkeiten zuzüglich Zinsen zu zahlen, können mit Geldstrafe belegt oder zu Gefängnisstrafe verurteilt werden.[72] Stellt der *liquidator* im Verlauf der *members' voluntary winding up* fest, dass das Unternehmen wider Erwarten nicht dazu in der Lage ist, seine Verbindlichkeiten zu erfüllen, hat er innerhalb von 28 Tagen nach Kenntnis der Sachlage eine Gläubigerversammlung einzuberufen[73] und ein *statement as to the affairs*[74] (vergleichbar einem Überschuldungsstatus) zu erstellen. Stellt sich hierbei die Insolvenz des Unternehmens heraus, geht die *voluntary winding up* in eine *creditors' voluntary winding up* über. 54

3.1.3 *Creditors' voluntary winding up*, Abwicklung des insolventen Unternehmens auf Initiative der Gesellschafter

Der Name *creditors' voluntary winding up* ist insofern irreführend, als hier die Abwicklung **nicht von den Gläubigern, sondern den Gesellschaftern** des insolventen Unternehmens durch ent- 55

---
[62] Section 141 IA.
[63] Section 73 IA.
[64] Section 84 ff. IA.
[65] Section 97 ff. IA.
[66] Section 117 ff. IA, Die Bezeichnungen „*winding up by the court*" und „*compulsory winding up*" werden synonym verwendet.
[67] *Goode on Principles of Corporate Insolvency Law*, Kristin van Zwieten, 2019, Rn. 5-02.
[68] Section 167 (2) (a) IA.
[69] Section 91 ff. IA.
[70] Section 84 IA.
[71] Section 89 IA.
[72] section 89 (4) IA.
[73] Section 95 (2) (a) IA.
[74] Section 95 (4) IA zu den Inhalten des *statement as to the affairs*.

sprechenden Beschluss initiiert wird. Erst die **Durchführung der** *winding up* **liegt weitgehend in der Kontrolle der Gläubiger.** Wie bei der *members' voluntary winding up*[75] haben die *directors*, Geschäftsführer, auch hier ein *statement of affairs*[76] über die Vermögensverhältnisse der Gesellschaft zu erstellen, das dann einer Gläubigerversammlung vorgelegt wird. Die Person des *liquidator* kann sowohl seitens der Gläubiger als auch seitens des Unternehmens vorgeschlagen werden. Der Gläubigervorschlag geht vor, bei divergierenden Vorschlägen kann das Gericht auf Antrag anordnen, dass die vorgeschlagenen *liquidators* gemeinsam als *„joint liquidators"* ernannt werden, dass die vom Unternehmen vorgeschlagene Person oder eine dritte Person *liquidator* wird.[77] Dieses Prozedere ist ein plastisches Beispiel für die unterschiedlichen Rollen der Insolvenzgerichte in Deutschland und England.

56 **Gerichtsverfahren** gegen das Unternehmen **ruhen** bei der *creditors' voluntary winding up* **nicht automatisch,** dies muss vom *liquidator* ausdrücklich bei Gericht beantragt werden.

3.1.4 *Compulsory winding up,*[78] Abwicklung des insolventen Unternehmens aufgrund gerichtlicher Anordnung

57 Die *compulsory winding up*, auch *winding by the court* wird durch Gerichtsbeschluss auf Antrag der Gesellschaft, ihrer *directors*, Geschäftsführer, oder Gläubiger[79] angeordnet. Bei Vorliegen von öffentlichem Interesse kann *compulsory winding up* auch vom *Secretary of State*[80] beantragt werden. Das Gericht **kann** für den Zeitraum zwischen Antrag und *hearing*, dem Anhörungstermin über die Eröffnung, einen ***provisional liquidator***, **„vorläufigen Insolvenzverwalter"**, einsetzen, dessen Rechte und Pflichten gerichtlich festgelegt werden.[81] Der Zeitraum zwischen Antrag und *hearing* ist **wesentlich kürzer als das deutsche Eröffnungsverfahren,** dauert typischerweise nur wenige Tage oder Wochen. Des Weiteren kann das Gericht für den Zeitraum bis zum *hearing* anordnen, dass **gerichtliche Verfahren** gegen das Unternehmen **ruhen.**[82] Die *petition*, der „Eröffnungsantrag", wird dem Unternehmen zugestellt.[83] So vom Gericht nicht anderweitig angeordnet, wird bereits der Eröffnungsantrag in der *London Gazette*[84] veröffentlicht.[85]

58 **„Eröffnungsgründe"** für eine *winding up order*, den gerichtlichen **„Eröffnungsbeschluss"** für ein *compulsory winding up*-Verfahren, ergeben sich aus dem Gesetz,[86] beispielsweise geschäftliche Inaktivität von einem Jahr seit Gründung[87] oder *inability to pay debts*,[88] **Zahlungsunfähigkeit.** Für letztere gibt es einen gesetzlichen Katalog von Beispielen:[89]
– dem Unternehmen wurde auf Veranlassung eines Gläubigers eine **statutory demand,** Zahlungsaufforderung, über mehr als GBP 750 zugestellt, dennoch erfolgte innerhalb von drei Wochen keine Zahlung, oder: Einzelvollstreckungsmaßnahmen bleiben erfolglos *(cash flow test*[90]*)*,
– die Passiva des Unternehmens (*contingent,* **etwaige,** und *prospective,* **künftige, Verbindlichkeiten** eingerechnet) übersteigen die Aktiva *(balance sheet test*[91]*)*.

59 Damit gibt es, anders als im deutschen Recht, **keinen eigenständigen Insolvenzgrund der Überschuldung.** Die eben beschriebenen Definitionen der *insolvency tests* werden bei verschiedenen Sachverhalten herangezogen, so beispielsweise im Anfechtungsrecht.

3.1.5 Die Stellung der Gläubiger im Verfahren *winding up*

60 Im Verfahren können auch künftige oder bedingte Forderungen als Ansprüche angemeldet werden, ebenso **Zinsforderungen bis Verfahrensbeginn.**[92] Forderungen in **Fremdwährung**

---

[75] *Section 97 ff. IA.*
[76] Zum Inhalt des *statement of affairs* siehe *section 99 (2) IA.*
[77] *Section 100 (3) IA.*
[78] *Section 117 ff. IA.*
[79] *Section 124 IA.*
[80] *Section 124 A IA.*
[81] *Section 135 IA.*
[82] *Section 126 IA.*
[83] IR, *Schedule* 4, 2-(1).
[84] London Gazette: www.lawgazette.co.uk.
[85] IR, *rule* 7.10.
[86] *Section 122 IA.*
[87] *Section 122 (1) (d) IA.*
[88] *Section 122 (1) (f) IA.*
[89] 123 IA.
[90] Zum *cash flow test* siehe *Goode on Principles of Corporate Insolvency Law*, Kristin van Zwieten, 2019, Rn. 4-15 ff.
[91] Zum *balance sheet test* siehe *Goode on Principles of Corporate Insolvency Law*, Kristin van Zwieten, 2019, Rn. 4-23 ff.
[92] *Section 189 Abs. 4 IA.*

werden zum Wechselkurs des Zeitpunkts des Verfahrensbeginns in GBP umgerechnet. Bei *creditors' voluntary winding up* und bei *compulsory winding up* gilt folgende, in der Praxis mit **„waterfall"** beschriebene Rangordnung bei der Verteilung der Insolvenzmasse, *estate*, an die Gläubiger: Kosten des *liquidator* und *expenses*, Verfahrenskosten, Ansprüche der *preferential creditors*, bevorrechtigter Gläubiger,[93] Ansprüche der durch eine *floating charge* gesicherten Gläubigeransprüche ungesicherter Gläubiger, *unsecured creditors*, (gleichmäßige, d.h. quotale Verteilung *"pari passu"*), Ansprüche von Gesellschaftern.

Gesicherte Gläubiger werden aus dem Erlös des Sicherungsgutes voll befriedigt und nehmen an der Verteilung der Insolvenzmasse nur in der Höhe des Ausfalls als ungesicherte Insolvenzgläubiger teil. **Massekostenbeiträge** wie sie das deutsche Insolvenzrecht in Form von Feststellungs- und Verwertungskosten kennt, werden nicht erhoben, sieht man von dem hiermit wirtschaftlich vergleichbaren bei *„qualifying floating charges"* aus dem Nettovermögen ungesicherten Gläubigern zuzuführenden ***prescribed part*** ab, der sowohl im Verfahren der (vorläufigen) *winding up* als auch in der *administration* sowie bei *administrative receivership* abzuführen ist.[94] **Der *prescribed part* berechnet sich wie folgt:** 50 % sind von bis zu GBP 10.000 Nettovermögen abzuführen, danach 20 % des Nettovermögens. Der Höhe nach ist der prescribed part mit GBP 800.000 begrenzt.[95] 61

3.1.6 Unvollständig erfüllte Verträge in den Verfahren *winding up* und *administration*

Die Insolvenz als solche stellt keinen Grund für Vertragsbeendigungen dar, es sei denn, ein Vertrag enthält eine entsprechende Lösungsklausel.[96] Allerdings haben der *liquidator* oder *administrator*[97] das Recht, Nichterfüllung zu wählen. Diese Entscheidung kann der Gläubiger wie eine Vertragsverletzung behandeln und eine entsprechende Schadensersatzforderung als einfache Insolvenzforderung anmelden. 62

Arbeitsverhältnisse bleiben in der *administration* und *creditors' voluntary winding up* bestehen und werden erst beendet, wenn der Geschäftsbetrieb eingestellt wird. In der *compulsory winding up* werden bestehende Arbeitsverhältnisse automatisch mit der Verfahrenseröffnung beendet. 63

3.2 *Administrative receivership*: Bestellung eines „Verwalters" im Interesse nur eines Sicherungsnehmers

3.2.1 Verfahrensgrundzüge, weitgehende Abschaffung der *Administrative receivership*

Die *administrative receivership* mit dem *Enterprise Act 2002* weitgehend abgeschafft, da sie eher Einzelvollstreckungs- denn Gesamtvollstreckungsverfahren ist und als sanierungsfeindlich gilt. In diesem Verfahren hat der unter einer *floating charge* am gesamten Unternehmensvermögen (oder wesentlichen Teilen hiervon) gesicherte Gläubiger im Sicherungsfall das Recht, einen ***administrative receiver*** seiner Wahl zu ernennen. Vereinfacht gesagt, übernimmt Letzterer die Geschäftsführung des Unternehmens (dem die Verfügungsbefugnis hinsichtlich des Unternehmensvermögens genommen ist), um die Sicherheit zu realisieren. Der *administrative receiver* ist – wenngleich an die Grundsätze von Treu und Glauben gebunden – primär den Interessen des Sicherungsnehmers verpflichtet. Wo eine (teilweise) Zerschlagung des Unternehmensvermögens zu keiner geringeren Befriedigung des Sicherungsnehmers führt als Sanierung, liegt daher regelmäßig die Wahl der Zerschlagung für den *administrative receiver* nahe, hierher unter anderem rührte die Kritik wegen Sanierungsfeindlichkeit. Seit den Reformen des *Enterprise Act 2002* kann unter *floating charges*, die **am** oder **nach** dem **15.9.2003** bestellt wurden, kein *administrative receiver* mehr bestellt werden. Ausnahmen gelten nur noch für „Altfälle", d.h. vor dem 15.9.2003 bestellte *floating charges* sowie für ***„qualifying floating charges"***, hinsichtlich derer gesetzliche Ausnahmen gelten.[98] Hier können weiterhin *administrative receiver* bestellt oder das Sanierungsverfahren *administration* blockiert werden. Die bis zum *Enterprise Act* 64

---

[93] Mit dem Finance Act 2020 wurde die bevorrechtigte Stellung des Fiskus wieder eingeführt, die mit dem Enterprise Act 2002 abgeschafft worden war.
[94] Section 176A (1) IA. Zu den Ausnahmen, in denen ungesicherten Gläubigern kein *prescribed part* zukommt, siehe *section* 176A (3) IA.
[95] *Section* 176A IA.
[96] Zur Unwirksamkeit von Lösungsklauseln nach dem CIGA 2020 → Rn. 78.
[97] Ausführlich zu den Rechten des *administrator* bei Vertragsfortführung und -beendigung siehe *Goode on Principles of Corporate Insolvency Law, Kristin van Zwieten*, 5. Auflage 2019, Rz. 11-106 ff., zum Umgang mit „pre-liquidation contracts" dieselbe, Rn. 8–38.
[98] Zu den Ausnahmen siehe *sections* 72 B ff. IA, z. B.: *floating charges*, die in Zusammenhang mit einem „*capital market arrangement*" bestellt wurden oder *floating charges*, wo die Sicherungsnehmer von besonderer öffentlicher Bedeutung sind wie etwa *utilities*, Versorgungsunternehmen, oder *railway companies*, Eisenbahngesellschaften.

geltende Rechtslage gilt für diese Fälle fort, insoweit wird auf die Ausführungen in der 1. Auflage[99] verwiesen. In der Praxis zeichnete sich schon vor Inkrafttreten des *Enterprise Act 2002* eine Tendenz dahingehend ab, dass zur Bestellung eines *administrative receiver* berechtigte Sicherungsnehmer die *administration* bevorzugten und von ihren Blockaderechten keinen Gebrauch machten.

3.2.2 Die Sicherheit *floating charge*

65 Die **Sicherheit *floating charge*[100]** ist von zentraler Bedeutung für die englische Insolvenz- und Sanierungspraxis. Sie ist eine Besonderheit des englischen Rechts, eine Sicherheit, die durch Richterrecht, *case law*, ab der Mitte des 19. Jahrhunderts entwickelt wurde,[101] um die Besicherung von Betriebsmittelkrediten durch Umlaufvermögen flexibel gestalten zu können. Anders als *fixed charges*, Sicherheiten, die an *specific assets*, bestimmten Vermögensgegenständen, bestellt werden, ermöglicht es die *floating charge*, an Unternehmen mit beschränkter Haftung gegebene Kredite mit *classes of assets* („Vermögensklassen", Sachgesamtheiten von Vermögenswerten und dem gesamten Unternehmensvermögen) so zu besichern, dass die Vermögenszusammensetzung auch nach Besicherung weiterhin in ihrem Bestand wechseln darf, ohne dass hierfür eine Vielzahl individueller oder anzupassender Sicherheitenverträge erforderlich wird. Die *floating charge* wird in einer **debenture, Schuldverschreibung,** zugunsten eines *debenture-holders*, des Sicherungsnehmers, am gesamten (oder Teilen hiervon) derzeitigen, noch nicht anderweitig zur Sicherheit dienenden, gegenwärtigen oder künftigen Vermögen eines Unternehmens bestellt. Auch **book debts, Außenstände,** die ihrer Werthaltigkeit wegen im Insolvenzfall eine hohe wirtschaftliche Bedeutung bei der Sicherheitenabgrenzung haben, unterfallen nach der Rechtsprechung (der *„Spectrum"*-Entscheidung aus dem Jahr 2005[102]) einer *floating charge*, wenn das Unternehmen auch nach Bestellung der Sicherheit noch frei über die Forderungen verfügen kann.[103] **Immobilien** werden in der Praxis fast ausschließlich als langfristiges Anlagevermögen mit Grundpfandrechten, *fixed charges*, belastet. Bildlich gesprochen „schwebt" *(to float = schweben)* die *floating charge* über dem zur Sicherheit dienenden Vermögen, senkt sich im Moment des Sicherungsfalls wie ein Netz auf das Unternehmensvermögen in seinem aktuellen Bestand und „fängt" es dann erst ein. Dieser Vorgang wird *crystallization* genannt. Solange der Sicherungsfall nicht eintritt, wird das Unternehmen in seiner Verfügungsbefugnis über das Sicherungsgut nicht beschränkt. *Floating charges* sind **innerhalb von 21 Tagen,** gerechnet ab ihrer Bestellung, im Handelsregister bei dem Sicherheit gebenden Unternehmen zu registrieren. Diskutiert wird, ob diese Eintragung der *floating charge* positive Publizität, auch hinsichtlich der Regelungen der ihr zugrundeliegenden *debenture*, herstellt.[104]

3.3 *Administration:* das Verfahren zur Unternehmenssanierung

3.3.1 Verfahrensgrundzüge, die Reformen des *Enterprise Act 2002* und des *Small Business, Enterprise and Employment Act 2015* („*SBEEA 2015*")

66 Wie unter → Rn. 15. bereits erwähnt, war es ein wesentliches Ziel der Reformen des *Enterprise Act 2002*, die Unternehmenssanierung zu stärken. Zu diesem Zwecke wurde das Verfahren der *administration* grundlegend reformiert. ***Administration***[105] ist nun primär auf das Verfahrensziel **Sanierung,** hinter der Gläubigerinteressen zurückgestellt werden, ausgerichtet. Ein wesentliches Merkmal

---

[99] Länderbericht England and Wales, MüKoInsO Band 3, 1. Auflage 2003, Seite 941, Rn. 19 ff.
[100] Zur *floating charge* siehe Verweise bei *Goode, Kristin van Zwieten,* Fn. 59; Lightman & Moss, Chapter 3, 3-015 (Chapter 3 behandelt sowohl *floating charges* als auch Sicherheiten an bestimmten Vermögensgegenständen, *fixed charges,* und bietet eine ausführliche Darstellung der praktisch bedeutsamen Abgrenzung dieser beiden Sicherungsinstrumente).
[101] Die Entscheidung Re Yorkshire Woolcombers Association Ltd [1903] 2 Ch 284 (CA) wird nach wie vor zur Definition der Voraussetzungen einer *floating charge* herangezogen: "*(a) a charge on a class of assets of a company present and future; (b) if that class is one which, in the ordinary course of the business of the company, would be changing from time to time; (c)... the company may carry on its business in the ordinary way as far as concerns the particular class of assets ...*".
[102] *National Westminster Bank v Spectrum Plus Ltd [2005] UKHL 41.*
[103] Beispielsweise nicht verpflichtet ist, eingezogene Forderungen auf ein spezielles Konto einzuzahlen, siehe *National Westminster Bank v Spectrum Plus Ltd [2005] UKHL 41.*
[104] Was auch dann von Bedeutung sein kann, wenn (wie regelmäßig der Fall) in der debenture, die der *floating charge* zu Grunde liegt, geregelt ist, dass an künftigem Vermögen keine *fixed charges*, bestimmte (in der Insolvenz vorgehende) Sicherheiten, mehr bestellt werden dürfen. Siehe hierzu *Goode, Commercial Law,* s. 5. Auflage 2016, S. 687 und S. 662 ff.
[105] Geregelt in *Schedule* B 1 zum *Insolvency Act* 1986. (Einzelne Vorschriften des *Schedule* B 1 werden mit paragraph, abgekürzt *para.*, zitiert.)

der *administration* ist deshalb auch, dass sie, anders als *winding up, administrative receivership* oder *CVA* ein **Moratorium** auslöst.[106] Auch *winding up* kann für die Dauer der *administration* nicht mehr angeordnet werden.[107] Sind bereits *(administrative) receiver* bestellt, endet deren Amt.[108] Um die Einleitung des *administration*-Verfahrens, das in der Vergangenheit langwierig und damit kostspielig sein konnte zu beschleunigen, kann das Verfahren nunmehr auch ohne wesentliche gerichtliche Beteiligung eingeleitet werden.

Weitere Änderungen erfolgten mit dem des *Small Business, Enterprise and Employment Act 2015* („SBEEA 2015"), so kann beispielsweise nunmehr auch ein *administrator* Ansprüche aus *wrongful trading* und *fraudulent trading* geltend machen (beides war bislang dem *liquidator* in der *winding-up* vorbehalten); die Veräußerung des Geschäftsbetriebs durch den *administrator* an verbundene Personen *(connected persons)* wurde erschwert; die Verpflichtung zur Abhaltung von Gläubigerversammlungen wurde abgeschafft.

Die **Sanierungsziele des Verfahrens** *administration* sind in folgendem Stufenverhältnis gesetzlich vorgegeben:[109]
– Erhalt des Unternehmens in einem Fortführungsszenario,
– Erreichung eines besseren Ergebnisses der Befriedigung für sämtliche Gläubiger des Unternehmens als es bei *winding up* (ohne vorangehendes *administration*-Verfahren) erzielt werden könnte,
– Verwertung des Unternehmensvermögens, um einen oder mehrere gesicherte oder bevorrechtigte Gläubiger befriedigen zu können.

D.h.: Unternehmenserhalt ist vorrangig anzustreben, nur bei Unmöglichkeit eines besseren Ergebnisses als es bei Abwicklung erzielt werden könnte, darf Verwertung zur Befriedigung einzelner Gläubiger angestrebt werden.

3.3.2 Der Verwalter, *administrator*

Unabhängig von der Art der Verfahrenseinleitung werden bei *administration* als **Verwalter** immer ein oder mehrere (dann: *„joint"*) *administrators* eingesetzt, welche bei gemeinsamer Bestellung die Aufteilung der Amtspflichten im Innenverhältnis regeln. Die **Verwaltungs- und Verfügungsbefugnis** über das Unternehmensvermögen gehen nicht automatisch auf die Verwalter über: Der *administrator* ist *agent*,[110] „Vertreter" des Unternehmens und gleichzeitig *officer of the court, „Beamter des Gerichts"*, unabhängig davon, ob es gerichtsbestellt ist.[111] Ein *administrator* kann Verfügungen über Vermögen treffen, das von einer *floating charge* erfasst ist[112] und kann sich gerichtlich zur Verfügung über anderweitig besichertes Vermögen ermächtigen lassen.[113] Die Geschäftsführung des Unternehmens ist im *administration*-Verfahren nicht befugt, Geschäftsführungshandlungen ohne Zustimmung des *administrator* vorzunehmen.[114] Wie der Beginn einer *winding up* wird auch *administration* im Handelsregister eingetragen. Zur Erreichung des **Sanierungszwecks** erarbeitet der *administrator* ein *proposal*, einen Vorschlag, der in einem vom *administrator* einberufenen *creditors' meeting*,[115] einer Gläubigerversammlung, erörtert wird. Die Gläubigerversammlung kann ein *creditors' committee*, einen **Gläubigerausschuss,** einsetzen.

Eine wichtige Rolle des Gerichts im Verfahren *administration* (auch dann, wenn *administration* nicht gerichtlich angeordnet wurde) ist, dass der *administrator* im Verlauf des Verfahrens **directions, Weisungen hinsichtlich seiner Amtsführung,** beantragen kann, wenn diese der Erreichung des Sanierungsziels dienlich sind.[116]

Nach dem gesetzlichen Leitbild **endet die** *administration* **automatisch nach einem Jahr** gerechnet ab Verfahrensbeginn (der Bestellung des *administrator*). Der *administrator* kann die **Verlängerung** der Verfahrensdauer beantragen.

3.3.3 Erlösverteilung

Die **Verteilung von Erlösen an Gläubiger** findet in der *administration* wie folgt statt:[117] *Preferential creditors*, bevorrechtigte Gläubiger, werden vorrangig befriedigt, Zahlungen an ungesi-

---
[106] *Paras.* 42, 43 *Schedule* B 1.
[107] *Para.* 40 *Schedule* B 1.
[108] *Para.* 41 *Schedule* B 1.
[109] *Para.* 3 *Schedule* B1.
[110] *Para.* 69 *Schedule* B 1.
[111] *Para.* 5 *Schedule* B 1.
[112] *Para.* 70 *Schedule* B 1.
[113] *Para.* 71 *Schedule* B 1.
[114] *Para.* 64 *Schedule* B 1.
[115] *Para.* 57 *Schedule* B 1.
[116] *Para.* 63 *Schedule* B 1.
[117] *Para.* 65 *Schedule* B 1.

cherte Gläubiger bedürfen gerichtlicher Zustimmung. Abweichend hiervon darf der *administrator* Zahlungen vornehmen, wenn er sie für die Erreichung des Verfahrenszwecks als dienlich erachtet.[118]

3.3.4 Gerichtliche Anordnung der *administration*[119]

73   *Administration* kann gerichtlich angeordnet werden, wenn das Gericht mit dem entsprechenden Antrag davon überzeugt wird, dass das Unternehmen nicht mehr in der Lage ist, seine Verbindlichkeiten zu begleichen oder dass der Eintritt dieses Umstands wahrscheinlich ist und dass vernünftigerweise davon ausgegangen werden kann, dass die Anordnung der *administration* dazu dient, eines der oben genannten Sanierungsziele zu erreichen.[120] Die gerichtliche Anordnung der *administration* kann vom Unternehmen selbst, seinen Geschäftsführern oder einem oder mehreren Gläubigern des Unternehmens[121] beantragt werden. Wie auch bei *winding up* muss das Gericht über den Antrag nicht unmittelbar entscheiden, es kann die Anhörung vertagen und in seinem Ermessen liegende Zwischenverfügungen treffen.[122]

3.3.5 Außergerichtliche Einleitung der *administration* durch das Unternehmen oder seine Geschäftsführung, *out of court appointment*[123]

74   Wird ein *administrator* außergerichtlich durch das Unternehmen (auf der Grundlage eines Beschlusses der Gesellschafterversammlung oder mit Zustimmung der Gesellschafter) oder seine Geschäftsführer (auf der Grundlage eines Beschlusses des Geschäftsführungsgremiums, *board of directors* oder mit Zustimmung der Geschäftsführer[124]) bestellt, so muss fünf Werktage vor Bestellung solchen Gläubigern, die zur Bestellung eines *administrative receiver* berechtigt wären,[125] schriftlich von dem geplanten *administration*-Verfahren Mitteilung gemacht werden. Hierbei muss, mit gesetzlich vorgeschriebenem Formular, auch die Person des für das Amt des *administrator* vorgeschlagenen *insolvency practitioner* mitgeteilt werden. So benachrichtigte Gläubiger können eine *administration* blockieren, was in der Praxis allerdings selten geschehen ist. Bei außergerichtlicher Beantragung von *administration* müssen in hierfür gesetzlich vorgeschriebenen Formularen[126] umfassende Angaben zu den Vermögensverhältnissen des Unternehmens und dem angestrebten Sanierungsziel gemacht werden, sowohl vom Antragsteller als auch dem als *administrator* vorgesehenen *insolvency practitioner*. Falschangaben werden als Vergehen geahndet.[127]

3.3.6 Außergerichtliche Einleitung der *administration* durch den Sicherungsnehmer unter einer *qualifying floating charge*[128]

75   Neu ist, dass seit den Reformen des *Enterprise Act 2002* der Inhaber einer hierfür „qualifizierten", *qualifying, floating charge* einen *administrator* bestellen und damit ein Sanierungsverfahren einleiten kann. Eine *floating charge* ist dann eine „*qualifying floating charge*", wenn sie die ausdrückliche Berechtigung vorsieht, ohne Einbindung des Gerichts einen *administrator* zu ernennen[129] und wenn sie (gegebenenfalls gemeinsam mit weiteren Sicherheiten) das gesamte Unternehmensvermögen oder wesentliche Teile hieran erfasst.

3.3.7 *Pre-packaged sales*, „übertragende Sanierung" im Verfahren *administration*

76   Die *pre-packaged sales* (in der Praxis als „*pre-packs*" bezeichnet) spielen in der englischen Sanierungspraxis eine wesentliche Rolle und ähneln in ihrer Technik der deutschen **übertragenden Sanierung**: auch hier wird ein Kaufvertrag über das Betriebsvermögen eines insolventen

---

[118] Para. 66 Schedule B 1.
[119] Para. 10 Schedule B 1.
[120] Para. 11 Schedule B 1.
[121] Para. 12 Schedule B 1.
[122] Para. 13 Schedule B 1.
[123] Para. 22 Schedule B 1.
[124] Fletcher, Higham, Trower, S. 35 ff.
[125] Zu diesen „Altfällen", d.h. vor dem 15. September 2003 bestellten *floating charges* und weiteren Ausnahmefällen, für die das bislang geltende Recht fort gilt.
[126] Eine Sammlung der für die Beantragung, Anordnung und Durchführung englischer Insolvenzverfahren gesetzlich vorgeschriebenen Formulare, forms, findet sich in Band 4 von Totty, Peter/Moss, Gabriel, Kommentar, Insolvency, Loseblattsammlung.
[127] Para. 29 (7) Schedule B 1.
[128] Para. 35 Schedule B 1.
[129] Schedule B1 Para. 14.

3. Corporate insolvency, Unternehmensabwicklung und -sanierung   77   **England und Wales**

Unternehmens (oder über wesentliche Teile hiervon) vor Verfahrenseröffnung verhandelt und mit Verfahrensbeginn (oder unmittelbar danach) wirksam bzw. vom Verwalter abgeschlossen. Der wesentliche Unterschied zwischen deutscher und englischer Praxis jedoch besteht darin, dass das Verfahren *administration* kein Eröffnungsverfahren kennt. Hier begleitet regelmäßig der *insolvency practitioner*, der für das spätere Amt des *administrator* vorgesehen ist, die Vorbereitung des Verfahrens und den Verkaufsprozess nicht in einer dem deutschen vorläufigen Insolvenzverwalter (Sachwalter) vergleichbaren Position, sondern in beratender Funktion. Missbräuche von „*pre-packs*", insbesondere Unterwertverkäufe an nahestehende Personen, *connected persons*, führten in der Vergangenheit zu starker öffentlicher Kritik (auch oder gerade an den beteiligten Verwaltern) und zu öffentlichen Konsultationsprozessen, als deren Ergebnis der „berufsrechtliche" ethische Standard für „*pre-packs*", *Statement of Insolvency Practise (SIP) 16*, überarbeitet und verschärft wurde: SIP 16 enthält strenge Vorgaben an die Transparenz des Investorenprozesses (damit auch an die Bewertung der Kaufgegenstände und die Kaufpreisfindung) und an die klare Abgrenzung der Rolle des *insolvency practitioner* im Prozess, zu dessen Pflichten es auch gehört, Geschäftsführung und Kaufinteressenten zu empfehlen, sich unabhängig beraten zu lassen. Die neue Version der *SIP 16* gilt seit dem 1.11.2015. Eine wesentliche Neuerung der Überarbeitung von *SIP 16* ist auch die Einführung eines „*Pre Pack Pool*", einer unabhängigen Instanz zur Beurteilung geplanter *pre-pack*-Verkäufe, der zum 2.11.2015 seine Tätigkeit aufgenommen hat.[130] Dem englischen Gesetzgeber wurde mit dem *Small Business, Enterprise and Employment Act 2015 (SBEE 2015)*[131] die Möglichkeit gegeben, die *pre-pack* Praxis bis zum 26.5.2020 zu evaluieren und erforderlichenfalls mit Gesetzesänderungen zu reagieren. Durch das *CIGA 2020* wurde dieser Überprüfungszeitraum um ein Jahr verlängert.

3.4 *Company Voluntary Arrangement (CVA)*:[132] **Vergleich zwischen Unternehmen, Gläubigern und Gesellschaftern**

3.4.1 Grundzüge des Verfahrens

Das *Company Voluntary Arrangement (CVA)* ist ein Vergleich zwischen einem Unternehmen, seinen Gläubigern und seinen Gesellschaftern. Die Initiierung und Durchführung eines *CVA* setzen **keine Insolvenz** des Unternehmens voraus. Ein *CVA* kann schon in der Krise durchgeführt werden und von den *directors,* Geschäftsführern oder einem *liquidator* oder *administrator* eingeleitet werden, nicht aber von den Gesellschaftern.[133] Der *Insolvency Act* beschreibt das *CVA* als „*composition in satisfaction of its debts or SoA of its affairs*".[134] Hinsichtlich des Inhalts des *CVA* gestattet der Gesetzgeber mit nur geringen Mindestanforderungen[135] weitgehende Flexibilität. Das *proposal,* der Entwurf des *CVA*, wird von der Geschäftsführung oder, wenn sich das Unternehmen bereits in *liquidation* oder *administration* befindet, einem *liquidator* oder *administrator* erstellt. Erstellt den Entwurf die Geschäftsführung, hat sie ihn zur Überprüfung auf Durchführbarkeit einem *nominee* (der *insolvency practitioner* und damit sachkundig ist) vorzulegen. Über das *CVA* wird, begleitet vom *nominee*, in einer Gläubigerversammlung und in einer Gesellschafterversammlung abgestimmt. Die Zustimmung der Gläubigerversammlung reicht für das Zustandekommen des *CVA* aus, hierfür ist eine Mehrheit von über 75 % der anwesenden und stimmberechtigten Gläubiger erforderlich. Das *CVA* bindet sämtliche Gläubiger, die von dem *proposal* Kenntnis hatten oder hätten haben können. Da es im englischen Insolvenzrecht keine Vorschrift gibt, wonach **Zustellung an Gläubiger durch Publizität gesetzlich** bewirkt werden kann, werden das *proposal* und die Modalitäten des Abstimmungstermins umfangreich, erforderlichenfalls weltweit, veröffentlicht. Es obliegt dann dem einzelnen Gläubiger, nachzuweisen, dass er von dem *proposal* keine Kenntnis erlangt hat oder erlangen konnte. Widersprechenden Gesellschaftern verbleibt nach neuem Recht nur der Weg, das *CVA* innerhalb von 28 Tagen gestützt auf *unfair prejudice*, Ungleichbehandlung, gerichtlich anzugreifen. Die Vorschriften über das *CVA* sehen

---

[130] https://www.prepackpool.co.uk.
[131] Sch. B1 para. 60A des *Insolvency Act.*
[132] Geregelt in *Part I, section* 1ff. IA; die korrespondierenden Verfahrensregelungen waren bislang in *rule* 1.1 ff. IR 1986 geregelt, hier hat sich die Systematik geändert, u.a. mit einer Unterteilung danach, durch wen das *proposal* erstellt wird. Eine tabellarische Übersicht hierzu findet sich auf S. 1 des *Guide to the destination of the Insolvency Rules 1986 (SI 1986/1925) in the Insolvency Rules (England and Wales) 2016 (SI 2016/1024)*, https://assets.publishing.service.gov.uk/government/uploads/system/uploads/attachment_data/file/567245/Insolvency_Rules_1986_Table_of_Destinations_260815-1.pdf.
[133] *Section* 1 (1) IA.
[134] *Section* 1 (1) IA.
[135] *Windsor/Müller-Seils, Burg* S. 9.

England und Wales 78–80

grundsätzlich kein Moratorium vor. Um Beitreibungsmaßnahmen einzelner Gläubiger, insbesondere in der Vorbereitungsphase des *CVA*, zu verhindern, muss daher begleitend entweder *administration* (dann gilt ein Moratorium)[136] oder *liquidation* (in der *compulsory winding up* besteht die Möglichkeit, Verfahrenseinstellungen zu beantragen[137]) eingeleitet werden. Durch den *Enterprise Act 2002* wurden *small companies*,[138] Kleinunternehmen, insoweit privilegiert, als sie seit 1.1.2003 bei Durchführung eines *CVA* ein Moratorium beantragen können. Kleinunternehmen sind somit zur Erreichung eines Moratoriums nicht auf das regelmäßig kostspielige *administration*-Verfahren angewiesen.[139] Im Moratorium – und nur dann – kann auch im Verfahren *CVA* ein **Gläubigerausschuss,** dann *„moratorium committee"* genannt, eingesetzt werden.[140]

78 **Das *CVA* wurde in den vergangenen Jahren bevorzugt zur Sanierung angeschlagener Einzelhandelsunternehmen eingesetzt,** insbesondere dann, wenn eine Restrukturierung Einschnitte in die Rechte von Vermietern erforderlich machte. Hier wurde das *CVA* auch deshalb gegenüber dem *SoA* bevorzugt, weil es beim *CVA* nicht zur Gruppenbildung kommt, wenngleich ein Vorteil des *SoA* ist, dass mit diesem, anders als beim *CVA*, in Sicherheiten eingegriffen werden kann.[141] Die Bestätigung solcher *CVAs* wurde wiederholt von überstimmten Gläubigern (Vermietern) angegriffen.

3.4.2 Wirksamwerden und Überwachung des Vergleichs

79 Das wirksam gewordene *CVA* wird **beim Insolvenzgericht eingereicht** (ohne dass das Gericht hierbei eine Prüfung des *CVA* vornimmt oder dieses bestätigt). Ein *supervisor* (der *insolvency practitioner* und regelmäßig identisch mit dem bisherigen *nominee* ist) überwacht die ordnungsgemäße Umsetzung des *CVA* und erstellt einen Abschlussbericht. Die reibungslose Umsetzung eines *CVA* setzt voraus, dass bereits im Planungsstadium sämtliche denkbaren sanierungsrelevanten Sachverhalte und Problemgestaltungen abgedeckt wurden oder dass im *CVA* Öffnungsklauseln für gegebenenfalls zu schliessende Lücken vorgesehen sind.

4. Scheme of Arrangement (SoA), der Vergleich eines Unternehmens mit seinen Gläubigern und/oder Gesellschaftern; der Restructuring Plan des CIGA 2020

4.1 Grundzüge des Verfahrens *Scheme of Arrangement (SoA)*

80 Das *SoA* ist ein in den sections 895 ff. *Companies Act 2006* **geregeltes Verfahren,** das in das 19. Jahrhundert zurückgeht und ursprünglich für gesellschaftsrechtliche Zwecke wie die Durchführung von Verschmelzungen oder Übernahmen konzipiert war. Zwischenzeitlich wird das Verfahren *SoA* vor allem zur Erreichung von Gläubigervergleichen in Krise und Insolvenz genutzt. Nach der gesetzlichen Definition[142] handelt es sich beim *SoA* um einen Vergleich, *compromise* oder eine Vereinbarung, *arrangement* zwischen einer Gesellschaft, *company* (d.h. einer Gesellschaft mit beschränkter Haftung nach der Definition des *Companies Act*)[143] und ihren Gläubigern (oder einer oder mehreren Gläubigerklassen) und/oder seinen Gesellschaftern (oder einer oder mehrerer Gesellschafterklassen). Die Rolle des Gerichts (zuständig ist der *High Court,* dort die *Chancery Division*) ist bei der Durchführung eines *SoA* wesentlich stärker als beim *CVA,* dem insolvenzrechtlich geregelten Vergleichsverfahren. Zuerst entscheidet das Gericht in einem *„convening hea-*

---

[136] Schedule B1 *Paras.* 42, 43, 44 IA.
[137] Section 126 IA.
[138] Für die Definition der *small companies* bedient sich das Insolvenzrecht der Größenklassen, an denen das Gesellschaftsrecht Bilanzierungspflichten festmacht, 3 (2) (a) *Schedule* A1 IA. Hiernach liegt eine *small company* dann vor, wenn die Gesellschaft mindestens zwei der folgenden Merkmale nicht überschreitet: Jahresumsatz, *annual turnover*, von GBP 6,5 Millionen; Bilanzsumme, *balance sheet total*, von GBP 3,26 Millionen; 50 Arbeitnehmer.
[139] Section 1 A IA, *Schedule* A1 zum IA. Zu dem mit dem *CIGA* 2020 neu eingeführte „autonomen" *moratorium* → Rn. 33a ff.
[140] Sections 35(1) – 35(4) *Schedule* A1.
[141] Für einen detaillierten tabellarischen Überblick zu den Unterschieden zwischen *Scheme* und *CVA* siehe Geoff O'Dea/Julian Long/Alexandra Smyth, *Schemes of Arrangement*, Law and Practice, Oxford University Press, 2012, S. 113 ff.
[142] Section 895 (1) *Companies Act* 2006.
[143] Gem. *Section* 895 (2) *Companies Act* 2006 sind hiermit für Zwecke der Reorganisation, *reconstruction* und Verschmelzung, amalgamation, i.S.v. *Section 900 Companies Act 2006* nur Gesellschaften nach der Definition des *Companies Act* 2006 gemeint; für andere Zwecke alle Gesellschaften, die nach dem IA 1986 oder der *Insolvency (Northern Ireland) Order 1989* abgewickelt werden können, damit kann der Anwendungsbereich auch ausländischen Gesellschaften eröffnet sein.

4. Scheme of Arrangement (SoA) 81, 82 England und Wales

ring" genannten Gerichtstermin darüber, ob (eine) Gläubiger- oder Gesellschafterversammlung(en) (aller Gläubiger oder Gesellschafter oder auf die betroffene(n) Klasse(n) beschränkt) einberufen werden darf oder sollen, um über den Vorschlag des *SoA* abzustimmen. Wurde der Vergleich mit den erforderlichen Mehrheiten (Kopfmehrheit und mindestens 75 % Forderungsmehrheit[144]) angenommen, ist es wieder das Gericht, das in einem weiteren Gerichtstermin, dem *„sanction hearing",* über die Genehmigung des *SoA* entscheidet.[145] Hierbei prüft es auch, ob der Vergleich *fair and reasonable* ist, insbesondere ob er einzelne Gläubiger(gruppen) nicht schlechter stellt, als sie in einem formellen Insolvenzverfahren stünden. Dieser *„fairness test"* ist auch für die Beantwortung der Frage entscheidend, ob Gläubiger zu Unrecht im Verfahren übergangen wurden, weil sie erst gar nicht zur Abstimmung über den Vergleichsvorschlag eingeladen wurden. Hier spielen die Prüfung der Besserstellung im Insolvenzverfahren und damit dem Gericht vorgelegte Bewertungsgutachten eine entscheidende Rolle.[146] Befugt, die Einberufung von Gläubiger- oder Gesellschafterversammlungen zu beantragen, sind das Unternehmen, (einzelne) Gläubiger und (einzelne) Gesellschafter.[147] Auch während der Durchführung der Verfahren *winding up* und *administration* kann ein *SoA* durchgeführt werden, dann sind antragsberechtigt der *liquidator* oder der *administrator.*[148] Endgültig wirksam wird das *SoA* erst, wenn es bei *Companies House* eingereicht wurde. Ist die Durchführung des *SoA* konzeptionell an Insolvenzverfahren angelehnt, zum Beispiel, was die Verteilung von Erlösen betrifft, wird die Umsetzungsphase in der Praxis häufig von einem Verwalter, *insolvency practitioner,* begleitet, auch wenn dies gesetzlich nicht zwingend ist.

4.2 Wesentlicher Anwendungsfall *creditor scheme,* grenzübschreitende Fälle

Der **Hauptanwendungsfall** des *SoA* in Krisen- oder Insolvenzfällen ist ein *„creditor scheme"* 81 zum Zwecke der **bilanziellen Restrukturierung,** d.h. der Abschluss eines Vergleichs nur mit den **Finanzgläubigern** eines Unternehmens. Hier macht man sich zunutze, dass sich ein *SoA* auf eine einzelne *„class of creditors"* beschränken kann, andere Gläubiger dann von den Verfahren nicht berührt werden und auch nicht eingebunden werden müssen. Um sicherzustellen, dass ein via *SoA* entschuldetes Unternehmen (eine Unternehmensgruppe) nicht sofort deshalb wieder in finanzielle Schwierigkeiten gerät, weil es aus (Gruppen-)Garantien in (Regress)Anspruch genommen wird, kann ein Scheme die Entlassung aus Garantien von Gesellschaften, die selbst nicht Partei des *schemes* sind, vorsehen.[149] Das Verfahren ist öffentlich: Die beiden vorerwähnten Gerichtstermine sind der Öffentlichkeit zugänglich und wesentliche Entscheidungen werden veröffentlicht. Die Einleitung eines *SoA*-Verfahrens löst weder ein Moratorium aus, noch ist gesetzlich vorgesehen, dass im Rahmen eines *SoA* einzelne Vollstreckungshandlungen auf Antrag gerichtlich ausgesetzt werden können. Zur Erreichung eines Moratoriums werden daher in der Praxis des öfteren *scheme of arrangement* und das Sanierungsverfahren *administration* „kombiniert".[150] Beim praktisch bedeutsamen *creditor scheme* mit Finanzgläubigern lässt sich ein Moratorium gegebenenfalls durch vertragliche Vereinbarung eines Stillhalteabkommens, *standstill agreement,* auf der Basis der Finanzdokumentation erreichen.

Wegen der Möglichkeit, damit einzelne wiedersprechende Gläubiger(klassen) in einen Vergleich 82 zwingen zu können, wurde es in jüngerer Zeit (vor dem „Brexit") von Unternehmen aus anderen EU-Mitgliedstaaten zur Herbeiführung von Vergleichen mit Finanzgläubigern genutzt.[151] Der englische *High Court* bejahte seine Zuständigkeit in diesen Verfahren, in denen die betroffenen Unternehmen den COMI[152] in Deutschland beibehielten, aufgrund ausreichender *„English law connection",*

---

[144] Section 899 (1) *Companies Act* 2006.
[145] Section 899 (1) *Companies Act* 2006.
[146] Siehe hierzu insbesondere die Entscheidung IMO Carwash: *In the matter of Bluebrook Ltd and others [2009] EWHC.*
[147] Section 896 (2) (a), (b) *Companies Act 2006.*
[148] Section 896 (2) (c), (d) *Companies Act* 2006.
[149] Siehe hierzu *Van Gansewinkel Groep BV & Ors, Re [2015] EWHC 2151 (Ch) (22 July 2015); Geofe O'Dea, Julian Long, Alexandra Smith, Schemes of Arrangement, Law and Practice,* Oxford University Press, 1. Auflage 2012, S. 123 ff.
[150] Zur Möglichkeit, nunmehr nach Einführung durch das *CIGA 2020* ein „autonomes" Moratorium beantragen zu können, → Rn. 33a ff.
[151] Beispielsweise Rodenstock GmbH (The „Scheme Company"), Re [2011] EWHC 1104 (Ch) (06 May 2011); Apcoa Parking (UK) Ltd & Ors, Re [2014] EWHC 997 (Ch) (26 March 2014); für einen umfassenden Überblick zu Schemes für Unternehmen aus anderen EU-Mitgliedstaaten siehe *Sax/Swiercok,* Sanierungsverfahren in sonstigen Rechtsordnungen: Großbritannien, in Flöther, Sanierungsrecht, S. 350 ff., 2019; *Westpfahl/Knapp,* Die Sanierung deutscher Gesellschaften über ein englisches SoA, ZIP 2011, S. 2033 ff.
[152] *Centre of Main Interests,* Art. 3 EuInsVO.

die er dadurch begründet sah, dass die betroffenen Finanzierungen englischem Recht unterstanden (was im Verfahren Apcoa durch Rechtswahlwechsel erzielt wurde).

83   Die Durchführung des *SoA* kann zeit- und kostenaufwändig sein, insbesondere der Zeitaufwand für die Erstellung des *scheme document*, des Vergleichsvorschlags, der dem Gericht mit dem Antrag auf Genehmigung der Einberufung der Gläubigerversammlung vorgelegt und anschließend an die einzuladenden Gläubiger versandt wird, fällt je nach Komplexität des Falls unterschiedlich aus. Hat das Gericht die Einberufung der Gläubigerversammlung genehmigt, ist im Schnitt mit einer **Verfahrensdauer von etwa sechs Wochen** bis zum Vorliegen eines gerichtlich genehmigten Vergleichs zu rechnen. Beim Kostenaufwand spielt eine Rolle, dass für die beiden gerichtlichen Anhörungstermine zwingend *barrister*[153] hinzugezogen werden müssen.

4.3. Das *Restructuring Plan*-Verfahren des CIGA 2020

84   Der englische Gesetzgeber und die englische Sanierungspraxis waren sich seit Längerem der Schwächen des *SoA*[154] bewusst, Forderungen nach Reformen richteten sich unter anderem auf die Einführung eines Moratoriums und vor allem die Einführung eines *cross-class cram down*, die Möglichkeit der Überstimmung ablehnender Gläubigergruppen bei der Planabstimmung. Das CIGA 2020 führt ein „autonomes" Moratorium ein,[155] das auch dazu genutzt werden kann, die Durchführung eines *Restructuring Plan* zu unterstützen, für diesen aber nicht Voraussetzung oder zwingende flankierende Maßnahme ist. Der *Restructuring Plan* wird als neuer *Part A26* in den *Companies Act 2016*, neben das *SoA (Part 26 Companies Act 2006)* eingefügt. Das *Restructuring Plan*-Verfahren ersetzt das *SoA* nicht, das im *Companies Act* ursprünglich auf gesellschaftsrechtliche Reorganisationen solventer Unternehmen ausgelegt war, und schon deshalb seine „Daseinsberechtigung" nicht verliert. Die beiden Verfahrensarten *Restructuring Plan* und *Scheme of Arrangment* sind sich grundsätzlich sehr ähnlich, es bestehen aber auch wesentliche Unterschiede, die vom *High Court* in der *Virgin Atlantic*-Entscheidung vom 4.9.2020,[156] der ersten Entscheidung des *High Court* über die Bestätigung eines *Restructuring Plan* nach Inkrafttreten des CIGA 2020, prägnant dargestellt werden.

85   **Ähnlichkeiten zwischen beiden Verfahrensarten:** Sowohl das *SoA* als auch der *Restructuring Plan* beinhalten einen Vergleich, *compromise* oder *arrangement*, zwischen Unternehmen und Gläubigern oder Gesellschaftern, die auf einzelne Gruppen, *classes*, beschränkt werden können. Auch der Verfahrensablauf und die Einbindung des Gerichts sind identisch, insbesondere was die beiden wesentlichen – öffentlichen – gerichtlichen Anhörungstermine, *hearings*, betrifft: Im *convening hearing* entscheidet das Gericht vor allem über die ordnungsgemäße Gruppenbildung und damit die Anordnung der Einberufung des oder der Abstimmungstermine(s). Wird dem Plan in dem oder den Abstimmungstermin(en) zugestimmt, folgt die gerichtliche Planbestätigung im *sanction hearing*.

86   **Wesentliche Unterschiede zwischen beiden Verfahrensarten:** Beim *Restructuring Plan* müssen finanzielle Schwierigkeiten des Unternehmens zumindest wahrscheinlich sein, „... *the company has encountered, or is likely to encounter financial difficulties...*" (während das *SoA* auch bei solventen Unternehmen zur Anwendung kommt) und der angestrebte Vergleich muss geeignet sein, die finanziellen Schwierigkeiten zu überwinden („... *eliminate, reduce or prevent, ...mitigate the effect of, ... financial difficulties*").[157] „*Financial difficulties*" sind gesetzlich nicht definiert, werden richterrechtlich auszufüllen sein. Für den *Restructuring Plan* wird, anders als beim *SoA*, vorgeschrieben, dass Gläubiger oder Gesellschafter, in deren Rechte durch den Plan eingegriffen wird, an der Abstimmung **teilnehmen können** müssen, es sei denn, nach Überzeugung des Gerichts haben diese kein **„wirkliches wirtschaftliches Interesse"**, *genuine economic interest*, an dem Unternehmen.[158]

87   Wesentliche Unterschiede bestehen bei den Abstimmungsregelungen. So muss der *Restructuring Plan* zwar auch mindestens die Zustimmung von 75 % der Forderungssummen erreichen, **nicht aber auch die Kopfmehrheit**, wie dies beim *SoA* der Fall ist.[159] Im englischen Recht völlig neu ist die Ermöglichung des *cross-class cram down*, d.h., dass wenn in einer oder mehreren Gläubigergrup-

---

[153] Nur *barrister* haben die Befugnis, in Insolvenzsachen vor dem *High Court* aufzutreten, die Rolle englischer Anwälte, *solicitors*, liegt regelmäßig darin, das Unternehmen bei der Vorbereitung des *SoA* zu unterstützen.
[154] Siehe insbesondere die Konsultation der englischen Regierung „*A Review of the Corporate Insolvency Framework*" vom 25. Mai 2016, https://www.gov.uk/government/consultations/a-review-of-the-corporate-insolvency-framework; siehe auch Schlegel, Das *SoA* – global tief verwurzelter Evergreen, Festschrift für Marie Luise Graf-Schlicker, 2018 S. 381 ff.
[155] → Rn. 33a ff.
[156] *Virgin Atlantic Airways Limited and in the Matter of Part 26A of the Companies Act 2002 (2020) EWHC 2376 (Ch)*, dort Rz. 38 ff.
[157] Section 901A Part 26A CA 2006.
[158] Sections 901C Abs. 3 und Abs. 4 in Verbindung mit *section 901C Abs. 1 Part 26A CA 2006*.
[159] Section 901F Abs. 1 Part 26A CA 2006.

pen gegen den Plan gestimmt wurde, das Gericht diesen dennoch genehmigen kann, wenn zumindest eine Gläubigergruppe, zu deren Gunsten sich der Plan auswirkt, zugestimmt hat und wenn die ablehnenden Gläubiger bei Plangenehmigung nicht schlechter stehen, als wenn der Plan ungenehmigt bliebe.[160] Die hier zitierte erste Entscheidung zum *Restructuring Plan, Virgin Atlantic,* hatte noch keine Rechtsfragen zum *cross-class cram-down* zum Gegenstand, da sämtliche zur Abstimmung zugelassenen Gläubigergruppen dem Plan zustimmten.[161]

Nach ersten Praxisäußerungen[162] ist zu erwarten, dass es bei der Auslegung des neuen Rechtsbegriffs *„genuine ecomic interest",* zu der Frage, ob Gläubiger zur Abstimmung zuzulassen sind sowie im Falle eines *cross-class cram down* bei den Vergleichsrechnungen zur Frage der Schlechterstellung überstimmter Gläubiger zu schwierigen Bewertungsfragen und Gutachtenstreitigkeiten[163] kommen wird. Auch nach der Erwartung des Gesetzgebers werden die gesetzlich nicht definierten Begriffe des *CIGA 2020* richterrechtlich auszufüllen sein, wobei der *High Court,* soweit möglich, auf das *case law* zum *SoA* zurückgreifen wird.[164] **88**

5. *Bankruptcy,* die Insolvenz natürlicher Personen

5.1 Grundzüge des Verfahrens

Das Privatinsolvenzverfahren, *bankruptcy,* ist in einem eigenen Abschnitt des Insolvency Act geregelt.[165] Allerdings finden auch einige der Vorschriften für Unternehmensinsolvenzen auf *bankruptcy,* Anwendung, wie beispielsweise das unter Ziff. 7. dargestellte „Anfechtungsrecht", das bei *bankruptcy* durch den **trustee** (den „Verwalter" in der Verbraucherinsolvenz) ausgeübt wird. Das Privatinsolvenzverfahren ist ein Beispiel dafür, dass es innerhalb des Vereinigten Königreichs gewisse insolvenzrechtliche Unterschiede gibt: In Schottland gilt ein gesondertes Gesetz für Privatinsolvenzen, der *Bankruptcy (Scotland) Act 1985.* Privatinsolvenzverfahren werden in einem Insolvenzregister, *Bankruptcy Insolvency Register,* geführt. **89**

Das **Antragsrecht** steht dem Schuldner selbst, bei Verletzung der Konditionen eines verbindlichen *IVA* der die Durchführung überwachenden Person oder Gläubigern, denen der Schuldner einen Betrag von mehr als 5.000 GBP schuldet, zu. Ordnet das Gericht mit Erlass der *bankruptcy order* das Privatinsolvenzverfahren an, wird ein Treuhänder, *trustee,* bestellt. Das Amt wird entweder (in massearmen Verfahren der Regelfall) vom *Official Receiver* oder einem *insolvency practitioner* wahrgenommen. Der Verfahrensablauf des Privatinsolvenzverfahrens ist an den Grundzügen dem Deutschland vergleichbar, der Treuhänder sichert die Masse, *assets in the estate,* verwertet das Vermögen des Schuldners und verteilt die Erlöse quotal an die Gläubiger, deren Forderungen er festgestellt hat. Dem Schuldner werden Gegenstände und Geldmittel belassen, die dieser für den täglichen Bedarf und eine angemessene Lebensführung benötigt. Wesentliche Unterschiede zum deutschen Verfahren sind beispielsweise, dass Arbeitnehmerforderungen denen aller anderer Gläubiger bei der Verteilung vorgehen, des Weiteren besteht kein Schutz vor Vermieterkündigung für die vom Schuldner genutzte Wohnung: der Vermieter darf auch aufgrund von Mietrückständen kündigen, die nur Insolvenzforderungen darstellen. **90**

Wie für Unternehmen ist auch für natürliche Personen die Möglichkeit eines Gläubigervergleichs vorgesehen, hier *Individual Voluntary Arrangement (IVA)* genannt. Anders als in Deutschland ist der Versuch eines IVA keine Zulässigkeitsvoraussetzung des Privatinsolvenzfahrens *bankruptcy.* **91**

5.2 Restschuldbefreiung, *Bankruptcy Restrictions Order* (BRO) und *Bankruptcy Restrictions Undertaking* (BRU)

Natürliche Personen können **Restschuldbefreiung,** *discharge,* erlangen, dies grundsätzlich bereits nach einem Jahr gerechnet ab Beginn des *bankruptcy*-Verfahrens.[166] Allerdings kann die Rest- **92**

---

[160] Section 901G Part 26A CA 2006.
[161] *Virgin Atlantic Airways Limited and in the Matter of Part 26A of the Companies Act 2002 (2020) EWHC 2376 (Ch), dort Rz. 33/34; Rz. 47.*
[162] Siehe beispielsweise die Artikelserie im *„Digest"* der Barristers South Square Chambers, www.southsquare.com, „A series of articles by Members of South Squar examining the newly enacted Corporate Insolvency and Governance Act 2020" im *„Digest"* vom 8. Juli 2020, dort: Phillips, Willson, Johnson, S. 6ff.
[163] Siehe soeben Phillips, Willson, Johnson, a.a.O., S. 11/12.
[164] So die Erwartungshaltung in der *„Explanatory Note"* (→ Rn. 1) der Regierung zum *Restructuring Plan,* dort Rz. 16: „„...the overall commonality between the two Parts is expected to enable the courts to draw on the existing body of Part 26 case law where appropriate".
[165] Part IX, Sections 263Hff. IA.
[166] Section 279 IA, Redlichkeit, insbesondere hinsichtlich der Offenlegung der Vermögensverhältnisse, vorausgesetzt.

schuldbefreiung aufgehoben werden, wenn sich der Schuldner schuldhaft, *culpable,* verhält oder verhalten hat,[167] beispielsweise Kredit aufgenommen hat obwohl er wusste, diesen nicht zurückzahlen zu können oder sich gesetzeswidrig verhalten hat. Die Aufhebung kann auf Antrag oder von Amts wegen durch eine gerichtliche **Bankruptcy Restrictions Order (BRO)**[168] erfolgen oder aber im Wege eines **Bankruptcy Restrictions Undertaking (BRU) erfolgen,** einer Zusicherung, die der Schuldner dem Secretary of State gegenüber abgibt. Mit diesem Gerichtsbeschluss wird die Verfahrensdauer auf mindestens zwei Jahre, maximal 15 Jahre erhöht, wobei dem Gericht ein weiter Ermessensspielraum eingeräumt wird.

5.3 Ungültigkeitserklärung des Beschlusses über die Anordnung des Privatinsolvenzverfahrens

93   Das Gericht kann den Beschluss über die Anordnung des Privatinsolvenzverfahrens, *bankruptcy order,* jederzeit aufheben, wenn es zu der Überzeugung gelangt, dass die Anordnung nicht hätte erfolgen sollen.[169] Fiel das Verfahren in den **Anwendungsbereich der EuInsVO,** kann eine *bankruptcy order* aufgehoben werden,[170] wenn der Nachweis erbracht ist, dass sich der COMI[171] des Schuldners zu dem Zeitpunkt, in dem das englische Gericht die *bankruptcy order* erließ, nicht in England sondern einem anderen Mitgliedstaat der EU befand (hier kann es also auch nach dem Brexit noch „Altfälle" geben).[172]

94   **Wirkungen der Aufhebung:** Bei Aufhebung der *bankruptcy order* werden der Schuldner und die Verfahrensbeteiligten so gestellt, als ob der Beschluss nie ergangen wäre, mit Ausnahme bereits erfolgter Vermögensverfügungen.[173] Gläubiger können ihre Forderungen nach Aufhebung des Beschlusses wieder gegen den Schuldner verfolgen, unabhängig davon, ob sie diese Forderungen im bisherigen Verfahren angemeldet hatten. Ausgenommen hiervon sind angemeldete Forderungen, die vom Treuhänder, *trustee,* bereits endgültig bestritten wurden.[174]

5.4 *Individual Voluntary Arrangement,* IVA; der Gläubigervergleich im Privatinsolvenzverfahren; *Debt Relief Orders*

95   Auch das *IVA* ist im Insolvency Act geregelt,[175] in seiner Struktur hat es gewisse Ähnlichkeiten mit dem *Company Voluntary Arrangement (CVA).* Auch hier wird der Schuldner bei der Erstellung des Vergleichsvorschlags von einem *nominee* unterstützt, der *nominee* muss ein *insolvency practitioner* sein oder in anderer Weise zur Durchführung eines *IVA* autorisiert sein; dieser nominee muss auch bereit sein, als trustee oder in anderer Funktion die Überwachung der Umsetzung des IVA zu übernehmen. Ein Vergleich mit den Gläubigern kommt bei Erreichung einer Summenmehrheit von mindestens 75 % der (durch Bevollmächtigten) abstimmenden Gläubiger zustande, er bindet auch Gläubiger, die zur Abstimmung eingeladen wurden, aber nicht erschienen sind.[176] Wird der Vergleichsvorschlag abgelehnt, kann das Gericht die *interim order* aufheben, durch die der Schuldner bislang vor der Beantragung des Privatinsolvenzverfahrens, *bankruptcy,* durch Dritte oder vor Vollstreckungshandlungen geschützt war.[177] Wie beim Privatinsolvenzverfahren ist auch die Durchführung eines IVA aus dem *Bankruptcy Register*[178] ersichtlich.

96   Das englische Insolvenzrecht sieht auch die Möglichkeit der Erlangung gerichtliche angeordneter „**debt relief orders**"[179] für bestimmte, 20.000 GBP nicht überschreitende Verbindlichkeiten, deren Begleichung dem Schuldner temporär nicht möglich ist, vor. Dieses Verfahren lässt sich mit einem

---

[167] Im Gesetzgebungsverfahren ging der *Insolvency Service* (zu diesem siehe Fußn. 3) davon aus, dass zwischen 7 % und 12 % insolventer natürlicher Personen ihre Insolvenz verschuldet herbeiführen: siehe hierzu *Vernon, Insolvency Law Handbook,* Seite 442.
[168] BRO- und BRU-Verfahren wurden mit dem *Enterprise Act 2002* eingeführt und sind seit 1. April 2004 in Kraft.
[169] *Section 282 IA.*
[170] Gem. section 282(1)(a) IA.
[171] *Centre of Main Interests,* siehe Art. 3 EuInsVO.
[172] Siehe im Einzelnen *Fletcher,* Kapitel 1, Rz. 11-037.1, unter Verweis auf Rechtsprechung aus den Jahren 2007 bis 2011 zur Aufhebung von *bankruptcy orders* auf Gläubigerbetreiben, u.a. Re Eichler (No.2) (2011) B.P.I.R. 1293 (Baister CR).
[173] Zu deren Definiton siehe s.282(4) IA.
[174] Fletcher, a.a.O., 11-045.
[175] *Section 252 ff. IA.*
[176] Section 258 IA.
[177] Section 259 (2) IA.
[178] → Rn. 8.
[179] *Section 251A ff. IA,* 5A. 1 ff. IR.

gerichtlich angeordneten Tilgungsplan im Falle außerordentlicher Belastungen vergleichen, die im Einzelfall ein Privatinsolvenzverfahren nicht rechtfertigen.

6. *Set-off,* Aufrechnung

Die Regelungen über die Aufrechenbarkeit von Forderungen im Insolvenzverfahren entsprechen im Wesentlichen denen des deutschen Insolvenzrechts. Für bedingte oder noch nicht fällige Forderungen ist es ausreichend, wenn diese erst im Verfahren aufrechenbar werden. Liegen allerdings Aufrechnungsvoraussetzungen bereits bei Verfahrensbeginn vor, erfolgt die Aufrechnung von Gläubigerforderungen gegen Forderungen des Schuldners **automatisch**,[180] d.h. nur ein Differenzbetrag wird zu einer Insolvenzforderung gegen den Schuldner oder ist an diesen zu zahlen.

7. „Anfechtungsrecht", *adjustment of prior transactions*

7.1 Einführung

„*Adjustment of prior transactions,*[181] der „Ausgleich zurückliegender Rechtsgeschäfte", kann grundsätzlich[182] nur vom *liquidator* oder *administrator* in den jeweiligen Verfahrensarten *winding up* und *administration* gerichtlich geltend gemacht werden. Allerdings wählt erst das Gericht ein geeignetes Mittel des Ausgleichs, etwa Rückgängigmachung einer Rechtshandlung oder Zahlung einer im Ermessen des Gerichts liegenden Geldsumme in das Vermögen des insolventen Unternehmens. Eine solche Zahlung fällt in die Masse und kommt allen Gläubigern zugute. Rechtshandlungen können auch per se nichtig sein, betroffenes Vermögen wird dann als stets im Eigentum des Unternehmens verblieben behandelt und kann somit beispielsweise von einer vor Insolvenz bestellten *floating charge* erfasst werden. Grundsätzlich[183] unterliegen nur Rechtsgeschäfte, die innerhalb bestimmter Zeiträume vor dem *onset of insolvency,* dem Eintritt der Insolvenz, vorgenommen wurden, den einschlägigen „Anfechtungstatbeständen". Da sowohl *winding up* als auch *administration* auf unterschiedliche Art und Weise eingeleitet werden können, ist differenzierend gesetzlich geregelt,[184] an welchem Zeitpunkt, *relevant time,* der Tatbestand jeweils festzumachen ist. In der Praxis kann es bei gleichen Sachverhalten zu Überschneidungen hinsichtlich *preference* und *undervalue transactions* (siehe im Folgenden) kommen, *liquidator* oder *administrator* werden dann wegen der günstigeren Frist versuchen, Rechtshandlungen als *undervalue transactions* anzugreifen.

7.2 Die verschiedenen „Anfechtungstatbestände"

7.2.1 *Preference,* Gläubigerbevorzugung

Bei *preference*,[185] Gläubigerbevorzugung, wird durch den Schuldner einzelnen Gläubigern oder Sicherungsgebern eine Position verschafft, die sie im Fall der Insolvenz bessergestellt als die Position, in der sie sich ohne die Rechtshandlung befunden hätten. Der Schuldner muss im Zeitpunkt der Rechtshandlung insolvent[186] gewesen (oder als Folge der *preference* geworden) sein und von dem Wunsch geleitet gewesen sein, den Gläubiger oder Sicherungsgeber zu bevorzugen. Angreifbar sind Rechtshandlungen, die innerhalb von sechs Monaten[187] vor Eintritt der Insolvenz vorgenommen wurden, bei Bevorzugung von *connected persons,*[188] nahestehenden Personen, verlängert sich dieser Zeitraum auf zwei Jahre und die Bevorzugung wird vermutet.[189]

---

[180] Der Automatismus geht zurück auf die Entscheidung Stein v. Blake (1993) 4 All E.R: 225, (CA); (1996) A.C: 243 (HL), hierzu ausführlich Fletcher, *The Law of Insolvency, 9-056.*
[181] Section 238 ff. IA.
[182] Ausnahme: „Vorsätzliche Gläubigerbenachteiligung", → Rn. 103.
[183] Ausnahme: Für die Anfechtbarkeit von *transactions defrauding creditors',* „vorsätzlichen Gläubigerbenachteiligungen", gibt es keine zeitliche Obergrenze.
[184] *Section 240 IA.*
[185] Section 239 IA.
[186] Definition: *Section 123 IA.*
[187] Definition: *Section 240 IA.*
[188] Zur Definition nahestehender Personen eines Unternehmens siehe *section 249 IA.* Hierunter fallen auch *directors* oder *shadow directors* („faktische Geschäftsführer") sowie *associates,* unter diesen Begriff fallen in Anwendung von Section 435 IA unter anderem Ehegatten oder Lebensgefährten von (*shadow*) *directors.*
[189] *Section 239 (6) IA.*

England und Wales 100–105

7.2.2 *Transactions at an Undervalue,* Verfügungen unter Wert

100 *Undervalue transactions,*[190] Verfügungen unter Wert, liegen vor, wo der Schuldner innerhalb von zwei Jahren vor Eintritt der Insolvenz im Wege der Schenkung oder gegen nur geringfügige Gegenleistung über Vermögenswerte verfügt hat (diesbezüglich Verpflichtungen eingegangen ist) und hierbei entweder nicht in der Lage war, Verbindlichkeiten zu begleichen oder durch die Verfügung hierzu außer Stande gesetzt wurde. Letzteres wird vermutet, wo die Verfügung an eine nahestehende Person[191] erfolgte. Keine Verfügung unter Wert liegt vor, wo sie in gutem Glauben daran vorgenommen wurde, dem Fortbestand des Unternehmens zu dienen.

7.2.3 Anfechtbarkeit von *floating charges*

101 *Floating charges,* die innerhalb von zwölf Monaten vor Insolvenzbeginn[192] bestellt wurden, sind angreifbar,[193] wenn das Unternehmen bei ihrer Bestellung insolvent[194] war und wenn dem Unternehmen durch das der Bestellung der *floating charge* zugrunde liegende Rechtsgeschäft keine adäquaten Geldmittel zugeführt wurden. Der anfechtungskritische Zeitraum erhöht sich auf zwei Jahre, wenn *floating charges* zugunsten nahestehender Personen[195] bestellt wurden.

7.2.4 *Extortionate credit transactions,* „Wucherkredite"

102 *Extortionate credit transactions*[196] sind während eines Zeitraums von drei Jahren vor Insolvenzbeginn gewährte „Wucherkredite",[197] hinsichtlich derer das Gericht beispielsweise anordnen kann, dass das dem Kredit zugrunde liegende Rechtsgeschäft ganz oder teilweise als unwirksam anzusehen ist oder inhaltlich geändert wird, dies auch hinsichtlich bestellter Sicherheiten. Weiterhin kann das Gericht zu Rückzahlung verurteilen.

7.2.5 *Transactions defrauding creditors,* „vorsätzliche Gläubigerbenachteiligung"

103 *Transactions defrauding creditors*[198] liegen vor, wo Verfügungen unter Wert bewusst mit dem Ziel vorgenommen werden, die betroffenen Vermögensgegenstände dem Zugriff der Personen zu entziehen, denen diese (zur Befriedigung) zustehen. Die Anrufung der Gerichte wegen *transactions defrauding creditors* kann durch geschädigte Personen selbst und unabhängig von der Einleitung eines Insolvenzverfahrens **jederzeit** erfolgen.

8. Haftung und Disqualifikation von Geschäftsführern insolventer Unternehmen

8.1 *Fraudulent trading*[199]

104 Stellt sich während eines *winding up*-Verfahrens heraus, dass das Unternehmen mit der Absicht fortgeführt wurde, Gläubiger (des Unternehmens oder anderer Personen) zu schädigen, oder dass in anderer Schädigungsabsicht fortgeführt wurde, können Personen, die hieran wissentlich beteiligt waren, strafrechtlich zur Verantwortung gezogen werden und auf Antrag des *liquidator* auch gerichtlich zu Zahlungen in das Unternehmensvermögen verurteilt werden. Die Höhe der Zahlungen liegt im gerichtlichen Ermessen. Da Vorsatz bei der Schädigungsabsicht „*beyond reasonable doubt*" (strafrechtlicher Maßstab) nachzuweisen ist, kommt es in der Praxis selten zur Verurteilung wegen *fraudulent trading.*

8.2 *Wrongful trading*[200]

105 Diese Regelung enthält Parallelen zur deutschen Haftung wegen Insolvenzverschleppung, wobei der wesentliche Unterschied darin besteht, dass das englische Recht keine Insolvenzantragspflichten und damit keine diesbezüglichen **Fristen** kennt. Geschäftsführer, *directors,* (auch faktische Geschäfts-

---

[190] Section 238 IA.
[191] Siehe section 249 IA.
[192] Zum Insolvenzbeginn siehe *section 245 (5) IA.*
[193] Section 245 IA.
[194] Definition: *section 123 IA.*
[195] Definition: *section 249 IA.*
[196] Section 244 IA.
[197] Zur näheren Umschreibung nach englischem Recht siehe *section 244 (3) IA.*
[198] Section 423 IA.
[199] Section 213 IA.
[200] Sections 214, 246Z IA.

führer, *shadow directors*[201]) eines Unternehmens haften demnach auf Schadensersatz, wenn sie das Unternehmen während einer Zeit fortführen, in der sie wissen müssten, dass eine Insolvenz unvermeidbar ist und wenn die Insolvenz in Folge eintritt. Das Gericht kann auf Antrag des Verwalters anordnen, dass die verantwortlichen Personen in gerichtlichen Ermessen liegende Zahlungen in das Unternehmensvermögen leisten müssen, den Antrag hierauf stellt der Verwalter. Hier führte das Gesetz *Small Business, Enterprise and Employment Act 2015 SBEEA 2015*[202] eine für die Praxis wesentliche Neuerung ein: Bislang konnte nur ein *liquidator* im Verfahren *winding-up* den erforderlichen Antrag stellen, nunmehr ist auch der *administrator* im praktisch bedeutsamen Sanierungsverfahren *administration* antragsbefugt.[203]

Die zur Verantwortung gezogenen Geschäftsführer können allerdings den Entlastungsnachweis führen, im Rahmen der Fortführung alles zur Vermeidung von Nachteilen für Gläubiger Erforderliche getan zu haben.[204] Letzteres ist der Grund dafür, dass es wie bei *fraudulent trading*, → Rn. 104, in der Praxis auch bei *wrongful trading* selten zu Verurteilungen auf Zahlung kommt.[205]

Suspendierung der Haftung wegen *Wrongful trading* vor dem Hintergrund der COVID-19-Pandemie:

Das *CIGA 2020*[206] suspendiert die Verantwortung von Geschäftsführern für *wrongful trading* im Wege einer Vermutungsregelung. Ein Gericht, das auf Antrag Zahlungen des Geschäftsführers in das Unternehmensvermögen anordnen soll, hat anzunehmen, dass der betreffende Geschäftsführer für die Verschlechterung der finanziellen Situation des Unternehmens bzw. der Gläubiger während eines „relevanten Zeitraums" nicht verantwortlich war: „*the court [...] is to assume, that the person (i.e. der Geschäftsführer) is not responsible for any worsening of the financial position of the company or its creditors that occours during the relevant period*". Diesen relevanten Zeitraum definiert Section 12(2) *CIGA 2020* als den Zeitraum **1.3.2020 bis 30.9.2020.**

8.3 Untersagung der Ausübung von Geschäftsführung nach dem *Directors Disqualification Act 1986*

Fehlverhalten wie das unter Ziffer 8.1. dargestellte *wrongful trading* kann dazu führen, dass dem verantwortlichen Geschäftsführer, *director* (auch dem faktischen Geschäftsführer, *shadow director*), nach den Regelungen des *Directors Disqualification Act 1986* für eine bestimmte Zeit, in besonders schweren Fällen bis zu 15 Jahren,[207] untersagt wird, Geschäftsführungsämter auszuüben. Es gehört zu den Amtspflichten eines Verwalters im Amt des *liquidator, administrative receiver* oder *administrator*, dem *Insolvency Service* über die Amtsausübung aller *directors* (auch *shadow directors*), die das insolvente Unternehmen in den letzten drei Jahren vor Insolvenzbeginn geführt haben, Bericht zu erstatten, selbst dann, wenn es keine Auffälligkeiten zu berichten gibt. Wird ein Disqualifikationsverfahren streitig, tendieren die Gerichte dazu, in dem Maße strengere Anforderungen an die Verantwortlichkeit von Geschäftsführern zu legen, wie diese hohe Positionen mit entsprechend höherem Einkommen bekleidet haben.[208]

9. Internationales Insolvenzrecht

9.1 Anwendbarkeit der EuInsVO nach dem „Brexit"

Nach dem „Brexit" soll die EuInsVO gemäß des „Austrittsabkommens"[209] in Großbritannien für einen Übergangszeitraum bis zum 31.12.2020 Anwendung finden. Dieser Übergangszeitraum

---

[201] Siehe *section* 214 (7) IA. Der *shadow director* ist einem „faktischen Geschäftsführer" vergleichbar.
[202] *Small Business, Enterprise and Employment Act 2015.*
[203] Section 246ZB IA.
[204] Hierfür kann die Einschaltung ausgewiesener Sanierungsexperten mit dem Ziel der Abwendung einer Insolvenz ausreichen.
[205] In den Jahren 1989 bis 2007 beispielsweise kam es in zehn von *liquidators* angestrengten Verfahren zu nur sechs Verurteilungen, letztmalig in 2004, siehe hierzu die Untersuchung von Redeker, Die Haftung für wrongful trading im englischen Recht, Diss. Leipzig 2007, S. 100 ff.
[206] Section 12 CIGA 2020.
[207] Bei der Bemessung dieses Zeitraumes kann das Alter des disqualifizierten *directors* eine Rolle spielen, so wurde in Re Melcast (Wolverhampton) Ltd. (1991) B.C.IC: 288 ein 10-Jahres-Disqualifikation auf sieben Jahre herabgesetzt, weil der betroffene Geschäftsführer zum Zeitpunkt der Entscheidung bereits 68 Jahre alt war.
[208] *Sealy/Milman, Company Directors Disqualification Act 1996, Section 9, S. 36, 37* mit Rechtsprechungsnachweisen.
[209] Abkommen über den Austritt des Vereinigten Königreichs Großbritannien und Nordirland aus der Europäischen Union und der Europäischen Atomgemeinschaft (ABl. L 29) vom 31. Januar 2020, „Austrittsabkommen".

hätte innerhalb einer Frist, die am 30.6.2020 endete, um zwei Jahre verlängert werden können,[210] von dieser Möglichkeit wurde seitens Großbritanniens kein Gebrauch gemacht. Nach dem Übergangszeitraum soll die EuInsVO weiterhin auf bis zum 31.12.2020 eröffnete Verfahren anwendbar sein.[211] Ergeben sich in diesen Verfahren Auslegungsfragen, soll auch die Rechtsprechung des EuGH weiterhin herangezogen werden.[212] **Bei Redaktionsschluss dieses Länderberichtes war zu den Modalitäten des Austritts Englands aus der EU noch keine abschließende Einigung erzielt worden. Für aktuelle Informationen** wird Lesern deshalb beispielsweise die Seite „**Brexit und Insolvenzrecht**"[213] auf der Website des deutschen **Bundesministeriums der Justiz und für Verbraucherschutz** empfohlen.

111   Kommt die EuInsVO im Verhältnis Großbritanniens zur EU nicht mehr zur Anwendung, gelten Großbritannien und Deutschland (bzw. Großbritannien und andere EU-Staaten) im Verhältnis zueinander als Drittstaaten. D.h. in Ermangelung anderweitiger Vereinbarungen zwischen Großbritannien und der EU oder bilateralen Vereinbarungen zum internationalen Insolvenzverfahrens- und -kollisionsrecht fänden im Verhältnis zu Deutschland die nachfolgend unter 9.2 beschriebenen Regelungen Anwendung, aus deutscher Warte das autonome deutsche internationale Insolvenzrecht (§§ 335 ff. InsO). Wenn Verfahren wie das *SoA* oder der neue *Reconstruction Plan*[214] nicht als Insolvenzverfahren qualifiziert werden und daher diesem Regime unterworfen werden können, kann eine Wirkungserstreckung nur über die anwendbaren Instrumente des internationalen Zivilprozessrechts (Abkommen oder subsidiär § 328 ZPO) oder aber eine Wirkungserstreckung der materiellen Folgen in den Grenzen der Regeln des IPR (Vertragsstatuten – aus deutscher Sicht sind hier die Rom-Verordnungen relevant) erreicht werden. Ansonsten bleiben die gewohnten grenzüberschreitenden Wirkungen nach dem Brexit aus, sodass es eines parallelen Verfahrens im Geltungsbereich des EU-Rechts bedarf.[215]

9.2 Anerkennung von Verfahren aus Drittstaaten in Großbritannien

112   Im Verhältnis zu Nicht-EU-Staaten wurde für grenzüberschreitende Insolvenzverfahren mit den *Cross Border Insolvency Regulations 2006*[216] in Großbritannien – ausgenommen Nordirland – das *UNCITRAL Model Law on Cross-Border Insolvency*[217] implementiert. Damit haben die Regelungen des *UNCITRAL Model Law on Cross-Border Insolvency* (inhaltlich modifiziert und an englisches Insolvenzrecht angepasst) Gesetzeskraft in Großbritannien. Geregelt wird mit der Implementierung insbesondere die Anerkennung von Verfahren aus Drittstaaten in Großbritannien. Wie auch für das nationale englische Insolvenzrecht sehen die *Cross Border Insolvency Regulations 2006* eine Reihe gesetzlich vorgeschriebener Formulare, etwa für die Beantragung der Anerkennung eines ausländischen Insolvenzverfahrens, vor. Durch die Implementierung des *UNCITRAL Model Law on Cross-Border Insolvency* wurde allerdings weder aufgehoben noch eingeschränkt die Vorschrift des Section 426 IA zur Regelung der Kooperation zwischen Gerichten in Insolvenzsachen. Die implementierten Regelungen des *UNCITRAL Model Law on Cross-Border Insolvency* und Section 426 IA kommen bei grenzüberschreitenden Insolvenzverfahren nunmehr nebeneinander zur Anwendung.[218]

113   Bemerkenswert ist an dieser Stelle die Rechtsprechung der englischen Gerichte zur Nicht-Anerkennung ausländischer Verfahrenswirkungen auf Verbindlichkeiten die englischem Recht unterliegen („*English law governed debt*").[219] Jedes ausländische Insolvenz- oder Restrukturierungsverfahren, das solche Verbindlichkeiten zum Gegenstand der Planwirkungen machen will, wird insofern gezwungen sein, ein paralleles Verfahren in England zu initiieren.

---

[210] Art. 126 und Art. 132 des „Austrittsabkommens".
[211] Artikel 67 Absatz 3 Buchstabe c des „Austrittsabkommens".
[212] Artikel 4 Absatz 4 des „Austrittsabkommens".
[213] https://www.bmjv.de/DE/Themen/FokusThemen/Brexit/Insolvenzrecht/Brexit_Insolvenzrecht_node.html.
[214] Zu diesem siehe *Corporate Insolvency and Governance Act 2020*.
[215] Eingehend hierzu schon *Sax/Swierczok*, Die Anerkennung des englischen SoA in Deutschland post Brexit, ZIP 2017, 601. Diesselben in Flöther, Sanierungsrecht, S. 350 ff. 2019. Ausführlich zur international-insolvenzrechtlichen Einordnung insolvenzabwendender Verfahren siehe *Bornemann* in: *Graf-Schlicker*, InsO, 5. Aufl. 2020, Art. 1 EuInsVO, Rn. 27 ff.
[216] In Kraft seit dem 4.4.2006.
[217] Abrufbar unter www.uncitral.org.
[218] In der Praxis nehmen vorwiegend Gerichte und Insolvenzverwalter aus Commonwealth-Staaten (oder anderweitig noch mit Großbritannien verbundenen Staaten und Territorien, z.B. Crown Dependencies) s 426 IA in Anspruch, die implementierten *Uncitral Model Law on Cross-Border Insolvency*-Vorschriften werden insbesondere von US-Amerikanischen Gerichten und Verwaltern genutzt. Ein Praxisbeispiel für die Nutzung von s 426 IA findet sich im → Länderbericht Jersey, Rn. 93–95.
[219] Bakhshiyeva v. Sberbank of Russia & Ors [2018] EWHC 59 (Ch) (18 January 2018); bestätigt durch den *Court of Appeal*, 2020, unter Wiederentdeckung der *Gibbs Rule*.

10. COVID-19-Gesetzgebung

Das am 26.6.2020 in Kraft getretene Gesetz *Corporate Insolvency and Governance Act 2020* („*CIGA 2020*") enthält auch insolvenzrechtliche Vorschriften für die Bewältigung der COVID-19-Pandemie, die englische Regierung hat eine spezielle Website zur COVID-19-Gesetzgebung eingerichtet.[220]

---

[220] → Rn. 7.

England und Wales

Members' Voluntary Winding Up

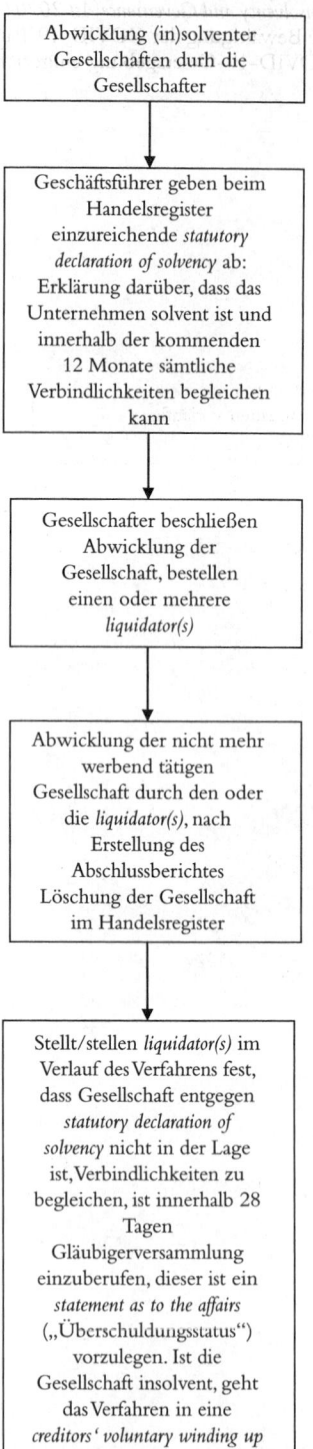

Creditors' Voluntary Winding Up

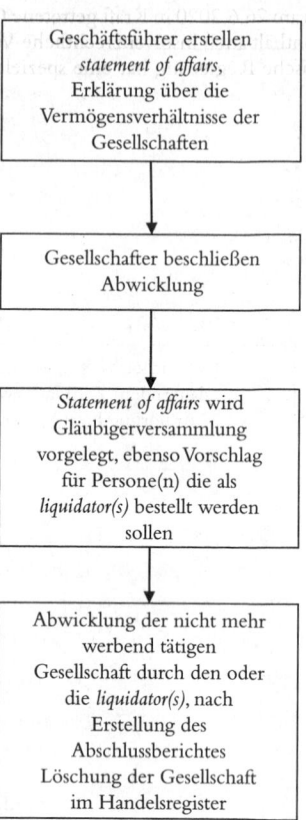

England und Wales

Compulsory Winding Up (Abwicklung aufgrund gerichtlicher Anordnung)

England und Wales

Bankruptcy

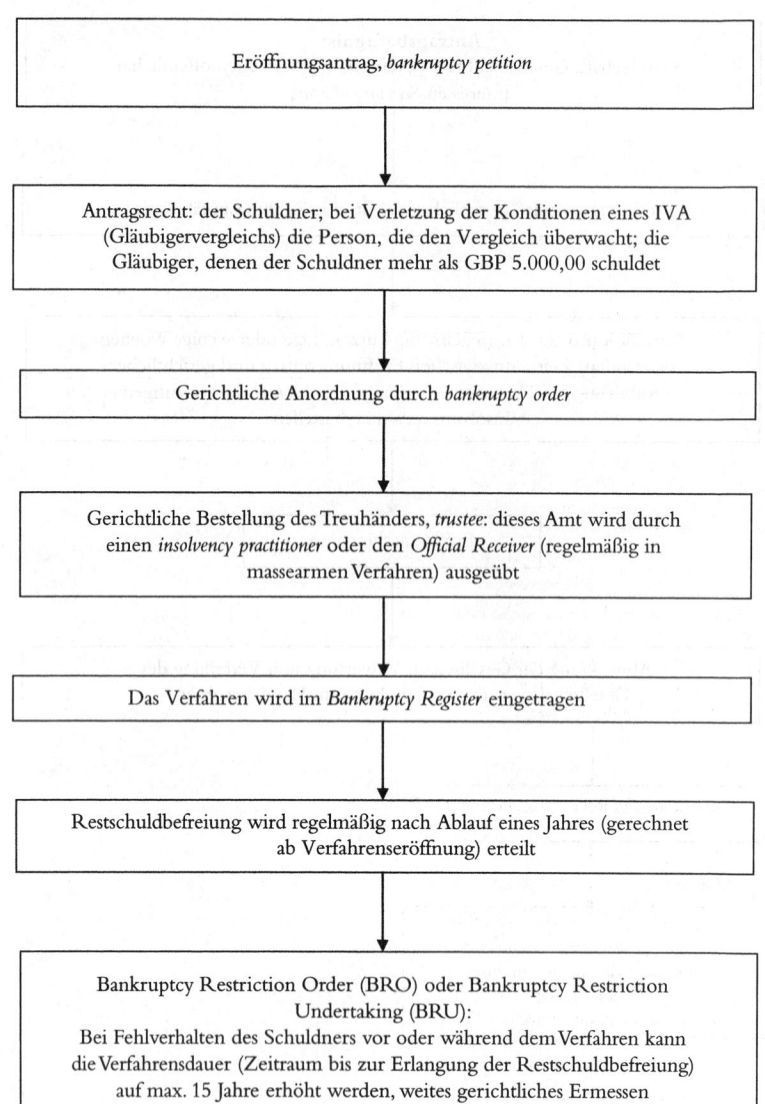

England und Wales

Administration

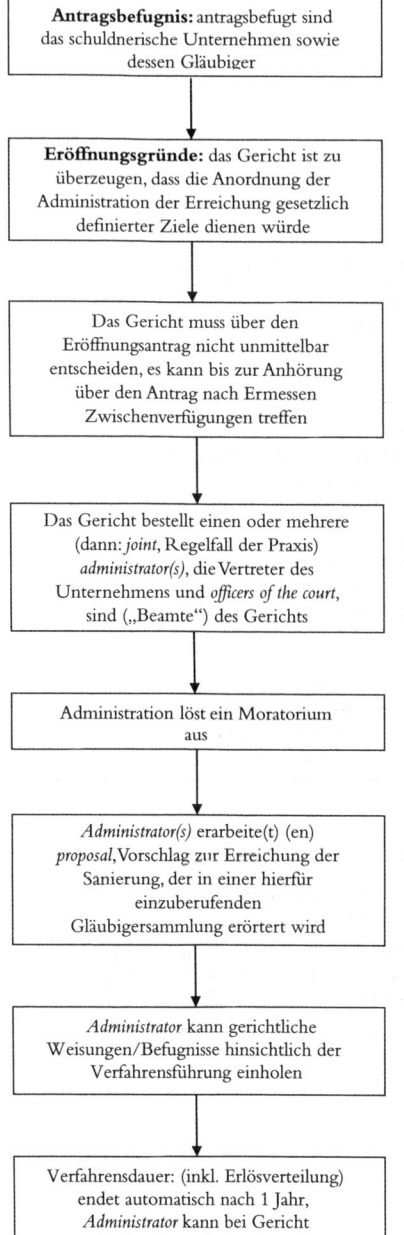

Schlegel

England und Wales

Moratorium[1] des CIGA 2020

Antrag des Unternehmens beim *High Court*

Bestätigung, dass das Unternehmen
- *eligible* (d.h. nicht „ausgeschlossen", *excluded*, iSv *Schedule ZA1 IA*) ist
- mit Hilfe des Moratoriums sanierungsfähig ist
- (wahrscheinlich) zahlungsunfähig ist

▼

Anordnung des Moratoriums
- Bestellung des *monitor* (zwingend ein *insolvency practitioner*, war schon an der Antragstellung beteiligt)
- Verwaltungs- und Verfügungsbefugnis verbleiben beim Unternehmen

▼

Dauer
- *Initial period* von 20 Tagen, vom Unternehmen verlängerbar um 20 Tage, danach:
- mit Gläubigerzustimmung (50% Forderungen aus Zeit vor Anordnung) auf max. 12 Monate verlängerbar
- oder Verlängerung nach Ermessen des Gerichts

▼

Wirkung
umfangreicher gesetzlicher Katalog, u.a Vollstreckungsschutz gegenüber Gläubigern mit Forderungen aus dem Zeitraum vor Anordnung

▼

Beendigung

monitor überwacht fortlaufend Fortführungsprognose,
bei negativer Prognose Anzeigepflicht gegenüber dem Gericht

Beendigung des *moratorium* bei negativer Prognose oder Sanierungserfolg

---

[1] Einführung durch das CIGA 2020. Kein Verfahren sondern eigenständiges Moratorium, das ernsthafte Sanierungsbemühungen (-verfahren) durch Gläunigerschutz flankiert.

England und Wales

Glossar

Deutsch	Englisch	Rn.
Abwicklung (in)solventer Gesellschaften	Liquidation (synonym: winding up)	29, 50
Abwicklung (in)solventer Gesellschaften	Winding up (synonym: liquidation)	29, 50
Abwicklung der solventen Gesellschaft	Members' voluntary winding up	54
Abwicklung, gerichtliche	Compulsory winding up	57 ff.
Abwicklung der insolventen Gesellschaft	Creditors' voluntary winding up	55 f.
Anfechtung	Adjustment of prior transactions	98 ff.
Anwaltskammer, zentrale, für solicitors in England und Wales	Law Society	12
Aufhebung, Einschränkung der Restschuldbefreiung bei Verfehlung; Zusicherung gegenüber dem Secretary of State	Bankruptcy Restriction Undertaking (BRU)	92
Aufrechnung	Set-off	97
Beamte des Insolvency Service, nehmen u.a. Verwalterämter wahr	Official Receiver	48 f.
Berufsrecht, ethische Standards, englischer Insolvenzverwalter	Statements of Insolvency Practice (SIPs)	19 f.
Berufsverbände, denen Insolvenzverwalter angehören müssen / durch die sie lizensiert und beaufsichtigt werden	Recognized Professional Bodies	19
Bevorrechtigter Gläubiger	Preferential Creditor	60
Eintritt des Sicherungsfalles bei der floating charge, Folge des	Crystallization	65
CIGA 2020 das am 26. Juni 2020 in Kraft getretenen Gesetz „Corporate Insolvency and Governance", das befristete Maßnahmen gegen wirtschaftliche Auswirkungen der COVID-19-Pandemie und eine grundlegende Reform des Insolvenzrechts (im Bereich der präventiven Restrukturierung) enthält	CIGA 2020	1, 16 ff.
Einzelvollstreckung, insolvenzrechtliche, weitgehend abgeschafft	Administrative receivership	27, 31, 61, 64 ff., 66
Eröffnungsbeschluss im Verfahren winding up	Winding up order	58
Faktischer Geschäftsführer	Shadow director	105
Floating charge, die außergerichtliche Bestellung eines administrator ermöglicht	Qualifying floating charge	61, 64, 75
Formulare, deren Verwendung im Verfahren gesetzlich vorgeschrieben ist	Prescribed Forms	21
Gemeinschaftlich bestellte Verwalter im Sanierungsverfahren Administration	Joint administrators	29
Gemeinschaftlich bestellte Verwalter im Verfahren winding up	Joint liquidators	29
Gerichtliche Aufhebung, Einschränkung der Restschuldbefreiung bei Verfehlung	Bankruptcy Restriction order (BRO)	92
Gerichtliche Weisungen im Insolvenzverfahren	Directions	70
Geschäftsführer	Director	54

England und Wales

Deutsch	Englisch	Rn.
Geschäftsführergremium	Board of directors	74
Gesetz, mit dem u.a. der Sanierungsgedanke im englischen Insolvenzrecht gestärkt wurde	Enterprise Act 2002	14, 27, 66, 77
Gläubigerausschuss im Verfahren winding up	Liquidation committee	51
Gläubiger	Creditor	72
Gläubigerbevorzugung	Preference	98, 99
Gläubigervergleich bei Privatinsolvenz	Individual Voluntary Arrangement (IVA)	95 f.
Handelsregister, zentral geführtes	Companies House	8, 80
Insolvenzverwalter, lizensierter, zur Ausübung von Verwalterämtern befugt	Insolvency practitioner	19 f., 44 ff.
Insolvenzgeld ähnelnde Zahlungen sind in diesem Gesetz geregelt	Employment Rights Act 1996	28
Insolvenzgericht, zuständig in Insolvenzsachen bei Gesellschaften mit Stammkapital < GBP 120,000	County Court	43
Insolvenzgericht, zuständig in Insolvenzsachen bei Gesellschaften mit Stammkapital > GBP 120,000	High Court (Chancery Division)	43
Insolvenzverfahren, Verfahrensziel: Sanierung	Administration	66 ff.
Insolvenzverschleppung, Haftung wegen	Wrongful trading	105 f.
Insolvenzverwalter, gesetzlicher Überbegriff für die unterschiedlichen Verwalterämter	Office-holder	29, 44 ff.
Masse(gegenstände)	Estate, (assets in the)	90
Massekostenbeitrag (einem solchen wirtschaftlich vergleichbar) bei Verwertung der floating charge	Prescribed Part	61
Monitor	Monitor	18, 36, 45
Moratorium	Moratorium	29, 66, 77, 81
Moratorium, mit dem CIGA 2020 eingeführt	Moratorium, CIGA 2020	18, 33 ff.
Nahestehende Person	Connected person	99
Privatinsolvenzverfahren	Bankruptcy	89 ff.
Quotale Befriedigung	Pari passu payment	60
Rangfolge der Gläubigerbefriedigung	Waterfall (umgangssprachlich)	60
Register über Privatinsolvenzverfahren; Insolvenzregister	Bankruptcy Insolvency Register	89
Restructuring Plan Das mit dem CIGA 2020 neben dem Scheme of Arrangement neu eingeführte Vergleichsverfahren zur Sanierung von Unternehmen	Restructuring Plan	18, 84 ff.
Restschuldbefreiung	Discharge	92
Schuldner	Debtor	27
Schuldverschreibung (Gebrauch in Zusammenhang mit Bestellung der floating charge)	Debenture	65

England und Wales

Deutsch	Englisch	Rn.
Sicherheit am wesentlichen oder gesamten Unternehmensvermögen in seinem wechselnden Bestand	Floating Charge	65
Sicherheit an bestimmtem Vermögensgegenstand	Fixed charge	65
Solvenzerklärung bei Abwicklung, darüber, dass Gesellschaft in der Lage sein wird, innerhalb von zwölf Monaten alle Verbindlichkeiten zu begleichen	Statutory declaration of solvency	54
Steuer- und Zollbehörden	HMRC, Her Majesty's Revenue and Customs	27
Treuhänder im Privatinsolvenzverfahren	Trustee	89 f.
Überschuldung, gesetzlich als Unterfall der „Zahlungsunfähigkeit" geregelt	Balance sheet test	58
Überschuldungsstatus (vergleichbar)	Statement as to the affairs	54
Übertragender Sanierung ähnelnde Verkäufe, die vor Eröffnung des Verfahrens Administration verhandelt, mit oder kurz nach Verfahrenseröffnung wirksam werden	Pre Packaged Sales („Pre-Packs")	76
Ungesicherter Gläubiger	Unsecured creditor	60
Unternehmensfortführung in Schädigungsabsicht	Fraudulent trading	104
Untersagung der Ausübung von Geschäftsführung	Directors Disqualification	109
Unterwertverkauf	Undervalue transaction	100
Vergleich zwischen Unternehmen, Gläubigern und/oder Gesellschaftern (gesellschaftsrechtlich geregelt)	SoA	80 ff.
Vergleich zwischen Unternehmen, Gläubigern und Gesellschaftern (auf Sanierung ausgerichtet, insolvenzrechtlich geregelt)	Company Voluntary Arrangement (CVA)	30, 46, 66, 77 ff.
Verwalter der CVA bis zu dessen Abschluss begleitet	Nominee (CVA)	30, 44, 69 ff., 77 ff.
Verwalter der Durchführung des CVA nach dessen Wirksamwerden überwacht	Supervisor (CVA)	30, 44, 79
Verwalter im Sanierungsverfahren Administration	Administrator	29, 44, 69 ff.
Verwalter im Verfahren administrative receivership	Administrative receiver	64
Verwalter im Verfahren winding up	Liquidator	49, 54 ff., 98
Vorläufiger Verwalter im Verfahren winding up	Provisional liquidator	44, 50, 57
Zahlungsunfähigkeit	Inability to pay debts	58

Glossar

Englisch	Deutsch	Rn.
Adjustment of prior transactions	„Anfechtung"	98 ff.
Administration	Insolvenzverfahren, Verfahrensziel: Sanierung	66 ff.
Administrative receiver	Verwalter im Verfahren administrative receivership	64

England und Wales

Englisch	Deutsch	Rn.
Administrative receivership	„Einzelvollstreckung", insolvenzrechtliche, weitgehend abgeschafft	27, 31, 61, 64 ff., 66
Administrator	Verwalter im Sanierungsverfahren Administration	29, 44, 69 ff.
Balance sheet test, negative	„Überschuldung", gesetzlich als Unterfall der „Zahlungsunfähigkeit" geregelt	58
Bankruptcy	Privatinsolvenzverfahren	89 ff.
Bankruptcy Insolvency Register	Register über Privatinsolvenzverfahren	89
Bankruptcy Restriction order (BRO)	Gerichtliche Aufhebung, Einschränkung der Restschuldbefreiung bei Verfehlung	92
Bankruptcy Restriction Undertaking (BRU)	Aufhebung, Einschränkung der Restschuldbefreiung bei Verfehlung; Zusicherung gegenüber dem Secretary of State	92
Board of directors	Geschäftsführergremium	74
CIGA 2020	CIGA 2020 das am 26. Juni 2020 in Kraft getretene Gesetz „Corporate Insolvency and Governance", das befristete Maßnahmen gegen wirtschaftliche Auswirkungen der COVID-19-Pandemie und eine grundlegende Reform des Insolvenzrechts (im Bereich der präventive Restrukturierung) enthält	1, 16 ff.
Companies House	Handelsregister, zentral geführtes	8, 80
Company Voluntary Arrangement (CVA)	Vergleich zwischen Unternehmen, Gläubigern und Gesellschaftern (auf Sanierung ausgerichtet, insolvenzrechtlich geregelt)	30, 46, 66, 77 ff.
Compulsory winding up	Abwicklung, gerichtliche	57 ff.
Connected person	Nahestehende Person	99
County Court	„Insolvenzgericht", zuständig in Insolvenzsachen bei Gesellschaften mit Stammkapital < GBP 120.000	43
Creditor	Gläubiger	72
Creditors' voluntary winding up	Abwicklung der insolventen Gesellschaft	55 f.
Creditors committee administration	Gläubigerausschuss in der Administration	69
„Crown"	Steuer- und Zollbehörden (synonym verwendet mit HMRC)	27
Crystallization	Eintritt des Sicherungsfalls bei der floating charge, Folge des	65
Debenture	Schuldverschreibung (Gebrauch in Zusammenhang mit Bestellung der floating charge)	65
Debtor	Schuldner	27
Directions	Gerichtliche Weisungen im Verfahren *administration*	70
Director	Geschäftsführer	54
Directors Disqualification	Untersagung der Ausübung von Geschäftsführung	109
Discharge	Restschuldbefreiung	92
Employment Rights Act 1996	Insolvenzgeld ähnelnde Zahlungen sind in diesem Gesetz geregelt	28

England und Wales

Englisch	Deutsch	Rn.
Enterprise Act 2002	Gesetz, mit dem u.a. der Sanierungsgedanke im englischen Insolvenzrecht gestärkt wurde	15, 27, 66, 77
Estate (assets in the)	Masse(gegenstände)	90
Fixed charge	Sicherheit an bestimmtem Vermögensgegenstand	65
Floating Charge	Sicherheit am wesentlichen oder gesamten Unternehmensvermögen in seinem wechselnden Bestand	65
Fraudulent trading	Unternehmensfortführung in Schädigungsabsicht	104
High Court (Chancery Division)	„Insolvenzgericht", zuständig in Insolvenzsachen bei Gesellschaften mit Stammkapital > GBP 120.000	43
HMRC, Her Majesty's Revenue and Customs	Steuer- und Zollbehörden	28
Inability to pay debts	„Zahlungsunfähigkeit"	58
Individual Voluntary Arrangement (IVA)	Gläubigervergleich bei Privatinsolvenz	95 f.
Insolvency practitioner	Insolvenzverwalter, lizensierter, zur Ausübung von Verwalterämtern befugt	19 f., 44 ff.
Insolvency Service	„Regierungsbehörde" zuständig für Insolvenzangelegenheiten	9
Joint administrators	Gemeinschaftlich bestellte Verwalter im Sanierungsverfahren Administration	29
Joint liquidators	Gemeinschaftlich bestellte Verwalter im Verfahren winding up	29
Law Society	Anwaltskammer, zentrale, für solicitors in England und Wales	12
Liquidation (synonym: winding up)	Abwicklung (in)solventer Gesellschaften	29, 50
Liquidation committee	Gläubigerausschuss im Verfahren winding up	51
Liquidator	Verwalter im Verfahren winding up	49, 54 ff., 98
Members' voluntary winding up	Abwicklung der solventen Gesellschaft	54
Monitor	Monitor	18, 36, 45
Moratorium	Moratorium	29, 66, 77, 81
Moratorium, CIGA 2020	Moratorium, eingeführt mit dem CIGA 2020	18, 33 f.
Nominee (CVA)	„Verwalter" der CVA bis zu dessen Abschluss begleitet	30, 44, 69 ff., 77 ff.
Office holder	Insolvenzverwalter, gesetzlicher Überbegriff für die unterschiedlichen Verwalterämter	29, 44 ff.
Official Receiver	Beamte des Insolvency Service, nehmen u.a. Verwalterämter wahr	48 f.
Pari passu payment	Quotale Befriedigung	60
Pre Packaged Sales („Pre-Packs")	Übertragender Sanierung ähnlnde Verkäufe, die vor Eröffnung des Verfahrens Administration verhandelt, mit oder kurz nach Verfahrenseröffnung wirksam werden	76

Schlegel

England und Wales

Englisch	Deutsch	Rn.
Preference	Gläubigerbevorzugung	98, 99
Preferential Creditor	Bevorrechtigter Gläubiger	60
Prescribed Forms	Formulare, deren Verwendung im Verfahren gesetzlich vorgeschrieben ist	21
Prescribed Part	„Massekostenbeitrag" (einem solchen wirtschaftlich vergleichbar) bei Verwertung der floating charge	61
Provisional liquidator	Vorläufiger Verwalter im Verfahren winding up	44, 50, 57
Qualifying floating charge	Floating charge, die außergerichtliche Bestellung eines administrator ermöglicht	61, 64, 75
Recognized Professional Bodies	Berufsverbände, denen Insolvenzverwalter angehören müssen/durch die sie lizensiert und beaufsichtigt werden	19
Restructuring Plan	Restructuring Plan Das mit dem CIGA 2020 neben dem Scheme of Arrangement neu eingeführte Vergleichsverfahren zur Sanierung von Unternehmen	18, 84 ff.
Scheme of Arrangement („SoA")	Vergleich zwischen Unternehmen, Gläubigern und/oder Gesellschaftern (gesellschaftsrechtlich geregelt)	80 ff.
Secured creditor	Gläubiger, gesicherter	61
Set-off	Aufrechnung	97
Shadow director	Faktischer Geschäftsführer	105
Statement as to the affairs	Überschuldungsstatus (vergleichbar)	54
Statements of Insolvency Practice (SIPs)	„Berufsrecht", ethische Standards, englischer Insolvenzverwalter	19 f.
Statutory declaration of solvency	„Solvenzerklärung" bei Abwicklung, darüber, dass Gesellschaft in der Lage sein wird, innerhalb von 12 Monaten alle Verbindlichkeiten zu begleichen	54
Supervisor (CVA)	„Verwalter" der Durchführung des CVA nach dessen Wirksamwerden überwacht	30, 44, 79
Trustee	Treuhänder im Privatinsolvenzverfahren	89 f.
Undervalue transaction	Unterwertverkauf	100
Unsecured creditor	Ungesicherter Gläubiger	60
Waterfall (umgangssprachlich)	Rangfolge der Gläubigerbefriedigung	60
Winding up (synonym: liquidation)	Abwicklung (in)solventer Gesellschaften	29, 50
Winding up order	„Eröffnungsbeschluss" im Verfahren winding up	58
Wrongful trading	„Insolvenzverschleppung", „Haftung wegen"	105 f.

Estland

bearbeitet von *Anto Kasak* (Kanzlei Kasak & Lepikson/Universität Tartu), *Prof. Dr. Stephan Madaus* (Universität Halle)

Übersicht

	Rn.
1. Gesetze, Fachliteratur und Informationsquellen	1
1.1 Relevante Gesetzbücher / Statutenbücher:	1
1.2 Literatur:	2
1.3 Informationsquellen:	3
2. Einführung	4
2.1 Rechtliche Rahmenbedingungen, Satzung	4
2.2 Bestimmte Arten von Verfahren	5
2.3 Präventive Restrukturierung (vor der Insolvenz)	10
2.4 Finanzielle Restrukturierung	11
2.5 Sonderregeln für Finanzinstitute und Versicherungsunternehmen	12
2.6 Insolvenzen von Unternehmensgruppen	13
2.7 Insolvenzverfahren für Einzelpersonen	14
3. Wesentliche Verfahrensmerkmale des Insolvenzverfahrens	15
3.1 Eröffnung des Verfahrens	15
3.1.1 Gründe für die Einleitung eines Verfahrens	15
3.1.1.1 Ermittlung der Gründe, aus denen ein Verfahren eröffnet werden kann oder muss	15
3.1.1.2 Antragspflichten, Haftung bei Missachtung	22
3.1.1.3 Wer kann ein Verfahren einleiten?	24
3.2 Einbeziehung der Gerichte	25
3.3 Insolvenzverwalter	31
3.4 Verwaltung und Verwertung der Insolvenzmasse	38
3.5 Going Concern, Betriebsfortführung	41
3.6 Maßnahmen zum Schutz des Vermögens vor der Eröffnung des Insolvenzverfahrens	43
3.7 Auswirkungen der Eröffnung des Insolvenzverfahrens auf die Vollstreckungsmaßnahmen einzelner Gläubiger in laufende Gerichts- oder Schiedsverfahren	46

	Rn.
3.8 Auswirkungen der Eröffnung eines Insolvenzverfahrens auf laufende Gerichts- oder Schiedsverfahren	50
3.9 (Automatisches) oder gerichtlich verfügbares Moratorium	51
3.10 Vertreter der Gläubiger	53
3.11 Forderungsanmeldung und -feststellung	59
3.12 Verteilung der Insolvenzmasse, Rangfolge	62
3.12.1 Masseverbindlichkeiten	62
3.12.2 Vorzugsgläubiger	63
3.12.3 Gesicherte Gläubiger	65
3.12.4 Ungesicherte, nicht nachrangige Gläubiger	67
3.12.5 Nachrangige Gläubiger	68
3.13 Beendigung des Verfahrens	69
4. Verträge in Insolvenz- oder Restrukturierungsverfahren *(oder anderen)* Verfahren	77
4.1 Schwebende Geschäfte	78
4.2 Mietverträge	81
4.3 Leasingverträge	83
4.4 Arbeitsverträge	84
5. Pensionsansprüche in Insolvenz und Restrukturierung	85
6. Eigentumsvorbehalt	86
7. Sicherheiten in der Insolvenz	88
8. Aufrechnung; Aufrechnungsvereinbarungen	93
9. Insolvenzanfechtung	96
10. Geltendmachung von Haftungsansprüchen gegen (ehemalige) Geschäftsführer oder Gesellschafter; Ansprüche gegen Dritte	102
11. Asset tracing	104
12. Internationales Insolvenzrecht	105
13. COVID-19-Maßnahmen	106
13.1 Covid-19-Sonderregeln 2020	106
13.1.1 Hintergrund der Maßnahmen	106
13.1.2 Wirkungen	107
13.1.3 Kurzfristige Änderungen im Reorganisationsrecht	108

Estland 1–4

1. Gesetze, Fachliteratur und Informationsquellen

1.1 Relevante Gesetzbücher / Statutenbücher:

1 Allgemeiner Teil des Bürgerlichen Gesetzbuches – *Tsiviilseadustiku üldosa seadus* (verabschiedet am 27.3.2002, RT 2002, 35, 16. Inkrafttreten am 1.7.2002). Schuldrechtsgesetz – *Võlaõigusseadus* (verabschiedet am 26.9.2001, RT I 2001, 81, 487. Inkrafttreten am 1.7.2002). Handelsgesetzbuch – *Äriseadustik* (verabschiedet am 15.2.1995, RT I 1995, 26, 355. Inkrafttreten am 1.9.1995). Zivilprozessordnung – Tsiviilkohtumenetluse seadustik (verabschiedet am 20.4.2005, RT I 2005, 26, 197. Inkrafttreten 1.1.2006). Vollstreckungsordnung – *Täitemenetluse seadustik* (verabschiedet am 20.4.2005, RT I 2005, 27, 198. Inkrafttreten am 1.1.2006). Insolvenzgesetz – *Pankrotiseadus* (verabschiedet am 22.1.2003, RT I 2003, 17, 95. Inkrafttreten am 1.1.2004). Reorganisationsgsesetz – *Saneerimisseadus* (verabschiedet am 4.12.2008, RT I 2008, 53, 296. Inkrafttreten am 26.12.2008). Schuldenrestrukturierungs- und Schuldenschutzgesetz – *Võlgade ümberkujundamise ja võlakaitse seadus* (verabschiedet am 17.11.2010, RT I, 6.12.2010, 1. Inkrafttreten am 5.4.2011). Gesetz über Kreditinstitute – *Krediidiasutuste seadus* (verabschiedet am 9.2.1999, RT I 1999, 23, 349. Inkrafttreten am 1.7.1999 mit geringfügigen Ausnahmen nach Art 142). Gesetz zur Verhinderung und Lösung von Finanzkrisen – *Finantskriisi ennetamise ja lahendamise seadus* (verabschiedet am 18.2.2015, RT I, 19.3.2015, 3. Inkrafttreten am 29.3.2015). Versicherungsgesetz – *Kindlustustegevuse seadus* (verabschiedet am 10.6.2015, RT I, 7.7.2015, 1. Inkrafttreten am 1.1.2016, Unterabschnitte 123 (11) und (12) treten am 1.1.2019 in Kraft). Strafgesetzbuch – *Karistusseadustik* (verabschiedet am 6.6.2001, RT I 2001, 61, 364. Inkrafttreten am 1.9.2002). Arbeitslosenversicherungsgesetz – *Töötuskindlustuse seadus* (verabschiedet am 13.6.2001, RT I 2001, 59, 359. Inkrafttreten am 1.1.2002). Investmentfondsgesetz – *Investeerimisfondide seadus* (verabschiedet am 14.12.2016, RT I 31.12.2016, 3. Inkrafttreten am 10.1.2017). Leider gibt es in Estland keine offiziellen Gesetzesbücher über das Insolvenzrecht.

1.2 Literatur:

2 In der Zeitschrift *Juridica* (www.juridica.ee) werden regelmäßig Artikel über das Insolvenzrecht auf Estnisch, in der Juridica International (www.juridicainternational.eu) auch auf Englisch veröffentlicht. Das einzige estnische Lehrbuch über Insolvenzrecht ist ein übersetztes deutsches Lehrbuch „The Law of Bankruptcy" *(Pankrotiõigus)* von Ulrich Foerste, Verlag Jura 2018. Es wurden zahlreiche Masterarbeiten und einige Dissertationen zum estnischen Insolvenzrecht veröffentlicht.

1.3 Informationsquellen:

3 Estnische Rechtsakte sind auf der offiziellen estnischen Rechts-Website *Riigi Teataja* verfügbar. Viele dieser Rechtsakte werden ins Englische übersetzt und sind dann auf der englischen Version derselben Website (www.riigiteataja.ee/en/) abrufbar. Entscheidungen des Estnischen Obersten Gerichtshofs *(Riigikohus)* sind auf Estnisch auf dessen offiziellen Website (www.riigikohus.ee) verfügbar. Für eine Vielzahl der Beschlüsse findet sich dort auch eine Zusammenfassung in englischer Sprache (www.riigikohus.ee/en/). Informationen über Gesellschaften sind auf der offiziellen Website des Handelsregisters *(Äriregister)* in estnischer (www.ariregister.rik.ee) und englischer Sprache (www.ariregister.rik.ee/index?lang=eng) abrufbar. Informationen über Insolvenzverwalter und ihre Tätigkeit finden Sie auf der offiziellen Website der Estnischen Kammer der Gerichtsvollzieher und Insolvenzverwalter auf Estnisch (www.kpkoda.ee) und auf Englisch (www.kpkoda.ee/content/chamber). Offizielle Insolvenzmeldungen werden online auf der Website von Public Announcements *(Ametlikud Teadaanded –* https://www.ametlikudteadaanded.ee) veröffentlicht.

2. Einführung

2.1 Rechtliche Rahmenbedingungen, Satzung

4 Die Insolvenz von Gesellschaften und natürlichen Personen wird durch das Insolvenzgesetz *(Pankrotiseadus)* geregelt. Es fokussiert sich auf das Liquidationsverfahren *(pankrotimenetlus)*, ermöglicht aber auch einen Zwangsvergleich *(Kompromiss)*. Natürliche Personen können nach Eröffnung des Insolvenzverfahrens Restschuldbefreiungsverfahren *(Kohustusest vabastamise menetlus)* initiieren. Die außerinsolvenzliche Reorganisation von Gesellschaften ist (mit wenigen Ausnahmen) im Reorganisationsgesetz *(Saneerimisseadus)* geregelt, während die Entschuldung für natürliche Personen im Schuldumstrukturierungs- und Schuldsicherungsgesetz *(Võlgade ümberkujundamise ja võlakaitse seadus)* geregelt ist. Die Insolvenz eines Kreditinstituts erfolgt nach dem Kreditwesengesetz *(Krediidiasutuste seadus)*. Subsidiär findet das Insolvenzgesetz Anwendung. Regeln zur Verhinderung der Insolvenz

eines Kreditinstituts inklusive Frühinterventionsmaßnahmen sind im Gesetz zur Verhinderung und Bewältigung von Finanzkrisen *(Finantskriisi ennetamise ja lahendamise seadus)* normiert; das Versicherungsgesetz *(Kindlustustegevuse seadus)* enthält die Regeln für die Insolvenz von Versicherungsunternehmen, für die wiederum das Insolvenzgesetz subsidiär gilt. Die Zivilprozessordnung *(Tsiviilkohtumenetluse seadustik)* setzt die allgemeinen Normen für alle Arten von Zivilverfahren, die subsidiär auch für alle Arten von Vorinsolvenz- und Insolvenzverfahren gelten. Insolvenzbezogene Straftatbestände finden sich im Strafgesetzbuch *(Karistusseadustik)*.

2.2 Bestimmte Arten von Verfahren

Insolvenz – *Pankrotimenetlus* ist das Verfahren zur Liquidation von Unternehmen im Insolvenzgesetz *(Pankrotiseadus)*. Es gilt für Gesellschaften wie auch natürliche Personen als Schuldner. Das Gericht bestellt auf Antrag des Schuldners oder eines Gläubigers einen Insolvenzverwalter. Wird das Verfahren eröffnet, so wird das Vermögen des Schuldners zur Insolvenzmasse und vom Verwalter in Beschlag genommen sowie und wertmaximierend verwaltet. Hierzu werden dem Insolvenzverwalter spezifische Rechte eingeräumt, zB das Recht zur Erfüllungswahl bei schwebenden Geschäften oder das Recht zur Insolvenzanfechtung. Alle Forderungen der Gläubiger gegen den Schuldner gelten als fällig und sind beim Insolvenzverwalter anzumelden; die Berechnung von Zinsen und Verzugsstrafen für Forderungen gegen den Schuldner werden eingestellt. Der Insolvenzverwalter verwertet das Vermögen des Schuldners und verteilt den Erlös nach dem Prinzip der Gläubigergleichbehandlung nach Befriedigung der Verfahrenskosten und sonstigen Masseverbindlichkeiten sowie nach Auskehr von Erlösen aus der Verwertung von Sicherungsgut an gesicherte Gläubiger. Als Verwertungsoptionen stehen neben der Zerschlagung des Schuldnerunternehmens auch dessen Verkauf im Wege einer „übertragenden Sanierung" sowie dessen Sanierung aufgrund eines Sanierungsplans zur Verfügung; letzterer ist vom Insolvenzverwalter vorzuschlagen und von der Gläubigerversammlung anzunehmen.

Zwangsvergleich – Der *Kompromiss* ist eine Gelegenheit für eine vergleichsweise Bewältigung der Insolvenz im Insolvenzgesetz *(Pankrotiseadus)*. Dabei handelt es sich um eine Vereinbarung zwischen einem Schuldner und seinen Gläubigern über eine Stundung oder die Zahlung einer Quote gegen Erlass der Restschuld. Ein *Kompromiss* wird auf Vorschlag des Schuldners oder des Insolvenzverwalters im Insolvenzverfahren geschlossen, wenn ihm auf einer Gläubigerversammlung mindestens die Hälfte der anwesenden Gläubiger, deren Forderungen mindestens zwei Drittel des Gesamtbetrags aller zum Zeitpunkt der Abgabe der Kompromisserklärung angemeldeten Forderungen ausmachen, zustimmt. Er bedarf dann noch der gerichtlichen Bestätigung, die dann das Insolvenzverfahren beendet.

Restschuldbefreiung (fresh start) – Das Restschuldbefreiungsverfahren *(Kohustusest vabastamise menetlus)* steht nur natürlichen Personen zur Verfügung. Es dient allein der Befreiung des Schuldners von Verbindlichkeiten, die im Insolvenzverfahren nicht befriedigt wurden. Mit der Verfahrenseröffnung bestellt das Gericht auf Vorschlag der Gläubigerversammlung einen Insolvenzverwalter und der Schuldner beginnt, Zahlungen an den Insolvenzverwalter zu leisten. Während des Verfahrens ist der Schuldner verpflichtet, eine angemessene gewinnbringende Tätigkeit auszuüben oder eine solche aufzunehmen. Gläubiger sind in dieser Zeit daran gehindert, ihre Zahlungsansprüche geltend zu machen. Nach Ablauf von fünf Jahren entscheidet das Gericht auf Antrag des Schuldners über die Erteilung der Restschuldbefreiung. Jeder Gläubiger kann hier Einspruch gegen die Befreiung des Schuldners einlegen, wenn der Schuldner die gesetzlichen Anforderungen nicht erfüllt.

Reorganisation – Das Reorganisationsverfahren *(Saneerimismenetlus)* erlaubt die Restrukturierung von Gesellschaften und ist im Reorgansationsgesetz *(Saneerimisseadus)* geregelt. Es gilt nicht für Glücksspielveranstalter, Kreditinstitute, Finanzintermediäre und sonstige Finanzdienstleister sowie Investmentfonds, die als Aktiengesellschaften gegründet wurden. Es ermöglicht eine plangemäße Reorganisation, worunter man die Anwendung einer Vielzahl von Maßnahmen versteht, mit denen ein Unternehmen seine wirtschaftlichen Schwierigkeiten überwinden, seine Liquidität wiederherstellen und seine Rentabilität nachhaltig verbessern kann. Antragsbefugt ist allein der Schuldner, der während des Verfahrens trotz der Bestellung eines Sanierungsberaters die Geschäftsführung in der Hand behält. Die Erstellung des Sanierungsplans obliegt demgegenüber dem Sanierungsberater, der ihn im Namen des Schuldners vorlegt. Der Sanierungsplan wird in einer Gläubigerversammlung angenommen, wenn mindestens die Hälfte aller Gläubiger, die über mindestens zwei Drittel aller Forderungen verfügen, ihm zustimmt. Werden die Gläubiger im Plan in Gruppen eingeteilt, so ist der Plan angenommen, wenn in jeder Gruppe mindestens die Hälfte aller Gläubiger, die derselben Gruppe angehören und mindestens zwei Drittel aller in der Gruppe vertretenen Forderungen auf sich vereinen, für den Plan stimmen. Stimmt eine Gruppe nicht zu, ist ein klassenübergreifender Cramdown möglich, wozu allerdings noch keine Rechtsprechung des Obersten Gerichtshofs vorliegt. Das Gericht muss einem genehmigten Sanierungsplan zustimmen. Nach der gerichtlichen

Bestätigung gelten die im Sanierungsplan vorgesehenen Rechtsfolgen für den Schuldner und die Personen, deren Rechte durch den Sanierungsplan betroffen sind.

9   **Entschuldung natürlicher Personen** – Für natürliche Personen bietet das Schuldumstrukturierungs- und Schuldsicherungsgesetz (*Võlgade ümberkujundamise ja võlakaitse seadus*) ein Entschuldungsverfahren (*Võlgade ümberkujundamise menetlus*), dessen einziges Ziel darin besteht, die Entschuldung einer natürlichen Person mit Zahlungsschwierigkeiten zu erleichtern, um die Solvenzprobleme zu überwinden und ein Insolvenzverfahren zu vermeiden. Es steht dem Schuldner erst zur Verfügung, nachdem er Maßnahmen zur außergerichtlichen Umschuldung ergriffen hat. Kern der Entschuldung ist ein Zahlungsplan, der vorsehen kann, die Verbindlichkeiten des Schuldners zu stunden, insbes. in Form einer Ratenzahlung, oder aber auch nur eine Quote über die Laufzeit des Plans zu erfüllen und den Restbetrag zu erlassen. Dem Antrag auf Verfahrenseröffnung ist daher der Zahlungsplan beizufügen, der Zahlungsmodalitäten enthält. Das Gericht holt hierzu die Meinung der betroffenen Gläubiger ein und entscheidet dann über dessen Genehmigung. Mit der Genehmigung des Umstrukturierungsplans treten die darin genannten Rechtsfolgen für den Schuldner und die Person, deren Rechte durch den Umstrukturierungsplan betroffen sind, ein.

2.3 Präventive Restrukturierung (vor der Insolvenz)

10   In Estland ermöglicht das Reorganisationsverfahren *(Saneerimismenetlus)* eine insolvenzvermeidende Restrukturierung bei rechtzeitiger Antragstellung. Nach Angaben des Justizministeriums soll die neue Restrukturierungs- und Insolvenzrichtlinie daher primär durch Anpassungen in diesem Verfahren in estnisches Recht umgesetzt werden. Estland hat hierzu bereits die Weltbank auch um Hinweise gebeten, die dann im Reformprozess berücksichtigt werden sollen, der voraussichtlich im September 2019 beginnen soll. Nachfolgend soll die Notwendigkeit von Anpassungen in anderen Gesetzen geprüft werden.

2.4 Finanzielle Restrukturierung

11   Es gibt keine spezifischen Regelungen für rein finanzielle Restrukturierungen in Estland jenseits der bereits genannten Verfahren.

2.5 Sonderregeln für Finanzinstitute und Versicherungsunternehmen

12   Die Insolvenz eines Kreditinstituts wird durch das Kreditwesengesetz (*Krediidiasutuste seadus*) geregelt, die einer Versicherung im Versicherungsgesetz (*Kindlustustegevuse seadus*). Die Regeln des Insolvenzgesetzes gelten nur subsidiär; die des Reorganisationsverfahrens sind nicht anwendbar. Regeln zur Vermeidung der Insolvenz von Kreditinstituten sind im Gesetz zur Verhinderung und Lösung einer Finanzkrise (*Finantskriisi ennetamise ja lahendamise seadus*) normiert.

2.6 Insolvenzen von Unternehmensgruppen

13   Es gibt keine besondere Regelung für Insolvenzen von Unternehmen in Unternehmensgruppen in Estland. Lediglich zur Reorganisation eines Verbundes von Kreditinstituten finden sich Regelungen im Gesetz zur Verhinderung und Lösung einer Finanzkrise (*Finantskriisi ennetamise ja lahendamise seadus*).

2.7 Insolvenzverfahren für Einzelpersonen

14   Natürliche Personen unterfallen wie Gesellschaften den Regeln des Insolvenzgesetzes (*Pankrotiseadus*). Ihnen allein steht dann das dort normierte Restschuldbefreiungsverfahren (*Kohustusest vabastamise menetlus*) offen (dazu schon kurz 2.2). Ist der Schuldner eine natürliche Person, so kann er auch einen Zahlungsplan nach dem Schuldumstrukturierungs- und Schuldsicherungsgesetz (*Võlgade ümberkujundamise ja võlakaitse seadus*) vorlegen und sich so schneller entschulden (dazu schon kurz unter 2.2).

3. Wesentliche Verfahrensmerkmale des Insolvenzverfahrens

3.1 Eröffnung des Verfahrens

3.1.1 Gründe für die Einleitung eines Verfahrens

3.1.1.1 Ermittlung der Gründe, aus denen ein Verfahren eröffnet werden kann oder muss

15   **Insolvenz** – *Pankrotimenetlus*
Eröffnungsgrund ist die Zahlungsunfähigkeit des Schuldners. Stellt der Schuldner selbst einen Insolvenzantrag, so gilt der Schuldner als zahlungsunfähig; das Gericht hat die Insolvenz in diesem

Fall auch dann zu erklären, wenn die Zahlungsunfähigkeit tatsächlich erst in naher Zukunft wahrscheinlich ist.[1]

Ein Insolvenzverfahren kann auf Antrag des Schuldners oder eines Gläubigers eröffnet werden.[2] **16** Ist der Schuldner ein Kreditinstitut[3] oder eine Versicherungsgesellschaft,[4] so kann der Antrag auch von der Finanzaufsichtsbehörde gestellt werden. Im Insolvenzantrag des Schuldners hat dieser den Insolvenzgrund zu erläutern und ein Forderungsverzeichnis anzuhängen.[5] Im Fall eines Gläubigerantrags ist ebenfalls der Insolvenzgrund darzulegen; zudem ist die Forderung glaubhaft zu machen, auf welche sich die Antragsberechtigung des Gläubigers stützt.[6]

Nach der Zulassung des Insolvenzantrags entscheidet das Gericht über die Bestellung eines **17** vorläufigen Insolvenzverwalters. Hiervon ist im Fall des Insolvenzantrags eines Gläubigers abzusehen, wenn der Schuldner der Forderung begründet widerspricht, die Forderung des Antragstellers vollständig durch ein Sicherungsrecht gesichert ist, der Gesamtbetrag der Forderungen gegen den Schuldner bestimmte Schwellenwerte nicht übersteigt, der Gläubiger das Bestehen der Forderung nicht nachgewiesen hat, der Gläubiger den Kostenvorschuss für die Vergütung des vorläufigen Insolvenzverwalters nicht gezahlt hat oder der Schuldner die Forderung des Gläubigers inzwischen erfüllt oder zumindest eine ausreichende Sicherheit für die Erfüllung der Verpflichtung gestellt hat. Hatte er bereits einen Antrag auf ein Reorganisationsverfahren *(Saneerimismenetlus)* gestellt, so verschiebt das Gericht die Entscheidung über die Bestellung eines vorläufigen Insolvenzverwalters bis zur Entscheidung über die Annahme und Bestätigung des Sanierungsplans.[7]

Der vorläufige Insolvenzverwalter hat das Vermögen des Schuldners, also den *Status quo,* zu **18** sichern. Er begutachtet die aktuelle und künftige Zahlungsfähigkeit des Schuldners, die Fortführungsaussichten des Schuldnerunternehmens, die Insolvenzgründe und die Sanierungschancen. Hierzu legt er dem Gericht einen schriftlichen Bericht vor.[8] Nach Anhörung der Beteiligten entscheidet das Gericht dann über den Insolvenzantrag, indem es entweder das Verfahren eröffnet oder aber den Antrag zurückweist. Es kann zudem die Eröffnung mangels Masse abweisen, wenn der Schuldner nicht über genügend Vermögen für die Eröffnung des Insolvenzverfahrens verfügt.[9]

Reorganisation – *Saneerimismenetlus* **19**

Das Reorganisationsverfahren *(Saneerimismenetlus)* kann nur auf Antrag des Schuldners stattfinden. In diesem Antrag sind die Gründe für die wirtschaftlichen Schwierigkeiten und die drohende Insolvenz ebenso zu erläutern wie die Sanierungsfähigkeit des Unternehmens und die Wahrscheinlichkeit einer nachhaltigen Sanierung nach der Reorganisation. Dem Antrag sind hierzu ein Jahresabschluss für das vergangene Geschäftsjahr, ein Überblick über die Finanzlage, Gewinn- und Verlustrechnungen, die Zahlungsströme des Schuldners sowie ein Schuldenverzeichnis zum Zeitpunkt der Antragstellung beizufügen.[10]

Das Gericht eröffnet das Reorganisationsverfahren *(Saneerimismenetlus)* auf Basis der vollstän- **20** digen und nachvollziehbaren Angaben im Schuldnerantrag. Der Antrag wird zurückgewiesen, wenn bereits ein Insolvenzverfahren *(pankrotimenetlus)* eröffnet wurde, die Schuldnergesellschaft bereits durch gerichtliche Entscheidung zwangsliquidiert wurde, bereits eine Liquidation nach dem Gesellschaftsrecht *(Äriseadustik)* stattfindet oder aber weniger als zwei Jahre seit Beendigung des vorangegangenen früheren Reorganisationsverfahrens *(Saneerimismenetlus)* des Schuldners vergangen sind.[11] Gehen die Anträge auf Eröffnung von Insolvenz- und Reorganisationsverfahren parallel bei Gericht ein, so entscheidet das Gericht nach freiem Ermessen, welches Verfahren es eröffnet.

Entschuldung natürlicher Personen – *Võlgade ümberkujundamise menetlus* **21**

Das Entschuldungsverfahren *(Võlgade ümberkujundamise menetlus)* wird nur auf Antrag des Schuldners eröffnet. In diesem sind die Gründe für die Zahlungsschwierigkeiten und die Gegenmaßnahmen des Schuldners ebenso zu erläutern wie der vorgeschlagene Zahlungsplan. Der Schuldner hat zudem zu versichern, dass er in der Lage ist, die sich aus dem Zahlungsplan ergebenden Verpflichtungen zu erfüllen, und dass so seine Insolvenz wahrscheinlich verhindert werden kann.[12] Dem Antrag muss

---

[1] Pankrotiseadus § 31 lg 1, 4 und 5.
[2] Pankrotiseadus § 9 lg 1.
[3] Krediidiasutuste seadus 123 lg 1 p 3.
[4] Kindlustustegevuse seadus 166 lg 2.
[5] Pankrotiseadus § 13 lg 2.
[6] Pankrotiseadus § 10 lg 1.
[7] Pankrotiseadus § 15.
[8] Pankrotiseadus § 22.
[9] Pankrotiseadus § 27 lg 5.
[10] Saneerimisseadus § 7 lg 1, 2 und 3.
[11] Saneerimisseadus § 8 lg 1 und 2.
[12] Võlgade ümberkujundamise y võlakaitse seadus § 10 lg 2.

der Zahlungsplan beigefügt sein.[13] Das Gericht ist befugt, den Schuldner und jeden seiner Gläubiger anzuhören sowie zusätzliche Informationen anzufordern. Sodann eröffnet es das Entschuldungsverfahren.[14]

3.1.1.2 Antragspflichten, Haftung bei Missachtung

22   Eine Insolvenzantragspflicht existiert für die Geschäftsleitung sowie die faktische Geschäftsleitung einer Gesellschaft des Privatrechts. Diese müssen einen Insolvenzantrag stellen, wenn ihre Gesellschaft offensichtlich dauerhaft zahlungsunfähig ist. Ein Insolvenzantrag ist ebenfalls unverzüglich durch Liquidatoren einer Gesellschaft zu stellen, wenn im Rahmen einer gesellschaftsrechtlichen Liquidation offenkundig wird, dass das Vermögen der Gesellschaft nicht zur Befriedigung aller Forderungen ausreicht.[15] Daneben existiert ein Zahlungsverbot bei Gesellschaften mit beschränkter Haftung, das es der Geschäftsleitung nach Eintritt der Insolvenz verbietet, weiter Zahlungen zu leisten, es sei denn, die Zahlungen entsprechen den Sorgfaltspflichten.[16] Verbotswidrige Zahlungen sind der Gesellschaft zu erstatten.[17] Daneben kann eine Insolvenzverschleppungshaftung gegenüber den Gläubigern aus deliktischen Haftungsgründen wegen der Schäden eintreten, die durch die verzögerte Antragstellung entstanden sind.[18] Eine entsprechende Grundsatzentscheidung des Obersten Gerichtshofs *(Riigikohus)* schafft hier Rechtssicherheit.[19] Eine früher bestehende strafrechtliche Verantwortung aus einer Insolvenzverschleppung ist zum 1.1.2015 gestrichen worden.[20]

23   Fällt das Vermögen der Gesellschaft mit beschränkter Haftung unter die Hälfte des Stammkapitals oder unter das vom Gesellschaftsrecht *(Äriseadustik)* geforderte Mindestkapital, so sind die Gesellschafter verpflichtet, darüber zu entscheiden, ob und wie diese Mindestanforderungen wieder erfüllt werden sollen, oder die Insolvenz beantragt werden muss.[21]

3.1.1.3 Wer kann ein Verfahren einleiten?

24   Siehe oben 3.1.1.1.

3.2 Einbeziehung der Gerichte

25   **Insolvenz** – Pankrotimenetlus
Das Gericht entscheidet über alle Eröffnungsanträge. Es ernennt den vorläufigen Insolvenzverwalter und eröffnet das Insolvenzverfahren *(pankrotimenetlus)*.[22] Daneben sind weitere Sicherungsmaßnahmen denkbar, wie sie nach der Zivilprozessordnung *(Tsiviilkohtumenetluse seadustik)* zur Sicherung eines Zivilprozesses zulässig sind. Hierzu zählen das Verbot an den Schuldner, seinen Wohnsitz zu verlassen, die Verhängung von Geldbußen für Verfehlungen, eine zwangsweise Vorführung des Schuldners oder gar sein Arrest.[23]

26   Die Gerichte üben die Aufsicht über die Rechtmäßigkeit des Insolvenzverfahrens aus und erfüllen andere gesetzlich vorgeschriebene Aufgaben.[24] Das Gericht ernennt den Insolvenzverwalter[25] und überwacht dessen Tätigkeit. Zudem kann das Gericht vom Insolvenzverwalter verlangen, dass er jederzeit Auskünfte über den Verlauf des Insolvenzverfahrens und seine Tätigkeit erteilt.[26] Das Gericht entscheidet über das Stimmrecht der Gläubiger bei Stimmrechtsstreitigkeiten in der Gläubigerversammlung,[27] ebenso über die Feststellung von im Prüfungstermin dem Grund oder der Höhe nach bestrittenen Forderungen sowie über Streitigkeit über den Rang oder das Bestehen von Sicherungsrechten im Fall einer hierauf erhobenen Feststellungsklage.[28] Ansprüche aus Insolvenzan-

---

[13] Võlgade ümberkujundamise y võlakaitse seadus § 11 lg 1.
[14] Võlgade ümberkujundamise ja võlakaitse seadus § 15 lg 1 und § 16 lg 1.
[15] Tsiviilseadustiku üldosa seadus § 36 und § 44.
[16] Äriseadustik § 180 lg ^{51} und § 306 lg ^{31}.
[17] Äriseadustik § 180 lg ^{51} und § 306 lg ^{31}.
[18] Äriseadustik § 180 lg ^{51} oder 306 lg ^{31} und Võlaõigusseadus § 1043 und § 1045 lg 1 p 7.
[19] Beschl. Nr. 2-14-50307 v. 20.6.2018, https://www.riigikohus.ee/et/lahendid/marksonastik?asjaNr=2-14-50307/132.
[20] Karistusseadustik § 3851 (gültig v. 15.3.2007 bis 31.12.2014).
[21] Äriseadustik § 176 lg 1 p 3 und § 301 lg 1 p 3.
[22] Pankrotiseadus § 15 lg 1 und 31 lg 1.
[23] Pankrotiseadus § 18.
[24] Pankrotiseadus § 84.
[25] Pankrotiseadus § 31 lg 6.
[26] Pankrotiseadus § 69 lg 1.
[27] Pankrotiseadus § 82 lg 4.
[28] Pankrotiseadus § 106 lg 1.

fechtungstatbeständen sind demgegenüber vor den ordentlichen Gerichten zu verfolgen.[29] Das Gericht bestätigt die Entscheidung der Gläubigerversammlung über die Liquidation der Schuldnergesellschaft.[30] Es entscheidet über die Genehmigung des Verteilungsvorschlags des Verwalters,[31] die Einstellung des Verfahrens bei Masselosigkeit[32] und sonstige gesetzliche Einstellungsgründe.[33] Es genehmigt den Schlussbericht des Verwalters und beendet das Verfahren.[34] Es bestätigt die Vergütung des Insolvenzverwalters und genehmigt die Erstattung der notwendigen Auslagen an den Insolvenzverwalter.[35] Schließlich entscheidet das Gericht über jegliche Beschwerden oder Rechtsbehelfe von Verfahrensbeteiligten nach Maßgabe des Insolvenzgesetzes.

Zwangsvergleich – *Kompromiss* 27

Das Gericht ist auch zuständig für die Bestätigung eines angenommenen Zwangsvergleichs. Es ist zugleich berechtigt, den bestätigten Zwangsvergleich bei Vorliegen eines Auflösungsgrundes auf Antrag des Insolvenzverwalters oder eines Gläubigers aufzuheben.[36]

Reorganisation – *Saneerimismenetlus* 28

S.o. Rn. 15–21.

Restschuldbefreiungsverfahren – Kohustusest vabastamise menetlus 29

Das Gericht entscheidet über die Eröffnung des Restschuldbefreiungsverfahrens *(Kohustusest vabastamise menetlus)* und nach Ablauf der Verfahrensdauer über die Restschuldbefreiung des Schuldners.[37] Es kann auf Antrag eines Gläubigers die erteilte Restschuldbefreiung aufheben, wenn sich herausstellt, dass der Schuldner während der Laufzeit des Verfahrens vorsätzlich gegen seine Verpflichtungen verstoßen und dadurch die Befriedigung der Forderungen der Gläubiger erheblich behindert hat.[38]

Entschuldung natürlicher Personen – *Võlgade ümberkujundamise menetlus* 30

S. o. Rn. 15–21.

3.3 Insolvenzverwalter

Insolvenz – *Pankrotimenetlus* 31

Wird der *Pankrot* des Schuldners erklärt, so entscheidet das Gericht über die Bestellung des Insolvenzverwalters.[39] Der ernannte Insolvenzverwalter wird in der ersten Gläubigerversammlung genehmigt.[40] Er übernimmt die Verwaltung der Insolvenzmasse und betreibt das Insolvenzverfahren. Der Insolvenzverwalter nimmt im Rahmen seiner Aufgaben als Partei an Streitigkeiten im Zusammenhang mit der Insolvenzmasse anstelle des Schuldners vor Gericht teil.[41] Er verteidigt die Rechte und Interessen aller Gläubiger und des Schuldners und sorgt für ein rechtmäßiges, rasches und kosteneffizientes Insolvenzverfahren. Dem Insolvenzverwalter obliegt die Verwaltung der Forderungsanmeldungen durch die Gläubiger und die Ermittlung der Insolvenzursachen und des Zeitpunktes des Insolvenzeintritts sowie die Geltendmachung sich hieraus ergebenden Haftungsansprüchen. Er organisiert die Verwertung der Insolvenzmasse und die Befriedigung der Forderungen der Gläubiger im Wege der Verteilung. Abhängig von der Entschließung der Gläubigerversammlung organisiert er die Betriebsfortführung des Schuldners ebenso wie dessen Einstellung und Liquidation. Auch obliegt ihm die Erteilung von Informationen nach Maßgabe des Gesetzes.[42] Nur der Insolvenzverwalter ist berechtigt, einen Anspruch aus Insolvenzanfechtungstatbeständen geltend zu machen.[43] Auch hat nur er das Recht, über die Erfüllung oder Ablehnung beiderseits nicht erfüllter Verträge zu entscheiden.[44]

Der Insolvenzverwalter ist eine natürliche Person, der der *Kohtutäiturit ja pankrotihaldurite koda* 32 das Recht eingeräumt hat, als zugelassener Rechtsanwalt (Mitglied der Rechtsanwaltskammer),

---

29 Pankrotiseadus § 118.
30 Pankrotiseadus § 130 lg 2.
31 Pankrotiseadus § 145.
32 Pankrotiseadus § 158.
33 Pankrotiseadus § 157.
34 Pankrotiseadus § 163 lg 3.
35 Pankrotiseadus § 65 und § 66.
36 Pankrotiseadus § 183 lg 1 und § 190 lg 1.
37 Pankrotiseadus § 171 lg 1 und § 175 lg 1.
38 Pankrotiseadus § 177 lg 1.
39 Pankrotiseadus § 31 lg 6.
40 Pankrotiseadus § 61 lg 1.
41 Pankrotiseadus § 541 lg 1.
42 Pankrotiseadus § 55.
43 Pankrotiseadus § 118 lg 1.
44 Pankrotiseadus § 46 lg 1.

vereidigter Buchprüfer oder Gerichtsvollzieher zu fungieren, und dessen Ausbildungsstand dem gesetzlich vorgeschriebenen Standard entspricht. Der Insolvenzverwalter muss das Vertrauen des Gerichts und der Gläubiger haben. Er darf kein Mitarbeiter des Gerichts sein; auch eine Person, die mit dem Richter oder Rechtspfleger verbunden ist, der die Angelegenheit behandelt, darf nicht zum Insolvenzverwalter ernannt werden.[45] Der Verwalter muss zudem unabhängig vom Schuldner und dessen Gläubigern sein.

33   Der Insolvenzverwalter haftet für den Schaden, der dem Schuldner oder einem Gläubiger durch eine schuldhafte Pflichtverletzung entstanden ist,[46] und muss hierzu über eine Berufshaftpflichtversicherung verfügen.[47] Er hat das Recht auf Vergütung für die Erfüllung ihrer Aufgaben sowie auf Erstattung der dazu erforderlichen Auslagen. Die konkrete Festsetzung erfolgt durch das Gericht.[48] Die Tätigkeit der Insolvenzverwalter wird durch das Gericht, aber auch durch das Justizministerium und den *Kohtutäiturit ja Pankrotihaldurit-Koda* überwacht.[49]

34   **Zwangsvergleich** – *Kompromiss*
Der Insolvenzverwalter ist berechtigt, einen Vergleichsvorschlag zu unterbreiten.[50] Wird dieser in der Gläubigerversammlung angenommen, so hat er den Zwangsvergleich unverzüglich dem Gericht zur Bestätigung vorzulegen.[51] Nach der Bestätigung obliegt ihm die Aufsicht über die Durchführung des Zwangsvergleichs.[52]

35   **Reorganisation** – *Saneerimismenetlus*
Im Beschluss über die Eröffnung eines Reorganisationsverfahrens ernennt das Gericht einen Sanierungsberater. Als Sanierungsberater können sowohl vereidigte Rechtsanwälte (Mitglieder der Rechtsanwaltskammer), Insolvenzverwalter, Wirtschaftsprüfer und andere natürliche Personen mit ehrlichem Charakter, die mündlich und schriftlich Estnisch sprechen, über gute wirtschaftliche und notwendige Rechtskenntnisse verfügen und über eine gesetzlich vorgeschriebene Ausbildung verfügen, als auch Wertpapierfirmen und Kreditinstitute bestellt werden.[53] Die Aufgabe des Sanierungsberaters besteht darin, die Gläubiger und das Gericht unparteiisch und kompetent über die wirtschaftliche Situation und die Sanierungsmöglichkeiten des Unternehmens zu informieren, den Schuldner im Rahmen des Sanierungsverfahrens zu beraten und zu unterstützen sowie die Rechtmäßigkeit der Forderungen der Gläubiger und die Zweckmäßigkeit der Geschäfte des Schuldners zu überprüfen.[54] Der Sanierungsberater, der dem Schuldner durch die Verletzung seiner Pflichten schuldhaft einen Schaden zugefügt hat, hat diesen zu ersetzen.[55] Nach Bestätigung des Sanierungsplans oder aber nach seiner Entlassung bei dessen Scheitern hat der Sanierungsberater einen Anspruch auf Erstattung der bei der Erfüllung seiner Verpflichtungen anfallenden notwendigen und gerechtfertigten Kosten sowie auf eine Vergütung. Die Festsetzung erfolgt durch das Gericht.[56] Wird der Sanierungsplan bestätigt, obliegt dem Sanierungsberater die Überwachung der Durchführung des Sanierungsplans.[57]

36   **Restschuldbefreiungsverfahren** – *Kohustusest vabastamise menetlus*
Auch bei Eröffnung des Restschuldbefreiungsverfahrens ernennt das Gericht auf Vorschlag der Gläubigerversammlung einen „vertrauenswürdigen Vertreter", an welchen der Schuldner während des Verfahrens seine Zahlungen leistet. Der vertrauenswürdige Vertreter bewahrt die vom Schuldner erhaltenen Zahlungen getrennt von seinem eigenen Vermögen auf und leistet einmal jährlich Ausschüttungen an die Gläubiger gemäß den im jeweiligen Verteilungsvorschlag festgelegten Ausschüttungsquoten. Auf begründeten Antrag des Gläubigers kann dem vertrauenswürdigen Vertreter vom Gericht das Recht eingeräumt werden, zu überprüfen, ob der Schuldner seine Verpflichtungen erfüllt. Der vertrauenswürdige Vertreter legt dem Gericht am Ende des Verfahrens einen Bericht über die Restschuldbefreiung vor. Sein Amt endet mit der Beendigung des Verfahrens.[58]

37   **Entschuldung natürlicher Personen** – *Võlgade ümberkujundamise menetlus*
Im Entschuldungsverfahren liegt es im Ermessen des Gerichts, auf Antrag des Schuldners oder aus eigenem Ermessen heraus einen Berater zu bestellen, der das Vorliegen der Antragsvoraussetzun-

---

[45] Pankrotiseadus § 56.
[46] Pankrotiseadus § 63 lg 1.
[47] Pankrotiseadus § 64 lg 1.
[48] Pankrotiseadus § 65 und § 66.
[49] Pankrotiseadus § 69 und § 70.
[50] Pankrotiseadus § 178 lg 2.
[51] Pankrotiseadus § 183 lg 1.
[52] Pankrotiseadus § 189 lg 1.
[53] Saneerimisseadus § 15 lg 1 und lg 3.
[54] Saneerimisseadus § 16 lg 2.
[55] Saneerimisseadus § 17 lg 1.
[56] Saneerimisseadus § 18.
[57] Saneerimisseadus § 50 lg 1.
[58] Pankrotiseadus § 172 lg 1, lg 2, lg 3 und lg 4.

gen prüft. Dies wird geschehen, wenn eine solche Person erforderlich erscheint, um die finanzielle Situation des Schuldners aufzuklären, die Interessen der Gläubiger wie auch des Schuldners zu wahren oder auf sonstige Weise das Antragsverfahren deutlich zu vereinfachen bzw. zu beschleunigen. Eine Bestellung ist aus diesen Gründen auch noch nach der Zulassung des Antrags möglich. Der ausgewählte Berater muss über ausreichende Kenntnisse und Erfahrungen verfügen und darf weder Gerichtsangestellter noch von einem Schuldner oder einem Gläubiger abhängig sein.[59] Die Aufgabe des Beraters besteht darin, das Gericht und die Gläubiger unparteiisch und professionell über die finanzielle Situation des Schuldners und die Möglichkeiten zur Überwindung der Solvenzprobleme zu informieren. Ebenso hat er den Schuldner im Rahmen des Verfahrens zu beraten und zu unterstützen und insbesondere die Rechtmäßigkeit der Gläubigerforderungen sowie die Rechtmäßigkeit und Angemessenheit der Geschäfte des Schuldners zu überprüfen. Der Berater wird insbesondere den Schuldner bei der Erstellung des Zahlungsplans und in den Verhandlungen mit den Gläubigern unterstützen. Das Gericht übt die Aufsicht über den Berater aus.[60] Die Vergütung des Beraters wird vom Gericht unter Berücksichtigung der Komplexität der Aufgaben sowie der Kenntnisse und Erfahrungen des Beraters festgesetzt.[61]

3.4 Verwaltung und Verwertung der Insolvenzmasse

Insolvenz – *Pankrotimenetlus* 38

Mit der Eröffnung des Insolvenzverfahrens *(pankrotimenetlus)* wird das Vermögen des Schuldners zur Insolvenzmasse und das Recht, das Vermögen des Schuldners zu verwalten und es in einem Gerichtsverfahren zu vertreten, geht auf den Insolvenzverwalter über.[62] Die Insolvenzmasse dient nun allein der Befriedigung der Forderungen der Gläubiger. Sie besteht aus dem Vermögen des Schuldners im Zeitpunkt der Verfahrenseröffnung und dem Vermögen, das der Schuldner während der Laufzeit des Insolvenzverfahrens erwirbt.[63] Die Insolvenzanfechtung ermöglicht zudem die Rückgewähr von verlorenem Vermögen.

Der Insolvenzverwalter kann mit dem Verkauf der Insolvenzmasse nach der ersten Gläubiger- 39 sammlung beginnen, sofern die Gläubiger in der Versammlung nichts Anderes beschlossen haben. Diese Beschränkungen gelten nicht für den Verkauf von Vermögenswerten, die leicht verderblich sind, schnell an Wert verlieren oder übermäßig teuer zu lagern oder zu erhalten sind.[64] Der Insolvenzverwalter verkauft die Insolvenzmasse nach dem in der Vollstreckungsordnung *(Täitementluse seadustik)* vorgesehenen Verfahren, sofern nicht das Insolvenzgesetz Sonderregeln enthält. In der Regel findet daher eine Versteigerung statt. Ist der Schuldner eine natürliche Person, so darf er Gegenstände der Insolvenzmasse, die sich in seinem Besitz befinden, nur mit Zustimmung des Insolvenzverwalters selbst veräußern und hat nach dem Verkauf dem Insolvenzverwalter einen Bericht über den Verkaufserlös vorzulegen.[65]

Zwangsvergleich – *Kompromiss* 40

Wird der Vergleichsvorschlag vorgelegt, dürfen Massegegenstände bis zu einer Entscheidung hierüber nicht verwertet werden, es sei denn, die Gläubigerversammlung beschließt, dass die Vermögenswerte unabhängig vom Vorschlag verkauft werden sollen. Die Verwertung ist zudem möglich, soweit der Verkauf der Vermögenswerte dem Vergleichsvorschlag entspricht oder sich auf Gegenstände beschränkt, die leicht verderblich sind, schnell an Wert verlieren oder übermäßig teuer zu lagern oder zu erhalten sind.[66]

3.5 Going Concern, Betriebsfortführung

Insolvenz – *Pankrotimenetlus* 41

Fällt ein Unternehmen in die Insolvenzmasse, so entscheidet die erste Gläubigerversammlung über dessen Fortführung und Art und Weise der Verwertung nach allgemeinen Regeln, also durch einfache Summenmehrheit angemeldeter Forderungen.[67] Der Insolvenzverwalter kann hier die Betriebsstilllegung vorschlagen. Hält er eine Fortführung im Hinblick auf den Fortführungswert für sinnvoll, so hat er das Verwertungsziel zur Abstimmung zu stellen. Das Unternehmen kann insofern

---

[59] Võlgade ümberkujundamise yes võlakaitse seadus § 18 lg 1 und lg 2.
[60] Võlgade ümberkujundamise seadus § 19 lg 1, lg 2 und lg 3.
[61] Võlgade ümberkujundamise y võlakaitse seadus § 18 lg 5.
[62] Pankrotiseadus § 35 lg 1 p 1 und p 2.
[63] Pankrotiseadus § 108.
[64] Pankrotiseadus § 133 lg 1 und lg 3.
[65] Pankrotiseadus § 135 lg 1 und lg 2.
[66] Pankrotiseadus § 134.
[67] Pankrotiseadus § 129 lg 1.

(durch Auktion oder freihändig) verkauft werden. Soll es restrukturiert werden, so kann der Insolvenzverwalter einen Zwangsvergleich vorschlagen. Sind mehr Restrukturierungsmaßnahmen als ein bloßer Schuldenschnitt erforderlich, so ist die Restrukturierung des Schuldnerunternehmens in einem Sanierungsplan vorzuschlagen. Die für die Sanierung eines Unternehmens erforderlichen Maßnahmen sind in diesem Sanierungsplan durch den Verwalter festzulegen. Es ist auch darzulegen, ob es zweckmäßiger wäre, zur Umsetzung des Plans einen Zwangsvergleich anzustreben. Die Gläubigerversammlung kann den Sanierungsplan mit der üblichen einfachen Mehrheit annehmen. Sie kann stattdessen auch die Betriebsfortführung zur Versteigerung oder die Betriebsstilllegung beschließen.[68]

42 **Reorganisation** – *Saneerimismenetlus*

Ein Reorganisationsverfahren *(Saneerimismenetlus)* setzt ein laufendes Unternehmen voraus und zielt auf dessen Restrukturierung ab. Der Restrukturierungsplan kann dabei neben der Reorganisation des Rechtsträgers auch den Verkauf des Unternehmens als Asset Deal vorsehen.

3.6 Maßnahmen zum Schutz des Vermögens vor der Eröffnung des Insolvenzverfahrens

43 **Insolvenz** – *Pankrotimenetlus*

Neben der Bestellung eines vorläufigen Insolvenzverwalters (s. o. Rn. 15–21) sind weitere Sicherungsmaßnahmen nach der Zivilprozessordnung (Tsiviilkohtumenetluse seadustik) denkbar, wie die generell zur Sicherung eines Zivilprozesses zulässig sind.[69] Hierzu zählen das Verbot an den Schuldner, seinen Wohnsitz zu verlassen, die Verhängung von Geldbußen für Verfehlungen, eine zwangsweise Vorführung des Schuldners oder gar sein Arrest, aber auch die Beschlagnahme des Vermögens des Beklagten und die diesbezügliche Eintragung in das Register, das Verbot für andere Personen, Eigentum auf den Beklagten zu übertragen oder andere Verpflichtungen gegenüber dem Beklagten zu erfüllen, was auch eine Verpflichtung zur Übertragung von Eigentum auf einen Gerichtsvollzieher oder zur Einzahlung von Geld auf ein vom Gericht vorgeschriebenes Bankkonto beinhalten kann, die Auferlegung einer Verpflichtung für den Beklagten, eine Sache beim Gerichtsvollzieher zu hinterlegen, die Aussetzung eines Vollstreckungsverfahrens sowie alle weiteren vom Gericht für notwendig erachteten Maßnahmen.[70]

44 **Reorganisation** – *Saneerimismenetlus*

Das Gericht kann auf Antrag des Schuldners Sicherungs- und von Vollstreckungsmaßnahmen des Finanzamtes inklusive der Beschlagnahme von Bankkonten des Schuldners für die Zeit von der Eröffnung des Reorganisationsverfahren (Saneerimismenetlus) bis zur Bestätigung des Sanierungsplans aufheben bzw. einstellen.[71]

45 **Entschuldung natürlicher Personen** – *Võlgade ümberkujundamise menetlus*

Mit der Eröffnung des Entschuldungsverfahrens (Võlgade ümberkujundamise menetlus) setzt das Gericht jedes Vollstreckungsverfahren in Bezug auf das Vermögen des Schuldners bis zur Genehmigung des Zahlungsplans oder zur Beendigung des Verfahrens aus. Für diesen Zeitraum kann das Gericht zudem anhängige Gerichtsverfahren über eine finanzielle Forderung gegen den Schuldner aussetzen. Etwaige Sicherungsmaßnahmen einschließlich der Pfändung eines Bankkontos können aufgehoben werden. Auch kann das Gericht Gläubigern verbieten, Rechte aus vom Schuldner eingeräumten Sicherheiten auszuüben.[72]

3.7 Auswirkungen der Eröffnung des Insolvenzverfahrens auf die Vollstreckungsmaßnahmen einzelner Gläubiger in laufende Gerichts- oder Schiedsverfahren

46 **Insolvenz** – *Pankrotimenetlus*

Vollstreckungsverfahren gegen den Schuldner enden mit der Eröffnung des Insolvenzverfahrens.[73] Erkenntnisverfahren mit Massebezug, die vom Schuldner vor der Verfahrenseröffnung als Kläger eingeleitet wurden (Aktivprozess) oder an denen der Schuldner als Dritter teilnimmt, kann der Insolvenzverwalter im Interesse der Masse anstelle des Schuldners wieder aufnehmen. Tut er dies trotz Kenntnis vom Verfahren nicht, bleibt der Schuldner Partei und prozessführungsbefugt. Vor der Eröffnung rechtshängig gemachte Passivprozesse gegen den Schuldner mit Massebezug werden bis zur Wiederaufnahme unterbrochen. Ist bereits eine Entscheidung in der Sache ergangen, die noch nicht rechtskräftig ist, so kann der Insolvenzverwalter im Namen des Schuldners Rechtsmittel einlegen. Der Schuldner kann dies nun nur noch mit Zustimmung des Insolvenzverwalters tun.

---

68 Pankrotiseadus § 129 lg 2, lg 3 und lg 4.
69 Pankrotiseadus § 18.
70 Tsiviilkohtumenetluse seadustik § 378 lg 1.
71 Saneerimisseadus § 11 lg 3.
72 Võlgade ümberkujundamise y võlakaitse seadus § 20 lg 3.
73 Täitemenetluse seadustik § 51 lg 1.

Generell ist der Schuldner verpflichtet, das Gericht und den Insolvenzverwalter über alle anhängigen Gerichtsverfahren zu informieren, an denen er beteiligt ist.[74]

Es gibt keine gesetzliche Regelung für die Auswirkungen der Verfahrenseröffnung auf Schiedsverfahren. Die Frage, ob die in § 43 Abs. 2 *pankrotiseadus* festgelegte Terminologie des „Gerichtsverfahrens" auch ein Schiedsverfahren umfasst, ist daher offen, sollte aber bejaht werden. 47

Reorganisation – *Saneerimismenetlus* 48
Eine Forderung, deren Erfüllung, Stundung oder Erlass in einem bestätigten Reorganisationsplan geregelt ist, kann nicht klageweise geltend gemacht werden. Zuvor ist die Geltendmachung aller Forderungen gegen den Schuldner im Klage- oder Vollstreckungsweg für die Dauer des Reorganisationsverfahrens (Saneerimismenetlus) suspendiert. Die Wiederaufnahme von Prozessen und Vollstreckungen ist möglich, sobald klar ist, dass der Reorganisationsplan die betreffende Forderung nicht erfasst.[75]

Entschuldung natürlicher Personen – *Võlgade ümberkujundamise menetlus* 49
Auch die Eröffnung des Entschuldungsverfahrens unterbricht Vollstreckungen bis zur Bestätigung des Zahlungsplans oder sonstigen Beendigung des Verfahrens; das Gericht kann zudem Zivilprozesse unterbrechen und die Verwertung von Sicherheiten untersagen.[76] Auf Antrag eines Gläubigers kann das Gericht dann die Fortsetzung ausgesetzter Vollstreckungsverfahren oder auch die Ausübung von Sicherungsrechten gestatten, wenn die Interessen des Gläubigers dies erfordern.[77] Auch wird die Geltendmachung und Durchsetzung von Aussonderungsrechten durch die Verfahrenseröffnung nicht berührt; die Herausgabe der Sachen darf der Vollstreckungsbeamte dann allerdings nur auf Grundlage des Zahlungsplans und auf Weisung des Gerichts vornehmen, soweit ein solcher Plan zustande kommt.[78]

3.8 Auswirkungen der Eröffnung eines Insolvenzverfahrens auf laufende Gerichts- oder Schiedsverfahren

S. o. Rn. 46–49. 50

3.9 (Automatisches) oder gerichtlich verfügbares Moratorium

Der Begriff des „Moratoriums" findet sich im estnischen Recht nur in den Sonderregeln für 51 insolvente oder insolvenzbedrohte Kreditinstitute. Das bedeutet natürlich nicht, dass die Wirkungen eines Moratoriums nicht auch in den anderen Verfahren existieren (was ja bereits angeklungen ist; s. o. Rn. 43–45 und Rn. 46–49.). Das „Moratorium" eines Kreditinstituts bedeutet eine vollständige oder teilweise Aussetzung der Tätigkeit des estnischen Kreditinstituts, der Zweigniederlassung eines Kreditinstituts, die in einem Vertragsstaat gegründet wurde, oder einer Zweigniederlassung eines Kreditinstituts eines Drittlandes, das in Estland gegründet wurde (nachstehend „das Kreditinstitut" genannt), um die Gründe und die Art der Solvenzprobleme und die Möglichkeiten der Wiederherstellung der Solvenz zu ermitteln und die Vermögensinteressen der Gläubiger zu schützen. Nur die Finanzaufsichtsbehörde hat das Recht, über die Verhängung eines solchen „Moratoriums" zu entscheiden.[79]

Die Eröffnung von insolvenzbedingten Verfahren führt im Grundsatz zur Unterbrechung von 52 Vollstreckungsverfahren und Zivilprozessen (s. o. Rn. 46–49.) und hat daher die Wirkung eines automatischen Moratoriums im herkömmlichen Sinne.[80]

3.10 Vertreter der Gläubiger

Insolvenz *(pankrotimenetlus)* – Die Interessen der Gläubiger werden über die Tätigkeit jedes 53 einzelnen Gläubigers hinaus durch die Gläubigerversammlung und den Gläubigerausschuss repräsentiert.

Gläubigerausschuss – Die Entscheidung über die Bestellung und Besetzung eines Gläubiger- 54 ausschusses fällt auf der ersten Gläubigerversammlung.[81] Zum Mitglied des Gläubigerausschusses kann jede vom Insolvenzverwalter unabhängige, geschäftsfähige Person gewählt werden. Richter, dem Schuldner nahestehende Personen sowie der für das Insolvenzverfahren bestellte Insolvenzver-

---

[74] Pankrotiseadus § 43 lg 1, lg 2, lg 5 und lg 6.
[75] Saneerimisseadus § 47 lg 1 und lg 2.
[76] Võlgade ümberkujundamise yes võlakaitse seadus § 20 lg 3.
[77] Võlgade ümberkujundamise yes võlakaitse seadus § 20 lg 4.
[78] Võlgade ümberkujundamise yes võlakaitse seadus § 20 lg 5.
[79] Krediidiasutuste seadus § 111 lg 1 und lg 2.
[80] Siehe insbesondere Pankrotiseadus § 44.
[81] Pankrotiseadus § 78 lg 2.

walter dürfen nicht in den Gläubigerausschuss gewählt werden. Die Zahl der Mitglieder wird ebenfalls von der Gläubigerversammlung beschlossen; er muss aus mindestens drei und höchstens sieben Mitgliedern bestehen. Dabei sollen Personen gewählt werden, die von Gläubigern mit größeren als auch mit kleineren Forderungen vorgeschlagen werden. Die gewählten Mitglieder wählen aus ihrer Mitte den Vorsitzenden des Ausschusses.[82] Den Mitgliedern kann eine angemessene Vergütung gezahlt werden. Sie wird von der Gläubigerversammlung beschlossen und vom Gericht genehmigt. Enthält danach ein Mitglied des Ausschusses keine Vergütung, so werden zumindest die notwendigen und angemessenen Aufwendungen erstattet.[83]

55 Der Insolvenzausschuss schützt die Interessen aller Gläubiger und überwacht hierzu insbesondere die Tätigkeit des Insolvenzverwalters. Er prüft, ob die Tätigkeit des Insolvenzverwalters zweckmäßig und gesetzeskonform ist, und überwacht zu diesem Zweck den Verlauf der Geschäftstätigkeit, die Buchführung und die finanzielle Situation des Schuldners.[84] Alle Mitglieder haften dabei für den Schaden, der dem Schuldner oder einem Gläubiger durch eine schuldhafte Pflichtverletzung entsteht.[85]

56 Beschließt die erste Gläubigerversammlung, keinen Gläubigerausschuss einzusetzen, so werden dessen Aufgaben von der Gläubigerversammlung übernommen.[86]

57 **Die Gläubigerversammlung** – Die Gläubigerversammlung bestätigt in ihrer ersten Sitzung den vom Gericht bestellten Insolvenzverwalter und entscheidet über die Einsetzung und Besetzung des Gläubigerausschusses, über die Fortsetzung oder Beendigung einer noch fortlaufenden Tätigkeit des Schuldnerunternehmens und, wenn der Schuldner eine Gesellschaft ist, über die Auflösung des Schuldners.[87] Sie ist zuständig für die Abstimmung über einen Zwangsvergleich und kann die Art und Weise des Verkaufs der Insolvenzmasse vorgeben. Sie darf Beschwerden über die Tätigkeit des Insolvenzverwalters abhelfen; über die Vergütung der Mitglieder des Gläubigerausschusses entscheiden und in weiteren Angelegenheiten entscheiden, die nach dem Gesetz in die Zuständigkeit der Gläubigerversammlung fallen.[88]

58 Die erste Gläubigerversammlung findet frühestens fünfzehn Tage und spätestens dreißig Tage nach Verfahrenseröffnung statt. Die Beschlüsse der Gläubigerversammlung werden mit einfacher Mehrheit der Stimmen der an der Versammlung teilnehmenden Gläubiger gefasst,[89] wobei sich das Stimmrecht jedes Gläubigers (die Zahl seiner Stimmen) im Verhältnis zur Höhe seiner Forderung bemisst. Die Anzahl der Stimmen jedes anmeldenden Gläubigers wird vom Insolvenzverwalter festgelegt. Ist der Gläubiger mit der zugewiesenen Anzahl der Stimmen nicht einverstanden oder wird die Anzahl der Stimmen von einem anderen Gläubiger angefochten, so bestimmt sich die Anzahl der Stimmen nach einem Beschluss des die Gläubigerversammlung leitenden Richters.[90] Der Schuldner, die Gläubiger und der Insolvenzverwalter können verlangen, dass das Gericht die Entscheidung einer Gläubigerversammlung aufhebt, wenn die Entscheidung rechtswidrig ist, etwa weil sie gegen das gesetzlich vorgesehene Verfahren verstößt, oder wenn ein gesetzlicher Aufhebungsgrund einschlägig ist. Die Aufhebung kann auch beantragt werden, wenn der Beschluss den gemeinsamen Interessen der Gläubiger schadet.[91]

3.11 Forderungsanmeldung und -feststellung

59 Die Gläubiger sind verpflichtet, ihre vor der Verfahrenseröffnung entstandenen Forderungen durch einen schriftlichen Antrag (Anmeldung)[92] mit Belegen innerhalb von zwei Monaten beim Insolvenzverwalter anzumelden.[93] Die Anmeldung muss den Inhalt, die Grundlage und die Höhe der Forderung enthalten und angeben, ob die Forderung besichert ist. Forderung und Sicherungsrecht werden im Prüfungstermin gemeinsam geprüft.[94] Durch Gerichts- oder Schiedsurteil titulierte Ansprüche und ihre Sicherungsrechte, die nach dem *Täitemenetluse seadustik* vollstreckbar sind, wer-

---

[82] Pankrotiseadus § 74.
[83] Pankrotiseadus § 76.
[84] Pankrotiseadus § 73 lg 1.
[85] Pankrotiseadus § 75.
[86] Pankrotiseadus § 74 lg 7.
[87] Pankrotiseadus § 78 lg 1 und 2.
[88] Pankrotiseadus § 77.
[89] Pankrotiseadus § 81 lg 1.
[90] Pankrotiseadus § 82 lg 1, lg 3 und lg 4.
[91] Pankrotiseadus § 83 lg 1.
[92] Pankrotiseadus § 94 lg 1.
[93] Pankrotiseadus § 93 lg 1 und § 94 lg 1.
[94] Pankrotiseadus § 100 lg 1.

den ohne Prüfung festgestellt. Im Grundbuch, Schiffsregister, Handelsregister oder Wertpapierregister eingetragene Sicherungsrechte gelten ebenfalls als anerkannt.[95]

Der Insolvenzverwalter ist verpflichtet, zu prüfen, ob die angemeldeten Ansprüche gerechtfertigt sind und die behaupteten Sicherungsrechte für die Ansprüche bestehen.[96] Die Forderung, ihre Rangfolge und das Recht zur Sicherung der Forderung gelten als anerkannt, wenn weder der Insolvenzverwalter noch einer der Gläubiger im Prüfungstermin widerspricht. Der Insolvenzverwalter ist verpflichtet, einer angemeldeten Forderung oder einem Sicherungsrecht in der Gläubigerversammlung zu widersprechen, wenn und soweit ein Grund für den Widerspruch besteht. Nach der Feststellung des Anspruchs oder Sicherungsrechts werden Einwände in der Versammlung nicht mehr beachtet, es sei denn, die Feststellung beruht auf gefälschten Nachweisen oder der Prüfungstermin wurde unter wesentlicher Verletzung von Verfahrensregeln einberufen oder durchgeführt. Wird eine Forderung, ihre Rangfolge oder ein Sicherungsrecht nicht anerkannt, so kann der betroffene Gläubiger seine Rechte im Klageweg geltend machen und das (Insolvenz-)Gericht kann die Forderung durch Urteil feststellen, jedoch nur auf der gleichen Grundlage und in dem Umfang, wie sie angemeldet worden war.[97]

Das Gesetz enthält keine Sonderregeln für Steuerforderungen, was jedoch den Obersten Gerichtshof *(Riigikohus)* nicht davon abhielt, in der Entscheidung Nr. 3-2-1-82-14 vom 12.5.2015 auszusprechen, dass streitige Steuerforderungen abweichend gerichtlich festzustellen sind.[98] Bestreitet ein Gläubiger eine angemeldete Steuerforderung, so ist der Gläubiger gehalten, durch Klage gegen das Finanzamt beim zuständigen Verwaltungsgericht die Steuerforderungen anzufechten. Zudem stellte der *Riigikohus* fest, dass eine vom Schuldner nicht rechtzeitig bestrittene und damit bestandskräftige Steuerforderung ohne Prüfung festzustellen ist. Auch wenn eine derartige Sonderbehandlung von Steuerforderungen im Insolvenzrecht wenig Rückhalt findet, prägt der Präzedenzfall des *Riigikohus* natürlich die Praxis.

3.12 Verteilung der Insolvenzmasse, Rangfolge

3.12.1 Masseverbindlichkeiten

Masseverbindlichkeiten entstehen nur im Insolvenzverfahren. Folgende Forderungen gegen die Insolvenzmasse haben dort in folgender Rangfolge Vorrang: Forderungen, die aus der Massebereinigung entstehen, insbesondere Aussonderungsrechte; Unterhaltsansprüche des Schuldners und seiner Angehörigen nach Maßgabe des § 147; die Ansprüche aus Handlungen oder Unterlassungen des Insolvenzverwalters; die Verfahrenskosten des *pankrotimenetlus*.[99] Reicht die Insolvenzmasse nicht aus, um alle Masseforderungen im gleichen Rang zu befriedigen, so sind Quoten zu bilden.[100] Reicht die Insolvenzmasse für die Erfüllung der Verpflichtungen aus der Tätigkeit des Insolvenzverwalters nicht aus, ist der Insolvenzverwalter zum Ersatz des dem Massegläubiger entstandenen Schadens verpflichtet, wenn er bei Eintritt in die Transaktion oder Fortsetzung der Transaktion vorausgesehen hat oder hätte voraussehen müssen, dass die Insolvenzmasse für die Erfüllung der Verpflichtung nicht ausreicht und dem entsprechenden Gläubiger keine Mitteilung gemacht hat.[101] Zu den Kosten der *pankrotimenetlus* zählen neben den Verfahrenskosten auch die Vergütung und Auslagen des (vorläufigen) Insolvenzverwalters, die Vergütung der Mitglieder des Gläubigerausschusses sowie ein zur Deckung der Vergütung und der Ausgaben des (vorläufigen) Insolvenzverwalters geleisteter Kostenvorschuss.[102]

3.12.2 Vorzugsgläubiger

Insolvenz – *Pankrotimenetlus*

Es gibt keine bevorzugten Gläubiger hinsichtlich der Verteilung der Insolvenzmasse. Lediglich die gesicherten Gläubiger können hinsichtlich des Erlöses aus Verwertung des Sicherungsgutes einen Vorrang beanspruchen. Demgegenüber werden Ansprüche von Arbeitnehmern, aber auch Steuerforderungen wie alle anderen ungesicherten Ansprüche behandelt. Für offene Lohnforderungen besteht ein Anspruch auf Insolvenzgeld, was bedeutet, dass der Anspruch des Arbeitnehmers in Höhe des

---

[95] Pankrotiseadus § 103 lg 4.
[96] Pankrotiseadus § 101 lg 1.
[97] Pankrotiseadus § 107.
[98] https://www.riigikohus.ee/et/lahendid?asjaNr=3-2-1-82-14.
[99] Pankrotiseadus § 146 lg 1.
[100] Pankrotiseadus § 146 lg 2.
[101] Pankrotiseadus § 148 lg 1 und lg 2.
[102] Pankrotiseadus § 150 lg 1.

Bruttolohns des Arbeitnehmers vom Staat ausgeglichen wird, soweit die Rückstände in den letzten drei Monaten entstanden sind und begrenzt auf einen Gesamtbetrag in Höhe von drei durchschnittlichen Bruttomonatslöhnen in Estland.[103]

64   **Reorganisation** – *Saneerimismenetlus*
Auch im Reorganisationsverfahren sind keine Vorrechte zu beachten. Allerdings erlaubt das Gesetz keine Planeingriffe in Arbeitnehmerforderungen aus ihren Arbeitsverträgen.[104]

3.12.3 Gesicherte Gläubiger

65   **Insolvenz** – *Pankrotimenetlus*
Sicherungsrechte werden respektiert, indem dem gesicherten Gläubiger der Erlös aus der Verwertung des Sicherungsgutes zusteht.[105] Ist ein Sicherungsgut mehrfach belastet, ist die Rangfolge nach dem Zivilrecht maßgeblich.[106] Allerdings ist ein Kostenbeitrag der gesicherten Gläubiger in Höhe von max. 15% des Erlöses zur Insolvenzmasse vorgesehen, um masselose Verfahren zu verhindern.[107] Die konkrete Berechnung ist durch eine Entscheidung des Obersten Gerichtshofs (Riigikohus) erläutert worden, der am 4.11.2015 in der Entscheidung Nr. 3-2-1-34-15[108] ausführte, dass zur Bestimmung des Betrags, der von der Zahlung an den gesicherten Gläubiger abgezogen wird, das Verhältnis zwischen dem Ergebnis des Verkaufs der belasteten Vermögenswerte und der gesamten Insolvenzmasse zu ermitteln ist. Wenn beispielsweise belastete Vermögenswerte für 100.000 EUR und unbelastete Vermögenswerte für 900.000 EUR verkauft werden, beträgt die Insolvenzmasse zusammen 1 Mio. EUR (Ergebnis des Verkaufs von belasteten Vermögenswerten und unbelasteten Vermögenswerten zusammen) und das Ergebnis des Verkaufs von belasteten Vermögenswerten 10% des Gesamtergebnisses. Der Kostenbeitrag des gesicherten Gläubigers beträgt dann 10% und liegt folglich unter der Höchstgrenze von 15%. Erleidet der gesicherte Gläubiger einen Ausfall, so nimmt er mit der Ausfallforderung am Verteilungsverfahren als ungesicherter Gläubiger teil, es sei denn, ihm stehen noch Sicherungsrechte gegen Dritte zu.[109]

66   **Reorganisation** – *Saneerimismenetlus*
Im Reorganisationsverfahren (Saneerimisseadus) finden sich keine besonderen Regeln für gesicherte Gläubiger. Der Oberste Gerichtshof (Riigikohus) hat in der Entscheidung Nr. 3-2-1-58-16 vom 14.9.2016 festgestellt, dass im Sanierungsplan für gesicherte Forderungen stets eine eigene Gruppe zu bilden ist und der Plan diese Gruppe nicht schlechter stellen darf als sie im Fall eines Insolvenzverfahrens (Pankrotimenetlus) stünde.[110]

3.12.4 Ungesicherte, nicht nachrangige Gläubiger

67   Aus der Insolvenzmasse, die nach Befriedigung der Masseforderungen und der gesicherten Gläubiger verbleibt, sind die festgestellten ungesicherten und nicht nachrangigen Forderungen zu befriedigen.[111] Es gilt das Pari-Passu-Prinzip, sodass eine einheitliche Quote gebildet wird.[112]

3.12.5 Nachrangige Gläubiger

68   Nachrangig – also erst nach vollständiger Befriedigung der ungesicherten, nicht nachrangigen Gläubiger – zu befriedigen sind all die Gläubiger, die ihre Forderungen erst nach Ablauf der Anmeldefrist anmelden, soweit diese festgestellt werden.[113]

3.13 Beendigung des Verfahrens

69   **Insolvenz** – *Pankrotimenetlus*
Das Insolvenzverfahren (Panrotimenetlus) endet in den in § 157 aufgezählten Fällen. Hierzu zählt neben der Abweisung des Insolvenzantrags auch die Einstellung des Verfahrens mangels Masse; das Gericht beendet das Verfahren hier unmittelbar nach Erhalt des Berichts durch den Insolvenzver-

---

[103] Töötuskindlustuse seadus § 20 lg 3.
[104] Saneerimisseadus § 22 lg 2.
[105] Pankrotiseadus § 153 lg 1.
[106] Pankrotiseadus § 150 lg 3.
[107] Pankrotiseadus § 150 lg 2.
[108] https://www.riigikohus.ee/et/lahendid?asjaNr=3-2-1-34-15.
[109] Pankrotiseadus § 153 lg 4.
[110] https://www.riigikohus.ee/et/lahendid/marksonastik?asjaNr=3-2-1-58-16.
[111] Pankrotiseadus § 153 lg 1 p 2.
[112] Pankrotiseadus § 154 lg 1.
[113] Pankrotiseadus § 153 lg 1 p 3.

walter.[114] Das Gericht beendet den Panrotimenetlus überdies auf Antrag des Schuldners, wenn dieser nachweist, dass er nicht zahlungsunfähig ist oder – im Fall der Eröffnung wegen drohender Zahlungsunfähigkeit – wahrscheinlich nicht zahlungsunfähig wird.[115] Es wird außerdem auf Antrag des Schuldners beendet, wenn alle Gläubiger, die ihre Forderungen innerhalb der gesetzten Frist angemeldet haben, ihre Zustimmung zur Einstellung des Verfahrens erteilt haben.[116] Ansonsten endet das Verfahren nach Verwertung und Verteilung der Masse durch die Genehmigung des Abschlussberichts des Insolvenzverwalters durch das Gericht, alternativ durch das Zustandekommen eines Zwangsvergleichs.[117]

In der Entscheidung des Gerichts über die Beendigung der Panrotimenetlus wird festgelegt, 70 inwieweit jeder Gläubiger mit einer festgestellten Forderung ausgefallen ist und gegen welche Forderungen der Schuldner Widerspruch eingelegt hat. Der Beschluss über die Beendigung der Panrotimenetlus hält auch fest, ob die Zahlungsunfähigkeit des Schuldners durch eine Handlung mit kriminellen Elementen, einem schweren Managementfehler oder anderen Umstände verursacht wurde. Wurde die Zahlungsunfähigkeit des Schuldners durch eine strafrechtlich relevante Handlung verursacht, so unterrichtet das Gericht den Staatsanwalt oder die Polizei davon, um diesen die Einleitung eines Strafverfahrens zu ermöglichen.

Zwangsvergleich – *Kompromiss* 71
Der auf der Gläubigerversammlung angenommene und gerichtlich bestätigte Kompromiss beendet das Insolvenzverfahren (Pankrotimenetlus) unmittelbar.[118]

Reorganisation – *Saneerimismenetlus* 72
Das Reorganisationsverfahren (Saneerimismenetlus) endet mit dem vorzeitigen Scheitern des Plans, der Rücknahme des Planvorschlags, der Durchführung des Reorganisationsplans vor Ablauf der im Plan festgelegten Umsetzungsfrist oder mit Ablauf der Umsetzungsfrist.[119] Das vorzeitige Scheitern des Saneerimismenetlus kann nur vor der Genehmigung des Reorganisationsplans eintreten. Ein Scheitern ist anzunehmen und das Sanierungsverfahren vorzeitig zu beenden, wenn der Schuldner Mitwirkungspflichten gegenüber dem Gericht und dem Sanierungsberater nicht erfüllt oder den vom Gericht festgelegten Geldbetrag für die Vergütung und die Kosten des Sanierungsberaters nicht bezahlt. Es tritt auch ein, wenn der Sanierungsplan nicht rechtzeitig vorgelegt oder nicht bestätigt wird oder der Schuldner die Beendigung beantragt,[120] wenn die Grundlagen für die Eröffnung des Saneerimismemetlus weggefallen sind, wenn die Verschwendung von Unternehmensvermögen zum Nachteil der Gläubiger festgestellt wird oder Forderungen im Plan auftauchen, die tatsächlich nicht existieren.[121] Die vorzeitige Beendigung des Verfahrens durch das Gericht lässt alle Verfahrenswirkungen des Saneerimismenetlus rückwirkend entfallen.[122]

Ist der Sanierungsplan bereits bestätigt worden, so kann das Gericht ihn wieder aufheben, wenn 73 der Schuldner nach der Planbestätigung wegen eines Insolvenz- oder Vollstreckungsdelikts verurteilt wird; wenn der Schuldner die Verpflichtungen aus dem Sanierungsplan in erheblichem Umfang nicht erfüllt; wenn nach Ablauf von mindestens der Hälfte der Umsetzungsfrist des Sanierungsplans offensichtlich ist, dass der Schuldner nicht in der Lage sein wird, die Verpflichtungen aus dem Sanierungsplan zu erfüllen; auf Antrag des Sanierungsberaters, wenn diesem entweder keine Vergütung gezahlt wird oder wenn das Unternehmen den Sanierungsberater bei der Erfüllung der Aufsichtspflicht nicht unterstützt, insbesondere indem es sich weigert, dem Sanierungsberater Auskunft zu erteilen; auf Antrag des Schuldners; im Fall der Eröffnung eines Insolvenzverfahrens (pankrotimenetlus) über das Schuldnervermögens wegen der Neugeldschulden.[123]

Entschuldung natürlicher Personen – *Võlgade ümberkujundamise menetlus* 74
Das Võlgade ümberkujundamise menetlus endet vorzeitig im Falle der Abweisung des Eröffnungsantrags sowie dem Scheitern oder der Aufhebung eines Zahlungsplans. Es endet ansonsten erst mit Ablauf der im Zahlungsplan festgelegten Umsetzungsfrist. Die vorzeitige Beendigung lässt alle Verfahrenswirkungen rückwirkend entfallen.[124] Die Erfüllung der Laufzeit des Zahlungsplans führt demgegenüber zur Restschuldbefreiung, weshalb ein betroffener Gläubiger eine Restforderung nur noch geltend machen kann, soweit der Schuldner dem zustimmt.[125]

---

[114] Pankrotiseadus § 158 lg 1 und lg 4.
[115] Pankrotiseadus § 159 lg 1.
[116] Pankrotiseadus § 160 lg 1.
[117] Pankrotiseadus § 183.
[118] Pankrotiseadus § 184 lg 1.
[119] Saneerimisseadus § 38 lg 1 und lg 2 sowie § 53 lg 1.
[120] Saneerimisseadus § 40 lg 1.
[121] Saneerimisseadus § 39 lg 1 und lg 2.
[122] Saneerimisseadus § 44 lg 1.
[123] Saneerimisseadus § 51 lg 1.
[124] Võlgade ümberkujundamise yes võlakaitse seadus § 36 lg 1 und lg 2.
[125] Võlgade ümberkujundamise y võlakaitse seadus § 37.

75 Das Gericht hebt den Zahlungsplan auf, wenn der Schuldner dies beantragt oder erneut insolvent wird.[126] Er ist nach § 39 auch aufzuheben, wenn offensichtlich wird, dass der Schuldner die Verpflichtungen aus dem Zahlungsplan in wesentlichem Umfang nicht erfüllt. Er ist auch aufzuheben, wenn nach Ablauf von mindestens der Hälfte der Laufzeit des Umstrukturierungsplans ersichtlich ist, dass der Schuldner nicht in der Lage sein wird, die im Rahmen des Plans übernommenen Verpflichtungen zu erfüllen. Die Aufhebung erfolgt zudem, wenn der Schuldner zwar wieder zahlungsfähig und saniert ist, die Entschuldung aber aufgrund einer wesentlichen Änderung der Umstände nicht mehr angemessen gegenüber den Gläubigern erscheint. Auch wird der Plan aufgehoben, sobald deutlich wird, dass der Schuldner unredlich ist, also (1) vorsätzlich oder grob fahrlässig im erheblichen Umfang falsche oder unvollständige Informationen über seine Vermögensverhältnisse gemacht hatte; (2) gläubigerbenachteiligende Zahlungen an einzelne Gläubiger geleistet hat, die nicht im Zahlungsplan aufgeführt sind oder (3) das Gericht oder den Berater bei der Erfüllung der Aufsichtspflicht nicht unterstützt oder keine Informationen erteilt hat, die für die Ausübung der Aufsicht erforderlich sind. Schließlich bleibt der Plan ohne Erfolg, wenn der Schuldner den vom Gericht festgelegten Betrag zur Deckung der Gebühren und Ausgaben des Beraters oder Sachverständigen nicht auf das angegebene Konto einzahlt.

76 Wird der Zahlungsplan aufgehoben, so erlöschen seine Wirkungen wie auch die Wirkungen des võlgade ümberkujundamise menetlus rückwirkend. Das Forderungsrecht des Gläubigers lebt also wieder auf, soweit er nicht durch Ausschüttungen befriedigt wurde.[127]

4. Verträge in Insolvenz- oder Restrukturierungsverfahren *(oder anderen)* Verfahren

77 Sonderregeln für schwebende Geschäfte existieren nur für das Insolvenzverfahren *(Pankrotimenetlus)*, nicht aber für die anderen Verfahrensarten.

4.1 Schwebende Geschäfte

78 Der Insolvenzverwalter hat das Recht, eine nicht erfüllte Verpflichtung aus einem vom Schuldner abgeschlossenen Vertrag zu erfüllen und von der anderen Partei die Erfüllung ihrer Verpflichtungen zu verlangen oder aber die Erfüllung einer Verpflichtung aus einem vom Schuldner abgeschlossenen Vertrag abzulehnen, sofern das Gesetz nichts anderes vorsieht.[128] Macht die andere Partei dem Insolvenzverwalter einen Vorschlag, die Wahl der Erfüllung des Vertrages zu treffen, so hat der Insolvenzverwalter unverzüglich, spätestens jedoch innerhalb von sieben Tagen mitzuteilen, ob er die Verpflichtung des Schuldners erfüllen wird oder nicht.[129] Unterlässt der Insolvenzverwalter die rechtzeitige Erfüllungswahl, so hat der Insolvenzverwalter nicht das Recht, von der anderen Partei die Erfüllung des Vertrages zu verlangen, bevor der Insolvenzverwalter nicht die Verpflichtung des Schuldners erfüllt hat.

79 Die Wahl der Erfüllung verpflichtet auch die andere Vertragspartei zur Erfüllung ihrer Verpflichtungen. Zugleich verliert der Insolvenzverwalter das Recht, die Erfüllung der Verpflichtung des Schuldners zu verweigern.[130] Auch kann die andere Vertragspartei vom Insolvenzverwalter verlangen, dass er die Erfüllung der Verpflichtung des Schuldners sicherstellt und bei Ausbleiben der Sicherheitsleistung die Erfüllung verweigert, vom Vertrag zurücktritt oder den Vertrag kündigt.[131] Der Gegenanspruch der anderen Partei gegen den Schuldner aus dem schwebenden Geschäft erhält mit der Erfüllungswahl den Rang einer Masseforderung (siehe oben 3.12.1).[132]

80 Lehnt der Insolvenzverwalter nach der Eröffnung des *pankrotimenetlus* die Erfüllung eines schwebenden Geschäfts ab, so kann die andere Vertragspartei Ansprüche aus der Nichterfüllung des Vertrages als ungesicherter Gläubiger im *pankrotimenetlus* geltend machen.[133]

4.2 Mietverträge

81 Die Insolvenz des Vermieters lässt den Bestand des Mietvertrages unberührt, sofern der Vertrag nichts anderes vorsieht.[134] Sieht der Mietvertrag aber die Insolvenz als Grundlage für die Beendigung des Vertrages vor, kann der Insolvenzverwalter den Vertrag innerhalb einer Frist von einem Monat

---

[126] Võlgade ümberkujundamise y võlakaitse seadus § 39 lg 1.
[127] Võlgade ümberkujundamise y võlakaitse seadus § 39 lg 2 und 3.
[128] Pankrotiseadus § 46 lg 1.
[129] Pankrotiseadus § 46 lg 2.
[130] Pankrotiseadus § 46 lg 4.
[131] Pankrotiseadus § 46 lg 5.
[132] Pankrotiseadus § 46 lg 6.
[133] Pankrotiseadus § 46 lg 7.
[134] Pankrotiseadus § 50 lg 1.

oder innerhalb einer im Vertrag vorgesehenen kürzeren Kündigungsfrist kündigen.[135] Dies gilt nicht für Mietverträge über Wohnraum; diese sind aufgrund der Insolvenz des Vermieters nie kündbar.[136] Wurde der Mietpreis für die Immobilie oder das Zimmer vor der Eröffnung des *Pankrotimenetlus* im Voraus an den Schuldner gezahlt, so gilt die Verpflichtung des Mieters zur Mietzahlung nur für den Monat der Eröffnung des *Pankrotimenetlus* als erfüllt. Wird das *pankrotimenetlus* nach dem fünfzehnten Tag des Monats eröffnet, so gilt die Mietzahlungspflicht des Mieters auch für den Folgemonat als erfüllt. Für den Rest der Vorauszahlung kann der Mieter eine Forderung als Gläubiger in der *pankrotimenetlus* einreichen.[137]

Im Falle der Insolvenz des Mieters kann der Vermieter den Mietvertrag nur nach Maßgabe des allgemeinen Mietrechts kündigen.[138] Dieses sieht vor, dass der Vermieter bei Eröffnung der *pankrotimenetlus* des Mieters eine Sicherheit für die Zahlung der zukünftigen Mieten und Nebenkosten verlangen kann. Wird ihm dann keine Sicherheit innerhalb der gesetzlich festgelegten Frist gegeben, kann der Vermieter den Vertrag kündigen, ohne dass es der Einhaltung einer Kündigungsfrist bedarf.[139] Allein wegen der Verzögerung der Mietzahlung vor Eröffnung des *pankrotimenetlus* darf der Vermieter hingegen nicht kündigen.[140] Bei gemieteten Immobilien oder Wohnraum steht dem Insolvenzverwalter allerdings das Recht zur Kündigung mit einer Kündigungsfrist von maximal einem Monat zu. In diesem Fall kann der Vermieter den Ersatz des Schadens aus der vorzeitigen Beendigung des Vertrages nur als Gläubiger im *pankrotimenetlus* geltend machen.[141]

4.3 Leasingverträge

Leasingverträge werden insolvenzrechtlich wie Mietverträge behandelt, sodass die gerade erläuterten Bestimmungen entsprechend gelten.[142]

4.4 Arbeitsverträge

Das Arbeitsrecht des *Töölepingu seadus* erlaubt die außerordentliche Kündigung von Arbeitsverträgen bei Eröffnung des *pankrotimenetlus* über den Arbeitgeber oder bei Abweisung des Eröffnungsantrags mangels Masse.[143] In beiden Fällen werden offene Ansprüche des Arbeitnehmers durch die Arbeitslosenversicherung abgesichert, soweit sie die Höhe des Bruttolohns des Arbeitnehmers für die letzten drei Monate der Arbeit betreffen und in Summe die Höhe von drei durchschnittlichen Bruttomonatslöhnen in Estland nicht übersteigen.[144]

5. Pensionsansprüche in Insolvenz und Restrukturierung

Pensionsansprüche aus staatlichen Renten sind von den Insolvenzverfahren nicht erfasst. Ansprüche des Schuldners aus privater oder betrieblicher Rentenvorsorge richten sich in der Regel direkt gegen den Investmentfonds, der das Pensionsvermögen verwaltet. Es gilt das Investmentfondsgesetz *(Investeerimisfondide seadus)*. Dessen Vermögen ist vom Vermögen seiner Manager und Anteilsinhaber getrennt und wird so nicht zur Insolvenzmasse in deren Insolvenz. Im Fall der Insolvenz des Investmentfonds findet ein Insolvenzverfahren *(pankrotiseadus)* nach allgemeinen Regeln statt, soweit nicht das *Investeerimisfondide seadus* Sonderregeln vorsieht.[145] Danach ist insbesondere die Durchführung eines Reorganisationsverfahrens *(Saneerimisseadus)* ausgeschlossen, wenn der Fonds als Aktiengesellschaften gegründet wurde.[146]

6. Eigentumsvorbehalt

Insolvenz – *Pankrotimenetlus*

Hat der Schuldner vor der Eröffnung des Pankrotimenetlus Mobiliar mit Eigentumsvorbehalt verkauft und das Mobiliar dem Käufer übergeben, so ist der Käufer berechtigt, die Erfüllung des

---

[135] Pankrotiseadus § 50 lg 1.
[136] Pankrotiseadus § 50 lg 2.
[137] Pankrotiseadus § 50 lg 3.
[138] Pankrotiseadus § 51 lg 1.
[139] Võlaõigusseadus § 319.
[140] Pankrotiseadus § 51 lg 2.
[141] Pankrotiseadus § 51 lg 2, lg 3 und lg 4.
[142] Pankrotiseadus § 52.
[143] Töölepingu seadus § 89 lg 2 S. 2.
[144] Töötuskindlustuse seadus § 20 lg 3.
[145] Investeerimisfondide seadus § 189 lg 1.
[146] Saneerimisseadus § 3 lg 3.

Kaufvertrages auch in der Insolvenz zu verlangen.[147] Folgerichtig darf der Insolvenzverwalter die Erfüllung der Verpflichtungen des Schuldners aus dem Kaufvertrag nicht ablehnen.

87 Hat der Schuldner vor Eröffnung des Pankrotimenetlus Mobiliar unter Eigentumsvorbehalt erworben und Besitz am Mobiliar erlangt, so kann der Insolvenzverwalter die Erfüllung des Kaufvertrags wählen oder auch ablehnen. Das Wahlrecht ist bis zur ersten Gläubigerversammlung oder in den fünf Tagen danach auszuüben.[148]

7. Sicherheiten in der Insolvenz

88 **Insolvenz** – *Pankrotimenetlus*
Alle Sicherungsrechte werden in der Insolvenz (pankrotimenetlus) gleichbehandelt. Gesicherte Forderungen werden vorab aus dem Erlös befriedigt, nachdem der Kostenbeitrag für die Masse abgezogen wurde (s. o. Rn. 65–66). Im Fall eines Grundpfandrechts ist die Ausnahme zu beachten, dass der gesicherte Gläubiger die belastete Immobilie nur mit Zustimmung des Insolvenzverwalters verkaufen darf.[149]

89 **Zwangsvergleich** – *Kompromiss*
Gesicherte Gläubiger stimmen im Regelfall nur dann über den Zwangsvergleich ab, wenn ihre Forderung nicht vollständig durch die Sicherheiten gesichert ist. In diesem Fall wird die Forderung des gesicherten Gläubigers bei der Abstimmung nur insoweit berücksichtigt, als die Forderung vermutlich nicht aus dem Erlös der Verwertung der Sicherheiten befriedigt würde. Im Streitfall wird die Höhe des gesicherten Teils der Forderung vom Insolvenzverwalter festgelegt.[150]

90 Aufgrund ihres Sicherungsrechts erhalten gesicherte Gläubiger nur dann ein Stimmrecht, wenn der Zwangsvergleich die Ausübung ihres Sicherungsrechts einschränkt. Dies darf er nur, wenn der Schuldner eine geschäftliche oder berufliche Tätigkeit ausübt und nach dem Zwangsvergleich die besicherten Gegenstände für die Fortsetzung der Tätigkeit des Unternehmens des Schuldners erforderlich sind. Und auch in diesem Fall darf der Zwangsvergleich nur ein Moratorium der Rechte aus der Sicherheit vorsehen.[151] Stimmt der betroffene gesicherte Gläubiger dieser Vergleichsregelung nicht zu, so darf das Moratorium einen Zeitraum von einem Jahr nicht überschreiten.[152] In dieser Zeit sind Zinszahlungen zu leisten.[153]

91 **Reorganisation** – *Saneerimismenetlus*
Im Saneerimisseadus finden sich keine besonderen Regeln für gesicherte Gläubiger. Der Sanierungsplan kann aber auch deren Rechte in jeder Weise regeln. Ist dies vorgesehen, so ist für diese Eingriffe im Plan eine eigene Gruppe der Sicherungsrechte zu bilden, die nach dem Plan nicht schlechter stehen dürfen als in einem Insolvenzverfahren.[154]

92 **Entschuldung natürlicher Personen** – *Võlgade ümberkujundamise menetlus*
Gesicherte Forderungen dürfen im Zahlungsplan nur beeinträchtigt werden, wenn der gesicherte Gläubiger dem ausdrücklich zustimmt.[155]

8. Aufrechnung; Aufrechnungsvereinbarungen

93 **Insolvenz** – *Pankrotimenetlus*
Die Aufrechnung folgt auch in der Insolvenz im Grunde den Regeln des Schuldrechts im Võlaõigusseadus, soweit nicht das Insolvenzrecht des pankrotimenetlus Sonderbestimmungen enthält. Im Grunde erlöschen also gegenseitige gleichartige Forderungen durch Aufrechnungserklärung, soweit sie sich decken.[156] Eine Aufrechnungserklärung unter Vorbehalt oder Frist ist nichtig.[157] Aufrechnungsverbote gelten für Unterhaltsansprüche, Ansprüche auf Ersatz von Schäden aus Gesundheitsschäden oder dem Tod einer Person und Ansprüche aus rechtswidriger oder vorsätzlicher Schadensverursachung, die die andere Partei gegen die auflösende Partei hat; Ansprüche der anderen Partei, die nach dem Gesetz nicht Gegenstand eines Anspruchs sein können; Ansprüche der anderen Partei, deren Aufrechnung gesetzlich verboten ist.

---

[147] Pankrotiseadus § 49 lg 1.
[148] Pankrotiseadus § 49 lg 2.
[149] Pankrotiseadus § 138 lg 1.
[150] Pankrotiseadus § 181 lg 1.
[151] Pankrotiscadus § 182 lg 1.
[152] Pankrotiseadus § 182 lg 1 und 2.
[153] Pankrotiseadus § 182 lg 3 und 4.
[154] Riigikohus, Entscheidung Nr. 3-2-1-58-16 v. 14.9.2016, https://www.riigikohus.ee/et/lahendid/marksonastik?asjaNr=3-2-1-58-16 p 14.
[155] Võlgade ümberkujundamise y võlakaitse seadus § 24 lg 6.
[156] Võlaõigusseadus § 197 lg 1 und lg 2.
[157] Võlaõigusseadus § 198.

9. Insolvenzanfechtung

Das Insolvenzrecht respektiert eine Aufrechnungslage, die vor der Eröffnung des pankrotimenet- 94
lus entstanden ist und erlaubt die Aufrechnung dann auch noch nach Eröffnung. Die Aufrechnungserklärung kann bis zur Einreichung des letzten Verteilungsvorschlags beim Gericht erfolgen.[158]
Will der Gläubiger mit einer durch Abtretung erworbenen Forderung aufrechnen, so ist dies 95
nur zulässig, wenn die Abtretung wie auch die schriftliche Mitteilung hierüber an den Schuldner spätestens drei Monate vor Eröffnung des pankrotimenetlus erfolgte.[159] Sie ist auch dann ausgeschlossen, wenn die Abtretung innerhalb der letzten drei Jahre vor der Bestellung des vorläufigen Insolvenzverwalters erfolgte, der Schuldner zum Zeitpunkt der Abtretung insolvent war und der Zessionar dies im Zeitpunkt der Abtretung wusste oder hätte wissen müssen.[160] Die Aufrechnung von Finanzgeschäften ist demgegenüber stets nach Maßgabe der jeweiligen Verträge möglich.[161]

9. Insolvenzanfechtung

Insolvenz – *Pankrotimenetlus* 96
Die Insolvenzanfechtung findet nur im Pankrotimenetlus statt. Tatbestände der Gläubigeranfechtung finden sich auch im Vollstreckungsrecht (Täitemenetlus).
Die Rückforderung von anfechtbaren Transaktionen ermöglicht, dass das Gericht Rechtshand- 97
lungen, die der Schuldner vor der Eröffnung des Pankrotimenetlus vorgenommen hatte, rückgängig macht, wenn sie die Gläubiger im Insolvenzverfahren benachteiligten.[162] Die allgemeine Anfechtungsgrundlage ist in § 110 normiert, die spezifischen Tatbestände in den §§ 111-114. Zur Rückforderung bedarf es einer Klage beim Insolvenzgericht, die allein der Insolvenzverwalter erheben darf.[163]
Grundsätzlich anfechtbar sind nach § 110 Rechtshandlungen, die 98
– nach der Bestellung des vorläufigen Insolvenzverwalters vorgenommen wurden;
– innerhalb eines Jahres vor der Bestellung des vorläufigen Insolvenzverwalters vorgenommen wurden, wenn die andere Partei wusste oder hätte wissen müssen, dass die Rechtshandlung die Gläubiger benachteiligt;
– innerhalb von drei Jahren vor der Bestellung des vorläufigen Insolvenzverwalters vorgenommen wurden und mit denen der Schuldner vorsätzlich die Gläubiger benachteiligt hat, sofern die andere Partei wusste oder hätte wissen müssen, dass der Schuldner die Gläubiger benachteiligt;
– innerhalb von fünf Jahren vor der Bestellung des vorläufigen Insolvenzverwalters vorgenommen wurden, wenn der Schuldner vorsätzlich die Gläubiger benachteiligt hat, sofern die andere Partei eine dem Schuldner nahestehende Person war und so von der Benachteiligung wusste oder hätte wissen müssen.
Wurde die Rechtshandlung innerhalb von sechs Monaten vor der Bestellung des vorläufigen Insol- 99
venzverwalters vorgenommen, so wird vermutet, dass der anderen Partei bekannt war, dass der Schuldner gläubigerbenachteiligend gehandelt hat.[164] Der Oberste Gerichtshof[165] entnimmt dieser Bestimmung, dass das Wissen der anderen Partei zwar vermutet wird, dies aber nicht zwingend bedeutet, dass tatsächlich auch eine Gläubigerbenachteiligung vorliegt. Diese wird nicht vermutet; sie ist vom Insolvenzverwalter zu beweisen. Für dem Schuldner nahestehende Personen wird zudem gesetzlich vermutet, dass sie von der Insolvenz des Schuldners Kenntnis haben,[166] sowie dass sie wussten, dass der Schuldner vorsätzlich gläubigerbenachteiligend handelte.[167]
Besondere Tatbestände existieren daneben für die Rückforderung von Schenkungen,[168] die 100
Anfechtung ehevertraglicher Bestimmungen über eine Gütertrennung,[169] die Erfüllung von Finanzverbindlichkeiten[170] und die Gewährung von Sicherheiten[171] in der Krise.
Besteht ein Rückforderungsanspruch, so kann dieser in bestimmten Fällen auch gegen den 101
Gesamtrechts- oder Einzelrechtsnachfolger des Leistungsempfängers geltend gemacht werden.[172]

---

[158] Pankrotiseadus § 99 lg 1.
[159] Pankrotiseadus § 99 lg 3.
[160] Pankrotiseadus § 99 lg 3.
[161] Pankrotiseadus § 99 lg 4.
[162] Pankrotiseadus § 109 lg 1.
[163] Pankrotiseadus § 118 lg 1.
[164] Pankrotiseadus § 110 lg 1 und lg 2.
[165] Riigikohus, Entscheidung Nr. 3-2-1-1-115-07 v. 19.12.2007, https://www.riigikohus.ee/et/lahendid?asjaNr=3-2-1-1-115-07 p 15.
[166] Pankrotiseadus § 114 lg 3.
[167] Pankrotiseadus § 110 lg 3.
[168] Pankrotiseadus § 111.
[169] Pankrotiseadus § 112.
[170] Pankrotiseadus § 113.
[171] Pankrotiseadus § 114.
[172] Pankrotiseadus § 116.

Inhalt der Verurteilung zur Rückgewähr ist die Herausgabe des Erlangten inklusive aller Nutzungen und Vorteile aus dem Geschäft an die Insolvenzmasse.[173] Dies umfasst bei einem bösgläubigen Empfänger den entgangenen Gewinn, der mit den zurückgewonnenen Gegenständen unter Beachtung der Regeln der regulären Verwaltung hätte erzielt werden können.[174] Kann das Erlangte nicht in Natur zurückgegeben werden, so hat der bösgläubige Empfänger den Wert oder die Wertminderung zu ersetzen.[175] Hatte der Empfänger eine Gegenleistung an den Schuldner erbracht, so ist es ebenfalls zurückzugeben; bei Geldleistungen kann der Wert der Gegenleistung als Masseverbindlichkeit herausverlangt werden.[176] War der Empfänger bösgläubig, so kann er den Rückforderungsanspruch nur als Insolvenzforderung anmelden und wird mit dieser nur als nachrangiger Gläubiger berücksichtigt.[177]

10. Geltendmachung von Haftungsansprüchen gegen (ehemalige) Geschäftsführer oder Gesellschafter; Ansprüche gegen Dritte

102 Nach dem Gesellschaftsrecht schulden Geschäftsleiter und Aufsichtsratsmitglieder einer Aktiengesellschaft oder einer Gesellschaft mit beschränkter Haftung die Erfüllung ihrer Aufgaben mit der Sorgfalt eines ordentlichen Kaufmanns.[178] Eine Verletzung dieser Pflicht führt zu einem Anspruch der Gesellschaft gegen das Vorstands- oder Aufsichtsratsmitglied, das der Gesellschaft Schaden zugefügt hat, es sei denn, das betreffende Vorstandsmitglied weist nach, dass es mit der erforderlichen Sorgfalt gehandelt hat.[179] Darüber hinaus haften die Mitglieder des Vorstands für Zahlungen, die nach der faktischen Insolvenz der Gesellschaft geleistet wurden, wenn diese nicht gewissenhaft erfolgt sind.[180] Faktische Geschäftsführer haften so, als wären sie Mitglieder des Vorstands.[181] Selbst Aktionäre können wie Vorstandsmitglieder für Maßnahmen in der Zuständigkeit des Vorstands oder Aufsichtsrats haften, wenn sie diesen zugestimmt haben.[182] Darüber hinaus haftet ein Gesellschafter für den der Gesellschaft entstandenen Schaden, den er durch arglistiges (deliktisches) Handeln verursacht oder der auf der schuldhaften Verletzung einer gesetzlichen Verpflichtung beruht.[183]

103 Im Insolvenzverfahren über die Gesellschaft macht der Insolvenzverwalter diese Ansprüche für die Masse geltend. Dies ist ihm selbst dann möglich, wenn die Gesellschaft zuvor auf den Anspruch verzichtet, einen Vergleich über ihn geschlossen oder ihn sonst beschränkt hat.[184] Wurde die Insolvenz des Schuldners durch einen schwerwiegenden Managementfehler verursacht, so ist der Insolvenzverwalter zur unverzüglichen Geltendmachung des Schadenersatzes verpflichtet.[185]

11. Asset tracing

104 Der Insolvenzverwalter hat keine außerordentlichen Befugnisse zur Ermittlung von Vermögensgegenständen des Schuldners. Er ist aber berechtigt, mit gerichtlicher Unterstützung Informationen zu sammeln, die bei der Vermögenssuche helfen können. Hier werden Auskunfts- und Mitwirkungspflichten relevant. Der Insolvenzverwalter kann den Geschäftsleitern der Schuldnergesellschaft, aber auch von staatlichen und kommunalen Behörden, Kreditinstituten, Gläubigern und anderen Personen, einschließlich ehemaliger Mitarbeiter, die das Schuldnerunternehmen in den letzten zwei Jahren verlassen haben, Auskünfte und Unterlagen verlangen.[186] Das Gericht kann den Geschäftsleiter des Schuldners ggf. unter Eid vernehmen[187] und mit einer Geldstrafe belegen oder verhaften, wenn er die Eidesleistung verweigert, keine Auskünfte erteilt, nachteilige Geschäfte mit dem Insolvenzmasse tätigt oder anderweitig das Insolvenzmasse durch wesentliche Verletzung seiner gesetzlichen Verpflichtungen beschädigt.[188]

---

[173] Pankrotiseadus § 119 lg 1.
[174] Pankrotiseadus § 119 lg 2.
[175] Pankrotiseadus § 119 lg 3.
[176] Pankrotiseadus § 119 lg 4.
[177] Pankrotiseadus § 119 lg 5 und 6.
[178] Äriseadustik § 187 lg 1, § 315 lg 1 und § 327 lg 1.
[179] Äriseadustik § 187 lg 2, § 315 lg 2 und § 327 lg 2.
[180] Äriseadustik § 180 lg ^{51} und § 306 lg ^{31}.
[181] Äriseadustik § 1671 und § 2892.
[182] Äriseadustik § 168 lg 2 und § 298 lg 2.
[183] Äriseadustik § 188 und § 289, Entscheidung des Landesgerichts 2-16-18531/27, Abs. 11.
[184] Äriseadustik § 187 lg 5, § 315 lg 5 und § 327 lg 5.
[185] Pankrotiseadus § 55 lg ^{33}.
[186] Pankrotiseadus § 22 lg 3 p 1 und p 4 und § 85.
[187] Pankrotiseadus § 86 lg 1.
[188] Pankrotiseadus § 89 lg 1 p 1, 3, 5 und 6.

12. Internationales Insolvenzrecht

In Estland existieren keine besonderen Vorschriften für grenzüberschreitende Insolvenzen. Es gilt die EuInsVO.[189] In deren Anhang A ist leider nur das Insolvenzverfahren *(pankrotimenetlus)* und das Entschuldungsverfahren für natürliche Personen *(võlgade ümberkujundamise menetlus)* durch Estland eingetragen worden. Wesentliche Verfahrensoptionen wie insbesondere das Reorganisationsverfahren *(Saneerimismenetlus)* können sich daher nicht auf eine Anwendung der EuInsVO und damit auf die Anerkennung über die Art. 19 ff., 32 EuInsVO stützen. Estland hat zudem keine bilateralen Abkommen geschlossen, die diese Lücken schließen könnten.

13. COVID-19-Maßnahmen

13.1 Covid-19-Sonderregeln 2020

13.1.1 Hintergrund der Maßnahmen

In der Republik Estland wurde am 12. März 2020 wegen COVID-19 der Ausnahmezustand ausgerufen;[190] er endete am 17. Mai 2020.[191] Dabei erfolgte nur eine einzige Änderung im estnischen Insolvenzrecht in Form des § 193 Abs. 2.[192] Diese Anpassung erfolgte vor dem Hintergrund zweier bereits laufender Reformprojekte zum estnischen Insolvenzrecht. Das erste betrifft die Modernisierung des Liquidationsverfahrens; das diesbezügliche Reformgesetz wurde vom Justizministerium bereits ins parlamentarische Verfahren eingebracht. Mit einem Inkrafttreten wird zum 1. Januar 2021 gerechnet. Das zweite Projekt betrifft Änderungen des Reorganisationsverfahrens in Umsetzung der Richtlinie für Restrukturierung und Insolvenz. Hierzu laufen die Arbeiten im Justizministerium.

13.1.2 Wirkungen

Mit dem neuen § 193 Abs. 2 wurden pandemiebedingt zwei Neuerungen eingeführt. Zum Einen wurde die Insolvenzantragspflicht ab dem Tag des Ausnahmezustandes bis zum Ablauf zweier Monate nach Aufhebung desselben suspendiert.[193] Antragsrechte der Gläubiger wurden nicht beeinträchtigt; sie blieben entgegen anfänglicher Überlegungen in dieser Richtung weiter zu Insolvenzanträgen berechtigt. Zum Anderen wurde der Lauf von Insolvenzanfechtungszeiträumen (§§ 110–114 des Insolvenzgesetzes) an die Suspendierung der Antragspflichten angepasst. Die Zeit der Suspendierung wird im Fall einer späteren Insolvenz nicht berücksichtigt, wodurch verhindert werden soll, dass die Verzögerung der Antragstellung zu Nachteilen für die Masse im Bereich der Insolvenzanfechtung führt.[194]

13.1.3 Kurzfristige Änderungen im Reorganisationsrecht

COVID-19 erreichte Estland mitten in der Diskussion eines Reformpakets zur Modernisierung des Liquidationsverfahrens. Die absehbaren wirtschaftlichen Folgen der Pandemie ließen es erforderlich erscheinen, auch einzelne Regeln des Reorganisationsverfahrens kurzfristig zu ändern, weshalb solche Änderungen in das Reformpaket integriert wurden. Hervorzuheben sind insofern die Änderungen zu den §§ 50 Abs. 1 und 54 Abs. 1 des Reorganisationsgesetzes, die es erlauben werden, bereits rechtskräftig bestätigte Pläne zu modifizieren, sofern dies erforderlich ist, um die Sanierung zu erreichen.

---

[189] Verordnung (EU) 2015/848 des Europäischen Parlaments und des Rates v. 20.5.2015.
[190] Erlass Nr. 76 der Regierung der Republik Estland, RT III, 13.3.2020, 1.
[191] Erlass Nr. 89 des Ministerpräsidenten der Republik Estland vom 16.5.2020.
[192] Die Gesetzesänderung wurde am 20.4.2010 verabschiedet (RT I 6.5.2020).
[193] § 193 Abs. 2 Satz 1 des Insolvenzgesetzes *(Pankrotiseadus)*.
[194] § 193 Abs. 2 Satz 2 des Insolvenzgesetzes *(Pankrotiseadus)*.

Estland

Insolvenzverfahren

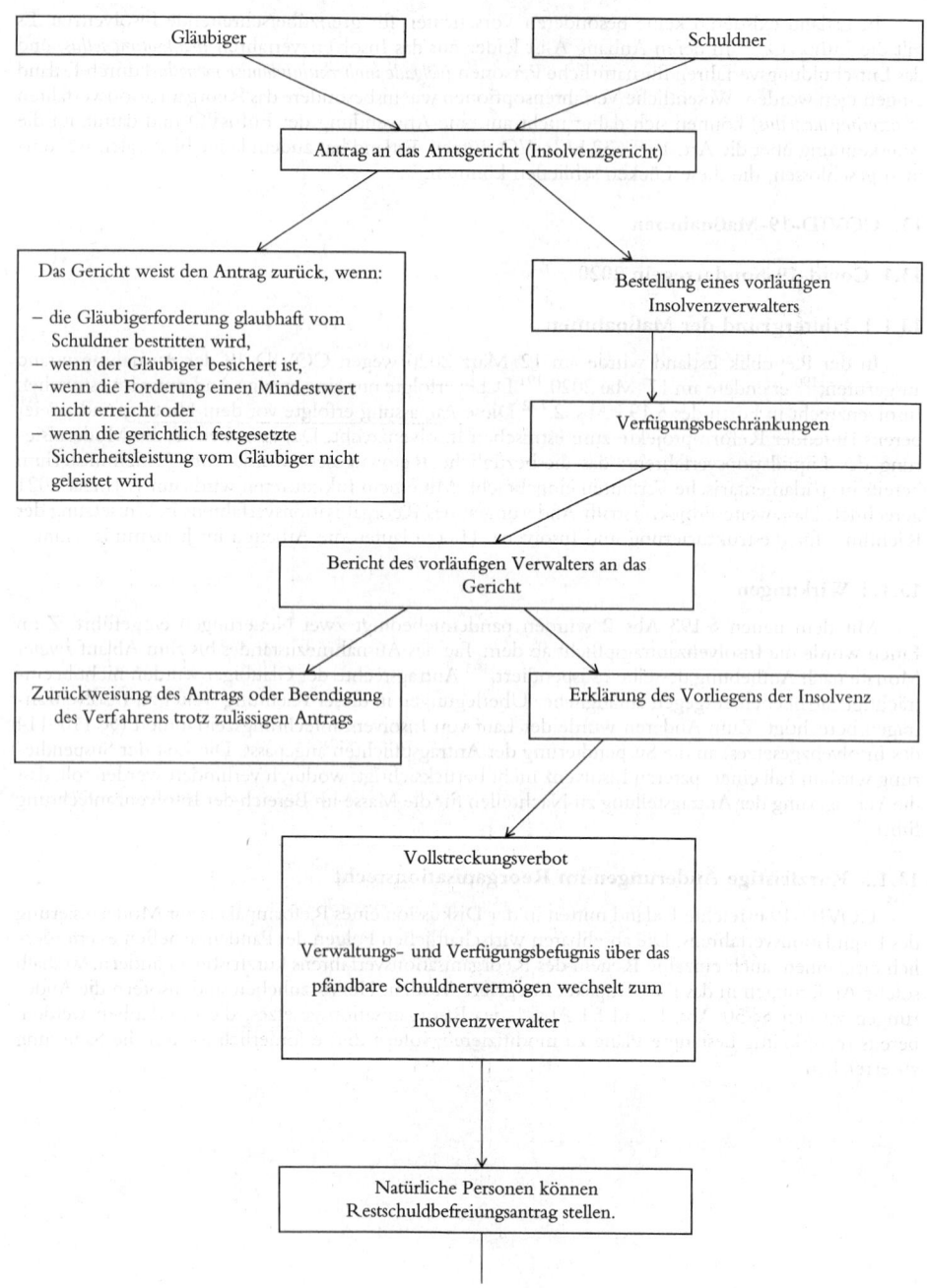

Estland

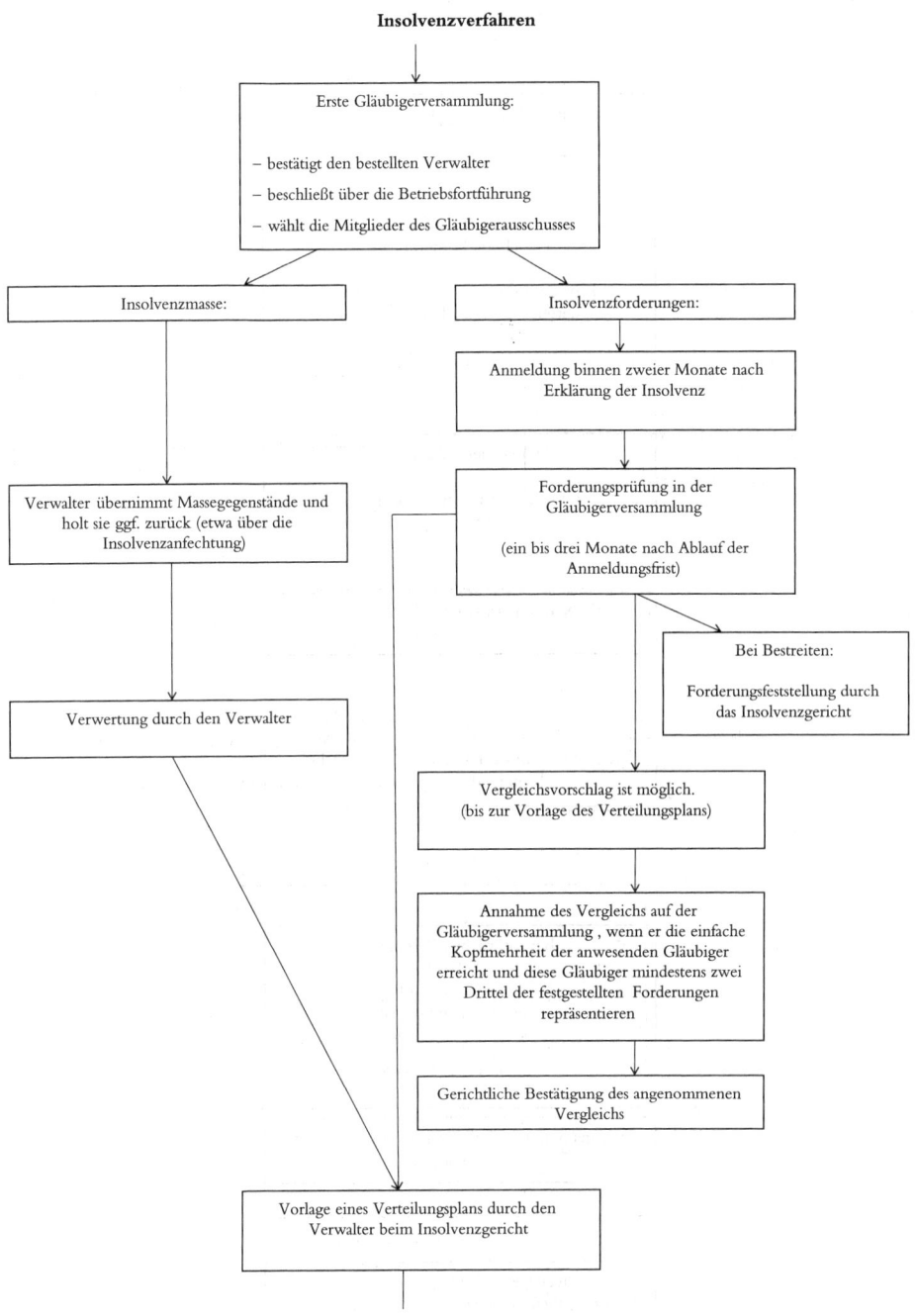

Estland

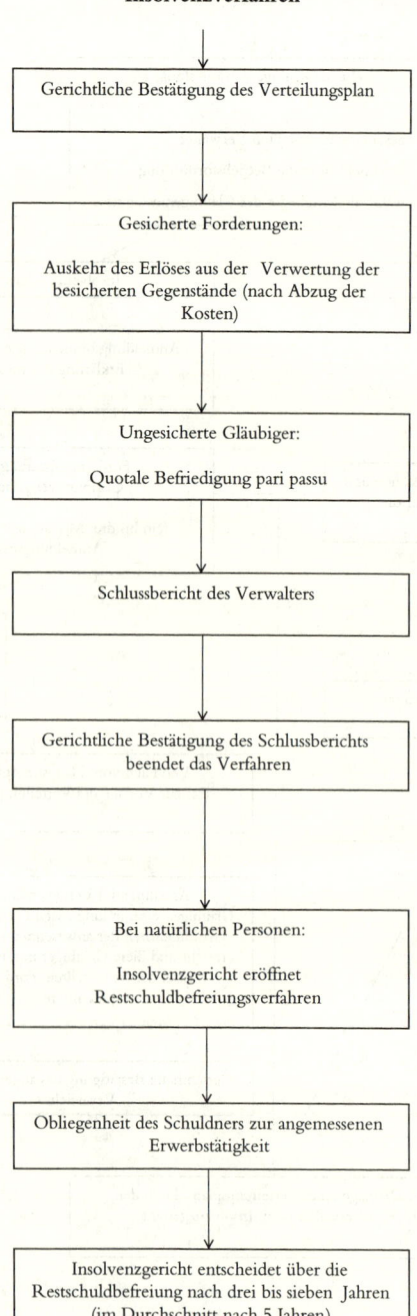

Estland

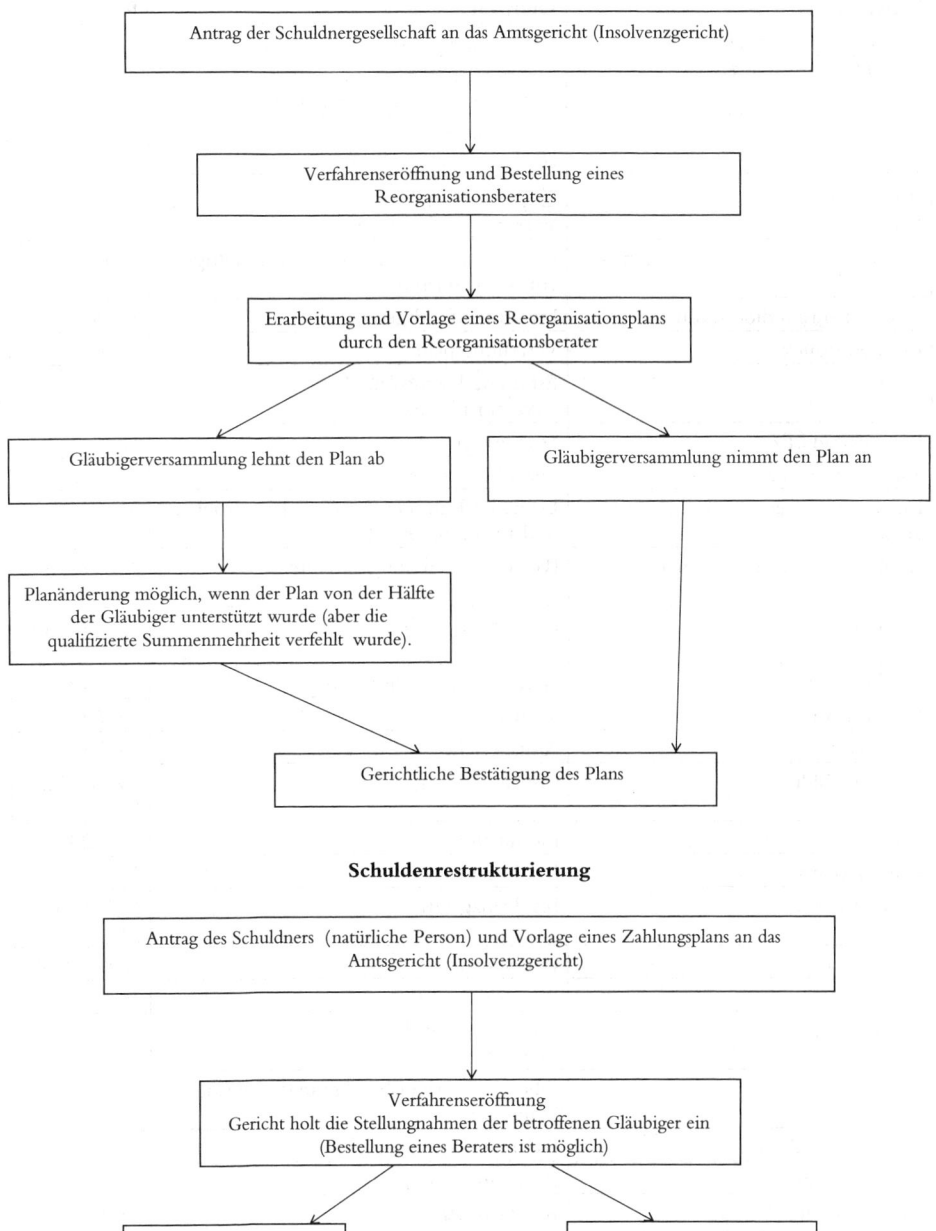

Estland

Glossar

Estländisch	Deutsch	Rn.
(Ajutine) pankrotihaldur	(Vorläufiger) Insolvenzverwalter	5, 31–37, 78
Ametlikud Teadaanded	Öffentliche Bekanntmachungen (www.ametlikudteadaanded.ee)	3
Äriregister	Gesellschaftsregister (www.ariregister.rik.ee)	3
Äriseadustik	Handelsgesetzbuch	1, 20, 23
Eelistatud võlausaldaja	Vorrangiger Gläubiger	63, 67
Finantskriisi ennetamise ja lahendamise seadus	Gesetz zur Verhinderung und Bewältigung von Finanzkrisen	1, 4, 12, 13
Investeerimisfondide seadus	Investmentfondsgesetz	1, 85
Jaotusettepanek	Verteilungsplan	62–68
Juridica	Estnische Rechtszeitschrift (www.juridica.ee)	2
Karistusseadustik	Strafgesetzbuch	1, 4
Kindlustustegevuse seadus	Versicherungsgesetz	1, 4, 12
Kohtutäiturite ja pankrotihaldurite koda	Estnische Kammer der Gerichtsvollzieher und Insolvenzverwalter	3
Kohustusest vabastamise menetlus	Restschuldbefreiungsverfahren	4, 7, 14, 29, 36
Kompromiss	Zwangsvergleich	4, 6, 27, 40, 89
Krediidiasutuste seadus	Gesetz über Kreditinstitute	1, 4, 12
Lõpparuanne	Schlussbericht	26, 69
Maakohus	Amtsgericht	25–30
Pankrotiavaldus	Insolvenzantrag	15–18, 22, 69
Pankrotimenetlus	Liquidationsverfahren	4, 5, 20
Pankrotiõigus	Insolvenzrecht	2
Pankrotiseadus	Insolvenzgesetz	1, 4, 5, 6, 14
Pankrotivara	Insolvenzmasse	5, 31, 38–40
Pant	Pfand/Sicherheit	45
Riigi Teataja	Estnisches Amtsblatt (www.riigiteataja.ee)	3
Riigikohus	Oberster Gerichtshof Estlands (www.riigikohus.ee)	3, 22, 61, 65 f.
Saneerimisavaldus	Reorganisationsantrag	44
Saneerimiskava	Reorganisationsplan	48, 72
Saneerimismenetlus	Reorganisation	48, 64, 66, 72, 105
Saneerimisnõustaja	Reorganisationsberater	8, 35
Saneerimisseadus	Reorganisationsgesetz	1, 4, 8, 66, 85, 91
Tagamata võlausaldaja	Ungesicherter Gläubiger	63, 67, 80
Tagasivõitmine	Insolvenzanfechtung	5, 26, 31, 96–101
Tagatud võlausaldaja	Gesicherter Gläubiger	64–67, 88, 90

Estland

Estländisch	Deutsch	Rn.
Täitemenetluse seadustik	Zwangsvollstreckungsgesetz	1, 59
Tasaarvestus	Aufrechnung	93–95
Töölepingu seadus	Arbeitsgesetzbuch	64
Töötuskindlustuse seadus	Arbeitslosenversicherungsgesetz	1, 84
Tsiviilkohtumenetluse seadustik	Zivilprozessordnung	1, 4, 25, 43
Tsiviilseadustiku üldosa seadus	Allgemeiner Teil des Bürgerlichen Gesetzbuchs	1
Võlaõigusseadus	Schuldrechtsgesetz	1, 93
Võlausaldaja	Gläubiger	59–61
Võlgade ümberkujundamise ja võlakaitse seadus	Schuldrestrukturierungs- und Schuldsicherungsgesetz	1, 4, 9, 14
Võlgade ümberkujundamise menetlus	Schuldenrestrukturierung	9, 37, 45, 76, 105
Võlgnik	Schuldner	46, 75–78, 79
Võlusaldajate üldkoosolek	Gläubigerversammlung	5–9, 26, 31, 53

Glossar

Deutsch	Estländisch	Rn.
(Vorläufiger) Insolvenzverwalter	(Ajutine) pankrotihaldur	5, 31–37, 78
Allgemeiner Teil des Bürgerlichen Gesetzbuchs	Tsiviilseadustiku üldosa seadus	1
Amtsgericht	Maakohus	25–30
Arbeitsgesetzbuch	Töölepingu seadus	64
Arbeitslosenversicherungsgesetz	Töötuskindlustuse seadus	1, 84
Aufrechnung	Tasaarvestus	93–95
Estnische Kammer der Gerichtsvollzieher und Insolvenzverwalter	Kohtutäiturite ja pankrotihaldurite koda	3
Estnische Rechtszeitschrift (www.juridica.ee)	Juridica	2
Estnisches Amtsblatt (www.riigiteataja.ee)	Riigi Teataja	3
Gesellschaftsregister (www.ariregister.rik.ee)	Äriregister	3
Gesetz über Kreditinstitute	Krediidiasutuste seadus	1, 4, 12
Gesetz zur Verhinderung und Bewältigung von Finanzkrisen	Finantskriisi ennetamise ja lahendamise seadus	1, 4, 12, 13
Gesicherter Gläubiger	Tagatud võlausaldaja	64–67, 88, 90
Gläubiger	Võlausaldaja	59–61
Gläubigerversammlung	Võlusaldajate üldkoosolek	5–9, 26, 31, 53
Handelsgesetzbuch	Äriseadustik	1, 20, 23
Insolvenzanfechtung	Tagasivõitmine	5, 26, 31, 96–101
Insolvenzantrag	Pankrotiavaldus	15–18, 22, 69

Estland

Deutsch	Estländisch	Rn.
Insolvenzgesetz	Pankrotiseadus	1, 4, 5, 6, 14
Insolvenzmasse	Pankrotivara	5, 31, 38–40
Insolvenzrecht	Pankrotiõigus	2
Investmentfondsgesetz	Investeerimisfondide seadus	1, 85
Liquidationsverfahren	Pankrotimenetlus	4, 5, 20
Oberster Gerichtshof Estlands (www.riigikohus.ee)	Riigikohus	3, 22, 61, 65 f.
Öffentliche Bekanntmachungen (www.ametlikudteadaanded.ee)	Ametlikud Teadaanded	3
Pfand/Sicherheit	Pant	45
Reorganisation	Saneerimismenetlus	48, 64, 66, 72, 105
Reorganisationsantrag	Saneerimisavaldus	44
Reorganisationsberater	Saneerimisnõustaja	8, 35
Reorganisationsgesetz	Saneerimisseadus	1, 4, 8, 66, 85, 91
Reorganisationsplan	Saneerimiskava	48, 72
Restschuldbefreiungsverfahren	Kohustusest vabastamise menetlus	4, 7, 14, 29, 36
Schlussbericht	Lõpparuanne	26, 69
Schuldenrestrukturierung	Võlgade ümberkujundamise menetlus	9, 37, 45, 76, 105
Schuldner	Võlgnik	46, 75–78, 79
Schuldrechtsgesetz	Võlaõigusseadus	1, 93
Schuldrestrukturierungs- und Schuldsicherungsgesetz	Võlgade ümberkujundamise ja võlakaitse seadus	1, 4, 9, 14
Strafgesetzbuch	Karistusseadustik	1, 4
Ungesicherter Gläubiger	Tagamata võlausaldaja	63, 67, 80
Versicherungsgesetz	Kindlustustegevuse seadus	1, 4, 12
Verteilungsplan	Jaotusettepanek	62–68
Vorrangiger Gläubiger	Eelistatud võlausaldaja	63, 67
Zivilprozessordnung	Tsiviilkohtumenetluse seadustik	1, 4, 25, 43
Zwangsvergleich	Kompromiss	4, 6, 27, 40, 89
Zwangsvollstreckungsgesetz	Täitemenetluse seadustik	1, 59

Finnland

bearbeitet von *Christoffer Waselius*, Advokat (Finnland), *Ida Keränen*, Mag. iur. (Finnland) (beide Waselius & Wist Oy/Helsinki) und *Dr. Christina Griebeler*, Rechtsanwältin und Advokat (Schweden) (kallan Rechtsanwaltsgesellschaft mbH, Frankfurt a. M.)

Übersicht

	Rn.
1. Gesetzessammlungen, Schrifttum und Informationsquellen	1
1.1 Gesetzessammlungen	1
1.2 Schrifttum	2
1.3 Informationsquellen	3
2. Einführung	7
2.1 Gesetzliche Grundlagen	7
2.2 Unterschiedliche Verfahrensarten	9
2.2.1 *Selvitysmenettely* – Beschluss über die Einleitung eines Liquidationsverfahrens	11
2.2.2 *Määrääminen selvitystilaan* – Zwangsweise Liquidation	13
2.2.3 *Konkurssi* – Insolvenz	16
2.2.4 *Yrityssaneeraus* – Unternehmensreorganisation	17
2.2.5 *Velkajärjestely* – Schuldensanierung	18
2.2.6 *Velkakonversio* – Debt-Equity-Swap	20
2.3 Präventive Restrukturierung (vorinsolvenzlich)	21
2.4 Finanzielle Restrukturierung	24
2.5 Spezielle Regelungen für Insolvenzen von Finanzinstituten und Versicherungen	25
2.6 Konzerninsolvenzen	34
2.7 Verbraucherinsolvenzverfahren	36
3. *Konkurssi* – Wesentliche Verfahrensmerkmale des Insolvenzverfahrens	37
3.1 Eröffnung des Verfahrens	37
3.1.1 Antrag des Schuldners	43
3.1.2 Gläubigerantrag	44
3.1.3 Eröffnungsgründe	45
3.1.4 Prüfung der Eröffnungsgründe	49
3.1.5 Antragspflicht bei Vorliegen von Eröffnungsgründen; Folgen der Verletzung der Antragspflicht	51
3.1.6 Antragsbefugnis	54
3.1.7 Hindernisse für die Verfahrenseröffnung	56
3.2 Schuldner	60
3.3 Rolle der Gerichte	61
3.4 Verwalter	63
3.5 Verwaltung und Verwertung der Masse	68

	Rn.
3.6 Fortführung durch den Schuldner oder Verwalter	73
3.7 Sicherungsmaßnahmen vor Verfahrenseröffnung	76
3.8 Allgemeine Wirkungen der Verfahrenseröffnung	77
3.9 Wirkungen der Verfahrenseröffnung auf Rechtsverfolgungsmaßnahmen einzelner Gläubiger	79
3.10 Wirkungen der Verfahrenseröffnung auf laufende Gerichts- oder Schiedsverfahren	80
3.11 Vollstreckungsschutz, Moratorium	85
3.12 Organe der Gläubiger	87
3.13 Forderungsanmeldung, Feststellung oder Bestreiten von Forderungen	92
3.14 Verteilung der Masse	93
3.14.1 Massegläubiger	98
3.14.2 Bevorrechtigte Gläubiger	99
3.14.3 Gesicherte Gläubiger	100
3.14.4 Ungesicherte Gläubiger	103
3.14.5 Nachrangige Insolvenzgläubiger *(Viimesijaiset saatavat)*	104
3.15 Abschluss von Verfahren	108
4. *Yrityssaneeraus* – Wesentliche Verfahrensmerkmale des Reorganisationsverfahrens	109
4.1 Eröffnung des Verfahrens; Antragsbefugnis und -voraussetzungen	109
4.1.1 Eröffnungsgründe	113
4.1.2 Antragsbefugnis	121
4.2 Rolle der Gerichte	123
4.3 Sanierer *(Selvittäjä)*	124
4.4 Wirkungen der Verfahrenseröffnung auf Rechtsverfolgungsmaßnahmen einzelner Gläubiger, Moratorium	128
4.5 Wirkungen der Verfahrenseröffnung auf laufende Gerichts- oder Schiedsverfahren	131
4.6 Organe der Gläubiger	132
4.7 Verteilung der Masse	135
4.8 Abschluss des Verfahrens	136
5. Verträge im Insolvenz- *(Konkurssi)* oder Reorganisationsverfahren *(Yrityssaneeraus)*	138

Finnland 1–5

	Rn.		Rn.
5.1 Unerfüllte Verträge	138	9. Aufrechnung; Netting-Vereinbarungen	160
5.2 Miet- oder Pachtverhältnisse	140	9.1 Aufrechnung	160
5.3 Leasingverträge	142	9.2 „Institute" als Sicherungsnehmer nach dem Gesetz über Finanzsicherheiten	161
5.4 Arbeitsverhältnisse	143		
6. Pensionsansprüche in der Insolvenz und Reorganisation	146	10. Insolvenzanfechtung	162
7. Eigentumsvorbehalt	148	11. Insolvenzrechtliche Haftung des Managements	168
8. Sicherheiten in der Insolvenz	149	12. Asset tracing	170
8.1 Mobiliarsicherheiten	151	13. Internationales Insolvenzrecht	172
8.2 Grundstückssicherheiten	157	14. Insolvenzrechtliche COVID-19-Gesetzgebung in Finnland	175
8.3 Sicherheiten an Flugzeugen, Schiffen; andere Sicherheiten	159	15. Übersicht	179

1. Gesetzessammlungen, Schrifttum und Informationsquellen

1.1 Gesetzessammlungen

1 Zu den wesentlichen Gesetzen → Rn. 7. Alle finnischen Gesetze sind unter www.finlex.fi auf Finnisch und Schwedisch abrufbar und für einige Gesetze gibt es auch Übersetzungen auf Englisch und anderen Sprachen.

1.2 Schrifttum

2 *Koulu, Risto/ Havansi, Erkki/ Lindfors, Heidi/ Niemi Kiesiläinen, Heidi*, Oikeuden Perusteokset, Insolvenssioikeus, 4. painos, 2017; *Könkkölä Mikko/ Linna, Tuula*, Konkurssioikeus, 2013; *Kyläkallio Juhani/ Iirola Olli/ Kyläkallio Kalle*, Osakeyhtiö II, 2015; *Mika J. Lehtimäki*, Vapaaehtoinen saneeraus, velan konversio omaksi pääomaksi ja velallisyrityksen haltuunotto, Lakimies 6/2010 s. 999–1024; *Koulu, Risto*, Uusi konkurssilaki, 2004.

In verschiedenen juristischen Fachzeitschriften, wie zum Beispiel *Defensor legis* und *Lakimies*, werden regelmäßig Übersichten zu Entscheidungen im Bereich des Insolvenzrechts veröffentlicht. Auch online sind aktuelle Gerichtsentscheidungen zum Insolvenzrecht zu finden.[1]

1.3 Informationsquellen

3 **Allgemeine Informationen** zum finnischen Insolvenz- und Restrukturierungsrecht in englischer Sprache finden sich im Internetauftritt der finnischen Justizbehörden.[2]

4 Darüber hinaus gibt es verschiedene **Online-Dienste,** die Kommentare zu den einschlägigen Gesetzen und zur Rechtspraxis sowie juristische Nachrichten anbieten.[3] Diese Dienste sind grundsätzlich nur in finnischer Sprache verfügbar und die Leistungen können nur gegen Entgelt in Anspruch genommen werden.

5 Bei *Patentti- ja rekisterihallitus,* dem **finnischen Unternehmensregisteramt,** kann man Informationen über alle finnischen Unternehmen erhalten. *Patentti- ja rekisterihallitus* administriert das *Kaupparekisteri*, das finnische Handelsregister, in welchem auch Auszüge bestellt oder online eingesehen und abgerufen werden können.[4] Die finnischen **Handelsregisterauszüge** enthalten außerdem **Informationen zu laufenden Insolvenzverfahren, Liquidationen und Unternehmensrekonstruktionen** finnischer Unternehmen (zB Informationen über die Eröffnung eines Insolvenzverfahrens, den Abschlussbericht des Insolvenzverwalters[5] und die Beendigung eines Insolvenzverfahrens). Der Abruf elektronischer Informationen ist kostenpflichtig. Bei *Patentti- ja rekisteri-*

---

[1] Zum Beispiel auf www.finlex.fi (die Datenbank des finnischen Justizministeriums); die Entscheidungen sind nur in Finnisch und Schwedisch verfügbar.
[2] http://www.oikeus.fi/17302.htm (die Homepage der finnischen Justizverwaltung).
[3] http://www.edilex.fi/ (rechtswissenschaftlicher Internet-Informationsdienst) sowie http://www.suomenlaki.com/ (Gesetze im Internet).
[4] https://tietopalvelut.kauppalehti.fi/1/etusivu/ (Informationsdienst des finnischen Handelsregisters und anderer öffentlicher Register).
[5] Dazu die Ausführungen in → Rn. 96.

hallitus können auch englische Übersetzungen der jeweils relevanten Informationen bestellt werden. **Detaillierte Informationen** zum aktuellen **Status eines Insolvenzverfahrens** erhält man beim zuständigen *Käräjäoikeus,* dem Gericht erster Instanz als Insolvenzgericht. Über das bei *Oikeusrekisterikeskus,* dem finnischen Rechtsregisterzentrum, geführte *Konkurssi- ja yrityssaneerausrekisteri,* das Register über finnische Insolvenzverfahren, sind **Insolvenz(freiheits)bescheinigungen** mit Informationen zu Insolvenzverfahren betreffend Unternehmen, natürlichen Personen und Erbmassen erhältlich.[6] Die Informationen, die von *Patentti- ja rekisterihallitus,* vom Gericht erster Instanz und von *Oikeusrekisterikeskus* verwaltet werden, sind in der Regel öffentlich. Sämtliche öffentliche Informationen sind in Finnland sowohl in finnischer als auch in schwedischer Sprache erhältlich.

Auf der Webseite von *Suomen Asianajajaliito,* der zentralen finnischen **Anwaltskammer,** gibt es einen Suchservice in englischer Sprache, der die Suche nach deutschsprachigen Anwälten ermöglicht.[7] Auch auf der Webseite der **Deutschen Botschaft** kann man eine Liste der deutschsprachigen Anwälte in Finnland finden.[8] Die **Rechtsabteilung der Deutsch-Finnischen Handelskammer** bietet deutschen und finnischen Unternehmen Informationen, Beratung und Unterstützung in Bezug auf deutsches und finnisches Recht, einschließlich des Insolvenzrechts.[9]

2. Einführung[10]

2.1 Gesetzliche Grundlagen

Das **finnische Insolvenzrecht** ist überwiegend im *Konkurssilaki (120/2004),* „*KonkL*", geregelt. Das *KonkL* enthält materielle Bestimmungen ebenso wie prozessuale Regelungen zum *Konkurssi,* dem finnischen Insolvenzverfahren. **Weitere wesentliche Gesetze** sind das *Laki yritysten saneerauksesta (47/1993),* „*YrSanL*", in dem die *Yrityssaneeraus,* die Unternehmensreorganisation, geregelt ist, das *Laki velkojien maksunsaantijärjestyksestä (1578/1992),* „*MJL*", in dem die Rangfolge der Gläubiger geregelt ist, das *Laki yksityishenkilön velkajärjestelystä (1993/58),* „*VJL*", das die Rahmenbedingungen für eine *velkajärjestely* enthält, die Schuldensanierung natürlicher Personen und damit die finnische Variante des **Verbraucherinsolvenzverfahrens,** sowie das *Ulosottokaari (705/2007),* das Gesetz über die finnische Zwangsvollstreckung. Auch im *Osakeyhtiölaki (624/2006),* „*OYL*", dem finnischen Aktiengesellschaftsgesetz, sowie im *Laki avoimesta yhtiöstä ja kommandiittiyhtiöstä (496/1988),* „*AKYL*", dem Gesetz über die finnischen Handels- und Kommanditgesellschaften, finden sich einige insolvenzrechtlich relevante Vorschriften. Schließlich ist im Zusammenhang mit Arbeitsverhältnissen das *Palkkaturvalaki (866/1998),* „*PalkkaTL*", von entscheidender Bedeutung, da hier die Regelungen für die staatliche Übernahme der Zahlung von Löhnen und Gehältern in der Insolvenz und in der Reorganisation enthalten sind. Das *Laki luottolaitostoiminnasta (121/2007)* regelt die Entschädigungsleistungen an Kunden von Banken, anderen Kreditinstituten und bestimmten Wertpapierhandelsunternehmen im Insolvenzfall.

Derzeit ist ein **Vorschlag zur Änderung des *KonkL*** und einigen damit zusammenhängenden Rechtsvorschriften anhängig. Ziel der vorgeschlagenen Änderungen ist, das Insolvenzverfahren zu vereinfachen und zu beschleunigen. Die Änderungen betreffen die Errichtung des Vermögens- und Gläubigerverzeichnisses, die Einstellung des Insolvenzverfahrens, die Festsetzung des Prüfungstermins (betreffend Forderungen) und das Verteilungsverzeichnis. Um die insofern unklare Rechtslage zu beseitigen, soll das *KonkL* außerdem Regelungen zum Status von öffentlichen Verbindlichkeiten aus der Haftung für Umweltschäden im *Konkurssi* enthalten.

2.2 Unterschiedliche Verfahrensarten

Wie sich aus den obigen Ausführungen zum gesetzlichen Regelwerk ergibt, sieht das finnische Insolvenzrecht grundsätzlich **zwei nach Art und Zielsetzung unterschiedliche Verfahren** vor, derer sich zahlungsunfähige Schuldner und deren Gläubiger bedienen können. Diese beiden Verfahrensarten sind zum einen das im *KonkL* geregelte, auf eine vollständige Abwicklung des Schuldnervermögens ausgerichtete **Insolvenzverfahren,** *Konkurssi,*[11] und zum anderen die auf eine Sanierung

---

[6] http://www.oikeus.fi/oikeusrekisterikeskus/31731.htm.
[7] https://asianajajaliitto.fi/en/attorney-services/where-can-i-find-an-attorney/.
[8] http://www.helsinki.diplo.de/Vertretung/helsinki/de/04_20Pass_20Visa_20Konsular/Konsularischer__Service/seite__merkblaetter.html.
[9] http://www.dfhk.fi/.
[10] Die folgende Darstellung kann aufgrund ihrer Knappheit nur Grundzüge des finnischen Insolvenzrechts vermitteln; insbesondere steuerrechtliche Aspekte werden hier nicht dargestellt; im Einzelfall sollte stets fachkundiger Rechtsrat eingeholt werden; dazu → Rn. 6.
[11] Dazu die ausführlichen Ausführungen in → Rn. 37 ff.

zielende **Unternehmensrestrukturierung**, das für **juristische Personen** in Form der im *YrSanL* geregelten *Yrityssaneeraus* und für **natürliche Personen** in Form der *Velkajärjestely* (Schuldensanierung natürlicher Personen) nach dem *VJL* durchgeführt wird.

10 Eine Gesellschaft kann auch nach den Regeln des *OYL*[12] oder des *AKYL*[13] im Rahmen einer **Unternehmensliquidation** aufgelöst werden. In den nachfolgenden Abschnitten 2.2.1 und 2.2.2 sollen die maßgeblichen Voraussetzungen und Grundzüge einer *Selvitysmenettely* (Liquidation im Beschlusswege) und einer *Määrääminen selvitystilaan* (zwangsweise Liquidation) kurz dargestellt werden.

2.2.1 *Selvitysmenettely* – Beschluss über die Einleitung eines Liquidationsverfahrens

11 Der *Selvitysmenettely*, der Beschluss über die Einleitung des Liquidationsverfahrens über eine Gesellschaft, ist primär ein gesellschaftsrechtlicher Vorgang und daher im *OYL* und *AKYL* geregelt.[14] Der Beschluss über die Eröffnung des Liquidationsverfahrens einer finnischen Aktiengesellschaft, *Osakeyhtiö („Oy")*,[15] wird von der **Gesellschafterversammlung** gefasst.[16] Die Gesellschaft muss das finnische Handelsregister *Kaupparekisteri* über den Beschluss informieren, woraufhin die Eröffnung des Liquidationsverfahrens ins *Kaupparekisteri* eingetragen wird.[17]

12 Der *Selvitysmenettely* geht in der Praxis zwar oft einer Liquidation der Gesellschaft voran, kann aber auch im *Konkurssi* oder zB in einer Verschmelzung enden. Die Absicht, die in aller Regel hinter einem *Selvitysmenettely* steht, ist es, die wirtschaftliche Situation der betreffenden Gesellschaft zu klären, Vermögen zu realisieren, Schulden zu begleichen und einen eventuellen Überschuss an die Aktionäre auszuzahlen. Auf Antrag des Liquidators ruft das *Kaupparekisteri* im Rahmen einer **öffentlichen Bekanntmachung** im *Virallinen Lehti*, dem finnischen Amtsblatt,[18] etwaige unbekannte Gläubiger dazu auf, ihre noch offenen Ansprüche gegenüber der Gesellschaft spätestens bis zu dem in der Bekanntmachung angegebenen Termin anzumelden. Sofern sich innerhalb dieser Frist, die üblicherweise drei Monate umfasst, keine Gläubiger melden, teilt das *Kaupparekisteri* dies dem Liquidator mit, welcher dann die Beendigung und Auflösung der Gesellschaft sowie die eventuelle Verteilung noch vorhandenen Vermögens vorbereitet. Ist das Gesellschaftsvermögen verteilt, erstellt der Liquidator eine *Lopputilitys*, dh eine **Liquidationsabschlussbilanz**, und lässt diese vom Wirtschaftsprüfer der Gesellschaft prüfen und bestätigen.[19] Anschließend wird in einer letzten Gesellschafterversammlung diese Abschlussbilanz festgestellt. Wurden alle offenen Verbindlichkeiten im Rahmen der Liquidation beglichen, gilt die Gesellschaft hiermit als aufgelöst, wovon der Liquidator das *Kaupparekisteri* in Kenntnis setzt. Mit der Eintragung der **Auflösung** im *Kaupparekisteri* erlischt die Gesellschaft. Sollte das vorhandene Vermögen der Gesellschaft nicht ausreichen, um die offenen Schulden zu begleichen, sind die Liquidatoren verpflichtet, anstelle der Fortführung des Liquidationsverfahrens einen Antrag auf Eröffnung eines *Konkurssi* zu stellen.

2.2.2 *Määrääminen selvitystilaan* – Zwangsweise Liquidation

13 Das *Kaupparekisteri*[20] kann in bestimmten Situationen eine Gesellschaft zwangsweise liquidieren **(määrääminen selvitystilaan)** oder aus dem Register entfernen **(rekisteristä poistaminen)**. Die Entscheidungsmacht über die *määrääminen selvitystilaan* einer finnischen *Oy* liegt grundsätzlich bei *Kaupparekisteri*. *Kaupparekisteri* soll eine Gesellschaft liquidieren oder direkt aus dem Handelsregister entfernen, wenn **kein Vorstand** *(hallitus)* **oder keine Vertreter** *(edustaja)* für die Gesellschaft gemeldet wurden, wenn ein Jahr nach Ende eines Geschäftsjahres noch **kein Jahresabschluss** (sofern erforderlich, mit Bericht des zuständigen Abschlussprüfers) eingereicht wurde oder wenn ein *Konkurssi* **wegen Masseunzulänglichkeit nicht durchgeführt** werden kann. Wenn ein *Konkurssi* über das Vermögen einer finnischen *Oy* eröffnet wurde, informiert das zuständige Gericht automatisch das *Patentti- ja rekisterihallitus*, das finnische Unternehmensregisteramt, woraufhin ein entsprechender Eintrag ins *Kaupparekisteri* erfolgt. Ein solcher Eintrag erfolgt auch, wenn das Insolvenzverfahren

---

[12] *Osakeyhtiölaki (624/2006), OYL*, das finnische Aktiengesellschaftsgesetz, → Rn. 7.
[13] *Laki avoimesta yhtiöstä ja kommandiittiyhtiöstä (496/1988), „AKYL"*, das Gesetz über die finnischen Handels- und Kommanditgesellschaften.
[14] 20. Kapitel *OYL* und 5. Kapitel *AKYL*; zu den Gesetzen → Rn. 7.
[15] Die *Oy* ist die in Finnland häufigste Gesellschaftsform; die Ausführungen zur Liquidation beziehen sich daher beispielhaft ausschließlich auf die *Oy*.
[16] 20. Kapitel, § 3 *OYL*.
[17] 20. Kapitel, § 10 *OYL*; s. a. *Yritys- ja yhteisötietolaki 16.3.2001/244*, das Gesetz über das Informationssystem von Unternehmen.
[18] *Virallinen Lehti* ist vergleichbar mit dem elektronischen Bundesanzeiger in Deutschland.
[19] 20. Kapitel, § 16 *OYL*.
[20] *Kaupparekisteri* ist das finnische Handelsregister.

eingestellt wird oder wenn es wegen fehlender Mittel oder aus anderen Gründen vorzeitig abgebrochen wird. Sobald der Abschlussbericht des Insolvenzverwalters in einem *Konkurssi* bestätigt ist, meldet der *Pesänhoitaja*, der Insolvenzverwalter, dies unverzüglich an das *Oikeusrekisterikeskus*, das Rechtsregisterzentrum, das diese Information dann an das *Patentti- ja rekisterihallitus* zum Zweck eines entsprechenden Eintrags ins *Kaupparekisteri* weiterleitet.

Bevor das *Patentti- ja rekisterihallitus* eine Gesellschaft liquidiert oder aus dem Handelsregister 14 entfernt, muss es die Gesellschaft erfolglos aufgefordert haben, fehlende Informationen zur Verfügung zu stellen.

Durchführung und Abschluss des Liquidationsverfahrens im Rahmen einer Zwangsliquidation 15 folgen grundsätzlich dem gleichen **Ablauf wie bei einer Liquidation im Beschlusswege** nach einem *Selvitysmenettely*, sodass an dieser Stelle insoweit auf die Ausführungen unter → Rn. 11 f. verwiesen wird.

2.2.3 *Konkurssi* – Insolvenz

Ein *Konkurssi*, also ein Insolvenzverfahren nach dem *KonkL*, kann grundsätzlich für juristische 16 wie auch für natürliche Personen[21] zur Anwendung kommen und ist auf die vollständige Verteilung des noch in irgendeiner Weise beim Schuldner vorhandenen Vermögens auf die Gläubiger und – im Falle eines Unternehmens-*Konkurssi* – auf die **Auflösung** des Unternehmens ausgerichtet. Ein *Konkurssi* **verfolgt insbesondere also nicht explizit das Ziel einer Reorganisation** des Unternehmens. Dass es im Rahmen einer Insolvenz unter bestimmten Umständen dennoch zu einem *Sovinto*, einem gerichtlichen Vergleich mit den Gläubigern, kommen kann, ändert an dieser grundsätzlichen Ausrichtung der Insolvenz nichts.[22] Damit es zu einem erfolgreichen *Sovinto* kommt, müssen 80 % der Gesamtstimmzahl aller Gläubiger in einer Abstimmung dafür stimmen. Diejenigen Gläubiger, die dagegen gestimmt haben, haben dennoch einen Anspruch auf ihren Anteil. Auch im Rahmen eines *Sovinto* sind die Masseverbindlichkeiten zu begleichen oder deren zukünftige Rückzahlung über die Bereitstellung von Sicherheiten sicherzustellen. Überschuldete natürliche Personen können nicht im Rahmen eines *Konkurssi* von ihren Schulden befreit werden, sondern dies geschieht vielmehr im Rahmen eines Sanierungsplans nach dem *VJL*,[23] dazu mehr unter → Rn. 18 f. Eine ausführliche Darstellung der Voraussetzungen und verschiedenen Phasen des *Konkurssi* bis zu dessen Beendigung folgt in → Rn. 37 ff.

2.2.4 *Yrityssaneeraus* – Unternehmensreorganisation

Eine Alternative zur Insolvenz ist die *Yrityssaneeraus*, die Unternehmensreorganisation. Voraus- 17 setzungen und Ablauf einer *Yrityssaneeraus* nach dem *YrSanL*[24] werden im Einzelnen unter → Rn. 109 ff. dargestellt. An dieser Stelle sei zum Verhältnis zwischen *Konkurssi* und *Yrityssaneeraus* nur Folgendes angemerkt: Stellt ein Gläubiger einen Insolvenzantrag, während bereits ein Reorganisationsverfahren im Gange ist, so wird dies auf entsprechenden Antrag des Schuldners zu einem sogenannten **Insolvenzhindernis**. Das Insolvenzeröffnungsverfahren wird in solchen Fällen in aller Regel bis zum Abschluss der Unternehmensreorganisation ruhend gestellt und erst danach wieder aufgenommen. Ist das *Yrityssaneeraus* bereits in Gang gesetzt, hat ein Insolvenzantrag nur dann Erfolg, wenn der Schuldner bereits zu Beginn des Unternehmensreorganisationsverfahrens zahlungsunfähig war oder wenn sich der Insolvenzeröffnungsantrag auf eine Zahlungsunfähigkeit gründet, die erst nach Beginn der *Yrityssaneeraus* aufgrund einer seit der Eröffnung des Sanierungsverfahrens neu eingegangenen Verbindlichkeit eingetreten ist. Umgekehrt kann jedoch eine Unternehmensreorganisation nicht mehr eingeleitet werden und ein laufendes Reorganisationsverfahren endet, sobald sich der Schuldner in *Konkurssi* befindet ist.[25]

2.2.5 *Velkajärjestely* – Schuldensanierung

Eine *Velkajärjestely* (Schuldensanierung) nach dem *VJL*[26] steht nur **natürlichen Personen** offen, 18 die ihren Hauptwohnsitz in Finnland haben. Als besonderes insolvenzrechtliches Instrument hat sie

---

[21] In Finnland besteht für natürliche Personen nicht die Möglichkeit einer Restschuldbefreiung durch Privatinsolvenz; stattdessen wird für die überschuldete Person ein Tilgungsplan ausgearbeitet, zu dem üblicherweise die teilweise Gehaltspfändung gehört.
[22] 21. Kapitel *KonkL*.
[23] *VJL*, das *Laki yksityishenkilön velkajärjestelystä (1993:58)*, ist das finnische Gesetz über die Schuldensanierung natürlicher Personen.
[24] → Rn. 7.
[25] 4. Kapitel, § 24 *YrsanL*.
[26] → Rn. 7.

das Ziel, überschuldeten natürlichen Personen eine Möglichkeit zu eröffnen, sich wirtschaftlich zu rehabilitieren. Zu diesem Zweck kann das zuständige *Käräjäoikeus,* das Gericht erster Instanz als Insolvenzgericht, auf Antrag für eine natürliche Person einen Sanierungsplan festlegen.[27]

19 Ein erfolgreicher Antrag auf Schuldensanierung setzt voraus, dass der Antragsteller zahlungsunfähig ist und dass die Zahlungsunfähigkeit nicht nur vorübergehend ist.[28] Ein weiteres Erfordernis ist, dass die Zahlungsunfähigkeit auf Umständen beruht, auf die der Antragsteller keinen direkten Einfluss hat, wie zum Beispiel Krankheit oder unverschuldete Arbeitslosigkeit, die Zahlungsunfähigkeit darf nicht selbstverursacht sein. Eine Schuldensanierung ist auch möglich, wenn es andere schwerwiegende Gründe gibt, aufgrund derer der Schuldner nicht selbst seine Zahlungsunfähigkeit überwinden kann. Wenn das Gericht einen Sanierungsplan verfügt hat, dann muss der Schuldner diesen Plan vollziehen. Für den Fall, dass Zahlungen mindestens drei Monate nach deren Fälligkeit nicht beglichen wurden, kann der Gläubiger deren Vollzug fordern.[29] Zudem kann der Gläubiger, sofern eine Sicherheit hinterlegt wurde, diese realisieren. Im Sanierungsplan werden alle Schulden berücksichtigt, die bis zum Beginn der Schuldensanierung entstanden waren. In aller Regel sind alle Schulden gleichrangig zu bedienen, es gibt jedoch Ausnahmen. Zum Beispiel haben Schulden, die einen Beitrag zum Lebensunterhalt für Kinder darstellen, Vorrang vor anderen Schulden. Wird eine Schuldensanierung bewilligt, so hat der Schuldner sämtliches Einkommen unter Abzug der unmittelbaren Lebenskosten auf die **Erfüllung des Sanierungsplans** zu verwenden. Hat er seine Verpflichtungen nach dem Sanierungsplan vollständig erfüllt, so wird der Schuldner automatisch endgültig von sämtlichen von der Sanierung umfassten Schulden in der Höhe befreit, wie sie durch den Sanierungsplan herabgesetzt wurden. Sofern der Schuldner den Vorgaben des Sanierungsplans nicht folgt, kann die *Velkajärjestely* auch durch Entscheidung des *Käräjäoikeus* beendet werden bzw. der Sanierungsplan erlöschen.[30]

2.2.6 *Velkakonversio* – Debt-Equity-Swap

20 Im Rahmen einer **finanziellen Sanierung** eines Unternehmens kann in Finnland auch die Möglichkeit eines *Velkakonversio*, eines **Debt-Equity-Swaps**, in Betracht gezogen werden. Durch einen solchen Swap, dem stets eine **Einigung** des Schuldners mit einem oder mehreren Gläubigern zu Grunde liegt, werden Schulden in bestimmter Höhe in Eigenkapital des Unternehmens umgewandelt. Die **Kapitalerhaltungsvorschriften** müssen dabei stets im Auge behalten werden, um sicherzustellen, dass das vorhandene Kapital nicht unter den erforderlichen Mindestwert fällt. Ein Debt-Equity-Swap sieht eine Kapitalerhöhung mit beschränktem Bezugsrecht zugunsten der Gläubiger vor, was einen Majoritätsbeschluss der Aktionärsversammlung und das Vorliegen schwerwiegender Gründe voraussetzt, da hierbei das Bezugsrecht der Aktionäre eingeschränkt wird. Die Sicherung der Finanzierung ist normalerweise ein solcher schwerwiegender Grund.

2.3 Präventive Restrukturierung (vorinsolvenzlich)

21 In Finnland gibt es **derzeit keine** formellen Verfahren zu einer rein präventiven Restrukturierung, jedoch finden sich im YrSanL und im VJL Regelungen zur präventiven Neuordnung von Schulden (→ Rn. 17 und → Rn. 109 ff. sowie → Rn. 18 f.).

22 Die am 16.7.2019 in Kraft getretene Richtlinie (EU) 2019/1023 des Europäischen Parlaments und des Rates vom 20.6.2019 über präventive Restrukturierungsrahmen, über Entschuldung und über Tätigkeitsverbote sowie über Maßnahmen zur Steigerung der Effizienz von Restrukturierungs-, Insolvenz- und Entschuldungsverfahren und zur Änderung der Richtlinie (EU) 2017/1132 (Richtlinie über Restrukturierung und Insolvenz) ist auch von Finnland bis spätestens zum 17.7.2021 in nationales Recht umzusetzen. In Finnland hat man bisher noch keine konkreten Maßnahmen im Hinblick auf die Implementierung der Richtlinie ergriffen. Die finnische Regierung und der Reichstag hatten 2017 Stellungnahmen zum Richtlinienentwurf abgegeben, aber nach Inkrafttreten der Richtlinie wurden bislang keine Schritte zur Umsetzung eingeleitet. Nach Auskunft des Justizministeriums soll die Arbeit 2020 aufgenommen und eine Arbeitsgruppe zur Koordination und Leitung dieser Arbeit eingesetzt werden.

23 Vorrangiges Ziel der Richtlinie ist es sicherzustellen, dass in der gesamten EU einerseits Mechanismen zur Früherkennung von Umständen, die wahrscheinlich zu einer Insolvenz führen könnten, und andererseits Verfahren zur Beseitigung solcher Umstände im Wege von Rekonstruktionsverfahren außerhalb eines förmlichen Insolvenzverfahrens zur Verfügung stehen. Die Umsetzung der

---

[27] § 1 VJL.
[28] § 3 VJL.
[29] § 43 VJL.
[30] § 42.2 VJL.

Richtlinie in nationales, finnisches Recht wird insbesondere Auswirkungen auf die bestehenden Regelungen zur Unternehmensreorganisation haben. Die derzeitigen finnischen Regelungen zur Unternehmensreorganisation im *YrSanL* entsprechen bereits teilweise den Anforderungen der Richtlinie, wenngleich nicht in der Form eines formellen, rein präventiven Restrukturierungsverfahrens wie es die Richtlinie vorsieht. Auch findet sich im *YrSanL* keine Regelung zur maximalen Verfahrenslänge von 12 Monaten, wie die Richtlinie es vorsieht. Welche konkreten Änderungen oder Neuerungen im Einzelnen im *YrSanL* oder in anderen, ggf. auch neuen gesetzlichen Regelungen Finnland zur Umsetzung der Richtlinie einführen wird, steht derzeit jedoch noch nicht fest.

2.4 Finanzielle Restrukturierung

Es gibt verschiedene Möglichkeiten, ein Unternehmen mit wirtschaftlichen Problemen finanziell zu restrukturieren. Dabei kann man zwischen der Restrukturierung von Eigenkapital und der Restrukturierung von Fremdkapital unterscheiden. Die offensichtlichste Maßnahme ist sicherlich die Senkung der Kosten des Unternehmens. Die Restrukturierung des Eigenkapitals umfasst die Umschichtung oder den Rückkauf und die Wiederverwendung des Gesellschaftskapitals und der aus der Bilanz hervorgehenden Rücklagen. Weitere Optionen zur Kapitalrestrukturierung sind beispielsweise Abwertungen, Verkauf (von Teilen) des Unternehmens oder seiner Vermögenswerte oder verschiedene Arten von konzerninternen Umstrukturierungen, wie etwa die Verschmelzung von Tochtergesellschaften, Kombination von Konzernfunktionen oder die Konzentration von Produktionskapazitäten auf weniger Einheiten. Es ist auch möglich, mit Hilfe von Fremdkapital zu restrukturieren, indem zum Beispiel bestehendes Fremdkapital zu vorteilhafteren Konditionen umgeschuldet oder eine neue Finanzierung gesucht wird. Dies kann etwa ein Bankdarlehen, eine Anleihe oder ein Darlehen einer nahestehenden Person oder Gesellschaft sein. Zur finanziellen Restrukturierung im Wege eines Debt-Equity-Swap → Rn. 20.

2.5 Spezielle Regelungen für Insolvenzen von Finanzinstituten und Versicherungen

Die Grundlage der Bankenregulierung in Finnland findet sich im *Laki luottolaitostoiminnasta (610/2014)*, dem **Gesetz über Kreditinstitute,** das das Recht zum Betreiben von Kreditinstituten bestimmt (Umsetzung der Richtlinie 2013/36/EU über den Zugang zur Tätigkeit von Kreditinstituten und die Beaufsichtigung von Kreditinstituten und Wertpapierfirmen und Verordnung 575/2013/EU über Aufsichtsanforderungen an Kreditinstitute und Wertpapierfirmen).

Es gibt zwei Arten von Abwicklungsverfahren für finnische Kreditinstitute: die freiwillige Liquidation und die Insolvenz. Dasselbe gilt für Versicherungsunternehmen nach dem *Vakuutusyhtiölaki (521/2008)*, dem finnischen Gesetz über Versicherungsunternehmen.

Bestimmungen zur **freiwilligen Liquidation** eines Kreditinstituts sind in verschiedenen Gesetzen enthalten, die jeweils unterschiedliche Formen von Kreditinstituten regeln. Darüber hinaus werden die einschlägigen Vorschriften des *OYL,* dem finnischen Aktiengesellschaftsgesetz, und des Gesetzes über Genossenschaftsbanken und andere Kreditinstitute in Genossenschaftsform angewendet, je nach der Gesellschaftsform der Bank.

Der Beschluss zur Liquidation eines Kreditinstituts kann vom zuständigen Entscheidungsorgan des jeweiligen Kreditinstituts gefasst werden. Das Liquidationsverfahren umfasst dann auch Filialen eines Kreditinstituts, die im Gebiet einer anderen Gerichtsbarkeit belegen sind.

Der Zweck des Liquidationsverfahrens ist die freiwillige Verwertung der Vermögenswerte der Bank und die Tilgung aller ihrer Schulden. Wenn alle Forderungen ausgeglichen worden sind, werden die noch übrigen Vermögenswerte der Bank an ihre Aktionäre verteilt. In den Fällen, in denen das vorhandene Vermögen der Bank nicht zur Tilgung aller Schulden ausreicht, muss sich ein *Konkurssi*-Verfahren anschließen.

Das allgemeine Gesetz, das den **Konkurssi** eines finnischen Kreditinstituts regelt, ist das *KonkL*. Insolvenzrechtliche Sondervorschriften gibt es auch in den jeweiligen Gesetzen über die unterschiedlichen Formen von Kreditinstituten.

Nach dem *Laki talletuspankin toiminnan väliaikaisesta keskeyttämisestä (1509/2001)*, dem Gesetz über die **vorübergehende Aussetzung der Tätigkeit** einer Einlagenbank, das die Richtlinie 2001/24/EG über die Sanierung und Liquidation von Kreditinstituten umsetzt, kann die Tätigkeit eines finanziell instabilen finnischen Kreditinstituts unterbrochen werden. Dieses Gesetz bezweckt die Bereitstellung von Mitteln, um eine unerwartete und hohe Einlagenauszahlung zu verhindern.

Alternativ kann ein Kreditinstitut auch Gegenstand einer **Abwicklung** nach dem *Laki luottolaitosten ja sijoituspalveluyritysten kriisinratkaisusta (1194/2014)*, dem Gesetz über die Abwicklung von Kreditinstituten und Wertpapierunternehmen, sein. Das Gesetz bezweckt, das Geschäft des Kreditinstituts oder des Investmentunternehmens wiederzubeleben, indem ua Schulden abgewertet und umgewandelt werden (sog. „bail-in"), Geschäftsbereiche übertragen oder temporäre Institute und Verwaltungsgesellschaften eingerichtet und Vermögenswerte an diese übertragen werden.

33 Sofern nichts anderes im *Vakuutusyhtiölaki (521/2008),* dem **Versicherungsunternehmensgesetz,** vorgesehen ist, gilt das *KonkL* auch für die Insolvenz von Versicherungsunternehmen. Ebenso wird das *OYL* auf die freiwillige Liquidation von Versicherungsunternehmen angewendet, wenn nicht das *Vakuutusyhtiölaki* Spezialregelungen vorsieht. Nach dem *Vakuutusyhtiölaki* setzt die **Liquidation** eines Versicherungsunternehmens voraus, dass das Unternehmen die Mindestkapitalanforderungen nicht erfüllt oder dass die Erlaubnis des Versicherungsunternehmens widerrufen worden ist. Das *Vakuutusyhtiölaki* enthält zahlreiche Bestimmungen sowohl zur Liquidation als auch zum *Konkurssi,* obwohl ein Insolvenzverfahren betreffend ein Versicherungsunternehmen im Wesentlichen dem Insolvenzverfahren betreffend eine Aktiengesellschaft entspricht. Das Gericht bestellt einen oder mehrere Verwalter, aber die Versicherungsaufsichtsbehörde ist berechtigt, einen Verwalter auszuersehen, dessen Hauptaufgabe es ist, die Interessen der Versicherungsforderungsinhaber an der Insolvenzmasse zu wahren. Im *Konkurssi* haben die Versicherungsforderungen im Hinblick auf das Vermögen der Versicherungsgesellschaft denselben Rang wie der Inhaber eines Faustpfandes im Hinblick auf das verpfändete Eigentum. Ein Versicherungsunternehmen darf im eröffneten *Konkurssi* **keine neuen Versicherungsverträge** abschließen.

2.6 Konzerninsolvenzen

34 Anders als in Deutschland gibt es im finnischen Insolvenzrecht **keine speziellen Regelungen** für den Fall einer Konzerninsolvenz. Da juristisch gesehen jedes Unternehmen in einem Konzern auch im *Konkurssi* seine rechtliche Selbstständigkeit behält, wird auch für jedes insolvente verbundene Unternehmen ein eigener *Konkurssi* mit eigenem *Pesänhoitaja* (Insolvenzverwalter) durchgeführt, es kommt insbesondere nicht zur Konsolidierung der einzelnen Massen. Es ist auch möglich, dass ein einziger *Pesänhoitaja* aus Gründen der Zweckmäßigkeit die Betreuung sämtlicher Insolvenzverfahren in einer Gruppe übernimmt.[31]

35 Wenn bezüglich mehrerer Unternehmen, die zum selben Konzern gehören, aber in **unterschiedlichen EU-Mitgliedstaaten** ansässig sind, Insolvenzverfahren in mehreren EU-Mitgliedstaaten eingeleitet werden, kommen jedoch die Regelungen zum sog. **Gruppen-Koordinierungsverfahren** der Verordnung 2015/848 des Europäischen Parlaments und des Rates über Insolvenzverfahren zur Anwendung.

2.7 Verbraucherinsolvenzverfahren

36 Ein spezielles Verbraucherinsolvenzverfahren gibt es in Finnland nicht. Der *Konkurssi* nach dem *KonkL* findet aber auch auf Verbraucher und alle anderen natürlichen Personen (einschließlich Kaufleuten) Anwendung. Allerdings führt ein *Konkurssi* bei natürlichen Personen nicht zur Schuldenbefreiung, weil die Schulden, die nicht aus der Insolvenzmasse beglichen werden können, weiterhin bestehen bleiben. Die unter → Rn. 18 f. dargestellte *Velkajärjestely* (Schuldensanierung) ist das finnische Pendant zum deutschen Verbraucherinsolvenzverfahren.

3. Konkurssi – Wesentliche Verfahrensmerkmale des Insolvenzverfahrens

3.1 Eröffnung des Verfahrens

37 *Käräjäoikeus,* das Gericht erster Instanz, das örtlich für allgemeine Zahlungsklagen gegen den betroffenen Schuldner zuständig ist, entscheidet als Insolvenzgericht auf Antrag per Beschluss darüber, ob ein *Konkurssi*-Verfahren über das Vermögen des Schuldners eröffnet wird.

38 Die Eröffnung eines *Konkurssi* setzt immer einen entsprechenden **schriftlichen Antrag** beim zuständigen *Käräjäoikeus* voraus, der vom Antragsteller (oder dessen Bevollmächtigten) eigenhändig unterzeichnet werden muss und dem bestimmten Unterlagen beigefügt sein müssen. Diesen Antrag können entweder der **Schuldner** selbst oder einer seiner **Gläubiger** bei Vorliegen von speziellem Gläubigerinteresse stellen.[32]

39 Aus dem Antrag auf Eröffnung eines *Konkurssi*-Verfahrens **muss hervorgehen:**
(i)   der Antrag des Antragstellers und die Gründe für den Antrag,
(ii) der Name und der Wohnort des Schuldners sowie die persönliche Identifikationsnummer bzw. Firmen- und Unternehmensidentifikationsnummer,
(iii) die Telefonnummer des Antragstellers und seines gesetzlichen Vertreters oder Bevollmächtigten sowie die Adresse, an die Mitteilungen in der Angelegenheit gesendet werden können,

---

[31] 8. Kapitel, § 3 *KonkL*.
[32] 7. Kapitel, § 5 *KonkL*.

(iv) woraus sich die Zuständigkeit des Gerichts für die Angelegenheit ergibt.

Der Antrag muss eine schriftliche **Darstellung der Umstände** des konkreten Falles, auf die der Antragsteller Bezug nimmt, enthalten und vom Antragsteller (oder dessen Bevollmächtigten) eigenhändig unterzeichnet sein.

Wenn das Gericht von der Fehlerhaftigkeit eines Antrags ausgeht, wird der Antragsteller aufgefordert, den Antrag innerhalb einer Frist zu korrigieren und zu vervollständigen.[33]

Erlässt das *Käräjäoikeus* einen Insolvenzeröffnungsbeschluss, ist dieser unverzüglich öffentlich bekanntzumachen und in *Virallinen Lehti,* dem finnischen Amtsblatt, zu veröffentlichen.[34]

3.1.1 Antrag des Schuldners

Falls der Antrag vom **Schuldner** selbst gestellt wird, muss dem Antrag neben den oben genannten Informationen außerdem ein Beschluss bzw. eine **Zustimmung zur Überlassung des Vermögens** in den *Konkurssi* beigefügt werden. Darüber hinaus muss der Schuldner seinem Antrag **Auskünfte über sein Vermögen** und dessen Wert sowie den **Gesamtbetrag der Schulden** und ein **Verzeichnis der größten Gläubiger** und deren Kontaktinformationen beifügen.

3.1.2 Gläubigerantrag

Ein **Gläubiger** kann einen Antrag auf *Konkurssi*-Eröffnung stellen, wenn er eine substanzielle, also eine umfassende Geldforderung hat. Es reicht insofern also nicht aus, wenn ein Gläubiger irgendwelche unbedeutenden Geldforderungen hat. Die Entscheidung, ob die Geldforderung eines Gläubigers in diesem Sinne ausreichend substanziell ist, liegt beim zuständigen *Käräjäoikeus.* Stellt ein Gläubiger den Antrag, so stellt das zuständige *Käräjäoikeus* dem Schuldner den Insolvenzantrag des Gläubigers zu und legt eine **Frist für eine schriftliche Stellungnahme von Seiten des Schuldners** sowie für eine beiderseitige Anhörung bei Gericht fest. Auf Antrag des Schuldners kann dieser Anhörungstermin um bis zu eine Woche aufgeschoben werden.[35] Nach der Anhörung des Schuldners entscheidet das Gericht darüber, ob die Voraussetzungen für die Eröffnung des *Konkurssi* vorliegen oder nicht. Liegen sie vor, beschließt das Gericht über die Eröffnung des *Konkurssi*. Bleibt der Schuldner der Anhörung fern, kann das Gericht trotzdem die **Eröffnung des Konkurssi** beschließen.

3.1.3 Eröffnungsgründe

Der **einzige Eröffnungsgrund** im finnischen *KonkL* ist die **Zahlungsunfähigkeit,** *Maksukyvyttömyys* (*Insolvenssi),* des Schuldners, womit (der Zahlungsunfähigkeit nach deutschem Recht vergleichbar) die Tatsache gemeint ist, dass der Schuldner seine Schulden nicht rechtzeitig begleichen kann und dieser Zustand nicht nur ein vorübergehender ist.[36] Die Beurteilung der Frage der Zahlungsunfähigkeit erfordert demzufolge also immer auch eine **Prognose** für die Zukunft.

Das *KonkL* enthält allerdings auch einige **Vermutungstatbestände,** bei deren Vorliegen das Gericht davon ausgehen darf, dass eine Zahlungsunfähigkeit des Schuldners gegeben ist. Dies ist zum einen dann der Fall, wenn der Schuldner selbst den *Konkurssi*-Antrag stellt und dabei angibt, zahlungsunfähig zu sein.[37] Wenn ein Gläubiger den Insolvenzantrag gestellt hat, lassen folgende Sachverhalte eine Zahlungsunfähigkeit des Schuldners vermuten:
(i) der Schuldner hat seine Zahlungen eingestellt;
(ii) in einem Zeitraum von sechs Monaten vor Antragstellung war ein Vollstreckungsversuch mangels vollstreckungsfähigen Vermögens erfolglos; oder
(iii) ein Schuldner, der gesetzlich zur Buchführung verpflichtet ist (Gewerbetreibender), ist einer Zahlungsaufforderung nicht binnen einer Woche nach entsprechender Mahnung nachgekommen und der Gläubiger hat seinen Insolvenzantrag binnen drei weiterer Monate gestellt, während derer die Forderung weiterhin nicht beglichen worden ist.[38]
Der Tatbestand der Überschuldung, wie ihn das deutsche Recht kennt, ist dem finnischen Recht unbekannt.

---

[33] 5. Kapitel, § 5 *Rättegångsbalken*.
[34] 22. Kapitel, § 1 *KonkL*.
[35] 7. Kapitel, § 8. *KonkL*.
[36] 2. Kapitel, § 1 *KonkL*.
[37] 2. Kapitel, § 3 *KonkL*.
[38] 2. Kapitel, § 3 *KonkL*.

3.1.4 Prüfung der Eröffnungsgründe

49   Wie oben ausgeführt,[39] kann ein *Konkurssi*-Verfahren nur dann eröffnet werden, wenn der Schuldner zahlungsunfähig ist. Die Prüfung der Eröffnungsvoraussetzungen und damit auch der Zahlungsunfähigkeit ist Aufgabe des Gerichts.

50   Liegen die Vermutungstatbestände für eine Zahlungsunfähigkeit nicht vor, muss das Gericht beurteilen, ob der Schuldner innerhalb eines angemessenen Zeitraums in der Lage sein wird, seine Schulden bei Fälligkeit zu begleichen. Dies muss immer unter **Berücksichtigung der Umstände des Einzelfalls** geschehen.

3.1.5 Antragspflicht bei Vorliegen von Eröffnungsgründen; Folgen der Verletzung der Antragspflicht

51   Im Vergleich zu Deutschland ist bemerkenswert, dass es in Finnland **keine ausdrückliche Insolvenzantragspflicht** gibt. Allerdings gibt es strafrechtliche Haftungstatbestände, die ausgelöst werden, wenn eine natürliche Person ihre Zahlungsunfähigkeit zum Beispiel durch gesetzeswidrige Vermögensverfügungen noch weiter vertieft. Bei juristischen Personen führen zivilrechtliche Haftungsnormen dazu, dass das Management eines Unternehmens in der Praxis gezwungen ist, unter bestimmten Umständen einen Antrag auf *Konkurssi*-Eröffnung zu stellen.

52   Ein Gläubiger unterliegt zu keinem Zeitpunkt einer Antragspflicht.

53   Auch wenn finnische Gesellschaften von Amts wegen liquidiert werden können,[40] werden Gerichte oder Behörden nie von Amts wegen dahingehend tätig, ein *Konkurssi*-Verfahren einzuleiten.

3.1.6 Antragsbefugnis

54   Jeder **Gläubiger** kann die Eröffnung eines *Konkurssi*-Verfahrens über das Vermögen eines Schuldners beantragen, wenn sich die Forderung des Gläubigers gegen den Schuldner
(i)   auf ein rechtskräftiges Urteil oder ein Urteil, eine Entscheidung oder einen anderen Titel stützt, der ebenso wie ein rechtskräftiges Urteil vollstreckt werden kann,
(ii) auf einer Verpflichtung beruht, die der Schuldner unterschrieben hat und nicht aus einem offensichtlich berechtigten Grund bestreitet, oder
(iii) im Übrigen so erkennbar besteht, dass es keinen Grund gibt, sie anzuzweifeln.

55   Der **Schuldner** selbst kann ebenfalls einen Antrag auf Eröffnung eines *Konkurssi* beim zuständigen *Käräjäoikeus* stellen, wie bereits oben ausgeführt.[41]

3.1.7 Hindernisse für die Verfahrenseröffnung

56   Solange das Gericht über einen Antrag auf *Konkurssi*-Eröffnung noch nicht entschieden hat, können sowohl der Schuldner als auch der Gläubiger, der einen solchen Antrag gestellt hat, diesen **zurücknehmen**. Geschieht dies, wird das Gericht keinen Eröffnungsbeschluss erlassen (es sei denn, es liegen noch konkurrierende Anträge vor).

57   Daneben bestehen **allgemeine Hindernisse** für die Verfahrenseröffnung, welche ausschließlich dann zum Tragen kommen, wenn der Antrag von Gläubigerseite gestellt wurde. Dies sind im Einzelnen folgende:
(i)   die Forderung ist unbedeutend;
(ii) ein *Konkurssi*-Verfahren wäre unverhältnismäßig im Sinne eines zielgerechten Kosten-Nutzen-Verhältnisses; oder
(iii) die Einleitung eines *Konkurssi* würde gegen guten Inkassobrauch verstoßen. Dies ist beispielsweise dann der Fall, wenn ein *Konkurssi* allein wegen offener Verzugszinsforderungen oder aufgrund offener, aber unzulässiger Inkassokosten beantragt wird. Eine gesetzliche Beschreibung des guten Inkassobrauchs findet sich im finnischen Forderungsbeitreibungsgesetz *Laki saatavien perinnästä* (513/1999).

58   Liegt eines der vorgenannten Hindernisse vor, ist der Antrag des Gläubigers ohne weitere Prüfung abzulehnen.[42]

59   Ein Gläubiger, der seine Forderung mit Pfandrechten oder vergleichbaren **Sicherungsrechten** ausreichend abgesichert hat, ist nicht antragsberechtigt.[43] Die Beweislast hinsichtlich der Frage, wann eine Sicherheit insofern ausreichend ist, obliegt dem Schuldner. Sofern ein Dritter für die Forderung

---

[39] → Rn. 60.
[40] → Rn. 13 ff.
[41] 7. Kapitel, § 11. *KonkL*.
[42] 2. Kapitel, § 2. *KonkL*.
[43] 2. Kapitel, § 4 *KonkL*.

eines Gläubigers ausreichende **Sicherheit gewährt** hat, entfällt das Antragsrecht dieses Gläubigers, wenn die Sicherheit unter der Bedingung gewährt wurde, dass kein Insolvenzantrag gestellt wird. Schließlich entfällt das Antragsrecht eines Gläubigers auch dann, wenn dessen Forderung noch nicht fällig ist, und ein Dritter ausreichende Sicherheit für diese Forderung anbietet. Der Schuldner kann sich außerdem mit den Gläubigen darüber einigen, dass kein Insolvenzantrag gestellt wird. Auch eine solche Einigung stellt ein Hindernis für die Eröffnung eines *Konkurssi* dar.

3.2 Schuldner

Subjekt eines *Konkurssi* nach den Regeln des *KonkL* können **grundsätzlich alle finnischen** 60 **natürlichen und juristischen Personen** sein. Auch über eine *Kuolinpesä*, eine Erbmasse, kann ein *Konkurssi* geführt werden (**Nachlassinsolvenz**). Für bestimmte juristische Personen, wie beispielsweise Kreditinstitutionen, gelten gewisse Sonderregeln (vgl. dazu → Rn. 25 ff.).[44] Der Staat und seine Kommunen sind vom Geltungsbereich des *KonkL* ausgenommen.[45]

3.3 Rolle der Gerichte

Wenn das zuständige Gericht erster Instanz, das *Käräjäoikeus* als Konkursgericht, die **Eröffnung** 61 eines *Konkurssi*-Verfahrens beschließt, bestellt es auch einen **Verwalter** *(Pesänhoitaja),* der die Insolvenzmasse verwaltet. Damit ist die Aufgabe des Gerichts darauf beschränkt, das Vorliegen der Voraussetzungen des *Konkurssi* zu prüfen und das Verfahren zu leiten, bis ein Verwalter bestellt ist. Danach spielt das Gericht eine geringere Rolle. Im späteren Verlauf des Insolvenzverfahrens entscheidet dasselbe Gericht über **Anfechtungsfragen** und **Streitigkeiten betreffend Forderungsanmeldungen.** Es kontrolliert ferner, ob das **Verteilungsverzeichnis** des Verwalters den gesetzlichen Anforderungen entspricht sowie ob die Verfahrensregeln bei der Entscheidung über den Vorschlag zum Verteilungsverzeichnis eingehalten wurden. Ist das Verteilungsverzeichnis rechtmäßig erstellt worden, stellt das Gericht dieses fest, woraufhin die Vermögenswerte der Insolvenzmasse entsprechend verteilt werden können.

Nichteröffnung oder Verfahrenseinstellung mangels Masse: Zu den Aufgaben des 62 Gerichts gehört auch die Entscheidung, das Insolvenzverfahren nicht zu eröffnen oder durch Beschluss einzustellen, wenn die Masse nicht ausreicht, um die Kosten des Insolvenzverfahrens zu decken und keiner der Gläubiger hierfür aufkommt, oder wenn der Teil, den die Gläubiger aus der Masse erhalten würden, so unbedeutend ist, dass es aus diesem Grund nicht als zweckmäßig angesehen werden kann, das Insolvenzverfahren fortzusetzen.[46] Den Antrag auf Einstellung des Insolvenzverfahrens stellt der Verwalter *(Pesänhoitaja).*

Grundsätzlich können **gegen Entscheidungen in Konkurssachen Rechtsmittel** eingelegt werden. Das Verfahren führt über die zweite Instanz beim *Hovioikeus* bis zum höchsten finnischen Gericht, dem *Korkein oikeus.*

3.4 Verwalter

Der Insolvenzverwalter *(Pesänhoitaja)* wird zu Beginn des Insolvenzverfahrens **vom zuständi-** 63 **gen *Käräjäoikeus,* dem Konkursgericht, bestellt**. Es können auch mehrere Verwalter bestellt werden, wenn dies aufgrund des Umfangs des Verfahrens oder aus anderen Gründen notwendig ist.[47]

Als *Pesänhoitaja* kann eine Person bestellt werden, die in die Bestellung einwilligt und die über 64 die **Kenntnisse, Fähigkeiten und Erfahrungen** verfügt, derer es für das Verfahren bedarf oder die sonst für das Verfahren zweckmäßig sind. Der *Pesänhoitaja* darf zum Schuldner oder zu einem der Gläubiger nicht in einem solchen Verhältnis stehen, das geeignet ist, seine **Unabhängigkeit** vom Schuldner, seine **Unparteilichkeit** gegenüber den Gläubigern oder sonst seine Fähigkeit, das Amt professionell auszuüben, in Frage zu stellen.[48]

Zu den **gesetzlichen Aufgaben** des *Pesänhoitaja* gehört insbesondere: 65
1. das gesamte zur *Konkurssipesä* (Insolvenzmasse) gehörende Vermögen in Besitz zu nehmen, einschließlich Buchführungsunterlagen und andere Dokumente, und sicherzustellen, dass die Vermögenswerte sorgsam behandelt und bewahrt werden;

---

[44] Regelungen dazu finden sich ua in *Laki luottolaitostoiminnasta, Vakuutusyhtiölaki* und *Laki sijoituspalveluyrityksistä.*
[45] 1. Kapitel, § 3 *KonkL.*
[46] 10. Kapitel, § 1 *KonkL.*
[47] 8. Kapitel, § 1. *KonkL.*
[48] 8. Kapitel, § 5. *KonkL.*

2. die erforderlichen Maßnahmen zu ergreifen, um die Forderungen des Schuldners durchzusetzen und die Rechte der Masse sicherzustellen sowie solche Verträge zu kündigen, die im Hinblick auf die Verwaltung der Masse nicht erforderlich sind;
3. seinen Pflichten betreffend die Entgeltgarantie nachzukommen, die im Detail im *PalkkaTL*[49] geregelt ist und die eine staatliche Garantie für den Insolvenzfall im Hinblick auf Forderungen darstellt, die aus oder im Zusammenhang mit einem Arbeitsverhältnis entstanden sind und nach Art und Umfang identifiziert werden können; zu den damit zusammenhängenden Pflichten gehört unter anderem die Pflicht (i) ein Verzeichnis über unbezahlte Forderungen zu erstellen, die aus oder im Zusammenhang mit einem Arbeitsverhältnis entstanden sind, sowie (ii) in Zusammenarbeit mit der Zentrale für Beschäftigungs- und Wirtschaftsförderung *(Työvoima- ja elinkeinokeskus)* zu ermitteln, welche Forderungen mit Hilfe der Entgeltgarantie beglichen werden können;
4. den Umfang der Masse und die Möglichkeiten, Rechtsgeschäfte anzufechten und Eigentum zur Masse zurückzugewinnen, zu prüfen;
5. ein Vermögensverzeichnis *(Pesäluettelo)* zu erstellen,[50] dh eine Übersicht über die Einnahmen und Ausgaben sowie die Buchführungsunterlagen und andere Unterlagen, die eine Beurteilung der wirtschaftlichen Lage des Schuldners und dessen Buchführung ermöglichen. Die Vollständigkeit und Richtigkeit der Angaben in dem Vermögensverzeichnis sind vom Schuldner mittels Unterschrift zu bestätigen. Ist der Schuldner eine juristische Person, erfolgt die Bestätigung durch deren gesetzliche(n) Vertreter;
6. den Schuldnerbericht, einen Bericht über den Schuldner und dessen Geschäftstätigkeit vor dem *Konkurssi*, zu erstellen. Dieser Bericht soll Aufschluss geben über die Ursachen und über den Zeitpunkt des Eintritts der Zahlungsunfähigkeit;
7. den Prüfungstermin zu bestimmen, Forderungsanmeldungen entgegenzunehmen und Forderungen zu prüfen, die aufgrund einer Forderungsanmeldung oder aufgrund anderer Umstände in das Verteilungsverzeichnis aufzunehmen sind, sowie die Erstellung des Verteilungsverzeichnisses;
8. den Verkauf des Eigentums aus der Masse abzuwickeln;
9. den Gläubigern Rechenschaft über die Mittel gemäß dem Verteilungsverzeichnis abzugeben und den Abschlussbericht des Verwalters *(Velallisselvitys)* über den *Konkurssi* zu erstellen;[51]
10. die laufende Verwaltung der Masse zu besorgen und die anderen Aufgaben wahrzunehmen, die gesetzlich oder aus anderen Gründen zur Masseverwaltung gehören; und
11. über die Teilnahme an einem Gruppen-Koordinierungsverfahren nach den Artikeln 61–77 der Verordnung 2015/848 des Europäischen Parlaments und des Rates über Insolvenzverfahren zu entscheiden.[52]

66 Der *Pesänhoitaja* kann **abberufen** werden, wenn er zB nicht berechtigt ist oder befangen ist oder seine Pflichten vernachlässigt oder wenn andere gewichtige Gründe hierfür vorliegen.[53]

67 Der *Pesänhoitaja* erhält aus der Masse ein **Honorar**, das unter Berücksichtigung der Schwierigkeit des Auftrags, der durchgeführten Arbeiten, des Umfangs der Masse und anderer Umstände **angemessen** ist. Ferner steht ihm ein **Erstattungsanspruch für Kosten** zu, die ihm im Zusammenhang mit solchen Maßnahmen entstanden sind, die zur Verwaltung der Masse erforderlich waren. Die Gläubiger haben unverzüglich nach der Bestellung des *Pesänhoitaja* und nach dessen Anhörung, erforderlichenfalls erneut zu einem späteren Zeitpunkt, über das Honorar und die Auslagenerstattungen des *Pesänhoitaja* zu entscheiden. Das Honorar und die Kostenerstattung werden in angemessenen Abständen während des Verfahrens gezahlt.[54]

3.5 Verwaltung und Verwertung der Masse

68 Die **Insolvenzmasse,** *Konkurssipesä,* ist eine **eigenständige juristische Person,** die wie jede andere juristische Person Rechte und Pflichten begründen kann. Sie wird durch den Insolvenzverwalter *(Pesänhoitaja)*, vertreten. Zur *Konkurssipesä* gehören das **Vermögen** des Schuldners zum Zeitpunkt des Eröffnungsbeschlusses, Neuerwerb, der dem Schuldner während des *Konkurssi* zufließt, sowie das Vermögen, das die *Konkurssipesä* durch Anfechtung erlangen kann. Auch geerbtes Vermögen ist umfasst, sofern das Erbe nicht seitens des Schuldners schon vor Eröffnung des Verfahrens ausgeschlagen wurde.

69 Welche Vermögensgegenstände im Einzelnen zum Zeitpunkt des Eröffnungsbeschlusses im Eigentum des Schuldners stehen, wird anhand des Sachenrechts ermittelt. Dabei sind auch eventuelle

---

[49] Dazu → Rn. 7.
[50] 9. Kapitel, § 1 *KonkL.*
[51] 9. Kapitel, § 2 *KonkL.*
[52] 14. Kapitel, § 5. *KonkL.*
[53] 8. Kapitel, § 6. *KonkL.*
[54] 8. Kapitel, § 7. *KonkL.*

Separaatiooikeus (**Aussonderungsrechte**) zu beachten. Zum Beispiel können Pfandgläubiger die mit Pfandrechten behafteten Gegenstände oder Forderungen unabhängig vom *Konkurssi* herausverlangen und gegebenenfalls eigenständig verwerten, da die betroffenen Vermögenswerte nach finnischem Recht nicht zur *Konkurssipesä* zählen.[55] Das heißt, dass **Sicherheiten,** anders als nach deutschem Recht, **keine Absonderungsrechte** mit dem Recht auf vorrangige Befriedigung aus dem vom Verwalter erzielten Verwertungserlös begründen, sondern sie gewähren dem Sicherungsgläubiger das Recht, das Sicherungsgut unabhängig von den Regeln des Gesamtvollstreckungsverfahrens aus der *Konkurssipesä* herauszuverlangen und frei darüber zu verfügen. Das deutsche Konzept der Absonderung ist dem finnischen Insolvenzrecht mithin gänzlich unbekannt.

Sofern es sich um einen sogenannten *Primäärikonkurssi* handelt, also einen *Konkurssi*, bei dem der Sitz oder Wohnsitz des Schuldners in Finnland liegt, gehört **auch im Ausland befindliches Vermögen** des Schuldners zur *Konkurssipesä*. Der *Pesänhoitaja* ist für die Erfüllung seiner Aufgaben in diesen Fällen auf die Kooperation der verschiedenen Stellen im Ausland angewiesen. Liegt der Sitz oder Wohnsitz des Schuldners jedoch im Ausland, so kann der *Konkurssi* in Finnland als sogenannter *Sekundäärikonkurssi* nur an **in Finnland befindliches Vermögen** anknüpfen und nur dieses gehört dann zur *Konkurssipesä*.

Ist der Schuldner zum Zeitpunkt der *Konkurssi*-Eröffnung als Kläger oder Beklagter in einen **Rechtsstreit** über Vermögen, das zur *Konkurssipesä* gehört, verwickelt, kann die *Konkurssipesä* den Prozess an Stelle des Schuldners fortsetzen. Bleibt diese Gelegenheit von Seiten der *Konkurssipesä* bzw. seitens des *Pesänhoitaja* ungenutzt, kann der Schuldner selbst den Prozess für die Insolvenzmasse fortsetzen.[56]

Es ist die Hauptaufgabe des *Pesänhoitaja*, die unter Berücksichtigung der vorgenannten Maßgaben ermittelte *Konkurssipesä* im Interesse der Gläubiger mithilfe geeigneter Maßnahmen **möglichst zügig abzuwickeln,** damit die – möglichst hohen – verbleibenden Mittel zeitnah unter den Gläubigern zur Befriedigung ihrer Forderungen verteilt werden können. In der Wahl der Mittel sowie der übrigen Art und Weise seines Vorgehens ist der *Pesänhoitaja* dabei weitestgehend autonom,[57] solange er das zur *Konkurssipesä* gehörende Vermögen auf möglichst vorteilhafte Weise realisiert und dabei größtmögliche Veräußerungsgewinne generiert.

Die **Aufsicht über die Konkursverwaltung** obliegt dem Konkursbeauftragten *Konkurssiasiamies*, der als Verwaltungszweig des Justizministeriums diesem zugeordnet ist. Der *Konkurssiasiamies* hat gegenüber dem Verwalter zwar **keine Weisungsbefugnis**, jedoch hat er die Möglichkeit, das Honorar des Verwalters zu reduzieren oder ihn abzusetzen, wenn seine Arbeitsweise Anlass zu Beschwerden gibt. Die Aufsicht soll damit nicht nur die Einhaltung der einschlägigen Vorschriften sowie ein möglichst effektives Verfahren im Sinne einer gewissen **Qualitätssicherung** sicherstellen; vielmehr steht der *Konkurssiasiamies* dem Konkursverwalter auch im Übrigen unterstützend zur Seite.[58]

Auf Antrag des *Konkurssiasiamies* kann das zuständige *Käräjäoikeus* in Fällen einer geringen Konkursmasse, bei Vorliegen einer gewissen Aufklärungsbedürftigkeit im Hinblick auf Verbindlichkeiten und Konkursmasse oder wegen anderer außerordentlicher Aspekte entscheiden, dass der *Konkurssi* als „**öffentliche Aufklärung**" *(Julkisselvitys)* fortgesetzt wird. In der Praxis tritt diese *Julkisselvitys* an die Stelle einer sonst oft anzunehmenden Masseunzulänglichkeit. Hierbei wechselt die Konkursverwaltung vom *Pesänhoitaja* zu einem „öffentlichen Aufklärer" *(Julkinen selvittäjä)*, der in der Regel ein Vollzugsbeamter ist.[59]

3.6 Fortführung durch den Schuldner oder Verwalter

Mit dem Beschluss über die Eröffnung des *Konkurssi* verliert der Schuldner das Recht, über das zur *Konkurssipesä* gehörende Vermögen zu verwalten oder über dieses zu verfügen.[60] Die **Gläubigerversammlung *(Velkojainkokous)* kann beschließen,** dass das Unternehmen des Schuldners während des *Konkurssi* durch den Verwalter *(Pesänhoitaja)* fortgesetzt werden soll. Das kann zum Beispiel erforderlich sein, um den Verkauf größerer Teile des Geschäftsbetriebs sicherzustellen.

Um den Abwicklungsaufwand zu limitieren, werden Arbeitsverhältnisse häufig noch am Tag des Eröffnungsbeschlusses gekündigt, auch wenn die Voraussetzungen für eine Fortsetzung des Betriebes womöglich vorliegen. Wird das Unternehmen fortgeführt, kann der *Pesänhoitaja* mit den Beschäftigten gegebenenfalls separate, **befristete Arbeitsverträge** für einen kurzen Zeitraum abschließen, die dann bei Bedarf verlängert werden können.

---

[55] 17. Kapitel, § 11 *KonkL*.
[56] 3. Kapitel, § 3 *KonkL*.
[57] Dazu → Rn. 65 ff.
[58] *Laki konkurssipesien hallinnon valvonnasta (109/1995)* § 1.
[59] 11. Kapiel, *KonkL*.
[60] 3. Kapitel, § 1 *KonkL*.

75 Ausführungen zum Schicksal von Verträgen im *Konkurssi* finden sich in → Rn. 138 ff.

3.7 Sicherungsmaßnahmen vor Verfahrenseröffnung

76 Ist eine Insolvenzeröffnung wahrscheinlich und besteht Grund zu der Annahme, dass der Schuldner Vermögen beiseiteschafft, kann das Gericht in besonders begründeten Fällen das Vermögen des Schuldners bis zum Beschluss über die Insolvenzeröffnung **sicherstellen**. Sofern anzunehmen ist, dass sich der Schuldner durch eine Auslandsreise seinen Pflichten und den nach dem *KonkL* bestehenden Verboten entzieht, kann bis zum Beschluss über die Insolvenzeröffnung oder danach auch ein **Reiseverbot** verhängt werden mit der Folge, dass der Schuldner seinen Pass bei der Polizei hinterlegen muss. Das Reiseverbot endet spätestens dann, wenn der Schuldner das Vermögensverzeichnis bestätigt hat. Es gibt keine besonderen Strafvorschriften bei Verstoß gegen dieses Verbot, jedoch kann ein solcher Verstoß zum Beispiel als erschwerender Umstand im Falle einer Anklage wegen Betrugs gewertet werden.

3.8 Allgemeine Wirkungen der Verfahrenseröffnung

77 Mit dem **Eröffnungsbeschluss** verliert der Schuldner jegliche Befugnis, über das zur Insolvenzmasse gehörende Vermögen zu verfügen oder sonst rechtswirksame Erklärungen abzugeben. Insbesondere darf er auch keine Verbindlichkeiten mehr eingehen, die im *Konkurssi* geltend gemacht werden könnten.[61] Allerdings gelten insofern bis zum Tag nach der öffentlichen Bekanntmachung[62] Sonderregeln zum Gutglaubensschutz beteiligter Dritter.[63]

78 Mit der Eröffnung der Insolvenz setzt das Gericht umgehend auch einen (oder mehrere) unparteiische **Insolvenzverwalter**, *Pesänhoitaja*, ein, der die **Insolvenzmasse**, *Konkurssipesä*, in Besitz nimmt.[64]

3.9 Wirkungen der Verfahrenseröffnung auf Rechtsverfolgungsmaßnahmen einzelner Gläubiger

79 Hinsichtlich des zur *Konkurssipesä* gehörenden Vermögens gilt für die Gläubiger des Schuldners ab Insolvenzeröffnung grundsätzlich ein **Vollstreckungsverbot**. Teile der *Konkurssipesä*, die als Sicherheit für Schulden dienen, können nur verkauft werden, wenn der betreffende Gläubiger dem zustimmt oder das zuständige *Käräjäoikeus* hierzu die Erlaubnis erteilt.[65] Andererseits kann ein Pfandgläubiger aufgrund des ihm nach finnischem Recht infolge des Pfandrechts zustehenden Aussonderungsrechts ohne Einfluss auf den weiteren Verlauf des Verfahrens von seinem Recht auf Herausgabe und ggf. Verkauf des Pfandobjekts Gebrauch machen,[66] wobei er daraus aber höchstens den seiner Forderung entsprechenden Gegenwert erhält. Darüber hinausgehende Erlöse fließen der *Konkurssipesä* zu.[67]

3.10 Wirkungen der Verfahrenseröffnung auf laufende Gerichts- oder Schiedsverfahren

80 Ist bei Eröffnung des *Konkurssi* ein Gerichtsverfahren in Bezug auf Vermögen, das zur *Konkurssipesä* gehört, zwischen dem Schuldner und einem Dritten anhängig, so hat die *Konkurssipesä* **das Recht, das Verfahren fortzuführen**. Wenn sie dieses Recht nicht wahrnimmt, kann der Schuldner selbst das Verfahren fortsetzen.

81 Nach Eröffnung des *Konkurssi* ist der Schuldner zur Klageerhebung betreffend Massevermögen nur dann berechtigt, wenn die *Konkurssipesä* sich dazu entschlossen hat, keine Klage einzureichen. Das **Recht des Schuldners zur Klageerhebung** gilt jedoch nicht für Anfechtungsklagen oder andere Klagearten, die nur von der *Konkurssipesä* oder von einem Gläubiger erhoben werden können.

82 Wenn die *Konkurssipesä* in einem oder mehreren der oben genannten Fälle einen **Vergleich** mit einem Dritten eingehen möchte, ist der Schuldner zur Klageerhebung oder zur Fortsetzung des Gerichtsverfahrens berechtigt. Dies gilt jedoch nur, sofern er eine Sicherheit stellt, die der Höhe nach dem entspricht, was der Dritte der *Konkurssipesä* im Rahmen des Vergleichs angeboten hat.

83 Den **Gewinn oder Nutzen,** den der Schuldner im Rahmen eines Gerichtsverfahrens erhält, fällt der *Konkurssipesä* zu.[68]

---

[61] 3. Kapitel, § 1 *KonkL*.
[62] Dazu → Rn. 45.
[63] 3. Kapitel, § 2 *KonkL*.
[64] 8. Kapitel, § 1 *KonkL*.
[65] 17. Kapitel, § 8 *KonkL*.
[66] Dazu → Rn. 69.
[67] 17. Kapitel, § 11 *KonkL*.
[68] 3. Kapitel, § 3 *KonkL*.

Auch die Eröffnung eines **Reorganisationsverfahrens *(Yrityssaneeraus)*** [69] wirkt sich auf laufende Gerichtsverfahren aus, an denen der Schuldner beteiligt ist. Grundsätzlich gilt, dass der Schuldner sein Recht zur Klageerhebung nicht verliert, es sei denn, der *Selvittäjä* (der Sanierer) beschließt, das Verfahren für den Schuldner zu führen. Dasselbe gilt für Gerichtsverfahren und andere Verfahren, die nach Einleitung des Reorganisationsverfahrens anhängig werden. Der *Selvittäjä* in diesem Verfahren hat das Recht, im Namen des Schuldners Anträge zu stellen sowie Gerichtsprozesse oder andere, vergleichbare Verfahren anhängig zu machen und sie für den Schuldner zu führen.[70] 84

3.11 Vollstreckungsschutz, Moratorium

Mit Eröffnung des *Konkurssi* verliert der Schuldner das Recht, über das zur *Konkurssipesä* gehörende Vermögen zu verfügen. Eine Klage eines Gläubigers, die auf die **Erwirkung eines Vollstreckungstitels** gegen die *Konkurssipesä* (Insolvenzmasse) für eine Insolvenzforderung gerichtet ist, ist nach Eröffnung des *Konkurssi* **unzulässig**. Dies gilt jedoch nicht für **Pfandgläubiger**. Diese sind trotz des *Konkurssi* berechtigt, mit einer Klage eine Forderung aus dem verpfändeten Eigentum geltend zu machen. 85

Im **Reorganisationsverfahren *(Yrityssaneeraus)*** gilt ein **Moratorium** (→ Rn. 129). 86

3.12 Organe der Gläubiger

Ein einzelner Gläubiger nimmt sein Stimmrecht im Rahmen der **Gläubigerversammlung *(Velkojainkokous)*** wahr. Gegenüber dem Insolvenzverwalter *(Pesänhoitaja)* haben die einzelnen Gläubiger eigene Auskunftsrechte. Der *Pesänhoitaja* trägt zwar die Hauptverantwortung für das Verfahren, ist aber verpflichtet, seine Entscheidungen im Sinne der in der *Velkojainkokous* gefassten Beschlüsse zu treffen. 87

Mit der öffentlichen Bekanntmachung der *Konkurssi*-Eröffnung in *Virallinen Lehti*[71] werden alle Gläubiger des Schuldners zur *Velkojainkokous* geladen, wobei diese **erste Gläubigerversammlung** frühestens innerhalb von zwei Monaten nach Veröffentlichung des Berichts des Verwalters[72] und spätestens sechs Monate nach Eröffnung des *Konkurssi*-Verfahrens stattzufinden hat.[73] 88

Die **zweite obligatorische Gläubigerversammlung** wird einberufen, wenn der Abschlussbericht des *Pesänhoitaja* festzustellen ist.[74] Gläubiger, deren Forderungen unter einem Betrag von 3.000 EUR liegen, werden zu dieser *Velkojainkokous* nur dann eingeladen, wenn sie ihre Teilnahme zuvor aufgrund der Bekanntmachung der Insolvenzeröffnung im *Virallinen Lehti* beim Insolvenzverwalter angemeldet haben.[75] 89

In einer Gläubigerversammlung kann ausschließlich über diejenigen Angelegenheiten beschlossen werden, die in der Ladung zur Versammlung schriftlich aufgeführt waren, wobei im Ausnahmefall auch dringliche Belange berücksichtigt werden können.[76] 90

Die Gläubiger können auch einen **Gläubigerausschuss** (*Velkojaintoimikunta*) als beratenden Ausschuss aufstellen, der dem *Pesänhoitaja* zur Seite steht und auf entsprechenden Antrag hin vom Gericht eingesetzt wird.[77] 91

3.13 Forderungsanmeldung, Feststellung oder Bestreiten von Forderungen

Der *Pesänhoitaja* (Insolvenzverwalter) legt ein Datum fest, bis zu dem die Forderungen anzumelden sind, wobei dieser Tag, der *Valvontapäivä*, auf ein Datum frühestens einen Monat und spätestens zwei Monate nach der Festlegung des Datums gelegt wird.[78] Um Anspruch auf eine Quote zu erhalten, muss der Gläubiger seine Forderungen **spätestens zum Stichtag** durch schriftliche Mitteilung beim *Pesänhoitaja* anmelden. Diese **schriftliche Mitteilung über die Forderungsanmeldung** wird als *Valvontakirjelmä* bezeichnet. Zum Inhalt der *Valvontakirjelmä* gehört unter anderem die Angabe der Höhe der Forderung, des Grundes der Forderung und die Angabe, ob Gründe für die Annahme eines eventuellen Vorrangrechts bestehen. Der *Pesänhoitaja* kann die Forderungen eines Gläubigers auch 92

---

[69] Ausführlich hierzu in → Rn. 109 ff.
[70] § 31 *YrSanL*.
[71] Dazu → Rn. 45.
[72] Dazu → Rn. 65.
[73] 15. Kapitel, § 6 *KonkL*.
[74] 15. Kapitel, § 6 *KonkL*.
[75] 15. Kapitel, § 7 *KonkL*.
[76] 15. Kapitel, § 9.2 *KonkL*.
[77] 14. Kapitel, § 12 *KonkL*.
[78] 12. Kapitel, § 5 *KonkL*.

ohne Anmeldung berücksichtigen, wenn insofern keine Unklarheiten bestehen.[79] Ein Gläubiger kann auch nach Ablauf der Frist noch Forderungen beim *Pesänhoitaja* **nachmelden** *(Jälkivalvonta)*. Stellt ein Gläubiger nach Fristablauf fest, dass seine Forderungsanmeldung mit einem Mangel oder Fehler behaftet war, kann er seine Forderungsanmeldung auch noch nach dem Stichtag komplettieren oder korrigieren.[80] Für solche Nachmeldungen ist allerdings eine **Gebühr** zu entrichten, die der Insolvenzmasse zufließt. Die Höhe dieser Nachmeldegebühr beträgt ein Prozent der nachgemeldeten Forderungssumme, die Untergrenze beträgt 600 EUR und die Obergrenze 6.000 EUR.[81] Der *Pesänhoitaja* prüft die angemeldeten Forderungen und stellt sie fest oder bestreitet sie gegebenenfalls. Seine Entscheidung kann dem zuständigen Gericht erster Instanz *(Käräjäoikeus)* zur Überprüfung vorgelegt werden.

3.14 Verteilung der Masse

93   Hauptzweck des finnischen *Konkurssi* ist es, die Interessen aller Gläubiger weitestgehend zu berücksichtigen. Dies bedeutet insbesondere, dass im Rahmen eines *Konkurssi* eine größtmögliche Befriedigung der Forderungen der Gläubiger des insolventen Schuldners erreicht werden soll. Dieser Zweck findet im *Konkurssi* seinen Ausdruck im sogenannten **Yhdenvertaisuuden periaate,** dem **Gleichbehandlungsprinzip,** demzufolge die Gläubiger grundsätzlich alle gleichermaßen, und zwar proportional im Verhältnis zum Umfang ihrer Forderungen, zu befriedigen sind. Allerdings ist die Bedeutung dieser Grundregel in der Praxis nicht zuletzt infolge der verschiedenen Vorrangrechte *(Etuoikeus)* (dazu → Rn. 99 und 100 ff.) deutlich **eingeschränkt.** Für Gläubiger mit besonderen Vorrangrechten gelten wichtige Ausnahmen.[82]

94   Zu einer Vermögensverteilung an die Gläubiger kommt es in aller Regel erst dann, wenn die Abwicklung der *Konkurssipesä,* der Insolvenzmasse, – also die Realisierung des gesamten zur Masse gehörenden Vermögens – vollständig durchgeführt ist.

95   Eine Vorschussverteilung ist möglich, wenn der Masse ausreichende Mittel zugeflossen sind, die eine solche Vorschussverteilung als angemessen erscheinen lassen unter Berücksichtigung (i) des Stadiums, in dem sich die Bearbeitung aller Forderungen befindet, (ii) des Betrags, der verteilt werden soll sowie (iii) der Kosten für die Verteilung. Die Regelungen des *MJL* zur Rangfolge der Gläubiger finden auch im Rahmen einer solchen Vorschussverteilung Anwendung.[83] Wenn der Wert des Pfandguts die besicherte Forderung nicht vollständig deckt, können Pfandgläubiger einen Vorschuss in Höhe des Differenzbetrags erhalten. Inhaber einer teilweise bestrittenen Forderung können einen Vorschuss in Höhe des Betrags erhalten, den der Verwalter für wahrscheinlich unstreitig hält.[84] Sollte sich später herausstellen, dass ein Gläubiger einen zu hohen Vorschuss erhalten hat, ist die Summe an die Masse zurückzuzahlen, die dem Gläubiger tatsächlich nicht zusteht.[85]

96   Innerhalb von zwei Monaten nach dem Stichtag für die Forderungsanmeldung, dem *Valvontapäivä*,[86] erstellt der Insolvenzverwalter einen **Vorschlag für einen Verteilungsplan** und übersendet diesen an die Gläubiger. Dabei setzt er eine Frist fest, binnen derer **Einwendungen** gegen den Plan geltend gemacht werden sollen. Nach Ablauf dieser Frist stellt das zuständige *Käräjäoikeus,* das Insolvenzgericht, den Verteilungsplan fest.[87] Sobald die Verteilungsquoten bezahlt sind, erstellt der Insolvenzverwalter seinen Abschlussbericht. Dieser Abschlussbericht beinhaltet eine detaillierte Aufstellung über den Verfahrensablauf sowie über die Verteilung der Insolvenzmasse an die Gläubiger. Die Gläubigerversammlung bestätigt dann den Abschlussbericht des Insolvenzverwalters, womit das Insolvenzverfahren beendet ist. Sofern nach der Schlussverteilung im *Konkurssi* einer juristischen Person kein Überschuss verbleibt, ist die Gesellschaft damit automatisch aufgelöst, was in der Praxis den Regelfall darstellt.

97   Bleiben allerdings nach der Schlussverteilung noch Vermögenswerte übrig und die Gesellschaft ist nicht schon liquidiert, beruft der Vorstand der Gesellschaft eine Aktionärsversammlung ein, die über die Liquidation oder Fortsetzung der Geschäftstätigkeit entscheidet.[88]

3.14.1 Massegläubiger

98   Massegläubiger, also Gläubiger mit einer Forderung nicht gegen den Schuldner, sondern gegen die Insolvenzmasse *(Konkurssipesä),* werden vor allen Insolvenzgläubigern befriedigt; es erfolgt hier

---

[79] 12. Kapitel, § 6–7 *KonkL.*
[80] 12. Kapitel, § 15 *KonkL.*
[81] 12. Kapitel, § 16 *KonkL.*
[82] Dazu → Rn. 100 ff.
[83] 18. Kapitel, § 4 *KonkL.*
[84] 18. Kapitel, § 5 *KonkL.*
[85] 18. Kapitel, § 11 *KonkL.*
[86] Dazu → Rn. 92.
[87] 13. Kapitel, § 2–3 *KonkL.*
[88] 20. Kapitel, § 25 *OYL.*

also eine Befriedigung außerhalb der Verteilung der *Konkurssipesä*. Die Masseverbindlichkeiten konkurrieren insofern also auch nicht mit den übrigen Forderungen mit Vorrangrecht.[89] Zu den Masseverbindlichkeiten zählen – neben den Forderungen aus Verträgen, die die *Konkurssipesä* abgeschlossen oder übernommen hat – auch die **Kosten des *Konkurssi***, unter anderem also das Insolvenzverwalterhonorar. Diese Insolvenzkosten sind vorrangige Masseforderungen und werden daher vor den weiteren Masseforderungen befriedigt. Sollte die *Konkurssipesä* im Einzelfall das Insolvenzverwalterhonorar nicht decken können, so übernimmt der Staat diese Kosten.[90]

3.14.2 Bevorrechtigte Gläubiger

Das finnische Recht unterscheidet zwischen allgemeinen und besonderen Vorrangrechten. *Yleiset Etuoikeudet,* allgemeine Vorrangrechte, knüpfen nicht an bestimmte Sicherungsrechte oder an bestimmte Vermögensgegenstände an, sondern sie basieren auf spezialgesetzlichen Vorschriften, kommen in bestimmten, gesetzlich vorgesehenen Situationen zur Anwendung und gelten in Bezug auf das gesamte zur Insolvenzmasse gehörende Vermögen (Nettovermögen). Forderungen aus einem gescheiterten Reorganisationsverfahren und Unterhaltszahlungen genießen beispielsweise ein solches allgemeines, gesetzlich bestimmtes Vorrangrecht.[91] Im Gegensatz dazu gibt es auch besondere Vorrangrechte *(Erityiset etuoikeudet),* die an bestimmte Sicherheiten und bestimmte Vermögensgegenstände anknüpfen und auch nur in Bezug auf diese durchsetzbar sind und entsprechenden Vorrang gewähren, dazu → Rn. 100 ff. Gläubiger, deren Forderung mit einem besonderen Vorrangrecht ausgestattet ist, werden vorrangig befriedigt. Erst nach Befriedigung der Gläubiger mit besonderen Vorrangrechten werden Gläubiger mit allgemeinem Vorrangrecht aus dem noch verbliebenen Massevermögen befriedigt. **99**

3.14.3 Gesicherte Gläubiger

Besondere Vorrangrechte, *Erityiset etuoikeudet,* sind solche, die **an bestimmte Sicherheiten und Vermögensgegenstände anknüpfen,** dh vertraglich vereinbarte spezifische Rechte ohne allgemeine Gültigkeit. Dazu zählen insbesondere Pfandrechte. Forderungen mit *Erityiset etuokeudet* werden im Falle eines Verkaufs des Vermögensgegenstands, dem das Vorrangrecht anhaftet, **vorrangig,** also vor allen anderen Forderungen, aus dem Verkaufserlös befriedigt. Ein Pfandrechtgläubiger kann das Pfand realisieren und aus dem Verkaufserlös seine Forderung befriedigen. Vor dem Verkauf müssen die Pfandgläubiger allerdings den *Pesänhoitaja,* den Insolvenzverwalter, darüber informieren. Der *Pesänhoitaja* kann den Verkauf für einen Zeitraum von bis zu zwei Monaten verhindern. Nach der Veräußerung des Pfands müssen die Pfandgläubiger dem *Pesänhoitaja* Rechenschaft über den Verkauf ablegen. Wenn der *Pesänhoitaja* das Pfand realisiert, verteilt er den Erlös zunächst unter den Pfandgläubigern. Ist der Erlös höher als die Summe der Forderungen der mit dem Pfand besicherten Pfandgläubiger, so fließt die Differenz an die Insolvenzmasse *(Konkurssipesä)* und wird somit auf die anderen Gläubiger verteilt. **100**

Bewegliches Eigentum, das einem Gläubiger als Sicherheit überlassen wurde, darf ohne weiteres sofort verkauft werden, sofern dies zu Marktbedingungen geschieht. Auch **Anteile** an einer Tochtergesellschaft des Schuldners können ohne weiteres mittels öffentlichen oder privaten Verkaufs veräußert werden. **101**

Einen Sonderfall stellt die sogenannte **Unternehmenshypothek *(Yrityskiinnitys)***[92] dar. In Finnland kann das gesamte bewegliche, betriebszugehörige Vermögen eines Unternehmens mit einer solchen Unternehmenshypothek belastet werden und einem Gläubiger auf diese Weise als Sicherheit dienen.[93] Das derart belastete Vermögen ist dann mit einem Pfandrecht belastet, ohne dass es zu einem Besitzübergang kommen muss. Einzelheiten der Unternehmenshypothek finden sich im Unternehmenshypothekengesetz, *Yrityskiinnityslaki (1984/634).* Gläubiger, deren Forderung mit einer Unternehmenshypothek besichert ist, haben im *Konkurssi* Anspruch auf 50 % des Vermögens, das von der *Yrityskiinnitys* umfasst ist, wobei dieser Anspruch jedoch durch die oben genannten höheren Vorrangrechte der Pfandgläubiger eingeschränkt ist. Unternehmenshypothekengläubiger haben kein Vorrangrecht im eigentlichen Sinne, sondern sie erhalten vielmehr im Rahmen der Verteilung in jedem Fall eine eigene Quote, die diesen 50 % entspricht. Die eigentliche Quotenaufteilung wird erst mit dem dann verbleibenden Vermögen vorgenommen.[94] **102**

---

[89] Dazu die → Rn. 99 und → Rn. 100 ff.
[90] 19. Kapitel, § 1 *KonkL.*
[91] § 3a und § 4 *MJL.*
[92] § 5 *MJL.*
[93] Dazu auch → Rn. 155.
[94] § 5 *MJL.*

3.14.4 Ungesicherte Gläubiger

103 Forderungen ohne *Etuoikeus* (Vorrangrechte) werden erst nach den Forderungen der Pfandgläubiger und Unternehmenshypothekengläubiger bedient. Alle Gläubiger ohne *Etuoikeus* werden zu gleichen Teilen, pari passu, aus der Insolvenzmasse befriedigt.

3.14.5 Nachrangige Insolvenzgläubiger *(Viimesijaiset saatavat)*

104 Nachrangige Insolvenzgläubiger *(Viimesijaiset saatavat)* werden erst und nur dann bedient, wenn alle anderen Forderungen vollständig befriedigt werden konnten. Nachrangige Insolvenzgläubiger sind unter anderem solche, die mit dem Schuldner **vertraglich** eine Nachrangigkeit ihrer Forderungen vereinbart haben.[95]

105 Nach dem Gesetz sind Schuldzinsen, die nach Beginn des *Konkurssi*-Verfahrens anfallen, und Zahlungen an die öffentliche Hand, wie zB Bußgelder, nachrangig.[96]

106 Nach dem *Laki velkojien maksunsaantijärjestyksestä (1578/1992)*, **„MJL"**, dem Gesetz über die Reihenfolge der Gläubigerbefriedigung, werden die folgenden Forderungen **zuletzt** bezahlt:
1. solche Zinsen und Strafen aufgrund eines Zahlungsverzugs für die Zeit nach Eröffnung des *Konkurssi*, die sich nach der Dauer des Verzugs richten und die nicht von einem Vorrangrecht umfasst sind;
2. Überziehungsgebühren, Geldbußen für wettbewerbsrechtliche Ordnungswidrigkeiten, verwirkte Geldsummen sowie andere vergleichbare öffentlich-rechtliche Geldbußen, die aufgrund einer Straftat oder wegen eines sonst rechtswidrigen Verhaltens verhängt wurden, ausgenommen Bußgelder, die als Tagessatz oder Zwangsgeld oder als Opferentschädigung festgesetzt wurden, sowie eine Steuer- oder Gebührenerhöhung aufgrund eines Verstoßes gegen steuerliche, versicherungsrechtliche oder vergleichbare Pflichten;
3. eine Forderung, die auf einem vom Schuldner ausgegebenen Pfandbriefdarlehen beruht, wenn die Forderung nach den Darlehensbedingungen ein niedrigeres Vorrangrecht hat als die übrigen Verbindlichkeiten des Emittenten;
4. eine Forderung, die auf einem solchen Darlehen beruht, dessen Kapital und Zinsen sowie andere Entschädigungen gemäß den Darlehensbedingungen im Fall der Liquidation oder des *Konkurssi* des Unternehmens nur mit einem geringeren Vorrangrecht bedient werden dürfen als alle anderen Forderungen;
5. eine Forderung, die auf dem *Lahjanlupauslaki (625/1947)*, dem Gesetz über Schenkungsversprechen, beruht;
6. in einer Nachlassinsolvenz die Nachlassschulden mit Ausnahme von bestimmten Nachlassverwaltungsschulden.[97]

107 Die nachfolgende Tabelle zeigt eine Übersicht über die generelle Hierarchie der Forderungen von Gläubigern im *Konkurssi*.

Rangfolge	Gläubiger	Kommentar
1.	Massegläubiger	Zu den Masseforderungen zählen – neben den Forderungen aus Verträgen, die die Insolvenzmasse abgeschlossen oder übernommen hat – auch die Kosten des *Konkurssi*, unter anderem also das Insolvenzverwalterhonorar.
2.	Pfandgläubiger und Gläubiger mit Zurückbehaltungsrecht (Mobiliarpfand, Grundpfand) und Gläubiger, die ein anderes besonderes Vorrangrecht genießen	Forderungen sind durch Pfand bzw. durch andere Sicherheiten besichert. Reicht der Verkaufserlös zur Bedienung der Forderung nicht aus, wird der ausstehende Betrag in Form einer ungesicherten Forderung berücksichtigt, die keine Priorität mehr gegenüber Forderungen ohne Vorrangrechte hat *(pari passu)*.
3.	Unternehmenshypothekengläubiger und Gläubiger, die ein anderes allgemeines Vorrangrecht genießen[98]	Diese Forderungen werden aus dem Nettovermögen der Insolvenzmasse vorrangig vor den allgemeinen Insolvenzforderungen bedient.

---

[95] § 6 MJL.
[96] § 6 MJL.
[97] § 6 MJL.
[98] Sofern in einem *Konkurssi* Unternehmenshypothekengläubiger mit Gläubigern konkurrieren, die andere allgemeine Vorrangrechte genießen, erfolgt die Bedienung der Forderungen in folgender Ordnung: Forderungen aus einem Reorganisationsverfahren, Unterhaltsansprüche und schließlich Unternehmenshypotheken.

		Unternehmenshypothekengläubiger haben im *Konkurssi* bevorzugten Anspruch auf 50 % des Vermögens, das von der Unternehmenshypothek umfasst ist, sofern nicht andere Gläubiger höhere Vorrangrechte, wie beispielsweise Pfandgläubiger, besitzen. Sollten diese 50 % nicht ausreichen, die mit der Unternehmenshypothek besicherte Forderung zu begleichen, wird der ausstehende Betrag in Form einer gewöhnlichen *Konkurssi*-Forderung ohne Priorität berücksichtigt, wie auch die übrigen 50 % der Hypothek *(pari passu)*.
4.	Gläubiger ohne Sicherheiten oder sonstige Vorrangrechte	Gewöhnliche *Konkurssi*-Forderungen mit gleichem Rang *(pari passu)*.
5.	Nachrangige *Konkurssi*-Gläubiger	Diese Forderungen werden erst und nur dann bedient, wenn alle anderen Forderungen vollständig abgegolten werden konnten.

3.15 Abschluss von Verfahren

Ein **Antrag auf Aufhebung eines Insolvenzverfahrens**, zum Beispiel im Falle eines irrtümlich eingeleiteten Verfahrens, muss innerhalb von acht Tagen nach *Konkurssi*-Eröffnung erfolgen. Die Aufhebung eines *Konkurssi* kann auf gemeinsamen Antrag von Gläubiger und Schuldner erfolgen oder, falls der Schuldner den Antrag selbst gestellt hat, auf alleinigen Antrag des Schuldners.[99]

Der *Pesänhoitaja,* der Insolvenzverwalter, muss einen **Abschlussbericht** erstellen, wenn die Masse festgestellt und das Massevermögen verkauft wurde. Der Abschlussbericht kann auch dann erstellt werden, wenn die Masse nicht festgestellt ist, weil Vermögenswerte, die eine Sicherheit für eine Forderung bilden, oder andere Vermögenswerte mit unbedeutendem Wert verkauft wurden, oder weil Insolvenzforderungen ganz oder teilweise unklar sind.[100] Der Abschlussbericht wird von der Gläubigerversammlung *(Velkojainkokous)* genehmigt. Damit endet der *Konkurssi*.[101]

4. *Yrityssaneeraus* – Wesentliche Verfahrensmerkmale des Reorganisationsverfahrens

4.1 Eröffnung des Verfahrens; Antragsbefugnis und -voraussetzungen

Nur **juristische Personen** können ein Reorganisationsverfahren durchlaufen, das *Yrityssaneeraus* nach dem *YrSanL*.[102] Diese Alternative zu einem *Konkurssi* nach dem *KonkL* steht dann offen, wenn das betroffene Unternehmen Liquiditätsprobleme hat, aber noch nicht reif für einen *Konkurssi* ist. Allerdings kann eine *Yrityssaneeraus* nur dann eingeleitet werden, wenn für die Zeit nach ihrem Abschluss eine **positive Fortführungsprognose** getroffen werden kann, das heißt, dass die Gesellschaft nicht überlebensunfähig sein darf. Während einer *Yrityssaneeraus* besteht die Geschäftsfähigkeit der Gesellschaft fort.

Ein Reorganisationsverfahren *(Yrityssaneeraus)* wird nur auf Antrag eingeleitet. Der **Antrag** auf Eröffnung eine *Yrityssaneeraus* ist **schriftlich beim zuständigen Gericht** zu stellen. Er kann auch dann gestellt werden, wenn ein Gläubiger einen Antrag auf *Konkurssi* gestellt hat. Dann kann das Gericht die Bearbeitung des Antrags auf Eröffnung eines *Konkurssi*-Verfahrens vorläufig aussetzen. Wurde der *Konkurssi* bereits eröffnet, kann der Antrag auf eine *Yrityssaneeraus* nicht weiter behandelt werden. Der Antrag unterliegt denselben Anforderungen wie der *Konkurrsi*-Antrag (→ Rn. 38 ff.).

Dem Antrag müssen **Ausführungen zum Schuldner** und Angaben darüber, woraus sich die Zuständigkeit des Gerichts ergibt, beigefügt werden. Ein Antrag des Schuldners muss darüber hinaus eine **Übersicht zu den Gläubigern, Schulden und Sicherheiten** für die Schulden sowie über die **finanzielle Situation** des Schuldners beinhalten. Wenn der Schuldner den Antrag nicht zusammen mit seinen Gläubigern gestellt hat und diese dem Antrag nicht zustimmen, muss der Schuldner in seinem Antrag auch darlegen, welche die Hauptursachen für seine finanziellen Schwierigkeiten sind, wie das Unternehmen des Schuldners fortgesetzt werden soll, mit welchen Mitteln die Kosten

---

[99] 7. Kapitel, § 13 *KonkL*.
[100] 19. Kapitel, § 1 *KonkL*.
[101] 19. Kapitel, § 7 *KonkL*.
[102] *Laki yrityksen saneerauksesta (55/1993)*, *YrSanL*, das finnische Gesetz über die Unternehmensreorganisation.

der *Yrityssaneeraus* gedeckt werden sollen und inwiefern er in der Lage ist, seine sonstigen Schulden, die nicht Sanierungsschulden sind, zu begleichen.[103]

112   Die dem Antrag beizufügenden Dokumente und die erforderlichen Darstellungen werden im *Laki yrityksen saneerauksesta (55/1993)*, dem Reorganisationsverfahrensgesetz, näher geregelt.

4.1.1 Eröffnungsgründe

113   Die Eröffnung eines *Yrityssaneeraus* setzt voraus, dass der Schuldner von der Zahlungsunfähigkeit bedroht ist oder bereits zahlungsunfähig ist, aber es Möglichkeiten gibt, ihn aus dieser Situation zu befreien. Der Zweck einer *Yrityssaneeraus* ist es, einen fortführungstauglichen Betrieb zu sanieren, der von einem Schuldner in finanziellen Schwierigkeiten betrieben wird, oder die Fortführungsvoraussetzungen für den Betrieb zu verbessern sowie eine Schuldenregulierung herbeizuführen.[104] Die *Yrityssaneeraus* kann für Einzelkaufleute, offene Handelsgesellschaften, Kommanditgesellschaften, Aktiengesellschaften, Genossenschaften, Wohnungsgesellschaften sowie auf andere wirtschaftliche Vereinigungen und Stiftungen angewendet werden.[105] Die *Yrityssaneeraus* kann nicht eingeleitet werden, wenn der Schuldner zahlungsunfähig ist und es unwahrscheinlich ist, dass diese Situation durch einen Sanierungsplan nachhaltig behoben werden kann.

114   **Voraussetzungen für die Eröffnung** der *Yritysaneeraus* sind:[106]
1. mindestens zwei Gläubiger, die dem Schuldner nicht nahestehen und deren Gesamtforderungen mindestens ein Fünftel aller bekannten Forderungen gegen den Schuldner ausmachen, stellen gemeinsam mit dem Schuldner einen entsprechenden Antrag oder befürworten einen entsprechenden Antrag des Schuldners;
2. der Schuldner ist von der Zahlungsunfähigkeit bedroht; oder
3. der Schuldner ist zahlungsunfähig und es bestehen keine Verfahrenshindernisse (s. u.).

115   Wegen **drohender Zahlungsunfähigkeit** kann die *Yritysaneeraus* auf Antrag eines Gläubigers oder eines wahrscheinlichen Gläubigers[107] nur eingeleitet werden, wenn dies erforderlich ist, um ein erhebliches wirtschaftliches Interesse des Antragstellers zu schützen.[108] Höhe und Rechtsgrund der Forderung haben im Übrigen keine Bedeutung.

116   **Hindernisse für die Eröffnung** der *Yritysaneeraus* sind:[109]
1. der Schuldner ist zahlungsunfähig und es ist wahrscheinlich, dass die Zahlungsunfähigkeit nicht mit Hilfe eines Sanierungsplans beseitigt werden kann, oder dass eine neue Zahlungsunfähigkeit nur für kurze Zeit verhindert werden kann;
2. es ist wahrscheinlich, dass das Vermögen des Schuldners nicht ausreicht, um die Kosten der *Yritysaneeraus* zu decken, und niemand hat sich bereit erklärt, diese Kosten zu tragen;
3. es ist wahrscheinlich, dass der Schuldner nicht in der Lage sein wird, Schulden zu begleichen, die nach Verfahrenseröffnung entstehen;
4. es besteht Grund zu der Annahme, dass mit dem Antrag hauptsächlich bezweckt wird, Eintreibungsmaßnahmen von Gläubigern zu verhindern oder in sonstiger Weise Rechte von Gläubigern oder des Schuldners zu verletzen;
5. es besteht Grund zu der Annahme, dass die Voraussetzungen für einen Sanierungsplan nicht vorliegen; oder
6. die Buchführung des Schuldners ist mit wesentlichen Mängeln oder Fehlern behaftet (zu den Folgen strafbarer Verletzung von Buchführungsvorschriften siehe sogleich), es sei denn, es kann nachgewiesen werden, dass die Buchführung ohne Weiteres künftig ordnungsgemäß und zuverlässig geführt werden kann.

117   Auch wenn keine besonderen Hindernisse vorliegen, kann ein Reorganisationsverfahren zur Sanierung dann nicht eingeleitet werden, wenn der Schuldner oder eine andere Person für Rechnung des Schuldners in dem betroffenen Unternehmen sich wegen eines **Verstoßes gegen Schuldner- oder Buchführungsvorschriften** strafbar gemacht hat oder wegen einer entsprechenden Straftat angeklagt ist oder wenn Umstände vorliegen, die Grund zu der Annahme geben, dass der Schuldner sich einer solchen Tat schuldig gemacht hat.

118   Eine Reorganisation kann auch dann nicht eingeleitet werden, wenn der Schuldner gegen ein **Gewerbeverbot** verstoßen hat, wegen einer entsprechenden Straftat angeklagt ist oder wenn Umstände vorliegen, die Grund zu der Annahme geben, dass der Schuldner sich einer solchen Tat

---

[103] § 69.2 *YrSanL*.
[104] § 1 *YrSanL*.
[105] § 2 *YrSanL*.
[106] § 6 *YrSanL*.
[107] Dazu unter → Rn. 122.
[108] § 6 *YrSanL*.
[109] § 7 *YrSanL*.

schuldig gemacht hat. Darüber hinaus kann eine *Yrityssaneeraus* auch dann nicht eingeleitet werden, wenn der Schuldner sich einer Tat schuldig gemacht hat, wegen derer ihm ein Gewerbeverbot erteilt werden kann, oder wenn Umstände vorliegen, die Grund zu der Annahme geben, dass der Schuldner sich einer solchen Tat schuldig gemacht hat.

Wenn **nach Verfahrenseröffnung** eines der oben genannten Hindernisse auftritt, kann das Verfahren auf Antrag des Sanierers *(Selvittäjä),* eines Gläubigers oder des Schuldners eingestellt werden.[110]

Außerdem können ein oder mehrere **frühere Reorganisationsverfahren** ein Hindernis für ein neues Verfahren darstellen.

4.1.2 Antragsbefugnis

Eine **Antragspflicht** hinsichtlich einer *Yrityssaneeraus* besteht nicht.
Der Antrag auf eine *Yrityssaneeraus* kann gestellt werden von
1. dem Schuldner,
2. einem Gläubiger oder mehreren Gläubigern zusammen, es sei denn, dass die Forderung des Gläubigers oder ein wesentlicher Teil von ihr dem Grunde nach streitig ist oder das Bestehen der Forderung aus anderen Gründen unklar ist, oder
3. demjenigen, der durch die Zahlungsunfähigkeit des Schuldners aus einem anderen Grund als einer Teilhaberschaft voraussichtlich finanzielle Verluste erleiden wird, die sich durch Forderungsrechte begründen (wahrscheinlicher Gläubiger).[111]

4.2 Rolle der Gerichte

Die Aufgabe des Gerichts in der *Yrityssaneeraus* ist es, das Vorliegen der rechtlichen **Voraussetzungen für die Verfahrenseröffnung** festzustellen. Das Gericht prüft weder inwiefern die finanziellen Voraussetzungen für eine Unternehmensreorganisation vorliegen noch überwacht es die Verfahrensdurchführung. Zu den Aufgaben des Gerichts gehört auch die **Bestellung eines** *Selvittäjä* (Sanierer). Auf Antrag des Antragstellers, des *Selvittäjä* oder eines Gläubigers setzt das Gericht auch einen Gläubigerausschuss *(Velkojaintoimikunta)* als gemeinsamen Vertreter der Gläubiger ein. Das Gericht beschließt die **Feststellung des Sanierungsplans,** überwacht jedoch nicht die Durchführung und Einhaltung des Plans.

4.3 Sanierer *(Selvittäjä)*

Der *Selvittäjä*, Sanierer, wird im Zusammenhang mit der Entscheidung über die Eröffnung der *Yrityssaneeraus* bestellt. Die Gläubiger können ebenso wie der Schuldner eine geeignete Person als *Selvittäjä* vorschlagen. Wird kein geeigneter **Vorschlag** gemacht, bestellt das Gericht eine Person als *Selvittäjä,* die es für geeignet hält und die bereit ist, den Auftrag zu übernehmen.

Auf **Antrag des Gläubigerausschusses** *(Velkojaintoimikunta,* → Rn. 134) kann anstelle des wie oben beschrieben bestellten *Selvittäjä,* oder auch zusätzlich zu ihm, ein von dem Gläubigerausschuss vorgeschlagener *Selvittäjä* bestellt werden. Ein solcher Antrag des Gläubigerausschusses auf eine Bestellung eines neuen *Selvittäjä* ist innerhalb eines Monats ab der Einsetzung des Ausschusses zu stellen und er muss von mindestens der Hälfte aller bekannten Gläubiger in jeder Gläubigergruppe (→ Rn. 132) unterstützt werden.[112]

Zu den Aufgaben des *Selvittäjä* gehört es insbesondere:[113]
1. eine Bestandsaufnahme zu den Einnahmen, Schulden und sonstigen Verbindlichkeiten des Schuldners sowie der Umstände, die die finanzielle Situation des Schuldners und dessen voraussichtliche Entwicklung beeinflussen,
2. die Geschäftstätigkeit des Sanierungsschuldners während des Verfahrens zu verfolgen und zu überwachen,
3. eine angemessene Prüfung der Geschäftstätigkeit des Schuldners vor der Verfahrenseröffnung,
4. bei Bedarf zu verlangen, dass Rechtsgeschäfte des Schuldners rückgängig gemacht werden und gerichtliche Schritte für den Schuldner einzuleiten,
5. sicherzustellen, dass ein Vorschlag für einen Sanierungsplan ausgearbeitet wird,
6. bestimmte Verfahrensaufgaben auszuführen,

---

[110] § 7 *YrSanL.*
[111] § 5 *YrSanL.*
[112] § 83 *YrSanL.*
[113] § 8 *YrSanL.*

7. über die Teilnahme an einem Gruppen-Koordinierungsverfahren nach den Art. 61 -77 der Verordnung 2015/848 des Europäischen Parlaments und des Rates über Insolvenzverfahren zu entscheiden.

127 Hingegen liegt die Verantwortung für die Durchführung des Sanierungsplans in erster Linie beim Schuldner. Während der Laufzeit des Sanierungsplans kann ein Aufseher bestellt werden, der die Durchführung des Plans für die Gläubiger überwacht und für diejenigen Maßnahmen nach dem Sanierungsplan besorgt, die nicht den Beteiligten obliegen. Der Aufseher hat den Gläubigern in bestimmten Abständen über die Durchführung des Plans zu berichten. Oftmals wird der *Selvittäjä* auch zum Aufseher bestellt. Gibt es keinen Aufseher, so ist der Schuldner selbst informationspflichtig.

4.4 Wirkungen der Verfahrenseröffnung auf Rechtsverfolgungsmaßnahmen einzelner Gläubiger, Moratorium

128 Der Schuldner behält auch nach Einleitung des Reorganisationsverfahrens *(Yrityssaneeraus)* die Verfügungsbefugnis über sein Vermögen und sein Unternehmen. Er kann jedoch nicht ohne Zustimmung des *Selvittäjä* (Sanierer) Maßnahmen ergreifen, die hinsichtlich Art und Größe seines Unternehmens ungewöhnlich oder umfangreich sind.

129 Damit der *Selvittäjä* seinen Pflichten nachkommen kann, ist er berechtigt, die Geschäftsräume des Schuldners zu betreten und dessen Buchführung und andere Unterlagen zu überprüfen. Der *Selvittäjä* ist wie der Schuldner berechtigt, Auskünfte über die Bankkonten des Schuldners, den Zahlungsverkehr, die Finanzierungsverträge und -pflichten, das Vermögen des Schuldners, dessen Besteuerung sowie über die sonstige finanzielle Situation des Schuldners und sein Unternehmen zu erhalten. Ebenso ist der *Selvittäjä* berechtigt, an Vorstandssitzungen und sonstigen Besprechungen teilzunehmen. Mit dem Beschluss über die Sanierung *(Yrityssaneeraus)* kommt es zu einem sog. **Moratorium**, was unter anderem bedeutet:[114]
1. Es fallen keine Verzugszinsen auf die Sanierungsschulden an.
2. Der Schuldner darf eine Sanierungsschuld nicht bezahlen oder für sie eine Sicherheit gewähren.
3. Es dürfen keine Vollstreckungsmaßnahmen eingeleitet werden.
4. Ein Sicherheitengläubiger darf sein Pfandrecht nicht geltend machen.
5. Das Eigentum des Schuldners darf nicht gepfändet werden.

Der Schuldner ist jedoch unter anderem dazu verpflichtet, den **Arbeitnehmern** für die **drei Monate vor der Antragstellung Löhne, Urlaubsgehälter und sonstige Leistungen zu bezahlen.**

130 Wenn der Sanierungsplan bestätigt ist, ersetzen die Zahlungsbedingungen nach dem Plan die ursprünglichen Bedingungen für Reorganisationsschulden.

4.5 Wirkungen der Verfahrenseröffnung auf laufende Gerichts- oder Schiedsverfahren

131 Wie oben erwähnt, behält der Schuldner nach der Eröffnung der *Yrityssaneeraus* seine Verfügungsbefugnis über sein Vermögen und sein Unternehmen. Das bedeutet auch, dass er einen anhängigen Gerichtsprozess oder ein vergleichbares Verfahren, an dem er als Partei beteiligt ist, weiterführen kann, sofern nicht der Sanierer *(Selvittäjä)* beschließt, das Verfahren für den Schuldner zu führen. Entsprechendes gilt für Gerichtsprozesse und andere Verfahren, die erst nach Einleitung des Sanierungsverfahrens anhängig werden. Der *Selvittäjä* hat das Recht, im Namen des Schuldners Ansprüche geltend zu machen, Gerichtsverfahren und andere vergleichbare Verfahren einzuleiten sowie Klagen für den Schuldner zu erheben und Klageschriften für diesen entgegenzunehmen.[115]

4.6 Organe der Gläubiger

132 Die Gläubiger spielen eine zentrale Rolle in der *Yrityssaneeraus*. Jeder Gläubiger hat das Recht, zum Sanierungsplan Stellung zu nehmen und darüber abzustimmen. Die Aufgabe des *Selvittäjä* (Sanierer) besteht darin, mit den Gläubigern und dem Gläubigerausschuss *(Velkojaintoimikunta)* zu verhandeln. Zur Abstimmung werden die Gläubiger entsprechend der jeweiligen Art des Anspruchs in Gruppen eingeteilt. Die Gruppen bestehen aus: (i) Sicherheitengläubigern; (ii) Gläubigern, die eine Unternehmenshypothek *(Yrityskiinnitys)* als Sicherheit haben;[116] (iii) anderen als Sicherheitengläubigern, deren Forderungen ohne Urteil eingetrieben werden können; und (iv) diejenigen Gläubiger, deren Forderungen gemäß § 6 des *Laki velkojien maksunsaantijärjestyksestä (1578/1992)*, dem Gesetz über die Reihenfolge der Gläubigerbefriedigung, nachrangig sind (→ Rn. 104 ff.) – diese

---

[114] § 15–28 *YrSanL*.
[115] § 31 *YrSanL*.
[116] → Rn. 155.

Gläubiger werden in eigene Gruppen je nach der Rangfolge jener Forderungen untereinander eingeteilt.[117]

Der Sanierungsplan kann nur dann festgestellt werden, wenn alle bekannten Gläubiger zustimmen[118] oder wenn die Mehrheit der Anwesenden in jeder Gläubigergruppe dem Plan zustimmt.[119] Die für die Feststellung des Plans erforderliche Mehrheit liegt vor, wenn in jeder Gläubigergruppe mehr als die Hälfte der bei der Abstimmung anwesenden Gläubiger zustimmen und deren Forderungen insgesamt mehr als die Hälfte der Gesamtforderungen derjenigen Gläubiger darstellen, die zu der jeweiligen Gruppe gehören und bei der Abstimmung anwesend waren.[120]

Außerdem muss das Gericht bei einer *Yrityssaneeraus* auf Antrag des Antragstellers, des *Selvittäjä* oder eines Gläubigers einen Gläubigerausschuss als gemeinsamen Vertreter der Gläubiger einsetzen, wenn dies nicht aufgrund der geringen Anzahl der Gläubiger oder aus anderen Gründen unnötig erscheint. Der Gläubigerausschuss muss mindestens drei Mitglieder haben.[121] Unter sich ernennen die Ausschussmitglieder einen Vorsitzenden. Auch wenn dieser Ausschuss nicht zwingend erforderlich ist, wird er in der Praxis recht oft eingesetzt. Die Amtszeit des Ausschusses endet mit der Feststellung des Sanierungsplans.

4.7 Verteilung der Masse

Wenn der Sanierungsplan festgestellt ist, bestimmen sich die Bedingungen für die Sanierungsschulden und für die anderen im Plan geregelten Rechtsverhältnisse ausschließlich nach dem Plan. Der gesamte Schuldenabbau erfolgt im Einklang mit dem Plan.

4.8 Abschluss des Verfahrens

Wenn der Sanierungsplan genehmigt ist, werden die Reorganisationsschulden und andere im Plan geregelten Rechtsverhältnisse allein durch den Plan bestimmt. Grundsätzlich läuft der Sanierungsplan so lange, bis die im Plan vorgesehen Zahlungen abgeschlossen und die übrigen Bedingungen des Plans erfüllt sind. Die Dauer des Plans ist nicht beschränkt, in der Regel beträgt sie mehrere Jahre (4–7 Jahre). Am Ende der Laufzeit des Plans stellt der Schuldner den Gläubigern und den Kreditgebern unverzüglich einen Abschlussbericht über die Durchführung des Plans zur Verfügung.

Auf Verlangen des Aufsehers oder eines Gläubigers kann der Plan nach gerichtlicher Anordnung vorzeitig beendet werden, wenn nach dessen Genehmigung Umstände dargelegt werden können, denen zufolge der Plan nicht hätte festgestellt werden dürfen oder die zeigen, dass der Schuldner gegen den Plan verstoßen hat, um zB einen Gläubiger zu bevorzugen. Auch der *Konkurssi* des Schuldners vor dem Ende des Sanierungsplans führt zur Aufhebung des Plans.

5. Verträge im Insolvenz- *(Konkurssi)* oder Reorganisationsverfahren *(Yrityssaneeraus)*

5.1 Unerfüllte Verträge

Grundsätzlich werden solche Verträge, die bereits vor dem **Konkurssi** bestanden, von dem Insolvenzverfahren nicht beeinflusst. Dennoch enthalten die Verträge in der Praxis oft das Recht der Gegenpartei, den Vertrag im Insolvenzfall zu kündigen. Unabhängig von einer vertraglichen Regelung gilt nach dem Gesetz folgendes. Wenn ein Vertrag bei Verfahrenseröffnung auf Seiten des Schuldners noch nicht vollständig erfüllt ist und nicht durch die Gegenpartei gekündigt wird, muss die Gegenpartei die Insolvenzmasse *(Konkurssipesä)* **auffordern,** ihr mitzuteilen, ob sie dem Vertrag beitreten (und diesen erfüllen) will. Teilt die Masse innerhalb eines angemessenen Zeitraums mit, dass sie dem Vertrag beitreten (dh diesen erfüllen) will und stellt sie eine **angemessene Sicherheit** für die Erfüllung, so kann der Vertrag auch nicht mehr gekündigt werden.[122] In diesem Fall tritt die *Konkurssipesä* in die Position des Schuldners in dem Vertragsverhältnis ein.[123] Sofern die Masse einem Vertrag nicht beitritt, kann die andere Vertragspartei von dem Vertrag zurücktreten und die Forderungen der zurücktretenden Partei, die sich aus dem Vertrag ergeben, einschließlich eventueller Schadensersatzforderungen anlässlich der insolvenzbedingten Kündigung, sind dann Insolvenzforderungen.[124]

---

[117] § 51 *YrSanL*.
[118] § 50 *YrSanL*.
[119] § 51 *YrSanL*.
[120] § 52 *YrSanL*.
[121] § 10 *YrSanL*.
[122] 3. Kapitel, § 8 *KonkL*.
[123] 3. Kapitel, § 8 *KonkL*.
[124] Koulu, Risto / Havansi, Erkki / Lindfors, Heidi / Niemi Kiesiläinen, Heidi, Oikeuden Perusteokset, Insolvenssioikeus, 2017, S. 224.

139 Auch die Eröffnung einer **Yrityssaneeraus,** eines Reorganisationsverfahrens, wirkt sich regelmäßig nicht auf bereits zuvor geschlossene Verträge aus. Gleichwohl haben bestimmte vor der Verfahrenseröffnung geschlossene Verträge eine besondere Stellung. Beispielsweise hat eine Vertragspartei, die dem Schuldner gegenüber eine Leistung versprochen, diese Leistung aber vor Verfahrenseröffnung noch nicht erbracht hat, **Anspruch auf Bezahlung** dieser Leistung, wenn die **Leistung** angesichts der Geschäftstätigkeit des Schuldners als **üblich** angesehen werden kann. Hat sich eine Vertragspartei gegenüber dem Schuldner zu einer anderen (unüblichen) Leistung verpflichtet und ist der Schuldner bei Verfahrenseröffnung seiner vertragsgemäßen Zahlungspflicht noch nicht nachgekommen, so teilt der *Selvittäjä* (Sanierer) auf Verlangen der Vertragspartei mit, ob der Schuldner an dem Vertrag festhält. Wird dies verneint oder nicht innerhalb einer angemessenen Frist bejaht, kann die Vertragspartei den Vertrag kündigen. Ein eventueller Schadensersatzanspruch, der dem Vertragspartner in diesen Fällen infolge der Kündigung oder des Rücktritts vom Vertrag zusteht, zählt zu den Sanierungsschulden des Schuldners.[125]

5.2 Miet- oder Pachtverhältnisse

140 Im *Konkurrsi* gelten für Miet- und Pachtverhältnisse die gleichen Grundsätze wie für unerfüllte Verträge.

141 In der *Yrityssaneeraus* **(Unternehmensreorganisation)** haben Miet- und Pachtverträge dagegen eine Sonderstellung. Nach dem *YrSanL,* dem Gesetz zur Unternehmensreorganisation, kann ein Mietvertrag mit dem Schuldner als Mieter nach der Verfahrenseröffnung vom Gläubiger als Vermieter mit dem Effekt gekündigt werden, dass der Vertrag zwei Monate nach der Kündigung endet. Dies gilt unbeschadet der Bedingungen, die für die Dauer des Vertrags oder dessen Kündigung im Vertrag vereinbart waren.[126] Ein eventueller Schadensersatzanspruch, der dem Vermieter in diesen Fällen infolge der Kündigung zusteht, zählt zu den Sanierungsschulden des Schuldners.[127]

5.3 Leasingverträge

142 In Bezug auf Leasingverträge gilt im *Konkurrsi* dasselbe wie für unerfüllte Verträge (vgl. → Rn. 138 f.). Für Leasingverträge in der *Yrityssaneeraus* gelten die obigen Ausführungen unter → Rn. 141.

5.4 Arbeitsverhältnisse

143 Mit Eröffnung eines *Konkurrsi* enden Arbeitsverträge **nicht automatisch.** Dagegen ist es üblich, dass alle Arbeitsverträge zur Vermeidung weiterer Kosten schnellstmöglich gekündigt werden. Nach dem *Työsopimuslaki (55/2001),* dem Gesetz über Arbeitsverträge, kann ein Arbeitsvertrag unabhängig von der Vertragsdauer von jeder Partei gekündigt werden, wenn über das Vermögen des Arbeitgebers ein *Konkurrsi* eröffnet wird. Die **Kündigungsfrist** beträgt **14 Tage.** Für die Zeit des *Konkurrsi* wird das Gehalt aus der *Konkurssipesä,* der Insolvenzmasse, bezahlt.[128] Werden Gehälter nicht gezahlt oder liegt Masseunzulänglichkeit vor, werden die Gehälter und anderen Entgelte, die sich aus dem oder aufgrund des Arbeitsverhältnisses ergeben, im Rahmen der im *PalkkaTL*[129] geregelten Entgeltgarantie bis zur gesetzlich jeweils vorgesehenen Obergrenze vom Staat bezahlt.

144 Im *Yrityssaneeraus* sind **im Rahmen des Sanierungsplans auch Regelungen zum Personal** zu treffen. Das bedeutet nicht zwangsläufig, dass die Arbeitsverträge im Zusammenhang mit der Eröffnung der *Yrityssaneeraus* gekündigt werden. Jedoch kann eine *Yrityssaneeraus* zu einer Verschlechterung der Arbeitsbedingungen führen. Es gibt aber auch Bestimmungen zur Unterstützung der Arbeitnehmer, da ein Moratorium betreffend Zahlungen nicht notwendigerweise auch auf die Gehälter anwendbar ist. Nach dem *Työsopimuslaki (55/2001)* kann der **Arbeitgeber** im *Yrityssaneeraus* ohne Rücksicht auf die Vertragsdauer einen Arbeitsvertrag mit einer **Frist von zwei Monaten** kündigen, wenn
1. der Grund für die Kündigung eine solche Regelung oder Maßnahme im Rahmen der *Yrityssaneeraus* ist, die zur Abwendung eines *Konkurrsi* erforderlich ist und infolge derer die Arbeit entfällt oder sich verringert, oder
2. der Grund für die Kündigung eine Maßnahme ist, die Teil eines beschlossenen Sanierungsplans ist und die zur Folge hat, dass die Arbeit entfällt oder sich verringert, oder eine Regelung gemäß

---
[125] § 27 *YrSanL.*
[126] § 27 *YrSanL.*
[127] § 27 *YrSanL.*
[128] 7. Kapitel, § 8 *Työsopimuslaki.*
[129] Dazu → Rn. 7.

dem Plan, die wirtschaftliche Gründe hat, die in einem beschlossenen Sanierungsplan festgestellt wurden und die eine Verringerung der Arbeitskräfte voraussetzen.

Für den **Arbeitnehmer** beträgt die Kündigungsfrist im Reorganisationsverfahren grundsätzlich 14 Tage.[130]

6. Pensionsansprüche in der Insolvenz und Reorganisation

Im *Konkurssi* werden unbezahlte Löhne letztlich durch staatliche Mittel erstattet (Gehaltsgarantie). Das Recht auf Betriebsrente für diesen Zeitraum bleibt ebenfalls bestehen und Rentenbeiträge werden von der Gehaltsgarantie abgezogen.

Die Unternehmensreorganisation *(Yrityssaneeraus)* wirkt sich grundsätzlich nicht auf Arbeitsverträge und damit auch nicht auf Pensionsansprüche aus. Nach geltendem Recht können Pensionsansprüche nicht Gegenstand einer präventiven Restrukturierung sein.

7. Eigentumsvorbehalt

Im Eigentum eines Dritten stehende Gegenstände, die der Schuldner in seinem Besitz hat, fallen nicht in die Insolvenzmasse *(Konkurssipesä)*, wenn sie vom Eigentum des Schuldners getrennt werden können. Das gilt auch für solche Sachen, auf die sich ein Eigentumsvorbehalt oder ein Zurückbehaltungsrecht eines Verkäufers bezieht. Wurde dagegen eine Vereinbarung über einen Eigentums- oder Rücknahmevorbehalt abgeschlossen, nachdem der Schuldner aufgrund eines Übertragungsvertrags die Sache in seinen Besitz gebracht hat, so ist der Vorbehalt im Verhältnis zur *Konkurssipesä* ohne Wirkung. Ein Eigentumsvorbehalt oder Zurückbehaltungsrecht ist gegenüber der *Konkurssipesä* auch dann unwirksam, wenn der Schuldner trotz des Vorbehalts berechtigt ist, das Eigentum an der Sache weiter zu übertragen, sie mit einer anderen Sache zu verbinden oder ansonsten über die Sache wie ein Eigentümer zu verfügen.[131]

8. Sicherheiten in der Insolvenz

Grundsätzlich können Pfandrechte trotz eines begonnenen **Konkurssi**-Verfahrens verwertet werden. Für Unternehmens- und Grundstückshypotheken sowie für Pfandrechte an bestimmten Sachen gelten jedoch Sonderregelungen.

Wenn eine *Yrityssaneeraus,* ein Unternehmensreorganisation, in Bezug auf einen Pfandgeber eingeleitet wird, kann der Pfandgläubiger nicht mehr selbstständig aus dem Pfand vollstrecken. Etwaige Prozesse zur Verwertung des Pfandes, die bei der Verfahrenseinleitung anhängig sind, werden abgebrochen. Dies gilt für Pfandrechte an allen Arten von Eigentum. Die Vollstreckung aus dem Pfand ist so lange verboten, bis das Gericht beschließt, den vom *Selvittäjä* (Sanierer) vorgeschlagenen Sanierungsplan entweder zu bestätigen oder abzulehnen. Das Moratorium gilt hingegen nicht, wenn es sich um eine Finanzsicherheit nach dem *Rahoitusvakuuslaki (11/2004)*, dem Gesetz über Finanzsicherheiten, handelt.

8.1 Mobiliarsicherheiten

Bei Verpfändung beweglicher Sachen (wozu zB Aktien, Immaterialgüterrechte oder Forderungen einschließlich Bankkonten) zählen, muss die Kontrolle über die Sache an den Pfandgläubiger übertragen werden. Dies geschieht oft durch die Überlassung der Pfandsache an den Pfandgläubiger. Hat ein Dritter die Pfandsache in seinem Besitz, bedarf es regelmäßig einer Notifizierung, dh einer Anzeige der Verpfändung an den Dritten.

Wird über das Vermögen des Eigentümers der Pfandsache der *Konkurssi* eröffnet, kann ein Pfandgläubiger trotz des Insolvenzverfahrens sein Pfandrecht geltend machen, das Pfandgut herausverlangen und ggf. selbständig verwerten. Über die Vollstreckung muss der Pfandgläubiger den Insolvenzverwalter *(Pesänhoitaja)* aber mindestens zwei Wochen im Voraus informieren. Wenn der *Pesänhoitaja* über die Vollstreckung informiert wurde, ist er dazu berechtigt, dem Pfandgläubiger für bis zu zwei Monate zu verbieten, Maßnahmen zur Vollstreckung des Pfandes vorzunehmen oder diese fortzusetzen. Der Pfandgläubiger kann die **Verwertung des verpfändeten Eigentums** auch dem Verwalter übertragen.

Auf Antrag der Insolvenzmasse *(Konkurssipesä)* kann ihr das Gericht erlauben, eine verpfändete Sache aus der *Konkurssipesä* zu verkaufen, wenn für sie ein Kaufangebot mit einem Preis vorliegt, das den üblichen Auktionswert der Sache übersteigt, und der Pfandgläubiger nicht glaubhaft macht, dass ein besserer Verkaufspreis auf eine andere Weise erzielt werden kann.

---

[130] 7. Kapitel, § 7 *Työsopimuslaki*.
[131] 5. Kapitel, § 7 *KonkL*.

154 Bewegliche Sachen können beispielsweise durch Austausch oder durch privaten oder öffentlichen Verkauf verwertet werden.

155 Die beweglichen Sachen eines Unternehmens können auch im Rahmen einer *Yrityskiinnitys* (Unternehmenshypothek) verpfändet werden.[132] Diese umfasst das gesamte betriebszugehörige, bewegliche Eigentum, das dem Gewerbetreibenden zur Zeit der Hypothekenbestellung gehört sowie das entsprechend pfändbare Eigentum, das er später erwirbt. Zu solchem Eigentum gehören (soweit nicht anderweitig verpfändet und soweit betriebszugehörig):[133]
(i) Gebäude (nicht jedoch Grundstücke) und andere Aufbauten, Maschinen und Inventar,
(ii) Immaterialgüterrechte,
(iii) Umlaufvermögen, wie etwa Roh-, Hilfs- und Betriebsstoffe, Waren, usw., und
(iv) Finanzierungsvermögen, wie etwa Kassenmittel, Forderungen, Wertpapiere, usw.
Dagegen umfasst die *Yrityskiinnitys* keine Steuerrückerstattungsansprüche oder sonstiges Eigentum, das auf eine andere Weise verpfändet werden kann (zB Fahrzeuge oder Flugzeuge).

156 Nach Eröffnung des *Konkurssi*-Verfahrens kann der Pfandgläubiger die *Yrityskiinnitys* nicht verwerten, dies steht dem *Pesänhoitaja* zu. Die *Yrityskiinnitys* gibt ihrem Inhaber im Fall des *Konkurssi* des Gewerbetreibenden einen Anspruch auf 50 % des Vermögens, das von der *Yrityskiinnitys* umfasst ist, mit Vorrang vor den sonstigen Forderungen gegen die *Konkurssipesä* (jedoch nachrangig zur Befriedigung der auf einem Pfand- oder Zurückbehaltungsrecht basierenden Forderungen). Die Zahlung des Restbetrags der Forderung erfolgt grundsätzlich unter Beachtung des Gleichbehandlungsprinzips.

8.2 Grundstückssicherheiten

157 Die Verpfändung eines Grundstücks geschieht durch die **Eintragung einer Hypothek** beim *Maanmittauslaitos*, dem finnischen Landesvermessungsamt. Über die Hypothek wird ein **elektronischer Pfandbrief** ausgestellt. Im Gegensatz zur Verpfändung von beweglichen Sachen gibt es im *Konkurssi* für die Verwertung einer Grundstückshypothek nur die folgenden Möglichkeiten:
(i) privater (oder öffentlicher) Verkauf durch den *Pesänhoitaja* mit Zustimmung der Pfandgläubiger, oder
(ii) erzwungener Verkauf per Gerichtsbeschluss auf Antrag des *Pesänhoitaja*, für den Fall, dass ein Pfandgläubiger einem Verkauf nicht zustimmt, oder
(iii) privater (oder öffentlicher) Verkauf durch den *Pesänhoitaja* ohne Zustimmung des Pfandgläubigers nach einem Zeitraum von mehr als drei Jahren nach Eröffnung des *Konkurssi*, da das Widerspruchsrecht des Pfandgläubigers insofern nach drei Jahren erlischt.

158 Im unter (ii) genannten Fall erfolgt die Veräußerung des Grundeigentums durch die Vollzugsbehörde *Ulosottoviranomainen*, wenn es sich bei dem Pfandrecht um eine Hypothek *(Kiinteistöpanttioikeus)* handelt.

8.3 Sicherheiten an Flugzeugen, Schiffen; andere Sicherheiten

159 Im *Konkurssi* des Pfandgebers kann der Pfandgläubiger eines Flugzeugs, Schiffes, Lastwagens oder sonstigen registerfähigen Eigentums ohne Rücksicht auf das *Konkurssi*-Verfahren aufgrund gerichtlichen Beschlusses das Eigentum durch **öffentlichen Verkauf** realisieren. Allerdings muss der Pfandgläubiger den Verwalter mindestens zwei Wochen im Voraus über die geplante Maßnahme informieren. Wenn der Verwalter über die Vollstreckung informiert ist, kann er dem Gläubiger für bis zu zwei Monaten verbieten, Vollstreckungsmaßnahmen vorzunehmen oder fortzusetzen.

9. Aufrechnung; Netting-Vereinbarungen

9.1 Aufrechnung

160 Im *Konkurssi* des Pfandgebers Die Aufrechnung, *Kuittaus*, ist auch im Rahmen eines finnischen *Konkurssi* möglich. Sofern ein Gläubiger gegenseitige Forderungen aufrechnen will, muss er dies **ausdrücklich** gegenüber dem *Pesänhoitaja*, dem Insolvenzverwalter, geltend machen; die *Kuittaus* erfolgt nicht automatisch. Aufgerechnet werden können nur Forderungen, die vor der Eröffnung des *Konkurssi* entstanden sind. Weiterhin dürfen keine Forderungen in eine Aufrechnung einfließen, auf die der Gläubiger keine Ansprüche aus der Insolvenzmasse hat, oder solche Ansprüche, die laut Verteilungsplan erst nachrangig zu erfüllen sind.[134]

---

[132] Dazu auch → Rn. 102.
[133] § 3 *Yrityskiinnityslaki (1984/634)* (Unternehmenshypothekengesetz).
[134] 6. Kapitel, § 1–2 *KonkL*.

9.2 „Institute" als Sicherungsnehmer nach dem Gesetz über Finanzsicherheiten

Das *Rahoitusvakuuslaki (11/2004)*, das Gesetz über Finanzsicherheiten, implementiert die Richtlinie 2002/47/EG des Europäischen Parlaments und des Rats über Finanzsicherheiten und wird angewendet, wenn der Sicherheitsgeber ein Institut ist und die gestellte Sicherheit aus Wertpapieren oder Kontogeld besteht. Außerdem gilt es für solche Sicherheiten, die von einer anderen juristischen Person als einem Institut gestellt werden, wenn der Sicherungsnehmer ein Institut ist. Mit einem Institut ist zB ein Kreditinstitut gemeint. Falls diese Voraussetzungen erfüllt sind, hindert der *Konkurssi* des Pfandgebers den Pfandgläubiger nicht daran, ein vertraglich vereinbartes Aufrechnungsrecht anzuwenden. Das bedeutet, dass der Pfandgläubiger unbeschadet des *Konkurssi* oder der *Yrityssaneeraus* das Recht hat, bei Fälligkeit der Schuld gepfändete Wertpapiere zu verkaufen oder gepfändetes Kontoguthaben abzuheben oder zu verrechnen, um Befriedigung zu erlangen.

10. Insolvenzanfechtung

Zur weitestmöglichen Aufrechterhaltung des unter → Rn. 93 angesprochenen *Yhdenvertaisuuden periaate*, des Grundsatzes der Gleichbehandlung aller Gläubiger, enthält das *Laki takaisinsaannista konkurssipesään (758/1991)* Anfechtungsregeln. Diese ermöglichen es, bestimmte Rechtshandlungen des Schuldners, die er in einem gewissen Zeitraum vor Insolvenzeröffnung vorgenommen hat, rückgängig zu machen. Grundsätzlich können alle zivilrechtlichen Rechtshandlungen Gegenstand einer Anfechtung sein.

Nach der anfechtungsrechtlichen **Generalklausel**[135] können solche Rechtshandlungen angefochten werden, die einen bestimmten Gläubiger **unangemessen bevorzugt** haben oder durch die sich **Schulden des Schuldners erhöht haben,** soweit die Rechtshandlung im Einzelfall wenigstens auch dazu beigetragen hat, dass der Schuldner zahlungsunfähig wurde, und sofern der Begünstigte die Zahlungsunfähigkeit des Schuldners **jedenfalls hätte erkennen können.** Die entsprechenden Anfechtungsfristen liegen zwischen drei Monaten und bis zu fünf Jahren, was in untenstehender Tabelle dargestellt wird. Handelt es sich um eine Rechtshandlung zugunsten einer dem Schuldner nahestehenden Person, verlängert sich die Anfechtungsfrist auf fünf Jahre. Welche Personen im Einzelnen als nahestehende Personen in diesem Sinne anzusehen sind ist gesetzlich definiert.[136]

In diesem Zusammenhang, wie auch im Rahmen der spezifischen Anfechtungstatbestände (dazu sogleich), bezieht sich die **Anfechtungsfrist** stets auf den Zeitraum seit Vornahme der relevanten Rechtshandlung bis zum Eingang des Antrags auf Insolvenzeröffnung beim zuständigen *Käräjäoikeus*, dem Insolvenzgericht.[137]

Für die weiteren **konkreten Anfechtungstatbestände** gelten kürzere Anfechtungsfristen. Diese Tatbestände beziehen sich auf ganz bestimmte Rechtshandlungen, wie beispielsweise die Begleichung einer Schuld[138] oder die Gewährung einer Sicherheit.[139] Für alle Anfechtungstatbestände gilt, dass eine Anfechtung nur dann möglich ist, wenn der Schuldner durch die betreffende Rechtshandlung wirtschaftlich schlechter gestellt wurde und dies eine niedrigere Quote bei der Befriedigung der Gläubiger im *Konkurssi* zur Folge hätte als wenn die Rechtshandlung unterblieben wäre.

Zur **Geltendmachung** der Anfechtung ist sowohl der Insolvenzverwalter *(Pesänhoitaja)* als auch – sofern der *Pesänhoitaja* sein Anfechtungsrecht nicht ausübt – jeder einzelne **Gläubiger** berechtigt.[140]

Die nachfolgende Tabelle zeigt eine Übersicht über die Anfechtungsregeln im *Konkurssi*.

Transaktion	Anfechtungsfrist
Unangemessene oder einzelne Gläubiger bevorteilende Transaktionen	Bis zu fünf Jahre. Keine Zeitgrenze bei Rechtshandlungen zugunsten einer dem Schuldner nahestehenden Person.
Außergewöhnliche Zahlungen (zB Veräußerung wesentlicher Vermögensgegenstände)	Bis zu drei Monate.
Schenkungen	Bis zu einem Jahr. Bis zu drei Jahre bei Rechtshandlungen zugunsten einer dem Schuldner nahestehenden Person.

---

[135] 2. Kapitel, § 5 *Laki takaisinsaannista konkurssipesään*.
[136] 1. Kapitel, § 3 *Laki takaisinsaannista konkurssipesään*.
[137] 1. Kapitel, § 2 *Laki takaisinsaannista konkurssipesään*.
[138] 2. Kapitel, § 10 *Laki takaisinsaannista konkurssipesään*; hier gilt eine Anfechtungsfrist von drei Monaten.
[139] 2. Kapitel, § 14 *Laki takaisinsaannista konkurssipesään*; hier gilt eine Anfechtungsfrist von drei Monaten.
[140] 5. Kapitel, § 23 *Laki takaisinsaannista konkurssipesään*.

Finnland 168–172

Transaktion	Anfechtungsfrist
Gewährung von Sicherheiten aller Art	Bis zu drei Monate. Bis zu zwei Jahre bei Rechtshandlungen zugunsten einer dem Schuldner nahestehenden Person.

11. Insolvenzrechtliche Haftung des Managements

168 Das Management ist zunächst der Erreichung des Gesellschaftszweckes seines Unternehmens verpflichtet. Dennoch ist, wer in einer insolvenznahen Situation anderen dadurch Schaden zufügt, dass er eine verlustreiche Tätigkeit weiter betreibt, um selbst Gewinn daraus zu ziehen, einer **strafrechtlichen Haftung** nach den Gläubigerschutzvorschriften im *Rikoslaki (39/1889)*, „*RL*", dem finnischen Strafgesetz, ausgesetzt.[141] In praktischer Hinsicht kommt diese Haftung dem Tatbestand der Insolvenzverschleppung nach deutschem Recht nahe. Daneben sieht das *RL* auch eine strafrechtliche Haftung für denjenigen vor, der in einer insolvenznahen Situation Vermögenswerte von bedeutendem Wert zerstört oder sich dessen sonst entledigt oder falsche Angaben in Bezug auf solches Eigentum macht und es so dem Zugriff der Gläubiger entzieht.[142]

169 Das finnische Aktiengesellschaftsgesetz *OYL* enthält eine dem deutschen Recht vergleichbare **zivilrechtliche** persönliche Haftung der geschäftsführenden Direktoren und Mitglieder der Geschäftsführung *(Toimitusjohtaja)* einer *Oy*[143] für den Fall, dass dieser Personenkreis der Gesellschaft absichtlich oder fahrlässig Schaden zufügt. Diese Haftung kommt zB in folgenden Situationen zur Anwendung: Wenn die Bilanz einer *Oy* ein negatives Aktienkapital *(Osakepääoma)* aufweist, dh wenn eine Unterbilanz vorliegt, muss der Vorstand der Gesellschaft das unverzüglich dem *Patentti- ja rekisterihallitus,* dem Unternehmensregisteramt, das das finnische Handelsregister *(Kaupparekisteri)* administriert, melden.[144] Wenn das vorhandene Eigenkapital in einer Publikums-*Oy (Oyj)*[145] auf weniger als die Hälfte des eingetragenen Aktienkapitals gesunken ist, muss der Vorstand der Publikums-*Oy* unverzüglich eine Kontrollbilanz und einen Tätigkeitsbericht erstellen, um die wirtschaftliche Situation der Gesellschaft zu klären.[146] Tut er dies nicht, so kommt die oben erwähnte persönliche Haftung des Vorstands zum Tragen.

12. Asset tracing

170 Der Insolvenzverwalter *(Pesänhoitaja)* ist dazu verpflichtet, Vermögenswerte des *Konkurssi*-Schuldners ausfindig zu machen und es zusammenzutragen. Das wird dadurch erleichtert, dass der Verwalter zur Analyse und Verwaltung der Insolvenzmasse *(Konkurssipesä)* ohne die Hindernisse von Vertraulichkeitsbestimmungen das gleiche Recht wie der Schuldner hat, die erforderlichen Auskünfte über das Bankkonto des Schuldners, die Zahlungsvorgänge, Finanzierungsverträge und Finanzierungsbeziehungen, das Schuldnervermögen und dessen Besteuerung sowie über die sonstigen Umstände der finanziellen Lage des Schuldners und seine wirtschaftliche Betätigung zu erhalten.[147] Die Einholung dieser Informationen kann sich aber hinauszögern und oft leitet der *Pesänhoitaja* deshalb gesonderte gerichtliche Schritte hierzu ein.

171 Auch wenn der *Pesänhoitaja* verpflichtet ist, das Vermögen des Schuldners ausfindig zu machen, so erstreckt sich diese Pflicht nicht weiter als auf solche Vermögenswerte, welche der Schuldner ihm mitgeteilt hat. Allerdings ist der *Pesänhoitaja* verpflichtet, Anzeige bei der Polizei zu erstatten, wenn er vermutet, dass ein Schuldner- oder Buchführungsdelikt begangen worden ist.

13. Internationales Insolvenzrecht

172 Insolvenzverfahren, die in einem anderen EU-Mitgliedsstaat (außer Dänemark) eingeleitet wurden, werden in Finnland auf Basis der **Europäischen Insolvenzverordnung**[148] automatisch anerkannt. Für die Eröffnung des Insolvenzverfahrens nach dieser Verordnung sind die Gerichte des Mitgliedstaats zuständig, in dessen Gebiet der Schuldner den Mittelpunkt seiner hauptsächlichen Interessen hat. Für das Insolvenzverfahren und seine Wirkungen gilt das Insolvenzrecht des jeweiligen

---

[141] 39. Kapitel, § 2 *RL.*
[142] 39. Kapitel, § 2 *RL.*
[143] *Oy, osakeyhtiö,* ist die finnische Aktiengesellschaft.
[144] 20. Kapitel, § 23.1 *OYL.*
[145] Das finnische Recht unterscheidet zwischen „privaten" und „öffentlichen" *Oy,* je nachdem, ob die Aktien der Gesellschaft öffentlich handelbar sind oder nicht.
[146] 20. Kapitel, § 23.3 *OYL.*
[147] 8. Kapitel, § 9 *KonkL.*
[148] Verordnung (EG) Nr. 1346/2000 über Insolvenzverfahren.

Mitgliedstaats. Umgekehrt wird ein finnischer *Konkurssi* auch in den anderen EU-Mitgliedsstaaten anerkannt.

Insolvenzverfahren, die in Nicht-EU-Mitgliedstaaten eingeleitet wurden und Vermögen betreffen, das zum Zeitpunkt der Verfahrenseröffnung in Finnland belegen war, werden dagegen mangels entsprechender zwischenstaatlicher Übereinkünfte in Finnland nicht anerkannt. Mit **Dänemark, Island** und **Norwegen** (und auch mit Schweden, wo jedoch die EuInsVO stets vorrangig gilt[149]) hat Finnland außerdem einen **gesonderten Insolvenzvertrag** abgeschlossen,[150] nach dem auch die in diesen Staaten eröffneten Insolvenzverfahren automatisch in Finnland anerkannt werden. Nach diesem Nordischen Vertrag gehört **auch im Ausland belegenes Vermögen** des Schuldners zur Insolvenzmasse *(Konkurssipesä)*, wenn es sich um einen sogenannten **Domisiilikonkurssi** handelt, also einen *Konkurssi*, bei dem der Sitz oder Wohnsitz des Schuldners in Finnland liegt. Das heißt, wenn ein *Konkurssi* zum Beispiel auf Island eröffnet wurde, gehören nach dem Nordischen Vertrag auch die in Finnland belegenen Vermögensgegenstände des Schuldners zur *Konkurssipesä*.[151]

Das finnische Gesetz über die Entgeltgarantie, *PalkkaTL*,[152] enthält Sonderregelungen hinsichtlich der Handhabung der Entgeltgarantie in ausländischen Insolvenzverfahren mit finnischem Bezug ebenso wie für Fälle eines finnischen *Konkurssi* mit internationalem Bezug.[153] Die Entgeltgarantie ist eine gesetzlich geregelte, staatliche Garantie für den Insolvenzfall im Hinblick auf Forderungen, die aus oder im Zusammenhang mit einem Arbeitsverhältnis entstanden sind und nach Art und Umfang identifiziert werden können.[154]

14. Insolvenzrechtliche COVID-19-Gesetzgebung in Finnland

Infolge der Covid-19 Pandemie wurde auch das finnische Insolvenzrecht angepasst. Am 1.5.2020 trat das Gesetz über die vorübergehende Änderung des 2. Kapitels, § 3 *Konkurssilaki (120/2004)*, *KonkL*, in Kraft, die bis zum 31.10.2020 gelten wird. Das *KonkL* enthält Vermutungsregeln in Bezug auf eine Insolvenz für den Fall, dass ein Gläubiger einen *Konkurssi*-Antrag stellt. Die Insolvenz eines Schuldners wird demnach insbesondere vermutet, wenn 1) der Schuldner seine Zahlungen eingestellt hat, 2) eine Zwangsvollstreckung in den letzten sechs Monaten vor Antragstellung gezeigt hat, dass der Schuldner nicht über die Mittel für eine vollständige Begleichung der Forderung verfügt, oder 3) der Schuldner ist oder war im letzten Jahr vor Antragstellung für seinen Betrieb oder hinsichtlich seiner Berufsausübung buchführungspflichtig und hat eine unstrittige und fällige Forderung nach Zugang einer Mahnung des Gläubigers (einschließlich Ankündigung eines *Konkurssi*) nicht binnen Wochenfrist beglichen.[155]

Infolge der nun eingeführten Änderung der Regelung im 2. Kapitel, § 3 *KonkL* entfällt der oben genannte Punkt 3 vorübergehend. Durch die Gesetzesänderung werden also die Möglichkeiten, einen Schuldner durch Gläubigerantrag in *Konkurssi* zu versetzen, begrenzt. Zugleich werden die Möglichkeiten für Unternehmen verbessert, die Phase der Covid-19-Pandemie zu überstehen. Ziel der Gesetzesänderung ist es zu verhindern, dass Unternehmen, die infolge der Covid-19-Pandemie in Zahlungsschwierigkeiten geraten sind, *allein* auf Basis einer Vermutungsregel in einen *Konkurssi* geraten, wenn sie eine Mahnung mit *Konkurssi*-Androhung nicht beachtet haben.[156]

Hinsichtlich der Unternehmensreorganisation haben die finnischen Behörden Auslegungsbeschlüsse gefasst und entsprechende Anweisungen herausgegeben, wie das *Laki yritysten saneerauksesta (47/1993)*, *YrSanL*, in dem die *Yrityssaneeraus*, die Unternehmensreorganisation, geregelt ist, unter Berücksichtigung der durch die Covid-19-Pandemie verursachten Ausnahmesituation zu interpretieren ist. So beschloss die Finanzbehörde am 17.4.2020, dass ausstehende Steuerschulden kein Hindernis mehr für die Einleitung eines Reorganisationsverfahrens gemäß dem *YrSanL* darstellen, sofern der Antrag auf Einleitung eines Reorganisationsverfahrens zwischen dem 25.3.2020 und 31.8.2020 gestellt wird. Zugleich beschloss die Finanzbehörde eine Änderung der Gründe, die zu einer Fälligkeit von Zahlungen unter Zahlungsvereinbarungen mit der Finanzbehörde führen können. Nach dem Beschluss der Finanzbehörde kann eine solche Fälligkeit unter einer Zahlungsvereinbarung nur eintreten, wenn der Steuerpflichtige Zahlungen nicht wie im Zahlungsplan vorgesehen leistet, wenn für den Steuerpflichtigen eine neue Steuerschuld entsteht, die von der Zahlungsverein-

---

[149] EuInsVO Art. 44.
[150] Der Nordische Konkursvertrag aus dem Jahr 1933 *(SopS 34/1934)*.
[151] Zur Behandlung von Massegegenständen bei Auslandsbezug → Rn. 70.
[152] Dazu → Rn. 7.
[153] § 2 *PalkkaTL*.
[154] Dazu auch → Rn. 143.
[155] 2. Kapitel, § 3, 2 mom. *KonkL*.
[156] RP 46/2020 rd, S. 5.

barung nicht umfasst ist, oder wenn der Steuerpflichtige seiner Pflicht zur Abgabe einer Steuererklärung nicht nachkommt. Die genannten Änderungen gelten vorübergehend bis zum 31.8.2020.[157]

178 Die Delegation für *Konkurssi*-Angelegenheiten veröffentlichte am 25.3.2020 Leitlinien für Sanierungsgutachter zur Auslegung der Bestimmungen des *YrSanL* über die Gründe der Beendigung eines Reorganisationsverfahrens während der aktuellen Ausnahmesituation. Nach dem *YrSanL* kann ein Reorganisationsverfahren unter anderem dann beendet werden, wenn der Schuldner zahlungsunfähig wird und es wahrscheinlich ist, dass die Zahlungsunfähigkeit durch das Sanierungsprogramm nicht beseitigt werden kann, oder wenn es wahrscheinlich ist, dass der Schuldner Verbindlichkeiten, die nach Einleitung des Verfahrens entstanden sind, nicht begleichen kann.[158] Die Delegation für *Konkurssi*-Angelegenheiten betont, dass im Rahmen der Abwägung über die Gründe für eine Beendigung des Verfahrens die Ziel- und Zweckrichtung der Insolvenzgesetze zu beachten sind. Während der aktuellen Ausnahmesituation sollte daher ein während des Verfahrens auftretender Zahlungsverzug nicht automatisch als Hinweis dafür gesehen werden, dass das Unternehmen unter normalen Umständen nicht leistungsfähig ist. Die Delegation empfiehlt ferner, dass der Sanierungsgutachter die Situation mit den Gläubigern diskutiert, um Lösungen zu finden, beispielsweise durch Verlängerung der Zahlungsfristen. Der Sanierungsgutachter sollte außerdem untersuchen, wie sich die finanzielle Situation der Gesellschaft entwickelt und wie stark sich die Covid-19 Pandemie auf die Geschäfte der Gesellschaft und ihre Möglichkeiten auswirkt, sich von den Schwierigkeiten zu erholen.[159]

15. Übersicht

179 Zusammengefasst lässt sich der Ablauf eines *Konkurssi* nach finnischem Recht mit seinen wesentlichen Schritten und Elementen wie folgt veranschaulichen:

---

[157] Skatteförvaltningens beslut om temporär ändring av Skatteförvaltningens beslut om förfarande vid betalningsarrangemang, 17.4.2020.
[158] 2. Kapitel, § 7 *YrSanL*.
[159] Delegationen för konkursärenden: Anvisning 25.3.2020.

Finnland

Zeitstrahl Konkursverfahren nach finnischem Recht

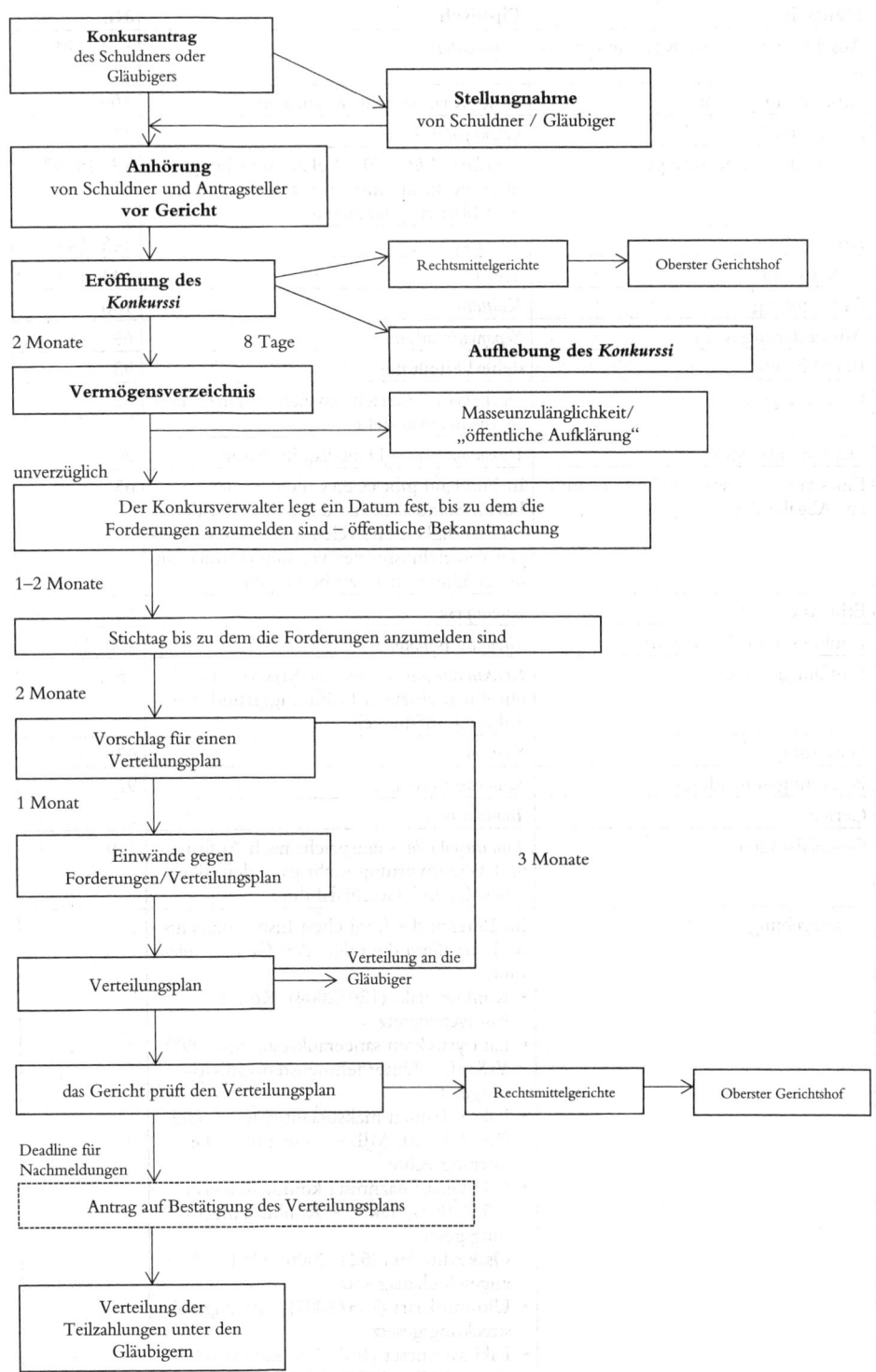

Finnland

Glossar

Deutsch	Finnisch	Rn.
Abschlussbericht des Konkursverwalters	*Loppuselvitys*	5, 13, 96
Absonderungsrecht	siehe Vorrangrecht, besonderes	100
Aktiengesellschaft	*Osakeyhtiö, Oy*	11
Amtsblatt/Bundesanzeiger	*Virallinen lehti* – Die Bekanntmachung über die Eröffnung eines *Konkurssi* ist im Amtsblatt zu publizieren.	12, 45, 92
Arbeitnehmer	*Työntekijä*	143, 144
Arbeitsrecht	*Työoikeus*	143, 144
Aufrechnung	*Kuittaus*	160
Aussonderungsrecht	*Separaatio-oikeus*	69
Befriedigung	siehe Verteilung	93
Berufungsgericht	*Hovioikeus* – Gericht zweiter Instanz, auch als Insolvenzgericht	62
Debt-Equity-Swap	*Velkakonversio* – Debt-Equity-Swap	20
Eidesstattliche Versicherung, Termin zur Abgabe der	In Finnland gibt es dies nicht in der Form. Stattdessen hat der Schuldner die Vollständigkeit und Richtigkeit des Vermögensverzeichnisses des Verwalters (nur) mit seiner Unterschrift zu bestätigen.	65
Erbmasse	*Kuolinpesä*	60
Erfüllung (von Verträgen)	*Täytäntö (sopimus)*	138, 139
Eröffnungsgrund	*Konkurssiin asettamisen edellytykset* – es gibt nur einen einzigen Eröffnungsgrund: die Zahlungsunfähigkeit	45
Forderung	*Saatava*	92
Forderungsanmeldung	*Saatavan valvonta*	92
Gericht	*Tuomioistuin*	5
Geschäftsführer	*Toimitusjohtaja* – entspricht nach Aufgaben und Verantwortung nicht ganz dem deutschen GmbH-Geschäftsführer	169
Gesetzgebung	Im Bereich des finnischen Insolvenzrechts sind vor allem die folgenden Gesetze relevant: • Konkurssilaki (120/2004), KonkL – Insolvenzgesetz • Laki yrityksen saneerauksesta (55/1993), YrSanL – Unternehmensreorganisationsgesetz • Laki velkojien maksusaantijärjestyksestä (1578/1992), MJL – Gesetz über die Vorrangrechte • Laki takaisinsaannista konkurssipesään (758/1991), TakSL – Konkursanfechtungsgesetz • Osakeyhtiölaki (624/2006), OYL – Aktiengesellschaftsgesetz • Ulosottokaari (705/2007) – Zwangsvollstreckungsgesetz • Laki avoimesta yhtiöstä jo kommandiittiyhtiöstä (496/1988), AKYL – Gesetz	7

Finnland

Deutsch	Finnisch	Rn.
	über die Handelsgesellschaft und Kommanditgesellschaft • Palkkaturvalaki (866/1998), PalkkTL – Entgeltgarantiegesetz • Työsopimuslaki (55/200) – Gesetz über Arbeitsverhältnisse • Kirjanpitolaki (1336/1997), KPL – Buchführungsgesetz • Kauppalaki (355/1987), KL – Kaufgesetz • Rikoslaki (39/1889), RL – Strafgesetzbuch • Laki luottolaitostoiminnasta (121/2007) – Gesetz über Kreditinstitute • Kuluttajansuojalaki (38/1978) – Gesetz über Verbraucherschutz • Laki yksityshenkilön velkajärjestelystä (57/1993), VJL – Gesetz über Schuldensanierung natürlicher Personen (Verbraucherinsolvenzgesetz)	
Gläubiger	*Velkoja*	38
Gläubigerausschuss	*Velkojaintoimikunta*	91, 132–134
Gläubigerversammlung	*Velkojainkokous*	87
Gleichbehandlungsgrundsatz	*Yhdenvertaisuuden periaate*	93
Haftung	*Vastuu*	168
Handelsregister	*Kaupparekisteri* – das Register wird geführt von *Patentti- ja rekisterihallitus*, dem finnischen Unternehmensregisteramt	5
Höchstes Gericht	*Korkein Oikeus* – höchste (Revisions–) Instanz, auch als Insolvenzgericht	62
Insolvenz(verfahren)	*Konkurssi (menettely)*	37
Insolvenzanfechtung	*Takaisinsaanti*	162
Insolvenzantrag	*Konkurssihakemus*	38, 39
Insolvenzaufsichtsbehörde	*Konkurssiasiamies*, der Konkursbeauftragte	72
Insolvenzeröffnung	*Päätös konkurssiin asettamisesta*	77
Insolvenzforderung	*Konkurssisaatava*	103
Insolvenzforderung, nachrangige	*Jälkivalvonta*	104
Insolvenzgeld	*Palkkaturva*– staatliche Entgeltgarantie, jedoch anders ausgestaltet als das deutsche Insolvenzgeld	143
Insolvenzgericht	*Käräjöoikeus*– Gericht erster Instanz, auch als Insolvenzgericht	5
Insolvenzgläubiger	*Konkurssivelkoja*	38
Insolvenzmasse	*Konkurssipesä*	78
Insolvenzregister	*Konkurssi- ja yrityssaneerausrekisteri* – bei *Oikeusrekisterikeskus*, dem finnischen Rechtsregisterzentrum, geführtes Register mit Informationen zu *Konkurssi*-Verfahren	5
Insolvenzverfahren betreffend einen Schuldner mit Sitz oder Wohnsitz in Finnland	*Domisiilikonkurssi*	173
Insolvenzverwalter	*Pesänhoitaja*	13

Finnland

Deutsch	Finnisch	Rn.
Liquidation	*Selvitystila*	10
Liquidationsabschlussbilanz	*Lopputilitys*	12
Massegläubiger	*Massavelkoja*	98
Masseunzulänglichkeit	*Konkurssin raukeaminen*	13, 62, 72, 143
Masseverbindlichkeit	*Massasaatava*	98
Nachrangige Insolvenzforderung	*Viimesijainen saatava*	104
Rang(folge) der Gläubiger	*Etuoikeusjärjestelmä konkurssissa*	107
Rechtsanwaltskammer	*Suomen asianajoliitto*– es gibt (nur) eine zentrale Kammer	6
Reorganisationsverfahren/ Unternehmensreorganisation	*Yrityssaneeraus*	9, 109
Sanierer/Verwalter (im Rekonstruktionsverfahren)	*Selvittäjä*	124
Sanierung	*Yrityssaneeraus* – für Unternehmen *(Yksityishenkilön) velkajärjestely* – für natürliche Personen	9
Schuldner	*Velallinen*	38
Schuldnerbericht des Verwalters	*Velallisselvitys*	65
Sicherheiten in der Insolvenz	*Vakuus konkurssissa* – bieten *erityiset etuoikeudet*, besondere Vorrangrechte, mit vorrangiger Befriedigung	99, 100
Sicherungsmaßnahmen (vor Verfahrenseröffnung)	*Turvaamistoimi*	76
Stammkapital/Grundkapital	*Osakepääoma* – entspricht der Bedeutung nach etwa dem Stammkapital einer deutschen GmbH	169
Strafrecht	*Rikosoikeus*	168
Unternehmensregisteramt	*Patentti- ja rekisterihallitus, PRH*	5
Verbraucherinsolvenzverfahren	Mit dem deutschen Verbraucherinsolvenzverfahren vergleichbar ist die *velkajärjestely*.	7, 9, 36
Vergleich/Insolvenzplan	*Sovinto* – der Vergleich, der den *Konkurssi* abschließt	16
Vermögensverzeichnis	*Pesäluettelo*	65, 76
Verteilung	*Jako-osa*	93
Verwaltung und Verwertung der Insolvenzmasse	*(Konkurssiomaisuuden) Realisaatio*	68–72
Vollstreckungsamt/ Gerichtsvollzieher/ Beitreibungsbehörde	*Ulosottoviranomainen*	158
Vorrangrecht	*Etuoikeus*	99, 100
Vorrangrecht, allgemeines	*Yleinen etuoikeus*	99, 100
Vorrangrecht, besonderes	*Erityinen etuoikeus*	99, 100
Vorstand/Geschäftsführung	*Hallitus* – Verwaltungsrat in der finnischen *Oy*	13
Zahlungsunfähigkeit	*Maksukyvyttömyys*– einziger Eröffnungsgrund	45

Finnland

Glossar

Finnisch	Deutsch	Rn.
Domisiilikonkurssi	Insolvenzverfahren betreffend einen Schuldner mit Sitz oder Wohnsitz in Finnland	173
Erityinen etuoikeus	besonderes Vorrangrecht	99, 100
Etuoikeus	Vorrangrecht	99, 100
Etuoikeusjärjestelmä konkurssissa	Rang(folge) der Gläubiger	99, 100
Hallitus	Verwaltungsrat in der finnischen Oy; vergleichbar mit Vorstand/Geschäftsführung einer deutschen AG/GmbH	13
Hovioikeus	Berufungsgericht (Rechtsmittelgericht)/ Gericht zweiter Instanz, auch als Insolvenzgericht	62
Jako-osa	Verteilung	93
Jälkivalvonta	nachrangige Insolvenzforderung	104
Kauppalaki (355/1987), KL	Kaufgesetz	7
Kaupparekisteri	Handelsregister; das Register wird geführt von Patentti- ja rekisterihallitus, dem finnischen Unternehmensregisteramt	5
Kiinteistöpanttioikeus	Hypothek	
Kirjanpitolaki (1336/1997), KPL	Buchführungsgesetz	7
Konkurssi (menettely)	Insolvenz(verfahren)	37
Konkurssi- ja yrityssaneerausrekisteri	Insolvenzregister; bei Oikeusrekisterikeskus, dem finnischen Rechtsregisterzentrum, geführtes Register mit Informationen zu Konkurssi-Verfahren	5
Konkurssiasiamies	Konkursbeauftragter, die Insolvenzaufsichtsbehörde	72
Konkurssihakemus	Insolvenzantrag	38
Konkurssiin asettamisen edellytykset	Insolvenzeröffnungsgrund; es gibt nur einen einzigen Eröffnungsgrund: die Zahlungsunfähigkeit	77
Konkurssilaki (120/2004), KonkL	Insolvenzgesetz	7
Konkurssin raukeaminen	Masseunzulänglichkeit	13, 62, 72, 143
Konkurssipesä	Insolvenzmasse	78
Konkurssisaatava	Insolvenzforderung	103
Konkurssivelkoja	Insolvenzgläubiger	38
Korkein oikeus	Oberster Gerichtshof; höchste (Revisions-)Instanz, auch als Insolvenzgericht	62
Kuittaus	Aufrechnung	160
Kuluttajansuojalaki (38/1978)	Gesetz über Verbraucherschutz	7
Kuolinpesä	Erbmasse	60
Käräjäoikeus	Insolvenzgericht (Amtsgericht); Gericht erster Instanz, auch als Insolvenzgericht	5
Laki avoimesta yhtiöstä jo kommandiittiyhtiöstä (496/1988), AKYL	Gesetz über die Handelsgesellschaft und Kommanditgesellschaft	7
Laki luottolaitostoiminnasta (121/2007)	Gesetz über Kreditinstitute	7
Laki takaisinsaannista konkurssipesään (758/1991), TakSL	Konkursanfechtungsgesetz	7

Finnland

Finnisch	Deutsch	Rn.
Laki velkojien maksusaantijärjestyksestä (1578/1992), MJL	Gesetz über die Vorrangrechte	7
Laki yksityishenkilön velkajärjestelystä (57/1993), VJL	Gesetz über Schuldensanierung natürlicher Personen (Verbraucherinsolvenzgesetz)	7
Laki yrityksen saneerauksesta (55/1993), YrSanL	Unternehmensreorganisationsgesetz	7
Loppuselvitys	Abschlussbericht des Konkursverwalters	5, 13, 96
Lopputilitys	Liquidationsabschlussbilanz	12
Maksukyvyttömyys	Zahlungsunfähigkeit; einziger Eröffnungsgrund	
Massasaatava	Masseverbindlichkeit	98
Massavelkoja	Massegläubiger	98
Osakepääoma	Stammkapital/Grundkapital; entspricht der Bedeutung nach etwa dem Stammkapital einer deutschen GmbH	169
Osakeyhtiö, Oy	Aktiengesellschaft, AG	11
Osakeyhtiölaki (624/2006), OYL	Aktiengesellschaftsgesetz	7
Palkkaturva	Entgeltgarantie; staatliche Entgeltgarantie, jedoch anders ausgestaltet als das deutsche Insolvenzgeld	143
Palkkaturvalaki (866/1998), PalkkTL	Entgeltgarantiegesetz	7, 143
Patentti- ja rekisterihallitus, PRH	Unternehmensregisteramt	5
Velallisselvitys	Schuldnerbericht des Verwalters	65
Pesänhoitaja	Konkursverwalter	13
Pesäluettelo	Vermögensverzeichnis	65, 76
Päätös konkurssiin asettamisesta	Konkurseröffnung	77
Realisaatio (konkurssipesän)	Verwaltung und Verwertung der Insolvenzmasse	68–72
Rikoslaki (39/1889), RL	Strafgesetzbuch	7
Rikosoikeus	Strafrecht	168
Saatava	Forderung	92
Saatavan valvonta	Forderungsanmeldung	92
Selvittäjä	Sanierer/Verwalter (im Rekonstruktionsverfahren)	124
Selvitystila	Liquidation	10
Separaatio-oikeus	Aussonderungsrecht	69
Sovinto	Vergleich, der den Konkurssi abschließt	16
Suomen asianajoliitto	Finnische Rechtsanwaltskammer; es gibt (nur) eine zentrale Kammer	6
Takaisinsaanti	Insolvenzanfechtung	162
Toimitusjohtaja	Geschäftsführer; entspricht nach Aufgaben und Verantwortung nicht ganz dem deutschen GmbH-Geschäftsführer	169
Tuomioistuin	Gericht	5
Työntekijä	Arbeitnehmer	143, 144
Työoikeus	Arbeitsrecht	143, 144
Työsopimuslaki (55/2001)	Gesetz über Arbeitsverhältnisse	143, 144
Täytäntö (sopimus)	Erfüllung (von Verträgen)	138, 139
Ulosottokaari (705/2007)	Zwangsvollstreckungsgesetz	7

Finnland

Finnisch	Deutsch	Rn.
Ulosottoviranomainen	Vollstreckungsamt/Gerichtsvollzieher/ Beitreibungsbehörde	158
Vakuus konkurssissa	Sicherheiten in der Insolvenz; bieten erityiset etuoikeudet, besondere Vorrangrechte mit vorrangiger Befriedigung	99, 100
Velallinen	Schuldner	138
Velkajärjestely (yksityishenkilön)	Schuldensanierung für natürliche Personen	9
Velkakonversio	Debt-Equity-Swap	20
Velkoja	Gläubiger	38
Velkojainkokous	Gläubigerversammlung	87
Velkojaintoimikunta	Gläubigerausschuss	91, 132–134
Viimesijainen saatava	nachrangige Insolvenzforderung	104
Virallinen Lehti	Amtsblatt/Bundesanzeiger; die Bekanntmachung über die Eröffnung eines Konkurssi ist im Amtsblatt zu publizieren	12, 42, 92
Yhdenvertaisuuden periaate	Gleichbehandlungsgrundsatz	93
Yleinen etuoikeus	allgemeines Vorrangrecht	99, 100
Yrityskiinnitys	Unternehmenshypothek	102

Frankreich

bearbeitet von Prof. Dr. *Reinhard Dammann* (Avocat au Barreau de Paris, Professeur affilié à l'École de Droit de Sciences Po Paris)

Übersicht

	Rn.
1. Gesetzessammlungen, Schrifttum und Informationsquellen	1
1.1 Gesetzessammlungen	1
1.2 Schrifttum	2
1.3 Informationsquellen	4
2. Einführung	5
2.1 Gesetzliche Grundlagen	5
2.2 Die Covid-19-Ausnahmegesetzgebung	10
2.3 Übersicht der verschiedenen Verfahrenstypen	16
2.4 Präventive Restrukturierung	20
2.4.1 Frühwarnung, *prévention-détection*	20
2.4.1.1 *Procédure d'alerte*	20
2.4.1.2 *Droit d'alerte* des Betriebsrates	23
2.4.1.3 Vorladung durch den Präsidenten des Handelsgerichts	24
2.4.2 Staatliche Mediation	25
2.4.3 *Mandat ad hoc, conciliation*	29
2.4.3.1 Allgemeines	29
2.4.3.2 *Mandat ad hoc*	33
2.4.3.3 *Conciliation*	37
2.4.4 Die *sauvegarde accélérée* (SA) und die *sauvegarde financière accélérée (SFA)*	54
2.4.5 Das *prepack-cession*-Verfahren	59
2.5 Insolvenzen von Finanzinstituten und Versicherungen	61
2.6 Konzerninsolvenzen	63
2.6.1 Grundsatz der Selbständigkeit	63
2.6.2 *Confusion de patrimoine* – substantive consolidation	64
2.6.3 Verfahrensrechtliche Koordination der Verfahren	65
2.6.4 Durchgriffshaftung	66
2.7 Verbraucherinsolvenzen – *surendettement des particuliers*	71
3. Wesentliche Verfahrensmerkmale des präventiven Restrukturierungsverfahrens – *procédure de sauvegarde*	76
3.1 Eröffnung des Verfahrens	76
3.1.1 Ziel des Verfahrens	76
3.1.2 Eröffnungsgrund	77
3.1.3 Prüfung der Eröffnungsgründe	80
3.2 Rolle des Gerichtes	82
3.3 Verwalter	86

	Rn.
3.4 Massezugehörigkeit	91
3.5 Fortführung des Unternehmens	92
3.6 Sicherungsmaßnahmen vor Verfahrenseröffnung	100
3.7 Wirkungen der Verfahrenseröffnung auf Rechtsverfolgungsmaßnahmen einzelner Gläubiger	101
3.8 Wirkungen der Verfahrenseröffnung auf laufende Gerichts- oder Schiedsverfahren	102
3.9 Automatisches Moratorium	103
3.10 Organe der Gläubiger	107
3.11 Forderungsanmeldung, Feststellung oder Bestreiten von Forderungen	109
3.12 Der Sanierungsplan, *plan de sauvegarde*	114
3.12.1 Allgemeines	114
3.12.2 Planverfahren ohne Gläubigerkomitees: der *plan imposé*	116
3.12.3 Planverfahren mit Gläubigerkomitees	120
3.13 Abschluss des *sauvegarde*-Verfahrens	128
4. Wesentliche Verfahrensmerkmale der ordentlichen Insolvenzverfahren – *procédures de redressement* bzw. *de liquidation judiciaire*	129
4.1 Das *redressement judiciaire* – Unterschiede zum präventiven Restrukturierungsverfahren	129
4.1.1 Eröffnung des Verfahrens	129
4.1.2 Ziele des *redressement*-Verfahrens	133
4.1.3 Unterschiede während der Beobachtungsphase	135
4.1.4 Besonderheiten beim *plan de redressement*	136
4.2 Die Liquidation – *liquidation judiciaire*	138
4.2.1 Ziele des Verfahrens	138
4.2.2 Eröffnung des Verfahrens	139
4.2.3 Verwaltung und Abwicklung des Vermögens	141
4.2.4 Das vereinfachte Verfahren – *liquidation judiciaire simpliée*	142
4.2.5 Beendigung der *liquidation judiciaire* – *clôture*	143
4.3 Die übertragende Sanierung – *plan de cession*	144
5. Gläubigergruppen – Massegläubiger, bevorrechtigte, gesicherte, ungesicherte und nachrangige Gläubiger	150

Frankreich 1–6

		Rn.
5.1	Massegläubiger	150
5.2	Bevorrechtige Gläubiger	152
5.3	Ungesicherte Gläubiger	153
5.4	Nachrangige Gläubiger	154
6.	Verträge im Insolvenzverfahren	155
7.	Pensionsansprüche	159
8.	Eigentumsvorbehalt	160
9.	Sicherheiten in der Insolvenz	164
9.1	Übersicht der dinglichen Sicherheiten	164
9.2	Rechtsstellung dinglich abgesicherter Gläubiger im Insolvenzverfahren	169
9.3	Stellung von Gesamtschuldnern und Garanten	176
10.	Aufrechnung: Netting-Vereinbarungen	177
11.	Insolvenzanfechtung	179
11.1	Allgemeines	179
11.2	Automatische Nichtigkeit – *nullité de droit*	182
11.3	Fakultative Nichtigkeit – *nullité facultative*	183
12.	Geltendmachung von Haftungsansprüchen gegen (frühere) Geschäftsführer, Gesellschafter oder Dritte	184
12.1	Die Gläubigerhaftung bei fahrlässiger Kreditgewährung	184
12.2	Haftung von Mitgliedern der Leitungsorgane	186
13.	Asset tracing	190
14.	Internationales Insolvenzrecht	191

1. Gesetzessammlungen, Schrifttum und Informationsquellen

1.1 Gesetzessammlungen

1 Alle Gesetzestexte sind online bei http://www.legifrance.gouv.fr verfügbar. Bei *legifrance translations* wird eine nicht amtliche englische Übersetzung des *Code de commerce* (Stand Juli 2013) angeboten. Für Praktiker besonders zu empfehlen sind Kurzkommentare bei *Dalloz* bzw. *Litec*.[1]

1.2 Schrifttum

2 *Coquelet*, Entreprises en difficulté, Instruments de paiement et de crédit, 6. Aufl. 2017, Hypercours, Dalloz ; *Dammann/Sénéchal*, Le droit de l'insolvabilité internationale, 1. Aufl. 2018, Lextenso, *Jacquemont/Borga/Mastrullo*, Droit des entreprises en difficulté, LexisNexis, 11. Aufl. 2019; *Le Cannu/Robine*, Droit des entreprises en difficulté, Dalloz, 8. Aufl. 2020; *Le Corre*, Droit et pratique des procédures collectives, 10. Aufl., 2019/2020, Dalloz Action; *J-Cl. Com.*, Fasc. 1710 bis 1712, *Surendettement des particuliers (Gjidara-Decaix)*, Stand 1.3.2018; *Lienhard*, Procédures collectives, 9. Aufl. 2020/2021, Delmas; *Lucas*, Manuel de droit de la faillite, 2. Aufl. 2018, PUF; *Pérochon*, Entreprises en difficulté, LDGJ, 10. Aufl. 2014. *Saint-Alary Houin*, Droit des entreprises en difficulté, Montchrestien, 12. Aufl. 2020; *Vallansan*, Guide des procédures collectives, LexisNexis, 2. Aufl. 2020.

3 Darstellungen in deutscher Sprache: *Dammann*, Beck Online-Kommentar, Länderbericht Frankreich, Stand 30.10.2020; *Sonnenberger/Dammann*, Französisches Handels- und Wirtschaftsrecht, 3. Aufl. 2008, RIW, Kap. VIII; *Sonnenberger/Classen* (Hrsg.), Einführung in das französische Recht, 4. Aufl. 2012.

1.3 Informationsquellen

4 Die Entscheidungen des Kassationshofs *(Cour de cassation)* sind online bei http://www.courdecassation.fr abzurufen.

2. Einführung

2.1 Gesetzliche Grundlagen

5 Das französische Insolvenzrecht ist im sechsten Buch des *Code de commerce*, mit Art. L. 611-1 beginnend, kodifiziert worden. Der Buchstabe L. weist auf den gesetzlichen Ursprung der Norm hin. Die Ausführungsdekrete sind mit dem Buchstaben R. gekennzeichnet und beginnen im zweiten Teil des sechsten Buches des C. com. mit Art. R. 600-1.

6 Die ganze Materie wurde im ***Loi de sauvegarde*** vom 26.7.2005 grundlegend reformiert.[2] Im Mittelpunkt des Interesses stand nicht mehr die Ausschaltung notleidender Unternehmen, sondern

---

[1] *Dalloz*, Code des procédures collectives, annoté et commenté, 18. Aufl. 2020, (Dir. *Lienhard*); *Litec*, Code des entreprises en difficulté, 9. Aufl. 2020, (Dir. *Saint-Alary Houin*).

[2] Zur Vorgeschichte → MünchKomm-InsO-Online *(Dammann)* Länderbericht Frankreich, Rn. 1.

vielmehr ihre Rettung. Den verschiedenen Insolvenzverfahren sind mehrere präventive Maßnahmen bzw. Verfahren vorgeschaltet, die in der Praxis eine große Rolle spielen. Zu nennen sind hier das Frühwarnsystem, *procédure d'alerte,* durch den Wirtschaftsprüfer, die *droit d'alerte* des Betriebsrates, die **staatliche Mediation,** das *mandat ad hoc* sowie die Schlichtung, *conciliation.* All diese Verfahren sind keine Insolvenzverfahren im eigentlichen Sinne und fallen daher nicht in den Anwendungsbereich der EuInsVO. Kommt es dennoch zur Eröffnung eines Insolvenzverfahrens, soll die **Sanierung** des Unternehmens im Wege seiner Fortsetzung bzw. Veräußerung erfolgen. Gelingt dies nicht, kommt es zur Liquidierung des Schuldners.

Die einzelnen präventiven Restrukturierungs- und Insolvenzverfahren sind anwendbar auf Personen, die eine **kaufmännische** oder **handwerkliche** Tätigkeit ausüben,[3] **Landwirte, juristische Personen** des **Privatrechts** (wie zB eine Immobiliengesellschaft, *société civile immobilière, SCI*) sowie **Freiberufler,** wie zB Anwälte, Wirtschaftsprüfer oder Ärzte.[4] Gesellschaften, die von vornherein **ohne Rechtspersönlichkeit** gegründet worden sind, also die *société en participation* und die *société créée de fait* fallen nicht in den Anwendungsbereich des *Loi de sauvegarde*.[5]

Anders als in Deutschland kommt das allgemeine Insolvenzrecht nicht bei einer **Insolvenz** von **Privatpersonen** zur Anwendung. Hier gibt es vielmehr ein verbraucherschutzrechtliches Verfahren das *surendettement des particuliers.*

Natürliche Personen, die weder Kaufleute, Handwerker, Landwirte noch Freiberufler sind und ihren Wohnsitz in **Elsass-Lothringen** haben, können sowohl die Eröffnung eines Verfahrens nach den Titeln II bis VI des sechsten Buches des *Code de commerce* (insbesondere *sauvegarde, redressement judiciaire, liquidation judiciaire*) als auch Verbraucherinsolvenz beantragen.[6]

2.2 Die Covid-19-Ausnahmegesetzgebung

Durch Gesetz Nr. 2020-290 vom 23.3.2020 wurde die französische Regierung ermächtigt, an Gesetzes statt tretende Verordnungen, *ordonnances,* zu erlassen, um die Auswirkungen der Covid-19-Pandemie auch insolvenzrechtlich bewältigen zu können. Einschlägig sind fünf *ordonnances* vom 25. und 27.3.2020[7] sowie vom 13. und 20.5.2020,[8] die durch drei Rundschreiben, *circulaires,* des Justizministeriums vom 26. und 30.3. bzw. 16.6.2020 erläutert werden.[9] Diese Gesetzgebung kommt auch auf bereits **laufende Verfahren** zur Anwendung. Als flankierende Maßnahme hat der französische Finanzminister am 23.3.2020 einen Erlass, *arrêté,* zur Vergabe von staatlich garantierten Krediten (sog. *PGE, prêt garanti par l'Etat*) erlassen, um die Liquidität der von Covid-19 betroffenen Unternehmen zu verbessern.[10] Diese Kredite können jedoch nicht im Rahmen eines Insolvenzverfahrens zur Verfügung gestellt werden.

Wie im deutschen Recht, soll durch **Aussetzung** von **Antragsfristen** die Eröffnung eines Insolvenzverfahrens vermieden werden. Die Zahlungsunfähigkeit des Schuldners „kristallisiert" sich rückwirkend zum Zeitpunkt des **12.3.2020,** wodurch indirekt Anfechtungen ausgeschlossen werden.[11] Danach beginnt eine Schutzperiode, *période juridiquement protégée,* die am 23.8.2020 (einschließlich), abläuft und fallbezogen um einen, zwei oder drei Monate verlängert werden kann.[12]

Tritt die Zahlungsunfähigkeit des Schuldners nach dem Stichtag des 12.3.2020 ein, wird die Antragspflicht zur Eröffnung eines ordentlichen Insolvenzverfahrens (*procédures de redressement* bzw. de *liquidation judiciaire*) bis zum 10.10.2020 ausgesetzt.[13] Während dieser Zeitperiode kann der Schuldner Antrag auf Eröffnung eines präventiven Restrukturierungsverfahrens, *procédure de sauvegarde* bzw.

---

[3] Keine Rolle spielt, ob es sich um eine illegale Tätigkeit handelt, vgl. *Le Corre* Rn. 211.211.
[4] Ob ein Anteilseigner einer *société en nom collectif – SNC,* der von Rechts wegen Kaufmann ist, eine kaufmännische Tätigkeit iSv Art. L. 620-2 C. com. ausübt und somit Subjekt eines Insolvenzverfahrens werden kann, ist str. Die Lehre stellt auf die tatsächliche Ausübung der wirtschaftlichen Tätigkeiten ab, vgl. *Le Corre* Rn. 211.211. Die Rspr. arbeitet mit einer widerlegbaren Vermutung, vgl. Civ. 5.12.2013, Bull. civ. II, Nr. 231.
[5] Nur die Gesellschafter kommen als Subjekt eines *redressement* bzw. einer *liquidation judiciaire* in Betracht. Dies gilt auch für eine Gesellschaft im Gründungsstadium, vgl. *Lienhard* Rn. 52.46.
[6] Vgl. Art. L. 711-3, Abs. 2 C. consomm.; *Froehlich,* FS Vallens, 2017, 247.
[7] Ord. Nr. 2020-304 v. 25.3.2020; *Ord.* Nr. 2020-306 u. *Ord.* Nr. 2020-341 v. 27.3.2020.
[8] Ord. Nr. 2020-560 v. 13.5.2020; *Ord.* Nr. 2020-596 v. 20.5.2020.
[9] Dazu BJE Mai/Juni 2020, *dossier,* 55; BJE Juli/August 2020, *dossier,* 71; *Borga, Couturier,* Rev. proc. coll. Mai/Juni 2020, *études,* 1.
[10] JO 24.3.2020.
[11] Dazu → Rn. 179.
[12] Ursprünglich war das Datum der Beendigung des „Notstands der gesundheitlichen Sicherheit", *état d'urgence sanitaire,* einschlägig. Die *ordonnance* v. 20.5.2020 hat die Berechnung der Fristen vereinfacht.
[13] Vgl. Art. 1, I, Ziff. 1, *Ord.* Nr. 2020-341 idF v. 20.5.2020. War der Schuldner bereits am 12.3.2020 zahlungsunfähig, muss er innerhalb 45 Tagen Antrag auf die Eröffnung des Verfahrens stellen.

eines Schlichtungsverfahrens, *conciliation,* stellen. Er kann ebenfalls die Eröffnung eines ordentlichen Insolvenzverfahrens beantragen. **Fremdanträge** auf Eröffnung einer *procédure de redressement judiciaire* bzw. einer *liquidation judiciaire* sind unzulässig. Während dieser Periode können Rechtshandlungen, zB die Vergabe von neuen Krediten und die Bestellung von Sicherheiten grundsätzlich wegen fehlender Zahlungsunfähigkeit des Schuldners **nicht angefochten** werden.[14]

13   Art. 2 der *ordonnance* Nr. 2020-3306 setzt in der Neufassung der *ordonnance* vom 13.5.2020 grundsätzlich alle **Verfahrensfristen,** die während der Schutzperiode abgelaufen, bis höchstens zwei Monate nach dem 24.6.2010 aus, dh bis zum 24.8.2020. Insolvenzrechtlich kommt diese Regelung zB auf die zweimonatige Frist der **Forderungsanmeldung** zur Anwendung.[15] Das Gleiche gilt auch für die dreimonatige **Aussonderungsfrist** von Art. L. 624-9 C. com. beim Eigentumsvorbehalt, die allerdings auf zwei Monate begrenzt ist.[16]

14   Art. 1, II der *ordonnance* Nr. 2020-341 idF vom 20.5.2020 sieht vor, dass die **maximale Laufzeit** aller **Schlichtungsverfahren,** *conciliation,* die während der Schutzperiode anhängig sind, **automatisch um fünf Monate verlängert** wird. In den Genuss dieser Verfahrensverlängerung kommen folglich Verfahren, die während dieser Periode hätten beendet werden müssen bzw. eröffnet worden sind. Die Karenzfrist von Art. L. 611-6 C. com. kommt hier ausnahmsweise nicht zur Anwendung. Die *ordonnance* Nr. 2020-596 hat zusätzliche Schutzbestimmungen erlassen, die bis zum 31.12.2020 zur Anwendung kommen. Für die Dauer der *conciliation* müssen die am Verfahren teilnehmenden Gläubiger ein Moratorium hinnehmen. Andernfalls kann der Schuldner bei Gericht für die Dauer der *conciliation* die Aussetzung von Zahlungsverbindlichkeiten, Rechtsverfolgungs- und Vollstreckungsmaßnahmen sowie von Kündigungen von Verträgen wegen Zahlungsverzug beantragen. Strafzinsen werden nicht fällig. Darüber hinaus kann das Gericht gemäß Art. 1343-5 C. civ. eine zweijährige Aussetzung der Zahlung von Schulden *(délai de grâce)* verhängen.[17] Diese Regelung begünstigt den Schuldner, der innerhalb einer zehnmonatigen Schlichtungsphase die Eröffnung eines präventiven Restrukturierungsverfahrens beantragen kann, um in den Genuss eines weiteren gesetzlichen Moratoriums von 18 Monaten während der Beobachtungsphase zu gelangen.[18] Schließlich wurden die Eingangsschwellen der Eröffnung einer *sauvegarde (financière) accélérée* von Art. L. 628-1 Abs. 4 C. com. vorübergehend aufgehoben.[19]

15   Art. 1, III. der *ordonnance* Nr. 2020-341 und Art. 5 der *ordonnance* Nr. 2020-596 sehen eine Verlängerung der im Rahmen einer *procédure de sauvegarde* bzw. *redressement judiciaire* gerichtlich beschlossene **Sanierungspläne** vor.[20] Die einzelnen **Ratenzahlungen** werden entsprechend **angepasst**.[21] Es gelten folgende Regeln. Während der Schutzperiode vom 12.3.2020 bis zum 23.6.2020 werden alle Pläne automatisch um drei Monate verlängert. Bis zum 23.8.2020 kann der *commissaire à l'exécution du plan* beim Präsidenten des Gerichts eine Planverlängerung für eine Dauer von maximal fünf Monaten beantragen. Ein solcher Antrag muss allerdings vom *commissaire à l'exécution du plan* oder vom Staatsanwalt bis spätestens zum 31.12.2020 bei Gericht eingereicht werden. Somit ergibt sich eine **maximale** Verlängerung des Sanierungsplans von insgesamt **51 Monaten.** Das Gericht ist nicht an die Höchstgrenze von 10 Jahren des Art. L. 626-12 C. com. gebunden. Gem. der *circulaire* vom 30.3.2020 sind diese Ausnahmeregelungen eng auszulegen. Schließlich ist noch auf die Privilegierung von Darlehen hinzuweisen, die während der Beobachtungsphase oder im Rahmen des Fortführungsplans dem Schuldner zur Verfügung gestellt werden, sog. *privilège de „post money".*[22]

---

[14] Die sog. *période suspecte* beginnt ab der gerichtlichen Feststellung der tatsächlichen Zahlungsunfähigkeit; die mögliche Zurückdatierung der tatsächlichen Zahlungsunfähigkeit für einen Zeitraum von maximal 18 Monaten vor Eröffnung des Verfahrens gem. Art. L. 631-8 C. com. bleibt unberührt, vgl. *Téboul,* D. 2020, 785; dazu → Rn. 180.
[15] Die Fristverlängerung für ausländische Gläubiger um weitere zwei Monate kann nicht zur Anwendung; dazu → Rn. 109.
[16] Dazu → Rn. 160.
[17] Art. 2, III. *Ord.* v. 20.5.2020. Zum *délai de grâce* unten → Rn. 44.
[18] Zu den Voraussetzungen der Verfahrenseröffnung eines präventiven Restrukturierungsverfahrens unten → Rn. 77.
[19] Art. 3 *Ord.* v. 20.5.2020. Diese Regelung ist am 22.5.2020 in Kraft getreten und gilt zur Verabschiedung der *Ord.,* die die Insolvenz- u. Restrukturierungsrichtlinie (EU) 2019/1023 v. 20.6.2019 umsetzen wird, bzw. spätestens bis zum 17.7.2021. Zu den Schwellenwerten unter → Rn. 55.
[20] Dazu → Rn. 114.
[21] Art. 5, I. Abs. 2 *Ord.* v. 20.5.2020. Dazu Monsèrié-Bon/Poujade, BJE Juli/August 2020, *dossier,* 76. Das Gericht kann ebenfalls gem. Art. 1345-5 Abs. 1 b3 C. civ. *délais de grâce* gewähren.
[22] Art. 5, IV. *Ord.* v. 20.5.2020. Es handelt sich um eine vorgezogene Umsetzung der Restrukturierungsrichtlinie (EU) 2019/1023 v. 20.6.2019, die spätestens am 17.7.2021 ausläuft. Die Rangstellung ist allerdings deutlich ungünstiger als diejenige des Privilegs der *conciliation.*

2.3 Übersicht der verschiedenen Verfahrenstypen

Erklärtes Kernstück der Reform von 2005 ist die Einführung eines präventiven Restrukturierungsverfahrens, die *procédure de sauvegarde,* das als **zentrales Regelverfahren** ausgestaltet ist.[23] Es beruht, wenn auch mit wichtigen Änderungen, auf dem früheren ordentlichen Insolvenzverfahren, der *procédure de redressement judiciaire,* das als selbständiges Verfahren fortbesteht. Falls nichts anderes in Art. L. 631-1 ff. C. com. vorgesehen ist, finden also die Vorschriften des präventiven Restrukturierungsverfahrens auf das **ordentliche Insolvenzverfahren** Anwendung. Seit der Reform von 2005 sind die einschlägigen Vorschriften zur übertragenden Sanierung im Kapitel der *liquidation judiciaire* angesiedelt. Diese Platzierung ist nicht einfach nachzuvollziehen, da in der Praxis die **übertragende Sanierung** weiterhin im Rahmen des *redressement judiciaire* möglich ist und idR auch dort erfolgt.

Die Palette der Verfahren wurde in den letzten Jahren ausgeweitet. So wurde durch Gesetz vom 22.10.2010 die *sauvegarde financière accélérée* (abgekürzt *SFA*) eingeführt.[24] Es handelt sich hier um ein beschleunigtes vereinfachtes *sauvegarde*-Verfahren, dass lediglich dazu dient, einen Sanierungsplan mehrheitlich zu beschließen und gerichtlich bestätigen zu lassen.

Durch die *ordonnance* vom 12.3.2014 wurde das sog. *„prepack-cession"-*Verfahren eingeführt. Die übertragende Sanierung wird im Rahmen eines Vorverfahrens *(mandat ad hoc, conciliation),* unter Einbeziehung des künftigen Verwalters, ausgehandelt und im Rahmen eines ordentlichen Insolvenzverfahrens *(redressement* oder *liquidation judiciaire)* vollzogen.

Eine weitere Neuerung ist die *procédure de rétablissement professionnel.* Hier handelt es sich um ein vereinfachtes Verfahren zur Schuldenbereinigung mit **Restschuldbefreiung** der bekannten Forderungen.[25] In den Genuss dieses Verfahrens kommen gutgläubige natürliche Personen, die einer kaufmännischen oder freiberuflichen Tätigkeit nachgehen und deren sehr geringes Vermögen die Verfahrenskosten nicht abdeckt.[26] Anders als in Deutschland kennt das französische Recht nämlich nicht die Ablehnung eines Eröffnungsantrags mangels Masse. Das Ziel der Reform, die Zahl der Liquidierungen deutlich herabzusetzen, wurde allerdings verfehlt.

2.4 Präventive Restrukturierung

2.4.1 Frühwarnung, *prévention-détection*

2.4.1.1 *Procédure d'alerte*

Durch Gesetz vom 1.3.1984 wurde in Frankreich ein **Frühwarnsystem** eingeführt, die sog. *procédure d'alerte,* die im **Gesellschaftsrecht** angesiedelt ist.[27] Wurde ein **Schlichtungsverfahren** *(conciliation)* oder ein präventives Restrukturierungsverfahren *(procédure de sauvegarde)* eröffnet, erübrigt sich das Warnverfahren.[28]

Das Verfahren wird durch den **Wirtschaftsprüfer eingeleitet,** wenn er Fakten feststellt, die die Kontinuität des Unternehmens infrage stellen können. Ziel des Warnverfahrens ist es, Maßnahmen der Geschäftsleitung zu erwirken, um die Einleitung eines formellen Insolvenzverfahrens zu vermeiden. In der **ersten Verfahrensstufe** richtet der Wirtschaftsprüfer ein Schreiben an den Präsidenten des Verwaltungsrates bzw. des *directoire.* Erfolgt innerhalb von 15 Tagen keine zufriedenstellende Antwort, fordert der Wirtschaftsprüfer die Geschäftsführung auf, eine Sitzung des **Verwaltungs-** bzw. des **Aufsichtsrats** einzuberufen, um die **notwendigen Maßnahmen** zu beschließen. Der Beschluss des Verwaltungsrats- bzw. des Aufsichtsrats wird dem Betriebsrat und dem **Präsidenten des zuständigen Handelsgerichts** übermittelt, der den Präsidenten des Verwaltungsrates bzw. des *directoire* zu einem Gespräch vorladen kann, Art. L. 611-2 C. com.

Gelingt es der Geschäftsleitung nicht, die wirtschaftlichen Probleme in den Griff zu bekommen, so ist eine **Gesellschafterversammlung** einzuberufen. Der Wirtschaftsprüfer legt der Versammlung einen **speziellen Bericht** vor, der auch dem Betriebsrat zugeleitet wird. Falls keine Abhilfe geschaffen wird, unterrichtet der Wirtschaftsprüfer erneut den Präsidenten des Handelsgerichts, wodurch die Eröffnung eines präventiven Vorverfahrens bzw. eines präventiven Restrukturierungs- oder Insolvenzverfahrens wahrscheinlich wird.

---

[23] Vgl. Art. L. 620-1 ff. C. com.
[24] Dazu *Dammann/Schneider* D. 2011, 1429.
[25] Vgl. Art. L. 645-11 C. com.
[26] Art. L. 645-1 bis L. 645-12 C. com.
[27] Für Einzelheiten → MünchKomm-InsO-Online *(Dammann)* Länderbericht Frankreich, Rn. 56.
[28] Art. L. 234-4 C. com. Diese Regelung wurde nicht auf das *mandat ad hoc* ausgeweitet.

2.4.1.2 *Droit d'alerte* des Betriebsrates

23   Art. L. 2323-78 C. trav. sieht vor, dass Arbeitnehmervertreter vom Arbeitgeber Erklärungen zu wirtschaftlichen Schwierigkeiten des Unternehmens verlangen können. Falls der Arbeitgeber keine zufriedenstellende Antwort gibt oder das Vorliegen wirtschaftlicher Probleme bestätigt, kann der Betriebsrat *(comité social et économique – CSE)* einen Bericht erstellen, der dem Arbeitgeber und dem Wirtschaftsprüfer übermittelt wird. Die Anwendungsbereiche des *droit d'alerte* sind also nicht deckungsgleich mit dem Warnverfahren durch den Wirtschaftsprüfer. In der Praxis wird das *droit d'alerte* des CSE im Rahmen eines sozialen Konflikts als Druckmittel benutzt. Bei Rechtsmissbrauch kann auf Einstellung des Verfahrens bei Gericht geklagt werden.[29]

2.4.1.3 Vorladung durch den Präsidenten des Handelsgerichts

24   Art. L. 611-2 C. com. sieht vor, dass bei wirtschaftlichen Schwierigkeiten, die die Kontinuität des Unternehmens infrage stellen, der **Präsident des Handelsgerichts** die Geschäftsführer **vorladen** kann, damit die notwendigen Maßnahmen ins Auge gefasst werden.[30] Vorladung und Termin sind **streng vertraulich**. Unmittelbare **insolvenzrechtliche Konsequenzen** hat diese Vorladung nicht. Stellt der Gerichtspräsident allerdings fest, dass das Unternehmen zahlungsunfähig ist, wird die Akte an den Staatsanwalt weitergeleitet, der Antrag auf Eröffnung eines Insolvenzverfahrens stellen kann.[31]

2.4.2 Staatliche Mediation

25   Der Fiskus und die staatlichen Sozialversicherungsträger sind oft wichtige Gläubiger, an denen bei präventiven Restrukturierungen kein Weg vorbeiführt. In jedem Departement ist eine spezielle Kommission eingerichtet, die **CCSF**,[32] die eine **Stundung** von **Steuerschulden** und unbezahlten **Sozialabgaben** beschließen kann. Im Gegenzug werden idR dingliche Sicherheiten bestellt. Im Rahmen der präventiven Restrukturierungsverfahren können darüber hinaus auch **Teilschuldenerlasse** gewährt werden.[33]

26   Bei Unternehmen mit mindestens 400 Arbeitnehmern kann das *Comité départemental d'examen des problèmes de financement des entreprises* **(Codefi)** eingeschaltet werden, das staatliche Finanzhilfen beschließen kann.

27   Eine Spezialabteilung des französischen Finanzministeriums, das *Comité interministériel des restructurations industrielles,* abgekürzt **CIRI**, wird idR bei vorinsolvenzlichen Restrukturierungen von Unternehmen mit mehr als 400 Arbeitnehmern als Moderator eingeschaltet. In der Praxis geschieht dies im Zusammenspiel mit einem parallel eröffneten *mandat ad hoc* bzw. einer *procédure de conciliation*.

28   Bei Unternehmen mit weniger als 400 Beschäftigten sollen die *commissaires au redressement productif,* die dem Präfekten unterstellt sind, die staatlichen Interventionen koordinieren. Sind können einen Antrag stellen, vom Handelsgericht angehört zu werden.[34] Zu nennen ist schließlich noch der staatlich ernannte *médiateur de crédit,* der zur Aufgabe hat, kleinere Unternehmen mit weniger als 10 Beschäftigten bei ihren Verhandlungen mit Banken zu unterstützen.

2.4.3 Mandat ad hoc, conciliation

2.4.3.1 Allgemeines

29   Seit 1984 praktiziert das französische Recht sehr erfolgreich **präventive** Restrukturierungsverfahren. *Mandat ad hoc* und *conciliation* sind als vertrauliche Vorverfahren konzipiert, um eine einvernehmliche Lösung der finanziellen Probleme des Schuldners mit seinen wichtigsten Gläubigern zu finden. Die Verfahrenseröffnung hat nicht eine (automatische) Aussetzung aller Zwangsvollstreckungsmaßnahmen zur Folge. Lediglich individuelle Maßnahmen in der Form eines zivilrechtlichen *délai de grâce* können vom Schuldner bei Gericht gem. Art. 1343-5 C. civ. beantragt werden. Da nicht in Gläubigerrechte eingegriffen wird, handelt es sich, anders als beim deutschen Schutzschirm-

---

[29] Vgl. *Le Corre* Rn. 122–421; Soc. 12.9.2018, Nr. 17-18.027.
[30] Art. L. 611-2-1 C. com. hat eine entsprechende Norm für juristische Personen des Privatrechts sowie Freiberufler vorgesehen; zuständig ist dann der Präsident des *tribunal judiciaire.*
[31] Vgl. *Le Corre* Rn. 122.211.
[32] *Commission des chefs des services financiers et des représentants des organismes de recouvrement des cotisations de sécurité sociale et d'assurance chômage.*
[33] Zu beachten ist hier, dass im Rahmen einer *conciliation* bzw. *sauvegarde* ein Schuldenerlass innerhalb von 2 Monaten nach Verfahrenseröffnung beantragt werden muss, Art. D. 626-12 f. C. com.
[34] Art. L. 662-3 Abs. 3 C. com.

verfahren weder beim *mandat ad hoc* noch bei der *conciliation* um ein (hybrides) Insolvenzverfahren iSd **EuInsVO**.[35] *Mandat ad hoc* fällt nicht in den Anwendungsbereich der Restrukturierungsrichtlinie (EU) 2019/1023 v. 20.6.2016. Ob die *conciliation* in den Anwendungsbereich der Richtlinie fällt ist str.[36]

Zeichnet sich am Ende des Schlichtungsverfahrens ab, dass der Sanierungsplan nicht von allen beteiligten Gläubigern akzeptiert wird, kann der Schuldner den Antrag stellen, eine *sauvegarde accélérée (SA)* bzw. eine *sauvegarde financière accélérée (SFA)* zu eröffnen, um den Plan durch die Gläubigerausschüsse mehrheitlich verabschieden und durch das Gericht bestätigen zu lassen. Wie der Name bereits sagt, handelt es sich bei der *SA* bzw. der *SFA* um ein beschleunigtes präventives Restrukturierungsverfahren. Das französische Recht hat also ein **Zwei-Stufenmodell** entwickelt. 30

Das **formlose,** *out of court restructuring*, ohne die Einschaltung eines gerichtlich bestellten *mandataire ad hoc* oder eines Schlichters wird in Frankreich nur bei Umschuldungen von Kreditverträgen praktiziert, wenn keine Gefahr einer drohenden Zahlungsunfähigkeit des Schuldners besteht. 31

Im Gegensatz zum deutschen Recht kennt das französische Recht keine **vorläufigen Sicherungsmaßnahmen** vor Eröffnung eines präventiven Restrukturierungsverfahrens bzw. ordentlichen Insolvenzverfahrens. 32

2.4.3.2 Mandat ad hoc

Bei Unternehmen, die sich in wirtschaftlichen oder finanziellen Schwierigkeiten befinden, kann der Schuldner die **Bestellung** eines *mandataire ad hoc* gem. Art. L. 611-3 C. com. beantragen, um einen Vergleich mit den wichtigsten Gläubigern herbeizuführen und so die Eröffnung eines Insolvenzverfahrens zu vermeiden. Das *mandat ad hoc* wird auch zur Vorbereitung einer übertragenden Sanierung im Rahmen einer sog. *prepack cession* verwendet. Zuständig ist der Präsident des örtlichen Handelsgerichts, wo die Gesellschaft bzw. der Kaufmann ins Handelsregister eingetragen ist.[37] 33

Die **Person** des *mandataire* wird vom Schuldner vorgeschlagen. Der Gerichtspräsident legt die **Dauer** des Verfahrens und den **Aufgabenbereich** des *mandataire ad hoc* fest.[38] Es handelt sich um ein recht flexibles Verfahren, das **streng vertraulich** ist.[39] 34

Der *mandataire* mischt sich in die **Geschäftsführung** des Schuldners nicht ein. Der Schuldner kann über seine Vermögenswerte weiterhin frei verfügen und behält so die Kontrolle über den täglichen Betrieb des Unternehmens und alle strategischen Entscheidungen. Vertragsklauseln, die vorsehen, dass allein wegen der Eröffnung des *mandat ad hoc*-Verfahrens durch den Schuldner laufende Verträge gekündigt oder diese Verträge in sonstiger Weise zum Nachteil des Schuldners geändert werden dürfen, sind unwirksam (*réputées non écrites*).[40] 35

Der ausgehandelte Sanierungsplan wird nicht durch das Gericht bestätigt und bleibt somit vertraulich. Der Abschluss der Restrukturierungsvereinbarung ist völlig **freiwillig.** Die Gläubiger sind in keiner Weise gehalten, die Vorschläge des *mandataire* zu akzeptieren. Die Theorie eines Rechtsmissbrauchs kommt nicht zur Anwendung.[41] In der Praxis hängt der Erfolg des Verfahrens oft vom Verhandlungsgeschick des *mandataire* ab. 36

2.4.3.3 Conciliation

Das Schlichtungsverfahren nimmt in der französischen Restrukturierungslandschaft eine **Schlüsselrolle** ein.[42] Durch den frühzeitigen Abschluss einer Restrukturierungsvereinbarung mit den wichtigsten Gläubigern soll die Eröffnung eines Insolvenzverfahrens vermieden werden. In der 37

---

[35] Vgl. Dammann/Sénéchal Rn. 318.
[36] Vgl. Dammann/Boché-Robinet D. 2017, 1264. Das *Loi PACTE* v. 22.5.2019 fasst eine Anpassung des *sauvegarde*-Verfahrens ins Auge.
[37] Falls der Schuldner keine kaufmännische oder handwerkliche Tätigkeit ausübt, ist der Präsident des *tribunal judiciare* zuständig.
[38] Zur Festlegung der Honorare → *MünchKomm-InsO-Online (Dammann)* Länderbericht Frankreich, Rn. 88.
[39] Art. L. 611-15 C. com; vgl. Com. 22.9.2015, Nr. 14-17.377; ein Presseorgan, das die Verfahrenseröffnung publiziert, macht sich schadenersatzpflichtig, vgl. Com. 15.12.2015, Nr. 14-11.500; vertraulich sind nicht nur die Eröffnung des Verfahrens, sondern auch im Verfahren erstellten Dokumente, zB eine *Vendor Due Diligence*, Soc. 9.10.2019, Nr. 18-15.305, D. 2019, 1989; ferner → *MünchKomm-InsO-Online (Dammann)* Länderbericht Frankreich, Rn. 89; es besteht keine Verpflichtung, den Betriebsrat zu konsultieren, Art. L. 611-3, Abs. 3 C. com.
[40] Art. L. 611-16 C. com., dazu, *Lienhard* Rn. 11.39.
[41] Vgl. *Lucas* Rn. 16.; Com. 22.9.2015, Nr. 14-17.377.
[42] Für Einzelheiten zum Verfahren → *MünchKommInsO-Online (Dammann)* Länderbericht Frankreich, Rn. 96.

Frankreich 38–46

Praxis werden alle größeren Restrukturierungsfälle von mittelständischen Unternehmen, vor allem im *LBO*-Bereich, im Rahmen einer *conciliation* abgewickelt bzw. vorbereitet.[43] Die Erfolgsquote der *conciliation* beträgt stolze 70 %.[44]

38   **Zuständig** ist der **Präsident** des örtlichen Handelsgerichts. Handelt es sich beim Schuldner um eine juristische Person des Privatrechts oder um Freiberufler, wird das Verfahren vom Präsidenten des örtlichen *tribunal judiciaire* eröffnet, Art. L. 611-5, Abs. 1 C. com.

39   Nach Art. L. 611-4 C. com. kann der Schuldner die Eröffnung eines Schlichtungsverfahrens beantragen, wenn **rechtliche, wirtschaftliche** oder **finanzielle Schwierigkeiten** bestehen oder sich abzeichnen oder wenn der Schuldner seit höchstens 45 Tagen zahlungsunfähig ist. Dieser Tatbestand ist deutlich weiter gefasst als das deutschrechtliche Konzept der „drohenden Insolvenz".

40   **Antragsberechtigt** ist allein der **Schuldner.** Der Betriebsrat muss nicht vom Antrag auf Eröffnung des Verfahrens unterrichtet werden.[45] Vertragsklauseln, die vorsehen, dass allein wegen der Eröffnung des Schlichtungsverfahrens durch den Schuldner laufende Verträge gekündigt oder diese Verträge in sonstiger Weise zum Nachteil des Schuldners geändert werden dürfen, sind unwirksam *(réputées non écrites)*. Diese Bestimmung neutralisiert weitverbreitete Klauseln in Kreditverträgen, die es Kreditgebern ermöglichten, bei Eröffnung einer *conciliation* den Kredit sofort fällig zu stellen.

41   Der Schuldner kann die **Person** des *conciliateur* **vorschlagen.** In der Regel handelt es sich um einen örtlich zugelassenen Insolvenzverwalter. In fast allen Fällen entspricht der Gerichtspräsident dem Vorschlag des Schuldners. Die Honorarvereinbarung muss vom Präsidenten des Handelsgerichts gebilligt werden.

42   Die **Dauer** des Verfahrens beträgt **vier Monate,** die auf Antrag des *conciliateur* auf **fünf Monate verlängert** werden kann.[46] Soll nach Abschluss einer Schlichtung ein neues Verfahren eröffnet werden, so ist eine **Karenzfrist** von drei Monaten zu beachten, Art. L. 611-6 Abs. 2 C. com. Es ist allerdings möglich, während dieser Zeitspanne ein *mandat ad hoc* zu eröffnen.

43   Einen **Eingriff in Gläubigerrechte** durch eine generelle, gerichtlich angeordnete Aussetzung von Rechtsverfolgungs- und Vollstreckungsmaßnahmen sieht das französische Recht **nicht** vor.[47] Während des laufenden Schlichtungsverfahrens ist allerdings die Eröffnung eines ordentlichen Insolvenzverfahrens *(redressement* bzw. *liquidation judiciaire)* auf Antrag eines Gläubigers oder des Staatsanwalts ausgeschlossen.[48] Der Schuldner ist von seiner Verpflichtung, die Eröffnung eines Insolvenzverfahrens bei Zahlungsunfähigkeit, die **nach** der Eröffnung des Verfahrens eintritt, nicht entbunden und kann ggfs. Antrag stellen, das Schlichtungsverfahren in eine *procédure de sauvegarde* zu überführen.[49]

44   Die in Art. 1343-5 C. civ. verankerte Möglichkeit des Schuldners, eine Aussetzung der Zahlung von Schulden *(délai de grâce)* für eine Höchstdauer von zwei Jahren zu beantragen, ist auf die Neutralisierung von einzelnen **Akkordstörern** zugeschnitten. **Zuständig** ist der Richter, der das Schlichtungsverfahren eröffnet hat.[50] Personen, die Gesamtschuldner des Gläubigers sind oder eine persönliche Sicherheit gegeben haben, können sich auf die gewährten *délais de grâce* berufen.[51]

45   Wie das *mandat ad hoc*, ist die *conciliation* **streng vertraulich.** Dies ist ein Schlüssel ihres Erfolgs.[52] Im Außenverhältnis führt der Schuldner seine Geschäfte in völliger Eigenverwaltung fort. Unter dem Stichwort **„Gläubigerautonomie"** ist anzumerken, dass der Abschluss des Restrukturierungsplans vollkommen freiwillig ist. Es werden keine Gläubigergruppen gebildet, die mit qualifizierter Mehrheit abstimmen. Es besteht keine Möglichkeit, Zugeständnisse zu erzwingen. Das Gericht ist ebenfalls nicht in der Lage, Forderungsverzichte oder Zahlungsfristen festzusetzen, bzw. *debt-to-equity-swaps* zu beschließen.

46   Das Verfahren zeichnet sich durch große **Transparenz** aus. Es ist üblich, dass der *conciliateur* unabhängige Sachverständige bestellt, um die finanzielle Situation des Schuldners bzw. des Konzerns sowie die Stichhaltigkeit des Restrukturierungs- und des *Business Plans* zu prüfen. Bei größeren

---

[43] Im Jahre 2015 wurden ca. 1.000 Schichtungsverfahren eröffnet, eine Steigerung von 72 % im Vergleich zum Jahr 2011.
[44] Vgl. den Bericht des *Haut Comité Juridique de la Place financière de Paris, Rapport du Groupe Défaillances d'Entreprises (HCJP),* v. 1.7.2016, S. 7. hautcomite@hcjp.fr – www.hcjp.fr.
[45] Art. L. 611-6, Abs. 3 (aE) C. com.
[46] Zur Covid-19 Ausnahmegesetzgebung → Rn. 14.
[47] Zur Covid-19 Ausnahmegesetzgebung → Rn. 14.
[48] Art. L. 631-5 bzw. Art. L. 640-5 C. com.
[49] Art. L. 621-1, Abs. 5 C. com.
[50] Art. L. 611-7 Abs. 5 C. com.
[51] Art. L. 611-10-2 Abs. 1 C. com.
[52] → Rn. 34.

Verfahren werden darüber hinaus Wertgutachten des Unternehmens erstellt. Der *conciliateur* erstattet dem Gerichtspräsidenten regelmäßig Bericht über die Fortschritte der Verhandlungen. So wird eine Insolvenzverschleppung vermieden.

Scheitert die Schlichtung, informiert der *conciliateur* umgehend den Gerichtspräsidenten, der 47 die Schlichtung beendet.[53] Ist der Schuldner nicht zahlungsunfähig, kann ein präventives Restrukturierungsverfahren eröffnet werden. Bei Zahlungsunfähigkeit muss die Eröffnung eines ordentlichen Insolvenzverfahrens (*redressement judiciaire* bzw. *liquidation judiciaire*) beantragt werden.

Der Restrukturierungsplan wird am Ende des Verfahrens entweder auf Antrag aller Parteien 48 dem Gerichtspräsidenten zur **einfachen Bestätigung** *(constatation)* oder auf Antrag des Schuldners dem Gericht zur **offiziellen** *homologation* vorgelegt. Bei der einfachen Bestätigung muss der Schuldner schriftlich versichern, dass er nicht (mehr) zahlungsunfähig ist. Das Gesetz räumt dem Präsidenten **keinerlei Entscheidungsspielraum** ein. Er kann nicht die Bestätigung verweigern, wenn der Restrukturierungsplan unausgewogen ist. Die **einfache Bestätigung** erfolgt durch eine *ordonnance* des Präsidenten, wodurch die Vereinbarung **vollstreckbar** wird *(titre exécutoire)*. Das Verfahren bleibt **vertraulich,** da die *ordonnance* nicht veröffentlicht wird.[54] Der Betriebsrat muss nicht informiert werden.

Wird eine offizielle Bestätigung – *homologation* – angestrebt, hat das Gericht gem. Art. L. 611- 49 8, II C. com. festzustellen, dass der Schuldner **nicht** (mehr) **zahlungsunfähig** ist und dass, unter **Wahrung** der **Interessen** der **übrigen Gläubiger,** durch den ausgehandelten Restrukturierungsplan ein **dauerhaftes Fortbestehen** des **Unternehmens** gesichert ist. Bei der *homologation* handelt es sich um eine **Gerichtsentscheidung,** gegen die **Rechtsmittel** eingelegt werden können.[55]

Während der **Dauer** der Restrukturierungsvereinbarung sind alle **Rechtsverfolgungs-** und 50 **Vollstreckungsmaßnahmen** der beteiligten Gläubiger, die auf ihren umgeschuldeten Forderungen beruhen, unterbrochen bzw. untersagt.[56] Natürliche und juristische Personen, die Gesamtschuldner des Gläubigers sind oder eine persönliche Sicherheit gegeben haben, kommen in den Genuss eines *accord constaté* bzw. eines *accord homologué*.[57]

Die im Rahmen gerichtlich **homologierten** Restrukturierungsvereinbarung oder auch 51 vorher getätigten Rechtsgeschäfte, insbesondere im Rahmen von Refinanzierungen, die Bestellung von Sicherheiten, Rückzahlung von Krediten, usw., können im Falle der späteren Eröffnung eines ordentlichen Insolvenzverfahrens grundsätzlich nicht angefochten werden. Diese *safe-habour*-Bestimmung kommt bei einer einfachen Bestätigung nicht zur Anwendung.

Unterzeichnende Gläubiger, die im Rahmen eines *accord homologué* oder bereits während des 52 Schlichtungsverfahrens dem Schuldner neue finanzielle Mittel *(new money)* zuführen, um die Zukunft des Unternehmens zu sichern, erhalten ein **Befriedigungsvorrecht,** das sog. *„privilège de la conciliation"*.[58]

Hält der Schuldner die Restrukturierungsvereinbarung nicht ein, besteht zunächst die Möglich- 53 keit einer **Nachbesserung** des Vertrages, die keiner erneuten gerichtlichen Bestätigung bedarf.[59] Kommt es zu keiner Einigung, kann jede Partei Antrag auf **gerichtliche Aufhebung** *(résolution)* stellen. Die Eröffnung eines (präventiven) Insolvenzverfahrens bewirkt die automatische Aufhebung der Restrukturierungsvereinbarung. Die Parteien können allerdings die Rückwirkung ausschließen.[60] Gläubiger erhalten ihre eventuell aufgegebenen Forderungen und Sicherheiten zurück.[61] Die *caducité* der Vereinbarung erfasst weder erhaltene Rückzahlungen noch das *privilège de new money* des Art. 611-11 C. com. In einer umstrittenen Entscheidung vom 25.9.2019,[62] hat der Kassationshof die *caducité* des Protokolls auf Bürgschaften ausgeweitet, die zur Absicherung der nach Zahlungsverzichten und Stundungen verbleibenden Restschulden bestellt worden waren. Diese Rechtsprechung dürfte allerdings im Falle einer Neuverschuldung nicht zur Anwendung kommen.

2.4.4 Die *sauvegarde accélérée* (SA) und die *sauvegarde financière accélérée* (SFA)

Besteht keine Einstimmigkeit unter den Gläubigern, kann der Schuldner die **Umwandlung** 54 des Schlichtungsverfahrens in eine *sauvegarde accélérée* (SA), bzw. eine *sauvegarde financière accélérée*

---

[53] Art. L. 611-7, Abs. 6 C. com.
[54] Art. L. 611-8 C. com.
[55] Art. L. 611-10, Abs. 2. C. com; für Einzelheiten → MünchKomm-InsO-Online *(Dammann)* Länderbericht Frankreich, Rn. 120.
[56] Art. L. 611-10-1 C. com.
[57] Art. L. 611-10-2 C. com.
[58] Art. L. 611-11 C. com.
[59] Vgl. *Podeur,* D. 2017, 1430; aA *Le Corre* Rn. 144–411.
[60] Vgl. CA Rennes 25.9.2019, D. 2020, 533 mAnm *Dammann/Alle.*
[61] Art. L. 611-12 C. com.
[62] Com. Nr. 18-15.655, D. 2019, 1886, krit. Anm. *Dammann/Alle* D. 2019, 2100.

(SFA) bei Gericht beantragen.[63] Es handelt es sich bei beiden Verfahren um beschleunigte, vereinfachte **Varianten** der *procédure de sauvegarde*, die in den Anwendungsbereich der **EuInsVO** und der Restrukturierungsrichtlinie (EU) 2019/1023 v. 20.6.2016 fallen. Ob im Rahmen der Umsetzung der RL die *SA* und *SFA* zusammengefasst werden, ist offen. Die wichtigsten Änderungen bringt die Einführung von Gläubigergruppen deutschen Musters mit sich, die die Komitees des *sauvegarde*-Verfahrens ablösen werden.[64]

55 **Anwendungsvoraussetzung** beider Verfahren ist, dass ein **Schlichtungsverfahren anhängig** ist. **Antragsberechtigt** ist nur der **Schuldner**. Voraussetzung ist, dass er eine konsolidierte Bilanz erstellt oder dass seine Bilanz durch einen Wirtschaftsprüfer testiert bzw. von einem Finanzbuchhalter erstellt worden ist und eines der drei folgenden Kriterien erfüllt sind: der Schuldner beschäftigt mehr als 20 Arbeitnehmer; er erzielt einen Jahresumsatz von mindestens 3 Mio. EUR (vor Steuern); seine Bilanzsumme beträgt mindestens 1,5 Mio. EUR.[65] Die **Eröffnungsgründe** einer „normalen" *procédure de sauvegarde* müssen erfüllt sein.[66] Darüber hinaus muss der Schuldner glaubhaft darlegen, dass der ausgearbeitete Restrukturierungsplan ein **dauerhaftes Fortbestehen** des **Unternehmens** gewährleistet und die erforderliche Unterstützung der betroffenen Gläubiger genießt. Es muss also die Wahrscheinlichkeit bestehen, dass der Plan die Zwei-Drittel-Summenmehrheit der Insolvenzforderungen in den jeweiligen Gläubigerausschüssen bzw. der Versammlung der Inhaber von Schuldverschreibungen erhalten wird.

56 **Zuständig** für die Eröffnung des Verfahrens ist das örtliche Gericht, dass das Schlichtungsverfahren eröffnet hat. Der *conciliateur* wird idR als *adminsitrateur* bzw. *mandataire judiciaire* bestellt.[67] Die Bildung von **Gläubigerkomitees,** die mit einer Zwei-Drittel Summenmehrheit über den Plan abstimmen, ist zwingend.[68] Die maximale Verfahrensdauer einer *sauvegarde accélérée* beträgt drei Monate, wohingegen eine *SFA* innerhalb eines Monats abgeschlossen werden muss. Durch Gerichtsentscheidung kann die Dauer der *SFA* allerdings um einen weiteren Monat verlängert werden. Eine Verlängerung der *SA* ist nicht vorgesehen. **Laufende Verträge,** die beide Seiten zum Zeitpunkt des Eröffnungsurteils noch nicht erfüllt haben, sog. *contrats en cours,* werden fortgeführt. *Ipso-facto*-Klauseln, die im Fall der Verfahrenseröffnung die automatische Auflösung bzw. Kündigung des Vertrages vorsehen, sind unwirksam. Der Gesetzgeber hat spezielle **vereinfachte** Regeln für die **Forderungsanmeldung** vorgesehen.[69]

57 Das **Gericht** muss den Sanierungsplan **bestätigen;**[70] es kann keine allgemeinen Stundungen von Forderungen im Rahmen eines sog. *plan imposé* beschließen.[71] **Gläubiger, die nicht** einem der **Gläubigerkomitees angehören,** sind also vom Verwalter zum Plan zu befragen. Das Gericht kann allerdings lediglich die gemachten **freiwilligen Zugeständnisse** registrieren. Ansonsten müssen die Gläubiger, wie vertragsmäßig vorgesehen, bezahlt werden.[72]

58 Wird der Plan nicht fristgerecht von den Gläubigerkomitees beschlossen, **schließt** das Gericht das Verfahren ab, das somit fehlgeschlagen ist.[73] Eine **Überleitung** des Verfahrens in eine ordentliche *procédure de sauvegarde* sieht der Gesetzgeber nicht vor.

2.4.5 Das *prepack-cession*-Verfahren

59 Die *ordonnance* v. 12.3.2014 hat in Frankreich das aus dem englischen Recht kommende „*prepackaged insolvency sale*", kurz „*prepack-cession*" genannt, eingeführt. Art. L. 611-7 C. com. sieht vor, dass im Rahmen eines Schlichtungsverfahrens der *conciliateur* beauftragt werden kann, nach der

---

[63] Für Einzelheiten zum Verfahren vgl. → MünchKomm-InsO-Online *(Dammann)* Länderbericht Frankreich, Rn. 127.
[64] Vgl. Dammann/Guermonprez D. 2018, 629; *Dammann* FS Witz, 2018, 221; *Dammann/Alle* D. 2019, 2047; zur Annäherung zwischen dem deutschen und französischem präventiven Insolvenzrecht *Paulus/Dammann* ZIP 2018, 249; *Dammann/Paulus* D. 2018, 248; *Dammann* FS Wimmer 2017, 162.
[65] Art. L. 628-1, Art. D. 628-3 C. com. Die Covid-19-Gesetzgebung hat diese Voraussetzungen bis zur Umsetzung der Restrukturierungsrichtlinie aufgehoben → Rn. 14.
[66] Vgl. Com. 12.7.2016, Nr. 14-27.983; die Umwandlung einer *conciliation* in eine *SA* bzw. *SFA* ist ausnahmsweise selbst dann möglich, wenn der Schuldner zahlungsunfähig ist; diese Zahlungsunfähigkeit darf allerdings höchstens 45 Tage vor Eröffnung des Verfahrens der *conciliation* eingetreten sein.
[67] Vgl. Art. L. 628-3 C. com.
[68] Art. L. 628-4 C. com.
[69] Art. L. 628-7 C. com.
[70] Art. L. 626-31 C. com.
[71] Art. L. 628-8 Abs. 2 C. com.
[72] Vgl. *Le Corre* Rn. 224.611.
[73] Art. L. 628-8, Abs. 2. Art. 3 Abs. 2 der Covid-19 ordonnance v. 20.5.2020 sieht vor, dass ein ordentliches Insolvenzverfahren (*redressement judiciaire* bzw. *liquidation judiciaire*) eröffnet werden kann. Es handelt sich um eine Übergangsregelung → Rn. 14.

Stellungnahme der Gläubiger eine übertragende Sanierung vorzubereiten. In der Praxis muss der Schuldner das Gericht und den Staatsanwalt davon überzeugen, dass ein öffentliches Insolvenzverfahren den Fortbestand des Unternehmens und die damit verbundenen Arbeitsplätze gefährdet. Das *prépack-cession*-Verfahren kann auch im Rahmen eines *mandat ad hoc* durchgeführt werden. Dann entfällt die Konsultation der Gläubiger.

Das Gericht muss regelmäßig über alle Schritte unterrichtet werden, die der *conciliateur* bzw. **60** der *mandataire* vornimmt, um Angebote einzuholen, Art. L. 642-2 C. com. Das Gericht kann das **Verfahren abkürzen** und auf eine zusätzliche Ausschreibung im Rahmen des eröffneten ordentlichen Insolvenzverfahrens verzichten, vorausgesetzt, dass die Angebote zufriedenstellend sind, das Bieterverfahren unter gerichtlicher Aufsicht effizient und transparent durchgeführt worden ist und der **Staatsanwalt Stellung** bezogen hat. In der Gerichtspraxis wird von dieser Möglichkeit allerdings kein Gebrauch gemacht. Es ist üblich, dass das Gericht Investoren die Möglichkeit einräumt, das im Vorverfahren ausgewählte Angebot im Rahmen eines neuen kurzen *appel d'offres* überbieten zu können. Wer den **Zuschlag** erhält, entscheidet am Ende des ordentlichen Insolvenzverfahrens das **Gericht**.

2.5 Insolvenzen von Finanzinstituten und Versicherungen

Die **Richtlinien** 2001/17/CE v. 19.3.2001 für Insolvenzen von Versicherungen und 2001/ **61** 24/CE v. 4.4.2016 für Insolvenzen von Finanzinstituten, wurden durch die *ordonnances* vom 7.6.2004 u. 21.10.2004 ins französische Recht umgesetzt. Einschlägig für Finanzinstitute sind Art. L. 613-31-1 bis L. 613-31-10 C. mon. fin., die durch ein Ausführungsdekret v. 5.1.2005 ergänzt wurden.[74]

Die Richtlinie 2014/59/EU v. 15.5.2014 zur Festlegung eines Rahmens für die Sanierung **62** und Abwicklung von Kreditinstituten und Wertpapierfirmen wurde durch *ordonnance* v. 20.8.2015 umgesetzt.[75] Im Rahmen dieser Darstellung soll hier der Hinweis genügen, dass bei Insolvenzen von Kreditinstituten eine spezielle Definition der *cessation des paiements* zur Anwendung kommt.[76] Ferner muss die Bankaufsichtsbehörde, *Autorité de Contrôle Prudentiel et de Résolution*, ACPR der Verfahrenseröffnung zustimmen *(avis conforme)* und kann einen provisorischen Verwalter, *administrateur provisoire,* bestellen.[77]

2.6 Konzerninsolvenzen

2.6.1 Grundsatz der Selbständigkeit

Der Grundsatz der **Selbstständigkeit** der einzelnen **Konzerngesellschaften** hat zur Folge, **63** dass in Frankreich gegen den Konzern als solchen kein Insolvenzverfahren eröffnet werden kann. Wie im deutschen Recht gilt die Devise: ein Unternehmen, eine Insolvenz, ein Verfahren. Daher ist bei **Eröffnung** eines **präventiven Restrukturierungsverfahrens** eine eventuelle Unterstützung des Schuldners durch die Muttergesellschaft unerheblich.[78] Vor diesem Hintergrund erklärt sich auch das *Sodimédical*-Urteil des Kassationshofs v. 3.7.2012.[79] Eine französische Tochtergesellschaft eines deutschen Konzerns hatte Antrag auf Eröffnung einer *liquidation judiciaire* gestellt, nachdem die deutsche Holding ihre finanzielle Unterstützung zugunsten ihrer Tochtergesellschaft eingestellt hatte. Im Vorfeld der Verfahrenseröffnung hatte die Geschäftsleitung die defizitären Teilbereiche des französischen Betriebs nach China verlagert. Der Kassationshof entschied, dass die **Zahlungsunfähigkeit** nicht auf Konzernebene, sondern **objektiv** für **jede einzelne Gesellschaft des Konzerns** festgestellt werden muss und dass die **Motivation** des Schuldners, die Eröffnung des Verfahrens zu beantragen, keine Rolle spiele.

2.6.2 *Confusion de patrimoine* – *substantive consolidation*

Kommt es im Vorfeld einer Insolvenz zu schuldhaften Rechtshandlungen in der Form von **64** nicht gerechtfertigten **Vermögensverschiebungen** oder -**vermischungen** („*confusion de patri-*

---

[74] Übersichtlich *Dammann/Podeur*, Rev. Banque, Oct. 2008, Nr. 706, S. 2. S. ferner *Dammann/Lacroix*, Banque & Stragégie, Nov. 2012, Nr. 308, S. 26; zum Anwendungsbereich dieser Spezialnormen *Dammann/Lacroix*, RD bancaire et fin. Sept 2009, Nr. 5.
[75] Ausführlich dazu *Dammann/Sénéchal* Rn. 2179 ff.
[76] Vgl. Art. L. 613-26 C. mon. fin.: „*impossibilité d'assurer ses paiements immédiatement ou à terme rapproché*".
[77] Vgl. *Dammann/Sénéchal* Rn. 2188.
[78] So die *Schlumberger SAS*-Entscheidung Com. 26.6.2007 – Bull. civ. IV, Nr. 177; D. 2007, 1864 mAnm *Lienhard*; D. 2008, 570 mAnm *Lucas*; JCP E 2007, 2120 mAnm *Vallansan*.
[79] Com. Nr. 11-18.026, D. 2012, 2212 mAnm *Lienhard*; D. 2012, 2212 mAnm *Dammann/François*.

moine")[80] kann das Insolvenzverfahren auf andere Konzerngesellschaften ausgedehnt werden.[81] **Antragsberechtigt** sind nicht nur der Verwalter, der Gläubigervertreter und der Staatsanwalt, sondern, was recht unverständlich ist, auch der Schuldner selbst.[82] In der Praxis ist zu beobachten, dass Verwalter und *mandataires judiciaires* vereinzelt das Instrument der *confusion de patrimoine* **rechtsmissbräuchlich** anwenden, anstatt Anfechtungsklagen anzustrengen oder eine Muttergesellschaft bei faktischer Geschäftsführung im Falle einer *faute de gestion* gem. Art. L. 651-2 C. com. zu verklagen.[83]

2.6.3 Verfahrensrechtliche Koordination der Verfahren

65   Neben dem Institut der *extension de procédure*, ist auf prozessuale Koordinierungsmöglichkeiten bei der Insolvenz eines Konzerns hinzuweisen. So besteht die Möglichkeit, die Verfahren für alle Gesellschaften eines **Konzerns** an einem *tribunal de commerce spécialisé* (TCS) zu bündeln.[84] Die übertragende Sanierung eines gesamten **Konzerns** kann ebenfalls koordiniert durchgeführt werden.[85]

2.6.4 Durchgriffshaftung

66   Im Rahmen der Insolvenz einer französischen Tochtergesellschaft stellt sich in der Praxis die Frage einer möglichen Durchgriffshaftung auf die **Muttergesellschaft**. Risiken birgt die **fahrlässige finanzielle Unterstützung** der Tochtergesellschaft gem. Art. 650-1 C. com. vor allem bei **Einmischung in die Geschäftsführung,** wenn darüber hinaus **ruinöse Darlehen** zur Verfügung gestellt werden oder die **Tochtergesellschaft künstlich über Wasser gehalten** wird.[86]

67   Mischt sich die Muttergesellschaft in die Geschäftsführung der Tochter dergestalt ein, dass sie zum *dirigeant de fait* avanciert, kann sie bei *faute de gestion* zum Ausgleich bis zum ursprünglichen Wert des Gesellschaftsvermögens verurteilt werden, *action en responsabilité pour l'insuffisance d'actif*.[87]

68   Eine weitere Ausnahme ist die sog. *Loi Grenelle* 2 v. 12.7.2010. Gem. Art. L. 512-17 C. envir. haftet eine Muttergesellschaft unter Umständen für **Umweltschäden,** die eine Tochtergesellschaft verursacht hat.[88]

69   Ferner ist auf die Problematik der Haftung aufgrund von *co-emploi* hinzuweisen. Ist die Tochtergesellschaft wirtschaftlich abhängig *(„état de domination économique")* und **mischt** sich die Muttergesellschaft in die **Geschäftsführung** der Tochter dergestalt ein, dass sie ihr **Schicksal bestimmt** – „*confusion d'intérêts, d'activité et de direction*" –, avanciert die Konzernmutter zum **Mit-Arbeitgeber.**[89] Sind diese Bedingungen erfüllt, dann haben die Arbeitnehmer einen Anspruch auf Zahlung ihrer **arbeitsrechtlichen Forderungen** (Gehälter, Kündigungsentschädigungen, Pensionszahlungen usw.) gegenüber der Muttergesellschaft.

---

[80]   Hier werden zwei Kriterien herangezogen: Die Vermischung von Aktiva und Passiva, die es unmöglich macht, die einzelnen Vermögensmassen zu rekonstruieren, sowie *relations financières anormales* (ungerechtfertigte Finanzierungen bzw. Vermögensverschiebungen); der Begriff der *confusion de patrimoines* ist eng auszulegen, Com. 19.4.2005, Nr. 05-10.094, weiterführend → MünchKomm-InsO-Online *(Dammann)* Länderbericht Frankreich, Rn. 190.

[81]   Art. L. 621-2 Abs. 2 C. com. In engen Grenzen ist eine Ausdehnung auch bei Fikivität einer juristischen Person möglich.

[82]   Wurde im Rahmen der übertragenden Sanierung der Verkauf des gesamten Unternehmens oder einzelner Teilbereiche gerichtlich beschlossen, ist danach eine Ausdehnung des Verfahrens auf andere Personen ausgeschlossen vgl. Com. 5.4.2016, Nr. 14-19.869; D. 2017, 1909 mAnm *Lienhard;* Com. 5.12.2018, Nr. 17-25.664; Com. 11.3.2020, Nr. 18-.22.960, D. 2020, 1458, Rev. sociétés 2020, 379.

[83]   Dazu *Dammann* BJE 2017, 175.

[84]   Vgl. Art. L. 662-8. und R. 611-23-1 C. com. idF v. 23.12.2016; dazu näher *Dammann/Pigot* BJE 2016, 158; *Dammann/Sénéchal* Rn. 1927 ff.; *Le Corre* Rn. 141.311.

[85]   So die Grundsatzentscheidung Com. 19.12.2018, Nr. 17-27.947, BJE März/April 2019, 23 mAnm *Henry.*

[86]   Dazu → Rn. 184.

[87]   Dazu → Rn. 186.

[88]   Voraussetzung ist, dass eine *liquidation judiciaire* gegenüber der Tochtergesellschaft eröffnet worden ist und die Aktiva nicht ausreichen, die Umweltschäden zu beseitigen. Hat die Muttergesellschaft eine *faute charactérisée* begangen, die zur *insuffisance d'actif* der Tochter beigetragen hat, kann der *liquidateur* bzw. der Staatsanwalt Klage erheben, damit die Muttergesellschaft verurteilt wird, einen Teil oder die ganzen Instandsetzungskosten zu tragen; vgl. *Monteran,* D. 2010, 2859.

[89]   Vgl. Soc. 2.7.2014, Nr. 13-15.298, *Molex,* D. 2014, 1502, 2147 mAnm *Lucas;* Soc. 4.2.2016, Nr. 14-24.050, *Meggle,* Soc. 12.2.2016, Nr. 14-19.923, *Smurfit,* BJE 2016, 209 mAnm *Dammann/François;* Soc. 16.7.2016, Nr. 14-27.266–14-27946, *Continental,* D. 2016, 2096 mAnm *Dammann/François;* im internationalen Insolvenzverfahren vgl. *Dammann/Sénéchal* Rn. 1960 ff.

Schließlich hat der Kassationshof in jüngster Rechtsprechung die Haftung von Muttergesell- 70
schaften gegenüber entlassenen Arbeitnehmern der Tochtergesellschaft auf die **deliktsrechtliche
Generalklausel** von Art. 1240 C. civ. gestützt.[90]

2.7 Verbraucherinsolvenzen – *surendettement des particuliers*

Eine organisierte Schuldenregulierung von Privatschulden („*surendettement des particuliers*") 71
wurde in Frankreich durch die sog. *Loi Neiertz* vom 31.12.1989 eingeführt, seither mehrfach
reformiert und in einem neuen siebten Buch des *Code de la consommation* kodifiziert.[91] Durch die
Ausweitung der Kompetenzen der Überschuldungskommission durch Gesetz v. 18.11.2016 sollte
die Flut der gerichtlichen Verfahren eingedämmt werden. Im Jahre 2018 wurden 92.000 neue
Anträge bei der Kommission eingereicht, 20 % weniger als im Jahre 2014. Die Zahl der anhängigen
Verfahren beträgt ca. 165.000 mit einem Kreditvolumen von ca. 6,6 Milliarden EUR.

Gutgläubige,[92] überschuldete,[93] natürliche Personen, die nicht dem allgemeinen Insolvenzrecht 72
des sechsten Buches des *Code de commerce* unterliegen, also Verbraucher, kommen in den Genuss der
spezialgesetzlichen Schuldenregulierung.[94] Das **handelsrechtliche** Insolvenzrecht ist folglich der
Regelfall, die Verbraucherinsolvenz die Ausnahme. Nicht in den Anwendungsbereich der Verbraucherinsolvenz
fallen somit **Privatschulden** von Kaufleuten, Handwerkern, Landwirten oder Freiberuflern.[95] In den Genuss des Spezialgesetzes kommen auch private Bürgen oder Mitschuldner, die
solidarisch für die Verbindlichkeiten eines Einzelunternehmens oder einer Gesellschaft haften,[96]
Geschäftsführer von Gesellschaften, die keine Kaufleute sind, sowie Freiberufler, die ihre anwaltliche
bzw. ärztliche Tätigkeit im Rahmen einer Berufsgesellschaft ausüben. Das Verbraucherinsolvenzverfahren
fallen nicht in die Anwendungsbereiche der **EuInsVO**[97] und der RL (EU) 2019/1023 „zweite
Chance" v. 20.6.2016.

Gem. Art. L. 721-1 C. consomm. kann nur der **Schuldner** selbst **Antrag** auf Eröffnung eines 73
Verfahrens bei der örtlich zuständigen **Überschuldungskommission** stellen, die über einen Zeitraum
von **drei Monaten** verfügt, um über die **Zulässigkeit des Antrags** und die Orientierung
des Verfahrens zu entscheiden. Die positive Entscheidung der Kommission bewirkt grundsätzlich
die Aussetzung aller Zwangsvollstreckungsverfahren, ausgenommen Unterhaltszahlungen, Art. L.
722-2 C. consomm.[98]

Während der Dauer der Aussetzung von Rechtsverfolgungsmaßnahmen darf der Schuldner 74
seine Überschuldung **nicht verschlimmern** und auf Altforderungen keine Zahlung leisten. Ausgenommen
sind allerdings Unterhaltszahlungen. Der Schuldner darf über sein Vermögen nicht mehr
frei verfügen.

Am Ende der Prüfung der Überschuldungssituation **entscheidet** die **Kommission** über die 75
weitere **Orientierung** des Verfahrens. Verfügt der Schuldner über finanzielle Mittel oder verwertbare
Aktiva, beschließt die Kommission die **notwendigen Maßnahmen** zur Behebung der
Überschuldung, Art. L. 724-1 Abs. 1 C. consomm. Ist die Vermögenslage des Schuldners **aussichtslos**
(„*irrémédiablement compromise*"), kann die Kommission ein *retablissement personnel* ohne
Liquidierung beschließen, wenn der Schuldner lediglich bewegliche Gegenstände besitzt, die
zum täglichen Leben oder zur Ausübung seiner beruflichen Tätigkeit notwendig sind, seine
Aktiva wertlos sind oder wenn die Kosten ihrer Veräußerung in keinem Verhältnis zum Verkehrswert
stehen.[99] Befindet sich der Schuldner nicht in einer solchen aussichtslosen Lage, kann die
Kommission mit Zustimmung des Schuldners beim Amtsgericht Antrag auf Eröffnung eines *rétablissement personnel*-Verfahrens
mit **anschließender** *liquidation judiciaire* stellen.[100] Die Eröff-

---

[90] In Soc. 24.5.2018, Nr. 17-12.560, *Keyria*, war nachgewiesen, dass die wirtschaftlichen Schwierigkeiten der Tochter „*inputable à la fraude ou à la légèreté blamable*" der Muttergesellschaft waren; für Einzelheiten → MünchKomm-InsO-Online *(Dammann)* Länderbericht Frankreich, Rn. 619.
[91] Für Einzelheiten → MünchKomm-InsO-Online *(Dammann)* Länderbericht Frankreich, Rn. 21.
[92] Gutgläubigkeit wird vermutet; zur Auslegung → MünchKomm-InsO-Online *(Dammann)* Länderbericht Frankreich, Rn. 28.
[93] Art. L. 711-1 Abs. 2 C. consomm.
[94] C. Consom., Art. L. 711-1 u. L. 711-3.
[95] Civ. 23.6.2016, Nr. 15-16.637.
[96] Art. L. 711-1 Abs. 3 C. consom.
[97] Krit. *Dammann/Sénéchal* Rn. 290, 328; s. ferner Civ. 17.3.2016, Act. proc. coll. 2016: Ausschluss der Anwendung der EuInsVO, obwohl der Mehrheit der Gläubiger in Deutschland etabliert war.
[98] Die Höchstdauer des Vollstreckungsschutzes beträgt zwei Jahre, Art. L. 722-3 C. consomm.
[99] Art. L. 724-1 Abs. 2, Ziff. 1 C. consomm.
[100] Art. L. 724-1 Abs. 2, Ziff. 2. C. consomm; für Einzelheiten → Rn. 43.

nung eines Liquidationsverfahrens bewirkt die **Beschlagnahme,** *dessaisissement,* des gesamten Vermögens des Schuldners.[101] Am Ende des Verfahrens erfolgt eine **Restschuldbefreiung.**

3. Wesentliche Verfahrensmerkmale des präventiven Restrukturierungsverfahrens – *procédure de sauvegarde*

3.1 Eröffnung des Verfahrens

3.1.1 Ziel des Verfahrens

76 Das zentrale **Regelverfahren** im französischem Insolvenzrecht ist das im Jahre 2005 eingeführte **präventive Restrukturierungsverfahren,** *procédure de sauvegarde.* **Ziel** des Verfahrens ist die **Fortführung** des **Unternehmens,** die **Bewahrung** der **Arbeitsplätze** und die **Begleichung** der **Schulden.**[102] Blickt man etwas genauer hin, so geht es in erster Linie um die Restrukturierung der Verbindlichkeiten des Schuldners *(debt restructuring).* Für eine operative Sanierung des Unternehmens, die den Abbau von Arbeitsplätzen beinhaltet, ist dieses Verfahren weniger geeignet. Dies geschieht in der Praxis eher im Rahmen eines *redressement judiciaire.*

3.1.2 Eröffnungsgrund

77 Der Schuldner, der nicht **zahlungsunfähig** ist, kann bei Gericht Antrag auf Eröffnung eines präventiven Restrukturierungsverfahrens stellen, wenn er Schwierigkeiten begegnet, die er alleine nicht überwinden kann.[103] Wie Grundsatzentscheidung des Kassationshofs *Coeur Défense* belegt, können auch reine **Zweckgesellschaften** (*sociétés ad hoc* oder *special purpose vehicle* – sog. *SPV*) in den Genuss eines präventiven Restrukturierungsverfahrens kommen.[104]

78 Das Kriterium der **Überschuldung** spielt keine Rolle.[105] **Antragsberechtigt** ist nur der **Schuldner.**[106] Vor der Antragsstellung ist der Betriebsrat zu informieren, der einen Vertreter der Arbeitnehmer für das Verfahren benennt. Zuständig ist im Allgemeinen das **Handelsgericht.** Ist der Schuldner eine juristische Person bürgerlichen Rechts oder ein Freiberufler, so tritt das *tribunal judiciaire* an seine Stelle. Die **örtliche** Zuständigkeit regelt Art. R. 600-1 C. com. Gem. Art. R. 662-3 C. com. ist das Insolvenzgericht für alle Annexklagen zuständig *(vis attractiva concursus).*

79 Das Urteil der Eröffnung des Verfahrens wird ins **Handelsregister** eingetragen und im *BODACC* veröffentlicht. Es ist **rechtskräftig** um null Uhr an dem Tage, an dem es ergeht und entfaltet eine *erga omnes*-Wirkung.

3.1.3 Prüfung der Eröffnungsgründe

80 Im *Coeur Defense*-Fall hatte das Oberlandesgericht von Paris es abgelehnt, ein *sauvegarde*-Verfahren zugunsten einer Zweckgesellschaft zu eröffnen. Der Antrag sei **rechtsmissbräuchlich,** da er ausschließlich darauf abzielte, die Verwertung der an den Aktien der französischen Tochtergesellschaft bestellten Pfandrechte durch die Gläubiger zu paralysieren.[107] Die *Cour de cassation* hat dieses Urteil in der Revision aufgehoben, mit der Folge, dass die rechtliche Situation des Schuldners deutlich gestärkt wird, insbesondere gegenüber dinglich abgesicherten Gläubigern.

81 Gegen das Urteil über die Eröffnung einer *procédure de sauvegarde* können der Schuldner und der Staatsanwalt **Berufung** einlegen.[108] Dritten steht unter Umständen die **Drittwiderspruchsklage** *(tierce opposition)* offen.[109] In traditioneller Rechtsprechung war dies **Gläubigern** versagt. Im *Eurotunnel*-Urteil hat der Kassationshof diese Rechtsprechung im Rahmen der EuInsVO aufgege-

---

[101] Art. L. 742-15 C. consomm.
[102] Art. L. 620-1 Abs. 1, S. 2.
[103] Art. L. 620-1, Abs. 1 C. com.
[104] Com. v. 8.3.2011, Nr. 10-13.988, Bull. civ. IV, Nr. 33; D. 2011, 919 mAnm *Le Corre;* nach *renvoi* CA Versailles 19.1.2012, D. 2012, 433 mAnm *Lienhard;* Bull. Joly 2012, 329 mAnm *Dammann/de Germay.*
[105] Für Einzelheiten vgl. → MünchKomm-InsO-Online *(Dammann)* Länderbericht Frankreich, Rn. 169.
[106] Eine Antragspflicht besteht nicht. Zu beachten ist allerdings die Umsetzung der Restrukturierungs-RL. Gem. Art. 19 lit. b der RL besteht für die Unternehmensleitung bei drohender Insolvenz die Notwendigkeit, Schritte einzuleiten, um eine Insolvenz abzuwenden.
[107] CA Paris 25.2.2010, D. 2010, 579 mAnm *Dammann/Podeur;* die Verwertung von Pfandrechten während der Beobachtungphase von bis zu 18 Monaten ist nicht möglich, → Rn. 170.
[108] Art. L. 661-1 Nr. 1 C. com; zu beachten ist die kurze Frist von zehn Tagen ab Zustellung des Urteils bzw. nach Benachrichtigung des Staatsanwalts, vgl. *Lienhard* Rn. 63.13.
[109] Vgl. Art. L. 661-2 C. com; für Einzelheiten → MünchKomm-InsO-Online *(Dammann)* Länderbericht Frankreich, Rn. 180.

ben.[110] Im *Coeur Défense*-Urteil v. 8.3.2011[111] hat der Kassationshof entschieden, dass bei **rein innerstaatlichen Sachverhalten** Gläubiger gegen die Eröffnung eines präventiven Restrukturierungsverfahrens *tierce opposition* einlegen können, sofern sie ein **persönliches Interesse** *(„des moyens qui lui sont propres")* nachweisen können.[112]

3.2 Rolle des Gerichtes

In Frankreich nimmt das Gericht eine **zentrale Rolle** ein. Zuständig ist im Allgemeinen das **Handelsgericht.** Ist der Schuldner eine juristische Person des Privatrechts oder ein Freiberufler, so tritt das *tribunal judiciaire* an seine Stelle. Handelsrichter sind (ehemalige) Kaufleute bzw. leitende Angestellte, die als Laienrichter fungieren, über eine große berufliche Erfahrung verfügen, wirtschaftliche Zusammenhänge verstehen und in finanziellen Fragen oft sehr bewandert sind.

Das Eröffnungsurteil benennt den **verfahrensleitenden Richter,** *juge commissaire,* der eine außerordentlich starke Stellung hat und nicht nur in rechtlichen, sondern auch in wirtschaftlichen Fragen häufig nach Ermessen entscheidet.[113]

Das **Insolvenzgericht** trifft alle wichtigen Entscheidungen. Können sich zB die Gläubigerausschlüsse nicht auf einen Restrukturierungsplan verständigen oder wurden bei kleineren Unternehmen keine Gläubigerausschüsse eingerichtet, hat das Gericht die Möglichkeit, einen **Sanierungsplan** zu **beschließen,** der die Verbindlichkeiten aller Gläubiger, die dem vorgelegten Plan nicht zustimmen, über einen Zeitraum von bis zu 10 Jahren stundet. Man spricht von einen sog. *plan imposé.* Das Gericht bestätigt den Sanierungsplan, der von den Gläubigerausschüssen verabschiedet worden ist, und überprüft, ob der Plan den Interessen aller Gläubiger hinreichend Rechnung trägt.[114] Anders als im deutschen Recht entscheidet das Gericht, welcher Bieter bei der übertragenden Sanierung den Zuschlag erhält.[115]

Aus deutscher Sicht ist die Rolle, die der Gesetzgeber dem Vertreter des öffentlichen Interesses *(„ministère public"),* dh dem **Staatsanwalt** zugedacht hat, ebenfalls recht erstaunlich. Er kann zB einen **Antrag** auf **Eröffnung** eines ordentlichen Insolvenzverfahrens stellen, wird über die Eröffnung eines jeden Verfahrens unterrichtet und ist als Partei im Verfahren regelmäßig vom Gericht anzuhören.

3.3 Verwalter

Das französische Recht unterscheidet zwischen dem eigentlichen **Verwalter,** *administrateur,* und dem **Gläubigervertreter** *(mandataire judiciaire).* Anders als in Deutschland handelt es sich um eigenständige, unabhängige Berufsorganisationen.

Bei **kleineren** Unternehmen mit höchstens 19 Arbeitnehmern, deren Umsatz weniger als 3 Mio. EUR beträgt, ist das Gericht nicht verpflichtet, einen Verwalter zu bestellen.[116] Betroffen sind 95 % aller Verfahren. Hinzuweisen ist allerdings auf die Praxis des Pariser Handelsgerichts, das systemisch auch für kleine Unternehmen einen Verwalter bestellt. Bei **größeren** Unternehmen mit mindestens drei Niederlassungen an anderen Gerichtsstandorten bzw. bei **Konzerninsolvenzen,** wenn eine der Gesellschaften mindestens 20 Mio. EUR Umsatz erwirtschaftet, müssen seit der Reform v. 6.8.2015 mindestens jeweils zwei Verwalter und Gläubigervertreter bestellt werden.[117]

Der **Schuldner** kann dem Gericht die Person des *administrateur* **vorschlagen.**[118] Der Staatsanwalt kann ebenfalls ein Vorschlagsrecht und kann die Bestellung eines ehemaligen *mandataire ad hoc* bzw. *conciliateur* ablehnen.[119] Gläubiger haben hingegen kein Vorschlagsrecht.

Im Rahmen der *procédure de sauvegarde* nimmt der *administrateur* grundsätzlich lediglich Aufsichtspflichten wahr *(mission de surveillance,* sog. *mission I).* Die Leitungsorgane des Unternehmens bleiben nämlich, ähnlich wie bei der **Eigenverwaltung** nach § 270ff. InsO, im Amt. Der *administrateur* unterstützt den Schuldner bei der Ausarbeitung des Sanierungskonzepts. Unter Umständen kann das Gericht die Kontrolle des Schuldners verschärfen. Der *administrateur* übt dann Beistandspflichten

---

[110] Com. 30.6.2009, Nr. 08-11.902, Bull. civ. IV, Nr. 88, D. 2009, 2591; *Dammann/Sénéchal* Rn. 409.
[111] → Rn. 77.
[112] Das ist zB der Fall, wenn die Eröffnung des Verfahrens darauf abzielt, in dinglich abgesicherte Gläubigerrechte einzugreifen, da sie aufgrund der Verfahrenseröffnung ihre Sicherheiten nicht mehr sofort verwerten können.
[113] Vgl. *Lienhard* Rn. 41.19 ff.
[114] → Rn. 126.
[115] → Rn. 144.
[116] Art. L. 621-4 Abs. 4; R. 621-11 C. com.
[117] Art. L. 621-4-1 C. com.
[118] Art. L. 621-4 C. com.
[119] Art. L. 621-4 Abs. 5 C. com.

aus, *mission d'assistance,* sog. *mission* II, und muss alle Zahlungen gegenzeichnen. Eine Beschlagnahmung des Vermögens des Schuldners *(dessaisissement,* sog. *mission* III) ist nicht möglich.

90 Der *administrateur* hat zur **Aufgabe** unter Wahrung der Interessen des Unternehmens die Verhandlungen zum Abschluss einer Restrukturierungsvereinbarung zu begleiten. Der *mandataire judiciaire* vertritt die Interessen der Gesamtheit der Gläubiger. Seine Aufgaben beschränken sich im Wesentlichen auf die Prüfung der angemeldeten Forderungen und die Befragung der Gläubiger, die nicht Mitglieder der Gläubigerausschüsse sind.

3.4 Massezugehörigkeit

91 Die *procédure de sauvegarde* umfasst alle Vermögenswerte des Schuldners. Der Eigentümer von beweglichen Sachen, die dem Schuldner zum vorübergehenden Gebrauch überlassen wurden bzw. bewegliche Sachen, die in ein Sondervermögen treuhänderisch übereignet worden sind, die sich aber weiterhin im **Besitz** des Schuldners befinden und nicht zu seinem Vermögen zählen, kann Aussonderung verlangen.[120] Es handelt sich um eine sog. *demande* bzw. *action en revendication,* die gleichzeitig einen **Antrag auf Rückgabe** *(restitution)* der Sache beinhaltet. Die *revendication* muss innerhalb der kurzen **Ausschlussfrist** von **drei Monaten** ab **Veröffentlichung** des Urteils zur Einleitung des Verfahrens beantragt werden.[121] Ist das Eigentum bereits anerkannt, weil Eigentümer ihr Eigentumsrecht in ein **öffentliches Register** eintragen ließen, erübrigt sich die *revendication*.[122] Wird die Frist versäumt, kann der Eigentümer sein Eigentumsrecht an der Sache im Verfahren nicht mehr geltend machen *(inopposable)* und der Verwalter kann die Sache zu Gunsten der Masse verwerten.[123]

3.5 Fortführung des Unternehmens

92 Das Eröffnungsurteil eines präventiven Restrukturierungsverfahrens hat eine Beobachtungsphase zur Folge. Ziel ist die Erstellung einer **Wirtschafts-** und **Sozialbilanz** und die Ausarbeitung eines **Sanierungsplans** zur Fortsetzung des Unternehmens.[124] Es handelt sich hier um das französische Pendant für die Zeitspanne, in der in Deutschland ein vorläufiger Insolvenzverwalter bestellt wird.

93 Die *période d'observation* dauert grundsätzlich bis zu **sechs Monate.** Sie kann einmal, auf Antrag des Verwalters, des Schuldners oder des Staatsanwalts, für maximal weitere sechs Monate **erneuert** werden. Auf Antrag des Staatsanwalts ist in Ausnahmefällen eine weitere **Verlängerung** um höchstens sechs Monate möglich.[125]

94 Sofort nach Eröffnung des Verfahrens sind **Sicherungsmaßnahmen** zu treffen. Gemäß Art. L. 622-4 C. com. fordert der Verwalter den Schuldner auf, alle notwendigen Rechtshandlungen zur Wahrung der Rechte des Unternehmens gegenüber seinen Schuldnern vorzunehmen. Insbesondere sind alle **Hypotheken, Pfandrechte** und **Privilegien** zu bestellen bzw. deren Eintragungen zu erneuern. Es müssen ferner alle **erforderlichen Maßnahmen** zur **Aufrechterhaltung des Betriebs** getroffen werden.[126]

95 Art. L. 622-6 C. com. sieht die Erstellung eines **Inventars** der **Vermögensgegenstände** des Schuldners vor. Um die Geltendmachung der **Aussonderungsrechte** zu erleichtern, sind auch hinterlegte und gemietete Güter sowie solche, die Gegenstand eines Leasingvertrages, eines Eigentumsvorbehalts oder einer treuhänderischen Zession *(fiducie)* sind, zu erfassen. Ferner übergibt der Schuldner dem Verwalter und dem Gläubigervertreter eine **Aufstellung** der Gläubigerforderungen mit den eventuell bestellten Sicherheiten sowie der laufenden Verträge und anhängigen Rechtsstreitigkeiten.[127]

96 Der Schuldner führt die **laufenden Geschäfte** des Unternehmens fort *(gestion courante)* und kann über sein Vermögen grundsätzlich **frei verfügen,** es sei denn, die Rechtshandlungen fallen in den Aufgabenbereich des Verwalters[128] bzw. bedürfen der **Genehmigung** durch den verfahrenslei-

---

[120] Vgl. Art. L. 624-16 Abs. 1 C. com. IdR handelt es sich um körperliche Sachen. Vindikationsgegenstand können jedoch auch unkörperliche Sachen sein, wie zB die Wiederverkaufsforderung beim Eigentumsvorbehalt, vgl. → Rn. 160.
[121] Art. L. 624-9 C. com.
[122] Lediglich eine *demande en restitution* ist erforderlich, die nicht der drei-monatigen Ausschlussfrist unterliegt, Art. L. 624-10 C. com.
[123] Vgl. Com. 3.4.2019, Nr. 18-11.247.
[124] Art. L. 626-2 C. com.
[125] Art. L. 621-3 Abs. 1 C. com.
[126] Art. L. 622-9 C. com; das Gericht kann jedoch jederzeit eine Teilschließung des Unternehmens anordnen; antragsberechtigt ist lediglich der Schuldner, Art. L. 622-10 C. com.
[127] Art. L. 622-2 Abs. 2. C. com.
[128] Art. L. 622-3 C. com.

tenden Richter gem. Art. L. 622-7 C. com. So kann der Schuldner grundsätzlich **neue Verträge** abschließen. Art. L. 622-7 II C. com. listet allerdings Rechtsgeschäfte auf, die der **Zustimmung** des *juge commissaire* bedürfen. Zu erwähnen sind insbesondere alle **Verfügungsgeschäfte**, die **außerhalb** des **laufenden Geschäftsbetriebes** fallen, die Bestellung von **dinglichen Sicherheiten** oder der **Abschuss** von **Vergleichen**. Die Veräußerung von Vermögenswerten, an denen **dingliche Sicherheiten**, zB eine Hypothek oder ein Registerpfandrecht bestellt worden sind, muss ebenfalls gerichtlich gestattet werden.[129]

Ausnahmsweise kann das Gericht beschließen, dass der Verwalter eine **Beistandsfunktion** hat, die sog. *mission II d'assistance*. Dies hat in der Regel zur Folge, dass alle Zahlungen vom Verwalter gegengezeichnet werden müssen.[130]

Die Einleitung des präventiven Restrukturierungsverfahrens zieht **keine sofortige Fälligkeit** der einzelnen Forderungen nach sich.[131] **Zinsen** entstehen während des Verfahrens grundsätzlich nicht.[132] **Ausnahmen bestehen** insoweit für Darlehensverträge und Verträge mit Stundungsklauseln, die eine **Laufzeit** von **mindestens einem Jahr** haben.[133]

Nach Eröffnung eines *sauvegarde*-Verfahrens können Gläubiger ihre **Hypotheken, Pfandrechte** *(gages, nantissements)* und **Privilegien nicht mehr eintragen.**[134]

3.6 Sicherungsmaßnahmen vor Verfahrenseröffnung

Das französische Recht sieht keine Sicherungsmaßnahmen vor der Eröffnung eines Insolvenzverfahrens vor.

3.7 Wirkungen der Verfahrenseröffnung auf Rechtsverfolgungsmaßnahmen einzelner Gläubiger

Art. L. 622-21 C. com., schließt eine **individuelle Rechtsverfolgung** aufgrund von **Zahlungsansprüchen** aus **Insolvenzforderungen** grundsätzlich bis zum Urteil der Planfeststellung aus.[135] Das Eröffnungsurteil bewirkt ferner, dass alle Klagen auf **Zahlung von Insolvenzforderungen** oder **Vertragsauflösungsklagen** wegen **Nichtzahlung** eines **Geldbetrages** unterbrochen bzw. **untersagt** sind.[136]

3.8 Wirkungen der Verfahrenseröffnung auf laufende Gerichts- oder Schiedsverfahren

Die **Unterbrechung** und **Wiederaufnahme** anhängiger Verfahren sind in Art. L. 622-22 C. com. geregelt.[137] *Instances en cours* sind unterbrochen, bis der Gläubiger seine Forderung angemeldet hat.[138] Diese Regel gibt auch für anhängige Schiedsverfahren. Nach der Forderungsanmeldung werden die unterbrochenen Verfahren automatisch fortgeführt; der Streit wird den Verfahrensorganen *(mandataire judiciaire* und eventuell Verwalter bzw. *commissaire à l'exécution du plan)* verkündet. Die Verfahren beschränken sich allerdings auf die **Feststellung** der **Forderungshöhe**.

3.9 Automatisches Moratorium

Die Eröffnung eines präventiven Restrukturierungsverfahrens bewirkt ein **automatisches Moratorium**, das grundsätzlich alle Gläubiger betrifft, auch wenn sie dinglich abgesichert sind. Art. L. 622-7 I C. com. stellt das **Verbot** auf, auf **Insolvenzforderungen Zahlung** zu leisten.[139] Im Falle der Zuwiderhandlung kann jeder Betroffene oder der Staatsanwalt innerhalb von drei

---

[129] Vgl. *Lienhard* Rn. 75.29; *Le Corre* Rn. 481.211; gem. Art. L. 622-8 C. com. muss der dinglich abgesicherte Teil des Verkaufserlöses bei der *Caisse des Dépôts et Consignation (CDC)* hinterlegt werden.
[130] Das Gericht kann im Eröffnungsurteil die *mission d'assistance* auf bestimmte Rechtsgeschäfte beschränken.
[131] Art. L. 622-29 C. com.
[132] Art. L. 622-28 Abs. 1 C. com.
[133] Zur Auslegung dieser Bestimmung vgl. → MünchKomm-InsO-Online *(Dammann)* Länderbericht Frankreich, Rn. 398.
[134] Art. L. 622-30 C. com.
[135] Für Einzelheiten → MünchKomm-InsO-Online *(Dammann)* Länderbericht Frankreich, Rn. 398.
[136] Vgl. Com. 15.11.2016, Nr. 14-25.767, D. 2016, 2334. Nicht in den Anwendungsbereich des Art. L. 622-21 C. com. fallen Klagen zur Bestellung eines Gutachters, vgl. 2.12.2014, Nr. 13-24.405, D. 2014, 2519.
[137] Übersichtlich *Lienhard* Rn. 78.22.
[138] Wird die Forderungsanmeldung unterlassen, kann der Gläubiger aus dieser Situation keinen Vorteil ziehen; er muss das Ende des Insolvenzverfahrens abwarten, vgl. Cass. *avis* 8.6.2009, Nr. 09-00.002; D. 2009, 1603 mAnm *Lienhard*.
[139] Entscheidend ist der Zeitpunkt der Entstehung der Forderung, vgl. *Lienhard* Rn. 75.18; Com. 17.11.2009, Nr. 08.19.537, Bull. civ. IV, Nr. 148; D. 2009, 2862; Com. 27.9.2017, Nr. 16-19.394, D. 2017, 1972.

Jahren nach erfolgter Zahlung zugunsten der Gläubigergemeinschaft Nichtigkeitsklage erheben.[140] Es bestehen allerdings Ausnahmen, zB bei der Aufrechnung von konnexen Haupt- und Gegenforderungen.[141] Die Zahlung von Insolvenzforderungen kann gerichtlich genehmigt werden, wenn es für die Fortführung der Geschäftstätigkeit erforderlich ist, **Sachen auszulösen**, an denen ein **Pfandrecht mit Zurückbehaltungsrecht** *(droit de rétention)* bestellt worden ist oder die **treuhänderisch sicherheitsübereignet** worden sind und sich **nicht im Besitz** des Schuldners befinden.[142]

105   Ist bei **Dauerschuldverhältnissen** die *créance à exécution successive* bereits vor der Verfahrenseröffnung entstanden und abgetreten worden, kann der Gläubiger weiterhin Zahlungen von Drittschuldnern verlangen.[143] Bei Mietverträgen werden daher auch Mietraten, die erst **nach** dem Eröffnungsurteil fällig werden, insolvenzfest abgetreten, wenn der *bordereau Dailly* vor der Eröffnung des Insolvenzverfahrens ausgefertigt worden ist.[144]

106   L. 622-23-1 C. com. normiert eine spezialgesetzliche Regelung zum **Verbot** der **Verwertung treuhänderischer Sicherungsübereignungen** *(fiducie-sûreté)* während der Beobachtungsphase, sofern der Schuldner im Besitz der sicherungsübereigneten Aktiva geblieben ist.[145] Ist das Sicherungsgut nicht im Besitz des Schuldners, kann der Sicherungsgläubiger frei verwerten. Unter Eigentumsvorbehalt gelieferte Waren können ebenfalls ausgesondert werden.[146]

3.10 Organe der Gläubiger

107   Das Prinzip der **Gläubigerautonomie** hat in Frankreich nicht den gleichen Stellenwert wie in Deutschland. Im französischen Insolvenzrecht gibt es **weder** eine **Gläubigerversammlung** noch einen **Gläubigerausschluss**. Zwar fungieren bis zu fünf gerichtlich bestellte Gläubiger (oder deren Vertreter) als **Kontrolleure** *(contrôleurs)*, die die Interessen der Gesamtheit der Gläubiger vertreten. In der Praxis spielen sie indes eher eine untergeordnete Rolle.[147]

108   Die *comités des créanciers* sind nur in größeren Verfahren zu bilden und sind nicht mit dem Gläubigerausschuss im Planverfahren der InsO zu verwechseln. Sie entsprechen vielmehr den deutschen **Gläubigerklassen**, da sie mehrheitlich über den Sanierungs- bzw. Restrukturierungsplan abstimmen. Es bestehen jedoch große Unterschiede. Die Zusammensetzung der französischen Komitees entspricht nicht einer Klassenbildung iSd InsO.[148] Die **Umsetzung** der EU-Restrukturierungs-RL 2019/1023 v. 20.6.2016 sieht die Einführung von Gläubigerklassen deutschen Musters vor.[149]

3.11 Forderungsanmeldung, Feststellung oder Bestreiten von Forderungen

109   Der **Gläubigervertreter** setzt innerhalb von **15 Tagen** die bekannten, dh die sich aus den Büchern des Schuldners ergebenden Gläubiger von der Verfahrenseröffnung in Kenntnis und macht sie auf die Notwendigkeit aufmerksam, Insolvenzforderungen beim Gläubigervertreter *(mandataire judiciaire)*[150] fristgerecht anzumelden.[151] Die **Anmeldefrist** beträgt **zwei,** für Gläubiger mit Sitz im **Ausland vier Monate** und beginnt ab der Veröffentlichung der Verfahrenseröffnung im *BODACC* zu laufen.[152] Gläubiger, deren **Sicherheitsrechte publiziert** worden sind, müssen **speziell** benachrichtigt werden.[153] Für letztere läuft die Anmeldungsfrist erst ab der Information durch den *mandataire judiciaire*.[154] **Ausgenommen** von der **Anmeldepflicht** sind **Arbeitnehmer**, selbst wenn sie vor der Eröffnung des Verfahrens entlassen worden sind, sowie **Unterhaltsforderungen**.

110   Die **Forderungsanmeldung** muss in **Euro** erfolgen, wobei der **Wechselkurs** am Tag der Verfahrenseröffnung anzuwenden ist. Anzugeben sind die fälligen Forderungen und die **Zinsen** am Tag der Eröffnung des Verfahrens und eventuell später fällig werdende Beträge mit dem jeweiligen Fälligkeitsdatum. Für noch nicht fällige Zinsen sind die **Modalitäten der Berechnung** anzuge-

---

[140] S. Art. L 622-7, III C. com.
[141] S. Art. L. 622-7 C. com.; ausf. → Rn. 177.
[142] Unter der gleichen Vorrausetzung kann der *juge commissaire* ebenfalls die Ausübung einer Kaufoption am Ende eines Leasingvertrags gestatten.
[143] So Cass. ch. mixte 22.11.2002, Nr. 99-13.935, Bull. civ. Nr. 9; D. 2003, 445 mAnm *Larroumet*.
[144] So CA Versailles 28.2.2013, Nr. 12/06573, *Coeur Défense*, D. 2013, D. 2013, 829 mAnm *Dammann*.
[145] → Rn. 170.
[146] → Rn. 160.
[147] Übersichtlich *Lienhard* Rn. 33.11 ff.
[148] Rechtsvergleichend *Dammann* FS Witz, 2018, 221.
[149] Zu den Auswirkungen im französischen Recht, *Dammann/Alle*, D. 2019, 2047.
[150] Der *administrateur* ist unzuständig.
[151] Vgl. Art. L. 622-24 ff. C. com., Art. R. 622-21 ff. C. com.
[152] Art. R. 622-24 Abs. 2 C. com; zur Covid-19-Ausnahmegesetzgebung → Rn. 13.
[153] Art. L. 622-24 Abs. 1 C. com.
[154] Art. L. 622-24 Abs. 1 C. com.

ben.¹⁵⁵ **Sicherheiten** müssen ebenfalls angemeldet werden, sonst wird eine Forderung lediglich als ungesicherte Insolvenzforderung akzeptiert.¹⁵⁶

Die Forderungsanmeldung bedarf keiner speziellen **Form**. Aus Beweisgründen empfiehlt sich natürlich ein eingeschriebener Brief mit Rückschein. Die Anmeldung per Fax ist formgültig.¹⁵⁷ Seit dem 1.10.2015 kann sie im Internet erfolgen. Die Anmeldung muss von einer Person unterschrieben werden, die **bevollmächtigt** ist. Umstritten war lange, ob die Forderung durch einen **Vertreter** *(préposé)* angemeldet werden kann. Nach traditioneller Auffassung handelt es sich bei der Anmeldung einer Forderung um eine *„action en justice"*. Daher war die Vollmacht nur gültig, wenn der Beauftragte befähigt war, im Namen des Gläubigers Klage zu erheben (sog. *mandat ad litem*). Eine Forderungsanmeldung durch einen Abteilungsdirektor, der über keine entsprechende Untervollmacht verfügte, war deshalb unwirksam. Ein *pouvoir spécial* kann bis zum Tag der Gerichtsverhandlung nachgereicht werden.¹⁵⁸ Wird die Forderung von einem **Rechtsanwalt** angemeldet, so wird die **Bevollmächtigung vermutet**. Seit der Reform von **2014** stellt die vom Schuldner an den *mandataire* nach Beginn des Verfahrens übergebene Liste der Gläubiger¹⁵⁹ eine **Forderungsanmeldung im Namen des Gläubigers** iSv Art. 622-24 C. com. dar. Ob sich der Gläubiger allerdings auf seinen Schuldner **verlassen** sollte, seine Forderungen anzumelden ist fraglich. Es ist daher zu empfehlen, wie gehabt, eine ordentliche Forderungsanmeldung vorzunehmen.¹⁶⁰

Versäumen es Gläubiger, ihre Forderungen innerhalb der gesetzlich vorgeschriebenen Frist anzumelden, sind sie im Rahmen des Insolvenzverfahrens von Dividenden **ausgeschlossen**. Eine Ausnahme ist nur für den Fall möglich, dass sie beweisen, dass sie entweder für die Nichteinhaltung der Frist nicht verantwortlich sind *(„leurs défaillance n'est pas due à leur fait")* oder dass sie auf einer Unterlassung des Schuldners anlässlich der Erstellung der Inventarliste beruht.¹⁶¹ Ein **Antrag auf Wiedereinsetzung**, *„relevé de forclusion"*, muss grundsätzlich innerhalb von **sechs** Monaten nach der Veröffentlichung des Eröffnungsurteils bzw. der Benachrichtigung der gesicherten Gläubiger gestellt werden.¹⁶² Zuständig ist der *juge commissaire*.

Nach der Anmeldung der Forderungen, **prüft** der Gläubigervertreter die einzelnen Forderungen und holt den *avis* des Schuldners ein. Stellt er die angemeldete Forderung infrage, fordert er den Gläubiger zur Stellungnahme auf. Der *mandataire* muss seine Position begründen und die Höhe der anerkannten bzw. abgelehnten Forderungen angeben.¹⁶³ **Beantwortet** der **Gläubiger** dieses Schreiben nicht innerhalb von 30 Tagen, gilt dies grundsätzlich als Zustimmung. Daher ist große Vorsicht geboten. Die provisorische Liste der Forderungen mit seinem Vorschlag der Anerkennung oder Ablehnung wird dem *juge-commissaire* zur Entscheidung übermittelt. Die **endgültige Tabelle** wird beim *greffe* des Gerichts hinterlegt und im *BODACC* veröffentlicht.¹⁶⁴

3.12 Der Sanierungsplan, *plan de sauvegarde*

3.12.1 Allgemeines

Beim *plan de sauvegarde* geht es in erster Linie um die **Restrukturierung** von **Insolvenzforderungen**. Der Insolvenzplan enthält ferner alle Maßnahmen, die nach der Auffassung des Schuldners und des Verwalters für die **Bestandsfähigkeit** des Unternehmens notwendig sind. Daher muss der Planentwurf die wirtschaftliche Situation des Schuldners, einen Businessplan, die zur Verfügung stehenden Finanzmittel, Zukunftsperspektiven des Unternehmens sowie die Beschäftigungssituation und ggf. den Abbau von Arbeitsplätzen aufzeigen. Der Plan muss ebenfalls die ins Auge gefassten Veräußerungen von Teilbereichen des Unternehmens bzw. die Akquisition von neuen Geschäftszweigen analysieren. Eine **übertragende Sanierung** ist nicht möglich.

Zu unterscheiden ist zwischen dem Insolvenzplan, der von den Gläubigerausschüssen beschlossen wird und dem gerichtlich angeordneten *plan imposé*.

---

¹⁵⁵ Vgl. Com. 17.10.2018, Nr. 17-17.268 u. 17-22.194, Rev. sociétés 2018, 748.
¹⁵⁶ Art. L. 622-25 Abs. 1 C. com.
¹⁵⁷ Vgl. Com. 17.12.2003, Nr. 01-10.692, Bull. civ. IV, Nr. 210; D. 2004, 137 mAnm *Lienhard*.
¹⁵⁸ Zur Rspr. übersichtlich *Lienhard* Rn. 101.22 f.
¹⁵⁹ → Rn. 95.
¹⁶⁰ Ausf. → MünchKomm-InsO-Online *(Dammann)* Länderbericht Frankreich, Rn. 420.
¹⁶¹ Bis zur Reform von 2014 war noch Vorsatz des Schuldners notwendig, vgl. *Lienhard* Rn. 101.54 mwN.
¹⁶² Eine Unterbrechung der Frist ist uU möglich, vgl. → MünchKomm-InsO-Online *(Dammann)* Länderbericht Frankreich, Rn. 425.
¹⁶³ Art. R. 624-1 C. com., vgl. Com. 27.6.2006, Nr. 05-13.696, Bull. civ. IV, Nr. 150, D. 2006, 1893 mAnm *Lienhard*.
¹⁶⁴ Zu den Rechtsmitteln → MünchKomm-InsO-Online *(Dammann)* Länderbericht Frankreich, Rn. 431.

3.12.2 Planverfahren ohne Gläubigerkomitees: der *plan imposé*

116 Werden bei kleinen Unternehmen[165] keine Gläubigerausschüsse gebildet, arbeitet der Schuldner mithilfe des Verwalters einen Sanierungsplan aus, der gerichtlich bestätigt werden muss. Das Gericht kann nur die **Verbindlichkeiten stunden;** Zahlungsverzichte bedürfen der Zustimmung der Gläubiger. Beim *plan imposé* kommt es also zu keiner mehrheitlichen Abstimmung. Daher sieht der Plan in der Regel vor, dass die Gläubiger die **Wahl** haben, sich mit den vorgeschlagenen Zahlungsfristen abzufinden oder aber zum Ausgleich für kürzere Fristen einen Teilverzicht zu akzeptieren.[166] Es scheint möglich zu sein, Gläubigern, die sich objektiv in einer anderen Situation befinden, **differenzierte Vorschläge** zu machen.

117 Der **Gläubigervertreter konsultiert** jeden **Gläubiger individuell,** um seine Zustimmung einzuholen.[167] Antwortet der Gläubiger nicht, so gilt sein **Schweigen als Zustimmung** zu den vorgeschlagenen Stundungen bzw. den Schulderlässen. Wird ein *debt-to-equity swap* vorgeschlagen, wird das **Schweigen** hingegen **als Ablehnung** gewertet. Das Gericht registriert die Zustimmung (*„donner acte"*) und überprüft ggf. die Zustimmung der Hauptversammlung der Aktionäre.

118 Für die **übrigen** Gläubiger setzt das Gericht im Rahmen des *plan imposé* die **Zahlungsziele** fest. Alle Gläubiger werden grundsätzlich gleichbehandelt, dh ungesicherte und dinglich abgesicherte Gläubiger müssen die gleichen Zahlungsziele hinnehmen. Art. L. 626-20 C. com. sieht allerdings vor, dass superprivilegierte Lohnforderungen, Urlaubsgeld, Forderungen, die durch das *new-money*-Privileg des Art. L. 611-11 C. com. abgesichert sind, sowie Kleinforderungen von maximal 500 EUR weder gestundet noch teilweise erlassen werden können, es sei denn, der betroffene Gläubiger stimmt zu.

119 Die maximale **Laufzeit** des Restrukturierungsplans als *plan imposé* beträgt grundsätzlich **zehn Jahre.**[168] Die erste **Teilzahlung** muss innerhalb einer Frist von einem Jahr erfolgen; ab dem **dritten Jahr** müssen die Raten mindestens 5 % der anerkannten Forderungen pro Jahr betragen.[169] Das Gericht kann einen *plan imposé* nur dann verabschieden, wenn der Sanierungsplan eine **seriöse Chance auf Erfolg** hat.[170] In der Praxis ist die Tendenz zu beobachten, Sanierungspläne auch dann zu bestätigen, obwohl Zweifel bestehen, ob der Schuldner seinen finanziellen Verpflichtungen auch im dritten Jahr nachkommen kann, wenn die erste Ratenzahlung in Höhe von mindestens 5 % der anerkannten Forderungen fällig wird.

3.12.3 Planverfahren mit Gläubigerkomitees

120 Bei größeren Verfahren[171] werden zwei **Gläubigerkomitees** der **Finanzgläubiger**[172] und der **wichtigsten Zulieferanten** gebildet. Sie haben zur Aufgabe, mit dem Schuldner einen Restrukturierungsplan frei auszuarbeiten und mehrheitlich zu beschließen, der ggf. von der **Versammlung** der **Inhaber** von **Schuldverschreibungen,** die *de facto* als drittes Komitee fungiert, bestätigt werden muss.[173] Bei der **Ausgestaltung** der Restrukturierungsvereinbarung bestehen recht große **Freiräume.** Insbesondere können Minderheitsgläubigern **Forderungsverzichte** aufgezwungen werden.

---

[165] Zu den Schwellenwerten → Rn. 120.
[166] Art. L. 626-19 C. com.
[167] Einschlägig sind Art. L. 626-5 bis 626-7 C. com.
[168] Zur Covid-19-Ausnahmegesetzgebung → Rn. 15.
[169] Art. L. 626-18 Abs. 4 C. com; zu den Sondervorschriften bei sog. *bullet loans*, vgl. → MünchKomm-InsO-Online *(Dammann)* Länderbericht Frankreich, Rn. 246.
[170] Art. L. 626-1 C. com.; vgl. Com. 18.3.2014, Nr. 13-10.859, Bull. civ. IV, Nr. 55, D. 2014; 774: *„perspectives sérieuses de redressement".*
[171] Betroffen sind Schuldner, deren Bilanzen von einem Abschlussprüfer testiert oder von einem Rechnugsprüfer geprüft werden, und die mehr als 150 Arbeitnehmer beschäftigen oder einen Jahresumsatz von mehr als 20 Mio. EUR erwirtschaften, Art. L. 626-29 iVm Art. R. 626-52 C. com. Der Gesetzgeber hat es versäumt, die Bilanzsumme als Kriterium zu normieren; das führt dazu, dass hoch verschuldete Holdinggesellschaften nicht verpflichtet sind, Gläubigerkomitees einzurichten. Ein Antrag auf Einrichtung von Gläubigerausschüssen kann allerdings auch bei kleineren Unternehmen beim *juge commissaire* gestellt werden, Art. L. 626-29 Abs. 2 C. com. Antragsberechtigt sind der Schuldner und der Verwalter, nicht hingegen der Vertreter der Gläubiger oder einzelne Gläubiger.
[172] Erfasst werden nicht nur Kreditinstitute iSv Art. L. 511-1 C. mon. fin. und Finanzinstitutionen iSv Art. 518-1 C. mon. fin., sondern auch juristische Personen, die dem Schuldner Kredite zur Verfügung gestellt haben (vgl. Art. R. 626-55 ff. C. com.), also auch Mutter- und Konzerngesellschaften, die eventuell die Mehrheit der Stimmrechte innehaben können, vgl. *Dammann/Robinet,* Cah. dr. entr. Juli/August 2009, 23, sowie das *Ludendo*-Urteil CA Paris v. 11.5.2016, Nr. 16/03704, BJE 2016, 241 mAnm *Lucas.*
[173] Einschlägig sind Art. L. 626-29 bis 626-35 C. com; für Einzelheiten → MünchKomm-InsO-Online *(Dammann)* Länderbericht Frankreich, Rn. 256.

Eingriffe in die gesellschaftsrechtliche Position der Aktionäre sind allerdings nicht möglich.[174] Ein *cross-class cram-down* ist dem französischen Recht fremd. Seit der Reform von 2014 kann **jedes Mitglied** eines **Gläubigerausschusses** einen **Alternativplan** vorschlagen.

Es gibt eine ganze Reihe von Gläubigern, die nicht den Komitees angehören bzw. deren **121** Forderungen nicht durch eine Mehrheitsentscheidung restrukturiert werden können. Sie sind *hors comité*. Hier handelt es sich um Forderungen der Arbeitnehmer, des Fiskus, der Sozial- und Rentenversicherungsträger, der Lohnausfallversicherung *(AGS)* bzw. von Finanzgläubigern, die durch eine *fiducie* dinglich abgesichert sind oder in den Genuss des Privilegs der *conciliation* kommen. Es besteht keine Möglichkeit, die Aktionäre im Rahmen einer *procédure de sauvegarde* in die Schranken zu weisen (sog. *debt-to-equity-swaps*). Hier kommen die Bestimmungen zum *plan imposé* zur Anwendung.

Gläubiger, die sich **nicht** in der **gleichen Situation** befinden, können auf der Grundlage des **122** Plans **unterschiedlich** behandelt werden.[175] Auf den ersten Blick ist die Regelung des Art. L. 626-30-2 Abs. 2 C. com. mit der Bildung von Untergruppen von Gläubigern mit ungleichen wirtschaftlichen Interessen iSv § 222 Abs. 2 InsO vergleichbar. Bei Lichte gesehen bestehen jedoch große Unterschiede. Im Ausschuss der Kreditinstitute werden nämlich alle Finanzgläubiger erfasst, unabhängig davon, ob es sich um ungesicherte, dinglich abgesicherte oder nachrangige Insolvenzforderungen handelt. Das französische Recht kennt nämlich weder das **Mischgruppenverbot** noch die *absolute priority rule*.

Die beiden Komitees der **Finanzgläubiger** und **wichtigsten Zulieferanten** müssen innerhalb **123** von **6 Monaten** nach Eröffnung des Verfahrens über den Sanierungsplan **abstimmen.** Art. L. 626-30-2 Abs. 4 C. com. schreibt eine **Zwei-Drittel-Summenmehrheit** der vom **Rechnungsprüfer attestierten Insolvenzforderungen** vor, die an der Abstimmung teilgenommen haben.[176] **Nicht stimmberechtigt** sind Gläubiger, wenn ihre Forderungen vom Plan **nicht berührt** werden oder falls der Plan eine **sofortige Barzahlung** vorsieht.[177] Die fristgerechte **Forderungsanmeldung** ist keine gesetzliche Voraussetzung zur Ausübung der Stimmrechte.[178]

Der Planentwurf muss ferner den Inhabern von **Schuldverschreibungen** vorgelegt werden, **124** die in einer einzigen Versammlung mit Zwei-Drittel Summenmehrheit der Forderungen abstimmen. Der Gesetzgeber räumt somit den *bondholdern* ein **Vetorecht** ein, das wirtschaftlich keinen Sinn macht, da in der Praxis Schuldverschreibungen oft nachrangig sind. Keine Rolle spielt, ob die Schuldverschreibungen ausländischem Recht unterliegen und eine abweichende Mehrheitsregel vorsehen.

Gläubiger, die nicht Mitglieder der Ausschüsse bzw. der Versammlung der Inhaber von Schuld- **125** verschreibungen sind, werden **individuell** vom **Gläubigervertreter konsultiert,** um ihre Zustimmung einzuholen. Wie beim *plan imposé* werden diese Gläubiger in der Praxis meist vor die Wahl gestellt, sich mit längeren Zahlungsfristen abzufinden oder aber zum Ausgleich für kürzere Fristen einen Teilverzicht bzw. eine Umwandlung ihrer Forderungen in Aktien oder andere Wertrechte zu akzeptieren.

Der von beiden Gläubigerausschüssen und der Versammlung der Schuldverschreibungsinhaber **126** verabschiedete **Sanierungsplan** muss **gerichtlich bestätigt** werden. Geprüft wird, ob der Plan den **Interessen aller Gläubiger hinreichend Rechnung** trägt.[179] Es geht also nicht um individuellen Minderheitenschutz. Nicht geprüft wird, ob ein Minderheitsgläubiger durch den Plan bessergestellt wird als im Falle einer gerichtlichen Liquidierung, obwohl in der Lehre die Anwendung des Prinzips des „*best-interest-of-creditors' test*" befürwortet wird.[180] Das Gericht kann den Sanierungsplan lediglich **bestätigen oder ablehnen.** Eine gerichtliche **Abänderung** ist ebenso wenig vorgesehen wie **Schadensersatzansprüche** zugunsten von Minderheitsgläubigern.

---

[174] Vgl. → MünchKomm-InsO-Online *(Dammann)* Länderbericht Frankreich, Rn. 264. Im *redressement judiciaire*-Verfahren sind Eingriffe in gewissen Grenzen möglich → Rn. 136.
[175] Es ist zB möglich, dass der Sanierungsplan neuen Kreditgebern eine Besserbehandlung bei der Rückzahlung der Altschulden einräumt, so im *Ludendo*-Fall, CA Paris 11.5.2016, Nr. 16/03704, BJE 2016, 241 mAnm *Lucas*.
[176] Entscheidend ist der Nominalwert der Forderungen inkl. Steuern; mitberechnet werden auch Zinsen, die zum Zeitpunkt der Verfahrenseröffnung noch nicht fällig gewesen sind; die zusätzliche einfache Kopfmehrheit der Ausschlussmitglieder wurde 2008 abgeschafft; für Einzelheiten → MünchKomm-InsO-Online *(Dammann)* Länderbericht Frankreich, Rn. 267.
[177] Art. L. 626-30-2 Abs. 5 C. com.
[178] Eine vom Gläubigervertreter bestrittene Insolvenzforderung kann an der Abstimmung teilnehmen, es sei denn, es ist offensichtlich, dass es sich nicht um eine zulässige Insolvenzforderung handelt.
[179] Art. L. 626-31 C. com: „*il [le tribunal] s'assure que les intérêts de tous les créanciers sont suffisamment protégés.*"
[180] Vgl. *Dammann/Podeur*, D. 2010, 2005; zur Rspr. → MünchKomm-InsO-Online *(Dammann)* Länderbericht Frankreich, Rn. 275.

Frankreich 127–132

127 Auf Antrag des Schuldners kann das Insolvenzgericht eine einschneidende **Modifizierung** der im Plan vorgegebenen Ziele und Mittel der Sanierung entscheiden.[181] Ist der Schuldner mit der Zahlung der im Plan vorgesehenen Raten **in Verzug,** so obliegt es ausschließlich dem *commissaire à l'exécution du plan,* die Zahlungen einzutreiben. Bei **gravierender Verletzung** wird der Sanierungsplan gerichtlich aufgehoben, Art. L. 626-27 C. com.[182] Antragsberechtigt sind die Gläubiger, der *commissaire à l'exécution du plan* und der *ministère public.*

3.13 Abschluss des *sauvegarde*-Verfahrens

128 Mit der Verabschiedung des Sanierungsplans durch das Insolvenzgericht erhält der Schuldner seine volle Handlungsfreiheit zurück und kann über seine Aktiva frei verfügen. Der eigentliche **Abschluss** *(clôture)* des **Verfahrens** erfolgt zu einem späteren Zeitpunkt und setzt voraus, dass der Verwalter und der Gläubigervertreter ihre Aufgaben beendet haben. Dies betrifft insbesondere die Überprüfung der Forderungsanmeldungen. Beide Organe reichen bei Gericht einen **Abschlussbericht** ein, der vom Gericht gebilligt werden muss. Danach beendet das Gericht das Verfahren durch eine *ordonnance de clôture.*[183]

4. Wesentliche Verfahrensmerkmale der ordentlichen Insolvenzverfahren – *procédures de redressement* bzw. *de liquidation judiciaire*

4.1 Das *redressement judiciaire* – Unterschiede zum präventiven Restrukturierungsverfahren

4.1.1 Eröffnung des Verfahrens

129 Das *sauvegarde*-Verfahren steht nur Schuldnern zur Verfügung, die sich zwar in wirtschaftlichen Schwierigkeiten befinden, aber nicht zahlungsunfähig sind. Tritt **Zahlungsunfähigkeit** auf, muss der Schuldner binnen **45 Tagen** bei Gericht **Antrag** auf **Eröffnung** eines *redressement judiciaire* stellen.[184]

130 Art. L. 631-1 Abs. 1 C. com. definiert den Begriff der *cessation des paiements* als *„l'impossibilité de faire face au passif exigible avec son actif disponible".* Es ist nicht notwendig, dass auf Zahlung bestanden oder eine Mahnung ausgesprochen wird, um die Fälligkeit einer Forderung zu bestimmen. Dem Schuldner eingeräumte Moratorien und Kreditlinien sind zu berücksichtigen. **Bestrittene Forderungen** werden grundsätzlich nicht berücksichtigt.[185] Das Gleiche gilt für Kreditlinien, wenn sie **rechtsmissbräuchlich** nur zu dem Zweck gewährt worden sind, eine **Zahlungsunfähigkeit zu verschleiern.**[186] **Verfügbare Aktiva** *(„actifs disponibles")* sind liquide Geldmittel, frei verfügbare Guthaben auf Bankkonten, sowie börsennotierte Aktien und Wertpapiere, die sofort verfügbar sind, sowie die Provision eines Bankchecks. Noch **nicht verkaufte Aktiva** können bei der Beurteilung der finanziellen Situation des Schuldners nicht berücksichtigt werden. Der Schuldner darf sich nicht **unlauter** Geldmittel verschafft haben, zB indem er **ruinöse Darlehen** aufnimmt.[187]

131 **Antragsverpflichtet** ist der gesetzliche bzw. faktische Vertreter *(dirigeant de fait).* Bei natürlichen Personen handelt der Schuldner selbst. Wie im *sauvegarde*-Verfahren ist vor der Antragsstellung der Betriebsrat zu informieren.[188] Im Falle der **Konkursverschleppung** kann das Gericht das Verbot aussprechen, ein Unternehmen zu leiten.[189] Darüber hinaus kann sich die Unternehmensleitung zivilrechtlich haftbar machen.[190]

132 Außerdem kann ein *redressement judiciaire* auf **Antrag** des **Gläubigers** eröffnet werden, sofern kein Schichtungsverfahren *(conciliation)* läuft.[191] Ebenfalls klageberechtigt ist der **Staatsanwalt** *(minis-*

---

[181] Art. L. 626-26 C. com.: *„modification substantielle dans les objectifs ou les moyens du plan".* Bei großen Verfahren müssen die Gläubigerausschüsse einberufen werden und über den neuen abgeänderten Plan abstimmen, Art. L. 626-31 Abs. 3 C. com.
[182] Das Gericht hat einen recht großen Entscheidungsspielraum, vgl. Com. 28.2.2018, Nr. 17-10.289.
[183] Art. R. 626-42 Abs. 2 C. com.
[184] Art. L. 631-4 Abs. 1 C. com.
[185] Vgl. Com. 16.3.2010, Nr. 09-12.539, Bull. civ. IV Nr. 56; D. 2010, 887 mAnm Lienhard.
[186] Vgl. Com. 17.5.2011, Nr. 10-30.425; Le Corre Rn. 221.164.
[187] Vgl. Com. 13.6.1989, Nr. 87-20.204, Bull. civ. Nr. 187; vgl. ferner Lienhard Rn. 112.25.
[188] → Rn. 78.
[189] Sog. *interdiction de gérer,* Art. L. 653-3 C. com.
[190] Dazu → Rn. 188.
[191] Art. L. 631-5 Abs. 2 C. com; in der Klageschrift kann hilfsweise auf Eröffnung einer *liquidation judiciaire* geklagt werden, Art. R. 631-2 C. com., vgl. Lienhard Rn. 113.23.

tère public). Die Möglichkeit, ein Verfahren **von Amts wegen** zu eröffnen, wurde abgeschafft. Gemäß Art. L. 631-3 C. com. kann es zur Verfahrenseröffnung auch **nach Aufgabe** des **Unternehmens** kommen. Art. L. 631-5 C. com. lässt die Einleitung eines Insolvenzverfahrens während einer einjährigen Übergangszeit weiter zu. Auch nach dem **Tod** des **natürlichen Schuldners** kann das Verfahren stattfinden. Die Nichtigkeit eines Gesellschaftsvertrages steht dem Verfahren ebenfalls nicht entgegen, sofern die Gesellschaft als *société de fait* in Erscheinung getreten ist.

4.1.2 Ziele des *redressement*-Verfahrens

Auf den ersten Blick unterscheiden sich die Ziele des *redressement judiciaire* nicht von denen eines präventiven Restrukturierungsverfahrens. Gemäß Art. L. 631-1 Abs. 2 C. com. soll durch die **Fortführung** des Unternehmens die Wahrung der **Arbeitsplätze** und die **Begleichung** der **Schulden** erreicht werden. Zu diesem Zweck wird am Ende der Beobachtungsphase vom Gericht ein **Insolvenzplan** *(plan de continuation)* beschlossen. Wie bei der *procédure de sauvegarde* handelt es sich entweder um einen *plan imposé* oder einen Restrukturierungsplan, der im Rahmen der Gläubigerausschüsse ausgearbeitet wurde.[192]

In der Praxis wird das *redressement*-Verfahren vor allem für die **übertragende Sanierung** benutzt. Anders als in der *procédure de sauvegarde* **steht** nämlich das **Unternehmen zum Verkauf.** Während der Beobachtungsphase können Investoren daher Angebote zur Übernahme des gesamten Unternehmens oder von Teilbereichen abgeben. Am **Ende** der **Beobachtungsphase** entscheidet allein das Gericht, ob das Unternehmen saniert oder veräußert wird, wobei die erste Alternative eindeutig Vorrang hat.[193]

4.1.3 Unterschiede während der Beobachtungsphase

Die Regelungen der **Beobachtungsphase** eines *redressement*-Verfahrens entsprechen weitestgehend derjenigen der *procédure de sauvegarde*. Es gibt jedoch **Unterschiede**. So sieht Art. L. 631-14 Abs. 4 C. com. vor, dass bei Fortführung eines laufenden Vertrages der Schuldner grundsätzlich **Barzahlung** leisten muss. Diese Regelung wurde im *sauvegarde*-Verfahren abgeschafft. Nach Eröffnung des *redressement*-Verfahrens ist die **Veräußerung** von **Anteilen, Aktien** oder **Wertrechten,** die den Zugang auf das Kapital des Schuldners eröffnen, die direkt oder indirekt *de jure* oder *de facto* Mitgliedern der Leitungsorgane gehören, **grundsätzlich nichtig,** es sei denn, sie erfolgen zu den gerichtlich festgelegten Bedingungen. Hinzuweisen ist ferner auf das sog. **Loi Petroplus.** Gem. Art. L. 631-10-1 C. com. kann das Gericht **einstweilige Rechtsschutzmaßnahmen** anordnen.[194] Wie bereits angesprochen, übt der Verwalter im ordentlichen Insolvenzverfahren in der Regel **Beistandspflichten** aus *(mission d'assistance,* sog. **mission** II). Eine **Beschlagnahmung** des Vermögens des Schuldners *(dessaisissement,* sog. *mission* III) kann **ausnahmsweise** vom Gericht angeordnet werden. Der Verwalter übernimmt dann anstelle des Schuldners alle Leitungspflichten.

4.1.4 Besonderheiten beim *plan de redressement*

Werden im Rahmen des Insolvenzplans Arbeitnehmer aus wirtschaftlichen Gründen entlassen, sind die Verfahrensregeln vereinfacht.[195] Ferner kann das Insolvenzgericht die Bestätigung des Sanierungsplans von der **Auswechselung** von **Mitgliedern** der **Leitungsorgane** abhängig machen, wenn dies zur Sanierung des Unternehmens erforderlich ist. Darüber hinaus kann gerichtlich angeordnet werden, dass die von *de jure* und *de facto*-Mitgliedern der Leitungsorgane gehaltenen Anteile, Aktien und Wertrechte, die den Zugang zum Kapital des Schuldners eröffnen, für eine bestimmte Frist **unveräußerlich** sind und die Stimmrechte von einem gerichtlich bestellten *mandataire de justice* wahrgenommen werden. Es kann schließlich auch ein **Zwangsverkauf** dieser Wertrechte angeordnet werden. Diese Maßnahmen können nur auf **Antrag** des **Staatsanwalts,** also nicht auf Antrag des Verwalters oder *ex officio* durch das Insolvenzgericht beschlossen werden.

---

[192] Nach Com. 4.5.2017, Nr. 15-25.046, D. 2017, 974 mAnm *Lienhard*, ist es möglich, dass ein Insolvenzplan lediglich die Begleichung der Schulden verfolgen kann, ohne die Fortführung des Unternehmens ins Auge zu fassen.
[193] Art. L. 631-22 C. com. schreibt vor, dass das Gericht auf Antrag des Verwalters den Verkauf des gesamten Unternehmens oder von Teilbereichen nur dann beschließen kann, wenn es offensichtlich ist, dass der vorgelegte *plan de redressement* nicht die Sanierung des Unternehmens gewährleistet.
[194] Für Einzelheiten → MünchKomm-InsO-Online *(Dammann)* Länderbericht Frankreich, Rn. 298.
[195] Für Einzelheiten → MünchKomm-InsO-Online *(Dammann)* Länderbericht Frankreich, Rn. 308.

137 Nach langer Diskussion über die Verfassungskonformität ermöglicht das sog. **Loi Macron** v. 6.8.2015 einschneidende Eingriffe in die Rechtsposition von Anteilseignern. So kann unter strengen Voraussetzungen eine im Planentwurf vorgesehene **dilution** bzw. **cession forcée** von Wertrechten gerichtlich angeordnet werden.[196] In der Praxis kam das *Loi Macron* bisher nicht zur Anwendung.

4.2 Die Liquidation – *liquidation judiciaire*

4.2.1 Ziele des Verfahrens

138 Ist ein *redressement judiciaire* **manifestement unmöglich,** beschließt das Gericht die **liquidation** des Unternehmens.[197] Der bestellte *liquidateur* hat zur Aufgabe, das Unternehmen **abzuwickeln.** Es stellt seine Aktivitäten ein, alle Arbeitnehmer werden rasch entlassen, die Aktiva des Schuldners werden versilbert und der Verkaufserlös unter den Gläubigern verteilt. Die bestmögliche Befriedigung der Gläubiger steht also im Mittelpunkt des Interesses. Seit der Reform von 2005 ist die **übertragende Sanierung** in das Kapitel der *liquidation judiciaire* aufgenommen worden. Voraussetzung eines *plan de cession* ist die vorläufige Fortführung des Unternehmens während einer Beobachtungsphase, die in der Liquidation nur dann angeordnet wird, wenn das Gericht eine reelle Chance sieht, das Unternehmen als *going concern* zu veräußern.

4.2.2 Eröffnung des Verfahrens

139 Die Liquidation kann als **Abschluss** eines *redressement judiciaire* oder, gleich zu Beginn, als **eigenständiges Verfahren** eröffnet werden. Eine Eröffnung des Verfahrens durch das Gericht von Amts wegen ist nicht möglich. Das Eröffnungsurteil bewirkt **grundsätzlich** die **Fälligkeit** aller Forderungen, es sei denn, das Gericht gestattet den **Verkauf des Unternehmens** im Rahmen der Liquidierung. Dann wird das Unternehmen ausnahmsweise **vorläufig fortgeführt.**[198] Die Fälligkeit aller Forderungen verzögert sich bis zum **Zeitpunkt** der **gerichtlichen Veräußerung** bzw. der **Einstellung** des **Betriebs.**

140 Mit Eröffnung einer *liquidation judiciaire* kommt es zu einer **Beschlagnahme *(dessaisissement)*** des **gesamten Vermögens** des Schuldners.[199] Hierzu rechnet nicht nur das gegenwärtige Vermögen, sondern auch dasjenige, welches der Schuldner während des Liquidationsverfahrens hinzuerwirbt. Der **Schuldner** wird durch den *liquidateur* **vertreten,** kann also nicht mehr mit Wirkung gegen die Gläubiger über das beschlagnahmte Vermögen verfügen. Nach hM können derartige **Verfügungsgeschäfte** dem Verfahren nicht entgegengehalten werden; sie sind „*inopposable*".[200] **Ausgenommen** von der Beschlagnahme des Vermögens sind **zivilrechtliche Schadensersatzansprüche** im Rahmen eines **Strafverfahrens,**[201] sowie **rein persönliche Rechte** *(„droits propres, droits attachés exclusivement à la personne"),* zB das Recht auf Auszahlung einer Lebensversicherung.[202]

4.2.3 Verwaltung und Abwicklung des Vermögens

141 Das Unternehmen des Schuldners wird im Prinzip vom *liquidateur* **verwaltet** und **abgewickelt.** Der *liquidateur* entlässt die Arbeitnehmer, wobei spezielle arbeitsrechtliche Vorschriften zu beachten sind.[203] Die **Versilberung** der Aktiva kann durch Veräußerung des gesamten Unternehmens oder einzelner seiner Teilbereiche erfolgen. Das Verfahren des Verkaufs **einzelner Vermögenswerte,** das in Art. L. 642-18 bis 642-20-1 C. com. geregelt ist, wird vom **verfahrensleitenden Richter** bestimmt. Ziel ist es, eine zügige Liquidation zu gewährleisten. Der **Verkauf** von **Immobilien**

---

[196] Es muss sich um ein Unternehmen oder die Muttergesellschaft eines Konzerns mit mehr als 150 Arbeitnehmern handeln; die Schließung des Unternehmens muss schwere Auswirkungen für die nationale oder regionale Wirtschaft und den Arbeitsmarkt haben; nach Prüfung der Möglichkeit einer übertragenden Sanierung; die *dilution* bzw. *cession forcée* von Wertrechten muss die einzige seriöse Lösung darstellen, um diese schwerwiegende Auswirkungen abzuwenden und die Fortführung des Unternehmens zu gewährleisten.
[197] Art. L. 640-1 C. com.
[198] Eine Veräußerung des Unternehmens oder von Teilbereichen muss im öffentlichen Interesse oder in demjenigen der Gläubiger liegen; die maximale Frist beträgt drei Monate, die auf Antrag des Staatsanwalts einmal um weitere drei Monate verlängert werden kann.
[199] Art. L. 641-9 I Abs. 1. C. com.
[200] Vgl. Com. 9.1.2001, Nr. 96-20.161, Bull. civ. IV, Nr. 3; D. 2001, 630 mAnm *Lienhard.*
[201] Der Schuldner kann als Zivilkläger in einem Strafprozess auftreten, vgl. Crim. 4.12.2012, Nr. 12-80.559; D. 2013, 77.
[202] Vgl. Com. 11.12.2012, Nr. 11-27.437, Bull. civ, IV, Nr. 225; D. 2013, 8.
[203] Für Einzelheiten → MünchKomm-InsO-Online *(Dammann)* Länderbericht Frankreich, Rn. 331.

erfolgt grundsätzlich nach den allgemeinen **Zwangsvollstreckungsbestimmungen** der Art. L. 322-5 bis 322-13 C. proc. civ. ex. Der verfahrensleitende Richter kann auch den **freihändigen Verkauf** *(gré à gré)* durch den *liquidateur* genehmigen.[204] Die **Versilberung** der übrigen **beweglichen Sachen** des Schuldners, die in Art. L. 642-19 C. com. geregelt ist, erfolgt durch eine **öffentliche Versteigerung** oder einen **freihändigen Verkauf**.

4.2.4 Das vereinfachte Verfahren – *liquidation judiciaire simpliée*

Für kleine Insolvenzen sieht der Gesetzgeber ein **vereinfachtes Verfahren** *(liquidation judiciaire simpliée)* vor, das **zwingend** ist, wenn bestimmte Schwellenwerte unterschritten sind.[205] Einzelheiten des vereinfachten Verfahrens regeln Art. L. 644-1 ff. C. com. iVm Art. R. 644-1 ff. C. com. Seit der *Loi PACTE* v. 22.5.2019 soll ein vereinfachtes Verfahren innerhalb von **sechs Monaten** abgeschlossen werden.[206]

4.2.5 Beendigung der *liquidation judiciaire* – *clôture*

Bis zur Reform im Jahre 2005 dauerte ein Liquidationsverfahren im Durchschnitt mehr als drei Jahre. Seitdem hat sich der Gesetzgeber zum Ziel gesetzt, diese Zeitspanne deutlich zu verringern. Ein Verfahren kann nunmehr abgeschlossen werden, wenn das **Interesse** einer **Fortführung** des Verfahrens angesichts der **Schwierigkeiten der Versilberung** der verbleibenden Aktiva **nicht gerechtfertigt** erscheint.[207] Der **Antrag** auf **Beendigung** der *liquidation judiciaire* kann jederzeit vom *liquidateur,* dem Schuldner oder dem Staatsanwalt gestellt werden. Das Gericht kann sie auch *ex officio* aussprechen. Nach einer Frist von zwei Jahren nach dem Eröffnungsurteil ist jeder Gläubiger antragsberechtigt. Das Urteil der *clôture* des Verfahrens wird im *BODACC* und im Handels- bzw. Handwerksregister veröffentlicht. Wird **nach Beendigung** festgestellt, dass noch Aktiva existieren, die nicht verwertet worden sind, oder die Wiedereröffnung des Verfahrens im Interesse der Gläubiger ist, kommt es zu einer *„reprise de la procédure"*. Am Ende der Liquidation kommt der Schuldner grundsätzlich in den Genuss einer **Restschuldbefreiung**.[208]

4.3 Die übertragende Sanierung – *plan de cession*

Der **Verkauf** des **gesamten Unternehmens** oder einzelner **Teilbereiche** ist nunmehr Bestandteil der *liquidation judiciaire,* obwohl es weiterhin üblich ist, dass die übertragende Sanierung im *redressement judiciaire* durchgeführt wird. Einschlägig sind Art. L. 642-1 ff. und R. 642-1 ff. C. com. Die Übernahme des Unternehmens kann bereits im **Vorfeld** eines Insolvenzverfahrens im Rahmen des sog. *prepack-cession*-Verfahrens vorbereitet werden.[209] **Ziele** der übertragenden Sanierung sind die **Fortführung** der **Unternehmenstätigkeit**, die **Erhaltung** der **Arbeitsplätze** und die **Befriedigung der Gläubiger**.[210] Werden lediglich **Teilbereiche** veräußert, muss es sich um eine oder mehrere *„branches complètes et autonomes d'activités"* handeln. Es ist möglich, mehrere kompatible Übernahmeangebote miteinander zu **kombinieren.** Die übertragende Sanierung eines gesamten **Konzerns** kann koordiniert durchgeführt werden.[211]

Den **Zuschlag** erteilt allein das Insolvenzgericht. Weder die Zustimmung des Schuldners noch diejenige der Gläubiger ist erforderlich. Entscheidend ist, welches Angebot am ehesten die dauerhafte Erhaltung der Arbeitsplätze, die Zahlungen an die Gläubiger sowie die wertvollsten Garantien zur Erfüllung des Sanierungsplans gewährleistet.[212] In der Praxis wird besonderes Gewicht auf die **Sicherung** der **Arbeitsplätze** gelegt. Die **Befriedigung** der **Gläubiger** ist daher **zweitrangig.** Die Zahlung des Preises erfolgt durch Bankscheck, der bei Gericht am Tage der Verhandlung vorgelegt werden muss. Ob ein symbolischer Preis genügen kann, ist streitig. Teilweise wird er akzeptiert,

---

[204] Art. L. 642-18 Abs. 3 C. com.
[205] Die gegenwärtigen Kriterien sind: kein Immobilienvermögen, Beschäftigung von nicht mehr als fünf Arbeitnehmern während der letzten sechs Monate und letzter Jahresumsatz von höchstens 750.000 EUR.
[206] Art. L. 644-5 C. com.
[207] ZB falls wegen Umweltschäden die zügige Veräußerung von Immobilien nicht möglich ist; neu ist auch die Regelung, dass ein *mandataire* bestellen werden kann, um die anhängigen Prozesse fortzuführen und etwaige Erlöse unter den Gläubigern aufzuteilen.
[208] Vgl. Art. L. 643-11 C. com.
[209] Dazu → Rn. 59; zum Verfahren und Inhalt der Angebote → MünchKomm-InsO-Online *(Dammann)* Länderbericht Frankreich, Rn. 357.
[210] Art. L. 642-1 C. com. Anders als im deutschen Recht wird in die Rechtsposition bestimmter dinglich abgesicherter Gläubiger eingegriffen; dazu → Rn. 171.
[211] → Rn. 65.
[212] Art. L. 642-5 C. com.

wenn der Erwerber sich verpflichtet, alle Arbeitnehmer zu übernehmen. Das Gericht hat einen recht großen Entscheidungsspielraum.[213] Gegen die Entscheidung können der Schuldner, der Staatsanwalt, nicht aber leer ausgegangene Bewerber, Berufung einlegen.[214]

146 Die Gerichtsentscheidung, die den *plan de cession* beschließt, bewirkt die **Übernahme** der im **Angebot aufgeführten Arbeitnehmer** und die **Genehmigung** der **Entlassung aller nicht übernommenen Arbeitnehmer.** Die Entlassungen erfolgen innerhalb eines Monats nach dem Urteil durch den Verwalter. Sie gehen zulasten der Masse. Hier liegt einer der entscheidenden Vorteile der Übernahme des Unternehmens im Rahmen des *plan de cession*. Arbeitnehmer, die nicht übernommen werden, können ihre nachträgliche Übernahme durch den Erwerber vor dem Arbeitsgericht nicht einklagen. Art. L. 1224-1 C. trav., der die EU-RL 2001/23 umsetzt, kommt nur bezüglich der Arbeitnehmer zur Anwendung, die im Rahmen des *plan de cession* vom Erwerber übernommen werden. Die Arbeitnehmer, deren Entlassung durch Gerichtsentscheidung genehmigt wird, kommen also nicht in den Genuss von Art. L. 1224-1 C. trav. Konnte das *Smallsteps*-Urteil des EuGH v. 22.6.2017[215] noch dahingehend ausgelegt werden, dass Art. L. 631-19 III bzw. 642-5 C. com. der EU-RL 2001/23 nicht widersprechen, so ist dies im Anschluss an das *Plessers*-Urteil des EuGH v. 16.5.2019[216] zweifelhaft geworden.

147 Das Gericht entscheidet, welche **Leasing-** und **Mietverträge** sowie **Verträge** über die *„fourniture de biens ou services"* für den Betrieb notwendig sind, in die der Erwerber eintritt.[217] Verträge, die nicht Gegenstand des Angebotes des Erwerbers gewesen sind, können nicht übertragen werden.[218] **Vertragsklauseln,** die eine Übertragung von der **Zustimmung** des **Vertragspartners abhängig machen,** sind **wirkungslos.** Die Verträge müssen zu den Bedingungen erfüllt werden, die zum Zeitpunkt der Verfahrenseröffnung bestanden.

148 Der *liquidateur* bzw. der Verwalter schließt auf der Grundlage des Urteils die entsprechenden **Ausführungsverträge** ab. Auf Antrag des Bieters kann das Gericht, auf seine Verantwortung, die sofortige Übernahme des Betriebes verfügen.[219]

149 Der Unternehmensveräußerung kann eine **Unternehmensverpachtung** *(location gérence)* für eine Dauer von **höchstens zwei Jahren** vorausgehen.[220] Versäumt der *locataire-gérant* den fristgerechten Erwerb des Unternehmens, macht er sich schadensersatzpflichtig. Das Gericht kann schließlich auch über die Kündigung des Pachtvertrages und die Aufhebung des Insolvenzplans verfügen.[221]

5. Gläubigergruppen – Massegläubiger, bevorrechtigte, gesicherte, ungesicherte und nachrangige Gläubiger

5.1 Massegläubiger

150 Bei Masseforderungen[222] handelt es sich um Forderungen, die **nach** dem **Eröffnungsurteil regulär,** dh entweder **zweckmäßig** für die Durchführung des Verfahrens bzw. der Beobachtungsphase[223] oder als eine **Gegenleistung zugunsten** des **Schuldners** entstanden sein.[224] Entscheidend ist der Zeitpunkt des *fait générateur*, nicht die Fälligkeit der Masseforderung. Bei Dauerschuldverhältnissen *("contrat à exécution successive")* wie zB bei Leasingverträgen, kommt es auf den **Zeitpunkt der erbrachten Leistung** des Gläubigers an.[225] Die Lehre spricht von *„créanciers méritants"*. Sind diese gesetzlichen Voraussetzungen nicht erfüllt, handelt es sich bei diesen Forderungen nicht um

---

[213] Vgl. *Le Corre* Rn. 571.511 mwN auf die Rspr.
[214] Für Einzelheiten → MünchKomm-InsO-Online *(Dammann)* Länderbericht Frankreich, Rn. 370.
[215] C-126/16, ECLI:EU:C:2017:489, ZIP 2017, 1289; D. 2017, 2242 mAnm *Dammann/Podeur.*
[216] C-509/17, ECLI:EU:C:2019:424, D. 2020, 588 mAnm *Dammann/Alle.*
[217] Art. L. 642-7 C. com.; zur Auslegung dieses Begriffs s. *Le Corre* Rn. 582.531 ff.; hierzu zählen zB gewerbliche Mietraumverträge *(bail commercial),* Vertragshändlerverträge, Lizenzverträge über Markenzeichen und Patente.
[218] Vgl. Com. 15.15.2009, Nr. 08-21.235, Bull. civ. IV, Nr. 169, D. 2010, 11 mAnm *Lienhard.*
[219] Art. L. 642-8 C. com.
[220] Vgl. Art. L. 642-13 ff. C. com.; allg. *Sonnenberger/Dammann* Rn. IV 34 ff.
[221] Vgl. Art. L. 642-17, C. com.
[222] Vgl. Art. L. 622-17 I C. com. im *sauvegarde*-Verfahren, das weitgehend Art. L. 631-14 C. com. im *redressement*-Verfahren und Art. L. 641-13 I C. com. in *liquidation judiciaire* entspricht.
[223] Zur Auslegung dieses Begriffs: → MünchKomm-InsO-Online *(Dammann)* Länderbericht Frankreich, Rn. 438.
[224] Der Begriff der *„contrepartie d'une prestation fournie au débiteur"* bezieht sich in erster Linie auf Forderungen in Bezug auf die Fortführung von laufenden Verträgen; dazu → MünchKomm-InsO-Online *(Dammann)* Länderbericht Frankreich, Rn. 440.
[225] Vgl. Com. 12.1.2010, Nr. 08-21.456, Bull. civ. IV, Nr. 4; *Lienhard* Rn. 76.59: *„critère économico ou matérialiste".*

Masseschulden, sondern um **ungesicherte Insolvenzforderungen,** die angemeldet werden müssen.

Masseforderungen müssen nicht angemeldet werden; sie sind bei **Fälligkeit zu zahlen.** Bleibt **151** die Zahlung aus, sind die Masseforderungen mit einem **Befriedigungsvorrecht** iSv Art. 2324 C. civ. ausgestattet (das sog. *„privilège de la procédure"*).[226] **Masseschulden** müssen dem **Insolvenzverwalter** (bzw. dem *liquidateur* oder dem *commissaire à l'exécution du plan*) spätestens ein Jahr nach Beendigung der Beobachtungsphase **angezeigt** werden, sonst geht das Privileg verloren.

5.2 Bevorrechtige Gläubiger

Im französischen Insolvenzrecht gilt weiterhin der Grundsatz der Gleichheit *(égalité)* aller **152** Gläubiger. Er ist allerdings durch zahlreiche Befriedigungsvorrechte *(privilèges)* ausgehöhlt, wobei zu unterscheiden ist zwischen allgemeinen **Privilegien,** Mobiliar- und Immobiliarprivilegien. Zu nennen sind hier vor allem: das **Superprivileg der Arbeitnehmer;**[227] das Privileg der **Gerichtsverfolgungskosten,** die nach Eröffnung des Verfahrens entstehen (Art. L. 641-13 C. com.); das *New money*-**Privileg** der *conciliation* (Art. L. 611-11 C. com.); das Privileg von **Masseschulden** (Art. L. 641-13 C. com.; unter Berücksichtigung der internen Rangordnung); **Steuerprivilegien** (mit Rangordnung); **allgemeine Privilegien** *(privilèges généraux)* gem. Art. 2331 C. civ. vor allem zur Absicherung von **Sozialabgaben** *(cotisation de sécurité sociale)* und Lohnforderungen *(privilège général des salaires);* das Privileg zur Absicherung von **Zollgebühren** *(privilège des douanes)* usw.[228]

5.3 Ungesicherte Gläubiger

Aufgrund der Vielfalt der Befriedigungsvorrechte ist die zu erwartende Quote der ungesicherten **153** Gläubiger in der Praxis sehr gering.

5.4 Nachrangige Gläubiger

Anders als im deutschen Recht sind Gesellschafterforderungen nicht nachrangig. **154**

6. Verträge im Insolvenzverfahren

Das Schicksal von laufenden Verträgen, die zum Zeitpunkt des Eröffnungsurteils noch nicht **155** erfüllt worden sind, sog. *contrats en cours,*[229] ist von großer praktischer Bedeutung. Der Gesetzgeber geht von ihrer **grundsätzlichen Fortführung** aus. Klauseln, die im Falle der **Eröffnung** eines präventiven Restrukturierungsverfahrens des Vertragspartners die **automatische Auflösung** bzw. **Kündigung** eines laufenden Vertrages vorsehen, sind unwirksam. Das Gleiche gilt für Vertragsbestimmungen, die die Fortführung von Sukzessivverträgen davon abhängig machen, dass der Insolvenzverwalter auch Konkursforderungen **erfüllt** (sog. *clauses d'invisibilité*). Der Verwalter[230] hat eine Schlüsselrolle inne und entscheidet über die Verträge, die er fortführen bzw. nicht erfüllen möchte *(„faire le tri").*[231] Entscheidet sich der Verwalter für die **Fortführung,** so muss er auf der Grundlage der ihm zur Verfügung stehenden Finanzplanungsdokumentation sicher sein, dass der Schuldner seine zukünftigen Verpflichtungen erfüllen wird. Andernfalls könnte er sich uU **persönlich haftbar** machen.

Da die Entscheidungsfreiheit des *administrateur* eine Phase der Unsicherheit über die Fortführung **156** der *contrats en cours* zur Folge hat, gibt das Gesetz dem **Vertragspartner** die Möglichkeit, den **Schwebezustand zu beenden,** indem er den *administrateur* zur **Entscheidung auffordert.**[232] Entscheidet sich der *administrateur* gegen die Fortführung, so steht dem Vertragspartner **Schadenser-**

---

[226] Einschlägig sind Art. L. 622-17 II C. com. im *sauvegarde-* bzw. *redressement*-Verfahrens, bzw. Art. L. 641-13 C. com. bei Liquidation des Schuldners. Die Rangordnung ist sehr komplex; für Einzelheiten → MünchKomm-InsO-Online *(Dammann)* Länderbericht Frankreich, Rn. 442.
[227] Dazu ausf. → MünchKomm-InsO-Online *(Dammann)* Länderbericht Frankreich, Rn. 463.
[228] Für Beispiele des Verteilungsschlüssels bei Verwertung von Mobilien und Immobilien, ausf. → MünchKomm-InsO-Online *(Dammann)* Länderbericht Frankreich, Rn. 457.
[229] Ein Vertrag ist *en cours* iSv Art. L. 622-13 C. com., wenn eine den Vertrag prägende Leistungspflicht, „*prestation caractéristique*", noch nicht erfüllt worden ist, vgl. *Le Corre* Rn. 431.21 mwN; für Einzelheiten → MünchKomm-InsO-Online *(Dammann)* Länderbericht Frankreich, Rn. 211.
[230] Keine Rolle spielt, ob es sich bei der Mission des Verwalters um eine *surveillance, assistance* oder *représentation* des Schuldners handelt.
[231] Vgl. *Lucas* Rn. 271.
[232] Zum Verfahren → MünchKomm-InsO-Online *(Dammann)* Länderbericht Frankreich, Rn. 223.

Frankreich 157–162   Länderberichte

satz wegen Nichterfüllung zu. Der Anspruch ist wie bei § 103 Abs. 2 InsO eine **einfache Insolvenzforderung.**

157   Art. L. 622-13 VI C. com. schließt die Anwendung dieser Bestimmungen auf **Arbeitsverträge** aus; sie werden **automatisch fortgesetzt.** Kündigungen im *sauvegarde*-Verfahren unterliegen dem allgemeinen Arbeitsrecht.[233] Art. L. 622-14 C. com. sieht spezialgesetzliche Sonderregelungen bei der Kündigung von **Geschäftsraummietverträgen** vor, sofern die Immobilie an den Gemeinschaftsschuldner vermietet ist und er dort sein Unternehmen betreibt.

158   Der fortgeführte Vertrag ist **automatisch beendet,** wenn der Schuldner die vertraglich vorgesehenen Zahlungen nicht leistet und der Gläubiger ihm keinen Zahlungsaufschub gewährt. Der verfahrensleitende Richter muss die Vertragsauflösung bestätigen und legt das Datum der Auflösung fest.

7. Pensionsansprüche

159   Pensionsansprüche, die zur Kategorie der bevorrechtigten Forderungen der Arbeitnehmer zählen, sind in der Praxis **ohne Bedeutung,** da in Frankreich idR die Altersversorge nicht von den Unternehmen mitfinanziert wird.

8. Eigentumsvorbehalt

160   Nach französischer **Dogmatik** ist der Eigentumsvorbehalt eine **akzessorische Sicherheit,** deren Verwertung nicht die **Aufhebung** des **Kaufvertrages** zur Folge hat. Die **Fälligkeit** der Forderung spielt allerding keine Rolle.[234] Wird zugunsten des Käufers ein **präventives** oder **reguläres Insolvenzverfahren** eröffnet, hat der Vorbehaltsverkäufer ein **Aussonderungsrecht** unter der Voraussetzung, dass die *clause de réserve de propriété* schriftlich mit dem Käufer spätestens zum Zeitpunkt der **Lieferung** der Ware vereinbart wurde.[235] Im französischen Recht gilt nicht die Theorie des letzten Wortes. **Widersprechen** sich die **Klauseln,** ist eine Einigung nicht zustande gekommen; der Eigentumsvorbehalt gilt als **nicht vereinbart.**[236] Wie oben bereits dargestellt, muss der **Antrag auf Aussonderung** der Sache innerhalb der kurzen **Ausschlussfrist** von **drei Monaten** ab **Veröffentlichung** des Urteils zur Einleitung des Verfahrens beantragt werden, Art. L. 624-9 C. com.[237]

161   Die unter Eigentumsvorbehalt gelieferte Ware kann nur herausverlangt werden, wenn sie sich zum **Zeitpunkt** der **Verfahrenseröffnung** noch **in natura** (*„en nature"*) beim Insolvenzschuldner befindet.[238] Wird dagegen die unter Eigentumsvorbehalt gelieferte Sache vom Käufer in eine andere **eingebaut,** so kann der Vorbehaltsverkäufer seine Ansprüche nur dann geltend machen, wenn die Sache ohne Schaden getrennt werden kann.[239] Die **Beweislast** liegt beim **Aussonderungsantragsteller.**[240] Eine **Verarbeitungsklausel** ist nicht möglich. Hat der Schuldner mit Genehmigung des verfahrensleitenden Richters den **Kaufpreis** bezahlt, entfällt die Aussonderung.[241]

162   Art. L. 624-18 C. com. erweitert den Anwendungsbereich der **dinglichen Surrogation** dergestalt, dass sich der Eigentumsvorbehalt an der **Wiederverkaufsforderung** der verkauften Sache fortsetzt. Voraussetzung ist, dass die Sache zum Zeitpunkt des Weiterverkaufes noch *en nature* existiert.[242] Wird die Forderung gezahlt, erlöschen allerdings die Rechte des Vorbehaltsverkäufers. In gewissen Grenzen gibt es dementsprechend auch im französischen Recht einen **verlängerten Eigentumsvorbehalt,** obgleich er nicht als solcher bezeichnet wird. Im französischen Schrifttum wird die *réserve de propriété prolongée* verschiedentlich für unzulässig erklärt und ausdrücklich auf

---

[233] Zu den spezialgesetzlichen Regelungen im *redressement* bzw. *liquidation judiciaire,* → MünchKomm-InsO-Online *(Dammann)* Länderbericht Frankreich, Rn. 308, 331.
[234] Vgl. Com. 20.4.2017, Nr. 15-20.619, RTD civ. 2017, 708 mAnm *Crocq.*
[235] Vgl. Art. L. 624-16 Abs. 2 C. com.; dies kann auch in einem Rahmenvertrag und den AGB des Verkäufers geschehen und zukünftige Lieferungen einschließen.
[236] Vgl. *Lienhard* Rn. 103.48. Widerspricht der Käufer nicht und war die Klausel eindeutig, dann gilt der Eigentumsvorbehalt als stillschweigend vereinbart, vgl. Com. 31.1.2012, Nr. 10-28.407, Bull. civ. IV, Nr. 18; D. 2012, 432 mAnm *Lienhard.*
[237] → Rn. 91.
[238] Für eine Zusammenstellung der kasuistischen Rspr. → MünchKomm-InsO-Online *(Dammann)* Länderbericht Frankreich, Rn. 509.
[239] Vgl. Art. L. 624-16 Abs. 3 C. com.; Art. 2370 C. civ.
[240] Vgl. Com. 10.3.2015, Nr. 13-23.424, Bull. civ. IV, Nr. 46; D. 2015, 677.
[241] Art. L. 624-16 C. com.
[242] Vgl. *Pérochon* Act. proc. coll. 2009, 210; vgl. zur Beweislast Com. 5.12.2018, Nr. 17.15.973, BJE März/April 2019, 55. Übersicht der Rspr. → MünchKomm-InsO-Online *(Dammann)* Länderbericht Frankreich, Rn. 512.

die Handhabung des verlängerten Eigentumsvorbehalts deutschen Rechts hingewiesen. Tatsächlich scheint dies auf einem Missverständnis zu beruhen, denn der Unterschied betrifft nur das Verbot der Verarbeitungsklausel und folglich nach deutscher Terminologie nicht die *réserve de propriété prolonguée*, sondern die ***réserve de propriété élargie (à la chose transformée)***.

Bei **fungiblen** Sachen können vertretbare Sachen der gleichen Art und Güte herausverlangt werden, sofern sie sich noch im **Besitz des Schuldners** befinden, bzw. **in natura weiterverkauft** worden sind. Der Eigentumsvorbehalt wird zu einem **Recht am Wert** (*„droit sur la valeur"*) der **gelieferten Waren**.²⁴³ Ob diese Bestimmung auch bei **Rotation** der Lagerbestände zur Anwendung kommt, ist umstritten.²⁴⁴ Sind nicht mehr ausreichend Waren gleicher Güte und Art vorhanden, um die Aussonderungsansprüche aller Vorbehaltsverkäufer zu befriedigen, hat der Kassationshof in einem Grundsatzurteil entschieden, dass die einzelnen Verkäufer **anteilig** im Verhältnis der einzelnen nicht bezahlten Lieferungen zu befriedigen sind.²⁴⁵

9. Sicherheiten in der Insolvenz

9.1 Übersicht der dinglichen Sicherheiten

Aus insolvenzrechtlicher Sicht sind folgende Sicherheiten zu unterscheiden: 1°) das **Eigentum** als Sicherheit, *propriété-sûretés*, an **Mobilien** und **Immobilien;** hierzu rechnen die **treuhänderische Sicherungsübereignung** *(fidicie-sûreté)* des *Code civil* (mit bzw. ohne *dépossession*); das **Pfandrecht an Gelddepots**, *gage-espèce*; die **fiduziarische Forderungsabtretung** mittels *bordereau Dailly* und der Eigentumsvorbehalt; 2°) **Pfandrechte** an **Mobilien** und sonstigen **immateriellen Rechten;** 3°) **Hypotheken** und **Pfandrechte** an **Immobilien**.

Besonders unübersichtlich ist die Situation bei den **Pfandrechten.** Seit der *ordonnance* von 2006 unterscheidet der *Code civil* zwischen verschiedenen Typen: 1°) das **Besitzpfandrecht** *(gage)* an Mobilien, das auch an Lagerbeständen begründet werden kann und das mit einem „echten" **Zurückbehaltungsrecht**, *droit de rétention*, ausgestattet ist; 2°) der **gage** an Mobilien als **Registerpfandrecht;**²⁴⁶ 3°) das Registerpfandrecht an **Kraftfahrzeugen** (mit einem „gesetzlichen" *droit de rétention*); 4°) das Pfandrecht, *nantissement*, an **Forderungen** und sonstigen **immateriellen Rechten;** in der Praxis besonders bedeutsam sind das zivilrechtliche *nantissement de créances* und das handelsrechtliche Pfandrecht an Konten für Wertrechte, *nantissement de compte d'instruments financiers*, die beide in den Genuss eines „echten" *droit de rétention* kommen.

Art. 2286, Nr. 4 C. civ. hat das registerpfandrechtliche *gage* flankierend mit einem **„fiktiven"** *droit de rétention* ausgerüstet, um ihre Insolvenzfestigkeit zu stärken. In den Genuss dieses „fiktiven" Zurückbehaltungsrechts kommen: 1°) das zivilrechtliche *gage* als Registerpfandrecht; 2°) das handelsrechtliche Registerpfandrecht am Warenlager **(gage des stocks);** 3°) das Registerpfandrecht an Betriebsausrüstungs- und Investitionsgütern;²⁴⁷ 4°) der handelsrechtliche *warrant agricole*.

Das handelsrechtliche **Registerpfandrecht** am **Unternehmen**, *nantissement du fonds de commerce*, hat hingegen kein *droit de rétention*. Das Gleiche gilt für zivil- bzw. handelsrechtliche Pfandrechte, *nantissements*, an Anteilen, Patenten und Markenzeichenrechten.

Die traditionellen Sicherheiten an Immobilien sind die **Hypothek** und der *gage immobilier* (ehemalig *antichèse*). Die **Hypothek** ist eine **Registersicherheit ohne** *droit de rétention*.²⁴⁸ Der *gage immobilier* ist als **Besitzpfandrecht** konzipiert. Der Pfandgläubiger hat folglich ein **Zurückbehaltungsrecht**.²⁴⁹

9.2 Rechtsstellung dinglich abgesicherter Gläubiger im Insolvenzverfahren

In der Praxis stellen sich vor allem zwei Fragen: Zu **welchem Zeitpunkt** kann ein dinglich abgesicherter Gläubiger seine Sicherheit in der Insolvenz des Schuldners verwerten und welchen **Rang** nimmt er ein.

Im Folgenden wird die Effizienz der einzelnen Sicherungsrechte kurz dargestellt. Der Zessionar der mittels *bordereau Dailly* abgetretenen Forderungen kann vom Drittschuldner unabhängig von der Eröffnung eines Insolvenzverfahrens Zahlung verlangen. Dies gilt auch für zukünftige

---

²⁴³ Vgl. Malaurie/Aynès, Les sûretés, la publicité foncière, 13. Aufl. 2019, Rn. 803.
²⁴⁴ Bejahend die heute hM vgl. → MünchKomm-InsO-Online *(Dammann)* Länderbericht Frankreich, Rn. 511.
²⁴⁵ Vgl. Com. 29.11.2016, Nr. 15-12.350, Bull. civ. IV, Nr. 148; D. 2016, 2462 mAnm *Lienhard*.
²⁴⁶ Ursprünglich ohne Zurückbehaltungsrecht.
²⁴⁷ Es wird fälschlicherweise als *nantissement* bezeichnet; in Wirklichkeit gehört es in die Gruppe der *gage*.
²⁴⁸ Das Gleiche gilt auch bei Mobiliarhypotheken an Schiffen und Flugzeugen.
²⁴⁹ Seit der Grundsatzentscheidung Com. 30.1.2019, Nr. 17-22.223, ist das Zurückbehaltungsrecht insolvenzfest.

Forderungen.[250] Das zivilrechtliche **Pfandrecht an Forderungen,** *nantissement de créances,*[251] die Verpfändung von Gelddepots **(gage-espèces),** sowie für **treuhänderische Sicherungsübereignung *(fiducie-sûreté)*** des *Code civil* mit *dépossession* sind ebenfalls völlig konkursfest.[252] Alle übrigen dinglichen Sicherheiten können während der Beobachtungsphase eines *sauvegarde-* bzw. *redessement-*Verfahren nicht verwertet werden.[253] Dies gilt auch für die *fiducie-sûreté sans dépossession.*[254]

171 Kommt es zu einer **übertragenden Sanierung,** können Aktiva, die im Rahmen einer treuhänderischen Sicherungsübereignung *(fiducie-sûreté)* in ein **Sondervermögen** transferiert worden sind, **nicht Gegenstand** eines *plan de cession* werden, es sei denn, der Begünstigte stimmt zu. Keine Rolle spielt hier, ob es sich um eine *fiducie-sûreté avec* oder *sans dépossession* handelt. Sachen, die Gegenstand eines **Zurückbehaltungsrechts** *(droit de rétention)* sind, können nicht ohne Zustimmung der Begünstigten Bestandteil eines *plan de cession* werden. Keinen Unterschied macht es, ob es sich um ein „echtes" oder „fiktives"[255] Zurückbehaltungsrecht handelt.[256]

172 Die Situation ist wesentlich ungünstiger für alle klassischen dinglichen Sicherheiten ohne *droit de retention* (zB. für Hypothekengläubiger). Der Erwerber erwirbt das Unternehmen grundsätzlich **schuldenfrei. Dingliche Sicherungen** gehen bei der Veräußerung des Unternehmens unter. Daher erhalten dinglich abgesicherte Gläubiger lediglich einen Teil des Verkaufserlöses des Unternehmens, der in der Praxis idR recht gering ist. Gemäß Art. L. 642-12 Abs. 4 C. com. existiert jedoch eine **wichtige Ausnahme** für Immobiliar- und Mobiliarsicherheiten, die übergehen, sofern sie im Rahmen der **Finanzierung der Akquisition** der abgesicherten Aktiva wirksam bestellt worden sind. **Refinanzierungen** kommen also nicht in den Genuss dieser Bestimmung.[257] Vom Erwerber werden nur Ratenzahlungen übernommen, die mit dem Gläubiger vereinbart worden sind und die am Tage der Eigentumsübertagung noch nicht fällig sind („*échéances* [...] *qui restent dues à compter du transfert de propriété*").[258]

173 Kommt es zur Eröffnung einer *liquidation judiciaire,* haben die Begünstigten einer *fiducie-sûreté* ein *droit exclusif* auf den Erlös der sicherungsübereigneten Sache. Sie müssen nicht das Superprivileg der Arbeitnehmer fürchten.

174 Die Inhaber eines *droit de retention* haben ebenfalls eine sehr privilegierte Stellung. Beim Faustpfand kann der *liquidateur* mit Zustimmung des Konkursrichters die pfandrechtlich gesicherte Forderung bezahlen, um in den Besitz des Pfandgegenstandes zu gelangen. Erfolgt keine Ablösung, muss der *liquidateur* die **Verwertung** des Pfandgegenstands innerhalb von **sechs Monaten** betreiben. Das **Zurückbehaltungsrecht** setzt sich dann **am Verkaufserlös** zugunsten des Pfandgläubigers fort, der dadurch absoluten Vorrang erhält.[259] Ergreift hingegen der **Pfandgläubiger** die **Initiative** und **verwertet** sein **Besitzpfand,** müssen aus dem Erlös zunächst speziell bevorzugte Forderungen abgegolten werden. Absoluten Vorrang haben Liquidierungskosten, *frais et dépenses de la liquidation judiciaire,* die bei der Versilberung der Aktiva entstehen, sowie **Unterstützungsgelder** zugunsten des Unternehmers und seinen Familienangehörigen.[260] Es kommt anschließend die Rangordnung von Art. L. 641-13 C. com. zur Anwendung. Eine Vorzugsstellung genießt das Super-Privileg der Arbeitnehmer und das Privileg der *conciliation.*

---

[250] Vgl. *Coeur Défense*-Urteil der Cour d'appel Versailles v. 28.2.2013, D. 2013, 829 mAnm *Dammann/Podeur*; für Einzelheiten → MünchKomm-InsO-Online *(Dammann)* Länderbericht Frankreich, Rn. 517.

[251] Vgl. Das GOBTP-Urteil Com. 26.5.2010, Nr. 09-13.388; Bull. civ. IV, Nr. 94; D. 2010, 2201 mAnm *Borga*; RTD civ. 2010, 597 mAnm *Crocq*. Eine umstrittene Rechtsprechung, Com. 22.1.2020, Nr. 18-21.647, RTD civ 2020, 164 mAnm Gijsbers; BJE Juli/August 2020, 15; D. 2020, 1685 mAnm Dammann/ Alle, hat die Konkursfestigkeit einer Verpfändung des buchmäßigen Saldos eines Bankkontos allerdings in Frage gestellt. Für Einzelheiten → MünchKomm-InsO-Online *(Dammann)* Länderbericht Frankreich, Rn. 544.

[252] Für Einzelheiten → MünchKomm-InsO-Online *(Dammann)* Länderbericht Frankreich, Rn. 521.

[253] Keine Rolle spielt, ob sie mit einem „echten" Zurückbehaltungsrecht ausgestattet sind.

[254] Zur Auslegung der Begriffe *usage* und *jouissance* von Art. L. 622-23-1 C. com. vor allem bei Wertrechten, → MünchKomm-InsO-Online *(Dammann)* Länderbericht Frankreich, Rn. 526.

[255] Art. 2286 Nr. 4 C. civ.

[256] Vgl. *Lienhard* Rn. 124.49; *Le Corre* Rn. 572.516.

[257] Vgl. Com. 23.11.2004, Nr. 02-12.982, Bull. civ. IV, Nr. 204, D. 2005, 142 mAnm *Lienhard*.

[258] Vgl. Com. 29.11.2016, Nr. 15.11.016, D. 2016, 2516 mAnm *Lienhard*; *Le Corre* Rn. 582.441. Wurden die Forderungen vor Eröffnung des Verfahrens vom Gläubiger fällig gestellt, kommt Art. L. 642-12 Abs. 4 C. com. nicht zur Anwendung.

[259] Vgl. Art. L. 642-20-1 Abs. 3 C. com. Der Pfandgläubiger mit einem „fiktiven" Zurückbehaltungsrecht kommt ebenfalls in den Genuss diese Bestimmung, vgl. *Pérochon* Rn. 1207.

[260] Art. 643-8 C. com. Zur restriktiven Auslegung vgl. → MünchKomm-InsO-Online *(Dammann)* Länderbericht Frankreich, Rn. 446.

Für Pfandgläubiger ohne *droit de rétention* ist es daher oft vorteilhafter, sich nach Eröffnung der 175 Liquidation gem. Art. 2347 C. civ. das Pfandobjekt an **Zahlungs statt gerichtlich übertragen** zu lassen.[261] Dem Hypothekengläubiger ist diese Möglichkeit allerdings verwehrt.[262]

9.3 Stellung von Gesamtschuldnern und Garanten

Natürliche Personen, die **Gesamtschuldner** des Schuldners sind oder eine **persönliche** 176 **Sicherheit** geleistet haben,[263] kommen während der **Beobachtungsphase** eines *sauvegarde-* bzw. *redressement*-Verfahrens in den **Genuss** der **Suspendierung** der **Rechtsverfolgung**. Beim *plan de sauvegarde*[264] gilt das Gleiche für **Zahlungsfristen** und **Schuldnachlässe**.[265] Wird der Plan erfüllt, kann die Forderung dem Schuldner auch danach nicht entgegengehalten werden. *De facto* bewirkt die Regelung eine **Schuldbefreiung** des Garanten.

10. Aufrechnung: Netting-Vereinbarungen

Art. 622-7 I C. com. gestattet die **Aufrechnung** von **konnexen Haupt-** und **Gegenforderun-** 177 **gen** und das selbst dann, wenn die Forderungen bei Verfahrenseröffnung noch nicht fällig waren. Diese Bestimmung kommt auch zur Anwendung, wenn es sich bei der Gegenforderung um eine Masseverbindlichkeit handelt.[266] Angesichts der Relevanz des Vorliegens der Konnexität kam es in der Vergangenheit zu einer Flut von Gerichtsentscheidungen zur Auslegung dieses Begriffs.[267] Die Rechtsprechung erkennt **Konnexität** etwa dann an, wenn beide Forderungen ihren **Ursprung** im **selben Vertrag** haben, *connexité naturelle*.[268] In gewissen Grenzen gilt dies auch bei **Vertragsgruppen**, insbesondere in solchen Fällen, in denen ein **Rahmenvertrag** mehrere **Ausführungsverträge** vorsieht. Keine Rolle spielt, ob die Forderung des Schuldners erst **nach Verfahrenseröffnung** entstanden ist.[269] Notwendige Bedingung ist allerdings, dass die Insolvenzforderung **angemeldet** worden ist.[270]

Wie weit die **Privatautonomie** reicht, ist umstritten. Die Rechtsprechung **lehnt** es **ab**, dass 178 Parteien in Netting-Vereinbarungen eine **Konnexität** für solche Forderungen, die ihren Ursprung in **separat abgeschlossenen Verträgen** haben, **frei vereinbaren** können.[271] Ob Konnexität bei einem *accord de compensation de comptes* anzuerkennen ist, ist ebenfalls umstritten.[272] Eine *compensation* zwischen **vertraglichen** und **deliktsrechtlichen** Forderungen ist **nicht gestattet**.[273] Dasselbe gilt, wenn eine der Forderungen auf einem autonomen Garantieversprechen (*garantie à première demande*) beruht.[274]

11. Insolvenzanfechtung

11.1 Allgemeines

Die **Nichtigkeit** von **Rechtshandlungen,** die kurz vor Eröffnung eines Insolvenzverfahrens 179 während der sog. *période suspecte* vorgenommen worden sind und gegen das Gebot der Gläubiger-

---

[261] Die seit der Reform von 2006 mögliche Aneignung der Pfandsache mittels *pacte commissoire* ist während des gesamten Insolvenzverfahrens allerdings nicht möglich, vgl. Art. L. 622-7 und Art. L. 641-3 C. com.
[262] Vgl. Com. 28.6.2017, Nr. 16-10.591, D. 2017, 1356 mAnm *Lienhard;* D. 2017, 1941 mAnm *Le Corre.*
[263] Zur Bestimmung des Personenkreises, → MünchKomm-InsO-Online *(Dammann)* Länderbericht Frankreich, Rn. 111.
[264] Diese Regelung gilt nicht im *redressement*-Verfahren, vgl. Art. L. 631-14 letzter Abs. C. com.
[265] Daher sind Vollstreckungsmaßnahmen gegenüber solchen Bürgen nicht möglich ist, solange der *plan de sauvegarde* erfüllt wird, so Com. 2.6.2015, Nr. 14-10.673, Bull. civ. IV, Nr. 97; D. 2015, 1270 mAnm *Lienhard.*
[266] Vgl. Com. 1.7.2020, Nr. 18-25.487, D. 2020, 1458.
[267] Für eine Zusammenstellung der Rspr. *Le Corre* Rn. 632.411 ff.; *Danos* D. 2015, 1655.
[268] ZB beim Kontokorrent, vgl. *Lienhard* Rn. 75.19; *Le Corre* Rn. 632.431.
[269] Vgl. Com. 21.2.2012, Nr. 11-18.027, Bull. civ. IV, Nr. 44, D. 2012, 678 mAnm *Lienhard.*
[270] Vgl. Com. 3.5.2011, Nr. 10-16.758, Bull. civ. IV, Nr. 66; D. 2011, 1215 mAnm *Lienhard;* Com. 19.6.2012, Nr. 10-21.641, Bull. civ. IV, Nr. 129, D. 2012, 1669 mAnm *Lienhard;* Rev. sociétés 2012, 534 mAnm *Henry.*
[271] Vgl. Com. 9.12.1997, Nr. 95-14.504, Bull. civ. IV, Nr. 324, *Le Corre* Rn. 632.451 mwN.
[272] Die Wirksamkeit einer Aufrechnungsvereinbarung bei der Verpfändung in der Form eines *gage-espèce* von mehreren Unterkonten hat Com. 6.2.2007, JCP E 2007, 1378 anerkannt; abgelehnt hat Com. 16.12.2014, Nr. 13-17.046; Bull. civ. IV, Nr. 185; BJE 2015, 97 mAnm *Bonhomme,* allerdings eine Aufrechnungslage zwischen einem Kontokorrentkonto und einem Depot-Konto mit Wertrechten in Anwendung einer *clause d'unité de compte et de compensation.* Das liegt in der unterschiedlichen Natur der Konten begründet.
[273] St. Rspr., vgl. Com. 18.9.2007, Nr. 06-16.070, Bull. civ. IV, Nr. 203; D. 2007, 2476.
[274] Vgl. Com. 19.12.2006, Nr. 05-13.461; Bull. civ. IV, Nr. 249; D. 2007, 158 mAnm *Lienhard.*

gleichbehandlung verstoßen, sind in Art. 632-1 ff. C. com. normiert. Anders als im deutschen Recht arbeitet der französische Gesetzgeber nicht mit festen Fristen. Dreh- und Angelpunkt ist der Begriff der **tatsächlichen Zahlungsunfähigkeit**. Es können nämlich grundsätzlich nur Rechtshandlungen des Schuldners angefochten werden, die während des Zeitraums zwischen der gerichtlich festgestellten tatsächlichen Zahlungseinstellung, *cessation des paiements,* und der Verfahrenseröffnung – sog. *période suspecte* – getätigt worden sind.

180 Im **Eröffnungsurteil** des **ordentlichen Insolvenzverfahrens** stellt das Gericht die Zahlungsunfähigkeit des Schuldners formell fest und bestimmt den Zeitpunkt hierfür.[275] Das Insolvenzgericht kann den Zeitpunkt der effektiven Zahlungseinstellung bis zu **18 Monate** vor Erlass des Eröffnungsurteils vorverlegen. Dies muss innerhalb **eines Jahres** nach dem Urteil der Verfahrenseröffnung geschehen. Antragsberechtigt sind der Verwalter, der Gläubigervertreter und der Staatsanwalt. Das Gericht ist nicht an die Anträge der Parteien gebunden und legt das Datum der Zahlungsunfähigkeit frei fest.[276]

181 Das französische Recht unterscheidet zwischen Rechtshandlungen, die das Gericht annullieren muss, sog. *nullité de droit,* und solchen, die annulliert werden können, sog. *nullité facultative*. Beide Arten der Nichtigkeit müssen durch **Nichtigkeitsklage** geltend gemacht werden. **Exklusiv zuständig** ist das **Insolvenzgericht**. Dies gilt unabhängig davon, ob der betroffene Vertrag eine Schiedsklausel beinhaltet hatte.[277] **Antragsberechtigt** sind der Verwalter, der Vertreter der Gläubiger bzw. der *liquidateur, der commissaire à l'exécution du plan* und der Staatsanwalt. Das **Gericht** kann **nicht von Amts wegen** handeln. **Kontrolleure** sind klageberechtigt, wenn die Organe es **versäumen**, eine Nichtigkeitsklage anzustrengen.[278] Die fünfjährige allgemeine handelsrechtliche Verjährungsfrist kommt nicht zur Anwendung. Eine Nichtigkeitsklage kann erhoben werden, solange die Organe im Amt sind.[279] Ist die Nichtigkeitsklage erfolgreich, wird das Rechtsgeschäft rückwirkend annulliert.

11.2 Automatische Nichtigkeit – *nullité de droit*

182 Art. L. 632-1 I C. com. normiert eine Liste von Rechtshandlungen, die in **jedem Fall nichtig** sind, sofern sie der Schuldner nach dem Zeitpunkt seiner effektiven Zahlungsunfähigkeit vornimmt. Hierzu rechnen ua unentgeltliche Verfügungsgeschäfte; Rechtsgeschäfte, in denen die Verpflichtungen des Schuldners diejenigen des Gläubigers deutlich *(notablement)* übersteigen; die Befriedigung nicht fälliger Forderungen, die Zahlung fälliger Forderungen durch unübliche Zahlungsmittel; die Bestellung von Hypotheken, Pfandrechten *(gage* und *nantissement)* und treuhänderischen Sicherheitsübereignungen zur Absicherung bestehender Verbindlichkeiten.[280]

11.3 Fakultative Nichtigkeit – *nullité facultative*

183 Die **Befriedigung fälliger Forderungen** und **entgeltliche Rechtsgeschäfte** können annulliert werden, wenn dem **Gläubiger bekannt** war, dass der Schuldner im Übrigen seine Zahlungen bereits eingestellt hat.[281] Das Gericht entscheidet **fallbezogen** und hat einen recht großen Entscheidungsspielraum, *pouvoir souverain d'appréciation*. Der Kläger trägt die **Beweislast**.[282] Wenn der *chef de file* eines Bankenpools die Zahlungsunfähigkeit des Schuldners kennt, dann ist diese Kenntnis **allen Banken des Pools** zuzurechnen. Die Fallgestaltung kann die Beweisführung unter Umständen erleichtern. Ob bei **Leitungsorganen** einer insolventen Gesellschaft **vermutet** wird, dass sie von der Zahlungsunfähigkeit der Gesellschaft Kenntnis hatten, ist **umstritten**.[283] Es ist nicht notwendig, dass der Kläger einen **Schaden** nachweisen muss.

---

[275] Zur Auslegung des Begriffs der *cessation des paiements* → Rn. 130, zur Covid-19-Ausnahmegesetzgebung → Rn. 11.
[276] Vgl. Com. 3.4.2019, Nr. 17-28.359, BJE Juli/Aug. 2019, 16.
[277] Vgl. Com. 17.11.2015, Nr. 14-16.012, D. 2015, 2439 mAnm *Lienhard*.
[278] HM, vgl. *Lienhard* Rn. 117.13.
[279] Vgl. Com. 21.9.2010, Nr. 08.21.030, Bull. civ. IV, Nr. 140; D. 2010, 2221 mAnm *Lienhard*.
[280] Für Einzelheiten → MünchKomm-InsO-Online *(Dammann)* Länderbericht Frankreich, Rn. 566.
[281] Art. L. 632-2 C. com.
[282] Ausf. zur Rspr. *Le Corre* Rn. 824.122.
[283] So Com. 1.4.2014, Nr. 13-14.086, Bull. civ. IV, Nr. 65, D. 2014, 869 mAnm *Lienhard;* abl. hingegen Com. 19.11.2013, Nr. 12-25.925, Bull. civ. IV, Nr. 169; D. 2013, 2767 mAnm *Lienhard;* Kenntnis einer Bank, wenn ein Kontokorrentvertrag besteht, der Kunde Drittschuldner von abgetretenen Forderungen ist, sie mit ihm eine „*relation d'affaires permantes et suivie"* unterhält und daher seine finanzielle Situation nicht ignorieren konnte, vgl. Com. 2.12.2014, Nr. 13-25.705, D. 2014, 2519; die Tatsache, dass vereinbarte Ratenzahlungen nicht eingehalten wurden, ist für die Kenntnis der Zahlungsunfähigkeit des Schuldners allein nicht ausreichend, vgl. Com. 5.5.2015 – Nr. 14-13.551, Act. proc. coll 2015, 154 mAnm *Vallansan*.

12. Geltendmachung von Haftungsansprüchen gegen (frühere) Geschäftsführer, Gesellschafter oder Dritte

12.1 Die Gläubigerhaftung bei fahrlässiger Kreditgewährung

Vor der Reform von 2005 hafteten Kreditgeber in **zwei Fällen:** 1.) wenn er eine **ruinöse Kreditpolitik** des Unternehmens **unterstützt**, die notwendigerweise zu immer höheren, nicht zu deckenden Belastungen führt oder 2.), wenn der Kreditgeber ein Unternehmen **künstlich über Wasser hält**, obwohl er wusste oder hätte wissen müssen, dass die **finanzielle Situation aussichtslos** war.[284] Das *Loi de sauvegarde* beschränkt die Haftung der Gläubiger nach Art. L. 650-1 C. com. auf **drei Fallgruppen:** *fraude*, **deutliche Einmischung** in die **Geschäftsführung des Kreditnehmers** und **Übersicherung** *(garanties disproportionnées)*.[285] Diese Norm ist als **Einschränkung** des **Anwendungsbereiches der bisherigen Rechtsprechung** zu verstehen.[286] Art. L. 650-1 C. com. ist folglich **keine Haftungsnorm**, sondern normiert ein **Immunitätsprinzip**. Bei fährlässiger Kreditgewährung haftet der Gläubiger nur, wenn eine der drei **Ausnahmefallgruppen** von Art. 650-1 C. com. vorliegt. Ist die Hürde von Art. 650-1 C. com. überwunden, ist anschließend zu prüfen, ob der zur Verfügung gestellte Kredit im Sinne der bisherigen Rechtsprechung „**fautif**" ist.[287] Seit dem Inkrafttreten der Reform am 1.1.2006 hat der Kassationshof lediglich in einem einzigen Fall einen Gläubiger wegen fahrlässiger Kreditgewährung verurteilt.[288]

Die spezialgesetzliche Haftungsbeschränkung von Art. L. 650-1 C. com. kommt nur dann zur Anwendung, wenn ein **präventives** oder **ordentliches Insolvenzverfahren** *(procédure de sauvegarde, redressement* oder *liquidation judiciaire)* anhängig ist. Klageberechtigt ist der *mandataire judiciaire* bzw. der *liquidateur judiciaire*, der die Interessen der Gesamtheit der Gläubiger vertritt Ein als *contrôleur* bestellter Gläubiger kann an Stelle des untätigen Gläubigervertreters Klage erheben. Bei **fahrlässiger Kreditgewährung** wird der Kreditgeber zur Zahlung von Schadensersatz verurteilt. Die Höhe des Schadensersatzanspruches entspricht der **Verschlechterung** der **bilanziellen Situation** des **Schuldners** – *aggravation de l'insuffisance d'actif* –, die durch die **Verzögerung** der Eröffnung des **Insolvenzverfahrens** aufgrund der **fahrlässigen Kreditgewährung** verursacht worden ist.[289] Zusätzlich kann das Gericht Sicherheiten **annullieren oder reduzieren**.

12.2 Haftung von Mitgliedern der Leitungsorgane

Art. L. 651-2 C. com. normiert die sog. *„action en responsabilité pour insuffisance d'actif"*. Im Rahmen einer *liquidation judiciaire* kann das Gericht *de jure* oder *de facto* Mitglieder der **Leitungsorgane** einer juristischen Person, bei *faute de gestion*, verurteilen, das zur Schuldentilgung nicht ausreichende Vermögen ganz oder teilweise aufzufüllen. Seit dem Gesetz v. 9.12.2016 ist die einfache Fahrlässigkeit – *simple négligence* – des beklagten Geschäftsführers ist nicht ausreichend, um seine Haftung zu begründen.[290]

Beim *dirigeant de fait* handelt es sich nicht um ein Organ der Gesellschaft, sondern um eine **Person**, die sich in die Geschäftsangelegenheiten der Gesellschaft **maßgeblich eingemischt** hat, sodass es angemessen erscheint, sie zur Haftung heranzuziehen. Es handelt sich folglich nicht so sehr um einen gesellschaftlichen als vielmehr einen **haftungsrechtlichen** Begriff. Eine faktische Geschäftsführung liegt nur dann vor, wenn *„des actes positifs de gestion effectués en toute indépendance par une personne autre qu'un dirigeant de droit"* nachgewiesen werden können. Folglich muss ein *dirigeant de fait* **positive Handlungen** vornehmen (Unterlassungen sind unzureichend), **wichtige Entscheidungen** treffen und so die Politik des Unternehmens (mit-)bestimmen. Schließlich muss er **unabhängig handeln** (also kein Weisungsempfänger sein). Der Kassationshof hat entschieden, dass die **Kontrolle** einer **Tochtergesellschaft** noch **keine faktische Geschäftsführung** durch die **Muttergesellschaft** darstellt.[291]

---

[284] So Com. 22.3.2005, Nr. 03-12.922, Bull. civ. IV, Nr. 67; D. 2005, 1020 mAnm *Lienhard*.

[285] Zur Auslegung dieser Bedingungen → MünchKomm-InsO-Online *(Dammann)* Länderbericht Frankreich, Rn. 594.

[286] So Com. 27.3.2012, Nr. 10-20.077, Bull. civ. IV, Nr. 68, D. 2012, 870 mAnm *Lienhard;* D. 2012, 1455 mAnm *Dammann/Rapp.*

[287] Ruinöser Kredit bzw. künstliches Überwasserhalten eines Schuldners, dessen finanzielle Situation aussichtslos war.

[288] Vgl. Com. 10.1.2018, Nr. 16-10.824; für eine Bilanz der Rspr. *Lassarre-Capdeville*, FS Vallens, 2017, 81.

[289] Vgl. das zit. Urteil Com. 22.3.2005 – Nr. 03-12.922.

[290] Diese Bestimmung findet auf laufende Verfahren Anwendung, vgl. Com. 5.9.2018, Nr. 17-15.031, D. 2018, 1693 mAnm *Lienhard.*

[291] Vgl. Com. 2.11.2005, Bull. Joly 2006, § 93, 469 mAnm *Lucas. Dirigeant de fait* kann auch ein gesellschaftsfremder Dritter sein, zB ein Darlehensgeber, der sich im Darlehensvertrag Einflussmöglichkeiten vorbehalten hat und tatsächlich Entscheidungen anstelle der Organe trifft, vgl. Com. 27.6.2006, Nr. 04-15.831, Bull. civ. IV, Nr. 151; D. 2006, 2534 mAnm *Lienhard* und *Dammann/Paszkudzki*.

Frankreich 188–193

188   Der *liquidateur* muss nachweisen, dass der Beklage eine oder mehrere *faute de gestion* begangen hat, die zur *insuffisance d'actif* beigetragen haben. Jedes Fehlverhalten, dass das Gericht der Verurteilung zugrunde legt, muss rechtlich begründet sein *(principe de proportionalité)*. Bei der inkriminierten *faute* kann es sich um **positive Handlungen** oder **Unterlassungen** handeln, zB die **Fortführung eines defizitären Unternehmens**, die Aufnahme **ruinöser Kredite, ungerechtfertigte Honorarzahlungen**. Eine *faute* besteht ferner darin, dass das Leitungsorgan es **versäumt**, innerhalb der 45-tägigen Frist nach Eintritt der Zahlungsunfähigkeit einen **Antrag auf Eröffnung** eines **ordentlichen Insolvenzverfahrens zu stellen**. Das Gericht hat einen recht großen Ermessensspielraum.

189   Im **Anschluss** an das ordentliche Insolvenzverfahren *(redressement* bzw. *liquidation judiciaire)* sieht das französische Recht **zivil- und strafrechtliche Sanktionen** vor, die den Schuldner persönlich treffen. Sie können in gleicher Weise gegen *de facto-* oder *de jure-*Geschäftsführer einer juristischen Person verhängt werden.[292] Unterschieden wird zwischen der **zivilrechtlichen** *faillite personnelle*[293] und, bei Vorsatz, dem **strafrechtlichen Bankrott** *(banqueroute)*.[294] Anders als im deutschen Recht wird die Verletzung der Insolvenzantragspflichten in Form einer Insolvenzverschleppung in Frankreich grundsätzlich nicht mehr strafrechtlich geahndet. Statt die *faillite personnelle* zu verhängen, kann das Gericht lediglich das Verbot aussprechen, ein Unternehmen oder eine juristische Person zu leiten, zu verwalten oder zu kontrollieren, *interdiction de gérer*. Diese Sanktion hat für den Schuldner den Vorteil, dass er in den **Genuss** der **Restschuldbefreiung** kommt, sofern es sich um eine natürliche Person handelt.

13. Asset tracing

190   Die Möglichkeit, dem Insolvenzschuldner gehörende unbewegliche und bewegliche Vermögen ganz oder teilweise auf den Insolvenzverwalter zu übertragen, besteht nicht.

14. Internationales Insolvenzrecht

191   In Frankreich kommt die EuInsVO zur Anwendung, die an dieser Stelle nicht zu behandeln ist.

192   Hat der Schuldner seinen **COMI** in einem **Drittstaat**, bzw. handelt es sich um ein *mandat ad hoc* oder eine *conciliation* mit Auslandsbezug,[295] kommt in Frankreich das **autonome, nicht kodifizierte, internationale Privatrecht** zur Anwendung, das von der EuInsVO zT stark abweicht.[296]

193   Die aus Art. R. 600-1 C. com. abgeleitete internationale Zuständigkeit der französischen Gerichte entspricht auf dem ersten Blick im Wesentlichen trotz anderem Wortlaut dem Art. 3 Abs. 1 EuInsVO. Maßgeblich sind der Sitz des Unternehmens, *siège de l'entreprise*, bzw. das Zentrum seiner Interessen, *centre principal de ses intérêts*, wenn ein Sitz in Frankreich nicht vorhanden ist. Bei juristischen Personen wird ebenso wie nach der EuInsVO an den Satzungssitz eine widerlegbare Vermutung geknüpft. Befindet sich der Sitz im Ausland, so wird ein Zentrum der Interessen in Frankreich bejaht, wenn sich dort ein *établissement secondaire* befindet, gleichgültig ob es sich um eine Zweigniederlassung, eine Agentur oder ein bloßes Vertriebsbüro handelt. Selbst **vereinzelte Vermögenswerte** in Frankreich können uU die Zuständigkeit französischer Gerichte begründen.[297] In diesem Punkt ist das autonome IPR deutlich liberaler als die EuInsVO bei Eröffnung eines Sekundärverfahrens. Die französischen Gerichte erklären sich ebenfalls auf der Grundlage von **Art. 15 C. civ.** für international zuständig, wenn der Schuldner Franzose ist.[298] Insbesondere ist **Art. 14 C. civ.** von Bedeutung, denn er hat zur Folge, dass gegen einen Ausländer ein französisches Insolvenzverfahren allein aufgrund der Tatsache eingeleitet werden kann, dass er einem französischen Gläubiger schuldet.

---

[292] Art. L. 653-1 I Nr. 2 C. com. Für Einzelheiten → MünchKomm-InsO-Online *(Dammann)* Länderbericht Frankreich, Rn. 620.

[293] Inkriminiert werden bei der *faillite personnelle* ua die Unterschlagung von Aktiva, die rechtsmissbräuchliche Erhöhung von Verbindlichkeiten, Konkursverschleppung, betrügerische Handlungen in Bezug auf das Rechnungswesen sowie Obstruktionshandlungen im Rahmen des Insolvenzverfahrens. In einer Grundsatzentscheidung v. 18.3.2020, Crim. Nr. 18-86.492, D. 2020, 765, hat der Kassationshof entschieden, dass auch eine außerordentliche hohe Vergütung der Geschäftsführer den Straftatbestand des Bankrotts darstellen kann.

[294] Art. L. 654-1 ff. C. com.

[295] Vgl. *Dammann/Sénéchal* Rn. 318, 2047 ff.

[296] Ausf. *Dammann/Sénéchal* Rn. 2038; übersichtlich *Sonnenberger/Dammann* Rn. IX 93.

[297] Ausf. *Dammann/Sénéchal* Rn. 2057.

[298] Ausf. *Dammann/Sénéchal* Rn. 2074.

Ein am französischen Sitz des Schuldners eröffnetes Insolvenzverfahren soll nach ständiger **194** Rechtsprechung **universelle Wirkung** haben, soweit es in den Staaten, in denen sich Vermögenswerte befinden, hingenommen wird.[299]

Beansprucht die nicht unter die EuInsVO fallende Entscheidung, zB eine Insolvenzeröffnung **195** in den USA, universelle Wirkung, so kann sie **ohne förmliche Anerkennung** in Frankreich eine gewisse Bedeutung erlangen. Der ausländische Verwalter kann nämlich in Frankreich bestimmte gerichtliche Akte vornehmen, zB in einem französischen Insolvenzverfahren Forderungen geltend machen, die zu der von ihm verwalteten Masse gehören.[300]

Soll die ausländische Entscheidung eine von ihr beanspruchte universelle Wirkung als **Titel** **196** entfalten, so ist ein **Exequatur** durch ein französisches Gericht erforderlich.[301] Insbesondere betrifft das den Verlust der Verfügungsbefugnis des Schuldners, den Ausschluss individueller Klagen, Sicherungs- und Vollstreckungsmaßnahmen eines Gläubigers, die Befugnisse des zuständigen Insolvenzorgans, das Schuldnervermögen zu verwalten und zu verwerten usw. Voraussetzung für die Erteilung des Exequaturs ist, dass das ausländische Gericht aus der Sicht des französischen Rechts für die Verfahrenseröffnung **zuständig** gewesen ist. Dies ist der Fall, wenn eine **hinreichende charakteristische Beziehung** zu dem Land besteht, dessen Gericht das Verfahren eröffnet hat, **keine ausschließliche französische Zuständigkeit besteht** und die Anrufung des ausländischen Gerichts **nicht rechtsmissbräuchlich** war.[302]

Ist das Exequatur erteilt, so hat die Eröffnung des ausländischen Insolvenzverfahrens die Wirkungen, **197** die nach dem **maßgeblichen Insolvenzrecht** eintreten. Die Entscheidung bewirkt auch eine **Sperrwirkung** in der Weise, dass in Frankreich kein neuerliches Insolvenzverfahren mehr eröffnet werden kann.[303]

---

[299] So die Grundsatzentscheidung *Banque Worms* v. 19.11.2002 bei einer franz. Gesellschaft, Nr. 00-22.334, D. 2003, 797 Anm. *Khairallah;* bei einer Zweigniederlassung die *Khalifa*-Entscheidung Com. 21.3.2006, Nr. 04-17.869, D. 2006 A.J. 914 Anm. *Lienhard;* JCP E 2006 mAnm *Dammann/Ollivry.*
[300] Ausf. *Dammann/Sénéchal* Rn. 2107.
[301] Für Einzelheiten *Dammann/Sénéchal* Rn. 2123.
[302] Dazu ausf. *Dammann/Sénéchal* Rn. 2115.
[303] Dazu *Dammann/Sénéchal* Rn. 2145.

Frankreich

Frankreich: „Mandat ad hoc" – Schlichtung, „Conciliation"

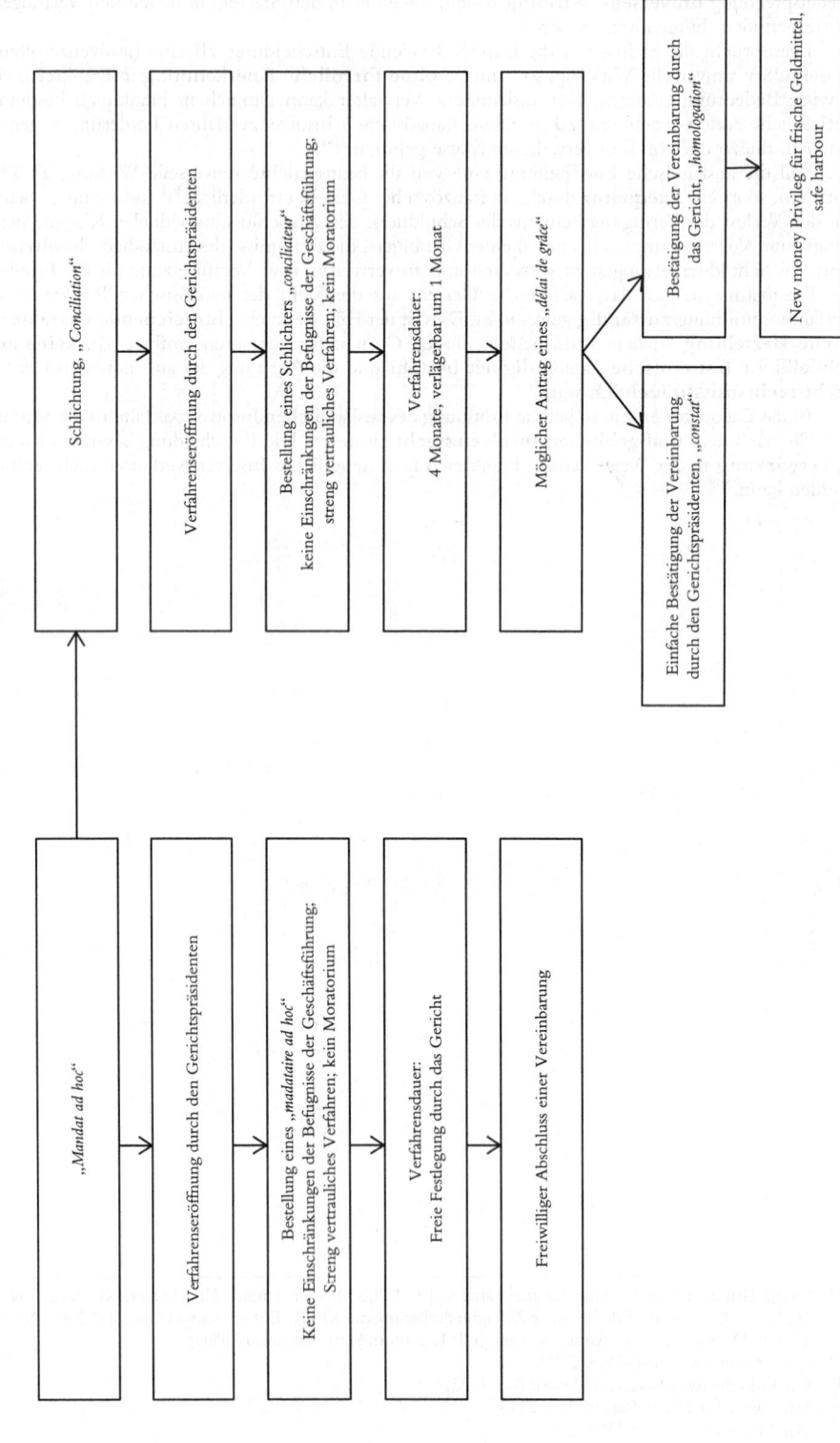

Frankreich

Frankreich: präventives Restrukturierungsverfahren („*sauvegarde*"), ordentliches Insolvenzverfahren, („*redressement judiciaire*"), Liquidation („*liquidation judiciaire*")

```
                          Antrag und Eröffnung des Verfahrens durch Gerichtsurteil
                                          │
          ┌───────────────────────────────┼───────────────────────────────────────────────────────────────────────┐
          │                               │                                                                       │
          ▼                               ▼                                                                       ▼
  Präventives Restrukturierungs-   Ordentliches Insolvenzverfahren                                        Liquidationsverfahren
  verfahren („sauvegarde")         („redressement judiciaire")                                            („procédure de liquidation
  Bestellung eines Verwalters      Bestellung eines Verwalters                                            judiciaire")
  („administrateur",               („administrateur",                                                     Bestellung eines
  „mandataire judiciaire")         „mandataire judiciaire")                                               „liquidateur judiciaire"
          │                               │                                                                       │
          └───────────────┬───────────────┘                                                                       ▼
                          ▼                                                                              Abschluss („clôture")
          Beobachtungsphase: 6 Monate                                                                    mit Restschuldbefreiung
          (verlängerbar um 6 + 6 Monate)
          Konstituierung der Gläubigerkomitees bei größeren Verfahren
                          │
                          ▼
          Verabschiedung des Plans durch Gerichtsurteil
                          │
          ┌───────────────┼──────────────────────────┬──────────────────────────┐
          ▼               ▼                          ▼                          ▼
  Liquidationsverfahren   Übertragende Sanierung   Fortführung des            Restrukturierungsplan
                          „plan de cession"        Unternehmens,              „plan de sauvegarde"
                                                   „plan de continuation"
                                                          │                          │
                                                          ▼                          ▼
                                                   Beendigung des Plans       Beendigung des Plans
```

Wirkungen:

- Ernennung des verfahrensleitenden Richters („*juge commissaire*")
- Forderungsanmeldung 2 Monate ab Veröffentlichung des Urteils der Verfahrenseröffnung (bei ausländischen Gläubigern 4 Monate)
- Vollstreckungsverbot; Einschränkungen der Befugnisse der Geschäftsführung / Beschlagnahme des Vermögens
- Zahlungsverbot
- Fortsetzung der Verträge

Dammann

Frankreich

Glossar

Deutsch	Französisch	Rn.
Akkordstörer	Créancier opposant	44
Allgemeine Geschäftsbedingungen – AGB	Conditions générales	160
Amtsblatt	Journal d'annonces légales, BODACC	79, 109, 113, 143
Anfechtung, anfechtbare Rechtsgeschäfte	Action en nullité pendant la période suspecte	**179** ff.
Verdachtsphase	Période suspecte	179
Antrag zur Eröffnung eines beschleunigten präventiven Restrukturierungsverfahren	Demande d'ouverture d'une procédure de sauvegarde accélérée	55
Antrag zur Eröffnung eines Frühwarnverfahrens	Demande d'ouverture d'une procédure d'alerte	21
Antrag zur Eröffnung eines Liquidationsverfahrens	Demande d'ouverture d'une procédure de liquidation judiciaire	139
Antrag zur Eröffnung eines *mandat ad hoc*	Demande d'ouverture d'une procédure de mandat ad hoc	33
Antrag zur Eröffnung eines ordentlichen Insolvenzverfahrens	Demande d'ouverture d'une procédure de redressement judiciaire	129
Antrag zur Eröffnung eines präventiven Restrukturierungsverfahrens	Demande d'ouverture d'une procédure de sauvegarde	76
Antrag zur Eröffnung eines Schlichtungsverfahrens	Demande d'ouverture d'une procédure de conciliation	37
Antrag zur Eröffnung eines Verbraucherinsolvenzverfahrens	Demande d'ouverture d'une procédure de surendettement des particuliers	73
Antrag zur Vorladung durch den Präsidenten des Gerichts	Demande d'ouverture d'une procédure d'enquête par le président du tribunal	24
Arbeitnehmer	Employé, salarié	26, 55, 87, 109, 121, 136, 145, 152, 173
Arbeitnehmervertreter	Représentant des salariés	23, 78
Aufgaben des Insolvenzverwalters	Missions de l'administrateur judiciaire	**89** f., 97
Aufrechnung	Compensation	104, **177** f.
Aussetzung der Zahlung von Schulden (délai de grâce-Verfahren)	Procédure de délai de grâce	14, 29, 44
Aussetzung von Antragspflichten	Demande de relevé de forclusion	11, **112**
Aussetzung von Rechtsverfolgungs- und Zwangsvollstreckungsmaßnahmen, Moratorium	Suspension des poursuites, moratoire	14, 29, **43**, 73 f., 103
Aussonderung	Action en revendication	13, **91**, 95, 160
Befriedigungsvorrecht, privilège de new money, de post money	Privilège, privilège de new money, de post money	15, **52**, 94, 118, 121, **151** f.
Beobachtungsphase	Période d'observation	14, **93**, 106, 133, **135**, 170, 176
Beschlagnahme	Dessaisissement	75, 89, 135, **140**

Dammann

Frankreich

Deutsch	Französisch	Rn.
Beschleunigtes präventives Restrukturierungsverfahren	Procédure de sauvegarde accélérée	**54 ff.**
Bestätigung der Schlichtungsvereinbarung	constatation, homologation de l'accord de conciliation	48
Betriebsrat	Comité social et économique, CSE	6, 21, **23**, 40, 48, 78, 131
Betriebsveräußerung, s. übertragende Sanierung		
Bilanz, wirtschaftliche und finanzielle	Bilan économique et financier	92
Bürge, Garant	Caution, garant	72, 176
Bürgschaft	Cautionnement	53, 72
Covid-19-Ausnahmegesetzgebung	Covid-19-ordonnances	**10 ff.**
Debt-to-equity swap	Conversion de créances en capital	45, 117, 121
Durchgriffshaftung	Responsabilité de la société mère	66 ff.
Eigentumsvorbehalt	Clause de réserve de propriété	106, **160 ff.**, 172
Eigenverwaltung	Direction de l'entreprise par le débiteur	89
Einzelunternehmer	Entrepreneur individuel	72
Erfüllung von Verträgen	Exécution de contrats	147, **155 ff.**
Erlass	Arrêté	10
Eröffnungsantrag, s. Antrag zur Eröffnung der jeweiligen Verfahrens		
Eröffnungsgrund eines beschleunigten präventiven Restrukturierungsverfahrens	Condition d'ouverture d'une procédure de sauvegarde accélérée	55
Eröffnungsgrund eines Liquidierungsverfahrens	Condition d'ouverture d'une procédure de liquidation judiciaire	139
Eröffnungsgrund eines ordentlichen Insolvenzverfahrens	Condition d'ouverture d'une procédure de redressement judiciaire	129 f.
Eröffnungsgrund eines präventiven Restrukturierungsverfahrens	Condition d'ouverture d'une procédure de sauvegarde	77 ff.
Eröffnungsurteil	Jugement d'ouverture	56, 83, 92, 101, 105, 139, 155, 180
Exequatur	Exequatur	196
Fälligkeit, Fälligstellung einer Forderung	Déchéance du terme, exigibilité d'une créance	40, 98, 105, 110, 119, 130, 139, 150, 160, 177, 182 f.
Forderungsanmeldung	Déclaration de créance	102, **109 ff.**
Forderungsanmeldungsfrist	Délai de déclaration de créance	109
Forderungsüberprüfung	Vérification des créances	113
Forderungsverzicht	Remise de dette	45, 120
Freiberufler	Profession libérale	7, 9, 19, 38, 72, 78, 82
Frühwarnverfahren	Procédure d'alerte	6, **20 ff.**, 23

Frankreich

Deutsch	Französisch	Rn.
Geschäftsführer, Geschäftsführung, Geschäftsleitung, Einmischung in, de facto Geschäftsführer	Gérant, gérance, immixtion dans la gestion, dirigeant de fait	21, 24, 35, 64, 66, 72, 184, 186
Gesellschafter	Associé, actionnaire	22, 184
Gläubiger, bevorrechtigter s. Befriedigungsvorrecht		
Gläubiger, dinglich gesicherter	Créancier bénéficiant d'une sureté réelle	169
Gläubigerkomitee, Gläubigerklassen, Gläubigerversammlung	Comité des créanciers, classes de créanciers, assemblée des créanciers	107, 108, 121
Gläubigervertreter	Mandataire judiciaire	64, **86**, 95, 102, 109, 113, 118, 125, 128, 136, 180, 185
Handelsregister	Registre des commerces et des sociétés	33, 79
Insolvenzanfechtung, s. Anfechtung		
Insolvenzeröffnung, s. Eröffnung des Verfahrens		
Insolvenzforderung	Créance	55, 101, 104, 109, 114, 122 f., 150, 156, 177
Insolvenzforderung, einfache	Créance chirographaire	150, 156
Insolvenzforderung, nachrangige	Créance subordonnée	122, 124, 150, 154
Insolvenzforderung, vorrangige, s. Befriedungsvorrecht		
Insolvenzgericht, Zuständigkeit	Tribunal de Commerce / Tribunal judiciaire, compétence	21, 33, 44, 56, **78**, 82, 112, 181, 193, 196
Insolvenzmasse	Patrimoine du débiteur : als „masse" bezeichnet das französische Recht die Gesamtheit der Gläubiger	19, 91, 146, 150, 195
Insolvenzverfahren, ordentliches Insolvenzverfahren	Procédure d'insolvabilité, procédure de redressement judiciaire	**129** ff.,
Insolvenzverwalter, Verwalter	Administrateur judiciaire	18, 41, 57, 62, 64, **86** ff., 92, 151, 156 155, 180, 190, 195
Inventar	Inventaire	95
Karenzfrist	Période de carence	14, **42**
Konkursverschleppung	Demande tardive d'ouverture d'une procédure d'insolvabilité	131, 188
Konnexität	Connexité	177 f.
Kontrolleur	Contrôleur	**107**, 181, 185

Frankreich

Deutsch	Französisch	Rn.
Konzerninsolvenz	Insolvabilité d'un groupe de sociétés	46, **63** ff., 69, 87, 144
Kündigung (betriebsbedingte)	Licenciement économique	146, 157
Laufende Verträge	Contrats en cours	35, 40, 56, **155** ff.
Liquidation	Liquidation judiciaire	9, 12, 16, 18, 43, 63, 75, **138** ff., 173, 186, 189
Liquidator	Liquidateur judiciaire	**138** ff., 148, 151, 174, 188
Lohnausfallversicherung	AGS „Association pour la gestion du régime d'assurance des salaires"	121
Lohnforderungen	Créances salariales	118, 152
Massegläubiger	Créanciers de la procédure	151
Masseverbindlichkeit	Dette de la procédure	151
Moratorium, s. Aussetzung von Rechtsverfolgungs- und Zwangsvollstreckungsmaßnahmen		
Ordentliches Insolvenzverfahren s. Insolvenzverfahren, ordentliches		
Pfandrecht	„Gage" (bei körperlichen Sachen) oder „nantissement" (bei unkörperlichen Sachen und Sachgesamtheiten)	80, 94, 96, 99, 104, **164** ff., 170, 174, 182
Präventives Restrukturierungsverfahren	Procédure de sauvegarde	**76** ff.,
Privatschulden	Dettes privées	71 f.
Quote	Dividende	153
Rahmenvertrag	Contrat cadre	160, 177
Rangfolge, Rangordnung	Rang	152, 169, 174
Rechtsgeschäfte, unentgeltliche	Transactions à titre gratuit	182
Registersicherheiten	Sûretés réelles faisant l'objet d'un enregistrement	165 ff.
Registrierung, Eintragung von Sicherheiten	Enregistrement de sûretés réelles	91, 99
Schuldbefreiungsverfahren	Procédure de rétablissement professionel	19
Restschuldbefreiung	Remise de dette en fin de procédure	19, 75, **143**, 189
Restrukturierungsrichtlinie	Directive restructuration	29, 54, 108
Sanierungsplan	Plan de sauvegarde, plan de redressement	57, 84, 89, 92, 108, **114** ff., 133, **136**
Schlichtung, Schlichtungsverfahren	Conciliation, Procédure de conciliation	6, 12, 14, 18, 20, 27, 29, **37** ff., 54, 56, 59, 121, 132,

Frankreich

Deutsch	Französisch	Rn.
		152, 174, 192
Sicherheit	Sûreté	12, 25, 44, 50 f., 53, 95 f., 109, 160, **164** ff., 176, 185
Sicherungsabtretung von Forderungen, fiduziarische Forderungsabtretung	Cession de créances à titre de garantie	105, 164, 170
Sicherungsmaßnahmen	Mesures conservatoires	100
Sozialversicherungsträger	Organisme social	25
Staatsanwalt	Procureur de la République, Ministère public	15, 24, 43, 59, 81, **85**, 88, 93, 104, 127, 132, 136, 143, 145, 180 f.
Stundungen, Zahlungsfristen	Rééchelonnement de dettes	15, **116** ff.
Treuhänderische Sicherungsübereignungen	Fiducie-sûreté	91, 95, 104, 106, **164**, 170 f., 182
Überschuldung	Surendettement	78
Übertragende Sanierung	Plan de cession, cession de l'entreprise	59, 65, 114, 134, 138, **144** ff., 171
Überwachungsfunktion (des Insolvenzverwalters)	Fonction de surveillance (de l'administrateur judiciaire)	89
Verarbeitungsklausel	Clause de transformation	161 f.
Veräußerungsplan s. übertragende Sanierung		
Verbraucherinsolvenzverfahren	Procédure de surendettement des particuliers	**71** ff.
Vereinfachte Liquidation	Liquidation judiciaire simplifié	142
Verfahrenskosten	Frais de la procédure	19, 174
Verfahrensleitender Richter	Juge commissaire	**83**, 96, 112, 141, 158, 161
Vermögensverschiebungen, -vermischungen	Confusion de patrimoine	64
Vertrag, laufender s. laufender Vertrag		
Vertreter des öffentlichen Interesses s. Staatsanwalt		
Vollstreckungsverbot s. Aussetzung von Rechtsverfolgungs- und Zwangsvollstreckungsmaßnahmen		
Vorschlagsrecht, Schlichter, Verwalter	Proposition du conciliateur, d'administrateur	41, 88
Wiedereinsetzung in den vorherigen Stand	Relevé de forclusion	112

Frankreich

Deutsch	Französisch	Rn.
Wirtschaftsprüfer	Commissaire aux comptes	6, 7, **21** ff., 55
Zahlungsfristen s. Stundungen		
Zahlungsunfähigkeit	Cessation des paiements	77, 129, **130**, 179, 180, 182, 183, 186
Zahlungsverbot	Interdiction d'effectuer des paiements	101, 104
Zinsen	Intérêts	14, 98, 110
Zurückbehaltungsrecht	Droit de rétention	104, **165** ff., 171, 175

Glossar

Französisch	Deutsch	Rn.
Action en nullité pendant la période suspecte	Anfechtung, anfechtbare Rechtsgeschäfte	**179** ff.
Administrateur judiciaire	Insolvenzverwalter	18, 41, 57, 62, 64, **86** ff., 92, 151, 156 155, 180, 190, 195
AGS „Association pour la gestion du régime d'assurance des salaires"	Lohnausfallversicherung	121
Associé, actionnaire	Gesellschafter	22, 184
Bilan économique et financier	Bilanz, wirtschaftliche und finanzielle	92
Caution, garant	Bürge	72, 176
Cautionnement	Bürgschaft	53, 72
Cessation des paiements	Zahlungsunfähigkeit	77, 129, **130**, 179, 180, 182, 183, 186
Cession de créances à titre de garantie	Sicherungsabtretung von Forderungen, fiduziarische Forderungsabtretung	105, 164, 170
CIRI, Comité interministériel des restructurations industrielles	Comité interministériel des restructurations industrielles (eine Abteilung des Wirtschaftsministeriums)	27
Clause de transformation	Verarbeitungsklausel	161 f.
Codefi, Comité départemental des problèmes de financement des entreprises	Comité départemental des problèmes de financement des entreprises (auf Landkreisebene eine Abteilung der Steuerbehörde)	26
Co-emploi	Doppeltes Angestelltenverhältnis	69
Comité social et économique, CSE	Betriebsrat	6, 21, **23**, 40, 48, 78, 131
Comité des créanciers, classes de créanciers, assemblée des créanciers	Gläubigerkomitee, Gläubigerkassen, Gläubigerversammlung	107, 108, 121
Commissaire aux comptes	Wirtschaftsprüfer	6, 7, **21** ff., 55
Commissaire au redressement productif	Commissaire au redressement productif (dem Präfekten unterstellt)	28

Frankreich

Französisch	Deutsch	Rn.
Compensation	Aufrechnung	104, **177** f.
Conciliation, procédure de conciliation	Schlichtung, Schlichtungsverfahren	6, 12, 14, 18, 20, 27, 29, **37** ff., 54, 56, 59, 121, 132, 152, 174, 192
Condition d'ouverture d'une procédure de liquidation judiciaire	Eröffnungsgrund eines Liquidierungsverfahrens	139
Condition d'ouverture d'une procédure de redressement judiciaire	Eröffnungsgrund eines ordentlichen Insolvenzverfahrens	129 f
Condition d'ouverture d'une procédure de sauvegarde	Eröffnungsgrund eines präventiven Restrukturierungsverfahrens	77 ff.
Condition d'ouverture d'une procédure de sauvegarde accélérée	Eröffnungsgrund eines beschleunigten präventiven Restrukturierungsverfahrens	55
Conditions générales	Allgemeine Geschäftsbedingungen, AGB	160
Confusion de patrimoine	Vermögensverschiebungen, -vermischungen	64
Constat d'un accord de conciliation	Bestätigung einer Restrukturierungsvereinbarung durch den Gerichtspräsidenten	48, 50
Contrats en cours	Laufende Verträge	35, 40, 56, **155** ff.
Contrôleur	Kontrolleur	**107**, 181, 185
Covid-19-ordonnances	Covid-19-Ausnahmegesetzgebung	**10** ff.
Créance	Insolvenzforderung	55, 101, 104, 109, 114, 122 f., 150, 156, 177
Créance chirographaire	Einfache, ungesicherte Insolvenzforderung	150, 156
Créance privilégiée	vorrangige Insolvenzforderung	15, 52 f., 118, 121, **151** ff., 173 f.
Créance subordonnée	nachrangige Insolvenzforderung	122, 124, 150, 154
Créances salariales, créances super-privilégiées	Lohnforderungen	118, 152, 173 f.
Créancier bénéficiant d'une sureté réelle	dinglich gesicherter Gläubiger	169
Créancier chirographaire	einfacher Gläubiger	150, 156
Créancier de la procédure	Massegläubiger	151
Déchéance du terme	Fälligstellung	40, 98, 105, 110, 119, 130, 139, 150, 160, 177, 182 f.
Déclaration de créance	Forderungsanmeldung	102, **109** ff.
Délai de la déclaration de créance	Forderungsanmeldungsfrist	109

Frankreich

Französisch	Deutsch	Rn.
Demande d'ouverture d'une procédure d'aler	Antrag zur Eröffnung eines Frühwarnverfahrens	21
Demande d'ouverture d'une procédure de conciliation	Antrag zur Eröffnung eines Schlichtungsverfahrens	37
Demande d'ouverture d'une procédure de liquidation judiciaire	Antrag zur Eröffnung eines Liquidierungsverfahrens	139
Demande d'ouverture d'une procédure de mandat ad hoc	Antrag zur Eröffnung eines mandat ad hoc	33
Demande d'ouverture d'une procédure d'enquête par le président du tribunal	Antrag zur Vorladung durch den Präsidenten des Gerichts	24
Demande d'ouverture d'une procédure de redressement judiciaire	Antrag zur Eröffnung eines ordentlichen Insolvenzverfahrens	129
Demande d'ouverture d'une procédure de sauvegarde	Antrag zur Eröffnung eines präventiven Restrukturierungsverfahrens	76
Demande d'ouverture d'une procédure de sauvegarde accélérée	Antrag zur Eröffnung eines präventiven, beschleunigten Restrukturierungsverfahrens	55
Demande d'ouverture d'une procédure de surendettement des particuliers	Antrag zur Eröffnung eines Verbraucherinsolvenzverfahrens	73
Demande/action en revendication	Aussonderungsantrag	13, **91**, 95, 160
Délai de grâce	Aussetzung der Zahlung von Schulden (délai de grâce-Verfahren)	14, 29, 44
Dette de la procédure	Masseverbindlichkeit	151
Dividende	Quote	153
Droit de rétention	Zurückbehaltungsrecht	104, **165 ff.**, 171, 175
Employé, salarié	Arbeitnehmer	26, 55, 87, 109, 121, 136, 145, 152, 173
Enregistrement de sûretés réelles	Registrierung, Eintragung von Sicherheiten	91, 99
Entrepreneur individuel	Einzelunternehmer	72
Exécution de contrats	Erfüllung von Verträgen	147, **155 ff.**
Exequatur	Exequatur	196
Fiducie-sûreté	Treuhänderische Sicherungsübereignungen	91, 95, 104, 106, **164,** 170 f., 182
Fonction d'assistance de l'administrateur judiciaire (mission II)	Beistandsfunktion des Insolvenzverwalters	89, 97, 135
Fonction de surveillance de l'administrateur judiciaire (mission I)	Überwachungsfunktion des Insolvenzverwalters	89
Frais de la procédure	Verfahrenskosten	19, 174
Gage (bei körperlichen Sachen und Sachgesamtheiten)	Pfandrecht	80, 94, 96, 99, 104, **164 ff.**, 170, 174, 182

Dammann

Frankreich

Französisch	Deutsch	Rn.
Gérant, gérance, immixtion dans la gestion, dirigeant de fait	Geschäftsführer, Geschäftsführung, Geschäftsleitung, Einmischung in, de facto Geschäftsführer	21, 24, 35, 64, 66, 72, 184, 186
Homologation d'un accord de conciliation	Offizielle Bestätigung einer Restrukturierungsvereinbarung durch das Gericht	48, 50
Interdiction d'effectuer des paiements	Zahlungsverbot	101, 104
Intérêts	Zinsen	14, 98, 110
Journal d'annonces légales, BODACC	Amtsblatt	79, 109, 113, 143
Juge commissaire	Verfahrensleitender Richter	**83**, 96, 112, 141, 158, 161
Jugement d'ouverture	Eröffnungsurteil	56, 83, 92, 101, 105, 139, 155, 180
Licenciement économique	(betriebsbedingte) Kündigung	146, 157
Liquidateur judiciaire	Liquidator	**138 ff.**, 148, 151, 174, 188
Liquidation	Liquidation	9, 12, 16, 18, 43, 63, 75, **138 ff.**, 173, 186, 189
Mandat ad hoc	Mandat ad hoc	6, 18, 27, 29, **33 ff.**, 42 f., 45, 59, 192
Mandataire judiciaire	Gläubigervertreter	64, **86**, 95, 102, 109, 113, 118, 125, 128, 136, 180, 185
Ministère Public s. procureur de la République		
Nantissement (bei unkörperlichen Sachen und Sachgesamtheiten)	Pfandrecht	80, 94, 96, 99, 104, **164 ff.**, 170, 174, 182
Nullité d'actes juridiques accomplis pendant la période suspecte s. Action en nullité pendant la période suspecte		
Ordonnance	Verordnung	10 ff., 18, 59, 61 f., 165
Organisme social	Sozialversicherungsträger	25
Patrimoine du débiteur : als „masse" bezeichnet das französische Recht die Gesamtheit der Gläubiger	Insolvenzmasse	19, 91, 146, 150, 195

Frankreich

Französisch	Deutsch	Rn.
Période d'observation	Beobachtungsphase	14, **93,** 106, 133, **135,** 170, 176
Période suspecte	Verdachtsphase bei Anfechtung	179
PGE, prêt garanti par L'État	Staatlich garantierter Kredit (während der Covid-19-Krise)	10
Plan de cession, cession de l'entreprise	Übertragende Sanierung	59, 65, 114, 134, 138, **144 ff.,** 171
Prepack-cession	Prepack-Verfahren im Rahmen der übertragenden Sanierung	18, 33, **59** f, 144
Privilège de la conciliation, privilège de new money	Befriedigungsvorzugsrecht der Schlichtung	**52** f., 118, 121, 152, 174
Privilège de post money	Befriedigungsvorzugsrecht des sauvegarde-Verfahrens	15
Procédure d'alerte	Frühwarnverfahren	6, **20 ff.,** 23
Procédure de conciliation s. conciliation		
Procédure de mandat ad hoc s. mandat ad hoc		
Procédure de redressement s. redressement judiciaire		
Procédure de liquidation judiciaire s. liquidation judiciaire		
Procédure de surendettement des particuliers s. surendettement des particuliers		
Procureur de la République, Ministère Public	Vertreter des öffentlichen Interesses	15, 24, 43, 59, 81, **85,** 88, 93, 104, 127, 132, 136, 143, 145, 180 f.
Rang	Rangfolge	152, 169, 174
Registre des commerces et des sociétés	Handelsregister	33, 79
Relevé de forclusion	Wiedereinsetzung in den vorherigen Stand	112
Remise de créance	Forderungsverzicht	45, 120
Représentant des salariés	Arbeitnehmervertreter	23, 78
Réserve de propriété	Eigentumsvorbehalt	106, **160 ff.,** 172
Sauvegarde	Präventives Restrukturierungsverfahren	**76 ff.**
Sauvegarde (financière) accélérée	Beschleunigtes präventive Restrukturierungsverfahren (für Finanzgläubiger)	**54 ff.**
Surendettement	Überschuldung	78
Sûreté	Sicherheit	12, 25, 44, 50 f., 53, 95 f., 109, 160, **164 ff.,** 176, 185

Frankreich

Französisch	Deutsch	Rn.
Surendettement des particuliers	Verbraucherinsolvenzverfahren	**71** ff.
Suspension des poursuites	Aussetzung von Rechtsverfolgungs- und Zwangsvollstreckungsmaßnahmen, Moratorium	14, 29, **43**, 73 f., 103
Transactions à titre gratuit	Rechtsgeschäfte, unentgeltliche	182
Vérification des créances	Forderungsüberprüfung	113

Griechenland

bearbeitet von *Dr. Alexandros N. Rokas*, LL. M. (HU Berlin), LL. M. (Harvard), Rechtsanwalt (Athen) und *Dr. Dimitrios-Panagiotis L. Tzakas*, LL. M. (Hamburg), Rechtsanwalt (Athen)

Übersicht

	Rn.		Rn.
1. Schrifttum	1	4.2 Schuldner	41
2. Einführung	5	4.3 Sicherungsmaßnahmen vor Verfahrenseröffnung	43
2.1 Gesetzlicher Rahmen	5		
2.2 Verfahrenstypen	8	4.4 Wirkungen der Verfahrenseröffnung	44
3. Verfahrensarten außerhalb des Insolvenzverfahrens	9	**5. Verlauf des Verfahrens**	47
		5.1 Anmeldung der Gläubiger	47
3.1 Vorinsolvenzliche Sanierungsverfahren	10	5.2 Gläubigerversammlungen	51
3.1.1 Vorherige Rechtslage	10	5.3 Verwaltung und Verwertung der Insolvenzmasse	53
3.1.2 Grundzüge des Verfahrens	12	5.4 Verwalter	59
3.1.3 Inhalt und Abschluss der Sanierungsvereinbarung	14	**6. Gläubiger**	61
		6.1 Aussonderungsberechtigte Gläubiger	62
3.1.4 Die Sicherungsmaßnahmen	15	6.2 Gesicherte Gläubiger	65
3.1.5 Gerichtliche Bestätigung der Vereinbarung	17	6.3 Bevorzugte Gläubiger	67
3.1.6 Nationale Umsetzung der EU Richtlinie zu präventiver Restrukturierung	19	6.4 Massegläubiger	69
		6.5 Einfache Insolvenzgläubiger	70
3.2 Verfahren für außergerichtliche Schuldenregulierung	21	6.6 Nachrangige Insolvenzgläubiger	71
3.3 Sonderverwaltungsverfahren	23	**7. Verteilung an die Gläubiger**	72
3.4 Schuldenregulierungsverfahren für Privatpersonen	28	**8. Verträge im Insolvenzverfahren**	78
3.4.1 Grundzüge des Verfahrens	28	**9. Aufrechnung**	82
3.4.2 Anwendungsbereich und Eröffnungsvoraussetzungen	29	**10. Insolvenzanfechtung**	83
3.4.3 Vorgerichtlicher Einigungsversuch	30	**11. Geltendmachung von Haftungsansprüchen gegen (frühere) Geschäftsführer, Gesellschafter oder Dritte**	90
3.4.4 Gerichtlicher Einigungsversuch	32	**12. Asset tracing**	92
3.4.5 Gerichtliches Schuldenregulierungsverfahren	33	**13. Reorganisationsverfahren**	94
3.4.6 Exkurs: Ausnahme der Hauptwohnung aus der Zwangsliquidation	36	13.1 Einführung	94
		13.2 Aufstellung und Inhalt des Plans	96
4. Eröffnung des Insolvenzverfahrens	39	13.3 Verlauf des Verfahrens	97
4.1 Eröffnungsgründe, Insolvenzantragspflichten	39	**14. Internationales Insolvenzrecht**	100
		15. COVID-19 Gesetzgebung	103

1. Schrifttum

In deutscher Sprache: *Kourouvani*, Das künftige Verbraucherinsolvenzverfahren in Griechenland – endlich raus aus den Schulden?, ZVI 2010, 96; *Paulus* (Hrsg.), Restrukturierung in Krisenzeiten am Beispiel Griechenlands, 2014; *Psaroudakis*, Aspekte des Sanierungsbeitrags von Anteilsinhabern, in: Binder/Psaroudakis (Hrsg.), Europäisches Privat- und Wirtschaftsrecht in der Krise, 2018, S. 229; *A. Rokas*, Die vorinsolvenzliche Unternehmenssanierung im griechischen Recht, RIW 2011, 306; *Tzakas*, Das neue griechische Insolvenzrecht, RIW 2008, 119; ders., Die Befriedigung dinglich gesicherter Gläubiger im griechischen Einzelzwangsvollstreckungs- und Insolvenzrecht nach den Gesetzen Nr. 4335/2015 und 4336/2015, in: Lassen/Luckow/Thurner (Red.), Grundpfandrechte 2016 in Europa und darüber hinaus, Eine Standortbestimmung zum XX. Workshop des Runden Tisches Grundpfandrechte, Band 54, 2016, S. 85.

1

Griechenland 2–7

Zur vorherigen Rechtslage: Papanakli, Grundlagen des griechischen Konkursrechts, in: *Papagiannis* (Hrsg.), Griechisches Wirtschafts- und Unternehmensrecht, 1997, S. 289 ff.; *Zerey,* Grundzüge des griechischen Konkursrechts, RIW 1997, 383; *ders.,* Länderbericht/Griechenland, in: MüKoInsO, 3. Bd., 1. Aufl. 2003, S. 968 ff.

2   **In englischer Sprache:** *Bazinas/Sakkas/Y. Bazinas,* Insolvency Laws of Selected Nations/Greece, in: Collier International Business Insolvency Guide, Vol. 2, 2018, Chapter 23A; *Frastanlis,* Pushing towards efficiency: New changes in Greek restructuring and insolvency law, International Corporate Rescue 2017, 281; *ders.,* Distressed Loans and Workout Strategies in Greece, International Corporate Rescue 2019, 49; *Kotsiris,* The new Greek Bankruptcy Code, RHDI (Revue Hellénique de droit international) 2009, 321; *Paulus/Tirado/Potamitis/Rokas,* Insolvency Law as a Main Pillar of Market Economy – A Critical Assessment of the Greek Insolvency Law, International Insolvency Review (IIR) 2015, Vol. 24, 1; *Perakis,* The new Greek Bankruptcy Code: How close to the InsO?, in: FS K. Hopt, 2010, S. 3251; *Potamitis/A. Rokas,* A new Pre-Bankruptcy Procedure for Greece, J.B.L. (Journal of Business Law) 2012, 235; *Sakkas/Y. Bazinas,* The Greek Insolvency Code: An Over-Reformed Law, Pratt's Journal of Bankruptcy Law 2018, 222.

3   **In griechischer Sprache:** *Avgitidis,* Sanierung von Unternehmen [Eksigiansi Epichiriseon], 2011; *Kotsiris,* Insolvenzrecht [Ptocheftiko Dikaio], 10. Aufl., 2017; *Kritikos,* Regulierung der Schulden von überschuldeten natürlichen Personen [Rythmisi Ofeilon Iperxreomenon Fysikon Prosopon], 4. Aufl., 2016; *Mentis,* Verteidigung und Befreiung des überschuldeten Schuldners [Amyna kai Eleftherosi tou Iperxreomenou Ofileti], 2012; *Michalopoulos,* Die vorinsolvenzliche Verfahren des InsGB [Oi Proptocheftikes Diadikasies Aferegiotitas tou Ptocheftikou Kodika], 2013; *ders.,* Die neue Insolvenzgesetzgebung, 4. Aufl., 2017; *Perakis,* Insolvenzrecht [Ptocheftiko Dikaio], 3. Aufl., 2017; *Psaroudakis/A. Rokas/Koulourianos,* Das Verfahren für die außergerichtliche Schuldenregulierung (G. 4469/2017) [Eksodikastikos Michanismos Rythmisis Ofeilon Epichiriseon], 2018; *Psychomanis,* Insolvenzrecht [Ptocheftiko Dikaio], 7. Aufl. 2017; *A. Rokas,* Das vorinsolvenzliche Unternehmenssanierungsverfahren [Proptocheftiki Diadikasia Eksigiansis Epichiriseon], 2. Aufl., 2014; *ders.,* Die jüngsten Änderungen im Insolvenzverfahren nach dem G. 4336/2015, Chronika Idiotikou Dikaiou 2015, 657; *Sotiropoulos,* Insolvenzanfechtung [Ptocheftiki Anaklisi], 2009; *Spyridakis,* Insolvenzrecht [Ptocheftiko Dikaio], 2008; *Spyridakis/Georgiakaki,* Regulierung der Schulden von überschuldeten natürlichen Personen [Rythmisi Ofeilon Iperxreomenon Fysikon Prosopon], 4. Aufl., 2016; *Venieris/Katsas,* Anwendung des Gesetzes 3869/2010 über die überschuldeten natürlichen Personen [Efarmogi tou N. 3869/2010 gia ta Iperxreomena Fysika Prosopa], 3. Aufl. 2016.

4   **Informationsquellen:** Allgemeines Handelsregister (*Geniko Emporiko Mitroo = Γενικό Εμπορικό Μητρώο;* abgekürzt: GE.M.I.) http://www.businessportal.gr; Nationales Drukerei *(Ethniko Typografreio = Εθνικό Τυπογραφείο)* http://www.et.gr/ (Sammlung aller Gesetze).

2. Einführung

2.1 Gesetzlicher Rahmen

5   Das griechische Insolvenzrecht wurde durch das am 16.9.2007 in Kraft getretene **Insolvenzgesetzbuch** (Gesetz[1] 3588/2007 v. 10.7.2007: *„Ptocheftikos Kodikas";* nachstehend: *InsGB*) völlig neu geregelt. Vor der Einführung des InsGB beruhte die griechische Insolvenzgesetzgebung auf dem französischen *Code de Commerce.* Obwohl die entsprechenden Regelungen vielmals modifiziert wurden, blieb das französische Recht das Vorbild des griechischen Insolvenzrechts. Der französische Einfluss ist der Grund dafür, dass das griechische Insolvenzrecht zum Handels- und nicht zum Zivilprozessrecht gehört.

6   Nach der Gesetzesbegründung sind **Ziele** des neuen InsGB, unter anderem die Einführung eines **vorhersehbaren und transparenten Verfahrens,** die optimale **Verwertung des schuldnerischen Vermögens** sowie die **Abschaffung** des vorherigen **dualistischen Systems,** das die Insolvenz und die Sanierung als zwei unterschiedliche Verfahren behandelte. In der Tat verfügte das griechische Recht vor Einführung des InsGB über eine Reihe von Sondersanierungsgesetzen, die hauptsächlich die Verstaatlichung überschuldeter Unternehmen ermöglichten (G. 1386/1983), Vereinbarungen zwischen Gläubigern und überschuldeten Unternehmen auf dem Wege eines präventiven Zwangsvergleichs erleichterten (Art. 44, G. 1892/1990) oder die Veräußerung des Unternehmens als Ganzes vorsahen (Art. 46a, G. 1892/1990).

7   Seit 2007 wurden unterschiedliche Aspekte des griechischen Insolvenzrechts **novelliert.** So hat unter anderem: **(a)** G. 3858/2010, das UNCITRAL-Modellgesetz über **grenzüberschreitende**

---

[1] Nachstehend: G. In diesem Länderbericht wurden Gesetzgebung und Rechtsprechung bis 31.7.2020 berücksichtigt.

Insolvenzverfahren eingeführt, **(b)** G. 3869/2010, das Institut der Regulierung der Schulden von überschuldeten **natürlichen Personen** eingeführt, **(c)** G. 4013/2011, das **vorinsolvenzliche Sanierungsverfahren** (Kap. 6 des InsGB) neu geregelt sowie das **Sonderliquidationsverfahren** eingeführt, **(d)** G. 4307/2014, das **Sonderverwaltungsverfahren** eingeführt (das als Variante des Sonderliquidationsverfahrens gilt), **(e)** G. 4336/2015, bestimmte Regelungen des InsGB sowie des G. 3869/2010 reformiert, **(f)** G. 4446/2016, erhebliche Änderungen im InsGB eingeführt sowie das Sonderliquidationsverfahren abgeschafft, **(g)** G. 4469/2017, ein weiteres vorinsolvenzliches Sanierungsverfahren eingeführt, nämlich das **Verfahren für die außergerichtliche Schuldenregulierung, (h)** G. 4549/2018, bestimmte Einzelaspekten des Schuldenregulierungsverfahrens geändert und **(i)** G. 4605/2019, ein neues Verfahren eingeführt, das den **Schutz der Hauptwohnung** des Schuldners bezweckt.[2] Es sei bemerkt, dass die Regelungen über die grenzüberschreitenden Insolvenzen, das Sonderverwaltungsverfahren, das Verfahren für die außergerichtliche Schuldenregulierung und die Insolvenz natürlicher Personen, einschließlich des Verfahrens betreffend den Schutz der Hauptwohnung des Schuldners, nicht in das InsGB inkorporiert worden sind.

2.2 Verfahrenstypen

Gleich wie das deutsche Recht, verfügt das InsGB über: **(a)** ein ordentliches **Liquidationsverfahren** (Kap. 8) und **(b)** ein **Reorganisationsverfahren,** das die Eröffnung des Insolvenzverfahrens voraussetzt und den Erhalt des Unternehmens bezweckt (Kap. 7). Darüber hinaus werden im griechischen Recht geregelt **(c)** das **vorinsolvenzliche Sanierungsverfahren,** das die Sanierung des Unternehmens vor Eröffnung des Insolvenzverfahrens bezweckt (im Kap. 6 des InsGB), **(d)** das **Verfahren für die außergerichtliche Schuldenregulierung** (geregelt im G. 4469/2017), sowie **(e)** das **Sonderverwaltungsverfahren,** das die **Veräußerung von Unternehmen** als Ganzes oder zum Teil vor Eröffnung des Insolvenzverfahrens zum Ziel hat (geregelt im G. 4307/2014). Schließlich wird **(f)** als Sonderverfahren außerhalb des InsGB die Regulierung der Schulden von überschuldeten natürlichen Personen *(Schuldenregulierungsverfahren)* im G. 3869/2010 geregelt.

3. Verfahrensarten außerhalb des Insolvenzverfahrens

In diesem Kapitel werden die oben erwähnten Verfahren [unter 2.2 lit. (c), (d), (e), (f)], dh das vorinsolvenzliche Sanierungsverfahren, das Verfahren für die außergerichtliche Schuldenregulierung, das Sonderverwaltungsverfahren sowie das Schuldenregulierungsverfahren kurz dargestellt. Gemeinsam ist all diesen Verfahren, dass sie nicht die Eröffnung eines Insolvenzverfahrens voraussetzen. Trotzdem werden zT Regelungen des InsGB analog angewandt.

3.1 Vorinsolvenzliche Sanierungsverfahren

3.1.1 Vorherige Rechtslage

Vor der Einführung des vorinsolvenzlichen Sanierungsverfahrens [= *Proptocheftiki Diadikasia Eksigiansis*] im Jahre 2011 verfügte das griechische Recht über das sog. **Beilegungsverfahren** [= *Diadikasia Sindiallagis*], dessen **Vorbild** die *„procedure de conciliation"* des französischen Rechts war. Das Beilegungsverfahren hat aber nur **selten** zu **Unternehmenssanierungen** geführt – einerseits, weil Hauptziel der beantragenden Schuldner war, die Einstellung der Zwangsvollstreckungsmaßnahmen zu erreichen (und nicht das Unternehmen zu retten), und andererseits, weil die Gläubiger nicht bereit waren, einer Vereinbarung zuzustimmen, die nicht *erga omnes* verbindlich war *(collective action problem).*[3] Während das **neugeregelte vorinsolvenzliche Sanierungsverfahren** die Einstellung der Zwangsvollstreckungsmaßnahmen noch erlaubt,[4] werden auch die **Gläubiger gebunden,** die der Vereinbarung nicht zugestimmt haben, soweit Gläubiger, die über 60 % der gesamten Forderungen und mindestens 40 % der dinglich gesicherten Forderungen vertreten, zugestimmt haben. Die Vereinbarung wirkt also wie ein **präventiver Zwangsvergleich.**

Im Jahre 2016 wurde das vorinsolvenzliche Sanierungsverfahren durch das G. 4446/2016 erheblich reformiert. Vor den Gesetzesänderungen gab es zwei Varianten des Verfahrens. In der ersten Variante konnte der Schuldner die Eröffnung des Verfahrens beantragen. Nach Eröffnung des Verfahrens bestand ein befristeter Zeitraum bis zu vier Monaten, innerhalb dessen die Vereinbarung abgeschlossen werden sollte (dieser Zeitraum konnte höchstens bis zu weiteren acht Monaten verlängert werden). Kurz nach dem Antrag auf Eröffnung des Verfahrens durfte der Schuldner die Einstellung

---
[2] → Rn. 36 ff.
[3] S. *A. Rokas* RIW 2011, 306, 308.
[4] → Rn. 15 f.

aller Vollstreckungsmaßnahmen beantragen. Das G. 4446/2016 hat diese Variante abgeschafft, weil sie selten zu Sanierungsvereinbarungen führte. Die zweite und einzige Variante, die nunmehr gültig ist, ist die Variante der **„pre-voted plans"**. Vor Stellung des Antrags hat der Schuldner die Vereinbarung mit den Gläubigern abzuschließen und dann **direkt ihre gerichtliche Bestätigung** zu beantragen (**„pre-voted plans"**). Diese Verfahrensform ist von großer praktischer Bedeutung, weil der Schuldner nach dem Vorbild der US-amerikanischen „pre-packaged plans" die möglichst schnelle Bestätigung einer abgeschlossenen Vereinbarung beantragen kann. Die Verhandlungen mit den Gläubigern finden also außergerichtlich statt, bevor der finanzielle Zustand des Unternehmens bekannt wird (**„früh, schnell und still"**[5]).

3.1.2 Grundzüge des Verfahrens

12 Das vorinsolvenzliche Sanierungsverfahren wird in Kap. 6 des InsGB geregelt (Art. 99 ff.) und betrifft **natürliche und juristische Personen,** die insolvenzfähig[6] sind. Wie bereits erwähnt ist Gegenstand des Antrags die Bestätigung der (bereits abgeschlossenen) **Sanierungsvereinbarung** [= *symfonia eksigiansis*] des Schuldners mit seinen Gläubigern. Um die Bestätigung der Vereinbarung beantragen zu können, muss sich das Unternehmen im Zustand der **drohenden oder eingetretenen Zahlungseinstellung** befinden.[7] Das Verfahren ist also nicht „vorinsolvenzlich" im eigentlichen Sinne, weil es nicht nur den Zeitraum vor Eintritt der materiellen Insolvenz betrifft, sondern weil es zeitlich dem normalen Insolvenzverfahren vorausgeht. Obwohl die Gläubiger sowohl vor als auch nach Vorlage des Antrags das Recht haben, die Eröffnung des ordentlichen **Insolvenzverfahrens** zu beantragen, wird das Gericht solche Anträge nur prüfen, falls es die Bestätigung der Sanierungsvereinbarung zurückweist.[8]

13 Eine weitere Neuerung des G. 4446/2016, die allerdings bis jetzt keine praktische Bedeutung bekommen hat, ist, dass auch Gläubiger die Bestätigung einer Sanierungsvereinbarung beantragen können, wenn der Schuldner diese Vereinbarung nicht unterschrieben hat. Der Schuldner muss sich im Zustand der eingetretenen Zahlungseinstellung befinden.[9] Im Rahmen des Bestätigungsverfahrens wird die **Zustimmung des Schuldners nicht benötigt,** wenn sich herausstellt, dass der wirtschaftliche und juristische Zustand des Schuldners nicht schlechter wird, als er ohne die Sanierungsvereinbarung wäre.[10] Darüber hinaus erleichtert das neue Gesetz die Umsetzung der Sanierungsmaßnahmen, falls sie die Einberufung der Gesellschafterversammlung erfordern (wie zB im Falle eines debt-for-equity swaps, der eine Kapitalerhöhung voraussetzt). Das Gericht kann in diesem Fall einen Sonderbeauftragten bestellen, der an Stelle der Gesellschafter das Stimmrecht im Rahmen der Gesellschafterversammlung ausübt, vorausgesetzt, dass die Gesellschafter im Insolvenzfall voraussichtlich nicht am Liquidationserlös teilnehmen würden.[11] Letztere Möglichkeit ist auch dann verfügbar, wenn Beantragender der Schuldner ist; dies ist insbesondere dann nützlich, wenn die Aktionärsmehrheit der Sanierung zustimmt, die Minderheit aber die erforderlichen Sanierungsmaßnahmen zu verhindern versucht.

3.1.3 Inhalt und Abschluss der Sanierungsvereinbarung

14 Ziel des Verfahrens ist der Erhalt oder die Restrukturierung des Unternehmens durch den Abschluss einer Vereinbarung [*„Sanierungsvereinbarung"* = *symfonia eksigiansis*] zwischen dem Schuldner und den Gläubigern. Die Vereinbarung darf vielfältige **Restrukturierungsmaßnahmen** vorsehen, wie zB **Schuldenschnitt, Verlängerung bestehender Kreditlinien, debt-for-equity swap,** Veräußerung des Unternehmens als Ganzes oder zum Teil (**übertragende Sanierung).**[12] Nach G. 4446/2016 wird die Bestellung eines Vermittlers oder die Einberufung der Gläubigerversammlung nicht vorgesehen, dh die Vereinbarung wird außergerichtlich abgeschlossen und ihre Bestätigung wird danach angestrebt.[13]

---

[5] K. *Schmidt,* 54. DJT 1982, D 98.
[6] → Rn. 41 f.
[7] Art. 99 Abs. 1 InsGB; ausnahmsweise darf das Verfahren auch in Situationen eingeleitet werden, in denen lediglich die Wahrscheinlichkeit einer Insolvenz besteht, wenn nach Ermessen des Gerichts diese Situation durch die Eröffnung des Verfahrens überwindet werden kann.
[8] Art. 99 Abs. 3–4 InsGB; dasselbe gilt für den Insolvenzantrag, den der Schuldner selbst wegen der Insolvenzantragspflicht (Art. 98) vorgelegt hat.
[9] Art. 100 Abs. 1 S. 2 InsGB.
[10] Art. 106b Abs. 2e InsGB; vgl. § 247 InsO.
[11] Art. 101 Abs. 2 InsGB; s. dazu *Psaroudakis,* Aspekte des Sanierungsbeitrags von Anteilsinhabern, in: Binder/Psaroudakis (Hrsg.), Europäisches Privat- und Wirtschaftsrecht in der Krise, 2018, S. 229, 234 ff.
[12] Art. 103 enthält eine entsprechende (nicht abschließende) Aufzählung.
[13] → Rn. 10 f.

3.1.4 Die Sicherungsmaßnahmen

Nach dem Antrag auf Bestätigung der Sanierungsvereinbarung und bis zur Veröffentlichung 15 der Gerichtsentscheidung gilt von Rechts wegen ein **Moratorium,** das vier Monate dauert.[14] Das Gericht kann die Gültigkeit des Moratoriums verlängern, falls die Gerichtsentscheidung nicht binnen vier Monaten verkündigt wird. Außerdem kann das Gericht auf Antrag des Schuldners oder der Gläubiger weitere präventive **Sicherungsmaßnahmen**[15] anordnen.[16] In jedem Fall gilt der Vollstreckungsschutz nach Beendigung des Verfahrens nicht mehr. Darüber hinaus beeinflussen die Sicherungsmaßnahmen die **Arbeitnehmeransprüche** nur ausnahmsweise, also nur, wenn ein wichtiger Grund vorliegt, der in der Gerichtsentscheidung erwähnt werden soll. Eine weitere Einschränkung ist, dass der Schuldner nach Anordnung des Vollstreckungsschutzes wichtige Vermögenswerte wie Immobilien und Inventar nicht veräußern kann. Wenn diese Regel auch sehr rigide ist, ist ihr Zweck, die Restrukturierungschancen aufrecht zu erhalten.[17]

Eine weitere Neuerung des G. 4446/2016 ist, dass das Gericht auch vor dem Antrag auf 16 Bestätigung der Sanierungsvereinbarung die Einstellung aller Vollstreckungsmaßnahmen auf Antrag des Schuldners oder der Gläubiger anordnen kann.[18] Es geht also um ein Moratorium, das bis zu vier Monate dauert. Gläubiger, die mindestens 20 % der gesamten Forderungen vertreten, müssen bestätigen, dass sie sich in Restrukturierungsverhandlungen befinden. Darüber hinaus muss das Gericht überzeugt werden, dass die Anordnung des Moratoriums notwendig ist (zB weil Vollstreckungsmaßnahmen von Gläubigern bevorstehen). Ziel dieser Sicherungsmaßnahmen ist es also, die Verhandlungen des Schuldners mit seinen Gläubigern zu schützen, um die Erreichung der Sanierungsvereinbarung zu erleichtern.

3.1.5 Gerichtliche Bestätigung der Vereinbarung

Stimmt die oben[19] genannte Mehrheit der Gläubiger der Vereinbarung zu, so kann der 17 Schuldner die **gerichtliche Bestätigung** der Vereinbarung beantragen. Wie im Insolvenzverfahren ist das zuständige Gericht für die Bestätigung der Vereinbarung das **erstinstanzliche Kollegialgericht** [= *Polymeles Protodikeio*]. Das Gericht muss die Bestätigung der Vereinbarung unter folgenden Voraussetzungen annehmen:[20] (1) wenn zu erwarten ist, dass nach der Bestätigung der Vereinbarung das Unternehmen **lebensfähig sein** wird; (2) wenn zu erwarten ist, dass dadurch die „**Gesamtbefriedigung**" der Gläubiger [= *syllogiki ikanopoiisi ton pistoton*] nicht gefährdet wird,[21] dh, dass die Gläubiger zumindest das bekommen werden, was sie im Falle der **Liquidation** bekommen würden.;[22] (3) wenn der Abschluss der Vereinbarung nicht aus **arglistigem oder betrügerischem Verhalten** des Schuldners oder der Gläubiger erfolgte; (4) wenn der **Gleichbehandlungsgrundsatz** innerhalb der Gläubigerklassen gewährleistet wird und (5) wenn die Sanierungsvereinbarung eine eventuell vorliegende **Zahlungseinstellung** beseitigt. Der Antrag des Schuldners wird von einem **Sachverständigenbericht** begleitet, in dem zu diesen Voraussetzungen Stellung genommen wird. Als Sachverständiger soll ein Kreditinstitut oder ein Wirtschaftsprüfer bestellt werden.[23]

Die wichtigste **Wirkung** der Bestätigung der Vereinbarung ist die **Bindung** aller Gläubiger, 18 auch derjeniger, die ihr nicht zugestimmt haben. Darüber hinaus werden ab der gerichtlichen Bestätigung **Vollstreckungsmaßnahmen** für einen Zeitraum von **bis zu drei Monaten eingestellt.** Jederzeit ist jedoch nach Bestätigung der Vereinbarung die Stellung eines Insolvenzantrags möglich. Im Falle der Insolvenz gebührt den Kreditgebern, die aufgrund der Vereinbarung den Schuldner finanziert haben, der Vorrang vor allen anderen Forderungen (**„*privilège de l'argent***

---

[14] Art. 106 InsGB.
[15] Das Gericht kann das Moratorium auch auf Bürgen oder andere Mitschuldner des Schuldners ausdehnen, es sei denn, es wird überzeugt, dass es eine wichtige Begründung, geschäftlicher oder sozialer Natur, gibt; Art. 106a Abs. 2 InsGB.
[16] Art. 106a InsGB.
[17] Dazu *Potamitis/A. Rokas*, J.B.L. 2012, 235, 241.
[18] Art. 106a Abs. 6 InsGB.
[19] → Rn. 10.
[20] Art. 106b InsGB.
[21] Vgl. auch § 251 InsO; da im Falle der Liquidation umfassende Privilegien für bestimmte Gläubiger gelten (Fiskus, Sozialversicherungsanstalten, Arbeitnehmer, → Rn. 72 ff.), muss die Sanierungsvereinbarung die privilegierte Stelle dieser Gläubiger berücksichtigen.
[22] Art. 99 Abs. 2 InsGB.
[23] Art. 104 Abs. 6 InsGB; natürlich ist nicht ausgeschlossen, dass bestimmte nicht zustimmende Gläubiger einen weiteren Sachverständigen bestellen, um zB ihr Argument zu verstärken, dass das Unternehmen nicht rettungsfähig sei.

Griechenland 19–23

frais",[24] „**super priority**"). Gleichzeitig sind solche Finanzierungen oder sonstige Maßnahmen, die die Vereinbarung vorsieht, immun gegen Insolvenzanfechtung.[25] Dadurch werden die Anreize für die Gläubiger zur aktiven Teilnahme an dem Verfahren verstärkt.

3.1.6 Nationale Umsetzung der EU Richtlinie zu präventiver Restrukturierung

19 Bisher ist keine Information betreffend die Umsetzung der EU Richtlinie zu präventiver Restrukturierung[26] verfügbar. Aus der Gesetzesbegründung des G. 4446/2016 ergibt sich aber, dass der Gesetzgeber bereits Komponenten der Empfehlung der EU Kommission vom 12.3.2014 für einen neuen Ansatz im Umgang mit unternehmerischem Scheitern und Unternehmensinsolvenzen[27] berücksichtigt hat. Deswegen wird die Meinung vertreten, dass die Umsetzung der geplanten Richtlinie nicht besonders anspruchsvoll sein wird,[28] weil das vorinsolvenzliche Sanierungsverfahren des griechischen Rechts bereits die wesentlichen Aspekte der Richtlinie aufgenommen hat.

20 So ist das vorinsolvenzliche Sanierungsverfahren des griechischen Rechts bereits verfügbar, wenn die Wahrscheinlichkeit der Insolvenz besteht.[29] Antragsberechtigt ist der Schuldner.[30] Allerdings können auch Gläubiger das Verfahren initiieren, wenn Zahlungseinstellung bereits eingetreten ist; das ist aber kein „vorinsolvenzliches" Verfahren im eigentlichen Sinne. Darüber hinaus sieht das griechische Recht keine „Klassenbildung" vor, wie die Richtlinie;[31] die Sanierungsvereinbarung wird von Gläubigern angenommen, die über 60 % der *gesamten* Forderungen und mindestens 40 % der dinglich gesicherten Forderungen vertreten. Deswegen ist festzustellen, dass nur die dinglich gesicherten Forderungen faktisch als Klasse behandelt werden. Die Aktionäre bilden zwar keine Klasse, aber unter bestimmten Voraussetzungen ist es möglich, einen Sonderbeauftragten zu bestellen, der an ihrer Stelle das Stimmrecht ausübt;[32] so wird das Ziel, das Art. 12 Abs. 1 der Richtlinie verfolgt, erreicht. Schließlich ähnelt sich das Kriterium der „Gesamtbefriedigung" der Gläubiger[33] dem „Kriterium des Gläubigerinteresses" der Richtlinie.[34]

3.2 Verfahren für außergerichtliche Schuldenregulierung

21 Das Verfahren für die **außergerichtliche Schuldenregulierung** (bekannt auch als *„Out of Court Workout Law"*) wurde durch das G. 4469/2017 eingeführt. Seit Ende April 2020 ist dieses Gesetz ausgelaufen. Wie das vorinsolvenzliche Sanierungsverfahren betrifft dieses Verfahren Schuldner, die insolvenzfähig sind. Der Antrag wird in der IT-Plattform einer Regierungsbehörde gestellt, die bereits Informationen über die Verpflichtungen des Schuldners gegenüber Banken, dem Staat und Sozialversicherungsanstalten besitzt. Mindestens die Hälfte der Summe aller Ansprüche muss die Eröffnung des Verfahrens (durch die IT-Plattform) befürworten. Forderungen von Kleingläubigern[35] werden durch das Verfahren nicht geregelt.

22 Wie im vorinsolvenzlichen Sanierungsverfahren sollen Gläubiger, die über 60 % der gesamten „beteiligten" Forderungen und mindestens 40 % der dinglich gesicherten „beteiligten" Forderungen vertreten, die Schuldenregulierung akzeptieren. Der Unterschied zum vorinsolvenzlichen Sanierungsverfahren besteht darin, dass als „beteiligte" Forderungen die Forderungen der Gläubiger gemeint sind, die die Eröffnung des Verfahrens angenommen haben. Die Bestätigung der Vereinbarung vom Gericht ist fakultativ, und ist nur dann sinnvoll, wenn der Schuldner auf die Bindung der Gläubigerminderheit (auch der Gläubiger, die die Eröffnung des Verfahrens nicht angenommen haben) abzielt.

3.3 Sonderverwaltungsverfahren

23 Das **Sonderverwaltungsverfahren** stellt im griechischen Recht kein Neuland dar. Ähnliche Verfahren waren in Art. 46a des G. 1892/1990 aber auch im Art. 106k InsGB vorgesehen. Beide

---

[24] Dazu s. *Bauerreis* ZGR 2006, 294, 318 f.
[25] Art. 154 lit. a, 45 lit. e InsGB.
[26] Richtlinie (EU) 2019/1023 (nachstehend: Richtlinie).
[27] 2014/135/EU; der Richtlinienentwurf (COM(2016) 723 final) sowie die Richtlinie basieren auf dieser Empfehlung.
[28] *Michalopoulos,* Die neue Insolvenzgesetzgebung, 4. Aufl., S. 20–21.
[29] → Rn. 12; vgl. dazu Art. 4 Abs. 1 der Richtlinie.
[30] Vgl. dazu Art. 4 Abs. 7 der Richtlinie.
[31] Art. 9 Abs. 4 der Richtlinie.
[32] → Rn. 13.
[33] → Rn. 17.
[34] Art. 10 Abs. 2(d) und Art. 2 Abs. 1 Ziff. 6.
[35] Kleingläubiger sind Gläubiger, die bis 1,5 % und kumulativ bis 15 % der gesamten Forderungen vertreten; Art. 2 Abs. 6 G. 4469/2017.

abgeschafften Verfahren hießen „Sonderliquidationsverfahren". Sowohl die alten als auch das neue Verfahren bezwecken die möglichst schnelle **Veräußerung der Aktiva**[36] **des Unternehmens als Ganzes oder** – wenn das nicht möglich ist – **zum Teil.** Der Investor erwirbt das Unternehmen frei, dh ohne Verbindlichkeiten. In der Praxis betrifft das Verfahren hauptsächlich Großunternehmen, die sich zwar in der Krise befinden, aber potentielle Investoren daran interessiert sind, sie zu kaufen.

Das Sonderverwaltungsverfahren, das in Art. 68 ff. G. 4307/2014 geregelt wird, findet zeitlich 24 vor Eröffnung des (eventuellen) Insolvenzverfahrens statt. Das heißt, Anträge zur Eröffnung des Insolvenzverfahrens werden eingestellt, solange das Sonderverwaltungsverfahren noch aussteht; aber auch Anträge zur Eröffnung des vorinsolvenzlichen Sanierungsverfahrens werden eingestellt, solange das Sonderverwaltungsverfahren noch aussteht.[37]

Im Gegensatz zum vorinsolvenzlichen Sanierungsverfahren kann das Sonderverwaltungsverfah- 25 ren nur durch Gläubigerantrag eingeleitet werden. Insbesondere können **Gläubiger,** die über 40 % der gesamten Forderungen vertreten, die Eröffnung des Verfahrens beantragen, soweit Zahlungseinstellung vorliegt oder bestimmte gesellschaftsrechtliche Auflösungsgründe für zwei Jahre vorliegen (ua kann eine AG aufgelöst werden, wenn sie für zwei Bilanzjahre keine Jahresabschlüsse vorgelegt hat). In der Rechtsprechung bleibt es bis heute umstritten, ob das Verfahren auch Unternehmen betrifft, die ihre Geschäftsaktivität unterbrochen haben.

Hauptfigur des Verfahrens ist der **Sonderverwalter.** Bereits der Antrag soll seinen Namen 26 erwähnen, und der Sonderverwalter soll erklären, dass er bereit ist, diesen Auftrag anzunehmen und auszuführen. Der Sonderverwalter ist für die Veräußerung des Unternehmens (als Ganzes oder zum Teil) verantwortlich; das Gesetz sieht vor, dass er zu diesem Zweck eine öffentliche Versteigerung durchführen soll.[38] Darüber hinaus übernimmt der Sonderverwalter auch die Leitung des Unternehmens. Insgesamt dauert das Verfahren bis zu **24 Monate** (diese Frist kann um sechs Monate verlängert werden). Nach Fristablauf muss der Sonderverwalter die Eröffnung des Insolvenzverfahrens beantragen, falls bis dann die Veräußerung von mindestens 90 % der Aktiva nicht erfolgreich war.[39]

Wie im vorinsolvenzlichen Sanierungsverfahren gilt nach Eröffnung des Verfahrens ein Morato- 27 rium von Rechts wegen. Das Gericht darf auch präventive Sicherungsmaßnahmen vor Verfahrenseröffnung anordnen.

3.4 Schuldenregulierungsverfahren für Privatpersonen

3.4.1 Grundzüge des Verfahrens

Die Schuldenregulierung für überschuldete Privatpersonen [= *rythmisi ofeilon iperxreomenon fysi-* 28 *kon prosopon*] wurde durch das G. 3869/2010 eingeführt. Nach der Gesetzesbegründung bezweckt dieses Verfahren die Wiedereingliederung des überschuldeten Bürgers in das soziale und wirtschaftliche Leben und die Wiedererlangung seiner wirtschaftlichen Freiheit, die durch die **Regulierung der Schulden,** die er nicht bezahlen kann, erreicht wird. Es geht also um ein typisches **Verbraucherinsolvenzverfahren,** dessen Vorbild die entsprechenden Regelungen des deutschen Rechts, aber auch die Regelungen anderer Rechtsordnungen (USA, Frankreich, Österreich ua) waren.

3.4.2 Anwendungsbereich und Eröffnungsvoraussetzungen

Das Verfahren betrifft nur **natürliche Personen,** die nicht insolvenzfähig[40] sind. Vom Anwen- 29 dungsbereich des Gesetzes werden also **Kaufleute** ausgeschlossen, während ein **Freiberufler** oder ein **Kleinkaufmann** als berechtigt gelten, die Eröffnung des Verfahrens zu beantragen. Neben dieser subjektiven Voraussetzung sieht das Gesetz vor, dass der Schuldner auf Dauer nicht in der Lage sein soll, seine fälligen Geldschulden zu tilgen. Darüber hinaus soll die **Zahlungsunfähigkeit** nicht auf bösgläubiges Verhalten zurückzuführen sein. Der Gläubiger hat zu beweisen, dass ein solches Verhalten vorliegt.[41] In der Praxis ist das Verfahren bei Schuldnern besonders beliebt: bisher wurden über **200.000 Anträge** eingereicht, gleichzeitig waren die Gerichte in vielen Fällen bereit, die Schuldenregulierung zu bestätigen.

---

36 Der Verkaufserlös dient der Befriedigung der Gläubiger.
37 Art. 70 Abs. 5 G. 4307/2014.
38 Art. 73 G. 4307/2014; nach Art. 74 muss danach das Gericht das Verkaufsangebot bestätigen.
39 Art. 76 Abs. 1 G. 4307/2014.
40 → Rn. 41 f.
41 Art. 1 Abs. 1 G. 3869/2010; nach dem Areopag 153/2017 (Nomos-Datenbank) kann der Vorsatz entweder im Zeitpunkt der Schuldübernahme oder auch danach bestehen.

3.4.3 Vorgerichtlicher Einigungsversuch

30   Wie im deutschen Recht ist das Verfahren dreistufig. Erst findet der **vorgerichtliche Einigungsversuch** statt und dann – wenn dieser nicht erfolgreich ist – erfolgt der **gerichtliche Einigungsversuch** und schließlich das **gerichtliche Schuldenregulierungsverfahren.** Auf der ersten Stufe versuchen der Schuldner und die Gläubiger, sich mithilfe von Verbraucherzentralen oder Anwälten außergerichtlich zu einigen.

31   Nach der letzten Gesetzesänderung (G. 4161/2013) ist der vorgerichtliche Einigungsversuch **nicht mehr obligatorisch.**

3.4.4 Gerichtlicher Einigungsversuch

32   Unabhängig davon, ob ein vorgerichtlicher Einigungsversuch vorausgegangen ist, darf der Schuldner einen **gerichtlichen Einigungsversuch** beantragen. Bis der Antrag vor Gericht kommt, muss der Schuldner jedoch monatlich einen gerichtlich festgesetzten **Betrag** zahlen. Zuständig ist das **Amtsgericht,** in dessen Bezirk der Schuldner seinen Wohnsitz oder seinen gewöhnlichen Aufenthalt hat. Der Antragsteller muss sowohl seine **wirtschaftliche Verhältnisse**[42] als auch einen **Schuldenregulierungsplan,** der die Gläubigerinteressen sowie seine Vermögens-, Einkommens- und Familienverhältnisse berücksichtigt, einreichen. Darüber hinaus kann das Gericht die fehlende Zustimmung durch seine Entscheidung ersetzen, wenn die Summe der Ansprüche der zustimmenden Gläubiger mehr als die **Hälfte** der Summe aller Ansprüche beträgt, soweit alle dinglich gesicherten Gläubiger sowie die Gläubiger, die mindestens die Hälfte der Arbeitnehmerforderungen vertreten, zustimmen.[43]

3.4.5 Gerichtliches Schuldenregulierungsverfahren

33   Wenn auch der zweite Verfahrensschritt nicht fruchtbar ist, erfolgt die in der Praxis wichtigste Phase, nämlich das **gerichtliche Schuldenregulierungsverfahren.** In diesem Verfahren bestimmt das Gericht, dh **ohne Zustimmung der Gläubiger,** unter welchen Voraussetzungen eine Schuldenregulierung erfolgen kann. Faktoren, die das Gericht berücksichtigt, sind ua die sog. „angemessenen Lebensausgaben" (die durch Verwaltungsakt festgestellt sind), sowie das Einkommen und die Vermögensverhältnisse des Schuldners. Sodann bestimmt das Gericht den **Betrag,** den der Schuldner monatlich und für einen Zeitraum von **drei Jahren** den Gläubigern bezahlen muss.[44] Falls der Schuldner arbeitslos ist, ist er verpflichtet zu versuchen, Arbeit zu finden.

34   Wenn der Schuldner seine Verpflichtungen nicht erfüllt (insbesondere wenn er drei Monatsraten nicht bezahlt), aus Gründen die keine höhere Gewalt darstellen, werden die günstigen Bestimmungen, die die Schuldenregulierung betreffen, eingestellt. Wenn der Schuldner seine Verpflichtungen erfüllt, wird er nach dem Verlauf des oben genannten Zeitraums vom Rest seiner Schulden **befreit.** Dieser Ansatz steht mit den Anforderungen des Art. 21 der EU Richtlinie zu präventiver Restrukturierung[45] im Einklang.

35   Schließlich kann das Gericht zugunsten der Gläubiger bestimmen, dass Vermögensgegenstände des Schuldners (die nicht unpfändbar sind) zu liquidieren sind. In diesem Fall wird ein Liquidator bestellt. Aus der Liquidation war bis Ende Februar 2019 die **Hauptwohnung** des Schuldners ausgenommen, soweit sie einen bestimmten Betrag nicht überstieg und weitere Voraussetzungen vorlagen.

3.4.6 Exkurs: Ausnahme der Hauptwohnung aus der Zwangsliquidation

36   Nach Februar 2019 ist es für Schuldner nicht möglich, durch das Schuldenregulierungsverfahren des G. 3869/2010 die Zwangsliquidation ihrer Hauptwohnung abzuwenden. Jedoch haben Art. 68 ff. G. 4605/2019 (Inkrafttreten: 30.4.2019) ein neues Verfahren eingeführt, das **die Zwangsliquidation der Hauptwohnung des Schuluderns** verbietet, soweit bestimmte Voraussetzungen vorliegen. Das neue Gesetz, das Ende Juli 2020 ausläuft, betrifft **natürliche Personen,** unabhängig davon, ob sie insolvenzfähig sind oder nicht.

37   Unter anderem müssen folgende Voraussetzungen vorliegen: (a) der Steuerwert der zu schützenden Hauptwohnung darf 250.000 EUR nicht übersteigen (oder 175.000 EUR, wenn der Schuldner

---

[42]   Einzureichen ist ein Verzeichnis des vorhandenen Vermögens und des Einkommens des Schuldners und seines Ehegatten sowie ein Verzeichnis der Gläubiger und der gegen den Schuldner gerichteten Forderungen; der Schuldner erklärt auch, dass er zugunsten seiner Gläubiger auf das Bankgeheimnis verzichtet.
[43]   Art. 7 Abs. 2 G. 3869/2010.
[44]   In Ausnahmefällen (langjährige Arbeitslosigkeit, schwerwiegende Gesundheitsprobleme ua) hat das Gericht die Möglichkeit, Einzahlungen von sehr geringem Wert oder gar keine Einzahlungen vorzusehen.
[45]   Richtlinie (EU) 2019/1023; → Rn. 19 ff.

Unternehmenskredite aufgenommen hat), (b) das Familieneinkommen des Schuldners darf nicht höher als 12.500 EUR sein (dieser Betrag wird für den Ehepartner um EUR 8.500 erhöht und um 5.000 EUR für jedes abhängige Mitglied) und (c) die gesamte ausstehende Schuld (einschließlich Zinsen) darf 130.000 EUR nicht übersteigen (oder 100.000 EUR, wenn der Schuldner Unternehmenskredite aufgenommen hat). Zum Schutz seiner Hauptwohnung muss der Schuldner in monatlichen Raten 120 % des Marktwerts der Hauptwohnung zahlen (zuzüglich Zinssatz berechnet auf Basis des 3-Monats-Euribors zzgl. 2 %); oder, wenn 120 % des Marktwerts seiner Hauptwohnung den Gesamtbetrag der Schulden übersteigt, letzterer Betrag. In jedem Fall sind Zahlungen im Zeitraum von 25 Jahren zu leisten (dieser Zeitraum darf aber nicht über den 80. Geburtstag des Schuldners hinausgehen). Jegliche Schulden, die diesen Betrag überschreiten, werden abgeschrieben. ein Teil der monatlichen Raten kann durch den Staat **subventioniert** werden.[46]

Das Verfahren läuft im Prinzip **außergerichtlich.** Das Gericht hat eine Rolle, falls die Erfüllung **38** der genannten Voraussetzungen verneint wurde oder falls die Gläubiger die obenerwähnte Schuldenregulierung zurückweisen. In diesem Fall kann das Gericht die fehlende Zustimmung durch seine Entscheidung ersetzen, wenn alle anderen Voraussetzungen für die Schuldenregulierung vorliegen. Zuständig ist das Amtsgericht, in dessen Bezirk der Schuldner die in Betracht stehende Hauptwohnung hat.

4. Eröffnung des Insolvenzverfahrens

4.1 Eröffnungsgründe, Insolvenzantragspflichten

Nach Art. 3 Abs. 1 InsGB ist **Eröffnungsgrund** die **Zahlungseinstellung** des Schuldners, **39** die dann vorliegt, wenn er **allgemein** und **dauernd** nicht in der Lage ist, seinen fälligen Zahlungspflichten nachzukommen. Die Eröffnung des Verfahrens können die **Gläubiger** (oder der **Schuldner**) beantragen; bei Vorliegen von Gründen des Allgemeininteresses darf aber auch der **Staatsanwalt** die Verfahrenseröffnung beantragen.[47] Darüber hinaus erlaubt die Regelung des Art. 3 Abs. 2 InsGB dem Schuldner die Eröffnung des Verfahrens wegen **drohender Zahlungsunfähigkeit** zu beantragen. Dasselbe gilt für die **Insolvenzwahrscheinlichkeit,** die dem Schuldner gemäß Art. 3 Abs. 3 InsGB zur Beantragung der Insolvenzeröffnung berechtigt, vorausgesetzt dass der Antrag mit dem Entwurf eines Reorganisationsplans iSv Art. 107 ff. InsGB[48] begleitet ist.

Falls die Zahlungseinstellung eingetreten ist, ist der Schuldner **verpflichtet,** ohne schuldhafte **40** Verspätung und spätestens innerhalb von 30 Tagen einen entsprechenden **Antrag** beim Insolvenzgericht zu stellen.[49]

4.2 Schuldner

Nach Art. 2 Abs. 1 InsGB sind nicht nur **Kaufleute**[50] **insolvenzfähig** (wie nach altem Recht), **41** sondern auch **Personenvereinigungen** mit Rechtspersönlichkeit, die einen wirtschaftlichen Zweck verfolgen. Dabei handelt es sich hauptsächlich um eine GbR [= *astiki etairia*] mit Rechtspersönlichkeit.[51] Schließlich wird im Gesetz klargestellt, dass juristische Personen öffentlichen Rechts, Gebietskörperschaften sowie öffentliche Organisationen vom Anwendungsbereich des InsGB ausgeschlossen werden.[52]

In diesem Zusammenhang ist außerdem anzumerken, dass im Falle von **Kreditinstituten** weder **42** ein Insolvenzverfahren noch ein vorinsolvenzliches Sanierungsverfahren gemäß Art. 145 des griechischen Bankenaufsichtsgesetzes (G. 4261/2014) eröffnet werden darf. Wird einem Kreditinstitut die Zulassung entzogen, so tritt das Verfahren der Sonderliquidation ein, wobei sich das InsGB lediglich

---

[46] S. dazu Art. 76 G. 4605/2019.
[47] Zuständig ist das erstinstanzliche Kollegialgericht [= *Polymeles Protodikeio*], innerhalb dessen Bezirk der Schuldner den Mittelpunkt seiner hauptsächlichen Interessen hat *(Insolvenzgericht),* im Verfahren der freiwilligen Gerichtsbarkeit iSv Art. 741 ff. grZPO.
[48] → Rn. 94 ff.
[49] Art. 5 Abs. 2 InsGB; → Rn. 90 f.
[50] Nach Art. 1 grHGB ist Kaufmann, wer Handelsgeschäfte betreibt und den Handel als gewöhnlichen Beruf hat.
[51] Während die Verfahrenseröffnung über das Vermögen einer GbR nicht zur Insolvenz deren Gesellschafter führt, führt die Insolvenz einer OHG [= *omorrythmi etairia*] oder einer KG [= *eterorrythmi etairia*] zur automatischen Insolvenz deren persönlich haftender Gesellschafter (Art. 7 Abs. 4 InsGB).
[52] Art. 2 Abs. 2 InsGB.

ergänzende Anwendung findet.⁵³ Für Wertpapierdienstleistungsunternehmen gilt Art. 8 iVm 90 G. 4514/2018, die die Einleitung eines Sonderliquidationsverfahrens⁵⁴ für den Fall des Zulassungsentzuges vorschreiben. Abweichende Regelungen sieht auch das Versicherungsaufsichtsgesetz (Art. 220 ff. G. 4364/2016⁵⁵) vor, die die RL 2009/138/EG in die griechische Rechtsordnung umsetzen und das Verfahren der Versicherungsliquidation vorschreibt.

4.3 Sicherungsmaßnahmen vor Verfahrenseröffnung

43 Das InsGB sieht ausdrücklich vor, dass der Vorsitzende des Insolvenzgerichts alle erforderlichen **Maßnahmen** treffen kann, um bis zur Entscheidung über den Insolvenzantrag eine den Gläubigern **nachteilige Veränderung in der Vermögenslage** des Schuldners zu verhüten.⁵⁶ Beantragender darf jeder sein, der ein rechtliches Interesse aufweist, also sowohl die Gläubiger als auch der Schuldner. Insbesondere kann der Vorsitzende des Insolvenzgerichts dem Schuldner jede **Verfügung** von Vermögensgegenständen verbieten, alle **Vollstreckungsmaßnahmen einstellen** sowie einen **Sequester** bestellen, dessen Befugnisse anhand der allgemeinen Vorschriften und insbesondere der Art. 725–727 des Zivilprozessgesetzbuchs (nachstehend: *grZPO*) zu konkretisieren sind. Die Bestellung eines vorläufigen Insolvenzverwalters nach dem Vorbild des § 22 InsO wird von der Theorie bejaht. Bei der Bestellung des Sequesters oder des vorläufigen Insolvenzverwalters besteht ein Mitspracherecht der Gläubiger.

4.4 Wirkungen der Verfahrenseröffnung

44 Die **Verfahrenseröffnung**, und zwar die Urteilsverkündung iSv Art. 471 grZPO⁵⁷ ist für die Erzeugung der insolvenzbezogenen **Wirkungen** entscheidend. Nach dem Inkrafttreten des InsGB wurde eine Vielzahl von Tatbeständen, die die automatische Aberkennung einer Reihe von Rechten des Schuldners vorsahen und auf eine veraltete Betrachtungsweise der Rechtsstellung desselben zurückzuführen waren, endgültig abgeschafft.⁵⁸ Art. 15 InsGB verweist lediglich auf die **speziellen Gesetzesvorschriften**, die die Aberkennung konkreter personenbezogener Rechte des Schuldners vorschreiben, wie zB die Gesetzgebung bezüglich Versicherungsvermittler (Art. 21 G. 4583/2018) und Privatversicherungsunternehmen (G. 4364/2016⁵⁹).

45 Die Verfahrenseröffnung hat den **Übergang des Rechts** des Schuldners, das zur Insolvenzmasse [= *ptocheftiki periousia*] gehörende Vermögen **zu verwalten** und über es **zu verfügen, auf den Insolvenzverwalter** zur Folge [= *ptocheftiki apallotriosi*].⁶⁰ Zu der Insolvenzmasse zählen auch Geschäftsbücher und -unterlagen. Von der Insolvenzmasse **ausgeklammert** bleiben personenbezogene Rechte des Schuldners sowie unpfändbare Vermögenswerte. Eine weitere negative Einschränkung der Insolvenzmasse erfolgt in zeitlicher Hinsicht insofern, als die nach Verfahrenseröffnung erworbenen Vermögenswerte [= *metaptocheftiki periousia*] von der Insolvenzmasse ausgenommen sind. Davon abgewichen wird im Falle von Zinsen, wiederkehrenden Leistungen oder akzessorischen Forderungen, die sich aus einem vor Insolvenzeröffnung entstandenen Schuldverhältnis oder Hauptrecht ergeben.⁶¹ Im Falle einer **Vorausabtretung** künftiger Forderungen geht die höchstrichterliche Rechtsprechung⁶² davon aus, dass es dabei um einen über die Vermögenssphäre des Schuldners erfolgten Forderungserwerb geht, sodass das Vorhandensein von Verfügungsmacht auch zum Zeit-

---

⁵³ Einzelheiten des Verfahrens regelt die Sonderliquidationsordnung für Kreditinstitute (Beschl. des Ausschusses für Kredit- und Versicherungsangelegenheiten der griechischen Zentralbank – Bank of Greece Nr. 180/3/ 22.2.2016); außerdem gelten in diesem Bereich die Regelungen des G. 3458/2006, das die RL 2001/24/ EG in das griechische Recht umgesetzt hat.

⁵⁴ Hervorzuheben ist in diesem Zusammenhang, dass die Sonderliquidation von Kreditinstituten und Wertpapierdienstleistungsunternehmen ein eigenständiges Verfahren darstellt und daher nicht mit der Sonderliquidation iSv 106k InsGB (→ Rn. 23 ff.) zu verwechseln ist.

⁵⁵ Die im vorgeltenden Gesetzesdekret 400/1970 niedergelegten Regelungen wurden dadurch abgeschafft.

⁵⁶ Art. 10 InsGB.

⁵⁷ Nach Art 17 Abs. 1 S. 3 InsGB ist der Anfang des Tages, an dem die Urteilsverkündung stattfindet, maßgebend *(zero hour rule)*.

⁵⁸ S. dazu *Tzakas* RIW 2008, 120; allgemein zur vorherigen Rechtslage s. *Zerey* RIW 1997, 383.

⁵⁹ Art. 31 Abs. 4 G. 4364/2016 untersagt die Einstellung oder Ernennung von Personen, über deren Vermögen ein Insolvenzverfahren eröffnet wurde, zu Vertretern, Direktoren oder Vorstandsmitgliedern griechischer Privatversicherungsunternehmen.

⁶⁰ → Rn. 53.

⁶¹ Art. 16 Abs. 5 S. 2 InsGB.

⁶² Areopag [nachstehend: AP] 1216/1995, Epitheorisi Emporikou Dikaiou [nachstehend: EEmpD] 1996, 147–151 Anm. *Mpetziou-Kamtsiou*; Polymeles Protodikeio [erstinstanzliches Kollegialgericht, nachstehend: *PPr*] Athen 4798/2006, Chronika Idiotikou Dikaiou [nachstehend: XrID] 2008, 693.

punkt der Forderungsentstehung zu verlangen ist. Kommt es also nach der Abtretung, aber vor Forderungsentstehung zu einer Insolvenz des Übertragenden, so ist diese Verfügung als nichtig zu betrachten.

Im Hinblick auf die Rechtsstellung von Gläubigern ist hervorzuheben, dass Art. 23 InsGB die **Fälligkeit** aller zum Zeitpunkt der Verfahrenseröffnung nicht fälligen Forderungen vorschreibt *(Fälligkeitsfiktion)*, es sei denn, es geht um Ansprüche von absonderungsberechtigten Gläubigern.[63] In diesem Zusammenhang sind auflösend **bedingte Forderungen** als unbedingte Forderungen zu behandeln. Tritt allerdings die Bedingung im Laufe des Insolvenzverfahrens ein, so ist der Gläubiger verpflichtet das, was an ihn geleistet wurde, zurückzuerstatten.[64] Außerdem bewirkt die Verfahrenseröffnung die Aussetzung der Verzinsung von Forderungen, vorausgesetzt dass Letztere nicht mit einem Sondervorzugsrecht iSv Art. 155 InsGB[65] oder mit einem dinglichen Recht gesichert sind. Diese Sonderregelung kommt den **Mitverpflichteten oder Bürgen nicht** zugute.[66] Darüber hinaus hat der Insolvenzeintritt das in Art. 25 InsGB vorgeschriebene **Vollstreckungsverbot** als Rechtsfolge. Vom Anwendungsbereich der Regelung erfasst ist nicht nur die *ipso jure*-Einstellung aller Einzelzwangsvollstreckungsmaßnahmen der Gläubiger, sondern auch die Rechtsmittel- und Klageerhebung und -fortführung (und zwar ungeachtet dessen, ob es um eine Feststellungs- oder um eine Leistungsklage geht).

5. Verlauf des Verfahrens

5.1 Anmeldung der Gläubiger

Nach Verfahrenseröffnung hat der Schuldner dem Verwalter ein **Verzeichnis** über seine **Gläubiger** sowie über die Höhe deren Forderungen abzugeben. Alle Gläubiger mit bekanntem Wohnsitz oder Aufenthalt sind schriftlich über die Verfahrenseröffnung zu benachrichtigen und zur **Anmeldung ihrer Forderungen** vom Insolvenzverwalter aufzufordern (Art. 89 InsGB). Dasselbe gilt nach Art. 14 G. 3858/2010 im Grundsatz auch für die im Ausland ansässigen Gläubiger,[67] wobei das Insolvenzgericht über einen entsprechenden Beurteilungsspielraum verfügt, was die angemessenen einzusetzenden Benachrichtigungsmittel anbelangt. Die Benachrichtigung an die **ausländischen Gläubiger** muss Einzelheiten betreffend die Vornahme der Anmeldung ausführen, einen angemessenen Zeitraum dafür bestimmen und außerdem Auskunft darüber geben, ob die dinglich gesicherten Gläubiger dazu verpflichtet sind, ihre Forderungen anzumelden.

Im Grundsatz beläuft sich die **Anmeldefrist** gemäß Art. 90 Abs. 1 InsGB auf ein Monat ab Veröffentlichung des verfahrenseröffnenden Urteils im Blatt für gerichtliche Veröffentlichungen der Juristenkasse. Art. 91 InsGB regelt die Form und den Inhalt der Anmeldung. Diese muss die Natur, die Entstehung, das Fälligkeitsdatum, die Forderungshöhe und das Vorhandensein von Vorzugsrechten oder dinglichen Sicherheiten beschreiben sowie die Vermögenswerte nennen, die von den Letzteren erfasst sind. Die Regelung von Art. 91 Abs. 3 InsGB, die die Einreichung einer beglaubigten Übersetzung der Anmeldung in griechischer Sprache vorsah, wurde von Art. 55 EUInsVO verdrängt. Eine Anmeldung seitens solcher Gläubiger ist allerdings nicht erforderlich, wenn ihre Forderungen bereits vom Verwalter des in einem anderen Mitgliedstaat eröffneten Haupt- oder Sekundärinsolvenzverfahrens angemeldet wurden (vgl. Art. 45 EuInsVO). Das InsGB sieht keine besonderen Anforderungen für die einzureichenden Dokumente vor, die spätestens auch im Laufe des Prüfungsverfahrens verlangt werden könnten. In diesem Zusammenhang könnte man von der grundsätzlichen, analogen Anwendung der erwähnten, allgemeinen Regelung über die Anmeldung von Forderungen inländischer Gläubiger ausgehen.

Nach Ablauf der Anmeldefrist muss der Insolvenzverwalter eine **Tabelle** erstellen, in der die Gläubiger, die jeweilige Forderungshöhe, das Vorliegen von Vorzugsrechten oder dinglichen Sicherheiten sowie die Rangfolge aufzunehmen sind. Jeder Gläubiger ist berechtigt, eine Abschrift der Tabelle bis zum Vortag des Prüfungstermins zu verlangen.[68] Ebenfalls fängt innerhalb von drei Tagen nach Ablauf der Anmeldefrist das vom Verwalter unter Mitwirkung des Insolvenzrichters durchzuführende **Prüfungsverfahren** an. Die Nachprüfung der gemeldeten Forderungen ist innerhalb eines Monats nach Ablauf der Anmeldungsfrist zu vollenden und kann nach Beschluss des Insolvenzrichters um zwei weitere Monate verlängert werden, falls dies in Anbetracht der Natur und der Höhe der jeweiligen Schulden sowie der Gläubigeranzahl sachgerecht erscheint. Die Prüfung

---

[63] → Rn. 65 f.
[64] Art. 22 Abs. 1 InsGB.
[65] → Rn. 72 ff.
[66] Art. 24 Abs. 1 InsGB.
[67] → Rn. 100 ff.
[68] Art. 90 Abs. 3 und 4 InsGB.

Griechenland 50–56

der angemeldeten Forderungen erfolgt durch Abgleich der Geschäftsbücher und -unterlagen des Schuldners mit den Urkunden des Gläubigers. Art. 95 InsGB erlaubt **Einsprüche** seitens des Schuldners, des Verwalters sowie nur der Gläubiger, deren Forderungen vorläufig oder endgültig festgestellt wurden. Für die Beurteilung der eingereichten Widersprüche ist das Insolvenzgericht im Verfahren der freiwilligen Gerichtsbarkeit zuständig. Die zu erlassende Entscheidung unterliegt nur dem Rechtsmittel der Berufung.

50   Die nach Ablauf der Anmeldefrist angemeldeten Forderungen können bis zum Abschluss der letzten Verteilung nur anhand eines **Widerspruchs** iSv Art. 92 InsGB nachgeprüft werden. Art. 92 Abs. 2 S. 2 InsGB setzt dafür eine Präklusionsfrist von 6 Monaten nach Ablauf der Anmeldefrist. Der Widerspruch richtet sich gegen den Insolvenzverwalter.

5.2 Gläubigerversammlungen

51   Die **Gläubigerversammlung** setzt sich aus allen (auch bevorzugten und gesicherten) Insolvenzgläubigern zusammen. Die **erste** Versammlung ist gemäß Art. 7 Abs. 1 iVm Art. 70 und 82 Abs. 2 InsGB durch die verfahrenseröffnende Gerichtsentscheidung innerhalb von vier Monaten ab Verfahrenseröffnung einzuberufen, um eine Entscheidung zur Weiterführung des Insolvenzverfahrens nach Vorlage des vom Verwalter aufgestellten Berichts[69] zu treffen. Die Einberufung späterer Versammlungen erfolgt auf Initiative des Insolvenzrichters, wenn das InsGB dies vorschreibt. Als weitere Beispielsfälle können die Annahme des Entwurfs des Reorganisationsplans[70] sowie die Rechenschaftspflicht des Verwalters genannt werden. Teilnahmeberechtigt ist jeder Gläubiger, dessen Bestehen nach Abschluss des Prüfungsverfahrens bejaht wurde. Die Beschlussfähigkeit setzt die Anwesenheit von Gläubigern, die mehr als der Hälfte sämtlicher Forderungen gegen den Schuldner vertreten. Ist die Gläubigerversammlung einmal beschlussunfähig, kann sie erneut ohne Quorumerfordernisse einberufen werden. Die Beschlusserfassung bedarf grundsätzlich der Mehrheit der Forderungen der anwesenden Gläubiger.[71]

52   Der vom anfänglichen InsGB vorgesehene **dreiköpfige Gläubigerausschuss** [= *epitropi pistoton*] wurde durch G. 4446/2017 für die ab dem 22.12.2016 gestellten Insolvenzanträge abgeschafft.

5.3 Verwaltung und Verwertung der Insolvenzmasse

53   Art. 17 Abs. 1 InsGB verankert den Grundsatz der *ipso jure*-**Aberkennung der Verwaltungs- und Verfügungsbefugnis des Schuldners** über die der Insolvenzmasse angehörenden Vermögenswerte. Verwaltungs- und Verfügungsakte seitens des Schuldners, die nach Verfahrenseröffnung vorgenommen wurden, gelten als schwebend (zumindest bis zur Erteilung der Zustimmung des Insolvenzverwalters) **unwirksam** und dürfen ohne dessen schriftliche Genehmigung nicht in öffentliche Bücher eingetragen werden. Dasselbe trifft im Falle von Leistungs- und sonstigen Rechtsakten zu, die an den Schuldner gerichtet sind, es sei denn, der Schuldner übergäbe das Leistungsobjekt an den Insolvenzverwalter. Der Schuldner verliert auch die Prozessführungsbefugnis, die ebenfalls auf den Insolvenzverwalter übergeht. Abgewichen davon wird im Falle von einstweiligen Maßnahmen, die der **Aufbewahrung bzw. Erhaltung der Insolvenzmasse** dienen, vorausgesetzt dass der Verwalter die Vornahme der erforderlichen Rechtsbehelfe vernachlässigt. Jedenfalls bleibt der Schuldner zu einer Nebenintervention in den vom Verwalter geführten Prozessen berechtigt.

54   Ausnahmsweise besteht nach Art. 18 InsGB die Möglichkeit für das Insolvenzgericht, die **Fortführung des Unternehmens vom Schuldner** mit oder ohne konkreten Auflagen und jedenfalls mit der pflichtigen Mitwirkung des Insolvenzverwalters zu erlauben, wenn dies den Gläubigerinteressen dient. Diese Befugnisse dürfen nach entsprechendem Urteil des Insolvenzgerichts auf Antragstellung des Verwalters entzogen werden. In einem solchen Fall kehren die Verwaltungs- und Verfügungsberechtigung in die Befugnissphäre des Insolvenzverwalters zurück.

55   Gemäß Art. 78 InsGB darf das Insolvenzgericht mit dem verfahrenseröffnenden Urteil oder mit einem weiteren Urteil spätestens bis zum Erlass einer Entscheidung der Gläubigerversammlung über die Weiterführung des Insolvenzverfahrens nach Art. 84 InsGB die vorläufige **Fortführung des Unternehmens** entweder durch den Schuldner oder den Verwalter erlauben, falls dies den Gläubigerinteressen zugutekommt und die effiziente Bewahrung des Unternehmenswerts dadurch gewährleistet wird. Erforderlich ist dafür ein Antrag jeglicher Person, die ein rechtliches Interesse daran geltend macht.

56   Ist die Forderungsprüfung abgeschlossen und besteht keine Annahme oder Genehmigung des Reorganisationsplans, so wird das Verfahren der sog. *„Gläubigeranschließung"* [= *enosi pistoton*]

---

[69] → Rn. 51.
[70] → Rn. 94 ff.
[71] Art. 83 InsGB.

eingeleitet. In dieser Etappe erfolgt die **Liquidierung** der Masse durch deren Verwertung als Ganzes oder zu Teilen und es findet die Verteilung des Erlöses an die Insolvenzgläubiger statt.

Voraussetzung der Verwertung und Verteilung ist ein Beschluss[72] der **Gläubigerversammlung,** 57 die nach gemäß Art. 84 InsGB innerhalb von zehn Tagen nach Abschluss des Prüfungsverfahrens einzuberufen ist. Dort ist zu entscheiden, ob die Unternehmenstätigkeit des Schuldners vom Verwalter vorläufig **fortzuführen** ist oder ob das Unternehmen **verpachtet** oder als Ganzes oder auch zu Teilen **verwertet** werden soll. Der Beschluss ist vom Insolvenzrichter zu genehmigen; in Ermangelung einer solchen Genehmigung hat das Insolvenzgericht eine Entscheidung diesbezüglich zu erlassen. Wird kein Beschluss von der Gläubigerversammlung getroffen oder wird der Beschluss nicht ordnungsgemäß genehmigt, so ist das Unternehmen des Schuldners in Teilen zu **veräußern**.[73]

Der Verwalter ist verpflichtet, unverzüglich einen **Teilungsplan** anhand der aus der Forderungs- 58 prüfung erzielten Ergebnisse aufzustellen. Die Verwertung aller Vermögenswerte der Insolvenzmasse bewirkt gemäß Art. 164 InsGB die Beendigung des Verfahrens.

5.4 Verwalter

Eine Hauptfigur des Insolvenzverfahrens stellt der **Insolvenzverwalter** dar, der vom Gericht 59 im Rahmen der verfahrenseröffnenden Entscheidung bestellt wird. Das InsGB legt in Art. 52 die sogenannte Amtstheorie zugrunde, sodass der Insolvenzverwalter als Organ des Verfahrens, der in eigenem Namen handelt, und nicht als Vertreter der Gläubiger angesehen wird.[74] Dieser Ansatz steht der Bejahung der Treuepflicht nicht entgegen, sodass die Förderung der Interessen sowohl des Schuldners als auch der Gläubiger zu den Aufgaben des Insolvenzverwalters zählt. Das **Haftungsregime** im Innenverhältnis – nämlich gegenüber dem Schuldner und den Gläubigern – wird in Art. 80 Abs. 2 InsGB geregelt und richtet sich nach dem Grundsatz der schuldhaften Pflichtverletzung. Im Außenverhältnis besteht nach Art. 80 Abs. 2 InsGB eine persönliche Haftung nur wegen vorsätzlichen oder grob fahrlässigen Handelns, falls ein Dritter geschädigt wurde. Art. 80 Abs. 3 S. 1 InsGB verankert die Haftung wegen Nichterfüllung von Masseverbindlichkeiten nach dem Vorbild des Art. 61 InsGB. Entscheidend soll dabei der Umstand sein, dass der Insolvenzverwalter bei der Begründung der jeweils in Betracht kommenden Verbindlichkeit aus grober Fahrlässigkeit nicht erkannte, dass die Masse voraussichtlich nicht zur Erfüllung ausreichen würde. Dasselbe gilt, wenn er diese Entwicklung zwar erkannt, aber vernachlässigt hat.

Mit dem Präsidialdekret 133/2016 wurden das Institut sowie die berufliche Qualifikation der 60 „*insolvency practitioners*" zum ersten Mal in Griechenland geregelt. In diesem Zusammenhang ist jeder Insolvenzverwalter zum Innehaben einer entsprechenden Erlaubnis nach erfolgreichem Bestehen der einschlägigen Prüfung verpflichtet. Vorausgesetzt wird auch eine gewisse berufliche Qualifikation entweder als Rechtsanwalt mit einer Mindesterfahrung von 5 Jahren oder als Wirtschaftsprüfer oder auch als Abschlussprüfer–Steuerberater ersten Grades. Die Personen, die die entsprechenden Voraussetzungen erfüllen, sind in einem Sonderregister, das von der zuständigen Behörde (nämlich von der Insolvenzverwaltungskommission [= *Epitropi diachirisis aferegiotitas*][75]) geführt wird, einzutragen.[76]

6. Gläubiger

Art. 21 Abs. 1 InsGB enthält eine allgemeine Definition der Insolvenzgläubiger. Darunter fallen 61 alle Personen, die bei Verfahrenseröffnung über eine **entstandene und einklagbare Geldforderung** gegen den Schuldner verfügen. Je nach der Rangfolge bei der Befriedigung der angemeldeten Ansprüche unterscheidet die Regelung zwischen vier Arten von Insolvenzgläubigern, nämlich **allgemein bevorrechtigten** Gläubigern [= *genikoi pronomiouchoi pistotes*], **absonderungsberechtigten** Insolvenzgläubigern [= *enegyoi pistotes*], **allgemeinen** Insolvenzgläubigern [= *anegyoi pistotes*] und letztlich **nachrangigen** Insolvenzgläubigern [= *pistotes teleftaias seiras*].

6.1 Aussonderungsberechtigte Gläubiger

Unter Anlehnung an den auch im deutschen Recht (§ 47 InsO) verbreiteten Ansatz gelten die 62 **aussonderungsberechtigten** Gläubiger nicht als Insolvenzgläubiger, und infolgedessen sind diese in der in Art. 21 Abs. 1 InsGB enthaltenen Aufzählung nicht erwähnt. Die im griechischen Insol-

---

[72] Nach Art. 84 Abs. 1 S. 2 InsGB erfordert die ordnungsmäßige Beschlusserfassung die Mehrheit der von den Gläubigern vertretenen Forderungen.
[73] Art. 84 Abs. 4 InsGB.
[74] S. dazu AP 374/2011, EEmpD 2012, 120.
[75] S. auch die Internetseite der Kommission following: http://www.ministryofjustice.gr/?page_id=1009.
[76] Abrufbar unter following: http://www.ministryofjustice.gr/?page_id=994.

venzrecht herkömmliche Unterscheidung zwischen **Aussonderungsrechten** [= *dikaioma apochorismou*] und insolvenzrechtlichem **Herausgabeanspruch** [= *ptocheftki diekdikisi*] wird vom InsGB fortgeführt. Während vor Einführung des InsGB keine besondere Anspruchsgrundlage für die Aussonderung vorhanden war, was zur Heranziehung der allgemeinen zivilrechtlichen Normen geführt hat,[77] schreibt Art. 37 Abs. 1 InsGB vor, dass jegliche Person dazu befugt ist, die Herausgabe einer der Insolvenzmasse zugehörenden Sache **aufgrund eines Rechts** sachen- oder schuldrechtlicher Natur geltend zu machen. Der Anspruchsteller soll die Herausgabe der Sache an den Verwalter beantragen, sodass Letzterer nach Genehmigung des Insolvenzrichters die betreffende Sache an ihn übergeben darf. Wird der Antrag abgelehnt, richtet sich die Klageerhebung auf Aussonderung nach den einschlägigen allgemeinen Regeln. Art. 37 Abs. 2 InsGB enthält eine spezielle Regelung zu den Konstellationen der **Ersatzaussonderung**, die mit § 48 InsO übereinstimmt. Ist ein Gegenstand, dessen Aussonderung hätte verlangt werden können, entweder vor der Eröffnung des Insolvenzverfahrens vom Schuldner oder nach der Eröffnung vom Insolvenzverwalter unberechtigt veräußert worden, so kann der Aussonderungsberechtigte die Abtretung des Rechts auf die Gegenleistung verlangen, soweit diese noch aussteht. Außerdem kann er die Gegenleistung aus der Insolvenzmasse verlangen, soweit sie in der Masse unterscheidbar vorhanden ist. Ist eine Ersatzaussonderung nicht möglich, so ist der Aussonderungsberechtigte als Insolvenzgläubiger zu behandeln.

63 Neben der Aussonderung sieht das griechische Insolvenzrecht ein weiteres Rechtsinstitut zur Herausgabe von Waren oder Wertpapieren vor, dessen Tatbestandsmerkmale nicht an das Vorliegen eines dinglichen Rechts gekoppelt sind. Nach Art. 38 InsGB ist die **Herausgabe der Waren** statthaft, die an den Schuldner entweder im Wege eines Hinterlegungsvertrages zu Verkaufszwecken oder zum Zweck des Verkaufs im Namen und für Rechnung des Gläubigers geliefert wurden, vorausgesetzt, dass die konkreten Waren in der Masse noch unterscheidbar vorhanden sind. Wurden die Waren veräußert und ist der Preis noch geschuldet, so darf der Gläubiger bzw. der Kommittent den geschuldeten Geldbetrag direkt vom Käufer verlangen. Entsprechendes gilt auch für Wertpapiere, die vor Verfahrenseröffnung an den Schuldner zum Zweck des Forderungseinzugs oder zur Tilgung konkreter Verbindlichkeiten des Kommittenten übergeben wurden.

64 Art. 39 InsGB schreibt ein weiteres **Herausgaberecht für den Verkäufer von Waren** vor, die zum Zeitpunkt der Verfahrenseröffnung noch nicht in den Besitz des Schuldners oder eines in dessen Namen und für dessen Rechnung handelnden Dritten gekommen sind, soweit der Preis insgesamt oder zum Teil noch geschuldet wird. In dem Fall, dass die Waren **noch im Besitz** des Verkäufers sind, ist er zur Zurückbehaltung berechtigt. Die Möglichkeit einer Herausgabe seitens des Verkäufers schließt nicht die Ausübung des Wahlrechts des Verwalters nach Art. 29 InsGB aus.[78] Für den Herausgabeantrag iSd Art. 38 und 39 InsGB entscheidet der Verwalter nach Zustimmung des Insolvenzrichters. Im Falle von Widersprüchen seitens des Verwalters oder eines Gläubigers entscheidet das Insolvenzgericht.

6.2 Gesicherte Gläubiger

65 **Gesicherte oder absonderungsberechtigte** Insolvenzgläubiger sind nach Art. 21 Abs. 1 lit. c InsGB Gläubiger, deren Forderungen mit einem **Sondervorzugsrecht** oder mit einer **dinglichen Sicherheit** auf einen bestimmten Gegenstand der Insolvenzmasse ausgestattet sind. Die insolvenzrechtlichen Sondervorzugsrechte werden in Art. 155 InsGB ausgeführt.[79] Für die gesicherten Gläubiger schreibt Art. 26 InsGB vor, dass ihre Forderungen nur aus dem von der Verwertung der gesicherten Vermögensgegenstände der Insolvenzmasse erzielten Erlös befriedigt werden dürfen. Die **Befriedigung am Verwertungserlös** aus der gesamten Insolvenzmasse ist nur dann statthaft, wenn die gesicherten Gläubiger auf die bestehenden Sicherheiten verzichten oder wenn ihre vollständige Befriedigung im Wege der Verwertung der gesicherten Vermögensgegenstande nicht erzielt werden kann.

66 In diesem Zusammenhang ist auch die **Abweichung vom** in Art. 25 InsGB vorgeschriebenen **Vollstreckungsverbot**[80] zu verstehen, wonach die Einzelzwangsvollstreckung in nicht unmittelbar für den Betrieb oder die Erhaltung des schuldnerischen Unternehmens notwendige Vermögensgegenstände auch nach Verfahrenseröffnung und spätestens bis zur Einleitung des Verfahrens der Gläubigeranschließung[81] erlaubt ist. Ebenfalls wird die Vollstreckung zulasten der **Mitverpflichteten oder**

---

[77] S. dazu *N. Rokas*, Grundriss des Konkursrechts, 2. Aufl., 1997, S. 45–6.
[78] → Rn. 78 ff.
[79] Ausführlich dazu s. → Rn. 72 ff.
[80] → Rn. 46.
[81] S. dazu Monomeles Protodikeio [Gericht erster Instanz – Einzelrichter, nachstehend: *MPr*] Thessaloniki 1748/2010, EEmpD 2011, 453.

Bürgen nicht durch die Insolvenz des Hauptschuldners beeinflusst.[82] Die Einstellung der Einzelzwangsvollstreckungsmaßnahmen bleibt auf betriebs- oder unternehmensbezogene Vermögenswerte für einen Zeitraum von max. zehn Monaten nach Verfahrenseröffnung befristet.

6.3 Bevorzugte Gläubiger

Art. 21 Abs. 1 lit. b InsGB definiert die **bevorzugten bzw. die allgemein bevorrechtigten Gläubiger** als die Gläubiger, deren Forderungen vorrangig aus der gesamten Insolvenzmasse befriedigt werden, allerdings nicht vor Masseverbindlichkeiten. Gemäß Art. 154 InsGB fallen darunter folgende Ansprüche in **hierarchischer Reihenfolge**: 67

(a) die zum Zweck der Unternehmensfortführung erfolgten **Finanzierungen** jeglicher Natur, soweit sie im Rahmen der Sanierungsvereinbarung oder des Reorganisationsplans vorgenommen wurden; derselben Behandlung unterliegen auch Forderungen von Personen, die im Rahmen der Sanierungsvereinbarung[83] Güter oder Dienstleistungen zum Zweck der Unternehmensfortführung geleistet haben, in Höhe der geleisteten Güter oder Dienstleistungen (Art. 154 lit. a InsGB); 68

(b) die in den letzten 6 Monaten vor Verfahrenseröffnung entstandenen Ansprüche aus der Bestattung oder der Krankenpflege des Schuldners, seines Ehegatten und seines Nachwuchses;

(c) Alimente des Schuldners (einschließlich dessen Ehegatten und des Nachwuchses), die in den letzten 6 Monaten vor Verfahrenseröffnung entstanden sind;

(d) die in den letzten 2 Jahren vor Verfahrenseröffnung entstandenen **arbeitsrechtlichen** Forderungen und die Honorare der Unternehmenssyndikusanwälte; denselben Rang genießen auch die Entlassungsentschädigungen unbeachtet der Entstehungszeitpunkte; dasselbe gilt für die Entschädigungsansprüche im Falle einer höheren als 67%igen Behinderung des Unterhaltspflichtigen. Die nach G. 4336/2015 geltende Fassung der Regelung nennt zu den von dem konkreten Vorrecht erfassten Ansprüchen sowohl die rückständigen Forderungen aus Mehrwertsteuer der öffentlichen Hand als auch die Forderungen inländischer Sozialversicherungsanstalten.

(e) Forderungen von Landwirten oder von Agrargenossenschaften aufgrund der in den letzten 12 Monaten vor Verfahrenseröffnung erfolgten Verkäufe von landwirtschaftlichen Erzeugnissen;

(f) alle Ansprüche jeglicher Natur entweder der öffentlichen Hand oder der inländischen Kommunen und Gemeinden; und

(g) Ansprüche des Garantiefonds gegen einen Wertpapier-Dienstleistungsanbieter.

6.4 Massegläubiger

Obwohl Art. 21 InsGB keine Definition für **Massegläubiger** bereitstellt, sind solche Ansprüche dem griechischen Insolvenzrecht bekannt, wie dies aus den Regelungen zum Reorganisationsplan[84] sowie zur Verteilung des Verwertungserlöses[85] hervorgeht. Als Beispiele von Masseansprüchen können die sich aus der Erfüllung von **schwebenden Verträgen** ergebenden Ansprüche iSd Art. 29 InsGB[86] sowie die aus den mit dem Verwalter geschlossenen Verträgen erwachsenen Forderungen gemäß Art. 30 InsGB genannt werden. Ebenfalls sind **Arbeitnehmer, die nach Verfahrenseröffnung** ihre Dienste aufgrund Fortführung der Unternehmenstätigkeit durch den Verwalter oder den Schuldner leisten, bezüglich der Löhne und einschlägigen Leistungen als Massegläubiger anzusehen.[87] 69

6.5 Einfache Insolvenzgläubiger

Art. 21 Abs. 1 lit. a InsGB enthält eine Negativdefinition der einfachen oder **allgemeinen Insolvenzgläubiger**. Darunter fallen Gläubiger, deren Forderungen weder mit einem vollstreckungsbezogenen Vorzugsrecht noch mit einer dinglichen Sicherheit oder mit einem Sondervorzugsrecht iSd Art. 155 InsGB ausgestattet sind. 70

6.6 Nachrangige Insolvenzgläubiger

Art. 21 Abs. 1 lit. d InsGB definiert die **nachrangigen Insolvenzgläubiger** als Gläubiger, deren Forderungen erst nach Befriedigung der allgemeinen Insolvenzgläubiger bedient werden. Der Nach- 71

---

[82] Art. 26 Abs. 4 InsGB.
[83] → Rn. 10 ff.
[84] → Rn. 97 ff.
[85] → Rn. 72 ff.
[86] → Rn. 78 ff.
[87] Art. 34 Abs. 5 InsGB.

7. Verteilung an die Gläubiger

72 Das InsGB unterscheidet unter Anlehnung an das Zwangsvollstreckungsrecht zwischen allgemeinen und speziellen vollstreckungs- bzw. insolvenzrechtbezogenen **Vorrechten**. Ansprüche der allgemein bevorrechtigten bzw. der bevorzugten Gläubiger iSd Art. 21 Abs. 1 lit. b InsGB sind mit den allgemeinen Vorrechten ausgestattet.[88]

73 Zu den speziellen Vorrechten im Falle der Versteigerung von beweglichen oder unbeweglichen Sachen zählen folgende Forderungen in hierarchischer Reihenfolge:
(a) Forderungen, die die Aufwendungen für die Aufbewahrung der Sache in den letzten 6 Monaten vor Verfahrenseinleitung zum Gegenstand haben (Art. 155 Abs. 1 lit. a InsGB);
(b) Forderungen betreffend das Kapital und die Zinsen von 2 Jahren vor Verfahrenseinleitung, soweit sie mit einem Pfandrecht, einer Hypothek oder Hypothekenvormerkung gesichert sind (Art. 155 Abs. 1 lit. b InsGB);
(c) Aufwendungen für die Fruchtproduktion und -zucht in den letzten 6 Monaten vor Verfahrenseinleitung (Art. 155 Abs. 1 lit. c InsGB).

74 Wird das Unternehmen als Ganzes veräußert und sind spezielle insolvenzrechtsbezogene Vorrechte vorhanden, so gilt ihre vorrangige Befriedigung nur für den Anteil des erzielten Verwertungserlöses, der dem Wert des mit dem Vorrecht belasteten Vermögensgegenstandes entspricht.[89] Die **Verfahrenskosten** sowie **Masseansprüche** werden vom Zwangsversteigerungserlös abgezogen.

75 Nach den G. 4335/2015 und 4336/2015, die ab 1.1.2016 in Kraft getreten sind und die grZPO sowie das InsGB umfassend novelliert haben, gilt im Falle der Anmeldung von Forderungen seitens der bevorzugten, der gesicherten sowie der einfachen Insolvenzgläubiger die folgende Aufteilung: 25 % des Restbetrages wird für die Befriedigung der allgemeinen Vorrechte und 65 % wird für die Befriedigung der genannten speziellen Vorrechte verwendet, während einfache Insolvenzgläubiger 10 % des Restbetrages erhalten. Reicht der dadurch berechnete Geldbetrag für die vollständige Befriedigung aller Vorrechte der einen Kategorie aus, so wird der Restbetrag für die Befriedigung der Vorrechte verwendet, die der anderen Kategorie angehören.[90] Sind nur gesicherte und einfache Insolvenzgläubiger gemeldet, so erhalten Erstere 90 % und Letztere 10 % des genannten Restbetrages. Im Falle der Anmeldung von bevorzugten und einfachen Insolvenzgläubigern erfolgt eine Befriedigung in Hohe von 70 % und 30 % des Restbetrages.

76 Im Falle dass nur allgemeine und spezielle iSv Art. 155 Abs. 1 lit. a und b InsGB insolvenzrechtsbezogene Vorrechte angemeldet wurden, erfolgt die Aufteilung des Restbetrages, sodass **1/3 für die Befriedigung der allgemeinen Vorrechte** und **2/3 für die Befriedigung der genannten speziellen Vorrechte** verwendet werden.[91] Reicht der dadurch berechnete Geldbetrag für die vollständige Befriedigung aller Vorrechte der einen Kategorie aus, so wird der Restbetrag für die Befriedigung der Vorrechte verwendet, die der anderen Kategorie angehören. Im Falle der Anmeldung nur von allgemeinen und speziellen iSv Art. 155 Abs. 1 lit. c InsGB insolvenzrechtsbezogenen Vorrechten werden die Ersteren bevorzugt.

77 Art 177 G. 4512/2018 hat eine weitere **abweichende Regelung** in Art. 156A InsGB eingeführt, die die Verteilung im Falle von nach Inkrafttreten der Regelung – nämlich ab dem 17.1.2018 – vollständig entstandenen Forderungen regelt, soweit Letztere mit einer dinglichen Sicherheit ausgestattet sind, die einen am 17.1.2018 nicht belasteten Gegenstand der Insolvenzmasse betrifft. Dementsprechend sind nach Abzug von Verfahrenskosten und Masseansprüchen folgende Forderungen in hierarchischer Reihefolge zu befriedigen:
(a) die in den letzten 6 Monaten vor Verfahrenseröffnung entstandenen **arbeitsrechtlichen** Forderungen bis zu konktreten Wertgrenzen (monatliches Mindestgehalt eines Arbeitnehmers mit 25 Jahren Betriebszugehörigkeit multipliziert mit 275 % pro Arbeitnehmer);
(b) die in Art. 154 lit. a InsGB beschriebenen Forderungen;
(c) die in Art. 155 Abs. 1 lit. a und b InsGB beschriebenen Forderungen;
(d) die übrigen Forderungen von Art 154 InsGB soweit die in Art. 155 Abs. 1 lit. c InsGB beschriebenen Forderungen;
(e) Forderungen, die weder mit einem allgemeinen noch mit einem speziellen Vorrecht ausgestattet sind.

---

[88] → Rn. 67 f.
[89] Art. 155 Abs. 2 InsGB.
[90] Art. 156 Abs. 3 InsGB.
[91] Art. 156 Abs. 1 InsGB nF.

8. Verträge im Insolvenzverfahren

Die Eröffnung eines Insolvenzverfahrens bedeutet gemäß Art. 28 InsGB nicht, dass **schwe-** 78 **bende gegenseitige Verträge** des Schuldners nach der Insolvenzeröffnung außer Kraft gesetzt werden. Art. 29 InsGB räumt allerdings dem **Insolvenzverwalter** ein **Wahlrecht** ein, sodass er **mit Zustimmung des Insolvenzrichters** schwebende Verträge erfüllen und hiermit auch die Erfüllung der Gegenleistung des Vertragspartners verlangen kann. In diesem Fall entsteht eine **Masseverbindlichkeit,** sodass der Vertragspartner zum Massegläubiger wird. Ansonsten darf der Verwalter die Erfüllung ablehnen. Dieses Wahlrecht wird in zeitlicher Hinsicht dergestalt eingeschränkt, dass dieses innerhalb von 10 Tagen ab Einreichung des gesetzlich vorgeschriebenen Berichts an die Gläubigerversammlung auszuüben ist. Der Insolvenzverwalter ist dazu verpflichtet, einen Bericht über die Wirtschaftslage des Schuldners, die Insolvenzursachen, die Unternehmensfortführungsaussichten, die Möglichkeiten der Unternehmensaufrechterhaltung sowie die Konsequenzen für die Befriedigung der Gläubigeransprüche zu erstellen. Der Bericht ist zwingend dem Insolvenzrichter, dem Schuldner sowie dem Vertreter der Arbeitnehmer einzureichen.[92] Wird die Erfüllung abgelehnt oder wird das Wahlrecht innerhalb einer vom Vertragspartner gesetzten angemessenen Frist[93] nicht ausgeübt, so kann die andere Partei vom Vertrag zurücktreten und Schadensersatzansprüche wegen Nichterfüllung geltend machen. Hinsichtlich des Schadensersatzanspruchs gilt der Vertragspartner als allgemeiner Insolvenzgläubiger.

Die Verfahrenseröffnung stellt nach Art. 31 InsGB **keinen Auflösungsgrund eines Dauer-** 79 **schuldverhältnisses** dar, es sei denn, es handelt sich um personenbezogene Verträge des Schuldners oder dies wird von einer Gesetzesbestimmung (zB für Leasing-Verträge)[94] vorgesehen. Kredit- und Finanzierungsverträge können nach den dort niedergeschriebenen Spezialabreden aufgelöst oder modifiziert werden. Ähnliches gilt für Kündigungsrechte des Vertragspartners. Von erheblicher praktischer Bedeutung ist die in Art. 33 InsGB vorgesehene Möglichkeit zur **Übertragung eines Vertragsverhältnisses.** Insbesondere ist der Verwalter berechtigt, ein bestehendes Vertragsverhältnis des Schuldners an einen Dritten (unbeachtet gegensätzlicher Vertragsklauseln) zu übertragen, soweit die andere Partei zustimmt und ein solches Vorgehen den Gläubigern zugutekommt. Stimmt der Vertragspartner nicht zu, so ist das Insolvenzgericht auf Antrag des Verwalters dazu befugt, die Übertragung zu genehmigen, soweit Letzterer die Vertragsfortführung gewählt hat, der Dritte den ihm daraus entstehenden Pflichten nachkommen kann und dadurch dem Vertragspartner kein Schaden zugefügt wird. Mit dem Erlass des erforderlichen Urteils tritt der Dritte in alle ihm aus dem Vertrag erwachsenden Rechte und Pflichten anstelle des Schuldners ein.

Arbeitsverträge werden nach Art. 34 InsGB grundsätzlich nicht gelöscht; trotzdem stellt der 80 Insolvenzeintritt einen wichtigen Grund für die Kündigung sämtlicher (un- sowie befristeter) arbeitsrechtlicher Schuldverhältnisse dar, ohne dass eine vorherige Zahlung der Kündigungsentschädigung erforderlich wäre. Wird die Existenzfähigkeit des betreffenden Unternehmens in dem vom Verwalter gemäß Art. 70 InsGB aufgestellten Bericht bejaht, dürfen der Verwalter und der Schuldner gemeinsam oder einzeln die Aufrechterhaltung der notwendigen Arbeitsplätze vom Insolvenzrichter bis zur Genehmigung oder Ablehnung des Reorganisationsplans beantragen. Die Löhne und Gehälter sind auch dann Masseverbindlichkeiten.

Im Lichte des Art. 10 EuInsVO und der Rechtsprechung im Rahmen der vorherigen Rechtsla- 81 ge[95] wurde in Art. 35 InsGB eine ausdrückliche Regelung bezüglich der **Eigentumsvorbehaltsfälle** eingeführt. Demzufolge bewirkt die Insolvenzeröffnung gegen den **Verkäufer** weder die Auflösung noch die Beendigung des Kaufvertrages und steht dem Eigentumserwerb des Käufers nicht entgegen, soweit die bewegliche Sache bereits vor Verfahrenseröffnung geliefert wurde. Die umgekehrte Fallkonstellation (Insolvenz des **Käufers**) bedeutet keinerlei Einbuße der aus dem Eigentumsvorbehalt hervorgehenden Rechte des Verkäufers, der dem Verwalter eine angemessene Frist zur Ausübung des bereits ausgeführten Wahlrechts auferlegen kann.[96] Wird die Vertragserfüllung vom Insolvenzverwalter abgelehnt, steht dem Verkäufer ein Aussonderungsrecht auch ohne Rücktritt zu.

---

[92] Art. 70 InsGB.
[93] Dies setzt natürlich voraus, dass der Verwalter das einschlägige Wahlrecht nicht innerhalb der allgemein geltenden zehntägigen Frist ausgeübt hat.
[94] (Art. 4 Abs. 3 G. 1665/1986); s. dazu MPr Athen 3224/2011, Dikaio Epicheiriseon kai Etairion [nachstehend: *DEE*] 2011, 691; dasselbe wird im Zweifel für Auftragsverträge (Art. 726 Zivilgesetzbuch; nachstehend: *grZGB*) vorgeschrieben.
[95] Grundlegend: Areopag – Vollversammlung [nachstehend: OlAP] 1027/1974, EEmpD 1975, 144–8, Anm. I. *Rokas;* OlAP 22/1987, EEmpD 1988, 334–341, Anm. *N. Rokas;* s. a. AP 1039/1991, EEmpD 1993, 473–4.
[96] Dies setzt allerdings die Einreichung des Berichts iSv Art. 70 InsGB an die Gläubigerversammlung voraus.

9. Aufrechnung

82   Art. 36 InsGB verdichtet den von der Rechtsprechung im Rahmen des vorherigen Regimes angenommenen Ansatz.[97] Dementsprechend kann die einseitige **Aufrechnung** nur dann stattfinden, wenn die gegenseitigen Forderungen vor Verfahrenseröffnung entstanden sind, dh, falls die Aufrechnung auch vor Eintritt der Insolvenz hätte geltend gemacht werden können. Diese Lösung steht auch mit der den Art. 440, 441 grZGB zugrunde liegenden Dogmatik in Einklang, die eine auf den Zeitpunkt des Entstehens der Aufrechnungslage rückwirkende Erklärungsaufrechnung vorsehen und daher von der sogenannten *ex tunc*-**Wirkung** der Aufrechnung ausgehen.[98] Die Möglichkeit einer vertraglichen Aufrechnung ist ausgeschlossen, soweit die genannten Voraussetzungen nicht erfüllt sind. Die Aufrechnungsverbote des allgemeinen Rechts sowie die Sonderregelungen der kapitalmarktrechtlichen Gesetzgebung bleiben aber unberührt.

10. Insolvenzanfechtung

83   In Bezug auf die **Insolvenzanfechtung** [= *ptocheftki anaklisi*] geht Art. 41 InsGB vom Grundsatz aus, dass alle Rechtshandlungen des Schuldners, die innerhalb der sog. *„verdächtigen Periode"* [= *ypopti periodos*] (dh im Zeitraum zwischen dem vom Insolvenzgericht festgestellten[99] Zahlungseinstellungstag und der Verfahrenseröffnung) vorgenommen wurden und die Gläubiger **benachteiligen**, vom Verwalter angefochten werden können. Von zentraler Bedeutung ist die Unterscheidung zwischen **zwingend** und **potenziell** anfechtbaren Handlungen.

84   Zu den Ersteren zählen gemäß Art. 42 InsGB **Schenkungen**, unentgeltliche Rechtsgeschäfte, Verträge, bei denen die Gegenleistung im Vergleich zur Schuldnerleistung gering ist, Zahlungen von nichtfälligen Verbindlichkeiten, Zahlungen von fälligen Verbindlichkeiten mit anderen als den vereinbarten Mitteln sowie Sicherheiten sachen- oder schuldrechtlicher Natur für vorhandene Verbindlichkeiten, bezüglich derer der Schuldner keine entsprechende Verpflichtung eingegangen ist, oder für neue Verbindlichkeiten, die die bestehenden ersetzen sollen. Eine Ausnahme besteht für Schenkungen aus Gründen einer besonderen sittlichen Pflicht oder aus Anstandsgründen oder zur Erfüllung einer juristischen Verbindlichkeit oder zur finanziellen oder beruflichen Unterstützung des Nachwuchses des Schuldners, soweit sie in einem angemessenen Verhältnis zu seiner Vermögenslage stehen und keine erhebliche Minderung seiner Vermögenslage bewirken.

85   Im Gegensatz dazu bedürfen **potenziell anfechtbare Handlungen** der **Kenntnis** des Anfechtungsgegners bzw. des **Vertragspartners** über die Zahlungseinstellung des Schuldners und über die dadurch bewirkte Gläubigerbenachteiligung. Unter diesen Voraussetzungen können ein **Wechselvertrag** oder die Erfüllung einer fälligen Verpflichtung innerhalb der verdächtigen Periode angefochten werden.[100] Art. 43 Abs. 2 InsGB führt eine Beweiserleichterung ein, nach der die Kenntnis widerlegbar vermutet wird, wenn der Vertragspartner Ehegatte oder Lebenspartner (wenn die Lebenspartnerschaft bis mindestens ein Jahr vor der Handlung gedauert hat) oder Blutsverwandter bis zum dritten Grad oder verschwägerter Verwandter bis zum zweiten Grad ist. Tritt eine juristische Person als Vertragspartei auf, so erfasst die Vermutung die angeführten Personen, soweit sie als nahestehende Unternehmen und Personen iSv Art. 32 G. 4308/2014 angesehen werden können. Die Vermutung gilt nicht, wenn die Anfechtungsklage erst ein Jahr nach Verfahrenseröffnung erhoben wurde.

86   Art. 44 InsGB regelt die Konstellation der **vorsätzlichen Benachteiligung**. Dementsprechend sind alle Handlungen anfechtbar, die der Schuldner in den letzten 5 Jahren vor Verfahrenseröffnung zum Zweck der Benachteiligung seiner Gläubiger oder der Begünstigung einiger davon zulasten der übrigen vorgenommen hat, soweit der andere Teil zur Zeit der Handlung den Vorsatz des Schuldners kannte.

---

[97]   So AP 1114/1976, EEmpD 1977, 468; AP 477/1976, EEmpD 1977, 310; Efeteio [Berufungsgericht] Athen 1363/2000, DEE 2000, 625–6; anderer Meinung: *Zerey* RIW 1997, 383; ausführlich dazu s. *Michalopoulos*, Insolvenzaufrechnung, Athen 2001.

[98]   Art. 440 grZGB lautet: „Durch die Aufrechnung werden die zwischen zwei Personen bestehenden gegenseitigen Forderungen, soweit sie sich decken, getilgt, wenn sie dem Gegenstande nach gleichartig und fällig sind"; Art. 441 grZGB schreibt vor: „Die Aufrechnung erfolgt, wenn der eine Teil durch Erklärung dem anderen gegenüber sich auf sie beruft. Durch die Geltendmachung der Aufrechnung werden die gegenseitigen Forderungen vom Zeitpunkt ihres Zusammenbestehens an getilgt".

[99]   Nach Art. 7 Abs. 2 InsGB muss das Gericht den genauen Zeitpunkt der Zahlungseinstellung festlegen, der nicht weiter als zwei Jahre vor dem Eröffnungstag rückverlegt werden kann; im Falle eines Antrags wegen drohender Zahlungseinstellung oder wegen Insolvenzwahrscheinlichkeit gilt der Tag der Verkündung der die Insolvenz eröffnenden Entscheidung als Zahlungseinstellungstag.

[100] Art. 43 Abs. 1 InsGB.

Unanfechtbar sind gemäß Art. 45 InsGB die **üblichen Handlungen** der beruflichen oder 87 unternehmerischen Tätigkeit, die unter normalen Umständen und im Rahmen des normalen Geschäftsablaufs stattgefunden haben. Ebenfalls als unanfechtbar gelten Handlungen im Rahmen der Erfüllung des **Reorganisationsplans** oder der **Sanierungsvereinbarung** sowie Leistungen, für die die andere Partei sofort eine gleichwertige Geldleistung erbracht hat.

Für die Anfechtung ist der Erlass einer entsprechenden **Entscheidung des Insolvenzgerichts** 88 unabdingbar, die vom Verwalter oder bei Unterlassung seitens des Letzteren von einem Gläubiger zu veranlassen ist. Die Gerichtsentscheidung begründet die Verpflichtung zulasten des Erwerbenden, den betreffenden Gegenstand zurückzuerstatten [*„Rückgewährungsanspruch"* = *anaklitiki axiosi*]. Ist eine Rückgabe *in natura* nicht möglich, finden die zivilrechtlichen Normen über die ungerechtfertigte Bereicherung (Art. 904 ff. grZGB) entsprechende Anwendung. Auch der Beschenkte wird nur verpflichtet, seine Bereicherung nach Art. 904 ff. grZGB zurückzuerstatten, es sei denn, er erkannte oder hätte unter den Sachverhaltsumständen erkennen können, dass die unentgeltliche Leistung die Gläubiger benachteiligt. Hat der Erwerbende bösgläubig gehandelt, kann er gemäß Art. 49 Abs. 3 InsGB vom Insolvenzgericht zum Ersatz des den Gläubigern dadurch entstandenen Schadens verpflichtet werden.

Was die **Ansprüche des Anfechtungsgegners** angeht, so entspricht Art. 50 InsGB dem § 144 89 InsO, sodass die Zurückgewährung des Erlangten seitens des Empfängers einer anfechtbaren Leistung das **Wiederaufleben der Forderung** zur Folge hat. Im Fall der Anfechtung eines Wechselvertrags ist die Gegenleistung aus der Insolvenzmasse zu erstatten, soweit sie in dieser noch unterscheidbar vorhanden ist oder soweit die Masse um ihren Wert bereichert ist. Ansonsten wird der Empfänger der anfechtbaren Leistung in Anbetracht seiner Forderung auf Rückgewähr der Gegenleistung nur als allgemeiner Insolvenzgläubiger behandelt. Der Rückgewährungsanspruch verjährt innerhalb von einem Jahr ab Kenntnis der Handlung seitens des Verwalters und, unabhängig vom Zeitpunkt der Kenntnis, innerhalb von zwei Jahren ab Verfahrenseröffnung.

11. Geltendmachung von Haftungsansprüchen gegen (frühere) Geschäftsführer, Gesellschafter oder Dritte

Eine Neuerung des InsGB ist die Einführung der **Insolvenzverschleppungshaftung**, dh der 90 Haftung der geschäftsführenden Personen von Kapitalgesellschaften für verspätete Insolvenzanträge. Nach Art. 98 Abs. 1 InsGB hat also die nicht rechtzeitige[101] Antragstellung die Haftung der für die Verspätung verantwortlichen **Vorstandsmitglieder** einer AG oder der Geschäftsführer einer GmbH für die in diesem Zeitraum entstandenen Schulden der Gläubiger zur Folge. Derselben Haftung unterliegen auch Personen, die einen Einfluss auf die Vorstandsmitglieder ausgeübt haben, auch wenn kein Antrag zur Verfahrenseröffnung gestellt wird. Diese Ansprüche, die in der Praxis eine untergeordnete Rolle spielen, können **nur vom Insolvenzverwalter** geltend gemacht werden. Ebenfalls ist nur der Insolvenzverwalter berechtigt, Schadensersatzansprüche wegen Pflichtverletzung direkt gegen die Vorstandsmitglieder nach dem allgemeinen Aktienrecht (insbesondere Art. 102 G. 4548/2018) zu erheben.

Darüber hinaus sieht Art. 98 Abs. 2 InsGB vor, dass die Vorstandsmitglieder sich gegenüber 91 den Gesellschaftsgläubigern schadensersatzpflichtig machen, wenn sie die Insolvenz der Gesellschaft vorsätzlich oder aus grober Fahrlässigkeit verursacht haben. Derselben Haftung unterliegt derjenige, der die Vorstandsmitglieder dazu veranlasst hat, Handlungen vorzunehmen oder zu unterlassen, die die Insolvenz der Gesellschaft zur Folge hatten. Die trotz Vorliegen von Eröffnungsgründen erfolgten Zahlungen werden nach den Grundsätzen über die Insolvenzanfechtung beurteilt.[102] Anzumerken ist, dass die angeführten Regelungen von Art. 98 Abs. 1 und 2 InsGB gelten auch für Gesellschaften mit beschränkter Haftung entsprechend.

12. Asset tracing

Ein gesetzlich geregeltes Verfahren zum Asset-Tracing besteht in Griechenland nicht. Daher ist 92 es üblich, dass Gläubiger dafür spezialisierte Rechtsanwälte, Gerichtsvollzieher oder auch Ermittler einstellen.

In diesem Zusammenhang wird im griechischen Insolvenzrecht die Wahrheitspflicht des Schuld- 93 ners verankert. Im Rahmen des Verbraucherinsolvenzverfahrens sieht Art. 10 G. 3869/2010 vor, dass der Antrag für die gerichtliche Schuldenregulierung alle Vermögensgegenstände sowie alle Einkünfte des Schuldners ausführen muss.[103] Zu diesem Zweck ist der Schuldner verpflichtet, die

---

[101] → Rn. 39 f.
[102] → Rn. 83 ff.
[103] Eine ähnliche Regelung enthalten Art. 5 und 8 G. 4469/2017 (→ Rn. 21 f.).

Informationen zu seiner aktuellen Vermögenslage und Einkünften an alle seine Gläubiger offenzulegen. Vorsätzliche oder grob fahrlässige Verstöße gegen diese Pflicht haben die Abweisung des Antrags oder die Anfechtbarkeit der gerichtlich entschiedenen Schuldenregulierung zur Folge. Eine entsprechende Pflicht wird auch im Rahmen des vorinsolvenzlichen Sanierungsverfahrens bejaht.

13. Reorganisationsverfahren

13.1 Einführung

94   Eine wichtige Neuerung des InsGB ist die Einführung des **Reorganisationsverfahrens** (Kap. 7 InsGB, Art. 107 ff.), dessen Vorbild das Planverfahren des deutschen Rechts sowie das Chapter 11 des US-amerikanischen Rechts ist. Wie Art. 1 InsGB klarstellt, dient der Reorganisationsplan der **Befriedigung der Gläubiger, gleichzeitig** aber auch dem **Unternehmenserhalt**. Das Reorganisationsverfahren ist also kein eigenständiges Verfahren, sondern eine **Variante des Insolvenzverfahrens**. Der Reorganisationsplan kann die Unternehmenssanierung sowie die Verteilung der Insolvenzmasse oder die Regelung der Schuldnerhaftung nach Beendigung des Insolvenzverfahrens zum Gegenstand haben.[104]

95   Seit Einführung des **Reorganisationsverfahrens im Jahr 2007** bis heute hatte das Reorganisationsverfahren **geringe Bedeutung in der Praxis**. Gründe dafür sind folgende: **(a)** Das Reorganisationsverfahren setzt die Eröffnung des Insolvenzverfahrens voraus, was ua zur Folge hat, dass **Betriebserlaubnisse widerrufen** werden, die Finanzierung des Unternehmens stark erschwert wird und die Aktien einer börsennotierten AG vom aktiven Handel dauerhaft entfernt werden (Stichwort: **Makel des Konkurses**[105]); **(b)** die lange Zeit, die bis zum Abschluss des Reorganisationsplans vergeht, kann für die Überlebensfähigkeit des Unternehmens verhängnisvoll sein; und **(c)** das vorinsolvenzliche Sanierungsverfahren genießt, da es die vorgenannten Risiken vermeiden kann, in der Praxis den Vorzug.

13.2 Aufstellung und Inhalt des Plans

96   Zur **Vorlage** eines Reorganisationsplans an das Insolvenzgericht sind nach Art. 108 InsGB der **Schuldner** und **die Gläubiger**[106] berechtigt. Der Schuldner soll spätestens binnen drei Monaten nach Eröffnung des Insolvenzverfahrens den Plan vorlegen.[107] Der Plan enthält ua Informationen zur **Wirtschaftslage** des Schuldners, eine Beschreibung der zu ergreifenden Sanierungsmaßnahmen **(darstellender Teil)** sowie eine Beschreibung der Rechtsstellung der Beteiligten im Laufe der Planerfüllung **(gestaltender Teil)**.[108] Darüber hinaus sieht das Gesetz die Bildung von **Gläubigergruppen**[109] vor; alle derselben Gruppe angehörenden Gläubiger sind gleich zu behandeln.[110]

13.3 Verlauf des Verfahrens

97   Binnen zwei Monaten nach Vorlage des Plans müssen die Gläubiger den Planentwurf annehmen.[111] Zu diesem Zweck ist die **Gläubigerversammlung** einzuberufen. Gegenstand der Gläubigerversammlung ist die Abstimmung über die Annahme des Plans. Wie im vorinsolvenzlichen Sanierungsverfahren sollen Gläubiger, die über 60 % der gesamten Forderungen und mindestens 40 % der dinglich gesicherten Forderungen vertreten, zustimmen.[112]

98   Nach Annahme seitens der Gläubigerversammlung ist der Planentwurf dem Insolvenzgericht zum Zweck einer **gerichtlichen Bestätigung** vorzulegen. Das Gericht darf die Bestätigung dann verweigern, wenn ein Gesetzesverstoß vorliegt, der die Annahme des Entwurfs durch die Gläubiger erheblich beeinflussen könnte, wenn die Annahme des Plans aufgrund arglistigen oder betrügerischen Verhaltens des Schuldners oder der Gläubiger erfolgte oder wenn der Plan nicht gewährleistet, dass

---

[104] Art. 107 InsGB.
[105] Vgl. dazu *Paulus* ZGR 2005, 309 ff.
[106] Die Gläubiger, die über 60 % der gesamten Forderungen und mindestens 40 % der dinglich gesicherten Forderungen vertreten, können einen Reorganisationsplan vorlegen, wenn sie gleichzeitig die Insolvenz des Schuldners beantragen (das bedeutet, dass die Gläubiger können nach Eröffnung des Verfahrens keinen Reorganisationsplan vorlegen).
[107] Art. 108 InsGB; diese Frist kann um einen Monat verlängert werden.
[108] Art. 109 Abs. 1 InsGB.
[109] Art. 111 InsGB; außer der vier Gläubigergruppen, die in → Rn. 65–71 beschrieben wurden, die Arbeitnehmeransprüche bilden eine Sondergruppe.
[110] Art. 113 InsGB.
[111] Art. 115 InsGB.
[112] Art. 121 Abs. 1 InsGB.

die Gläubiger zumindest eine solche Befriedigung erhalten, wie sie diese infolge der Liquidation erhalten würden.[113] Hauptwirkung der Bestätigung des Plans ist die **Bindung aller Gläubiger,** auch jener, die ihm nicht zugestimmt haben.[114] Rechte von Massengläubigern dürfen allerdings nicht beeinträchtigt werden.[115]

Falls der Schuldner im Hinblick auf einen Gläubiger die Planbestimmungen **nicht erfüllt,** kann Letzterer die **Einzelanfechtung** [= *atomiki anatropi*] des Plans beantragen. Die Folgen der Einzelanfechtung sind die Entbindung des Antragstellers vom Plan und die Wiederherstellung der vor Plangenehmigung geltenden Rechtslage.[116] Die Entbindung gilt nur nach gerichtlicher Annahme des Antrags.

14. Internationales Insolvenzrecht

In Griechenland findet die **EuInsVO** Anwendung. Außerdem ist hervorzuheben, dass das InsGB – zumindest implizit – von der Maßgeblichkeit des **Universalitätsprinzips** ausgeht. Erwähnenswert ist in diesem Zusammenhang die Regelung von Art. 16 Abs. 1 InsGB, nach der die Insolvenzmasse die Gesamtheit der dem Schuldner angehörenden Vermögenswerte zum Zeitpunkt der Verfahrenseröffnung und sogar unbeachtet des Belegenheitsortes umfasst.

Im Verhältnis zu Nicht-EU-Staaten wurde im Wege des G. 3858/2010 das **UNCITRAL-Modellgesetz** über grenzüberschreitende Insolvenzverfahren[117] im Jahr 2010 weitgehend übernommen und implementiert. Unter Anlehnung an das Modellgesetz erfordert Art. 15 G. 3858/2010 eine gerichtliche Entscheidung für die **Anerkennung** ausländischer bzw. drittstaatlicher Insolvenzverfahren sowie konkrete Unterlagen (insbesondere das Urteil oder eine Bestätigung über die Verfahrenseröffnung und die Bestellung des Verwalters), die in beglaubigter Form einzureichen sind. Die Wirkungen der Anerkennung eines solchen Verfahrens richten sich nach dem InsGB. Das G. 3858/2010 trifft Regelungen für den **unmittelbaren Rechtszugang** von ausländischen Verwaltern sowie für deren Berechtigung, **unmittelbar vorläufige Sicherungsmaßnahmen** zu beantragen. Des Weiteren wird der Grundsatz der Gleichberechtigung in- und ausländischer Gläubiger verankert. Eine wichtige Neuerung für das griechische Recht ist die Verankerung einer weitgehenden **Kooperationspflicht** in- und ausländischer **Gerichte sowie** in- und ausländischer **Verwalter.**[118]

Im Falle einer Konkurrenz der EuInsVO und des G. 3858/2010 gehen aufgrund des Vorrangs des EU-Rechts die Bestimmungen der EuInsVO vor.

15. COVID-19 Gesetzgebung

Durch Art. 11 des Gesetzgebungsaktes vom 11.3.2020,[119] wurde die Möglichkeit eingeräumt, durch einen gemeinsamen Beschluss des Justiz-, des Gesundheits- und des Verteidigungsministers folgende Maßnahmen zum Zweck der Verbreitung der Covid-19-Pandemie zu treffen: die Arbeiten aller Gerichte und Staatsanwaltschaften des Landes im Ganzen oder teilweise auszusetzen sowie geeignete Regelungen für die Aussetzung sämtlicher gesetzlichen oder gerichtlichen Fristen, einschließlich der Verjährung und der Aussetzung aller Arten von Zwangsvollstreckungsverfahren sowie von Zwangsversteigerungen, zu verabschieden.

Durch vier solche gemeinsame Ministerbeschlüsse wurde die in Art. 11 des Gesetzgebungsaktes vom 11.3.2020 verankerte Aussetzung mit wenigen Ausnahmen (hauptsächlich einstweilige Verfügungen und konkrete Strafverfahren) ab dem 16.3.2020 und vorerst bis zum 27.4.2020 verankert. In diesem Zeitraum wurden Insolvenzanträge nicht gestellt. Die Regelung erfasste auch die Geschäftsstellen der Gerichte.

Nach den neuesten Ministerbeschlüssen vom 25.4.2020 und vom 15.5.2020 wurde die Dauer der genannten Aussetzung bis zum 31.5.2020 verlängert. Allerdings wird der einschlägige Ausnahmenkatalog signifikant erweitert, sodass Verfügungen, die für die Bankfinanzierung wichtig sind (wie z.B. Bestellung oder Änderung von Hypothekenvormerkungen oder die Anordnung von Sicherungsmaßnahmen), von der Aussetzung nicht erfasst werden. Dasselbe gilt für Prozesse vor den Verwaltungsgerichten und dem Staatsrat, wenn die Beteiligten auf die mündliche Verhandlung des Rechtsstreits verzichten.

---

[113] Art. 124 InsGB.
[114] Art. 125 Abs. 1 InsGB; Einzelzwangsvollstreckungsmaßnahmen der Insolvenzgläubiger sind nur innerhalb der im Plan vorgeschriebenen Grenzen auszuüben; Art. 125 Abs. 7 InsGB.
[115] Art. 125 Abs. 6 InsGB.
[116] Art. 129 InsGB.
[117] Ausführlich dazu s. *UNCITRAL,* Model Law on Cross-Border Insolvency with Guide to Enactment, abrufbar unter http://www.uncitral.org/pdf/english/texts/insolven/insolvency-e.pdf.
[118] S. Art. 25 ff. G. 3858/2010.
[119] Blatt des Regierungsanzeigers A' 55, durch Art. 2 G. 4682/2020 bereits ratifiziert.

Griechenland

106 Ab dem 1.6.2020 ist die vorgeschriebene Aussetzung beendet. Art. 74 G. 4690/2020 regelt die Wiedereröffnung der Zivilgerichte und die Einleitung des Einzelzwangsvollstreckungsverfahrens. Dementsprechend ist der Zeitraum ab dem 13.3.2020 bis zum 31.5.2020 für sämtliche gesetzlichen und gerichtlichen Fristen nicht zu berücksichtigen. Nach dem Ruhen des Verfahrens aufgrund der Aussetzung der Arbeiten der Zivilgerichte infolge der genannten Ministerbeschlüsse sind die Gerichtsgeschäftsstellen verpflichtet, von Amts wegen einen neuen Verhandlungstermin festzulegen. Entsprechende Regelungen enthält Art. 75 G. 4690/2020 für Strafgerichte.

107 Im Lichte dieser Regelungen wurde freiwillig und in Kooperation mit den zuständigen Ministerien durch Rundschreiben des hellenischen Bankenverbandes angekündigt, vom 1.3.2020 bis zum 30.6.2020 für Darlehensnehmer (sowohl für Verbraucher als auch für Gewerbetreibende) eine dreimonatige Aussetzung sämtlicher Zahlungspflichten für Kreditraten einzuräumen, soweit deren Wirtschaftsaktivitäten auf einer bestimmten Liste des Finanzministeriums stehen oder ihr Arbeitsverhältnis aufgrund der wegen der Covid-19-Pandemie getroffenen Maßnahmen vorübergehend ausgesetzt wurde. Diese Erleichterung betrifft hauptsächlich kleinere Unternehmen, Freiberufler, Gewerbetreibende und Arbeitnehmer. Nachfolgende (die nach dem 30.6.2020 fälligen) Kreditraten sind entsprechend zu erhöhen, sodass die Rückzahlung des gesamten Kapitals, der in diesem Zeitraum fallenden Vertragszinsen sowie der Kosten gewährleistet wird.

108 Für mittlere und größere Unternehmen wurde eine sechsmonatige Aussetzung der Zahlungspflichten (vom 1.3.2020 bis zum 30.9.2020) angekündigt, soweit sie von der Covid-19-Pandemie schwer betroffen wurden. Die Aussetzung umfasst nur die monatlichen Kreditraten für Kapital, aber nicht die vereinbarten Vertragszinsen, die vertragsgemäß zu entrichten sind. Die darunterfallenden monatlichen Kreditraten für Kapital sind spätestens am Ende des Kredits zu tilgen. Ebenfalls wurde von den Banken klargestellt, dass diese Regelung nur solche Kredite betrifft, die sich bis zum 31.12.2019 nicht in Verzug befinden. Hintergrund dieser freiwilligen Maßnahme des hellenischen Bankenverbandes stellt die Gesetzgebung betreffend die Verwaltung von notleidenden Krediten (NPLs) dar, die im Laufe der griechischen Finanzkrise heftig diskutiert und reformiert wurde. Nach dem geltenden Verhaltenskodex betreffend die Verhältnisse zwischen Banken und Darlehensnehmern sind alle Kreditinstitute verpflichtet, ein konkretes Beilegungs- und Widerspruchsverfahren für die Verwaltung von NPLs vorzusehen. In diesem Zusammenhang besteht die Verpflichtung für Banken, konkrete Optionen für die Behandlung von NPLs bereitzustellen und eine standardisierte Kommunikation mit Darlehensnehmern zu führen, die die bestehende Gesetzgebung insbesondere die Verbraucher- und Datenschutzbestimmungen sowie die zivilrechtlichen Generalklauseln (bona fides etc.) beachtet.

109 Für den Fall von Verbraucherinsolvenzen entweder nach dem G. 3869/2010[120] oder dem G. 4605/2019[121] wurde eine dreimonatige Verschiebung der Fälligkeit der vereinbarten Geldraten, die monatlich an die Gläubiger des Schuldners zu entrichten sind, vorgeschrieben.[122]

110 Anzumerken ist, dass das durch G. 4605/2019 verankerte Regime befristet ist und die Einreichung eines standardisierten elektronischen Antrags bis zum 30.4.2020 voraussetzt. Durch Art. 1 des Gesetzgebungsaktes vom 1.5.2020 wurde diese Frist um drei Monate bis 31.7.2020 verlängert.

---

[120] → Rn. 28 ff.
[121] → Rn. 36 ff.
[122] Art. 5 des Gesetzgebungsaktes vom 30.3.2020, durch Art. 1 G. 4684/2020 bereits ratifiziert.

Griechenland

Zeitstrahl Insolvenzverfahren nach griechischem Recht

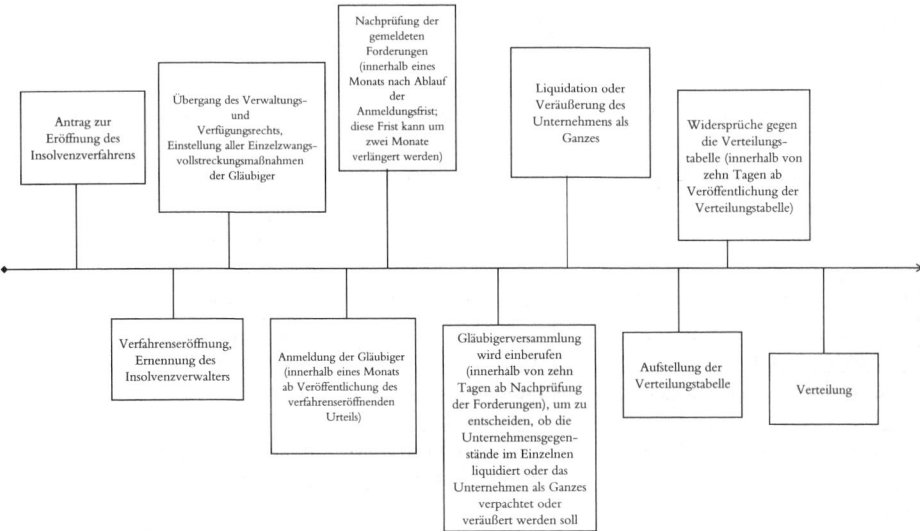

Zeitstrahl vorinsolvenzliches Sanierungsverfahren nach griechischem Recht

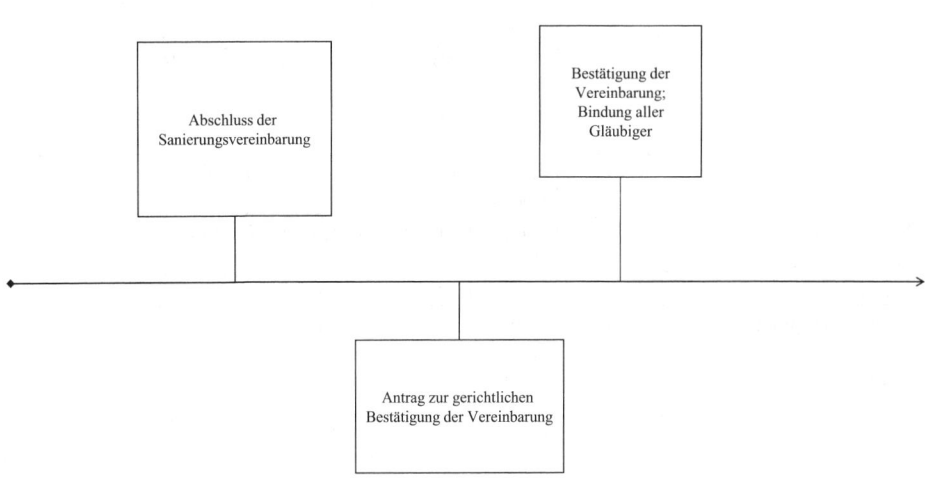

Griechenland

Glossar

Deutsch	Griechisch (Transkription)	Rn.
absonderungsberechtigte Insolvenzgläubiger	ενέγγυοι πιστωτές [= enegyoi pistotes]	65 f.
allgemein bevorrechtigte Gläubiger	γενικοί προνομιούχοι πιστωτές [= genikoi pronomiouchoi pistotes]	67 f.
allgemeine Insolvenzgläubiger	ανέγγυοι πιστωτές [= anegyoi pistotes]	70
Aufrechnung	συμψηφισμός [= sympsifismos]	82
Aussonderungsrecht	δικαίωμα αποχωρισμού [= dikaioma apochorismou]	62
Beilegungsverfahren	διαδικασία συνδιαλλαγής [= diadikasia sindiallagis]	10
Einzelanfechtung	ατομική ανατροπή [= atomiki anatropí]	99
erstinstanzliches Kollegialgericht	Πολυμελές Πρωτοδικείο [= Polymeles Protodikeio]	17
Gesamtbefriedigung der Gläubiger	συλλογική ικανοποίηση των πιστωτών [= syllogiki ikanopoiisi ton pistoton]	17
Gläubigeranschließung (keine Annahme oder Genehmigung eines Reorganisationsplans, deshalb Liquidierung der Masse und anschließende Erlösverteilung)	ένωση πιστωτών [= enosi pistoton]	56
Gläubigerausschuss	επιτροπή πιστωτών [= epitropi pistoton]	51 f.
Gläubigerversammlung	συνέλευση των πιστωτών [= syneleusi ton pistoton]	51
Insolvenzanfechtung	πτωχευτική ανάκληση [= ptocheftiki anaklisi]	83
Insolvenzgericht	πτωχευτικό δικαστήριο [= ptocheftiko dikastirio]	39
Insolvenzgesetzbuch	Πτωχευτικός Κώδικας [= Ptocheftikos Kodikas]	5
Insolvenzmasse	πτωχευτική περιουσία [= ptocheftiki periousia]	45
Insolvenzrecht	πτωχευτικό δίκαιο [= ptocheftiko dikaio]	5
insolvenzrechtlicher Herausgabeanspruch	πτωχευτική διεκδίκηση [= ptocheftki diekdikisi]	62
Insolvenzverwalter	σύνδικος [= syndikos]	45
Insolvenzverwaltungskommission	Επιτροπή διαχείρισης αφερεγγυότητας [= Epitropi diachirisis aferegiotitas]	60
nach Verfahrenseröffnung erworbene Vermögenswerte	μεταπτωχευτική περιουσία [= metaptocheftiki periousia]	45
nachrangige Insolvenzgläubiger	πιστωτές τελευταίας σειράς [= pistotes teleftaias seiras]	71
Regulierung der Schulden von überschuldeten natürlichen Personen (Verbraucherinsolvenzverfahren bzw. Schuldenregulierungsverfahren)	ρύθμιση οφειλών υπερχρεωμένων φυσικών προσώπων [= rythmisi ofeilon iperxreomenon fysikon prosopon]	28 ff.
Rückgewährungsanspruch	ανακλητική αξίωση [= anaklitiki axiosi]	88
Sanierungsvereinbarung	συμφωνία εξυγίανσης [= symfonia eksigiansis]	14
Sonderverwaltung	ειδική διαχείριση [= idiki diachirisi]	23 ff.

Griechenland

Deutsch	Griechisch (Transkription)	Rn.
Übergang des Verwaltungs- und Verfügungsrechts	πτωχευτική απαλλοτρίωση [= ptocheftiki apallotriosi]	45, 53
Verdächtige Periode	ύποπτη περίοδος [= ypopti periodos] (der Zeitraum zwischen dem vom Insolvenzgericht festgestellten Zahlungseinstellungstag und der Verfahrenseröffnung)	83
vorinsolvenzliches Sanierungsverfahren	προπτωχευτική διαδικασία εξυγίανσης [= proptocheftiki diadikasia eksigiansis]	10 ff.
Zahlungseinstellung	παύση πληρωμών [= pausi pliromon]	39

Glossar

Griechisch (Transkription)	Deutsch	Rn.
ανακλητική αξίωση [= anaklitiki axiosi]	Rückgewährungsanspruch	88
ανέγγυοι πιστωτές [= anegyoi pistotes]	allgemeine Insolvenzgläubiger	70
ατομική ανατροπή [= atomiki anatropí]	Einzelanfechtung	99
γενικοί προνομιούχοι πιστωτές [= genikoi pronomiouchoi pistotes]	allgemein bevorrechtigte Gläubiger	67 f.
διαδικασία συνδιαλλαγής [= diadikasia sindiallagis]	Beilegungsverfahren	10
δικαίωμα αποχωρισμού [= dikaioma apochorismou]	Aussonderungsrecht	62
ειδική διαχείριση [= idiki diachirisi]	Sonderverwaltung	23 ff.
ενέγγυοι πιστωτές [= enegyoi pistotes]	absonderungsberechtigte Insolvenzgläubiger	65 f.
ένωση πιστωτών [= enosi pistoton]	Gläubigeranschließung	56
Επιτροπή διαχείρισης αφερεγγυότητας [= Epitropi diachirisis aferegiotitas]	Insolvenzverwaltungskommission	60
επιτροπή πιστωτών [= epitropi pistoton]	Gläubigerausschuss	51 f.
μεταπτωχευτική περιουσία [= metaptocheftiki periousia]	nach Verfahrenseröffnung erworbene Vermögenswerte	45
παύση πληρωμών [= pausi pliromon]	Zahlungseinstellung	39
πιστωτές τελευταίας σειράς [= pistotes teleftaias seiras]	nachrangige Insolvenzgläubiger	71
Πολυμελές Πρωτοδικείο [= Polymeles Protodikeio]	erstinstanzliches Kollegialgericht	17
προπτωχευτική διαδικασία εξυγίανσης [= proptocheftiki diadikasia eksigiansis]	vorinsolvenzliches Sanierungsverfahren	10 ff.
πτωχευτική ανάκληση [= ptocheftiki anaklisi]	Insolvenzanfechtung	83
πτωχευτική απαλλοτρίωση [= ptocheftiki apallotriosi]	Übergang des Verwaltungs- und Verfügungsrechts	45, 53
πτωχευτική διεκδίκηση [= ptocheftki diekdikisi]	insolvenzrechtlicher Herausgabeanspruch	62
πτωχευτική περιουσία [= ptocheftiki periousia]	Insolvenzmasse	45
πτωχευτικό δίκαιο [= ptocheftiko dikaio]	Insolvenzrecht	5
πτωχευτικό δικαστήριο [= ptocheftiko dikastirio]	Insolvenzgericht	39
Πτωχευτικός Κώδικας [= Ptocheftikos Kodikas]	Insolvenzgesetzbuch	5

Griechenland

Griechisch (Transkription)	Deutsch	Rn.
ρύθμιση οφειλών υπερχρεωμένων φυσικών προσώπων [= rythmisi ofeilon iperxreomenon fysikon prosopon]	Regulierung der Schulden von überschuldeten natürlichen Personen (Verbraucherinsolvenzverfahren bzw. Schuldenregulierungsverfahren)	28 ff.
συμφωνία εξυγίανσης [= symfonia eksigiansis]	Sanierungsvereinbarung	14
συμψηφισμός [= sympsifismos]	Aufrechnung	82
συλλογική ικανοποίηση των πιστωτών [= syllogiki ikanopoiisi ton pistoton]	Gesamtbefriedigung der Gläubiger	17
σύνδικος [= syndikos]	Insolvenzverwalter	45
συνέλευση των πιστωτών [= syneleusi ton pistoton]	Gläubigerversammlung	51
ύποπτη περίοδος [= ypopti periodos]	„verdächtige Periode" (der Zeitraum zwischen dem vom Insolvenzgericht festgestellten Zahlungseinstellungstag und der Verfahrenseröffnung)	83

Guernsey

bearbeitet von *Linda Johnson*, Fellow of Institute of Chartered Accountants of England and Wales, *John Casey*, Member of Chartered Accountants Ireland (beide KPMG Channel Islands Limited); deutsche Bearbeitung: *Ursula Schlegel*, Rechtsanwältin & Solicitor (England and Wales), *Philip Falk*, wiss. Mitarbeiter Prof. Dr. Stefan Reinhart, FPS Partnerschaft von Rechtsanwälten mbB., Frankfurt am Main.

Übersicht

		Rn.			Rn.
I.	Informationsquellen	1	6.2.1	Überblick über das Verfahren	117
1.	Einführung	5	6.2.2	Ablauf der Verwaltung, *process*	119
1.1	Rechtlicher Rahmen	5	6.3	Auswirkung der Verwaltungsanordnung auf die Gesellschaft, *effect of administration order on the company*	134
1.2	Die Insolvenzgesetze	6			
1.3	Die Gerichtsbarkeit von Guernsey	9	6.4	Auswirkung der Verwaltungsanordnung auf die Geschäftsführer, *effect of administration order in the directors*	144
1.4	Überblick über die insolvenzrechtlichen Regelungen	13			
2.	Zwangsabwicklung, *compulsory winding up*	18	6.5	Austritt aus der Verwaltung, *exit from administration*	150
2.1	Überblick über das Verfahren	18	7.	Aufhebung von Geschäften, *setting aside transactions*	157
2.2	Gründe für die Zwangsabwicklung	19			
2.3	Verfahren, *procedure*	21	7.1	Fehlverhalten oder Verletzung von Treuepflichten, *misfeasance or breach of fiduciary duty*	157
2.4	Wirkung der Abwicklungsanordnung, *effect of winding up order*	38			
			7.2	Betrügerischer Handel, *fraudulent trading*	164
2.5	Wirkung der Abwicklungsanordnung auf die Geschäftsführer, *effect of winding up order on directors*	42	7.3	Insolvenzverschleppung, *wrongful trading*	168
2.6	Abwicklung nicht auf Guernsey registrierter Gesellschaften, *winding up of non-registered Guernsey companies*	44	7.4	Am Rande der Insolvenz, *brink of insolvency*	171
3.	Freiwillige Abwicklung, *voluntary winding up*	46	7.5	Gläubigerbevorzugung, *preferences*	172
			7.6	Unterwertverkauf, *transactions at undervalue*	179
3.1	Überblick über das Verfahren	46			
3.2	Verfahren, *procedure*	51	7.7	Aufrechnung, *set-off*	183
3.3	Wirkung der freiwilligen Abwicklung auf die Geschäftsführer, *effect of voluntary winding up on directors*	77	7.8	Erpresserische Kreditgeschäfte, *extortionate credit transactions*	184
			8.	Disqualifizierung von Geschäftsführern, *directors' disqualification*	187
4.	Verteilung der Vermögenswerte bei Abwicklung, *distribution of assets on winding up*	79	8.1	Überblick	187
			8.2	Wirkung einer Disqualifikationsverfügung	191
5.	Freiwillige Auflösung, *voluntary strike off*	84			
5.1	Überblick über das Verfahren	84	9.	(Insolvenz-)Verwalter, *insolvency practioner*	194
5.2	Verfahren, *procedure*	86			
5.3	Kriterien für einen Antrag auf freiwillige Streichung, *criteria for a voluntary strike-off application to be made*	91	10.	Grenzüberschreitende Insolvenzen, *cross-border insolvency*	197
			11.	Privatinsolvenz, *personal insolvency*	198
6.	Rettung von Gesellschaften, *corporate rescue*	97	11.1	Überblick über das Verfahren	198
6.1	Vergleich, *scheme of arrangement*	98	11.2	*Désastre*	201
6.1.1	Übersicht	98	11.2.1	Berechtigte	201
6.1.2	Ablauf des Vergleichs, *process*	102	11.2.2	Verfahren, *procedure*	203
6.2	Verwaltung, *administration*	117	11.2.3	Verteilung der Vermögenswerte, *distribution of assets*	210

Guernsey 1–10 Länderberichte

	Rn.		Rn.
11.2.4 Wirkung des *désastre* Verfahrens auf den Schuldner	211	11.4 **Renunciation** (Verzichtsverfahren)	232
11.3 *Saisie*	213	11.4.1 Überblick über das Verfahren	232
11.3.1 Berechtigte	213	11.4.2 Berechtigte	234
11.3.2 Verfahren, *procedure*	216	11.4.3 Verfahren, *procedure*	236
11.3.3 Wirkung des *saisie* Verfahrens auf den Schuldner	229	**12. Reaktion auf die COVID-19 Pandemie**	245

I. Informationsquellen

1 Alle Gesetze von Guernsey sind im Internet verfügbar unter: http://www.guernseylegalresources.gg/CHttpHandler.ashx?id=70745&p=0.

2 Die Website des Handelsregisters von Guernsey enthält Informationen über Abwicklungsverfahren und die Löschung aus dem Register: http://www.guernseyregistry.com/article/155041/Voluntary-Strike-Off--Voluntary-Winding-Up.

3 Informationen zu den *Guernsey Insolvency Practice Statements* („GIPS") finden sich auf der Website von ARIES, der Kanalinsel-Zweigstelle von INSOL: https://www.aries-ci.org/g-i-p-s. Bei den „GIPS" handelt es sich um einen freiwilligen „Leitfaden", in dem Best-Practice-Prinzipien und Compliance-Standards festgelegt sind, zu deren Einhaltung die Insolvenzverwalter von Guernsey angehalten werden.

4 Es gibt auch einen Informationssuchdienst, der vom Handelregister von Guernsey für die Öffentlichkeit unterhalten wird, um den Status von Gesellschaften (*limited partnerships, limited liability partnerships*) und Stiftungen auf Guernsey ermitteln zu können, der unter https://www.greg.gg/webCompSearch.aspx abrufbar ist. Das Handelsregister bestätigt die Liste der Dokumente, die gegen eine Gebühr auch zum Herunterladen zur Verfügung stehen.

Die meisten Entscheidungen der Gerichte von Guernsey werden online veröffentlicht und sind unter http://www.guernseylegalresources.gg/ zugänglich.

1. Einführung

1.1 Rechtlicher Rahmen

5 Guernsey ist zwar kein Teil des Vereinigten Königreichs, untersteht aber als *Crown dependency* der britischen Krone. Trotz der Abhängigkeit zum Vereinigten Königreichs als *Crown dependency* vefügt Guernsey über eine unabhängige Gesetzgebung. Die Gesetzgebung kann eine Reihe von Formen umfassen, wie zB *Projets de Loi*, die nach königlicher Zustimmung zu Gesetzen werden, sowie Verordnungen und andere gesetzliche Instrumente.

1.2 Die Insolvenzgesetze

6 Auf Guernsey gibt es eine Reihe verschiedener Arten von Insolvenzverfahren, darunter:
– die Insolvenzverfahren für Gesellschaften geregelt im The Companies (Guernsey) Law, 2008 (the „**Law**") und
– die traditionellen (gewohnheitsrechtlichen) Verfahren von *désastre, saisie* und *renunciation*.

7 Das Insolvenzregime von Guernsey basiert auf dem englischen Recht, obwohl es weniger formalistisch ist. Dies gibt Insolvenzverwaltern die Möglichkeit, bei der Behandlung bestimmter Angelegenheiten gegebenenfalls einen pragmatischeren Ansatz zu wählen.

8 Welches Verfahren zur Anwendung kommt, hängt zwar von den jeweiligen Umständen des Einzelfalls ab; die gesetzlich vorgesehenen Verfahren kommen jedoch in den meisten Fällen häufiger zur Anwendung.

1.3 Die Gerichtsbarkeit von Guernsey

9 Der Royal Court von Guernsey (das „**Gericht**") befasst sich mit allen Angelegenheiten hinsichtlich von Gesellschaften, einschließlich deren Insolvenz.

10 Insolvenzrechtliche Angelegenheiten werden normalerweise in der Zusammensetzung *ordinary court*, verhandelt, das aus einem Einzelrichter, der entweder der Gerichtsvollzieher, *bailiff*, der stellver-

tretende Gerichtsvollzieher, *deputy bailiff,* ein Richter des Royal Court oder ein Gerichtsvollzieherleutnant, *lieutenant bailiff,* ist, sowie mindestens zwei Geschworen besteht.[1]

In Zivilsachen zieht sich der Richter vor Urteilsverkündung mit den Geschworenen zurück, um ihnen die gesetzlichen Regelungen zu erläutern. Sobald die Geschworenen zu einer Entscheidung gekommen sind, verfasst der Richter ein Urteil und kehrt mit den Geschworenen in den Gerichtssaal zurück, um die Entscheidung zu verkünden und zu begründen.

Anträge können bei Gericht auch ohne Vertretung des Antragstellers durch einen Rechtsbeistand eingereicht werden. Dies kommt in der in der Praxis bei Insolvenzangelegenheiten jedoch selten vor.

1.4 Überblick über die insolvenzrechtlichen Regelungen

Personen, die nicht in der Lage sind, ihre Schulden zu bezahlen, können persönlichen Insolvenzverfahren, *personal insolvency proceedings,* unterzogen werden.[2]

Gesellschaften hingegen können Gegenstand eines Abwicklungsverfahrens, *winding up proceeding,* sein. Nach dem Gesetz gibt es drei Arten von Gesellschaftsinsolvenzverfahren:[3]
– freiwillige Abwicklung, *voluntary winding up* (entweder im Fall der Zahlungsfähigkeit oder Zahlungsunfähigkeit)
– gerichtlich angeordnete Abwicklung, *compulsory winding up* und
– gerichtlich angeordnete Verwaltung, *administration.*

Ein Schlüsselbegriff des Gesetzes ist der gesetzlich vorgeschriebene „Solvenztest", *solvency test,* für Gesellschaften. Eine Gesellschaft erfüllt die Anforderungen des gesetzlichen Solvenztests, wenn:[4]
– die Gesellschaft in der Lage ist, Schulden bei Fälligkeit zu begleichen (der „**Cashflow-Test**"); und
– die Summe der Vermögenswerte (Aktiva) der Gesellschaft größer ist als die Summe ihrer Verbindlichkeiten (Passiva) (der „**Bilanztest**").

Die Gesellschaft muss beide Teile des Solvenztests erfüllen, um als zahlungsfähig zu gelten.

Gesellschaften, die von der Guernsey Financial Services Commission (die „**GFSC**") reguliert und beaufsichtigt werden, können auch verpflichtet werden, die Anforderungen der Banken- und Versicherungsgesetze sowie die Vorschriften für Treuhänder, Verwaltungsgeschäfte und Geschäftsführer zu erfüllen.

2. Zwangsabwicklung, *compulsory winding up*

2.1 Überblick über das Verfahren

Die Zwangsabwicklung, *compulsory winding up,* beginnt mit der Einreichung eines Abwicklungsantrags bezüglich einer Gesellschaft.

2.2 Gründe für die Zwangsabwicklung

Eine Gesellschaft kann vom Gericht zwangsweise abgewickelt werden, wenn[5]
– die Gesellschaft per Sonderbeschluss beschlossen hat, die Gesellschaft durch das Gericht abzuwickeln;
– die Gesellschaft die Geschäftstätigkeit nicht innerhalb eines Jahres nach Gründung aufnimmt;
– die Gesellschaft die Geschäftstätigkeit für ein ganzes Jahr aussetzt;
– die Gesellschaft keine Gesellschafter hat (außer der Gesellschaft selbst, in dem Fall, dass sie ihre eigenen Aktien selbst hält);
– die Gesellschaft nicht in der Lage ist, ihre Schulden zu begleichen;[6]
– die Gesellschaft sich nicht an die Anweisung des Handelsregisterführers, *„Registrar",* gehalten hat, den Namen zu ändern;
– die Gesellschaft es versäumt hat, eine Hauptversammlung ihrer Gesellschafter abzuhalten; es sei denn, es handelt sich um eine Gruppe mit eigener Rechtspersönlichkeit, *incorporated cell,* oder die

---

[1] Da die Geschworenen nur „faktisch" Richter sind, wird sie der ernannte Richter daher in Rechtsfragen anleiten bzw. die rechtlichen Vorschriften erläutern.
[2] Das persönliche Insolvenzverfahren wird weiter unten unter → Rn. 198 ff. erörtert.
[3] Teile XXI-XXIV, The Companies (Guernsey) Law, 2008.
[4] Abschnitt 527(1), The Companies (Guernsey) Law, 2008.
[5] Abschnitt 406, The Companies (Guernsey) Law, 2008.
[6] Eine Gesellschaft, die nicht in der Lage ist, ihre Schulden zu begleichen, entspricht der Bedeutung von Abschnitt 407 The Companies (Guernsey) Law, 2008; dh die Gesellschaft ist einer schriftlichen Aufforderung nicht nachgekommen.

Gesellschaft den Beschluss gefasst hat, auf die Abhaltung einer Hauptversammlung zu verzichten; oder
- die Gesellschaft es versäumt hat, entsprechend den gesetzlichen Bestimmungen ihren Gesellschaftern eine Kopie der Jahresabschlüsse oder Berichte zukommen zu lassen.

20 Eine Gesellschaft kann auch vom Gericht abgewickelt werden, wenn es der Ansicht ist, dass die Gesellschaft zum Schutz der Öffentlichkeit oder des Rufs der Vogtei Guernsey aufgelöst werden sollte.

2.3 Verfahren, procedure

21 Der Prozess der Zwangsabwicklung, compulsory winding up, beginnt mit der Einreichung eines Abwicklungsgesuchs beim Gericht.[7] Der Antrag wird in der Regel damit begründet, dass die Gesellschaft zahlungsunfähig ist. Der Antrag kann von der Gesellschaft, von jedem Geschäftsführer, director, Gesellschafter oder Gläubiger, creditor, der Gesellschaft oder von jeder anderen involvierten Partei gestellt werden.

22 Falls die Gesellschaft unter der Aufsicht des „GFSC" steht, wird über einen Antrag nur dann beschieden, wenn dem „GFSC" mindestens sieben Tage vor dem für die Anhörung des Antrags vor Gericht festgesetzten Termin eine Kopie des Antrags zugestellt wird. Auch muss die Gesellschaft benachrichtigt werden. Das Gericht wird einen Antrag auf Abwicklung einer Gesellschafts erst dann anhören, wenn es sich davon überzeugt hat, dass die Gesellschaft über Datum, Uhrzeit und Ort der Anhörung informiert wurde.

23 Zwischen dem Datum der Einreichung des Antrags und dem Tag der mündlichen Verhandlung kann je nach terminlicher Verfügbarkeit des Gerichts ein Zeitraum von mehreren Wochen liegen. In der Zwischenzeit hat der Antragsteller (oder jeder Gläubiger der Gesellschaft) die Möglichkeit, beim Gericht die Bestellung eines vorläufigen Verwalters, provisional liquidator, zu beantragen.[8]

24 Ein vorläufiger Verwalter, provisional liquidator, wird in der Regel dann bestellt, wenn Bedenken hinsichtlich der Verwaltung der Gesellschaft und/oder der Verwertung des Gesellschaftsvermögens bestehen. Der vorläufige Verwalter hat die Aufgabe, das Vermögen und die Verbindlichkeiten der Gesellschaft zu eruieren, ihre Angelegenheiten zu verwalten und alle vom Gericht genehmigten Maßnahmen zu ergreifen.

25 Nach Anhörung des Antrags kann das Gericht dem Antrag zu den von ihm für angemessen erachteten Bedingungen stattgeben, den Antrag ablehnen oder eine andere Anordnung treffen, die es für angemessen hält. Bei Erlass eines Zwangsabwicklungsbeschlusses, compulsory liquidation order, ernennt das Gericht einen vom Antragsteller vorgeschlagenen Verwalter, liquidator; wenn keine Person vorgeschlagen wurde, ernennt das Gericht einen Verwalter, den es für geeignet hält.

26 Ein ordnungsgemäß bestellter Verwalter ist gesetzlich verpflichtet, den Handelsregisterführer („**Registrar**") innerhalb von sieben Tagen nach Bestellung zu benachrichtigen und eine Kopie des Zwangsabwicklungsbeschlusses zu übersenden. Der Handelsregisterführer informiert über die zwangsweise Abwicklung der Gesellschaft indem er eine Mitteilung auf der Website des Handelsregisters von Guernsey veröffentlicht.

27 Gesetzlich ist zwar keine Bekanntmachung der Bestellung des Verwalters vorgesehen, doch hat der Verwalter die Tatsache, dass die Gesellschaft zwangsweise abgewickelt wird, auf die Art und Weise und in einem Zeitraum mitzuteilen, die er für angemessen hält. In der Praxis entscheiden sich die meisten Verwalter dafür, ihre Bestellung in der Gazette Officielle[9] bekannt zu machen und noch unberücksichtigte Gläubiger dazu aufzufordern, ihre Forderungen einzureichen.

28 Der Verwalter kann auch bekannte Gläubiger anschreiben, obwohl das Gesetz dafür keine Frist vorsieht. Keine Frist besteht auch hinsichtlich des Zeitraums, in dem die Gläubiger beim Verwalter ihre Forderungen einreichen müssen.

29 Es gibt keine Erleichterung, de-minimis levels, dahingehend, dass Gläubiger ihre Forderung nicht nachweisen müssen, es sei denn, das Gericht ordnet an, dass ein Gläubiger oder eine Gläubigergruppe auch ohne entsprechenden Nachweis zugelassen wird. Nach Erhalt eines Schuldnachweisformulars, proof of debt form, wird der Verwalter in jedem Fall die Forderung prüfen und entscheiden.

30 Der Verwalter hat die Pflicht, die Angelegenheiten der Gesellschaft zu untersuchen, Vermögenswerte zu verwerten und die Geschäfte der Gesellschaft abzuwickeln.

31 Es gibt keine Berichtspflicht für den Verwalter während der Dauer seiner Bestellung. Sobald der Verwalter jedoch alle Vermögenswerte der Gesellschaft verwertet hat, muss er die Bestellung

---

[7] Das Verfahren wird in den Abschnitten 406 bis 418 von Teil XXIII, The Companies (Guernsey) Law, 2008 ausführlich beschrieben.
[8] Abschnitt 411(b), The Companies (Guernsey) Law, 2008.
[9] Die La Gazette Officielle ist der offizielle Bekanntmachungsteil der Guernsey-Press.

eines Gerichtskommissars, *court commissionar*, beantragen, der den Bericht des Verwalters prüft und die aus den Vermögenswerten der Gesellschaft stammenden Erlöse an die Gläubiger verteilt.

Der Gerichtskommissar arrangiert eine Gläubigerversammlung zur Prüfung und Bestätigung 32 der Buchhaltung (für die Dauer der Abwicklung). Der Gerichtskommissar wird auch die Forderungen und Vorzugsrechte der Gläubiger prüfen und verifizieren, bevor er einen Termin für die Verteilung des Restvermögens in der Abwicklung festlegt.

Falls ein Überschuss erzielt wird, wird dieser nach Abschluss der Abwicklung an die Gesellschaf- 33 ter verteilt.

Nach Genehmigung der Endabrechnung und der Auszahlung der Forderungen durch den 34 Gerichtskommissar kann der Verwalter die Gesellschaft auf Antrag an das Gericht auflösen. Dieser Antrag muss innerhalb einer Frist von 15 Tagen ab dem Datum der endgültigen Verteilung des Gesellschaftsvermögens gestellt werden.[10]

Unmittelbar nach der Auflösung darf die Gesellschaft keine geschäftlichen oder vertraglichen 35 Verbindlichkeiten oder Verpflichtungen eingehen.

Alle bei der Zwangsabwicklung ordnungsgemäß angefallenen Kosten, Gebühren und Ausgaben, 36 einschließlich der Vergütung des Verwalters, sind vorrangig vor allen anderen Forderungen aus dem Gesellschaftsvermögen zu begleichen. Die Vergütung des Verwalters wird vom Gericht festgesetzt.

Während der Abwicklung kann der Verwalter jederzeit Weisungen des Gerichts hinsichtlich 37 bei der Abwicklung der Gesellschaft auftretende Fragen einholen. Auf einen solchen Antrag hin kann das Gericht nach seinem Ermessen diejenige Anordnung treffen, die es für angebracht hält.

2.4 Wirkung der Abwicklungsansordnung, *effect of winding up order*

Mit dem Beginn der Zwangsabwicklung, *compulsory winding up*, stellt die Gesellschaft ihre 38 Geschäftstätigkeit ein, es sei denn, eine Fortführung ist für die Abwicklung der Gesellschaft zweckmäßig.

Der Verwalter muss bei Gericht vereidigt werden und ist dazu befugt: 39
– Klagen im Zivilverfahren im Namen und im Auftrag der Gesellschaft einzureichen oder zu erwidern;
– den Geschäftsbetrieb der Gesellschaft in dem Maße, wie es für die Abwicklung der Gesellschaft zweckmäßig ist, fortzuführen;
– Kapital abzurufen;
– alle Quittungen und sonstigen Dokumente im Namen und im Auftrag der Gesellschaft zu unterzeichnen oder gegebenenfalls das Firmensiegel zu verwenden und alle sonstigen Handlungen im Zusammenhang mit der Abwicklung vorzunehmen; und
– vom Gericht genehmigte Maßnahmen zu tätigen.

Eine ohne Zustimmung des Verwalters erfolgte Übertragung von Gesellschaftsanteilen zur Zeit der 40 Abwicklung ist ungültig.

Darüber hinaus dürfen ohne Zustimmung des Gerichts keine Klagen oder Verfahren gegen die 41 Gesellschaft fortgesetzt oder eingeleitet werden.

2.5 Wirkung der Abwicklungsanordnung auf die Geschäftsführer, *effect of winding up order on directors*

Mit Ergehen der Abwicklungsanordnung erlöschen alle Befugnisse der Geschäftsführer, *directors*. 42 Im Rahmen der gesetzlichen Bestimmungen kann der Verwalter ihnen den Fortbestand ihrer Befugnisse allerdings genehmigen. Wird später von jemandem behauptet, Befugnisse eines Geschäftsführers auszuüben, begründet dies eine Strafbarkeit.

Der Verwalter kann die Ausfertigung eines Lageberichts von der Gesellschaft verlangen.[11] Ver- 43 walter haben die Pflicht, gegenüber dem Handelsregister (und bei regulierten Gesellschaften dem „GFSC") Bericht zu erstatten, wenn sie der Ansicht sind, dass für das Gericht Gründe dafür bestehen, wegen bestimmter Verhaltensweisen eine Disqualifizierungsanordnung, *disqualification order*, zu erlassen.[12]

2.6 Abwicklung nicht auf Guernsey registrierter Gesellschaften, *winding up of non-registred Guernsey companies*

Das Gericht kann Gesellschaften, die nicht zu Guernsey gehören, *non-Guernsey companies*, in 44 folgenden Fällen zwangsweise auflösen:[13]

10	Abschnitt 420, The Companies (Guernsey) Law, 2008.
11	Abschnitt 419A, The Companies (Guernsey) Law, 2008 (Insolvency) (Amendment) Ordinance, 2020.
12	Abschnitt 387A, The Companies (Guernsey) Law, 2008 (Insolvency) (Amendment) Ordinance, 2020.
13	Abschnitt 418, The Companies (Guernsey) Law, 2008 (Insolvency) (Amendment) Ordinance, 2020.

- wenn die Gesellschaft aufgelöst wird, ihre Geschäftstätigkeit eingestellt hat oder nur noch zum Zweck der Abwicklung ihrer Geschäfte tätig ist;
- wenn die Gesellschaft nicht in der Lage ist, ihre Schulden zu bezahlen; oder
- wenn das Gericht der Ansicht ist, dass es gerecht und billig ist, die Gesellschaft aufzulösen.

45 Ein ordnungsgemäß bestellter Verwalter kann bei einer *non-Guernsey company* ebenfalls alle Befugnisse ausüben oder alle Handlungen vornehmen, die auch im Zuge der Abwicklung einer im Handelsregister eingetragenen Gesellschaft ausgeübt oder vorgenommen werden könnten.

3. Freiwillige Abwicklung, *voluntary winding up*

3.1 Überblick über das Verfahren[14]

46 Eine Gesellschaft kann freiwillig durch einen ordentlichen Gesellschafterbeschluss abgewickelt werden, wenn die in der Gründungsurkunde oder in der Satzung festgelegte Frist für das Bestehen der Gesellschaft abläuft oder ein bestimmtes Ereignis eintritt. Eine Gesellschaft kann auch freiwillig aufgelöst werden, wenn ihre Gesellschafter einen außerordentlichen Beschluss zur freiwilligen Abwicklung fassen. Die Abwicklung beginnt mit Fassung des Beschlusses.

47 Eine solvente Abwicklung, *solvent winding up*, ist nur dann möglich, wenn die Gesellschaft durch einen Solvenztest bestätigtermaßen zahlungsfähig ist.[15]

48 Ursprünglich gab es keine formale Unterscheidung zwischen einer freiwilligen Abwicklung, *voluntary winding up*, bei Zahlungsfähigkeit oder Zahlungsunfähigkeit. Nunmehr sind die Geschäftsführer jedoch verpflichtet, innerhalb von fünf Wochen vor der Beschlussfassung zur freiwilligen Abwicklung der Gesellschaft eine Erklärung über die Zahlungsfähigkeit der Gesellschaft abzugeben.[16] In dem Fall, dass keine entsprechende Solvenzerklärung abgegeben wird, muss ein unabhängiger Verwalter, *independent liquidator*, bestellt werden. Dieser hat sodann die Aufgabe, den Gläubigern Bericht zu erstatten und eine erste Versammlung einzuberufen. Bereits mit der Einladung zu der Versammlung sollten die Gläubiger über den voraussichtlichen Ablauf der Abwicklung informiert werden.[17]

49 Sowohl bei einer solventen als auch bei einer insolventen freiwilligen Abwicklung bestätigen die Gesellschafter zunächst die Ernennung des Verwalters (oder können ihn gegebenenfalls ersetzen) und legen anschließend die Vergütung des Verwalters fest, die in der Regel breits zu Beginn der Abwicklung verbindlich festgelegt wird.

50 Bei der solventen Abwicklung legen die Verwalter Jahres- und Endabrechnungen nur den Gesellschaftern vor; im Falle einer insolventen Abwicklung sowohl den Gesellschaftern als auch den Gläubigern.

3.2 Verfahren, *procedure*

51 Bei einer freiwilligen Abwicklung, *voluntary winding up*, müssen die Geschäftsführer beschließen, dass die freiwillige Abwicklung eine angemessene Vorgehensweise darstellt. Des Weiteren müssen sie eine Versammlung einberufen, um entsprechende Empfehlungen zu formalisieren und die Weiterleitung der erforderlichen Beschlüsse an die Gesellschafter zu bestätigen. Gemäß den gesetzlichen Vorschriften können die Geschäftsführer einen Beschluss dabei auch im Rahmen einer präsenzlosen Versammlung mit derselben Wirkung fassen, als wäre die Sitzung physisch abgehalten worden (sofern die Satzung der Gesellschaft dies zulässt).

52 Sofern es sich um eine solvente Abwicklung handelt, dh die Gesellschaft die Anforderungen des Solvenztests erfüllt, müssen die Geschäftsführer dies formell dokumentieren, bevor sie die Weiterleitung der relevanten Abwicklungsbeschlüsse an die Gesellschafter genehmigen.

53 Sollte die Gesellschaft die Anforderungen des Solvenztests nicht erfüllen, müssen die Gesellschafter dies ebenfalls entsprechend dokumentieren und eine Hauptversammlung zum Zwecke der Abwicklung der Gesellschaft einberufen.

54 Das Gericht ist beim Verfahren der freiwilligen Abwicklung nicht in die Beschlussfassung der Gesellschaft involviert. Über die Gesellschafterversammlungen, in denen die Abwicklungsbeschlüsse regelmäßig getroffen werden, müssen die Gesellschafter mindestens 14 Tage im Voraus benachrichtigt werden; gegebenfalls ergibt sich aus der Satzung der Gesellschaft auch eine längere Frist. Durch einstimmigen Beschluss ist es aber auch möglich, die Frist zu verkürzen.

---

[14] Das Abwicklungsverfahren ist in Abschnitt 391 bis 405 von Teil XXII The Companies (Guernsey) Law, 2008, ausführlich beschrieben.
[15] Der gesetzlich definierte Solvenztest, siehe dazu unter → Rn. 15.
[16] Abschnitt 391, The Companies (Guernsey) Law, 2008 (Insolvency) (Amendment) Ordinance, 2020.
[17] Abschnitt 386, The Companies (Guernsey) Law, 2008 (Insolvency) (Amendment) Ordinance, 2020.

3. Freiwillige Abwicklung

Auf der Gesellschafterversammlung werden in der Regel folgende Beschlüsse gefasst; **55**
- ein Sonderbeschluss (außerordentlicher Beschluss) zur freiwilligen Abwicklung der Gesellschaft;
- ein ordentlicher Beschluss zur Ernennung des Verwalters; und
- ein ordentlicher Beschluss zur Festlegung der Vergütung des Verwalters.

Darüber hinaus kann die Gesellschaft einen Sonderbeschluss fassen, um den Verwalter zu ermächtigen, bestimmte Vermögenswerte unter den jeweiligen Nutzungsberechtigten dieser Vermögenswerte zu verteilen. **56**

Das Ergehen eines Sonderbeschlussess (außerordentlichen Beschlusses) setzt eine Kopfmehrheit der Stimmberechtigten von 75 % voraus. Ein ordentlicher Beschluss kann mit einer Kopfmehrheit von 50 % der Stimmberechtigten gefasst werden. In beiden Fällen sollte die Gesellschaft sicherstellen, dass in der Satzung keine abweichenden Mehrheitsanforderungen für die Beschlussfassung festlegt werden. **57**

Werden mehrere gemeinsam tätige Verwalter, *joint liquidators,* bestellt, können diese die ihnen durch die Bestellung übertragenen Befugnisse, entsprechend den bei Bestellung festgelegten Bestimmungen, einzeln oder gemeinsam ausüben. **58**

Die Abwicklung beginnt mit der Verabschiedung des Sonderbeschlusses zur freiwilligen Abwicklung der Gesellschaft. Eine Gläubigerversammlung, *meeting of creditors,* ist nicht erforderlich. **59**

Innerhalb von 30 Tagen nach der Verabschiedung des Abwicklungsbeschlusses muss eine Kopie des Beschlusses beim Handelsregister eingereicht werden. Der Registerführer, *registrar,* gibt auf der Website des Handelsregsiters von Guernsey sodann bekannt, dass die jeweilige Gesellschaft einen Beschluss zur freiwilligen Abwicklung gefasst hat. **60**

Der Verwalter kann die Ausfertigung eines Lageberichts der Gesellschaft verlangen.[18] **61**

Des Weiteren kann ein Verwalter beim Gericht den Erlass einer Verfügung beantragen, wonach Geschäftsführer, leitende Angestellte, Mitarbeiter oder anderen Personen dazu verpflichtet werden, Dokumente oder Informationen in Bezug auf die Gesellschaft vorzulegen.[19] Zudem kann er auch die Anordnung der Überprüfung von Personen beantragen, die leitende Angestellte der Gesellschaft waren oder sind. Mit Erteilung der Anordnung wird zur vertraulichen Überprüfung ein Inspektor, *inspector,* ernannt. Erklärungen die im Laufe der Überprüfungen gegenüber dem Inspektor abgegeben werden, können später auch in einem Zivilverfahren verwendet werden.[20] **62**

Sowohl im Falle einer solventen als auch einer insolventen Abwicklung sind Folgende die allgemeinen Pflichten des Verwalters:[21] **63**
- der Verwalter muss das Vermögen der Gesellschaft verwerten und die Verbindlichkeiten der Gesellschaft begleichen; und
- muss potenzielle Überschüsse unter den Gesellschaftern entsprechend ihren jeweiligen Ansprüchen verteilen.

Die Verwalter haben die Befugnis, Vermögenswerte, die als belastend gelten, abzulehen. Solche Vermögenswerte sind definiert als:[22] **64**
- unprofitable Verträge;
- andere Vermögenswerte der Gesellschaft, die unverkäuflich oder nicht leicht verkäuflich sind oder die Zahlungsverpflichtungen oder Pflichten zur Vornahme anderer belastenden Handlungen auslösen können; oder
- Grundstücke, die außerhalb der Vogtei Guernsey belegen sind.

Ähnlich wie bei einer Zwangsabwicklung, *compulsory winding up,* ist der Verwalter zwar nicht dazu verpflichtet, seine Bestellung bekannt zu machen. In der Regel machen die Verwalter ihre Bestellung oder andere veröffentlichenswerte Informationen allerdings in der *Gazette Officielle* bekannt und fordern Gläubiger dazu auf, ihre Forderungen anzumelden. **65**

Der Verwalter kann auch bekannte Gläubiger anschreiben, obwohl das Gesetz dafür keine Frist vorsieht. Keine Frist besteht auch hinsichtlich des Zeitraums, in dem die Gläubiger beim Verwalter ihre Forderungen einreichen müssen. **66**

Wie bei der Zwangsabwicklung gibt es auch bei der freiwilligen Abwicklung keine *de-minimis-* Schwelle, bis zu der Gläubiger ihre Forderungen nicht nachweisen müssen, es sei denn, das Gericht ordnet an, dass ein Gläubiger oder eine Gläubigergruppe auch ohne entsprechenden Nachweis zugelassen wird. **67**

Nach Ablauf eines Jahres seit Beginn der freiwilligen Abwicklung (das Datum der Verabschiedung des Sonderbeschlusses zur Abwicklung der Gesellschaft gilt als Beginn) beruft der Verwalter bis zur Beendigung der Abwicklung jährlich eine Hauptversammlung der Gesellschafter ein. **68**

---

[18] Abschnitt 419A, The Companies (Guernsey) Law, 2008 (Insolvency) (Amendment) Ordinance, 2020.
[19] Abschnitt 419B, The Companies (Guernsey) Law, 2008 (Insolvency) (Amendment) Ordinance, 2020.
[20] Abschnitt 419C, The Companies (Guernsey) Law, 2008 (Insolvency) (Amendment) Ordinance, 2020.
[21] Abschnitt 397(1), The Companies Law (Guernsey), 2008.
[22] Abschnitt 421A, The Companies (Guernsey) Law, 2008 (Insolvency) (Amendment) Ordinance, 2020.

69 Entsprechend den gesetzlichen Bestimmungen erfolgt bei der Versammlung ein Bericht über die Maßnahmen des Verwalters bei der Durchführung der Abwicklung innerhalb des vergangenen Jahres. Ohnehin kann der Verwalter jederzeit eine Mitgliederversammlung einberufen. In der Praxis werden weitere Versammlungen von den Verwaltern insbesondere zur Bestätigung von wesentlichen Entscheidung bei der Abwicklung einberufen.

70 Wie auch bei einer Zwangsabwicklung kann der Verwalter zudem Weisungen des Gerichts hinsichtlich bei der Abwicklung der Gesellschaft auftretenden Fragen einholen. Auf einen solchen Antrag hin kann das Gericht nach seinem Ermessen die Anordnungen treffen, die es für angebracht hält.

71 Sobald die Gesellschaft vollständig abgewickelt ist, wird der Verwalter;
a) einen Bericht über die Abwicklung erstellen, in dem unter anderem Einzelheiten zum Umgang mit dem Vermögen der Gesellschaft und der Veräußerung aufgeführt sind; und
b) eine Gesellschafterversammlung einberufen, bei der der Verwalter seinen Bericht präsentiert und erläutert.

72 Bei der Schlusssitzung wird der Verwalter auch einen Beschluss zur Genehmigung seiner Entlassung beantragen.[23]

73 Nach dieser abschließenden Versammlung muss der Verwalter dem Registerführer mitteilen, dass die Schlusssitzung stattgefunden hat. Der Registerführer veröffentlicht sodann diese Mitteilung zusammen mit der Erklärung, dass die Gesellschaft drei Monate nach Zustellung der Mitteilung aufgelöst wird.

74 Der Verwalter wird in dem Geschäftsjahr, in dem er bestellt wird, von der gesetzlich vorgeschriebenen Pflicht zur Erstellung von geprüften Jahresabschlüssen befreit.[24]

75 Alle bei der Abwicklung ordnungsgemäß angefallenen Kosten, Gebühren und Ausgaben, einschließlich der Vergütung des Verwalters, sind vorrangig vor allen anderen Forderungen aus dem Gesellschaftsvermögen zu begleichen.

76 Bei Bestellung des Verwalters noch unbezahlte Zulieferer der Gesellschaft, können ihre Leistungen nicht zurückziehen. Der Verwalter muss ihnen unter Umständen aber eine persönliche Garantie für den Fortbestand ihrer Forderungen geben.

3.3 Wirkung der freiwilligen Abwicklung auf die Geschäftsführer, *effect of voluntary winding up on directors*

77 Mit der Bestellung des Verwalters erlöschen alle Befugnisse der Geschäftsführer, es sei denn, dass die Gesellschaft in einer Hauptversammlung durch einen Beschluss oder der Verwalter den Fortbestand ihrer Befugnisse billigt.[25] Grundsätzlich gehen alle Rechte und Pflichten der Geschäftsführer mit Bestellung auf den Verwalter über.

78 Die gesetzlichen Bestimmungen sehen vor, dass eine Gesellschaft mindestens einen Geschäftsführer haben muss. Für Gesellschaften, die sich in freiwilliger Abwicklung befinden gelten keine Ausnahmeregelungen, sodass mindestens ein Geschäftsführer jederzeit registriert bleiben muss. Verfügt die Gesellschaft über keinen Geschäftsführer, besteht die Gefahr, dass sie aus dem Handelsregister gestrichen wird.

4. Verteilung der Vermögenswerte bei Abwicklung, *distribution of assets on winding up*

79 Alle Kosten, Gebühren und Ausgaben, die bei der zwangsweisen, *compulsory,* oder freiwilligen, *voluntary,* Abwicklung einer Gesellschaft ordnungsgemäß anfallen, einschließlich der Vergütung des Verwalters, sind vorrangig vor allen anderen Forderungen aus dem Vermögen der Gesellschaft zu begleichen.

80 Das gesicherte Gläubigervermögen ist kein Teil des Vermögens, das zur Verteilung an die Gläubiger zur Verfügung steht. Vorbehaltlich der Befriedigung der gesicherten Gläubiger wird ein verbleibender Überschuss in der folgenden Reihenfolge verteilt:
– Kosten der Abwicklung einschließlich der Vergütung des Verwalters und der im Laufe der Abwicklung ordnungsgemäß angefallenen Kosten;
– Gesicherte Gläubiger, *secured creditors,* einschließlich Mietzahlungen an Vermieter, Gehälter an Angestellte, offene Einkommenssteuer- und Sozialversicherungsbeträge (nach einer ausländischen Gerichtsbarkeit fällige Steuerbeträge werden nicht als bevorrechtigte Forderungen, *preferential debst,* eingestuft);
– Einfache Gläubiger, *ordinary creditors,* einschließlich normaler Handelsschulden;

---

[23] Dies unterliegt Abschnitt 400, The Companies (Guernsey) Law, 2008.
[24] Abschnitt 256A, The Companies (Guernsey) Law, 2008 (Insolvency) (Amendment) Ordinance, 2020.
[25] Ein solcher Beschluss würde gemäß Abschnitt 395(2) The Companies (Guernsey) Law, 2008 erfolgen.

- Aufgeschobene Forderungen, *postponed debts*, die bis zur vollständigen Befriedigung der Forderungen anderer Gläubiger aufgeschoben werden:
  - Ansprüche von Gläubigern, die einem Einzelunternehmer oder einer Firma ein Darlehen mit vom Gesellschaftsgewinn abhängigen Zinssatz gewährt haben; und
  - Ansprüche von Verkäufern des immateriellen Firmenwerts der Gesellschaft, *sellers of the goodwill of a company*, im Gegenzug zu einer Gewinnbeteiligung.
- Ein Überschuss wird satzungsgemäß unter den nachzahlungsverpflichteten Gesellschaftern, *contributories*, der Gesellschaft verteilt.

In Guernsey existiert keine einer *floating charge*[26] entsprechende Konzeption. Eine *floating charge* ist in Bezug auf Gesellschaftsvermögen in Guernsey weder gültig noch durchsetzbar. 81

Guernsey verfügt über kein zentrales Register über Sicherheiten oder eine andere öffentliche Stelle zur Bestätigung von Belastungen der Gesellschaft und/oder ihres Vermögens. Der Verwalter sollte daher sobald wie möglich und noch vor der Verteilung von Vermögenswerten Nachforschungen über das Bestehen von Belastungen oder Sicherheiten anstellen. 82

Der Verwalter muss vor der Verteilung an die Gläubiger (unabhängig davon, ob bevorrechtigte oder einfache Gläubiger) sicherstellen, dass entweder die Kosten/Aufwendungen für die Abwicklung bereits aus dem Vermögen der Gesellschaft beglichen wurden oder ausreichende Mittel zur Begleichung dieser Kosten/Aufwendungen zurückbehalten wurden. Andernfalls kann der Verwalter für diese Kosten/Aufwendungen persönlich haftbar sein. 83

5. Freiwillige Auflösung, *voluntary strike off*

5.1 Überblick über das Verfahren

In bestimmten Situationen kann die Auflösung, *dissolution*, einer Gesellschaft ohne eine Zwangsauflösung, *compulsory liquidation*, oder freiwillige Abwicklung, *voluntray winding up*, erreicht werden. 84

Dieses Verfahren kommt nur dann zur Anwendung, wenn die Gesellschaft zu dem Zeitpunkt der Antragstellung tatsächlich nur noch eine „leere Hülle", *empty shell*, darstellt. 85

5.2 Verfahren, *procedure*

Auf Antrag einer Gesellschaft kann der Registerführer eine Gesellschaft aus dem Handelsregister von Guernsey streichen.[27] 86

Der Antrag muss; 87
- von den Geschäftsführern gestellt werden;
- eine (Compliance-)Erklärung enthalten, die bestätigt, dass alle gesetzlichen Anforderungen erfüllt wurden;
- die zusätzlichen Informationen enthalten, die der Registerführer gegebenenfalls verlangt.

Innerhalb von sieben Tagen nach der Antragstellung muss jeder Person, die Gesellschafter, Angestellter, Gläubiger, Geschäftsführer oder Manager/Treuhänder eines Pensionsfonds ist, der zum Nutzen der Mitarbeiter der Gesellschafts eingerichtet wurde, eine Kopie des Antrags zugestellt werden. 88

Falls die betreffende Gesellschaft unter Aufsicht steht, muss dem „GFSC" innerhalb von sieben Tagen ebenfalls eine Kopie des Antrags vorgelegt werden. 89

Nach Eingang des Antrags teilt der Registerführer mit, dass die Gesellschaft nach Ablauf von zwei Monaten aus dem Register gestrichen und aufgelöst wird. Falls es einen Einspruch gegen die Auflösung der Gesellschaft durch eine dritte Partei wie die Steuerbehörde von Guernsey (*Guernsey taxation authority*) gibt, kann der Registerführer einem Antrag insofern stattgeben, dass die Gesellschaft noch solange im Register verbleibt, bis die noch offenen Angelegenheiten geklärt sind. 90

5.3 Kriterien für einen Antrag auf freiwillige Streichung, *criteria for a voluntary strike-off application to be made*

Ein Antrag muss von den Geschäftsführern, *directors*, der Gesellschaft gestellt werden. Dem Antrag muss zudem eine Compliance-Erklärung beigefügt werden,[28] die bestätigt, dass alle gesetzlichen Anforderungen bezüglich des Antrags auf Streichung erfüllt sind. 91

---

26 Sicherheit am wesentlichen oder gesamten Unternehmensvermögen in seinem wechselnden Bestand.
27 Das Verfahren für eine freiwillige Streichung, *voluntary strike-off*, einer Gesellschaft auf Guernsey ist in Abschnitt 357 The Companies (Guernsey) Law, 2008, beschrieben. Dieses Verfahren der unfreiwilligen oder erzwungenen Auflösung, *involuntary oder compulsory striking-off*, ist von gemäß Abschnitt 353 The Companies (Guernsey) Law, 2008 aufgelösten Gesellschaften zu unterscheiden.
28 Diese Compliance-Erklärung muss in Übereinstimmung mit Abschnitt 365 The Companies (Guernsey) Law, 2008 abgegeben werden.

Guernsey

92 Die gesetzlichen Anforderungen sehen vor, dass ein Antrag auf Streichung einer Gesellschaft nicht gestellt werden kann, wenn die Gesellschaft innerhalb der letzten drei Monate vor Antragsstellung:
– den Namen geändert hat;
– Handel betrieben hat oder anderweitig geschäftlich tätig war; oder
– Vermögenswerte oder Rechte für einen Gegenwert veräußert hat oder andere Tätigkeiten augeübt hat, die nicht für den Abschluss der Angelegenheiten der Gesellschaft erforderlich sind.

93 Der Antrag kann nicht gestellt werden, wenn die Gesellschaft ausstehende Verbindlichkeiten hat oder Partei in einem laufenden Verfahren ist oder wenn ein Verfahren im Zusammenhang mit der Insolvenz nicht abgeschlossen wurde.

94 Ein Geschäftsführer, der ohne begründete Entschuldigung eine Erklärung abgibt, die in einem wesentlichen Punkt falsch, betrügerisch oder irreführend ist, macht sich strafbar.

95 Eine Gesellschaft, die auf diese Weise aufgelöst wird, kann allerdings vom Gericht wiederhergestellt werden. Das freiwillige Auflösungsverfahren, *voluntary strike-off procedure,* ist zwar kosteneffizient, der Nachteil dieses Verfahrens besteht jedoch darin, dass es nicht unbedingt die Endgültigkeit bietet, die die Geschäftsführer einer Gesellschaft normalerweise anstreben würden, wenn sich die Lebensdauer der Gesellschaft dem Ende neigt.

96 Ein Antrag auf Wiederherstellung, *application for restauration,* kann unter bestimmten Umständen noch innerhalb von 10 Jahren nach Streichung der Gesellschaft aus dem Register gestellt werden.

6. Rettung von Gesellschaften, *corporate rescue*

97 Das Gesetz sieht zwei primäre Mechanismen für die Rettung einer Gesellschaft vor.[29]

6.1 Vergleich, *scheme of arrangement*

6.1.1 Übersicht

98 Ein *scheme of arrangement* (**„scheme(s)"**) ist ein gerichtlich genehmigter Vergleich mit Gläubigern oder Gesellschaftern zur Erreichung eines festgelegten Ziels.

99 Im Rahmen eines solchen Vergleichs ist es einer Gesellschaft möglich, mit den Gesellschaftern und/oder Gläubigern einen verbindlichen Kompromiss oder eine Vereinbarung zu treffen, ohne das zwingendermaßen alle Beteiligten dafür stimmen müssen.

100 Die Möglichkeit steht nicht nur zahlungsunfähigen Gesellschaften zur Verfügung. In der Praxis werden Vergleiche iSe *schemes* insbesondere zur Reorganisation der Kapitalstruktur der jeweiligen Gesellschaft oder zur Bindung andersgesinnter Gesellschafter oder Gläubiger an einen Vorschlag eingesetzt. Von Nutzen ist dies besonders für Gesellschaften, die als insolvenzgefährdet oder „am Rande der Insolvenz", *brink of insolvency,* gelten.[30]

101 In den vergangenen Jahren haben Gesellschaften auf Guernsey die Möglichkeit zum Abschluss solcher Vergleiche regelmäßig genutzt. Obwohl die Vergleiche mit einem gerichtlich gelenkten und intensiven Prozess verbunden sind, werden sie dennoch als hinreichend flexibel angesehen, um den Anforderungen der Gesellschaften, insbesondere im Zusammenhang mit Umstrukturierungen, gerecht zu werden.

6.1.2 Ablauf des Vergleichs, *process*

102 Eine Gesellschaft erarbeitet mit Hilfe von professionellen Beratern einen Vorschlag für einen Vergleich, *scheme,* der den Gläubigern und Gesellschaftern zur Abstimmung vorgelegt wird.

103 Der Vergleich kann von der Gesellschaft, ihren Gesellschaftern oder Gläubigern, einem Verwalter, *(liquidator, administrator, receiver)* eingeleitet werden. In der Praxis wird die Mehrzahl der Anträge von der Gesellschaft gestellt.

104 Mit Antrag auf einen Vergleich tritt allerdings nicht automatisch eine Vollstreckungssperre, *automatic stay,* gegen die Gesellschaft in Kraft.

105 Das Gericht kann auf Antrag die Einberufung einer Versammlung der Gläubiger, *meeting of the creditors,* einer Gläubigergruppe oder die Versammlung der Gesellschafter oder einer Gesellschaftergruppe anordnen, die sodann nach den Vorgaben des Gerichts einzuberufen ist.

---

[29] Die beiden Hauptmechanismen sind: *Schemes of Arrangement,* wie in den Abschnitten 105 bis 112, Teil VII The Companies (Guernsey) Law, 2008, dargelegt; und Verwaltungsverfahren, *administration proceedings,* wie in den Abschnitten 374 bis 390 The Companies (Guernsey) Law, 2008, dargelegt.

[30] Zu den Anforderungen an eine Gesellschaft, die sich am „Rande der Insolvenz" befindet, siehe unter → Rn. 171.

Sobald die jeweilige Versammlung vom Gericht angeordnet wurde, muss den Gläubigern und 106
Gesellschaftern eine Mitteilung zugestellt werden, die die beabsichtigten Regelungen des Vergleichs
bzw. deren Wirkungen erläutert. Die Erklärung muss;
- die Folgen des Vergleichs erklären;
- und insbesondere
  - die wesentlichen Interessen der Geschäftsführer der Gesellschaft (ob als Geschäftsführer, Gesellschafter, Gläubiger oder anderweitig); und
  - die Auswirkungen des Vergleichs auf diese Interessen darlegen.

Andersherum muss die Erklärung auch die Auswirkungen der wesentlichen Interessen der Geschäfts- 107
führer der Gesellschaft (ob als Geschäftsführer, Gesellschafter, Gläubiger oder anderweitig auf den
Plan) erläutern, soweit sie sich in ihrer Wirkung von den Interessen anderer Personen unterscheiden.

Wenn der Vergleich die Rechte der Inhaber von Schuldverschreibungen der Gesellschaft 108
berührt, muss die Erklärung eine entsprechende Erläuterung bezüglich der Treuhänder der Urkunden zur Sicherung der Ausgabe der Schuldverschreibungen enthalten.

Wenn eine Gesellschaft es versäumt, eine solche Erklärung abzugeben, können sich die Gesell- 109
schaft und auch die Geschäftsführer oder Treuhänder strafbar machen. Nach den gesetzlichen Bestimmungen wird der Treuhänder einer Urkunde zur Sicherung der Ausgabe von Schuldverschreibungen
der Gesellschaft nämlich als leitender Angestellter der Gesellschaft behandelt.

Wie auch im Rahmen anderer Rechtsordnungen ist für die Genehmigung des Vergleichs eine 110
Kopfmehrheit von 75 % der in der jeweiligen Versammlung stimmberechtigten Gesellschafter erforderlich.

Der Vergleich muss zudem vom Gericht gebilligt werden, damit er für alle Beteiligten verbind- 111
lich ist. Bei der Entscheidung über die Billigung des Vergleichs kann das Gericht prüfen, ob die
Mehrheit gutwillig, *in good faith*, im Interesse der Gläubiger oder einer Gläubigergruppe bzw. der
Gesellschafter oder einer Gesellschaftergruppe handelt, die sie zu vertreten vorgibt, und ob die
unterschiedlichen Interessen der Gläubiger oder Gesellschafter möglicherweise derart verschieden
sind, dass die Gläubiger bzw. Gesellschafter als zu einer anderen Gruppe gehörend behandelt werden
sollten.

Nach der Billigung ist der Vergleich bindend für; 112
- alle Gläubiger oder Gläubigergruppen bzw. Gesellschafter oder Gesellschaftergruppen,
- die Gesellschaft;
- im Falle einer Gesellschaft, die sich in Abwicklung, *winding up*, befindet, den Verwalter, *liquidator*, und die nachzahlungsverpflichteten Gesellschafter, *contributories*, der Gesellschaft; und
- im Falle einer Gesellschaft, die unter Verwaltung steht, *administration*, den Verwalter, *administrator*, und die nachzahlungsverpflichteten Gesellschafter der Gesellschaft.

Nach gerichtlicher Billigung ist es auch nicht erforderlich, dass ein unabhängiger Verwalter, *insolvency* 113
practitioner, ernannt wird, der den Prozess und die Umsetzung des Vergleichs weiter beaufsichtigt.

Im Anschluss an die Billigung des Vergleichs muss dem Registerführer innerhalb von sieben 114
Tagen eine Kopie des entsprechenden Gerichtsbeschlusses zugestellt werden.[31]

Darüber hinaus muss jeder Kopie des Gesellschaftsvertrages oder der Satzung der Gesellschaft, 115
die nach Erlass des Gerichtsbeschlusses ausgestellt wurde, eine Kopie des Gerichtsbeschlusses beigefügt werden, sofern der Gesellschaftsvertrag und die Satzung nicht in Anbetracht der Wirkung des
Gerichtsbeschlusses geändert wurden.[32]

Gesetzlich ist nicht geregelt, wann der Vergleich in Kraft tritt. Im Allgemeinen ist davon 116
auszugehen, dass der Vergleich zum Datum des Eingangs des Gerichtsbeschlusses gilt. Es ist jedoch
auch möglich, dass das Gericht aufgrund spezifischer Anforderungen der Gesellschaft ein zukünftiges
Datum für das Inkrafttreten des Vergleichs festgelegt.

6.2 Verwaltung, *administration*

6.2.1 Überblick über das Verfahren

Die Verwaltung, *administration*, ist ein gerichtliches Verfahren.[33] Das Gericht muss sich davon 117
überzeugen, dass die Gesellschaft einen Solvenztest nicht besteht oder wahrscheinlich nicht in der

---

[31] Gemäß Abschnitt 111(6) The Companies (Guernsey) Law, 2008, kann die Nichteinhaltung dieser Bestimmung bedeuten, dass sich die Gesellschaft eines Vergehens schuldig gemacht hat und eine Geldstrafe zu zahlen hat.
[32] Eine Gesellschaft, die diese Bestimmungen nicht einhält, macht sich eines Vergehens gemäß Abschnitt 112(5) The Companies (Guernsey) Law, 2008, schuldig.
[33] Die Verwaltung als Verfahren ist relativ neu auf Guernsey und wurde 2008 in The Companies (Guernsey)Law, 2008, eingeführt; das Verfahren ist in den Abschnitten 374 bis 390 von Teil XXI The Companies (Guernsey) Law, 2008, beschrieben.

Lage sein wird, den Test zu bestehen.[34] Darüber hinaus muss das Gericht auch davon überzeugt sein, dass mindestens eines der beiden folgenden gesetzlichen Ziele erreicht werden kann:[35]
- der Fortbestand der Gesellschaft und der gesamten oder eines Teils der Unternehmung als laufender Betrieb; oder
- eine vorteilhaftere Verwertung der Vermögenswerte der Gesellschaft als bei einer Abwicklung, *winding up*.

118 Die Verwaltung ist das einzige insolvenzrechtliche Verfahren auf Guernsey, das es der Gesellschaft erlaubt, während des Verfahrens zur Erreichung der gesetzlichen Ziele weiter Geschäfte zu tätigen.[36]

6.2.2 Ablauf der Verwaltung, *process*

119 Ein Antrag auf Verwaltung muss beim Gericht gestellt werden. Üblicherweise stellt den Antrag:
- die Gesellschaft;
- die Geschäftsführer der Gesellschaft;
- ein Gesellschafter;
- ein Gläubiger der Gesellschaft, einschließlich aller eventuellen oder voraussichtlichen Gläubiger; oder
- die „GFSC" in Bezug auf unter Aufsicht stehende Gesellschaften und solche, die im Bereich der Finanzdienstleistungen tätig sind.

120 Dem Antrag an das Gericht muss eine eidesstattliche Erklärung, *affidavit*, beigefügt werden, in der die Gründe für den Antrag auf Erlass einer Verwaltungsanordnung dargelegt werden.

121 Über den Antrag auf Erlass einer Verwaltungsanordnung, *administration order*, sollten, sofern das Gericht nichts anderes bestimmt, informiert werden:
- die Gesellschaft;
- die „GFSC", in Bezug auf unter Aufsicht stehende Gesellschaften und solche, die im Bereich der Finanzdienstleistungen tätig sind;
- jede Gruppe mit eigener Rechtspersönlichkeit, *incorporated cell* (im Falle einer eingetragenen Zellgesellschaft, *incorporated cell company*); und
- auf Anweisung des Gerichts weitere Personen, einschließlich sämtlicher Gläubiger.

122 Jeder der oben genannten Personen ist vor Erlass einer Verwaltungsanordnung zudem Gelegenheit zu geben, sich vor dem Gericht zu äußern.

123 Der Registerführer ist mindestens zwei Tage vor der Antragstellung oder, falls dies nicht möglich ist, so bald wie möglich über den Antrag auf Erlass einer Verwaltungsanordnung zu informieren. Der Registerführer hat den Antrag auf Erlass einer Verwaltungsanordnung sodann zu veröffentlichen. Art und Weise sowie der Zeitraum der Veröffentlichung stehen dabei in seinem Ermessen.

124 Das Gericht wird in der Zusammensetzung als *Ordinary Court* mit zwei Geschworenen, *jurats*, zusammenkommen, um über die Begründetheit des Antrags zu entscheiden. In der Praxis zeigen sich die Gerichte bei Eilbedürftigkeit zu einer schnellen Erledigung kooperativ, sofern ein schriftlicher Antrag eingereicht wird, in dem die Gründe für eine dringende Verhandlung des Antrags dargelegt werden.

125 Nach Anhörung eines Antrags auf Anordnung der Verwaltung steht es im Ermessen des Gerichts:
- dem Antrag stattzugeben oder ihn abzuweisen;
- die mündliche Verhandlung bedingt oder bedingungslos zu vertagen; oder
- eine einstweilige Verfügung oder eine andere Verfügungen zu erlassen.

126 Im Falle der Anordnung der Verwaltung gegenüber einer Gesellschaft wird ein ordnungsgemäß bestellter Verwalter, *administrator*, als Gerichtsvollzieher, *officer of the court*, vereidigt und seine Vergütung vom Gericht festgesetzt. Die Ernennung von gemeinsamen Verwaltern, *joint administrators*, ist auf Guernsey möglich und auch in den meisten Fällen üblich. Die Verwalter können je nach den ihnen vom Gericht übertragenen Befugnissen gemeinsam oder allein handeln.

127 Der Verwalter sendet sodann innerhalb von sieben Tagen eine Mitteilung über die Anordnung der Verwaltung an die Gesellschaft und an den Registerführer, der die Verwaltung der Gesellschaft öffentlich bekannt macht. Art und Weise sowie der Zeitraum der Veröffentlichung stehen dabei in seinem Ermessen.

128 Innerhalb von 28 Tagen nach der Bestellung unterrichtet der Verwalter über seine Bestellung:
- alle Gläubiger der Gesellschaft, soweit dem Verwalter ihre Adressen bekannt sind;

---

[34] Der Solvenztest ist in Abschnitt 527 The Companies (Guernsey) Law, 2008, definiert.
[35] Die beiden gesetzlichen Zielsetzungen entsprechen Abschnitt 374(3) The Companies (Guernsey) Law, 2008.
[36] Die Befugnisse des Verwalters, *administrator*, sind in Schedule 1 The Companies (Guernsey) Law, 2008, aufgeführt.

- bei einer eingetragenen Zellgesellschaft, *incorporated cell company,* alle ihre Gruppen mit eigener Rechtspersönlichkeit;
- bei einer Gruppe mit eigener Rechtspersönlichkeit, *incorporated cell,* ihre eingetragene Zellgesellschaft;
- die „GFSC", in Bezug auf unter Aufsicht stehende Gesellschaften und solche, die im Bereich der Finanzdienstleistungen tätig sind; und
- auf Anordnung des Gerichts weitere Personen.

Der Verwalter muss innerhalb von 10 Wochen nach Anordnung der Verwaltung eine erste Gläubigerversammlung, *meeting of creditors,* einberufen. 129

Die Einladung zur Versammlung muss zudem eine Erläuterung der Ziele und des voraussichtlichen Ablaufs der Verwaltung enthalten.[37] 130

Sämtliche Korrespondenz der in Verwaltung befindlichen Gesellschaft muss den Namen des Verwalters und eine Erklärung enthalten, in der bestätigt wird, dass die Angelegenheiten, die Geschäfte und das Vermögen der Gesellschaft von den Verwaltern verwaltet werden. Unterhält die Gesellschaft eine Website, muss ein entsprechender Hinweis auch an einer wahrnehmbaren Stelle der Website erscheinen.[38] 131

Der Verwalter ist auch dazu befugt, im Laufe der Verwaltung jederzeit bei Gericht den Erlass weiterer Anordnungen zu beantragen. 132

Alle bei der Verwaltung ordnungsgemäß angefallenen Kosten, Gebühren und Ausgaben, einschließlich der Vergütung des Verwalters sind vorrangig vor allen anderen Ansprüchen aus dem Vermögen der Gesellschaft zu zahlen. 133

6.3 Auswirkung der Verwaltungsanordnung auf die Gesellschaft, *effect of administration order on the company*

Nach Erlass der Verwaltungsanordnung:[39] 134
- darf kein Beschluss zur Abwicklung, *winding up,* der Gesellschaft gefasst oder die Abwicklung angeordnet werden; und
- darf grundsätzlich kein Verfahren gegen die Gesellschaft eingeleitet oder fortgesetzt werden; außer mit Genehmigung des Gerichts und vorbehaltlich der vom Gericht auferlegten Bedingungen (Moratorium).

Das Moratorium bezüglich Verfahren, die gegen die Gesellschaft eingeleitet oder fortgesetzt werden, gilt während der Dauer der Verwaltung unabhängig von der Genehmigung des Gerichts oder der Zustimmung des Verwalters. 135

Das Verwaltungsverfahren, *administration process,* gewährt mithin die Möglichkeit ohne den Druck von Gläubigern, die Lage und Strategie einer Gesellschaft hinsichtlich der Erreichung der gesetzlichen Ziele der Verwaltung zu beurteilen. 136

Gesicherte Gläubiger, *secured creditors,* der Gesellschaft haben allerdings nach wie vor die Möglichkeit, Rechte aus einem Sicherungsrecht geltend zu machen, das von der Anordnung der Verwaltung nicht berührt wird. 137

Nach dem Erlass der Verwaltungsanordnung kann der Verwalter alle Maßnahmen ergreifen, die für die Verwaltung der Angelegenheiten, der Geschäfte und des Vermögens der Gesellschaft notwendig oder zweckmäßig sind. 138

Der Verwalter nimmt das gesamte Vermögen, auf das die Gesellschaft Anspruch hat oder zu haben scheint, in Verwahrung oder unter Kontrolle. Der Verwalter verwaltet die Angelegenheiten, Geschäfte und das Vermögen der Gesellschaft (bzw. der Zellgruppe) gemäß den Anweisungen des Gerichts. 139

Wenn der Verwalter der Annahme ist, dass es zur Erreichung der Zielsetzung der Verwaltungsanordnung beiträgt und auf diese Weise der Zeit- und Kostenaufwand des Verfahrens verringert wird, kann er eine Verteilung an gesicherte Gläubiger, *secured creditors,* (im Sinne des Security Interests (Guernsey) Law, 1993) oder bevorrechtigte Gläubiger, *preferred creditors,* (im Sinne des Preferred Debts (Guernsey) Law, 1983) der Gesellschaft vornehmen.[40] 140

Lieferanten, die bei Bestellung des Verwalters noch offene Forderungen haben, können ihre Leistungen nicht zurückziehen; allerdings hat der Verwalter gegebenenfalls eine persönliche Garantie für den Fortbestand der Forderungen abzugeben.[41] Zu den Versorgungsdiensten gehören auch Kom- 141

---

[37] Abschnitt 386A, The Companies (Guernsey) Law, 2008 (Insolvency) (Amendment) Ordinance, 2020.
[38] Ein Gesellschaft, die die Vorschriften nicht einhält, macht sich eines Vergehens gemäß Abschnitt 378(3) The Companies (Guernsey) Law, 2008, schuldig.
[39] Abschnitt 376 The Companies (Guernsey) Law, 2008.
[40] Abschnitt 380A The Companies (Guernsey) Law, 2008 (Insolvency) (Amendment) Ordinance, 2020.
[41] Abschnitt 426F The Companies (Guernsey) Law, 2008 (Insolvency) (Amendment) Ordinance, 2020.

munikationsdienste, dh IT-Dienstleister, die für die Betrachtung des Geschäftsbetriebs der Gesellschaft oder den unmittelbaren Zugang zu elektronischen Aufzeichnungen von entscheidender Bedeutung sein können.

142   Bei Erfüllung der Pflichten im Rahmen der Verwaltung gilt der Verwalter als Vertreter der Gesellschaft, übernimmt jedoch keine persönliche Haftung, es sei denn, der Verwalter handelt betrügerisch, rücksichtslos, grob fahrlässig oder in bösem Glauben, *bad faith*.

143   Wie auch *liquidators* sind *administrators* dazu verpflichtet, gegenüber dem Register (und dem „GFSC" im Falle von regulierten Gesellschaften) Bericht zu erstatten, wenn sie der Ansicht sind, dass für das Gericht Gründe für den Erlass einer Disqualifizierungsanordnung wegen unangemessenen Verhaltens bestehen.

6.4 Auswirkung der Verwaltungsanordnung auf die Geschäftsführer, *effect of administration order in the directors*

144   Mit Anordnung der Verwaltung erlöschen alle Befugnisse der Geschäftsführer.

145   Wie bei der Abwicklung, *winding up*, enthalten die gesetzlichen Bestimmungen keine Ausnahmeregelung für Gesellschaften, die sich in der Verwaltung befinden, sodass mindestens ein Geschäftsführer weiter registriert bleiben muss.

146   Der Verwalter hat auch die Befugnis, jeden Geschäftsführer der Gesellschaft abzuberufen und jede Person zum Geschäftsführer zu ernennen, sei es zur Besetzung einer freien Stelle oder anderweitig.[42]

147   Der Verwalter kann auch folgende Personen auffordern, ihm innerhalb von 21 Tagen nach Aufforderung ein *„Statemant of Affairs"* („SoA") vorzulegen:
- ehemalige oder aktuelle Führungskräfte der Gesellschaft;
- Parteien, die innerhalb eines Jahres vor Erlass der Verwaltungsanordnung an der Gründung der Gesellschaft mitgewirkt haben;
- Angestellte (oder solche die im Vorjahr angestellt waren) die, nach Meinung des Verwalters in der Lage sind, erforderliche Informationen beizubringen; oder
- leitende Angestellte (oder solche die im Vorjahr in leitender Position angestellt waren).

148   Das „SoA" muss durch eine eidesstattliche Erklärung der Person, die es einreicht, bestätigt werden und Folgendes enthalten:
- Einzelheiten zu den Vermögenswerten, Schulden und Verbindlichkeiten der Gesellschaft;
- Namen und Adressen der Gläubiger der Gesellschaft;
- Angaben über die von Gläubigern gehaltenen Sicherheiten sowie die Daten, an denen die Sicherheiten gewährt wurden; und
- weitere oder andere Informationen, die der Verwalter benötigt.

149   Wenn eine Person ohne vernünftige Entschuldigung eine gesetzliche Verpflichtung hinsichtlich der Erstellung des „SoA" nicht erfüllt, macht sie sich eines Vergehens strafbar und wird mit einer Geldstrafe belegt.[43]

6.5 Austritt aus der Verwaltung, *exit from administration*

150   Der Verwalter kann jederzeit bei Gericht beantragen, die Anordnung der Verwaltung zurückzuziehen und ihn von seiner Verantwortlichkeit zu entbinden.

151   Der Verwalter kann bei Gericht beantragen, dass die Verwaltungsanordnung geändert oder aufgehoben wird, wenn sich herausstellt, dass:
- die bei Anordnung der Verwaltung angegebene Zielsetzung erreicht wurde oder aber nicht mehr zu erreichen ist; oder
- es wünschenswert oder zweckmäßig wäre, die Anordnug zurückzuziehen oder zu ändern.

152   Nach Anhörung kann das Gericht dem Antrag stattgeben oder ihn ablehnen, die mündliche Verhandlung unter Vorbehalt oder auch bedingungslos vertagen oder eine einstweilige Anordnung oder eine andere im Ermessen des Gerichts liegende Anordnungen erlassen.

153   Da die Verwaltung als ein Rettungsverfahren, *rescue procedure*, zur Erreichung der gesetzlichen Ziele angesehen wird, existiert kein gesetzlicher Mechanismus, der es erlaubt, eine Gesellschaft direkt aus der Verwaltung heraus aufzulösen.

154   In den Regel bedeutet das in den Fällen, in denen zwar keine Aussicht auf die Fortführung der Gesellschaft besteht aber überschüssige Vermögenswerte zur Verteilung zur Verfügung stehen, der Verwalter bei Gericht einen Antrag stellt, ihn von seiner Verantwortung zu entbinden und die Gesellschaft im Rahmen eines *compulsory winding up* Verfahrens zwangsweise abwickeln zu lassen.

---

[42] Abschnitt 379(6) The Companies (Guernsey) Law, 2008.
[43] Abschnitt 387(7) The Companies (Guernsey) Law, 2008.

Ein daraufhin bestellter Verwalter, *liquidator*, befasst sich dann mit der Verteilung des Gesellschaftsvermögens im Rahmen der Zwangsabwicklung.

Früher war es stets notwendig, dass Gesellschaften zu ihrer Auflösung aus der Verwaltung in die Zwangsauflösung, *compulsory liquidation*, überführt wurden. 155

Dies ist inzwischen aber dann nicht mehr nötig, wenn keine verbleibenden Vermögenswerte der Gesellschaft zur Verteilung zur Verfügung stehen.[44] Dadurch können sowohl der Zeit- als auch der Kostenaufwand des Verwaltungsverfahrens verringert werden. 156

7. Aufhebung von Geschäften, *setting aside transactions*

7.1 Fehlverhalten oder Verletzung von Treuepflichten, *misfeasance or breach of fiduciary duty*

Die Geschäftsführer treffen zum einen Treuepflichten: 157
- nach Treu und Glauben, *bona fide,* im besten Interesse der Gesellschaft zu handeln;
- angemessene Zwecke und keine Nebenzwecke zu verfolgen;
- unabhängig zu urteilen; und
- Interessenkonflikte zu vermeiden.

Die Sorgfaltspflichten eines Geschäftsführers messen sich sowohl an objektiven als auch subjektiven Kriterien. Bei der Bestimmung des Umfangs der Pflichten werden Gerichte dabei berücksichtigen: 158
- die allgemeinen Kenntnisse, Fähigkeiten und Erfahrungen, die vernünftigerweise von einer Person erwartet werden können, die die gleichen Funktionen ausübt, wie der Geschäftsführer bei der Gesellschaft (objektiv); und
- das allgemeine Wissen, Können und die Erfahrung, über die der jeweilige Geschäftsführer konkret verfügt (subjektiv).

Insofern kann ein bestimmtes Handeln bei einem Geschäftsführer als Pflichtverletzung gewertet werden, bei einem anderen jedoch nicht. Daher sollte jeder Fall individuell geprüft werden, bevor Maßnahmen hinsichtlich des Fehlverhaltens ergriffen werden. 159

Wenn es im Verlauf der Abwicklung einer Gesellschaft den Anschein hat, dass ein Geschäftsführer 160
- sich Vermögenswerte der Gesellschaft angeeignet oder anderweitig falsch verwendet hat; oder
- für Schulden oder Verbindlichkeiten der Gesellschaft persönlich haftbar ist oder sich ein anderweitiges Fehlverhalten oder Treuepflichtverletzungen gegenüber der Gesellschaft zu Schulden hat kommen lassen, kann der Verwalter, *liquidator,* (oder ein Gläubiger oder Gesellschafter) beim Gericht eine Verfügung gegen den Geschäftsführer beantragen.

Eine diesbezügliche Klage muss innerhalb von sechs Jahren nach dem Verstoß eingereicht werden. Wenn ein Fehlverhalten oder eine Pflichtverletzung nachgewiesen werden kann, kann das Gericht den Geschäftsführer dazu verurteilen: 161
- Gelder zurückzuzahlen und Vermögenswerte wiederherzustellen; oder
- Zinsen auf den zurückzuzahlenden Betrag zu zahlen; Zinssatz und Beginn der Zahlungspflicht liegen im Ermessen des Gerichts.

Ein Geschäftsführer kann auch dazu verurteilt werden, eine Eigenleistung zu erbringen. 162

Geschäftsführern kann wegen Fehlverhaltens oder Verletzung von Treuepflichten oder anderen Pflichten gegenüber der Gesellschaft eine weitere geschäftsführende Tätigkeit untersagt werden.[45] 163

7.2 Betrügerischer Handel, *fraudulent trading*

Wenn eine Gesellschaft Geschäfte betreibt, um Gläubiger zu betrügen oder zu sonstigen betrügerischen Zwecken, macht sich jede Person, die wissentlich an der Durchführung des Geschäfts beteiligt war, eines Vergehens schuldig.[46] 164

Stellt sich im Verlauf der Abwicklung ein solches Vorgehen der Gesellschaft heraus, können die Geschäftsführer durch das Gericht dazu verpflichtet werden, nach Ansicht des Gerichts angemessene Abgaben an die Gesellschaft zu leisten. 165

Der Antrag auf Erlass einer solchen Verfügung kann vom Verwalter, *liquidator* oder *administrator,* oder jedem Gläubiger oder Gesellschafter gestellt werden. 166

Das Betreiben von betrügerischen Geschäften ist insbesondere dann anzunehmen, wenn eine Gesellschaft zu einem Zeitpunkt weiter Geschäfte tätigt und Verbindlichkeiten eingeht, zu dem nach Kenntnis der Geschäftsführer keine vernünftigen Aussichten darauf bestehen, dass die Verbindlichkei- 167

---

[44] Abschnitt 382A, The Companies (Guernsey) Law, 2008 (Insolvency) (Amendment) Ordinance, 2020.
[45] Abschnitt 428(3)(g) The Companies (Guernsey) Law, 2008.
[46] Abschnitt 432 The Companies (Guernsey) Law, 2008.

ten jemals getilgt werden können. In diesem Fall können sich die Geschäftsführer auch strafbar machen.

7.3 Insolvenzverschleppung, *wrongful trading*

168 Bei einer Klage wegen Insolvenzverschleppung (unrechtmäßigen Handelns) liegt der Sachverhalt zu Grunde, dass eine Gesellschaft in eine insolvente Abwicklung, *insolvent winding up*, oder in Verwaltung, *administration*, überführt wurde und nachgewiesen werden kann, dass der zu diesem Zeitpunkt tätige Geschäftsführer zu irgendeinem Zeitpunkt vor Beginn der Abwicklung hätte wissen müssen, dass keine vernünftige Aussicht darauf bestand, dass die Gesellschaft die Insolvenz hätte vermeiden können.

169 Auf Antrag des Verwalters, eines Gläubigers oder Gesellschafters kann das Gericht den Geschäftsführer in diesem Fall dazu verpflichten, eine nach Ansicht des Gerichts angemessene Beitragszahlung zugunsten des Gesellschaftsvermögens zu leisten.

170 Um eine Klage wegen unrechtmäßigen Handelns abzuwehren, muss der Geschäftsführer nachweisen, dass er zu einem geeigneten Zeitpunkt sämtliche Maßnahmen ergriffen hat, um den Verlust für die Gläubiger so gering wie möglich zu halten.

7.4 Am Rande der Insolvenz, *brink of insolvency*

171 Die Geschäftsführer wägen ab, ob es wahrscheinlich ist, dass die Gesellschaft zahlungsunfähig wird und berücksichtigen dabei, dass ihre Pflicht, im besten Interesse der Gesellschaft zu handeln, sich auch auf die Interessen der Gläubiger erstreckt und diesen Interessen gegebenenfalls der Vorrang einzuräumen ist.[47]

7.5 Gläubigerbevorzugung, *preferences*

172 Der Verwalter, *liquidator*, einer Gesellschaft kann bei Gericht einen Antrag auf Erlass einer Verfügung stellen, wenn die Gesellschaft innerhalb der letzten sechs Monate vor dem maßgeblichen Zeitpunkt eine Person bevorzugt hat.[48]

173 Wenn die bevorzugte Person in einer Verbindung mit der Gesellschaft steht, *connected person*, erstreckt sich der relevante Zeitraum auf zwei Jahre und der Einfluss der Bevorzugung muss nicht nachgewiesen werden.

174 Eine Person wird als *connected person* definiert, wenn die Gesellschaft zu dem Zeitpunkt der Bevorzugung wusste oder hätte wissen müssen, dass die Person irgendein erhebliches direktes oder indirektes Eigen-, finanzielles oder sonstiges Interesse an oder in Verbindung mit der Gesellschaft hatte (außer als Gläubiger, Inhaber einer Sicherheit oder Bürge), oder wenn eine andere Person ein solches Interesse an oder in Verbindung mit sowohl dieser Person als auch der Gesellschaft hatte.

175 Der maßgebliche Zeitpunkt bei Klagen wegen Bevorzugung, *preference claims*, ist der jeweils frühere:
– das Datum des Antrags auf Zwangsabwicklung, *compulsory winding up*, der Gesellschaft; oder
– das Datum der Beschlussfassung der Gesellschaft zur Abwicklung.

176 Eine Bevorzugung ist dann gegeben, wenn:
– die bevorzugte Person zu den Gläubigern der Gesellschaft gehört oder Inhaber einer Sicherheit oder Bürge für Schulden oder andere Verbindlichkeiten der Gesellschaft ist; und
– die Gesellschaft aktiv dazu beiträgt oder es billigt, dass sich die Position dieser Person bei der Abwicklung der Gesellschaft verbessert.

177 Wenn bei einem Antrag auf Prüfung einer Bevorzugung, das Gericht der Meinung ist, dass die Gesellschaft:
– zum Zeitpunkt der Bevorzugung unfähig war oder infolge der Bevorzugung wurde, ihre Schulden zu begleichen und
– bei der Bevorzugung von einem entsprechenden Bevorzugungsverlangen beeinflusst war,
kann das Gericht alle Anordnungen treffen, die es für angebracht hält, um die Gesellschaft wieder in eine Lage zu versetzen, die ohne Vornahme der bevorzugenden Handlung bestehen würde. Dies

---

[47] Im Fall *Carlyle Capital Corporation Limited (in Liquidation) und andere gegen Conway und andere* verwies das Gericht von Guernsey im Zusammenhang mit der Prüfung der Pflichten der Geschäftsführer vor der Insolvenz auf „*brink of insolvency*", „*bordering on insolvency*" oder „*in the zone of insolvency*".
Bei der Prüfung der Pflichten der Direktoren verwies das Gericht auf die erstinstanzliche Entscheidung BTI 2014 LLC gegen Sequana SA im Vereinigten Königreich und stellte fest, dass ein Anspruch wegen Verletzung der Treuepflicht nur dann besteht, wenn nachgewiesen wird, dass die Direktoren ihr Handeln nicht ehrlich als im besten Interesse der Gesellschaft liegend betrachtet haben.

[48] Abschnitt 424 des Gesetzes über Gesellschaften (Guernsey), 2008.

kann Anordnungen an die Geschäftsführer einschließen, Eigenleistungen zugunsten der Gesellschaft zu erbringen.

Unberührt von einem gerichtlichen Beschluss bleiben aber Beteiligungen am Gesellschaftsvermögen, die in gutem Glauben, gegen Entgelt und ohne Kenntnis über die Umstände einer möglichen Bevorzugung erworben wurden. **178**

7.6 Unterwertverkauf, *transactions at undervalue*

Für den Fall, dass eine Gesellschaft innerhalb eines Zeitraums von sechs Monaten vor dem maßgeblichen Zeitpunkt ein Geschäft zu einem Unterwert abgeschlossen hat und die Gesellschaft zum Zeitpunkt des Geschäfts zahlungsunfähig war oder aufgrund des Geschäfts zahlungsunfähig wurde, kann ein Verwalter *liquidator* oder *administrator* bei Gericht eine Anordnung hinsichtlich dieses Geschäfts beantragen.[49] **179**

Das Gericht kann folgende Anordnungen treffen: **180**
– Verfügen, dass alle im Rahmen des Geschäfts übertragenen Vermögenswerte auf die Gesellschaft übergehen;
– Verfügen, dass Vermögen auf die Gesellschaft übertragen wird, das mit dem Erlös eines Geschäfts zu einem Unterwert erworben wurde;
– die Freigabe der von der Gesellschaft geleisteten Sicherheiten verlangen;
– von jeder Person verlangen, den Vorteil aus dem Geschäft an die Gesellschaft zurückzuzahlen.

Darüber hinaus kann das Gericht auch verfügen, die freigegebenen Sicherheiten im Rahmen neuer oder wieder auflebender Verpflichtungen erneut einzusetzen. Bisweilen hat der *Guernsey Court* eine sog. Paulinische-Klage anerkannt.[50] **181**

Bei einer solchen Klage besteht im Erfolgsfall kein Anspruch auf Entschädigung, sondern Anspruch auf Naturalrestitution und Aufhebung der Übertragung von Vermögenswerten. **182**

7.7 Aufrechnung, *set-off*

Abschnitt 1 des 1979 Law[51] besagt, dass Rechte Dritter nur gegen den Nettosaldo nach Aufrechnung geltend gemacht werden können, vorausgesetzt, dass eine solche Aufrechnungsvereinbarung den Geschworenen, *jurats*, nicht den berechtigten Grund zu der Annahme gibt, dass die Vereinbarung innerhalb von sechs Monaten, nachdem die Partei *en désastre* erklärt wurde oder die Abwicklung begonnen hat, getroffen wurde und somit betrügerisch und nichtig sein kann. **183**

7.8 Erpresserische Kreditgeschäfte, *extortionate credit transactions*

Ein Verwalter *liquidator* oder *administrator* einer Gesellschaft kann bei Gericht einen Antrag auf Erlass einer Anordnung in Bezug auf erpresserische Kreditgeschäfte, *extortionate credit transaction*, im Zusammenhang mit der Gewährung von Krediten an die Gesellschaft innerhalb von drei Jahren vor dem maßgeblichen Datum (Datum der Beschlussfassung über die Abwicklung der Gesellschaft oder Datum eines enstprechenden Gerichtsbeschlusses) stellen. **184**

Ein Kreditgeschäft gilt als „erpresserisch", wenn exorbitante Zahlungen für die Bereitstellung des Kredits gefordert werden oder anderweitig grob gegen die üblichen Grundsätze des fairen Handels verstoßen wird. **185**

Das Gericht kann in Bezug auf solche Kreditgeschäfte folgende Anordnung treffen: **186**
– durch das Kreditgeschäft entstandene Verpflichtungen ganz oder teilweise aufheben;
– die Bedingungen des Kreditgeschäfts verändern;
– von jeder Person, die an dem Kreditgeschäft beteiligt ist oder war, verlangen, dem Verwalter *liquidator* oder *administrator* alle Beträge zurückzuzahlen, die diese Person aufgrund des Kreditgeschäfts von der Gesellschaft erhalten hat; oder
– verlangen, dass gewährte Sicherheiten dem Verwalter *liquidator* oder *administrator* zurückübertragen werden.[52]

---

[49] Abschnitt 426D, The Companies (Guernsey) Law, 2008 (Insolvency) (Amendment) Ordinance, 2020.
[50] Eine Paulinische-Klage ermöglicht es den Betrugsopfern, die betreffende Transaktion aufzuheben, bei der der Schuldner zum Zeitpunkt der Transaktion als zahlungsunfähig galt und die Transaktion vom Schuldner mit dem Ziel durchgeführt wurde, die Gläubiger zu betrügen.
[51] Law of Property (Miscellaneous Provisions) (Guernsey) Law, 1979, in seiner geänderten Fassung („1979 Law") definiert die Behandlung der Aufrechnung in Guernsey; das 1979 Law bestätigt das Recht zu einer Aufrechnung in einer Vereinbarung zwischen den Parteien.
[52] Abschnitt 426E, The Companies (Guernsey) Law, 2008 (Insolvency) (Amendment) Ordinance, 2020.

8. Disqualifizierung von Geschäftsführern, *directors' disqualification*

8.1 Überblick

187   Das Gericht kann eine Anordnung über die Aberkennung von Rechten, *disqualification,* erlassen, wenn es der Auffassung ist, dass eine Person aufgrund ihres Verhaltens in Bezug auf eine Gesellschaft oder aus anderen Gründen nicht geeignet ist, an der Leitung der Gesellschaft beteiligt zu sein.

188   Bei der Feststellung, ob eine Person untauglich ist, hat das Gericht zu berücksichtigen:
– Redlichkeit, Kompetenz, Erfahrung und das Urteilsvermögen bei der Erfüllung der Pflichten als Geschäftsführer, Sekretär oder leitender Angestellter einer Gesellschaft;
– Sorgfalt der Pflichterfüllung;
– ob die Interessen von Gesellschaftern oder Gläubigern oder potenziellen Gesellschaftern oder Gläubigern einer Gesellschaft oder einer bestimmten Gesellschaft in irgendeiner Weise durch seine Tätigkeit als Geschäftsführer, Sekretär oder leitender Angestellter der Gesellschaft bedroht sind oder wahrscheinlich bedroht werden;
– Bildungs- und Berufsqualifikationen, die Mitgliedschaft in Berufs- oder anderen einschlägigen Verbänden und Nachweise über berufliche Weiterbildung oder Entwicklung;
– Regeln, Normen und Richtlinien aller relevanten Berufs-, Regierungs-, Regulierungs- oder Aufsichtsbehörden;
– Kenntnis und das Verständnis der rechtlichen und beruflichen Verpflichtungen als Geschäftsführer, Sekretär oder leitender Angestellter einer Gesellschaft; sowie
– weitere nach Ansicht des Gerichts zu berücksichtigende Umstände.

189   Das Gericht kann bei der Prüfung der Frage, ob eine Person ungeeignet für ein Amt ist, unter anderem die folgenden Punkte berücksichtigen:[53]
– das bisherige Verhalten und die bisherigen Aktivitäten in geschäftlichen oder finanziellen Zusammenhängen;
– Verurteilungen wegen eines Vergehens im Zusammenhang mit der Unterstützung, Gründung, Leitung, Abwicklung oder Registerstreichung einer Gesellschaft;
– Verurteilungen wegen eines Vergehens; insbesondere wegen eines Vergehens wie Betrug oder Unlauterkeit;
– jegliches Fehlverhalten oder jeder Verstoß gegen treuhänderische oder andere Pflichten;
– das Verhalten des Geschäftsführers im Zusammenhang mit einer insolventen Gesellschaft;
– ob der Geschäftsführer zur Leistung von Beiträgen an die Gesellschaft verpflichtet wurde.

190   Das Gericht kann von Amts wegen oder auf Antrag des „GFSC", des Anwalts Ihrer Majestät, des Registerführers, jeder Gesellschaft, deren Geschäftsführer die betreffende Person ist oder war oder die an ihrer Leitung, Unterstützung oder Gründung beteiligt war, sowie jedes Verwalters, Gesellschafters oder Gläubigers einer solchen Gesellschaft oder jeder anderen interessierten Partei mit Genehmigung des Gerichts eine Verfügung über die Aberkennung von Rechten, *disqualification order,* erlassen.

8.2 Wirkung einer Disqualifikationsverfügung

191   Eine Verfügung zur Aberkennung von Rechten ist für einen Zeitraum von höchstens 15 Jahren wirksam.[54] Wird eine solche Anordnung über die Aberkennung von Rechten gegen eine Person erlassen, gegen die bereits eine solche Anordnung ergangen ist, so laufen die Geltungszeiträume in den jeweiligen Anordnungen simultan, sofern das Gericht nicht etwas Gegenteiliges anordnet.

192   Bei Verstoß gegen die Bestimmungen einer Disqualifikationsanordnung
– macht man sich eines Vergehens schuldig und
– haftet persönlich für alle Schulden und Verbindlichkeiten der Gesellschaft, die aus der Missachtung der Anordnung resultieren.

193   Das Gericht kann einen Geschäftsführer von der Haftung allerdings dann befreien, wenn sich in dem Verfahren wegen Fahrlässigkeit, Nichterfüllung, Pflichtverletzung oder Vertrauensbruch herausstellt, dass der Geschäftsführer ehrlich und vernünftig gehandelt hat und dass er unter Berücksichtigung aller Umstände nach Treu und Glauben ganz oder teilweise von seiner Haftung befreit werden sollte.[55]

9. (Insolvenz-)Verwalter, *insolvency practioner*

194   Derzeit bestehen auf Guernsey keine gesetzlichen Regelungen, die vorsehen, dass ein Insolvenzverwalter, *insolvency practioner,* in einem formellen Verfahren ernannt werden muss. In der Praxis

---

[53] Abschnitt 428(3) The Companies (Guernsey) Law, 2008.
[54] Abschnitt 429 The Companies (Guernsey) Law, 2008.
[55] Abschnitt 522 The Companies (Guernsey) Law, 2008.

wird das Gericht jedoch im Allgemeinen erwarten, dass mindestens ein Insolvenzverwalter aus Guernsey oder ein Praktiker, der über Erfahrungswerte hinsichtlich insolvenzrechtlicher Angelegenheiten auf Guernsey verfügt, ernannt wird.

Über diese Anforderungen sollte sich ein Insolvenzverwalter bei Annahme seiner Bestellung **195** im Klaren sein und sich überlegen, ob er über die entsprechenden Fähigkeiten und Erfahrungswerte verfügt, um die Ernennung annehmen zu können.

Nicht auf Guernsey ansässige Verwalter sollten darüberhinaus in ihre Erwägungen mit einbeziehen, **196** ob ihre Ernennung als Amtsinhaber in einem formellen Verfahren zu einer Beeinflussung der Erfüllung steuerrechtlicher Anfordrungen, *substance requirements,* von Guernsey an die Gesellschaft führen könnte.[56]

10. Grenzüberschreitende Insolvenzen, *cross-border insolvency*

Guernsey ist weder Mitglied(sstaat) der Europäischen Union noch Unterzeichner des UNCIT- **197** RAL-Modellgesetzes, sodass die EG-Verordnungen über Insolvenzverfahren (EuInsVO 2000 und EuInsVO 2015) auf Guernsey nicht anwendbar sind. Allerdings zeigen die Gerichte von Guernsey Bereitschaft, unter bestimmten Umständen ausländische Amtsinhaber zu unterstützen.[57]

11. Privatinsolvenz, *personal insolvency*

11.1 Überblick über das Verfahren

Bei Privatinsolvenzen kommt kein gesetzlich geregeltes Verfahren zur Anwendung, sondern die **198** gewohnheitsrechtlichen Verfahren von *désastre* und *saisie*.[58]

Beide Verfahren beginnen mit der Erwirkung eines gerichtlichen Urteils über die Höhe der **199** vom Schuldner geschuldeten Beträge.

---

[56] Die Income Tax (Substance Requirements) (Implementation) Regulations, 2018, in ihrer geänderten Fassung, traten am 1.1.2019 in Kraft und gelten für Abrechnungszeiträume, die an oder nach diesem Datum beginnen. Die Steuerbehörde von Guernsey *(Guernsey Revenue Service)* hat in der Folge neben anderen *Crown Dependencies* einen Entwurf für Leitlinien zu den Einkommenssteuerbestimmungen *(Substance Requirements)* herausgegeben.
Der Entwurf der Leitlinien sieht keine Ausnahmeregelung für eine Gesellschaft in einem Insolvenzverfahren vor. Daher muss der Insolvenzverwalter, wenn sich eine Gesellschaft in einem formellen Insolvenzverfahren befindet, nachweisen, dass die Gesellschaft in Guernsey geleitet und verwaltet wird. Dies ist besonders während einer Verwaltung, *administration,* von Bedeutung, bei der das Ziel darin besteht, die Gesellschaft und den gesamten oder einen Teil der Unternehmung als laufenden Betrieb zu erhalten.
Das Gericht kann Insolvenzverwaltern Berichtspflichten auferlegen und unter bestimmten Umständen sogar die Leistung von Sicherheiten anordnen.
Von Insolvenzverwaltern oder Firmen, bei denen Insolvenzverwalter tätig sind, wird angenommen, dass sie ein reguliertes Geschäft, *prescribed business,* in Übereinstimmung mit den gesetzlichen Bestimmungen des The Criminal Justice (Proceeds of Crime) (Legal Professionals, Accountants and Estate Agents) (Bailiwick of Guernsey) Regulations, 2008 ausüben. Deshalb müssen sie sich als entsprechend reguliertes Geschäft beim „GFSC" registrieren lassen.
Insolvenzverwalter sind zudem verpflichtet, die insolvenzrechtlichen Gesetze und Vorschriften einzuhalten. In der Praxis sind die meisten Insolvenzverwalter qualifizierte Wirtschaftsprüfer, *accountants,* und/oder verfügen über insolvenzspezifische Qualifikationen.

[57] Abschnitt 426 UK Insolvency Act 1986 *(the „Insolvency Act")* sieht eine Zusammenarbeit zwischen den Gerichten vor, die im Zusammenhang mit der Insolvenz zuständig sind. Die Insolvency Act 1986 (Guernsey) Order 1989 *(the „1989 Order")* regelt den Eingang eines Rechtshilfeersuchens und sieht vor, dass das Gericht dazu berechtigt ist, den Gerichten von England und Wales, Schottland, Nordirland, der Isle of Man oder Jersey in Insolvenzangelegenheiten Unterstützung zu gewähren.
Nach dem Insolvency Act kann eine von einem Gericht in einem beliebigen Teil des Vereinigten Königreichs erlassene insolvenzrechtliche Anordnung in jedem anderen Teil des Vereinigten Königreichs vollstreckt werden. Im Allgemeinen muss das Gericht von Guernsey einem Antrag stattgeben. Etwas anderes gilt dann, wenn der Antrag gegen den *Ordre Public* verstößt oder eine unterdrückende Wirkung hat.
Nach neuerer Rechtsprechung ist es auch möglich, dass Insolvenzverwalter auf Guernsey gemäß Abschnitt 426 Insolvency Act einen Antrag an den High Court of Justice von England & Wales richten können und zur Unterstützung des lokalen Gerichts die Bestellung des Insolvenzverwalter, *insolvency practitioner,* als Verwalter, *administrator,* der Gesellschaft anerkennen. Dieses Verfahren erscheint auch dann möglich, wenn ein ähnlicher Antrag von einem Verwalter, *liquidator,* einer Gesellschaft auf Guernsey gestellt wird.

[58] *désastre* und *saisie* sind Gerichtsverfahren, die sich nur auf in Guernsey befindliche Vermögenswerte beziehen. Es gibt derzeit keine Möglichkeit für außergerichtliche Privatinsolvenzverfahren. Ein *désastre* Verfahren kommt im Hinblick auf das bewegliche Vermögen des Schuldners zu Anwendung. Ein *saise* Verfahren hingegen bezüglich der Immobilien des Schuldners.

200 Der Gläubiger muss dann entscheiden, inwiefern Vollstreckungsmaßnahmen nach *désastre* und *saisie* angemessen sind. Der Schuldner hat auch die Möglichkeit, gegebenenfalls beide Verfahren zu betreiben.[59]

11.2 *Désastre*

11.2.1 Berechtigte

201 Wenn eine natürliche oder juristische Person nicht in der Lage ist, ihre Schulden zu begleichen, gilt sie als in „*en état de désastre*" (in einem katastrophalen Zustand), da ihre gegenwärtigen Verbindlichkeiten den Wert ihres Vermögens übersteigen.

202 Jedem Gläubiger, dem Geld geschuldet wird, ist es erlaubt Maßnahmen zu ergreifen. Das Verfahren ermöglicht es allen als solche bestätigten Gläubigern, *proved creditors,* den Erlös aus der Veräußerung des beweglichen Vermögens, *chattels,* des Schuldners untereinander aufzuteilen.

11.2.2 Verfahren, *procedure*[60]

203 Das Verfahren beginnt damit, dass der Gläubiger vor Gericht ein Urteil gegen den Schuldner erwirkt. Der Gläubiger, der als Arrestgläubiger, *arresting creditor,* bezeichnet wird, beantragt dann bei Gericht die Anordnung der Vollstreckung des Urteils gegen das bewegliche Vermögen des Schuldners.

204 Zur Vollstreckung des Urteils wird ein *HM Sheriff (Her Majesty's Sheriff)* tätig, dessen Aufgabe darin besteht, bei Vollstreckung gerichtlicher Urteile als Gerichtsvollzieher zu fungieren. Damit eine vom Gericht gegen den Schuldner erlassene Verfügung auch gegen den Schuldner vollstreckt werden kann, leitet der Gläubiger sodann eine Kopie der Verfügung an den *HM Sheriff* weiter.

205 Der *HM Sheriff* wird anschließend das bewegliche Vermögen des Schuldners, das den Gläubigern zur Verfügung steht, inspizieren und beschlagnahmen. Nach der gerichtlicher Genehmigung wird der *HM Sheriff* die Vermögenswerte anschließend in einer öffentlichen Versteigerung veräußern, um die zu Beginn des Verfahrens durch das Urteil festgestellten offenen Verbindlichkeiten vollständig zu befriedigen.

206 Reicht das Vermögen des Schuldners dafür nicht aus, wird ein Geschworener, *jurat,* zum Gerichtskommissar, *commissioner,* ernannt, um mögliche Forderungen und etwaige Bevorzugungen, *preferences,* im *désastre* Verfahren festzustellen.

207 Der Gerichtskommissar wird sodann eine erste Sitzung mit dem Arrestgläubiger und dem *HM Sheriff* abhalten, in der der *HM Sheriff* bestätigt, dass keine ausreichenden Vermögenswerte vorhanden sind, um die bekannten Schulden zu befriedigen. Anschließend wird ein weiterer Termin anberaumt, an dem der Gerichtskommissar Forderungen, eventuelle Bevorzugungen sowie den Abschlussbericht prüfen und die Verteilung der vom *HM Sheriff* realisierten Gelder festlegen wird.

208 Der Arrestgläubiger muss eine anstehende Gläubigerversammlung sowohl in der *Gazette Officielle* als auch im Gerichtsgebäude ankündigen. Der Gerichtskommissar nimmt an der Gläubigerversammlung teil und und leitet sie grundsätzlich auch. In der Praxis jedoch wird die Versammlung regelmäßig vom Anwalt des Arrestgläubigers geleitet. In der Sitzung ist es den Gläubigern möglich, ihre Forderungen gegen den Schuldner vorzubringen. Alle übrigen bei der Versammlung Anwesenden können gegebenenfalls die vorgebrachten Forderungen bestreiten.

209 Im Anschluss an die Versammlung wird der Gerichtskommissar einen Bericht an das Gericht übermitteln, in dem die Verteilung für jeden Gläubiger unter Berücksichtigung der verfügbaren Vermögenswerte und der Rangfolge der Forderungen erläutert wird. Anschließend wird der *HM Sheriff* angewiesen, die im Bericht vorgesehen Beträge an die Berechtigten auszuzahlen.

11.2.3 Verteilung der Vermögenswerte, *distribution of assets*

210 Forderungen sind in folgender Reihefolge zu befriedigen;
– Kosten des *désastre* Verfahrens. Dies umfasst die Vergütung des *HM Sheriffs,* Kosten der Verwertung sowie die Gerichtskosten des Arrestgläubigers;
– Forderungen von gesicherten Gläubigern, *secured creditors,* mit Sicherungsrechten;[61]

---

[59] Auch existiert ein Privatinsolvenzverfahren nach dem *Loi ayant rapport aux débiteurs et à la renassage 1929* („*Renunciation*"), bei dem eine Person vom Gericht für zahlungsunfähig erklärt werden kann.

[60] Das Verfahren ist im The Preferred Debts, Désastre Proceedings and Miscellaneous Provisions (Guernsey and Alderney) Law, 2006 ausführlich beschrieben.

[61] Gemäß der Definition aus The Security Interest (Guernsey) Law, 1993.

- bevorrechtigte Forderungen, *preferential debts,* (Mietforderungen, Gehaltsforderungen, offene Einkommenssteuer, offene Sozialversicherungsbeträge);[62] und
- gleichberechtigte Befriedigung, *pari-passu,* der Forderungen von ungesicherten Gläubigern, *unsecured creditors.*

11.2.4 Wirkung des *désastre* Verfahrens auf den Schuldner

Sobald die Schlussverteilung vom *HM Sheriff* gemäß den Vorgaben des Gerichtskommissars vorgenommen wurde, bringt das Verfahren für den Schuldner keine weiteren Konsequenzen mit sich. In Zukunft ist es dem Schuldner auch nicht verwehrt, an der Gründung, Förderung und Verwaltung einer Gesellschaft beteiligt zu sein.

Das *désastre* Verfahren unterscheidet sich vor allem dadurch von einer Insolvenzanordnung, *bankruptcy order,* dass der Schuldner nicht von allen Verbindlichkeiten befreit wird. In der Praxis bedeutet dies, dass ein Gläubiger den Schuldner auch weiterhin auf die vollständige Befriedigung nachgewiesener, offener Verbindlichkeiten in Anspruch nehmen kann, wenn im Rahmen des *désastre* Verfahrens nicht ausreichend Vermögenswerte für eine vollständige Befriedigung zur Verfügung standen.

11.3 Saisie

11.3.1 Berechtigte

Gemäß den Anforderungen des *désastre* Verfahrens kann jeder Gläubiger, dem Geld geschuldet wird, auch im Rahmen eines *saisie* Verfahrens tätig werden. Das *saise* Verfahren erlaubt es allen als solche bestätigten Gläubigern jedoch nicht, den Erlös aus der Verwertung des beweglichen, sondern des unbeweglichen Vermögens, *real property,* (Immobilien, *immovable assets*) des Schuldners untereinander aufzuteilen.

In der Praxis sollten sich Gläubiger daher so umfassend wie möglich darüber informieren, ob die unbeweglichen Vermögenswerte des Schuldners dazu ausreichen, ihre eigenen sowie alle anderen erwarteten Gläubigerforderungen vollständig zu befriedigen.

Vor Einleitung des Verfahrens sollten sich die Gläubiger auch über die Komplexität der Verwertung von unbeweglichen Vermögenswerten im Klaren sein.

11.3.2 Verfahren, *procedure*[63]

Wie auch im Rahmen eines *désastre* Verfahrens beginnt das Verfahren damit, dass ein Gläubiger ein gerichtliches Urteil gegen den Schuldner erwirkt. Der Gläubiger, der als Arrestgläubiger, *arresting creditor,* bezeichnet wird, beantragt dann bei Gericht eine vorübergehende Übertragungsanordnung, *preliminary vesting order,* hinsichtlich des unbeweglichen Vermögens des Schuldners.

Mit Geltung der vorübergehenden Anordnung kommen dem Gläubiger bestimmte Befugnisse hinsichtlich des betroffenen Vermögenswerte zu, wie die Befugnis, die Immobilie räumen zu lassen und die Miete einzuziehen. Der Schuldner bleibt jedoch dennoch Eigentümer der Immobilie.

Wenn der Schuldner nach Erlass der vorrübergehenden Anordnung, *preliminary vesting order,* immer noch nicht den ausstehenden Betrag an den Arrestgläubiger bezahlt, kann dieser bei Gericht eine vorläufige Übertragungsanordnung, *interim vesting order,* beantragen. Durch die vorläufige Übertragungsanordnung wird das Eigentum effektiv auf den Arrestgläubiger übertragen. Der Arrestgläubiger ist sodann Halter der Vermögenswerte und verwaltet die daraus erzielten Erträge treuhänderisch für weitere potenziell gegen den Schuldner Anspruchsberechtigte.

Der Schuldner kann einen Aufschub der vorläufigen Übertragungsanordnung beantragen, um weitere Zeit zur Veräußerung der Immobilie zu gewinnen (oder andere Mittel zur vollständigen Befriedigung des Arrestgläubigers aufzubringen).

Wird vom Gericht eine vorläufige Übertragungsanordnung erlassen, wird der Arrestgläubiger seine Forderungen gegen den Schuldner geltend machen. Für einen Zeitraum von 28 Tagen wird vom *Greffe*[64] ein Forderungsregister, *register of claims,* hinsichtlich des unbeweglichen Vermögens des Schuldners, gegen den eine vorläufige Übertragungsanordnung erlassen wurde, geführt.

Der Arrestgläubiger hat außerdem in zwei aufeinanderfolgenden Wochen eine Bekanntmachung in der *Gazette Officielle* zu veröffentlichen. Weitere Anspruchsberechtigte können sodann innerhalb

---

[62] Wie im Preferred Debts (Guernsey) Law, 1983 festgelegt.
[63] Das Verfahren wird in der Saisie Procedure (Simplification) (Bailiwick) Order, 1952 im Einzelnen beschrieben.
[64] Der *Greffe* ist der Registerführer bzw. Urkundenbeamte des Gerichts von Guernsey.

einer Frist von mindestens 28 Tagen nach Veröffentlichung der zweiten Bekanntmachung ihre Forderungen einreichen.

222   Nach Fristablauf beantragen die Gläubiger die Ernennung eines Gerichtskommissars, *commissioner*, und der Arrestgläubiger beruft eine Versammlung ein, bei der diejenigen Anspruchsberechtigten zusammenkommen, die Ansprüche am Vermögen des Schuldners angemeldet haben.

223   Vor der Sitzung ist der Arrestgläubiger verpflichtet, einen Berichtsentwurf vorzubereiten und dem Gerichtskommissar, *commissioner*, vorzulegen, in dem die Forderungen gegen das unbewegliche Vermögen sowie die Kosten und Auslagen des *saisie* Verfahrens, aufgestellt sind.

224   Der Gerichtskommissar wird sodann die Befriedigung der Forderungen entsprechend ihres Rangs festlegen und einen Termin für die endgültige Übertragungsanordnung, *final vesting order*, festlegen. Die Forderungen, einschließlich der Kosten und Aufwendungen des *saisie* Verfahrens, werden nach dem Datum ihrer Registrierung geordnet und dann entsprechend des Registrierungsdatums in das Forderungsregister eingetragen. Anschließend wird der Gerichtskommissar den Berichtsentwurf des Arrestgläubigers beglaubigen.

225   Zum Termin der endgültigen Übertragungsanordnung werden die Gläubiger, die Rechte am unbeweglichen Vermögen des Schuldners aufrechterhalten konnten, vor Gericht geladen, und der Gerichtskommissar ersucht das Gericht zum Erlass einer endgültigen Übertragungsanordnung.

226   Die Gläubiger, beginnend mit dem Gläubiger mit der niedrigsten Priorität, müssen angeben, ob sie sich für eine Übertragung von den unbeweglichen Vermögenswerten entschieden, im Gegenzug jedoch die Haftung für alle Forderungen übernehmen.

227   In dem Fall, dass sich ein Gläubiger für die Übertragung entscheidet, erhält er die endgültige Übertragungsanordnung gegen den Schuldner und muss alle höherrangigen Forderungen innerhalb von 15 Werktagen (beginnend mit dem folgenden Werktag) vollständig befriedigen.

228   Sobald die endgültige Übertragungsanordnung erteilt worden ist, wird diese beim *Greffe* registriert und der Gläubiger kann mit den ihm übertragenen Vermögenswerten nach eigenem Ermessen verfahren.

11.3.3 Wirkung des *saisie* Verfahrens auf den Schuldner

229   Wie auch im Rahmen des *désastre* Verfahrens ergeben sich nach der endgültigen Übertragungsanordnung keine weiteren Konsequenzen für den Schuldner. Auch er hat in der Zukunft die Möglichkeit, an der Gründung, Förderung und Verwaltung einer Gesellschaft beteiligt zu sein.

230   Die Bekanntmachungen durch den Arrestgläubiger in der *Gazette Officielle* können unter Umständen allerdings zu einer Rufschädigung des Schuldners führen.

231   Nach Erlass der endgültigen Übertragungsanordnung ist der Gläubiger nicht verpflichtet, über einen nach Befriedigung der Forderungen und Deckung der Veräußerungskosten noch verbleibenden Überschuss aus der Verwertung zu informieren. Unter bestimmten Umständen kann also derjenige Gläubiger, der sich für eine Übertragung der Vermögenswerte entscheidet, im Ergebnis erhebliche Gewinne erzielen.

11.4 *Renunciation* (Verzichtsverfahren)

11.4.1 Überblick über das Verfahren

232   Das Verzichtsverfahren, *renunciation*, von Guernsey ähnelt dem Privatinsolvenzverfahren, *personal insolvency*, im Vereinigten Königreich.

233   In der Praxis kommt das Verzichtsverfahren nur selten zur Anwendung, da es als zeitaufwändig und komplex gilt.

11.4.2 Berechtigte

234   Ein Schuldner hat bei Gericht einen Antrag auf Feststellung der Zahlungsunfähigkeit, *declaration of insolvency*, zu stellen und den Eid zu leisten, die Insel Guernsey nicht zu verlassen, bis das Gericht über den Antrag entschieden hat. Jede Person, die die Insel dennoch anschließend ohne Erlaubnis des Gerichts verlässt oder zu verlassen versucht, kann sich des Meineids schuldig machen und in Haft genommen werden.[65]

235   Jeder Schuldner, dessen Angelegenheiten von seinen Arrestgläubigern in einer Sitzung im Beisein eines Geschworenen, *jurat*, als Gerichtskommissar, *commissioner of the court*, für „*désastre*" erklärt worden sind, kann von diesen Arrestgläubigern vor Gericht geladen werden; ein solcher Antrag (der Arrestgläubiger) gilt als Antrag des Schuldners auf Feststellung der Zahlungsunfähigkeit.[66]

---

[65] Gem. Artikel VIII Loi ayant rapport aux débiteurs et à la renunciation 1929, „Renunciation".
[66] Gem. Artikel XVI The Companies (Guernsey) Law, 2008.

11.4.3 Verfahren, *procedure*

Nach der Anrufung des Gerichts wird der Antrag um einen Monat vertagt, um die Ernennung eines Geschworenen, *jurat,* als Gerichtskommissar, *commissioner,* zu ermöglichen und einen Gläubigerausschuss, *committee of creditors,* zu bilden, der das Vermögen des Schuldners überwachen und sichern soll. **236**

Der Schuldner hat dem *HM Sheriff* zum Zeitpunkt der Antragstellung alle für das Verfahren relevanten Bücher, Titel, Papiere und sonstigen Unterlagen sowie sein gesamtes bewegliches Vermögen, das unter seinen Gläubigern aufgeteilt werden kann, zu übergeben.[67] **237**

Während dieses Monats wird zudem eine Gläubigerversammlung, *general meeting of creditors,* einberufen, in der der Schuldner befragt werden kann. In der Gläubigerversammlung zur Abstimmung vorgelegte Fragestellungen bezüglich Verwaltung oder Verwertung des Vermögens des Schuldners oder zu einem Vergleichsangebot des Schuldners, werden von der Mehrheit der anwesenden ungesicherten Gläubiger entschieden (einfache Kopfmehrheit), vorausgesetzt, dass die anwesenden Gläubiger zwei Drittel des Wertes der angemeldeten ungesicherten Verbindlichkeiten insgesamt ausmachen (zwei Drittel Summenmehrheit). **238**

Der Gläubigerausschuss macht die Versammlung zuvor folgendermaßen bekannt: **239**
– zehn Tage vor der Versammlung in der *Gazette Officielle;*
– durch einen Aushang in der Vorhalle des Gerichts und in der Vorhalle der Kirche der Gemeinde, in der der Schuldner wohnt; und
– mindestens vier Tage vor der Versammlung mit Orts- und Zeitangabe schriftlich an alle Gläubiger.

Bevor dem Schuldner der Verzicht, *renunciation,* gewährt wird, ist es ihm nicht möglich, Geschäfte auf eigene Rechnung zu betreiben und Kredite zu erhalten. **240**

Das Gericht hört die Gläubiger an und würdigt den Bericht des Gerichtskommissars hinsichtlich des Verhaltens des Schuldners und dessen Angelegenheiten und kann sodann entweder sofort oder aber auch zu einem späteren Zeitpunkt den Verzicht mit weiteren oder auch ohne Bedingungen gewähren.[68] **241**

Vorbehaltlich der vom Gericht auferlegten Bedingungen wird ein Schuldner im Rahmen des Verzichtsverfahrens im Ergebnis von der Befriedigung seiner vor seinem Antrag auf Erklärung der Zahlungsunfähigkeit eingegangenen Schulden befreit, es sei denn, es handelt sich um **242**
– Schulden gegenüber der Krone oder einer anderen Person wegen eines Vergehens gegen steuerrechtliche Bestimmungen oder wegen einer zugunsten eines Angeklagten gestellten Kaution;
– eine Schuld oder Verbindlichkeit, die aus der Beteiligung des Schuldners an Betrug oder Untreue entstanden ist; oder eine Schuld oder Verbindlichkeit, von der er sich durch die Beteiligung an einem Betrug befreit hat; oder
– Verpflichtungen aus einem gerichtlichen Urteil.

Bevorzugende Zahlungen, *preference paymentes,* die innerhalb eines Zeitraums von drei Monaten vor dem Datum des Insolvenzantrags geleistet werden, gelten als betrügerisch und nichtig.[69] **243**

Gerichtliche Anordnungen hinsichtlich von Bevorzugungen, *preferences,* haben allerdings keine Auswirkung auf solche Gesellschaftsanteile, die in gutem Glauben, *good faith,* und für einen Gegenwert erworben wurden. **244**

12. Reaktion auf die COVID-19 Pandemie

Bislang sind als Reaktion auf die COVID-19 Pandemie formell keine konkreten gesetzlichen Bestimmungen erlassen worden. Allerdings finden derzeit Beratungen zwischen den Staaten von Guernsey und Fachverbänden statt. Die Rechtsprechung wird jedoch in jedem Fall einen beträchtlichen Ermessensspielraum hinsichtlich der Durchsetzung von Maßnahmen gegen lokale inländische Gesellschaften haben, die aufgrund der gegenwärtigen Krise in finanzielle Schwierigkeiten geraten sind. **245**

Zu den Maßnahmen, die als Reaktion in Erwägung gezogen werden, gehören die Anhebung des Verschuldensgrads im Rahmen von gesetzlichen Verfahren sowie die Aussetzung oder Einführung eines Moratoriums bei Vorlage von Anträgen auf eine Abwicklung, *winding up.* **246**

---

[67] Die Nichteinhaltung dieser und anderer Bestimmungen nach Artikel VII des *Loi ayant rapport aux débiteurs et à la renunciation 1929* bedeutet mithin, dass sich der Schuldner der Missachtung des Gerichts schuldig macht und deswegen mit einer Geldstrafe oder sogar Freiheitsstrafe bestraft werden kann.
[68] Artikel XIII Loi ayant rapport aux débiteurs et à la renunciation 1929.
[69] Artikel IX Loi ayant rapport aux débiteurs et à la renunciation 1929.

Guernsey

Compulsory Winding Up

Guernsey

Voluntary Winding Up

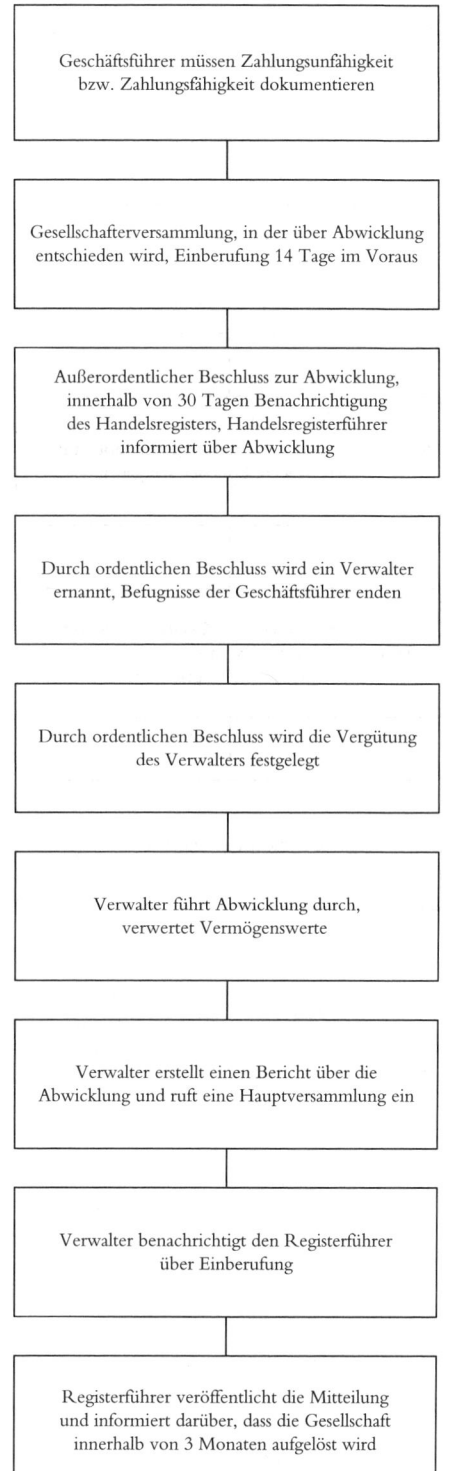

Guernsey

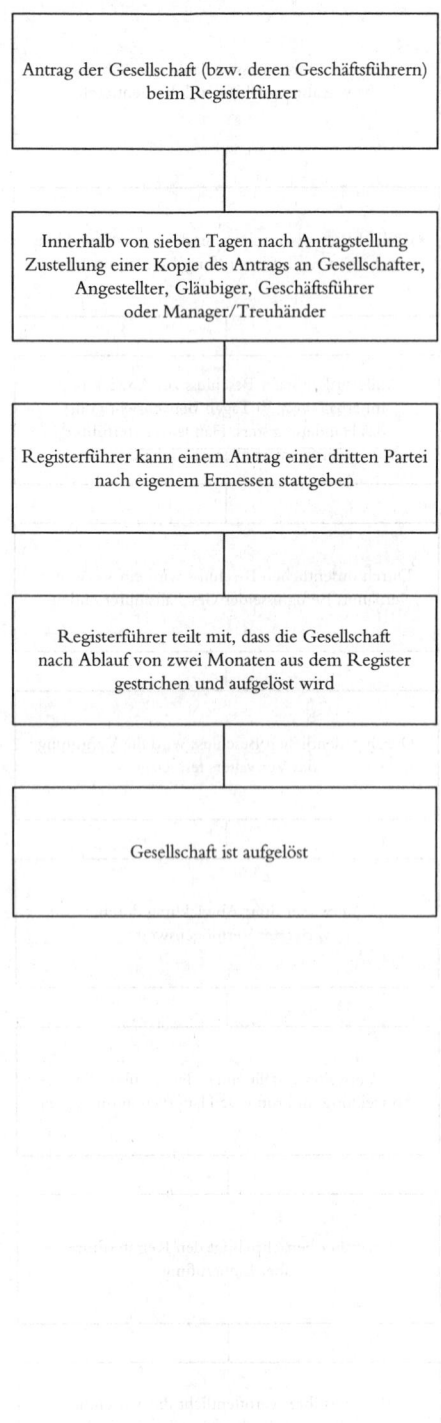

Guernsey

Administration

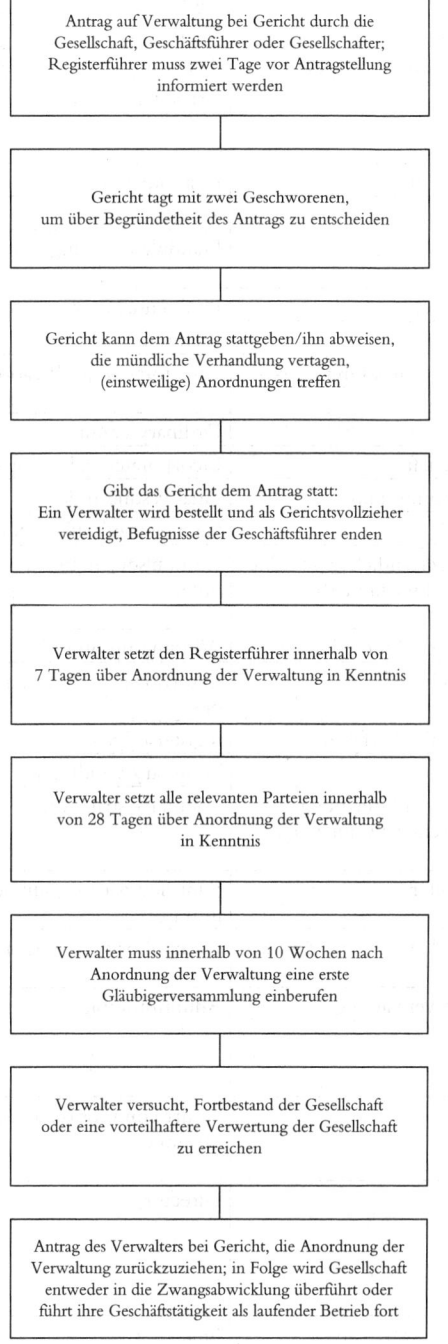

Guernsey

Glossar

Deutsch	Englisch	Rn.
Am Rande der Insolvenz	Brink of insolvency	171
Antrag auf Wiederherstellung (bei strike-off)	Application for restauration	96
Arrestgläubiger	Arresting creditor	203, 207 f., 210, 216, 218 ff., 230, 235
Aufgeschobene Forderungen	Postponed debts	80
Aufrechnung	Set-off	183
Betrügerischer Handel	Fraudulent trading	164
Bevorrechtigte Forderungen	Preferential debts	80, 210
Bevorrechtigte Gläubiger	Preferred creditor	140
Disqualifizierung von Geschäftsführern (Aberkennung der Rechte)	Directors' disqualification	43, 143, 187, 190
Einfache Gläubiger	Ordinary creditors	80, 83
Eingetragene Zellgesellschaft	Incorporated cell company	121, 128
Endgültige Übertragungsanordnung	Final vesting order	224
Lagebericht	Statemant of Affairs (SoA)	147
Eröffnungsbeschluss bei gerichtlich angeordneter Abwicklung (Zwangsabwicklungsbeschluss)	Compulsory liquidation order	25 ff.
Eröffnungsbeschluss im Verfahren winding up	Winding up order	42
Erpresserische Kreditgeschäfte	Extortionate credit transactions	184
Forderungsregister (bei Saise Verfahren)	register of claims	220
Freiwillige Abwicklung	Voluntary winding up	14, 46 ff., 51, 77
Freiwillige Auflösung (durch Streichung aus dem Register, wenn Gesellschaft nur noch eine „empty shell" ist)	Voluntary strike off	84 ff.
Gemeinsam tätige Verwalter	Joint liquidators, joint administrators	58, 126
Gerichtlich angeordnete Abwicklung (Zwangsabwicklung)	Compulsory winding up	14, 18 ff., 38, 65, 154, 175
Gerichtlich angeordnete Verwaltung	Administration	14, 112, 117, 121, 134 ff., 144 f., 150 ff., 168
Gerichtskommissar	Court commissioner, commissioner	31 f., 34, 206 ff., 211, 222 ff., 235 f., 242
Geschäftsführer	Director	17, 21, 51 f., 62, 77 f., 87 f., 94 f., 106 f., 109, 144 ff., 157 ff., 167 ff., 188 ff.
Geschworene	Jurat	124, 183, 206, 235 f.
Gesicherte Gläubiger	Secured creditors	80, 137, 140, 210
Gläubiger	Creditor	21, 27 ff., 31 f., 48, 50, 59,

Guernsey

Deutsch	Englisch	Rn.
		65 ff., 98 ff., 102 f., 105 ff., 111 f., 128 f., 136 f., 169 ff., 200 ff., 207 ff., 212 ff.
Gläubigerausschuss	Committee of creditors	236, 239
Gläubigerbevorzugung	Preferences	172 ff.
Gläubigerversammlung	Meeting of creditors	59, 129, 238
Grenzüberschreitende Insolvenzen	Cross-border insolvency	197
Gruppe (Zelle) mit eigener Rechtspersönlichkeit	Incorporated cell	19, 121, 128
Handelsregisterführer	Registrar	19, 26, 60, 73, 86 f., 90, 114, 123, 127, 190
HM Sheriff	Her Majesty's Sheriff	204 ff., 211, 237
Insolvente Abwicklung (im Rahmen der freiwilligen Abwicklung)	Insolvent winding up	14, 48, 168
Insolvenzverschleppung	Wrongful trading	168 ff.
Inspektor (zur Überprüfung von Beteiligten eines freiwilligen Abwicklungsverfahren)	Inspector	62
Kommission für Finanzdienstleistungen von Guernsey (GFSC)	Guernsey Financial Services Commission	17, 22, 119 ff., 190
Leere Hülle	Empty shell	85
Nachzahlungsverpflichteter Gesellschafter	Contributory	80, 112
Nicht auf Guernsey registrierte Gesellschaft	Non-Guernsey companies	44
Offizieller Bekanntmachungsteil der Guernsey-Press	Gazette Officielle	65, 208, 221, 230, 239
Privatinsolvenz	Personal insolvency	13, 198 ff., 232
Privatinsolvenzverfahren zur Verwertung von beweglichem Vermögen	Désastre	6, 198, 201 ff.
Privatinsolvenzverfahren zur Verwertung von unbeweglichem Vermögen	Saisie	6, 198, 200, 213 ff.
Schuldnachweisformular	Proof of debt form	29
Sicherheit am wesentlichen oder gesamten Unternehmensvermögen in seinem wechselnden Bestand	Floating charge	81
solvente Abwicklung (im Rahmen der freiwilligen Abwicklung)	Solvent winding up	14, 47
Solvenztest	Solvency test	15 f., 47, 52 f., 117
Unabhängiger Verwalter (im Rahmen der freiwilligen Abwicklung)	Independent liquidator	48
Unterwertverkauf	Transactions at undervalue	179 ff.
Vergleich zwischen Gesellschaft und Gesellschaftern oder Gläubigern	Scheme of arrangement, scheme	98 ff.
Verkäufer des immateriellen Firmenwerts der Gesellschaft	Sellers of the goodwill of a company	80
Verteilung der Vermögenswerte	Distribution of assets	79, 210

Guernsey

Deutsch	Englisch	Rn.
Verwalter (im Rahmen von Abwicklungsverfahren)	Liquidator	23 ff., 39, 42 f., 63 ff., 71 ff., 77, 112, 154, 160, 172, 179, 184 ff.
Verwalter (im Rahmen von Verwaltungsverfahren)	Administrator	179, 184, 186
Verzichtsverfahren bei Privatinsolvenzen	Renunciation	232 ff.
Vollstreckungssperre	Automatic stay	104
Vorläufige Übertragungsanordnung	Interim vesting order	218
vorläufiger Verwalter	Provisional liquidator	23 f.
vorübergehende Übertragungsanordnung	Preliminary vesting order	218
Zwangsauflösung	Compulsory liquidation	84, 155
(Insolvenz-)Verwalter	Insolvency practioner	194 ff.

Glossar

Englisch	Deutsch	Rn.
Administration	Gerichtlich angeordnete Verwaltung	14, 112, 117, 121, 134 ff., 144 f., 150 ff., 168
Administrator	Verwalter (im Rahmen von Verwaltungsverfahren)	179, 184, 186
Application for restauration	Antrag auf Wiederherstellung (bei strike-off)	96
Arresting creditor	Arrestgläubiger	203, 207 f., 210, 216, 218 ff., 230, 235
Automatic stay	Vollstreckungssperre	104
Brink of insolvency	Am Rande der Insolvenz	171
Committee of creditors	Gläubigerausschuss	236, 239
Compulsory liquidation	Zwangsauflösung	84, 155
Compulsory liquidation order	Eröffnungsbeschluss bei gerichtlich angeordneter Abwicklung (Zwangsabwicklungsbeschluss)	25 ff.
Compulsory winding up	Gerichtlich angeordnete Abwicklung (Zwangsabwicklung)	14, 18 ff., 38, 65, 154, 175
Contributory	Nachzahlungsverpflichteter Gesellschafter	80, 112
Court commissioner, commissioner	Gerichtskommissar	31 f., 34, 206 ff., 211, 222 ff., 235 f., 242
Creditor	Gläubiger	21, 27 ff., 31 f., 48, 50, 59, 65 ff., 98 ff., 102 f., 105 ff., 111 f., 128 f., 136 f., 169 ff., 200 ff., 207 ff., 212 ff.,
Cross-border insolvency	Grenzüberschreitende Insolvenzen	197
Désastre	Privatinsolvenzverfahren zur Verwertung von beweglichem Vermögen	6, 198, 201 ff.

Guernsey

Englisch	Deutsch	Rn.
Director	Geschäftsführer	17, 21, 51 f., 62, 77 f., 87 f., 94 f., 106 f., 109, 144 ff., 157 ff., 167 ff., 188 ff.
Directors' disqualification	Disqualifizierung von Geschäftsführern (Aberkennung der Rechte)	43, 143, 187, 190
Distribution of assets	Verteilung der Vermögenswerte	79, 210
Empty shell	Leere Hülle	85
Extortionate credit transactions	Erpresserische Kreditgeschäfte	184
Final vesting order	Endgültige Übertragungsanordnung	224
Floating charge	Sicherheit am wesentlichen oder gesamten Unternehmensvermögen in seinem wechselnden Bestand	81
Fraudulent trading	Betrügerischer Handel	164
Gazette Officielle	Offizieller Bekanntmachungsteil der Guernsey-Press	65, 208, 221, 230, 239
Guernsey Financial Services Commission	Kommission für Finanzdienstleistungen von Guernsey (GFSC)	17, 22, 119 ff., 190
Her Majesty's Sheriff	HM Sheriff	204 ff., 211, 237
Incorporated cell	Gruppe (Zelle) mit eigener Rechtspersönlichkeit	19, 121, 128
Incorporated cell company	Eingetragene Zellgesellschaft	121, 128
Independent liquidator	Unabhängiger Verwalter (im Rahmen der freiwilligen Abwicklung)	48
Insolvency practioner	(Insolvenz-)Verwalter	194 ff.
Insolvent winding up	insolvente Abwicklung (im Rahmen der freiwilligen Abwicklung)	14, 48, 168
Inspector	Inspektor (zur Überprüfung von Beteiligten eines freiwilligen Abwicklungsverfahren)	62
Interim vesting order	Vorläufige Übertragungsanordnung	218
Joint liquidators, joint administrators	Gemeinsam tätige Verwalter	58, 126
Jurat	Geschworene	124, 183, 206, 235 f.
Liquidator	Verwalter (im Rahmen von Abwicklungsverfahren)	23 ff., 39, 42 f., 63 ff., 71 ff., 77, 112, 154, 160, 172, 179, 184 ff.
Meeting of creditors	Gläubigerversammlung	59, 129, 238
Non-Guernsey companies	Nicht auf Guernsey registrierte Gesellschaft	44
Ordinary creditors	Einfache Gläubiger	80, 83
Personal insolvency	Privatinsolvenz	13, 198 ff., 232
Postponed debts	Aufgeschobene Forderungen	80
Preferences	Gläubigerbevorzugung	172 ff.,
Preferential debts	Bevorrechtigte Forderungen	80, 210
Preferred creditor	Bevorrechtigte Gläubiger	140
Preliminary vesting order	vorübergehende Übertragungsanordnung	218

Guernsey

Englisch	Deutsch	Rn.
Proof of debt form	Schuldnachweisformular	29
Provisional liquidator	vorläufiger Verwalter	23 f.
register of claims	Forderungsregister (bei Saise Verfahren)	220
Registrar	Handelsregisterführer	19, 26, 60, 73, 86 f., 90, 114, 123, 127, 190
Renunciation	Verzichtsverfahren bei Privatinsolvenzen	232 ff.
Saisie	Privatinsolvenzverfahren zur Verwertung von unbeweglichem Vermögen	6, 198, 200, 213 ff.
Scheme of arrangement, scheme	Vergleich zwischen Gesellschaft und Gesellschaftern oder Gläubigern	98 ff.
Secured creditors	Gesicherte Gläubiger	80, 137, 140, 210
Sellers of the goodwill of a company	Verkäufer des immateriellen Firmenwerts der Gesellschaft	80
Set-off	Aufrechnung	183
Solvency test	Solvenztest	15 f., 47, 52 f., 117
Solvent winding up	solvente Abwicklung (im Rahmen der freiwilligen Abwicklung)	14, 47
Statemant of Affairs (SoA)	Lagebericht	147
Transactions at undervalue	Unterwertverkauf	179 ff.
Voluntary strike off	Freiwillige Auflösung (durch Streichung aus dem Register, wenn Gesellschaft nur noch eine „empty shell" ist)	84 ff.
Voluntary winding up	Freiwillige Abwicklung	14, 46 ff., 51, 77
Winding up order	Eröffnungsbeschluss im Verfahren winding up	42
Wrongful trading	Insolvenzverschleppung	168 ff.

Hongkong

bearbeitet von *Look Chan Ho*, Barrister-at-Law, Solicitor-Advocate und Attorney-at-Law (Hongkong, England und Wales, New York), *Tiffany Chan*, Barrister-at-Law (Hongkong), *Tinny Chan*, Barrister-at-Law (Hongkong), Des Voeux Chambers, Hongkong; deutsche Bearbeitung: *Ursula Schlegel*, Rechtsanwältin & Solicitor (England and Wales)

Übersicht

	Rn.
1. Gesetzgebung, Literatur und Informationsquellen	1
1.1 Gesetzgebung	1
1.2 Literatur	2
1.3 Informationsquellen	3
2. Einführung	5
2.1 Rechtliche Rahmenbedingungen	5
2.2 Verfahrensarten	9
2.3 Von der Praxis entwickelte Methoden zur Restrukturierung von Unternehmen	13
2.4 Restrukturierung von Unternehmen, gesetzlich vorgesehene Methoden	16
2.5 Regelungen für Finanzinstitute und Versicherungsunternehmen	20
2.6 Insolvenz von Unternehmensgruppen	24
2.7 Privatinsolvenzverfahren *(bankruptcy)*	25
3. Verfahren	27
3.1 Einleitung des Verfahrens	31
3.1.1 Einleitung von *creditors' voluntary winding-up*	31
3.1.2 *Compulsory winding-up:*	32
3.1.3 *Scheme of Arrangement*	34
3.1.4 *Privatinsolvenzverfahren, bankruptcy proceedings*	35
3.2 Ermittlung der Gründe, wegen derer ein Verfahren eröffnet werden kann oder muss	36
3.2.1 *Creditors' voluntary winding-up*	36
3.2.2 Compulsory winding up	38
3.2.3 *Scheme of Arrangement*	42
3.2.4 Privatinsolvenzverfahren *(bankruptcy proceedings)*	43
3.3 Antragspflichten, Haftung bei Nichteinhaltung	49
3.3.1 *Creditors' voluntary winding-up*	49
3.3.2 *Compulsory winding-up*	51
3.3.3 *Scheme of Arrangement*	53
3.3.4 *Privatinsolvenzverfahren (Bankruptcy proceedings)*	54
3.4 Befugnis zur Einleitung des Verfahrens	56
3.4.1 *Creditors' voluntary winding-up*	56

	Rn.
3.4.2 Compulsory winding-up	57
3.4.3 Scheme of Arrangement	59
3.4.4 Privatinsolvenzverfahren *(bankruptcy proceedings)*	61
3.5 Beteiligung der Gerichte	62
3.5.1 *Creditors' voluntary winding-up*	63
3.5.2 *Compulsory winding-up*	64
3.5.3 *Scheme of Arrangement*	65
3.5.4 *Bankruptcy proceedings*	68
3.6 Verwalter *(office-holder)*	69
3.6.1 Die unterschiedlichen Verwalterämter	69
3.6.2 Auswahl und Bestellung des Verwalters	71
3.6.2.1 Auswahlkriterien für Verwalter	71
3.6.2.2 Bestellung von vorläufigen Verwaltern	73
3.6.2.3 Auswahlkriterien eines (vorläufigen) Treuhänders, *(provisional) trustee or a trustee*	75
3.6.2.4 Bestellung des vorläufigen Treuhänders, *provisional trustee*	76
3.6.2.5 Bestellung des Treuhänders, *trustee*	77
3.6.3 Überwachung und Kontrolle der Befugnisse des Verwalters	78
3.6.3.1 *Creditors' voluntary winding-up*	78
3.6.3.2 *Compulsory winding-up*	79
3.6.3.3 *Bankruptcy proceedings*	81
3.6.4 Vergütung des Verwalters	83
3.6.4.1 Vorläufiger Verwalter, *provisional liquidator*	83
3.6.4.2 Verwalter	84
3.6.4.3 Vorläufiger Treuhänder *(Provisional trustee)*	87
3.6.4.4 Treuhänder *(trustee)*	88
3.6.5 Pflichten und Befugnisse der Verwalter	89
3.6.5.1 Vorläufiger Verwalter *(provisional liquidator)*	89
3.6.5.2 (Vorläufiger) Treuhänder, *(provisional) trustee*	95
3.7 Verwaltung und Verwertung der Masse	101
3.7.1 *Winding-up proceedings*	101
3.7.2 *Privatinsolvenzverfahren (bankruptcy proceedings)*	103
3.8 Fortführung des schuldnerischen Unternehmens durch den Schuldner oder den Verwalter	107
3.8.1 *Creditors' voluntary winding-up*	108

Hongkong 1–3

	Rn.
3.8.2 Compulsory winding-up	109
3.8.3 Scheme of arrangement	110
3.9 Maßnahmen zum Schutz der Masse vor Eröffnung des Verfahrens	111
3.10 Auswirkungen der Eröffnung des Insolvenzverfahrens auf Vollstreckungsmaßnahmen einzelner Gläubiger in laufenden Gerichts- oder Schiedsverfahren	113
3.10.1 Winding-up proceedings	113
3.10.2 Privatinsolvenzverfahren (bankrutpcy proceedings)	118
3.11 Auswirkungen der Eröffnung des Insolvenzverfahrens auf laufende Gerichts- oder Schiedsverfahren	119
3.11.1 Compulsory winding-up	119
3.11.2 Privatinsolvenzverfahren (bankruptcy proceedings)	121
3.12 Automatisches oder gerichtlich angeordnetes Moratorium	122
3.12.1 Winding-up proceedings	122
3.12.2 Privatinsolvenzverfahren (bankruptcy proceedings)	123
3.13 Vertreter der Gläubiger (representatives of creditors)	124
3.13.1 Winding-up proceedings	124
3.13.1 Privatinsolvenzverfahren (bankruptcy proceedings)	126
3.14 Forderungsanmeldung und -feststellung	128
3.15 Verwertung und Verteilung des Masse, Rangfolge	136
3.15.1 Pflichten des Verwalters	136
3.15.2 Masseverbindlichkeiten (debts incumbent on the estate)	138

	Rn.
3.15.3 Gesicherte Gläubiger (secured creditors)	139
3.15.4 Bevorrechtigte Gläubiger (preferential creditors)	140
3.15.5 Ungesicherte Gläubiger (unsecured creditors)	141
3.15.6 Gesellschafter (members of the company)	142
3.16 Abschluss des Verfahrens – Auflösung des schuldnerischen Unternehmens	143
4. Verträge in Abwicklungs- oder Restrukturierungsverfahren Verfahren	146
4.1 Nicht erfüllte Verträge; Mietverträge, Leasingverträge	146
4.2 Arbeitsverträge (employment contracts)	148
5. Pensionsansprüche in Insolvenz und Restrukturierung	150
6. Eigentumsvorbehalt	151
7. Sicherheiten	152
7.1 Sicherheiten an beweglichen Sachen	152
7.2 Grundpfandrechte	157
8. Aufrechnung; Aufrechnungsvereinbarungen (set-off)	159
9. Anfechtung	162
9.1 Unlautere Gläubigerbevorzugung (unfair preference)	163
9.2 Verfügungen unter Wert (transactions at an undervalue)	165
9.3 Floating charges	167
10. Verfolgung der Haftung gegen (ehemalige) Geschäftsführer oder Gesellschafter, Ansprüche gegen Dritte	168
11. Internationales Insolvenzrecht	170
12. COVID-19-Maßnahmen	175

1. Gesetzgebung, Literatur und Informationsquellen

1.1 Gesetzgebung

1 Gesetze und Durchführungsvorschriften von Hongkong sind unter https://www.elegislation.gov.hk/ verfügbar.

1.2 Literatur

2 Susan Kwan, Company Law in Hong Kong: Insolvency, 2019 (Sweet & Maxwell); Stephan Lo & Charles Qu, Law of Companies in Hong Kong (3rd ed, 2018, Sweet & Maxwell); Charles Booth, ELG Tyler, Ludwig Ng & Terry Kan, The Hong Kong Corporate Insolvency Manual (4th ed, 2018, LexisNexis); ELG Tyler & Stefan Lo; Butterworths Hong Kong Company Law (Winding Up and Miscellaneous Provisions) Handbook (4th ed, 2019, LexisNexis); Charles Booth & ELG Tyler, Hong Kong Personal Insolvency Manual (2nd ed, 2010, Hong Kong Institute of Certified Public Accountants); Hans Mahncke, Butterworths Hong Kong Bankruptcy Law Handbook (6th ed, 2019, LexisNexis).

1.3 Informationsquellen

3 Die Website des *Official Receiver,* https://www.oro.gov.hk/, enthält umfassende Informationen über die verschiedenen Arten von Insolvenzverfahren in Hongkong.

2. Einführung   4–14 **Hongkong**

Die Entscheidungen der Gerichte von Hongkong können auf verschiedenen Internetseiten 4
abgerufen werden. Dazu gehören die Website der Justiz von Hongkong, https://www.judiciary.hk/
en/home/index.html, die Website des *Hong Kong Legal Information Institute* (HKLII), http://
www.hklii.hk/eng/ und juristische Datenbankdienste, wie beispielsweise Westlaw und LexisNexis.

2. Einführung

2.1 Rechtliche Rahmenbedingungen

Das Rechtssystem von Hongkong ist durch einen spezifischen Verfassungsrahmen geprägt, 5
genannt „Ein Land, zwei Systeme" (*„One Country, Two Systems"*). Darin wird festgelegt, dass Hongkong zwar Teil der Volksrepublik China ist, aber ein *Common Law* System beibehält, das noch aus seiner britischen Kolonialzeit stammt.[1] Als Ergebnis – ähnlich wie im englischen Rechtssystem – behält das Hongkonger Recht die Anwendung von *Common Law*, Billigkeitsrecht *(rules of equity),* Verordnungen *(ordinances)* und Durchführungsvorschriften *(subordinate legislation)* bei.[2]

Das Insolvenzrecht Hongkongs unterscheidet zwischen Unternehmensinsolvenzverfahren *(win-* 6
ding-up) und Privatinsolvenzverfahren *(bankruptcy)*. Auf der Grundlage dieser Unterscheidung kommen unterschiedliche gesetzliche Regelungen zur Anwendung.

Das Unternehmensinsolvenzrecht Hongkongs wurde für den größten Teil des bisherigen 7
21. Jahrhunderts durch die **Companies Ordinance (Cap 32)** geregelt, der gesetzliche Rahmen wurde jedoch reformiert. Die nunmehr anwendbare **Companies Ordinance (Cap 622)** (im Folgenden: „**CO**") trat am 3.3.2014 in Kraft. Dennoch wird die bisherige *Companies Ordinance (Cap 32)* teilweise inhaltlich noch angewandt. Während die meisten ihrer Bestimmungen aufgehoben wurden, wurden einige Bestimmungen in der neu benannten Verordnung **Companies (Winding Up and Miscellaneous Provisions) Ordinance (Cap 32)** (im Folgenden: „**CWUMPO**") beibehalten. Die CWUMPO und das CO bilden gemeinsam den zentraler Bestandteil des Gesellschaftsrechts in Hongkong. Die für diesen Länderbericht relevanten Bestimmungen betreffend Unternehmensinsolvenzen sind überwiegend in der CWUMPO, nicht im CO enthalten. Zusätzlich enthalten die **Companies (Liquidation) Rules (Cap 32H)** die bei der Abwicklung von Unternehmen anwendbaren Verfahrensregelungen.

Privatinsolvenzen werden durch die Verordnung über Privatinsolvenzverfahren, **Bankruptcy** 8
Ordinance (Cap 6) (im Folgenden: „**BO**"), geregelt. Die **Bankruptcy Rules (Cap 6A)** (im Folgenden: „**BR**"), enthalten die im Privatinsolvenzverfahren anzuwendenden Verfahrensregelungen.

2.2 Verfahrensarten

Das CWUMPO sieht verschiedene Verfahren zur Abwicklung eines Unternehmens vor: 9
Abwicklung aufgrund gerichtlicher Anordnung (*„Compulsory winding-up"*[3]) oder die „freiwil- 10
lige" (*„voluntary"*) Abwicklung, entweder aufgrund eines **Gesellschafterbeschlusses** als *members'*
voluntary winding-up,[4] wenn das Unternehmen solvent ist, dh liquidiert wird oder, wenn das Unternehmen insolvent ist, als *creditors' voluntary winding-up.*[5]

Privatinsolvenzverfahren werden auf Antrag gerichtlich durchgeführt. Der Antrag kann von 11
einem Gläubiger oder dem Schuldner selbst gestellt werden.[6] In diesem Sinne kann auch das Privatinsolvenzverfahren *„compulsory"* oder *„voluntary"* eingeleitet werden.

Das Hongkonger Insolvenzrecht bietet auch **„sanftere" Verfahrensoptionen** an, mit denen 12
die Insolvenz eines Unternehmens oder einer Privatperson ohne die Konsequenzen der Abwicklung oder des Privatinsolvenzverfahrens bewältigt werden können.

2.3 Von der Praxis entwickelte Methoden zur Restrukturierung von Unternehmen

Das Recht von Hongkong sieht **kein formelles Verfahren für die präventive Restrukturie-** 13
rung von Unternehmen vor. Die **Praxis hat** Methoden entwickelt – teilweise auf gesetzlich vorgesehenen Verfahren basierend – um diese Lücke zu schließen.

Workout: Hierbei handelt es sich um Verhandlungen zwischen dem Unternehmen und seinen 14
Gläubigern, um eine konsensuale Einigung zu erzielen, die bevorstehende Vollstreckung durch einen

---

1 The Basic Law of the Hong Kong Special Administrative Region of the People's Republic of China, (The Basic Law), Art 1.
2 The Basic Law, Art. 8.
3 CO, Part 5 Division 2.
4 CO, Part 5 Division 3 Subdivision 4.
5 CO, Part 5 Division 3 Subdivision 5.
6 BO, s.3(1)(a)-(b).

Gläubiger zu vermeiden. Eine *Workout*-Vereinbarung kann verschiedene Formen annehmen, wie zB Stundung oder die Gewährung neuer Kredite an den Schuldner. Aber diese Methode hat Schwachpunkte. Insbesondere erlegt sie den Gläubigern kein Moratorium auf und deren Beteiligung an einer Einigung ist vollkommen freiwillig. Ein unkooperativer Gläubiger kann sich weigern, einem *Workout* zuzustimmen und ein Abwicklungsverfahren einleiten, wodurch das *Workout* scheitern kann.

15 **Receivership:** Die zweite Methode basiert auf der Zwangsverwaltung *(receivership)*. Ein Zwangsverwalter *(receiver)* kann durch gerichtlichen Beschluss oder durch einen gesicherten Gläubiger (etwa auf Basis seiner vertraglichen Befugnisse im Rahmen einer Schuldverschreibung, *debenture*) über das Vermögen einer Gesellschaft bestellt werden. *Receiver* werden bestellt, um Einnahmen aus dem Vermögen einzutreiben, zu verwahren und zu erhalten. Abhängig von den Bedingungen der Bestellung können sie mit der Befugnis ausgestattet sein, das Unternehmensvermögen zu verkaufen. **Receiver können – durch die Ausübung ihrer Befugnisse – den Geschäftsbetrieb des Unternehmens restrukturieren, um es zu sanieren.** So beispielsweise, wenn der *receiver* die unrentablen Teile des Unternehmens verkauft, während dessen profitable Teile erhalten bleiben.

2.4 Restrukturierung von Unternehmen, gesetzlich vorgesehene Methoden

16 Zwei weitere Methoden, die den Einsatz gesetzlich vorgesehener Mechanismen beinhalten, werden zur **Sanierung von Unternehmen** eingesetzt:

17 Die erste Methode besteht in der **Bestellung von vorläufigen Insolvenzverwaltern.** Im Falle einer gerichtlich angeordneten Abwicklung *(compulsory winding-up)* kann das Gericht zwischen Antragstellung und Eröffnungsbeschluss einen vorläufigen Insolvenzverwalter bestellen.[7] Nach einer solchen Bestellung sind weitere Verfahren gegen die Gesellschaft ausgeschlossen, ausgenommen mit Genehmigung des Gerichts.[8] Ein Mechanismus, der zu Beginn des 21. Jahrhunderts zu einer Praxis geführt hat, bei der **vorläufige Insolvenzverwalter** ernannt wurden, während Bemühungen um eine **Unternehmensrettung** unternommen wurden.

18 Diese Praxis wurde 2006 eingeschränkt, als der *Court of Appeal* (das Berufungsgericht in Insolvenzsachen) entschied, dass die Bestellung eines vorläufigen Insolvenzverwalters zum Zwecke der Abwicklung der Gesellschaft zu erfolgen habe.[9] **In einer Entscheidung aus 2018 wurde klargestellt, dass vorläufige Insolvenzverwalter, sofern sie aus konventionellen Gründen ernannt wurden** (zB das Auffinden und die Erhaltung von Vermögen für die Abwicklung eines Unternehmens), **zur Sanierung von Unternehmen eingesetzt werden können.**[10]

19 Die zweite Methode ist das *Scheme of Arrangement,* eine (a) Vereinbarung über die Tilgung von Verbindlichkeiten zwischen dem Unternehmen und einer erforderlichen Mehrheit von Gläubigern, die, (b) wenn das Gericht die Vereinbarung sanktioniert, für alle – auch für abweichende Gläubiger – verbindlich ist.[11] Dieser gesetzliche Mechanismus bietet eine **hilfreiche Alternative, wenn ein konsensuales *Workout* nicht möglich** ist.

2.5 Regelungen für Finanzinstitute und Versicherungsunternehmen

20 Die Bankenverordnung *(Banking Ordinance)* schreibt vor, dass **eine Bank nicht im Wege der** *creditors' voluntary winding-up* **abgewickelt werden kann.**[12] Der Finanzminister *(Financial Secretary)* kann in bestimmten Situationen einen Antrag auf Abwicklung einer Bank stellen.[13] Möchte eine andere Person einen Antrag auf Abwicklung einer Bank stellen, so muss eine Kopie des Antrags der *Hong Kong Monetary Authority* zugestellt werden. Diese Behörde ist dann berechtigt, zu dem Antrag Stellung zu nehmen und Zeugen zu vernehmen oder in ein Kreuzverhör zu nehmen.[14]

21 Ein zugelassenes Versicherungsunternehmen darf nicht „freiwillig", *voluntarily,* abgewickelt werden, es sei denn, das Gericht verfügt anderweitig.[15] Es kann gerichtlich aufgelöst werden, wenn zehn oder mehr Versicherungsnehmer einen entsprechenden Antrag stellen; ein solcher Antrag kann nur mit gerichtlicher Genehmigung gestellt werden.[16] Darüber hinaus kann die **Versicherungsbe-**

---

[7] CWUMPO, s.193(1).
[8] CWUMPO, s.186.
[9] Re Legend International Resorts Ltd[2006] 2 HKLRD 192 bei[36].
[10] Re China Solar Energy Holdings Ltd (Nr. 2)[2018] 2 HKLRD 338 zu[31]-[35].
[11] CO, s.674(1)(a)-(b).
[12] Banking Ordinance (Cap 155), s.122(1).
[13] Banking Ordinance (Cap 155), s.122(2).
[14] Banking Ordinance (Cap 155), s.122(7).
[15] Insurance Ordinance (Cap 41), s.45(1).
[16] Insurance Ordinance (Cap 41), s.43.

hörde (*Insurance Authority*) einen **Antrag auf Abwicklung einer Versicherungsgesellschaft** stellen.[17] Ein zugelassenes Versicherungsunternehmen gilt als zahlungsunfähig (und kann daher mit gerichtlichem Beschluss abgewickelt werden), wenn der Wert seines Vermögens den Betrag seiner Verbindlichkeiten nicht um einen vorgeschriebenen Betrag übersteigt.[18]

In jüngster Zeit haben Rechtsreformen durch den Erlass der Verordnung über Finanzinstitute, *Financial Institutions (Resolution) Ordinance (Cap 628)* (im Folgenden: **„FIRO"**), stattgefunden. Hiermit wurde eine gesetzliche Regelung für die Abwicklungvon Finanzinstituten[19] (einschließlich Banken und Versicherern[20]) eingeführt. Bestimmte Regierungsbehörden, wie die oben erwähnte *Monetary Authority* und die *Insurance Authority*, sind die für die Abwicklung zuständigen Behörden.[21] **Es gibt fünf Optionen zur Stabilisierung,** die diese Behörden bei der Abwicklungeines Finanzinstituts anwenden können:[22] 22

(a) Übertragung auf einen Käufer,
(b) Übertragung auf eine Brückeninstitution *(bridge institution)*. Diese ist eine Gesellschaft mit beschränkter Haftung, die ganz oder teilweise von der Regierung gehalten wird und zum Zwecke der Übertragung und zeitnaherVeräußerung im Rahmen der FIRO geschaffen wurde,[23]
(c) Übertragung auf ein Asset-Management-Vehikel *(asset management vehicle)*. Ein solches ist eine Gesellschaft mit beschränkter Haftung, die ganz oder teilweise von der Regierung gehalten wird und für die Aufnahme eines Teils der oder aller Vermögenswerte, Rechte und Verbindlichkeiten eines Finanzinstituts oder einer Brückeninstitution geschaffen wurde.[24]
(d) *Bail-in*. Dies kann beispielsweise die Beendigung oder Änderung von Verbindlichkeiten des Finanzinstituts beinhalten. Dabei[25] muss die Behörde jedoch die Grundsätze der Rangfolgen im Abwicklungsverfahren berücksichtigen.[26]
(e) Übertragung auf eine TPO-Gesellschaft, eine temporäre öffentliche Beteiligungsgesellschaft *(temporary public ownership company)*.[27] Es handelt sich hierbei um eine Gesellschaft mit beschränkter Haftung, die sich zu 100 % im Besitz der Regierung befindet und für eine Übertragung im Rahmen der FIRO gegründet wurde.[28]

Die Behörde kann diese Stabilisierungsoptionen einzeln, in einer Kombination, gleichzeitig oder nacheinander anwenden.[29] Werden keine derartigen Stabilisierungsoptionen angewendet, wird mit dem Finanzinstitut gemäß den Bestimmungen des Insolvenzrechts verfahren. 23

2.6 Insolvenz von Unternehmensgruppen

Nach Hongkonger Recht werden Unternehmen innerhalb einer Unternehmensgruppe als eigenständige juristische Personen betrachtet.[30] Gemäß dieser Regel gibt es kein Verfahren, bei dem eine Unternehmensgruppe als eine kollektive Einheit abgewickelt wird. Wird eine Unternehmensgruppe abgewickelt, ist es jedoch üblich, dass zur Vereinfachung der Verwaltung und Reduzierung der Kosten **derselbe oder dieselben Insolvenzverwalter** bestellt wird/werden.[31] 24

2.7 Privatinsolvenzverfahren *(bankruptcy)*

Nach der Verordnung über Privatinsolvenzverfahren, *Bankruptcy Ordinance* **(„BO")**, stehen insolventen Privatpersonen zwei Verfahren zur Verfügung. Das erste ist das Privatinsolvenzverfahren *(bankruptcy procedure)*, bei dem ein Insolvenzantrag bei Gericht gestellt wird und das Gericht ein Privatinsolvenzverfahren eröffnen kann.[32] Danach wird der *Official Receiver* zum vorläufigen Treuhän- 25

---

[17] *Insurance Ordinance* (Cap 41), s.44(1).
[18] *Insurance Ordinance* (Cap 41), s.42(1).
[19] FIRO, s.4(a).
[20] FIRO, s.2(1).
[21] FIRO, s.2(1).
[22] FIRO, s.33(2).
[23] FIRO, s.43.
[24] FIRO, s.51.
[25] FIRO, s.8(3)(a)-(b).
[26] FIRO, s.58(6)(a).
[27] FIRO, s.2(1).
[28] FIRO, s.69.
[29] FIRO, s.34(1).
[30] *Adams v Cape Industries plc*[1990] Ch 433; genehmigt in *China Ocean Shipping Co v Mitrans Shipping Co Ltd*[1995] 3 HKC 123.
[31] *Re Luen Cheong Tai Construction Co Ltd* (nicht gemeldet, HCCW 190/2002, 14.11.2002) unter[18].
[32] BO, s.3(1)-(2).

der *(provisional trustee)* über das Vermögens des Schuldners bestellt, Vollstreckungsmaßnahmen gegen den Schuldner sind fortan untersagt.[33]

26 Das zweite Verfahren ist das **Individual Voluntary Arrangement** („IVA"). Beim IVA legt der Schuldner seinen Gläubigern einen Vorschlag über die Rückzahlung seiner Verbindlichkeiten vor.[34] Erhält der Vorschlag die Zustimmung einer Mehrheit von Gläubigern, die drei Viertel der Forderungssummen auf sich vereinen,[35] so ist der Vorschlag auch für die anderen Gläubiger bindend.[36] Der Hauptvorteil dieses Verfahrens besteht darin, dass für den Schuldner kein Insolvenzverfahren eröffnet wird.

3. Verfahren

27 Wie oben unter 2. ausgeführt, können unterschiedliche Verfahrensarten eröffent werden, wenn eine natürliche Person oder ein Unternehmen insolvent sind.

28 Im Fall der Insolvenz eines Unternehmens können folgende Verfahren eröffnet werden: (a) *creditors' voluntary winding-up* und (b) *compulsory winding-up*. **Die *members' voluntary winding-up* ist kein Insolvenzverfahren**, die Einleitung setzt eine Erklärung der Geschäftsführer voraus, dass das Unternehmen zur vollen Begleichung seiner Verbindlichkeiten in der Lage sein wird.

29 Weiterhin können die folgenden Verfahren angewandt werden, um die Sanierung eines krisenbefangenen Unternehmens zu erreichen: (a) die Bestellung eines *receiver*, (b) die Bestellung vorläufiger Verwalter *(provisional liquidators)* oder ein (c) *scheme of arrangement*.

30 Ist eine natürliche Person insolvent, kann gerichtlich ein **Privatinsolvenzverfahren *(bankruptcy proceedings)* eingeleitet werden. Zuständiges Gericht ist der *High Court*.**

3.1 Einleitung des Verfahrens

3.1.1 Einleitung von *creditors' voluntary winding-up*

31 *Creditors' voluntary winding-up* wird eingeleitet, wenn:
a. eine Gesellschaft in einer Hauptversammlung einen Sonderbeschluss über die Abwicklung fasst und wenn **keine Solvenzbescheinigung *(Certificate of Solvency)*** vorliegt,[37] oder
b. die Gesellschaft nach Ansicht der Geschäftsführer zahlungsunfähig ist;[38] oder
c. die Abwicklung der Gesellschaft als *members' voluntary liquidation* (solvente Abwicklung, Liquidation) eingeleitet wurde, der Liquidator aber zu der Auffassung gekommen ist, dass die Gesellschaft zahlungsunfähig ist.[39]

3.1.2 *Compulsory winding-up:*

32 Eine Gesellschaft kann aus sechs wesentlichen Gründen gerichtlich abgewickelt werden:[40]
a. die Gesellschaft hat einen Sonderbeschluss gefasst, dass die Gesellschaft gerichtlich abgewickelt werden soll;[41]
b. eine Gesellschaft nimmt ihre Tätigkeit nicht innerhalb eines Jahres nach ihrer Gründung auf oder setzt ihre Tätigkeit für ein ganzes Jahr aus;[42]
c. das Unternehmen hat keine Gesellschafter;[43]
d. das Unternehmen ist nicht in der Lage, seine Verbindlichkeiten zu begleichen;[44]
e. es ist ein Umstand eingetreten, für den die Satzung vorsieht, dass die Gesellschaft aufgelöst werden soll;[45]
f. nach Ansicht des Gerichts ist es gerecht und billig, *just and equitable,* dass die Gesellschaft aufgelöst wird.[46]

---

[33] BO, s.12(1).
[34] BO, s.20A(1).
[35] BR, r. 22 (1).
[36] BO, s.20H(1)(a)(i).
[37] CWUMPO s.233(4).
[38] CWUMPO s.228A.
[39] CWUMPO s.237A.
[40] CWUMPO s.177.
[41] CWUMPO s.177(1)(a).
[42] CWUMPO s.177(1)(b).
[43] CWUMPO s.177(1)(c)
[44] CWUMPO s.177(1)(d).
[45] CWUMPO s.177(1)(e).
[46] CWUMPO s.177(1)(f).

Von diesen sechs Gründen sind die beiden in der Praxis am häufigsten vorkommenden, dass die 33
Gesellschaft nicht in der Lage ist, ihre Verbindlichkeiten zu begleichen, **oder dass die Abwicklung
vom Gericht als** *just and equitable,* **billig und gerecht, erachtet** wird.

3.1.3 Scheme of Arrangement

Das Verfahren für das *scheme of arrangement* ist in der CO geregelt.[47] Ein *scheme of arrangement* 34
kommt nicht nur zur Anwendung, wenn sich ein Unternehmen in finanziellen Schwierigkeiten
befindet oder möglicherweise zahlungsunfähig ist. Einer Gesellschaft, den Gesellschaftern und/oder
den Gläubigern der Gesellschaft steht es auch frei, mittels eines *scheme of arrangement* eine andere
verbindliche Vereinbarung zu treffen, zB über die Herabsetzung des Stammkapitals. Darüber hinaus
kann ein Vergleich von jedem *Verwalter* der Gesellschaft eingeleitet werden, wenn sich die Gesellschaft
in einem Abwicklungsverfahren befindet.
Die erforderliche Mehrheit für das Zustandekommen des Vergleichs sind mindestens
75 % des Wertes der Forderungssummen oder der Stimmrechte der Gläubiger bzw. Gesellschafter,
die persönlich oder durch einen Bevollmächtigten über den vorgeschlagenen Vergleichsplan abstimmen.[48]

3.1.4 *Privatinsolvenzverfahren, bankruptcy proceedings*

Das *Privatinsolvenzverfahren* kann wie folgt eingeleitet werden: 35
a. durch Antrag eines Gläubigers, mit der Begründung, dass der Schuldner zahlungsunfähig ist oder
keine vernünftige Aussicht hat, Verbindlichkeiten von über HK-$10.000 – zu begleichen,[49] oder
dass es die begründete Annahme gibt, dass die beabsichtigte oder tatsächliche Abreise des Schuldners aus Hongkong zu Ausfällen oder Verzögerungen für seine Gläubiger führen würde;[50]
b. durch Antrag eines Schuldners mit der Begründung, dass er seine Verbindlichkeiten nicht begleichen kann;[51] oder
c. durch einen Antrag eines *nominee* („Verwalter" in einem Vergleichsverfahren *(voluntary arrangement)*
für insolvente Privatpersonen) oder einer Person, die an ein *voluntary arrangement* gebunden ist,
mit der Begründung, dass: (a) der Schuldner seinen Verpflichtungen aus der getroffenen Vereinbarung nicht nachgekommen ist, (b) falsche oder irreführende wesentliche Informationen bei oder
im Zusammenhang mit dem Abstimmungstermin abgegeben oder verschwiegen hat oder (c) die
angemessenen Anforderungen des *nominee* nicht erfüllt hat.[52]

3.2 Ermittlung der Gründe, wegen derer ein Verfahren eröffnet werden kann oder muss

3.2.1 *Creditors' voluntary winding-up*

Creditors' voluntary winding-up wird in der Regel eingeleitet, wenn die Geschäftsführer oder 36
Liquidatoren der Gesellschaft feststellen, dass die Gesellschaft zahlungsunfähig ist und nicht in der
Lage ist, durch Fortführung des Geschäftsbetriebes die finanziellen Schwierigkeiten zu überwinden.
Dann ergreifen sie Maßnahmen, um Gesellschafter-[53] und Gläubigerversammlungen[54] einzuberufen,
in denen ein besonderer Beschluss über die Abwicklung der Gesellschaft gefasst werden kann.
Die Geschäftsführer können zu der Überzeugung gelangen, dass das Unternehmen aufgrund 37
seiner Verbindlichkeiten seine Geschäftstätigkeit nicht fortsetzen kann. Um das Vermögen der Gesellschaft unverzüglich zu sichern und vor Vermögensverfall zu schützen, kann in diesem Fall die
Mehrheit der Geschäftsführer mittels eines speziellen Verfahrens, des **„s. 228A CWUMPO-Verfahrens"**, den Beschluss fassen,[55] dass die Gesellschaft aufgrund ihrer Verbindlichkeiten ihre Tätigkeit
nicht fortsetzen kann und es vernünftigerweise nicht möglich ist, die Abwicklung gemäß eines
anderen Verfahrens der CWUMPO einzuleiten. **In diesem Fall kann ein vorläufiger Insolvenzverwalter von den Geschäftsführern der Gesellschaft ohne Beteiligung der Gesellschafter
bestellt werden.** Anschließend müssen innerhalb von 28 Tagen Gesellschafter – und Gläubigerversammlungen abgehalten werden.

---

[47] CO ss. 666 – 675.
[48] CO, s. 622, 673 und 674(1).
[49] BO s.6.
[50] BO s.6(4).
[51] BO s.10.
[52] BO ss.20 bis 20K.
[53] CWUMPO s.228(1).
[54] CWUMPO s.241.
[55] CWUMPO s. 228A.

3.2.2 Compulsory winding up

38 Es gibt keine Definition von insolvent, „Insolvenz" *(„insolvency")* im CWUMPO oder in den *Companies (Liquidation) Rules (Cap 32H)*, stattdessen wird der Ausdruck „nicht in der Lage, Verbindlichkeiten zu begleichen" verwendet (*"unable to pay its debts"*, wobei sich *„its"* auf das Unternehmen bezieht). Ein Gläubiger muss nachweisen, dass seine Forderung nicht beglichen ist und nicht aus wichtigen Gründen bestritten ist. Im wesentlichen stehen drei Möglichkeiten zur Verfügung, festzustellen, dass ein Unternehmen „nicht in der Lage ist, seine Verbindlichkeiten zu begleichen":
a. der Schuldner versäumt es (für einen Zeitraum von drei Wochen), einen fälligen Betrag in Höhe von mindestens oder mehr als HK-$10.000, der mit formeller Zahlungsaufforderung (*statutory demand*) eingefordert wurde, zu zahlen oder zur angemessenen Zufriedenheit des Gläubigers zu besichern oder in Raten zu begleichen;[56]
b. (ganzes oder teilweises) Fehlschlagen einer Zwangsvollstreckung oder eines anderen Verfahrens, das aufgrund einer gerichtlichen Entscheidung zugunsten eines Gläubigers der Gesellschaft eingeleitet wurde;[57] oder
c. Nachweis bei Gericht, dass ein Unternehmen nicht in der Lage ist, seine Verbindlichkeiten unter Berücksichtigung der voraussichtlichen Verbindlichkeiten und Eventualverbindlichkeiten des Unternehmens zu begleichen.[58]

39 Bei der Prüfung, ob ein Unternehmen nicht in der Lage ist, seine Verbindlichkeiten zu begleichen, kann das Gericht nach eigenem Ermessen entweder den *„cash flow test"* anwenden (dh, es prüft, ob das Unternehmen über ausreichende Mittel verfügt, um seine Verbindlichkeiten bei Fälligkeit zu begleichen) oder den *„balance sheet test"* anwenden (dh, es prüft, ob die Verbindlichkeiten, einschließlich der voraussichtlichen Verbindlichkeiten und Eventualverbindlichkeiten, den Wert des Vermögens des Unternehmens übersteigen).

40 Handelt es sich bei der Stellung eines Eröffnungsantrages *(winding-up petition)* um Verfahrensmissbrauch, so kann das Gericht die Einreichung durch Erlass einer *„quia timet"* einstweiligen Verfügung[59] einschränken. Da das Recht auf Beantragung der Abwicklung jedoch ein gesetzlich garantiertes Recht ist, sollte ein potenzieller Antragsteller nicht daran gehindert werden, es auszuüben, es sei denn, es liegen klare und überzeugende Gründe dagegen vor.

41 Darüber hinaus hat das Gericht ein weites Ermessen und kann den Wünschen der Mehrheit der Gläubiger[60] und der Gesellschafter[61] Rechnung tragen.

3.2.3 *Scheme of Arrangement*

42 Wie bereits ausgeführt, kann ein *scheme of arrangement* durchgeführt werden, um eine verbindliche Vereinbarung zwischen einem Unternehmen und seinen Gläubigern zu treffen, wenn eine Mehrheit von mindestens 75 % der Forderungssummen oder der Gesellschafter (Stimmrechte) zugestimmt haben. Eine erzielte Vereinbarung muss jedoch vom Gericht genehmigt werden. Dabei wird das Gericht prüfen, ob „künstliche" Praktiken angewandt wurden, um die gesetzlichen Anforderungen zu umgehen, etwa die Manipulation von Abstimmungsergebnissen, wie zB Aktiensplitting.[62]

3.2.4 Privatinsolvenzverfahren *(bankruptcy proceedings)*

43 Wie bereits ausgeführt, kann ein Gläubiger einen Insolvenzantrag stellen, wenn eine Privatperson nicht in der Lage ist, ihre Verbindlichkeiten zu begleichen oder keine vernünftige Aussicht hat, eine Schuld begleichen zu können,[63] die offene Forderung im Antrag eines Gläubigers muss gleich oder höher als HK-$10.000 und unbesichert sein.[64]

44 Wenn der Gläubiger besichert ist, kann er in den Antrag eine Erklärung aufnehmen, dass er im Falle der Verfahrenseröffnung bereit ist, seine Sicherheit zugunsten aller Gläubiger aufzugeben, oder eine Erklärung dahingehend abgeben, dass der Antrag nicht in Bezug auf den gesicherten Teil

---

[56] CWUMPO s.178(1)(a).
[57] CWUMPO s.178(1)(b).
[58] CWUMPO s.178(1)(c).
[59] *Re Sinom (Hong Kong) Ltd* [2009] 5 HKLRD 487.
[60] Siehe z.B. *Re UDL Holdings Ltd* [1999] 2 HKLRD 817.
[61] CWUMPO s.287.
[62] CO s.674(1)(c)(ii) und (d)(ii); *Re PCCW Ltd* [2009] 3 HKC 292.
[63] BO s.6(2)(c).
[64] BO s.6(2)(a)(b).

der Schuld gestellt wird, einschließlich eines geschätzten Wertes der Sicherheit zum Zeitpunkt des Antrags.[65]

Ein Schuldner ist nicht in der Lage, eine offene Forderung zu begleichen, wenn die 45 Verbindlichkeit sofort fällig ist und entweder[66]

a. der antragstellende Gläubiger, dem die Forderung zusteht, dem Schuldner eine formelle Zahlungsaufforderung *(statutory demand)* in der vorgeschriebenen Form zugestellt hat, die diesen verpflichtet, die Forderung zur Zufriedenheit des Gläubigers zu begleichen oder zu sichern oder mit Ratenzahlung zu beginnen; mindestens drei Wochen nach Zustellung der Aufforderung verstrichen sind und die Forderung nicht befriedigt wurde; oder

b. die Zwangsvollstreckung oder ein anderes Verfahren, das in Bezug auf die Forderung aus einer gerichtlichen Entscheidung zugunsten des antragstellenden Gläubigers oder eines oder mehrerer der antragstellenden Gläubiger, denen die Forderung zusteht, eingeleitet wurde, ganz oder teilweise fehlschlug.

Ein Schuldner hat keine vernünftige Aussicht, eine Schuld begleichen zu können, wenn 46 die Schuld nicht sofort fällig ist und:[67]

a. der antragstellende Gläubiger dem Schuldner eine formelle Aufforderung, *statutory demand,* zugestellt hat, die den Schuldner auffordert, zur Zufriedenheit des Gläubigers darzulegen, dass begründete Aussicht besteht, dass der Schuldner in der Lage sein wird, die Schuld bei Fälligkeit zu begleichen;

b. mindestens drei Wochen vergangen sind, seit die Aufforderung zugestellt wurde; und

c. der Aufforderung nicht gemäß der gesetzlichen Anforderungen entsprochen wurde.

Ein Eröffnungsantrag kann vor Ablauf der oben genannten 3-Wochen-Frist gestellt werden, wenn das **ernsthafte Risiko** besteht, dass das Vermögen des Schuldners während dieser Zeit erheblich im Wert gemindert werden könnte.[68] 47

Der Schuldner kann den Eröffnungsantrag nur mit der Begründung stellen, dass er nicht 48 in der Lage ist, seine Verbindlichkeiten zu begleichen,[69] unabhängig davon, ob der Bruttobetrag der Verschuldung HK-$ 10.000 beträgt oder übersteigt.

3.3 Antragspflichten, Haftung bei Nichteinhaltung

3.3.1 *Creditors' voluntary winding-up*

Nach der Beschlussfassung über die Abwicklung (mit Ausnahme der *voluntary winding-up by* 49 *directors* gemäß s.228A des CWUMPO) ist eine **Kopie des Beschlusses innerhalb von 15 Tagen beim Handelsregister einzureichen und innerhalb von 14 Tagen im Amtsblatt *(Gazette)* bekannt zu machen.**[70] Der Geschäftsführer und der vorgeschlagene Verwalter nehmen dann an der Gläubigerversammlung teil und beantworten die Frage der Gläubiger.[71] Die Gläubiger haben bei der Bestellung des Liquidators absolute Priorität. Wenn die Gläubiger keinen Verwalter benennen, wird die von der Gesellschaft benannte Person bestellt.[72] Danach soll die Bestätigung der Bestellung im Amtsblatt veröffentlicht werden und innerhalb von 21 Tagen nach der Bestellung des Verwalters im Handelsregister eingetragen werden.[73]

Bei *voluntary winding-up by directors*[74] (nachdem die Geschäftsführung die Abwicklung, dh die 50 Abgabe der entsprechenden Erklärung, *winding-up Statement,* beschlossen hat)

a. muss die Erklärung innerhalb von sieben Tagen nach ihrer Abgabe beim Handelsregister eingereicht werden;[75]

b. soll der vorläufige Verwalter *(provisional liquidator)* unverzüglich nach Einreichung der Erklärung ernannt werden;[76]

---

[65] BO s.6B(1).
[66] BO s.6A(1).
[67] BO s.6A(2).
[68] BO s.6C.
[69] BO s.10(1).
[70] CWUMPO s.229 und CO s.622.
[71] CWUMPO s.241.
[72] CWUMPO s.242.
[73] CWUMPO s.253.
[74] CWUMPO s.228A.
[75] CWUMPO s.228A(3).
[76] CWUMPO s.228A(5)(b).

c. wird innerhalb von 14 Tagen nach der Bestellung des vorläufigen Verwalters dem Handelsregister eine Mitteilung hierüber zugestellt; die Mitteilung über den Beginn der Liquidation und Daten des vorläufigen Verwalters wird im Amtsblatt *(Gazette)* bekannt gemacht;[77]
d. sind die Gläubiger sieben Tage im Voraus über die Gläubigerversammlung zu unterrichten, diese ist im Amtsblatt sowie in einer chinesischen und einer englischen Zeitung anzukündigen;[78]
e. muss die Gläubigerversammlung innerhalb von 28 Tagen nach Einreichung der Erklärung beim Handelsregister abgehalten werden.

3.3.2 *Compulsory winding-up*

51 Die formellen Anforderungen für den Antrag auf winding-up sind:
a. Erstellung des Antrags auf Grundlage der Vorlagen *(forms)* 2 oder 3 des Anhangs der *Companies (Winding-up) Rules (Cap. 32H) (CWUR)*, abgestimmt auf die Besonderheiten des Einzelfalls;[79]
b. Hinterlegung des Betrages von HK-$11.250 beim *Official Receiver* zur Deckung von dessen Gebühren und Ausgaben;[80]
c. Bei der Geschäftsstelle des High Court:
   – Einzahlung einer Gerichtsgebühr von HK-$ 1.045,[81]
   – Beantragung eines Termins für die Anhörung über den Antrag[82] und Einreichung des Antrags.
d. Innerhalb von 24 Stunden nach Einreichung des Antrags[83] Einreichung der Kopien aller Dokumente, die mit dem Antrag beim *High Court* eingereicht wurden, beim *Official Recveiver*;
e. sieben Tage vor dem Anhörungstermin Veröffentlichung des Antrags einmal im Amtsblatt und mindestens einmal in einer chinesischen und einer englischen Tageszeitungen in Hongkong;[84]
f. Zustellung einer gesiegelten Kopie des Antrags an den Sitz der Gesellschaft oder, falls es keinen Sitz der Gesellschaft gibt, an den Hauptgeschäftssitz oder die zuletzt bekannten Ort der Geschäftstätigkeit der Gesellschaft;[85]
g. Glaubhaftmachung des Antrags innerhalb von vier Tagen nach der Einreichung bei Gericht mittels eidesstattlicher Versicherung *(affidavit),* hierfür sind die Vorlagen 7 oder 8 Anhang der CWUR zu verwenden.[86]

52 Nichteinhaltung der formellen Anforderungen kann unterschiedliche Konsequenzen haben. Wenn beispielsweise ein Antragsteller nicht innerhalb der von der CWUR vorgeschriebenen Frist seinen Antrag substantiiert, kann das Gericht nach seinem Ermessen jeden anderen Gläubiger oder nachschussverpflichteten Gesellschafter, der nach Ansicht des Gerichtshofs das Recht hätte, einen Eröffnungsantrag einzureichen und hieran Interesse hat, jederzeit als Antragsteller ersetzen.[87]

3.3.3 *Scheme of Arrangement*

53 Das Verfahren zur Erlangung gerichtlicher Bestätigung eines *scheme of arrangement* ist wie folgt:
a. die Bestätigung können die Gesellschaft, die jeweilige(n) Klasse(n) der Gläubiger oder Gesellschafter oder ein Verwalter bei Gericht beantragen;[88]
b. das Gericht kann dann eine Versammlung der Gläubiger/Gesellschafter zur Genehmigung des vorgeschlagenen Vergleichs *(scheme)* einberufen;[89]
c. Nachdem die erforderliche Mehrheit in der Sitzung für den Vergleich gestimmt hat, kann das Gericht den Vergleich durch Beschluss bestätigen, wenn es diesen für gerecht *(fair)* hält;
d. sobald der Vergleich entgültig gerichtlich bestätigt wurde, muss eine Kopie des entsprechenden Gerichtsbeschlusses beim Handelsregister eingereicht werden, damit der Vergleich wirksam wird.[90]

---

[77] CWUMPO s.228A(9).
[78] CWUMPO ss.228A(17) und s.241.
[79] CWUR r.22.
[80] CWUR r.22A(1).
[81] *High Court Fees Rules* (Cap 4 sub leg D), *First Schedule,* s.1(d).
[82] CWUR r.23.
[83] CWUR r.23A.
[84] CWUR r.24.
[85] CWUR r.25.
[86] CWUR r.26.
[87] CWUR r.33.
[88] CO s.673.
[89] CO s.670.
[90] CO s.673(6).

3.3.4 Privatinsolvenzverfahren (Bankruptcy proceedings)

Das Verfahren zur Stellung eines Gläubigerantrags auf Eröffnung des Privatinsolvenzverfahrens **54** läuft wie folgt ab:
a. Ausfüllen einer *Creditors' Bankruptcy Petition* mit den Formularen 10, 10A oder 10B der *Bankruptcy (Forms) Rules*, vorher muss entweder ein Vollstreckungsversuch erfolglos gewesen sein oder Zustellung der *statutory demand* an den Schuldner unter Verwendung der Formulare 162, 163 oder 164 der *Bankruptcy (Forms) Rules* erfolgt sein;
b. Der Antrag muss durch eidesstattliche Versicherung *(affidavit)* bestätigt und verifiziert werden;[91]
c. erforderlichenfalls Vorbereitung einer eidesstattliche Versicherung zum Nachweis der Zustellung des *statutory demand*;[92]
d. Hinterlegung eines Betrags i.H.v. HK-$ 11.250 beim *Official Receiver* zur Deckung von dessen Gebühren und Ausgaben;[93]
e. Bei Gericht *(High Court)*:
   i. Einzahlung eine Gerichtsgebühr i.H.v. von HK-$ 1.045;[94]
   ii. Erlangung eines Termins für die Anhörung über den Antrag und
   iii. Einreichen des Eröffnungsantrags;
f. Zustellung einer gesiegelten Kopie ders Antrags an den Schuldner[95] und
g. Einreichung von Kopien aller Dokumente, die im Zusammenhang mit dem Privatinsolvenzverfahren beim *High Court* eingereicht wurden, an den *Official Receiver*.[96]

Das Verfahren zur Einreichung des Insolvenzantrags eines Schuldners läuft wie folgt ab: **55**
a. Ausfüllen einer „*Debtor's Bankruptcy Petition*" mit dem Formular 3 der *Bankruptcy (Forms) Rules* und eines „Statement of Affairs *(Debtor's Petition)*" mit dem Formular 28C *Bankruptcy (Forms) Rules*;
b. Hinterlegung einer Gebühr von HK-$ 8.000 zur Deckung der Gebühren und Ausgaben, die dem *Official Receiver* oder *trustee* entstehen;[97]
c. der Antrag muss beglaubigt *(attested)*; das *Statement of Affairs* mit einem *affidavit* „geschworen" werden;[98]
d. Bei Gericht *(High Court)*:
   i. Einzahlung einer Gerichtsgebühr von HK-$1.045;[99]
   ii. ii. Erlangung eines Termins für die Anhörung über den Antrag und
   iii. Einreichen des Antrags und des *Statement of Affairs*; und
e. unmittelbar nach (d)(iii) Übersendung gesiegelter Kopien des Antrags und eine Kopie des *Statement of Affairs* an den *Official Receiver*.

3.4 Befugnis zur Einleitung des Verfahrens

3.4.1 Creditors' voluntary winding-up

Creditors' voluntary winding-up kann eingeleitet werden von: **56**
a. Gesellschaftern und Gläubigern, es ist ein Sonderbeschluss der Gesellschaft über die freiwillige Abwicklung zu fassen;[100]
b. Geschäftsführer *(directors)*, die zu der Überzeugung gelangt sind, dass die Gesellschaft aufgrund ihrer Verbindlichkeiten die Geschäftstätigkeit nicht mehr fortsetzen kann;[101] und
c. Liquidatoren, die zu der Überzeugung gelangt sind, dass die Gesellschaft ihre Verbindlichkeiten nicht innerhalb des in der Solvenzbescheinigung *(certificate of solvency)* genannten Zeitraums wird begleichen können. Letzere können eine Gläubigerversammlung einberufen und die *members' voluntary winding-up* in eine *creditors' voluntary winding-up* überführen.[102]

---

[91] BO s.9(1).
[92] BO s.9(2).
[93] BR s.52(1)(b).
[94] *High Court Fees Rules* (Cap 4 sub leg D), *First Schedule*, s.1(d).
[95] BR s.59(1).
[96] BR s.51A.
[97] BR s.52(1)(a).
[98] BR s.51; BO s.118.
[99] *High Court Fees Rules* (Cap 4 sub leg D), *First Schedule*, s.1(d).
[100] CWUMPO SS. 228(1) und 241.
[101] CWUMPO s.228A.
[102] CWUMPO s.237A.

3.4.2 Compulsory winding-up

57 *Compulsory winding-up* kann eingeleitet werden mit **Einreichung eines Antrags durch:**
   a. die Gesellschaft selbst, Gläubiger (zu denen auch Gläubiger mit bedingten oder künftigen Forderungen gehören), ein nachschusspflichtiger Gesellschafter (oder dessen Vertreter oder Treuhänder im Personalinsolvenzverfahren), alle Vorgenannten einzeln oder gemeinsam;[103]
   b. den *Official Receiver*;[104]
   c. das Handelsregister *(Registrar of Companies)*;[105]
   d. den Finanzminister *(Financial Secretary)*;[106]
   e. die *Securities and Futures Commission* („SFC");[107]
   f. die *Insurance Authority*, für Versicherungsunternehmen nach der *Insurance Companies Ordinance* (Cap. 41).[108]

58 Auch die folgenden Punkte sind zu beachten:
   a. Nicht alle Parteien, denen ein Unternehmen Geldbeträge schuldet, gelten als Gläubiger für die Zwecke der Antragstellung, wenn beispielsweise einer Partei in ihrer Eigenschaft als Aktionärin Gelder geschuldet werden, kann **ein Antrag dann nicht auf Ansprüche aus der Aktionärsstellung gestützt werden**.[109]
   b. Einem Antrag eines vollständig gesicherten Gläubigers kann die schuldnerische Gesellschaft mit der Begründung widersprechen, dass sie nicht zahlungsunfähig sei und dass der **Gläubiger seine Sicherheit für die vollständige Rückzahlung ausschöpfen** könne, **seine finanzielle Position daher nicht gefährdet** sei, das Gericht insoweit sein Ermessen ordnungsgemäß ausüben solle. Das Gericht wird hierbei **keine von Dritten geleistete Sicherheit** berücksichtigen.[110]
   c. Ein Forderungsinhaber einer bedingten oder künftigen Forderung kann zwar einen Eröffnungsantrag stellen, das Gericht aber wird den Antrag nur dann anhören, wenn es sich davon überzeugt hat, dass: (a) der Gläubiger eine Sicherheit für Verfahrenskosten in angemessener Höhe geleistet und (b) der Antragsteller eine *prima facie* Begründung für die Eröffnung dargelegt hat.[111]
   d. Eine in Abwicklung befindliche Gesellschaft kann durch ihre (vorläufigen) Verwalter die Abwicklung einer anderen Gesellschaft beantragen. Dies geschieht in der Regel bei Gruppeninsolvenzen, wo Gruppengesellschaften in ihrer Eigenschaft als nachschussverpflichteter Gesellschafter *(contributory)*[112] oder Gläubiger aufgrund konzerninterner Verrechnungskonten *(intra-group accounts)* einen Antrag auf Abwicklung verbundener Unternehmen stellen.

3.4.3 Scheme of Arrangement

59 Ein *Scheme of Arrangement* kann von der Gesellschaft, ihren Gläubigern (wenn der Abschluss des Vergleichs mit (einer Gruppe von) Gläubigern angestrebt wird) oder ihren Gesellschaftern (wenn der Abschluss des Vergleichs mit (einer Gruppe von) Gläubigern angestrebt wird) eingeleitet werden.[113]

60 Wird die Gesellschaft abgewickelt, kann ein Antrag auf Sanktionierung eines Vergleichsplans durch das Gericht nur vom Liquidator oder vorläufigen Liquidator gestellt werden.[114]

3.4.4 Privatinsolvenzverfahren *(bankruptcy proceedings)*

61 Ein Insolvenzantrag kann bei Gerichts gestellt werden durch:
   a. einen oder mehrere Gläubiger des Schuldners;[115]
   b. den Schuldner selbst;[116]

---

[103] CWUMPO s.179(1).
[104] CWUMPO s.179(2).
[105] Aus Gründen, die nicht auf einer Insolvenz beruhen, z.B. weil die Gesellschaft ihre jährliche Registergebührgebühr nicht bezahlt hat.
[106] CO s.879; *Banking Ordinance* (Kap. 155) ss.53 und 122.
[107] *Securities and Futures Ordinance* (Cap 571) („SFO"), s.212(1)(b).
[108] *Insurance Companies Ordinance* (Kap. 41) ss.42 bis 49B.
[109] CWUMPO s.170(1)(g).
[110] *Re K & R Wong Construction Company Ltd* [1998] 2 HKC 364.
[111] CWUMPO s.179(1)(c)(i).
[112] „*Contributory*" ist, wer im Fall der Abwicklung der Gesellschaft möglicherweise verpflichtet ist, in das Vermögen der Gesellschaft (in die Masse) einzuzahlen, CWUMPO ss.170-171.
[113] CO s.673(3).
[114] CO s.673(4).
[115] BO s.6(1)(a).
[116] BO s.6(1)(b).

c. den *nominee* oder eine Person (mit Ausnahme des Schuldners), die vorerst an ein vom Schuldner vorgeschlagene und von seinen Gläubigern genehmigte freiwillige Vereinbarung *(voluntary arrangement)*gebunden ist;[117] oder
d. wenn eine *criminal bankruptcy order* (dh aufgrundstrafrechtlich relevanten Verhaltens) gegen den Schuldner ergangen ist, durch den *Official Petitioner*.[118]

3.5 Beteiligung der Gerichte

Das Gericht ist wie folgt an den folgenden Aspekten der oben genannten Restrukturierungs- oder Insolvenzverfahrens beteiligt:

3.5.1 *Creditors' voluntary winding-up*

Grundsätzlich ist das Gericht in diesem Verfahren nicht beteiligt. So erfolgt beispielsweise die Ernennung und Bestellung des Liquidators ohne gerichtliche Beteiligung durch die Gläubiger oder die Gesellschaft selbst. Das Gericht ist jedoch an der Aufsicht über den Liquidator beteiligt, da ein Gläubiger oder Gesellschafter beim Gericht beantragen kann, jede (geplante) Ausübung einer Befugnis durch den Liquidator zu überprüfen.[119]

3.5.2 *Compulsory winding-up*

In dieses Verfahren ist das Gericht sehr stark eingebunden. Das Gericht prüft vor Erlass des Eröffnungsbeschlusses, ob das Unternehmen oder die Person wirklich nicht in der Lage ist, Verbindlichkeiten zu erfüllen, oder ob eine *bona fide* Streitigkeit aus wichtigem Grund über die beantragte Forderung vorliegt.[120] Danach kann das Gericht auch an der Überwachung des Verwalters beteiligt werden.

3.5.3 *Scheme of Arrangement*

Das *Scheme of Arrangement* erfordert eine intensive Beteiligung des Gerichts und ist in der Regel teuer und zeitaufwendig.

Während des *ex-parte*-Antrags auf Einberufung der Gläubigerversammlung zur Abstimmung über den Vergleich übt das Gericht eine Kontrollfunktion aus. So wird sie beispielsweise keine Versammlung einberufen, wenn der Vergleichsvorschlag nicht *fair* ist und von Gesellschaftern oder Gläubigern nicht angemessen unterstützt werden.

Auch nachdem die erforderliche Mehrheit für den Vergleich gestimmt hat, behält das Gericht eine unabhängige Rolle bei der Genehmigung der Regelung. In der *Re Cheung Kong (Holdings) Ltd.*[121] hat der Richter eine Reihe von Erwägungen aufgeführt, die vom Gericht bei der Entscheidung, ob ein Vergleich sanktioniert werden kann oder nicht, zu berücksichtigen sind wie zB, ob:
a. der Vergleich einem zulässigen Zweck dient;
b. Gesellschafter, die als eine Gruppe zur Abstimmung aufgerufen sind, hinreichend ähnliche Rechtsansprüche haben, sodass sie gemeinsam mit Blick auf ihre gemeinsamen Interessen in einer gemeinsamen Abstimmung beraten können;
c. die Abstimmung ordnungsgemäß gemäß den Anweisungen des Gerichts einberufen wurde und ob den Gesellschaftern ausreichende Informationen über das *scheme* zur Verfügung gestellt wurden, damit sie eine fundierte Entscheidung treffen können;
d. das Gericht der Auffassung ist, dass es sich um einen Vergleich handelt, den ein intelligenter und ehrlicher Mensch als Mitglied der betreffenden Gruppe, der unter Wahrung seines Interesses handelt, vernünftigerweise genehmigen würde.

3.5.4 *Bankruptcy proceedings*

Das Gericht ist auch in zweierlei wesentlicher Hinsicht in das Privatinsolvenzverfahren involviert: erstens durch die Entscheidung, ob ein Verfahren angeordnet werden soll, dh ob der Schuldner seine Verbindlichkeiten nicht begleichen kann, und zweitens durch die Ausübung einer Aufsicht über den Treuhänder (*trustee in bankruptcy*). Das Gericht kann auch an der Überprüfung der Angelegenheiten des Schuldners beteiligt sein.

---

[117] BO s.6(1)(c).
[118] BO s.6(1)(d).
[119] CWUMPO s.255(1).
[120] *Re Leung Cherng Jiunn*[2016] 1 HKLRD 850.
[121] [2015] 2 HKLD 512.

3.6 Verwalter *(office-holder)*

3.6.1 Die unterschiedlichen Verwalterämter

69 Der **generische Begriff für die verschiedenen Verwalterämter ist** *„office-holder"*, **„Amtsinhaber".** Bei den unterschiedlichen Arten des Abwicklungsverfahren, *winding up,* die in diesem Länderbericht dargestellt werden, wird der (vorläufige) Verwalter als *(provisional) liquidator* bezeichnet, aber **auch der Liquidator in der solventen Abwicklung** *(members' winding up)* wird als *liquidator* bezeichnet, imm **Privatinsolvenzverfahren** als **(vorläufiger) Treuhänder,** *provisional trustee* **und** *trustee in bankruptcy.* Die verschiedenen Ämter werden im Folgenden erläutert.

70 Eine Sonderstellung hat der *Official Receiver.* Er ist Regierungsbeamter, der die Aufsicht über die Praxis der Unternehmensabwicklung und der Privatinsolvenzen führt; wenngleich auch der *Official Receiver* Verwalterämter übernimmt.

3.6.2 Auswahl und Bestellung des Verwalters

3.6.2.1 Auswahlkriterien für Verwalter

71 Vorbehaltlich gesetzlicher Einschränkungen[122] kann **jede Person** das Amt des (vorläufigen) Verwalters bekleiden. Es gibt hierfür keine Anforderungskriterien. **Allerdings sind die folgenden Personen von der Bestellung und der Tätigkeit als vorläufiger (Verwalter) ausgeschlossen:**[123]
a. Körperschaften;
b. ein nicht restschuldbefreiter Schuldner;
c. eine Person, gegen die eine Disqualifikationsanordnung *(disqualification order)*[124] in Kraft ist, mit Ausnahme einer Person, die vom Gericht befreit ist und das Recht erhalten hat, bestellt zu werden;
d. eine Person, die nach der Verordnung über geistige Gesundheit, *Mental Health Ordinance (Cap. 136)* aufgrund ihres Geisteszustandes als unfähig befunden wurde, ihr Vermögen und ihre Angelegenheiten zu verwalten;
e. eine Person, über die nach Teil IVB der *Mental Health Ordinance (Cap. 136)* Vormundschaft angeordnet wurde.

72 Darüber hinaus sind, abgesehen von der *members' voluntary winding-up,* dh solventen Abwicklung, und gerichtlicher Ausnahmegenehmigung, die folgenden Personen von der Ernennung und von der Tätigkeit als (vorläufiger) Verwalter/Liquidator einer Gesellschaft ausgeschlossen:[125]
a. Ein Gläubiger der Gesellschaft (dazu gehört jedoch nicht Personen, denen in ihrer Eigenschaft als (vorläufiger) Verwalter/ Liquidator eine Forderung gegen die Gesellschaft zusteht[126]);
b. ein Schuldner der Gesellschaft;
c. ein (früherer) Geschäftsführer *(director)* oder *company secretary;*
d. der Wirtschaftsprüfer *(auditor)* der Gesellschaft oder eine Person, die zu irgendeinem Zeitpunkt zu oder nach Beginn von zwei Jahren vor der Abwicklung der Gesellschaft der Wirtschaftsprüfer der Gesellschaft war;[127]
e. ein *receiver* oder *manager* der für die Vermögenswerte des Unternehmens bestellt ist.

3.6.2.2 Bestellung von vorläufigen Verwaltern

73 Es gibt drei Arten von vorläufigen Verwaltern:
a.- Bei einer *creditors' voluntary liquidation,* die von den Geschäftsführern der Gesellschaft gemäß s.228A der CWUMPO veranlasst wurde, wird unmittelbar nach Einreichung des Abwicklungsbeschlusses ein vorläufiger Verwalter bestellt, um das Vermögen der Gesellschaft während der 28 Tage vor der Gläubigerversammlung zu sichern und zu schützen.
b. Wurde ein gerichtlicher Eröffnungsbeschluss erlassen, wird der *Official Receiver* zum vorläufigen Verwalter bestellt. Der *Official Receiver* wird dann einen Verwalter ernennen, der an seiner Stelle als vorläufiger Verwalter fungiert, wenn man annimmt, dass das schuldnerische Vermögen weni-

---

[122] CWUMPO s.262A.
[123] CWUMPO s.262B(2).
[124] CWUMPO s.168R(5).
[125] CWUMPO s. 262B(3).
[126] CWUMPO s.262B(4).
[127] Für Situationen, in denen Wirtschaftsprüfer eine Firma von Wirtschaftsprüfern ist, siehe CWUMPO s. 262B(5).

ger als HK-$ 200.000 wert ist.[128] Bei Verfahren mit einer angenommenen Masse von mehr als HK-$ 200.000 wird der *Official Receiver* weiterhin als vorläufiger Verwalter fungieren, bis in der Gläubigerversammlung ein Verwalter bestellt wird.

c. Ein vorläufiger Verwalter kann auch bestellt werden, wenn ein Eröffnungsantrag gestellt wurde und der Antragsteller oder ein Gläubiger befürchten, dass das Vermögen der Gesellschaft gefährdet ist.[129] Nach der Bestellung des vorläufigen Verwalters werden alle anderen Verfahren automatisch ausgesetzt. **Dies ist von sehr großer Bedeutung, da Restrukturierungsverfahren in Hongkong, zB das** *scheme of arrangement,* **kein Moratorium** für Klagen gegen das Unternehmen auslöst.

Wie vorstehend ausgeführt, fungiert der *Official Receiver* als vorläufiger Verwalter, bis in einer Gläubigerversammlung ein Verwalter bestellt wird. Im Falle von Meinungsverschiedenheiten zwischen Gläubigern und Gesellschaftern entscheidet das Gericht nach eigenem Ermessen[130] und berücksichtigt dabei, was im besten Interesse aller Verfahrensbeteiligten liegt.[131]

3.6.2.3 Auswahlkriterien eines (vorläufigen) Treuhänders, *(provisional) trustee or a trustee*

Ein vorläufiger Treuhänder, der vom *Official Receiver* gemäß s.12(1A) des BO ernannt wird, muss über die in Anlage 3 der BO vorgeschriebenen Qualifikationen verfügen. Jede geeignete Person kann von der Gläubigerversammlung zum Treuhänder bestellt werden.[132] Nur ein noch nicht restschuldbefreiter Schuldner ist von der Bestellung zum Treuhänder ausgeschlossen.[133]

3.6.2.4 Bestellung des vorläufigen Treuhänders, *provisional trustee*

Der Official Receiver wird mit Erlass des Eröffnungsbeschlusses zum vorläufigen Treuhänder.[134] Im Falle eines schuldnerischen Antrags kann der *Official Receiver* jede qualifizierte Person zum vorläufigen Treuhänder ernennen, wenn das Vermögen des Schuldners voraussichtlich HK-$ 200.000 nicht übersteigen wird.[135] Dazu gehört auch die Befugnis, zwei oder mehr Personen als „gemeinsam bestellte" vorläufige Treuhänder *(joint provisional trustees)* zu bestellen, wenn das Gericht die Umstände festlegt, unter denen sie gemeinsam handeln müssen oder unter denen eine oder mehrere vorläufige Treuhänder für die anderen handeln können.[136] Der *Official Receiver* ist Beamter *(civil servant)* und Organ der Rechtspflege *(officer of the Court)* und entscheidet innerhalb von zwölf Wochen nach Verfahrenseröffnung, ob er eine Gläubigerversammlung einberufen wird, um einen Insolvenzverwalter des *private sector* als Treuhänder zu bestellen.

3.6.2.5 Bestellung des Treuhänders, *trustee*

Ein Treuhänder kann von der Gläubigerversammlung bestellt werden, es sei denn, es wurde die summarische Verwaltung *(summary administration)* der Insolvenzmasse angeordnet.[137] Zwei oder mehr Personen können als „gemeinsam bestellte" Treuhänder bestellt werden, wenn das Gericht die Umstände festlegt, unter denen sie gemeinsam handeln müssen oder unter denen eine oder mehrere Treuhänder für die anderen handeln können.[138] Wird eine andere Person als der *Official Receiver* zum Treuhänder ernannt, muss diese Person zunächst ihre Ernennung dem *Official Receiver* mitteilen und zu dessen Zufriedenheit Sicherheit leisten.[139] Jede Person, die korrupte Anreize nutzt, um eine Ernennung als Treuhänder (für sich selbst oder eine andere Person) herbeizuführen, wird mit einer Geldbuße von HK-$ 5.000 belegt.[140]

3.6.3 Überwachung und Kontrolle der Befugnisse des Verwalters

3.6.3.1 *Creditors' voluntary winding-up*

In der *creditors' voluntary winding-up* wird der Verwalter vom Gericht, den Gläubigern und von den Gesellschaftern kontrolliert:

---

[128] CWUMPO s.194(1A).
[129] CWUMPO s.193.
[130] CWUMPO s.194(1)(c).
[131] *Re Akai Holdings Ltd* [2001] 2 HKLRD 411.
[132] BO s.17(1).
[133] BO s.79A.
[134] BO s.12(1).
[135] BO s.12(1A).
[136] BO s.12(1B).
[137] BO s.17(1).
[138] BO s.17(2).
[139] BO s.23.
[140] BO s.79B.

Hongkong 79–81   Länderberichte

a. Jeder Gläubiger oder Gesellschafter kann bei Gericht beantragen, jedwede (geplante) Ausübung einer Befugnis durch den Verwalter zu überprüfen.[141] Beispielsweise kann das Gericht einschreiten, wenn der Verwalter Handlungen vornimmt, die nicht der üblichen Sorgfalt vernünftiger Amtsausübung entsprechen.[142]

b. Die Gläubiger können auch die Abberufung eines Verwalters veranlassen, indem sie hierfür eine Gläubigerversammlung einberufen. Für die Abberufung ist eine Mehrheit von mindestens 75% des Forderungswerts der anwesenden und über den Beschluss abstimmenden Gläubiger erforderlich.[143]

3.6.3.2 *Compulsory winding-up*

79   In der *compulsory winding-up* wird der Verwalter vom Gericht, dem *Official Receiver*, den Gläubigern und den nachschussverpflichtenden Gesellschaftern wie folgt kontrolliert:

a. Jeder Gläubiger oder nachschussverpflichtete Gesellschafter kann bei Gericht beantragen, jegliche (geplante) Ausübung einer Befugnis durch den Verwalter zu überprüfen.[144] Beispielsweise kann das Gericht einschreiten, wenn der Verwalter Handlungen vornimmt, die nicht der üblichen Sorgfalt vernünftiger Amtsausübung entsprechen.[145]

b. Jeder Gläubiger oder nachschussverpflichtete Gesellschafter kann sich auch beim *Official Receiver* über die Leistungen des Verwalters beschweren.[146] Der *Official Receiver* führt Ermittlungen durch und ergreift erforderliche Maßnahmen, zB indem er den Verwalter auffordert, eine Anfrage zu beantworten, beim Gericht eine Untersuchung der Verfahrensführung des Verwalters beantragt oder die Bücher des Verwalters prüft.

c. Der Verwalter muss allen Anweisungen Folge leisten, die ihm durch Beschlüsse von Gläubigern, Gesellschaftern oder, falls ein solcher besteht, des Gläubigerausschusses *(committee of inspection)* gegegeben werden.[147]

d. Der Gläubigerausschuss hat eine Aufsichtsfunktion, und einige der Befugnisse des Verwalters dürfen nur mit Zustimmung des Ausschusses ausgeübt werden.

e. Im Falle einer Meinungsverschiedenheit gehen die von den Gläubigern und Gesellschaftern gegebenen Anweisungen denen des Gläubigerausschusses vor.[148]

f. Der Verwalter kann angewiesen werden, für von ihm falsch verwandte Gelder Rechenschaft abzulegen.[149]

80   Die schärfste Sanktion gegen einen Verwalter in der *compulsory winding-up* wäre, seine Abestellung durch das Gericht aus wichtigem Grund zu beantragen, wichtige Gründe reichen von fehlendem Elan bei der Amtsführung über träge Verfolgung möglichen Fehlverhalten der Geschäftsführer bis hin zur Untauglichkeit.[150] In der Regel muss sich das Gericht dann davon überzeugen können, dass die Entlassung des Verwalters zum allgemeinen Vorteil aller Verfahrensbeteiligten wäre.[151] Ein Verwalter kann gegen einen Beschluss über seine Entlassung Beschwerde einlegen. Gegen einen Verwalter kann auch eine Disqualifikationsanordnung *(disqualification order)* erlassen werden.[152]

3.6.3.3 *Bankruptcy proceedings*

81   Der Treuhänder wird auch kontrolliert von dem Gericht, dem *Official Receiver*, dem Schuldner und den Gläubigern:

a. Jede Ausübung der in den s.60 bis 61 der BO übertragenen Befugnisse durch den Treuhänder unterliegt der Kontrolle des Gerichts, jeder Gläubiger kann das Gericht in Bezug auf jede (geplante) einer dieser Befugnisse anrufen.[153]

b. Auf eine Beschwerde, die von einem Gläubiger, dem *Official Receiver*, dem Schuldner durch eine dem Treuhänder ordnungsgemäß zugestellte Mitteilung mindestens acht Tage vor dem

---

[141] CWUMPO s.255(1).
[142] *Re CA Pacific Securities Ltd* [2002] 3 HKLRD 586.
[143] CWUMPO s.244A(5).
[144] CWUMPO s.199(6).
[145] *Re CA Pacific Securities Ltd*[2002] 3 HKLRD 586.
[146] CWUMPO s.204.
[147] CWUMPO SS.206A-207L.
[148] CWUMPO s.200(1).
[149] CWUMPO s.276.
[150] *Lau King Ting v Cheng Miu Har*[2008] 4 HKLRD 563.
[151] *Allied Ever Holdings Ltd v Li Shu Chung & Ors*, HCCW 497/2009 (27.11.2017).
[152] CWUMPO s.168G(1)(b) und *Re Well Bond Group Ltd* [2008] 5 HKLRD 147.
[153] BO s.61A.

Anhörungstermin eingereicht wird, untersucht das Gericht die Angelegenheit und ergreift entsprechende Maßnahmen.[154]

c. Das Gericht kann anordnen, dass eine Untersuchung der Bücher und der Belege des Treuhänders durchgeführt wird.[155]

d. Das Gericht kann den Treuhänder anweisen, Geld zurückzuzahlen oder Eigentum zurückzugeben oder wiederherzustellen oder zu verrechnen oder eine Entschädigung für das Fehlverhalten oder die Verletzung treuhänderischer oder anderer Pflichten zu zahlen.[156]

e. Der Treuhänder hat jeden Beschluss zu berücksichtigen, der von den Gläubigern in einer Versammlung oder im Gläubigerausschuss gefasst wird.[157] Im Falle einer Meinungsverschiedenheit gehen die von den Gläubigern gegebenen Anweisungen des Ausschusses vor.[158]

f. Der Treuhänder kann von Zeit zu Zeit Versammlungen der Gläubiger einberufen, um ihre Wünsche festzustellen, und es ist seine Pflicht, Versammlungen zu von den Gläubigern bestimmten Zeiten einzuberufen. Jeder Gläubiger kann mit der Zustimmung von einem Drittel der Gläubiger jederzeit den Treuhänder auffordern, eine Gläubigerversammlung einzuberufen. Der Treuhänder beruft diese innerhalb von 14 Tagen ein, vorausgesetzt, der Gläubiger, der die Versammlung veranlasst, hinterlegt einen für die Einberufung der Versammlung ausreichenden Betrag.[159]

g. Ein Treuhänder der hinsichtlich seiner Vorgehensweise unsicher ist, kann bei Gericht eine Weisungen *(directions)* einholen.[160]

Im Hinblick auf Sanktionen kann ein Treuhänder auch nach folgenden Kriterien abbestellt und **82** ersetzt werden:[161]

a. Die Gläubiger fassen dazu in einer eigens zu diesem Zweck einberufenen Versammlung einen ordentlichen Beschluss.[162]

b. Das Gericht ist der Ansicht, dass sich der Treuhänder (der nicht der *Official Receiver* ist) eines Fehlverhaltens schuldig gemacht hat oder der Ausübung seiner Aufgaben im Rahmen der BO nicht nachkommt.[163]

c. Das Gericht ist der Ansicht, dass sich das Amt unnötig hinzieht.[164]

d. Das Gericht ist der Ansicht, dass die Interessen der Gläubiger die Abbestellung erfordern.[165]

3.6.4 Vergütung des Verwalters

3.6.4.1 Vorläufiger Verwalter, *provisional liquidator*

Für vorläufige Verwalter *(provisional liquidators)* die nach dem Eröffnungsantrag *(presentation of a* **83** *winding-up petition)* aber vor dem Erlass des Eröffnungsbeschlusses *(making of a winding-up order)* bestellt werden, ist das Gericht befugt, bei ihrer Bestellung ausdrückliche Regelungen über ihre Vergütung zu treffen.[166] Enthält der Beschluss über die Bestellung keine Regelungen, kann das Gericht dem vorläufigen Verwalter gestatten, seine angemessene Vergütung und seine Ausgaben aus der Masse zu entnehmen.[167]

3.6.4.2 Verwalter

Im Verfahren *creditors' voluntary winding-up* kann der Gläubigerausschuss oder, falls ein solcher **84** nicht bestellt ist, die Gläubiger die Vergütung des Verwalters festlegen.[168]

Im Verfahren *compulsory winding-up* entnimmt der Verwalter seine Vergütung aus der Masse. Im **85** Wesentlichen erhält der Verwalter eine Vergütung in Form eines Prozentsatzes der Masse oder einen

---

[154] BO s.84(1).
[155] BO s.84(3).
[156] BO s.84(4).
[157] BO s.82(1).
[158] BO s.82(1).
[159] BO s.82(2).
[160] BO s.82(3).
[161] BO s.96.
[162] BO s.96(1).
[163] BO s.96(2)(a).
[164] BO s.96(2)(b).
[165] BO s.96(2)(e).
[166] CWUMPO s.193.
[167] *Re Lehman Brothers Securities Asia Ltd (Nr. 2)*[2010] 1 HKLRD 58.
[168] CWUMPO s.244.

anderweitig mit dem Gläubigerausschuss vereinbarten Betrag.[169] Wenn es keinen Gläubigerausschuss und keine Vereinbarung gibt, setzt das Gericht die Vergütung fest.[170] In der Praxis richtet sich die Vergütung des Verwalters in der Regel nach der aufgewendeten Zeit.

86   Das Gericht kann die Vergütung eines Verwalters untersagen, wenn (a) die Bestellung des Verwalters oder Erlangung von Vollmachten mißbräuchlich erfolgten,[171] und (b) der Verwalter wegen Ungeeignetheit für die Amtsführung abbestellt wird.[172]

3.6.4.3 Vorläufiger Treuhänder *(Provisional trustee)*

87   Die Vergütung wird durch den Official Receiver festgesetzt.[173] Wenn ein Viertel der Gläubiger (Kopf- oder Summenmehrheit, letztere nach Forderungen berechnet) dies beim Official Receiver beantragt, oder dieser selbst der Ansicht ist, dass die Vergütung des vorläufigen Treuhänders überprüft werden sollte, kann der *Official Receiver* bei Gericht beantragen, die Vergütung des vorläufigen Treuhänders zu bestätigen, zu erhöhen oder herabzusetzen.[174] Das Gericht kann auch auf Antrag des vorläufigen Treuhänders oder des *Official Receiver* eine Zahlung aus der Masse an den vorläufigen Treuhänder in der Höhe anordnen, die nach Ansicht des Gerichts ausreichend ist, um ihn für die notwendigen Ausgaben, die ihm im Rahmen der Verwaltung der Masse entstehen, zu entschädigen.[175]

3.6.4.4 Treuhänder *(trustee)*

88   Die Vergütung des Treuhänders wird vom Gläubigerausschuss (falls vorhanden) festgesetzt, andernfalls vom Gericht.[176] Wenn ein Viertel der Gläubiger (Kopf- oder Summenmehrheit, letztere nach Forderungen berechnet) dies beim Official Receiver beantragt, oder dieser selbst der Ansicht ist, dass die Vergütung des Treuhänders überprüft werden sollte, kann der *Official Receiver* bei Gericht beantragen, die Vergütung des Treuhänders zu bestätigen, zu erhöhen oder herabzusetzen.[177] Die Vergütung kann eine „Provision" auf vom Treuhänder erzielte Erlöse sein, zahlbar auf den vom Treuhänder erzielten Betrag, nach Abzug der an die gesicherten Gläubiger gezahlten Beträge und in Form einer als Dividende ausgeschütteten Betrags.[178]

3.6.5 Pflichten und Befugnisse der Verwalter

3.6.5.1 Vorläufiger Verwalter *(provisional liquidator)*

89   Ein vorläufiger Verwalter wird in der Regel nur bestellt, wenn der antragstellende Gläubiger dem Gerichts nachweisen kann, dass die Masse in Gefahr ist. Die Hauptaufgabe des vorläufigen Verwalters besteht darin, das Vermögen der Gesellschaft bis zur Anhörung über den Eröffnungsantrag zu sichern, dh sicherzustellen, dass eine Abwicklung nicht vereitelt würde.[179] Ein vorläufiger Verwalter kann auch ermächtigt werden, den Geschäftsbetrieb einer Gesellschaft einzustellen, bevor ein Eröffnungsbeschluss ergeht, wenn dies in dem Beschluss über seine Bestellung vorgesehen ist oder vom Gericht genehmigt wurde.[180]

90   Verwalter haben folgende **weit gefassten Aufgaben bei der Verwaltung des Masse:**
a. Prüfung der Angelegenheiten des Unternehmens, Identifizierung der zur Masse gehörenden Vermögenswerte, deren Ziehung zur Masse,[181] ggf. Vornahme von Anfechtungen;
b. Beurteilung der Gläubigerforderungen und Ermittlung der Gründe für die Insolvenz des Unternehmens;
c. Ermessensausübung bei der Verwaltung des Vermögens der Gesellschaft, wie zB hinsichtlich der Fortführung der Geschäftstätigkeit der Gesellschaft, soweit dies für die Abwicklung der Gesellschaft erforderlich ist;[182]

---

[169] CWUMPO s.196(2).
[170] CWUR r.146.
[171] CWUR r.136.
[172] *Re Well Bond Group Ltd*, HCCW 389/1998 (1 December 2006).
[173] BO s.85A.
[174] BO s.85A(1).
[175] BO s.85A(3).
[176] BO s.85(1).
[177] BO s.85(3).
[178] BO s.85(2).
[179] *Re Legend International Resorts*[2006] 2 HKLRD 192.
[180] *Re Grandfield Pacific Hotel Ltd*[2001] HKC 478.
[181] CWUMPO s.197.
[182] CWUMPO s.199(2) und Anlage 25, Teil 2.

d. Führung der Bücher und des Unternehmens,[183] Unterstützung der Personen, die berechtigt sind, die Bücher oder Unterlagen des Unternehmens einzusehen, und Unterstützung des *Official Receiver* durch Bereitstellung von Informationen und Unterstützung bei Bedarf;
e. Verteilung der Masse nach Abzug der angefallenen Kosten und Zahlungen an die bevorrechtigten Gläubiger.[184]

Bei *creditors' voluntary winding-up* muss der Verwalter jedes Jahr eine Gesellschafterversammlung einberufen[185] und über seine Verfahrensführung Rechenschaft ablegen. **91**

Die Befugnisse des Verwalters werden diesem hauptsächlich durch s.199 der CWUMPO übertragen. Folgende Befugnisse können ohne Genehmigung ausgeübt werden:[186] **92**
a. Veräußerung von Unternehmensvermögen;
b. Unterzeichnung von Urkunden *(execution of documents)*;
c. Geltendmachung von Forderungen in Insolvenzenzverfahren;
d. Ziehen / Austellen von Wechseln und Schuldscheinen;
e. Aufnahme von Krediten gegen Firmensicherheiten;
f. Ernennung eines Bevollmächtigten für Aufgaben, die der Verwalter nicht ausführen kann; und
g. alle zur Verfahrensausübung erforderlichen Handlungen.

Die folgenden Befugnisse des Verwalters können nur mit Genehmigung durch das Gericht oder den Gläubigerausschuss ausgeübt werden: **93**
a. vollständige Befriedigung einer Klasse von Gläubigern;[187]
b. Abschluss von Vergleichen mit Gläubigern oder Anspruchsstellern betreffend Ansprüche gegen den Schuldner;[188]
c. Abschluss von Vergleichen betreffend Forderungen des Schuldners u.a. gegen nachschusspflichtete Gesellschafter;[189]
d. In einer *compulsory winding-up* eine Klage oder ein anderes Gerichtsverfahren im Namen der Gesellschaft einzureichen oder zu verteidigen;[190]
e. im Rahmen einer *compulsory winding-up* die Geschäftstätigkeit der Gesellschaft fortzusetzen, soweit dies für ihre Abwicklung erforderlich ist;[191] und
f. in einer *compulsory winding-up* einen Rechtsanwalt *(solicitor)* zu beauftragen, der den Verwalter bei der Erfüllung seiner Aufgabenunterstützt.[192]

Der Verwalter hat die folgenden zusätzlichen Befugnisse: **94**
a) das Gericht um Weisungen, *directions,* zu ersuchen;[193]
b) das Ruhen des Verfahrens zu beantragen;[194]
c) Versammlungen einzuberufen;[195]
d) gesellschaftsrechtlich veranlasste Handlungen vorzunehmen, zB Erstellung der Listen nachschussverpflichteter Gesellschafter, Berichtigung des Handelsregisters; Setzung der Frist für die Forderungsanmeldung;[196]
e) Annahme der Gegenleistung für die Übertragung des Unternehmensvermögens;[197]
f) Geschäftsführer wegen Unternehmensfortführung in Gläubigerschädigungsabsicht *(fraudulent trading)* zu verfolgen;[198]
g) beim Gericht Anträge auf vertrauliche und öffentliche Untersuchungen zustellen;[199]
h) Beantragung der Übertragung der Verfügungsbefugnis auf den Verwalter;[200]
i) Eigentumsaufgabe an die Masse belastenden Vermögenswerten *(to disclaim onerous property).*[201]

---

[183] CWUMPO s.201.
[184] → Rn. 140.
[185] CWUMPO ss.238 und 247.
[186] CWUMPO s.199(2).
[187] CWUMPO s.199(1)(d).
[188] CWUMPO s.199(1)(e).
[189] CWUMPO s.199(1)(f).
[190] CWUMPO s.199(1)(a).
[191] CWUMPO s.199(1)(b).
[192] CWUMPO s.199(1)(c).
[193] CWUMPO ss.200(3) und 255(1).
[194] CWUMPO s.209.
[195] CWUMPO ss.200(2), 207, 243(2) und 251(1)(e); CWUR r.112(2).
[196] CWUMPO ss.213, 226 und 251(b)-(d); CWUR rr.74-78.
[197] CWUMPO s.246.
[198] CWUMPO s.275.
[199] CWUMPO ss.221, 222 und 255(1).
[200] CWUMPO s.211; *Re Crownhall Investments Ltd (in Liquidation)*[1992] 1 HKC 137.
[201] CWUMPO ss.198 und 255(1).

3.6.5.2 (Vorläufiger) Treuhänder, *(provisional) trustee*

95 Der (vorläufige) Treuhänder hat eine Reihe von Aufgaben, wie zB die Untersuchung der Lebensführung des Schuldners und die Berichterstattung an das Gericht über jedes Verhalten, das Einfluss auf die Entscheidung des Gerichts über die Restschuldbefreiung haben könnte,[202] Barmittel zu beschaffen, wenn die Interessen der Gläubiger dies verlangen[203] und den Vorsitz bei der ersten Gläubigerversammlung zu führen.[204]

96 Der (vorläufige) Treuhänder hat weitreichende Befugnisse, das Vermögen des Schuldners zu veräußern, Gerichtsverfahren einzuleiten oder solche abzuwehren sowie Gläubiger zu befriedigen.

97 Der Treuhänder kann ohne Genehmigung des Gläubigerausschusses:[205]
a. das gesamten oder teilweise schuldnerische Vermögen durch öffentliche Versteigerung oder freien Verkauf veräußern;[206]
b. Belege für alle bei ihm eingegangenen Gelder vorlegen, die den Leistenden von seinen Verpflichtungen befreien;[207]
c. Gläubigerforderungen bewerten, (auch deren Rangfolge) feststellen und befriedigen;[208]
d. von Vollmachten, Urkunden und allen anderen Instrumenten zur Umsetzung der Bestimmungen der BO Gebrauch machen.[209]

98 Der Treuhänder kann nur mit Genehmigung des Gläubigerausschusses:[210]
a. die Tätigkeit des Schuldners fortsetzen, soweit dies für die Abwicklung erforderlich ist, oder dem Schuldner die Restrukturierung des Unternehmens ermöglichen;[211]
b. das Vermögen des Schuldners betreffende Klagen oder andere Gerichtsverfahren einleiten oder abwehren;
c. Gegenleistungen für den Verkauf schuldnerischen Vermögens entgegennehmen, die erst zu einem späteren Zeitpunkt zu zahlen sind; vorbehaltlich der in Sicherheiten enthaltenen Bestimmungen und nach Ermessen des Gläubigerausschusses;[212]
d. jegliches Vermögens des Schuldners mit Hypotheken belasten oder verpfänden, um Kredite für die Begleichung seiner Verbindlichkeiten aufzunehmen[213] und
e. Abschluss von Vergleichen mit Gläubigern oder Personen, die behaupten, Gläubiger zu sein, bezüglich Forderungen, die im Rahmen des Verfahrens angemeldet und festgestellt werden können.[214]

99 Die Treuhänder sind auch mit Befugnissen zur Untersuchung der Angelegenheiten des Schuldners und der Gründe für die Insolvenz ausgestattet, um sein gesamtes Vermögen aufzuspüren und um die Forderungen der Gläubiger beurteilen zu können. Hier ist die Möglichkeit, bei Gericht die öffentliche Untersuchung des Schulners beantragen zu können, besonders hilfreich.[215]

100 Nach Stellung des Eröffnungsantrags und bis zum Ende des Verfahrens geht die Verfügungsbefugnis über alle Vermögenswerte des Schuldners auf den Treuhänder über; wobei der Schuldner auch nach der Restschuldbefreiung die Verfügungsbefugnis nicht wiedererlangt.

3.7 Verwaltung und Verwertung der Masse

3.7.1 *Winding-up proceedings*

101 Der Verwalter ist verpflichtet, das gesamte Vermögen der Gesellschaft zu verwerten.[216]
102 Nach Erlass eines Eröffnungsbeschlusses oder nach Bestellung eines vorläufigen Verwalters übernimmt der (vorläufige) Verwalter alle Vermögensgegenstände, die der Gesellschaft zustehen (zuzustehen scheinen) in seine Obhut oder unter seine Kontrolle.[217] Bei dieser Gelegenheit prüft der (vorläu-

---

[202] BO s.86A(1).
[203] BO s.86B(1).
[204] BO s.86B(2).
[205] BO s.60.
[206] BO s.60(1)(a).
[207] BO s.60(1)(b).
[208] BO s.60(1)(c).
[209] BO s.60(1)(d).
[210] BO s.61.
[211] BO s.61(a).
[212] BO s.61(d).
[213] BO s.61(e).
[214] BO s.61(g).
[215] BO s.19.
[216] CWUMPO s.197.
[217] CWUMPO s.197.

fige) Verwalter die Erklärung über die Verhältnisse der Gesellschaft, die die Geschäftsführer abgegeben hatten *(statement of the company's affairs)*.[218]

3.7.2 Privatinsolvenzverfahren *(bankruptcy proceedings)*

Im Privatinsolvenzverfahren ist der Schuldner verpflichtet, bei der Verwertung seines Vermögens und der Verteilung der Erlöse an die Gläubiger nach Kräften mitzuwirken.[219] Der Treuhänder ist verpflichtet, die angemessene Sorgfalt walten zu lassen, um den besten Preis für das schuldnerische Vermögen zu erzielen, der unter den gegebenen Umständen vernünftigerweise zu erzielen ist.[220]

Die Insolvenzmasse umfasst alle Vermögenswerte, die zum Zeitpunkt der Insolvenzeröffnung im Eigentum des Schuldners standen, wie Geld, Gegenstände, Grundvermögen, ob in Hongkong oder andernorts belegen,[221] insbesondere:

a. Die private Wohnung ist Teil der Masse. Der Schuldner kann jedoch noch sechs Monate ab dem Datum der Eröffnung hierin verbleiben. Nach Ablauf der sechsmonatigen Frist kann der Treuhänder die Inbesitznahme der Immobilie beantragen, und das Gericht wird in den meisten Fällen die Interessen der Gläubiger vor allen anderen Interessen berücksichtigen und dem Treuhänder den Verkauf der Immobilie gestatten.[222]
b. Befindet sich eine Immobilie im gemeinsamen Besitz des Schuldners und einer anderen Person, so ist nur der Anteil des Schuldners an der Immobilie Teil der Masse und kann verwertet werden.
c. Handwerkszeuge, die für den Schuldner zur persönlichen Verwendung in seinem Beruf oder seiner Geschäftätigkeit erforderlich sind, gehören nicht zum Masse.[223]
d. Kleidung, Möbel, andere Haushaltsgeräte und Vorräte für den häuslichen Bedarf des Schuldners und seiner Familie gehören ebenfalls nicht zur Masse.[224]
e. Das Einkommen des Schuldners ist nicht Teil der Masse. Der Treuhänder kann jedoch bei Gericht einen Beschluss beantragen, mit dem der Schuldner verpflichtet wird, einen Teil seiner Einnahmen an die Masse abzuführen. Ein solcher Beschluss hängt von der Höhe der Einnahmen des Schuldners ab.[225]

Bei der Realisierung der Masse kann der Treuhänder Mittel wie Inbesitznahme ergreifen,[226] das Eigentum beschlagnahmen, Vermögenswerte außerhalb Hongkongs verkaufen[227] und belastendes Eigentum aufgeben *(to disclaim onerous property)*.[228]

Wurde die Verfügungsbefugnis auf den Treuhänder übertragen, behält dieser auch nach Erteilung der Restschuldbefreiung für den Schuldner die Befugnis, das Vermögen weiter zu verwalten und jederzeit im Interesse der Gläubiger zu verwerten.

3.8 Fortführung des schuldnerischen Unternehmens durch den Schuldner oder den Verwalter

Dieser Abschnitt stellt nur dar, ob und wie ein Unternehmen während eines Insolvenz- oder Restrukturierungsverfahrens fortgeführt werden darf. Das Insolvenzrecht Hongkongs sieht keinen dem englischen *wrongful trading*, der unerlaubten Fortführung trotz Insolvenz, vergleichbaren Tatbestand vor, wonach eine Geschäftsführung persönlich für die Verbindlichkeiten eines Unternehmens haftbar wird, die während der Insolvenz eingagangen wurden. Zwar kennt das Recht von Hongkong den Tatbestand des *fraudulent trading*, die Fortführung in betrügerischer Absicht,[229] jedoch ist dessen Anwendung in der Praxis selten, da es schwierig ist, Betrugsabsicht nachzuweisen.[230]

3.8.1 *Creditors' voluntary winding-up*

Die Befugnisse der Geschäftsführung zur Führung der Geschäfte der Gesellschaft enden mit Beginn der Abwicklung, es sei denn, der Gläubigerausschuss oder, wenn ein solcher nicht eingesetzt ist, die Gläubiger, entscheiden im Sinne des Abwicklungserfolges anderweitig.[231]

---

[218] CWUMPO s.190.
[219] BO s.26(3).
[220] BO s.84(1A).
[221] BO s.43(1).
[222] BO s.43F.
[223] BO s.43(2)(a).
[224] BO s.43(2)(b).
[225] BO s.43E.
[226] BO s.53, s.54.
[227] BO s.55.
[228] BO s.59.
[229] CWUMPO s.275.
[230] *ADS Brothers & Ors* [2000] 1 HKC 511.
[231] CWUMPO s.244.

3.8.2 Compulsory winding-up

109   Mit dem Eröffnungsbeschluss enden:
a. die Befugnisse der Geschäftsführung, wobei diese berechtigt bleibt, im Namen der Gesellschaft gegen den Eröffnungsbeschluss Beschwerde einzulegen.
b. Arbeitsverträge werden mit dem Eröffnungsbeschluss automatisch beendet, sofern das Gericht nichts anderes verfügt.

3.8.3 Scheme of arrangement

110   Während eines *scheme of arrangement*-Verfahrens behalten diejenigen Personen, die vor Verfahrensbeginn zur Geschäftsführung befugt waren (ob Geschäftsführer, Verwalter oder Zwangsverwalter) die Kontrolle über das Unternehmen, Rechte der Gesellschafter werden nur insoweit geändert, als dies im verbindlichen Vergleich vorgesehen ist. Das Unternehmen kann seine Geschäftstätigkeit fortsetzen, es kann ein Verwalter *(administrator)* für die Umsetzung des Vergleichs bestellt werden.

3.9 Maßnahmen zum Schutz der Masse vor Eröffnung des Verfahrens

111   Transaktionen, durch die, „um die Masse zu schützen", Vermögen vor der Eröffnung des Insolvenzverfahrens verschleudert wird, können angefochten werden (zur Anfechtung siehe unter → Rn. 162 ff.).

112   Erst nach Antragstellung auf Eröffnung des Verfahrens *winding-up proceedings* bzw. nach Eröffnung des Verfahrens kann ein (vorläufiger) Verwalter zum Schutz des Gesellschaftsvermögens bestellt werden. Es gibt auch außerhalb des Insolvenzrechts Mechanismen zum Schutz des Vermögens, wie zB die *Mareva injunction*.

3.10 Auswirkungen der Eröffnung des Insolvenzverfahrens auf Vollstreckungsmaßnahmen einzelner Gläubiger in laufenden Gerichts- oder Schiedsverfahren

3.10.1 Winding-up proceedings

113   Die Rechte der ungesicherten Gläubiger zur Ergreifung selbständiger Maßnahmen sind bei jeder Abwicklung stark eingeschränkt. Bei der *creditors' voluntary winding-up* gibt es zwar kein generelles Moratorium, jedoch können ungesicherte Gläubiger keine Titel erlangen, die ihnen eine bessere Position als die anderer ungesicherter Gläubiger einbrächten, es gibt kein „*jump the queue*", kein „sich an der Warteschlange Vorbeidrängeln".

114   Im Rahmen einer *compulsory winding-up* kann jeder Gläubiger nach Antragstellung bei Gericht beantragen, eine anhängige Klage oder ein Verfahren gegen das Unternehmen auszusetzen,[232] es gibt keinen automatischen Aufschub. Nach Erlass des Eröffnungsbeschlusses werden jedoch alle Klagen oder Verfahren gegen die Gesellschaft automatisch ausgesetzt und es dürfen, außer mit Genehmigung des Gerichts, keine Klagen oder Verfahren mehr gegen die Gesellschaft eingeleitet werden.[233] Dies kann in der Praxis dazu führen, dass ein Gläubiger nach der Stellung eines Eröffnungsantrags eine Klage gegen ein Unternehmen einreicht und ein Urteil erwirkt, nur um dann festzustellen, dass seine Vollstreckungsmaßnahme mit Verfahrenseröffnung automatisch ausgesetzt wurde.

115   Gesicherte Gläubiger stehen außerhalb der üblichen Rangfolge und werden aus dem Erlös ihrer Sicherheit bezahlt; mit dem Ausfall sind sie ungesicherte Gläubiger. Ein solcher Gläubiger muss einen Schätzwert seiner Sicherheit in seiner Forderungsanmeldung angeben, andernfalls könnte er seine Sicherheit verwirken.

116   Neben der gerichtlichen Zwangsvollstreckung können die Gläubiger Verbindlichkeiten gegenüber dem Schuldner mit Forderungen gegen den Schuldner verrechnen. Vereinfacht ausgedrückt, muss es sich um gegenseitige Kredite, gegenseitige Verbindlichkeiten oder andere gegenseitige Beziehungen zwischen den Parteien bei oder vor dem Erlass des Eröffnungsbeschlusses handeln, dem Gläubiger darf nicht bekannt sein, dass zum Zeitpunkt zB der Kreditgewährung ein Eröffnungsantrag gestellt worden war.

3.10.2 Privatinsolvenzverfahren (*bankrutpcy proceedings*)

118   Sobald ein Antrag auf Eröffnung eines Privatinsolvenzverfahrens gestellt wurde, kann das Gericht alle Vollstreckungs-, Klage- oder anderen Gerichtsverfahren gegen des Schuldner (dessen Vermögen)

---

[232] CWUMPO s.181.
[233] CWUMPO s.186.

aussetzen oder eine Fortsetzung unter vom Gericht festgesetzten Bedingungen gestatten.[234] Mit Verfahrenseröffnung wird der *Official Receier* zum vorläufigen Verwalter, danach darf kein Gläubiger (außer, die BO sieht dies vor), eine Klage oder ein anderes Gerichtsverfahren einleiten, es sei denn, dies wird vom Gericht unter vom Gericht festgesetzten Bedingungen genehmigt.[235] Die Gläubiger können ihre Rechte durch Forderungsanmeldung und -nachweis bei dem (vorläufigen) Treuhänder einfordern.[236]

3.11 Auswirkungen der Eröffnung des Insolvenzverfahrens auf laufende Gerichts- oder Schiedsverfahren

3.11.1 *Compulsory winding-up*

119 Gesellschaft, Gläubiger oder nachschussverpflichtete Gesellschafter können nach Stellung des Eröffnungsantrags in einer *compulsory winding-up* bei Gericht beantragen, dass anhängige Klagen oder Verfahren (*„proceedings"*) gegen die Gesellschaft ausgesetzt werden;[237] der Antrag auf Aussetzung kann *ex parte* gestellt werden, um einen vorläufigen Aufschub bis zur Anhörung über den Antrag zu erhalten.[238] Nach dem Eröffnungsbeschluss dürfen keine Klage oder kein Verfahren gegen den Schuldner eingeleitet werden, es sei denn mit Genehmigung des Gerichts.[239]

120 Der Begriff „*proceedings*" umfasst auch ein Schiedsverfahren,[240] dh die Gesellschaft, ein Gläubiger oder ein nachschussverpflichteter Gesellschafter können beantragen, ein Schiedsverfahren gegen die Gesellschaft auszusetzen. Es ist jedoch zu beachten, dass seit der Entscheidung *Lasmos Ltd. gegen Southwest Pacific Bauxite (HK) Ltd.*[241] ein **Eröffnungsantrag**, der mit einer strittigen Forderung geltend gemacht wird, **abgelehnt werden kann,** wenn: (a) ein Unternehmen die vom Antragsteller geltend gemachte Forderung bestreitet; (b) der Vertrag, auf dem die Forderung basieren soll, **eine Schiedsklausel enthält,** die alle Streitigkeiten im Zusammenhang mit der Forderung abdeckt; und (c) das Unternehmen die Schritte unternimmt, die gemäß der Schiedsklausel erforderlich sind, um das vertraglich vorgesehene Verfahren einzuleiten.[242] Die Auswirkung hiervon ist signifikant, da das Unternehmen einen Eröffnungsantrag zurückweisen lassen kann, ohne nachweisen zu müssen, dass die Forderung *bona fide* und substanziell bestritten wird.

3.11.2 Privatinsolvenzverfahren *(bankruptcy proceedings)*

121 Im Kontext von Privatinsolvenzverfahren hat der *Court of Appeal* kürzlich in der Sache *But Ka Chon v Interactive Brokers LLC*[243] geprüft, ob der Lasmos-Ansatz (siehe hierzu soeben → Rn. 120) auch angewandt werden kann, um einen Antrag auf Eröffnung eines Privatinsolvenzverfahrens abweisen zu lassen. Das Gericht hat die Frage nicht entschieden, da es festgestellt hat, dass der Schuldner die dritte Anforderung in *Lasmos* nicht erfüllt hatte, dh er hatte es versäumt, die vertraglich vorgeschriebenen Schritte zur Einleitung des Schiedsverfahrens zu unternehmen.[244] Das Gericht schien jedoch „*in obiter*" Vorbehalte zu äußern, dass der Lasmos-Ansatz eine erhebliche Einschränkung des gesetzlichen Rechts eines Gläubigers auf Beantragung eines Insolvenzverfahrens darstelle.[245]

3.12 Automatisches oder gerichtlich angeordnetes Moratorium

3.12.1 *Winding-up proceedings*

122 Für *winding-up* gibt es in Hongkong kein formelles Moratorium, das einem finanziell angeschlagenen Unternehmen Schutz vor seinen Gläubigern bietet, während gleichzeitig Anstrengungen zur Restrukturierung unternommen werden. Befindet sich ein Unternehmen in finanziellen Schwierig-

---

[234] BO s.14(1).
[235] BO s.12(1).
[236] BR r.109.
[237] CWUMPO s.181.
[238] CWUR rr.5(3) und 7(2).
[239] CWUMPO s.186.
[240] *Halkirk Co Ltd v Carrian Holdings Ltd* [1985] HKLR 21; *Re Union (V-Tex) Shirts Factory Ltd*[1977] HKLR 237; *Herbert Berry Associates Ltd v IRC* [1977] 1 WLR 1437.
[241] (2018) HKCFI 426.
[242] BO s.31.
[243] [2019] HKCA 873.
[244] Siehe in der Entscheidung unter Rn. 57.
[245] Siehe in der Entscheidung unter Rn. 63.

keiten und möchte es sich vor seinen Gläubigern schützen, steht daher nur ein vorläufiges Abwicklungsverfahren *(provisional liquidation)* zur Verfügung. Wie aber in → Rn. 16 ff. (unter Darstellung der einschlägigen Rechtsprechung) betont, sollten vorläufige Verwalter weiterhin aus „konventionellen" Gründen, wie zB der Erhaltung von Vermögenswerten, ernannt werden und nicht nur zum Zwecke der Unternehmensrettung.

3.12.2 Privatinsolvenzverfahren *(bankruptcy proceedings)*

123   Auch im Privatinsolvenzverfahren gibt es kein automatisches Moratorium. Die Alternative zur Insolvenz, dh die individuelle freiwillige Vereinbarung *Individual Voluntary Arrangement,* (IVA), beinhaltet jedoch einen Antrag bei Gericht auf Erlass einer Zwischenverfügung, während deren Wirksamkeit kein Insolvenzverfahren oder Gerichtsverfahren[246] gegen den Schuldner eingeleitet oder fortgesetzt werden kann. Der Schuldner ist verpflichtet, den Gläubigern einen Rückzahlungsvorschlag zu unterbreiten, der, wenn er genehmigt wird, für alle Gläubiger verbindlich ist.

3.13 Vertreter der Gläubiger *(representatives of creditors)*

3.13.1 *Winding-up proceedings*

124   Im Anschluss an den Beschluss der Gläubiger über die freiwillige Liquidation oder den Eröffnungsbeschluss des Gerichts kann in einer Gläubigerversammlung *(meeting of creditors)* ein Gläubigerausschuss *(committee of inspection,* „COI") ernannt werden, der den Liquidator/Verwalter bei der Ausübung seiner Aufgaben unterstützt und berät, die Ausübung bestimmter Befugnisse sowie die Vergütung des Liquidators/Verwalters genehmigt.[247]

125   In einer *voluntary winding-up* kann der COI aus nicht weniger als drei und nicht mehr als sieben Mitgliedern[248] bestehen. Bei einer *compulsory winding-up* gibt es keine Begrenzung. Die Mitglieder des COI sind verpflichtet, im besten Interesse aller Gläubiger zu handeln. Hier kann es zu einem Interessenkonflikt kommen.

3.13.1 Privatinsolvenzverfahren *(bankruptcy proceedings)*

126   Nach Eröffnung kann jeder Gläubiger den vorläufigen Treuhänder auffordern, eine Gläubigerversammlung einzuberufen. In der Gläubigerversammlung haben nur Gläubiger, die Forderungen angemeldet haben, ein Stimmrecht über die Bestellung des Treuhänders und eines Gläubigerausschusses.[249]

127   Der Gläubigerausschuss setzt sich aus zwei oder mehr Personen zusammen, die von Gläubigern ernannt werden, die in der Gläubigerversammlung stimmberechtigt sind. Seine Hauptaufgabe besteht darin, die Verwaltung des schuldnerischen Vermögens durch den Treuhänder zu überwachen. In der Praxis haben die meisten Privatinsolvenzverfahren keinen Ausschuss, da die wenigsten Gläubiger bereit sind, Zeit und Mühe zu investieren. In Abwesenheit eines Ausschusses muss der Treuhänder die Erlaubnis des Gerichts einholen, um Handlung auszuführen, für die er die Erlaubnis des Ausschusses unter der BO einzuholen hat.[250]

3.14 Forderungsanmeldung und -feststellung

128   In diesem Abschnitt werden die wesentlichen Aspekte des Nachweises von Forderungen erläutert. Die Regelungen für Abwicklungs- und Privatinsolvenzverfahren werden einheitlich dargestellt, da die im Privatinsolvenzverfahren anwendbaren Regelungen auch im Rahmen der Abwicklung angewendet werden.[251]

129   Bei *creditors' voluntary winding-up* ist kein formaler Forderungsnachweis erforderlich, obwohl der *Liquidator* die Gläubiger in der Regel über die Abwicklung informiert und sie auffordert, ihre Forderungen schriftlich einzureichen. Im Rahmen einer *compulsory winding-up* hat jeder Gläubiger seine Forderung einzureichen und nachzuweisen, es sei denn, das Gericht weist an, dass Gläubiger ohne Nachweis im Forderungsfeststellungsverfahren zugelassen werden.[252]

---

[246] BO ss.20(2) und 20A.
[247] CWUMPO s.206.
[248] CWUMPO s.206.
[249] BR r.109; BO ss.17A und 24.
[250] BO s.82(3).
[251] CWUMPO ss.263 und 264.
[252] CWUR r.79.

3. Verfahren

130 Die erforderlichen Inhalt einer Forderungsanmeldung sind in den CWUR, dort r.82, und in den *Proof of Debt Rules* (Cap. 6E) (PODR), dort r.4, festgelegt. Der Nachweis ist dem (vorläufigen) Verwalter / (vorläufigen) Treuhänder zusammen mit allen Belegen und einer nicht rückerstattungsfähigen Anmeldegebühr von HK-$ 35 vorzulegen. Die Anmeldegebühr entfällt bei Ansprüchen auf Löhne und Gehälter oder Verbindlichkeiten, die HK-$ 250 nicht überschreiten.

131 Ein Gläubiger kann alle gegenwärtigen oder zukünftigen, bestimmten oder bedingten Forderungen, die zum Zeitpunkt der Eröffnung des Insolvenzverfahrens bereits begründet waren, im Verfahren anmelden.[253] Zinsen, die für einen Zeitraum vor Eröffnung des Insolvenzverfahrens zu zahlen sind, können ebenfalls angemeldet werden.[254] Ein gesicherter Gläubiger sollte den geschätzten Wert seiner Sicherheit angeben und eine Forderung nur für den Ausfall anmelden, andernfalls kann seine Sicherheit zur Verteilung an alle ungesicherten Gläubiger aufgeboten werden.[255]

132 Zu den nicht anmeldbaren Forderungen gehören unter anderem:
a. Ausländische Steueransprüche;
b. verjährte Verbindlichkeiten;
c. Geldbußen die der Regierung geschuldet werden;[256]
d. Forderungen auf Schadenersatz, der nicht auf Vertrag, unerlaubter Handlung oder Veruntreung beruht;[257] und
e. Verbindlichkeiten, die nach Stellung des Eröffnungsantrags entstanden sind, wenn der Vertragspartner von dem Antrag Kenntnis hatte.[258]

133 Scheint eine Forderung nicht durchsetzbar zu sein, sollte der Verwalter die Forderung ablehnen, anstatt beim Gericht einen Beschluss über die Prüfung zu beantragen; es obliegt dann dem Gläubiger, seine Forderung nachzuweisen.[259] Weisen ein Verwalter oder Treuhänder eine Forderung zurück, so kann der betroffenen Gläubiger hiergegen gerichtlich vorgehen.[260]

134 Darüber hinaus kann das Gericht eine Forderungsanmeldung löschen oder den angemeldeten Betrag herabsetzen, entweder auf Antrag des Verwalters, wenn dieser der Ansicht ist, dass eine Forderung fälschlich anerkannt wurde und nach Mitteilung hierüber an den betreffenden Gläubiger; oder auf Antrag eines Gläubigers oder nachschussverpflichteten Gesellschafters, wenn der Verwalter es ablehnt, die Angelegenheit zu regeln.[261]

135 Nur Gläubiger, die ihre Forderung nachweisen konnten, können vom Verwalter oder Treuhänder eine Zahlung aus den Masseerlösen erhalten.

3.15 Verwertung und Verteilung des Masse, Rangfolge

3.15.1 Pflichten des Verwalters

136 Der Verwalter ist verpflichtet, das gesamte Vermögen der Gesellschaft zu realisieren.[262] Das CWUMPO sieht für den Verwalter eine Reihe von Pflichten bei der Verwaltung des Vermögens der schuldnerischen Gesellschaft vor:
a) Jeder Verwalter hat ordnungsgemäße Bücher zu führen, die Protokolle der Versammlungen enthalten. Diese Bücher sollten Gläubigern oder nachschussverpflichteten Gesellschaftern zur Einsichtnahme zur Verfügung stehen.[263]
b) Jeder Liquidator muss Gelder gemäß der Anweisungen des *Official Receiver* in den *Companies Liquidation Account* einzahlen.[264]
c) Jeder Verwalter hat dem *Official Receiver* mindestens zweimal im Jahr eine Aufstellung über seine Einnahmen und Zahlungen zu übermitteln.[265]

137 Nach der Realisierung der Vermögenswerte werden die Erlöse gemäß der im CWUMPO festgelegten Reihenfolge an die Gläubiger und Gesellschafter verteilt.

---

[253] BO s.34(3) and 34(8).
[254] BO s.71(1).
[255] PODR rr.9-10; BO s.6B(1); CWUMPO ss.82(1)(e) und 84.
[256] BO s.34(3A).
[257] BO s.34(1).
[258] BO s.34(2).
[259] CWUR rr.94 und 95.
[260] CWUMPO s.95; PODR rr.22-24.
[261] CWUR r.96.
[262] CWUMPO s.97.
[263] CWUMPO, s.201.
[264] CWUMPO, s.202(1).
[265] CWUMPO, s.203(1).

3.15.2 Masseverbindlichkeiten *(debts incumbent on the estate)*

138 Bevor ungesicherte Gläubiger (einschließlich bevorrechtigter Gläubiger[266]) bezahlt werden, werden zunächst die Kosten und Auslagen für die Verwaltung beglichen.[267] Hierzu gehören beispielsweise die Vergütung des Verwalters und die Kosten, die im Rahmen der Ermittlungen des Verwalters anfallen.[268] Diese Regelung gilt nicht für gesicherte Gläubiger. Wenn ein bestimmter Vermögenswert besichert ist, können die Kosten der Verwaltung nicht hieraus bezahlt werden.[269] Die spezifischen Kosten, die zur Erhaltung oder Realisierung des besicherten Vermögenswerts anfallen, können jedoch erstattet werden, wenn der besicherte Gläubiger befriedigt wurde.[270]

3.15.3 Gesicherte Gläubiger *(secured creditors)*

139 Die verschiedenen Arten von Sicherheiten nach Hongkonger Recht sind unter → Rn. 152 ff. dargestellt. Der gesicherte Gläubiger ist berechtigt, sein Sicherungsrecht vorrangig gegenüber anderen Gläubigern geltend zu machen. Der gesicherte Vermögenswert steht den ungesicherten Gläubigern erst dann zur Verfügung, wenn der gesicherte Gläubiger vollständig befriedigt ist. Mit dem Ausfall wird er wie ein ungesicherter Gläubiger behandelt.

3.15.4 Bevorrechtigte Gläubiger *(preferential creditors)*

140 Das CWUMPO legt die Reihenfolge der Verteilung unter den unbesicherten Gläubigern eines schuldnerischen Unternehmens fest. Bestimmte Kategorien von ungesicherten Gläubigern erhalten hierbei Vorrang.[271] Sie werden als die bevorrechtigte Gläubiger bezeichnet. Zu den Hauptkategorien der bevorrechtigten Gläubiger gehören:
(a) Verbindlichkeiten gegenüber Angestellten (vorbehaltlich bestimmter gesetzlicher Beschränkungen).[272]
(b) Gesetzliche Verbindlichkeiten gegenüber dem Staat.[273]
(c) Wenn der Schuldner eine Bank ist, Einlagengläubiger (bis zu einem bestimmten Höchstbetrag).[274]
(d) Wenn der Schuldner ein Versicherer ist, eine Person, die aufgrund eines Versicherungsvertrages Ansprüche geltend macht.[275]
(e) Ein Vermieter, der innerhalb der letzten drei Monaten vor Eröffnung Vermögen des Schuldners gepfändet hat.[276]

3.15.5 Ungesicherte Gläubiger *(unsecured creditors)*

141 Ein etwaiger Überschuss nach Befriedigung der bevorrechtigten Gläubiger wird *pari passu* an die verbleibenden unbesicherten Gläubiger verteilt.[277] *Pari passu* bedeutet eine anteilige Aufteilung der Erlöse unter den ungesicherten Gläubigern im Verhältnis zur Höhe ihrer Forderungen.[278]

3.15.6 Gesellschafter *(members of the company)*

142 Ein etwaiger nach Befriedigung der Gläubiger verbleibender Überschuss wird an die Gesellschafter der Gesellschaft verteilt, entsprechend ihrer individuellen (etwa nach Gesellschaftsrecht oder Gesellschaftsvertrag) Ansprüche.[279] Dass es zu einer solchen Verteilung kommt, ist in der Praxis unwahrscheinlich.

3.16 Abschluss des Verfahrens – Auflösung des schuldnerischen Unternehmens

143 Nach dem Abschluss der Abwicklung einer Gesellschaft wird diese aufgelöst. Die Auflösung kann auf zwei verschiedene Arten erfolgen.

---

[266] Für Vorzugsgläubiger siehe Abschnitt → Rn. 140.
[267] CWUMPO, s.265(4).
[268] *Re Lawe William (China Trade) Ltd*[1994] 2 HKLR 169.
[269] *Re KCL Capital Ltd*[2013] 3 HKLRD 1 at[7].
[270] *KCL* auf[6]-[7].
[271] CWUMPO, ss.250, 265(4).
[272] CWUMPO, s.265(1)(b)-(cj).
[273] CWUMPO, s.265(1)(d).
[274] CWUMPO, s.265(1)(db).
[275] CWUMPO, s.265(1)(e)-(f).
[276] CWUMPO, s.265(5).
[277] CWUMPO, s.250.
[278] *Re Guangdong International Trust & Investment Corp Hong Kong (Holdings) Ltd[2018]* 5 HKLRD 396 at[20].
[279] CWUMPO, s.250.

Die Gesellschaft kann ohne Gerichtsbeschluss aufgelöst werden. Dies geschieht, wenn drei **144** Bedingungen erfüllt sind: (a) die Angelegenheiten der Gesellschaft sind vollständig abgewickelt, (b) der Verwalter wurde vom Gericht „entlassen" und (c) der *Official Receiver* oder der Verwalter haben dem Handelsregister eine Bescheinigung über die Erfüllung der beiden vorgenannten Bedingungen übersandt. Die Gesellschaft wird dann automatisch nach Ablauf von zwei Jahren nach der Registrierung der Bescheinigung aufgelöst.[280]

Die Gesellschaft kann auch auf entsprechenden Antrag des Verwalters durch Gerichtsbeschluss **145** aufgelöst werden.[281]

4. Verträge in Abwicklungs- oder Restrukturierungsverfahren Verfahren

4.1 Nicht erfüllte Verträge; Mietverträge, Leasingverträge

Ein Liquidator kann mit Erlaubnis des Gerichts jederzeit innerhalb von zwölf Monaten nach **146** Verfahrensbeginn belastendes Vermögen *(onerous property)* aufgeben. *Onerous property* ist definiert als jedes Unternehmensvermögen wie Grundstücke, die mit lästigen Dienstbarkeiten belastet sind, unrentablen Verträgen, oder jedes andere Vermögen des Unternehmens, das unverkäuflich ist, nicht leicht verkäuflich ist oder so beschaffen ist, dass es zu einer Verpflichtung zur Zahlung von Geld oder zu anderen belastenden Handlungen führen kann. Ein Vertrag kann unrentabel sein, wenn er zu zukünftigen Verbindlichkeiten führt und dem Unternehmen fortlaufende finanzielle Verpflichtungen auferlegt, die Gläubiger benachteiligen können.

Die Regelungen sind **auch auf Mietverträge und Leasingverträge** anzuwenden. **147**

4.2 Arbeitsverträge *(employment contracts)*

Arbeitsverträge enden automatisch bei *compulsory winding up*. Grundsätzlich sind dann die **148** Beschäftigten unbesicherte Gläubiger, es sei denn, dass es sich bei ihren Ansprüchen um bevorrechtigte Forderungen gemäß § 265 CWUMPO handelt (wie zB ausstehende Löhne und Gehälter und bestimmte sich aus der Beschäftigung ergebende Ansprüche bis zu einem Höchstbetrag), die vor den Ansprüchen anderer unbesicherter Gläubiger befriedigt werden.

Bei *voluntary winding up* werden Arbeitsverträge nicht automatisch beendet, da die Geschäftstätig- **149** keit der Gesellschaft nicht sofort eingestellt wird.

5. Pensionsansprüche in Insolvenz und Restrukturierung

Unbezahlte Beiträge zur betrieblichen Altersversorgung und zur Pflichtvorsorgekasse *(Mandatory* **150** *Provident Fund)* nach der Verordnung über die Pflichtvorsorgekassen *(Mandatory Provident Fund Schemes Ordinance)* sind gemäß § 265 CWUMPO bevorrechtigte Forderungen.

6. Eigentumsvorbehalt

Unterliegen Vermögenswerte, die sich im Besitz des Schuldners befinden, einem Eigentumsvor- **151** behalt eines Dritten (zB Verkäufer), so stehen diese zur Verteilung an die Gläubiger zur Verfügung, der Dritte kann jedoch Herausgabe gemäß des zugrundeliegenden Vertrags, zB dem Kaufvertrag, verlangen.

7. Sicherheiten

7.1 Sicherheiten an beweglichen Sachen

Die wichtigsten **Sicherheiten an beweglichen Sachen** sind *„fixed security"* *(fixed charges),* **152** *„floating security"* *(floating charges), pledges* und *liens:*

Eine *floating charge* ist eine Sicherheit an einer Sachgesamtheit von (inkl. künftigen) von Vermö- **153** genswerten *(class of assets),* sie wird beispielsweise an Umlaufvermögen bestellt. Sie ermöglicht dem Schuldner, das Sicherungsgut im Rahmen seines normalen Geschäftsbetriebs zu verwenden. In der Praxis werden *floating charges* oft am gesamten Betriebsvermögen eines Unternehmens bestellt und erfassen dann alle gegenwärtigen und künftigen Vermögenswerte des Unternehmens.

Die der *floating charge* zugrundeliegende Vereinbarung sieht in der Regel vor, wann der Gläubiger **154** zu Vollstreckungsmaßnahmen berechtigt wird (zB Zahlungsverzug), dh wann die *floating charge* „kristallisiert" (von: *„to crystallise").* Im Sicherungsfall, dh bei *crystallisation* wird die *floating charge* zur *fixed*

---

[280] CWUMPO, s.226A(1)-(2).
[281] CWUMPO, s.227.

charge, der Schuldner ist nun nicht mehr befugt, ohne Zustimmung des Gläubigers über das besicherte Vermögen zu verfügen.

155 Die Sicherheit *pledge* ist ein Besitzpfandrecht, sie wird in der Regel durch Übergabe des Sicherungsguts an den Sicherungsnehmer bestellt.

156 Auch die Sicherheit *lien* ist ein Besitzpfandrecht, das den Sicherungsnehmer bis zur Begleichung einer Forderung zum Besitz berechtigt. Es wird in der Regel durch Vertrag oder gesetzlich begründet. Der Gläubiger verliert das Recht, über den besicherten Vermögenswert zu verfügen und in der Regel erlischt das Pfandrecht, sobald der Vermögenswert an den Schuldner zurückgegeben wird.

7.2 Grundpfandrechte

157 Die wichtigste Art von Sicherheit an unbeweglichem Vermögen ist die *fixed security.*
158 Unmittelbar bei der Begründung der Sicherheit „verbindet" sich diese mit dem besicherten Vermögen, der Schuldner kann hierüber nur noch mit Zustimmung des Gläubigers verfügen.

8. Aufrechnung; Aufrechnungsvereinbarungen *(set-off)*

159 Bei Aufrechnung kann zwischen *solvent set-off* und *insolvency set-off* unterschieden werden. *Solvent set-off* bezieht sich auf die Arten der Aufrechnung, die nach dem *Common Law* und dem Billigkeitsrecht, *equity,* außerhalb eines formellen Insolvenzverfahrens möglich sind.

160 Die Aufrechnung in der der Insolvenz, *insolvency set-off,* ist nur im Abwicklungsverfahren unter den nach dem Insolvenzrecht vorgesehenen Umständen möglich. Vereinfacht gesagt, setzt Aufrechnung Gegenseitigkeit voraus, gegenseitige Forderungen oder andere gegenseitige Beziehungen zwischen einer insolventen Person und einem Gläubiger. Ergibt sich bei der Aufrechnung ein Differenzbetrag zulasten des Gläubigers, kann dieser als einfache Insolvenzforderung geltend gemacht werden.

161 Die Aufrechnungmöglichkeit in der Insolvenz kann vertraglich nicht ausgeschlossen oder erweitert werden.

9. Anfechtung

162 Anfechtung bedarf der Feststellung durch Gerichtsbeschluss. Die wesentlichen Anfechtungsvorschriften sind:

9.1 Unlautere Gläubigerbevorzugung *(unfair preference)*

163 Eine Transaktion kann von einem Verwalter als **unlautere Gläubigerbevorzugung** angefochten werden, wenn sie innerhalb eines bestimmten Zeitraums vor der Insolvenz vorgenommen wurde. Eine Gesellschaft gewährt eine **Gläubigerbevorzugung,** wenn sie etwas tut oder etwas tun lässt, das einen Gläubiger oder Bürgen in eine bevorzugte Position bringt, dh eine bessere Position, als sie bei einer Insolvenz der Gesellschaft wäre. Eine Bevorzugung ist nur dann unlauter, wenn das Unternehmen von dem Wunsch beeinflusst wurde, Gläubiger oder Bürgen in eine bevorzugte Position zu bringen. Dieser Wunsch wird angenommen, wenn der Empfänger mit dem Unternehmen verbunden ist (dies gilt nicht bei Mitarbeitern). Der Anfechtungszeitraum beträgt zwei Jahre bei einer mit dem Unternehmen verbundenen Person (nicht Mitarbeiter) und sechs Monate in anderen Fällen.

164 Das Unternehmen muss zum Zeitpunkt der anfechtbaren Transaktion nicht in der Lage gewesen sein, seine Verbindlichkeiten zu begleichen oder muss infolge der Transaktion außer Lage gesetzt worden sein, seine Verbindlichkeiten zu begleichen.

9.2 Verfügungen unter Wert *(transactions at an undervalue)*

165 *Transactions at an undervalue'* sind wie das Konzept nach englischem Recht ein relativ neues Konzept in Hongkong. Sie wurde durch die am 13.2.2017 in Kraft getretene *Companies (Winding Up and Miscellaneous Provisions) (Amendment) Ordinance 2016* in das Recht Hongkongs eingeführt. Eine Transaktion, die von einer Gesellschaft innerhalb von fünf Jahren vor Beginn der Abwicklung vorgenommen wurde, kann aufgehoben werden, wenn der Gesellschaft keine Gegenleistung geleistet wurde oder die Gegenleistung deutlich unter Wert lag. Das Unternehmen muss zum Zeitpunkt der Vornahme der Transaktion nicht in der Lage gewesen sein, seine Verbindlichkeiten zu begleichen, oder dies in Folge der Transaktion geworden sein.

166 Vor der Einführung des Tatbestands *transaction at an undervalue* gab es bereits eine ähnliche Bestimmung (die weiterhin gültig ist), s. 60 CAP 219, wonach eine Transaktion anfechtbar ist, wenn es sich um eine betrügerische Übertragung *(fraudulent conveyane)* handelt, nämlich eine Veräußerung von Vermögen, die in der Absicht erfolgt, Gläubiger zu schädigen.

9.3 Floating charges

Innerhalb der letzten zwölf Monate vor Verfahrenseröffnung bestellte *floating charges* können **167** anfechtbar sein, wenn das Unternehmen zur Zeit der Bestellung insolvent war oder oder infolge der Bestellung insolvent wurde, es sei denn, dem Unternehmen flossen aufgrund der Vereinbarung, die der Bestellung zugrunde liegt, adäquate Leistungen zu (Geldzahlung, gelieferte Waren oder Dienstleistungen oder eine Tilgung oder Reduzierung von Verbindlichkeiten oder Zinsen). Wurde die *floating charge* zugunsten einer mit der Gesellschaft verbundenen Person bestellt, ist sie anfechtbar, wenn sie innerhalb von zwei Jahren vor Verfahrensbeginn bestellt wurde.

10. Verfolgung der Haftung gegen (ehemalige) Geschäftsführer oder Gesellschafter, Ansprüche gegen Dritte

In Hongkong gibt es derzeit keine Bestimmungen wie das *„wrongful trading"* oder *„insolvent* **168** *trading"* (wie etwa in England oder Australien), dh Vorschriften, die es Verwaltern ermöglichen würden, gegen Geschäftsführer vorzugehen, die den Geschäftsbetrieb fortgeführt und Verbindlichkeiten begründet haben, nachdem sie wussten oder hätten feststellen und wissen müssen, dass es keine vernünftige Aussicht darauf gab, dass die Gesellschaft eine insolvente Abwicklung nicht mehr würde vermeiden können.

Derzeit sieht das Recht von Hongkong nur die Verfolgung von *„fraudulent trading"* vor, die **169** Ausübung der Geschäfte eines Unternehmens mit Betrugsabsichten.

Geschäftsführer, die sich vor der Insolvenz Pflichtverletzungen schuldig gemacht haben, können aber zum Ausgleich von Verlusten der Gesellschaft herangezogen werden.

11. Internationales Insolvenzrecht

Hongkong kennt keine gesetzlichen grenzüberschreitenden Insolvenzbestimmungen. Die **170** Gerichte in Hongkong stützen sich bei der Verwaltung grenzüberschreitender Insolvenzverfahren nur auf das *Common Law*.

Nach dem *Common Law*-System für grenzüberschreitende Insolvenz wird ein Gericht in Hong- **171** kong in der Regel einen Verwalter anerkennen und unterstützen, der im Land der Gründung der Gesellschaft bestellt wurde, wenn sich keine Fragen des *ordre public* stellen, die eine Anerkennung verhindern würden. Dazu gehört auch die Anerkennung eines „freiwillig" (nicht durch Gerichtsbeschluss) bestellten ausländischen Verwalters. Es ist davon auszugehen, dass ein Gericht in Hongkong einen Verwalter anerkennen wird, der in einem anderen Land als dem des Sitzes der Gesellschaft bestellt wurde, diese Frage wurde jedoch noch nicht entschieden.

Bezüglich in Hongkong belegener Vermögenswerte kann es für ausländische Verwalter erforder- **172** lich werden, Gerichtsverfahren anzustrengen. Die Anerkennung des ausländischen Insolvenzverwalteramtes als solches verleiht dem Verwalter bereits die Befugnis, das ausländische von ihm verwaltete Unternehmen vor den Gerichten in Hongkong zu vertreten. Der Verwalter kann dann im Namen der ausländischen Gesellschaft vor den Gerichten Hongkongs klagen.

Die Befugnis der Hongkonger Gerichte, einen ausländischen Verwalter zu unterstützen, wird **173** jedoch dadurch eingeschränkt, inwieweit die angestrebte gerichtliche Anordnung nach dem Insolvenzrecht von Hongkong, dem *Common Law* oder den Grundsätzen des Billigkeitsrechtes *(equitable principles)* zur Verfügung steht. Daher hat sich das Gericht kürzlich geweigert, dem Antrag von in England bestellten Verwaltern *(administrators)* auf Untersagung des Verkaufs besicherten Vermögens stattzugeben, da in Hongkong kein entsprechendes gesetzliches Moratorium (wie im englischen Verfahren *administration*) oder eine gleichwertige Befugnis vorgesehen ist.[282]

In grenzüberschreitenden Insolvenzen wurden in der Praxis Insolvenzprotokolle zwischen den **174** vom Hongkonger Gericht ernannten Verwaltern und den Verwaltern anderer Jurisdiktionen verwendet, um die parallel verwalteten Insolvenzverfahren zu harmonisieren. Die Gerichte in Hongkong sind befugt, Hongkonger Verwaltern zu gestatten, solche Protokolle abzuschließen.

12. COVID-19-Maßnahmen

Spezielle Maßnahmen bezüglich der wirtschaftlichen Auswirkungen der COVID-19-Pandemie **175** wurden von der Regierung von Hongkong nicht getroffen.

---

[282] *Joint Administrators of African Minerals v Madison Pacific Trust*[2015] 4 HKC 215.

Hongkong

Gerichtliche Abwicklung, *compulsory liquidation*

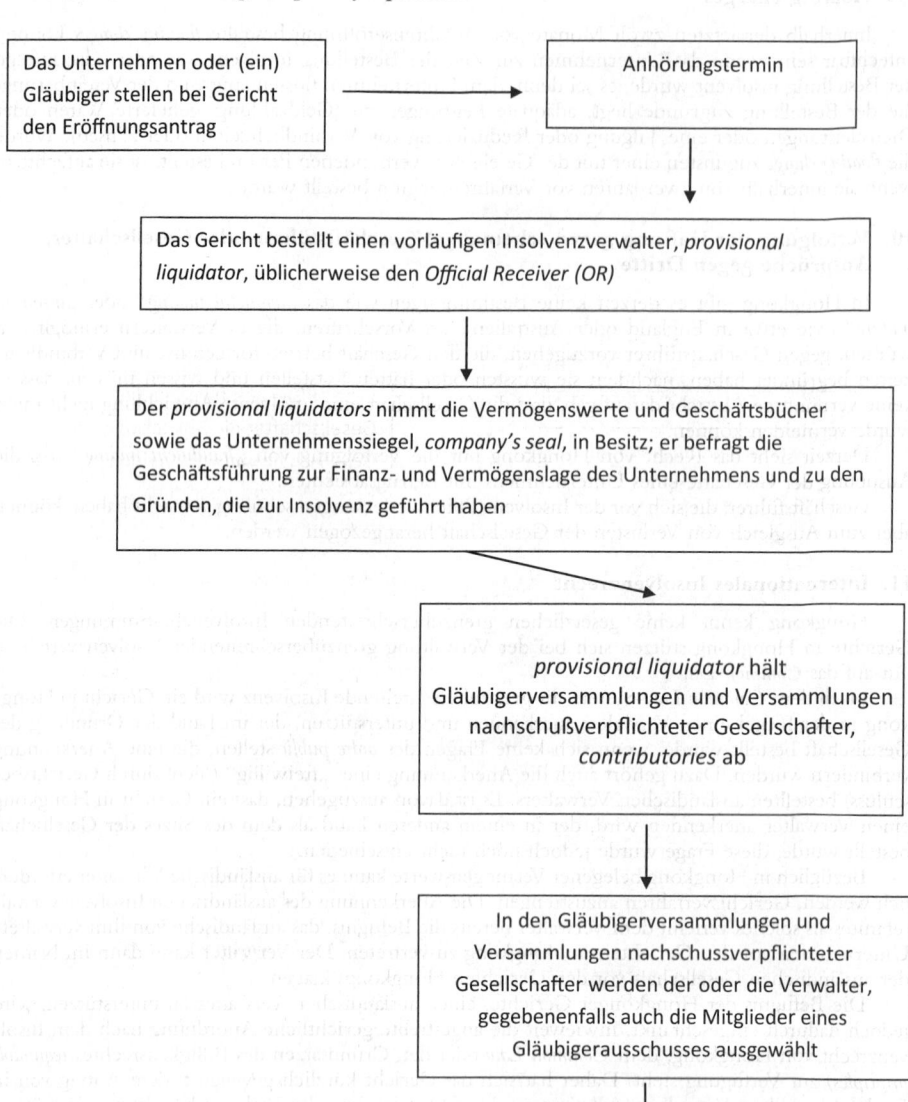

Hongkong

Freiwillige Abwicklung, *voluntary liquidations*

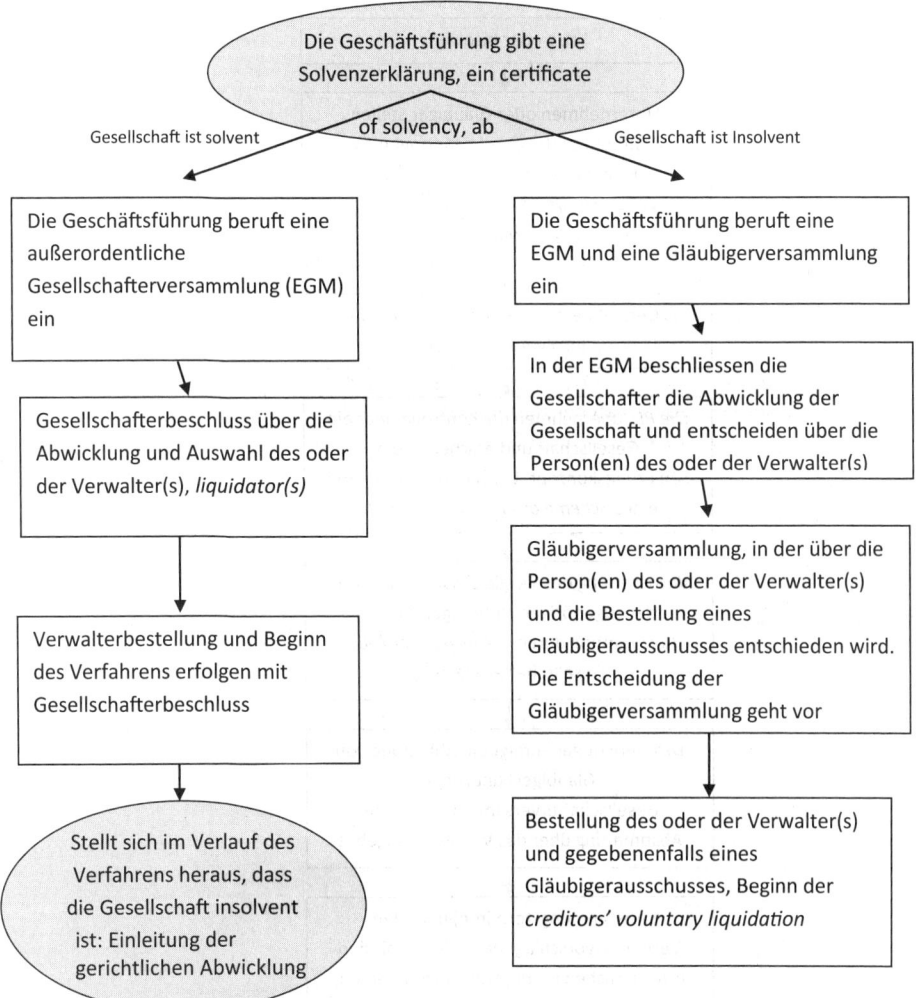

Hongkong

Sanierung mit vorläufigem Insolvenzverwalter, *provisional liquidator* *

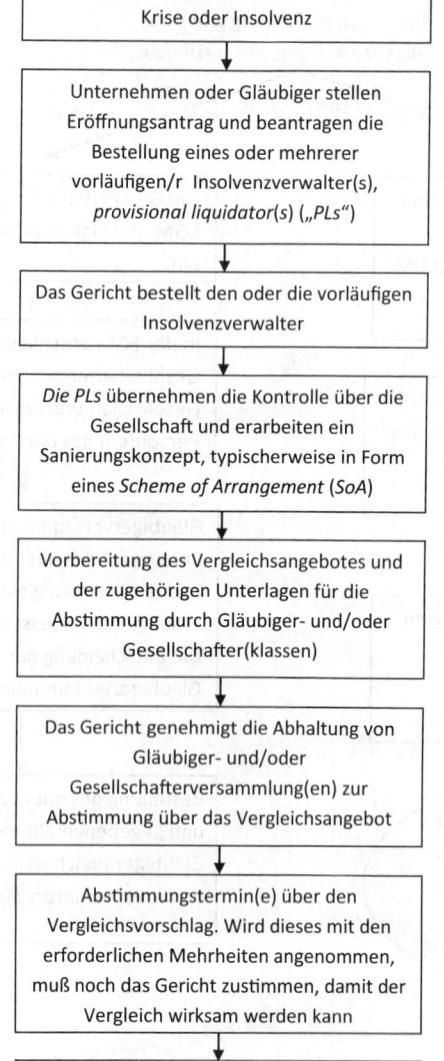

*NB: Beachte Ru. 18, Einschränkung dieser Praxis durch Rechtsprechung aus 2006 und 2018.

Hongkong

Glossar

Englisch	Deutsch	Rn.
affidavit	eidesstattliche Versicherung	51, 54 f.
bankruptcy petition, debtor's	Eröffnungsantrag, des Schuldners (Privatinsolvenzverfahren)	47 f., 55
bankruptcy proceedings	Privatinsolvenzverfahren	43 ff.
certificate of solvency	(Solvenzbescheinigung), bei members' voluntary winding-up	31, 56
committee of inspection	Gläubigerausschuss	79, 124
compulsory winding-up	Abwicklung, gerichtlich angeordnete (Insolvenzverfahren)	32, 38 ff., 51 f., 57 f., 64, 79 f., 109, 119 f.
contributory	nachschusspflichtiger Gesellschafter im Fall der Abwicklung	57 f., 79
creditors, representatives of	Gläubiger, Vertreter der	124 f.
creditors' voluntary winding-up	Abwicklung, „freiwillige", aufgrund eines Gesellschafterbeschlusses wenn das Unternehmen insolvent ist, d.h.dh im Insolvenzverfahren abgewickelt wird	31, 36 f., 49 f., 56, 63, 78, 108
crystallisation	Sicherungsfall, bei der floating charge	154
debts incumbent on the estate	Masseverbindlichkeiten	138
directions	Weisungen, des Gerichts im Verfahren	81, 94
disqualification order	Disqualifikationsanordnung	71, 80
fixed charge	Sicherheit an bestimmtem Gegenstand	152 ff.
floating charge	Sicherheit, i.d.R. an gesamtem Unternehmensvermögen in wechselndem Bestand bestellt, die es Schuldner ermöglicht, Sicherungsgut im Rahmen seines normalen Geschäftsbetriebs zu verwenden	152 ff., 167
fraudulent trading	Unternehmensfortführung in Gläubigerschädigungsabsicht	94, 107, 169
Gazette	Amtsblatt	49 f.
High Court	Insolvenzgericht (der High Court ist auch für Insolvenzsachen zuständig)	30, 51, 54 f.
inability (unable) to pay debts	nicht in der Lage, Verbindlichkeiten zu begleichen (Definition von „insolvent")	38
Individual Voluntary Arrangement, „IVA"	Vergleich im Privatinsolvenzverfahren	26, 123
intra-group accounts	Verrechnungskonten, konzerninterne	58
lien	Besitzpfandrecht (wird in der Regel durch Vertrag oder gesetzlich begründet)	152, 156
(provisional) liquidator	(vorläufiger) Verwalter (im Unternehmensinsolvenzverfahren)	17 f., 69, 83, 89
meeting of creditors	Gläubigerversammlung	124
members of the company	Gesellschafter	142
members' voluntary winding-up	Abwicklung, „freiwillige", aufgrund eines Gesellschafterbeschlusses, wenn das Unternehmen solvent ist, dh liquidiert wird	10, 28
members' voluntary liquidation	solvente Abwicklung, Liquidation; kein Insolvenzverfahren	31, 124

Hongkong

Englisch	Deutsch	Rn.
nominee	„Verwalter" in einem Vergleichsverfahren für insolvente Privatpersonen	35, 61
office-holder	Verwalter, generischer Begriff für provisional) liquidator / (provisional) trustee	69 f.
Official Receiver	Regierungsbeamter, der die Aufsicht über die Praxis der Unternehmensabwicklung und Abwicklung von Privatinsolvenzen führt; übernimmt auch Verwalterämter	15, 70, 73 ff., 87 ff.
onerous property, to disclaim	belastende Vermögenswerte, Eigentumsaufgabe an	94, 105, 146
pledge	Besitzpfandrecht (wird idR durch Übergabe des Sicherungsgutes bestellt)	152, 155
preferential creditors	Bevorrechtigte Gläubiger	140
Registrar of Companies	Handelsregister	49 f.
scheme of arrangement	Vergleich zwischen Unternehmen und Gläubigern	19, 34, 42, 53, 59 f., 65 ff., 110
secured creditors	Gesicherte Gläubiger	139
securities over moveable property	Sicherheiten an beweglichen Sachen	152 ff.
set-off	Aufrechnung	159 ff.
statement of the company's affairs	Erklärung über die Verhältnisse der Gesellschaft, abgegeben von den Geschäftsführern	55, 102
statutory demand	formelle Zahlungsaufforderung	38, 45 f., 54
summary administration	summarische Verwaltung der Insolvenzmasse	77
transaction at an undervalue	Verfügung unter Wert (Anfechtungstatbestand)	165 f.
trustee (provisional)	Treuhänder (vorläufiger), im Privatinsolvenzverfahren	75 ff., 87 f., 95 ff.
unfair preference	Gläubigerbevorzugung, unlautere (Anfechtungstatbestand)	163 f.
unsecured creditors	Ungesicherte Gläubiger	141
voluntary winding-up	Abwicklung, „freiwillige"	10 f.
voluntary winding-up by directors, CWUMPO s.228A	Abwicklung auf Initiative der Geschäftsführung gem. s.228A CWUMPO	37, 49 f.
winding-up order, making of	Eröffnungsbeschluss, Erlass des	83, 109
winding-up petition	Eröffnungsantrag (Unternehmensinsolvenzverfahren)	40, 47 f., 83, 119 f.

Glossar

Deutsch	Englisch	Rn.
Abwicklung auf Intiative der Geschäftsführung gem. s.228A CWUMPO	voluntary winding-up by directors, CWUMPO s.228A	37, 49 f.
Abwicklung, „freiwillige"	voluntary winding-up	10 f.
Abwicklung, „freiwillige", aufgrund eines Gesellschafterbeschlusses wenn das Unternehmen insolvent ist, dh im Insolvenzverfahren abgewickelt wird	creditors' voluntary winding-up	31, 36 f., 49 f., 56, 63, 78, 108

Hongkong

Deutsch	Englisch	Rn.
Abwicklung, „freiwillige", aufgrund eines Gesellschafterbeschlusses, wenn das Unternehmen solvent ist, dh liquidiert wird	members' voluntary winding-up	10, 28
Abwicklung, gerichtlich angeordnete (Insolvenzverfahren)	compulsory winding-up	32, 38 ff., 51 f., 57 f., 64, 79 f., 109, 119 f.
Amtsblatt	Gazette	49 f.
Aufrechnung	set-off	159 ff.
belastende Vermögenswerte, Eigentumsaufgabe an	onerous property, to disclaim	94, 105, 146
Besitzpfandrecht (wird i.d.R. durch Übergabe des Sicherungsgutes bestellt)	pledge	152, 155
Besitzpfandrecht (wird in der Regel durch Vertrag oder gesetzlich begründet)	lien	152, 156
Bevorrechtigte Gläubiger	preferential creditors	140
Disqualifikationsanordnung	disqualification order	71, 80
eidesstattliche Versicherung	affidavit	51, 54 f.
Erklärung über die Verhältnisse der Gesellschaft, abgegeben von den Geschäftsführern	statement of the company's affairs	55, 102
Eröffnungsantrag (Unternehmensinsolvenzverfahren)	winding-up petition	40, 47 f., 83, 119 f.
Eröffnungsantrag, des Schuldners (Privatinsolvenzverfahren)	bankruptcy petition, debtor's	47 f., 55
Eröffnungsbeschluss, Erlass des	winding-up order, making of	83, 109
formelle Zahlungsaufforderung	statutory demand	38, 45 f., 54
Gesellschafter	members of the company	142
Gesicherte Gläubiger	secured creditors	139
Gläubiger, Vertreter der	creditors, representatives of	124 f.
Gläubigerausschuss	committee of inspection	79, 124
Gläubigerbevorzugung, unlautere (Anfechtungstatbestand)	unfair preference	163 f.
Gläubigerversammlung	meeting of creditors	124
Handelsregister	Registrar of Companies	49 f.
Insolvenzgericht (der High Court ist auch für Insolvenzsachen zuständig)	High Court	30, 51, 54 f.
Masseverbindlichkeiten	debts incumbent on the estate	138
nachschusspflichtiger Gesellschafter im Fall der Abwicklung	contributory	57 f., 79
nicht in der Lage, Verbindlichkeiten zu begleichen (Definition von „insolvent")	inability (unable) to pay debts	38
Privatinsolvenzverfahren	bankruptcy proceedings	43 ff.
Regierungsbeamter, der die Aufsicht über die Praxis der Unternehmensabwicklung und Abwicklung von Privatinsolvenzen führt; übernimmt auch Verwalterämter	Official Receiver	15, 70, 73 ff., 87 ff.
Sicherheit an bestimmtem Gegenstand	fixed charge	152 ff.

Hongkong

Deutsch	Englisch	Rn.
Sicherheit, idR an gesamtem Unternehmensvermögen in wechselndem Bestand bestellt, die es Schuldner ermöglicht, Sicherungsgut im Rahmen seines normalen Geschäftsbetriebs zu verwenden	floating charge	152 ff., 167
Sicherheiten an beweglichen Sachen	securities over moveable property	152 ff.
Sicherungsfall, bei der floating charge	crystallisation	154
solvente Abwicklung, Liquidation; kein Insolvenzverfahren	members'voluntary liquidation	31, 124
Solvenzbescheinigung, bei members' voluntary winding-up	certificate of solvency	31, 56
summarische Verwaltung der Insolvenzmasse	summary administration	77
Treuhänder (vorläufiger), im Privatinsolvenzverfahren	trustee (provisional)	75 ff., 87 f., 95 ff.
Ungesicherte Gläubiger	unsecured creditors	141
Unternehmensfortführung in Gläubigerschädigungsabsicht	fraudulent trading	94, 107, 169
Verfügung unter Wert (Anfechtungstatbestand)	transaction at an undervalue	165 f.
Vergleich im Privatinsolvenzverfahren	Individual Voluntary Arrangement, „IVA"	26, 123
Vergleich zwischen Unternehmen und Gläubigern	scheme of arrangement	19, 34, 42, 53, 59 f., 65 ff., 110
Verrechnungskonten, konzerninterne	intra-group accounts	58
(vorläufiger) Verwalter (im Unternehmensinsolvenzverfahren)	(provisional) liquidator	17 f., 69, 83, 89
„Verwalter" in einem Vergleichsverfahren für insolvente Privatpersonen	nominee	35, 61
Verwalter, generischer Begriff für provisional) liquidator / (provisional) trustee	office-holder	69 f.
Weisungen, des Gerichts im Verfahren	directions	81, 94

Indien

bearbeitet von *Kumar Saurabh Singh* (Partner), *Shruti Singh* (Partner), *Rahul Chakraborti* (Principal Associate) and *Ashwij Ramaiah* (Associate), Khaitan & Co, Mumbai; deutsche Bearbeitung: *Ursula Schlegel*, Rechtsanwältin & Solicitor (England and Wales), Frankfurt am Main.

Übersicht

	Rn.
1. Glossar, Schrifttum, Informationsquellen, Gesetze	1
1.1 Glossar	1
1.2 Schrifttum	3
1.3 Informationsquellen	4
1.4 Gesetze	5
2. Einführung	6
2.1 Rechtlicher Rahmen und Systematik	6
2.2 Arten von Verfahren	8
3. Corporate Insolvency Resolution Process, „CIRP"	12
3.1 Initiierung des CIRP	12
3.2 Zulassung des Antrags *(Admission of an Application)*	13
3.3 Konstituierung des Gläubigerausschusses, CoC; „Interessenbekundung" *("Expression of Interest")* potentieller Erwerber	16
3.4 Bewertung des Plans	17
3.5 Genehmigung des Plans durch die zuständige Behörde	18
3.6 Zeitlicher Ablauf	19
4. Abwicklung	20
4.1 Verfahrensziel und Grundzüge des Verfahrens	20
4.2 Freiwillige Abwicklung *(Voluntary Liquidation)*	27
5. Vergleich *(Compromise)*	29
6. Regelungen für Finanzinstitute	32
6.1 Die Krise im Finanzdienstleistungssektor, die Mitteilungen *(Notifications)* des *Ministry of Corporate Affairs* (MCA)	32
6.2 Anwendbarkeit der FSP-Regeln auf das CIRP eines FSP	37
7. Insolvenz von Konzerngesellschaften	46
7.1 Keine Regelungen zur Konzerninsolvenz im IBC	46
7.2 Die Entscheidung iS *Videocon*	47
7.3 Reformausblick zur Verfahrenskoordination	49
8. Privatinsolvenzverfahren	55
8.1 Insolvenzverfahren gegen den persönlich Bürgenden *("Personal Guarantor")*	55

	Rn.
8.1.2 Verfahrensvoraussetzungen	55
8.1.3 Definition des Begriffs „Personal Guarantor"	1
8.1.4 Zuständige Behörde	56
8.1.5 Einreichung der Anmeldung	57
8.1.6 Vorläufiges Moratorium und Ernennung eines RP; Zulassungsbericht	58
8.1.7 Rückzahlungsplan	63
8.1.8 Gläubigerversammlung	66
8.1.9 Ausgeschlossene Vermögenswerte	68
8.1.10 Genehmigung oder Ablehnung des Rückzahlungsplans	69
8.1.11 Auswirkung der Genehmigung, Nichtgenehmigung des Rückzahlungsplans	71
8.1.12 Mangelnde Kooperation des persönlichen Bürgen; vorzeitiges Ende des Tilgungsplans, Restschuldbefreiung	72
8.2 Insolvenzverfahren für natürliche Personen *(Bankruptcy)*	75
8.2.1 Antragsbefugnis, Antragsgründe	75
8.2.2 Vorläufiges Moratorium	76
8.2.3 Bestellung des Treuhänders *(Bankruptcy Trustee)*	77
8.2.4 Eröffnungsbeschluss *(Bankruptcy Order)*	79
8.2.5 Wirkungen des Eröffnungsbeschlusses	80
8.2.6 Aufforderung zur Forderungsanmeldung	81
8.2.7 Einberufung der Gläubigerversammlung	82
8.2.8 Pflichten des Schuldners gegenüber dem Treuhänder	83
8.3 Verwertung und Verteilung der Masse	84
8.3.1 Übergang der Verfügungsbefugnis auf den Treuhänder	84
8.3.2 Von der Masse umfasste Vermögenswerte	85
8.3.3 Neuerwerb (After-Acquired Property)	87
8.3.4 Schlussverteilung *(Final Dividend)*	88
8.3.5 Rangfolge bei der Verteilung der Masse *(Bankruptcy Waterfall)*	89
8.3.6 Abschluss des Verfahrens	90
8.3.7 Beschluss über die Schuldbefreiung *(Discharge Order)*	91
8.3.8 Disqualifizierung des Schuldners *(Disqualification of the Bankrupt)*	92
8.3.9 Beschränkungen des Schuldners	93

Indien 1, 2

	Rn.
8.3.10 Änderung oder Aufhebung des Eröffnungsbeschlusses *(Bankruptcy Order)*	94
9. Die Rolle der Gerichte im Verfahren CIRP und bei Unternehmensabwicklung	95
9.1 Zuständigkeit des National Company Law Tribunal und der Adjudicating Authority	95
9.2 Vorrang der Entscheidungen des Gläubigerausschusses (CoC)	96
10. Die Rolle der Verwalter *(Office-holders)* im Verfahren CIRP und bei Unternehmensabwicklung	100
11. Verwaltung und Verwertung der Masse, Verteilung und Rangfolge *(Waterfall)* im Verfahren CIRP und bei Unternehmensabwicklung	101
11.1 Grundlegende Unterschiede im CIRP und bei Abwicklung	101
11.2 Befugnisse des RP im CIRP	102
11.3 Rangfolge der Befriedigung von Forderungen (*„Waterfall Mechanism"*) in der Abwicklung:	103
11.4 Eigentumsvorbehalt *(Retention of title)*	104
12. Verträge im Insolvenz- oder Sanierungsverfahren	105
12.1 Nicht erfüllte Verträge	105
12.2 Mietverträge über bewegliche oder unbewegliche Sachen	107
12.3 Arbeitsverträge	108
12.4 Anwendbarkeit von Gewohnheitsrecht *(Common Law)* im Vertragsrecht	109
13. Pensionsansprüche im Insolvenz- oder Sanierungsverfahren	111
14. Aufrechnung *(Set-off)*	112
15. Anfechtung *(Vulnerable Transactions)* ...	117
15.1 Bevorzugung *(Preferential Transaction)*	118
15.2 Verfügungen unter Wert *(Undervalued Transactions)*	120

	Rn.
15.3 Gläubigerschädigende Rechtsgeschäfte *(Transaction Defrauding the Creditors)*	121
15.4 Wucher *(Extortionate Transactions)*	122
15.5 Unternehmensfortführung in Schädigungsabsicht *(Fraudulent Trading)* durch den Schuldner	123
15.6 Unternehmensfortführung in Schädigungsabsicht *(Fraudulent Trading)* durch die Geschäftsführer des Schuldners	124
15.7 Anfechtungszeitraum *(Lookback Period)*	125
16. Haftung (ehemaliger) Geschäftsführer oder Gesellschafter, Haftungsansprüche gegen Dritte	126
16.1 Zivilrechtliche Haftung *(Civil Liability)*	126
16.2 Strafrechtliche Haftung *(Criminal Liability)*	128
17. *Asset-Tracing*, Aufspüren von schuldnerischem Vermögen	130
18. Internationales Insolvenzrecht	132
18.1 Anwendbares Recht und Kollisionsrecht	132
18.2 Anerkennung von ausländischen Insolvenzverfahren, der Fall *„Jet Airways"*	136
18.3 Grenzüberschreitende Insolvenzen ..	139
19. COVID 19 – Maßnahmen	141
19.1 CIRP-Verfahren und *Lock down*	141
19.2 Aussetzung der Sections 7, 9 und 10 IBC	142
19.3 Erhöhung der De-Minimus-Schwelle für die Einleitung des CIRP	143
19.4 Änderung der CIRP-Bestimmungen	144
19.5 Änderungen der *Liquidation Regulations*	145
19.6 NCLAT, *Suo Moto Action and Order* ...	146
19.7 Bekanntmachungen des NCLT	147

---

1. Glossar, Schrifttum, Informationsquellen, Gesetze

1.1 Glossar

1 **Vorbemerkung zur Verwendung von Abkürzungen in diesem Länderbericht und zur Verwendung des Glossars**

2 Da der Länderbericht Indien (im Vergleich zu anderen Länderberichten) besonders ausgeprägt **Abkürzungen für Verfahrensarten, Behörden, Verwalterämter und Gläubigervertreter** verwendet, sind diese Abkürzungen neben wesentlichen (Rechts)begriffen – anders als bei anderen Länderberichten der Fall – dem Text des Länderberichts **in einem Glossar vorangestellt. Es wurde** aufgrund der besonders häufigen Wiederholungen der Abkürzungen und Begriffe **auf Rn.-Verweise im Glossar verzichtet.**

1. Glossar, Schrifttum, Informationsquellen, Gesetze

Glossar

Deutsch	Englisch
AA-Verordnung	**AA Rules** The Insolvency and Bankruptcy (Application to Adjudicating Authority) Rules, 2016
Abwicklung Verfahrensvarianten: freiwillige Abwicklung, dh solvente Liquidation oder Insolvenzverfahren	**Liquidation**
Abwicklungsbeschluss	**Liquidation Order**
Abwicklungsverordnung	**Liquidation Regulations**
Anspruch	**Claim**
Antrag Ein Antrag eines Finanzgläubigers, operativen Gläubigers oder des Schuldners (je nach Fall) auf Einleitung des CIRP des Schuldners	**Application** Im Kontext CIRP
Assets, excluded Section 79(14) IBC definiert „ausgeschlossenes", nicht massezugehöriges Vermögen	**Vermögenswerte, ausgeschlossene**
Beginn des Privatinsolvenzverfahren	**Bankruptcy Commencement Date**
Berufungsbehörde Das nationale Berufungsgericht für Gesellschaftsrecht, das gemäß Section 410 des Companies Act 2013 eingerichtet wurde, siehe Section 61(1) IBC	**Appellate Authority**
Betriebliche Verbindlickeit Eine Forderung in Bezug auf die Bereitstellung von Gütern oder Dienstleistungen, einschließlich der Beschäftigung (employment); oder eine Verbindlichkeit in Bezug auf die Zahlung von Gebühren, die sich aus Gesetz ergeben und an die indische Zentralregierung, die Regierung eines indischen Bundesstaates oder eine lokale Behörde zu zahlen sind	**Operational Debt**
CIRP „Lösungsprozess für Unternehmensinsolvenz" Das **CIRP** ist eine zentrale Neuerung des 2016 eingeführten IBC. In einem **CIRP** wird der Schuldner von einem Dritten erworben, dem „**Antragsteller für die Lösung**" („**Resolution Applicant**"), „**Antragsteller**", gemäß der Bedingungen eines „**Lösungsplans**" (Resolution Plan), „**Plan**"; bei vollständiger und endgültiger Befreiung von den Zahlungsverpflichtungen des Schuldners gegenüber seinen Gläubigern	**CIRP** Corporate Insolvency Resolution Process
CoC Gläubigerausschuss, gebildet von den Finanzgläubigern des Schuldners	**CoC (Committee of Creditors)**
Das Essar-Urteil Ein Urteil des Supreme Court zu zentralen Fragen des neu eingeführten Verfahrens CIRP: „in the matter of Committee of Creditors of Essar Steel India Limited Through Authorised Signatory v. Satish Kumar Gupta & Ors. Civil Appeal No. 8766-67 Of 2019".	**Essar Judgment**
Finanzdienstleister	**Financial Service Providers (FSPs)**
Finanzdienstleistung	**Financial Service**

Deutsch	Englisch
Finanzgläubiger Jede Person, der eine Finanzverbindlichkeit geschuldet wird, einschließlich einer Person, der diese Verbindlichkeit rechtmäßig abgetreten oder übertragen wurde	Financial Creditor
Finanzverbindlichkeit	Financial Debt
Genehmigungsbeschluss Eine von der Adjudiacting Authority gemäß Section 31(1) IBC erlassene Anordnung zur Genehmigung eines vom RP vorgelegten Plans nach Genehmigung durch den CoC	Approval Order Im Kontext CIRP
Gesellschaft mit beschränkter Haftung Gesellschaft definiert in Section 2(20) des Companies Act, 2013; Partnerschaft mit beschränkter Haftung, definiert in Section 2(1)(n) des Limited Liability Partnership Act, 2008 oder jede andere Person, die mit beschränkter Haftung gesetzlich inkorporiert und keine Finanzdienstleister ist	Corporate Person
„Gesetz über Unternehmens- und Privatinsolvenzverfahren, 2016", IBC	IBC (Insolvency and Bankruptcy Code, 2016)
IBBI „Indische Behörde für Unternehmens- und Privatinsolvenzen", gegründet gemäß Section 188 der IBC	IBBI (Insolvency and Bankruptcy Board of India)
IBC Gesetz über Unternehmens- und Privatinsolvenzen, 2016	IBC Insolvency and Bankruptcy Code, 2016, im Folgenden: „IBC"
Informationsdienstleister	Information Utility
IRP „vorläufiger Verwalter", der mit Beginn des CIRP ernannt wird	IRP (Interim Resolution Professional)
Justizbehörde gemäß Section 408 des Companies Law 2013 eingerichtet, Zuständigkeiten in Sanierungs-, Abwicklungssachen (Insolvenzverfahren): • National Company Law Tribunal für den Fall, dass ein CIRP gegen den Schuldner des Unternehmens anhängig ist • Debt Recovery Tribunal für den Fall, dass kein CIRP gegen den Schuldner des Unternehmens eingeleitet wurde	Adjudicating Authority
Justizbehörde gemäß Section 408 des Companies Law 2013 eingerichtet, Zuständigkeit für andere Verfahren als CIRP	Debt Recovery Tribunal (Siehe Adjucating Authority)
Justizbehörde gemäß Section 408 des Companies Law 2013 eingerichtet, Zuständigkeit für das CIRP	National Company Law Tribunal (Siehe Adjucating Authority)
„Konsultationsausschuss der Beteiligten" wird im Abwicklungsverfahren eingerichtet, ähnlich einem Gläubigerausschuss, aber rein beratende Funktion	Stakeholder's Consultation Committee „SCC"
Ministerium für Unternehmensfragen (MCA)	Ministry of Corporate Affairs (MCA)
Moratorium	Moratorium
Nahestehende Person	Related Party
Oberstes Bundesgericht	Supreme Court
Operativer Gläubiger Eine Person, der eine betriebliche Verbindlichkeit eines Unternehmens, operational debt, geschuldet wird, schließt jede Person ein,	Operational Creditor

1. Glossar, Schrifttum, Informationsquellen, Gesetze

Deutsch	Englisch
auf die diese Verbindlichkeit rechtmäßig abgetreten oder übertragen wurde	
Persönlicher Bürge Eine natürliche Person, die unter einem Bürgschaftsvertrag für einen Schuldner bürgt	**Personal Guarantor (PG)**
Privatinsolvenzverfahren (Eröffnungsbeschluss)	**Bankruptcy (bankruptcy order)**
RP Resolution Professional, RP, bestellt im insolvency resolution process, (genannt RP PG in der Insolvenz eines persönlichen Bürgen, PG)	**RP** Resolution Professional
Sonderbeschluss (einer Gesellschaft mit beschränkter Haftung)	**Special Resolution**
Unternehmen, schuldnerisches	**Corporate Debtor**
Verbindlichkeit	**Debt**
Verfassung Die indische Verfassung von 1950	**Constitution**
Verwalter Der von der Adjudicating Authority mit der Durchführung des Abwicklungsverfahrens beauftragte insolvency professional	**Liquidator**
Verzug Nichtzahlung der Schuld, wenn die Verbindlichkeit ganz oder teilweise oder in Raten fällig geworden ist und vom Schuldner nicht beglichen wurde	**Default**
Zahlungsaufforderung Eine Aufforderung, die von einem operativen Gläubiger an den Schuldner gemäß Section 8 IBC gerichtet wird und den Schuldner auffordert, seine Zahlungsverpflichtungen innerhalb von zehn Tagen zu erfüllen	**Demand Notice**

Glossar

Englisch	Deutsch
AA Rules The Insolvency and Bankruptcy (Application to Adjudicating Authority) Rules, 2016	**AA-Verordnung**
Adjudicating Authority	**Justizbehörde** gemäß Section 408 des Companies Law 2013 eingerichtet, Zuständigkeiten in Sanierungs-, Abwicklungssachen (Insolvenzverfahren): • National Company Law Tribunal für den Fall, dass ein CIRP gegen den Schuldner des Unternehmens anhängig ist • Debt Recovery Tribunal für den Fall, dass kein CIRP gegen den Schuldner des Unternehmens eingeleitet wurde
Appellate Authority	**Berufungsbehörde** Das nationale Berufungsgericht für Gesellschaftsrecht, das gemäß Section 410 des Companies Act 2013 eingerichtet wurde, siehe Section 61(1) IBC
Application Im Kontext CIRP	**Antrag** Ein Antrag eines Finanzgläubigers, operativen Gläubigers oder des Schuldners (je nach Fall) auf Einleitung des CIRP des Schuldners

Englisch	Deutsch
Approval Order Im Kontext CIRP	**Genehmigungsbeschluss** Eine von der Adjudiacting Authority gemäß Section 31(1) IBC erlassene Anordnung zur Genehmigung eines vom RP vorgelegten Plans nach Genehmigung durch den CoC
Assets, excluded Section 79(14) IBC definiert „ausgeschlossenes", nicht massezugehöriges Vermögen	**Vermögenswerte, ausgeschlossene**
Bankruptcy (bankruptcy order)	**Privatinsolvenzverfahren (Eröffnungsbeschluss)**
Bankruptcy Commencement Date	**Beginn des Privatinsolvenzverfahren**
CIRP Corporate Insolvency Resolution Process	**CIRP** „Lösungsprozess für Unternehmensinsolvenz" Das **CIRP** ist eine zentrale Neuerung des 2016 eingeführten IBC. In einem **CIRP** wird der Schuldner von einem Dritten erworben, dem „**Antragsteller für die Lösung**" („**Resolution Applicant**"), „**Antragsteller**", gemäß der Bedingungen eines „**Lösungsplans**" (Resolution Plan), „**Plan**"; bei vollständiger und endgültiger Befreiung von den Zahlungsverpflichtungen des Schuldners gegenüber seinen Gläubigern
Claim	**Anspruch**
CoC (Committee of Creditors)	**CoC** Gläubigerausschuss, gebildet von den Finanzgläubigern des Schuldners
Constitution	**Verfassung** Die indische Verfassung von 1950
Corporate Debtor	**Unternehmen, schuldnerisches**
Corporate Person	**Gesellschaft mit beschränkter Haftung** Gesellschaft definiert in Section 2(20) des Companies Act, 2013; Partnerschaft mit beschränkter Haftung, definiert in Section 2(1)(n) des Limited Liability Partnership Act, 2008 oder jede andere Person, die mit beschränkter Haftung gesetzlich inkorporiert und keine Finanzdienstleister ist
Debt	**Verbindlichkeit**
Debt Recovery Tribunal (Siehe Adjucating Authority)	**Justizbehörde** gemäß Section 408 des Companies Law 2013 eingerichtet, Zuständigkeit für andere Verfahren als CIRP
Default	**Verzug** Nichtzahlung der Schuld, wenn die Verbindlichkeit ganz oder teilweise oder in Raten fällig geworden ist und vom Schuldner nicht beglichen wurde
Demand Notice	**Zahlungsaufforderung** Eine Aufforderung, die von einem operativen Gläubiger an den Schuldner gemäß Section 8 IBC gerichtet wird und den Schuldner auffordert, seine Zahlungsverpflichtungen innerhalb von zehn Tagen zu erfüllen
Essar Judgment	**Das Essar-Urteil** Ein Urteil des Supreme Court zu zentralen Fragen des neu eingeführten Verfahrens CIRP: „in the matter of Committee of Creditors of Essar Steel India Limited Through Authorised Signatory v. Satish Kumar Gupta & Ors. Civil Appeal No. 8766-67 Of 2019".

Englisch	Deutsch
Financial Creditor	**Finanzgläubiger** Jede Person, der eine Finanzverbindlichkeit geschuldet wird, einschließlich einer Person, der diese Verbindlichkeit rechtmäßig abgetreten oder übertragen wurde
Financial Debt	**Finanzverbindlichkeit**
Financial Service	**Finanzdienstleistung**
Financial Service Providers (FSPs)	**Finanzdienstleister**
IBBI (Insolvency and Bankruptcy Board of India)	**IBBI** „Indische Behörde für Unternehmens- und Privatinsolvenzen", gegründet gemäß Section 188 der IBC
IBC (Insolvency and Bankruptcy Code, 2016)	„Gesetz über Unternehmens- und Privatinsolvenzverfahren, 2016", IBC
Information Utility	**Informationsdienstleister**
IRP (Interim Resolution Professional)	**IRP** „vorläufiger Verwalter", der mit Beginn des CIRP ernannt wird
Liquidation	**Abwicklung** Verfahrensvarianten: freiwillige Abwicklung, dh solvente Liquidation oder Insolvenzverfahren
Liquidation Order	**Abwicklungsbeschluss**
Liquidation Regulations	**Abwicklungsverordnung**
Liquidator	**Verwalter** Der von der Adjudicating Authority mit der Durchführung des Abwicklungsverfahrens beauftragte insolvency professional
Ministry of Corporate Affairs (MCA)	**Ministerium für Unternehmensfragen (MCA)**
Moratorium	**Moratorium**
National Company Law Tribunal (Siehe Adjucating Authority)	**Justizbehörde** gemäß Section 408 des Companies Law 2013 eingerichtet, Zuständigkeit für das CIRP
Operational Creditor	**Operativer Gläubiger** Eine Person, der eine betriebliche Verbindlichkeit eines Unternehmens, operational debt, geschuldet wird, schließt jede Person ein, auf die diese Verbindlichkeit rechtmäßig abgetreten oder übertragen wurde
Operational Debt	**Betriebliche Verbindlickeit** Eine Forderung in Bezug auf die Bereitstellung von Gütern oder Dienstleistungen, einschließlich der Beschäftigung (employment); oder eine Verbindlichkeit in Bezug auf die Zahlung von Gebühren, die sich aus Gesetz ergeben und an die indische Zentralregierung, die Regierung eines indischen Bundesstaates oder eine lokale Behörde zu zahlen sind
Personal Guarantor (PG)	**Persönlicher Bürge** Eine natürliche Person, die unter einem Bürgschaftsvertrag für einen Schuldner bürgt
Related Party	**Nahestehende Person**
RP Resolution Professional	**RP** Resolution Professional, RP, bestellt im insolvency resolution process, (genannt RP PG in der Insolvenz eines persönlichen Bürgen, PG)
Special Resolution	**Sonderbeschluss** (einer Gesellschaft mit beschränkter Haftung)

Indien 3–7

Englisch	Deutsch
Stakeholder's Consultation Committee „SCC"	„Konsultationsausschuss der Beteiligten" wird im Abwicklungsverfahren eingerichtet, ähnlich einem Gläubigerausschuss, aber rein beratende Funktion
Supreme Court	Oberstes Bundesgericht

1.2 Schrifttum

3 Sreyan Chatterjee, Gausia Shaikh, and Bhargavi Zaveri, An empirical analysis of the early days of the insolvency and bankruptcy code, 2016, National Law School of India Review, Vol 30(2), (2018); Bloomsbury's The Insolvency and Bankruptcy Code, 2016 with Rules and Regulations: As Amended by the Insolvency and Bankruptcy Code (Amendment) Act, Volume 1, (2018); Kamal Garg, Concise Commentary on Insolvency and Bankruptcy Code, 2016, (2019); Shivam Goel, The Insolvency and Bankruptcy Code, 2016: Problems & Challenges, Imperial Journal of Interdisciplinary Research (IJIR) 3 (2017); A Ramaiya, Guide to Companies Act, Nagpur 2010; MC Bhandari, Guide to Company Law and Procedure with Corporate Governance and e-filing, Nagpur 2009; Justice P.S. Narayana, Law of Insolvency (Bankruptcy), Hyderabad 2013; Sathya Narayan, The Law of Insolvency in India, Haryana 2013.

1.3 Informationsquellen

4 Informationen zu einem Unternehmen, das sich im Verfahren CIRP oder in Abwicklung (im Insolvenzverfahren) befindet, sind unter www.ibbi.gov.in abrufbar. Für Unternehmen, deren CIRP/Abwicklung Gegenstand eines Rechtsstreits ist, finden sich Informationen auf den Websites der zuständigen Gerichte: www.nclt.gov.in, nclat.nic.in und sci.gov.in. Allgemeine Informationen über Umschuldungsprogramme für Unternehmen finden sich unter www.rbi.gov.in. Statistisches Material ist abrufbar unter www.cdrindia.org/statistical.htm. Statistiken zu Insolvenzverfahren werden auch in dem vierteljährlich erscheinenden Newsletter des *Insolvency and Bankruptcy Board of India* unter www.ibbi.gov.in veröffentlicht.

1.4 Gesetze

5 Die in diesem Länderbericht zitierten Gesetze und Verordnungen sind abrufbar auf www.indiacode.nic.in und prsindia.org.

2. Einführung

2.1 Rechtlicher Rahmen und Systematik

6 Mit dem grundlegenden Ziel, eine der größten Herausforderungen des indischen Banken- und Finanzmarkts, die alarmierende Zunahme notleidender Aktiva, zu beheben, hat die indische Regierung gemäß den Empfehlungen des „Ausschusses für Insolvenzrecht" *(Bankruptcy Law Committee)* das **Gesetz für Unternehmens- und Privatinsolvenzen,** *Insolvency and Bankruptcy Code,* **2016,** im Folgenden: **„IBC"** erlassen.[1] Dieses Gesetz wurde vor dem Hintergrund eines bestehenden Rechtssystems von unzähligen und ineffektiven Regelungen zur Insolvenzabwicklung erlassen, das aus Gesetzen wie ua dem *Sick Industrial Companies Act, 1985* (inzwischen aufgehoben), *Provincial Insolvency Act, 1926, Presidential Towns Insolvency Act, 1920,* bestand,[2] die zeitnahe Lösungen für notleidenden Vermögenswerte verhinderten.[3] Die Ineffizienz der früheren Gesetze lässt sich auch daran ablesen, dass der **Bericht der Weltbank „***Doing Buisness 2016***"** Indien in Bezug auf die Abwicklung von Insolvenzen anhand verschiedener Indikatoren wie ua Zeitaufwand, Kosten oder Befriedigungsquote für Gläubiger auf einem bedauerlichen **130. Platz bei 189** bewerteten Ländern einordnete.[4]

7 Zu den **Zielen, die mit dem IBC erreicht werden sollen,** gehören unter anderem (a) Konsolidierung und Änderung der Gesetze über die Sanierung und Insolvenzabwicklung von juristischen Personen, Personengesellschaften und Privatpersonen **in überschaubaren Zeitrahmen;** (b) **Maximierung der Masse;** (c) **Förderung des Unternehmertums und der Verfügbarkeit von Krediten;** (d) **Ausgleich der Interessen aller Beteiligten.**[5]

---

[1] Der Bericht ist verfügbar unter https://ibbi.gov.in/uploads/resources/BLRCReportVol1_04112015.pdf.
[2] Zur bisherigen Rechtslage s. a. den Länderbericht Indien in der 3. Auflage.
[3] Wadhwa Law Chambers, GUIDE TO INSOLVENCY & BANKRUPTCY IBC, Vol.1, p.xi,(2019).
[4] Die Weltbank, Doing Business 2016 Report, S. 5, verfügbar unter https://www.doingbusiness.org/content/dam/doingBusiness/media/Annual-Reports/English/DB16-Full-Report.pdf).
[5] Präambel a des IBC.

2.2 Arten von Verfahren

Das IBC schafft einen rechtlichen Rahmen für „Lösungsprozesse" in der Insolvenz *(insolvency* **8** *resolution)*[6] und Abwicklung von **juristischen Personen** sowie für „Lösungsprozesse" in der Insolvenz *(insolvency resolution)*[7] und Abwicklung *(bankruptcy)*[8] bei **natürlichen Personen.**[9]

Für Unternehmen in finanziellen Schwierigkeiten sieht das IBC damit zwei Verfahren vor: den **9** *corporate insolvency resolution process* („**CIRP**") und das Insolvenzverfahren in Form von **Abwicklung** („*liquidation process*").

In einem **CIRP** wird der Schuldner von einem Dritten erworben, dem „**Antragsteller für** **10** **die Lösung**" („*Resolution Applicant*") gemäß den Bedingungen eines „**Lösungsplans**" (*Resolution Plan*), im Folgenden: „**Plan**", bei vollständiger und endgültiger Erfüllung aller ausstehenden Zahlungsverpflichtungen des Schuldners gegenüber seinen Gläubigern. Ziel des CIRP ist es, einem Antragsteller *(Resolution Applicant)* zu ermöglichen, den Schuldner frei von allen Belastungen zu erwerben.[10]

Schlägt ein CIRP fehl, wird das schuldnerische Unternehmen abgewickelt. Dann **11** besteht das Ziel nicht mehr wie bei einem CIRP darin, das schuldnerische Unternehmen zu erhalten, sondern dessen Vermögen zu verwerten und den Erlös zur Gläubigerbefriedigung zu verwenden. Hierfür bestellt die *Adjudicating Authority* bei Beginn der Abwicklung einen „Verwalter", *liquidator,* der die Pflicht hat, den Verkauf von Vermögenswerten des Schuldners durchzuführen und den Erlös an die Gläubiger zu verteilen.[11]

3. *Corporate Insolvency Resolution Process,* „CIRP"

3.1 Initiierung des CIRP

Bei Verzug *(default)* eines Schuldners kann ein Antrag auf Einleitung des CIRP durch einen **12** Finanzgläubiger,[12] einen operativen Gläubiger[13] oder den Schuldner selbst[14] gestellt werden, woraufhin die *Adjudicating Authority* eine Anordnung zur Einleitung des CIRP des Schuldners erlassen muss. **Die *Adjudicating Authority* muss hierbei unter anderem prüfen, ob bei der Zulassung eines Antrags die folgenden Bedingungen erfüllt sind**, je nachdem, ob der Antrag von einem Finanzgläubiger, einem operativen Gläubiger oder dem Schuldner selbst gestellt wurde:

Antragsteller	• Von der *Adjudicating Authority* zu prüfende Bedingungen
Finanzgläubiger	• Verzug eingetreten;[15] • Antrag gemäß Formular 1 *AA Rules* gestellt;[16] • gegen den im Antrag vorgeschlagenen *Interim-Resolution-Professional* („IRP") kein Disziplinarverfahren anhängig.[17]
Operativer Gläubiger	• Bestehen einer fälligen und offenen operativen Verbindlichkeit;[18] • dem Schuldner wurde gemäß den Bedingungen von Section 8 der IBC in der in Formular 3 der *AA Rules* vorgeschriebenen Form eine Zahlungsaufforderung *(Demand Notice)* zugestellt, die Verbindlichkeit wurde vom Schuldner nicht innerhalb einer Frist von zehn Tagen ab dem Datum der *Demand Notice* beglichen;[19] • der operative Gläubiger hat keine Verteidigungsanzeige erhalten und es gibt keine Aufzeichnung der Streitigkeit im Informationsprogramm „*information utility*";[20]

---

[6] Kapitel II iVm Teil II Kapitel I IBC.
[7] Kapitel II iVm Teil II Kapitel I IBC.
[8] Teil III IBC.
[9] Teil III IBC.
[10] Siehe die Entscheidung Committee of Creditors of Essar Steel India Limited Through Authorised Signatory v. Satish Kumar Gupta and Ors 2019 SCC OnLine SC 1478.
[11] Section 35(1) IBC.
[12] Section 7 IBC.
[13] Section 9 IBC.
[14] Section 10 IBC.
[15] Section 7(5)(a) IBC.
[16] Section 7(2) der IBC iVm Section 7(5)(a) der IBC und Rule 4(1) der AA Rules.
[17] Section 7(5) IBC.
[18] Section 9A(5)(b) IBC.
[19] Section 9(5)(i)(a) der IBC iVm Section 9(1) der IBC und Rule 5(1)(a) der AA Rules.
[20] Section 9(5)(i)(d) IBC.

Antragsteller	• Von der *Adjudicating Authority* zu prüfende Bedingungen

	• der Antrag wurde in der in Formular 5 der AA Rules vorgeschriebenen Form eingereicht;[21]
	• mit dem Antrag wurden eingereicht:[22]
	  i. eine Kopie der Rechnung, in der die Zahlung verlangt wird, oder eine Aufforderung zur Zahlung, die der operative Gläubiger an den Schuldner des Unternehmens gerichtet hat;
	  ii. eine eidesstattliche Erklärung *(affidavit),* dass es keine Mitteilung des Schuldners darüber gibt, dass dieser dem geltend gemachten Anspruch widerspricht;
	  iii. eine Kopie der Bescheinigung der Finanzinstitute, die die Konten des Gläubigers führen, die bestätigt, dass keine Zahlung/Verbindlichkeit erfolgte;
	  iv. falls vorhanden eine Kopie aller Aufzeichnungen, die bestätigen, dass keine Zahlung/Verbindlichkeit durch den Schuldner des Unternehmens erfolgte; und
	  v. jeder andere Nachweis über Nichtzahlung.

Schuldner	• Der Schuldner ist in Verzug geraten;[23] • der Schuldner hat einen gesellschaftsrechtlichen Sonderbeschluss zur Einleitung des CIRP gefasst;[24] • der Antrag wurde gemäß den Bestimmungen des Formulars 6 der AA Rules gestellt;[25] • es ist kein Disziplinarverfahren gegen den im Antrag vorgeschlagenen IRP anhängig.[26]

3.2 Zulassung des Antrags *(Admission of an Application)*

13 Wenn die vorgenannten Bedingungen erfüllt sind, erlässt die *Adjudicating Authority* einen Beschluss, der das CIRP des Schuldners einleitet. Nach der Einleitung des CIRP ruhen die Befugnisse der Geschäftsführung des Schuldners; die Verwaltung und Kontrolle der Geschäftstätigkeit des Schuldners obliegt dem IRP[27] und anschließend dem RP,[28] der von der *Adjudicating Authority* mit dem Beschluss ernannt wird.[29] **IRP/RP üben ihre Funktionen unter der Kontrolle des CoC aus.**[30] Somit folgt Indien einem *„Creditor in Control"* **-Modell,** bei dem unmittelbar nach Beginn des CIRP die Angelegenheiten des Schuldners unter der Leitung und Kontrolle der Gläubiger des Schuldners stehen.

14 Mit der Einleitung des CIRP beginnt ein **Moratorium,** währenddessen die Gläubiger daran gehindert sind, Klagen oder andere gerichtliche Verfahren gegen den Schuldner einzuleiten oder fortzuführen.[31] Das Moratorium beginnt mit dem Tag der Einleitung des CIRP[32] und bleibt in Kraft bis die *Approval Order* betreffend den Plan erlassen wurde[33] oder die Abwicklung beschlossen wurde.[34]

---

[21] Section 9(5)(i)(a) der IBC iVm Rule 6(1) der AA Rules.
[22] Section 9(3) IBC.
[23] Section 10(1) IBC.
[24] Section 10(3)(c) IBC.
[25] Section 10(2) IBC iVm Rule 7(1) der AA Rules.
[26] Section 10(4) IBC.
[27] Section 17(2) IBC.
[28] Section 17(2) iVm Section 23(1) IBC.
[29] Section 16(1) IBC.
[30] Section 28(1) IBC.
[31] Section 14(1) IBC. Während des CIRP sind ua untersagt:
  a. die Einleitung oder Fortführung von anhängigen Prozessen oder Verfahren gegen den Schuldner der Gesellschaft, einschließlich der Vollstreckung von Urteilen, Dekreten oder Anordnungen vor einem Gericht, Tribunal, Schiedsgericht oder einer anderen Behörde;
  b. Übertragung, Belastung, Veräußerung oder Verfügung durch den Schuldner über sein/an seinem Vermögen oder Nutzniessungen hieran;
  c. jede Maßnahme zur Zwangsvollstreckung, Einziehung oder Durchsetzung von Sicherungsrechten.
[32] Section 14(1) IBC.
[33] Section 31(3)(a) IBC unter Beachtung von Section 14(4) IBC.
[34] Vorbehalt (Proviso) zu Section 14(4) IBC.

3. Corporate Insolvency Resolution Process, „CIRP" 15–18 **Indien**

Der IRP muss eine Bekanntmachung veröffentlichen, in der unter anderem auf die Einleitung 15 des CIRP hingewiesen wird und die Gläubiger aufgefordert werden, ihre Forderungen einzureichen. Nach Eingang der Forderungen bildet der IRP das CoC.[35]

3.3 Konstituierung des Gläubigerausschusses, CoC; „Interessenbekundung" („Expression of Interest") potentieller Erwerber

Nach der Konstituierung des CoC ernennt dieser entweder den **IRP** oder eine andere beim 16 **IBBI** *(Insolvency and Bankruptcy Board of India)* ordnungsgemäß **registrierte Person** zum **RP**.[36] Anschließend ist der RP verpflichtet, eine **Einladung zur „Interessenbekundung" („Expression of Interest")** zu veröffentlichen, in der potenzielle Antragsteller aufgefordert werden, Pläne in Bezug auf den Schuldner vorzulegen.[37] Gemäß dem IBC[38] kann jede Person, welche die vom CoC festgelegten Qualifikationskriterien erfüllt[39] und nicht disqualifiziert[40] ist, einen Plan zur Übernahme des Schuldners einreichen. Der Plan muss die Maßnahmen vorsehen, die für die Lösung der Probleme des Schuldners und für die Maximierung des Wertes seines Vermögens erforderlich sind, einschließlich, aber nicht beschränkt auf die folgenden Maßnahmen:[41]
a. Übertragung des gesamten (oder Teile des) Vermögens des Schuldners an eine oder mehrere Personen;
b. Verwertung aller (oder eines Teils der) Vermögenswerte, unabhängig davon, ob sie besichert sind oder nicht;
c. Erwerb eines wesentlichen Teils der Anteile (Aktien) am Schuldners oder die Fusion oder Konsolidierung des Schuldners mit einer oder mehreren Personen;
d. gegebenenfalls die Annullierung oder das Delisting von Aktien des Schuldners;
e. Befriedigung oder Änderung einer Sicherheit;
f. Heilung oder Verzicht auf die Geltendmachung der Verletzung der Vertragsbedingungen einer Verbindlichkeit gegenüber dem Schuldner;
g. Verringerung des an die Gläubiger zu zahlenden Betrags;
h. Verlängerung eines Fälligkeitsdatums oder eine Änderung des Zinssatzes oder anderer Bedingungen einer Verbindlichkeit gegenüber dem Schuldner;
i. Änderung der Gründungsunterlagen *(constitutional documents)* des schuldnerischen Unternehmens.

3.4 Bewertung des Plans

Der von den **Antragstellern** *(Resolution Applicants)* **eingereichte Plan** wird vom CoC auf seine 17 **Durchführbarkeit und Tragfähigkeit** geprüft. Anschließend nimmt der CoC Verhandlungen mit den Antragstellern zur Beschlussfassung auf und genehmigt einen Plan auf der Grundlage der Bewertung der Durchführbarkeit bei einem Mindeststimmanteil von 66 %.[42] In der Praxis **wählt das CoC den Höchstbietenden** („**H1-Bieter**", „*H1 Bidder*") aus und tritt in Verhandlungen mit diesem H1-Bieter ein, während es einen Plan ausarbeitet und genehmigt. In der richtungsweisenden Entscheidung der Berufungsbehörde *(Appellate Authority)* in der Sache **Binani Industries Limited v. Bank of Baroda und Anr**[43] wird ausdrücklich darauf hingewiesen, dass es im Interesse aller Beteiligten *(stakeholder)*, die Ansprüche gegen den Schuldner haben, den Antragstellern möglich ist, ihr Gebot auch nach Auswahl eines H1-Bieters nachzubessern. Für den Fall, dass ein anderer Antragsteller als ein H1-Bieter sein Gebot nachbessert, um den H1-Bieter (**„neuer H1-Bieter"**) zu überbieten, steht es dem CoC offen, mit diesem neuen H1-Bieter zu verhandeln.

3.5 Genehmigung des Plans durch die zuständige Behörde

Wenn die *Adjudicating Authority* nach der Genehmigung durch den CoC der Ansicht ist, dass der 18 Plan bestimmte, im IBC festgelegte zwingende Bedingungen[44] (**„gesetzliche Anforderungen"**,

---

[35] Section 21 IBC.
[36] Section 22(1) IBC.
[37] Regulation 36A der CIRP Regulations.
[38] Section 29 der IBC führt die Personen auf, die nicht berechtigt sind, einen Plan einzureichen.
[39] Section 25(2)(h) IBC.
[40] Section 29A IBC.
[41] Regulation 37 der CIRP Regulations.
[42] Section 30(4) IBC.
[43] *Quinn Logistics India Pvt. Ltd.v. Mack Soft Tech Pvt. Ltd.,* Company Appeal (AT) (Insolvency) No. 82 of 2018.
[44] Section 32 IBC nennt die Bedingungen, die im Rahmen eines Plans zu erfüllen sind.

„Statutory Requirements") erfüllt, muss sie den Plan genehmigen.[45] Erst danach wird der Plan verbindlich.[46]

3.6 Zeitlicher Ablauf

19 Das CIRP muss innerhalb eines Zeitraums von 180 Tagen abgeschlossen werden,[47] der um einen Zeitraum von 90 Tage verlängert werden kann. Wird dieser Termin jedoch ua wegen eines gerichtlich gewährten Aufschubs verschoben,[48] so muss das CIRP grundsätzlich innerhalb von 330 Tagen abgeschlossen werden. Der *Supreme Court* hat entschieden, dass ein CIRP „normalerweise" innerhalb von 330 Tagen nach Beginn der Insolvenz abgeschlossen sein muss, es sei denn, das Gericht verlängert aus hinreichenden Gründen wie: (a) die Verlängerung liegt im Interesse aller Beteiligten *(stakeholders)*; (b) die Dauer eines Gerichtsverfahrens ist weitgehend auf Faktoren zurückzuführen, auf die die Parteien keinen Einfluss haben; (c) die Verzögerung oder ein großer Teil davon ist auf die *Adjudicating Authority* und/oder des *Appellate Tribunal* s selbst zurückzuführen (**„vereinbarter Zeitrahmen"**, *„Stipulated Timeline"*).[49]

4. Abwicklung

4.1 Verfahrensziel und Grundzüge des Verfahrens

20 Zielsetzung des IBC ist der Erhalt des Geschäftsbetrieb des Schuldners. Dementsprechend wird ein Schuldner bei Scheitern des CIRP nur als letztes Mittel der Abwicklung unterworfen.[50] Gemäß dem IBC kann ein Schuldner nur unter den folgenden Umständen abgewickelt werden:
a. das CIRP konnte nicht innerhalb des vorgegebenen Zeitrahmens *(Stipulated Timeline)* abgeschlossen werden;[51]
b. der vorgelegte Plan wird von *Adjudicating Authority* abgelehnt, weil er nicht den gesetzlichen Anforderungen entspricht;[52]
c. der CoC kommt zu dem Schluss, dass der Zerschlagungswert höher ist als der Wert, der im Rahmen der Pläne[53] angeboten wird;
d. der Schuldner verstößt gegen eine der Bedingungen, die in einem von der *Adjudicating Authority* genehmigten Plan festgelegt sind.[54]
Wenn eines der vorgenannten Ereignisse eintritt, beschließt die *Adjudicating Authority* die Abwicklung des Schuldners. Danach liegen die Leitung und Kontrolle der Angelegenheiten des Schuldners beim Verwalter.[55] Ferner besteht ein generelles Verbot, bis zum Abschluss der Abwicklung Klagen oder andere rechtliche Schritte gegen den Schuldner einzuleiten.[56] Das Abwicklungsverfahren muss innerhalb eines Jahres abgeschlossen werden.[57]

21 Der Verwalter hat innerhalb von fünf Tagen nach seiner Bestellung eine Bekanntmachung zu veröffentlichen, in der alle Beteiligten zur Einreichung ihrer Forderungen aufgefordert werden. Danach ist der Verwalter verpflichtet, der *Adjudicating Authority* innerhalb von 75 Tagen nach Beginn der Abwicklung einen vorläufigen Bericht (**„Preliminary Report"**) über die **Kapitalstruktur des Schuldners und die Schätzungen der Aktiva und Passiva** vorzulegen.[58]

22 Der Verwalter ist weiterhin verpflichtet, **alle Vermögenswerte des Schuldners in seine Verwahrung oder Kontrolle** zu nehmen.[59] Die Masse umfasst alle Vermögenswerte im Besitz des Schuldners, Vermögenswerte, an denen der Schuldner Eigentumsrechte hat, materielle und immaterielle Vermögenswerte und die gesamten Verwertungserlöse.

---

[45] Section 31(1) IBC.
[46] Section 31(1) IBC.
[47] Section 12(1) IBC.
[48] Section 12(3) IBC.
[49] Section 12(3) IBC.
[50] Swiss Ribbons Private Limited und Ors v. Union of India, Ors Writ Petition (Civil) Nr. 99 of 2018.
[51] Section 33(1)(a) IBC.
[52] Section 33(1)(b) IBC.
[53] Erläuterung *(Explanation)* zu Section 33(2) IBC.
[54] Section 33(3) IBC.
[55] Section 34(2) IBC.
[56] Secion 33(5) IBC.
[57] Section 44 der Insolvency And Bankruptcy Board Of India (Liquidation) Regulations, 2016.
[58] Regulation 13 der Liquidation Regulations.
[59] Section 35(1)(b) IBC.

4. Abwicklung

Die *Liquidation Process Regulations*[60] sehen vor, dass der Verwalter jederzeit nach der Erstellung des vorläufigen Berichts, wenn er den Eindruck gewinnt, dass das verwertbare Vermögen des Schuldners nicht ausreichen wird, um die Kosten des Abwicklungsverfahrens zu decken, und die Angelegenheiten des Schuldners keine weiteren Untersuchungen erfordern, bei der zuständigen Behörde die vorzeitige Auflösung des Schuldners beantragen kann. Im Falle der Abwicklung werden dann die Vermögenswerte des Schuldners verwertet, der Erlös wird auf einem Bankkonto treuhänderisch verwahrt und in Übereinstimmung mit Section 53 der IBC verteilt. 23

Der Verwalter kann den Geschäftsbetrieb des Schuldners auch als fortgeführtes Unternehmen im Ganzen verkaufen.[61] Ferner kann der CoC[62] bei der Genehmigung eines Plans oder bei der Entscheidung über die Abwicklung des Schuldners empfehlen, dass der Verwalter zunächst den Verkauf als fortgeführtes Unternehmen prüft;[63] dies ist dann zunächst die Prämisse des Verwalters.[64] Wenn der Verwalter hierzu nicht innerhalb einer Frist von 90 Tagen nach dem Abwicklungsbeschluss in der Lage ist, wird er die einzelnen Vermögenswerte des Schuldners verwerten.[65] 24

Anders als bei einem CIRP steht der Verwalter während der Abwicklung nicht unter der Aufsicht des CoC. Allerdings wird ein „**Konsultationsausschuss**" (*stakeholder's consultation committee*, „**SCC**") eingerichtet, das den Verwalter **berät**,[66] wobei der Rat des SCC den Verwalter nicht bindet.[67] 25

Die Zusammensetzung des Konsultationsausschusses, SCC 26

KLASSE VON STAKE-HOLDERN	BESCHREIBUNG	ANZAHL DER VERTRETER
Gesicherte Finanzgläubiger, die auf ihr Sicherungsrecht verzichtet haben	Wenn die Forderungen dieser Gläubiger weniger als 50 % des Abwicklungswertes betragen	Anzahl der Gläubiger in der Kategorie, höchstens jedoch 2
	Wenn die Forderungen dieser Gläubiger mindestens 50 % des Abwicklungswertes betragen	Anzahl der Gläubiger in der Kategorie, höchstens jedoch 4
Ungesicherte finanzielle Gläubiger	Wenn die Forderungen dieser Gläubiger weniger als 25 % des Abwicklungswertes betragen	Anzahl der Gläubiger in der Kategorie, höchstens jedoch 1
	Wenn die Forderungen dieser Gläubiger mindestens 25 % des Abwicklungswertes betragen	Anzahl der Gläubiger in der Kategorie, höchstens jedoch 2
Arbeiter *(workmen)*, Mitarbeiter	1	1
Öffentliche Hand	1	1
Andere betriebliche Gläubiger als Arbeiter, Angestellte und die öffentliche Hand	Wenn die Forderungen dieser Gläubiger weniger als 25 % des Abwicklungswertes betragen	Anzahl der Gläubiger in der Kategorie, höchstens jedoch 1
	Wenn die Forderungen dieser Gläubiger mindestens 25 % des Abwicklungswertes betragen	Anzahl der Gläubiger in der Kategorie, höchstens jedoch 2
Gesellschafter oder Partner	falls vorhanden	1

4.2 Freiwillige Abwicklung *(Voluntary Liquidation)*

Der Schuldner kann nur dann einen Antrag auf „freiwillige" Abwicklung *(Liquidation)* stellen, wenn er noch nicht in Verzug geraten ist.[68] Hierbei hat er folgende Schritte einzuhalten: 27

---

[60] Regulation 14 der Insolvency and Bankruptcy Board of India (Liquidation Process) Regulations, 2016.
[61] Regulation 32(e) und 32(f) of the Liquidation Regulations.
[62] IBBI (Insolvency Resolution Process For Corporate Persons)(Second Amendment) Regulations, 2019.
[63] Vorschrift 39C der Insolvenz- und Insolvenzbehörde Indiens (Insolvenzantrag für Unternehmen), 2016.
[64] Verordnung 32A(1) der Abwicklungsverordnung.
[65] Regulation 32(a)-(d) der Liquidation Regulations.
[66] Section 31A der Abwicklungsordnung.
[67] Regulation 31A(10) der Liquidation Regulations.
[68] Section 59(1) IBC.

a. Erklärung der Mehrheit der Geschäftsführer in Form einer eidesstattlichen Erklärung, dass entweder (i) das Unternehmen keine Verbindlichkeiten hat; oder (ii) die Verbindlichkeiten der Gesellschaft aus der Abwicklung des Vermögens der Gesellschaft befriedigt werden können und (iii) dass die Gesellschaft nicht in betrügerischer Absicht liquidiert wird („**Erklärung**", „*Declaration*");[69]
b. der Erklärung sind der geprüfte Jahresabschluss der Gesellschaft, ein Bericht über die Geschäftstätigkeit der Gesellschaft in den letzten zwei Jahren und ein Bericht über die Bewertung der Vermögenswerte der Gesellschaft durch einen registrierten Gutachter *(registered valuer)* beizufügen;[70]
c. innerhalb von vier Wochen nach Abgabe der Erklärung muss ein Sonderbeschluss der Gesellschafter gefasst werden, der die Gesellschaft zur freiwilligen Abwicklung verpflichtet und einen Insolvenzverwalter bestellt.[71] Wenn die Gesellschaft Verbindlichkeiten hat, müssen auch Gläubiger, die zwei Drittel des Wertes der Verbindlichkeiten der Gesellschaft vertreten, dem Sonderbeschluss zustimmen;[72]
d. innerhalb von sieben Tagen ab dem Datum des Sonderbeschlusses ist eine Mitteilung an das zuständige Handelsregister über die Einleitung des freiwilligen Abwicklungsverfahrens erforderlich.[73]

Danach ist der Verwalter verpflichtet, die Kontrolle über die Gesellschaft zu übernehmen und die Gläubiger aufzufordern, ihre Forderungen anzumelden. Der Verwalter wird die Vermögenswerte des Schuldners bewerten und verkaufen. Nach erfolgreichem Abschluss des Verfahrens wird der Verwalter beim NCLT einen Antrag auf Erteilung eines Auflösungsbeschlusses stellen.[74]

28 Der Verwalter ist verpflichtet, sich zu bemühen, das **Verfahren innerhalb von zwölf Monaten** nach dem Datum des Sonderbeschlusses **abzuschließen**.[75]

5. Vergleich *(Compromise)*

29 Ein Unternehmen (unabhängig davon, ob es sich in finanziellen Schwierigkeiten befindet oder nicht), das noch kein Sanierungsverfahren eingeleitet hat, kann mit seinen Gläubigern einen **förmlichen Vergleich (***Compromise* **oder** *Arrangement***) über die Begleichung der Verbindlichkeiten des Unternehmens** schließen.[76] Wird ein Vergleich oder eine Vereinbarung vorgeschlagen a) zwischen einer Gesellschaft und ihren Gläubigern oder einer Gruppe von Gläubigern oder b) zwischen einer Gesellschaft und ihren Gesellschaftern oder einer Gruppe von Gesellschaftern, so kann die zuständige *Adjudicating Authority* auf Antrag der Gesellschaft oder eines Gläubigers oder Gesellschafters oder – im Falle einer in Abwicklung befindlichen Gesellschaft – des Verwalters, eine Versammlung derselben anordnen.

30 Wenn bei einer solchen Versammlung die Mehrheit der Personen, die Dreiviertel des Wertes (Forderungen, Stimmrechte) repräsentieren (persönlich anwesend oder durch einen Bevollmächtigten oder durch Briefwahl) einem Vergleich oder einer Vereinbarung zustimmen und wenn ein solcher Vergleich oder eine solche Vereinbarung von der *Adjudicating Authority* genehmigt wird, ist diese für den Schuldner und die beteiligten Gläubiger bzw. Gesellschafter oder im Falle der Abwicklung eines Unternehmens für den Verwalter verbindlich.[77]

31 Das *Appellate Tribunal* wies in der Angelegenheit *S.C. Sekaran* v. *Amit Gupta*[78] (und in Folge in der Angelegenheit *Ajay Agarwal* v. *Ashok Magnetic Ltd*[79]) den Verwalter zum Abschluss eines *Scheme of Arrangement* zum Zwecke der Sanierung des Schuldners bei Abwicklung an.

6. Regelungen für Finanzinstitute

6.1 Die Krise im Finanzdienstleistungssektor, die Mitteilungen *(Notifications)* des *Ministry of Corporate Affairs* (MCA)

32 Die Definition von „Schuldner" schließt bei Finanzinstituten ausdrücklich „Finanzdienstleister" („*Financial Service Provider*" („**FSPs**")) aus. Allerdings ermächtigt *Section* 227 IBC die Zentralregierung

---

[69] Section 59(3)(a) IBC.
[70] Section 59(3)(b) IBC.
[71] Section 59(3)(c)(i) IBC.
[72] Vorbehalt *(Proviso)* zu Section 59(3)(c) IBC.
[73] Section 59(4) IBC.
[74] Section 59(7) IBC.
[75] Regulation 37(1) der Insolvency and Bankruptcy Board of India (Voluntary Liquidation) Regulations, 2017.
[76] Section 230 Companies Act, 2013.
[77] Section 230(6) Companies Act, 2013.
[78] Company Appeal (AT) (Insolvency) No. 495 & 496 of 2018.
[79] Company Appeal (AT) (Insolvency) No. 792 of 2018.

6. Regelungen für Finanzinstitute

(in Absprache mit den zuständigen Aufsichtsbehörden des Finanzsektors), einen FSP oder Kategorien von FSP durch „Meldung" („*Notification*") in den Geltungsbereich von Teil II IBC fallen zu lassen.[80] Darüber hinaus ermächtigt *Section 227 IBC* die Zentralregierung, die für das CIRP der FSPs geltenden Vorschriften zu ändern.[81]

In Anbetracht der sich verschärfenden Liquiditätskrise im Finanzdienstleistungssektor und der daraus resultierenden Zahlungsunfähigkeit einiger der größten „Nicht-Banken-Finanzunternehmen" (*non-banking financial companies*, „**NBFCs**") bei der Erfüllung ihrer unmittelbaren Verbindlichkeiten hat die indische Regierung schließlich „den Stier bei den Hörnern gepackt". Am 15.11.2019 und am 18.11.2019 erließ das Ministerium für Unternehmensfragen (*Ministry of Corporate Affairs*, „**MCA**") zwei Mitteilungen *(Notifications)*,[82] die in ihrer Gesamtheit die Vorschriften für die Insolvenz und Abwicklung von FSP enthalten und die Anwendbarkeit dieser Vorschriften und der IBC auf systemisch wichtige NBFCs als eine Klasse von FSPs vorsehen. Diese Meldungen stellen einen wichtigen Meilenstein für das sich entwickelnde Insolvenzrecht Indiens dar: 33

Die MCA hat am 15.11.2019 die erste Mitteilung („*First Notification*", „Erste Mitteilung") herausgegeben, in der die Regeln für ein CIRP für FSPs festgelegt sind. Zusätzlich legen die *The Insolvency and Bankruptcy (Insolvency and Liquidation Proceedings of Financial Service Providers and Application to Adjudicating Authority) Rules* („**FSP-Regeln**") spezielle Anforderungen und Beschränkungen in Bezug auf die Einleitung und Verwaltung von Abwicklungsverfahren gegen FSPs fest. 34

Die FSP-Regeln sind auf diejenigen Finanzdienstleister oder Kategorien von FSPs anzuwenden, die die Zentralregierung vorschreiben kann. In diesem Zusammenhang hat die MCA mit einer weiteren Mitteilung vom 18.11.2019 („**Zweite Mitteilung**") die Anwendbarkeit der IBC- und FSP-Regeln auf NBFCs (einschließlich Wohnraumfinanzierungsgesellschaften) mit einer Vermögensgröße von über INR 500 crores („**SI-NBFCs**") ausgeweitet, spezifische Kategorien von FSPs, die nicht unter die systemrelevante Kategorie fallen, werden weiterhin in der Weise behandelt, wie sie derzeit für andere Schuldner vorgeschrieben ist. 35

In der zweiten Mitteilung wird die *Reserve Bank of India* („**RBI**") als die zuständige Aufsichtsbehörde für die Zwecke der FSP-Regeln benannt und es wird festgelegt, dass die Behandlung von Vermögenswerten Dritter, die SI-NBFCs betreffen, noch zu einem späteren Zeitpunkt bekannt gegeben werden wird. 36

6.2 Anwendbarkeit der FSP-Regeln auf das CIRP eines FSP

Antrag: Ein Finanzgläubiger oder operativer Gläubiger einer FSP ist nicht antragsbefugt. Ein Antrag kann nur von der *Adjudicating Authority* gestellt werden. Die Schwelle für die Einleitung eines Verfahrens nach dem IBC bleibt jedoch gleich – unabhängig davon, ob ein Antrag für ein FSP oder für einen Nicht-FSP geprüft wird. Ein Antrag der für das betroffene FSP zuständigen Regulierungsbehörde wird mit einem Antrag eines Finanzgläubigers gleichgestellt; für einen solchen Antrag gilt das gleiche Verfahren wie für Nicht-FSPs.[83] 37

Moratorium: ab dem Tag der Antragstellung beginnt ein vorläufiges Moratorium, es ist wirksam bis zur Zulassung oder Abweisung des Antrags.[84] 38

Lizenzen:[85] Die Lizenz oder Registrierung eines FSP wird während des Interimsmoratoriums und des CIRP nicht ausgesetzt oder annulliert. 39

„**Administratoren („***Administrators***")**":[86] der Verwalter, „*Administrator*", wird als eine von der *Adjudicating Authority* (hier dem *National Company Law Tribunal*) bestellte Person definiert, die die Befugnisse und Funktionen eines IRP oder eines Verwalters ausübt, je nach Fall. Der Verwalter wird von der zuständigen Regulierungsbehörde vorgeschlagen und handelt nach den Anweisungen eines „Beratenden Ausschusses" („*Advisory Committee*"). 40

„*Advisory Committee*":[87] Wenn die *Adjudicating Authority* es für notwendig erachtet, wird innerhalb von 45 Tagen nach dem Zeitpunkt des Beginns der Insolvenz ein Ausschuss aus drei oder mehr Experten gebildet, der den Verwalter während des Abwicklungsverfahrens zur Tätigkeit des FSP berät. Der Verwalter übernimmt den Vorsitz dieses Beratenden Ausschusses, dessen Mitglieder Personen sind, die ua über Erfahrung in den Bereichen Finanzen, Wirtschaft, Rechnungswesen, Recht oder Berufen im Bereich der Finanzdienstleistungen verfügen. Die Anstellungsbedingungen, 41

---

[80] Section 227 IBC.
[81] Section 11 der Insolvency And Bankruptcy IBC (Amendment) Ordinance, 2019.
[82] Section 227 IBC.
[83] Rule 5(a) der FSP Rules.
[84] Rule 5(b) der FSP Rules.
[85] Rule 7(a) der FSP Rules.
[86] Rule 9 der FSP Rules.
[87] Rule 5(c) der FSP Rules.

die Art und Weise der Durchführung der Sitzungen, die Einhaltung der Geschäftsordnung und die Vergütung des Beratenden Ausschusses werden von der *Adjudicating Authority* festgelegt. Die Vergütung des Ausschusses ist Teil der Verfahrenskosten.

42 **Obligatorischer Inhalt eines Plans:**[88] Zusätzlich zu den obligatorischen Inhalten des Plans, wie sie für Nicht-FSPs erforderlich sind, muss der Plan die folgenden Bedingungen erfüllen: (i) es ist eine Erklärung beizufügen, in der erläutert wird, wie der Antragsteller die Anforderungen an die Ausübung der Geschäftstätigkeit des Finanzdienstleisters gemäß geltendem Recht erfüllt oder zu erfüllen beabsichtigt; (ii) nach Genehmigung des Abwicklungsplans durch den Gläubigerausschuss wird der Verwalter erklären, dass er keine Bedenken gegen die Personen hat, die nach Genehmigung des Plans durch die zuständige Behörde, dh die NCLT, die Kontrolle oder Leitung des FSP ausüben würde. Diese **Unbedenklichkeitserklärung** *(no-objection)* wird auf der Grundlage der für die Tätigkeit des Finanzdienstleisters geltenden Kriterien der Eignung *(fit and proper)* gewährt. In Anbetracht der möglichen Verzögerungen bei der Einholung einer *no-objection,* ist eine **„Deeming Fiction"** **vorgesehen, wonach die Genehmigung als erteilt gilt,** wenn die zuständige Aufsichtsbehörde ihre Ablehnung nicht innerhalb von 45 Tagen nach Antragstellung mitteilt.

43 **Abwicklung:**[89] Auch im Rahmen eines Abwicklungsverfahrens wird die Lizenz oder Registrierung, die den FSP zur Ausübung der Tätigkeit der Erbringung von Finanzdienstleistungen berechtigt, nicht ausgesetzt oder aufgehoben, ohne dass dem Verwalter Gelegenheit zur Anhörung gegeben wird. Die FSP-Regelungen enthalten keine Anhaltspunkte dafür, dass die Konzession suspendiert wird, wenn der Verwalter versucht, die FSP als Unternehmen zu liquidieren.

44 **Voluntary Liquidation:**[90] Die FSP ist verpflichtet, für die Einleitung eines freiwilligen Abwicklungsverfahrens die vorherige Genehmigung der *Adjudicating Authority* einzuholen. Diese ist verpflichtet, der zuständigen Regulierungsbehörde Gelegenheit zur Anhörung zu geben, bevor sie die Auflösung des FSP anordnet.

45 **Status von Vermögen, das im Eigentum Dritter steht:**[91] Ähnlich wie die für Nicht-FSPs festgelegten Grundsätze gelten die Bestimmungen über die Frist des Moratoriums nicht für das Vermögen Dritter oder für Immobilien, die sich im Besitz oder in der Verwahrung des FSP befinden, einschließlich aller Fonds, Wertpapiere und anderer Vermögenswerte, die treuhänderisch zugunsten Dritter gehalten werden müssen. Nach Beginn des Verfahrens übernimmt der Verwalter treuhänderisch die Kontrolle und Verwahrung dieser Vermögenswerte.

7. Insolvenz von Konzerngesellschaften

7.1 Keine Regelungen zur Konzerninsolvenz im IBC

46 Typischerweise findet die Überwindung finanzieller Schwierigkeiten gemäß dem IBC auf der Ebene des einzelnen betroffenen Unternehmens statt, **bezieht die Konzerngesellschaften nicht in den Anwendungsbereich des CIRP des Schuldners ein.**[92] Der Bericht des Ausschusses für Insolvenzrecht vom 26.3.2018 *(Insolvency Law Committee Report)* stellt ausdrücklich fest, **dass das Insolvenzrecht in Indien im Entstehen begriffen** ist und der gesetzliche Rahmen unter dem IBC zum jetzigen Zeitpunkt keine Bestimmungen über die Insolvenz von Konzerngesellschaften enthalten sollte. Allerdings wurde die Notwendigkeit einer Lösung auf Konzernebene in bestimmten Fällen erkannt, in denen die Haftung für mehrere Schuldner unter derselben Verbindlichkeit ua durch Bürgschaften auftritt.[93]

7.2 Die Entscheidung iS *Videocon*

47 Das **erste richtungsweisende Urteil zu diesem Thema erging in der Sache** *Videocon,*[94] in der ein CIRP für fünfzehn Konzerngesellschaften der *Videocon*-Gruppe eingeleitet wurde. Hier wurde ua von einem Herrn Venugopal Dhoot Antrag vor dem *NCLT-Mumbai* gestellt, in dem die Konsolidierung des CIRP aller Gesellschaften unter der Ägide von einem RP und einem CoC beantragt wurde. Das *NCLT – Mumbai* stellte nach Berücksichtigung der Rechtslage in mehreren ausländischen Rechtsordnungen wie den Vereinigten Staaten von Amerika und dem Vereinigten

---

[88] Rule 5(d) der FSP Rules.
[89] Rule 7 der FSP Rules.
[90] Rule 8 der FSP Rules.
[91] Rule 10 der FSP Rules.
[92] Axis Bank v Alok Infrastructure Limited, Chitra Sharma v Union of India and Bikram Chatterjee v Union of India.
[93] Zum Beispiel die Sache *Videocon Case.*
[94] State Bank of India v. Videocon Industries Limited & Ors.

Königreich fest, **dass CIRPs von verschiedenen Unternehmen konsolidiert werden können, wenn folgende Umstände vorliegen:** Die Schuldner stehen unter gemeinsamer Kontrolle; haben gemeinsame Geschäftsführer; gemeinsames Vermögen und Verbindlichkeiten (die miteinander verknüpft sind); die Konten der schuldnerischen Unternehmen sind miteinander verbunden; die Schuldner handeln als eine wirtschaftliche Einheit; die Schuldner haben gemeinsame Finanzgläubiger und verflochtene Finanzierungen.

In der Sache *Videocon* war die Einleitung des CIRP in getrennten Anträgen gegen jede dieser Gesellschaften beantragt worden. Erst in Folge kam es zur Konsolidierung dieser CIRP-Verfahren. In der Sache *Edelweiss ARC* gegen *Sachet Infrastructure*[95] hingegen hatte ein Schuldner Kredite in Anspruch genommen, die von neun anderen Unternehmen garantiert wurden. Die *Adjudicatin Authority* leitete ein konsolidiertes Konzerninsolvenzverfahren für alle zehn Unternehmen unter der Ägide von einem RP ein, mit der Begründung, dass die Einleitung einer solchen Konzerninsolvenz im Interesse eines erfolgreichen CIRP aller zehn Unternehmen und eines angemessenen Schutzes der Interessen aller Beteiligten erforderlich sei.

7.3 Reformausblick zur Verfahrenskoordination

Die Rechtsprechung zeigt, dass die konsolidierte Konzerninsolvenz mangels gesetzlicher Rahmenbedingungen unter der Ägide von Gerichten bereits stattfindet. Deshalb bildete die Regierung die Arbeitsgruppe für Gruppeninsolvenz (*Working Group on Group Insolvency,* „**Working Group**"). Diese legte am 23.9.2019 einen Bericht vor, in dem sie Empfehlungen zur Schaffung eines Rechtsrahmens für die Behandlung von Fragen im Zusammenhang mit der Gruppeninsolvenz darlegte:

a. Das Gesetz kann einen Rahmen zur Erleichterung der Insolvenzabwicklung und der Abwicklung von Unternehmen, die einer Gruppe angehören, vorsehen. Der Rahmen kann unterstützend sein und von den relevanten *stakeholdern* des Unternehmens freiwillig genutzt werden. Allerdings müssen die Bestimmungen über die Kommunikation, Zusammenarbeit und den Informationsaustausch für die beteiligten *insolvency professionals,* die *Adjudicating Authority* und CoCs der in den CIRP aufgenommenen Unternehmen der Gruppe verbindlich sein.

b. Das Gesetz kann eine stufenweise Umsetzung des Rahmens ermöglichen. Die erste Phase kann die Einführung einer verfahrenstechnischen Koordinierung nur inländischer Unternehmen in Konzernen und die Einführung von Regeln gegen „perverses" Verhalten erleichtern. Grenzüberschreitende Konzerninsolvenzen und Konsolidierungen der Massen *(substantive consolidation)* könnten zu einem späteren Zeitpunkt in Betracht gezogen werden, je nach den Erfahrungen mit der Umsetzung der früheren Phasen des Rechtsrahmens und dem zum jeweiligen Zeitpunkt empfundenen Bedarf.

c. Eine „Unternehmensgruppe" kann Holding-, Tochter- und Beteiligungsgesellschaften im Sinne des *Companies Act* 2013 umfassen. Allerdings kann bei der *Adjudicating Authority* beantragt werden, auch Unternehmen einzubeziehen, die so eng miteinander verbunden sind, dass sie im wirtschaftlichen Verständnis zu einem „Konzern" gehören, obwohl sie nicht unter die obige Definition des Begriffs „Konzern" fallen.

d. Die Mechanismen der Verfahrenskoordinierung in diesem Rahmen dürfen nur auf diejenigen Konzerngesellschaften angewandt werden, die in Verzug sind und auf die das IBC Anwendung findet.

Verfahrenskoordinierung kann hiernach in der ersten Phase wie folgt aussehen:

Gemeinsamer Antrag auf Insolvenzabwicklung: Das Gesetz kann es ermöglichen, mit einem einzigen Antrag das CIRP mehrerer Gesellschaften einer Gruppe bei einer beliebigen, für eine der Gesellschaften zuständigen *Adjudicating Authority* anzumelden.

Ein einziger IRP/RP und eine einzige *Adjudicating Authority*: Das Gesetz kann die Ernennung eines einzigen IRP/RP und die Benennung einer einzigen *Adjudicating Authority* für die Abwicklung mehrerer in das CIRP aufgenommener Unternehmen ermöglichen und fördern, es sei denn, es ergeben sich Fragen wie etwa Interessenkonflikte, Mangel an ausreichenden Ressourcen oder wenn *stakeholder* nachteilig betroffen wären.

Gläubigerausschuss der Gruppe *(Group Creditors' Committee)*: Das Gesetz kann nach Wahl der CoCs der beteiligten Unternehmen die Bildung eines Gruppen-Gläubigerausschusses zur Unterstützung einzelner CoCs ermöglichen, nicht aber diese ersetzen.

Konzernkoordinationsverfahren: Das Gruppenkoordinationsverfahren kann durch eine Rahmenvereinbarung zwischen den CoCs geregelt werden. Ein „Gruppenkoordinator" (*Group Coordinator*) kann ernannt werden, der eine Strategie für die synchronisierte Abwicklung der Insolvenz der Gruppenunternehmen vorschlägt.

---

[95] Company Appeal (AT) (Insolvency) No. 377 of 2019.

54 Aus den obigen Ausführungen geht hervor, dass die Regierung zwar die Initiative ergriffen hat, um einen Rahmen für Konzerninsolvenzen zu entwickeln, aber noch werden die Fragen der grenzüberschreitenden Insolvenz unter der Ägide gerichtlicher und quasi-richterlicher Instanzen in Indien entschieden.

8. Privatinsolvenzverfahren

8.1 Insolvenzverfahren gegen den persönlich Bürgenden („*Personal Guarantor*")

8.1.2 Verfahrensvoraussetzungen

55 Während Unternehmensinsolvenzen nunmehr durch das IBC geregelt werden, wurde Section 243 IBC, der die Aufhebung der einzelnen Insolvenzgesetze vorsieht, noch nicht ratifiziert. Dementsprechend wird die rechtliche Regelung der Insolvenz natürlicher Personen weiterhin durch die *Individual Insolvency Acts*[96] geregelt. Allerdings können nach dem IBC Insolvenzverfahren gegen persönlich Bürgende (Garantiegeber) eingeleitet werden kann. Für die Zwecke des IBC ist ein „persönlicher Bürge", **„Garantiegeber"** *(„Personal Guarantor")* eine natürliche Person, die sich in einem Bürgschaftsvertrag für ein schuldnerisches Unternehmen verbürgt hat[97] bei der es zum Ausfall der Bürgschaft kam.[98]

8.1.3 Definition des Begriffs „*Personal Guarantor*"

Mindestverschuldung	1.000 INR Indische Rupien oder mehr[99]
Antrag	ab dem 1.12.2019[100]
Persönlicher Anwendungsbereich	Garantiegeber
Adjudicating Authority	a. *National Company Law Tribunal* für den Fall, dass ein CIRP gegen den Schuldner des Unternehmens anhängig ist;[101] b. *Debt Recovery Tribunal* für den Fall, dass kein CIRP gegen den Schuldner des Unternehmens eingeleitet wurde.[102]
Wer kann das Verfahren auslösen	der Bürge selbst; a. Gläubiger;[103] b. ein im Namen des Bürgen/Gläubigers handelnder R.P.[104]
Auslösendes Ereignis	Verzug,[105] dh die Nichtzahlung der Verbindlichkeiten im Rahmen der Bürgschaft, wenn der gesamte oder ein Teil oder eine Rate der Verbindlichkeit aufgrund der Inanspruchnahme der Garantie fällig und zahlbar geworden ist und nicht vom persönlichen Bürgen bezahlt wird.

8.1.4 Zuständige Behörde

56 Je nachdem, ob gegen den Schuldner ein CIRP-Verfahren anhängig ist, ist die Behörde für einen persönlichen Bürgen das *National Company Law Tribunal* am Sitz des Schuldners oder das *Debt Recovery Tribunal*, das für den Ort zuständig ist, an dem der persönliche Bürge wohnt oder geschäftlich oder gegen Entgelt tätig ist.

8.1.5 Einreichung der Anmeldung

57 Will der Gläubiger gegen einen persönlichen Bürgen ein Insolvenzverfahren eröffnen, muss der Gläubiger den persönlichen Bürgen zunächst auffordern, die gesamte aus der Bürgschaft fällige und

---

[96] S. hierzu auch den Länderbericht Indien in der 3. Auflage.
[97] Section 5(22) IBC.
[98] Regulation 3(e) der Insolvency Resolution Rules und Regulation 3(f) der Bankruptcy Rules.
[99] Section 78 IBC.
[100] Notification bRef. No. S.O. 4126(E) v. 15.11.2019.
[101] Section 60(2) und Section 60(3) iVm Rule 3(a) der Insolvency Resolution Rules.
[102] Section 79(1) iVm Rule 3(b) der Insolvency and Bankruptcy (Application to Adjudicating Authority for Bankruptcy Process for Personal Guarantors to Corporate Debtors) Rules, 2019.
[103] Section 95(1) IBC.
[104] Section 95(1) IBC.
[105] Section 8 IBC.

zu zahlende Verbindlichkeit zu begleichen. Leistet dieser der Zahlungsaufforderung nicht innerhalb von 14 Tagen nach Eingang Folge,[106] ist der Gläubiger berechtigt, einen Eröffnungsantrag (**„PG-Antrag"**) zu stellen.[107]

8.1.6 Vorläufiges Moratorium und Ernennung eines RP; Zulassungsbericht

Mit dem Datum des Antrages beginnt ein vorläufiges Moratorium, das bis zu dessen Stattgabe oder Abweisung gilt.[108] Während dieses Zeitraums gelten alle Rechtshandlungen oder Verfahren, die in Bezug auf eine vom persönlichen Bürgen geschuldete Verbindlichkeit anhängig sind, als ausgesetzt, und den Gläubigern des persönlichen Bürgen ist es untersagt, Verfahren in Bezug auf eine Verbindlichkeit einzuleiten.[109]

Im Anschluss an die Antragstellung muss die *Adjudicating Authority* innerhalb von sieben Tagen die IBBI anweisen, zu bestätigen, dass kein Disziplinarverfahren gegen den RP anhängig ist.[110] Der RP darf nicht vorbefasst sein.[111]

Der PG RP ist verpflichtet, innerhalb einer Frist von zehn Tagen nach seiner Ernennung einen Bericht zu erstellen, in dem die Genehmigung oder Ablehnung des PG-Antrags empfohlen wird (**„Zulassungsbericht"**, *„Admission Report"*).[112] Nach Prüfung des Zulassungsberichts und unter Berücksichtigung der Empfehlungen des PG RP kann die zuständige Behörde den PG-Antrag innerhalb von vierzehn Tagen ab dem Datum der Einreichung des Zulassungsberichts zulassen oder ablehnen.[113]

Mit Zulassung verliert das vorläufige Moratorium seine Wirkung und das eigentliche Moratorium tritt in Kraft.[114] Zusätzlich zu den während des vorläufigen Moratoriums auferlegten Beschränkungen treten weitere Beschränkungen in Kraft, die den PG daran hindern, über sein Vermögen zu verfügen.[115] Das Moratorium dauert bis zu dem Datum, an dem die *Adjudicating Authority* eine Verfügung zur Genehmigung oder Ablehnung des Rückzahlungsplans erlässt, oder bis zum Ablauf von 180 Tagen ab dem Datum der Zulassung des Antrags, je nachdem, welcher Zeitpunkt früher liegt.[116]

Innerhalb von sieben Tagen nach dem Beschluss über die Zulassung folgt eine öffentliche Bekanntmachung mit der Aufforderung an die Gläubiger des persönlichen Bürgen (**„Öffentliche Bekanntmachung"**)[117] zur Anmeldung ihrer Forderungen innerhalb einer Frist von 21 Tagen.[118]

8.1.7 Rückzahlungsplan

Für die Zwecke der Insolvenzabwicklung ist der PG verpflichtet, in Absprache mit der PG RP einen Rückzahlungsplan (*Repayment Plan*) zu erstellen.[119] Dieser muss unter anderem die Laufzeit des Rückzahlungsplans sowie die Mittelherkunft angeben.

Der RP ist verpflichtet, den Rückzahlungsplan zusammen mit seinem Bericht hierüber innerhalb von 21 Tagen nach dem letzten Tag der Einreichung der Forderungen durch die Gläubiger gemäß der öffentlichen Bekanntmachung bei der *Adjudicating Authority* einzureichen.[120]

Der Bericht des RP über den Rückzahlungsplan muss beinhalten, dass der Rückzahlungsplan mit den derzeit geltenden gesetzlichen Bestimmungen in Einklang steht, dass er eine begründete Aussicht auf Genehmigung und Umsetzung hat und ob eine Gläubigerversammlung zur Prüfung eines solchen Plans einberufen werden muss. Ist der RP der Ansicht, dass eine Gläubigerversammlung nicht erforderlich ist, sollte er dies begründen.[121]

---

[106] Section 95(4)(b) IBC.
[107] Section 95(4)(b) IBC.
[108] Section 96 IBC.
[109] Section 96(b) IBC.
[110] Section 97(1) IBC.
[111] Erläuterung (Explanation) (c) zu Regulation 4 der Insolvency Resolution Rules.
[112] Section 99(1) IBC.
[113] Section 100(1) IBC.
[114] Section 101 IBC.
[115] Section 101(2) IBC.
[116] Section 101(1) IBC.
[117] Section 102(1) IBC.
[118] Section 102(1) IBC.
[119] Section 105(1) IBC.
[120] Section 106(1) IBC.
[121] Section 106(2) IBC.

8.1.8 Gläubigerversammlung

66   Die *Insolvency Resolution Regulations* sehen vor, dass der RP die Einberufung einer Gläubigerversammlung beantragen muss, wenn die Gläubiger, die 33 % des Stimmrechtsanteils haben (der jeweils im Verhältnis zu den Verbindlichkeiten des persönlichen Bürgen gegenüber diesem Gläubiger steht), einen Antrag auf Einberufung der Gläubigerversammlung stellen.[122] Darüber hinaus erfordert jede Entscheidung der Gläubiger die Zustimmung von mehr als 50 % der abstimmungsberechtigten Gläubiger.[123] Im Gegensatz zu einem CIRP wird beim PG nicht zwischen Finanzgläubigern, betrieblichen Gläubigern oder sonstigen Gläubigern unterschieden.

67   In der Gläubigerversammlung können die Gläubiger über die Genehmigung, Änderung oder Ablehnung des Rückzahlungsplans entscheiden.[124] Die von den Gläubigern vorgeschlagenen Änderungen dürfen nur mit Zustimmung des Schuldners vorgenommen werden.[125] Der Rückzahlungsplan oder jede Änderung desselben erfordert die Zustimmung von 75 % der Gläubigerstimmen, berechnet nach Forderungssummen.[126]

8.1.9 Ausgeschlossene Vermögenswerte

68   Das IBC „definiert ausgeschlossenes Vermögen" *(excluded assets)*.[127] Für den PG wird zudem festlegt, dass der Wert der nicht erfassten persönlichen Schmuckstücke *(ornaments)* 100.000 INR und der Wert der nicht erfassten Privatwohnung 2.000.000 INR nicht überschreiten darf, wenn diese Wohnung in einem städtischen Gebiet liegt, und 1.000.000 INR, wenn sie sich in einem ländlichen Gebiet befindet. **Ausgeschlossene Vermögenswerte sind nicht Teil des Insolvenzabwicklungsverfahrens.**

8.1.10 Genehmigung oder Ablehnung des Rückzahlungsplans

69   Der RP ist verpflichtet, den Rückzahlungsplan zusammen mit einem Bericht innerhalb von einhundertzwanzig Tagen einzureichen. Die *Adjudicating Authority* hat den Rückzahlungsplan entweder auf der Grundlage des Berichts des RP über das Ergebnis der Gläubigerversammlung oder, falls keine Gläubigerversammlung stattfand, auf der Grundlage des Berichts des RP zu genehmigen oder abzulehnen.[128]

70   Der Beschluss der *Adjudicating Authority,* mit dem der Rückzahlungsplan genehmigt wird, kann auch die notwendigen Anweisungen für seine Durchführung enthalten.[129] Ist die *Adjudicating Authority* der Ansicht, dass der Rückzahlungsplan geändert werden muss, kann sie den RP anweisen, erneut eine Gläubigerversammlung zur Überprüfung des Rückzahlungsplans einzuberufen.[130]

8.1.11 Auswirkung der Genehmigung, Nichtgenehmigung des Rückzahlungsplans

71   Nach der Genehmigung des Rückzahlungsplans wird dieser wie vom Schuldner in der Versammlung vorgeschlagen wirksam und ist für die im Rückzahlungsplan genannten Gläubiger und den Schuldner verbindlich.[131] Der RP ist verpflichtet, die Umsetzung des Rückzahlungsplans zu überwachen.[132] Es steht ihm auch frei, bei Bedarf Weisungen *(directions)* bei der *Adjudicating Authority* zu beantragen.[133] Ferner ist der RP verpflichtet, innerhalb von vierzehn Tagen nach Abschluss des Rückzahlungsplans den Personen, die daran gebunden sind, eine Mitteilung über die vollständige Umsetzung des Rückzahlungsplans und eine Kopie des Berichts mit einer Zusammenfassung aller Ein- und Auszahlungen, die aufgrund des Rückzahlungsplans getätigt wurden, zu übermitteln.[134]

---

[122] Regulation 11(4) der Insolvency And Bankruptcy Board of India (Insolvency Resolution Process For Personal Guarantors To Corporate Debtors) Regulations, 2019.
[123] Regulation 11(6) der Insolvency And Bankruptcy Board of India (Insolvency Resolution Process For Personal Guarantors To Corporate Debtors) Regulations, 2019.
[124] Section 108(2) IBC.
[125] Section 108(3) IBC.
[126] Section 111 IBC.
[127] Section 79(14) IBC.
[128] Section 114(1) IBC.
[129] Section 114(2) IBC.
[130] Section 114(3) IBC.
[131] Section 115(1) IBC.
[132] Section 116(1) IBC.
[133] Section 116(2) IBC.
[134] Section 117(1) IBC.

Wird der Rückzahlungsplan von der *Adjudicating Authority* abgelehnt, sind die Gläubiger berechtigt, einen Antrag auf Insolvenz zu stellen.[135]

8.1.12 Mangelnde Kooperation des persönlichen Bürgen; vorzeitiges Ende des Tilgungsplans, Restschuldbefreiung

Der RP kann jederzeit während der Umsetzung des Rückzahlungsplans der *Adjudicating Authority* die mangelnde Kooperation des Bürgen mitteilen.

Ein Rückzahlungsplan gilt als vorzeitig beendet, wenn er nicht innerhalb der im Rückzahlungsplan genannten Frist vollständig umgesetzt wurde.[136] In solchen Fällen ist **der RP verpflichtet, einen Bericht (*„Frustration Report")* darüber vorzulegen.**[137] Falls die *Adjudicating Authority* den *resolution process* beendet, kann der Schuldner oder können die Gläubiger, deren Forderungen aus dem Tilgungsplan noch nicht vollständig befriedigt wurden, einen Antrag auf Insolvenzeröffnung stellen.[138]

Anschließend muss der RP bei der *Adjudicating Authority* einen Antrag auf **Erlass der Restschuldbefreiung** *(discharge order)* für die im Rückzahlungsplan genannten Verbindlichkeiten stellen.[139] Der Rückzahlungsplan kann eine vorzeitige Befreiung des persönlichen Bürgen[140] oder eine Befreiung bei vollständiger Durchführung des Rückzahlungsplans vorsehen.[141] Die Befreiung entbindet nur den persönlichen Bürgen, keine andere Person, von der Haftung für Verbindlichkeiten.[142]

8.2 Insolvenzverfahren für natürliche Personen *(Bankruptcy)*

8.2.1 Antragsbefugnis, Antragsgründe

Auslösende Ereignisse	1. Wenn der Antrag auf Einleitung eines Lösungsprozesses von der zuständigen Behörde auf der Grundlage des Zulassungsberichts abgelehnt wird;[143] 2. Wenn der Rückzahlungsplan von der ausschreibenden Behörde abgelehnt wurde;[144] 3. Wenn die Schiedsinstanz aufgrund des Frustrationsberichts die Anordnung erlässt, dass der Rückzahlungsplan nicht vollständig umgesetzt wurde.[145]
Zeitspanne bis zur Initiierung	Drei Monate ab dem Datum des Auftretens der auslösenden Ereignisse[146]
Wer kann einleiten	a) Persönlicher Garant selbst;[147] b) Jeder Gläubiger[148]

Will ein **besicherter Gläubiger ein Insolvenzverfahren einleiten,** muss dieser einen Antrag an die *Adjudicating Authority* stellen, dem folgende Erklärungen beigefügt sind:
a. eine Erklärung des besicherten Gläubigers, dass er im Falle eines Eröffnungsbeschlusses *(bankruptcy order)* seine Sicherheit zugunsten aller Gläubiger des Schuldners aufgeben wird; oder
b. eine Erklärung, dass der Antrag nur für den unbesicherten Teil der offenen Verbindlichkeit gestellt wird.[149]

Stellt ein gesicherter Gläubiger einen Antrag auf Eröffnung des Insolvenzverfahrens werden die gesicherten und ungesicherten Anteile der Verbindlichkeit dieses Gläubigers als getrennte Verbind-

---

[135] Section 115(2) IBC.
[136] Section 118 IBC.
[137] Section 118(3) IBC.
[138] Section 118(4) IBC.
[139] Section 119 IBC.
[140] Section 119(2)(a) IBC.
[141] Section 119(2)(b) IBC.
[142] Section 119(4) IBC.
[143] Section 121(1)(a) IBC.
[144] Section 121(1)(b) IBC.
[145] Section 121(1)(c) IBC.
[146] Section 121(2) IBC.
[147] Section 122 IBC.
[148] Section 123 IBC.
[149] Section 123(2) IBC.

Indien 76–81

lichkeiten behandelt.[150] Der Gläubiger kann in seinem Antrag einen Treuhänder (*bankruptcy trustee*) vorschlagen.[151]

8.2.2 Vorläufiges Moratorium

76 Gleichzeitig mit der Einreichung eines Antrags auf Eröffnung des Privatinsolvenzverfahrens („*Bankruptcy Application*") beginnt ein vorläufiges Moratorium, das bis zum Verfahrensbeginn andauert.[152] Während der Dauer des vorläufigen Moratoriums gelten alle anhängigen Rechtsstreitigkeiten oder Gerichtsverfahren gegen Vermögensgegenstände des Schuldners als ausgesetzt. Gläubiger sind nicht berechtigt, gegen Vermögensgegenstände des Schuldners gerichtliche Verfahren einzuleiten.[153]

8.2.3 Bestellung des Treuhänders (*Bankruptcy Trustee*)

77 Wird der bereits vorläufig fungierende RP im Antrag als Treuhänder (*Bankruptcy Trustee*) vorgeschlagen, so weist die *Adjudicating Authority* die IBBI innerhalb von sieben Tagen nach Eingang des Eröffnungsantrags an, zu bestätigen, dass kein Disziplinarverfahren gegen diesen RP läuft.[154] Die IBBI wird entweder innerhalb von zehn Tagen nach Erhalt dieser Anweisung schriftlich die Bestellung des vorgeschlagenen Treuhänders bestätigen oder die Bestellung ablehnen und einen anderen Treuhänder benennen.[155]

78 Wird im Antrag kein Treuhänder vorgeschlagen, ist die *Adjudicating Authority* verpflichtet, die IBBI innerhalb von sieben Tagen nach Eingang des Antrags anzuweisen, einen Treuhänder zu benennen.[156] Dem hat die IBBI innerhalb von zehn Tagen nach Eingang nachzukommen.

8.2.4 Eröffnungsbeschluss (*Bankruptcy Order*)

79 Die *Adjudicating Authority* ist verpflichtet, innerhalb von vierzehn Tagen nach Erhalt der Bestätigung oder der Bestellung des Treuhänders einen Eröffnungsbeschluss („*Bankruptcy Order*") zu erlassen.[157] Die *Bankruptcy Order* entfaltet Wirkungen ab dem Datum ihres Erlasses („*Bankruptcy Commencement Date*") und bis zum Erlass der Anordnung der Schuldbefreiung („*Discharge Order*").[158]

8.2.5 Wirkungen des Eröffnungsbeschlusses

80 Mit Wirkung ab dem Datum der *Bankruptcy Order*[159]
a. geht die Verfügungsbefugnis über die Masse auf den Treuhänder über;
b. soll die Masse unter den Gläubigern verteilt werden;
c. darf ein Gläubiger keine Vollstreckungsmaßnahmen oder andere gerichtlichen Verfahren gegen das Vermögen des Schuldners einleiten; außer mit Genehmigung der *Adjudicating Authority* und zu deren Bedingungen.
Der Eröffnungsbeschluss (*Bankruptcy Order*) berührt nicht das Recht eines gesicherten Gläubigers, sein Sicherungsrecht zu verwerten, solange dieser Gläubiger innerhalb von 30 Tagen nach dem Eröffnungsbeschluss Schritte zur Verwertung seines Sicherungsrechts unternimmt.[160]

8.2.6 Aufforderung zur Forderungsanmeldung

81 Die *Adjudicating Authority* ist verpflichtet, innerhalb von zehn Tagen nach Verfahrensbeginn dieses öffentlich bekannt zu machen („*Bankruptcy Public Announcement*").[161] Der Treuhänder ist verpflichtet, innerhalb von vierzehn Tagen nach Verfahrensbegin eine Gläubigerliste zu erstellen.[162]

---

[150] Section 123(3) IBC.
[151] Section 123(4) IBC.
[152] Section 123(1) IBC.
[153] Section 124(1)(b) IBC.
[154] Section 125(1) IBC.
[155] Section 125(2) IBC.
[156] Section 125(3) IBC.
[157] Section 126(1) IBC.
[158] Section 127 IBC.
[159] Section 128(1) IBC.
[160] Section 128(2) IBC.
[161] Section 130(1) IBC.
[162] Section 132 IBC.

8.2.7 Einberufung der Gläubigerversammlung

Der Treuhänder ist verpflichtet, innerhalb von 21 Tagen nach Verfahrensbeginn jedem Gläubiger Mitteilung über die Einberufung einer Gläubigerversammlung zu machen.[163] In der Versammlung ist ein Gläubiger nicht stimmberechtigt, wenn sich seine Forderung nicht in Geld umrechnen lässt.[164] Nahestehende Personen des Schuldners sind nicht stimmberechtigt.[165]

8.2.8 Pflichten des Schuldners gegenüber dem Treuhänder

Der Schuldner ist verpflichtet, den Treuhänder bei der Erfüllung seiner Aufgaben zu unterstützen, indem er
a. dem Treuhänder Auskunft über seine Angelegenheiten gibt;
b. den Treuhänder auf Verlangen aufsucht;
c. dem Treuhänder Mitteilung über eines der folgenden Ereignisse, die nach Verfahrensbeginn eingetreten sind, macht:
  i. Erwerb von Vermögenswerten durch den Schuldner;
  ii. Übertragung von Vermögenswerten an den Schuldner;[166]
  iii. Einkommenserhöhung.[167]
Der Schuldner ist verpflichtet, eine Einkommenserhöhung oder den Erwerb oder die Übertragung von Vermögen innerhalb von sieben Tagen nach der Erhöhung, dem Erwerb oder der Übertragung an den Treuhänder zu melden;[168] die Pflicht besteht auch nach Erlass des Beschlusses über die Schuldbefreiung *(Discharge Order)* fort.[169]

8.3 Verwertung und Verteilung der Masse

8.3.1 Übergang der Verfügungsbefugnis auf den Treuhänder

Die Verfügungsbefugnis über die Masse geht mit seiner Bestellung automatisch auf den Treuhänder über.[170]

8.3.2 Von der Masse umfasste Vermögenswerte

Die Masse umfasst das gesamte Vermögen, das sich zum Zeitpunkt des Verfahrensbeginns im Eigentum des Schuldners befindet.
Die Masse umfasst nicht:
a. „ausgeschlossene" Vermögenswerte;[171]
b. Vermögen, das vom Schuldner treuhänderisch für eine andere Person gehalten wird; und
c. alle Beträge, die einem Arbeitnehmer oder Angestellten aus der Vorsorgekasse, der Pensionskasse und der Unterstützungskasse zustehen.[172]

8.3.3 Neuerwerb (After-Acquired Property)

Der Begriff „*After-Acquired Property*" bedeutet jedes Vermögen, das nach dem Zeitpunkt des Verfahrensbeginns vom Schuldner erworben wurde oder auf ihn übergegangen ist. Der Treuhänder hat das Recht, Neuerwerb für die Masse zu beanspruchen, wenn er innerhalb von 15 Tagen ab dem Datum des Erwerbs[173] des Vermögens formell Mitteilung an den Schuldner macht.[174] Der Treuhänder ist einer Person gegenüber, die in gutem Glauben und für gleichwertige Gegenleistung ein Recht an Neuerwerb erworben hat, nicht zur Geltendmachung von Rückgabeansprüchen berechtigt.[175]

---

[163] Section 134(1) IBC.
[164] Section 109(3) IBC.
[165] Section 109(4)(b) IBC.
[166] Section 150(1) IBC.
[167] Section 150(1) IBC.
[168] Section 150(2) IBC.
[169] Section 150(3) IBC.
[170] Section 154(2) IBC.
[171] Section79(14) IBC.
[172] Section 155(2) IBC.
[173] Erläuterung zu Section 159 definiert den Neuerwerb.
[174] Section 159(1),(3) IBC.
[175] Section 159(5) IBC.

8.3.4 Schlussverteilung (*Final Dividend*)

88   Nach der Verwertung der Masse (des nach Einschätzung des Treuhänders hiervon verwertbaren Teils) hat der Treuhänder anzukündigen:
a. seine Absicht, eine Abschlussverteilung vornehmen zu wollen; oder
b. dass keine Verteilung oder weitere Verteilungen stattfinden werden.[176]
Verbleibt nach der Verteilung ein Überschuss, so steht dieser dem Schuldner zu.[177]

8.3.5 Rangfolge bei der Verteilung der Masse (*Bankruptcy Waterfall*)

89   a. Unbeschadet anderslautender Bestimmungen in einem vom indischen Parlament oder der Landesgesetzgebung erlassenen Gesetz sind bei der Schlussverteilung die folgenden Verbindlichkeiten vorrangig vor allen anderen Verbindlichkeiten zu befriedigen:
b. Kosten und Aufwendungen, die dem Treuhänder für das gesamte Verfahren entstanden sind;
c. Lohnkosten für *„workmen"*, Arbeiter, für den Zeitraum von 24 Monaten vor Verfahrensbeginn und Verbindlichkeiten gegenüber gesicherten Gläubigern;
d. Löhne und alle nicht bezahlten Beiträge, die den Arbeitnehmern des insolventen Unternehmens für den Zeitraum von zwölf Monaten vor Verfahrensbeginn geschuldet werden;
e. alle an die Zentralregierung und die Regierung des Bundesstaates geschuldeten Beträge, einschließlich des Betrags, der für den *Consolidated Fund of India* und den *Consolidated Fund* eines Bundesstaates, falls vorhanden, für den gesamten oder einen Teil des Zeitraums von zwei Jahren vor dem Tag des Verfahrensbeginns vorgesehen ist;
f. alle anderen Verbindlichkeiten und Abgaben einschließlich ungesicherter Verbindlichkeiten.
Verbindlichkeiten derselben Klasse sind untereinander gleichrangig und müssen grundsätzlich in voller Höhe bezahlt werden, es sei denn, die Masse reicht nicht aus, um sie zu befriedigen; in diesem Fall sind sie zu gleichen Teilen zu befriedigen.[178] Ungesicherte Gläubiger sind untereinander gleichrangig, es sei denn, diese Gläubiger haben vertraglich etwas anderes vereinbart.[179] Der nach der Zahlung der Verbindlichkeiten verbleibende Überschuss wird zur Zahlung von Zinsen auf diese Verbindlichkeiten für die Zeiträume, in denen sie seit dem Beginn des Verfahrens ausstehen, verwendet.[180] Diese Zinszahlungen sind unabhängig von der Art der Verbindlichkeit gleichrangig.[181]

8.3.6 Abschluss des Verfahrens

90   Der Treuhänder beruft nach Abschluss der Verwaltung und Verteilung der Masse eine Sitzung des Gläubigerausschusses ein[182] und legt einen Bericht vor.[183]

8.3.7 Beschluss über die Schuldbefreiung (*Discharge Order*)

91   Der Treuhänder beantragt bei der *Adjudicating Authority* eine **Discharge Order** nach Ablauf von einem Jahr ab dem Tag des Verfahrensbeginns oder innerhalb von sieben Tagen nach der Zustimmung des Gläubigerausschusses zum Abschluss des Verfahrens, je nachdem, welcher Zeitpunkt früher liegt.[184] Die **Discharge Order** befreit den Schuldner von allen Verbindlichkeiten, die Verfahrensgegenstand waren *(bankruptcy debts)*,[185] nicht aber von ausgeschlossenen Verbindlichkeiten *(excluded debt)*.[186]

8.3.8 Disqualifizierung des Schuldners (*Disqualification of the Bankrupt*)

92   Ein Schuldner ist von der Ausübung folgender Tätigkeiten ausgeschlossen:
a. als Treuhänder oder Vertreter in Bezug auf einen Trust oder Nachlass;
b. Beamter;
c. öffentliches Amt wenn die Berufung in dieses Amt durch Wahl erfolgt; und

---

[176] Section 174(1) IBC.
[177] Section 176(5) IBC.
[178] Section 178(2) IBC.
[179] Section 178(4) IBC.
[180] Section 178(5) IBC.
[181] Section 178(6) IBC.
[182] Section 137(1) IBC.
[183] Section 137(2) IBC.
[184] Section 138(1) IBC.
[185] Section 138(2) IBC.
[186] Section 139(d) IBC.

d. Mitglied einer lokalen Behörde mit Abstimmungsbefugnissen.[187]
Jede Disqualifikation endet, wenn der Eröffnungsbschluss geändert oder aufgehoben wird und mit der Schuldbefreiung des Schuldners.[188]

8.3.9 Beschränkungen des Schuldners

Ab dem Zeitpunkt des Verfahrensbeginns soll der Schuldner:
a. nicht als Geschäftsführer *(director)* einer Gesellschaft tätig sein oder sich direkt oder indirekt an der Förderung, Gründung oder Leitung einer Gesellschaft beteiligen;
b. ohne die vorherige Zustimmung des Treuhänders keine Sicherheiten an Massegegenständen begründen;
c. seine Geschäftspartner darüber informieren, dass er sich in einem Insolvenzverfahren befindet;
d. vor dem Abschluss von Finanz- oder Handelsgeschäften alle an diesen Geschäften beteiligten Parteien darüber informieren, dass er sich in einem Insolvenzverfahren befindet;
e. ohne vorherige Genehmigung durch die *Adjudicating Authority* kein gerichtliches Verfahren in Bezug auf seine Verbindlichkeiten fortführen; und
f. nicht ohne die Genehmigung der *Adjudicating Authority* ins Ausland reisen.[189]

8.3.10 Änderung oder Aufhebung des Eröffnungsbeschlusses *(Bankruptcy Order)*

Die *Adjudicating Authority* kann auf Antrag oder *suo motu* eine **Bankruptcy Order,** unabhängig davon, ob das Verfahren erledigt ist oder nicht, ändern oder aufheben, wenn die *Adjudicating Authority* zu der Auffassung gelangt, dass
a. der Beschluss auf einem offensichtlichen Irrtum beruht; oder
b. sowohl die Verbindlichkeiten als auch die Kosten des Verfahrens nach Erlass des Beschlusses entweder beglichen oder zur Zufriedenheit der *Adjudicating Authority* gesichert wurden.[190]
Ändert die *Adjudicating Authority* den Eröffnungsbeschluss oder hebt sie ihn auf, so bleiben alle Verfügungen über das Vermögen, Zahlungen oder andere vom Treuhänder ordnungsgemäß vorgenommenen Handlungen wirksam. Hiervon gibt es gesetzliche Ausnahmen.[191]

9. Die Rolle der Gerichte im Verfahren CIRP und bei Unternehmensabwicklung

9.1 Zuständigkeit des National Company Law Tribunal und der Adjudicating Authority

Im CIRP oder bei (freiwilliger) Abwicklung[192] ist das *National Company Law Tribunal* am Sitz des Schuldners örtlich zuständig. Die Zuständigkeit jedes anderen Gerichts in Bezug auf Angelegenheiten, die sich auf die Insolvenzabwicklung eines Schuldners beziehen, ist nach dem IBC ausgeschlossen.[193] In einem CIRP ist die Rolle der *Adjudicating Authority* sehr begrenzt, Vorrang haben die Entscheidungen des CoC.[194]

9.2 Vorrang der Entscheidungen des Gläubigerausschusses (CoC)

Zwar hat der *Supreme Court* in seinem *Essar*-Urteil das von ihm in der Rechtssache *K Sashidhar v Indian Overseas Bank*[195] festgelegte Prinzip des „*gerichtlichen hands-off*" bekräftigt, jedoch erneut darauf hingewiesen, dass es letztlich die „kaufmännische Weisheit" des CoC sei, die die „*feasability and viability*" eines Abwicklungsplans bestimmt, einschließlich der Art und Weise der Verteilung der Erlöse eines Abwicklungsplans an verschiedene Klassen oder Unterklassen von Gläubigern. Um dem CIRP-Verfahren mehr Sicherheit zu geben, wurde auch klargestellt, dass es in der Macht des CoC liegt, nicht nur einen Plan zu genehmigen, sondern auch über geeignete Änderungen zu verhandeln und solche Änderungen vorzuschlagen, die dann vom Antragsteller bei der erneuten Vorlage des Plans zur Prüfung durch den CoC berücksichtigt werden können.

Um den Vorrang „der Weisheit des CoC" weiter zu unterstützen, vertiefte der *Supreme Court* den Umfang der begrenzten gerichtlichen Überprüfung durch das NCLT oder des Berufungsge-

---

[187] Section 140(1) IBC.
[188] Section 140(3) IBC.
[189] Section 141(1) IBC.
[190] Section 142(1) IBC.
[191] Section 142(2) IBC.
[192] Section 60(1) der IBC.
[193] Section 63 IBC.
[194] Essar-Urteil, s. Glossar.
[195] K. Sashidhar v. Indian Overseas Bank & Ors Civil Appeal No.10673 Of 2018.

richts, des *National Company Law Appellate Tribunal* („NCLAT") bei der Genehmigung eines Plans, und hat kategorisch festgestellt, dass das IBC keine gerichtliche Überprüfung der Richtigkeit der von vom CoC zum Zeitpunkt der Genehmigung oder Ablehnung eines Abwicklungsplans geäußerten geschäftlichen Meinung erlaubt.

98 Daher besteht die Rolle der *Adjudicating Authority* nur darin, zu prüfen, ob der CoC die folgenden wichtigen Parameter berücksichtigt hat: Maximierung des Wertes des Vermögens des Schuldners; Interessenabwägung aller Beteiligten einschließlich der betrieblichen Gläubiger; Fortführung der Geschäftstätigkeit des Schuldners; und Einhaltung der Bestimmungen der IBC („**zwingende Bedingungen**", „*Mandatory Conditions*"). Solange die *Adjudicating Authority* davon überzeugt ist, dass der Plan diese Parameter berücksichtigt, ist sie verpflichtet, den Plan zu genehmigen. Sieht sie überhaupt keinen dieser Parameter als erfüllt an, beschränkt sich ihre Befugnis darauf, den Plan mit den erforderlichen Änderungen zur erneuten Vorlage an den CoC zurückzusenden.

99 Der *Supreme Court* stellte im Essar-Urteil ausdrücklich fest, dass die Rolle der *Adjudicating Authority* auf folgende Prüfungen beschränkt ist:
a. ob der genehmigte Plan gegen die Bestimmungen eines derzeit geltenden Gesetzes verstößt;
b. ob es wesentliche Unregelmäßigkeiten bei der Ausübung der Befugnisse durch den RP während des CIRP gab;
c. ob die Verbindlichkeiten gegenüber den betrieblichen Gläubigern des Schuldners in der vom *Insolvency and Bankruptcy Board of India* festgelegten Weise im Plan berücksichtigt wurden;
d. dass die Kosten des Insolvenzabwicklungsverfahrens nicht vorrangig vor allen anderen Verbindlichkeiten zur Rückzahlung vorgesehen sind; oder
e. ob der Plan den vom *Insolvency and Bankruptcy Board of India* festgelegten Kriterien entspricht; und
f. ob der Plan im Einklang mit Section 30 Abs. 2 IBC steht.

Der von der *Adjudicating Authority* im Falle des CIRP verfolgte **Ansatz des „*judicial hands-off*" wird im Rahmen der Abwicklung nicht** verfolgt. Während der Abwicklung übt der Verwalter seine Funktionen gemäß den Anweisungen (*directions*) der *Adjudicating Authority* aus.[196]

10. Die Rolle der Verwalter *(Office-holders)* im Verfahren CIRP und bei Unternehmensabwicklung

100 Das indische Sanierungs- und Insolvenzrecht folgt dem Prinzip „*Creditor in control*": Während einer CIRP oder Abwicklung werden die Befugnisse des Schuldners auf den RP übertragen, der seine Funktionen unter der Aufsicht des CoC ausübt. Zeitgleich mit seiner Bestellung übernimmt der RP die Kontrolle über sämtliche schuldnerischen Vermögenswerte (wie in der Bilanz des Schuldners ausgewiesen). Der RP stellt sicher, dass der Schuldner die geltenden Gesetze einhält, und überwacht das Vermögen des Schuldners, einschließlich der fortgesetzten Geschäftstätigkeit des Schuldners.

11. Verwaltung und Verwertung der Masse, Verteilung und Rangfolge *(Waterfall)* im Verfahren CIRP und bei Unternehmensabwicklung

11.1 Grundlegende Unterschiede im CIRP und bei Abwicklung

101 Die Rechtslage bei der Verwaltung und Verwertung der Masse unterscheidet sich in einem CIRP und in einer Abwicklung grundlegend. Bei einem CIRP werden, wie in den vorstehenden Absätzen dargelegt, alle Vermögenswerte des Schuldners (einschließlich der Vermögenswerte, die sich im Eigentum Dritter befinden, aber im Besitz des Schuldners sind und von diesem genutzt werden[197]) dem RP übertragen. Der RP führt dann das CIRP des Schuldners durch, um den Verkauf des Schuldners als ein Unternehmen unter der Prämisse der Fortführung des Unternehmens frei von allen Belastungen zu realisieren.[198] Während des CIRP ist der RP mit der Aufgabe betraut, das Vermögen des Schuldners zu verwalten, um die Fortführung des Unternehmens zu gewährleisten.

11.2 Befugnisse des RP im CIRP[199]

102 Im CIRP ist der RP ua mit folgenden Befugnissen ausgestattet:
a. sofortige Inbesitznahme und Kontrolle aller Vermögenswerte des Schuldners, einschließlich der Geschäftsunterlagen des Schuldners;

---

[196] Section 35(1) IBC.
[197] Section 14(1)(d) IBC.
[198] Essar-Urteil.
[199] Section 25(1) IBC.

11. Verwaltung und Verwertung der Masse, Verteilung und Rangfolge

b. Vertretung und Handeln im Namen des Schuldners gegenüber Dritten, Ausüben von Rechten zugunsten des Schuldners in quasi-gerichtlichen oder schiedsgerichtlichen Verfahren;
c. Zwischenfinanzierungen vorbehaltlich der Zustimmung des CoC aufzunehmen;
d. Wirtschaftsprüfer, Juristen oder andere Fachleute in der vom CoC festgelegten Weise zu beauftragen;
e. eine aktuelle Forderungsliste zu führen;
f. alle Sitzungen des CoC einzuberufen und an ihnen teilzunehmen;
g. das Informationsmemorandum[200] erstellen;
h. potenzielle Antragsteller einzuladen, um einen oder mehrere Pläne vorzulegen, wenn die Antragsteller die die von ihm mit Zustimmung des CoC festgelegten Kriterien unter Berücksichtigung der Komplexität und des Umfangs der Geschäftstätigkeit des Schuldners erfüllen;
i. alle Pläne in den Sitzungen des CoC vorzulegen;
j. gegebenenfalls einen Antrag auf Anfechtung zu stellen.

Der *Supreme Court* hat in der Rechtssache *Essar* der kommerziellen Entscheidung des CoC, einen Plan auszuhandeln und zu genehmigen, wobei der CoC die Durchführbarkeit und Tragfähigkeit eines solchen Plans beurteilt hat, volle Priorität eingeräumt. Darüber hinaus hat der *Supreme Court* in seinem *Essar*-Urteil ausdrücklich anerkannt, dass der CoC bei der Festlegung der Art und Weise, in der die Erlöse des Plans verteilt werden, über absolutes Ermessen verfügt, sofern die gesetzlichen Voraussetzungen erfüllt sind.

11.3 Rangfolge der Befriedigung von Forderungen („*Waterfall Mechanism*") in der Abwicklung:

a. die Kosten des vorangegangenen CIRP und die Abwicklungskosten in voller Höhe;
b. die folgenden Verbindlichkeiten untereinander im gleichen Verhältnis:
   i. Löhne für „Arbeiter" *(workmen's dues)* für den Zeitraum von 24 Monaten vor Beginn der Abwicklung und
   ii. Verbindlichkeiten gegenüber einem gesicherten Gläubiger, falls dieser in der in Section 52 IBC beschriebenen Weise auf die Sicherheit verzichtet hat;
   iii. Löhne und Gehälter, die den Arbeitnehmern, die keine „*workmen*" sind, noch für den Zeitraum von zwölf Monaten vor Beginn der Abwicklung geschuldet werden;
c. Finanzverbindlichkeiten gegenüber ungesicherten Gläubigern;
d. die folgenden Verbindlichkeiten untereinander im gleichen Verhältnis:
   i. alle an die Zentralregierung und die Regierung eines Bundesstaates geschuldeten Beträge, einschließlich des Betrags, der für den *Consolidated Fund of India* und den *Consolidated Fund eines Staates* (falls vorhanden) für den gesamten oder einen Teil des Zeitraums von zwei Jahren vor dem Beginn der Abwicklung zu hinterlegen ist;
   ii. Verbindlichkeiten gegenüber einem gesicherten Gläubiger nach Verwertung des Sicherungsrechts für den Ausfall;
   iii. alle verbleibenden Verbindlichkeiten und Gebühren;
   iv. Vorzugsaktionäre, falls vorhanden; und
   v. Eigenkapitalgeber bzw. Gesellschafter.

Jegliche vertraglichen Vereinbarungen zwischen Gläubigern desselben Rangs, welche die Rangfolge verändern, werden vom Verwalter nicht berücksichtigt.[201] In jeder Phase der Erlösverteilung an eine Gruppe von Gläubigern mit gleichem Rang ist jede Forderung entweder vollständig oder, wenn die Masse hierfür nicht ausreicht, zu gleichen Teilen innerhalb derselben Gruppe zu verteilen.[202]

11.4 Eigentumsvorbehalt *(Retention of title)*

Nach dem IBC kann Vermögen, das zum Zeitpunkt der Einleitung des Verfahrens nicht im Eigentum des Schuldners steht, auch **nicht im Rahmen eines CIRP-Plans einbezogen** werden.[203] Bei **Abwicklung** gehören Vermögenswerte, die zum Zeitpunkt der Insolvenzeröffnung nicht im Eigentum des Schuldners stehen, nicht zur Masse.[204]

---

[200] Section 29 IBC.
[201] Section 53(2) IBC.
[202] Erläuterung i) zu Section 53 (3) IBC.
[203] Municipal Corporation of Greater Mumbai (MCGM) gegen Abhilash Lal und Ors Civil Appeal Nr. 6350 von 2019.
[204] Municipal Corporation of Greater Mumbai (MCGM) gegen Abhilash Lal und Ors Civil Appeal Nr. 6350 von 2019.

Indien

12. Verträge im Insolvenz- oder Sanierungsverfahren

12.1 Nicht erfüllte Verträge

105 Nicht erfüllte Verträge gelten nach dem indischen Vertragsgesetz von 1872 (Indian Contract Act, 1872) als vollzogene Verträge, sie werden **nicht automatisch beendet,** wenn ein Insolvenzverfahren gegen das schuldnerische Unternehmen eingeleitet wird, es sei denn, dies ist in den Verträgen ausdrücklich vorgesehen. Dem RP oder dem Verwalter steht ein Wahlrecht zu, den Vertrag zu erfüllen oder ihn zu kündigen, je nachdem, was für die Gläubiger am vorteilhaftesten wäre.

106 Mit Beginn des CIRP allerdings haben der IRP[205] bzw. der RP[206] das Recht, im Namen des Schuldners Verträge abzuschließen oder die vor dem CIRP geschlossenen Verträge zu ergänzen oder zu ändern. Ferner ist der Verwalter bei Abwicklung befugt, vorbehaltlich der Anweisungen der *Adjudicating Authority* hinsichtlich Verträgen die Maßnahmen zu ergreifen, die er zum Schutz und zur Erhaltung der Vermögenswerte des Schuldners für erforderlich hält.

12.2 Mietverträge über bewegliche oder unbewegliche Sachen

107 Weder während des CIRP noch während der Abwicklung wird ein vom Schuldner abgeschlossener Mietvertrag automatisch beendet. Jedoch haben der **IRP**[207] **bzw. der RP**[208] **das Recht, im Namen des Schuldners Verträge abzuschließen oder die vor dem CIRP abgeschlossenen Verträge oder Transaktionen zu ergänzen oder zu ändern**. Diese Befugnisse sind weit genug gefasst, um Verträge zu kündigen, auf deren Basis vom Schuldner Mietverträge abgeschlossen wurden. Ferner ist der Verwalter während der **Abwicklung** befugt, vorbehaltlich der Anweisungen der *Adjudicating Authority* die Maßnahmen zu ergreifen, die er zum Schutz und zur **Erhaltung des Vermögens des Schuldners** des Unternehmens für erforderlich hält. Diese Bestimmung ist weit genug gefasst, um die **Kündigung von Mietverträgen zu umfassen,** wenn der Verwalter diese für die Aufrechterhaltung des Geschäftsbetriebs für notwendig erachtet.

12.3 Arbeitsverträge

108 Gemäß dem IBC werden Arbeitsverträge **nicht automatisch mit Beginn des CIRP gekündigt.** Allerdings haben IRP[209] bzw. RP[210] das Recht, im Namen des Schuldners Verträge abzuschließen oder die vor dem CIRP abgeschlossenen Verträge oder Transaktionen zu ergänzen oder zu ändern. Diese gesetzlichen Befugnisse sind so weitreichend, dass sie auch Arbeitsverträge umfassen, die der Schuldner vor einem CIRP abgeschlossen hat. Des Weiteren fügt ein Antragsteller im Rahmen eines **Plans typischerweise Bedingungen** ein, wonach der Antragsteller nicht verpflichtet ist, Verpflichtungen jedweder Art zu erfüllen, die von der früheren Geschäftsführung des Schuldners in Bezug auf die **Angestellten, Arbeiter oder Berater oder deren Gewerkschaften** eingegangen wurden, soweit sie sich auf die weitere Beschäftigung und Vergünstigungen für die Mitarbeiter beziehen, es sei denn, geltendes Recht steht dem entgegen. Darüber hinaus enthält ein Plan in der Regel Bestimmungen, nach denen sich ein Antragsteller das Recht vorbehält, die Belegschaft zu rationalisieren und die Bedingungen der Arbeitsbedingungen der Mitarbeiter des Schuldners der Gesellschaft gemäß dem anwendbaren Recht zu ändern. Ein Abwicklungsschluss[211] stellt eine automatische Entlassungserklärung der leitenden Angestellten, Angestellten und Arbeiter des Schuldners dar, es sei denn, der Geschäftsbetrieb des Schuldners wird während des Abwicklungsprozesses vom Verwalter fortgesetzt.[212]

12.4 Anwendbarkeit von Gewohnheitsrecht *(Common Law)* im Vertragsrecht

109 Das IBC enthält keine Ermächtigungsvorschriften, die es der *Adjudicating Authority* erlauben, Entscheidungen dem *Common Law* zugrundezulegen. Allerdings haben im indischen Rechtssystem die Gerichte und *tribunals* routinemäßig die Grundsätze des englischen *Common Law* angewandt, insbesondere in Bezug auf das Vertragsrecht. Es ist ein fundamentales Rechtsprinzip, dass ein Gericht sich nur in Bezug auf Angelegenheiten, die noch nicht gesetzlich geregelt sind, auf das englische

---

[205] Section 20(2)(b) IBC.
[206] Section 20(2)(b) iVm Section 23(2) IBC.
[207] Section 20(2)(b) IBC.
[208] Section 20(2)(b) iVm Section 23(2) IBC.
[209] Section 20(2)(b) IBC.
[210] Section 20(2)(b) iVm Section 23(2) IBC.
[211] Section 33(1) IBC.
[212] Section 33(7) IBC.

Common Law stützen **kann, und auch dies nur zur Orientierungshilfe** (*guidance*) **hinsichtlich der** *rules of justice, equity* und *good conscience*.[213]

Zur Schließung gesetzlicher Lücken im IBC haben sich verschiedene Gerichte und Tribunale auf das US-amerikanische und englische *Common Law* gestützt. So stützte sich beispielsweise der *NCLT-Mumbai* in der Sache *State Bank of India und Anr gegen Videocon Industries Limited und Ors*[214] bei der Prüfung der Frage, ob mehrere CIRP-Verfahren gegen Unternehmen, die derselben Gruppe angehören, zu einem einzigen CIRP, mit einem gemeinsamen RP konsolidiert werden können, stark auf das amerikanische und englische *Common Law*, da dies ein Aspekt war, der durch die gesetzlichen Bestimmungen nicht abgedeckt wurde.

13. Pensionsansprüche im Insolvenz- oder Sanierungsverfahren

Die betrieblichen Pensionsverpflichtungen *(company pension obligations)* sind nicht Teil der Insolvenzmasse.[215] Dementsprechend können die Verpflichtungen eines Schuldners in Bezug auf die Pensionsansprüche nicht im Rahmen eines Plans behandelt werden. Des Weiteren hat die Berufungsbehörde *(Appellate Authority)* in der Angelegenheit *State Bank of India v. Moser Baer Karamchari Union & Anr*[216] ausdrücklich darauf hingewiesen, dass bei der Abwicklung eines Schuldners Pensionsverpflichtungen vorrangig zu erfüllen sind, auch vorrangig gegenüber den Forderungen von Arbeitern *(workmen)*, die sonst bei der Verteilung der Masse in der Rangfolge an erster Stelle stehen würden.

14. Aufrechnung *(Set-off)*

Für Aufrechnung gemäß dem IBC werden Aufrechnungsvereinbarungen insbesondere im Zusammenhang mit der Anmeldung von Forderungen bei dem RP im CIRP relevant. Die *CIRP Regulations* sehen Formulare vor, mit denen Finanzgläubiger, operative und andere Gläubiger (Formulare C, B und F) Forderungen einreichen können und dabei gegenseitige Kredite, gegenseitige Verbindlichkeiten oder andere gegenseitige Geschäfte *(mutual dealings)* zwischen dem Schuldner und dem Gläubiger verrechnen können.

Das **IBC definiert weder „Aufrechnung"** (*„set-off"*) noch **„gegenseitige Geschäfte"** (*„mutual dealings"*). Die Bedeutung von „Aufrechnung" ist in der *Order VIII Rule VI of the IBC of Civil Procedure, 1908* **definiert.** Des Weiteren definiert sie der *High Court* von *Madras* in der Angelegenheit *S. Natesa Mudaliar v. T. Sulochana Ammal* als *„the extinction of debts of which two persons are reciprocally debtors to one another by the credits of which they are reciprocally creditors to one another"* (das Erlöschen der Forderungen, die zwei Personen einander wechselseitig schulden und durch die sie einander wechselseitig Gläubiger sind).[217]

Der Begriff *„mutual dealings"* wurde vom *National Company Law Tribunal, Mumbai* (*„NCLT-Mumbai"*) als „bewusste Gesetzgebung" (*„conscious Legislation"*) mit **weitem Anwendungsbereich** interpretiert. Der NCLT-Mumbai hat vor kurzem in der Angelegenheit *Re: Bharti Airtel Limited & Others gegen Vijaykumar V. Iyer*[218] wie folgt entschieden:

„…It is not necessary that set off is permissible in respect of same nature of transaction. The conservative or strict condition has a limited scope of its application, such as Income Tax laws where set off of Loss is allowed against the same nature of transaction. In my humble opinion, the terminology „mutual dealings" is a conscious Legislation. While deciding such disputes revolving around claim or counter claim or set off, it is expected to give due regards to this term „mutual dealings". The scope of this terminology is wide, which must not be applied in a restrictive manner." „…ist es nicht notwendig, dass die Aufrechnung in Bezug auf die gleiche Art von Geschäft zulässig ist. Die konservative oder strenge Bedingung hat einen begrenzten Anwendungsbereich, wie zB die Einkommenssteuergesetze, wo die Verrechnung von Verlusten gegen die gleiche Art von Transaktionen erlaubt ist. Meiner bescheidenen Meinung nach ist der Begriff der „gegenseitigen Geschäfte" eine bewusste Gesetzgebung. Bei der Entscheidung solcher Streitigkeiten, bei denen es um Forderun-

---

[213] Sm. Mukul Dutta Gupta And Ors. vs Indian Airlines Corporation AIR 1962 Cal 311.
[214] MA 1306/2018 in CP No. 02/2018, CP No. 01/2018, CP No. 543/2018, CP No. 507/2018, CP No. 509/2018, CP No. 511/2018, CP No. 508/2018, CP No. 512/2018, CP No. 510/2018, CP No. 528/2018, CP No. 563/2018, CP No. 560/2018, CP No. 562/2018, CP No. 559/2018, CP No. 564/2018 & MA 1416/2018 in CP No. 02/2018 & MA 393/2019 & MA 115/2019 in CP No. 543/2018 & MA 1574/2019 in CP No. 01/2018 & MA 774 /2019 in CP No. 543/2018 & MA 778/2019 in CP No. 559/2018 & MA 1583/2018 IN CP No. 559/2018.
[215] State Bank of India v. Moser Baer Karamchari Union & Anr.
[216] Company Appeal (AT) (Insolvency) No. 396 of 2019.
[217] (1981) 94 LW 724 (Mad) (DB).
[218] Nr. 302/2018 und 298/2018.

gen, Gegenforderungen oder Aufrechnungen geht, wird erwartet, dass der Begriff „gegenseitige Geschäfte" gebührend berücksichtigt wird. Der Anwendungsbereich dieses Begriffs ist weit gefasst, darf nicht restriktiv angewendet werden".

116   In Anbetracht dessen **kann ein Gläubiger gemäß IBC aufrechnen, wenn die Forderung des Gläubigers in Geld geschuldet ist.**

15. Anfechtung *(Vulnerable Transactions)*

117   Das IBC sieht eine Liste von Rechtsgeschäften vor, die vom Schuldner abgeschlossen wurden und die rückgängig gemacht werden können, wenn dies von der *Adjudicating Authority* für erforderlich gehalten wird. Die *Adjudicating Authority* stellt in diesen Fällen den *status quo ante* wieder her.

15.1 Bevorzugung *(Preferential Transaction)*

118   Eine Transaktion kann als „Bevorzugung" *(„preferential transaction")*[219] betrachtet werden, wenn der Schuldner eine Vermögensübertragung zugunsten eines Gläubigers oder Bürgen in Bezug auf eine frühere Verbindlichkeit vornimmt, und der Gläubiger oder Bürge hierdurch in eine vorteilhaftere Position gelangten, als sie es in der Abwicklung bei Verteilung der dort geltenden Rangfolge[220] gewesen wären.

119   Die folgenden Rechtsgeschäfte werden nicht als Bevorzugung betrachtet:
1. Übertragungen im Rahmen der normalen Geschäftstätigkeit des Schuldners oder des Empfängers;[221]
2. Jede Übertragung, durch die ein Sicherungsrecht an einem vom Schuldner erworbenen Vermögen in folgendem Umfang geschaffen wird:
    i. Das Sicherungsrecht sichert einen neu erworbenen Vermögenswert und wurde zum Zeitpunkt oder nach der Unterzeichnung einer Sicherungsabrede, die eine Beschreibung des Sicherungsrechts enthält, bestellt und vom Schuldner in Zusammenhang mit dem Erwerb dieses Vermögenswertes verwendet; und
    ii. eine solche Übertragung wurde bei einer *Information Utility* am selben Tag oder oder dreißig Tage, nachdem der Schuldner in den Besitz des Vermögenswertes gelangt ist, registriert.[222]

15.2 Verfügungen unter Wert *(Undervalued Transactions)*

120   Ein Rechtsgeschäft gilt als unter Wert erfolgt, wenn: (a) es sich um ein Geschenk handelt; oder (b) die Übertragung von Vermögenswerten gegen eine Leistung erfolgt, die wesentlich geringer ist als die vom Schuldner geleistete und nicht eine im Rahmen der gewöhnlichen Geschäftstätigkeit erfolgte Gegenleistung ist.[223]

15.3 Gläubigerschädigende Rechtsgeschäfte *(Transaction Defrauding the Creditors)*

121   Hat der Schuldner ein Rechtsgeschäft unter Wert abgeschlossen und ist die *Adjudicating Authority* davon überzeugt, dass die Transaktion vom Schuldner willentlich abgeschlossen wurde, um
a. das Vermögen des Schuldners außerhalb der Reichweite jeder Person zu halten, die berechtigt ist, einen Anspruch gegen den Schuldner geltend zu machen; oder
b. die Interessen einer solchen Person im Zusammenhang mit der Forderung zu beeinträchtigen, ist ein solches Rechtsgeschäft ein **gläubigerschädigendes Rechtsgeschäft.**[224]

15.4 Wucher *(Extortionate Transactions)*

122   Eine Transaktion gilt als „*Extortionate Transaction*", wenn der Schuldner einen Kredit mit exorbitant hohen Zinsen oder unfairen Kreditbedingungen, wie zB mit zu scharfen Verzugsregelungen erhalten hat oder sich zum Zeitpunkt der Kreditgewährung in einer prekären Lage befand.[225] Diese Bestimmung findet keine Anwendung, wenn der Kredit von einer Person, die Finanzdienstleis-

---

[219] Section 43 IBC.
[220] Section 53(1) IBC.
[221] Section 43(3)(a) IBC.
[222] Section 43(3)(b) IBC.
[223] Section 45(2) IBC.
[224] Section 49 IBC.
[225] Section 50 IBC.

tungen erbringt, verlängert wird und sich dies im Einklang mit den hierfür geltenden Rechtsvorschriften befindet.[226]

15.5 Unternehmensfortführung in Schädigungsabsicht *(Fraudulent Trading)* durch den Schuldner

Wenn während des CIRP oder der Abwicklung festgestellt wird, dass ein Geschäft des Schuldners mit der Absicht, Gläubiger des Schuldners zu betrügen oder zu betrügerischen Zwecken betrieben wurde, kann die *Adjudicating Authority* auf Antrag des RP eine Anordnung erlassen, dass alle Personen, die wissentlich an der Durchführung des Geschäfts in einer solchen Weise beteiligt waren, verpflichtet sind, die von ihr für angemessen erachteten Beiträge zum Vermögen des Schuldners zu leisten.[227]

15.6 Unternehmensfortführung in Schädigungsabsicht *(Fraudulent Trading)* durch die Geschäftsführer des Schuldners

Auch die Geschäftsführer des Schuldners können wegen **„Unternehmensfortführung in Schädigungsabsicht"** zur Verantwortung gezogen werden, wenn:[228]
a. der Geschäftsführer wusste oder hätte wissen müssen, dass es keine vernünftige Aussicht gab, die Einleitung eines CIRP zu vermeiden; und
b. die Geschäftsführer oder Gesellschafter es versäumt haben, den potenziellen Verlust für die Gläubiger mit der gebotenen sorgfältigen Prüfung zu minimieren.

15.7 Anfechtungszeitraum *(Lookback Period)*

Der RP muß innerhalb von einhundertfünfunddreißig Tagen nach der Bestellung feststellen, ob der Schuldner anfechtbare Rechtsgeschäfte vorgenommen hat.[229] Der Anfechtungszeitraum für *Preferential Transaction, Undervalued Transaction, Transactions Defrauding the Creditors* und *Extortionate Transactions* beträgt **ein Jahr**, bei Rechtsgeschäften mit **verbundenen oder nahestehenden Personen**[230] **zwei Jahre**, gerechnet ab dem Tag des Beginns des CIRP. Für *Fraudulent Trading* sieht das IBC **keine zeitliche Begrenzung des Anfechtungszeitraums** vor.

16. Haftung (ehemaliger) Geschäftsführer oder Gesellschafter, Haftungsansprüche gegen Dritte

16.1 Zivilrechtliche Haftung *(Civil Liability)*

Das IBC enthält keine ausdrücklichen Bestimmungen, die sich mit der Haftung gegenüber (ehemaligen) Geschäftsführern oder Gesellschaftern oder Dritten befassen. In Bezug auf zivilrechtliche Verbindlichkeiten ist zu beachten, dass während der Anhängigkeit des CIRP des Schuldners das Moratorium nur diesem (einschließlich der Geschäftsführer und Gesellschafter des Schuldners) „Immunität" vor jeglichen Vollstreckungsmaßnahmen bietet, die von den Gläubigern ergriffen werden den können.[231] Ein Plan, der von der *Adjudicating Authority* genehmigt wurde,[232] darf nur das Vermögen und die Verbindlichkeiten des Schuldners betreffen.[233] Dementsprechend kann ein geschädigter Gläubiger gegen einen ehemaligen Geschäftsführer oder Gesellschafter eines Schuldners vorgehen, ungeachtet der Genehmigung und der Inhalte eines Plans.

Obwohl es keine Präzedenzfälle hierfür gibt, ist der Formulierung von *Section* 33(5) des IBC zu entnehmen, dass sich das Hindernis für einen Gläubiger, **Vollstreckungsmaßnahmen** gegen einen Schuldner, der sich in einem **Abwicklungsverfahren** befindet, zu ergreifen, **nicht auf die ehemalige Geschäftsführer oder Gesellschafter erstreckt**.[234]

---

[226] Erläuterung (Explanation) zu Section 50 IBC.
[227] Section 66(1) IBC.
[228] Section 66(2) IBC.
[229] Regulation 35A der CIRP Regulations.
[230] Verbundene und nahestehende Personen sind definiert in Section 5(24) IBC in Bezug auf Unternehmen, in Section 5(24A) IBC in Bezug auf natürliche Personen.
[231] State Bank of India v. V. Ramakrishnan and Another Civil (Apppeal) No. 3595 of 2018.
[232] Gemäß Section 31(1) der IBC.
[233] Municipal Corporation of Greater Mumbai (MCGM) v. Abhilash Lal and Ors Civil Appeal No. 6350 of 2019.
[234] Vorbehaltlich Section 52 darf nach Erlass eines Abwicklungsbeschlusses keine Klage oder ein anderes Verfahren durch oder gegen den Schuldner eingeleitet werden.

16.2 Strafrechtliche Haftung *(Criminal Liability)*

128 Ein leidiges Rechtsproblem, das sich als schwerwiegendes Hindernis für ein erfolgreiches CIRP eines Schuldners erwiesen hat, ist die Behandlung der strafrechtlichen Haftung in Bezug auf den Schuldner und seine ehemaligen Geschäftsführer und Gesellschafter nach dem Genehmigungsbeschluss *(Approval Order)*. Im Anschluss an die Versuche des *Enforcement Directorate,* das Eigentum von *Bhushan Power and Steel Limited* und *Essar Steel India Limited* zu beschlagnahmen und zu pfänden, nachdem diese Schuldner durch ihre jeweiligen *resolution applicants* erfolgreich übernommen worden waren, erließ der indische Staatspräsident die **Insolvency and Bankruptcy Code (Amedment) Ordinance, 2019,** die eine *Section* 32A in das IBC einfügte. Hiernach **erlischt die Haftung eines Schuldners für eine Straftat** *(criminal offence),* die vor dem CIRP begangen wurde. Strafverfahren, die während des CIRP gegen den Schuldner eingeleitet wurden, werden mit der *Approval Order* automatisch eingestellt.

129 Aus der neu eingefügten *Section* 32A IBC geht klar hervor, dass die unter dieser Bestimmung angebotene Immunität nur für den Fall anwendbar ist, dass der Plan zu einem Wechsel in der Geschäftsführung oder der Kontrolle des Schuldners führt. Personen, auf die die Kontrolle übergeht, dürfen keine „verbundenen Personen" sein. Der Schuldner und die nicht mit ihm verbundene Person sind jedoch verpflichtet, jegliche Unterstützung und Zusammenarbeit mit Behörden zu leisten, die eine vor Beginn des CIRP begangene Straftat untersucht.[235] CIRP und Abwicklung eines Schuldners beeinträchtigen also nicht das Recht einer Partei, ein Verfahren in Bezug auf Straftaten einzuleiten, die von den ehemaligen Geschäftsführern oder Gesellschaftern des Schuldners begangen wurden.

17. *Asset-Tracing,* Aufspüren von schuldnerischem Vermögen

130 Eines der wichtigsten Ziele eines CIRP ist es, einem Antragsteller für eine Auflösung zu ermöglichen, das Geschäft des Schuldners des Unternehmens *„with a fresh slate",* entschuldet, zu erwerben und fortzuführen.[236] Um dies zu erreichen, *hat der Supreme Court* mit seinem Urteil in *Committee of Creditors of Essar Steel India Limited Through Authorised Signatory v. Satish Kumar Gupta und Ors 2019 SCC OnLine SC 1478* einem *resolution applicant* gestattet, alle Verbindlichkeiten des Schuldners sowie alle Ansprüche Dritter gegen den Schuldner „zu löschen". Mit anderen Worten: Ein *resolution applicant* eine Gesellschaft frei von alle Belastungen und Verbindlichkeiten erwerben. Dementsprechend ist der Anwendungsbereich für *Asset Tracing* hier sehr gering.

131 Allerdings muss der RP am oder vor dem einhundertfünfzehnten Tag gerechnet ab dem Beginn des CIRP eine Feststellung darüber treffen, ob der Schuldner anfechtbare Rechtsgeschäfte vorgenommen hat. Anschließend folgt (wenn Anfechtungstatbestände nicht vorliegen) eine entsprechende Entlastung durch die *Adjudicating Authority.* Es ist auch üblich, dass der RP eine forensische Prüfung der Angelegenheiten des Schuldners durchführt, um die Bewegung von Vermögenswerten nachzuverfolgen und um festzustellen, ob der Schuldner anfechtbare Rechtsgeschäfte abgeschlossen hat.

18. Internationales Insolvenzrecht

18.1 Anwendbares Recht und Kollisionsrecht

132 Nach dem indischen Insolvenzrecht kann ein CIRP bei der *Adjudicating Authority,* die für den Sitz des Schuldners territorial zuständig ist, beantragt werden.[237] Solange sich der Sitz des schuldnerischen Unternehmens in Indien befindet, kann auch ein Gläubiger, der kein in Indien ansässiges Unternehmen ist, ein Verfahren bei der zuständigen *Adjudicating Authority* einleiten.[238]

133 Derzeit fehlt im indischen Recht noch ein kohärenter Rahmen für grenzüberschreitende Insolvenzen. Dementsprechend bietet das IBC keine ganzheitliche Lösung bei finanziellen Schwierigkeiten von Schuldnern, insbesondere nicht in den Fällen, in denen ein CIRP gegen Schuldner eingeleitet wurde, die in Indien registriert sind, aber über Vermögenswerte verfügen, die sich außerhalb Indiens befinden. Gemäß dem IBC kann die Zentralregierung Indiens eine Vereinbarung (**„Gegenseitigkeitsvereinbarung",** *„Reciprocal Arrangement"*) mit der Regierung jeder anderen Gerichtsbarkeit außerhalb Indiens zur Durchsetzung der Bestimmungen der

---

[235] Section 32A IBC.
[236] Committee of Creditors of Essar Steel India Limited Through Authorised Signatory v. Satish Kumar Gupta and Ors 2019 SCC OnLine SC 1478.
[237] Regulation 32A der CIRP Regulations.
[238] Macquarie Bank Limited vs. Shilpi Cable Technologies Limited CIVIL APPEAL NO.15135 OF 2017, State Bank of India, Colombo vs. Western Refrigeration Private Limited C.P.(IB) No. 17/7/NCLT/AHM/2017.

IBC betreffend Vermögen des Schuldners, das sich außerhalb Indiens befindet („*Reciprocating Territory*"), abschließen.[239]

Während eines CIRP oder Abwicklung können, wenn sich das Vermögen des Schuldners **134** außerhalb Indiens in einem „Gegenseitigkeitsgebiet" befindet, der RP oder oder der Verwalter einen Antrag an die *Adjudicating Authority* stellen, wonach Beweisermittlungen oder Maßnahmen in Bezug auf dieses Vermögen in Verbindung mit dem laufenden Verfahren erforderlich sind.[240] Nach Erhalt eines solchen Antrags und nachdem sie sich davon überzeugt hat, dass Beweisaufnahmen oder Massnahmen erforderlich sind, kann die *Adjudicating Authority* ein Ersuchen an ein Gericht oder eine Behörde des Landes, das für die Bearbeitung zuständig ist, stellen.[241]

Diese Bestimmungen sind nur in Bezug auf „*Reciprocating Territories*" anerkannte Rechtsord- **135** nungen anwendbar. Bis zu diesem Zeitpunkt hat die indische Zentralregierung keine Maßnahmen zum Abschluss einer Vereinbarung oder zur Anerkennung einer Gerichtsbarkeit als Gegenseitigkeitsgebiet getroffen. Dementsprechend bietet das IBC[242] zum gegenwärtigen Zeitpunkt keinen zwingenden Rechtsrahmen in Bezug auf grenzüberschreitende Fragen.

18.2 Anerkennung von ausländischen Insolvenzverfahren, der Fall „Jet Airways"

Die Rechtsprechung zur Anerkennung ausländischer Insolvenzverfahren ist noch relativ jung. **136** In der Sache *Jet Airways Limited* („*Jet Airways*") eröffnete das Bezirksgericht Noord-Holland, Niederlande (**„Niederländisches Gericht"**) ein Insolvenzverfahren gegen *Jet Airways* nach niederländischem Recht und bestellte einen niederländischen Verwalter. Daraufhin stellten die Gläubiger von *Jet Airways* einen Antrag[243] in Indien, woraufhin das NCLT in Mumbai die Einleitung des CIRP gegen *Jet Airways* anordnete. Das NCLT in Mumbai weigerte sich, das Insolvenzverfahren in den Niederlanden und die vom niederländischen Gericht erlassenen Anordnungen anzuerkennen und wies den RP von Jet Airways an, seine Aufgaben gemäß den Bedingungen der IBC „unbeeinflusst von der Anordnung des Bezirksgerichts Noord Holland, Niederlande…" zu erfüllen, ua mit der Begründung, dass die derzeit geltenden Bestimmungen des IBC das NCLT Mumbai nicht befähigen, das Verfahren in den Niederlanden anzuerkennen.

Die *Appellate Authority* hob diese Entscheidung am 26.9.2019 auf („*Jet Airways Judgment*")[244] **137** auf. Ferner wies sie den RP und den niederländischen Verwalter an, eine Vereinbarung mit dem Titel „*Cross Border Insolvency Protocol*" zu schließen, um die Insolvenzverfahren sowohl in den Niederlanden als auch in Indien parallel und in koordinierter Weise durchzuführen und um den materiellen Unterschieden zwischen den Verfahren in beiden Rechtsordnungen Rechnung zu tragen. Dieses Protokoll erlegt dem RP von *Jet Airways* oder dem niederländischen Treuhänder keine Pflichten oder Verpflichtungen auf, die (i) mit den Pflichten oder Verpflichtungen, denen die Parteien nach dem jeweils anwendbaren Recht unterliegen, unvereinbar sind oder im Widerspruch zu diesen stehen könnten oder (ii) nicht im Interesse der Verwaltung der Masse liegen.

Die Entscheidung der *Appellate Authority* in der Rechtssache *Jet Airways* stellt allerdings keine **138** Rechtsprechungsregeln zur Frage des „ob" und „wie" der Anerkennung *(recognition)* oder des Beistands *(assistance)* festgelegt hat. Beides liegt daher weiterhin im grundsätzlichen **Ermessen der Gerichte.**

18.3 Grenzüberschreitende Insolvenzen

Die indische Zentralregierung hat bis heute mit keinem anderen Land eine Vereinbarung **139** über die Bestimmung dieses Landes zum „Gegenseitigkeitsgebiet" getroffen. Die Zentralregierung *(Central Government)* hat daher den Ausschuss für Insolvenzrecht (**„ILC"**) eingesetzt, um einen Bericht über die Einführung eines umfassenden grenzüberschreitenden Insolvenzabwicklungsrahmens in Indien zu erstellen. Die ILC hat ihren Bericht am 16.10.2018 (**„ILC-Bericht"**) mit ihren Empfehlungen zur Entwicklung eines überzeugenden Rahmens für die grenzübergreifende Insolvenzabwicklung in Indien vorgelegt. Der ILC-Bericht enthält einen Entwurf eines Teil Z der IBC (**„Teil Z"**), der als eigenständiger Teil der IBC vorgesehen ist und spezielle Bestimmungen zur Behandlung grenzüberschreitender Fragen im Zusammenhang mit dem CIRP eines Schuldners enthält.

---

[239] Section 234(1) IBC.
[240] Section 235(1) IBC.
[241] Section 235(2) IBC.
[242] Ungeachtet der Bestimmungen der Sections 234 und 235 IBC.
[243] Section 7 IBC.
[244] Jet Airways (India) Limited, (Offshore Regional Hub/Offices) v. State Bank of India and Anr Company Appeal (AT) (Insolvency) No. 707 of 2019.

Indien 140–145

140   Dieser Ausschuss hat die Verabschiedung des UNCITRAL-Modellgesetzes über grenzüberschreitende Insolvenz eingehend erörtert und in seinem Bericht vom Oktober 2018 den Entwurf eines Kapitels vorgelegt, das dem IBC hinzugefügt werden soll und sich ausschließlich mit der grenzüberschreitenden Insolvenz befasst, das auf den Bestimmungen des UNICITRAL-Modellgesetzes mit bestimmten Änderungen zur Anpassung an den rechtlichen und wirtschaftlichen Rahmen beruht. Bislang hat die Zentralregierung allerdings noch keine Maßnahmen ergriffen, um eine der Empfehlungen des ILC-Berichts oder den in Teil Z dargelegten Beschlussfassungsrahmen zu erlassen.

19. COVID 19 – Maßnahmen

19.1 CIRP-Verfahren und *Lock down*

141   Die indische Regierung verkündete einen landesweiten *lock down* wegen der COVID-19-Pandemie, beginnend am 25.3.2020. Dies hat die regulären Geschäftsaktivitäten in allen Wirtschaftssektoren des Landes schwerwiegend gestört. In dem vierteljährlich erscheinenden Newsletter, den das *Insolvency and Bankruptcy Board of India* (IBBI) herausgibt, heißt es, dass sich am 31.12.2019 etwa 1.961 Unternehmen in einem CIRP befanden. Schuldnerischen Unternehmen und allen an dem Verfahren beteiligten Interessengruppen in einem CIRP-Verfahren hat es der *lock down* nahezu unmöglich gemacht, effektiv am Verfahren teilzunehmen und den im IBC festgelegten Fristen nachzukommen. Vor diesem Hintergrund wurde ua eine Reihe von Änderungen im IBC und den zum IBC erlassenen Vorschriften („CIRP-Vorschriften") vorgenommen, die mit den Änderungen und Lockerungen der anderen Vorschriften Schritt halten, die in den verschiedenen Wirtschaftssektoren aufgrund der andauernden COVID-19-Pandemie eingeführt wurden. Zusätzlich erteilten (quasi-)gerichtliche Behörden in Kenntnis des aktuellen Stands der Dinge Weisungen, *directions*, insbesondere in Bezug auf die Berechnung der Fristen für die Durchführung der Maßnahmen, wie sie im IBC (seinen Nebengesetzen) vorgeschrieben sind. Diese Änderungen werden nachfolgend dargestellt:

19.2 Aussetzung der Sections 7, 9 und 10 IBC

142   Das Recht eines Gläubigers auf Einleitung eines CIRP wird für einen Zeitraum von sechs Monaten, verlängerbar auf einen Zeitraum von einem Jahr, suspendiert. Der indische Staatspräsident hat eine *Insolvency and Bankruptcy Code (Amendment) Ordinance, 2020 („Ordinance")* erlassen, die am 5.6.2020 in Kraft getreten ist. Bei Verzug im Zeitraum vom 25.3.2020 bis zum Ablauf von sechs Monaten oder einem weiteren Zeitraum, der noch verkündet werden kann und der ein Jahr nicht überschreitet („Befreiungszeitraum", *„Exemption Period"*), können Gläubiger keine Anträge auf Einleitung des CIRP stellen. Antragstellungen während des Befreiungszeitraums sind nicht möglich sind. In der Verordnung ist klargestellt, dass die Sonderregelung keine Anwendung findet, wenn der Verzug vor dem 25.3.2020 eingetreten ist.

19.3 Erhöhung der De-Minimus-Schwelle für die Einleitung des CIRP

143   In Ausübung ihrer Befugnisse gemäß Abschnitt 4 der IBC gab die indische Regierung am 24.3.2020 bekannt, dass die Schwelle für die Einreichung eines Antrags auf Einleitung des CIRP von INR 1 lakh auf INR 1 Crore erhöht wurde. Das Finanzministerium gab am 3.3.2020 ebenfalls eine Pressemitteilung heraus die besagt, dass das Ziel dieser Änderung darin besteht, die Einreichung von Anträgen auf Einleitung eines CIRP gegen kleine und mittlere Unternehmen einzuschränken.

19.4 Änderung der CIRP-Bestimmungen

144   Am 29.3.2020 fügte das IBBI den bestehenden Regelungen eine neue Verordnung, *Regulation 40C, to the Insolvency and Bankruptcy Board of India (Insolvency Resolution for Corporate Persons) Regulations, 2016 („CIRP Regulations")* hinzu, die den Ausschluss des lock down Zeitraums von Fristberechnungen im Rahmen eines CIRP vorsieht, ungeachtet der in den CIRP-Bestimmungen (CIRP-Regulations) vorgeschriebenen Fristen, jedoch vorbehaltlich der Bestimmungen des IBC. Die in Vorschrift 40B der CIRP-Bestimmungen vorgeschriebene Frist für die Einreichung verschiedener Formulare (die Informationen über den „Lebenszyklus" des Schuldners enthalten) durch den IRP oder RP wurde bis zum 30.10.2020 verlängert. Nichteinreichung dieser Formulare wird hiernach erst ab dem 30.10.2020 wieder geahndet.

19.5 Änderungen der *Liquidation Regulations*

145   Die IBBI hat durch die Verordnung *Insolvency and Bankruptcy Board of India (Liquidation Process) (Second Amendment) Regulations, 2020 („Liquidation Regulations")* eine *Regulation 47A* in die *Insolvency*

and *Bankruptcy Board of India (Liquidation Process) Regulations, 2016* eingeführt. Diese Bestimmung ähnelt der *Regulation 40C* der *CIRP-Regulations* und legt fest, dass vorbehaltlich der Bestimmungen der IBC der Zeitraum der von der Zentralregierung im Anschluss an COVID-19 verhängten Sperre in Bezug auf einen Liquidationsprozess nicht für die Zwecke der Erfüllung von Aufgaben angerechnet wird, die aufgrund dieser Sperre nicht abgeschlossen werden konnten.

19.6 NCLAT, *Suo Moto Action and Order*

Der *Supreme Court* ordnete am 23.3.2020 an, dass die Verjährungsfristen in allen Verfahren vor allen Gerichten und Tribunalen des Landes mit Wirkung vom 15.3.2020 bis zum Erlass weiterer Anordnungen ausgesetzt werden, um sicherzustellen, dass Anwälte bei der Einreichung von Petitionen, Anträgen, Klagen und Berufungen sowie anderen Verfahren nicht physisch bei Gericht anwesend sein müssen. Am 30.3.2020 erließ das *National Company Law Appellate Tribunal* („NCLAT") eine Anordnung mit folgendem Wortlaut:
1. *For all cases in which CIRP has been initiated and/ or is pending before any bench of the National Company Law Tribunal („NCLT") or in appeal before the NCLAT, the period of lockdown as ordered/ extended in the area in which the registered office of the corporate debtor is, would be excluded for the purpose of determining the outer-limit of 330 (three hundred and thirty) days within which a CIRP is required to be completed as per Section 12 of the IBC.*
2. *Any interim order/ stay order passed by the NCLAT under the IBC would continue until the next date of hearing.*

Die NCLAT-Verfügung ist insofern unzweideutig, als sie ein potenzielles Szenario für eine gestaffelte Aufhebung der Sperre durch die Aufnahme eines Verweises auf das Gebiet, in dem sich der eingetragene Sitz des Unternehmensschuldners befindet, vorsieht. Daher werden die vorgesehenen Erleichterungen in den Regionen, in denen der *lock down* gilt, auch dann weiterhin anwendbar bleiben, wenn der *lock down* in anderen Regionen gelockert wird.

19.7 Bekanntmachungen des NCLT

Das NCLT hat eine Reihe von Mitteilungen in Bezug auf die Funktionsweise der NCLT-Kammern nach der COVID-19-Pandemie herausgegeben. Obwohl sich diese Bekanntmachungen nicht auf das IBC beziehen, haben sie einen direkten Einfluss auf die laufenden CIRP- und Abwicklungsverfahren. Es waren nur Angelegenheiten aufzugreifen, die eine dringende Anhörung zu den Anträgen der betroffenen Parteien bis zum 27.3.2020 erforderten. Alle anderen Angelegenheiten sollten vertagt werden. Ferner gab der NCLT eine Mitteilung vom 22.3.2020 heraus, mit der alle Kammern des NCLT bis zum 14.4.2020 für gerichtliche Tätigkeiten geschlossen wurden. Alle unvermeidlichen dringenden Angelegenheiten wurden mittwochs und freitags durch einen Antrag per E-Mail an die Geschäftsstelle angehört, wobei die Gegenseite vorher hierüber informiert wurde. Darüber hinaus wurde in der Mitteilung vom 22.3.2020 klargestellt, dass die Genehmigung von Plänen und Abwicklungsverfahren nicht als dringende Angelegenheiten betrachtet werden und dass diese Angelegenheiten aufgenommen werden, sobald die regulären Kammern ihre Arbeit aufgenommen haben. Mit der Verlängerung des *lock down* über den 14.4.2020 hinaus hatte der NCLT mit einer Mitteilung vom 14.4.2020 die Anwendbarkeit der Mitteilung vom 22.3.2020 bis zum 3.5.2020 verlängert. Schließlich hat der NCLT mit einer Bekanntmachung vom 17.4.2020 festgelegt, dass alle dringenden Angelegenheiten ab 21.4.2020 gemäß dem in der Bekanntmachung vom 17.4.2020 festgelegten Zeitplan per Videokonferenz stattfinden werden, am 3.5.2020 wurden hierfür Spezialkammern festgelegt.

Indien

CIRP Verfahren

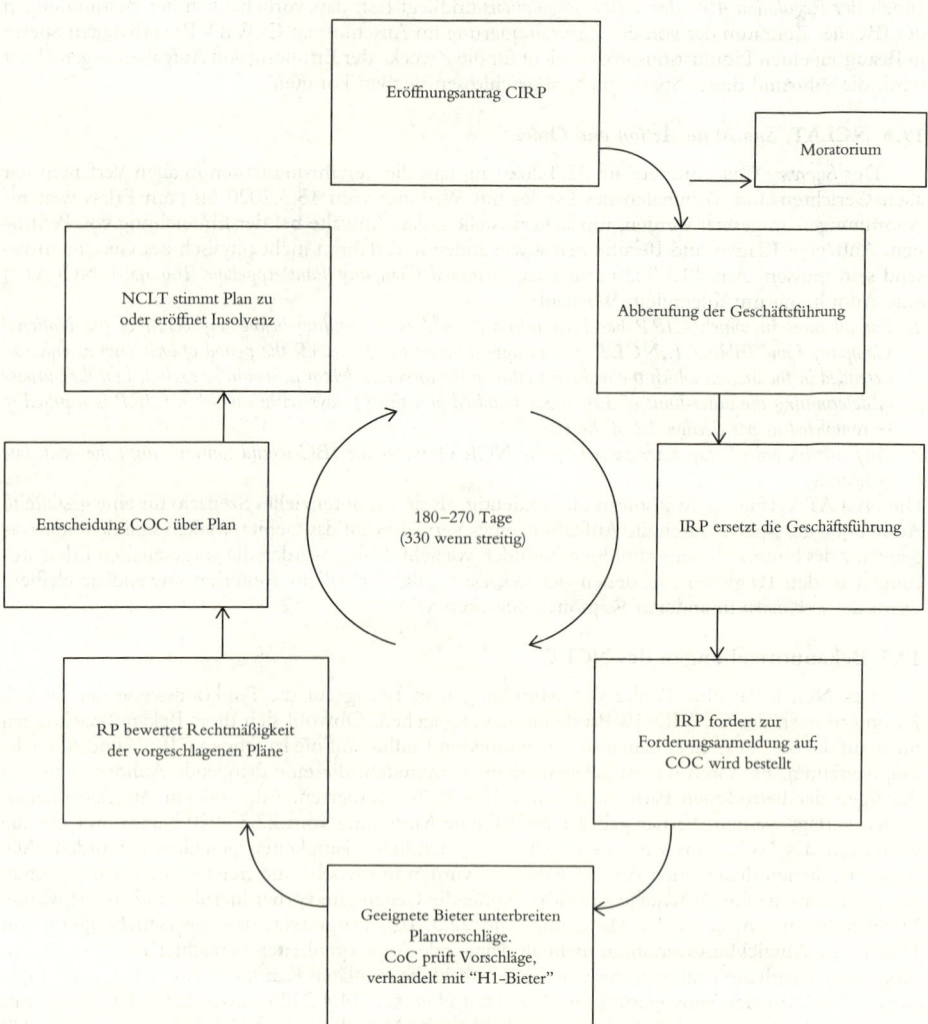

Indonesien

bearbeitet von *Linna Simamora*, Advocate, Receiver, Administrator; *Hendra Maranatha Silalahi*, Advocate; beide Dentons HPRP, Jakarta; *Dr. Detlef Spranger*, Rechtsanwalt; *Andreas Ziegenhagen*, Rechtsanwalt, Wirtschaftsprüfer, Steuerberater; beide Dentons Europe LLP, Berlin bzw. Frankfurt am Main

Übersicht

	Rn.
1. Schrifttum, Gesetzessammlungen, Informationsquellen	1
1.1 Schrifttum	1
1.2 Gesetzessammlungen und Informationsquellen	2
2. Einleitung	4
2.1 Gesetzliche Grundlagen	4
2.1.1 Geschichtliche Entwicklung	4
2.1.2 Gesetz Nr. 37/2004 über den Konkurs und den Aufschub von Zahlungsverpflichtungen	6
2.1.3 *Burgerlijk Wetboek* und weitere Gesetze	7
2.1.4 Gesetz Nr. 40/2007 über Kapitalgesellschaften, *perseroan terbatas*	8
2.2 Verfahrenstypen	9
2.3 Außergerichtliche Restrukturierung	13
2.4 Insolvenzen von Finanzinstituten und Versicherungen	14
2.5 Konzerninsolvenzen	16
2.6 Verbraucherinsolvenzen	17
3. Wesentliche Merkmale des Konkursverfahrens, *kepailitan*	18
3.1 Eröffnung des Verfahrens	18
3.1.1 Eröffnungsgründe	18
3.1.2 Antragsberechtigte	19
3.1.3 Entscheidung über die Verfahrenseröffnung, *putusan pailit*	23
3.2 Die Rolle der wesentlichen Verfahrensbeteiligten	27
3.2.1 Handelsgericht, *pengadilan niaga*	27
3.2.2 Aufsichtführender Richter, *hakim pengawas*	30
3.2.3 Konkursverwalter, *kurator*	31
3.2.4 Gläubigerorgane, *panitia kreditor* und *rapat kreditor*	35
3.3 Massezugehörigkeit und Verwaltungsbefugnis, Unternehmensfortführung durch den *kurator*	39
3.4 Weitere Wirkungen der Verfahrenseröffnung	43
3.4.1 Einzelzwangsvollstreckung	43
3.4.2 Gerichtsverfahren	44

	Rn.
3.4.3 90-tägiges, automatisches Moratorium, *penangguhan*	46
3.5 Sicherungsmaßnahmen vor Verfahrenseröffnung	50
3.6 Anmeldung und Prüfung der Forderungen, *pencocokan piutang*	52
3.7 Vergleich, *perdamaian*	57
3.8 Verwertung der Konkursmasse, *pemberesan harta pailit*	61
3.8.1 Eintritt des *keadaan insolvensi* und Form der Verwertung	61
3.8.2 Verteilung der Erlöse, Einteilung der Gläubiger, Sicherheiten	64
3.9 Stellung der Gläubiger nach Abschluss des Verfahrens	73
3.10 Rehabilitation des Schuldners, *rehabilitasi*	74
4. Wesentliche Merkmale des Schuldenmoratoriums, *PKPU*	75
4.1 Eröffnung des Verfahrens	75
4.1.1 Eröffnungsgründe	75
4.1.2 Antragsberechtigte	76
4.2 Gang des Verfahrens, Rolle der wesentlichen Verfahrensbeteiligten	79
4.2.1 Vorläufiges Moratorium, *PKPU sementara*	79
4.2.2 Bestellung des aufsichtführenden Richters, *hakim pengawas*, und des Verwalters, *pengurus*	80
4.2.3 Endgültiges Moratorium, *PKPU tetap*	81
4.2.4 Vergleich, *perdamaian*	83
4.3 Umfang des *PKPU*	86
4.4 Verwaltung des schuldnerischen Vermögens durch den Schuldner und den Verwalter, *pengurus*	87
5. Erfüllung von Verträgen	89
6. Aufrechnungen	94
7. Anfechtung von Rechtsgeschäften, *actio Pauliana*	95
8. Organhaftung und Gesellschafterhaftung	97
9. Internationales Insolvenzrecht	102
10. COVID-19-Gesetzgebung	105

Indonesien 1–3

1. Schrifttum, Gesetzessammlungen, Informationsquellen

1.1 Schrifttum

1 *Assegaf,* The Supreme Court, Reformasi, Independence and the Failure to Ensure Legal Certainty, in: *Crouch* (ed.), The Politics of Court Reform, Oxford 2019, Part I Chapter 2 [zit.: Crouch/*Assegaf,* Court Reform]; *Butt/Lindsey,* Indonesian Law, Oxford 2018; *Fauzi,* Insolvency within Bankruptcy: The Case in Indonesia, SHS Web of Conferences 54, 06004 (2018); *Hoff,* Indonesian Bankruptcy Law, Jakarta 1999; *Hutagalung,* Execution of fiduciary guarantee under law. no. 42 of 1999 on fiduciary guarantee (a socio-juridical analysis to anticipate its effectiveness), Indonesian Law Review [abgek.: ILREV] (2013) 3: 204; *Imanullah/Latifah/Ratri,* Aspects of international and domestic law pertaining to the establishment of Asean cross-border insolvency regulations: an Indonesian perspective, Indonesian Law Review [abgek.: ILREV] (2018) 2: 190; *Kilgus/Setiadarma,* Das neue indonesische Insolvenzrecht, RIW 1999, 47; *Klötzel/Bölle,* Länderreport Indonesien, RIW 2015, 351; *Kühl/Bakker/Kurniawan,* in *Wegen/Spahlinger/Barth,* Gesellschaftsrecht des Auslands in Einzeldarstellungen, Indonesien, 3. EL September 2020; *Mandala,* Indonesian bankcruptcy law: an update, in OECD, Asian Insolvency Systems: Closing the Implementation Gap, OECD Publishing, 2007; *Markell,* The Year of Living Foolishly: An Examination of Some Odd Decisions of the Initial Year of Indonesia's Commercial Court, Global Insolvency Institute (GII) [online: URL: <https://www.iiiglobal.org/sites/default/files/4-_The_Year_of_Living_Foolishly.pdf>] [zit.: *Markell,* GII]; *Maswandi/Kamello/Ginting/Saidin,* Bankruptcy Practice in Indonesia Relating to Legal Protection for Solvent Debtor, IOSR Journal of Humanities And Social Sciences [abgek.: IOSR-JHSS], Vol. 21, Issue 1, Ver. 5 (Jan 2016), 99; *Nating,* Peranan dan Tanggung Jawab Kurator dalam Pengurusan dan Pemberesan Harta Pailit, Jakarta 2005; *Reerink/Sidharta/Suyudi/Hewitt,* The Commercial Courts, A Story of Unfinished Reforms, in: *Crouch* (ed.), The Politics of Court Reform, Oxford 2019, Part III Chapter 8 [zit.: Crouch/*Reerink/Sidharta/Suyudi/Hewitt,* Court Reform]; *Retnaningsih/Ikhwansyah,* Legal status of individual bankrupt debtors after termination of bankruptcy and rehabilitation under Indonesian bankruptcy law, Indonesian Law Review [abgek.: ILREV] (2017) 1: 79; *Sefriani,* Ineffectiveness of the law on cross insolvensi UNICTRAL Model, Yustisia Vol. 8 No. 1 (January-April 2019), 30; *Shubhan,* Rethinking simple evidence in bankruptcy petitions for legal certainty, Indonesian Law Review [abgek.: ILREV] (2017) 3: 66; *Tabalujan,* Indonesian Insolvency Law, Singapore 1998; *Sinaga,* Hukum Kepailitan, Jakarta 2012; *Sjahdeini,* Hukum Kepailitan, Jakarta 2009; *Sonhaji,* The position of the workers' severance pay and other rights in the bankruptcy of a company, Diponegoro Law Review [abgek.: DILREV] 3 no. 2 (2018): 165; *Wijantini,* Indonesian Bankruptcy Law: Revised, Jurnal Manajemen Bisnis, Vol. 1. No. 2, 2008, 177; *Wijayanta,* Deadline settlement of petition for declaration of bankruptcy before the commercial court and the legal consequences according to law number 37 of 2004 on bankruptcy and suspension of debt payment obligations; Yustisia Vol. 7 No. 3 (September-December 2018), 519.

1.2 Gesetzessammlungen und Informationsquellen

2 Gesetze der Republik Indonesien können in indonesischer Originalfassung online in einer Datenbank des Ministeriums für Justiz und Menschenrechte, *Kementerian Hukum dan Hak Asasi Manusia* [engl. *Ministry of Law and Human Rights*] abgerufen werden.[1] Dort steht auch eine im Aufbau befindliche Sammlung offizieller, englischer Übersetzungen indonesischer Gesetze zur Verfügung.[2] In der *Global Insolvency Database* der Weltbank ist eine inoffizielle englische Übersetzung des Gesetzes Nr. 37/2004 über den Konkurs und den Aufschub von Zahlungsverpflichtungen verfügbar.[3]

3 Die online abrufbaren Datenbanken der Bezirksgerichte in Jakarta, Medan, Semarang, Surabaya und Makassar enthalten ua auch Informationen in indonesischer Sprache zu sämtlichen in Indonesien anhängigen insolvenzrechtlichen Verfahren.[4] Die *Asosiasi Kurator Dan Pengurus Indonesia, AKPI* [engl. *Indonesian Receivers and Administrators Association*] hat eine Internetseite in indonesischer Sprache.[5] „Hukumonline" stellt, ebenfalls in indonesischer Sprache, rechtliche Datenbanken und Nachrichtendienste zur Verfügung.[6]

---

[1] [Online: URL: <http://peraturan.go.id>].
[2] [Online: URL: <http://peraturan.go.id/peraturan/terjemahan.html>].
[3] [Online: URL: <https://siteresources.worldbank.org/GILD/Resources/2004IndonesiaBankruptcyLaw(English).pdf.>]; die Übersetzung ist allerdings nicht ganz fehlerfrei.
[4] *Pengadilan Negeri Jakarta:* [online: URL: <http://sipp.pn-jakartapusat.go.id>]; *Pengadilan Negeri Medan:* [online: URL: <http://sipp.pn-medankota.go.id>]; *Pengadilan Negeri Semarang:* [online: URL: <http://sipp.pn-semarangkota.go.id>]; *Pengadilan Negeri Surabaya:* [online: URL: <http://sipp.pn-surabayakota.go.id>]; *Pengadilan Negeri Makassar:* [online: URL: <http://sipp.pn-makassar.go.id>].
[5] [Online: URL: <http://akpi.id>].
[6] [Online: URL: <https://www.hukumonline.com>].

2. Einleitung

2.1 Gesetzliche Grundlagen

2.1.1 Geschichtliche Entwicklung

Die Anfänge des indonesischen Insolvenzrechts gehen auf die noch aus der niederländischen 4 Kolonialzeit stammende und in niederländischer Sprache abgefasste *Insolvenzordinanz (faillissements-verordening)* des Jahres 1905[7] zurück. Dieses Regelwerk fand nach der Unabhängigkeit in der Republik Indonesien auf Grundlage der Übergangsbestimmungen der Verfassung von 1945 zunächst unverändert Anwendung.[8] Seine praktische Bedeutung war aber jedenfalls in den 80er und 90er Jahren des letzten Jahrhunderts äußerst gering.[9]

Auf Drängen des *International Monetary Fund (IMF)*[10] wurde im Zuge der sog. Asienkrise das 5 bis dahin geltende Recht mit dem **Insolvenzgesetz aus dem Jahr 1998**[11] wesentlich ergänzt und modernisiert.[12] Es entstand damit ein Normenkomplex in niederländischer und indonesischer Sprache.[13] Die Reform von 1998 zielte auf größere Transparenz und die Straffung der Verfahren. Eine wesentliche Neuerung war die Schaffung der **Handelsgerichte**, *pengadilan niaga* [engl. *commercial courts*],[14] mit einer Sonderzuständigkeit für das Insolvenzrecht.[15] Hervorzuheben ist ferner die erstmalige **Zulassung privatwirtschaftlicher Verwalter**.

2.1.2 Gesetz Nr. 37/2004 über den Konkurs und den Aufschub von Zahlungsverpflichtungen

Mit dem am 18.10.2004 verkündeten **Gesetz Nr. 37/2004 über den Konkurs und den** 6 **Aufschub von Zahlungsverpflichtungen**[16] wurden die bis dahin geltenden Vorschriften aus den Jahren 1905 und 1998 ersetzt.[17] Das Gesetz Nr. 37/2004 enthält sieben Kapitel und 305 Artikel. Für seine Auslegung werden die offiziellen *penjelasan*[18] herangezogen.[19] Mit dem Gesetz Nr. 37/2004 wurden die Vorgängerregelungen – erneut nach Einflussnahme des IMF und vor dem Hintergrund der *Manulife*- und *Prudential*-Fälle[20] – nochmals überarbeitet. So wurden insbesondere im *PKPU*-Verfahren die Antragsbefugnisse erweitert und der Schutz gesicherter Gläubiger erhöht.[21]

---

[7] Staatsblad 1905 Nr. 2017; 1906 Nr. 348.
[8] *Kilgus/Setiadarma* RIW 1999, 47.
[9] *Kilgus/Setiadarma* RIW 1999, 47; *Wijantini*, Jurnal Manajemen Bisnis, Vol. 1. No. 2, 2008, 177, 181 ff.
[10] Vgl. dazu etwa *Butt/Lindsey*, Indonesian Law, S. 388.
[11] Gesetz der Republik Indonesien Nr. 4 aus dem Jahr 1998, Staatsblatt *(Lembaran Negara)* der Republik Indonesien aus dem Jahr 1998 Nr. 135.
[12] Zum Folgenden etwa *Kilgus/Setiadarma* RIW 1999, 47, 48 ff.; *Wijantini*, Jurnal Manajemen Bisnis, Vol. 1. No. 2, 2008, 177, 179 ff.
[13] Konsolidierte Fassungen in englischer Sprache sind abgedruckt bei *Hoff*, Indonesian Bankruptcy Law, und *Tabalujan*, Indonesian Insolvency Law.
[14] Neben indonesischen Fachbegriffen werden mit dem Zusatz „engl." auch die üblicherweise in englischsprachigen Übersetzungen und Diskussionsbeiträgen verbreiteten Termini angegeben.
[15] *Butt/Lindsey*, Indonesian Law, S. 85; *Crouch/Reerink/Sidharta/Suyudi/Hewitt*, Court Reform, III/8, S. 175 ff.
[16] Gesetz der Republik Indonesien Nr. 37 aus dem Jahr 2004 über den Konkurs und den Aufschub von Zahlungsverpflichtungen *(Kepailitan dan Penundaan Kewajiban Pembayaran Utang)*, Staatsblatt *(Lembaran Negara)* der Republik Indonesien aus dem Jahr 2004, Nr. 131 [engl. meist *Bankruptcy Law*].
[17] Das vorgenannte Gesetz wird im Folgenden als **Gesetz Nr. 37/2004** oder im Kontext ohne weiteren Zusatz als Gesetz, dessen Teile *(bab)* werden als **Kapitel** und dessen Vorschriften *(pasal)* als **Artikel** (abgekürzt **Art.**) bezeichnet; Artikel ohne nachgestellte Gesetzesbezeichnung sind solche des Gesetzes Nr. 37/2004; entsprechende Zitierweisen werden für weitere indonesische Gesetze verwendet, sofern im Folgenden nicht anders angegeben.
[18] Erläuterungen *(Penjelasan)* zum Gesetz der Republik Indonesien Nr. 37 aus dem Jahr 2004, Anhang *(Tambahan)* Nr. 4443 zum Staatsblatt *(Lembaran* Negara) der Republik Indonesien; *penjelasan* haben in bei der Rechtsanwendung in Indonesien allgemein eine große praktische Bedeutung; *Butt/Lindsey*, Indonesian Law, S. 35 f.
[19] Die vorgenannten Erläuterungen zum Gesetz Nr. 37/2004 werden im Folgenden als **Penjelasan UU 37/ 2004** bezeichnet.
[20] Dazu *Crouch/Reerink/Sidharta/Suyudi/Hewitt*, Court Reform, III/8, S. 175 ff., 182; der *Manulife*-Fall (2002) und der *Prudential*-Fall (2004) waren dadurch gekennzeichnet, dass aufgrund (wohl auch politisch motivierter) Fehlinterpretationen der Eröffnungsvoraussetzungen die indonesischen Tochtergesellschaften großer internationaler Lebensversicherungen bankrott erklärt wurden, was zu erheblichen Verwerfungen führte; *Butt/Lindsey*, Indonesian Law, S. 389; *Crouch/Reerink/Sidharta/Suyudi/Hewitt*, Court Reform, III/8, S. 175 ff., 182.
[21] *Mandala*, OECD, Asian Insolvency Systems: Closing the Implementation Gap, S. 103 ff.; *Crouch/Reerink/Sidharta/Suyudi/Hewitt*, Court Reform, III/8, S. 182; trotz der grundsätzlich positiv einzuschätzenden Verbesserungen durch das derzeit geltende Recht aus dem Jahr 2004 sind Anwendungsprobleme insbesondere

2.1.3 *Burgerlijk Wetboek* und weitere Gesetze

7 Das Gesetz Nr. 37/2004 ist in das indonesische Zivilrechtssystem eingebettet.[22] Dies betrifft zunächst das *Burgerlijk Wetboek voor Indonesië – BW, Kitab Undang-Undang Hukum Perdata.*[23] Art. 1131 ff. BW enthalten allgemeine Regelungen zur Haftung schuldnerischer Vermögen und der Einteilung von Gläubigern sowie der Reihenfolge deren Befriedigung, die vom Gesetz Nr. 37/2004 teilweise vorausgesetzt bzw. implementiert und teilweise modifiziert werden.[24] Bevorrechtigungen für Arbeitnehmer und den Fiskus sind außerdem im Gesetz Nr. 13/2003 zu Arbeitnehmern[25] bzw. im Gesetz Nr. 6/1983 zu allgemeinen steuerlichen Vorschriften und Verfahren[26] geregelt.

2.1.4 Gesetz Nr. 40/2007 über Kapitalgesellschaften, *perseroan terbatas*

8 Vorschriften von besonderer insolvenzrechtlicher Relevanz enthält auch das **Gesetz Nr. 40/2007 über Kapitalgesellschaften,**[27] die *perseroan terbatas* oder *PT* [engl. *limited liability companies*].[28] Zu nennen sind hier insbesondere die Regelungen zur Auflösung und Liquidation von *perseroan terbatas* in Art. 142 ff. des Gesetzes Nr. 40/2007 sowie die Vorschriften zur Organhaftung in Art. 104 und 115 des Gesetzes Nr. 40/2007.

2.2 Verfahrenstypen

9 Das indonesische Insolvenzrecht stellt im Hinblick auf die Insolvenz eines Schuldners zwei unterschiedliche Verfahren zur Verfügung:
a) Das in Kapitel II, Art. 2 ff. des Gesetzes Nr. 37/2004 geregelte **Konkursverfahren,** *kepailitan* [engl. *bankruptcy*], sowie
b) das in Kapitel III, Art. 222 ff. des Gesetzes Nr. 37/2004 geregelte **Schuldenmoratorium,** *penundaan kewajiban pembayaran utang* oder *PKPU* [engl. *suspension of obligation for payment of debt* oder kurz *suspension of payments*].[29]

Beide Verfahren knüpfen an die **Zahlungsunfähigkeit** bzw. die voraussichtliche Zahlungsunfähigkeit des Schuldners an; eine Unterbilanz oder andere bilanzielle Betrachtungen spielen im indonesischen Recht als Insolvenzgrund damit keine Rolle.

10 Das **Konkursverfahren**[30] ist primär auf die **Abwicklung der Konkursmasse,** *der harta pailit* [engl. *bankruptcy estate*], durch den Konkursverwalter, den *kurator* [engl. *curator* oder *receiver*], und die quotale Befriedigung der Gläubiger unter Aufsicht eines vom *pengadilan niaga* bestellten aufsichtführenden *Richters,* dem *hakim pengawas* [engl. *supervisory judge*], gerichtet. Der Schuldner hat im Rahmen des Verfahrens allerdings die Möglichkeit, den Gläubigern den Vorschlag für eine gütliche Einigung zu unterbreiten und so das Verfahren zu beenden. Handelt es sich bei dem Schuldner um eine *perseroan terbatas* wird diese mit dem förmlichen Eintritt der Insolvenz, *keadaan insolvensi* [engl. meist

---

auch auf er Ebene der *pengadilan niaga* kaum zu verhehlen; weitere Reformen befinden sich noch im Stadium der generellen Diskussion; dazu Crouch/Reerink/Sidharta/Suyudi/Hewitt, Court Reform, III/8, S. 183 ff.

[22] Die *Penjelasan UU 37/2004* bezeichnen dies als Prinzip der Integration.

[23] Das *Burgerlijk Wetboek voor Indonesië* wird im Folgenden mit **BW** abgekürzt; es ist seit seiner Einführung im Jahr 1847 im Kern unverändert geblieben; eine offizielle Übersetzung aus dem Niederländischen existiert bis heute nicht; *Butt/Lindsey,* Indonesian Law, S. 78, 307 f.

[24] Vgl. *Hoff,* Indonesian Bankruptcy Law, S. 93 ff. (zur Reform von 1998).

[25] Gesetz der Republik Indonesien Nr. 13 aus dem Jahr 2003 zu Arbeitnehmern *(Ketenagakerjaan),* Staatsblatt *(Lembaran Negara)* der Republik Indonesien von 2003, Nr. 139 [engl. meist *Labour Law*].

[26] Gesetz der Republik Indonesien Nr. 6 aus dem Jahr 1983 zu allgemeinen steuerlichen Vorschriften und Verfahren *(Ketentuan Umum dan Tata Cara Perpajakan),* Staatsblatt *(Lembaran Negara)* der Republik Indonesien von 1983, Nr. 49, zuletzt geändert durch Gesetz der Republik Indonesien Nr. 16 aus dem Jahr 2009, Staatsblatt der Republik Indonesien von 2009, Nr. 62 [engl. meist *Tax Law*].

[27] Gesetz der Republik Indonesien Nr. 40 aus dem Jahr 2007 über Kapitalgesellschaften *(Perseroan Terbatas),* Staatsblatt *(Lembaran Negara)* der Republik Indonesien von 2007, Nr. 106 [engl. meist *Company Law*].

[28] Das indonesische Gesellschaftsrecht kennt keine Trennung von Gesellschaften mit beschränkter Haftung und Aktiengesellschaften; die *perseroan terbatas* nach indonesischem Recht lässt sich vielmehr als Mischform der vorgenannten Rechtsformen charakterisieren; vgl. Wegen/Spalinger Barth/*Kühl/Bakker/Karniawan,* Gesellschaftsrecht des Auslands, Indonesien, 3. EL 2020 Rn. 12.

[29] Unter indonesischen Praktikern hat sich für dieses Regime die Abkürzung *PKPU* eingebürgert; im Folgenden wird daher auf das in Kapitel III des Gesetzes Nr. 37/2004 geregelte Verfahren mit der Abkürzung **PKPU** Bezug genommen.

[30] Ausführlich → Rn. 18 ff.

state of insolvency], aufgelöst.³¹ Dies ist von einer freiwilligen Liquidation außerhalb des Konkursverfahrens zu unterscheiden.³²

Das **PKPU**³³ zielt hingegen primär darauf, dem Schuldner im gerichtlichen Verfahren unter Beistellung eines Verwalters, dem *pengurus* [engl. *administrator*], **Zeit für den Abschluss eines Vergleichs, den *perdamaian*** [engl. *composition* oder *reconciliation*], mit den Gläubigern auf Basis eines entsprechenden Vergleichsplans, dem *rencana perdamaian* [engl. *composition plan* oder *reconciliation plan*], einzuräumen. Es kommt zum Übergang in das Konkursverfahren, wenn der Schuldner keinen Plan vorlegt, die Mehrheit der Gläubiger den Plan ablehnt oder das Gericht den von den Gläubigern genehmigten Plan nicht bestätigt. 11

Sowohl das Konkurs- als auch das *PKPU*-Verfahren kann grundsätzlich hinsichtlich der Vermögen aller Schuldner eröffnet werden. Dies schließt neben **Privatpersonen** und **Kapitalgesellschaften** auch **weitere Gesellschaften und Rechtsträger** mit ein.³⁴ 12

2.3 Außergerichtliche Restrukturierung

Auch nach den Reformen von 1998 und 2004 werden in Indonesien weiterhin verhältnismäßig viele Insolvenzen **ohne Rückgriff auf die Verfahren des Gesetzes Nr. 37/2004** gelöst; dies trifft vor allem auf kleinere und mittlere Unternehmen zu, die einen wesentlichen Teil der indonesischen Wirtschaftsleistung ausmachen.³⁵ Ausgehend von relativ niedrigen Ausgangszahlen nimmt die Bedeutung der Verfahren nach dem Gesetz Nr. 37/2004 jedoch stetig zu. Dies gilt insbesondere für die *PKPU*-Verfahren.³⁶ Bei der außergerichtlichen Restrukturierung notleidender Unternehmen bedient sich die Praxis diverser Instrumente. Hierzu zählen insbesondere *Hair-Cuts,* Umschuldungen, Umwandlung von Schulden in Eigenkapital, Unternehmensveräußerungen und Fusionen. 13

2.4 Insolvenzen von Finanzinstituten und Versicherungen

Die **Regulierung des Finanzsektors** war seit 1999 in Reaktion auf die sog. Asienkrise Gegenstand wesentlicher Reformen.³⁷ Relevante staatliche Institutionen sind hierbei neben der indonesischen Zentralbank, der **Bank Indonesia,** vor allem die mit Gesetz Nr. 21/2011³⁸ eingeführte Aufsichtsbehörde *Otoritas Jasa Keuangan,* **OJK** [engl. *Indonesia Financial Services Authority*],³⁹ sowie die mit Gesetz Nr. 24/2004⁴⁰ eingeführte Einlagensicherungsinstitution *Lembaga Penjamin Simpanan,* **LPS** [engl. *Indonesian Deposit Insurance Corporation, IDIC*].⁴¹ 14

---

[31] Art. 142 Abs. 1 lit. d) des Gesetzes Nr. 40/2007 über Kapitalgesellschaften; zum Eintritt des *keadaan insolvensi* unten → Rn. 61 ff.; entsprechendes gilt, sofern das *pengadilan niaga* im Verfahren nach dem Gesetz Nr. 37/2004 entschieden hat, dass das Vermögen der Gesellschaft für die Begleichung der Kosten des Konkurses nicht ausreicht; Art. 142 Abs. 1 lit. c) des Gesetzes Nr. 40/2007.

[32] Gesellschaftsvermögen können auch außerhalb des Gesetzes Nr. 37/2004 aufgelöst und abgewickelt werden, insbesondere wenn die gesellschaftsvertraglich vereinbarte Laufzeit der Gesellschaft verstrichen ist oder die Gesellschafter die Abwicklung beschließen, Art. 142 f. des Gesetzes Nr. 40/2007 über Kapitalgesellschaften; in der Praxis kann ein solches freiwilliges Verfahren meistens nicht unter der Dauer eines Jahres abgeschlossen werden; ein prominentes Beispiel für eine freiwillige Abwicklung ist die Liquidation des krisenbehafteten Staatsunternehmens *PT Industri Soda Indonesia (Persero)* durch die indonesische Regierung, wobei allerdings neben dem Gesetz Nr. 40/2007 auch auf Sonderregelungen zurückgegriffen wurde; näher [online: URL: <https://nasional.kontan.co.id/news/bulan-ini-industri-soda-indonesia-resmi-bubar>]; ferner kann die Staatsanwaltschaft eine Abwicklung durch gerichtlichen Beschluss mit der Begründung einleiten, das Unternehmen habe gegen das öffentliche Interesse verstoßen oder eine rechtswidrige Handlung begangen, Art. 146 des Gesetzes Nr. 40/2007.

[33] Ausführlich → Rn. 75 ff.

[34] Hierzu *Hoff,* Indonesian Bankruptcy Law, S. 32.

[35] *Weltbank,* Financial Sector Assessment Republic of Indonesia, Juni 2017, S. 25 Rn. 69 f.

[36] *Crouch/Reerink/Sidharta/Suyudi/Hewitt,* Court Reform, III/8, S. 183 führen die Zunahme der *PKPU*-Verfahren ua auf die durch die Reform 2004 ermöglichten Anträge der Gläubiger auf Einleitung solcher Verfahren zurück.

[37] Einen eingehenden Überblick geben *Butt/Lindsey,* Indonesian Law, S. 391 ff.

[38] Gesetz der Republik Indonesien Nr. 21 aus dem Jahr 2011 zur *Otoritas Jasa Keuangan,* Staatsblatt *(Lembaran Negara)* der Republik Indonesien aus dem Jahr 2011, Nr. 111.

[39] [Online: URL: <https://www.ojk.go.id>].

[40] Gesetz der Republik Indonesien Nr. 24 aus dem Jahr 2004 zur *Lembaga Penjamin Simpanan,* Staatsblatt *(Lembaran Negara)* der Republik Indonesien aus dem Jahr 2004, Nr. 96; zuletzt geändert durch Gesetz der Republik Indonesien Nr. 7 aus dem Jahr 2009, Staatsblatt der Republik Indonesien von 2009, Nr. 8.

[41] [Online: URL: <https://www.lps.go.id>].

Indonesien 15–19

15 Das Gesetz Nr. 24/2004 enthält **spezielle Regelungen zur Restrukturierung oder Abwicklung** von Finanzinstituten unter Aufsicht der *LPS*. Im Gesetz Nr. 40/2014[42] über Versicherungen wurden außerdem Bestimmungen über die Restrukturierung und Abwicklung von Versicherungen durch die *OJK* getroffen. Bezüglich Banken, Versicherungen und anderen Organisationen beschränkt das Gesetz Nr. 37/2004 die Befugnisse zur Stellung von Anträgen auf die Eröffnung von Konkurs- und *PKPU*-Verfahren auf bestimmte staatliche Einrichtungen.[43]

2.5 Konzerninsolvenzen

16 Das indonesische Recht sieht keine Eröffnung von Insolvenzverfahren bezogen auf Unternehmensgruppen vor. Vielmehr folgt das Gesetz Nr. 37/2004 einer **gesellschaftsbezogenen Einzelbetrachtung**.[44] Dies verkannte das *pengadilan niaga* in Jakarta in seiner sehr kurz nach der Reform von 1998 ergangenen Entscheidung zu den *Ometraco*-Fällen, in der das Gericht den Antrag hinsichtlich einer (garantieverpflichteten) Muttergesellschaft mit der Begründung ablehnte, es sei bereits ein Antrag gegen eine Tochtergesellschaft gestellt worden.[45] Später wurde die Entscheidung vom Obersten Gerichtshof der Republik Indonesien, dem *Mahkamah Agung*, aufgehoben.[46] In der Praxis werden heute Verfahren von unterschiedlichen Richtern und Verwaltern und ggf. abhängig von den örtlichen Zuständigkeiten auch von unterschiedlichen Handelsgerichten betreut, auch wenn die Schuldner ggf. zu einem Konzern gehören.

2.6 Verbraucherinsolvenzen

17 Das Gesetz Nr. 37/2004 enthält keinen besonderen Regelungsabschnitt zur Insolvenz natürlicher Personen. Insbesondere sieht das Gesetz **keine Restschuldbefreiung** vor. Vielmehr gelten auch für Verbraucher die allgemeinen Regelungen in Art. 204,[47] nach welchen die Gläubiger nach Abschluss des Konkursverfahrens unbefriedigte Ansprüche gegen den Schuldner weiterverfolgen können.[48] Natürliche Personen haben, wie alle Schuldner, lediglich das Recht, nach Beendigung des Konkursverfahrens die *rehabilitasi* zu beantragen.[49]

3. Wesentliche Merkmale des Konkursverfahrens, *kepailitan*

3.1 Eröffnung des Verfahrens

3.1.1 Eröffnungsgründe

18 Die **Eröffnung des Konkursverfahrens** nach Art. 2 ff durch das zuständige *pengadilan niaga* **setzt voraus,** dass der Schuldner (a) mindestens zwei Gläubiger hat und (b) mindestens eine fällige Verbindlichkeit eines Gläubigers nicht bezahlt hat.[50] Die offenen Forderungen müssen keine bestimmte Höhe aufweisen.[51]

3.1.2 Antragsberechtigte

19 Der **Antrag** auf die Eröffnung des Konkursverfahrens durch das *pengadilan niaga*, der *permohonan pailit*[52] [engl. *bankruptcy petition*], richtet sich formell auf die **gerichtliche Bankrotterklärung** des

---

[42] Gesetz der Republik Indonesien Nr. 40 aus dem Jahr 2014 über Versicherungen *(Asuransi)*, Staatsblatt *(Lembaran Negara)* der Republik Indonesien aus dem Jahr 2014, Nr. 337 [engl. meist *Insurance Law*].
[43] → Rn. 20.
[44] Dazu *Hoff*, Indonesian Bankruptcy Law, S. 33 f.
[45] Handelsgericht von Zentraljakarta *(Pengadilan Niaga pada Pengadilan Negeri Jakarta Pusat)*, Entscheidung Nr. 05/Pailit/1998/PN.Niaga.Jkt.Pst; dazu *Hoff*, Indonesian Bankruptcy Law, S. 33; *Markell*, GII, S. 4; *Crouch/Reerink/Sidharta/Suyudi/Hewitt*, Court Reform, III/8, S. 178.
[46] Oberster Gerichtshof der Republik Indonesien *(Mahkamah Agung Republik Indonesia)*, Entscheidung Nr. 01/K/N/1998.
[47] Kritisch *Retnaningih/Ikhwansyah*, ILREV (2017) 1: 79 ff.
[48] → Rn. 73.
[49] → Rn. 74.
[50] Art. 2 Abs. 1; die Regelung dieser Voraussetzungen ist mit der Reform von 1998 an die Stelle des noch in der Insolvenzordinanz von 1905 vorgesehenen Tatbestandes der Zahlungseinstellung getreten und sollte diesen konkretisieren bzw. dessen Handhabung in der gerichtlichen Praxis erleichtern; vgl. *Hoff*, Indonesian Bankruptcy Law, S. 15; *Mandala*, OECD, Asian Insolvency Systems: Closing the Implementation Gap, 103, 106 f.
[51] *Mandala*, OECD, Asian Insolvency Systems: Closing the Implementation Gap, 103, 107; *Shubhan*, ILREV (2017) 3: 66, 71.
[52] Kurz für den im Gesetz ebenfalls verwendeten Begriff *permohonan pernyataan pailit*.

Schuldners, die *pernyataan pailit* [engl. *declaration of bankruptcy*]. Der Eröffnungsantrag kann gestellt werden
a) vom Schuldner,
b) von einem Gläubiger sowie,
c) bei Vorliegen eines öffentlichen Interesses, vom Generalstaatsanwalt, dem *kejaksaan* [engl. *attorney-general*].[53]

Davon abweichend sind im Hinblick auf das Vermögen bestimmter **Schuldner von ggf. systemischer Bedeutung** lediglich staatliche Institutionen antragsbefugt:[54] In Bezug auf Banken können Anträge nur von der *Bank Indonesia* gestellt werden.[55] Zur Stellung von Anträgen bezüglich Wertpapierfirmen, der Börsen, Garantieverrechnungsstellen oder zentraler Wertpapierverwahrstellen ist lediglich die *OJK* berechtigt. Der Finanzminister war zunächst ausschließlich befugt, Anträge im Hinblick auf Versicherungs- oder Rückversicherungsgesellschaften, Pensionsfonds und staatliche Unternehmen zu stellen. Das Antragsrecht bezüglich Versicherungen wurde später mit dem Gesetz Nr. 40/2014 ebenfalls auf die *OJK* übertragen. 20

Ist der Schuldner eine *perseroan terbatas,* bedarf der Antrag eines Gesellschafterbeschlusses, der mit qualifizierter Mehrheit zu fassen ist.[56] Ist absehbar, dass das Vermögen nicht zur Rückzahlung sämtlicher Verbindlichkeiten ausreicht, hat der Liquidator grundsätzlich das Verfahren nach dem Gesetz Nr. 37/2004 einzuleiten.[57] 21

Das Gesetz Nr. 37/2004 regelt **keine Antragspflichten** des Schuldners. 22

3.1.3 Entscheidung über die Verfahrenseröffnung, *putusan pailit*

Das Gericht hat den *permohonan pailit* binnen drei Tagen zu bearbeiten und binnen **20 Tagen** nach Antragseingang einen Termin für die **Anhörung** anzuberaumen.[58] Sofern das Gericht den Eröffnungsgrund als gegeben ansieht, eröffnet es das Verfahren mit einem Urteil, in dem der Schuldner bankrott erklärt wird, dem *putusan pailit*[59] [engl. *bankruptcy declaration*]. 23

Die **Entscheidung des Gerichts** muss innerhalb von **60 Tagen** nach Antragseingang ergehen.[60] Wurde der Antrag nicht vom Schuldner selbst gestellt, ist dieser vom Gericht anzuhören; wurde der Antrag vom Schuldner gestellt, kann das Gericht die Gläubiger anhören.[61] 24

Der vom Gericht bankrott erklärte **Schuldner,** der *debitor pailit* [engl. *bankrupt debtor*], befindet sich gesetzlich **noch nicht im sog. Status der Insolvenz,** *keadaan insolvensi* [engl. meist *state of insolvency*]. Der *keadaan insolvensi*[62] schließt sich vielmehr gemäß Art. 178 Abs. 1 an, und kann vom Schuldner noch durch einen Vergleich nach Art. 144 ff.[63] abgewendet werden. 25

Die Entscheidungen der *pengadilan niaga* über die Eröffnung des Konkursverfahrens nach Art. 2 konnten gerade in den Anfangsjahren nach der Reform von 1998 nicht immer überzeugen.[64] Hierzu ist zunächst anzumerken, dass das Gesetz für die Prüfung der Eröffnungsvoraussetzungen **keine expliziten *insolvency tests*** vorsieht. Außerdem entscheidet das Gericht nach Art. 8 Abs. 4 über das Vorliegen der Eröffnungsgründe auf der Grundlage **„einfacher" Beweise,** *pembuktian sederhana* [engl. *summary* oder *simple evidence*].[65] Probleme bei der Prüfung der Eröffnungsvoraus- 26

---

[53] Nach der *Penjelasan UU 37/2004* besteht ein solches öffentliches Interesse beispielsweise, wenn sich der Schuldner auf der Flucht befindet, er Vermögen verbirgt, Verbindlichkeiten staatlicher Einrichtungen offen sind, die Rückzahlung von öffentlich finanzierten Mitteln schuldet, er sich treuwidrig oder unkooperativ verhält oder in allen anderen Fällen, die nach Auffassung des *kejaksaan* im öffentlichen Interesse liegen.

[54] Art. 2 Abs. 3–5.

[55] Zu der flankierenden regulatorischen Gesetzgebung und den Abwicklungsbefugnissen der *LPS* vgl. die Ausführungen → Rn. 14 f.

[56] Art. 89 Abs. 1, 104 Abs. 1 des Gesetzes Nr. 40/2007 über Kapitalgesellschaften.

[57] Art. 149 Abs. 2 des Gesetzes Nr. 40/2007 über Kapitalgesellschaften.

[58] Art. 6 Abs. 5 und 6; gemäß Art. 6 Abs. 7 kann die Frist auf begründeten Antrag des Schuldners um fünf Tage verlängert werden.

[59] Kurz für den im Gesetz ebenfalls verwendeten Begriff *putusan pernyataan pailit*.

[60] In der Praxis wird diese Frist nicht immer eingehalten; *Wijayanta,* Yustisia Vol. 7 No. 3 (September-December 2018), 519, 526 ff.

[61] Art. 8 Abs. 1; in beiden Fällen beträgt die Ladungsfrist mindestens sieben Tage; Art. 8 Abs. 2.

[62] Hierzu → Rn. 61 f.

[63] Hierzu → Rn. 57 ff., der Unterschied zwischen „*bankruptcy*" und „*insolvency*" wird häufig akzentuiert, zB *Butt/Lindsey,* Indonesian Law, S. 389; *Mandala,* OECD, Asian Insolvency Systems: Closing the Implementation Gap, 103, 107.

[64] *Crouch/Reerink/Sidharta/Suyudi/Hewitt,* Court Reform, III/8, S. 177 ff. *(„mixed results")* mwN, die auch auf die positive Rolle des Obersten Gerichtshofs bei der Korrektur als empfundener Entscheidungen verweisen (*Crouch/Reerink/Sidharta/Suyudi/Hewitt,* Court Reform, III/8, S. 179).

[65] Krit. zum Ganzen etwa *Fauzi,* SHS Web of Conferences 54, 06004 (2018); *Maswandi/Kamello/Ginting/Saidin,* IOSR-JHSS, Vol. 21, Issue 1, Ver. 5 (Jan 2016), 99 ff.; *Shubhan,* ILREV (2017) 3: 66.

setzungen ergeben sich insbesondere, wenn Konkursanträge gegen (offenkundig solvente) Schuldner gestellt werden, die lediglich den Rechtsgrund der gegen sie geltend gemachten Forderungen bestreiten. Gerade in diesen Fällen taten sich die Gerichte mit der Ablehnung entsprechender Eröffnungsanträge mitunter schwer. Allerdings wurde Art. 8 Abs. 4 in jüngerer Zeit auch zur Vermeidung zweckwidriger Verfahrenseröffnungen mit dem Argument fruchtbar gemacht, die Eröffnungsgründe seien nicht mit der erforderlichen „Einfachheit" nachgewiesen, so beispielsweise letztlich auch im *Telekomsel*-Fall.[66] Umgekehrt bietet die gewissermaßen materiell-rechtliche Aufladung des *pembuktian sederhana* ihrerseits Grundlage für fragwürdige Entscheidungen zu Eröffnung des Konkursverfahrens nach Art. 2.[67]

3.2 Die Rolle der wesentlichen Verfahrensbeteiligten

3.2.1 Handelsgericht, *pengadilan niaga*

27 Wie bereits eingangs erwähnt,[68] gehen die **Handelsgerichte,** *pengadilan niaga* auf die Insolvenzrechtsreform aus dem Jahr 1998 zurück. Die *pengadilan niaga* sind für die Entscheidungen in insolvenzrechtlichen Fragestellungen zuständig. Sie treffen damit neben der Entscheidung über die Verfahrenseröffnung auch die weiteren wesentlichen Entscheidungen im Konkurs- und im *PKPU*-Verfahren. Unterstützende Funktionen haben der Registrar, *kepaniteraan pengadilan* [engl. *registrar*], und der Gerichtsvollzieher, *jurusita pengadilan* [engl. *bailiff*].

28 Die *pengadilan niaga* sind bei den **Bezirksgerichten,** den *pengadilan negeri* [engl. *district court*], angesiedelt. Der Aufbau der indonesischen Handelsgerichtsbarkeit begann zunächst mit der Einrichtung des Handelsgerichts in Jakarta. Heute bestehen neben dem Handelsgericht in Jakarta außerdem *pengadilan niaga* in Medan, Semarang, Surabaya und Makassar.[69]

29 Das Gesetz lässt gegen Entscheidungen der *pengadilan niaga* grundsätzlich das Rechtsmittel der Kassation, der *kasasi* [engl. *cassation*],[70] beim **Obersten Gerichtshof,** dem *Mahkamah Agung* [engl. *supreme court*],[71] zu. Mit der Kassation können beispielsweise Einwendungen gegen die Eröffnung des Konkursverfahrens oder dessen Ablehnung, gegen die Bestätigung oder Ablehnung eines schuldnerischen Vergleichsvorschlages oder gegen das Verteilungsverzeichnis geltend gemacht werden.[72] Außerdem können die Parteien beim *Mahkamah Agung* eine Wiederaufnahme in Form des *peninjauan kembali* [engl. *civil review* oder *reconsideration*][73] beantragen, wenn sich die Beweislage wesentlich geändert hat oder eine Entscheidung auf schweren Rechtsfehlern beruht. Solche Wiederaufnahmeanträge sind binnen 30 bzw. 180 Tagen nach Rechtskraft der angegriffenen Entscheidung zu stellen.[74]

---

[66] Im *Telkomsel*-Fall wurde auf Antrag eines Vertriebspartners das Konkursverfahren über das Vermögen der *PT Telekomunikasi Selular (Telkomsel)* eröffnet; Handelsgericht von Zentraljakarta *(Pengadilan Niaga pada Pengadilan Negeri Jakarta Pusat)*, Entscheidung Nr. 48/Pailit/2012/PN.Niaga.Jkt.Pst; der Gläubigerantrag hatte sich auf eine angebliche Forderung in Höhe von 5,26 Milliarden IDR gestützt, während *Telkomsel* im selben Jahr über Vermögenswerte in Höhe von 62,92 Milliarden IDR verfügte und einen Jahresüberschuss von 15,72 Billionen IDR auswies; der Oberste Gerichtshof hob die Entscheidung des Handelsgerichts später ua mit der Begründung auf, die von *Telkomsel* bestrittene Forderung sei nicht gemäß Art. 8 Abs. 4 des Gesetzes Nr. 32/2004 nachgewiesen; Oberster Gerichtshof der Republik Indonesien *(Mahkamah Agung)*, Entscheidung Nr. 704/K/Pdt.Sus/2012; *Maswandi/Kamello/Ginting/Saidin*, IOSR-JHSS, Vol. 21, Issue 1, Ver. 5 (Jan 2016), 99 f.; Crouch/*Reerink/Sidharta/Suyudi/Hewitt*, Court Reform, III/8, S. 175 ff., 193 ff.

[67] So wurde der Eigenantrag der *PT J and J Garment Indonesia* trotz zahlreicher Außenstände, darunter fällige Ansprüche von über 900 Arbeitern und knapp 60 Gruppengesellschaften mit der Begründung abgelehnt, es seien keine einfachen Beweise geführt worden; Handelsgericht von Zentraljakarta *(Pengadilan Niaga pada Pengadilan Negeri Jakarta Pusat)*, Entscheidung Nr. 41/pdt.Sus/Pailit/2014/PN.Niaga.Jkt.Pst; der Oberste Gerichtshof hielt die Entscheidung aufrecht; Oberster Gerichtshof der Republik Indonesien *(Mahkamah Agung)*, Entscheidung Nr. 515/K/Pdt.Sus-Pailit/2013; näher und mit weiteren Beispielen *Shubhan*, ILREV (2017) 3: 66, 77 ff.

[68] → Rn. 5.

[69] *Butt/Lindsey*, Indonesian Law, S. 388; Crouch/*Reerink/Sidharta/Suyudi/Hewitt*, Court Reform, III/8, S. 176.

[70] Allgemein *Butt/Lindsey*, Indonesian Law, S. 92 f.

[71] Der *Mahkamah Agung* ist seit 1998 Gegenstand von Reformen; seine Position wird als politisch relativ unabhängig eingeschätzt und die Zahl der beim *Mahkamah Agung* anhängig gemachten Verfahren nimmt stetig zu; allgemein Crouch/*Assegaf*, Court Reform, I/2, S. 32 ff., 40 ff.

[72] Art. 11 ff., 160 f., 196.

[73] Allgemein *Butt/Lindsey*, Indonesian Law, S. 93 ff.; zur großen praktischen Bedeutung Crouch/*Assegaf*, Court Reform, I/2, S. 32.

[74] Art. 280 ff.

3. Wesentliche Merkmale des Konkursverfahrens

3.2.2 Aufsichtführender Richter, *hakim pengawas*

Das *pengadilan niaga* hat in seiner Eröffnungsentscheidung zunächst einen seiner Richter als **aufsichtführenden Richter,** den *hakim pengawas* [engl. *supervisory judge*], zu bestellen.[75] Der *hakim pengawas* beaufsichtigt den *kurator* bei der Verwaltung und Verwertung der Konkursmasse, der *harta pailit*.[76] Unter anderem leitet der *hakim pengawas* die Gläubigerversammlungen, kann Zeugen vernehmen und ist vom *pengadilan niaga* vor seinen Entscheidungen zu hören.[77] Die Verfahrensbeteiligten können gegen die Entscheidungen des *hakim pengawas* grundsätzlich mit einer Frist von fünf Tagen Beschwerde beim *pengadilan niaga* einlegen.[78]

3.2.3 Konkursverwalter, *kurator*

Der **Konkursverwalter, *kurator*** [engl. *receiver*], wird vom *pengadilan niaga* in seiner Entscheidung über die Eröffnung des Konkursverfahrens bestellt. Konkursverwalter müssen vom Ministerium für Justiz und Menschenrechte, dem *Kementerian Hukum dan Hak Asasi Manusia* [engl. *Ministry of Law and Human Rights*], zugelassen sein.[79] Sie dürfen nicht mit mehr als drei Verfahren gleichzeitig betraut werden, müssen unabhängig sein und dürfen keine Interessenkonflikte haben.[80]

Der *kurator* übernimmt anstelle des *debitor pailit* **die Verwaltung und Verwertung der Konkursmasse,** *harta pailit* und erstellt insbesondere auch die Forderungs- und Verteilungsverzeichnisse. Er ist für die bei der Ausübung seines Amtes von ihm vorsätzlich oder fahrlässig verursachten Schäden der *harta pailit* **haftbar.**[81]

Derjenige, der den Eröffnungsantrag stellt, also im Regelfall der Schuldner oder ein Gläubiger,[82] hat bei der Antragsstellung hinsichtlich der Person des *kurator* ein **Vorschlagsrecht.** Schlägt der Antragsteller keine oder keine geeignete Person vor, so hat das Gericht die *Balai Harta Peninggalan (BHP)*, eine staatliche Agentur, als *kurator* zu bestellen.[83] Das Gericht hat den bestellten Verwalter auf **Verlangen der Mehrheit der ungesicherten Gläubiger,** der *kreditor konkuren*,[84] in der Gläubigerversammlung zu entlassen oder einen bestimmten Verwalter zu bestellen.[85] Das Gericht kann ferner auf Antrag des *kurator* selbst, eines anderen *kurator*, des *hakim pengawas* oder des Schuldners einen *kurator* ersetzen oder einen zusätzlichen *kurator* bestellen.[86]

Die Höhe der **Vergütung** des *kurator* wird nach der Beendigung des Konkursverfahrens vom *pengadilan niaga* bestimmt.[87] In der Praxis stellt der *kurator* ein Vergütungsverlangen an das Gericht, das hierzu eine Empfehlung des *hakim pengawas* einholt. Die Vergütung soll unter Beachtung ministeriell festgelegter Richtlinien festgesetzt werden.[88] Die ursprünglichen Richtlinien des Justizministers aus dem Jahr 1998 wurde zuletzt im Jahr 2017 geändert.[89] Nach den derzeit geltenden Bestimmungen[90] kann der *kurator* im Falle der Abwicklung der *harta pailit* eine Vergütung in Höhe von 7,5 % der Erlöse beanspruchen. Im Falle eines Vergleichs im Rahmen des Konkursverfahren beläuft sich die Vergütung auf 5 % der verfahrensgegenständlichen Forderungen. Wird ein zunächst vom Handelsgericht eröffnetes Verfahren aufgrund einer Entscheidung des *Mahkamah Agung* wieder beendet, bemisst sich die Vergütung nach dem Zeitaufwand, wobei der Stundensatz einen Betrag von 4 Mio. IDR nicht überschreiten soll.

---

[75] Art. 15.
[76] Art. 65.
[77] Art. 66, 67, 85.
[78] Art. 68.
[79] Art. 70 Abs. 2.
[80] Art. 15.
[81] Art. 72.
[82] → Rn. 19 f.
[83] Art. 15 Abs. 2.
[84] Zur Einteilung der Gläubiger → Rn. 65 ff.
[85] Art. 71 Abs. 2.
[86] Art. 71 Abs. 1.
[87] Art. 75.
[88] Art. 76.
[89] Erlass des Justizministers *(Keputusan Menteri Kehakimani)* der Republik Indonesien Nr. M.09-HT.05.10.Tahun 1998 betreffend Richtlinien für die Vergütung von Konkursverwaltern und Administratoren *(Pedoman Besarnya Imbalan Jasa Bagi Kurator dan Pengurus)*, zuletzt geändert durch Verordnung Nr. 2 aus dem Jahr 2017 des Ministers für Justiz und Menschenrechte der Republik Indonesien *(Peraturan Menteri Hukum dan Hak Asasi Manusia)*; dazu Crouch/Reerink/Sidharta/Suyudi/Hewitt, Court Reform, III/8, S. 191; die Verordnung regelt die Vergütung des *pengurus* im PKPU-Verfahren, dazu → Rn. 88.
[90] Stand: Dezember 2019.

3.2.4 Gläubigerorgane, *panitia kreditor* und *rapat kreditor*

35 Nach dem die Prüfung der Forderungen, die *pencocokan piutang*,[91] abgeschlossen ist, hat der *hakim pengawas* den Gläubigern die Bildung eines **Gläubigerausschusses**, des *panitia kreditor* [engl. *creditors' committee*], anzubieten.[92] Außerdem kann der *hakim pengawas* schon vorher – bereits bei der Verfahrenseröffnung oder auch später – einen **vorläufigen Gläubigerausschuss** berufen. Der vorläufige Gläubigerausschuss ist vom *hakim pengawas* mit drei Vertretern der zum Zeitpunkt der Benennung bekannten Gläubiger zu besetzen.[93] Unabhängig davon können die *kreditor konkuren* in einer Gläubigerversammlung mit einfacher Mehrheit vom *hakim pengawas* verlangen, einen *panitia kreditor* einzusetzen bzw. den vorläufigen *panitia kreditor* zu ersetzten.[94]

36 Das Gesetz gewährt dem *panitia kreditor* umfassende Informationsrechte.[95] Der *kurator* hat außerdem den Rat des *panitia kreditor* bei der Führung von Rechtsstreitigkeiten einzuholen, sofern er nicht die Gläubigerversammlung mit der Angelegenheit befasst.[96] Bei Uneinigkeiten zwischen dem *kurator* und dem *panitia kreditor* hat der *kurator* die Frage zunächst an die Gläubigerversammlung und ggf. danach an den *hakim pengawas* zu eskalieren.[97]

37 **Versammlungen aller Gläubiger**, die *rapat kreditor* [engl. *creditors' meeting*], sind vom *hakim pengawas* **auf Verlangen** des *panitia kreditor* oder auf Verlangen von mindestens fünf Gläubigern, die zusammen ein Fünftel aller anerkannten oder vorläufig anerkannten Forderungen vertreten, einzuberufen.[98]

38 Im Konkursverfahren ist die Abhaltung mehrerer *rapat kreditor* **gesetzlich ausdrücklich vorgesehen**: (a) Eine erste Gläubigerversammlung, der *rapat kreditor pertama*, ist vom *hakim pengawas* bereits binnen 30 Tagen nach der Eröffnung des Verfahrens einzuberufen.[99] (b) In der *rapat pencocokan piutang* werden die vom *kurator* aufgestellten Forderungsverzeichnisse erörtert. Außerdem stimmen die Gläubiger ggf. über einen Vergleichsvorschlag des *debitor pailit* ab.[100] (c) Nach Eintritt des *keadaan insolvensi* kann der *hakim pengawas* eine weitere Gläubigerversammlung zur Erörterung der mit der Abwicklung der Konkursmasse zusammenhängenden Fragen sowie ggf. zur Erörterung der nicht mehr rechtzeitig vor dem *rapat pencocokan piutang* angemeldeten Forderungen anberaumen.[101]

3.3 Massezugehörigkeit und Verwaltungsbefugnis, Unternehmensfortführung durch den *kurator*

39 Ab der Eröffnung des Konkursverfahrens übernimmt der *kurator* die **Kontrolle der Insolvenzmasse**, der *harta pailit*.[102] Dementsprechend verliert der *debitor pailit* ab diesem Zeitpunkt seine Verwaltungs- und Verfügungsbefugnisse.[103] Etwaige Rechtsmittel des Schuldners gegen die Eröffnung des Konkursverfahrens lassen den Übergang der Verwaltungsbefugnis auf den *kurator* unberührt.[104]

40 Die *harta pailit* umfasst das **gesamte schuldnerische Vermögen** zum Zeitpunkt der Verfahrenseröffnung. Ebenfalls zählt ggf. vom *debitor pailit* im Nachgang hinzuerworbenes Vermögen zur Konkursmasse.[105] Verpflichtungen, die der Schuldner nach der Verfahrenseröffnung eingeht, sind nicht aus der *harta pailit* zu erfüllen, es sei denn, sie sind für diese vorteilhaft.[106]

41 Im Rahmen seiner Verwaltung ist der *kurator* auch berechtigt, **Darlehen** aufzunehmen, sofern hiermit die Werterhöhung der *harta pailit* bezweckt ist. Hierzu kann er freies Vermögen der Konkursmasse – insoweit nur mit Zustimmung des *hakim pengawas* – auch mit **Sicherheiten** belasten.[107]

---

[91] Näher → Rn. 52 ff.
[92] Art. 80 Abs. 1.
[93] Art. 15 Abs. 4, 79.
[94] Art. 80 Abs. 2.
[95] Art. 81.
[96] Art. 83.
[97] Art. 84.
[98] Art. 90.
[99] Art. 86.
[100] Art. 121 ff.; dazu → Rn. 55 ff.
[101] Art. 187.
[102] Art. 16, 24 ff., 69 ff., 98 ff.
[103] Art. 24.
[104] Art. 16, 104 Abs. 1.
[105] Art. 21; Art. 22. enthält hierzu einige Ausnahmen, die der Sache nach grundsätzlich Privatpersonen betreffen.
[106] Art. 25.
[107] Art. 69 Abs. 2–4.

3. Wesentliche Merkmale des Konkursverfahrens

Der *kurator* kann das **Unternehmen** des *debitor pailit* nach der Verfahrenseröffnung[108] **fortfüh-** 42
ren. Zur Fortführung des Unternehmens bedarf der *kurator* einer Zustimmung des vorläufigen *panitia kreditor,* sofern ein solcher gebildet wurde. Wurde kein *panitia kreditor* gebildet, ist vom *kurator* stattdessen die Zustimmung des *hakim pengawas* einzuholen.[109] Eine Fortführung scheidet aus, falls das Unternehmen eingestellt ist oder falls dessen Einstellung sicher ist.[110]

3.4 Weitere Wirkungen der Verfahrenseröffnung

3.4.1 Einzelzwangsvollstreckung

Ab dem Zeitpunkt der Eröffnung des Konkursverfahrens werden **laufende Zwangsvoll-** 43
streckungen suspendiert. Die Einleitung neuer Zwangsvollstreckungsverfahren aufgrund rechtskräftiger Urteile oder sonstiger Titel ist unzulässig. Bereits **erfolgte Beschlagnahmen sind kraft Gesetzes aufgehoben.** Der *hakim pengawas* soll die Aufhebung bestätigen, falls dies erforderlich wird.[111]

3.4.2 Gerichtsverfahren

Bei Eröffnung des Konkursverfahrens anhängige **Aktivprozesse** des *debitor pailit* können vom 44
kurator übernommen werden. Lehnt der *kurator* die Aufnahme des Verfahrens ab, kann der beklagte Dritte dessen Beendigung verlangen. Stattdessen kann das Verfahren vom *debitor pailit* und dem Dritten ohne Wirkung für die *harta pailit* fortgeführt werden.[112]

Mit der Verfahrenseröffnung ist nur noch der *kurator* zur Führung neuer **Passivprozesse** mit 45
Wirkung für die *harta pailit* befugt. Zum Zeitpunkt der Verfahrenseröffnung anhängige Passivprozesse des *debitor pailit* enden.[113]

3.4.3 90-tägiges, automatisches Moratorium, *penangguhan*

Gläubiger, die **Inhaber dinglicher Rechte**[114] – insbesondere zur Sicherung ihrer Forderun- 46
gen – sind, können diese Sicherheiten grundsätzlich weiterhin so durchsetzen, wie dies außerhalb des Konkursverfahrens möglich wäre.[115] Allerdings unterwirft das Gesetz die Durchsetzung dieser Rechte mit der Verfahrenseröffnung einem **90-tägigen Moratorium,** dem *penangguhan* [engl. *(automatic) stay*].[116] **Aufrechnungslagen und Zurückbehaltungsrechte** unterfallen dieser Durchsetzungssperre nicht.[117]

Das *penangguhan* **zielt darauf ab,** die Chancen eines *perdamaian* innerhalb des Konkursverfah- 47
rens[118] zu erhöhen, die Konkursmasse zu optimieren und deren Verwaltung zu erleichtern.[119] Den Regelungen liegt der Gedanke zugrunde, dass die dem *penangguhan* unterworfenen Rechte nach deren Rechtsnatur oder aufgrund der bei deren Bestellung getroffenen Vereinbarungen von den Gläubigern ansonsten ohne Weiteres durchgesetzt werden könnten.[120]

Während des *penangguhan* kann der *kurator* über Vermögensgegenstände, an denen Rechte von 48
Gläubigern oder Dritten bestehen, im Rahmen der Unternehmensfortführung **verfügen,** sofern die Interessen der betroffenen Inhaber der Rechte angemessen gewahrt werden.[121] Die Betroffenen können beim *kurator* außerdem die **Aufhebung des *penangguhan*** oder dessen Modifikation unter Berücksichtigung der Interessen der Parteien beantragen. Sofern der *kurator* einen solchen Antrag

---

[108] Eine Fortführung ist auch noch im *keadaan insolvensi* möglich, → Rn. 62.
[109] Art. 104; so wurde beispielsweise das Bauprojekt *Palazzo Apartment* in Jakarta vom *Kurator* des Vermögens der *PT Pelita Propertindo Sejahtera,* eines insolventen Bauprojektentwicklers, mit Genehmigung der Gläubiger und der Zustimmung des *hakim pengawas* fortgeführt und letztlich mit dem Abverkauf von über 1.000 Wohnungen abgeschlossen; Entscheidung des Handelsgerichts von Zentraljakarta (*Pengadilan Niaga pada Pengadilan Negeri Jakarta Pusat*), Nr. 73/PAILIT/2009/PN.Niaga.Jkt.Pst.
[110] Art. 178 Abs. 2.
[111] Art. 32.
[112] Art. 26.
[113] Art. 27, 29.
[114] *Kreditor separatis,* → Rn. 68.
[115] Art. 55 Abs. 1.
[116] Art. 56 ff.
[117] Art. 61, 56 Abs. 2, 61.
[118] Näher → Rn. 57 ff.
[119] *Penjelasan UU 37/2004* zu Art. 56; *Hoff,* Indonesian Bankruptcy Law, S. 119 ff.
[120] Vgl. *Hoff,* Indonesian Bankruptcy Law, S. 93 ff.; vgl. zur Vollstreckbarkeit praktisch relevanter dinglicher Rechte auch *Hutagalung,* ILREV (2013) 3: 204, 205 ff.
[121] Art. 56 Abs. 3.

Indonesien

ablehnt, kann dieser an den *hakim pengawas* gerichtet werden, gegen dessen Entscheidung Widerspruch beim *pengadilan niaga* möglich ist.[122]

49 Das *penangguhan* **endet kraft Gesetzes bereits vor Ablauf von 90 Tagen** bei einer etwaigen Beendigung des Konkursverfahrens oder mit dem Eintritt des *keadaan insolvensi*.[123]

3.5 Sicherungsmaßnahmen vor Verfahrenseröffnung

50 In der Zeit, in der der *permohonan pailit* anhängig ist, haben alle Gläubiger die Möglichkeit, beim *pengadilan niaga* die **vorbeugende Beschlagnahme schuldnerischen Vermögens**, *sita jaminan* [engl. *(conservatory) attachment*], oder die Bestellung eines **vorläufigen Verwalters**, des **kurator sementara** [engl. *interim curator*], zu beantragen. Die *sita jaminan* kann sich auf sämtliche Vermögensgegenstände des Schuldners oder nur auf Teile hiervon beziehen.[124] Die Bestellung des *kurator sementara* soll dazu dienen, die Verwaltung der Angelegenheiten des Schuldners und Zahlungen oder Gewährung von Sicherheiten an Gläubiger des Schuldners zu überwachen.[125] Das *pengadilan niaga* soll solchen Anträgen nur bei einem Sicherungsbedürfnis der Gläubiger stattgeben und die Anordnung der beantragten Maßnahme von Sicherheitsleistung des Antragstellers abhängig machen.[126]

51 Beide Sicherungsmaßnahmen haben in der indonesischen Rechtspraxis **bisher allerdings keine Relevanz.** Dies wird unter anderem darauf zurückgeführt, dass die gesetzlich vorgeschriebene Frist von 60 Tagen zwischen der Antragstellung und der etwaigen Eröffnung des Konkursverfahrens[127] im Rechtsverkehr bereits als wesentliche Verfahrensbeschleunigung betrachtet wird.

3.6 Anmeldung und Prüfung der Forderungen, *pencocokan piutang*

52 Der *hakim pengawas* hat binnen 14 Tagen nach der Verfahrenseröffnung eine Frist für die Anmeldungen der Forderungen beim *kurator* zu bestimmen und eine **Gläubigerversammlung zur Prüfung der angemeldeten Forderungen**, die *rapat pencocokan piutang* [engl. *verification meeting*], anzuberaumen.[128] Der Anmeldung sind von den Gläubigern schriftliche Nachweise beizufügen.[129] Sofern Unterlagen nicht in indonesischer Sprache verfasst sind, verlangt der *kurator* von den betreffenden Gläubigern regelmäßig eine beglaubigte Übersetzung.

53 Forderungen, die **nach Fristablauf** angemeldet werden, können im Termin noch erörtert werden, allerdings nur, wenn diese spätestens zwei Tage vor dem Termin angemeldet werden, und weder der *kurator* noch ein Gläubiger dem widersprechen. Diese Beschränkungen finden allerdings keine Anwendung auf Gläubiger, die **nicht in der Republik Indonesien ansässig** sind und nicht in der Lage waren, die Forderungen vorher anzumelden.[130] Über Widersprüche des *kurator* oder der Gläubiger sowie über Streitfragen in Bezug auf das Vorliegen der Voraussetzung für die Ausnahmen zugunsten ausländischer Gläubiger entscheidet der *hakim pengawas*.[131]

54 Der *kurator* soll die angemeldeten Ansprüche anhand der Unterlagen des *debitor pailit* **prüfen** und etwaige Bedenken gegen deren Anerkennung mit den Gläubigern diskutieren. Er ist zudem berechtigt, weitere Informationen von den Gläubigern zu verlangen.[132] Ansprüche, die der *kurator* vorläufig anerkennt, hat er in ein **Verzeichnis** aufzunehmen, die die Grundlage für das spätere Verzeichnis anerkannter Ansprüche, das *daftar piutang yang diakui* [engl. *list of acknowledged claims*], bildet; daneben hat er ein gesondertes Verzeichnis über die von ihm bestrittenen Forderungen zu führen.[133] In den Verzeichnissen hat der *kurator* Angaben zu Bevorrechtigungen und Besicherungen zu machen.[134] Beide Verzeichnisse können von allen Beteiligten bis sieben Tage vor dem *rapat pencocokan piutang* beim *kurator* eingesehen werden.[135]

---

[122] Art. 57 Abs. 2–6, 58.
[123] Art. 57 Abs. 1; allerdings erhält der *Kurator* dann nach Ablauf einer Zweimonatsfrist das Recht der Verwertung, → Rn. 69.
[124] Art. 10 Abs. 1 lit. a).
[125] Art. 10 Abs. 1 lit. b).
[126] Art. 10 Abs. 2 und 3.
[127] → Rn. 24.
[128] Art. 113; die Entscheidung ist vom *Kurator* binnen fünf Tagen in zwei Zeitungen zu veröffentlichen und den bekannten Gläubigern direkt mitzuteilen; Art. 114.
[129] Art. 115.
[130] Art. 133 Abs. 3.
[131] Art. 133 Abs. 4.
[132] Art. 116.
[133] Art. 117.
[134] Art. 118.
[135] Art. 120.

Im *rapat pencocokan piutang* werden beide Verzeichnisse verlesen und erörtert.[136] Gläubiger **55** können sich vertreten lassen.[137] Gläubiger, die in einem der beiden Verzeichnisse aufgeführt sind, haben das Recht, Ansprüche, Vorrechte und Sicherungsrechte zu bestreiten oder ein Bestreiten des *kurator* zu unterstützen.[138] Der *debitor pailit* ist zur Teilnahme an der Versammlung verpflichtet und hat dem *hakim pengawas* Auskünfte zu den Gründen der Insolvenz und zur Situation der *harta pailit* zu geben; außerdem können Gläubiger an den Richter das Verlangen richten, vom Schuldner weitere Informationen zu erfragen.[139] Wird eine Vertagung erforderlich, ist die Versammlung binnen acht Tagen fortzusetzen.[140]

Unbestrittene Forderungen werden in das *daftar piutang yang diakui* aufgenommen. Der *kurator* **56** kann die Aufnahme einer Forderung, die weder von ihm noch von Gläubigern bestritten worden ist, unter den Vorbehalt der **Beeidigung des Schuldners** stellen. Die Beeidigung kann ggf. auch nachgeholt werden.[141] Das *daftar piutang yang diakui* wird in das Protokoll aufgenommen und damit verbindlich.[142] Sofern **Streitigkeiten** nicht vom *hakim pengawas* geschlichtet werden können, verweist er diese zur Entscheidung an das *pengadilan niaga*.[143]

3.7 Vergleich, *perdamaian*

Der *debitor pailit* hat auch im Konkursverfahren grundsätzlich das Recht, den Gläubigern **57** einen **Vorschlag für einen Vergleich,** den *rencana perdamaian* [engl. *reconciliation plan* oder *composition plan*], zu unterbreiten. In der Praxis spielt dieses Verfahren **eine eher untergeordnete Rolle,** da Schuldner in diesen Fällen in der Regel von Anfang an den Weg des *PKPU* gehen. Je nach Verfahrensstand bietet sich aber auch im Konkursverfahren die Vorlage eines *rencana perdamaian* an, wenn sich während des Verfahrens die Umstände ändern, beispielsweise wenn ein neuer Investor gefunden wird.

Der *rencana perdamaian* ist beim Registrar des Gerichts, dem *kepaniteraan pengadilan,* **auszulegen 58** und dem (vorläufigen) *panitia kreditor* zur Verfügung zu stellen. Wird der Plan spätestens acht Tage vor dem *rapat pencocokan piutang* ausgelegt, ist er in der Versammlung zu erörtern.[144]

Der *kurator* und der vorläufige *panitia kreditor* haben zu dem Plan schriftlich Stellung zu nehmen.[145] Der *debitor pailit* hat die Möglichkeit, den *rencana perdamaian* noch im Termin während der Beratungen zu ändern.[146] Zur Bestätigung des Plans bedarf es der **Zustimmung** durch mindestens der Hälfte der anwesenden *kreditor konkuren,* die mindestens zwei Drittel der betreffenden Forderungen vertreten; wird die Mehrheit von zwei Dritteln nicht erreicht, wird in einer weiteren *rapat kreditor* erneut abgestimmt.[147] Die Stimmrechte bemessen sich nach den in der *rapat pencocokan piutang* anerkannten Forderungen.[148] Bevorrechtigte Gläubiger und gesicherte Gläubiger haben kein Stimmrecht, sofern sie nicht auf ihre Vorrechte verzichten.[149]

Erreicht der *rencana perdamaian* die erforderliche Zustimmung, ist er vom **pengadilan niaga 60 zu bestätigen**; hierzu findet spätestens 14 Tage nach der Gläubigerversammlung eine öffentliche Verhandlung statt, in der Einwendungen geltend gemacht werden können; die (rechtsmittelfähige) Entscheidung des *pengadilan niaga* hat binnen sieben Tagen zu ergehen.[150] Mit der Bestätigung des Gerichts wird der *perdamaian* für sämtliche nicht-bevorrechtigten Gläubiger verbindlich. Sofern sich der Schuldner nicht an den Vergleich hält, kann das *pengadilan niaga* diesen auf Antrag eines Gläubigers aufheben und das Konkursverfahren wieder eröffnen.[151]

---

[136] Art. 124.
[137] Art. 123.
[138] Art. 124 Abs. 2.
[139] Art. 121.
[140] Art. 124 Abs. 4.
[141] Art. 124 Abs. 3 und 4, 125, 126 Abs. 3.
[142] Art. 126.
[143] Art. 127 Abs. 1; Gläubiger, deren Ansprüche bestritten worden sind und die in der Gläubigerversammlung nicht vertreten waren, sind hierüber gem. Art. 130 vom Gerichtsvollzieher, *jurusita pengadilan*, zu informieren.
[144] Art. 145; ansonsten kann die Erörterung auf Wunsch der Mehrheit der anwesenden Gläubiger verschoben werden.
[145] Art. 146.
[146] Art. 150.
[147] Art. 151, 152.
[148] Art. 88.
[149] Art. 149.
[150] Art. 156 ff.
[151] Art. 170 ff.

3.8 Verwertung der Konkursmasse, *pemberesan harta pailit*

3.8.1 Eintritt des *keadaan insolvensi* und Form der Verwertung

61   Sofern der *debitor pailit* den Gläubigern in der *rapat pencocokan piutang* keinen Vergleichsplan vorgelegt oder dieser von den stimmberechtigten Gläubigern in der Gläubigerversammlung abgelehnt wird, befindet sich der Schuldner im sog. **Insolvenzstatus, *keadaan insolvensi*.**[152] Der *pengadilan niaga* kann mit einer Frist von mindestens 14 Tagen eine weitere Gläubigerversammlung einberufen, um mit den Gläubigern die Abwicklung der Konkursmasse, die *pemberesan harta pailit*, zu erörtern. Außerdem können in dem Termin Forderungen anerkannt werden, die nicht mehr rechtzeitig vor der ersten *rapat pencocokan piutang* angemeldet wurden.[153]

62   Auch noch nach Eintritt des *keadaan insolvensi* kann der *kurator* das **schuldnerische Unternehmen** auf seinen oder auf den Vorschlag eines Gläubigers **fortführen**.[154] Hierzu ist ein im *rapat kreditor* mit einfacher Mehrheit zu fassender Beschluss der ungesicherten Gläubiger erforderlich.[155] Darüber hinaus kann auf Antrag des *kurator* oder eines Gläubigers auch der *hakim pengawas* über die Einstellung oder die Fortführung des Unternehmens entscheiden.[156]

63   Sofern die Gläubiger keine Fortführung des Unternehmens beschließen, hat der *kurator* unmittelbar mit der *pemberesan harta pailit* zu beginnen.[157] Die Veräußerung hat grundsätzlich durch **öffentliche Versteigerung,** *pelelangan umum,* zu erfolgen. Eine freihändige Veräußerung ist mit Zustimmung des *hakim pengawas* nur bei Scheitern einer öffentlichen Versteigerung zulässig.[158]

3.8.2 Verteilung der Erlöse, Einteilung der Gläubiger, Sicherheiten

64   Der *kurator* hat ein **Verteilungsverzeichnis,** das *daftar pembagian* [engl. *distribution list*], aufzustellen und dem *hakim pengawas* zur Bestätigung vorzulegen.[159] Das bestätigte Verzeichnis ist bei Gericht zur Einsicht auszulegen.[160] Während des vom *hakim pengawas* festgelegten Auslegungszeitraums können Gläubiger schriftlich Widersprüche gegen das Verzeichnis einlegen, über die vom *pengadilan niaga* öffentlich zu verhandeln und binnen sieben Tagen nach der Verhandlung zu entscheiden ist.[161]

65   Das Gesetz Nr. 37/2004 regelt keine in sich abgeschlossene Einteilung der Gläubiger. Die diesbezüglichen Regelungen zu Gläubigergruppen und Rangverhältnissen in Art. 60 Abs. 2 und Art. 189 Abs. 4 werden unter ergänzender Hinzuziehung der Regelungen des *Burgerlijk Wetboek* und weiterer Gesetze angewendet.[162] Der gesetzlichen Systematik liegt die **Einteilung der Insolvenzgläubiger in drei Gruppen** zugrunde: die bevorrechtigten Gläubiger, *kreditor preferen* [engl. *preferred creditors*], die Inhaber dinglicher Rechte bzw. dinglich gesicherten Gläubiger, *kreditor separatis* [engl. *secured creditors*], und die ungesicherten Gläubiger bzw. einfachen Konkursgläubiger, *kreditor konkuren* [engl. *unsecured creditors*].[163]

66   *Kreditor preferen* sind bevorrechtigte Gläubiger. Diese – insgesamt recht inhomogene – Gläubigergruppe umfasst zunächst Gläubiger mit Vorrechten aufgrund gesetzlicher Bestimmungen außerhalb des Gesetzes Nr. 37/2004. Hierzu zählen insbesondere Ansprüche der **Steuerbehörden** und Gehaltsansprüche der **Arbeitnehmer**.[164] Das Recht auf bevorrechtigte Befriedigung kann sich auch

---

[152] Art. 178 Abs. 1.
[153] Art. 187.
[154] Art. 179 ff.
[155] Art. 179 Abs. 1.
[156] Art. 183.
[157] Art. 184.
[158] Art. 185.
[159] Art. 189.
[160] Art. 192.
[161] Art. 194.
[162] Dazu schon → Rn. 7 f.
[163] *Penjelasan UU 37/2004* zu Art. 2 Abs. 1; im Gesetzestext selbst finden allerdings die Begriffe *kreditor preferen* und *kreditor separatis* keine direkte Verwendung.
[164] Die bevorrechtigte Befriedigung ergibt sich aus den Gesetzen Nr. 49/1983 zu Steuern und Nr. 13/2003 zu Arbeitnehmern; die Frage des Ranges der Arbeitnehmerforderungen innerhalb der Gruppe der *kreditor preferen* war Gegenstand einer Entscheidung des indonesischen Verfassungsgerichtshofs, mit der den Gehaltsansprüchen der Arbeitnehmer innerhalb der Gruppe der *kreditor preferen* eingeräumt wurde; Entscheidung des Verfassungsgerichtshofs *(Mahkamah Konstitusi)* der Republik Indonesien Nr. 67/PUU-XI/2013; dazu *Butt/Lindsey,* Indonesian Law, S. 351 f.; *Klötzel/Bölle* RIW 2015, 351, 352; *Sonhaji,* DILREV 3 no. 2 (2018): 165, 176 ff.; Abfindungen und Pensionen sind hingegen nach herrschender Auffassung nicht vorrangig zu berücksichtigen.

aus den Vorschriften des *Burgerlijk Wetboek* ergeben, das etwa Regeln zur **Priorität bestimmter Verbindlichkeiten** bezogen auf spezifische Vermögensgegenstände, wie zB Gerichtskosten oder Instandhaltungskosten, enthält.[165]

Weiter sind auch die **Kosten des Verfahrens** und **Verbindlichkeiten der Konkursmasse** 67 vorab zu befriedigen. Zu den Verfahrenskosten werden die Gebühren des *kurator* sowie etwa bestellter Sachverständiger sowie die Kosten für die Verwertung der *harta pailit* gezählt. Ausdrücklich ist auch die bevorrechtigte Befriedigung von Ansprüchen auf Zahlung von Mietzinsen ab Verfahrenseröffnung vorgesehen.[166]

Kreditor separatis sind die Inhaber dinglicher Rechte an Vermögensgegenständen der *harta* 68 *pailit*. Zu den in der Praxis besonders wesentlichen dinglichen Rechten der indonesischen Rechtsordnung zählen vor allem das im Gesetz Nr. 4/1996[167] geregelte hypothekenähnliche Grundpfandrecht *hak tanggungan* [engl. *mortgage*] sowie das im Gesetz Nr. 42/1999[168] geregelte, mit der Sicherungsübereignung und -abtretung vergleichbare, fiduziarische Sicherungsrecht *jaminan fidusia* [engl. *fiduciary security*]. Pfandrechte, *gadai* [engl. *pledges* oder *liens*], sind in Art. 1150 BW geregelt.[169]

Die *kreditor separatis* können die ihren Rechten unterliegenden Vermögensgegenstände im lau- 69 fenden Konkursverfahren **selbst verwerten**, unterliegen dabei aber zunächst dem 90-tägigen *penangguhan*.[170] Nach Eintritt des *keadaan insolvensi* gibt das Gesetz den *kreditor separatis* für die Verwertung noch einen Zeitraum von **zwei Monaten**. Danach haben die Gläubiger die betreffenden Vermögensgegenstände (unbeschadet ihrer Vorrechte am Erlös) an den *kurator* zur Verwertung nach den für die Konkursmasse geltenden Bestimmungen herauszugeben bzw. diesem zu belassen.[171] Soweit der Erlös aus der Verwertung der Sicherheiten nicht ausreicht, stellt das Gesetz die gesicherten Gläubiger wie *kreditor konkuren*.[172] Unabhängig von den vorstehenden Bestimmungen kann der *kurator* die Sicherheiten der *kreditor separatis* jederzeit zum Marktpreis ablösen.[173]

Die **kreditor konkuren** sind schließlich auf die vom *hakim pengawas* bestätigte **Quote** verwie- 70 sen.[174] Zu **nachrangigen** Forderungen enthält das Gesetz keine expliziten Regelungen. In der Praxis werden aber beispielsweise **Gesellschafterdarlehen** nachrangig bedient bzw. fallen aus.

Bei der Verteilung der *harta pailit* sollen, wenn möglich, **Abschlagsverteilungen** erfolgen.[175] 71

Mit vollständiger Befriedigung der Gläubiger oder der Verbindlichkeit des letzten *daftar pemba-* 72 *gian* **endet der Konkurs**.[176]

3.9 Stellung der Gläubiger nach Abschluss des Verfahrens

Nach Abschluss des Konkursverfahrens können die Gläubiger ihre unbefriedigten Forderungen 73 gegen den Schuldner weiterverfolgen; aus dem *daftar piutang yang diakui* können **festgestellte Forderungen** gegen den Schuldner wie aus einem Urteil **vollstreckt** werden, sofern er der Anerkennung nicht im *rapat pencocokan piutang* widersprochen hat.[177]

3.10 Rehabilitation des Schuldners, *rehabilitasi*

Der Schuldner kann nach Art. 215 ff. beim *pengadilan niaga* eine **Rehabilitation,** die *rehabilitasi* 74 [engl. *rehabilitation*], beantragen. Über die *rehabilitasi* entscheidet das Gericht nach öffentlicher Anhörung. Sie ist zu versagen, sofern der Schuldner nicht nachweist, dass alle anerkannten Forderungen

---

[165] Art. 1139 ff. BW sowie Art. 60 Abs. 2 des Gesetzes Nr. 37/2004.
[166] Art. 38 Abs. 4; hingegen fehlt es an einer allgemeinen Regelung, mit der die Begründung von Masseverbindlichkeiten durch Geschäfte des *kurator* zum Erhalt oder zur Fortführung der Masse geregelt wird.
[167] Gesetz der Republik Indonesien Nr. 4 aus dem Jahr 1996 zu Hypotheken *(Hak Tanggungan atas Tanah beserta Benda-Benda yang Berkaitan dengan Tanah)*, Staatsblatt *(Lembaran Negara)* der Republik Indonesien aus dem Jahr 1996 Nr. 42 [engl. meist *Mortgage Law*].
[168] Gesetz der Republik Indonesien Nr. 42 aus dem Jahr 1999 zu fiduziarischen Sicherheiten *(Jaminan Fidusia)*, Staatsblatt *(Lembaran Negara)* der Republik Indonesien aus dem Jahr 1996 Nr. 168 [engl. meist *Fiduciary Law*]; vor der gesetzlichen Regelung hatten sich entsprechende Sicherungsrechte auf der Grundlage des allgemeinen Zivilrechts eingebürgert; *Hoff*, Indonesian Bankruptcy Law, S. 99 ff.
[169] Vgl. zur Vollstreckbarkeit dieser Rechte allgemein *Hutagalung*, ILREV (2013) 3: 204 ff. (va zum *jaminan fidusia*).
[170] → Rn. 46 f.
[171] Art. 59 Abs. 1 und 2.
[172] Art. 60 Abs. 3, 138, 189 Abs. 5.
[173] Art. 59 Abs. 3.
[174] Art. 189 Abs. 3.
[175] Art. 188, 198.
[176] Art. 202 f.
[177] Art. 205.

befriedigt worden sind.[178] Faktisch ist damit eine *rehabilitasi* nur möglich, wenn alle Gläubiger gegenüber dem Schuldner auf ihre Restforderungen außerhalb des Verfahrens verzichten. Dies ist vor allem für Privatpersonen von Interesse und hat für Unternehmen nur äußerst eingeschränkte praktische Relevanz.

4. Wesentliche Merkmale des Schuldenmoratoriums, PKPU

4.1 Eröffnung des Verfahrens

4.1.1 Eröffnungsgründe

75   Wie bei der Eröffnung des Konkursverfahrens[179] erfordert auch ein Verfahren zur Erlangung eines *PKPU* nach Art. 222, dass der Schuldner mindesten zwei Gläubiger hat und die **Forderung eines Gläubigers fällig** ist. Abweichend von Art. 2 Abs. 1 sieht Art. 222 weiter vor, dass der Schuldner entweder zur Zahlung der fälligen Schuld nicht in der Lage ist oder einen Ausfall erwartet. In der Praxis ergeben sich aus dieser Formulierung im Vergleich zum Konkursverfahren allerdings keine relevanten Unterschiede bei der gerichtlichen Prüfung der Eröffnungsvoraussetzungen des *PKPU*-Verfahrens.

4.1.2 Antragsberechtigte

76   Nach der ursprünglichen Konzeption des *PKPU* war zunächst nur der **Schuldner** antragsberechtigt. Zu beachten ist, dass der Schuldner zur Abwendung eines von einem Gläubiger beantragten Konkurses den Antrag nach Art. 222 auch noch in der Verhandlung über die Eröffnung des Konkursverfahrens stellen kann.[180]

77   Seit der Reform im Jahr 2004 sind neben dem Schuldner auch **Gläubiger** antragsbefugt. Die *Penjelasan UU 37/2004* stellt zu Art. 222 Abs. 2 klar, dass sowohl ungesicherte als auch gesicherte Gläubiger antragsberechtigt sein sollen.[181]

78   In Bezug auf Anträge, die das Vermögen von **Banken** und **Versicherungen** sowie weitere Einrichtungen betreffen, gelten dieselben Beschränkungen wie hinsichtlich des Konkursverfahrens.[182]

4.2 Gang des Verfahrens, Rolle der wesentlichen Verfahrensbeteiligten

4.2.1 Vorläufiges Moratorium, *PKPU sementara*

79   Nach Stellung eines Antrags auf ein *PKPU* soll das *pengadilan niaga* einen Termin zur Anhörung des Schuldners und der bekannten Gläubiger anberaumen und bis zu diesem Termin **ein vorläufiges Moratorium**, das *PKPU sementara* [engl. *temporary suspension of payments obligation*], anordnen. Im Falle eines Schuldnerantrags beträgt der zulässige Zeitraum für diese gerichtliche Maßnahme längstens **drei Tage** ab Antragseingang, im Falle eines Gläubigerantrages längstens **20 Tage** ab Antragseingang.[183] Unmittelbar nach der Entscheidung sind der Schuldner und die Gläubiger durch öffentliche Bekanntmachung und, soweit bekannt, durch direkte Schreiben zu einem Beratungstermin des Gerichts, dem *rapat permusyawaratan hakim* [engl. *judge's deliberation meeting*], zu laden. Diese Beratung muss innerhalb von **45 Tagen** nach der Anordnung des *PKPU sementara* stattfinden; das *PKPU sementara* bleibt bis zum Tag der Anhörung in Kraft.[184]

4.2.2 Bestellung des aufsichtführenden Richters, *hakim pengawas,* und des Verwalters, *pengurus*

80   In der Entscheidung, mit der das *PKPU sementara* gewährt wird, hat das *pengadilan niaga*[185] wie im Konkursverfahren einen seiner Richter als aufsichtführenden Richter, den **hakim pengawas**, sowie einen oder mehrere Verwalter, **pengurus**, zu bestellen. Für die Verwalter im *PKPU*-Verfahren

---

[178]   Art. 216.
[179]   → Rn. 18.
[180]   Art. 229 Abs. 3 u. 4.
[181]   Insofern missverständlich *Mandala,* OECD, Asian Insolvency Systems: Closing the Implementation Gap, 103, 104.
[182]   → Rn. 20.
[183]   Art. 225.
[184]   Art. 226 f.
[185]   Allgemein zum *pengadilan niaga* → Rn. 27 ff.

4. Wesentliche Merkmale des Schuldenmoratoriums

gelten dieselben persönlichen Bestellungsvoraussetzungen wie für die Konkursverwalter im Konkursverfahren.[186]

4.2.3 Endgültiges Moratorium, *PKPU tetap*

In dem binnen 45 Tagen abzuhaltenden ***rapat permusyawaratan hakim*** soll das Gericht den Schuldner, den *hakim pengawas* sowie den *pengurus* und die anwesenden Gläubiger anhören. Sofern, wie in der Praxis normaler Weise der Fall, in dem Termin noch kein Vergleichsplan vorliegt oder Gläubiger vom Schuldner die Änderungen des ggf. vorliegenden Plans verlangen, kann das Gericht auf Antrag des Schuldners und nach Zustimmung der Gläubiger ein **endgültiges Moratorium**, das *PKPU tetap*, erlassen, dessen Laufzeit **270 Tage** ab dem Beginn des *PKPU sementara* nicht überschreiten darf. Bei der Abstimmung sind sowohl die *kreditor konkuren* als auch die gesicherten Gläubiger stimmberechtigt und müssen jeweils mit einfacher Mehrheit nach Köpfen sowie einer Mehrheit von zwei Drittel der vertretenen Forderungen dem *PKPU* zustimmen.[187] Erscheint der Schuldner nicht zum Termin oder wird das *PKPU tetap* abgelehnt, ist über das Vermögen des Schuldners das Konkursverfahren zu eröffnen.[188]

Soweit der Sachverhalt dies gebietet oder die Hälfte der Gläubiger dies verlangen, ist vom Gericht ein **Gläubigerausschuss**, *panitia kreditor*, zu bestellen, der den *pengurus* beraten soll.[189] Der *hakim pengawas* kann ferner einen **Sachverständigen** mit der Erstellung eines Gutachtens über das schuldnerische Vermögen beauftragen.[190]

4.2.4 Vergleich, *perdamaian*

Der Schuldner kann bereits mit dem Antrag auf Eröffnung des *PKPU*-Verfahrens, aber auch in der Folgezeit, einen **Vergleichsvorschlag**, den ***rencana perdamaian*** [engl. composition plan], vorlegen. Nach Vorlage des *rencana perdamaian* hat der *hakim pengawas* den Gläubigern eine Frist für die Anmeldung ihrer Forderungen zu setzen und den Termin für eine Gläubigerversammlung zur Beschlussfassung über den Vergleichsvorschlag zu bestimmen.[191] Die **Annahme** des *rencana perdamaian* durch die Gläubigerversammlung bedarf derselben qualifizierten Mehrheiten der *kreditor konkuren* und der gesicherten Gläubiger, wie die Zustimmung zum *PKPU tetap*.[192]

Der von der Gläubigerversammlung gebilligte *rencana perdamaian* wird erst mit **Zustimmung des *pengadilan niaga*** verbindlich. Die Wirkung des gebilligten Plans erstreckt sich allerdings nicht ohne Weiteres auch auf die gesicherten Gläubiger, sondern nur insofern, als diese ihre Zustimmung in der Gläubigerversammlung erteilt haben. Die Zustimmung ist vom Gericht **abzulehnen,** wenn der Wert des schuldnerischen Vermögens den im Vergleichsvorschlag zugrunde gelegten Betrag erheblich übersteigt, die Umsetzung des Vergleiches nicht hinreichend sichergestellt ist, der Vergleich betrügerisch oder kollusiv herbeigeführt wurde oder die Auslagen und Gebühren des *pengurus* und ggf. des Gutachters nicht bezahlt worden sind oder deren Bezahlung nicht gesichert ist.[193] Lediglich gegen die Bestätigung des Vergleichs ist der Rechtsweg zum *Mahkamah Agung* eröffnet, nicht jedoch gegen dessen Ablehnung.[194]

Der *perdamaian* kann **aufgehoben** werden, sofern der Schuldner gegen die Bestimmungen des Vergleichs verstößt.[195] Wird der Vergleich von den Gläubigern abgelehnt, vom Gericht nicht bestätigt oder später vom Gericht aufgehoben, ist über das Vermögen des Schuldners das **Konkursverfahren** zu eröffnen.[196] In diesem Verfahren ist dann ein weiterer Vergleichsvorschlag ausgeschlossen.[197]

4.3 Umfang des *PKPU*

Während des *PKPU* können **Ansprüche gegen den Schuldner grundsätzlich nicht durchgesetzt** werden. Laufende Zwangsvollstreckungen werden unterbrochen und bereits erfolgte

---

[186] Art. 234, → Rn. 33.
[187] Art. 228, 229; zur Vorbereitung des *rapat permusyawaratan hakim* hat der Schuldner nach Art. 224 Abs. 2–4 ein Forderungsverzeichnis vorzulegen.
[188] Art. 225 Abs. 6, 228 Abs. 5, 230.
[189] Art. 231.
[190] Art. 238.
[191] Art. 265 ff.; für die Anmeldung und die Bewertung der Forderungen durch den *pengurus* und die Vorbereitung und Abhaltung der Versammlung treffen Art. 270 ff. weitgehend vergleichbare Regelungen wie im Konkursverfahren; hierzu → Rn. 52 ff.
[192] → Rn. 81.
[193] Art. 285.
[194] Art. 285 Abs. 4.
[195] Art. 219 iVm Art. 170 f.
[196] Art. 285 Abs. 3, 289, 291.
[197] Art. 292.

Indonesien 87–92

Beschlagnahmen aufgehoben.[198] Grundsätzlich gilt insoweit also dasselbe, wie nach der Eröffnung des Konkursverfahrens.[199] Zahlungen an die Gläubiger sind nicht erlaubt bzw. dürfen nur proportional erfolgen.[200] Vorstehende Regelungen gelten nicht für **gesicherte Gläubiger**. Die gesicherten Gläubiger unterliegen jedoch während der gesamten Dauer des *PKPU* derselben Durchsetzungssperre wie während der ersten 90 Tage des Konkursverfahrens.[201]

4.4 Verwaltung des schuldnerischen Vermögens durch den Schuldner und den Verwalter, *pengurus*

87 Die Verwaltung des Vermögens des Schuldners wird von **Schuldner und** *pengurus* **gemeinsam** durchgeführt. Der Schuldner kann grundsätzlich ohne Zustimmung des *pengurus* weder wirksame Verwaltungsmaßnahmen ergreifen noch über sein Vermögen wirksam verfügen. Vom Schuldner ohne Zustimmung des *pengurus* eingegangene Verpflichtungen sind nur wirksam, wenn sie für das Vermögen vorteilhaft sind. Die Aufnahme von **Darlehen** durch den Schuldner bedarf der Zustimmung des Verwalters; deren **Besicherung** ist nur mit bisher unbelasteten Vermögensgegenständen und nur mit Zustimmung des *hakim pengawas* zulässig.[202] Laufende Rechtsstreitigkeiten werden grundsätzlich nicht unterbrochen, die Führung von Aktiv- und Passivprozessen durch den Schuldner ist allerdings ebenfalls von der Zustimmung des *pengurus* abhängig.[203]

88 Wie die **Vergütung** des *kurator*, wird auch die Vergütung des *pengurus* nach Ende des Verfahrens vom *pengadilan niaga* unter Beachtung ministerieller Richtlinien festgesetzt.[204] In der Praxis wird die Vergütung zwischen dem *pengurus* und dem Schuldner vereinbart und dann dem Gericht zur Bestätigung vorgelegt. Hinsichtlich der Höhe der Vergütung finden dieselben Verordnungen Anwendung, wie hinsichtlich der Vergütung des *kurator*.[205] Nach den derzeit geltenden Bestimmungen beträgt im Falle des erfolgreichen Vergleiches die Vergütung bis zu 5,5 % der Summe der verfahrensgegenständlichen Forderungen.

5. Erfüllung von Verträgen

89 Im Hinblick auf die Auswirkung der Verfahrenseröffnung auf Verträge des Schuldners enthält das Gesetz zum Konkurs und zum *PKPU* im Kern identische Regelungen.

90 Nach den allgemeinen Regelungen für ganz oder teilweise **unerfüllte Verträge** kann die andere Partei den *kurator* bzw. den *pengurus* zur Entscheidung über deren Erfüllung innerhalb einer zu vereinbarenden Frist auffordern. Können sich die Beteiligten über die Frist nicht einigen, wird diese vom *hakim pengawas* bestimmt. Lehnt der *kurator* bzw. der *pengurus* die Erfüllung ab, so ist der Vertragspartner auf Schadensersatz verwiesen. Im Konkursverfahren ist er insoweit als *kreditor konkuren* zu behandeln. Wählt der *kurator* bzw. der *pengurus* Erfüllung, hat er dem Vertragspartner Sicherheit für die Erfüllung zu leisten.[206]

91 Nach den Sonderregeln für **Mietverhältnisse** können nach Eröffnung des Konkursverfahrens sowohl der *kurator* des **bankrotten Mieters** als auch dessen Vermieter den Mietvertrag vorzeitig unter Einhaltung ortsüblicher Fristen kündigen. Die Kündigungsfrist ist hierbei allerdings auf maximal 90 Tage verkürzt. Sofern der Schuldner die Miete im Voraus entrichtet hat, kann das Mietverhältnis nicht mit Wirkung zu einem Zeitpunkt vor Ablauf des entsprechenden Zeitraums gekündigt werden. Mietzinsen werden ab dem Zeitpunkt der Eröffnung des Konkursverfahrens als Verbindlichkeiten der Konkursmasse behandelt.[207] Im Hinblick auf **Leasingverträge** bestehen unter den Konkursverwaltern unterschiedliche Auffassungen dazu, ob diese als Mietverträge zu behandeln sind oder deren Erfüllung wie bei einem Ratenkauf nach den allgemeinen Regeln abgelehnt werden kann.

92 Entsprechend dem Schutzzweck des *PKPU* kann während des *PKPU* lediglich der mietende Schuldner den Mietvertrag – mit Zustimmung des *pengurus* – vorzeitig kündigen.[208]

---

[198] Art. 242.
[199] → Rn. 43.
[200] Art. 245.
[201] Art. 246 iVm Art. 56–58, → Rn. 46 ff.
[202] Art. 242.
[203] Art. 243.
[204] Art. 234 Abs. 4.
[205] → Rn. 34.
[206] Art. 36, 249; das Erfüllungswahlrecht besteht nicht für Warentermingeschäfte, diese enden mit der Verfahrenseröffnung automatisch; Art. 37, 250.
[207] Art. 38.
[208] Art. 251.

8. Organhaftung und Gesellschafterhaftung 93–98 **Indonesien**

Arbeitsverträge können nach Eröffnung des Konkursverfahrens über das Vermögen des Arbeit- 93
gebers von beiden Seiten unter Einhaltung der gesetzlichen oder vertraglich vereinbarten Kündigungsfristen, mindestens aber unter **Einhaltung einer Frist von 45 Tagen einseitig gekündigt werden**. Im PKPU-Verfahren steht dieses Recht nicht dem Arbeitnehmer, sondern nur dem Schuldner mit Zustimmung des *pengurus* zu.[209]

6. Aufrechnungen

Zur **Aufrechnung** gelten insolvenzrechtliche Sonderregelungen, die den allgemeinen zivil- 94
rechtlichen Bestimmungen vorgehen. Danach kann ein Gläubiger die Aufrechnung mit Forderungen verlangen, die vor der Eröffnung des Konkursverfahrens fällig geworden sind oder aufgrund eines vor der Eröffnung verwirklichten Rechtsgrundes nach Eröffnung des Konkursverfahrens fällig werden. Bedingte oder betagte Forderungen werden entsprechend den für die Verteilung geltenden Regeln bewertet. Die Aufrechnung eines Zessionars unterliegt hierbei Einschränkungen. Entsprechende Regeln gelten auch im PKPU-Verfahren, wobei die Forderungen allerdings bereits vor Verfahrenseröffnung entstanden sein müssen.[210]

7. Anfechtung von Rechtsgeschäften, *actio Pauliana*

Im Konkursverfahren steht dem *kurator* zur Beseitigung von Gläubigerbenachteiligungen die 95
Anfechtungsklage, *actio Pauliana*, zur Verfügung. Hierzu hat der *kurator* ein **Aufhebungsverlangen an das *pengadilan niaga*** zu richten.[211]

Eine Anfechtung **setzt voraus**, dass (a) die Rechtshandlung vom Schuldner vor Eröffnung des 96
Konkursverfahrens vorgenommen wurde, (b) die Rechtshandlung Gläubigerinteressen beeinträchtigt, (c) der Schuldner und die andere Partei dies wussten oder hätten wissen müssen und (d) der Schuldner zur Vornahme der Rechtshandlung nicht gesetzlich oder vertraglich verpflichtet war.[212] Wurden Rechtshandlungen innerhalb **eines Jahres** vor Verfahrenseröffnung vorgenommen, wird unter bestimmten Voraussetzungen die Kenntnis bzw. fahrlässige Unkenntnis des Schuldners und der anderen Partei gesetzlich vermutet – *anggapan berdasarkan hukum*. Dies gilt für Rechtsgeschäfte, bei denen die Gegenleistung des Dritten die Leistung des Schuldners wesentlich unterschreitet, Forderungen vor Fälligkeit bezahlt oder für diese Sicherheiten bestellt wurden, sowie für Transaktionen mit Verwandten oder sonstigen dem Schuldner nahestehenden Parteien.[213]

8. Organhaftung und Gesellschafterhaftung

Organe der *perseroan terbatas* sind der Vorstand, *direksi* [engl. *management board*], der Aufsichtsrat, 97
dewan komisaris [engl. *supervisory board*], sowie die Gesellschafterversammlung, *rapat umum pemegang saham* [engl. *shareholders' meeting*].[214] Die Innenstruktur einer *perseroan terbatas* ist mit derjenigen einer deutschen Aktiengesellschaft vergleichbar.[215] Das Gesetz Nr. 40/2007 zu Kapitalgesellschaften enthält – teilweise auch insolvenzspezifische – Tatbestände zur Haftung des Vorstandes, des Aufsichtsrates und der Gesellschafter, den *pemegang saham* [engl. *shareholder*].

Mitglieder des *direksi* und des *dewan komisaris* haften zunächst allgemein gegenüber der Gesell- 98
schaft für Verluste, die dieser als Folge vorsätzlicher oder fahrlässiger Verletzung der mit ihren Geschäftsführungs- bzw. Aufsichtsaufgaben verbundenen Sorgfaltspflichten entstehen.[216] In Bezug auf Mitglieder des *direksi* sieht Art. 104 Abs. 2 des Gesetzes Nr. 40/2007 zu Kapitalgesellschaften außerdem eine gesamtschuldnerische Haftung für sämtliche Gesellschaftsverpflichtungen vor, **hinsichtlich deren Bedienung die Konkursmasse nicht ausreicht**, sofern der Konkurs schuldhaft verursacht wurde. Mitglieder des Vorstandes haften nicht, wenn sie nachweisen, dass (a) der Konkurs nicht auf ihrem Verschulden beruht, (b) sie ihren Geschäftsführungspflichten nach Treu und Glauben und unter Berücksichtigung der Ziele der Gesellschaft nachgekommen sind, (c) sie sich bei ihren

---

[209] Art. 39, 252.
[210] Art. 51 ff., 247 ff.
[211] Art. 41 Abs. 1.
[212] Art. 41.
[213] Art. 42; weitergehende Regeln gelten für die Schenkungsanfechtung; Art. 43 f.
[214] Art. 1 Nr. 2 des Gesetzes Nr. 40/2007 zu Kapitalgesellschaften; *Butt/Lindsey*, Indonesian Law, S. 324.
[215] *Kühl/Bakker/Kurniawan* in *Wegen/Spahlinger/Barth*, Gesellschaftsrecht des Auslands, Indonesien, 3. EL September 2020 Rn. 53.
[216] Art. 97 bzw. Art. 114 des Gesetzes Nr. 40/2007 zu Kapitalgesellschaften, *Butt/Lindsey*, Indonesian Law, S. 330 f.; *Kühl/Bakker/Kurniawan* in *Wegen/Spahlinger/Barth*, Gesellschaftsrecht des Auslands, Indonesien, 3. EL September 2020 Rn. 91 ff.

Geschäftsführungshandlungen in keinem mittelbaren oder unmittelbaren Interessenkonflikt befanden und (d) sie Maßnahmen zur Abwendung der Insolvenz ergriffen haben.[217]

99 Der Haftung unterliegen auch **ehemalige Vorstandsmitglieder**, sofern diese nicht vor mehr als **fünf Jahren** vor Eröffnung des Konkursverfahrens aus dem Vorstand ausgeschieden sind.[218]

100 Für Mitglieder des *dewan komisaris* gelten im Hinblick auf die Verletzung ihrer Aufsichtspflichten entsprechende Haftungsvorschriften.[219]

101 Ausnahmsweise sieht das Gesetz Nr. 40/2007 auch einen Haftungsdurchgriff auf die *pemegang saham* vor.[220] Dies gilt insbesondere, wenn die Vermögenswerte der Gesellschaft unmittelbar oder mittelbar für rechtswidrige Zwecke verwendet wurden und die Gesellschaft dadurch ihre Verbindlichkeiten nicht mehr bedienen kann.[221]

9. Internationales Insolvenzrecht

102 Die Republik Indonesien hat das UNCITRAL Model Law on Cross-Border Insolvency nicht übernommen.[222]

103 Die Republik Indonesien hat auch **keine bilateralen oder multilateralen Abkommen** mit anderen Staaten über Restrukturierungs- oder Insolvenzverfahren geschlossen.

104 Insolvenzverfahren außerhalb Indonesiens werden **nach den allgemeinen Grundsätzen für ausländische Urteile** behandelt, die basierend auf dem Prinzip der territorialen Souveränität in Indonesien grundsätzlich nicht vollstreckbar sind.[223]

10. COVID-19-Gesetzgebung

105 Die geltenden insolvenzrechtlichen Vorschriften Indonesiens wurden bislang[224] nicht um ein Gesetz zu COVID-19 ergänzt. Als Reaktion auf die COVID-19-Pandemie veröffentliche der Oberste Gerichtshof der Republik Indonesien, der *Mahkamah Agung*, allerdings ein Rundschreiben vom 23.3.2020.[225] Es enthielt Vorgaben, die bezweckten, die Verbreitung des COVID-19-Virus in juristischen Einrichtungen zu verhindern. Nach den Vorgaben des Rundschreibens konnten Richter Anhörungen verschieben, auch wenn dadurch gesetzlich vorgesehene Fristen nicht mehr eingehalten wurden. Das Rundschreiben lief am 4.6.2020 aus und wurde seither nicht verlängert. Auch des Rundschreibens hatte der Geltung das Handelsgericht von Zentraljakarta, *Pengadilan Niaga pada Pengadilan Negeri Jakarta Pusat*, die konkursrechtlichen Fristen.

---

[217] Art. 104 Abs. 2 und 4 des Gesetzes Nr. 40/2007 zu Kapitalgesellschaften.
[218] Art. 104 Abs. 3 des Gesetzes Nr. 40/2007 zu Kapitalgesellschaften.
[219] Art. 115 des Gesetzes Nr. 40/2007 zu Kapitalgesellschaften; *Butt/Lindsey*, Indonesian Law, S. 331.
[220] Art. 3 Abs. 1 des Gesetzes Nr. 40/2007 zu Kapitalgesellschaften; *Kühl/Bakker/Kurniawan* in *Wegen/Spahlinger/Barth*, Gesellschaftsrecht des Auslands, Indonesien, 3. EL September 2020 Rn. 98 f.
[221] Art. 3 Abs. 1 lit. d) des Gesetzes Nr. 40/2007 zu Kapitalgesellschaften.
[222] Dazu *Sefriani*, Yustisia Vol. 8 No. 1 (January-April 2019), 30 ff.
[223] Art. 436 Reglement Op De Rechtsvordering, Staatsblad of 1847 No. 52; Staatsblad of 1849 No. 63; dazu *Imanullah/Latifah/Ratri*, ILREV (2018) 2: 190, 197 ff.; *Sefriani*, Yustisia Vol. 8 No. 1 (January-April 2019), 30, 31.
[224] Bearbeitungsstand: August 2020.
[225] Rundschreiben des Obersten Gerichtshofs der Republik Indonesien Nr. 1 von 2020 hinsichtlich der Richtlinien für die Durchführung der Aufgaben innerhalb des Obersten Gerichtshofs und der gerichtlichen Institutionen zur Verhinderung der Ausbreitung des Corona-Virus (COVID-19), *Surat Edaran Mahkamah Agung Republik Indonesia Nomor 1 Tahun 2020 tentang Pedoman Pelaksanaan Tugas Selama Masa Pencegahan Penyebaran Corona Virus Disease 2019 (COVID-19) di Lingkungan Mahkamah Agung dan Badan Peradilan yang Berada di Bawahnya*, [online: URL: <https://www.mahkamahagung.go.id/media/7294>]; geändert durch Rundschreiben Nr. 2 v. 3.4.2020 [online: URL: <https://www.mahkamahagung.go.id/media/7307>], Nr. 3 v. 20.4.2020 [online: URL: < https://www.mahkamahagung.go.id/media/7345>], Nr. 4 v. 12.5.2020 [online: URL: < https://www.mahkamahagung.go.id/media/7345>] und Nr. 5 v. 29.5.2020 [online: URL: < https://www.mahkama hagung.go.id/media/7433>].

Indonesien

Grafische Darstellung des Ablaufes des Konkursverfahrens

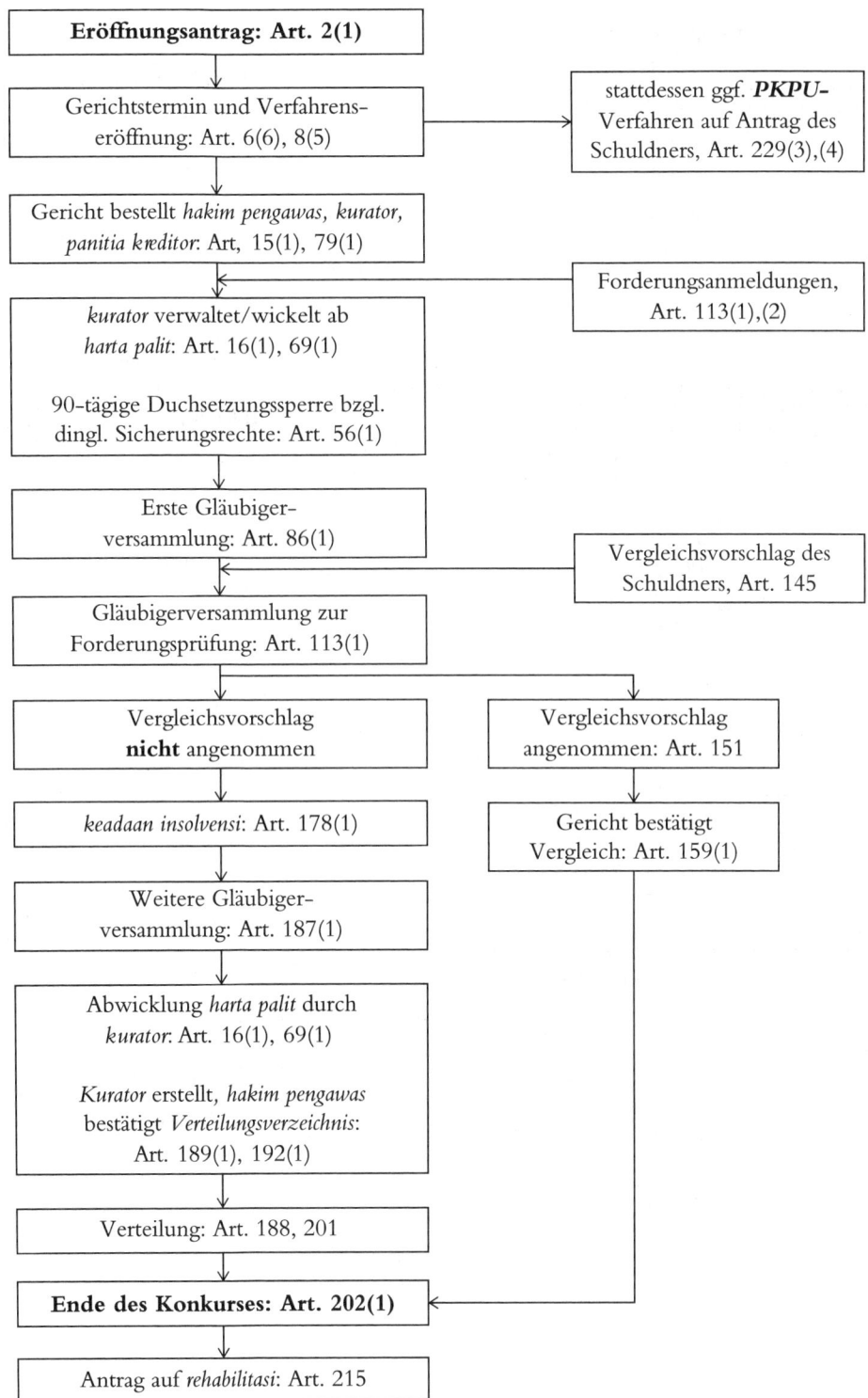

Indonesien

Grafische Darstellung des Ablaufes des *PKPU*-Verfahrens

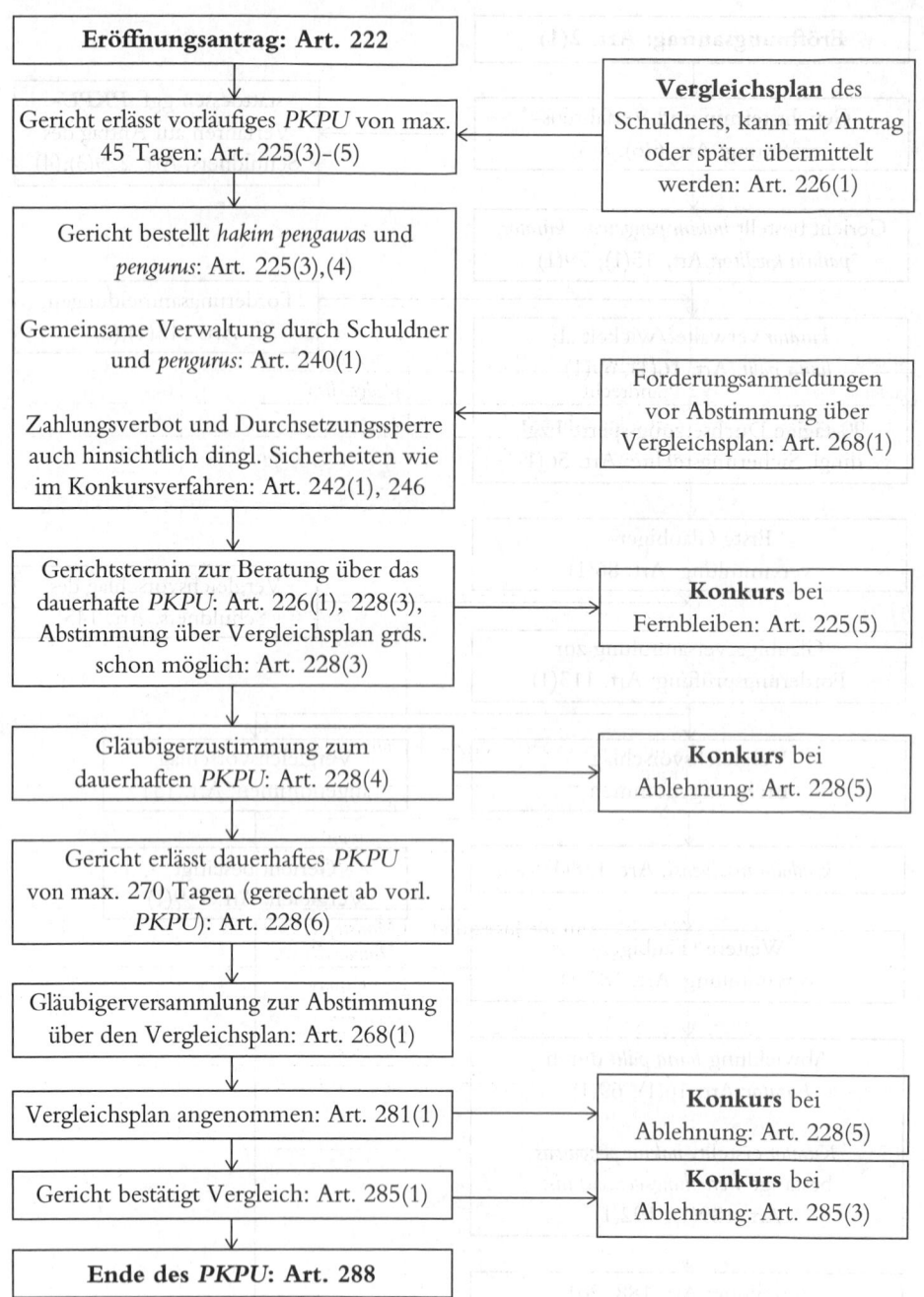

Indonesien

Glossar

Indonesisch	Deutsch	Englisch	Rn.
BHP (Balai Harta Peninggalan)	Treuhandbehörde	probate court, orphans chamber	38
daftar pembagian	Verteilungsverzeichnis	distribution list	29, 32, 64, 72
daftar piutang yang diakui	Verzeichnis anerkannter Forderungen	list of acknowledged claims	32, 38, **54 ff.**, 73
debitor pailit	bankrott erklärter Schuldner (im konkursverfahren)	bankrupt debtor	25, 32, 38, 39, 40, 42, 44, 45, 54, 55, 57, 59, 61
dewan komisaris	Aufsichtsrat	supervisory board	96 ff.
direksi	Vorstand	management board	96 ff.
gadai	Pfandrecht	pledge, lien	68
hak tanggungan	Grundpfandrecht	mortgage	68
hakim pengawas	aufsichtführender Richter	supervisory judge	10, 30, 33, 35, 36, 37, 38, 41, 42, 43, 48, 52, 53, 55, 56, 62, 63, 64, 80, 81, 82 83, 87, 90
harta pailit	Konkursmasse	bankruptcy estate	10, 30, 32, 38, **39 ff.**, 44, 45, 47, 55, **61 ff.**, 67, 68, 69, 71, 91, 98
jaminan fidusia	fiduziarisches Sicherungsrecht	fiduciary security	68
jurusita pengadilan	Gerichtsvollzieher	bailiff	27
kasasi	Kassation	cassation	29
keadaan insolvensi	Status der Insolvenz	state of insolvency	25, 38, 49, 61, 69
Kementerian Hukum dan Hak Asasi Manusia	Ministerium für Justiz und Menschenrechte	Ministry of Law and Human Rights	31
kepailitan	Konkurs	bankruptcy	9, 10, **18 ff.**, 89
kepaniteraan pengadilan	gerichtlicher Registrar	registrar	27, 58
kreditor	Gläubiger	creditor	
– konkuren	einfacher / ungesicherter Gläubiger	unsecured creditor	33, 35, 59, 62, 65, 70, 76, 81, 83
– preferen	bevorrechtigter Gläubiger	preferred creditor	7, 54, 55, 65, **66 f.**
– separatis	gesicherter Gläubiger / Inhaber dinglicher Rechte an Vermögensgegenständen der Konkursmasse	secured creditor	6, 34, **46 ff.**, 54, 55, 59, 65, **68 f.**, 76, 81, 83, **86**
kurator	Konkursverwalter	receiver, curator	3, 10, 30, **31 ff.**, 36, 38, **39 ff.**, 44 f., 48, **52 ff.**, 62 f., 64, 67, 69, 80, 90 f., 95
– sementara	vorläufiger Verwalter	interim curator	50

Indonesien

Indonesisch	Deutsch	Englisch	Rn.
LPS (Lembaga Penjamin Simpanan)	indonesische Einlagensicherungsinstitution	IDIC (Indonesian Deposit Insurance Cooperation)	14 f.
Mahkamah Agung	Oberster Gerichtshof der Republik Indonesien	supreme court	16, **29**, 84
OJK (Otoritas Jasa Keuangan)	indonesische Finanzaufsichtsbehörde	Indonesia Financial Services Authority	14 f., 20
panitia kreditor	Gläubigerausschuss	creditors' committee	**35 f.**, 37, 42, 58, 59, 82
pemberesan harta pailit	Abwicklung der Konkursmasse	settlement of the bankruptcy estate	10, 38, **61 ff.**, 69
pembuktian sederhana	einfacher oder summarischer Beweis	simple oder summary evidence	26
pemegang saham	Gesellschafter einer perseroan terbatas	shareholders	100
penangguhan	Moratorium (Durchsetzungssperre bezüglich dinglicher Rechte)	(automatic) stay	**46 ff.**, 69, **86**
pengadilan negeri	Bezirksgericht	district court	3, 28
pengadilan niaga	Handelsgericht	commercial court	3, 5, 10, 11 16, 18, **23 ff.**, **27 ff.**, 30, 31, 33, 48, 50, 56, 60, 61, 64, 74, 75 **79 ff.**, **84 f.**, 95
pengurus	Verwalter (im PKPU-Verfahren)	administrator	3, 11, 80, 81, 82, 84, **87**, 90, 92, 93
peninjauan kembali	Wiederaufnahme	civil review, reconsideration	29
penjelasan	Gesetzesbegründung	elucidation	6
perdamaian	Vergleich	composition, reconciliation	10, 11, 25, 29, 38, 47, 61, 62, **57 ff.**, 81, 82, **83 ff.**
permohonan [pernyataan] pailit	Antrag auf Bankrotterklärung bzw. Eröffnung des Konkursverfahrens	bankruptcy petition	**19 ff.**, **23**, 33, 50
perseroan terbatas	Kapitalgesellschaft	limited liability company	8, 10, 12, 21, 97 ff.
PKPU (penundaan kewajiban pembayaran utang)	Schuldenmoratorium	suspension of payments	9, 11, **75 ff.**
– sementara	vorläufiges Schuldenmoratorium	temporary suspension of payments	79 f.
– tetap	dauerhaftes Schuldenmoratorium	permanent suspension of payments	81
putusan [pernyataan] pailit	gerichtliche Bankrotterklärung des Schuldners bzw. Eröffnung des Konkursverfahrens	bankruptcy declaration	**23 ff.**, 27, 29, 30, 31, 51

Indonesien

Indonesisch	Deutsch	Englisch	Rn.
rapat kreditor	Gläubigerversammlung	*creditors' meeting*	**37 f.**, 52 ff., 55, 58, 59, 61, 62, 73
rapat pencocokan piutang	Gläubigerversammlung zur Forderungsprüfung	*verification meeting*	**52 ff.**, 58, 59, 61, 73
rapat permusyawaratan hakim	Beratungssitzung des Gerichts zum PKPU	*judge's deliberation meeting*	79, **81 f.**
rehabilitasi	Rehabilitation des Schuldners nach Abschluss des Konkursverfahrens	*rehabilitation*	17, **74**
rencana perdamaian	Vergleichsplan	*composition plan, reconciliation plan*	Siehe *perdamaian*
sita jaminan	vorbeugende Beschlagnahme	*(conservatory) attachment*	50

Glossar

Deutsch	Indonesisch	Englisch	Rn.
Abwicklung der Konkursmasse	*pemberesan harta pailit*	*settlement of the bankruptcy estate*	10, 38, **61 ff.**, 69
aufsichtführender Richter	*hakim pengawas*	*supervisory judge*	10, 30, 33, 35, 36, 37, 38, 41, 42, 43, 48, 52, 53, 55, 56, 62, 63, 64, 80, 81, 82 83, 87, 90
Aufsichtsrat	*dewan komisaris*	*supervisory board*	96 ff.
bankrott erklärter Schuldner (im Konkursverfahren)	*debitor pailit*	*bankrupt debtor*	25, 32, 38, 39, 40, 42, 44, 45, 54, 55, 57, 59, 61
Bankrotterklärung des Schuldners (Eröffnung des Konkursverfahrens)	*putusan [pernyataan] pailit*	*bankruptcy declaration*	**23 ff.**, 27, 29, 30, 31, 51
Beratungstermin des Gerichts zum PKPU	*rapat permusyawaratan hakim*	*judge's deliberation meeting*	79, **81 f.**
Beweis, einfacher oder summarischer	*pembuktian sederhana*	*simple oder summary evidence*	26
Bezirksgericht	*pengadilan negeri*	*district court*	3, 28
Antrag auf Eröffnung des Konkursverfahrens	*permohonan [pernyataan] pailit*	*bankruptcy petition*	**19 ff., 23**, 33, 50
fiduziarisches Sicherungsrecht	*jaminan fidusia*	*fiduciary security*	68
Gerichtsvollzieher	*jurusita pengadilan*	*bailiff*	27
Gesellschafter (einer *perseroan terbatas*)	*pemegang saham*	*shareholders*	100
Gesetzesbegründung	*penjelasan*	*elucidation*	6
Gläubiger	*kreditor*	*creditor*	
– bevorrechtigter	*kreditore preferen*	*preferred creditor*	7, 54, 55, 65, **66 f.**

Indonesien

Deutsch	Indonesisch	Englisch	Rn.
– einfacher / ungesicherter	kreditor konkuren	unsecured creditor	33, 35, 59, 62, 65, 70, 76, 81, 83
– gesicherter / Inhaber dinglicher Rechte an Vermögensgegenständen der Konkursmasse	kreditor separatis	secured creditor	6, 34, **46 ff.**, 54, 55, 59, 65, **68 f.**, 76, 81, 83, **86**
Gläubigerausschuss	panitia kreditor	creditors' committee	**35 f.**, 37, 42, 58, 59, 82
Gläubigerversammlung	rapat kreditor	creditors' meeting	**37 f.**, 52 ff., 55, 58, 59, 61, 62, 73
Gläubigerversammlung zur Forderungsprüfung	rapat pencocokan piutang	verification meeting	**52 ff.**, 58, 59, 61, 73
Grundpfandrecht	hak tanggungan	mortgage	68
Handelsgericht	pengadilan niaga	commercial court	3, 5, 10, 11 16, 18, **23 ff.**, **27 ff.**, 30, 31, 33, 48, 50, 56, 60, 61, 64, 74, 75 **79 ff.**, **84 f.**, 95
Kapitalgesellschaft	perseroan terbatas	limited liability company	8, 10, 12, 21, 97 ff.
Kassation	kasasi	cassation	29
Konkurs	Kepailitan	bankruptcy	9, 10, **18 ff.**, 89
Konkursmasse	harta pailit	bankruptcy estate	10, 30, 32, 38, **39 ff.**, 44, 45, 47, 55, **61 ff.**, 67, 68, 69, 71, 91, 98
Konkursverwalter	kurator	receiver, curator	3, 10, 30, **31 ff.**, 36, 38, **39 ff.**, 44 f., 48, **52 ff.**, 62 f., 64, 67, 69, 80, 90 f., 95
– vorläufiger	kurator sementara	interim curator	50
LPS (indonesische Einlagensicherungsinstitution)	LPS (Lembaga Penjamin Simpanan)	IDIC (Indonesian Deposit Insurance Cooperation)	14 f.
Ministerium für Justiz und Menschenrechte	Kementerian Hukum dan Hak Asasi Manusia	Ministry of Law and Human Rights	31
Moratorium (Durchsetzungssperre bezüglich dinglicher Rechte)	penangguhan	(automatic) stay	**46 ff.**, 69, **86**
Oberster Gerichtshof der Republik Indonesien	Mahkamah Agung	supreme court	16, **29**, 84
OJK (indonesische Finanzaufsichtsbehörde)	OJK (Otoritas Jasa Keuangan)	Indonesia Financial Services Authority	14 f., 20

Indonesien

Deutsch	Indonesisch	Englisch	Rn.
Pfandrecht	*gadai*	*pledge, lien*	68
Registrar	*kepaniteraan pengadilan*	*registrar*	27, 58
Rehabilitation des Schuldners (nach Abschluss des Konkursverfahrens)	*rehabilitasi*	*rehabilitation*	17, **74**
Schuldenmoratorium	*PKPU (penundaan kewajiban pembayaran utang)*	*suspension of payments*	9, 11, **75 ff.**
– dauerhaftes	*PKPU tetap*	*permanent suspension of payments*	81
– vorläufiges	*PKPU sementara*	*temporary suspension of payments*	79 f.
Status der Insolvenz	*keadaan insolvensi*	*state of insolvency*	25, 38, 49, 61, 69
Treuhandbehörde	*BHP (Balai Harta Peninggalan)*	*probate court, orphans chamber*	38
Vergleich	*perdamaian*	*composition, reconciliation*	10, 11, 25, 29, 38, 47, 61, 62, **57 ff.**, 81, 82, **83 ff.**
Vergleichsplan	*rencana perdamaian*	*composition plan, reconciliation plan*	siehe Vergleich
Verteilungsverzeichnis	*daftar pembagian*	*distribution list*	29, 32, 64, 72
Verwalter im PKPU-Verfahren	*pengurus*	*administrator*	3, 11, 80, 81, 82, 84, **87,** 90, 92, 93
Verzeichnis anerkannter Forderungen	*daftar piutang yang diakui*	*list of acknowledgment*	32, 38, **54 ff.**, 73
vorbeugende Beschlagnahme	*sita jaminan*	*(conservatory) attachment*	50
Vorstand	*direksi*	*management board*	96 ff.
Wiederaufnahme	*peninjauan kembali*	*civil review, reconsideration*	29

Glossar

Englisch	Deutsch	Indonesisch	Rn.
administrator	Verwalter im PKPU-Verfahren	*pengurus*	3, 11, 80, 81, 82, 84, **87,** 90, 92, 93
(conservatory) attachment	vorbeugende Beschlagnahme	*sita jaminan*	50
bailiff	Gerichtsvollzieher	*jurusita pengadilan*	27
bankrupt debtor	bankrott erklärter Schuldner (im Konkursverfahren)	*debitor pailit*	25, 32, 38, 39, 40, 42, 44, 45, 54, 55, 57, 59, 61
bankruptcy	Konkurs	*Kepailitan*	9, 10, **18 ff.**, 89
bankruptcy declaration	Bankrotterklärung des Schuldners (Eröffnung des Konkursverfahrens)	*putusan [pernyataan] pailit*	**23 ff.**, 27, 29, 30, 31, 51

Indonesien

Englisch	Deutsch	Indonesisch	Rn.
bankruptcy estate	Konkursmasse	harta pailit	10, 30, 32, 38, **39 ff.**, 44, 45, 47, 55, **61 ff.**, 67, 68, 69, 71, 91, 98
bankruptcy petition	Antrag auf Eröffnung des Konkursverfahrens	permohonan [pernyataan] pailit	**19 ff.**, **23**, 33, 50
cassation	Kassation	kasasi	29
civil review, reconsideration	Wiederaufnahme	peninjauan kembali	29
commercial court	Handelsgericht	pengadilan niaga	3, 5, 10, 11 16, 18, **23 ff.**, **27 ff.**, 30, 31, 33, 48, 50, 56, 60, 61, 64, 74, 75 **79 ff.**, **84 f.**, 95
composition plan, reconciliation plan	Vergleichsplan	rencana perdamaian	siehe Vergleich
composition, reconciliation	Vergleich	perdamaian	10, 11, 25, 29, 38, 47, 61, 62, **57 ff.**, 81, 82, **83 ff.**
creditor	Gläubiger	Kreditor	
– preferred	bevorrechtigter Gläubiger	kreditor preferen	7, 54, 55, 65, **66 f.**
– secured	gesicherter Gläubiger / Inhaber dinglicher Rechte an Vermögensgegenständen der Konkursmasse	kreditor separatis	6, 34, **46 ff.**, 54, 55, 59, 65, **68 f.**, 76, 81, 83, **86**
– unsecured	einfacher / ungesicherter Gläubiger	kreditor konkuren	33, 35, 59, 62, 65, 70, 76, 81, 83
creditors' committee	Gläubigerausschuss	panitia kreditor	**35 f.**, 37, 42, 58, 59, 82
creditors' meeting	Gläubigerversammlung	rapat kreditor	**37 f.**, **52 ff.**, 55, 58, 59, 61, 62, 73
distribution list	erteilungsverzeichnis	daftar pembagian	29, 32, 64, 72
district court	Bezirksgericht	pengadilan negeri	3, 28
elucidation	Gesetzesbegründung	penjelasan	6
fiduciary security	fiduziarisches Sicherungsrecht	jaminan fidusia	68
IDIC (Indonesian Deposit Insurance Cooperation)	LPS (indonesische Einlagensicherungsinstitution)	LPS (Lembaga Penjamin Simpanan)	14 f.
Indonesia Financial Services Authority	OJK (indonesische Finanzaufsichtsbehörde)	OJK (Otoritas Jasa Keuangan)	14 f., 20
judge's deliberation meeting	Beratungstermin des Gerichts zum PKPU	rapat permusyawaratan hakim	79, **81 f.**
limited liability company	Kapitalgesellschaft	perseroan terbatas	8, 10, 12, 21, 97 ff.

Indonesien

Englisch	Deutsch	Indonesisch	Rn.
list of acknowledgment	Verzeichnis anerkannter Forderungen	daftar piutang yang diakui	32, 38, **54 ff.**, 73
management board	Vorstand	direksi	96 ff.
Ministry of Law and Human Rights	Ministerium für Justiz und Menschenrechte	Kementerian Hukum dan Hak Asasi Manusia	31
mortgage	Grundpfandrecht	hak tanggungan	68
pledge, lien	Pfandrecht	gadai	68
probate court, orphans chamber	Treuhandbehörde	BHP (Balai Harta Peninggalan)	38
receiver, curator	Konkursverwalter	kurator	3, 10, 30, **31 ff.**, 36, 38, **39 ff.**, 44 f., 48, **52 ff.**, 62 f., 64, 67, 69, 80, 90 f., 95
interim	vorläufiger Verwalter	kurator sementara	50
registrar	Registrar	kepaniteraan pengadilan	27, 58
rehabilitation	Rehabilitation des Schuldners (nach Abschluss des Konkursverfahrens)	rehabilitasi	17, **74**
settlement of the bankruptcy estate	Abwicklung der Konkursmasse	pemberesan harta pailit	10, 38, **61 ff.**, 69
shareholders	Gesellschafter (einer perseroan terbatas)	pemegang saham	100
simple oder summary evidence	Beweis, einfacher oder summarischer	pembuktian sederhana	26
state of insolvency	Status der Insolvenz	keadaan insolvensi	25, 38, 49, 61, 69
(automatic) stay	Moratorium (Durchsetzungssperre bezüglich dinglicher Rechte)	penangguhan	**46 ff.**, 69, **86**
supervisory board	Aufsichtsrat	dewan komisaris	96 ff.
supervisory judge	aufsichtführender Richter	hakim pengawas	10, 30, 33, 35, 36, 37, 38, 41, 42, 43, 48, 52, 53, 55, 56, 62, 63, 64, 80, 81, 82 83, 87, 90
supreme court	Oberster Gerichtshof der Republik Indonesien	Mahkamah Agung	16, **29**, 84
suspension of payments	Schuldenmoratorium	PKPU (penundaan kewajiban pembayaran utang)	9, 11, **75 ff.**
– permanent	dauerhaftes Schuldenmoratorium	PKPU tetap	81
– temporary	vorläufiger Schuldenmoratorium	PKPU sementara	79 f.
unsecured creditors	– einfache / ungesicherte	kreditor konkuren	33, 35, 59, 62, 65, 70, 76, 81, 83
verification meeting	Gläubigerversammlung zur Forderungsprüfung	rapat pencocokan piutang	**52 ff.**, 58, 59, 61, 73

Irland

bearbeitet von *William Day,* Solicitor (Irland), *Philippa Pierse,* Solicitor (Irland), ARTHUR COX, Dublin; deutsche Bearbeitung: *Dr. Jonas Hermann,* Rechtsanwalt, Frankfurt am Main; *Ursula Schlegel,* Rechtsanwältin & Solicitor (England and Wales), Frankfurt am Main.

Übersicht

	Rn.
1. Schrifttum und Informationsquellen	1
1.1 Schrifttum	1
1.2 Informationsquellen	2
1.2.1 Gesetze	2
1.2.2 Weitere Informationen	3
2. Einführung	7
2.1 Gesetzlicher Rahmen, Gerichtsbarkeit, Behörden	7
2.1.1 Gesetzlicher Rahmen	7
2.1.2 Gerichtsbarkeit	8
2.1.3 Behörden	9
(i) Office of the Director of Corporate Enforcement	10
(ii) Insolvency Service of Ireland	11
2.2 Verfahrensarten	12
2.2.1 Abwicklung, *liquidation*	13
2.2.2 Das Sanierungsverfahren *examinership* und das speziell im Rahmen dieses Verfahrens vorgesehene *Scheme of Arrangement*	14
2.2.3 *Receivership*	15
2.2.4 „Part 9 Scheme of Arrangement"	16
2.2.5 Verfahren für Finanzinstitute und Versicherungsunternehmen	1
(i) Finanzinstitute	1
(ii) Versicherungsunternehmen	1
3. Verfahrensgrundzüge bei *liquidation*, *examinership* und *receivership*	17
3.1 Liquidation	17
3.1.1 Die Eröffnung der Verfahren	18
(i) *Compulsory liquidation*	18
(ii) *Creditors' voluntary liquidation*	20
3.1.2 Gesetzliche Mitteilungs- und Veröffentlichungspflichten	23
(i) *Compulsory liquidation*	23
(ii) *Creditors' voluntary liquidation*	26
3.1.3 Der Vorläufige Insolvenzverwalter *(provisional liquidator)*	29
3.1.4 Übergang der Geschäftsführungsbefugnis	32
3.1.5 Vollstreckungsmaßnahmen und Rechtsstreitigkeiten	33
3.1.6 Anmeldung und Feststellung von Forderungen *(proving of debts)*	34
(i) In der *compulsory liquidation*	34
(ii) In der creditors' voluntary liquidation	35
3.1.7 Gläubigerausschuss *(committee of inspection)*	36

	Rn.
(i) In der *compulsory liquidation*	36
(ii) In der *creditors' voluntary liquidation*	37
3.2 Das Sanierungsverfahren *examinership*	39
3.2.1 Antrag auf Bestellung des *examiner*	42
3.2.2 *Moratorium*	45
3.2.3 Gesetzliche Mitteilungs- und Antragspflichten und Anhörung im Zusammenhang mit der Verfahrenseröffnung	47
3.2.4 Befugnisse des *examiner* und Verhältnis zur Geschäftsführung	51
3.2.5 Gläubigerausschuss	53
3.2.6 *Scheme of Arrangement,* Genehmigung durch Gläubiger, Gesellschafter und Gericht	54
(i) Gegenstand des Vergleichsvorschlags	55
(ii) Genehmigung durch betroffene Gläubiger und/oder Gesellschafter	56
(iii) Gerichtliche Genehmigung	57
3.2.7 Überleitung der *examinership* in das Verfahren *liquidation* bei Scheitern der Sanierung	58
3.3 Zwangsverwaltung *(receivership)*	59
3.3.1 Bestellung des *receiver*	59
3.3.2 Gesetzliche Mitteilungs- und Antragspflichten im Zusammenhang mit der Verfahrenseröffnung	61
3.3.3 Einfluss des Zwangsverwalters *(receiver)* auf die Geschäftsführung *(directors)*	62
4. Haftung von Geschäftsführern	65
4.1 Zivilrechtliche Haftung der Geschäftsführer	65
4.1.1 Betrug oder leichtfertige Geschäfte *(fraudulent or reckless trading)*	66
4.1.2 Solvenzerklärung eines Unternehmens ohne nachvollziehbare Gründe *(declaring a company solvent without reasonable grounds)*	67
4.1.3 Amtsmissbrauch oder Pflichtverletzung *(misfeasance or breach of duty)*	68
4.1.4 Verletzung der Buchführungspflicht *(failure to keep adequate accounting records)*	69
4.2 Strafrechtliche Haftung von Geschäftsführern	70
4.2.1 Betrügerisches Handeln *(fraudulent trading)*	71
4.2.2 Verletzung der Auskunftspflichten *(offence for failure to make disclosure, or deliver certain things, to liquidator)*	72

Irland 1–3

	Rn.		Rn.
4.3 Auswirkungen auf zukünftige Tätigkeiten als Geschäftsführer *(director)*	73	7.2 *Debt relief notice, debt settlement arrangement* und *personal insolvency arrangement*	101
4.3.1 Tätigkeitsuntersagung *(restriction declaration)* hinsichtlich Geschäftsführungstätigkeiten oder Beteiligung an Unternehmensgründungen	73	7.3 *Debt relief notices*	102
		7.4 *Debt settlement arrangements*	104
		7.5 *Personal insolvency arrangements*	106
4.3.2 Disqualifizierung *(disqualification)* eines Geschäftsführers *(director)*	76	8. Die Anfechtung von Rechtsgeschäften *(setting aside antecedent transactions)*	108
5. Gläubiger	78	8.1 Anfechtung von Rechtsgeschäften nach dem *Companies Act*	108
5.1 Besicherte Gläubiger	78		
5.2 Vorrangige Gläubiger	82	8.1.1 Betrügerische Gläubigerbegünstigung *(unfair preference)*	108
5.3 „Ersetzbare" Gläubiger *(subrogated creditor)*	83	8.1.2 Verfügungen mit betrügerischer Wirkung *(disposals having a fraudulent effect)*	109
5.4 Befriedigung der Gläubiger	84		
6. Verträge im Insolvenzverfahren	86	8.1.3 Nichtigerklärung *(invalidation)* von *floating charges*	110
6.1 Grundzüge	86		
6.1.1 *Compulsory liquidation*	86	8.1.4 Unwirksame Verfügungen *(incapacity)* durch die Geschäftsführung	111
6.1.2 *Examinership*	87	8.2 Sonstige Anfechtungsmöglichkeiten	112
6.1.3 *Receivership*	88	9. Restrukturierung außerhalb der gesetzlich vorgesehenen Verfahren ...	114
6.2 Arbeitsverträge	89	9.1 Allgemeines	114
6.2.1 *Compulsory liquidation*	89		
6.2.2 *Creditors' voluntary liquidation*	90	9.2 Typische Restrukturierungsmaßnahmen im Rahmen von Konsensualvereinbarungen	115
6.2.3 *Examinership*	91		
6.2.4 Zwangsverwaltung *(receivership)*	92	9.2.1 Schuldenabbau *(debt reduction)*	115
6.3 Aufrechnung *(set-off)*	93	9.2.2 Verlängerung/Verschiebung der Rückzahlungszeiträume *(debt rescheduling)*	116
7. Privatinsolvenz *(bankruptcy)*	94		
7.1 Grundzüge des Verfahrens	95	9.2.3 Veräußerungsprogramme *(disposal programmes)*	117
7.1.1 Antrag durch den Gläubiger	96		
7.1.2 Antrag durch den Schuldner	97	9.2.4 *Stapled debt packages*	118
7.1.3 Folgen der Privatinsolvenz *(bankruptcy)* ..	98	10. Internationales Insolvenzrecht	119
7.1.4 Veröffentlichung der Verfahrenseröffnung	99	11. Umsetzung der Richtlinie über Restrukturierung und Insolvenz	121
7.1.5 Dauer des Verfahrens	100	12. COVID-19 Maßnahmen	122

1. Schrifttum und Informationsquellen

1.1 Schrifttum

1   Irene Lynch-Fannon and Gerard Murphy, Unternehmensinsolvenz- und Rettung *(Corporate Insolvency and Rescue)* (2. Auflage, Bloomsbury 2012); *Michael Forde, Hugh Kennedy* and *Daniel Simms,* das irische Unternehmensinsolvenzrecht *(The Irish Law of Company Insolvency)* (3. Auflage, Round Hall Ltd 2015); *Thomas Courtney,* Gesellschaftsrecht *(The Law of Companies)* (4. Auflage, Bloomsbury 2016).

1.2 Informationsquellen

1.2.1 Gesetze

2   Irische Gesetze werden auf der Website www.irishstatutebook.ie veröffentlicht.

1.2.2 Weitere Informationen

3   Auf der Website des zentral geführten Handelsregisters, **Companies Registration Office** *(Registrar of Companies),* www.cro.ie finden sich öffentlich zugängliche Informationen über den **Status von Unternehmen.**

2. Einführung

Auf der Website des *Irish Courts Service,* www.courts.ie, können **Gerichtsentscheidungen,** 4 auch in Insolvenzsachen, abgerufen werden.

Einen guten Überblick zu dem Bereich **Unternehmensinsolvenzen** bietet die Website des 5 *Office of the Director of Corporate Enforcement,*[1] www.odce.ie. Dort finden sich zusammenfassende „*Quick Guides*" und daneben ausführlichere „*Information Books*", unter anderem zu den Bereichen „*Creditors*", „*Liquidators, Receivers and Examiners*" und „*Company Directors*".

Schließlich finden sich zu dem Bereich **Privatinsolvenzen** hilfreiche Informationen auf der 6 Website des *Insolvency Service of Ireland,* www.isi.gov.ie. Dort finden sich kürzere und ausführliche Publikationen, unter anderem zu den Themen „*Debt Relief Notice*", „*Debt Settlement Arrangement*", „*Personal Insolvency Arrangement*" und „*Bancruptcy*".

2. Einführung

2.1 Gesetzlicher Rahmen, Gerichtsbarkeit, Behörden

2.1.1 Gesetzlicher Rahmen

Das für **Unternehmensinsolvenzen** maßgebliche Regelwerk sind der *Companies Act 2014*[2] 7 und die *Orders 74, 74A, 74B* sowie *75* der *Rules of the Superior Courts 1986* bis *2015*. Der *Companies Act 2014* beinhaltet die **umfassendsten Änderungen** des irischen Gesellschaftsrechts in den letzten fünfzig Jahren. Neben zahlreichen Änderungen im klassischen Gesellschaftsrecht wurde (auch vor dem Hintergrund der Erfahrungen aus der jüngsten Bankenkrise) auch das Recht der Unternehmensinsolvenzen überarbeitet, insbesondere mit dem Ziel, die Verfahrensabläufe zu entschlacken.

2.1.2 Gerichtsbarkeit

Die erstinstanzlichen Gerichte Irlands sind der *District Court,* der *Circuit Court* und der *High* 8 *Court*. Die Zuständigkeit richtet sich grundsätzlich nach der Höhe des Streitwerts (in Insolvenzsachen nach der Größe des Unternehmens) mit der Besonderheit, dass die Zuständigkeit des *High Court* **unabhängig vom Streitwert** immer zusätzlich gegeben ist. In der Praxis hat sich eine regelmäßig gewählte Zuständigkeit des *High Court* in Handels- und damit **Insolvenzsachen** entwickelt. Außerdem wird die überwiegende Anzahl der Anträge auf *examinership*[3] beim *High Court* gestellt, auch dann, wenn es sich um ein kleineres Unternehmen *(small company)* handelt, für das an sich die Zuständigkeit des *Circuit Court* bestünde. Die Verwaltungsstelle des *High Court* ist das *Central Office*. Hier werden alle verfahrensrelevanten Anträge eingereicht, einschließlich der Anträge, mit denen die verschiedenen zur Verfügung stehenden Verfahrenstypen eingeleitet werden.

2.1.3 Behörden

Im irischen Insolvenzverfahren spielen insbesondere zwei Behörden eine umfassende Rolle, das 9 *Office of the Director of Corporate Enforcement* und der *Insolvency Service of Ireland*.

(i) *Office of the Director of Corporate Enforcement*

Das *Office of the Director of Corporate Enforcement (Oifig an Stiúrthóra un Fhorfheidhmiú Corparái-* 10 *deach)* ist an das Wirtschaftsministerium angeschlossen, jedoch von ihm unabhängig. Seine Aufgaben sind im *Company Law Enforcement Act 2001* bestimmt. Sie bestehen im Wesentlichen aus zwei Funktionen, der ***compliance role*** und der ***enforcement role***. Während die *compliance role* Aufgaben wie das Abhalten von Schulungen umfasst, ist für Insolvenzverfahren die *enforcement role* von großer Bedeutung. In dieser Rolle verfügt der *Director of Corporate Enforcement* über weitreichende rechtliche Befugnisse. So ist er insbesondere zuständig für die **Verfolgung von Verstößen** gegen die Bestimmungen des *Companies Act,* die Aufsicht über Unternehmen im Insolvenzverfahren, **Tätigkeitsbeschränkungen** *(restrictions)* und **Disqualifikationen** *(disqualifications)* von Geschäftsführern *(directors)* und anderen Führungskräften insolventer Unternehmen sowie die Aufsicht über Verwalter *(liquidators)* und Zwangsverwalter *(receiver)*.

(ii) *Insolvency Service of Ireland*

Der *Insolvency Service of Ireland (Seirbhís Dócmhainneachta na hÉireann)* ist eine unabhängige 11 Körperschaft des öffentlichen Rechts, die auf Grund des neuen *Personal Insolvency Act 2012* geschaffen

---

[1] → Rn. 10.
[2] *Companies Act 2014 (No. 38 of 2014)* vom 23.12.2014, nachfolgend „*Companies Act*".
[3] Zu diesem Sanierungsverfahren → Rn. 39 ff.

Irland 12–15

wurde.[4] Seine Hauptaufgabe ist die **Regulierung** und **Überwachung** des irischen Verfahrens der Privatinsolvenzen.[5]

2.2 Verfahrensarten

12   Im Bereich der Unternehmensinsolvenzen unterscheidet das irische Recht vier Verfahrensarten.

2.2.1 Abwicklung, *liquidation*

13   Die *liquidation* (oder *winding-up*) ist das förmliche Verfahren für die Unternehmensabwicklung nach irischem Recht, an dessen Ende die **Auflösung** der Gesellschaft steht. Es wird zwischen **drei verschiedenen Arten** der **Abwicklung** unterschieden:
(i)   Die **gerichtlich angeordnete Abwicklung** eines **insolventen Unternehmens** (*compulsory liquidation by the court*[6]).
(ii) Die **„freiwillige"** **Abwicklung durch die Gläubiger** (*creditors' voluntary liquidation*[7]). Sie setzt eine Entscheidung der Gesellschafter voraus, das Geschäft aufgrund der **Verschuldung** des Unternehmens nicht fort- sondern es stattdessen in die *liquidation* zu führen.
(iii) Bei der **„freiwilligen"** **Abwicklung durch die Gesellschafter** (*voluntary liquidation*[8]) handelt es sich um die klassische **Abwicklung einer solventen Gesellschaft,** die hier nur der Vollständigkeit halber erwähnt wird, da sie im Insolvenzrecht geregelt ist.[9] Am Anfang der *voluntary liquidation* steht ein Gesellschafterbeschluss, sie setzt außerdem eine **Solvenzbestätigung** *(declaration of solvency)* durch die **Geschäftsführung** voraus.[10] Gelangt der *liquidator* im Verlauf dieses Verfahrens zu der Überzeugung, dass das Unternehmen nicht solvent ist, geht das Verfahren in eine *creditor's voluntary liquidation* über.

2.2.2 Das Sanierungsverfahren *examinership* und das speziell im Rahmen dieses Verfahrens vorgesehene *Scheme of Arrangement*

14   Die *examinership*[11] ist eine Besonderheit des irischen Insolvenzrechts. Ziel der *examinership* ist es, einem Unternehmen, das für hinreichend sanierungswürdig erachtet wird, in zeitlich begrenztem Umfang durch ein Moratorium **Schutz vor seinen Gläubigern** zu gewähren, um unter gerichtlicher Aufsicht einen **Restrukturierungsvorschlag** in Form eines *Scheme of Arrangement* auszuarbeiten. Hierzu wird vom Gericht ein *examiner* bestellt. Wird das *Scheme of Arrangement* durch die vorgeschriebene Mehrheit der Gläubiger angenommen und danach gerichtlich bestätigt, kann die Restrukturierung auch gegen den Willen der übrigen Gläubiger durchgeführt werden. Die *examinership* nach irischem Recht wird als ein Insolvenzverfahren in Anhang der Europäischen Insolvenzverordnung (EuInsVO) geführt.

Hat das Gericht einen *examiner* bestellt, kann es diesen unter folgenden Voraussetzungen auch in weiteren verbundenen Unternehmen des Schuldners bestellen:
(i)   das verbundene Unternehmen hat seinen COMI ebenfalls in Irland;
(ii) die Bestellung ist geeignet, das Fortbestehen des insolventen Unternehmens als Unternehmen zu ermöglichen; und
(iii) für das verbundene Unternehmen besteht die begründete Aussicht, dass sein Geschäftsbetrieb ganz oder zum Teil fortbestehen kann.
Es ist nicht Voraussetzung, dass auch das verbundene Unternehmen insolvent ist. Die Definition von „Unternehmen" für diese Zwecke umfasst auch nicht eintragungspflichtige Unternehmen sowie Unternehmen, die ausserhalb Irlands registriert sind.

2.2.3 *Receivership*

15   Die *Receivership*[12] ermöglicht Gläubigern eine Form der **Zwangsverwaltung,** um die ihnen vom Unternehmen gestellten Sicherheiten zu verwerten. Die Geschäftsführung verliert die Verwal-

---

[4] *Sec. 8 Personal Insolvency Act 2012.*
[5] → Rn. 94 ff.
[6] *Sec. 568 Companies Act.*
[7] *Sec. 585 Companies Act.*
[8] *Sec. 565 Companies Act.*
[9] Auf diese Form der Unternehmensabwicklung wird nachfolgend nur noch an einzelnen, im Rahmen von Insolvenzen relevanten Stellen eingegangen.
[10] *Sec. 579 Companies Act,* siehe auch → Rn. 67 zur Haftung bei falsch abgegebener Bestätigung.
[11] Zur *examinership* im Einzelnen → Rn. 39 ff.
[12] Die für die *receivership* wesentlichen Vorschriften finden sich in *Part 8 Companies Act.*

2. Einführung

tungs- und Verfügungsbefugnis über die so verwalteten Vermögensgegenstände, bleibt aber ansonsten vollumfänglich für die Führung der Geschäfte des Unternehmens zuständig. Aufgabe des Zwangsverwalters *(receiver)* ist es, das Vermögen, das Gegenstand der Sicherheit ist, zu verwerten und dadurch die Forderungen des besicherten Gläubigers zu befriedigen.

2.2.4 „Part 9 Scheme of Arrangement"

Das *Part 9 Scheme of Arrangement* ist, wie der Name schon sagt, in *Part 9* des *Companies Act* geregelt.[13] Es darf **nicht mit dem *Scheme of Arrangement*, das Ziel des Sanierungsverfahrens *examinership* ist**[14] **verwechselt werden.** Das Verfahren soll es einem Unternehmen ermöglichen, sich mit seinen Gläubigern oder Gesellschaftern (oder einzelnen Klassen von Gläubigern oder Gesellschaftern) zu vergleichen, wofür jeweils eine Summenmehrheit von 75%[15] **aller** Gruppen *(classes)* von Gläubigern und Gesellschaftern des Unternehmens erforderlich ist.[16] Für die Einberufung der Gläubiger- und/oder Gesellschafterversammlungen zur Abstimmung über einen Vergleichsvorschlag und für die Genehmigung eines erarbeiteten Vergleiches bedarf es jeweils der Genehmigung des *High Court*. Ein solches „*Part 9 Scheme of Arrangement*" gilt verbindlich für alle Gläubiger und Gesellschafter, auch wenn sie diesem widersprochen haben, zur Abstimmung nicht anwesend waren oder unauffindbar sind. In Insolvenzszenarien findet man „*Part 9 Scheme of Arrangements*" **eher selten**, da die Vorteile der *examinership* und des dabei zur Verfügung stehenden *Scheme of Arrangement* regelmäßig überwiegen: Danach ist **nur** die Zustimmung der Klasse(n) von Gläubigern oder Gesellschaftern erforderlich, deren Rechte durch den vorgeschlagenen Vergleich betroffen werden, und dann auch **nur** die Zustimmung einer Summenmehrheit innerhalb der jeweiligen Klasse von 50%. Deshalb wird auf das „*Part 9 Scheme of Arrangement*" in diesem Bericht nicht näher eingegangen.

2.2.5 Verfahren für Finanzinstitute und Versicherungsunternehmen

(i) Finanzinstitute

Auf Finanzinstitute anwendbare Insolvenzverfahren sind (i) die *examinership* nach dem *Companies Act 2014* und (ii) die Liquidation nach den Vorschriften der *The European Union (Bank Recovery and Resolution) Regulations 2015*, dem *Central Bank and Credit Institutions (Resolution) Act 2011* und der *Credit Institutions (Winding-up) Directive 2001 (Directive 2001/24/EC)* in der jeweils gültigen Fassung.

(ii) Versicherungsunternehmen

Welche Rechtsvorschriften auf die Insolvenz und die Restrukturierung eines Versicherungsunternehmens Anwendung finden hängt davon ab, ob es sich um einen „Versicherer" oder einen „Rückversicherer" handelt. Das Verfahren zur Abwicklung eines Versicherers wird in erster Linie durch den Companies Act 2014 geregelt, andere gesetzliche Bestimmungen haben jedoch erhebliche Auswirkungen auf den Liquidationsprozess, darunter der *Insurance Act 1936* und die *European (Insurance and Reinsurance) Regulations 2015*.

Die Irische Zentralbank, die *Central Bank of Ireland*, kann beim *High Court of Ireland* einen Antrag auf Bestellung eines Verwalters, *administrator*, für ein Versicherungsunternehmen gemäß *Insurance (No.2) Act 1983* einreichen: Der *administrator* wird bestrebt sein, den Geschäftsbetrieb während der dann erfolgenden Restrukturierung fortzuführen. Damit ein solcher Antrag Erfolg hat, muss der *High Court* davon überzeugt werden, dass es das Versicherungsunternehmen *unter anderem* versäumt hat, Rückstellungen für seine Verbindlichkeiten zu bilden (einschließlich zukünftige Verbindlichkeiten und Eventualverbindlichkeiten), dass Rechte und Interessen der Versicherungsnehmer gefährdet oder beeinträchtigt werden oder dass das Versicherungsunternehmen nicht in der Lage war, aufsichtsrechtliche Vorschriften in wesentlichen Belangen zu erfüllen.

Ein Antrag auf Anordnung von *examinership* kann nur von der Irischen Zentralbank gestellt werden, das Verfahren unterliegt den Bestimmungen des *Companies Act 2014*.[17]

Für ein Versicherungsunternehmen kann auch ein *Part 9 Scheme of Arrangement* nach den Bestimmungen des *Companies Act 2014* durchgeführt werden.[18]

---

[13] Geregelt in *Sec. 449–455, Part 9 Companies Act*.
[14] → Rn. 54 ff.
[15] *Sec. 449 Companies Act*.
[16] *Sec. 453 Companies Act*.
[17] Zur *examinership* im Einzelnen → Rn. 39 ff.
[18] Zum *Part 9 Scheme of Arrangement* → Rn. 16.

3. Verfahrensgrundzüge bei *liquidation, examinership* und *receivership*

3.1 Liquidation

17 Die verschiedenen Arten des Abwicklungsverfahrens *(liquidation)* werden von einem Verwalter *(liquidator)* durchgeführt, auf den die Geschäftsführungsbefugnis übergeht. Er muss das Vermögen der Gesellschaft verwerten und, soweit möglich, die Gläubiger befriedigen. Das Amt eines *liquidator* darf nur bekleiden, wer gesetzlich geregelte **persönliche und fachliche Voraussetzungen** erfüllt, beispielsweise Rechtsanwalt oder Wirtschaftsprüfer ist und einer entsprechenden Berufskammer angehört.[19] Der *liquidator* unterliegt bei Erfüllung seiner Pflichten – jeweils abhängig von der Art des Abwicklungsverfahrens – in variierendem Umfang der **Überwachung** durch das Gericht, die Gläubiger, die Gesellschafter und den *Director of Corporate Enforcement*.[20]

3.1.1 Die Eröffnung der Verfahren

(i) Compulsory liquidation

18 Die gerichtlich angeordnete Abwicklung, die *compulsory liquidation*, wird durch **Antrag** beim **High Court** eingeleitet.[21] Im **Regelfall** stellt diesen Antrag ein **Gläubiger**. Daneben sind antragsberechtigt das Unternehmen selbst,[22] ein *contributory*,[23] der *Director of Corporate Enforcement*[24] und der *Registrar of Companies*.[25]

19 Der Antrag wird üblicherweise damit begründet, das Unternehmen sei **nicht mehr in der Lage**, seine **Schulden zu begleichen**. Der entsprechende Nachweis gilt in jedem der folgenden Fälle als geführt:[26]

– Trotz schriftlicher Zahlungsaufforderung durch **einen Gläubiger**, dessen fällige Forderung **EUR 10.000** übersteigt, versäumt es das Unternehmen, innerhalb von **21 Tagen** die Forderung entweder zu befriedigen oder dem Gläubiger eine Art von Sicherheit zu gewähren, die der Gläubiger angemessener Weise erwarten darf.[27]
– Trotz schriftlicher Zahlungsaufforderung durch **zwei oder mehr Gläubiger**, deren fällige Forderungen gemeinsam **EUR 20.000** übersteigen, versäumt es das Unternehmen, innerhalb von **21 Tagen** die Forderungen entweder zu befriedigen oder den Gläubigern eine Art von Sicherheit zu gewähren, die sie angemessener Weise erwarten dürfen.[28]
– Eine **Vollstreckung** oder ein anderes auf gerichtliches Urteil oder gerichtliche Verfügung zugunsten eines Gläubigers eingeleitetes Verfahren bleibt ganz oder teilweise **erfolglos**.[29]
– Es wird zur Überzeugung des Gerichts **nachgewiesen**, dass das Unternehmen **nicht in der Lage** ist, seine Schulden zu begleichen, wobei das Gericht bei der Prüfung, ob ein Unternehmen unfähig ist, seine **Schulden zu begleichen**, Eventualverbindlichkeiten zu berücksichtigen hat.[30]

(ii) Creditors' voluntary liquidation

20 Die freiwillige Abwicklung durch die Gläubiger, die *creditors' voluntary liquidation*, wird durch einen **Gesellschafterbeschluss eingeleitet**. Dieser wird auf einer Gesellschafterversammlung in Form eines *general meeting*[31] gefasst, die von der gesamten Geschäftsführung (dem *board of directors*) einberufen wird, wenn die Geschäftsführung der Meinung ist, das Unternehmen sei **zahlungsunfä-**

---

[19] Die Vorschriften über den *liquidator* finden sich maßgeblich in *Sec. 11, Kapitel B Companies Act*. Die konkreten Anforderungen daran, das Amt ausüben zu dürfen (es sind fünf Kategorien, von denen die in Frage kommende Person mindestens eine erfüllen muss) werden in *Sec. 633 Companies Act* dargelegt.
[20] Zur Rolle des *Director of Corporate Enforcement* → Rn. 10 sowie ausführlich die Informationen auf der entsprechenden Website (→ Rn. 3).
[21] Dort beim *Central Office*, hierzu → Rn. 8.
[22] *Sec. 570 Companies Act.*
[23] *Sec. 559 Companies Act; contributory* bezeichnet jede Person, die zum Vermögen der Gesellschaft beitragen muss, wenn die Gesellschaft liquidiert wird. Die Beweislast, nicht beitrags- oder nachschussverpflichtet zu sein liegt bei der Person, die als *contributory* in die Pflicht genommen wird; die Verpflichtung besteht bis zur abschließenden Klärung der Eigenschaft als *contributory*.
[24] *Sec. 761 und 569 (1) (g) Companies Act.*
[25] *Sec. 569 (1) (g) Companies Act.*
[26] *Sec. 570 Companies Act.*
[27] *Sec. 570 (a) Companies Act.*
[28] *Sec. 570 (b) Companies Act.*
[29] *Sec. 570 (c) Companies Act.*
[30] *Sec. 570 (d) Companies Act.*
[31] *Sec. 586 (2) Companies Act.*

hig und nicht mehr in der Lage, seine Schulden fristgerecht zu begleichen. Der Gesellschafterbeschluss beinhaltet in der Regel auch die **Bestellung des** *liquidator*.[32]

In diesem Zeitpunkt muss die Geschäftsführung eine Erklärung zur Situation der Gesellschaft abgeben (*statement of affairs*). Diese muss Details zur finanziellen Lage der Gesellschaft, eine Liste von Gläubigern sowie eine Schätzung der gesamten Verbindlichkeiten der Gesellschaft enthalten.[33]

Am Tag der Gesellschafterversammlung oder am darauffolgenden Tag findet auch eine **Gläubigerversammlung** *(creditors' meeting)* statt,[34] die das Unternehmen ebenfalls einberufen muss. Außerdem muss die Versammlung in mindestens zwei Tageszeitungen angekündigt werden, die entweder am Unternehmenssitz oder dort verbreitet sind, wo das Unternehmen den Mittelpunkt seiner Geschäftstätigkeit hat. Die **Einberufungsfrist** für die Gläubigerversammlung beträgt **zehn Tage** (den Tag der Versammlung nicht mitgerechnet). In der Gläubigerversammlung stellt die Geschäftsführung das *statement of affairs* vor und nimmt dazu Stellung.

3.1.2 Gesetzliche Mitteilungs- und Veröffentlichungspflichten

(i) *Compulsory liquidation*

Im Rahmen der gerichtlich angeordneten Abwicklung muss der Antragsteller der Gesellschaft **eine Kopie des Eröffnungsantrages** zustellen.[35] Daneben weist der *Registrar of the High Court*[36] den Antragsteller an, den Antrag ordnungsgemäß zu veröffentlichen, üblicherweise im **staatlichen Amtsblatt** (*Iris Oifigiúil*) sowie in zwei nationalen Zeitungen. Die **Bekanntmachungen** müssen mindestens sieben volle Tage vor dem Termin der Gerichtsverhandlung erscheinen.[37]

Sobald ein *liquidator* bestellt ist, muss dieser unverzüglich eine Kopie des Gerichtsbeschlusses an das *Companies Registration Office*[38] senden und dieses auch über seine Bestellung informieren.[39]

Innerhalb von zehn Tagen nach der **gerichtlichen Anordnung** der *liquidation* muss der Antragsteller diese in den selben Medien veröffentlichen, in denen der Antrag veröffentlicht wurde (es sei denn, das Gericht ordnet etwas anderes an), er muss außerdem der Gesellschaft eine Kopie der gerichtlichen Anordnung zustellen (es sei denn, diese war selbst Antragsteller), und schließlich den *Sheriff*[40] über die *compulsory liquidation* in Kenntnis setzen.[41]

(ii) *Creditors' voluntary liquidation*

Im Rahmen der freiwilligen Abwicklung durch die Gläubiger muss jeder Gesellschafterbeschluss zur Ernennung eines *liquidator* innerhalb von 14 Tagen im staatlichen Amtsblatt *Iris Oifigiúil* bekannt gemacht werden.[42]

Wenn die Abwicklung **mehr als ein Jahr** andauert, muss der *liquidator* jährlich eine Gesellschafter- und Gläubigerversammlung einberufen, um Bericht über die bisherige Abwicklung zu erstatten. Die Einberufungsfrist beträgt 28 Tage.[43] Jeweils innerhalb von sieben Tagen nach dieser Versammlung muss der *liquidator* eine Kopie des Berichts beim *Companies Registration Office* einreichen.[44]

Sobald das Unternehmen abgewickelt wurde, muss der *liquidator* eine Gesellschafter- und Gläubigerversammlung einberufen, um abschließend Bericht über die Durchführung der *liquidation* zu erstatten. Wiederum muss er innerhalb von sieben Tagen nach dieser Versammlung eine Kopie des Berichts beim *Companies Registration Office* einreichen.

3.1.3 Der Vorläufige Insolvenzverwalter *(provisional liquidator)*

Im Rahmen der gerichtlich angeordneten Abwicklung können der Antragsteller, jeder Gläubiger, jeder *contributory*[45] oder das Unternehmen selbst die **Bestellung eines vorläufigen Insolvenz-**

---

[32] *Sec. 587 Companies Act.*
[33] *Sec. 587(7) Companies Act.*
[34] *Sec. 587 (2)–(6) Companies Act.*
[35] *Rules of the Superior Courts, Order 74 Rule 11.*
[36] Der *Registrar of the High Court* ist Teil der Verwaltung des *High Court*, die über das *Central Office* erfolgt.
[37] *Rules of the Superior Courts, Order 74 Rule 10.*
[38] Hierzu unter → Rn. 3.
[39] *Sec. 591 (1), (2) Companies Act.*
[40] Ein mit einem Gerichtsvollzieher vergleichbares Amt mit weitreichenden Befugnissen, hierunter die Befugnisse Vermögen zu beschlagnahmen, zu versteigern und den Erlös an die Gläubiger auszukehren.
[41] *Rules of the Superior Courts, Order 74 Rule 20, 22&23.*
[42] *Sec. 586 (4) Companies Act.*
[43] *Sec. 706 Companies Act.*
[44] *Sec. 680 Companies Act.*
[45] Dazu → Rn. 18 und die entsprechende Fußnote.

verwalters *(provisional liquidator)* beantragen, um nachteilige Veränderungen in der Vermögenslage des Schuldners zu verhüten.[46] Der *provisional liquidator* wird dann für den Zeitraum zwischen der Stellung des Antrags auf *liquidation* und dem Anhörungstermin über den Antrag, der in der Regel etwa drei Wochen später stattfindet, bestellt.

30   Der Umfang der **Befugnisse** des *provisional liquidator* wird durch Gerichtsbeschluss festgelegt.[47] Üblicherweise enthält schon der **Antrag** auf **Bestellung** des *provisional liquidator* eine **Liste von Befugnissen**, deren Erteilung der Antragsteller für erforderlich hält. In der Regel sind dies die Befugnis, das Vermögen der Gesellschaft in **Besitz** zu nehmen, ein **separates Bankkonto** zu eröffnen und **Vermögenswerte zu sichern**, beispielsweise durch Beauftragung eines Wachdienstes; auch ein *provisional liquidator* kann schon die Befugnis erhalten, **Arbeitnehmer** zu **entlassen**, die Geschäfte des Unternehmens **fortzuführen**, das Unternehmen an Dritte zu **verpachten** oder in vom Gericht festgelegtem Umfang Vermögen zu veräußern.[48]

31   Wenn der *provisional liquidator* bis zum Anhörungstermin über den Eröffnungsantrag und damit verbunden die Bestellung zum *liquidator*[49] **zusätzliche Befugnisse** benötigt, steht es ihm frei, diese bei Gericht zu beantragen.

3.1.4 Übergang der Geschäftsführungsbefugnis

32   Sowohl bei der *compulsory liquidation* als auch bei der *creditors' voluntary liquidation* geht die Geschäftsführungsbefugnis[50] auf den *liquidator* über, vergleichbar einer Partei kraft Amtes.

3.1.5 Vollstreckungsmaßnahmen und Rechtsstreitigkeiten

33   Ab dem Zeitpunkt, in dem ein **vorläufiger Verwalter** *(provisional liquidator)* bestellt wurde oder ein gerichtlicher **Eröffnungsbeschluss** (beinhaltend die Bestellung eines *liquidator*) ergangen ist, dürfen Vollstreckungsmaßnahmen oder Rechtsstreitigkeiten gegen das Unternehmen weder eingeleitet noch fortgeführt werden, es sei denn, dies wird gerichtlich genehmigt.

3.1.6 Anmeldung und Feststellung von Forderungen *(proving of debts)*

(i) In der *compulsory liquidation*

34   Die **Forderungsanmeldung** durch Gläubiger in einer *compulsory liquidation* steht unter der **Aufsicht des *High Court***. Der *liquidator* legt die **Frist** fest, innerhalb derer die Gläubiger ihre Forderungen nachweisen müssen.[51] Er muss die Gläubiger **schriftlich** über die Fristsetzung in Kenntnis setzen. Die Frist muss mindestens **28 Tage** betragen[52] und kann auf Antrag eines Gläubigers verlängert werden. Der *liquidator* hat dann die Aufgabe, die geltend gemachten Forderungen zu prüfen und festzustellen. Gegen die Entscheidung des *liquidator* können beim *High Court* Rechtsmittel eingelegt werden.

(ii) In der *creditors' voluntary liquidation*

35   In einer *creditors' voluntary liquidation* besteht keine Pflicht, den Gläubigern eine Frist zu setzen, innerhalb derer sie ihre Ansprüche geltend machen können. Dennoch ist eine solche Fristsetzung in der Praxis üblich. Anhand der Geschäftsbücher des Unternehmens **erstellt der *liquidator* eine Liste** von Gläubigern und deren Forderungen. Ist die Forderung eines Gläubigers strittig, wird der *liquidator* rechtlichen Rat einholen und gegebenenfalls eine vergleichsweise Lösung anstreben.

3.1.7 Gläubigerausschuss *(committee of inspection)*

(i) In der *compulsory liquidation*

36   Nach Verfahrenseröffnung kann der *liquidator* eine **Gläubigerversammlung** einberufen, in der entschieden wird, ob ein **Gläubigerausschuss** *(committee of inspection)* eingesetzt werden soll und wie er zu besetzen ist; er muss eine solche Gläubigerversammlung einberufen, wenn er von einem oder mehreren Gläubigern, die eine Summenmehrheit von mindestens zehn vom Hundert der

---

[46] Sec. 573 Companies Act.
[47] Sec. 624 Companies Act.
[48] Vgl. Re Goodwill Merchant Financial Services Ltd [2001] 1 BCLC 259.
[49] Im Regelfall wird der *provisional liquidator* auch zum *liquidator* bestellt.
[50] Es findet kein gesetzlicher Übergang der Verwaltungs- und Verfügungsbefugnis statt.
[51] Sec. 674 Companies Act.
[52] Rules of the Superior Courts, Order 74, Rule 95, gerechnet ab Versand der Benachrichtigung.

gegen das Unternehmen gerichteten Forderungen innehaben, hierzu angewiesen wird.[53] Ein Gläubigerausschuss hat bis zu **fünf Mitglieder,**[54] zusätzlich darf das Unternehmen bis zu **drei Mitglieder** entsenden.[55] Zu den **Rechten** des **Gläubigerausschusses** gehört es, den *High Court* anrufen zu können, wenn Streit über den Umfang der Rechte des *liquidator* entsteht.

(ii) In der *creditors' voluntary liquidation*

In der Gläubigerversammlung sollte stets die **Bildung** eines *commitee of inspection* angeregt werden,[56] um den Gläubigern Überwachungsbefugnisse einzuräumen. Wie auch in der *compulsory liquidation* besteht der Gläubigerausschuss aus **maximal acht** Personen. 37

Dauert die *liquidation* mehr als ein Jahr an, muss der *liquidator* jährliche Versammlungen des *committee of inspection* einberufen. Wurde ein solches nicht gebildet dienen die Gläubigerversammlungen der Überwachung der Verfahrensführung und des Stands der Abwicklung.[57] 38

3.2 Das Sanierungsverfahren *examinership*

Examinership[58] ist ein Gläubigerschutzverfahren, das den **Erhalt** eines **sanierungswürdigen Unternehmens** im Wege eines Vergleiches *(Scheme of Arrangement)* zum Ziel hat. In ihren Grundzügen ähnelt die *examinership* dem US-amerikanischen Verfahren *Chapter 11.*[59] Examinership wird als Insolvenzverfahren in Annex A der Europäischen Insolvenzverordnung (EuInsVO) aufgeführt und steht damit, anders als etwa das englische *Scheme of Arrangement,*[60] nur solchen Gesellschaften zur Verfügung, deren **COMI** (Mittelpunkt der hauptsächlichen Interessen gem. Art. 3 EuInsVO) in **Irland** liegt. Im *Companies Act* wird *examinership* synonym auch *examination*[61] genannt, nicht zu verwechseln mit der „*examination*" im Sinne der gerichtlich angeordneten Untersuchung der Angelegenheiten insolventer Unternehmen auf Antrag des *liquidator* im Abwicklungsverfahren.[62] 39

Für die Durchführung der *examinership* wird ein *examiner* bestellt, der gesetzlich geregelte persönliche und fachliche Voraussetzungen erfüllen muss.[63] Der **Antrag**[64] auf Bestellung des *examiner* löst einen zeitlich auf maximal 100 Tage begrenzten **Gläubigerschutz** *(moratorium)* aus, währenddessen der *examiner* den Vorschlag für einen **Vergleich mit Gläubigern und/oder Gesellschaftern** des Unternehmens in Form eines *Scheme of Arrangement*[65] erarbeiten soll. 40

Der *examiner* erstellt diesen Vorschlag für ein *Scheme of Arrangement* auf der Grundlage von Gesprächen mit potenziellen Investoren. Der Vorschlag hat in der Regel drei Komponenten: Neue **Finanzmittel**,[66] einen **Schuldenschnitt** und eine **Übertragung der Anteile** des Unternehmens auf einen neuen Eigentümer.[67] 41

3.2.1 Antrag auf Bestellung des *examiner*

Der *examiner* wird auf Antrag durch Beschluss des *High Court*[68] ernannt, wenn das Unternehmen **zahlungsunfähig** ist oder der **Eintritt der Zahlungsunfähigkeit wahrscheinlich ist** und wenn das Gericht davon ausgeht, dass die **begründete Aussicht** auf Fortbestand des Unternehmens und laufenden Betriebs oder Teilen hiervon besteht *(reasonable prospect of the survival of the company and the* 42

---

[53] *Sec. 666 (1) Companies Act.*
[54] *Sec. 666 (2) Companies Act.*
[55] *Sec. 666 (3) Companies Act.*
[56] *Sec. 667 Companies Act.*
[57] Dazu → Rn. 26 ff.
[58] Geregelt in den *Sec. 508 ff. Companies Act.*
[59] Zu diesem siehe den Länderbericht USA.
[60] Hierzu und zur Durchführung eines englischen *Scheme of Arrangement* für Auslandsgesellschaften siehe den Länderbericht England und Wales.
[61] *Sec. 671 Companies Act.*
[62] → Rn. 17.
[63] An die Person und die Qualifikationen eines *examiner* werden dieselben Anforderungen gestellt wie an einen *liquidator, Sec. 519 Companies Act;* zu den fachlichen und persönlichen Anforderungen an den *liquidator* → Rn. 17.
[64] *Sec. 520 Companies Act.*
[65] Zu dessen Voraussetzungen siehe *Sec. 539 Companies Act.* Im Rahmen der *examinership* werden für den in diesem Verfahren vorgesehenen Vergleich synonym die Begriffe *compromise* und *Scheme of Arrangement* verwendet.
[66] Erlangung typischerweise durch Darlehensaufnahme oder *debt for equity swap.*
[67] Dieser Investor kann auch eine von den bisherigen Gesellschaftern gehaltene neue Gesellschaft sein.
[68] *Circuit Court* bei kleinen Unternehmen (wie im *Companies Act* definiert); wird der Antrag beim *High Court* gestellt, ist auch hier das *Central Office* zuständig, zu diesem → Rn. 8.

*whole or any part of its undertaking as a going concern).*⁶⁹ **Für diese „Fortbestehensprognose" legt der *High Court* großzügige Maßstäbe** an. **Antragsberechtigt** sind das Unternehmen, die Geschäftsführung, Gläubiger (einschließlich Gläubiger von Eventualforderungen, darunter auch Arbeitnehmer) und Gesellschafter, die im Zeitpunkt des Antrags nicht weniger als ein Zehntel der in Hauptversammlungen stimmberechtigten Anteile des Unternehmens halten.

43   Der Antragsteller muss seinem Antrag einen **Bericht** eines **unabhängigen Gutachters** beifügen. Üblicherweise ist Gutachter der mit dem Unternehmen bereits vertraute Abschlussprüfer des Unternehmens, aber auch andere Personen kommen in Betracht, vorausgesetzt sie verfügen über die für das Amt eines *examiner* erforderlichen Qualifikationen.⁷⁰ Der Bericht des unabhängigen Gutachters und der hierauf basierende Antrag müssen zunächst eine Einschätzung dazu enthalten, ob für das Unternehmen oder Teile desselben eine positive **Fortführungsprognose** abgegeben werden kann. Des Weiteren müssen Bericht und Antrag die **Maßnahmen** aufzeigen, die ergriffen werden müssen, damit das Unternehmen überleben kann, einschließlich möglicher Vereinbarungen mit Gläubigern und/oder Gesellschaftern. Der Bericht muss darauf eingehen, in welchem Umfang das Unternehmen während der Zeit der *examinership* **finanzielle Mittel** benötigt, um seinen Betrieb fortführen zu können sowie eine Aussage zur möglichen Herkunft solcher Mittel treffen. Der Gutachter wird schließlich Empfehlungen dazu abgeben, welche noch vor Antragstellung begründeten Verbindlichkeiten unter dem *Scheme of Arrangement* befriedigt werden sollten.⁷¹

44   In besonderen Ausnahmefällen, die auch Unverschulden des Antragstellers voraussetzen, kann das Gericht das *moratorium* selbst dann anordnen, wenn der an sich vorgeschriebene Bericht noch nicht vorliegt, dies für einen Zeitraum von bis zu zehn Tagen mit der Maßgabe, dass der Bericht innerhalb dieser zehn Tage **nachgereicht** werden muss.⁷²

3.2.2 Moratorium

45   Ab dem Zeitpunkt der Stellung eines Antrags auf Anordnung der *examinership* ist das Unternehmen insbesondere vor folgenden Maßnahmen **geschützt:**⁷³
– eine *liquidation* kann weder eingeleitet werden noch kann ein Beschluss zur *liquidation* wirksam gefasst werden;
– es kann kein *receiver* für Vermögen des Unternehmens bestellt werden;
– das Vermögen des Unternehmens ist vor einer Pfändung, Zwangsvollstreckung und vor anderen Verwertungsmaßnamen geschützt, diese können nur im Einverständnis mit dem *examiner* durchgeführt werden;
– auch aus besicherten Forderungen kann nicht gegen die Gesellschaft vorgegangen werden;
– die Wiederinbesitznahme von Gütern im Zusammenhang mit einem Leasingvertrag ist ausgeschlossen;
– ohne Zustimmung des Gerichts können keine Gerichtsverfahren gegen das Unternehmen eingeleitet werden.

46   Das *moratorium* ist grundsätzlich auf **70 Tage** beschränkt, eine gerichtliche **Verlängerung** um weitere 30 Tage ist auf Antrag des *examiner* möglich.⁷⁴ Das Gericht selbst kann das *moratorium* verlängern, um über den Vorschlag des *examiner* entscheiden zu können.⁷⁵

3.2.3 Gesetzliche Mitteilungs- und Antragspflichten und Anhörung im Zusammenhang mit der Verfahrenseröffnung

47   Nachdem ein Antrag auf Bestellung eines *examiner* gestellt wurde, muss der Antragsteller beim *High Court* **Anweisungen** *(directions)* dazu beantragen, wem der Antrag zuzustellen und wo er zu **veröffentlichen** ist. Außerdem muss er die Festsetzung eines Termins für eine **Anhörung** beantragen.

48   Die gerichtliche Anhörung über den Antrag, in der Gläubiger Einwände gegen die Bestellung eines *examiner* vorbringen können, findet in der Regel sieben bis zehn Tage nach Antragstellung statt. Eine Anhörung findet jedoch nicht statt, wenn zum Zeitpunkt der Antragstellung bereits seit mindestens drei Tagen ein *receiver* bestellt ist.⁷⁶ In diesem Fall kann keine *examinership* erfolgen. Wird

---

⁶⁹ *Sec. 509 Companies Act.*
⁷⁰ *Sec. 511 Companies Act.* Zu den Anforderungen an die Person und fachlichen Voraussetzungen des *examiner* → Rn. 40, → Rn. 17.
⁷¹ *Sec. 511 Companies Act.*
⁷² *Sec. 513 Companies Act.*
⁷³ *Sec. 520 Companies Act.*
⁷⁴ *Sec. 534 (3) Companies Act.*
⁷⁵ *Sec. 534 (3)–(4) Companies Act.*
⁷⁶ *Sec. 512 (4) Companies Act.*

ein *examiner* vor Ablauf der Drei-Tages-Frist bestellt, kann das Gericht nach eigenem Ermessen den *receiver* abberufen, seine Zuständigkeit beschränken oder ihn anweisen, dem *examiner* Informationen zur Verfügung zu stellen.[77]

49 Das Gericht weist den Antragsteller in der Regel an, den Antrag den *Irish Revenue Commissioners* und den größten Gläubigern der Gesellschaft zuzustellen und ihn in mindestens zwei nationalen Zeitungen und im Amtsblatt *(Iris Oifigiúil)* zu **veröffentlichen**. Darüber hinaus muss der Antragsteller den Antrag innerhalb von drei Tagen nach Antragstellung beim **Companies Registration Office einreichen**.[78]

50 Sobald ein *examiner* bestellt ist, muss seine **Bestellung** innerhalb von 21 Tagen im Amtsblatt des für die Gesellschaft zuständigen *Companies Registration Office* sowie innerhalb von drei Tagen in mindestens zwei Tageszeitungen **veröffentlicht** werden, die in der Region, in der die Gesellschaft ihren eingetragenen Sitz oder ihre Hauptgeschäftstätigkeit hat, verbreitet werden.[79] Der *examiner* muss außerdem eine Kopie seines Bestellungsbeschlusses innerhalb von drei Tagen beim *Companies Registration Office* **einreichen**.[80] In Fällen, in denen das Gericht das *Scheme of Arrangement* genehmigt hat, muss eine Kopie des genehmigenden Beschlusses zum *Companies Registration Office* eingereicht werden.[81]

3.2.4 Befugnisse des *examiner* und Verhältnis zur Geschäftsführung

51 Die Befugnisse des *examiner* sind gesetzlich detailliert geregelt[82] und lehnen sich an die Befugnisse an, die nach dem *Companies Act* einem Abschlussprüfer zustehen. Die diesem zustehenden Rechte gelten auch für den *examiner*. Wie bei der Abschlussprüfung ist das Unternehmen zur Bereitstellung von Informationen und zur Kooperation mit dem *examiner* verpflichtet.[83] Weitergehend muss der *examiner* beispielsweise über alle Sitzungen des *board of directors* und über Gesellschafterversammlungen so rechtzeitig informiert werden, dass ihm die Teilnahme möglich ist.[84]

52 Vor diesem Hintergrund bestehen während der *examinership* die Befugnisse der Geschäftsführer grundsätzlich fort. Nicht der *examiner*, sondern die **Geschäftsführer** sind weiterhin für das **Tagesgeschäft** der Gesellschaft verantwortlich. Allerdings kann dem *examiner* auf Antrag die Geschäftsführungsbefugnis durch Gerichtsbeschluss ganz oder teilweise übertragen werden. Das Gericht wird einem solchen Antrag zustimmen, wenn es den Antrag für „recht und billig" *(just and equitable)* hält.[85]

3.2.5 Gläubigerausschuss

53 Der *examiner* **kann** einen Gläubigerausschuss (der im Verfahren *examinership committee of creditors* genannt wird[86]) einsetzen. Er **muss** dies tun, wenn das Gericht ihn hierzu anweist.[87] In diesem Gläubigerausschuss sind höchstens fünf Gläubiger vertreten, darunter die Gläubiger mit den drei höchsten unbesicherten Forderungen, wenn sie bereit sind, das Amt als Gläubigerausschussmitglied anzunehmen.[88] Aufgabe des *committee of creditors* ist, den *examiner* in seiner Funktion zu unterstützen, außerdem erhalten die Mitglieder den Vorschlag für das *Scheme of Arrangement* um Einschätzungen aus Sicht der hiervon betroffenen Gläubiger(gruppen) abgeben zu können.[89]

3.2.6 *Scheme of Arrangement*, Genehmigung durch Gläubiger, Gesellschafter und Gericht

54 Der *examiner* muss außerdem innerhalb von 35 Tagen nach seiner Ernennung **Versammlungen** der **Gesellschafter** und der **Gläubiger** der Gesellschaft einberufen, es sei denn, das Gericht genehmigt – was regelmäßig der Fall ist – eine längere Frist. In diesen Versammlungen muss er seinen **Bericht** und seine **Vorschläge** für ein *Scheme of Arrangement* **vorstellen**.[90]

---

[77] Sec. 522 (1) Companies Act.
[78] Sec. 531 (1) Companies Act.
[79] Sec. 531 (2)–(3) Companies Act.
[80] Sec. 531 (4) Companies Act.
[81] Sec. 542 (4) Companies Act.
[82] Sec. 524 Companies Act.
[83] Sec. 524 (1) Companies Act.
[84] Sec. 524 (2) Companies Act.
[85] Sec. 528 Companies Act.
[86] Und nicht, wie in der Abwicklung, *committee of inspection*. Zu diesem → Rn. 36 ff.
[87] Sec. 538 (1) Companies Act.
[88] Sec. 538 (2) Companies Act.
[89] Sec. 538 (1), (3) Companies Act.
[90] Sec. 534 (2) Companies Act.

Irland 55–59

(i) Gegenstand des Vergleichsvorschlags

55 In dem Vorschlag des *Scheme of Arrangement* soll der *examiner* **sämtliche Gläubiger- und Gesellschafterklassen** darstellen, gleichzeitig hat er auszuführen, **welche Gläubiger- und Gesellschafterinteressen beeinträchtigt** werden oder unbeeinträchtigt bleiben. Hält der *examiner* für eine erfolgreiche Sanierung personelle Veränderungen in der Geschäftsführung für erforderlich, soll er auch dies aufnehmen. Der *examiner* muss dem Vergleichsvorschlag eine **Vermögensaufstellung** und eine **Aufstellung über die Verbindlichkeiten** (einschließlich künftiger und bedingter Verbindlichkeiten) des Unternehmens und eine **Vergleichsrechnung** darüber beifügen, was die einzelnen Gläubiger- und Gesellschafterklassen bei einer Abwicklung erhalten würden.[91]

(ii) Genehmigung durch betroffene Gläubiger und/oder Gesellschafter

56 Für die Annahme durch die von dem Vergleichsvorschlag betroffenen Gläubiger und/oder Gesellschafter ist die **einfache Kopf- und Summenmehrheit** *(majority in number representing a majority in value of the claims)* der in den jeweiligen Gläubiger- und/oder Gesellschafterversammlungen für die betroffenen Gläubiger- und/oder Gesellschafterklassen anwesenden oder mit Vollmacht *(proxy)* vertretenen Gläubiger und/oder Gesellschafter erforderlich.[92]

(iii) Gerichtliche Genehmigung

57 Wenn der Vorschlag des *Scheme of Arrangement* durch die hiervon betroffenen **Gläubiger und/oder Gesellschafter angenommen** wurde, liegt die Entscheidung über dessen **endgültige Genehmigung** beim **Gericht**. Es kann dem *Scheme of Arrangement* nur **zustimmen,** wenn der Vorschlag von mindestens einer Klasse von Gläubigern, deren Rechte nachteilig beeinträchtigt werden, angenommen wurde, wenn das *Scheme of Arrangement* Gläubiger, die widersprechen, „**fair und gerecht**" *(fair and equitable)* und **nicht „unfair und nachteilig"** *(unfair and prejudicial)* behandelt und der Vorschlag schließlich auch die Interessen anderer beteiligter Parteien nicht unbillig benachteiligt.[93] Grundsätzlicher **Maßstab** hierbei ist, dass ein Gläubiger in Folge des Verfahrens *examinership* nicht weniger erhalten darf, als er bei **Abwicklung** *(liquidation)* erhalten hätte.

3.2.7 Überleitung der *examinership* in das Verfahren *liquidation* bei Scheitern der Sanierung

58 Scheitern die Verhandlungen mit den Gläubigern und/oder Gesellschaftern oder verweigert das Gericht dem von der erforderlichen Mehrheit der Gläubiger und/oder Gesellschafter genehmigten *Scheme of Arrangement* seine Zustimmung, ist der *examiner* verpflichtet, das Gericht um Anweisungen zu ersuchen.[94] Regelmäßig wird das Gericht die Einleitung der gerichtlich angeordneten Abwicklung vorgeben, so dass das Verfahren in eine *compulsory liquidation by the court* **übergeht**.[95] In der *examinership* entstandene Verfahrenskosten gehen in diesem Fall bei der Verteilung der Masse im Rang allen anderen Forderungen vor.[96]

3.3 Zwangsverwaltung *(receivership)*

3.3.1 Bestellung des *receiver*[97]

59 Typischerweise wird ein Zwangsverwalter *(receiver)* **durch Gläubiger** gemäß den im Darlehensvertrag festgelegten Bedingungen bestellt. Alternativ kann er auch **durch das Gericht** bestellt werden. In letzterem Fall handelt es sich um ein vorläufiges Sicherungsmittel: ein Gläubiger sieht seine Sicherheit gefährdet, der Sicherungsfall unter dem Darlehensvertrag ist aber noch nicht eingetreten.[98] Bei der gerichtlichen Bestellung handelt es sich um eine *equitable remedy*, einen Rechtsbehelf, bei dem das Gericht seine Entscheidung an den Maßstäben von „recht und billig" *(just and equitable)* ausrichten muss.[99]

---

[91] *Sec. 539 Companies Act.*
[92] *Sec. 540 (4) Companies Act.*
[93] *Sec. 541 Companies Act.*
[94] *Sec. 535 (2) Companies Act.*
[95] Voraussetzung hierfür ist auch, dass das Unternehmen nach wie vor zahlungsunfähig ist oder zu werden droht.
[96] → Rn. 84 f.
[97] *Part 8 – Chapter 2 Companies Act.*
[98] *Part 8 – Chapter 2 Companies Act.*
[99] *Rules of the Superior Courts, Order 50, Rule 6 (1).*

Damit ein *receiver* bestellt werden kann, muss der Darlehensvertrag ausdrücklich die Verwertung 60
von Sicherheiten im Wege der Zwangsverwaltung für den Fall vorsehen, dass das Unternehmen mit
seinen Rückzahlungsverpflichtungen aus dem besicherten Darlehen ausfällt. Ein *receiver* kann nur
über die Vermögensgegenstände bestellt werden, die Gegenstand der Besicherung sind. Die Bestellung des *receiver* ändert nichts am Status des Unternehmens. Der *receiver* ist nicht verpflichtet, Gläubiger- oder Gesellschafterversammlungen einzuberufen.

3.3.2 Gesetzliche Mitteilungs- und Antragspflichten im Zusammenhang mit der Verfahrenseröffnung

Der Gläubiger, der einen *receiver* ernennt, muss dessen Ernennung innerhalb von sieben Tagen 61
im Amtsblatt *Iris Oifigiúil* veröffentlichen. Die Bekanntmachung der Ernennung eines *receiver* muss
außerdem bei dem *Companies Registration Office* eingereicht werden.[100] Darüber hinaus muss ein
receiver, der zur Verwertung einer *floating charge*[101] eingesetzt wurde, dem *Companies Registration Office*
innerhalb von sechs Monaten nach seiner Ernennung und danach in sechsmonatigen Abständen,
eine detaillierte Aufstellung über die Vermögenswerte der Gesellschaft, deren geschätztem Wert,
erzielten Verkaufserlösen und Einzelheiten aller Rechnungen und Zahlungen während des betreffenden Zeitraums zukommen lassen.[102]

3.3.3 Einfluss des Zwangsverwalters *(receiver)* auf die Geschäftsführung *(directors)*

Wenn der *receiver* bestellt wird, übernimmt er die Kontrolle über den Teil des Vermögens, für 62
den er bestellt worden ist. Wenn es die entsprechenden Vereinbarungen etwa im Darlehensvertrag
vorsehen, ist der *receiver* auch zur Leitung der Geschäfte des Unternehmens berechtigt. Der (ausnahmsweise) gerichtlich bestellte *receiver* ist ein Bevollmächtigter des Gerichts, *officer of the court*, der
im Einklang mit den gerichtlichen Vorgaben handeln muss. Der auf Grund eines Darlehensvertrags
bestellte *receiver* ist ein Vertreter des Gläubigers beziehungsweise, wenn der Vertrag das vorsieht, ein
Vertreter des Unternehmens. Er handelt damit sowohl im Interesse des besicherten Gläubigers als
auch des Unternehmens.

Eine der Neuerungen des *Companies Act 2014* ist eine ausführliche Auflistung der Rechte des 63
receiver.[103] Die Liste ist nicht abschließend und erstreckt sich unter anderem auf die Inbesitznahme
des Vermögens, Verfügungen über das Vermögen (einschließlich Vermietung, Verpachtung und
Besicherung), die Beauftragung von Beratern im Zusammenhang mit der Zwangsverwaltung aber
auch die Einstellung und die Entlassung von Arbeitnehmern.

Solange und soweit ein *receiver* bestellt ist, haben die Geschäftsführer *(directors)* keine Kontrolle 64
über die Vermögensgegenstände, die Gegenstand der Zwangsverwaltung sind. Die Rechte und
Pflichten der Geschäftsführung im Hinblick auf alle anderen Vermögenswerte und Verpflichtungen
des Unternehmens und im Hinblick auf die Gesellschaft selbst bleiben jedoch bestehen.

4. Haftung von Geschäftsführern

4.1 Zivilrechtliche Haftung der Geschäftsführer

Geschäftsführer, (einschließlich nicht-exekutiver, de facto- und „Schattendirektoren" *(shadow* 65
directors); einschließlich juristischer Personen) haften unter bestimmten Umständen persönlich für
einen Teilbetrag oder für die gesamten Schulden eines zahlungsunfähigen irischen Unternehmens.

4.1.1 Betrug oder leichtfertige Geschäfte[104] *(fraudulent or reckless trading)*

Jeder Geschäftsführer einer Gesellschaft kann persönlich und unbeschränkt für alle oder einen 66
Teil der Schulden der Gesellschaft haftbar gemacht werden, wenn er wissentlich daran beteiligt war,
die **Geschäfte** des Unternehmens in **leichtfertiger** Art und Weise oder mit der Absicht zu betreiben, Gläubiger der Gesellschaft oder Gläubiger Dritter zu **schädigen**, oder wenn er in sonst **betrügerischer** Absicht handelte.

---

[100] *Sec. 431 Companies Act.*
[101] Zu diesem Sicherungsmittel → Rn. 78 ff.
[102] *Sec. 430 (2)–(3) Companies Act.*
[103] *Sec. 437 Companies Act.*
[104] *Sec. 610 Companies Act.*

4.1.2 Solvenzerklärung eines Unternehmens ohne nachvollziehbare Gründe *(declaring a company solvent without reasonable grounds)*

67 Wenn die Gesellschafter die *liquidation* einer Gesellschaft auf Grundlage einer **Solvenzerklärung** *(declaration of solvency)* der Geschäftsführung beschließen,[105] sich aber im Nachhinein herausstellt, dass die Gesellschaft im Zeitpunkt der Erklärung bereits insolvent war und die Geschäftsführung nach Auffassung des Gerichts **keinen vernünftigen Grund** hatte, von der Solvenz der Gesellschaft auszugehen, so kann das Gericht, wenn es dies für angemessen hält, jeden Geschäftsführer, der die Solvenzerklärung abgegeben hat, für persönlich haftbar erklären, und zwar für die gesamten oder nur einen Teil der Schulden und sonstigen Verbindlichkeiten des Unternehmens.

4.1.3 Amtsmissbrauch oder Pflichtverletzung[106] *(misfeasance or breach of duty)*

68 Wenn ein Unternehmen liquidiert wird und sich ein Geschäftsführer des Unternehmens (oder eine Person, die an der Errichtung oder Förderung des Unternehmens beteiligt war *(„any person who has taken part in the formation or promotion of the company")*) des **Amtsmissbrauchs** *(misfeasance)* oder einer anderen Verletzung einer **gesetzlichen Pflicht** *(statutory duty)*, **Treuepflicht** *(fiduciary duty)* oder des Vertrauens in Bezug auf die Gesellschaft schuldig gemacht hat, macht sich dieser nicht nur schadensersatzpflichtig, sondern das Gericht kann darüber hinaus die Rückzahlung aller fehlgeleiteten oder einbehaltenen Mittel anordnen.

4.1.4 Verletzung der Buchführungspflicht *(failure to keep adequate accounting records)*[107]

69 Wird im Rahmen des Insolvenzverfahrens festgestellt, dass die Buchführungspflicht des Unternehmens verletzt worden ist, kann jeder Geschäftsführer des Unternehmens unbeschränkt für die Schulden oder anderen Verbindlichkeiten des Unternehmens persönlich in Anspruch genommen werden, wenn das Gericht überzeugt ist, dieses Fehlverhalten habe dazu beigetragen, dass das Unternehmen seine Schulden nicht begleichen kann, dass es zu erheblichen **Unsicherheiten** in Bezug auf die Vermögenswerte und Verbindlichkeiten des Unternehmens geführt hat, oder aber, dass dieses **Fehlverhalten** die ordnungsgemäße **Abwicklung** erheblich **nachteilig beeinflusst** hat.

4.2 Strafrechtliche Haftung von Geschäftsführern

70 Neben der zivilrechtlichen Haftung kennt auch das irische Recht strafrechtliche Sanktionen für Geschäftsführer (einschließlich nicht-exekutiver, de facto- und „Schattendirektoren" *(shadow directors)* einschließlich juristischer Personen) eines zahlungsunfähigen irischen Unternehmens, und zwar insbesondere unter folgenden Umständen:

4.2.1 Betrügerisches Handeln *(fraudulent trading)*

71 Jede Person (einschließlich eines Geschäftsführers), die wissentlich daran beteiligt ist, die Geschäftstätigkeit eines Unternehmens mit der Absicht, Gläubiger der Gesellschaft oder andere Personen zu schädigen oder zu anderen **betrügerischen Zwecken** auszuüben, macht sich nach irischem Recht strafbar.[108]

4.2.2 Verletzung der Auskunftspflichten *(offence for failure to make disclosure, or deliver certain things, to liquidator)*

72 Neben der zivilrechtlichen Haftung bei der Verletzung der Buchführungspflichten kommt in diesem Zusammenhang auch eine strafbare Handlung in Betracht. Ein Geschäftsführer kann sich strafbar machen, wenn er dem *liquidator* der Gesellschaft Handelsbücher, Kontoauszüge oder wesentliche Informationen **vorenthält** oder solche Informationen **fälscht** oder **manipuliert**.[109]

4.3 Auswirkungen auf zukünftige Tätigkeiten als Geschäftsführer *(director)*

4.3.1 Tätigkeitsuntersagung *(restriction declaration)*[110] hinsichtlich Geschäftsführungstätigkeiten oder Beteiligung an Unternehmensgründungen

73 Der *liquidator* hat dem *Director of Corporate Enforcement* innerhalb von sechs Monaten nach seiner Ernennung einen **Bericht** über das **Verhalten der Geschäftsführung** (einschließlich nicht-

---

[105] Dazu → Rn. 13.
[106] Sec. 612 Companies Act.
[107] Sec. 609 Companies Act.
[108] Sec. 722 Companies Act.
[109] Sec. 716, 719 Companies Act.
[110] Sec. 819 Companies Act.

exekutiver, de facto- und „Schattendirektoren" *(shadow directors)*; einschließlich juristischer Personen) vorzulegen.[111] Sobald ein solcher Bericht vorgelegt wurde, muss der *liquidator* beim *High Court* einen Antrag auf Tätigkeitsuntersagung *(restriction)*[112] stellen, es sei denn, der *Director of Corporate Enforcement* hat ihn von dieser Verpflichtung entbunden.

Das Gesetz geht grundsätzlich davon aus, dass der *High Court* eine **Tätigkeitsuntersagung** 74 *(restriction)* erlässt, es sei denn, der Geschäftsführer kann nachweisen, dass er bei der Ausübung seiner Tätigkeit ehrlich und verantwortungsvoll im Interesse der Gesellschaft gehandelt hat und dass es auch unter den Gesichtspunkten von „recht und billig" *(just and equitable)* keinen Grund für eine solche Untersagung gibt.

Wenn eine Tätigkeitsuntersagung *(restriction declaration)* ergeht, darf der Geschäftsführer grund- 75 sätzlich innerhalb eines Zeitraums von **fünf Jahren** nicht als Geschäftsführer ernannt oder tätig werden oder in irgendeiner Weise direkt oder indirekt als Geschäftsführer oder *secretary* eines Unternehmens handeln. Darüber hinaus ist es ihm in diesem Zeitraum untersagt, sich an Unternehmensgründungen zu beteiligen. **Ausnahmen** gelten, wenn das jeweilige Unternehmen bestimmten Mindestanforderungen an **Eigenkapitalgrundsätze** genügt.[113]

4.3.2 Disqualifizierung *(disqualification)* eines Geschäftsführers *(director)*[114]

Üblicherweise wird gleichzeitig mit dem Antrag auf Tätigkeitsuntersagung *(restriction)* ein **Dis-** 76 **qualifizierungsverfahren** *(disqualification)* gegen die Geschäftsführer eingeleitet. Ein Disqualifizierungsverfahren kann jedoch auch zu einem späteren Zeitpunkt eingeleitet werden, etwa dann, wenn eine Person einer **Straftat** in Bezug auf die Gesellschaft, oder des Betrugs schuldig gesprochen wird.

Ein Disqualifizierungsbeschluss **(disqualification order)** hat zur Folge, dass der Geschäftsführer 77 innerhalb eines vom *High Court* festgelegten Zeitraums nicht zum Wirtschaftsprüfer *(auditor), examiner, liquidator, receiver,* oder *director* eines Unternehmens bestellt werden darf. Auch darf er in dieser Zeit in keiner anderen leitenden Funktion tätig werden oder auf die Geschicke eines Unternehmens lenkend Einfluss nehmen. Insbesondere weil die Dauer der Disqualifizierung durch das Gericht festgelegt wird und damit die Dauer von **fünf Jahren** auch **übersteigen** kann, ist die Disqualifizierung aus Sicht eines Geschäftsführers im Vergleich zur Tätigkeitsuntersagung die erheblich **schwerwiegendere** Maßnahme.

5. Gläubiger

5.1 Besicherte Gläubiger

Besicherte Gläubiger werden definiert als Gläubiger, die ein Grund- oder ein sonstiges Pfand- 78 recht am ganzen oder an einem Teil des Vermögens des Schuldners als Sicherheit für eine gegenüber ihm bestehende Schuld inne haben *(„any creditor holding any mortgage, charge or lien on the debtor's estate or any part thereof as security for a debt due to him")*.[115] Besicherte Gläubiger sind berechtigt, ihre Sicherheiten außerhalb der *liquidation* zu realisieren. Sie können daher an dem ihnen zur Sicherheit dienenden Gegenstand Besitz ergreifen oder einen Zwangsverwalter *(receiver)* bestellen und die Vermögensgegenstände, die Gegenstand des (Grund-)Pfandrechts sind, veräußern.

Besicherte Gläubiger können eine *„fixed charge"* oder eine *„floating charge"* inne haben. 79

Eine *fixed charge* setzt eine vertragliche Vereinbarung zwischen Schuldner und Gläubiger voraus, 80 wonach genau bestimmbare Vermögenswerte für die Rückzahlung einer Schuld haften, wenn der Schuldner mit der Rückzahlung des Darlehens ausfällt.

Eine *floating charge* ist eine Belastung einer Klasse von Vermögenswerten in ihrem wechselnden 81 Bestand. Mit dem Eintritt des Sicherungsfalles fixiert sich das Pfandrecht auf das verpfändete Vermögen oder die Klasse von Vermögenswerten in dem Bestand zum Zeitpunkt des Sicherungsfalles und wird damit quasi zu einer *fixed charge*. Es gehört zum Wesen einer *floating charge,* dass der Schuldner bis zum Eintritt des Sicherungsfalles im Rahmen der gewöhnlichen Geschäftstätigkeit frei über das verpfändete Vermögen verfügen kann. Die Ereignisse, die den Sicherungsfall auslösen, werden in einem gesonderten Verpfändungsdokument *(debenture)* festgelegt.

---

[111] *Sec. 682 Companies Act.*
[112] Gem. *Sec. 819 Companies Act.*
[113] *Sec. 819 (3) Companies Act.*
[114] *Sec. 842 Companies Act.*
[115] *Sec. 3 Bankruptcy Act 1988* (in der jeweils gültigen Fassung).

Irland 82–86

5.2 Vorrangige Gläubiger

82   Das *pari-passu*-Prinzip schreibt eine Gleichbehandlung aller Gläubiger im Hinblick auf die zu verteilenden Vermögenswerte vor. Trotz dieses Grundsatzes werden verschiedene Klassen von Gläubigern bevorzugt behandelt, in erster Linie der Staat und die Arbeitnehmer. Gemäß *Section 621 Companies Act* stehen vorrangige Forderungen im Rang vor ungesicherten Forderungen. Sie können gemäß *Section 621 (b)* auch *floating charges* im Rang vorgehen. *Section 621 (7)* schreibt vor, dass vorrangige Forderungen im Rang untereinander gleich und vollständig zu befriedigen sind *("shall rank equally among themselves and be paid in full")*. Wenn die Masse hierfür nicht ausreichend ist, werden solche Forderungen anteilig gleichmäßig befriedigt. Vorrangige Forderungen werden unverzüglich befriedigt, soweit das Unternehmen über entsprechendes Vermögen verfügt, stets vorbehaltlich einer bestimmten Summe die zurückgehalten wird, um die Kosten der *liquidation* abzudecken.

5.3 „Ersetzbare" Gläubiger *(subrogated creditor)*

83   Wenn ein Gläubiger im Liquidationsverfahren mit Hilfe eines anderen Gläubigers vorab befriedigt wird, ist ersterer ein „ersetzter Gläubiger", *subrogated creditor*, und letzterer hat das Recht, diesen im Liquidationsverfahren zu ersetzen. Dabei tritt er in der Regel an die Stelle des *subrogated creditor* und übernimmt all dessen Rechte. Gerichtlich wird dieses Recht nur gewährt, wenn das Gericht davon überzeugt ist, dass die Gewährung in Bezug auf den Schuldner und seinen neuen Gläubiger fair und gerecht *(fair and equitable)* ist.

5.4 Befriedigung der Gläubiger

84   Das Vermögen des Schuldners wird in der **folgenden Rangfolge** verteilt:
- Falls dem Abwicklungsverfahren eine *examinership* vorausging, die Kosten des *examinership* Verfahrens (Vergütung des *examiner*, sonstige Kosten wie beispielsweise vom *examiner* veranlasste Rechtsberatungskosten);[116]
- (Grundpfand)berechtigte aus *fixed charges* – bis zur vollen Höhe dessen, was durch die Veräußerung des von der Sicherheit erfassten Gegenstands erzielt wird (abzüglich der mit der Verwertung verbundenen Kosten). Der Ausfall kann vom Pfandgläubiger als ungesicherte Forderung im Verfahren geltend gemacht werden;
- Summen, die von einem *examiner* gemäß Section 529 Companies Act zertifiziert werden;[117]
- Kosten und Aufwendungen der *liquidation*[118] (die Verteilung und Rangfolge dieser Kosten folgt speziellen Regelungen[119]);
- bestimmte Sozialversicherungsabgaben (auch *„super-preferential"* Gläubiger genannt);
- vorrangige Forderungen, z. B. Steuern und Abgaben, Löhne und Gehälter;[120]
- Inhaber von *floating charges* – bis zur Höhe dessen, was durch die Veräußerung der von der Sicherheit erfassten Gegenstände erzielt wird;
- ungesicherte Forderungen, bei gleichem Rang nach dem Verhältnis ihrer Beträge;
- nachrangige Forderungen, bei gleichem Rang nach dem Verhältnis ihrer Beträge; und schließlich
- Forderungen der Gesellschafter.

85   Innerhalb einer Gruppe werden zunächst alle Ansprüche befriedigt, bevor verbleibende Erlöse für die Befriedigung der nächsten Gruppe verwendet werden. Wenn die Erlöse nicht ausreichen, um die Ansprüche innerhalb einer Gruppe voll zu befriedigen, erfolgt eine anteilige Befriedigung nach dem Verhältnis ihrer Beträge.

6. Verträge im Insolvenzverfahren

6.1 Grundzüge

6.1.1 *Compulsory liquidation*

86   Ein *liquidator* kann innerhalb der ersten **12 Monate** der *liquidation* die Erfüllung bestimmter für das Unternehmen nachteiliger Verträge ablehnen, wenn der *High Court* dies bewilligt.[121] Im Fall

---

[116] Sec. 554 Companies Act; diese Kosten entstehen in der Regel, wenn eine *examination* scheitert und in ein Liquidationsverfahren umgewandelt wird.
[117] Sec. 554 (4) Companies Act.
[118] Sec. 617 (1) Companies Act.
[119] Sec. 617 (2) Companies Act.
[120] Sec. 621 Companies Act.
[121] Sec. 615 Companies Act.

einer Bewilligung bleiben jedoch vertragliche Kündigungsrechte, Eigentumsvorbehalte sowie das Recht zru Aufrechnung erhalten. Die Erfüllung eines Vertrags über den Verkauf eines **Grundstücks** kann allerdings nicht abgelehnt werden und weigert sich der *liquidator* einen solchen Vertrag zu erfüllen, kann er auf Erfüllung *(specific performance)* verklagt werden.

6.1.2 Examinership

Ein Unternehmen, für das ein *examiner* bestellt wurde, darf mit Zustimmung des Gerichts jeden 87 Vertrag, in dem bestimmte Leistungselemente (mit Ausnahme der Zahlung) von der Gesellschaft und von der anderen Vertragspartei noch nicht erfüllt wurden, anerkennen oder die Erfüllung verweigern, wenn ein *Scheme of Arrangement* vorgeschlagen wurde.[122] Dieses Recht wird von Unternehmen in der Praxis genutzt, um sich im Verfahren der *examinership* von **Mietverträgen** zu lösen. Nach der Verweigerungserklärung bleibt dem Vermieter nur eine Schadensersatzforderung gegen die mietende Gesellschaft, die er dann in das *Scheme of Arrangement* aufnehmen kann.

6.1.3 Receivership

Ein Zwangsverwalter *(receiver)* hat keine Befugnis, die Erfüllung von Verträgen zu verweigern. 88 Tatsächlich verweigern *receiver* (als Vertreter der Schuldnerin) jedoch oft die Erfüllung von Verträgen. Der einzige Rechtsbehelf, der dem Vertragspartner in diesem Fall bleibt, ist das Unternehmen auf Schadensersatz wegen Vertragsverletzung zu verklagen.

6.2 Arbeitsverträge

6.2.1 Compulsory liquidation

In einer *compulsory liquidation by the court* enden alle **Arbeitsverträge** mit Arbeitnehmern **auto-** 89 **matisch**, sobald der Beschluss des *High Court* über die *liquidation* des Unternehmens ergeht und das Unternehmen – was der Regelfall ist – damit seine **Geschäftstätigkeit** einstellt.

6.2.2 Creditors' voluntary liquidation

In einer *creditors' voluntary liquidation* erfolgt eine **Entlassung** von Arbeitnehmern erst, wenn 90 der *liquidator* die **Entscheidung** trifft, den Betrieb einzustellen und Mitarbeiter zu entlassen.

6.2.3 Examinership

Die Ernennung eines *examiner* hat keine Auswirkungen auf die Rechte oder Berechtigungen 91 der Arbeitnehmer, mit der Ausnahme, dass alle von einem Arbeitnehmer gegen die Gesellschaft betriebenen Verfahren für den Zeitraum des *moratorium* ausgesetzt werden. Beträge, die Arbeitnehmern geschuldet werden, können Gegenstand eines von einem Gericht gebilligten *Scheme of Arrangement* sein.

6.2.4 Zwangsverwaltung *(receivership)*

Eine *receivership* hat per se keine Auswirkungen auf die Rechte oder Berechtigung der Arbeitneh- 92 mer. Allerdings kann die Ernennung eines *receiver* aus tatsächlichen Gründen Entlassungen nach sich ziehen, wenn der *receiver* sich entscheidet, den von ihm verwalteten (Teil-)Betrieb nicht fortzuführen.

6.3 Aufrechnung *(set-off)*

Nach irischem Recht ist die **Aufrechnung zulässig, jedoch nicht obligatorisch**. Dement- 93 sprechend ist ein Gläubiger grundsätzlich und vorbehaltlich anderweitiger vertraglicher Vereinbarungen berechtigt (aber nicht verpflichtet), seine Forderung gegen eine gegenseitige Forderung des Unternehmens aufzurechnen, wenn ein Unternehmen abgewickelt wird (sei es durch Gerichtsbeschluss oder freiwillig). Hinsichtlich der aufzurechnenden Forderungen besteht das Erfordernis der Gegenseitigkeit. Die Forderungen müssen nicht miteinander verbunden oder sonst gleichartig sein, sondern müssen nur auf die Zahlung von Geld gerichtet sein. Das Aufrechnungsrecht hat für den unbesicherten Gläubiger den Vorteil, dass er nicht auf die üblichen Verteilungsregeln angewiesen ist. Wenn eine insolvente Gesellschaft einem Gläubiger innerhalb der ersten sechs Monate der *liquidation* ein vertragliches Aufrechnungsrecht gewährt, besteht jedoch das Risiko, dass dieses Auf-

---

[122] *Sec. 537 Companies Act.*

rechnungsrecht eine **betrügerische Gläubigerbegünstigung**[123] darstellt und damit anfechtbar ist. Ist der Gläubiger eine nahestehende Person, erhöht sich dieser Zeitraum auf zwei Jahre.[124]

7. Privatinsolvenz *(bankruptcy)*

94   In den vorangehenden Abschnitten wurden Insolvenzverfahren von Unternehmen behandelt. Nachfolgend erfolgen Ausführungen zur Privatinsolvenz *(bankruptcy)* nach irischem Recht. Die entsprechenden Verfahren werden derzeit durch den *Bankruptcy Act 1988*, zuletzt geändert durch den ***Personal Insolvency Act 2012***, geregelt.[125] Der *Personal Insolvency Act 2012* brachte umfangreiche Änderungen mit sich. Neben den nachfolgend näher beschriebenen besonderen Vergleichsverfahren wurde der bereits angesprochene *Insolvency Service of Ireland* eingerichtet.[126]

7.1 Grundzüge des Verfahrens

95   Wenn eine natürliche Person insolvent, das heißt nicht mehr in der Lage ist, ihre Schulden zu begleichen, kann beim *High Court* ein **Privatinsolvenzverfahren** *(bankruptcy proceedings)* beantragt werden.[127] Den entsprechenden Antrag kann entweder ein Gläubiger oder der Schuldner selbst stellen.

7.1.1 Antrag durch den Gläubiger

96   Ein Gläubiger muss, um antragsberechtigt zu sein, eine Forderung in Höhe von mindestens **EUR 20.000** gegen den Schuldner haben. Außerdem muss er den Schuldner mit einer Frist von **14 Tagen** von der Absicht in Kenntnis gesetzt haben, Antrag auf Eröffnung des Privatinsolvenzverfahrens zu stellen. Sind beide Voraussetzungen erfüllt, kann der Gläubiger beantragen, das Privatinsolvenzverfahren *(bankruptcy proceedings)* über den Schuldner zu eröffnen.[128] Mit der Fristsetzung soll dem Schuldner Gelegenheit gegeben werden, von den Möglichkeiten eines ***debt settlement arrangement***[129] oder eines ***personal insolvency arrangement***[130] Gebrauch zu machen.

7.1.2 Antrag durch den Schuldner

97   Der Schuldner kann einen Antrag auf Eröffnung der Privatinsolvenz stellen, wenn er die folgenden Voraussetzungen erfüllt:
– Er muss **insolvent,** das heißt zahlungsunfähig sein, was durch eidesstattliche Erklärung[131] darüber belegt wird, dass die Schulden das Vermögen um mehr als **EUR 20.000 übersteigen;**
– Er muss eine **eidesstattliche Erklärung**[132] darüber abgeben, dass er alle vernünftigen Anstrengungen unternommen hat, um statt einer *bankruptcy* ein *debt settlement arrangement* respektive ein *personal insolvency arrangement* zu erreichen.

7.1.3 Folgen der Privatinsolvenz *(bankruptcy)*

98   Die wichtigste Folge der *bankruptcy* ist der Übergang des gesamten Vermögens des Schuldners auf einen ***Official Assignee***.[133] Aufgabe des *Official Assignee* ist es, das Vermögen des Schuldners zu realisieren, die Gläubiger zu befriedigen und dabei die Gleichbehandlung aller Gläubiger zu gewährleisten.

7.1.4 Veröffentlichung der Verfahrenseröffnung

99   Die Eröffnung des Privatinsolvenzverfahrens wird im Amtsblatt der Republik Irland, *Iris Oifigiúil,* oder auf der Website des *Insolvency Service of Ireland* **veröffentlicht,** zudem erfolgt ein **Eintrag**

---

[123] Hierzu → Rn. 108.
[124] *Sec. 604 Companies Act.*
[125] Vgl. zudem *Rules of the Superior Courts (No 3) 1989.*
[126] → Rn. 11.
[127] Detaillierte Informationen dazu finden sich im „*Debtor's Guide to Bankruptcy*", Stand Januar 2015, auf der Website des *Insolvency Service of Ireland* (→ Rn. 3). Dort finden sich auf die entsprechenden vom Schuldner auszufüllenden Formulare.
[128] *Sec. 7 (1) (g) Bankruptcy Act, 1988.*
[129] → Rn. 104 f.
[130] → Rn. 106 f.
[131] Dieses *affidavit* ist vor dem *Commissioner of Oaths* abzugeben.
[132] Dieses *affidavit* ist ebenfalls vor dem *Commissioner of Oaths* abzugeben.
[133] *Sec. 44 Bankruptcy Act, 1988;* ausgenommen weniger sogenannter „*essential assets*", die in der Regel einen Gesamtwert von EUR 6.000 nicht übersteigen dürfen.

im *Register of Bankruptcies*, das bei dem *Examiner's Office* des *High Court* geführt wird. Dieser Eintrag **bleibt fortan bestehen**. Er enthält neben dem **Namen** des Schuldners einen Hinweis auf den Status des Verfahrens, nach erfolgter Restschuldbefreiung *(discharge)* wird diese mit Datum vermerkt.

7.1.5 Dauer des Verfahrens

Das Verfahren dauert **drei Jahre,** danach erfolgt in der Regel automatisch die Restschuldbefreiung *(discharge)*. Wenn ein Schuldner nicht **kooperiert** oder Vermögen **verschleiert,** kann dies die Dauer des Verfahrens verlängern. Etwaiges bei Abschluss des Verfahrens noch vorhandenes Vermögen, beispielsweise ein Grundstück, verbleibt beim *Official Assignee,* bis es vollständig verwertet wurde.[134]

7.2 *Debt relief notice, debt settlement arrangement* und *personal insolvency arrangement*

Der *Personal Insolvency Act 2012* hat **drei neue Verfahrensformen** eingeführt, die es Schuldnern ermöglichen sollen, auch ohne ein Privatinsolvenzverfahren *(bankruptcy)* eine Schuldenbefreiung zu erlangen. Diese unterscheiden sich in ihren Voraussetzungen und Rechtsfolgen. Jedes der drei Verfahren kann für einen Schuldner nur **einmal im Leben** durchgeführt werden. Die Verfahren werden jeweils durch den *Insolvency Service of Ireland* **reguliert.**[135]

7.3 *Debt relief notices*

Eine *debt relief notice* (DRN)[136] ermöglicht einen vollständigen **Erlass** bestimmter, **ungesicherter** Forderungen von bis zu EUR 20.000.

Der Antrag wird im Namen des Schuldners von einem sogenannten *approved intermediary* (AI)[137] gestellt. Der *Insolvency Service of Ireland* entscheidet anschließend, ob der Antrag ordnungsgemäß ist und reicht ihn beim *Circuit Court* ein. Wenn das Gericht dem Antrag stattgibt, erlässt es eine *debt relief notice* und der Schuldner wird in das **öffentliche** *Register of Debt Relief Notices* eingetragen. Damit ist der Schuldner vor Vollstreckungsmaßnahmen durch Gläubiger, die in der *debt relief notice* eingetragen sind, geschützt (das gilt nicht für besicherte Gläubiger). Nach einer **dreijährigen** „Aufsichtszeit" endet das Verfahren mit dem Erlass aller offenen Verbindlichkeiten und der **Löschung** im entsprechenden Register.

7.4 *Debt settlement arrangements*

Das *debt settlement arrangement* (DSA)[138] ermöglicht einen Vergleich über **unbesicherte** Forderungen, der in der **Höhe** der Forderungen **nicht beschränkt** ist.

Das Verfahren beginnt mit der Kontaktaufnahme zu einem *personal insolvency practitioner* (PIP).[139] Dieser reicht nach Überprüfung der Situation einen Antrag auf Ausstellung eines *protective certificate* bei Gericht ein. Wird diesem Antrag stattgegeben, ist der Schuldner für 70 Tage vor Vollstreckungsmaßnahmen geschützt und kann in diesem Zeitraum gemeinsam mit seinem *personal insolvency practitioner* das *debt settlement arrangement* ausarbeiten. Gleichzeitig erfolgt ein Eintrag in das öffentliche *Register of Protective Certificates.*[140] Erhält das so ausgearbeitete Vergleichsvorschlag die **Zustimmung** von mehr als 65% der **Gläubiger** sowie die Zustimmung des **Gerichts,** tritt er in Kraft und es erfolgt ein **Eintrag** des Schuldners in das *Register of Debt Settlement Arrangements.* Der Vergleich regelt üblicherweise Maßnahmen über einen Zeitraum von **fünf Jahren** mit möglicher Verlängerung von einem weiteren Jahr. Damit ist der Schuldner vor Vollstreckungsmaßnahmen seiner Gläubiger geschützt, die von dem *debt settlement arrangement* erfasst werden. Am Ende der Laufzeit des *debt settlement arrangement* werden dem Schuldner alle erfassten Schulden erlassen und er wird aus dem **Register gelöscht.**

---

[134] *Personal Insolvency Act, 2012.*
[135] *Part 3 Chapter 2 Personal Insolvency Act, 2012.*
[136] *Part 3 Chapter 1 Personal Insolvency Act, 2012;* detaillierte Informationen dazu finden sich im „*Guide to a Debt Relief Notice*", Stand Oktober 2014, auf der Website des *Insolvency Service of Ireland* (→ Rn. 3).
[137] Diese Vermittler werden vom *Insolvency Service of Ireland* zugelassen, eine Liste ist auf der Website des *Insolvency Service of Ireland* (→ Rn. 3).
[138] *Part 3 Chapter 3 Personal Insolvency Act, 2012;* detaillierte Informationen dazu finden sich im „*Guide to a Debt Settlement Arrangement*", Stand Oktober 2014, auf der Website des *Insolvency Service of Ireland* (→ Rn. 3).
[139] Die PIP werden vom *Insolvency Service of Ireland* zugelassen (*Part 3 Chapter 2 Personal Insolvency Act, 2012*), eine Liste ist auf dessen Website einsehbar (→ Rn. 3).
[140] Einsehbar auf der Website des *Insolvency Service of Ireland* (→ Rn. 3).

7.5 Personal insolvency arrangements[141]

106 Ein *personal insolvency arrangement* (PIA) ermöglicht einen Vergleich über **unbesicherte** und **besicherte** Forderungen. Ohne gesonderte Zustimmung aller Gläubiger ist die Höhe der betroffenen Forderungen auf **EUR 3.000.000 beschränkt**.

107 Das Verfahren beginnt erneut mit der Kontaktaufnahme zu einem *personal insolvency practitioner* (PIP) und dem Ziel, zunächst ein *protective certificate* zu erhalten. Die **Prüfung ist umfangreicher** als bei einem *debt settlement agreement*. Wird diesem Antrag stattgegeben, folgt auch hier ein Schutz des Schuldners vor Vollstreckungsmaßnahmen für einen Zeitraum von 70 Tagen, in dem gemeinsam mit dem *personal insolvency practitioner* das *personal insolvency arrangement* ausgearbeitet werden kann. Gleichzeitig erfolgt ein Eintrag in das öffentliche *Register of Protective Certificates*.[142] Mit Zustimmung des Schuldners beruft der *personal insolvency practitioner* eine **Gläubigerversammlung** ein, in der über den Vorschlag eines *personal insolvency arrangement* abgestimmt wird. Der Vorschlag tritt in Kraft, wenn ihm 65% der **Gläubiger** (davon mindestens 50% der besicherten und 50% der unbesicherten Gläubiger) und das **Gericht zustimmen**. Damit erfolgt auch der **Eintrag** in das *Register of Personal Insolvency Arrangements*.[143] Der Vergleich regelt üblicherweise Maßnahmen über einen Zeitraum von **sechs Jahren** mit möglicher Verlängerung um weitere 12 Monate. Damit ist der Schuldner vor Vollstreckungsmaßnahmen solcher Gläubiger geschützt, die von dem *personal insolvency arrangement* erfasst werden. Am Ende der Laufzeit des *personal insolvency arrangement* wird der Schuldner vollständig von den ungesicherten Forderungen befreit. Eine Befreiung von den gesicherten Forderungen erfolgt allerdings nur in dem Umfang, wie es im *personal insolvency arrangement* vorgesehen ist. Außerdem wird der Schuldner aus dem **Register gelöscht**.

8. Die Anfechtung von Rechtsgeschäften *(setting aside antecedent transactions)*

8.1 Anfechtung von Rechtsgeschäften nach dem *Companies Act*

8.1.1 Betrügerische Gläubigerbegünstigung *(unfair preference)*

108 Sec. 604 (1)–(2) *Companies Act* hat die Gleichbehandlung aller Gläubiger zum Ziel und soll Begünstigungen einzelner Gläubiger verhindern. Eine Begünstigung liegt vor, wenn ein zahlungsunfähiges Unternehmen mit einem Gläubiger ein Rechtsgeschäft abschließt und der Gläubiger dadurch im Hinblick auf seine Forderung bessergestellt wird als er stünde, wenn das Rechtsgeschäft nicht abgeschlossen worden wäre. Begünstigungen, die innerhalb von **sechs Monaten** vor der Stellung des Antrags auf Abwicklung der Gesellschaft gewährt werden, können angefochten werden. Der **Anfechtungszeitraum** erstreckt sich auf **zwei Jahre**, wenn die Verfügung zugunsten einer nahestehenden Person vorgenommen wurde. Unter den Begriff **nahestehende Person** *(connected party)* fallen der Geschäftsführer *(director)*, Schattendirektoren, dem Geschäftsführer nahestehende Personen (insbesondere Ehegatte oder Verwandte ersten Grades und von ihnen kontrollierte Unternehmen), ein verbundenes Unternehmen und jeder Treuhänder *(trustee)*, Patron oder Garantiegeber in Bezug auf eine Verbindlichkeit dieser Person.

8.1.2 Verfügungen mit betrügerischer Wirkung *(disposals having a fraudulent effect)*

109 *Section 608 Companies Act* sieht vor, dass der *High Court* nach einer Verfügung über Vermögen durch ein in Abwicklung befindliches Unternehmen die Rückgabe des Vermögens an den *liquidator, examiner* oder *receiver* beschließen kann, wenn es „recht und billig" erscheint und zu Bedingungen, die das Gericht für angemessen hält, vorausgesetzt die zugrundeliegende Verfügung hat die **Wirkung** eines **Betrugs** gegenüber dem Unternehmen, seinen Gläubigern oder Gesellschaftern. Weder dem Übertragenden noch dem Empfänger der Leistung muss Gläubigerbetrug nachgewiesen werden, noch muss nachgewiesen werden, dass der Betrug innerhalb eines bestimmten Zeitraums begangen wurde. Es genügt, dass die Verfügung dazu **geeignet** war, einen Gläubigerbetrug herbeizuführen. Allerdings muss das Gericht berücksichtigen, ob der Erwerber des Vermögens, dessen Übertragung angefochten wird, das Vermögen gutgläubig und für eine Gegenleistung erworben hat.

---

[141] Part 3 Chapter 4 Personal Insolvency Act, 2012; detaillierte Informationen dazu finden sich im „Guide to a Debt Settlement Arrangement", Stand Oktober 2014, auf der Website des *Insolvency Service of Ireland* (→ Rn. 3).
[142] Einsehbar auf der Website des *Insolvency Service of Ireland* (→ Rn. 3).
[143] Einsehbar auf der Website des *Insolvency Service of Ireland* (→ Rn. 3).

8.1.3 Nichtigerklärung *(invalidation)* von *floating charges*

Floating charges, die innerhalb der letzten **12 Monate** vor dem Beginn der *liquidation* begründet wurden, sind **nichtig** (mit Ausnahme reiner Vorfinanzierungen), es sei denn es gelingt der Nachweis, dass das Unternehmen unmittelbar nach Begründung der *floating charges* solvent war.[144]

8.1.4 Unwirksame Verfügungen *(incapacity)* durch die Geschäftsführung

Der irische *Supreme Court* hat in der Entscheidung *in Re Frederick Inns*[145] entschieden, dass Geschäftsführer eines Unternehmens, die von der Zahlungsunfähigkeit des Unternehmens wussten oder hätten wissen müssen, das Vermögen dieses Unternehmens **treuhänderisch** zugunsten der **Unternehmensgläubiger** halten. Jede Verfügung kann dieses **Treuhandverhältnis verletzen** *(breach of fiduciary duties),* wenn der Empfänger von der Zahlungsunfähigkeit des Veräußerers wusste und dazu führen, dass eine Rückgabeverpflichtung in Bezug auf das Vermögen entsteht.

8.2 Sonstige Anfechtungsmöglichkeiten

Section 74 (3) Land and Conveyancing Reform Act, 2009 sieht vor, dass jede Verfügung über **Grundstücke** die mit der Absicht vorgenommen wird, Gläubiger zu benachteiligen von jeder Person angefochten werden kann, die durch sie benachteiligt wird. Eine Klage nach *Section 74 (3) Land and Conveyancing Reform Act, 2009* setzt nicht den Nachweis voraus, das übertragende Unternehmen (oder die Privatperson) sei im Zeitpunkt der Übertragung zahlungsunfähig gewesen. Solange der Nachweis zur Benachteiligungsabsicht geführt werden kann, unterliegt diese Anfechtungsmöglichkeit **keiner zeitlichen Beschränkung.**

Daneben gibt es speziell unter dem *Bankruptcy Act, 1988* eine Anfechtungsmöglichkeit für Rechtsgeschäfte natürlicher Personen.[146] Danach gilt jede Verfügung (eingeschlossen Belastungen) zugunsten eines Gläubigers (hierzu zählt auch die indirekte Begünstigung über einen *trust*) als betrügerisch und nichtig, die innerhalb der letzten **sechs Monate** vor Eröffnung eines *bankruptcy*-Verfahrens vorgenommen wurde und zum Ziel hatte, den begünstigten Gläubiger im Vergleich zu den restlichen Gläubigern besserzustellen. Geschützt sind allerdings Erwerber, die Vermögen in gutem Glauben und für eine dem Wert entsprechende Gegenleistung erworben haben.

9. Restrukturierung außerhalb der gesetzlich vorgesehenen Verfahren

9.1 Allgemeines

Vor allem unter **Kostengesichtspunkten** werden in Irland Unternehmen auch ohne die Nutzung eines der gesetzlich vorgesehenen Verfahren, insbesondere der *examinership,* restrukturiert und saniert. In den Fällen, in denen der Hauptschuldner den Mittelpunkt seiner Interessen (COMI, Art. 3 EuInsVO) in Irland hat, setzt eine solche Restrukturierung von Verbindlichkeiten naturgemäß eine **einstimmig getroffene Einigung** zwischen den betroffenen Gläubigern voraus. Daneben müssen die Gesellschafter mit einfacher Mehrheit zustimmen. Gebunden werden jeweils die von der Maßnahme erfassten Gläubiger, etwa alle Gläubiger, denen das Unternehmen eine Sicherheit bestellt hat.

9.2 Typische Restrukturierungsmaßnahmen im Rahmen von Konsensualvereinbarungen

9.2.1 Schuldenabbau *(debt reduction)*

Ein Schuldenabbau kann auf verschiedene Weise erreicht werden. In Betracht kommt eine einfache Abschreibung von Forderungen durch Gläubiger oder eine Umwandlung von Fremd- in Eigenkapital *(debt for equity swap)* oder klassische Eigenkapitalmaßnahmen, etwa Kapitalerhöhungen, jeweils mit dem Ziel, die Fremdkapitalquote zu senken. Denkbar ist auch eine Kombination dieser Maßnahmen.

9.2.2 Verlängerung/Verschiebung der Rückzahlungszeiträume *(debt rescheduling)*

Möglich ist ferner eine Verlängerung oder Verschiebung der Rückzahlungszeiträume oder der Fälligkeitszeitpunkte für aufgelaufene Zinszahlungsverpflichtungen.

---

[144] Sec. 597 (1) Companies Act.
[145] In Re Fredrick Inns Limited [1994] 1 ILRM 387.
[146] Sec. 57 Bankruptcy Act, 1988.

9.2.3 Veräußerungsprogramme *(disposal programmes)*

117   Im Rahmen einer Restrukturierungsvereinbarung kann ein Zeitplan für den Schuldenabbau durch die Veräußerung bestimmter Vermögensgegenstände vereinbart werden.

9.2.4 Stapled debt packages

118   Stellt die Veräußerung des gesamten Betriebs des Schuldners oder eines Teils hiervon die bessere Alternative dar, hält der Markt aber keine ausreichende Liquidität bereit, um die Akquisition durch einen bestimmten Erwerber zu finanzieren, können Gläubiger eine Akquisitionsfinanzierung vorbereiten, um dem Erwerber den Kauf zu ermöglichen. Der Begriff *stapled debt packages* ist dabei angelehnt an das sogenannte *stapled financing*, womit eine Transaktion beschrieben wird, bei der der Verkäufer mit seinen Beratern eine Akquisitionsfinanzierung vorbereitet und die den potenziellen Erwerbern vorgeschlagenen Finanzierungsbedingungen dem Informationsmemorandum beifügt (*stapling* = anheften).

10. Internationales Insolvenzrecht

119   Die Verordnung (EU) 2015/848 (EuInsVO) über Insolvenzverfahren ist Teil des irischen Rechts. Wenn eine gerichtliche Entscheidung in einem Insolvenzverfahren durch ein Gericht eines Mitgliedstaats mit Ausnahme Dänemarks ergeht, wie etwa die Eröffnung eines Insolvenzverfahrens, muss Irland diese Entscheidung ohne weitere Formalitäten anerkennen und ihr im Rahmen der EuInsVO Wirksamkeit verleihen.

120   Irland hat keine Abkommen mit Drittstatten **zur Regelung insolvenzrechtlicher Sachverhalte abgeschlossen.** Insolvenzverwalter, die von einem Gericht eines Drittstaates ernannt wurden, müssen vor der Verwertung irischen Vermögens ein **Rechtshilfegesuch** *(order in aid)* beim *High Court* stellen. Diesem Gesuch wird grundsätzlich stattgegeben, wenn der *High Court* einem entsprechenden Gesuch, wenn es auf die Verwertung nach irischem Recht gerichtet wäre, stattgeben würde.

11. Umsetzung der Richtlinie über Restrukturierung und Insolvenz

121   Bislang fehlt eine offizielle Stellungnahme des irischen Gesetzgebers dazu, wie die Richtlinie[147] in Irland umgesetzt werden soll. In ersten Stellungnahmen von Insolvenz- und Restrukturierungsexperten und Vertretern von Industrievereinigungen werden jedoch Überlegungen angestellt, was bei der Umsetzung beachtet werden sollte. Grundzüge dieser Überlegungen werden hier dargestellt, es ist die Hoffnung der Praxis, dass diese bei der Umsetzung auch tatsächlich Berücksichtigung finden werden.

Wie in diesem Länderbericht bereits dargestellt, sieht das irische Insolvenzrecht zwei Restrukturierungsverfahren vor, die *examinership* und das *Part 9 Scheme of Arrangement* sowie daneben entsprechende Verfahren für die Privatinsolvenz.

Zahlreiche von der Richtlinie geforderte Aspekte finden sich bereits in der *examinership*. Es gibt jedoch auch sehr wesentliche Unterschiede wie nachfolgende Beispiele zeigen:
– Um ein präventives Restrukturierungsverfahren im Sinne der Richtlinie einzuleiten, muss zumindest Wahrscheinlichkeit der Insolvenz vorliegen, gleichzeitig darf das betroffene Unternehmen noch nicht insolvent sein. Die *examership* hingegen setzt voraus, dass das Unternehmen bereits zahlungsunfähig ist oder der Eintritt der Zahlungsunfähigkeit entsprechend hinreichend wahrscheinlich ist.
– Die *examinership* erfordert zwingend die Einbindung des Gerichts – dies erscheint aus Sicht der irischen Praktiker in höchstem Maße wünschenswert, gerade angesichts der massiven Auswirkungen des Verfahrens auf die Stellung der Gläubiger, insbesondere durch die Aussetzung von Einzelvollstreckungsmaßnahmen (letztlich das Moratorium der *examinership*) aber auch als Folge des Restrukturierungsplans.
– Die *examinership* sieht keine „Regel des absoluten Vorrangs" vor.
– In der *examinership* wäre ein Klassenübergreifender Cram-down mit Zustimmung der Gläubiger, deren Forderungen wirtschaftlich wertlos wären, nicht denkbar bzw. ist nicht vorgesehen.

Es gibt noch weitere Unterschiede, die aus Sicht der irischen Praktiker dafürsprechen, die *examinership* als bekanntes, bewährtes und in der Praxis taugliches Verfahren aufrechtzuerhalten. In den

---

[147] Richtlinie (EU) 2019/1023 DES EUROPÄISCHEN PARLAMENTS UND DES RATES vom 20.6.2019 über präventive Restrukturierungsrahmen, über Entschuldung und über Tätigkeitsverbote sowie über Maßnahmen zur Steigerung der Effizienz von Restrukturierungs-, Insolvenz- und Entschuldungsverfahren und zur Änderung der Richtlinie (EU) 2017/ 1132 („Richtlinie über Restrukturierung und Insolvenz").

vergangenen 30 Jahren haben zahlreiche Unternehmen das Verfahren erfolgreich durchlaufen, profitiert haben davon alle Stakeholder sowie die irische Wirtschaft insgesamt.

Irische Praktiker und Vertreter von Industrievereinigungen sprechen sich deswegen dafür aus, diese Überlegungen bei der Umsetzung der Richtlinie zu berücksichtigen und die Chance zu nutzen, ein **separates und neues Sanierungsverfahren** einzuführen und nicht das bestehende Verfahren der *examinership* in die Vorgaben der Richtlinie zu zwingen. Denn andernfalls, so die Meinung der Praxis, besteht das Risiko, dass nicht nur die Ziele und Grundprinzipien der Richtlinie nicht umgesetzt werden, sondern dass gleichzeitig der Verlust eines bestehenden, wertvollen Verfahrens droht.

12. COVID-19 Maßnahmen

Die fünf irischen Privatkundenbanken und die acht wichtigsten regulierten Kreditgeber (außerhalb des Bankensektors) Irlands haben einen selbst auferlegten (d.h. nicht-legislativen) gemeinsamen Plan für flexible Zahlungen, Stundungen und andere Zahlungserleichterungen entwickelt, der Privat- und Geschäftskunden ab März 2020 zur Verfügung stand. Dieser Plan galt zunächst für drei Monate, die Stundungen wurden in einem späteren Zeitpunkt um weitere drei Monate verlängert. Mit einer weiteren Verlängerung ist nicht zu rechnen und die Stundungen werden Ende September 2020 auslaufen. Der Plan enthielt auch ein Ruhen von Gerichtsverfahren dieser Banken und Kreditgeber um drei Monate – dies wurde allerdings nicht verlängert und endete bereits im Juni 2020.

Die Regierung wiederum kündigte eine Reihe von Initiativen zur finanziellen Unterstützung von Unternehmen an, darunter Betriebsmittelkredite für kleine und mittlere Unternehmen, ein Kreditgarantieprogramm, einen Stabilisierungs- und Investitionsfonds zur Erleichterung von Investitionen in Unternehmen, die durch COVID-19 negativ beeinflusst wurden, Verzichte/Erstattungen von Gewerbesteuer, Aufschub bestimmter Steuerschulden für Unternehmen und – wie in vielen Ländern wahrscheinlich die wichtigste Maßnahme – ein befristetes Programm zur Subventionierung von Lohnkosten. Dieses befristete Lohnkostensubventionsprogramm ermöglichte es den Unternehmen, Mitarbeiter unter Fortzahlung der Entgelte in Beschäftigung zu halten, auch wenn der Arbeitgeber seine Geschäftstätigkeit vorübergehend einstellen musste. Ab dem 1. September 2020 wird es durch ein neues Lohnkostensubventionsprogramm ersetzt, das eine Pauschalbeihilfe für qualifizierte Unternehmen vorsieht, deren Höhe sich wiederum nach der Anzahl der in Frage kommenden Mitarbeiter richtet. Die Regierung führte außerdem ein zeitweiliges Verbot von Zwangsräumungen von Mietwohnungen ein, das allerdings keine Anwendung auf gewerbliche Mietverträge finden soll.

Es wurden außerdem einige spezifische Änderungen eingeführt, die sich direkt auf irische Insolvenzverfahren auswirken:
- Während der Pandemie kann die übliche 100-tägige gerichtliche Schutzfrist[148] für die Tätigkeit des *examiner* nun um weitere 50 Tage verlängert werden.
- Die Schwelle, ab der ein Unternehmen als zahlungsunfähig gilt, wurde für einen vorübergehenden Zeitraum von EUR 10.000 (für eine Forderung) und EUR 20.000 (für aggregierte Forderungen)[149] auf EUR 50.000 (in beiden Fällen) angehoben.
- Es wurden Vorkehrungen dafür getroffen, dass Gesellschafter- und Gläubigerversammlungen in Insolvenzverfahren und *examinership* virtuell und nicht, wie bisher erforderlich, unter persönlicher Anwesenheit, stattfinden können; und
- es ist vorgesehen, dass bestimmte Gerichtsverhandlungen virtuell stattfinden können.

---

[148] → Rn. 39 ff.
[149] → Rn. 18 f.

Irland

Compulsory liquidation by court

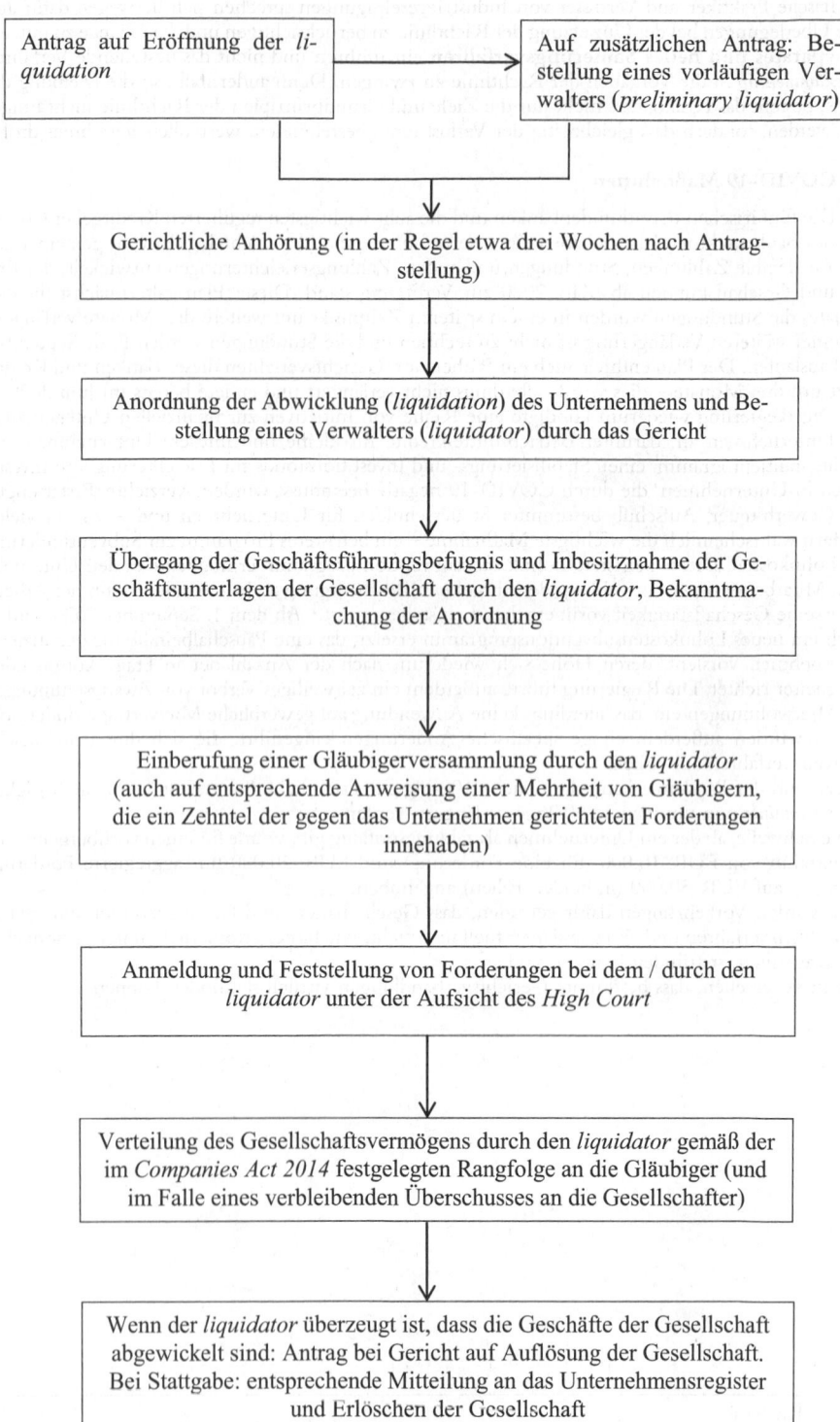

Irland

Creditors' voluntary liquidation

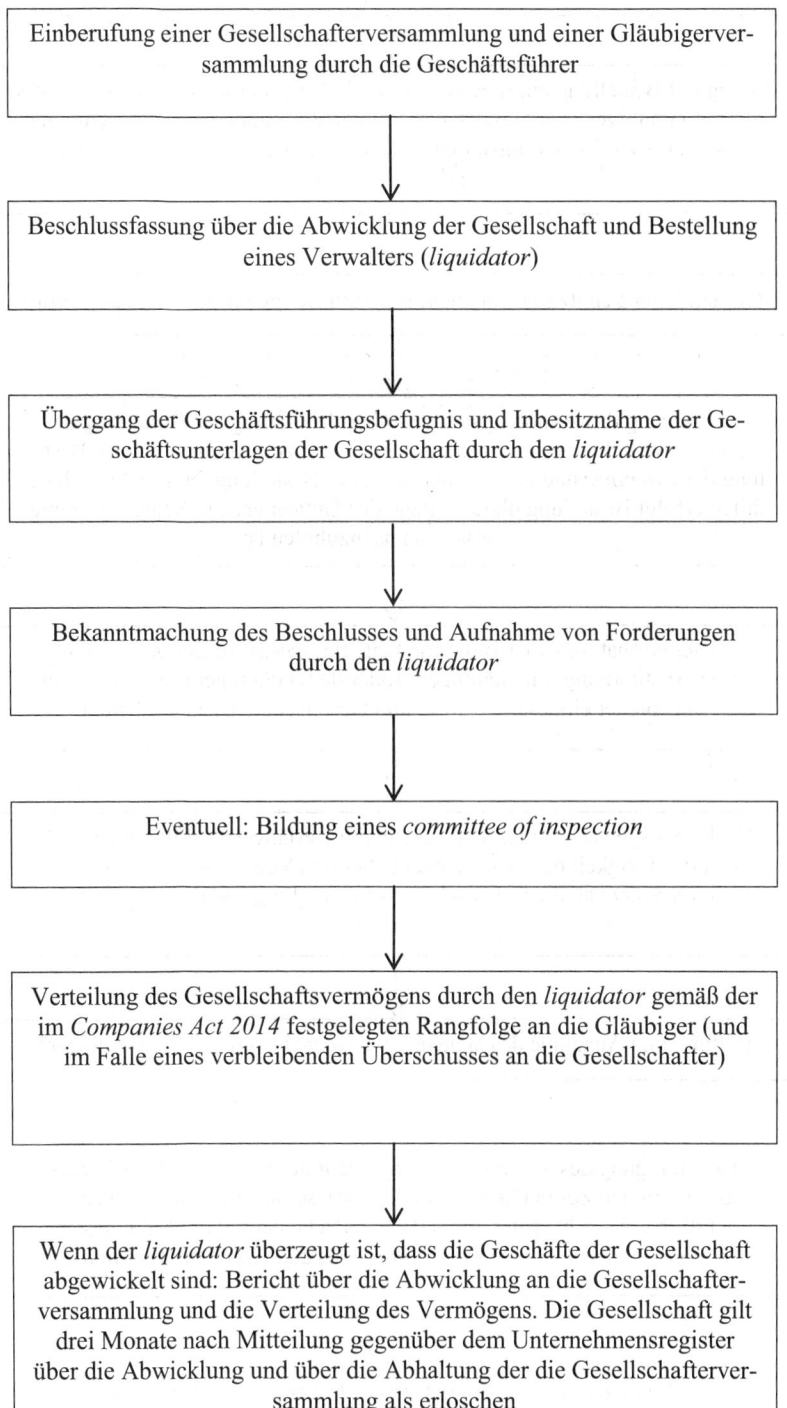

Irland

Examinership

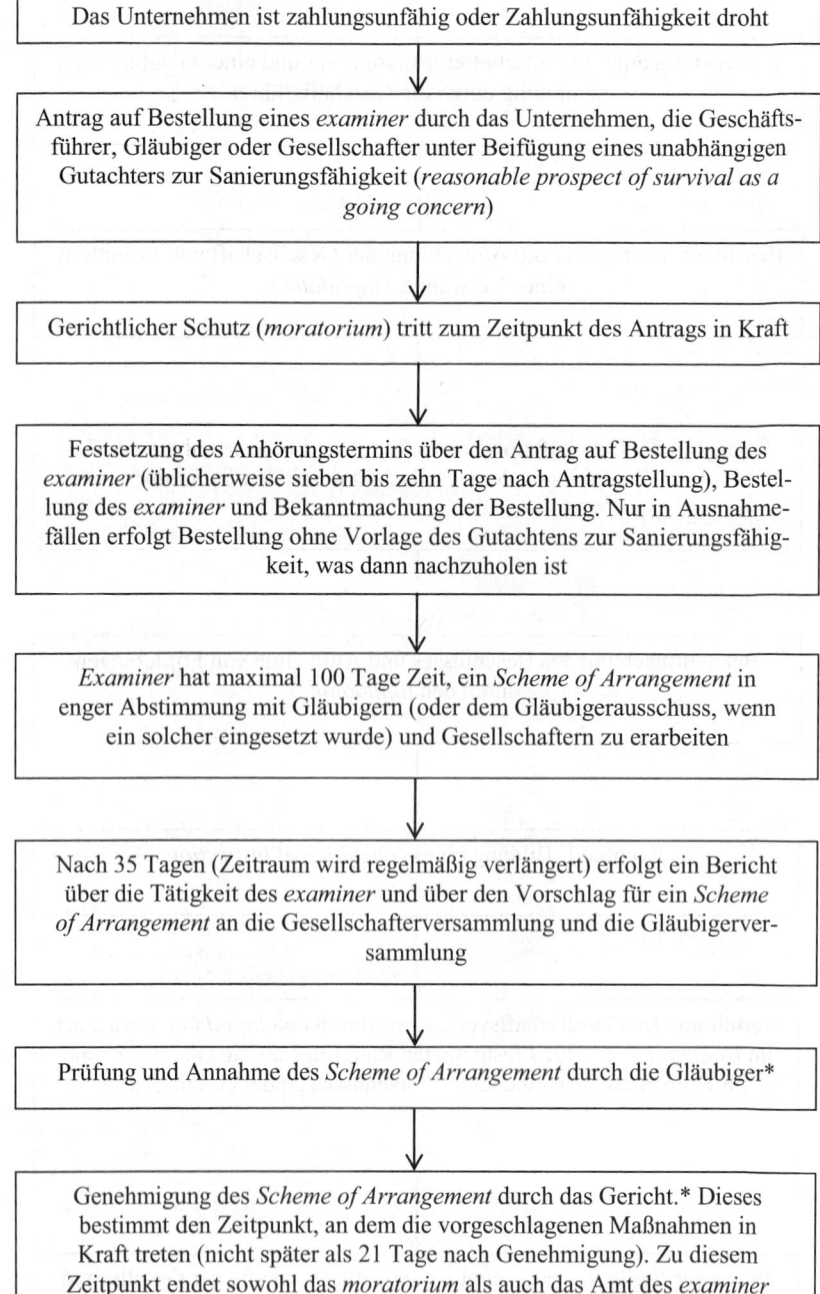

* Wird das *Scheme of Arrangement* nicht angenommen oder nicht genehmigt, muss der *examiner* das Gericht um *directions* ersuchen; in aller Regel wird das Verfahren dann in eine *compulsory liquidation by the court* übergeleitet

Irland

Glossar

Deutsch	Irisch	Rn.
Amtsblatt der Republik Irland	*Iris Oifigiúil*	23, 26, 49, 61, 99
Amtsmissbrauch	*Misfeasance*	68
Anfechtung von Rechtsgeschäften	*Setting aside antecedent transactions*	108 ff.
Anmeldung und Feststellung von Forderungen	*Proving of debts*	34 ff.
Aufrechnung	*Set-off*	93
Betrug oder leichtfertige Geschäfte	*Fraudulent or reckless trading*	66
Betrügerische Gläubigerbegünstigungen	*Fraudulent preference*	93, 108
Betrügerisches Handeln	*Fraudulent trading*	71
Disqualifizierung (eines Geschäftsführers)	*Disqualification*	10, 76
Disqualifizierungsbeschluss	*Disqualification order*	76
Eidesstattliche Erklärung	*Affidavit*	97
Erfüllung	*Specific performance*	86
Eröffnungsantrag (Abwicklung)	*Petition for the winding-up of a company*	23, 31
Geschäftsführer	*Director*	5, 10, 62 ff., 73 ff., 108
Geschäftsführung	*Board of directors*	20, 51
Gesellschafter	*Member*	13
Gläubiger	*Creditor*	5
Gläubigerausschuss	*Committee of Inspection*	36, 38
Gläubigerschutz (im Rahmen der *examinership*)	*Moratorium*	14, 40, 44 ff., 91
Höchste gerichtliche Instanz in der Republik Irland	*Supreme Court*	111
Insolvenzverwalter	Je nach Verfahrensart *liquidator* oder auch *examiner*	5, 10, 17, 20 ff., 40 ff., 77, 84, 87, 91, 109
Irisches Unternehmensgesetz	*Companies Act 2014*	7, 63
Liquidation eines insolventen Unternehmens (in der Regel auf Antrag eines Gläubigers)	*Compulsory liquidation by the court*	13, 58, 89
Liquidation eines insolventen Unternehmens durch die Gläubiger (ausgelöst durch Gesellschafterbeschluss)	*Creditors' voluntary liquidation*	13, 20, 26, 32, 35, 90
Liquidation eines solventen Unternehmens nach irischem Recht	*Members voluntary liquidation / Winding-up*	13
Pflichtverletzung	*Breach of duty*	68
Privatinsolvenz	*Bankruptcy*	94 ff.
Rechnungsprüfer	*Auditor*	77
Sanierungsverfahren, das zu einem Moratorium in Bezug auf Gläubigermaßnahmen führt	*Examinership*, auch *Examination*	8, 13, 39 ff., 82, 91
Schuldenabbau	*Debt reduction*	115
Schuldverschreibung	*Debenture*	81
Solvenzerklärung	*Declaration of solvency*	13, 67

Irland

Deutsch	Irisch	Rn.
Tätigkeitsuntersagung	Restriction declaration	75
Umwandlung von Fremd- in Eigenkapital	Debt for equity swap	115
Unternehmensregister der Republik Irland	Companies Registration Office	3, 24, 27, 28, 38, 49, 50, 61
Vorläufiger Insolvenzverwalter	Provisional liquidator	29, 30, 31, 33
Zwangsverwalter	Receiver	5, 10, 15 ff., 59 ff., 88, 92, 109
Zwangsverwaltung	Receivership	15 ff., 59 ff., 88, 92

Glossar

Irisch	Deutsch	Rn.
Affidavit	Eidesstattliche Erklärung, die im Verfahren der Privatinsolvenz vor dem Commissioner of Oaths abzugeben ist	97
Approved Intermediary (AI)	Person, die vom Insolvency Service of Ireland anerkannt ist und den Schuldner im Rahmen des Verfahrens zur debt relief notices unterstützt	103
Auditor	Wirtschaftsprüfer	77
Bankruptcy	Das Verfahren der Privatinsolvenz	94 ff.
Board of directors	Geschäftsführung	20, 51
Central Office	Verwaltungsstelle des High Court, bei der alle verfahrensrelevanten Anträge eingereicht werden	8
Centre of main interest (COMI)	Der Ort, an dem der Schuldner seine regelmäßigen Interessen verfolgt und an dem er aus diesem Grund für Dritte ermittelbar ist	39, 114
Circuit Court	Erstinstanzliches Gericht mit beschränkter und regionaler Zuständigkeit. Die Republik Irland ist in acht Circuits aufgeteilt. Der Circuit Court entscheidet auch in zweiter Instanz über erstinstanzliche Urteile des District Court sowie des Labour Court	8, 103
Committee of Inspection	Gläubigerausschuss; ein Gremium, das im Rahmen der compulsory liquidation by court durch die Gläubigerversammlung eingesetzt werden kann. Es besteht aus höchstens acht Personen und vertritt die Interessen aller Gläubiger	36, 38
Companies Act	Das Irisches Unternehmensgesetz („Companies Act 2014"), wurde am 23. Dezember 2014 beschlossen wurde und ist am 1. Juni 2015 in Kraft getreten	7, 63
Companies Registration Office	Unternehmensregister der Republik Irland	3, 24, 27, 28, 38, 49, 50, 61

Irland

Irisch	Deutsch	Rn.
Compromise	Synonym für *Scheme of Arrangement* bei der *examinership*	40
Compulsory liquidation by court	Gerichtlich angeordnete Abwicklung	13, 58, 89
Connected party	Nahestehende Person	108
Contributory	Jede Person, die zum Vermögen der Gesellschaft beitragen muss, wenn die Gesellschaft liquidiert wird. Die Beweislast, nicht beitrags- oder nachschussverpflichtet zu sein liegt bei der Person, die als *contributory* in die Pflicht genommen wird; die Verpflichtung besteht bis zur abschließenden Klärung der Eigenschaft als *contributory* (Section 559 Companies Act)	18, 29
Creditor	Gläubiger	5
Creditors' meeting	Gläubigerversammlung	22
Creditors' voluntary liquidation	Freiwillige Liquidation durch die Gläubiger	13, 20, 26, 32, 35, 90
Debenture	Schuldverschreibung	81
Debt for equity swap	Umwandlung von Fremd- in Eigenkapital	115
Debt reduction	Schuldenabbau	115
Debt Relief Notice (DRN)	Verfahren, mit dem statt einer Privatinsolvenz Schulden in Höhe von bis zu EUR 20.000 erlassen werden können	6, 101 ff.
Debt rescheduling	Verlängerung oder Verschiebung der Rückzahlungszeiträume	116
Debt Settlement Arrangement (DSA)	Verfahren, in dem statt einer Privatinsolvenz eine Einigung zwischen dem Schuldner und seinen Gläubigern erzielt werden soll und das unter bestimmten Bedingungen einen Schuldenschnitt bezüglich unbesicherter Verbindlichkeiten erlaubt	6, 96, 97, 101 ff.
Declaration of solvency	Solvenzerklärung	13, 67
Declaring a company solvent without reasonable grounds	Solvenzerklärung eines Unternehmens ohne nachvollziehbare Gründe	67
Director	Mitglied der Geschäftsführung	5, 10, 62 ff., 73 ff., 108
Discharge	Restschuldbefreiung	99, 100
Disposal programme	Veräußerungsprogramm	117
Disqualification	Disqualifizierung (eines Geschäftsführers), Maßnahme ähnlich einer Tätigkeitsuntersagung	10, 76
Disqualification order	Disqualifizierungsbeschluss	76
Equitable remedy	Rechtsbehelf, bei dem das Gericht seine Entscheidung an den Maßstäben von „fair und gerecht" (*just and equitable*) ausrichten muss	59, 83
Examinership (auch Examination)	Verfahren, das für einen begrenzten Zeitraum zu einem Moratorium in Bezug auf Gläubigermaßnahmen führt, um eine umfassende Restrukturierung der Verbindlichkeiten eines Unternehmens zu gewährleisten	8, 13, 39 ff., 87, 91

Irland

Irisch	Deutsch	Rn.
Examiner	Ein *insolvency practitioner*, der durch Beschluss des *High Court* ernannt wird und dessen Aufgabe es ist, im Rahmen der *examinatorship* ein *Scheme of Arrangement* zu erarbeiten	8, 13, 39 ff., 87, 91
Fixed charge	Vertragliche Vereinbarung zwischen Schuldner und Gläubiger, wonach genau bestimmtes Vermögen (z. B. ein Grundstück oder Maschinen) für die Rückzahlung einer Schuld haftet, wenn der Schuldner mit der Rückzahlung des Darlehens ausfällt. Das belastete Vermögen muss genau bestimmbar sein	79 ff.
Floating charge	Belastung einer Klasse von Vermögenswerten, die mit der Zeit variieren. Mit dem Eintritt des Sicherungsfalles fixiert sich das Pfandrecht auf das verpfändete Vermögen oder die Klasse von Vermögenswerten und wird damit quasi zur *fixed charge*	61, 78 ff.
Fraudulent or reckless trading	Betrug oder leichtfertige Geschäfte	66
Fraudulent preference	Betrügerische Gläubigerbegünstigungen	93, 108
Fraudulent trading	Betrügerisches Handeln	71
High Court	Gericht der ersten Instanz mit uneingeschränkter Zuständigkeit für alle Zivil- und Strafsachen. Gericht der zweiten Instanz für erstinstanzliche Entscheidungen des *Circuit Court*	8, 16, 18, 23, 34, 36, 42, 47, 74, 77, 86, 89, 95, 99, 109, 120
Insolvency Service of Ireland (Seirbhís Dócmhainneachta na hÉireann)	Unabhängige Körperschaft des öffentlichen Rechts, die durch den *Personal Insolvency Act 2012* eingeführt wurde und unter anderem die Aufgabe hat, das neue System für private Insolvenzverfahren zu überwachen und durchzuführen	6, 9, 11, 94, 99, 101, 103
Iris Oifigiúil	Amtsblatt der Republik Irland	23, 26, 49, 61, 99
Irish Revenue Commissioners	Die irische Finanz- und Zollbehörde	49
Liquidation	Förmliches Verfahren für die Unternehmensauflösung nach irischem Recht (siehe auch *winding-up*)	13
Liquidator	Mit der *liquidation* betreuter Verwalter	5, 10, 17, 20 ff.
Member	Ins Handelsregister eingetragener Gesellschafter	13
Moratorium	Schutz vor Gläubigern im Rahmen der *examinership*, um unter gerichtlicher Aufsicht ein *Scheme of Arrangement* auszuarbeiten	14, 40, 44 ff., 91
Office of the Director of Corporate Enforcement (Oifig an Stiúrthóra un Fhorfheidhmiú Corparáideach)	Hauptaufgabe dieses am 28. November 2001 geschaffenen Amtes und seines *Office* (ODCE) ist die Sicherstellung der Einhaltung der Regelungen der *Companies Acts* Seine Funktionen finden sich im Einzelnen im *Company Law Enforcement Act 2001*	5, 9, 10 ff.

Irland

Irisch	Deutsch	Rn.
Officer of the Court	Bevollmächtigter des Gerichts, eine Art Rechtspfleger	62
Official Assignee in Bankruptcy	Gerichtsbeamter, auf den das Eigentum insolventer Personen durch die Bankruptcy Order übergeht. Er ist zugleich Leiter der Insolvenzabteilung des Insolvency Service of Ireland	98
Order in aid	Rechtshilfegesuch	12
Pari-passu	Prinzip der Gleichbehandlung aller Gläubiger im Hinblick auf die zu verteilenden Vermögenswerte	82
Personal Insolvency Act 2012	Irisches Gesetz, das am 26. Dezember 2012 erlassen wurde und Privatinsolvenzen regelt	11, 94, 101
Personal Insolvency Arrangement (PIA)	Vereinbarung zwischen dem Schuldner und den Gläubigern nach dem Personal Insolvency Act 2012, die unter bestimmten Bedingungen eine unbegrenzte Entschuldung von qualifizierten, unbesicherten Verbindlichkeiten und eine Entschuldung bis zu 3 Millionen Euro von besicherten Verbindlichkeiten erlaubt	6, 96 ff.
Personal Insolvency Practitioner (PIP)	Person, die vom Insolvency Service of Ireland anerkannt ist und zwischen Schuldner und Gläubigern bei einem personal insolvency arrangement oder einem debt settlement arrangement vermittelt	105 ff.
Petition for the winding-up of a company	Eröffnungsbeschluss (Abwicklung)	23, 31
Protective Certificate	Urkunde, die den Schuldner während eines personal insolvency arrangement oder debt settlement arrangement für eine begrenzte Zeit gegen Gläubigermaßnahmen schützt	105, 107
Proving of debts	Anmeldung und Feststellung von Forderungen	34 ff.
Provisional liquidator	Vorläufiger, für die Zeit zwischen Stellung des Antrags auf liquidation und dem Anhörungstermin bestellter Insolvenzverwalter	29, 30, 31, 33
Receiver	Eine Art Zwangsverwalter	5, 10, 15 ff., 59 ff., 88, 92, 109
Receivership	Art der Zwangsverwaltung zur Verwertung von Sicherheiten	15 ff., 59 ff., 88, 92
Register of Bankruptcies	Register für Privatinsolvenzen	99
Register of Debt Settlement Arrangements	Register für debt settlement arrangements	105
Register of Personal Insolvency Arrangements	Register für personal insolvency arrangements	107
Registrar of Companies	Beamter im Companies Registration Office	3, 18
Registrar of the High Court	Eine Art Rechtspfleger am High Court	23
Restriction declaration	Tätigkeitsuntersagung	75
Scheme of Arrangement (Examination)	Vorschlag des examiners, der von den Gläubigern und vom Gericht angenommen	14, 39 ff., 53 ff., 87

Irland

Irisch	Deutsch	Rn.
	werden muss und auf dem die Restrukturierung im Rahmen der *examinatorship* basiert	
Scheme of Arrangement (under Part 9)	Verfahren, das es einem Unternehmen ermöglicht, Vergleichsvorschläge hinsichtlich der Rechte sowohl von Gläubigern als auch von Gesellschaftern oder jeder entsprechenden Klasse zu formulieren und beim *High Court* einen Antrag auf zustimmenden Beschluss zu einem vorgeschlagenen *Scheme of Arrangement* zu stellen	16
Secretary	Besondere Form des Geschäftsführers	75
Set-off	Aufrechnung	93
Setting aside antecedent transaction	Anfechtung von Rechtsgeschäften	108 ff.
Sheriff (sirriam)	Beamter (entfernt dem deutschen Gerichtsvollzieher vergleichbar), der zur Durchsetzung von Geldforderungen tätig wird und insbesondere im Namen der *Irish Revenue Commisioners* Steuern einzieht. In Irland gibt es derzeit 16 Sheriffs	25
Specific performance	Erfüllung	86
Stapled debt package	Bezeichnung eines Verkaufsprozesses, in dem Gläubiger eine Akquisitionsfinanzierung vorbereiten, um einem Käufer den Erwerb des gesamten oder eines Teils des Betriebs zu ermöglichen	118
Stapled financing	Transaktion, bei welcher der Verkäufer und seine Berater eine Akquisitionsfinanzierung vorbereiten und deren Bedingungen dem Informationsmemorandum beifügen	118
Statement of affairs	Erklärung der Geschäftsführung mit Details zur finanziellen Situation der Gesellschaft und ihren Gläubigern, die im Rahmen der *voluntary liquidation* abgegeben werden muss	21, 22
Subrogated creditor	Zu ersetzender Gläubiger	83
Super-preferential creditor	Gläubiger, dessen Forderungen noch vor anderen vorrangigen Forderungen befriedigt werden	84
Supreme Court	Höchste gerichtliche Instanz in der Republik Irland	111
Voluntary liquidation	Freiwillige Liquidation durch die Gesellschafter	13
Winding-up	Förmliches Verfahren für die Unternehmensauflösung nach irischem Recht (siehe auch *liquidation*)	13

Isle of Man

bearbeitet von *Tim Shepherd,* Cains, Isle of Man, deutsche Bearbeitung: *Ursula Schlegel,* Rechtsanwältin & Solicitor (England and Wales), Frankfurt am Main; *Philip Falk,* wiss. Mitarbeiter *Prof. Dr. Stefan Reinhart,* FPS Partnerschaft von Rechtsanwälten mbB., Frankfurt am Main.

Übersicht

	Rn.
1. Gesetze, Rechtsprechungsregeln; Schrifttum und weitere Informationsquellen	1
1.1 Gesetze, Rechtsprechungsregeln	1
1.2 Schrifttum	2
1.3 Weitere Informationsquellen	3
2. Einführung	6
2.1 Die Isle of Man: „Kronbesitz", *Crown dependency*	6
2.2 Gerichtsbarkeit	7
2.3 Insolvenzrechtliche Vorschriften	8
3. Privatinsolvenzverfahren, *personal bankruptcy*	13
3.1 Eröffnungsantrag, *bankruptcy petition;* Eröffnungsbeschluss, *bankruptcy order*	13
3.2 Anordnung der Restschuldbefreiung, *order of discharge*	15
3.3 Gläubigervergleich anstelle des Privatinsolvenzverfahrens: *composition/ scheme of arrangement in substitution of bankruptcy*	16
4. Unternehmensinsolvenzen, *corporate insolvency*	17
4.1 Hauptanwendungsbereiche	17
4.1.1 *Special Purpose Vehicles*	17
4.1.2 Die „Stiftung mit beschränkter Haftung", *Isle of Man Foundation*	18
(i) Gesellschaftsform	18
(ii) Spezielle Abwicklungsregelungen	19
4.2 Verfahrenstypen	20
4.2.1 Abwicklung, *winding up*	20
4.2.2 Löschung der Gesellschaft als Alternative zum Abwicklungsverfahren	23
4.3 Gerichtliche Abwicklung, *winding up by the court*	24
4.3.1 Eröffnungsgründe	24
4.3.2 Zahlungsunfähigkeit	26
4.3.3 Antragsberechtigung	27
4.3.4 Eröffnungsbeschluss, Verfahrensbeginn	28
4.3.5 (Vorläufiger) Insolvenzverwalter, *(provisional) liquidator*	30
4.3.6 *Official Receiver*	33
4.3.7 Die Rolle des Gerichts im Verfahren	34
4.4 „Freiwillige" Abwicklung, *voluntary winding up*	35

	Rn.
4.4.1 Einleitung des Verfahrens	35
4.4.2 *Members'* oder *creditors' voluntary winding up*	36
4.4.3 Anordnung gerichtlicher Aufsicht über die *voluntary winding up*	38
4.5 Beendigung des Verfahrens, Auflösung der Gesellschaft	39
4.6 Gläubigerbefriedigung	40
4.6.1 Einführung	40
4.6.2 Rangfolge	41
4.6.3 Bevorrechtigte Gläubiger, *Preferential creditors*	42
4.6.4 Sicherungsgläubiger, *secured creditors;* (un-)gesicherte Insolvenzgläubiger, *unsecured creditors*	44
4.6.5 Vermieter	45
4.7 Wesentliche Rechtsfolgen der Verfahrenseröffnung	46
5. *Receivership*	47
5.1 Vertragliche Regelung	47
5.2 Isle of Man *share security*	49
5.3 Qualifikation und Pflichten des *receiver*	50
5.4 Das Verhältnis von *receivership* und *winding up*	51
6. Sicherheiten in der Insolvenz, *securities*	51a
6.1 Sicherheiten an beweglichen Gegenständen	51a
6.2 Grundpfandrechte	51b
6.3 Sicherheiten an Flugzeugen und Schiffen	51c
7. Sanierung durch Vergleich mit Gläubigern und/oder Gesellschaftern	52
7.1 Verfahrensgrundzüge	52
7.2 Kosten	54
8. Aufrechnung, *set-off;* Nettingvereinbarungen, *netting agreements*	55
9. Anfechtung, *avoidance;* Nichtigkeit von Rechtsgeschäften in der Insolvenz	56
9.1 Einführung	56
9.2 Betrügerische Gläubigerbevorzugung, *fraudulent preference*	57
9.3 Unwirksamkeit von *floating charges*	58

Isle of Man 1–5

	Rn.		Rn.
9.3.1 Unwirksamkeit in der Insolvenz	58	11. Nachverfolgung von Vermögensgegenständen, *asset tracing*	64a
9.3.2 Wirksamkeitserfordernis Eintragung	59	11.1 Einführung	64a
9.4 Gläubigerbenachteiligung, *transactions defrauding creditors*	60	11.2 *Following* und *Tracing*	64b
10. Geschäftsführerhaftung	61	11.3 Schadensersatz bei Wissentlicher Beihilfe zur Veruntreuung	64c
10.1 *Fraudulent trading, wrongful trading*	61		
10.1.1 *Fraudulent trading*	61	12. Internationales Insolvenzrecht	65
10.1.2 *Wrongful trading*	62	12.1 Keine Geltung der EuInsVO	65
10.2 *Misfeasance*	63	12.2 Privatinsolvenzverfahren	66
10.3 Untersagung von Geschäftsführung, Company Officers (Disqualification) Act 2009	64	12.3 Unternehmensinsolvenzverfahren	67
		13. COVID-19-Maßnahmen	71

1. Gesetze, Rechtsprechungsregeln; Schrifttum und weitere Informationsquellen

1.1 Gesetze, Rechtsprechungsregeln

1 Die Gesetze der Isle of Man, die *Manx*[1] *statutes*, sind in der *Tynwald Library* (der Bibliothek des Parlaments der Isle of Man) zugänglich und unter www.tynwald.org.im oder www.legislation.gov.im im Internet abrufbar. Alle Gesetze der Isle of Man sind in gedruckter Form erhältlich bei *Isle of Man Attorney General's Chambers* (www.gov.im/government/offices/attorney.xml). Die Urteile des *Isle of Man High Court*[2] (Rechtsprechung ab 2000) sind online unter www.judgments.im frei verfügbar. Es gibt wenige spezialgesetzliche Regelungen oder Rechtsprechungsregeln zu Insolvenzsachverhalten für die Isle of Man. In Folge dessen hat englisches Recht einen starken Einfluss, d.h. es wird regelmäßig auf englische Gesetzestexte und Rechtsprechungsregeln zurückgegriffen.

1.2 Schrifttum

2 Es existiert wenig Literatur zu den Gesetzen der Isle of Man. Daher wird auf englische Standardliteratur zum Insolvenzrecht zurückgegriffen,[3] beispielsweise Goode, Roy: *Principles of Corporate Insolvency Law*, Sweet & Maxwell, 2011; Fletcher, Ian: *The Law of Insolvency*, Sweet & Maxwell, 2009; Keay, Andrew R.: *McPherson's Law of Company Liquidation*, Sweet & Maxwell, 2009; Bailey, E.: *Corporate Insolvency: Law and Practice*, LexisNexis, 2007 und Sheldon, Richard: *Cross-Border Insolvency*, Bloomsbury Professional, 2011.

1.3 Weitere Informationsquellen

3 Unternehmensinformationen, auch darüber ob ein Unternehmen aufgelöst wurde, unter „Zwangsverwaltung", *receivership*, steht oder sich in einem Liquidations- oder Insolvenzverfahren befindet, können beim Handelsregister der Isle of Man, dem *Isle of Man Companies Registry* (https://www.gov.im/categories/business-and-industries/companies-registry/), abgerufen werden.

4 Die Financial Services Authority („FSA") (zuvor *Financial Supervision Commission)*, https://www.iomfsa.im, hat im Bereich des Insolvenzrechts Antragsbefugnisse für die Einleitung von Abwicklungsverfahren[4] und ist für die Untersagung von Geschäftsführung nach dem *Company Officers (Disqualification) Act 2009*[5] zuständig.

5 Die Rechtsanwaltskammer der Isle of Man, die *Isle of Man Law Society,* bietet auf ihrer Internetseite (www.iomlawsociety.co.im) eine Suchfunktion nach Rechtsanwälten an, die im Bereich des Insolvenzrechts tätig sind.

---

[1] „Manx" ist der landessprachliche Name der Isle of Man, gleichzeitig die Bezeichnung der Bewohner der Insel und ihrer Sprache. In diesem Länderbericht wird der Begriff Isle of Man verwendet.
[2] www.courts.im; zur Gerichtsbarkeit → Rn. 7.
[3] Siehe auch das Literaturverzeichnis des Länderberichtes England und Wales.
[4] → Rn. 27.
[5] → Rn. 64.

2. Einführung

2.1 Die Isle of Man: „Kronbesitz", *Crown dependency*

Die Isle of Man ist zwar kein Teil des Vereinigten Königreichs, untersteht aber als *Crown dependency* der britischen Krone. Damit ist die Isle of Man auch kein (Teil eines) Mitgliedsstaat(es) der Europäischen Union, d.h. die **EuInsVO findet keine Anwendung.**[6] Eine Umsetzung der europäischen Restrukturierungsrichtlinie (EU 2019/1023) in *Manx statutes* unterbleibt somit ebenfalls. Die Isle of Man steht jedoch insoweit in einer Beziehung zur Europäischen Union, dass sie nach dem „Protokoll 3", welches einen Teil des Beitrittsvertrages des Vereinigten Königreichs zur damaligen Europäischen Wirtschaftsunion aus dem Jahr 1972 bildet, zumindest dem Zollgebiet der EU angehört (wenigstens bis zu einer endgültigen Regelung des Brexits). Dies ermöglicht der Isle of Man einen gleichberechtigten Handel sowohl mit Mitgliedsstaaten der EU als auch Nicht-EU-Ländern. Angesichts dessen wird im Hinblick auf den endgültigen Brexit davon auszugehen sein, dass ein Ausstiegsvertrag zwischen dem Vereinigten Königreich und der Europäischen Union auch nur in dem Maße auf die Isle of Man Anwendung finden wird, wie es dem „Protokoll 3" entspricht.

Trotz des „Abhängigkeitsstatus" als *Crown dependency* hat die Isle of Man eine **Selbstverwaltung** und ist – **mit Ausnahme von Außen- und Verteidigungsangelegenheiten,** welche in der Verantwortung der Regierung des Vereinigten Königreichs liegen – von Großbritannien unabhängig. Die Isle of Man übt ihre weitgehende politische und gesetzgeberische Unabhängigkeit durch das **Tynwald (das Parlament der Isle of Man,** dessen Gesetze *Acts of Tynwald* genannt werden) aus, hat ein eigenes Rechtssystem und eine eigene Rechtslehre. Das Rechtssystem der Isle of Man beruht, wie auch das der meisten Länder die (vormals) zu Großbritannien gehör(t)en, auf den Grundsätzen des englischen *common law*. Die Gesetzgebung der Isle of Man wird stark durch das englische Recht beeinflusst, auch wenn einige Rechtsvorschriften auf dem Recht von Commonwealth-Staaten oder britischen Überseegebieten, *British Overseas Territories,* beruhen, wie etwa dem Recht Neuseelands und dem der British Virgin Islands.[7]

2.2 Gerichtsbarkeit

Die Gerichtsbarkeit der Isle of Man wird durch die verschiedenen Abteilungen des *Isle of Man High Court*[8] ausgeübt, dessen Abteilung *Civil Division, Chancery,* in Insolvenzsachen zuständig ist. Auch wenn die Isle of Man ihre eigene, unabhängige Rechtsprechung entwickelt hat, haben die Entscheidungen der englischen Gerichte und, soweit relevant, die Entscheidungen der Gerichte in Commonwealth-Staaten starken Einfluss auf die Entscheidungen der Gerichtsbarkeit der Isle of Man. Dies insbesondere dann, wenn es keine entgegenstehenden Vorschriften eines *Act of Tynwald* oder eine entgegenstehende Entscheidung der Gerichtsbarkeit der Isle of Man gibt. Das höchste Rechtsmittelgericht gegen Entscheidungen der Gerichtsbarkeit der Isle of Man ist das *Judicial Committee of the Privy Council*[9] in London, das Revisionsgericht für die *Crown dependencies* und Überseegebiete Großbritanniens.

2.3 Insolvenzrechtliche Vorschriften

Das Recht der Isle of Man ist **nicht konsolidiert,** sondern findet sich in einer Reihe von Parlamentsgesetzen wieder. Dementsprechend finden sich die **Vorschriften,** die auf **insolvenzrechtliche Sacherverhalte Anwendung finden,** in einer Reihe von unterschiedlichen Gesetzen aus unterschiedlichen Epochen.

Das **Privatinsolvenzrecht,** *personal bankruptcy law,* wird zwar hauptsächlich durch die *Bankruptcy Acts 1892 to 1903*[10] („**Bankruptcy Acts**") geregelt, jedoch enthalten auch der *Fraudulent Assignments Act 1736,* der *Bankruptcy Act 1988* und die *Preferential Payments Acts 1908 to 1973* weitere wesentliche Bestimmungen zum Privatinsolvenzrecht.

Die Vorschriften zum **Unternehmensinsolvenzrecht,** *corporate insolvency law,* finden sich ähnlich verteilt. Die wichtigste Kodifikation, die Unternehmensinsolvenzrecht enthält, ist der **Companies Act 1931 („1931 Act").** Der *1931 Act* enthält Bestimmungen für die Abwicklung, *winding up* (synonym: *liquidation*), von Unternehmen. Alle Gesellschaften mit beschränkter Haftung werden

---

6 Siehe auch unter → Rn. 65 ff., Internationales Insolvenzrecht.
7 Beispielsweise basiert der Isle of Man Companies Act 2006 (Act 2006) auf dem *Businees Companies Act (No. 16 of 2004)* der British Virgin Islands.
8 www.courts.im/courtinformation/courtstructure.
9 https://www.jcpc.uk.
10 Bestehend aus dem *Bankruptcy Code 1892,* dem *Bankruptcy Procedure Act 1982* und dem *Bankruptcy Amendment Act 1903.*

hiernach abgewickelt, unabhängig davon, ob das Unternehmen unter dem *1931 Act* gegründet wurde oder unter dem neueren *Companies Act 2006 („2006 Act")*.[11]

11　Darüber hinaus sind **Regelungen zum Unternehmensinsolvenzrecht** in den Gesetzen *Fraudulent Assignments Act 1736, Bankruptcy Code 1892, Preferential Payments Acts 1908 to 1973, Preferential Payments (Amendment) Act 2016* und den *Companies (Winding Up) Rules 1934* enthalten. Die Abwicklung von Isle of Man **Stiftungen**[12] regeln das Gesetz *Foundations Act 2011* und die Verordnung *Foundations (Winding Up) Regulations 2011*. Die Abwicklung von Personengesellschaften erfolgt grundsätzlich nach dem *Bankruptcy Act*.

12　Das Recht der Isle of Man hat **keine dem englischen Recht vergleichbaren insolvenzrechtlichen Reformen** erfahren. So kennt es keine Regelungen, die dem englischen *Law of Property Act 1925* und den mit den Reformen des *Enterprise Act 2002* in den *Insolvency Act 1986* eingeführten Regelungen zur Förderung von Sanierungen entsprechen. Dadurch **fehlen** insbesondere **Spezialvorschriften** für die **Zwangsverwaltung von Grundstücken** und für Verfahren, die primär auf **Sanierung insolventer Gesellschaften** gerichtet sind.

3. Privatinsolvenzverfahren, *personal bankruptcy*

3.1 Eröffnungsantrag, *bankruptcy petition*; Eröffnungsbeschluss, *bankruptcy order*

13　Privatinsolvenzverfahren unterliegen den *Bankruptcy Acts* und beginnen mit einem **Insolvenzantrag, bankruptcy petition,** bei dem *Isle of Man High Court*. Der Antrag kann von (einem) Gläubiger(n) oder dem Schuldner selbst gestellt werden. Voraussetzung des Gläubigerantrages ist, dass seitens des Schuldners eine **„Insolvenzhandlung"**, *act of bankruptcy,* vorgenommen wurde.[13] Eine solche Insolvenzhandlung liegt beispielsweise dann vor, wenn der Schuldner es versäumt, innerhalb von 14 Tagen nach Zustellung einer gerichtlichen Verfügung eine darin benannte Geldsumme an seinen Gläubiger zu bezahlen. Der Gläubigerantrag kann gestellt werden, wenn ein Schuldner £ 25 oder mehr schuldet, die Schuld eine **liquidated sum**[14] ist, der Schuldner seinen Wohnsitz auf der Isle of Man hat (oder im Jahr vor der Antragsstellung hatte) und wenn die Insolvenzhandlung innerhalb von drei Monaten vor Antragsstellung stattfand. Der Schuldner kann den Antrag stellen, wenn er seinen Wohnsitz auf der Isle of Man hat und nicht in der Lage ist, seine Schulden zu begleichen. Der Eigenantrag ist auch unter schriftlicher Mitwirkung eines Gläubigers möglich, dem der Schuldner mindestens £ 25 schuldet.

14　Nach Antragsstellung kann das Gericht einen **Eröffnungsbeschluß**, *bankruptcy order,* erlassen und einen **Verwalter,** *trustee in bankruptcy,* bestellen, der die Insolvenzmasse verwaltet und verwertet sowie die Erlöse unter den Gläubigern verteilt.

3.2 Anordnung der Restschuldbefreiung, *order of discharge*

15　Ein Insolvenzschuldner kann zu **jeder Zeit** nach Eröffnung des Verfahrens bei Gericht einen Antrag auf Restschuldbefreiung, *order of discharge,* stellen. Die Erteilung der Restschuldbefreiung liegt im Ermessen des Gerichts, dessen Ermessensausübung insoweit beschränkt ist, als es das Verhalten des Insolvenzschuldners und die Art und Weise seiner finanziellen Lebensführung zu berücksichtigen hat (hierbei wird auch berücksichtigt, in welcher Höhe Mittel für die Begleichung ungesicherter Forderungen vorhanden sind). Das Gericht kann die **Restschuldbefreiung uneingeschränkt** oder **unter Bedingungen** erteilen. Es kann die Restschuldbefreiung auch für einen bestimmten Zeitraum aussetzen. Eine gesetzliche **Wohlverhaltensperiode**, die vor Erteilung der Restschuldbefreiung abzuwarten ist, gibt es **nicht**, d.h. auch der Zeitraum, innerhalb dessen der Schuldner Restschuldbefreiung erlangen kann, liegt im Ermessen des Gerichts.

3.3 Gläubigervergleich anstelle des Privatinsolvenzverfahrens: *composition/scheme of arrangement in substitution of bankruptcy*

16　Auch eine Privatperson kann versuchen, mit ihren Gläubigern einen **Vergleich** im Wege des Abschlusses einer ***composition*** oder eines ***scheme of arrangement*** abzuschließen. Der Vergleich wird wirksam, wenn ihm Gläubiger, die gemeinsam mindestens 75% der festgestellten Forderungen innehaben, zustimmen und er danach vom Gericht genehmigt wird.[15]

---

[11] Gesellschaften, die nach dem *2006 Act* begründet wurden, unterliegen gemäß section 182 des *2006 Act* den Abwicklungsregelungen des *1931 Act*.
[12] Zu diesen siehe → Rn. 19.
[13] Die „Insolvenzhandlungen" regelt Section 5 des *Bankruptcy Code 1982*.
[14] "*liquidated sum*" ist eine zwar nicht gerichtlich festgestellte, vom Schuldner aber unbestrittene Forderung.
[15] Section 15 *Bankruptcy Code 1982*.

4. Unternehmensinsolvenzen, *corporate insolvency*

4.1 Hauptanwendungsbereiche

4.1.1 *Special Purpose Vehicles*

Ein **wesentlicher Anteil** der auf der Isle of Man durchgeführten **Restrukturierungs-** und **17 Insolvenzverfahren** haben *Special Purpose Vehicles (SPVs)* zum Gegenstand. Diese wiederum machen einen signifikanten Anteil der auf der Isle of Man registrierten Gesellschaften mit beschränkter Haftung aus: *SPVs* sind Gesellschaften, deren Unternehmenszweck das Halten von Anlagevermögen, regelmäßig von Grundstücken (typischerweise in Großbritannien oder Kontinentaleuropa belegen), oder von drittfinanzierten Flugzeugen oder Schiffen ist. *SPVs* können nach dem *1931 Act* oder dem *2006 Act*[16] gegründet werden, wobei letztere Gesellschaftsart bei der (Re)Strukturierung mehr Flexibilität bietet, sowohl was Ausschüttungen an Investoren als auch die Bestellung von juristischen Personen, *corporate directors*, zu Geschäftsführern betrifft. Seit Inkrafttreten des *2006 Act* im November 2006 sind bereits über 9000 Gesellschaften nach den Vorschriften dieses Gesetzes gegründet worden. Von einer *„orphan entity"* spricht man, wenn die Anteile eines *SPV* (teilweise) von einem *„Isle of Man purpose trust"* gehalten werden. **Die Attraktivität des Standortes Isle of Man für solche *SPVs* hat steuerliche Gründe;** so erhebt die Isle of Man unter anderem weder Grunderwerbs-, noch Kapitalertrags- oder Körperschaftsteuer. Für Unternehmensgruppen mit Gruppengesellschaften auch in Großbritannien können sich darüber hinaus Umsatzsteuervorteile ergeben. Der *1931 Act* enthält die insolvenzrechtlichen Vorschriften zur Abwicklung von Gesellschaften mit beschränkter Haftung, diese sind auf nach dem *2006 Act* gegründete Gesellschaften entsprechend anwendbar.[17]

4.1.2 Die „Stiftung mit beschränkter Haftung", *Isle of Man Foundation*

(i) Gesellschaftsform

Die *Isle of Man Foundation*, Stiftung, ist eine durch den *Foundations Act 2011* eingeführte gesell- **18** schaftsrechtliche Mischform aus Gesellschaft mit beschränkter Haftung und *common law trust*, der im Wesentlichen dem *common law trust* nach englischem Recht entspricht.[18] Anders als ein *common law trust* (aber wie eine nach dem *1931 Act* oder *2006 Act* gegründete Gesellschaft mit beschränkter Haftung[19]) hat diese Stiftungsform eine eigene Rechtspersönlichkeit, d.h. sie ist auf unbegrenzte Dauer errichtet, kann insbesondere im eigenen Namen Eigentum halten und Klagen im eigenen Namen führen. Die Gesellschaftsform der *Isle of Man Foundation* wird gerne von Investoren aus Rechtskreisen gewählt, denen die Rechtsgrundlagen des *trust* und der *Equity*-Rechtsprechung fremd sind.

(ii) Spezielle Abwicklungsregelungen

Für Stiftungen bestehen spezielle Abwicklungsvorschriften, die ***Foundations (Winding Up)*** **19 *Regulations 2011*.** So kann ein Gläubiger einer Stiftung beim *Isle of Man High Court* einen Antrag auf Abwicklung einer Stiftung stellen, wenn sie nicht mehr in der Lage ist, ihre Schulden zu begleichen oder wenn die Stiftung einem Gläubiger eine Summe von mehr als £ 10.000 schuldet und es versäumt hat, innerhalb von 21 Tagen auf eine Zahlungsaufforderung, *demand for payment*, des Gläubigers zu reagieren. Das Gericht kann die Anordnungen erlassen, die es für die Liquidation, *winding up*, der Stiftung für erforderlich hält. Insbesondere kann es einen Verwalter, *liquidator*, bestellen, um die Stiftung abzuwickeln und ihr Vermögen zu verteilen. Hat die *winding up* einmal begonnen, muss die Stiftung, gleich einem Unternehmen, ihren Geschäftsbetrieb, außer den Tätigkeiten, die der *winding up* dienen, einstellen. Die **Verteilung des Stiftungsvermögens** folgt den Regelungen der *Foundations (Winding Up) Regulations 2011*. Diese entsprechen im Wesentlichen den Regelungen für insolvente Unternehmen: Gläubiger der Stiftung werden vorrangig gegenüber solchen Gläubigern befriedigt, die nach dem *Foundation Act 2011* „Personen mit hinreichendem Interesse", *persons with sufficient interest*, sind. Hierunter fallen die Gründer der Stiftung, sämtliche „Beitragen-

---

[16] Section 182 des *2006 Act*; siehe auch schon → Rn. 8 ff., zu den im *1931 Act* geregelten Abwicklungsarten siehe → Rn. 24 ff., 35 ff.
[17] Section 182 des *2006 Act*.
[18] Beim *common law trust* wird – stark vereinfacht dargestellt – von einem Treuhänder, *trustee*, Eigentum treuhänderisch zugunsten eines Dritten, des unter dem *trust* Begünstigten, *beneficiary*, gehalten. Dem *beneficiary* stehen üblicherweise Einkünfte aus dem treuhänderisch gehaltenen Vermögen zu.
[19] Siehe → Rn. 8 ff.

den", *dedicators,* Mitglieder des Stiftungsrates und alle „Begünstigten", *beneficiaries.* Sind alle Gläubiger der Stiftung befriedigt, wird der Überschuss entsprechend der Regelungen der Stiftungssatzung verteilt.

4.2 Verfahrenstypen

4.2.1 Abwicklung, *winding up*

20   Das Unternehmensinsolvenzrecht[20] der Isle of Man sieht **weniger Arten von Insolvenzverfahren vor als das englische Recht,** insbesondere kennt es weder das englische Sanierungsverfahren, *administration,* noch die „Einzelvollstreckung", *administrative receivership,* auch ein Vergleichsverfahren in der Ausgestaltung des englischen *Company Voluntary Arrangement (CVA)* kennt das Recht der Isle of Man nicht.[21]

21   Die einzigen gesetzlich vorgesehenen Verfahren haben **Abwicklung** zum Ziel, *winding up,* **in unterschiedlichen Ausgestaltungen:**[22]
(i) Abwicklung durch das Gericht, *winding up by the court,*[23]
(ii) freiwillige Abwicklung, *voluntary winding up up,*[24] in den Ausgestaltungen *creditors'* oder *members' voluntary winding up.*

22   Weitere Verfahrensoptionen sind das Vergleichsverfahren *scheme of arrangement*[25] und die Einsetzung eines, *receiver,*[26] der Zwangsverwaltung über einzelne Vermögenswerte im Auftrag einzelner Sicherungsgläubiger vergleichbar.

4.2.2 Löschung der Gesellschaft als Alternative zum Abwicklungsverfahren

23   Hat eine Gesellschaft ihre **Geschäftstätigkeit eingestellt** und sind sämtliche Verbindlichkeiten (ausgenommen Verbindlichkeiten gegenüber Gesellschaftern) beglichen, können Geschäftsführer oder Gesellschafter **beim Handelsregister,** *Isle of Man Companies Registry,* die **Auflösung** und **Löschung** der Gesellschaft **beantragen,** ohne dass hierfür ein Abwicklungsverfahren erforderlich ist.[27]

4.3 Gerichtliche Abwicklung, *winding up by the court*

4.3.1 Eröffnungsgründe

24   Die Eröffnungsgründe, auf deren Grundlage eine Gesellschaft durch das Gericht abgewickelt werden kann, sind abschließend gesetzlich geregelt.[28] Hierzu zählen:
(i) dass eine Gesellschaft innerhalb eines Jahres ab Gründung **nicht werbend tätig** wurde,
(ii) dass sie **zahlungsunfähig,** *unable to pay its debts,* ist, oder
(iii) dass das Gericht der Auffassung ist, es sei recht und billig, *just and equitable,* die Gesellschaft abzuwickeln.[29]

25   Der Begriff *„just and equitable"* ist zwar weit gefasst, das Gericht darf einem Antrag, der sich hierauf stützt, aber nur dann stattgeben, wenn extreme Umstände vorliegen und die Abwicklung zwingend erforderlich ist.[30] Deshalb werden Anträge auf gerichtliche Abwicklung in der Praxis, so möglich, auf Zahlungsunfähigkeit gestützt.

---

[20] Zu den einzelnen Vorschriften → Rn. 8 ff.
[21] Siehe auch schon → Rn. 8 ff.; zu den genannten englischen Verfahrenstypen siehe den Länderbericht England und Wales.
[22] Section 155 des *1931 Act.*
[23] → Rn. 24 ff.
[24] → Rn. 35 ff.
[25] Zum *scheme of arrangement* → Rn. 52 ff.
[26] Zur *receivership* → Rn. 47 ff.
[27] Siehe section 273A des *1931 Act* und section 190 des *2006 Act.*
[28] Section 162 des *1931 Act.*
[29] Siehe jeweils section 162(5) und section 162(6) des *1931 Act.*
[30] In *Belgravia Corporate Services Limited v b3 group Limited and Five Others,* 2005-06 MLR 139 (CHD & CLD) wurde beispielsweise einem Antrag auf *winding up* mit der Begründung *„just and equitable"* stattgegeben, weil Interessenskonflikte eines Geschäftsführers eine ordnungsgemäße Führung des Unternehmens unmöglich machten.

4.3.2 Zahlungsunfähigkeit

Eine der gesetzlichen Definitionen[31] der **Zahlungsunfähigkeit**, *inability to pay debts*, ist die Nichtbegleichung einer Zahlungsaufforderung (eines Mahnbescheides) über mindestens £ 50, *statutory demand*, innerhalb von 21 Tagen.[32] Diese Definition der Zahlungsunfähigkeit stammt aus dem Jahre 1931, als £ 50 noch eine vergleichsweise hohe Summe waren. Heutzutage werden Eröffnungsanträge wegen Zahlungsunfähigkeit eher auf erfolglose Vollstreckungsversuche gestützt.[33] Zahlungsunfähigkeit kann nach Überzeugung des Gerichts auch vorliegen, wenn die Verbindlichkeiten des Unternehmens nicht mehr durch dessen Vermögen gedeckt sind. Hierbei wird das Gericht dem „*balance sheet test*" des englischen Insolvenzrechts[34] entsprechende Erwägungen anstellen und bei der Berechnung Verbindlichkeiten sowie bedingte und künftige, *contingent and prospective*, Forderungen, *claims*, in die Kalkulation mit einbeziehen.[35] Dies ermöglicht es auch Gläubigern noch nicht fälliger Forderungen, einen Antrag auf *winding up* wegen Zahlungsunfähigkeit zu stellen. 26

4.3.3 Antragsberechtigung

Den Eröffnungsantrag können (einzeln oder gemeinsam) die Gesellschaft selbst (auf der Grundlage entsprechenden Gesellschafterbeschlusses), der Fiskus der Isle of Man, die *Isle of Man Treasury*,[36] jeder Gläubiger oder *contributory*[37] oder, im Fall einer Versicherungsgesellschaft, mindestens zehn Versicherungsnehmer, *policyholders*, stellen. Die *Financial Services Authority (FSA)*[38] kann einen Antrag auf *winding up* stellen, wenn sie es für im öffentlichen Interesse geboten, *expedient in the public interest*, hält.[39] Solche Anträge werden in der Regel bei (Verdacht auf) Betrug oder Unregelmäßigkeiten in einem Unternehmen gestellt.[40] 27

4.3.4 Eröffnungsbeschluss, Verfahrensbeginn

Verfahrensbeginn ist entweder die Stellung des Eröffnungsantrags oder der Gesellschafterbeschluss, mit dem die Abwicklung beschlossen wurde.[41] Nach Verfahrensbeginn kann über das Unternehmensvermögen **nicht mehr ohne gerichtliche Genehmigung** verfügt werden. 28

Im Anhörungstermin wird das Gericht entweder dem Antrag stattgeben und einen **Eröffnungsbeschluss**, *winding up order*, erlassen; den Antrag ablehnen, die Anhörung (unter Auflagen) vertagen oder eine **Zwischenverfügung**, *interim order*, erlassen (beispielsweise einen vorläufigen Insolvenzverwalter bestellen). Das Gericht kann eine Ablehnung der Eröffnung **nicht auf Massearmut** oder darauf stützen, dass das Vermögen des Unternehmens durch Sicherheiten ausgeschöpft sei. Eine Kopie einer *winding up order* muss beim **Handelsregister** eingereicht werden. Unabhängig davon, wer den Eröffnungsantrag gestellt hat, entfaltet der Eröffnungsbeschluss Wirkung für und gegen alle Verfahrensbeteiligten. 29

4.3.5 (Vorläufiger) Insolvenzverwalter, *(provisional) liquidator*

Das Gericht kann für den **Zeitraum zwischen Eingang des Antrags** auf *winding up* bei Gericht und **Erlass des Eröffnungsbeschlusses**, *winding up order*, einen **vorläufigen Insolvenzverwalter**, *provisional liquidator*, bestellen. Wenn ein Gläubiger den Antrag auf *winding up* wegen Zahlungsunfähigkeit gestellt hat, muss dieser regelmäßig gegenüber dem *provisional liquidator* garan- 30

---

[31] Section 163 des *1931 Act*.
[32] Siehe section 163(1)(1) des *1931 Act*.
[33] Siehe section 163(1)(2) des *1931 Act*.
[34] Section 123 *Insolvency Act 1986*, siehe hierzu den Länderbericht England und Wales.
[35] Siehe section 163(1)(3) des *1931 Act*.
[36] www.gov.im/treasury.
[37] *Contributory* ist ein im Insolvenzfall nachschussverpflichteter Gesellschafter oder Dritter, sections 157, 158 des *1931 Act*, hiervon sind auch Bürgen umfasst. Die Haftung wird jeweils beschränkt durch den Umfang seiner Beteiligung oder durch die Höhe der Bürgschaft. Ein *contributory* darf nur dann einen Antrag auf *winding up* stellen, wenn die Gesellschaft zwei oder weniger Gesellschafter hat oder die Anteile, hinsichtlich derer er ein *contributory* ist, ihm zugewiesen waren oder er in ihrem Besitz war und die Anteile für einen Zeitraum von mindestens sechs Monaten während der letzten 18 Monate vor Beginn der *winding up* auf seinen Namen registriert waren.
[38] https://www.iomfsa.im, siehe auch → Rn. 3 ff.
[39] Siehe section 164(1)(d) des *1931 Act*.
[40] Siehe z. B. *Re Law Investments Limited and Four Others*, 2005-06 MLR 73 (SGD) und FSC v. Louis Group Structured Capital & OTRs, 2013 MLR 33.
[41] Siehe section 169 des *1931 Act*.

tieren, die Kosten für das Liquidationsverfahren zu tragen, solange das Vermögen des Unternehmens noch nicht verwertet werden kann.

31   Grundsätzlich **kann jede Person** als *liquidator* bestellt werden, vorausgesetzt das Gericht hält diese Person für geeignet. In der Praxis wird jedoch gewöhnlich ein erfahrener **Wirtschaftsprüfer**, *accountant,* aus einer Wirtschaftsprüfungsgesellschaft bestellt. Anders als England[42] sieht die Isle of Man **keine Zulassungsvoraussetzungen** für Insolvenzverwalter vor. Jedoch führt das Gericht eine **Liste** von Personen, die es für geeignet hält, um zum *liquidator* bestellt werden zu können.

32   Der *liquidator* teilt dem Handelsregister, *Isle of Man Companies Registry,* seine Bestellung mit. Bevor er Verfahrensmaßnahmen ergreifen darf, hat er dem Gericht in gesetzlich vorgeschriebener Form **Sicherheit zu leisten.** Das Gericht setzt die **Vergütung** des *liquidator* fest, die entweder in regelmäßigen Zahlungen oder einer prozentualen Vergütung (Prozentsatz der Masse) bestehen kann. Der Isle of Man *High Court* orientiert sich bei der Festsetzung der Verwaltervergütung auch an den in England geltenden Regelungen.[43]

4.3.6 *Official Receiver*

33   Der *1931 Act* enthält zwar Regelungen über die Bestellung eines **Official Receiver,**[44] jedoch hat die Isle of Man **das Amt des *Official Receiver* bislang nicht personell besetzt.** Es gibt damit keine Behörde, die Verwalterämter wahrnimmt, beispielsweise in solchen masseärmen Verfahren, in denen sich kein Insolvenzverwalter bereit erklärt, das Verwalteramt anzunehmen. Deshalb kann es zu Verfahrenskonstellationen kommen, in denen die **FSC**[45] die Durchführung eines Verfahrens für im **öffentlichen Interesse** geboten hält und die **Tragung der Verfahrenskosten** (teilweise) **durch die Staatskasse** erfolgt, damit sich ein Insolvenzverwalter zur Annahme des Verfahrens bereit erklärt.

4.3.7 Die Rolle des Gerichts im Verfahren

34   Bei einer gerichtlichen Abwicklung, *winding up by the court,* hat das Gericht[46] weitgehende Befugnisse. Es überwacht die Verfahrensführung durch den Verwalter, *liquidator,* und kann eine Verfahrensprüfung anordnen, wenn der Verwalter aus Sicht des Gerichts seinen Verpflichtungen nicht nachkommt oder ein Gläubiger oder *contributory*[47] eine Beschwerde gegen ihn einreicht. Das Gericht kann auf Antrag des Verwalters oder eines Gläubigers anhängige Gerichtsverfahren aussetzen; es kann Dritte verpflichten, Massegegenstände an den Verwalter herauszugeben und es bestimmt die Frist für die Anmeldung von Forderungen.

4.4 „Freiwillige" Abwicklung, *voluntary winding up*

4.4.1 Einleitung des Verfahrens

35   Von einer „freiwilligen" Abwicklung spricht man, wenn durch Gesellschafterbeschluss, entweder in Form *einer special resolution* oder einer *extraordinary resolution*[48] beschlossen wird, dass die Gesellschaft abzuwickeln ist, weil sie aufgrund ihrer Verbindlichkeiten nicht mehr in der Lage ist, ihre Geschäftstätigkeit fortzuführen, wenn die Gesellschaft nur auf bestimmte Zeit errichtet worden ist oder ein Ereignis eintritt, das satzungsgemäß zur Abwicklung führt. **Verfahrensbeginn ist der Zeitpunkt des Gesellschafterbeschlusses.** Die Gesellschaft muss sämtliche Geschäftstätigkeiten, die nicht unbedingt im Rahmen der *winding up* erforderlich sind, einstellen. Die Gesellschaft bleibt bis zur Beendigung der Abwicklung und ihrer hierauf folgenden Auflösung als solche erhalten.

---

[42] Zum englischen System des *licensing* für Insolvenzverwalter, *insolvency practitioners,* siehe den Länderbericht England und Wales.

[43] In *Re Kaupthing Singer & Friedlander (Isle of Man) Limited (in liquidation) on the petition of Simpson and Spratt (5)* 2009 MLR 516 (CD) wurde ein unabhängiger Gutachter damit beauftragt, dass Gericht bei der Festsetzung der Verwaltervergütung auf „Stundenbasis", *time costs basis,* zu unterstützen. Die Festsetzung erfolgte entsprechend *Rule* 4.30 der englischen *Insolvency Rules 1986* und *Statement of Insolvency Practice 9* (SIP 9). Dies bot sich auch deshalb an, weil in England ein paralleles *administration* Verfahren *Kaupthing Singer & Friedlander* gab (zu den *Insolvency Rules* und *SIP 9* siehe den Länderbericht England und Wales).

[44] Zu dieser Amtsperson, die unter anderem – regelmäßig kraft Gesetzes – Insolvenzverwalterämter ausübt, siehe beispielsweise die Länderberichte England und Wales, Hongkong und Indien.

[45] → Rn. 3 ff.

[46] Der *Isle of Man High Court,* siehe → Rn. 1, 7.

[47] Im Insolvenzfall nachschussverpflichteter Gesellschafter oder Dritter, → Rn. 27.

[48] Sowohl die *extraordinary resolution* als auch die *special resolution* bedürfen einer 75% Mehrheit der stimmberechtigten Gesellschafter, siehe section 116 des *1931 Act.* Für Unternehmen, die nach dem *2006 Act* gegründet wurden, wird nicht mehr zwischen *extraordinary resolution* und *special resolution* unterschieden; jedoch bedarf es einer einfachen 50% Mehrheit der abstimmenden Gesellschafter zur Einleitung einer *voluntary winding up.*

4.4.2 Members' oder creditors' voluntary winding up

Bei der *members' voluntary winding up* geben der Geschäftsführer oder, wenn die Gesellschaft **36** mehr als einen Geschäftsführer hat, die Mehrzahl der Geschäftsführer eine gesetzlich vorgeschriebenen Erklärung, *statutory declaration,* dahingehend ab, dass sie die **wirtschaftlichen und finanziellen Verhältnisse der Gesellschaft geprüft** haben und davon überzeugt sind, dass die Gesellschaft **innerhalb von 12 Monaten** ab Beginn einer Abwicklung dazu in der Lage sein wird, **ihre sämtlichen Verbindlichkeiten** zu begleichen.[49] Zwischen der Abgabe dieser *statutory declaration* und dem Abwicklungsbeschluss dürfen nicht mehr als 6 Wochen vergehen; die Geschäftsführer versenden die Einladungen für die Gesellschafterversammlung zur Abstimmung über die Abwicklung nach Abgabe der *statutory declaration*. Wird eine solche Erklärung durch die Geschäftsführer nicht abgegeben, erfolgt die Abwicklung immer im Wege der *creditors' voluntary winding up,* was faktisch bedeutet, dass **jede „freiwillige"** (nicht bei Gericht beantragte) **Abwicklung einer insolventen Gesellschaft** im Wege der *creditors' winding up* erfolgt.

Am Tag der **Gesellschafterversammlung** (oder an dem darauf folgenden Tag), in der über **37** die Abwicklung entschieden wird, ist **auch eine Gläubigerversammlung** abzuhalten. Einladungen hierzu sind zeitgleich mit den Einladungen zur Gesellschafterversammlung zu verschicken und müssen in zwei auf der Isle of Man erscheinenden Zeitungen veröffentlicht werden. Die Gläubigerversammlung ist von einem der Geschäftsführer zu leiten. Den Gläubigern ist zu den wirtschaftlichen und finanziellen Verhältnissen der Gesellschaft umfassend Bericht zu erstatten und eine Gläubigerliste vorzulegen, welche die **geschätzten Forderungen der einzelnen Gläubiger** ausweist. Sowohl die Gläubiger als auch die Gesellschafter können auf ihrer jeweiligen Versammlung einen Verwalter, *liquidator,* vorschlagen. Besteht Uneinigkeit über die Person, hat der Vorschlag der Gläubiger Vorrang, solange nicht das Gericht um Entscheidung angerufen wird. Die Gläubiger können die Vergütung des *liquidator* festsetzen; in der Regel wird hierüber mit diesem eine Vereinbarung getroffen. Zieht sich die Abwicklung über einen längeren Zeitraum als ein Jahr hin, beruft der *liquidator* jährlich stattfindende Gläubiger- und Gesellschafterversammlungen ein, in denen er über den Gang des Verfahrens Rechenschaft ablegt.[50]

4.4.3 Anordnung gerichtlicher Aufsicht über die *voluntary winding up*

Auch wenn die Abwicklung einer Gesellschaft durch Gesellschafterbeschluss und damit „freiwillig" **38** eingeleitet wurde, kann das Gericht das Verfahren dennoch **nach eigenem Ermessen unter seine Aufsicht** stellen. Das Gericht kann Verwalter abbestellen oder zusätzliche Verwalter bestellen. Dass ein Verfahren unter gerichtliche Aufsicht gestellt wird, ändert nichts – von gewissen Ausnahmen abgesehen – an den grundsätzlichen Befugnissen der Verwalter. Diese müssen dann aber beispielsweise die Genehmigung des Gerichts einholen, wenn sie Gesellschaftsvermögen mit Sicherheiten belasten wollen.[51]

4.5 Beendigung des Verfahrens, Auflösung der Gesellschaft

Sobald die Gesellschaft vollständig abgewickelt wurde, muss der *liquidator* **letztmalige Gesell- 39 schafter- und Gläubigerversammlungen** einberufen und darin einen **Bericht** über den Verlauf und das Ergebnis des Verfahrens vorlegen. Der Bericht ist innerhalb einer Woche beim Handelsregister einzureichen, dort werden der Bericht und eine Mitteilung über die Abhaltung der letztmaligen Gesellschafter- und Gläubigerversammlungen zu den Registerakten genommen werden. **Nach** weiteren **3 Monaten gilt das Unternehmen als aufgelöst.**[52]

4.6 Gläubigerbefriedigung

4.6.1 Einführung

Um an der **Verteilung der Masse** teilhaben zu können, müssen Gläubigerforderungen (die **40** auch bedingt, *payable on a contingency,* sein können) im Verfahren **angemeldet und festgestellt,**

---

[49] Siehe section 218 des *1931 Act.*
[50] Siehe section 232 des *1931 Act.*
[51] Siehe section 246A des *1931 Act.*
[52] Siehe section 233 des *1931 Act.*

proved, sein. Das Gericht kann anordnen, dass eine hierfür maßgebliche Frist durch den Verwalter, *liquidator,* gesetzt wird.[53] Das Gericht kann diese Frist ändern oder verlängern, wenn es dies für angebracht hält.[54] Bei insolventen Unternehmen gelten hinsichtlich der Feststellung von Sicherheiten, für den Nachweis von Forderungen, die Berechnung bedingter und künftiger Forderungen sowie die Befriedigung von gesicherten und ungesicherten Gläubigern die Regelungen des *Bankruptcy Act* entsprechend.[55]

4.6.2 Rangfolge

41 Aus- und inländische Gläubiger werden im Insolvenzverfahren gleich behandelt. Ist das Unternehmensvermögen mit Sicherheiten belastet, werden die Gläubiger grundsätzlich[56] wie folgt befriedigt:
(i) Sicherungsgläubiger einer *fixed security*[57] (bis zur Höhe ihrer jeweiligen Sicherheit);
(ii) Bevorrechtigte Gläubiger, *preferential creditors;*[58]
(iii) Sicherungsgläubiger einer *floating charge*[59] (bis zur jeweiligen Höhe der durch die *floating charge* gesicherten Verbindlichkeit);
(iv) die Verfahrenskosten, einschließlich der Verwaltervergütung;
(v) ungesicherte Gläubiger;
(vi) Gesellschafter.
Außerhalb des Verfahrens werden zuvor noch diejenigen Gläubiger befriedigt, die Waren unter Eigentumsvorbehalt – (die entsprechende Eigentumsvorbehaltsklausel wird in England allgemein „*Romalpa-Klausel*" genannt) – an den späteren Insolvenzschuldner geliefert haben. Bei Ausbleiben der vollständigen Kaufpreiszahlung haben die Vorbehaltsverkäufer nämlich die Möglichkeit, die Waren vom insolventen Unternehmen zurückzuerlangen, ohne dafür am Abwicklungsverfahren, *winding up,* teilnehmen zu müssen.

4.6.3 Bevorrechtigte Gläubiger, *Preferential creditors*

42 Bevorrechtigte Gläubiger, *preferential creditors,* sind Gläubiger, deren Forderungen bei einer *winding up* vorrangig gegenüber den Forderungen anderer Gläubiger befriedigt werden. Sie stehen in der Rangordnung allerdings hinter denjenigen Gläubigern, deren Forderungen mit Unternehmensvermögen besichert sind.

43 Nach dem **Preferential Payments Act 1908** (geändert durch den **Preferential Payments (Amendment) Act 2016**) zählen zu den bevorrechtigten Forderungen:
(i) Beitragsforderungen für bestimmte Einlagen auf der Isle of Man;
(ii) Steuerforderungen, debts due to the Crown or any person on behalf of the Crown;
(iii) Grundsteuern und sonstige Gemeindeabgaben, die innerhalb der letzten 12 Monate fällig wurden;
(iv) in gewissem Umfang Löhne und Gehälter von Mitarbeitern;
(v) fälliges Urlaubsgeld von Mitarbeitern;
(vi) in gewissem Umfang Löhne für Auszubildende, in der Ausbildung befindliche Beamte und Reserve-Streitkräfte;
(vii) Sozialversicherungsbeitragsforderungen, welche gegenüber dem Schuldner aus den letzten 12 Monaten vor Insolvenz bestehen;
(viii) nationale Versicherungsbeiträge, welche der Schuldner in den letzten 12 Monaten vor der Insolvenz zu leisten hatte;
(ix) Beitragsverpflichtungen bezüglich einer (betrieblichen) Altersvorsorge.

---

[53] Gemäß section 211 des *1931 Act.*
[54] Re *Kaupthing Singer & Friedlander (Isle of Man) Limited (in liquidation) on the petition of Simpson and Spratt (4)* 2009 MLR 422 (CD).
[55] Siehe den Verweis in section 248 des *1931 Act.*
[56] Grundsätzlich, da die Gerichtsbarkeit der Isle of Man die Entscheidung des *House of Lords* im Fall *Buchler v Talbot [2004] UKHL 9* nicht bedacht hat, wonach die Kosten der Verwaltung aus den Erlösen der Vermögenswerte, die von einer *floating charge* erfasst werden, im Rang erst nach dem Sicherungsgläubiger befriedigt werden.
[57] Eine Sicherheit, die an einem genau bestimmbaren Vermögensgegenstand bestellt wird (in Abgrenzung zur *floating charge*).
[58] → Rn. 42 f.
[59] Zu den richterrechtlich entwickelten Sicherungsmittel der *floating charge,* die sich auf das gesamte Unternehmensvermögen oder Sachgesamtheiten von Vermögenswerten des Unternehmens in (bis zum Sicherungsfall) wechselndem Bestand erstreckt, siehe den Länderbericht England und Wales. Die englischen Rechtsprechungsregelungen gelten auf der Isle of Man entsprechend.

4.6.4 Sicherungsgläubiger, *secured creditors;* (un-)gesicherte Insolvenzgläubiger, *unsecured creditors*

Sicherungsgläubiger einer *fixed security* sind aus den Verkaufserlösen des Sicherungsgutes zu befriedigen (nach Abzug der hierbei anfallenden Kosten). Sicherungsgläubiger einer *floating charge* stehen sowohl nachrangig zu Sicherungsgläubigern von *fixed securities*, als auch nachrangig gegenüber bevorrechtigten Gläubigern im Sinne des *Preferential Payments Act 1908*.[60] Die Forderungen ungesicherter Gläubiger werden, so hierfür noch Masse zur Verfügung steht, im selben Rang zu gleichen Teilen befriedigt.   44

4.6.5 Vermieter

Vermieter sind grundsätzlich hinsichtlich Mietrückständen aus den letzten 12 Monaten vor Verfahrensbeginn allen anderen Gläubigern gegenüber bevorrechtigt, mit Ausnahme von Sicherungsgläubigern einer *fixed security* und den oben aufgeführten bevorrechtigten Gläubigern nach dem *Preferential Payments Act 1908*.   45

4.7 Wesentliche Rechtsfolgen der Verfahrenseröffnung

Wesentliche Rechtsfolgen der Verfahrenseröffnung sind:[61]   46
(i) die Befugnisse des oder der Geschäftsführer(s) enden und gehen auf den Verwalter über, der die Vermögenswerte der Gesellschaft in Besitz nimmt (die Vermögenswerte werden dem Verwalter dabei nicht automatisch übertragen, er kann die Übertragung aber beim *Isle of Man court* beantragen);
(ii) Mit gerichtlicher Genehmigung kann der Verwalter das Eigentum an „lästigem", *onerous*, Unternehmensvermögen aufgeben;
(iii) Dauerschuldverhältnisse und noch nicht vollständig erfüllte Verträge enden automatisch oder sind kündbar;
(iv) Arbeitsverhältnisse enden bei gerichtlicher Abwicklung automatisch, sind bei *voluntary winding up* außerordentlich durch den Verwalter kündbar;
(v) Bei gerichtlicher Abwicklung können Gerichtsverfahren gegen die Gesellschaft nur mit Genehmigung des Gerichts fortgeführt oder eingeleitet werden.

5. *Receivership*

5.1 Vertragliche Regelung

Die Funktion eines *receiver* ähnelt der eines **Zwangsverwalters** nach deutschem Recht. Auf der Isle of Man gibt es keine gesetzlichen Bestimmungen zur *receivership*. Das Recht, einen *receiver* bei Eintritt bestimmter Bedingungen bestellen zu können und die Befugnisse, die diesem *receiver* zustehen sollen, werden **vertraglich** in **Sicherheitenverträgen,** der **security documentation,** geregelt. Deshalb sollte jeder Sicherheitenvertrag nach dem Recht der Isle of Man ausführliche und sorgfältig geprüfte Regelungen zu den Rechten enthalten, die dem **Sicherungsnehmer,** *chargee*, im Sicherungsfall bzw. einem *receiver* nach seiner Bestellung zustehen. Sicherheitenverträge nach dem Recht der Isle of Man sehen ausnahmslos vor, dass der *receiver*, der vom Sicherungsnehmer ernannt wird, ein **Vertreter,** *agent*, **des Sicherungsgebers,** *chargor*, ist, so dass dieser die **alleinige Verantwortung für die Handlungen des *receiver*** trägt.   47

Diese vertraglich regelbare *receivership* macht das Rechtssystem der Isle of Man sehr **gläubigerfreundlich,** da es beispielsweise für einen Sicherungsnehmer unter einer *floating charge*[62] möglich ist, im Sicherungsfall mit sofortiger Wirkung einen *receiver* über das gesamte Unternehmensvermögen zu ernennen. Die Interessen dieses Gläubigers gehen dann – im Rahmen der Grundsätze von Treu und Glauben – denen des Unternehmens und der ungesicherten Gläubiger vor.   48

5.2 Isle of Man *share security*

Auch der Sicherheitenvertrag über die **Verpfändung von Gesellschaftsanteilen,** *share security*, kann die Bestellung eines *receiver* mit weiten Handlungsbefugnissen für den Sicherungsfall vorsehen, was für die in der Praxis häufig auftretenden *Special Purpose Vehicles SPVs*[63] bedeutet, dass   49

---
[60] → Rn. 41.
[61] Siehe auch → Rn. 34 zur Rolle des Gerichts im Verfahren.
[62] Zur Definition der *floating charge* → Rn. 41.
[63] → Rn. 17.

der *receiver* **die Kontrolle über eine Gesellschaft,** nicht den von dieser gehaltenen Vermögenswert (typischerweise Grundvermögen) übernimmt. **Vorteile,** die sich hieraus ergeben können, sind beispielsweise rascher Verkauf (Gesellschaftsanteile lassen sich auf der Isle of Man innerhalb eines Werktages übertragen, Grundstücksübertragungen nach ausländischen Rechtsordnungen sind zeitaufwändiger) und gegebenenfalls die Ersparnis von Grunderwerbssteuer nach andernfalls einschlägigen ausländischen Rechtsordnungen.

5.3 Qualifikation und Pflichten des *receiver*

50   Es gibt keine Regelungen dazu, über welche Qualifikationen ein *receiver* verfügen muss, er muss allerdings eine natürliche Person sein. Der Sicherungsnehmer hat dennoch Sorge dafür zu tragen, dass eine für die Aufgabe geeignete Person zum *receiver* bestellt wird. Ein nach den Vorschriften eines Sicherheitenvertrages bestellter *receiver* ist dem schuldnerischen Unternehmen gegenüber verpflichtet, nach den Grundsätzen von **Treu und Glauben** sachgerecht zu handeln, was bedeutet, dass er die von der Sicherheit umfassten Vermögenswerte zu schützen und mit dem Ziel zu verwerten hat, die offene Forderung des Sicherungsnehmers zu befriedigen. Auch wenn der ***receiver* primär dem Sicherungsnehmer und dessen Befriedigung verpflichtet** ist, darf er weder grob fahrlässig handeln, noch dem Unternehmen oder der Gesamtheit der ungesicherten Gläubigern unnötigen Schaden zufügen.

5.4 Das Verhältnis von *receivership* und *winding up*

51   Für die Bestellung eines *receiver* sind weder eine gerichtliche Zustimmung noch ein Moratorium oder andere Vorraussetzungen erforderlich. Praxisüblich ist es, dem Schuldner unmittelbar vor Bestellung eines *receiver* eine Zahlungsaufforderung zu übermitteln. Das Gericht kann **Abwicklung,** *winding up* **auch dann** anordnen, **wenn bereits ein *receiver* bestellt** ist, die *receivership* als solche und die vom *receiver* bereits ergriffenen Maßnahmen bleiben hiervon unberührt. Gleichermaßen hindert ein bereits eingeleitetes Abwicklungsverfahren nicht die Bestellung eines *receiver*, wenngleich dieser dann eine gerichtliche Genehmigung benötigt, um das Sicherungsgut in Besitz zu nehmen: ein bereits bestellter *liquidator* handelt als sogenannter *officer of the court* für das Gericht und hat bereits Besitz am Vermögen.

6. Sicherheiten in der Insolvenz, *securities*

6.1 Sicherheiten an beweglichen Gegenständen

51a   Im Rahmen der gesetzlichen Bestimmungen der Isle of Man richtet sich die Wirksamkeit eines Sicherungsrechts an einem beweglichen Vermögensgegenstand nach der *lex rei sitae*. Die Bestimmung des Belegenheitsortes des jeweiligen Gegenstands erfolgt dabei nach den Grundsätzen des internationalen Privatrechts (vgl. Dicey&Morris, The Conflict of Laws, Chapter 22).

Da die Isle of Man weder über eine zentrale Wertpapierverwahrstelle verfügt noch eine von den weltweit agierenden Depotbanken (*„global custodians"*) Depots auf der Insel unterhält, werden sich die nach dem Recht der Isle of Man bestellten Sicherheiten an beweglichen Gegenständen in der Praxis auf Barvermögen auf der Insel beschränken.

6.2 Grundpfandrechte

51b   Die Registrierung und Dokumentation der Eigentumsverhältnisse an Grundstücken kann auf der Isle of Man auf zwei Arten erfolgen. Zum einen besteht nach dem *Land Registration Act 1982* die Möglichkeit, Rechte an einem Grundstück beim Grundbuchamt der Isle of Man eintragen zu lassen. Die Eintragung begründet dabei eine der in England und Wales vergleichbare Rechtsgarantie seitens des Grundbuchamts. Nach der einmal erfolgten Registrierung eines Grundstücks muss sodann auch jede weitere Übertragung oder Belastung des Grundstücks im Grundbuch eingetragen werden. Sofern das Eigentum oder ein sonstiges Recht am Grundstück nicht im Grundbuch eingetragen ist, erfolgt die Dokumentation anhand einer „Urkunde über bedingte Anleihe und Sicherheit". Inhaltlich handelt es sich dabei um eine im *common law* etablierte Form der Hypothek, mit der dem Pfandrechtsinhaber vom Hypothekenschuldner zugesichert wird, seine Schuld anzuerkennen und dem Gläubiger das Grundstück solange als Sicherheit zu überlassen, bis die Schuld getilgt ist.

Nach den gesetzlichen Bestimmungen der Isle of Man ist es dem Inhaber einer Hypothek (*„mortgage"*) nicht erlaubt, das besicherte Grundstück eigenmächtig zu veräußern. Zur Vollstreckung des Grundpfandrechts muss der Pfandgläubiger ein entsprechendes Urteil beim Vollstreckungsgericht der Isle of Man erwirken, was sodann von einem Gerichtsvollzieher (*„Coroner"*) vollzogen wird, der das Grundstück im Rahmen einer öffentlichen Versteigerung veräußert.

Grundsätzlich sehen die rechtlichen Bestimmungen der Isle of Man auch nicht vor, dass der Pfandrechtsgläubiger einen (Insolvenz-)Verwalter bestellen kann. Ein solches Recht kann allerdings vertraglich vereinbart werden. Eine entsprechende vertragliche Regelung muss dann aber Angaben dazu enthalten, wann der Verwalter bestellt werden kann, welche Befugnisse ihm zukommen und wie mit dem Veräußerungserlös des Pfandgegenstands zu verfahren ist. Im Gegensatz zu einem Gerichtsvollzieher muss der Verwalter bei Veräußerung des Grundstücks aber weitere nachrangige Belastungen des Grundstücks berücksichtigen.

6.3 Sicherheiten an Flugzeugen und Schiffen

Die auf der Isle of Man geführten Schiffs- und Flugzeugregister entsprechen im Hinblick auf ihre rechtlichen Rahmenbedingungen weitestgehend denen des Vereinigten Königreichs. Gesondert werden in den jeweiligen Registern Hypotheken (*„mortgages"*) an auf der Isle of Man registrierten Schiffen oder Flugzeugen vermerkt. Für Schiffe finden sich die diesbezüglichen gesetzlichen Regelungen in Anlage 1 des Merchant Shipping Registration Act 1991 des Tynwald und für Flugzeuge in der für die Isle of Man geänderten Fassung der Mortgaging of Aircraft Order 1972 of the United Kingdom. Seit dem 1. Januar 2018 gilt auf der Isle of Man zudem auch das Abkommen über internationale Sicherungsrechte an beweglicher Ausrüstung (*„Cape Town Convention"*) samt des Protokolls über die Besonderheiten bei Flugzeugausrüstung.

51c

Der Rang einer an einem Schiff oder Flugzeug bestellten Hypothek bestimmt sich grundsätzlich nach der Reihenfolge der Eintragung im jeweiligen Register. Bestimmte Ansprüche haben allerdings entsprechend den von den Gerichten angewandten Prioritätsregeln Vorrang gegenüber dem Anspruch des Hypothekengläubigers. Priorisiert werden beispielsweise Ansprüche auf Ersatz eines durch ein Schiff verursachten Schadens, Lohnansprüche von Mannschaft und Kapitän sowie Bergungskosten. Auch Besitzpfandrechte von Werkunternehmern an Schiffen oder Flugzeugen gelten als vorrangig; gleiches gilt für aufgrund von rückständigen Zahlungen auf Steuerforderungen oder Gebühren für Flugsicherheitsdienste an einem Flugzeug bestehende Zurückbehaltungs- und Verwertungsrechte.

7. Sanierung durch Vergleich mit Gläubigern und/oder Gesellschaftern

7.1 Verfahrensgrundzüge

Das Recht der Isle of Man sieht für Gesellschaften die Möglichkeit vor, Vergleiche mit Gläubigern und/oder Gesellschaftern oder einzelnen Gläubiger- und/oder Gesellschafterklassen zu schließen,[64] die Verfahrensvorschriften hierfür entsprechen denen zum *scheme of arrangement* nach englischem Recht.[65] Auch auf der Isle of Man ist es der *High Court,* der sowohl darüber entscheidet, ob Versammlungen der von dem Vergleichsvorschlag betroffenen Gläubiger(klassen) und/oder Gesellschafter(klassen) zur Abstimmung über den Vorschlag einberufen werden dürfen. Es prüft hierbei nur, ob der Vergleichsvorschlag nicht völlig ohne Aussicht auf Erfolg ist.[66] Erhält der Vorschlag in den Versammlungen die erforderliche einfache Mehrheit der abstimmenden Anwesenden und mindestens 75% Summenmehrheit, so ist es wiederum das Gericht, das den Vergleich endgültig genehmigt.

52

Das Gericht wird einen Vergleich dann genehmigen, wenn er angemessen, *reasonable*, ist, die Interessen aller Parteien gleichmäßig berücksichtigt und wenn die betroffenen Gläubiger zu den Versammlungen über die Abstimmung ordnungsgemäß geladen waren. Um wirksam zu werden, muss der vom Gericht genehmigte Vergleich beim Handelsregister, dem *Isle of Man Companies Registry* eingereicht werden.

53

7.2 Kosten

Die Rechtsprechung des *High Court* ist zurückhaltend darin, Kostenentscheidungen zu Lasten von Antragstellern, die mit einem Vergleichsvorschlag gescheitert sind, zu treffen; dies um der Praxis nicht die Anreize zu nehmen, den Weg des *scheme of arrangement* als Alternative zum Abwicklungsverfahren *winding up* zu gehen.[67]

54

---

[64] Section 152 des *1931 Act* und section 157 des *2006 Act*. Zu den Unterschieden zwischen Gesellschaften, die nach dem jeweiligen *Act* gegründet wurden → Rn. 8 ff.
[65] Siehe den Länderbericht England und Wales.
[66] *Re Kaupthing Singer & Friedlander (Isle of Man) Limited (in liquidation) on the Petition oft he Treasury (2)2009 MLR Note 3.*
[67] *Re Kaupthing Singer & Friedlander (Isle of Man) Limited (in liquidation) (3)* 2009 MLR 317(CD).

8. Aufrechnung, *set-off;* Nettingvereinbarungen, *netting agreements*

55   Vertragliche Aufrechnungsklauseln oder Nettingvereinbarungen sind im Abwicklungsverfahren, *winding up,* nur dann wirksam, wenn sie nicht den Vorschriften über Aufrechnung des *Isle of Man Bankruptcy Code 1982 („Statutory Insolvency Set-Off")* zuwiderlaufen, da diese bei der Abwicklung einer auf der Isle of Man ansässigen Vertragspartei („*Manx*-Vertragspartner") zwingenden Charakter haben und nicht der Disposition der Vertragsparteien unterliegen. Die Regelungen[68] entsprechen im Wesentlichen denen des inzwischen aufgehobenen englischen *Bankruptcy Act 1883* und sehen die Zulässigkeit von Aufrechnung bei gegenseitigen Rechtsgeschäften vor, die in die Kategorien *mutal credits, mutual debts* und *mutual dealings,* also Rechtsgeschäfte im weiteren Sinne, fallen. Diese Regelungen werden streng ausgelegt und finden nur dann Anwendung, wenn zwischen dem Schuldner und dem Aufrechnungsgegner selbst Gegenseitigkeit besteht, d.h. ein Gläubiger selbst muss Inhaber einer aufrechenbaren Forderung sein, es genügt nicht, dass ein Gläubiger als „Strohmann", *nominee,* auftritt.[69]

Die gesetzlichen Aufrechnungsbestimmungen können auch alternativ zu vertraglich vorgesehenen Aufrechnungsmöglichkeiten *("Contractual Netting Provisions")* zur Anwendung kommen, wenn die aufzurechnenden Geldbeträge erst nach Eröffnung des Abwicklungsverfahrens angefallen sind. Sofern allerdings vertragliche Aufrechnungsbestimmungen den gesetzlichen widersprechen, haben die gesetzlichen Regelungen zur Aufrechnung Vorrang. Widersprüche können sich insbesondere aus den Anforderungen des *„Statutory Insolvency Set-Off"* wie dem Erfordernis der Gegenseitigkeit oder der Umwandlungsnotwendigkeit von Fremdwährungsbeträgen in „Sterling" ergeben. Denkbar sind aber auch Unterschiede im Hinblick auf die im Rahmen der Aufrechnung überhaupt zu berücksichtigenden Forderungen (z.B. werden im Rahmen des *„Statutory Insolvency Set-Off"* gesicherte Forderungen nicht notwendigerweise in die Aufrechnung mit einbezogen oder solche Geldbeträge nicht berücksichtigt, die erst angefallen sind, nachdem die andere Partei bereits Kenntnis von der Abwicklung des *„Manx*-Vertragspartners" hatte).

Im Geltungsbereich der gesetzlichen Vorschriften zur Aufrechnung ist allerdings keine Regelung ersichtlich, die den Abschluss einer typischen Nettingvereinbarung, *netting agreement* (z.B. bei OTC-Derivaten, in Form des ISDA 1992 Master Agreements oder des ISDA 2002 Master Agreements) grundsätzlich verbieten oder zur Unwirksamkeit der Aufrechnungsbestimmungen dieser Vereinbarung führen würde. Offene Beträge, die bereits vor Einleitung eines Abwicklungsverfahrens gegenüber einem *„Manx*-Vertragspartner" angefallen sind, könnten bei entsprechenden *Contractual Netting Provisions* aufgerechnet werden und wären auch nicht durch den Verwalter des *„Manx*-Vertragspartners" angreifbar.

9. Anfechtung, *avoidance;* Nichtigkeit von Rechtsgeschäften in der Insolvenz

9.1 Einführung

56   Die Anfechtungsmöglichkeiten, die dem Verwalter nach dem Recht der Isle of Man zustehen, sind begrenzter als nach englischem Recht.[70] So gibt es weder den Tatbestand der Verfügungen unter Wert, *transactions at undervalue,* noch „Wucherkredite", *extortionate credit transactions.* Allerdings kennt das Recht der Isle of Man den Anfechtungstatbestand der betrügerischen Gläubigerbevorzugung, *fraudulent preference*[71] (hiernach werden Rechtsakte sogar als nichtig betrachtet, müssen also vom Verwalter nicht erst angefochten werden), und die Anfechtbarkeit von *floating charges.*[72] Des Weiteren können Gläubigerbenachteiligungen nach dem *Fraudulent Assignments Act 1736* angegriffen werden.

9.2 Betrügerische Gläubigerbevorzugung, *fraudulent preference*

57   Vermögensverfügungen, Bestellungen von Sicherheiten oder Vollstreckungshandlungen,[73] die während der letzten vier Monate vor Verfahrensbeginn erfolgten und in der Absicht vorgenommen wurden, im Insolvenzfall zur Besserstellung eines Gläubigers zu führen, werden in der Insolvenz kraft Gesetzes dem Verwalter gegenüber als nichtig betrachtet. Allerdings schützt das Gesetz gutgläu-

---

[68]   Section 22 des *Isle of Man Bankruptcy Code 1982.*
[69]   Simpson & others v Light House Living & another, Staff of Government (Appeal Division), 31 October 2011.
[70]   Siehe hierzu den Länderbericht England und Wales.
[71]   Siehe section 250 des *1931 Act* in Verbindung mit section 31 des *Bankruptcy Code 1982.*
[72]   Siehe section 251 des *1931 Act.*
[73]   Siehe zu den einzelnen Tatbeständen section 31 *Bankruptcy Code 1892.*

10. Geschäftsführerhaftung58–62 **Isle of Man**

bige dritte Erwerber davor, Erhaltenes in die Masse zurückzugewähren zu müssen.[74] Anders als das englische Recht sieht das Anfechtungsrecht der Isle of Man bei Gläubigerbevorzugungen für nahestehende Personen, *connected persons,* keine Verschärfungen, etwa in Form längerer Anfechtungsfristen, vor.

9.3 Unwirksamkeit von *floating charges*

9.3.1 Unwirksamkeit in der Insolvenz

Eine *floating charge*,[75] die innerhalb der letzten sechs Monate vor Beginn der *winding up* am 58 Unternehmensvermögen bestellt wurde, ist unwirksam, es sei denn, es kann nachgewiesen werden, dass das Unternehmen unmittelbar nach Bestellung der *floating charge* zahlungsfähig wurde. Die Unwirksamkeit erfasst dann allerdings nicht die Beträge, den das Unternehmen für die Bestellung der *floating charge* erhalten hat, einschließlich der Zinsen auf diese Summe, denn gesetzliches Ziel dieser Bestimmung ist es, nur solche *floating charges*, die ohne Gegenleistung bestellt werden, für ungültig zu erklären. Auch diese Bestimmung entspricht weitgehend englischem Recht, mit dem Unterschied, dass dort der kritische Zeitraum 12 Monate bzw. 2 Jahre (bei der Bestellung von *floating charges* für nahestehende Personen) beträgt. Wie schon bei dem Tatbestand der *fraudulent preference*[76] ausgeführt, macht das Anfechtungsrecht der Isle of Man keine Unterschiede hinsichtlich **nahestehender Personen.**

9.3.2 Wirksamkeitserfordernis Eintragung

Am Unternehmensvermögen bestellte Sicherheiten, unabhängig davon, ob es sich um *fixed* 59 *charges* oder *floating charges* handelt, müssen innerhalb eines Monats nach ihrer Entstehung bei der **Financial Services Authority**[77] registriert werden, da sie andernfalls im Fall der Insolvenz ungültig sind.[78]

9.4 Gläubigerbenachteiligung, *transactions defrauding creditors*

Auch gemäß der Vorschriften des *Fraudulent Assignments Act 1736* sind Verfügungen über 60 Schuldnervermögen, die mit Gläubigerbenachteiligungsvorsatz vorgenommen wurden, nichtig. Hiervon ausgenommen sind Bargeschäfte.

10. Geschäftsführerhaftung

10.1 *Fraudulent trading, wrongful trading*

10.1.1 *Fraudulent trading*

Stellt sich im Laufe eines Abwicklungsverfahrens, *winding up*, heraus, dass Geschäfte der Gesell- 61 schaft in Gläubigerschädigungsabsicht geführt wurden, kann das Gericht auf Antrag des *liquidator*, jeden Gläubigers oder *contributory*,[79] alle (früheren) Geschäftsführer, die an einem solchen Geschäft wissentlich beteiligt waren, für alle oder einen Teil der Schulden des Unternehmens nach den Regelungen über *fraudulent trading*[80] persönlich haftbar machen. Hierfür muss der Nachweis geführt werden, dass der Geschäftsführer mit Schädigungsvorsatz gehandelt hat. Ein solcher Vorsatz wird vermutet, wenn ein Geschäftsführer im Namen des Unternehmens Verbindlichkeiten eingeht, obwohl er weiß, dass für deren Befriedigung keine realistische Chance besteht.[81]

10.1.2 *Wrongful trading*

Auf der Isle of Man gibt es keine dem englischen Recht entsprechende Vorschrift bezüglich 62 einer „Insolvenzverschleppung", etwa vergleichbar mit dem Tatbestand *wrongful trading* nach englischem Recht.[82] Der Vollständigkeit halber sei aber darauf hingewiesen, dass es für Gesellschaften,

---

74 Section 31 (2) *Bankruptcy Code 1892.*
75 Zur *floating charge* → Rn. 41.
76 → Rn. 57.
77 www.fsc.gov.im, → Rn. 3 ff.
78 Section 79 *1931 Act.*
79 Zur Definiton des *contributory* → Rn. 27.
80 Section 259 des *1931 Act;* dieser findet gemäß section 182 des *2006 Act* Anwendung.
81 Die Leitentscheidung zum Tatbestand *fraudulent trading* ist Peake v Hall 198 –1983 MLR 248 (CHD).
82 Siehe zum Tatbestand *wrongful trading* den Länderbericht England und Wales.

die nach dem *2006 Act* gegründet wurden, zwar keine Kapitalerhaltungsvorschriften gibt, dass hier aber vor Ausschüttungen an Gesellschafter ein *solvency test*[83] durchgeführt werden muss. Danach muss die Gesellschaft sowohl in der Lage sein, im Rahmen ihrer normalen Geschäftstätigkeit sämtliche fälligen Verbindlichkeiten zu begleichen als auch über Aktiva zu verfügen, deren Wert ihre Verbindlichkeiten übersteigen. Erfüllt ein Unternehmen unmittelbar nachdem eine Ausschüttung erfolgt ist, den *solvency test* nicht, können die Geschäftsführer für die Rückzahlung solcher Beträge, die nicht von den Gesellschaftern zurückgefordert werden können, haftbar gemacht werden. Die Haftung entfällt, wenn die Geschäftsführer angemessene Schritte unternommen haben um sicherzustellen, dass der *solvency test* auch nach der Ausschüttung bestanden wird.[84]

10.2 *Misfeasance*

63 Wenn sich im Laufe eines Abwicklungsverfahrens, *winding up*, herausstellt, dass ein Geschäftsführer oder ein Verwalter, *liquidator*, Unternehmensvermögen veruntreut haben oder für eine solche Veruntreuung verantwortlich sind, kann das Gericht auf Antrag eines Gläubigers, eines *contributory*[85] oder eines Verwalters Rückzahlung in die Masse oder Wiederherstellung des ursprünglichen Zustands anordnen.[86]

10.3 Untersagung von Geschäftsführung, *Company Officers (Disqualification) Act 2009*

64 Der *liquidator*, (ehemalige) Gesellschafter oder Gläubiger eines Unternehmens können (neben weiteren im Gesetz genannten Personen) nach den Vorschriften des *Company Officers (Disqualification) Act 2009* bei Gericht beantragen, dass einer Person die Ausübung des Amtes als Geschäftsführer untersagt wird. Das Gericht erlässt einen entsprechenden Beschluss, *disqualification order*, wenn zu seiner Überzeugung die betreffende Person Geschäftsführer eines insolventen Unternehmens ist oder war und aufgrund der Art und Weise ihrer Geschäftsführungstätigkeit als Geschäftsführer ungeeignet ist. Antrag auf *disqualification* muss innerhalb von zwei Jahren nach Verfahrensbeginn gestellt werden.[87] Das Gericht kann Geschäftsführertätigkeiten für bis zu 15 Jahren untersagen. Bei seiner Entscheidung berücksichtigt das Gericht, inwieweit die betroffene Person für die Insolvenz der von ihr geführten Gesellschaft mitverantwortlich war und ob ihr gläubigerbenachteiligendes Verhalten vorzuwerfen ist.[88]

11. Nachverfolgung von Vermögensgegenständen, *asset tracing*

11.1 Einführung

64a Für den Fall, dass ein Vermögensgegenstand seinem Eigentümer unrechtmäßig entzogen wurde, sieht das Recht der Isle of Man vor, entweder den ursprünglichen Vermögensgegenstand nachzuverfolgen („*to follow*") oder den Nachweis darüber zu führen, dass für den Vermögensgegenstand erhaltene Surrogate weiterhin das ursprüngliche Eigentum repräsentieren („*to trace*"). Von Bedeutung sind diese Verfahren in der Insolvenz insofern, dass der ursprüngliche Rechtsinhaber bei erfolgreicher Nachverfolgung einen Rang vor den übrigen ungesicherten Gläubigern einnimmt und dazu berechtigt ist, sein Eigentum gegen Dritte geltend zu machen, die im Besitz der Sache sind. Der Rechtsinhaber müsste bei einer Klage also geltend machen, dass ein Teil des Vermögens, das immer noch im Besitz des Beklagten ist, dem Kläger nach *common law* oder in Anbetracht von Billigkeitserwägungen zusteht.

11.2 *Following* und *Tracing*

64b „*Following*" beschreibt mithin den Prozess, einen physischen Vermögenswert und dessen Eigentumsverhältnisse von Besitzer zu Besitzer nachzuverfolgen.

Unter „*Tracing*" ist zu verstehen, dass der Eigentümer einer Sache darlegt und beweist, dass aus seinem Eigentum erzielte Erlöse bzw. Surrogate weiterhin sein Eigentum repräsentieren und sich sein Eigentum mithin auf diese erstreckt. Konkret bedeutet dies, dass der Rechtsinhaber aus dem Eigentum generierte Erträge kenntlich macht und diejenigen Personen benennt, die mit seinem Eigentum gewirtschaftet und dadurch finanzielle Vorteile erlangt haben.

---

[83] Zu dessen Definition siehe section 49 des *2006 Act*.
[84] Section 51 des *2006 Act*.
[85] Zur Definition des *contributory* → Rn. 27.
[86] Section 260 des *1931 Act*, anwendbar gemäß section 182 des *2006 Act*.
[87] Section 5 des *Company Officers (Disqualification) Act 2009*.
[88] Schedule 1 Part II des *Company Officers (Disqualification) Act 2009*.

12. Internationales Insolvenzrecht   64c–68   **Isle of Man**

Für eine „Nachverfolgung" im Sinne des *tracing* kommen zwei unterschiedliche Verfolgungsregime mit jeweils unterschiedlichen Regeln in Betracht:

Bei einer „Nachverfolgung" nach *common law* ist es nicht möglich, Vermögenswerte nachzuverfolgen, die in einen gemischten Fonds verwahrt sind, da sich in diesem Fall das Eigentum des Berechtigten bereits mit dem der anderen Investoren des Fonds vermischt hat. Aufgrund dessen findet eine „Nachverfolgung" nach *common law* in der Regel nicht statt.

Demgegenüber ist es bei der „Nachverfolgung" nach Billigkeit möglich, auch solche Vermögenswerte nachzuverfolgen, die auf gemischten Konten verwahrt sind. Darüber hinaus ist sogar eine „Nachverfolgung" beim Handel von Wertpapieren über Clearing Systeme möglich. Für eine „Nachverfolgung" nach Billigkeit muss ein Nachverfolgungsbedürfnis gegeben sein, was in der Regel dann vorliegt, wenn zwischen dem Berechtigten und derjenigen Person, die die Vermögenswerte unterschlagen hat, ein treuhänderisches Verhältnis besteht. In der Praxis sind der Rückverfolgung von Vermögenswerten nach Billigkeit jedoch insoweit Grenzen gesetzt, dass die jeweiligen Fonds überhaupt noch nachverfolgt werden können, sie mithin lokalisierbar und identifizierbar sind.

11.3 Schadensersatz bei Wissentlicher Beihilfe zur Veruntreuung

Wenn der Anspruchsberechtigte bei der Nachverfolgung seiner Vermögenswerte zudem beweisen kann, dass   **64c**
(a) eine Untreue vorliegt und
(b) der Drittempfänger der Vermögenswerte bei deren Entgegennahme bösgläubig war, ihm die Untreue also bekannt war,
kann er zudem Schadensersatz vom Empfänger der Vermögenswerte verlangen.

12. Internationales Insolvenzrecht

12.1 Keine Geltung der EuInsVO

Da die Isle of Man als *Crown dependency* kein Teil Großbritanniens ist,[89] und somit auch kein   **65**
(Teil eines) Mitgliedstaat(es) der europäischen Union, findet die EuInsVO keine Anwendung. Die Gerichtsbarkeit der Isle of Man erkennt aber ausländische Insolvenzverfahren an und unterstützt ausländische Gerichte bei grenzüberschreitenden Insolvenzen.

12.2 Privatinsolvenzverfahren

Bei **Privatinsolvenzverfahren** sind die Gerichte der Isle of Man aufgrund gesetzlicher Vor-   **66**
schriften und Verwaltungsanordnungen sogar verpflichtet, Gerichte bestimmter anderer Staaten in dort anhängigen Privatinsolvenzverfahren zu unterstützen, so beispielsweise die Gerichte in Großbritannien oder Deutschland.[90]

12.3 Unternehmensinsolvenzverfahren

Bei **Unternehmensinsolvenzverfahren** gibt es keine den vorstehend beschriebenen Regelun-   **67**
gen für Privatinsolvenzverfahren vergleichbaren Vorschriften. Insbesondere kennt die Isle of Man keine der *section 426* des englischen *Insolvency Act 1986*[91] oder dem UNCITRAL *Model Law on Cross-Border Insolvency* vergleichbare Vorschriften, welche die internationale Unterstützung bei Unternehmensinsolvenzen regeln. Dennoch ist es der Gerichtsbarkeit der Isle of Man möglich – und in der Praxis üblich – dass nach den Grundsätzen des *common law* ausländische Gerichte bei grenzüberschreitenden Insolvenzverfahren unterstützt werden. In einer Grundsatzentscheidung[92] hat das *Judicial Committee of the Privy Council* entschieden, dass ein *US Chapter 11*- Insolvenzverfahren auf der Isle of Man anerkannt und durchgesetzt werden kann, ohne dass dafür ein gesondertes Verfahren nach dem[93] Recht der Isle of Man erforderlich ist.

Der „Vorsitzende Richter", *deemster,* des *High Court of Justice* der Isle of Man, hat in einer   **68**
Entscheidung[94] zur grenzüberschreitenden Zusammenarbeit in Insolvenzverfahren ausgeführt, der

---
[89] → Rn. 6.
[90] Gemäß section 1 des *Bankruptcy Act 1988, Bankruptcy (Designation of Relevant Countries Etc.) Order* 1990 und *Bankruptcy (Designation of Relevant Countries) Order* 1999.
[91] Zu section 426 des englischen *Insolvency Act* siehe den Länderbericht England und Wales, dort das Kapitel „Internationales Insolvenzrecht".
[92] *Cambridge Gas Transport Corporation v Official Committee of Unsecured Creditors) of Navigator Holdings PLC) and five others,* 2005-06 MLR 297 (PC).
[93] Das Gericht letzter Instanz der Isle of Man, → Rn. 7.
[94] *Re Impex Services Worldwide Limited* 2003-05 MLR 115 (CHD).

Gerichtsbarkeit der Isle of Man stünde ein den Umständen des Einzelfalles entsprechendes weites Ermessen bei der Zusammenarbeit mit Gerichten anderer Staaten oder deren Unterstützung in Insolvenzverfahren zu.[95]

69   Auch die Bestellung englischer *administrators* für auf der Isle of Man registrierte Gesellschaften, deren Mittelpunkt ihrer wesentlichen Interessen sich in England befand, hat die Gerichtsbarkeit der Isle of Man anerkannt, obwohl es nach dem Recht der Isle of Man kein dem englischen Sanierungsverfahren *administration*[96] vergleichbares Insolvenzverfahren gibt.[97]

70   Der *High Court* der Isle of Man hat den englischen *High Court* sogar um Anordnung von *administration* für eine auf der Isle of Man registrierte Gesellschaft mit Mittelpunkt der wesentlichen Interessen auf der Isle of Man ersucht;[98] dieses Ersuchen erfolgte gemäß *section 426 Insolvency Act 1986*.

13. COVID-19-Maßnahmen

71   Spezielle Maßnahmen bezüglich wirtschaftlicher Auswirkungen der COVID-19-Pandemie wurden von der Regierung der Isle of Man nicht getroffen.

---

[95] „*The jurisdiction at Manx common law permits this court to cooperate with and assist other courts including the English High Court in relation to insolvency matters. The jurisdiction is a wide and discretionary jurisdiction. It will be for the court to decide whether in any given set of circumstances the jurisdiction should be exercised and if so what safeguards or protections need to be put in place in respect of orders which are made when giving such co-operation and assistance to the foreign court.*"

[96] Zum englischen Verfahren *administration* siehe den Länderbericht England und Wales.

[97] Re *MK Investments and MK Aircraft Leasing* (unreported), Deemster Doyle, Chancery Division, 22 August 2008.

[98] Re *Gulldale Limited* (unreported), Deemster Doyle, Chancery Division, 9 January 2014.

Isle of Man

Abwicklungsverfahren nach dem Companies Act 1931 (in der jeweils geltenden Fassung) und den Companies (Winding-up) Rules 1934

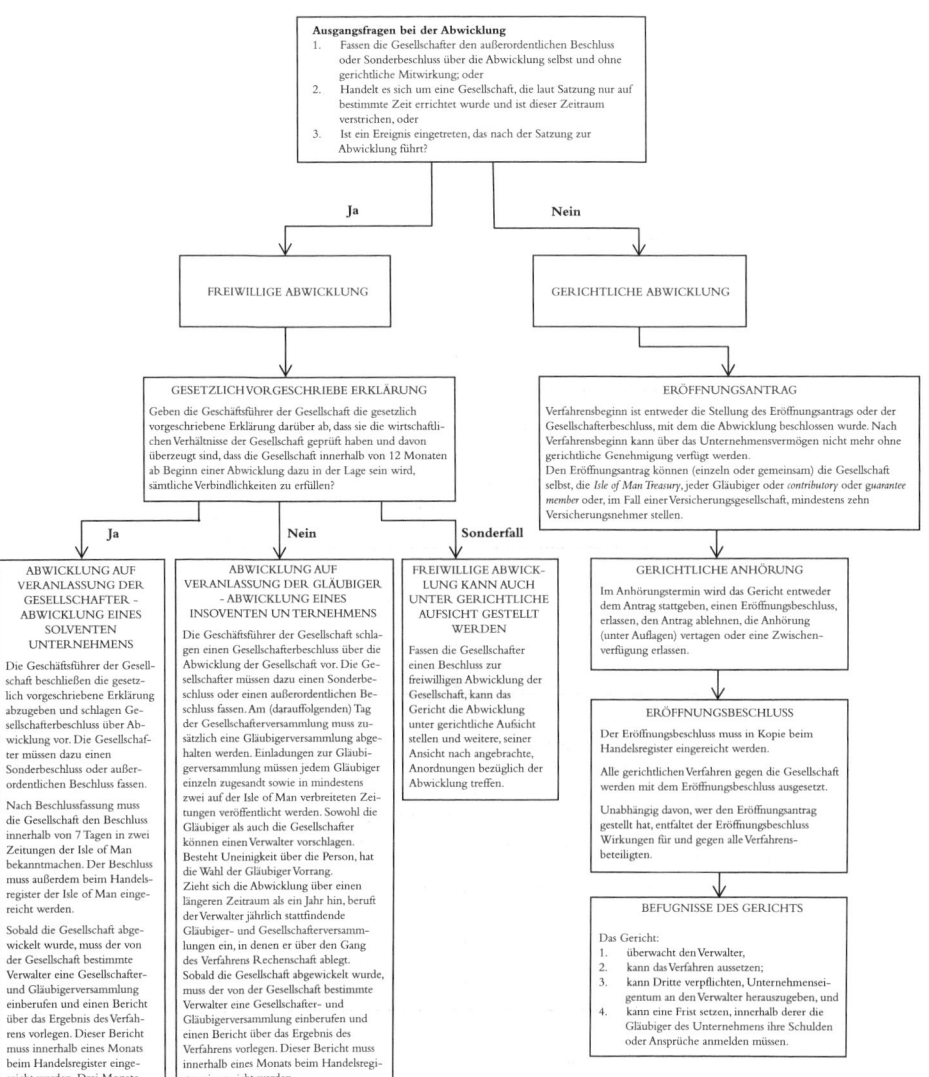

Isle of Man

Schemes of Arrangement nach dem Companies Act 1931 oder Companies Act 2006 (je nach Sachlage)

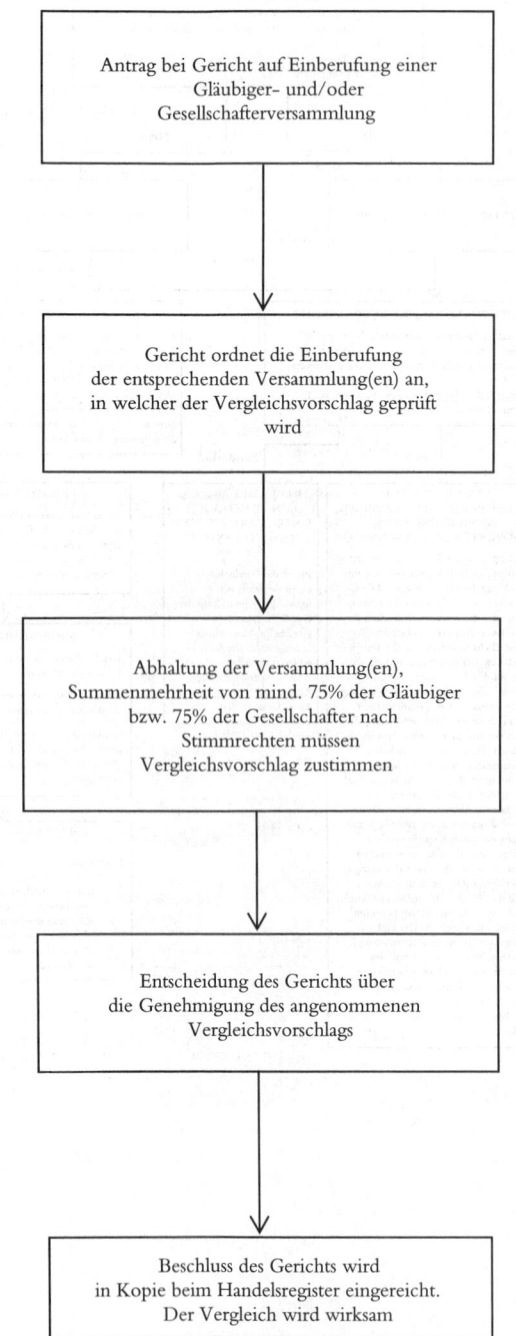

Isle of Man

Receivership

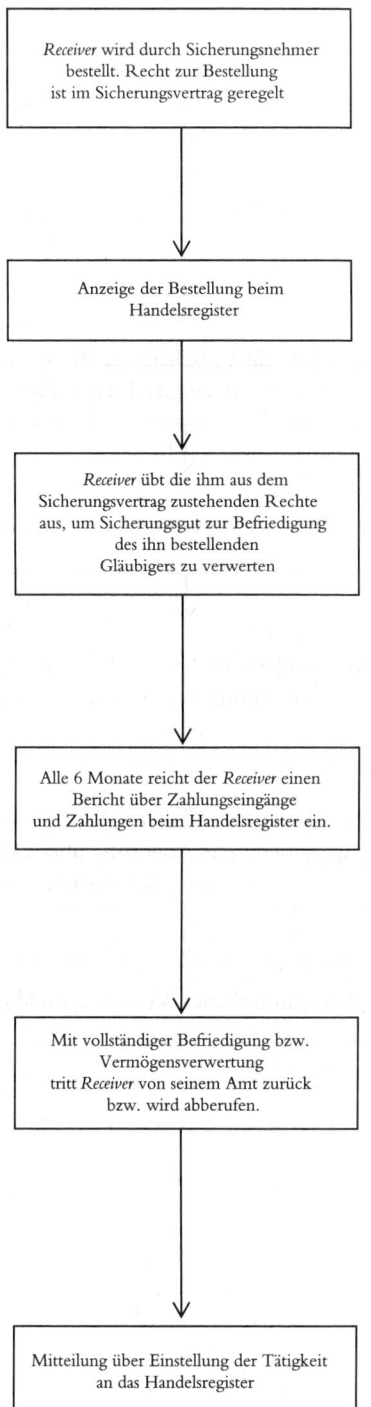

Isle of Man

Gläubigervergleich im Privatinsolvenzverfahren
(Individual Voluntary Arrangement)

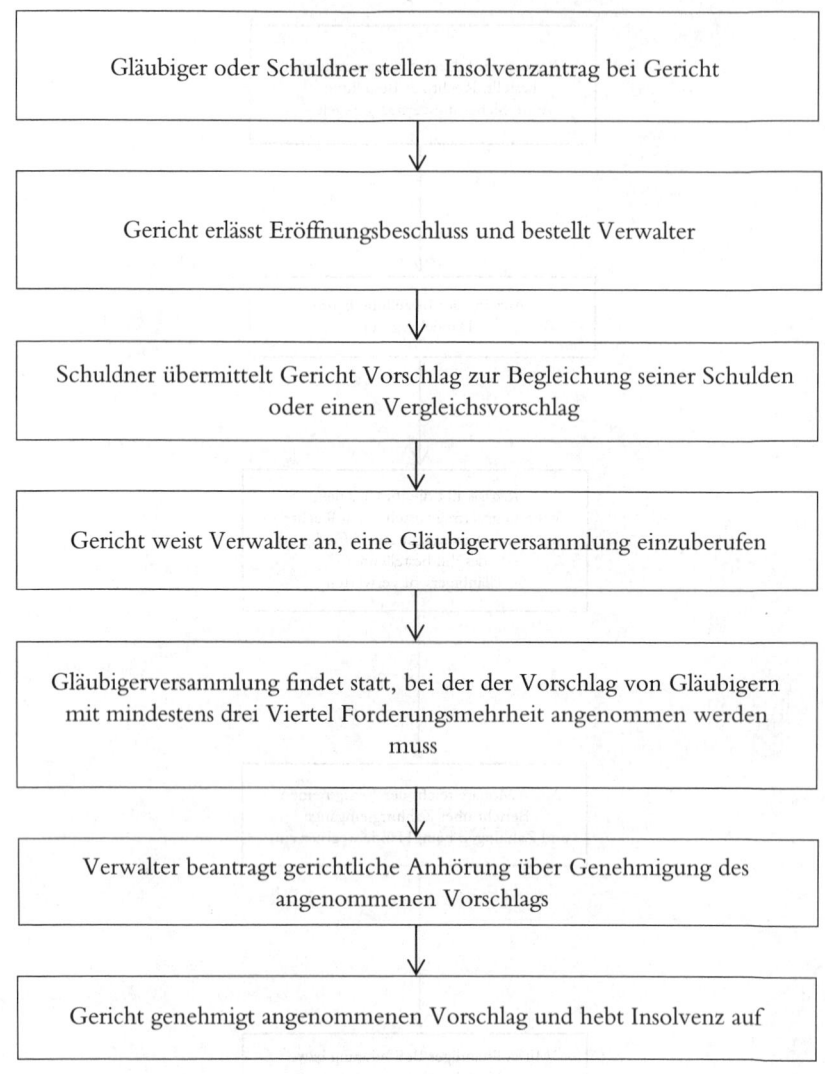

Isle of Man

Glossar

Englisch	Deutsch	Rn.
Act of bankruptcy	„Insolvenzhandlung" (Eröffnungsvoraussetzung im Privatinsolvenzverfahren)	14
Avoidance	Anfechtung	56 ff.
Balance sheet test	„Überschuldungsprüfung", wie auch im englischen Recht eine Form der Zahlungsunfähigkeit	26
Bankruptcy (personal)	Privatinsolvenz	13 ff.
Bankruptcy Acts	Privatinsolvenzrecht, Gesetze zum	3
Bankruptcy order	Eröffnungsbeschluss(Privatinsolvenz)	13, 14
Bankruptcy petition	Eröffnungsantrag (Privatinsolvenz)	13
Chargee	Sicherungsnehmer	47
Chargor	Sicherungsgeber	47
Claim, contingent or prospective	Forderung, bedingt oder künftig	26
Companies Act 1931 und Companies Act 2006	Unternehmensinsolvenzrecht, Gesetze über Gesellschaften mit beschränkter Haftung, die wesentliche insolvenzrechtliche Vorschriften enthalten	10
Company Officers Disqualification	Geschäftsführertätigkeit, Untersagung der	61 ff.
Composition / scheme of arrangement in substitution of bankruptcy	Gläubigervergleich anstelle des Privatinsolvenzverfahrens	16
Connected person	Nahestehende Person	57, 58
Contributory	Nachschussverpflichteter (im Insolvenzfall) Gesellschafter oder Dritter	27, 34, 61
Corporate insolvency	Unternehmensinsolvenz(en)	17 ff.
Creditors, (un-) secured	Gläubiger, (un-)gesicherte	44
Creditors, preferential	Gläubiger, bevorrechtigte	42, 43
Crown dependency	Kronbesitz (geopolitischer Status der Isle of Man)	6
Crown, debts due to the	Steuerforderungen	43
disqualification order	Untersagung von Geschäftsführungstätigkeiten nach dem Company Officers Disqualification Act 2009	64
Financial Services Authority	Finanzaufsichtsbehörde mit verschiedenen Befugnissen in Insolvenzsachen	4
Floating charge	Am gesamten Unternehmensvermögen oder Sachgesamtheiten hiervon (bis zum Sicherungsfall im jeweils echselnden Bestand) bestellte Sicherheit	41, 48, 56
Forderungsanmeldung und -feststellung	Proving of claims (angemeldet und festgestellt: proved)	40 ff.
Foundation (Isle of Man)	Stiftung mit beschränkter Haftung nach dem Recht der Isle of Man	18, 19
Fraudulent preference	Gläubigerbevorzugung, betrügerische	56, 57
Fraudulent trading	Führung der Geschäfte ein Gesellschaft in Schädigungsabsicht	61, 62
Inability (unable) to pay debts	Zahlungsunfähigkeit, zahlungsunfähig	25, 26
Isle of Man Companies Registry	Handelsregister	3
Isle of Man High Court	Insolvenzgericht, der High Court ist in Insolvenzsachen zuständig	7

Isle of Man

Englisch	Deutsch	Rn.
Isle of Man Law Society	die Rechtsanwaltskammer der Isle of Man	
Isle of Man Treasury	Fiskus der Isle of Man	36
Liquidated sum	Forderung, zwar gerichtlich nicht festgestellt, aber unbestritten	13
Liquidator (provisional)	Verwalter (vorläufiger)	30
Manx	der landessprachliche Name der Isle of Man, gleichzeitig die Bezeichnung der Bewohner der Insel und ihrer Sprache	1
Official receiver	Amtsperson, die auch Verwalterämter ausübt (auf der Isle of Man vorgesehen, Amt aber nicht personell besetzt)	33
Order of discharge	Restschuldbefreiung, Beschluss über die	15
Privy Council, Judicial Committee	Revisionsinstanz für britische Überseedepartements und Kronbesitz	7
Reiceiver, receivership	„Zwangsverwalter", Zwangsverwaltung"	47 ff.
Resolution, special / extraordinary	Gesellschafterbeschluss	35
Security, fixed	Sicherheit, an bestimmten Vermögensgegenständen	41, 44
Set-off	Aufrechnung	55
Share security	Pfandrecht an Gesellschaftsanteilen	49
Solvency test	Solvenzprüfung vor Ausschüttung an Gesellschafter (2006 Act)	62
Special Purpose Vehicle (SPV)	Gesellschaft mit beschränkter Haftung, gegründet zum Halten von, typischerweise, Grundvermögen	17
Statutory declaration (context solvent winding up)	Erklärung (gesetzlich vorgeschrieben) über die wirtschaftlichen Verhältnisse der Gesellschaft	36
Statutory demand	Zahlungsaufforderung (Mahnbescheid)	26
Trust (common law)	Treuhänderisch gehaltenes Eigentum	18
Trustee in bankruptcy	Treuhänder (Privatinsolvenz)	14
Tynwald (acts of; library)	Parlament der Isle of Man (Gesetze des, Bibliothek des)	1, 6
winding up (liquidation), by the court	Abwicklungsverfahren	24 ff.
winding up (liquidation), voluntary, creditors'	Insolvente „freiwillige" Abwicklung	35 ff.
winding up (liquidation), voluntary, members'	Solvente „freiwillige" Abwicklung	35 ff.
Wrongful trading	„Insolvenzverschleppung"	62

Glossar

Deutsch	Englisch	Rn.
Abwicklungsverfahren	winding up (liquidation), by the court	24 ff.
Amtsperson, die auch Verwalterämter ausübt (auf der Isle of Man vorgesehen, Amt aber nicht personell besetzt)	Official receiver	33
Aufrechnung	Set-off	55

Isle of Man

Deutsch	Englisch	Rn.
Anfechtung	Avoidance	56 ff.
Erklärung (gesetzlich vorgeschrieben) über die wirtschaftlichen Verhältnisse der Gesellschaft	Statutory declaration (context solvent winding up)	36
Eröffnungsantrag (Privatinsolvenz)	Bankruptcy petition	13
Eröffnungsbeschluss(Privatinsolvenz)	Bankruptcy order	13, 14
Finanzaufsichtsbehörde mit verschiedenen Befugnissen in Insolvenzsachen	Financial Services Authority	4
Fiskus der Isle of Man	Isle of Man Treasury	36
Forderung, bedingt oder künftig	Claim, contingent or prospective	26
Forderung, zwar gerichtlich nicht festgestellt, aber unbestritten	Liquidated sum	13
Führung der Geschäfte ein Gesellschaft in Schädigungsabsicht	Fraudulent trading	61, 62
Geschäftsführertätigkeit, Untersagung der	Company Officers Disqualification	64
Gesellschafterbeschluss	Resolution, special / extraordinary	35
Gläubiger, (un-)gesicherte	Creditors, (un-) secured	44
Gläubiger, bevorrechtigte	Creditors, preferential	44
Gläubigerbevorzugung, betrügerische	Fraudulent preference	56, 57
Gläubigervergleich anstelle des Privatinsolvenzverfahrens	Composition / scheme of arrangement in substitution of bankruptcy	16
Handelsregister	Isle of Man Companies Registry	3
Insolvente „freiwillige" Abwicklung	winding up (liquidation), voluntary, creditors'	35 ff.
Insolvenzgericht, der High Court ist in Insolvenzsachen zuständig	Isle of Man High Court	7
Insolvenzhandlung (Eröffnungsvoraussetzung im Privatinsolvenzverfahren)	Act of bankruptcy	14
„Insolvenzverschleppung"	Wrongful trading	62
Kronbesitz (geopolitischer Status der Isle of Man)	Crown dependency	6
Nachschussverpflichteter (im Insolvenzfall) Gesellschafter oder Dritter	Contributory	27, 34, 61
Nahestehende Person	Connected person	57, 58
Parlament der Isle of Man (Gesetze des, Bibliothek des)	Tynwald (acts of; library)	1, 6
Pfandrecht an Gesellschaftsanteilen	Share security	49
Privatinsolvenz	Bankruptcy (personal)	13 ff.
Privatinsolvenzrecht, Gesetze zum	Bankruptcy Acts	9
Proving of claims (angemeldet und festgestellt: proved)	Forderungsanmeldung und -feststellung	40 ff.
Rechtsanwaltskammer der Isle of Man	Isle of Man Law Society	
Restschuldbefreiung, Beschluss über die	Order of discharge	15
Revisionsinstanz für britische Überseedepartements und Kronbesitz	Privy Council, Judicial Committee	7
Sicherheit, an bestimmten Vermögensgegenständen	Security, fixed	41, 44
Sicherungsgeber	Chargor	47
Sicherungsnehmer	Chargee	47

Isle of Man

Deutsch	Englisch	Rn.
Solvente „freiwillige" Abwicklung	winding up (liquidation), voluntary, members'	35 ff.
Solvenzprüfung vor Ausschüttung an Gesellschafter (2006 Act)	Solvency test	62
Steuerforderungen	Crown, debts due to the	43
Stiftung mit beschränkter Haftung nach dem Recht der Isle of Man	Foundation (Isle of Man)	18, 19
Treuhänder (Privatinsolvenz)	Trustee in bankruptcy	14
Treuhänderisch gehaltenes Eigentum	Trust (common law)	18
Überschuldungsprüfung, wie auch im englischen Recht eine Form der Zahlungsunfähigkeit	Balance sheet test	26
Unternehmensinsolvenz(en)	Corporate insolvency	17 ff.
Unternehmensinsolvenzrecht, Gesetze über Gesellschaften mit beschränkter Haftung, die wesentliche insolvenzrechtliche Vorschriften enthalten	Companies Act 1931 und Companies Act 2006	10
Untersagung von Geschäftsführungstätigkeiten nach dem Company Officers Disqualification Act 2009	disqualification order	64
Verwalter (vorläufiger)	Liquidator (provisional)	30
Zahlungsaufforderung (Mahnbescheid)	Statutory demand	26
Zahlungsunfähigkeit, zahlungsunfähig	Inability (unable) to pay debts	25, 26
Zwangsverwalter, Zwangsverwaltung	Reiceiver, receivership	47 ff.

Italien

bearbeitet* von *Paolo Castagna,* Dr. (Torino), Fellow of INSOL, Castagna Consulting Sarl, und von *Giacomo D' Attorre,* Prof. an Università degli Studi del Molise (Campobasso), Partner Studio Legale „Nardone, D'Attorre, Improta, Oliviero"

(*Dr. *Castagna* ist Autor der Kapitel 4, 9 und 10; Prof. *D'Attorre* ist Autor der Kapitel 1, 2, 3, 5, 6, 7 und 8.)

Übersicht

	Rn.
Vorbemerkung zu der am 1.9.2021 in Kraft tretenden italienischen Insolvenzrechtsreform und Übergangsregelungen	1
1. Schrifttum und Informationsquellen	5
2. Einführung	8
2.1 Gesetzliche Grundlagen und Reformen, zuletzt im Jahr 2019	8
2.1.1 Das Konkursgesetz von 1942, Reformen zwischen 1979 und 2015	8
2.1.2 Die Reform des „Codice della crisi d'impresa e dell'insolvenza" (CCII) vom 12.1.2019	12
2.2 Unterschiedliche Verfahrensziele: Sanierungs- und Insolvenzverfahren (Procedure Concorsuali)	15
2.3 Die Beziehungen zwischen den Verfahren	23
3. Codice della crisi d'impresa e dell'insolvenza (CCII)	28
3.1 Geltungsbereich und Definitionen	28
3.2 Allgemeine Grundsätze	35
3.3 *Procedure di allerta e di composizione assistita della crisi* (Verfahren zur Warnung und zur begleiteten Komposition der Krise)	45
3.4 Zugang zum Verfahren von Beilegung/Komposition der Krise und der Insolvenz	56
4. Sanierung und ausgehandelte Vereinbarungen	66
4.1 Instrumente zur Krisenbewältigung	66
4.1.1 Accordi in Esecuzione di Piani Attestati	68
4.1.2 Accordi di Ristrutturazione dei Debiti	71
5. Das *Concordato Preventivo,* der Vergleich zwischen Schuldner und Gläubigern zur Abwendung der Insolvenz unter Aufsicht des Gerichts	81
5.1 Die Verfahrensalternativen *Concordato con Continuita',* Vergleich mit „Kontinuität", dh Fortführung, und *Concordato Liquidatorio,* Vergleich mit Abwicklung	81
5.1.1 Verfahrensziel	81
5.1.2 Vergleich mit Fortführung (*Concordato con Continuita*)	83

	Rn.
5.1.3 Concordato Misto	87
5.2 Vorschlagsrecht, Planinhalte und Klassenbildung; Sachverständigengutachten	88
5.2.1 Vorschlagsrecht des Schuldners, Gestaltungsfreiheit	88
5.2.2 Klassenbildung, Sachverständigengutachten	93
5.3 Gegenvorschläge von Gläubigern und Bieterverfahren	99
5.3.1 Zulässigkeit von Gegenvorschlägen, Gestaltungsfreiheit	99
5.3.2 Konkurrierendes Angebot, *Offerte Concorrenti,* Bieterverfahren	106
5.4 Die Organe im *Concordato*	109
5.5 Wirkungen des Antrags auf Durchführung des *Concordato*	115
5.5.1 Stellung und Befugnisse des Schuldners	115
5.5.2 Auswirkungen auf die Gläubiger	117
5.5.3 Auswirkungen auf beiderseits unerfüllte Verträge	121
5.6 Vorrangige Kredite	124
5.7 Die Abstimmung der Gläubiger über den Vergleichsvorschlag	129
5.8 Gerichtliche Homologation und Durchführung des Plans	140
6. *Liquidazione Giudiziale* (Abwicklung durch das Gericht)	151
6.1 Subjektive und objektive Voraussetzungen	151
6.2 Die Organe des Verfahrens	153
6.3 Die Auswirkungen der Eröffnung	157
6.3.1 Auswirkungen für den Schuldner	157
6.3.2 Auswirkungen auf die Gläubiger	158
6.3.3 Auswirkungen auf Handlungen, die die Gläubiger benachteiligen	160
6.3.4 Auswirkungen auf die laufenden Geschäftsbeziehungen	162
6.4 Forderungsanmeldung und Feststellung der Passiva	163
6.5 Verwertung der Masse	165
6.6 Verteilung von Verwertungserlösen, Rangfolge der Gläubigerbefriedigung	167
6.7 Abschluss des Verfahrens	169

Italien 1–5

	Rn.
6.8 *Das Concordato während der Liquidazione Giudiziale:*	171
6.9 Die *Liquidazione Giudiziale* und die Form der Gesellschaft des Schuldners	175
7. Verfahren zur Überwindung von Überschuldungskrisen bei Verbrauchern *(Procedure di Composizione della Crisi da Sovraindebitamento)*	176
7.1 Rahmenbedingungen	176
7.2 *Ristrutturazione dei Debiti del Consumatore* (Umstrukturierung von Verbraucherschulden)	178
7.3 Das Concordato Minore	185
7.4 *Liquidazione Controllata del Sovraindebitato* (Kontrollierte Abwicklung)	192
8. Konzernverfahren	198
8.1 *Concordato di Gruppo* (Konzernvergleich)	198

	Rn.
8.2 *Accordi di Ristrutturazione e Piano Attestato di Gruppo* (Restrukturierungsvereinbarungen und Konzerngutachten)	204
8.3 *Liquidazione giudiziale di Gruppo* (Konzernabwicklung durch Gericht)	206
9. *Liquidazione Coatta Amministrativa* (Administrative Zwangsabwicklung)	212
10. *Amministrazione straordinaria e Ristrutturazione Industriale di Grosse Aziende in Insolvenza* (Außerordentliche Verwaltung und industrielle Umstrukturierung von Großunternehmen im Insolvenzfall)	220
10.1 Amministrazione straordinaria	220
10.2 *Ristrutturazione Industriale delle Grosse Aziende* (Industrielle Umstrukturierung von Großunternehmen)	227
11. Internationales Insolvenzrecht und Zuständigkeit der italienischen Gerichtsbarkeit	229
12. COVID-19 Maßnahmen	236

Vorbemerkung zu der am 1.9.2021 in Kraft tretenden italienischen Insolvenzrechtsreform und Übergangsregelungen

1   2019 entschied der italienische Gesetzgeber, eine höhere Kohärenz des Insolvenzrechts zu schaffen und neue Verfahrensarten zur Bewältigung einer Krise außerhalb des Insolvenzverfahrens einzuführen. Daher hat die Regierung den „*Codice della crisi d'impresa e dell'insolvenza*" (im Folgenden „CCII" genannt, Gesetzesdekret Nr. 14 vom 12.1.2019) ausgearbeitet, der am 14.2.2019 im *Gazzetta Ufficiale* (italienischer Bundesanzeiger) veröffentlicht wurde. Die Bestimmungen des Gesetzes CCII sollten (mit wenigen Ausnahmen) am 15.8.2020 in Kraft: wegen COVID-19 wurde das Datum zum 1. September 2021 verschoben.

2   Damit ergeben sich für Alt- und Neuverfahren bis zum 1.9.2021 folgende **Übergangsregelungen**: Das **bisherige Recht** gilt noch bis einschließlich 31.8.2021 und für Verfahren, die zum 1.9.2021 noch nicht abgeschlossen sind, dh auch für bis einschließlich 31.8.2021 eingereichte Einsprüche oder Anträge. Das CCII gilt für alle ab dem 1.9.2021 (einschließlich) eröffneten neuen Verfahren.

3   Dieser Bericht stellt den neuen Gesetzesrahmen geltend ab 1.9.2021 dar. Zum bisherigen Recht siehe auch die Vorauflage, MüKoInsO Bd. 4, 3. Auflage, *Santonicto-Pluta/Mahre Ehlers*.

4   Die nachfolgend zusammengestellte Literatur bezieht sich im Wesentlichen auf das bis einschließlich 14.8.2020 geltende Insolvenzrecht, da derzeit noch keine nennenswerte Literatur zu den neuen Rechtsvorschriften verfügbar ist. Die Grundsätze und allgemeinen Merkmale der bislang in Italien angewandten, in der Literatur dargestellten **Insolvenzverfahren** werden allerdings beibehalten.

1. Schrifttum und Informationsquellen

5   **Schrifttum auf Italienisch:** *Buonocore V. Bassi A.* (Hrsg.), *Trattato di diritto fallimentare*, Cedam, Padova, 2010; *Jorio A., Sassani B.* (hrsg. v.), *Trattato delle procedure concorsuali*, Giuffrè, Milano, 2014; *Lo Cascio* (Hrsg.), *Codice commentato del fallimento*, Ipsoa, Milano, 2017; *Maffei Alberti A.* (Hrsg.), *Commentario breve alla legge fallimentare*, 6ª ed., Cedam, Padova, 2013; *Nigro A., La disciplina delle crisi patrimoniali delle imprese. Lineamenti generali*, in *Trattato di diritto privato* hrsg. v. M. Bessone, XXV, Giappichelli, Torino, 2012; Sandulli M., D'Attorre G. (Hrsg.), *La nuova miniriforma della legge fallimentare*, Giappichelli, Torino, 2016; *Vassalli F., Luiso F.P, Gabrielli E.* (Hrsg.), *Trattato di diritto fallimentare e delle altre procedure concorsuali*, Giappichelli, Torino, 2014; *Jorio*, La riforma della legge fallimentare tra Utopia e realta', in Diritto Fallimentare, 2019, I, 283, ss.

Speziell dem Insolvenzrecht gewidmet sind die Fachzeitschriften *Il fallimento e le altre procedure concorsuali* und *Il diritto fallimentare e delle altre societa' commerciali*. Andere renommierte Fachzeitschriften sind *Giurisprudenza Commerciale, Banca, Borsa e titoli di credito, Rivista delle Societa', Rivista di Diritto Commerciale*.

2. Einführung

Schrifttum auf Deutsch: *Bauer/König/Kreuzer*, Das neue italienische Gesetz über Konkurs und andere Insolvenzverfahren – Il nuovo Codice del Fallimento e delle altre procedure concorsuali (zweisprachige Ausgabe), 3. Aufl. 2006; *Bünger*, Das neue italienische Insolvenzplanverfahren, DZWIR 2006, 455; *Correnti/Schulte-Frohlinde*, Einführung in das italienische Insolvenzrecht und seine Reform, ZInsO 2006, 1020; *Costa*, Die Reform des italienischen Insolvenzrechts, ZInsO 2006, 1071.

Gesetzessammlungen/Websites: www.normattiva.it, mit Vorschriften sowohl im ursprünglichen Originaltext (wie bei Erlass der Vorschrift im Amtsblatt veröffentlicht) als auch in dem jeweils geltenden (aktualisierten) Text. www.italgiure.giustizia.it/sncass/: Urteile der Cassazione (Bundesgerichtshof).

2. Einführung

2.1 Gesetzliche Grundlagen und Reformen, zuletzt im Jahr 2019

2.1.1 Das Konkursgesetz von 1942, Reformen zwischen 1979 und 2015

Der **Königliche Erlass Nr. 267 vom 16.3.1942 (Konkursgesetz)** regelte ursprünglich die Vorschriften für folgende Insolvenzverfahren:
Fallimento (Konkursverfahren), *Amministrazione Controllata* (Zwangsverwaltung), *Concordato Preventivo* (Vergleich zwischen Schuldner und Gläubigern zur Abwendung des *Fallimento* unter Aufsicht des Gerichts) und *Liquidazione Coatta Amministrativa* (administrative Zwangsabwicklung besonderer Unternehmen wie zB Banken).

1979 führte der Gesetzgeber eine **Sonderregelung für Großunternehmen**[1] in der Krise ein (D.L. Nr. 26 vom 30.1.1979, am 3.4.1979 als Gesetz umgesetzt, Nr. 95). 1999 hob der italienische Gesetzgeber diese Sonderregelung aufgrund einer Entscheidung des Europäischen Gerichtshofs (EuGH) auf und ersetzte sie durch das **Decreto Legge Nr. 270 vom 8.7.1999**. Dadurch wurde das Verfahren der *Amministrazione Straordinaria* (Außerordentliche Verwaltung für insolvente große Unternehmen) eingeführt. Die Regelungen über die *Amministrazione Straordinaria* erhielten 2003 (und in den folgenden Jahren) mehrere Ergänzungen für Industrieunternehmen von relevanter Dimension und Bedeutung. Dadurch entstand das *Procedura di Ristrutturazione delle Grandi Imprese* **(Verfahren der Restrukturierung industrieller Großunternehmen)**, Gesetzeserlass Nr. 347 vom 23.12.2003, umgesetzt durch das Gesetz Nr. 39 vom 18.2.2004, dann wiederholt geändert.

Zwischen 2005 und 2015 wurde das Konkursgesetz von 1942 durch die Ersetzung, Aufhebung oder Einführung einzelner Verfahren grundlegend geändert. Insbesondere 2012 wurde in Italien erstmalig die Überschuldung von Privatpersonen und Kleinunternehmen, welche bislang nicht konkursfähig waren, durch die *Procedure di composizione della crisi da sovraindebitamento* **(Restrukturierung und Privatinsolvenzverfahren für Verbraucher und Kleinunternehmer)**, Gesetz Nr. 3 vom 27.1.2012, geregelt.

2.1.2 Die Reform des „Codice della crisi d'impresa e dell'insolvenza" (CCII) vom 12.1.2019

Die durch das CCII eingeführten Neuerungen sind:
i) Einführung von Indikatoren zur **Früherkennung der Krise und Maßnahmen** zur rechtzeitigen Beseitigung der Krise;
ii) Regelung des *Concordato Preventivo* **und der** *Liquidazione Giudiziale* **für Konzerne**
iii) **Veränderung der Terminologie:** Die Bezeichnung von *Liquidazione Giudiziale* ersetzt diejenige von *Fallimento;* der insolvente Schuldner wird nicht mehr als „*fallito*", sondern als „*debitore assoggetato a liquidazione giudiziale*" bezeichnet.
Ferner wird das *Concordato Preventivo* als Maßnahme für die Fortführung des Unternehmens in der Krise gestärkt. Die Gerichte sollen dieser Maßnahme Priorität geben. **Dadurch werden die Hauptziele der EU-Richtlinie über präventive Restrukturierungsrahmen**[2] **im CCII berücksichtigt.**

Vom Anwendungsbereich des CCII ausgenommen bleiben die *Amministrazione Straordinaria*, (Außerordentliche Verwaltung für insolvente große Unternehmen)[3] und die *Ristrutturazione Industri-*

---
[1] Bzgl. Definition von Großunternehmen auch → Rn. 220 ff.
[2] Richtlinie (EU) 2019/1023 des Europäischen Parlaments und des Rates v. 20.6.2019 über präventive Restrukturierungsrahmen, über Entschuldung und über Tätigkeitsverbote sowie über Maßnahmen zur Steigerung der Effizienz von Restrukturierungs-, Insolvenz- und Entschuldungsverfahren und zur Änderung der Richtlinie (EU) 2017/1132 (Richtlinie über Restrukturierung und Insolvenz).
[3] Weiterhin durch die Gesetzesverordnung Nr. 270/1999 geregelt.

ale (Verfahren der Restrukturierung industrieller Großunternehmen).[4] Im Fall der *Liquidazione Coatta* (administrative Zwangsabwicklung besonderer Unternehmen wie beispielsweise Banken) gelten nach dem CCII dessen allgemeine Regelungen, wenn die auf die besonderen Unternehmen anwendbaren Sondergesetze nichts anderes vorsehen.

2.2 Unterschiedliche Verfahrensziele: Sanierungs- und Insolvenzverfahren (Procedure Concorsuali)

15   Die verschiedene Sanierungs- und Insolvenzverfahren (*Procedure Concorsuali*) im italienischen Recht unterscheiden sich in Bezug auf
i) deren subjektive und objektive Voraussetzungen;
ii) in der Art und Weise, wie sie durchgeführt werden;
iii) sowie hinsichtlich der beteiligten Institutionen und der Zwecke, für die sie durchgeführt werden.

16   Das *Accordo per la ristrutturazione dei debiti* **(Vereinbarung zur Restrukturierung der Schulden des Unternehmers)** gilt für gewerbliche Unternehmer, mit Ausnahme kleinerer Unternehmen, des Staates und öffentlicher Institute (subjektive Voraussetzung), die sich in einer Krise befinden (objektive Voraussetzung). Das Verfahren basiert auf einer individuellen Vereinbarung zwischen dem Schuldner und einigen seiner Gläubiger. Gläubiger, die nicht am Verfahren teilnehmen, bleiben davon unberührt. Das Gericht überprüft die Durchführbarkeit der ihm vorgelegten Vereinbarung sowie deren Geeignetheit, die Forderungen der abweichenden Gläubiger **vollständig begleichen zu können.**

17   Das *Concordato Preventivo* (gerichtlich beaufsichtigter Vergleich zwischen Schuldner und Gläubigern zur Abwendung des *Fallimento* unter Aufsicht des Gerichts) hat dieselbe subjektive und Voraussetzung wie das *Accordo per la Ristrutturazione* und hat den Zustand der Krise und der Insolvenz als objektive Voraussetzung. Das Verfahren basiert auf einem Vorschlag des Schuldners (oder in einigen Fällen eines Dritten) an die Gläubiger und sieht die Umstrukturierung der Schulden und die Befriedigung der Forderungen in der vereinbarten Form vor. Der Vorschlag muss allerdings von der **Mehrheit der Gläubiger** gebilligt werden und unterliegt der vorherigen Zustimmung **(Zulassung)** und der nachfolgenden Prüfung **(Genehmigung) durch das Gericht.**

18   Die *Liquidazione Giudiziale* **(gerichtliche Abwicklung)** hat die gleiche subjektive Voraussetzung wie der Vergleich mit den Gläubigern, setzt aber objektiv die Insolvenz voraus. Ihr Ziel ist die maximale Befriedigung der Gläubiger durch die Abwicklung des gesamten Vermögens des Schuldners.

19   *Procedure di composizione della crisi di sovraindebitamento* **(Verfahren zur Lösung von Überschuldungskrisen)** gelten für Schuldner, die keinem anderen Insolvenzverfahren unterliegen (zB Verbraucher, Angehörige Freier Berufe, Kleinunternehmen) und die sich in einer Überschuldungssituation befinden. Die **Verfahren zur Lösung von Überschuldungskrisen** sind: (a) *Ristrutturazione dei Debiti del Consumatore* (Restrukturierung der Verbraucherschulden), (b) *Concordato Minore* (kleinerer Vergleich) und (c) *Liquidazione Controllata del Sovraindebitato* (kontrollierte Abwicklung des Überschuldeten).

20   Die *Amministrazione Straordinaria* **(außerordentliche Verwaltung großer insolventer Unternehmen)** gilt nur für Großunternehmen (objektiveVoraussetzung), die sich in der Insolvenz befinden (subjektive Voraussetzung). Die Unterschied der gerichtlichen Abwicklung besteht vor allem darin, die Produktionsbetriebe retten zu wollen. Dieser Ansatz wird durch die Befriedigung der Gläubiger flankiert.

21   Das *Procedura di Ristrutturazione delle Grandi Imprese* **(Verfahren der Restrukturierung für industrielle Großunternehmen)** stellt nur eine Variante der außerordentlichen Verwaltung dar und unterscheidet sich von dieser nur in bestimmten Verfahrensschritten. Sie ist zudem nur sehr großen Unternehmen, dh Unternehmen, die **mindestens 500 Arbeitnehmer seit mehr als einem Jahr und Schulden von mindestens 300 Mio. EUR haben** (dies gilt auch für Unternehmensgruppen, die vor mindestens einem Jahr gegründet wurden).

22   Die *Liquidazione Coatta* (administrative Zwangsabwicklung) gilt nur für bestimmte Kategorien von Unternehmen, die durch Spezialgesetze geregelt sind (zB **Banken, Versicherungen, Genossenschaften**) und setzt sowohl Insolvenz als auch schwerwiegende Unregelmäßigkeiten im Management voraus. Die Regeln sind nicht homogen, da jedes Sondergesetz unterschiedliche Verfahrensregeln vorsieht. Grundsätzlich zielt das Verfahren **weniger auf die maximale Befriedigung der Gläubiger** ab, als darauf, ein „krankes" Unternehmen, das in sensiblen Sektoren tätig ist, aus dem Markt zu nehmen. Die Verlagerung von Geschäftseinheiten und **der Schutz der Kredit-/ Versicherungsnehmer** (zB Kontoinhaber, Versicherte) wird sichergestellt.

---

[4] Weiterhin durch die Gesetzesverordnung Nr. 347/2003 geregelt.

2.3 Die Beziehungen zwischen den Verfahren

Es ist nicht möglich, dass ein Schuldner gleichzeitig zwei Verfahren durchläuft. Das **Prinzip der Einzigartigkeit** steht dem entgegen.

Folgende Prinzipien regeln das Verhältnis zwischen den verschiedenen Verfahren:
i) *Alternativo:* Ein Verfahren schließt das andere aus.
ii) *Successione:* Ein Schuldner kann zu unterschiedlichen Zeiten und, soweit gesetzlich vorgeschrieben, unterschiedlichen Verfahren unterliegen.
iii) *Conversione:* Wenn ein Verfahren nicht mehr sinnvoll fortgesetzt werden kann, wird es in ein anderes Verfahren umgewandelt, sofern dies gesetzlich vorgesehen ist.

Die **Zulassung** zu einem *Concordato preventivo* verhindert die Eröffnung eines anderen Insolvenzverfahrens. Wenn keine Einigung erreichbar ist, kann aber anschließend ein Verfahren zur *Liquidazione giudiziale, Amministrazione straordinaria, Ristrutturazione Industriale* oder *Liquidazione Coatta* eröffnet werden; dasselbe gilt für **Accordi di Ristrutturazione dei debiti**.

Die **Eröffnung** einer *Liquidazione giudiziale* sowie der *Amministrazione straordinaria* oder der *Ristrutturazione industriale* verhindert die Eröffnung eines weiteren Verfahrens. Wenn die *Amministrazione Straordinaria* oder die *Ristrutturazione industriale* nicht mehr sinnvoll fortgesetzt werden können (zB weil man Geschäftseinheiten nicht innerhalb der gesetzten Frist verkaufen kann), werden diese Verfahren in *Liquidazione giudiziale* umgewandelt.

Unterliegt ein Unternehmen der **Liquidazione Coatta**, schließt dies eine *Liquidazione Giudiziale* oder eine *Amministrazione Straordinaria* grundsätzlich aus. In Ausnahmefall wird das zuerst eröffnete Verfahren fortgesetzt. Sofern das Gesetz nichts anderes vorsieht, können Unternehmen, die der *Liquidazione Coatta* unterliegen, zu einem *Concordato Preventivo* zugelassen werden. Die **Procedure di composizione della crisi di sovraindebitamento** sind Schuldnern vorbehalten, die keinem anderen Insolvenzverfahren unterliegen.

3. Codice della crisi d'impresa e dell'insolvenza (CCII)

3.1 Geltungsbereich und Definitionen

Das CCII regelt Krisen- oder Insolvenzsituationen des Schuldners, sei es als Verbraucher oder als Gewerbetreibender, als Unternehmer, der eine gewerbliche, handwerkliche oder landwirtschaftliche Tätigkeit ausübt oder natürliche Person, als juristische Person oder als eine andere kollektive Körperschaft, eine Unternehmensgruppe oder eine öffentliche Gesellschaft (mit Ausschluss des Staates und der öffentlichen Körperschaften).[5] Der **Anwendungsbereich des CCII** ist sehr weit gefasst, er tendiert zur Allgemeingültigkeit. Das CCII beinhaltet die Regelung zu einer Reihe von Verfahren: *Accordi di Ristrutturazione, Concordato Preventivo, Liquidazione Giudiziale, Composizione delle crisi di sovraindebitamento* und (sofern die einzelnen Sondergesetze nichts anderes vorsehen) *Liquidazione Coatta*.

Im CCII werden die **Definitionen**[6] von „Krise", „Insolvenz" und „Überschuldung" festgelegt. Diese regeln die objektiven Voraussetzungen für das Verfahren und stellen deshalb Bedingungen für die Eröffnung eines der Verfahren dar.

Eine **Krise** ist definiert als „die Lage der wirtschaftlichen und finanziellen Schwierigkeiten, die eine Insolvenz des Schuldners wahrscheinlich macht und die sich für das Unternehmen als die Unzulänglichkeit der voraussichtlichen Cashflows zur regelmäßigen Erfüllung geplanter Verbindlichkeiten manifestiert".[7] Die Krisensituation umfasst sowohl wirtschaftliche als auch finanzielle Schwierigkeiten und besteht, wenn aufgrund der Verschuldungssituation und der erwarteten finanziellen Ströme mittelfristig eine **Insolvenzwahrscheinlichkeit** besteht.

Die **Insolvenz** ist definiert als „der Zustand des Schuldners, der sich in Verzug oder durch andere äußere Tatsachen manifestiert, die zeigen, dass der Schuldner nicht mehr in der Lage ist, seinen Verpflichtungen ordnungsgemäß nachzukommen".[8]

Unter **Überschuldung** versteht man „den Zustand der Krise oder Zahlungsunfähigkeit des Verbrauchers, des Gewerbetreibenden, des Kleinunternehmers, des Start-ups und jedes anderen Schuldners, der nicht der *Liquidazione giudiziale* oder der *Liquidazione Coatta* oder anderen im *Codice Civile* oder in besonderen Gesetzen für den Fall einer Krise oder Zahlungsunfähigkeit vorgesehenen

---

[5] Art. 1 Abs. 1 CCII.
[6] Art. 2 CCII.
[7] Art. 2 Abs. 1 Buchst. a CCII.
[8] Art. 2 Abs. 1 Buchst. b CCII.

Abwicklungsverfahren unterliegt".[9] Die Überschuldung ist die objektive Voraussetzung für die Eröffnung eines Verfahrens.

33   Die Definition von *Piccolo Imprenditore* (**Kleinunternehmer**) ist für die *Liquidazione Giudiziale* bedeutsam. Kleinunternehmer definiert einen Unternehmer, der gemeinsam die folgenden Anforderungen erfüllt: „1) Aktiva nicht größer als 300.000 EUR im Jahr in den drei Geschäftsjahren vor dem Antrag auf Eröffnung des Verfahrens oder ab Beginn der Tätigkeit, wenn dieser Zeitraum kürzer ist; 2) Einnahmen von höchstens 200.000 EUR in den drei Geschäftsjahren vor dem Antrag auf Eröffnung des Verfahrens oder ab Beginn der Tätigkeit, wenn dieser Zeitraum kürzer ist; 3) Verbindlichkeiten, auch wenn sie nicht fällig sind, von höchstens 500.000 EUR".[10]

34   Die Definition von „**Consumatore**" (**Privatverbraucher**) lautet: „Person, die für andere Zwecke handelt als die eines Unternehmens, eines Handelsgeschäfts, eines Handwerkers oder einer professionellen Tätigkeit".[11]

3.2 Allgemeine Grundsätze

35   Einige **allgemeine Grundsätze** sollen in allen Krisensituationen angewandt werden:
i) die „Verpflichtungen der an der Regulierung der Krise und der Insolvenz beteiligten Parteien";[12]
ii) die „Ökonomie der Verfahren",[13]
iii) die „Grundsätze des Verfahrensrechts"[14] und
iv) die „internationale Gerichtsbarkeit".[15]

36   Diese Grundsätze können, sofern nichts anderes vorgesehen ist, auch in Verfahren zur *Liquidazione Coatta, Amministrazione Straordinaria* und *Ristrutturazione Industriale* angewandt werden.

37   Ihre Funktion besteht aus drei Arten: a) einer integrativen Rolle, dh, sie dienen dazu, Gesetzeslücken bei der Regulierung bestimmter Fälle zu schließen; b) einer interpretativen Rolle, dh, sie ermöglichen, dass sich die Auslegung detaillierter Regeln an Schlussfolgerungen orientiert, die mit den Zielen übereinstimmen und c) einer regulatorischen Rolle, dh, sie schreiben direkt anwendbare Verhaltensregeln vor.

38   **Der Grundsatz der frühen Krisenerkennung** erklärt, dass der Schuldner geeignete Maßnahmen ergreifen muss, um den Krisenzustand frühzeitig zu erkennen und die notwendigen Schritte zur unverzüglichen Bewältigung zu unternehmen.[16] Der Schuldner ist dadurch verpflichtet, sich zu organisieren, um Krisensituationen zu erkennen und rechtzeitig zu bewältigen. Wenn der Schuldner eine juristische Person ist, sind die Direktoren (Geschäftsführer, Vorstände) verpflichtet, sich mit einer der Art und Größe des Unternehmens **angemessenen Organisations-, Verwaltungs- und Buchhaltungsstruktur** auszustatten, auch in Bezug auf die rechtzeitige Erkennung der Krise des Unternehmens und den Verlust der Unternehmenskontinuität.[17]

39   Alle Parteien (in erster Linie der Schuldner und die Gläubiger) sind verpflichtet, bei der Ausführung von Vereinbarungen und Verfahren zur Regulierung der Krise und Insolvenz in **gutem Glauben und korrekt** zu handeln.[18] Insbesondere ist der Schuldner verpflichtet, den Gläubigern alle notwendigen und angemessenen Informationen zur Verfügung zu stellen und das Vermögen oder die Gesellschaft **im vorrangigen Interesse der Gläubiger selbst** zu verwalten;[19] die Gläubiger sind zur **loyalen Zusammenarbeit und zur Einhaltung der Geheimhaltungspflicht** verpflichtet.[20] Daher müssen sich nicht nur der Schuldner, sondern auch die Gläubiger während der Verhandlungen in gutem Glauben und fair verhalten. Dies schützt die legitimen Interessen des Schuldners und anderer an der Unternehmenskrise beteiligter Parteien (zB Arbeitnehmer, Lieferanten und Kunden).

40   Die für Krisenregulierungsverfahren **zuständigen Behörden** sind an die **Geheimhaltungspflicht** gebunden;[21] Streitigkeiten, an denen ein von der Justizbehörde bestelltes Organ in Krisen- oder Insolvenzverfahren beteiligt ist, müssen vorrangig behandelt werden, um die **Zügigkeit des**

---

[9] Art. 2 Abs. 1 Buchst. c CCII.
[10] Art. 2 Abs. 1 Buchst. d CCII.
[11] Art. 2 Abs. 1 Buchst. e CCII.
[12] Art. 3–5 CCII.
[13] Art. 6 CCII.
[14] Art. 7–10 CCII.
[15] Art. 11 CCII.
[16] Art. 3 CCII.
[17] Art. 2086 Codice Civile.
[18] Art. 4 CCII.
[19] Art. 4 Abs. 2 CCII.
[20] Art. 4 Abs. 3 CCII.
[21] Art. 5 Abs. 1 CCII.

Verfahrens zu gewährleisten.[22] Das Prinzip der **Kosteneffizienz der Verfahren**[23] soll die Kosten derselben Ausgaben begrenzen, die die Gläubiger belasten und ihre Erwartungen an die Befriedigung verringern. Diese Kosten beinhalten hauptsächlich
i) die Gebühren der von den Organen der Verfahren im Laufe der Verfahren bestellten Experten,
ii) die Gebühren der Experten, die den Schuldner während der Verhandlungen (Umstrukturierungsverträge und frühere Vereinbarungen) unterstützen.
Solchen Gebühren stellen „*crediti prededucibili*" **(vorabzugfähige)** Ansprüche dar und resultieren in Forderungen, die vor allen anderen Forderungen zu begleichen sind. Daher hat der Gesetzgeber Grenzen und Bedingungen für die Anerkennung solcher Ansprüche festgelegt. **41**

Die **verfahrensrechtlichen Grundsätze** ergeben sich aus der Verpflichtung, alle Anträge auf Regulierung der Krise oder Insolvenz **einheitlich zu behandeln,** und aus der **Priorität,** den Antrag auf Regulierung der Krise oder Insolvenz **mit anderen Mitteln als der** *Liquidazione giudiziale* **zu** bearbeiten. Dies gilt, sofern der Plan ausdrücklich auf das Interesse der Gläubiger hinweist und der Antrag selbst nicht offensichtlich unzulässig oder unbegründet ist.[24] **42**

Beantragt ein Gläubiger oder der Staatsanwalt gegen den Schuldner den Zugang zur *Liquidazione Giudiziale* und stellt der Schuldner davor oder danach einen Antrag auf Zugang zu einem anderen Verhandlungsverfahren (zB *Accordo di Ristrutturazione* oder *Concordato Preventivo*), muss das Gericht zunächst den Antrag des Schuldners prüfen. **Nur wenn der Antrag den gesetzlichen Anforderungen nicht entspricht,** kann es die anderen Anträge prüfen. **Weitere Verfahrensgrundsätze** sind die **maximale Dauer der Schutzmaßnahmen,** die auf zwölf Monate festgelegt ist, einschließlich Verlängerungen oder Ergänzungen,[25] und die elektronisch zu erfolgende **Kommunikation**.[26] In Fragen der **internationalen Kompetenz** gilt der Grundsatz, dass unbeschadet internationaler Übereinkommen und Vorschriften der Europäischen Union die italienische Gerichtsbarkeit für einen Antrag auf Eröffnung eines Verfahrens zur Regelung der Krise oder Zahlungsunfähigkeit besteht, wenn der Schuldner den Mittelpunkt der Hauptinteressen (COMI) oder eine Niederlassung in Italien hat.[27] Die italienische Zuständigkeit gilt auch für Klagen, die sich unmittelbar aus dem Verfahren ergeben, dh für Klagen, die nur aufgrund und im Rahmen des Verfahrens ausgeübt werden können (zB Klagen auf Widerruf nach den Art. 163 ff. CCII). **43**

Ferner sind auch die **„unausgesprochenen" allgemeinen Prinzipien** zu berücksichtigen. Diese lassen sich durch Interpretation aus den in denselben CCII enthaltenen Detailregeln ableiten. Vorrangige Rolle wird hierunter der sog. **par condicio creditorum** (dh der Gleichbehandlungsgrundsatz, auf dem die Regel der Befriedigung der Gläubigergründe beruht) eingeräumt. Dies verlangt von den Organen der Verfahren, die Gläubiger nicht in der Reihenfolge, in der sie ihren Zahlungsantrag stellen, sondern nach einem **Kriterium der Verhältnismäßigkeit** des Forderungsbetrags zum Gesamtbetrag der Forderungen zu befriedigen. Ausgenommen sind zB die legitime Vorrangigkeit und die Unterteilung der Gläubiger in Klassen. **44**

3.3 *Procedure di allerta e di composizione assistita della crisi* (Verfahren zur Warnung und zur begleiteten Komposition der Krise)

Diese Verfahren, eingeführt durch das CCII, sind Verfahren außergerichtlicher und vertraulicher Art, um die rasche Erkennung der Krise zu fördern und die Durchführung von Verhandlungen zwischen Schuldnern und Gläubigern zu erleichtern. Dem Unternehmer wird geholfen oder er wird ggf. gezwungen, die Krise zu erkennen und einen „geschützten Erholungspfad" einzuschlagen. Alle an der Unternehmenskrise Beteiligten (Unternehmenskontrollorgane, Wirtschaftsprüfer, Prüfungsgesellschaften, qualifizierte öffentliche Gläubiger) werden zur Verantwortung gezogen, mit **Belohnungsmaßnahmen** oder im Fall von Verstößen mit unterschiedlichen **Sanktionen.** **45**

Der Unternehmer ist verpflichtet, eine angemessene Organisationsstruktur zu schaffen, die es ermöglicht, die Krise rechtzeitig zu erkennen und geeignete Initiativen zu ergreifen.[28] Die anderen Parteien sind hingegen verpflichtet, das Auftreten **bestimmter Indikatoren für die Krise** zu melden.[29] Es sind spezifische **„Krisenindikatoren",** abhängig von den spezifischen Merkmalen der Gesellschaft und der vom Schuldner ausgeübten unternehmerischen Tätigkeit vorgesehen. Diese spezifischen Indikatoren stellen eventuelle Einkommens-, Kapital- oder Finanzungleichgewichte dar **46**

---

[22] Art. 5 Abs. 2 CCII.
[23] Art. 6 CCII.
[24] Art. 7 Abs. 2 CCII.
[25] Art. 8 CCII.
[26] Art. 10 CCII.
[27] Art. 11 CCII.
[28] Art. 3 CCII; Art. 2086 Codice Civile.
[29] Art. 12 Abs. 1 CCII.

und sollen die Tragfähigkeit der Schulden für mindestens die **folgenden sechs Monate** und die **Aussichten für das Going Concern** für das laufende Geschäftsjahr dokumentieren. Wenn die Restlaufzeit des Geschäftsjahres zum Zeitpunkt der Bewertung weniger als sechs Monate beträgt, sollen die Indikatoren die Lage für die folgenden sechs Monate dokumentieren. Wesentliche Indikatoren messen die Nachhaltigkeit der Schuldenlast mit den Cashflows, die das Unternehmen generieren kann, und die Angemessenheit der Eigenmittel im Vergleich zu denen Dritter. Diese Kennzahlen werden **alle drei Jahre vom Nationalrat der Wirtschaftsprüfer und Buchhaltungsexperten** unter Bezugnahme auf jede Art von Wirtschaftstätigkeit festgelegt.[30]

47 Liegen diese Krisenindikatoren vor, muss der Unternehmer rechtzeitig einen Antrag auf begleitete Krisenbewältigung stellen oder die Eröffnung von Krisen- oder Insolvenzverfahren beantragen.

48 Die Unternehmenskontrollorgane, der unabhängige Wirtschaftsprüfer und die *Sindaci* (gesetzlichen Wirtschaftsprüfer) sind verpflichtet zu überprüfen,
   i) ob die Verwaltungsorgane unter Ergreifung der entsprechenden Initiativen ständig bewerten, ob die Organisationsstruktur des Unternehmens angemessen ist,
   ii) ob ein wirtschaftliches und finanzielles Gleichgewicht besteht,
   iii) was die absehbare Entwicklung der Unternehmensführung ist, und
   iv) ob die Verwaltungsorgane unverzüglich über das Vorhandensein fundierter Hinweise auf die Krise berichten.[31]

49 Reagieren die Aufsichtsorgane nicht oder nicht ausreichend oder ergreifen sie nicht innerhalb der nächsten 60 Tage die für notwendig erachteten Maßnahmen zur Überwindung des Krisenzustands, so ist unverzüglich das **Organismo per la Composizione della Crisi d'Impresa (OCRI) (Krisenbeilegungsorgan)** zu unterrichten. Um die Berichtspflichten zu erleichtern, sind **Banken und andere Finanzintermediäre** verpflichtet, wenn sie Aufsichtsorgane der Gesellschaft ggf. über **Änderungen, Revisionen** oder **Widerrufen von Kreditlinien** zu informieren, wenn sie Kunden darüber informieren.[32] Eine **sofortige Meldepflicht** besteht auch für qualifizierte **öffentliche Gläubiger** (Finanzamt, Versicherungsamt): Sie sind verpflichtet, dem Schuldner und anschließend dem OCRI das Fortbestehen wesentlicher Ausfälle zu melden; eine Verletzung dieser Verpflichtung sieht eine **besondere Sanktion** vor: Die **Unwirksamkeit der Vorabzugsfähigkeit** für die Forderungen des öffentlichen Gläubigers oder die Uneinbringlichkeit der Forderung für Inkassokosten und -gebühren.[33]

50 Die **Meldung der Krise** durch Aufsichtsbehörden und qualifizierte öffentliche Gläubiger soll an das OCRI gerichtet werden. Aber auch der Schuldner selbst kann einen Antrag an das OCRI stellen. Jede Handelskammer hat ein eigenes OCRI und muss für jedes Verfahren ein **Kollegium** ernennen, das sich aus mindestens drei Experten zusammensetzt, von denen je ein Experte vom Präsidenten der Sektion „Unternehmen" der Kammer, von der Handelskammer und von Wirtschaftsverbänden ernannt wird. Aus Sicht des Gesetzgebers sollte die Verhandlungsführung mithilfe eines aus Sachverständigen und unabhängigen Personen bestehenden Kollegiums das **Zustandekommen einer Vereinbarung** mit den Gläubigern erleichtern, wobei das **Kollegium die Rolle eines Mediators** zwischen den Anträgen des Schuldners und denen der Gläubiger spielen muss. Innerhalb von 15 Arbeitstagen nach Erhalt der Benachrichtigung oder des Antrags des Schuldners beruft das OCRI den Schuldner vor das Kollegium, im Falle von Unternehmen mit Aufsichtsorganen kommt es vor dessen Mitgliedern zu einer **vertraulichen Anhörung**.[34]

51 Nach der **Anhörung des Schuldners** und unter Berücksichtigung der von ihm vorgelegten Bewertungselemente sowie der gewonnenen Daten und Informationen kann das Kollegium
   a) die Beendigung des Verfahrens und die Archivierung der erhaltenen Berichte anordnen, wenn es der Auffassung ist, dass die Krise nicht existiert oder dass es sich um ein Unternehmen handelt, für das die Meldungskriterien nicht gelten; oder hingegen
   b) das Bestehen der Krise feststellen. Dann identifiziert es mit dem Schuldner die möglichen Abhilfemaßnahmen und legt die Frist fest, innerhalb derer der Schuldner über ihre Umsetzung Bericht erstatten muss. Ergreift der Schuldner am Ende der Frist keine Maßnahmen, so informiert das Kollegium unverzüglich die Verfasser der Berichte.[35] Auf Antrag des Schuldners setzt das Kollegium eine Frist von höchstens drei Monaten (die nur bei positivem Verhandlungsergebnis um weitere maximal drei Monate verlängert werden kann) für die Suche nach einer vereinbarten Lösung der Krise und beauftragt den Berichterstatter, die Verhandlungen zu verfolgen.[36]

---

[30] Art. 13 Abs. 2 CCII.
[31] Art. 14 Abs. 1 CCII.
[32] Art. 14 Abs. 4 CCII.
[33] Art. 15 CCII.
[34] Art. 18 Abs. 1 CCII.
[35] Art. 18 Abs. 4 und 5 CCII.
[36] Art. 19 Abs. 1 CCII.

Wird am Ende dieses Verhandlungszeitraums eine Einigung zwischen dem Schuldner und den Hauptgläubigern erzielt, hat diese die gleiche **Wirkung wie die** *Accordi in Esecuzione dei piani attestati*. Um die Durchführung des Verfahrens zur begleiteten Krisenbewältigung ohne Risiken von Vollstreckungsmaßnahmen und/oder Anträgen zur Eröffnung eines Abwicklungsverfahrens zu ermöglichen, kann der Schuldner nach Eröffnung des Verfahrens die Spezialisten der Sektion „Unternehmen" der Handelskammer ersuchen, die hierzu erforderlichen **Schutzmaßnahmen** zu ergreifen.[37]

Nach Ablauf der eingeräumten Höchstfrist prüft das OCRI, ob eine zwischen dem Schuldner und den Gläubigern vereinbarte Lösung erreicht ist und, wenn nicht, ob eine Krisensituation weiter besteht. In letzterem Fall fordert es den Schuldner auf, innerhalb einer Frist von 30 Tagen den **Zugang zum Krisen- und Insolvenzregulierungsverfahren zu beantragen**.[38] Bei Verdacht auf Insolvenz muss das OCRI die Staatsanwaltschaft informieren.[39]

Um den korrekten Einsatz dieser Verfahren zu fördern, werden „**Belohnungen**" vorgesehen. Für den Schuldner sind die Bonusmaßnahmen sowohl finanzieller als auch persönlicher strafrechtlicher Natur,[40] zB Reduzierung der Zinsen oder Strafen im Zusammenhang mit den Steuerschulden des Unternehmens. Die „Belohnung" des Unternehmers gilt auch für den rechtzeitigen Antrag auf Zulassung zu einem der Verfahren zur Regulierung der Krise oder Insolvenz.

Rechtzeitigkeit als Voraussetzung für die Anwendung von „Belohnungsmaßnahmen" liegt vor, wenn der Schuldner innerhalb eines Zeitraums von sechs Monaten (oder drei Monaten im Fall der unterstützten Lösung) ab dem Auftreten bestimmter finanzieller Indizes[41] gehandelt hat. Im Hinblick auf die Unternehmenskontrollorgane stellt die rechtzeitige Aktivierung einen Grund für die **Befreiung von der gesamtschuldnerischen Haftung** für die nachteiligen Folgen der später von der oben genannten Stelle vorgenommenen Unterlassungen oder Handlungen dar.[42] **Banken, Finanzintermediäre, Versicherungsgesellschaften und Investmentfonds** sind von der Anwendung des og Verfahrens ausgeschlossen.[43]

3.4 Zugang zum Verfahren von Beilegung/Komposition der Krise und der Insolvenz

Trotz der CCII-Anstrengungen, ein **einheitliches Verfahrensmodell für den Zugang** festzulegen, gelten „besondere" Regeln zB hinsichtlich der Legitimität, die Eröffnung des Verfahrens zu beantragen, oder hinsichtlich der Unterlagen, die dem Antrag oder dem Inhalt der vom Gericht erlassenen Maßnahmen beigefügt werden müssen. Zum Beispiel regelt das CCII, dass alle Anträge auf Zugang zu einem Regelungsverfahren für die Krise oder Insolvenz dringlich und in einem einzigen Verfahren behandelt werden müssen.[44] Trotzdem wird denjenigen Anträgen, die für andere Verfahren als der *Liquidazione giudiziale* oder *Liquidazione controllata* bestimmt sind, (unter bestimmten Bedingungen) Vorrang eingeräumt.

Der Antrag führt zu einem Verfahren, das vor dem Gericht mit Richterkollegium in der durch das CCII festgelegten spezifischen Weise stattfindet. Diese besondere Verfahrensform basiert auf dem Prinzip des *Contraddittorio* (Widerspruch) und auf dem Recht auf Verteidigung.[45]

Der Antrag wird immer mit einem *Ricorso* (Einspruch) eingereicht[46] – der elektronisch einzureichen ist – und, sofern nicht anders vorgesehen, ist eine *difesa tecnica* (**technische Verteidigung**) zwingend erforderlich.[47] Der *Ricorso* verlangt einen Mindestinhalt.[48] Das Antragsverfahren wiederum besteht im Wesentlichen aus **drei Phasen:** (1) wenn das *Contraddittorio* (**Widerspruch**) eingeleitet wird, (2) wenn der Antrag bearbeitet und geprüft wird, und (3) wenn die Entscheidung des Gerichts gefällt wird.

In diesem Zusammenhang sehen die allgemeinen und besonderen **Bestimmungen** vor:
a) Die **Eintragung** des vom Schuldner eingereichten Antrags in das Handelsregister, der (mit den beigefügten Unterlagen) auch der Staatsanwaltschaft übermittelt werden muss;[49]

---

[37] Art. 20 CCII.
[38] Art. 21 CCII.
[39] Art. 22 CCII.
[40] Art. 25 CCII.
[41] Art. 24 CCII.
[42] Art. 14 Abs. 3 CCII.
[43] Art. 12 Abs. 5 CCII.
[44] Art. 7 CCII.
[45] Art. 40 Abs. 1 CCII.
[46] Art. 37 CCII.
[47] Art. 9 Abs. 2 CCII.
[48] Art. 40 Abs. 2 CCII.
[49] Art. 39 Abs. 3 CCII.

b) die **Benachrichtigung,** zusammen mit dem vom Gericht erlassenen Einberufungsbeschluss des Schuldners über den Antrag anderer Personen (ein oder mehrere Gläubiger, Vertreter und Organe mit Kontroll- und Überwachungsaufgaben der Gesellschaft, Staatsanwaltschaft), die berechtigt sind, die Eröffnung der *Liquidazione giudiziale* zu beantragen;[50]

c) die Festlegung von **Konditionen** zur Gewährleistung des Rechts auf **Verteidigung** im Fall eines Antrags auf *Liquidazione giudiziale;*[51]

d) die **Bekanntmachung und Übermittlung** (an den Schuldner, den Staatsanwalt und die Antragsteller auf *Liquidazione giudiziale*) der **Maßnahme,** mit der das Gericht (dem Schuldner) die im Artikel genannte Frist einräumt[52] für den Zugang zum *Concordato Preventivo* oder für die Einreichung von *Accordi di Ristrutturazione;*[53]

e) die **Veröffentlichung und Mitteilung des Dekrets** zur Eröffnung des *Concordato Preventivo* und die Festsetzung angemessener Fristen für die Bewertung des Vorschlags für die ausgehandelte Regulierung/Beilegung der Krise und die Stimmabgabe der Gläubiger.[54]

60   Desweiteren regeln die Bestimmungen, dass der **Verzicht auf den Antrag** das Erlöschen des Verfahrens mit sich bringt[55] sowie den Erhalt der in Art. 367 CCII genannten Daten und Dokumente des Schuldners **durch das Gerichtsamt** – nach dem Antrag auf Eröffnung des *Concordato Preventivo* oder *Liquidazione Giudiziale* – von der Finanzbehörde, dem Handelsregister und dem INPS/Versicherungsverein.[56] Auch die „**Vorsorgemaßnahmen**"[57] und „**Schutzmaßnahmen**"[58] unterstreichen die Art des einheitlichen Verfahrens. Ihr Zweck ist es, das Vermögen oder das Unternehmen des Schuldners für die Zeit zu erhalten, die erforderlich ist, um die Initiativen zur Regulierung/Beilegung der Krise oder Insolvenz zu definieren.

61   Die „**Schutzmaßnahmen**" ähneln dem Verbot für Gläubiger, mit Titeln Zwangsvollstreckungs- oder Schutzmaßnahmen gegen Vermögen des Schuldners einzuleiten oder fortzusetzen. Sie erfolgen aber nicht automatisch und müssen vom Richter auf ausdrücklichem Wunsch des Schuldners zusammen mit dem Antrag angeordnet werden. In diesem Fall tritt die **Schutzwirkung** ab dem Tag der Veröffentlichung der vorgenannten Antrags ein.[59] Die „**Vorsorgemaßnahmen**" hingegen werden – wiederum vom Richter – „auf Antrag einer der Parteien" und damit auch auf Antrag jedes Gläubigers oder der Staatsanwaltschaft angeordnet. Sie sind „am besten geeignet, die Wirkungen des Urteils, mit dem die Eröffnung des *Accordo di Ristrutturazione* oder des *Concordato Preventivo* oder der *Liquidazione Giudiziale* genehmigt/erklärt wird, vorläufig zu gewährleisten".[60] Ein Beispiel ist auch die **Bestellung eines Sachwalters** der Gesellschaft für das Vermögen der Unternehmen. Das einheitliche Verfahren endet mit dem Erlass eines Urteils oder Dekrets durch das Gericht. Die tatsächlich ergriffene Maßnahme und ihr Inhalt variieren je nach Nachfrage und Fortsetzung des Verfahrens der Regulierung/Beilegung der Krise oder der Insolvenz, zu dem der Zugang gewährt wurde. Wird ein **Antrag auf ein** *Concordato Preventivo* gestellt, ordnet das Gericht – nachdem es die rechtliche Zulässigkeit des Vorschlags und die wirtschaftliche Machbarkeit des Plans überprüft hat und, wenn es nicht bereits alle erforderlichen Elemente enthält, die Stellungnahme des Gerichtskommissars erhalten hat – **die Eröffnung des Verfahrens** mit dem im Artikel genannten Dekret an.

62   Das Gericht erster Instanz entscheidet ua über den Beginn und das Ende der Abstimmung der Gläubiger und die Festlegung der verbindlichen Frist, innerhalb derer der Schuldner die für die Kosten des Verfahrens erforderlichen Beträge in dem vom Gericht festgelegten Umfang (mindestens 20 % des Gesamtbetrags) einzahlen muss.

63   Falls das Gericht das **Fehlen der Voraussetzungen** für die Zulässigkeit und Durchführbarkeit festgestellt hat, erklärt es die Unzulässigkeit des Vorschlags und bestimmt durch Urteil die Eröffnung der *Liquidazione Giudiziale.* Gegen den vorgenannten Beschluss über die Nichtberechtigung kann beim Berufungsgericht **Berufung** eingelegt werden.[61]

64   Die nachfolgende **Phase der Genehmigung des** *Concordato Preventivo* – die auf die Zustimmung und Billigung durch die Gläubiger folgt und sie voraussetzt – endet mit einer Entscheidung

---

[50] Art. 39 Abs. 5, 6 und 7 CCII.
[51] Art. 41 CCII.
[52] Art. 44 Abs. 1 Buchst. a CCII.
[53] Art. 45 CCII.
[54] Art. 46 CCII.
[55] Art. 43 CCII.
[56] Art. 42 CCII.
[57] Art. 2 Abs. 1 Buchst. q CCII.
[58] Art. 2 Abs. 1 Buchst. p CCII.
[59] Art. 54 Abs. 2 CCII.
[60] Art. 54 CCII.
[61] Art. 47 Abs. 4 CCII.

des Gerichts in der in Art. 48 CCII beschriebenen Weise, die auch die Genehmigung des Vergleichs zwischen den Gläubiger regelt. In beiden Fällen können die Gläubiger **Widerspruch** einlegen und die Homologation des *Concordato* wird dann durch ein Urteil festgelegt. Bei **Ablehnung** des *Concordato Preventivo* oder des *Accordo di Ristrutturazione* wird nach dem Einspruch einer der dazu qualifizierten Partei die *Liquidazione Giudiziale* durch Urteil als eröffnet erklärt. Die **Eröffnung** der *Liquidazione Giudiziale* wird durch das Urteil mit der im CCII dargelegtem Inhalt angeordnet.[62]

Die **Wirkungen der Eröffnungsurteile** nach Mitteilung[63] treten in der Regel ab dem Zeitpunkt der Veröffentlichung und gegenüber Dritten ab dem Zeitpunkt der Eintragung der Entscheidung in das Handelsregister ein. Mit Antrag, der innerhalb von 30 Tagen beim Berufungsgericht einzureichen ist, können die Parteien gegen das Urteil des Gerichts über die Genehmigung des *Concordato Preventivo* oder *Accordo di Ristrutturazione* oder die Eröffnung der *Liquidazione giudiziale* **Berufung** einreichen.[64]

4. Sanierung und ausgehandelte Vereinbarungen

4.1 Instrumente zur Krisenbewältigung

Um die Krise durch Verhandlungsinstrumente zu überwinden, stellt der Gesetzgeber den Parteien eine Reihe von Instrumenten zur Verfügung: *Accordi in Esecuzione di Piani Attestati* **(Vereinbarungen zur Umsetzung von begutachteten Sanierungsplänen)**, *Accordi di Ristrutturazione* **(Umschuldungsvereinbarungen)** und *Concordato Preventivo* **(Vergleichsverfahren mit Gläubigern)**. Trotz unterschiedlicher anzuwendender Verfahren beruhen sie alle auf einer Vereinbarung zwischen dem Schuldner und einem Teil seiner Gläubiger, die die Umstrukturierung der Schulden auf der Grundlage eines Geschäftsplans definiert. Die Anwendung dieser Instrumente ermöglicht dem Schuldner, aber auch den Gläubigern, Vorteile und eine „Belohnung" in Bezug auf den vorübergehenden Schutz vor Vollstreckungs- und Vorbeugemaßnahmen zu erhalten. Die verschiedenen Instrumente weisen ein progressives Ausmaß an Intervention durch die Justizbehörden auf. Bei *Accordi in Esecuzione di Piani Attestati* gibt es kein gerichtliches Eingreifen und keinen Schutz vor dem Handeln der Gläubiger; die Veröffentlichung im Handelsregister ist lediglich optional und erfolgt meistens nicht.

Die *Accordi di Ristrutturazione* unterliegen erst in der Kontrollphase der gerichtlichen Überprüfung (sog. Homologation) und bieten einen begrenzten Schutz vor Vollstreckungsmaßnahmen. Das *Concordato Preventivo* unterliegt während seiner gesamten Durchführung einer intensiven gerichtlichen Kontrolle, ermöglicht den Schutz vor Vollstreckungsmaßnahmen und basiert vor allem auf dem **Mehrheitsprinzip**. Die Entscheidung der Gläubiger, die die Mehrheit der Forderungen vertreten, ist bindend und setzt sich auch für abweichende Gläubiger durch. In der Praxis hängt die Wahl zwischen den verschiedenen Instrumenten davon ab, wie ausgeprägt der Krisenzustand ist, dh dass weniger schwere Krisen im Rahmen eines *Accordo in Esecuzione di Piano Attestato* angegangen werden, während schwerere Krisen den Einsatz von *Accordi di Ristrutturazione* oder in noch schwereren Fällen den Zugang zum *Concordato Preventivo* erfordern.

4.1.1 Accordi in Esecuzione di Piani Attestati

Hierbei handelt es sich um außergerichtliche Verhandlungsinstrumente, die keiner vorherigen oder gleichwertigen gerichtlichen Kontrolle unterliegen.[65] Die subjektive Voraussetzung ist die Qualifizierung des Unternehmers (dh es soll **kein Kleinunternehmer** sein); die objektive Voraussetzung ist der Zustand der Krise oder Insolvenz. Ein vom Schuldner erstellter Geschäftsplan beschreibt den Weg und die Maßnahmen, mit denen der Schuldner den Krisenzustand überwinden will. Das Gesetz verlangt, dass der Plan einen bestimmten Mindestinhalt hat und dass insbesondere ein **unabhängiger Sachverständiger** die Richtigkeit der Geschäftsdaten sowie die wirtschaftliche und rechtliche Machbarkeit des Plans bescheinigt.

Für den Inhalt des Plans und dessen Umsetzung gewährt der Gesetzgeber Flexibilität, sofern sie die Sanierung des Schuldners ermöglichen und ein ausgewogenes Verhältnis der finanziellen Situation gewährleisten. Bei Vorliegen der gesetzlichen Voraussetzungen wird für Handlungen, Zahlungen und Sicherheiten, die in Ausführung des geprüften Plans vorgenommen werden, eine **Befreiung von Anfechtungsklagen** *(cause di Azione Revocatoria)* und eine **Befreiung von Strafbarkeit**

---

[62] Art. 49 CCII.
[63] Art. 45 CCII.
[64] Art. 51 CCII.
[65] Art. 56 CCII.

gewährt.⁶⁶ Die Anfechtungsfreiheit gilt nicht, wenn der Sachverständige vorsätzlich oder grob fahrlässig agierte oder der Schuldner vorsätzlich oder grob fahrlässig handelte und/oder wenn der Gläubiger dies zum Zeitpunkt des Vertrags, des Zahlungsempfangs oder der Stellung einer Sicherheit wusste.

70   Bei solchen *Accordi* wird dem Schuldner **keine Schutzmaßnahme** im Zusammenhang mit Vollstreckungs- und **Vorsorgemaßnahmen** gewährt, und auch **kein Moratorium** für die Zahlungsbedingungen der Gläubiger, die weiterhin vollständig und regelmäßig erfüllt werden müssen. Diese *Accordi* haben **nur für die Gläubiger, die daran teilnehmen, Wirkung,** sie können in keiner Weise die Forderungen der Gläubiger, die nicht daran teilnehmen, ändern. Der Vorteil, der sich aus deren Anwendung ergibt, besteht nur in der Befreiung von Anfechtungsklagen *(revocatoria)* und Konkursdelikten, solange die Handlungen in Ausführung solcher *Accordi* vorgenommen werden. Dadurch verfügen alle Beteiligten über eine angemessene Sicherheit hinsichtlich der Stabilität der Sanierungsmaßnahmen.

4.1.2 Accordi di Ristrutturazione dei Debiti

71   Das Unternehmen in einer Krise oder Insolvenz schließt diese Vereinbarungen mit Gläubigern ab, die mindestens 60 % der Forderungen repräsentieren.⁶⁷ Diese Vereinbarungen können unterschiedlichste Inhalte haben (zB Moratorium für die Forderungen der Gläubiger, Änderung der Rückzahlungsbedingungen, Teilstornierung, Einbringung neuer Finanzierungen, Maßnahmen am Eigenkapital, Bereitstellung neuer Sicherheiten) und sind die Basis für die korrekte Umsetzung eines Sanierungsplans, der die Überwindung der Krise oder Insolvenz ermöglicht. Subjektive Voraussetzung für die Einreichung ist der Status als Unternehmer, Kaufmann oder Landwirt, der sich vom Status des Kleinunternehmers unterscheiden muss.⁶⁸ Die objektive Voraussetzung ist der Zustand der Krise oder Insolvenz.

72   Diese Vereinbarungen **binden nur Gläubiger, die an ihnen beteiligt sind,** und sie können die quantitativen und qualitativen Bedingungen der Forderungen anderer Gläubiger, die nicht an ihnen beteiligt waren (sog. „abweichende Gläubiger"), nicht ändern. Für **abweichende Gläubiger** sieht die Vereinbarung nur ein **befristetes Moratorium** vor, aber mit **vollständiger Zahlung** innerhalb von 120 Tagen nach der Homologation bei bereits zu diesem Zeitpunkt abgelaufenen Krediten oder innerhalb von 120 Tagen nach ursprünglicher Fälligkeit bei zum Zeitpunkt der Homologation noch nicht abgelaufenen Krediten.⁶⁹ Die unterzeichneten Verträge werden der Kontrolle des Gerichts unterstellt, das nach Überprüfung der rechtlichen und wirtschaftlichen Machbarkeit des Plans, auch unter Bezugnahme auf die vollständige Zahlung abweichender Gläubiger, die Homologation vorsieht.⁷⁰

73   Der Einsatz von solchen Vereinbarungen bringt dem Schuldner und den Gläubigern **wesentliche Vorteile:**
a) die Möglichkeit, beim Gericht **Schutzmaßnahmen** zu erwirken. Die Gläubiger dürfen unter Androhung der Nichtigkeit ab dem Zeitpunkt der Veröffentlichung des Eröffnungsantrags und Eintragung im Handelsregister keine Vollstreckungs- und Vorsichtsmaßnahmen mehr gegen das Vermögen des Schuldners einleiten oder fortsetzen;⁷¹
b) die **Vorabziehbarkeit** der in Abhängigkeit von oder in Erfüllung der Vereinbarung gewährten Finanzierung unter bestimmten Bedingungen;⁷²
c) im Fall der Homologation/Genehmigung die **Befreiung von** *revocatoria* (Anfechtungsklagen) für Urkunden, Zahlungen und Sicherheitsverträge, die zur Durchführung der Vereinbarung getroffen wurden;⁷³
d) im Fall der Homologation/Genehmigung Entfallen der **Strafbarkeit wegen** des einfachen Konkurses und des bevorzugten Konkurses für Zahlungen und Transaktionen, die in Erfüllung der Vereinbarung durchgeführt werden;⁷⁴
e) **Aussetzung** der Verpflichtungen bezüglich der obligatorischen **Herabsetzung von Stammkapital** wegen Verlusten, die ab Einreichung des Antrags auf Zulassung entstehen.⁷⁵ Wegen der

---

⁶⁶ Art. 166 Abs. 3 Buchst. d und Art. 324 CCII.
⁶⁷ Art. 57 CCII.
⁶⁸ Für die Definition kleinerer Unternehmer → Rn. 33.
⁶⁹ Art. 57 Abs. 3 CCII.
⁷⁰ Art. 44 ff. CCII.
⁷¹ Art. 54 CCII.
⁷² Art. 99, 101 und 102 CCII.
⁷³ Art. 166 Abs. 3 Buchst. b CCII.
⁷⁴ Art. 324 CCII.
⁷⁵ Art. 64 CCII.

Bedeutung dieser Vorteile hat der Gesetzgeber die **gerichtliche Kontrolle** zum Zeitpunkt der Homologation vorgesehen. Für die **Homologation** müssen Vereinbarungen mit Gläubigern, die **mindestens 60 % der Forderungen** repräsentieren, getroffen werden; die Mehrheit richtet sich nach dem Gesamtbetrag der Forderungen und nicht nach der Anzahl der Gläubiger (keine Kopfmehrheit erforderlich).[76] Eine Ausnahme ist vorgesehen, wenn für die Erreichung von 60 % die Zustimmung und daher die **Teilnahme des Finanzamts** ausschlaggebend ist. In diesem Fall kann das Gericht die Vereinbarung auch ohne Teilnahme der Steuerbehörde genehmigen, wenn der Vorschlag zur Befriedigung der Forderungen des Finanzamts (auf der Grundlage der Ergebnisse des Berichts des unabhängigen Sachverständigen) im Vergleich zur gerichtlichen Abwicklung günstiger ist.[77]

Die Vereinbarungen müssen einen **Hinweis auf die Elemente des Wirtschaftsfinanzplans** enthalten, der ihre Durchführung ermöglicht. Der Plan muss nach den Kriterien des Art. 56 CCII erstellt werden. Deswegen ist der **unabhängige Sachverständige** verpflichtet, die Richtigkeit der Unternehmensdaten und die wirtschaftliche und rechtliche Machbarkeit des Plans sowie die Fähigkeit der Vereinbarung und des Plans zur Sicherstellung der vollständigen Zahlung abweichender Gläubiger gemäß den gesetzlichen Bestimmungen zu bestätigen.[78] **74**

Nach Abschluss der Vereinbarung hinterlegt der Schuldner diese im Handelsregister zur Eintragung und beantragt die **Homologation beim Gericht.** Gläubiger und andere interessierte Parteien können innerhalb von 30 Tagen nach der Eintragung in das Handelsregister **Berufung** einlegen.[79] Für die Homologation prüft das Gericht unabhängig davon die Vollständigkeit der Dokumentation, das Erreichen der Mehrheiten, die rechtliche und wirtschaftliche Machbarkeit des Plans und die Sicherstellung der vollständigen Zahlung der abweichenden Gläubiger gemäß den gesetzlichen Bestimmungen. Nach Abschluss dieser Kontrollen lässt das Gericht die Vereinbarung zu oder verweigert die Genehmigung. Nur durch die Homologation können die beschriebenen erleichternden Wirkungen erreicht werden. **75**

Es kann vorkommen, dass nach der Homologation **wesentliche Änderungen** des zugrunde liegenden Sanierungsplans erforderlich sind, um der veränderten Sachlage Rechnung zu tragen. In diesem Fall nimmt der Unternehmer die entsprechenden Änderungen am Plan vor, um die Ausführung der geschlossenen Vereinbarungen zu gewährleisten, indem er den Sachverständigen auffordert, die Bescheinigung zu erneuern. Danach reicht er den **neuen Plan** und die Bescheinigung an das Handelsregister weiter und benachrichtigt die Gläubiger, die innerhalb von 30 Tagen Widerspruch einlegen können.[80] **76**

Zwei **„spezielle" Varianten** des *Accordo di Ristrutturazione* sind vorgesehen: (i) *Accordo agevolato*[81] und (ii) *Accordo ad efficacia estesa*.[82] Im Hinblick auf das *Accordo agevolato* soll der Mitgliederanteil der Gläubiger von 60 % der Forderungen um die Hälfte (30 %) reduziert werden, wenn **zwei Bedingungen** gemeinsam erfüllt sind:
a) der Schuldner schlägt kein Moratorium für die Gläubiger außerhalb der Vereinbarung vor;
b) der Schuldner hat keinen entsprechenden Antrag gestellt und verzichtet auf das Recht, vorübergehende Schutzmaßnahmen zu verlangen. In diesem Fall wird der Schuldner durch die **Reduzierung des für die Gläubigerzustimmung notwendigen Prozentsatzes** „belohnt", er wird um die Hälfte auf 30 % reduziert. **77**

Im Hinblick auf das *Accordo con efficacia estesa* können die **Auswirkungen** der Vereinbarung mit den Gläubigern, die mindestens 60 % der Forderungen ausmachen, auch **auf abweichende Gläubiger** derselben Kategorie ausgedehnt werden, die aufgrund der **Homogenität** ihrer Rechtsstellung und ihrer wirtschaftlichen Interessen ermittelt wurden. Diese **„Nichtpartei-Gläubiger"** (*Creditori Non Aderenti*), die derselben Kategorie angehören, unterliegen somit den gleichen Verhandlungsbestimmungen wie die mit 60 % Mehrheitsgläubigern getroffene Vereinbarung (zB Kündigung, Umschuldung etc). In keinem Fall dürfen jedoch aufgrund der Vereinbarung Gläubiger, auf die die Vereinbarung ausgeweitet wurde, verpflichtet werden, neue Leistungen erbringen zu müssen (zB Kreditlinien zu gewähren, die Möglichkeit der Inanspruchnahme bestehender Kreditlinien aufrechtzuerhalten oder neue Finanzierungen bereitzustellen). Die Fortsetzung der **Nutzung von Vermögenswerten,** die durch früher abgeschlossene Finanzierungsleasingverträge abgedeckt sind,[83] gilt als neue Leistung. **78**

---

[76] Art. 57 Abs. 1 CCII.
[77] Art. 48 Abs. 6 CCII.
[78] Art. 57 Abs. 4 CCII.
[79] Art. 48 Abs. 4 CCII.
[80] Art. 58 CCII.
[81] Art. 60 CCII.
[82] Art. 61 CCII.
[83] Art. 61 Abs. 4 CCII.

Die Ausdehnung der Wirkungen der Vereinbarung auf „Nichtpartei-Gläubiger" ist jedoch an die Einhaltung **strenger Anforderungen** gebunden:[84]
a) alle Gläubiger dieser Kategorie müssen über die Aufnahme von Verhandlungen informiert werden, sie können in gutem Glauben daran teilnehmen und sie haben vollständige und aktuelle Informationen über die Vermögens-, Gewinn- und Finanzlage des Schuldners sowie über die Vereinbarung und ihre Auswirkungen zu erhalten;
b) die Vereinbarung ähnelt nicht einer Abwicklung, sondern sie muss die Fortführung des Geschäftsbetriebs vorsehen;
c) Gläubiger derselben Kategorie, die als Nichtpartei-Gläubiger nicht zustimmen und auf die die Wirkungen der Vereinbarung ausgedehnt werden, dürfen im Rahmen der Vereinbarung in nicht geringerem Umfang als bei der *Liquidazione giudiziale* befriedigt werden;
d) der Schuldner muss die Vereinbarung, den Antrag auf Zulassung und die ihr beigefügten Unterlagen den Gläubigern mitgeteilt haben, auf die er die Wirkungen der Vereinbarung ausdehnen will.

79 Ein weiteres Instrument mit ähnlichen Merkmalen ist das *Accordo di Moratoria* (**Stillhaltevereinbarung**).[85] Es hat die Verschiebung der Fälligkeitstermine der Forderungen zum Gegenstand, den Verzicht auf die Urkunden oder die Aussetzung der exekutiven und konservativen Maßnahmen sowie jeder anderen Maßnahme, die keinen Verzicht auf die Forderungen beinhaltet. Diese Vereinbarung ist auch für „Nichtpartei"-Gläubiger derselben Kategorie wirksam. Die Anforderungen an die Ausdehnung der Wirksamkeit der Stillhaltevereinbarung auf andere Gläubiger als die, die Vertragsparteien sind, ähneln denen des *Accordo con Efficacia Estesa*.

80 Um die Versuche zur Umstrukturierung der Schuldner auch bei umfangreichen Steuer- und Sozialversicherungsschulden zu erleichtern, gibt es das spezifische Instrument des *Transazione Fiscale* (Vereinbarung mit dem Fiskus). Es ermöglicht, den mit der Berechnung und dem Einzug von Steuer- und Sozialversicherungsschulden befassten Behörden eine Vereinbarung vorzuschlagen.[86] Jede erzielte Einigung kann dann auf einem *Accordo di Ristrutturazione* basieren, um in den Genuss der darin festgelegten Schutzvorschriften zu kommen. Die Bescheinigung des Sachverständigen hat auch ausdrücklich die Angemessenheit der vorgeschlagenen Behandlung im Vergleich mit dem Szenario der *Liquidazione Giudiziale* zu beurteilen, dieser Umstand unterliegt einer besonderen Prüfung durch das Gericht.

5. Das *Concordato Preventivo*, der Vergleich zwischen Schuldner und Gläubigern zur Abwendung der Insolvenz unter Aufsicht des Gerichts

5.1 Die Verfahrensalternativen *Concordato con Continuita'*, Vergleich mit „Kontinuität", dh Fortführung, und *Concordato Liquidatorio*, Vergleich mit Abwicklung

5.1.1 Verfahrensziel

81 Das Verfahren von *Concordato* beinhaltet 4 Phasen:
a) Gerichtliche Entscheidung über die Zulassung des Antrages (Vorprüfung)
b) Abstimmung der Gläubiger
c) Gerichtliche Homologation des Plans (Nachprüfung)
d) Durchführung des Plans.

82 Das *Concordato Preventivo*-Verfahren (im Folgenden „*Concordato*") beruht auf einem Vergleichsvorschlag des Schuldners an die Gläubiger, mit dem Ziel der Umstrukturierung von Schulden und der Befriedigung von Forderungen in Form eines **Plans**. Der Vorschlag über den Plan muss von der Mehrheit der Gläubiger genehmigt werden und unterliegt der vorherigen Prüfung (Zulassung zur Abstimmung über den Plan) und der nachfolgenden Prüfung (Homologation des von den Gläubigern angenommen Plans) durch das Gericht. Verfahrensziel des *Concordato* ist die Befriedigung der Gläubiger und kann durch **Fortführung (*Concordato con Continuita'*)** oder durch **Liquidation und Erlösverteilung (*Concordato Liquidatorio*)** erreicht werden.[87] Eine Fortführung des Geschäftsbetriebs muss im vorrangigen Interesse der Gläubiger liegen, dh ist nur zulässig, wenn sich deren Befriedigung verglichen mit **der Erlösverteilung bei Abwicklung** erhöht.[88]

---

[84] Art. 61 Abs. 2 CCII.
[85] Art. 62 CCII.
[86] Art. 63 CCII.
[87] Art. 84 CCII.
[88] Art. 87 Abs. 2 Buchst. f CCII.

5.1.2 Vergleich mit Fortführung (Concordato con Continuita)

Eine **Fortführung** kann „direkt" (sog. *Continuita' diretta*), dh als Fortführung durch den Schuldner oder „indirekt" (sog. *continuita indiretta*) erfolgen. 83

Bei der **„direkten" Fortführung** werden die Gläubiger nach der gerichtlichen Genehmigung des Plans durch die Gewinne aus der Fortführung für die voraussichtliche Dauer des Plans befriedigt. 84

„Indirekte" Fortführung bedeutet, dass die weitere Geschäftsführung oder die Fortführung des Geschäftsbetriebs des Schuldners nach Genehmigung des Plans durch eine andere Partei als den Schuldner selbst erfolgt, sei es durch Übertragung des Betriebsvermögens oder von Geschäftsanteilen in eine oder mehrere (gegebenenfalls neu gegründete) Gesellschaften oder durch die Vereinbarung von Nießbrauch oder Miete. Entsprechende Verträge dürfen auch vor dem Antrag auf Durchführung des *Concordato* abgeschlossen werden, solange sie dem Zweck des *Concordato* dienen sollen. Hier werden die Gläubiger dadurch befriedigt, dass sie den Erlös aus dem Verkauf des Geschäftes und Betriebsvermögens oder der Anteile an der neuen Gesellschaft oder anteilmäßig Mieten erhalten. 85

Nur bei der indirekten Fortführung muss **der Erhalt der Arbeitsplätze oder die Wiederbeschäftigung einer Anzahl von Arbeitnehmern,** die mindestens der Hälfte des Durchschnitts der in den beiden Geschäftsjahren vor der Einreichung des Einspruches beschäftigten Arbeitnehmer entspricht, für ein Jahr ab der Genehmigung des Plans vorgesehen sein.[89] 86

5.1.3 Concordato Misto

In einigen Fällen kann das *Concordato con continuita'* eine Kombination der Weiterführung bestimmter Geschäftseinheiten und der Liquidation nicht geschäftsnotwendiger Vermögenswerte, *Concordato Misto* genannt, vorsehen. Für die Prüfung, ob das *Concordato Misto* den Regeln des *Concordato con continuita'* oder des *Concordato Liquidatorio* unterliegt, wird das Kriterium der Prävalenz angewendet: nur wenn die Gläubiger durch die Erlöse, die durch die Fortführung (einschließlich der Übertragung des Umlaufvermögens) erzielt werden, besser befriedigt werden als bei Liquidation, ist der Vergleich ein *Concordato con continuita'*. Die Prävalenz wird immer dann angenommen, wenn die erwarteten Einnahmen aus der Fortführung für die ersten beiden Jahre der Umsetzung des Plans aus einer Geschäftstätigkeit resultieren, bei der mindestens die Hälfte des Durchschnitts der Mitarbeiter der beiden Geschäftsjahre vor dem Zeitpunkt der Beantragung des *Concordato* beschäftigt ist.[90] 87

5.2 Vorschlagsrecht, Planinhalte und Klassenbildung; Sachverständigengutachten

5.2.1 Vorschlagsrecht des Schuldners, Gestaltungsfreiheit

Vorschlagsberechtigt sind solche Schuldner, die auch der gerichtlichen Abwicklung, *Liquidazione giudiziale*, unterliegen können, dh Handelsunternehmer unter Ausschluss der Kleinunternehmer.[91] Der Schuldner muss sich in der Krise oder in Insolvenz befinden.[92] 88

Der Gesetzgeber räumt den Anträgen für das Verfahren *Concordato con continuita'* Vorrang vor Anträgen auf Durchführung eines *Concordato liquidatorio* ein. Daher gibt es nur beim *Concordato Liquidatorio* zwei spezifische Antragsvoraussetzungen: a) die Einbringung externer Ressourcen muss die Befriedigung der ungesicherten Gläubiger um mindestens 10 % im Vergleich zur Alternative der gerichtlichen Abwicklung, *Liquidazione Giudiziale*,[93] erhöhen; b) die Befriedigung der Gläubiger darf auf keinen Fall weniger als 20 % des Gesamtbetrags der ungesicherten Kredite betragen.[94] 89

Der Schuldner, der einen Vergleich, *Concordato,* vorschlägt, hat ein **hohes Maß an Autonomie bei der Gestaltung des vorgeschlagenen Plans.** Der Vorschlag kann die „Umschuldung und Begleichung von Schulden in jeglicher Form" vorsehen.[95] 90

Es können jedoch auch andere Formen der Befriedigung als die Zahlung in bar in Betracht gezogen werden, wie beispielsweise die Übertragung oder Übernahme von Vermögenswerten sowie andere außerordentliche Transaktionen, einschließlich der Abtretung von Aktien, Quoten oder Anleihen, einschließlich in Aktien wandelbarer Anleihen an Gläubiger, und an Unternehmen, an denen sie beteiligt sind, oder andere Finanzinstrumente und Schuldverschreibungen. 91

Bei der Übertragung von Vermögenswerten (sog. *datio in solutum*) wird das Eigentum an einem bestimmten Vermögenswert, der sich im Besitz des Schuldners befindet, auf Gläubiger einer oder 92

---

[89] Art. 84 Abs. 2 CCII.
[90] Art. 84 Abs. 3 CCII.
[91] → Rn. 151 f.
[92] Art. 85 CCII, zur Definition von Krise und Insolvenz → Rn. 30 f.
[93] Zu dieser s. Kapitel 6.
[94] Art. 84 Abs. 4 CCII.
[95] Art. 85 Abs. 3 CCII.

mehrerer Klassen übertragen, während die Gläubiger bei Schuldübernahme durch einen Dritten, Inhaber einer Forderung gegen den Dritten werden: der Dritte bleibt den in der Form und im *datio in solutum* vorgesehenen Bedingungen verpflichtet.

5.2.2 Klassenbildung, Sachverständigengutachten

93 Der Plan kann eine eventuelle **Unterteilung der Gläubiger in Klassen** und die „unterschiedliche Behandlung von Gläubigern verschiedener Klassen" vorsehen.[96] Die jeweilige Klasse der Gläubiger bezeichnet „die Gruppe der Gläubiger, die eine homogene rechtliche Stellung und dieselben wirtschaftlichen Interessen haben".[97] Die „homogene rechtliche Stellung" hängt vom „Rang" der Forderung in den Kategorien der bevorrechtigten und ungesicherten Gläubiger[98] ab. Was das „wirtschaftliche Interesse" betrifft, so handelt es sich um ein Konzept, das auf der Art des Kreditgebers (zB Finanzgläubiger und kommerzielle Kreditgeber), der Art der Forderung (zB Liefer- oder Finanzierungskredite), der Höhe der Forderung (zB Großkredite, unwesentliche Kredite) basiert. Die Einteilung der Gläubiger in spezifische Klassen ist für folgende Arten von Gläubigern zwingend vorgeschrieben:
a) Gläubiger, die über Sozialversicherungs- oder Steuerguthaben verfügen, für die keine vollständige Zahlung vorgesehen ist,
b) Gläubiger, die über Drittgarantien verfügen,
c) Gläubiger, die (auch nur teilweise) mit Sachleistungen befriedigt werden, und
d) Gläubiger, die das *Concordato* vorgeschlagen haben sowie ihnen nahestehende Personen.

94 Die **Wahl der Befriedigung,** die jeder Klasse angeboten wird, bleibt dem Planvorschlag des *Concordato* überlassen, jedoch muss eine **Rangfolge** eingehalten werden:

95 Zuerst muss der vorabzugsfähige *(Prededucibili),*[99] dann der bevorrechtigte, dann der ungesicherte und schließlich der nachrangige Teil der Kredite befriedigt werden.

96 Pfandrechts- oder Hypothekengläubiger gelten als befriedigt, sofern der ihnen zustehende Erlös nicht niedriger wäre als der Betrag, der ihnen im Falle der Abwicklung aus den Verwertungserlösen zum Marktwert abzüglich der anzunehmenden Kosten des Verfahrens (bestätigt durch einem unabhängigen Sachverständigen) zustünde. Der verbleibende Teil der Forderung wird als ungesichert behandelt.[100] In den typischen Fällen des *Concordato con continuita'* ist nur der Schuldner berechtigt, die Zulassung zur Abstimmung über einen Vergleichsvorschlag zu beantragen.

97 Das Bestätigungsverfahren beginnt mit der Einreichung eines Antrags, der einen Vorschlag für einen Plan und Ausführungen enthält, in denen unter anderem die Ursachen der Krise, die Definition von Interventionsstrategien, die durchzuführenden Anfechtungs- und Einziehungsmaßnahmen (*revocatoria*), die bei Abweichungen zwischen den geplanten und den später tatsächlich erreichten Zielen zu ergreifenden Maßnahmen und, wenn die Fortsetzung der Geschäftstätigkeit in *continuita'diretta* vorgesehen ist, eine Analyse der erwarteten Kosten und Erträge aus der Fortsetzung der Tätigkeit, der hierfür erforderlichen Finanzmittel und der damit verbundenen Sicherheiten enthalten sind.[101]

98 Mit dem Antrag muss der Schuldner den **Bericht eines unabhängigen Sachverständigen** einreichen, der die Richtigkeit der Unternehmensdaten und die Durchführbarkeit des Plans bestätigt.[102] Der Bericht des unabhängigen Sachverständigen dient der ordnungsgemäßen Ausübung der Stimmrechte der Gläubiger, diese sollen sich bei der Beurteilung der Zuverlässigkeit und Durchführbarkeit des Vorschlags für das *Concordato* auf den Bericht verlassen können.

5.3 Gegenvorschläge von Gläubigern und Bieterverfahren

5.3.1 Zulässigkeit von Gegenvorschlägen, Gestaltungsfreiheit

99 Gläubigern steht kein Initiativrecht für ein *Concordato* zu. **Erst nachdem** der Schuldner einen Antrag auf Abstimmung über den Plan gestellt hat und dieser vom Gericht zugelassen wurde, können die Gläubiger **Gegenvorschläge** unterbreiten, die mit denen des Schuldners **konkurrieren** und von den Gläubigern zusammen mit dem Originalvorschlag des Schuldners zur Abstimmung gestellt werden.[103]

---

[96] Art. 85 Abs. 3 Buchst. c und d CCII.
[97] Art. 1(r)CCII.
[98] Zu den Rangklassen von Gläubigern → Rn. 124 ff.
[99] Hierzu auch → Rn. 124 ff. und die anderen Rangklassen von Forderungen.
[100] Art. 85 Abs. 7 CCII.
[101] Art. 87(1) CCII.
[102] Art. 87 Abs. 3 CCII.
[103] Art. 90 CCII.

5. Das Concordato Preventivo, der Vergleich zwischen Schuldner und Gläubigern

Das Recht zur Einreichung konkurrierender Vorschläge wird nur einem oder mehreren Gläubigern eingeräumt, die (auch durch Aufkaufen von weiteren Forderungen nach Einreichung des Antrags durch den Schuldner) mindestens 10 % der gesamten Forderungen auf sich vereinen. Bei der Berechnung der 10 % werden keine Forderungen der Muttergesellschaft des Schuldnerunternehmens, sowie der Tochtergesellschaften und der verbundenen Unternehmen berücksichtigt. Um „falsche" konkurrierende Vorschläge zu vermeiden, ist es dem Schuldner nahestehenden Parteien, wie dem Ehepartner, der Partei einer Lebenspartnerschaft oder dem De-facto-Partner des Schuldners, Verwandten und Verwandten vierten Grades und nahestehenden Personen verboten (auch nicht über einen Vermittler), einen Vorschlag vorzulegen.[104]   **100**

Darüber hinaus sind konkurrierende Vorschläge nicht zulässig, wenn ein unabhängiger Sachverständiger eidesstattlich bescheinigt, dass der Vorschlag des Schuldners für die ungesicherten Gläubiger die Zahlung von mindestens 30 % des Betrags der ungesicherten Forderungen sicherstellt; dieser Prozentsatz wird auf 20 % herabgesetzt, wenn der Schuldner die Eröffnung des *Processo di allerta e di composizione della crisi*,[105] beantragt oder substantiiert mit nachgewiesenen Maßnahmen eingeleitet hat.[106]   **101**

Den Gläubigern stehen dieselben Gestaltungsfreiheiten und -beschränkungen wie dem Schuldner zu (beispielsweise freie Wahl der Art der Befriedigung, Einteilung in Klassen, Bestimmung der Rangfolge).   **102**

Die Einreichung des Antrags für die Gegenvorschläge ist ab dem Zeitpunkt der Zulassung des Schuldners zum Vergleichsverfahren mit den Gläubigern und spätestens 30 Tage vor der Gläubigerversammlung zulässig.   **103**

Vor der Mitteilung an die Gläubiger prüft das Gericht den Gegenvorschlag auf die Richtigkeit der Kriterien für die Bildung der Klassen.[107]   **104**

Wenn der Gegenvorschlag als zulässig erachtet wird, wird er zusammen mit dem Vorschlag des Schuldners zur Abstimmung gestellt.   **105**

5.3.2 Konkurrierendes Angebot, *Offerte Concorrenti*, Bieterverfahren

Ein weiteres Instrument, das ausdrücklich zur Steigerung der Wettbewerbsfähigkeit im *Concordato* vorgesehen ist, ist das *Offerte Concorrenti* (**konkurrierende Angebote**).[108] Zur Gewährleistung größtmöglicher Transparenz und zur Maximierung der Berücksichtigung der Interessen der Gläubiger müssen bei Verkäufen von Betriebsvermögen oder Rechten, die während oder im Laufe des *Concordato* getätigt werden, alle Angebote auf der Basis von den für Auktionen geltenden Regeln für die Auswahl der Käufer, auf der Grundlage von Kriterien der Unparteilichkeit und gleicher Wettbewerbsbedingungen zwischen allen interessierten Parteien **bewertet** werden.   **106**

Dieser **Grundsatz des Wettbewerbes** gilt auch dann, wenn der Plan ein unwiderrufliches Angebot einer bereits benannten Partei vorsieht, das die Übertragung der Gesellschaft (oder einer Zweigniederlassung Betriebsstätte oder bestimmter Vermögenswerte) zu ihren Gunsten, noch vor der Genehmigung, gegen Barzahlung oder jedenfalls gegen eine Gegenleistung vorsieht. In diesem Fall **ordnet das Gericht an, konkurrierende Angebote** einzuholen. Bei Erhalt von Interessenbekundungen ordnet das Gericht die Eröffnung des Bieterverfahrens an.[109] Alle Angebote müssen vertraulich erfolgen und sind nur wirksam, wenn sie den Bestimmungen der Verordnung des Gerichts entsprechen.[110] Die Angebote werden zu einem festgesetzten Datum veröffentlicht, wenn mehr als ein verbessertes Angebot eingereicht wurde, finden eine Ausschreibung und eine Auktion zwischen den Bietern statt.   **107**

Endet das Bieterverfahren mit dem Zuschlag an eine andere Partei als den ursprünglichen Bieter, so werden dieser und der Schuldner von ihren gegenseitigen Verpflichtungen befreit; ferner entscheidet der *Commissario Giudiziale* (gerichtliche Kommissar) über die Erstattung für die bei der Erstellung des Angebots angefallenen Kosten und Aufwendungen bis zu maximal drei Prozent des darin angegebenen Preises.[111]   **108**

5.4 Die Organe im *Concordato*

Die Organe im *Concordato* sind das Gericht, der *Giudice Delegato* (delegierte Richter) und der *Commissario* (**Vergleichsverwalter**).   **109**

---

[104] Art. 90 Abs. 3 CCII.
[105] Hierzu → Rn. 45 ff.
[106] Art. 90 Abs. 5 CCII.
[107] *Art. 90 Abs. 7 CCII.*
[108] Art. 91 CCII.
[109] Art. 90 Abs. 4 CCII.
[110] Art. 90 Abs. 5 CCII.
[111] Art. 91 Abs. 8 CCII.

110 Das **Gericht** übt eine Tätigkeit der freiwilligen Gerichtsbarkeit aus, eröffnet das Verfahren, lässt das Verfahren zu, bestimmt den *Giudice delegato* (zuständigen Richter) und genehmigt besonders wichtige Handlungen (zB vorabzugsfähigen Forderungen und die Begleichung von Altforderungen).

111 Der **Giudice Delegato (delegierte Richter)** verfügt über Aufsichtsbefugnisse (zB Befugnisse zur Genehmigung von außerordentlichen Verwaltungsakten), organisatorische Befugnisse (zB Maßnahmen zur vorläufigen Zulassung bestrittener Forderungen zu Abstimmungszwecken) und Leitungsbefugnisse im weiteren Sinne (zB Maßnahmen zur (vorläufigen) Beendigung nach Verfahrensbeginn offener Verträge).

112 Der *Commisario* (**Vergleichsverwalter**) wird vom Gericht bestellt und hat zur Aufgabe: a) Gläubigerinformation b) Aufsicht über die Tätigkeit des Schuldners; c) Unterstützung des Gerichts und des delegierten Richters. Dem *Commissario* stehen weder Verwaltungs- noch Verfügungsbefugnis über das Vermögen des Schuldners zu, es sei denn, ein konkurrierender Vorschlag wurde gerichtlich genehmigt (homologiert) und der Schuldner verstößt gegen die Verpflichtungen zur Durchführung des Plans. In diesem Fall kann das Gericht dem *Commissario* die für die Durchführung des vorgeschlagenen Plans erforderlichen Befugnisse übertragen.[112]

113 Beinhaltet das *Concordato* die Übertragung oder Verteilung von Vermögenswerten, bestellt das Gericht in dem Beschluss über die Genehmigung des Plans einen oder mehrere **Liquidatori** (Verwalter) und einen *Comitato dei Creditori* (Gläubigerausschuss) mit drei oder fünf Mitgliedern.[113] Die Verwalter sind für die Verwertung der vom Plan erfassten Vermögenswerte und für die Verteilung des Erlöses auf alle Gläubiger gemäß der Bestimmungen des Plans verantwortlich.

114 Der Gläubigerausschuss überwacht die Amtstätigkeit der Verwalter.

5.5 Wirkungen des Antrags auf Durchführung des *Concordato*

5.5.1 Stellung und Befugnisse des Schuldners

115 Die **Verwaltungsbefugnis** und das Recht zur **Führung der** *Gesellschaft* verbleiben ab dem Zeitpunkt der Einreichung des Antrags und bis zur Genehmigung des Plans beim Schuldner, unter der Aufsicht des *Commissario*.[114] Der Schuldner kann die ordentliche Geschäftsführung frei ausüben, muss aber vom Richter zu außerordentlichen Geschäftsführungshandlungen bevollmächtigt werden; dies erfolgt, wenn die Verwaltungshandlung auf optimale Gläubigerbefriedigung ausgerichtet ist; lehnt das Gericht ab, ist die außerordentliche Geschäftsführungshandlung unwirksam.[115] Zu den außerordentlichen Verwaltungshandlungen gehören auch der Verkauf und die Vermietung von Unternehmen, Zweigniederlassungen oder bestimmten Vermögenswerten, die bereits vor der Homologation, im Wege von Bietungsverfahren und vorbehaltlich einer vorherigen Schätzung und einer angemessenen Publizität, durchgeführt werden können.

116 Ausnahmen sind für dringende Fälle vorgesehen.[116]

5.5.2 Auswirkungen auf die Gläubiger

117 Ab dem Zeitpunkt der Veröffentlichung des Vergleichsantrags dürfen die Gläubiger keine Vollstreckungs- oder Schutzmaßnahmen gegen das Vermögen des Schuldners einleiten oder fortsetzen.[117] Dennoch eingeleitete oder fortgesetzte Maßnahmen werden als nichtig erklärt. Nur der Richter kann Schutzmaßnahmen unter Festlegung der Dauer innerhalb von dreißig Tagen nach der Eintragung des Antrags in das Handelsregister bestätigen.[118]

118 Die Auswirkungen auf die Gläubiger ab dem Zeitpunkt der Einreichung des Antrages entsprechen beispielsweise bei der Aufrechung denen bei der *Liquidazione giudiziale* (gerichtliche Abwicklung); auch werden ungesicherte Forderungen nicht verzinst.[119]

119 Während des *Concordato*-Verfahrens, dh zwischen Antrag und gerichtlicher Homologation des Plans, darf der Schuldner Forderungen, die vor dem Antrag entstanden sind, nicht begleichen: sie können erst nach der Genehmigung des *Concordato* und nur entsprechend den Vorgaben des Plans beglichen werden.

120 Es gibt Ausnahmen für *Creditori strategici* (strategische Gläubiger, dh diejenigen Gläubiger deren Leistung für die Fortführung unerlässlich ist) von diesem Grundsatz, um den normalen Geschäftsbe-

---

[112] Art. 118 Abs. 5 CCII.
[113] Art. 114 CCII.
[114] Art. 94 Abs. 1 CCII.
[115] Art. 94 Abs. 2 CCII.
[116] Art. 95 Abs. 5 und 6 CCII.
[117] Art. 54 Abs. 2 CCII.
[118] Art. 55 Abs. 3 CCII.
[119] Art. 96 CCII.

trieb zu gewährleisten. Wenn Fortführung beabsichtigt ist, kann der Schuldner beim Gericht die Befugnis beantragen, „Vorkasse" für die Lieferung von Waren oder Dienstleistungen zu bezahlen, wenn ein unabhängiger Sachverständiger bescheinigt, dass dies für die Fortführung des Geschäftsbetriebe unerlässlich ist und der bestmöglichen Befriedigung der Gläubiger dient.[120]

5.5.3 Auswirkungen auf beiderseits unerfüllte Verträge

Schwebende Verträge, die zum Zeitpunkt der **Einreichung des Antrags auf** *Concordato* 121 hinsichtlich der Hauptleistungen beiderseits nicht oder nicht vollständig erfüllt wurden, werden grundsätzlich auch während des *Concordato* fortgesetzt.[121]

Der Schuldner kann jedoch bei Gericht die Genehmigung zur Aussetzung oder Kündigung 122 eines oder mehrerer Verträge beantragen, wenn die Fortsetzung nicht mit den Bestimmungen des Plans oder seiner Durchführung vereinbar ist. Die betroffene Vertragspartei kann dem Antrag widersprechen, es entscheidet das Gericht.[122]

Wird die Aussetzung oder Auflösung genehmigt, steht der betroffenen Vertragspartei Nichterfül- 123 lungsschaden zu. Bei Uneinigkeit über dessen Umfang entscheiden die ordentlichen Gerichte, aber die Entschädigung gilt als unbesicherte Forderung, entstanden vor der Vereinbarung, und wird als ungesicherter Anspruch befriedigt: entsprechend unterliegt sie einem wahrscheinlichen Verlust, dem abhängig vom vorgelegten Plan sog. *Falcidia Concordataria* (Vergleichsverlust). Die Beendigung von Leasingverträgen unterliegt Sonderregelungen.[123]

5.6 Vorrangige Kredite

Damit die Unternehmensfortführung nicht durch den Mangel an Finanzmitteln beeinträchtigt 124 wird, sieht das CCII Regeln vor, die den Vorrang (dh Priorität bei der Begleichung oder Erlöserteilung) der vor der Zulassung des *Concordato* oder während dessen Durchführung genehmigten Darlehen sicherstellen.

Wenn die Tätigkeit der Gesellschaft fortgesetzt werden soll, kann der Schuldner beim Gericht 125 die Ermächtigung beantragen, vorrangige **Kredite** jedweder Art aufzunehmen, einschließlich Erteilung von Bürgschaften oder Erneuerung von *autoliquidanti* (selbstauflösenden) Krediten, dh Krediten, die aufgrund ihrer Natur automatisch zurückbezahlt werden, wie zB Kreditlinie verwendet durch Forderungszession: sind diese für die Fortsetzung des Geschäftsbetriebs bis zur Genehmigung des *Concordato* unverzichtbar, agiert der Schuldner im Interesse optimaler Gläubigerbefriedigung.[124] Dem Antrag ist die Bescheinigung eines unabhängigen Sachverständigen beizufügen, dass die gesetzlichen Anforderungen erfüllt sind; die Bescheinigung ist nicht erforderlich, wenn das Gericht es für dringend geboten hält, Maßnahmen zur Vermeidung schwerer und irreparabler Schäden am Geschäftsbetrieb zu ergreifen. Wenn das Gericht zustimmt, kann der Schuldner diese Forderungen bevorrechtigt behandeln; das Gericht kann den Schuldner auch ermächtigen, ein Pfandrecht oder eine Hypothek zu gewähren oder Forderungen, die als Sicherheit der genehmigten Darlehen dienen, abzutreten.[125]

Um **Missbrauch zu verhindern,** sind die vom Gericht genehmigten Darlehen im Falle der 126 späteren Eröffnung von *Liquidazione giudiziale* nicht bevorrechtigt, wenn:
a) der Antrag oder die Bescheinigung falsche Angaben enthielt oder relevante Informationen nicht offenlegte oder wenn der Schuldner aufgrund anderen betrügerischen Handelns Gläubigern gegenüber die Genehmigung erhielt und wenn
b) der Verwalter nachweist, dass die Personen, die die Darlehen ausgezahlt haben, zum Zeitpunkt der Auszahlung die vorgenannten Umstände kannten.

Die Forderungen, die durch ein *Accordo di Ristrutturazione* **dei debiti e di Soddisfazione dei** 127 **crediti (Restrukturierungsvereinbarung) oder durch ein** *Concordato Preventivo in Continuita'* **(Vergleich mit Fortführung)** entstanden sind und in den dortigen Pläne vorgesehen[126] waren, gelten auch ohne ausdrückliche Genehmigung des Gerichts als vorrangig.

Folgt dem *Concordato*-Verfahren oder dem *Accordo di Ristrutturazione dei Debiti e di Soddisfazi-* 128 *one dei Crediti,* (Restrukturierungsvereinbarung) eine *Liquidazione Giudiziale* (gerichtliche Abwicklung), so profitieren die vorgenannten Darlehen nicht von einem Vorrang, solange der Plan des *Concordato* auf der Grundlage einer zum Zeitpunkt der Hinterlegung des Plans vorzunehmenden

---

[120] Art. 100 Abs. 1 CCII.
[121] Art. 97 Abs. 1 CCII.
[122] Art. 97 Abs. 5 CCII.
[123] Art. 97 Abs. 12 CCII.
[124] Art. 99 CCII.
[125] Art. 99 Abs. 5 CCII.
[126] Art. 101 CCII.

Beurteilung auf falschen Angaben oder dem Wegfall einschlägiger Informationen beruht oder der Schuldner betrügerische Handlungen gegenüber Gläubigern begangen hat und der Verwalter nachweist, dass die Personen, die die Darlehen ausgezahlt haben, zum Zeitpunkt der Auszahlung Kenntnis von diesen Umständen hatten.

5.7 Die Abstimmung der Gläubiger über den Vergleichsvorschlag

129 Die zentrale Phase des Verfahrens ist die Abstimmung der Gläubiger über den Vergleichsvorschlag, die ausschließlich auf **elektronischem Wege** erfolgt, durch eine PEC (beglaubigte zertifizierte) E-Mail an den Treuhänder, *Commissario*.

130 Nach dem ***Decreto*** (gerichtliche Entscheidung) über die Eröffnung des *Concordato*-Verfahrens[127] informiert der *Commissario* die Gläubiger und erstellt einen detaillierten Bericht über die Ursachen der Krise, den Vorschlag für den Plan und die angebotenen Sicherheiten: der Bericht muss mindestens 45 Tage vor dem für die Gläubiger festgelegten ersten Abstimmungstermin beim Gerichtsamt hinterlegt werden. Mindestens 15 Tage vor diesem Termin übermittelt der *Commissario* den Gläubigern einen Bericht der den Vorschlag des Schuldners und alle konkurrienden Vorschläge umfasst.

131 Stellt der *Commissario* fest, dass der Schuldner einen Teil des Vermögens verborgen oder verheimlicht hat, vorsätzlich eine oder mehrere Forderungen oder Verbindlichkeiten nicht einbezogen hat oder stellt der *Commissario* weitere Betrugshandlungen fest, so hat er dies unverzüglich dem Gericht zu melden. Das Gericht wird daraufhin ein Verfahren zum **Widerruf der Zulassung** des *Concordato* einleiten, es kommt zu keiner Abstimmung.[128]

132 Im Falle von Streitigkeiten über das Bestehen, die Höhe und den Rang der Forderungen wird die Entscheidung vom Richter getroffen. Die Entscheidung bezieht sich jedoch ausschließlich auf die Berechnung der Stimmen und der Mehrheiten: über die Zahlung entscheiden erforderlichenfalls die ordentlichen Gerichte.

133 Folgende Arten von Gläubigern sind in folgender Weise stimmberechtigt: Gläubiger mit einem Pfandrecht, einer bevorrechtigten Forderung oder einer Hypothek, deren vollständige Zahlung im vorgeschlagenen Vergleich mit den Gläubigern vorgesehen ist, sind nicht berechtigt, über den Vergleichsvorschlag abzustimmen.[129] Diese Gläubiger sind nur dann stimmberechtigt, wenn sie ganz oder teilweise auf den Vorrang oder die Sicherheit verzichten oder wenn der Vergleichsvorschlag nicht ihre volle Befriedigung vorsieht. Ungesicherte Gläubiger sind mit ihrer Gesamtforderung stimmberechtigt.

134 Um die Richtigkeit der Abstimmung zu gewährleisten, werden **Gläubiger mit in sich widersprüchlichen Interessen oder in Interessenkonflikt** von der Abstimmung und der Berechnung der Mehrheiten ausgeschlossen.[130]

135 Der Vergleichsvorschlag wurde durch die Gläubiger genehmigt, wenn **die Mehrheit der stimmberechtigten Forderungen zustimmt.**[131] Die Mehrheit wird daher auf der Grundlage der Höhe der Forderungen und nicht der Anzahl der Gläubiger berechnet.

136 Falls ein einzelner Gläubiger jedoch mehr als die Mehrheit der zur Abstimmung zugelassenen Kredite besitzt, wird das *Concordato* gebilligt, wenn der Vorschlag zusätzlich zu der oben genannten Mehrheit auch die Mehrheit der Stimmen der zur Abstimmung zugelassenen Gläubigern erhalten hat.[132]

137 Bei verschiedenen Gläubigerklassen ist die sog. „doppelte Mehrheit" erforderlich: der Vorschlag muss zunächst die Mehrheit der insgesamt zur Abstimmung zugelassenen Forderungen erhalten. Gleichzeitig muss die Mehrheit der Klassen zustimmen; auch innerhalb der einzelnen Klassen bestimmt sich die Mehrheit nach der Höhe der zur Abstimmung zugelassenen Forderungen.[133]

138 Wird über mehrere Vergleichsvorschläge abgestimmt, so gilt der Vorschlag mit der höchsten Mehrheit der zur Abstimmung zugelassenen Forderungen als angenommen; bei Stimmengleichheit hat der Vorschlag des Schuldners Vorrang, bei Stimmengleichheit zwischen Vorschlägen von Gläubigern wird der zuerst vorgelegte Vorschlag genehmigt.

139 Wurde keiner der zur Abstimmung gestellten Vorschläge mit den gesetzlich vorgeschriebenen Mehrheiten angenommen, so stellt der Richter den Vorschlag zur Abstimmung, der eine relative, dh auch unter 50 %, Mehrheit der zur Abstimmung zugelassenen Forderungen erhalten hat.[134]

---

[127] Dazu → Rn. 88 ff.
[128] Art. 106 CCII.
[129] Art. 109 Abs. 3 CCII.
[130] Art. 109 Abs. 5 CCII.
[131] Art. 109 CCII.
[132] Art. 109 Abs. 2 CCII.
[133] Art. 109 Abs. 2 CCII.
[134] (Art. 109 Abs. 2 CCII).

5.8 Gerichtliche Homologation und Durchführung des Plans

Wird der Vergleichsvorschlag gebilligt, wird das **Homologationsverfahren**[135] eingeleitet, in 140 dem das Gericht die Ordnungsmäßigkeit des Verfahrens, das Abstimmungsergebnis, die rechtliche Zulässigkeit des Vorschlags und die Wirtschaftlichkeit des Plans überprüft.

Bestreitet ein abweichender Gläubiger, der zu einer abweichenden Klasse gehört, oder, falls 141 keine Klassen gebildet wurden, abweichende Gläubiger mit 20 % der zur Abstimmung zugelassenen Forderungen, die Zweckmäßigkeit des Vorschlags, kann das Gericht den Vergleich nur genehmigen, wenn es der Ansicht ist, dass die Forderungen der abweichenden Gläubiger durch den Vergleich besser befriedigt werden können als bei gerichtlicher Abwicklung.[136]

Mit der Genehmigungsentscheidung wird das Verfahren abgeschlossen.[137] Der genehmigte Ver- 142 gleich ist für alle vor der Veröffentlichung des Antrags auf Eintragung in das Handelsregister existenten Gläubiger bindend.[138]

Es tritt die sog. *Effetto Esdebitatorio* **(Wirkung der Schuldbefreiung) ein** durch die, sobald 143 die Gläubiger gemäß den Bedingungen des Vergleichs befriedigt wurden, alle Verpflichtungen des Schuldners ihnen gegenüber aufgehoben werden. Diese Schuldbefreiung gilt auch gegenüber Gläubigern, die gegen den Vergleichsvorschlag gestimmt haben oder die nicht in die vom *Commissario* geprüfte Liste aufgenommen wurden. Allerdings behalten die Gläubiger ihre Rechte gegenüber Mitschuldnern, Bürgen und Regressschuldnern.[139]

Sieht der Vergleich eine Übertragung oder Verteilung von Vermögenswerten vor, bestellt das 144 Gericht einen oder mehrere Verwalter und einen *Comitato di Creditori* (Gläubigerausschuss) von drei oder fünf Gläubigern.[140]

Der Verwalter geht zur Verwertung des Vermögens des Schuldners und zur Einziehung der 145 Forderungen über und verteilt dann die Erlöse gemäß den Bestimmungen des Vergleichs an die Gläubiger. Veräußerungen durch Verwalter müssen immer auf der Grundlage von Bieterverfahren erfolgen.

Sieht der Plan den Abschluss von Umwandlungen, Verschmelzungen oder Spaltungen des 146 schuldnerischen Unternehmens während des Verfahrens oder nach dessen Genehmigung vor, so kann deren Wirksamkeit von Gläubigern nur widersprochen werden, wenn sie auch der Genehmigung widersprechen.[141]

Nach der Genehmigung überwacht der *Commissario* die Durchführung des Vergleichs. 147

Stellt der *Commissario* fest, dass der Schuldner die Durchführung verzögert oder die hierfür 148 erforderlichen Handlungen nicht vornimmt, hat er dies unverzüglich dem Gericht zu melden. Das Gericht kann dem *Commissario* nach Anhörung des Schuldners die Befugnisse erteilen, die er benötigt, um die von ihm verlangten Handlungen an Stelle des Schuldners vorzunehmen.[142]

Jeder Gläubiger (oder der *Commissario* auf Verlangen eines Gläubigers) kann die Beendigung 149 des *Concordato* wegen Nichterfüllung beantragen.[143]

Auf Antrag einer interessierten Partei kann das *Concordato* aufgehoben werden, wenn festgestellt 150 wird, dass die Verbindlichkeiten betrügerisch erhöht dargestellt wurden oder ein wesentlicher Teil des Vermögens beiseitegeschafft wurde.[144]

6. *Liquidazione Giudiziale* (Abwicklung durch das Gericht)

6.1 Subjektive und objektive Voraussetzungen

Abwicklung durch das Gericht ist ein Exekutivverfahren, das auf die Abwicklung des gesamten 151 Vermögens des Schuldners und die Verteilung der Erlöse unter seinen Gläubigern abzielt.

Subjektive Voraussetzung ist, dass der Schuldner den **Status des Unternehmers** hat, mit 152 Ausnahme des Status als „Kleinunternehmer".[145] Die Beweislast für die gemeinsame Erfüllung der drei Bedingungen zur Identifizierung als Kleinunternehmer obliegt dem Schuldner. Bei Nichterbringung der Nachweise unterliegt der Schuldner der *Liquidazione Giudiziale*. Der Staat und öffentliche

---

[135] Für das Genehmigungsgutachten siehe dort.
[136] Art. 112 CCII.
[137] Art. 114 CCII.
[138] Art. 117 CCII.
[139] Art. 117 Abs. 2 CCII.
[140] Art. 114 CCII.
[141] Art. 116 CCII.
[142] Art. 118 CCII.
[143] Art. 119 CCII.
[144] Art. 120 CCII.
[145] Art. 121 CCII.

Stellen dürfen nicht der *Liquidazione Giudiziale* unterliegen. Die objektive Voraussetzung ist der **Zustand der Insolvenz**.[146] Das Verfahren für den Zugang zur *Liquidazione Giudiziale* wurde bereits in Kapitel 3 beschrieben.

6.2 Die Organe des Verfahrens

153   Die Organe (jedes ist mit autonomen und spezifischen Befugnissen betraut) sind: Insolvenzgericht *(Tribunale Fallimentare)*, delegierte Richter *(Giudice Delegato)*, Verwalter *(Curatore)* und Gläubigerausschuss *(Comitato dei Creditori)*.

154   Das **Insolvenzgericht *(Tribunale Fallimentare)*** ist dasjenige, das das Verfahren für eröffnet erklärt hat und über eine allgemeine Kontrollbefugnis verfügt; es nimmt selbst (mit manchen Ausnahmen) die Bestellung und Ersetzung der anderen Organe vor und entscheidet über Streitigkeiten im Zusammenhang mit dem Verfahren. Der delegierte Richter besitzt eigene **Befugnisse** (zB ermächtigt er den Verwalter, vor Gericht aufzutreten; er genehmigt die Vermietung der Gesellschaft etc) und regelt die **Organisation des Verfahrens** (zB stellt er die Passiva fest). Der delegierte Richter ist auch befugt, die Handlungen des Verwalters und des Gläubigerausschusses sowie generell die Ordnungsmäßigkeit des Verfahrens zu überwachen.

155   Der *Curatore* **(Verwalter)** ist das ausführende Organ des Verfahrens, das die Aufgabe hat, die Masse zu verwalten und zu liquidieren, um den Erlös unter den Gläubigern zu verteilen. Der *Curatore* führt alle Verfahrenstätigkeiten durch, in einigen Fällen ist jedoch eine vorherige **Genehmigung durch den Gläubigerausschuss** (zB bei außerordentlichen Akten der Verwaltung)[147] oder **durch den delegierten Richter** (zB bei gerichtlicher Genehmigung)[148] erforderlich. Dem *Curatore* werden auch wichtige Aufgaben der **Unterrichtung des delegierten Richters** und der Gläubiger übertragen. Er ist verpflichtet, innerhalb von vier Monaten nach dem Erlass der Vollstreckbarkeit des Passiva-Berichts und anschließend alle sechs Monate einen Bericht vorzulegen, der eine Zusammenfassung der durchgeführten Tätigkeiten enthält, der beim delegierten Richter hinterlegt und an alle Gläubiger weitergeleitet wird.[149]

156   Der **Gläubigerausschuss** *(Comitato dei Creditori)* ist das Vertretungsorgan der Gläubiger. Er wird vom delegierten Richter ernannt und besteht aus fünf von den Gläubigern ausgewählten Mitgliedern, die die Quantität und Qualität der Forderungen abbilden.[150] Der Gläubigerausschuss ist für die Bevollmächtigung des *Curatore* zu außergewöhnlichen Verwaltungshandlungen oder zu Handlungen von besonderer Bedeutung zuständig.

6.3 Die Auswirkungen der Eröffnung

6.3.1 Auswirkungen für den Schuldner[151]

157   Das Eröffnungsurteil entzieht dem Schuldner die Verwaltung und die Verfügbarkeit seines zum Zeitpunkt der Eröffnung der gerichtlichen Abwicklung vorhandenen Vermögens ab Eröffnungsdatum.[152] Dies ist die sog. „*spossessamento*" **(Entfremdung)**, aufgrund derer die vom Schuldner nach der Eröffnung vorgenommenen Handlungen gegenüber den Gläubigern unwirksam sind.[153] Der Schuldner überträgt seine Befugnisse auf den Verwalter. Die Abwicklung umfasst das Vermögen und die Eigentumsrechte des Schuldners, die zum Zeitpunkt der Eröffnung bestehen, und das Vermögen, das den Schuldner während des Verfahrens erreicht; Vermögenswerte und Rechte strikt persönlicher Natur, wie Löhne/Gehälter, Pensionen und das, was der Schuldner durch seine Tätigkeit verdient, sind im Rahmen dessen, was für den Unterhalt seiner und seiner Familie erforderlich ist, ausgeschlossen.[154] Der Schuldner verliert auch seine **prozessuale Legitimität**, sowohl aktiv als auch passiv. In Streitigkeiten, auch in laufenden über das in die Abwicklung einbezogene Vermögen des Schuldners, steht der Verwalter vor Gericht; zu diesem Zweck führt die Eröffnung der Abwicklung zur Unterbrechung aller solcher Verfahren.[155]

---

[146] Zum Begriff der Insolvenz → Rn. 31.
[147] Art. 132 CCII.
[148] Art. 123 Abs. 1 CCII.
[149] Art. 130 Abs. 9 CCII.
[150] Art. 138 Abs. 2 CCII.
[151] Art. 142–149 CCII.
[152] Art. 142 CCII.
[153] Art. 144 Abs. 1 CCII.
[154] Art. 146 CCII.
[155] Art. 143 CCII.

6.3.2 Auswirkungen auf die Gläubiger[156]

Die *Liquidazione giudiziale* bestimmt die Eröffnung des sog. *Concorso Sostanziale* und des sog. **158** *Concorso Formale*. Ein **Concorso Sostanziale** bedeutet, dass, sofern das Gesetz nichts anderes vorsieht,[157] ab dem Eröffnungstag der Abwicklung keine vollziehenden oder vorsorglichen Einzelklagen auf die in das Verfahren einbezogenen Vermögenswerte eingeleitet oder fortgesetzt werden können. Auch nicht für Ansprüche, die während der Abwicklung entstanden sind (Art. 150 CCII). **Concorso Formale** bedeutet, dass jeder Anspruch, auch wenn mit Privileg oder Vorrang oder Vorabzugsfähigkeit verbunden, nach den für die Bewertung von Verbindlichkeiten festgelegten Regeln zu beurteilen ist. Dies gilt auch für dingliche oder persönliche, bewegliche oder unbewegliche Rechtstitel, sofern das Gesetz nichts anderes vorsieht. Diese Verpflichtung gilt auch für Ansprüche, die vom Verbot von Vollstreckungsmaßnahmen ausgenommen sind.[158]

Weitere Auswirkungen auf finanziellen Forderungen sind: **159**
i) bei ungesicherten Forderungen die Aussetzung der zu berechnenden gesetzlichen oder üblichen Zinsen zwecks des *Concorso* bis zur Einstellung des Verfahrens;[159]
ii) alle Geldforderungen gelten als abgelaufen ab dem Tag der Eröffnung der Abwicklung;[160]
iii) das Recht für Gläubiger, ihre Schulden gegenüber dem Schuldner, dessen Vermögen der Abwicklung unterliegt, mit ihren Forderungen gegen den Schuldner zu verrechnen, auch wenn diese Schulden vor Eröffnung des Verfahrens noch nicht fällig geworden waren;[161]
iv) Forderungen aus Anleihen und anderen Schuldverschreibungen werden zum Nennwert abzüglich bereits geleisteter Rückzahlungen passiviert.[162]

6.3.3 Auswirkungen auf Handlungen, die die Gläubiger benachteiligen[163]

Der Verwalter kann spezifische **Anfechtungsklagen** erheben, um die Unwirksamkeit von **160** Handlungen, Zahlungen oder die Stellung von Sicherheiten zu erlangen, die der Schuldner vor der Eröffnung des Verfahrens und zum Nachteil seiner Gläubiger geleistet hat. Die Funktion dieser **Anfechtungsmaßnahmen (*Revocatoria*** genannt) besteht darin, die Integrität des Vermögens des Schuldners und im Fall von Vorzugszahlungen, die bei bereits eingetretener Insolvenz geleistet wurden, das *par condicio creditorum* wiederherzustellen.

Die Regeln werden nach der „Bedeutsamkeit" der Handlung in Bezug auf den Schutz des **161** Vermögens des Schuldners unterschieden und sind in drei Kategorien unterteilt: a) Maßnahmen der Unwirksamkeit in Bezug auf Handlungen ohne Gegenleistung, dh **unentgeltliche Handlungen;** b) Maßnahmen zur Aufhebung von Handlungen mit Gegenleistung, sog. „*anormali*" (außerordentliche) Handlungen; c) Maßnahmen zur Aufhebung „*normali*" (übliche) Handlungen mit Gegenleistung. Für die *Revocatoria* von **unentgeltlichen Handlungen** wird vorgesehen, dass solche Handlungen gegenüber den Gläubigern unwirksam sind, wenn sie vom Schuldner nach Einreichung des Antrags und anschließender Eröffnung der gerichtlichen Abwicklung oder in den vorangegangenen zwei Jahren vorgenommen werden; **Nutzungsgeschenke** und Handlungen zur Erfüllung einer moralischen Pflicht oder zu öffentlichen Zwecken sind ausgenommen, soweit die **Spende** im Verhältnis zum Vermögen des Spenders steht.[164] Die **Zahlungen von Forderungen,** die am Tag der Eröffnung der gerichtlichen Abwicklung oder später fällig werden, wenn sie vom Schuldner nach Einreichung des Antrags und anschließender Eröffnung des Verfahrens oder in den beiden Vorjahren geleistet wurden, sind auch unwirksam; dies gilt auch für die **Rückzahlung von Gesellschafterdarlehen** oder Darlehen, die von der Gesellschaft gewährt werden, die im gleichen Zeitraum Management- und Koordinationstätigkeiten ausübt.[165]

---

[156] Art. 150–162 CCII.
[157] Eine Ausnahme bildet Art. 41 Nr. 2 der Gesetzesverordnung Nr. 385 v. 1.9.1993 Nr. 2 über Bodenkredite, der es der Bank ermöglicht, im Verfahren (unbeschadet der Verpflichtung der Bank, in Passiva aufgenommen zu werden) Vollstreckungsmaßnahmen bezüglich verpfändeter Vermögenswerte einzuleiten oder fortzusetzen; eine weitere Ausnahme bilden die „echten" Sicherheiten von Finanzinstrumenten, die unter die Gesetzesverordnung Nr. 385 v. 1.9.1993 Nr. 2 über Bodenkredite fallen.
[158] Gläubiger, die über dingliche Sicherheiten für Finanzinstrumente verfügen, die unter die Gesetzesverordnung 170/2004 fallen, sind durch eine ausdrückliche Rechtsvorschrift vom *Concorso Formale* ausgenommen.
[159] Art. 154 Abs. 1 CCII.
[160] Art. 154 Abs. 2 CCII.
[161] Art. 155 CCII.
[162] Art. 157 CCII.
[163] Art. 163–171 CCII.
[164] Art. 163 CCII.
[165] Art. 164 CCII.

6.3.4 Auswirkungen auf die laufenden Geschäftsbeziehungen[166]

162   Hier gelten die allgemeinen Regeln über die **Aussetzung von Verträgen**. Wird ein Vertrag zum Zeitpunkt der Eröffnung der *Liquidazione giudiziale* von beiden Parteien noch nicht oder nicht vollständig in der Hauptleistung erbracht, so bleibt die Erfüllung des Vertrags ausgesetzt, bis der Verwalter mit Zustimmung des Gläubigerausschusses erklärt, den Vertrag mit allen Verpflichtungen anstelle des Schuldners zu übernehmen (oder alternativ den Vertrag zu kündigen). Bei **Verträgen mit realen Auswirkungen** setzt dies aber voraus, dass die Übertragung des Rechts noch nicht erfolgt ist. Die Vertragspartei kann gegen den Verwalter eine Beschwerde einlegen, wenn dessen Entscheidung zu lange dauert. In diesem Fall setzt der delegierte Richter dem Verwalter eine Frist von höchstens 60 Tagen; danach gilt der Vertrag als beendet. Im Fall der Fortsetzung des Vertrags sind nur die im Laufe des Verfahrens entstandenen Forderungen vorabzugfähig.[167] Während die *sospensione* **(Aussetzung)** üblich ist, gibt es einige **Ausnahmen für bestimmte Arten von Verträgen**. Insbesondere befristete Börsenverträge[168] und Bankkontokorrentverträge[169] werden ohne die Aussetzungsphase automatisch beendet.

6.4 Forderungsanmeldung und Feststellung der Passiva

163   Der Verwalter teilt den Gläubigern und/oder Inhabern von Rechten an beweglichen und unbeweglichen Sachen, die sich im Eigentum und/oder im Besitz des in der Abwicklung befindlichen Schuldners befinden, unverzüglich mit, dass sie durch Übermittlung des Antrags am Verfahren teilnehmen können. Jede Person, die die Mitteilung des Verwalters erhalten hat, aber auch jede Person, die sie nicht erhalten hat, muss einen **Antrag auf Zulassung zu Passiva** seiner Forderung und eventuell auf Rückgabe von beweglichen oder unbeweglichen Sachen stellen.[170] Der Antrag muss mindestens 30 Tage vor der für die Prüfung der Passiva festgelegten Anhörung an die **zertifizierte E-Mail-Adresse des Verwalters** gerichtet werden. Ohne Einreichung kann der Gläubiger nicht zugelassen werden und darf nicht an der künftigen Verteilung teilnehmen.

164   Der Verwalter erstellt nach Prüfung der Anträge einen **Entwurf der Passiva,** den er den Gläubigern mindestens 15 Tage vor der für die Prüfung der Passiva festgelegten Anhörung übermittelt. In der **mündlichen Verhandlung** (die auch elektronisch stattfinden kann) entscheidet der delegierte Richter auch in Abwesenheit der Parteien über jeden Antrag, nimmt ihn ganz oder teilweise an oder lehnt ihn ab oder erklärt ihn für unzulässig. Nach Abschluss der Prüfung aller Ansprüche legt der delegierte Richter die Passiva fest und lässt sie an die Gläubiger übermitteln. Dadurch sind die einzelnen Rechte vollstreckbar. Jeder Gläubiger kann aber gegen das vom Gericht beschlossene Dekret zur Vollstreckung der Passiva **Berufung** einlegen.

6.5 Verwertung der Masse

165   Der Verwalter ist für die Verwertung des Vermögens des Schuldners verantwortlich, um den Erlös an die Gläubiger zu verteilen. Der Gesetzgeber bevorzugt die einheitliche Abwicklung und Verwertung von Geschäftsbereichen, während **die Liquidation einzelner Vermögenswerte** nur dann zulässig ist, wenn der Verkauf der gesamten Gesellschaft oder ihrer Niederlassungen nicht möglich oder nicht sinnvoll ist. Der Verwalter ist berechtigt, den Betrieb der Gesellschaft des Schuldners fortzuführen, wenn die Unterbrechung zu einem schweren Schaden führen könnte und sofern die Fortsetzung den Gläubigern keinen Schaden zufügt.[171] Die **Fortführung** wird vom Gericht oder dem delegierten Richter genehmigt, aber der Gläubigerausschuss kann jederzeit die Aufhebung dieser Genehmigung beantragen. Die Fortführung des Unternehmens kann für die Gläubiger riskant sein, da die **neu entstandenen Schulden** als vorabzugsfähig und dadurch als vorrangig gelten; daher wird häufiger das **Instrument der Vermietung des Unternehmens** genutzt. Der Verwalter

---

[166] Art. 172–192 CCII.
[167] Art. 172 CCII.
[168] Art. 181 CCII.
[169] Art. 183 CCII.
[170] Anträge auf Zulassung zu den Verbindlichkeiten, die dem Verwalter mehr als 30 Tage vor der für die Prüfung der Verbindlichkeiten festgelegten Anhörung und nicht mehr als sechs Monate nach Einreichung des Vollstreckungsbescheides des Haftungsausweises übermittelt wurden, gelten als verspätet, werden aber dennoch berücksichtigt und geprüft; nach Ablauf dieser Frist sind Anträge unzulässig, es sei denn, der Gläubiger weist nach, dass die Verzögerung auf eine von ihm nicht zu vertretende Ursache zurückzuführen ist (Art. 208 CCII).
[171] Art. 211 CCII.

gewährt nach Erprobung eines Bieterverfahrens einen befristeten Mietvertrag des Unternehmens oder seiner Niederlassungen an einen Mieter, der eine Gebühr für die Anmietung zahlt.[172]

Wenn der Verwalter den (Teil-)Verkauf des Unternehmens oder ihrer Zweigniederlassungen vornimmt, wird die sog. *Effetto Purgativo* **(Befreiung)** bestimmt. Der Käufer, sofern nichts anderes vereinbart ist, haftet nicht für die Schulden im Zusammenhang mit der Ausübung der übertragenen Geschäfte, solange diese Schulden vor der Übertragung entstanden sind.[173] Der Käufer kauft einen Geschäftskomplex, der völlig frei von alten Schulden ist. Alle Verkaufs- und sonstigen Abwicklungshandlungen des Verwalters werden im Rahmen von **Bieterverfahren** und auf der Grundlage von Schätzungen/Gutachten durchgeführt. Insbesondere werden Verkäufe über das **öffentliche Verkaufsportal** für Abwicklungen getätigt, es sei denn, dieses Mittel schadet den Interessen der Gläubiger oder der zügigen Durchführung des Verfahrens. Der delegierte Richter veröffentlicht auf dem öffentlichen Verkaufsportal die Auktion und alle anderen als nützlich erachteten Handlungen oder Unterlagen. Er kann auch **Formen der Werbung** anordnen, die geeignet sind, eine maximale Information und Beteiligung der interessierten Parteien zu gewährleisten. Alle diese Maßnahmen müssen mindestens 30 Tage vor dem Verkauf durchgeführt werden.[174]

6.6 Verteilung von Verwertungserlösen, Rangfolge der Gläubigerbefriedigung

Die bei der Abwicklung von Vermögenswerten erzielten Beträge werden in der folgenden **Rangfolge** ausgezahlt:[175]
a) an *Prededucibili* (vorabzugsfähige) Forderungen;[176]
b) an Vorrangskredite und gesicherte Forderungen in der gesetzlich festgelegten Reihenfolge der verkauften Waren/Sicherheiten;
c) an ungesicherte Gläubiger im Verhältnis zum Betrag der Forderung, für die jede von ihnen aufgenommen wurde, einschließlich der in Buchstabe b) genannten Forderungen, wenn die Sicherheit noch nicht realisiert wurde oder für den Teil, für den sie durch die relative Verwertung nicht erfüllt wurden;
d) an nachrangige Forderungen.

Die Rangfolge der Verteilung der Summen funktioniert nach festen Regeln. Die Forderungen der übergeordneten Ränge werden zunächst vollständig bezahlt und erst nach ihrer vollen Befriedigung können die Zahlungen der Forderungen der untergeordneten Kategorie erfolgen. Die **Ausschüttungen** werden regelmäßig vom Verwalter vorgenommen, nach Abschluss der Abwicklung wird die finale Auskehrung vorgenommen.

6.7 Abschluss des Verfahrens

Die Abwicklung ist abgeschlossen, wenn
a) die Auskehrung an die Gläubiger, auch vor der endgültigen Verteilung der Vermögenserlöse, den vollen Betrag der angenommenen Forderungen erreicht oder die Forderungen anderweitig erloschen sind und alle Schulden und Aufwendungen, die im Wege des Vorabzugs entstanden sind, beglichen wurden;
b) wenn die endgültige Verteilung der Vermögenswerte abgeschlossen ist;
c) wenn im Laufe des Verfahrens festgestellt wird, dass ihre Fortsetzung, die volle oder teilweise Befriedigung der Abwicklungsgläubiger oder vorabzugsfähigen Gläubiger und die Bezahlung der Aufwendungen des Verfahrens[177] unmöglich sein werden.

Der Abschluss der *Liquidazione giudiziale* wird dann vom Gericht erklärt und das Verfahren wird eingestellt.

6.8 *Das Concordato während der Liquidazione Giudiziale:*

Die *Liquidazione Giudiziale* kann auch durch die eventuelle Genehmigung eines *Concordato* beendet werden.[178] Das **Concordato nella Liquidazione** besteht aus einer zwischen dem Antragsteller

---

[172] Art. 212 CCII.
[173] Art. 214 Abs. 3 CCII.
[174] Art. 216 CCII.
[175] Art. 221 CCII.
[176] Vorabzugsfähige Forderungen sind solche, die im Rahmen eines Verfahrens über die Verwaltung des Vermögens des Schuldners, die Fortführung des Geschäftsbetriebs, die Vergütung der verantwortlichen Organe und die von diesen Organen selbst beauftragten Spezialisten entstehen (Art. 6 CCII); Forderungen, die durch gesetzliche Bestimmungen ausdrücklich so qualifiziert sind, sind ebenfalls vorabzugsfähig.
[177] Art. 233 CCII.
[178] Art. 240–253 CCII.

des *Concordato* und den Gläubigern getroffenen Vereinbarung. Der Antragsteller bietet die Befriedigung von Ansprüchen gegen den Schuldner als Gegenleistung für die Übertragung der Vermögenswerte des Verfahrens an.

172 Ein solches *Concordato* besteht aus drei Phasen:
a) Vorlage des **Vorschlags** des Schuldners oder eines oder mehrerer Gläubiger oder eines Dritten über die Umschuldung und die Befriedigung von Ansprüchen gegen den Schuldner;
b) **Genehmigung** des Vorschlags durch die Gläubiger, die die Mehrheit der stimmberechtigten Forderungen vertreten;
c) **Überprüfung durch das Gericht** zum Zeitpunkt der Genehmigung über die Ordnungsmäßigkeit des Verfahrens und nur in Ausnahmefällen über die Angemessenheit des Vorschlags.

173 Der positive Ausgang des Verfahrens führt zur Einstellung des Verfahrens der *Liquidazione giudiziale*, ohne die Liquidation der Vermögenswerte abzuwarten, und führt in der Regel zu einer *Effetto Esdebitatorio* (**Schuldbefreiung**) für den Schuldner. Er erhält die Befreiung von allen Forderungen, die vor der Eröffnung des Verfahrens entstanden sind, unabhängig davon, wie viel die Gläubiger erhalten haben.

174 Die Richtlinien für den Inhalt des Vorschlags[179] und der Abstimmung[180] ähneln im Wesentlichen denen für das übliche *Concordato*. Ein Unterschied liegt im Zeitpunkt der Vorlage des Antrags. Das normale *Concordato* wird vom Schuldner vor der Eröffnung der Abwicklung und oft zur Vermeidung dieser vorgelegt; das *Concordato nella Liquidazione giudiziale* erfolgt während des Abwicklungsverfahrens, um dessen Beendigung anzuzeigen.

6.9 Die *Liquidazione Giudiziale* und die Form der Gesellschaft des Schuldners

175 Das Abwicklungsverfahren ist für einen Schuldner unabhängig davon, ob er eine Kapitalgesellschaft ist oder nicht, bis auf wenige Unterschiede dasselbe. Das Eröffnungsurteil zur Abwicklung einer **Personengesellschaft** (einfache Gesellschaft, GbR, Kollektivgesellschaft, Kommanditgesellschaft etc) führt automatisch zur Eröffnung eines Verfahrens auch gegen unbeschränkt haftende Gesellschafter.[181] Neben dem Gesellschaftsverfahren werden die Verfahren somit von den unbeschränkt haftenden Gesellschaftern getragen. Das Urteil über die Eröffnung eines Verfahrens zur Abwicklung einer **Kapitalgesellschaft** (Aktiengesellschaft, Gesellschaft mit beschränkter Haftung, Genossenschaft etc) hat dagegen keine Auswirkungen auf Anteilseigner. Die Ausübung der **Rechte der Anteilseigner** ist nur eingeschränkt möglich: a) der Verwalter geht gegenüber den Organmitgliedern vor, die gegen ihre Verpflichtungen verstoßen haben könnten;[182] b) das Abwicklungsprogramm kann für bestimmte Handlungen oder Tätigkeiten die Übertragung der Befugnisse der Hauptversammlung auf den Verwalter vorsehen.[183]

7. Verfahren zur Überwindung von Überschuldungskrisen bei Verbrauchern *(Procedure di Composizione della Crisi da Sovraindebitamento)*

7.1 Rahmenbedingungen

176 Das CCII sieht als Verfahren zur Überwindung von Überschuldungskrisen die *Ristrutturazione dei debiti del consumatore* (**Umstrukturierung von Verbraucherschulden**), das *Concordato minore* (ähnelt in der Struktur und Verfahrenstechnik dem *Concordato Preventivo* für Unternehmen) und die *Liquidazione Controllata del Sovraindebitato* (**kontrollierte Abwicklung**) vor. Die subjektive Voraussetzung identifiziert spezifische und heterogene **Schuldnerkategorien** („Verbraucher", „Beruf", „Kleinunternehmer", „Agrarunternehmer", „innovatives Start-up"). Weiter verwendet es eine **Klausel:** Die betreffenden Verfahren werden jedem anderen Schuldner vorbehalten, „der nicht der *Liquidazione giudiziale* oder *Liquidazione Coatta Amministrativa* oder weiteren im BGB oder in

---

[179] Der Vorschlag für das *Concordato nella Liquidazione Giudiziale* kann die Aufteilung der Gläubiger in Klassen, die unterschiedliche Behandlung von Gläubigern verschiedener Klassen, die Befriedigung der Gläubiger auch in anderen Formen als der Barzahlung und die nicht vollständige Befriedigung der privilegierten/gesicherten Gläubiger vorsehen (Art. 240 CCII).
[180] Ungesicherte Gläubiger sind stimmberechtigt; privilegierte und gesicherte Gläubiger sind nur dann stimmberechtigt, wenn der Vorschlag nicht ihre volle Befriedigung vorsieht; das *Concordato* wird von den Gläubigern gebilligt, die die Mehrheit der stimmberechtigten Forderungen vertreten; gibt es verschiedene Klassen von Gläubigern, wird das Concordato gebilligt, wenn diese Mehrheit auch in der größten Anzahl von Klassen auftritt (Art. 244 CCII).
[181] Art. 256 CCII.
[182] Art. 255 CCII.
[183] Art. 264 CCII.

Sondergesetzen vorgesehenen Abwicklungsverfahren im Fall einer Krise oder Insolvenz unterliegt".[184]

Die objektive Voraussetzung, die den drei oben genannten Verfahren gemeinsam ist, ist die Überschuldung.[185] Schließlich hat das CCII eine innovative Disziplin für die Koordination der Verfahren betreffend **„Mitglieder derselben Familie"** eingeführt.[186] Sie können ein gemeinsames Projekt zur Lösung der Krise vorlegen, wenn „sie zusammenleben" oder wenn die Überschuldung „einen gemeinsamen Ursprung" hat. Wenn einer der Schuldner ein Verbraucher und ein anderer ein Kaufmann oder ein Gewerbetreibender ist, gelten in Anwesenheit einer Beschwerde und eines einheitlichen Beschlussentwurfs weiterhin die Bestimmungen über ein *Concordato Minore* aufgrund der größeren Sicherheiten, die den Gläubigern gewährt werden. Der Grundsatz der **persönlichen Haftung** bleibt jedoch unberührt, sodass die Vermögenswerte und Verbindlichkeiten getrennt bleiben, auch wenn sie in denselben Plan einbezogen sind.

7.2 *Ristrutturazione dei Debiti del Consumatore* (Umstrukturierung von Verbraucherschulden)

Die *Ristrutturazione* (fortan Umstrukturierung) ist eine vereinfachte Variante des *Concordato Minore*. Sie ist für Verbraucher, die in Art. 2 Abs. 1 Buchstabe e) CCII) genannt werden, reserviert.

Das Hauptmerkmal der Restrukturierung besteht darin, dass sie auf einem **Restrukturierungsplan** basiert, der nicht von den Gläubigern genehmigt wird und nur der Beurteilung durch das Gericht unterliegt. Die Einleitung des Verfahrens wird durch den Antrag dargestellt, den der Schuldner dem zuständigen Gericht über das im Bezirk dieses Gerichts ansässige Krisenlösungsorgan (**„*Organismo di Composizione della crisi*"**, fortan **OCC**) vorzulegen hat. Der **Inhalt des Vorschlags** kann die Befriedigung von Forderungen in jeder Form, auch nur teilweiser Forderungen, vorsehen; insbesondere kann der Schuldner vorschlagen:
i) den Teilverzicht und die Umschuldung von Pfandkrediten und der Finanzierungen bezüglich der Abtretung von 20 % von Lohn/Gehalt, der Altersversorgung, der Pension/Rente;
ii) die Rückzahlung der aus dem Darlehensvertrag fälligen Raten, die durch eine am Hauptwohnsitz des Schuldners eingetragene Hypothek gesichert sind, wenn der Schuldner, zum Zeitpunkt der Antragstellung seinen Verpflichtungen nachgekommen ist oder wenn das Gericht ihn zur Zahlung der überfälligen Schulden ermächtigt.

Der Zugang zum Verfahren erfordert eine Beurteilung des Schuldnerverhaltens. Dazu muss das OCC einen **Bericht** erstellen und dem Antrag beifügen. Der Bericht enthält folgende Elemente: Ursachen der Verschuldung, Sorgfalt bei der Übernahme von Verpflichtungen, Gründe für die Unfähigkeit, die oben genannten Verpflichtungen zu erfüllen sowie alle Elemente, die für die Überprüfung der Verdienste des Schuldners nützlich sind; ferner sind die Zuverlässigkeit der dem Plan zugrunde liegenden Daten und die möglichen Kosten des Verfahrens anzugeben. Darüber hinaus, wenn der Schuldner Kredite beantragt und erhalten hat, muss der OCC-Bericht auch das Verhalten des Kreditgebers untersuchen, um zu überprüfen, ob und wie dieser die **Kreditwürdigkeit** des Kreditnehmers berücksichtigt hat, um dem Richter zu ermöglichen, den Plan auch in Bezug auf die Behandlung, die bestimmten Gläubigern vorbehalten ist, zu beurteilen. Auch das **Verhalten des Gläubigers,** der die Situation der Überschuldung schuldhaft verursacht oder verschärft hat, wird auf Verfahrensebene bestraft, zB wenn er als Kreditgeber die Kreditwürdigkeit nicht korrekt überprüft hat. Insbesondere kann er sich der Zulassung nicht widersetzen oder eine Berufung gegen die Zulassung einreichen oder Gründe geltend machen, die nicht aus dem böswilligen Verhalten des Schuldners resultieren.[187]

Auf Verfahrensebene prüft der Richter nach Einreichung des Antrags, des Plans und aller übrigen Unterlagen die Zulässigkeit. Im Fall eines positiven Ergebnisses entscheidet er, dass der Vorschlag und der Plan in der vorgeschriebenen Weise veröffentlicht und innerhalb von 30 Tagen (durch das OCC) den Gläubigern mitgeteilt werden. Das Gericht prüft die rechtliche Zulässigkeit und Wirtschaftlichkeit des Plans und entscheidet über alle Streitigkeiten, auch über die tatsächliche Höhe der Ansprüche. Die Gläubiger können innerhalb von 20 Tagen danach Stellungnahmen abgeben.

Mit dem genannten Erlass kann der Richter:
i) auf Antrag des Schuldners ein spezifisches Vollstreckungsverfahren aussetzen, das die Durchführbarkeit des Plans gefährden könnte;

---

[184] Art. 2 Abs. 1 CCII.
[185] Zum Begriff der Überschuldung → Rn. 32.
[186] Art. 66 CCII.
[187] Art. 69 CCII.

ii) Vollstreckungs- und Vorsichtsmaßnahmen gegen das Vermögen des Schuldners untersagen und andere geeignete Maßnahmen zur Wahrung ihrer Integrität anordnen, bis die Genehmigung endgültig ist.[188]

183 Die Genehmigung bedarf nicht der **vorherigen Zustimmung der Gläubiger.**

184 Wenn einer der Gläubiger oder eine andere interessierte Partei die Angemessenheit des Vorschlags bestreitet, genehmigt der Richter den Plan, wenn er der Ansicht ist, dass die Forderung durch die Ausführung des Plans in einem Umfang befriedigt werden kann, der nicht geringer ist als die alternative Abwicklung.[189] Alternativ entscheidet das Gericht dies durch einen begründeten Erlass, in dem es gleichzeitig die Schutzmaßnahmen für unwirksam erklärt. Die Genehmigung darf nicht zur Beeinträchtigung oder zum Verlust der **Handlungsfähigkeit des Schuldners** führen. Letzterer ist daher für die Ausführung des genehmigten Plans verantwortlich, wenn auch unter der **Kontrolle des OCC,** das die genaue Umsetzung überwacht und alle in der Umsetzungsphase aufgetretenen Schwierigkeiten löst und ggf. den Richter informiert. Der genehmigte Plan kann widerrufen werden, wenn festgestellt wird, dass der Schuldner betrügerisch gehandelt hat oder wenn der Schuldner seinen Verpflichtungen nicht nachkommt.[190]

7.3 Das Concordato Minore

185 Dieses Verfahren ähnelt in der Struktur und Verfahrenstechnik dem *Concordato Preventivo* für Unternehmen. Das *Concordato Minore*[191] (fortan **Vergleich**) ist auch ein Verhandlungsverfahren für die vereinbarte Beilegung einer Krise oder Insolvenz, das auf einer Vereinbarung beruht, die der Schuldner den Gläubigern vorgeschlagen hat (auf der Grundlage eines Plans, dessen Durchführbarkeit von einem Krisenbewältigungsorgan bestätigt wird) und die den Gläubigern zur Genehmigung vorgelegt wurde (die aufgefordert werden, ihre Stellungnahme mit Mehrheitsbeschluss abzugeben) und die nach dieser Genehmigung wiederum dem Gericht zur Genehmigung vorgelegt wird. Der Vergleich ist allen Schuldnern zugänglich, die unter die Definition von Art. 2 Abs. 1 Buchst. c) CCII fallen, mit **Ausnahme des Privatverbrauchers.** Der Vergleich muss die Fortsetzung der ausgeübten Geschäfts- oder Berufstätigkeit ermöglichen. Diese ist mit einer **liquidatorischen Perspektive** und Funktion – offensichtlich eine Alternative zur *Liquidazione controllata* – nur dann zulässig, wenn sie den Beitrag externer Ressourcen vorsieht, die in der Lage sind, die den Gläubigern durch die Liquidation bestehender Vermögenswerte zugesicherte Befriedigung zu erhöhen.[192]

186 Auslöser für das Verfahren ist der **Antrag,** den der Schuldner mit Unterstützung des *Organismo per la Composizione della Crisi del Consumatore* (Krisenlösungsorgans **OCC**) beim zuständigen Gericht stellen muss.

187 Mit diesem Antrag kann der Schuldner seinen Vorschlag für einen Vergleich mit den Gläubigern formulieren und dabei insbesondere den Zeitpunkt und die Mittel zur Überwindung der Überschuldungskrise angeben.

188 Der **Inhalt des Vorschlags** kann die Befriedigung von Forderungen in jeglicher Art, auch teilweise, sowie die mögliche Aufteilung der Gläubiger in Klassen vorsehen. Die **Rolle des OCC,** einerseits als Berater des Schuldners und andererseits als Garant für die Zuverlässigkeit des Vorschlags, entspricht denjenigen Funktionen, die im *Concordato Preventivo* dem Sachverständigen zustehen würden. Auf der Verfahrensebene erklärt das Gericht den Vergleich durch **Dekret** für eröffnet, wenn es der Ansicht ist, dass die Voraussetzungen für die Zulässigkeit erfüllt sind. Gleichzeitig ordnet das Gericht für die Gläubiger oder die Bereitstellung der vorgeschriebenen Formen der **Veröffentlichung und Kommunikation** (des Dekrets und des Vorschlags) eine **Frist** (höchstens 30 Tage) an, innerhalb derer die Gläubiger dem OCC die Erklärungen über die Zustimmung oder Ablehnung des Vorschlags und etwaige Streitigkeiten übermitteln können.[193] Das Gericht kann auf Antrag des Schuldners Gläubigern mit dem Eröffnungsbeschluss verbieten, einzelne **Vollstreckungsmaßnahmen** einzuleiten oder fortzusetzen, **Schutzmaßnahmen** einzuholen und, unter Androhung der Nichtigkeit und bis zur endgültigen Genehmigung, Vorzugsrechte auf das Vermögen des Schuldners zu erwerben.[194]

189 Die Einleitung des Verfahrens führt (gegenüber früheren Gläubigern) zur Abschwächung oder sogar Ineffektivität der **Handlungsvollmachten des Schuldners,** die über die normale Verwaltung hinausgehen, wenn die Handlungen ohne die Genehmigung des Richters vorgenom-

---

[188] Art. 70 Abs. 4 CCII.
[189] Art. 70 Abs. 9 CCII.
[190] Art. 72 CCII.
[191] Art. 74–83 CCII.
[192] Art. 74 Abs. 2 CCII.
[193] Art. 78 CCII.
[194] Art. 78 Abs. 2 Buchst. d CCII.

men wurden.[195] Der Vergleich basiert auf der **Zustimmung der Gläubiger.** Zu diesem Zweck ist eine **absolute Mehrheit** der stimmberechtigten Forderungen erforderlich, die auf der Grundlage der Liste der Gläubiger und der damit verbundenen Forderungen berechnet wird. Die Gläubiger, die durch ein **Pfandrecht** oder eine **Hypothek** gesichert sind, deren **vollständige Zahlung** vorgeschlagen wird, werden bei der Berechnung der Mehrheit nicht berücksichtigt und dürfen sich zu dem Vorschlag nicht äußern, wenn sie nicht ganz oder teilweise auf das Vorrangsrecht verzichten. Eine ähnliche Behandlung ist denjenigen Gläubigern vorbehalten, die mit dem Schuldner durch **Ehe, Verwandtschaft** oder ähnliche Beziehungen verbunden sind, sowie denjenigen, die seit weniger als einem Jahr zuvor **Zessionare** oder Zessionare dieser Forderungen sind. Das soll die korrekte und transparente Willensbildung der Gläubiger gewährleisten.

Zur **Einholung der Einwilligung** ist zu beachten, dass die Regel des sog. Einwilligungsschweigens gilt. Zum Zeitpunkt der **Genehmigung** überprüft das Gericht die rechtliche Zulässigkeit und Wirtschaftlichkeit des Plans sowie die Erreichung der Mehrheit. Nach Durchführung dieser Überprüfung genehmigt das Gericht, wenn es keine Einwände gibt, den Vergleich mit **Dekret,** ordnet die Maßnahme in der entsprechenden Form der **Bekanntmachung** an und erklärt das Verfahren für abgeschlossen. Besteht ein Streit über die **Angemessenheit des Vorschlags,** so genehmigt das Gericht den Vergleich, wenn es der Auffassung ist, dass die Forderung eine Befriedigung erhalten kann, die nicht geringer ist als die im Fall einer *Liquidazione Controllata*.

Darüber hinaus billigt das Gericht die Regelung, wenn die **Steuerverwaltung** nicht zugestimmt hat und dies für die Erreichung der Mehrheit entscheidend ist, falls es der Ansicht ist, dass der Vorschlag für die Steuerverwaltung vorteilhafter ist als die Abwicklungsalternative. Auch in diesem Verfahren wird das **Verhalten des Gläubigers,** der die Verschuldungssituation schuldhaft festgestellt oder verschärft hat, vom Gericht bestraft. Ein solcher Gläubiger darf nämlich keinen Widerspruch oder keine Berufung einlegen, wenn er sich nicht auf Gründe beruft, die auf das böswillige Verhalten des Schuldners zurückzuführen sind. Bei **Ablehnung des Genehmigungsantrags** durch das Gericht erklärt es die **Unwirksamkeit** der gewährten **Schutzmaßnahmen** und, wenn ein Antrag des Schuldners oder im Betrugsfall der Staatsanwaltschaft oder eines Gläubigers vorliegt, das Verfahren der *Liquidazione Controllata* für eröffnet. Wie bei der Restrukturierung liegt die **Ausführung** des zugelassenen Vergleichs in der Verantwortung des Schuldners unter der **Kontrolle des OCC.** Die Beendigung des genehmigten Vergleichs kann vom Gericht bei **Nichterfüllung** der übernommenen Verpflichtungen ausgesprochen werden, während der Widerruf (immer vom Gericht) im Fall eines vorsätzlichen oder betrügerischen Verhaltens des Schuldners angeordnet werden kann.

7.4 *Liquidazione Controllata del Sovraindebitato* (Kontrollierte Abwicklung)[196]

Dieses Verfahren ähnelt der *Liquidazione Giudiziale*. Die kontrollierte Abwicklung ist ein Verfahren **exekutiver** Art, das auf die Grundsätze der Universalität und Allgemeingültigkeit ausgerichtet ist und darauf abzielt, die **verpfändbaren Vermögenswerte** des Schuldners zu monetarisieren und den Erlös zur Befriedigung der Gläubiger gemäß der *par condicio creditorum* zu verwenden.

Anspruch auf Eröffnung eines Verfahrens haben:
i) der Schuldner;
ii) die Gläubiger, auch wenn ein Einzelvollstreckungsverfahren gegen den Schuldner anhängig ist;
iii) die Staatsanwaltschaft, „wenn die Insolvenz den Unternehmer betrifft";[197]
iv) das Gericht als Ergebnis der Verfahren der *Ristrutturazione* oder des *Concordato Minore*
Der Antrag ist bei dem zuständigen Gericht einzureichen. Wird die Initiative vom Schuldner ergriffen, kann der Antrag auch ohne die Hilfe eines Anwalts eingelegt werden. Die Unterstützung ist durch das **obligatorische Eingreifen des OCC** gewährleistet. Gegenüber dem Schuldner bedeutet die Eröffnung des Verfahrens die Veräußerung oder den **Verlust der Befugnis** zur Verwaltung und Veräußerung der liquidierbaren Vermögenswerte (mit Ausnahme der sog. „sehr persönlichen" Vermögenswerte). Die Befugnisse werden dem Verwalter übertragen. Für die Gläubiger ergeben sich die wesentlichen und charakteristischen **Auswirkungen** des Verfahrens aus der Aussetzung des Verlaufs ungesicherter Zinsen und dem Verbot, Vollstreckungs- oder Vorsichtsmaßnahmen gegen die in das Verfahren einbezogenen Vermögenswerte einzuleiten oder fortzusetzen.[198]

---

[195] Art. 78 Abs. 5 CCII.
[196] Art. 268–277 CCII.
[197] Art. 268 CCII.
[198] Art. 268 und 270 CCII.

195 Was die **schwebenden Verträge** betrifft, so hat das CCII ausdrücklich die allgemeine Regel der Aussetzung eingeführt.[199] Art. 273 CCII sieht eine **Phase der Forderungsanmeldung** vor, in der Gläubiger und Inhaber von Rechten an beweglichen oder unbeweglichen Sachen, die sich im Eigentum oder im Besitz des Schuldners befinden, durch Einreichung eines **spezifischen Antrags** innerhalb der mit dem Eröffnungsurteil gesetzten Frist teilnehmen können. Nach Ablauf dieser Frist erstellt der Verwalter einen **Entwurf des Passiva-Berichts** und übermittelt ihn den betroffenen Personen. Sind innerhalb von 15 Tagen keine Bemerkungen/Beanstandungen erfolgt, erstellt der Verwalter den Passiva-Bericht. Nur bei **unlösbaren Streitigkeiten** leitet der Verwalter den Fall an den delegierten Richter weiter, der die endgültige Bildung der Verbindlichkeiten durch ein **begründetes Dekret** vorsieht, gegen das eine **Berufung** beim Schiedsgericht eingereicht werden kann.

196 Der Verwalter ist für die Verwaltung und Abwicklung des Vermögens verantwortlich. Für Verkäufe – und andere im Rahmen des Verfahrens durchgeführte **Abwicklungsmaßnahmen** – gelten die gleichen Bestimmungen wie über Verkäufe in der *Liquidazione Giudiziale*, soweit sie vereinbar sind. Dadurch ist auch in diesem Zusammenhang die Einhaltung des Grundsatzes der Wettbewerbsfähigkeit (zB durch Bieterverfahren) zu gewährleisten.

197 Die bei der Abwicklung des Vermögens eingezogenen Mittel müssen unter den Gläubigern in der **Rangfolge** verteilt werden, wie sie in der **Schuldenübersicht** angegeben sind. Das Verfahren wird durch Dekret abgeschlossen. Die Regeln zu Lasten des überschuldeten Schuldners sind deutlich vereinfacht.[200] Die **Auszahlung** erfolgt nämlich automatisch – dh ohne Initiative des Schuldners – und findet rechtmäßig nach Abschluss des Verfahrens statt oder, wenn früher, drei Jahre nach seiner Eröffnung. Nur die *Esdebitazione* (**Schuldbefreiung**) wird durch ein begründetes Dekret des Gerichts formell festgestellt. Dagegen dürfen die Staatsanwaltschaft und die Gläubiger **Berufung** einlegen. Die Schuldner, die natürliche Personen sind und „es verdient haben", dürfen *una tantum* den Vorteil der Schuldbefreiung erhalten, wenn sie den Gläubigern auch in Zukunft keine direkten oder indirekten Befriedigungserfolge bieten können. Offensichtlich wird die Sicherung des Familienunterhalts berücksichtigt (Art. 283 CCII). Die Schuldbefreiung als außerordentliche Maßnahme wird durch das Fortbestehen einer **Verpflichtung des Schuldners** zur Begleichung seiner Schulden gemildert. Wenn innerhalb des Vierjahreszeitraums ab dem Datum der Schuldbefreiung **erhebliche Mittel** – mit Ausnahme von erhaltenen Darlehen – dem Schuldner zukommen und dadurch die Befriedigung der Gläubiger in einem Umfang von nicht weniger als 10 % ermöglicht wird, gilt die Schuldbefreiung nicht.

8. Konzernverfahren

8.1 *Concordato di Gruppo* (Konzernvergleich)

198 Ein besonderes Kapitel des CCII[201] ist der Regulierung der Krise bei Gruppengesellschaften und der Konzerninsolvenz gewidmet. Diese Regeln gelten, wenn mehrere Unternehmen, die zu einer Gruppe[202] gehören und jeweils den Mittelpunkt ihrer **hauptsächlichen Interessen in Italien** haben (und sich in der Krise oder in Insolvenz befinden), auf ein *Accordo di esecuzione di un piano attestato, Accordo di Ristrutturazione,* oder *Concordato* zurückgreifen wollen oder wenn sie einem **einheitlichen Konzernabwicklungsverfahren** unterliegen.

199 Für das *Concordato* können solche Unternehmen in einem **einzigen Antrag** den Zugang zum *Concordato* mit einem einzigen Plan oder mit miteinander verbundenen und interagierenden Plänen beantragen.[203] Die subjektive Voraussetzung für den Zugang zum Konzernvereinbarungsverfahren ist auf „Unternehmen derselben Gruppe" beschränkt, die objektive Voraussetzung ist der Krisen-

---

[199] Art. 270 Abs. 6 CCII.
[200] Art. 282 CCII.
[201] Art. 284–292 CCII.
[202] Die Definition einer Gruppe ist in Art. 1 Abs. 2 Buchst. h CCII enthalten, wonach „Unternehmensgruppe" bedeutet: „Alle Unternehmen und Einrichtungen mit Ausnahme des Staates, die gemäß den Art. 2497 und 2545-septies des BGB der Leitung und Koordinierung einer Gesellschaft, eines Unternehmens oder einer natürlichen Person auf der Grundlage einer Beteiligung oder eines Vertrags unterliegen; zu diesem Zweck wird davon ausgegangen, sofern nicht anders nachgewiesen wird, dass: (a) die Tätigkeit der Leitung und Koordinierung von Unternehmen von der Gesellschaft oder dem Unternehmen ausgeübt wird, die zur Konsolidierung ihres Abschlusses verpflichtet ist; (b) direkt oder indirekt kontrollierte oder gemeinsam kontrollierte Unternehmen unterliegen der Leitung und Koordinierung einer Gesellschaft oder eines Unternehmens in Bezug auf die Gesellschaft oder das Unternehmen, das die Tätigkeit der Leitung und Koordinierung ausübt".
[203] Art. 284 Abs. 1 CCII.

oder Insolvenzzustand derselben Unternehmen. Die Vorlage eines *Concordato di Gruppo* ist weder eine Verpflichtung der Unternehmen noch ein freies Recht für sie. Die Unternehmen der Gruppe oder sogar ein Teil davon können frei entscheiden, kein *Concordato di Gruppo* einzureichen, sondern autonome Anträge und Vergleichspläne einzureichen. Es ist aber auch kein freies Recht, denn die **Zulassung** eines *Concordato di Gruppo* ist durch die Bestimmungen von Art. 284 Abs. 4 CCII geregelt. Der Antrag muss „eine Darstellung der Gründe enthalten, warum eine bessere Befriedigung der Gläubiger der einzelnen Unternehmen und die Wahl eines einheitlichen Plans für gegenseitig verbundene und verflochtene Unternehmen anstelle eines autonomen Plans für jedes Unternehmen besser ist".

Dem Antrag muss auch ein **Abwicklungsplan** oder ein **Fortführungsplan** beigefügt sein. Jedoch ist die Vorlage von Konzernplänen in sog. *Concordati Misti* erlaubt, bei denen davon ausgegangen wird, dass einige Unternehmen weiterhin bestandskräftig bleiben und andere Unternehmen ihr Vermögen liquidieren; in diesem Fall wird das **Kriterium der Prävalenz** angewendet, sodass der Konzernplan als bestandskräftig betrachtet wird, wenn der Gesamterlös, der durch die direkte oder indirekte Kontinuität der Unternehmen in der Zusammensetzung erzielt wird, höher sein wird als der Gesamterlös, der durch die Abwicklung erzielt wird.[204] **200**

Wenn die verschiedenen Unternehmen der Gruppe ihren Mittelpunkt der Hauptinteressen in verschiedenen Gerichtsbezirken haben, ist das **zuständige Gericht** dasjenige, das „in Bezug auf den Mittelpunkt der Hauptinteressen der Gesellschaft oder des Unternehmens oder der natürlichen Person bestimmt ist, die auf der Grundlage der in Art. 2497 BGB vorgesehenen Publizität die Tätigkeit der Leitung und Koordinierung oder in Ermangelung dessen der Gesellschaft mit dem größten Schuldenrisiko auf der Grundlage des zuletzt gebilligten Jahresabschlusses ausübt".[205] Das zuständige Gericht ernennt, wenn es die Berufung annimmt, einen einzelnen **delegierten Richter** und einen einzigen *Commissario* für alle Unternehmen der Gruppe und sorgt für die Hinterlegung eines einzigen Fonds für die **Gerichtskosten**. Die **Folgekosten** des Verfahrens werden unter den Unternehmen der Gruppe im Verhältnis zu ihren jeweiligen aktiven Massen aufgeteilt. **201**

Für die **Abstimmungsphase** ist vorgesehen, dass die Gläubiger jeder der Gesellschaften gleichzeitig und getrennt über den Vorschlag ihrer Schuldnergesellschaft abstimmen und dass das *Concordato di gruppo* gebilligt wird, wenn die Vorschläge der einzelnen Gesellschaften der Gruppe mit der vorgesehenen Mehrheit angenommen werden. Es gibt nicht eine einzige Abstimmung, sondern **getrennte** – wenn auch gleichzeitige – **Abstimmungen** der Gläubiger jeder Gesellschaft über den ihnen von der Gesellschaft vorgelegten unabhängigen Vorschlag. Für die Billigung des *Concordato di Gruppo* ist jedoch die Zustimmung zu allen Vorschlägen der einzelnen Unternehmen der Gruppe erforderlich. Es gibt keine Regel zur Überwindung der möglichen Gegenstimme der Gläubiger einer Gesellschaft. Das *Concordato di gruppo* kann auf **einheitliche Weise** gebilligt oder nicht gebilligt werden, ohne die Alternative von Teilgenehmigungen.[206] „Die **Autonomie** der jeweiligen Aktiva und Passiva bleibt unberührt":[207] Jedes Gruppenunternehmen muss seine Gläubiger mit seinen eigenen Vermögenswerten befriedigen und die Gläubiger jedes Unternehmens können sich nur aus den Vermögenswerten befriedigen, die ihnen von dem Unternehmen zur Verfügung gestellt werden. Art. 285 CCII sieht jedoch vor, dass „der oder die vereinbarten Pläne eine konzerninterne **Übertragung von Ressourcen** vorsehen können", sofern diese Transaktionen zum Zweck der Unternehmenskontinuität erforderlich und mit dem Ziel einer besseren Befriedigung der Gläubiger aller Unternehmen der Gruppe vereinbar sind. **202**

Auf der Passivseite wird die **Trennung der Massen** fest und immateriell gehalten, sodass die Gläubiger jeder Gesellschaft getrennt bleiben und getrennt abstimmen. Auf der Aktivseite ist die Regel der **Autonomie der aktiven Massen** ausgeglichen, da durch gruppeninterne Transfers von ihr abgewichen werden kann. Die Rechtmäßigkeit der konzerninternen Übertragung von Ressourcen hängt jedoch von der Vorlage einer besonderen **Bescheinigung** durch einen unabhängigen Sachverständigen ab. Nachteiligen Auswirkungen von konzerninternen Übertragungstransaktionen kann von **abweichenden Gläubigern** widersprochen werden. Solche Gläubiger können einer abweichenden Klasse angehören, oder, falls keine Klassen gebildet werden, mindestens 20 % der zur Abstimmung zugelassenen Forderungen für eine einzelne Gesellschaft repräsentieren. Dann genehmigt das Gericht das *Concordato di Gruppo,* wenn es auf der Grundlage einer Gesamtbewertung des Plans oder der damit zusammenhängenden Pläne der Auffassung ist, dass die Gläubiger in einem Umfang befriedigt werden können, der nicht geringer ist, als sie bei einer gerichtlichen Abwicklung **203**

---

[204] Art. 285 Abs. 1 CCII.
[205] Art. 286 Abs. 1 CCII.
[206] Art. 286 Abs. 5 CCII.
[207] Art. 284 Abs. 3 CCII.

der einzelnen Gesellschaft erhalten hätten.[208] Der Schutz der Position der Anteilseigner besteht ausschließlich in der **Berufung** gegen die Zustimmung, aber das Gericht genehmigt das Concordato dennoch, „wenn das Gericht das Vorliegen einer Benachteiligung im Hinblick auf die Vorteile für einzelne Unternehmen aus dem Konzernplan ausschließt".[209] Die Berufung wird zurückgewiesen, wenn der Anteilseigner wertmäßig nicht schlechter als bei der Liquidazione giudiziale der einzelnen Gesellschaft behandelt wird.

8.2 *Accordi di Ristrutturazione e Piano Attestato di Gruppo* (Restrukturierungsvereinbarungen und Konzerngutachten)

204 Mehrere Unternehmen, die zu derselben Gruppe gehören und alle ihren Hauptinteressenschwerpunkt in Italien haben, können in einem einzigen Antrag den Zugang zum Verfahren zur Zulassung von Restrukturierungsvereinbarungen beantragen, auch in Form von Varianten von *Accordi Agevolati* und mit *Efficacia Estesa*.[210] Der **Antrag** auf Zugang zum Genehmigungsverfahren muss die **Gründe für die Vorteile** erläutern. Das sind die beste Befriedigung der Gläubiger der einzelnen Unternehmen und die Wahl, einen einzelnen Plan oder eine verbundene und interagierende Planung anstelle eines autonomen Plans für jedes Unternehmen vorzulegen. Der **Plan** soll ermöglichen, die Eintreibung der Schulden jedes Unternehmens vorzunehmen und sicherstellen, dass die Vereinbarung auf jeden Fall geeignet sein muss, die vollständige Zahlung aller nichtzustimmenden Gläubiger innerhalb der in Art. 57 CCII vorgesehenen Fristen zu gewährleisten.

205 In der **Genehmigungsphase** muss das Gericht beurteilen, ob die gesetzlichen Anforderungen erfüllt sind und ob die Gläubiger in einem Umfang befriedigt werden können, der nicht geringer ist als der Erlös, den sie aus der *Liquidazione giudiziale* der einzelnen Gesellschaften ziehen würden. Die Beurteilung des Gerichts bei der Genehmigung von Konzernvereinbarungen ist **einheitlich**. Die Genehmigung oder Ablehnung des einzelnen Antrags für alle Unternehmen muss ohne die Möglichkeit einer getrennten und differenzierten Entscheidung auf der Ebene des einzelnen Unternehmens erfolgen. Die Situation des Konzerns muss auch in der **Ausführungsphase** berücksichtigt werden: Die Auswirkungen einer Abweichung zwischen den Zielen und der aktuellen Situation in Bezug auf alle Unternehmen müssen ständig überwacht werden, um zu überprüfen, ob die Schwierigkeiten in der Ausführungsphase durch eines oder mehrere der Unternehmen, die den einheitlichen Plan oder die die Konzernpläne erstellt haben, seine Umsetzung gefährden könnten.

8.3 *Liquidazione giudiziale di Gruppo* (Konzernabwicklung durch Gericht)

206 Gehören mehrere Unternehmen in der Insolvenz, von denen jedes den Mittelpunkt seiner Hauptinteressen in Italien hat, derselben Unternehmensgruppe an, so können sie auf der Grundlage eines einzigen Antrags einem einzigen Gericht für das rechtmäßige Abwicklungsverfahren unterstellt werden.[211] Der **Antrag** auf Eröffnung des einheitlichen Verfahrens kann sowohl von denselben Schuldnerunternehmen (wenn sie selbst die Eröffnung des Verfahrens beantragen) als auch von weiteren **Zugangsberechtigten** (Gläubiger, Personen, die Kontroll- oder Aufsichtsfunktionen der Gesellschaft ausüben, Staatsanwälte) gestellt werden. Die Eröffnung des einheitlichen Verfahrens unterliegt jedoch der Überprüfung der **Angemessenheit der Koordinierung bei der Abwicklung der Vermögenswerte** bezüglich der bestmöglichen Befriedigung der Gläubiger. Sie erfolgt unter Berücksichtigung der bereits bestehenden gegenseitigen wirtschaftlichen oder produktiven Beziehungen sowie der Zusammensetzung der jeweiligen Vermögenswerte und mit denselben Verwaltern.

207 Nur wenn nachgewiesen wird, dass die Koordinierung bei der Abwicklung der Vermögenswerte der insolventen Unternehmen der Gruppe in der Lage ist, den Gläubigern einen Vorteil (im Hinblick auf die Maximierung der Erträge und/oder die Kostensenkung) zu verschaffen, kann ein einziges Verfahren festgelegt werden; in allen anderen Fällen werden für jedes insolvente Unternehmen getrennte Verfahren angewandt.

208 Auch im Rahmen eines einheitlichen Konzernabwicklungsverfahrens bleibt **die Autonomie der jeweiligen Vermögenswerte und Verbindlichkeiten** unberührt,[212] dh
i) der Erlös aus der Abwicklung der Vermögenswerte kommt ausschließlich dem Einzelunternehmen zugute, das sie besitzt, ohne die Möglichkeit einer Verteilung an andere Unternehmen der Gruppe;

---

[208] Art. 285 Abs. 3 und 4 CCII.
[209] Art. 285 Abs. 5 CCII.
[210] Art. 286 Abs. 2 CCII.
[211] Art. 287 Abs. 1 CCII.
[212] Art. 287 Abs. 1 CCII.

ii) die Gläubiger können nur und ausschließlich mit dem Vermögen des Unternehmens befriedigt werden, gegen das sie einen Anspruch haben, ohne sich aus dem Vermögen anderer Unternehmen der Gruppe befriedigen zu können.

Um ein einheitliches Verfahren zu gewährleisten, ist es natürlich notwendig, ein **einziges zuständiges Gericht** zu finden. Das wird zu einem Problem, wenn verschiedene Unternehmen in verschiedenen Bezirkskreisen den Mittelpunkt ihrer Hauptinteressen haben. Verfügt das zuständige Gericht die Eröffnung eines Abwicklungsverfahrens der Gruppe, so ernennt es, sofern keine besonderen Gründe vorliegen, für jedes Unternehmen der Gruppe einen einzelnen **delegierten Richter,** einen **einzigen Verwalter** und **einen Gläubigerausschuss.** Im einheitlichen Verfahren muss die Abwicklung von Vermögenswerten koordiniert werden, um dann die **Gemeinkosten** auf die verschiedenen Unternehmen im Verhältnis zu ihrem jeweiligen Vermögen aufzuteilen. Andernfalls ist für jedes Unternehmen ein **gesonderter Passiva-Bericht** zu erstellen (an dem nur die Gläubiger des betreffenden Unternehmens beteiligt sind).

Wenn mehrere Gesellschaften derselben Gruppe einem **separaten gerichtlichen Abwicklungsverfahren** vor demselben Gericht oder verschiedenen Gerichten unterliegen, dann sind die Leitungsorgane der verschiedenen Verfahren zur **Zusammenarbeit** verpflichtet, um die wirksame Durchführung dieser Verfahren zu erleichtern (Art. 288 CCII). Der Gesetzgeber hat auch Regeln festgelegt, die darauf abzielen, schädliche Verhaltensweisen innerhalb der Gruppe vor der Eröffnung des Abwicklungsverfahrens zu unterbinden. Diese Regeln gelten sowohl für ein einziges Verfahren als auch für die Eröffnung mehrerer Verfahren.

Der Verwalter kann **Maßnahmen** ergreifen, um eine Erklärung über die **Unwirksamkeit von Handlungen** und Verträgen zu erlangen, die in den fünf Jahren vor Einreichung des Antrags auf gerichtliche Abwicklung abgeschlossen wurden und die dazu geführt haben, dass Ressourcen auf eine andere Gesellschaft der Gruppe zum Nachteil der Gläubiger verlagert wurden; es obliegt der begünstigten Gesellschaft nachzuweisen, dass ihr das nachteilige Verhalten der Handlung oder des Vertrags nicht bewusst war.[213] Der Verwalter ist auch berechtigt, eine Klage wegen **Missbrauchs der Verwaltung und Koordination** gemäß Art. 2497 BGB zu erheben und eine Berufung gegen die Unternehmen der ausführenden Gruppe gemäß **Art. 2409** BGB einzureichen. Bei **konzerninternen Darlehen** sind die Forderungen der Muttergesellschaft gegen die Tochtergesellschaften und die Forderungen der Tochtergesellschaften gegen die Muttergesellschaft nachrangig, wenn sie auf der Grundlage von Darlehensverträgen entstanden sind, die nach Einreichung des Antrags, der zur Eröffnung der gerichtlichen Abwicklung führte, oder im Vorjahr abgeschlossen wurden.[214]

9. *Liquidazione Coatta Amministrativa* (Administrative Zwangsabwicklung)

Die Zwangsabwicklung (fortan mit **LCA** abgekürzt) ist ein Insolvenzverfahren administrativer Art. Ihr „administrativer" Charakter ergibt sich aus der Tatsache, dass der Gesetzgeber diesem besonderen Verfahren bestimmte Kategorien von Unternehmen unterwirft, die in Sektoren tätig sind, von denen **wichtige öffentliche Interessen** betroffen sind. Die **Disziplin** der LCA ist eigenartig: Es gibt einen allgemeinen Teil, der jetzt im CCII enthalten ist und der jedoch von Zeit zu Zeit durch einzelne **Sondergesetze,** die das spezifische Verfahren bestimmter Kategorien von Unternehmen regeln (wie zB die in der Gesetzesverordnung Nr. 385 vom 1.9.1993 – Konsolidiertes Bank- und Kreditgesetz), geändert wird.

Was die subjektive Voraussetzung betrifft, so ist sie in den verschiedenen Sondergesetzen zu finden. Es gilt daher der Grundsatz der **„Typizität".** Ohne eine ausdrückliche Bestimmung des Sonderrechts kann ein Unternehmen niemals der LCA unterliegen. Es ist zu beachten, dass im Gegensatz zur *Liquidazione giudiziale,* zum *Concordato* und zur *Amministrazione Straordinaria* auch nichtgewerbliche Unternehmer der LCA unterliegen können. Was die objektive Voraussetzung für die LCA eines Unternehmens betrifft: Generell ist es nicht immer notwendig, dass ein echter Insolvenzzustand eintritt. Es ist möglich, dass ein solches LCA-Verfahren auch dann eingeleitet wird, wenn **schwerwiegende Unregelmäßigkeiten** in der Geschäftsführung festgestellt werden (Verstöße gegen Verwaltungs- oder Rechtsvorschriften). Es kann jedoch vorkommen, dass bei einer LCA, die wegen schwerwiegender Unregelmäßigkeiten im Management beantragt wurde, der Insolvenzzustand bereits während des laufenden Verfahrens festgestellt wird. Nur wenn der Insolvenzzustand vom Gericht erklärt wird, ist der *Commissario Liquidatore* **(Liquidierender Gerichtsverwalter)** berechtigt, Maßnahmen zur **Aufhebung von betrügerischen Handlungen** zu ergreifen, die den Gläubiger benachteiligten.[215]

---

[213] Art. 290 CCII.
[214] Art. 292 CCII.
[215] Art. 299 CCII.

Italien 214–220

214 Das LCA-Verfahren wird von der Behörde angeordnet, die die Gesellschaft überwacht. Alternativ ist es auch möglich, dass das Gericht des Bezirks, an dem die Gesellschaft den Mittelpunkt ihres Hauptinteresses hat, den Insolvenzzustand durch ein Urteil erklärt.[216] Dieses Urteil verpflichtet die zuständige Verwaltungsbehörde, die LCA zu beantragen. Der *Commissario,* der durch die Abwicklungsmaßnahme (oder durch eine andere nachfolgende Maßnahme) ernannt wird, verfügt über weitreichende **Befugnisse** in Bezug auf die Verwaltung des Vermögens und dessen Abwicklung.[217] Die Befugnisse und Funktionen des *Commissario* sind denen des Verwalters in der gerichtlichen Abwicklung ähnlich.

215 Die Abwicklungsmaßnahme (oder jede nachfolgende Maßnahme) beinhaltet auch die Einsetzung eines **Aufsichtsausschusses,** der sich aus drei oder fünf Mitgliedern zusammensetzt, die aus einem Kreis von Personen ausgewählt werden, die über besondere Erfahrung im Geschäftsfeld der Gesellschaft verfügen, ggf. aus Gläubigerkreisen.[218] Seine Aufgabe besteht im Wesentlichen darin, die Arbeit des *Commissarios* sowohl in Bezug auf die einzelnen Verwaltungsaktionen als auch in Bezug auf die Art und Weise, wie die Ziele des Verfahrens erreicht werden sollen, zu überwachen.

216 Die Maßnahme zur **Eröffnung des Verfahrens** gegen den Eigentümer der Gesellschaft, die Gläubiger und die bereits bestehenden Rechtsverhältnisse hat die gleichen Auswirkungen wie die gerichtliche Abwicklung.[219]

217 Eine der wichtigsten Besonderheiten der LCA ist die Art und Weise, wie der **Passiva-Bericht** erstellt wird.

218 Beteiligte, die keine Mitteilung des *Commissario* erhalten haben, können innerhalb von 60 Tagen nach Veröffentlichung der Abwicklungsmaßnahme im Amtsblatt die **Anerkennung** ihrer Forderungen und die Rückgabe ihres Vermögens verlangen.[220] Anschließend erstellt der *Commissario* innerhalb einer Frist von mindestens 90 Tagen ab dem Datum der Abwicklungsmaßnahme die Liste der zugelassenen oder abgelehnten **Ansprüche** und hinterlegt sie bei beim Gericht, bei dem die Gesellschaft den Mittelpunkt ihrer hauptsächlichen Interessen hat. Mit dieser Einreichung wird die Durchsetzbarkeit der Liste festgestellt und die Aufstellung wird denjenigen mitgeteilt, deren Forderung ganz oder teilweise unbegründet war. Im Fall von **Berufungen** und verspäteten Anträgen verweist das Gericht auf die Vorschriften über die gerichtliche Abwicklung.[221]

219 Der *Commissario* verfügt über alle für die Abwicklung der Vermögenswerte erforderlichen Befugnisse, vorbehaltlich der von der Aufsichtsbehörde für die Abwicklung festgelegten Beschränkungen. So ist beispielsweise eine Genehmigung durch die Aufsichtsbehörde und den Aufsichtsausschuss für den **Verkauf „en bloc"** von unbeweglichen Sachen und beweglichen Sachen vorgesehen. Die Vermögenswerte werden dann zunächst den Gläubigern mit vorabzugsfähigen Forderungen, dann den privilegierten Gläubigern und schließlich den unbesicherten Gläubigern zugeordnet, wobei die Möglichkeit der Verteilung von **Teilvorschüssen** auf bestimmte Gläubigerkategorien (zB auf die Kategorie der Mitarbeiter) vorgesehen ist.[222] Das Verfahren kann mit der Verteilung der realisierten Vermögenswerte an die Gläubiger oder mit einem *Concordato* abgeschlossen werden. Beim *Concordato* ist es dem in Abwicklung befindlichen Unternehmen, einem oder mehreren Gläubigern oder einem Dritten gestattet, einen **Vergleichsvertrag** vorzuschlagen. Es gibt **keine Abstimmungsphase** für Gläubiger (im Gegensatz zum Vergleich mit Gläubigern in der gerichtlichen Abwicklung), sondern nur die Möglichkeit für Gläubiger, beim Gericht **Widerspruch** einzulegen.

10. *Amministrazione straordinaria e Ristrutturazione Industriale di Grosse Aziende in Insolvenza* (Außerordentliche Verwaltung und industrielle Umstrukturierung von Großunternehmen im Insolvenzfall)

10.1 Amministrazione straordinaria

220 Die Gesetzesverordnung Nr. 270/1999 regelt die *Amministrazione straordinaria* (nachstehend *AS* genannt). Dies ist ein besonderes Verwaltungsverfahren, das sich an große **Handelsunternehmen** von öffentlichem Interesse richtet und auf die **Erhaltung des Produktionsvermögens** durch die Fortsetzung, Reaktivierung oder Umstellung unternehmerischer Tätigkeiten abzielt. Was die subjektive Voraussetzung betrifft, so ist der **Zugang zum Verfahren** auf Unternehmen, einschließlich einzelner Unternehmen, beschränkt, die:

---

[216] Art. 297 CCII.
[217] Art. 301 CCII.
[218] Art. 301 CCII.
[219] Art. 303–304 CCII.
[220] Art. 309 CCII.
[221] Art. 310 CCII.
[222] Art. 312 CCII.

i) der *Liquidazione giudiziale* unterliegen (dies schließt die Unternehmen, die nur der LCA unterliegen aus — aber nicht die Unternehmen, die sowohl der obligatorischen Abwicklung als auch der LCA unterliegen, wie zB Genossenschaften);
ii) seit mindestens einem Jahr vor dem Insolvenzantrag nicht weniger als 200 Arbeitnehmer haben;
iii) eine Gesamtschuld von nicht weniger als zwei Dritteln von sowohl der Bilanzsumme als auch den Einnahmen aus Verkäufen und Dienstleistungen im letzten Geschäftsjahr zeigten.[223]

Die objektive Voraussetzung für das Verfahren ist die **Insolvenz,** wie sie für die gerichtliche Abwicklung definiert ist. Das Vorliegen solcher Bedingungen bedeutet nicht die automatische Eröffnung der *AS,* sondern eines **Vorverfahrens,** woraufhin die Anwendung der gerichtlichen Abwicklung oder die der *AS* erfolgt. Das **Ermittlungsverfahren** wird mit der gerichtlichen Insolvenzerklärung eröffnet. Das Gericht des Bezirks, an dem der Schuldner den Mittelpunkt der Hauptinteressen hat, stellt durch ein **Urteil** den Insolvenzzustand des Unternehmers fest. Dies kann auf **Antrag** des Schuldners, durch Berufung eines oder mehrerer Gläubiger oder von Amts wegen erfolgen.[224]

Mit diesem Urteil, gegen das jeder Beteiligte **Widerspruch** einlegen kann, werden ein oder drei **Gerichtskommissare** ernannt (in dieser Phase sind die Organe des Verfahrens der Gerichtskommissar, das Gericht und der delegierte Richter. Mit dem vorgenannten Urteil nimmt der Unternehmer eine „gemilderte" **Enteignung** seines Vermögens hin und ist gegen das individuelle Vorgehen der Gläubiger geschützt. Indem die Verwaltung des Vermögens und die Verwaltung der Gesellschaft unter der Aufsicht des Gerichtskommissars stehen (der beispielsweise Handlungen einer außerordentlichen Verwaltung genehmigt), sind die **Wirkungen des Urteils** denjenigen der gerichtlichen Abwicklung und denen der Zulassung des Vergleichs mit den Gläubigern ähnlich.[225] Das Verfahren wird durch die Gesetzesverordnung Nr. 270/1999 geregelt, zum Teil aber auch durch das CCII. Die **Feststellung der Passiva** findet in den Formen statt, die für die gerichtliche Abwicklung vorgesehen sind, und ist dem delegierten Richter der Ermittlungsphase anvertraut. Um das AS-Verfahren eröffnen zu können, ist es notwendig, dass das zahlungsunfähige Unternehmen konkrete Aussichten auf die **Wiederherstellung des wirtschaftlichen Gleichgewichts** der unternehmerischen Tätigkeit hat.

Dies kann auf drei verschiedene Arten geschehen:
i) durch Übertragung von Geschäftseinheiten, wenn der Zweck die Abwicklung von Vermögenswerten ist;
ii) durch eine Umstrukturierungsphase von höchstens zwei Jahren; dies jedoch, um das Unternehmen so wiederherzustellen, dass es sein vollständiges wirtschaftliches und finanzielles Gleichgewicht wiedererlangt;
iii) wiederum mit dem Ziel der Wiederherstellung des Unternehmens und nur für Unternehmen, die im wesentlichen Dienstleistungssektor tätig sind, durch ein Programm zur Übertragung von Waren- und Vertragsleistungen im Rahmen der Fortsetzung des Unternehmens für einen Zeitraum von höchstens einem Jahr.[226]

Das für die **Überprüfung dieser Bedingungen** zuständige Organ ist der *Commissario giudiziale* (Gerichtskommissar), der innerhalb von 30 Tagen nach der Insolvenzerklärung einen Bericht über den Fall erstattet. Dem Bericht des Gerichtskommissars folgen die **Stellungnahme des Ministers für Wirtschaftsentwicklung** (im Folgenden: Minister) und ggf. die **Bemerkungen der Gläubiger und des Unternehmers** (oder einer anderen interessierten Partei). Das Verfahren endet mit einer **begründeten Entscheidung,** mit der das Gericht die *AS* oder die gerichtliche Abwicklung für eröffnet erklärt. Gegen diese Entscheidungen kann **Berufung** eingelegt werden. Nach der Eröffnung des Verfahrens legt das Gericht die **Maßnahmen zur Fortführung** der Gesellschaft fest, deren Leitung dem Gerichtskommissar bis zur Ernennung des *Commissario Straordinario* (Sonderbeauftragten) übertragen wird.

Das Leitungsorgan der *AS* ist der *Commissario Straordinario* (**Verwalter in AS**). Dieses Gremium, das sich aus einem oder drei Mitgliedern zusammensetzen kann, arbeitet unter der Aufsicht des Ministers, der es ernennt. Nach Annahme dieser Bestellung ist der *Commissario Straordinario* für die Verwaltung der Gesellschaft und die Verwaltung ihres Vermögens verantwortlich und tritt an die Stelle des Gerichtskommissars. Die Arbeit dieses Sonderbeauftragten unterliegt manchmal der **Genehmigung des Ministers,** der auch einen **Begleitausschuss** aus drei oder fünf Mitgliedern einsetzt, der eine Überwachungs- und Kontrollfunktion hat. Das **Dekret,** mit dem die Verfügungen erfolgen, hat ähnliche **Auswirkungen** wie die Eröffnung der LCA für den Schuldner, für die

---

[223] Art. 2 Gesetzesdekret 270/1999.
[224] Art. 3 Gesetzesdekret 270/1999.
[225] Art. 18 Gesetzesdekret 270/1999.
[226] Art. 27 Gesetzesdekret 270/1999.

Italien

Gläubiger, für Handlungen, die die Gläubiger benachteiligen und für bereits bestehende Rechtsverhältnisse.

226   Eine *revocatoria* (**Anfechtungsklage**) kann vom *Commissario Straordinario* nur dann eingeleitet werden, wenn die Durchführung eines Programms zur Übertragung von Geschäftseinheiten (oder von Vermögenswerten und Verträgen) genehmigt wurde, da diese Maßnahme darauf abzielt, Vermögenswerte zur Befriedigung der Gläubiger wiederherzustellen und die Gesellschaft nicht zu reorganisieren. Eine weitere Besonderheit betrifft die allgemeine **Befugnis des Sonderbeauftragten,** laufende Verträge zu kündigen.[227] Innerhalb von 60 Tagen nach der Eröffnung des Verfahrens erstellt der Sonderbeauftragte ein besonders **analytisches Programm**, das auf einer der gesetzlich zulässigen alternativen Leitlinien basiert, je nachdem, ob es um die Abwicklung des Vermögens oder die Wiederherstellung der Gesellschaft geht, um ein vollständiges wirtschaftliches und finanzielles Gleichgewicht zu gewährleisten.[228] Es ist wichtig, dass jeder Käufer von Waren- und Vertragsleistungen oder von Unternehmen oder deren Geschäftseinheiten die **Aufrechterhaltung des Beschäftigungsniveaus** gewährleisten kann – und verpflichtet ist, das Unternehmen für mindestens zwei Jahre fortzuführen; er haftet jedoch nicht für **Schulden im Zusammenhang mit dem Betrieb des Unternehmens vor der Übertragung.**[229] Schließlich ist für den Fall, dass das Programm den Verkauf der Geschäftseinheiten vorsieht, die Phase der **Verteilung der Vermögenswerte** vorgesehen. Der Schuldenstand wird durch die **Festlegung der Passiva** definiert, aber der **Zeitpunkt** und die Modalitäten der Einhaltung bleiben so wie es im Programm festgelegt wurde. **Läuft die Frist für die Durchführung des Programms ab,** ohne den Verkauf des Betriebs abgeschlossen zu haben oder ohne dass der Unternehmer die Fähigkeit erlangt hat, seinen Verpflichtungen ordnungsgemäß nachzukommen, so wird das Verfahren in eine *Liquidazione giudiziale* umgewandelt.

10.2 *Ristrutturazione Industriale delle Grosse Aziende* (Industrielle Umstrukturierung von Großunternehmen)

227   Die durch das Gesetzesdekret Nr. 347 vom 23.12.2003 eingeführte industrielle Umstrukturierung von Unternehmen in der Insolvenz ist eine Variante des *amministrazione straordinaria*. Dieses Dekret wurde mehrfach geändert, um es zu ermöglichen, Krisen in **Unternehmen von besonderer Bedeutung** auf nationaler Ebene zu bewältigen (wie Alitalia im Jahr 2008). Im Vergleich zur *AS* sieht die *Ristrutturazione Industriale delle Grosse Aziende* ein vereinfachtes Verfahren vor, bei dem es keine Anfangs- und Vorstufe der Beobachtung gibt. Das Verfahren ist, vorbehaltlich der Bestimmungen über die *Liquidazione giudiziale*, den Unternehmen vorbehalten, die beabsichtigen, die in den Verordnungen der *AS* über die wirtschaftliche und finanzielle Umstrukturierung vorgesehenen Regeln anzuwenden, die aber **mindestens 500 Arbeitnehmer seit mehr als einem Jahr und Schulden von mindestens 300 Mio. EUR haben** (dies gilt auch für Unternehmensgruppen, die für mindestens ein Jahr seit Gründungsdatum aktiv sind). Der einzige Akteur, der berechtigt ist, die Eröffnung der Unternehmensrestrukturierung zu beantragen, ist das insolvente Unternehmen selbst, das einen **Antrag beim Ministerium für Wirtschaftsentwicklung** stellen muss. Mit dem **Ministerialerlass** wird der Schuldner von seinem Vermögen enteignet und der Sonderbeauftragte für die Geschäftsführung der Gesellschaft und die Verwaltung des Vermögens ernannt. Nach der Entscheidung stellt das Gericht den Zustand der Insolvenz durch Urteil fest. Das Kommissionsmitglied erstellt ein **Programm für die Übertragung, Umstrukturierung** von Vermögenswerten und Verträgen, deren Laufzeit vier Jahre nicht überschreiten darf.

228   Im Hinblick auf das *Concordato*[230] ist vorgesehen, dass der Sonderbeauftragte einen **Antrag auf *Concordato*** stellen kann, der die Feststellung der Passiva unterbricht (Feststellung erfolgt in den für die AS vorgesehenen Bedingungen). Das *Concordato* kann die **Aufteilung der Gläubiger** in Klassen, die unterschiedliche Behandlung von Gläubigern verschiedener Klassen und die Möglichkeit der „Umstrukturierung" von Schulden vorsehen. Das *Concordato* wird gebilligt, wenn die **Mehrheit der Gläubiger,** die die Mehrheit der stimmberechtigten Forderungen vertreten, zustimmt; wenn die Gläubiger jedoch in Klassen eingeteilt sind, ist eine Zustimmung der Mehrheit der Gläubiger jeder Klasse erforderlich. Sobald die Mehrheiten erreicht sind, genehmigt das Gericht das *Concordato*. Selbst im Fall der Ablehnung einer oder mehrerer Klassen kann das Gericht das Vergleich jedoch immer noch genehmigen, wenn die Mehrheit der Klassen dafür gestimmt hat und die Gläubiger der abweichenden Klassen vom Vorschlag nicht weniger als von den anderen praktikablen Alternativen überzeugt sind. Die Disziplin der *revocatoria* (**Anfechtungsklage**) unterscheidet sich von derjenigen

---

[227] Art. 5 Gesetzesdekret 270/1999.
[228] Art. 54 ff. Gesetzesdekret 270/1999.
[229] Art. 63 Gesetzesdekret 270/1999.
[230] Art. 4 Gesetzesdekret 347/2013.

des *AS*. Auch wenn es sich bei dem Verfahren nicht nur um ein Abwicklungsverfahren handelt, kann die *Revocatoria*, wenn die Durchführung des Umstrukturierungsprogramms genehmigt wurde, erhoben werden, sofern sie zu einem Vorteil für die Gläubiger führt.

11. Internationales Insolvenzrecht und Zuständigkeit der italienischen Gerichtsbarkeit

In Italien findet die **EuInsVO**[231] Anwendung. **229**

In Italien gelten aktuell keine bilateral zwischenstaatlichen Verträge zum Insolvenzrecht oder Vollstreckungsabkommen: um in Italien ein in einem dritten Staat getroffenes Insolvenzurteil durchzusetzen, werden die Art. 64–65 des Gesetzes 218/1995 verwendet. **230**

Es ist deswegen notwendig, ein *„Exequatur"* vor dem italienischen Richter zu beantragen: der Richter wird überprüfen, dass in dem Fremdstaat **231**
a) der Grundsatz des kontradiktorischen Verfahrens respektiert wurde;
b) das Urteil rechtskräftig wurde;
c) das Urteil keinem weiteren italienischen Urteil oder Verfahren widerspricht;
d) keine Verletzung der internationalen öffentlichen Ordnung darstellt.

Für die **Zuständigkeit eines italienischen Gerichts für Privatpersonen** ist die Gemeinde der Anmeldung oder das letzte bekannte Domizil entscheidend. **232**

Für die **Zuständigkeit eines italienischen Gerichts** für **Unternehmen, die ihren Sitz oder ihre Hauptniederlassung in anderen Staaten außerhalb Italiens haben,** gilt folgendes: **233**
i) Wenn eine Vereinbarung zwischen den betroffenen Staaten oder Gesetzgebung der Europäischen Union wirksam ist bzw. besteht, dann regelt dieses spezifische Übereinkommen (oder diese spezifische Gesetzgebung) die Ausdehnung der Wirkungen einer gerichtlichen Entscheidung über das Hoheitsgebiet des Staates, in dem sie verkündet wurde, hinaus.
ii) Wenn keine Vereinbarung zwischen den Staaten besteht, besteht immer dann die italienische Gerichtsbarkeit, wenn der Schuldner den **Mittelpunkt der Hauptinteressen (COMI)** in Italien hat[232] oder wenn dieser Mittelpunkt im Jahr vor Einreichung des Antrags auf die vereinbarte Regelung der Krise oder der Insolvenz ins Ausland verlagert wurde. Wenn hingegen der Mittelpunkt der Hauptinteressen im Ausland liegt (oder vor mehr als einem Jahr ins Ausland verlagert wurde), liegt die Zuständigkeit bei dem ausländischen Gericht. Dennoch kann der italienische Richter den Unternehmer einem Verfahren in Italien unterwerfen, wenn es eine Niederlassung in Italien gibt.[233]

Die **territoriale Zuständigkeit innerhalb Italiens** für das Verfahren zur Beilegung/Komposition der Krise und der Insolvenz liegt bei dem Gericht, in dessen Bezirk der Schuldner den **Mittelpunkt der Hauptinteressen** (COMI) hat. Bei juristischen Personen wird vermutet, dass er mit dem aus dem Handelsregister resultierenden Sitz zusammenfällt.[234] Unbeschadet bleibt die Möglichkeit, nachzuweisen, dass sich der **tatsächliche Geschäftssitz** vom o. g. Sitz unterscheidet. Bei Verfahren, die sich nur auf Unternehmen in *Amministrazione straordinaria* und Unternehmensgruppen von erheblicher Größe beziehen, ist das zuständige Gericht dort, wo sich der Sitz des gerichtlichen Fachbereichs für Unternehmensangelegenheiten[235] befindet. **234**

Um **Forum Shopping** zu vermeiden, ist die Verlegung des Mittelpunktes der Hauptinteressen im Jahr vor der Einreichung des Antrags auf einvernehmliche Beilegung oder vor der Eröffnung der *Liquidazione giudiziale*[236] für die Zuständigkeit irrelevant. Das Gericht, das die *Liquidazione giudiziale* eröffnet hat, behält das Informationsrecht über alle Handlungen, die aus der *Liquidazione Giudiziale* resultieren werden.[237] **235**

12. COVID-19 Maßnahmen

Der italienische Gesetzgeber hat mit dem Gesetzesdekret 8/4/2020 Nr. 23 (im Folgenden: „Gesetzesdekret") einige außerordentliche und befristete Regelungen eingeführt, um die wirtschaftlichen Auswirkungen der COVID-19-Pandemie im Bereich der Unternehmenskrisen zu bewältigen. **236**

Das ursprünglich für den 15.8.2020 geplante Inkrafttreten des Gesetzbuches bzgl. der Krise und des Insolvenzzustandes von Unternehmen (CCII) wurde auf den 1.9.2021 verschoben. **237**

---

[231] Verordnung des Europäischen Parlaments und des Rates Nr. 2015/848 (Neufassung), die Verordnung des Europäischen Parlaments und des Rates Nr. 2015/848 (Neufassung) v. 20.5.2015 über Insolvenzverfahren (Neufassung), EuInsVO abgekürzt.
[232] Art. 11 CCII.
[233] Art. 26 CCII.
[234] Art. 27 Abs. 2 und 3 CCII.
[235] Art. 27 Abs. 1 CCII, XXX.
[236] Art. 28 CCII.
[237] Art. 32 CCII.

238 Bezüglich laufender Verfahren *Concordati Preventivi* und *Accordi di Ristrutturazione* gelten folgende Sonderregelungen:
Die zwischen dem 23.2.2020 und dem 31.12.2021 ablaufenden Fristen für die Erfüllung von Vereinbarungen und damit die laufenden Verfahren werden um sechs Monate verlängert:[238] Diese gesetzliche Aussetzung um ein halbes Jahrdient dazu, die Aufhebung der Vereinbarung wegen Versäumnissen bei der Umsetzung zu vermeiden.

239 In der Vorbereitungsphase *(Pre Concordato)* kann das Gericht dem Schuldner eine weitere Fristverlängerung von neunzig Tagen für die Einreichung des Plans und die vorgeschlagene Vergleich *(Concordato)*- oder Umschuldungsvereinbarung gewähren.[239]

240 Im Falle eines *Concordato Preventivo* oder *Accordi di Ristrutturazione*, die am 23.2.2020 noch nicht genehmigt sind, kann der Schuldner für einen Zeitraum von höchstens neunzig Tagen bei Gericht die Einreichung eines neuen Plans und eines neuen Vorschlags für einen Vergleich mit den Gläubigern oder eine neue Sanierungsvereinbarung beantragen.[240] Der Schuldner kann dann den bereits vorgelegten Plan, Vorschlag oder die Vereinbarung ändern, um dem geänderten wirtschaftlichen Szenario Rechnung zu tragen.

241 Im Falle eines *Concordato Preventivo* kann dieser Antrag während der gesamten Dauer des Verfahrens bis zum Zeitpunkt der Genehmigung eingereicht werden.

242 Wird der Antrag nach einer Gläubigerversammlung gestellt, in der die erforderlichen Mehrheiten nicht erreicht wurden, ist der Antrag unzulässig. Hatten die Gläubiger hingegen bereits positiv für den Plan gestimmt und wird anschließend ein Änderungsantrag gestellt, so wird davon ausgegangen, dass die Abstimmung wiederholt werden muss, damit die Gläubiger über den neuen Vorschlag abstimmen können.

243 Für die am 23.2.2020 noch nicht genehmigten *Concordati Preventivi* und *Accordi di Ristrutturazione*, kann der Schuldner, um nur die Umsetzungsfristen zu ändern, einen Antrag auf Verlängerung bis zu maximal sechs Monaten gegenüber den ursprünglichen Fristen stellen: der Antrag muss hierbei einen Hinweis auf die neuen Bedingungen enthalten.[241] (Da in diesem Fall nur die Zahlungsbedingungen geändert werden, wird davon ausgegangen, dass die Gläubiger nicht erneut zur Abstimmung einberufen werden müssen.

244 Alle Konkursanträge und Anträge zur Eröffnung einer *Amministrazione Straordinaria*, die in der Zeit vom 9.3.2020 bis zum 30.6.2020 eingereicht werden, sind unzulässig. (Art. 10). Dies gilt nicht für Anträge der Staatsanwaltschaft, wenn diese bei Gericht bis zur Urteilsverkündung den Erlass von Schutzmaßnahmen beantragt.

---

[238] Art. 9 Abs. 1 Gesetzesdekret.
[239] Art. 9 Abs. 4 Gesetzesdekret.
[240] Art. 9 Abs. 2 Gesetzesdekret.
[241] Art. 9 Abs. 3 Gesetzesdekret.

Italien

Abwicklungsverfahren/Liquidazione Giudiziale nach CCII

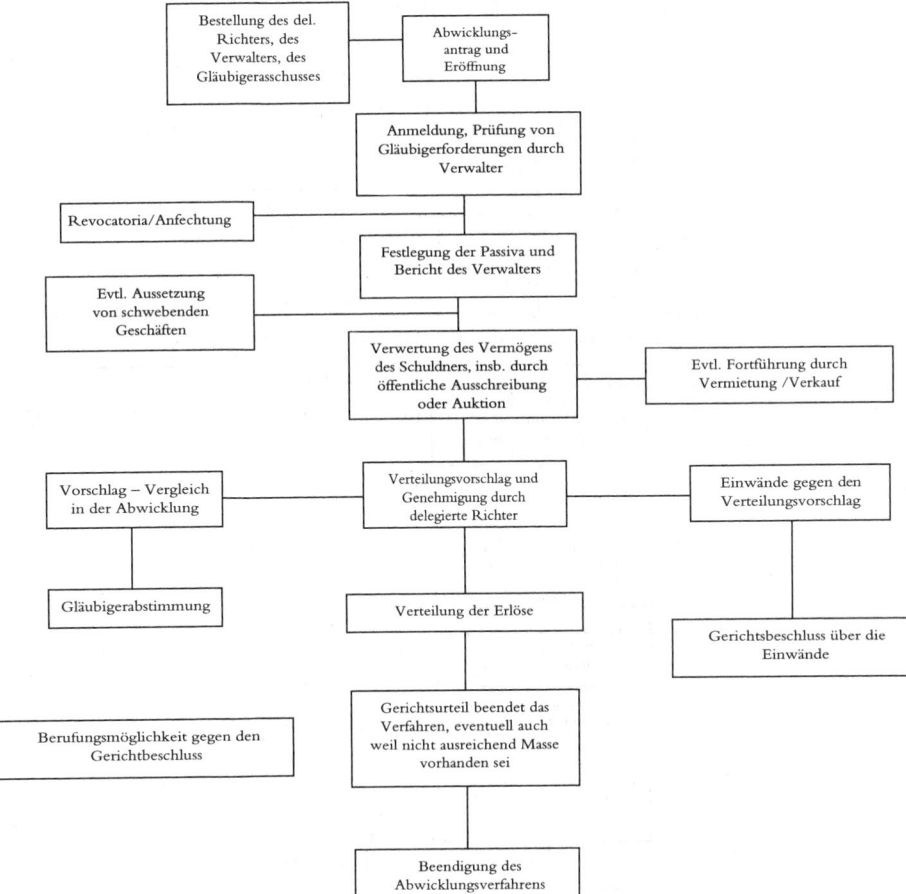

Italien

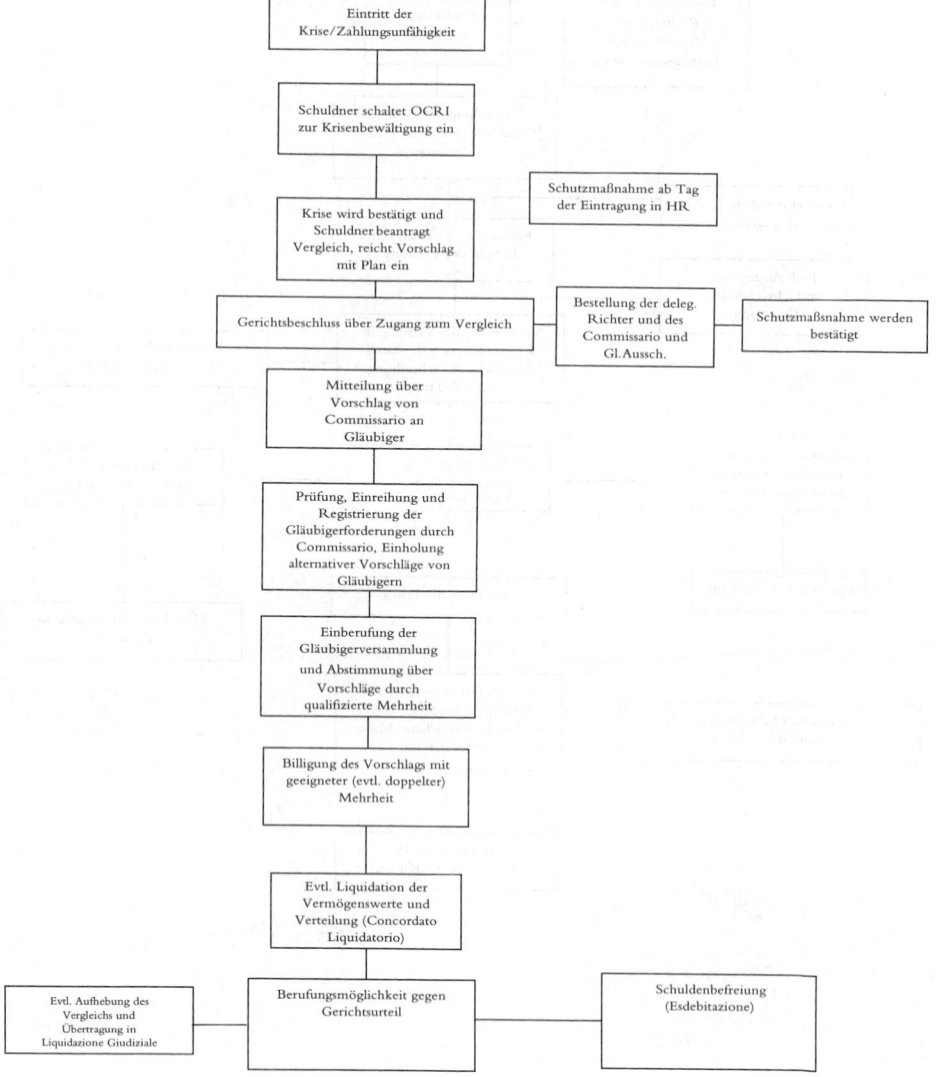

Italien

Glossar

Deutsch	Italienisch	Rn.
Abwicklung	Liquidazione	18, 20, 22, 73, 89, 96, 118, 141, 151, 157, 158, 159, 161, 163, 165–169, 174.176, 184, 191, 192, 196, 198, 200, 206,-210, 212, 222
Abweichende Gläubiger	Creditori esterni al concordato (Gläubiger, die vom Vorschlag des Vergleichs oder der Restrukturierungsplan rausgelassen wurden, Minderheitsgläubiger)	67, 72, 78, 141
Anfechtung (Abwicklungsanfechtung)	Revocatoria	69, 70, 73, 97, 160, 226
Anmeldung der Forderungen/Forderungsanmeldung	Stato del passivo, Ammissione /iscrizione dei crediti	163, 164, 195
Delegierte Richter	Giudice Delegato	109, 111, 154, 162, 164, 166, 222
Gläubigerausschuss	Comitato dei creditori	113, 144, 153–156, 162, 165, 209
Gläubigerversammlung	Assemblea dei Creditori	103
Insolvenz	Stato di Insolvenza (anders als Konkursanmeldung)	1, 8, 11, 15, 17–22, 25, 29, 30, 31, 35, 39, 40, 42, 47, 51, 54, 56, 60, 61, 68, 71, 88, 152, 160, 176, 185, 193, 206, 212–214, 221, 227, 230, 233, 234
Insolvenzgericht	Tribunale Fallimentare	153, 154
Insolvenzverwalter	Curatore Fallimentare	153
Nichtpartei-Gläubiger	Creditore Non Aderente oder Creditore Estraneo (der Gläubiger, der den Vorschlag des Vergleichs ablehnt)	78, 79
Nachrangige Gläubiger	Creditori di rango inferiore	167
Pfandrecht	Pegno	96, 125, 133, 189
Privileg	Privilegio	158, 174, 219
Rangfolge (der Befriedigung)	Rango/ordine di distribuzione	94, 102, 167, 168, 197
Sanierungs-/Insolvenzverfahren	Procedure Concorsuali	1, 4, 8, 11, 15, 19, 25, 40, 47, 212
Vergleich (im Abwicklungsverfahren)	Concordato nella liquidazione o Concordato Liquidatorio	9, 12, 13, 17–19, 46, 64, 66, 73, 80, 81, 127, 185, 187–191, 198, 199, 219
Vergleichsverfahren	Concordato, kann sein Preventivo, Liquidatorio, In Continuita' diretta oder Indiretta	81
Vermögenswerte	Attivo, Attivita'	78, 87, 91, 92, 107, 113, 115, 145, 157, 158, 165, 167, 169, 171, 173, 177, 185,

Italien

Deutsch	Italienisch	Rn.
		192, 194, 202, 206, 207–209, 219, 223, 226, 227
Verteilung	*Distribuzione*	82, 113, 144, 151, 163, 168, 169, 208, 219, 226

Glossar

Italienisch	Deutsch	Rn.
Autoliquidanti	Selbstauflösende (zB bei Zession von Forderungen)	125
Cassazione	Bundesgerichthof	
Codice Civile	Ital. BGB	32, 42, 46
Codice della Crisi e dell'Insolvenza d'Impresa CCII/ccii	Gesetzbuch bzgl. der Krise und des Insolvenzzustandes von Unternehmen	1
Comitato dei Creditori	Gläubigerausschuss	113, 144, 153, 154–156, 162, 165, 209
Commissario	Kommissar, mit unterschiedlichen Befugnissen (von Gerichtsvollzieher zu Treuhänder, Verwalter, Sonderbeauftragtem) in unterschiedlichen Verfahren	109, 112, 115, 129–131, 143, 147–149, 201, 213–215, 218, 219, 224–226
Composizione della crisi da sovraindebitamento	Bewältigung/Beilegung der Überschuldungskrise	176
Concordato	Vergleichsverfahren (allg.)	9, 12, 13, 17, 19, 25, 81
Concordato in Continuita'	Vergleich mit Fortführung/Kontinuität	82, 83, 89, 96, 97
Concordato di Gruppo	Gruppen-/Konzernvergleich	198, 199
Concordato Liquidatorio	Vergleich mit Liquidationsziel	82, 87, 89
Concordato Minore	Kleinerer Vergleich	19, 176, 177, 185
Concordato Misto	Gemischter Vergleich, mit Vermögenswerten zur Fortführung und weiteren zur Liquidation	87
Concordato nella Liquidazione	Vergleich, der während der Abwicklung vorgelegt wird	89
Concordato preventivo	Vergleich (um die Abwicklung zu vermeiden)	9, 12, 13, 17, 28, 43, 59, 60, 61, 64–67
Concorso formale	Formeller Konkurs	158
Concorso sostanziale	Substanzieller Konkurs	158
Concordato con Continuita' diretta	Vergleich mit direkter Fortführung (ohne Übertragung)	83
Concordato con Continuita' indiretta	Vergleich mit indirekter Fortführung (mit Übertragung an Dritte)	83
Contradditorio	Widerspruch: alle Parteien dürfen in direkter Anhörung ihre Argumente vorlegen	57
Crediti Prededucibili	Forderungen, die als erstes befriedigt werden und dadurch „vorabzugsfähig" sind	41, 99
Creditori Non Aderenti/ Creditori estranei	Nichtpartei-Gläubiger	67, 72, 78, 141

Italien

Italienisch	Deutsch	Rn.
Creditori strategici	Strategische Gläubiger, essentiell für die Fortführung	120
Curatore	Verwalter (bei Abwicklung)	153, 155, 156
Datio in solutum	Übertragung von Vermögen an Dritte (SPVs etc), gefolgt von den damit verbundenen Verbindlichkeiten	92
Effetto Esdebitatorio	Auswirkung der Schuldenbefreiung	143, 173
Effetto Purgativo	Der Käufer übernimmt keine Verantwortung für die durch vorherige Führung verursachten Verbindlichkeiten/Verpflichtungen (bei Veräußerung in der Abwicklung)	166
Esdebitazione	Maßnahme der Schuldenbefreiung	197
Falcidia Concordataria	Verluste, die sich aus der Zeit und Reihenfolge und nicht ausreichenden Vermögenswerte während des Vergleichsverfahrens ergeben	123
Fallimento	Konkurs	9, 12, 17
Giudice Delegato	Delegierter Richter	109, 110, 111, 153
Liquidazione Coatta Amministrativa	Verwaltungstechnische Zwangsabwicklung	32, 36, 176, 212
Liquidazione Controllata del Sovraindebitato	Überwachte Abwicklung bei überschuldeten Privatverbrauchern	19, 56, 176, 185, 190, 192
Liquidazione Giudiziale	Abwicklung durch das Gericht	56–63, 65, 78, 80, 88, 118, 126, 128, 151
Liquidazione Giudiziale di Gruppo	Abwicklung eines Konzerns durch das Gericht	206
Offerte Concorrenti	Konkurrierende Angebote (bei Bietungsverfahren um die Neutralität der Angebote sicherzustellen)	106
Organismo per la Composizione della Crisi del Consumatore OCC	Gremium für die Krisenbewältigung bei Privatverbrauchern	179
Organismo per la Composizione della Crisi d'impresa OCRI	Gremium für die Krisenbewältigung des Unternehmens	49, 50, 53
Par condicio creditorum	Gleichbehandlung der Gläubiger	44, 160
Piccolo imprenditore	Kleinunternehmer	33, 68
Procedure Concorsuali	Sanierungs-/Insolvenzverfahren	15
Procedura di Ristrutturazione delle Grandi Imprese	Restrukturierungsverfahren von Großunternehmen	227
Processo di Allerta e di Composizione della crisi d'impresa	Verfahren für die Krisenbewältigung/-beilegung bei Unternehmen	101
Professionisti	Fachleute (Berater, Sachverständige, etc)	
Revocatoria	Anfechtungsverfahren	69, 70, 73, 97, 160, 161, 226, 227
Revocattoria ordinaria	Normales Anfechtungsverfahren	70
Ristrutturazione del Debito del consumatore	Restrukturierung der Schulden des Privatverbrauchers	19, 176

Italien

Italienisch	Deutsch	Rn.
Ristrutturazione Industriale	Industrielle Umstrukturierung	227
Sospensione	Aussetzung (bei schwebenden Geschäften)	162
Transazione Fiscale	Vereinbarung mit dem Fiskus	80
Tribunale Fallimentare	Insolvenzgericht	153, 154

Japan

bearbeitet von *Tomohiro Okawa* (Nagashima Ohno & Tsunematsu, Tokio); deutsche Bearbeitung: Dr. *Hauke Sattler*, Freshfields Bruckhaus Deringer Rechtsanwälte Steuerberater PartG mbH, Hamburg

Übersicht

	Rn.
1. Gesetze, allgemeine Informationen, elektronische Quellen	1
2. Einführung	2
3. Das Konkursverfahren	5
3.1 Allgemeines	5
3.2 Konkursgründe und zuständige Gerichte	6
3.3 Einstweilige Anordnung von Sicherungsmaßnahmen vor Verfahrenseröffnung	9
3.4 Wirkungen der Verfahrenseröffnung	10
3.5 Konkursforderungen	12
3.5.1 Forderungskategorien	12
3.5.2 Anmeldung, Anerkennung und Feststellung von Forderungen	16
3.5.3 Gläubigerversammlung	18
3.6 Verwaltung, Verwertung und Verteilung der Masse	19
3.6.1 Verwaltung der Masse	19
(a) Auflösung und Fortführung von Verträgen nach Verfahrenseröffnung	20
(b) Anfechtung	21
3.6.2 Verwertung der Masse	22
3.6.3 Verteilung der Masse	23
3.7 Beendigung des Konkursverfahrens	24
3.8 Restschuldbefreiung	25
3.8.1 Allgemeines	25
3.8.2 Antrag und Ausschlussgründe	26
3.8.3 Wirkungen der Befreiung	28
3.9 Restitution	29
4. Das Sonderliquidationsverfahren	30
5. Das zivilrechtliche Sanierungsverfahren	32
5.1 Allgemeines	32
5.2 Eröffnungsgründe und Zuständigkeit	33
5.3 Einstweilige Anordnung von Sicherungsmaßnahmen	34
5.4 Wirkungen der Verfahrenseröffnung	35
5.5 Sanierungsforderungen	37
5.5.1 Forderungskategorien	37

	Rn.
5.5.2 Anmeldung, Anerkennung und Feststellung von Forderungen	43
5.5.3 Gläubigerversammlung und Gläubigerausschuss	44
5.6 Sanierungsschulden und Sanierungsplan	45
5.6.1 Verwaltung des Schuldnervermögens	45
(a) Auflösung und Fortführung von Verträgen nach Verfahrenseröffnung	48
(b) Anfechtung	49
5.6.2 Sanierungsplan und Durchführung	52
5.7 Übertragende Sanierung nach Artikel 42	55
5.8 Standardzeitrahmen	56
5.9 Das zivilrechtliche Sanierungsverfahren für Verbraucher	57
6. Das Gesellschaftssanierungsverfahren	59
6.1 Allgemeines	59
6.2 Eröffnungsgründe und Zuständigkeit	60
6.3 Einstweilige Anordnung von Sicherungsmaßnahmen	61
6.4 Wirkungen der Verfahrenseröffnung	62
6.5 Aufgaben und Stellung der Verfahrensorgane	63
6.6 Sicherungsgläubiger	65
6.7 Sanierungsplan und Durchführung	66
6.8 Standardzeitrahmen	68
7. Außergerichtliche Sanierung	69
7.1 Allgemeines	69
7.2 Turnaround ADR-Verfahren	70
8. Internationales Insolvenzrecht	74
8.1 Allgemeines	74
8.2 Anerkennungsverfahren	75
8.3 Sicherungsmaßnahmen	79
8.4 Unterstützung	80
8.5 Auswirkungen des Gesetzes über die Anerkennung und Unterstützung ausländischer Insolvenzverfahren auf das japanische Insolvenzrecht	81
9. Änderungen des Insolvenzrechts im Zusammenhang mit COVID-19	82

1. Gesetze, allgemeine Informationen, elektronische Quellen

1　**Gesetze:** Konkursgesetz (Gesetz Nr. 75/2004 in der gültigen Fassung). Gesellschaftsgesetz (Gesetz Nr. 816/2005 in der gültigen Fassung). Zivilrechtliches Sanierungsgesetz (Gesetz Nr. 225/1999 in der gültigen Fassung). Gesellschaftssanierungsgesetz (Gesetz Nr. 154/2002 in der gültigen Fassung). Gesetz über die Anerkennung und Unterstützung ausländischer Insolvenzverfahren (Gesetz Nr. 129/2000 in der gültigen Fassung). Gesetz über die Stärkung der industriellen Wettbewerbsfähigkeit (Gesetz Nr. 98/2013 in der gültigen Fassung; vormals Gesetz über besondere Maßnahmen zur industriellen Revitalisierung und Innovation).

Elektronische Quellen, Verfügbarkeit von Gesetzen in japanischer oder englischer Sprache: Auf der Internetseite https://www.e-gov.go.jp/law/ stellt das japanische Innenministerium den aktuellen Volltext japanischer Gesetze in japanischer Sprache zur Verfügung. Auf der Internetseite http://www.japaneselawtranslation.go.jp/ stellt die japanische Regierung das Konkursgesetz, das Zivilrechtliche Sanierungsgesetz, das Gesetz über die Anerkennung und Unterstützung ausländischer Insolvenzverfahren und das Gesetz über die Stärkung der industriellen Wettbewerbsfähigkeit in englischer Übersetzung zur Verfügung. Für das Gesellschaftssanierungsgesetz steht bislang keine Übersetzung der Regierung zur Verfügung.

Insolvenzen werden im Kanpô (ein dem deutschen Bundesanzeiger vergleichbares Veröffentlichungsblatt) bekannt gemacht. Diese Informationen können auf der Internetseite http://kanpou.npb.go.jp/ in japanischer Sprache abgerufen werden.

Informationen aus dem japanischen Handelsregister können über eine Internetseite des Justizministeriums (http://houmukyoku.moj.go.jp/) in japanischer Sprache abgerufen werden.

Allgemeine Informationen zum Turnaround-ADR werden von der Japan Association of Turnaround Professionals unter http://turnaround.jp/ bereitgestellt. Die englische Broschüre zum Turnaround-ADR ist auf der Internetseite des Ministeriums für Wirtschaft, Handel und Industrie abrufbar (https://www.meti.go.jp/policy/jigyou_saisei/ADR%20HP E-virsion_100126.pdf.).

2. Einführung

2　Das japanische Insolvenzrecht kennt im Wesentlichen vier Arten gerichtlicher Insolvenzverfahren, die jeweils in separaten Gesetzen geregelt sind und einem von zwei Grundtypen zugeordnet werden können, je nachdem, ob das Ziel des Verfahrens die Liquidation eines Schuldners (**„Liquidationsverfahren"**) oder die Sanierung eines Schuldners (**„Sanierungsverfahren"**) ist. Die allgemeine und gewöhnliche Form des Liquidationsverfahrens ist das **Konkursverfahren** *(hasan tetsuzuki)* nach dem Konkursgesetz. Das Ziel des Konkursverfahrens ist die Liquidation der Gesellschaft durch Umwandlung ihrer Vermögensgegenstände in liquide Mittel und die faire und gleichmäßige (dh anteilmäßige) Verteilung der liquiden Mittel an die Gläubiger. Das Konkursverfahren findet in der Regel nur Anwendung, wenn keines der anderen Insolvenzverfahren durchführbar ist. Die zweite Form des Liquidationsverfahrens ist das **Sonderliquidationsverfahren** *(tokubetsu seisan tetsuzuki)* nach dem Gesellschaftsgesetz, das nur bei Aktiengesellschaften Anwendung findet und sich von dem Konkursverfahren in mehreren Aspekten unterscheidet, zB darin, dass es anders als beim Konkursverfahren kein Forderungsfeststellungsverfahren gibt. Die Sanierungsverfahren sind das **zivilrechtliche Sanierungsverfahren** *(minji saisei tetsuzuki)* nach dem Zivilrechtlichen Sanierungsgesetz und das **Gesellschaftssanierungsverfahren** *(kaisha kôsei tetsuzuki)* nach dem Gesellschaftssanierungsgesetz. Das zivilrechtliche Sanierungsverfahren findet bei allen Gesellschaftsformen Anwendung, einschließlich Aktiengesellschaften, Personengesellschaften und Gesellschaften mit beschränkter Haftung, wohingegen das Gesellschaftssanierungsverfahren nur Aktiengesellschaften offensteht. Das internationale Insolvenzrecht wird durch Kollisionsnormen in den einzelnen Insolvenzgesetzen sowie durch das Gesetz über die Anerkennung und Unterstützung ausländischer Insolvenzverfahren geregelt.

3　Die **Verbraucherinsolvenz** *(shôhisha tôsan)* ist nicht eigenständig geregelt, doch hat der Verbraucher in Japan die Möglichkeit, die Insolvenz selbst zu beantragen und gleichzeitig auf die Regelungen zur **Restschuldbefreiung** *(menseki)* im Konkursgesetz zurückzugreifen. Auch das Zivilrechtliche Sanierungsgesetz enthält Regelungen zur **Verbrauchersanierung** *(kojin saisei)*.

4　Schließlich wird eine zunehmende Anzahl an Sanierungsfällen in Japan heute nicht durch eines der genannten gerichtlichen Verfahren, sondern außergerichtlich geregelt (**außergerichtliche Sanierung** – *shiteki seiri*).

3. Das Konkursverfahren

3.1 Allgemeines

5　Das **Konkursverfahren** *(hasan tetsuzuki)* ist das **zentrale juristische Instrument** zur Abwicklung eines Insolvenzfalls in Japan und darauf ausgerichtet, das Vermögen des Schuldners zu verwerten und die Erlöse gleichmäßig an die Gläubiger zu verteilen. Es findet **sowohl auf natürliche als auch auf juristische Personen** Anwendung. Darüber hinaus bietet es bei natürlichen Personen die Möglichkeit eines Antrags auf **Restschuldbefreiung** *(menseki)*. Das Konkursverfahren geht auf deutsche Einflüsse zurück.

3.2 Konkursgründe und zuständige Gerichte

Voraussetzung für die Eröffnung eines Konkursverfahrens ist die **Zahlungsunfähigkeit** *(shiha-* 6 *raifunou)*, und bei juristischen Personen zusätzlich die **Überschuldung** *(saimu chôka)*.[1] Zahlungsunfähigkeit ist per Legaldefinition die grundsätzliche und dauerhafte Unfähigkeit des Schuldners, seine Verbindlichkeiten bei Fälligkeit zu erfüllen.[2] Überschuldung liegt per Legaldefinition vor, wenn das Vermögen des Schuldners die bestehenden Verbindlichkeiten nicht mehr deckt.[3]

Das Konkursverfahren wird grundsätzlich nur auf **Antrag** eröffnet. Antragsberechtigt sind der 7 **Schuldner** und die **Gläubiger** und im Fall von juristischen Personen deren Organe.[4]

Für ein Konkursverfahren ist bei Schuldnern, die eine gewerbliche Tätigkeit ausüben, das 8 **Distriktgericht** zuständig, in dessen Gerichtsbezirk sich der **Hauptgeschäftssitz** des Schuldners befindet. Ungeachtet dieser allgemeinen Regel kann ein Eröffnungsantrag, falls es **mindestens 500 Gläubiger** mit Konkursforderungen gibt, auch bei dem zentralen Distriktgericht gestellt werden, in dessen Gerichtsbezirk sich das Obergericht mit Zuständigkeit für das zuständige Gericht befindet. Falls sich zB der Hauptgeschäftssitz eines Schuldners in Yokohama befindet, kann der Schuldner, falls er mindestens 500 Gläubiger hat, die Konkurseröffnung entweder beim Distriktgericht Kanagawa, in dessen Gerichtsbezirk Yokohama liegt, beantragen, oder aber beim Distriktgericht Tokio, weil das Obergericht mit Zuständigkeit für das Distriktgericht Kanagawa das Obergericht Tokio ist, das sich in Tokio befindet, wo das Distriktgericht Tokio zuständig ist. Falls es **mindestens 1.000 Gläubiger** gibt, kann die Konkurseröffnung auch beim Distriktgericht Tokio oder beim Distriktgericht Osaka beantragt werden.

3.3 Einstweilige Anordnung von Sicherungsmaßnahmen vor Verfahrenseröffnung

Das Gericht kann nach Antragstellung eine einstweilige Anordnung von Sicherungsmaßnahmen 9 *(hozen meirei)* erlassen.[5] Damit ordnet das Gericht insbesondere ein Erfüllungs- und Verfügungsverbot *(bensai kinshi, zaisan no shobun kinshi, senyû iten kinshi)* an. Zulässig sind außerdem die Bestellung eines vorläufigen Verwalters *(hozen kanri nin)*, auf den die Verwaltungs- und Verfügungsbefugnis über das Schuldnervermögen übergeht, sowie die Anordnung, einzelne Vollstreckungsverfahren einstweilig einzustellen. In besonderen Fällen kann das Gericht ein umfassendes Verbot aller Vollstreckungsmaßnahmen anordnen. Anders als beim zivilrechtlichen Sanierungsverfahren und Gesellschaftssanierungsverfahren ist es in der Praxis jedoch selten, dass das Gericht in einem Konkursverfahren eine einstweilige Anordnung von Sicherungsmaßnahmen erlässt, da der Zeitraum zwischen Konkursantrag und Eröffnungsbeschluss in der Regel relativ kurz ist und es daher keiner solchen Anordnung bedarf.

3.4 Wirkungen der Verfahrenseröffnung

Das Gericht erlässt einen **Eröffnungsbeschluss** *(hasan tetsuzuki kaishi kettei)*, wenn es einen 10 Grund für die Eröffnung des Konkursverfahrens (→ Rn. 6). und keinen Grund für eine Abweisung des Antrags (zB Bösgläubigkeit) feststellt. Das Vermögen des Schuldners im Zeitpunkt des Eröffnungsbeschlusses bildet die **Konkursmasse** *(hasan zaidan)*. Die alleinige Verwaltungs- und Verfügungsbefugnis über die Konkursmasse geht auf den gerichtlich bestellten **Konkursverwalter** *(hasan kanzainin)* über.[6] Zur Konkursmasse gehört auch Vermögen, das sich im Ausland befindet. Soweit Vermögensgegenstände nicht zur Konkursmasse gehören, insbesondere bei Eigentum Dritter, erkennt das Konkursgesetz ein **Aussonderungsrecht** *(torimodoshiken)* an.[7] Maßnahmen gegen die Masse wie zB Vollstreckungsmaßnahmen oder einstweilige Maßnahmen, sind dann nicht mehr zulässig; auch bereits begonnene Maßnahmen werden ausgesetzt.[8]

---

[1] Art. 15 ff. Konkursgesetz.
[2] Art. 2 Abs. 11 Konkursgesetz.
[3] Art. 16 Abs. 1 Konkursgesetz.
[4] Art. 19 Konkursgesetz zu den antragsberechtigten Organen, zB Direktoren, Geschäftsführer, Liquidatoren.
[5] Art. 24 ff., 91 Konkursgesetz.
[6] Art. 78, 47 f. Konkursgesetz.
[7] Art. 62 Konkursgesetz.
[8] Art. 42 Konkursgesetz.

11 Die Konkursmasse wird vom Konkursverwalter **verwertet,** um Verteilungen auf Konkursforderungen *(hasan saiken)* vorzunehmen, dh die Ansprüche, deren Gründe vor dem Eröffnungsbeschluss liegen.[9] Sie können nur im Rahmen des Konkursverfahrens erfüllt werden.[10]

3.5 Konkursforderungen

3.5.1 Forderungskategorien

12 Im Konkursverfahren werden die Forderungen kategorisiert und im Wesentlichen in drei Kategorien unterteilt: **Konkursforderungen** *(hasan saiken)*, **Masseforderungen** *(zaidan saiken)* und **Absonderungsrechte** *(betsujo ken)*.

13 **Konkursforderungen** *(hasan saiken)* können ausschließlich im Konkursverfahren geltend gemacht werden. Jeder Inhaber von Konkursforderungen muss seine Forderungen durch Einreichung eines Forderungsnachweises anmelden, um bei Verteilungen berücksichtigt zu werden. Innerhalb der Konkursforderungen wird zwischen vorrangigen, einfachen und nachrangigen Forderungen unterschieden.[11] **Vorrangige Konkursforderungen** *(yusenteki hasan saiken)*, insbesondere Lohn- und Gehaltsforderungen, gehen einfachen Konkursforderungen im Rang vor. **Nachrangige Konkursforderungen** *(restugoteki hasan saiken)*, die im Rang hinter einfachen Konkursforderungen stehen, umfassen vor allem Schadenersatzansprüche, die wegen Nichterfüllung nach Verfahrenseröffnung entstehen.

14 Von den Konkursforderungen sind die **Masseforderungen** *(zaidan saiken)* zu unterscheiden, die grundsätzlich unbeschadet des Konkursverfahrens geltend gemacht werden können und daher vorrangig vor Konkursforderungen erfüllt werden.[12] Zu den Masseforderungen gehören insbesondere Gerichtskosten, Vergütung und Auslagen des Konkursverwalters sowie Gegenleistungsansprüche bei Fortführung schwebender Verträge nach Verfahrenseröffnung.[13]

15 Das Konkursgesetz erkennt ferner **Absonderungsrechte** *(betsujo ken)* von Sicherungsgläubigern an, die Inhaber besonderer gesetzlicher Sicherungsrechte, die nach anwendbarem Recht bestellt wurden, Pfandrechte oder Hypotheken an Gegenständen der Konkursmasse sind.[14] Auch atypische Sicherungsrechte wie die Sicherungsübereignung und der Eigentumsvorbehalt *(joto tanpo)* sind Gegenstand von Absonderungsrechten. In ähnlicher Weise kommt außerdem die **Aufrechnung** *(sosai ken)* durch den Gläubiger zum Zuge. Sowohl Absonderungsrechte wie auch die Aufrechnung können grundsätzlich unabhängig vom Konkursverfahren ausgeübt werden.[15]

3.5.2 Anmeldung, Anerkennung und Feststellung von Forderungen

16 Das Gericht bestimmt im Eröffnungsbeschluss die **Frist,** innerhalb der die Gläubiger von Konkursforderungen ihre Forderungsnachweise einreichen müssen.[16] Jeder Gläubiger von Konkursforderungen außer solchen, die als Masseforderungen gelten, muss innerhalb der Frist bei dem Gericht einen **Forderungsnachweis** unter Angabe des Grundes und Betrags der Forderung einreichen. Der Betrag der Forderung, einschließlich einer Eventualforderung, wird zum Zeitpunkt der Verfahrenseröffnung berechnet. Nach Ablauf der Frist kann eine **Nachmeldung** nur noch berücksichtigt werden, wenn der betroffene Gläubiger das Fristversäumnis nicht zu vertreten hat und den Forderungsnachweis innerhalb eines Monats nach Wegfall des Hinderungsgrunds einreicht.[17] Gleichzeitig bestimmt das Gericht eine Frist, innerhalb der der Konkursverwalter, die angemeldeten Konkursgläubiger und/ oder der Konkursschuldner schriftlich **Einwände** gegen die angemeldeten Forderungen vorbringen können.[18]

17 Jeder ordnungsgemäß eingereichte Forderungsnachweis wird **von dem gerichtlich bestellten Konkursverwalter geprüft.** Nach der Prüfung entscheidet der Konkursverwalter, ob er einen Forderungsnachweis **anerkennt** oder **ablehnt.** Jeder Gläubiger, der einen eigenen Forderungsnachweis eingereicht hat, ist berechtigt, innerhalb der vom Gericht festgesetzten Prüfungsfrist Einwände gegen einen von einem anderen Konkursgläubiger eingereichten Forderungsnachweis zu erheben.

---

[9] Art. 2 Abs. 5 Konkursgesetz.
[10] Art. 100 Abs. 1 Konkursgesetz.
[11] Art. 97 ff. Konkursgesetz.
[12] Art. 151 Konkursgesetz.
[13] Art. 148, 149 Konkursgesetz.
[14] Art. 65 Abs. 2 Konkursgesetz.
[15] Art. 65 Abs. 1 Konkursgesetz.
[16] Art. 31 Abs. 1 Konkursgesetz.
[17] Art. 112 Konkursgesetz.
[18] Art. 116, 117 f. Konkursgesetz.

3. Das Konkursverfahren   18–21   **Japan**

Eine Konkursforderung, die vom Konkursverwalter anerkannt wurde und die kein Gläubiger bestritten hat, wird so festgestellt, wie im eingereichten Forderungsnachweis angegeben. Falls der Konkursverwalter oder ein Gläubiger den Bestand oder Betrag einer bestimmten Konkursforderung bestreitet und Einwände gegen den entsprechenden Forderungsnachweis erhebt, wird diese Konkursforderung gerichtlich festgestellt, nachdem der Gläubiger, dessen Forderung bestritten wird, beim Konkursgericht das im Rahmen des Konkursverfahrens vorgesehene **Forderungsfeststellungsverfahren** *(satei tetsuzuki)* beantragt, das einer raschen Forderungsfeststellung dient. Gegen die Forderungsfeststellung des Konkursgerichts kann Einspruch erhoben werden.

3.5.3 Gläubigerversammlung

Mit Erlass eines Eröffnungsbeschlusses beruft das Gericht in der Regel eine **Gläubigerver-** 18
sammlung *(saikensha syukai)* ein. Auf einer Gläubigerversammlung erläutert in der Regel der Konkursverwalter den teilnehmenden Gläubigern den Stand der Verwaltung, Verwertung und Verteilung der Konkursmasse.

3.6 Verwaltung, Verwertung und Verteilung der Masse

3.6.1 Verwaltung der Masse

Das Konkursgesetz sieht zwingend die Bestellung eines **Konkursverwalters** *(hasan kanzainin)* 19
mit Verwaltungs- und Verfügungsbefugnis über die Konkursmasse vor.[19] Der Konkursverwalter hat weitgehende Befugnisse, um den Vermögensbestand festzustellen, und ist später verpflichtet, ein Vermögensverzeichnis sowie eine Bilanz zu erstellen und diese Dokumente dem Gericht zu übergeben.[20]

(a) Auflösung und Fortführung von Verträgen nach Verfahrenseröffnung

Bei **gegenseitigen Verträgen,** die zum Zeitpunkt der Eröffnung des Konkursverfahrens **noch** 20
nicht beidseitig vollständig erfüllt sind **(schwebender Vertrag;** *soho miriko somu keiyaku)*, kann der Konkursverwalter **wählen,** ob er den Vertrag erfüllt oder auflöst.[21] Da das Konkursverfahren ein Liquidationsverfahren ist, kommt es relativ selten vor, dass der Konkursverwalter **Erfüllung** wählt, außer in Fällen, in denen er die Fortführung des Unternehmens des Schuldners für einen befristeten Zeitraum nach Verfahrenseröffnung für notwendig hält. Wählt er Erfüllung, kann der Vertragspartner die geschuldete Gegenleistung als Masseforderung geltend machen. Wählt er **Auflösung,** kann der Vertragspartner als Gläubiger einer Konkursforderung Schadenersatz und als Massegläubiger Rückgewähr der von ihm bereits erbrachten Gegenleistung verlangen. Bei schwebenden Dauerschuldverhältnissen kann der Leistende die Fortführung der Leistungserbringung gegenüber dem Konkursschuldner nicht mit der Begründung verweigern, die vor der Verfahrenseröffnung erbrachten Leistungen seien noch nicht bezahlt. Forderungen, die sich auf Leistungen nach der Stellung des Eröffnungsantrags beziehen, werden jedoch als Masseforderungen anerkannt.[22]

(b) Anfechtung[23]

Anfechtung *(hi-nin)* umfasst die **Anfechtung wegen nachteiliger Handlungen** *(sagai koui)* 21
und wegen **Begünstigung** *(henpa koui)*. Die Anfechtung wegen nachteiliger Handlungen *(sagai koui)* ist möglich, wenn der Konkursschuldner mit der Absicht einer Gläubigerbenachteiligung agierte. Dies gilt allerdings nur, wenn der Empfänger der Leistung diese Absicht kannte. Handlungen, die der Schuldner nach Zahlungseinstellung, Eintritt der Zahlungsunfähigkeit oder Stellung des Konkursantrags vorgenommen hat, sind wegen Begünstigung *(henpa koui)* anfechtbar. Auch hier wird der gutgläubige Empfänger jedoch geschützt. Schließlich ist im Falle unentgeltlicher Leistungen, die der Schuldner im Zeitraum von sechs Monaten vor Zahlungseinstellung bzw. vor Stellung des Konkursantrags erbracht hat, eine **Anfechtung wegen unentgeltlicher Leistung** *(musho koi)* möglich. Ein Schutz des gutgläubigen Empfängers ist hier allerdings nicht vorgesehen. Das Anfechtungsrecht kann unter bestimmten Voraussetzungen auch gegenüber Dritten ausgeübt werden, an die die Leistung des Schuldners weitergegeben worden ist, insbesondere wenn diesen Personen der Anfechtungsgrund bekannt war.

---

[19] Art. 78 Abs. 1 Konkursgesetz.
[20] Art. 40 f., 153 Konkursgesetz.
[21] Art. 53 Konkursgesetz.
[22] Art. 55 Konkursgesetz.
[23] Art. 160 ff. Konkursgesetz.

3.6.2 Verwertung der Masse

22 Der Konkursverwalter verwertet unter Aufsicht durch das Gericht und die Gläubiger das zur Konkursmasse gehörende Vermögen. Zu diesem Zweck führt er, soweit dies zweckdienlich ist, vorbehaltlich der Zustimmung des Gerichts das Unternehmen des Schuldners vorübergehend fort. Für eine Reihe wichtiger Maßnahmen bedarf er der vorherigen Zustimmung des Gerichts.[24] Hierzu zählen ua die Veräußerung von Grundstücken oder des Unternehmens als Ganzes.

3.6.3 Verteilung der Masse

23 Nach der Verwertung des zur Konkursmasse gehörenden Vermögens hat der Konkursverwalter die **Schlussverteilung** *(saigo haitō)* vorzunehmen.[25] Hierzu hat er in einem **Verteilungsverzeichnis** *(haitōhyō)* den zur Verteilung bestimmten Geldbetrag und die Liste der einzelnen Konkursgläubiger mit ihrem jeweiligen Forderungsbetrag anzugeben. Die Verteilung von Geldern erfolgt anteilig im Verhältnis zu dem Betrag der Forderungen, wie im Forderungsfeststellungsverfahren (→ Rn. 17) festgestellt.

3.7 Beendigung des Konkursverfahrens

24 Das Gericht beendet das Konkursverfahren durch **Beschluss,** wenn der Konkursverwalter die Schlussverteilung vorgenommen hat, seinen Berichtspflichten nachgekommen ist und keine Einwände erhoben worden sind.[26] Nach öffentlicher Bekanntgabe des Beschlusses ist das Verfahren abgeschlossen. Juristische Personen erlöschen, soweit kein Vermögen mehr vorhanden ist. Bei natürlichen Personen lebt die Verwaltungs- und Verfügungsbefugnis des Schuldners wieder auf. Auch die Vollstreckung durch den Konkursgläubiger ist wieder möglich, es sei denn, eine natürliche Person wird von ihrer Restschuld befreit.

3.8 Restschuldbefreiung

3.8.1 Allgemeines

25 Die Regelungen zur **Restschuldbefreiung** *(menseki)* wurden bereits im Jahr 1952 eingeführt, fanden allerdings bis in die 1970er Jahre kaum Anwendung. Denn Verbraucherkredite waren unüblich. Zudem konnte die Kreditaufnahme zu einem Verlust gesellschaftlichen Ansehens führen. Dies änderte sich jedoch mit der rapiden Zunahme von Verbraucherkreditinstituten in Zeiten des Wirtschaftswachstums und auch der zunehmenden Anzahl von Kreditkartennutzern. Heute hat sich die Restschuldbefreiung des Konkursgesetzes als fester Bestandteil der Verbraucherinsolvenz neben der Verbrauchersanierung des Zivilrechtlichen Sanierungsgesetzes etabliert.

3.8.2 Antrag und Ausschlussgründe

26 Eine **natürliche Person** hat die Möglichkeit, sich von der Restschuld befreien zu lassen. Sie kann zwischen den verschiedenen Verfahrensarten der Verbraucherinsolvenz wählen. Eine Subsidiarität der Restschuldbefreiung gegenüber der Verbrauchersanierung des Zivilrechtlichen Sanierungsgesetzes ist nicht geregelt und auch nicht vorgesehen. Der **Antrag** auf Restschuldbefreiung ist frühestens mit dem Antrag der Konkurseröffnung und spätestens einen Monat nach Eintritt der Bestandskraft des Eröffnungsbeschlusses zu stellen; eine Fristverlängerung kommt unter Umständen in Betracht.[27] Beantragt eine natürliche Person die Konkurseröffnung, wird die zeitgleiche Beantragung der Restschuldbefreiung vermutet.[28]

27 Soweit keine **Ausschlussgründe** vorliegen, wird die Restschuldbefreiung gewährt.[29] Ein Ausschlussgrund liegt insbesondere dann vor, wenn der Schuldner in Schädigungsabsicht das eigene Vermögen verheimlicht oder dessen Wert verringert hat, oder aber die Befreiung beantragt hat, obgleich noch keine sieben Jahre seit Bestandskraft des vorangehenden Befreiungsbeschlusses vergangen sind. Das Gericht kann aber auch bei Vorliegen eines der Ausschlussgründe kraft seines Ermessens beschließen, den Schuldner von seiner Restschuld zu befreien und berücksichtigt vor Ausübung des Ermessens die Beurteilung des betreffenden Schuldners durch den Konkursverwalter.

---

[24] Art. 78 Abs. 2 Konkursgesetz.
[25] Art. 195 ff. Konkursgesetz.
[26] Art. 220 Konkursgesetz.
[27] Art. 248 Abs. 1 Konkursgesetz.
[28] Art. 248 Abs. 4 Konkursgesetz.
[29] Art. 252 Abs. 1 Konkursgesetz.

3.8.3 Wirkungen der Befreiung

Durch Beschluss des Gerichts tritt die Befreiungswirkung ein. Nach wohl herrschender Meinung findet dabei eine Umwandlung der Verbindlichkeiten in nicht durchsetzbare **Naturalobligationen** *(shizen saimu)* statt. Die Befreiung erfolgt nur im Hinblick auf Verbindlichkeiten aus Ansprüchen, deren Gründe im Zeitpunkt des Eröffnungsbeschlusses vorlagen. Von der Befreiung sind bestimmte Verbindlichkeiten **ausgenommen,** so insbesondere Steuerverbindlichkeiten, Geldstrafen und Bußgelder, Verbindlichkeiten aus Schadenersatzforderungen wegen vorsätzlich begangener unerlaubter Handlungen und bei Verletzung von Leib und Leben auch wegen grob fahrlässig begangener Handlungen. Ausgenommen sind ferner Verbindlichkeiten aus Gehaltsforderungen, aus Arbeitsverhältnissen oder aus Unterhaltsansprüchen von Kindern.[30]

3.9 Restitution

Mit der Konkurseröffnung gehen aus Sicht des Schuldners verschiedene rechtliche **Beschränkungen** einher. So kann der Schuldner eine Tätigkeit als Rechtsanwalt, Wirtschaftsprüfer oder Steuerberater nicht mehr ausüben. Auch die Rechtsstellung eines Betreuers oder Testamentsvollstreckers bleibt dem Schuldner verwehrt. Diese Beschränkungen können im Wege der **Restitution** *(fukken)* wieder aufgehoben werden. Diese tritt entweder per se durch Gesetz, oder etwa mit Bestandskraft des Beschlusses über die Restschuldbefreiung, oder mit Ablauf von zehn Jahren nach Konkurseröffnung, oder nach antragsgemäßer Durchführung eines gerichtlichen Verfahrens ein.[31] Da die Restschuldbefreiung meist gewährt wird, ist die mit der Restschuldbefreiung einhergehende Restitution in der Praxis der Regelfall.

4. Das Sonderliquidationsverfahren

Ein Insolvenzfall kann auch im Wege des **Sonderliquidationsverfahrens** *(tokubetsu seisan tetsuzuki)* abgewickelt werden, und zwar, wie auch im Konkursverfahren, durch Verwertung des Schuldnervermögens und gleichmäßige Verteilung an die Gläubiger. Das Verfahren ist allerdings als Spezialvorschrift zum Liquidationsverfahren im Gesellschaftsgesetz geregelt und findet, anders als beim Konkursverfahren, **nur bei der Liquidation von Aktiengesellschaften** *(kabushiki kaisha)* Anwendung. Das Verfahren beginnt erst nach Auflösung durch Beschluss der Hauptversammlung und wird dann eröffnet, wenn (i) ein Verdacht auf Überschuldung vorliegt (wenn das Vermögen des Schuldners die bestehenden Verbindlichkeiten nicht mehr deckt) oder (ii) Umstände vorliegen, die die Durchführung einer gewöhnlichen Liquidation beeinträchtigen würden.[32]

Das Sonderliquidationsverfahren lässt mehr Gestaltungsspielräume als das Konkursverfahren, denn der Liquidator, bei dem es sich regelmäßig um den vormaligen Geschäftsführer handelt, kann im Wege einer **Einigung mit den Gläubigern,** vertreten durch die Gläubigerversammlung, die Erfüllung der Forderungen bewirken. Die Einigung kommt durch **Beschluss der Gläubigerversammlung** *(saikensha syukai)* und anschließender **Genehmigung des Gerichts** zustande. Der Beschluss ist mit einer Mehrheit der anwesenden Gläubiger und Zweidrittelmehrheit nach dem Forderungsbetrag zu fassen. Anders als beim Konkursverfahren sieht das Sonderliquidationsverfahren keine Forderungsanmeldung, kein Forderungsfeststellungsverfahren und kein Anfechtungsrecht vor und eignet sich daher nicht, wenn eine bestimmte Forderung bestritten wird und gerichtlich festgestellt werden muss oder wenn eine Anfechtung notwendig ist.

5. Das zivilrechtliche Sanierungsverfahren

5.1 Allgemeines

Das **zivilrechtliche Sanierungsverfahren** *(minji saisei tetsuzuki)* ist ein am 1.4.2000 eingeführtes Sanierungsverfahren, das bei allen Gesellschaftsformen, einschließlich Aktiengesellschaften, Personengesellschaften und Gesellschaften mit beschränkter Haftung, Anwendung findet. Ziel des Sanierungsverfahrens ist die Sanierung des Unternehmens des Schuldners mithilfe eines „**Sanierungsplans**" zur Umstrukturierung der vor Verfahrenseröffnung entstandenen Schulden. Das zivilrechtliche Sanierungsverfahren wird häufig auch als Eigenverwaltung bezeichnet. Bei der Eigenverwaltung führt das Management des Schuldners in der Regel das Unternehmen unter der Aufsicht eines gerichtlich bestellten **Sachwalters** *(kantoku i'in)* selbst fort. In Ausnahmefällen bestellt das Gericht im zivilrechtlichen Sanierungsverfahren einen **Sanierungsverwalter** *(saisei kanzainin)*,

---

[30] Art. 253 Konkursgesetz.
[31] Art. 255 f. Konkursgesetz.
[32] Art. 510 ff. Gesellschaftsgesetz.

soweit dies gesetzlich zulässig ist (→ Rn. 45). Ursprünglich für kleine und mittlere Unternehmen gedacht, hat das zivilrechtliche Sanierungsverfahren auch bei der Sanierung einiger Großunternehmen Anwendung gefunden, die ansonsten das Gesellschaftssanierungsverfahren wählen würden. Neben den Vorschriften für Unternehmensschuldner enthält das Zivilrechtliche Sanierungsgesetz auch Regelungen zur Verbrauchersanierung.

5.2 Eröffnungsgründe und Zuständigkeit

33   Voraussetzung für die Eröffnung eines zivilrechtlichen Sanierungsverfahrens ist, dass (i) bei einem Schuldner der Eintritt eines **Konkursgrundes**[33] droht oder (ii) ein Schuldner nicht in der Lage ist, alle seine fälligen Verbindlichkeiten zu erfüllen, ohne die Fortführung seines Unternehmens ernsthaft zu gefährden. Das zivilrechtliche Sanierungsverfahren kann nur auf **Antrag des Schuldners oder der Gläubiger** eröffnet werden, wobei die Gläubiger auf den Eröffnungsgrund des drohenden Konkursgrundes beschränkt sind.[34] Das örtliche **Distriktgericht** ist ausschließlich zuständig.[35]

5.3 Einstweilige Anordnung von Sicherungsmaßnahmen

34   Der Antrag auf Eröffnung eines zivilrechtlichen Sanierungsverfahrens führt weder zur automatischen Aussetzung von Rechtsverfolgungs- und Vollstreckungsmaßnahmen noch zur automatischen Verfahrenseröffnung. Bis zum Erlass eines Eröffnungsbeschlusses kann das Gericht auf Antrag eine **einstweilige Anordnung von Sicherungsmaßnahmen** *(hozen kanri meirei)* erlassen[36] und damit unter anderem Zwangsvollstreckungsverfahren oder Gerichtsverfahren unterbrechen oder aufheben. Darüber hinaus kann es allgemein Zwangsvollstreckungsmaßnahmen untersagen und unter besonderen Voraussetzungen auch Verfahren zur Ausübung von Sicherungsrechten unterbrechen oder aufheben. Gleichzeitig mit der einstweiligen Anordnung von Sicherungsmaßnahmen beschließt das Gericht in der Regel auch die Bestellung eines **Sachwalters** *(kantoku i'in)*. In dem Beschluss zur Bestellung eines Sachwalters führt das Gericht die Aktivitäten des Schuldners auf, die der Zustimmung des Sachwalters bedürfen, unter anderem Verfügungen über Vermögen des Schuldners (einschließlich der Bestellung von Sicherungsrechten daran) und Sanierungsfinanzierung. Die Bestellung eines Sachwalters und die einstweilige Anordnung von Sicherungsmaßnahmen haben zum Ziel, den Verlust oder die Einziehung von Vermögensgegenständen des Schuldners durch einen Gläubiger zu verhindern.

5.4 Wirkungen der Verfahrenseröffnung

35   Im zivilrechtlichen Sanierungsverfahren *(minji saisei tetsuzuki)* führt der Schuldner sein Unternehmen auch nach Verfahrenseröffnung fort und bleibt zur Verwaltung seines Vermögens berechtigt. Die vor Verfahrenseröffnung mit der Geschäftsführung des Schuldners betrauten Personen sind unter der Aufsicht eines gerichtlich bestellten **Sachwalters** *(kantoku i'in)* für die Sanierung des Unternehmens des Schuldners verantwortlich. Die **Eigenverwaltung** soll das Verfahren beschleunigen und dem Schuldner einen Anreiz zur frühzeitigen Antragstellung bieten. Die Bestellung eines **Sanierungsverwalters** *(saisei kanzainin)* ist hier auf Ausnahmefälle beschränkt (→ Rn. 45). Stattdessen bestellt das Gericht, wie oben erwähnt, in der Regel einen Sachwalter.

36   Mit Verfahrenseröffnung sind **Maßnahmen gegen das Vermögen des Schuldners** wie Vollstreckungsmaßnahmen oder einstweilige Maßnahmen nicht mehr zulässig, bereits begonnene Maßnahmen werden ausgesetzt.[37] Aus Sicht des Schuldners bewirkt die Verfahrenseröffnung ein **Erfüllungsverbot** für grundsätzlich alle Forderungen gegen den Schuldner, deren Gründe schon vor Verfahrenseröffnung vorlagen.[38] Allerdings besteht eine in der Praxis wichtige **Ausnahme:** Das Gericht kann dem Schuldner durch Beschluss gestatten, vor der Verfahrenseröffnung entstandene Forderungen (in der Regel aus Lieferungen und Leistungen) zu erfüllen, wenn es feststellt, dass (i) die jeweiligen Forderungen gering sind (Geringfügigkeitsbedingung) und (ii) eine Nichterfüllung die Fortführung des Unternehmens des Schuldners ernsthaft gefährden würde (Kritikalitätsbedingung). Dies wird damit gerechtfertigt, dass durch die Erfüllung dieser Forderungen der Erhalt des Unternehmenswerts des Schuldners sichergestellt und der größtmögliche Erlös für alle Gläubiger erzielt werden kann. Insbesondere Gläubiger von Forderungen aus Lieferungen und Leistungen, die für den Erhalt des Unternehmenswerts des Schuldners entscheidend sind, würden trotz ihrer

---

[33] Art. 21 ff. Zivilrechtliches Sanierungsgesetz; für nähere Einzelheiten zu den Konkursgründen → Rn. 6.
[34] Art. 21 Abs. 2 Zivilrechtliches Sanierungsgesetz.
[35] Art. 4, 6 Zivilrechtliches Sanierungsgesetz.
[36] Art. 26–31, 79 ff. Zivilrechtliches Sanierungsgesetz.
[37] Art. 39 Zivilrechtliches Sanierungsgesetz.
[38] Art. 84, 85 Zivilrechtliches Sanierungsgesetz.

5.5 Sanierungsforderungen

5.5.1 Forderungskategorien

Auch im Zusammenhang mit dem zivilrechtlichen Sanierungsverfahren werden Forderungen kategorisiert und im Wesentlichen in **sanierungsbezogene Forderungen, allgemein vorrangige Forderungen, Sanierungsforderungen** und **Absonderungsrechte** unterteilt.

Sanierungsbezogene Forderungen *(kyoeki saiken)* und allgemein vorrangige Forderungen *(ippan yûsen saiken)* müssen unabhängig vom Verfahren erfüllt werden.[39] Zu den sanierungsbezogenen Forderungen gehören (i) Auslagen oder Vergütung des Sachwalters und des Rechtsberater des Schuldners, (ii) Forderungen des Vertragspartners, wenn der Schuldner die Erfüllung eines schwebenden Vertrages wählt, (iii) Kosten und Auslagen, Belastungen, Verbindlichkeiten uA aus der Fortführung des Unternehmens des Schuldners nach Verfahrenseröffnung (zB aus Sanierungsfinanzierung). Allgemein vorrangige Forderungen sind durch ein allgemeines gesetzliches Sicherungsrecht *(ippan no sakidori tokken)* besichert oder mit einem anderen Vorrang *(ippan no yusen ken)* nach anwendbarem Recht ausgestattet. Hierzu zählen in der Regel Lohn- und Gehaltsforderungen und bestimmte Steuerforderungen.[40]

Einfache ungesicherte Forderungen im zivilrechtlichen Sanierungsverfahren sind die sog. **Sanierungsforderungen** *(saisei saiken)*, dh vermögensrechtliche Ansprüche gegen den Schuldner, deren Gründe schon vor Verfahrenseröffnung vorlagen.

Das Zivilrechtliche Sanierungsgesetz erkennt ferner **Absonderungsrechte** *(betsujo ken)* von Sicherungsgläubigern an, die Inhaber besonderer gesetzlicher Sicherungsrechte, die nach anwendbarem Recht bestellt wurden, Pfandrechte oder Hypotheken sind.[41] Auf ähnliche Art kommt auch die **Aufrechnung** *(sosai ken)* durch den Gläubiger zum Zuge. Sie können ihre Rechte ebenso wie die Gläubiger von sanierungsbezogenen Forderungen und allgemein vorrangigen Forderungen unabhängig von dem zivilrechtlichen Sanierungsverfahren ausüben.

In Bezug auf die Absonderungsrechte sieht das Zivilrechtliche Sanierungsgesetz Möglichkeiten vor, die Ausübung dieser Rechte einzuschränken, um die Sanierung eines Schuldners zu erleichtern. Insbesondere kann das Gericht mit einer **Aussetzungsanordnung** *(chushi meirei)* Zwangsvollstreckungsverfahren zur Verwertung von Absonderungsrechten für einen bestimmten Zeitraum (nach der Praxis des Distriktgerichts Tokio in der Regel drei Monate) unterbrechen. Voraussetzung ist, dass dies dem allgemeinen Gläubigerinteresse entspricht und dem betroffenen Sicherungsgläubiger hierdurch kein unangemessener Schaden droht.[42]

Bei einem sog. **Erlöschensverlangen** *(shômetsu seikyû)*[43] kann in Bezug auf Vermögensgegenstände, die für die Fortführung des Unternehmens unverzichtbar sind, doch mit Sicherungsrechten belastet sind und somit Gegenstand von Absonderungsrechten sein könnten, dieses Sicherungsrecht durch Zahlung eines zeitwertgemäßen Betrags an den Absonderungsberechtigten gelöscht werden. In seinem Antrag hat der Schuldner die Unverzichtbarkeit des Gegenstands zu begründen und dessen Wert anzugeben. Gibt das Gericht dem Antrag statt, so wird das Sicherungsrecht gegen Zahlung des angegebenen Betrags gelöscht. Der betroffene Sicherungsgläubiger kann ein sog. Wertfestsetzungsverfahren verlangen, um eine höhere Ablösesumme zu erreichen. In diesem Fall beauftragt das Gericht einen Sachverständigen mit der Bewertung.

5.5.2 Anmeldung, Anerkennung und Feststellung von Forderungen

Für die Einreichung eines **Forderungsnachweises** gilt im zivilrechtlichen Sanierungsverfahren nahezu die gleiche Regelung wie im Konkursverfahren. Jeder Gläubiger von Forderungen außer solchen, die als sanierungsbezogene Forderungen eingestuft sind, muss innerhalb der vom Gericht festgesetzten **Frist** einen Forderungsnachweis einreichen, um an der Abstimmung über den Sanierungsplan teilnehmen zu dürfen und im Rahmen des Plans einen Anspruch auf Rückzahlung oder Rückerstattung zu erhalten. Dies gilt auch für die absonderungsberechtigten Gläubiger. Diese haben insbesondere den Fehlbetrag anzugeben, der durch die Ausübung ihres Sicherungsrechts voraussicht-

---

[39] Art. 84 Zivilrechtliches Sanierungsgesetz.
[40] Art. 119 ff. Zivilrechtliches Sanierungsgesetz.
[41] Art. 53, 88 Zivilrechtliches Sanierungsgesetz.
[42] Art. 31 Zivilrechtliches Sanierungsgesetz.
[43] Art. 148 ff. Zivilrechtliches Sanierungsgesetz.

lich nicht gedeckt wird. Versäumt ein Gläubiger diese Frist aus Gründen, die er nicht zu vertreten hat, so gilt wie beim Konkursverfahren, dass er die Anmeldung innerhalb eines Monats nach Wegfall des Hinderungsgrundes nachholen kann. Die Anmeldung der Forderung ist ausgeschlossen, wenn das Gericht einen Beschluss erlassen hat, den Sanierungsplanentwurf den Gläubigern zur Abstimmung vorzulegen.[44] Innerhalb der vom Gericht festgesetzten Frist muss der Schuldner einen Anerkennungsbericht vorlegen, in dem er jeden von jedem Gläubiger eingereichten Forderungsnachweis sowie jede dem Schuldner bekannte Forderung, auch wenn hierfür kein Nachweis eingereicht wurde, anerkennt oder ablehnt. Falls ein Schuldner eine Forderung nicht abgelehnt hat und von anderen Gläubigern keine Einwände erhoben werden, gilt diese Forderung als festgestellt. Forderungen, die weder angemeldet noch in dem Anerkennungsbericht des Schuldners verzeichnet sind, erlöschen grundsätzlich mit Genehmigung des Sanierungsplans.

5.5.3 Gläubigerversammlung und Gläubigerausschuss

44 Aufgabe von Gläubigerversammlung *(saikensha syukai)* und Gläubigerausschuss *(saiensha iinkai)* ist es, die Interessen der Gläubiger im Verfahren zu vertreten und den Schuldner bei der Unternehmensfortführung zu beaufsichtigen. Alle **Gläubigerversammlungen** sind fakultativ. Die Befugnisse der Gläubigerversammlung beschränken sich – neben der Meinungsäußerung gegenüber Gericht und Schuldner – auf Anhörungsrechte bezüglich des Sanierungsplans, außer im Fall einer Gläubigerversammlung zur Abstimmung über den Sanierungsplan. Der **Gläubigerausschuss** soll diejenigen Aufgaben der Gläubigerversammlung übernehmen, die für das Plenum ungeeignet erscheinen. Der Ausschuss muss aus mindestens drei Gläubigern bestehen, die Mehrheit der Gläubiger muss seiner Tätigkeit zugestimmt haben und er muss die Interessen der Gesamtheit der Gläubiger vertreten.[45] Seine Befugnisse sind im Wesentlichen auf die Meinungsäußerung gegenüber Schuldner und Gericht beschränkt. In der Praxis wurden Gläubigerausschüsse in zivilrechtlichen Sanierungsverfahren bisher nur selten gebildet.

5.6 Sanierungsschulden und Sanierungsplan

5.6.1 Verwaltung des Schuldnervermögens

45 Das zivilrechtliche Sanierungsverfahren *(minji saisei tetsuzuki)* wird in der Regel vom Schuldner selbst durchgeführt, der die Vermögensverwaltung und das Sanierungsverfahren auf gerechte und redliche Weise durchzuführen hat.[46] Die Verletzung dieser Pflicht kann zu Schadenersatzansprüchen und auch zur Bestellung eines **Sanierungsverwalters** *(saisei kanzainin)* führen. Dessen Bestellung kommt allerdings nur ausnahmsweise in Betracht, wenn die Unternehmensfortführung und Vermögensverwaltung durch den Schuldner als in besonderem Maße verfehlt erscheinen.[47]

46 Daneben gestattet das Zivilrechtliche Sanierungsgesetz die Bestellung eines **Sachwalters** *(kantoku i'in)* oder eines **Prüfers** *(chôsa i'in)*, um den Schuldner zu beaufsichtigen bzw. bestimmte Sachverhalte zu prüfen.[48] Die Bestellung eines Sachwalters ist in der Praxis der Regelfall. Dieser verfügt über Untersuchungsrechte und ist zugleich auch berichtspflichtig, so dass sich die zusätzliche Bestellung eines Prüfers in den meisten Fällen erübrigt. Die Bestellung eines Prüfers kommt somit nur in den seltensten Fällen vor, so zB wenn das Sanierungsverfahren auf Antrag der Gläubiger eröffnet wird.

47 Als Korrelat zur Verfahrensleitung durch den Schuldner verfügt das **Gericht** außerdem über zahlreiche Befugnisse, von denen es meist auch von Amts wegen Gebrauch machen kann. Insbesondere kann es Handlungen bestimmen, für deren Vornahme der Schuldner der **vorherigen Zustimmung** bedarf. Regelmäßig gehören hierzu Vermögensverfügungen, Darlehensaufnahmen, Auflösungen schwebender Verträge und Klageerhebungen. Falls jedoch ein Sachwalter bestellt wird, überträgt das Gericht diesem die Zustimmungsrechte in dem Bestellungsbeschluss.

(a) Auflösung und Fortführung von Verträgen nach Verfahrenseröffnung

48 Für schwebende Verträge sowie für Dauerschuldverhältnisse kommen im Zivilrechtlichen Sanierungsgesetz Regelungen zur Anwendung, die denen im Konkursverfahren entsprechen (→ Rn. 20).[49]

---

[44] Art. 95 Abs. 4 Zivilrechtliches Sanierungsgesetz.
[45] Art. 117 Zivilrechtliches Sanierungsgesetz.
[46] Art. 38 Abs. 2 Zivilrechtliches Sanierungsgesetz.
[47] Art. 64 Zivilrechtliches Sanierungsgesetz.
[48] Art. 54 ff., 62 ff. Zivilrechtliches Sanierungsgesetz.
[49] Art. 49 f. Zivilrechtliches Sanierungsgesetz.

(b) Anfechtung

Das Zivilrechtliche Sanierungsgesetz enthält im Wesentlichen die gleichen Regelungen zur Anfechtung wie das Konkursgesetz (→ Rn. 21). Anfechtbar sind Handlungen (ausgenommen die Bereitstellung von Sicherheiten und Handlungen, die zum Erlöschen von Verbindlichkeiten führen; siehe dazu sogleich), die der Schuldner in der Kenntnis vorgenommen hat, den Gläubigern zu schaden, sowie Handlungen, die auch ohne entsprechende Kenntnis den Gläubigern schaden und nach Zahlungseinstellung bzw. nach Beantragung der Verfahrenseröffnung vorgenommen wurden.[50] In beiden Fällen wird ein Dritter, der diese Umstände nicht kannte, jedoch geschützt. Vermögensverfügungen, die der Schuldner gegen Zahlung eines angemessenen Kaufpreises vorgenommen hat, sind nur anfechtbar, wenn die Gefahr einer Gläubigerschädigung bestand, eine solche Verfügung der Absicht des Schuldners entsprach und der Empfänger diese Absicht auch kannte.

Im Falle der Bereitstellung einer Sicherheit oder einer Handlung, die zum Erlöschen einer Verbindlichkeit führt, ist eine Anfechtung grundsätzlich nur möglich, wenn die Handlung nach Eintritt der Zahlungsunfähigkeit des Schuldners (dh der grundsätzlichen und dauerhaften Unfähigkeit, seine Verbindlichkeiten bei Fälligkeit zu erfüllen) oder nach Beantragung der Verfahrenseröffnung erfolgt war.[51] War der Schuldner hingegen zur Erfüllung nicht oder nicht zu diesem Zeitpunkt verpflichtet, so ist die Handlung auch dann anfechtbar, wenn sie innerhalb von 30 Tagen vor Eintritt der Zahlungsunfähigkeit vorgenommen wurde. In allen Fällen wird ein gutgläubiger Empfänger jedoch geschützt.

Unentgeltliche Leistungen, die nach Zahlungseinstellung oder im Zeitraum von sechs Monaten vor der Zahlungseinstellung erbracht worden sind, können stets angefochten werden.

5.6.2 Sanierungsplan und Durchführung

Das Verfahren ist auf die Erstellung eines **Sanierungsplans** *(saisei keikaku)* gerichtet, der von der Mehrheit der beteiligten Gläubiger angenommen und vom Gericht genehmigt wird. Grundsätzlich hat der Schuldner dem Gericht einen Planentwurf innerhalb der vom Gericht festgesetzten **Frist** vorzulegen. Aber auch jeder Gläubiger, der einen Forderungsnachweis eingereicht hat, ist dazu berechtigt. Zur Annahme des Planentwurfs bedarf es der **Mehrheit der Gläubiger,** und zwar sowohl nach der Anzahl von abstimmenden Gläubigern als auch nach dem Betrag der insgesamt angemeldeten Sanierungsforderungen.[52]

Der Sanierungsplan regelt die **Modifikation der Sanierungsforderungen** sowie die Erfüllung der sanierungsbezogenen Forderungen und der allgemein vorrangigen Forderungen. Typische Modifikationen sind Kürzung („Haircut") und Stundung, wobei eine Stundung um maximal zehn Jahre möglich ist.[53] Bei der Modifikation ihrer Sanierungsforderungen müssen alle **Gläubiger grundsätzlich gleichbehandelt** werden. Ungleichbehandlungen sind nur zulässig, sofern (i) Sanierungsgläubiger, die schlechter gestellt werden, dem zugestimmt haben, oder (ii) sie nicht unbillig sind, auch wenn der Plan andere Regelungen für geringfügige Forderungsbeträge (zB vollständige Erfüllung geringfügiger Forderungen zur Vereinfachung der Verwaltung) oder eine sonstige Ungleichbehandlung der Sanierungsgläubiger (zB Nachrang von Forderungen gegenüber Rückgriffsansprüchen von garantiegebenden Muttergesellschaften oder konzerninternen Gesellschafterforderungen) vorsieht. Jede Modifikation von Forderungen, die vor Verfahrenseröffnung entstanden sind, muss dem Grundsatz der **Garantie des Liquidationswerts** entsprechen, wonach der Erlös im zivilrechtlichen Sanierungsverfahren höher sein muss als im Konkursverfahren.

Nach Annahme des Planentwurfs durch die Mehrheit der Gläubiger erlässt das Gericht einen Beschluss zur **Genehmigung** des Plans, es sei denn, es stellt fest, dass die Durchführung des Plans unwahrscheinlich ist oder gegen geltendes Recht, unter anderem den Grundsatz der Gleichbehandlung und der Garantie des Liquidationswerts, verstößt. Der angenommene und genehmigte Plan tritt in Kraft, sobald der Genehmigungsbeschluss **Bestandskraft** erlangt, und der Schuldner wird nach Maßgabe des Plans von seinen vor Verfahrenseröffnung entstandenen Schulden befreit. Der Sanierungsplan wird **vom Schuldner selbst durchgeführt.** Ein Schuldner kann unter anderem dann saniert aus dem zivilrechtlichen Sanierungsverfahren hervorgehen, wenn der Plan erfolgreich durchgeführt wurde oder wenn drei Jahre nach Genehmigung des Plans durch das Gericht vergangen sind. Umgekehrt beschließt das Gericht auf Antrag des Schuldners oder Sachwalters oder nach eigenem Ermessen die Einstellung des zivilrechtlichen Sanierungsverfahrens, wenn eine erfolgreiche Durchführung des Plans offensichtlich nicht wahrscheinlich ist. Ein Gläubiger, dessen Forderungen

---

[50] Art. 127 Zivilrechtliches Sanierungsgesetz.
[51] Art. 127–3 Zivilrechtliches Sanierungsgesetz.
[52] Art. 172–3 Zivilrechtliches Sanierungsgesetz.
[53] Art. 154 f. Zivilrechtliches Sanierungsgesetz.

mindestens ein Zehntel des Gesamtbetrags aller im Plan verzeichneten ausstehenden Forderungen ausmachen, kann die **Aufhebung des Plans** beantragen, wenn seine Forderungen insgesamt oder teilweise nicht erfüllt werden. Nach Einstellung des Verfahrens oder Aufhebung des Plans wird das Verfahren auf ein Konkursverfahren umgestellt.

5.7 Übertragende Sanierung nach Artikel 42

55 Ähnlich wie bei einer Veräußerung nach Section 363 des US Bankruptcy Code besteht in zivilrechtlichen Sanierungsverfahren ein zunehmender Trend zur **Veräußerung aller wesentlichen Vermögensgegenstände** des Schuldners an einen Käufer vor dem Entwurf eines Sanierungsplans. Der Sanierungsschuldner kann eine solche Veräußerung mit Genehmigung des Gerichts durchführen. Die von dem Schuldner verkauften Vermögensgegenstände werden von einem Käufer erworben, jedoch mit den gegebenenfalls daran bestellten Sicherungsrechten. Nach japanischem Recht sind Gläubiger nicht berechtigt, Vermögensgegenstände des Schuldners, an denen sie Sicherungsrechte halten, im Tausch gegen ihre Forderungen zu erwerben **(credit bid)**. In zivilrechtlichen Sanierungsverfahren kommt es mitunter vor, dass ein Schuldner mit dem Antrag auf Verfahrenseröffnung eine Vereinbarung über den Verkauf seines Unternehmens an einen Käufer vor dem Entwurf eines Sanierungsplans vorlegt. Dies wird als „**vorabgestimmtes**" oder „**vorverhandeltes**" **zivilrechtliches Sanierungsverfahren** bezeichnet.

5.8 Standardzeitrahmen

56 Das Distriktgericht Tokio hat zu Referenzzwecken einen Standardzeitrahmen für das hier beschriebene zivilrechtliche Sanierungsverfahren veröffentlicht; der tatsächliche Zeitrahmen kann sich jedoch von Fall zu Fall unterscheiden.

Verfahrensereignis	Tage ab Antragstellung
Antragstellung durch Schuldner	0 Tage
Erlass des Eröffnungsbeschlusses durch das Gericht	1 Woche
Frist für die Einreichung von Forderungsnachweisen	1 Monat und 1 Woche
Frist für die Einreichung einer Zusammenfassung des Sanierungsplans	2 Monate und 1 Woche
Frist für die Einreichung eines Anerkennungsberichts zu den eingereichten Forderungsnachweisen durch den Schuldner	2 Monate und 1 Woche
Frist für die Einreichung eines Sanierungsplanentwurfs	3 Monate
Erlass eines Gerichtsbeschlusses zur Einberufung einer Gläubigerversammlung zur Abstimmung über den Plan	3 Monate und 1 Woche
Abstimmung durch Gläubiger und Genehmigung des Plans	5 Monate

5.9 Das zivilrechtliche Sanierungsverfahren für Verbraucher

57 Der Verbraucher hat in der Insolvenz die Möglichkeit, die Verbrauchersanierung nach dem Zivilrechtlichen Sanierungsgesetz zu beantragen. Er kann dabei zwischen den verschiedenen **Verfahrensarten,** dh dem Verbrauchersanierungsverfahren und dem Konkursverfahren zur Beantragung der Restschuldbefreiung, wählen. Ein Vorrang der Verbrauchersanierung gegenüber dem Konkursverfahren, mit dem insolvente Verbraucher eine Restschuldbefreiung erreichen können, besteht nicht. Für die Verbrauchersanierung ist es allerdings notwendig, dass fortbestehende oder wiederkehrende Einkünfte zu erwarten sind und die Sanierungsforderungen einen Betrag von 50 Mio. JPY nicht übersteigen,[54] wobei Forderungen aus Darlehen zur Finanzierung von Wohneigentum nicht mit eingerechnet werden.

58 Mit Verfahrenseröffnung wird die Erfüllung durch den Schuldner bzw. Verbraucher verboten, der die Forderungen nach einem **Sanierungsplan** zu erfüllen hat. Der Plan muss eine **Ratenzahlung** in Abständen von höchstens drei Monaten und einen Zahlungszeitraum von grundsätzlich drei Jahren vorsehen und darf überdies nicht gegen die Regelungen zum **Mindesterfüllungsbetrag** verstoßen.[55] Der Mindesterfüllungsbetrag ist im Gesetz degressiv geregelt und liegt im Fall von kleineren Forderungen bei 1 Mio. JPY und im Fall von höheren Forderungen von 30 Mio. JPY oder mehr bei 10 % des Forderungsbetrags. Das Verfahren wird durch **Beschluss der Sanierungsgläubiger** und **gerichtliche Genehmigung** des Sanierungsplans beendet.

---

[54] Art. 221 Abs. 1 Zivilrechtliches Sanierungsgesetz.
[55] Art. 229 Abs. 2, 231 Zivilrechtliches Sanierungsgesetz.

6. Das Gesellschaftssanierungsverfahren

6.1 Allgemeines

Das Gesellschaftssanierungsverfahren ist auf **Aktiengesellschaften** *(kabushiki kaisha)* beschränkt. In der Praxis kommt es wegen seines erheblichen Verwaltungsaufwands **nur bei großen Sanierungsfällen** in Betracht. Die Strukturen sind indes ähnlich zum zivilrechtlichen Sanierungsverfahren (→ Rn. 32 ff.). Das Gesellschaftssanierungsverfahren soll daher nur in den wesentlich vom zivilrechtlichen Sanierungsverfahren abweichenden Punkten dargestellt werden.

6.2 Eröffnungsgründe und Zuständigkeit

Voraussetzung für die Verfahrenseröffnung ist wie beim zivilrechtlichen Sanierungsverfahren, dass bei einem Schuldner der Eintritt eines **Konkursgrundes** droht oder ein Schuldner nicht in der Lage ist, alle seine fälligen Verbindlichkeiten zu erfüllen, ohne die Fortführung seines Unternehmens ernsthaft zu gefährden. Im Unterschied zum Zivilrechtlichen Sanierungsgesetz steht das **Antragsrecht** nicht nur dem Schuldner und dessen Gläubigern zu. Auch die Aktionäre sind antragsberechtigt. Gläubiger sind zudem nur dann antragsbefugt, wenn der Gesamtbetrag ihrer Forderungen mindestens ein Zehntel des Grundkapitals der Gesellschaft ausmacht.[56] Aktionäre müssen zur Antragstellung über mindestens ein Zehntel aller Stimmrechte verfügen. **Zuständig** ist das örtliche Distriktgericht.[57]

6.3 Einstweilige Anordnung von Sicherungsmaßnahmen

Das Gericht kann grundsätzlich die gleichen einstweiligen Anordnungen von Sicherungsmaßnahmen erlassen, die auch im Zivilrechtlichen Sanierungsgesetz vorgesehen sind.[58] Da im Gesellschaftssanierungsgesetz jedoch, anders als im Zivilrechtlichen Sanierungsgesetz, Absonderungsrechte *(betsujo ken)* nicht anerkannt werden und somit Sicherungsgläubiger ihre Sicherungsrechte nicht außerhalb des Verfahrens geltend machen können, kann eine einstweilige Anordnung von Sicherungsmaßnahmen nach dem Gesellschaftssanierungsgesetz ein **Verbot der Ausübung von Sicherungsrechten** enthalten. In Verfahren nach dem Gesellschaftssanierungsgesetz wird im Allgemeinen ein **vorläufiger Verwalter** *(hozen kanri nin)* bestellt.

6.4 Wirkungen der Verfahrenseröffnung

Mit der Eröffnung des Gesellschaftssanierungsverfahrens geht die alleinige Verwaltungs- und Verfügungsbefugnis über die Vermögensgegenstände des Schuldners und die Befugnis zur Fortführung des Unternehmens des Schuldners auf einen gerichtlich bestellten **Sanierungsverwalter** *(kosei kanzainin)* über. Der bei Antragstellung vom Gericht bestellte vorläufige Verwalter wird in der Regel mit der Verfahrenseröffnung zum Sanierungsverwalter. In bestimmten beschränkten Fällen gestattet das Distriktgericht Tokio dem Schuldner oder seinen Rechtsberatern, als Sanierungsverwalter zu fungieren, wodurch es praktisch zu einer Eigenverwaltung ähnlich wie beim zivilrechtlichen Sanierungsverfahren kommt.

6.5 Aufgaben und Stellung der Verfahrensorgane

Im Gesellschaftssanierungsverfahren wird zwingend ein **Sanierungsverwalter** *(kosei kanzainin)* bestellt, auf den die Verwaltungs- und Verfügungsbefugnis übergeht. Er ist die zentrale Figur des Verfahrens. Seine Aufgaben und Befugnisse entsprechen weitgehend denjenigen eines Verwalters nach dem Zivilrechtlichen Sanierungsgesetz oder dem Konkursgesetz.

Auch nach dem Gesellschaftssanierungsgesetz ist die Einrichtung von **Gläubigerausschüssen** erlaubt. Entsprechend der **Einbeziehung von Sicherungsgläubigern und Aktionären** in das Verfahren können diese Gruppen jeweils selbstständige Ausschüsse bilden, die mit denselben Befugnissen parallel arbeiten. Die Voraussetzungen für die Zulassung eines Beteiligtenausschusses sind mit denen nach dem Zivilrechtlichen Sanierungsgesetz (→ Rn. 44) im Wesentlichen identisch. Der gerichtlich genehmigte Gläubigerausschuss ist berechtigt, in die Sanierung des Unternehmens eines Schuldners aktiv einbezogen zu werden. Beispielsweise kann der Gläubigerausschuss von dem Sanierungsverwalter einen Bericht über die Sanierung des Unternehmens des Schuldners verlangen und dazu Stellung nehmen. Die Kosten für den Gläubigerausschuss werden erstattet, wenn das Gericht feststellt, dass der Ausschuss zur erfolgreichen Sanierung des Schuldners beigetragen hat. Die Einrich-

---

[56] Art. 17 Gesellschaftssanierungsgesetz.
[57] Art. 5 Abs. 1 Gesellschaftssanierungsgesetz.
[58] Art. 24 ff. Gesellschaftssanierungsgesetz.

tung eines Gläubigerausschusses in Gesellschaftssanierungsverfahren ist bisher allerdings noch selten erfolgt.

6.6 Sicherungsgläubiger

65 Anders als beim Konkursverfahren und beim zivilrechtlichen Sanierungsverfahren werden Sicherungsgläubiger als eine eigenständige Interessengruppe, nämlich als sog. **Sanierungssicherungsgläubiger** *(kôsei tanpo kensha)*, in das Verfahren einbezogen. Da ihnen kein Absonderungsrecht zusteht, dürfen sie Sicherheiten nicht außerhalb des Gesellschaftssanierungsverfahrens verwerten.[59] Dabei wird nicht notwendigerweise die volle Höhe der Forderung, die ihrem Sicherungsrecht entspricht, als gesicherte Sanierungsforderung eingestuft, sondern nur der Betrag, der zum Zeitpunkt der Verfahrenseröffnung durch den **Zeitwert der Sicherheiten** gedeckt ist; der ungesicherte Restbetrag wird als einfache Sanierungsforderung (einfache ungesicherte Forderung) eingestuft. Die Ermittlung des Zeitwerts der Sicherheiten ist von großer Bedeutung und erfolgt ähnlich wie beim zivilrechtlichen Sanierungsverfahren durch das **Forderungsfeststellungsverfahren** *(satei tetsuzuki)*. Dabei reicht ein Sicherungsgläubiger einen Forderungsnachweis ein, in dem der Zeitwert der Sicherheiten angegeben ist. Falls der Sanierungsverwalter oder einer der anderen Gläubiger Einwände gegen die Höhe dieses Zeitwerts erhebt, setzt das Gericht nach einem Antrag des Sicherungsgläubigers auf Wertfestsetzung den Zeitwert der Sicherheiten auf der Grundlage der Bewertung durch einen gerichtlich beauftragten Sachverständigen fest. Folglich kann ein Sicherungsgläubiger in einem Sanierungsplan, je nach Höhe des durch den Zeitwert der Sicherheiten gedeckten Betrags, zwei Arten von Forderungen haben – eine **gesicherte Sanierungsforderung** und eine **einfache Sanierungsforderung**. Im Rahmen des Grundsatzes der Garantie des Liquidationswerts wird eine gesicherte Sanierungsforderung im Sanierungsplan unter Umständen nicht geändert, wenn ihr Betrag im Plan unter den Zeitwert der Sicherheit fällt. Darüber hinaus regelt das Gesellschaftssanierungsgesetz auch das sog. **Erlöschensverlangen** *(shometsu seikyu)*.[60] Voraussetzungen und Ablauf sind mit denjenigen nach dem Zivilrechtlichen Sanierungsgesetz nahezu identisch. Ein wichtiger Unterschied liegt allerdings darin, dass der für das Erlöschen gezahlte Geldbetrag nicht sogleich an den betroffenen Sicherungsgläubiger ausgeschüttet wird. Welche Zahlungen er erhält, bestimmt sich nach dem Sanierungsplan.

6.7 Sanierungsplan und Durchführung

66 Der Sanierungsplan nach dem Gesellschaftssanierungsgesetz enthält weitergehende Regelungen als derjenige nach dem Zivilrechtlichen Sanierungsgesetz. Neben der **Modifikation der Rechte** müssen insbesondere die künftige **Zusammensetzung der Gesellschaftsorgane** sowie die Maßnahmen zur **Aufbringung der erforderlichen Mittel** geregelt werden.[61] Ferner können aktienrechtliche Umstrukturierungen vorgesehen werden. In der Praxis erfolgt meist eine **Kapitalherabsetzung um 100 % mit anschließender Kapitalerhöhung** durch einen neuen Investor. Unterschiedliche Gruppen von Verfahrensbeteiligten (wie Sanierungssicherungsgläubiger, einfache Sanierungsgläubiger und Aktionäre) müssen bei der Modifikation ihrer Rechte entsprechend ihrer Rangfolge unterschiedlich behandelt werden. Innerhalb derselben Gruppe müssen sie gleichbehandelt werden.[62]

67 Der Sanierungsplan wird **in der Regel vom Sanierungsverwalter erstellt,** aber auch die Sanierungsgesellschaft selbst sowie Gläubiger und Aktionäre sind dazu berechtigt. Der Planentwurf muss **innerhalb eines Jahres** nach dem gerichtlichen Eröffnungsbeschluss vorgelegt werden.[63] Die Verfahrensbeteiligten stimmen in separaten **Gruppen** ab, in denen Beteiligte mit vergleichbaren Rechten zusammengefasst sind. Die wichtigsten Gruppen sind einfache Sanierungsgläubiger, Sanierungssicherungsgläubiger und Aktionäre.[64] Bei der Gruppe der einfachen Sanierungsgläubiger muss eine Zustimmung von mehr als der Hälfte des Gesamtbetrags ihrer Forderungen erlangt werden. Bei der Gruppe der Sanierungssicherungsgläubiger ist, je nach Kürzung ihrer Forderungen im Plan, unter Umständen eine Zustimmungsquote zwischen zwei Dritteln und neun Zehnteln des Gesamtbetrags ihrer Forderungen erforderlich. Bei der Gruppe der Aktionäre ist Stimmenmehrheit ausreichend, wobei die Aktionäre jedoch im Fall einer Überschuldung des Schuldners nicht berechtigt sind, an der Abstimmung über den Plan teilzunehmen. Anders als im zivilrechtlichen Sanierungsver-

---

[59] Art. 72 ff. Gesellschaftssanierungsgesetz.
[60] Art. 104 ff. Gesellschaftssanierungsgesetz.
[61] Art. 167 Gesellschaftssanierungsgesetz.
[62] Art. 168 Gesellschaftssanierungsgesetz.
[63] Art. 184 Gesellschaftssanierungsgesetz.
[64] Art. 196 Gesellschaftssanierungsgesetz.

fahren ist in dem Verfahren keine Zustimmung nach Anzahl der Gläubiger erforderlich. Falls der Plan von den Gläubigergruppen angenommen wird (wobei er ggf. auch trotz Ablehnung seitens einer Gruppe als angenommen gelten kann (**Cramdown**)), beschließt das Gericht über die **Genehmigung** des angenommenen Plans. Sie wird erteilt, wenn der Sanierungsplan ua den gesetzlichen Bestimmungen genügt, seine Durchführung möglich erscheint, sein Inhalt gerecht und billig ist und der Erhalt des Liquidationswertes sichergestellt ist. Eine Gesellschaft kann saniert aus dem Gesellschaftssanierungsverfahren hervorgehen, wenn (i) der Plan erfolgreich durchgeführt wurde, (ii) der Plan bisher ohne Verzug durchgeführt wurde und voraussichtlich weiter durchgeführt wird, und mindestens zwei Drittel der im Plan verzeichneten Forderungen erfüllt wurden, oder (iii) es sicher feststeht, dass der Plan durchgeführt wird, auch wenn die vorstehend unter (ii) genannten Anforderungen nicht erfüllt sind. Umgekehrt kann das Gericht auf Antrag des Sanierungsverwalters oder ohne einen solchen Antrag die **Einstellung** des Gesellschaftssanierungsverfahrens beschließen, wenn eine erfolgreiche Durchführung des Plans offensichtlich nicht wahrscheinlich ist. In diesem Fall wird das Gericht das Gesellschaftssanierungsverfahren auf ein Konkursverfahren umstellen.

6.8 Standardzeitrahmen

Das Distriktgericht Tokio hat zu Referenzzwecken einen Standardzeitrahmen für das hier beschriebene Gesellschaftssanierungsverfahren veröffentlicht; allerdings hat das Gericht auch einen verkürzten Zeitrahmen veröffentlicht und der tatsächliche Zeitrahmen kann sich von Fall zu Fall unterscheiden.

Verfahrensereignis	Tage ab Antragstellung
Antragstellung durch Schuldner	0 Tage
Einstweilige Anordnung von Sicherungsmaßnahmen durch das Gericht	0 Tage
Erlass des Eröffnungsbeschlusses durch das Gericht	1 Monat
Frist für die Einreichung von Forderungsnachweisen	3 Monate
Frist für die Einreichung eines Anerkennungsberichts zu den eingereichten Forderungsnachweisen durch den Sanierungsverwalter	6 Monate
Frist für die Einreichung eines Sanierungsplanentwurfs	10 Monate
Plangenehmigung	12 Monate

7. Außergerichtliche Sanierung

7.1 Allgemeines

Ein finanziell angeschlagener Schuldner wird sich in der Regel zunächst um eine außergerichtliche Vereinbarung mit seinen Gläubigern bemühen, um ein gesetzliches Insolvenzverfahren zu vermeiden. Sanierungsexperten haben generell den Eindruck, dass eine außergerichtliche Sanierung einem gesetzlichen Insolvenzverfahren vorgezogen wird, um den Erhalt des Unternehmenswerts des Schuldners sicherzustellen und die Kosten der Sanierung zu reduzieren. Eine außergerichtliche Sanierung ist naturgemäß nicht durch Gesetze oder Verfahrensvorschriften geregelt, da sie nicht vor Gericht, sondern zwischen Schuldner und Gläubigern ausgehandelt wird. Sie kann für beide Seiten vorteilhaft sein, wenn das Verfahren standardisiert werden kann, um die Sanierung zu erleichtern. Vor diesem Hintergrund wurde in Japan das **Turnaround ADR-Verfahren** *(jigyo saisei ADR)* eingeführt und seitdem üblicherweise eingesetzt.

7.2 Turnaround ADR-Verfahren

Das Turnaround Alternative Dispute Resolution (ADR)-Verfahren (alternatives Streitbeilegungsverfahren zur Sanierung) wurde 2008 durch eine Änderung des Gesetzes über besondere Maßnahmen zur industriellen Revitalisierung und Innovation (jetzt Gesetz über die Stärkung der industriellen Wettbewerbsfähigkeit) eingeführt, um eine **frühzeitige außergerichtliche Sanierung** von Schuldnern zu ermöglichen. Das Turnaround ADR-Verfahren soll Verhandlungen zwischen einem finanziell angeschlagenen Schuldner und seinen Gläubigern mithilfe von **Mediatoren**, die vom Ministerium für Wirtschaft, Handel und Industrie und vom Justizministerium zugelassen sind, erleichtern. Die **Japanese Association of Turnaround Professionals (JATP)** ist bislang die einzige für die Mediation in Turnaround ADR-Fällen zugelassene Organisation. Generelle Informationen über die JATB sind unter http://turnaround.jp abrufbar.

71 Das Turnaround ADR-Verfahren ist durch mehrere wichtige Merkmale gekennzeichnet. Erstens ist, da es sich um ein außergerichtliches Verfahren handelt, naturgemäß kein Gericht beteiligt. Stattdessen wird das Verfahren in der Regel von **drei unparteiischen, erfahrenen Mediatoren** geleitet, die von der JATP ausgewählt werden. Diese prüfen einen von einem Schuldner aufgestellten **Sanierungsplan** und übernehmen den Vorsitz in einer Reihe von Gläubigerversammlungen. Zweitens sind an dem Verfahren, anders als bei einer gerichtlichen Sanierung, **nur Finanzgläubiger**, in der Regel Banken, beteiligt. Nachdem die beteiligten Finanzgläubiger das Stillhalteersuchen angenommen haben (→ Rn. 72), werden die **Tilgungszahlungen** eines Schuldners während des Turnaround ADR-Verfahrens ausgesetzt, was die Liquidität des Schuldners während des Verfahrens stabilisieren kann. Andererseits kann und soll ein Schuldner im Rahmen des gewöhnlichen Geschäftsbetriebs entstandene Verbindlichkeiten aus Lieferungen und Leistungen weiter bedienen und sein Unternehmen wie bisher fortführen, um den Erhalt des Unternehmenswertes sicherzustellen. Drittens wird das Turnaround ADR-Verfahren, anders als ein gerichtliches Verfahren, **im Geheimen** durchgeführt, außer in einigen Fällen, in denen börsennotierte Unternehmen beteiligt sind. Die Geheimhaltung kann eine mögliche Verschlechterung der Geschäftslage des Schuldners durch Offenlegung verhindern. Viertens – und dies ist der wichtigste Aspekt – benötigt ein Schuldner für einen erfolgreichen Abschluss des Verfahrens die **einstimmige Zustimmung aller beteiligten Banken**. Dies stellt in der Praxis das größte Problem im Turnaround ADR-Verfahren dar. Es gibt keinen Mehrheitsentscheid.

72 Nach einer formalen **Antragstellung** des Schuldners bei der JATP und Annahme des Antrags durch die JATP senden der Schuldner und die JATP in ihrem gemeinsamen Namen ein **Stillhalteersuchen** an diejenigen Finanzgläubiger, die der Schuldner in das Turnaround ADR-Verfahren einbeziehen möchte. Das Stillhalteersuchen ist eine einseitige Mitteilung des Schuldners und der JATP, in der sie Finanzgläubiger darum bitten, die Einbringung fälliger Tilgungsbeträge, ua durch Ausübung von Aufrechnungsrechten, Forderung von Sicherheiten oder Garantien, Erhalt von Zahlungen, Verwertung ihrer Sicherungsrechte oder Beantragung der Zwangsvollstreckung, vorläufigen Pfändung oder eines Insolvenzverfahrens, auszusetzen. Das Stillhalteersuchen endet ab dem Zeitpunkt der ersten Gläubigerversammlung, wie nachstehend beschrieben, wird jedoch mit Zustimmung der Gläubiger in der Regel bis zur dritten Gläubigerversammlung verlängert. Ein Stillhalteersuchen gilt grundsätzlich nicht als Ausfallereignis.

73 Im Rahmen des Turnaround ADR-Verfahrens gibt es drei Arten von Gläubigerversammlungen. Auf der **ersten Gläubigerversammlung** werden drei von der JATP ausgewählte **Mediatoren** von den beteiligten Finanzgläubigern genehmigt, wenn sie davon überzeugt sind, dass die betreffenden Mediatoren das Verfahren überwachen werden. Auf der ersten Gläubigerversammlung muss ferner das von einem Schuldner übermittelte **Stillhalteersuchen** von den beteiligten Finanzgläubigern angenommen werden, die auch darüber entscheiden, wann die Stillhaltevereinbarung endet. In nahezu allen Fällen stimmen die beteiligten Finanzgläubiger einer Verlängerung der Stillhaltevereinbarung bis zum Ende der dritten Versammlung zu. In diesem Fall legt der Schuldner den beteiligten Finanzgläubigern auf der **zweiten Versammlung** die **Einzelheiten des Plans** vor. Die Mediatoren prüfen die Einzelheiten des Plans aus objektiver Sicht und legen den beteiligten Finanzgläubigern einen Bericht darüber vor, inwieweit der Plan ihrer Ansicht nach angemessen und wirtschaftlich vertretbar ist. Nach Erhalt des Berichts überlegen die beteiligten Finanzgläubiger, ob sie den Plan annehmen, und fassen auf der **dritten Versammlung** einen endgültigen **Beschluss** über den Plan. Falls alle beteiligten Finanzgläubiger für den Plan stimmen, ist er angenommen und der Schuldner kann ihn durchführen. Falls jedoch einer der Gläubiger gegen den Plan stimmt, ist das Turnaround ADR-Verfahren gescheitert. In diesem Fall hat der Schuldner zwei Optionen: Zum einen kann er das gerichtliche Verfahren der „Sondermediation" unter der Leitung eines Richters nutzen, um eine Einigung mit dem ablehnenden Gläubiger zu erreichen; der ablehnende Gläubiger ist jedoch nicht zur Annahme des Plans verpflichtet. Zum anderen kann er ein gerichtliches Insolvenzverfahren in Form des zivilrechtlichen Sanierungsverfahrens oder des Gesellschaftssanierungsverfahrens beantragen.

8. Internationales Insolvenzrecht

8.1 Allgemeines

74 Alle japanischen Insolvenzverfahren erfassen auch im Ausland belegene Vermögensgegenstände. Das strenge Territorialitätsprinzip gilt nicht. Im Gegenzug kann in Japan belegenes Vermögen in ausländische Verfahren einbezogen werden. Allerdings ist dies nur unter bestimmten Voraussetzungen möglich, die in einem gerichtlichen Anerkennungsverfahren festgestellt werden müssen. Über die Anerkennung ausländischer Verfahren hinaus regelt das Gesetz über die Anerkennung und Unterstützung ausländischer Insolvenzverfahren, mit welchen Maßnahmen die Verfahrensdurchführung in Japan unterstützt werden kann.

8.2 Anerkennungsverfahren

Nach Ratifizierung des UNCITRAL-Modellgesetzes über grenzüberschreitende Insolvenzen durch die japanische Regierung wurde am 1.4.2001 das **Gesetz über die Anerkennung und Unterstützung ausländischer Insolvenzverfahren** verabschiedet, um eine koordinierte Liquidation und Sanierung von Schuldnern mit internationalen Geschäftsaktivitäten, die Gegenstand von Insolvenzverfahren in anderen Rechtsordnungen als Japan sind, zu ermöglichen. **75**

Grundsätzlich kann nur der ausländische Insolvenzverwalter die Anerkennung eines ausländischen Insolvenzverfahrens **beantragen**.[65] Belässt indes das ausländische Verfahren dem Schuldner die Verwaltungs- und Verfügungsbefugnis hinsichtlich seines Vermögens, so steht ihm auch das Antragsrecht zu. Für alle Anerkennungsverfahren ist zentral das Distriktgericht Tokio zuständig. **76**

Bei dem ausländischen Verfahren muss es sich um ein „**Insolvenzverfahren**" handeln.[66] Das ist der Fall, wenn das Verfahren die Verbindlichkeiten des Schuldners insgesamt bereinigt, gerichtliche Kontrolle vorsieht und entweder die Liquidation oder die Sanierung bezweckt. Bei einem deutschen Insolvenzverfahren ist dies unzweifelhaft der Fall. Ferner muss nach japanischem Recht die **internationale Zuständigkeit des ausländischen Gerichts** gegeben sein, dh der Schuldner muss in diesem Land seinen Wohnsitz, seinen gewöhnlichen Aufenthalt oder eine Betriebsstätte haben.[67] **77**

Der Anerkennungsantrag ist unter anderem dann **abzulehnen,** wenn sich das ausländische Verfahren nach dessen Heimatrecht nicht auf in Japan belegenes Vermögen erstreckt oder gegen den Ordre Public bzw. die guten Sitten verstößt.[68] Weitere Ablehnungsgründe betreffen den Konflikt zwischen einem ausländischen Verfahren und einem bereits eröffneten japanischen Insolvenzverfahren. Hier geht im Grundsatz das japanische Verfahren vor. Das ausländische Verfahren kann nur anerkannt werden, wenn es in dem Land eröffnet wurde, in dem der Schuldner seine Hauptbetriebsstätte unterhält, die Anordnung von Unterstützungshandlungen dem allgemeinen Interesse der Gläubiger entspricht und nicht zu befürchten ist, dass die Anerkennung in Japan den Interessen der Gläubiger einen unangemessen Nachteil zufügt.[69] **78**

8.3 Sicherungsmaßnahmen

Das Gericht kann nach der Anerkennung Sicherungsmaßnahmen treffen, insbesondere japanische Insolvenzverfahren unterbrechen und Vermögensgegenstände des Schuldners sichern. Das Gericht kann außerdem für die Zwecke des Anerkennungsverfahrens einen Rechtsanwalt zum Vertreter des ausländischen Insolvenzverwalters in Japan berufen.[70] **79**

8.4 Unterstützung

Der Anerkennungsbeschluss hat keine automatischen Wirkungen, sondern dient als Grundlage für **einzelne Unterstützungsmaßnahmen,** die das Gericht nach Ermessen anordnet.[71] Bedeutsam ist die Befugnis, Zwangsvollstreckungsverfahren und Rechtsstreitigkeiten aller Art, die Vermögensgegenstände des Schuldners in Japan betreffen, zu unterbrechen oder aufzuheben. Das Gericht kann außerdem gegenüber dem Schuldner ein Verfügungs- und Erfüllungsverbot erlassen, die Ausübung von Sicherungsrechten untersagen und Handlungen bestimmen, zu deren Vornahme der Schuldner seiner vorherigen Zustimmung bedarf. Schließlich kann das Gericht dem Schuldner die Verwaltungsbefugnis entziehen und sie dem ausländischen Insolvenzverwalter oder einem besonders bestellten japanischen Verwalter übertragen. **80**

8.5 Auswirkungen des Gesetzes über die Anerkennung und Unterstützung ausländischer Insolvenzverfahren auf das japanische Insolvenzrecht

Infolge der Verabschiedung des Gesetzes über die Anerkennung und Unterstützung ausländischer Insolvenzverfahren wurde außerdem das japanische Insolvenzrecht geändert, um folgende Rechtskonzepte aufzunehmen: **Erstens** wird nach dem **Grundsatz der Inländerbehandlung** einer **81**

---

[65] Art. 17 Gesetz über die Anerkennung und Unterstützung ausländischer Insolvenzverfahren.
[66] Art. 2 Abs. 1 Gesetz über die Anerkennung und Unterstützung ausländischer Insolvenzverfahren.
[67] Art. 17 Abs. 2 Gesetz über die Anerkennung und Unterstützung ausländischer Insolvenzverfahren.
[68] Art. 21 Gesetz über die Anerkennung und Unterstützung ausländischer Insolvenzverfahren.
[69] Art. 57 Gesetz über die Anerkennung und Unterstützung ausländischer Insolvenzverfahren.
[70] Art. 17, 51 Gesetz über die Anerkennung und Unterstützung ausländischer Insolvenzverfahren.
[71] Art. 25 ff. Gesetz über die Anerkennung und Unterstützung ausländischer Insolvenzverfahren.

nach ausländischem Recht gegründeten ausländischen Gesellschaft in einem japanischen Insolvenzverfahren der gleiche Status wie einer japanischen Gesellschaft zuerkannt. **Zweitens** wird, wenn in einer ausländischen Rechtsordnung ein Insolvenzverfahren gegen einen Schuldner eröffnet wird, vermutet, dass ein **hinreichender Grund für die Eröffnung eines japanischen Insolvenzverfahrens** besteht. **Drittens** kann, wenn Insolvenzverfahren zeitgleich in mehr als zwei Rechtsordnungen anhängig sind, der im japanischen Verfahren bestellte Verwalter einen im ausländischen Verfahren bestellten Verwalter um **Zusammenarbeit und Erteilung der Auskünfte** bitten, die für die ordnungsgemäße Durchführung des japanischen Verfahrens notwendig sind, und umgekehrt. **Viertens** kann der in einem ausländischen Insolvenzverfahren bestellte Verwalter die **Eröffnung eines dem ausländischen Verfahren entsprechenden japanischen Insolvenzverfahrens** beantragen. Der ausländische Verwalter ist zur Stellungnahme auf der Gläubigerversammlung und zur Einreichung eines Sanierungsplans bei Gericht berechtigt. Ferner kann der ausländische Verwalter in seiner Eigenschaft als Vertreter derjenigen Gläubiger, die im ausländischen Verfahren, aber nicht im japanischen Verfahren Forderungsnachweise eingereicht haben, an dem japanischen Verfahren teilnehmen, und dies gilt umgekehrt auch für die **Teilnahme** des japanischen Verwalters an dem ausländischen Verfahren.

9. Änderungen des Insolvenzrechts im Zusammenhang mit COVID-19

Japan hat bislang keine ausdrücklichen Gesetzesänderungen im Insolvenzrecht im Zusammenhang mit COVID-19 verabschiedet und plant derzeit auch nicht, diese in naher Zukunft zu tun. Die Zentralregierung und die Kommunen haben hingegen mit sehr großem Aufwand verschiedene finanzielle Unterstützungen und Subventionen gewährt, um Unternehmen am Leben zu erhalten.

Japan

Konkursverfahren

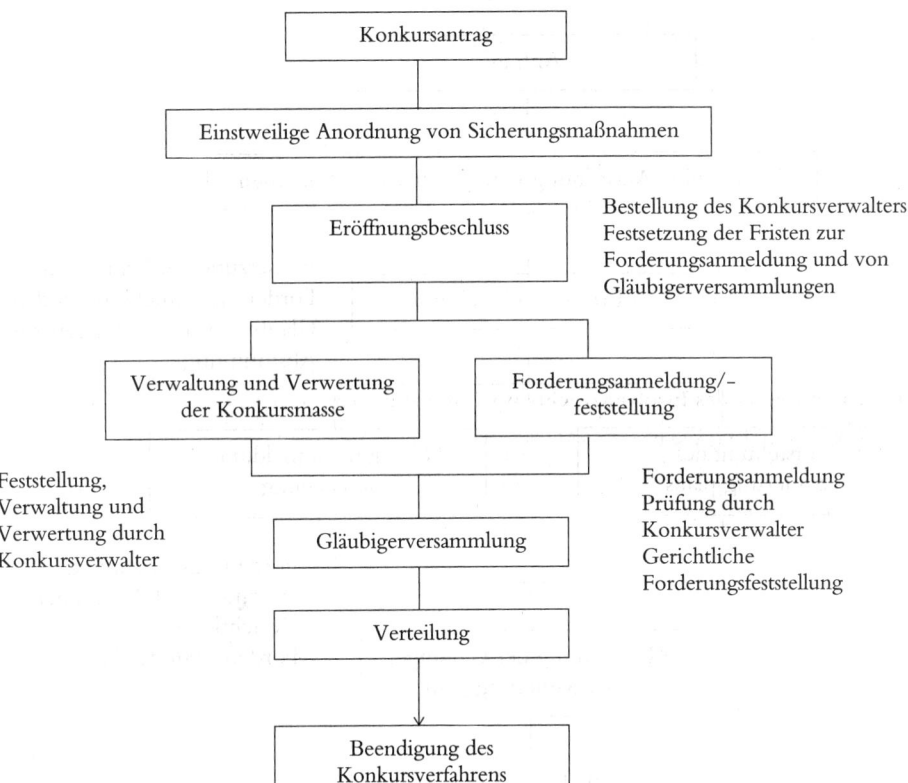

Japan

Zivilrechtliches Sanierungsverfahren

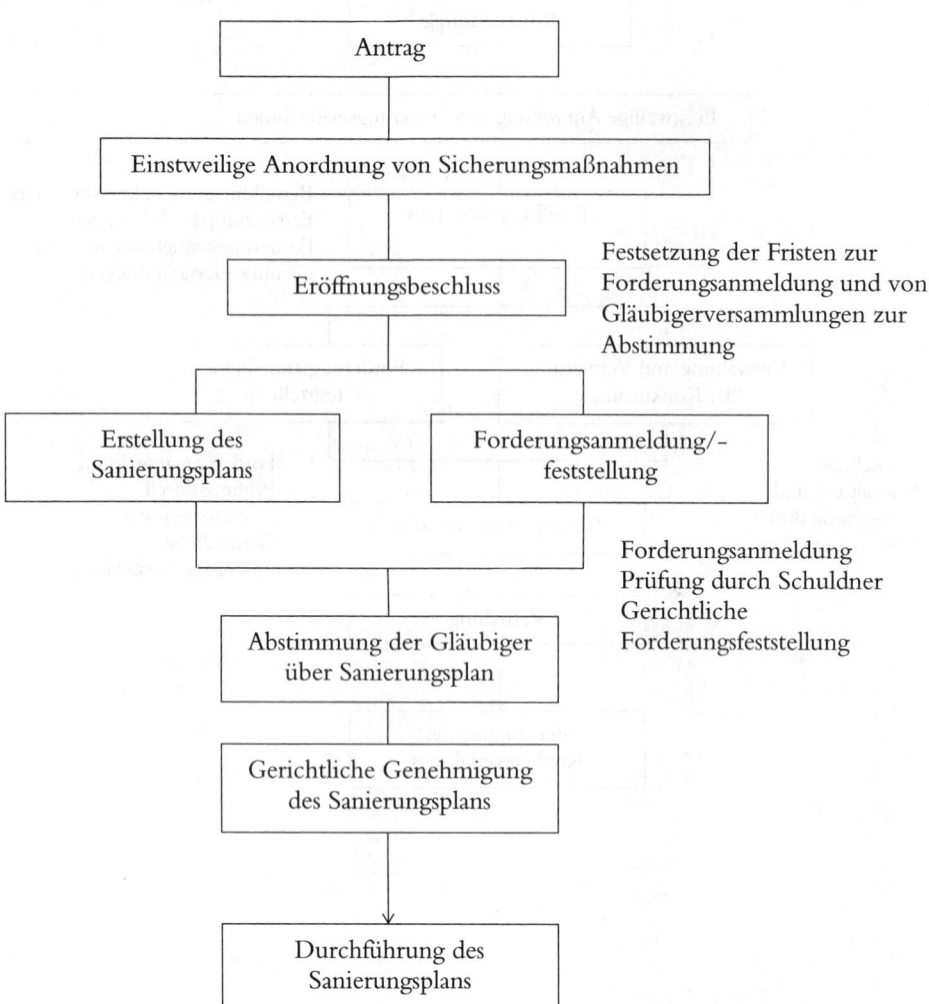

Japan

Gesellschaftssanierungsverfahren

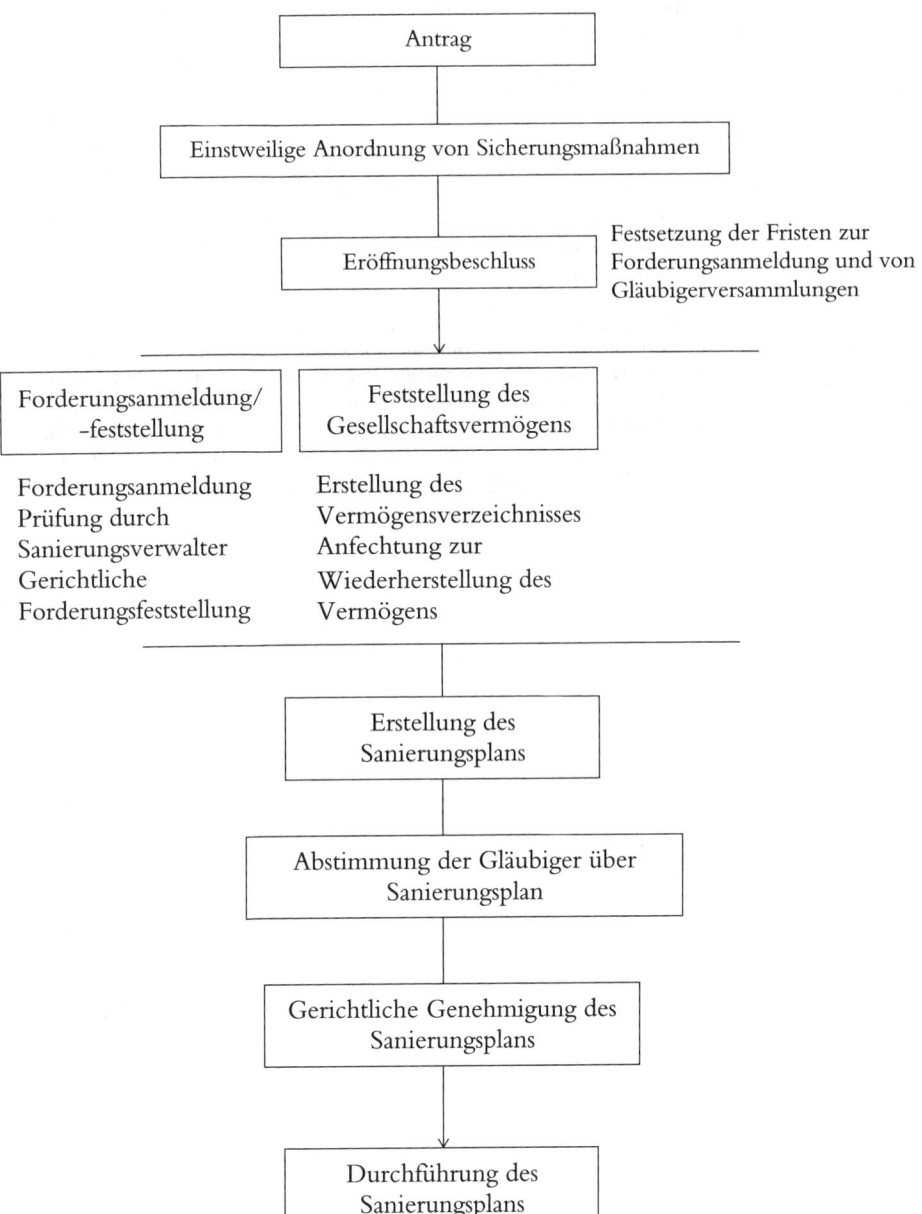

Japan

Verfahren / Forderungsarten	Konkursverfahren	Zivilrechtliches Sanierungsverfahren	Gesellschaftssanierungsverfahren
Verwaltungskosten	Masseforderung (*zaidan saiken*)	Sanierungsbezogene Forderung (*kyoeki saiken*)	Sanierungsbezogene Forderung (*kyoeki saiken*)
Gesicherte Forderung	Absonderungsrecht (*betsujo ken*)	Absonderungsrecht (*betsujo ken*)	Gesicherte Sanierungsforderung (*kosei tanpo ken*)
Vorrangige ungesicherte Forderung	Vorrangige Konkursforderung (*yusenteki hasan saiken*)	Allgemein vorrangige Forderung (*ippan yusen saiken*)	Vorrangige Sanierungsforderung (*yusenteki kosei saiken*)
Einfache ungesicherte Forderung	Konkursforderung (*hasan saiken*)	Sanierungsforderung (*saisei saiken*)	Sanierungsforderung (*kosei saiken*)
Nachrangige Forderung	Nachrangige Konkursforderung (*retsugoteki hasan saiken*)	Nachrangige Sanierungsforderung (*retsugoteki saisei saiken*)	Nachrangige Sanierungsforderung (*retsugoteki kosei saiken*)
Vertraglich nachrangige Forderung	Vertraglich nachrangige Konkursforderung (*yakujo retsugo hasan saiken*)	Vertraglich nachrangige Sanierungsforderung (*yakujo retsugo saisei saiken*)	Vertraglich nachrangige Sanierungsforderung (*yakujo retsugo kosei saiken*)

Japan

Glossar

Deutsch	Japanisch	Rn.
Absonderungsrechte	*betsujo ken*	12, 15, 37–42, 61
Aktiengesellschaften	*kabushiki kaisha*	2, 30, 59
Allgemeines gesetzliches Sicherungsrecht	*ippan no sakidori tokken*	38
Allgemein vorrangige Forderungen	*ippan yûsen saiken*, Forderungen im zivilrechtlichen Sanierungsverfahren, die aufgrund eines gesetzlichen Sicherungsrechts oder eines anderen Vorrangs, unabhängig vom Verfahrensausgang vorrangig zu befriedigen sind	37–38
Anfechtung	*hi-nin*	21, 49–50
– wegen nachteiliger Handlungen	*sagai koui*	21
– wegen unentgeltlicher Leistung	*musho koi*	21
– wegen Begünstigung	*henpa koui*	21
Aufrechnung	*sosei ken*	15, 40
Aussetzungsanordnung	*chushi meirei*, gerichtliche Anordnung im zivilrechtlichen Sanierungsverfahren, die Zwangsvollstreckungsverfahren zur Verwertung von Absonderungsrechten zeitweise unterbricht	41
Aussonderungsrecht	*torimodoshiken*	10
außergerichtliche Sanierung	*shiteki seiri*	69–70
einstweilige Anordnung von Sicherungsmaßnahmen		
– vor Eröffnung eines Konkursverfahren	*hozen meirei*	9
– vor Eröffnung eines Sanierungsverfahrens	*hozen kanri meirei*	34
Erfüllungs- und Verfügungsverbot	*bensai kinshi, zaisan no shobun kinshi, senyû iten kinshi*	9
Erlöschensverlangen	*shômetsu seikyû*, Antrag des Schuldners auf Löschung eines Sicherungsrechts an einem Vermögensgegenstand gegen Zahlung eines zeitwertgemäßen Betrags	42, 65
Eröffnungsbeschluss	*hasan tetsuzuki kaishi kettei*	10–11
Forderungsfeststellungsverfahren	*satei tetsuzuki*	17, 31, 65
Gesellschaftssanierungsverfahren	*kaisha kôsei tetsuzuki*	2
Gläubigerausschuss	*saikensha iinkai*	44
Gläubigerversammlung	*saikensha syukai*	18, 31, 44, 73
Konkurs	*hasan*	
Konkursforderungen	*hasan saiken*	11–15
nachrangige Konkursforderungen	*restugoteki hasan saiken*	13
vorrangige Konkursforderungen	*yusenteki hasan saiken*	13
Konkursmasse	*hasan zaidan*	10–11, 22–23
Konkursverfahren	*hasan tetsuzuki*	5–19, 24
Konkursverwalter	*hasan kanzainin*	10
Masseforderungen	*zaidan saiken*	12, 14

Japan

Deutsch	Japanisch	Rn.
Naturalobligationen	shizen saimu, Verbindlichkeiten, die aufgrund der Restschuldbefreiung nicht mehr durchsetzbar sind	28
Prüfer	chôsa i'in	46
Restitution	fukken, Aufhebung einer durch die Konkurseröffnung erfolgten Beschränkung der Berufsausübung	29
Restschuldbefreiung	menseki	3, 5, 25–29, 57
Sachwalter	kantoku i'in, eine gerichtlich bestellte, natürliche Person, die im zivilrechtlichen Sanierungsverfahren die Aufsicht über die Schuldnereigenverwaltung führt	32, 34, 46
Sanierung	saisei	32–73
(einfache) Sanierungsforderung	saisei saiken, einfache ungesicherte Forderung im Sanierungsverfahren, die bereits vor Verfahrenseröffnungen bestanden	37–39
gesicherte Sanierungsforderung	kosei tanpo ken	65
sanierungsbezogene Forderungen	kyoeki saiken, Forderungen im zivilrechtlichen Sanierungsverfahren mit besonderer Rangstellung, die unabhängig vom Verfahrensausgang vorrangig zu befriedigen sind	37–38, 43
Sanierungsplan	saisei keikaku	52
Sanierungssicherungsgläubiger	kôsei tanpo kensha	65
Sanierungsverwalter	saisei kanzainin	32, 35, 45
Schlussverteilung	saigo haitō	23–24
schwebender Vertrag	soho miriko somu keiyaku	20
Sonderliquidationsverfahren	tokubetsu seisan tetsuzuki	2, 30–31
Turnaround ADR-Verfahren	jigyo saisei ADR, außergerichtliches, von Mediatoren geleitetes Verfahren zur frühzeitigen Sanierung des Unternehmens unter ausschließlicher Beteiligung der Finanzgläubiger	2, 69–73
Überschuldung	saimu chôka	6
Verbraucherinsolvenz	shôhisha tôsan	3, 25–26
Verbrauchersanierung	kojin saisei	3, 25, 57
Verteilungsverzeichnis	kojin saisei	23
vorläufiger Verwalter	hozen kanri nin	9, 61
Vorrang (-stellung)	ippan no yusen ken, vorrangige Rangstellung einer Forderung in einem gerichtlichen Insolvenzverfahren	38
Zahlungsunfähigkeit	shiharaifunou	6
zivilrechtliches Sanierungsverfahren	minji saisei tetsuzuki	2, 32–59

Glossar

Japanisch	Deutsch	Rn.
bensai kinshi, zaisan no shobun kinshi, senyû iten kinshi	Erfüllungs- und Verfügungsverbot	9
betsujo ken	Absonderungsrechte	12, 15, 37–42, 61

Japan

Japanisch	Deutsch	Rn.
chôsa i'in	Prüfer	46
chushi meirei	Aussetzungsanordnung, gerichtliche Anordnung im zivilrechtlichen Sanierungsverfahren, die Zwangsvollstreckungsverfahren zur Verwertung von Absonderungsrechten zeitweise unterbricht	41
fukken	Restitution	29
haitōhyō	Verteilungsverzeichnis	23
hasan	Konkurs	
hasan kanzainin	Konkursverwalter	10
hasan saiken	Konkursforderungen	11–15
– restugoteki hasan saiken	Nachrangige Konkursforderungen	13
– yusenteki hasan saiken	vorrangige Konkursforderungen	13
hasan tetsuzuki	Konkursverfahren	5–19, 24
hasan tetsuzuki kaishi kettei	Eröffnungsbeschluss	10–11
hasan zaidan	Konkursmasse	10–11, 22–23
hi-nin	Anfechtung	21, 49–50
– sagai koui	wegen nachteiliger Handlungen	21
– musho koi	wegen unentgeltlicher Leistung	21
– henpa koui	wegen Begünstigung	21
hozen kanri meirei	einstweilige Anordnung von Sicherungsmaßnahmen vor Eröffnung des Sanierungsverfahrens	34
hozen kanri nin	vorläufiger Verwalter	9, 61
hozen meirei	einstweilige Anordnung von Sicherungsmaßnahmen vor Eröffnung des Konkursverfahrens	9
ippan no sakidori tokken	Allgemeines gesetzliches Sicherungsrecht, Forderungen im zivilrechtlichen Sanierungsverfahren, die aufgrund eines gesetzlichen Sicherungsrechts oder eines anderen Vorrangs, unabhängig vom Verfahrensausgang vorrangig zu befriedigen sind	38
ippan no yusen ken	Vorrang (-stellung), vorrangige Rangstellung einer Forderung in einem gerichtlichen Insolvenzverfahren	38
ippan yûsen saiken	Allgemein vorrangige Forderungen	37–38
jigyo saisei ADR	Turnaround ADR-Verfahren, außergerichtliches, von Mediatoren geleitetes Verfahren zur frühzeitigen Sanierung des Unternehmens unter ausschließlicher Beteiligung der Finanzgläubiger	2, 69–73
joto tanpo	Eigentumsvorbehalt	15
kabushiki kaisha	Aktiengesellschaften	2, 30, 59
kaisha kôsei tetsuzuki	Gesellschaftssanierungsverfahren	2
kantoku i'in	Sachwalter, eine gerichtlich bestellte, natürliche Person, die im zivilrechtlichen Sanierungsverfahren die Aufsicht über die Schuldnereigenverwaltung führt	32, 34, 46

Japan

Japanisch	Deutsch	Rn.
kojin saisei	Verbrauchersanierung	3, 25, 57
kôsei tanpo kensha	Sanierungssicherungsgläubiger	65
menseki	Restschuldbefreiung	3, 5, 25–29
minji saisei tetsuzuki	zivilrechtliches Sanierungsverfahren	2, 32–59
saigo haitō	Schlussverteilung	23–24
saikensha iinkai	Gläubigerausschuss	44
saikensha shukai	Gläubigerversammlung	18, 31, 44, 73
saimu chôka	Überschuldung	6
saisei	Sanierung	32–73
saisei kanzainin	Sanierungsverwalter	32, 35, 45
saisei keikaku	Sanierungsplan	52
saisei saiken	(einfache) Sanierungsforderung, einfache ungesicherte Forderung im Sanierungsverfahren, deren Rechtsgrund bereits vor Verfahrenseröffnungen bestand	37–39
– kosei tanpo ken	gesicherte Sanierungsforderung	65
– kyoeki saiken	Sanierungsbezogene Forderungen, Forderungen im zivilrechtlichen Sanierungsverfahren mit besonderer Rangstellung, die unabhängig vom Verfahrensausgang vorrangig zu befriedigen sind	37–38, 43
satei tetsuzuki	Forderungsfeststellungsverfahren	17, 31, 65
shiharaifunou	Zahlungsunfähigkeit	6
shiteki seiri	Außergerichtliche Sanierung	69–70
shizen saimu	Naturalobligationen, Verbindlichkeiten, die aufgrund der Restschuldbefreiung nicht mehr einklagbar sind	28
shôhisha tôsan	Verbraucherinsolvenz	3, 25–26
shômetsu seikyû	Erlöschensverlangen, Antrag des Schuldners auf Löschung eines Sicherungsrechts an einem Vermögensgegenstand gegen Zahlung eines zeitwertgemäßen Betrags	42, 65
soho miriko somu keiyaku	schwebender Vertrag	20
sosei ken	Aufrechnung	15, 40
tokubetsu seisan tetsuzuki	Sonderliquidationsverfahren	2, 30–31
torimodoshiken	Aussonderungsrecht	10
zaidan saiken	Masseforderungen	12, 14

Jersey

bearbeitet von *Linda Johnson*, Fellow of Institute of Chartered Accountants of England and Wales, *John Casey*, Member of Chartered Accountants Ireland (beide KPMG Channel Islands Limited); deutsche Bearbeitung: *Ursula Schlegel*, Rechtsanwältin & Solicitor (England and Wales), *Philip Falk*, wiss. Mitarbeiter Prof. Dr. *Stefan Reinhart*, FPS Partnerschaft von Rechtsanwälten mbB., Frankfurt am Main.

Übersicht

	Rn.		Rn.
1. Informationsquellen	1	7. Sanierungsverfahren, *administration*	91
2. Einführung	4	8. Vergleiche, *schemes of arrangement*	96
2.1 Rechtlicher Rahmen	4	9. Privatinsolvenz, *personal insolvency*	108
2.2 Gesetzgebung	7	9.1 Überblick über das Verfahren	108
2.3 Die Gerichtsbarkeit von Jersey	8	9.2 *Désastre* bei Privatpersonen	111
2.4 Überblick über die insolvenzrechtlichen Regelungen	13	9.2.1 Überblick über das Verfahren	111
3. *Désastre*	20	9.2.2 Antragsberechtigung	112
3.1 Überblick über das Verfahren	20	9.3.3 Renten, *pensions*	113
3.2 Antragsberechtigung	22	9.4.4 Besondere Stellung der ehelichen Wohnung	115
3.3 Verfahren, *Procedure*	27	9.5 *Remise de Biens*	117
3.4 Wirkung der Anordnung *des en désastre, effect of declaration*	31	9.6 Abtretung, *cession*	123
		9.6.1 Voraussetzungen für eine Abtretung, *cession*	125
3.5 Verteilung der Vermögenswerte, *distribution of assets*	37	9.6.2 Auswirkungen der Abtretung	127
3.6 Gläubigerversammlungen, *meetings of creditors*	43	9.7 Schuldenerlass-Anordnung, *debt remission order*	128
4. Summarische Abwicklung, *summary winding up*	45	9.7.1 Anforderungen zum Erlass einer *debt remission order*	129
4.1 Überblick über das Verfahren	45	9.7.2 Verfahren, *procedure*	130
4.2 Verfahren, *procedure*	48	9.7.3 Nicht von der „DRO" erfasste Forderungen	131
4.3 Auswirkungen einer summarischen Abwicklung, *summary winding up,* auf die Geschäftsführer, *directors*	60	9.8 *Dégrèvement* und *Réalisation*	132
		10. *Wrongful trading, Fraudulent trading;* Anfechtung, *voidable transactions*	141
5. Gläubigerinitiierte Abwicklung, *creditors' winding up*	62	10.1 Insolvenzverschleppung, *Wrongful trading*	141
5.1 Überblick über das Verfahren	62	10.2 Betrügerischer Handel, *Fraudulent trading*	144
5.2 Verfahren, *procedure*	64	10.3 Überhöhte Rentenbeiträge, *excessive pension contributions*	146
5.3 Auswirkungen der Verfahrenseröffnung, *effects of commencement*	68	10.4 Unterwertgeschäfte, *transactions at an undervalue*	147
5.4 Pflichten und Befugnisse eines Verwalters, *duties and powers of a liquidator*	69	10.5 Gläubigerbevorzugung, *preferences*	154
5.5 Verteilung der Vermögenswerte, *distribution of assets*	71	11. Grenzüberschreitende Insolvenzverfahren, *cross-border insolvency*	159
5.6 Gläubigerversammlungen, *meetings of creditors*	75	11.1 Anerkennung ausländischer Verfahren, *recognition*	159
5.7 Dereliktion von belastendem Vermögen, *disclaimer of onerous property*	78	11.2 Ausnahme von der Anerkennung	162
6. Abwicklung aus Billigkeit, *winding up on just and equitable grounds*	81	12. Maßnahmen aufgrund von COVID-19	163
6.1 Überblick über das Verfahren	81		
6.2 Verfahren, *procedure*	85		

1. Informationsquellen

1 Alle Gesetze von Jersey sind im Internet abrufbar unter: https://www.jerseylaw.je/laws/revised/Pages/search.aspx

2 Es gibt auch einen öffentlichen von der Jersey Registry unterhaltenen Informations-Suchdienst, um den Status von Gesellschaften, Stiftungen, Kommanditgesellschaften und Gesellschaften mit beschränkter Haftung auf Jersey zu ermitteln, der unter https://www.jerseyfsc.org/registry/ zu finden ist. Der „Registrar" bestätigt die Liste der Dokumente, die der Öffentlichkeit zum Herunterladen zur Verfügung stehen (gegen eine Standardgebühr pro Dokument).

3 Die meisten Urteile der Gerichte von Jersey werden online veröffentlicht und sind unter https://www.jerseylaw.je/judgments/Pages/Search.aspx abrufbar.

2. Einführung

2.1 Rechtlicher Rahmen

4 Jersey ist zwar kein Teil des Vereinigten Königreichs, untersteht aber als **Crown dependency** der britischen Krone. Trotz der Abhängig zum Vereinigten Königreichs als *Crown dependency* verfügt Jersey über eine **unabhängige Gesetzgebung**.

5 Die **Gerichtsbarkeit von Jersey** setzt sich folgendermaßen zusammen:
- *Petty Debts Court;*
- *Royal Court;*
- *Court of Appeal;* und
- *Judical Commitee of the Privy Council.*

6 Bei der Würdigung von rechtlichen Fragen greifen die Gerichte dabei in erster Linie auf folgende Rechtsquellen zurück:
- Die von Ihrer Majestät gebilligten Gesetze Jerseys, die *Jersey Statutes;*
- Gemäß den *Jersey Statutes* erlassene Regularien und Verordnungen;
- Gemäß den *Jersey Statutes* erlassene *Jersey Triennial Regulations;*
- Gesetze des Vereinigten Königreichs, sofern sich ihr Geltungsbereich auch auf Jersey erstreckt und sie vom *Royal Court* registriert wurden;
- Die Rechtsprechung von Jersey.

2.2 Gesetzgebung

7 Die wichtigsten auf Jersey anwendbaren Gesetze für Insolvenz- und Reorganisationsverfahren sind
- **das Bankruptcy (Désastre) (Jersey) Law 1990,**[1] in dem das Verfahren „*désastre"* geregelt ist. Das Verfahren dient zur Abwicklung der Angelegenheiten von Unternehmen und Privatpersonen, die nicht in der Lage sind, ihre Schulden bei Fälligkeit zu begleichen. Das Verfahren kann entweder von einem Gläubiger oder durch Eigenantrag des Schuldners eingeleitet werden kann;
- **das Companies (Jersey) Law 1991,**[2] welches sich mit der freiwilligen Abwicklung, *voluntary liquidation*, von Unternehmen befasst. Die Abwicklung kann sowohl bei Zahlungsfähigkeit vorgenommen werden (summarische Abwicklung, *summary winding up*) als auch im Fall der Insolvenz (gläubigerinitiierte Abwicklung, *creditor's winding up*[3]). Darüber hinaus sind in dem Gesetz auch die auf Gerechtigkeits- und Billigkeitserwägungen fußende gerichtlich angeordnete Abwicklung, *winding up by the court on just and equitable grounds*, die Abwicklung von Gesellschaften mit begrenzter Laufzeit, *winding up companies of limited duration*, sowie die Anfechtbarkeit von Rechtsgeschäften geregelt.
- **das Loi (1839) sur les Remises de Biens,** in dem das „*remise de biens"* Verfahren geregelt ist, bei dem die Verfügungsgewalt über das Vermögen des Schuldners zum Zwecke der Veräußerung von Vermögenswerten und der Erfüllung von Verbindlichkeiten dem Gericht übertragen wird;
- **das Loi (1880) sur la Propriété Foncière,** in dem mit „*dégrèvement"* und „*réalisation",* Verfahren zur Abwicklung von belastetem Vermögen zugunsten bestimmter Gläubiger geregelt sind; und

---

[1] Nachstehend „Désastre Law", zuletzt geändert durch Mental Health and Capacity (Consequential Amendment and Transitional Provision) (Jersey) Regulations 2018 und verfügbar unter https://www.jerseylaw.je/laws/revised/Pages/04.160.aspx#_Toc521512651

[2] Nachstehend „Companies Law", zuletzt geändert durch das Taxation (Companies – Economic Substance) (Jersey) Law 2019 und verfügbar unter https://www.jerseylaw.je/laws/revised/Pages/13.125.aspx#_Toc4422139

[3] Die Bezeichnung des Verfahrens als „Gläubigerinitiierte" Abwicklung, *creditors' winding up*, ist insofern irreführend, dass das Verfahren tatsächlich nicht von den Gesellschaften des Unternehmens eingeleitet werden muss, siehe dazu unter → Rn. 62 ff.

2. Einführung

— **das Loi (1832) sur les Décrets,** welches das Verfahren „*cession générale*" regelt, bei der ein Schuldner zugunsten seiner Gläubiger freiwillig auf sein gesamtes Vermögen verzichten kann. (Dieses Verfahren ist allerdings veraltet und wird im Rahmen von Privatinsolvenzen nur noch selten angewandt).

2.3 Die Gerichtsbarkeit von Jersey

Inhaber von **Sicherheiten an auf Jersey belgenen Immobilien** können ihre Rechte geltend machen, indem sie beim *Royal Court* einen Antrag auf *Désastre* oder *Dégrèvement* stellen.[4] **8**

Ansprüche die den Wert von £ 30.000 nicht überschreiten, sind vor dem *Petty Debts Court* geltend zu machen,[5] während der *Royal Court* für Ansprüche oberhalb dieser Grenze zuständig ist. **9**

Der *Royal Court* kann entweder in der Zusammensetzung „*Superior Number*" oder „*Inferior Number*" tagen. Die größere der beiden Zusammensetzungen „*Superior Number*" besteht aus dem Gerichtsvollzieher, *Bailiff*, dem stellvertretenden Gerichtsvollzieher, *Deputy Bailiff*, oder einem Beauftragten des Königlichen Gerichtshofs, *Royal Court Commissioner* und mindestens fünf Geschworenen, *Jurats*. Tagt der Royl Court in kleinerer Zusammensetzung, „*Inferior Number*", sind neben den anderen Mitgliedern statt der sonst fünf nur zwei Geschworene anwesend. **10**

Die Rolle des **Gerichtsvollziehers, *Bailiff*,** vereint die Funktionen eines obersten Richters und der eines „Präsidenten". Der Gerichtsvollzieher führt den Vorsitz im Wahlgremium, *Electoral College*, das die Geschworenen ernennt und die Ergebnisse der Kommunalwahlen bestätigt. Die Ernenung eines ortsansässigen und für die Aufgabe qualifizierten Gerichtsvollziehers erfolgt durch die Krone. Mit der Erennung ist keine feste Amtszeit verbunden. Der Gerichtsvollzieher muss jedoch dann zurücktreten, wenn er das 70. Lebensjahr vollendet hat.[6] **11**

Das Amt eines **Geschworenen, *Jurat*,** ähnelt dem eines Friedensrichters, *Justice of the Peace*, im Vereinigten Königreich (ein örtlicher Richter, der befugt ist, kleinere Straf- und Zivilverfahren zu verhandeln). Die Geschworenen werden vom *Electoral College*, einem Gremium in dem die einzelen Staaten von Jersey respräsentiert sind und das vom *Bailiff* geleitet wird, gewählt.[7] **12**

2.4 Überblick über die insolvenzrechtlichen Regelungen

Privatpersonen, die nicht in der Lage sind, ihre Verbindlichkeiten zu erfüllen, unterfallen dem Anwendungsbereich von **Privatinsolvenzverfahren,** *personal insolvency proceedings.* (Zu den verschiedenen Verfahrenstypen, die diesbezüglich in Jersey zur Verfügung stehen, siehe unter Rn. 108 ff.). **13**

Für **Unternehmensinsolvenzen (Gesellschaftsinsolvenzen)** stehen in Jersey zwei insolvenzrechtliche Regelungsmodelle zur Verfügung: *Désastre* und **Abwicklung,** *winding up.* **14**

Das *Désastre-Law* hat sich aus dem *Common Law* von Jersey entwickelt, obwohl das *Common Law* seit 1991 nur insoweit Anwendung findet, als das *Désastre-Law* keine entsprechende Bestimmung vorsieht. **15**

Es gibt **drei Arten der Abwicklung,** *winding up,* die in Teil 21 des „*Companies Law*" vorgesehen sind: **16**
— Summarische Abwicklung, *Summary winding up;*
— Gläubigerinitiierte Abwicklung, *Creditor's winding up;* und
— Abwicklung aus Billigkeit, *winding up on just and equitable grounds.*

Eine **Unternehmensfusion,** *amalgamation* **oder ein Vergleich,** *scheme of arrangement,* steht den Gesellschaften ebenfalls zur Verfügung. Es existieren darüberhinaus noch weitere **Verfahrensarten insbesondere zum Schutz des Schuldners und seines Vermögens,** die allerdings nur selten angewandt werden.[8] **17**

Zu diesen anderen Verfahren gehören: **18**
— *Remise de biens;*
— *Cession Générale;* und
— *Dégrèvement und Réalisation.*

Diese Verfahren sind in erster Linie für Privatpersonen bestimmt, stehen jedoch auch Unternehmen zur Verfügung, wenn es sich beim Schuldner nicht um eine Privatperson sondern um eine Gesell- **19**

---

[4] Siehe Viscount-Abteilung des Royal Court of Jersey: A Guide to the Bankruptcy Law (Leitfaden zum Insolvenzrecht) unter https://www.gov.je/SiteCollectionDocuments/Government%20and%20administration/ID%20BankruptcyGuide%202014-11%20BJL.pdf
[5] Petty Debts Court, Practice Direction, PD 18/01 https://www.jerseylaw.je/courts/Pages/PD-18-01.aspx
[6] Website der Staaten von Jersey https://statesassembly.gov.je/about/history/Pages/BailiffJersey.aspx
[7] Jersey Citizens Advice Bureau https://www.cab.org.je/index.php?option=com_content&view=article&id=107:system-of-courts-and-legislature-in-jersey-45112&catid=82&Itemid=100
[8] Dessain und Wilkins, Jersey Insolvency and Asset Tracking, S. 93.

schaft handelt. Allerdings ist es **unwahrscheinlich,** dass eines dieser Verfahren anstelle einer *désastre* oder Abwicklung, *winding up,* bei einer insolventen Gesellschaft zur Anwendung kommt.

3. Désastre

3.1 Überblick über das Verfahren

20 Die gesetzliche Definition der Insolvenz in Jersey nach dem Désastre-Law ist die **Unfähigkeit eines Schuldners, seine Schulden bei Fälligkeit zu begleichen.**[9]

21 Zur Einforderung einer offenen Verbindlichkeit haben die Gläubiger die Möglichkeit, einen Antrag auf eine *Déclaration en désastre* einzureichen, welche das **örtliche Äquivalent zu** einem **Antrag auf Insolvenz- oder Abwicklungserklärung,** *bankruptcy or winding up petition,* nach englischem Recht darstellt. Die Verfügbarkeit dieses frei wählbaren gesetzlichen Rechtsmittels wird durch die Bestimmungen des Désastre-Law geregelt.

3.2 Antragsberechtigung

22 Wenn ein Gläubiger zur Einforderung seiner Verbindlichkeit die Abwicklung des schuldnerischen Unternehmens bzw. der Gesellschaft anstrebt, hat er praktisch nur die Möglichkeit, das Gesellschaftsvermögen *en désastre* erklären zu lassen.

23 Ein Antrag auf Anordnung des *en désastre, declaration en désastre,* kann beim *Royal Court* von einem Gläubiger des Schuldners, der eine nicht bestreitbare Forderung, *liquidated claim,* von mindestens £ 3.000 hat,[10] oder vom Schuldner selbst gestellt werden.[11] Im Hinblick auf Banken, Fonds, Versicherungen, Finanzdienstleistungen oder Stiftungen kann auch die **Aufsichtsbehörde für Finanzdienstleistungen („***Jersey Financial Services Commission***")** einen entsprechenden Antrag stellen.[12]

24 Eine nicht bestreitbare Forderung, *liquidated claim,* ist eine Forderung, die nicht nachhaltig bestritten werden kann. Wenn der Schuldner jedoch demgegenüber fundiert nachweisen kann, dass die Schuld des Antragstellers nicht fällig ist und nicht vom Schuldner zu begleichen ist, oder wenn diesbezüglich zumindest ein nachvollziehbarer Streit, *bona fide dispute,* besteht, liegt keine *liquidated claim* vor, so dass die Anforungen zur Erteilung einer *declaration en désastre* nicht erfüllt sind.[13]

25 Eine solche **Anordnung,** *declaration en désastre,* kann grundsätzlich gegenüber folgenden Gesellschaften abgegeben werden:
– einer in Jersey eingetragenen Gesellschaft, *Jersey registred company* (und gegen eine in Jersey eingetragene Gesellschaft, die bereits aufgelöst wurde);
– einer auf Jersey gegründeten Kommanditgesellschaft, *limited partnership;* oder
– einer Partnerschaft mit beschränkter Haftung auf Jersey, *limited liability partnership.*

26 Der *Royal Court* ist dafür zuständig, das Vermögen von Gesellschaften[14] *en désastre* zu erklären, die:
(a) ihre Geschäftstätigkeit auf Jersey ausüben oder dies in den vergangenen drei Jahren getan haben;
(b) über verwertbares bewegliches Vermögen auf Jersey vefügen;
(c) die nach dem *Companies Law* eingetragen sind; oder
(d) die nach dem *Companies Law* aufgelöst wurden.

3.3 Verfahren, *Procedure*

27 Sofern es sich nicht um einen Antrag der *Jersey Financial Services Commission* handelt, muss dem Antrag auf Anordnung des *en désastre* eine **eidesstattliche Erklärung,** *affidavit,* beigefügt werden:[15] In der eidesstattlichen Erklärung muss

---

[9] Artikel 1(1) Désastre-Law.
[10] Ungeachtet dessen müssen Forderungen bis zu 30.000 Pfund normalerweise beim Petty Debts Court eingereicht werden.
[11] Artikel 3(1)(a) und (b) Désastre-Law.
[12] Aufgrund des Bankruptcy Law (Désastre) (Amendent) (Jersey) 1995, das seinerseits durch das Financial Services Commission (Jersey) Law 1998 und das Investment Business (Jersey) Law 1998 geändert wurde.
[13] Dessain und Wilkins, Jersey Insolvency and Asset Tracking, S. 103.
[14] *Désastre* in Bezug auf einen Schuldner, der eine natürliche Person ist, wird unter → Rn. 111 ff. behandelt.
[15] Artikel 2(3) Bankruptcy (Désastre)-Rules, 1991, nachfolgend „Désastre-Rules", zuletzt geändert durch die Bankruptcy(Désastre) (Amendent No. 4) (Jersey) Rules 2001, verfügbar unter https://www.jerseylaw.je/laws/superseded/PDFs/2004/04.160.50.pdf

(a) der dem Antrag zugrundeliegende Sachverhalt bestätigt werden;
(b) bei **Eigenantrag des Schuldners** bestätigt werden, dass der Schuldner zahlungsunfähig ist, aber über verwertbare Vermögenswerte verfügt;
(c) bei einem **Antrag eines Gläubigers** angegeben werden, dass der Gläubiger eine Forderung gegen den Schuldner hat und dass der Schuldner nach bestem Wissen und Gewissen des Gläubigers zahlungsunfähig ist, aber über verwertbares Vermögen verfügt. Zudem sind die Gründe anzugeben, aus denen der Gläubiger auf die Zahlungsunfähigkeit des Schuldners schließt;
(d) die Benachrichtigung des *Viscount* über den Antrag bestätigt werden.[16]

Der Antrag auf die Anordnung des *en désastre* wird in der Regel **von einer Partei,** *ex parte,* in Abwesenheit des Schuldners in einer **öffentlicher Gerichtsverhandlung** gestellt. Ob ein solches Vorgehen *ex parte* angemessen ist, hängt dabei von den jeweiligen Umständen des Einzelfalls ab. Daher besteht bei Antragstellung die Pflicht, das Gericht vollständig und offen zu informieren.

Der *Royal Court* kann die Verhandlung eines Antrags jederzeit nach eigenem Ermessen vertagen und wenn nötig die Beibringung weiterer Informationen vom Antragsteller verlangen.[17]

Darüber hinaus muss der Royal Court die Anordnung eines „*en désastre*" verweigern, wenn dem Schuldner bereits anderweitig Rechtsschutz gewährt wurde.[18]

3.4 Wirkung der Anordnung *des en désastre, effect of declaration*

Die wichtigsten Auswirkungen der Anordnung, dass das Vermögen der Gesellschaft dem *en désastre* unterliegt, sind folgende:

– **Das gesamte Vermögen geht auf den *Viscount* über**: Nach Anordnung des *en désastre* gehen sowohl das gesamte Vermögen und als auch alle Rechte des Schuldners unmittelbar auf den *Viscount* über[19] (die Rolle des *Viscount* ist die des **Chief Executive Officer** der Gerichte von Jersey und der Staaten von Jersey (d.h. des Parlaments von Jersey). Der **Begriff des „Vermögens"** umfasst in diesem Fall sämtliche beweglichen oder unbeweglichen Sachen, unabhängig von ihrer Lage[20] und unabhängig davon, ob sie gegenwärtig oder zukünftig, veräußerbar oder bedingt veräußerbar sind.[21]

– **Moratorium:** Es gilt ein allgemeines Moratorium für jeden Gläubiger, der zum Zwecke der Befriedigung seiner Forderungen ohne Zustimmung des *Viscounts* ein Klage- oder sonstiges gerichtliches Verfahren gegen die Gesellschaft einleitet oder fortsetzt.[22] **Die einzige Möglichkeit des Gläubigers, seine Rechte geltend zu machen, besteht darin, das Bestehern seiner Forderungen gegenüber dem Schuldner im *Désastre*-Verfahren nachzuweisen.** Ein **gesicherter Gläubiger,** *secured creditor,* kann zur Geltendmachung seiner Sicherheit jegliche Maßnahmen ergreifen, sofern diese nicht die Einleitung eines nicht vom *Security Interests (Jersey) Law 2012* vorgesehenen Gerichtsverfahrens bedeuten.[23]

– **Keine Übertragung von Gesellschaftsanteilen oder Statusänderung der Gesellschafter:** Nach Anordnung des en désastre Verfahrens ist jede Übertragung von Gesellschaftsanteilen, die ohne Zustimmung des Viscount erfolgt, und jede Änderung des Status der Gesellschafter **unwirksam.**[24] Die Übertragung von Aktien durch einen gesicherten Gläubiger bleibt allerdings gemäß dem Security Interests (Jersey) Law 2012 weiterhin möglich.

– **Beendigung einer parallelen gläubigerinitiierten Abwicklung,** *creditors' winding up*: Wenn eine Abwicklung in Form eines *creditors' winding up* bereits vor der Anordnung des *en désastre* begonnen hatte, führt die Anordnung zu einer automatischen Beendigung des *creditors' winding up.*

Der *Viscount* ist der Exekutivbeamte des Gerichts und ist im Gegensatz zu einem Verwalter **kein Vertreter der Gesellschaft**. Die Hauptaufgabe des *Viscounts* besteht darin, die Vermögenswerte der Gesellschaft im Interesse der Gläubiger zusammenzuziehen, zu verwalten und zu verwerten und anschließend den Verwertungserlös unter ihnen zu verteilen.

---

[16] Artikel 2(2) der Désastre-Rules besagt, dass außer bei Genehmigung durch das Gericht kein Antrag auf eine Erklärung gestellt werden kann, wenn der Antragsteller dem *Viscount* nicht mindestens 48 Stunden im Voraus seine Absicht mitgeteilt hat, den Antrag zu stellen.
[17] Artikel 6(3) Désastre-Law.
[18] Artikel 5 Désastre-Law.
[19] Artikel 8 Désastre-Law.
[20] vgl. *Pollard und andere gegen Ashurst* (2000), Alle ER 772.
[21] Artikel 8 Désastre-Law.
[22] Artikel 10(1) des Désastre-Law.
[23] Nachstehend „Securities Law 2012", zuletzt geändert durch das Limited Liability Partnerships (Jersey) Law 2017 und verfügbar unter https://www.jerseylaw.je/laws/revised/Pages/13.776.aspx#_Toc4651955
[24] Artikel 10(3) Désastre-Law.

33 Der *Viscount* trägt zudem auch die Verantwortung dafür, über Fehlverhalten der Geschäftsführer, *director,* des Gesellschaft zu berichten.
34 Neben diesen allgemeinen Befugnissen werden dem ***Viscount* darüberhinaus noch spezifische Befugnisse übertragen:**[25]
(a) Eigentum jeglicher Art zu halten;
(b) Das Vermögen des Schuldners betreffende Klageverfahren oder andere gerichtliche Verfahren einzuleiten oder abzuwehren;
(c) Vergleiche im Hinblick auf Klagen und offene Verbindlichkeiten zwischen dem Schuldner und Drittschuldnern zu schließen;
(d) Vergleiche mit Gläubigern zu schließen, die als zweckmäßig erachtet werden;
(e) Die Geschäfte des Schuldners insofern weiter zu betreiben, wie es für eine vorteilhafte Veräußerung notwendig oder zweckmäßig ist;
(f) Geld des Schuldners für die Reparatur, Instandhaltung, Wartung oder Renovierung des schuldnerischen Eigentums aufzuwenden;
(g) Kredite aufzunehmen und das Eigentum des Schuldners zu belasten;
(h) Stimmrechte des Schuldners hinsichtlich seiner Gesellschaftsanteile auszuüben;
(i) Befugnisse oder Rechte des Schuldners im Hinblick auf sein Vermögen auszuüben oder sonstige Handlung vorzunehmen, die der Schuldner ohne die Anordnung des *en désastre* hätte ausüben können; und
(j) Einen durch die Erteilung einer Prokura, *power of attorney,* bevollmächtigten oder anderweitig vertretungsberechtigten Stellvertreter zu ernennen.
35 Désastre-Verfahren werden normalerweise **aus dem Vermögen des Schuldners finanziert.** In Fällen, in denen jedoch das Vermögen des Schuldners dafür nicht ausreicht, sorgen die Gläubiger bisweilen selbst für die Finanzierung; auch kann der *Viscount* **Finanzierungs- oder Entschädigungsvereinbarungen mit institutionellen Gläubigern wie Banken treffen.**[26]
36 Ohnehin stellen die Staaten von Jersey dem *Viscount* jährlich einen bestimmten Etat zur Verfügung, um Untersuchungen in einem Désastre-Verfahren zu erleichtern, insbesondere in Fällen, die das Ansehen von Jersey als internationales Finanzzentrum beeinträchtigen könnten.[27]

3.5 Verteilung der Vermögenswerte, *distribution of assets*

37 Artikel 33 Désastre-Law legt fest, dass der *Viscount* das Vermögen unter den Anspruchsberechtigten entsprechend ihren jeweiligen Ansprüchen gemäß Artikel 32 verteilt, sobald dies möglich ist. Darüber hinaus kann der *Viscount* zum Zwecke der Verteilung bereits Abschlagszahlungen vornehmen.
38 Nach Verwertung des schuldnerischen Vermögens erfolgt die **Verteilung durch den *Viscount* in folgender Reihenfolge:**
(a) Die Bezahlung der Vergütung und Auslagen des *Viscounts;*
(b) Die Auszahlung jedes Mitarbeiters des Schuldners für rückständige Löhne oder Gehälter für Dienstleistungen, die in den letzten sechs Monaten vor der Anordnung des *en désastre* Verfahrens erbracht wurden, sowie Urlaubsgeld und Prämien;[28]
(c) Die Zahlung
  a. der an den Krankenversicherungsfonds gemäß Artikel 25 Health Insurance (Jersey) Law 1967[29] und an den Sozialversicherungsfonds gemäß Artikel 41 Social Security (Jersey) Law 1974 geschuldeten Beträge;[30]
  b. aller nach Artikel 45(3) Income Tax (Jersey) Law 1961[31] und nach Artikel 47(8) Goods and Services Tax (Jersey) Law2007 fälligen Steuerforderungen;[32]
(d) Die Befriedigung der von den Gläubigern im *désastre* Verfahren nachgewiesenen Forderungen.
39 Gemäß Artikel 11(1) und 11(2) Désastre-Law leben die durch eine Hypothek gesicherten Forderungen der Gläubiger (Sicherheiten an Immobilien auf Jersey) dann auf, wenn die mit der Hypothek belastete Immobilie, vom *Viscount* veräußert wird. Gemäß Artikel 32(4) und 32(5) Désastre-Law

---

[25] Artikel 26 Désastre-Law.
[26] Siehe *In the matter of the désastre of Baltic Partners Limited* (30.10.1995) JU 214 und *In the matter of the désastre of Mr. K R Leech* 2004 JLR 303.
[27] Dessain und Wilkins, Jersey Insolvency and Asset Tracking, S. 114.
[28] Siehe auch Artikel 6(A) Employment (Jersey) Law, 2003.
[29] Verfügbar unter https://www.jerseylaw.je/laws/revised/Pages/26.500.aspx
[30] Verfügbar unter https://www.jerseylaw.je/laws/revised/Pages/26.900.aspx
[31] Verfügbar unter https://www.jerseylaw.je/laws/revised/Pages/24.750.aspx
[32] Verfügbar unter https://www.jerseylaw.je/laws/revised/Pages/24.700.aspx

sind diese Forderungen in der Reihenfolge ihres Entstehens nach Begleichung der Vergütung und Auslagen des *Viscounts* zu begleichen.[33]

Wenn eine schuldnerische Gesellschaft **unkörperliche bewegliche Vermögenswerte,** *intan-* **40** *gible moveable property,* wie beispielsweise Aktien oder Gelder auf einem Bankkonto auf Jersey besitzt die zugunsten eines Gläubigers durch ein Sicherungsrecht nach dem Security Interests (Jersey) Law 1983 wirksam gesichert sind,[34] **bedeutet dies**
– in dem Fall, dass sich das Sicherungsrecht aus dem Besitz einer Forderungsbescheinigung ergibt, das Eigentum vorbehaltlich des Sicherungsrechts auf den *Viscount* übertragen wird; oder
– in dem Fall, dass sich das Sicherungsrecht aus aus der Abtretung der Forderung an den Sicherungsnehmer ergibt, die Vermögenswerte nicht auf den *Viscount* übergehen und der gesicherte Gläubiger mit seinem Vermögen so umgehen kann, als wäre keine Anordnung des *désastre* Verfahrens ergangen.

Wenn nach dem 1983 Security Law die Sicherheit aus der Abtretung der Forderung besteht und **41** die betreffenden unkörperlichen beweglichen Vermögenswerte, *intangible moveable property,* mithin nicht auf den *Viscount* übergehen, kann der *Viscount* allerdings **bei Gericht eine Verfügung** beantragen, mit der die Vermögenswerte auf den *Viscount* übergehen und deren Veräußerung angeordnet wird. Den Verkaufserlös muss der *Viscount* dem gesicherten Gläubiger sodann nach Abzug der Veräußerungskosten auskehren.

Wurde eine Sicherheit gemäß Security Interests (Jersey) Law 2012 bestellt, kann der Sicherungs- **42** nehmer sein Sicherheitsinteresse durchsetzen, obwohl das Vermögen der Gesellschaft *en désastre* erklärt wird. Dies gilt auch unabhängig davon, ob die gesicherten Vermögenswerte auf den *Viscount* übergegangen sind.

3.6 Gläubigerversammlungen, *meetings of creditors*

Der *Viscount* ist **nicht verpflichtet, eine Gläubigerversammlung** einzuberufen. In der Praxis **43** werden Gläubigerversammlungen in der Regel dazu einberufen, um die Finanzierung des *désastre* Verfahrens zu erörtern oder, ob und inwiefern es wünschenswert ist, dass der *Viscount* bei der Durchführung des *désastre* Verfahrens verschiedene Handlungsalternativen verfolgt.

Der *Viscount* ist verpflichtet, allen Gläubigern nach Abschluss des *désastre* Verfahrens einen **44** abschließenden Bericht vorzulegen und schuldet ihnen Rechenschaft.[35] Obwohl der *Viscount* nicht dazu verpflichtet ist, kann er den Gläubigern von Zeit zu Zeit über den Fortgang des Verfahrens berichten.[36]

4. Summarische Abwicklung, *summary winding up*

4.1 Überblick über das Verfahren

Eine summarische Abwicklung, *summary winding up (voluntary liquidation),* ist ein in Jersey gesetz- **45** lich vorgesehenes Verfahren zur Abwicklung einer zahlungsfähigen Gesellschaft und findet statt, wenn die Gesellschaft einen entsprechenden Sonderbeschluss fasst[37] und dem Handelsregister von Jersey, *Registrar of Companies („Registrar"),*[38] eine Erklärung über ihre Zahlungsfähigkeit, Solvenzbescheinigung, *statement of solvency,*[39] in der erforderlichen Form vorlegt.

Die meisten Gesellschaften auf Jersey werden auf unbestimmte Zeit gegründet. Insofern werden **46** entweder die Geschäftsführer, *directors,* oder die Gesellschafter beschließen, die Gesellschaft abzuwickeln. Wenn die Abwicklungsbestrebung von der Geschäftsführung ausgeht, bedeutet dies, dass den Gesellschaftern eine Abwicklung empfohlen wird. Sofern die Gesellschafter eine Abwicklung beschließen, werden sie sodann die Erstellung einer Solvenzbescheinigung, *statement of solvency,* von der Geschäftsführung fordern.

Das summarische Abwicklungsverfahren, *summary winding up,* ist in Teil 21, Kapitel 2 Companies **47** Law geregelt.

---

[33] Dessain und Wilkins, Jersey Insolvency and Asset Tracking, S. 149.
[34] Nachstehend „Security Law 1983", zuletzt geändert durch Security Interests (Jersey) Law 2012; verfügbar unter https://www.jerseylaw.je/laws/revised/Pages/13.775.aspx#_Toc378861736.
[35] Artikel 36 Désastre-Law.
[36] Artikel 28 Désastre-Law.
[37] Nach dem Companies Law ist ein Sonderbeschluss ein Beschluss, der mit einer Zweidrittelmehrheit (oder einer in der Satzung der Gesellschaft festgelegten höheren Mehrheit oder Einstimmigkeit) der Mitglieder gefasst werden muss, die (dazu berechtigt) auf einer Versammlung der Gesellschaft abstimmen, die nicht weniger als 14 Tage vorher ordnungsgemäß einberufen wurde.
[38] Der Registerführer.
[39] „Insolvenz" wird im Companies Law definiert als die Unfähigkeit, „Schulden bei Fälligkeit zu begleichen".

4.2 Verfahren, *procedure*

48 Eine **summarische Abwicklung**, *summary winding up,* kann über eine Gesellschaft nur dann eröffnet werden, wenn:[40]
(a) Die Geschäftsführer, *directors,* eine Erklärung über die Zahlungsfähigkeit, *statement of solvency,* unterzeichnen;
(b) Die Gesellschafter innerhalb von 28 Tagen nach Ergehen dieser Solvenzbestätigung einen Sonderbeschluss zur summarischen Abwicklung der Gesellschaft, *summary winding up,* gefasst haben und
(c) Innerhalb von 21 Tagen nach Verabschiedung des Gesellschafterbeschlusses eine enstprechende Mitteilung über den Beschluss und die Solvenzerklärung beim *„Registrar"* eingereicht wurde.

49 Die **Erklärung über die Zahlungsfähigkeit,** *statement of solvency,* muss von jedem Geschäftsführer, *director,* der Gesellschaft unterschrieben werden und aussagen, dass nach einer umfassenden Untersuchung jeder von ihnen davon überzeugt ist, dass die Gesellschaft[41]
(a) weder Vermögenswerte (Aktiva) noch Verbindlichkeiten (Passiva) hat; oder
(b) Vermögenswerte und keine Verbindlichkeiten hat; oder
(c) in der Lage dazu sein wird, ihre Verbindlichkeiten innerhalb von sechs Monaten nach Beginn der Abwicklung zu begleichen; oder
(d) Verbindlichkeiten hat, die mehr als sechs Monate nach Beginn der Abwicklung entstehen werden und bei Fälligkeit vollständig beglichen werden können; oder
(e) Eine Kombination von (c) und (d) vorliegt.

50 Daher ist es auch möglich, über eine Gesellschaft ein summarisches Abwicklungsverfahren, *summary winding up,* zu eröffnen, die tatsächlich **zahlungsunfähig** ist, aber in der Lage ist, bestehende Verbindlichkeiten innerhalb von sechs Monaten zu begleichen.

51 Wenn die Geschäftsführer der Gesellschaft davon überzeugt sind, dass die Gesellschaft weder Aktiva noch Passiva hat (siehe (a)) und eine Erklärung diesen Inhalts ordnungsgemäß beim *„Registrar",* einreichen, wird die Gesellschaft sofort aufgelöst.

52 Bei Einreichung einer Solvenzbescheinigung, *statement of solvency,* beim *„Registrar"* des Inhalts von (b), (c), (d) oder (e) wird die Gesellschaft in die summarische Abwicklung, *summary winding up* überführt.

53 Sobald eine Gesellschaft in die summarische Abwicklung, *summary winding up,* überführt wird, bleibt der gesellschaftrechtliche Status zunächst erhalten, bis die Gesellschaft aufgelöst wird. Die Befugnisse der Gesellschaft sind jedoch insofern begrenzt, als dass sie **nur in Bezug auf die Verwertung ihres Vermögens, die Begleichung von Verbindlichkeiten und die Verteilung des Vermögens** ausgeübt werden können.[42]

54 Eine Gesellschaft kann ab dem Beginn ihrer summarischen Abwicklung, *summary winding up,* durch einen Sonderbeschluss zum Zwecke der Abwicklung eine Person als **Verwalter,** *liquidator,* bestellen. Mit der Bestellung eines Verwalters erlöschen die Befugnisse der Geschäftsführer gegenüber der Gesellschaft und gehen auf den Verwalter über.

55 Wenn eine Gesellschaft relativ unkompliziert abzuwickeln ist, z.B. weil die Gesellschaft eine Holdinggesellschaft mit wenigen Aktiva oder Passiva ist, wird es in der Regel so sein, dass die Geschäftsführer die summarische Abwicklung, *summary winding up,* eigenständig durchführen und kein Verwalter ernannt wird. Gestaltet sich die Abwicklung der Gesellschaft jedoch komplizierter, wird üblicherweise ein Verwalter ernannt.

56 Zum Verwalter können natürliche Person ernannt werden. Handelt es sich bei der abzuwickelnden Gesellschaft um eine *public company,* muss der potenzielle Verwalter zudem folgende Anforderungen erfüllen:
– er darf nicht Geschäftsführer, *director,* Sekretär, *secretary,* oder Angestellter, *employee,* der abzuwickelnden Gesellschaft oder einer ihrer Tochter-oder Holdinggesellschaften sein; und
– zudem darf er nicht Mitglied des *Institute of Chartered Accountants* in England und Wales, des *Institute of Chartered Accountants* von Scotland, der *Association of Chartered Certified Accountants* oder des *Institute of Chartered Accountants* in Irland sein.[43]

57 Die Ernennung einer Person, die diese Kriterien erfüllt, ist mithin ungültig.

58 Der Verwalter hat Anspruch auf eine **Vergütung,** die vor seiner Bestellung mit der Gesellschaft vereinbart wurde und zuvor von der Gesellschaft in einer Hauptversammlung oder vom *Royal Court* genehmigt wurde.[44]

---

[40] Artikel 146(3) Companies Law.
[41] Artikel 146(2) Companies Law.
[42] Artikel 148 Companies Law.
[43] Artikel 7 Companies (General Provisions) (Jersey) Order, 2002.
[44] Artikel 152 Companies Law.

Wenn die summarische Abwicklung, *summary winding up,* beendet ist, muss nach den Vorgaben 59 des „*Registrar*" jeder Geschäftsführer, oder, wenn ein Verwalter, ernannt wurde, dieser, in einer unterzeichneten Erklärung bestätigen, dass er nach umfassender Untersuchung der Angelegenheiten der Gesellschaft davon überzeugt ist, dass die Gesellschaft weder über Aktiva noch über Passiva verfügt. Mit der Einreichung der Erklärung beim „*Registrar*" wird die Gesellschaft aufgelöst.[45]

4.3 Auswirkungen einer summarischen Abwicklung, *summary winding up,* auf die Geschäftsführer, *directors*

Mit der Bestellung eines Verwalters, *liquidator,* erlöschen alle Rechte und Pflichten der Geschäfts- 60 führer, *directors,* es sei denn, die Gesellschafter beschließen durch einen Sonderbeschluss die Erweiterung auf die Geschäftsführer. Ab diesem Zeitpunkt ist der Verwalter für die Wahrnehmung der Rechte und Pflichten der Geschäftsführer zuständig.

Nach dem Companies Law kann eine auf Jersey eingetragene Gesellschaft mit beschränkter 61 Haftung, *limited company,* entweder eine öffentliche, *public company,* oder eine private Gesellschaft *private company,* sein.[46] Gemäß Artikel 73 Companies Law muss eine private Gesellschaft mindestens einen Geschäftsführerhaben und eine öffentliche Gesellschaft mindestens zwei.

5. Gläubigerinitiierte Abwicklung, *creditors' winding up*

5.1 Überblick über das Verfahren

Die Bezeichnung des Verfahrens als „gläubigerinitiierte" Abwicklung, *creditors' winding up,* ist 62 insofern irreführend, dass das Verfahren tatsächlich von den Gesellschaftern des Unternehmens eingeleitet werden muss. Die Gläubiger haben nicht die Möglichkeit, das Verfahren einzuleiten. Die gläubigerinitiierte Abwicklung, *creditors' winding up,* erfolgt nach einem Sonderbeschluss der Gesellschafter.[47]

Bei einer summarischen Abwicklung, *summary winding up,* verfügt der Verwalter, *liquidator,* über 63 gemeinsam mit den Geschäftsführern, *directors,* der Gesellschaft über bestimmte Befugnisse. Bei einer gläubigerinitiierten Abwicklung, *creditors' winding up,* hingegen gehen alle Befugnisse, die zuvor den Geschäftsführern zu teil wurden, auf den Verwalter über. Die Befugnisse des Verwalters sind in diesem Fall umfassender und ähneln eher denen des *Viscount* in einem *désastre* Verfahren.

5.2 Verfahren, *procedure*

Um das Abwicklungsverfahren einzuleiten, muss die Gesellschaft eine Gesellschafterversamm- 64 lung abhalten, auf der die Gesellschafter einen **Sonderbeschluss zur Auflösung der Gesellschaft** im Wege des *creditors' winding up* fassen und eine Person benennen, die zum Verwalter, *liquidator,* bestellt wird.[48]

Die gläubigerinitiierte Abwicklung, *creditors' winding up,* beginnt zum Zeitpunkt der Verabschie- 65 dung des Sonderbeschlusses. Innerhalb von 14 Tagen nach der Verabschiedung des Sonderbeschlusses muss die Gesellschaft eine Bekanntmachung in der *Jersey Gazette* (Amtsblatt) veröffentlichen, in der über die Beschlussfassung informiert wird.[49]

Eine gläubigerinitiierte Abwicklung kann sich auch aus einer summarischen Abwicklung, *sum-* 66 *mary winding up,* heraus entwickeln, wenn sich im Laufe der summarischen Abwicklung herausstellt, dass die Gesellschaft bereits fällige Verbindlichkeiten oder erst nach den ersten sechs Monaten fällige Verbindlichkeiten nicht innerhalb von sechs Monaten nach Beginn des summarischen Abwicklungsverfahrens bedienen kann. Es muss eine Gläubigerversammlung einberufen werden, die am selben

---

[45] Artikel 150 Companies Law.
[46] Artikel 3B Companies Law besagt, dass eine private Gesellschaft, *private company,* eine Gesellschaft ist, die in der Gründungsurkunde als solche bezeichnet wird. Der wesentliche Unterschied besteht darin, dass eine private Gesellschaft in der Regel nicht mehr als 30 Gesellschafter haben wird und ihre Aktivitäten als inländische Angelegenheit ihrer Gesellschafter angesehen werden können.
[47] Oder wenn aus einer summarischen Abwicklung, *summary winding up,* eine gläubigerinitiierte Abwicklung, *creditors' winding up,* wird; wenn die Geschäftsführer zu dem Schluss kommen, dass die Gesellschaft nicht in der Lage sein wird, ihre Verbindlichkeiten innerhalb von sechs Monaten nach Beginn des Abwicklungsverfahrens vollständig zu begleichen; oder wenn nach mehr als sechs Monaten nach Beginn der Abwicklung Verbindlichkeiten entstehen, die bei Fälligkeit beglichen werden können.
[48] Gemäß Artikel 7 Companies (General Provisions) (Jersey) Order, 2002, ist derjenige für die Bestellung zum Verwalter, *liquidator,* einer Gesellschaft nicht geeignet, der ein Sekretär, *secretary,* oder leitender Angestellter, *officer,* der Gesellschaft oder einer Tochter- oder Holdinggesellschaft ist.
[49] Artikel 158 Companies Law.

Tag wie die Gesellschafterversammlung oder zumindest unmittelbar danach in Jersey tagt. Die Gesellschaft muss ihre Gläubiger mindestens 14 Tage vorher per Post über die Versammlung benachrichtigen und mindestens 10 Tage vor der Versammlung eine Anzeige in der *Jersey Gazette* veröffentlichen.[50]

67 Bei der ersten Gläubigerversammlung wird Folgendes erörtert bzw. beschlossen:
– **Lagebericht**, *statement of affairs*: Die Geschäftsführer, *directors,* müssen einen Lagebericht über den Zustand der Gesellschaft vorlegen, dessen Richtigkeit durch eine eidesstattliche Erklärung, *affidavit,* einiger oder aller Geschäftsführer bestätigt wird.
– **Ernennung eines Verwalters,** *liquidator*: Die von den Gläubigern oder Gesellschaftern benannte Person, wird mit Wirkung zum Ende der Versammlung zum Verwalter, *liquidator,* ernannt. Wenn die Gläubiger und die Gesellschafter verschiedene Personen vorschlagen, kann ein Geschäftsführer, ein Gesellschafter oder ein Gläubiger beim Gericht entsprechende Weisungen, *directions,* ersuchen.[51] Der Verwalter muss seine Bestellung sowohl dem „*Registrar"* als auch den Gläubigern innerhalb von vierzehn Tagen nach seiner Bestellung mitteilen.
– **Gläubigerausschuss,** *liquidation committee*: Die Gläubiger können einen aus höchstens fünf Personen bestehenden Gläubigersausschuss bestellen. Auch die Gesellschaft kann bis zu fünf Personen als Mitglieder des Gläubigersausschusses ernennen, es sei denn, die Gläubiger beschließen, dass einige oder alle dieser Personen nicht in den Ausschuss aufgenommen werden sollen. Sofern das Gericht nichts anderes anordnet, bleibt diesen Personen sodann auch die Ausschussmitgliedschaft verwehrt. Nach dem Companies Law kommen dem Abwicklungsausschuss begrenzte Befugnisse hinsichtlich der Durchführung des Abwicklungsverfahrens zu der. Darunter fallen die Befugnis, die Vergütung des Verwalters zu vereinbaren, den Fortbestand der Befugnisse der Geschäftsführer zu billigen und den Verwalter dazu zu ermächtigen, eine Klasse von Gläubigern vollständig auszubezahlen oder eine Forderung von oder gegen die Gesellschaft zu vergleichen.[52]

5.3 Auswirkungen der Verfahrenseröffnung, *effects of commencement*

68 Die wichtigsten Auswirkungen des Verfahrensbeginns einer gläubigerinitiierten Abwicklung, *creditors winding up,* sind Folgende:
– **Einstellung der Geschäftstätigkeit,** *cessation of business*: Der gesellschaftsrechtliche Status der Gesellschaft bleibt bis zu ihrer Auflösung erhalten, ab Beginn der Abwicklung muss die Gesellschaft jedoch grundsätzlich ihre Geschäftstätigkeit einstellen, es sei denn, die Fortführung der Geschäftstätigkeit ist für die Abwicklung erforderlich.[53]
– **Befugnisse der Geschäftsführer:** Alle Befugnisse der Geschäftsführer erlöschen (außer in dem vom Gläubigerausschuss, *liquidation committee,* oder, falls kein Ausschuss gebildet wurde, von den einzelnen Gläubigern genehmigten Umfang) und gehen auf den Verwalter über.
– **Moratorium:** Es dürfen ohne Genehmigung des Gerichts (und wenn nur unter Wahrung der vom Gericht auferlegten Bedingungen) keine Verfahren gegen die Gesellschaft eingeleitet oder fortgesetzt werden.[54] Ein gesicherter Gläubiger, *secured creditor,* kann zur Geltendmachung seiner Sicherheit jegliche Maßnahmen ergreifen, sofern diese nicht die Einleitung eines nicht vom Security Interests (Jersey) Law 2012 vorgesehen Gerichtsverfahrens bedeuten. Ein berechtigter Gläubiger kann weiterhin die Anordnung beantragen, dass das Vermögen der Gesellschaft *en désastre* erklärt wird. Kommt es zu einer entsprechenden Anordnung, wird die gläubigerinitiierte Abwicklung, *creditors winding up,* automatisch beendet.
– **Keine Übertragung von Gesellschaftsanteilen oder Statusänderung der Gesellschafter:** Die Übertragung von Gesellschaftsanteilen, die ohne Zustimmung des Verwalters erfolgt, sowie jede Änderung des Status der Gesellschafter ist unwirksam. Die Übertragung von Aktien durch einen gesicherten Gläubiger bleibt allerdings gemäß dem Security Interests (Jersey) Law 2012 weiterhin möglich.
– **Firmenkorrespondenz:** Jede Rechnung, Waren- oder Dienstleistungsbestellung oder jeder Geschäftsbrief/E-Mail, die von oder im Namen der Gesellschaft ausgestellt wird, muss eine Erklärung darüber enthalten, dass sich die Gesellschaft in Abwicklung befindet *(„a statement that the company is in liquidation")*.

---

[50] Artikel 160 Companies Law.
[51] Wenn die Gläubiger einen anderen als den von den Gesellschaftern vorgeschlagenen Verwalter bestellen möchten, hat im Allgemeinen die Wahl der Gläubiger Vorrang, es sei denn, der *Royal Court* bestimmt etwas anderes.
[52] Artikel 162 Companies Law.
[53] Artikel 159(2) Companies Law.
[54] Artikel 159(4) Companies Law.

5.4 Pflichten und Befugnisse eines Verwalters, *duties and powers of a liquidator*

Der Verwalter, *liquidator,* hat im Rahmen einer gläubigerinitiierten Abwicklung, *creditors winding* **69** *up,* zahlreiche Pflichten:
– Innerhalb von 14 Tagen nach seiner Bestellung muss der Verwalter den *„Registrar"* sowie die Gläubiger über seine Bestellung in Kenntnis setzen;[55]
– Der Verwalter muss dem **Generalstaatsanwalt Ihrer Majestät, *Her Majesty's Attorney General,*** mögliche Straftaten im Zusammenhang mit der Gesellschaft, den daran Beteiligten oder den Geschäftsführern melden;[56]
– Nach Befriedigung der vorrangigen Gläubiger, *priority creditors,* gemäß den gesetzlichen Bestimmungen und unter Erfüllung der Anforderungen an „geschützte Zellgesellschaften", *protected cell companies,* muss der Verwalter den Verwertungserlös zur quotalen Befriedigung, *pari passu,* der Schulden der Gesellschaft einschließlich gegenüber den Gesellschaftern bestehender Verbindlichkeiten entsprechend deren Rechten verwenden;[57]
– Der Verwalter ist verpflichtet, im Laufe der Abwicklung Jahresberichte einzureichen;[58]
– Ein Verwalter, der zurücktritt, abberufen wird oder aus irgendeinem anderen Grund sein Amt niederlegt, muss innerhalb von 14 Tagen nach seinem Rücktritt, seiner Abberufung oder seinem Ausscheiden aus dem Amt dem *„Registrar"* und den Gläubigern eine diesbezügliche von ihm unterzeichnete Mitteilung machen.[59]

Der Verwalter, *liquidator,* verfügt bei einer gläubigerinitiierten Abwicklung, *creditors winding up,* nicht **70** nur über alle von den Geschäftsführern ausübbaren Befugnisse, ihm kommen **darüberhinaus noch die folgende Rechte und Befugnisse** zu:
– Ein Verwalter hat Anspruch auf eine Vergütung, die mit dem Gläubigerausschuss vereinbart wird;[60]
– Alle ordnungsgemäß angefallenen Kosten, Gebühren und Ausgaben, einschließlich der Vergütung des Verwalters, sind vor allen Ansprüchen aus dem Vermögen der Gesellschaft zu begleichen;[61]
– Gemäß Artikel 170 Companies Law kann ein Verwalter mit Genehmigung des *Royal Court* oder des Gläubigerausschusses (falls kein Ausschuss gebildet wurd, mit Genehmigung der Gläubigerversammlung):
  (a) eine Gläubigergruppe in voller Höhe befriedigen; und/oder
  (b) Ansprüche von der oder gegen die Gesellschaft vergleichen.
– Der Verwalter kann sämtliche weitere Befugnisse der Gesellschaft ausüben, die für ihre vorteilhafte Abwicklung erforderlich sind, Versammlungen einberufen oder Gläubiger befriedigen;[62]
– Die Befugnis, eine Übertragung von Gesellschaftsanteilen zu bewilligen,[63] belastete Vermögenswerte, *onerous property,* abzulehnen (zu derelinquieren)[64] und Anordnungen des *Royal Court* zu beantragen.[65]

5.5 Verteilung der Vermögenswerte, *distribution of assets*

Die Rangfolge der Verteilung des Erlöses aus der Verwertung der Vermögenswerte der Gesell- **71** schaft durch den Verwalter gestaltet sich folgendermaßen:
(a) Zahlung der Vergütung und Auslagen des Verwalters;
(b) Wenn es sich bei der Gesellschaft um eine Bank handelt, an das *Jersey Bank Depositors Compensation Board* zu zahlende Beträge;
(c) Zahlung von bis zu sechs Monatslöhnen oder -gehältern sowie Urlaubsgeld und Prämien eines jeden Mitarbeiters, vorbehaltlich vorgeschriebener Höchstbeträge;[66]
(d) Zahlung aller fälligen Forderungen in Bezug auf die Krankenversicherung, Sozialversicherung, Einkommenssteuer, Waren- und Dienstleistungssteuer, Miete und Pfarrsätze, *parisch rates;*
(e) quotale Befriedigung, *pari passu,* aller nachgewiesenen Schulden; und

---

[55] Artikel 161(5) Companies Law.
[56] Artikel 184 Companies Law.
[57] Artikel 186 Companies Law.
[58] Artikel 187 Companies Law.
[59] Artikel 190 Companies Law.
[60] Artikel 163 Companies Law.
[61] Artikel 165 Companies Law.
[62] Artikel 170 Companies Law.
[63] Artikel 159(3) Companies Law.
[64] Artikel 171, 172 und 173 Companies Law.
[65] Artikel 186A Companies Law.
[66] Wie in Artikel 60(3) des Employment (Jersey) Law, 2003 vorgeschrieben.

(f) wenn ein Überschuss verbleibt, wird dieser unter den Gesellschaftern entsprechend ihren Rechten und Interessen an der Gesellschaft ausgezahlt.

72 Wenn in Jersey befindliches unbewegliches Vermögen mit einer Hypothek belastet ist (Hypothek, *encumbrance,* oder sonstige Belastung, *charge,* auf unbewegliches Vermögen), wird der Verkaufserlös (nach Zahlung der Vergütung und Auslagen des Verwalters) zur Befriedigung der durch die Hypothek gesicherten Forderung verwendet.

73 Wenn in Jersey befindliche unkörperliche bewegliche Vermögenswerte, *intangible moveable property,* einem gültigen Sicherungsrecht nach dem 1983 Security Law unterliegen, wird der Veräußerungserlös in der folgenden Rangfolge verwendet:
(a) Zahlung der Veräußerungskosten;
(b) Zahlung aller mit dem Vermögen besicherten Schulden (wenn mehr als ein Sicherungsrecht geschaffen wurde, wird die Priorität der Befriedigung gemäß der Reihenfolge der Schaffung des Sicherungsrechts bestimmt); und
(c) Auskehr des Restbetrags an den Verwalter.

74 Wenn in Jersey befindliche unkörperliche bewegliche Vermögenswerte einem gültigen Sicherungsrecht nach dem 2012 Security Law unterliegen, wird der Erlös aus der Aneignung, *appropriation,* oder der Veräußerung in der folgenden Rangfolge verteilt (vorbehaltlich dessen, dass ein Sicherungsrecht gegebenenfalls Vorrang vor dem durchzusetzenden Sicherungsrecht hat):
(a) Zahlung der für die Aneignung oder die Veräußerung angemessenen Kosten und Ausgaben;
(b) Begleichung einer Forderung gegenüber einem gesicherten Gläubiger, der seine Vollstreckungsbefugnis ausübt;
(c) Begleichung der Schulden gegenüber einer Person, zugunsten derer an den verwerteten Vermögenswerten ein nachrangiges Sicherungsrecht wirksam eingetragen wurde (bei mehrern Eintragungen erfolgt die Befriedigung in der gemäß dem *2012* Security Law festgelegten Rangfolge);
(d) Bezahlung der Schulden gegenüber einem Dritten, der dem Sicherungsnehmer gegenüber mitgeteilt hat, dass er selbst ein Recht an den Vermögenswerten beansprucht aus denen der Sicherungsnehmer befriedigt wird, und diesbezüglich ein durchsetzbares Recht an der Sicherheit hat (vorbehaltlich des Rechts der gesicherten Partei, einen Überschuss vor Gericht zu zahlen); und
(e) Auskehr des Restbetrags an den Verwalter.

5.6 Gläubigerversammlungen, *meetings of creditors*

75 Wenn eine gläubigerinitiierte Abwicklung, *creditors winding up,* länger als zwölf Monate andauert, muss der Verwalter eine Hauptversammlung der Gesellschaft einberufen. Zudem muss zum ersten geeigneten Zeitpunkt innerhalb von drei Monaten nach Ablauf der ersten zwölf Monate seit Abwicklungsbeginn eine Gläubigerversammlung abgehalten werden. Die Versammlungen müssen auch am Ende jedes folgenden Zwölfmonatszeitraums einberufen werden. Bei den Versammlungen muss der Verwalter Rechenschaft über seine Handlungen und Geschäfte sowie über die Durchführung der Abwicklung während der vorangegangenen zwölf Monate ablegen.[67]

76 Sobald diese Versammlungen stattgefunden haben, bestätigt der Verwalter gegenüber dem „Registrar" die Abhaltung und Termine der Sitzungen.[68]

77 Sobald eine Gesellschaft, die sich in gläubigerinitiierter Abwicklung befindet, vollständig abgewickelt ist, muss der Verwalter einen Abwicklungsbericht erstellen, aus dem hervorgeht, wie die Abwicklung durchgeführt wurde und wie das Vermögen des Unternehmens veräußert wurde. Anschließend muss er eine Hauptversammlung der Gesellschaft und eine Gläubigerversammlung einberufen, um den zuvor erstellten Jahresabschluss im Rahmen der jeweiligen Versammlung zu erläutern.

5.7 Dereliktion von belastendem Vermögen, *disclaimer of onerous property*

78 Der Verwalter, *liquidator,*[69] ist befugt, belastetes bewegliches Vermögen (wo immer es sich befindet) sowie unbewegliches Vermögen (außerhalb Jerseys) sowie vertragliche Beziehungen, wie Vermietung oder Verpachtung von Immobilien auf Jersey, abzulehnen *(„power to disclaim").* Bezüglich dieser Vermögenswerte ist es dem Verwalter gestattet, alle Rechte, Zinsen und Verbindlichkeiten zu bestimmen.[70]

---

[67] Artikel 168 Companies Law.
[68] Im Falle einer öffentlichen Gesellschaft muss der Verwalter beim „Registrar" auch eine Kopie des Berichts vorlegen.
[69] Oder der *Viscount* in einem *désastre*.
[70] Artikel 171–173 Companies Law.

Die Nichtanerkennung von einer Belastung setzt voraus, dass innerhalb von sechs Monaten nach Beginn der Abwicklung jede Person, die ein Recht oder eine Verbindlichkeit in Bezug auf das Vermögen hat, einschließlich der Hypothekengläubiger (ein Gläubiger mit einer Hypothek oder sonstigen Belastung an unbeweglichem Vermögen), schriftlich benachrichtigt wird.

Eine Person, die infolge einer solchen Dereliktion einen Schaden erleidet, gilt in Höhe des entstandenen Schadens als Gläubiger des Schuldners und kann diesen in der *creditors winding up* entsprechend geltend machen.

6. Abwicklung aus Billigkeit, *winding up on just and equitable grounds*

6.1 Überblick über das Verfahren

Auf Anordnung des Gerichts von Jersey kann eine Abwicklung aus Billigkeit, *winding up on just and equitable grounds,* erfolgen. **Dies ist der Fall, wenn der *Royal Court* davon überzeugt ist, dass es gerecht und billig oder im öffentlichen Interesse zweckmäßig ist, ein Unternehmen abzuwickeln.**[71]

Sie erfolgt in der Regel im Anschluss an die Anhörung des Antragstellers bei einer *Representation,* bei der dieser die Anordnung erstrebt, über die Gesellschaft eine Abwicklung aus Billigkeit, *winding up on just and equitable grounds* zu eröffnen.

Artikel 155 Companies Law wurde nach dem Vorbild der entsprechenden Bestimmungen des englischen Companies Act 1985 gestaltet und die **Rechtsprechung von Jersey wurde stark von englischen Entscheidungen darüber beeinflusst,** was gerechte und angemessene Gründe für eine Abwicklung darstellen.

Auch wenn diese Option der Abwicklung für einen Gläubiger nicht hilfreich ist, kann sie beispielsweise für die Geschäftsführer einer Gesellschaft hilfreich sein, wenn eine Gesellschaft über keine verwertbaren Vermögenswerte verfügt, da es in diesem Fall nicht möglich wäre, ein *désastre* Verfahren einzuleiten. Alternativ kann die Anordnung einer Abwicklung aus Billigkeit dann sinnvoll sein, wenn das Verhältnis der Gesellschafter untereinander vollständig zerrüttet ist.

6.2 Verfahren, *procedure*

Der Antrag auf eine Abwicklung aus Billigkeit, *winding up on just and equitable grounds,* kann beim *Royal Court* von der Gesellschaft, einem Geschäftsführer, einem Gesellschafter oder vom obersten Minister, *chief minister,* gestellt werden.[72]

Der *Royal Court* orientiert sich im Hinblick darauf, was gerechte und angemessene Gründe sind, an der englischen Rechtsprechung. Zu den *just and equitable grounds* gehören unter anderem, wenn die geschäftliche Grundlage der Gesellschaft weggefallen ist, wenn das Unternehmen zu Betrugszwecken gegründet wurde, wenn eine vollständige Untersuchung der Angelegenheiten des Unternehmens erforderlich ist oder wenn sich die Gesellschafter dauerhaft gegenseitig blockieren.

Eine Gesellschaft **muss zum Zeitpunkt der Antragstellung nicht zahlungsunfähig** sein.[73]

Wenn eine Gesellschaft zahlungsfähig ist und sich keinen Gläubiger gegenüber sieht, wird sie nicht in der Lage sein, erfolgreich einen Antrag auf Einleitung eines *désastre* Verfahrens zu stellen. Wenn jedoch die Geschäftsführer die Gesellschaft in eine summarische Abwicklung, *summary winding up,* überführen wollen, die Gesellschafter dies jedoch ablehnen, können nicht die Gesellschafter, sondern die Geschäftsführer für unrechtmäßige Geschäfte unbegrenzt persönlich haftbar gemacht werden. In diesem Fall hätten die Geschäftsführer die Wahl, zurückzutreten oder eine Abwicklung aus Billigkeit, *winding up on just and equitable grounds,* anzustreben und durch einen Verwalter, *liquidator,* ersetzt zu werden.

Das Gericht kann einen Verwalter, *liquidator,* ernennen, er kann bestimmen, wie die Abwicklung durchzuführen ist, und er kann alle Anordnungen treffen, die er für angemessen hält, um eine ordnungsgemäße Abwicklung zu gewährleisten.[74]

Jeder Beschluss zur Abwicklung, *order for winding up,* muss von den Geschäftsführern der Gesellschaft innerhalb von 14 Tagen nach dem Beschluss beim *"Registrar"* eingereicht werden.

7. Sanierungsverfahren, *administration*

Das Recht von Jersey enthält kein Äquivalent zum Sanierungsverfahren *administration procedure*[75] des Vereinigten Königreichs. **Es ist jedoch möglich, dass für eine Gesellschaft auf Jersey, die**

---

[71] Artikel 155(1) Companies Law.
[72] Artikel 155(2) Companies Law.
[73] *In der Anwendung von EBC Financial Services (Jersey) Limited* (Gesetz des Royal Court, 15. September 2005).
[74] Artikel 155(4) Companies Law.
[75] Zu diesem siehe den Länderbericht England und Wales.

sich in finanziellen Schwierigkeiten befindet, gemäß Schedule B1 UK Insolvency Act 1986 *administration* angeordnet wird.[76]

92   Die Möglichkeit, die Geschäfte einer insolventen Gesellschaft fortzuführen, kann im Interesse der Gläubiger liegen, insbesondere dann, wenn das Vermögen der Gesellschaft gewerbliches Vermögen in England umfasst. Während in Jersey sowohl ein *désastre* als auch eine Abwicklung aus Billigkeit, *winding up on just and equitable grounds*, die Fortführung der Geschäfte der Gesellschaft für eine gewisse Zeit ermöglichen können, gibt es kein Äquivalent zum englischen Sanierungsverfahren, *administration*, bei der unter der Annahme der Unternehmensfortführung ein Verwalter mit dem Ziel bestellt wird, eine Gesellschaft und ihr gesamtes Vermögen oder zumindest einen Teil davon zu retten oder eine für die Gläubiger vorteilhaftere Verwertung zu erreichen, als dies bei einer Abwicklung der Fall gewesen wäre.

93   In zwei Fällen ist der High Court of England and Wales für den Erlass einer *administration order* in Bezug auf eine Gesellschaft auf Jersey zuständig:[77]
– **COMI:** Eine Gesellschaft, die auf Jersey gegründet wurde, deren Mittelpunkt der hauptsächlichen Interessen („*center of main interests*", „**COMI**") jedoch in einem anderen Mitgliedstaat der Europäischen Gemeinschaft liegt (mit Ausnhme von Dänemark), ist eine „Gesellschaft" im Sinne von Schedule B1 UK Insolvency Act 1986. Wenn also beispielsweise eine in Jersey eingetragene Gesellschaft ihren „COMI" in England hat, ist das englische Gericht dafür zuständig, sie nach dem UK Insolvency Act 1986 der *administration*, zu unterstellen.[78]
– **Antragsschreiben,** *letter of request*: Angesichts des *UK Insolvency Act* ist das englische Gericht nicht befugt, einen Eröffnungsbeschluss, *administration order*, gegen eine Gesellschaft aus Jersey zu erlassen, deren „COMI" in Jersey liegt. Der *Royal Court* kann jedoch mittels eines Antragsschreibens dem englischen Gericht die Zuständigkeit übertragen, einen solchen Beschluss gegenüber einer Gesellschaft aus Jersey zu erlassen, sofern dies nach englischem Recht möglich ist. Das Antragsschreiben wird gemäß Abschnitt 426 *UK Insolvency Act* beim englischen Gericht eingehen.[79]

94   Das „Antragsschreibenverfahren", *letter of request procedure*, kann einem Antrag auf der Grundlage eines „COMI" der Firma außerhalb von Jersey aus mehreren Gründen vorzuziehen sein:
– Wenn sich der „COMI" der Gesellschaft aus Jersey nicht in England befindet oder die Lage des „COMI" unklar ist, stellt die Ausstellung eines Antragsschreibens, *letter of request*, sicher, dass das englische Gericht für den Erlass der Verwaltungsanordnung zuständig ist.
– Vemögen haltende Zweckgesellschaften, *property holding vehicles*, sind in der Regel in Jersey steuerlich ansässig und haben ihren „COMI" in Jersey. Die Gesellschaft auf Jersey oder ihre Geschäftsführer werden sich daher möglicherweise aus steuerlichen oder anderen Gründen nicht dahingehend äußern, dass sich der „COMI" in England befinde.
– Wenn der Antrag auf *administration* von einem Gläubiger weiterverfolgt wird, kann er möglicherweise nicht nachweisen, dass der „COMI" der Gesellschaft aus Jersey in England liegt. Die englische Rechtsprechung betont jedoch, dass die bei der Bestimmung des „COMI" zu berücksichtigenden Faktoren objektiv und für Dritte feststellbar sein müssen, so dass beispielsweise die Tatsache, dass Vorstandssitzungen in Jersey abgehalten werden (was für Dritte möglicherweise nicht feststellbar ist), möglicherweise für die Bestimmung des „COMI" nicht ausschlaggebend ist.[80]

95   Bevor ein Gericht von Jersey von der in seinem Ermessen liegenden Möglichkeit des Antragsschreibens, *letter of request*, Gebrauch macht, wird es sich zum einen davon überzeugen wollen, dass die Gesellschaft aus Jersey über ausreichende Verbindungen zu England verfügt, und zum anderen davon, dass ein solcher Antrag auch im Interesse der Gläubiger ist. Wenn die Existenz von Vermögenswerten in England zweifelhaft ist, die Gesellschaft keine Geschäftätigkeit ausübt oder eine *désastre* Verfahren auf Jersey nach dem Sachverhalt angemessener wäre, kann das Gericht die Ausstellung eines Antragsschreibens ablehnen[81] und stattdessen eine *désastre* Anordnung erlassen.[82] In einem *désastre* wird dem *Viscount* das Vermögen des insolventen Schuldners übertragen. Sofern der *Viscount* dann rechtliche Schritte in England unternehmen möchte, muss er ein Antragsschreiben des Gerichts einholen, um seine Anerkennung gemäß Abschnitt 426 UK Insolvency Act in England zu erwirken.

---

[76] Nachstehend als „UK Insolvency Act" bezeichnet, abrufbar unter http://www.legislation.gov.uk/ukpga/1986/45/schedule/B1
[77] Siehe auch *OT Computers Limited* UJ 2002/29, 2002 JLR N10.
[78] Auf Jersey gibt es keinen gesetzlichen Center of Main Interests (COMI)-Test, der für Insolvenzverfahren auf Jersey relevant wäre.
[79] Siehe auch *HSBC v Tambrook* [2013] EWCA Civ 576, [2014] Ch 252.
[80] *Thomas v Frogmore Real Estate Partners* GP1 Ltd [2017] EWHC 25.
[81] *Harbour v Orb* [2016] GFS 171.
[82] *Harbour v Orb und Cochrane* [2017] JRC 007.

8. Vergleiche, *schemes of arrangement*

Ein *scheme of arrangement* (bisweilen ist auch von „*scheme*" oder „*arrangement*" die Rede) kann fast jede Art von Unternehmensreorganisation, Fusion, Übernahme oder Umstrukturierung beinhalten, solange die entsprechenden Genehmigungen und die Billigung des Gerichts vorliegen. Dabei handelt es sich um eine Option, die einer Gesellschaft vor der Insolvenz zur Verfügung steht, um zu vermeiden, dass sie entweder *en désastre* erklärt oder zum Gegenstand einer gläubigerinitiierten Abwicklung, *creditors' winding up*, gemacht wird.

Der *Royal Court* ist dafür zuständig, einen solchen Vergleich oder eine entsprechende Vereinbarung zwischen einer Gesellschaft und ihren Gläubigern oder Gesellschaftern (oder einer Gruppe von beiden) zu billigen.[83] Das Gericht kann auf Antrag der Gesellschaft, ihrer Gläubiger, Gesellschafter oder, wenn sich die Gesellschaft in Abwicklung befindet, des Verwalters eine **Versammlung** einberufen, **bei der der vorgeschlagene Vergleich von einer Mehrheit der vertretenen Gläubiger oder Gesellschafter (oder einer Gruppe von beiden) gebilligt werden muss:**
– Mit einer Summenmehrheit von 75% (Mehrheit der bestehenden Forderungen) oder
– Mit einer Kopfmehrheit von 75% (Mehrheit der abgegebenen Stimmen)
Wenn der vorgeschlagene Vergleich auf diese Weise erzielt und **vom *Royal Court* genehmigt** wird, ist er für alle Gläubiger (oder eine Gläubigergruppe) oder für alle Gesellschafter (oder eine Gesellschaftergruppe) und für die Gesellschaft selbst, falls sich die Gesellschaft in Abwicklung befindet, für den Verwalter sowie alle nachzahlungsverpflichteten Gesellschafter, *contributories*, verbindlich. Der vorgeschlagene Vergleich tritt in Kraft, sobald der Gerichtsbeschluss, der den Vergleich billigt, beim „*Registrar*" eingereicht wird.

Der *Royal Court* wird keine Verfügung zur Billigung eines Versammlungsbeschlusses erlassen, wenn die Versammlung ohne vorherigen Antrag auf Anordnung der Sitzung einberufen wurde; selbst dann, wenn ein angemessener Vergleich abgeschlossen wurde. Nur in dem Fall, dass alle Gesellschafter/Gläubiger zustimmen, ist es nicht notwendig, beim *Royal Court* einen solchen Antrag auf Zustimmung zu stellen.[84]

Ein Vergleich zwischen einer Gesellschaft und seinen Gläubigern, die unmittelbar vor Beginn oder im Verlauf einer gläubigerinitiierten Abwicklung, *creditors' winding up*, getroffen wird, ist bindend:
– Für die Gesellschaft, wenn er durch Sonderbeschluss der Gesellschafter gebilligt wird; und
– Für die Gläubiger, wenn dem Vergleich eine Summenmehrheit und eine Kopfmehrheit von jeweils 75% zugestimmt haben.
Ein Gläubiger oder nachzahlungsverpflichteter Gesellschafter, *contributory*, kann jedoch innerhalb von drei Wochen nach Abschluss des Vergleichs bei Gericht Einspruch gegen den Vergleich einlegen. In diesem Fall kann das Gericht den Vergleich dann nach eigenem Ermessen berichtigen, modifizieren oder bestätigen.

Diesbezüglich haben Entscheidungen englischer Gerichte eine große Bedeutung. **Die Gerichte von Jersey berücksichtigen die Auslegung der entsprechenden Abschnitte der englischen Gesetzgebung durch die englische Rechtsprechung in vollem Umfang.**[85]

Auf Jersey ist es inzwischen etabliert, dass der *Royal Court*[86] bei der Prüfung von Vergleichen, die von Gesellschaftern ausgehen, gemäß Artikel 125 Companies Law folgende Umstände zu berücksichtigen hat:
– ob die Bestimmungen des Gesellschaftsrechts, *companies law*, eingehalten wurden;
– ob die von der vorgeschlagenen Regelung betroffene Gesellschaftergruppe bei der Versammlung gerecht vertreten wurde und ob die gesetzliche Mehrheit in gutem Glauben handelt, *bona fide*, und die Minderheit nicht zwingt, Interessen zu fördern, die denen der Gruppe, die sie angeblich vertreten, entgegenstehen; und
– ob der Vergleich so gestaltet ist, dass ein intelligenter und ehrlicher Mann, der als ein Mitglied der betreffenden Gesellschaftergruppe im Hinblick auf seine Interessen handelt, ihn vernünftigerweise billigen könnte.

Über diese drei Anforderungen hinaus wurde **vom *Royal Court* ein viertes Element** in seinen Prüfungsrahmen mit einbezogen.[87] Danach darf der vorgeschlagene Vergleich, *arrangement*, **keinen „Schandfleck"** aufweisen. Dieses zusätzliche Erfordernis spiegelt den Ermessensspielraum des Gerichts wieder, den gesamten wirtschaftlichen und faktischen Zusammenhang des vorgeschlagenen

---

[83] Artikel 125 Companies Law.
[84] *In re Royal Bree's Hotel Limited* 1994 JLR N6.
[85] *Re TSB Bank Channel Islands Limited* [1992] JLR 160.
[86] *In Re Andsberg* [2007] GFS 179 und *in Re CPA* [2010] GFS 011.
[87] *Representation of Vallar Plc* [2011] JRC 125 und *Representation of APIC* [2013] JRC 034.

Vergleichs einschließlich seiner Folgen zu berücksichtigen. Im Rahmen dieses zusätzlichen Prüfungsmaßstabs kann das Gericht auch die Interessen der Gläubiger berücksichtigen, auch wenn diesbezüglich keine zwingenden formalen Anforderung bestehen.

105 Die in den Artikeln 125 und 126 Companies Law festgelegten Verfahrensvorschriften sind zwingendermaßen genau zu beachten, da sie dem Schutz von Gläubiger- oder Gesellschafterminderheiten dienen, die den Vergleich nicht befürworten, aber dennoch an ihn gebunden sein können.

106 Obwohl das Gericht einen Vergleich, der in einer nicht genehmigten Gläubigerversammlung beschlossen wurde, nicht rückwirkend billigen kann, hat es jedoch die Möglichkeit, die Abhaltung einer neuen Versammlung anzuordnen. Diese findet sodann kurzfristig und ausschließlich zum Zweck der Genehmigung des zuvor vorgeschlagenen Vergleichs statt, sofern bei einer Verzögerung der Umsetzung des Vergleichs finanzielle Verluste drohen.[88]

107 Die jüngste Rechtsprechung legt nahe, dass es je nach Sachverhalt notwendig sein kann, dass getrennte Versammlungen für verschiedene Gruppen von Gesellschaftern abgehalten werden müssen; dementsprechend hat der *Royal Court* angeordnet, dass, wenn Gesellschaftergruppen *„so unähnlich sind, dass sie sich nicht im Hinblick auf ein gemeinsames Interesse beraten können"*, sie als Parteien von zwei verschiedenen Vergleichen mit zwei separat abzuhaltenden Gesellschafterversammlungen behandelt werden sollten.[89]

9. Privatinsolvenz, *personal insolvency*

9.1 Überblick über das Verfahren

108 Die Hauptform der Privatinsolvenz, *personal insolvency*, ist in Jersey die *„declaration en désastre"*.[90]

109 Zudem stehen die Verfahren *remise de biens*, die Abtretung, *cession*, und *dégrèvement* auch im Falle einer Privatinsolvenz zur Verfügung, allerdings steht ihre Anwendbarkeit auf heutige Sachverhaltskonstellation mittlerweile in Frage.

110 Mit dem Debt Remission (Individuals) (Jersey) Law 2016 wurde inzwischen ein **Verfahren für ein Moratorium zugunsten von Privatpersonen** eingeführt, die in gutem Glauben, *good faith*, gehandelt haben, die ein geringes Einkommen haben (weniger als £100 verfügbares monatliches Einkommen nach Abzug von Steuern, Sozialversicherung und normalen Haushaltsausgaben) und deren relevante Schulden weniger als 20.000 GBP betragen. Das Moratorium soll in der Regel für sechs Monate gelten. Zum Ende des Moratoriums wird der geschuldete Restbetrag, der unter die **Schuldenerlassanordnung,** *debt remission order,* fällt, dem Schuldner erlassen.

9.2 *Désastre* bei Privatpersonen

9.2.1 Überblick über das Verfahren

111 Grundsätzlich unterscheiden sich Ablauf und Wirkung eines *désastre* Verfahrens bei Anwendung auf eine Privatpersonnicht von einem *désatre* Verfahren hinsichtlich einer Gesellschaft.[91]

9.2.2 Antragsberechtigung

112 Ein *désastre* Verfahren über das Vermögen einer Privatperson kann von einem Gläubiger oder vom Schuldner selbst beantragt werden. Schuldner kann derjenige sein,
– der innerhalb von 12 Monaten unmittelbar vor Antragstellung gewöhnlich in Jersey wohnhaft ist oder war
– der eine Geschäftstätigkeit in Jersey ausübt oder innerhalb von drei Jahren unmittelbar vor dem Antrag ausgeübt hat; oder
– der zum Zeitpunkt der Antragstellung über verwertbare Immobilien auf Jersey verfügt.[92]

9.3.3 Renten, *pensions*

113 Nach der Bankruptcy (Désastre) (Pensions) (Jersey) Regulations 2006[93] ist eine vom Schuldner anerkannte Rentenregelung vom Anwendungsbereich des Désastre-Law ausgeschlossen. Unter einer anerkannten Rente ist zu verstehen:

---

[88] *In Plus 500 Emerging Mkts v High Yield Fund Ltd* 1996 JLR N8.
[89] *Respresentation of FRM Holdings Limited* [2012] JRC 120. Siehe auch *Sovereign Life Assurance Co V Dodd* [1892] 2 QB 573.
[90] Siehe grundsätzlich dazu oben unter → Rn. 20 ff., Abweichungen beim désastre Verfahren bei einer Privatperson sogleich unter → Rn. 112 ff.
[91] Siehe dazu oben unter → Rn. 20 ff.
[92] Artikel 4 Désastre-Law.
[93] Artikel 2 Bankruptcy (Désastre) (Pensions) (Jersey) Regulations 2006.

(a) Ein Altersversorgungssystem, das von einer Regierung außerhalb Jerseys zum Nutzen oder hauptsächlich zum Nutzen ihrer Mitarbeiter eingerichtet wurde;
(b) Ein Pensionsplan, Rentenvertrag oder ein Auszahlungsvertrag, der gemäß Teil 19 Income Tax (Jersey) Law 1961 genehmigt wurde; oder
(c) eine Rente, die erworben wird, um Rechte aus einer in (a) oder (b) genannten Vereinbarung geltend zu machen.

Auch der Anspruch auf eine Altersrente gemäß den Bestimmungen von Artikel 25 des Social Security (Jersey) Law 1974 gehört zu einer Klasse von Leistungen, die durch Artikel 29(2) des Gesetzes geschützt sind, und daher auch nicht auf den *Viscount* übergehen würde, falls der Zahlungsempfänger der Rente *en désastre* erklärt würde.

9.4.4 Besondere Stellung der ehelichen Wohnung

Nach Artikel 12 Désastre-Law kann einem Ehegatten im Rahmen eines *désastre* Verfahrens Schutz der ehelichen Wohnung gewährt werden.[94] Gemäß Artikel 12 kann ein Ehegatte beim *Royal Court* bezüglich der ehelichen Wohnung einen Antrag auf Erlass einer Schutzanordnung, *protective order*, stellen, wenn die Wohnung oder ein Recht an der Wohnung durch Anordnung des *en désastre* Verfahrens auf den *Viscount* übergegangen ist. Ein solcher Antrag muss innerhalb von drei Monaten nach der Anordnung des *en désastre* Verfahrens gestellt werden. Während dieser Zeitspanne ist es dem *Viscount* untersagt, seine Veräußerungsbefugnis auszuüben.

Der *Royal Court* muss zunächst unter Berücksichtigung aller Umstände des *désastre*, einschließlich der Interessen der Gläubiger, prüfen, ob es wünschenswert ist, die eheliche Wohnung für die Erwerbstätigkeit des Ehegatten und aller Unterhaltsberechtigten des Schuldners zu erhalten.

9.5 *Remise de Biens*

Der Ausdruck „*Remise de Biens*" („**Remise**") bedeutet wörtlich übersetzt „Übergabe von Vermögen", und der Zweck des Verfahrens besteht darin, eine Privatperson oder eine Gesellschaft vor Gläubigern zu schützen, damit ihr Vermögen in geordneter Weise veräußert werden kann.[95]

Ein Schuldner, der befürchtet, dass ihm sein Vermögen zugunsten seiner Gläubiger entweder im Wege eines *dégrèvement*[96] oder im Wege eines *désastre* entzogen wird, kann beim *Royal Court* eine „*Remise de Biens*" beantragen. Die „*Remise de Biens*" räumt dem Schuldner Zeit ein, seine Angelegenheiten zu ordnen und eine geordnete Veräußerung seines gesamten oder eines Teils seines Vermögens zu bewirken. Die Teile seines Vermögens, die sich der Schuldner noch leisten kann, darf er behalten.

Der Wert des Vermögens des Schuldners muss den Wert der Forderungen der gesicherten Gläubiger übersteigen, und daher muss genügend Vermögen vorhanden sein, um die Zahlung einer noch so geringen Summe an ungesicherte Gläubiger zu ermöglichen.[97] Die „*Remise*" wird unter der Aufsicht des *Royal Court* durchgeführt. Zwei Geschworene, *jurats*, werden ernannt, um zu untersuchen, ob es angemessen wäre, eine „*Remise*" zu gewähren und bei Gewährung einer „*Remise*" das Vermögen des Schuldners zu verwalten und sämtliche Veräußerungen zu überwachen und zu kontrollieren.

Alle überschüssigen Gelder, die nach Befriedigung aller Gläubiger und der Begleichung der Kosten verbleiben, werden an den Schuldner zurückgezahlt.

In der Regel wird eine „*Remise*" für einen Zeitraum von einem Jahr und einem Tag gewährt. Wenn sie innerhalb dieses Zeitraums nicht erfolgreich abgeschlossen wurde, folgt automatisch eine *Dégrèvement*.

Wenn ein Schuldner nicht kooperiert und einer freiwilligen Auflösung, *voluntary disposal*, nicht zustimmt, besteht die einzige Möglichkeit einer Verwertung darin, die Durchführung eines *Désastre* oder *Dégrèvement* Verfahrens zu beantragen.

9.6 Abtretung, *cession*

Dieses Verfahren beinhaltet den freiwilligen Verzicht eines Schuldners auf sein gesamtes Vermögen zugunsten seiner Gläubiger. Um die negativen Auswirkungen einer „*en désastre*" Anordnung zu

---

[94] Siehe dazu den Fall *Hanley*, in dem erstmalig der Artikel 12 Désastre-Law vorgebracht wurde, In re the Désastre of Hanley 1993 JLR N2.
[95] Die Remise de biens wurde durch das Loi (1839) sur les Remises de Biens, das unter https://www.jersey-law.je/laws/revised/Pages/04.840.aspx abrufbar ist, wesentlich modifiziert.
[96] Siehe dazu unter → Rn. 132 ff.
[97] In the matter of Applications by Shield Investments (Jersey) Limited und anderen (4. Oktober 1991) JU 141A.

vermeiden (die sich negativ auf Beschäftigungsfähigkeit und Bonität auswirken kann), ist es einer Privatperson möglich, beim *Royal Court* eine „*cession générale*" zu beantragen.

124 Dieses Verfahren geht auf das normannische Gewohnheitsrecht, *Norman customary law*, zurück und wurde später durch das Loi (1832) sur le Décrets modifiziert.

9.6.1 Voraussetzungen für eine Abtretung, *cession*

125 Damit ein Antragsteller eine Abtretung, *cession*, beantragen kann, muss er
a) wegen Schulden inhaftiert werden und
b) 15 Tage zuvor eine Anordnung vom Gerichtshofs erwirkt haben, in der seine Absicht der Beantragung des Verfahrens bekannt gegeben wird. Diese Anordnung muss sowohl in der Empfangshalle des *Royal Court* als auch in der *Jersey Gazette* veröffentlicht worden sein.

126 Die Bewilligung des Antrags liegt im Ermessen des Gerichts.

9.6.2 Auswirkungen der Abtretung

127 Bei einer erfolgreichen Abtretung geht das gesamte Vermögen des Schuldners anteilig, *pro rata*, auf seine Gläubiger über. Wenn das Gericht davon überzeugt ist, dass der Schuldner in gutem Glauben, *good faith*, gehandelt hat, wird er vollständig von seinen Verbindlichkeiten entbunden. Der Schuldner ist dementsprechend auch nicht dazu verpflichtet, eine mögliche Differenz zwischen den noch offenen Forderungen und dem realisierten Wert des Vermögens auszugleichen.

9.7 Schuldenerlass-Anordnung, *debt remission order*

128 Mit Verabschiedung des Debt Remission (Individuals) (Jersey) Law 2016 wurde mit der Schuldenerlassanordnung, *debt remission order* („*DRO*"), ein außergerichtliches Insolvenzverfahren für Privatpersonen eingeführt. Auf Antrag an den *Viscount* kann Schuldnern ein 12-monatiges Moratorium gewährt werden. Nach Ablauf dieser Frist werden dem Schuldner alle ausstehenden Forderungen erlassen.

9.7.1 Anforderungen zum Erlass einer *debt remission order*

129 Eine Privatperson kann eine „*DRO*" unter folgenden Bedingungen beantragen::
(a) Vollendung des achtzehnten Lebensjahres;
(b) Seit fünf Jahren in Jersey wohnhaft;
(c) Keine „*DRO*" in den letzten fünf Jahren;
(d) Ein Vermögen von weniger als £5.000;
(e) Ein verfügbares monatliches Einkommen von weniger als £100 nach Abzug von Steuern, Sozialversicherung und Haushaltsausgaben; und
(f) Relevante Schulden von weniger als £20.000.

9.7.2 Verfahren, *procedure*

130 Sobald der *Viscount* die „*DRO*" erteilt hat, erhalten die betreffenden Gläubiger die Möglichkeit, Einspruch gegen die Anordnung einzulegen. Nach Prüfung der Einsprüche kann der *Viscount* die Anordnung bestätigen oder ändern. Wenn sich die finanziellen Verhältnisse des Schuldners während der Dauer des Moratoriums ändern, kann der Viscount die Anordnung ebenfalls ändern oder das Moratorium sogar umfassend beenden. Wenn sich jedoch während des Moratoriums die Umstände nicht ändern, werden dem Schuldner sämtliche Verbindlichkeiten erlassen.

9.7.3 Nicht von der „*DRO*" erfasste Forderungen

131 Bestimmte Verbindlichkeiten werden nicht von der Anordnung einer „*DRO*" erfasst, sodass der Schuldner weiterhin für ihre Befriedigung verantwortlich sein wird:
(a) unbezahlte Geldstrafen;
(b) Zahlungsforderungen aufgrund von Kompensations-/Beschlagnahmebeschlüssen;
(c) in Familienverfahren angeordnete Zahlungen;
(d) Zahlungsansprüche die der Krankenkasse/Sozialversicherungskasse/Steuerfahndung zustehen;
(e) Schadensersatzansprüche aus Zivilverfahren; und
(f) durch Betrug entstandene Verbindlichkeiten.

9.8 Dégrèvement und Réalisation

Dégrèvement und *Réalisation* sind historische gesetzliche Verfahren, bei denen Vermögen zuguns- 132 ten bestimmter Gläubiger verwertet wird.[98] Im Gegensatz zu *désastre* dient *dégrèvement* nicht zur ausgewogenen Befriedigung von Verbindlichkeiten, sondern zur Verfügung über besichertes Vermögen.

Für eine Gläubigerbank ist das *dégrèvement* Verfahren gegenüber einem *désastre* Verfah- 133 **ren vorteilhaft:** während bei einem *désastre* Verfahren die Gleichbehandlung aller Gläubiger gewährleistet ist, geht es bei einem *dégrèvement* Verfahren darum, über Sicherheiten am Vermögen und über das Vermögen selbst zu verfügen. Anders als bei einem *désastre* Verfahren können Vermögenswerte, die über den geschuldeten Betrag hinausgehen, nicht auf den Schuldner sondern auf den Gläubiger übertragen werden, der die Vermögenswerte übernimmt.

Nachteilig ist allerdings, dass das Verfahren langsam und schwerfällig ist und vom Schuldner 134 unterbrochen werden kann. Bis zur Inbesitznahme der Vermögenswerte durch einen Gläubiger kann der Schuldner das Verfahren abbrechen, wenn er eine „*Remise*" erwirkt oder sein Vermögen *en désastre* erklären lässt; vorausgesetzt, er stellt einen enstprechenden Antrag, bevor der *Royal Court* den Verzicht auf sein Vermögen erklärt.

Bei einem *Dégrèvement* Verfahren muss der Kreditgeber ein Urteil gegen den Kreditnehmer 135 erwirken.

Nach Verkündung des Urteils können (mit Ausnahme der Anordnung eines *Désastre* Verfahrens) 136 **einen Monat lang keine weiteren Maßnahmen** gegen den Schuldner ergriffen werden. Der Gläubiger hat dann das Recht, beim *Royal Court* mittels eines Ex-parte-Antrags auf eine „*Acte Vicomte Charge d'Ecrire*" zu klagen. Eine „*Acte Vicomte Charge d'Ecrire*" bedeutet die Anweisung des Gerichts an den *Viscount,* dem Schuldner schriftlich mitzuteilen, dass, wenn er dem gegen ihn ergangenen Urteil nicht innerhalb von zwei Monaten nach dem Datum des Schreibens des *Viscounts* nachkommt, sein gesamtes bewegliches und unbewegliches Vermögen auf der Insel zugunsten aller seiner Gläubiger freigegeben werden kann.

Wenn der Schuldner seine Verbindlickeit nicht innerhalb dieser zweimonatigen Frist begleicht, 137 kann der Gläubiger jederzeit danach einen Ex-parte-Antrag beim *Royal Court* stellen und beantragen, dass das gesamte Vermögen des Schuldners freigegeben wird und vom Gericht im Namen der Gläubiger Anwälte *(advocats or solicitors of the court)* bestellt werden, um eine „*dégrèvement*" seines unbeweglichen Vermögens und eine „*réalisation*" seines gesamten beweglichen Vermögens durchzuführen.

Zuerst werden die Anwälte sodann einen Termin für die Abhaltung des *dégrèvement* bestimmten. 138 Dieser Termin muss im Zeitraum von mindestens vier und spätesntens sechs Wochen nach der gerichtlichen Freigabe der Vermögenswerte liegen.

Die Gläubiger werden entsprechend des Rangs ihrer Forderung einberufen. Zuerst werden die 139 unbesicherten Gläubiger gesammelt, *en masse,* einberufen, um ihre Wahl zwischen *dégrèvement* und *réalisation* zu treffen. Zuletzt wird der Gläubiger mit der ranghöchsten Forderung einberufen.

Ein Gläubiger, der sich dafür entscheidet, eine Immobilie *en dégrèvement* zu erwerben, ist ver- 140 pflichtet, alle Forderungen, die seinen eigenen vorausgehen, rechtzeitig zu begleichen. Er ist aber nicht gesetzlich verpflichtet, dem Schuldner gegenüber Rechenschaft über den Gewinn abzulegen, den er bei einer eventuellen Veräußerung der Immobilie erzielen könnte.

10. *Wrongful trading, Fraudulent trading;* Anfechtung, *voidable transactions*

10.1 Insolvenzverschleppung, *Wrongful trading*

Sowohl das Companies-Law[99] als auch das Désastre-Law[100] räumen entweder dem Verwalter, 141 *liquidator,* bei einer gläubigerinitiierten Abwicklung, *creditors' winding up* oder dem *Vicscount* bei einem *désastre* Verfahren die Möglichkeit ein, die Feststellung zu beantragen, dass ein Geschäftsführer unrechtmäßig gehandelt hat. Unter unrechtmäßigem Handeln ist zu verstehen, dass der Geschäftsführer in Kenntniss dessen, dass keine Aussicht darauf besteht, eine gläubigerinitiierte Abwicklung, *creditors' winding up* oder die Anordnung *en désastre* zu vermeiden, der Gesellschaft dennoch gestattet, weiter Geschäfte zu tätigen.

Wird dabei ein leichtfertiges Handeln des Geschäftsführers gerichtlich festgestellt, kann er für alle 142 Schulden/Verbindlichkeiten, die sich aus dem unrechtmäßigen Handeln ergeben, haftbar gemacht

---

[98] Das Propriété Foncière-Law legt die Verfahren und Fristen fest, die eingehalten werden müssen, um die Gläubiger zu benachrichtigen und Forderungen anderer involvierter Parteien von der *Dégrèvement* und *Réalisation* zu begleichen.
[99] Artikel 177 Companies Law.
[100] Artikel 44 des Désastre-Law.

werden. Der Haftung kann sich der Geschäftsführer dann entziehen, wenn er im Interesse der Gläubiger angemessene Schritte unternommen hat, um potenzielle Verluste für die Gläubiger so gering wie möglich zu halten.[101] Die Beweislast dafür trägt der Geschäftsführer. Zur Beweisführung kann insbesondere der Nachweis darüber dienen, dass Wirtschafts- und Rechtsberatung in Anspruch genommen und befolgt wurde. Auch muss ein Handeln entsprechend dem unternehmerischen Urteilsvermögen und der unternehmerischen Verantwortung bewiesen werden können.

143 **Im Hinblick auf die durch COVID-19 bedingten Schwierigkeiten** ist davon auszugehen, dass das Gericht einen beträchtlichen Spielraum im Bereich dessen, was als „angemessene" Schritte zu werten ist, einräumen wird. Besonderers relevant wird der Nachweis eines vernünftigen Finanz- und Cash-Flow-Managements sein. Dabei sollten die wahrscheinliche Lockerung von Sperrmaßnahmen und die sich daraus ergebenden Auswirkungen auf die Cashflows berücksichtigt werden. Es sollte auch erkennbar sein, dass die Geschäftsführer die staatlichen Regelungen, die eingeführt wurden, um die finanziellen Härten der COVID-19-Pandemie abzumildern, sowie die überarbeitete Schuldnerpolitik, angemessene Ausgabenkürzungen und reduzierte Lagerbestände in vollem Umfang genutzt haben.[102]

10.2 Betrügerischer Handel, *Fraudulent trading*

144 Bei einer *creditors' winding up* oder einem *désastre* Verfahren kann das Gericht wissentlich an *fraudulent trading* Beteiligte für haftbar erklären.[103] *Fraudulent trading* liegt vor, wenn eine Geschäftstätigkeit mit Gläubigerschädigungsvorsatz ausgeübt wurde. Die gesetzliche Grundlage dafür sind Artikel 178 Companies Law und Artikel 45 Désastre-Law.

145 Das Gericht ist befugt, jedem Gläubiger einer Forderung, die auf *wrongful trading* oder *fraudulent trading*, beruht, den Vorrang einzuräumen.

10.3 Überhöhte Rentenbeiträge, *excessive pension contributions*

146 Auf Antrag des *Viscounts* in einem *désastre* Verfahren kann das Gericht in bestimmten Fällen Anordnungen treffen, wenn der Schuldner bestimmte Anrechte im Rahmen einer genehmigten Rentenregelung ausgeschlossen hat. Dies ist dann der Fall, wenn diese Anrechte der Ertrag entsprechender Beiträge waren und dadurch Gläubiger zu Unrecht benachteiligt wurden.[104] In diesem Fall kann eine Anordnung zur Wiederherstellung der Situation erlassen werden, als wären solche überhöhten Beiträge nicht geleistet worden.

10.4 Unterwertgeschäfte, *transactions at an undervalue*

147 Wenn die Gesellschaft, die sich in einer gläubigerinitiierten Abwicklung, *creditors' winding up*, befindet, oder Privatperson, die sich in einem *désastre* befindet, ein Geschäfte zu einem Unterwert genehmigt hat, kann das Gericht sämtliche Maßnahmen anordnen, um den vor dem Geschäft bestehenden Zustand wiederherzustellen. Ein Antrag auf eine solche Anordnung kann von einem Verwalter, *liquidator,* oder vom *Viscount* gestellt werden.

148 Ein Geschäft wird zu einem Unterwert abgeschlossen, wenn:[105]
– der Übertragende etwas verschenkt, eine Transaktion ohne „Grund", *cause*, abschließt, der Wert des „*Grundes*" wesentlich geringer ist als der des Geschäftes; oder
– bei einer individuellen Übertragung ein Ehevertrag geschlossen wird.

149 Die Bedeutung von „Grund", *cause*, ist diejenige, die ihr durch das Gewohnheitsrecht zugewiesen wird. Der Begriff „*cause*" ist dabei nicht mit dem Begriff „*consideration*" im englischen Recht gleichzusetzen. Obwohl die beiden Konzepte ähnlich sind, kann nur der „*Grund*" mit anderen Mitteln als dem Geldwert bemessen werden.[106] Später wurde entschieden, dass sogar die Hoffnung auf einen zukünftigen Nutzen als ausreichender „*Grund*" angesehen werden kann.[107]

150 Damit ein unterbewertetes Geschäft für eine restaurative gerichtliche Anordnung in Frage kommt, muss es zu einem bestimmten Zeitpunkt durchgeführt worden sein. Es gibt eine Fünfjahres-

---

[101] Vgl. *Re Uno plc and Another; Secretary of State for Trade and Industry v Gill and others* [EWHC] 933 Ch 30. April 2004.
[102] The Law Society of Jersey, „Wrongful trading under Jersey law" (*The Law Society of Jersey,* 13. Mai 2020) <https://www.jerseylawsociety.je/news-room/news/wrongful-trading-under-jersey-law-practice-statement/> Abruf am 15. Juni 2020.
[103] *Morris v Banque Arabe et Internationale d'Investissement SA* [2001] 1 BCLC 263.
[104] Artikel 17D Désastre-Law.
[105] Artikel 17 Désastre-Law und Artikel 176 Companies Law.
[106] *Granite Products Limited v Renault* [1961] JJ S. 163.
[107] *In the matter of Zaki Limited* [1987-88] JLR 244, S. 258.

regel und einen begleitenden Solvenztest. Das Geschäft muss in den fünf Jahren vor einer Abwicklung oder einem *désastre Verfahren* getätigt worden sein. Es muss auch nachgewiesen werden, dass der Schuldner zu diesem Zeitpunkt zahlungsunfähig war oder infolge des Geschäfts zahlungsunfähig wurde.

Die Beweislast verlagert sich jedoch, wenn an dem Geschäft eine Person beteiligt war, die mit dem Schuldner in einer Verbindung steht. Auch dann gilt die Fünfjahresregel, doch kann das Geschäft nur dann für fehlerhaft erklärt werden, wenn nicht nachgewiesen wird, dass der Schuldner zu diesem Zeitpunkt zahlungsfähig war oder durch das Geschäft nicht zahlungsunfähig geworden ist.

Wenn festgestellt werden kann, dass der Schuldner das Geschäft in gutem Glauben, *good faith*, eingegangen ist, kann das Gericht nicht eingreifen.

Zu den weiteren Einschränkungen gehört, dass das Gericht nicht in Vermögensrechte eines Dritten, die in gutem Glauben und gegen Entgelt erworben wurden, eingreifen kann. Ebenso wenig kann das Gericht in Rechte eingreifen, die sich aus diesen Vermögensrechten ableiten. Schließlich sind auch solche Person, die nicht an dem Geschäft beteiligt waren, nicht durch gerichtliche Anordnungen angreifbar, wenn sie in gutem Glauben gehandelt und ihren Vorteil gegen Entgelt erhalten haben.

10.5 Gläubigerbevorzugung, *preferences*

Das Gericht kann anordnen, dass Geschäfte rückgängig gemacht werden, die in den letzten zwölf Monaten vor einer gläubigerinitiierten Abwicklung, *creditors' winding up*, oder einem *désastre* Verfahren bestimmte Gläubiger bevorzugt haben. Ein Antrag auf eine solche Anordnung kann vom *Viscount* oder vom Verwalter gestellt werden.

Eine **Bevorzugung liegt dann vor, wenn:**
- Der Geschäftspartner Gläubiger des Schuldners oder ein Bürge, *surety* oder ein Garant, *guarantor*, für die Verbindlichkeiten eines Unternehmens ist; und
- Der Schuldner etwas unternimmt oder in Kauf nimmt, was die oben genannten Person im Falle der Anordnung der Abwicklung in eine bessere Lage versetzt.

Für eine Bevorzugung muss das Geschäft von einer Gesellschaft genehmigt werden, die zu diesem Zeitpunkt zahlungsunfähig ist oder infolge des Geschäfts zahlungsunfähig geworden ist. Galt die Bevorzugung einer Person, die in Beziehung zum Schulder steht, obliegt es dieser Person, nachzuweisen, dass die Gesellschaft zu diesem Zeitpunkt tatsächlich zahlungsfähig war oder durch das Geschäft nicht zahlungsunfähig geworden ist.

Das Gericht kann das Geschäft allerdings nicht aufheben, es sei denn, es ist der Ansicht, dass die Gesellschaft auf eine Bevorzugung abzielte. Wenn der Begünstigte in Beziehung zu der Gesellschaft steht, wird vermutet, dass bei der Gesellschaft eine entsprechende Absicht vorhanden war. Die Beweislast Gegenteiliges nachzuweisen, liegt bei der Gesellschaft.

Darüber hinaus wird das Gericht keine Verfügung erlassen, die die Vermögensrechte Dritter beeinträchtigt, die nicht von der Gesellschaft erworben wurden. Solche Rechte müssen ebenfalls in gutem Glauben und gegen Entgelt erhalten worden sein. Personen, die in gutem Glauben und gegen Entgelt bevorzugt worden sind, können gerichtlich nicht dazu verpflichtet werden, ersatzweise einen Betrag an den *Viscount* oder die Gesellschaft zu zahlen. Etwas anderes gilt dann, wenn der Empfänger zum Zeitpunkt des Geschäfts Gläubiger der Gesellschaft war.

11. Grenzüberschreitende Insolvenzverfahren, *cross-border insolvency*

11.1 Anerkennung ausländischer Verfahren, *recognition*

Damit ein ausländisches Insolvenzverfahren in Jersey Wirkung entfalten kann, muss ein Antrag beim *Royal Court* gestellt werden. Qualifizierte ausländische Verfahren haben automatisch Geltung. Diese sind jedoch auf die wenigen Gerichtsbarkeiten beschränkt, die unter der Bankruptcy (Désastre) (Jersey) Order 2006 aufgeführt sind. Ein ausländisches Verfahren gilt als qualifiziert, wenn es seinen Ursprung in England, Wales, Schottland, Nordirland, der Isle of Man oder Guernsey hat.[108]

Wenn der Antrag unter der Prämisse einer nicht qualifizierten Gerichtsbarkeit gestellt wird, kann die Anerkennung dennoch erreicht werden. Die Gerichte stellen keine strengen Anforderungen an die Anerkennung eines ausländischen Verfahrens. Entscheidend ist, ob eine ausreichende Verbindung zwischen dem Schuldner und dem ausländischen Rechtssystem hergestellt werden kann. Dies zeigt sich am Verfahren *Hamel v Hawkes and Gardner Limited*[109] in dem der *Royal Court* es für

---

[108] Artikel 6 Bankruptcy (Désastre) (Jersey) Order 2006.
[109] Hamel v Hawkes and Gardner Limited [1900] 220 Ex 122.

ausreichend erachtete, dass sich die Wirkung der ausländischen Insolvenz auf das in Jersey befindliche bewegliche Vermögen des Schuldners erstreckte.

161 Auch völkerrechtliches Entgegenkommen, *comity,* kann von Bedeutung sein. Im Fall von Johnson Matthey Bankers Limited stellte der *Royal Court* fest: *„wenn es eine Klage im Vereinigten Königreich und Vermögenswerte in Jersey gibt, ist es für uns in Jersey durchaus üblich, zur Hilfe gerufen zu werden".*[110]

11.2 Ausnahme von der Anerkennung

162 Der Fall *Tucker*[111] zeigt allerdings, dass sich die Anerkennung nicht stets unproblematisch gestaltet. Ein englischer Verwalter hatte beim *Royal Court* einen Antrag auf Anerkennung seines Insolvenzverfahrens gestellt. Das Gericht lehnte dies jedoch ab, **weil der einzige Gläubiger der insolventen Gesellschaft eine ausländische Steuerbehörde war.** Folglich war das Gericht der Ansicht, dass es nicht befugt sei, sowohl bei der Informationsbeschaffung als auch bei der Einziehung von Vermögenswerten Hilfe zu leisten.

12. Maßnahmen aufgrund von COVID-19

163 Bislang sind in Jersey noch keine konkreten gesetzlichen Regelungen als Reaktion auf die Pandemie eingeführt worden.

164 Die Justiz dürfte allerdings in jedem Fall einen beträchtlichen Ermessensspielraum hinsichtlich der Anordnung von Vollstreckungsmaßnahmen gegenüber lokalen Gesellschaften haben, die durch die gegenwärtige Krise in finanzielle Schwierigkeiten geraten sind.

---

[110] *Johnson Matthey Bankers Limited v Arya Holdings Limited und National Westminster Bank Plc* [1985-86] JLR 208, S. 214.
[111] *In the matter of Re Tucker* [1987-88] JLR 473.

Jersey

Désastre

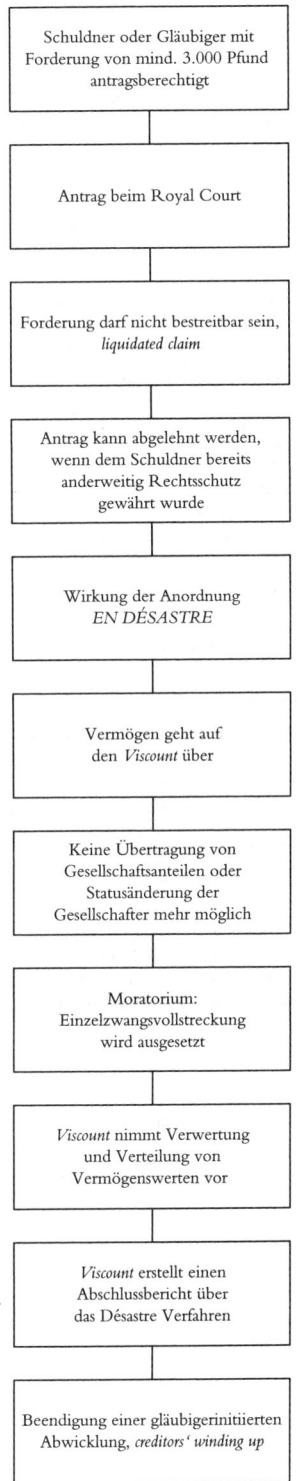

Jersey

Summary winding up

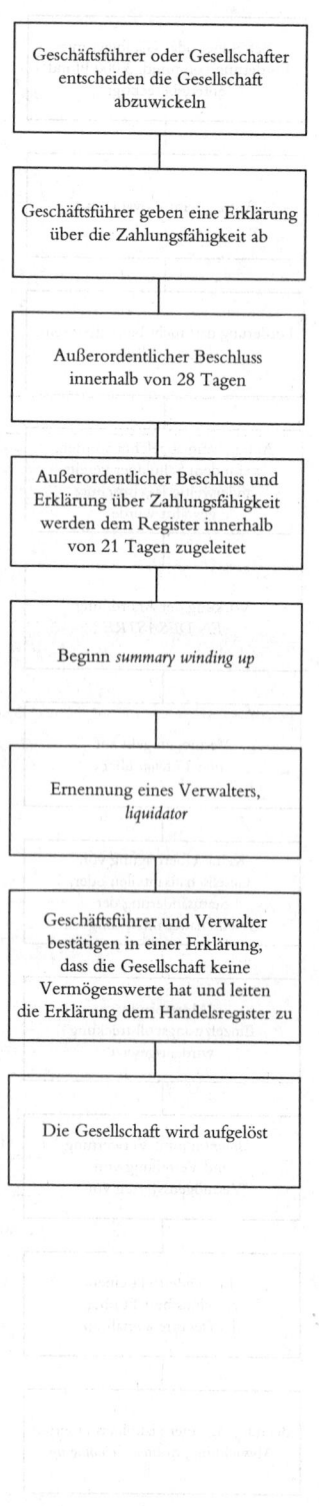

Jersey

Creditors' winding up

```
┌─────────────────────────────────────────┐
│ Gesellschafterversammlung wird abgehalten│
└─────────────────────────────────────────┘
                    │
┌─────────────────────────────────────────┐
│ Außerordentlicher Beschluss zur Abwicklung│
│ der Gesellschaft und Ernennung eines Verwalters,│
│ Veröffentlichung des Beschlusses in der *Gazette*│
│ innerhalb von 14 Tagen                  │
└─────────────────────────────────────────┘
                    │
┌─────────────────────────────────────────┐
│ Beginn *creditors winding up*            │
└─────────────────────────────────────────┘
                    │
┌─────────────────────────────────────────┐
│ Gesellschafterversammlung wird abgehalten und│
│ anschließend wird eine Gläubigerversammlung│
│ anberaumt, Gläubiger werden über         │
│ Gläubigerversammlung informiert          │
└─────────────────────────────────────────┘
                    │
┌─────────────────────────────────────────┐
│ Bei der Gläubigerversammlung präsentieren│
│ die Geschäftsführer einen Lagebericht,   │
│ ein Verwalter wird vorgeschlagen und nach│
│ Zustimmung von Gesellschaftern und Gläubigern│
│ ernannt, ein Gläubigerausschuss wird gebildet│
└─────────────────────────────────────────┘
                    │
┌─────────────────────────────────────────┐
│ Der Verwalter muss das Handelsregister innerhalb│
│ von 14 Tagen über seine Ernennung informieren│
└─────────────────────────────────────────┘
                    │
┌─────────────────────────────────────────┐
│ Mit der Ernennung des Verwalters enden die│
│ Befugnisse der Geschäftsführer und gehen auf den│
│ Verwalter über, Beginn eines Moratoriums │
│ (Einzelzwangsvollstreckung wird ausgesetzt),│
│ keine Übertragung von Gesellschaftsanteilen oder│
│ Statusänderung der Gesellschafter mehr möglich,│
│ Gesellschaft muss im Rahmen der Korrespondenz│
│ auf Abwicklung und Übernahme der Geschäfte│
│ durch den Verwalter hinweisen            │
└─────────────────────────────────────────┘
                    │
┌─────────────────────────────────────────┐
│ Verwertung und Verteilung der Masse     │
│ durch den Verwalter                     │
└─────────────────────────────────────────┘
                    │
┌─────────────────────────────────────────┐
│ Abschlusssitzung wird gehalten, Verwalter│
│ präsentiert Ablauf und Ergebnisse der Abwicklung│
└─────────────────────────────────────────┘
```

Jersey

Winding up on just and equitable grounds

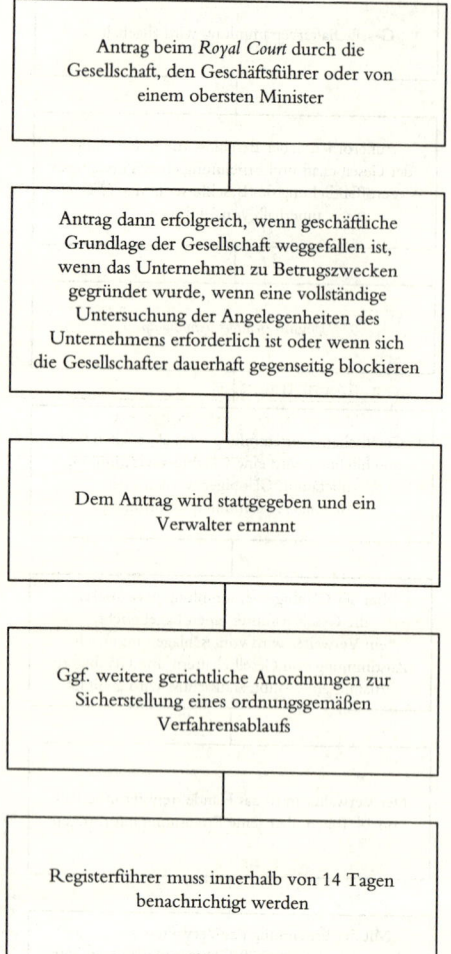

Jersey

Glossar

Deutsch	Englisch	Rn.
Abtretung	Cession	109, 123 ff.
Abwicklung aus Billigkeit	Winding up on just and equitable grounds	16, 81 ff.,
Abwicklung, gläubigerinitiierte	Creditors' winding up	31, 63, 64 ff., 68 ff., 75, 80, 96, 100, 141, 147, 154
Abwicklung, summarische	Summary winding up	7, 16, 45 ff., 60 ff., 88
Amtsblatt	Jersey Gazette	65 f., 125
Anerkennung ausländischer Insolvenzverfahren	Recognition	159 f.
Aufsichtsbehörde für Finanzdienstleistungen	Jersey Financial Services Commission	23, 27
Betrügerischer Handel	Fraudulent trading	144 ff.
Dereliktion von belastendem Vermögen	Disclaimer of onerous property	78 ff.
Einstellung der Geschäftstätigkeit	Cessation of business	68
Eröffnungsantrag, Insolvenzverfahren desastre	Déclaration en désastre	21
Eröffnungsantrag, Privatinsolvenzverfahren	Bankruptcy /winding up petition	21
Exekutivbeamter des Gerichts bei désastre Verfahren	Viscount (Chief Executive Officer)	27, 31 ff., 43 ff., 95, 114 f., 128, 130, 136, 146 f., 154, 158
Forderung, nicht bestreitbare	Liquidated claim	23 f.,
Gerichtliche Anordnung der Abwicklung	Order for winding up	90
Gerichtsbarkeit von Jersey	Courts – Petty Debts Court; – Royal Court; – Court of Appeal; und – Judical Comitee of the Privy Council	5, 8 ff.
Gerichtsvollzieher (stellvertretender)	Bailiff (Deputy)	10 ff.,
Geschäftsführer	Director	33, 46, 48 f., 51, 54 ff., 59 ff., 63, 67 ff., 70, 84 f., 88, 90, 94, 141 ff.,
Geschworener	Jurat	10, 12, 119
Gesetze Jerseys	Jersey Statutes	6
Gläubiger, gesicherter	Creditor, secured	31, 40, 68
Gläubiger, vorrangige	Priority creditors	69
Gläubigerausschuss	Liquidation committee	67 f., 70
Gläubigerbevorzugung	Preference	154 ff.
Gläubigerversammlung	Meeting of creditors	43, 66 f., 70, 75, 77, 106
Handelsregister	Registrar of Companies	45
Handelsregisterführer	Registrar	45, 48, 51 f., 59, 67, 69, 90, 98

Jersey

Deutsch	Englisch	Rn.
Insolvenzverschleppung	Wrongful trading	141 ff.
Lagebericht (einer Gesellschaft)	Statement of affairs	67
Mittelpunkt der hauptsächlichen Interessen	COMI (center of main interests)	93
Nachzahlungsverpflichtete Gesellschafter	Contributories	98, 101
Prokura, Vollmacht	Power of attorney	34
Privatinsolvenzverfahren	Personal insolvency proceedings	13, 108 ff.
Insolvenzverfahren zur Verwertung des beweglichen Vermögens	Réalisation	132, 139
Insolvenzverfahren zur Verwertung des unbeweglichen Vermögens	Dégrèvement	7, 132 ff., 135, 137 ff.
Insolvenzverfahren bei dem Verfügungsgewalt über Vermögenswerte auf Gericht übergeht	Remise de Biens („Remise")	7, 18, 109, 117 ff.
Schuldenerlassanordnung (in der Privatinsolvenz)	Debt remission order (DRO)	110, 128 ff.
Solvenzbescheinigung (Erklärung über Zahlungsfähigkeit)	Statement of solvency	45 f., 48 f., 52
Unterwertgeschäfte	Transactions at an undervalue	147 ff.
Vergleich zwischen Gesellschaft (Unternehmen) und Gläubigern	Scheme of arrangement	17, 96 ff.,
Vermögenswerte, Verteilung der	Assets, distribution of	37 ff., 71 ff.
Vermögenswerte, unkörperliche bewegliche	Property, intangible moveable	40 f., 73
Verwalter	liquidator	54, 60, 63 f., 67, 69 f., 78, 88 f., 141, 147

Glossar

Englisch	Deutsch	Rn.
Assets, distribution of	Vermögenswerte, Verteilung der	37 ff., 71 ff.
Bailiff (Deputy)	Gerichtsvollzieher (stellvertretender)	10 ff.,
Bankruptcy /winding up petition	Eröffnungsantrag, Privatinsolvenzverfahren	21
Cessation of business	Einstellung der Geschäftstätigkeit	68
Cession	Abtretung	109, 123 ff.
COMI (center of main interests)	Mittelpunkt der hauptsächlichen Interessen	93
Contributories	Nachzahlungsverpflichtete Gesellschafter	98, 101

Jersey

Englisch	Deutsch	Rn.
Courts – Petty Debts Court; – Royal Court; – Court of Appeal; und – Judical Commitee of the Privy Council	Gerichtsbarkeit von Jersey	5, 8 ff.
Creditor, secured	Gläubiger, gesicherter	31, 40, 68
Creditors' winding up	Abwicklung, gläubigerinitiierte	31, 63, 64 ff., 68 ff., 75, 80, 96, 100, 141, 147, 154
Debt remission order (DRO)	Schuldenerlassanordnung (in der Privatinsolvenz)	110, 128 ff.
Déclaration en désastre	Eröffnungsantrag, Insolvenzverfahren desastre	21
Dégrèvement	Insolvenzverfahren zur Verwertung des unbeweglichen Vermögens	7, 132 ff., 135, 137 ff.
Director	Geschäftsführer	33, 46, 48 f., 51, 54 ff., 59 ff., 63, 67 ff., 70, 84 f., 88, 90, 94, 141 ff.,
Disclaimer of onerous property	Dereliktion von belastendem Vermögen	78 ff.
Fraudulent trading	Betrügerischer Handel	144 ff.
Jersey Financial Services Commission	Aufsichtsbehörde für Finanzdienstleistungen	23, 27
Jersey Gazette	Amtsblatt	65 f., 125
Jersey Statutes	Gesetze Jerseys	6
Jurat	Geschworener	10, 12, 119
Liquidated claim	Forderung, nicht bestreitbare	23 f.,
Liquidation committee	Gläubigerausschuss	67 f., 70
Liquidator	Verwalter	54, 60, 63 f., 67, 69 f., 78, 88 f., 141, 147
Meeting of creditors	Gläubigerversammlung	43, 66 f., 70, 75, 77, 106
Order for winding up	Gerichtliche Anordnung der Abwicklung	90
Personal insolvency proceedings	Privatinsolvenzverfahren	13, 108 ff.
Preference	Gläubigerbevorzugung	154 ff.
Priority creditors	Gläubiger, vorrangige	69
Power of attorney	Prokura, Vollmacht	34
Property, intangible moveable	Vermögenswerte, unkörperliche bewegliche	40 f., 73
Réalisation	Insolvenzverfahren zur Verwertung des beweglichen Vermögens	132, 139
Recognition	Anerkennung ausländischer Insolvenzverfahren	159 f.
Registrar	Handelsregisterführer	45, 48, 51 f., 59, 67, 69, 90, 98
Registrar of Companies	Handelsregister	45

Jersey

Englisch	Deutsch	Rn.
Remise de Biens („Remise")	Insolvenzverfahren bei dem Verfügungsgewalt über Vermögenswerte auf Gericht über geht	7, 18, 109, 117 ff.
Scheme of arrangement	Vergleich zwischen Gesellschaft (Unternehmen) und Gläubigern	17, 96 ff.,
Statement of affairs	Lagebericht (einer Gesellschaft)	67
Statement of solvency	Solvenzbescheinigung (Erklärung über Zahlungsfähigkeit)	45 f., 48 f., 52
Summary winding up	Abwicklung, summarische	7, 16, 45 ff., 60 ff., 88
Transactions at an undervalue	Unterwertgeschäfte	147 ff.
Viscount (Chief Executive Officer)	Exekutivbeamter des Gerichts bei désastre Verfahren	27, 31 ff., 43 ff., 95, 114 f., 128, 130, 136, 146 f., 154, 158
Winding up on just and equitable grounds	Abwicklung aus Billigkeit	16, 81 ff.,
Wrongful trading	Insolvenzverschleppung	141 ff.

Kanada

bearbeitet von *John R. Sandrelli; Tevia R.M. Jeffries;* beide Dentons Canada LLP;
deutsche Bearbeitung von *Oda Elmoutaouakil; Andreas Ziegenhagen;* beide Dentons Europe LLP

Übersicht

		Rn.
A.	Konkurs- und Insolvenzgesetzgebung	1
B.	Überblick über die Insolvenzregeln	11
C.	Bankruptcy proceedings (Konkursverfahren)	17
1.	Allgemeiner Überblick	17
2.	Verwaltung der Insolvenzmasse *(bankruptcy estate)*	23
3.	Sonderrechte im Konkurs *(bankruptcy)*	27
3.1	Eigentumsrechte	27
3.2	Lieferantenrechte auf Wiederinbesitznahme	28
3.3	*Wage Earner Protection Program* (Programm zum Schutz der Zahlungsansprüche von Arbeitnehmern, nachfolgend „WEPP")	29
4.	Rückabwickelbare, nichtige oder anfechtbare Rechtsgeschäfte	30
5.	*Personal Bankruptcy Proceedings* (Konkursverfahren über das Vermögen natürlicher Personen)	35
5.1	*Summary Administration* (Vereinfachtes Insolvenzverfahren)	35
5.2	Einkommensüberschuss	38
5.3	*Proposal*-Verfahren	39
5.4	Schuldbefreiung *(Discharge)*	40
5.5	Nicht von der Schuldbefreiung erfasste Verbindlichkeiten	43
D.	Restrukturierungsverfahren *(restructuring proceedings)*	44
1.	CCAA-Verfahren	48
1.1	Einleitung	48
1.2	*Plan of Arrangement or Compromise*	53
1.3	Verfügbare Erleichterungen nach dem CCAA	56
	(i) Verfahrensaussetzung	56
	(ii) Beschränkung von Rechten	60
	(iii) Nichtanerkennung von Verträgen	61
	(iv) Tarifverträge	65
	(v) Vertragsübernahme	68
	(vi) Zwischenfinanzierung	70
	(vii) Kritische Lieferanten	72
	(viii) Verkauf von Vermögenswerten	73
1.4	Einschränkungen des CCAA-Plans	75
	(i) Pensionen	75
	(ii) Arbeitnehmervergütung	77
1.5	Anspruchsverfahren *(Claims Process)*	79
1.6	Gläubigerzustimmung zu einem CCAA-Plan	82

		Rn.
1.7	Gerichtliche Billigung eines CCAA-Plans	85
2.	BIA-Proposal	87
2.1	Einführung	87
2.2	Verfahrensaussetzung	90
2.3	Anspruchsverfahren *(Claims Process)*	97
2.4	Gläubigergruppen	98
2.5	Genehmigung eines *BIA proposals* durch die Gläubiger	100
2.6	Genehmigung eines *BIA proposal* durch das Gericht	103
2.7	Sonstiges	107
3.	WURA-Verfahren	108
4.	Außergerichtliche Schuldenrestrukturierung *(Informal Debt Restructuring)*	109
E.	Receivership proceedings (Zwangsverwaltungsverfahren)	110
F.	Gesicherte Gläubiger	113
1.	Überblick	113
2.	Erlangung und Aufrechterhaltung von Sicherheiten	114
3.	Nicht dem PPSA unterliegende Sicherheiten	118
3.1	Immobiliarsicherheiten	119
3.2	Gesetzliche Pfandrechte und *Deemed Trusts* (fingierte Treuhandvermögen)	121
3.3	*Repair and Storage Liens* (Reparatur- und Aufbewahrungspfandrechte)	123
3.4	Sicherheiten nach dem Bankgesetz	126
3.5	Verwertungsrecht des Vermieters	127
3.6	*Consignments* (Kommissionsvereinbarungen)	128
4.	Vorrangregeln im Rahmen der Personal Property Security Legislation (Gesetzgebung zu Sicherheiten an beweglichem Privateigentum)	129
5.	Vollstreckung in Sicherheiten	132
6.	Vollstreckungsmittel	136
7.	Verpflichtungen gesicherter Gläubiger	138
7.1	*Personal Property Security Legislation*/Vollstreckung in Sicherheiten nach dem BIA	138
7.2	Vollstreckung in Sicherheiten nach dem *Bank Act*	141
7.3	Vollstreckung in Hypotheken	142

Kanada 1–8

		Rn.			Rn.
G.	Ungesicherte Gläubiger	143	I.	Internationales Insolvenzrecht, grenzüberschreitende Verfahren	149
H.	Geschäftsführer (directors) und leitende Angestellte (officers)	145	J.	Nachtrag zu COVID-19	152

A. Konkurs- und Insolvenzgesetzgebung

1   Aufgrund des verfassungsrechtlichen Rahmens in Kanada umfassen die kanadischen Konkurs-, Insolvenz- und Restrukturierungsregeln eine Reihe von Bundes-, Provinz- und Territoriengesetzen. Für das Konkurs- und Insolvenzrecht ist vorrangig das Bundesparlament zuständig. Die beiden wichtigsten Bundesgesetze, die Insolvenzen in Kanada regeln, sind der *Bankruptcy and Insolvency Act*, R.S.C. 1985, C. B-3 (das Kanadische Bundesgesetz zum Insolvenzverfahren, nachfolgend „**BIA**") und der *Companies' Creditors Arrangement Act*, R.S.C. 1985, c. C-36 (das Gesetz zur Reorganisation von Gesellschaften oder Gruppen verbundener Unternehmen mit Verbindlichkeiten von mehr als 5.000.000 CAD, nachfolgend „**CCAA**"). Die Provinz- und territorialen Gesetzgeber sind vorrangig für das Sachen- und Zivilrecht zuständig. Die geltenden Provinz- und territorialen Gesetze in diesen Rechtsordnungen ergänzen die Bundesgesetzgebung in den Bereichen der Schaffung und Rangsicherung von Sicherungsrechten und Rechtsbehelfen von Gläubigern gegenüber insolventen Schuldnern.

2   Das BIA ist die primäre für Konkurse und Insolvenzen geltende Bundesgesetzgebung in Kanada. Es regelt sowohl „freiwillige" als auch „unfreiwillige" Konkursliquidationen, Restrukturierungen von Schuldnern und die gerichtliche Bestellung von Zwangsverwaltern durch das Gericht auf Antrag gesicherter Gläubiger. Das CCAA ist ein spezielleres Begleitgesetz, das größeren Gesellschaften dabei helfen soll, ihre Angelegenheiten im Rahmen eines Eigenverwaltungsverfahrens zu reorganisieren.

3   Die Geltung des BIA und des CCAA unterliegt bestimmten Einschränkungen. Das CCAA gilt für eine Gesellschaft oder Gruppe verbundener Unternehmen mit Verbindlichkeiten von mehr als 5.000.000 CAD[1] Das BIA und das CCAA stehen Banken, Versicherungsgesellschaften, Treuhandunternehmen, Kreditgesellschaften oder Eisenbahngesellschaften nicht zur Verfügung, die stattdessen nach dem *Winding-up and Restructuring Act*, R.S.C. 1985, c. W-11 (dem Kanadischen Gesetz zur Liquidation von Finanzinstitutionen und Versicherungsgesellschaften, nachfolgend „**WURA**") vorgehen müssen.[2]

4   Eine Restrukturierung mit fundamentalen Änderungen der Fremd- oder Eigenkapitalstrukturen einer insolventen Kapitalgesellschaft (einschließlich Zusammenschlüsse, Liquidationen, Auflösungen oder einer Kombination dieser fundamentalen Umstrukturierungen) kann sowohl nach Bundes- als auch nach Provinzgesetzen umgesetzt werden, die die Organisation und Verwaltung von Gesellschaften regeln, wenn diese fundamentalen Umstrukturierungen mit einem Vergleich zwischen dem Schuldnerunternehmen und dessen Gläubigern über die Ansprüche der Gläubiger, dem sogenannten *plan of arrangement or compromise*, im Rahmen des CCAA kombiniert werden.[3]

5   In Kanada existieren keine gesonderten Konkursrichter oder -gerichte. Richter, die in Konkurs- und Insolvenzsachen entscheiden, werden von der Bundesregierung an den obersten Gerichte der Provinzen ernannt. Diese Richter befassen sich auch mit allgemeinen Zivilsachen und schwerwiegenderen Strafsachen. In den meisten Provinzen in Kanada wurden jedoch bestimmte Richter ausgewählt, um über Handelssachen, einschließlich solcher, die in Zusammenhang mit Insolvenzen stehen, zu entscheiden.

6   Nach den verschiedenen Gesetzen des Kanadischen Konkurs- und Insolvenzrechts, stehen Schuldnern und Gläubigern eine Reihe von Verfahrensoptionen zur Verfügung (von denen einige in Kombination miteinander verwendet werden können), um ein Unternehmen zu reorganisieren oder zu liquidieren. Innerhalb dieses flexiblen gesetzlichen Rahmens übernehmen die Gerichte eine wichtige Aufsichtsfunktion. Das Ermessen eines Richters, der eine Restrukturierung überwacht, Rechtsbehelfe an die spezifischen Umstände eines Schuldners anzupassen, ist sehr weit.

7   **Die wichtigsten Quellen**
8   **Gesetzgebung**

- CCAA: http://laws-lois.justice.gc.ca/eng/acts/C-36/
- BIA: http://laws-lois.justice.gc.ca/eng/acts/B-3/
- WURA: http://laws-lois.justice.gc.ca/eng/acts/W-11/

---

[1] CCAA, s. 3.
[2] BIA, s. 2, „corporation".
[3] E.g., *Canada Business Corporations Act*, R.S.C. 1985, C. C-44 (die „**CBCA**"); vgl. als Beispiel *Air Canada Pilots Association v. Air Canada Ace Aviation Holdings Inc.*, 2007 CanLII 337 (ON SC).

- *Wage Earners Protection Program Act* (Gesetz zum Schutz der Zahlungsansprüche von Arbeitnehmern, nachfolgend „**WEPPA**"): http://laws-lois.justice.gc.ca/eng/acts/W-0.8/

Hoheitliche Quellen
- Office of the Superintendent of Bankruptcy Canada: http://www.ic.gc.ca/eic/site/bsf-osb.nsf/eng/home
- Industry Canada: http://www.ic.gc.ca/eic/site/icgc.nsf/eng/

Sonstige Quellen
- Canadian Association of Insolvency and Restructuring Professionals: http://www.cairp.ca/
- Insolvency Institute of Canada: http://www.insolvency.ca/
- United Nations Commission on International Trade Law (**„UNCITRAL"**) Model Law on Cross-Border Insolvency: http://www.uncitral.org/uncitral/en/uncitral_texts/insolvency.html

B. Überblick über die Insolvenzregeln

Die kanadischen Insolvenzregeln bieten eine Reihe von gesetzgeberischen Mechanismen, um folgendes zu erreichen:
1. eine Restrukturierung des Unternehmens (und der Verpflichtungen) eines Schuldners im Rahmen des BIA, des CCAA oder des WURA im Wege eines Plans oder eines Vorschlags, der den Anspruchsberechtigten unterbreitet wird und zu einer Fortführung des Geschäftsbetriebs und einem außergerichtlichen Vergleich über die Ansprüche der Gläubiger führen soll;[4] oder
2. einen Verkauf oder eine sonstige Veräußerung des Unternehmens (oder der Vermögenswerte des Unternehmens) im Rahmen des BIA oder des CCAA durch den Schuldner in Eigenverwaltung, und die Verteilung des Erlöses aus dem Verkauf oder der sonstigen Veräußerung unter den Anspruchsberechtigten entsprechend dem Rang ihrer konkurrierenden Ansprüche;[5] oder
3. einen Verkauf oder eine sonstige Veräußerung des Unternehmens (oder der Vermögenswerte des Unternehmens) im Rahmen des BIA oder bestimmter Provinzgesetze durch einen *trustee in bankruptcy* (einen Insolvenzverwalter), einen gerichtlich bestellten, oder einen privat ernannten *receiver* (Zwangsverwalter) und die Verteilung des Verkaufs- bzw. Veräußerungserlöses unter den Anspruchsberechtigten entsprechend dem Rang ihrer konkurrierenden Ansprüche.[6]

Das BIA selbst dient:
1. als Rechtsbehelf für einen ungesicherten Gläubiger, der es einem *trustee in bankruptcy* gestattet, die Vermögenswerte eines Insolvenzschuldners *(bankrupt)* zu verwerten und die Erlöse unter den Gläubigern des Insolvenzschuldners zu verteilen;
2. als Rechtsbehelf für eine natürliche Person als Schuldner, um eine Schuldbefreiung von Verpflichtungen zu erlangen (falls der Insolvenzschuldner eine Kapitalgesellschaft ist, kann diese keine Schuldbefreiung erlangen, sofern die Schulden nicht vollständig beglichen sind);[7]
3. als Rechtsbehelf für einen gesicherten Gläubiger, im Rahmen dessen dieser bei Gericht die Bestellung eines *receiver* (Zwangsverwalter) über das Vermögen einer Schuldnergesellschaft beantragen kann; und
4. als Rechtsbehelf für den Schuldner, aufgrund dessen dieser unter gerichtlicher Aufsicht seine Verpflichtungen restrukturieren oder sich darüber vergleichen kann.

Die verschiedenen Gesetze können gleichzeitig angewandt werden, um einen Mechanismus für den Abschluss des Restrukturierungsprozesses oder aus anderen strategischen Gründen zur Verfügung zu stellen. Beispielsweise kann ein Schuldner *bankruptcy proceedings,* also einem Konkursverfahren, unterworfen sein, um unbelastete Vermögenswerte zugunsten der ungesicherten Gläubiger zu verwerten, während gleichzeitig zugunsten der gesicherten ein *receiver* (Zwangsverwalter) für die belasteten Vermögenswerte Gläubiger ernannt werden kann.

Das Insolvenzverfahren in Kanada hat zwei charakteristische Eigenschaften:
1. Insolvenzfachleute, sogenannte *insolvency professionals,* spielen eine wichtige gesetzliche Rolle als Gläubigervertreter, um Insolvenz- und Restrukturierungsverfahren zu überwachen oder den Verkauf oder die sonstige Liquidation der Vermögenswerte eines Schuldners zu verwalten;
2. zusätzlich wird die Abwicklung kanadischer Insolvenz- und Restrukturierungsverfahren gerichtlich beaufsichtigt.

---

[4] Vgl. *Alternative Fuel Systems Inc. v. Remington Development Corp.,* 2004 ABCA 31 (CanLII) Rn. 50–54.
[5] Vgl. *Iona Contractors Ltd. v Guarantee Company of North America,* 2015 ABCA 240 (CanLII) Rn. 25, Verweigerung der Berufung 2015 CarswellAlta 1945 (S.C.C.).
[6] *Orphan Well Association v Grant Thornton Limited,* 2017 ABCA 124 (CanLII) Rn. 42, aufgehoben aus anderen Gründen 2019 SCC 5.
[7] BIA, s. 169(4); vgl. auch *Orphan Well Association v. Grant Thornton Ltd.,* 2019 SCC 5 (CanLII) Rn. 161.

15 *Insolvency professionals* müssen vom *Office of the Superintendent of Bankruptcy* zugelassen sein, um als *trustee in bankruptcy* (Insolvenzverwalter) agieren zu dürfen;[8] sie üben verschiedene Rollen im Rahmen kanadischer Restrukturierungen und Liquidationen aus. Diese Fachleute sind im Allgemeinen gerichtlich bestellt oder gesetzlich benannt. Sie handeln als Organe der Rechtspflege und nicht als Vertreter bestimmter Anspruchsberechtigter und sind verpflichtet, die Interessen aller Gläubiger unparteiisch zu vertreten.[9] In diese Kategorie fallen *trustees in bankruptcy*, *trustees* (Treuhänder), die im Rahmen von BIA proposals gesetzlich ermächtigt werden, das Unternehmen und die finanziellen Angelegenheiten des Insolvenzschuldners zu überwachen,[10] vom Gericht im Rahmen des CCAA bestellte *monitors* (Aufseher), die gesetzliche und gerichtlich verfügte Pflichten zur Überwachung des Unternehmens und der Angelegenheiten eines Schuldnerunternehmens wahrnehmen und die Schuldnerunternehmen bei der Entwicklung eines *plan of arrangement or compromise* mit seinen Gläubigern unterstützen,[11] gerichtlich bestellte *receivers* (Zwangsverwalter) oder gerichtlich bestellte *interim receivers* (vorläufige Zwangsverwalter), deren Pflichten sich weitgehend von dem sie ernennenden Gerichtsbeschluss und den Anweisungen des Gerichts ableiten, und *information officers* (Informationsbeauftragte), die üblicherweise im Rahmen der grenzüberschreitenden Anerkennung von Verfahren ernannt werden. Es ist zu beachten, dass ein privat ernannter *receiver* nicht im Interesse der Gläubiger/Anspruchsberechtigten insgesamt tätig wird, sondern stattdessen Vertreter des ernennenden gesicherten Gläubigers zum Zwecke der Verwertung von Vermögenswerten des Schuldners und Vertreter des Schuldners zum Zwecke der Fortführung des Unternehmens des Schuldners ist (sofern dieses Vertretungsverhältnis nicht zwischenzeitlich durch einen Konkurs beendet wird).[12] Ein privat ernannter *receiver* verfügt über die ihm in seiner Ernennung verliehenen Rechte und Pflichten, die sich von den Rechten und Rechtsbehelfen ableiten, die einem gesicherten Gläubiger von einem Schuldner in den relevanten Darlehens- und Sicherungsvereinbarungen gewährt werden.

16 Die Rolle der Gerichte bei kanadischen Restrukturierungen und Liquidationen ist von der Art des Verfahrens abhängig. Die wichtigste Rolle hat das Gericht bei CCAA-Verfahren und gerichtlich angeordneten *receivership proceedings* (Zwangsverwaltungsverfahren), bei denen das Verfahren durch Gerichtsbeschluss eröffnet wird und das Gericht im Rahmen seiner Aufsicht vorrangig rechtlich zuständig ist. Das Fehlen detaillierter gesetzlicher Regeln im Rahmen einer CCAA-Restrukturierung und einer gerichtlich beaufsichtigten Zwangsverwaltung verleiht kanadischen Gerichten weitreichendes Ermessen. Bei einem Konkurs *(bankruptcy)* kann die Rolle des Gerichts begrenzt sein, da viele der Aktivitäten im Rahmen der Verwaltung der Insolvenzmasse keiner gerichtlichen Zustimmung bedürfen (wobei ein *trustee in bankruptcy* jedoch Anweisungen des Gerichts anfordern kann). Die Eröffnung eines BIA-Vorschlagverfahrens und die Geltung einer gesetzlich angeordneten Verfahrensaussetzung bedürfen ebenfalls keiner gerichtlichen Zustimmung, wobei das Gericht jedoch in eine Verlängerung der ursprünglichen Aussetzung und die Genehmigung des Vorschlags einbezogen werden muss.[13]

C. *Bankruptcy proceedings* (Konkursverfahren)

1. Allgemeiner Überblick

17 Ein *bankruptcy*, ein Konkurs, ist ein im BIA geregeltes Verfahren, bei dem ein Schuldner (i) einem „Bilanz-" oder „Cash Flow-" Test zufolge insolvent ist oder (ii) einen definierten *„act of bankruptcy"*, also eine Konkurshandlung, innerhalb der letzten sechs Monate vor Eröffnung der *bankruptcy proceedings* begangen hat und entweder freiwillig oder unfreiwillig auf eine von drei Weisen „insolvent" *(bankrupt)* werden kann:
(a) Ein Schuldner leitet *bankruptcy proceedings* ein, indem er eine freiwillige Abtretung zugunsten seiner Gläubiger einreicht.[14]

---

[8] BIA, ss. 2(1), 43(9), und 243(4), und CCAA, s. 11.7(1); vgl. auch *Sheriff v. Canada (Attorney General)*, 2005 FC 305 (CanLII) Rn. 7, aff'd 2006 CAF 139 (F.C.A.); *Ernst & Young Inc. v. Essar Global Fund Limited*, 2017 ONCA 1014 (CanLII) Rn. 109.

[9] Vgl. *Salewski Inc. v BDO Canada Ltd.*, 2016 ONSC 133 (CanLII) Rn. 69, in dem Verfahren erklärte das Gericht: „Der Verwalter ist ein Amtsträger des Gerichts und muss alle Gläubiger unvoreingenommen und unparteiisch vertreten".

[10] Vgl. *Saran (Re)*, 2018 ONSC 2998 (CanLII) Rn. 36–45.

[11] Vgl. *Re 843504 Alberta Ltd. (Bankruptcy and Insolvency Act)*, 2003 ABQB 1015 (CanLII).

[12] Vgl. *Comfort Capital Inc. v. Yeretsian*, 2018 ONSC 5040 (CanLII) Rn. 14; *Royal Bank of Canada v. Eastern Infrastructure Inc.*, 2019 NSSC 243 (CanLII) Rn. 40.

[13] BIA, ss. 50.4(9) und 58; vgl. auch *In the Matter of the Proposal of Cogent Fibre Inc.*, 2015 ONSC 5139 (CanLII); *Convergix, Re*, 2006 NBQB 288 (CanLII).

[14] BIA, s. 49; vgl. auch *Pocklington (Re)*, 2017 ABQB 621 (CanLII) Rn. 54.

C. Bankruptcy proceedings (Konkursverfahren) 18–20 **Kanada**

(b) Ein (oder mehrere) Gläubiger mit einer (ungesicherten) Forderung in Höhe von mindestens 1.000 CAD leiten *involuntary bankruptcy proceedings,* ein „unfreiwilliges" Konkursverfahren, durch Stellung eines Antrags an das Gericht auf Erlass eines Konkursbeschlusses ein. Der Antrag muss die Erklärung, dass der Schuldner innerhalb der letzten sechs Monate vor Antragstellung einen „*act of bankruptcy*" begangen hat, und einen Antrag auf Bestellung eines *trustee in bankruptcy* enthalten.[15] Sobald ein Gläubiger eine *bankruptcy application,* einen Insolvenzantrag, gestellt hat, kann dieser nur mit Genehmigung des Gerichts zurückgenommen werden.[16]

(c) Ein Schuldner leitet ein Verfahren zur Unterbreitung eines Vorschlags an seine Gläubiger ein, das nicht erfolgreich abgeschlossen wird, weil: (i) der Schuldner dieses Verfahren abbricht oder seinen verfahrensgemäßen Verpflichtungen nicht nachkommt; (ii) der Vorschlag von seinen Gläubigern abgelehnt wird; oder (iii) der Vorschlag, nachdem er von den Gläubigern angenommen wurde, vom Gericht nicht genehmigt wird. Infolge des gescheiterten Vorschlags wird unterstellt, dass der Schuldner eine freiwillige Abtretung zugunsten seiner Gläubiger vorgenommen hat.

Ein *act of bankruptcy* liegt ua vor,[17] **18**

1. wenn der Schuldner in Kanada oder anderswo eine Abtretung seines Eigentums an einen *trustee* zugunsten seiner Gläubiger im Allgemeinen vornimmt;
2. wenn der Schuldner in Kanada oder anderswo in betrügerischer Absicht eine Schenkung, eine Lieferung oder Übertragung seines Eigentums oder eines Teils davon vornimmt;
3. wenn der Schuldner in Kanada oder anderswo sein Eigentum oder einen Teil davon überträgt oder eine Belastung vornimmt, und diese Handlung nach dem BIA als eine betrügerische Gläubigerbegünstigung *(fraudulent preference)* unwirksam oder nichtig wäre;
4. wenn der Schuldner mit der Absicht, Ansprüche seiner Gläubiger zu vereiteln oder deren Befriedigung hinauszuzögern, Kanada verlässt oder, wenn er sich außerhalb von Kanada befindet, Kanada fernbleibt oder seinen Wohnsitz verlässt;
5. wenn der Schuldner es zulässt, dass eine Vollstreckung oder ein sonstiges gegen ihn eingeleitetes Verfahren, im Rahmen dessen Eigentum des Schuldners beschlagnahmt, eingezogen oder im Rahmen einer Vollstreckung weggenommen wird, für einen bestimmten Zeitraum unerfüllt bleibt;
6. wenn der Schuldner einer Versammlung seiner Gläubiger eine Aufstellung seiner Aktiva und Passiva offenlegt, aus der hervorgeht, dass er insolvent ist, oder einer solchen Versammlung ein schriftliches Eingeständnis seiner Zahlungsunfähigkeit vorlegt oder vorlegen lässt;
7. wenn der Schuldner sein Eigentum abtritt, entfernt, verbirgt oder darüber verfügt oder es versucht oder im Begriff ist, sein Eigentum abzutreten, zu entfernen, zu verbergen oder darüber zu verfügen, um seine Gläubiger oder einen von ihnen zu betrügen, deren Ansprüche zu vereiteln oder hinauszuzögern;
8. wenn der Schuldner einem seiner Gläubiger mitteilt, dass er die Zahlung seiner Verbindlichkeiten eingestellt hat oder im Begriff ist, diese einzustellen;
9. wenn der Schuldner im Rahmen eines nach dem BIA gemachten Vorschlags *(BIA proposal)* seine Pflichten nicht erfüllt; oder
10. wenn der Schuldner generell seine Verbindlichkeiten bei Fälligkeit nicht mehr erfüllt.

Die Nichterfüllung fälliger Verbindlichkeiten gemäß Ziffer 10 ist in der Praxis der am häufigsten **19** genannte *act of bankruptcy* für den Gläubigerantrag.

Die Wirkung einer *bankruptcy order* (Konkursbeschluss) oder einer unterstellten oder freiwilligen **20** Abtretung besteht darin, dass das gesamte Eigentum des Insolvenzschuldners (vorbehaltlich begrenzter Ausnahmen[18]) zugunsten der Gläubiger auf den *trustee in bankruptcy* übergeht. Die Rechte des *trustee in bankruptcy* am Eigentum des Insolvenzschuldners sind identisch mit denen des Insolvenzschuldners und unterliegen den Rechten der gesicherten Gläubiger. Die Verfahrensaussetzung, die im Falle eines Konkurses gesetzlich angeordnet wird, hindert die gesicherten Gläubiger nicht daran, das mit ihrem Sicherungsrecht belastete Sicherungsgut in Besitz zu nehmen und darüber zu verfügen, vorausgesetzt, dass das Sicherungsrecht gegenüber dem *trustee in bankruptcy* durchsetzbar ist.[19] Alle sonstigen Verfahren von Gläubigern zur Geltendmachung von Ansprüchen gegen den Insolvenzschuldner oder sein Eigentum ruhen[20] und ungesicherte Gläubiger müssen ihre Ansprüche summa-

---

[15] BIA, s. 43; vgl. auch *Forjay Management Ltd. v 0981478 B.C. Ltd.*, 2018 BCSC 1409 (CanLII).
[16] BIA, s. 43(14); vgl. auch *Alberta Health Services v. Networc Health Inc.*, 2010 ABQB 373 (CanLII) Rn. 34.
[17] BIA, s. 42(1).
[18] BIA, s. 67; vgl. auch *Landry (Bankruptcy of) (Re)*, 2000 CanLII 16846 (ON CA).
[19] BIA, s. 69.3(2); vgl. auch *Garmeco Canada International Consulting Engineers Ltd. v. International Hi-Tech Industries Inc.*, 2011 BCCA 292 (CanLII) [„***Garmeco***"].
[20] BIA, s. 69.3; vgl. auch *Garmeco.*

risch durch Einreichung von Anspruchsnachweisen beim *trustee in bankruptcy*, wie im BIA ausgeführt, beweisen.[21] Ein ungesicherter Gläubiger kann jedoch mit Genehmigung des Gerichts Verfahren gegen den Insolvenzschuldner einleiten oder fortführen.[22] Diese Genehmigung kann erteilt werden, wenn das Verfahren andere Parteien, Deckungsansprüche aus Versicherungen oder Ansprüche, die den Konkurs überdauern können, betrifft oder sich in einem Stadium befindet, in dem ein Abschluss dieser Verfahren eine Beilegung der Ansprüche beschleunigen kann.

21 Vorbehaltlich der Rechte der gesicherten Gläubiger wird ein *trustee in bankruptcy* die Vermögenswerte des Insolvenzschuldners in Besitz nehmen und liquidieren. Der *trustee in bankruptcy* kann die Vermögenswerte des Schuldners zu Geld machen, indem er einzelne Vermögenswerte (Stück für Stück/*piecemeal*) verkauft, alle oder fast alle Vermögenswerte des Schuldners zusammen (im Ganzen/ *en bloc*) verkauft oder den gesamten Geschäftsbetrieb des Schuldners (als laufendes Unternehmen/ *going concern*) verkauft. Nach dem Verkauf der Vermögenswerte werden die Erlöse an die Gläubiger des Insolvenzschuldners entsprechend der im BIA geregelten Rangfolge ausgeschüttet.[23]

22 Vorbehaltlich der Rechte gesicherter Gläubiger genießen bestimmte Ansprüche im Konkurs Vorrang vor sonstigen ungesicherten Ansprüchen. Beispielsweise genießen bestimmte Lohnansprüche, rückständige Mieten für drei Monate und nicht bezahlte Verbindlichkeiten gegenüber Berufsgenossenschaften oder der Arbeitslosenversicherung gesetzlichen Vorrang vor allgemeinen ungesicherten Ansprüchen.[24] Bestimmte Prioritäten, die außerhalb des Konkurses existieren, werden mit dem Konkurs umgekehrt und veranlassen häufig Gläubiger, einen Konkursantrag *(bankruptcy filing)* zu stellen. Beispielsweise werden gesetzlich sogenannte *deemed trusts*, fingierte Treuhandvermögen, die die Zahlung von Verbrauch- und Aufwandsteuern außerhalb des Konkurses absichern, im Konkurs wie allgemeine ungesicherte Ansprüche behandelt.[25]

2. Verwaltung der Insolvenzmasse *(bankruptcy estate)*

23 Sobald der *trustee in bankruptcy* ernannt wurde, hat er eine Reihe gesetzlicher Pflichten zu erfüllen, um die Insolvenzmasse zu verwalten. Die hierdurch entstehenden Kosten sind für die Insolvenzmasse nicht unerheblich. Die Kosten des *trustee in bankruptcy*, einschließlich etwaiger Kosten der Rechtsverfolgung, stellen einen vorrangigen Anspruch gegen die Insolvenzmasse dar.[26]

24 In *bankruptcy proceedings* (Konkursverfahren) müssen Gläubiger ihre Ansprüche beweisen, um an Gläubigerversammlungen teilzunehmen und Ausschüttungen von Erlösen aus der Verwertung durch den *trustee in bankruptcy* zu erhalten.[27] Gesicherte Gläubiger nehmen an einem Konkurs nur im Umfang des ungesicherten Teils ihrer Ansprüche teil, wobei es sich um den Fehlbetrag nach Abzug der werthaltigen Sicherheit handelt, und stimmen bei der ersten Gläubigerversammlung nur insoweit ab.[28] Der *trustee in bankruptcy* prüft die von den Gläubigern eingereichten Anspruchsnachweise und trifft Festlegungen im Hinblick auf deren Wirksamkeit.[29] Ein Gläubiger, dessen Anspruch nicht zugelassen wurde, kann gegen die Nichtzulassung bei Gericht Rechtsmittel einlegen.[30]

25 Bei der ersten Gläubigerversammlung in einem Konkurs (wobei es sich oft um die einzige Versammlung handelt) ernennen die Gläubiger Inspektoren *(inspectors)*, die für die Erteilung von Anweisungen an den *trustee in bankruptcy* im Hinblick auf die Verwaltung der Insolvenzmasse verantwortlich sind.[31] Die Zustimmung der Inspektoren ist für eine Reihe von Maßnahmen bei der Verwertung und Verwaltung der Insolvenzmasse vorgeschrieben (wie etwa dem Verkauf oder der Verfügung über das gesamte oder einen Teil des Eigentums des Insolvenzschuldners oder der Entscheidung darüber, rechtliche Verfahren einzuleiten oder sich dagegen zu verteidigen, Verpflichtungen einzugehen oder Darlehen aufzunehmen, Ansprüche des Insolvenzschuldners zu vergleichen oder beizulegen und Immobilienmietverträge beizubehalten und/oder abzutreten). Wenn die Gläubiger keine Inspektoren ernennen, kann der *trustee in bankruptcy* diese Schritte ohne Genehmigung von Inspektoren vornehmen.

---

[21] BIA, s. 124; vgl. auch *Tirecraft Group Inc. (Re)*, 2009 ABQB 217 (CanLII) [„*Tirecraft*"].
[22] BIA, s. 69.4; vgl. auch *Tirecraft*.
[23] BIA, s. 136; vgl. auch *British Columbia (Director of Employment Standards) v. Todd McMahon Inc.*, 2002 BCCA 179 (CanLII); *Wasserman, Arsenault Limited v. Sone*, 2002 CanLII 41494 (ON CA).
[24] BIA, s. 136(1).
[25] BIA, s. 86; vgl. auch *Canada (Procureur général) c. J. Pascal inc.*, 1998 CanLII 12560 (QC CA).
[26] BIA, s. 136(1)(b).
[27] BIA, s. 124.
[28] BIA, s. 127; vgl. auch *Asian Concepts Franchising Corporation (Re)*, 2018 BCSC 1434 (CanLII) Rn. 47.
[29] BIA, s. 135; vgl. auch *Galaxy Sports Inc. (Re)*, 2004 BCCA 284 (CanLII) Rn. 30.
[30] BIA, s. 135(4).
[31] BIA, s. 116; vgl. auch *Impact Tool & Mould Inc. (Re)*, 2006 CanLII 7498 (ON CA).

C. Bankruptcy proceedings (Konkursverfahren)

Nachdem die Insolvenzmasse vollständig verwertet worden ist, kann der *trustee in bankruptcy* 26
eine Schuldbefreiung beantragen. In diesem Fall legt der *trustee in bankruptcy* dem Gerichtsbeamten
(registrar) des Gerichts, das den Konkurs überwacht, eine abschließende Abrechnung der Einnahmen
und Auslagen der Insolvenzmasse zusammen mit einer Rechnung über die Kosten für Steuern vor.[32]

3. Sonderrechte im Konkurs *(bankruptcy)*

3.1 Eigentumsrechte

Die von einem *trustee in bankruptcy* verwaltete Insolvenzmasse erstreckt sich nicht auf Gegen- 27
stände die sich zwar im Besitz des Insolvenzschuldner befinden, aber nicht dessen Eigentum stehen.
Eine Partei kann beim *trustee in bankruptcy* unter Vorlage einer entsprechenden Anspruchsbegründung
geltend machen, dass bestimmte Gegenstände in ihrem Eigentum stehen. Der *trustee in bankruptcy*
kann den geltend gemachten Anspruch entweder anerkennen (in diesem Fall hat er der Partei ihr
Eigentum zurückzugeben) oder mitteilen, dass der Aussonderungsanspruch bestritten wird.[33]

3.2 Lieferantenrechte auf Wiederinbesitznahme

Das BIA bietet auch Lieferanten ein – wenn auch eingeschränktes – Recht, Waren wieder in 28
Besitz zu nehmen, die in den letzten 30 Tagen vor Insolvenzeröffnung oder Zwangsverwaltung zur
Verwendung im Unternehmen des Schuldners geliefert wurden. Der Lieferant hat nur dann einen
Anspruch auf Rückgabe der Waren, wenn:[34]
(i) er dem Käufer, *trustee in bankruptcy* oder *receiver* (Zwangsverwalter) in der vorgeschriebenen
Form eine schriftliche Aufforderung zur Wiederinbesitznahme innerhalb eines Zeitraums von
15 Tagen nach dem Tag vorlegt, an dem der Käufer in Konkurs gefallen ist oder die Zwangsverwaltung *(receivership)* angeordnet wurde;
(ii) zum Zeitpunkt der Vorlage dieser Aufforderung, die Waren:
(1) im Besitz des Käufers, des *trustee in bankruptcy* oder des *receiver* sind;
(2) als Waren identifiziert werden können, die vom Lieferanten an den Käufer geliefert und
nicht vollständig bezahlt wurden;
(3) sich in demselben Zustand befinden, in dem sie sich bei Lieferung befunden haben;
(4) nicht zu marktüblichen Konditionen weiterverkauft wurden; und
(5) nicht Gegenstand eines Vertrages über einen Verkauf zu marktüblichen Konditionen sind;
und
(iii) der Käufer, *trustee in bankruptcy* oder *receiver* nicht sofort nach der Aufforderung an den Lieferanten den gesamten geschuldeten Restbetrag bezahlt.
Dieses Recht auf Wiederinbesitznahme hat zwar Vorrang vor jeglichen Sicherungsrechten, die
gesicherten Gläubigern an diesen Waren gewährt wurden, jedoch keinen Vorrang vor den Rechten
eines gutgläubigen späteren Käufers, der eine werthaltige Gegenleistung erbracht hat und dem nicht
bekannt war, dass der Lieferant die Wiederinbesitznahme der verkauften Waren verlangt hat.[35] Im
Allgemeinen können Rechte von Lieferanten auf Wiederinbesitznahme nicht bei einer Restrukturierung nach dem CCAA oder im Rahmen eines *BIA proposals* durchgesetzt werden, wobei die
Fristen für die Geltendmachung eines solchen Anspruchs während dieser Verfahren ruhen.

3.3 *Wage Earner Protection Program* (Programm zum Schutz der Zahlungsansprüche von Arbeitnehmern, nachfolgend „WEPP")

Das WEPP ist ein allgemeiner hoheitlicher Fonds, der in Frage kommende Arbeitnehmer 29
(nicht der Geschäftsleitung angehörend und keine nahestehende Person) für unbezahlte Gehälter,
Urlaubsgeld, Kündigungs- und Abfindungszahlungen entschädigt, die während eines Zeitraums von
sechs Monaten vor dem Konkurs *(bankruptcy)* oder der Zwangsverwaltung *(receivership)* eines Arbeitgebers verdient wurden. Das Programm findet keine Anwendung in CCAA-Verfahren. Etwaige
Ansprüche der Arbeitnehmer sind auf einen Betrag in Höhe des siebenfachen des maximalen
wöchentlichen versicherbaren Einkommens im Sinne des *Employment Insurance Act*, des Kanadischen
Gesetzes über die finanzielle Unterstützung Erwerbsloser, beschränkt und werden noch um etwaige
Abzüge (wie etwa Steuern) verringert.[36] Soweit eine Zahlung an einen Arbeitnehmer nach dem

---

[32] BIA, s. 151.
[33] BIA, s. 81; vgl. auch *Bankruptcy of 498494 B.C. Ltd.*, 2001 BCSC 152 (CanLII).
[34] BIA, s. 81.1; vgl. auch *Port Alice Specialty Cellulose Inc. (Bankruptcy) v. ConocoPhillips Co.*, 2005 BCCA 299 (CanLII).
[35] BIA, s. 81.1(6).
[36] WEPPA, ss. 2(1), und 5–7.

WEPP geleistet wird, gehen die Ansprüche des Arbeitnehmers gegen den Schuldner auf den Staat über. Dieser ist berechtigt, eine Erstattung aus den Vermögenswerten zu verlangen, die Gegenstand der *employee remuneration charge*, des Pfandrechts zur Sicherung der Arbeitnehmervergütung, sind.

4. Rückabwickelbare, nichtige oder anfechtbare Rechtsgeschäfte

30   Ergänzend zu den weitgehenden Ermittlungsbefugnissen, die dem *trustee in banktruptcy* bei der Realisierung von Werten aus der Insolvenzmasse zustehen, stellen das BIA und das CCAA eine Reihe von Rechtsbehelfen zur Verfügung, um Rechtsgeschäfte mit dem Insolvenzschuldner, die den Wert der Insolvenzmasse verringern, zu verhindern. Im Allgemeinen gibt es zwei Arten von Rechtsgeschäften, die Gegenstand einer Insolvenzanfechtung durch die Gläubiger oder den Insolvenzverwalter sein können: Übertragungen unter Wert *(transfers at undervalue)* und Bevorzugungen *(preferences)*.

31   Eine Übertragung zu marktüblichen Konditionen kann als *preference* als nichtig angesehen werden, wenn es sich dabei (a) um eine Übertragung durch einen insolventen Schuldner an einen Gläubiger, (b) mit dem Ziel der Bevorzugung dieses Gläubigers gehandelt, und (c) die Übertragung in den 3 Monaten vor dem *initial bankruptcy event*, dem ersten Konkursereignis, wie im BIA näher definiert, stattgefunden.[37] Damit eine Übertragung zwischen Parteien, die nicht zu marktüblichen Konditionen erfolgen, als *preference* als nichtig angesehen wird, muss lediglich nachgewiesen werden, dass: (a) es sich um eine Übertragung von einem insolventen Schuldner an einen Gläubiger (b) mit der Wirkung einer Bevorzugung dieses Gläubigers handelte, und (c) dass die Übertragung innerhalb von 12 Monaten vor dem *initial bankruptcy event* erfolgte.

32   Eine Übertragung, die ohne eine besondere Beziehung zwischen den Vertragsparteien vereinbart wurde, ist gegenüber dem Insolvenzverwalter als *transfer at undervalue* nichtig, wenn: (a) die Übertragung unter Wert erfolgte, (b) die Übertragung innerhalb eines Jahres vor dem Zeitpunkt des ersten Konkursereignisses erfolgte, (c) der Schuldner zum Zeitpunkt der Übertragung insolvent war oder es durch diese wurde, und (d) der Schuldner die Absicht hatte, einen Gläubiger zu betrügen, dessen Ansprüche zu vereiteln oder hinauszuzögern.[38] Eine Übertragung, die zwischen einander nahestehenden Parteien erfolgte, ist gegenüber dem *trustee in bankruptcy* als *transfer at undervalue* nichtig, wenn: (a)(i) der Schuldner weniger als den Marktwert für das übertragene Eigentum erhalten hat und (ii) die Übertragung innerhalb eines Jahres vor dem Zeitpunkt des *initial bankruptcy event* erfolgte, oder (b)(i) der Schuldner weniger als den Marktwert für das übertragene Eigentum erhalten hat, (ii) der Schuldner zum Zeitpunkt der Übertragung insolvent war oder es durch diese wurde, oder der Schuldner die Absicht hatte, einen Gläubiger zu betrügen, dessen Ansprüche zu vereiteln oder hinauszuzögern, und (iii) die Übertragung zwischen einem und fünf Jahren vor dem Zeitpunkt des *initial bankruptcy event* erfolgte. Das Gericht kann in einem Beschluss einen *transfer at undervalue* für nichtig erklären und/oder verfügen, dass eine Partei der Übertragung oder eine andere Person, die in die Übertragung eingeweiht ist, an die Insolvenzmasse die Differenz zwischen dem Wert der vom Schuldner erhaltenen Gegenleistung und dem Wert der vom Schuldner gewährten Leistung zu zahlen hat.

33   Es existieren weitere Rechtsbehelfe, um Rechtsgeschäfte, die nicht zum Marktwert erfolgt sind, oder, in bestimmten Situationen, auch Dividendenzahlungen durch Kapitalgesellschaften aufzuheben.[39] Es gibt zudem Rechtsbehelfe gegen „unzumutbar belastende" Handlungen *(opression remedies)*, die auf Gesellschaftsrecht beruhen. Diese Rechtsbehelfe stehen gemeinsam nach dem BIA, denn CCAA und anderen geltenden Gesetzen zur Verfügung. Wenn ein *trustee in bankruptcy* erfolgreich ein Urteil zur Aufhebung eines Rechtsgeschäfts oder einer Übertragung erlangt, wird infolge des Urteils das Eigentum auf den *trustee in bankruptcy* zurück übertragen oder erhält dieser die Erlöse aus der Veräußerung.

34   Nach dem BIA besteht für Gläubiger der Insolvenzmasse die Möglichkeit, Rechtsstreitigkeiten zur Aufhebung solcher Rechtsgeschäfte selbst zu führen, wenn der *trustee in bankruptcy* sich auf entsprechende Anfrage weigert, ein Verfahren einzuleiten, oder dieses vernachlässigt.[40] Ein oder mehrere Gläubiger können einen Gerichtsbeschluss einholen, durch den der *trustee in bankruptcy* zum Zwecke der Aufhebung der Rechtsgeschäfte verpflichtet wird, die Rechte, einschließlich der gesetzlichen Rechte nach dem BIA und der Provinzgesetzgebung, an den oder die Gläubiger abzutreten. Der oder die Gläubiger, die einen solchen Beschluss erlangt haben, können das Verfahren zu ihren Gunsten auf eigenes Risiko und eigene Kosten führen.[41] Erlangte Beträge, die die Höhe der

---

[37] BIA, s. 95; vgl. auch *Mass Polymers Corp. v. Mendlowitz & Associates Inc.*, 2001 CanLII 28463 (ON SC).
[38] BIA, s. 96.
[39] E.g., CBCA.
[40] BIA, s. 38; vgl. auch *Re McEwen*, 2019 ONSC 5593 (CanLII).
[41] BIA, s. 38(3).

C. Bankruptcy proceedings (Konkursverfahren)

Ansprüche der teilnehmenden Gläubiger und deren Kosten des Rechtsstreits übersteigen, müssen gegenüber dem *trustee in bankruptcy* zum Zwecke Ausschüttung an die übrigen Gläubiger, die sich nicht an der Klage beteiligt haben, abgerechnet werden.[42]

5. *Personal Bankruptcy Proceedings* (Konkursverfahren über das Vermögen natürlicher Personen)

5.1 *Summary Administration* (Vereinfachtes Insolvenzverfahren)

Ist der Insolvenzschuldner eine natürliche Person, wird die Insolvenzmasse im Wege einer *summary administration,* einem vereinfachten Insolvenzverfahren, verwaltet, wenn nach Auflassung des *Official Receiver* die verwertbaren Vermögenswerte nach Abzug der Ansprüche gesicherter Gläubiger einen 15.000 CAD nicht übersteigen.[43]

Dieses vereinfachte Verfahren nach den Bestimmungen des BIA ermöglicht natürlichen Personen, die andernfalls Schwierigkeiten hätten, die mit der Verwaltung eines Konkurses verbundenen Kosten zu bezahlen, an das Verfahren einbezogen zu werden.[44]

Sollte der *trustee in bankruptcy* mehr als 15.000 CAD aus der Verwertung der Vermögenswerte des Insolvenzschuldners erzielen, muss er den *Official Receiver* darauf hinweisen. Die Insolvenzmasse unterliegt jedoch weiterhin der *summary administration,* sofern nicht der *Offical Receiver* einen Beschluss über die Umwandlung des Verfahrens in eine normale Insolvenzverwaltung fasst.[45]

5.2 Einkommensüberschuss

Das Einkommen einer natürlichen Person als Insolvenzschuldner, einschließlich des von der natürlichen Person während des Konkurses verdienten Einkommens, gehört zunächst zur Insolvenzmasse und ist an den *trustee in bankruptcy* auszukehren. Der Gesetzgeber hat jedoch anerkannt, dass eine natürliche Person während der Dauer des Verfahrens einen bestimmten Betrag zum Leben benötigt. Das BIA sieht deshalb vor, dass der Insolvenzschuldner Einkünfte bis zu einem Betrag einbehalten darf, der notwendig ist, um es dem Insolvenzschuldner und etwaigen Angehörigen zu ermöglichen, einen angemessenen Lebensstandard aufrecht zu erhalten. Der Einkommensüberschuss ist an den *trustee in bankruptcy* abzuführen.[46]

5.3 *Proposal*-Verfahren

Unbeschadet des Konkurses behält ein Insolvenzschuldner das Recht, Gläubigern in Übereinstimmung mit den *Proposal*-Bestimmungen des BIA einen Vorschlag zu unterbreiten.[47] Der Schuldner kann den Gläubigern einen Vorschlag gemäß Abschnitt I – *General Scheme for Proposals* (Allgemeine Regeln für Vorschläge) oder gemäß Abschnitt II – *Consumer Proposals* (Verbrauchervorschläge) unterbreiten, wenn der Gesamtbetrag der Schulden, ohne Einbeziehung von Schulden, die durch den Hauptwohnsitz der natürlichen Person abgesichert sind, nicht mehr als 250.000 CAD oder eine andere festgelegte Summe beträgt.

5.4 Schuldbefreiung *(Discharge)*

Kapitalgesellschaften können nur dann eine Schuldbefreiung erlangen, wenn sie ihre sämtlichen Schulden beglichen haben. Dies kommt in der Praxis selten vor. Wenn eine Kapitalgesellschaft in Konkurs fällt, erholt sie sich hiervon regelmäßig nicht mehr. Umgekehrt können natürliche Personen als Insolvenzschuldner entweder automatisch oder auf Antrag an das Gericht in Übereinstimmung mit den Bestimmungen des BIA eine Schuldbefreiung erlangen.[48] Bei einem erstmaligen Konkurs kann eine Schuldbefreiung automatisch nach 9 Monaten erfolgen, wenn kein Einkommensüberschuss geschuldet wird, und nach 21 Monaten, wenn ein Einkommensüberschuss geschuldet wird, solange keine Partei der Schuldbefreiung widerspricht.[49] Durchläuft ein Insolvenzschuldner bereits zum zweiten Mal ein Insolvenzverfahren, kann er eine Schuldbefreiung automatisch nach 24 Mona-

---

[42] BIA, s. 38(3).
[43] BIA, s. 49(6).
[44] BIA, ss. 155 – 157.
[45] BIA, s. 49(8).
[46] BIA, s. 68; vgl. auch *Wilson (Re),* 2012 ONSC 2034 (CanLII).
[47] BIA, ss. 50(1) und 66.12(1).
[48] BIA, s. 168.1.
[49] BIA, s. 168.1(a); vgl. auch *Fraser (Re),* 2013 SKQB 418 (CanLII).

ten erhalten, wenn kein Einkommensüberschuss geschuldet wird, und nach 36 Monaten, wenn ein Einkommensüberschuss geschuldet wird, solange keine Partei der Schuldbefreiung widerspricht.[50]

41 Der *Superintendent of Bankruptcy*, der *trustee in bankruptcy* oder ein Gläubiger kann der Schuldbefreiung eines Insolvenzschuldners widersprechen. Das Gericht wird bei der mündlichen Verhandlung über einen Antrag auf Schuldbefreiung entsprechend den Umständen des Falles entweder eine uneingeschränkte Schuldbefreiung, eine uneingeschränkte Zurückweisung des Antrags auf Schuldbefreiung, eine zeitlich aufgeschobene oder eine an Bedingungen geknüpfte Schuldbefreiung aussprechen.[51]

42 Die Schuldbefreiung befreit den Insolvenzschuldner von allen Schulden abgesehen von bestimmten, gemäß dem BIA nicht von der Schuldbefreiung erfassten Verbindlichkeiten.[52]

5.5 Nicht von der Schuldbefreiung erfasste Verbindlichkeiten

43 Ein Beschluss über eine Schuldbefreiung befreit den Insolvenzschuldner von allen Ansprüchen, die im Konkursverfahren nachgewiesen werden können, vorbehaltlich der nachfolgend genannten Ausnahmen:[53]
1. Strafen, Bußgelder, Erstattungsverfügungen oder sonstige Verfügungen, die einer Strafe, einem Bußgeld oder einer Erstattungsverfügung ähneln und von einem Gericht im Hinblick auf einen Rechtsverstoß auferlegt wurden, oder Schulden, die auf einem Schuldanerkenntnis oder einer Bürgschaft beruhen;
2. Verurteilungen durch ein Gericht in Zivilsachen im Hinblick auf:
   (a) absichtlich zugefügte körperliche Schäden oder sexuelle Übergriffe, oder
   (b) eine daraus resultierende widerrechtliche Tötung;
3. Schulden oder Verbindlichkeiten im Hinblick auf Alimente oder Unterhaltszahlungen;
4. Schulden oder Verbindlichkeiten aufgrund einer richterlichen Entscheidung, durch die eine Vaterschaft oder Unterhaltsverpflichtung festgestellt wird, oder aufgrund einer Vereinbarung über Unterhalt für einen Ehepartner, früheren Ehepartner, früheren *Common Law*-Partner oder ein vom Insolvenzschuldner getrennt lebendes Kind;
5. Schulden oder Verbindlichkeiten aufgrund von Betrug, Unterschlagung oder Veruntreuung beim Handeln in einer treuhänderischen Funktion oder, in der Provinz Quebec, als *trustee* oder *administrator* fremden Eigentums;
6. Schulden oder Verbindlichkeiten infolge des Erlangens von Eigentum oder Dienstleistungen durch Vorspiegelung falscher Tatsachen oder arglistige Täuschung, abgesehen von Schulden oder Verbindlichkeiten, die aus einem Billigkeitsanspruch entstehen;
7. Haftung für die Dividende, zu deren Erhalt ein Gläubiger im Hinblick auf einen nachweisbaren Anspruch berechtigt gewesen wäre, der nicht gegenüber dem Insolvenzverwalter offengelegt wurde, es sei denn, der Gläubiger hatte von dem Konkurs Kenntnis oder wurde darüber benachrichtigt und hat es unterlassen, angemessene Handlungen zum Nachweis seines Anspruchs vorzunehmen;
8. Schulden oder Verpflichtungen im Hinblick auf ein Darlehen, das nach dem *Canada Student Loans Act* (Kanadischen Gesetz über Studentendarlehen), dem *Canada Student Financial Assistance Act* (Kanadischen Gesetz über die finanzielle Unterstützung von Studenten) oder einem von einer Provinz erlassenen Gesetz gewährt wurde, das Darlehen oder Darlehensgarantien für Studenten vorsieht, sofern der Konkurs des Insolvenzschuldners:
   (a) zu einem Zeitpunkt eintrat, als der Insolvenzschuldner nach dem geltenden Gesetz Voll- oder Teilzeitstudent war, oder
   (b) innerhalb von sieben Jahren nach dem Zeitpunkt, an dem der Insolvenzschuldner aufhörte, Voll- oder Teilzeitstudent zu sein; oder
9. Schulden aufgrund von Zinsen, die im Hinblick auf eines der vorgenannten Darlehen geschuldet werden.

D. Restrukturierungsverfahren *(restructuring proceedings)*

44 Die beiden wichtigsten Gesetze, die Verfahren für die Reorganisation eines insolventen gewerblichen Unternehmens enthalten, sind das BIA und das CCAA. Das WURA kann ebenfalls in bestimmten Situationen angewandt werden. Schuldner können sich auch für eine außergerichtliche Restrukturierung entscheiden. Die Restrukturierungsverfahren erlauben es dem Schuldner, im

---

[50] BIA, s. 168.1(b); vgl. auch *Ramdhanie (Re)*, 2013 ABQB 719 (CanLII).
[51] BIA, s. 172 und 173.
[52] BIA, s. 178.
[53] BIA, s. 178; vgl. auch *Water Matrix Inc. v. Carnevale*, 2018 ONSC 6436 (CanLII).

Besitz seiner Vermögenswerte zu bleiben und die Kontrolle über sein Unternehmen zu behalten. Sie gewähren dem Schuldner zudem den Vorteil einer gerichtlich angeordneten Verfahrensaussetzung, die einzelne Gläubiger daran hindert, ohne Genehmigung des Gerichts Maßnahmen gegen den Schuldner außerhalb der gerichtlich überwachten Restrukturierung zu ergreifen.

Diese Restrukturierungsbestimmungen haben das Ziel, eine Reorganisation anstelle einer **45** Liquidation zu ermöglichen. Jedoch kann, selbst wenn ein formales Restrukturierungsverfahren eingeleitet wird, ein Verkauf des gesamten oder im Wesentlichen gesamten Unternehmens eines Schuldners innerhalb dieses Verfahrens erfolgen, wenn sich das Gericht davon überzeugt hat, dass ein solcher Verkauf im besten Interesse der Anspruchsberechtigten liegt.

Ein *plan of arrangement or compromise* im Rahmen des CCAA und ein *BIA proposal* stellen **46** Vereinbarungen zwischen einem Schuldner und den betroffenen Gläubigern dar, die Vergleiche über Verpflichtungen des Schuldners gegenüber den Gläubigern, die von dem Plan oder Vorschlag betroffen sind, schaffen. Im Falle der Annahme eines Plans oder eines Vorschlags durch die betroffenen Gläubiger und der Billigung des Plans bzw. eines der Genehmigung des Vorschlags durch das Gericht werden die bestehenden Verpflichtungen des Schuldners (mit schuldbefreiender Wirkung) durch diejenigen neuen Verpflichtungen ersetzt, die im Rahmen des Plans oder Vorschlags übernommen wurden.

Die kanadischen Restrukturierungsgesetze sehen die Möglichkeit einer Verfahrensaussetzung **47** vor, um ein Unternehmen zu erhalten, Klagen durch die gesetzlich vorgeschriebene Mehrheit der betroffenen Gläubiger zu verhindern und eine Entlastung von diesen Gläubigern zu schaffen.

1. CCAA-Verfahren

1.1 Einleitung

Jede beteiligte Person kann einen Erstantrag auf einen CCAA-Aussetzungsbeschluss *(stay order)* **48** im Rahmen des CCAA stellen, wenngleich solche Verfahren fast immer vom Schuldnerunternehmen eingeleitet werden.[54]

Der verfahrenseinleitende Antrag nach dem CCAA verlangt üblicherweise (i) eine Erklärung, **49** wonach das CCAA für die Schuldnergesellschaft gilt, (ii) eine Verfügung, die die Einreichung eines *plan of arrangement or compromise* gestattet, und (iii) eine Verfahrensaussetzung bis zu einem bestimmten Zeitpunkt. Das CCAA ermächtigt das Gericht, eine Verfahrensaussetzung zu gewähren, wobei die Aussetzung nach dem CCAA, anders als im Fall der automatischen gesetzlichen Aussetzung nach dem BIA im gerichtlichen Ermessen liegt.[55] Nach dem CCAA muss zum Zeitpunkt des verfahrenseinleitenden Antrags außerdem ein *monitor* (Überwacher) ernannt werden, um die geschäftlichen und finanziellen Angelegenheiten des Schuldnerunternehmens zu überwachen, dem Gericht während des CCAA-Verfahrens über das Unternehmen des Schuldners und die laufenden Ereignisse Bericht zu erstatten und die Gläubiger und Anspruchsberechtigten über den Fortschritt der Restrukturierung zu informieren.[56]

In den meisten Fällen wird ein Gericht einen verfahrenseröffnenden Beschluss ohne weiteres **50** auf Antrag eines Schuldners erlassen. Wenn jedoch ein oder mehrere Gläubiger mit einem Vetorecht in Bezug auf einen Plan das Gericht davon überzeugen können, dass es keine vernünftigen Aussichten dafür gibt, dass ein *plan of arrangement* Erfolg haben wird, kann das Gericht den Antrag auf Einleitung des CCAA-Verfahrens abweisen (oder dieses CCAA-Verfahren aus diesen Gründen auf einen späteren Antrag eines oder mehrerer solcher Gläubiger hin beenden).

Anders als im Falle von Restrukturierungsverfahren im Rahmen des BIA, treten Konkurs oder **51** Liquidation nicht automatisch ein, wenn eine CCAA – Restrukturierung erfolglos ist und die gerichtlich verhängte Verfahrensaussetzung beendet wird. In diesem Fall werden Gläubiger üblicherweise einen ihrer Rechtsbehelfe ausüben, wozu üblicherweise die Ernennung eines gerichtlich bestellten *receivers* (Zwangsverwalters) auf Antrag eines gesicherten Gläubigers gehört.

Das CCAA enthält nur wenige verfahrens- oder materiellrechtliche Regeln, was einen großen **52** Spielraum für die Ausübung richterlichen Ermessens gewährt.

1.2 *Plan of Arrangement or Compromise*

Ein *plan of arrangement or compromise* stellt eine Vereinbarung zwischen dem Schuldnerunterneh- **53** men und den betroffenen Gläubigern zum Abschluss eines Vergleichs über ihre Ansprüche gegen

---

[54] CCAA, s. 11.
[55] CCAA, s. 11.02; vgl. auch *North American Tungsten Corporation Ltd. (Re)*, 2015 BCSC 1382 (CanLII) Rn. 28, die Berufung wurde verweigert 2015 BCCA 390.
[56] CCAA, s. 11.7.

das Unternehmen dar. Bei der Anhörung zum verfahrenseinleitenden Antrag muss der Schuldner gegenüber dem Gericht darlegen, dass er beabsichtigt, einen *plan of arrangement or compromise* zu entwickeln und eine Vorstellung davon hat, wie dieser strukturiert werden wird. Der Schuldner kann im Laufe des Verfahrens das breite Spektrum an Rechtsbehelfen nutzen, die nach dem CCAA zur Verfügung stehen, um den Plan zu restrukturieren und zu entwickeln.

54 Abgesehen von verschiedenen gesetzlichen Anforderungen[57] diktiert das CCAA die Struktur eines Plans nicht. Diese bleibt stattdessen vollständig dem Schuldnerunternehmen in Verhandlungen mit seinen wichtigsten Gläubigern und Anspruchsberechtigten überlassen. Ein *plan of arrangement or compromise* stellt im Wesentlichen einen Vertrag zwischen dem Schuldner und seinen Gläubigern dar und kann, unter Berücksichtigung der Einschränkungen des CCAA, jede Bestimmung enthalten, die ein Vertrag rechtmäßig enthalten könnte. Wichtig ist jedoch, dass alle Gläubiger, also auch diejenigen, die nicht zugunsten des Plans gestimmt haben, an seine Bestimmungen gebunden sind, wenn der Plan von der erforderlichen Mehrheit der betroffenen Gläubiger und dem Gericht bestätigt wird.

55 *Plans of arrangement* haben üblicherweise eine der drei folgenden Formen:
1. ein *„Basket"* Plan, der einen bestimmten Betrag anbietet, der zwischen den Klassen der betroffenen Gläubiger anteilig auf Grundlage ihrer nachgewiesenen Ansprüche aufgeteilt werden kann;
2. eine anteilige Rückzahlung, sodass der Betrag der Leistung, die von dem Schuldnerunternehmen erbracht werden muss, von dem Wert der in jeder Klasse nachgewiesenen Ansprüche abhängt; und
3. ein *„Liquidation"* Plan, wonach die Vermögenswerte des Schuldners verkauft werden und der Plan die Verteilung des Verkaufserlöses regelt.

1.3 Verfügbare Erleichterungen nach dem CCAA

(i) Verfahrensaussetzung

56 Nach dem CCAA kann das Gericht, wenn es im Rahmen seines Ermessens einem Schuldnerunternehmen Zeit für den Versuch einer Restrukturierung der Angelegenheiten des Unternehmens gewährt, nach seinem Ermessen durch vorherige Mitteilung oder ohne dieselbe eine Verfügung mit folgendem Inhalt erlassen, die anfangs für einen Zeitraum von nicht mehr als 30 Tagen in Kraft bleibt:[58]
(i) Aussetzung aller Verfahren, die im Rahmen des BIA oder im Rahmen des WURA durchgeführt wurden oder durchgeführt werden könnten;
(ii) Einschränkung weiterer Verfahren in etwaigen Klagen, Rechtsstreitigkeiten oder Prozessen; und
(iii) Erklärung, dass keine Klage, Rechtsstreitigkeit oder Prozess gegen das Schuldnerunternehmen geführt oder eingeleitet werden sollen.

57 Anders als das gesetzliche Ruhen des Verfahrens bei Vorschlägen im Rahmen des BIA, ist der Umfang des Ruhens beim CCAA in dem ersten gerichtlichen Beschluss vorgeschrieben und in Anbetracht der Umstände des jeweiligen Schuldnerunternehmens oft weit genug, um den Status Quo beizubehalten. Die Aussetzung wird üblicherweise Gläubiger daran hindern, Rechtsbehelfe gegen die Vermögenswerte des Schuldners durchzusetzen oder einen unfairen Vorteil über die anderen Gläubiger zu erlangen, während das Schuldnerunternehmen seine Angelegenheiten reorganisiert. Wie im Fall der automatischen Verfahrensaussetzung im Rahmen von BIA-Vorschlägen, kann ein CCAA-Aussetzungsbeschluss nicht die Ausübung von Rechten von Parteien qualifizierter Finanzverträge *(eligible financial contracts)* (wie etwa Währungs- oder Zinsswapverträge) oder Rechten gegen einen Garantiegeber oder den Hauptverpflichteten im Rahmen von Akkreditiven zum Ruhen bringen, oder die weitere Lieferung von Waren und Dienstleistungen gegen Kredit im Rahmen von Verträgen erzwingen, die vor der CCAA-Erstverfügung abgeschlossen wurden (es sei denn, der Lieferant wird vom Gericht als kritischer Lieferant *(critical supplier)* angesehen und zu seinen Gunsten wird eine Sicherheit bestellt).[59]

58 Die Verfahrensaussetzung im ersten CCAA-Beschluss kann 30 Tage nicht übersteigen, aber ein Schuldnerunternehmen kann eine Verlängerung der Aussetzung beantragen, und das CCAA beschränkt weder den Zeitraum noch die Anzahl der Verlängerungen, die einem Schuldnerunternehmen gewährt werden können.[60] Eine Verlängerung der Aussetzung wird gewährt, wenn Umstände vorliegen, die den Beschluss angemessen erscheinen lassen (wie etwa eine realistische Chance eines

---

[57] CCAA, s. 6.
[58] BIA, s. 11.02.
[59] CCAA, ss. 11.04, 11.01, und 11.4.
[60] CCAA, ss. 11.02(1) – 11.02(2); vgl. auch *Re Canada North Group Inc*, 2017 ABQB 508 (CanLII).

erfolgreichen *plan of arrangement or compromise*) und wenn das Schuldnerunternehmen nach Treu und Glauben und mit der gebotenen Sorgfalt gehandelt hat und dies auch weiterhin tut.[61]

Eine Partei, die aufgrund einer Verfahrensaussetzung daran gehindert ist, gegen ein Schuldnerunternehmen vorzugehen, kann einen Antrag auf Aufhebung der Aussetzung entweder in Bezug auf sich selbst oder in Bezug auf alle betroffenen Personen stellen. Das CCAA enthält kein gesetzlich vorgeschriebenes Prüfverfahren für die Aufhebung eines Aussetzungsbeschlusses. Die Gerichte berücksichtigen die Interessen aller betroffenen Parteien, einschließlich der Interessen anderer Gläubiger und Anspruchsberechtigter (einschließlich der Arbeitnehmer des Schuldners) und des Schuldnerunternehmens selbst. Ein Gericht wird dabei die Wirkung einer Aufhebung der Verfahrensaussetzung auf den Restrukturierungsprozess insgesamt betrachten. Das Gericht ist oft gezwungen, mögliche Schäden für eine erfolgreiche Restrukturierung und Schäden des einzelnen betroffenen Gläubigers gegeneinander abzuwägen.

(ii) Beschränkung von Rechten

Vertragspartner eines in Reorganisation befindlichen Schuldners sind im Hinblick auf die Kündigung, Änderung, Fälligstellung einer Zahlung oder Verwirkung aufgrund eines Vertrages (einschließlich einer Sicherungsabrede) auf Grundlage der CCAA-Anmeldung oder, im Fall von Miet- oder Versorgungsverträgen, unter Hinweis auf zum Zeitpunkt der Einleitung des CCAA-Verfahrens geschuldete Beträge eingeschränkt.[62] Das Gericht kann jedoch anordnen, dass diese Vorschriften dann nicht gelten, wenn die fehlende Möglichkeit zur Kündigung wahrscheinlich zu erheblichen finanziellen Härten *(significant hardship)* führen würde.[63]

(iii) Nichtanerkennung von Verträgen

Schuldner sind ausdrücklich ermächtigt, nach Beginn des CCAA-Verfahrens Verträge zu kündigen, mit Ausnahme von (a) „qualifizierten" Finanzverträgen (eligible financial contracts); (b) Tarifverträgen (für gewerkschaftszugehörige Arbeitnehmer); (c) Finanzierungsverträgen, bei denen der Schuldner Darlehensnehmer ist; und (d) Immobilienmietverträgen, bei denen der Schuldner Vermieter ist.[64]

Eine Vertragspartei, die eine Mitteilung über die Kündigung eines Vertrages erhält, kann einen Antrag an das Gericht auf eine Verfügung stellen, wonach der Vertrag nicht gekündigt werden kann. Das Gericht kann es einem Schuldner verbieten, einen Vertrag zu kündigen, wenn sich das Gericht versichert hat, dass eine Kündigung des Vertrages nicht notwendig ist, um dem Schuldner die Reorganisation zu ermöglichen, und die Kündigung für die Vertragspartei erhebliche finanzielle Härten *(significant financial hardship)* bedeuten würde.[65]

Wenn der Schuldner einen Vertrag kündigt, wonach er der anderen Vertragspartei die Nutzung gewerblicher Schutzrechte gestattet, ist es der Vertragspartei erlaubt, die gewerblichen Schutzrechte weiter zu nutzen, wenn sie ihre Verpflichtungen im Hinblick auf die Nutzung der gewerblichen Schutzrechte weiter erfüllt.[66]

Wenn eine Vereinbarung gekündigt wird, hat der Vertragspartner, der hierdurch einen Verlust erleidet, einen im Insolvenzverfahren anmeldbaren Anspruch im Hinblick auf diesen Verlust.[67]

(iv) Tarifverträge

Tarifverhandlungen sind ein gesetzliches Recht nach dem auf Bundes- und Provinzebene geltendem Arbeitsrecht, das die Anerkennung von Gewerkschaften zur Verhandlung der Beschäftigungsbedingungen ihrer Mitglieder mit Arbeitgebern auf einer gemeinschaftlichen Grundlage erlaubt.

Das CCAA erlaubt es einem in Reorganisation befindlichen Schuldner nicht, einen Tarifvertrag einseitig zu kündigen oder zu ändern; wenn jedoch für einen in Reorganisation befindlichen Schuldner die Änderung seines Tarifvertrages notwendig ist, er aber keine Einigung mit einem *union bargaining agent* (Verhandlungsvertreter einer Gewerkschaft) erzielen kann, ist ein Gericht berechtigt, eine Verfügung zu erlassen, die einen in Reorganisation befindlichen Schuldner ermächtigt, eine *notice to bargain*, also einer Aufforderung zu Vertragsverhandlungen der Tarifvertragsparteien, zuzustel-

---

61 CCAA, s. 11.02(3).
62 CCAA, s. 34; vgl. *Bluberi Gaming Technologies Inc. (Arrangement relatif à)*, 2016 QCCA 1306 (CanLII) Rn. 19.
63 CCAA, s. 34(6).
64 CCAA, s. 32.
65 CCAA, s. 32(2) und 32(4).
66 CCAA, s. 32(6).
67 CCAA, s. 32(7); vgl. auch *Aveos Fleet Performance Inc./Aveos Fleet performance aéronautique inc. (Arrangement relatif à)*, 2012 QCCS 6796 (CanLII) Rn. 65.

len, (a) sofern sich das Gericht vergewissert hat, dass eine praktikable Reorganisation in Anbetracht der Bedingungen des Tarifvertrages nicht durchgeführt werden kann, (b) der in Reorganisation befindliche Schuldner sich nach Treu und Glauben bemüht hat, die Bestimmungen des Tarifvertrages neu zu verhandeln, und (c) der Nichterlass der Verfügung dem in Reorganisation befindlichen Schuldner wahrscheinlich irreparablen Schaden zufügt.[68] Die Aufforderung zu Vertragsverhandlungen der Tarifvertragsparteien verlangt jedoch lediglich von den Parteien, miteinander zu verhandeln. Außerdem ist das Schuldnerunternehmen, wenn eine *notice to bargain* zugestellt wurde, dem *bargaining agent* gegenüber zu einer erweiterten finanziellen Offenlegung verpflichtet.[69]

67 Wenn der Tarifvertrag durch eine Vereinbarung neu gefasst wird, hat der *bargaining agent* einen Anspruch auf den Wert der Zugeständnisse als ungesicherter Gläubiger.[70]

(v) Vertragsübernahme

68 Das Gericht kann auch auf Antrag eines in einer Reorganisation befindlichen Schuldners eine Übernahme von Verträgen verfügen, sofern es sich dabei nicht um (a) „qualifizierte" Finanzverträge *(eligible financial contracts);* (b) Tarifverträge; (c) Verträge, die ihrer Natur nach nicht übertragbar sind; und (d) Verträge, die nach Beginn des CCAA-Verfahrens abgeschlossen wurden, handelt.[71]

69 Bei der Entscheidung darüber, ob eine solche Übernahme angemessen ist, wird das Gericht zu berücksichtigen haben, ob: (a) der gerichtlich bestellte Aufseher der beabsichtigten Übernahme zugestimmt hat; (b) der vorgesehene Vertragsübernehmer in der Lage sein wird, die Verpflichtungen des Schuldners zu erfüllen; und (c) ob es angemessen ist, den Vertrag an den Vertragsübernehmer zu übertragen.[72] Ein Gericht darf eine Übernahme eines Vertrages nicht beschließen, sofern es sich nicht versichert hat, dass *financial defaults* (finanzielle Leistungsstörungen) im Rahmen des zu übernehmenden Vertrages geheilt sind.[73]

(vi) Zwischenfinanzierung

70 Auf Antrag eines Schuldnerunternehmens und durch Mitteilung an die gesicherten Gläubiger, die von einer Sicherung oder Belastung betroffen sind, kann das CCAA-Gericht Verfügungen erlassen, die es einem in Reorganisation befindlichen Schuldner erlauben, Sicherheiten an seinen Vermögenswerten zur Sicherung einer Zwischenfinanzierung einzuräumen (oft als *debtor-in-possession financing* bezeichnet).[74] Das Gericht ist ausdrücklich rechtlich zuständig, um den aufzunehmenden Betrag und den Umfang der Sicherheit festzulegen, und kann verfügen, dass die gewährte Sicherheit den bestehenden Sicherheiten im Rang vorgeht.[75] Die Sicherheit darf keine Verpflichtung besichern, die existierte, bevor die Verfügung ergangen ist.[76]

71 Bei seiner Entscheidung muss das Gericht eine Reihe von Faktoren berücksichtigen, einschließlich: (a) des Zeitraums, während dem die Gesellschaft erwartungsgemäß Gegenstand des Verfahrens nach dem CCAA ist; (b) wie das Geschäft der Gesellschaft und ihre finanziellen Angelegenheiten während des Verfahrens verwaltet werden sollen; (c) ob die Geschäftsführung der Gesellschaft das Vertrauen ihrer wichtigsten Gläubiger genießt; (d) ob die Finanzierung die Aussichten des in Reorganisation befindlichen Schuldners als fortgeführtes Unternehmen *(going concern)* verbessern wird; (e) Art und Wert der Vermögenswerte des in Reorganisation befindlichen Schuldners; (f) ob ein Gläubiger infolge der Sicherheit oder Belastung wesentlich benachteiligt wird; und (g) des Berichts des *monitors* in der Angelegenheit.[77]

(vii) Kritische Lieferanten

72 Grundsätzlich sind Lieferanten, obwohl die Möglichkeit einer Kündigung von Verträgen mit dem Schuldner für sie ausgesetzt ist, nicht verpflichtet, auf Kredit zu liefern. Selbst wenn ihre Verträge mit dem Schuldner Zahlungsfristen vorsehen, die dem Schuldner einen gewissen Zeitraum zur Begleichung einer Rechnung einräumen, können Lieferanten Lieferung gegen Barzahlung verlangen, sobald ein Schuldner Schutz nach dem CCAA beantragt. Auf Antrag des Schuldners ist das

---

[68] CCAA, s. 33.
[69] CCAA, s. 33(6).
[70] CCAA, s. 33(5).
[71] CCAA, s. 11.3.
[72] CCAA, s. 11.3(3); vgl. auch *Veris Gold Corp. (Re)*, 2015 BCSC 1204 (CanLII) Rn. 48, [„*Veris*"].
[73] CCAA, s. 11.3(4); vgl. auch *Veris*.
[74] CCAA, s. 11.2.
[75] CCAA, s. 11.2(1), (2) und (3).
[76] CCAA, s. 11.2(1).
[77] CCAA, s. 11.2(4).

Gericht in einem CCAA-Verfahren jedoch berechtigt, einen Lieferanten für „kritisch" zu erklären und zu verfügen, dass der Lieferant Waren und Dienstleistungen zu den Bedingungen liefert, die denen der Lieferverträge entsprechen, die bestanden, bevor das CCAA-Verfahren eröffnet wurde, oder wie das Gericht dies für angemessen hält.[78] Wenn eine solche Belieferung verfügt wird, ist das Gericht verpflichtet, dem Lieferanten ein Pfandrecht an den Vermögenswerten des Schuldners einzuräumen, das ausreicht, um die Bezahlung der zu liefernden Waren oder Dienstleistungen zu sichern.[79]

(viii) Verkauf von Vermögenswerten

Das CCAA verbietet es einem Schuldnerunternehmen, Vermögenswerte außerhalb des normalen Geschäftsbetriebs ohne die vorherige Zustimmung des Gerichts zu verkaufen.[80] Das CCAA verleiht dann dem Gericht die Befugnis, den Verkauf der Vermögenswerte eines in Reorganisation befindlichen Schuldners frei von Sicherungsrechten, Belastungen oder sonstigen Einschränkungen (sofern die Erlöse diesen Rechten unterliegen) zu erlauben.[81]

Bei der Entscheidung über einen Antrag auf Zustimmung zum Verkauf der Vermögenswerte eines Schuldnerunternehmens in einem CCAA-Verfahren berücksichtigen die Gerichte eine Reihe von Faktoren, unter anderem: (a) ob der Verkaufsprozess unter den Umständen angemessen ist; (b) ob der *monitor* dem Verkaufsprozess zugestimmt hat; (c) ob der *monitor* der Ansicht ist, dass der Verkauf für die Gläubiger vorteilhafter ist als ein Verkauf im Konkurs; (d) inwieweit die Gläubiger befragt wurden; (e) die Auswirkung des Verkaufs auf die Gläubiger und die anderen betroffenen Parteien; und (f) ob die Gegenleistung fair und angemessen ist unter Berücksichtigung des Marktwertes der verkauften Vermögenswerte.[82] Es gibt weitere Einschränkungen und Gesichtspunkte, die von dem Gericht zu überprüfen sind, zB in Hinblick auf den Verkauf von Vermögenswerten an nahestehende Personen und im Hinblick auf die Frage, ob der Schuldner unbezahlte Löhne und Pensionsplanbeiträge (dazu nachfolgend mehr) bezahlen wird, die hätten gezahlt werden müssen, wenn der Schuldner einen Plan vorgelegt hätte.[83]

1.4 Einschränkungen des CCAA-Plans

(i) Pensionen

Im Zusammenhang mit Konkurs- und Zwangsverwaltungsverfahren wird eine *„pension contribution charge"*, ein Pfandrecht zur Sicherung der Pensionsbeiträge, an allen Vermögenswerten des Schuldners für nicht abgeführte Arbeitnehmer-Pensionsbeiträge, nicht bezahlte regelmäßige Kosten und nicht abgeführte Arbeitgeberbeiträge zu Vorsorgeplänen gewährt.[84]

Das CCAA schreibt vor, dass ein *plan of compromise or arrangement* die vollständige Bezahlung von Beträgen, die der *pension contribution charge* unterliegen, vorsieht, es sei denn, es existiert eine Vereinbarung über die Zahlung dieser Beträge, der der zuständige *pension regulator* zugestimmt hat.[85]

(ii) Arbeitnehmervergütung

Im Zusammenhang mit Konkurs- und Zwangsverwaltungsverfahren wird am gesamten Betriebsvermögen des Schuldners, das sich in Besitz oder unter Kontrolle des Insolvenzverwalters oder Treuhänders befindet, eine *employee remuneration charge* (ein Pfandrecht zur Sicherung der Arbeitnehmervergütung) eingeräumt. Dieses kommt Arbeitnehmern für unbezahlte Löhne bis zu einem Maximalbetrag von 2.000 CAD und Handelsvertretern für unbezahlte Auszahlungen bis zu einem Maximalbetrag von 1.000 CAD, jeweils im Hinblick auf den Sechsmonatszeitraum vor dem Konkurs oder der Zwangsverwaltung des Arbeitgebers, zugute.[86] Leitende Angestellte oder Geschäftsführer der Kapitalgesellschaft sind nicht berechtigt, aufgrund der *employee remuneration charge* Ansprüche geltend zu machen.[87] Gleichermaßen können Parteien, die zu nicht-marktüblichen Konditionen mit der Kapitalgesellschaft Geschäfte machen, das Pfandrecht nur eingeschränkt nutzen.[88]

---

[78] CCAA, s. 11.4; vgl. auch *Brainhunter Inc. (Re)*, 2009 CanLII 67659 (ON SC) Rn. 19 *[„Brainhunter Inc."]*.
[79] CCAA, s. 11.4(3).
[80] CCAA, s. 36(1); vgl. auch *Brainhunter Inc.*
[81] CCAA, s. 36(6).
[82] CCAA, s. 36(3); vgl. auch *Sanjel Corporation (Re)*, 2016 ABQB 257 (CanLII) Rn. 54.
[83] CCAA, s. 36(4) und (7).
[84] BIA, s. 81.5 und 81.6.
[85] CCAA, s. 6(6) und (7).
[86] BIA, s. 81.3 und 81.4.
[87] BIA, s. 81.3(6) und s. 81.4(6).
[88] BIA, s. 81.3(7) und s. 81.4(7).

78 Das CCAA verlangt, dass ein CCAA-Plan die vollständige Bezahlung von Beträgen vorsieht, die der *employee remuneration charge* unterliegen, und schreibt vor, dass ein Verkauf von Vermögenswerten nicht erlaubt wird, sofern nicht diese den Arbeitnehmern gegenüber geschuldeten Beträge gezahlt werden.[89]

1.5 Anspruchsverfahren *(Claims Process)*

79 Das CCAA sieht bestimmte Regeln im Zusammenhang mit Anspruchsverfahren *(claims processes)* vor,[90] wobei jedoch die gesetzlichen Bestimmungen im Allgemeinen durch einen Gerichtsbeschluss ergänzt werden, der die Ernennung eines *claims officer* mit der Befugnis, über strittige Ansprüche zu entscheiden, vorsehen kann.

80 Die Einteilung der Gläubiger ist von entscheidender strategischer Bedeutung im Rahmen des CCAA. Das CCAA erlaubt es dem Schuldnerunternehmen, zum Zwecke der Abstimmung bei Gläubigerversammlungen seine Gläubiger in Gruppen entsprechend der Ähnlichkeit ihrer Ansprüche und Rechte (dh die Art der Schuld, Sicherheit und Rechtsbehelfe) einzuordnen.[91] Das Schuldnerunternehmen muss vor der Gläubigerversammlung einen Antrag auf Zustimmung zu dieser Einteilung bei Gericht stellen.[92] Die Gerichte lassen die Schaffung zu vieler Gläubigergruppen nur widerwillig zu, da eine Fragmentierung die Handhabung des Restrukturierungsprozesses erschwert.

81 Das CCAA schreibt auch die Arten von Ansprüchen vor, über die ein außergerichtlicher Vergleich im Rahmen eines Plans geschlossen werden kann, und schließt insbesondere Bußgelder, Strafen, Entschädigungsansprüche von Opfern von Straftaten, Schadensersatzansprüche aufgrund von Körperverletzung und widerrechtlicher Tötung sowie Schulden oder Verbindlichkeiten aufgrund von Betrug oder Vorspiegelung falscher Tatsachen aus, es sei denn, der Plan sieht einen außergerichtlichen Vergleich für diesen Anspruch ausdrücklich vor und der jeweilige Gläubiger hat sich mit einem außergerichtlichen Vergleich im Rahmen des Plans einverstanden erklärt.[93]

1.6 Gläubigerzustimmung zu einem CCAA-Plan

82 Das CCAA schreibt die Zustimmung aller betroffenen Gläubigergruppen zu einem Plan vor, bevor dieser wirksam werden kann.[94] Der Plan kann keiner Gläubigergruppe „aufgezwungen" werden, abweichende Gläubiger innerhalb der Gruppen können aber überstimmt werden. Die Gläubigerzustimmung zu einem Plan bedarf der Zustimmung der Mehrheit nach Köpfen und von mehr als zwei Drittel des Wertes der nachgewiesenen stimmberechtigten Ansprüche in jeder Gläubigergruppe.[95]

83 Das CCAA erlaubt es dem Gericht, Versammlungen ungesicherter Gläubiger, gesicherter Gläubiger und – wenn das Gericht dies so bestimmt – der Gesellschafter des Schuldnerunternehmens anzuordnen. Ein *plan of arrangement or compromise* darf vom Gericht nur genehmigt werden, wenn alle Gläubigergruppen diesem zugestimmt haben.[96]

84 Die Definition eines Anspruchs im Rahmen des CCAA ist weit gefasst und schließt bedingte und noch nicht bezifferte Ansprüche mit ein.[97] Um die Einberufung von Versammlungen zur Abstimmung über einen *plan of arrangement or compromise* zu vereinfachen, gestattet das CCAA es dem Schuldner, einen Anspruch ausschließlich für Abstimmungszwecke zuzulassen und sich das Recht zum Bestreiten dieses Anspruchs für Ausschüttungszwecke zu einem späteren Zeitpunkt vorzubehalten.[98]

1.7 Gerichtliche Billigung eines CCAA-Plans

85 Im Anschluss an die Versammlungen der Gläubigergruppen kann das Schuldnerunternehmen bei Gericht den Erlass eines Beschlusses beantragen, wodurch die Vereinbarung zwischen dem Schuldnerunternehmen und dessen Gläubigern über einen Vergleich über die Ansprüche der Gläubi-

---

[89] CCAA, s. 6(5).
[90] CCAA, ss. 19 – 22.1.
[91] CCAA, s. 22(1) und (2).
[92] CCAA, s. 22(1); vgl. auch *Sino-Forest Corporation (Re)*, 2012 ONSC 4377 (CanLII) Rn. 29, aff'd 2012 ONCA 816.
[93] CCAA, s. 19.
[94] CCAA, s. 6(1); vgl. auch *TLC The Land Conservancy of British Columbia (Re)*, 2015 BCSC 656 (CanLII) [„*TLC*"].
[95] CCAA, s. 6(1); vgl. auch *TLC*.
[96] CCAA, s. 6(1); vgl. auch *TLC*.
[97] CCAA, s. 2(1); vgl. auch *677960 Alberta Ltd. v. Petrokazakhstan Inc.*, 2009 ABQB 50 (CanLII) Rn. 26.
[98] CCAA, s. 20(2).

ger gebilligt wird. Sobald der Plan vom Gericht gebilligt wurde, ist er für das Schuldnerunternehmen und alle betroffenen Gläubiger verbindlich.[99] Bei der Entscheidung, einen Plan zu billigen oder auch nicht, wird das Gericht üblicherweise berücksichtigen (i) ob die im Rahmen des Verfahrens ergangenen Beschlüsse und die gesetzlichen Anforderungen des CCAA, einschließlich derer, wonach der Plan die Bezahlung bestimmter hoheitlicher Ansprüche, Arbeitnehmeransprüche und Pensionsansprüche vorzusehen hat, erfüllt wurden und (ii) ob der Plan „fair" und angemessen ist oder nicht. „Fairness" verlangt keine Gleichbehandlung, aber eine der Billigkeit entsprechende Behandlung in Anbetracht der alternativen Ergebnisse, die ein bestimmter Anspruchsberechtigter erzielen würde, wenn ein Plan nicht genehmigt und umgesetzt würde. Bei der Entscheidung, ob ein Plan „fair" und angemessen ist, waren die zustimmende Entscheidung der Gläubiger und das öffentliche Interesse an einer erfolgreichen Restrukturierung eines Schuldnerunternehmens wichtige Faktoren, die die kanadischen Gerichte in der Vergangenheit berücksichtigt haben.

Wenn die Reorganisation die Kapitalstruktur eines Schuldnerunternehmens beeinflusst, hat das Gericht die Auswirkungen des Plans auf die Gesellschafter des Schuldnerunternehmens zu berücksichtigen. Die kanadischen Gesetze für gewerbliche Kapitalgesellschaften können die Anerkennung und Umsetzung von grundlegenden Änderungen ohne Abstimmung der Gesellschafter vorsehen, wenn eine Kapitalgesellschaft reorganisiert wird, einschließlich einer Reorganisation im Rahmen des CCAA. Ein Schuldner kann die Bestimmungen nach Bundes- oder Provinzrecht, die Gesellschaftsorganisationen und -führung regeln, nutzen, um die notwendigen gesellschaftsrechtlichen Änderungen zur Umsetzung eines solchen CCAA-Plans durch die Ausgabe von Anteilen oder anderen Wertpapieren vorzunehmen. Unter bestimmten Umständen kann ein Gericht beschließen, dass eine Abstimmung der Gesellschafter entbehrlich ist. 86

2. BIA-Proposal

2.1 Einführung

Das BIA sieht vor, dass ein Insolvenzschuldner seinen Gläubigern einen Vorschlag unterbreiten kann, ein *BIA proposal*.[100] Anders als im Fall eines CCAA-Verfahrens benötigt ein Insolvenzschuldner keine gerichtliche Verfügung, um das Restrukturierungsverfahren einzuleiten. Einem Insolvenzschuldner steht das Recht zu, ein *BIA proposal*-Verfahren einzuleiten, indem er seinen Gläubigern *notice of intention*, eine Absichtserklärung zur Antragstellung, vorlegt oder den eigentlichen Antrag selbst einreicht. 87

Im Rahmen eines *BIA proposals* kontrolliert der Schuldner zwar die Reorganisation, allerdings wird ein *proposal trustee*, ein Treuhänder, ernannt, der den Schuldner bei der Reorganisation unterstützt und die Gläubiger und das Gericht über die Einhaltung der Bestimmungen des BIA durch den Schuldner informiert. 88

BIA proposals unterliegen im Gegensatz zu einer CCAA-Restrukturierung spezifischeren gesetzlichen Regeln und bieten daher weniger Flexibilität. Aufgrund des gerichtlich vorgegebenen Rahmens ist eine Restrukturierung nach dem CCAA üblicherweise viel teurer als ein *BIA proposal*. 89

2.2 Verfahrensaussetzung

Mit Abgabe einer *notice of intention* oder eines *BIA proposals* erlangt der Insolvenzschuldner eine weitgehende automatische Verfahrensaussetzung, die für alle Gläubiger einschließlich der gesicherten Gläubiger verbindlich ist (es sei denn, ein gesicherter Gläubiger hat bereits mehr als zehn Tage vor Abgabe der *notice of intention* oder des *BIA proposals* seine Absicht zur Vollstreckung seiner Sicherheit mitgeteilt). Die Aussetzung dauert an, bis sie nach den Bestimmungen des BIA abläuft oder vom Gericht beendet wird.[101] 90

Solange das Verfahren ausgesetzt ist, steht keinem Gläubiger, einschließlich der gesicherten Gläubiger oder hoheitlichen Körperschaften, ein Rechtsbehelf gegen den Insolvenzschuldner zu, und die Einleitung oder Fortführung einer Klage, Vollstreckung oder eines sonstigen Verfahrens wegen eines im Konkurs nachweisbaren Anspruchs ist eingeschränkt, sofern nicht eine gerichtliche Erlaubnis dazu eingeholt wird.[102] 91

Das BIA schränkt auch die Ausübung bestimmter sonstiger Rechte ein, sobald die *notice of intention* oder das *BIA proposal* eingereicht worden sind. Vertragspartnern ist es verboten, eine Vereinbarung mit dem Schuldner zu kündigen oder zu ändern oder eine vorzeitige Fälligkeit einer Zahlung 92

---

[99] CCAA, s. 6(1).
[100] BIA, s. 50(1); vgl. auch *Pocklington (Re)*, 2017 ABQB 621 (CanLII).
[101] BIA, s. 69, 69.1 und 69.2; vgl. *1787930 Ontario Inc. v. Transit Petroleum*, 2019 ONSC 716 (CanLII) Rn. 35.
[102] BIA, s. 69.4.

im Rahmen einer Vereinbarung ausschließlich aufgrund des Umstands zu verlangen, dass der Schuldner insolvent ist oder dass eine *notice of intention* oder ein *BIA proposal* eingereicht wurde.[103] Darüber hinaus dürfen die Vertragspartner von Miet- oder Lizenzverträgen ihre Vereinbarungen nicht wegen der Nichtzahlung von Mieten, Lizenzgebühren oder sonstigen Zahlungen ähnlicher Art für Zeiträume vor der Antragstellung kündigen.[104] Die Einschränkung hinsichtlich der Kündigung von Verträgen gilt nicht für „qualifizierte Finanzverträge".[105]

93 Unbeschadet der Verfahrensaussetzung und des Verbots der Kündigung von Verträgen hindert das *Proposal*-Verfahren, wie im Rahmen von CCAA-Verfahren, Lieferanten nicht daran, Barzahlung für Waren, Dienstleistungen, die Nutzung von vermietetem oder lizenziertem Eigentum oder sonstige werthaltige Gegenleistungen zu verlangen, die nach dem Beginn des *Proposal*-Verfahrens geliefert oder erbracht werden; die Aussetzung kann auch nicht dazu dienen, weitere Vorauszahlungen von Geld oder Kredit zu verlangen.[106]

94 Die erste Aussetzung ist auf 30 Tage beschränkt, kann aber durch gerichtlichen Beschluss um jeweils bis zu 45 Tagen verlängert werden, vorausgesetzt, dass alle Verlängerungen insgesamt fünf Monate nicht überschreiten; dadurch werden dem Schuldner insgesamt sechs Monate gewährt, um einen Vorschlag zu machen.[107] Das Gericht muss sich bei jedem Antrag auf Verlängerung der Verfahrensaussetzung versichern, dass der Schuldner nach Treu und Glauben und mit der gebotenen Sorgfalt gehandelt hat, dass er wahrscheinlich eine praktikable Lösung vorlegen wird, wenn die Verlängerung gewährt wird, und dass kein Gläubiger wesentlich benachteiligt werden würde, wenn die Verlängerung gewährt wird.[108]

95 Gläubiger können bei Gericht eine Beendigung der Aussetzung beantragen, wenn sie nachweisen können, dass diese gesetzlichen Voraussetzungen nicht erfüllt wurden, oder dass die Gläubiger insgesamt durch ein Andauern der Aussetzung wesentlich benachteiligt würden.[109] Die Entscheidung, ob dem Antrag auf Beendigung der Aussetzung stattgegeben wird oder dieser abgewiesen wird, liegt alleine im Ermessen des Gerichts. Das BIA sieht vor, dass die Aussetzung nur aufgehoben werden darf, wenn ein Gläubiger entweder nachweisen kann, dass er wahrscheinlich durch ein Andauern der Aussetzung wesentlich benachteiligt wird, oder dass es aus anderen Gründen der Billigkeit entspricht, die Aussetzung aufzuheben.[110] Bei den meisten *Proposal*-Verfahren wird ein Antrag auf Beendigung oder Aufhebung der Verfahrensaussetzung regelmäßig keinen Erfolg haben, solange der Schuldner unter dem Schutz der Aussetzung weiter seine Verpflichtungen aus der Zeit nach Antragstellung erfüllt.

96 Sobald der Vorschlag eingereicht ist, dauert die Aussetzung bis zu den Gläubigerversammlungen an, die über den Vorschlag abstimmen. Wenn ein Vorschlag an die Gläubiger nicht vor Ablauf der Aussetzung eingereicht wurde, wird fingiert, dass der Schuldner ein *assignment in bankruptcy*, eine Konkursabtretung, mit Wirkung zum Beginn des Vorschlagsverfahrens vorgenommen hat; in diesem Fall wird der im Rahmen des Vorschlagsverfahrens ernannte *proposal trustee* zum *trustee in bankruptcy*, also zum Insolvenzverwalter, bestellt.[111]

2.3 Anspruchsverfahren *(Claims Process)*

97 Das BIA schreibt ein gesetzliches Verfahren vor, durch das die Gläubiger ihre Ansprüche beweisen können, um an einem *BIA-Proposal* teilzunehmen. Im Rahmen dieses Verfahrens füllen alle Gläubiger ein gesetzliches Anspruchsnachweisformular aus. Gläubigern ist es nicht gestattet, bei einer Gläubigerversammlung abzustimmen, bis sie einen Anspruchsnachweis eingereicht haben.[112] Darüber hinaus ist es Gläubigern auch nicht gestattet, an Ausschüttungen im Rahmen eines *BIA proposals* teilzuhaben, bis sie ihre Ansprüche nachgewiesen haben.

2.4 Gläubigergruppen

98 Gläubiger in einem *BIA proposal*-Verfahren sind in Gläubigergruppen unterteilt, die eine „*commonality of interest*", also gemeinsame Interessen, mit anderen Gläubigern in einer Gruppe teilen.

---

[103] BIA, s. 65.1; vgl. *Canadian Petcetera Limited Partnership v. 2876 R Holdings Ltd.*, 2010 BCCA 469 (CanLII).
[104] BIA, s. 65.1(2).
[105] BIA, s. 65.1(7).
[106] BIA, s. 65.1(4).
[107] BIA, s. 50.4(9).
[108] BIA, s. 50.4(11).
[109] BIA, s. 69.4; vgl. auch *Re Bankruptcy of Andris Gravitis*, 2012 ONSC 1079 (CanLII).
[110] BIA, s. 69.4.
[111] BIA, s. 50.4(8).
[112] BIA, s. 53.

Das BIA gestattet eine gewisse Flexibilität bei der Einteilung der Gläubigeransprüche. Ungesicherte Gläubiger befinden sich üblicherweise in einer Gruppe, das BIA ermöglicht es aber auch, *BIA proposals* mehr als einer Gruppe ungesicherter Gläubiger zu unterbreiten.[113]

Ein Schuldner kann sich dazu entscheiden, ein *BIA proposal* nicht allen seiner gesicherten Gläubiger zu machen. Die Ansprüche ausgeschlossener gesicherter Gläubiger werden durch das *BIA proposal* nicht berührt.[114]

2.5 Genehmigung eines *BIA proposals* durch die Gläubiger

Um wirksam zu werden, muss ein *BIA proposal* von den Gläubigern und vom Gericht genehmigt werden. Die Gläubigerzustimmung bedarf der Unterstützung der Mehrheit nach Köpfen und von mehr als zwei Drittel des Wertes jeder Gruppe der ungesicherten Gläubiger, die über das *BIA proposal* abstimmen.[115]

Versammlungen der Gläubiger zur Prüfung des *BIA proposals* sind vom *trustee* innerhalb von 21 Tagen nach Einreichung des Vorschlags mit einer Frist von zehn Tagen für jeden der Gläubiger einzuberufen.[116]

Wenn das *BIA proposal* von den Gläubigern abgelehnt wird, wird unterstellt, dass der Schuldner eine Konkursabtretung entweder zu dem Zeitpunkt, an dem er seine *notice of intention* zur Einreichung eines *BIA proposal* eingereicht hat, dem Zeitpunkt des frühesten ausstehenden Antrags gegen den Schuldner, oder dem Zeitpunkt, an dem er sein *BIA proposal* eingereicht hat, vorgenommen hat, je nachdem, welches der genannten Ereignisse zuerst eingetreten ist.[117] Wenn das einer Gruppe von gesicherten Gläubigern unterbreitete *BIA proposal* von dieser Gruppe abgelehnt wird, werden die Ansprüche dieser gesicherten Gläubiger als nicht betroffen behandelt und die gesicherten Gläubiger dieser Gruppe können ihre Sicherheiten unabhängig davon vollstrecken, ob das *BIA proposal* von den ungesicherten Gläubigern oder von den anderen Gruppen gesicherter Gläubiger angenommen wird.[118]

2.6 Genehmigung eines *BIA proposal* durch das Gericht

Zusätzlich zu der Gläubigerzustimmung muss ein *BIA proposal* vom Gericht genehmigt werden.[119] Innerhalb von fünf Tagen nach Annahme des *BIA proposals* durch die Gläubiger des Schuldners bei einer zu diesem Zweck abgehaltenen Versammlung muss der *trustee* eine Mitteilung über den Antrag auf Annahme des *BIA proposals* mit einer vorherigen Frist von mindestens 15 Tagen einreichen.[120]

Um ein *BIA proposal* zu genehmigen, muss sich das Gericht versichert haben, dass:[121]
1. die Bedingungen des *BIA proposal* angemessen sind und der Allgemeinheit der Gläubiger zugutekommen;
2. das *BIA proposal* eine vollständige Bezahlung aller Beträge innerhalb von sechs Monaten nach gerichtlicher Zustimmung vorsieht, die im Rahmen der Einkommenssteuergesetze verlangt werden können und die zu dem Zeitpunkt geschuldet wurden, als die *notice of intention*, ein *BIA proposal* einzureichen, oder ein *BIA proposal* eingereicht wurde;
3. der Schuldner keine neuen Rückstände bei den Zahlungen an den Staat auf Bundes- oder Provinzebene in Verbindung mit einbehaltener Lohnsteuer hat auflaufen lassen; und
4. das *BIA proposal* die Bezahlung von Arbeitnehmer- und Pensionsansprüchen vorsieht, die einen vorrangigen Status im Rahmen des BIA genießen.

Falls das Gericht den Vorschlag nicht genehmigt, wird unterstellt, dass der Schuldner eine Konkursabtretung vorgenommen hat. Wenn ein *BIA proposal* genehmigt wird, ist er für alle ungesicherten Gläubiger und die gesicherten Gläubiger, die von dem *BIA proposal* umfasst sind und deren Gruppen zugunsten des *BIA proposal* gestimmt haben, bindend.[122]

Wenn ein Schuldner bei der Erfüllung seiner Verpflichtungen im Rahmen eines *BIA proposal*, das von den Gläubigern angenommen und vom Gericht genehmigt wurde, in Verzug gerät, können

---

[113] BIA, s. 54(2)(b).
[114] BIA, s. 62(2).
[115] BIA, s. 54(2)(d).
[116] BIA, s. 51.
[117] BIA, s. 57; vgl. auch *Edell v. Canada Revenue Agency*, 2011 ONSC 1943 (CanLII), aff'd 2012 ONCA 8.
[118] BIA, s. 62(2).
[119] BIA, ss. 58 – 59.
[120] BIA, s. 58.
[121] BIA, s. 59(2) und s. 60.
[122] BIA, s. 62(2).

die Inspektoren oder die Gläubiger im Hinblick auf den Verzug eine Verzichtserklärung abgeben oder kann ein Antrag auf Annullierung des BIA proposal bei Gericht eingereicht werden.[123] Wenn das BIA proposal annulliert wird, geht der Schuldner zu dem Zeitpunkt in ein Insolvenzverfahren, in dem der *trustee* einen Bericht über die Annullierung einreicht.[124]

2.7 Sonstiges

107 Die Bestimmungen des BIA zum *BIA proposal* spiegeln viele Bestimmungen des CCAA wieder und ein Schuldnerunternehmen hat im *BIA proposal*-Verfahren im Wesentlichen dieselben Rechte wie Schuldnerunternehmen im Rahmen des CCAA im Hinblick auf die Kündigung von Verträgen, die Übernahme von Verträgen, Tarifverträge, Zwischenfinanzierungen und den Verkauf von Vermögenswerten.[125]

3. WURA-Verfahren

108 Das WURA wird in erster Linie für die Liquidation von Finanzinstitutionen (Banken, Treuhandgesellschaften und Versicherungsgesellschaften) verwendet, obwohl andere speziell angegebene Handelsgesellschaften auch Gegenstand des WURA sein können. In Anbetracht dessen, dass eine Restrukturierung im Rahmen des WURA nur nach dem Erlass einer *winding-up order* und Ernennung eines *liquidators* durchgeführt werden kann, sind das BIA oder das CCAA für solche Schuldnerunternehmen vorzugswürdig, die unter eines dieser beiden Gesetze fallen.

4. Außergerichtliche Schuldenrestrukturierung *(Informal Debt Restructuring)*

109 Eine Schuldenrestrukturierung kann außergerichtlich durch direkte Vergleiche mit den Gläubigern einer insolventen Gesellschaft erreicht werden. Eine außergerichtliche Schuldenrestrukturierung beinhaltet oft eine Veränderung der Fälligkeiten von Zahlungen, eine Reduzierung dieser Zahlungen oder auch eine Kombination aus beidem. Während eine außergerichtliche Restrukturierung einige Vorteile mit sich bringt (niedrigere Verwaltungskosten, die Möglichkeit, die Restrukturierungsbemühungen ohne unmittelbare rechtliche Konsequenzen einzustellen, und die Kontrolle des Schuldners über den Verhandlungsprozess), hat eine solche Restrukturierung auch Nachteile. Eine außergerichtliche Restrukturierung: (i) bedarf der einstimmigen Unterstützung der betroffenen Gläubiger ohne den Vorteil einer gerichtlich angeordneten oder gesetzlichen Verfahrensaussetzung; (ii) verfügt nicht über einen Mechanismus, um einen außergerichtlichen Vergleich mit nicht zustimmenden Gläubigern oder aufgrund von bedingten oder noch nicht bezifferten Ansprüchen zu erzwingen; und (iii) bietet nur eingeschränkte Sicherheit und Endgültigkeit, da Gläubigern und Schuldnern Regressansprüche vertraglicher Natur bei nicht ordnungsgemäßer Vertragserfüllung zur Verfügung stehen.

E. Receivership proceedings (Zwangsverwaltungsverfahren)

110 In Kanada entspricht es für einen gesicherten Gläubiger der üblichen Praxis, einen *receiver* oder einen *receiver and manager,* also einen Zwangsverwalter, für das Eigentum und die Vermögenswerte eines Schuldnerunternehmens zu bestellen oder dessen Bestellung durch ein Gericht zu beantragen, um das Sicherungsgut des Darlehensgebers zu verwerten.

111 Obwohl privatrechtlich *receiver* gemäß den Sicherungsabreden des Darlehensgebers ernannt werden können, entspricht es der weitaus üblicheren Praxis für den gesicherten Darlehensgeber, einen Antrag an das Gericht zu stellen und einen *receiver* durch gerichtliche Anordnung gemäß den Bestimmungen des BIA und/oder der Provinzgesetze, die die Bestellung eines *receiver* ermöglichen, bestellen zu lassen.[126] Die Hauptunterschiede zwischen einem privat bestellten und einem gerichtlich bestellten *receiver* oder *receiver and manager* sind insbesondere:
1. Ein gerichtlich bestellter *receiver* ist nicht Vertreter eines bestimmten Gläubigers, sondern Amtsperson und „Instrument" des Gerichts.
2. Ein gerichtlich bestellter *receiver* leitet seine Befugnisse von den Bestimmungen des BIA und den Beschlüssen des Gerichts ab. Ein privater *receiver* wird aufgrund der vertraglichen Regelungen, die üblicherweise in Sicherungsvereinbarungen enthalten sind, durch einen *appointment letter,* also ein Bestellungsschreiben, bestellt.

---

[123] BIA, ss. 62.1 – 63.
[124] BIA, s. 63(4); vgl. auch *Egan (Re), 2016 ABQB 709 (CanLII)* Rn. 13.
[125] BIA, ss. 65.11, 84.1, 66(1.1), 65.12, 50.6, und 65.13.
[126] BIA ss. 46, 47, 47.1 und 243.

3. Während ein Gerichtsbeschluss einem *receiver* normalerweise umfassende Befugnisse vergleichbar denen eines privaten *receiver* aufgrund einer Sicherungsabrede verleiht, kann das Gericht die Befugnisse und Rechte eines *receiver* beschränken, wenn dies recht und billig ist.
4. Gerichtsbeschlüsse, durch die *receiver* bestellt werden, sehen oft eine gerichtlich angeordnete Verfahrensaussetzung vor, die Gläubiger und andere Vertragspartner daran hindert, Rechtsbehelfe geltend zu machen, ohne die Genehmigung des Gerichts dazu einzuholen; hierdurch wird ein geordneter Verkauf oder eine sonstige Liquidation des Unternehmens oder der Vermögenswerte des Schuldners ermöglicht.
5. Wenn sich Vermögenswerte außerhalb von Kanada befinden, kann eine gerichtliche Bestellung die Anerkennung der Befugnis des *receiver,* die Kontrolle über diese Vermögenswerte zu erlangen, durch ausländische Gerichte erleichtern. Ein gerichtlich bestellter *receiver* wurde als ein „*foreign representative*", also ein ausländischer Vertreter, und ein gerichtlich angeordnetes *receivership proceeding* als ein „*foreign proceeding*", also ein ausländisches Verfahren in verschiedenen Rechtsordnungen für Zwecke des United Nations Commission on International Trade Law Model Law on Cross-Border Insolvency (UNCITRAL) anerkannt.
6. Da der Status eines gerichtlich bestellten *receiver* der eines Geschäftsherrn und nicht der eines Vertreters ist, kann ein gerichtlich bestellter *receiver* im Vergleich zu einem privaten *receiver,* der als Vertreter eines Schuldners bei der Weiterführung des Geschäfts des Schuldners auftritt, zusätzlichen Haftungsrisiken unterliegen. Das BIA versucht jedoch, dieses Risiko abzumildern, indem es festlegt, dass ein gerichtlich bestellter *receiver,* der das Geschäft eines Schuldners weiterführt oder die Arbeitnehmer eines Schuldners weiter beschäftigt, nicht persönlich für Ansprüche gegen den Schuldner oder in Verbindung mit einer dem Schuldner auferlegten Zahlungsauflage haftet, sofern der Anspruch vor oder bei der Bestellung des *receiver* entstanden ist.[127] Die Bestellungsverfügung sieht üblicherweise auch eine Verfahrensaussetzung gegen *receiver* und eine Haftungsbegrenzung für *receiver* vor.
7. Eine gerichtliche Bestellung bedeutet, dass es eine gerichtliche Aufsicht über den Verwertungsprozess (einschließlich der Beilegung von Streitigkeiten über Vorrechte) gibt, die bei der Vermeidung von Rechtsstreitigkeiten nach Abschluss der Verwertung helfen können.

Ein privat bestellter *receiver* kann dennoch einen Antrag bei Gericht auf Erlass von Weisungen stellen und interessierte Personen können entweder aufgrund des BIA oder aufgrund der Gesetze zu Sicherheiten an Privateigentum jederzeit die Handlungen des *receiver* überprüfen, nachdem der *receiver* die Vermögenswerte des Schuldners in Besitz genommen oder unter seine Kontrolle gebracht hat.

F. Gesicherte Gläubiger

1. Überblick

In einer Insolvenz sind die Verbindlichkeiten eines Schuldners üblicherweise größer als der Wert seiner Vermögenswerte mit der Folge, dass die Rangordnung der Rechte der Gläubiger an den Vermögenswerten des Schuldners für die Gläubiger von größter Wichtigkeit ist. „Bessere" Rechte im Hinblick auf die Vermögenswerte eines Schuldners können aufgrund von Vereinbarungen, die vertragliche oder einvernehmliche Sicherungsrechte und -ansprüche vorsehen, oder aufgrund von Recht oder Gesetz entstehen. An ein und demselben Sicherungsgut kann mehr als ein Gläubiger ein Sicherungsrecht haben, wobei diese Situation zwischen den betreffenden Gläubigern zu Problemen hinsichtlich des Vorrangs ihrer Ansprüche führen kann.

2. Erlangung und Aufrechterhaltung von Sicherheiten

Gesicherte Gläubiger erlangen Vorrang vor ungesicherten Gläubiger (die generell anteilig an der Konkursmasse eines Schuldners teilhaben), indem sie ein Sicherungsrecht erlangen, das ihnen Rechte an bestimmten Vermögenswerten des Schuldners verleiht, die ausgeübt werden können, wenn das Sicherungsrecht vollstreckbar wird. Dieses Sicherungsrecht kann die Form eines umfassenden allgemeinen Sicherungsrechts an allen Vermögenswerten des beweglichen Privateigentums eines Schuldners, einer Hypothek an einem Grundstück oder eines Sicherungsrechts an bestimmten Sicherungsgütern haben. Jeder Gläubiger, der besondere Rechte an Sicherungsgütern eines Schuldners geltend macht, muss sicherstellen, dass das Sicherungsrecht gegenüber anderen Gläubigern und gegenüber einem *trustee in bankruptcy* wirksam ist.

---

[127] BIA, s. 14.06; vgl. auch *GMAC Commercial Credit Corporation – Canada v. T.C.T. Logistics Inc.*, [2006] 2 SCR 123, 2006 SCC 35 (CanLII) Rn. 88.

115 In Kanada gelten in den *Common Law*-Provinzen (alle Provinzen außer der Provinz Quebec)[128] und -Territorien jeweils Gesetze zu beweglichem Privateigentum, welche die Wirksamkeit und Durchsetzung von Sicherungsrechten an Sicherungsgütern regeln. Diese Gesetze zu beweglichem Privateigentum regeln jedoch nicht die Wirksamkeit, Vollstreckbarkeit oder Rangordnung von Sicherungsrechten, die nicht dieser Gesetzgebung unterliegen, sodass es den Gerichten überlassen ist, die Rangfolge konkurrierender Ansprüche auf Sicherungsgüter zu bestimmen, die aufgrund anderer Gesetze oder kraft Gesetzes entstehen.

116 Die Vollstreckung von vertraglich oder einvernehmlich gesicherten Gläubigerrechten wird von Privateigentumsgesetzen und Grundsätzen des *Common Law* geregelt, die:
(a) die Schaffung von Sicherungsrechten regeln (einschließlich der Anforderungen an eine schriftliche Sicherungsabrede und eine Beschreibung des Sicherungsgutes);
(b) die Eintragung und öffentliche Bekanntmachung dieser Sicherungsrechte vorschreiben;
(c) ein Schema für die Rangordnung von Sicherungsrechten vorsehen, die auf den Privateigentumsgesetzen beruhen;
(d) Anzeigeerfordernisse für den Verkauf von Sicherungsgütern vorschreiben (und denjenigen Personen, die ein Interesse an dem Sicherungsgut haben, Ablösungsrechte gewähren); und
(e) Sorgfaltsmaßstäbe für die Ausübung von Sonderrechten an Sicherungsgütern vorschreiben.

117 Die Privateigentumsgesetze der *Common Law*-Provinzen und -Territorien ignorieren das Eigentum an Sicherungsgütern und verlassen sich auf das Konzept eines Sicherungsrechtes oder eines Rechts an Privateigentum, das die Zahlung oder Erfüllung einer Verpflichtung absichert. Kern eines Sicherungsrechtes ist es, einem gesicherten Gläubiger bestimmte Zugriffs- und Verwertungsrechte an Sicherungsgütern und den Erlösen dieser Sicherungsgüter für die Rückzahlung der gesicherten Schuld zu verleihen. Ohne *perfection*, also endgültiges Wirksamwerden, ist ein Sicherungsrecht jedoch gegenüber Gläubigervertretern wie *trustees in bankruptcy* und gegenüber Käufern, die keine Kenntnis von einem nicht vollumfänglich wirksam gewordenen Sicherungsrecht haben, unwirksam. Ein Sicherungsrecht kann seine vollumfängliche Wirksamkeit wieder verlieren, wenn nicht gewisse Schritte (einschließlich einer Verlängerung einer Eintragung, bevor diese abläuft) unter dem anwendbaren Privateigentumsrecht eingehalten wurden.

3. Nicht dem PPSA unterliegende Sicherheiten

118 Außerhalb der Gesetze über Sicherheiten an Privateigentum entstehen Sicherungsrechte durch Gesetz oder kraft Gesetzes. Die Rangordnung dieser Sicherungsrechte ist nicht durch die Gesetze über Sicherheiten an Privateigentum geregelt. Diese Sicherungsvereinbarungen beinhalten folgendes:

3.1 Immobiliarsicherheiten

119 Die kanadischen Privateigentumsgesetze gelten nicht für Hypotheken oder Belastungen von Grundstücken; ausgenommen sind Fälle, in denen bewegliches Privateigentum zu einem festen Bestandteil des Grundstücks wird und die entsprechenden Eintragungen im Hinblick auf das Grundstück vorgenommen wurden. Jede Provinz und jedes Territorium in Kanada verfügt über Gesetze, die die Gültigkeit und Wirksamkeit von Hypotheken an Grundstücken, die notwendigen Schritte, um den Vorrang über andere Rechte an Grundstücken zu erlangen und zu erhalten, und die Art und Weise der Vollstreckung aus Hypotheken regeln. Die grundlegende Regel für die Rangordnung bei eingetragenen Hypotheken auf Grundstücken ist die Reihenfolge der Eintragung (obwohl in vielen kanadischen Rechtsordnungen eine Hypothek oder Belastung auf einem Grundstück gegenüber dem Schuldner und einem *trustee in bankruptcy* wirksam und vollstreckbar sein kann, auch wenn sie nicht eingetragen ist).

120 Darüber hinaus existiert Provinzgesetzgebung in Kanada, die die Interessen derjenigen Lieferanten schützt, die den Wert einer Immobilie erhöht haben. Dieser Schutz wird auf zwei Arten gewährleistet. Einerseits kann ein *construction trust*, also ein Bautreuhandvermögen, geschaffen werden, das zugunsten aller Personen gilt, die Waren und Dienstleistungen geliefert haben (abgesehen von demjenigen, der Mittel erhalten hat). Andererseits kann ein Pfandrecht an dem Recht des Grundstückseigentümers, das durch die Lieferung von Waren und Dienstleistungen verbessert wurde, geschaffen werden. *Trust claims*, Ansprüche des Treuhandvermögens, genießen Vorrang vor den Forderungen eines gesicherten Gläubigers und Pfandrechtsansprüche (die entstehen, wenn die Verbesserungsarbeiten beginnen und die registriert werden müssen und im Hinblick auf die eine Klage eingeleitet werden muss, um das Pfandrecht zu bewahren und im Rang zu sichern) gehen im Rang den

---

[128] In Québec sind Regelungen über Sicherheiten von privatem Eigentum im *Civil Code of Québec* enthalten; ein eigenes Gesetz
speziell für Regelungen über solche Sicherheiten gibt es nicht.

Hypotheken zur Finanzierung der Verbesserung und den Hypotheken, die später eingetragen werden, vor. Hypotheken, die eingetragen werden, bevor das erste Pfandrecht entsteht, gehen Baupfandrechten normalerweise im Umfang des Werts des Grundstücks zu dem Zeitpunkt, als das erste Pfandrecht entstanden ist, im Rang vor.

3.2 Gesetzliche Pfandrechte und *Deemed Trusts* (fingierte Treuhandvermögen)

Viele Bundes- und Provinzgesetze enthalten Bestimmungen im Hinblick auf Zahlungsverpflichtungen, die der Schuldner gegenüber dem Staat entweder aufgrund unmittelbarer Verpflichtungen oder wegen der Abführung von vom Schuldner für den Staat einbehaltener oder eingezogener Beträge schuldet. Ziel dieser Gesetze ist es jeweils, zur Sicherung dieser Zahlungen Vermögenswerte des Schuldners zu separieren. Sie können Bestimmungen enthalten, die gesetzliche Pfandrechte schaffen (wenn die Vermögenswerte des Schuldners mit einem Pfandrecht zur Sicherung der Zahlungsverpflichtung belastet werden). Alternativ können gesetzliche Verpflichtungen auferlegt werden, die vorschreiben, dass ein gesicherter Gläubiger oder eine von einem gesicherten Gläubiger bestellte Person den Betrag der geschuldeten Verpflichtung abführt, bevor eine Ausschüttung von Erlösen erfolgt, die durch die Veräußerung des gesicherten Sicherungsguts generiert wurden. Ähnliche gesetzliche Bestimmungen wurden zugunsten von öffentlichen Versorgungsunternehmen (für Ansprüche auf rückständige Schulden) und für Arbeitnehmer (für Ansprüche auf Urlaubsgeld und nicht bezahlte Pensionsbeiträge) geschaffen. Die Bestimmungen der gesetzlichen Ansprüche unterscheiden sich von Gesetz zu Gesetz; einige können als gesicherte Ansprüche im Rahmen der Privateigentumsgesetze eingetragen werden.

In einem Konkurs oder bei einem *proposal* haben die meisten hoheitlichen Ansprüche auf Bundes- und Provinzebene den Rang ungesicherter Ansprüche, es sei denn, es wurden durch Gesetz Pfandrechte gewährt und diese wurden im Rahmen des jeweiligen Privateigentums- oder Grundvermögenseintragungssystems eingetragen.[129] Bei einem Konkurs oder *proposal* sind auch gesetzliche *deemed trusts* unwirksam, es sei denn, der *trust* wäre ohne die gesetzlichen Bestimmungen nach *Common Law* wirksam.[130] Eine Ausnahme besteht für Ansprüche des Bundes und der Provinzen auf Einkommensteuerabzüge (sowie Arbeitslosenversicherung und an die kanadische Pensionsversicherung abzuführende Beträge), die ausdrücklich einen Konkurs überdauern.[131]

3.3 *Repair and Storage Liens* (Reparatur- und Aufbewahrungspfandrechte)

Eine Reihe von kanadischen Common Law-Provinzen und -Territorien sehen gesetzliche Pfandrechte zur Sicherung der Bezahlung für Reparatur- und Aufbewahrungsdienstleistungen, sogenannte *repair and storage liens,* im Hinblick auf persönliches oder bewegliches Eigentum vor. Die Entstehung und Bewahrung dieser Pfandrechte auf bewegliches Privateigentum unterliegt gesetzlichen Verfahren für die Bewahrung, Rangsicherung und Vollstreckung von Pfandrechten. *Repair and storage liens* können durch Besitz oder durch Eintragung aufrechterhalten werden, wenn ein besitzloses Pfandrecht geltend gemacht wird.

Ein Besitzpfandrecht kann Vorrang vor den Rechten aller anderen Personen an dem reparierten und aufbewahrten Gegenstand haben. Ein besitzloses Pfandrecht kann Vorrang vor den Rechten einer anderen Person an dem Gegenstand haben, mit Ausnahme des Pfandrechtsgläubiger, der ein Besitzpfandrecht geltend macht, oder gegenüber konkurrierenden besitzlosen Pfandrechten, wobei in diesem Fall die Rangordnung an den Erlösen vom Gesetz in der umgekehrten Reihenfolge ihrer Entstehung festgelegt ist.

Die Bestimmungen für die Durchsetzung von *repair and storage liens* und der Sorgfaltsmaßstab, der den Anspruchstellern auferlegt wird, sind ähnlich (aber nicht identisch mit) denjenigen, die einem gesichertem Gläubiger im Rahmen der kanadischen Gesetze über Sicherheiten an beweglichem Privatvermögen auferlegt werden.

3.4 Sicherheiten nach dem Bankgesetz

Der *Bank Act, S.C. 1991, c. 46,* ein Bundesgesetz, das die amtlich zugelassenen kanadischen Banken regelt, sieht eine Form von Sicherheit an Inventar und bestimmten anderen Sicherungsgegenständen vor, die nur diesen Banken zur Verfügung steht. Wenn eine Bank eine Sicherheit im Rahmen dieses Gesetzes in Übereinstimmung mit den gesetzlichen Formvorschriften und Eintragungserfordernissen erwirbt, erwirbt sie einen Rechtsanspruch auf das Inventar, der allen Rechten

---

[129] BIA, s. 86; vgl. auch *Bankruptcy of Joseph (Joey) Jerome Klapman,* 2007 MBQB 113 (CanLII) Rn. 17.
[130] BIA, s. 67(2).
[131] BIA, s. 67(3).

vorgeht, die danach an dem Sicherungsgut, das Gegenstand dieses Sicherungsrechtes ist, erworben werden

3.5 Verwertungsrecht des Vermieters

127   In *Common Law*-Provinzen haben Vermieter das Recht, Vermögenswerte eines gewerblichen Mieters, die sich in den gemieteten Räumen befinden, zu beschlagnahmen und zu verkaufen, um rückständige Mietzahlungen im Rahmen des Mietverhältnisses zu befriedigen. Dieses *right of distraint* gilt auch, wenn die Waren Gegenstand von Sicherungsrechten sind, vorausgesetzt, dass das Mietverhältnis ungekündigt ist. Der Rechtsbehelf unterscheidet sich von Provinz zu Provinz, insbesondere im Hinblick darauf, ob das *right of distraint* auf in den gemieteten Räumen befindliche Gegenstände beschränkt ist, die dem Mieter gehören. Ein ähnliches *right of distraint* steht aufgrund von Gesetz den Gemeinden in denjenigen Provinzen und Territorien zur Verfügung, die einen solchen Rechtsbehelf für den Fall der Nichtzahlung von Steuern gewähren. Bei Konkurs eines Mieters geht das *right of distraint* des Vermieters verloren und ein Vermieter hat nur Anspruch darauf, die *proceeds of distraint,* den Erlös aus der Zwangsverwertung, zu behalten, wenn die Zwangsverwertung vor Konkurs durch Verkauf und Zahlung an den Vermieter oder seinen Vertreter abgeschlossen worden war.

3.6 *Consignments* (Kommissionsvereinbarungen)

128   *Consignment arrangements* (üblicherweise im Hinblick auf Lagerbestände) bringen es mit sich, dass der Schuldner im Besitz von Waren ist, die nicht Teil seines Vermögens sein sollen. *Consigned goods* (Kommissionswaren) werden von den Vermögenswerten des Schuldners ausgesondert und werden so behandelt, als ob sie dem Konsignanten gehören. Während ein *consignment arrangement* keine Sicherungsabrede darstellt, können die kanadischen Privateigentumsgesetze auf *consignment arrangements* Anwendung finden, wenn diese Zahlungen oder die Erfüllung einer Verpflichtung absichern. Wenn diese *arrangements* nicht nach den kanadischen Privateigentumsgesetzen keiner *perfection* bedarf, bleibt das Sicherungsgut, das Gegenstand eines *consignment arrangements* ist, Eigentum des Konsignanten und unterliegt nicht den Pfändungs- und Rangsicherungsanforderungen und den Beschränkungen hinsichtlich der Vollstreckung von Rechten im Rahmen der Privateigentumsgesetze.

4. Vorrangregeln im Rahmen der Personal Property Security Legislation (Gesetzgebung zu Sicherheiten an beweglichem Privateigentum)

129   Die Rangfolge spielt bei kommerziellen Insolvenzen, bei denen ein Schuldner nicht in der Lage ist, alle Ansprüche seiner Gläubiger vollständig zu begleichen, eine wichtige Rolle. Während die Rangfolge nach den Privateigentumsgesetzen der Provinzen und Territorien im Allgemeinen entsprechend der Reihenfolge der Registrierung geregelt ist (es sei denn, das Sicherungsrecht wurde durch Besitz im Rang gesichert), wird diese allgemeine Regel in den folgenden Situationen verändert (oder verstärkt):

130   (a) Die *Personal Property Security Legislation* erlaubt es Schuldnern, Kredit zum Kauf neuer Vorräte oder Ausrüstung zur Verwendung in einem Geschäftsbetrieb zu erhalten, indem sie die Schaffung eines Sicherungsrechts für den Kaufpreis ermöglicht, der im Rang anderen Sicherungsrechten an demselben Sicherungsgut vorgeht, einschließlich solchen Sicherungsrechten, die vor der Schaffung des Sicherungsrechts für den Kaufpreis entstanden sind. Lieferanten von Waren gegen Kredit und Finanzierer des Erwerbs von Waren, die als Sicherungsgut verwendet werden sollen, können einen Vorrang vor bestehenden Sicherungsrechten erlangen, wenn keine Registrierung stattgefunden hat und, im Fall von Vorräten, wenn entsprechend der Gesetzgebung bestimmte Mitteilungen an zuvor registrierte gesicherte Gläubiger erfolgen.

131   (b) Die Rangfolge der Rechte der gesicherten Gläubiger an einem Sicherungsgut kann auch einvernehmlich vertraglich durch Rang- und Rangrücktrittsvereinbarungen „neu geordnet" werden. In einer Rangvereinbarung können sich gesicherte Gläubiger auf die Rangfolge der Rechte untereinander (entweder im Hinblick auf bestimmte Vermögenswerte oder auf einen Dollarwert des Erlöses) einigen. In einer Rangrücktrittsvereinbarung kann ein gesicherter Gläubiger sich damit einverstanden erklären, seine Position im Hinblick auf das Sicherungsrecht eines anderen gesicherten Gläubigers zurückzustellen oder im Rang hinter dieses zurückzutreten. Die *Personal Property Security Legislation* sieht im Allgemeinen vor, dass solche Vereinbarungen als wirksam und bindend anzuerkennen sind. Auch ohne eine ausdrückliche Rangrücktrittsvereinbarung zwischen den gesicherten Gläubigern können die Rechte eines gesicherten Gläubigers im Hinblick auf andere gesicherte Ansprüche zurückgestellt werden, sofern die Bestimmungen einer

F. Gesicherte Gläubiger

Negativerklärung in einer Darlehens- oder Sicherungsabrede es einem Schuldner erlauben, bestimmte Sicherungsrechte vor dem Sicherungsrecht des gesicherten Gläubigers zu begründen. Die *Personal Property Security Legislation* erkennt im Allgemeinen eine Rangordnung, die aus einem solchen implizierten Rangrücktritt in einer Darlehens- oder Sicherungsabrede resultiert, als wirksam an.

5. Vollstreckung in Sicherheiten

Ein gesicherter Gläubiger, der sein Sicherungsrecht durchsetzen will, muss zunächst vom Schuldner Zahlung verlangen. Gleichgültig, ob ein Darlehen auf Verlangen zahlbar sein soll oder für eine feste Laufzeit gewährt wurde und am Ende der Laufzeit oder bei Eintritt eines bestimmten Kündigungsgrundes zahlbar ist, bestimmt das *Common Law*, dass einem Schuldner zunächst eine Zahlungsaufforderung mit einer angemessenen vorherigen Frist zur Zahlung zugehen muss. Dabei handelt es sich um ein Recht des Schuldners unabhängig von den Bestimmungen der Darlehens- oder Sicherungsabrede und gleichgültig, ob nach der Darlehens- oder Sicherungsabrede das Erfordernis einer vorherigen Fristsetzung abbedungen wurde.

Darüber hinaus muss nach dem BIA ein gesicherter Gläubiger dem insolventen Schuldner seine Absicht (in festgelegter Form) anzeigen, sein Sicherungsrecht in das gesamte oder im Wesentlichen gesamte Inventar, alle Außenstände oder sonstigen Vermögenswerte des Schuldners, die in dessen Geschäftsbetrieb verwendet werden, zu vollstrecken.[132] Wenn dem Schuldner eine Anzeige der Absicht *(notice of intention)*, das Sicherungsrecht durchzusetzen, zugestellt wird, ist es dem gesicherten Gläubiger für einen Zeitraum von zehn Tagen verboten, weitere Schritte vorzunehmen.[133] Die zehntägige Ankündigungsfrist gibt dem Schuldner die Möglichkeit, Restrukturierungsverfahren im Rahmen des BIA oder des CCAA einzuleiten. Wenn der Schuldner den verlangten Betrag nicht bezahlt oder nicht vor Ablauf der zehntägigen Frist eine Verfahrensaussetzung durch Einreichung eines Antrags auf Schutz im Rahmen der *proposal*-Vorschriften des BIA oder im Rahmen des CCAA (oder dem Ablauf einer angemessenen Frist zur Zahlung des verlangten Betrages, je nachdem welcher Zeitpunkt später eintritt) erlangt, kann der gesicherte Gläubiger aufgrund seines Sicherungsrechts vollstrecken.

Auf das Erfordernis einer Anzeige mit einer Frist von zehn Tagen kann nicht verzichtet werden, der Schuldner kann aber einer früheren Vollstreckung in die Sicherheit zustimmen, nachdem die Anzeige erfolgt ist.[134] Gesicherte Gläubiger können in ihre Sicherheit vollstrecken, ohne die zehn Tage abzuwarten, wenn: (i) ein Schuldner einen Vorschlag eingereicht hat, der die gesicherten Gläubiger nicht umfasst; (ii) die gesicherten Gläubiger gegen einen vom Schuldner eingereichten Vorschlag stimmen; (iii) ein *receiver* vom Gericht oder einem anderen Gläubiger ernannt wurde; oder (iv) der Schuldner einer früheren Vollstreckung in die Sicherheit zugestimmt hat, nachdem die Anzeige erfolgt ist.[135]

Zwischen dem Zeitpunkt, in dem Zahlung verlangt wird, und dem Zeitpunkt, in dem die angemessene Mitteilungs- oder Zehntagesfrist abläuft, können gesicherte Gläubiger versuchen, ihre Sicherheit zu schützen, wenn sie der Ansicht sind, dass der Schuldner möglicherweise eine Handlung vornimmt oder unterlässt, die deren Wert verringert; in diesem Fall können die gesicherten Gläubiger bei Gericht einen Antrag auf Bestellung eines *interim receivers*, eines vorläufigen Zwangsverwalters, stellen. Das Gericht wird dem Antrag stattgeben, sofern es sich versichert hat, dass eine solche Bestellung zum Schutz der Insolvenzmasse des Schuldners oder der Interessen der Gläubiger, die die Anzeige der Vollstreckungsabsicht *(notice of intention to enforce)* versandt haben, notwendig ist.[136] Ein gerichtlich bestellter *interim receiver* kann ermächtigt werden, die Vermögenswerte des Schuldners in Besitz zu nehmen. Er kann zudem die Befugnis erhalten, Vermögenswerte zu ermitteln, zu lokalisieren, zu schützen und zu beschlagnahmen.[137] Die Dauer der Bestellung eines gerichtlich bestellten *interim receiver* ist nicht auf die Dauer der Zehntagesfrist beschränkt, sondern endet zum frühesten der folgenden Zeitpunkte: (i) der Bestellung eines *receivers*; (ii) der Bestellung eines *trustee in bankruptcy*; (iii) 30 Tage nach seiner Bestellung; oder (iv) einem anderen vom Gericht festgelegten Zeitraum.[138] Eine solche Bestellung kann auch vor der Abgabe der Anzeige mit Zehntagesfrist erfolgen.[139]

---

[132] BIA, s. 244; vgl. auch *917488 Ontario Inc. v. Sam Mortgages Ltd.*, 2013 ONSC 2212 (CanLII).
[133] BIA, s. 244(2).
[134] BIA, s. 244(2.1).
[135] BIA, s. 244(3).
[136] BIA, s. 47; vgl. auch *1231640 Ontario Inc. (Re)*, 2007 ONCA 810 (CanLII) Rn. 7.
[137] BIA, s. 47(2).
[138] BIA, s. 47(1).
[139] BIA, s. 47(1).

6. Vollstreckungsmittel

136 Sicherungsabreden gewähren einem gesicherten Gläubiger üblicherweise ein ausdrückliches Recht zur Beschlagnahme und zum Verkauf (entweder durch den Gläubiger direkt, durch einen Gerichtsvollzieher *(bailiff)*, einen vom Gläubiger ernannten Vertreter oder durch einen *receiver* oder *receiver-manager*, der vom gesicherten Gläubiger privatrechtlich oder vom Gericht bestellt wurde). Die Privateigentumsgesetze gewähren einem gesicherten Gläubiger generell das Recht, Besitz von dem gesicherten Sicherungsgut auf jede rechtlich zulässige Weise zu ergreifen und das Sicherungsgut in Übereinstimmung mit diesen Gesetzen zu veräußern, sofern die Sicherungsabrede keine abweichenden Regelungen enthält. Wenn die Sicherheit sich nur auf bestimmte Vermögenswerte eines Schuldners erstreckt, können Rechtsbehelfe in Form der Selbsthilfe *(self-help)* angebracht sein. Wenn ein Schuldner die Beschlagnahme von Sicherungsgut verhindert, kann ein gesicherter Gläubiger Klage zur Wiedererlangung des Sicherungsgutes erheben.

137 Ein gesicherter Gläubiger kann sich auch dafür entscheiden, das Sicherungsgut als Erfüllung der gesicherten Verpflichtung anzuerkennen. Dies setzt voraus, dass er dem Schuldner und den anderen an dem Sicherungsgut berechtigten Parteien einen entsprechenden Vorschlag zustellt. Erfolgt kein wirksamer Widerspruch zu dem Vorschlag, wird der gesicherte Gläubiger so behandelt, als hätte er sich unwiderruflich entschieden, das Sicherungsgut in vollständiger Erfüllung der gesicherten Verpflichtung frei und ohne jegliche nachrangigen Sicherungsrechte und Rechte des Schuldners an dem Sicherungsgut zu akzeptieren. In diesem Fall hat der gesicherte Gläubiger keinen Anspruch mehr wegen eines Ausfalls unter dem Darlehen oder dem Sicherungsvertrag.

7. Verpflichtungen gesicherter Gläubiger

7.1 *Personal Property Security Legislation*/Vollstreckung in Sicherheiten nach dem BIA

138 Unabhängig von der Art und Weise, mit der die Sicherheit durchgesetzt wird, unterliegen ein gesicherter Gläubiger (und der Vertreter eines gesicherten Gläubigers) und ein *receiver* (Zwangsverwalter) den Regeln der *Personal Property Security Legislation* und des BIA, sobald sie Besitz und Kontrolle über das Sicherungsgut erlangt haben, das Gegenstand der Sicherungsabrede ist. Die *Personal Property Security Legislation* sieht allgemein vor, dass ein gesicherter Gläubiger angemessene Sorgfalt (reasonable care) bei der Aufbewahrung und Erhaltung des Sicherungsguts in seinem Besitz anwenden muss. Ein gesicherter Gläubiger kann zur Rechenschaft gezogen werden, wenn er Sicherungsgut auf eine Weise verwendet, die nicht dem entspricht, für das das Sicherungsgut gedacht war. Gesicherten Gläubigern und *receiver* werden weitere Verpflichtungen auferlegt, den Wert der Sicherheit zu erhalten, über die Vollstreckung oder Bestellung zu berichten und diese anzuzeigen, und während der Vollstreckung regelmäßig Berichte zur Verfügung zu stellen. Die *Personal Property Security Legislation* legt gesicherten Gläubigern und *receiver* einen Standard der wirtschaftlichen Vernunft *(commercial reasonableness)* auf. Das BIA legt einem *receiver* (sowie einem gesicherten Gläubiger, der unmittelbaren Besitz oder Kontrolle über Sicherungsgut ergriffen hat) zusätzlich die Verpflichtung auf, redlich und gemäß den Grundsätzen von Treu und Glauben zu handeln.[140]

139 Vor der Veräußerung der Vermögenswerte eines Schuldners hat der gesicherte Gläubiger oder der *receiver* dies anzuzeigen, es sei denn, die Veräußerung erfolgt im Rahmen des normalen Geschäftsbetriebs des Schuldners. Dies bietet dem Schuldner und anderen Personen mit einem Recht an dem Sicherungsgut eine Möglichkeit zur Rückzahlung. Wenn Vermögenswerte von Schuldnern ohne Anzeige verkauft werden, obwohl eine Anzeige hätte erfolgen müssen, können der Schuldner und die anderen Personen mit einem Recht am Sicherungsgut die gesicherten Gläubiger für Schäden haftbar machen. Ein Käufer, der das Sicherungsgut gutgläubig und ohne kollusives Zusammenwirken mit dem gesicherten Gläubiger erwirbt, erlangt dieses unbelastet und frei von Sicherungsrechten des gesicherten Gläubigers, nachrangigen Rechten an dem Sicherungsgut und etwaigen Rechten des Schuldners.

140 Die *Personal Property Security Legislation* sieht vor, dass Sicherungsgut durch öffentlichen oder privaten Verkauf, Vermietung oder anderweitig verwertet werden kann, solange die Verwertung unter jedem in Betracht kommenden Gesichtspunkt kaufmännisch angemessen ist. Zwar ist es nicht möglich, auf die dem gesicherten Gläubiger auferlegten Pflichten generell zu verzichten oder sie zu ändern. Der Schuldner und der gesicherte Gläubiger können aber in dem Darlehensvertrag oder der Sicherungsabrede eine kaufmännisch angemessene Methode für die Inbesitznahme und den Verkauf des Sicherungsguts vereinbaren, sofern diese nachweislich angemessen ist. Die Gerichte haben in der Vergangenheit entschieden, dass eine Veräußerung von Sicherungsgut dann kaufmän-

---

[140] BIA, s. 247.

nisch angemessen ist, wenn der gesicherte Gläubiger subjektiv nach Treu und Glauben und objektiv mit angemessener Sorgfalt gehandelt hat.

7.2 Vollstreckung in Sicherheiten nach dem *Bank Act*

Wenn Sicherheiten nach dem *Bank Act* vollstreckt werden, ist es einer Bank generell erlaubt, im Falle der Nichtzahlung einer Schuld, einer Verbindlichkeit, eines Darlehens oder Vorschusses das Sicherungsgut zu versteigern und die Verkaufserlöse für die Schulden und Verbindlichkeiten zu verwenden. Es gibt auch ein Zwangsvollstreckungsrecht *(right of foreclosure)*, das in Anbetracht der Art des Sicherungsgutes selten, wenn überhaupt, genutzt wird. Es gibt Vorschriften für förmliche Anzeigepflichten im Rahmen des *Bank Acts,* die auch vorsehen, dass eine Bank redlich handeln und sich nach Treu und Glauben mit dem Sicherungsgut zeitnah und in angemessener Weise befassen muss, und dabei die Art des Eigentums und der Rechte der Person, die die Sicherheit gewährt hat, berücksichtigen muss. 141

7.3 Vollstreckung in Hypotheken

In den meisten Provinzen und Territorien gibt es auch kodifizierte Rechte und Rechtsbehelfe im Rahmen von Immobilienhypotheken. Diese Gesetzgebung und *Common Law*-Grundsätze sollen der Förderung der Grundsätze der Fairness und wirtschaftlichen Angemessenheit dienen und schützen die Rechte von Schuldnern, Gläubigern und Personen mit nachfolgenden Rechten an Grundstücken. Ein Gläubiger mit einer Sicherheit an einem Grundstück kann Besitz von dem hypothekarisch belasteten Grundstück entweder privat, durch Gerichtsbeschluss oder durch einen *receiver* (Zwangsverwalter) erlangen, der gemäß den in der Hypothek enthaltenen Bestimmungen oder durch Gerichtsbeschluss bestellt wird. Ein solcher Gläubiger kann das hypothekarisch belastete Grundstück im Rahmen einer Verkaufsvollmacht *(power of sale)* oder durch gerichtlichen Verkauf veräußern, oder das Eigentum an dem hypothekarisch belasteten Grundstück durch Vollstreckungsklage *(foreclosure action)* oder mittels *quit claim deed* (ohne Eigentumsgarantie) verkaufen. Wie bei einem Verkauf des beweglichen Privateigentums eines Schuldners müssen der subjektive Maßstab von Treu und Glauben und der objektive Maßstab der angemessenen Sorgfalt bei der Verwertung von Sicherungsgut in Form von Grundstücken erfüllt werden. Bei einer gerichtlich überwachten Veräußerung eines Grundstücks, wie im Fall einer Veräußerung von beweglichem Privatvermögen durch einen gerichtlich bestellten *receiver,* wird ein Gericht (i) die Interessen aller Parteien und (ii) die Wirksamkeit und Integrität des Verkaufsprozesses beurteilen, sowie ob (iii) ausreichend Anstrengungen unternommen wurden, um den besten Preis zu erzielen. 142

G. Ungesicherte Gläubiger

Die effektivsten Rechtsbehelfe für ungesicherte Gläubiger sind wohl diejenigen, die zur Verfügung stehen, bevor über das Vermögen eines Schuldners ein förmliches Insolvenz- oder Konkursverfahren *(insolvency or bankruptcy proceedings)* eröffnet wird. Die Einleitung gerichtlicher Verfahren und eine frühzeitige Beilegung durch Vergleich oder Urteil können die einzigen Möglichkeiten einer Rückzahlung der Forderungen ungesicherter Gläubiger darstellen, da ein förmliches Insolvenzverfahren (i) dazu führt, dass die Rechtsbehelfe ungesicherter Gläubiger ausgesetzt werden, (ii) dass die ungesicherten Gläubiger gegenüber den gesicherten Gläubigern nachrangig sind, und (iii), wenn das Verfahren ein Konkurs *(bankruptcy)* ist, dieses wahrscheinlich negative Auswirkungen auf den Geschäftsbetrieb des Schuldners haben wird. 143

Auch in einer Restrukturierung, bei der ungesicherte Gläubiger einem Schuldner weiter Waren und Dienstleistungen zur Verfügung stellen, kann sich das Risiko dieser Gläubiger ohne eine gerichtlich angeordnete Sicherheitsleistung vergrößern, da das kanadische Insolvenzrecht keinen Vorrang für Ansprüche im Hinblick auf Geschäfte mit einem Schuldner nach Beginn eines förmlichen Insolvenzverfahrens enthält. 144

H. Geschäftsführer (directors) und leitende Angestellte (officers)

Das kanadische Recht kennt keine besonderen treuhänderischen Pflichten von Geschäftsführern *(directors)* gegenüber den Gläubigern der Kapitalgesellschaft, die die gegenüber der Gesellschaft selbst übersteigen, sobald eine Kapitalgesellschaft sich in der Nähe einer Insolvenz befindet. Stattdessen schreibt das kanadische Kapitalgesellschaftsrecht allgemein vor, dass Geschäftsführer im besten Interesse der Kapitalgesellschaft unter Ausgleich der Interessen aller Anspruchsberechtigten handeln müssen, anstatt die Interessen einer bestimmten Gruppe von Anspruchsberechtigten zu bevorzugen. Geschäftsführer sind jedoch nach kanadischem Kapitalgesellschaftsrecht allgemein verpflichtet, ange- 145 messene Sorgfalt und Sachkunde walten zu lassen sowie, nach vielen gesellschaftsrechtlichen Gesetzen, keine Handlungen vorzunehmen, die unzumutbar belastend *(oppressive)* sind, unfair benachteiligen *(unfairly prejudicial)* oder die Interessen von Gläubigern und anderen Anspruchsberechtigten unfair außer Acht lassen *(unfairly disregard)*.

146   Zusätzlich zu den treuhänderischen Verpflichtungen gegenüber der Kapitalgesellschaft bei der Erfüllung ihrer Pflichten als Geschäftsführer und der möglichen Haftung aufgrund einer Klage wegen unzumutbar belastenden Handelns *(oppression action)* gibt es viele gesetzliche Vorschriften in Bundes-, Provinz- und Territorialgesetzen, die Geschäftsführern eine persönliche Haftung auferlegen für Angelegenheiten wie etwa:
1. wenn die Kapitalgesellschaft nicht wie vorgeschrieben durch die Kapitalgesellschaft eingezogene Steuern abführt;
2. Arbeitnehmeransprüche auf Löhne, Urlaubsgeld, ausstehende Pensionsbeiträge, Abfindungs- und Kündigungszahlungen; und
3. Umweltansprüche.

147   Diese persönliche Haftung wird den Geschäftsführern und/oder leitenden Angestellten *(officers)* entweder unmittelbar durch Gesetz oder mittelbar dadurch auferlegt, dass Geschäftsführer und leitende Angestellte gesamtschuldnerisch mit der Kapitalgesellschaft in quasi-strafrechtlichen Verfahren haften, wenn sie im Vergehen im Rahmen der genannten Gesetze billigen (wie etwa der Gesetze zu Beschäftigungsstandards und Pensionsleistungen, *employment standard and pension benefit legislation*).

148   Bei Restrukturierungen im Rahmen des CCAA wurden Geschäftsführer und leitende Angestellte durch gerichtliche Verfügungen geschützt, die: (i) vorschreiben, dass der Restrukturierungsschuldner weiter Zahlungen leistet oder Beträge abführt, deren Nichtzahlung zu einer Haftung der Geschäftsführer und leitenden Angestellten führen könnte; (ii) vorschreiben, dass der Schuldner eine Versicherung für Geschäftsführer und leitende Angestellte abschließt und die Prämien dafür zahlt; (iii) auf die Vermögenswerte des in Reorganisation befindlichen Schuldners eine *super priority charge*, also allen anderen Rechten vorrangige Sicherheit, gewährt, um die Verpflichtungen der Geschäftsführer und leitenden Angestellten in einer Restrukturierung zu sichern (wobei diese Belastung begrenzt ist auf Verbindlichkeiten, die nach der Anmeldung entstehen, und nur insoweit wie eine angemessene Versicherung nicht zu vernünftigen Kosten erlangt werden kann); und (iv) Aussetzung der Klageverfahren gegen Geschäftsführer in einer Restrukturierung vorsehen.[141] Das CCAA erlaubt es einem in Restrukturierung befindlichen Schuldner auch, eine beschränkte Freistellung zugunsten von Geschäftsführern in einem CCAA-*plan of arrangement or compromise* vorzusehen. Ähnlich dem CCAA enthält das BIA eine automatische Aussetzung von Verfahren gegen Geschäftsführer während des *BIA proposal*-Zeitraums, eine allen anderen Sicherungsrechten vorgehende Belastung der Vermögenswerte des Schuldners und ein beschränktes Recht, eine Freistellung für Geschäftsführer in ein *BIA proposal* einzubeziehen.[142]

I. Internationales Insolvenzrecht, grenzüberschreitende Verfahren

149   Auf die Anerkennung und Vollstreckung ausländischer Urteile werden von kanadischen Gerichten die Grundsätze des Internationalen Privatrechts angewandt. Allgemein gilt, dass wenn ein Gericht außerhalb von Kanada eine endgültige Entscheidung in einem Verfahren in der Hauptsache getroffen hat, die Entscheidung eine rechtskräftig entschiedene Sache *(res judicata)* darstellt, wenn das ausländische Gericht für den Gegenstand des Verfahrens zuständig war. Wenn eine Zuständigkeit besteht, kann ein Kläger in einem ausländischen Verfahren dieses Urteil in Kanada vollstrecken; ein Beklagter kann sich auf dieses Urteil berufen, um weitere Klagen zu verhindern, wenn der Anspruch in dem ausländischen Verfahren abgewiesen wurde. Kanadische Gerichte erkennen im Allgemeinen an, dass ein ausländisches Gericht in einem Verfahren zuständig ist, wenn es eine „echte" und erhebliche Verbindung zwischen dem Gegenstand in dem Verfahren und der ausländischen Rechtsordnung gibt oder wenn die Parteien sich der ausländischen Rechtsordnung unterworfen haben.

150   Kanadische Gerichte zeigen sich auch allgemein offen im Hinblick auf eine „Koordinierung" kanadischer Insolvenzverfahren mit ausländischen Verfahren; 2009 wurden das CCAA und das BIA um eine modifizierte Fassung des Modellgesetzes für Grenzüberschreitende Insolvenzen der Kommission der Vereinten Nationen für internationales Handelsrecht *(UNCITRAL Model Law on Cross-Border Insolvency)* ergänzt, wodurch ein umfassender Rahmen für die Koordinierung grenzüberschreitender Insolvenzverfahren in Kanada zur Verfügung steht.[143]

---

[141] CCAA, ss. 11 51 und 11.03.
[142] BIA, ss. 69.31 und 64.1.
[143] Teil IV des CCAA und Teil XIII des BIA.

Diese Bestimmungen verleihen kanadischen Gerichten die Befugnis, das Ermessen und die Flexibilität, Beschlüsse zu erlassen und diejenigen sonstigen Rechtsbehelfe zu gewähren, die das Gericht für angemessen hält, um ein ausländisches Insolvenzverfahren zu unterstützen. Die wichtigsten Elemente der Bestimmungen sind die folgenden:

1. Ein Antrag an die kanadischen Gerichte auf Anerkennung eines ausländischen Verfahrens kann von einem *foreign representative*, einem ausländischen Vertreter, eingereicht werden und muss verschiedene Dokumente beinhalten, die die Existenz des ausländischen Verfahrens und die Befugnis des *foreign representative* belegen, den Antrag zu stellen.[144]
2. Sobald das kanadische Gericht sich versichert hat, dass das Anerkennungsverfahren sich auf ein ausländisches Verfahren bezieht und dass der Antragsteller in diesem Verfahren ordnungsgemäß als *foreign representative* ernannt wurde, muss das kanadische Gericht dieses ausländische Verfahren anerkennen.[145]
3. Wenn das kanadische Gericht ein ausländisches Verfahren anerkennt, muss es dabei angeben, ob das Verfahren ein „Haupt-" oder „Nicht-Haupt-"verfahren ist. Wenn es als ein ausländisches „Haupt-"verfahren anerkannt wird, ist das kanadische Gericht verpflichtet, bestimmte Rechtsbehelfe zu gewähren, einschließlich einer engen Verfahrensaussetzung.[146]
4. Sobald ein ausländisches Verfahren von dem kanadischen Gericht anerkannt wurde, verfügt das Gericht über einen großen Ermessensspielraum im Hinblick auf die Anerkennung von Beschlüssen, die in dem ausländischen Verfahren ergangen sind, sowie im Hinblick auf die Gewährung ergänzender Rechtsbehelfe in dem kanadischen Anerkennungsverfahren, vorausgesetzt, dass sich das kanadische Gericht versichert hat, dass die anzuerkennenden Beschlüsse oder der zu gewährende Rechtsbehelf dem Schutz des Eigentums des Schuldnerunternehmens oder der Interessen der Gläubiger dient.[147]
5. Sobald ein ausländisches Verfahren von dem kanadischen Gericht anerkannt wurde, hat der *foreign representative* bestimmte gesetzliche Pflichten, einschließlich:[148]
   (a) das kanadische Gericht über alle wesentlichen Änderungen im Hinblick auf den Status des ausländischen Verfahrens zu informieren;
   (b) seiner Befugnis, als *foreign representative* in diesem Verfahren aufzutreten; und
   (c) zur Veröffentlichung einer Mitteilung in einer oder mehreren kanadischen Zeitungen, worin bestimmte vorgeschriebene Informationen über das ausländische Verfahren im Einzelnen dargelegt werden.
6. Ein Antrag eines *foreign representative* an das kanadische Gericht auf eine Anerkennungsverfügung, eine sog. *recognition order*, führt nicht dazu, dass sich der *foreign representative* der rechtlichen Zuständigkeit des kanadischen Gerichts für einen anderen Zweck als den der Kosten in Verbindung mit dem Anerkennungsverfahren unterworfen hat.[149]
7. Obwohl das CCAA und das BIA dies nicht vorschreiben, ist es allgemeine Praxis in kanadischen Anerkennungsverfahren, dass das kanadische Gericht einen *information officer*, einen Informationsbeauftragten, der einem *monitor* (einem vom Gericht im Rahmen des CCA bestellten Aufseher) gleicht, hauptsächlich für den Zweck ernennt, dem kanadischen Gericht und interessierten kanadischen Gläubigern „objektive" Informationen zukommen zu lassen. Der *information officer* kann viele der Pflichten erfüllen, die gesetzlich dem *foreign representative* auferlegt sind, einschließlich der Pflichten nach vorstehendem Unterabs. 5.

J. Nachtrag zu COVID-19

Kanadas Wirtschaftswachstum hatte bereits vor der COVID-19-Pandemie Anzeichen einer Verlangsamung gezeigt. Kanadas Bruttoinlandsprodukt wuchs branchenübergreifend um 2,1 % für den Zeitraum von Februar 2019 bis Mai 2020.[150] Zum Zeitpunkt der Abfassung dieses Artikels hat *Statistics Canada* noch keine offiziellen Schätzungen des BIP für das erste Quartal 2020 veröffentlicht, aber die Schnellschätzungen liegen bei -9 % für März und -2,6 % für das erste Quartal, was auf erhebliche finanzielle Auswirkungen des neuartigen Virus hindeutet.[151]

---

[144] CCAA, s. 46 und BIA, s. 269.
[145] CCAA, s. 47 und BIA, s. 270; vgl. auch *Zochem Inc. (Re)*, 2016 ONSC 958 (CanLII) Rn. 17; *R. J. Zayed of Carlson, Caspers, Vandenburgh & Lindquist v. Cook*, 2009 CanLII 72038 (ON SC).
[146] CCAA, ss. 47(2) und 48 und BIA, ss. 270(2) und 271.
[147] CCAA, s. 49 und BIA, s. 272.
[148] CCAA, s. 53 und BIA, s. 276.
[149] CCAA, s. 57 und BIA, s. 280.
[150] https://www150.statcan.gc.ca/t1/tbl1/en/tv.action?pid=3610043402.
[151] https://www150.statcan.gc.ca/n1/daily-quotidien/200430/dq200430a-eng.htm.

Kanada 153–155

153 Wie bereits an früherer Stelle in diesem Kapitel erwähnt, unterfällt das Insolvenz- und Konkursrecht in Kanada der Gesetzgebungsbefugnis des Bundes. Bislang hat die kanadische Regierung noch keine COVID-spezifische Gesetzgebung erlassen, um Insolvenzrisiken anzugehen, die sich als wirtschaftliche Folge des neuartigen Virus ergeben. Die kanadische Regierung und die Regierungen der Provinzen haben jedoch proaktiv Schritte unternommen, verschiedene Notfallprogramme für Unternehmen und Einzelpersonen während der Krise bereitzustellen.

154 Was die Unterstützung von Einzelpersonen betrifft, so hat die Bundesregierung das *Canadian Emergency Response Benefit*[152] eingeführt, das Personen, die aufgrund der Pandemie ihr Arbeitseinkommen verloren haben, steuerpflichtige Geldleistungen gewährt. Zum Zeitpunkt der Erstellung dieses Artikels haben kanadische Provinzen und Territorien auf Kostenteilungsbasis Lohnzuschläge für Beschäftigte in essentiellen Bereichen gewährt oder sind dabei, diese zu gewähren, die ergänzt werden durch 3 Milliarden CAD bundesstaatliche Unterstützung zur Aufstockung von Löhnen von Beschäftigten in essentiellen Bereichen mit niedrigem Einkommen.[153] Andere Maßnahmen der individuellen Unterstützung durch die Bundesregierung umfassen Erhöhungen des Kindergeldes,[154] eine spezielle Umsatzsteuergutschrift für Familien mit niedrigem Einkommen[155] und eine Verlängerung der Frist für die Einreichung von Steuererklärungen für alle Einzelpersonen verbunden mit zinsfreien Stundungen der fälligen Beträge.[156] Obwohl dies gesetzlich nicht vorgeschrieben ist, haben viele der großen institutionellen Kreditgeber in Kanada Stundungen für Hypotheken gewährt. Bis zum 13. April 2020 waren fast 600.000 Anträge eingereicht oder wurden bei kanadischen Banken bearbeitet, wodurch monatlich ein Betrag von etwa 778 Mio. CAD an gestundeten Mitteln verfügbar wurde.[157]

155 Die kanadische Regierung hat auch eine Reihe von Programmen zur Unterstützung kanadischer Unternehmen eingeführt. Um Arbeitsplätze zu sichern, hat die kanadische Regierung die

---

[152] Das *Canadian Emergency Response Benefit* (**„CERB"**) steht Arbeitnehmern zur Verfügung, die ihren Arbeitsplatz unfreiwillig aufgrund des neuartigen Virus verloren haben, die zudem mindestens 15 Jahre alt sind und mindestens 5.000 CAD im Jahr 2019 oder innerhalb der letzten zwölf Monaten vor Antragstellung verdient haben; „CERB" ist eine steuerpflichtige Leistung in Höhe von 500 CAD pro Woche für höchstens 16 Wochen (zu Einzelheiten siehe: https://www.canada.ca/en/services/benefits/ei/cerb-application.html).

[153] https://www.canada.ca/en/department-finance/economic-response-plan.html.

[154] Dies ist eine einmalige Erhöhung des kanadischen Kindergelds („Canada Child Benefit") für qualifizierte Einzelpersonen, die zum Zeitpunkt Mai 2020 ein Kind zu betreuen haben. Der Betrag der einmaligen Erhöhung wird auf Grundlage des steuerpflichtigen Einkommens aus dem Jahre 2018 der berechtigten Einzelperson und ihres Ehegatten berechnet und beläuft sich auf höchstens $300 CAD pro Kind (für Einzelheiten siehe: https://www.canada.ca/en/revenue-agency/campaigns/covid-19-update/covid-19-ccb-payment-increase.html).

[155] Verbraucher in den Provinzen/ Territorien Alberta, British Columbia, Manitoba, Northwest Territories, Nunavut, Quebec, Saskatchewan und Yukon zahlen eine fünfprozentige *Goods and Services Tax* (Bundessteuer auf Waren und Dienstleistungen – **„GST"**) zusätzlich zu einer für die in den meisten dieser Provinzen erhobenen Provinz- oder Territorialumsatzsteuer auf Waren und Dienstleistungen; demgegenüber zahlen Verbraucher in den Provinzen Ontario, New Brunswick, Neufundland und Labrador, Nova Scotia und Prince Edward Island eine *harmonized federal and provincial sales tax* (harmonisierte Bundesstaats- und Provinzialumsatzsteuer – **„HST"**) auf die meisten Waren und Dienstleistungen zu einem Satz von 13 % in Ontario und 15 % für die anderen aufgezählten Provinzen. Der *GST/HST Credit* (GST- und HST-Gutschrift) ist eine quartalsweise steuerfreie Leistung für Einzelpersonen oder Familien mit niedrigem Einkommen mit dem Ziel, ganz oder teilweise die gezahlten Beträge der *GST* oder der *HST* auszugleichen, wobei auch Zahlungen aus Provinz- oder Territorial-Programmen umfasst sein können, dort wo eine Provinz- oder Terrritorialumsatzsteuer zu entrichten ist; ein zusätzlicher einmaliger *GST/HST-Credit* steht Einzelpersonen und Familien zu, um deren finanzielle Nöte zu lindern; sie wird auf Grundlage des steuerpflichtigen Einkommens der Einzelperson oder Familie aus dem Jahre 2018 berechnet und beläuft sich auf höchstens 886 CAD für Alleinstehende, höchstens 1.160 CAD für Verheiratete sowie Lebensgemeinschaften, höchstens 306 CAD für jedes Kind unter 19 Jahre (mit Ausnahme des ersten anspruchsberechtigten Kindes eines alleinerziehenden Elternteils) und höchstens 580 CAD für das erste anspruchsberechtigte Kind eines alleinerziehenden Elternteils (für Einzelheiten s.: https://www.canada.ca/en/revenue-agency/services/child-family-benefits/covid-19-gsthstc-increase.html).

[156] Die Frist für Einreichung der persönlichen Einkommensteuererklärung und für die Zahlung aller geschuldeten Einkommensteuerbeträge läuft in Kanada bis zum 30. April des Folgejahres; aufgrund der durch das neuartige Virus geschaffenen Lage hat die Kanadische Regierung jedoch die Frist, die persönliche Einkommensteuererklärung einzureichen, für das Steuerjahr 2019 bis zum 1.6.2020 verlängert; darüber hinaus wurde die Frist, geschuldete Einkommensteuerbeträge zu zahlen, bis zum 1.9.2020 verlängert, ohne dass während der Verlängerungsperiode Zinsen oder Geldstrafen zu zahlen sind (für Einzelheiten s.: https://www.canada.ca/en/revenue-agency/campaigns/covid-19-update/covid-19-filing-payment-dates.html).

[157] https://www.bnnbloomberg.ca/mortgage-relief-requests-ease-up-homeowners-catch-their-breath-1.1420993.

Canada Emergency Wage Subsidy (kanadische Lohnnotstandsbeihilfe, „CEWS")[158] und die *Temporary 10 % Wage Subsidy* (befristete Lohnsubvention von 10 %)[159] eingeführt, um Unternehmen, die Schwierigkeiten haben, ihren Lohn- und Gehaltszahlungspflichten nachzukommen, finanziell zu unterstützen. Die *CEWS* ist ein Zuschuss in Höhe von bis zu 75 % des Lohns jedes Arbeitnehmers (mit einer Obergrenze von 875 CAD pro Woche) mit einer 100%igen Rückerstattung für bestimmte Lohn- und Gehaltszahlungen für berechtigte Arbeitgeber während der Programmlaufzeit. Die *Temporary 10 % Wage Subsidy* ist ein Zuschuss in Höhe von 10 % der von berechtigten Arbeitgebern während der Programmlaufzeit an die Arbeitnehmer gezahlten Vergütung (mit einer Obergrenze von 1.375 CAD pro Arbeitnehmer bis zu einem Maximum von 25.000 CAD pro Arbeitgeber). Die Anspruchsvoraussetzungen für die CEWS und die *Temporary 10 % Wage Subsidy* sind unterschiedlich, aber einige Arbeitgeber können sich für beide qualifizieren, wobei ein im Rahmen der *Temporary 10 % Wage Subsidy* gezahlter Zuschuss den nach dem CEWS verfügbaren Zuschuss reduzieren würde.[160]

Zusätzlich zu den Subventionen für Lohn- und Gehaltszahlungen hat die kanadische Regierung auch Notfallkreditprogramme eingeführt, um kanadische Unternehmen bei Liquiditätsproblemen zu unterstützen. So ist zB der *Canadian Emergency Business Account* ein 35 Milliarden CAD-Kreditprogramm, das an anspruchsberechtigte Arbeitgeber zinslose Darlehen in Höhe von bis zu 40.000 CAD mit einem Teilerlass von bis zu 10.000 CAD, falls die Rückzahlung bis zum 31.12.2022 erfolgt.[161] Gleichzeitig scheint die kanadische Regierung zu erkennen, dass kleine Geschäftskredite nicht ausreichen, um größere Unternehmen zu unterstützen, die mit den Auswirkungen von COVID-19 zu kämpfen haben. In diesem Zusammenhang hat die kanadische Regierung zum Zeitpunkt der Erstellung dieses Artikels angekündigt, dass sie auf die Entwicklung und Umsetzung einer *Large Employer Emergency Financing Facility* (Notfinanzierungskreditlinie für große Arbeitgeber) hinarbeitet, mittels derer großen Unternehmen mit einem Jahresüberschuss von mindestens 300 Mio. CAD eine Brückenfinanzierung von 60 Mio. CAD oder mehr zur Verfügung gestellt werden soll.[162]

In Kanada, wie auch in anderen Ländern, ändern sich die Informationsstand zur Bewältigung dieser öffentlichen Gesundheitskrise täglich und es ist schwer vorherzusagen, wie lange oder wie schwerwiegend der derzeitige wirtschaftliche Abschwung voraussichtlich anhalten wird. Die Bundes- und Provinzregierungen verabschieden laufend neue Programme, was bedeutet, dass zwischen dem Erstellen und der Veröffentlichung dieses Kapitels wahrscheinlich bereits weitere Maßnahmen umgesetzt sein werden.[163] Um diese Krise erfolgreich zu meistern, müssen Unternehmen und Regierungsstellen in Kanada und auf der ganzen Welt auch während der weiteren Entwicklung der Krise flexibel und reaktionsfähig bleiben.

---

[158] Die *Canada Emergency Wage Subsidy* (Kanadische Lohnnotstandsbeihilfe – „CEWS") ist ein zwölfwöchiges Programm, welches vom 15.3.2020 bis zum 6.6.2020 läuft, und kanadischen Arbeitnehmern zugänglich ist, welche von COVID-19 betroffen sind und einen Bruttoeinkommensverlust von mindestens 15 % im März und 30 % im April und Mai erlitten haben (für Einzelheiten s.: https://www.canada.ca/en/revenue-agency/services/subsidy/emergency-wage-subsidy.html).
[159] Die *Temporary 10 % Wage Subsidy* ist ein zwölfwöchiges Programm, welches vom 18.3.2020 bis zum 19.6.2020 läuft und bestimmten kanadischen Arbeitnehmern zur Verfügung steht, welche von COVID-19 betroffen sind (für Einzelheiten s.: https://www.canada.ca/en/revenue-agency/campaigns/covid-19-update/frequently-asked-questions-wage-subsidy-small-businesses.html).
[160] https://www.canada.ca/en/department-finance/economic-response-plan.html#businesses.
[161] https://ceba-cuec.ca/.
[162] https://www.canada.ca/en/department-finance/economic-response-plan.html#businesses.
[163] Für weitere aktuelle Informationen s.: https://www.dentons.com/en/issues-and-opportunities/covid-19-coronavirus-hub/canada-covid-19-coronavirus-hub.

Kanada

Glossar

Englisch	Deutsch	Rn.
stay order	Anordnung einer Verfahrensaussetzung im Rahmen eines CCAA-Verfahrens	48
claims officer	Anspruchsbevollmächtigter	79
notice to bargain	Aufforderung des Schuldners zu Vertragsverhandlungen der Tarifvertragsparteien	66
pension regulator	Aufsichtsbehörde im Rahmen der Altersversorgung	76
construction trust	Bautreuhandvermögen	120
super priority charge	Belastung, die anderen gesicherten Gläubigern im Rang vorgeht	148
title	Eigentumsrecht	27
deemed trusts	fingiertes Treuhandvermögen	121 f.
bailiff	Gerichtsvollzieher	136
Bank Act, Kanadisches Bundesgesetz über die amtlich zugelassenen kanadischen Banken	Gesetzgebung	141
Bankruptcy and Insolvency Act („BIA"), Kanadisches Bundesgesetz zum Insolvenz-/Konkursverfahren		1
Canada Student Financial Assistance Act/Canada Student Loans Act, Gesetze über die Vergabe von Finanzhilfen für Studenten		43
Companies' Creditors Arrangement Act („CCAA"), Gesetz zur Reorganisation von Gesellschaften oder Gruppen verbundener Unternehmen mit Verbindlichkeiten von mehr als CAD 5.000.000,00		1
Employment Insurance Act, Kanadisches Gesetz über die finanzielle Unterstützung Erwerbsloser		29
Winding-Up and Restructuring Act („WURA"), Gesetz zur Liquidation von Finanzinstitutionen und Versicherungsgesellschaften		3
secured creditors	gesicherte Gläubiger	113 ff.
cross-border insolvency proceedings	grenzüberschreitende Insolvenzverfahren	150
quit claim deed	Grundstücksübertragungsurkunde (ohne Garantie für die Ordnungsmäßigkeit des übertragenen Rechtsanspruchs)	142
information officer	„Informationsbeauftragter" im Rahmen eines Verfahrens über die grenzüberschreitende Anerkennung von Verfahren, der Gericht und Gläubigern Informationen über den Schuldner zukommen lässt	15
assignment in bankruptcy	Konkursabtretung	96
bankruptcy proceeding	Konkursverfahren	17 ff.
financial defaults	Leistungsstörungen	69
employee remuneration charge	Pfandrecht zur Sicherung der Arbeitnehmervergütung	29, 77 f.

Kanada

Englisch	Deutsch	Rn.
pension contribution charge	Pfandrecht zur Sicherung nicht abgeführter Beiträge zur Altersversorgung der Arbeitnehmer	75 f.
eligible financial contracts	„qualifizierte" Finanzverträge, die von einem Aussetzungsbeschluss nach dem CCAA nicht beeinflusst werden	57, 61, 68
right of distraint	Recht zur Inbesitznahme	127
res judicata	rechtskräftig entschieden/Rechtskraft	149
restructuring proceedings	Restrukturierungsverfahren	44 ff.
oppression action	Klage eines Gesellschafters wegen „unzumutbar belastenden" Handelns	146
proposal trustee	Treuhänder, der den Schuldner im Rahmen eines proposals-Verfahrens nach dem BIA unterstützt	88, 96
unsecured creditors	ungesicherte Gläubiger	143 ff.
critical supplier	unternehmenswichtiger Lieferant	57
plan of arrangement or compromise	Vereinbarung zwischen dem Schuldnerunternehmen und dessen Gläubigern über einen Vergleich über die Ansprüche der Gläubiger	4, 15, 46, 49 53 ff., 83 f., 148
receiver and manager	Vermögensverwalter mit Geschäftsführungsbefugnissen	110 f.
power of sale	Verkaufsvollmacht	142
foreclosure action	Zwangsvollstreckungsklage des Hypothekengläubigers	141
receivership proceedings	Zwangsverwaltungsverfahren	16, 110 ff.
foreclosure (right of)	Zwangsvollstreckungsrecht	142
debtor-in-possession financing	Zwischenfinanzierung im Rahmen eines CCAA-Verfahrens	70

Glossar

Deutsch	Englisch	Rn.
Anordnung einer Verfahrensaussetzung im Rahmen eines CCAA-Verfahrens	stay order	48
Anspruchsbevollmächtigter	claims officer	79
Aufforderung des Schuldners zu Vertragsverhandlungen der Tarifvertragsparteien	notice to bargain	66
Aufsichtsbehörde im Rahmen der Altersversorgung	pension regulator	76
Bautreuhandvermögen	construction trust	120
Belastung, die anderen gesicherten Gläubigern im Rang vorgeht	super priority charge	148
Eigentumsrecht	title	27
fingiertes Treuhandvermögen	deemed trusts	121 f.
Gerichtsvollzieher	bailiff	136
Gesetzgebung	Bank Act, Kanadisches Bundesgesetz über die amtlich zugelassenen kanadischen Banken	141

Kanada

Deutsch	Englisch	Rn.
	Bankruptcy and Insolvency Act („BIA"), Kanadisches Bundesgesetz zum Insolvenz-/Konkursverfahren	1
	Canada Student Financial Assistance Act/Canada Student Loans Act, Gesetze über die Vergabe von Finanzhilfen für Studenten	43
	Companies' Creditors Arrangement Act („CCAA"), Gesetz zur Reorganisation von Gesellschaften oder Gruppen verbundener Unternehmen mit Verbindlichkeiten von mehr als CAD 5.000.000,00	1
	Employment Insurance Act, Kanadisches Gesetz über die finanzielle Unterstützung Erwerbsloser	29
	Winding-Up and Restructuring Act („WURA"), Gesetz zur Liquidation von Finanzinstitutionen und Versicherungsgesellschaften	3
gesicherte Gläubiger	secured creditors	113 ff.
grenzüberschreitende Insolvenzverfahren	cross-border insolvency proceedings	150
Grundstücksübertragungsurkunde (ohne Garantie für die Ordnungsmäßigkeit des übertragenen Rechtsanspruchs)	quit claim deed	142
„Informationsbeauftragter" im Rahmen eines Verfahrens über die grenzüberschreitende Anerkennung von Verfahren, der Gericht und Gläubigern Informationen über den Schuldner zukommen lässt	information officer	15
Konkursabtretung	assignment in bankruptcy	96
Konkursverfahren	bankruptcy proceeding	17 ff.
Leistungsstörungen	financial defaults	69
Pfandrecht zur Sicherung der Arbeitnehmervergütung	employee remuneration charge	29, 77 f.
Pfandrecht zur Sicherung nicht abgeführter Beiträge zur Altersversorgung der Arbeitnehmer	pension contribution charge	75 f.
„qualifizierte" Finanzverträge, die von einem Aussetzungsbeschluss nach dem CCAA nicht beeinflusst werden	eligible financial contracts	57, 61, 68
Recht zur Inbesitznahme	right of distraint	127
rechtskräftig entschieden/Rechtskraft	res judicata	149
Restrukturierungsverfahren	restructuring proceedings	44 ff.
Klage eines Gesellschafters wegen „unzumutbar belastenden" Handelns	oppression action	146
Treuhänder, der den Schuldner im Rahmen eines proposals-Verfahrens nach dem BIA unterstützt	proposal trustee	88, 96
ungesicherte Gläubiger	unsecured creditors	143 ff.
unternehmenswichtiger Lieferant	critical supplier	57

Kanada

Deutsch	Englisch	Rn.
Vereinbarung zwischen dem Schuldnerunternehmen und dessen Gläubigern über einen Vergleich über die Ansprüche der Gläubiger	plan of arrangement or compromise	4, 15, 46, 49 53 ff., 83 f., 148
Vermögensverwalter mit Geschäftsführungsbefugnissen	receiver and manager	110 f.
Verkaufsvollmacht	power of sale	142
Zwangsvollstreckungsklage des Hypothekengläubigers	foreclosure action	141
Zwangsverwaltungsverfahren	receivership proceedings	16, 110 ff.
Zwangsvollstreckungsrecht	foreclosure (right of)	142
Zwischenfinanzierung im Rahmen eines CCAA-Verfahrens	debtor-in-possession financing	70

Republik Korea

bearbeitet von Professor *Soogeun Oh* (Ewha Womans University Law School, Seoul, Republik Korea); Übertragung aus dem Englischen: *Wolfgang Zenker* (Rechtsanwalt, Berlin)

Übersicht

	Rn.
1. Schrifttum und Informationsquellen	1
2. Einführung	5
2.1 Gesetzlicher Rahmen	5
2.2 Sonderregelungen für Finanzinstitutionen und Finanzgläubiger	8
2.3 Verfahrenstypen	12
2.4 Gerichte und Verfahrensbeteiligte	14
2.5 Insolvenzmasse, vom Insolvenzverfahren nicht betroffene Gegenstände und Transaktionen	18
3. Rehabilitierungsverfahren (Sanierungsverfahren)	21
3.1 Verfahrenssubjekt/Verhältnis zur Privatrehabilitierung	21
3.2 Antrag/Antragsgründe	22
3.3 Eröffnungsverfahren/vorläufige Maßnahmen	23
3.4 Eröffnungsbeschluss/Wirkungen der Eröffnung	25
3.5 Unternehmensbewertung und betriebswirtschaftliche Untersuchungen	27
3.6 Unternehmensfortführung/ Beschränkung der Gläubigerrechte/ Aufrechnung	28
3.7 Forderungen	30
3.7.1 Forderungskategorien	30
3.7.2 Ermittlung, Prüfung und Feststellung von Forderungen	35
3.8 Verwalter und ihre Kompetenzen	39
3.8.1 Person des Verwalters/ „Eigenverwaltung"	39
3.8.2 Anfechtung	40
3.8.3 Gegenseitige Verträge	42
3.8.4 Geschäftsführung/weitere Aufgaben des Verwalters/Aufsicht	43
3.8.5 Dauer des Verwalteramts/Haftung	45
3.9 Rehabilitierungsplan	46
3.9.1 Planerstellung und -vorlage	46
3.9.2 Planinhalt/Gruppenbildung	47
3.9.3 Abstimmung, Annahme und Bestätigung des Plans/Planwirkungen	49
3.10 Planumsetzung/ Verfahrensbeendigung	52

	Rn.
3.11 Vereinfachtes Rehabilitierungsverfahren	54
4. Konkursverfahren	57
4.1 Konkurssubjekt/Konkursgründe	57
4.2 Konkursantrag/vorläufige Maßnahmen	58
4.3 Insolvenzfeststellung als Eröffnungsentscheidung	59
4.4 Wirkungen der Insolvenzfeststellung/ Konkursverwalter	61
4.5 Konkursforderungen	63
4.5.1 Forderungskategorien	63
4.5.2 Ermittlung, Prüfung und Feststellung von Forderungen	68
4.6 Verwertung und Verteilung der Konkursmasse	70
4.7 Beendigung des Konkursverfahrens	72
4.8 Restschuldbefreiung	73
4.8.1 Bedeutung der Restschuldbefreiung in Korea	73
4.8.2 Antrag	74
4.8.3 Restschuldbefreiungsverfahren/ Versagungsgründe	75
4.8.4 Wirkungen und Grenzen der Restschuldbefreiung	76
4.9 Restitution	77
5. Privatrehabilitierungsverfahren	78
5.1 Verfahrenssubjekt/Voraussetzungen	78
5.2 Antrag	80
5.3 Verfahrensbeteiligte/Gläubigerrechte	81
5.4 Zahlungsplan	83
5.5 Bestätigung des Zahlungsplans/Wirkungen	84
5.6 Restschuldbefreiung	86
6. Internationales Insolvenzrecht	88
6.1 Beschränkte Universalität/ UNCITRAL Modellgesetz	88
6.2 Ausländische Insolvenzverfahren mit Inlandsbezug	90
6.2.1 Gerichtszuständigkeit	91
6.2.2 Anerkennung ausländischer Insolvenzverfahren	92
6.2.3 Wirkungen der Anerkennung	93

Republik Korea 1–8 Länderberichte

	Rn.		Rn.
6.2.4 Anordnungen vor Anerkennung/Unterstützung ausländischer Verfahren	95	6.4 Parallele in- und ausländische Insolvenzverfahren/Kooperation	101
6.3 Inländische Insolvenzverfahren mit Auslandsbezug	100	7. Nachtrag zu Covid-19	104

1. Schrifttum und Informationsquellen

1 **Schrifttum (Koreanisch):** Noh, Youngbo, Insolvenzrecht, 2018; Oh, Soogeun/Han, Min/Kim, Seongyong/Jung, Youngjin, Insolvenzrecht, 2012; Oh, Soogeun, Verständnis des Insolvenzrechts, 2008; Chon, Byungseo, Insolvenzrecht, 2007.

2 **Schrifttum (Englisch):** Oh, Soogeun, „An Overview of the New Korean Insolvency Law", Norton Journal of Bankruptcy Law and Practice, Vol. 16, No. 5 (October 2007), 751–786; Oh, Soogeun (Hrsg.), Beiträge zum „Korean Bankruptcy Law Symposium", Journal of Korean Law, Vol. 7, No. 2 (2008), 251 ff.

3 **Zeitschrift (Koreanisch):** Koreanische Zeitschrift für Insolvenzrecht, halbjährlich herausgegeben vom Koreanischen Insolvenzrechtsinstitut.

4 **Praxisrichtlinien (Koreanisch):** *Insolvenzgericht Seoul,* Verfahren bei Unternehmenssanierungen 1/2, Verfahren bei Unternehmensinsolvenzen; Verfahren bei Privatinsolvenzen und -sanierungen, 5. Aufl. 2019.

2. Einführung

2.1 Gesetzlicher Rahmen

5 Das koreanische Insolvenzrecht ist im Wesentlichen im **Schuldner-Rehabilitierungs- und Konkursgesetz** (*ChaeMuJaHoeSaengMitPaSanEGwanHanBeopRyul;* im Folgenden: **SRKG**) geregelt, das 2005 verabschiedet wurde und am **1.4.2006** in Kraft getreten ist. Das SRKG ersetzte das Unternehmensreorganisationsgesetz, das Vergleichsgesetz und das Insolvenzgesetz, die 1962 erlassen worden waren, und das Privatschuldner-Rehabilitierungsgesetz von 2004. Das SRKG ist ein Spezialgesetz zu dem Zivilgesetzbuch, dem Zivilprozess- und dem Zwangsvollstreckungsgesetz; soweit es keine Regelungen trifft, finden diese Gesetze Anwendung (Art. 33[1]).

6 Das SRKG hat **sechs Teile:** Allgemeine Vorschriften (Teil I, Art. 1 bis 33; zB: Zuständigkeiten, Bekanntmachungen, Zustellungen, Register, Verwaltungskomitee, Gläubigerausschuss), Rehabilitierungsverfahren (Teil II, Art. 34 bis 293-8; rechtsformunabhängiges Rehabilitierungs- bzw. Sanierungsverfahren), Konkursverfahren (Teil III, Art. 294 bis 578-17; rechtsformunabhängiges Liquidationsverfahren), Privatrehabilitierungsverfahren (Teil IV, Art. 579 bis 627; Verbraucherinsolvenzverfahren), Internationales Insolvenzrecht (Teil V, Art. 628 bis 642), Strafvorschriften (Teil VI, Art. 643 bis 660).

7 Der Name und diese Struktur des SRKG verdeutlichen zugleich die **Sicht des Gesetzgebers** auf das moderne koreanische Insolvenzrecht: Wenngleich die Entwicklung des Insolvenzrechts ihren Ausgang bei der reinen Liquidationsinsolvenz nahm und Sanierungsoptionen erst im Laufe der Zeit hinzugekommen sind, wird das sanierende Rehabilitierungsverfahren (Teil II des SRKG) doch vor dem klassischen Insolvenzverfahren (Teil III des SRKG), das hier zur Abgrenzung vom Oberbegriff grundsätzlich als „Konkursverfahren" bezeichnet wird, genannt und geregelt. Dadurch wird die besondere **Bedeutung der Sanierung bzw. eines Neubeginns** *(fresh start)* gegenüber der Liquidation zum Ausdruck gebracht.

2.2 Sonderregelungen für Finanzinstitutionen und Finanzgläubiger

8 Erwähnung bei den Rechtsquellen verdienen noch das **Gesetz zur Förderung der Unternehmensrestrukturierung** (*GiEopGuJoJoJeongChokJinBeop;* im Folgenden: **GFUR**) und das **Gesetz zur Strukturverbesserung in der Finanzindustrie** (*GeumYungSanEopUiGuJoGaeSeonEGwanHanBeopRyul;* im Folgenden: **GSVFI**). Ersteres betrifft die Umschuldung zwischen Schuldnern und Finanzgläubigern. Es wurde sechs Mal erlassen, jeweils mit einer Auslaufklausel: im Jahr 2001 (ausgelaufen 2005), im Jahr 2007 (ausgelaufen 2010), im Jahr 2011 (ausgelaufen 2013), im Jahr 2014 (ausgelaufen 2015), im Jahr 2016 (ausgelaufen 2018) und im Jahr 2018 (befristet bis 2023). Das **GFUR** wurde ursprünglich zur **Rettung von Finanzinstitutionen** erlassen, die unter großen Summen notleidender Kredite (NPL) aus der Währungskrise in den späten 1990er-Jahren litten. Es hat den Gläubigerbanken Bereinigungsverfahren *(workout)* eröffnet, die eine Umschuldung und weitere Finanzierung aus dem Kreis der auf Gläubigerseite beteiligten Finanzinstitutionen erleichtern und so helfen, einen Wettlauf bei der Schuldeintreibung zu vermeiden. Auch wenn es sich bei den

---

[1] Artikel ohne Gesetzesangabe sind solche des SRKG.

2. Einführung

workouts nicht um gerichtliche Verfahren handelt, können Forderungen doch durch eine qualifizierte Mehrheitsentscheidung des Ausschusses der beteiligten Finanzgläubiger angepasst werden.

Wegen seiner **umstrittenen verfassungsrechtlichen Rechtfertigung** (im Hinblick vor allem auf den Eingriff in Vermögensrechte und die Ungleichbehandlung der Gläubiger) wurde das GFUR in allen sechs Fällen seines Erlasses jeweils mit einer Befristungsregelung versehen. Als Reaktion auf diese Kritik wurden ab 2016 der **Anwendungsbereich** des GFUR von den in Korea tätigen Finanzinstitutionen auf Gläubigerseite auf alle Finanzgläubiger erweitert und das Verfahren sowie die Beschlüsse des Ausschusses der Finanzgläubiger einer **gerichtlichen Überprüfung** unterstellt. Durch Beschluss des Ausschusses können einzelne Finanzgläubiger, insbesondere diejenigen mit lediglich kleinen Forderungen, vom *workout* ausgenommen werden. Finanzgläubiger, die mit Entscheidungen des Ausschusses nicht einverstanden sind, haben unter bestimmten Voraussetzungen einen Anspruch darauf, dass ihnen die Forderungen gegen das Schuldnerunternehmen abgekauft werden.

Diese *workout*-Verfahren nach dem GFUR lassen sich nicht ohne weiteres dem klassischen Insolvenzrecht zuordnen, da an ihnen nur eine bestimmte Gläubigergruppe teilnimmt. Sie haben jedoch vergleichbare rechtliche Wirkungen wie Insolvenz- bzw. Sanierungsverfahren, zB eine **Durchsetzungssperre für Gläubigerrechte** und die Möglichkeit, **Forderungen durch Abstimmung zu modifizieren**. Durch die Erweiterung des Anwendungsbereichs auf Finanzgläubiger allgemein ab 2016 wurde das frühere Sonderverfahren für in Korea tätige Gläubigerbanken in seiner Rechtsnatur deutlicher einem insolvenzrechtlichen Gesamtverfahren angenähert.

Das **GSVFI** regelt Verfahren und Methoden der **Restrukturierung maroder Finanzinstitutionen**. Es konzentriert sich im Wesentlichen auf die Überwachung ihrer finanziellen Gesundheit, auf den **Schutz des nationalen Finanzwesens** vor systemischen Risiken und auf den **Schutz der Kunden**. Insolvenzbedrohte Finanzinstitutionen unterliegen **vorbeugenden Maßnahmen** nach dem GSVFI, bevor es zu gerichtlichen Verfahren nach dem SRKG kommt, sodass das GSVFI als ein dem Insolvenzverfahren vorgelagertes Sonderregime für Finanzinstitutionen verstanden werden kann.

2.3 Verfahrenstypen

Das SRKG sieht drei Verfahrensarten vor: **Rehabilitierung** (Sanierung),[2] **Konkurs** (Liquidation)[3] und **Privatrehabilitierung**.[4] Das Rehabilitierungsverfahren bezweckt die **Umschuldung und Schuldenbereinigung,** um dem Schuldner wieder die (unbemakelte) Teilnahme am Wirtschaftsleben zu ermöglichen. Das Konkursverfahren ist das traditionelle, **liquidationsorientierte Verfahren**. Diese beiden Verfahrensarten stehen sowohl natürlichen als auch juristischen Personen und Gesellschaften offen – einschließlich etwa gemeinnützigen Organisationen, Kredit- und Finanzdienstleistungsinstituten sowie Gemeinden; eine Differenzierung nach der **Rechtsform des Schuldners** sieht das SRKG nicht vor. Die Privatrehabilitierung findet nur bei **natürlichen Personen** als Schuldnern Anwendung, die ein bestimmtes Einkommen erzielen.

Das **Annexverfahren in grenzüberschreitenden Insolvenzen** ist zwar ebenfalls ein Verfahren nach dem SRKG, aber mit den drei genannten Verfahrensarten nicht vergleichbar: Es dient der **Anerkennung ausländischer Insolvenzverfahren** und verschafft ihnen die erforderliche Wirkung und Unterstützung im Inland. Es ist auf alle Arten von Insolvenzverfahren vor ausländischen Gerichten anwendbar.

2.4 Gerichte und Verfahrensbeteiligte

Insolvenzfälle werden von den zuständigen **Gerichten** geführt. Für die **Metropolregion Seoul** und fakultativ darüber hinaus für Großverfahren wurde 2017 ein **besonderes Insolvenzgericht** eingerichtet, das für erstinstanzliche Insolvenzsachen zuständig ist. Bei allen **Bezirksgerichten** außerhalb Seouls wurden Insolvenzabteilungen eingerichtet, die für ihren Gerichtsbezirk die Insolvenzsachen ausschließlich bearbeiten, wenn nicht das Insolvenzgericht Seoul zuständig ist. Für ein Rechtsmittel gegen Entscheidungen des Insolvenzgerichts bzw. eines Bezirksgerichts ist eines von sechs Berufungsgerichten zuständig, gegen deren Entscheidungen ggf. wiederum ein Rechtsmittel beim Obersten Gericht statthaft ist.

Verwalter im Rehabilitierungsverfahren (Art. 56) und **Konkursverwalter** im Konkursverfahren (Art. 384) haben die ausschließliche Kompetenz zur **Verwaltung und Verwertung** des schuldnerischen Vermögens und Unternehmens. Das Gericht kann als Verwalter den Schuldner, Mitglieder

---

[2] → Rn. 21 ff.
[3] → Rn. 57 ff.
[4] → Rn. 78 ff.

der Geschäftsleitung des schuldnerischen Unternehmens oder (in bestimmten Fällen) Dritte bestellen, wobei es einen oder mehrere Verwalter geben kann; bestellt das Gericht keinen Verwalter, übernimmt der Schuldner bzw. seine Geschäftsleitung die Verwaltung (Art. 74). Der Konkursverwalter (oder ausnahmsweise mehrere, wenn das Gericht es für erforderlich hält, Art. 356) wird vom Gericht bestellt. Verwalter und Konkursverwalter unterstehen **umfassender gerichtlicher Aufsicht und Leitung.**

16 Daneben spielen das Verwaltungskomitee, Gutachter und Rehabilitierungsbeauftragte eine Rolle in Verfahren nach dem SRKG. Die Mitglieder des beim Insolvenz- bzw. Bezirksgericht eingerichteten **Verwaltungskomitees** verfügen über Expertise etwa auf den Gebieten der Buchhaltung bzw. -prüfung und Bankpraxis. Sie unterstützen das Gericht ua bei der Aufsicht über die Geschäftsführung von Unternehmen im Rehabilitierungsverfahren. Als Gremium **beraten** sie das Gericht nach Maßgabe des SRKG, etwa bei der Auswahl von Verwaltern und Konkursverwaltern und bei der Aufsicht (Art. 17). **Gutachter,** die vom Gericht üblicherweise aus dem Kreis der Wirtschaftsprüfungsunternehmen und Wirtschaftsprüfer bestellt werden, übernehmen Prüfungsaufgaben in Rehabilitierungsverfahren (Art. 87). Vom Gericht bestellte **Rehabilitierungsbeauftragte** sind regelmäßig Anwälte, Gerichtsbedienstete oder Mitglieder des Verwaltungskomitees (Art. 601). Sie überprüfen im Privatrehabilitierungsverfahren Zahlungspläne und beraten Schuldner und Gericht; sie **verwalten** ferner die Rückzahlungen nach solchen Zahlungsplänen.

17 Einzelne **Gläubiger** können im Rehabilitierungsverfahren (Art. 148, 149, 161) und im Konkursverfahren (Art. 447, 451) ihre Forderungen anmelden und fremde Forderungen bestreiten. Neben diesen Individualrechten und -aktivitäten können sie an der **Versammlung der interessierten Parteien** (Art. 182 ff., im Rehabilitierungsverfahren) bzw. der **Gläubigerversammlung** (Art. 367 ff., im Konkursverfahren) teilnehmen. Das Verwaltungskomitee oder das Gericht setzt grundsätzlich einen **Gläubigerausschuss** aus **bis zu zehn (vor allem großen) Gläubigern** ein (Art. 20); er dient der **Information** der Gläubiger und dazu, dem Gericht ein **Meinungs- und Stimmungsbild** der Gläubiger zu vermitteln (Art. 21 f.). Der Ausschuss kann in bestimmten Situationen gezielte Stellungnahmen abgeben und förmliche Anträge stellen – so betreffend die Bestellung bzw. Entlassung des Verwalters, Konkursverwalters oder Buchprüfers und die Feststellung des schuldnerischen Vermögens bzw. Durchführung einer Risikoprüfung *(due diligence)* des Unternehmens. Das Gericht kann dem Schuldner die für die Aufgabenerfüllung des Gläubigerausschusses erforderlichen **Kosten** auferlegen (Art. 21).

2.5 Insolvenzmasse, vom Insolvenzverfahren nicht betroffene Gegenstände und Transaktionen

18 Im Grundsatz erfassen die Verfahren nach dem SRKG alle Transaktionen, an denen der Schuldner beteiligt gewesen ist, und **alle ihm zugeordneten Vermögensgegenstände.** Allerdings gibt es von diesem Grundsatz **einige Ausnahmen:** Erstens ist von einem Treuhänder für den Schuldner gehaltenes **Treugut** bzw. Treuhandvermögen von Insolvenzverfahren ausgenommen.[5] Das Treugut wird in der Insolvenz des Treuhänders und des Treugebers separat behandelt. Für den Konkurs von Treuhandvermögen mit beschränkter Haftung enthält das SRKG Sonderregelungen.[6]

19 Zweitens können vorinsolvenzliche Vereinbarungen, dass eine Partei im Fall der Insolvenz der anderen Partei etwa einen Vertrag kündigen können soll (**Lösungsklauseln** bzw. Ipso-Facto-Klauseln), verhindern, dass ein Schuldverhältnis oder Gegenstand des Insolvenzverfahrens wird. Das SRKG äußert sich nicht zur Zulässigkeit solcher Lösungsklauseln und die Rechtsprechung ist **nicht eindeutig.** Eine Entscheidung des Obersten Gerichts[7] kann so verstanden werden, dass Lösungsklauseln als privatautonome Gestaltung unter gewissen Voraussetzungen wirksam seien.

20 Eine dritte Ausnahme ist in Art. 120 und in Art. 336 geregelt: Dort werden wiederum drei Bereiche von Transaktionen benannt, die der Verwalter **nicht anfechten** kann und bezüglich derer ihm die **Wahl zwischen der Erfüllung schwebender Verträge und ihrer Ablehnung abgeschnitten** ist. Diese „Isolierung" gegen Insolvenzrisiken soll den Bestand und die Verlässlichkeit **bestimmter Finanztransaktionen** schützen. Der erste Bereich ist das Zahlungs- und Abrechnungssystem unter der Ägide der Bank of Korea einschließlich der Überweisungs-, Electronic Banking-, Geldautomaten- und CLS- (Fremdwährungsabrechnungs-) Systeme. Der zweite ist das Wertpapierclearing-System der Koreanischen Börse, und der dritte betrifft bestimmte Finanztransaktionen

---

[5] Art. 24 Treuhandgesetz (Konkurs des Treuhänders und Treugut): Treugut gehört nicht zur Konkursmasse des Treuhänders, zum der Verwaltungs- und Verwertungsbefugnis eines Verwalters im Rehabilitierungsverfahren unterliegenden Vermögen des Schuldners oder zur Masse eines Privatrehabilitierungsverfahrens.

[6] Teil III Kapitel 9, Art. 578-2 bis 578-17.

[7] Oberstes Gericht, Entscheidung v. 6.9.2007, Fall-Nr. 2005DA38263: „Es stellt einen gravierenden Verstoß gegen das Prinzip der Vertragsfreiheit dar, Lösungsklauseln generell als unwirksam zu behandeln."

in auf qualifizierter vertraglicher Grundlage eingerichteten Systemen; ein typisches Beispiel ist ein Derivategeschäft auf der Grundlage des Rahmenvertrags der International Swap and Derivatives Association (ISDA).

3. Rehabilitierungsverfahren (Sanierungsverfahren)

3.1 Verfahrenssubjekt/Verhältnis zur Privatrehabilitierung

Das Rehabilitierungsverfahren steht **allen unternehmenstragenden Rechtssubjekten** offen – jeder juristischen oder (selbständig tätigen) natürlichen Person ebenso wie jeder Gesellschaft. Selbständige natürliche Personen können sowohl ein Rehabilitierungsverfahren nach Teil II des SRKG als auch ein **Privatrehabilitierungsverfahren** nach Teil IV[8] beantragen. Dabei genießt das Privatrehabilitierungsverfahren insoweit Vorrang, als das Gericht nach Art. 593 ein Rehabilitierungsverfahren aussetzen oder seine Beantragung untersagen kann, wenn ein Antrag auf Eröffnung eines Privatrehabilitierungsverfahrens eingeht.

3.2 Antrag/Antragsgründe

Das Rehabilitierungsverfahren wird durch das Einreichen eines **Antrags** eingeleitet. Dieser kann gestellt werden, wenn (a) der Schuldner **außerstande** ist, seine Schulden ohne erhebliche Probleme für die Geschäftsfortführung zu begleichen, oder (b) dem Schuldner aufgrund bestimmter Umstände die **Insolvenz droht**. Üblicherweise stellt der **Schuldner** den Antrag, aber unter bestimmten Voraussetzungen sind auch **Anteilseigner, Gläubiger oder einzelne Mitglieder der Geschäftsleitung** antragsberechtigt. Der Antragsteller muss den Antragsgrund **glaubhaft machen**. Grundsätzlich ist vor einer Entscheidung der Schuldner oder sein Vertreter **anzuhören**.

3.3 Eröffnungsverfahren/vorläufige Maßnahmen

Das Rehabilitierungsverfahren beginnt erst mit dem gerichtlichen Eröffnungsbeschluss; der Antrag stellt den Beginn des Eröffnungsverfahrens dar. Der Gefahr, die dem schuldnerischen Vermögen **zwischen Antragstellung und Eröffnung** durch Verfügungen oder Vollstreckungsmaßnahmen droht, kann das Gericht nach dem SRKG auf vier Wegen begegnen: (1) durch das Ergreifen von Erhaltungsmaßnahmen (Art. 43 Abs. 1), (2) durch die Bestellung eines Sicherungsverwalters (Art. 43 Abs. 3), (3) durch den Erlass einer Aussetzungsverfügung (Art. 44) und (4) durch den Erlass einer umfassenden Verbotsverfügung (Art. 45).

Erhaltungsmaßnahmen können – etwa durch vorläufige **Beschlagnahme** oder andere vorläufige Anordnungen – Handlungen verhindern, die das Schuldnervermögen beeinträchtigen. Wird eine **Sicherungsverwaltung** angeordnet, so erwirbt der Sicherungsverwalter die ausschließliche Verwaltungs- und Verfügungsbefugnis über das schuldnerische Vermögen und die ausschließliche Befugnis, die Geschäfte des Schuldners zu führen (Art. 85). Eine **Aussetzungsverfügung** unterbricht laufende Verfahren, die das Schuldnervermögen betreffen, während eine **Verbotsverfügung** die Einleitung neuer Verfahren untersagt. Von einer Aussetzungsverfügung können Konkursverfahren, Zwangsvollstreckungen, Beschlagnahmen, sonstige vorläufige Maßnahmen, Versteigerungen, Gerichts- und Verwaltungsverfahren betreffend Vermögensgegenstände sowie Steuerbeitreibungsmaßnahmen betroffen sein (Art. 44 Abs. 1). Eine umfassende Verbotsverfügung untersagt die Einleitung neuer rechtlicher Verfahren durch Gläubiger oder Dritte; sie ist insofern umfassend, als jedes denkbare Verfahren, das von einer beliebigen Person eingeleitet werden kann, dem Verbot unterliegt. Eine solche umfassende Verbotsverfügung kann daher das gesamte Schuldnervermögen vor jeder Form zukünftiger Angriffe schützen.

3.4 Eröffnungsbeschluss/Wirkungen der Eröffnung

Das Gericht muss **binnen eines Monats** über den Eröffnungsantrag entscheiden (Art. 49 Abs. 1). Er wird abgelehnt, wenn (a) die **Kosten des Rehabilitierungsverfahrens** nicht im Voraus bezahlt worden sind, (b) der Antrag **treuwidrig** gestellt wurde oder (c) ein Rehabilitierungsverfahren **nicht im gemeinsamen Interesse der Gläubiger** liegt (Art. 42). Treuwidrig kann ein Antrag etwa dann sein, wenn Anteile oder Forderungen nur zum Zwecke der Antragstellung erworben worden waren oder wenn der Antrag hauptsächlich der Verhinderung eines Konkursverfahrens oder der Strafverfolgung dient.

Im **Eröffnungsbeschluss** soll das Gericht über den **Verwalter** (also seine Bestellung und ggf. seine Person) entscheiden, den **Termin** für die erste Versammlung der interessierten Parteien

---

[8] Dazu näher → Rn. 78 ff.

bestimmen und die **Fristen** festlegen, binnen derer der Verwalter dem Gericht ein Verzeichnis der Gläubiger und Anteilseigner einzureichen hat, die Gläubiger ihre Forderungen anzumelden haben und die Forderungen zu prüfen sind (Art. 50). Mit dem Erlass des Eröffnungsbeschlusses gehen die **Geschäftsführungsgewalt sowie die Verwaltungs- und Verfügungsbefugnis** über das Vermögen vom Schuldner vollständig auf den Verwalter über (Art. 56). Bestellt das Gericht keinen Verwalter, so übernehmen der Schuldner, wenn er eine natürliche Person ist, bzw. ansonsten seine Geschäftsleitung die Rolle und die Aufgaben des Verwalters (Art. 74 Abs. 4).

3.5 Unternehmensbewertung und betriebswirtschaftliche Untersuchungen

27   Das Gericht kann einen **Gutachter** bestellen – üblicherweise eine Wirtschaftsprüfungsgesellschaft –, um das Unternehmensvermögen zu bewerten, Rechnungsabschlüsse zu erstellen und die Geeignetheit des Verfahrens zu begutachten (Art. 87). Die Bestellung des Gutachters ist zwar fakultativ, erfolgt aber in den meisten Fällen. Von besonderer Bedeutung ist die Einschätzung des Gutachters zur Wirtschaftlichkeit und damit zum Verhältnis von Liquidationswert und Fortführungswert *(going concern)* des schuldnerischen Unternehmens. Das Rehabilitierungsverfahren verliert an Bedeutung und kann vom Gericht eingestellt werden, wenn der **Liquidationswert** höher ist als der **Fortführungswert** (Art. 286 Abs. 2); alternativ kann ein Liquidationsplan erstellt werden (Art. 222). Das SRKG schreibt keine bestimmte **Bewertungsmethode** vor, aber die Verfahrensregeln des Obersten Gerichts zu Rehabilitierungsverfahren schlagen vor, dass man den Liquidationswert durch bilanzmäßige Addition der einzelnen Vermögenswerte zu reduzierten (Zerschlagungs-)Werten bestimmt, während der Fortführungswert geschätzt wird, indem man die Summe aus dem Zeitwert künftiger Erträge und dem Wert des nicht betriebsnotwendigen Vermögens bildet. Andere plausible Methoden sind zulässig, aber in der Praxis wird allgemein den Verfahrensregeln gefolgt.

3.6 Unternehmensfortführung/Beschränkung der Gläubigerrechte/Aufrechnung

28   Die Eröffnung des Verfahrens betrifft sowohl den Schuldner als auch die Gläubiger: Die Befugnis, das **Unternehmen des Schuldners** zu leiten, liegt nun ausschließlich beim Verwalter. Gläubiger können ihre Forderungen nur verfolgen, wenn und soweit das Gericht oder der Rehabilitierungsplan es gestatten. Sie sind allerdings grundsätzlich ungeachtet des Rehabilitierungsverfahrens – nicht anders als in der Einzelzwangsvollstreckung – zur **Aufrechnung** berechtigt, wenn deren Voraussetzungen bereits vor Ablauf der Frist zur Forderungsanmeldung eingetreten sind (Art. 144). Freilich **begrenzt** das SRKG die Aufrechnungsbefugnis der Gläubigers zum Schutz des schuldnerischen Vermögens in bestimmten Situationen. Eine Aufrechnung ist unzulässig, (a) wenn die Verbindlichkeit des Gläubigers erst nach Verfahrenseröffnung entstanden ist, (b) wenn der Gläubiger bei Begründung seiner Verbindlichkeit die Zahlungseinstellung des Schuldners oder den Antrag auf Verfahrenseröffnung gekannt hat, (c) wenn ein Schuldner des Schuldners erst nach Verfahrenseröffnung eine Forderung von einem Dritten erworben hat oder (d) wenn ein Schuldner des Schuldners bei Erwerb der Forderung Kenntnis der Zahlungseinstellung oder des Eröffnungsantrags hatte (Art. 145).

29   Der Eröffnungsbeschluss unterbricht alle **Vollstreckungsmaßnahmen** der Gläubiger; sie können ihre Forderungen nur noch im Rehabilitierungsverfahren verfolgen (Art. 58). Der Verwalter kann mit Gestattung des Gerichts **Verbindlichkeiten des Schuldners** erfüllen. Jegliches hoheitliche **Verfahren, das das schuldnerische Vermögen betrifft,** ist unzulässig oder wird unterbrochen – einschließlich Konkursverfahren, Einzelzwangsvollstreckungen, streitiger Gerichtsverfahren sowie der Beitreibung rückständiger Steuerforderungen (Art. 59). Jedoch wirkt der Eröffnungsbeschluss nicht zugunsten von **Bürgen des Schuldners** oder von sonstigen Drittsicherungsgebern, sodass die gesicherten Gläubiger diese in Anspruch nehmen und gegen sie vollstrecken können.

3.7 Forderungen

3.7.1 Forderungskategorien

30   Je nach der Art ihrer Forderung haben Gläubiger im Rehabilitierungsverfahren unterschiedliche Rechte. Sie werden in **vier Kategorien** eingeteilt: (a) Gläubiger mit Vorzugsforderungen; (b) gesicherte Gläubiger; (c) allgemeine Gläubiger; (d) Gläubiger von sonstigen, nach Eröffnung entstandenen Forderungen.

31   **Vorzugsforderungen** werden ungeachtet des Rehabilitierungsplans und vor anderen Forderungen erfüllt. Das bedeutet jedoch nicht, dass sie aus dem Sicherungsgut bedient werden könnten, das den gesicherten Gläubigern zugewiesen ist. Zu den Vorzugsforderungen gehören die **Kosten** des Verfahrens und der Verwaltung, (auch vorinsolvenzliche) **Lohn- und Pensionsansprüche**,

bestimmte **Steuern** und Forderungen, die vom Gericht als **unvermeidbare Ausgabe** für den Schuldner anerkannt wurden (Art. 179).

Gesicherte Forderungen sind Forderungen, die zum Zeitpunkt der Verfahrenseröffnung etwa durch vertragliche oder gesetzliche **Pfandrechte**, Grundpfandrechte, *YangDoDamBo*,[9] Sicherungsrechte mit einstweiliger Registrierung, *CheonSeGwon*[10] oder **sonstige Vorzugsrechte** an schuldnerischen Vermögensgegenständen gesichert waren (Art. 141 Abs. 1).[11] Gesicherte Forderungen werden **gespalten**: Der durch das Sicherungsgut gedeckte Forderungsteil wird als gesicherte Forderung anerkannt, während der den Wert des Sicherungsguts ggf. übersteigende Forderungsteil als allgemeine Forderung behandelt wird (Art. 141 Abs. 4). Der **Wert des Sicherungsguts** wird auf dieselbe Weise ermittelt wie der Liquidationswert: in öffentlicher Versteigerung der einzelnen Gegenstände **erzielbarer Preis** unter Berücksichtigung der üblicherweise bei zwangsweiser Veräußerung zu erwartenden Einbußen. Demzufolge kann der für besagte Aufteilung bestimmte Sicherungswert geringer sein als der Schätzwert unter gewöhnlichen Umständen.

Allgemeine Rehabilitierungsforderungen sind die **ungesicherten Forderungen**, die **vor Eröffnung** des Rehabilitierungsverfahrens entstanden sind, **Zinsen** für die Zeit nach der Eröffnung, **Schadensersatz- und Strafforderungen** für die Nichterfüllung nach Verfahrenseröffnung und die **Kosten** der Verfahrensteilnahme (Art. 118).

In die vierte Kategorie fallen Forderungen, die **nach Eröffnung des Rehabilitierungsverfahrens entstanden** sind, aber in keine der vorgenannten Kategorien gehören. Zum Beispiel werden hiervon Ausgaben für den Schuldner erfasst, die nicht als unvermeidbar angesehen werden, oder vom Schuldner (und nicht vom Verwalter) nach Verfahrenseröffnung begründete Verbindlichkeiten (Art. 181).

3.7.2 Ermittlung, Prüfung und Feststellung von Forderungen

Die **Forderungen** werden auf zwei Wegen **ermittelt**: durch die **vom Verwalter erstellten Verzeichnisse** und durch die **Anmeldung seitens der Gläubiger**. Der Verwalter muss Verzeichnisse der bekannten gesicherten und ungesicherten Rehabilitierungsgläubiger sowie der Anteilseigner bei Gericht einreichen (Art. 147). Außerdem müssen alle Gläubiger mit Ausnahme der Vorzugsgläubiger ihre Forderungen innerhalb der festgesetzten Frist (zwischen zwei Wochen und vier Monaten) beim Gericht anmelden (Art. 148 f.). Gläubiger, die ohne Verschulden an der rechtzeitigen Anmeldung gehindert waren, können ihre Forderungen grundsätzlich noch einen Monat nach Fortfall des Hindernisses anmelden (Art. 152). Anteilseigner, die am Rehabilitierungsverfahren teilnehmen wollen, müssen ihre Beteiligung am schuldnerischen Unternehmen mit entsprechenden Belegen ebenfalls anmelden (Art. 150), wobei ihre Beteiligung auch bei unterbliebener Anmeldung Berücksichtigung findet. Forderungen und Beteiligungen, die in die Verzeichnisse des Verwalters aufgenommen worden sind, gelten als ordnungsgemäß angemeldet (Art. 151).

Die in den Verzeichnissen enthaltenen sowie die angemeldeten Forderungen werden von einem Gerichtsbeamten in **Listen** der gesicherten und der ungesicherten Forderungen und der Anteilsrechte aufgenommen. Diese Listen können von interessierten Parteien eingesehen und geprüft werden. Während der für die Prüfung bestimmten Frist können der Verwalter, der Schuldner und einzelne Gläubiger Forderungen **bestreiten**. Erfolgt kein Widerspruch, wird die Liste **festgestellt** und hat für alle Gläubiger und Anteilseigner im Rahmen des Rehabilitierungsverfahrens die Wirkungen eines **rechtskräftigen Urteils**.

Wird ein **Widerspruch** gegen eine Forderung erhoben, die in den Verzeichnissen enthalten oder vom Gläubiger angemeldet worden ist, kann der Gläubiger der bestrittenen Forderung ein **Prüfungs- und Feststellungsurteil** für Forderungen beantragen – eine Form der Entscheidung im abgekürzten Verfahren. Ohne dieses Urteil zugunsten des Gläubigers kann die bestrittene Forderung nicht in die endgültige Forderungsliste aufgenommen werden und wird im gesamten Rehabilitierungsverfahren nicht als festgestellte Forderung angesehen. Die von einem solchen (positiven oder negativen) Prüfungs- und Feststellungsurteil für Forderungen formell beschwerte Partei kann hiergegen ein **Rechtsmittel** einlegen. Das Rechtsmittel wird vom Gericht wie eine normale Zivilsache verbeschieden.

Vorzugsforderungen sind vom Anmeldungs- und Prüfungsprozess ausgenommen, weil sie ohne Rücksicht auf das Rehabilitierungsverfahren beglichen werden. Gläubiger, die sich einer Vorzugsforderung berühmen, können den **Verwalter zur Erfüllung auffordern**. Im Falle der Weige-

---

9   *YangDoDamBo* ist ein fiduziarisches Sicherungsrecht – vergleichbar dem Sicherungseigentum –, das die Übertragung des Vollrechts am Sicherungsgut umfasst.
10 *CheonSeKwon* ist ein ausschließliches dingliches Gebrauchsrecht an Immobilien.
11 Demgegenüber können Gegenstände, die nicht zum schuldnerischen Vermögen gehören, ihm durch Aussonderung nach allgemeinen Regeln entzogen werden (Art. 70).

rung können sie ein Gerichtsverfahren gegen den Verwalter einleiten und geltend machen, dass es sich bei ihrer Forderung um eine Vorzugsforderung handelt. Sonstige, **nach Verfahrenseröffnung begründete Forderungen** unterliegen ebenfalls nicht dem spezifischen Prozess für Rehabilitierungsforderungen. **Anteilsrechte** sind in den Verzeichnissen des Verwalters enthalten und können im Übrigen wie Rehabilitierungsforderungen angemeldet (und bei fehlendem Widerspruch festgestellt) werden. Jedoch trifft das SRKG keine Anordnungen zur Feststellung bestrittener Anteilsrechte, sodass Streitigkeiten in normalen Zivilverfahren auszutragen sind.

3.8 Verwalter und ihre Kompetenzen

3.8.1 Person des Verwalters/„Eigenverwaltung"

39   Das SRKG legt als Grundsatz zur Leitungsstruktur des schuldnerischen Unternehmens im Rehabilitierungsverfahren fest, dass die **aktuelle Geschäftsleitung auch als Verwalter** bestellt wird. Ein **Dritter** soll nur dann ernannt werden, wenn (a) die Geschäftsleitung des Schuldners wegen Untreue, Beiseiteschaffen oder Verbergen von Vermögenswerten oder schlechter Unternehmensführung **maßgeblich für die Krise verantwortlich** ist, (b) der **Gläubigerausschuss** die Bestellung eines externen Verwalters mit plausibler Begründung beantragt oder (c) es für die erfolgreiche Rehabilitierung **erforderlich** ist. Das Gericht kann auf die Bestellung eines Verwalters **verzichten,** wenn es sich beim Schuldner um eine natürliche Person, den Träger eines kleinen oder mittleren Unternehmens oder um ein Rechtssubjekt handelt, das durch die Verfahrensregeln des Obersten Gerichts bezeichnet wird (Art. 74). Diese Regeln erweitern den Kreis um gemeinnützige Organisationen, *HapJaHoeSa*,[12] *HapMyungHoeSa*,[13] Gesellschaften, die an der koreanischen Börse (Korea Exchange bzw. KOSDAQ) gelistet sind, Gesellschaften, deren Sanierung binnen kurzer Zeit möglich ist, Gesellschaften, bei denen der Schuldner und die großen Gläubiger bereits einem Rehabilitierungsplan zugestimmt haben, und Gesellschaften, bei denen neue Investitionen geplant sind. Wird kein Verwalter bestellt, gilt der Schuldner (oder, wenn es sich nicht um eine natürliche Person handelt, sein Vertretungsorgan) als Verwalter. In mehr als 90 % der Rehabilitierungsverfahren bestellt das Gericht gegenwärtig keinen Verwalter.

3.8.2 Anfechtung

40   Um den Wert des Schuldnervermögens zu erhalten und vergrößern, kann der Verwalter bestimmte Handlungen nach dem SRKG anfechten. Art. 100 nennt vier Arten von **anfechtbaren Handlungen:**[14] Erstens eine Handlung, die der Schuldner in dem **Wissen** vornimmt, dass sie den Gläubigern schadet; zweitens eine gläubigerschädigende Handlung, die während der Suspektsperiode (also nach der **Zahlungseinstellung** oder dem **Antrag** auf Eröffnung eines Rehabilitierungs- oder Konkursverfahrens) erfolgt; drittens eine Sicherungs- oder Erfüllungshandlung des Schuldners, die **ohne rechtliche Verpflichtung** dazu innerhalb der Suspektsperiode oder der 60 vorangegangenen Tage erfolgt ist; und schließlich viertens eine **unentgeltliche Leistung** des Schuldners während der Suspektsperiode oder der vorangegangenen sechs Monate. In den ersten drei Fällen setzt die Anfechtbarkeit zusätzlich voraus, dass der Begünstigte die betreffenden Umstände sowie die Schädigung bzw. **Zurücksetzung anderer Gläubiger gekannt hat.** Wenn der Begünstigte dem Schuldner in besonderer Weise **nahesteht** – wie etwa bei natürlichen Personen Ehegatten oder bei Gesellschaften Geschäftsleiter oder Konzerngesellschaften –, **verlängert sich die Frist** im dritten und im vierten Fall von 60 Tagen bzw. sechs Monaten auf ein Jahr; im Übrigen wird bei nahestehenden Personen im zweiten und dritten Fall die erforderliche Kenntnis **vermutet** (Art. 101). Die Anfechtung kann durch Klage, Antrag an das Gericht[15] oder Einrede in einem Gerichtsverfahren mit anderem Streitgegenstand ausgeübt werden; dies muss binnen **zwei Jahren ab Eröffnung** des Rehabilitierungsverfahrens und binnen **zehn Jahren ab der anfechtbaren Handlung** erfolgen (Art. 112).

---

[12]   *HapJaHoeSa* ist eine Körperschaft, deren Gesellschafter teilweise unbeschränkt und teilweise beschränkt persönlich haften.

[13]   *HapMyungHoeSa* ist eine Körperschaft, deren Gesellschafter unbeschränkt persönlich haften.

[14]   Das SRKG spricht in den Anfechtungsbestimmungen von „Handlungen" bzw. „Handlungen des Schuldners"; die Gerichte legen diese Begriffe weit aus: Neben Rechtsgeschäften kommen auch rechtsgeschäftsähnliche und tatsächliche Handlungen in Betracht, und neben „Handlungen des Schuldners" können auch Handlungen Dritter (auch solche von Gläubigern) der Anfechtung unterliegen, wenn sie Handlungen des Schuldners gleichzustellen sind.

[15]   Der Anfechtungsantrag an das Gericht (*BuInUiChungGu*) löst ein beschleunigtes Verfahren ohne eingehende Beweiserhebung aus – es genügt die Glaubhaftmachung der Anfechtbarkeit.

Da die Anfechtungsbefugnis ausschließlich dem Verwalter zusteht, kann ein auf Anfechtung 41 gestützter Rechtsstreit nach dem Ende des Verwalteramtes durch Aufhebung des Rehabilitierungsverfahrens nicht fortgeführt werden. Das Oberste Gericht[16] weist daher in ständiger Rechtsprechung Anfechtungsklagen nach Ende des Rehabilitierungsverfahrens ab. Der Gegenauffassung, dass der Verwalter seine Anfechtungsbefugnis bereits durch Erhebung der Anfechtungsklage wirksam ausgeübt habe und der Rechtsstreit dann auch nach Aufhebung des Rehabilitierungsverfahrens vom Schuldner weitergeführt werden könne, hat das Oberste Gericht eine Absage erteilt. Aus diesem Grund zögern manche Schuldner, die Aufhebung des aufhebungsreifen Rehabilitierungsverfahrens zu beantragen, um bedeutendere Anfechtungsprozesse fortführen zu können, oder aber sie spalten das Unternehmen in zwei Teile – einen, der im Rehabilitierungsverfahren verbleibt und für den im Wesentlichen nur noch der Anfechtungsprozess weitergeführt wird, und einen für die regulären Geschäftsaktivitäten außerhalb des Rehabilitierungsverfahrens.

3.8.3 Gegenseitige Verträge

Der Verwalter hat nach Art. 119 ein **Wahlrecht,** ob er **schwebende gegenseitige Verträge** 42 übernimmt oder ob er ihre Erfüllung ablehnt. Wählt der Verwalter die Durchführung des Vertrags, wird die gegen den Schuldner gerichtete Forderung zur Vorzugsforderung. Anderenfalls, bei Ablehnung der Erfüllung, kann die andere Vertragspartei bereits zuvor im Hinblick auf den Vertrag übertragene Vermögensgegenstände oder ihren Wert als Vorzugsforderung zurückverlangen und im Übrigen Schadensersatz wegen Nichterfüllung als Rehabilitierungsgläubiger fordern. Die Gegenpartei kann den Verwalter **auffordern,** sich verbindlich über die Ausübung des Wahlrechts zu erklären. Kommt er dieser Aufforderung nicht binnen 30 Tagen nach, so gilt dies als Verzicht des Verwalters auf seine Befugnis zur Erfüllungsablehnung bzw. Vertragsbeendigung.

3.8.4 Geschäftsführung/weitere Aufgaben des Verwalters/Aufsicht

Auch wenn der Verwalter die **ausschließliche Geschäftsführungsbefugnis** über das schuld- 43 nerische Unternehmen hat, unterliegt er doch der **Aufsicht** und den Weisungen des Gerichts. Das Gericht kann bei Ernennung des Verwalters anordnen, dass dieser zur Vornahme bestimmter Handlungen die **Zustimmung des Gerichts** benötigt. Das SRKG nennt beispielhaft die Veräußerung und den Erwerb von Vermögensgegenständen, die Aufnahme von Geld- oder Sachdarlehen, die Kündigung bzw. Beendigung eines Vertrags, die Einleitung von Gerichtsverfahren, den Abschluss von Vergleichen oder Schiedsverträgen, den Verzicht auf Rechte sowie die Anerkennung von Vorzugsforderungen und Aussonderungsrechten (Art. 61 Abs. 1; Abs. 2 zählt einzelne Handlungen auf, die stets zustimmungsbedürftig sind).

Zusätzlich zur **Führung der Alltagsgeschäfte** des schuldnerischen Unternehmens erfüllt der 44 Verwalter etliche weitere Aufgaben im Rehabilitierungsverfahren. So soll er unter anderem das Unternehmen und das Vermögen des Schuldners prüfen, einen **Bericht** darüber für das Gericht erstellen sowie einen **Rehabilitierungsplan entwerfen** und bei Gericht einreichen. Wird der Plan vom Gericht bestätigt, ist der Verwalter ferner zu seiner **Umsetzung** berufen. Der Verwalter soll bei Beendigung seines Amts einen Rechnungslegungsbericht erstellen.

3.8.5 Dauer des Verwalteramts/Haftung

Das SRKG enthält keine Regelungen zur **Amtsdauer** des Verwalters, aber das Gericht bestellt 45 ihn regelmäßig für einen Zeitraum von zunächst zwei Jahren (oder bis zur früheren Verfahrensbeendigung). Der Verwalter ist verpflichtet, die Geschäfte mit der Sorgfalt eines ordentlichen Geschäftsleiters zu führen, und **haftet** für fahrlässig verursachte Schäden. Das Gericht kann den Verwalter vorzeitig **entlassen,** wenn einer der in Art. 83 genannten Gründe vorliegt.

3.9 Rehabilitierungsplan

3.9.1 Planerstellung und -vorlage

Der Rehabilitierungsplan wird vom Verwalter auf der Grundlage der festgestellten Forderungs- 46 liste und den Ergebnissen einer Unternehmens- und Risikoprüfung *(due diligence)* durch den Gut-

---

[16] Oberstes Gericht, Entscheidung v. 13.10.1995, Fall-Nr. 95DA30253; Oberstes Gericht, Entscheidung v. 22.7.2004, Fall-Nr. 2002DA46058; Oberstes Gericht, Entscheidung v. 13.10.2006, Fall-Nr. 2005DA73396: „Die Anfechtungsbefugnis kann nur vom Verwalter unter der Annahme ausgeübt werden, dass das Verfahren andauert. Sie erlischt, wenn das Verfahren beendet wird, bevor die Rückübertragung des anfechtbar Weggegebenen erfolgt, auch wenn der Anfechtungsprozess während des Verfahrens eingeleitet wurde".

achter entworfen. Er soll binnen einer dafür bestimmten Frist bei Gericht eingereicht werden. Diese **Frist** beträgt im Grundsatz höchstens vier Monate ab dem Ende der Frist zur Forderungsanmeldung (Art. 50 Abs. 1 Nr. 4). Unter bestimmten Umständen kann sie um bis zu zwei Monate verlängert werden (Art. 50 Abs. 3). Im Fall kleiner und mittlerer Unternehmen beträgt die Frist höchstens zwei Monate; sie kann um einen Monat verlängert werden. Neben dem Verwalter können auch der Schuldner, Gläubiger oder Anteilseigner einen Rehabilitierungsplan einreichen (Art. 221), wobei bisher erst von einem einzigen Fall berichtet wird, in dem der Plan von jemand anderem als dem Verwalter vorgelegt worden war.

3.9.2 Planinhalt/Gruppenbildung

47 Der Rehabilitierungsplan enthält insbesondere einen **Zahlungsplan** und **Modifizierungen der einzelnen Forderungen** der Gläubiger sowie der Rechte der Anteilseigner (Art. 193). Die allgemeine Zahlungsfrist nach dem Plan kann bis zu zehn Jahre betragen (Art. 195). Die Anpassung der einzelnen Verbindlichkeiten umfasst oft eine Reduzierung der Schuldhöhe (Teilerlass), eine Stundung und ggf. den Umtausch von Forderungen in Beteiligungsrechte *(debt-equity-swap)*. Die **Rechte der Anteilseigner** werden nach Maßgabe der Verhandlungen zwischen Schuldner und Gläubigern modifiziert. Der Rehabilitierungsplan kann eine **Kapitalherabsetzung**/Einziehung (Amortisation) und deren Umfang und Methode vorsehen unter Berücksichtigung des schuldnerischen Vermögens, der Verbindlichkeiten und Ertragskraft sowie mit der Ausgabe neuer Anteile verbundener Fragen. Des Weiteren ordnet Art. 205 an, dass mindestens zwei Drittel der Anteile dort einzuziehen sind, wo die Unternehmenseigner für schwerwiegendes Missmanagement verantwortlich sind. Durch die Einziehung und die Ausgabe neuer Anteile an Investoren bzw. einen entschuldend wirkenden *debt-equity-swap* können die bisherigen Anteilseigner die Kontrolle über das Unternehmen verlieren.

48 Im Rehabilitierungsplan werden die Beteiligten in **fünf Gruppen** aufgeteilt: Gläubiger mit gesicherten Forderungen, solche mit ungesicherten, aber vorrangig zu befriedigenden Forderungen und solche mit sonstigen ungesicherten Forderungen, Anteilseigner mit Anteilen, die ihnen bei der Verteilung etwaigen Restvermögens Vorrang einräumen, und sonstige Anteilseigner (Art. 236). Das SRKG verlangt, dass der Rehabilitierungsplan eine faire und gerechte Differenzierung dieser Gruppen vorsieht (Art. 217) und Forderungen derselben Art **gleichbehandelt** (Art. 218 Abs. 1). Die gesicherten Gläubiger bilden ungeachtet der Unterschiede in den Sicherheiten eine einheitliche Gruppe. Es gab einen Trend, die ungesicherten Gläubiger in mehrere **Untergruppen** einzuteilen: (a) Geschäftsbanken gegenüber Investmentbanken; (b) unmittelbare Gläubiger gegenüber Gläubigern von Bürgschaftsverbindlichkeiten sowie (c) Handelsgläubiger gegenüber Finanzgläubigern. Die vorgesehenen Zahlungen und Zahlungszeitpunkte können sich zwischen den Untergruppen geringfügig unterscheiden, solange dies nicht das Gebot materieller Gleichbehandlung verletzt.[17] Das Oberste Gericht hat die Zulässigkeit einer solchen Differenzierung anerkannt.[18] Dieser Trend hat sich jedoch abgeschwächt und inzwischen werden lediglich Handelsgläubiger mitunter abweichend behandelt.

3.9.3 Abstimmung, Annahme und Bestätigung des Plans/Planwirkungen

49 Der Planentwurf wird in der **Versammlung der interessierten Parteien** erörtert, und die Gläubiger und Anteilseigner stimmen (nach Summen) über ihn ab. Zu seiner **Annahme** ist die Zustimmung von wenigstens zwei Dritteln der Stimmen der allgemeinen Gläubiger, wenigstens drei Vierteln (bzw. in bestimmten Fällen vier Fünfteln) der Stimmen der gesicherten Gläubiger und mehr als der Hälfte der Stimmen der Anteilseigner erforderlich (Art. 237). Nachdem die Versammlung der interessierten Parteien den Rehabilitierungsplan angenommen hat, entscheidet das Gericht über seine **Bestätigung**. Die Zustimmung der Arbeitnehmer ist für die Planbestätigung nicht erforderlich;[19] auch das öffentliche Interesse ist bei der Entscheidung nicht zu berücksichtigen. Stattdessen hat das Gericht zu prüfen, ob der Rehabilitierungsplan den in Art. 243 genannten gesetzlichen Anforderungen genügt; dies umfasst die Gebote fairer und gleichmäßiger Behandlung und bestmöglicher Wahrung der Gläubigerinteressen. Die Gläubigerbefriedigung im Rehabilitierungsverfahren

---

[17] Oberstes Gericht, Entscheidung v. 27.10.2006, Fall-Nr. 2005GEU65: „Gleichbehandlung im Zusammenhang mit der Behandlung von Forderungen im Plan meint nicht formale Gleichbehandlung, sondern materielle Gleichbehandlung ohne Verstoß gegen die Gebote der Fairness und Billigkeit."

[18] Oberstes Gericht, Entscheidung v. 5.1.2000, Fall-Nr. 99GEU35; Oberstes Gericht, Entscheidung v. 10.12.2004, Fall-Nr. 2002GEU121. Daneben sieht Art. 218 Abs. 2 vor, dass bestimmte Forderungen nahestehender Personen schlechter behandelt werden dürfen.

[19] Allerdings ist nach Art. 227 eine Gewerkschaft bzw. ein Arbeitnehmervertreter anzuhören.

darf **nicht schlechter sein als bei einer (hypothetischen) Liquidation,** es sei denn, alle Gläubiger stimmen dem Plan zu.

Wird der Planentwurf nicht mit den erforderlichen Mehrheiten angenommen, stehen dem Gericht drei Entscheidungsmöglichkeiten offen: **Einstellung** des Verfahrens (Art. 286 Abs. 1 Nr. 2), Anberaumung einer **neuen Versammlung** der interessierten Parteien (Art. 238) oder **Ersetzung der fehlenden Zustimmung** *(cram-down)*. Entscheidet sich das Gericht für den *cram-down*, muss es ggf. den Plan um Bestimmungen **ergänzen,** die zum Schutz der Rechte der Beteiligten erforderlich sind (Art. 244). Dies wird als Wahrung der Gläubigerinteressen in dem Sinne verstanden, dass die unter dem Plan geleistete Befriedigung nicht geringer ist als in einem Liquidationsverfahren *(best interest test)*. Da dies aber ohnehin Voraussetzung für die Planbestätigung ist (Art. 243), gibt es praktisch keine zusätzlichen Anforderungen für die Zulässigkeit eines *cram-downs*. Nicht erforderlich für die Zustimmungsersetzung ist insbesondere, dass Anteilseigner nur bei vollständiger Befriedigung aller Gläubiger Leistungen nach dem Plan erhalten bzw. ihre Anteilsrechte behalten (das SRKG kennt mithin **keine absolute Vorrangregel** – *absolute priority rule* – nach US-amerikanischem oder auch deutschem Vorbild). Auch wenn es in der Insolvenzpraxis bislang nicht oft zum *cram-down* gekommen ist, wirkt seine Möglichkeit doch effektiv einer Blockadehaltung eigennütziger Gläubiger entgegen.

Gegen die gerichtliche Entscheidung über die Bestätigung des Rehabilitierungsplans können interessierte Parteien **Rechtsmittel** einlegen (Art. 247). Wird die Bestätigung **rechtskräftig,** werden alle Forderungen und Rechte nach Maßgabe des bestätigten Plans mit Wirkung ab der Bestätigung (Art. 246) modifiziert. Diese Inhaltsänderung ist endgültig und unwiderruflich. Der Plan kann allerdings **keine Wirkung auf Garantien oder Drittsicherheiten** entfalten (Art. 250 Abs. 2); diese bleiben also selbst dann bestehen, wenn die Verbindlichkeit des Schuldners reduziert oder sogar vollständig erlassen wurde.

3.10 Planumsetzung/Verfahrensbeendigung

Nachdem das Gericht den Rehabilitierungsplan bestätigt hat, setzt der Verwalter den Plan unter Aufsicht des Gerichts um. Ist die **Umsetzung** erfolgreich, kann das Gericht das Rehabilitierungsverfahren **beenden** (Art. 283). In der Vergangenheit geschah das normalerweise erst, wenn die Zahlungen nach dem Plan erbracht wurden, also ggf. erst zehn Jahre nach Planbestätigung. Diese Praxis sah sich der Kritik ausgesetzt, dass es ineffizient sei, das Unternehmen so lange der gerichtlichen Kontrolle und Überwachung zu unterwerfen. Daher entspricht es heute gängiger Praxis, die Beendigungsentscheidung zu treffen, wenn das Gericht von einer erfolgreichen Umsetzung (auch) in der Zukunft ausgeht. Einer der häufigsten Gründe für eine **vorzeitige Beendigung** ist die Übernahme des Schuldners durch einen Dritten. Mit der Verfahrensbeendigung endet die Kontrolle des Gerichts über den Schuldner, und die Befugnis, die Geschäfte des Schuldners zu führen, fällt an den Schuldner bzw. seine Vertretungsorgane zurück.

Ordnet das Gericht die **Einstellung** des Rehabilitierungsverfahrens (Art. 286 ff.) an, so erwägt es, ob das **Konkursverfahren** zu eröffnen ist (Art. 6). Erfolgt die Einstellung **nach Planbestätigung,** hat das Gericht bei Vorliegen eines Konkursgrundes die Insolvenz des Schuldners festzustellen und damit das **Konkursverfahren** zu eröffnen. Trotz der Einstellung bleibt es in diesem Fall bei Inhaltsänderung oder Erlass von Forderungen durch den bestätigten Plan. Die Einstellung hat **keine Rückwirkung.** Stellt das Gericht das Rehabilitierungsverfahren **vor Planbestätigung** ein und liegt ein Konkursgrund vor, so kann das Gericht die Insolvenz feststellen und damit das Konkursverfahren eröffnen.

3.11 Vereinfachtes Rehabilitierungsverfahren

Das **vereinfachte Rehabilitierungsverfahren** wurde im Jahr 2015 eingeführt, um speziell kleinen und mittleren Unternehmen (**KMU**) den Zugang zum Rehabilitierungsverfahren zu erleichtern. Unternehmerisch tätige Schuldner mit Verbindlichkeiten von nicht mehr als drei Milliarden Koreanischen Won können ein vereinfachtes Rehabilitierungsverfahren beantragen. Es handelt sich um ein besonderes Verfahren, das grundsätzlich den Regeln und der Struktur des Rehabilitierungsverfahrens folgt, auf das aber einige Sonderregeln Anwendung finden. So wird etwa grundsätzlich kein Verwalter bestellt (Art. 293-6), es können nicht nur Wirtschaftsprüfer, sondern auch zum Beispiel Gerichtsbedienstete zu Gutachtern bestellt werden (Art. 293-7, Art. 601 Abs. 1), es gelten bestimmte Vereinfachungen für Prüfungen und Bewertungen durch Gutachter und für Verwalter (Art. 293-7 Abs. 2, 3), und die Anforderungen an die Planannahme durch die ungesicherten Gläubiger sind abgesenkt (Art. 293-8).

Da in den meisten regulären Rehabilitierungsverfahren ebenfalls kein Verwalter bestellt wird, bedeutet die gesetzliche Anordnung, dass darauf im vereinfachten Rehabilitierungsverfahren grundsätzlich zu verzichten ist, keine nennenswerte Erleichterung. Auch in vereinfachten Rehabilitierungsverfahren werden meistens Wirtschaftsprüfer oder Prüfungsgesellschaften als Gutachter eingesetzt. Ob von den vereinfachten Prüfungs-, Bewertungs- und Verfahrensregeln praktisch Gebrauch gemacht wird, ist unklar. Und schließlich kommt es auf die (maßvolle) Absenkung der Zustimmungserfordernisse kaum jemals an. Der **größte praktische Unterschied** zwischen dem regulären und dem vereinfachten Rehabilitierungsverfahren liegt daher bei der **Vergütung der Gutachter**. Das Gericht setzt den Kostenvorschuss, der zu einem großen Teil zur Absicherung der Gutachtervergütung dient, im vereinfachten Rehabilitierungsverfahren aufgrund der vergleichsweise geringen Forderungen und deshalb typischerweise auch geringeren Komplexität sowie der Möglichkeit vereinfachter Prüfung und Bewertung wesentlich niedriger an. Es wird berichtet, dass die durchschnittliche Vergütung der Gutachter in vereinfachten Rehabilitierungsverfahren nur etwa 20 % derjenigen in regulären Rehabilitierungsverfahren beträgt.

56   Es gibt keine belastbaren Belege dafür, dass das vereinfachte Rehabilitierungsverfahren KMU zur Antragstellung motiviert. Die Anzahl der Anträge für Rehabilitierungsverfahren insgesamt hat sich seit 2015 nicht wesentlich verändert; der Anteil der vereinfachten Rehabilitierungsverfahren, der etwa 20–30 % beträgt, weist keine starke Aufwärts- oder Abwärtstendenz auf. Allerdings hat die **Einstellungsquote bei KMU-Anträgen** seit der Einführung des vereinfachten Rehabilitierungsverfahrens **deutlich abgenommen**. Da der verbreitetste Einstellungsgrund die Nichtzahlung des Kostenvorschusses ist, scheint das vereinfachte Rehabilitierungsverfahren hier die Zahlungslast des Schuldners erfolgreich zu verringern.

4. Konkursverfahren

4.1 Konkurssubjekt/Konkursgründe

57   Das Konkursverfahren, ein typisches **Liquidationsverfahren**, steht für **alle Formen von Rechtssubjekten** zur Verfügung, einschließlich natürlicher und juristischer Personen. Es dient der **Maximierung der Verteilungsmasse** und der **gerechten Verteilung** des schuldnerischen Vermögens im Fall der Insolvenz. Das SRKG kennt als Konkursgründe sowohl die **Zahlungsunfähigkeit** als auch die **Überschuldung:** Der Schuldner wird für insolvent erklärt, wenn er außerstande ist, auch nach Mobilisierung aller verfügbaren Vermögenswerte und Mittel Zahlungen zu leisten. Nach Art. 305 wird die Zahlungsunfähigkeit bei Zahlungseinstellung durch den Schuldner vermutet. Eine juristische Person kann ferner dann für insolvent erklärt werden, wenn ihre Verbindlichkeiten ihr Vermögen übersteigen (Art. 306).

4.2 Konkursantrag/vorläufige Maßnahmen

58   Das Konkursverfahren beginnt, wenn der Schuldner oder ein Gläubiger einen **Konkursantrag** stellt. Ferner antragsberechtigt sind die Geschäftsleiter von juristischen Personen, Liquidatoren juristischer Personen in der Liquidation nach dem Handelsgesetzbuch oder Nachlassgläubiger bezüglich des Nachlasses. Auch nach einem Konkursantrag sind zur Sicherung der Masse **Erhaltungsmaßnahmen** möglich. Das Gericht kann noch vor Feststellung der Insolvenz eine vorläufige Beschlagnahme oder andere erforderliche vorläufige bzw. sichernde Maßnahmen anordnen, die das Schuldnervermögen betreffen (Art. 323).

4.3 Insolvenzfeststellung als Eröffnungsentscheidung

59   Das Konkursverfahren geht in sein zweites Stadium über, wenn das Gericht den Schuldner **für insolvent erklärt.** Dies bewirkt die **eigentliche Eröffnung** des Konkursverfahrens. Die Insolvenzfeststellung erfolgt, wenn aufgrund der Angaben im Antrag nach **gerichtlicher Prüfung** ein Konkursgrund besteht. Ansonsten wird der Antrag zurückgewiesen. Die Insolvenzfeststellung wird **veröffentlicht** und gesondert den Gläubigern und Aussonderungsberechtigten, die dem Gericht bekannt sind, sowie dem Schuldner mitgeteilt (Art. 313). Außerdem benachrichtigt das Gericht bei juristischen Personen als Schuldnern, die zu ihrer Gründung oder für ihren Geschäftsbetrieb der Genehmigung einer Verwaltungsbehörde bedurften, diese Verwaltungsbehörde. Jeder, der ein rechtliches Interesse daran hat, kann die gerichtliche Insolvenzfeststellung binnen 14 Tagen ab der Veröffentlichung **anfechten** (Art. 316).

60   Wenn das Gericht die Insolvenz feststellt, erlässt es grundsätzlich drei wichtige **Entscheidungen:** Ernennung des Konkursverwalters, Festlegung der Frist zur Forderungsanmeldung sowie des Termins der Forderungsprüfung und Bestimmung des Termins der ersten Gläubigerversammlung (Art. 312). Das Konkursverfahren wird jedoch trotz der Insolvenzfeststellung **eingestellt**, wenn die **Masse unzureichend** ist, um die Verfahrenskosten zu decken (Art. 317), deren Großteil die Vergü-

tung des Konkursverwalters ausmacht. Wird das Konkursverfahren gleich bei Feststellung der Insolvenz eingestellt, spricht man von **gleichzeitiger Einstellung**. In der Vergangenheit wurden die meisten Verbraucherkonkurse gleichzeitig mit der Insolvenzfeststellung eingestellt. Daran regte sich Kritik, da der Konkursverwalter so nicht prüfen konnte, ob möglicherweise versteckte Vermögenswerte existieren. Deshalb hat sich die Praxis bei Verbraucherkonkursen dahin entwickelt, dass nun meist ein Konkursverwalter bestellt wird, statt das Verfahren gleichzeitig mit der Insolvenzfeststellung einzustellen.[20]

4.4 Wirkungen der Insolvenzfeststellung/Konkursverwalter

Mit der Insolvenzfeststellung bildet das gesamte Vermögen des Schuldners mit Ausnahme bestimmter Vermögensgegenstände, die man als freies Vermögen bezeichnet, die **Konkursmasse** (Art. 382). Zum **freien Vermögen** (vgl. Art. 383) gehören nach dem Einzelzwangsvollstreckungsrecht **unpfändbare**, vom Gericht ausgenommene sowie **nach der Insolvenzfeststellung erworbene** Gegenstände. Die **Verwaltungs- und Verfügungsbefugnis** hinsichtlich der Masse liegt ausschließlich beim **Konkursverwalter** (Art. 384), der unter der **Aufsicht des Gerichts** steht. Der Verwalter bewertet alle Massegegenstände (Art. 482), erstellt ein Inventar und eine Bilanz (Art. 483) und übermittelt sie dem Gericht. Der Verwalter darf mit Zustimmung des Gerichts das Geschäft des Schuldners **fortführen** (Art. 486); jedoch wirkt sich die Insolvenzfeststellung üblicherweise nachteilig auf die Teilnahme am Geschäftsverkehr aus. 61

Das SRKG verleiht dem Konkursverwalter die Befugnis, zum Zwecke der Masseerhaltung und -vermehrung bestimmte Transaktionen **anzufechten** (Art. 391 ff.) und bei schwebenden **gegenseitigen Verträgen** zwischen Erfüllung oder ihrer Ablehnung zu wählen (Art. 335 ff.). Im Wesentlichen entsprechen diese Regelungen denen für das Rehabilitierungsverfahren (→ Rn. 40 ff.). 62

4.5 Konkursforderungen

4.5.1 Forderungskategorien

Forderungen mit Bezug zum Konkursverfahren werden in **drei Kategorien** unterteilt: Forderungen mit Absonderungsberechtigung, Masseforderungen und Konkursforderungen. 63

Forderungen mit **Absonderungsberechtigung** sind Forderungen, die durch Zurückbehaltungsrechte, Pfandrechte, Grundpfandrechte oder *CheonSeGwon* an Gegenständen der Masse gesichert sind und deshalb oft als **gesicherte Forderungen** bezeichnet werden (Art. 411; zur Aussonderung massefremder Gegenstände nach allgemeinen Regeln vgl. Art. 407). Die Absonderungsberechtigung kann **außerhalb des Konkursverfahrens** geltend gemacht werden (Art. 412), sodass gesicherte Gläubiger ihre Sicherungsrechte an Massegegenständen nach Belieben ausüben können, solange das Gericht keine **entgegenstehenden Erhaltungsmaßnahmen** anordnet. 64

Masseforderungen stehen im Rang vor allen ungesicherten Verbindlichkeiten und können vom Verwalter **zu jeder Zeit** und ohne Rücksicht auf das Konkursverfahren beglichen werden. Eine Liste der Masseforderungen enthält Art. 473: zB **Kosten** für Gerichtsverfahren im Gemeininteresse der Gläubiger; Kosten der Verwaltung, Verwertung und Verteilung der Masse; Forderungen aus **Handlungen des Konkursverwalters** bei der Verwaltung der Masse; Gegenforderungen aus Verträgen, deren Erfüllung der Verwalter gewählt hat; **Lohn- und Abfindungsforderungen** sowie Unfallentschädigungszahlungen an Arbeitnehmer. Teilweise handelt es sich um Verfahrenskosten, teilweise aber werden sie auch aus Gerechtigkeits- oder sozialen Erwägungen als vorrangig behandelt. 65

Eine **Konkursforderung** ist ein Vermögensanspruch gegen den Schuldner, dessen **Grund vor der Insolvenzfeststellung** liegt (Art. 423). Konkursforderungen können wiederum nach ihrem Rang in drei Kategorien eingeteilt werden: **vorrangige** Konkursforderungen, **allgemeine** Konkursforderungen und **nachrangige** Konkursforderungen. Ein Vorrang kann durch Gesetz begründet werden (Art. 441); ein Beispiel sind Forderungen von Versicherungsnehmern oder Begünstigten auf Auszahlung von Versicherungsleistungen nach Art. 32 f. des Gesetzes über die Versicherungsindustrie. Nachrangige Forderungen sind zB Zinsen für die Zeit nach Insolvenzfeststellung; Schadensersatz und Strafzahlungen wegen Nichterfüllung nach Insolvenzfeststellung; und Kosten der Teilnahme am Konkursverfahren (Art. 446 Abs. 1). Neben dem gesetzlichen Nachrang ist auch eine **Vereinbarung des Nachrangs** bestimmter Forderungen zwischen Gläubiger und Schuldner möglich (Art. 446 66

---

[20] Das Gericht achtet bei der Auswahl des Konkursverwalters darauf, Fälle mit und ohne nennenswertes Schuldnervermögen so zu mischen, dass ein gewisses Vergütungsniveau der Konkursverwalter gewährleistet ist.

Abs. 2).[21] Die Möglichkeit einer gerichtlichen Nachranganordnung *(equitable subordination)* sieht das SRKG hingegen nicht vor.

67 Zusammenfassend werden Forderungen im Konkursverfahren praktisch **in folgender Rangfolge bedient:** gesicherte Forderungen; Masseforderungen; vorrangige Konkursforderungen; allgemeine Konkursforderungen; und nachrangige Konkursforderungen.

4.5.2 Ermittlung, Prüfung und Feststellung von Forderungen

68 Konkursforderungen sind **beim Gericht innerhalb der von diesem bestimmten Frist anzumelden** (Art. 447, 312 Abs. 1 Nr. 1), die mindestens zwei Wochen und höchstens vier Monate betragen soll. Lediglich Gläubiger, die ihre Forderungen angemeldet haben, können am Konkursverfahren als Konkursgläubiger teilnehmen. Sie haben Stimmrechte in der Gläubigerversammlung, können im Prüfungstermin Forderungen widersprechen, nehmen an der Verteilung der Masse teil und können der Einstellung des Verfahrens zustimmen. Die Anmeldung einer Forderung hemmt ihre **Verjährung.** Angemeldete Forderungen werden im **Prüfungstermin** geprüft (Art. 450), der üblicherweise mit der ersten Gläubigerversammlung zusammenfällt, in der der Verwalter über die Masse und den Schuldner berichtet (Art. 488). Jeder Widerspruch gegen die angemeldeten Forderungen kann im Prüfungstermin erhoben werden (Art. 451). Angemeldete Forderungen, denen weder der Verwalter noch ein Konkursgläubiger widersprochen hat, werden **festgestellt** und in die Liste der Konkursgläubiger als Konkursforderungen eingetragen (Art. 458 f.). Der Eintrag der festgestellten Forderungen in der Konkursgläubigerliste hat für das Konkursverfahren dieselbe **Wirkung wie ein rechtskräftiges Urteil** für und gegen alle Konkursgläubiger (Art. 460).

69 Wird ein Widerspruch gegen eine angemeldete Forderung erhoben, kann der Gläubiger der bestrittenen Forderung ein **Prüfungs- und Feststellungsurteil** für Konkursforderungen beantragen (Art. 462), eine Entscheidung im abgekürzten Verfahren durch das Insolvenzgericht bzw. die Insolvenzabteilung des Bezirksgerichts. Die unterlegene Partei kann gegen ein (positives oder negatives) Prüfungs- und Feststellungsurteil für Konkursforderungen ein **Rechtsmittel** einlegen (Art. 463). Das Rechtsmittel wird von einem anderen Spruchkörper desselben Gerichts – nach den für normale Zivilsachen geltenden Regeln – verbeschieden.

4.6 Verwertung und Verteilung der Konkursmasse

70 Der Konkursverwalter hat die Entscheidungsgewalt über die **Verwertung** der Konkursmasse und die Bestimmung des Zeitpunkts und der Art und Weise dieser Verwertung. Diese Befugnis unterliegt jedoch gewissen Beschränkungen. So soll beispielsweise der Verwalter bei der Verwertung bestimmter Vermögenswerte grundsätzlich den im Zwangsvollstreckungsgesetz vorgesehenen Verfahren folgen (Art. 496 Abs. 1; zur freihändigen Verwertung Abs. 2) und darf er die Masse **grundsätzlich nicht vor dem Prüfungstermin** verwerten (Art. 491).

71 Der Konkursverwalter **verteilt** den Ertrag der Masse und ihrer Verwertung **anteilig** nach der Höhe ihrer Forderungen an die Konkursgläubiger, sobald zur Verteilung geeignete Beträge verfügbar sind (Art. 505). Dabei werden die zur Teilnahme an der Verteilung jeweils berechtigten Konkursforderungen noch danach abgestuft, welchen Rang sie haben. Der Verwalter ist verpflichtet, den Gesamtbetrag, der an die berechtigten Gläubiger verteilt wurde, öffentlich bekanntzumachen. Für die Verteilung ist die **Zustimmung des Gerichts** erforderlich.

4.7 Beendigung des Konkursverfahrens

72 Ein Konkursverfahren wird durch gerichtliche Entscheidung **beendet,** nachdem der Verwalter die abschließende Verteilung vorgenommen und auf einer Gläubigerversammlung hierüber Bericht erstattet hat. Das Gericht kann ein Konkursverfahren **vorzeitig** mit Zustimmung der Gläubiger **einstellen** (Art. 538). Es soll das Konkursverfahren einstellen, wenn die Masse nicht zur Deckung der Verfahrenskosten ausreicht (Art. 545).

4.8 Restschuldbefreiung

4.8.1 Bedeutung der Restschuldbefreiung in Korea

73 Wenn eine juristische Peron für insolvent erklärt wird, wird sie aufgelöst und verliert schließlich ihren Status als Rechtssubjekt. Eine natürliche Person hingegen besteht auch nach der Beendigung oder dem Abbruch eines Konkursverfahrens fort. Auch nach seinem Abschluss jedoch ist ein Konkursverfahren in Korea für den Schuldner noch mit schwerwiegenden Nachteilen verbunden: Er

---

[21] Ein Beispiel ist die Ausgabe nachrangiger Schuldverschreibungen durch den Schuldner.

muss das **soziale Stigma** überwinden, das mit gerichtlichen Verfahren einhergeht, den Verlust sozialer Netzwerke und Verbindungen ertragen und Kreditverlust hinnehmen. Die **Restschuldbefreiung** ist eine Art soziales Sicherheitsnetz, das überschuldeten natürlichen Personen einen Neustart ermöglicht, und ein wichtiger Anreiz für überschuldete Personen, dennoch ein Konkursverfahren zu beantragen. Bis 1997 waren die Gerichte sehr zurückhaltend, bei natürlichen Personen Konkursverfahren durchzuführen und Schuldner von unbezahlten Verbindlichkeiten zu befreien, da die Juristen die gesellschaftliche Bedeutung der Restschuldbefreiung nicht erkannt haben. Die Wirtschaftskrise der späten 1990er Jahre und die drastische Zunahme der Verbraucherkonkurse bewirkten jedoch ein Umdenken: Seit dem ersten Restschuldbefreiungsfall im Jahr 1998 ist die Zahl von Konkursverfahren und Restschuldbefreiungen bis 2007 rapide gestiegen. Dieser Anstieg führte zu öffentlichen Vorbehalten gegenüber Konkursverfahren natürlicher Personen und Restschuldbefreiungen, sodass die Zurückhaltung bei den Gerichten wieder zunahm und die Verfahrenszahlen zurückgingen – auf weniger als die Hälfte der Privatrehabilitierungsverfahren.[22]

4.8.2 Antrag

Natürliche Personen können die Restschuldbefreiung jederzeit ab Stellung des Konkursantrags bis einen Monat nach rechtskräftiger Insolvenzfeststellung **beantragen** (Art. 556 Abs. 1). Des Weiteren unterstellt man bei einem Konkursantrag des Schuldners, dass er zugleich die Restschuldbefreiung beantragt hat, wenn er nicht seinen gegenteiligen Willen zum Ausdruck bringt (Art. 556 Abs. 3).

4.8.3 Restschuldbefreiungsverfahren/Versagungsgründe

Das Gericht kann den Schuldner zu seinem Antrag befragen (Art. 558). Gläubiger oder der Konkursverwalter können bei Gericht binnen 30 Tagen nach diesem **Anhörungstermin** oder, wenn von der Befragung abgesehen wird, bis zu dem vom Gericht bestimmten Datum **Einwendungen gegen die Restschuldbefreiung** erheben (Art. 562). Das Gericht erteilt dem antragstellenden Schuldner die Restschuldbefreiung, wenn keiner der in Art. 564 genannten Gründe für ihre Versagung vorliegt. **Versagungsgründe** sind: (a) strafbare Handlungen mit Konkursbezug; (b) wenn der Schuldner binnen eines Jahres vor Insolvenzfeststellung Vermögensgegenstände unter Täuschung über die insolvenzbegründenden Umstände mit der Absicht, den Veräußerer irrezuführen, auf Kredit erworben hat; (c) wenn der Schuldner eine unrichtige Liste der Gläubiger oder sonstige unrichtige Antragsunterlagen einreicht oder vor Gericht eine falsche Auskunft über den Bestand seines Vermögens gibt; (d) wenn der Schuldner vor weniger als sieben Jahren nach einem Konkursverfahren oder vor weniger als fünf Jahren nach einem Privatrehabilitierungsverfahren bereits eine Restschuldbefreiung erhalten hatte; (e) wenn der Schuldner seine Pflichten aus dem SRKG verletzt; oder (f) wenn der Schuldner durch Verschwendung, Glücksspiel oder andere spekulative Handlungen sein Vermögen maßgeblich verringert oder unverhältnismäßige Verbindlichkeiten begründet hat.

4.8.4 Wirkungen und Grenzen der Restschuldbefreiung

Die Restschuldbefreiung befreit den Schuldner von allen offenen Verbindlichkeiten mit **Ausnahme bestimmter Schulden** wie Steuern, Geldbußen oder -strafen, Schadensersatz für vorsätzliche Delikte und Lohnforderungen der Angestellten des Schuldners (Art. 566). Von der Restschuldbefreiung nicht begünstigt werden jedoch **Bürgen,** Gesamtschuldner und andere Personen, die Konkursgläubigern Sicherheit geleistet haben; die Gläubiger bzw. Sicherungsnehmer können ihre Forderungen gegen sie auch nach der Restschuldbefreiung uneingeschränkt verfolgen (Art. 567).

4.9 Restitution

Mit der rechtskräftigen Restschuldbefreiung werden als **Restitution** rechtliche Beschränkungen (etwa in Gestalt des Widerrufs staatlicher Genehmigungen und Lizenzen) aufgehoben, denen der Schuldner unterlag. Daneben nennt Art. 574 zwei weitere Fälle, in denen der Konkursschuldner restituiert wird: mit Rechtskraft der Entscheidung, das Konkursverfahren auf Betreiben des Schuldners mit Zustimmung der Gläubiger einzustellen, oder zehn Jahre nach der Insolvenzfeststellung, wenn der Schuldner nicht rechtskräftig wegen betrügerischen Konkurses verurteilt worden ist. Kann der Schuldner zwar nicht nach Art. 574 Restitution erlangen, hat sich aber durch Erfüllung von

---

[22] Verfahrenszahlen:

	2004	2007	2010	2013	2016	2018
Privatkonkurs	12.317	155.195	84.725	56.983	50.288	43.397
Privatrehabilitierung	9.070	51.416	46.972	105.885	90.400	91.205

sämtlichen Verbindlichkeiten gegenüber Konkursgläubigern befreit, kann er bei Gericht die Restitution beantragen (Art. 575).

5. Privatrehabilitierungsverfahren

5.1 Verfahrenssubjekt/Voraussetzungen

78   Das Privatrehabilitierungsverfahren dient der Rehabilitierung einer insolventen **natürlichen Person**, die ein **regelmäßiges Einkommen** in Gestalt von Lohn oder Geschäftsgewinnen hat. Den Antrag auf Einleitung dieses Verfahrens können natürliche Personen stellen, die die folgenden **Anforderungen** erfüllen: (a) Zahlungsunfähigkeit oder drohende Zahlungsunfähigkeit; (b) aktuelle Lohn- oder Gewinneinkünfte oder die Möglichkeit, sie zukünftig zu erzielen; (c) die gesicherten Verbindlichkeiten betragen höchstens eine Milliarde Koreanische Won, die ungesicherten höchstens 500 Millionen Koreanische Won; und (d) Existenz verfügbaren Einkommens (vgl. Art. 579).

79   „**Verfügbares Einkommen**" ist eines der Schlüsselkonzepte des Privatrehabilitierungsverfahrens; es ist Voraussetzung nicht nur für den Antrag, sondern auch für die gerichtliche Bestätigung eines Zahlungsplans, wenn gegen diesen ein Widerspruch erhoben worden ist. Das verfügbare Einkommen wird berechnet (Art. 579 Nr. 4), indem von den Gesamteinkünften Folgendes abgezogen wird: (a) Steuern und Sozialversicherungsbeiträge; (b) Unterhaltskosten für den Schuldner und die von ihm abhängigen Personen, um ihnen ein menschenwürdiges Leben zu ermöglichen; und (c) bei Geschäftstätigen die Betriebsausgaben. In der Praxis werden bei der Bestimmung der Unterhaltskosten verschiedene Faktoren berücksichtigt, etwa Anzahl und Alter der Unterhaltsberechtigten sowie besonderer Bedarf für medizinische Versorgung oder Ausbildung; Ausgangspunkt sind 60 % des Medianeinkommens eines Haushalts der betreffenden Größe, das die Regierung nach dem Gesetz zur staatlichen Grundsicherung des Lebensunterhalts jährlich veröffentlicht.

5.2 Antrag

80   Das Privatrehabilitierungsverfahren wird durch den **Antrag** des Schuldners eingeleitet und endet mit der Entscheidung des Gerichts über die Restschuldbefreiung. Der Antragsteller muss ein **Antragsformular**, ein **Vermögensverzeichnis**, ein **Verzeichnis der Gläubiger** und ein **Verzeichnis seiner Einnahmen und Ausgaben** einreichen (Art. 658). Das Gläubigerverzeichnis ist nach ungesicherten und gesicherten Gläubigern zu unterteilen. Gesicherte Gläubiger sind diejenigen, für deren Forderungen eine dingliche Sicherheit besteht; eine Forderung, für die eine natürliche oder juristische Person bürgt, ist keine gesicherte Forderung in diesem Sinne. Eine Forderung wird insoweit als gesicherte anerkannt, als sie durch den Wert des Sicherungsguts gedeckt ist; der ggf. überschießende Teil wird als ungesicherte Forderung behandelt. Als Wert des Sicherungsguts gilt der geschätzte Liquidationswert.

5.3 Verfahrensbeteiligte/Gläubigerrechte

81   Der größte Teil des Verfahrens spielt sich **zwischen dem Schuldner und dem Gericht** ab. Die Gläubiger hingegen können sich auf zwei Weisen aktiv am Verfahren beteiligen: durch Widerspruch gegen das vom Schuldner eingereichte Gläubigerverzeichnis (Art. 604) und durch Widerspruch gegen den Zahlungsplan (Art. 613 Abs. 5).

82   Von der Eröffnungsentscheidung an bis zur Bestätigung eines Zahlungsplans (oder Einstellung des Verfahrens) darf kein am Verfahren beteiligter Gläubiger – einschließlich der gesicherten Gläubiger (Art. 600 Abs. 2), die ansonsten vom Verfahren nicht betroffen sind (vgl. Art. 586) – seine Forderung geltend machen (Art. 600). Die vom Verfahren betroffenen Verbindlichkeiten des Antragstellers werden allein anhand des von ihm gefertigten **Gläubigerverzeichnisses** bestimmt. Es gibt zur **kein Verfahren zur Anmeldung** von Forderungen durch die Gläubiger. Ungesicherte Verbindlichkeiten, die im Gläubigerverzeichnis nicht enthalten sind, unterliegen nicht dem **Moratorium**, der Restrukturierung der Schulden und der Restschuldbefreiung im Privatrehabilitierungsverfahren. Gläubiger, deren Forderungen im Verzeichnis nicht aufgeführt sind, können ihre Ansprüche folglich ungeachtet des Privatrehabilitierungsverfahrens verfolgen, und selbst bei vollständiger Erfüllung des Zahlungsplans wird der Schuldner von diesen Verbindlichkeiten nicht befreit. Jeder Gläubiger kann einen Rechtsbehelf gegen den Inhalt des Gläubigerverzeichnisses einlegen, indem ein **Prüfungs- und Feststellungsurteil** für eine Privatrehabilitierungsforderung beantragt wird (Art. 604).

5.4 Zahlungsplan

83   Der **Zahlungsplan** wird regelmäßig zusammen mit dem Antrag oder binnen 14 Tagen danach eingereicht (Art. 610 Abs. 1). Er zeigt auf, wie das verfügbare Einkommen für eine bestimmte

Zeitspanne an die Gläubiger verteilt werden soll. Die **Höhe des zukünftigen Einkommens** wird dabei regelmäßig anhand des Durchschnittseinkommens des letzten Jahres **geschätzt**, und auch im Übrigen entscheidet im Grundsatz die Lebenssituation im Zeitpunkt der Bestätigung des Zahlungsplans über das zugrunde zu legende verfügbare Einkommen. Bei nicht antizipierten Veränderungen während des Zahlungszeitraums – etwa durch Einkommensschwankungen, durch Änderungen bei der Zahl der Unterhaltsberechtigten oder durch unvorhergesehene Ausgaben für die Lebenshaltung – kann der Schuldner, ein Gläubiger oder ein Rehabilitierungsbeauftragter den Entwurf eines **geänderten Zahlungsplans** zur Annahme vorlegen (Art. 619). Der **Zahlungszeitraum** des Plans beträgt grundsätzlich **höchstens drei Jahre;**[23] er kann jedoch unter besonderen Umständen bis zu fünf Jahre betragen (Art. 611 Abs. 5), etwa um sicherzustellen, dass Gläubiger nicht weniger erhalten als in einem Konkursverfahren *(best interest test)*.

5.5 Bestätigung des Zahlungsplans/Wirkungen

Die **Gläubiger stimmen über den Zahlungsplan nicht ab;** jedoch kann jeder Gläubiger **Widerspruch** gegen den Zahlungsplan erheben. Wird kein Widerspruch erhoben, **bestätigt das Gericht** den Zahlungsplan nach Maßgabe von Art. 614 Abs. 1. Dabei prüft es grundsätzlich durch Vergleich der Gesamtzahlungen nach dem Plan mit der hypothetischen Konkursdividende, ob der Zahlungsplan im besten Interesse der Gläubigergesamtheit liegt; jedoch gilt der Plan in der Praxis als diesem Test genügend, wenn alle Gläubiger ihm zugestimmt haben. Erhebt ein Gläubiger Einwendungen, muss das Gericht vor der Bestätigung des Zahlungsplans drei weitere Voraussetzungen prüfen. Erstens wird hier auch bezogen auf die widersprechenden Gläubiger geprüft, ob der Plan ihren besten Interessen entspricht, sie also bessere Befriedigung als im Konkursverfahren erwarten können. Zweitens muss das verfügbare Einkommen ohne Einschränkungen zur Gläubigerbefriedigung eingesetzt werden. Drittens darf der gegenwärtige Wert der gesamten Zahlungen unter dem Plan einen bestimmten Wert nicht unterschreiten (Art. 614 Abs. 2 Nr. 3).

Wenn das Gericht den Zahlungsplan bestätigt, werden **ungesicherte Gläubiger nach dem Plan befriedigt;** sie können ihre Forderungen nicht mehr in deren ursprünglicher Höhe und Form geltend machen. **Gesicherte Gläubiger** können demgegenüber ihre Forderungen verfolgen, da sie **vom Zahlungsplan nicht gebunden** werden.[24] Masseverbindlichkeiten werden – wie im Konkursverfahren – jederzeit und ungeachtet des Privatrehabilitierungsverfahrens vor den am Verfahren teilnehmenden Forderungen beglichen (Art. 583). Werden Schulden nicht wie im Zahlungsplan vorgesehen getilgt, kann ein Gläubiger die Einstellung des Privatrehabilitierungsverfahrens beantragen. Wird das Verfahren eingestellt, bleiben bereits geleistete Zahlungen wirksam, und die Gläubiger können ihre Forderungen in ursprünglicher Höhe abzüglich erhaltener Beträge geltend machen (Art. 621 Abs. 2).

5.6 Restschuldbefreiung

Wird der Zahlungsplan vollständig eingehalten, gewährt das Gericht dem Schuldner im Übrigen **Restschuldbefreiung** (Art. 624 Abs. 1). Zusätzlich kennt das SRKG eine „**Härtefall-Restschuldbefreiung**". Selbst wenn der Zahlungsplan nicht vollständig eingehalten wurde, kann danach eine Restschuldbefreiung erfolgen, wenn (a) der Schuldner für die Ursachen der teilweisen Nichtleistung nicht verantwortlich ist; (b) der an die Privatrehabilitierungsgläubiger bis zur Entscheidung über die Restschuldbefreiung gezahlte Betrag wenigstens demjenigen entspricht, der an die Gläubiger in einem hypothetischen Konkursverfahren verteilt würde; und (c) eine Anpassung des Zahlungsplans ausscheidet (Art. 624 Abs. 2). Sowohl die normale als auch die Härtefall-Restschuldbefreiung kann das Gericht jedoch **versagen,** wenn (a) der Schuldner eine Forderung in bösem Glauben nicht in das Gläubigerverzeichnis aufgenommen hat; oder (b) der Schuldner seine Pflichten nach dem SRKG verletzt hat – zum Beispiel durch Begleichung einer Forderung in Abweichung vom Zahlungsplan (Art. 624 Abs. 3).

Durch die Restschuldbefreiung wird der Schuldner von seinen unbezahlten Schulden befreit, **außer** von (a) Forderungen, die nicht im Gläubigerverzeichnis enthalten waren; (b) Steuerforderungen; (c) Geldbußen und -strafen; (d) Schadensersatzforderungen für vorsätzliche Delikte; (e) delikti-

---

[23] Diese seit dem 13.6.2018 geltende Verkürzung der regelmäßigen Rückzahlungsdauer hat zur Streitfrage geführt, ob ein bestätigter fünfjähriger Zahlungsplan in einen dreijährigen umgewandelt werden kann. Manche Gerichte haben dies erlaubt, andere nicht. Einige Verfahren sind beim Obersten Gericht anhängig, da sich Gläubiger gegen die Umwandlung zur Wehr gesetzt haben.

[24] In der Praxis erschwert dies ggf. die Einhaltung des Zahlungsplans, wenn nicht zB die gesicherten Gläubiger ihre Forderungen für den Zahlungszeitraum stunden, Dritte diese Verbindlichkeiten befriedigen oder das Sicherungsgut verwertet wird.

schen Schadensersatzforderungen wegen grob fahrlässiger Verletzung des Lebens, des Körpers oder der Gesundheit Dritter; (f) Lohnforderungen, Abfindungs- und Unfallentschädigungszahlungen an Arbeitnehmer des Schuldners; (g) Kautionsrückforderungen der Arbeitnehmer des Schuldners; (h) Unterhaltsverpflichtungen des Schuldners (Art. 625 Abs. 2). Da die Restschuldbefreiung nicht diejenigen begünstigt, die persönliche (Bürgschaft) oder dingliche **Sicherheiten** zugunsten des Schuldners gestellt haben, können die Gläubiger auch nach der Restschuldbefreiung ungehindert gegen sie vorgehen (Art. 625 Abs. 3).

6. Internationales Insolvenzrecht

6.1 Beschränkte Universalität/UNCITRAL Modellgesetz

88 Frühere Insolvenzgesetze beruhten auf strikter Territorialität. Zum Beispiel sah Art. 4 des früheren Unternehmensreorganisationsgesetzes unter der Überschrift „Territorialität" vor, dass ein in Korea eröffnetes Reorganisationsverfahren nur Vermögenswerte des Unternehmens in Korea betraf und dass im Ausland eröffnete Reorganisationsverfahren keine Auswirkungen auf Gegenstände in Korea hatten. Das SRKG kehrte sich von der strikten Territorialität ab und wandte sich der **beschränkten Universalität** zu, indem es – mit einigen Abweichungen – das **UNCITRAL Modellgesetz** für grenzüberschreitende Insolvenzen (UNCITRAL Model Law on Cross-Border Insolvency) übernommen hat.

89 **Teil V des SRKG** behandelt ausländische Fälle mit Inlandsbezug, inländische Fälle mit Auslandsbezug und die Zusammenarbeit zwischen inländischen und ausländischen Gerichten in Parallelverfahren.

6.2 Ausländische Insolvenzverfahren mit Inlandsbezug

90 Ein „**ausländisches Insolvenzverfahren**", das nach den Regelungen von Teil V des SRKG behandelt werden kann, ist ein (a) Insolvenzverfahren, das (b) bei einem ausländischen Gericht einschließlich anderer staatlicher Behörden geführt wird und zwar (c) in einem Staat, in dem sich ein Geschäftsort, ein Büro oder eine Adresse des Schuldners befindet (Art. 628 Nr. 1, Art. 631 Abs. 1). Fälle solcher **ausländischer Insolvenzverfahren mit Inlandsbezug** können unter vier Gesichtspunkten betrachtet werden: (1) Anerkennung des ausländischen Verfahrens; (2) Unterstützung des ausländischen Verfahrens; (3) Antragstellung bezüglich eines inländischen Insolvenzverfahrens oder Teilnahme hieran durch einen Verwalter bzw. sonstigen Repräsentanten des ausländischen Verfahrens (im Folgenden nur: Verwalter); und (4) Berücksichtigung eines ausländischen Verfahrens bei Verteilungen oder Zahlungen im Rahmen eines inländischen Verfahrens.

6.2.1 Gerichtszuständigkeit

91 Von diesen vier Fragenkreisen ist das **Insolvenzgericht Seoul ausschließlich zuständig** für die Anerkennung und die Unterstützung ausländischer Verfahren. Diese Zuständigkeitskonzentration bezweckt die Spezialisierung im Umgang mit internationalen Insolvenzverfahren. Das Insolvenzgericht Seoul kann diese Fälle an das Gericht **verweisen**, das für den inländischen Geschäftsort bzw. die Adresse des Schuldners zuständig ist, wenn dies aus Gründen der Effizienz oder zum Schutz der Beteiligtenrechte erforderlich ist (Art. 630). Der ausländische Verwalter kann ein **inländisches Verfahren** bei dem dafür nach allgemeinen Regeln zuständigen Gericht beantragen oder dort daran teilnehmen.

6.2.2 Anerkennung ausländischer Insolvenzverfahren

92 Ein ausländisches Insolvenzverfahren muss zunächst anerkannt werden, um vor einem inländischen Gericht rechtlich eine Rolle spielen zu können. Die **Anerkennung** ist die Grundlage, um einem ausländischen Verfahren beliebige rechtliche Wirkungen im Inland verleihen zu können – **einschließlich der Unterstützung des ausländischen Verfahrens.** Um die Anerkennung zu beantragen, muss der ausländische Verwalter bestimmte **Unterlagen** einreichen, darunter Dokumente, die die Eröffnung eines ausländischen Insolvenzverfahrens belegen (Art. 631). Diese Dokumente sollen die Legitimität des Gesuchs sicherstellen. Das Gericht konzentriert seine Prüfung regelmäßig darauf, ob das ausländische Verfahren existiert, ob der Verwalter rechtmäßig ernannt wurde und ob der Verwalter befugt ist, das ausländische Verfahren zu repräsentieren. Das Gericht entscheidet **binnen eines Monats** über einen den gesetzlichen Anforderungen genügenden Antrag auf Anerkennung eines ausländischen Insolvenzverfahrens (Art. 632 Abs. 1). Das SRKG verlangt **keine Reziprozität**; wie in anderen Fällen gilt jedoch auch in Insolvenzfällen ein **Vorbehalt zur Wahrung der öffentlichen Ordnung** (*ordre public*, Art. 632 Abs. 2 Nr. 3).

6.2.3 Wirkungen der Anerkennung

Die Entscheidung, dass ein ausländisches Insolvenzverfahren anerkannt wird, lässt nach Art. 633 die **Einleitung oder Fortsetzung eines inländischen Insolvenzverfahrens unberührt.** Deshalb kann auch nach der Anerkennung des ausländischen Verfahrens noch die Eröffnung eines inländischen Verfahrens nach dem SRKG beantragt werden, und ein laufendes inländisches Verfahren wird nicht aufgrund einer solchen Anerkennung unterbrochen.

Wird ein ausländisches Insolvenzverfahren anerkannt, kann dessen Verwalter im Inland die Eröffnung eines Insolvenzverfahrens beantragen oder an einem laufenden Insolvenzverfahren teilnehmen (Art. 634).[25] Das SRKG sieht **keine unmittelbare Wirkung** der Anerkennung entsprechend Art. 20 des UNCITRAL-Modellgesetzes vor, wonach die Anerkennung selbst ein sofortiges Moratorium bewirkt *(automatic stay)*. Vielmehr gelten hier dieselben Grundsätze wie für rein nationale Verfahren, die keinen *automatic stay* kennen; das Moratorium ist erst die Folge der gerichtlichen Eröffnungsentscheidung (vgl. Art. 58). Der ausländische Verwalter kann – zusammen mit dem Antrag auf Anerkennung oder nach der Anerkennung – einen Antrag auf gerichtliche Unterstützung des ausländischen Verfahrens, etwa eben durch Anordnung eines Moratoriums, stellen (Art. 636).

6.2.4 Anordnungen vor Anerkennung/Unterstützung ausländischer Verfahren

Mit zwei Instrumenten schützt das SRKG in grenzüberschreitenden Fällen die Insolvenzmasse und stellt eine gleichmäßige Behandlung der Gläubiger sicher: Das eine ist eine gerichtliche Anordnung vor der Anerkennung, das andere ist die Unterstützungsentscheidung. Die **Anordnung vor Anerkennung** betrifft den Zeitraum zwischen dem Antrag auf Anerkennung des ausländischen Insolvenzverfahrens und dem Erlass der Anerkennungsentscheidung. Ähnlich den vorläufigen Maßnahmen und Aussetzungsanordnungen in inländischen Fällen (Art. 43 f., 323) kann das Gericht auf Antrag des ausländischen Verwalters oder von Amts wegen anordnen etwa (a) Aussetzung von Rechtsstreiten mit Bezug zum Geschäft und Vermögen des Schuldners; (b) Untersagung bzw. Aussetzung der Zwangsvollstreckung; und (c) Verbot an den Schuldner, zu zahlen bzw. über sein Vermögen zu verfügen (Art. 635). Da das SRKG diese Arten von zulässigen Anordnungen vor Anerkennung des ausländischen Verfahrens ausdrücklich benennt, kann das Gericht nichts anderes anordnen und etwa einen Internationalen Insolvenzverwalter bestellen.

Zusätzlich zu den soeben genannten Anordnungen kann das Gericht bei der **Unterstützung (anerkannter) ausländischer Insolvenzverfahren** zwei weitere Anordnungen erlassen (Art. 636 Abs. 1): (a) Bestellung eines Internationalen Insolvenzverwalters und (b) Anordnung sonstiger zum Schutz des schuldnerischen Geschäfts und Vermögens sowie der Gläubigerinteressen erforderlicher Maßnahmen. Das Gericht kann solche Unterstützung **zusammen mit der Anerkennung oder später von Amts wegen oder auf Antrag** gewähren. Bei der Entscheidung über die Unterstützung hat das Gericht die Interessen der Gläubiger, des Schuldners und sonstiger Betroffener zu berücksichtigen (Art. 636 Abs. 2). Wie auch bei den Anordnungen vor Anerkennung hat das Gericht den Antrag auf Unterstützung zurückzuweisen, wenn er gegen den *ordre public* der Republik Korea verstößt (Art. 636 Abs. 3). Wird eine Unterstützungsanordnung erlassen, tritt eine Ablaufhemmung bezüglich der Verjährung der betroffenen Forderungen gegen den Schuldner ein: Diese verjähren nicht vor Ablauf von zwei Monaten nach dem Außerkrafttreten der Unterstützungsanordnung (Art. 636 Abs. 5).

Die Unterstützungsanordnung kann vom Gericht geändert oder aufgehoben werden (Art. 636 Abs. 6). Ein **sofortiges Rechtsmittel** kann gegen die Unterstützungsanordnung, ihre Änderung oder Aufhebung sowie den Abbruch von ausgesetzten Vollstreckungsverfahren eingelegt werden; es hat jedoch keine aufschiebende Wirkung (Art. 636 Abs. 8, 9).

Als eine Form der Unterstützung kann das Gericht einen **Internationalen Insolvenzverwalter** bestellen, der in Korea die ausschließliche Geschäftsführungsbefugnis hinsichtlich des schuldnerischen Geschäfts und die ausschließliche Verwaltungs- und Verfügungsbefugnis hinsichtlich des schuldnerischen Vermögens innehat (Art. 637 Abs. 1). Da die Vorschriften über die Verwalter im Rehabilitierungsverfahren (Art. 74 bis 84) und im Konkursverfahren (Art. 355 bis 366) *mutatis mutandis* auch auf den Internationalen Insolvenzverwalter Anwendung finden (Art. 637 Abs. 3), soll zum einen grundsätzlich die gegenwärtige Geschäftsleitung und kann zum anderen auch eine juristische Person zum Internationalen Insolvenzverwalter bestellt werden. Verfügt der Schuldner in Korea nicht über einen Geschäftsbetrieb, sondern nur über einzelne Vermögensgegenstände, dürfte regel-

---

[25] Nach Art. 11 UNCITRAL-Modellgesetz kann der ausländische Verwalter den Antrag auf Einleitung eines inländischen Insolvenzverfahrens demgegenüber schon vor der Anerkennung des ausländischen Verfahrens stellen.

mäßig der **ausländische Verwalter** vom Gericht auch zum Internationalen Insolvenzverwalter bestellt werden.

99   Der Internationale Insolvenzverwalter muss die **Zustimmung des Gerichts** einholen, wenn er in der Republik Korea belegenes Vermögen des Schuldners veräußern oder aus Korea entfernen, verwerten oder verteilen oder sonstige vom Gericht vorgegebene Handlungen vornehmen will (Art. 637 Abs. 2). Ebenso wie die Verwalter in Rehabilitierungs- und Konkursverfahren steht der Internationale Insolvenzverwalter unter der **Aufsicht** des Gerichts.

6.3 Inländische Insolvenzverfahren mit Auslandsbezug

100   Bei **inländischen Verfahren mit Auslandsbezug** gestattet das SRKG dem Verwalter und dem Gericht die **Zusammenarbeit mit ausländischen Gerichten** (Art. 641). Verwalter in inländischen Rehabilitierungs- bzw. Konkursverfahren und andere vom Gericht ermächtigte Personen dürfen (in den Grenzen des ausländischen Rechts) auch **im Ausland für das inländische Verfahren tätig** werden (Art. 640).

6.4 Parallele in- und ausländische Insolvenzverfahren/Kooperation

101   Laufen **zur selben Zeit inländische und ausländische Insolvenzverfahren** mit demselben Schuldner, so sind bei Entscheidungen vor Anerkennung des ausländischen Verfahrens und zu seiner Unterstützung das inländische Verfahren und seine Wirkungen zu berücksichtigen. Das **inländische Verfahren** wird in diesem Fall **als vorrangig** behandelt (Art. 638) – unabhängig etwa von der Reihenfolge der Verfahrenseröffnung. Das SRKG übernimmt nicht die Differenzierung des UNCITRAL-Modellgesetzes nach ausländischen Hauptverfahren *(main foreign proceedings)* und ausländischen Nicht-Hauptverfahren *(non-main foreign proceedings)*.[26] Werden jedoch mehrere ausländische Verfahren gegen denselben Schuldner anerkannt, kann das Gericht zur effizienten Durchführung des Anerkennungs- und Unterstützungsverfahrens eines davon als **Hauptverfahren bestimmen,** wobei es den Hauptgeschäftsort des Schuldners und die Reichweite der jeweiligen Gläubigerschutzmaßnahmen berücksichtigen muss. Auf der Grundlage dieses Hauptverfahrens entscheidet das Gericht über den Erlass oder die Anpassung der Unterstützungsanordnungen. Wird die Anerkennung mehrerer ausländischer Verfahren mit demselben Schuldner beantragt, soll das Gericht diese Anträge zur gemeinsamen Verhandlung verbinden (Art. 639).

102   Das SRKG ordnet an, dass das **inländische Gericht** in parallelen Verfahren mit ausländischen Gerichten **zusammenarbeiten** muss (Art. 641). Die Zusammenarbeit bezweckt die effiziente und gerechte Durchführung dieser Verfahren. Bereiche der Zusammenarbeit sind nach dem SRKG der Meinungsaustausch,[27] die Verwaltung und Überwachung des schuldnerischen Vermögens und Geschäfts, Koordination der verschiedenen Verfahren und sonstige notwendige Angelegenheiten. Das SRKG ermächtigt den inländischen Verwalter und das inländische Gericht ausdrücklich, direkt mit dem ausländischen Gericht bzw. Verwalter Informationen und Meinungen auszutauschen (Art. 641 Abs. 2, 3). Das inländische Gericht kann durch direkte Kontaktaufnahme mit dem ausländischen Gericht für die Durchführung von Parallelverfahren ein **Protokoll** *(protocol)* vereinbaren. Daneben öffnet das SRKG aber auch eine Tür für von den Verwaltern ausgehende Protokolle, indem es vorsieht, dass der inländische Verwalter mit Billigung des Gerichts Vereinbarungen mit dem ausländischen Gericht oder dem ausländischen Verwalter hinsichtlich der Koordinierung der Verfahren treffen darf (Art. 641 Abs. 4).

103   Das SRKG stellt die **gleichmäßige Behandlung** von Gläubigern in parallelen Verfahren sicher, indem es die *hotch-pot-rule* übernimmt. Wenn also inländische und (ggf. mehrere) ausländische Verfahren mit demselben Schuldner parallel stattfinden, erhalten diejenigen Gläubiger, die in ausländischen Verfahren oder aus ausländischem Vermögen des Schuldners Zahlungen erhalten haben, so

---

[26] Art. 2 (b) und (c) des Modellgesetzes.
[27] Zum ersten Mal in der Geschichte des koreanischen Insolvenzrechts gab es am 17.1.2017 eine Telefonkonferenz zwischen der Insolvenzabteilung des Zentralen Bezirksgerichts von Seoul und dem US Bankruptcy Court for the District of New Jersey. Es ging um die Rückführung von Erlösen des Verkaufs von in den USA belegenen Vermögensgegenständen der Hanjin Shipping Co. Ltd. nach Korea. Weitere Beispiele der internationalen Zusammenarbeit folgten in diesem Insolvenzverfahren. So gestattete das Insolvenzgericht Seoul nach einem Gespräch mit dem US Bankruptcy Court for the Eastern District of Virginia die Überweisung von Erlösen in die USA. Es gab dem Federal Court of Australia Auskunft über den Verfahrensstand in Korea. Außerdem schloss das Insolvenzgericht Seoul gemeinsame Absichtserklärungen zur Zusammenarbeit *(memoranda of understanding,* MOU) mit dem US Bankruptcy Court for the Southern District of New York (23.4.2018) und dem Supreme Court of Singapore (16.5.2018) ab. Vgl. zur Hanjin-Insolvenz *Chiyong Rim,* BFL (Banking and Finance Law, hrsg. von der Seoul National University Law School [in Koreanisch]) 92 (November 2018), S. 56.

lange keine weiteren Zahlungen aus dem inländischen Verfahren und nehmen an der dortigen Verteilung so lange nicht teil, bis alle Gläubiger derselben Gruppe und mit demselben Rang denselben Anteil ihrer Forderung erhalten haben (Art. 642).

7. Nachtrag zu Covid-19

Bis Mitte Mai 2020 gab es keine gesetzgeberischen Maßnahmen, die als Reaktion auf die Covid-19-Pandemie das koreanische Insolvenz- und Restrukturierungsrecht modifizieren oder unmittelbar die Insolvenz- und Restrukturierungspraxis beeinflussen. Die Regierung hat am 19.3.2020 verkündet, dass die Fälligkeit von Bankkrediten aufgeschoben werde – auch ohne gesetzliche Anordnung haben sich alle Finanzinstitutionen daran beteiligt. Trotz verschiedener und erheblicher Ausgaben und Stützungsmaßnahmen der Regierung, etwa in Form von finanziellen Nothilfen, Krediten und Garantien, steigt die Fallzahl in allen Kategorien (Konkurs und Rehabilitierung, natürliche Personen und Gesellschaften) an.

Republik Korea

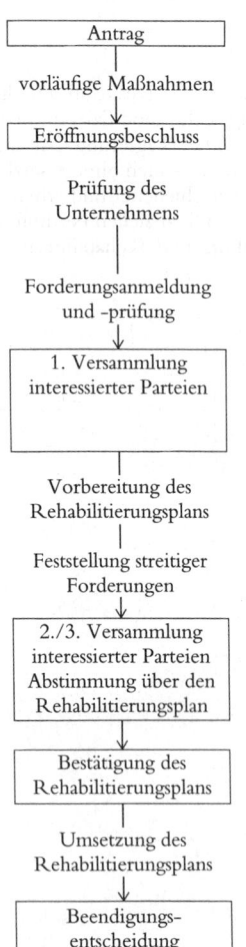

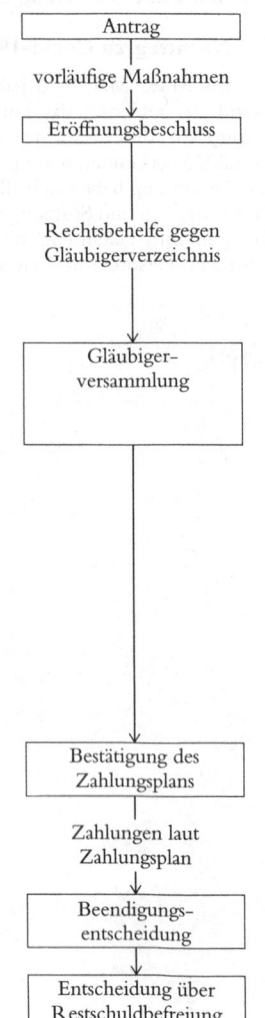

Republik Korea

Glossar

Koreanisch	Transkription	Deutsch	Rn.
개인회생	GaeInHoeSaeng	Privatrehabilitierung	6, 12, 21, 78 ff.
계속기업가치	GyeSokGiEopGaChi	Fortführungswert	27
공익채권	GongIkChaeGwon	Vorzugsforderungen (Rehabilitierungsverfahren)	31
관계인집회	GwanGyeInJipHoe	Versammlung der interessierten Parteien (Rehabilitierungsverfahren)	17, 26, 49 f.
관리위원	GwanRiWiWon	Mitglied des Verwaltungskomitees	16
관리위원회	GwanRiWiWonHoe	Verwaltungskomitee	6, 16
관리인	GwanRiIn	Verwalter (Rehabilitierungsverfahren)	15, 26, 28, 39 ff.
국제도산	GukJeDoSan	Internationale Insolvenz	6, 88 ff.
국제도산관리인	GukJeDoSanGwanRiIn	Internationaler Insolvenzverwalter	98
금융산업의 구조개선에 관한 법률	GeumYungSanEopUiGuJoGaeSeonEGwanHanBeopRyul	Gesetz zur Strukturverbesserung in der Finanzindustrie (GSVFI)	8, 11
기업구조조정촉진법	GiEopGuJoJoJeongChokJinBeop	Gesetz zur Förderung der Unternehmensrestrukturierung (GFUR)	8 ff.
도산	DoSan	Insolvenz	5 ff.
면책	MyeonChaek	Restschuldbefreiung	73 ff., 86 f.
변제계획	ByeonJeGyeHoek	Zahlungsplan	83
별제권	ByeolJeGwon	Absonderungsrecht	64
보전처분	BoJeonCheoBun	Sicherungsmaßnahmen	24, 58, 64
부인권	BuInGwon	Anfechtung	20, 40 f., 62
부인의 청구	BuInUiChungGu	Anfechtungsantrag	40
상계	SangGye	Aufrechnung	28
승인	SeungIn	Anerkennung	13, 92
쌍방미이행쌍무계약	SsangBangMiIHaengSsangMuGyeYak	Gegenseitiger Vertrag	20, 42, 62
양도담보	YangDoDamBo	fiduziarisches Sicherungsrecht	32
재단채권	JaeDanChaeGwon	Masseforderungen (Konkursverfahren)	65
전세권	CheonSeGwon	ausschließliches dingliches Gebrauchsrecht an Immobilien	32, 64
조사위원	JoSaWiWon	Gutachter	16, 27
조사확정재판	JoSaHwakJeongJaePan	Prüfungs- und Feststellungsurteil	37, 69, 82
지원	JiWon	Unterstützung ausländischer Verfahren	96 ff.

Republik Korea

Koreanisch	Transkription	Deutsch	Rn.
채권자집회	ChaeGwonJaJipHoe	Gläubigerversammlung (Konkursverfahren)	17, 60, 68, 72
채권자협의회	ChaeGwonJaHyeopUiHoe	Gläubigerausschuss	6, 17, 39
채무자 회생 및 파산에 관한 법률	ChaeMuJaHoeSaengMitPaSanEGwanHanBeopRyul	Schuldner-Rehabilitierungs- und Konkursgesetz (SRKG)	5 ff.
청산가치	ChungSanGaChi	Liquidationswert	27, 32, 80
파산	PaSan	Konkurs	6, 12, 57 ff.
파산관재인	PaSanGwanJaeIn	Konkursverwalter	15, 60, 61 f., 70 f.
파산선고	PaSanSeonGo	Insolvenzfeststellung (Konkursverfahren)	59 f.
합명회사	HapMyeongHoeSa	Körperschaft mit unbeschränkter Gesellschafterhaftung	39
합자회사	HapJaHoeSa	Körperschaft mit teils beschränkter, teils unbeschränkter Gesellschafterhaftung	39
환취권	WhanChwiGwon	Aussonderungsrecht	32, 43, 59, 64
회생	HoeSaeng	Rehabilitierung	6, 12, 21 ff.
회생계획	HoeSaengGyeHoek	Rehabilitierungsplan	46 ff.
회생위원	HoeSaengWiWon	Rehabilitierungsbeauftragter	16

Glossar

Deutsch	Koreanisch	Transkription	Rn.
Absonderungsrecht	별제권	ByeolJeGwon	64
Anerkennung	승인	SeungIn	13, 92
Anfechtung	부인권	BuInGwon	20, 40 f., 62
Anfechtungsantrag	부인의 청구	BuInUiChungGu	40
Aufrechnung	상계	SangGye	28
ausschließliches dingliches Gebrauchsrecht an Immobilien	전세권	CheonSeGwon	32, 64
Aussonderungsrecht	환취권	WhanChwiGwon	32, 43, 59, 64
fiduziarisches Sicherungsrecht	양도담보	YangDoDamBo	32
Fortführungswert	계속기업가치	GyeSokGiEopGaChi	27
Gegenseitiger Vertrag	쌍방미이행쌍무계약	SsangBangMiIHaengSsangMuGyeYak	20, 42, 62

Republik Korea

Deutsch	Koreanisch	Transkription	Rn.
Gesetz zur Förderung der Unternehmensrestrukturierung (GFUR)	기업구조조정촉진법	GiEopGuJoJeongChokJinBeop	8 ff.
Gesetz zur Strukturverbesserung in der Finanzindustrie (GSVFI)	금융산업의 구조개선에 관한 법률	GeumYungSanEopUiGuJoGaeSeonEGwanHanBeopRyul	8, 11
Gläubigerausschuss	채권자협의회	ChaeGwonJaHyeopUiHoe	6, 17, 39
Gläubigerversammlung (Konkursverfahren)	채권자집회	ChaeGwonJaJipHoe	17, 60, 68, 72
Gutachter	조사위원	JoSaWiWon	16, 27
Insolvenz	도산	DoSan	5 ff.
Insolvenzfeststellung (Konkursverfahren)	파산선고	PaSanSeonGo	59 f.
Internationale Insolvenz	국제도산	GukJeDoSan	6, 88 ff.
Internationaler Insolvenzverwalter	국제도산관리인	GukJeDoSanGwanRiIn	98
Konkurs	파산	PaSan	6, 12, 57 ff.
Konkursverwalter	파산관재인	PaSanGwanJaeIn	15, 60, 61 f., 70 f.
Körperschaft mit teils beschränkter, teils unbeschränkter Gesellschafterhaftung	합자회사	HapJaHoeSa	39
Körperschaft mit unbeschränkter Gesellschafterhaftung	합명회사	HapMyeongHoeSa	39
Liquidationswert	청산가치	ChungSanGaChi	27, 32, 80
Masseforderungen (Konkursverfahren)	재단채권	JaeDanChaeGwon	65
Mitglied des Verwaltungskomitees	관리위원	GwanRiWiWon	16
Privatrehabilitierung	개인회생	GaeInHoeSaeng	6, 12, 21, 78 ff.
Prüfungs- und Feststellungsurteil	조사확정재판	JoSaHwakJeongJaePan	37, 69, 82
Rehabilitierung	회생	HoeSaeng	6, 12, 21 ff.
Rehabilitierungsbeauftragter	회생위원	HoeSaengWiWon	16
Rehabilitierungsplan	회생계획	HoeSaengGyeHoek	46 ff.
Restschuldbefreiung	면책	MyeonChaek	73 ff., 86 f.
Schuldner-Rehabilitierungs- und Konkursgesetz (SRKG)	채무자 회생 및 파산에 관한 법률	ChaeMuJaHoeSaengMitPaSanEGwanHanBeopRyul	5 ff.
Sicherungsmaßnahmen	보전처분	BoJeonCheoBun	24, 58, 64

Republik Korea

Deutsch	Koreanisch	Transkription	Rn.
Unterstützung ausländischer Verfahren	지원	JiWon	96 ff.
Versammlung der interessierten Parteien (Rehabilitierungsverfahren)	관계인집회	GwanGyeInJipHoe	17, 26, 49 f.
Verwalter (Rehabilitierungsverfahren)	관리인	GwanRiIn	15, 26, 28, 39 ff.
Verwaltungskomitee	관리위원회	GwanRiWiWonHoe	6, 16
Vorzugsforderungen (Rehabilitierungsverfahren)	공익채권	GongIkChaeGwon	31
Zahlungsplan	변제계획	ByeonJeGyeHoek	83

Kroatien

bearbeitet von Prof. Dr. Jasnica Garašić (Rechtswissenschaftliche Fakultät der Universität Zagreb)

Übersicht

	Rn.
1. Gesetzessammlungen, Schrifttum und Informationsquellen	1
1.1 Gesetzessammlungen	1
1.2 Schrifttum:	2
1.3 Informationsquellen:	3
2. Einführung	4
2.1 Gesetzliche Grundlagen	4
2.2 Unterschiedliche Verfahrenstypen	8
2.3 Das Verfahren zur präventiven Restrukturierung (vorinsolvenzlich, vorkonkurslich und die Umsetzung der EU-Richtlinie über Restrukturierung und Insolvenz	16
2.3.1 Das 2015 eingeführte vorkonkursliche Verfahren	16
2.3.2 Umsetzung der EU-Richtlinie über Restrukturierung und Insolvenz	19
2.4 Finanzielle Restrukturierung	22
2.5 Spezielle Regelungen für Insolvenzen von Finanzinstituten, Versicherungen	23
2.6 Konzerninsolvenzen	24
2.7 Verbraucherkonkursverfahren und die Umsetzung der EU-Richtlinie über Restrukturierung und Insolvenz	26
3. Wesentliche Verfahrensmerkmale des Konkursverfahrens	32
3.1 Eröffnung des Verfahrens	32
3.1.1 Eröffnungsgründe	32
3.1.2 Prüfung der Eröffnungsgründe	33
3.1.3 Antragspflicht bei Vorliegen von Eröffnungsgründen; Folgen der Verletzung der Antragspflicht	39
3.1.4 Antragsbefugnis	42
3.2 Rolle der Gerichte	43
3.3 Verwalter	47
3.4 Verwaltung und Verwertung der Masse	51
3.5 Fortführung durch den Verwalter oder Schuldner (Eigenverwaltung)	54
3.6 Sicherungsmaßnahmen vor Verfahrenseröffnung	56
3.7 Wirkungen der Verfahrenseröffnung auf Rechtsverfolgungsmaßnahmen einzelner Gläubiger	60
3.8 Wirkungen der Verfahrenseröffnung auf laufende Gerichts-/oder Schiedsverfahren	65

	Rn.
3.9 Automatisches oder gerichtlich anzuordnendes Moratorium	68
3.10 Organe der Gläubiger	71
3.11 Forderungsanmeldung, Feststellung oder Bestreiten von Forderungen	76
3.12 Verteilung der Masse	84
3.12.1 Massegläubiger	84
3.12.2 Bevorrechtigte Gläubiger	86
3.12.3 Gesicherte Gläubiger	90
3.12.4 Ungesicherte Gläubiger	97
3.12.5 Nachrangige Gläubiger	103
3.12.6 Aussonderungsberechtigte Gläubiger	106
3.12.7 Befriedigung der Forderungen im Falle eines Konkursplans	108
3.13 Abschluss von Verfahren	112
4. Verträge im Konkurs- oder Restrukturierungsverfahren	117
4.1 Unerfüllte Verträge	117
4.2 Miet- oder Pachtverhältnisse	120
4.3 Leasingverträge	123
4.4 Dienstverhältnisse	124
5. Pensionsansprüche in der Insolvenz und Restrukturierung	125
6. Eigentumsvorbehalt	127
7. Sicherheiten in der Insolvenz	131
7.1 Mobiliarsicherheiten	131
7.2 Grundstückssicherheiten	137
7.3 Sicherheiten an Flugzeugen, Schiffen	142
7.4 Andere Sicherheiten	146
7.5 Erlöschen der Absonderungsrechte	150
8. Aufrechnung; Netting-Vereinbarungen	151
9. Konkursanfechtung	156
10. Geltendmachung von Haftungsansprüchen gegen (frühere) Geschäftsführer, Gesellschafter oder Dritte	160
11. Schutz der Konkursmasse, Asset Tracing	164
12. Internationales Konkurs-/Insolvenzrecht	167
13. Die COVID-19 Gesetzgebung betreffend das Konkursrecht	182

Kroatien 1–3

1. Gesetzessammlungen, Schrifttum und Informationsquellen

1.1 Gesetzessammlungen

1   Zur Zeit gibt es keine öffentlich zugänglichen Gesetzessammlungen betreffend das Konkurs- bzw. Insolvenzrecht in der Republik Kroatien.

1.2 Schrifttum:

2   *J. Barbić/N. Bodiroga-Vukobrat/V. Brkanić/E. Čulinović-Herc/J. Čuveljak/M. Dika/J. Garašić/H. Horak/D. Huljev/V. Lazić/N. Marković*, Hrvatsko insolvencijsko pravo, HAZU, Zagreb, 2014; *J. Barbić/M. Dika/A. Eraković/J. Garašić/N. Šepić*, Novosti u stečajnom pravu, Organizator, Zagreb, 2001; *V. Buljan/A. Eraković/S. Garac/J. Garašić/LJ. Hrastinski Jurčec/N. Marković/N. Nekić Plevko/Đ. Sessa/M. Šimundić*, Ovrha i stečaj – Aktualnosti zakonodavsta i sudske prakse – 2007, Inženjerski biro, Zagreb, 2007; *V. Buljan/M. Dika/J. Garašić/Lj. Hrastinski Jurčec/N. Marković*, Četvrta novela Stečajnog zakona, Narodne novine, Zagreb, 2006; *J. Čuveljak*, Kommentar Stečajnog zakona (NN 71/15, 104/17), Narodne novine, Zagreb, 2018; *M. Dika*, Predstečajni postupak, Pravo u gospodarstvu, 2016, Nr. 3, S. 367ff; *M. Dika/A. Eraković/J. Garašić, Lj. Hrastinski Jurčec/V. Lovrić/N. Marković/M. Vukelić*, Treća novela Stečajnog zakona, Narodne novine, Zagreb, 2003; *M. Dika*, Pravne posljedice otvaranja stečajnog postupka, Zagreb, 2002; *M. Dika*, Insolvencijsko pravo, Pravni fakultet Zagreb, Zagreb, 1998; *M. Dika*, Das kroatische Insolvenzrecht, Recht in Ost und West (ROW) 42/1998, Heft 9, S. 339ff; *A. Eraković/A. Galič/S. Garac/J. Garašić/Lj. Hrastinski Jurčec/N. Marković/N. Nekić Plevko/Đ. Sessa*, Ovrha i stečaj – Aktualnosti zakonodavsta i sudske prakse – 2006, Inženjerski biro, Zagreb, 2006; *A. Eraković*, Stečajni zakon, s komentarom i primjerima, RRiF, Zagreb, 1997; *A. Galič/J. Garašić/Lj. Hrastinski Jurčec/N. Marković/I. Periša/N. Radić*, Reforma hrvatskog insolvencijskog prava, Inženjerski biro, Zagreb, 2015; *J. Garašić*, Country Report for Croatia, im Buch: T. K. Graziano/J. Bojars/V. Sajadova (hrsg.), A Guide to Consumer Insolvency Proceedings in Europe, Edward Elgar Publishing, Cheltenham, UK, Northampton MA, USA, 2019, 198ff; *J. Garašić/S. Petrović*, National Report for Croatia, im Buch: J. Chuah/E. Vaccari (hrsg.), Executory Contracts in Insolvency Law, A Global Guide, Edward Elgar Publishing, Cheltenham, UK, Northampton MA, USA, 2019, 170ff; *J. Garašić*, Das für die Aufrechnung der Forderungen maßgebliche Recht nach der EuInsVO 2015, im Buch: B. Nunner-Krautgasser/T. Garber/C. Jaufer (hrsg.), Grenzüberschreitende Insolvenzen im europäischen Binnenmarkt, Manz'sche Verlags- und Universitätsbuchhandlung, Wien, 2017, S. 163ff; *J. Garašić*, Izvanredna uprava države nad povezanim društvima, im Buch: P. Miladin/ M. Giunio (hrsg.), Zbornik 55. Susreta pravnika – Opatija'17, Hrvatski savez udruga pravnika u gospodarstvu, Zagreb, 55/2017, S. 5ff; *J. Garašić*, Najznačajnije novine Stečajnog zakona iz 2015. godine, Zbornik Pravnog fakulteta Sveučilišta u Rijeci, 38/2017, Nr. 1, S. 131ff; *J. Garašić*, Prijava tražbina stranih vjerovnika prema Europskoj uredbi o insolvencijskim postupcima, Zbornik Pravnog fakulteta Sveučilišta u Rijeci, 37/2016, Nr. 3, S. 1039ff; *J. Garašić*, New Bankruptcy Law in Croatia, Eurofenix, Autumn 2016 (65), S. 36ff; *J. Garašić*, Länderberichte – Kroatien, in Münchener Kommentar zur Insolvenzordnung, Band 4, Verlag C. H. Beck, 3. Aufl., München 2016, S. 1011ff; *J. Garašić*, Ključna pitanja predstojećeg reguliranja osobnog stečaja u hrvatskom pravu, im Buch: J. Barbić/M. Giunio (hrsg.), Zbornik 53. Susreta pravnika – Opatija'15, Hrvatski savez udruga pravnika u gospodarstvu, Zagreb, 53/2015, S. 185ff; *J. Garašić/T. Borić*, Insolvenzrecht Kroatien – Auswirkungen auf Kreditsicherheiten, im Buch: Grininger/Jungreithmeir/Reisch/Schilcher (hrsg.), Handbuch Insolvenzrecht Osteuropa, Wien, 2012, S. 77ff; *J. Garašić*, Kako zakonski regulirati „osobni stečaj" u Hrvatskoj, Zbornik Pravnog fakulteta u Zagrebu, 61/2011, Nr. 5, S. 1487ff; *J. Garašić*, Anerkennung ausländischer Insolvenzverfahren: Ein Vergleich des kroatischen, des deutschen und des schweizerischen Rechts sowie der Europäischen Verordnung über Insolvenzverfahren, des Istanbuler Übereinkommens und des UNCITRAL-Modellgesetzes, Teil I und Teil II, Peter Lang, Frankfurt am Main, 2005; *P. Miladin/H. Markovinović*, Stečajni plan i nagodba u postupku izvanredne uprave, im Buch: P. Miladin/M. Giunio (hrsg.), Zbornik 56. Susreta pravnika – Opatija'18, Hrvatski savez udruga pravnika u gospodarstvu, Zagreb, 56/2018, S. 67 ff.

1.3 Informationsquellen:

3   Die Entscheidungen des Gerichts, welche im Konkursverfahren oder im vorkonkurslichen Verfahren getroffen werden, werden auf der Internetseite https://e-oglasna.pravosudje.hr veröffentlicht. Die Internetseite von Handelsregistern in der Republik Kroatien ist https://sudreg.pravosudje.hr. Andere nützliche Internetseiten. http://www.usud.hr – Verfassungsgericht der Republik Kroatien; www.vsrh.hr – Oberster Gerichtshof der Republik Kroatien; www.vtsrh.hr – Hoher Handelsgerichtshof der Republik Kroatien; www.hok-cba.hr – Kroatische Anwaltskammer; https://

2. Einführung

pravosudje.gov.hr – Justizministerium der Republik Kroatien; www.mingo.hr – Wirtschaftsministerium der Republik Kroatien; www.mfin.hr – Finanzministerium der Republik Kroatien; https://vlada.gov.hr – Regierung der Republik Kroatien; https://www.hgk.hr – Kroatische Wirtschaftskammer; www.sudacka-mreza.hr – Non-for-Profit-Organisation gegründet von den Richtern mit nützlichen fachlichen Informationen; www.iusinfo.hr – Kroatisches Rechtsportal; www.ingbiro.com – Kroatisches Rechtsportal; https://nesolventnost.pravosudje.hr/registar – Kroatisches Insolvenzregister.

2. Einführung

2.1 Gesetzliche Grundlagen

Das kroatische Konkursrecht ist in erster Linie im neuen **Konkursgesetz** (*Stečajni zakon 2015*, im Folgenden: KG) geregelt.[1] Im Hinblick auf einige besondere Arten der **Konkursschuldner** (*stečajni dužnik*), wie zB Banken und andere Kreditinstitute, Kreditunionen, Versicherungsgesellschaften, Vereine, gelten einige besondere konkursrechtliche Bestimmungen, die in den betreffenden Gesetzen enthalten sind: im **Gesetz über Kreditinstitute** (*Zakon o kreditnim institucijama 2013*),[2] im **Gesetz über Kreditunionen** (*Zakon o kreditnim unijama 2006*),[3] im **Gesetz über Versicherung** (*Zakon o osiguranju 2015*),[4] im **Gesetz über Vereine** (*Zakon o udrugama 2001*).[5] Das **Gesetz über die Sicherung der Forderungen der Arbeitnehmer im Falle des Konkurses des Arbeitgebers** (*Zakon o osiguranju potraživanja radnika u slučaju stečaja poslodavca 2008*)[6] garantiert einen minimalen Schutz für Arbeitnehmer bei Insolvenz der Arbeitgeber. Sporadische konkursrechtliche bzw. insolvenzrechtliche Bestimmungen kann man auch in anderen Gesetzen finden. Seit dem 1.1.2016 ist das **Gesetz zum Verbraucherkonkurs** (*Zakon o stečaju potrošača 2015*, im Folgenden: VKG) in Kraft.[7]

Die Bestimmungen des KG beziehen sich nicht auf juristische Personen, über die ein **Sanierungsverfahren** (*sanacijski postupak*) nach den Bestimmungen des **Gesetzes über die Sanierung bestimmter Unternehmen** (*Zakon o sanaciji određenih poduzeća 1995*)[8] durchgeführt wird. Das **Gesetz über die Staatsagentur für die Sicherung von Spareinlagen und Sanierung der Banken** (*Zakon o državnoj agenciji za osiguranje štednih uloga i sanaciju banaka*)[9] regelt den Schutz der Sparer im Falle des Konkurses einer Bank sowie das Sanierungsverfahren über eine Bank, welches die Staatsagentur führt. Das **Gesetz über die Sanierung der öffentlichen Einrichtungen** (*Zakon o sanaciji javnih ustanova*)[10] regelt die Sanierung der öffentlichen Einrichtungen durch Geldmittel aus dem Staatshaushalt.

Am 1.10.2012 trat das **Gesetz über die Finanzgeschäftstätigkeit und den vorkonkurslichen Vergleich** (*Zakon o financijskom poslovanju i predstečajnoj nagodbi 2012*, im Folgenden: GFVV)[11] in Kraft, mit dem der Gesetzgeber versucht hat, die Sanierung bzw. Restrukturierung der zahlreichen insolventen Schuldner anzuregen. Da die Bestimmungen über den **vorkonkurslichen Vergleich** (*predstečajna nagodba*) erhebliche Mängel hatten, hat das neue KG sie aufgehoben und ein **vorkonkursliches Verfahren** (*predstečajni postupak*) geschaffen, mit dem gleichen Ziel, die rechtzeitige Sanierung des Schuldners zu erleichtern.

Das Gesetz über das Verfahren der außergewöhnlichen Verwaltung („Management") in Handelsgesellschaften mit systemrelevanter Bedeutung für die Republik Kroatien (*Zakon o postupku izvanredne*

---

[1] Stečajni zakon, Narodne novine (Gesetzblatt der Republik Kroatien), 2015 Nr. 71 idF 2017 Nr. 104; dieses neue Konkursgesetz trat am 1.9.2015 in Kraft und löste das alte Konkursgesetz aus dem Jahr 1996 (Narodne novine, 1996 Nr. 44 idF 2012 Nr. 133) ab; die deutsche Übersetzung des alten Konkursgesetzes wurde in „Wirtschaftsrecht der osteuropäischen Staaten – WOS" (Nomos Verlagsgesellschaft) in der 51. Lieferung, Juli 1997, veröffentlicht. (Bearbeitet von *Tomislav Borić*); näheres zur Geschichte des kroatischen Konkursrechts s. *Dika*, Das kroatische Insolvenzrecht, Recht in Ost und West (ROW) 42/1998, Heft 9, S. 339, 339.
[2] Zakon o kreditnim institucijama, Narodne novine, 2013 Nr. 159 idF 2020 Nr. 47: s. Art. 264–276 dieses Gesetzes.
[3] Zakon o kreditnim unijama, Narodne novine, 2006 Nr. 141 idF 2011 Nr. 90: s. Art. 72–74 dieses Gesetzes.
[4] Zakon o osiguranju, Narodne novine, 2015 Nr. 30 idF 2020 Nr. 63: s. Art. 284–294 dieses Gesetzes.
[5] Zakon o udrugama, Narodne novine, 2014 Nr. 74 idF 2019 Nr. 98: s. Art. 36 Abs. 3 dieses Gesetzes.
[6] Zakon o osiguranju potraživanja radnika u slučaju stečaja poslodavca, Narodne novine, 2008 Nr. 86 idF 2015 Nr. 82.
[7] Zakon o stečaju potrošača, Narodne novine, 2015 Nr. 100 idF 2018 Nr. 67.
[8] Zakon sanaciji određenih poduzeća, Narodne novine, 1995 Nr. 56 idF 2000 Nr. 97.
[9] Zakon o državnoj agenciji za osiguranje štednih uloga i sanaciju banaka, Narodne novine, 1994 Nr. 44 idF 2013 Nr. 15.
[10] Zakon o sanaciji javnih ustanova, Narodne novine, 2012 Nr. 136 idF 2019 Nr. 73.
[11] Zakon o financijskom poslovanju i predstečajnoj nagodbi, Narodne novine, 2012 Nr. 108 idF 2015 Nr. 78.

uprave u trgovačkim društvima od sistemskog značaja za Republiku Hrvatsku 2017, im Folgenden: AVHSBG)[12] regelt die Voraussetzungen, das Verfahren und die Rechtsfolgen der Eröffnung und der Durchführung des Verfahrens der außergewöhnlichen Verwaltung über eine solche systemrelevante Handelsgesellschaft (als Muttergesellschaft) und alle abhängigen und verbundenen Unternehmen (andere selbständige Handelsgesellschaften), wenn ein Konkursgrund bei dieser **Handelsgesellschaft** *(trgovačko društvo)* als Muttergesellschaft gegeben ist.

2.2 Unterschiedliche Verfahrenstypen

8   Das kroatische KG sieht ein einheitliches Verfahren (ein **Konkursverfahren** – *stečajni postupak*) vor, welches dazu dient, die **Gläubiger** *(vjerovnik)* des Konkursschuldners gemeinschaftlich zu befriedigen, indem das Vermögen des Schuldners verwertet wird und die Erlöse an die Gläubiger verteilt werden oder die Rechtslage des Schuldners und sein Verhältnis gegenüber den Gläubigern im Rahmen eines **Konkursplans** *(stečajni plan)* in einer abweichenden Weise geregelt wird.[13] Im Rahmen des kroatischen Konkursverfahrens ist also nicht nur eine klassische Liquidation des Schuldnervermögens möglich, sondern auch die Sanierung des Konkursschuldners als Rechtsträger oder die sogenannte übertragende Sanierung des Schuldnerunternehmens. Auch eine von den gesetzlichen Bestimmungen abweichende Liquidation des Schuldnervermögens kann ausgearbeitet werden.[14] Außerdem sieht das KG die Möglichkeit der Anordnung einer **Eigenverwaltung des Konkursschuldners** *(osobna uprava stečajnog dužnika)* vor.[15] Falls der Konkursschuldner ein „**Einzelschuldner**" *(dužnik pojedinac)*, dh eine **natürliche Person** *(fizička osoba)* ist, kann auch seine **Restschuldbefreiung** *(oslobođenje od preostalih obveza)* gegenüber den **Konkursgläubigern** *(stečajni vjerovnik)* unter der Erfüllung der gesetzlichen Voraussetzungen ausgesprochen werden.[16] Nach kroatischem Recht kann der Konkurs über eine **juristische Person** *(pravna osoba)* durchgeführt werden, soweit durch Gesetz nichts anderes bestimmt wird. Das KG schließt die Möglichkeit eines Konkurses über das Vermögen folgender juristischer Personen aus: der Republik Kroatien, der aus dem Staatshaushalt der Republik Kroatien finanzierten Fonds, der Kroatischen Krankenversicherungsanstalt, der Kroatischen Pensionsversicherungsanstalt und der Einheiten der lokalen und regionalen Selbstverwaltung.[17] Ein Konkurs über das Vermögen einer **natürlichen Person** *(fizička osoba)* kann gemäß den Bestimmungen des KG durchgeführt werden, wenn die natürliche Person die Eigenschaft eines Einzelschuldners hat. Ein Einzelschuldner im Sinne des KG ist eine natürliche Person, welche nach dem Gesetz über Einkommenssteuer[18] verpflichtet ist, Einkommenssteuer für selbständige Tätigkeit zu zahlen sowie eine natürliche Person, welche nach dem Gesetz über Arbeitsertragssteuer[19] verpflichtet ist, Arbeitsertragssteuer zu zahlen.[20]

9   Wird im Laufe des **Vorverfahrens** *(prethodni postupak)* geschätzt, dass das Vermögen des Konkursschuldners den Betrag von 2.000.000,00 Kuna[21] nicht übersteigt, hat das **Gericht** *(sud)* zu beschließen, dass der **Konkurs** *(stečaj)* nach den Vorschriften über den **Konkurs von geringem Wert** *(stečaj male vrijednosti)* durchzuführen ist. Für einen solchen Konkurs von geringem Wert ist charakteristisch, dass die gesetzlichen Bestimmungen über den **Gläubigerausschuss** *(odbor vjerovnika)* nicht anzuwenden sind.[22]

---

[12] Zakon o postupku izvanredne uprave u trgovačkim društvima od sistemskog značaja za Republiku Hrvatsku, Narodne novine, 2017 Nr. 32.
[13] Art. 2 Abs. 2–3, Art. 303–355 KG, welche den §§ 217–269 InsO im Wesentlichen entsprechen.
[14] Näheres über verschiedene Arten von Konkursplänen s. *Garašić*, Sadržaj stečajnog plana, im Buch: J. Barbić/ M. Dika/A. Eraković/J. Garašić/N. Šepić, Novosti u stečajnom pravu, Zagreb, 2001, S. 229, 233–235.
[15] Art. 356–371 KG, welche den §§ 270–285 InsO im Wesentlichen entsprechen.
[16] Art. 372–390 KG, welche den §§ 286–303a InsO im Wesentlichen entsprechen.
[17] Art. 3 Abs. 1 S. 1 und Abs. 2 KG; handelt es sich um eine juristische Person, deren Haupttätigkeit die Herstellung von Bewaffnungsgegenständen oder Militärausrüstung bzw. die Erbringung von Dienstleistungen an das kroatische Militär ist, dann kann ein Konkursverfahren über eine solche juristische Person ohne vorherige Zustimmung des Verteidigungsministeriums nicht eröffnet werden; ist die Möglichkeit eines Konkurses über das Vermögen einer juristischen Person kraft Gesetzes ausgeschlossen, dann haften deren Gründer bzw. Mitglieder für die Verbindlichkeiten einer solchen juristischen Person; diese Regel bezieht sich nicht auf Kapitalgesellschaften (Art. 3 Abs. 3–4 KG); vgl. §§ 11 und 12 InsO.
[18] Zakon o porezu na dohodak, Narodne novine, 2016 Nr. 115 idF 2020 Nr. 32.
[19] Zakon o porezu na dobit, Narodne novine, 2004 Nr. 177 idF 2020 Nr. 32.
[20] Art. 3 Abs. 1 S. 2 KG; vgl. § 11 Abs. 1 S. 1 InsO.
[21] Nach dem Mittelkurs der Kroatischen Nationalbank am 5.1.2020 ist es etwa 268.817,00 EUR.
[22] Art. 127 Abs. 1, 3 KG; falls sich das Vermögen des Schuldners größtenteils aus beweglichen Sachen zusammensetzt, die leicht zu verwerten sind, kann das Gericht entscheiden, dass der Konkurs nach den Vorschriften über den Konkurs von geringem Wert durchzuführen ist, auch in jenen Fällen, in denen das Schuldnervermögen den Betrag von 2.000.000,00 Kuna nicht übersteigt (Art. 127 Abs. 2 KG).

2. Einführung

Wenn es sich um eine zahlungsunfähige juristische Person handelt, die keine Arbeitnehmer hat, **10** die im „Register der Reihenfolge von Zahlungsgrundlagen" (*Očevidnik redoslijeda osnova za plaćanje*), das die **Finanzagentur** *(Financijska agencija)* führt, evidentierte und unerfüllte Zahlungsgrundlagen in einer ununterbrochenen Periode von 120 Tagen hat und die Voraussetzungen für die Einleitung eines anderen Verfahrens zur Löschung dieser juristischen Person aus dem Gerichtsregister nicht erfüllt sind, kann ein **gekürztes Konkursverfahren** *(skraćeni stečajni postupak)* auf Antrag der Finanzagentur nach Art. 428–436 KG durchgeführt werden.[23]

Von Inhalt und Zielen des kroatischen **Konkursgesetzes** her gesehen, wäre die Bezeichnung **11** „**Insolvenzgesetz**" wesentlich angemessener. Aus traditionellen Gründen will die Politik jedoch den Begriff „Konkurs" beibehalten.

Das neue KG ermöglicht auf Antrag des Schuldners oder auf Antrag eines Gläubigers mit **12** Zustimmung des Schuldners die Schließung einer **vorkonkurslichen Vereinbarung** *(predstečajni sporazum)* im Rahmen des **vorkonkurslichen Verfahrens** *(predstečajni postupak)*, um eine Sanierung bzw. Restrukturierung des Schuldners, einschließlich des Erhalts seiner Tätigkeit, zu erzielen.[24] Im Unterschied zum früheren **Verfahren des vorkonkurslichen Vergleichs** *(postupak predstečajne nagodbe)*, welches im **Verwaltungsverfahren** *(upravni postupak)* war und welches das neue KG aufgehoben hat, ist das neue vorkonkursliche Verfahren ein Gerichtsverfahren, welches vor einem **Handelsgericht** *(trgovački sud)* durchgeführt wird.

Das Ziel des **Verbraucherkonkursverfahrens** *(stečajni postupak potrošača)* ist es, dem redlichen **13** Verbraucher die Gelegenheit zu geben, sich von seinen restlichen Verbindlichkeiten, die seinen Gläubigern nach der Verwertung seines Vermögens und der Verteilung des Erlöses verbleiben, zu befreien.[25] Ein **Verbraucher** *(potrošač)* im Sinne des Gesetzes zum Verbraucherkonkursverfahren ist jede natürliche Person, die außerhalb ihrer gewerblichen (kaufmännischen), geschäftlichen, handwerklichen oder freiberuflichen (professionellen) Tätigkeit Rechtsgeschäfte abschließt oder auf dem Markt tätig ist.[26] Ein Verbraucher kann auch eine natürliche Person sein, welche dem Gesetz über Einkommensteuer verpflichtet ist, die Einkommensteuer für selbständige Tätigkeit zu zahlen sowie eine natürliche Person, welche nach dem Gesetz über Arbeitsertragssteuer verpflichtet ist, die Arbeitsertragssteuer zu zahlen (dh ein Einzelschuldner im Sinne des KG ist), falls eine solche natürliche Person: 1. nicht mehr als 20 Gläubiger hat; 2. die Verbindlichkeiten aus ihrer Tätigkeit den Betrag von 100.000,00 HRK (etwa 13.440,86 EUR) nicht übersteigen; 3. keine Verbindlichkeiten aus Arbeitsverhältnissen hat, die aus der Ausübung der Tätigkeit hervorgehen; und 4. kein vorkonkursliches Verfahren oder Konkursverfahren eingeleitet worden ist.[27] Unter einem Verbraucher ist ebenso eine natürliche Person zu verstehen, welche die Verbindlichkeiten aus einer Tätigkeit hat, für welche sie die Einkommensteuer oder die Arbeitsertragssteuer bezahlt hat, aber welche nicht mehr verpflichtet ist, die Einkommensteuer für selbständige Tätigkeit oder die Arbeitsertragssteuer zu zahlen.[28]

Das **Verfahren der außergewöhnlichen Verwaltung in Handelsgesellschaften mit system- 14 relevanter Bedeutung für die Republik Kroatien** *(postupak izvanredne uprave u trgovačkim društvima od sistemskog značaja za Republiku Hrvatsku;* im Folgenden: das Verfahren der außergewöhnlichen Verwaltung) hat die präventive Restrukturierung solcher Handelsgesellschaften zum Ziel, um die Liquidität, die Nachhaltigkeit und Stabilität ihrer Tätigkeit zu sichern.[29] Solche Handelsgesellschaften wirken auf die gesamte wirtschaftliche, soziale und finanzielle Stabilität der Republik Kroatien.[30] Ein

---

[23] Art. 428 KG. Das Gesetz über die Durchführung der Zwangsvollstreckung in Geldforderungen (*Zakon o provedbi ovrhe na novčanim sredstvima*, Narodne novine, 2018 Nr. 68) bestimmt, dass die Finanzagentur, die Kroatische Nationalbank und Banken die Zwangsvollstreckung in Geldforderungen durchführen (Art. 2 dieses Gesetzes). Dieses Gesetz regelt die Funktion des Registers der Reihenfolge der Zahlungsgrundlagen (Art. 6–7). Die Zahlungsgrundlage kann beispielsweise sein: eine vollstreckbare Gerichtsentscheidung, ein vollstreckbarer gerichtlicher Vergleich, eine in einem Verwaltungsverfahren ergangene Entscheidung sowie ein in einem Verwaltungsverfahren abgeschlossener Vergleich, falls diese auf die Befriedigung einer Geldforderung lauten, ferner ein Schuldschein, ein Blankoschuldschein, ein Europäischer Zahlungsbefehl, ein Europäischer Vollstreckungstitel und andere vollstreckbare Entscheidungen (s. Art. 3 Nr. 1 dieses Gesetzes). Die Zwangsvollstreckung in Geldforderungen wird auf die Basis einer Zahlungsgrundlage nach der Reihenfolge angeordnet, wann diese Zahlungsgrundlage in das erwähnte Register eingeschrieben worden ist (Art. 7 dieses Gesetzes).
[24] Art. 2 Abs. 1 KG.
[25] Art. 2 Abs. 1 VKG.
[26] Art. 4 Abs. 2 VKG.
[27] Art. 4 Abs. 3 VKG.
[28] Art. 4 Abs. 5 VKG.
[29] Art. 1 Abs. 2 AVHSBG.
[30] S. Art. 1 Abs. 1 AVHSBG.

Verfahren der außergewöhnlichen Verwaltung wird über eine Aktiengesellschaft und alle ihre abhängigen und verbundenen Gesellschaften eröffnet, wenn ein Konkursgrund bei dieser Aktiengesellschaft als herrschender Gesellschaft (Muttergesellschaft) festgestellt worden ist und wenn diese Aktiengesellschaft selbständig oder zusammen mit ihren abhängigen und verbundenen Gesellschaften von systemrelevanter Bedeutung für die Republik Kroatien ist.[31] Eine Aktiengesellschaft ist von systemrelevanter Bedeutung für die Republik Kroatien, wenn sie selbständig oder zusammen mit ihren abhängigen oder verbundenen Gesellschaften folgende Bedingungen kumulativ erfüllt: 1. dass sie selbständig oder zusammen mit ihren abhängigen und verbundenen Gesellschaften in dem Kalenderjahr, welches dem Jahr vorangeht, in dem ein Antrag auf Eröffnung des Verfahrens der außergewöhnlichen Verwaltung gestellt ist, im Durchschnitt mehr als 5.000 Arbeitnehmer beschäftigt und 2. dass die existierenden Bilanzverbindlichkeiten selbständig oder zusammen mit denen ihrer abhängigen und verbundenen Gesellschaften mehr als 7.500.000.000,00 Kuna (etwa 1.008.064.516,00 Euro) betragen, bzw. im Falle der Bilanzverbindlichkeiten, die in einer anderen Valute denominiert sind, wenn sie mehr als 7.500.000.000,00 Kuna (etwa 1.008.064.516,00 Euro) im Gegenwert betragen, und zwar am Tag der Stellung des Antrags auf Eröffnung des Verfahrens der außergewöhnlichen Verwaltung.[32] Unter den abhängigen und verbundenen Gesellschaften sind abhängige und verbundene Gesellschaften zu verstehen, welche den Sitz in der Republik Kroatien haben, gemäß der Gesetze der Republik Kroatien gegründet worden sind und in denen die Handelsgesellschaft gem. Art. 4 AVHSBG zumindest 25 % der Kapitalanteile hält.[33] Das AVHGSBG findet keine Anwendung auf Kreditinstitute im Sinne des Art. 4 Abs. 1 Nr. 1 der EU Verordnung Nr. 575/2013[34] und auf Finanzinstitute im Sinne des Art. 4 Abs. 1 Nr. 26 der gleichen Verordnung.[35]

15   In diesem Beitrag werden die grundlegenden Lösungen des neuen **Konkursgesetzes** in erster Linie im Hinblick auf das Konkursverfahren dargestellt. **Die Lösungen des neuen Konkursgesetzes lehnen sich stark an die deutsche Insolvenzordnung (im Folgenden: InsO)[36] an, so wie dies auch beim alten Konkursgesetz der Fall war.** Es gibt jedoch abweichend vom deutschen Modell viele kroatische Besonderheiten im Konkursgesetz, bei denen man die Eigenschaften des kroatischen Rechtssystems und konkrete Umstände der kroatischen Wirtschaft in Betracht gezogen hat. Das Konzept des neuen vorkonkurslichen Verfahrens wird kurz im Abschnitt Nr. 2.3, Rn. 16–18 dieses Betrags erläutert. Ebenso kurz werden die wichtigsten Elemente des kroatischen **Verbraucherkonkurses** *(stečaj potrošača)* im Abschnitt Nr. 2.7, Rn. 26–31 vorgestellt.

2.3 Das Verfahren zur präventiven Restrukturierung (vorinsolvenzlich, vorkonkurslich und die Umsetzung der EU-Richtlinie über Restrukturierung und Insolvenz

2.3.1 Das 2015 eingeführte vorkonkursliche Verfahren

16   Durch das Gesetz über die Finanzgeschäftstätigkeit und den vorkonkurslichen Vergleich im Oktober 2012 und die Änderungen des alten Konkursgesetzes aus dem Jahre 1996 im Dezember 2012 hatte sich der kroatische Gesetzgeber für die schlechte Lösung entschieden, wonach die Sanierung bzw. Restrukturierung in der Regel nur **im Verfahren des vorkonkurslichen Vergleichs** *(postupak predstečajne nagodbe)* möglich war. Im Rahmen des Konkursverfahrens hat der Gesetzgeber nun die Möglichkeit einer Sanierung des Konkursschuldners durch den Konkursplan aufgehoben. Neben der klassischen Liquidation nach den gesetzlichen Regeln war es im Konkursverfahren nur möglich, einen Liquidationsplan oder einen Konkursplan, der eine übertragende Sanierung vorsah, auszuarbeiten. Mit anderen Worten war damit die echte Sanierung des Schuldners als Rechtsträger im Konkursverfahren vom Dezember 2012 bis September 2015 nicht möglich. Leider waren das Gesetz über die Finanzgeschäftstätigkeit und den vorkonkurslichen Vergleich sowie die Änderungen des Konkursgesetzes im Dezember 2012 in Eile geschrieben worden. Ihre Lösungen waren sehr lückenhaft, nicht genügend durchgedacht und sie ermöglichten Missbräuche. Die Rechte der Gläu-

---

[31] Art. 4 Abs. 1 AVHSBG.
[32] Art. 4 Abs. 2 AVHSBG.
[33] Art. 5 Abs. 2 AVHSBG.
[34] Verordnung (EU) Nr. 575/2013 des Europäischen Parlaments und des Rates v. 26.6.2013 über Aufsichtsanforderungen an Kreditinstitute und Wertpapierfirmen und zur Änderung der Verordnung Nr. 646/2012, (Text von Bedeutung für den EWR), ABl. EU 2013, L 176, S. 1–337.
[35] Art. 4 Abs. 3 AVHSBG.
[36] Insolvenzordnung, BGBl. 1994 I 2866, zuletzt geändert durch Art. 24 Abs. 3 des Gesetzes v. 23.6.2017, BGBl. 2017 I 1693.

biger waren im Verfahren des vorkonkurslichen Vergleichs nicht in notwendigem Maße geschützt.[37] Deshalb hat das neue Konkursgesetz aus dem Jahre 2015 die Bestimmungen über das Verfahren des vorkonkurslichen Vergleichs aufgehoben und ein neues vorkonkursliches Verfahren zur Sanierung bzw. Restrukturierung des Schuldners und zur Abwendung des Konkursverfahrens geschaffen, sowie die Möglichkeit einer echten Sanierung des Schuldners auch im Konkursverfahren durch den Konkursplan wieder zugelassen.

Die Eröffnung eines vorkonkurslichen Verfahrens kann der Schuldner oder der Gläubiger mit der Zustimmung des Schuldners beantragen.[38] Ein solches Verfahren kann nur eröffnet werden, falls das Gericht das **Bestehen der drohenden Zahlungsunfähigkeit** des Schuldners feststellt.[39] Dieses Verfahren wird zur Regelung der Rechtslage des Schuldners und seines Verhältnisses gegenüber den Gläubigern sowie zum Erhalt seiner Tätigkeit durchgeführt.[40] Es handelt sich um ein Gerichtsverfahren, welches vor dem **Handelsgericht** *(trgovački sud)* durchgeführt werden kann, in dessen Zuständigkeitsbereich der Sitz des Schuldners liegt.[41] Falls der Einzelschuldner keinen Sitz hat, ist das Handelsgericht ausschließlich sachlich und örtlich zuständig, in dessen Zuständigkeitsbereich der Wohnsitz bzw. der Aufenthaltsort des Einzelschuldners liegt.[42] Über die Eröffnung des vorkonkurslichen Verfahrens **werden die Gläubiger** durch Veröffentlichung der Entscheidung über die Eröffnung des vorkonkurslichen Verfahrens auf **der Internetseite https://e-oglasna.pravosudje.hr benachrichtigt.**[43] In diesem Verfahren werden die Forderungen geprüft und festgestellt und die Gläubiger stimmen über den **Restrukturierungsplan** *(plan restrukturiranja)* ab.[44] Die Organe dieses Verfahrens sind das **Gericht** *(sud)* und der **Sachwalter** *(povjerenik)*.[45] Das Gericht bestellt den Sachwalter.[46] Es gibt kein Organ der Gläubiger in diesem Verfahren. Der Schuldner ist berechtigt, seine Geschäfte weiterzuführen und über sein Vermögen zu verfügen. Ab dem Tag der Einreichung des Antrags auf Eröffnung des vorkonkurslichen Verfahrens darf er nur jene Zahlungen leisten, die für den ordentlichen Geschäftsbetrieb nötig sind.[47] Der Sachwalter überwacht den Geschäftsbetrieb des Schuldners.[48] Das Gesetz regelt die Rechtsfolgen der Eröffnung dieses Verfahrens sowie die Wirkungen der bestätigten **vorkonkurslichen Vereinbarung** *(prestečajni sporazum)*, die aber im Vergleich zu den geregelten Rechtsfolgen der Eröffnung eines Konkursverfahrens und den geregelten Wirkungen eines bestätigten Konkursplans lückenhaft sind.[49] Es soll erwähnt werden, dass das vorkonkursliche Verfahren die Absonderungs- und Aussonderungsrechte, Forderungen der Arbeitnehmer, Sicherungsmaßnahmen im Strafverfahren sowie Steuerverfahren wegen Feststellung des Rechtsmissbrauchs nicht beeinflusst.[50] Die Eröffnung des vorkonkurslichen Verfahrens beeinflusst ebenso nicht die qualifizierten Finanzverträge, auf welche die Bestimmungen des Art. 182 und Abs. 6 und 7 des KG entsprechend angewandt werden.[51] Von dem Tag der Eröffnung des vorkonkurslichen Verfahrens an bis zu seiner Aufhebung können Rechtsstreitigkeiten, Zwangsvollstreckungs-, Sicherungs- sowie Verwaltungsverfahren gegen den Schuldner nicht geführt werden.[52] Der Schuldner kann mit der Zustimmung der Gläubiger, die mehr als zwei Drittel der rechtskräftig festgestellten Forderungen haben, eine neue vorläufige Finanzierung vereinbaren, um die Kontinuität der Geschäftstätigkeit im Laufe des vorkonkurslichen Verfahrens zu sichern.[53] Solche Finanzierungen sind auch im Falle eines späteren Konkursverfahrens geschützt, weil die Finanzierungsgeber vorrangig gegenüber anderen Gläubigern (ausgenommen Arbeitnehmer) befriedigt werden und diese Rechtshandlungen nicht anfechtbar sind.[54] Bei der Festlegung der Rechte der Beteiligten in der

---

[37] Näheres dazu *Garašić*, Izmjene i dopune Stečajnog zakona motivirane institutom predstečajne nagodbe, im Buch: J. Barbić (Hrsg.), Hrvatsko insolvencijsko pravo, Zagreb, 2014, S. 21–50.
[38] Art. 25 Abs. 1 KG.
[39] Art. 4 Abs. 1 S. 1 KG.
[40] Art. 2 Abs. 1 KG.
[41] Art. 8 Abs. 1 KG.
[42] Art. 8 Abs. 2 KG.
[43] Art. 33 Abs. 3 KG.
[44] Art. 35–51 und Art. 52–60 KG.
[45] Art. 21 KG.
[46] Art. 22 Nr. 2 KG.
[47] Art. 29 Abs. 1 KG.
[48] Art. 24 Nr. 5 KG.
[49] Art. 65–74 und Art. 62 KG im Vergleich mit Art. 158–215 und Art. 340–355 KG.
[50] Art. 66 Abs. 1 KG.
[51] Art. 66 Abs. 2 KG.
[52] Art. 68 Abs. 1 KG.
[53] Art. 62a Abs. 1 KG.
[54] Art. 62a Abs. 6–7 KG.

vorkonkurslichen Vereinbarung sind **Gruppen der Gläubiger** zu bilden, wobei die entsprechenden Bestimmungen über den Konkursplan anzuwenden sind.[55] Es wird vermutet, dass die Gläubiger den Restrukturierungsplan angenommen haben, wenn die Mehrheit aller Gläubiger dem Plan zugestimmt hat und wenn in jeder Gruppe die Summe der Forderungen der Gläubiger, die dem Plan zugestimmt haben, die Summe der Forderungen der Gläubiger, die gegen die Annahme des Plans gestimmt haben, zweifach übersteigt.[56] In den **Abstimmungsregeln** fehlt die Regel über das Obstruktionsverbot. Falls die Gläubiger den Restrukturierungsplan angenommen haben, wird das Gericht die Annahme dieses Plans durch **Beschluss** *(rješenje)* feststellen und die vorkonkursliche Vereinbarung bestätigen, wobei die Voraussetzungen für die Bestätigung ausdrücklich vorgeschrieben sind.[57] Die bestätigte konkursliche Vereinbarung hat Rechtswirkung gegenüber allen Gläubigern, einschließlich der Gläubiger die am Verfahren nicht teilgenommen haben.[58] Gegen den Beschluss zur Bestätigung der vorkonkurslichen Vereinbarung ist eine devolutive **Beschwerde** *(žalba)* zur nächsthöheren Instanz zulässig, die keine aufschiebende Wirkung hat.[59] Gegen die Entscheidung in zweiter Instanz (**Hoher Handelsgerichtshof der Republik Kroatien,** *Visoki trgovački sud Republike Hrvatske*) ist eine **Revision** *(revizija)* zulässig, wenn es um eine materiellrechtliche oder prozessrechtliche Frage geht, die für die einheitliche Anwendung der Gesetze oder die Gleichberechtigung der Bürger wichtig ist.[60] Über die Revision entscheidet der **Oberste Gerichtshof der Republik Kroatien** *(Vrhovni sud Republike Hrvatske)*. Die **Wiederaufnahme des Verfahrens** *(ponavljanje postupka)* sowie die **Wiedereinsetzung in den vorigen Stand** *(povrat u prijašnje stanje)* sind nicht zulässig.[61]

18 Das kroatische **Verfahren der außergewöhnlichen Verwaltung** hat ebenso die präventive Restrukturierung des Schuldners zum Ziel, kann aber nur gegen Handelsgesellschaften eröffnet werden, die von systemrelevanter Bedeutung für die Republik Kroatien sind. Bisher ist diese Art des Restrukturierungsverfahrens nur im Fall der Agrokor AG und ihrer abhängigen und verbundenen Gesellschaften eröffnet worden.

2.3.2 Umsetzung der EU-Richtlinie über Restrukturierung und Insolvenz

19 Das vorkonkursliche Verfahren entspricht in vielerlei Hinsicht bereits den Vorgaben **der EU-Richtlinie über Restrukturierung und Insolvenz (im Folgenden: EU-RRI).**[62] Zur vollständigen Umsetzung allerdings wird der kroatische Gesetzgeber in Zusammenhang mit dem vorkonkurslichen Verfahren insbesondere Folgendes tun müssen:

20 ein Frühwarnsystem über wahrscheinliche Insolvenz entwickeln und einen leichten Zugang zu relevanten Informationen ermöglichen;[63] die Regeln über die Aussetzung von Einzelvollstreckungsmaßnahmen und ihre Folgen, einschließlich des Schicksals der noch zu erfüllenden wesentlichen Verträge, präzisieren, um den Restrukturierungplan zu unterstützen;[64] den notwendigen Inhalt von Restrukturierungsplänen ausdehnen und eine an die Bedürfnisse von Kleinstunternehmen sowie kleinen und mittleren Unternehmen angepasste Checkliste für Restrukturierungspläne online zur Verfügung stellen;[65] die Regeln über die Annahme von Restrukturierungsplänen, Stimmrechte und erforderliche Mehrheiten anpassen;[66] die Regeln über die gerichtliche Bestätigung von Restrukturierungsplänen bzw. von vorkonkurslichen Vereinbarungen erweitern[67] und einen Klassen übergreifenden Cram-down einführen;[68] die rechtliche Position der Anteilsinhaber ausdrücklich regeln;[69] die

---

[55] Art. 59 Abs. 1 KG.
[56] Art. 59 Abs. 2 KG.
[57] Art. 61 Abs. 1 KG.
[58] Art. 62 Abs. 1 KG.
[59] Art. 19 Abs. 1 und 3 KG.
[60] Art. 19 Abs. 8 KG.
[61] Art. 19 Abs. 8 und Art. 11 Abs. 6 S. 2 KG.
[62] Richtlinie (EU) 2019/1023 des Europäischen Parlaments und des Rates v. 20.6.2019 über präventive Restrukturierungsrahmen, über Entschuldung und über Tätigkeitsverbote sowie über Maßnahmen zur Steigerung der Effizienz von Restrukturierungs-, Insolvenz- und Entschuldungsverfahren und zur Änderung der Richtlinie (EU) 2017/1132 (Richtlinie über Restrukturierung und Insolvenz), ABl. EU 2019 L 172, 18–55.
[63] Art. 3 Abs. 1–5 EU-RRI.
[64] Art. 68.-71 KG; vgl. Art. 6–7 EU-RRI.
[65] Art. 27 KG; vgl. Art. 8 EU-RRI.
[66] Art. 55–60 KG; vgl. Art. 9 EU-RRI.
[67] Art. 61 KG; vgl. Art. 10 EU-RRI.
[68] Art. 11 EU-RRI.
[69] Art. 12 EU-RRI.

rechtliche Position der Arbeitnehmer präziser regeln;[70] die Regel über die Bewertung des Unternehmens des Schuldners durch die Justizbehörde einführen, die nur ausnahmsweise stattfinden soll;[71] die Regel über die Wirkung von Restrukturierungsplänen bzw. von konkurslichen Vereinbarungen anpassen;[72] sicherstellen, dass neben den neuen Finanzierungen und Zwischenfinanzierungen auch andere Transaktionen, die angemessen und unmittelbar notwendig für die Aushandlung eines Restrukturierungsplans sind, im Falle eines späteren Konkursverfahrens gegen den Schuldner, geschützt sind[73] sowie sicherstellen, dass die Unternehmensleitung bei einer wahrscheinlichen Insolvenz die Interessen der Gläubiger, Anteilsinhaber und sonstigen Interessenträger gebührend berücksichtigt.[74]

Die Republik Kroatien muss sich ebenso um eine bessere Ausbildung der Richter und Verwalter in Restrukturierungs-, Konkurs- und Entschuldungsverfahren bemühen, insbesondere wenn es sich um grenzüberschreitende Insolvenzen handelt.[75] Ein effizienteres Aufsichtssystem, durch welches die Arbeit von Verwaltern wirksam überwacht würde, muss eingerichtet werden und die Vorschriften über die Vergütung der Verwalter müssen geändert werden, um die Restrukturierungsverfahren effizienter zu machen.[76] Bei vielen Gerichten stehen elektronische Kommunikationsmittel noch nicht zur Verfügung, was sich hoffentlich bald ändern wird.[77]

2.4 Finanzielle Restrukturierung

Das oben bereits erwähnte **Gesetz über die Finanzgeschäftstätigkeit und den vorkonkurslichen Vergleich** (*Zakon o financijskom poslovanju i predstečajnoj nagodbi 2012*)[78] regelt die Pflichten eines Unternehmers im Hinblick auf seine finanziellen Tätigkeiten. Im Falle einer drohenden Zahlungsunfähigkeit kann die finanzielle Restrukturierung im Rahmen eines vorkonkurslichen Verfahrens durch die vorkonkursliche Vereinbarung vorbereitet und erreicht werden. Im Falle einer drohenden Zahlungsunfähigkeit, einer bereits entstandenen Zahlungsunfähigkeit sowie einer Überschuldung kann die finanzielle Restrukturierung im Rahmen eines Konkursverfahrens durch den Konkursplan vorbereitet und erreicht werden.

2.5 Spezielle Regelungen für Insolvenzen von Finanzinstituten, Versicherungen

Das Konkursverfahren, nicht aber das vorkonkursliche Verfahren, kann gegen ein Finanzinstitut, eine Kreditunion, eine Investmentgesellschaft, eine Investmentfondsgesellschaft, ein Kreditinstitut, ein Versicherungsunternehmen, eine Leasinggesellschaft, ein Zahlungsinstitut sowie ein E-Geld-Institut **nicht eröffnet werden.**[79] Die Bestimmungen des KG werden im Konkursverfahren gegen ein Kreditinstitut angewandt, sofern das Gesetz über Kreditinstitute in seinen besonderen in Art. 264–276 enthaltenen konkursrechtlichen Bestimmungen nichts anderes vorsieht. Das Gesetz über Kreditunionen enthält in seinen Art. 72–74 besondere konkursrechtliche Bestimmungen, welche den Vorrang vor den Bestimmungen des KG haben. Das KG wird auch im Konkursverfahren gegen eine Versicherungsgesellschaft angewandt, sofern das Gesetz über Versicherung in seinen besonderen in Art. 284–294 enthaltenen konkursrechtlichen Bestimmungen nichts anderes vorsieht.

2.6 Konzerninsolvenzen

Der kroatische Gesetzgeber hatte durch den Art. 391 Abs. 1–4 des neuen Konkursgesetzes 2015 erstmals Regelungen über Konzerninsolvenzen in das kroatische Konkursrecht eingeführt.[80] Diese waren für diese komplexe Rechtsmaterie zu kärglich und haben in der Praxis nur Probleme verursacht, weshalb der Gesetzgeber sie im Jahre 2017 aufgehoben hat.[81]

Mit Ausnahme des Gesetzes über das Verfahren der außergewöhnlichen Verwaltung in Handelsgesellschaften mit systemrelevanter Bedeutung für die Republik Kroatien enthält das kroati-

---

[70] Art. 66 Abs. 1 Nr. 2 KG; vgl. Art. 13 EU-RRI.
[71] Art. 14 EU-RRI.
[72] Art. 62 Abs. 1 KG; vgl. Art. 15 Abs. 1–2 EU-RRI.
[73] Art. 18 EU-RRI.
[74] Art. 19 EU-RRI.
[75] Art. 25 Buchst. a und Art. 26 Abs. 1 Buchst. a EU-RRI.
[76] Art. 27 EU-RRI.
[77] Art. 28 EU-RRI.
[78] Siehe unter Nr. 2.1 dieses Beitrags, Rn. 6.
[79] Art. 3 Abs. 6 KG.
[80] Näheres dazu → 3. Aufl. 2016, Länderberichte Kroatien Rn. 79–80.
[81] S. Art. 35 des Gesetzes über Änderungen und Ergänzungen des Konkursgesetzes (*Zakon o izmjenama i dopunama Stečajnog zakona*), Narodne novine, 2017 Nr. 104.

sche autonome Konkursrecht zur Zeit keine Bestimmungen über Konzerninsolvenzen. Dieses Gesetz enthält nach Meinung der Autorin einige Regeln, welche den grundlegenden Prinzipien des Zivilrechts, des Handelsrechts sowie des modernen Insolvenzrechts entgegengesetzt sind.[82] Die Mehrheit der Richter des kroatischen Verfassungsgerichts hat allerdings entschieden, dass dieses Gesetz nicht verfassungswidrig sei.[83] Das Verfahren der außergewöhnlichen Verwaltung wird gegen eine Aktiengesellschaft und alle ihre abhängigen und verbundenen Gesellschaften eröffnet, dh ein solches Verfahren umfasst mehrere Rechtssubjekte. Der Konkursgrund muss nur im Hinblick auf die Muttergesellschaft (Aktiengesellschaft) gegeben sein, nicht aber im Hinblick auf ihre abhängigen und verbundenen Gesellschaften. Einzelne Regelungen missachten die eigene Rechtspersönlichkeit des einzelnen Gruppemitglieds in diesem Verfahren. Das Prinzip „eine Person, ein Vermögen, eine Insolvenz" ist im erwähnten kroatischen Gesetz ohne Zweifel durchbrochen. Dennoch wurde dieses Verfahren der außergewöhnlichen Verwaltung in Handelsgesellschaften mit systemrelevanter Bedeutung für die Republik Kroatien in Anhang A der Verordnung (EU) 2015/848 des Europäischen Parlaments und des Rates vom 20.5.2015 über Insolvenzverfahren (Neufassung) (im Folgenden: EuInsVO)[84] im Jahre 2018 aufgenommen,[85] was nicht im Einklang mit dem Erwägungsgrund Nr. 54 S. 2 dieser Verordnung steht.[86]

2.7 Verbraucherkonkursverfahren und die Umsetzung der EU-Richtlinie über Restrukturierung und Insolvenz

26   Das neue Gesetz zum Verbraucherkonkurs (VGK) aus dem Jahre 2015 regelt das Konkursverfahren über das Vermögen einer natürlichen Person, welche die Eigenschaft des **Verbrauchers** *(potrošač)* nach diesem Gesetz hat.[87]

27   Dem Konkursverfahren eines Verbrauchers kann, muss aber nicht mehr ein außergerichtliches Verfahren vorangehen, in dem der Verbraucher als Schuldner eine außergerichtliche Einigung mit seinen Gläubigern über die Schuldenbegleichung versucht hat.[88]

28   Die Einleitung eines **außergerichtlichen Verfahrens** *(izvansudski postupak)* kann der Verbraucher oder der Gläubiger mit der Zustimmung des Verbrauchers beantragen.[89] Das außergerichtliche Verfahren führt der **Vermittler** *(posrednik)* in den Beratungsstellen durch.[90] Im Sinne des VKG sind die Beratungsstellen die Einheiten der **Finanzagentur** *(Finanicjska agencija)*[91] sowie andere juristische oder natürliche Personen, welche die Erlaubnis des Justizministeriums für die Ausübung der Geschäfte der Beratungsstellen bekommen haben.[92] Der Vermittler hat dem Verbraucher bei der Ausarbeitung des **Schuldenbegleichungsplans** *(plan ispunjenja obveza)* auf sein Verlangen fachliche Hilfe zu leisten.[93] Der Schuldenbegleichungsplan stellt die Basis für die außergerichtliche Vereinbarung dar. Die geschlos-

---

[82] Näheres dazu s. *Garašić*, Izvanredna uprava države nad povezanim društvima, Zbornik 55. Susreta pravnika Opatija'17, Hrvatski savez udruga pravnika u gospodarstvu, Zagreb, 55/2017, S. 5–29.
[83] Beschluss des Verfassungsgericht der Republik Kroatien U-I-1694 et alt. v. 2.5.2017, Narodne novine, 2018 Nr. 43; insbesondere s. die Sondergutachten von drei Verfassungsrichtern am Ende des Beschlusses, welche der Meinung sind, dass dieses Gesetz verfassungswidrig sei.
[84] ABl. EU 2015 L 141, 19–72.
[85] Verordnung (EU) 2018/946 des Europäischen Parlaments und des Rates v. 4.7.2018 zur Ersetzung der Anhänge A und B der Verordnung (EU) 2015/848 über Insolvenzverfahren, ABl. EU 2018 L 171, 1–10.
[86] S. den Vorschlag der Europäischen Kommission für eine Verordnung des Europäischen Parlaments und des Rates zur Änderung der Verordnung (EG) Nr. 1346/2000 des Rates über Insolvenzverfahren, COM(2012) 744, S. 10, wo gesagt wurde, dass der Reformvorschlag den in der noch geltenden Insolvenzverordnung angewandten Grundsatz der Einzelinsolvenz beibehält.
[87] S. Art. 4 Abs. 2–3 und 5 des Gesetzes zum Verbraucherkonkurs; näheres dazu unter → Rn. 13.
[88] Nach der Änderung des Gesetzes zum Verbraucherkonkurs im Jahre 2018 (Gesetz über die Änderungen und Ergänzungen des Gesetzes zum Verbraucherkonkurs, *Zakon o izmjenama i dopunama Zakona o stečaju potrošača*, Narodne novine, 2018 Nr. 67) ist ein erfolgloser Versuch des Schuldners, eine außergerichtliche Einigung mit den Gläubigern über die Schuldenbegleichung in dem geregelten außergerichtlichen Verfahren zu erzielen, nicht mehr die Voraussetzung für die Beantragung der Eröffnung eines Verbraucherkonkursverfahrens.
[89] Art. 12 Abs. 1 und 6 VKG.
[90] Art. 9 Abs. 1 VGK; s. a. Art. 10 Abs. 1–5 VKG.
[91] Die Finanzagentur ist eine staatliche Agentur, welche in erster Linie die Geschäfte der informationstechnischen Unterstützung des Systems der öffentlichen Einnahmen für die Republik Kroatien erledigt sowie die statistischen Angaben über die finanziellen Verläufe sammelt und analysiert; s. Art. 3 Abs. 1–7 des Gesetzes über die Finanzagentur (*Zakon o Financijskoj agenciji*, 2001; Narodne novine, 2001 Nr. 117 idF 2005 Nr. 42). Die Finanzagentur hat aber auch viele andere Befugnisse, welche andere Gesetze ihr geben, wie beispielsweise das VKG und das KG.
[92] Art. 9 Abs. 2 VKG.
[93] Art. 17 Abs. 2 VKG.

sene Vereinbarung hat die rechtliche Wirkung eines außergerichtlichen Vergleichs und stellt die Vollstreckungsurkunde dar.[94] Sie hat die rechtliche Wirkung nur gegenüber jenen Gläubigern, welche die Vereinbarung geschlossen haben.[95] In der Praxis gelingt es dem Verbraucher in den meisten Fällen nicht, eine außergerichtliche Vereinbarung mit den Gläubigern zu schließen.

Nach den gesetzlichen Bestimmungen, die zur Zeit in Kraft sind, ist nur der Verbraucher **29** berechtigt, die Eröffnung eines Konkursverfahrens zu beantragen,[96] und nur dann, wenn er zahlungsunfähig ist.[97] Im Sinne des VKG bedeutet die **Zahlungsunfähigkeit** *(nesposobnost za plaćanje)*, dass der Verbraucher nicht fähig ist, seine fälligen Zahlungspflichten zu erfüllen. Es wird angenommen, dass der Verbraucher zahlungsunfähig ist, wenn er eine oder mehr fällige Zahlungspflichten im Gesamtbetrag von mehr als 30.000,00 Kuna (etwa 4.032,25 EUR) mindestens 30 Tage ununterbrochen (nacheinander) nicht erfüllen kann.[98] In einem Verbraucherkonkursverfahren ist das **Gemeindegericht** *(općinski sud)* ausschließlich sachlich und örtlich zuständig, in dessen Zuständigkeitsbereich der Wohnsitz des Verbrauchers liegt.[99] Die Organe dieses Verfahrens sind das **Gericht** *(sud)* und der **Sachwalter** *(povjerenik)*.[100] Das Gericht bestellt den Sachwalter, wobei es die Methode der zufälligen Auswahl von der Liste der Sachwalter für den Zuständigkeitsbereich des zuständigen Gerichts im Rahmen des gerichtlichen elektronischen Systems anwendet.[101] Es gibt besondere Regeln, welche dem Verbraucher helfen, wenn er nicht in der Lage ist, einen Vorschuss auf die Kosten des Verfahrens zu bezahlen, welcher nicht niedriger als 1.000,00 Kuna sein darf. Falls der Verbraucher über kein Vermögen verfügt, kann er nach den Vorschriften über kostenlose Rechtshilfe von der Pflicht der Zahlung des Vorschusses auf die Kosten des Verbraucherkonkursverfahrens befreit werden.[102] Vor der Entscheidung über die Eröffnung des Konkursverfahrens können der Verbraucher und Gläubiger übereinstimmend das Ruhen des Verfahrens beantragen, wobei das Ruhen nicht länger als drei Monate andauern kann.[103] In der Regel ordnet das Gericht einen Vorbereitungstermin an, in dem der Schuldenbegleichungsplan erörtert und über ihn abgestimmt wird.[104] Hat kein Gläubiger seine Zustimmung zum Schuldenbegleichungsplan verweigert, so gilt der Schuldenbegleichungsplan als angenommen.[105] Hat dem Schuldenbegleichungsplan die Mehrheit aller Gläubiger zugestimmt und beträgt die Summe der Forderungen der zustimmenden Gläubiger mehr als die Hälfte der Summe der Forderungen aller Gläubiger, so ersetzt das Gericht auf Antrag eines zustimmenden Gläubigers oder des Schuldners die fehlende Zustimmung durch seinen Beschluss. Diese Regel gilt nicht, wenn ein ablehnender Gläubiger glaubhaft macht, dass er im Verhältnis zu den übrigen Gläubigern nicht angemessen (gerecht) im Schuldenbegleichungsplan beteiligt wird oder er durch den Schuldenbegleichungsplan wirtschaftlich schlechter gestellt wird als er bei Durchführung des Verbraucherkonkursverfahrens und Erteilung von Restschuldbefreiung stünde. Das Gericht kann die fehlende Zustimmung zum Schuldenbegleichungsplan auch dann nicht mit seinem Beschluss ersetzen, wenn ein Gläubiger glaubhaft macht, dass eine vom Verbraucher angegebene Forderung im Schuldenbegleichungsplan nicht besteht oder sich auf einen höheren oder niedrigeren Betrag richtet als angegeben und vom Ausgang dieses Streits abhängt, ob der Gläubiger im Verhältnis zu den übrigen Gläubigern angemessen (gerecht) beteiligt wird.[106] Geht aus dem Schuldenbegleichungsplan, welchen der Verbraucher beigefügt hat, nicht hervor, dass der Gesamtbetrag von Pflichten, den er zu erfüllen plant, zumindest 25 % des Gesamtbetrags aller seiner Pflichten beträgt, wird das Gericht keinen Vorbereitungstermin anordnen und den Schuldenbegleichungsplan nicht in Betracht ziehen.[107]

Das Gericht beschließt die Eröffnung des Verbraucherkonkursverfahrens, wenn der Schul- **30** denbegleichungsplan nicht angenommen worden ist und es das Bestehen des Konkursgrundes festgestellt hat.[108] In diesem Verfahren kann der Verbraucher unter den bestimmten Voraussetzungen beantragen, die einzige Imobilie, die in seinem Eigentum steht und die er zum Wohnen

---

[94] Art. 20 Abs. 1 VKG.
[95] *Argumentum a contrario* aus Art. 20 Abs. 3 VKG.
[96] Art. 44 Abs. 1 VKG.
[97] Art. 5 Abs. 1 VKG.
[98] Art. 5 Abs. 2–3 VKG.
[99] Art. 21 Abs. 1 VKG.
[100] Art. 29 VKG.
[101] Art. 37 Abs. 1 VKG.
[102] Art. 45 Abs. 1–3 VKG.
[103] Art. 46 Abs. 1–2 VKG.
[104] Art. 47 Abs. 1 VKG.
[105] Art. 50 Abs. 2 VKG.
[106] Art. 51 Abs. 1–3 VKG.
[107] Art. 52a Abs. 1 VKG.
[108] Art. 53 Abs. 1 VKG.

benötigt, vom Verkauf auszunehmen.[109] Der Verbraucher kann in diesem Verfahren sowie in der Wohlverhaltensperiode danach die Erlaubnis bei Gericht beantragen, eine selbständige Tätigkeit auszuüben. In Verbindung damit kann er unter bestimmten Voraussetzungen auch beantragen, Maschinen, Ausrüstung, Material und andere Sachen, welche zur Ausübung der Tätigkeit erforderlich sind, aus der Konkursmasse zu entnehmen.[110] Sofern das Gesetz zum Verbraucherkonkurs nichts anderes bestimmt, werden in dem Verbraucherkonkursverfahren folgende Bestimmungen des Konkursgesetzes entsprechend angewandt: über die Konkursgläubiger, Aussonderungs- und Absonderungsgläubiger und Gläubiger der Konkursmasse (Massegläubiger); über die Rechtsfolgen der Eröffnung des Konkursverfahrens; über die Verwertung der Gegenstände der Konkursmasse, einschließlich der Gegenstände an denen Absonderungsrechte bestehen; und über die Befriedigung der Konkursgläubiger, ausgenommen die Bestimmungen über die Einstellung des Konkursverfahrens.[111] Sobald die Verwertung der Konkursmasse beendet ist, erfolgt die Schlussverteilung.[112] Sofort nach der Beendigung der Schlussverteilung fasst das Gericht den Beschluss über die Aufhebung des Konkursverfahrens.[113] Das VKG sieht die Möglichkeit der Restschuldbefreiung für redliche Verbraucher vor. Diese Bestimmungen über die Restschuldbefreiung im Verbraucherkonkursverfahren[114] ähneln in vielen Aspekten den Bestimmungen über die Restschuldbefreiung, die das KG für das ordentliche Konkursverfahren vorschreibt, obwohl es auch bedeutende Unterschiede gibt.[115] Beispielsweise dauert die Wohlverhaltensperiode des Schuldners nach dem KG immer fünf Jahre nach der Aufhebung des Konkursverfahrens,[116] während diese Periode im Verbraucherkonkursverfahren durch den gerichtlichen Beschluss über die Aufhebung dieses Verfahrens bestimmt wird; sie kann nicht kürzer als ein Jahr und nicht länger als fünf Jahre seit der Rechtskraft des Beschlusses betragen.[117] Die Wohlverhaltensperiode des Verbrauchers wird in den Beschluss über die Aufhebung des Verbraucherkonkursverfahrens nicht bestimmt, wenn der Verbraucher bis zur Aufhebung dieses Verfahrens erklärt, dass er die Restschuldbefreiung nicht wünscht oder wenn die Umstände vorliegen, bei denen das Gericht die Restschuldbefreiung versagen muss.[118] Gegen einen Verbraucher, der kein Einzelschuldner im Sinne des KG ist, kann ein sogenanntes **einfaches Verbraucherkonkursverfahren** (*jednostavni postupak stečaja potrošača*) geführt werden,[119] in dem unter anderem das Gericht eine Restschuldbefreiung **ohne** Wohlverhaltensperiode erteilen kann, wenn es feststellt, dass das Vermögen des Verbrauchers, welches als Konkursmasse verwertet werden könnte, weniger als 10.000,00 Kuna (etwa 1.344,00 EUR) wert ist.[120] Gegen den Beschluss des Gerichts in erster Instanz (**Gemeindegerichts,** *općinski sud*) ist eine devolutive **Beschwerde** im Verbraucherkonkursverfahren zulässig, die keine aufschiebende Wirkung hat.[121] Gegen die Entscheidung des Gerichts in zweiter Instanz (**Gespanschaftsgericht,** *županijski sud*)[122] ist im Verbraucherkonkursverfahren eine **Revision** zulässig, wenn es um eine materiellrechtliche oder prozessrechtliche Frage geht, die für die einheitliche Anwendung der Gesetze oder die Gleichberechtigung der Bürger wichtig ist.[123] Über die Revision entscheidet **Oberster Gerichtshof der Republik Kroatien** (*Vrhovni sud Republike Hrvatske*). Die **Wiederaufnahme des Verfahrens** ist nicht zulässig.

31 Im Hinblick auf die Umsetzung der EU-Richtlinie über Restrukturierung und Insolvenz wird der kroatische Gesetzgeber in Zusammenhang mit der Entschuldung und Tätigkeitsver-

---

[109] Art. 64 Abs. 1–7 VKG.
[110] Art. 66 Abs. 1–6 und Art. 67 Abs. 1–2 VKG.
[111] Art. 59 Abs. 1 VKG.
[112] Art. 68 Abs. 1 VKG.
[113] Art. 67 Abs. 1 iVm Art. 286 Abs. 1 KG.
[114] Art. 70–77 VKG.
[115] Art. 372–390 KG. Diese Bestimmungen hat der kroatische Gesetzgeber nach Vorbild der deutschen Insolvenzordnung (§§ 286–303a) gefasst.
[116] Art. 373 Abs. 2 KG.
[117] Art. 69 Abs. 1 und 3 VKG.
[118] Art. 69 Abs. 2 VKG iVm Art. 75 Abs. 1 VKG.
[119] Art. 79a–79v VKG, Diese Bestimmungen sind durch das Gesetz über die Änderungen und Ergänzungen des Gesetzes zum Verbraucherkonkurs (*Zakon o izmjenama i dopunama Zakona o stečaju potrošača*, Narodne novine, 2018 Nr. 67) im Jahre 2018 in Kraft getreten.
[120] Art. 79g Abs. 1 und Abs. 4 VKG.
[121] Art. 27 Abs. 1 und 3 VKG.
[122] Um die einheitliche Anwendung des Gesetzes zum Verbraucherkonkurs zu erzielen, entscheiden nur das Gespanschaftsgericht in Osijek und das Gespanschaftsgericht in Rijeka über die Beschwerden im Verbraucherkonkursverfahren; s. Art. 4 Abs. 4 des Gesetzes über Gerichtsbezirke und Sitze der Gerichte (*Zakon o područjima i sjedištima sudova*, Narodne novine, 2018 Nr. 67).
[123] Art. 27 Abs. 8 VKG.

bote eines insolventen Unternehmers, der nach dem kroatischen VKG unter bestimmten Voraussetzungen auch ein Verbraucher sein kann, insbesondere die Entschuldungsfrist verkürzen müssen, welcher nach dieser Richtlinie höchstens drei Jahre betragen darf.[124]

3. Wesentliche Verfahrensmerkmale des Konkursverfahrens

3.1 Eröffnung des Verfahrens

3.1.1 Eröffnungsgründe

Das Konkursverfahren kann nur bei Feststellung des Vorliegens eines gesetzlich vorgesehenen **32** Konkursgrundes *(stečajni razlog)* eröffnet werden.[125] Allgemeiner Konkursgrund ist die **Zahlungsunfähigkeit** *(nesposobnost za plaćanje)*.[126] Beantragt der Schuldner die Eröffnung des Insolvenzverfahrens, so ist auch die **drohende Zahlungsunfähigkeit** *(prijeteća nesposobnost za plaćanje)*[127] ein möglicher Eröffnungsgrund. Bei einer juristischen Person ist zusätzlich die **Überschuldung** *(prezaduženost)*[128] ein Eröffnungsgrund.

3.1.2 Prüfung der Eröffnungsgründe

Auf der Grundlage des **Antrags auf Eröffnung des Konkursverfahrens** *(prijedlog za otvaranje* **33** *stečajnog postupka)* fasst das Gericht einen Beschluss über die Einleitung des **Vorverfahrens** *(prethodni postupak)* zwecks Feststellung der Voraussetzungen für die Eröffnung des Konkursverfahrens oder weist diesen Antrag durch Beschluss zurück.[129] Das Vorverfahren darf nicht länger als sechzig Tage ab dem Tag der Stellung des Antrags auf Eröffnung des Konkursverfahrens dauern.[130] Um

---

[124] Art. 21 Abs. 1 EU-RRI.
[125] Art. 5 Abs. 1 KG; vgl. § 16 InsO.
[126] Der Schuldner ist *zahlungsunfähig*, wenn er dauerhaft nicht in der Lage ist, seine fälligen Zahlungspflichten zu erfüllen. Der Umstand, dass der Schuldner Forderungen einzelner Gläubiger ganz oder teilweise befriedigt hat oder befriedigen kann, bedeutet für sich alleine nicht, dass er zahlungsfähig ist (Art. 6 Abs. 1 KG; vgl. § 17 Abs. 2 S. 1 InsO). Die Zahlungsunfähigkeit wird vermutet: a) wenn der Schuldner im Register der Reihenfolge von Zahlungsgrundlagen, welches die Finanzagentur führt, eine oder mehrere evidentierte und unerfüllte Zahlungsgrundlage(n) in einem sechzig Tage übersteigenden Zeitraum hat, welche ein Gläubiger gemäß den Vorschriften über die Eintreibung ohne weitere Zustimmung des Schuldners von irgendeinem seiner Konten berechtigt ist, einzutreiben (s. Fn. 23 in diesem Beitrag); b) wenn der Schuldner drei aufeinanderfolgende Löhne des Arbeitnehmers, welche dem Arbeitnehmer gemäß dem Arbeitsvertrag, dem Kollektivvertrag, oder einer besonderen Vorschrift bzw. einem anderen Akt, der die Verbindlichkeiten des Arbeitgebers gegenüber dem Arbeitnehmer regelt, zustehen, nicht bezahlt hat (Art. 6 Abs. 2 KG; vgl. § 17 Abs. 2 S. 2 InsO).
[127] Art. 5 Abs. 3 KG; vgl. § 18 Abs. 1 InsO. Dem Gesetz nach besteht die drohende Zahlungsunfähigkeit, falls das Gericht zur Überzeugung kommt, dass der Schuldner nicht in der Lage sein wird, seine bestehende Zahlungspflichten im Zeitpunkt der Fälligkeit zu erfüllen (Art. 5 Abs. 4 iVm Art. 4 Abs. 1 S. 2 KG; vgl. § 18 Abs. 2–3 InsO). Es wird vermutet, dass die drohende Zahlungsunfähigkeit besteht, falls keine Umstände vorliegen, die vermuten lassen, dass der Schuldner zahlungsunfähig geworden ist und falls: a) der Schuldner im Register der Reihenfolge von Zahlungsgrundlagen, welches die Finanzagentur führt, eine oder mehrere evidentierte und unerfüllte Zahlungsgrundlage(n) hat, welche ein Gläubiger gemäß den Vorschriften über die Eintreibung ohne weitere Zustimmung des Schuldners von irgendeinem seiner Konten berechtigt ist, einzutreiben oder b) wenn sich der Schuldner länger als dreißig Tage mit der Auszahlung des Lohnes verspätet, welcher dem Arbeitnehmer gemäß dem Arbeitsvertrag, dem Kollektivvertrag, oder einer besonderen Vorschrift bzw. einem anderen Akt, der die Pflichte des Arbeitgebers gegenüber dem Arbeitnehmer regelt, zusteht oder c) der Schuldner innerhalb einer Frist von dreißig Tage Beiträge und Steuern im Hinblick auf den in der Buchstabe b) erwähnten Lohn nicht bezahlt hat, gerechnet ab dem Tag, an dem der Schuldner den Lohn hätte bezahlen sollen (Art. 5 Abs. 4 KG iVm Art. 4 Abs. 2 KG).
[128] Art. 4 Abs. 2 und Art. 7 Abs. 1 KG; vgl. § 19 Abs. 1 InsO. Überschuldung liegt vor, wenn das Vermögen des Schuldners geringer als seine bestehenden Verbindlichkeiten ist. Die Überschuldung des Schuldners wird jedoch nicht angenommen, wenn aufgrund von Umständen (dem Entwicklungsprogramm, den zur Verfügung stehenden Quellen der Mittel, den Vermögensarten, den eingeholten Sicherheiten uÄ) begründet vorausgesetzt werden kann, dass dieser durch die Fortführung der Geschäftstätigkeit seine Verbindlichkeiten bei Fälligkeit ordnungsgemäß erfüllen wird. Es ist auch nicht anzunehmen, dass eine Personengesellschaft (offene Handelsgesellschaft, Kommanditgesellschaft) überschuldet ist, wenn einer der für die Verbindlichkeiten der Gesellschaft solidarisch haftenden Gesellschafter eine natürliche Person ist, über deren Vermögen kein Konkursverfahren eingeleitet oder eröffnet worden ist (Art. 7 Abs. 1–2 KG; vgl. § 19 Abs. 1–2 InsO).
[129] Art. 115 Abs. 1 KG.
[130] Art. 115 Abs. 3 KG.

das Erlassen einer Entscheidung über die Eröffnung des Konkursverfahrens zu beschleunigen, hat das KG Fälle vorgesehen, in welchen die Durchführung eines Vorverfahrens nicht erforderlich ist.[131]

34 Im Laufe des Vorverfahrens sind die dem Gesetz nach zur Vertretung des Schuldners berechtigten Personen, Mitglieder der Organe des Schuldners, Arbeitnehmer des Schuldners (auch wenn ihr Amt oder ihre Tätigkeit beendet ist) sowie staatliche Organe verpflichtet, den Konkursorganen auf Anfrage alle erforderlichen Angaben und Auskünfte ohne Verzögerung zu erteilen.[132] Das Gericht hat von Amts wegen alle Tatsachen zu ermitteln, die für das Konkursverfahren von Bedeutung sind und es kann zu diesem Zweck alle erforderlichen Beweise aufnehmen.[133]

35 Im Laufe des Vorverfahrens besteht die Möglichkeit der Anordnung aller **Sicherungsmaßnahmen** *(mjere osiguranja)*, einschließlich der Bestellung eines **vorläufigen Konkursverwalters** *(privremeni stečajni upravitelj)*, die erforderlich sind, um die potentielle künftige Konkursmasse zu verhüten.[134]

36 Nachdem das Gericht den Beschluss über die Einleitung des Vorverfahrens gefasst hat, beraumt es umgehend einen Termin an, zu dem die dem Gesetz nach zur Vertretung des Schuldners berechtigten Personen bzw. der Einzelschuldner, der Antragsteller, die Vertreter der juristischen Personen (Banken), welche für den Schuldner die Geschäfte des Zahlungsverkehrs erledigen, der vorläufige Konkursverwalter sowie erforderlichenfalls auch andere Personen zu laden sind. Die geladenen Personen haben sich über den Antrag auf Eröffnung des Konkursverfahrens zu äußern.[135] In diesem Termin kann eine dritte Person eine Erklärung zur Übernahme der Schulden des Schuldners abgeben.[136]

37 Um die wirtschaftliche und finanzielle Lage des Schuldners zu prüfen, hat das Gericht einen oder mehrere Sachverständige zu bestimmen, die innerhalb von fünfzehn Tagen zusammen mit dem Gericht und dem bestellten vorläufigen Konkursverwalter sowie gemäß ihren Anweisungen prüfen sollen, ob der Schuldner zahlungsunfähig oder überschuldet ist.[137] Die Sachverständigen werden nicht ernannt, wenn festgestellt wird, dass die Voraussetzungen für die Eröffnung des Konkursverfahrens ohne vorheriger Prüfung der Zahlungsfähigkeit oder Überschuldung des Schuldners erfüllt sind, insbesondere wenn die Zahlungsunfähigkeit des Schuldners zweifellos aufgrund des Umstandes festgestellt werden kann, dass der Schuldner die Zahlungen eingestellt hat. Der Umstand, dass der Schuldner die Zahlungen eingestellt hat, kann insbesondere aufgrund von Berichten juristischer Personen festgestellt werden, welche die Geschäfte des Zahlungsverkehrs für den Schuldner erledigen.[138]

38 Danach folgt der Termin zur Verhandlung über die Voraussetzungen für die Eröffnung des Konkursverfahrens, zu welchem der Antragsteller, die dem Gesetz nach zur Vertretung des Schuldners berechtigten Personen bzw. der Einzelschuldner, der vorläufige Konkursverwalter und nach Bedarf die Sachverständigen zu laden sind.[139] An diesem Termin ist eine Erklärung einer dritten Person über die Übernahme der Schulden des Schuldners ebenso zulässig.[140] Falls die Sachverständigen zur Prüfung der wirtschaftlichen und finanziellen Lage des Schuldners nicht ernannt sind, kann das Gericht den Termin mit dem vorhergehenden Termin zur Äußerungen über den Antrag auf Eröffnung des Konkursverfahrens verbinden.[141] Das Gericht hat im Termin zur Verhandlung über die Voraussetzungen für die Eröffnung des Konkursverfahrens, spätestens innerhalb von drei Tagen nach Sitzungsschluss, einen Beschluss über die Eröffnung des Konkursverfahrens oder über die Abweisung des Antrags auf Eröffnung dieses Verfahrens zu erlassen.[142]

---

[131] Das Gericht kann den Beschluss über die Eröffnung des Konkursverfahrens ohne Vorverfahren fassen: 1. falls das Vorliegen eines Konkursgrundes auf der Grundlage des Antrags auf Eröffnung des Konkursverfahrens festgestellt wird; 2. falls die Finanzagentur die Eröffnung des Konkursverfahrens in Einklang mit Art. 110 Abs. 1 KG beantragt; 3. falls eine dem Gesetz nach zur Vertretung des Schuldners berechtigte Person oder Einzelschuldner die Eröffnung des Konkursverfahrens beantragt; 4. falls ein Gläubiger die Eröffnung des Konkursverfahrens beantragt hat und der Schuldner das Vorliegen des Konkursgrundes gesteht (bekennt); 5. falls das früher eröffnete vorkonkursliche Verfahren ohne Erfolg beendet wird (Art. 116 KG).
[132] Art. 117 Abs. 1 KG; vgl. § 20 Abs. 1 InsO.
[133] Art. 11 Abs. 3 KG; vgl. § 5 Abs. 1 S. 1–2 InsO.
[134] Art. 118–122 KG; vgl. §§ 21–25 InsO; näheres dazu unter → Rn. 56–59.
[135] Art. 123 Abs. 1–2 KG.
[136] S. Art. 124 Abs. 1–7 KG.
[137] Art. 125 KG.
[138] Art. 126 Abs. 1–2 KG.
[139] Art. 128 Abs. 3 KG.
[140] Art. 128 Abs. 4 S. 1 KG.
[141] Art. 128 Abs. 5 KG.
[142] Art. 128 Abs. 6 KG.

3.1.3 Antragspflicht bei Vorliegen von Eröffnungsgründen; Folgen der Verletzung der Antragspflicht

Folgende Personen müssen unverzüglich, jedoch spätestens einundzwanzig Tage nach Eintritt 39
der Zahlungsunfähigkeit oder Überschuldung des Schuldners, die Eröffnung des Konkursverfahrens beantragen: a) die dem Gesetz nach zur Vertretung des Schuldners berechtigte Person, b) das Mitglied des Verwaltungsrats (des Vorstands) einer Aktiengesellschaft, c) Liquidator (Abwickler), d) das Mitglied des Aufsichtsrats des Schuldners, falls es keine dem Gesetz nach zur Vertretung des Schuldners berechtigte Person gibt und das Bestehen eines Konkursgrundes sowie die Tatsache, dass es keine dem Gesetz nach zur Vertretung des Schuldners berechtigte Person gibt, dem Mitglied bekannt sein könnten; e) das Mitglied der Gesellschaft mit beschränkter Haftung, falls der Schuldner keinen Aufsichtsrat hat und es keine dem Gesetz nach zur Vertretung des Schuldners berechtigte Person gibt, wenn das Bestehen eines Konkursgrundes sowie die Tatsache, dass es keine dem Gesetz nach zur Vertretung des Schuldners berechtigte Person gibt, dem Mitglied bekannt sein könnten.[143]

Die erwähnten Personen haften den Gläubigern persönlich für den Schaden, den sie ihnen 40
durch Unterlassung ihrer gesetzlichen Antragspflicht verursacht haben.[144] Das Recht auf Geltendmachung des Anspruchs auf Ersatz des Schadens, der aus einer Verletzung der gesetzlichen Antragspflicht entstanden ist, verjährt nach fünf Jahren ab dem Tag der Eröffnung des Konkursverfahrens.[145]

Mit Freiheitsstrafe bis zu zwei Jahren oder mit Geldstrafe werden folgende Personen bestraft, 41
falls sie entgegen der gesetzlichen Antragspflicht, die Eröffnung des Konkursverfahrens nicht beantragt haben: das Mitglied der Gesellschaft *(član društva)*, welches Geschäfte der offenen Handelsgesellschaft oder Kommanditgesellschaft führt; der Liquidator der Aktiengesellschaft, der Gesellschaft mit beschränkten Haftung, der offenen Handelsgesellschaft, der Kommanditgesellschaft und der Wirtschaftlichen Interessenvereinigung; und der geschäftsführende Direktor der Aktiengesellschaft sowie jedes Mitglied des Verwaltungsrats (des Vorstands; *član uprave*) der Aktiengesellschaft, der Gesellschaft mit beschränkter Haftung und der Wirtschaftlichen Interessenvereinigung.[146] Handelt der Täter in diesen Fällen fahrlässig, ist die Strafe Freiheitsstrafe bis zu einem Jahr oder Geldstrafe.[147]

3.1.4 Antragsbefugnis

Das Konkursverfahren wird auf **Antrag** *(prijedlog)* des Gläubigers oder Schuldners eingeleitet, 42
sofern das Gesetz nichts anderes bestimmt.[148] Nur ausnahmsweise darf das Konkursverfahren in den gesetzlichen vorgesehen Fällen auf Antrag eines anderen Rechtssubjekts eingeleitet werden.[149]

3.2 Rolle der Gerichte

Das **Gericht** *(sud)* ist eines von vier Organen des Konkursverfahrens, welche das KG vorsieht: 43
das Gericht, der Konkursverwalter, die Gläubigerversammlung und der Gläubigerausschuss.[150]

Unter anderem hat das Gericht folgende Aufgaben. Es: entscheidet über die Einleitung des 44
Vorverfahrens wegen Feststellung des Vorliegens eines Konkursgrundes und führt dieses Verfahren durch; entscheidet über die Eröffnung des Konkursverfahrens; ernennt und entlässt den Konkursverwalter, beaufsichtigt die Arbeit des Konkursverwalters und gibt ihm in Einklang mit dem KG verbindliche **Anordnungen** *(uputa)*; beaufsichtigt die Arbeit des Gläubigerausschusses; bestimmt die begonnenen Geschäfte, die im Laufe des Konkursverfahrens in Einklang mit dem KG zu beenden sind; bestimmt die Vergütung des Konkursverwalters, genehmigt die Auszahlung an den Gläubiger; fasst den Beschluss über die Aufhebung und Einstellung des Konkursverfahrens; erledigt andere im KG bestimmte Angelegenheiten, falls die anderen Organe darüber nicht entscheiden.[151] Das Gericht hat ebenso eine aktive Rolle in einem Konkursplanverfahren. Unter anderem entscheidet es über die Zulässigkeit eines

---

[143] Art. 110 Abs. 2 KG; vgl. §§ 15 Abs. 1–3 und 15a Abs. 1–3, 6 InsO.
[144] Art. 110 Abs. 3 KG.
[145] Art. 110 Abs. 4 KG.
[146] Art. 626 Abs. 1 Nr. 2 des Gesetzes über die Handelsgesellschaften, *Zakon o trgovačkim društvima*, Narodne novine, 1993 Nr. 111 idF 2019 Nr. 40; im folgenden HGG; vgl. § 15a Abs. 4 InsO.
[147] Art. 626 Abs. 2 HGG; vgl. § 15a Abs. 5 InsO.
[148] Art. 109 Abs. 1 KG; vgl. § 13 Abs. 1 S. 2 InsO.
[149] So hat beispielsweise die Finanzagentur die Eröffnung eines ordentlichen oder gekürzten Konkursverfahrens gegen eine zahlungsunfähige juristische Person unter bestimmten Voraussetzungen zu beantragen (Art. 110 Abs. 1 bzw. Art. 428 Abs. 1 KG). Die Kroatische Nationalbank ist berechtigt, neben dem Liquidator, die Eröffnung eines Konkursverfahrens gegen ein Kreditinstitut zu beantragen (Art. 265 und Art. 261 Abs. 1 des Gesetzes über Kreditinstitute).
[150] Art. 75 KG.
[151] Art. 76 KG.

Konkursplans, über dessen Bestätigung und beschließt die Aufhebung der vorgesehenen Überwachung des Konkursplans.[152] Unter den gesetzlich vorgesehenen Voraussetzungen entscheidet das Gericht über die Eigenverwaltung des Schuldners[153] sowie über seine Restschuldbefreiung.[154]

45 Die Gerichtskosten für das Konkursverfahren gehören zu den Kosten des Konkursverfahrens *(troškovi stečajnoga postupka)*.[155] Die Gerichtsgebührentatbestände des Konkursverfahrens sind im Einzelnen in der **Verordnung über die Gerichtsgebühren** *(Uredba o Tarifi sudskih pristojbi 2019)*[156] enthalten. Wird die Eröffnung des Konkursverfahrens von einem Gläubiger beantragt, hat dieser neben der **Gerichtsgebühr** *(sudska pristojba)* von 100,00 Kuna (etwa 13,44 EUR), in der Regel den Betrag von 1.000,00 Kuna (etwa 134,40 EUR) in den Fond für die Befriedigung der Kosten des Konkursverfahrens sowie den vom Gericht zur Deckung der Kosten des Vorverfahrens bestimmten Betrag vorzuschießen, welcher jedoch nicht höher als 20.000,00 Kuna (etwa 2.688,17 EUR) sein darf.[157]

46 In einem Konkursverfahren ist das **Handelsgericht** *(trgovački sud)* ausschließlich sachlich und örtlich zuständig, in dessen Zuständigkeitsbereich der Sitz des Schuldners liegt. Falls der Einzelschuldner keinen Sitz hat, ist das Handelsgericht ausschließlich sachlich und örtlich zuständig, in dessen Zuständigkeitsbereich der Wohnsitz bzw. der Aufenthaltsort des Einzelschuldners liegt.[158] Der **Einzelrichter** *(sudac pojedinac)* führt das Konkursverfahren in erster Instanz durch.[159] Gegen einen **Beschluss** *(rješenje)* ist eine devolutive **Beschwerde** *(žalba)* zulässig, wobei die Beschwerdefrist acht Tage beträgt, sofern das KG nichts anderes bestimmt.[160] Die Beschwerde hat keine aufschiebende Wirkung, sofern das KG nichts anderes bestimmt.[161] Gegen eine **Anordnung** *(uputa)* ist kein Rechtsmittel zulässig.[162] In zweiter Instanz entscheidet der **Hohe Handelsgerichtshof der Republik Kroatien** *(Visoki trgovački sud Republike Hrvatske)* in der Kammer, die sich aus drei Richtern zusammensetzt. Gegen die Entscheidungen in zweiter Instanz ist eine **Revision** *(revizija)* zulässig, worüber der **Oberste Gerichtshof der Republik Kroatien** *(Vrhovni sud Republike Hrvatske)* entscheidet.[163] Die **Wiederaufnahme des Verfahrens** *(ponavljanje postupka)* sowie die **Wiedereinsetzung in den vorigen Stand** *(povrat u prijašnje stanje)* sind nicht zulässig.[164]

3.3 Verwalter

47 Zum **Konkursverwalter** *(stečajni upravitelj)* kann eine natürliche Person bestellt werden, die in **die Liste A oder Liste B der Konkursverwalter** für den Zuständigkeitsbereich des zuständigen Gerichts eingetragen ist.[165] Diese zwei Listen erstellt der Justizminister für den Zuständigkeitsbereich jedes Gerichts, wobei diese Listen ergänzt werden können.[166] Eine Person kann in die Listen der Konkursverwalter mehrerer Gerichte eingetragen sein.[167] In die Liste A der Konkursverwalter kann eine natürliche Person eingetragen sein, welche folgende Voraussetzungen erfüllt: 1. sie ist geschäftsfähig; 2. hat eine Hochschulfachausbildung (zumindest 300 ECTS-Punkten) absolviert; 3. hat die fachliche Prüfung für Konkursverwalter abgelegt; 4. hat nach der abgelegten fachlichen Prüfung eine fachliche praktische Ausbildung für die Dauer von einem Jahr in einem Handelsgericht und mit einem Konkursverwalter als Mentor absolviert; und 5. ist für die Ausübung des Amtes eines Konkursverwalters würdig.[168] In die Liste B der Konkursverwalter kann eine natürliche Person eingetragen sein, die alle erwähnten Voraussetzungen erfüllt, ausgenommen die fachliche praktische Ausbildung nach der abgelegten Prüfung für Konkursverwalter.[169] Außerdem muss jeder Konkursverwalter zumindest in drei fachlichen Seminaren in zwei Jahren teilnehmen und darüber hinaus jedes zweite Jahr dem

---

[152] S. Art. 303–355 KG; vgl. §§ 217–269 InsO.
[153] S. Art. 356–371 KG; vgl. §§ 270–285 InsO.
[154] Art. 372–390 KG; vgl. §§ 286–303a InsO.
[155] Art. 155 Nr. 1. KG; vgl. § 54 Nr. 1 InsO.
[156] Uredba o Tarifi sudskih pristojbi, Narodne novine, 2019 Nr. 53, s. Tar. Nr. 24–25.
[157] Art. 114 Abs. 1 KG.
[158] Art. 8 Abs. 1–2 KG; vgl. §§ 2–3 InsO.
[159] Art. 8 Abs. 3 KG.
[160] Art. 19 Abs. 1–2 KG.
[161] Art. 19 Abs. 3 KG.
[162] Art. 19 Abs. 7 KG.
[163] Art. 19 Abs. 8 KG.
[164] Art. 19 Abs. 8 und Art. 11 Abs. 6 S. 2 KG.
[165] Art. 77 Abs. 1 KG.
[166] Art. 78 Abs. 1–2 KG.
[167] Art. 78 Abs. 3 KG.
[168] Art. 79 Abs. 1 KG.
[169] Art. 80 KG.

3. Wesentliche Verfahrensmerkmale des Konkursverfahrens

Justizministerium eine Bestätigung zustellen.[170] Zum Konkursverwalter kann nicht bestellt werden, wer im Konkursverfahren als Richter ausgeschlossen wäre.[171] Gleiches gilt für Personen, die nach dem Gesetz nicht zum Mitglied der Geschäftsführung des Schuldners, des Verwaltungsrats (des Vorstands), des Aufsichtsrats oder eines ähnlichen Organs des Schuldners ernannt werden könnten.[172]

Die **Auswahl** eines Konkursverwalters von der Liste A der Konkursverwalter wird in der Regel durch die Methode der zufälligen Auswahl im Rahmen des gerichtlichen elektronischen Systems getroffen. Falls das Gericht zur Überzeugung kommt, dass ein so ausgewählter Konkursverwalter nicht über die Fachkenntnisse und Erfahrung, die für das konkrete Konkursverfahren erforderlich sind, verfügt, wird es eine andere Person von der Liste A zum Konkursverwalter auswählen.[173] Der Konkursverwalter wird durch den Beschluss über die Eröffnung des Konkursverfahrens bestellt.[174] In der ersten oder einer späteren Gläubigerversammlung nach Bestellung des Konkursverwalters können die Gläubiger anstelle des vom Gericht bestellten Konkursverwalters einen anderen Konkursverwalter von der Liste A der Konkursverwalter wählen.[175] **48**

Der Konkursverwalter hat die **Rechte und Pflichten** der Organe des Schuldners, der eine juristische Person ist, sofern das KG nichts anderes bestimmt. Setzt der Schuldner seinen Geschäftsbetrieb während des Konkursverfahrens fort, so wird der Geschäftsbetrieb vom Konkursverwalter geführt. Der Konkursverwalter vertritt den Schuldner. Beim Einzelschuldner führt der Konkursverwalter nur jene Geschäfte, die sich auf die Konkursmasse beziehen und lediglich in diesem Rahmen vertritt er den Einzelschuldner mit den Befugnissen eines gesetzlichen Vertreters.[176] Der Konkursverwalter hat gewissenhaft und ordnungsgemäß zu handeln und insbesondere: 1. das Register der Buchführungsdaten (*očevidnik knjigovodstvenih podataka*) bis zum Tage der Eröffnung des Konkursverfahrens zu ordnen (dh die Geschäftsbücher des Schuldners in Ordnung zu bringen); 2. einen Voranschlag der Verfahrenskosten zu erstellen und diesen dem Gläubigerausschuss zur Genehmigung vorzulegen; 3. eine Treuhandschaft für das Vermögensverzeichnis festzulegen; 4. den Anfangsbestand des Vermögens des Schuldners zu ermitteln; 5. als ordentlicher Kaufmann für die Beendigung der begonnenen und nicht ausgeführten Geschäfte des Schuldners, sowie für die zur Verhinderung des Eintritts eines Schadens an Mitteln des Schuldners erforderlichen Geschäfte Sorge zu tragen; 6. für die Befriedigung der Forderungen des Schuldners zu sorgen; 7. gewissenhaft den Geschäftsbetrieb des Schuldners zu führen, sofern die Fortführung des Geschäftsbetriebs festgelegt wird; 8. dem Kroatischen Pensionsversicherungsanstalt die Urkunden zu übermitteln, die sich auf arbeitsrechtliche Verhältnisse der Versicherten beziehen; 9. Sachen und Rechte des Schuldners, die zur Konkursmasse gehören, mit der Sorgfalt eines ordentlichen Kaufmanns zu verwerten bzw. einzutreiben; 10. die Auszahlung an die Gläubiger vorzubereiten und nach der erforderlichen Zustimmung der Konkursorgane durchzuführen; 11. dem Gläubigerausschuss die Schlusskonkursrechnung zuzustellen; 12. die nachträglichen Auszahlungen an die Gläubiger durchzuführen; 13. nach der Aufhebung des Konkursverfahrens die Konkursmasse in Einklang mit dem KG zu vertreten.[177] Der Konkursverwalter hat über den Lauf des Konkursverfahrens und über den Stand der Konkursmasse schriftliche Berichte zu erstatten, und zwar mindestens einmal in drei Monaten.[178] Der Konkursverwalter steht unter der Aufsicht des Gerichts, des Gläubigerausschusses und der Gläubigerversammlung; diese sind befugt, jederzeit Mitteilungen und Berichte über den Lauf des Konkursverfahrens und den Stand der Konkursmasse zu verlangen.[179] Der Konkursverwalter ist verpflichtet, allen Beteiligten den entstandenen Schaden zu ersetzen, wenn er eine seiner Pflichten schuldhaft verletzt.[180] **49**

Der Konkursverwalter hat Anspruch auf **Vergütung** für seine Tätigkeit und auf Erstattung seiner tatsächlichen Auslagen.[181] Die Höhe der Vergütung bestimmt das Gericht durch Beschluss **50**

---

[170] Art. 81 Nr. 5 iVm Art. 32 Abs. 1 der Regelung über das Ablegen der fachlichen Prüfung, Ausbildung und Fortbildung der Konkursverwalter, *Pravilnik o polaganju stručnog ispita, obuci i usavršavanju stečajnih upravitelja*, Narodne novine, 2015 Nr. 104 idF 2017 Nr. 17.

[171] Insbesondere darf keine Person zum Konkursverwalter bestellt werden, die beim Schuldner beschäftigt oder Mitglied eines seiner Organe war; sie darf kein näherer Angehöriger des Konkursrichters, einer für die Verbindlichkeiten im Konkursverfahren haftenden Person, der Mitglieder der Geschäftsführung und anderer Organe des Schuldners sowie kein näherer Angehöriger eines Gläubigers und von Personen sein, die in einem Konkurrenzverhältnis zum Schuldner stehen; s. Art. 77 Abs. 2. KG; vgl. § 56 Abs. 1 Nr. 1–2 InsO.

[172] Art. 77 Abs. 2 KG.
[173] Art. 84 Abs. 1–2 KG.
[174] Art. 85 Abs. 1 und Art. 129 Abs. 1 Nr. 2 KG.
[175] Art. 87 Abs. 1 KG; vgl. § 57 S. 1 InsO.
[176] Art. 88 Abs. 1–4 KG.
[177] Art. 89 Abs. 1 KG.
[178] Art. 89 Abs. 2 KG.
[179] Art. 90 Abs. 1 KG.
[180] Art. 92 Abs. 1 KG; vgl. § 60 Abs. 1 InsO.
[181] Art. 94 Abs. 1 KG; vgl. § 63 Abs. 1 S. 1 InsO.

gemäß Verordnung über Kriterien und die Art der Abrechnung und Zahlung der Vergütung der Konkursverwalter *(Uredba o kriterijima i načinu obračuna i plaćanja nagrada stečajnim upraviteljima 2015).*[182] Die Erstattung der Auslagen bestimmt das Gericht durch Beschluss aufgrund eines schriftlichen, begründeten und dokumentierten Berichts des Konkursverwalters.[183]

3.4 Verwaltung und Verwertung der Masse

51   Die **Konkursmasse** *(stečajna masa)* **umfasst** das gesamte Vermögen des Schuldners zur Zeit der Eröffnung des Konkursverfahrens und das Vermögen, welches dieser während des Konkursverfahrens erwirbt.[184] Das Vermögen des **Einzelschuldners,** auf das keine Zwangsvollstreckung nach den allgemeinen Regeln über das Zwangsvollstreckungsverfahren geführt werden könnte, gehört nicht zur Konkursmasse.[185] Wird ein Konkursverfahren über das Vermögen eines **Ehegatten** eröffnet, so gehört der Anteil dieses Ehegatten an dem gemeinschaftlichen Vermögen der Ehegatten zur Konkursmasse, wenn für diesen Anteil eine Zwangsvollstreckung nach den allgemeinen Regeln über das Zwangsvollstreckungsverfahren durchgeführt werden kann. Die Vermögensverteilung findet außerhalb des Konkurses auf Antrag des Konkursverwalters statt.[186] **Die Konkursmasse dient** der Berichtigung der Kosten des Konkursverfahrens und sonstigen Masseverbindlichkeiten, der Forderungen der Konkursgläubiger des Schuldners bzw. der Forderungen, deren Befriedigung durch bestimmte Rechte am Vermögen des Schuldners gesichert ist.[187]

52   Nach der Eröffnung des Konkursverfahrens ist der Konkursverwalter verpflichtet, **das gesamte zur Konkursmasse gehörende Vermögen sofort in Besitz und Verwaltung zu nehmen.**[188] Im Hinblick auf die Hinterlegung und Anlage von Geld, Wertpapieren und Kostbarkeiten gelten besondere Regeln, welche dem Gläubigerausschuss, der Gläubigerversammlung bzw. dem Gericht eine bestimmte Kontrolle über diesbezügliche Aktivitäten des Konkursverwalters gewähren.[189] Weiter hat der Konkursverwalter ein **Verzeichnis der einzelnen Massegegenstände** *(popis predmeta stečajne mase)*, ein **Gläubigerverzeichnis** *(popis vjerovnika)* sowie ein **Vermögens- und Verbindlichkeitenübersicht** *(pregled imovine i obveza)* aufzustellen, wobei diese Verzeichnisse spätestens acht Tage vor dem Berichtstermin in der **Geschäftsstelle des Gerichts** *(sudska pisarnica)* niederzulegen sind.[190]

53   Nach dem **Berichtstermin** *(izvještajno ročište)* hat der Konkursverwalter unverzüglich **das zur Konkursmasse gehörende Vermögen zu verwerten,** soweit dies nicht im Widerspruch zur Entscheidung der Gläubigerversammlung steht.[191] Beispielsweise, wird die sofortige Verwertung der Masse nicht stattfinden, falls die Gläubigerversammlung die Fortführung des Geschäftsbetriebs des Schuldners und die Ausarbeitung eines Konkursplans festgelegt hat. Anlässlich der Verwertung von Teilen des zur Konkursmasse gehörenden Vermögens hat sich der Konkursverwalter an die Entscheidungen der Gläubigerversammlung und des Gläubigerausschusses zu halten.[192] Falls die Konkursgläubiger im Berichtstermin keine Art und Form bzw. keine Bedingungen für die Verwertung des zur Konkursmasse gehörenden Vermögens bestimmt haben, werden die **Liegenschaften, Schiffe, im Bau befindliche Schiffe** sowie **Luftfahrzeuge** unter entsprechender Anwendung der Regeln über das Zwangsvollstreckungsverfahren in Konkursverfahren verkauft.[193] Der Konkursverwalter wird eine **bewegliche Sache** unter entsprechender Anwendung der Regeln über das Zwangsvollstreckungsverfahren oder durch unmittelbare Vereinbarung (freihändig) verwerten. Er muss auch die **Forderungen und anderen Rechte des Schuldners** einziehen bzw. eintreiben oder in anderer Weise verwerten.[194] Der Konkursverwalter hat der Finanzagentur die Angaben über alle Immobilien sowie über jene Mobilien, deren abschätzbarer Wert den Betrag von 50.000,00 Kuna (etwa 6.720,00 EUR) übersteigt, unter entsprechender Anwendung der Regeln des Zwangsvollstreckungsverfahrens unverzüglich zuzustellen, um sie in das Register der Immobilien und Mobilien einzuschreiben, und zwar mit der Bezeichnung, dass sie im Konkursver-

---

[182] Uredba o kriterijima i načinu plaćanja nagrada stečajnim upraviteljima, Narodne novine, 2015 Nr. 15; s. Art. 94 Abs. 2 KG.
[183] Art. 94 Abs. 3 KG.
[184] Art. 134 Abs. 1 KG; vgl. § 35 Abs. 1 InsO.
[185] Art. 135 KG; vgl. § 35 Abs. 1–2 und § 36 Abs. 1–4 InsO.
[186] Art. 136 S. 1–2 KG; vgl. § 37 Abs. 1–3 InsO.
[187] Art. 134 Abs. 2 iVm Art. 154 Abs. 1 KG.
[188] Art. 216 Abs. 1 KG; vgl. § 148 Abs. 1 InsO.
[189] Art. 220 Abs. 1–4 KG; vgl. § 149 Abs. 1–2 InsO.
[190] Art. 221–224 KG; vgl. §§ 151–154 InsO.
[191] Art. 229 Abs. 1 KG; vgl. § 159 InsO.
[192] Art. 229 Abs. 2 KG; vgl. § 159 InsO.
[193] Art. 229 Abs. 4 iVm Art. 247 KG.
[194] Art. 229 Abs. 2 iVm Art. 249 KG.

fahren verkauft werden.[195] Er hat für die Vornahme von **Rechtshandlungen, die für das Konkursverfahren von besonderer Bedeutung** sind, die Zustimmung des Gläubigerausschusses einzuholen. Ist ein Gläubigerausschuss nicht bestellt, erteilt die Gläubigerversammlung die Zustimmung.[196] Bei der Veräußerung des Unternehmens oder eines Betriebs gibt es Situationen, bei denen die Zustimmung der Gläubigerversammlung für diese Veräußerung erforderlich ist.[197] Für die Verwertung von Gegenständen, an denen ein **Absonderungsrecht** besteht, sieht das KG besondere Regeln vor.[198] Die Möglichkeit, **das ganze Vermögen des Konkursschuldners als Einheit zu veräußern** *(prodaja imovine dužnika kao cjeline)*, besteht auch.[199] Grundsätzlich muss der Konkursverwalter die Verwertung der ganzen Konkursmasse binnen anderthalb Jahren ab dem Berichtstermin beenden.[200]

3.5 Fortführung durch den Verwalter oder Schuldner (Eigenverwaltung)

Falls die Gläubigerversammlung die **Fortführung** des Geschäftsbetriebs des Schuldners festgelegt hat, hat der **Konkursverwalter** in der Regel den Geschäftsbetrieb des Schuldners gewissenhaft weiterzuführen.[201] Gewöhnlicherweise wird dann auch ein Konkursplan vorbereitet werden.

Jedoch sieht das kroatische KG die Möglichkeit der Anordnung einer **Eigenverwaltung des Schuldners** im Konkursverfahren unter bestimmten strengen kumulativen Voraussetzungen vor.[202] Das Gericht wird die Eigenverwaltung durch den Beschluss über die Eröffnung des Konkursverfahrens anordnen: 1. wenn dies vom Schuldner beantragt worden ist; 2. wenn der Gläubiger, der die Eröffnung des Konkursverfahrens beantragt hat, nicht widerspricht; und 3. wenn nach den Umständen des Falles zu erwarten ist, dass die Anordnung der Eigenverwaltung nicht zu einer Verzögerung des Verfahrens oder zu irgendeiner anderen Benachteiligung der Rechte und Interessen der Gläubiger führen wird.[203] Ist die Eigenverwaltung angeordnet, wird anstelle des Konkursverwalters ein **Konkurssachwalter** *(stečajni povjerenik)* bestellt.[204] Hat das Gericht den Antrag des Schuldners auf Anordnung der Eigenverwaltung abgelehnt, beantragen die Gläubiger im ersten Termin jedoch die Eigenverwaltung, so ordnet das Gericht diese Verwaltung nachträglich an. Zum Konkurssachwalter kann dann der bisherige Konkursverwalter bestellt werden.[205] Die Regeln über die Eigenverwaltung des Schuldners im Konkursverfahren finden in der Praxis der kroatischen Gerichte kaum Anwendung.

3.6 Sicherungsmaßnahmen vor Verfahrenseröffnung

Das Bestehen eines Konkursgrundes wird in dem sogenannten Vorverfahren festgestellt. Um Missbräuche zu verhindern und das Vermögen des Schuldners während dieses Vorverfahrens zu sichern, sieht das KG die Anordnung der erforderlichen **Sicherungsmaßnahmen** *(mjere osiguranja)* vor.

So kann das Gericht auf Antrag des Antragstellers oder von Amts wegen **durch Beschluss über die Einleitung des Vorverfahrens** oder durch einen nachträglichen Beschluss **alle Maßnahmen** treffen, die ihm erforderlich erscheinen, um zu verhindern, dass bis zur Entscheidung über den Antrag auf Eröffnung des Konkursverfahrens solche Veränderungen in der Vermögenslage des Schuldners entstehen, die für die Gläubiger nachteilig sein könnten.[206]

---

[195] Art. 229 Abs. 3 KG.
[196] Art. 230 Abs. 1 S. 1–2 KG; vgl. §§ 160 Abs. 1 S. 1–2 InsO.
[197] Art. 232 Abs. 1 und Art. 233 Abs. 1 KG; vgl. § 162 Abs. 1 und § 163 Abs. 1 InsO.
[198] Art. 247–256 KG; vgl. §§ 165–173 InsO; näheres dazu unter → Rn. 90–94.
[199] Art. 235–246 KG.
[200] Dies geht aus Art. 91 Abs. 1 und Art. 283 Abs. 5 KG hervor.
[201] Art. 89 Abs. 1 Nr. 7 iVm Art. 217 Abs. 2 KG.
[202] Art. 356–371 KG; vgl. §§ 270–285 InsO.
[203] Art. 356 Abs. 2 Nr. 1–3 KG; vgl. § 270 Abs. 2 Nr. 1–2 InsO.
[204] Art. 356 Abs. 3 S. 1 KG; vgl. § 270c S. 1 InsO.
[205] Art. 357 S. 1–2 KG; vgl. § 271 S. 1–2 InsO.
[206] Art. 118 Abs. 1 KG. Das Gericht kann insbesondere: einen vorläufigen Konkursverwalter bestellen, auf den die Bestimmungen des KG über den Konkursverwalter entsprechend angewandt werden; dem Schuldner die Verfügung über sein Vermögen untersagen oder anordnen, dass er über sein Vermögen nur mit vorheriger Zustimmung des Gerichts oder des vorläufigen Konkursverwalters verfügen kann; die Anordnung bzw. die Durchführung der Zwangsvollstreckung oder Sicherung gegen den Schuldner untersagen oder einstweilen einstellen; Auszahlungen vom Konto des Schuldners untersagen (Art. 118 Abs. 2 KG). Über den Schuldner, die Mitglieder der Geschäftsführung, des Aufsichtsrats oder der entsprechenden Organe des Schuldners sowie die Arbeitnehmer des Schuldners, die eine Auskunftspflicht im Laufe des Vorverfahrens haben, kann das Gericht eine Geldstrafe bis zur Höhe von 50.000,00 Kuna verhängen, wenn diese Personen eine angeordnete Sicherungsmaßnahme nicht beachten (Art. 118 Abs. 4 KG). Gegen einen Einzelschuldner, weiter gegen die

58 Die erforderlichen Maßnahmen kann das Gericht auch **vor der Beschlussfassung über die Einleitung des Vorverfahrens** treffen, wenn hierzu berechtigte Gründe vorliegen.[207] Maßnahmen können miteinander kombiniert werden.

59 Wird ein **vorläufiger Konkursverwalter** *(privremeni stečajni upravitelj)* bestellt und dem Schuldner ein Verfügungsverbot auferlegt, so geht die Verwaltungs- und Verfügungsbefugnis über das Vermögen des Schuldners auf den vorläufigen Konkursverwalter über. In diesem Fall hat der vorläufige Konkursverwalter: das Vermögen des Schuldners zu schützen und zu erhalten; das Unternehmen des Schuldners bis zur Entscheidung über die Eröffnung des Konkursverfahrens fortzuführen, sofern das Gericht keine Stilllegung bestimmt, um eine erhebliche Verminderung des Vermögens zu vermeiden; zu prüfen, ob das Vermögen des Schuldners die Kosten des Verfahrens decken kann. Außerdem kann das Gericht von ihm verlangen, dass er prüft, ob ein Grund zur Eröffnung des Konkursverfahrens vorliegt. Wird ein vorläufiger Konkursverwalter bestellt, ohne dass ein Verfügungsverbot auferlegt wird, bestimmt das Gericht die Pflichten des vorläufigen Konkursverwalters, wobei diese über die eben erwähnten Pflichten nicht hinausgehen dürfen. In jedem Fall ist der vorläufige Konkursverwalter berechtigt, die Geschäftsräume des Schuldners zu betreten und dort die erforderlichen Handlungen vorzunehmen. Er hat das Recht auf Einsicht in die Bücher und Geschäftspapiere des Schuldners. Gegen den Schuldner bzw. die Mitglieder seiner Organe können zum Zwecke der Einholung erforderlicher Angaben und Auskünfte Maßnahmen angeordnet werden, die aus diesem Grund gegen den Schuldner und die Mitglieder seiner Organe nach Eröffnung des Konkursverfahrens getroffen werden können. Auf den vorläufigen Konkursverwalter werden die Bestimmungen des KG über den Konkursverwalter entsprechend angewandt.[208]

3.7 Wirkungen der Verfahrenseröffnung auf Rechtsverfolgungsmaßnahmen einzelner Gläubiger

60 Nach der Eröffnung des Konkursverfahrens können die **Konkursgläubiger** *(stečajni vjerovnici)* ihre Forderungen gegenüber dem Schuldner nur im Konkursverfahren geltend machen.[209] Sie können weder eine Klage vor einem staatlichen Gericht noch eine Schiedsklage erheben, um einen Titel für ihre Forderungen zu erwirken. Ebenso können sie keine Zwangsvollstreckung einleiten, auch wenn sie bereits über eine Vollstreckungsurkunde (einen vollstreckbaren Titel) verfügen. Das Konkursgericht wird einen Konkursgläubiger, der für seine Forderung keine Vollstreckungsurkunde hat, auf einen Rechtsstreit zur Feststellung seiner Forderung nur dann verweisen, wenn der Konkursverwalter oder ein anderer Konkursgläubiger im **Prüfungstermin** *(ispitno ročište)* diese Forderung bestritten hat.[210] Liegt für die bestrittene Forderung eine Vollstreckungsurkunde vor, so wird das Konkursgericht den Bestreitenden zum Nachweis der Begründetheit seines Bestreitens auf den Rechtsstreit verweisen.[211]

61 Nach der Eröffnung des Konkursverfahrens können **Absonderungsgläubiger** *(razlučni vjerovnici)* die Rechtsstreitigkeiten gegen den Schuldner anhängig machen, aber sie sind nicht befugt, Zwangsvollstreckungsverfahren gegen ihn einzuleiten.[212] Zur Verwertung der Gegenstände, an denen Absonderungsrechte bestehen, werden besondere Regeln angewandt, die das KG vorsieht.[213]

62 Nach der Eröffnung des Konkursverfahrens unterliegen **Aussonderungsgläubiger** *(izlučni vjerovnici)* keinem Verbot, die Rechtsstreitigkeiten und Zwangsvollstreckungsverfahren gegen den Schuldner anhängig zu machen bzw. einzuleiten.

63 Ebenso können die **Gläubiger der Konkursmasse (Massegläubiger;** *vjerovnici stečajne mase),* dh Gläubiger für ihre Forderungen, die sich auf die Kosten des Konkursverfahrens und andere Masseverbindlichkeiten beziehen,[214] Rechtsstreitigkeiten und in der Regel Zwangsvollstreckungsverfahren gegen den Schuldner führen. Zwangsvollstreckungen wegen Verwirklichung von Forderungen gegenüber der Konkursmasse, die nicht durch eine Rechtshandlung des Konkursverwalters

---

Personen, die auch sonst für die Verbindlichkeiten des Schuldners haften und gegen die Schuldner des Konkursschuldners kann das Gericht, wenn dies für den Schutz des Vermögens des Konkursschuldners erforderlich ist, ebenso die vorläufigen Maßnahmen nach den allgemeinen Regeln des Sicherungsverfahrens anordnen, welche das Zwangsvollstreckungsgesetz (*Ovršni zakon*, im folgenden: ZVG, Narodne novine, 2012 Nr. 112 idF 2017 Nr. 73) vorsieht (Art. 118 Abs. 5 KG); vgl. § 21 Abs. 1–3 InsO.

[207] Art. 118 Abs. 3 KG.
[208] Art. 119 Abs. 1–6. KG; vgl. § 22 Abs. 1–3 InsO.
[209] Art. 167 KG; vgl. § 87 InsO.
[210] Art. 266 Abs. 1–2 KG; vgl. § 179 Abs. 1 InsO.
[211] Art. 266 Abs. 4 KG; vgl. § 179 Abs. 2 InsO.
[212] Art. 169 Abs. 5 KG.
[213] Näheres dazu unter → Rn. 90–94.
[214] S. Art. 154–156 KG; vgl. §§ 53–55 InsO.

begründet worden sind, sind für sechs Monate ab Eröffnung des Konkursverfahrens unzulässig. Diese Regel bezieht sich nicht auf die Verbindlichkeiten: 1. aus einem zweiseitig verbindlichen Vertrag, dessen Erfüllung der Konkursverwalter gewählt hat; 2. aus einem Dauerschuldverhältnis für die Zeit nach dem ersten Termin, zu dem der Konkursverwalter den Vertrag kündigen konnte; 3. aus einem Dauerschuldverhältnis, soweit der Konkursverwalter die Gegenleistung zugunsten der Konkursmasse empfangen hat.[215]

Zwangsvollstreckungen oder Sicherungen **künftiger Forderungen des Einzelschuldners** aus einem Arbeitsverhältnis oder einem anderen Dienst sowie darauf begründeter Forderungen sind während des Konkursverfahrens auch für jene Gläubiger unzulässig, die keine Konkursgläubiger sind. Dies gilt nicht für die Zwangsvollstreckung oder Sicherung wegen Eintreibung eines Unterhaltsanspruchs und sonstiger Forderungen, die aus dem Teil der Bezüge des Schuldners aus dem Arbeitsverhältnis zu berichtigen sind, aus dem die Forderungen anderer Gläubiger nicht befriedigt werden können.[216] 64

3.8 Wirkungen der Verfahrenseröffnung auf laufende Gerichts-/oder Schiedsverfahren

Rechtsstreitigkeiten *(pravni sporovi)* über das zur Konkursmasse gehörende Vermögen, die zur Zeit der Eröffnung des Konkursverfahrens anhängig sind, werden durch die Eröffnung des Konkursverfahrens nach der ausdrücklichen Bestimmung des Zivilprozessgesetzes *(Zakon o parničnom postupku 1991)* unterbrochen.[217] Das Schiedsgericht muss die Unterbrechung des **Schiedsverfahrens** *(arbitražni postupak)*, welches sich auf das zur Konkursmasse gehörende Vermögen bezieht, ebenso anordnen, da die Konkursgläubiger ihre Forderungen gegenüber dem Schuldner nur im Konkursverfahren geltend machen können.[218] Solche Rechtsstreitigkeiten bzw. Schiedsverfahren werden im Namen und für die Rechnung des Schuldners vom Konkursverwalter aufgenommen.[219] Rechtsstreitigkeiten und Schiedsverfahren, die sich auf Forderungen beziehen, die in Konkursverfahren angemeldet werden müssen, können erst aufgenommen werden, nachdem diese Forderungen im Prüfungstermin geprüft worden sind.[220] Das KG enthält besondere Regeln über die Aufnahme solcher Verfahren, falls die angemeldete Forderung im Prüfungstermin bestritten worden ist.[221] Rechtsstreitigkeiten, die zur Zeit der Eröffnung des Konkursverfahrens gegen den Schuldner anhängig sind, werden im Namen des Konkursschuldners vom Konkursverwalter aufgenommen, wenn sie betreffen: 1. die Aussonderung eines Gegenstands aus der Konkursmasse; 2. die abgesonderte Befriedigung oder 3. Masseverbindlichkeiten.[222] 65

Die Verfahren der **Zwangsvollstreckung** *(ovrha)* oder **Sicherung** *(osiguranje)*, welche die Forderungen der Konkursgläubiger betreffen und die zur Zeit der Eröffnung des Konkursverfahrens anhängig sind, sind zu unterbrechen. Nach der Fortsetzung dieser Verfahren stellt sie das Vollstreckungsgericht ein.[223] Nach der Eröffnung des Konkursverfahrens sind die Aussonderungsgläubiger zur Einleitung des Zwangsvollstreckungs- oder Sicherungsverfahrens nach den allgemeinen Vorschriften des Zwangsvollstreckungsverfahrens berechtigt. Die unterbrochenen Zwangsvollstreckungs- und Sicherungsverfahren, die von Aussonderungsgläubigern vor der Konkurseröffnung eingeleitet worden sind, werden vom Vollstreckungsgericht gemäß den Vorschriften des Zwangsvollstreckungsverfahrens fortgesetzt und durchgeführt.[224] Die Zwangsvollstreckungs- und Sicherungsverfahren, die von Absonderungsgläubigern vor der Konkurseröffnung eingeleitet worden sind, sind zu unterbrechen. Diese unterbrochenen Verfahren werden vom Konkursgericht fortgesetzt, unter Anwendung der Regel über die Verwertung der Gegenstände an denen Absonderungsrechte bestehen.[225] 66

Auch nach der Eröffnung des Konkursverfahrens können **Eintragungen in öffentliche Bücher** bewilligt und vollzogen werden, soweit die Voraussetzungen für die Eintragung vor diesem Zeitpunkt erfüllt worden sind.[226] 67

---

[215] Art. 170 Abs. 1–2 KG; vgl. § 90 Abs. 1–2 InsO.
[216] Art. 169 Abs. 2 KG; vgl. § 89 Abs. 2 InsO.
[217] Art. 212 Abs. 5 des Zivilprozessgesetzes *(Zakon o parničnom postupku)*, Narodne novine, 1991 Nr. 53 idF 2019 Nr. 70.
[218] Art. 167 KG; vgl. § 87 InsO.
[219] Art. 165 Abs. 1 S. 1 KG; vgl. §§ 85–86 InsO.
[220] Art. 165 Abs. 1 S. 2 KG.
[221] Art. 166 Abs. 1–3 und Art. 269 Abs. 1–3 KG; vgl. § 180 Abs. 2 InsO.
[222] Art. 165 Abs. 2 KG; vgl. § 86 Abs. 1 InsO.
[223] Art. 169 Abs. 3 KG.
[224] Art. 169 Abs. 4 KG.
[225] Art. 169 Abs. 6 KG; näheres dazu unter → Rn. 90–94.
[226] Art. 169 Abs. 9 KG.

Kroatien 68–74

3.9 Automatisches oder gerichtlich anzuordnendes Moratorium

68 Das kroatische Konkursrecht kennt zur Zeit kein gerichtlich anzuordnendes Moratorium.

69 Im Falle eines klassischen Konkursverfahrens, in welchem die Gegenstände der Konkursmasse verwertet werden und kein Konkursplan ausgearbeitet wird, werden die Forderungen der Gläubiger nach den Regeln über die Verteilungen der Konkursmasse befriedigt.[227]

70 Im Falle der Ausarbeitung, der Annahme und der rechtskräftigen Bestätigung eines Konkursplans im Rahmen des Konkursverfahrens werden die Gläubiger nach den Bestimmungen eines solchen Konkursplans befriedigt.[228]

3.10 Organe der Gläubiger

71 Das kroatische Konkursrecht ist durch **eine starke Gläubigerautonomie** charakterisiert.[229] Gläubiger üben ihren Einfluss auf den Verlauf des Konkursverfahrens durch ihre zwei Organe aus: den **Gläubigerausschuss** *(odbor vjerovnika)* und die **Gläubigerversammlung** *(skupština vjerovnika).*

72 Zur Wahrung von Interessen der Gläubiger im Konkursverfahren kann das Gericht vor dem ersten Termin einen **Gläubigerausschuss** einsetzen und dessen Mitglieder bestellen.[230] Im Gläubigerausschuss müssen Konkursgläubiger mit den höchsten Forderungen und Gläubiger mit geringen Forderungen vertreten sein. Dem Ausschuss soll auch ein Vertreter der früheren Arbeitnehmer des Schuldners angehören, es sei denn, dass diese als Konkursgläubiger mit unerheblichen Forderungen beteiligt sind.[231] Zu Mitgliedern des Gläubigerausschusses können auch die Absonderungsgläubiger sowie andere Personen bestellt werden, die keine Gläubiger sind, wenn diese mit ihren Fachkenntnissen zur Tätigkeit des Ausschusses beitragen können.[232] Die Gläubigerversammlung kann die vom Gericht ernannten Mitglieder abwählen und andere oder zusätzliche Mitglieder des Gläubigerausschusses wählen.[233]

73 Der Gläubigerausschuss hat den Konkursverwalter zu überwachen und bei der Geschäftsführung zu unterstützen, sich über den Gang der Geschäfte zu unterrichten und die Bücher und Geschäftspapiere durchzusehen sowie die Überprüfung des Geldverkehrs und Geldbestandes anzuordnen.[234] Im Rahmen dieses Aufgabenbereichs ist der Gläubigerausschuss insbesondere berechtigt: 1. die Berichte des Konkursverwalters über den Lauf des Konkursverfahrens und den Stand der Konkursmasse zu prüfen; 2. die Geschäftsbücher und die gesamten vom Konkursverwalter übernommenen Unterlagen einzusehen; 3. bei dem Gericht Einsprüche gegen die Tätigkeit des Konkursverwalters zu erheben; 4. den Voranschlag der Kosten des Konkursverfahrens zu genehmigen; 5. dem Gericht die Stellungnahmen über die Verwertung des Vermögens des Schuldners zu übermitteln, wenn das Gericht dieses verlangt; 6. dem Gericht Stellungnahmen über die Fortführung der begonnenen Geschäfte bzw. über die Tätigkeit des Konkursschuldners zu übermitteln, wenn das Gericht dieses verlangt; 7. dem Gericht die Stellungnahmen über die Anerkennung begründeter Fehlbeträge abzugeben, die durch das Vermögensverzeichnis festgestellt worden sind, wenn das Gericht dieses verlangt.[235] Der Gläubigerausschuss hat die Gläubiger über den Lauf des Konkursverfahrens und den Stand der Konkursmasse zu unterrichten.[236]

74 Nach der Eröffnung des Konkurses werden die Hauptentscheidungen im Verfahren in der **Gläubigerversammlung** getroffen. Zur Teilnahme an der Versammlung sind alle Konkursgläubiger, alle Konkursgläubiger mit dem Recht auf abgesonderte Befriedigung, der Konkursverwalter und der Einzelschuldner berechtigt.[237] Die Gläubigerversammlung ist berechtigt: den Gläubigerausschuss einzusetzen, wenn er noch nicht errichtet worden ist oder die bereits vom Gericht ernannten Mitglieder abzuwählen sowie zusätzliche Mitglieder des Gläubigerausschusses zu wählen; einen neuen Konkursverwalter zu bestellen; über die Geschäftstätigkeit des Konkursschuldners in Einklang mit Art. 217 KG zu entscheiden, sowie die Art und die Bedingungen der Verwertung des Schuldnervermögens zu bestimmen; dem Konkursverwalter die Ausarbeitung eines Konkursplans aufzugeben; alle Entscheidungen zu treffen, die der Gläubigerausschuss treffen kann; über die anderen Fragen,

---

[227] Näheres dazu unter → Rn. 84–107.
[228] Näheres dazu unter → Rn. 107–111.
[229] S. *Dika* ROS 1998, S. 339, 340; *Dika,* Pravne posljedice otvaranja stečajnog postupka, S. 5.
[230] Art. 96 Abs. 1 KG; vgl. § 67 Abs. 1 InsO.
[231] Art. 96 Abs. 2 S. 1–2 KG; vgl. § 67 Abs. 2 InsO.
[232] Art. 96 Abs. 3 KG; vgl. § 67 Abs. 3 InsO.
[233] Art. 97 Abs. 2 KG; vgl. § 68 Abs. 2 InsO.
[234] Art. 98 Abs. 1 S. 1 KG; vgl. § 69 InsO.
[235] Art. 98 Abs. 2 KG.
[236] Art. 98 Abs. 3 KG.
[237] Art. 103 Abs. 1 S. 2 KG.

die von der Bedeutung für die Durchführung und Beendigung des Konkursverfahrens sind, Entscheidungen zu treffen.[238]

Die gewöhnlichen Gläubigerversammlungen sind: **Prüfungstermin** *(ispitno ročište)*, in dem die angemeldeten Forderungen der Konkursgläubiger geprüft werden;[239] der **Berichtstermin** *(izvještajno ročište)*, in dem der Konkursverwalter einen Bericht über die wirtschaftliche Lage des Schuldners sowie ihre Ursachen erstattet und in dem über die Ausarbeitung eines eventuellen Konkursplans bzw. über die Art und Bedingungen der Verwertung entschieden wird;[240] der **Schlusstermin** *(završno ročište)*, in dem die **Schlussrechnung** *(završni račun)* des Konkursverwalters erörtert wird, weiter die Einwendungen gegen das **Schlussverzeichnis** *(završni popis)* erhoben werden und über die nicht verwertbaren Gegenstände der Konkursmasse entschieden wird;[241] und der **Erörterungs-** *(ročište za raspravljanje)* und **Abstimmungstermin** *(ročište za glasovanje)*, falls ein Konkursplan ausgearbeitet worden ist, in dem über die Annahme dieses Konkursplans entschieden wird.[242] 75

3.11 Forderungsanmeldung, Feststellung oder Bestreiten von Forderungen

Mit dem Beschluss über die Eröffnung des Konkursverfahrens werden die Gläubiger aufgefordert, dem Konkursverwalter ihre **Forderungen** *(tražbine)* **innerhalb von sechzig Tagen anzumelden** bzw. den Konkursverwalter über ihre **Aussonderungs-** *(izlučno pravo)* und **Absonderungsrechte** *(razlučno pravo)* zu benachrichtigen.[243] 76

Über die Eröffnung des Konkursverfahrens **werden die Gläubiger durch Veröffentlichung der Entscheidung über die Eröffnung des Konkursverfahrens** auf der Internetseite https://e-oglasna.pravosudje.hr benachrichtigt. Unter anderem enthält die Entscheidung (der Beschluss) über die Eröffnung des Konkursverfahrens die Angaben für die Identifikation des bestellten Konkursverwalters, bei dem die Gläubiger ihre Forderungen anmelden.[244] Bei gerichtlichen Schriftstücken, einschließlich der Entscheidung über die Eröffnung des Konkursverfahrens, erfolgt die Zustellung durch ihre Veröffentlichung auf der Internetseite https://e-oglasna.pravosudje.hr., soweit das KG nichts anderes bestimmt. Die Zustellung des Schriftstücks gilt mit Ablauf des achten Tages nach dem Tag seiner Veröffentlichung auf der Internetseite als erfolgt.[245] Danach beginnt die Frist zur Anmeldung der Forderungen zu laufen. 77

Die **Konkursgläubiger** reichen die **Anmeldung ihrer Forderungen** *(prijava tražbine)* schriftlich mithilfe des Standardformulars in doppelter Ausfertigung beim Konkursverwalter ein. Die Anmeldung enthält: die Angaben für die Identifikation des Gläubigers, die Angaben für die Identifikation des Schuldners, der Grund und der Betrag der Forderung in *Kuna*, die Bezeichnung der Beweise über das Bestehen der Forderung, die Bezeichnung über das Bestehen eines eventuellen Vollstreckungstitels betreffend der Forderung sowie die Bezeichnung eventueller gerichtlicher Verfahren betreffend der Forderungen. Der Anmeldung sind die Urkunden, aus denen sich die Forderung ergibt bzw. mit denen diese nachgewiesen wird, in Abschrift beizufügen.[246] Der Konkursverwalter stellt ein Verzeichnis der bis zur Eröffnung des Konkursverfahrens fälligen Forderungen von **Arbeitnehmern** des Konkursschuldners auf, und zwar im Brutto- und im Nettobetrag, und legt den Arbeitnehmern die Anmeldung ihrer Forderungen zur Unterschrift in doppelter Ausfertigung vor. Es wird angenommen, dass ein Arbeitnehmer seine Forderung in Einklang mit dem erwähnten Verzeichnis angemeldet hat, falls er seine selbständige Anmeldung nicht eingereicht hat.[247] 78

Aussonderungs- und Absonderungsgläubiger haben die Pflicht, den Konkursverwalter über ihre Aussonderungs- und Absonderungsrechte zu benachrichtigen, wobei sie auch die rechtliche Grundlage für ihr Recht nennen und den Gegenstand, auf den sich ihr Recht bezieht, bezeichnen sollen. Auf einen eventuellen Ersatz für das Aussonderungsrecht hat man hinzuweisen. Falls ein Absonderungsgläubiger seine Forderung auch als Konkursgläubiger anmeldet, dann hat er in der Anmeldung auch den Teil des Vermögens des Konkursschuldners, auf den sich sein Recht bezieht, sowie den Betrag, bis zu dem seine Forderung durch sein Absonderungsrecht voraussichtlich nicht gedeckt sein werden, zu bezeichnen.[248] Haben Aussonderungs- und Absonderungsgläubiger den Konkurs- 79

---

[238] Art. 107 Abs. 1 Nr. 1–6 KG.
[239] Art. 260 KG; vgl. § 176 InsO.
[240] Art. 227–228 KG; vgl. §§ 156–157 InsO.
[241] Art. 283 KG; vgl. § 197 InsO.
[242] Art. 321 KG; vgl. § 235 InsO.
[243] Art. 129 Abs. 1 Nr. 4–5 KG; vgl. § 28 Abs. 1–2 InsO.
[244] Art. 129 Abs. 1 Nr. 2 und Abs. 3 KG; vgl. § 27 Abs. 2 Nr. 3, § 30 Abs. 1, § 9 Abs. 1–3 InsO.
[245] Art. 12 Abs. 1 S. 1–2 KG; vgl. § 9 Abs. 1 S. 3 InsO.
[246] Art. 257 Abs. 1–2 KG; vgl. § 174 Abs. 1–2 InsO.
[247] Art. 257 Abs. 3–4 KG.
[248] Art. 258 Abs. 1–2 KG.

verwalter über ihre Aussonderungs- und Absonderungsrechte nicht benachrichtigt, führt dies grundsätzlich nicht zum Verlust dieser Rechte.[249]

80 Die Forderungen von **Konkursgläubigern niedriger Zahlungsränge** (von nachrangigen Gläubigern, *stečajni vjerovnici nižih isplatnih redova*) sind nur anzumelden, soweit das Gericht auch diese Gläubiger gesondert zur Anmeldung ihrer Forderungen auffordert. In der Anmeldung solcher Forderungen ist anzumerken, dass es sich um eine Forderung eines niedrigeren Zahlungsrangs (eines nachrangigen Gläubigers) handelt, und es ist die dem Gläubiger zustehende Rangstelle zu bezeichnen.[250]

81 Der Konkursverwalter hat jede angemeldete Forderung mit den oben genannten Angaben in eine Tabelle einzutragen. Gesonderte Tabellen stellt er für die Aussonderungs- und Absonderungsrechte auf. Für alle drei Tabellen hat der Konkursverwalter Standardformulare zu benutzen und sie sind spätestens acht Tage vor dem Prüfungstermin auf der Internetseite https://e.oglasna.pravo sudje.hr zu veröffentlichen sowie in der Geschäftsstelle des Gerichts zur Einsicht der Beteiligten niederzulegen.[251]

82 Im **Prüfungstermin** werden die angemeldeten Forderungen ihrem Betrag und ihrem Rang nach geprüft. Der Konkursverwalter ist verpflichtet, sich bei jeder angemeldeten Forderung bestimmt zu äußern, ob er diese anerkennt oder bestreitet. Forderungen, die vom Konkursverwalter, vom Einzelschuldner oder von einem Konkursgläubiger bestritten werden, sind gesondert, in der Regel im Zivilprozess, zu erörtern.[252] Aussonderungs- und Absonderungsrechte unterliegen der Prüfung im Prüfungstermin nicht.[253] Die nach Ablauf der Anmeldefrist angemeldeten Forderungen können nicht geprüft werden und solche Anmeldungen werden mit dem Beschluss zurückgewiesen.[254]

83 Das KG enthält keine ausdrückliche Bestimmung über die **Sprache**, in welcher die **Anmeldung der Forderungen** zulässig ist. Deshalb kommen die allgemeinen Bestimmungen des Zivilprozessgesetzes über die Sprache zur Anwendung, aus denen hervorgeht, dass die Anmeldung der Forderungen im Konkursverfahren in der kroatischen Sprache geschehen muss.[255] Falls ein Gläubiger seinen gewöhnlichen Aufenthalt, Wohnsitz oder Sitz in einem anderen Mitgliedstaat der Europäischen Union hat, einschließlich der Steuerbehörden und der Sozialversicherungsträger der Mitgliedstaaten, sind die Bestimmungen der Art. 53–55 EuInsVO, welche die Unterrichtung der Gläubiger und Anmeldung ihrer Forderungen regeln, anzuwenden.

3.12 Verteilung der Masse

3.12.1 Massegläubiger

84 Aus der Konkursmasse werden zuerst die Kosten des Konkursverfahrens und sonstige **Masseverbindlichkeiten** *(obveze stečajne mase)* befriedigt.[256] Dabei hat das KG spezifiziert, was unter den Kosten des Konkursverfahrens[257] und was unter den sonstigen Masseverbindlichkeiten zu verstehen

---

[249] Näheres dazu Art. 258 Abs. 3 KG.
[250] Art. 257 Abs. 5 KG; vgl. § 174 Abs. 3 InsO; näheres zu den nachrangigen Gläubigern unter → Rn. 103–105.
[251] Art. 259 Abs. 1–3 KG; vgl. § 175 Abs. 1 InsO.
[252] Art. 260 Abs. 1–3 KG; vgl. § 176. InsO. Es besteht auch die gesetzliche Möglichkeit, den Rechtsstreit über das Bestehen einer Forderung im schiedsrichterlichen Verfahren (Art. 268 Abs. 1–6 KG) oder durch Mediation zu lösen (Art. 262 Abs. 1–8 KG).
[253] Art. 260 Abs. 4 KG.
[254] Art. 257 Abs. 6 KG. Anders § 177 Abs. 1 InsO, wonach eine nachträgliche Anmeldung möglich ist. Nach dem kroatischen KG ist ein besonderer (nachträglicher) Prüfungstermin nur für die Forderungen von Gläubigern niedriger Zahlungsränge (Art. 261 Abs. 1–2 KG) und für die Forderung eines Anfechtungsgegners, die nach der Zurückgewährung des Erlangten aufgrund einer anfechtbaren Leistung wieder auflebt (Art. 213 Abs. 1 KG), möglich.
[255] Art. 6 KG iVm Art. 103–105 des Zivilprozessgesetzes.
[256] Art. 154 Abs. 1 KG; vgl. § 53 InsO.
[257] Zu den Kosten des Konkursverfahrens gehören: 1. die Gerichtskosten für das Konkursverfahren; 2. die Forderungen der Arbeitnehmer hinsichtlich der unbezahlten Löhne, die im Konkursverfahren im Bruttobetrag festgestellt worden sind und welche höher als drei unbezahlte Löhne sind, die der Arbeitnehmer nach Art. 3 Abs. 1 Nr. 1 des Gesetzes über die Sicherung der Forderungen der Arbeitnehmer im Falle des Konkurses des Arbeitgebers verwirklicht, aber nicht mehr als drei unbezahlte Minimallöhne in der Republik Kroatien; dies gilt nicht für die Personen, die berechtigt waren, die Geschäfte der Gesellschaft in den letzten drei Monaten vor der Eröffnung des Konkursverfahrens zu führen; 3. die Vergütungen und die Auslagen des vorläufigen Konkursverwalters, des Konkursverwalters und der Mitglieder des Gläubigerausschusses; 4. sonstige Kosten, für die das Konkursgesetz oder ein anderes Gesetz bestimmt, dass sie als Kosten des Konkursverfahrens zu berichtigen sind. – Art. 155 KG; vgl. § 54 InsO.

ist.[258] Diese **Massegläubiger bzw. Gläubiger der Konkursmasse** haben Forderungen gegen die Konkursmasse.

Es ist in jedem Konkursverfahren möglich, ein **Darlehen** *(zajam)* aufzunehmen. Wenn dieses Darlehen die Konkursmasse erheblich belasten würde, hat der Konkursverwalter für die Vornahme dieser Rechtshandlung die Zustimmung des Gläubigerausschusses einzuholen.[259] Falls im Konkursverfahren ein Konkursplan ausgearbeitet wird, kann im Konkursplan vorgesehen werden, dass die Konkursgläubiger im Rang nach den Gläubigern mit Forderungen aus Krediten oder Darlehen, die der Schuldner oder die Übernahmegesellschaft während der Zeit der Überwachung aufnimmt oder die ein Massegläubiger auch während der Überwachung in Kraft belässt, stehen. In diesem Fall ist es erforderlich den Gesamtbetrag für derartige **Kredite (Kreditrahmen)** *(krediti, kreditni okvir)* festzulegen. Dieser Betrag darf den Wert der in der Vermögensübersicht angeführten Vermögensgegenstände nicht übersteigen.[260] Die Konkursgläubiger werden nur nach den Gläubigern befriedigt, mit denen vereinbart wird, dass und in welcher Höhe der von ihnen gewährte Kredit hinsichtlich der Hauptforderung, der Zinsen und der Kosten innerhalb des Kreditrahmens liegt, und denen der Konkursverwalter diese Vereinbarung schriftlich bestätigt hat.[261] Andere Prioritätsregeln für neue Finanzierungen durch gewährte Kredite nach der Eröffnung des Konkursverfahrens existieren zur Zeit nicht im kroatischen Konkursrecht. **Anderes gilt im vorkonkurslichen Verfahren:** der Schuldner kann hier eine neue Geldverbindlichkeit übernehmen, um die Kontinuität der Geschäftstätigkeit während des vorkonkurslichen Verfahrens vorübergehend zu finanzieren, aber er hat dafür die Zustimmung der Gläubiger einzuholen, die zusammen mehr als zwei Drittel der rechtskräftig festgestellten Forderungen haben (Art. 62 Abs. 1 KG). Im Falle der Eröffnung eines späteren Konkursverfahrens gegen den Schuldner werden die Geber von **neuen Finanzierungen** *(nova financiranja)* für diese ihre Forderungen vorrangig gegenüber anderen Konkursgläubigern befriedigt, ausgenommen die Konkursgläubiger des ersten höheren Zahlungsrangs (Art. 62a Abs. 6 KG). Rechtshandlungen, die vorgenommen sind, um neue Finanzierungen zu erhalten, welche die Kontinuität der Geschäftstätigkeit des Schuldners während des vorkonkurslichen Verfahrens sichern, sind nicht anfechtbar. (Vgl. Art. 62a Abs. 7 KG. Diese Lösungen stehen im Einklang mit der EU-Richtlinie über Restrukturierung und Insolvenz vom 20.6.2019).

3.12.2 Bevorrechtigte Gläubiger

Nach kroatischem Recht werden **Konkursgläubiger,** dh persönliche Gläubiger des Konkursschuldners, die zur Zeit der Eröffnung des Konkursverfahrens einen vermögensrechtlichen Anspruch gegen ihn haben *(stečajni vjerovnik)*, gemäß ihren Forderungen in **Zahlungsränge** *(isplatni redovi)* eingeordnet.[262]

Zur Zeit gibt es zwei höhere und fünf niedrigere Zahlungsränge. Das KG spezifiziert die Konkursgläubiger des ersten höheren Zahlungsrangs und die Gläubiger der fünf niedrigeren Zahlungsränge (die nachrangigen Gläubiger). Alle anderen im KG nicht spezifizierten Konkursgläubiger gehören zum zweiten höheren Zahlungsrang.[263]

Die bevorrechtigten Konkursgläubiger sind nach kroatischem Recht die Gläubiger des ersten höheren Zahlungsrangs. Dies sind Forderungen der Arbeitnehmer und ehemaliger Arbeitnehmer des Konkursschuldners, die bis zum Tag der Konkurseröffnung aus dem Arbeitsverhältnis entstanden sind, weiter Forderungen des öffentlichen Haushalts der Anstalten und Fonds in Einklang mit besonderen Vorschriften in Höhe des zustehenden Teils der gesamten Kosten des Gehalts oder

---

[258] Als sonstige Masseverbindlichkeiten bestimmt das KG: die Verbindlichkeiten, welche durch Handlungen des Konkursverwalters oder in anderer Weise durch die Verwaltung, Verwertung und Verteilung der Konkursmasse begründet werden und nicht zu den Kosten des Konkursverfahrens gehören, 2. die Forderungen der Rechtsanwälte für ihre Tätigkeit in den letzten sechs Monaten vor der Eröffnung des Konkursverfahrens im Zusammenhang mit dem Schutz und der Geltendmachung von Rechten des Schuldners, die zu der Konkursmasse gehören, 3. die Verbindlichkeiten aus zweiseitig verbindlichen Verträgen, soweit deren Erfüllung zur Konkursmasse verlangt wird oder nach der Eröffnung des Konkursverfahrens erfolgen muss, 4. Verbindlichkeiten aufgrund einer ungerechtfertigten Bereicherung der Masse, 5. Forderungen der Arbeitnehmer, die nach der Eröffnung des Konkursverfahrens entstanden sind. Dritte Verbindlichkeiten, die von einem vorläufigen Konkursverwalter übernommen worden sind, der die Verfügungsbefugnis über das Vermögen des Schuldners bis zur Konkurseröffnung hat, gelten als Masseverbindlichkeiten. Gleiches gilt für die Verbindlichkeiten aus einem Dauerschuldverhältnis, soweit der vorläufige Konkursverwalter für das von ihm verwaltete Vermögen die Gegenleistung empfangen hat. – Art. 156 Abs. 1 Nr. 1–4 und Abs. 2 KG; vgl. § 55 Abs. 1–4 InsO.
[259] Art. 230 Abs. 1 und Abs. 2. Nr. 2 KG; vgl. § 160 Abs. 1 und Abs. 2 Nr. 2. InsO.
[260] Art. 350 Abs. 1 S. 1–3 KG; vgl. § 264 Abs. 1 S. 1–3 InsO.
[261] Art. 350 Abs. 2 KG; vgl. § 264 Abs. 2 InsO.
[262] Art. 137 Abs. 1 und Abs. 2 S. 1 KG; vgl. § 38 InsO.
[263] Art. 138–139 KG, insbesondere Art. 138 Abs. 2 KG.

Gehaltersatzes sowie Abfindungen bis zum durch das Gesetz oder den Kollektivvertrag vorgeschriebenen Betrag und Forderungen aufgrund des Schadenersatzes wegen Verletzung bei der Arbeit oder Berufskrankheit.[264]

89   **Die Konkursgläubiger eines späteren Zahlungsrangs** können erst nach voller Befriedigung der Konkursgläubiger des vorherigen Zahlungsrangs befriedigt werden. **Die Konkursgläubiger gleichen Zahlungsrangs** werden nach dem Verhältnis der Beträge ihrer Forderungen befriedigt.[265]

3.12.3 Gesicherte Gläubiger

90   Ein Gläubiger, der zur Sicherung seiner Forderung ein Absonderungsrecht vor der Eröffnung des Konkursverfahrens gesetzmäßig erlangt hat, ist zur abgesonderten Befriedigung aus dem Gegenstand der Konkursmasse, an dem sein Absonderungsrecht besteht, berechtigt. Verschiedene dingliche Sicherheiten können im Konkursverfahren die Eigenschaft des Absonderungsrechts haben.[266]

91   Falls ein Absonderungsrecht an einer Sache oder einem Recht eine **Sicherheit ist, die in ein öffentliches Buch eingetragen ist** (Grundbuch, Schiffsregister, Register für Luftfahrzeuge, geistiges Eigentum uÄ), wird ein solcher Gegenstand der Konkursmasse auf Antrag des Konkursverwalters oder des Absonderungsgläubigers, unter entsprechender Anwendung der Regeln über das Zwangsvollstreckungsverfahren nach dem neuen KG, ausschließlich im Konkursverfahren verkauft.[267] Nach der Verwertung dieses Gegenstands werden zuerst die Kosten der Verwertung nach Art. 254 KG befriedigt, danach die Forderungen der Absonderungsgläubiger in der Reihenfolge, die durch die Regeln des Zwangsvollstreckungsverfahrens bestimmt wird, dann ist der verbleibende Betrag dem Konkursverwalter zur Befriedigung der Konkursgläubiger zu übergeben.[268]

92   Falls ein Absonderungsrecht an einer Sache oder einem Recht eine **Sicherheit ist, die nicht in ein öffentliches Buch eingetragen ist,** wird ein solcher Gegenstand der Konkursmasse nach den Bestimmungen der Art. 250–252 KG im Konkursverfahren verwertet. Der **Konkursverwalter** darf eine bewegliche Sache, an der ein Absonderungsrecht besteht, unter entsprechender Anwendung der Regeln über das Zwangsvollstreckungsverfahren verkaufen oder durch unmittelbare Vereinbarung **verwerten,** wenn sich diese Sache in seinem Besitz befindet und er darf eine Forderung oder ein anderes, vom Schuldner zur Sicherung eines Anspruchs abgetretenes Recht einziehen oder in anderer Weise verwerten.[269] Dabei hat er bestimmte Regeln zu beachten, die sich auf die Unterrichtung des Absonderungsgläubigers über den Zustand der beweglichen Sache bzw. der Forderung, weiterhin auf die Mitteilung der Veräußerungsabsicht dem Absonderungsgläubiger und auf den Schutz des Absonderungsgläubigers vor einer Verzögerung der Verwertung (durch die Bezahlung von Zinsen) beziehen.[270] Nach der Verwertung einer beweglichen Sache oder Forderung durch den Konkursverwalter ist vorweg **der für den Ersatz der Kosten der Feststellung und Verwertung des Gegenstandes erforderliche Betrag** in die Konkursmasse einzubringen. Aus dem verbleibenden Betrag ist der Absonderungsgläubiger unverzüglich zu befriedigen,[271] und zwar hinsichtlich seiner Hauptforderung, Zinsen und Kosten.[272] Die Kosten der Feststellung umfassen die Kosten der tatsächlichen Feststellung des Gegenstands und der Feststellung der Rechte an diesem.[273] Diese Kosten der Feststellung sind pauschal mit fünf Prozent des Erlöses anzusetzen.[274] Die Kosten der Verwertung des Gegenstands sind ebenso pauschal mit weiteren fünf Prozent des Erlöses anzusetzen. Sind die tatsächlich entstandenen Kosten der Verwertung erheblich niedriger oder höher, so sind sie in der tatsächlichen Höhe anzusetzen. Ist die Konkursmasse wegen der Verwertung mit Steuer belastet, so ist der Steuerbetrag der Pauschale oder den tatsächlich entstandenen Kosten zuzurechnen.[275] Der Konkursverwalter darf eine bewegliche Sache, zu deren Verwertung er berechtigt ist, **für die Konkursmasse nutzen,** wenn er die dadurch entstandene Verminderung des Sicherungswertes dem Absonderungsgläubiger aus der Konkursmasse ersetzt.[276] Soweit der Konkursverwalter nicht zur Verwertung einer beweglichen Sache oder Forderung, an der ein Absonderungsrecht

---

[264] Art. 138 Abs. 1 KG.
[265] Art. 137 Abs. 2 S. 2–3 KG.
[266] Näheres dazu unter → Rn. 131–149.
[267] Art. 247 Abs. 1–8 KG; vgl. § 49 InsO.
[268] Art. 248 Abs. 1 KG.
[269] Art. 249 Abs. 1–2 KG; vgl. § 166 Abs. 1–2 InsO.
[270] Art. 250–252 KG; vgl. §§ 167–169 InsO.
[271] Art. 253 Abs. 1 S. 1–2 KG; vgl. § 170 Abs. 1 S. 1–2 InsO.
[272] Art. 151 Abs. 1 KG; vgl. § 50 Abs. 1 InsO.
[273] Art. 253 Abs. 3 KG; vgl. § 171 Abs. 1 S. 1 InsO.
[274] Art. 254 Abs. 2 KG; vgl. § 171 Abs. 1 S. 2 InsO.
[275] Art. 254 Abs. 3 S. 1–3 KG; vgl. § 171 Abs. 2 S. 1–3 InsO.
[276] Art. 255 Abs. 1 KG; vgl. § 172 Abs. 1 InsO.

besteht, berechtigt ist, **hat der Gläubiger das Verwertungsrecht.**[277] Überlässt der Konkursverwalter einen Gegenstand, zu dessen Verwertung er in Einklang mit den Bestimmungen des Art. 249 KG berechtigt ist, dem Gläubiger zur Verwertung, so hat dieser aus dem Erlös vorweg einen zur Deckung der Kosten der Feststellung des Gegenstands des Absonderungsrechts sowie der Steuer, mit der ein solcher Verkauf belastet ist, erforderlichen Betrag für die Konkursmasse zu entnehmen.[278]

Es ist hervorzuheben, dass die Bestimmungen über die Berechnung der **Kosten** der Verwertung des Gegenstandes, an dem ein Absonderungsrecht besteht, nach kroatischem Konkursrecht auch im Hinblick auf Gegenstände anzuwenden sind, an denen ein Absonderungsrecht besteht, das eine Sicherheit ist, die in ein öffentliches Buch eingetragen ist.[279] Mit anderen Worten, sind die Bestimmungen über die Berechnung des Kostenbeitrags für die Verwertung des Absonderungsgegenstands auch bei der abgesonderten Befriedigung aus unbeweglichen Gegenständen, Schiffen, Luftfahrzeugen uÄ anzuwenden.

Absonderungsgläubiger sind zur **anteilsmäßigen Befriedigung aus der Konkursmasse** (als Konkursgläubiger) nur berechtigt, soweit sie auf eine abgesonderte Befriedigung verzichten oder bei dieser ausgefallen sind, vorausgesetzt, dass der Konkursschuldner ihnen auch persönlich haftet.[280]

Der **Eigentumsvorbehalt** *(pridržaj prava vlasništva)* kann auch als eine Art der dinglichen Sicherheit angesehen werden, wobei er in seiner einfachen gesetzlich geregelten Form die Eigenschaft eines Aussonderungsrechts hat.[281]

Eine Forderung kann ebenso mittels **einer persönlichen Sicherheit** geschützt werden, wie beispielsweise durch die Bürgschaft,[282] die Bankgarantie[283] oder die Mitschuldnerschaft zur ungeteilten Hand (Gesamtschuldnerschaft).[284] Gesamtschuldner und Bürgen können als Konkursgläubiger die Rückerstattung der für den Schuldner vor oder nach dem Tag der Eröffnung des Konkursverfahrens geleisteten Zahlungen fordern, sofern ihnen das Recht auf Rückerstattung des Ausbezahlten gegen den Schuldner zusteht. Sie können den Antrag auf Sicherung des dem Schuldner zu bezahlenden Betrages im Verhältnis zu dem Betrag stellen, der ihnen als Konkursgläubiger zufallen würde.[285]

3.12.4 Ungesicherte Gläubiger

Nach kroatischem Recht können die Gläubiger des zweiten höheren Zahlungsrangs als **einfache Konkursgläubiger** bezeichnet werden. Dies sind alle Gläubiger, deren Forderungen weder zu den Forderungen des ersten höheren Zahlungsrangs noch jenen der niedrigeren Zahlungsränge gehören.[286] Ihre Forderungen sind nicht gesichert und sie werden durch die Verteilungen der Konkursmasse befriedigt.

Die **Verteilungen** *(diobe)* werden vom Konkursverwalter vorgenommen.[287] Es gibt drei verschiedene Arten von Verteilungen: die **Abschlagsverteilung** *(djelomična dioba)*, die **Schlussverteilung** *(završna dioba)* und die **Nachtragsverteilung** *(naknadna dioba)*.

In einem Konkursverfahren kann es mehrere **Abschlagsverteilungen** geben, da die Befriedigung der Gläubiger nach dem Zufluss der Barmittel durchgeführt wird.[288] Mit der Befriedigung der Gläubiger darf der Konkursverwalter jedoch erst nach dem allgemeinen Prüfungstermin beginnen.[289] Vor jeder Verteilung hat er die Zustimmung des Gläubigerausschusses bzw., wenn ein solcher nicht bestellt ist, des Gerichts einzuholen.[290]

In einem Konkursverfahren gibt es nur eine **Schlussverteilung.** Diese erfolgt, sobald die Verwertung der Konkursmasse beendet ist.[291] Neben der Zustimmung des Gläubigerausschusses ist die Zustimmung des Gerichts bei der Schlussverteilung immer erforderlich.[292]

---

[277] Art. 256 Abs. 1 KG; vgl. § 173 Abs. 1 InsO.
[278] Art. 253 Abs. 2 KG; vgl. § 170 Abs. 2 InsO.
[279] Art. 248 Abs. 1 Nr. 1. KG.
[280] Art. 153 KG; vgl. § 52 InsO.
[281] Näheres dazu unter → Rn. 127–130.
[282] Art. 104–125 des Gesetzes über die Schuldverhältnisse, *Zakon o obveznim odnosima*, im Folgenden: SchVG, Narodne novine, 2005 Nr. 35 idF 2018 Nr. 29.
[283] Art. 1039–1043 des SchVG.
[284] Art. 43–53 des SchVG.
[285] Art. 143 KG; vgl. § 44 InsO.
[286] Art. 138 Abs. 2 KG.
[287] Art. 273 Abs. 3 S. 1 KG; vgl. § 187 Abs. 3 S. 1 InsO.
[288] Art. 273 Abs. 2 S. 1 KG; vgl. § 187 Abs. 2 S. 1 InsO.
[289] Art. 273 Abs. 1 KG; vgl. § 187 Abs. 1 InsO.
[290] Art. 273 Abs. 3 S. 2 KG; vgl. § 187 Abs. 3 S. 2 InsO.
[291] Art. 282 Abs. 1 KG; vgl. § 196 Abs. 1 InsO.
[292] Art. 282 Abs. 2 KG; vgl. § 196 Abs. 2 InsO.

Kroatien 101–107

101 Zu einer **Nachtragsverteilung** kann es kommen, wenn nach dem Schlusstermin: 1. die Voraussetzungen für die Verteilung der zurückbehaltenen Beträge an die Konkursgläubiger erfüllt werden, 2. die aus der Konkursmasse bezahlten Beträge in diese zurückfließen, 3. das zur Konkursmasse gehörende Vermögen ermittelt wird.[293]

102 Die Abschlagsverteilung erfolgt gemäß dem **Verteilungsverzeichnis** *(diobni popis)* und die Schlussverteilung sowie die Nachtragsverteilung gemäß dem **Schlussverzeichnis** *(završni popis)*. Gegen das Verteilungsverzeichnis bzw. Schlussverzeichnis sind Gläubiger berechtigt, **Einwendungen** *(prigovore)* zu erheben. Die Verteilung darf erst nach Rechtskraft des Beschlusses, in dem über eine eventuelle Einwendung entschieden worden ist, vorgenommen werden.[294]

3.12.5 Nachrangige Gläubiger

103 **Nachrangige Konkursgläubiger, Konkursgläubiger niedriger Zahlungsränge** *(stečajni vjerovnici nižih isplatnih redova)* können erst nach der Befriedigung der Forderungen höherer Zahlungsränge befriedigt werden. Ihre Forderungen gehören zu den Forderungen niedriger Zahlungsränge. Das KG bestimmt, dass es sich hier um folgende Forderungen handelt: 1. die seit der Eröffnung des Konkursverfahrens laufenden Zinsen der Forderungen der Konkursgläubiger, 2. die Kosten, die den einzelnen Gläubigern durch ihre Teilnahme am Verfahren erwachsen, 3. Geldstrafen für eine Straftat oder Ordnungswidrigkeit sowie für solche Nebenfolgen einer Straftat oder Ordnungswidrigkeit, die eine Verpflichtung zur Geldleistung auferlegen, 4. Forderungen auf eine unentgeltliche Leistung des Schuldners, 5. Forderungen auf Rückgewähr des kapitalersetzenden Darlehens eines Gesellschafters oder entsprechende Forderungen.[295]

104 Forderungen, für die zwischen dem Gläubiger und dem Schuldner **ein niedriger Zahlungsrang im Konkursverfahren vereinbart worden ist,** werden im Zweifel nach den im Gesetz spezifizierten Forderungen niedrigerer Ränge berichtigt.[296] Die Zinsen der Forderungen von Konkursgläubigern niedriger Zahlungsränge und die Kosten, die diesen Gläubigern durch ihre Teilnahme am Verfahren entstehen, haben den gleichen Rang wie die Forderungen dieser Gläubiger.[297]

105 Forderungen von Gläubigern niedriger Zahlungsränge sind nur anzumelden, soweit das Gericht auch diese Gläubiger gesondert zur **Anmeldung** ihrer Forderungen auffordert.

3.12.6 Aussonderungsberechtigte Gläubiger

106 Eine Person, die aufgrund eines dinglichen oder persönlichen Rechts nachweisen kann, dass ein Gegenstand nicht zur Konkursmasse gehört, hat **die Stellung eines aussonderungsberechtigten Gläubigers.** Der Anspruch auf Aussonderung bestimmt sich nach den Vorschriften, die für die Verwirklichung dieser Rechte außerhalb des Konkursverfahrens gelten.[298] Ist dieses Recht in das **Grundbuch** *(zemljišna knjiga)* oder ein anderes öffentliches Buch eingetragen, hat der Konkursschuldner nachzuweisen, dass der Gegenstand, auf den sich dieses Recht bezieht, zur Konkursmasse gehört.[299]

107 Gemäß kroatischem Recht kann der Verkäufer, dem der Kaufpreis nicht zur Gänze ausbezahlt wird, Waren zurückfordern, die vor der Eröffnung des Konkursverfahrens von einem anderen Ort an den Schuldner abgesandt worden und bis zur Konkurseröffnung noch nicht am Ablieferungsort angekommen sind bzw. die der Schuldner bis zu diesem Zeitpunkt nicht übernommen hat (**Recht auf Rückstellung von Waren,** *pravo na vraćanje stvari*). Dieses Recht auf Rückstellung steht auch dem Kommissionär für den Kauf von Waren zu. Hat der Schuldner Waren, die vor der Eröffnung des Konkursverfahrens am Ablieferungsort angekommen sind, nur in Gewahrsam genommen, steht dem Verkäufer das Recht auf Rückstellung nicht zu, doch ist er berechtigt, die mit diesen Waren zusammenhängenden Rechte als Aussonderungsgläubiger in ordentlicher Weise zu verwirklichen.[300] Das KG regelt ausdrücklich auch das Recht auf einen **Ersatz für das Aussonderungsrecht,** falls der Gegenstand, an dem ein Aussonderungsrecht besteht, vor oder nach der Eröffnung eines Konkursverfahrens unberechtigt veräußert worden ist.[301]

---

[293] Art. 289 Abs. 1 KG; vgl. § 203 Abs. 1 InsO.
[294] Art. 274 Abs. 1–2; 280 Abs. 1–4; 291; vgl. §§ 188; 194 Abs. 1–3; 205 InsO.
[295] Art. 139 Abs. 1 KG; vgl. § 39 Abs. 1 InsO.
[296] Art. 139 Abs. 2 KG; vgl. § 39 Abs. 2 InsO.
[297] Art. 139 Abs. 3 KG; vgl. § 39 Abs. 3 InsO.
[298] Art. 147 Abs. 1 S. 1–2 KG; vgl. § 47 S. 1–2 InsO.
[299] Art. 147 Abs. 2 KG.
[300] Art. 147 Abs. 3–5 KG.
[301] Art. 148 Abs. 1–3 KG; vgl. § 48 InsO.

3. Wesentliche Verfahrensmerkmale des Konkursverfahrens

3.12.7 Befriedigung der Forderungen im Falle eines Konkursplans

Im Falle der Ausarbeitung, der Annahme und der rechtskräftigen Bestätigung eines Konkursplans im Rahmen des Konkursverfahrens werden die Gläubiger nach den Bestimmungen eines solchen Konkursplans befriedigt. **108**

Im Rahmen des Konkursverfahrens ist nur der Konkursverwalter **zur Vorlage eines Konkursplans** berechtigt. Unabhängig davon, ob der Konkursschuldner eine juristische oder eine natürliche Person ist, kann die Gläubigerversammlung jedoch dem Konkursverwalter die Ausarbeitung eines Konkursplans anordnen. Der Konkursverwalter muss dann einen solchen Plan binnen angemessener Frist vorbereiten. Ein Plan, der erst nach dem Schlusstermin vorgelegt wird, kann nicht berücksichtigt werden.[302] **109**

Das KG schreibt den erforderlichen förmlichen **Inhalt eines Konkursplans** vor: er besteht aus der **Vorbereitungsgrundlage** (des darstellenden Teils; *pripremna osnova*) und der **Durchführungsgrundlage** (des gestaltenden Teils; *provedbena osnova*). Dem Plan sind auch bestimmte Urkunden beizufügen. Der wichtigste Teil des Plans ist die Durchführungsgrundlage, welche die Bestimmungen darüber enthält, wie die Rechtsstellung des Schuldners und der anderen Beteiligten im Konkursverfahren durch den Plan geändert wird.[303] **110**

Bei der Festlegung der Rechte der Beteiligten **im Konkursplan sind Gruppen zu bilden,** soweit Gläubiger mit unterschiedlicher Rechtsstellung betroffen sind.[304] Durch den Konkursplan darf in das Recht der absonderungsberechtigten Gläubiger auf Befriedigung aus Gegenständen, an denen Absonderungsrechte bestehen, nicht eingegriffen werden, es sei denn, dass im Konkursplan ausdrücklich etwas anderes bestimmt ist.[305] Die aussonderungsberechtigten Gläubiger beteiligen sich nicht am Konkursplan.[306] Das KG enthält einige Grundregeln, die bei der Bildung der Gruppen der Gläubiger zu beachten sind,[307] sowie die Regeln über die Erörterung des Konkursplans und **die Abstimmung über den Konkursplan seitens der Gläubiger.**[308] Es wird vermutet, dass die Gläubiger den Konkursplan angenommen haben, wenn in jeder Gruppe die Mehrheit der Gläubiger dem Plan zugestimmt hat und wenn die Summe der Forderungen der Gläubiger, die dem Plan zugestimmt haben, die Summe der Forderungen der Gläubiger, die gegen die Annahme des Plans gestimmt haben, zweifach übersteigt.[309] Falls die Gläubiger den Konkursplan angenommen haben und der Konkursschuldner dem Konkursplan zugestimmt hat, bedarf er der **Bestätigung durch das Gericht,** wobei die Voraussetzungen für die Bestätigung ausdrücklich vorgeschrieben sind.[310] Der Beschluss über die Bestätigung des Plans wirkt gegenüber allen Beteiligten ab seiner Rechtskraft.[311] Das KG regelt **die Wirkungen des bestätigten Konkursplans** sowie **die Überwachung seiner Erfüllung.**[312] **111**

3.13 Abschluss von Verfahren

Sofort nach der **Beendigung der Schlussverteilung** fasst das Gericht den **Beschluss über die Aufhebung des Konkursverfahrens.** Der Beschluss und die Grundlage der Aufhebung des Verfahrens werden auf der Internetseite https://e-oglasna.pravosudje.hr veröffentlicht. Dieser Beschluss ist dem Antragsteller auf Eröffnung des Konkursverfahrens, dem Schuldner, den juristischen Personen, bei denen der Schuldner Konten hat, der nach dem Sitz des Schuldners zuständigen Finanzverwaltung und der Staatsanwaltschaft zuzustellen. Er ist auch den Organen zuzustellen, welche die Register und öffentlichen Bücher, in die die Rechte des Schuldners eingetragen sind, führen.[313] **112**

Das Gericht wird den Schuldner, der eine juristische Person ist, nach der Aufhebung des Konkursverfahrens aus dem Gerichtsregister löschen. Damit hört der Schuldner auf zu bestehen. Der Schuldner, der eine natürliche Person, aber kein Verbraucher ist, verliert mit der Löschung aus **113**

---

[302] Art. 304 Abs. 1–3 KG; vgl. § 218 Abs. 1–3 InsO.
[303] Art. 305–307 KG; vgl. §§ 219–221 InsO.
[304] Art. 308 Abs. 1 S. 1–2 KG; vgl. § 222 Abs. 1 S. 1 InsO.
[305] Art. 301 Abs. 1 KG; vgl. § 223 Abs. 1 S. 1 InsO.
[306] Art. 308 Abs. 1 Nr. 1–3 KG; vgl. § 222 Abs. 1 Nr. 1–4 InsO.
[307] Art. 308–312 KG; vgl. §§ 222–226 InsO.
[308] Art. 321–332 KG; vgl. §§ 235–246a InsO.
[309] Art. 330 Abs. 1 KG.
[310] Art. 333–337 KG; vgl. §§ 247–251 InsO.
[311] Art. 340 Abs. 1 S. 1 KG; vgl. § 254 Abs. 1 S. 1 InsO.
[312] Art. 340–355 KG; vgl. §§ 254–269 InsO.
[313] Art. 286 Abs. 1–3 KG iVm Art. 131 KG; vgl. § 200 Abs. 1–2 InsO.

dem Register die Eigenschaft eines Gewerbetreibenden oder die Eigenschaft der Person, die eine selbständige Tätigkeit ausübt.[314]

114 Die Konkursgläubiger können nach Aufhebung des Konkursverfahrens ihre restlichen Forderungen gegen den Einzelschuldner (die natürliche Person) unbeschränkt geltend machen. Konkursgläubiger, deren Forderungen festgestellt und vom Schuldner im Prüfungstermin nicht bestritten worden sind, können gegen den Schuldner aufgrund des Beschlusses, durch den ihre Forderungen festgestellt worden ist, ein Zwangsvollstreckungsverfahren einleiten. Einer nicht bestritten Forderung steht eine Forderung gleich, deren Bestreiten nicht erfolgreich war. Diese Regeln berühren die Möglichkeit der Restschuldbefreiung nicht.[315]

115 Das kroatische KG regelt ausdrücklich drei Fälle der **Einstellung des Konkursverfahrens** (*obustava stečajnoga postupka*): 1. die Einstellung mangels Masse, wenn die Konkursmasse für die Deckung der Verfahrenskosten nicht ausreicht;[316] 2. die Einstellung wegen Unzulänglichkeit der Masse, wenn die Kosten des Konkursverfahrens gedeckt sind, jedoch die Konkursmasse für die Erfüllung sonstiger, fälliger Masseverbindlichkeiten nicht ausreicht;[317] und 3. die Einstellung mit Zustimmung der Gläubiger.[318] Im Unterschied zum Konkursgesetz aus 1996 gibt es im neuen Konkursgesetz aus 2015 keine besondere Regel, welche die Einstellung des Konkursverfahrens für die Situation vorsieht, dass der Konkursgrund nachträglich weggefallen ist.[319]

116 **Im Falle des Konkursplans** fasst das Gericht den **Beschluss über die Aufhebung des Konkursverfahrens,** sobald der Beschluss über die Bestätigung des Konkursplans rechtskräftig wird. Vor der Aufhebung des Konkursverfahrens ist der Konkursverwalter verpflichtet, die unstreitigen Verbindlichkeiten der Konkursmasse zu begleichen und für die streitigen Verbindlichkeiten entsprechende Sicherheiten zu leisten.[320]

4. Verträge im Konkurs- oder Restrukturierungsverfahren

4.1 Unerfüllte Verträge

117 Haben der Konkursschuldner und dessen Vertragspartner zur Zeit der Eröffnung des Konkursverfahrens **einen zweiseitig verbindlichen Vertrag** (*ugovor*) **nicht oder nicht vollständig erfüllt,** kann der Konkursverwalter anstelle des Konkursschuldners den Vertrag erfüllen und vom anderen Vertragspartner Erfüllung verlangen.[321] Damit **hat der Konkursverwalter die Wahl,** was mit diesen Verträgen im Konkursverfahren geschehen wird. Lehnt der Konkursverwalter die Erfüllung ab, so kann der andere Vertragspartner seine Forderung wegen Nichterfüllung nur als Konkursgläubiger geltend machen. Fordert der andere Vertragspartner den Konkursverwalter zu einer Äußerung in Bezug auf sein Wahlrecht auf, so hat der Konkursverwalter dem Vertragspartner sobald möglich, spätestens nach dem Berichtstermin durch eingeschriebenen Brief, mitzuteilen, ob er die Absicht hat, die Erfüllung des Vertrages zu verlangen. Ausnahmsweise hat der Konkursverwalter dem Vertragspartner diese Mitteilung innerhalb von acht Tagen durch einen eingeschriebenen Brief zu machen, falls ein erheblicher Schaden für den anderen Vertragspartner bis zum Berichtstermin eintreten würde, auf den der Vertragspartner den Konkursverwalter aufmerksam gemacht hat. Verfährt ein Konkursverwalter nicht auf diese Weise, so kann er die Erfüllung nicht verlangen.[322]

118 **Besondere Regeln gelten** im Hinblick auf: Fixgeschäfte und Finanzgeschäfte mit bestimmter Frist, teilbare Leistungen, Vormerkungen in öffentlichen Register, Eigentumsvorbehalt, Miet- und Pachtverhältnisse, Arbeitsverträge, Mitbestimmungsrecht der Arbeitnehmer, Aufträge und Geschäftsbesorgungsverträge, Angebote und Vollmachten.[323] Diese Regeln entsprechen im Wesentlichen den diesbezüglichen Bestimmungen der deutschen Insolvenzordnung.[324]

119 Die Vertragspartner können die Anwendung dieser gesetzlichen Bestimmungen **durch Vertragsbestimmungen nicht ausschließen.**[325]

---

[314] Art. 286 Abs. 3 S. 2 KG.
[315] Art. 287 Abs. 1–3 KG; vgl. § 201 Abs. 1–3 InsO.
[316] Art. 293 Abs. 1–4 KG; vgl. § 207 Abs. 1–3 InsO.
[317] Art. 294–297 KG; vgl. §§ 208–211 InsO.
[318] Art. 298–299 KG; vgl. § 213 InsO.
[319] Vgl. § 212 InsO.
[320] Art. 344 Abs. 1–2 KG; vgl. § 258 Abs. 1–2 InsO.
[321] Art. 181 Abs. 1 KG; vgl. § 103 Abs. 1 InsO.
[322] Art. 181 Abs. 2–4 KG; vgl. § 103 Abs. 2 InsO.
[323] Art. 182–196 KG.
[324] §§ 104–117 InsO.
[325] Art. 197 KG; vgl. § 119 InsO.

4.2 Miet- oder Pachtverhältnisse

Die **Miete** *(najam)* und **Pacht** *(zakup)* von Liegenschaften oder Räumlichkeiten enden nicht **120** mit der Eröffnung des Konkursverfahrens. Rechte, die sich auf die Zeit vor der Eröffnung des Konkursverfahrens beziehen, können vom anderen Teil nur als Konkursgläubiger geltend gemacht werden.[326]

Die Miete oder Pacht von Liegenschaften oder Räumlichkeiten, die der **Schuldner als Mieter** **121** *(najmoprimac)* **oder Pächter** *(zakupnik)* eingegangen ist, kann der Konkursverwalter ohne Rücksicht auf die vereinbarte Vertragsdauer unter Einhaltung der gesetzlichen Kündigungsfrist kündigen. Spricht der Verwalter die Kündigung aus, so kann der andere Teil wegen der vorzeitigen Beendigung des Vertragsverhältnisses als Konkursgläubiger Schadenersatz fordern.[327] Hat der Schuldner zur Zeit der Eröffnung des Konkursverfahrens die Liegenschaft oder Räumlichkeit noch nicht übernommen, so können der Konkursverwalter und der andere Teil vom Vertrag zurücktreten. Tritt der Konkursverwalter zurück, kann der andere Teil wegen der vorzeitigen Beendigung des Vertragsverhältnisses als Konkursgläubiger Schadenersatz beanspruchen. Jeder Teil hat den anderen innerhalb einer Frist von fünfzehn Tagen zu benachrichtigen, ob er beabsichtigt, vom Vertrag zurückzutreten. Unterlässt er dies, so verliert er das Rücktrittsrecht.[328] Ist der Schuldner Mieter oder Pächter, kann der andere Vertragsteil den Miet- oder Pachtvertrag nach Einreichung des Antrags auf Eröffnung des Konkursverfahrens nicht kündigen: 1. wegen eines Verzugs mit der Entrichtung des Miet- oder Pachtzinses, der in der Zeit vor der Eröffnung des Konkursverfahrens eingetreten ist; 2. wegen einer Verschlechterung der Vermögensverhältnisse des Schuldners.[329]

Hat der **Schuldner als Vermieter** *(najmodavac)* **oder Verpächter** *(zakupodavac)* einer Liegen- **122** schaft oder von Räumlichkeiten vor der Eröffnung des Konkursverfahrens über Forderungen aus dem Miet- oder Pachtverhältnis für eine spätere Zeit verfügt, so ist diese Verfügung nur in dem Maße wirksam, in dem sie sich auf den Miet- oder Pachtzins für den zur Zeit der Eröffnung des Konkursverfahrens laufenden Kalendermonat bezieht. Ist die Eröffnung des Konkursverfahrens nach dem fünfzehnten Tag des Monats erfolgt, entfaltet die Verfügung auch für den folgenden Kalendermonat Rechtswirkung.[330] Diese Verfügung bezieht sich insbesondere auf die Leistung des Miet- oder Pachtzinses. Die Verfügung aufgrund einer Zwangsvollstreckung steht einer vertraglichen Verfügung gleich.[331] Der Mieter oder Pächter kann seine Forderungen gegen den Schuldner mit Forderungen des Schuldners aus dem Miet- oder Pachtverhältnis im Sinne der Bestimmung des Art. 188 Abs. 1 KG aufrechnen. Die Art. 175 und 176 Nr. 2–4 KG bleiben unberührt.[332] Der Konkursverwalter kann im Namen des Schuldners als Vermieter oder Verpächter den Miet- oder Pachtvertrag ohne Rücksicht auf die vereinbarte Vertragsdauer unter Einhaltung der gesetzlichen Kündigungsfrist kündigen.[333] Ein Dritter, dem der Konkursverwalter eine Liegenschaft oder Räumlichkeit veräußert, die der Schuldner vermietet oder verpachtet hat, und dadurch anstelle des Schuldners in das Miet- oder Pachtverhältnis eintritt, kann dieses Verhältnis innerhalb der gesetzlichen Kündigungsfrist kündigen.[334]

4.3 Leasingverträge

Leasingverträge, dh Miet- und Pachtverhältnisse, die der Schuldner als Vermieter oder Ver- **123** pächter eingegangen ist und welche Gegenstände betreffen, die einem Dritten, der ihre Anschaffung oder Herstellung finanziert hat, zur Sicherheit übertragen wurden, enden nicht mit der Eröffnung des Konkursverfahrens.[335]

4.4 Dienstverhältnisse

Mit der Eröffnung des Konkursverfahrens enden die mit dem Konkursschuldner als Arbeitgeber **124** abgeschlossenen **Arbeits- oder Dienstverträge** *(ugovor o radu, ugovor o službi)* **nicht,** die Konkurseröffnung ist aber ein besonderer, berechtigter Grund für die Kündigung des Arbeitsvertrages.[336] Nach

---

[326] Art. 186 Abs. 1 S. 1 und Abs. 2 KG.
[327] Art. 187 Abs. 1 S. 1–2 KG; vgl. § 109 Abs. 1 S. 1 und 3 InsO.
[328] Art. 187 Abs. 2 S. 1–3 KG; vgl. § 109 Abs. 2 S. 1–3 InsO.
[329] Art. 190 KG; vgl. § 112 InsO.
[330] Art. 188 Abs. 1 S. 1–2 KG; vgl. § 110 Abs. 1 S. 1–2 InsO.
[331] Art. 188 Abs. 2 S. 1–2 KG; vgl. § 110 Abs. 2 S. 1–2 InsO.
[332] Art. 188 Abs. 3 S. 1–2 KG; vgl. § 110 Abs. 3 S. 1–2 InsO.
[333] Art. 188 Abs. 4 KG.
[334] Art. 189 KG; vgl. § 111 InsO.
[335] Art. 186 Abs. 1 S. 2 KG; vgl. § 108 Abs. 1 S. 2 InsO.
[336] Art. 191 Abs. 1–2 KG; vgl. § 113 InsO.

der Eröffnung des Konkursverfahrens kann der Arbeitsvertrag vom Konkursverwalter im Namen des **Arbeitgebers** *(poslodavac)* als Schuldner und vom **Arbeitnehmer** *(radnik)* ohne Rücksicht auf die vereinbarte Vertragsdauer oder einen vereinbarten Ausschluss des Rechts auf ordentliche Kündigung, und ohne Rücksicht auf die gesetzlichen oder vertraglichen Bestimmungen über den Schutz der Arbeitnehmer gekündigt werden. Die Kündigungsfrist beträgt einen Monat, sofern durch das Gesetz keine kürzere Frist vorgesehen ist.[337] Der Konkursverwalter kann mit Genehmigung des Gerichts zur Beendigung begonnener Geschäfte und Abwendung möglicher Schäden neue Arbeitsverträge auf bestimmte Zeit abschließen.[338] Löhne bzw. Gehälter und sonstige Bezüge aus dem Arbeitsverhältnis werden vom Konkursverwalter mit Genehmigung des Gerichts in Einklang mit dem Gesetz und dem Kollektivvertrag festgesetzt. Forderungen aus dem Arbeitsverhältnis, die nach der Eröffnung des Konkursverfahrens entstanden sind, werden als Verbindlichkeiten der Konkursmasse berichtigt.[339] Im kroatischen KG gibt es zur Zeit **keine Bestimmungen über einen Sozialplan.**

5. Pensionsansprüche in der Insolvenz und Restrukturierung

125   Die Forderungen der Kroatischen Pensionsversicherungsanstalt und der anderen Fonds, die sich auf die (künftige) Pension der Arbeitnehmer beziehen und die als solche von Gesetzes wegen von Löhnen bzw. Gehältern der Arbeitnehmer obligatorisch abgeführt werden, befinden sich in dem ersten höheren Zahlungsrang im **Konkursverfahren** gegen den Arbeitgeber.[340] Diese Gläubiger haben die Rechtsstellung bevorrechtigter Konkursgläubiger. Die Arbeitnehmer haben keine Aussonderungsrechte in Bezug auf die erwähnten Forderungen.

126   Das vorkonkursliche Verfahren hat keine Wirkung auf die Forderungen der Arbeitnehmer des Schuldners aus ihren Arbeitsverhältnissen, und zwar im ganzen Brutto-Betrag der Löhne bzw. Gehälter.[341] Dies bedeutet, dass die Forderungen der Kroatischen Pensionsversicherungsanstalt und der anderen Fonds, die sich auf die (künftige) Pension der Arbeitnehmer beziehen und die als solche von Gesetzes wegen von Löhnen bzw. Gehältern der Arbeitnehmer obligatorisch abgeführt werden, von der Eröffnung des vorkonkurslichen Verfahrens nicht berührt werden.

6. Eigentumsvorbehalt

127   Der Verkauf einer Sache unter **Eigentumsvorbehalt** *(pridržaj prava vlasništva)* ist in Art. 462–463 des Gesetzes über Schuldverhältnisse geregelt. Es ist hervorzuheben, dass der Eigentumsvorbehalt bei der beweglichen Sache die Wirkung gegenüber den Gläubigern des Käufers nur dann hat, wenn der Eigentumsvorbehalt in der Form einer öffentlich beglaubigten Urkunde vor dem Konkurs des Käufers oder vor der Zwangsvollstreckung vereinbart wurde.[342] Im Hinblick auf die beweglichen Sachen, für welche öffentliche Bücher geführt werden, ist ein Eigentumsvorbehalt nur möglich, wenn die Vorschriften über die Regelung und Führung dieser Bücher dies vorsehen.[343]

128   Hat der **Schuldner** vor der Eröffnung des Konkursverfahrens eine bewegliche Sache unter Eigentumsvorbehalt **verkauft** und dem Käufer Besitz an der Sache verschafft, so kann der Käufer die Erfüllung des Kaufvertrages beanspruchen. Dies gilt auch wenn der Schuldner dem Käufer gegenüber weitere Verpflichtungen übernommen und diese nicht oder nicht vollständig erfüllt hat.[344] Hat der Schuldner vor der Eröffnung des Konkursverfahrens eine bewegliche Sache unter Eigentumsvorbehalt **gekauft** und vom Verkäufer den Besitz an der Sache erlangt, so steht dem Konkursverwalter das Wahlrecht in Einklang mit den Bestimmungen 181 des Konkursgesetzes zu.[345]

129   Im Falle des **gesetzlich geregelten einfachen Eigentumsvorbehalts** kann der Vorbehaltsverkäufer den Kaufgegenstand als ein **Aussonderungsgläubiger** herausverlangen. Bei dem Eigentumsvorbehalt ist nämlich anzunehmen, dass das Eigentum unter der aufschiebenden Bedingung vollständiger Zahlung des Kaufpreises übertragen wird und dass der Verkäufer berechtigt ist, den Vertrag aufzulösen, wenn der Käufer mit der Zahlung in Verzug kommt.[346]

130   Zur Zeit gibt es im kroatischen Recht keine ausdrückliche Bestimmung über die Zulässigkeit des **verlängerten Eigentumsvorbehalts** bzw. die Zulässigkeit des **erweiterten Eigentumsvorbehalts**

---

[337] Art. 191 Abs. 3 KG.
[338] Art. 191 Abs. 5 KG.
[339] Art. 191 Abs. 6–7 KG.
[340] Art. 138 Abs. 1 KG.
[341] S. Art. 66 Nr. 2 KG.
[342] Art. 463 Abs. 3 SchVG.
[343] Art. 463 Abs. 4 SchVG.
[344] Art. 185 Abs. 1 S. 1–2 KG; vgl. § 107 Abs. 1 S. 1–2 InsO.
[345] Art. 185 Abs. 2 KG; vgl. § 107 Abs. 2 InsO.
[346] Art. 462 Abs. 2 SchVG.

sowie **keine ausdrückliche Bestimmung** über die Wirkungen der Eröffnung des Konkursverfahrens auf solche Klauseln.

7. Sicherheiten in der Insolvenz

7.1 Mobiliarsicherheiten

Die klassischen und in der Praxis üblichen Mobiliarsicherheiten im kroatischen Recht sind: **das Pfandrecht** *(založno pravo)*, **die Sicherungsübereignung** *(osiguranje prijenosom vlasništva)*, und **das Zurückbehaltungsrecht** (Retentionsrecht; *pravo zadržanja*). 131

Es gibt verschiedene Arten des **Pfandrechts:**[347] 1. das freiwillige Pfandrecht (Faustpfand oder Registerpfandrecht); 2. das gerichtliche zwangsweise Pfandrecht, welches im Zwangsvollstreckungsverfahren oder im Verfahren der zwingenden (zwangsweisen) Sicherung entsteht; 3. das freiwillige gerichtliche oder notarielle Pfandrecht;[348] und 4. das gesetzliche Pfandrecht. Das Pfandrecht kann nicht nur an **beweglichen Sachen sondern auch an Forderungen sowie anderen subjektiven Vermögensrechten, einschließlich Patenten und Urheberrechten** bestehen. Gläubiger, die an einem Gegenstand der Konkursmasse ein Pfandrecht haben, das nicht in ein öffentliches Buch eingetragen ist, sind in Einklang mit dem KG zur **abgesonderten Befriedigung** ihrer Forderung, der Zinsen und Kosten aus dem Wert des Pfandgegenstandes berechtigt.[349] Das KG enthält eine besondere Regelung hinsichtlich des gesetzlichen Pfandrechts des Vermieters und Verpächters im Konkursverfahren.[350] 132

Gläubiger, denen **der Schuldner zur Sicherung eines Anspruchs eine bewegliche Sache übereignet** *(osiguranje prijenosom vlasništva nad pokretnom stvari)*[351] bzw. **ein Recht übertragen hat** *(osiguranje prijenosom prava)*, sind den Gläubigern, die an einem Gegenstand der Konkursmasse ein Pfandrecht haben, das nicht in ein öffentliches Buch eingetragen ist, gleichgestellt.[352] Dies bedeutet, dass sie die Rechtsstellung eines Absonderungsgläubigers im Konkursverfahren haben. Auch im Falle einer besonderen Art der Sicherungsübereignung, nämlich der sogenannten **gerichtlichen oder notariellen Sicherungsübereignung an beweglichen Sachen** *(sudsko ili javnobilježničko osiguranje prijenosom vlasništva na pokretnoj stvari)*,[353] bestimmt das KG, dass Gläubiger, deren Rechte aus einer gerichtlichen oder notariellen Sicherung durch Übertragung des Eigentums an Sachen hervorgehen, im Konkursverfahren die Rechtsstellung eines Absonderungsgläubigers haben.[354] Es ist zu erwähnen, dass eine Forderung mit der **gerichtlichen oder notariellen Sicherung durch die Übertragung von Rechten** *(sudsko i javnobilježničko osiguranje prijenosom prava)*,[355] die an einer beweglichen Sache bestehen, ebenso gesichert werden kann. 133

Gläubiger, denen ein **Zurückbehaltungsrecht an einem Gegenstand**[356] zusteht, weil sie etwas zum Nutzen des Gegenstands verwendet haben, soweit ihre Forderung aus diesem Grund den noch vorhandenen Vorteil nicht übersteigt, haben ebenso die Rechtsstellung eines Absonderungsgläubigers.[357] Gleiches gilt für Gläubiger, denen kraft Gesetzes ein Zurückbehaltungsrecht zusteht.[358] 134

Die Republik Kroatien, Einheiten der lokalen Selbstverwaltung und Verwaltung und andere öffentliche juristische Personen, haben die Rechtsstellung eines Absonderungsgläubigers, soweit 135

---

[347] Die grundlegenden Bestimmungen über das Pfandrecht sind in den Artikeln 297–366 Gesetz über das Eigentum und andere dingliche Rechte, *Zakon o vlasništvu i drugim stvarnim pravima*, im Folgenden: EDRG, Narodne novine, 1996 Nr. 91 idF 2014 Nr. 152, enthalten.

[348] Diese besondere Art des Pfandrechts ist in Art. 299–308 des Zwangsvollstreckungsgesetz, *Ovršni zakon*, im Folgenden: ZVG, Narodne novine, 2012 Nr. 12 idF 2017 Nr. 73, geregelt.

[349] Art. 151 Abs. 1 KG; vgl. § 50 Abs. 1 InsO.

[350] Das gesetzliche Pfandrecht des Vermieters oder Verpächters kann im Konkursverfahren wegen des Miet- oder Pachtzinses für eine frühere Zeit als das letzte Jahr vor der Eröffnung des Konkursverfahrens sowie wegen des Schadenersatzes infolge einer Kündigung des Miet- oder Pachtverhältnisses von Seiten des Konkursverwalters nicht verwirklicht werden; die angeführten Beschränkungen gelten nicht für das Pfandrecht des Verpächters eines landwirtschaftlichen Grundstücks hinsichtlich des geschuldeten Pachtzinses (Art. 151 Abs. 2 KG, vgl. § 50 Abs. 2 InsO).

[351] Die Sicherungsübereignung ist in der klassischen Form in Art. 34 Abs. 1–6 EDRG geregelt.

[352] Art. 152 Nr. 1 KG; vgl. § 51 Nr. 1 InsO.

[353] Die gerichtliche oder notarielle Sicherung durch Übertragung des Eigentums an Sachen und durch Übertragung von Rechten ist in den Art. 309–327 ZVG geregelt; wegen Missbrauchs dieser Arten der Sicherung der Forderungen in der Praxis beabsichtigt die kroatische Regierung sie im Jahre 2020 aufzuheben.

[354] Art. 150 Abs. 1 KG.

[355] Art. 309–327 ZVG.

[356] Art. 72–75 SchVG.

[357] Art. 152 Nr. 2 KG; vgl. § 51 Nr. 2 InsO.

[358] Art. 152 Nr. 3 KG; vgl. § 51 Nr. 3 InsO.

ihnen **zoll- oder steuerpflichtige Gegenstände nach dem Gesetz als Sicherheit für öffentliche Abgaben dienen** *(predmeti za koji postoji obveza plaćanja carine ili poreza koji po zakonu služe osiguranju javnih tražbina)*.[359]

136 Die Verwertung der Gegenstände, an denen Absonderungsrechte bestehen, unterliegt eigenen Regelungen.[360]

7.2 Grundstückssicherheiten

137 Die typischen Grundstückssicherheiten im kroatischen Recht sind das **Pfandrecht**[361] und die **klassische Sicherungsübereignung** *(osiguranje prijenosom vlasništva)*[362] sowie die **gerichtliche oder notarielle Sicherungsübereignung** an einer Liegenschaft *(sudsko i javnobilježničko osiguranje prijenosom vlasništva na stvari)*.[363] Dazu gibt es auch die Besonderheit des sogenannten **Befriedigungsrechtes** *(pravo na namirenje)*, welches der Gesetzgeber im Falle der Zwangsvollstreckung in Liegenschaften vorsieht. Sobald das Gericht einen Zwangsvollstreckungsbescheid erlässt, ersucht es von Amts wegen um Eintragung einer „Anmerkung der Zwangsvollstreckung" *(zabilježba ovrhe)* im Grundbuch.[364] Durch diese Anmerkung erwirbt der Betreiber der Zwangsvollstreckung das Recht, seine Forderung auch in dem Falle aus dieser Liegenschaft zu befriedigen (Befriedigungsrecht), dass ein Dritter in Folge das Eigentum an dieser Liegenschaft erwirbt.[365] Der Betreiber der Zwangsvollstreckung, der vorher kein Pfandrecht erworben hat, erwirbt durch die erwähnte Anmerkung der Zwangsvollstreckung das Recht, sich aus der Liegenschaft vor jener Person zu befriedigen, die in Bezug auf diese Liegenschaft später ein Pfandrecht oder ein Befriedigungsrecht erworben hat.[366]

138 An Liegenschaften sind verschiedene Formen des Pfandrechts möglich: 1. das freiwillige Pfandrecht, welches ausschließlich als **Hypothek** *(hipoteka)* zulässig ist;[367] 2. das gerichtliche zwangsweise Pfandrecht, welches im Verfahren der zwingenden (zwangsweisen) Sicherung entsteht;[368] 3. das freiwillige gerichtliche oder notarielle Pfandrecht;[369] und 4. das gesetzliche Pfandrecht.[370]

139 Eine Forderung kann ebenso mit der **gerichtlichen oder notariellen Sicherung durch die Übertragung von Rechten** *(sudsko i javnobilježničko osiguranje prijenosom prava)*,[371] die an einer Liegenschaft bestehen, gesichert werden.

140 Alle erwähnten Sicherheiten, die an einem Grundstück bzw. einer Liegenschaft bestehen können, geben dem Gläubiger einer solchen Sicherheit im Falle der Eröffnung des Konkursverfahrens gegen den Schuldner die Rechtsstellung eines Absonderungsgläubigers.[372]

141 Die Verwertung der Liegenschaften, an denen Absonderungsrechte bestehen und die Befriedigung der Absonderungsgläubiger sind im KG geregelt.[373]

7.3 Sicherheiten an Flugzeugen, Schiffen

142 Die üblichen Sicherheiten an einem **Luftfahrzeug** sind das **Pfandrecht**,[374] die **Sicherungsübereignung**[375] und das **Befriedigungsrecht**.[376] Die folgenden Arten des Pfandrechts sind am

---

[359] Art. 152 Nr. 4 KG; vgl. § 51 Nr. 4 InsO.
[360] Näheres dazu unter → Rn. 90–94.
[361] S. Art. 297–366 EDRG.
[362] Art. 34 Abs. 1–6 EDRG.
[363] Art. 309–327 ZVG.
[364] Art. 84 Abs. 1 ZVG.
[365] Art. 84 Abs. 2 ZVG.
[366] Art. 84 Abs. 6 ZVG.
[367] Art. 304 Abs. 2 EDRG.
[368] Die Sicherung durch die zwangsweise Begründung eines Pfandrechts an Liegenschaften (Art. 295–298 ZVG) und die Sicherung durch die vorläufige Verfügung (Art. 331–339a ZVG). Eine Art der vorläufigen Verfügung kann die Vormerkung des Pfandrechts an der Liegenschaft des Sicherungsgegners oder einem an der Liegenschaft einverleibten Recht sein (Art. 335 Abs. 1 Nr. 1 ZVG). Durch die Durchführung einer vorläufigen Verfügung erwirbt der Sicherungsnehmer das Pfandrecht an der Liegenschaft (Art. 335 Abs. 3 ZVG).
[369] Art. 299–308 ZVG.
[370] Art. 51 Abs. 2 EDRG.
[371] Art. 309–327 ZVG.
[372] Art. 149 KG; vgl. § 49 InsO.
[373] Art. 248–249 KG, dazu unter → Rn. 90–94.
[374] Art. 140–166 des Gesetzes über die schuldrechtlichen und sachenrechtlichen Verhältnisse im Luftverkehr, *Zakon o obveznim i stvarnopravnim odnosima u zračnom prometu*, im Folgenden: SchSVLG, Narodne novine, 1998 Nr. 132 idF 2013 Nr. 94.
[375] Art. 140 Abs. 2 und Art. 169 Abs. 3 SchSVLG.
[376] Art. 169 Abs. 3 und Art. 175 SchSVLG iVm Art. 841–965 des Seegesetzbuchs, *Pomorski zakonik*, im Folgenden: SGB, Narodne novine, 2004 Nr. 181 idF 2019 Nr. 17. s. insbesondere Art. 857 Abs. 3 SGB.

Luftfahrzeug möglich: 1. das freiwillige Pfandrecht;[377] 2. das freiwillige gerichtliche Pfandrecht;[378] 3. das gerichtliche zwangsweise Pfandrecht, welches im Verfahren der zwingenden (zwangsweisen) Sicherung entsteht;[379] und 4. das gesetzliche Pfandrecht.[380] Im Falle der Zwangsvollstreckung in ein ziviles Luftfahrzeug erwirbt der Betreiber der Zwangsvollstreckung durch die Eintragung der „Anmerkung" über den Zwangsvollstreckungsbescheid in das Kroatische Register der zivilen Luftfahrzeuge das Recht, seine Forderungen auch dann aus dem Wert des Luftfahrzeugs zu befriedigen (**Befriedigungsrecht;** *pravo na namirenje*), wenn ein Dritter später das Eigentum an diesem Luftfahrzeug erwirbt oder wenn ein Dritter später eine Hypothek oder ein ähnliches Recht oder das Befriedigungsrecht an diesem Flugzeug erwirbt.[381] Das **Zurückbehaltungsrecht** *(pravo zadržanja)* als eine Art der Sicherung der Forderungen ist an einem Luftfahrzeug möglich.[382]

Die üblichen Sicherheiten an einem **Schiff** sind das **Pfandrecht** und das **Befriedigungsrecht**. 143 Die folgenden Arten des Pfandrechts sind möglich: 1. die **Vertragshypothek** *(ugovorna hipoteka);*[383] 2. die **gerichtliche Zwangshypothek** *(prisilna sudska hipoteka);*[384] 3. die **freiwillige gerichtliche oder notarielle Hypothek** *(dobrovoljna sudska ili javnobilježnička hipoteka);*[385] und 4. die **Privilegien** *(privilegije)*.[386] Die gesetzlichen Bestimmungen über das Pfandrecht an Schiffen sind auch auf die im Bau befindlichen Schiffe anzuwenden.[387] Im Falle der Zwangsvollstreckung in ein Schiff erwirbt der Zwangsvollstreckungsbetreiber durch die Eintragung der Anmerkung über den Zwangsvollstreckungsbescheid in das Schiffregister das Recht, seine Forderungen auch dann aus dem Wert des Schiffs zu befriedigen (**Befriedigungsrecht;** *pravo na namirenje*), wenn ein Dritter später das Eigentum an diesem Schiff erwirbt oder wenn ein Dritter später eine Hypothek oder ein ähnliches Recht oder das Befriedigungsrecht erwirbt.[388] Das **Zurückbehaltungsrecht** *(pravo zadržanja)* als eine Art der Sicherung der Forderungen ist an einem Schiff ebenso möglich.[389]

Die erwähnten Sicherheiten an einem Luftfahrzeug bzw. an einem Schiff geben dem Gläubiger 144 einer solchen Sicherheit im Falle der Eröffnung des Konkursverfahrens gegen den Schuldner die Rechtsstellung eines Absonderungsgläubigers.[390]

Die Regeln über die Verwertung der Liegenschaften, an denen Absonderungsrechte bestehen, 145 gelten entsprechend auch für den Verkauf von Luftfahrzeugen, von Schiffen und im Bau befindlichen Schiffen, an denen Absonderungsrechte bestehen.[391]

7.4 Andere Sicherheiten

Das **Pfandrecht** kann nicht nur an Sachen sondern auch **an Forderungen sowie an anderen** 146 **subjektiven Vermögensrechten** bestehen.[392]

Die **Sicherungszession** (Sicherungsabtretung; *ustupanje radi osiguranja, cesija radi osiguranja*)[393] 147 stellt ebenso ein Sicherungsmittel dar. Es ist darauf hinzuweisen, dass der Verwalter im Fall der sicherungsabgetretenen Forderung das Verwertungsrecht nach Art. 249 Abs. 2 KG hat, während er dieses Recht im Fall der Verpfändung von der Forderung nicht hat.[394]

---

[377] Art. 146–149 SchSVLG.
[378] Art. 150–152 SchSVLG. Aus den gesetzlichen Bestimmungen geht es nicht genügend klar hervor, ob auch das freiwillige notarielle Pfandrecht an einem Luftfahrzeug zulässig wäre.
[379] Art. 153–156 SchSVLG.
[380] Art. 157–166 SchSVLG.
[381] Art. 169 Abs. 3 und Art. 175 SchSVLG iVm Art. 841–965 SGB, insbesondere Art. 857 Abs. 3 SGB.
[382] Art. 75 Abs. 1–3 und Art. 169 Abs. 3 SchSVLG.
[383] Art. 219–252 des Seegesetzbuchs, *Pomorski zakonik*, im Folgenden: SGB, Narodne novine, 2004 Nr. 181 idF 2019 Nr. 17.
[384] Die Sicherung durch die Begründung einer gerichtlichen Zwangshypothek am Schiff (Art. 932–940 SGB) und die Sicherung durch die vorläufige Verfügung (Art. 943–950 SGB). Eine Art der vorläufigen Verfügung kann die Vormerkung des Pfandrechts am Schiff oder an dem im Bau befindlichen Schiff des Sicherungsgegners oder an einem an dem Schiff bzw. an dem im Bau befindlichen Schiff einverleibten Recht sein (Art. 946 Abs. 1 Nr. 1 SGB). Durch die Durchführung einer vorläufigen Verfügung am Schiff erwirbt der Sicherungsnehmer das Pfandrecht am Schiff bzw. an der Seefracht. (Art. 946 Abs. 3 SGB).
[385] Art. 841 Abs. 5 SGB iVm Art. 299–308 ZVG; Art. 848 Abs. 1 SGB; Art. 220 Abs. 2 SGB.
[386] Art. 241–252 SGB.
[387] Art. 252 SGB.
[388] Art. 857 Abs. 3 SGB.
[389] Art. 437 und Art. 912 Abs. 1 Nr. 1 SGB.
[390] Art. 149 KG.
[391] Art. 247 Abs. 8 KG; s. Art. 247 Abs. 1–7 und Art. 248 Abs. 1–2 KG.
[392] Art. 297 Abs. 2 EDRG.
[393] Art. 89 SchVG.
[394] Näheres zu Verwertung der Gegenstände, an denen ein Absonderungsrecht besteht, unter → Rn. 90–94.

148 Ein Gläubiger kann seine Forderung auch mit **gerichtlicher oder notarieller Sicherung durch Übertragung von Rechten** *(sudsko i javnobilježničko osiguranje prijenosom prava)*[395] schützen.

149 Der **Schuldschein** (Schuldverschreibung, *zadužnica*),[396] durch den bei Einwilligung des Schuldners seine Konten verpfändet werden, ist eine besondere Art der Sicherheit im kroatischen Recht. Der Schuldner kann mittels einer privaten Urkunde, die durch einen öffentlichen Notar bestätigt und dadurch notariell beurkundet („solemnisiert") wird, seine Zustimmung dazu erteilen, dass zwecks Befriedigung der Forderung des Gläubigers alle Konten, die er bei Banken unterhält, gepfändet werden, und dass die sich auf diesen Konten befindlichen Geldmittel an den Gläubiger ausbezahlt werden. Eine solche Urkunde, der Schuldschein, wird in einer Ausfertigung ausgestellt und hat die Wirkung eines rechtskräftigen Vollstreckungsbescheids, mit dem eine Forderung auf einem Konto gepfändet und zwecks Begleichung auf den Vollstreckungsbetreiber übertragen wird.[397] Durch den Schuldschein kann der Schuldner auch seine Zustimmung zur Verpfändung von Konten zwecks Besicherung einer Forderung, deren Betrag erst nachträglich in den Schuldschein eingetragen wird, erteilen (**Blankoschuldschein,** *bjanko zadužnica*).[398]

7.5 Erlöschen der Absonderungsrechte

150 Im Hinblick auf alle Sicherheiten, welche die Eigenschaft eines Absonderungsrechts haben, gilt: hat ein Konkursgläubiger in den letzten **sechzig Tagen** vor der Einreichung des Antrags auf Eröffnung des vorkonkurslichen Verfahrens bzw. falls der Antrag auf Eröffnung des vorkonkurslichen Verfahrens nicht eingereicht worden ist, in den letzten sechzig Tagen vor der Einreichung des Antrags auf Eröffnung des Konkursverfahrens oder danach ein **Absonderungsrecht** oder ähnliches Recht an dem zur Konkursmasse gehörenden Vermögen des Konkursschuldners **durch gerichtliche oder außergerichtliche Zwangsvollstreckung oder zwingende gerichtliche Sicherung** erlangt, so **erlischt** dieses Recht mit der Eröffnung des Konkursverfahrens bzw. das betreffende **Zwangsvollstreckungs-** *(ovršni postupak)* oder **Sicherungsverfahren** *(postupak osiguranja)* wird eingestellt.[399]

8. Aufrechnung; Netting-Vereinbarungen

151 Ist ein Konkursgläubiger zur Zeit der Eröffnung des Konkursverfahrens kraft Gesetzes oder aufgrund eines Vertrages zur **Aufrechnung** *(prijeboj)* berechtigt, so **bleibt dieses Recht durch die Konkurseröffnung** unberührt.[400]

152 Sind zur Zeit der Eröffnung des Konkursverfahrens die aufzurechnenden Forderungen oder eine von ihnen **noch aufschiebend bedingt oder nicht fällig,** oder sind **die Forderungen noch nicht auf gleichartige Leistungen gerichtet,** so kann die Aufrechnung erst erfolgen, wenn die dafür erforderlichen Bedingungen erfüllt werden. Die Aufrechnung ist ausgeschlossen, wenn die Forderung, gegen die aufgerechnet werden soll, unbedingt oder fällig wird, bevor die Aufrechnung möglich wird.[401]

153 Die Aufrechnung wird nicht dadurch ausgeschlossen, dass **die Forderungen auf unterschiedliche Währungen oder Rechnungseinheiten lauten,** wenn diese Währungen oder Rechnungseinheiten am Zahlungsort der Forderung, gegen die aufgerechnet wird, frei gewechselt werden können. Die Umrechnung erfolgt nach dem Kurswert, der zur Zeit des Zugangs der Aufrechnungserklärung am Zahlungsort maßgeblich ist.[402]

154 Das KG sieht Fälle vor, in denen die **Aufrechnung nicht zulässig ist.**[403]

155 Die Eröffnung des Konkursverfahrens hat keine Wirkungen auf die qualifizierten Finanzverträge, wenn die Vertragsparteien die Verrechnung, **Netting,** vereinbart haben.[404] Dabei definiert das KG den Begriff der qualifizierten Finanzverträge.[405]

9. Konkursanfechtung

156 Rechtshandlungen, die vor der Eröffnung des Konkursverfahrens vorgenommen worden sind, und welche die gleichmäßige Befriedigung der Gläubiger beeinträchtigen (Benachteiligung der

---

[395] Art. 309–327 ZVG.
[396] Art. 214–216 ZVG.
[397] Art. 214 S. 1–2 ZVG.
[398] Art. 215 Abs. 1 ZVG.
[399] Art. 168 Abs. 1 KG; vgl. § 88 Abs. 1 InsO.
[400] Art. 174 KG; vgl. § 94 InsO.
[401] Art. 175 Abs. 1 S. 1–3 KG; vgl. § 95 Abs. 1 S. 1–3 InsO.
[402] Art. 175 Abs. 2 S. 1–2 KG; vgl. § 95 Abs. 2 S. 1–2 InsO.
[403] Art. 176 Nr. 1–4 KG; vgl. § 96 Abs. 1 Nr. 1–4 InsO.
[404] Art. 182 Abs. 6 S. 1 KG.
[405] Art. 182 Abs. 7 Nr. 1–5 KG.

Gläubiger) bzw. durch welche einzelne Gläubiger in eine günstigere Lage versetzt werden (Begünstigung der Gläubiger), können angefochten werden. Eine Unterlassung steht einer Rechtshandlung gleich.[406]

Dabei sieht das KG mehrere **Anfechtungstatbestände bzw. Anfechtungsgründe** vor: die kongruente Befriedigung (Deckung) *(kongruentno namirenje)*,[407] die inkongruente Befriedigung (Deckung) *(inkongruentno namirenje)*,[408] den Gläubiger unmittelbar benachteiligende Rechtshandlungen *(pravne radnje kojima se vjerovnici izravno oštećuju)*,[409] vorsätzliche Gläubigerbenachteiligung *(namjerno oštećenje)*,[410] unentgeltliche Rechtshandlungen oder solche gegen geringes Entgelt *(pravne radnje bez naknade ili uz neznatnu naknadu)*,[411] kapitalersetzende Darlehen *(zajam kojim se nadomješta kapital)*,[412] Anfechtungsbestand für Leistungen an stille Gesellschafter *(tajno društvo)*[413] und Anfechtungsbestand bei Zahlung von Wechsel- und Scheckverbindlichkeiten *(isplata mjeničnih i čekovnih obveza)*.[414] 157

Die Anfechtungsvoraussetzungen für jeden dieser Anfechtungsgründe sind verschieden. 158

Bei jeder Anfechtung gilt aber, dass der Konkursverwalter die **Anfechtungsklage** *(tužba za pobijanje)* binnen anderthalb Jahren ab dem Tag der Eröffnung des Konkursverfahrens erheben kann.[415] Die Rechtshandlungen des Konkursschuldners können auch durch Erhebung einer **Einrede im Rechtsstreit** *(prigovor u pravnom sporu)* ohne diese zeitliche Beschränkung angefochten werden.[416] Für das kroatische Konkursrecht ist charakteristisch, dass der **Anfechtungsberechtigte** nicht nur ein Konkursverwalter, sondern auch Konkursgläubiger sein kann. Jedoch haben die Konkursgläubiger nur ein subsidiäres Recht auf Anfechtung der Rechtshandlungen des Konkursschuldners, was bedeutet, dass dieses Recht nur ausgeübt werden kann, wenn der Konkursverwalter die bestimmte Rechtshandlung des Konkursschuldners nicht anfechten wird.[417] Wird dem Antrag auf Anfechtung einer Rechtshandlung stattgegeben, hat die angefochtene Rechtshandlung keine Auswirkung auf die Konkursmasse und die Gegenseite ist verpflichtet, alle aufgrund der angefochtenen Rechtshandlung erlangten Vermögensvorteile zur Konkursmasse zurückzugewähren.[418] Wenn der **Anfechtungsgegner** *(protivnik pobijanja)* das Erlangte zurückgewährt, so lebt seine Forderung wieder auf.[419] 159

10. Geltendmachung von Haftungsansprüchen gegen (frühere) Geschäftsführer, Gesellschafter oder Dritte

Ansprüche der Konkursgläubiger auf Ersatz des Schadens, den sie gemeinschaftlich aufgrund der Verminderung des zur Konkursmasse gehörenden Vermögens vor oder nach der Eröffnung des Konkursverfahrens erlitten haben (**Gesamtschaden**, *skupna šteta*), können während der Dauer des Konkursverfahrens nur vom Konkursverwalter geltend gemacht werden.[420] 160

Zum Gesamtschaden kann es vor der Eröffnung des Konkursverfahrens insbesondere kommen, wenn der Geschäftsführer bzw. die Person, die zur Vertretung des Schuldners berechtigt ist, oder eine andere Person, die gesetzlich verpflichtet ist, rechtzeitig den Antrag auf Eröffnung des Konkursverfahrens zu stellen,[421] diese gesetzliche Pflicht verletzt hat. Zum Gesamtschaden kann es weiterhin durch alle anderen schädigenden Handlungen oder Unterlassungen kommen, welche die künftige Konkursmasse verkleinern, insbesondere durch Handlungen oder Unterlassungen, welche zur Krise führen, oder durch für die Gläubiger schädigende Vermögensverschiebungen, Verschleuderung oder absichtliche Vernichtung von Vermögenswerten des Schuldners. Ein Dritter, welcher dem Schuldner geholfen hat, eine solche Handlung zu realisieren, kann ersatzpflichtig sein. 161

Der Gesamtschaden kann auch nach der Eröffnung des Konkursverfahrens durch eine Pflichtverletzung des Konkursverwalters entstehen, die eine Verkürzung der Konkursmasse (Befriedigungs- 162

---

[406] Art. 198 Abs. 1–2 KG; vgl. § 129 InsO.
[407] Art. 199 KG; vgl. § 130 InsO.
[408] Art. 200 KG; vgl. § 131 InsO.
[409] Art. 201 KG; vgl. § 132 InsO.
[410] Art. 202 KG; vgl. § 133 InsO.
[411] Art. 203 KG; vgl. § 134 InsO.
[412] Art. 204 KG; vgl. § 135 InsO.
[413] Art. 205 KG; vgl. § 136 InsO.
[414] Art. 206 KG; vgl. § 137 InsO.
[415] Art. 212 Abs. 3 KG; vgl. § 146 Abs. 1 InsO.
[416] Art. 212 Abs. 11 KG; vgl. § 146 Abs. 2 InsO.
[417] Art. 198 Abs. 1 und Art. 212 Abs. 4, 5, 6 und 10 KG; nach § 129 Abs. 1 InsO ist nur der Insolvenzverwalter der Anfechtungsberechtigte.
[418] Art. 212 Abs. 7 S. 1 KG; vgl. § 143 Abs. 1 InsO.
[419] Art. 213 Abs. 1–2 KG; vgl. § 144 Abs. 1–2 InsO.
[420] Art. 172 Abs. 1 S. 1 KG; vgl. § 92 Abs. 1 InsO.
[421] Näheres dazu unter → Rn. 39–40.

masse) verursacht hat. Richten sich die Ansprüche auf den Schadenersatz gegen den Konkursverwalter, so können sie nur von einem neu bestellten Konkursverwalter geltend gemacht werden.[422]

163   Wird das Konkursverfahren über eine Gesellschaft eröffnet, deren Gesellschafter für die Verbindlichkeiten der Gesellschaft persönlich haften, so können Ansprüche gegen die Gesellschafter aufgrund ihrer persönlichen Haftung während der Dauer des Konkursverfahrens nur vom Konkursverwalter geltend gemacht werden.[423]

11. Schutz der Konkursmasse, Asset Tracing

164   Das Gericht kann bereits vor der Beschlussfassung über die Einleitung des Vorverfahrens sowie während des Vorverfahrens alle **Maßnahmen** treffen, die ihm erforderlich erscheinen, um das Vermögen des Schuldners zu sichern und Nachteile für die Gläubiger zu verhindern.[424] Das Gericht kann dem Schuldner einen vorläufigen Konkursverwalter bestellen und ein Verfügungsverbot auferlegen. In diesem Fall geht die Verwaltungs- und Verfügungsbefugnis über das Vermögen des Schuldners auf den vorläufigen Konkursverwalter über.[425] Der vorläufige Konkursverwalter hat dann das Vermögen des Schuldners zu schützen und zu erhalten. Unter anderem hat er das Recht auf Einsicht in die Bücher und Geschäftspapiere des Schuldners.[426] Der Schuldner, Mitglieder seiner Organe, persönlich haftende Gesellschafter, die Arbeitnehmer des Schuldners sowie die Organe der Behörde (der öffentlichen Gewalt) unterliegen der Auskunftspflicht gegenüber den Konkursorganen nach Einbringung des Antrags auf Eröffnung des Konkursverfahrens.[427]

165   Eine Reihe von Rechtsfolgen der Eröffnung eines Konkursverfahrens hilft dem Konkursverwalter das zur Konkursmasse gehörende Vermögen des Schuldners aufzuspüren und wieder in die Konkursmasse einzubringen. Beispielsweise enden die Rechte der Organe des Schuldners, der eine juristische Person ist, durch die Eröffnung des Konkursverfahrens und gehen auf **Konkursverwalter** über, während im Falle eines Einzelschuldners, seine Rechte, das zur Konkursmasse gehörende **Vermögen zu verwalten und über dieses zu verfügen,** auf den Konkursverwalter übergehen.[428] **Verfügungen der Organe des Schuldners** bzw. des Einzelschuldners nach der Konkurseröffnung sind ohne Rechtswirkung, falls es sich nicht um den Schutz des Vertrauens auf öffentliche Bücher handelt.[429] **Leistungen an den Konkursschuldner** nach der Konkurseröffnung haben keine befreiende Wirkung, es sei denn, dass der Leistende nachweist, zur Zeit der Leistung nicht gewusst zu haben, dass das Konkursverfahren eröffnet worden ist.[430] Mit dem Tag der Eröffnung des Konkursverfahrens erlöschen die Rechte der Personen, die zur Verfügung über das Vermögen des Schuldners auf den **Konten** berechtigt waren. Der Konkursverwalter hat ohne Verzögerung alle Konten des Schuldners zu schließen und ein neues Konto des Schuldners, oder mehrere Konten, falls erforderlich, zu eröffnen sowie die Personen zu bestimmen, die zur Verfügung über die Mittel auf diesen Konten berechtigt sind. Die Mittel werden von den gelöschten Konten auf die neuen Konten übertragen. Falls eine juristische Person, die für den Schuldner die Geschäfte des Zahlungsverkehrs erledigt, erfährt, dass ein Konkursverfahren gegen den Schuldner eröffnet worden ist, hat sie selbst die Konten des Schuldners, die sie führt, zu schließen, bevor der Konkursverwalter dies verlangt.[431] **Rechtsstreitigkeiten,** einschließlich der **schiedsrichterlichen Verfahren** über das zur Konkursmasse gehörende Vermögen, die zur Zeit der Eröffnung des Konkursverfahrens anhängig sind, werden automatisch unterbrochen und im Namen und für die Rechnung des Schuldners vom Konkursverwalter aufgenommen.[432] Nach der Konkurseröffnung gilt das **Zwangsvollstreckungs- bzw. Sicherungsverbot im Hinblick auf das Schuldnervermögen.**[433] **Zwangsvollstreckungen** wegen Verwirklichung von Forderungen gegenüber der Konkursmasse, die nicht durch eine Rechtshandlung des Konkursverwalters begründet worden sind, sind für sechs Monate ab Eröffnung des Konkursverfahrens grundsätzlich unzulässig.[434] Nach der Eröffnung des Konkursverfahrens **können Rechte an Teilen des zur Konkursmasse gehörenden Vermögens nicht wirksam erworben werden,**

---

[422] Art. 172 Abs. 1 S. 2 KG; vgl. § 92 S. 2 InsO.
[423] Art. 173 KG; vgl. § 93 InsO.
[424] Näheres dazu unter → Rn. 56–59.
[425] Art. 119 Abs. 1 KG; vgl. § 22 Abs. 1 InsO.
[426] Art. 119 Abs. 2 Nr. 1 und Abs. 5 S. 2 KG; vgl. § 22 Abs. 1 Nr. 1 und Abs. 3 S. 2 InsO.
[427] Art. 117 Abs. 1–3 KG; vgl. § 20 Abs. 1 InsO.
[428] Art. 159 KG; vgl. § 80 Abs. 1 InsO.
[429] Art. 161 KG; vgl. § 81 Abs. 1–3 InsO.
[430] Art. 162 KG; vgl. § 82 S. 1 InsO.
[431] Art. 218 Abs. 1–4 KG.
[432] Art. 165 Abs. 1 S. 1 KG; vgl. § 85 Abs. 1 S. 1 InsO.
[433] Art. 169 Abs. 1 KG; vgl. § 89 Abs. 1 InsO.
[434] Art. 170 Abs. 1–2 KG; vgl. § 90 Abs. 1–2 InsO.

auch wenn diesem Erwerbe keine Verfügung des Konkursschuldners und keine Zwangsvollstreckung oder Sicherung zugunsten des Konkursgläubigers zugrunde liegt. Dies gilt nicht für Fälle, in denen es sich um den Erwerb aufgrund des Vertrauens auf die öffentlichen Bücher handelt.[435] Die Regeln über den **Gesamtschaden**[436] sowie die **Anfechtung** der Rechtshandlungen des Schuldners, welche die Konkursgläubiger benachteiligen,[437] schützen ebenso die Konkursmasse. Der Einzelschuldner, Mitglieder der Geschäftsführung oder des Aufsichtsrats der juristischen Person sowie die zur Vertretung befugten, persönlich haftenden Gesellschafter unterliegen der **Auskunfts- und Mitwirkungspflicht gegenüber den Konkursorganen**. Auch die Arbeitnehmer des Konkursschuldners haben Auskunftspflicht gegenüber den Konkursorganen.[438]

Falls sich ein Teil des Vermögens des Schuldners, der zur Konkursmasse gehört, in einem ausländischen Staat befindet, in dem es keine automatische **Anerkennung der kroatischen Konkursverfahren** gibt, hat der Konkursverwalter die Anerkennung des konkreten Konkursverfahrens in diesem Staat zu beantragen. Der Konkursverwalter hat das im Ausland befindliche Vermögen des Schuldners in die Konkursmasse einzubringen. Das kroatische Recht sieht sehr entwickelte Regelungen über das internationale Konkursrecht/Insolvenzrecht vor, welche eine gute Zusammenarbeit mit den Konkursverwaltern und Gerichten eines anderen Staates ermöglichen.[439] **166**

12. Internationales Konkurs-/Insolvenzrecht

Die Republik Kroatien wurde am 1.7.2013 das 28. Mitglied des Europäischen Union. Im **167** Hinblick auf ein Konkurs- bzw. Insolvenzverfahren, das in einem Mitgliedstaat der Europäischen Union eröffnet worden ist, haben die Mitgliedstaaten die **Verordnung (EU) 2015/848 des Europäischen Parlaments und des Rates vom 20.5.2015 über Insolvenzverfahren (Neufassung)** anzuwenden.[440] In Einklang mit den Bestimmungen über den zeitlichen Anwendungsbereich dieser neuen Verordnung kann es noch immer zur Anwendung der alten **Verordnung (EG) Nr. 1346/200 des Rates vom 29.5.2000 über Insolvenzverfahren**[441] kommen. Von der Anwendung dieser Verordnungen ist nur das Königreich Dänemark ausgenommen. Im Unterschied zum deutschen Recht[442] gibt es zur Zeit im kroatischen Recht keine besonderen Bestimmungen, welche die Anwendung dieser Verordnungen erleichtern würden.

Die **Richtlinie 2009/138/EG des Europäischen Parlaments und des Rates vom** **168** **25.11.2009 betreffend die Aufnahme und Ausübung der Versicherungs- und der Rückversicherungstätigkeit (Solvabilität II) (Neufassung)**[443] ist in das kroatische Recht durch das Gesetz über Versicherung[444] umgesetzt worden.

Die **Richtlinie 2001/24/EG des Europäischen Parlaments und des Rates vom 4.4.2001** **169** **über die Sanierung und Liquidation von Kreditinstituten**[445] ist in das kroatische Recht durch das Gesetz über Kreditinstitute[446] umgesetzt worden.

Die **Richtlinie 2008/94/EG des Europäischen Parlaments und des Rates vom** **170** **22.10.2008 über den Schutz der Arbeitnehmer bei Zahlungsunfähigkeit des Arbeitgebers**[447] ist in das kroatische Recht durch das Gesetz über die Sicherung der Forderungen der Arbeitnehmer im Falle des Konkurses des Arbeitgebers[448] umgesetzt worden. Diese gesetzlichen Lösungen schützen Arbeitnehmer auch in den grenzüberschreitenden Konkurs- bzw. Insolvenzverfahren.[449]

---

[435] Art. 171 Abs. 1–2 KG; vgl. § 91 Abs. 1–2 InsO.
[436] Art. 172–173 KG; vgl. § 92 InsO; näheres dazu unter → Rn. 160–163.
[437] Art. 198–215 KG; vgl. §§ 129–147 InsO; näheres dazu unter → Rn. 156–159.
[438] Art. 177–178, 180 KG; vgl. §§ 97–98, 101 InsO.
[439] Näheres dazu unter → Rn. 167–181.
[440] ABl. EU 2015 L 141, 19–72; letzte Änderung: ABl. EU 2018 L 171, 1–10.
[441] ABl. EG 2000 L 160, A. 1–18.
[442] Vgl. Art. 102 (§§ 1–11), 102a, 102b und 102c (§§ 1–26) des deutschen Einführungsgesetzes zur Insolvenzordnung v. 5.10.1994, BGBl. I 2911, das zuletzt durch Art. 24 Abs. 3 des Gesetzes v. 23.6.2017, BGBl. 2017 I 1693 geändert worden ist.
[443] ABl. EG 2009 L 335, 1–155; letzte Änderung: ABl. EU 2018 L 156, 43–76.
[444] *Zakon o osiguranju*, Narodne novine, 2015 Nr. 30 idF 2020 Nr. 63; s. Art. 2 Abs. 1 Nr. 5 und Abs. 2 Nr. 5 dieses Gesetzes.
[445] ABl. EG 2001 L 125, 15–23; letzte Änderung: ABl. EU 2014 L 173, 190–348.
[446] *Zakon o kreditnim institucijama*, Narodne novine, 2013 Nr. 159 idF 2020 Nr. 47; s. Art. 2 Abs. 1 Nr. 5 dieses Gesetzes.
[447] ABl. EG 2008 L 283, 36–42; letzte Änderung: ABl. EU 2015 L 263, 1–5.
[448] *Zakon o osiguranju potraživanja radnika u slučaju stečaja poslodavca*, Narodne novine, 2008 Nr. 86 idF 2015 Nr. 82.
[449] Art. 1a, 16 des Gesetzes über die Sicherung der Forderungen der Arbeitnehmer im Falle des Konkurses des Arbeitgebers.

Kroatien 171–175

171 Die Republik Kroatien beteiligt sich auf dem Gebiet des Konkurs-/Insolvenzrechts zur Zeit weder an einem bilateralen noch an einem multilateralen Staatsvertrag.

172 Das UNCITRAL-Modellgesetz über grenzüberschreitende Insolvenz aus dem Jahre 1997 findet keine Anwendung in der Republik Kroatien. Der kroatische Gesetzgeber hat die wichtigsten Probleme des internationalen Konkursrechts einer ausdrücklichen gesetzlichen Regelung bereits im Jahre 1996 zugeführt, in Kapitel X des KG[450] Diese Bestimmungen des Kapitels X des alten KG hat **das neue KG 2015** vollständig in sein **Kapitel XI** übernommen.[451] Dieses **autonome internationale Konkursrecht** kommt im Hinblick auf alle Staaten, die keine Mitgliedstaaten der Europäischen Union sind, zur Anwendung. Hier folgt eine kurze Darstellung der wichtigsten Regeln **des kroatischen autonomen internationalen Konkursrechts**.[452]

173 **Eine ausländische Entscheidung über die Eröffnung eines Konkurs- bzw. Insolvenzverfahrens wird anerkannt,** wenn sie durch ein ausländisches Gericht bzw. Organ ergangen ist, das nach kroatischem Recht international zuständig ist; weiter wenn sie nach dem Recht des Staates, in dem sie ergangen ist, vollstreckbar ist; und wenn ihre Anerkennung nicht im Widerspruch zu der öffentlichen Ordnung in der Republik Kroatien steht.[453] Diese Anerkennungsvoraussetzungen müssen kumulativ erfüllt sein.

174 Nach kroatischem Recht ist das Gericht bzw. Organ für die Durchführung eines universalen **Hauptkonkursverfahrens** *(glavni stečajni postupak)* jenes Staates ausschließlich international zuständig, in dessen Gebiet sich der Mittelpunkt der Geschäftstätigkeit des Schuldners befindet.[454] Dabei wird vermutet, dass der Mittelpunkt der Geschäftstätigkeit des Schuldners der Ort ist, an dem sein Sitz registriert ist.[455] Wird nachgewiesen, dass sich der Mittelpunkt der Geschäftstätigkeit des Schuldners in einem Staat befindet und der registrierte Sitz in einem anderen, dann wird das Gericht bzw. Organ dieses anderen Staates zur Durchführung des Hauptkonkursverfahrens nur dann ausschließlich international zuständig sein, falls ein Hauptkonkursverfahren nach dem Recht des ersten Staates aufgrund des Mittelpunkts der Geschäftstätigkeit nicht eröffnet werden kann, obwohl ein Konkursgrund gegeben ist.[456]

175 Nach kroatischem Recht ist es auch möglich, ein inländisches **Sonderkonkursverfahren** *(posebni stečajni postupak)*, welches nur das inländische Vermögen des Schuldners umfasst, zu eröffnen sowie eine ausländische Entscheidung über die Eröffnung eines solchen Sonderkonkursverfahrens anzuerkennen. Dabei kann ein Sonderkonkursverfahren ein **Partikularkonkursverfahren** *(partikularni stečajni postupak)* sein, welches vor der Anerkennung einer ausländischen Entscheidung über die Eröffnung eines Hauptkonkursverfahrens und ganz unabhängig vom ihm eröffnet werden kann, oder es kann ein **Sekundärkonkursverfahren** *(sekundarni stečajni postupak)* sein, welches als Folge der Anerkennung einer ausländischen Entscheidung über die Eröffnung eines Hauptkonkursverfahrens eröffnet werden kann. Die internationale Zuständigkeit für die Eröffnung eines solchen Sonderkonkursverfahrens (Partikular- oder Sekundärkonkursverfahrens) ist in erster Linie eine inländische Geschäftseinheit (Niederlassung) des Schuldners.[457] Ein Sekundärkonkursverfahren kann auch auf-

---

[450] Art. 301–335 KG.
[451] Das Kapitel XI des KG besteht aus 35 Artikel, die in sieben Abschnitte gegliedert sind (Art. 392–427 KG; vgl. §§ 335–358 InsO). Der erste Abschnitt enthält die Bestimmungen über die internationale Zuständigkeit des Gerichts der Republik Kroatien (sog. direkte Zuständigkeit, Art. 392–393 KG), aus denen auch die Anerkennungszuständigkeit für die Entscheidung über die Eröffnung eines ausländischen Konkursverfahrens abzuleiten ist (sog. indirekte Zuständigkeit). Im zweiten Abschnitt befinden sich allgemeine kollisionsrechtliche Vorschriften, die nicht nur in einem inländischen Konkursverfahren sondern auch im Falle der Anerkennung einer ausländischen Entscheidung über die Eröffnung eines Konkursverfahrens im Hinblick auf einige konkursrechtliche Folgen anzuwenden sind (Art. 394–399 KG). Im dritten Abschnitt sind die Voraussetzungen und Verfahren der Anerkennung einer ausländischen Entscheidung über die Eröffnung eines Konkursverfahrens geregelt (Art. 400–409 KG). Der vierte Abschnitt enthält Bestimmungen über die Wirkungen der Anerkennung einer ausländischen Entscheidung über die Eröffnung eines Konkursverfahrens (Art. 410–417 KG). Der fünfte Abschnitt regelt die Eröffnung eines Sonderkonkursverfahrens in der Republik Kroatien als Folge der Anerkennung einer Entscheidung über die Eröffnung eines Konkursverfahrens (Art. 418–423 KG), während der sechste Abschnitt die Bestimmungen über die Nichtanerkennung einer ausländischen Entscheidung über die Eröffnung eines Konkursverfahrens enthält (Art. 424–426 KG). Der siebte Abschnitt bezieht sich auf ausländische Vergleiche und andere Konkursverfahren bzw. Insolvenzverfahren (Art. 427 KG).
[452] Ausführlich dazu *Garašić*, Anerkennung ausländischer Insolvenzverfahren, Teil 1, S. 1–495, Teil 2, S. 1–581.
[453] Art. 403 Abs. 1 KG.
[454] Art. 392 Abs. 1 KG.
[455] Art. 392 Abs. 2 KG.
[456] Art. 392 Abs. 3 KG; näheres dazu *Garašić*, Anerkennung ausländischer Insolvenzverfahren, Teil 1, S. 146–149.
[457] Art. 393 Abs. 1 KG.

grund des bloßen inländischen Schuldnervermögens eröffnet werden, während ein Partikularkonkursverfahren aufgrund dieses Kriteriums nur eröffnet werden kann, wenn es eine sogenannte Ersatzfunktion hat.[458]

Das kroatische Recht kennt keine automatische Anerkennung einer ausländischen Entscheidung über die Eröffnung eines Konkursverfahrens. Um ihre Wirkungen in Kroatien entfalten zu können, muss diese Entscheidung in der Regel **in einem besonderen Anerkennungsverfahren (Exequatur)** oder **ausnahmsweise als Vorfrage in einem Gerichtsverfahren** anerkannt werden. Den Antrag auf Anerkennung in einem förmlichen Anerkennungsverfahren kann der ausländische Konkursverwalter oder ein Gläubiger des Schuldners stellen,[459] wobei dieser Antrag an das Gericht zu richten ist, in dessen Gebiet sich die Geschäftseinheit (*poslovna jedinica;* im Sinne einer Niederlassung) des Schuldners in der Republik Kroatien befindet. Sofern der Schuldner keine Geschäftseinheit in Kroatien hat, ist der Antrag an das Gericht zu richten, in dessen Gebiet sich Vermögen des Schuldners befindet.[460] Das besondere Anerkennungsverfahren ist so ausgestaltet, dass es eine richtige und zugleich rasche Entscheidung über die Anerkennungsfähigkeit der ausländischen Entscheidung über die Eröffnung eines Konkursverfahrens ermöglicht. Das KG enthält nicht nur Bestimmungen, welche die Konkursmasse während des Anerkennungsverfahrens schützen (Möglichkeit der Anordnung vorläufiger Maßnahmen und Verbot von Zwangsvollstreckungen und Sicherungen in diesem Zeitraum),[461] sondern auch Bestimmungen, durch welche diese Konkursmasse vom Zeitpunkt der Eröffnung des ausländischen Konkursverfahrens bis zur Anerkennung der Entscheidung über seine Eröffnung in Kroatien geschützt wird (rückwirkende Folgen der Anerkennung in der Form der Unwirksamkeit der in diesem Zeitraum vorgenommenen Zwangsvollstreckungen und Sicherungen, Verfügungen des Schuldners, Leistungen zugunsten des Schuldners und Aufrechnungen).[462]

Die grundlegende Kollisionsnorm im kroatischen internationalen Konkursrecht ist die Maßgeblichkeit der *lex fori concursus*.[463]

Wird als Folge der Anerkennung einer ausländischen Entscheidung über die Eröffnung eines Konkursverfahrens kein inländisches Sekundärkonkursverfahren eröffnet, dann bestimmen sich die Wirkungen der Anerkennung nach dem Recht des Staates, in dem das ausländische universale **Hauptkonkursverfahren** eröffnet worden ist, soweit dies **den grundlegenden Prinzipien des kroatischen Konkursrechts bzw. der kroatischen öffentlichen Ordnung nicht widersprechen**, und soweit durch das kroatische KG nichts anderes vorgesehen ist.[464] **Vorgesehene Abweichungen von der grundsätzlichen Maßgeblichkeit der *lex fori concursus*** bestehen im Hinblick auf: die Aussonderungs- und Absonderungsrechte (das Konkursrecht der *lex rei sitae*),[465] den Arbeitsvertrag (das Konkursrecht des Staates, dessen Recht auf den Arbeitsvertrag anzuwenden ist),[466] die Herausgabepflicht eines Gläubigers bzw. die Anrechnung des Erlangten in einem anderen Verfahren,[467] die Befriedigung bestimmter Gläubiger, dh Gläubiger öffentlich-rechtlicher Forderungen und der Sozialversicherungsträger.[468] Die Führung inländischer Rechtsstreitigkeiten und Einzelzwangsvollstreckungsverfahren ist während eines Anerkennungsverfahrens grundsätzlich untersagt,[469] unabhängig davon, was die *lex fori concursus* diesbezüglich vorsieht. Von der Maßgeblichkeit der *lex fori concursus* wurde auch in jenen Bestimmungen abgewichen, welche die rückwirkenden Folgen

---

[458] Ein Partikularkonkursverfahren kann aufgrund des bloßen Schuldnervermögens in folgenden Fällen beantragt werden: 1. wenn die Eröffnung eines Konkursverfahrens in dem Staat, in dem der Schuldner den Mittelpunkt der Geschäftstätigkeit hat, nach den Voraussetzungen des Konkursrechts dieses Staates nicht möglich ist, obwohl ein Konkursgrund gegeben ist; 2. wenn nach dem Recht des Staates, in dem der Schuldner den Mittelpunkt der Geschäftstätigkeit hat, das Konkursverfahren nur das Vermögen des Schuldners in diesem Staat umfasst; 3. wenn die Eröffnung eines Sonderkonkursverfahrens in der Situation beantragt wird, in welcher die Bedingungen erfüllt sind, die eine Ablehnung des Antrags auf Anerkennung der ausländischen Entscheidung über die Konkurseröffnung herbeiführen könnten; 4. wenn seine Eröffnung im Rahmen des Verfahrens für die Anerkennung einer ausländischen Entscheidung über eines Konkursverfahrens nach Ablehnung des Antrags auf Anerkennung, beantragt wird. (Art. 393 Abs. 2 Nr. 1–4 KG); näheres dazu *Garašić*, Anerkennung ausländischer Insolvenzverfahren, Teil 1, S. 323–325.
[459] Art. 402 Abs. 1 KG.
[460] Art. 401 Abs. 1 KG.
[461] Art. 404 KG.
[462] Art. 412–415 KG; näheres dazu *Garašić*, Anerkennung ausländischer Insolvenzverfahren, Teil 1, S. 259–268.
[463] Art. 395 KG.
[464] Art. 411 Abs. 1 und Art. 403 Abs. 1 Nr. 3 KG.
[465] Art. 396, 416 Abs. 3 KG.
[466] Art. 397 KG.
[467] Art. 398 KG.
[468] Art. 416 Abs. 1 iVm Art. 418 Abs. 1 Nr. 1–2, Art. 416 Abs. 2 und 4 KG.
[469] Art. 404 Abs. 2 KG.

Kroatien 179–185

der Anerkennung in der Form der Unwirksamkeit der im Zeitraum zwischen der Eröffnung eines ausländischen Konkursverfahrens und seiner Anerkennung im Inland vorgenommenen Einzelzwangsvollstreckung und Sicherungen, Verfügungen des Schuldners, Leistungen zugunsten des Schuldners sowie Aufrechnungen regeln.[470]

179 Wird als Folge der Anerkennung einer ausländischen Entscheidung über die Eröffnung eines Konkursverfahrens ein inländisches **Sekundärkonkursverfahren** eröffnet, was nur möglich aber nicht zwingend ist, dann bestimmt das inländische kroatische Konkursrecht die Folgen der Eröffnung des Sekundärkonkursverfahrens als *lex fori concursus*. Die bereits erwähnten gesetzlich vorgesehenen **Abweichungen** von der *lex fori concursus* finden ihre Anwendung auch in einem inländischen Sekundärkonkursverfahren. An diesem Sekundärkonkursverfahren können alle Konkursgläubiger des Schuldners teilnehmen, wie in einem inländischen Haupt- oder Partikularkonkursverfahren, allerdings gelten im Hinblick auf die Verteilung der Konkursmasse des Sekundärverfahrens besondere Regeln. Das kroatische KG sieht **eine Reihe verschiedener Formen der Kooperation und Zusammenarbeit** zwischen dem **Konkursverwalter** des ausländischen Hauptkonkursverfahrens und dem Konkursverwalter des inländischen Sekundärkonkursverfahrens sowie zwischen dem ausländischen und dem inländischen **Konkursgericht** vor.[471]

180 Ist noch vor der Anerkennung einer ausländischen Entscheidung über die Eröffnung eines Konkursverfahrens in Kroatien ein inländisches **Partikularkonkursverfahren** eröffnet worden, so besteht die Möglichkeit der Umwandlung dieses Partikularkonkursverfahrens in ein Sekundärkonkursverfahren, falls dies nach dem Stand des Partikularkonkursverfahrens noch möglich ist.[472] Im kroatischen Partikularkonkursverfahren ist das kroatische Konkursrecht als *lex fori concursus* mit den vorgesehenen Abweichungen anzuwenden.

181 Die sogenannten „**protocols**", welche sich insbesondere im anglo-amerikanischen Rechtsraum als ein Instrument der Kooperation in den Fällen der grenzüberschreitenden Insolvenzen entwickelt haben, haben bislang in den kroatischen Konkursverfahren noch keine Anwendung gefunden.

13. Die COVID-19 Gesetzgebung betreffend das Konkursrecht

182 Das kroatische Parlament hat am 30.4.2020 das Gesetz über die Interventionsmaßnahmen in den Zwangsvollstreckungs- und Konkursverfahren während der Dauer der besonderen Umstände (*Zakon o interventnim mjerama u ovršnim i stečajnim postupcima za vrijeme trajanja posebnih okolnosti 2020, im folgenden: IMZKVG*)[473] erlassen. Dieses Gesetz ist am 1.5.2020 in Kraft getreten. Es regelt die besonderen Interventionsmaßnahmen während der Dauer der besonderen Umstände infolge der Verkündung der COVID-19-Pandemie, welche durch das Virus SARS-CoV-2 verursacht worden ist.[474]

183 Nach dem wörtlichen Text des Art. 6 Abs. 1 dieses Gesetzes sind die Konkursgründe, die während der Dauer der besonderen Umstände entstanden worden sind, keine Voraussetzung für die Beantragung der Eröffnung des Konkursverfahrens. Art. 6 Abs. 2 dieses Gesetzes sieht doch zwei Ausnahmen von dieser Regel vor: a) der Schuldner kann die Eröffnung des Konkursverfahrens beantragen; b) die Finanzagentur und ein Gläubiger können die Eröffnung des Konkursverfahrens nur beantragen, um die Interessen und die Sicherheit der Republik Kroatien, der Natur, der menschlichen Umwelt und der menschlichen Gesundheit zu schützen.

184 Die Dauer der besonderen Umstände im Sinne des erwähnten Gesetzes begann von dem Tag seines Inkrafttretens und beträgt drei Monate.[475] Durch die Entscheidung der Regierung der Republik Kroatien kann diese Frist um drei Monate verlängert werden.[476] Diese Frist ist durch die Entscheidung über Verlängerung der Frist der Dauer der besonderen Umständen (*Odluka o produženju roka trajanja posebnih okolnosti*),[477] welche die kroatische Regierung am 16.7.2020 getroffen hat, bis zum 18.10.2020 verlängert worden.

185 Leider sind die kroatische Regierung und das Parlament der Meinung, dass diese erwähnten Regeln genügen, um das ganze kroatische Konkursrecht den Herausforderungen der COVID-19 Pandemie anzupassen.

---

[470] Art. 412–415 KG.
[471] Art. 399, 419–423 KG.
[472] Art. 410 Abs. 1–2 KG; näheres dazu *Garašić*, Anerkennung ausländischer Insolvenzverfahren, Teil 1, S. 432.
[473] *Zakon o interventnim mjerama u ovršnim i stečajnim postupcima za vrijeme trajanja posebnih okolnosti*, Narodne novine, 2020 Nr. 53.
[474] Art. 1 IMZKVG.
[475] Art. 8 Abs. 1 IMZKVG.
[476] Art. 8 Abs. 2 IMZKVG.
[477] *Odluka o produženju roka trajanja posebnih okolnosti*, Narodne novine, 2020 Nr. 83.

Kroatien

Schema

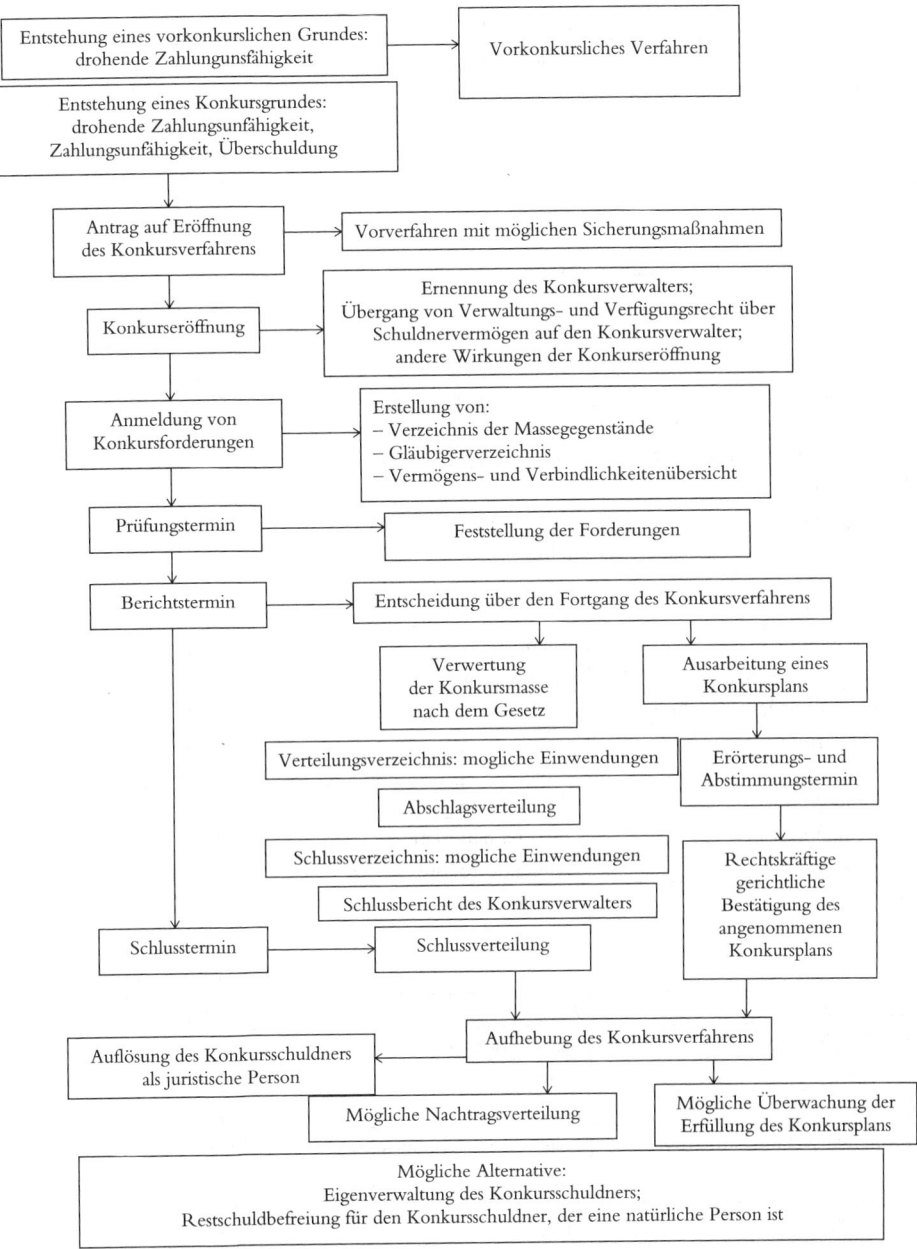

Kroatien

Glossar

Deutsch	Kroatisch	Rn.
Abschlagsverteilung	djelomična dioba	98, 99, 102
Absonderungsrecht	razlučno pravo	17, 30, 76, 79, 81–82, 90–94, 111, 150, 178
Absonderungsgläubiger	razlučni vjerovnik	30, 61, 66, 72, 79, 91–94, 133–135, 140–141, 144, 178
Abstimmungstermin	ročište za glasovanje	75
Amtsblatt, Gesetzblatt der Republik Kroatien	Narodne novine	4
Anmeldung der Forderung	prijava tražbine	76–83
Anfechtungsklage	tužba za pobijanje	159
Anfechtungsgegner	protivnik pobijanja	159
Anordnung	uputa	44, 46
Antrag auf Eröffnung des Konkursverfahrens	prijedlog za otvaranje stečajnog postupka	33, 39–42
Arbeitgeber	poslodavac	4, 124, 170
Arbeitnehmer	radnik	4, 17, 34, 72, 78, 88, 124–126, 164, 170
Arbeitsvertrag	ugovor o radu	124, 178
Aufrechnung	prijeboj	151–154, 176, 178
Aufrechnungsrecht	pravo prijeboja	151–154, 176, 178
außergerichtliches Verfahren	izvansudski postupak	27–28
Aussonderungsrecht	izlučno pravo	17; 76, 79, 81–82, 95, 106–107, 111, 125
Aussonderungsgläubiger	izlučni vjerovnik	62, 66, 107, 129
Befriedigungsrecht	pravo na namirenje	137, 142–143
Berichtstermin	izvještajno ročište	52–53, 75, 117
Beschluss	rješenje	17, 29–30, 33, 36, 38, 44, 46, 48, 50, 55, 57–58, 76–77, 82, 102, 111–112, 114, 116
Beschwerde	žalba	17, 30, 46
Blankoschuldschein	bjanko zadužnica	149
Darlehen	zajam	85, 103, 157
Dienstvertrag	ugovor o službi	124
drohende Zahlungsunfähigkeit	prijeteća nesposobnost za plaćanje	22, 32
Durchführungsgrundlage (gestaltender Teil) eines Konkursplans	provedbena osnova stečajnog plana	110
Eigentumsvorbehalt	pridržaj prava vlasništva	95, 118, 127–130
Eigenverwaltung des Konkursschuldners	osobna uprava stečajnog dužnika	8, 44, 54–55
Einwendung	prigovor	102
einfaches Verbraucherkonkursverfahren	jednostavni postupak stečaja potrošača	30
Einrede im Rechtsstreit	prigovor u pravnom sporu	159
Einzelrichter	sudac pojedinac	46

Kroatien

Deutsch	Kroatisch	Rn.
Einzelschuldner	dužnik pojedinac	8, 13, 17, 30, 36, 38, 46, 49, 51, 64, 74, 82, 111, 165
Eröffnungsgrund	stečajni razlog	32–33, 39
Erörterungstermin	ročište za raspravljanje	75
Finanzagentur	Financijska agencija	10, 28, 32–33, 42, 53, 183
freiwillige gerichtliche Hypothek	dobrovoljna sudska hipoteka	143
freiwillige notarielle Hypothek	dobrovoljna javnobilježnička hipoteka	143
Forderung	tražbina	76
gekürztes Konkursverfahren	skraćeni stečajni postupak	10, 42
Gemeindegericht	općinski sud	29–30
Gericht	sud	9, 17, 29, 33, 43–46, 52, 55, 57–58, 60, 72, 80, 105, 111–112, 116, 164, 174, 176, 179
gerichtliche Zwangshypothek	prisilna sudska hipoteka	143
Gerichtsgebühr	sudska pristojba	45
Gesamtschaden	skupna šteta	160–163, 165
Geschäftsstelle des Gerichts	sudska pisarnica	52, 81
Gespanschaftsgericht	županijski sud	30
Gläubiger	vjerovnik	8
Gläubiger der Konkursmasse, Massegläubiger	vjerovnik stečajne mase	30, 63, 84–85
Gläubigerausschuss	odbor vjerovnika	9, 43–44, 49, 52–53, 71–74, 99–100
Gläubigerverzeichnis	popis vjerovnika	52
Gläubigerversammlung	skupština vjerovnika	43, 48–49, 52–54, 71–72, 74, 75, 109
Grundbuch	zemljišna knjiga	91, 106, 137
Handelsgericht	trgovački sud	12, 17, 46–47
Handelsgesellschaft	trgovačko društvo	7, 14, 18, 25, 32, 41
Hauptkonkusverfahren	glavni stečajni postupak	174–175, 178–179
Hoher Handelsgerichtshof der Republik Kroatien	Visoki trgovački sud Republike Hrvatske	17
Hypothek	hipoteka	138, 142–143
juristische Person	pravna osoba	5, 8, 10, 49, 113, 135, 165
Konkurs	stečaj	9
Konkurs von geringem Wert	stečaj male vrijednosti	9
Konkursanfechtung	pobijanje u stečaju	156–159
Konkursgläubiger	stečajni vjerovnik	8, 30, 51, 53, 60, 65–66, 72, 74–75, 78, 80, 85–89, 96–97, 101, 103, 114, 117, 120–121, 125, 150–151, 159–160, 165, 179
Konkursgrund	stečajni razlog	14, 25, 30, 32–33, 39, 44, 56, 115, 174

Garašić

Kroatien

Deutsch	Kroatisch	Rn.
Konkursmasse	stečajna masa	52–53
Konkursplan	stečajni plan	8, 16–17, 22, 44, 53–54, 70, 74–75, 85, 108–111, 116
Konkurssachwalter	stečajni povjerenik	55
Konkursschuldner	stečajni dužnik	4–14
Konkursverfahren	stečajni postupak	8, 10, 13, 23, 26–30, 182–183
Konkursverwalter	stečajni upravitelj	43, 47–50, 54, 59, 117, 159, 160–163, 166, 176, 179
Kosten des Konkursverfahrens	troškovi stečajnoga postupka	45, 51, 63, 73, 84, 115
Kredit	kredit	85
Kreditrahmen	kreditni okvir	85
Massegläubiger	vjerovnik stečajne mase	30, 63, 84–85
Masseverbindlichkeiten	obveze stečajne mase	51, 63, 65, 84, 115
Miete	najam	118, 120, 123, 132
Mieter	najmoprimac	121–122
Nachtragsverteilung	naknadna dioba	98, 101–102
natürliche Person	fizička osoba	8, 13, 28, 47, 109, 113–114
neue Finanzierungen	nova financiranja	85
Oberster Gerichtshof der Republik Kroatien	Vrhovni sud Republike Hrvatske	30
Pacht	zakup	118, 120–123, 132
Pächter	zakupnik	121–122
Partikularkonkursverfahren	partikularni stečajni postupak	175, 179–180
Pfandrecht	založno pravo	131–133, 137–138, 142–143, 146
Privilegien	privilegije	143
Prüfungstermin	ispitno ročište	60, 65, 75, 81–82, 99, 114
Recht auf Rückstellung von Waren	pravo na vraćanje stvari	107
Rechtsstreitigkeit	pravni spor, parnica	17, 61–63, 65, 165, 178
Restrukturierungsplan	plan restrukturiranja	17, 20
Restschuldbefreiung	oslobođenje od preostalih obveza	8, 29–30, 44, 114
Revision	revizija	17, 30, 46
Sachwalter	povjerenik	17, 29
Sachwalter im vorkonkurslichen Verfahren	povjerenik u predstečajnom postupku	17
Sanierungsverfahren	sanacijski postupak	5
Schlussrechnung	završni račun	75
Schlusstermin	završno ročište	75, 101, 109
Schlussverzeichnis	završni popis	75, 102
Schlussverteilung	završna dioba	30, 98, 100, 102, 112
Schuldenbegleichungsplan	plan ispunjenja obveza	28–30
Schuldner	dužnik	4–14

Kroatien

Deutsch	Kroatisch	Rn.
Schuldschein	zadužnica	149
Sekundärkonkursverfahren	sekundarni stečajni postupak	175, 178–180
Schiedsverfahren	arbitražni postupak	65
Sicherung durch die Übertragung von Rechten	osiguranje prijenosom prava	133, 139
Sicherungsmaßnahmen	mjere osiguranja	17, 35, 56–59
Sicherungsübereignung	osiguranje prijenosom vlasništva	131, 133, 137, 142
Sicherungsverfahren	postupak osiguranja	57, 66, 150
Sicherungszession	cesija radi osiguranja; ustupanje radi osiguranja	147
Sonderkonkursverfahren	posebni stečajni postupak	175
Überschuldung	prezaduženost	32
Veräußerung des Vermögens des Schuldners als Einheit	prodaja imovine dužnika kao cjeline	53
Verbraucher	potrošač	4, 13
Verbraucherkonkurs	stečaj potrošača	4, 15, 26–31
Verbraucherkonkursverfahren	stečajni postupak potrošača	4, 13, 15, 26–31
Verfahren eines vorkonkurslichen Vergleichs	postupak predstečajne nagodbe	6, 12, 16, 22
Verfahren der aussergewöhnlichen Verwaltung in Handelsgesellschaften von der systematischen Bedeutung für die Republik Kroatien	postupak izvanredne uprave u trgovačkim društvima od sistemskog značenja za Republiku Hrvatsku	7, 14, 18, 25
Vermieter	najmodavac	122–123, 132
Vermittler	posrednik	28
Vermögens- und Verbindlichkeitenübersicht	pregled imovine i obveza	52
Verpächter	zakupodavac	122–123, 132
Verteilung	dioba	97–102, 112, 179
Verteilungsverzeichnis	diobni popis	102
Vertrag	ugovor	117–124
Vertragshypothek	ugovorna hipoteka	143
Verwaltungsverfahren	upravni postupak	12, 17
Verzeichnis der einzelnen Massegegenstände	popis predmeta stečajne mase	52
Vorbereitungsgrundlage (darstellender Teil) eines Konkursplans	pripremna osnova stečajnog plana	110
Vorverfahren	prethodni postupak	9, 33–38, 44–45, 56–58, 164
vorkonkursliche Vereinbarung	predstečajni sporazum	12, 17, 20, 22, 28
vorkonkurslicher Vergleich	predstečajna nagodba	6, 12, 16, 22
vorkonkursliches Verfahren	predstečajni postupak	6, 12, 16–20, 22–23, 85, 126, 150
vorläufiger Konkursverwalter	privremeni stečajni upravitelj	35–38, 59, 164
Wiederaufnahme des Verfahrens	ponavljanje postupka	17, 30, 46
Wiedereinsetzung in den vorigen Stand	povrat u prijašnje stanje	17, 46
Zahlungsrang	isplatni red	86–89, 97, 104, 125

Kroatien

Deutsch	Kroatisch	Rn.
Zahlungsunfähigkeit	nesposobnost za plaćanje	22, 29, 32, 37, 39, 170
Zurückbehaltungsrecht an einem Gegenstand	pravo zadržanja predmeta	131, 134, 142–143
Zwangsvollstreckung	ovrha	17, 51, 53, 60–64, 66, 91–92, 114, 122, 127, 132, 137, 142–143, 150, 165, 176, 178, 182
Zwangsvollstreckungsverfahren	ovršni postupak	17, 51, 53, 60–64, 66, 91–92, 114, 122, 127, 132, 137, 142–143, 150, 165, 176, 178, 182

Glossar

Kroatisch	Deutsch	Rn.
arbitražni postupak	Schiedsverfahren	65
bjanko zadužnica	Blankoschuldschein	149
cesija radi osiguranja	Sicherungszession	147
dioba	Verteilung	97–102, 112, 179
diobni popis	Verteilungsverzeichnis	102
djelomična dioba	Abschlagsverteilung	98, 99, 102
dobrovoljna sudska hipoteka	freiwillige gerichtliche Hypothek	143
dobrovoljna javnobilježnička hipotheka	freiwillige notarielle Hypothek	143
dužnik	Schuldner	4–14
dužnik pojedinac	Einzelschuldner	8, 13, 17, 30, 36, 38, 46, 49, 51, 64, 74, 82, 111, 165
Financijska agencija	Finanzagentur	10, 28, 32–33, 42, 53, 183
fizička osoba	natürliche Person	8, 13, 28, 47, 109, 113–114
glavni stečajni postupak	Hauptkonkursverfahren	174–175, 178–179
hipoteka	Hypothek	138, 142–143
ispitno ročište	Prüfungstermin	60, 65, 75, 81–82, 99, 114
isplatni red	Zahlungsrang	86–89, 97, 104, 125
izlučni vjerovnik	Aussonderungsgläubiger	62, 66, 107, 129
izlučno pravo	Aussonderungsrecht	17, 76, 79, 81–82, 95, 106–107, 111, 125, 129, 178
izvansudski postupak	außergerichtliches Verfahren	27–28
izvještajno ročište	Berichtstermin	52–53, 75, 117
jednostavni postupak stečaja potrošača	einfaches Verbraucherkonkursverfahren	30
kredit	Kredit	85
kreditni okvir	Kreditrahmen	85
mjere osiguranja	Sicherungsmaßnahmen	17, 35, 56–59
najam	Miete	118, 120–123, 132

Kroatien

Kroatisch	Deutsch	Rn.
najmodavac	Vermieter	122–123, 132
najmoprimac	Mieter	121–122
naknadna dioba	Nachtragsverteilung	98, 101–102
Narodne novine	Gesetzblatt, Amtsblatt der Republik Kroatien	4
nesposobnost za plaćanje	Zahlungsunfähigkeit	22, 29, 32, 37, 39, 170
nova financiranja	neue Finanzierungen	85
obveze stečajne mase	Masseverbindlichkeiten	51, 63, 65, 84, 115
odbor vjerovnika	Gläubigerausschuss	9, 43–44, 49, 52–53, 71–74, 99–100
općinski sud	Gemeindegericht	29–30
osiguranje prijenosom vlasništva	Sicherungsübereignung	131, 133, 137, 142
osiguranje prijenosom prava	Sicherung durch die Übertragung von Rechten	133, 139
oslobođenje od preostalih obveza	Restschuldbefreiung	8, 29–30, 44, 114
osobna uprava stečajnog dužnika	Eigenverwaltung des Konkursschuldners	8, 44, 54–55
ovrha	Zwangsvollstreckung	17, 51, 53, 60–64, 66, 91–92, 114, 122, 127, 132, 137, 142–143, 150, 165, 176, 178, 182
ovršni postupak	Zwangsvollstreckungsverfahren	17, 51, 53, 60–64, 66, 91–92, 114, 122, 127, 132, 137, 142–143, 150, 165, 176, 178, 182
partikularni stečajni postupak	Partikularkonkursverfahren	175, 179–180
plan ispunjenja obveza	Schuldenbegleichungsplan	28–30
plan restrukturiranja	Restrukturierungsplan	17, 20
pobijanje u stečaju	Konkursanfechtung	156–159
ponavljanje postupka	Wiederaufnahme des Verfahrens	17, 30, 46
popis vjerovnika	Gläubigerverzeichnis	52
popis predmeta stečajne mase	Verzeichnis der einzelnen Massegegenstände	52
posebni stečajni postupak	Sonderkonkursverfahren	175
poslodavac	Arbeitgeber	4, 124, 170
posrednik	Vermittler	28
postupak osiguranja	Sicherungsverfahren	57, 66, 150
postupak izvanredne uprave u trgovačkim društvima od sistemskog značenja za Republiku Hrvatsku	Verfahren der aussergewöhnlichen Verwaltung in Handelsgesellschaften von der systematischen Bedeutung für die Republik Kroatien	7, 14, 18, 25
postupak predstečajne nagodbe	Verfahren eines vorkonkurslichen Vergleichs	6, 12, 16, 22
potrošač	Verbraucher	4, 13
povjerenik	Sachwalter	17, 29
povjerenik u predstečajnom postupku	Sachverwalter im vorkonkurslichen Verfahren	17
povrat u prijašnje stanje	Wiedereinsetzung in den vorigen Stand	17, 46

Kroatien

Kroatisch	Deutsch	Rn.
pravna osoba	juristische Person	5, 8, 10, 49, 113, 135, 165
pravni spor, parnica	Rechtsstreitigkeit	17, 61–63, 65, 165, 178
pravo na namirenje	Befriedigungsrecht	137, 142–143
pravo na vraćanje stvari	Recht auf Rückstellung von Waren	107
pravo prijeboja	Aufrechnungsrecht	151–154, 176, 178
pravo zadržanja predmeta	Zurückbehaltungsrecht an einem Gegenstand	131, 134, 142–143
predstečajna nagodba	vorkonkurslicher Vergleich	6, 12, 16, 22
predstečajni postupak	vorkonkursliches Verfahren	6, 12, 16–20, 22–23, 85, 126, 150
prestečajni sporazum	vorkonkursliche Vereinbarung	12, 17, 20, 22, 28
pregled imovine i obveza	Vermögens- und Verbindlichkeitenübersicht	52
prethodni postupak	Vorverfahren	9, 33–38, 44–45, 56–58, 164
prezaduženost	Überschuldung	32
pridržaj prava vlasništva	Eigentumsvorbehalt	95, 118, 127–130
prigovor	Einwendung	102
prigovor u pravnom sporu	Einrede im Rechtsstreit	159
prijava tražbine	Anmeldung der Forderung	76–83
prijeboj	Aufrechnung	151–154, 176, 178
prijeteća nesposobnost za plaćanje	drohende Zahlungsunfähigkeit	22, 32
prijedlog za otvaranje stečajnog postupka	Antrag auf Eröffnung des Konkursverfahrens	33, 39–42
pripremna osnova stečajnog plana	Vorbereitungsgrundlage (darstellender Teil) eines Konkursplans	110
prisilna sudska hipoteka	gerichtliche Zwangshypothek	143
privilegije	Privilegien	143
privremeni stečajni upravitelj	vorläufiger Konkursverwalter	35–38, 59, 164
prodaja imovine dužnika kao cjeline	Veräußerung des Vermögens des Schuldners als Einheit	53
protivnik pobijanja	Anfechtungsgegner	159
provedbena osnova stečajnog plana	Durchführungsgrundlage (gestaltender Teil) eines Konkursplans	110
radnik	Arbeitnehmer	4, 17, 34, 72, 78, 88, 124, 126, 164, 170
razlučni vjerovnik	Absonderungsgläubiger	30, 61, 66, 72, 79, 91–94, 133–135, 140–141, 144, 178
razlučno pravo	Absonderungsrecht	17, 30, 76, 79, 81–82, 90–94, 111, 150, 178
revizija	Revision	17, 30, 46
rješenje	Beschluss	17, 29–30, 33, 36, 38, 44, 46, 48, 50, 55, 57–58, 76–77, 82, 102, 111–112, 114, 116
ročište za glasovanje	Abstimmungstermin	75

Kroatien

Kroatisch	Deutsch	Rn.
ročište za raspravljanje	Erörterungstermin	75
sanacijski postupak	Sanierungsverfahren	5
sekundarni stečajni postupak	Sekundärkonkursverfahren	175, 178–180
skraćeni stečajni postupak	gekürztes Konkursverfahren	10, 42
skupna šteta	Gesamtschaden	160–163, 165
skupština vjerovnika	Gläubigerversammlung	43, 48–49, 52–54, 71–72, 74–75, 109
stečaj	Konkurs	9
stečaj male vrijednosti	Konkurs von geringem Wert	9
stečaj potrošača	Verbraucherkonkurs	4, 15, 26–31
stečajna masa	Konkursmasse	52–53
stečajni dužnik	Konkursschuldner	4–14
stečajni plan	Konkursplan	8, 16–17, 22, 44, 53–54, 70, 74–75, 85, 108–111, 116
stečajni postupak	Konkursverfahren	8, 10, 13, 23, 26–30, 182–183
stečajni postupak potrošača	Verbraucherkonkursverfahren	4, 13, 15, 26–31
stečajani povjerenik	Konkurssachwalter	55
stečajni razlog	Konkursgrund; Eröffnungsgrund	14, 25, 30, 32–33, 39, 44, 56, 115, 174
stečajni upravitelj	Konkursverwalter	43, 47–50, 54, 59, 117, 159, 160–163, 166, 176, 179
stečajni vjerovnik	Konkursgläubiger	8, 30, 51, 53, 60, 65–66, 72, 74–75, 78, 80, 85–89, 96–97, 101, 103, 114, 117, 120–121, 125, 150–151, 159–160, 165, 179
sud	Gericht	9, 17, 29, 33, 43–46, 52, 55, 57–58, 60, 72, 80, 105, 111–112, 116, 164, 174, 176, 179
sudac pojedinac	Einzelrichter	46
sudska pisarnica	Geschäftsstelle des Gerichts	52, 81
sudska pristojba	Gerichtsgebühr	45
tražbina	Forderung	76
trgovački sud	Handelsgericht	12, 17, 46–47
trgovačko društvo	Handelsgesellschaft	7, 14, 18, 25, 32, 41
troškovi stečajnoga postupka	Kosten des Konkursverfahrens	45, 51, 63, 73, 84, 115
tužba za pobijanje	Anfechtungsklage	159
ugovor	Vertrag	117–124
ugovor o radu	Arbeitsvertrag	124, 178
ugovor o službi	Dienstvertrag	124
ugovorna hipoteka	Vertragshypothek	143
upravni postupak	Verwaltungsverfahren	12, 17
uputa	Anordnung	44, 46
ustupanje radi osiguranja	Sicherungszession	147

Kroatien

Kroatisch	Deutsch	Rn.
Visoki trgovački sud Republike Hrvatske	Hoher Handelsgerichtshof der Republik Kroatien	17
vjerovnik	Gläubiger	8
vjerovnik stečajne mase	Massegläubiger, Gläubiger der Konkursmasse	30, 63, 84–85
Vrhovni sud Republike Hrvatske	Oberster Gerichtshof der Republik Kroatien	30
zadužnica	Schuldschein	149
zajam	Darlehen	85, 103, 157
zakup	Pacht	118, 120–123, 132
zakupodavac	Verpächter	122–123, 132
zakupnik	Pächter	121–122
založno pravo	Pfandrecht	131–133, 137–138, 142–143, 146
završna dioba	Schlussverteilung	30, 98, 100, 102, 112
završni popis	Schlussverzeichnis	75, 102
završni račun	Schlussrechnung	75
završno ročište	Schlusstermin	75, 101, 109
zemljišna knjiga	Grundbuch	91, 106, 137
žalba	Beschwerde	17, 30, 46
županijski sud	Gespanschaftsgericht	30

Lettland

bearbeitet von *Edvīns Draba*, LL.M. (Universität Lettland), Senior Associate, Sorainen; deutsche Bearbeitung von Prof. Dr. *Stephan Madaus* (Martin-Luther-Universität Halle-Wittenberg)

Übersicht

	Rn.
1. Rechtsgrundlagen, Schrifttum und Informationsquellen	1
2. Einführung	4
2.1 Rechtsquellen	4
2.2 Verfahrensarten	5
2.2.1 Insolvenzverfahren für Gesellschaften	5
2.2.2 Restrukturierungsverfahren für Gesellschaften	6
2.2.3 Außergerichtliches Restrukturierungsverfahren für Gesellschaften	7
2.2.4 Insolvenzverfahren für natürliche Personen	8
2.3 Präventive Restrukturierung (vorinsolvenzlich)	10
2.4 Finanzielle Restrukturierung	12
2.5 Spezielle Regeln für Finanzinstitute und Versicherungsunternehmen	13
2.5.1 Insolvenzverfahren von Finanz- und Kapitalmarktteilnehmern	13
2.5.2 Sanierung und Abwicklung von Finanzinstituten	16
2.6 Insolvenzen von Unternehmensgruppen	17
2.7 Insolvenzverfahren für natürliche Personen	18
3. Wesentliche Merkmale des Insolvenzverfahrens	24
3.1 Eröffnung des Verfahrens	24
3.1.1 Eröffnungsgründe	24
3.1.2 Ermittlung der Eröffnungsgründe	31
3.1.3 Antragspflichten und Verschleppungshaftung	34
3.1.4 Antragsberechtigung	37
3.2 Die Rolle der Gerichte	38
3.3 Die Rolle des Insolvenzkontrolldienstes	42
3.4 Die Rolle des Berufsverbandes der zugelassenen Insolvenzverwalter	43
3.5 Insolvenzverwalter	44
3.5.1 Zulassung zum Beruf, Rechtsposition, Entlassung	44
3.5.2 Bestellung und Abberufung im Insolvenzverfahren	51
3.5.3 Aufgaben und Befugnisse eines Insolvenzverwalters	54
3.5.4 Vergütung eines Insolvenzverwalters	57
3.6 Verwaltung und Verwertung der Insolvenzmasse	60

	Rn.
3.7 Going Concern und Unternehmensfortführungen	66
3.8 Maßnahmen zum Schutz des Vermögens bei Insolvenzreife	68
3.9 Auswirkungen der Verfahrenseröffnung auf Vollstreckungsmaßnahmen einzelner Gläubiger	70
3.10 Auswirkungen der Verfahrenseröffnung auf laufende Gerichts- oder Schiedsverfahren	72
3.11 Automatisches Moratorium	73
3.12 Gläubigerorgane	74
3.13 Forderungsprüfung	78
3.14 Verteilung und Vorrechte	81
3.14.1 Masseverbindlichkeiten	84
3.14.2 Gesicherte Gläubiger	86
3.14.3 Ungesicherte Gläubiger	87
3.14.4 Nachrangige Gläubiger	88
3.15 Aufhebung des Verfahrens	89
4. Restrukturierungsverfahren	91
5. Außergerichtliches Restrukturierungsverfahren	102
6. Verträge in Insolvenz- oder Restrukturierungsverfahren (oder anderen) Verfahren	103
6.1 Schwebende Geschäfte	103
6.2 Mietverträge	105
6.3 Leasingverträge	106
6.4 Arbeitsverträge	107
7. Pensionsansprüche in Insolvenz und Restrukturierung	108
8. Eigentumsvorbehalt	109
9. Sicherungsrechte in der Insolvenz	110
9.1 Mobiliarsicherheiten	111
9.2 Immobiliarsicherheiten	113
9.3 Schiffe	114
10. Aufrechnung	115
11. Insolvenzanfechtung	117
12. Durchsetzung von Haftungsansprüchen gegen (ehemalige) Organe und Gesellschafter	121
13. Internationales Insolvenzrecht	122
14. COVID-19-Maßnahmen	123

Lettland 1–6

1. Rechtsgrundlagen, Schrifttum und Informationsquellen

1 **Rechtsgrundlagen:** Lettische Gesetze und andere Rechtsakte sowie Urteile des *Satversmes tiesa* (Verfassungsgericht) sind erhältlich unter https://likumi.lv/. Amtliche Veröffentlichungen von Gesetzen und anderen Rechtsverordnungen geschehen in der Online-Version des Amtsblatts „*Latvijas Vēstnesis*" unter https://www.vestnesis.lv/.

2 **Schrifttum:** Civilprocesa likuma komentāri. I daļa (1.-28. nodaļa). Otrais papildinātais izdevums. Sagatavojis autoru kolektīvs prof. K. Torgāna zinātniskajā zinātniskajā redakcijā. Rīga: Tiesu namu aģentūra, 2016 (Kommentar zum Zivilprozessrecht, Teil I), Civilprocesa likuma komentāri. III daļa (29.-60.[1] nodaļa). Sagatavojis autoru kolektīvs prof. K. Torgāna zinātniskajā zinātniskajā redakcijā. Rīga: Tiesu namu aģentūra, 2012 (Kommentar zum Zivilprozessrecht, Teil II). Es wurden bislang keine Kommentare zum Insolvenzrecht veröffentlicht.

3 **Informationsquellen:** Die wichtigsten Entscheidungen des *Augstākā tiesa* (Oberster Gerichtshof) im Insolvenz- und Restrukturierungsrecht werden unter http://www.at.gov.lv/en/court-proceedings-in-the-supreme-court/archive-of-case-law-decisions veröffentlicht. Entscheidungssammlungen des Obersten Gerichtshofs finden sich auch unter http://www.at.gov.lv/en/judikatura/tiesuprakses-apkopojumi, während Entscheidungen der Generalversammlung der Richter des Obersten Gerichtshofs unter http://www.at.gov.lv/en/judikatura/tiesnesu-kopsapulcu-lemumi zu finden sind. Anonymisierte Entscheidungen lettischer Gerichte unterer Instanzen sind ebenfalls online verfügbar unter https://manas.tiesas.lv/eTiesasMvc/nolemumi. Einzelne Stellungnahmen des *Maksātnespējas kontroles dienests* (Insolvenzkontrolldienst) sind unter http://mkd.gov.lv/lv/publ_stat/link_part_173/ abrufbar. Informationen über Reformen im Bereich Insolvenz und Restrukturierung finden sich auf der Website des Justizministeriums unter https://www.tm.gov.lv/lv/maksatnespejas-politikas-reforma. Das *Maksātnespējas reģistrs* (Insolvenzregister) ist zugänglich unter https://maksatnespeja.ur.gov.lv/insolvency/search/lv. *Komercreģistrs* (Handelsregister) und andere Register sind auf der Website von *Uzņēmumu reģistrs* (Unternehmensregister) unter https://www.ur.gov.lv/lv/ zu erreichen.

2. Einführung

2.1 Rechtsquellen

4 Die zentrale Rechtsquelle im Bereich Restrukturierung und Insolvenz in Lettland ist das 2010 in Kraft getretene *Maksātnespējas likums* (Insolvenzgesetz, im Folgenden – MNL),[1] während die *Civilprocesa likums* (Zivilprozessordnung, im Folgenden – CPL) Verfahrensregeln enthält.[2] Relevant ist daneben das *Likums „Par darbinieku aizsardzību darba devēja maksātnespējas gadījumā gadījumā"* (Gesetz über den Schutz der Arbeitnehmer in der Insolvenz des Arbeitgebers),[3] das die Richtlinie 2008/94/EG umsetzt. Darüber hinaus gibt es zahlreiche Erlasse und Verordnungen, die verschiedene spezifische Themen regeln.

2.2 Verfahrensarten

2.2.1 Insolvenzverfahren für Gesellschaften

5 *Juridiskās personas maksātnespējas* (Insolvenzverfahren einer Gesellschaft) sind Liquidationsverfahren, die auf eine rechtsfähige Gesellschaft als Schuldner Anwendung finden. Sie dienen allein dazu, offene Forderungen der Gläubiger aus dem verbliebenen Vermögen des Schuldners zu begleichen und die Schuldnergesellschaft anschließend zu liquidieren.

2.2.2 Restrukturierungsverfahren für Gesellschaften

6 *Tiesiskās aizsardzības* (wörtlich übersetzt Heilungsverfahren) sind präventive Restrukturierungsverfahren für Gesellschaften in Eigenverwaltung mit dem Ziel, deren Zahlungsfähigkeit zu erhalten, wenn sie in finanzielle Schwierigkeiten geraten sind oder solche in naher Zukunft drohen. Die Einleitung eines solchen Verfahrens nimmt Gläubigern die Befugnis, die Eröffnung eines Insolvenzverfahrens zu beantragen (Art. 61 Abs. 3 MNL).

---

[1] Latvijas Vēstnesis, 124 (4316), 6.8.2010.
[2] Latvijas Vēstnesis, 326/330 (1387/1391), 3.11.1998.
[3] Latvijas Vēstnesis, 188 (2575), 28.12.2001.

2.2.3 Außergerichtliches Restrukturierungsverfahren für Gesellschaften

Ārpustiesas tiesiskās aizsardzības (außergerichtliches Restrukturierungsverfahren) ist eine Modifikation des *tiesiskās aizsardzības* (Restrukturierungsverfahren), das außergerichtliche Verhandlungen und Abstimmungen über einen Restrukturierungsplan zwischen dem Schuldner und seinen Gläubigern absichert.[4]

2.2.4 Insolvenzverfahren für natürliche Personen

Das *fiziskās personas maksātnespējas* (Insolvenzverfahren für natürliche Person) ist das Kollektivverfahren für insolvente natürliche Personen. In diesem werden die Verbindlichkeiten durch die Verwertung des verbliebenen Schuldnervermögens und einen Zahlungsplan bedient, bevor dem Schuldner eine Restschuldbefreiung gewährt wird.

Das *Fiziskās personas maksātnespējas* (Insolvenzverfahren für natürliche Personen) ist nicht auf Kaufleute anwendbar *(individuālais komersants)*.[5] Ein überschuldeter Einzelkaufmann muss sich zunächst dem *juridiskās personas maksātnespējas* (Insolvenzverfahren für Gesellschaften) unterziehen. Erst nach Abschluss dieses Verfahrens über sein Unternehmen kann er den *Prozess fiziskās personas maksātnespējas* (Insolvenzverfahren für natürliche Personen) beantragen, um an dessen Ende eine Restschuldbefreiung zu erreichen.[6]

2.3 Präventive Restrukturierung (vorinsolvenzlich)

Das lettische Recht kennt die zwei bereits kurz benannten Verfahren zur Rettung eines Unternehmens – *tiesiskās aizsardzības* (Restrukturierungsverfahren) und *ārpustiesas tiesiskās aizsardzības* (außergerichtliches Restrukturierungsverfahren). Die lettische Regierung ist offiziell[7] der Ansicht, dass diese Verfahren zusammen mit dem *fiziskās personas maksātnespējas* (Insolvenzverfahren einer natürlichen Person) die Vorgaben der Restrukturierungs- und Insolvenzrichtlinie[8] bereits vollständig gewährleisten. Daher sind derzeit keine Änderungen des bestehenden Restrukturierungs- und Insolvenzrechts geplant.

Bei genauer Betrachtung gibt es jedoch einige Instrumente in der Richtlinie, die das lettische Recht nicht bietet. So kennt das lettische Recht insbesondere keinen Cross-class Cramdown gem. Art. 11 der Richtlinie. Art. 42 Abs. 2 MNL sieht stattdessen vor, dass der Restrukturierungsplan stets von beiden Gläubigergruppen (ungesicherte und gesicherte Gläubiger) angenommen werden muss. Auch das Recht aus Art. 7 Abs. 5 der Richtlinie, wonach der Schuldner die weitere Erfüllung von essenziellen Verträgen mit Lieferanten und anderen Gläubigern fordern kann und deren Kündigung ausgeschlossen ist, findet sich im lettischen Insolvenzrecht nicht. Auch wurde bis heute kein Muster und keine Checkliste eines Restrukturierungsplans erstellt (Art. 8 Abs. 2 und 3 der Richtlinie).

2.4 Finanzielle Restrukturierung

Die Verfahren, die eine finanzielle Restrukturierung nach lettischem Recht vorsehen, sind das *tiesiskās aizsardzības* (Restrukturierungsverfahren) und das *ārpustiesas tiesiskās aizsardzības* (außergerichtliches Restrukturierungsverfahren).

2.5 Spezielle Regeln für Finanzinstitute und Versicherungsunternehmen

2.5.1 Insolvenzverfahren von Finanz- und Kapitalmarktteilnehmern

Gemäß Art. 2 Abs. 2 MNL sind seine Bestimmungen auf das *maksātnespējas* (Insolvenzverfahren) derjenigen Finanz- und Kapitalmarktteilnehmer anwendbar, die von der lettischen Finanzdienstleistungsbehörde – *Finanšu un kapitāla tirgus komisija* (Finanz- und Kapitalmarktkommission) – beaufsichtigt werden, soweit nicht in den besonderen Rechtsnormen für die Tätigkeit der Finanz- und

---

[4] Ausführungen zum *tiesiskās aizsardzības* gelten auch für *ārpustiesas tiesiskās aizsardzības*, sofern nicht anderes angegeben.
[5] Art. 127 Abs. 3 MNL.
[6] Art. 123 Abs. 1 MNL.
[7] Eine Verordnung des Ministerkabinetts Nr. 527 „Über die Leitlinien für die Entwicklung der Insolvenzpolitik für die Jahre 2016–2020 und ihren Umsetzungsplan".
[8] Richtlinie des Europäischen Parlaments und des Rates v. 20.6.2019 über präventive Restrukturierungsrahmen, über Entschuldung und über Tätigkeitsverbote sowie über Maßnahmen zur Steigerung der Effizienz von Restrukturierungs-, Insolvenz- und Entschuldungsverfahren und zur Änderung der Richtlinie (EU) 2017/1132 (Richtlinie über Restrukturierung und Insolvenz), ABl. 172/18 v. 26.6.2019.

Kapitalmarktteilnehmer etwas anderes bestimmt ist. So unterliegen insbesondere Kreditinstitute in der Insolvenz einem eigenständigen rechtlichen Rahmen, der im *Kredītiestāžu likums* (Kreditinstitutsgesetz) normiert ist, sodass das MNL nicht anwendbar ist.[9]

14 Findet hingegen das Insolvenzrecht Anwendung, ist gem. Art. 59 Abs. 2 MNL die Finanz- und Kapitalmarktkommission vorab über die Person zu informieren, die für einen von der Finanz- und Kapitalmarktkommission beaufsichtigten Finanz- und Kapitalmarktteilnehmer als Insolvenzverwalter vorgeschlagen wird. Diese Personen treffen in der Amtsführung zudem besondere Verpflichtungen. So hat der Insolvenzverwalter gemäß Art. 26 Abs. 3 Nr. 6 MNL auf Antrag der Finanz- und Kapitalmarktkommission Auskunft oder einen Bericht über den Verlauf des *maksātnespējas* (Insolvenzverfahren) oder *tiesiskās aizsardzības* (Restrukturierungsverfahren) zu geben. Darüber hinaus muss er gem. Art. 65 Abs. 10 MNL mindestens einmal jährlich alle bekannten Gläubiger über den Fortgang des *maksātnespējas* (Insolvenzverfahren) schriftlich informieren. Dazu gehört auch die Verpflichtung, den Gläubigern mit Wohnsitz oder Sitz im Ausland sowie dem Insolvenzkontrolldienst eine Ausfertigung des Berichts zu übersenden.

15 Das *tiesiskās aizsardzības* (Restrukturierungsverfahren) steht gemäß Art. 32 Abs. 3 MNL nicht für folgende Finanz- und Kapitalmarktteilnehmer zur Verfügung: Versicherungsgesellschaften, Versicherungsmaklergesellschaften, regulierte Finanzmarktplattformen, Investmentvermittlungsgesellschaften, Verwahrstellen, alternative Investmentvermögensverwaltungsgesellschaften, Investmentverwaltungsgesellschaften, Kreditgenossenschaften, Kreditinstitute und private Pensionskassen.

2.5.2 Sanierung und Abwicklung von Finanzinstituten

16 Die europäischen Vorgaben für die Sanierung und Abwicklung von Finanzinstituten in der Europäischen Union wurden vom *Kredītiestāžu un ieguldījumu brokeru sabiedrību darbības atjaunošanas un noregulējuma likums* (Gesetz zur Sanierung und Abwicklung von Kreditinstituten und Wertpapierfirmen) in Lettland umgesetzt.[10]

2.6 Insolvenzen von Unternehmensgruppen

17 Es gibt keine besonderen Bestimmungen für die Insolvenz von Unternehmensgruppen in Lettland. Gemäß Art. 42 Abs. 6 Abs. 1 MNL sind Rechtsträger, die mit dem Schuldner in einer Unternehmensgruppe nach Maßgabe des *Koncernu likums* (Konzerngesetz)[11] verbunden sind, nicht berechtigt, über den Restrukturierungsplan unter *tiesiskās aizsardzības* (Restrukturierungsverfahren) des Schuldners abzustimmen. Gemäß Art. 72 Abs. 1 Nr. 4 MNL wird ein Gläubiger, der derselben Unternehmensgruppe wie der Schuldner angehört, als Insider (nahestehende Person) behandelt.

2.7 Insolvenzverfahren für natürliche Personen

18 Die Insolvenz und Restschuldbefreiung von insolventen natürlichen Personen (außer Kaufleuten) regelt das *fiziskās personas maksātnespējas* (Insolvenzverfahren für natürliche Personen). Es beinhaltet ein kollektives Verfahren zur bestmöglichen Begleichung der Schulden und zur Erreichung eines „fresh start". Hierzu gelten Verbindlichkeiten, die nach der Verwertung des verbliebenen Schuldnervermögens sowie nach periodischen Zahlungen des Schuldners für einen bestimmten Zeitraum nach Maßgabe eines Zahlungsplans nicht bedient wurden, als erfüllt.

19 Gemäß Art. 127 Abs. 1 und Art. 129 MNL steht das *fiziskās personas maksātnespējas* (Insolvenzverfahren für natürliche Personen) jeder natürlichen Person zu, die in den letzten sechs Monaten in Lettland steuerpflichtig war und:
1) nicht in der Lage ist, fällige Forderungen von mehr als 5.000 EUR zu begleichen, oder
2) nicht in der Lage sein wird, innerhalb eines Jahres fällig werdende Verbindlichkeiten von mehr als 10.000 EUR zu bedienen.

---

[9] Latvijas Vēstnesis, 163 (446), 24.10.1995; mit dem Kreditinstitutsgesetz wird die Richtlinie 2001/24/EG des Europäischen Parlaments und des Rates v. 4.4.2001 über die Sanierung und Liquidation von Kreditinstituten im Hinblick auf die grenzüberschreitenden Aspekte der Insolvenz und Sanierung von Kreditinstituten umgesetzt.

[10] Latvijas Vēstnesis, 127 (5445), 2.7.2015; mit diesem Gesetz wird die Richtlinie 2014/59/EU des Europäischen Parlaments und des Rates v. 15.5.2014 zur Schaffung eines Rahmens für die Sanierung und Abwicklung von Kreditinstituten und Wertpapierfirmen und zur Änderung der Richtlinie 82/891/EWG des Rates sowie die Richtlinien 2001/24/EG, 2002/47/EG, 2004/25/EG, 2005/56/EG, 2007/36/EG, 2011/35/EU, 2012/30/EU und 2013/36/EU und die Verordnungen (EU) Nr. 1093/2010 und (EU) Nr. 648/2012 des Europäischen Parlaments und des Rates umgesetzt.

[11] Latvijas Vēstnesis, 131/132 (2042/2043), 13.4.2000.; Lettland Republikas Saeimas un Ministru Kabineta Ziņotājs, 9, 4.5.2000.

Daneben sind Ausschlussgründe zu beachten. Gemäß Art. 130 MNL ist das *fiziskās personas maksātnespējas* (Insolvenzverfahren für natürliche Personen) ausgeschlossen, wenn der Schuldner: 20
1) in den letzten drei Jahren vor Verfahrensbeginn Gläubigern vorsätzlich falsche Angaben gemacht hat;
2) Darlehensvaluta für andere als die im Darlehensvertrag genannten Zwecke verwendet hat und hierfür strafrechtlich belangt wurde;
3) innerhalb der letzten 10 Jahre bereits ein Insolvenzverfahren mit Restschuldbefreiung durchlaufen hat, oder
4) innerhalb der letzten fünf Jahre rechtskräftig wegen Steuerhinterziehung verurteilt wurde.

Das *fiziskās personas maksātnespējas* (Insolvenzverfahren einer natürlichen Person) ist ein zweistufiges Verfahren bestehend aus *bankrota procedūra* (Insolvenzverfahren) und *saistību dzēšanas procedūra* (Restschuldbefreiungsverfahren).[12] 21

Im Rahmen des *bankrota procedūra* (Insolvenzverfahren) muss ein Insolvenzverwalter das gesamte Vermögen des Schuldners verwerten und den Erlös unter den Gläubigern zur Begleichung ihrer Forderungen verteilen. 22

Im Rahmen des *saistību dzēšanas procedūra* (Restschuldbefreiungsverfahren) muss der Schuldner sein Einkommen zur Begleichung der nach dem *Bankrota procedūra* (Insolvenzverfahren) verbliebenen Insolvenzforderungen nach Maßgabe eines Zahlungsplans aufwenden. Die Laufzeit des Plans kann zwischen sechs Monaten und drei Jahren variieren.[13] Sie hängt im Einzelfall vom Umfang der verbleibenden Insolvenzforderungen und der Leistungsfähigkeit des Schuldners ab. Nach erfolgreichem Abschluss vom *saistību dzēšanas procedūra* (Restschuldbefreiungsverfahren) werden die restlichen Verbindlichkeiten des Schuldners erlassen. 23

3. Wesentliche Merkmale des Insolvenzverfahrens

3.1 Eröffnung des Verfahrens

3.1.1 Eröffnungsgründe

Gemäß Art. 56 MNL sind *juridiskās personas maksātnespējas* (Insolvenzverfahren für Gesellschaften) auf juristische Personen und *personālsabiedrība* (Personengesellschaften), *individuālais komersants* (Einzelkaufleute) sowie jede im Ausland eingetragene Person, die in Lettland eine ständige wirtschaftliche Tätigkeit ausübt, anwendbar. 24

Gemäß Art. 57 Abs. 1 MNL wird das *juridiskās personas maksātnespējas* eingeleitet, wenn einer der folgenden Eröffnungsgründe vorliegt: 25
1. erfolglose Zwangsvollstreckung eines gerichtlichen Titels;
2. im Fall einer *sabiedrība ar ierobežotu atbildību* (Gesellschaft mit beschränkter Haftung) oder *akciju sabiedrība* (Aktiengesellschaft):
   – Nichterfüllung einer oder mehrerer fälliger Verpflichtungen im Umfang von insgesamt mindestens 4.268 EUR,
   – trotz Ankündigung der Absicht des/der Gläubiger, einen Antrag auf Eröffnung des Insolvenzverfahrens zu stellen, und Ablauf einer Wartefrist von drei Wochen nach Absendung der Ankündigung;
3. im Fall einer *personālsabiedrība* (Personengesellschaft), eines *individuālais komersants* (Einzelkaufmann) oder einer im Ausland registrierten Person, die in Lettland eine ständige wirtschaftliche Tätigkeit ausübt:
   – Nichterfüllung einer oder mehrerer fälliger Verbindlichkeiten im Umfang von insgesamt 2.134 EUR,
   – trotz Ankündigung der Absicht des/der Gläubiger, einen Antrag auf Eröffnung des Insolvenzverfahrens zu stellen, und Ablauf einer Wartefrist von drei Wochen nach Absendung der Ankündigung;
4. keine vollständige Befriedigung von Forderungen aus Arbeitsverhältnissen (unvollständige Gehaltszahlung auch nur eines einzelnen Mitarbeiters, einschließlich des Ersatzes von Schäden im Zusammenhang mit einem Arbeitsunfall oder einer Berufskrankheit) oder keine vollständige Abführung von Sozialversicherungsbeiträgen binnen zweier Monate nach Fälligkeit;
5. Nichterfüllung fälliger Zahlungen für mehr als zwei Monate.

---

[12] Art. 128 Abs. 3 MNL.
[13] Art. 155 MNL; gem. Art. 160 MNL ist der Schuldner verpflichtet, nach seinen Möglichkeiten Einkünfte zu erwerben, um die Ansprüche der Gläubiger unter dem *saistību dzēšanas procedūra* (Restschuldbefreiungsverfahren) so vollständig wie möglich zu befriedigen.

6. Überschuldung, wenn sie im ersten Bericht im Insolvenzverfahren bestätigt oder festgestellt wird;
7. der zweite vergebliche Versuch innerhalb eines Jahres, ein *tiesiskās aizsardzības* (Restrukturierungsverfahren) vor Gericht einzuleiten;
8. die Nichteinhaltung der Mitwirkungs- und Informationspflichten im Rahmen des *tiesiskās aizsardzības* (Restrukturierungsverfahren);
9. die Nichteinhaltung des im Rahmen des *tiesiskās aizsardzības* (Restrukturierungsverfahren) zustande gekommenen Plans für mehr als 30 Tage ohne Vorlage eines Anpassungsantrags bei Gericht;
10. die Nichteinhaltung der im Rahmen des *tiesiskās aizsardzības* (Restrukturierungsverfahren) wirksamen Beschränkungen durch den Schuldner;
11. das Unvermögen des Schuldners, die in einem Restrukturierungsplan aus einem *tiesiskās aizsardzības* (Restrukturierungsverfahren) begründeten Verpflichtungen zu erfüllen.

26 Möchte ein Gläubiger aus den in Ziffer 2 oder 3 genannten Gründen die Insolvenz des Schuldners beantragen, so hat er einige Formalien zu beachten. Der Gläubiger muss die Ankündigung (Antragsandrohung) auf eigene Kosten an die juristische Adresse des Schuldners absenden und in dieser nicht nur unmissverständlich seine Absicht bekunden, die Insolvenzverfahrenseröffnung zu beantragen, sondern dabei auch den geschuldeten Kapitalbetrag und die Rechtsgrundlage der Forderung angeben. Nur wenn der Schuldner innerhalb von drei Wochen nach der Abmahnung bzw. in deren Absendung weder die Forderung begleicht noch begründete Einwände gegen sie erhebt, darf der Gläubiger einen Insolvenzantrag stellen. Der Gläubiger muss bei Antragstellung sowohl die an die Staatskasse zu zahlende Antragsgebühr als auch den Vorschuss für die Verfahrenskosten leisten. Der Gläubiger muss dann bei dem zuständigen Gericht (bestimmt durch die Rechtsanschrift des Schuldners) einen Insolvenzantrag stellen und die Beweise über Grund und Höhe seiner Forderung, eine Kopie der Antragsandrohung, Beweise über die Versendung derselben sowie den Nachweis der Zahlung der Antragsgebühr und des Kostenvorschusses beifügen. Der Gläubiger muss im Antrag versichern, dass der Schuldner keine berechtigten Einwände aufgrund der Abmahnung erhoben hat.

27 Eine Gruppe von Gläubigern kann für die Summe ihrer Forderungen einen gemeinsamen Insolvenzantrag stellen, insbesondere wenn keine ihrer Forderungen für sich die gesetzliche Mindestschwelle erreicht.

28 Gemäß Art. 363^9 Abs. 1 CPL entscheidet der Richter spätestens am Tag nach Eingang eines Insolvenzantrags, ob der Antrag auf Eröffnung eines Insolvenzverfahrens an ein anderes Gericht verwiesen oder abgelehnt wird; ansonsten leitet er das Zulassungsverfahren ein.

29 Gemäß Art. 363^{10} Abs. 2 CPL übermittelt der Richter dem Schuldner den Insolvenzantrag und eine Kopie der Entscheidung über die Einleitung des Verfahrens und informiert den Schuldner und Gläubiger (oder gegebenenfalls die Mehrheit der Gläubiger) über den Tag der Prüfung des Antrags. Das Gericht weist den Schuldner auch darauf hin, dass begründete Einwände gegen die dem Insolvenzantrag zugrunde liegende Forderung spätestens drei Tage vor dem Tag der Prüfung des Insolvenzantrags zu erheben sind. Ein Einwand ist nur beachtlich, wenn er den Nachweis erbringt, dass der Schuldner in der Lage ist, die im Insolvenzantrag genannten Verbindlichkeiten zu erfüllen.

30 Die Eröffnung des *juridiskās personas maksātnespējas* (Insolvenzverfahren für juristische Personen) hat folgende Wirkungen:[14]
1) die Insolvenz des Schuldners wird im Insolvenzregister veröffentlicht;
2) der Insolvenzverwalter übernimmt die Verwaltungs- und Verfügungsbefugnis von den Schuldnerorganen;
3) der Insolvenzverwalter nimmt Dokumente und Vermögenswerte des Schuldners sowie das Eigentum Dritter, das sich im Besitz oder im Besitz des Schuldners befindet, in Besitz;
4) Kreditzinsen (Kredit), gesetzliche Zinsen, Vertragsstrafen und Verzugszinsen werden ausgesetzt;
5) alle noch nicht fälligen Forderungen gegen den Schuldner werden fällig;
6) alle Zivilprozesse, Rechtsstreite und Vollstreckungen gegen das Vermögen des Schuldners werden eingestellt;
7) die Verwertungsrechte gesicherter Gläubiger werden für zwei Monate ab Eröffnung suspendiert.

3.1.2 Ermittlung der Eröffnungsgründe

31 Gemäß Art. 363^{11} Abs. 1 CPL prüft ein Gericht einen Antrag des Gläubigers (oder gegebenenfalls der Mehrheit der Gläubiger) innerhalb von 15 Tagen ab dem Tag der Einleitung des Verfahrens. Zu diesem Zweck werden Antragsteller und Schuldner zur Gerichtsverhandlung geladen.

---

[14] Art. 63 MNL.

3. Wesentliche Merkmale des Insolvenzverfahrens

Gemäß Art. 363[11] Abs. 2 CPL prüft ein Gericht einen vom Schuldner gestellten Antrag auf Eröffnung eines Insolvenzverfahrens innerhalb von sieben Tagen ab dem Tag der Einleitung im schriftlichen Verfahren, es sei denn, es hält es für erforderlich, die Angelegenheit in einer Gerichtsverhandlung zu prüfen. Wird der Antrag auf Eröffnung eines Insolvenzverfahrens in einer Gerichtsverhandlung geprüft, so wird der Schuldner zur Gerichtsverhandlung geladen. Gemäß Art. 363[13] Abs. 2 CPL eröffnet das Gericht das Insolvenzverfahren noch am Tag der Prüfung, wenn es einen Eröffnungsgrund als gegeben ansieht.

Kann das Gericht nach Prüfung und Anhörung keinen Eröffnungsgrund feststellen oder wurde die im Insolvenzantrag genannte Forderung vollständig beglichen, so weist es gem. Art. 363[13] Abs. 9 CPL den Antrag zurück. Fehlte der Eröffnungsgrund, so hat es auszusprechen, ob es den Antrag als unbegründet oder gar als wissentlich falsch einordnet.

3.1.3 Antragspflichten und Verschleppungshaftung

Eine Insolvenzantragspflicht besteht für jeden Schuldner, sobald eine der in Ziffer 5, 6 oder 11 unter → Rn. 25 genannten Gründe eintreten (Art. 60 Abs. 3 MNL). Der Antrag ist dann unverzüglich zu stellen. Lediglich im Falle eines Zahlungsverzugs (Ziffer 5) ist der Schuldner erst zur Antragstellung verpflichtet, wenn keine Einigung mit den Gläubigern erzielt werden kann und er zugleich kein *tiesiskās aizsardzības* (Restrukturierungsverfahren) vor Gericht einleitet.

Die Nichteinreichung eines Insolvenzantrags ist eine Ordnungswidrigkeit. Gemäß Art. 166[35] des *Latvijas administratīvo pārkāpumu kodekss* (Lettisches Ordnungswidrigkeitengesetz)[15] kann eine Geldstrafe in Höhe von 80 bis 700 EUR gegen eine natürliche Person oder ein Mitglied des Verwaltungsrats durch die Staatspolizei oder die Finanzbehörde verhängt werden. Darüber hinaus kann ein Mitglied des Vorstands von der Ausübung der Funktion des Direktors einer Gesellschaft für einen Zeitraum von einem bis drei Jahren ausgeschlossen werden.

Gemäß Art. 60 Abs. 1 des *likums „Par nodokļiem un nodevām"* (Gesetz „über Steuern und Zölle")[16] kann das Finanzamt auch verspätete Steuerzahlungen einer Schuldnergesellschaft von jeder Person einziehen, die zum Zeitpunkt der Entstehung der betreffenden verspäteten Steuerverbindlichkeiten Mitglied des Vorstands war, sofern die Gesellschaft keinen Insolvenzantrag gestellt hat und (1) der Betrag der verspäteten Steuerzahlungen 50 Mindestmonatslöhne (21.500 EUR) übersteigt,[17] (2) die Gesellschaft einen entsprechenden Steuerbescheid erhielt, (3) das Vorstandsmitglied für Vermögensverschiebungen an nahestehende Personen verantwortlich ist[18] und (4) die Eintreibung der Steuerforderung bei der Gesellschaft erfolglos blieb.

3.1.4 Antragsberechtigung

Gemäß Art. 60 MNL sind folgende Personen berechtigt, einen Antrag auf Eröffnung des Insolvenzverfahrens zu stellen:
1) ein Gläubiger oder eine Gruppe von Gläubigern, wenn einer der in Ziffer 1, 2 oder 3 genannten Gründe (→ Rn. 25) vorliegt;
2) ein Vertreter der Mehrheit der Gläubiger,[19] wenn einer der in Ziffer 8, 9 oder 10 unter → Rn. 25 genannten Gründe vorliegt;
3) der Schuldner, wenn einer der in Ziffer 5, 6 oder genannten Gründe (→ Rn. 25) vorliegt;
4) der Insolvenzverwalter im Hauptinsolvenzverfahren, um die Eröffnung eines Sekundärinsolvenzverfahrens im Sinne der Europäischen Insolvenzverordnung zu beantragen;
5) jeder Arbeitnehmer, der mit dem Schuldner ein Arbeitsverhältnis hat oder hatte, wenn die in Ziffer 4 genannten Gründe (→ Rn. 25) vorliegen.

3.2 Die Rolle der Gerichte

Juridiskās personas maksātnespējas (Insolvenzverfahren für juristische Personen) finden vor städtischen (Bezirks-) Gerichten als erstinstanzliche Gerichte statt.

---

[15] Kodex für Verstöße gegen die lettische Verwaltung. Latvijas Padomju Sociālistiskās Republikas Augstākās Padomes un Valdības Ziņotājs, 51, 20.12.1984.
[16] Latvijas Vēstnesis, 26 (309), 18.2.1995.; Lettland Republikas Saeimas un Ministru Kabineta Ziņotājs, 7, 13.4.1995.
[17] Zum Zeitpunkt der Veröffentlichung des Berichts.
[18] Im Sinne von Art. 72 MNL.
[19] Mehr als die Hälfte der unbesicherten Gläubigerforderungen im Nennbetrag oder mindestens zwei Drittel der Forderungen der gesicherten Gläubiger im Nennbetrag.

Lettland 39–43

39 Das Gericht trifft folgende Entscheidungen:[20] Eröffnung; Ernennung und Entlassung eines Insolvenzverwalters; Aussetzung des Verfahrens gem. Art. 46 EuInsVO; Genehmigung der Versteigerung von Grundstücken oder des Schuldnerunternehmens als Ganzem; Prüfung von Beschwerden; Feststellung einer angemeldeten und vom Insolvenzverwalter bestrittenen Forderung;[21] Aufhebung des Verfahrens.

40 Die Tätigkeit des Gerichts erzeugt folgende Kosten: Gerichtskosten in Höhe von zwei Mindestmonatslöhnen (860 EUR)[22] und eine Antragsgebühr von 355 EUR für Gläubigeranträge bzw. 70 EUR für Schuldneranträge auf Insolvenzverfahren für Gesellschaften; bei Insolvenzverfahren für natürliche Personen beträgt die Gebühr einheitlich 70 EUR. Schließlich werden für Aufwendungen im Zusammenhang mit der Prüfung des Falles pauschal 3,20 EUR erhoben. Für Beschwerden gegen Maßnahmen der Gläubigerversammlung, des Insolvenzverwalters oder des Insolvenzkontrolldienstes beträgt die Gebühr 25 EUR.

41 Eine zweitinstanzliche Überprüfung erstinstanzlicher Entscheidungen findet gem. Art. 363[13] Abs. 1, 440[1] und 440[2] CPL nur gegen die Entscheidung statt, mit der ein Antrag auf Eröffnung eines Insolvenzverfahrens abgelehnt wurde. Die Gebühr für eine solche Beschwerde beträgt 355 EUR. Gegen ein Urteil eines Berufungsgerichts kann gemäß Art. 440[12] CPL kein Rechtsmittel vor einem Kassationsgericht eingelegt werden.

3.3 Die Rolle des Insolvenzkontrolldienstes

42 Der Insolvenzkontrolldienst *(maksātnespējas kontroles dienests)* ist eine staatliche Behörde unter der Aufsicht des Justizministers. Er wacht über die Wahrung öffentlicher Interessen im *maksātnespējas*-Verfahren (Insolvenzverfahren) und *tiesiskās aizsardzības*-Verfahren (Restrukturierungsverfahren) sowie über die Wahrung der Interessen der Arbeitnehmer im Falle der Insolvenz ihres Arbeitgebers.[23] Ihm obliegen dazu die folgenden Funktionen:[24] Zulassung und Entlassung von Insolvenzverwaltern; Prüfung von Bewerbern um die Zulassung, aber auch die Fortbildung und regelmäßige Prüfung zugelassener Insolvenzverwalter. Im konkreten Insolvenzverfahren übernimmt der Dienst die zufällige Auswahl des zu bestellenden Insolvenzverwalters sowie die Überwachung seiner Handlungen im Verfahren inklusive der Bearbeitung von Beschwerden.[25] Daneben obliegt dem Dienst die Aufsicht über die allgemeine Einhaltung des Rechts im Verfahrensverlauf inklusive der Möglichkeit zur Verhängung von Ordnungswidrigkeitsbußen,[26] die Führung des *Elektroniskā maksātnespējas uzskaites sistēma* (elektronisches Insolvenzregister), die Anmeldung von Arbeitnehmerforderungen und – bei deren Begleichung über das Insolvenzgeld – die Anmeldung des übergegangenen Anspruchs, die Verwendung des Kostenvorschusses auf die Verfahrenskosten bei masselosen Verfahren, die Verwendung von Rücklagen für streitige Forderungen sowie allgemein die Vertretung der Interessen des Staates im *maksātnespējas* (Insolvenzverfahren).

3.4 Die Rolle des Berufsverbandes der zugelassenen Insolvenzverwalter

43 Die Gesellschaft „*Latvijas Sertificēto maksātnespējas procesa administratoru asociācija*" (Verband der zugelassenen Verwalter von Insolvenzverfahren Lettlands) ist der Berufsverband der Insolvenzverwalter.[27] Er ist über einen Vertreter an der Prüfung der Insolvenzverwalterkandidaten beteiligt und ist gemäß Art. 31[1] Abs. 1 MNL eine der Institutionen, auf deren Vorschlag eine Disziplinarangelegenheit gegen einen Insolvenzverwalter oder eine Person, die das *tiesiskās aizsardzības* (Restrukturierungsverfahren) überwacht, eingeleitet werden kann. Hierzu muss der Verband seinen Vertreter in die Disziplinarkommission entsenden, die diese Disziplinarangelegenheiten prüft.[28] Weiterreichende Befugnisse, insbesondere die der Prüfung und Zertifizierung von Insolvenzverwaltern, hat der Verband durch die seit dem 1.1.2017 geltende Änderung der MNL an den Insolvenzkontrolldienst, einer speziellen Prüfungskommission, und andere Institutionen verloren.

---

[20] Art. 363.[13] und 363.[14] CPL.
[21] Abschnitt 30.[7] CPL sieht eine beschleunigte Prüfung solcher Ansprüche vor.
[22] Die Zahlung der Insolvenzverfahrenskaution ist Voraussetzung für die Einreichung eines Insolvenzverfahrensantrags, obwohl es sich nicht um eine Gerichtsgebühr handelt, da sie auf ein Konto des Insolvenzkontrolldienstes einzuzahlen ist.
[23] Art. 173 MNL.
[24] Art. 174.[1] wenn MNL.
[25] Ausgenommen sind Fälle, in denen nach dem Gesetz das Gericht, das die Eröffnung des Insolvenzverfahrens prüft, für die Prüfung einer gegen den Insolvenzverwalter erhobenen Beschwerde zuständig ist.
[26] Art. 214.[4] LAPK.
[27] Alle Insolvenzverwalter sind Mitglied im Verband der Verwalter.
[28] Art. 31.[4] (2) MNL.

3.5 Insolvenzverwalter

3.5.1 Zulassung zum Beruf, Rechtsposition, Entlassung

Jedes Insolvenzverfahren (sowohl bei juristischen als auch bei natürlichen Personen) kennt einen **44** Insolvenzverwalter *(maksātnespējasprocesa administrators)*. Insolvenzverwalter sind (nur) natürliche Personen, die eine Berufsprüfung ablegen müssen, um zugelassen zu werden.[29] Um zur Prüfung zugelassen zu werden, muss der Bewerber mindestens 25 Jahre alt sein, auf höchstem Niveau die Amtssprache (Lettisch) beherrschen und über einen akademischen rechtswissenschaftlichen Abschluss verfügen. Zudem muss er mindestens drei Jahre Berufserfahrung im Anwaltsberuf (oder einem vergleichbaren Beruf) nachweisen und erfolgreich an Ausbildungskursen für Insolvenzverwalter teilgenommen haben. Schließlich müssen alle Bewerber einen einwandfreien Ruf haben.[30]

Zudem dürfen keine Hinderungsgründe einschlägig sein. Hierzu gehören gem. Art. 13 Abs. 2 **45** MNL der Verlust der Zulassung als Insolvenzverwalter in den letzten fünf Jahren, die Verurteilung wegen einer vorsätzlichen Straftat oder die Einstellung der Strafverfolgung wegen einer solchen aus anderen Gründen als des nicht hinreichenden Tatverdachts,[31] ein Insolvenzverfahren über das eigene Vermögen in den letzten fünf Jahren, die Verursachung der Insolvenz einer juristischen Person als deren Organ, die Disqualifikation für die Tätigkeit als Geschäftsführer sowie die Entlassung aus einem öffentlichen Amt (Richter, Staatsanwalt oder Notar) oder aus der Rechtsanwaltskammer aufgrund einer Disziplinarangelegenheit.

Nach erfolgreichem Bestehen der Prüfung erteilt der Direktor des Insolvenzkontrolldienstes **46** dem Insolvenzverwalter die Zulassung zum Beruf.

Die Liste der zugelassenen aktiven Insolvenzverwalter ist auf der Website des Insolvenzregisters **47** zu finden.[32] Insolvenzverwalter gelten als Amtsträger[33] im Sinne des *„Par interešu konflikta novēršanu valsts amatpersonu darbībā"* (Gesetz „Über die Vermeidung von Interessenkonflikten bei der Tätigkeit von Beamten").[34] Sie unterliegen daher den für Beamte geltenden Beschränkungen und Verboten sowie den Vorschriften zur Vermeidung von Interessenkonflikten bei Handlungen von Beamten. Darüber hinaus sind Insolvenzverwalter verpflichtet, Erklärungen über die Finanzlage von Amtsträgern abzugeben. Sie dürfen ihren Beruf mit dem Status eines *zvērināts advokāts* (vereidigter Rechtsanwalt) verbinden.

Die Aufsicht über die Insolvenzverwalter wird vom Insolvenzkontrolldienst und dem Gericht **48** des jeweiligen Verfahrens wahrgenommen. Alle Insolvenzverwalter müssen sich alle zwei Jahre einer erneuten Eignungsprüfung unterziehen.[35] Darüber hinaus sind Insolvenzverwalter nach Art. 16^2 Abs. 2 MNL verpflichtet, regelmäßig an Qualifizierungsmaßnahmen teilzunehmen.[36] Sie müssen eine Berufshaftpflichtversicherung im Umfang von mindestens 42.600 EUR abschließen.[37]

Im Insolvenzverfahren kann ein Insolvenzverwalter aus dem Amt entlassen oder abberufen **49** werden.[38] Gemäß Art. 29 MNL haftet er für Schäden, die im Insolvenzverfahren durch sein Verschulden verursacht wurden. Gemäß Art. 30 MNL muss ein Verwalter spätestens innerhalb eines Jahres nach Beendigung des Insolvenzverfahrens auf Schadensersatz verklagt werden, es sei denn, sein Verschulden wird in einem Gerichtsurteil in einer Strafsache festgestellt; dann gilt die allgemeine Verjährungsfrist. Ein Gläubiger oder eine Gruppe von Gläubigern, die mindestens 10 % des gesamten anerkannten Betrags der Forderungen der nicht gesicherten Gläubiger (im Nennbetrag) repräsentieren, kann gegen den Verwalter zugunsten aller Gläubiger Klage erheben.

Darüber hinaus ist ein Insolvenzverwalter für seine Handlungen oder Unterlassungen im Insol- **50** venzverfahren disziplinarisch verantwortlich. Disziplinarverfahren gegen Insolvenzverwalter werden von der Disziplinarkommission geprüft, die eine Reihe von Disziplinarstrafen verhängen oder dem Insolvenzkontrolldienst vorschlagen kann, den Insolvenzverwalter zu entlassen.[39]

---

[29] Art. 16.^{1} (1) MNL.
[30] Art. 13 Abs. 1 MNL.
[31] Nur für bestimmte Straftaten.
[32] https://maksatnespeja.ur.gov.lv/insolvency/practitioner/en.
[33] Art. 9 Abs. 1 MNL, Art. 4 Abs. 1 Nr. 26 des Gesetzes „Über die Vermeidung von Interessenkonflikten bei der Tätigkeit von Beamten".
[34] Latvijas Vēstnesis, 69 (2644), 9.5.2002.
[35] Art. 16.^{2} (1) MNL.
[36] Mindestens 32 Unterrichtsstunden.
[37] Art. 31 MNL, Punkt 4 von *„Noteikumi par maksātnespējas procesa administratora civiltiesiskās atbildības apdrošināšanas kārtību un minimālo apdrošinājuma summu"*, Verordnung des Ministerkabinetts Nr. 1005 „Verordnung über die zivilrechtliche Haftpflichtversicherung eines Insolvenzverwalters und Mindestversicherungsbetrag". Latvijas Vēstnesis, 172 (4364), 29.10.2010.
[38] Art. 17.^{2} und 17.^{3} MNL.
[39] Kapitel IV1 MNL.

3.5.2 Bestellung und Abberufung im Insolvenzverfahren

51 Der Insolvenzkontrolldienst gewährleistet die zufällige Auswahl des Insolvenzverwalters im jeweiligen Insolvenzverfahren und schlägt den durch Zufall bestimmten Verwalter dem Gericht vor. Der Richter beurteilt den Kandidaten in Hinblick auf seine Eignung für das konkrete Verfahren und ernennt ihn zum Insolvenzverwalter.[40] Stellt der Richter hingegen die fehlende Eignung fest, so lehnt er seine Ernennung ab. Das Prozedere beginnt von vorn.[41]

52 Nach Art. 22 Abs. 1 MNL kann ein Insolvenzverwalter von Amts wegen, auf Antrag des Insolvenzkontrolldienstes oder des Verwalters oder auf Vorschlag der Gläubigerversammlung aus dem Amt entlassen werden.

53 Ein Verwalter hat das Recht, sein Amt niederzulegen, wenn er aufgrund objektiver Umstände nicht in der Lage ist, seine Aufgaben zu erfüllen.[42]

3.5.3 Aufgaben und Befugnisse eines Insolvenzverwalters

54 Der Insolvenzverwalter hat insbesondere folgende Aufgaben:
1) Übernahme und Erhaltung des Schuldnervermögens;
2) Entscheidung über die Fortsetzung oder Einstellung des Schuldnerunternehmens;
3) Bestellung der Vertreter des Schuldners im Insolvenzverfahren;
4) Buchhaltung und Berichtswesen;
5) Einziehung von Vermögen des Schuldners (einschließlich der Einziehung von Forderungen und von verschleierten Vermögenswerten des Schuldners);
6) Erhebung von Haftungsklagen gegen das Management des Schuldners oder persönlich haftende Gesellschafter;
7) Erhebung von Insolvenzanfechtungsklagen;
8) Bewertung und Verkauf des Schuldnervermögens in Übereinstimmung mit dem Verkaufsplan;
9) Prüfung angemeldeter Gläubigerforderungen und deren Feststellung oder Bestreiten;
10) Verteilungen aus dem Vermögen des Schuldners;
11) Abwicklung der Schuldnergesellschaft (einschließlich etwaiger Niederlassungen) und Archivierung relevanter Dokumente.[43]

55 Die Kommunikation des Insolvenzverwalters mit Gläubigern erfolgt in elektronischer Form durch den Versand elektronisch signierter E-Mails.[44]

56 Zur Erfüllung seiner Aufgaben hat der Insolvenzverwalter insbesondere folgende Befugnisse:
1) Verwaltungs- und Verfügungsbefugnis, sodass der Verwalter als gesetzlicher Vertreter des Schuldners handeln kann, insbesondere bei der Unterzeichnung von Dokumenten im Namen des Schuldners, beim Verkauf und der Verfügung über das Vermögen des Schuldners, beim Abschluss von Verträgen im Namen des Schuldners (auch mit Spezialisten, dh Personen mit besonderen Fähigkeiten oder Kenntnissen – Wirtschaftsprüfer, Rechtsanwälte etc) oder auch bei der Übernahme von Verbindlichkeiten im Namen des Schuldners.[45]
2) Arbeitgeberfunktionen gegenüber Arbeitnehmern des Schuldners;
3) Deckung der Kosten des Insolvenzverfahrens aus dem Vermögen des Schuldners oder anderen Geldquellen;
4) Einholung von Informationen und Unterlagen über den Schuldner und seine Tätigkeit von den Vertretern des Schuldners, staatlichen Institutionen und anderen Institutionen oder Personen.

3.5.4 Vergütung eines Insolvenzverwalters

57 Im *juridiskās personas maksātnespējas* (Insolvenzverfahren für Gesellschaften)[46] hat der Insolvenzverwalter Anspruch auf eine Vergütung in Höhe von zwei Mindestlöhnen (860 EUR) für die Arbeit vom Tag der Bestellung bis zur Erstellung des Plans für den Verkauf des Vermögens des Schuldners oder der Anzeige der Masselosigkeit. Darüber hinaus kann er 10 % der Gelder aus den realisierten Vermögenswerten einbehalten, die bis zur Erstellung des Verkaufsplans für das Vermögen des Schuld-

---

[40] Art. 19 der MNL, Art. 363.10(3) CPL.
[41] Art. 363.10(4) CPL.
[42] Art. 23 Abs. 1 MNL.
[43] Im Falle von *juridiskās personas maksātnespējas Prozess* (Insolvenzverfahren für Gesellschaften).
[44] Art. 81 Abs. 3 MNL.
[45] Gewisse Beschränkungen gelten bei *fiziskās personas maksātnespējas* (Insolvenzverfahren für natürliche Personen).
[46] Art. 169 MNL.

ners oder der Anzeige der Masselosigkeit eingezogen wurden.⁴⁷ Wenn nach der Erstellung des Verkaufsplans für das Vermögen des Schuldners das Insolvenzverfahren fortgesetzt wird, weil es möglich erscheint, dieses Verfahren aus den Mitteln des Schuldners zu finanzieren, so beträgt die Vergütung des Insolvenzverwalters aus dem Verkauf des unbelasteten sowie aus dem eingezogenen Vermögen des Schuldners 10 % der Summe, die zur Ausschüttung an die Gläubiger bestimmt ist.

Die Vergütung für den Verkauf von besicherten Vermögensgegenständen des Schuldners hängt von der Höhe des erzielten Erlöses ab (15 % des an den Sicherungsnehmer auszuschüttenden Betrags, wenn der Erlös 4.268 EUR nicht übersteigt; bis hin zu 39.342,29 EUR zuzüglich 1 % des an den Sicherungsnehmer auszuschüttenden Betrags über 1.422.871 EUR, wenn der Erlös 1.422.871 EUR übersteigt). Setzt der Schuldner seine wirtschaftliche Tätigkeit während des Insolvenzverfahrens fort, so erhält der Insolvenzverwalter 1 % aus dem Nettoumsatz des Schuldners, höchstens jedoch zwei monatliche Mindestlöhne (860 EUR pro Monat).

Der Insolvenzverwalter darf eine abweichende Vergütung mit der Gläubigerversammlung oder einem anderen Verfahrenskostenträger verhandeln. Letzteres ist zwingend, wenn das Insolvenzverfahren trotz Masselosigkeit fortgesetzt werden soll, etwa zur Realisierung von Haftungs- oder Insolvenzanfechtungsansprüchen. **58**

Im *fiziskās personas maksātnespējas* (Insolvenzverfahren für natürliche Personen) erhält ein Insolvenzverwalter eine feste Vergütung in Höhe von zwei Monatsmindestlöhnen (860 EUR) sowie eine *anteilige* Vergütung für den Verkauf des Schuldnervermögens in gleicher Höhe wie soeben beschrieben. **59**

3.6 Verwaltung und Verwertung der Insolvenzmasse

Im lettischen Recht gibt es keine gesonderte „Insolvenzmasse". Das gesamte Vermögen des Schuldners ist Zugriffsobjekt des Verfahrens, also sowohl das gesamte Vermögen des Schuldners zum Zeitpunkt der Eröffnung des Insolvenzverfahrens als auch das im Rahmen des Insolvenzverfahrens erworbene Vermögen, einschließlich Früchte, Zinsen und realisierter Vermögenswerte.⁴⁸ Gemäß Art. 94 Abs. 4 MNL sind Gelder oder Finanzinstrumente des Schuldners, die als Finanzsicherheit im Rahmen eines Finanzsicherungsvertrags dienen, vom Insolvenzbeschlag ausgeschlossen und gelten als Eigentum Dritter. **60**

Gemäß Art. 111 Abs. 1 MNL hat der Insolvenzverwalter innerhalb von zwei Monaten nach Eröffnung des Insolvenzverfahrens einen Plan zur Veräußerung des Vermögens des Schuldners zu erstellen und diesen den Gläubigern zur Genehmigung vorzulegen. Jeder Gläubiger hat das Recht, dem Plan innerhalb von 15 Tagen zu widersprechen. Unbesicherte Gläubiger können dabei nur Einwände bzgl. des Verkaufs der unbelasteten Vermögensgegenstände des Schuldners vorbringen, während gesicherte Gläubiger nur mit Einwänden bzgl. ihres Sicherungsgutes gehört werden. Gehen beim Insolvenzverwalter keine Einwände ein, muss er mit der Ausführung des Plans beginnen. Ansonsten sind Änderungen des Plans erforderlich, woraufhin der Plan erneut zur Genehmigung vorzulegen ist. **61**

Bei der Erstellung des Plans muss der Insolvenzverwalter prüfen, ob sich das Unternehmen des Schuldners als Ganzes verkaufen und so fortführen lässt.⁴⁹ Erscheint dies möglich, ist er verpflichtet, den Fortführungswert zu erzielen. Durch den Kauf des Unternehmens aus der Insolvenz erwirbt der Käufer alle Rechte und Pflichten des Schuldners mit Ausnahme derjenigen Verbindlichkeiten, die bereits vor der Insolvenz entstanden waren. **62**

In Fällen, in denen der Schuldner kein zu verwertendes Vermögen hat, muss der Insolvenzverwalter einen Bericht über das Nichtvorhandensein des Vermögens des Schuldners erstellen und an alle Gläubiger senden, wobei diese aufzufordern sind, ggf. Vorschläge zur Finanzierung der Fortführung des Insolvenzverfahrens zu unterbreiten. Geht innerhalb von 15 Tagen nach Absendung des Berichts ein Vorschlag auf Finanzierung des Insolvenzverfahrens ein, muss der Insolvenzverwalter die vorgeschlagene Verfahrensfinanzierung akzeptieren und das Insolvenzverfahren entsprechend fortsetzen. Geht kein Vorschlag ein, muss der Insolvenzverwalter beim Gericht die Einstellung des Insolvenzverfahrens beantragen. **63**

Der Insolvenzverwalter muss innerhalb von sechs Monaten nach Eröffnung des Insolvenzverfahrens das gesamte (verwertbare) Vermögen des Schuldners veräußern. Der Verwalter kann die Frist für den Verkauf der unbelasteten Vermögenswerte des Schuldners unter Mitteilung an die Gläubiger um bis zu sechs Monate verlängern. **64**

---

⁴⁷ Hat der Schuldner mehr als 250 Mitarbeiter beschäftigt oder hat der Jahresumsatz des Schuldners 50 Mio. EUR oder die Bilanzsumme 43 Mio. EUR überschritten, hat der Insolvenzverwalter Anspruch auf eine zusätzliche Vergütung in Höhe von zwei Mindestmonatslöhnen.
⁴⁸ Art. 92 Abs. 1 MNL.
⁴⁹ Art. 114 MNL.

Lettland 65–73

65 Der Insolvenzverwalter muss über die Art und Weise der Verwertung der unbelasteten Vermögenswerte (Versteigerung oder ohne Versteigerung) entscheiden. Die belasteten Vermögenswerte sind zwingend im Rahmen einer Auktion zu verkaufen, es sei denn, der gesicherte Gläubiger erlaubt dem Insolvenzverwalter die Veräußerung ohne Auktion (freihändiger Verkauf).[50] Die Auktion ist online über die Auktionsseite *Elektroniskā izsoļu vietne*[51] durchzuführen.[52] Nur über diese Website haben die Ankündigung von Auktionen und die Gebotsabgabe zu erfolgen.

3.7 Going Concern und Unternehmensfortführungen

66 Nach der Eröffnung des Insolvenzverfahrens entscheidet der Insolvenzverwalter über die Fortsetzung der wirtschaftlichen Tätigkeit des Schuldners. Die Möglichkeit einer zusätzlichen Vergütung soll dabei als Anreiz zugunsten der Unternehmensfortführung wirken.

67 Das Gesetz erlaubt den Verkauf des Unternehmens als Ganzes als going concern. In der Praxis wird diese Option jedoch aufgrund verschiedener rechtlicher und praktischer Hindernisse nur selten genutzt.[53]

3.8 Maßnahmen zum Schutz des Vermögens bei Insolvenzreife

68 Es gibt keine besonderen Regeln für den Schutz des Vermögens des Schuldners vor der Insolvenz. Das Gesetz sieht insbesondere auch keine Sicherungsmaßnahmen für den Zeitraum zwischen der Einleitung des Verfahrens und dessen Eröffnung vor. Es besteht nur die allgemeine Sorgfaltspflicht der Organe des Schuldners im Falle einer Schuldnergesellschaft gegenüber ihren Gesellschaftern. Auch besteht eine Verlustdeckungshaftung der Geschäftsführung. Nachteilige Rechtshandlungen können zudem über die Regeln der Insolvenzanfechtung rückgängig gemacht werden.

69 Auch besteht eine strafrechtliche Haftung für die Verursachung der Insolvenz eines Unternehmens,[54] sowie für die Behinderung der Abwicklung eines Insolvenzverfahrens (insbes. für die Verschleierung von Vermögen und Transaktionen)[55] und die rechtswidrige Veräußerung von Pfandgegenständen ohne Zustimmung des Pfandgläubigers.[56]

3.9 Auswirkungen der Verfahrenseröffnung auf Vollstreckungsmaßnahmen einzelner Gläubiger

70 Die Eröffnung des *juridiskās personas maksātnespējas* (Insolvenzverfahren für Gesellschaften) beendet Zwangsvollstreckungen gegen den Schuldner.

71 Die Eröffnung des *fiziskās personas maksātnespējas* (Insolvenzverfahren für natürliche Personen) führt nur zur vorläufigen Einstellung von Zwangsvollstreckungen; erst das erfolgreiche Absolvieren des *saistību dzēšanas procedūra* (Restschuldbefreiungsverfahren) beendet Vollstreckungen wegen erlassener Forderungen. Entsprechendes gilt, falls im *bankrota procedūra* (Insolvenzverfahren) keine Gläubigerforderungen angemeldet wurden.[57]

3.10 Auswirkungen der Verfahrenseröffnung auf laufende Gerichts- oder Schiedsverfahren

72 Sowohl die Eröffnung des *juridiskās personas maksātnespējas* (Insolvenzverfahren für Gesellschaften) als auch des *fiziskās personas maksātnespējas* (Insolvenzverfahren für natürliche Personen) beendet gegen den Schuldner rechtshängige Verfahren (bei *juridiskās personas maksātnespējas* nur im Fall von Geldforderungen).[58]

3.11 Automatisches Moratorium

73 Mit der Eröffnung jeglicher Insolvenzverfahren tritt automatisch ein kollektives Moratorium in Kraft. Jedem Gläubiger ist es untersagt, individuelle Befriedigungsmöglichkeiten zu realisieren, die zu Verlusten bei anderen Gläubigern führen.[59]

---

[50] Art. 116 Abs. 2 MNL.
[51] https://izsoles.ta.gov.lv/.
[52] Art. 115 Abs. 1 und 116 Abs. 2 MNL, Art. 605 Abs. 1 CPL.
[53] Par Maksātnespējas politikas attīstības pamatnostādnēm 2016.-2020. gadam un to īstenošanas plānu. Latvijas Vēstnesis, 186 (5758), 26.9.2016.
[54] Art. 213 von *Krimināllikums* (Strafrecht). Latvijas Vēstnesis, 199/200 (1260/1261), 8.7.1998.
[55] Art. 215 Abs. 2 von Krimināllikums.
[56] Art. 216 von Krimināllikums.
[57] Art. 63 Abs. 2 und 134 Abs. 2 Nr. 1 MNL, Art. 560 und 563 CPL.
[58] Art. 63 Abs. 4 und 134 Abs. 4 MNL.
[59] Art. 63 Abs. 2, 134 Abs. 2 1 und 136 Abs. 2 MNL.

3.12 Gläubigerorgane

Die Gläubigerversammlung ist gem. Art. 86 Abs. 1 MNL die organisierte Form der Beschlussfassung der Gläubiger als Gesamtheit. Eine Gläubigerversammlung ist nur in den gesetzlich vorgesehenen Fällen zwingend einzuberufen. Ein Insolvenzverfahren kann durchaus auch ohne eine einzige Gläubigerversammlung durchgeführt werden.[60] Gemäß Art. 89 MNL ist eine Gläubigerversammlung befugt, über die folgenden Angelegenheiten zu entscheiden:
1) die Vergütung des Insolvenzverwalters;
2) den Vorschlag für die Entlassung des Insolvenzverwalters;
3) die Genehmigung der Kosten des Insolvenzverfahrens;
4) die Art und Weise des Verkaufs der Vermögenswerte des Schuldners (mit Auktion oder ohne Auktion) oder eine Verlängerung der Frist für den Verkauf von Vermögenswerten über 6 Monate hinaus;
5) die weitere Verwertung der vom Plan für den Verkauf der Vermögenswerte des Schuldners ausgenommenen Vermögenswerte.

Der Insolvenzverwalter muss die Gläubigerversammlung einberufen und leiten.[61] Beschlussfähigkeitsanforderungen existieren nicht. Die Gläubigerversammlung beschließt mit einfacher Mehrheit der abgegebenen Stimmen (Summenmehrheit). Lediglich der Beschluss über den Vorschlag zur Abberufung eines Insolvenzverwalters bedarf einer Summenmehrheit von zwei Dritteln der auf der Gläubigerversammlung abgegebenen Stimmen.[62]

Stimmberechtigt sind gem. Art. 87 Abs. 2 MNL ungesicherte Gläubiger, soweit deren Forderungen fristgerecht angemeldet und vom Insolvenzverwalter anerkannt wurden. Ihnen kommt eine Stimme für jeden ganzen Euro ihrer Hauptforderung zu. Gesicherte Gläubiger sind berechtigt, an der Abstimmung über den Antrag auf Abberufung eines Insolvenzverwalters teilzunehmen, und haben dann entsprechendes Stimmgewicht. Nahestehende Personen sowie Personen, die innerhalb eines Jahres vor Eröffnung des Insolvenzverfahrens ihre Forderung von einer dem Schuldner von nahestehenden Personen erworben hatten, haben in der Gläubigerversammlung kein Stimmrecht.

Gegen jede Entscheidung der Gläubigerversammlung kann gemäß Art. 91 MNL ein Rechtsbehelf bei Gericht eingelegt werden.

3.13 Forderungsprüfung

Forderungen müssen innerhalb eines Monats ab dem Tag angemeldet werden, an dem die Eröffnung des Insolvenzverfahrens in das Insolvenzregister eingetragen wurde. Hat ein Gläubiger die vorgenannte Frist versäumt, so kann er seine Forderung innerhalb einer Frist von höchstens sechs Monaten ab dem Tag der Eintragung, spätestens jedoch bis zu dem Tag anmelden, an dem der Insolvenzverwalter den Verteilungsplan erstellt hat. Bei einer verspäteten Anmeldung hat der Gläubiger kein Stimmrecht in der Gläubigerversammlung. Mit Ablauf der Höchstfrist verliert der nicht anmeldende Gläubiger seine Ansprüche gegen den Schuldner und damit seinen Gläubigerstatus.[63]

Der Gläubiger muss der Forderungsanmeldung Unterlagen beifügen, die die Forderung belegen. In Ausnahmefällen, wenn die Anzahl der Nachweisdokumente die Anmeldung der Forderung erheblich behindert, kann der Gläubiger durch Vereinbarung mit dem Insolvenzverwalter von der Verpflichtung zur Einreichung der Nachweisdokumente befreit werden, wenn diese Unterlagen dem Insolvenzverwalter bereits zur Verfügung stehen und kein Streit über die Forderung des Gläubigers besteht. Der Insolvenzverwalter führt die Forderungstabelle. Gesicherte und ungesicherte Forderungen werden getrennt voneinander zusammengefasst und bilden so zwei (Gläubiger-)Klassen.

Der Insolvenzverwalter prüft angemeldete Forderungen und entscheidet innerhalb von sieben Tagen[64] nach Eingang der Anmeldung über die Anerkennung, Bestreiten oder Teilanerkennung. Für den Fall des Bestreitens oder der Teilanerkennung seiner Forderung ist jeder Gläubiger berechtigt, vor dem verfahrensleitenden Gericht zu klagen.[65]

---

60 Dies gilt insbesondere für den *Prozess fiziskās personas maksātnespējas* (Insolvenzverfahren für natürliche Personen).
61 Art. 86 Abs. 2 MNL.
62 Art. 90 Abs. 1 MNL.
63 Art. 73 MNL.
64 Im Falle eines Arbeitnehmeranspruchs oder eines Anspruchs, der nach Ablauf der einmonatigen Frist angemeldet wird, innerhalb von 15 Tagen.
65 Art. 80 MNL.

3.14 Verteilung und Vorrechte

81   Ausschüttungen erfolgen nach Maßgabe der in Art. 118 MNL verankerten Rangfolge:
1) die Kosten des Insolvenzverfahrens (inkl. Masseverbindlichkeiten);
2) auf den Insolvenzkontrolldienst übergegangene Ansprüche von Arbeitnehmern, die aus dem Insolvenzgeldfonds befriedigt wurden;
3) Arbeitnehmeransprüche (bis zu einem bestimmten Betrag), gesetzliche Sozialversicherungspflichtbeiträge und Steuern im Zusammenhang mit den Ansprüchen der Arbeitnehmer, soweit diese nicht aus dem Insolvenzgeldfonds befriedigt wurden;
4) Steuerforderungen der Steuerverwaltung als Gläubiger, die innerhalb der einmonatigen Frist für die Anmeldung von Forderungen angemeldet werden, im Umfang der Hauptforderung;
5) Forderungen von nicht gesicherten Gläubigern im Umfang der Hauptforderung;
6) Nebenforderungen (Zinsen, Vertragsstrafen etc) von nicht gesicherten Kreditoren;
7) Rückzahlung von Einlagen der Gesellschafter des Schuldners bzw. Übererlösausschüttung an den Schuldner als natürliche Person.

82   Erlöse aus dem Verkauf von besicherten Vermögensgegenständen müssen abzüglich der tatsächlichen Kosten des Verkaufs zur Erfüllung der Forderung des gesicherten Gläubigers verwendet werden. Übererlöse fließen in die Masse.

83   Gemäß Art. 117 Abs. 1 MNL erstellt der Insolvenzverwalter innerhalb von 15 Tagen nach Durchführung des Plans zur Veräußerung des Vermögens des Schuldners ein Verzeichnis der Kosten des Insolvenzverfahrens und einen Verteilungsplan. Widerspricht kein Gläubiger innerhalb von 15 Tagen, muss der Insolvenzverwalter mit der Verteilung der Mittel beginnen.

3.14.1 Masseverbindlichkeiten

84   Kosten, die der Insolvenzverwalter im Rahmen des Insolvenzverfahrens verursacht, gelten ebenfalls als Kosten des Insolvenzverfahrens.[66]

85   Entsprechendes gilt im Fall der angezeigten Masselosigkeit gem. Art. 168 Abs. 3 und 4 MNL für Kostenvorschüsse aus den Mitteln des Geschäftsführers des Schuldners, des Insolvenzverwalters, eines Gläubigers, einer Gläubigergruppe oder anderer Personen, wenn die mit dem Verwalter getroffene Vereinbarung im Einklang mit den Interessen aller Gläubiger steht.

3.14.2 Gesicherte Gläubiger

86   Als gesicherte Gläubiger werden gemäß Art. 7 Abs. 1 MNL Gläubiger betrachtet, deren Forderung gegen den Schuldner oder einen Dritten durch ein gewerbliches Pfandrecht oder eine Hypothek auf Vermögen des Schuldners gesichert ist. Erlöse aus dem Verkauf von Vermögenswerten des Schuldners, die als Sicherheit dienen, müssen zur Begleichung der Forderung des gesicherten Gläubigers verwendet werden.

3.14.3 Ungesicherte Gläubiger

87   Die Forderungen der ungesicherten Gläubiger sind nach der dargestellten Rangfolge des Art. 118 der MNL zu berücksichtigen.

3.14.4 Nachrangige Gläubiger

88   Nachrangige Gläubiger sind die Gläubiger bzgl. ihrer Nebenforderungen (Zinsen, Vertragsstrafe etc).

3.15 Aufhebung des Verfahrens

89   Der Insolvenzverwalter muss beim Gericht einen Antrag auf Beendigung des Insolvenzverfahrens stellen, wenn:
1) innerhalb von 15 Tagen nach Absendung der Mitteilung über die Umsetzung des Verteilungsplans keine Einwände von Gläubigern eingegangen sind;[67]
2) der Insolvenzverwalter in dem Bericht über das Nichtvorhandensein des Vermögens des Schuldners einen Vorschlag zur Einstellung des Insolvenzverfahrens aufgenommen hat und keine Einwände von Gläubigern eingegangen sind.[68]

---

[66] Eine vollständige Liste der Ausgaben, die als Kosten des Insolvenzverfahrens anzusehen sind, ist in Art. 170 MNL enthalten.
[67] Art. 119 Abs. 1 MNL.
[68] Art. 119 Abs. 4 MNL.

Ein Gericht hat über die Beendigung des Insolvenzverfahrens gemäß Art. 363²⁰ Abs. 1 CPL zu entscheiden. Nach Erhalt der gerichtlichen Entscheidung über die Beendigung des Insolvenzverfahrens muss der Insolvenzverwalter bei Schuldnergesellschaften noch den Löschungsantrag beim Unternehmensregister stellen.[69]   **90**

4. Restrukturierungsverfahren

Das *Tiesiskās aizsardzības* (Restrukturierungsverfahren) steht einer juristischen Person, *personālsabiedrība* (Personengesellschaft), einem *individuālais komersants* (Einzelkaufmann) oder einer im Ausland registrierten Person offen, die in Lettland eine ständige wirtschaftliche Tätigkeit ausübt.[70]   **91**

Der Schuldner kann das *tiesiskās aizsardzības* (Restrukturierungsverfahren) beantragen, wenn er in finanzielle Schwierigkeiten geraten ist oder erwartet, dass solche in naher Zukunft auf ihn zukommen. Gemäß Art. 33 Abs. 1 MNL kann nur der Schuldner das *tiesiskās aizsardzības* (Restrukturierungsverfahren) beantragen. Der Schuldner muss einen Antrag bei dem Gericht stellen, in dessen Gerichtsbezirk sich der Ort seiner rechtlich verbindlichen Anschrift in den letzten drei Monaten befunden hat (Satzungssitz bei Gesellschaften).[71] Das Gericht muss über Eröffnung eines *tiesiskās aizsardzības* (Restrukturierungsverfahren) spätestens am Tag nach Erhalt eines Verfahrensantrags entscheiden.[72]   **92**

Das gesamte *tiesiskās aizsardzības* (Restrukturierungsverfahren) sollte maximal zwei Jahre dauern. Es kann jedoch um zwei weitere Jahre verlängert werden, wenn die Mehrheit der für die Genehmigung des Restrukturierungsplans erforderlichen Gläubiger einer solchen Verlängerung zustimmt.[73]   **93**

Die Eröffnung eines *tiesiskās aizsardzības* (Restrukturierungsverfahren) hat folgende Auswirkungen: (1) ein entsprechender Eintrag in das Insolvenzregister erfolgt; (2) Zwangsvollstreckungen werden eingestellt; (3) gesicherten Gläubigern ist es untersagt, den Verkauf ihres Sicherungsguts zu verlangen;[74] (4) etwaige Zinsen (Kreditzinsen, gesetzliche Zinsen, Vertragsstrafen, Verzugszinsen) fallen nicht mehr an.   **94**

Das *Tiesiskās aizsardzības* (Restrukturierungsverfahren) wird von einer Aufsichtsperson überwacht (*tiesiskās aizsardzības procesa uzraugošā persona*), üblicherweise ein Insolvenzverwalter. Ihre Hauptaufgabe besteht in der Bewertung des Schuldnerplans im Rahmen einer Stellungnahme. Die Vergütung für diese Tätigkeit ist mit den Gläubigern zu vereinbaren, wobei der Vereinbarung dieselbe Mehrheit der Gläubiger zustimmen muss, die auch für die Annahme des Plans erforderlich ist. Zustimmende Gläubiger müssen die Vergütung der Aufsichtsperson aufbringen.[75]   **95**

Der Schuldner muss innerhalb von zwei Monaten nach Eröffnung des *tiesiskās aizsardzības* (Restrukturierungsverfahren) einen Restrukturierungsplan erstellen, diesen mit den Gläubigern abstimmen sowie eine Stellungnahme der Aufsichtsperson einholen. Die genannte Frist kann um einen Monat verlängert werden, wenn die gleiche Mehrheit der Gläubiger, die für die Genehmigung des Plans erforderlich ist, der Verlängerung zustimmt.[76] Während dieser Zeit genießt der Schuldner den gesetzlichen Vollstreckungsstopp. Das Gericht arbeitet im schriftlichen Verfahren, es sei denn, es hält eine Gerichtsverhandlung für notwendig. Es muss den eingereichten Plan innerhalb von 15 Tagen ab dem Tag des Eingangs der Stellungnahme der Aufsichtsperson zum Umstrukturierungsplan prüfen.[77]   **96**

Der Restrukturierungsplan muss rechtliche und wirtschaftliche Maßnahmen zur Restrukturierung des Unternehmens des Schuldners vorsehen und kann hierzu die Stundung von Zahlungsverpflichtungen (etwa durch Ratenzahlungen), die Kürzung von Forderungen, aber auch einen Debt to Equity Swap und sonstige Maßnahmen beinhalten. Er ist angenommen, wenn er wie folgt unterstützt wird: **97**
1) in der Gruppe gesicherter Gläubiger erhält er die Zustimmung von Gläubigern, deren Hauptforderungen zusammen mindestens zwei Drittel des Gesamtbetrags der Hauptforderungen der gesicherten Gläubiger ausmachen;
2) in der Gruppe nicht gesicherter Gläubiger erhält er die Zustimmung von Gläubigern, deren Hauptforderungen zusammen mehr als die Hälfte des Gesamtbetrags der Hauptforderungen der nicht besicherten Gläubiger ausmachen.

---

[69] Art. 120 Abs. 4 MNL.
[70] Art. 32 Abs. 1 MNL.
[71] Art. 341.¹ CPL.
[72] Art. von 341.⁴ (1) CPL.
[73] Art. 48 MNL.
[74] Es sei denn, dies führt zu einem erheblichen Schaden.
[75] Art. 166 MNL.
[76] Art. 40 Abs. 2 MNL.
[77] Art. 341.⁶ (2) CPL.

98 Das Gericht muss den Plan bestätigen, wenn er den im MNL vorgeschriebenen Anforderungen entspricht und von der erforderlichen Mehrheit der Gläubiger unterstützt wurde.[78] Gemäß Art. 45 MNL hat die Planbestätigung folgende Wirkungen:
1) der Restrukturierungsplan wird für alle Gläubiger des Schuldners, einschließlich der ablehnend votierenden Gläubiger, verbindlich;
2) gesicherte Gläubiger dürfen ihre Rechte in Bezug auf Sicherungsgut des Schuldners, das zur Plandurchführung nach dem Plan notwendig ist, nicht ausüben; im Plan nicht benanntes Sicherungsgut darf hingegen verwertet werden.

99 Die Restrukturierungsverfahren finden vor städtischen (Bezirks-)Gerichten als erstinstanzliche Gerichte statt. Die Verfahrenskosten, die mit Antragstellung entstehen, setzen sich wie folgt zusammen: (1) staatliche Antragsgebühr in Höhe von 145 EUR; (2) Kostenpauschale für die Prüfung des Falles in Höhe von 3,20 EUR.

100 Gemäß Art. 40 Abs. 5 MNL kann der Restrukturierungsplan eine Privilegierung für Personen festlegen, die die Umsetzung des Plans finanzieren (new finance privilege). Im Fall einer Folgeinsolvenz hat die Rückzahlung dieser Kredite dann im Rang der Verfahrenskosten zu erfolgen.

101 Gelingt die Umsetzung des Restrukturierungsplans durch den Schuldner, so kann er gem. Art. 51 MNL die Aufhebung des Verfahrens beantragen.

5. Außergerichtliches Restrukturierungsverfahren

102 Die Besonderheit im Fall des *ārpustiesas tiesiskās aizsardzības* (außergerichtliches Restrukturierungsverfahren) liegt darin, dass hier der Schuldner zunächst außergerichtlich den Restrukturierungsplan erstellen und die Zustimmung der Gläubiger einholen muss, bevor er dem Gericht den bereits mit hinreichender Gläubigermehrheit unterstützten Plan vorlegen darf.

6. Verträge in Insolvenz- oder Restrukturierungsverfahren (oder anderen) Verfahren

6.1 Schwebende Geschäfte

103 Der Insolvenzverwalter ist gem. Art. 101 Abs. 1 MNL berechtigt, bei schwebenden Geschäften entweder die Erfüllung von der anderen Vertragspartei zu verlangen oder einseitig vom Vertrag zurückzutreten. Der Insolvenzverwalter wird den Vertrag durchführen, wenn dadurch das Vermögen des Schuldners nicht gemindert wird. Tritt er hingegen vom Vertrag zurück, hat der Vertragspartner das Recht, seinen Nichterfüllungsschaden zur Tabelle anzumelden.

104 Das Wahlrecht gilt nicht für vor der Insolvenz erteilte Vollmachten und sonstige Ermächtigungen, für das Vermögen des Schuldners zu handeln; diese verlieren ab dem Tag der Eröffnung des Insolvenzverfahrens ihre Gültigkeit.[79]

6.2 Mietverträge

105 Im lettischen Recht gibt es keine besonderen Bestimmungen für die Behandlung von Mietverträgen im Insolvenzverfahren.

6.3 Leasingverträge

106 Im lettischen Recht gibt es auch keine besonderen Bestimmungen für die Behandlung von Leasingverträgen im Insolvenzverfahren.

6.4 Arbeitsverträge

107 Art. 103 Abs. 1 MNL gibt dem Insolvenzverwalter das Recht, Arbeitsverträge mit Arbeitnehmern des Schuldners nach Eröffnung des Insolvenzverfahrens zu kündigen. Der Insolvenzverwalter ist dabei weder an Kündigungsfristen noch an tarifvertragliche Bestimmungen über die Beendigung von Arbeitsverhältnissen gebunden. Auch die Regeln des *Darba likums* (Arbeitsrecht)[80] über Massenentlassung gelten im Insolvenzverfahren nicht.

7. Pensionsansprüche in Insolvenz und Restrukturierung

108 Für die Behandlung von Pensionsansprüchen im Insolvenzverfahren gibt es im lettischen Recht keine besonderen Bestimmungen.

---

[78] Art. 341.⁶ (3) CPL.
[79] Art. 102 MNL.
[80] Latvijas Vēstnesis, 105 (2492), 6.7.2001.

8. Eigentumsvorbehalt

Im lettischen Recht gibt es auch keine besonderen Bestimmungen über die Behandlung von Eigentumsvorbehalten im Insolvenzverfahren. **109**

9. Sicherungsrechte in der Insolvenz

Art. 7 Abs. 1 MNL definiert einen gesicherten Gläubiger als denjenigen Gläubiger, dessen Forderung gegen den Schuldner oder einen Dritten durch ein gewerbliches Pfandrecht oder eine im Grundbuch oder Schiffsregister eingetragene Hypothek am Vermögen des Schuldners gesichert ist. **110**

9.1 Mobiliarsicherheiten

Wird für eine Forderung wirksam ein gewerbliches Pfandrecht *(komercķīla)* bestellt, so wird die Forderung im Insolvenzverfahren als gesicherte Forderung behandelt. Die Bestellung des Pfandrechts erfordert keine Besitzverschaffung am verpfändeten Gegenstand, es sei denn, Pfandgeber und Pfandgläubiger vereinbaren dies ausdrücklich. Das Pfandrecht muss in das Pfandregister *(Komercķīlu reģistrs)*, ein öffentliches Register, eingetragen werden. **111**

Art. 3 Abs. 1 des *Komercķīlas likums* (Commercial Pledge Law)[81] erlaubt die Bestellung von Pfandrechten an beweglichen materiellen oder immateriellen Vermögensgegenständen (inklusive Forderungen des Pfandgebers oder auch registrierte Immaterialgüterrechte), an einer Summe dieser Vermögenswerte und insbesondere auch an allen Vermögenswerten einer Gesellschaft (oder eines sonstigen Rechtsträgers, der keine natürliche Person ist). Ein Pfandrecht, das über eine Vielzahl von Vermögenswerten begründet wurde, erstreckt sich sowohl auf bestehende als auch künftig entstehende Vermögenswerte. Der Anwendungsbereich des Pfandrechts erfasst hingegen nicht: Schiffe, Finanzinstrumente, die auf benannten Konten gehalten werden, Bankkredite, sonstige Finanzleistungen sowie Forderungen aus Schecks oder Wechseln. **112**

9.2 Immobiliarsicherheiten

Eine Forderung kann auch durch eine Hypothek *(hipotēka)* gesichert werden, um im Insolvenzverfahren als gesicherte Forderung behandelt zu werden. Die Hypothek ist ein Pfandrecht an einer Immobilie, ohne dass es der Besitzverschaffung bedarf.[82] Sie wird ins Grundbuch *(Zemesgrāmata)* als öffentlichem Register eingetragen. **113**

9.3 Schiffe

Eine Forderung kann auch durch eine Schiffshypothek *(kuģa hipotēka)* gesichert werden. Sicherungsgegenstand ist hier ein Schiff, weshalb Schiffshypotheken als Belastung ins Schiffsregister *(Kuģu reģistra apgrūtinājumu reģistrācijas grāmata)*, einem öffentlichen Register, einzutragen sind.[83] **114**

10. Aufrechnung

Art. 104 MNL erlaubt die Aufrechnung nach Eröffnung eines Insolvenzverfahrens nur, wenn die Aufrechnungslage mindestens sechs Monate vor Eröffnung des Insolvenzverfahrens entstanden ist. **115**

In *tiesiskās aizsardzības* (Restrukturierungsverfahren) ist die Aufrechnung nach Art. 38 Abs. 3 MNL zulässig, wenn die Forderung des Schuldners mindestens drei Monate vor der Eröffnung des Verfahrens entstanden ist. **116**

11. Insolvenzanfechtung

Dem Insolvenzverwalter obliegt gem. Art. 96 MNL die Überprüfung der vorinsolvenzlichen Geschäftsführung des Schuldners im Hinblick auf eine Anfechtbarkeit. Die Insolvenzanfechtung von Rechtshandlungen ist durch Klage vor Gericht möglich, wenn:
1) die Rechtshandlung nach Eröffnung des Insolvenzverfahrens oder im Zeitraum von vier Monaten vor Eröffnung des Insolvenzverfahrens vorgenommen wurde und hieraus (dem Schuldner)[84] **117**

---

[81] Handelspfandrecht. Latvijas Vēstnesis, 337/338 (1398/1399), 11.11.1998.
[82] Art. 1279 des Civillikums.
[83] Art. 30 Abs. 1 von *Jūras kodekss* (Seerecht). Latvijas Vēstnesis, 91 (2856), 18.6.2003.
[84] Der Wortlaut der Regelung im MNL ist nicht eindeutig dahingehend, wer die Verluste erleiden muss (der Schuldner oder die Gläubiger); er wird aber in diesem Sinn verstanden.

Verluste entstanden sind, unabhängig davon, ob die Person, mit der das Geschäft vorgenommen wurde, von den Verlusten wusste oder hätte wissen müssen;
2) die Rechtshandlung im Zeitraum von drei Jahren vor Eröffnung des Insolvenzverfahrens vorgenommen wurde und hieraus dem Schuldner Verluste entstanden sind, wenn die Person, mit der das Geschäft vorgenommen wurde oder zu deren Gunsten es vorgenommen wurde, von den Verlusten wusste oder sie hätte erkennen müssen.

118 Wurde die nachteilige Rechtshandlung mit einer dem Schuldner nahestehenden Person oder zu deren Gunsten abgeschlossen, so wird vermutet, dass diese Person von den Verlusten Kenntnis hatte (widerlegbare Vermutung).

119 Art. 97 MNL verpflichtet den Insolvenzverwalter, die schenkungsweise Überlassung von Vermögen des Schuldners zu ermitteln und ggf. gerichtlich zu verfolgen. Danach kann jedes im Zeitraum von drei Jahren vor dem Tag der Eröffnung des Insolvenzverfahrens abgeschlossene Geschäft, bei dem die Unausgewogenheit von Leistung und Gegenleistung darauf hinweist, dass tatsächlich eine Schenkung erfolgt ist, als Schenkung im Sinne von Art. 97 MNL behandelt und zurückverlangt werden.

120 Art. 99 MNL ermöglicht schließlich die Rückforderung von Zahlungen, die der Schuldner innerhalb der sechs Monate vor Eröffnung des Insolvenzverfahrens zur Erfüllung seiner Verbindlichkeiten geleistet hat, wenn mindestens eine der folgenden zwei Bedingungen gegeben ist:
1) Die Zahlung ist vor Fälligkeit erfolgt, während andere fällige Zahlungsverpflichtungen nicht erfüllt wurden und es ist möglich, die ursprünglichen Rechte und Pflichten der Parteien wiederherzustellen.
2) Die Zahlung ist an eine dem Schuldner nahestehende Person erfolgt, während andere fällige Zahlungsverpflichtungen nicht erfüllt wurden.

12. Durchsetzung von Haftungsansprüchen gegen (ehemalige) Organe und Gesellschafter

121 Der Insolvenzverwalter ist verpflichtet, die Geschäftsführung des Schuldners auf haftungsrelevante Handlungen zu untersuchen und Ersatz für pflichtwidrig verursachte Verluste gerichtlich geltend zu machen.[85] Die Geschäftsleiter können sich entlasten, wenn sie darlegen und beweisen, dass sie wie ein gewissenhafter und sorgfältiger Geschäftsleiter gehandelt haben.[86]

13. Internationales Insolvenzrecht

122 Lettland hat weder das UNCITRAL Modellgesetz übernommen noch ein eigenes internationales Insolvenzrecht kodifiziert. Es gilt die EuInsVO. Daneben finden sich kollisionsrechtliche Bestimmungen im *Civillikums* (Zivilrecht) und in einzelnen bilateralen Verträgen mit verschiedenen Ländern.

14. COVID-19-Maßnahmen

123 Am 20. März 2020 wurde das Gesetz zur Verhütung und Bekämpfung der Gefahren des Covid-19-Virus für den Staat (*Par valsts apdraudējuma un tā seku novēršanas un pārvarēšanas pasākumiem sakarā ar Covid-19 izplatību*[87]) verabschiedet. Die darin enthaltenen Regeln galten rückwirkend auf den Tag der Verhängung des Ausnahmezustands am 12. März 2020.[88] Das Gesetz wurde im weiteren Verlauf der Pandemie mehrfach geändert und schließlich zum 10. Juni 2020 durch das Gesetz zur Bekämpfung der Folgen der COVID-19-Pandemie (*Covid-19 infekcijas izplatības seku pārvarēšanas likums*[89] ersetzt.

124 Das Notstandsgesetz aus dem März suspendierte das Recht der Gläubiger, Insolvenzanträge zu stellen. Es erfasste alle Gläubiger (einschließlich der Arbeitnehmer und Finanzbehörden) und schützte alle Schuldner für den Notstandszeitraum (12. März bis 1. September 2020). Das damit faktisch geschaffene Moratorium galt für alle Arten von Forderungen in allen Wirtschaftssektoren und endete mit dem 2. September 2020. Während dieses Zeitraums blieben die gesetzlichen Insolvenzantragspflichten für Schuldner allerdings unverändert in Kraft.

125 Das Notstandsgesetz schuf dabei die Möglichkeit, Insolvenzanträge auch elektronisch zu stellen. Zwischen dem 12. März und dem 9. Juni 2020 konnten sowohl Anträge auf Reorganisationsverfah-

---

[85] Art. 65 8) MNL.
[86] Art. 169 des *Komerclikums* (Handelsrecht). Latvijas Vēstnesis, 158/160 (2069/2071), 4.5.2000.
[87] Latvijas Vēstnesis, 57B, 21.3.2020.
[88] Der Ausnahmezustand wurde durch Regierungsbeschluss No. 103 vom 12. März 2020 ausgerufen und dauerte vom 12. März 2020 bis zum 9. Juni 2020.
[89] Latvijas Vēstnesis, 110A, 9.6.2020.

14. COVID-19-Maßnahmen

ren *(tiesiskās aizsardzības process)* als auch Anträge auf Insolvenzverfahren für Gesellschaften *(juridiskās personas maksātnespējas process)* und für natürliche Personen *(fiziskās personas maksātnespējas process)* online durch elektronisch signierte Erklärung eingereicht werden. Inzwischen hat das Gesetz vom 10. Juni 2020 diese Möglichkeit für die nähere Zukunft verstetigt.[90]

Parallel hierzu wurde durch das Notstandsgesetz die Option einer virtuellen Gläubigerversammlung in diesen Verfahren geschaffen. Die Gläubiger nehmen dann an der Versammlung entweder online teil und geben dort auch ihre Stimme ab. Sie können ihre Stimme alternativ auch schriftlich bis zum Ende des Tages vor der Versammlung abgeben. Diese zunächst befristete Maßnahme ist inzwischen permanent geltendes Recht.[91] **126**

Darüber hinaus fanden sich im Notstandsgesetz Änderungen für das Reorganisationsverfahren *(tiesiskās aizsardzības process)*. Diese betreffen die Umsetzungsfrist für bestätigte Reorganisationspläne, die im Regelfall maximal zwei Jahre beträgt und um maximal zwei weitere Jahre verlängert werden kann. Im Fall der Bestätigung eines solchen Plans oder einer Planänderung während des Notstandszeitraums sowie weiterer sechs Monate nach dessen Aufhebung betragen diese Fristen nun maximal vier Jahre. Für Pläne, deren Umsetzungsfrist bereits verlängert wurde, schuf das Gesetz die Möglichkeit, diese im Notstandszeitraum erneut um ein weiteres Jahr zu verlängern, vorausgesetzt, dass (1) die Mehrheit der Gläubiger zustimmen und (2) die Verzögerung der Planumsetzung durch die Pandemiemaßnahmen verursacht wurde. Das Gesetz vom 10. Juni 2020 hat diese Maßnahmen fortgeschrieben. Sie gelten damit für die nähere Zukunft. **127**

---

[90] Die Regelung im Gesetz vom 10. Juni 2020 zur Geltungsdauer ordnet die Fortgeltung dieser Regeln an, solange die Covid-19-Pandemie eine Bedrohung darstellt.
[91] Hierzu wurden zwei Absätze ($2.^1$ und $2.^2$) in Art. 86 MNL eingefügt.

Lettland

Der Verfahrensablauf im lettischen Recht

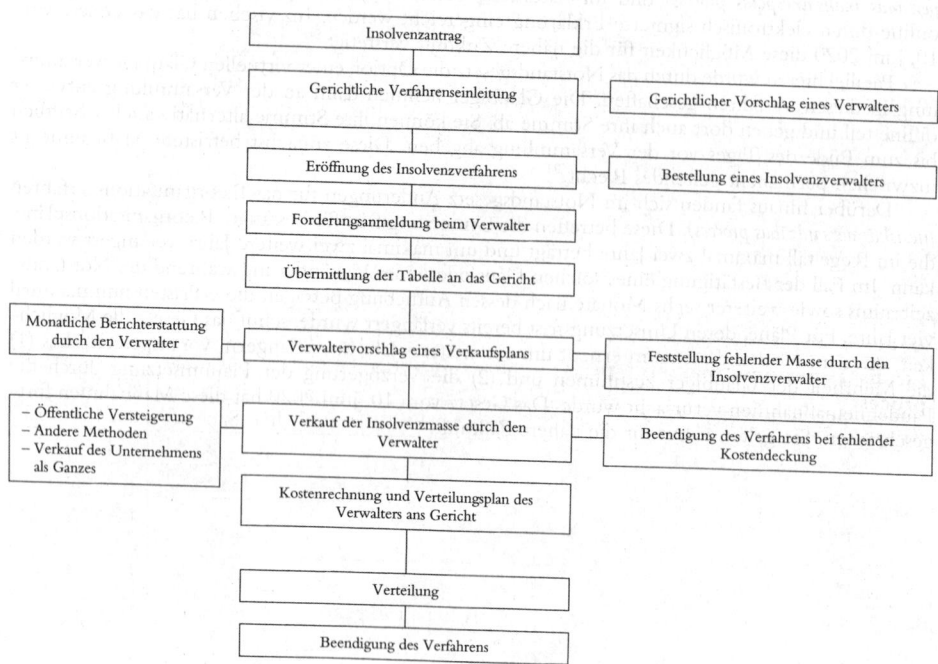

Lettland

Glossar

Lettisch	Deutsch	Rn.
Akciju sabiedrība	Aktiengesellschaft	25
Ārpustiesas tiesiskās aizsardzības process	Außergerichtliches Restrukturierungsverfahren	7, 10, 12, 102
Bankrota procedūra	Insolvenzverfahren bei natürlichen Personen (erster Teil)	21–23, 71
Blakus sūdzība	Insolvenznahe Klage	117
Fiziskās personas maksātnespējas process	Insolvenzverfahren für natürliche Personen (insgesamt)	8 f., 18–21, 71–72
Hipotēka	Hypothek	86, 110, 113
Individuālais komersants	Kaufmann	9, 24 f., 91
Juridiskās personas maksātnespējas process	Insolvenzverfahren einer Gesellschaft	5, 9, 24–30, 70, 72
Komercķīla	Pfandrecht (an beweglichen Sachen)	86, 110–112
Kuģa hipotēka	Schiffshypothek	114
Maksātnespējas process	Insolvenzverfahren (Sammelbegriff)	13 f., 42
Maksātnespējas procesa administrators	Insolvenzverwalter	44–59
Personālsabiedrība	Personengesellschaft	24 f., 91
Sabiedrība ar ierobežotu atbildību	Gesellschaft mit beschränkter Haftung	25
Saistību dzēšanas procedūra	Restschuldbefreiungsverfahren	21, 23, 71
Tiesiskās aizsardzības process	Heilungs-/Restrukturierungsverfahren	6–7, 10–12, 15, 91–101
Zvērināts advokāts	Vereidigter Rechtsanwalt	47

Glossar

Deutsch	Lettisch	Rn.
Aktiengesellschaft	Akciju sabiedrība	25
Außergerichtliches Restrukturierungsverfahren	Ārpustiesas tiesiskās aizsardzības process	7, 10, 12, 102
Gesellschaft mit beschränkter Haftung	Sabiedrība ar ierobežotu atbildību	25
Heilungs-/Restrukturierungsverfahren	Tiesiskās aizsardzības process	6–7, 10–12, 15, 91–101
Hypothek	Hipotēka	86, 110, 113
Insolvenznahe Klage	Blakus sūdzība	117
Insolvenzverfahren (Sammelbegriff)	Maksātnespējas process	13 f., 42
Insolvenzverfahren bei natürlichen Personen (erster Teil)	Bankrota procedūra	21–23, 71
Insolvenzverfahren einer Gesellschaft	Juridiskās personas maksātnespējas process	5, 9, 24–30, 70, 72
Insolvenzverfahren für natürliche Personen (insgesamt)	Fiziskās personas maksātnespējas process	8 f., 18–21, 71–72
Insolvenzverwalter	Maksātnespējas procesa administrators	44–59
Kaufmann	Individuālais komersants	9, 24 f., 91

Lettland

Deutsch	Lettisch	Rn.
Personengesellschaft	Personālsabiedrība	24 f., 91
Pfandrecht (an beweglichen Sachen)	Komercķīla	86, 110–112
Restschuldbefreiungsverfahren	Saistību dzēšanas procedūra	21, 23, 71
Schiffshypothek	Kuģa hipotēka	114
Vereidigter Rechtsanwalt	Zvērināts advokāts	47

Litauen

bearbeitet von Prof. Dr. *Salvija Mulevičienė* (Mykolas Romeris University of Lithuania); deutsche Bearbeitung von Prof. Dr. *Stephan Madaus* (Martin-Luther-Universität Halle-Wittenberg)

Übersicht

	Rn.
1. Gesetzbuch, Fachliteratur und Informationsquellen	1
1.1 Relevante Gesetze:	1
1.2 Literatur:	2
1.3 Informationsquellen:	3
2. Einführung	4
2.1 Rechtsrahmen und jüngste Reform (2019) der Insolvenz von juristischen Personen	4
2.2 Verfahrensarten	11
2.3 Präventive Restrukturierung	19
2.4 Finanzielle Restrukturierung	21
2.5 Sonderregeln für Finanzinstitute und Versicherungsunternehmen	22
2.6 Insolvenzen von Unternehmensgruppen	23
2.7 Insolvenzverfahren für natürliche Personen	24
2.7.1 Zweck und Hauptmerkmale der rechtlichen Regelung der Insolvenz natürlicher Personen	28
2.7.2 Eröffnung des Insolvenzverfahrens über natürliche Personen	31
2.7.2.1 Wer kann das Verfahren einleiten?	31
2.7.2.2 Eröffnungsvoraussetzungen	32
2.7.3 Wesentliche Verfahrensregeln	39
3. Wesentliche Verfahrensmerkmale des Insolvenzverfahrens von Gesellschaften	50
3.1 Eröffnung des Insolvenzverfahrens	50
3.1.1 Eröffnungsgründe	50
3.1.1.1 Gemeinsame Regeln für die Eröffnung der verschiedenen Arten von kollektiven Insolvenzverfahren	50
3.1.1.2 Zusätzliche Anforderungen für Restrukturierungsverfahren	55
3.1.1.3 Regeln für masselose Gesellschaften	56
3.1.2 Antragspflichten, Haftung bei Nichteinhaltung	58

	Rn.
3.1.3 Wer kann ein Insolvenzverfahren beantragen?	64
3.2 Einbeziehung der Gerichte	66
3.3 Insolvenzverwalter	69
3.4 Verwaltung und Verwertung des Nachlasses	83
3.5 Unternehmensfortführung	90
3.6 Vorläufige Sicherungsmaßnahmen	93
3.7 Auswirkungen der Verfahrenseröffnung auf die Einzelzwangsvollstreckung	94
3.8 Auswirkungen der Verfahrenseröffnung auf laufende Gerichts- oder Schiedsverfahren	95
3.9 (Automatisches) oder gerichtlich verfügbares Moratorium	97
3.10 Gläubigervertreter	100
3.11 Forderungsfeststellung	103
3.12 Verteilung der Masse	105
3.12.1 Masseverbindlichkeiten	105
3.12.2 Gesicherte Gläubiger	106
3.12.3 Vorrangige Insolvenzgläubiger	107
3.12.4 Einfache Insolvenzgläubiger	108
3.12.5 Nachrangige Gläubiger	110
3.13 Abschluss des Verfahrens	111
4. Verträge im Insolvenzverfahren	113
5. Pensionsansprüche	117
6. Eigentumsvorbehalt	118
7. Sicherheiten in der Insolvenz	119
8. Aufrechnung, Verrechnungsvereinbarungen	120
9. Insolvenzanfechtung	121
10. Die Haftung gegen (ehemalige) Geschäftsleiter und Gesellschafter	123
11. Internationales Insolvenzrecht	127
12. COVID-19-Gesetzgebung	130

Litauen 1–3

1. Gesetzbuch, Fachliteratur und Informationsquellen

1.1 Relevante Gesetze:

1   In der litauischen Rechtsordnung sind die wichtigsten materiellen Rechtszweige in Gesetzbüchern kodifiziert (zB Zivilgesetzbuch (*Civilinis kodeksas*[1]), Zivilprozessordnung (*Civilinio proceso kodeksas*[2]), etc). Die Regeln des Insolvenzrechts (*nemokumo teisė*) sind leider nicht in einem solchen Gesetzbuch zusammengefasst, sondern über verschiedene Fachgesetze und Regierungsakte verstreut. Bislang gibt es auch weder eine offizielle noch eine privat veröffentlichte Sammlung *(Rinkinys)* aller Regeln im Zusammenhang mit der Insolvenz, aber alle Regulierungsakte, einschließlich der Gesetze, sind mit entsprechenden Aktualisierungen in der offiziellen Datenbank des litauischen Parlaments *(Seimas)* online unter www.lrs.lt im Volltext verfügbar. Eine große Anzahl litauischer Gesetze kann auch in englischer Sprache aus der Datenbank des *Seimas* abgerufen werden. Auch alle Regulierungsakte in Litauen sind registriert und können aus dem Register der Rechtsakte *(Teisės aktų registras, TAR* – Staatsregister der Rechtsakte der Republik Litauen) unter https://www.teisesakturegistras.lt/portal/en/index abgerufen werden.

1.2 Literatur:[3]

2   Kavalnė Salvija, Mikuckienė Vilija, Norkus Rimvydas, Velička Rimvydas: Insolvenzrecht, Erstes Buch (Nemokumo teisė, Pirmoji knyga), 2009; Kavalnė Salvija, Norkus Rimvydas: Insolvenzrecht, Zweites Buch (Bankroto teisė. Antroji knyga), 2011; Norkus, Rimvydas, Goda Ambrassaite: „Legal aspects of Insolvency of Natural Persons in the Baltic States", 2014: University of Tartu, Juridica International, Public Administration and Law, Vol XXI (2014): 176180; Kerikmäe Tarik et. al. (eds.): The law of the Baltic States, Springer 2017, Lithuanian private law 9.3 Company law and insolvency law (S. 497–510) abrufbar unter https://www.researchgate.net/profile/Tanel_Kerikmaee/publication/319059678_The_Law_of_the_Baltic_States/links/598d9ed40f7e9b07d22bd853/The-Law-of-the-Baltic-States.pdf

1.3 Informationsquellen:

3   Ein Leitfaden für das litauische Rechtssystem auf Englisch findet sich unter http://www.nyulawglobal.org/globalex/Lithuania1.html (2017). Informationen über das litauische Rechtssystem und einen Überblick über das litauische Recht, einschließlich eines Überblicks über das litauische Insolvenzrecht, bietet zudem das europäische E-Justiz-Portal. Urteile, Entscheidungen und Schlussfolgerungen des litauischen Verfassungsgerichtshofs *(Lietuvos Respublikos Konstitucinis Teismas)* sind in englischer Sprache unter https://www.lrkt.lt/en/ zu finden.[4] Die Entscheidungen litauischer Gerichte inklusive derjenigen zu Insolvenzfällen werden auf dem E-Portal der litauischen Gerichte unter www.teismai.lt/en veröffentlicht. Auf der Internetseite des *Seimas* sind unter www.lrs.lt Listen mit den neuesten Rechtsakten, Projekten und anderen Dokumenten unter dem Link *Aktuelle Entwicklungen (Teisėkūros naujienos)* abrufbar. Leider werden dabei nicht alle Änderungen und Ergänzungen der Rechtsakte ins Englische übersetzt, weshalb es bei der Suche nach Übersetzungen verschiedener Rechtsakte der Republik Litauen sinnvoll ist, die englische Internetseite des zuständigen Ministeriums der Republik Litauen zu öffnen und den Link „Gesetzgebung" oder „Rechtsakte" zu wählen. In Litauen ist für die Insolvenzfragen das Finanzministerium *(Finansų ministerija)* zuständig, genauer dessen Abteilung für Abschlussprüfung, Buchhaltung, Immobilienbewertung und Insolvenzverwaltung *(Audito, apskaitos, turto vertinimo ir nemokumo valdymo tarnyba,* www.avnt.lt). Das neue Selbstverwaltungsorgan der Insolvenzverwalter (in Litauen heißt der Beruf Insolvenzverwalter *(nemokumo administratoriai))* befindet sich gerade im Aufbau. Das 2019 verabschiedete Gesetz über die Insolvenz

---

[1]   Das Zivilgesetzbuch der Republik Litauen (Gesetz Nr. XI-1864, verabschiedet am 18.7.2000 mit späteren Änderungen).

[2]   Die Zivilprozessordnung Litauens (Gesetz Nr. IX-743, verabschiedet am 28.2.2002 mit späteren Änderungen).

[3]   Hinweis: Im Sommer 2019 erfolgte eine umfassende Reform der Insolvenz von juristischen Personen in Litauen, die zum 1.1.2020 in Kraft trat; die angegebene Literatur kann dann größtenteils nur noch aus historischer Sicht konsultiert werden und spiegelt insofern nicht die jüngsten Änderungen im Bereich des litauischen Insolvenzrechts wider.

[4]   S. zB (in englischer Sprache) die Urteile des Verfassungsgerichtshofs zur „Eröffnung eines Insolvenzverfahrens gegen eine natürliche Person und die Restschuldbefreiung am Ende des Insolvenzverfahrens" (2017) unter http://www.lrkt.lt/en/court-acts/search/170/ta1745/content sowie zur „Verwertung von Finanzsicherheiten im Falle der Insolvenz oder der Sanierung eines Unternehmens" unter http://www.lrkt.lt/en/court-acts/search/170/ta893/content.

juristischer Personen[5] *(Lietuvos Respublikos Juridinių asmenų nemokumo įstatymas)* sieht die Gründung der Kammer der Insolvenzverwalter Litauens *(Lietuvos nemokumo administratorių rūmai)* vor, die ihre Tätigkeit am 1.1.2020 aufnimmt. Bis dahin waren die Informationen über Insolvenzverwalter, ihre Aktivitäten und aktuelle praxisbezogene Entwicklungen auf der Website der 1997 gegründeten „National Association of Business Administrators" unter http://www.nvaa.lt/en/ zu finden.

2. Einführung

2.1 Rechtsrahmen und jüngste Reform (2019) der Insolvenz von juristischen Personen

Das litauische Rechtssystem basiert auf der Rechtstradition des kontinentalen Europas. Seit der Wiederherstellung der Unabhängigkeit Litauens im Jahr 1990 wurde das Rechtssystem mehrfach reformiert, um den Anforderungen der modernen offenen Wirtschaft gerecht zu werden. Das erste **Unternehmensinsolvenzgesetz** *(Įmonių bankroto įstatymas)* wurde 1992 geschaffen und zielte auf die Liquidation *(likvidavimas)* insolventer Unternehmen. Es wurde zunächst durch eine Neufassung von 1997 und nach weiteren vier Jahren durch das dritte Unternehmensinsolvenzgesetz ersetzt, das 2001 zusammen mit dem ersten Insolvenzgesetz zur Rettung von Unternehmen in finanziellen Schwierigkeiten – dem **Gesetz zur Unternehmensrestrukturierung** *(Įmonių restruktūrizavimo įstatymas)* verabschiedet wurde. Mit der Verabschiedung des Restrukturierungsgesetzes verlagerte sich der Schwerpunkt von der effizienten Verwertung des Schuldnervermögens und der Beseitigung zahlungsunfähiger Unternehmen auf die Verhinderung der Liquidation durch eine Restrukturierung der finanziellen und organisatorischen Struktur des Schuldners in finanzieller Not, um so die Fortsetzung des Unternehmens zu ermöglichen. Seither hatte ein Unternehmen in Litauen zwei Alternativen im Fall einer Insolvenz: Liquidation oder Restrukturierung. Beide Insolvenzgesetze galten für alle in Litauen registrierten Unternehmen außer für öffentliche Haushalte, politische Parteien, Gewerkschaften und religiöse Gemeinschaften und Verbände.

Der nächste Anreiz zur Modernisierung des litauischen Insolvenzrechts wurde durch den Beitritt Litauens zur EU am 1.5.2004 gesetzt. Das EU-Recht wurde Teil des litauischen Rechtssystems, was Gesetzgebung wie auch Justiz dazu brachte, die Interessen von Schuldnern und Gläubigern anhand von Vorbildern aus anderen EU-Ländern neu auszutarieren. In der Folge entstand das **Gesetz über die Insolvenz natürlicher Personen** *(Fizinių asmenų bankroto įstatymas)*,[6] das 2013 in Kraft trat.

Da trotz der Reformen die Liquidation weiter das wahrscheinlichste Schicksal eines litauischen Schuldners in finanziellen Schwierigkeiten blieb,[7] wurde kürzlich erneut eine umfassende Reform der gesetzlichen Regelungen beschlossen, die insbesondere auch die neuesten Entwicklungen im europäischen Insolvenzrecht (EuInsVO, Empfehlung der Kommission 2014/135 usw.) sowie die durch UNCITRAL und Weltbank veröffentlichten Standards in diesem Bereich berücksichtigt. Anlass zu diesem Schritt gab vor allem auch die Erkenntnis, dass Litauen im Doing Business Report (2019) der Weltbank[8] unter 190 Ländern weltweit bei der Bewertung des gesamten Geschäftsumfelds zwar einen guten 14. Platz belegte (im Vergleich zu Deutschland: 24; Estland: 16, Lettland: 19, Polen: 33), dabei aber von allen 10 Komponenten des Gesamtratings (dazu gehören zB Unternehmensgründung, Kreditaufnahme usw.) gerade im Bereich der Insolvenzbewältigung deutlich abfiel und mit Platz 85 noch hinter dem regionalen Durchschnitt seiner Nachbarländer zurückblieb (siehe zB Lettland: 54, Estland: 47, Polen: 25 und Deutschland: Platz 4). So beträgt etwa die Deckungsquote über alle Gläubigerklassen hinweg in Litauen nur 40,6, während der regionale Durchschnitt bei 70,5 Cent pro Dollar lag; ungesicherte Gläubiger sehen in Litauen normalerweise keine Ausschüttung.

Die Reform 2019 folgte daher der EU-Empfehlung 2014 und versuchte, Gesetze zu verabschieden, die „sanierungsfähige Unternehmen zu einer rechtzeitigen Restrukturierung motivieren, um so Insolvenzen zu vermeiden". Ziel war ein effizientes Insolvenzverfahren mit besseren Mechanismen

---

[5] Das Gesetz über die Insolvenz juristischer Personen (Gesetz Nr. XIII-2221, veröffentlicht im Register der Rechtsakte am 27.6.2019, Nr. 10324, Inkrafttreten: 1.1.2020).

[6] Das Gesetz über die Insolvenz natürlicher Personen in Litauen (Gesetz Nr. XI-2000, verabschiedet am 10.5.2012 mit späteren Änderungen); die englische Version des ursprünglichen Gesetzes (leider ohne spätere Änderungen) finden Sie unter https://www.ilo.org/dyn/natlex/docs/ELECTRONIC/94758/111305/F-1502696089/LTU94758.pdf.

[7] Auf der Grundlage aktueller statistischer Daten des Finanzministeriums wurden vom Inkrafttreten des Gesetzes über die Umstrukturierung von Unternehmen (1.7.2001) bis zum 30.6.2019 (insgesamt in 18 Jahren) insgesamt 495 Unternehmen umstrukturiert, von denen nur 48 erfolgreich umstrukturiert wurden (und danach 3 von ihnen anschließend für zahlungsunfähig erklärt wurden), 348 Restrukturierungsverfahren wurden eingestellt, mit dem Ergebnis, dass 287 in den Konkurs gingen); http://www.avnt.lt/assets/Veiklosritys/Nemokumas/Nemokumo-duomenys-ir-analize/2019-I-pusmAPZVALGA2019-07-30-1.pdf.

[8] https://www.doingbusiness.org/en/data/exploreeconomies/lithuania.

für die Rettung von Unternehmen. Der Gedanke der Restrukturierung und „zweiten Chance" sollte gestärkt und ein System geschaffen werden, in dem Unternehmen ermutigt werden, frühzeitig zu handeln und in Eigenverwaltung Restrukturierungslösungen zu verhandeln. Nach zweijährigen Debatten hat das litauische Parlament (*Seimas*) am 13.6.2019 das neue **Gesetz über die Insolvenz juristischer Personen** *(Lietuvos Respublikos Juridinių asmenų nemokumo įstatymas)*[9] verabschiedet, das am 27.6.2019 offiziell veröffentlicht wurde. Es tritt am 1.1.2020 in Kraft.

8 Diese jüngste Insolvenzreform bringt einige Innovationen für das litauische Insolvenzsystem: Sie

1) fasst die Regelung des Insolvenz- und des Restrukturierungsverfahrens in einem Gesetz zusammen und synchronisiert zugleich beide Verfahrenswege (etwa durch Einführung identischer Gläubigerrangklassen in beiden Verfahren oder die Möglichkeit, vom Insolvenzverfahren zur Restrukturierung überzugehen);
2) eröffnet die Möglichkeit, das Insolvenzverfahren früher einzuleiten, wenn es noch möglich ist, die Zahlungsfähigkeit des Unternehmens wiederherzustellen, indem der Begriff der „Insolvenz" als Grundlage für die Eröffnung des Insolvenzverfahrens grundlegend geändert wird;
3) schafft einen neuen vorinsolvenzlichen Vergleich zur Überwindung finanzieller Schwierigkeiten *(susitarimas dėl pagalbos juridinio asmens sunkumams įveikti)*, um die Voraussetzungen für die Lösung finanzieller Schwierigkeiten ohne Beteiligung des Gerichts zu erleichtern;
4) enthält Normen zum Schutz der Sanierungs- und Zwischenfinanzierung *(naujas ir tarpinis finansavimas)* sowie zu deren Befriedigungsvorrang;
5) führt einen neuen Mechanismus für den Umgang mit juristischen Personen ein, die nicht über ausreichende Mittel zur Deckung der Verfahrenskosten verfügen;
6) ändert die Befriedigungsrangfolge der Gläubigerforderungen (und vereinheitlicht diese in beiden Verfahrensarten); insbesondere verliert der Staat sein Vorrecht in Insolvenzverfahren);
7) enthält Normen zur Beschleunigung des Insolvenzverfahrens;
8) schafft die Grundlagen für einen neuen Umgang mit den betrügerischen Insolvenzen *(tyčinis bankrotas)* und der zivilrechtlichen Haftung von Geschäftsleitern und Gesellschaftern der insolventen Gesellschaft, indem das Gericht bei Feststellung einer Insolvenz als betrügerisch verpflichtet wird, die Personen zu ermitteln, deren Handlungen oder Unterlassungen die betrügerische Insolvenz verursacht haben. Dadurch wird die Durchsetzung der zivilrechtlichen Haftung auf diese Personen erleichtert;
9) eröffnet dem Gläubiger die Möglichkeit, nicht nur das Insolvenz-, sondern auch das Sanierungsverfahren einzuleiten (nach dem bisherigen Sanierungsgesetz durfte nur der Schuldner selbst die Sanierung einleiten);
10) enthält detaillierte Regeln für die Abstimmung der Gläubiger über den Restrukturierungsplan, die insbesondere verschiedene Gruppen für gesicherte und ungesicherte Gläubiger für die Abstimmung vorsehen;
11) verschmilzt die Berufsgruppen der Insolvenzverwalter *(bankroto administratorius)* und der Sanierungsverwalter *(restruktūrizavimo administratoriaus)* zu einer einzigen – der des **Insolvenzverwalters** *(nemokumo administratorius)*;
12) etabliert eine neue Selbstverwaltungsorganisation dieser Insolvenzverwalter – die Kammer der Insolvenzverwalter Litauens – und überträgt ihr die Aufsicht und Verwaltung des Berufsstandes, etwa die Durchsetzung ethischer Normen, die Organisation der Berufszulassungsprüfungen für zukünftige Verwalter oder die Beilegung von Streitigkeiten zwischen Insolvenzverwaltern.

9 Das mit der Reform 2019 verabschiedete Gesetz über die Insolvenz von juristischen Personen ist in vier Kapitel unterteilt. Kapitel 1 enthält allgemeine Bestimmungen (Ziel, Definition, Grundsätze); Kapitel 2 die Regelungen zum Insolvenzverfahren, Kapitel 3 die zum Insolvenzverwalter (Anforderungen an Personen, die Insolvenzverwalter sein wollen, Qualifikationsprüfungen, Rechte und Pflichten, Verwaltungskontrolle und Selbstverwaltung der Verwalter) und Kapitel 4 die Schlussbestimmungen (Bestimmungen über die Übergangsbestimmungen und das Inkrafttreten). Hervorzuheben sind hier die in Kapitel 2 verankerten Verfahrensregeln für das Liquidations- und das Restrukturierungsverfahren, die sich in vier Abschnitte gliedern:
1) **Einleitung von Insolvenzverfahren:** (gemeinsame Regeln sowohl für das Sanierungs- als auch für das Liquidationsverfahren: Schuldner, außergerichtliche Verfahren, Haftung der Geschäftsleitung, Sanktionen, die Eröffnung des Insolvenzverfahrens und deren Abweisung, Zuständigkeit – auch international –, Folgen der Eröffnung, Beilegung von Streitigkeiten in Insolvenzfällen, Auskunftserteilung, die Bestellung und Entlassung des Insolvenzverwalters);

---

[9] Das Gesetz über die Insolvenz juristischer Personen (Gesetz Nr. XIII-2221, veröffentlicht im Register der Rechtsakte am 27.6.2019, Nr. 10324, Inkrafttreten: 1.1.2020).

2) **Gläubiger** (Anmeldung und Feststellung von Forderungen durch das Gericht, Rechte der Gläubiger, Kompetenz und Beschlussfassung der Gläubigerversammlung);
3) **Liquidationsverfahren (Insolvenz)** (besondere Regelungen zur Durchführung des Liquidationsverfahrens: Betriebsfortführung und Geschäftsleitung; Verträge, Masseverwaltungskosten, Beendigung des Verfahrens, Stilllegung des Unternehmens, Verwertung des Vermögens, Befriedigung der Forderungen der Gläubiger, etc);
4) **Restrukturierungsverfahren** (besondere Regelungen zur Durchführung des Restrukturierungsverfahrens: Betriebsfortführung und Geschäftsleitung, Aufgaben und Kompetenzen des Insolvenzverwalters, soweit ein solcher bestellt wird, Anforderungen an den Restrukturierungsplan, Annahme des Plans, Stimmrechtsgruppen und Planbestätigung durch das Gericht, Planänderungen, Befriedigung von Gläubigeransprüchen und Beendigung des Restrukturierungsverfahrens);

Da das neue Recht bereits am 1.1.2020 in Kraft trat, wird sich der nachfolgende Bericht nur noch auf dieses konzentrieren. Abweichende Regelungen, die bis zum 1.1.2020 gültig waren, werden nur erwähnt, soweit es notwendig ist, um die Entwicklung und Funktion der neuen Normen zu verstehen.

2.2 Verfahrensarten

Das litauische Insolvenzrecht kennt drei verschiedene Arten von Insolvenzverfahren – zwei für Gesellschaften („juristische Personen") und eines für natürlichen Personen.

Für **Krisengesellschaften** stehen also zwei Insolvenzverfahren zur Auswahl:
1) das traditionelle Liquidationsverfahren *(bankroto procesas)*, das auf die Liquidation des Schuldners abzielt, und
2) das Restrukturierungsverfahren *(restruktūrizavimo procesas)* zur Rettung der Gesellschaft.

Im Liquidationsverfahren wird die Geschäftsleitung von ihren Aufgaben entbunden und der Insolvenzverwalter *(nemokumo administratorius)* übernimmt die Kontrolle über das Unternehmen und dessen gesamtes Vermögen. Dem Insolvenzverwalter obliegt es dann, den Wert des Vermögens zu erhalten und zu liquidieren sowie den Erlös gleichmäßig entsprechend der Rangfolge der Gläubiger zu verteilen.

Das Liquidationsverfahren einer Gesellschaft kann als **gerichtliches** oder **außergerichtliches Liquidationsverfahren** *(bankroto proceso vykdymas ne teismo tvarka)* ablaufen. Das gerichtliche Konkursverfahren setzt die Eröffnung des Verfahrens beim Amtsgericht *(apygardos teismas)* voraus, das entsprechend der allgemeinen Zuständigkeitsregeln bestimmt wird. Dann ist es die Aufgabe des gerichtlich bestellten Insolvenzverwalters, die Masse zu verwalten und zum Höchstwert zu verkaufen. Das gesamte Verfahren wird dabei vom Gericht überwacht. Im außergerichtlichen Verfahren werden die Fragen, die im Rahmen eines Gerichtsverfahrens in die Zuständigkeit des Gerichts fallen, von der Gläubigerversammlung geprüft und entschieden. Diese Art von Liquidationsverfahren darf nur durchgeführt werden, wenn gegen die insolvente Gesellschaft keine Forderungen im Wege der Klage oder Zwangsvollstreckung verfolgt werden. Ist dies der Fall, bedarf es zur Einleitung des außergerichtlichen Verfahrens der ausdrücklichen Zustimmung des betreffenden Gläubigers.[10] Das außergerichtliche Konkursverfahren ähnelt in seinem Ablauf und seiner Zielsetzung ganz den gerichtlichen Verfahren, auch wenn die Verfahrensleitung ganz den Gläubigern übertragen ist. Es obliegt der Gläubigerversammlung, Fragen, die im gerichtlichen Verfahren in die Zuständigkeit des Gerichts fallen würden, im Wege der Beschlussfassung zu klären. So ernennt und entlässt die Gläubigerversammlung beispielsweise den Insolvenzverwalter und beendet das Verfahren. Außergerichtliche Verfahren werden in der Praxis dann bevorzugt, wenn der Schuldner nur eine geringe Anzahl an Gläubigern hat, um so eine schnelle, kostengünstigere und flexiblere Alternative zum gerichtlichen Liquidationsverfahren nutzen. Insbesondere liegt die Entscheidung über die Bestellung eines Insolvenzverwalters hier bei den Gläubigern selbst und nicht beim Gericht.

Nach Eröffnung des (gerichtlichen oder außergerichtlichen) Liquidationsverfahrens wird die Gesellschaft typischerweise liquidiert werden. Sie kann als Schuldner durch einen Zwangsvergleich mit allen ihren Gläubigern die Insolvenz überwinden, wozu allerdings alle Gläubiger den Vergleichsvertrag unterzeichnen müssen. Gelingt dies nicht, kann das Liquidationsverfahren auch in ein Restrukturierungsverfahren umgewandelt werden. In diesem Fall entscheidet das Gericht in derselben Entscheidung über die Einstellung des Liquidationsverfahrens, die Einleitung des Restrukturierungsverfahrens und die Genehmigung des vorgelegten Restrukturierungsplans *(restruktūrizavimo planas)*.[11]

---

[10] Art. 11 des Gesetzes über die Insolvenz von juristischen Personen.
[11] Art. 81 des Gesetzes über die Insolvenz juristischer Personen.

Litauen 16–20

16 In **Restrukturierungsverfahren** behält das Management der Gesellschaft die Kontrolle über das Unternehmen. Das Restrukturierungsverfahren ist dabei immer ein Gerichtsverfahren in Eigenverwaltung; außergerichtliche Optionen bestehen hier nicht. Das Bezirksgericht *(apygardos teismas)* eröffnet das Restrukturierungsverfahren, wenn das Unternehmen fortführungsfähig ist *(gyvybingas)* und Sanierungsaussicht besteht. Nach der Eröffnung des Verfahrens kann sich die Geschäftsleitung unter Aufsicht eines Insolvenzverwalters wiederfinden, falls ein solcher bestellt wird; zugleich besteht seine Hauptaufgabe darin, sich mit den Gläubigern auf einen Restrukturierungsplan zu einigen *(restruktūrizavimo planas)*. Dieser sollte geeignete Maßnahmen der finanziellen und operativen Restrukturierung enthalten (etwa eine Schulden- oder Eigenkapitalrestrukturierung, einen Personalabbau usw.), um die langfristige Zahlungsfähigkeit der Schuldnerin wiederherzustellen. Der Restrukturierungsplan muss dabei stets vom Gericht genehmigt werden. Dabei muss sich das Restrukturierungsverfahren an strenge Zeitvorgaben halten: Die Frist für die Einreichung eines Planentwurfs bei einem Gericht beträgt vier Monate ab dem Tag der Eröffnung des Restrukturierungsverfahrens. Zu diesem Zeitpunkt sollte der Plan bereits von den Gläubigern mit hinreichender Mehrheit angenommen sein, wozu diese in zwei separaten Gläubigergruppen *(kreditorių grupės)* über den Plan abstimmen, die zum einen aus den gesicherten Gläubigern und zum anderen aus allen anderen Gläubigern bestehen. Hat die Mehrheit der vom Plan betroffenen Gläubiger *(plano paveikiami kreditoriai)* in beiden Gläubigergruppen für den Plan gestimmt und das Gericht den Plan genehmigt, so beträgt die Frist für die Umsetzung des Plans maximal vier Jahre mit der Möglichkeit, sie um maximal ein weiteres Jahr zu verlängern.[12] Dissentierende Gläubiger können nur an den Plan gebunden werden, wenn sie im Plan mindestens so viel erhalten, wie sie in einem Liquidationsverfahren erhalten würden.[13]

17 Insolventen **natürlichen Personen** (Unternehmern wie Verbrauchern) steht nur ein Insolvenzverfahren offen – das Insolvenzverfahren der natürlichen Person *(fizinio asmens bankroto procesas)*, geregelt im Gesetz über die Insolvenz natürlicher Personen. Gegenstand des Verfahrens ist im Kern die Schuldenbereinigung, die wiederum nur durch ein gerichtliches Verfahren erreicht werden kann. Das Verfahren steht nur dem ehrlichen Schuldner offen, der den Plan zur bestmöglichen Befriedigung seiner Gläubiger und zur Wiederherstellung seiner Zahlungsfähigkeit *(fizinio asmens kreditorių reikalavimų tenkinimo ir mokumo atkūrimo planas)* nutzen will, um nach Ablauf der Laufzeit des Plans von drei Jahren einen Erlass der Restschulden *(atleidimas nuo likusių skolų mokėjimo mokėjimo)* zu erreichen.

18 Alle drei Arten von Insolvenzverfahren hindern ab dem Zeitpunkt ihrer Eröffnung die Gläubiger des Schuldners an der Einziehung oder zwangsweisen Durchsetzung ihrer Forderungen **(Moratorium)**. So wird sichergestellt, dass das verbleibende Vermögen fair unter allen Gläubigern verteilt wird.

2.3 Präventive Restrukturierung

19 Derzeit gibt es in Litauen weder ein effizientes Frühwarnsystem, das die Schuldner auf das Insolvenzrisiko und die Dringlichkeit des Handelns zur Vermeidung von Insolvenzen aufmerksam macht, noch einen wirksamen präventiven Restrukturierungsrahmen (für außergerichtliche Verfahren). Der litauische Gesetzgeber plant derzeit eine zweite Reform des nationalen Insolvenzrechts für das kommende Jahr, die sich auf die Umsetzung der Vorgaben der EU-Richtlinie 2019/1023 zur präventiven Restrukturierung fokussieren soll. Das Gesamtkonzept einer präventiven Restrukturierung und zugehöriger Instrumente wird frühestens Ende 2020 das litauischen Parlament *(Seimas)* beschäftigen – wohl gemeinsam mit einer ersten Evaluation der Wirkungen des neuen Gesetzes über die Insolvenz juristischer Personen in der Praxis. Derzeit ist es noch zu früh, um über mögliche gesetzgeberische Lösungen in diesem Bereich zu berichten.

20 Schließlich ist auch zu erwähnen, dass das neue Restrukturierungsverfahren (siehe oben unter 2.2) bereits einige Elemente des Restrukturierungsrahmens der EU-Richtlinie 2019/1023 über präventive Restrukturierung enthält, auch wenn es sich natürlich um ein Gerichtsverfahren handelt, das die Restrukturierung von Unternehmen erst in einem relativ späten Stadium adressiert und Teil eines Insolvenzverfahrens ist. Dennoch finden sich etwa bereits folgende Elemente: ein „Viability Test" als Voraussetzung für das Restrukturierungsverfahren; die nur optionale Bestellung eines Insolvenzverwalters, ein Moratorium von bis zu vier Monaten zur Unterstützung der Verhandlungen über einen Restrukturierungsplan; die Abstimmung in Gruppen und die Zuweisung von Stimmrechten ausschließlich an vom Plan betroffene Gläubiger; ein „Best-Interest-of-Creditors"-Test zur Planbestätigung (Schlechterstellungsverbot); ein Schutz von Zwischen- und Sanierungsfinanzierungen.

---

[12] Art. 105 und 107 des Gesetzes über die Insolvenz von juristischen Personen.
[13] Art. 111(2) (12) des Gesetzes über die Insolvenz von juristischen Personen.

2.4 Finanzielle Restrukturierung

Das litauische Insolvenzrecht verwendet den separaten Begriff der „finanziellen Restrukturierung" 21 nicht. Eine rein finanzielle Restrukturierung in Form von Fremd- oder Eigenkapitalrestrukturierung ist Teil des üblichen gerichtlichen Restrukturierungsverfahrens zur Rettung des Unternehmens nach dem Gesetz über die Insolvenz juristischer Personen. Unter einer Unternehmensrestrukturierung wird in Litauen die Gesamtheit aller Verfahrensweisen verstanden, die darauf abzielen, die Tätigkeit eines Unternehmens aufrechtzuerhalten, seine Schulden anzupassen und seine Insolvenz dadurch abzuwenden, dass mit der Unterstützung der Gläubiger relevante wirtschaftliche, technische, organisatorische und andere Maßnahmen ergriffen werden. Daher werden in der Regel Elemente der finanziellen Restrukturierung in das Restrukturierungsverfahren integriert, indem sich die Gläubiger und das Management des Unternehmens durch die Zustimmung zum Restrukturierungsplan *(restruktūrizavimo planas)* auf die jeweiligen Maßnahmen einigen.

2.5 Sonderregeln für Finanzinstitute und Versicherungsunternehmen

Das Gesetz über die Insolvenz juristischer Personen gilt für insolvente Banken, Sparkassen und 22 Versicherungsgesellschaften nur subsidiär, also nur dann, wenn in anderen Gesetzen keine besonderen Normen für sie vorgesehen sind. Sonderregeln für Finanzinstitute finden sich etwa im Gesetz über Banken und Finanzinstitute[14] oder im Gesetz über Versicherungen.[15] Die dortigen Regelungen berücksichtigen die besondere Bedeutung der Finanzinstitute in der Volkswirtschaft, indem etwa das Insolvenzantragsrecht beschränkt wird (zugunsten der Litauischen Bank – *Lietuvos Bankas*) oder die **Rangfolge der Befriedigung von Gläubigerforderungen** angepasst wird. Weitere Sonderregeln finden sich etwa im Gesetz über Finanzsicherheiten und im Gesetz über die Wirksamkeit von Verrechnungen in Zahlungs- und Wertpapierabrechnungssystemen (Netting), die ebenfalls Vorrang vor dem Gesetz über die Insolvenz von juristischen Personen haben.

2.6 Insolvenzen von Unternehmensgruppen

Das litauische Insolvenzrecht kennt keine besonderen Regeln für den Umgang mit den Unter- 23 nehmensgruppen. Solche finden sich allein in der Verordnung (EU) 2015/848 für EU-bezogene grenzüberschreitende Insolvenzverfahren.

2.7 Insolvenzverfahren für natürliche Personen

Im litauischen Recht wird grundsätzlich zwischen Insolvenzverfahren für natürliche und nicht 24 natürliche Personen unterschieden:
– Für letztere (Gesellschaften) gilt das Insolvenzverfahren nach dem Gesetz über die Insolvenz von juristischen Personen;
– für erstere, also natürliche Personen *(fizinis asmuo)*, unabhängig von der Art der Einkommensquelle (selbständig oder unselbständig) das Insolvenzverfahren nach dem Gesetz über die Insolvenz natürlicher Personen *(Fizinių asmenų bankroto įstatymas)*.[16]
Die Parallelität beider Gesetze wird durch die litauischen Gerichte streng gehandhabt. So soll die 25 analoge Anwendung der Regelungen zum Gesellschaftsinsolvenzverfahren auf Insolvenzverfahren natürlicher Personen nicht möglich sein, da diese Ausnahmebestimmungen nicht analogiefähig sind.[17]

Litauen war der letzte der baltischen Staaten, der 2012 ein Verfahren für die Insolvenz einer 26 natürlichen Person in sein Rechtssystem einführte.[18] Davor hatten natürliche Personen, auch Kaufleute, die ihre Schulden nicht bedienen konnten, keine Chance auf einen Neuanfang; vielmehr konnte nach den nationalen Rechtsvorschriften die Beitreibung von Schulden auf unbegrenzte Zeit erfolgen. Diese Situation hielt solche Schuldner davon ab, nach besser bezahlten Arbeitsplätzen zu suchen bzw. ihr Einkommen zu legalisieren, weil es ihnen ohnehin genommen würde. So entstanden vor allem nach der Wirtschaftskrise 2008 ernste soziale Probleme. Zudem veranlasste diese Gesetzeslage überschuldete Schuldner auch dazu, in solche Länder auszuwandern, die schuldnerfreundliche Insolvenzsysteme für natürliche Personen bieten, insbesondere nach Lettland und in das Vereinigte Königreich, um dort

---

[14] Gesetz über die Banken der Republik Litauen, 2014, Nr. IX-2085.
[15] Gesetz über die Versicherung der Republik Litauen, 2003, Nr. 94-4246.
[16] Das litauische Gesetz über die Insolvenz natürlicher Personen *(Fizinių asmenų bankroto įstatymas)*, 2012, Nr. 57-2823.
[17] Entscheidung des Obersten Gerichtshofs von Litauen in der Zivilsache Nr. 3K-3-3-39/2013.
[18] In Estland traten 2004 Bestimmungen über die Insolvenz natürlicher Personen in Kraft, in Lettland wurden solche Bestimmungen erstmals 2008 eingeführt.

ein Insolvenzverfahren mit Restschuldbefreiung einzuleiten. Eben diese Umstände veranlassten das litauische Parlament (*Seimas*) 2009 dazu, einen ersten Entwurf eines Gesetzes über die Insolvenz natürlicher Personen vorzulegen. Dieser Entwurf war erheblicher Kritik ausgesetzt, weshalb sich die Verabschiedung des Gesetzes um einige Jahre verzögerte und der endgültige Entwurf dem *Seimas* erst im März 2011 vorgelegt wurde. Nach weiteren langen Debatten wurde das Gesetz über die Insolvenz natürlicher Personen[19] im Mai 2012 verabschiedet; es trat am 1.3.2013 in Kraft.

27   Diese erste Version des Gesetzes wurde bald reformiert, um die Empfehlung der Europäischen Kommission (2014/135/EU) umzusetzen, die insbesondere die Verkürzung der Frist für die Schuldentilgung von bis zu fünf auf eine feste Laufzeit von drei Jahren vorsah. Daneben wurde die Bildung zweier getrennter Gruppen von gesicherten und nicht gesicherten Gläubigern für die Abstimmung über den Plan *(Fizinio asmens kreditorių reikalavimų tenkinimo ir mokumo atkūrimo planas)* eingeführt, wobei dem Schuldner ermöglicht wird, unter Umständen seine Immobilie zu behalten. Diesbezüglich waren insbesondere auch Empfehlungen des Internationalen Währungsfonds relevant. Auch wurde die Möglichkeit für den Schuldner geschaffen, während seines Insolvenzverfahrens neue finanzielle Verpflichtungen zu übernehmen.

2.7.1 Zweck und Hauptmerkmale der rechtlichen Regelung der Insolvenz natürlicher Personen

28   Das Gesetz über die Insolvenz natürlicher Personen verfolgt zwei Ziele. Zum einen will es die Interessen der Gläubiger schützen, zum anderen will es dem Schuldner einen Neuanfang ermöglichen, indem er von Schulden befreit wird.[20] Diese Ziele sind in Art. 1 des Gesetzes weiter präzisiert, indem es heißt, dass der Zweck dieses Gesetzes darin besteht, „Grundlagen für die Wiederherstellung der Zahlungsfähigkeit *(mokumo atkūrimas)* einer Privatperson, eines Landwirts oder einer anderen natürlichen Person zu schaffen, die eine individuelle Tätigkeit ausübt und in gutem Glauben *(sąžiningų asmenų)* handelt sowie sicherzustellen, dass die Forderungen der Gläubiger nach dem durch dieses Gesetz festgelegten Verfahren befriedigt werden, um ein faires Gleichgewicht zwischen den Interessen eines Schuldners und seiner Gläubiger herzustellen."[21]

29   Die besonderen Merkmale der litauischen Regelung über die Insolvenz natürlicher Personen können wie folgt zusammengefasst werden:
1) Nur ein ehrlicher Schuldner *(sąžiningas)* kann das Insolvenzverfahren beantragen.
2) Am Ende des Insolvenzverfahrens wird der Schuldner von den meisten seiner Schulden befreit (ausgenommen sind etwa der Kindesunterhalt sowie einige Forderungen des Staats).
3) Hauptziel des Verfahrens ist die Vorbereitung, Bestätigung und Durchführung eines Plans zur (anteiligen) Befriedigung der Gläubigerforderungen und zur Wiederherstellung der Zahlungsfähigkeit natürlicher Personen *(Fizinio asmens kreditorių reikalavimų tenkinimo ir mokumo atkūrimo planas)*.
4) Um von den verbleibenden Schulden befreit zu werden, muss der Schuldner während des gesamten Insolvenzverfahrens in gutem Glauben handeln und den Plan über den Zeitraum von drei Jahren erfüllen.

30   Das Insolvenzverfahren für natürliche Personen ist in Litauen also im Kern ein Restrukturierungsverfahren. In Struktur und Leitsätzen ähnelt es dem Restrukturierungsverfahren für juristische Personen. Es ist ein Einheitsverfahren; eröffnet das Gericht das Insolvenzverfahren, so erfolgt zunächst der Verkauf des Schuldnervermögens sowie die Verteilung des hieraus erzielten Erlöses an die Gläubiger und dann die Erfüllung des Plans für drei Jahre, bevor der Schuldner automatisch (ohne zusätzlichen Antrag seinerseits) von den restlichen Verbindlichkeiten befreit ist.

2.7.2 Eröffnung des Insolvenzverfahrens über natürliche Personen

2.7.2.1 Wer kann das Verfahren einleiten?

31   Das Insolvenzverfahren einer natürlichen Person ist in Litauen freiwillig, was bedeutet, dass **nur der Schuldner selbst** das Recht hat, seine Eröffnung zu beantragen. Es findet stets als Gerichtsverfahren statt. Schuldner, die gemeinschaftlich Vermögen halten oder gemeinsame Verpflichtungen

---

[19] Das litauische Gesetz über den Konkurs natürlicher Personen *(Fizinių asmenų bankroto įstatymas)*, 2012, Nr. 57-2823.
[20] Norkus, Rimvydas, and Goda Ambrassaite; „Legal aspects of Insolvency of Natural Persons in the Baltic States." Tartu: University of Tartu, Juridica International, Public administration and law, Vol XXI (2014): 176186.
[21] Republik Litauen, Gesetz über die Insolvenz natürlicher Personen, Vilnius, 10.5.2012, № XI-2000. https://www.ilo.org/dyn/natlex/docs/ELECTRONIC/94758/111305/F-1502696089/LTU94758.pdf.

haben (insbesondere Ehegatten und andere Familienangehörige), können einen gemeinsamen Insolvenzantrag stellen.[22] Eine erneute Antragstellung ist für dieselbe Person frühestens 10 Jahre nach Abschluss des vorangegangenen Verfahrens möglich.

2.7.2.2 Eröffnungsvoraussetzungen

Die Eröffnung setzt Folgendes voraus:
1) Der Schuldner ist eine natürliche Person (weit ausgelegt im dem Sinne, dass jeder Mensch unabhängig von der Art seiner wirtschaftlichen Tätigkeit erfasst wird; zB Kaufleute, Rentner, Studenten, Verbraucher, Landwirte usw.).
2) Der COMI des Schuldners befindet sich in Litauen.
3) Der Schuldner ist zahlungsunfähig, also nicht in der Lage, seine Verbindlichkeiten zu erfüllen, und diese überschreiten eine bestimmte nominale Grenze (25 von der Regierung der Republik Litauen genehmigte monatliche Mindestlöhne[23]). Die nur drohende Insolvenz genügt in Litauen nicht als Grund für die Eröffnung einer Privatinsolvenz.[24]
4) Der Schuldner handelte und handelt in gutem Glauben.
5) Der Schuldner hat mindestens einen Monat vor der Antragstellung alle seine Gläubiger schriftlich über seine Absicht informiert, das Insolvenzverfahren zu beantragen.
6) Der Schuldner stellt den Eröffnungsantrag unter Beifügung aller gesetzlich vorgeschriebenen Dokumente.

Bei der Beurteilung der finanziellen Situation des Schuldners werden solche Forderungen nicht berücksichtigt, die am Ende des Verfahrens nicht im Wege der Restschuldbefreiung erlassen werden können. Hierzu gehören Schadenersatzansprüche wegen Körperverletzung oder Tod, Unterhaltszahlungen für Kinder sowie Verpflichtungen aus Bußgeldern oder Geldstrafen.

Nach ständiger Rechtsprechung kann selbst bei Vorliegen aller formalen Eröffnungsvoraussetzungen der Antrag abgewiesen werden, wenn das Gericht feststellt, dass die Zahlungsfähigkeit des Schuldners innerhalb angemessener Zeit wiederhergestellt werden kann, ohne dass es einer Restschuldbefreiung bedarf. Dies wurde etwa angenommen, wenn der Schuldner zwar überschuldet ist, zugleich aber noch über hinreichend hohes laufendes Einkommen verfügt, um seine Schulden in angemessener (längerer) Zeit zurückzuzahlen. Die Gerichte bejahen folglich die Zahlungsunfähigkeit einer natürlichen Person erst dann, wenn deren finanzielle Situation so kritisch ist, dass sie absolut nicht in der Lage ist, ihre Schulden zurückzuzahlen.[25]

Die Figur des **„redlichen Schuldners"** spielt im Zugang zur Restschuldbefreiung eine entscheidende Rolle. Bereits die Beschreibung des Zweckes des Gesetzes deutet daraufhin, dass das von Litauen gewählte Modell dem Prinzip eines „verdienten Neuanfangs" folgt. Der „Fresh Start" folgt nicht automatisch nach der Liquidation des Vermögens des Schuldners; vielmehr verlangt das litauische Modell zusätzlich und vor allem die Redlichkeit des Schuldners (*skolininko sąžiningumas*). Die litauischen Gerichte betonen dies, indem sie feststellen, dass „der Zweck des Privatinsolvenzverfahrens nicht darin besteht, Schulden einer natürlichen Person zu erlassen, sondern die Zahlungsfähigkeit des Schuldners wiederherzustellen, damit er in einem Zahlungsplan die Forderungen der Gläubiger befriedigen kann."[26] Aus diesem Ansatz heraus wird die Redlichkeit des Schuldners nur bejaht, wenn er die Insolvenz nicht durch vorsätzliches oder grob fahrlässiges Handeln verursacht hat. Die Redlichkeit des Schuldners wird dabei vermutet, sodass die Beweislast für eine Verursachung bei demjenigen Gläubiger liegt, der behauptet, dass der Schuldner unredlich war. Die Gerichte sind dabei stets verpflichtet, den kausalen Zusammenhang zwischen den hierzu vorgetragenen unlauteren Handlungen/Unterlassungen des Schuldners und seiner Insolvenz herzustellen.[27] Die bloße Behauptung der Unredlichkeit des Schuldners genügt nicht.

Das Erfordernis der Redlichkeit zieht sich durch das gesamte Verfahren. Der Oberste Gerichtshof Litauens hielt fest, dass die Redlichkeit des Schuldners aus zwei Perspektiven überprüft werden müsse. Zum einen sei zu prüfen, ob er **bei der Einleitung des Insolvenzverfahrens** redlich war, und zum anderen aber auch, ob er **bei Eintritt der Verschuldung** redlich war. Der Schuldner gilt als unredlich, wenn die Umstände in Bezug auf die Herkunft seiner Schulden sowie sein Finanzgebaren und damit zusammenhängende Fragen Anlass zu dem Schluss geben, dass er seine Verschuldung absichtlich zuließ, um die so entstandenen Forderungen im Wege der Restschuldbefreiung abzuschütteln. Daher kann eine Unredlichkeit sowohl auf der Grundlage spezifischer Handlungen (etwa

---

22 Art. 4 (1) des Gesetzes über die Insolvenz natürlicher Personen.
23 Ab dem 1.1.2020 beträgt dieser in Litauen 607 EUR, sodass der Grenzbetrag bei 15.100 EUR liegt.
24 Art. 2 des Gesetzes über die Insolvenz natürlicher Personen.
25 Urteil des Bezirksgerichts Vilnius in der Rechtssache 2S-1628-345/2013.
26 Entscheidung des Bezirksgerichts Vilnius in der Rechtssache 2FB-38999-833/2013.
27 Entscheidung des Obersten Gerichtshofs von Litauen in der Rechtssache 3K-3-269-219/2015.

der wissentlichen Übernahme von unerfüllbaren Verpflichtungen, der Irreführung der Gläubiger über die eigene finanzielle Situation usw.) als auch auf Unterlassungen stützen, etwa unzureichenden Bemühungen zur Begleichung der Schulden. Das Unterlassen des Schuldners ist als unredlich anzusehen, wenn festgestellt wird, dass der Schuldner seine finanzielle Situation zwar verstanden, aber absichtlich nicht verbessert hat.[28] Schließlich soll der Schuldner auch **während des gesamten Verfahrens** redlich handeln, also insbesondere die Zahlungspflichten gegenüber den Gläubigern aus dem Plan erfüllen und keine Vermögenswerte verstecken.

37 Werden Umstände, die die Unredlichkeit des Schuldners belegen, vor Eröffnung des Verfahrens bekannt, so ist dies ein Grund, den Antrag auf Eröffnung des Insolvenzverfahrens abzuweisen.[29] Werden solche Umstände erst nach der Eröffnung bekannt, muss das Gericht das Verfahren beenden.[30] In der Gerichtspraxis sind die Anforderungen an die Feststellung der Unredlichkeit des Schuldners hoch und die Gerichte sollten in einer solchen Situation proaktiv handeln.

38 Schließlich kann das Insolvenzverfahren über einen insolventen Schuldner nur eröffnet werden, wenn kein Grund besteht, das Recht zur Eröffnung im Einzelfall zu verweigern. Hierfür relevante Gründe lassen sich im Wesentlichen wie folgt zusammenfassen:
(1) Es hat sich herausgestellt, dass der Schuldner nicht tatsächlich zahlungsunfähig ist.
(2) Der Schuldner war bösgläubig und wurde infolge anfechtbarer (masseschädigender) Geschäfte, zahlungsunfähig.
(3) Der Schuldner wurde wegen seiner Sucht (Glücksspiel, Alkoholmissbrauch usw.) zahlungsunfähig.
(4) Der Schuldner wurde wegen bestimmter krimineller Handlungen zahlungsunfähig.
(5) Der Schuldner hat vor weniger als zehn Jahren bereits ein Privatinsolvenzverfahren durchlaufen.
(6) Der Schuldner ist Gesellschafter einer Gesellschaft mit unbeschränkter Haftung, die sich derzeit im Insolvenzverfahren befindet; ein Insolvenzverfahren des Gesellschafters findet erst nach Beendigung des Insolvenzverfahrens über die Gesellschaft statt.

2.7.3 Wesentliche Verfahrensregeln

39 Insolvenzverfahren von natürlichen Personen sind als kontradiktorische Verfahren *(apylinkės teismai)* vor den Gerichten erster Instanz nach Maßgabe der Zivilprozessordnung Litauens zu eröffnen und zu führen.[31]

40 Das Gesetz über die Insolvenz natürlicher Personen ist in vielen Verfahrensfragen recht ungenau und lässt viele Fragen offen, die in der Folge von der Rechtspraxis gelöst werden müssen. So liegt beispielsweise die Kompetenz zur Bestellung des Insolvenzverwalters *(nemokumo administratorius)* beim Gericht. Da aber das Verfahren nur durch den Schuldner beantragt werden kann, schlägt dieser in der Regel auch einen Kandidaten für die Position des Insolvenzverwalters vor (wenngleich hierzu keine Verpflichtung besteht). Die Gläubiger sind ebenso berechtigt, einen Vorschlag zu machen. Wenn beide Gruppen unterschiedliche Kandidaten vorschlagen, enthält das Gesetz keine Kriterien, wie diese Art von „Wettbewerb" um den Insolvenzverwalter zu lösen ist; der Richter sollte dann seinen Ermessensspielraum nutzen und den Kandidaten auswählen, ohne dass er umfassend die Gründe für seine Wahl erläutern muss. Kommt hingegen weder vom Schuldner noch vom Gläubiger ein Vorschlag, so wird das Gericht von Amts wegen die Behörde für Audit, Buchhaltung, Vermögensbewertung und Insolvenzverwaltung beim Finanzministerium der Republik Litauen ersuchen, eine solchen zu benennen.

41 Nach der Eröffnung des Verfahrens sind die Forderungen der Gläubiger durch das Gericht festzustellen. Dies bildet die Grundlage zur Vorbereitung und Abstimmung des Kerns des Verfahrens – den Plan zur Befriedigung der Gläubigerforderungen und zur Wiederherstellung der Zahlungsfähigkeit natürlicher Personen *(Fizinio asmens kreditorių reikalavimų tenkinimo ir mokumo atkūrimo planas)*.

42 Das Gesetz über die Insolvenz natürlicher Personen legt den Schwerpunkt auf die Wiederherstellung der Zahlungsfähigkeit redlicher natürlicher Personen im Wege eines von den Gläubigern und dem Gericht genehmigten Plan, der den Zeitplan für die Erfüllung eines Teils der Forderungen der Gläubiger sowie die Erstattung sonstiger Ausgaben enthält. Der Plan ist vom Schuldner selbst zu erstellen und vorzulegen. Der Plan muss
– Gründe enthalten, die erklären, warum der Schuldner seine Schulden nicht auszahlen kann,
– alle Einkünfte beschreiben, die ihm tatsächlich zufließen und im Verfahren zufließen werden inklusive der Zahlungen von Drittschuldnern,
– eine Liste der zu verkaufenden Vermögenswerte erstellen,

---

[28] Entscheidung des Obersten Gerichtshofs Litauens v. 19.11.2014 in der Rechtssache Nr. 3K-3-516/2014.
[29] Art. 5(8) Unterabs. 2 des Gesetzes über die Insolvenz natürlicher Personen.
[30] Art. 10 (1) Unterabs. 3 und 6 des Gesetzes über die Insolvenz natürlicher Personen.
[31] Art. 5 des Gesetzes über die Insolvenz natürlicher Personen.

- Maßnahmen beschreiben, die er ergreifen wird, um seine Zahlungsfähigkeit wiederherzustellen,
- den Geldbetrag angeben, den er monatlich als Lebenshaltungskosten für sich und die von ihm abhängigen Personen benötigt,
- eine Liste der von ihm abgeschlossenen Verträge vorlegen,
- eine Liste der Gläubiger und ihnen geschuldeten Beträge vorlegen.

Der Plan kann verschiedene Maßnahmen zur Wiederherstellung der Zahlungsfähigkeit vorsehen, wie zB die Erfüllung der Verpflichtungen in Raten, die Reduzierung bestehender Verpflichtungen, die Suche nach einem neuen Arbeitsplatz, die Umschulung zur Erlangung einer höheren Qualifikation am Arbeitsplatz, die vollständige oder teilweise Liquidation von Schuldnervermögen usw. Der Schuldner muss den vorbereiteten Entwurf des Plans dem Insolvenzverwalter vorlegen, der eine schriftliche Stellungnahme über die Durchführbarkeit des Plans erstellt. 43

Nachfolgend beruft der Verwalter die Gläubigerversammlung ein. Die Gläubiger stimmen in zwei Gruppen über den Plan ab. Eine Gruppe besteht aus den gesicherten Gläubigern, die zweite Gruppe aus allen übrigen Gläubigern. Der Plan wird angenommen, wenn die Mehrheit der Gläubiger (mehr als 50 %, gemessen an den Werten der vom Gericht genehmigten Gläubigerforderungen – Summenmehrheit) in jeder Gruppe von Gläubigern für die Annahme des Plans stimmen. Im Falle einer Annahme wird der Plan dem Gericht zur gerichtlichen Bestätigung vorgelegt. Die Entscheidung eines Gerichts, den Plan zu bestätigen, ist endgültig, also nicht anfechtbar. 44

Lehnt die Gläubigerversammlung den Plan ab, da er nicht den gesetzlichen Anforderungen entspricht, etwa weil Mindestangaben fehlen, so kann der Schuldner den Plan ändern bzw. ergänzen und der Gläubigerversammlung erneut zur Zustimmung vorlegen. Bleibt die Ablehnung des Plans durch eine der Gläubigergruppen ohne Begründung, so kann der Plan dem Gericht zur Bestätigung vorgelegt werden, sodass das Gericht den Plan auch ohne Zustimmung der Gläubiger bestätigen kann, wozu es sowohl die schriftliche Stellungnahme des Insolvenzverwalters zum Plan als auch die berechtigten Interessen des Schuldners und der Gläubiger berücksichtigen muss. Das letzte Wort über die Bestätigung eines Plans liegt damit immer beim Gericht. 45

Die Nichteinreichung eines Plans für die gerichtliche Genehmigung innerhalb einer festgelegten Frist führt zur Einstellung des Insolvenzverfahrens, ebenso die Versagung der Planbestätigung durch das Gericht. 46

Wurde der Plan von der Gläubigerversammlung angenommen und/oder vom Gericht bestätigt, so werden alle Konten und sonstigen Vermögenswerte des Schuldners für den Zeitraum der Planerfüllung unter der Aufsicht des Insolvenzverwalters verwaltet. Während dieser Umsetzungsphase wird die Beteiligung des Gerichts grundsätzlich auf ein Minimum reduziert; es wird nur aktiv, wenn es benötigt wird, etwa wenn das Gericht nach dem Gesetz eine Verfahrensentscheidung treffen oder aber im Zusammenhang mit einer Zwangsvollstreckung in das Vermögen des Schuldners entscheiden muss. Die Liquidation des Vermögen des Schuldners findet ebenso wie die Anpassung der Forderungen der Gläubiger auf Grundlage des Plans statt. 47

Die Wiederherstellung der Zahlungsfähigkeit des Schuldners richtet sich strikt nach dem bestätigten Plan. Während der Laufzeit des Plans wird ihm lediglich ein monatlicher Pauschalbetrag für persönliche Ausgaben in Abhängigkeit von der Anzahl der Unterhaltslasten gewährt. **Die Laufzeit des Plans beträgt 3 Jahre.** Die Rangfolge der Gläubiger bei der Befriedigung aus Planleistungen ähnelt dabei im Prinzip derjenigen, die für das Restrukturierungsverfahren von Unternehmen (*restruktūrizavimas*) gilt. 48

Am Ende des Insolvenzverfahrens werden alle noch unbefriedigten Gläubigerforderungen erlassen. Hiervon sind folgende Forderungsarten ausgenommen: 49
- Schadensersatz für Beschädigung, Verletzung oder Tod;
- Unterhaltsansprüche für Kinder und ähnliche;
- Bußgelder und Geldstrafen, die der Schuldner für die Verwaltungs- oder Strafrechtsverstöße an den Staat zahlen muss.

3. Wesentliche Verfahrensmerkmale des Insolvenzverfahrens von Gesellschaften

3.1 Eröffnung des Insolvenzverfahrens

3.1.1 Eröffnungsgründe

3.1.1.1 Gemeinsame Regeln für die Eröffnung der verschiedenen Arten von kollektiven Insolvenzverfahren

Das neue Gesetz über die Insolvenz juristischer Personen sieht zwei Hauptverfahren (zusammen „Insolvenzverfahren" genannt) gegen eine juristische Person in finanziellen Schwierigkeiten vor – 50 die Restrukturierung und die Liquidation, wobei der Wechsel zwischen beiden auch im Verfahren möglich ist. Die ersten Kapitel des Gesetzes über die Insolvenz juristischer Personen (Kapitel 1 „Allgemeine Regeln", Kapitel 2.1 „Einleitung des Verfahrens" und Kapitel 2.2 „Die Gläubiger") enthalten gemeinsame Regeln für beide Verfahrensarten. Die Verfahrensspezifika der einzelnen Verfahren sind in den nachfolgenden Kapiteln des Gesetzes gesondert geregelt. In Kapitel 2.3. sind Regeln für das Liquidationsverfahren und in Kapitel 2.4 – für das Restrukturierungsverfahren festgelegt.

51   Nach dem neuen Gesetz ist gemeinsame Grundlage für die Eröffnung jedes Insolvenzverfahrens die **Insolvenz der Gesellschaft** (*juridinio asmens nemokumas*). Dabei wird die Insolvenz als Zustand definiert, in dem die Gesellschaft:
– entweder nicht in der Lage ist, fällige Verpflichtungen rechtzeitig zu erfüllen (Zahlungsunfähigkeit anhand eines Cash-Flow-Test) **oder**
– Gesamtverbindlichkeiten hat, die den Wert ihrer Vermögenswerte übersteigen, wobei von den Gerichten ein „dynamischer Ansatz" angewandt wird, nach dem auch die Fähigkeit zur zukünftigen Schuldentilgung berücksichtigt wird.

52   Die neue Definition der Eröffnungsgründe unterscheidet sich grundlegend von der bisherigen. Nach dem alten Unternehmensinsolvenzgesetz (gültig bis zum 1.1.2020) wurde eine Insolvenz der Gesellschaft als Eröffnungsgrund nur bejaht, wenn beide Insolvenztatbestände in gewisser Form vorlagen, wenn also die Gesellschaft nicht in der Lage war, ihre Schulden bei Fälligkeit zu begleichen („Cashflow"-Test) *und* zugleich festgestellt werden konnte, dass die überfälligen Verbindlichkeiten die Hälfte der Aktiva in der Bilanzsumme überschritten (erweiterte Version des „Balance Sheet"-Tests). Dies wurde verbreitet als zu streng kritisiert, zumal es die zeitnahe Eröffnung von Verfahren verzögerte. Das neue Gesetz sieht eine modernere und flexiblere Definition der Insolvenz einer Gesellschaft vor, indem es beide Eröffnungsgründe nun alternativ anwendet, sodass es für die Eröffnung des Insolvenzverfahrens nun ausreicht, wenn einer der beiden Gründe festgestellt werden kann. Zugleich wurde der Überschuldungstatbestand verschärft, indem der Gesamtbetrag der Passiva nun am Gesamtbetrag der Aktiva zu messen ist. Schließlich wurden zwei weitere Eröffnungsgründe des alten Rechts abgeschafft: a) die Nichtzahlung von Löhnen an die Arbeitnehmer und anderen beschäftigungsbezogenen Beträgen bei Fälligkeit und b) die aktuelle oder künftige Unfähigkeit, ihren Verpflichtungen nachzukommen. Beide Gründe wurden für ihren formalen Ansatz kritisiert, der sich zu weit von der finanziellen Situation der Gesellschaft entfernt und daher zur Eröffnung von Verfahren gegen solvente Gesellschaften führen kann. Die Rechtsprechung hielt diese formalen Gründe daher für sich allein nicht mehr für hinreichend zur Eröffnung eines Verfahrens und verlangt zuletzt stets die Absicherung durch den „Cash-Flow" und „Balance-Sheet" Test.

53   Tatsächlich ist der modernisierte Begriff der Insolvenz besser mit dem Zweck des Insolvenzrechts vereinbar. Auch wird erwartet, dass die neuen Eröffnungsgründe eine frühzeitigere Antragstellung ermöglichen – idealerweise zu einem Zeitpunkt, in dem es noch möglich ist, die Zahlungsfähigkeit der juristischen Person wiederherzustellen oder, wenn dies nicht mehr möglich ist, zumindest rechtzeitiger zu liquidieren. Die Reform wird daher auch als Schritt hin zu einer Kultur der „zweiten Chance" verstanden, da sie die Priorität des Restrukturierungsverfahrens vor der Liquidation sicherstellt.

54   Es ist jedoch auch darauf hinzuweisen, dass die neue Definition der Insolvenz bei der Beurteilung der Überschuldung nun alle Verbindlichkeiten der Gesellschaft berücksichtigt, auch solche, die zum Zeitpunkt der Verfahrenseröffnung noch nicht fällig sind. Theoretisch könnte dies dazu führen, dass Insolvenzverfahren eröffnet werden, obwohl nur vorübergehende Überschuldungs- oder Liquiditätsprobleme bestehen. Der Reformgesetzgeber wurde auf diese Gefahr von den Gerichten und Interessenverbänden im parlamentarischen Verfahren hingewiesen, hielt aber dennoch an der Definition fest. Er sah die Rechtsprechung in der Pflicht, Rechtsprechungsgrundsätze zu entwickeln, um derartige Sonderfälle zu identifizieren und zu privilegieren.

3.1.1.2 Zusätzliche Anforderungen für Restrukturierungsverfahren

55   Für die Eröffnung eines Insolvenzverfahrens zur Wiederherstellung der Zahlungsfähigkeit der Gesellschaft (Restrukturierungsverfahren) sieht der neue Rechtsrahmen leicht abweichende Eröffnungsgründe vor. Erstens reicht neben der oben beschriebenen Insolvenz der Gesellschaft alternativ die derzeit nur **drohende Insolvenz,** definiert als die reale Möglichkeit, dass das Unternehmen in den nächsten drei Monaten insolvent wird. Zweitens ist festzustellen, dass die Gesellschaft sanierungsfähig ist (**„Viability"** Test), definiert als der Zustand des Unternehmens, in dem es seine wirtschaftlichen und kommerziellen Aktivitäten fortsetzen kann, sodass es möglich wird, seine Verpflichtungen in der Zukunft zu erfüllen. Drittens ist eine Eröffnung ausgeschlossen, wenn die Gesellschaft in einem eröffneten Liquidationsverfahren **bereits liquidiert** wird.[32]

---

[32] Art. 21 des Gesetzes über die Insolvenz von juristischen Personen.

3.1.1.3 Regeln für masselose Gesellschaften

Der neue Rechtsrahmen enthält nun auch gesonderte Bestimmung für die sogenannten „leeren" **56** Gesellschaften, deren Vermögen schon zu Beginn des Verfahrens nicht ausreicht, um die Mindestkosten des Insolvenzverfahrens zu decken. Nach bisherigem Recht wurde in solchen Fällen der Antrag auf Eröffnung abgelehnt, es sei denn, der Gläubiger, der das Verfahren beantragt hatte, oder der Insolvenzverwalter erklärten sich bereit, das Verfahren auf eigenes Risiko zu verwalten und aus eigenen Mitteln zu finanzieren. Die unerwünschten Folgen der Nichteröffnung lagen darin, dass mangels Verfahren (1) „tote" Unternehmen im Unternehmensregister eingetragen blieben sowie (2) ihre Mitarbeiter keinen Antrag auf Entschädigung des entgangenen Lohnes beim Garantiefonds stellen konnten.[33]

Das neue Gesetz sieht daher nun vor, dass das Gericht bei masselosen Gesellschaften die Eröff- **57** nung des Insolvenzverfahrens zwar ablehnt, zugleich aber die Liquidation und Löschung im Handelsregister anordnet. Diese Entscheidung ist unanfechtbar.[34] Die neue Rechtslage wird das Unternehmensregister effektiv bereinigen, indem sie „leere" Gesellschaften, die ihre wirtschaftliche Tätigkeit bereits dauerhaft eingestellt haben, nun auch dort entfernen. Die mögliche negative Folge der neuen Regelung besteht dabei allerdings in der Möglichkeit für skrupellose Geschäftsleiter, die Prüfung vergangener Transaktionen in einem Insolvenzverfahren und damit jede Haftung für vorsätzliches Missmanagement dadurch zu vermeiden, dass die Gesellschaft vermögenslos gemacht wird.

3.1.2 Antragspflichten, Haftung bei Nichteinhaltung

Bei Eintritt der Insolvenz einer Gesellschaft ist deren Geschäftsführer *(juridinio asmens vadovas)* **58** oder eine andere nach der Gesellschaftssatzung hierzu bevollmächtigte Person verpflichtet, die Eröffnung eines Insolvenzverfahrens zu beantragen.[35] Dieselbe Pflicht trifft den Liquidator in einer außergerichtlichen Liquidation der Gesellschaft, sobald sich während der Liquidation herausstellt, dass die Gesellschaft nicht in der Lage sein wird, ihre Gläubiger vollständig zu befriedigen.

Vor der Antragstellung hat die Geschäftsleitung im Fall einer Insolvenz aber: **59**
1) unverzüglich die Gesellschafter über den Eintritt der Insolvenz zu informieren und um einen Vorschlag zur Wiederherstellung der Zahlungsfähigkeit zu ersuchen; dies ist entbehrlich, wenn die Gesellschafter zuvor bereits erforderliche Maßnahmen zur Wiederherstellung der Zahlungsfähigkeit der Gesellschaft abgelehnt hatten;
2) die Gläubiger über die offenen Verbindlichkeiten und die Notwendigkeit der Insolvenzantragstellung mit dem Ziel zu unterrichten, dass die Gläubiger während der im Unterrichtungsschreiben vorgesehenen Frist (von 15 bis 30 Tagen) untereinander eine Vereinbarung über Hilfsmaßnahmen zur Überwindung der Krise erzielen oder aber darin übereinkommen, lieber das außergerichtliche Liquidationsverfahren zu betreiben.

Ziel dieser neuen Informationspflichten hinsichtlich der Gläubiger ist eine gütliche Lösung der **60** Insolvenzsituation ohne Beteiligung des Gerichts. Entsprechende Vereinbarungen können zwischen dem Schuldner und denjenigen Gläubigern geschlossen werden, die bereit sind, Hilfe bei der Überwindung der finanziellen Schwierigkeiten zu leisten. Folgerichtig bedarf es keiner Gläubigerunterrichtung, sondern einer unverzüglichen Insolvenzantragstellung, wenn eine gütliche Einigung nicht zu erwarten ist, nämlich in Situationen:
1) in denen eine zuvor getroffene Vereinbarung über Maßnahmen zur Überwindung der Krise nicht oder nicht ordnungsgemäß durchgeführt wird (in diesem Fall ist der Manager verpflichtet, das Insolvenzverfahren spätestens fünf Tage nach Bekanntwerden dieser Tatsache einzuleiten);
2) wenn das Verfahren vom Liquidator eingeleitet wird bzw.
3) wenn die Gesellschaft keine Vermögenswerte oder Erträge hat, aus denen Schulden eingetrieben werden könnten, und daher der Gerichtsvollzieher bereits Vollstreckungsbescheide an Gläubiger zurückgegeben hat.[36]

---

[33] Im Falle der Insolvenz des Arbeitgebers werden die Ansprüche des Arbeitnehmers aus dem Arbeitsverhältnis von der Garantieeinrichtung – der Sicherungsreserve – erfüllt; der Garantiefonds ist ein Fonds aus staatlichen Mitteln, der dazu bestimmt ist, Garantien für Arbeitnehmer zu gewährleisten, wenn dem in der Insolvenz befindlichen Unternehmen die erforderlichen Mittel fehlen und es ihm nicht gelingt, seine Verpflichtungen gegenüber den Arbeitnehmern zu erfüllen; aus dem Garantiefonds konnten jedoch nur begrenzte Ausgleichszahlungen geleistet werden (zB Lohnausgleich in Höhe von bis zu drei Durchschnittslöhnen im Land; Barausgleich für einen ungenutzten Jahresurlaub, in Höhe des monatlichen Mindestlohns usw.); die Hauptquelle des Garantiefonds sind die Arbeitgeberbeiträge, der Staatshaushalt und andere Fonds; der Garantiefonds wird vom Staatlichen Sozialversicherungsfondsausschuss unter dem Ministerium für soziale Sicherheit und Arbeit verwaltet.

[34] Art. 23 des Gesetzes über die Insolvenz von juristischen Personen.

[35] Art. 5 des Gesetzes über die Insolvenz von juristischen Personen.

[36] Art. 8 des Gesetzes über die Insolvenz von juristischen Personen.

61 Das Gesetz sieht für eine verspätete Antragstellung die persönliche Haftung des Geschäftsleiters gegenüber den Gläubigern vor. Die zivilrechtliche Haftung erstreckt sich dabei auf den Ersatz des durch den Verzug entstandenen Schadens. Diese Bestimmung berechtigt die Gläubiger, den Schaden geltend zu machen, der ihnen durch eine unbegründete Verzögerung des Antrags entsteht, also diejenige Summe, die bei früherer Antragstellung nicht als Schaden entstanden wäre.

62 Art. 120 des Gesetzes über Ordnungswidrigkeiten („Verletzung der Rechte der Gläubiger") sieht zudem ein Bußgeld vor, wenn der Geschäftsleiter keinen (rechtzeitigen) Antrag auf Eröffnung des Insolvenzverfahrens gestellt hat, wobei Geldbußen zwischen 1.400 bis 3.000 EUR, im Wiederholungsfall von 2.700 bis 6.000 EUR verhängt werden können.[37]

63 Als zusätzliche Sanktion gegen den Geschäftsführer der insolventen Gesellschaft kann ihm gerichtlich untersagt werden, für einen Zeitraum von einem Jahr bis zu fünf Jahren als Geschäftsführer, Vorstandsmitglied oder Aufsichtsperson tätig zu sein. Die diesbezügliche Gerichtsentscheidung wird veröffentlicht und das zuständige Amt veröffentlicht die Liste mit den Namen der disqualifizierten Manager auf ihrer Website.[38]

3.1.3 Wer kann ein Insolvenzverfahren beantragen?

64 Nach dem litauischen Recht sind folgende Personen antragsberechtigt:
1) der **Geschäftsleiter der Gesellschaft** sowie eine andere Person, die nach der Satzung der Gesellschaft hierzu bevollmächtigt ist;
2) jeder **Gläubiger,** sobald die Gesellschaft in Zahlungsverzug gerät. Die Beantragung eines Restrukturierungsverfahrens ist einem Gläubiger nur möglich, wenn er dessen überfällige Forderungen in Höhe von mindestens zehn Mindestmonatsgehältern auf sich vereint (ab dem 1.1.2020 beträgt das Mindestmonatsgehalt 607 EUR – also 6.070 EUR). In der Praxis wird dies keine wesentliche Hürde darstellen. Nur Gläubiger mit relativ geringen Forderungen werden nicht in der Lage sein, das Restrukturierungsverfahren einzuleiten.

65 Jeder potenzielle Antragsteller hat den Schuldner und die Gläubiger über die noch offenen Verbindlichkeiten und die Absicht der Insolvenzantragstellung mit dem Ziel zu unterrichten, dass die Gläubiger während der im Unterrichtungsschreiben vorgesehenen Frist (von 15 bis 30 Tagen) untereinander oder mit dem Schuldner eine Vereinbarung über Hilfsmaßnahmen zur Überwindung der Krise erzielen oder aber darin übereinkommen, lieber das außergerichtliche Liquidationsverfahren zu betreiben. Hierauf kann verzichtet werden, wenn eine derartige gütliche Einigung nicht zu erwarten ist, nämlich in Situationen:
1) in denen eine zuvor getroffene Vereinbarung über Maßnahmen zur Überwindung finanzieller Schwierigkeiten nicht oder nicht ordnungsgemäß durchgeführt wird bzw.
2) in denen das Unternehmen keine Vermögenswerte oder Erträge hat, aus denen Schulden eingetrieben werden könnten, und daher der Gerichtsvollzieher bereits Vollstreckungsbescheide an Gläubiger zurückgegeben hat.[39]

3.2 Einbeziehung der Gerichte

66 Insolvenzfälle werden von den Gerichten der allgemeinen Gerichtsbarkeit entschieden. Durch die litauische Verfassung und das Gerichtsgesetz wurde ein vierstufiges Gerichtssystem für die allgemeine Gerichtsbarkeit eingeführt: der Oberste Gerichtshof, das Berufungsgericht, die Bezirksgerichte und die lokalen (Amts-)Gerichte. Dort wird auch bestimmt, dass die **Bezirksgerichte** für Insolvenzverfahren sachlich zuständig sind.

67 Die Rolle der Gerichte in Insolvenzverfahren ist viel aktiver als in normalen Zivilsachen. Einer der Hauptgrundsätze des Insolvenzverfahrens ist der Grundsatz, dass der Richter das Verfahren leitet, was nach dem Gesetz bedeutet, dass das Gericht bei Bedarf von Amts wegen Beweismittel sammeln kann. Es kann die Verfahrensbeteiligten von sich aus verpflichten, bestimmte Verfahrenshandlungen vorzunehmen, und darf die Handlungen aller Verfahrensbeteiligten kontrollieren, um die effiziente Durchführung des Gerichtsverfahrens und die Wahrung des öffentlichen Interesses zu gewährleisten.[40] Das Gericht hat hierzu **Amtsermittlungsbefugnisse.** Deren Rechtfertigung hierfür findet der Oberste Gerichtshof Litauens stets im öffentlichen Interesse an Insolvenzverfahren, dessen Schutz den Gerichten obliege. Dabei ergibt sich das öffentliche Interesses aus mehreren Faktoren, insbesondere den Auswirkungen der Verfahrenseröffnung über die insolvente Gesellschaft hinaus auf Dritte, etwa die Gläubiger und Mitarbeiter des insolventen Unternehmens sowie unter Umständen die

---

[37] Das Gesetz über Ordnungswidrigkeiten der Republik Litauen, Nr. XII-1869, TAR, 2015-07-10, Nr. 11216.
[38] Art. 13 und 14 des Gesetzes über die Insolvenz von juristischen Personen.
[39] Art. 9 des Gesetzes über die Insolvenz von juristischen Personen.
[40] Art. 3 des Gesetzes über die Insolvenz von juristischen Personen.

Volkswirtschaft des Staates insgesamt.[41] Auch würde das Gericht Funktionen ausüben, die über die bloße Streitbeilegung hinausgehen und eher administrativen oder aufsichtsrechtlichen Charakter haben, zB die Bestellung eines Verwalters, die Beendigung oder Fortführung der wirtschaftlichen Tätigkeiten des Schuldners oder die Feststellung von streitigen wie unstreitigen Gläubigerforderungen. Insgesamt gelten Insolvenzverfahren daher als komplizierte Fälle, was einer der Hauptgründe dafür ist, dass sie in erster Instanz von den Bezirksgerichten verhandelt werden, obwohl diese Gerichte für die Mehrheit der Zivilsachen in Litauen erst in zweiter Instanz tätig werden.

Gegen die Entscheidungen der Bezirksgerichte kann beim **Berufungsgericht Litauens** Berufung eingelegt werden, wenn das Gesetz über die Insolvenz juristischer Personen oder die Zivilprozessordnung für die betreffende Entscheidung eine Berufung zulässt. Gegen die Entscheidungen des Berufungsgerichts ist die Revision vor dem **Obersten Gerichtshof Litauens** möglich. Der Oberste Gerichtshof Litauens ist das einzige Revisionsgericht der Republik Litauen. Die Revision erlaubt nur eine außerordentliche Kontrolle der Rechtmäßigkeit gerichtlicher Entscheidungen; sie ist nur in den Ausnahmefällen statthaft, die in den Straf- und Zivilprozessordnungen ausdrücklich definiert sind. Auch bedarf es des Vorliegens eines dort definierten Revisionsgrundes. Über die Zulassung von Revisionsanträgen entscheidet der Oberste Gerichtshof durch einen Spruchkörper, der aus drei seiner Richter besteht.

3.3 Insolvenzverwalter

Der Amtsträger in Insolvenzverfahren wird in Litauen „Insolvenzverwalter" *(nemokumo administratorius)* genannt. Er ist eine vom Gericht bestellte natürliche oder juristische Person, die berechtigt ist, die Insolvenzverwaltung zu übernehmen.

Um als natürliche Person zum Insolvenzverwalter bestellt zu werden, muss die betreffende Person:
1) eine gute Reputation haben;
2) einen Master-Abschluss oder einen gleichwertigen höheren Bildungsabschluss haben;
3) in den letzten drei Jahren mindestens zwei Jahre Erfahrungen als Assistent eines Insolvenzverwalters oder als Gerichtsvollzieher gesammelt haben oder aber mindestens fünf Jahre in den letzten sieben Jahren Erfahrungen als Geschäftsführer eines Unternehmens gemacht haben und
4) in den letzten drei Jahren die Zulassungsprüfung als Insolvenzverwalter erfolgreich bestanden haben.

Um als juristische Person zum Insolvenzverwalter bestellt zu werden, muss die betreffende Person:
1) eine gute Reputation haben;
2) eine juristische Person des Privatrechts sein und
3) einen Geschäftsführer haben, der als Insolvenzverwalter in einem Insolvenzverfahren in Litauen bestellt werden dürfte.[42]

Insolvenzverwalter aus einem anderen Mitgliedstaat der Europäischen Union sind von einer Verwalterbestellung nicht ausgeschlossen. So wurde beispielsweise im Insolvenzverfahren über das Vermögen einer der führenden international tätigen Banken in Litauen („*Snoras*") ein Insolvenzverwalter aus Großbritannien gemeinsam mit einem lokalen Insolvenzverwalter bestellt.

Eine der wichtigsten Neuerungen der jüngsten Insolvenzrechtsreform in Litauen ist die Zusammenführung bisher unterschiedlicher Berufe der Liquidations- und Sanierungsverwalter zum einheitlichen Beruf des Insolvenzverwalters *(nemokumo administratorius)*. Um die staatliche Aufsicht über Insolvenzverwalter dementsprechend zu harmonisieren, aber auch zu minimieren, werden bestimmte Aufsichtsfunktionen an einen Berufsverband delegiert – die Kammer der Insolvenzverwalter Litauens *(Lietuvos nemokumo administratorių rūmai)* wird das neue Selbstverwaltungsorgan der Insolvenzverwalter. Zu den Aufgaben der neuen Kammer gehören neben der Organisation und Durchführung von Eignungsprüfungen für Insolvenzverwalter auch die Organisation und Kontrolle von Berufsqualifikationen, die Festlegung von Grundsätzen der Berufsethik und von Regeln für deren Durchsetzung. Die neue Organisation soll zu einer effizienteren Wahrnehmung jeder dieser Funktion führen.

Das Gericht spielt bei der Überwachung der Insolvenzverwalter keine große Rolle in Litauen. Die Aufsicht über das Verwaltungshandeln des Insolvenzverwalters im Insolvenzfall obliegt der Gläubigerversammlung. Das Gericht greift hier erst ein, wenn es zum Streit zwischen den Gläubigern, dem Schuldner und dem Verwalter über dessen Tätigkeit oder Untätigkeit kommt. Dennoch hat der Verwalter das Gericht über die wichtigsten Schritte im Insolvenzverfahren zu unterrichten (etwa über die Perspektiven der fristgerechten Umsetzung des Restrukturierungsplans).

---

41 Urteil des Obersten Gerichtshofs von Litauen in der Zivilsache 3K-3-270/2010.
42 Art. 118–119 des Gesetzes über die Insolvenz juristischer Personen.

75 Die Bestellung des Insolvenzverwalters geschieht hingegen stets durch das Gericht. Ob ein solcher zu bestellen ist, hängt von der Verfahrensart ab. Während die Bestellung im Liquidationsverfahren obligatorisch ist, muss über sie im Restrukturierungsverfahren im Einzelfall entschieden werden. Auch das Verfahren der Bestellung fällt je nach Art des Insolvenzverfahrens unterschiedlich aus:

76 **Liquidationsverfahren:** Der Insolvenzverwalter ist hier vom Insolvenzgericht zwingend nach dem Zufallsprinzip und auf EDV-Basis aus der Liste der Personen auszuwählen, die die Dienstleistungen der Insolvenzverwaltung erbringen.[43] Das Gericht verwendet dabei eine spezielle Software (das „Insolvenzverwalterauswahlprogramm"). Diese ist ein Teil der Software, die von der Behörde für Audit, Buchhaltung, Immobilienbewertung und Insolvenzverwaltung des Finanzministeriums der Republik Litauen als Audit-, Buchhaltungs-, Immobilienbewertungs- und Insolvenzsystems verwendet wird, und kommuniziert insofern mit dem Informationssystem der litauischen Gerichte. Die Auswahl der Insolvenzverwalter für das Liquidationsverfahren erfolgt in Litauen folglich algorithmisch. Dieser Ansatz wurde gewählt, um die Unabhängigkeit und Objektivität des bestellten Verwalters zu gewährleisten. Der ausgewählte Insolvenzverwalter wird dann durch das Gericht im Eröffnungsbeschluss bestellt.

77 **Restrukturierungsverfahren:** Hier wird ein Insolvenzverwalter nur auf Antrag bestellt, wobei der Antrag sowohl durch den Schuldner selbst als auch durch die Gläubigerversammlung oder durch den Gläubiger gestellt werden darf, der das Restrukturierungsverfahren insgesamt beantragt hat. Der Antrag soll einen Kandidaten von der Liste von Personen vorschlagen, die die Dienstleistungen der Insolvenzverwaltung erbringen dürfen; auch sollte dem Vorschlag eine Einverständniserklärung des Vorgeschlagenen beigefügt werden, in der dieser zugleich die Höhe seiner Vergütung angeben muss, für die er die Verwaltung übernehmen würde.[44]

78 In allen Verfahrensarten ist nur das Gericht befugt, einen einmal bestellten Insolvenzverwalter aus seinem Amt zu entlassen. Das Verfahren zur Entlassung des Insolvenzverwalters ist im Wesentlichen in allen Verfahrensarten ähnlich. Der Grund der Entlassung kann darin bestehen, dass dem Verwalter seine Lizenz zur Erbringung von Insolvenzverwaltungsdienstleistungen von der Behörde für Audit, Buchhaltung, Immobilienbewertung und Insolvenzverwaltung entzogen wurde. Denkbar sind auch das Auftreten von Interessenkonflikten im konkreten Verfahren, die Aufgabe des Amtes auf eigenen Wunsch sowie der begründete Antrag der Gläubigerversammlung oder auch nur eines Gläubigers, der mehr als die Hälfte aller vom Gericht genehmigten Forderungen hält, den Insolvenzverwalter zu entlassen.[45]

79 Die Aufgaben, Befugnisse und Vergütungen des Insolvenzverwalters sind je nach Art des Insolvenzverfahrens verschieden:

80 Im **Liquidationsverfahren** ist der Insolvenzverwalter sowohl für die Fortführung des Unternehmens als auch für die Führung des Insolvenzverfahrens verantwortlich. Er übernimmt alle Dokumente und Vermögenswerte des Unternehmens und entscheidet über die Fortführung der Geschäftstätigkeit des Unternehmens. Er ist etwa zuständig für die Veräußerung des Vermögens, entlässt Mitarbeiter oder stellt ggf. neue ein, vertritt die Schuldnergesellschaft vor Gericht, erfüllt Forderungen von Gläubigern und verfolgt Insolvenzanfechtungsansprüche.

81 Im **Restrukturierungsverfahren** überwacht der bestellte Insolvenzverwalter hingegen lediglich die Geschäftsführung der Schuldnergesellschaft. Alle Befugnisse zur Führung des Unternehmens bleiben hier bei der gesellschaftsrechtlich determinierten Geschäftsleitung (Eigenverwaltung), die auch für die ordnungsgemäße Umsetzung des Restrukturierungsplans verantwortlich ist. Der Insolvenzverwalter schützt dabei die Interessen aller Gläubiger, berät die Geschäftsleitung in Fragen des Entwurfs des Restrukturierungsplans, überwacht die Umsetzung des Restrukturierungsplans und informiert alle Organe der Gesellschaft wie auch die Gläubigerversammlung rechtzeitig, wenn der Plan nicht umgesetzt wird. Im letzteren Fall ist er verpflichtet, bei Gericht die Einstellung des Restrukturierungsverfahrens zu beantragen. Der Insolvenzverwalter hat das Recht, an den Gläubigerversammlungen teilzunehmen. Dies ist Teil seiner umfassenden Informations- und Auskunftsrechte, weshalb er befugt ist, alle relevanten Informationen über die Gesellschaft zu erhalten und sogar Kopien aller Geschäftsunterlagen verlangen kann.

---

[43] Art. 34 des Gesetzes über die Insolvenz juristischer Personen.
[44] Art. 36 Abs. 3 des Gesetzes über die Insolvenz juristischer Personen; die Bestellung eines Insolvenzverwalters ist auch **zwingend** im Verfahren über die **Insolvenz einer natürlichen Person;** hier benennt oft der Schuldner den Kandidaten für die Position des Insolvenzverwalters (auch wenn dazu keine Verpflichtung besteht); der Gläubiger sind ebenfalls berechtigt, einen Vorschlag zu machen; wenn weder der Schuldner noch die Gläubiger einen Kandidaten vorschlagen, wird das Gericht die Behörde für Audit, Buchhaltung, Vermögensbewertung und Insolvenzverwaltung beim Finanzministerium der Republik Litauen ersuchen, einen Kandidaten zu benennen.
[45] Art. 39 des Gesetzes über die Insolvenz von juristischen Personen.

82 Die Vergütung des Insolvenzverwalters in Liquidationsverfahren zählt in Litauen zu den Kosten des Insolvenzverfahrens und ist aus der Insolvenzmasse mit höchster Priorität (vor den Ansprüchen der Gläubiger) zu zahlen. Die Vergütung besteht aus drei Komponenten: einer Grundvergütung (Basisvergütung) für die Verwaltung; einem variablen Vergütungsteil und einem Zuschlag im Fall einer Betriebsfortführung. Die Grundvergütung wird vom Gericht für das gesamte Insolvenzverfahren auf der Grundlage der von der Regierung der Republik Litauen genehmigten detaillierten Regeln für Vergütungstatbestände festgelegt. Der variable Teil der Vergütung errechnet sich aus dem Verhältnis der Einnahmen und Ausgaben im Insolvenzverfahren (berechnet durch den Insolvenzverwalter). Über die Höhe des Zuschlages schließlich entscheidet die Gläubigerversammlung im Fall der Fortführung der gewerblichen Tätigkeit der Schuldnergesellschaft im Verfahren. Dieser Teil der Vergütung wird nicht aus der gesamten Masse, sondern nur aus dem Einkommen aus der Betriebsfortführung bezahlt. Wird der Insolvenzverwalter in einem Restrukturierungsverfahren tätig, so ist die Vergütung Teil des Restrukturierungsplans und folglich mit den abstimmungsberechtigten Gläubigern zu verhandeln. Gesetzliche Vorgaben, etwa in Form einer Mindesthöhe oder eines Vergütungsrahmens, existieren nicht. In der Summe haben damit die Gläubiger in beiden Verfahrensarten ein Mitspracherecht hinsichtlich der Verwaltervergütung.

3.4 Verwaltung und Verwertung des Nachlasses

83 Die Entscheidung des Gerichts, das Insolvenzverfahren zu eröffnen, tritt – soweit sie nicht durch eine Beschwerde überprüft wird – innerhalb von sieben Tagen in Kraft. Aus ihr resultieren dann für die Schuldnergesellschaft erhebliche Konsequenzen, die sich im Detail je nach Art des Insolvenzverfahrens unterscheiden.

84 Wird ein **Liquidationsverfahren** eröffnet, so verlieren die Leitungsorgane der Schuldnergesellschaft ihre Macht. Das Recht auf Verwaltung, Nutzung und Veräußerung des Vermögens geht auf den Insolvenzverwalter *(nemokumo administratorius)* über. Die Leitungsorgane müssen hierzu alle Vermögenswerte und Dokumente des Unternehmens an den Insolvenzverwalter übertragen. Verträge, die dies verhindern sollen, sind nichtig.[46]

85 Die vom Insolvenzverwalter verwaltete Insolvenzmasse *(nemokumo turto masė)* ergibt sich aus dem Vermögen des Schuldners im Zeitpunkt der Eröffnung des Verfahrens sowie dem von ihm während des Insolvenzverfahrens (dh bis zur Beendigung oder Einstellung des Verfahrens) neu erworbenen Vermögen. Nicht erfasst sind höchstpersönliche Rechte sowie unpfändbare Gegenstände.

86 Die im Rahmen der Masseverwaltung vom Insolvenzverwalter eingegangenen Verbindlichkeiten sind als Masseverbindlichkeiten vorrangig, also vor den einfachen Insolvenzgläubigern, zu befriedigen. Auf diese Weise wird sichergestellt, dass Vertragspartner auch nach Eröffnung des Insolvenzverfahrens bereit sind, mit dem insolventen Schuldner Geschäfte zu tätigen. Dabei gilt aber eine bedeutende Einschränkung: Entstehen Masseverbindlichkeiten im Zusammenhang mit der Betriebsfortführung (zB Steuern, Massekredite), so stehen für deren vorrangige Befriedigung nur die Einnahmen aus dem fortgeführten Geschäftsbetrieb zur Verfügung.[47]

87 Sobald das Gericht die Beendigung der Schuldnergesellschaft beschließt, ist der Insolvenzverwalter verpflichtet, das Vermögen der Gesellschaft zu verwerten. Die Entscheidung trifft das Gericht von Amts wegen spätestens nach Ablauf von drei Monaten nach dem Tag der Feststellung von Insolvenzforderungen, es sei denn, der Insolvenzverwalter beantragt vorher die Einstellung des Liquidationsverfahrens zugunsten eines Restrukturierungsverfahrens oder die Bestätigung eines Vergleichs *(taikos sutartis)*.

88 Der mit der Verwertung beauftragte Insolvenzverwalter hat vor dem Verwertungsbeginn der Gläubigerversammlung zu erläutern, welche Verwertungsoptionen bestehen und warum er welche dieser Optionen bevorzugt. Dabei ist zu erläutern, inwieweit es möglich wäre, die Gesellschaft als solche oder nur ihr Vermögen im Ganzen bzw. in Einzelteilen zu verkaufen.[48] Sollen die Vermögenswerte separat realisiert werden, soll der Verwalter der Gläubigerversammlung den anfänglichen Auktionspreis der Vermögenswerte mitteilen und erläutern. In der Regel werden die Grundstücke sowie Eigentum, das mehr als 10 MMW (Minimum Monthly Wages[49]) wert ist, öffentlich versteigert. Seit Ende 2015 müssen die Vermögenswerte eines insolventen Unternehmens über ein einheitliches elektronisches Auktionssystem der Insolvenzverwalter veräußert werden. Dieses elektronische Auktionssystem wird vom „Center of Registers" betrieben und wird als zentrale Anlaufstelle von allen Gerichtsvollziehern, Insolvenzverwaltern, Staatsunternehmen und Kommunen genutzt. Der Verkauf

---

[46] Art. 56 des Gesetzes über die Insolvenz juristischer Personen.
[47] Art. 63 des Gesetzes über die Insolvenz juristischer Personen.
[48] Art. 86 des Gesetzes über die Insolvenz juristischer Personen.
[49] Ab dem 1.1.2020 beträgt die MMW in Litauen 607 EUR, also 6.070 EUR.

von Vermögenswerten, die nicht durch die Versteigerung verkauft werden müssen, wird von den Gläubigern vorgegeben. Auf Beschluss der Gläubigerversammlung kann auch insofern eine Auktion stattfinden. Schließlich können unverkaufte Vermögenswerte auf einzelne Gläubiger übertragen werden. Der Erlös aus den verkauften Vermögenswerten dient dann dazu, die festgestellten Forderungen der Gläubiger der Gesellschaft so weit wie möglich zu befriedigen.

89 Hat das Gericht das **Restrukturierungsverfahren** eröffnet, so behält die Geschäftsführung die Kontrolle über das Unternehmen und dessen Vermögen (Eigenverwaltung).[50] Die Verwaltung und Verwertung von Vermögen erfolgt hier allein nach den im Restrukturierungsplan *(Restruktūrizavimo planas)* festgelegten Regeln. Dort ist konkret zu beschreiben, wie das Unternehmen während der Planumsetzungsphase geführt und restrukturiert werden soll. Sollte insofern eine neue Finanzierung erforderlich sein, kann der Insolvenzverwalter diese aufnehmen, soweit dies für die erfolgreiche Fortführung des Unternehmens erforderlich ist. Der Restrukturierungsplan ist insofern das Schlüsselelement des Restrukturierungsverfahrens. Die Geschäftsleitung ist dabei für die ordnungsgemäße Umsetzung des Plans verantwortlich. Wird ein Insolvenzverwalter bestellt, so überwacht er die Tätigkeit der Geschäftsleitung bei der Verwaltung des Vermögens, der Fortführung des Geschäftsbetriebs und der Umsetzung der Planmaßnahmen. Die Umsetzung des Plans darf insgesamt nicht länger als vier Jahre in Anspruch nehmen, wobei die Möglichkeit besteht, die Umsetzungsphase um ein weiteres Jahr zu verlängern.

3.5 Unternehmensfortführung

90 Im Grundsatz darf das insolvente Unternehmen eine noch bestehende wirtschaftliche Tätigkeit auch im **Liquidationsverfahren** weiter ausüben, sofern dies dazu führt, Einnahmen zur Deckung der Verfahrenskosten der Insolvenzverwaltung zu generieren und einen Vergleich mit den Gläubigern zu erreichen bzw. zumindest deren Befriedigungsquote zu erhöhen. Die Bewertung der Vermögensentwicklung, ob die Betriebsfortführung im Gesamtinteresse der Gläubiger liegt, obliegt dem Insolvenzverwalter. Er legt diese Bewertung inklusive einer Liquiditätsplanung in der ersten Gläubigerversammlung den Gläubigern zur Entscheidung vor. Für den Erfolg der Betriebsfortführung ist dann allein der Insolvenzverwalter verantwortlich, der hierfür aus den Erlösen gesondert vergütet wird. Die Höhe dieser Vergütung bestimmt ebenfalls die Gläubigerversammlung.[51]

91 Entstehen aus der genehmigten Betriebsfortführung Steuerverbindlichkeiten, so werden diese allein aus den Einnahmen aus der gewerblichen Tätigkeit bedient. Entstehen hingegen Haftungsverbindlichkeiten, so können diese aus der gesamten Insolvenzmasse als Masseforderungen befriedigt werden.[52]

92 Im **Restrukturierungsverfahren** ist der Betrieb des Schuldners mit dem Ziel fortzuführen, diesen zu sanieren, also dessen Ertragsfähigkeit wieder herzustellen. Das Gesetz setzt insofern sogar zwingend voraus, dass die Schuldnergesellschaft ihre Geschäftstätigkeit nicht bereits eingestellt hat. Ansonsten ist es als nicht mehr sanierungsfähig anzusehen und kann nur noch das Liquidationsverfahren beantragen.[53] Die Details der Betriebsfortführung regelt der Restrukturierungsplan *(restruktūrizavimo planas)*. Die Geschäftsleitung setzt diesen, ggf. unter der Aufsicht eines bestellten Insolvenzverwalters, um.

3.6 Vorläufige Sicherungsmaßnahmen

93 Geht bei Gericht ein Antrag auf Eröffnung eines Insolvenzverfahrens ein, so erlässt das Gericht vorläufige Sicherungsmaßnahmen auf der Grundlage der Zivilprozessordnung der Republik Litauen. Diese Anordnungen gelten bis zur rechtskräftigen Eröffnung eines Insolvenzverfahrens bzw. bis zur Abweisung des Eröffnungsantrags. Soweit bereits Vollstreckungsmaßnahmen erfolgt sind, bleiben diese wirksam; lediglich die Verwertung des Schuldnervermögens wird gehemmt. Hat der Gerichtsvollzieher allerdings bereits das Verwertungsverfahren eingeleitet und öffentlich über den Verkauf des Vermögens der Schuldnergesellschaft informiert, so darf das Insolvenzgericht den Gerichtsvollzieher ermächtigen, den Verkauf des Vermögens gemäß der Zivilprozessordnung abzuschließen und den erhaltenen Geldbetrag auf ein Konto zugunsten aller Gläubiger zu überweisen *(kreditorių sąskaita)*.[54]

3.7 Auswirkungen der Verfahrenseröffnung auf die Einzelzwangsvollstreckung

94 Da das Insolvenzverfahren in Litauen die gleichmäßige Befriedigung der Gläubiger bezweckt, dürfen Insolvenzgläubiger ihre Forderungen nur nach den Bestimmungen des Insolvenzverfahrens

---

[50] Art. 102 des Gesetzes über die Insolvenz juristischer Personen.
[51] Art. 77 Abs. 10 des Gesetzes über die Insolvenz juristischer Personen.
[52] Art. 59 und 63 des Gesetzes über die Insolvenz juristischer Personen.
[53] Art. 21 des Gesetzes über die Insolvenz juristischer Personen.
[54] Art. 19 und 30 (3) des Gesetzes über die Insolvenz juristischer Personen.

geltend machen. Die Eröffnung des Insolvenzverfahrens führt daher zu einem Vollstreckungsverbot, das diese Gläubiger daran hindert, während des Insolvenzverfahrens ihre Ansprüche gegen die Insolvenzmasse durchzusetzen. Dieses Verbot wirkt automatisch, also unabhängig davon, ob der vollstreckende Gläubiger von der Eröffnung des Insolvenzverfahrens Kenntnis hatte und ob der Schuldner die Aussetzung der Vollstreckung beantragt.

3.8 Auswirkungen der Verfahrenseröffnung auf laufende Gerichts- oder Schiedsverfahren

Mit der Eröffnung des Liquidationsverfahrens ist der Insolvenzverwalter die einzige Person, die befugt ist, den Schuldner zu vertreten. Dies gilt auch für Gerichts- und Schiedsverfahren. In Fällen, in denen der Schuldner als Kläger beteiligt ist, führt der Insolvenzverwalter die Klage fort, indem er das Verfahren wieder aufnimmt. Findet hingegen ein Restrukturierungsverfahren statt, so verliert die Geschäftsleitung nicht die Verwaltungsbefugnis und bleibt daher auch prozessführungsbefugt.

Eine prozessrechtliche Besonderheit bildet das litauische Insolvenzrecht sodann insoweit, als das es die *vis attractiva concursus* verankert. Danach werden alle den Schuldner betreffenden Rechtsstreitigkeiten vor dem Insolvenzgericht konzentriert. Folgerichtig geht die Zuständigkeit für Entscheidungen in Zivilsachen mit der Verfahrenseröffnung über eine der Parteien des Zivilprozesses vom ursprünglich zuständigen Gericht zum Insolvenzgericht über. Hierzu sind im Grundsatz alle anhängigen Zivilverfahren binnen 14 Tage nach Wirksamwerden der Entscheidung über die Eröffnung des Insolvenzverfahrens einzustellen und an das Gericht, das das Insolvenzverfahren eröffnet hat, abzugeben. Lediglich in Fällen, in denen bereits ein Termin für die mündliche Verhandlung bestimmt wurde, bleibt die Zuständigkeit erhalten und das Zivilgericht ist verpflichtet, das Insolvenzgericht über seine Sachentscheidung spätestens drei Tage nach deren Erlass zu informieren.[55]

3.9 (Automatisches) oder gerichtlich verfügbares Moratorium

Im **Liquidationsverfahren** bewirkt die Verfahrenseröffnung automatisch ein Moratorium. Laufende Gerichtsverfahren und Zwangsvollstreckungen gegen den Schuldner und sein Vermögen werden eingefroren. Die Einziehung fälliger Verbindlichkeiten, einschließlich Zinsen und Steuern, sowie deren gerichtliche oder außergerichtliche Beitreibung sind untersagt. Zinsansprüche und Vertragsstrafen können hieraus nicht entstehen.

Im **Restrukturierungsverfahren** tritt mit der Verfahrenseröffnung ebenfalls automatisch ein Moratorium in Kraft, um dem Schuldner die Erstellung des Restrukturierungsplans zu ermöglichen. Hierfür hat er vier Monate Zeit. Das Gericht kann diese Frist auf Antrag des Insolvenzverwalters oder des Geschäftsführers der Schuldnerin mit Zustimmung der Gläubigerversammlung nur ausnahmsweise verlängern, wenn belegbare Fortschritte bei den Planverhandlungen erreicht wurden. Dabei darf das Moratorium jedoch nicht länger als sechs Monate dauern. Nach Ablauf dieser Frist wird das Restrukturierungsverfahren gemäß dem Restrukturierungsplan fortgesetzt, wenn ein solcher inzwischen bestätigt wurde. Ansonsten wird das Verfahren beendet.

Im Restrukturierungsverfahren treffen aber auch den Schuldner Verfügungsbeschränkungen. So ist es ihm nicht mehr erlaubt, Vermögenswerte zu veräußern, die für die Fortführung des Geschäftsbetriebs und die Sicherung der Rentabilität des Unternehmens wesentlich sind. Das Gericht kann diese Beschränkungen allenfalls insoweit aufheben, wie es erforderlich erscheint, um die Annahme des Restrukturierungsplans zu erleichtern, sofern dies vom Schuldner, dem Insolvenzverwalter oder einem gesicherten Gläubiger beantragt wurde.[56]

3.10 Gläubigervertreter

Die aktive Beteiligung der Gläubiger am Insolvenzverfahren ist Grundlage des litauischen Insolvenzrechts. Sie erfolgt durch die Gläubigerversammlung *(kreditorių susirinkimas)*. In Fällen, an denen eine Vielzahl an Gläubigern beteiligt ist, kann zudem ein Gläubigerausschuss *(kreditorių komitetas)* eingesetzt werden, um es den Gläubigern zu ermöglichen, das Insolvenzverfahren effektiv zu überwachen.[57]

Die erste Gläubigerversammlung ist vom Gericht oder vom Verwalter (auf Anweisung des Gerichts) innerhalb von 45 Werktagen nach Wirksamwerden des Gerichtsurteils einzuberufen, in dem mehr als die Hälfte der von den Gläubigern angemeldeten Forderungen festgestellt werden. Im Hinblick auf die unter Umständen hohe Anzahl an bestrittenen Gläubigerforderungen besteht

---

55 Art. 29 des Gesetzes über die Insolvenz juristischer Personen.
56 Art. 28 (1) (3) und 28 (1) (7) des Gesetzes über die Insolvenz juristischer Personen.
57 Art. 44 und 53 des Gesetzes über die Insolvenz juristischer Personen.

also keine Verpflichtung, mit der Einberufung auf die Feststellung aller Gläubigerforderungen zu warten. Das Recht, die Einberufung der Gläubigerversammlung zu verlangen, hat auch der Vorsitzende der Gläubigerversammlung, der Geschäftsführer der Schuldnergesellschaft sowie jeder Gläubiger oder eine Gläubigergruppe, die mindestens zehn Prozent des Gesamtbetrags der festgestellten Forderungen vertreten.

102 Zu den wichtigsten Funktionen der Gläubigerversammlung gehören:
(1) die Beschlussfassung über die Bildung und Aufgaben des Gläubigerausschusses,
(2) die Prüfung von Gläubigerbeschwerden im Zusammenhang mit den Handlungen des Verwalters und die Beantragung der Abberufung des Insolvenzverwalters,
(3) die Genehmigung der Schätzung der Masseverbindlichkeiten,
(4) die Beschlussfassung über die Art der Verwertung des Vermögens, inklusive der Fortsetzung der wirtschaftlichen Tätigkeit der Schuldnergesellschaft,
(5) die Beschlussfassung über den Abschluss des Vergleichs mit den Gläubigern.

3.11 Forderungsfeststellung

103 An dem Tag, an dem die Entscheidung zur Eröffnung eines Liquidationsverfahrens auf der Website der Behörde für Audit, Rechnungslegung, Immobilienbewertung und Insolvenzverwaltung beim Finanzministerium (nachfolgend Aufsichtsbehörde genannt) veröffentlicht wird, beginnt der Lauf einer Frist von 30 Tagen, binnen derer die Gläubiger ihre offenen Forderungen beim Insolvenzgericht anmelden können. Nach dem Fristablauf angemeldete Forderungen kann das Gericht zulassen, wenn der betreffende Gläubiger aus wichtigem Grund daran gehindert war, die Frist einzuhalten. Der Anmeldung sind Unterlagen beizufügen, die den Anspruch begründen.

104 Anschließend prüft der Verwalter, ob die angemeldeten Ansprüche begründet sind, und reicht dann die Liste der unstreitigen Ansprüche zur gerichtlichen Feststellung bei Gericht ein. Dabei hat er seine Entscheidung zu begründen *(pagrįstumas)*. Die unstreitigen Forderungen sind dann innerhalb von 20 Tagen nach Erhalt der Liste vom Gericht zu bestätigen.[58] Während dieser Zeit sind die Gläubiger nicht daran gehindert, ihre Forderungen zu verkaufen und abzutreten. Die Abtretung ist allerdings dem Gericht zur Bestätigung anzuzeigen.

3.12 Verteilung der Masse

3.12.1 Masseverbindlichkeiten

105 Im Liquidationsverfahren sind die mit dem Verfahren verbundenen Kosten *(nemokumo proceso išlaidos)* mit höchster Priorität zu befriedigen.[59] Hierzu gehören neben den Kosten des Insolvenzverfahrens und der Vergütung des Insolvenzverwalters auch die Kosten der Betriebsfortführung.

3.12.2 Gesicherte Gläubiger

106 Das litauische Recht unterscheidet klar zwischen gesicherten Forderungen, als Forderungen für die Sicherungsrechte bestehen, und ungesicherten Forderungen. Die durch Verpfändung und/oder Hypothek gesicherten Forderungen eines Gläubigers haben einen Befriedigungsvorrang vor allen anderen Forderungen (zB vor Steuerforderungen und Arbeitnehmeransprüchen), sie fallen also nicht in die Gruppe der Insolvenzgläubiger. Ihre Ansprüche werden vorweg aus dem Verkauf der verpfändeten Vermögenswerte befriedigt. Allerdings geschieht dies erst, nachdem die Kosten des Insolvenzverfahrens gedeckt wurden.[60]

3.12.3 Vorrangige Insolvenzgläubiger

107 Das litauische Insolvenzrecht kennt folgende Privilegierungen von Insolvenzforderungen, also Rangklassen, die vor gewöhnlichen unbesicherten Gläubigern bedient werden: Forderungen aus einer Sanierungs- oder Zwischenfinanzierung; Arbeitnehmeransprüche; bestimmte Sozialversicherungsansprüche (etwa gesetzliche Sozialversicherungsbeiträge, gesetzliche Krankenversicherungsbeiträge); Ansprüche aus der Betriebsfortführung während des Insolvenzverfahrens. All diese Forderungen bilden einen gemeinsamen Vorrang *(pirmos eilės kreditoriai)*, erhalten also dieselbe Quote. Für offene Ansprüche der Arbeitnehmer aus dem Arbeitsverhältnis ist zu beachten, dass insofern auch Mittel des Garantiefonds (Insolvenzgeld) in begrenzter Höhe zur Verfügung stehen können.

---

[58] Art. 42 des Gesetzes über die Insolvenz juristischer Personen.
[59] Art. 93 Abs. 1 des Gesetzes über die Insolvenz juristischer Personen.
[60] Art. 96 des Gesetzes über die Insolvenz juristischer Personen.

3.12.4 Einfache Insolvenzgläubiger

Einfache Insolvenzgläubiger sind Gläubiger, die einen Rechtsanspruch gegen die insolvente Schuldnergesellschaft haben, ohne dass ihnen ein Sicherungsrecht oder ein Vorrang zukommt Sie werden als Forderungen des zweiten Ranges behandelt. Auch diese Forderungen werden mit gleicher Quote bedient, nachdem Sicherungsrechte berücksichtigt und die Forderungen der Gläubiger mit Vorrang vollständig beglichen wurden.

Die Verteilung erfolgt in zwei Schritten. Zunächst werden die Forderungen der Gläubiger ohne Zinsen und Vertragsstrafen (Nebenforderungen) befriedigt. Nur wenn dann noch Mittel zur Verfügung stehen, wird auf den verbleibenden Teil der Forderungen (Nebenforderungen) in der gesetzlich festgelegten Reihenfolge ausgeschüttet.

3.12.5 Nachrangige Gläubiger

Soweit Gesellschafter eine Entschädigung für den Wert ihrer Anteile an der insolventen Gesellschaft im Insolvenzverfahren verlangen, sind diese gesellschaftsrechtlichen Ansprüche nachrangig. Sie werden also erst bedient, nachdem alle Gläubigeransprüche vollständig erfüllt sind.[61]

3.13 Abschluss des Verfahrens

Das **Liquidationsverfahren** endet durch die gerichtliche Einstellungsentscheidung; bei außergerichtlichen Liquidationen bedarf es einer entsprechenden Entscheidung der Gläubigerversammlung. Nach Übermittlung der entsprechenden Dokumente an das Gesellschaftsregister wird die Schuldnergesellschaft beendet und im Register gestrichen. Damit erlischt jede Möglichkeit, weiter Ansprüche gegen den nicht mehr existierenden Rechtsträger geltend zu machen. Eine Nachtragsverteilung findet nicht statt.

Das **Restrukturierungsverfahren** erlaubt es den Beteiligten, im Restrukturierungsplan selbst über die Bedingungen der Beendigung des Restrukturierungsverfahrens, also der Planumsetzungsphase, zu entscheiden. Das Gesetz begrenzt lediglich die Dauer auf maximal vier Jahre, wobei eine Verlängerung um ein weiteres Jahr möglich ist. Nach Umsetzung des Plans erstellen Geschäftsleitung und Restrukturierungsverwalter eine Schlusserklärung über die Umsetzung des Plans und legen diese dem Gericht innerhalb von 30 Tagen nach Ablauf der Umsetzungsfrist vor. Die Schlusserklärung ist erneut von einer Mehrheit der stimmberechtigten Gläubiger in jeder Gruppe (Kopfmehrheit) zu billigen, wobei die Summe der Forderungen der Gläubiger, die dafür stimmen, mehr als die Hälfte der Gesamtforderungen aller stimmberechtigten Gläubiger ausmachen sollte. Auch diese Zustimmungserklärungen sind dem Gericht vorzulegen. Bestätigt dann auch das Gericht die Schlusserklärung, so wird das Restrukturierungsverfahren beendet.[62]

4. Verträge im Insolvenzverfahren

Die Auswirkungen des Insolvenzverfahrens auf laufende, also beiderseits noch nicht vollständig erfüllte Verträge werden im litauischen Insolvenzrecht nur punktuell geregelt. In einem Restrukturierungsverfahren sind solche Fragen im Restrukturierungsplan zu regeln. In einem Liquidationsverfahren hat **nur der Insolvenzverwalter** das Recht, zwischen der Erfüllung und Beendigung solcher Verträge zu **wählen**.

Entscheidet sich der Insolvenzverwalter für die **Beendigung** solcher Verträge, so gelten sie ab dem Tag der Verfahrenseröffnung als beendet. Entsteht dem Vertragspartner aus der damit feststehenden Nichterfüllung ein Schaden, so kann er seinen Ersatzanspruch nur als Insolvenzforderung anmelden.

Der Insolvenzverwalter darf sich nur in zwei Fällen für die **Erfüllung** schwebender Verträge entscheiden. Dies ist ihm zum einen erlaubt, wenn die Durchführung des vertraglichen Leistungsprogramms einen ökonomischen Nutzen für die Insolvenzmasse erzeugt. Über seine Erfüllungswahl sollte er dann die andere Vertragspartei innerhalb von 30 Tagen nach Eröffnung informieren. Wählt der Verwalter die Erfüllung, so hat die andere Vertragspartei kein Recht zur Kündigung des Vertrages, solange der Insolvenzverwalter seine vertraglichen Verpflichtungen erfüllt. Im Ergebnis kann der Verwalter so nachteilige Verträge ablehnen und vorteilhafte Verträge durchführen. Zum anderen ist es ihm erlaubt, Verträge fortzusetzen, von denen die Fortsetzung der Geschäftstätigkeit des Schuldnerunternehmens abhängt. Bis zur Ausübung des Wahlrechts durch den Insolvenzverwalter ist die

---

[61] Art. 93 Abs. 3 des Gesetzes über die Insolvenz juristischer Personen.
[62] Art. 117 des Gesetzes über die Insolvenz juristischer Personen.

Leistungspflicht des Vertragspartners suspendiert. Wird dann die Erfüllung gewählt, sind die Gegenansprüche des Vertragspartners vorrangig als Masseverbindlichkeiten zu befriedigen.[63]

116   Insgesamt gilt es hervorzuheben, dass es gerade im Gegensatz zB zu Deutschland im litauischen Insolvenzrecht keine besonderen Regeln für die Behandlung von bestimmten Vertragstypen von schwebenden Verträgen gibt. Es existieren weder Regelungen zur Insolvenzfestigkeit von Eigentumsvorbehalten, Leasing- oder Mietverträgen noch finden sich spezielle Normen für Arbeitsverträge. Deren Beendigung regelt auch im eröffneten Verfahren allein das einschlägige Arbeitsrecht *(Lietuvos Respublikos Darbo kodeksas).*[64] Hinsichtlich der Lohnforderungen der Arbeitnehmer wird dabei differenziert: sind diese weiter für das fortgeführte Unternehmen tätig, so ist ihre Tätigkeit nach Verfahrenseröffnung aus den Mitteln (vorab) zu vergüten, die in der Betriebsfortführung erwirtschaftet werden; werden sie hingegen nur für die Liquidation des stillgelegten Unternehmens beschäftigt, so sind sie insoweit vorab aus der Masse zu bezahlen.

5. Pensionsansprüche

117   In Litauen existiert keine rechtliche Grundlage für eine betriebliche Altersvorsorge. Es existiert allein die staatliche Rentenversicherung, in die Sozialversicherungsbeiträge zu zahlen sind. Die Behandlung von Rechten aus privaten Altersvorsorgesystemen ist daher kein Thema im litauischen Insolvenzrecht.

6. Eigentumsvorbehalt

118   Das litauische Zivilrecht regelt den Eigentumsvorbehalt im Bürgerlichen Gesetzbuch und erlaubt solche Vereinbarungen zur Absicherung von Kaufpreiszahlungen. Leider findet sich dann keine gesetzliche Regelung zur Behandlung solcher Klauseln im Fall der Insolvenz einer Vertragspartei im litauischen Insolvenzrecht. In der Insolvenz des Käufers kann der Lieferant daher sein Eigentum als Aussonderungsrecht geltend machen. Dies erfordert allerdings nicht nur die zivilrechtliche Wirksamkeit der Vereinbarung des Eigentumsvorbehalts, sondern auch die ordnungsgemäße Registrierung des Kaufvertrags mit der Vorbehaltsklausel im öffentlichen Register.

7. Sicherheiten in der Insolvenz

119   Sind Sicherungsrechte wirksam bestellt worden, so erkennt das litauische Insolvenzrecht diese an. Dabei wird nicht zwischen Sicherheiten an Mobilien und Immobilien unterschieden. Jede Verpfändung einer Sache privilegiert den Gläubiger einer insoweit gesicherten Forderung zur Beanspruchung des Erlöses aus der Verwertung des Sicherungsgutes. Daneben ist zu beachten, dass Regelungen zur Behandlung von Sicherheiten für Finanzdienstleistungen nach dem Gesetz über Finanzsicherheiten sowie nach dem Gesetz über die Wirksamkeit von Abrechnungen in Zahlungs- und Wertpapierabwicklungssystemen, die jeweils in der Umsetzung von EU-Richtlinien entstanden sind, den allgemeinen insolvenzrechtlichen Regeln vorgehen.

8. Aufrechnung, Verrechnungsvereinbarungen

120   Eine Aufrechnung noch in der Insolvenz wurde durch das litauische Insolvenzrecht bis 2012 nicht ermöglicht. Erst die Reform 2012 schuf eine Ausnahme vom allgemeinen Aufrechnungsverbot unter zwei Voraussetzungen: (1) Die Aufrechnungslage bestand bereits zum Zeitpunkt der Eröffnung des Insolvenzverfahrens und (2) die Aufrechnung ist nach den Bestimmungen des litauischen Steuerrechts zulässig. De facto sind auf diese Weise nur Aufrechnungen mit bestimmten Steuerforderungen zulässig.

9. Insolvenzanfechtung

121   Um masseschädigende Handlungen des Schuldners zu verhindern, ist jeder Erwerb von Vermögenswerten aus der Insolvenzmasse, der nach Eröffnung des Verfahrens erfolgt, automatisch unwirksam.[65]

122   Sind Vermögenswerte vor der Eröffnung des Insolvenzverfahrens erworben worden, die nach der Eröffnung des Verfahrens zur Insolvenzmasse gehören würden, so ist der Erwerb grundsätzlich wirksam und kann nur unter bestimmten Voraussetzungen angefochten werden. Hierzu hat der Insolvenzverwalter innerhalb von sechs Monaten nach Verfahrenseröffnung alle innerhalb der letzten

---

[63] Art. 61 und 63 (6) des Gesetzes über die Insolvenz juristischer Personen.
[64] Art. 62 des Gesetzes über die Insolvenz juristischer Personen.
[65] Art. 56 (3) des Gesetzes über die Insolvenz juristischer Personen.

36 Monate vor Eröffnung abgeschlossenen Verträge des Schuldners zu prüfen und ggf. Nichtigkeitsklagen zu erheben, um anfechtbare Transaktionen zurückzufordern. Nach dem Zivilgesetzbuch Litauens folgt aus der gerichtlichen Nichtigkeitserklärung die Pflicht zur Rückerstattung der Leistungen. Ist eine Rückerstattung nicht möglich, sind die Parteien grds. zum Schadensersatz verpflichtet. Die Nichtigkeit wird festgestellt, wenn die Transaktion den Zielen des Unternehmens widersprochen oder die Insolvenz verursacht hat oder aber anderweitig die Interessen der Gläubigergesamtheit verletzt hat *(actio Pauliana)*.[66] Neu- und Zwischenfinanzierungen können außer in Betrugsfällen nicht angefochten werden. Erhebt der Insolvenzverwalter innerhalb der Frist keine Klage, obwohl eine Transaktion nach Ansicht eines Gläubigers anfechtbar ist, so erlaubt der Oberste Gerichtshof Litauens dem Gläubiger, die Transaktion selbst im Namen des insolventen Schuldners vor Gericht anzufechten. Zum Schutz der Neu- oder Zwischenfinanzierung werden die neuen Bestimmungen in das Insolvenzrecht aufgenommen.

10. Die Haftung gegen (ehemalige) Geschäftsleiter und Gesellschafter

Das litauische Insolvenzrecht sieht keine allgemeine Haftung des Geschäftsführers im Falle einer Insolvenz vor. Es gelten die allgemeinen Regeln der Haftung für rechtswidrige Handlungen und für Verstöße gegen insolvenzspezifische Pflichten. So ist der Geschäftsführer insbesondere verpflichtet, bei Eintritt der Gründe für die Eröffnung eines Insolvenzverfahrens rechtzeitig die Insolvenz zu beantragen und von einer Veräußerung des Vermögens oder weiteren Verpflichtungen abzusehen. Dementsprechend wird er für Schäden wegen verspäteter oder nicht erfolgter Antragstellung haftbar gemacht.

Das litauische Recht kennt zudem eine Reihe von Disqualifikationsgründen für Geschäftsleiter bei Verstößen gegen insolvenzspezifische Pflichten, etwa die Insolvenzverschleppung, eine Verletzung der Mitwirkungspflicht (zB das Verstecken oder Vernichten relevanter Dokumente) oder die Verursachung einer betrügerischen Insolvenz. Dabei erfasst die Disqualifikation nicht nur den Ausschluss von Führungspositionen bei privaten, sondern auch bei öffentlichen juristischen Personen und kann für ein Jahr bis zu fünf Jahren ausgesprochen werden. Das Disqualifikationsverfahren wird vom Insolvenzgericht von Amts wegen oder auf Antrag des Insolvenzverwalters oder der Gläubiger eingeleitet.

In Fällen, in denen der Insolvenzverwalter Hinweise auf eine betrügerische Insolvenz feststellt, ist er verpflichtet, beim Insolvenzgericht zu beantragen, diesen Umstand zu prüfen und explizit festzustellen. Geschieht dies, so muss der Insolvenzverwalter alle betreffenden Transaktionen des Schuldners anfechten. Zugleich ist ein Disqualifikationsverfahren einzuleiten.

Hierzu sind die Person(en) zu identifizieren, deren Handlungen oder Unterlassungen die Insolvenz betrügerisch verursacht haben, um dem Insolvenzverwalter, aber auch den geschädigten Gläubigern die nachfolgende Geltendmachung von Schadensersatzrechten zu erleichtern. Neben einer solchen zivilrechtlichen Haftung sieht das litauische Recht auch eine strafrechtliche Haftung für die Personen vor, die den Betrug begangen haben.

11. Internationales Insolvenzrecht

Grenzüberschreitende Insolvenzen werden derzeit in Litauen primär auf Grundlage der Europäischen Insolvenzverordnung (Verordnung (EU) 2015/848) behandelt. Diese erfasst alle erwähnten litauischen Verfahrensarten: das gerichtliche Liquidationsverfahren *(bankroto byla)*, das außergerichtliche Liquidationsverfahren *(bankroto procesas ne teismo tvarka)* und das Restrukturierungsverfahren *(restruktūrizavimo procesas)*. Diese können insofern sowohl als Haupt- als auch als Sekundärinsolvenzverfahren eröffnet werden.

Für Verfahren außerhalb des geographischen Anwendungsbereichs der EuInsVO existiert keine Regelung. Das UNCITRAL-Modellgesetz über grenzüberschreitende Insolvenzverfahren wurde in Litauen bislang nicht umgesetzt. Es existieren auch keine anderen von Litauen geschlossenen bi- oder multilateralen internationalen Abkommen, die sich speziell mit grenzüberschreitenden Aspekten der Insolvenz befassen würden.

Soweit bislang in diesem Bereich überhaupt Gerichtsentscheidungen ergangen sind, betreffen diese Fragen der Anerkennung der Eröffnung von Insolvenzverfahren in anderen EU-Mitgliedstaaten. Die Eröffnung wird entsprechend der anzuwendenden Vorgaben der EuInsVO automatisch anerkannt. Allerdings sind die litauischen Gerichte sensibel hinsichtlich der hinreichenden Information litauischer Gläubiger. So hat etwa der Oberste Gerichtshof Litauens in einem Fall von 2015 die Anerkennung der Eröffnung eines lettischen Insolvenzverfahrens verweigert, da ein litauischer Gläu-

---

[66] Art. 64 des Gesetzes über die Insolvenz juristischer Personen.

biger nicht über die Verfahrenseröffnung und das Recht zur Forderungsanmeldung informiert wurde, obwohl er im Verfahren als Gläubiger bekannt war.[67]

12. COVID-19-Gesetzgebung

130   Am 14. März 2020 verabschiedete die litauische Regierung als Reaktion auf die Ausbreitung des COVID-19 (Corona)-Virus die Resolution Nr. 207 „Über die Erklärung des Lockdowns auf dem Gebiet der Republik Litauen". Zugleich wurde ein Lockdown für das gesamte Gebiet der Republik Litauen mit Wirkung vom 16. März 2020 wirksam.[68] Anschließend unterbreitete das Finanzministerium dem Parlament den Vorschlag, verschiedene außerordentliche Maßnahmen zu ergreifen, um die negativen Auswirkungen des Coronavirus auf die Wirtschaft zu minimieren.

131   Eine dieser Maßnahmen, die darauf abzielen, finanziell angeschlagene Unternehmen vor der vorzeitigen Einleitung nicht notwendiger Insolvenzverfahren zu schützen, ist das Gesetz über die Auswirkungen der Folgen des neuen Coronavirus (COVID-19) für die Anwendung des Gesetzes über die Insolvenz juristischer Personen der Republik Litauen[69] (Lietuvos Respublikos naujojo koronaviruso (COVID-19) sukeltų pasekmių poveikio Lietuvos Respublikos juridinių asmenų nemokumo įstatymo taikymui įstatymas – nachfolgend das Gesetz zu COVID-19). Dieses Gesetz ist am 25. April 2020 in Kraft getreten. Es wurde durch das CERIL Statement 2020-1 zu COVID-19-Maßnahmen im Insolvenzbereich[70] inspiriert, hat zugleich aber auch die Gesetzesinitiativen anderer Länder berücksichtigt (die Erläuterung des Gesetzes zu COVID-19 erwähnt ausdrücklich die insolvenzbezogenen Maßnahmen in Lettland, Deutschland, Luxemburg, Spanien, Finnland und Slowenien[71]).

Im Vergleich zu den redlichen Intentionen des Gesetzgebers beschreibt das Gesetz einen eher spezifischen Anwendungsbereich:
* Es gilt nur für Unternehmen, die (nachweisbar) infolge der COVID-19-Krise in finanzielle Schwierigkeiten geraten sind und/oder zahlungsunfähig werden.
* Die finanziellen Schwierigkeiten dürfen erst seit der offiziellen Erklärung des Lockdowns auf dem Gebiet der Republik Litauen (also nach dem 16. März 2020) aufgetreten sein.
* Und schließlich gelten alle Entlastungsmaßnahmen nur während der offiziellen Quarantäneregelung und in den drei Monaten nach deren Aufhebung gültig. Da das Quarantäne-Regime bereits zum 16. Juni 2020 aufgehoben wurde, wird es nach der derzeitigen Rechtslage nach dem 16. September 2020 keine COVID-19-bedingten Sonderregeln im Insolvenzrecht Litauens geben. Diese Frist kann unter Berücksichtigung der wirtschaftlichen Lage des Landes maximal bis zum 31. Dezember 2020 verlängert werden (Art. 5).

Inhaltlich besteht das Gesetz zu COVID-19 aus fünf Artikeln und enthält vier wichtige vorübergehende Änderungen im Insolvenzrecht Litauens: (1) die Aussetzung der Pflicht der Geschäftsleiter von Gesellschaften zur Beantragung eines Insolvenzverfahrens (Art. 2.1); (2) die Einschränkung des Insolvenzantragsrechts der Gläubiger (Art. 2.2); (3) die Aussetzung der Aufhebungsgründe für Sanierungsverfahren, die darauf beruhen, dass der Sanierungsplan nicht ordnungsgemäß durchgeführt wird oder dass das Unternehmen die fälligen Steuern ganz oder teilweise nicht zahlt (Art. 3) sowie (4) der Schutz von Transaktionen mit Hilfe staatlicher finanzieller Unterstützungsmaßnahmen, die aufgrund des Lockdown angeboten werden (Art. 4).

134   Das Hauptziel dieser Maßnahmen besteht darin, die Interessen von Schuldner und Gläubigern in einer Weise auszugleichen, die zum einen dem Geschäftsleiter Handlungsfreiheit garantiert, während er versucht, das von der Quarantäne betroffene Unternehmen zu retten, was insbesondere durch die Begrenzung des Risikos der zivilrechtlichen Haftung für die Verletzung der gesetzlichen Insolvenzantragspflicht erfolgt. Der eingeschränkte Anwendungsbereich des Gesetzes zu COVID-19 zielt darauf ab, zum anderen auch die Interessen der Gläubiger zu berücksichtigen und zu

---

[67] Das Urteil des Obersten Gerichtshofs von Litauen in der Rechtssache 3K-3-197-611/2015.
[68] Resolution Nr. 207 der Regierung der Republik Litauen vom 14. März 2020 „Über die Ankündigung der Quarantäne auf dem Gebiet der Republik Litauen" https://e-seimas.lrs.lt/portal/legalAct/lt/TAD/deaf8694663011eaa02cacf2a861120c?jfwid=11p6e3gcz8.
[69] Das Gesetz über die Auswirkungen der Folgen des neuen Coronavirus (COVID-19) in Anwendung des Gesetzes über die Insolvenz juristischer Personen der Republik Litauen (No XIII-2861, Veröffentlicht im Register der Rechtsakte am 24.4.2020) https://e-seimas.lrs.lt/portal/legalAct/lt/TAD/318ba0a2849111eaa51db668f0092944?jfwid=-14zql65znj.
[70] https://www.ceril.eu/news/ceril-statement-2020-1.
[71] Die Erläuterung des Gesetzes über die Auswirkungen der Folgen des neuen Coronavirus (COVID-19) in Anwendung des Gesetzes über die Insolvenz juristischer Personen der Republik Litauen (No XIIIP-4711, veröffentlicht am 9.4.2020) https://e-seimas.lrs.lt/portal/legalAct/lt/TAK/257f7a107a3811eaa38ed97835ec4df6?jfwid=-14zql65znj.

verhindern, dass Unternehmen, die bereits vor der Ausbreitung des Corona-Virus nicht profitabel waren, die gesetzliche Regelung missbrauchen und den unvermeidlichen Konkurs verzögern. Dabei sah das litauische Parlament im Gegensatz zu Deutschland nicht die Notwendigkeit, Transaktionen in diesem Zeitraum generell vor Rückforderungsansprüchen zu schützen. Auch sah man von jeder Art von Rechtsvermutung dahingehend ab, dass sich Unternehmen wegen der Ausbreitung des Coronavirus in Schwierigkeiten befinden. Insofern bleibt die Beweislast beim Schuldner, sodass etwa der Geschäftsführer eine zivilrechtliche Insolvenzverschleppungshaftung nur vermeidet, wenn er vor Gericht beweisen kann, dass die finanzielle Notlage seiner Gesellschaft tatsächlich durch die Ausbreitung des Coronavirus und nicht durch andere Faktoren verursacht wurde.

Aus der Praxis ist zu berichten, dass einige erstinstanzliche Gerichte die Regelungen des COVID-19-Gesetzes so interpretierten, dass während des Aussetzungszeitraums nicht nur die Antragspflicht des Geschäftsleiters ausgesetzt ist, sondern auch jedes Antragsrecht.[72] Dies entspricht allerdings weder der Intention noch dem Wortlaut des Gesetzes. Natürlich soll es Schuldnern weiterhin möglich sein, auf freiwilliger Basis Anträge auf Eröffnung eines Insolvenzverfahrens zu stellen, wenn sie es nicht für möglich halten, die Rentabilität des Unternehmens wiederherzustellen. Da diese Auffassung insofern eindeutig der Absicht des Gesetzgebers widerspricht, sollte sie in den übergeordneten Instanzen korrigiert werden, was leider noch nicht erfolgt ist.

---

[72] Urteil des Landgerichts Vilnius in Fall Nr. eB2-3228-910/2020.

Litauen

Litauisches Insolvenzverfahren über Gesellschaften

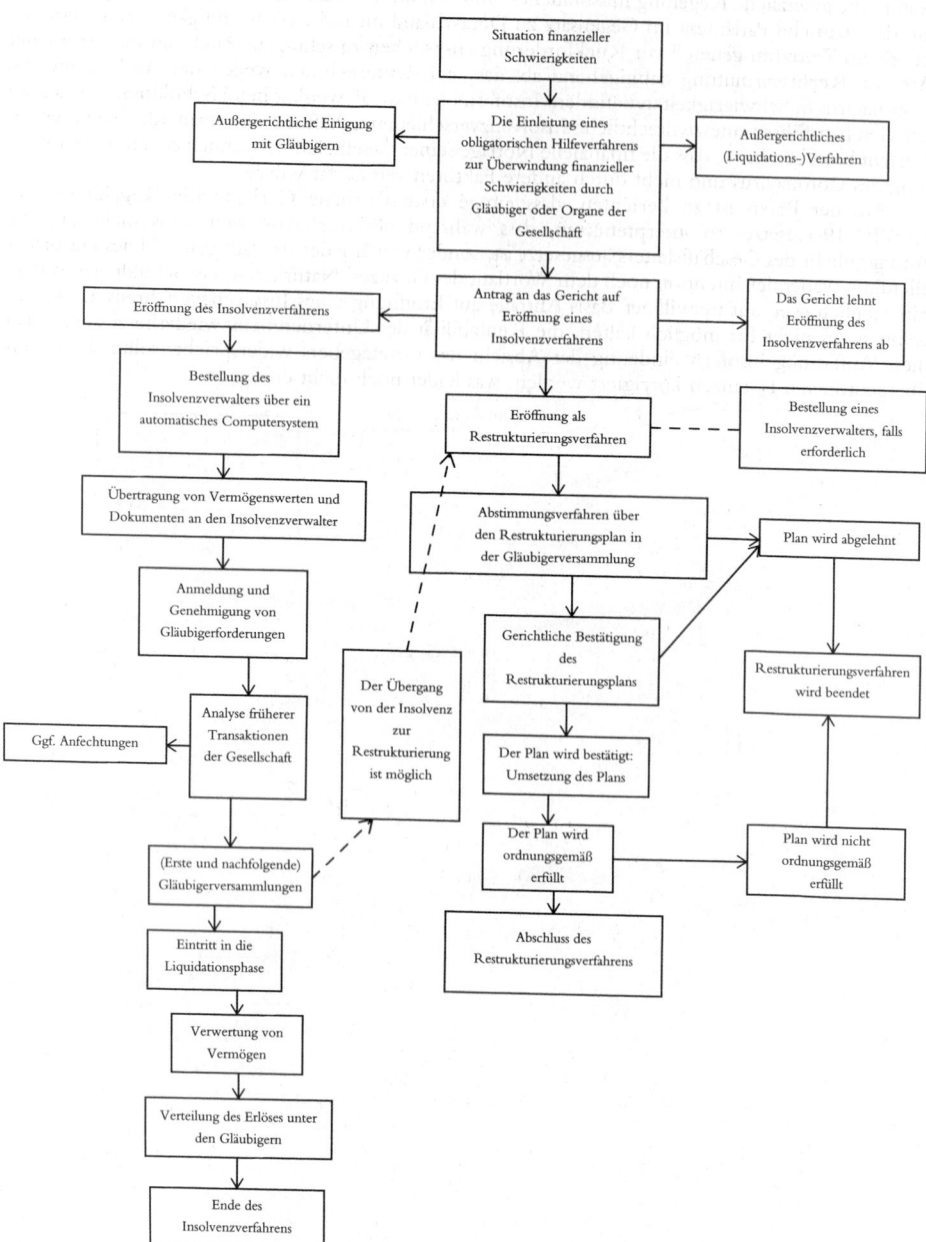

Litauen

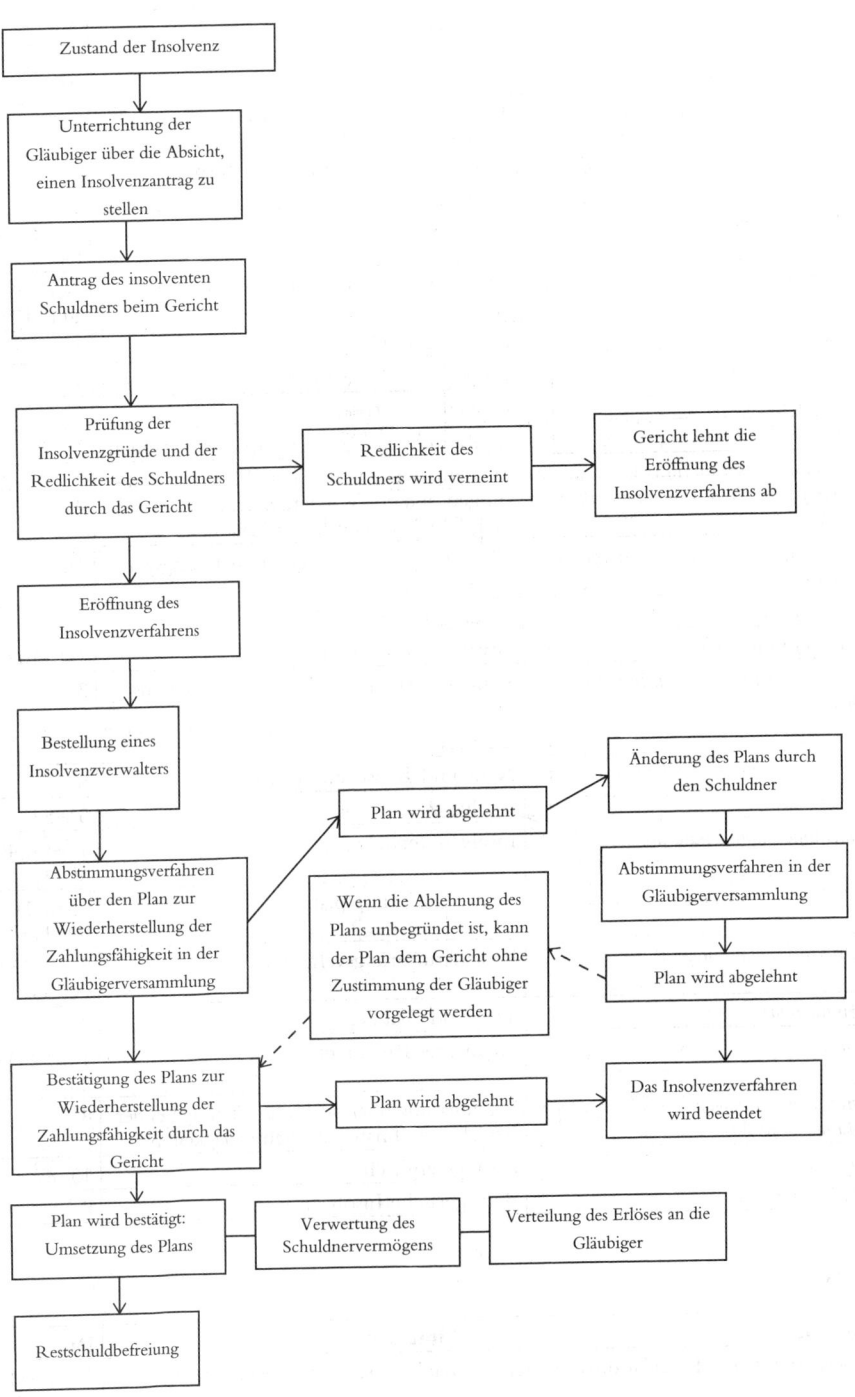

Litauen

Glossar

Litauisch	Deutsch	Rn.
Atleidimas nuo likusių skolų mokėjimo mokėjimo mokėjimo	Restschuldbefreiung	17, 26, 33–36
Audito, apskaitos, turto vertinimo ir nemokumo valdymo tarnyba prie Lietuvos Respublikos Finansų ministerijos	Behörde für Audit, Buchhaltung, Immobilienbewertung und Insolvenzverwaltung beim Finanzministerium der Republik Litauen	3
Bankroto procesas	Liquidationsverfahren	9, 12–15, 84.
Bankroto procesas ne teismo tvarka	Außergerichtliches Liquidationsverfahren	14 f., 58 f., 111, 127
Civilinio proceso kodeksas	Zivilprozessordnung	1
Civilinis kodeksas	Bürgerliches Gesetzbuch	1
Finansų ministerija	Finanzministerium	3
Fizinio asmens bankroto procesas	Insolvenzverfahren von natürlichen Personen	17, 24–49
Fizinio asmens kreditorių reikalavimų reikalavimų tenkinimo ir mokumo atkūrimo planas)	Plan zur Befriedigung der Gläubigerforderungen und zur Wiederherstellung der Zahlungsfähigkeit natürlicher Personen	17, 27, 29, 41
Kreditoriai, kuriuos paveikia restruktūrizavimo planas	Gläubiger, die vom Restrukturierungsplan betroffen sind	16
Kreditorių sąskaita	Gläubigerkonto	93
Kreditorių susirinkimas	Gläubigerversammlung	100–102
Lietuvos nemokumo administratorių rūmai rūmai	Kammer der Insolvenzverwalter Litauens	3, 73
Likvidavimas	Liquidation	4–6, 9–15
Naujas ir tarpinis finansavimas ir tarpinis	Neu- und Zwischenfinanzierung	8
Nemokumas	Insolvenz	51–54
Nemokumo administratorius	Insolvenzverwalter	13–14, 40, 69–82
Restruktūrizavimo planas	Restrukturierungsplan	15 f., 21, 92, 113
Restruktūrizavimo procesas	Restrukturierungsverfahren	8–12, 15 f., 20, 55
Sąžiningumas	Treu und Glauben	35–37
Seimas	Litauisches Parlament	1, 3, 7, 19, 26
Susitarimas dėl pagalbos juridinio asmens sunkumams įveikti	Vereinbarung über die Unterstützung bei der Bewältigung finanzieller Schwierigkeiten	8
Taikos sutartis	Zwangsvergleich	15, 87
Tyčinis bankrotas	Betrügerische Insolvenz	8

Glossar

Deutsch	Litauisch	Rn.
Außergerichtliches Liquidationsverfahren	Bankroto procesas ne teismo tvarka	14 f., 58 f., 111, 127
Behörde für Audit, Buchhaltung, Immobilienbewertung und Insolvenzverwaltung beim Finanzministerium der Republik Litauen	Audito, apskaitos, turto vertinimo ir nemokumo valdymo tarnyba prie Lietuvos Respublikos Finansų ministerijos	3

Litauen

Deutsch	Litauisch	Rn.
Betrügerische Insolvenz	Tyčinis bankrotas	8
Bürgerliches Gesetzbuch	Civilinis kodeksas	1
Finanzministerium	Finansų ministerija	3
Gläubiger, die vom Restrukturierungsplan betroffen sind	Kreditoriai, kuriuos paveikia restruktūrizavimo planas	16
Gläubigerkonto	Kreditorių sąskaita	93
Gläubigerversammlung	Kreditorių susirinkimas	100–102
Insolvenz	Nemokumas	51–54
Insolvenzverfahren von natürlichen Personen	Fizinio asmens bankroto procesas	17, 24–49
Insolvenzverwalter	Nemokumo administratorius	13–14, 40, 69–82
Kammer der Insolvenzverwalter Litauens	Lietuvos nemokumo administratorių rūmai rūmai	3, 73
Liquidation	Likvidavimas	4–6, 9–15
Liquidationsverfahren	Bankroto procesas	9, 12–15, 84.
Litauisches Parlament	Seimas	1, 3, 7, 19, 26
Neu- und Zwischenfinanzierung	Naujas ir tarpinis finansavimas ir tarpinis	8
Plan zur Befriedigung der Gläubigerforderungen und zur Wiederherstellung der Zahlungsfähigkeit natürlicher Personen	Fizinio asmens kreditorių reikalavimų reikalavimų tenkinimo ir mokumo atkūrimo planas)	17, 27, 29, 41
Restrukturierungsplan	Restruktūrizavimo planas	15 f., 21, 92, 113
Restrukturierungsverfahren	Restruktūrizavimo procesas	8–12, 15 f., 20, 55
Restschuldbefreiung	Atleidimas nuo likusių skolų mokėjimo mokėjimo mokėjimo	17, 26, 33–36
Treu und Glauben	Sąžiningumas	35–37
Vereinbarung über die Unterstützung bei der Bewältigung finanzieller Schwierigkeiten	Susitarimas dėl pagalbos juridinio asmens sunkumams įveikti	8
Zivilprozessordnung	Civilinio proceso kodeksas	1
Zwangsvergleich	Taikos sutartis	15, 87

Luxemburg

bearbeitet von *Guy Loesch*, Linklaters und *Pierre Goedert* BIL S.A.

Übersicht

	Rn.
1. Gesetzessammlungen, Schrifttum und Informationsquellen	1
1.1 Gesetzessammlungen	1
1.2 Schrifttum	1
1.3 Informationsquellen	2
2. Einführung	3
2.1 Gesetzliche Grundlagen	5
2.2 Unterschiedliche Verfahrenstypen	6
2.3 Präventive Restrukturierung (vorinsolvenzlich)	10
2.4 Finanzielle Restrukturierung	14
2.5 Spezielle Regelungen für Insolvenzen von Finanzinstituten, Versicherungen, Pfandbriefbanken	21
2.6 Konzerninsolvenzen	32
2.7 Verbraucherinsolvenzverfahren	35
3. Wesentliche Verfahrensmerkmale des Insolvenzverfahrens	43
3.1 Eröffnung des Verfahrens	43
3.1.2 Eröffnungsgründe	43
3.1.2.1 Prüfung der Eröffnungsgründe	44
3.1.2.2 Antragspflicht bei Vorliegen von Eröffnungsgründen; Folgen der Verletzung der Antragspflicht	46
3.1.3 Antragsbefugnis	48
3.2 Rolle der Gerichte (oder anderer Behörden, die in der betr. Jurisdiktion den Gerichten ähnliche Funktionen im Verfahren haben, zB Handelskammern)	51
3.3 Verwalter	55
3.4 Verwaltung und Verwertung der Masse	58
3.5 Fortführung durch den Schuldner oder Verwalter	59
3.6 Sicherungsmaßnahmen vor Verfahrenseröffnung	60
3.7 Wirkungen der Verfahrenseröffnung auf Rechtsverfolgungsmaßnahmen einzelner Gläubiger	67
3.8 Wirkungen der Verfahrenseröffnung auf laufende Gerichts-/ oder Schiedsverfahren	72
3.9 (Automatisches) oder gerichtlich anzuordnendes Moratorium	73
3.10 Organe der Gläubiger	76
3.11 Forderungsanmeldung, Feststellung oder Bestreiten von Forderungen	77

	Rn.
3.12 Verteilung der Masse	78
3.12.1 Massegläubiger	81
3.12.2 Bevorrechtigte Gläubiger	87
3.12.3 Gesicherte Gläubiger	89
3.12.4 Ungesicherte Gläubiger	96
3.12.5 Nachrangige Gläubiger	97
3.13 Abschluss von Verfahren	98
4. Verträge im Insolvenz- oder Restrukturierungsverfahren *(oder in anderen Verfahrensarten)*	103
4.1 Unerfüllte Verträge	104
4.2 Miet- oder Pachtverhältnisse	109
4.3 Leasingverträge	112
4.4 Dienstverhältnisse	113
5. Eigentumsvorbehalt	121
6. Sicherheiten in der Insolvenz	123
6.1 Mobiliarsicherheiten	123
6.2 Grundstückssicherheiten	127
6.3 Sicherheiten an Flugzeugen, Schiffen; andere Sicherheiten	129
7. Aufrechnung; Netting-Vereinbarungen	132
8. Insolvenzanfechtung	136
9. Geltendmachung von Haftungsansprüchen gegen (frühere) Geschäftsführer, Gesellschafter oder Dritte	141
10. Asset tracing	152
11. Gesetzentwurf	156
12. Internationales Insolvenzrecht	175
12.1 Verfahren, die unter die VO (EG) Nr. 2015/848 fallen	177
12.1.1 Wirkung des inländischen Verfahrens im EU-Ausland	177
12.1.2 Wirkung und Anerkennung von ausländischen Insolvenzverfahren, welche unter der VO (EG) Nr. 2015/848 eröffnet wurden:	178
12.2 Verfahren, die nicht unter die VO (EG) Nr. 2015/848 fallen	180
12.2.1 Wirkung des inländischen Verfahrens im Ausland:	180
12.2.2 Wirkung und Anerkennung ausländischer Insolvenzverfahren:	182
13. COVID-19-Gesetzgebung	187

Luxemburg 1

1. Gesetzessammlungen, Schrifttum und Informationsquellen

1.1 Gesetzessammlungen

- Loi du 14 avril 1886 concernant le concordat préventif de la faillite (geändert durch ein Gesetz v. 1.2.1911 und einen großherzoglichen Erlass v. 4.10.1934)
- Das abgeänderte Gesetz v. 10.8.1915 über Handelsgesellschaften (Loi du 10 août 1915 sur les sociétés commerciales)
- Loi du 30 juin 1930 portant création d'un comité de créanciers ayant pour mission de sauvegarder les intérêts des créanciers dans les faillites et concordats
- Arrêté grand-ducal du 24 mai 1935 complétant la législation relative aux sursis de paiement, au concordat préventif de faillite et á la faillite par l'institution du régime de la gestion contrôlée
- Arrêté grand-ducal du 27 mai 1937 sur le gage du fonds de commerce
- Arrêté grand-ducal du 31 décembre 1938 concernant l'assainissement et la réorganisation du notariat
- Loi du 7 décembre 1991 sur le secteur des assurances
- Loi du 22 mars 2004 relative á la titrisation
- Loi du 5 août 2005 sur les garanties financières
- Loi du 17 décembre 2010 concernant les organismes de placement collectif
- Loi du 8 janvier 2013 concernant le surendettement
- Loi du 18 décembre 2015 relative à la défaillance des établissements de crédit et de certaines entreprises d'investissement

1.2 Schrifttum

1 Einführende Literatur; Standardliteratur
- *Beythan, Theobald,* Probleme des internationalen Konkursrechts zwischen Luxemburg und der Bundesrepublik Deutschland, Annales du droit luxembourgeois, Band 2/1992, S. 187–207;
- *Kinsch,* La faillite du client étranger d'une banque luxembourgeoise, Droit bancaire et financier au Grand-Duché de Luxembourg, Brüssel, Larcier, 1994, Band 2, S. 681–710;
- *Kinsch,* La faillite en droit international privé luxembourgeois, Pasicrisie luxembourgeoise, 1995, Band 29, S. 117–151;
- *Schockweiler,* Les conflits de lois et les conflits de juridictions en droit international privé luxembourgeois, Editions P. Bauler, Luxemburg, 1996, S. 573, 605–607, 733–734, 793–794–2, 996–1001–1;
- *Kayser,* A Study of the European Convention on Insolvency Proceedings, International Insolvency Review, 1998, Band 7, S. 79–94;
- *Sünnen, Brucher,* La gestion contrôlée – une alternative oubliée, Feuille de liaison de la conférence Saint-Yves, 1999, Band 94, S. 3–34;
- *Spezialband,* „Faillite", in: Guide des comptes annuels pour le Luxembourg, Brüssel, Editions Kluwer, Dezember 2000;
- *Neyens,* La nouvelle loi sur le surendettement, Bulletin luxembourgeois des questions sociales, 2001, Band 9, S. 145–180 u. 2002, Band 11, S. 53–100;
- *Prüm,* in Flessner, et al., Principles of european insolvency law, Band 4, National Report for Luxembourg, Deventer, Kluwer Legal Publishers, 2003, S. 446–480;
- *Schiltz,* Les droits des salariés en cas de faillite de leur employeur en droit luxembourgeois, Codex, 2003, Band 3, S. 76–84;
- *Biver, Kayser,* in: Jahn, Insolvenzen in Europa, Heidelberg, Economica, 4. Aufl. 2004, S. 279–288;
- *Cautaerts,* Le rôle du curateur de faillites, Feuille de liaison de la conférence Saint-Yves, 2007, Band 110, S. 10–31;
- *Jacoby, Guimezanes,* La responsabilité des dirigeants sociaux en cas de faillite d'une société commerciale, ACE, 2007, Band 5, S. 29–32;
- *Fisch, Denayer,* Assainissement, restructuration et liquidation des professionnels du secteur financier en droit luxembourgeois, DAOR, 2008, Band 88, S. 287–314;
- *Winandy.* Manuel de droit des sociétés, 2008 ;
- *Schmit, Bonora,* Les procédures d'insolvabilité sous le droit luxembourgeois (faillite, gestion contrôlée, concordat, sursis de paiement) et la période suspecte (articles 445 et 446 du Code de Commerce), ACE, 2009, Band 6, S. 3–14;
- *M. Elvinger,* Enseignements jurisprudentiels récents en matière de sursis de paiement dans le secteur financier, Bulletin de Banque n°43, 2009.
- *Hurt,* La compensation comme garantie d'une créance sur un débiteur en faillite, Journal des tribunaux Luxembourg, 1/2010, Band 7, S. 30–40;

1. Gesetzessammlungen, Schrifttum und Informationsquellen

- *Jacoby*, Les garanties financières face aux procédures d'insolvabilité, Journal des tribunaux Luxembourg, 1/2010, Band 7, S. 24–29;
- *D. Grasso, A. Djazayeri*, Dossier : le financement du crédit en temps de crise – Le soutien abusif de crédit ou les limites du refinancement en temps de crise, Bulletin de Banque n° 45, 2010.
- *G. Minne*, CJUE 20 octobre 2011, Aff C-396/09, arrêt Interedil – la CJUE clarifie le contenu des notions de „centre des intérêts principaux" et d' „établissement" du règlement n01346/2000 relatif aux procédures d'insolvabilité, Bulletin de Banque n°50, 2012.
- *Y. Baden ua*, les procédures collectives au Luxembourg, Larcier, 2014.
- *M. Mailliet, K. Hammouche*, Panorama de la jurisprudence récente de la Cour de justice de l'Union européenne en matière de procédures d'insolvabilité, JurisNews Procédures d'insolvabilité, 2014/1–2, 28 avril 2014.
- *C. Dumont*, Refonte du règlement relatif aux procédures d'insolvabilité, JurisNews Procédures d'insolvabilité, 2015/1, 19 août 2015.
- *M. Lattard*, Le gage à l'épreuve des procédures d'insolvabilité, des mesures conservatoires et provisoires. Bilan de 10 ans de jurisprudence, JurisNews Procédures d'insolvabilité, 2015/3–4, 2 décembre 2015.
- Le caractère non exclusif de l'action en comblement de passif, Journal des tribunaux Luxembourg, 2015/6, n° 42, 5 décembre 2015.
- *V. Apard*, Le droit à géométrie variable ou comment la mise en liquidation judiciaire d'une des parties à une instance d'appel floute la problématique juridique, JurisNews Procédures d'insolvabilité, 2016/1.
- La notion de cessation des paiements et l'ébranlement du crédit dans la jurisprudence luxembourgeoise, JurisNews – Procédures d'insolvabilité, 2016/2 – 26 juillet 2016.
- *C. Dumont*, La notion de cessation des paiements et l'ébranlement du crédit dans la jurisprudence luxembourgeoise, JurisNews Procédures d'insolvabilité, 2016/2, 26 juillet 2016.
- *C. Dumont*, La notion de faute grave et caractérisée en matière de faillite, JurisNews Procédures d'insolvabilité, 2017/1, 14 mars 2017.
- *C. Dumont*, La notion de faute grave et caractérisée en matière de faillite, JurisNews Procédures d'insolvabilité, 2017/1 – 14 mars 2017.
- *N. Bernardy*, La preuve de la cessation de paiements – le titre invoqué à l'appui d'une assignation en faillite, JurisNews Procédures d'insolvabilité, 2018/2 – 22 août 2018.
- *L. Gueth-Wolf*, Le surendettement des particuliers, JurisNews Procédures d'insolvabilité, 2018/3 – 15 novembre 2018.
- *N. Bernardy*, La faillite des commerçants personnes physiques, JurisNews Procédures d'insolvabilité, 2018/3 – 15 novembre 2018.
- *N. Bernardy*, L'égalité des créanciers en matière de procédures d'insolvabilité. Le principe et ses tempéraments, JurisNews Procédures d'insolvabilité, 2018/1.
- *N. Bernardy*, La preuve de la cessation de paiements – le titre invoqué à l'appui d'une assignation en faillite, JurisNews Procédures d'insolvabilité, 2018/2, 22 août 2018.
- *L. Gueth-Wolf*, Le surendettement des particuliers, JurisNews Procédures d'insolvabilité, 2018/3, 15 novembre 2018.
- *N. Bernardy*, La faillite des commerçants personnes physiques, JurisNews Procédures d'insolvabilité, 2018/3, 15 novembre 2018.
- *N. Bernardy, A. Laniez*, La place des créanciers dans les procédures collectives luxembourgeoises, JurisNews Procédures d'insolvabilité, 2018/4 – 24 janvier 2019.
- La réhabilitation après faillite, JurisNews-Procédures d'insolvabilité, 2019/1–2

1.3 Informationsquellen

Im Internet sind folgende Informationsquellen zugänglich:
Handelsregister (Registre du commerce et des sociétés): http://www.lbr.lu.
Sämtliche luxemburgischen Gesetzestexte (im materiellen Sinne) sind abrufbar auf der Internetseite: http://www.legilux.public.lu.
Eine inoffizielle Liste der in Luxemburg eröffneten Insolvenzverfahren *(faillites)* ist auf der Internetseite der luxemburgischen Rechtsanwaltskammer *(barreau)* zugänglich: http://www.barreau.lu/faillites
Gesetzesvorhaben können auf der Internetseite des Parlaments aufgerufen werden: www.chd.lu.
Luxemburgische Gesetz sind offiziell nur in französischer Sprache verfügbar. Inoffizielle Übersetzungen auf Deutsch oder Englisch werden von Zeit zu Zeit auf den Internetseiten von verschiedenen öffentlichen Stellen, wie zum Beispiel der Finanzaufsicht, der *Commission de surveillance du secteur financier*: www.cssl.lu oder des *Commisariat aux Assurances*: www.commassu.lu veröffentlicht.

2. Einführung

3 In der luxemburgischen Rechtssprache wird das Insolvenzrecht generell als *droit de la faillite* bezeichnet. Der für die verschiedenen Insolvenzverfahren gebrauchte Sammelbegriff *procédures d'insolvabilité* umfasst unterschiedliche Verfahren, die je nach Verfahrensziel zu unterscheiden und manchmal nur auf bestimmte Kategorien von Schuldnern anwendbar sind. Die Verfahren unterliegen jedoch einheitlichen Prinzipien, wie zB dem Grundsatz der Gleichbehandlung aller Gläubiger *(égalité des créanciers)* oder dem Prinzip, dass alle Insolvenzverfahren gerichtliche Verfahren sind.

4 Eine besondere Eigenschaft der luxemburgischen *procédures d'insolvabilité* besteht darin, dass sich die Regeln über Insolvenzverfahren nur auf Kaufleute *(commerçants)*[1] und Handelsgesellschaften *(sociétés commerciales)*[2] beziehen. Für zahlungsunfähige Notare ist jedoch eine Ausnahme vorgesehen.[3] Im Falle einer Überschuldung *(surendettement)* von in Luxemburg ansässigen Privatpersonen gilt ein spezifisches Kollektivverfahren.[4] Dieses Verfahren sieht zuerst eine vertragliche Einigung vor einer Vermittlungskommission vor, und im Falle eines Scheiterns einer solchen Einigung, ein gerichtliches Verfahren.[5]

2.1 Gesetzliche Grundlagen

5 Das luxemburgische Insolvenzrecht ist ua durch folgende Texte und Gesetze geregelt:
– Gesetz v. 14.4.1886 betreffend den Zwangsvergleich;
– Gesetz v. 30.6.1930 betreffend die Einsetzung einer Gläubigerversammlung um die Interessen der Gläubiger in Konkurs- und Zwangsvergleichsverfahren zu wahren;
– Großherzogliche Verordnung v. 24.5.1935 betreffend die kontrollierte Geschäftsführung;
– Großherzogliche Verordnung v. 31.12.1938 betreffend die Sanierung und die Reorganisation des Notariats;
– Gesetz v. 8.12.2000 betreffend die Vermeidung der Überschuldung von Privatpersonen;
– Art. 143 bis 149 des Gesetzes v. 17.12.2010 betreffend Organismen für gemeinsame Anlagen;
– VO (EU) Nr. 2015/848 des Europäischen Parlaments und des Rates v. 20.5.2015 über Insolvenzverfahren;
– Art. 228 bis 255 des Gesetzes v. 7.12.2015 betreffend den Versicherungssektor;
– Art. 120 bis 152-1 des Gesetzes v. 18.12.2015 betreffend die Sanierung von Kreditinstituten und verschiedenen Wertpapierfirmen;
– Art. 437 bis 614 des Handelsgesetzbuches betreffend Insolvenz, Bankrott und Zahlungsaufschub

2.2 Unterschiedliche Verfahrenstypen

6 Im Fall der Insolvenz eines Kaufmanns oder einer Handelsgesellschaft stehen drei Verfahren zur Verfügung:
– der **Zwangsvergleich** *(concordat préventif de faillite)*, wobei es sich um ein Sanierungsverfahren handelt, das durch ein Gesetz vom 14.4.1886 geregelt wird.[6] Dieses Verfahren ist zu unterscheiden von dem vom Handelsgesetzbuch geregelten Vergleich *(concordat)*, welcher erst nach der Eröffnung des Insolvenzverfahrens möglich ist;
– die **kontrollierte oder überwachte Geschäftsführung** *(gestion contrôlée)*, ein weiteres Sanierungsverfahren, das durch einen großherzoglichen Erlass vom 24.5.1935 geregelt ist;[7]
– das **eigentliche Insolvenz-** oder **Konkursverfahren** *(faillite)*, das durch die Art. 437 bis 614 des luxemburgischen Handelsgesetzbuches geregelt ist.[8] Ein sich im Konkurs befindlicher Kaufmann kann unter Umständen auch strafrechtlich als Bankrotteur *(banqueroutier simple)* oder sogar

---

[1] Art. 1 ff. des luxemburgischen Handelsgesetzbuches *(Code de commerce)*.
[2] Die Handelsgesellschaften werden durch das abgeänderte Gesetz v. 10.8.1915 über Handelsgesellschaften geregelt *(Loi du 10 août 1915 sur les sociétés commerciales telle qu'elle a été modifiée)*.
[3] *Arrêté grand-ducal du 31 décembre 1938 concernant l'assainissement et la réorganisation du notariat;* dieser großherzogliche Erlass regelt ein Spezialverfahren zur Sanierung und Liquidation von Notariatskanzleien.
[4] Das sogenannte *règlement collectif des dettes* Verfahren, *Loi du 8 janvier 2013 sur le surendettement*.
[5] Dieses Verfahren ist nunmehr als eigentliches Insolvenzverfahren anzusehen; dieses Gesetz gibt dem Gericht zum ersten Mal das Recht, unter verschiedenen Bedingungen die Schulden des Gläubigers aufzuheben.
[6] *Loi du 14 avril 1886 concernant le concordat préventif de la faillite* (geändert durch ein Gesetz v. 1.2.1911 und einen großherzoglichen Erlass v. 4.10.1934); in der Praxis ist dieses Verfahren äußerst selten.
[7] *Arrêté grand-ducal du 24 mai 1935 complétant la législation relative aux sursis de paiement, au concordat préventif de faillite et à la faillite par l'institution du régime de la gestion contrôlée;* auch wenn dieses Verfahren häufiger ist als der obengenannte Zwangsvergleich, bleibt seine Anwendung trotzdem selten; so sind im Jahre 2018 zB nur 2 Anträge auf Eröffnung einer *gestion contrôlée* gestellt worden, während 958 *faillites* eröffnet worden sind.
[8] Die heutige *faillite* geht aus einem alten Gesetz v. 2.7.1870 hervor.

als betrügerischer Bankrotteur *(banqueroutier frauduleux)* verurteilt werden, sofern die Voraussetzungen der Art. 573 ff. des Handelsgesetzbuches erfüllt sind.

Befindet sich ein Kaufmann oder eine Handelsgesellschaft durch außergewöhnliche und unvorhersehbare Vorkommnisse in vorübergehenden Zahlungsschwierigkeiten, ohne dass jedoch seine/ihre Schulden sein/ihr Vermögen übersteigen, sieht das Handelsgesetzbuch in den Art. 593 bis 614 die **Möglichkeit eines gerichtlichen Zahlungsaufschubs** *(sursis de paiement)* vor. Dieser Zahlungsaufschub kann ebenfalls gewährt werden, falls die, obwohl defizitäre, Lage des Kaufmanns auf die Wiederherstellung einer gesunden und ausgeglichenen Finanzsituation schließen lässt.

Für zahlungsunfähige oder sich vorübergehend in Zahlungsschwierigkeiten befindliche Gewerbetreibende des Finanzsektors („Finanzdienstleister")[9] *(professionels du secteur financier)*,[10] Versicherungsgesellschaften *(entreprises d'assurance)*[11] oder Organismen für gemeinsame Anlagen, dh Investmentfonds *(organismes de placement collectifs – OPC)*[12] und bewilligte Verbriefungsorganismen *(organismes de titrisation agréés)*[13] sieht das luxemburgische Recht besondere Sanierungs- und/oder Liquidationsverfahren vor. In diesen Fällen kann das zuständige Gericht die Regelungen der *faillite* für ganz oder teilweise anwendbar erklären. Das luxemburgische Recht sieht auch einige spezifische Bestimmungen für den Fall der Eröffnung eines Insolvenzverfahrens gegen Teilnehmer in Zahlungssystemen sowie in Wertpapierliefer- und abrechnungssystemen vor.[14] Für Pfandbriefbanken, insbesondere deren Deckungsmasse, besteht eine besondere, hiernach unter → Rn. 2.6. beschriebene Regelung.

Der Vollständigkeit halber sollte noch erwähnt werden, dass das Gesetz über Handelsgesellschaften vorsieht, Gesellschaften, die das Strafrecht verletzen oder erheblich gegen die Bestimmungen des Gesetzes über Handelsgesellschaften verstoßen, auf Antrag des Staatsanwalts aufzulösen und zu liquidieren.[15] Auch in diesem Fall bestimmt das Gericht, ob und inwieweit die Regelungen der *faillite* Anwendung finden.

2.3 Präventive Restrukturierung (vorinsolvenzlich)

Die RL (EU) 2019/1023 des Europäischen Parlaments und des Rates vom 20.6.2019 über Restrukturierung und Insolvenz ist am 26. Juni im Amtsblatt (L 172/18) veröffentlicht worden und damit in Kraft getreten. Mit dieser Veröffentlichung beginnt die zweijährige Umsetzungsfrist.

Kern der neuen Richtlinie sind Maßnahmen zu einem präventiven Restrukturierungsrahmen, der es dem Schuldner ermöglichen soll, sich zu restrukturieren, um eine Insolvenz abzuwenden.

Luxemburg verfügt zu diesem Zeitpunkt noch nicht über einen effektiven gesetzlichen Rahmen zur Umsetzung von Restrukturierungsmaßnahmen. Präventive Maßnahmen wie der Zwangsvergleich *(concordat préventif de la faillite)* oder die überwachte Geschäftsführung *(gestion contrôlée)* werden in der Praxis nur selten angewandt. Finanzielle Restrukturierungen werden, wie nachfolgend noch detaillierter erörtert, in der Praxis durch die heute geltenden Insolvenzvorschriften eher behindert als gefördert.

Das Luxemburger Parlament diskutiert seit 2013 einen Gesetzesentwurf, welcher eine umfassende Reform des Luxemburger Insolvenzrechts vorsieht. Diese Reform sieht hauptsächlich die Einführung eines gesetzlichen Rahmens zur präventiven Restrukturierung vor und entspricht in seinen Grundzügen den Vorschriften der RL (EU) 2019/1023:
– Die neue Richtlinie sieht zunächst vor, dass der Schuldner Zugang zu einem oder mehreren Frühwarnsystemen haben muss. Der Gesetzesentwurf sieht ebenfalls eine verstärkte Zusammenarbeit zwischen den Verwaltungen vor, die über Informationen zu etwaigen Zahlungsschwierigkei-

---

[9] Wie zB Banken, Wertpapiermakler, Vermögensberater u. dgl.
[10] *Loi du 18 décembre 2015 relative à la défaillance des établissements de crédit et de certaines entreprises d'investissement*, Teil II.I., Art. 120-152-1: *Assainissement et liquidation*.
[11] *Loi du 7 décembre 1991 sur le secteur des assurances*, Kapitel 5, Art. 228–255: *L'assainissement et la liquidation des entreprises d'assurances*.
[12] *Loi du 17 décembre 2010 concernant les organismes de placement collectif*, Art. 143 zuletzt abgeändert durch ein Gesetz v. 21.12.2012; dieses Liquidationsverfahren ergibt sich aus der heute außer Kraft gesetzten *loi du 30 août 1983 relative aux organismes de placement collectif*.
[13] *Loi du 22 mars 2004 relative à la titrisation*, Art. 39–46 (zuletzt abgeändert durch ein Gesetz v. 27.5.2016); das Liquidationsverfahren für bewilligte Verbriefungsorganismen ist direkt vom Liquidationsverfahren für Investmentfonds inspiriert.
[14] Gesetz v. 18.12.2015 betreffend die Sanierung von Kreditinstituten und verschiedenen Wertpapierfirmen, Art. 61–24, *Dispositions particulières applicables aux systèmes de paiement et aux systèmes de règlement des opérations sur titres*.
[15] Art. 1200-1 des abgeänderten Gesetzes von 1915 über Handelsgesellschaften.

ten der Geschäftsperson verfügen könnten, und der Schuldner soll Zugang zu diesen gesammelten Daten erhalten.
- Der Richtlinie zufolge kann es durch die Justiz oder eine Verwaltungsbehörde zu der Ernennung eines Restrukturierungsbeauftragten kommen, zur Unterstützung des Schuldners und der Gläubiger bei der Aushandlung und Ausarbeitung eines Restrukturierungsplans. Die Ernennung eines solchen Restrukturierungsbeauftragten ist in dem Luxemburger Gesetzesentwurf ebenfalls vorgesehen.
- Um die Aushandlung eines Restrukturierungsplans zu ermöglichen, müssen die Mitgliedsstaaten eine Aussetzung von Einzelvollstreckungsmaßnahmen vorsehen, was bei dem Gesetzesentwurf der Fall ist. Dieser sieht zudem vor, dass, wie in der Richtlinie gefordert, Vertragsklauseln, die die Aushandlung eines Restrukturierungsplans behindern können, indem sie für einen solchen Fall die Auflösung des Vertrags vorsehen, nicht umgesetzt werden dürfen.
- Die Richtlinie enthält genaue Vorschriften bezüglich der Aushandlung und hauptsächlich Annahme des Restrukturierungsplans durch die Gläubiger. Es müssen unterschiedliche Klassen gebildet werden, die, dem Text der Richtlinie zufolge, „auf der Grundlage überprüfbarer Kriterien in ausreichendem Maße gemeinsame Interessen abbilden". So müssen zumindest Gläubiger mit gesicherten und ungesicherten Forderungen im Hinblick auf die Annahme eines Restrukturierungsplanes in unterschiedlichen Klassen behandelt werden. Es bleibt abzuwarten, wie das Luxemburger Parlament diese Vorschriften genau in das Luxemburger Recht umsetzen wird.
- Transaktionen, welche während der Aushandlung eines Restrukturierungsplans ausgeführt werden, sollen der Richtlinie zufolge geschützt werden und etwaige neue Finanzierungen sollten gegebenenfalls vorrangig behandelt werden. Der Gesetzesentwurf sieht ähnliche Bestimmungen vor. So sollen während diesem Zeitpunkt entstandene Schulden in einem darauffolgenden Insolvenzverfahren vorrangig behandelt werden, insofern eine enge Verbindung zwischen dem Ende der Verhandlungen und dem Insolvenzverfahren besteht.
- Die Richtlinie sieht vor, dass die überschuldeten Unternehmer einen Zugang zu einem Verfahren erlangen, das unter verschiedenen Bedingungen nach höchstens drei Jahren zu einer vollkommenen Entschuldung führen kann. Im Rahmen des neuen Gesetzes zur Überschuldung von Privatpersonen, hat der Luxemburger Gesetzgeber den Art. 536 des Handelsgesetzbuches abgeändert, um vorzusehen, dass der insolvente Geschäftsmann nicht mehr nach Abschluss des Insolvenzverfahrens von seinen Gläubigern verfolgt werden kann, außer es liegt ein einfacher oder betrügerischer Konkurs vor, es sei denn, der Geschäftsmann erlangt wieder neues Vermögen binnen 7 Jahren nach Abschluss des Insolvenzverfahrens. Es ist davon auszugehen, dass diese Bestimmung, welche zum ersten Mal eine komplette Schuldbefreiung des insolventen Geschäftsmannes im Luxemburger Recht vorsieht, angesichts der neuen Richtlinie nun nochmals abgeändert wird.
- Die Richtlinie enthält zudem Maßnahmen, um die Effizienz der Insolvenzverfahren zu erhöhen, wie zum Beispiel durch den Einsatz von geschulten Experten, durch digitale Kommunikationsmittel und den Ausbau von Datenbanken und die Auswertung der Daten in Bezug auf die Restrukturierungs- und Insolvenzverfahren. Es bleibt abzuwarten, ob der Luxemburger Gesetzgeber den aktuellen Entwurf zur Reform des Luxemburger Insolvenzrechts durch solche Bestimmungen noch ergänzen wird oder diese durch spezifische Gesetzestexte umsetzen wird.

2.4 Finanzielle Restrukturierung

14 Finanzielle Restrukturierungen können von den Parteien vertraglich vereinbart werden. Diese Vertragsfreiheit wird im Luxemburger Insolvenzrecht dadurch eingeschränkt, dass verschiedene Handlungen des Schuldners im Rahmen der späteren Eröffnung eines Insolvenzverfahrens angefochten werden können. So ist es in einem solchen Fall dem Schuldner zum Beispiel nicht gestattet neue Sicherheiten für bereits bestehende Schulden zu gewähren. Hiervon ausgenommen sind jedoch die Sicherheiten welche gemäß dem Gesetz von 2005 über die Finanzsicherheiten gestellt wurden.

15 Der Schuldner darf zudem keine Zahlungen für seine Schulden anders als in bar leisten. Dies bedeutet, dass es dem Schuldner nicht erlaubt ist, im Rahmen einer finanziellen Restrukturierung, seine Schulden durch die Übertragung des Eigentums an Vermögenselementen zu begleichen.

16 Das Luxemburger Insolvenzrecht sieht zudem vor, dass Zahlungen, welche durch den Schuldner betrügerisch und unter Missachtung der Rechte von den anderen Gläubigern geleistet wurden, von einem Gericht als nichtig erklärt werden können. Dies gilt übrigens auch für Zahlungen, die vor dem sogenannten Verdachtszeitraum geleistet wurden.

17 Eine weitere Schwierigkeit besteht darin, dass Zahlungen rückabgewickelt werden können, falls erwiesen ist, dass der Geschäftspartner des Schuldners, welcher die Zahlung erhält, zu dem Zeitpunkt der Zahlung schon Kenntnis von der Zahlungsunfähigkeit des Schuldners hatte.

2. Einführung

Allgemein sieht das Luxemburger Recht vor, dass die Schuldner gleichberechtigt behandelt werden müssen. Eine Bevorzugung eines Schuldners kann sogar strafrechtliche Folgen haben.

Es ist zudem untersagt, einem Schuldner, der zahlungsunfähig ist, einen Kredit zu gewähren. Dies kann für den Kreditgeber sowohl zivilrechtliche als auch strafrechtliche Folgen haben.

Schlussendlich muss im Rahmen einer finanziellen Restrukturierung darauf geachtet werden, dass die Bedingungen der Feststellung einer Insolvenz des Schuldners nicht erfüllt sind, da ab diesem Zeitpunkt der Schuldner auch die Verpflichtung hat, binnen 30 Tagen eine Insolvenzerklärung beim Gericht abzugeben, und die Restrukturierungsbemühungen dadurch riskieren zu scheitern.

2.5 Spezielle Regelungen für Insolvenzen von Finanzinstituten, Versicherungen, Pfandbriefbanken

Bei **Finanzdienstleistern** und **Versicherungsunternehmen** kann das Bezirksgericht, auf Antrag der luxemburgischen Überwachungsbehörde des Finanzsektors (*Commission de Surveillance du Secteur Financier* oder *CSSF*), beziehungsweise der Versicherungsaufsicht (*Commissariat aux assurances*), oder des Finanzdienstleisters, beziehungsweise des Versicherungsunternehmens, in folgenden Fällen ein Zahlungsaufschub (*sursis de paiement*) einleiten:[16]
– der Kredit des Unternehmens ist erschüttert oder es befindet sich in einem Liquiditätsengpass, unabhängig davon, ob eine Zahlungsunfähigkeit besteht oder nicht;
– die komplette Erfüllung der Verpflichtungen des Unternehmens ist in Frage gestellt;
– die, für den Gewerbebetrieb erforderliche aufsichtsrechtliche Genehmigung des Unternehmens wurde zurückgezogen, jedoch ist diese Entscheidung noch nicht endgültig.

In folgenden Fällen kann das Bezirksgericht, auf Antrag der CSSF beziehungsweise der Versicherungsaufsicht oder des Staatsanwalts, eine Liquidation einleiten:[17]
– der entschiedene Zahlungsaufschub kann die Situation nicht verbessern;
– die finanzielle Situation des Unternehmens ist so schlecht, dass es seinen Verpflichtungen den Gläubigern gegenüber nicht mehr nachkommen kann;
– die für den Gewerbebetrieb erforderliche aufsichtsrechtliche Genehmigung des Unternehmens wurde endgültig zurückgezogen.

Das Liquidationsverfahren eines Finanzinstituts ist einem Konkursverfahren gleichgestellt.[18]

Bei Sanierungs- sowie bei Liquidationsverfahren, die Finanzdienstleister beziehungsweise Versicherungsunternehmen betreffen, werden die Urteile, zumindest auszugsweise, im luxemburgischen Amtsblatt (*Mémorial*) sowie in mindestens drei vom Gericht bestimmten, luxemburgischen oder ausländischen Zeitungen mit ausreichender Verbreitung veröffentlicht.[19]

Auflösungs- und Liquidationsverfahren, die **Organismen für gemeinsame Anlagen** betreffen, werden vom Bezirksgericht auf Antrag des Staatsanwalts, von Amts wegen oder auf Antrag der CSSF eröffnet. Die Urteile werden im luxemburgischen Amtsblatt sowie in zwei vom Gericht bestimmten Zeitungen mit ausreichender Verbreitung, darunter einer luxemburgischen Zeitung, veröffentlicht.[20]

Für **Pfandbriefbanken** besteht eine besondere Regelung in den Art. 12–9 ff. des Gesetzes über den Finanzsektor (eingeführt durch ein Gesetz vom 27.6.2013).

Sobald ein Liquidationsverfahren (*liquidation*) oder Zahlungsaufschub (*sursis de paiement*) über eine Pfandbriefbank eröffnet wird, werden kraft Gesetzes die Deckungswerte von der Insolvenzmasse der Bank getrennt: Es wird pro Pfandbriefklasse ein Sondervermögen (*compartiment patrimonial*) gebildet, dem die jeweiligen Deckungswerte und entsprechenden Reserven zugeordnet werden. Die verschiedenen Sondervermögen bilden eine sog. „Pfandbriefbank mit beschränkter Geschäftstätigkeit" (*banque d'émission de lettres de gage en activité limitée*) und werden von einem oder mehreren gerichtlich bestellten Verwaltern im Interesse der jeweiligen Pfandbriefinhaber verwaltet. Die Pfandbriefbank mit beschränkter Geschäftstätigkeit behält die Lizenz als Pfandbriefbank, ist weiterhin den gesetzlichen Vorschriften unterworfen und unterliegt der Aufsicht durch die CSSF.

Der gerichtlich bestellte Verwalter kann neue Pfandbriefe für die Pfandbriefbank mit beschränkter Geschäftstätigkeit begeben.

Der gerichtlich bestellte Verwalter kann nach vorheriger Zustimmung durch die CSSF (i) die Verwaltung einer Pfandbriefbank mit beschränkter Geschäftstätigkeit an ein Hypothekenkreditinsti-

---

[16] Art. 122 des Gesetzes v. 18.12.2015 betreffend die Sanierung von Kreditinstituten und verschiedenen Wertpapierfirmen bzw. Art. 244 des Gesetzes v. 7.12.2015 über den Versicherungssektor.
[17] Art. 129 des Gesetzes v. 18.12.2015 betreffend die Sanierung von Kreditinstituten und verschiedenen Wertpapierfirmen über den Finanzsektor bzw. Art. 248 des Gesetzes v. 7.12.2015 über den Versicherungssektor.
[18] S. Urteil der *Cour de cassation* v. 29.4.2010, *Pasicrisie* 35, 513.
[19] Art. 129(12) des Gesetzes v. 18.12.2015 bzw. Art. 251(1) des Gesetzes v. 7.12.2015.
[20] Art. 143(6) des Gesetzes v. 17.12.2010.

tut, das von einer zuständigen Behörde in einem EU-Staat, einem Staat des Europäischen Wirtschaftsraums oder einem OWZE-Staat genehmigt und überwacht wird, übertragen oder (ii) die Gesamtheit der Pfandbriefe und Deckungswerte an ein anderes Hypothekenkreditinstitut übertragen, das mit einer Luxemburger Pfandbriefbank vergleichbar ist und das einer Kontrolle, die mit der durch die CSSF vergleichbar ist, unterliegt.

30 Durch die Eröffnung des Insolvenzverfahrens werden Pfandbriefe und andere Forderungen, die ein Vorzugsrecht auf den Deckungsstock haben, nicht automatisch fällig. Auch können Geschäfte, welche in anderen Insolvenzverfahren für nichtig erklärt werden können, im Insolvenzverfahren einer Pfandbriefbank nicht für null und nichtig erklärt werden, wenn sie sich auf die Deckungsmasse beziehen.

31 Für den Fall, dass ein Sondervermögen einer Pfandbriefbank mit beschränkter Geschäftstätigkeit in seiner Liquidität bedroht ist, kann das Gericht auf Antrag der CSSF einen Zahlungsaufschub *(sursis de paiement)* in Bezug auf das betreffende Sondervermögen anordnen und, falls sich die Situation des Sondervermögens durch den Zahlungsaufschub nicht verbessert, die Liquidität des Sondervermögens unwiderruflich gefährdet ist oder die Verpflichtungen gegenüber den Pfandbriefinhabern nicht mehr erfüllt werden können, auf Antrag der CSSF eine Auflösung des Sondervermögens anordnen.

2.6 Konzerninsolvenzen

32 Das luxemburgische Recht regelt keine Unternehmensgruppen. Jedes Unternehmensmitglied einer Gruppe behält seine eigene Rechtspersönlichkeit, wobei die Gruppe als solche keine Rechtspersönlichkeit besitzt. Jede Konzerngesellschaft behält auch ihr eigenes Vermögen, in der Hinsicht, dass die Zugehörigkeit zu einer Unternehmensgruppe keine Übertragung von Rechten und Pflichten auf die Muttergesellschaft oder andere Konzernunternehmen bedeutet. Jede Gesellschaft bleibt aus rechtlicher Sicht strikt unabhängig.

33 Es gilt daher der Grundsatz der rechtlichen Unabhängigkeit der einzelnen Unternehmen eines Konzerns: Das Mutterunternehmen erfüllt nicht die Verpflichtungen seiner Tochterunternehmen und umgekehrt.

34 Im Falle einer Konzerninsolvenz würde ein separates Insolvenzverfahren für jede einzelne Gesellschaft eröffnet werden müssen.

2.7 Verbraucherinsolvenzverfahren

35 Mit Gesetz vom 8.1.2013[21] wurde ein spezifisches Kollektivverfahren für Privatpersonen eingeführt, welches die bisherigen Regelungen zur Überschuldung von Privatpersonen grundlegend geändert hat.

36 Zum ersten Mal haben die Gerichte in Luxemburg die Möglichkeit, ein Liquidationsverfahren über das Vermögen einer Privatperson zu eröffnen und im Fall, dass die Schulden nicht vollständig beglichen werden können, den Schuldner von seinen Restschulden zu befreien.

37 Das Überschuldungsverfahren kann nur von natürlichen Personen beantragt werden, die ihren Wohnsitz in Luxemburg haben und nicht mehr in der Lage sind, ihre privaten (im Gegensatz zu geschäftlichen) Schulden zu begleichen.[22] Das Gesetz von 2013 sagt in der Tat nichts über das Schicksal geschäftlicher Schulden des Schuldners aus.[23] Der diesbezügliche Antrag muss bei der für Überschuldungsangelegenheiten zuständigen Vermittlungskommission *(commission de médiation en matière de surendettement)* eingereicht werden, die über den Antrag befindet und dem Schuldner und seinen Gläubigern einen gütlichen Plan zur Zahlung der Schulden *(plan de règlement conventionnel)* vorschlägt.[24]

38 Falls dieser gütliche Plan scheitert, kann ein weiterer Antrag bei dem Friedensgericht *(justice de paix)* zwecks Entscheidung über einen gerichtlichen Zahlungsplan *(plan de redressement judiciaire)* eingereicht werden.

---

[21] Loi du 8 janvier 2013 concernant le surendettement et portant modification 1. de l'article 2016 du Code civil ; 2. de l'article 536 du Code de commerce et portant abrogation 1. de la loi modifiée du 8 décembre 2000 sur le surendettement ; 2. de l'article 41 de la loi du 21 décembre 2001 concernant le budget des recettes et des dépenses de l'Etat pour l'exercice 2002 ; 3. de l'article 4.6° du Nouveau Code de procédure civile; veröffentlicht im Memorial A – N° 26 v. 13.2.2013.

[22] Geschäftsleute sind vom Gesetz ausdrücklich ausgeschlossen, es sei denn, sie haben ihre geschäftliche Tätigkeit vor mehr als 6 Monaten beendet oder, im Fall der Eröffnung eines Insolvenzverfahrens, dieses zwischenzeitlich abgeschlossen wurde.

[23] S. das Urteil des Verfassungsgerichts v. 14.2.2019, Nr. 143.

[24] Dieser Plan gilt als angenommen, falls mindestens 60 % der Gläubiger, die mindestens 60 % der Masse der Schulden darstellen, diesem zustimmen.

Nur wenn die überschuldete natürliche Person nacheinander beide oben angeführten Anträge 39
eingereicht hat und die jeweils ausgearbeiteten Pläne zur Schuldentilgung erfolglos geblieben sind,[25]
kann diese Person beim Friedensgericht einen Antrag zur Einleitung eines Verfahrens zur persönlichen Wiederherstellung *(procédure de rétablissement personnel)* einreichen.

Der Friedensrichter prüft, ob das Prinzip der subsidiären Anwendung der verschiedenen 40
Verfahren vom Schuldner respektiert wurde und dieser sich demzufolge in einer offensichtlich
aussichtslosen Lage befindet.

Bei dem Verfahren zur persönlichen Wiederherstellung handelt es sich um ein Liquidationsverfahren, 41
bei dem dem Schuldner die Verfügungsgewalt über sein Privatvermögen entzogen wird und
dieses von einem oder mehreren vom Friedensrichter eingesetzten Liquidatoren veräußert wird.
Falls dieses Vermögen nicht ausreichend ist, um sämtliche Schulden zu begleichen, erklärt der
Friedensrichter das Verfahren wegen unzureichender Aktiva für beendet *(clôture pour insuffisance
d'actif)*.[26] Diese Beendigung bewirkt dem Gesetz zufolge den Erlass sämtlicher Restschulden des
Schuldners, es sei denn die finanzielle Lage der betroffenen Person verbessert sich wesentlich in den
sieben darauffolgenden Jahren.

Durch das Gesetz vom 8.1.2013 wird in Luxemburg zudem erstmalig ein Verzeichnis der 42
Personen, die gegenwärtig einem Überschuldungsverfahren unterliegen, eingeführt. Jede natürliche
Person, die sich ausweisen kann, hat das Recht über ein Computersystem zu prüfen, ob eine
bestimmte Person in diesem Verzeichnis eingetragen ist oder nicht.[27]

3. Wesentliche Verfahrensmerkmale des Insolvenzverfahrens

3.1 Eröffnung des Verfahrens

3.1.2 Eröffnungsgründe

Gemäß Art. 437 des Handelsgesetzbuches, befindet sich ein Kaufmann[28] **im Zustand des** 43
Konkurses *(en faillite)*, wenn er seine Zahlungen eingestellt hat *(cessation de paiement)* und seine
Kreditwürdigkeit verloren hat *(ébranlement du crédit)*.[29]

3.1.2.1 Prüfung der Eröffnungsgründe

Das Gericht beurteilt die Lage des sich im Konkurs befindenden Kaufmanns auf der Grundlage 44
sämtlicher dem Gericht bekannten Umstände, die den Verfall seiner Geschäfte sowie die Unfähigkeit,
seine Verpflichtungen zu erfüllen, anzeigen. Der Rechtsprechung nach reichen jedoch vorübergehende Liquiditätsschwierigkeiten nicht aus, um eine Zahlungseinstellung zu charakterisieren.

Der Umstand, dass ein Kaufmann nur einen Gläubiger hat, schließt ein Konkursverfahren nicht 45
aus.[30] Ein Konkursverfahren kann gegenüber einer Handelsgesellschaft eröffnet werden, auch wenn
die bestehenden Aktiva den Schuldenbetrag überschreiten. Ausschlaggebend ist die Frage, ob am
Tage des Urteilspruchs der Schuldner im Stand ist, seine Schulden zu bezahlen, iE ob er zahlungsfähig
ist.[31] Ein einstweilig vollstreckbares Zahlungsurteil kann jedoch auch den Grundstein für das Einleiten eines Konkursverfahrens sein.[32]

3.1.2.2 Antragspflicht bei Vorliegen von Eröffnungsgründen; Folgen der Verletzung der Antragspflicht

Befindet sich der Schuldner in Zahlungsschwierigkeiten, kann neben dem Konkursverfahren, 46
ein **Sanierungsverfahren** ins Auge gefasst werden.[33] Während für die Eröffnung des Sanierungsver-

---

[25] Die Ausführung dieser Pläne kann jeweils bis zu 7 Jahren dauern.
[26] Das Gesetz v. 8.1.2013 sieht zudem vor, dass Geschäftsleute im Falle des Abschlusses eines Insolvenzverfahrens wegen unzureichender Aktiva nicht mehr weiter von ihren Gläubigern verfolgt werden können, es sei denn, es handelt sich um einen betrügerischen Bankrott und vorausgesetzt die finanzielle Lage der betroffenen Person verbessert sich nicht wesentlich in den 7 darauffolgenden Jahren.
[27] Weitere Regelungen betreffend dieses Verzeichnis befinden sich in der in Ausführung des Gesetzes v. 8.1.2013 angenommenen Großherzoglichen Verordnung v. 17.1.2014.
[28] *Commerçant*: natürliche Person mit Kaufmannseigenschaft oder Handelsgesellschaft.
[29] *Tout commerçant qui cesse ses paiements et dont le crédit se trouve ébranlé est en état de faillite*.
[30] S. Urteil der Cour d'appel (commercial) v. 20.1.2016, in *JurisNews Procédure d'Insolvabilité 2016/2*, 57.
[31] S. hierzu das Urteil des Tribunal d'arrondissement de Luxembourg, Strafkammer, v. 20.2.2014, in *JurisNews 2016/2*, 57.
[32] S. Urteil der *Cour de cassation* v. 30.4.2015, n°35/2015.
[33] Theoretisch stehen dem Schuldner eigentlich zwei Sanierungsverfahren zur Verfügung: die kontrollierte Geschäftsführung und der schon zuvor erwähnte Zwangsvergleich (→ Rn. 6); da der Zwangsvergleich aber in der Praxis äußerst selten ist, wird hier nicht näher darauf eingegangen.

fahrens die Initiative ausschließlich beim Schuldner liegt, können auch andere Personen den Konkursantrag stellen.

47 Die Beweislast der Bedingungen des Konkursverfahrens liegen beim Antragssteller, in der Regel dem Gläubiger. Bei mangelnder Beweisführung wird der Antrag abgewiesen, was jedoch den Antragssteller nicht davon abhalten kann, ein neues Verfahren gegen den Schuldner anzustrengen, alsdann die Bedingungen hierfür erfüllt sind.

3.1.3 Antragsbefugnis

48 Ein eigentliches **Konkursverfahren** wird nach Art. 442 des Handelsgesetzbuches vom örtlich zuständigen **Bezirksgericht** entweder auf ein Geständnis des Schuldners hin, auf Antrag eines oder mehrerer Gläubiger oder aber von Amts wegen durch ein **Konkurseröffnungsurteil** *(jugement déclaratif de faillite)* eröffnet.[34]

49 Der Schuldner, dessen **Kreditwürdigkeit** erschüttert ist **oder** der sich in **Zahlungsschwierigkeiten** befindet, kann beim örtlich zuständigen **Bezirksgericht** einen **Antrag** einreichen, um unter die **kontrollierte Geschäftsführung** *(gestion contrôlée)* gestellt zu werden und so die Sanierung seines Geschäftes zu erreichen oder gegebenenfalls günstiger als im Fall eines Konkurses liquidiert zu werden.[35] Dies ist nur insofern möglich, als noch kein Konkurseröffnungsurteil vorliegt.

50 Die Entscheidung des Gerichts, nach vorheriger Berichterstattung über die Lage durch einen vom Gericht bestimmten **Richter** (ggf. nach Bericht durch Sachverständige), einen Antrag auf Eröffnung eines Konkursverfahren stattzugeben und einen oder mehrere **Kommissare** *(commissaires)* zur Geschäftsführung zu ernennen, wird im **luxemburgischen Amtsblatt** *(Mémorial)* auszugsweise veröffentlicht.[36] In der Praxis führen die meisten Anträge für kontrollierte Geschäftsführung zu einem Konkursverfahren.

3.2 Rolle der Gerichte (oder anderer Behörden, die in der betr. Jurisdiktion den Gerichten ähnliche Funktionen im Verfahren haben, zB Handelskammern)

51 Das Gericht überprüft in jeder Hinsicht, ob die Bedingungen für die Eröffnung eines Konkursverfahrens erfüllt sind. Der Fall gesetzt, dass der Antrag seitens eines Gläubigers gestellt wird, obliegt es letzteren den Beweis zu erbringen, dass am Tage des Konkursurteils der Schuldner seine Zahlungen eingestellt hat und seine Kreditwürdigkeit verloren hat.[37]

52 Das Urteil ist in der Regel mit der sofortigen Vollstreckbarkeit versehen. Die zuständige Handelskammer bestellt einen oder mehrere Konkursverwalter *(curateurs)*.

53 Laut Art. 472 des Handelsgesetzbuches soll die Konkurserklärung vom Konkursverwalter innerhalb von 3 Tagen für eine Dauer von 3 Monaten im Gerichtssaal des Handelsgerichts ausgehängt werden[38] und sie muss, in der gleichen Frist, in zwei luxemburgischen **Tageszeitungen veröffentlicht** werden. Gegebenenfalls ordnet das Gericht auch die Veröffentlichung in internationalen Tageszeitungen an. In jedem Fall können die Gläubiger von der zuständigen Geschäftsstelle des Bezirksgerichts verlässliche Informationen anfordern.[39]

54 Handelt es sich nicht um einen Kaufmann, sondern um einen **Notar**, dessen Kreditwürdigkeit erschüttert ist oder dessen Zahlungsfähigkeit in Frage gestellt ist, kann dieser einer besonderen Prozedur unterstellt werden. Falls ihm dieses Verfahren verweigert wird, kann er jedoch auch einen Vergleich oder eine kontrollierte Geschäftsführung beantragen. Die Gläubiger werden auch in diesem Fall, falls sie bekannt sind, einzeln durch Einschreibebriefe oder durch Zeitungsinserate über die Gläubigerversammlung informiert.

3.3 Verwalter

55 Je nach Umfang und Komplexität des anstehenden Verfahrens, ernennt das **Konkurseröffnungsurteil** *(jugement déclaratif de la faillite)* einen oder mehrere **Konkursverwalter** *(curateurs)*, die unter den Rechtsanwälten ausgewählt werden. Immer öfter, wenn es im Interesse der Konkursverwaltung als sinnvoll erscheint, werden als Konkursverwalter Buchhalter, Wirtschaftsprüfer oder Notare

---

[34] Art. 442 des Handelsgesetzbuches: „... *soit sur aveu, soit sur assignation d'un ou de plusieurs créanciers, soit d'office ...*".
[35] Art. 1 des großherzoglichen Erlasses v. 24.5.1935.
[36] Art. 4 des großherzoglichen Erlasses v. 24.5.1935.
[37] S. hierzu die Urteile *der Cour d'appel* v. 20.1.2016, n°40965 und des *Tribunal d'arrondissement de Luxembourg*, Strafkammer, v. 20.2.2014, n°616/2014, in Jurisnews – *Procédures d'Insolvabilité*, 2016 57.
[38] Dies wird in der Praxis jedoch selten gemacht.
[39] Auf Anfrage erteilt auch das Firmenregister eine Nicht-Insolvenzbescheinigung *(certificat de non faillite)* im Hinblick auf eine luxemburgische Gesellschaft.

berufen. Dies ist meistens bei Liquidierungsverfahren von größeren Bankinstituten der Fall, wie dies zum Beispiel bei den gerichtlichen Liquidierungsverfahren der BCCI, der Ambrosiano Bank, Lehman Brothers oder der in Luxemburg sesshaften isländischen Banken der Fall war.

Die Konkursverwalter werden aufgrund der eingetriebenen Aktiva proportional hierzu vergütet.[40] Ist keine Konkursmasse ausfindig zu machen, wird der Konkursverwalter mittels eines vom Gericht festgelegten Pauschalbetrags vergütet. Seine Verwaltungs- und Gerichtskosten werden dementsprechend vom Staat honoriert. 56

Gleichzeitig ernennt das Konkurseröffnungsurteil einen **Konkursrichter** *(juge commissaire)*, dessen Aufgabe hauptsächlich darin besteht, den Verfahrensverlauf zu beschleunigen und zu überwachen. 57

3.4 Verwaltung und Verwertung der Masse

Die wesentliche Rolle des vom Gericht ernannten **Konkursverwalters** ist es, die Verbindlichkeiten des Schuldners festzustellen, seine Vermögenswerte zu bestimmen und einzutreiben, sowie die Realisierung dieser Vermögenswerte und die Aufteilung der somit gewonnenen Gelder unter den verschiedenen Gläubigern je nach Rang ihrer Forderungen. Es obliegt dem Konkursverwalter auch die von den Gläubigern angemeldeten Forderungen auf ihr tatsächliches Bestehen sowie auf ihren Rang zu überprüfen. 58

3.5 Fortführung durch den Schuldner oder Verwalter

Die Auswirkungen des Konkurses werden in den Art. 444 bis 454 des Handelsgesetzbuches festgelegt. Ab dem Konkurseröffnungsurteil wird dem zahlungsunfähigen Schuldner automatisch das **Verfügungs- und Verwaltungsrecht** über sein gesamtes Vermögen, einschließlich des ihm während des Konkurses zufallenden Vermögens, entzogen (das Prinzip des *dessaisissement du débiteur*).[41] Das Verwaltungs- und Verfügungsrecht wird dabei einem oder mehreren Konkursverwaltern übertragen. 59

3.6 Sicherungsmaßnahmen vor Verfahrenseröffnung

Jeder Gläubiger, der eine bestimmte, liquide und fällige Forderung hat, ist berechtigt, in den Händen eines Dritten eine Pfändung des Eigentums seines Schuldners zu beantragen.[42] 60

Eine Pfändung ist gegenüber den anderen Insolvenzgläubigern nur unter der Voraussetzung zulässig, dass der Gläubiger vor der Insolvenzerklärung des Schuldners ein ausschließliches Recht über die beschlagnahmten Beträge erworben hat. Der Gläubiger muss ein rechtskräftiges Urteil erhalten haben, das seine Pfändung bestätigt und gegebenenfalls seine Schuldner zur Zahlung eines bestimmten Betrags verurteilt, und zwar vor dem Feststellungsurteil über den Konkurs.[43] 61

Andernfalls muss der Gläubiger seine Forderung im Rahmen des Insolvenzverfahrens geltend machen, jedoch ohne Privileg. Er wird dann wie jeder andere nichtprivilegierte Gläubiger behandelt und kann nur dann eine Dividende im Verhältnis zu seiner Forderung ausbezahlt bekommen, wenn genügend Vermögen vorhanden ist. Sobald das Feststellungsurteil über den Konkurs ergangen ist, wird jede Pfändung an den Gebäuden und Möbeln des Schuldners auf Antrag der ungesicherten und nichtprivilegierten Gläubiger eingestellt.[44] 62

Jeder Gläubiger kann jedoch die Eintragung einer vertraglichen oder gerichtlichen Hypothek auf die Gebäude seines Schuldners verlangen, sofern er einen gültigen Titel besitzt. Er wird zum Zeitpunkt der Eröffnung des Konkurses den Rang eines bevorzugten Gläubigers haben. 63

Das Finanzministerium hat eine versteckte Hypothek auf die Gebäude des Schuldners. Die Verzinsung der hypothekarisch gesicherten Forderungen läuft bis zum Tag der Verwertung der Hypothek und bis zur Höhe des Garantiewertes. 64

Ein Gläubiger kann auch die Eintragung einer Verpfändung der Geschäfte seines Schuldners erhalten haben,[45] wodurch ein Privileg auf seiner Forderung entsteht. Eine solche Verpfändung kann jedoch nur Kreditinstituten oder von der Regierung zugelassenen Brauereien gewährt werden.[46] 65

---

[40] *Règlement grand-ducal portant révision du tarif des honoraires des curateurs en matière de faillite.*
[41] Art. 444 des *Code de commerce* bestimmt, dass: „*Le failli, à compter du jugement déclaratif de la faillite, est dessaisi de plein droit, de l'administration de tous ses biens, même de ceux qui peuvent lui échoir tant qu'il est en état de faillite*".
[42] Art. 693 des *Nouveau Code de procédure civile*.
[43] S. Urteil der *Cour d'appel* v. 28.4.1999, *Pasicrisie* 35, 141, p.31, 141.
[44] Art. 453 des *Code de commerce*.
[45] S. *arrêté grand-ducal du 27 mai 1937 sur le gage du fonds de commerce*.
[46] Gesetz v. 21.12.1994.

66 Verschiedene Sicherheiten, die der Schuldner vor der Insolvenzerklärung gewährt hat, können jedoch als nichtig erklärt werden, wie im Folgenden ausgeführt wird.

3.7 Wirkungen der Verfahrenseröffnung auf Rechtsverfolgungsmaßnahmen einzelner Gläubiger

67 Parallel zu der Aberkennung der Verwaltungs- und Verfügungsrechte des Schuldners dürfen die Gläubiger ihre Klagen sowie **Vollstreckungsmaßnahmen** über bewegliche und unbewegliche Güter *(actions mobilières et immobilières bzw. voies d'exécution sur les meubles ou les immeubles)* ab Datum des Konkurseröffnungsurteils nur noch gegen den oder die Konkursverwalter führen bzw. ergreifen (das Prinzip der *suspension des poursuites individuelles*).[47] Zugleich sind Zwangsvollstreckungsverfahren prinzipiell nicht mehr statthaft (das Prinzip der *suspension des voies d'exécution*).[48] Diese Gläubiger können ihren Anspruch gegenüber der Konkursmasse nur noch mittels einer Forderungsanmeldung geltend machen. Gewisse bevorzugte Gläubiger sind aber von dieser Regel ausgenommen.[49]

68 Gemäß Art. 444 Abs. 2 des Handelsgesetzbuches sind *alle* durch den Schuldner vorgenommenen **Zahlungen, Geschäfte und Handlungen** und jegliche an ihn getätigten Zahlungen ab der Konkurserklärung ungültig.

69 Auch sind verschiedene Handlungen die der Gläubiger vor der Insolvenzeröffnung und während des **Verdachtszeitraums** oder bis zu 10 Tage vorher vorgenommen hat, laut Art. 445 den Insolvenzgläubigern gegenüber ungültig und rechtsunwirksam. Dabei handelt es sich um:
– jegliche unentgeltliche Übertragung des Eigentums an beweglichen oder unbeweglichen Sachen sowie entgeltliche Handlungen, Geschäfte aber auch Tauschverträge, falls die vom Schuldner übertragene Sache den Wert der von ihm erhaltenen Sache merklich übersteigt;
– jegliche Zahlungen, die der Schuldner für noch nicht fällige Schulden in bar, durch Aufrechnung, per Scheck oder durch Überweisung geleistet hat;
– jegliche Zahlungen von fälligen Schulden, die anders als durch Barzahlung oder durch Handelswechsel vorgenommen werden;
– jegliche Bestellung von Hypotheken oder Pfandrechten für vor der Insolvenz entstandene Schulden.[50]

70 Hatte der **Geschäftspartner** des Schuldners Kenntnis von dessen Zahlungseinstellung vor dem **Konkurseröffnungsurteil**, so sieht Art. 446 vor, dass alle anderen vom Schuldner vorgenommenen Zahlungen von auch fälligen Schulden sowie alle anderen zwischen der Zahlungseinstellung und der Konkurseröffnung vorgenommenen entgeltlichen Geschäfte, rückabgewickelt werden können.

71 Es sei noch bemerkt, dass auch wenn ein Hypothekenrecht oder Vorzugsrecht gültig bestellt worden ist, seine Eintragung noch immer annulliert werden kann, falls diese während oder bis zu 10 Tage vor der *période suspecte* und mehr als 15 Tage nach dem Abschluss des sie begründenden Vertrags vorgenommen worden ist.[51]

3.8 Wirkungen der Verfahrenseröffnung auf laufende Gerichts-/ oder Schiedsverfahren

72 Laufende Gerichts-/ oder Schiedsverfahren können nur noch vom Konkursverwalte weitergeführt werden. Dementsprechend kann auch nur der Konkursverwalte rechtliche Maßnahmen im Namen des Schuldners oder gegebenenfalls der Konkursmasse des Gläubiger einleiten.

---

[47] Der Art. 452 des *Code de commerce* schreibt vor, dass: „*A partir du même jugement* [déclaratif de faillite], *toute action mobilière ou immobilière, toute voie d'exécution sur les meubles ou sur les immeubles ne pourra être suivie, intentée ou exercée que contre les curateurs de la faillite*"; s. a. Urteil der *Cour d'appel* v. 1.4.2015, n°38894.

[48] Art. 453 Abs. 1 des *Code de commerce*; in der Tat betrifft die Regel der *suspension des voies d'exécution* nur die gewöhnlichen Konkursgläubiger *(créanciers chirographaires)* und diejenigen Gläubiger, die ein generelles gesetzliches Vorzugspfandrecht genießen *(créanciers titulaires d'un privilège général)*.

[49] Es handelt sich ua um die Gläubiger der Konkursgläubigergemeinschaft *(créanciers de la masse)*, die erstrangigen Hypothekengläubiger *(créanciers hypothécaires)*, die Pfandgläubiger *(créanciers titulaires d'un gage)*, der Vermieter, der ein gesetzliches Vorzugsrecht auf die körperlichen beweglichen Sachen besitzt, die der Mieter zur Benutzung und gemäß des Zwecks des Gebäudes dort untergebracht hat *(privilège du bailleur)*, die Gläubiger mit einem (anderen) speziellen Vorzugsrecht auf bewegliche Sachen *(créancier titulaires d'un privilège spécial sur meubles)*, wie zB das Vorzugsrecht des Unfallopfers auf die Versicherungsentschädigung, die das Versicherungsunternehmen dem Unfallverursacher schuldet (Art. 2102(8) des *Code civil*), die Verkäufer mit Eigentumsvorbehalt *(clause de réserve de propriété)*, die Inhaber eines Finanzsicherheitsvertrags *(bénéficiaire d'un contrat de garantie financière, Loi du 5 août 2005 sur les contrats de garantie financière,* Art. 18 ff.).

[50] Diese Regel gilt aber nicht, wenn das Objekt des Pfandrechts Forderungen oder Finanzinstrumente sind (Gesetz v. 5.8.2005 über Finanzsicherheiten, Art. 3 u. Art. 20).

[51] Art. 447 des *Code de commerce*.

3.9 (Automatisches) oder gerichtlich anzuordnendes Moratorium

Wie schon unter → Rn. 59 erwähnt, wird dem Schuldner durch das Konkurseröffnungsurteil automatisch die Verwaltung seines gesamten Vermögens entzogen.[52]

Im Konkurseröffnungsurteil legt das Gericht auch das **Datum** der Zahlungseinstellung *(cessation de paiements)* fest. Zwischen diesem Datum und dem Urteil liegt der sogenannte **Verdachtszeitraum** *(période suspecte)*, welcher sich in der Regel auf die vom Gesetz maximal vorgesehene Zeitspanne von 6 Monaten ausdehnt. Gewisse Handlungen und Geschäfte, die bis zu zehn Tage vor dem vom Gericht für die Zahlungseinstellung festgelegten Datum vorgenommen wurden, sind der Masse der Gläubiger gegenüber ungültig.

Auch sind Zahlungen, Geschäfte und Handlungen durch den zahlungsunfähigen Schuldner sowie jegliche Zahlungen an den Schuldner, die nach dem Konkurseröffnungsbeschluss vorgenommen wurden, grundsätzlich ungültig.[53]

3.10 Organe der Gläubiger

Eine Gläubigerversammlung kann vom Gericht eingesetzt werden.[54] Dieses Gremium hat jedoch nur eine beratende Funktion für Konkurs- und Zwangsvergleichsverfahren. In der Praxis wird jedoch kaum Gebrauch von einer Gläubigerversammlung gemacht, da die Gläubiger in der Regel anwaltlich vertreten sind und somit selten bei Gericht erscheinen.

3.11 Forderungsanmeldung, Feststellung oder Bestreiten von Forderungen

Um ihre Rechte zu wahren, müssen prinzipiell alle Gläubiger, ob gesichert oder ungesichert, innerhalb einer vom Gericht im Eröffnungsurteil festgelegten **Frist**, ihre Forderungen bei der zuständigen Gerichtsstelle *(greffe du tribunal)* anmelden.[55] In der Praxis ist diese Frist aber nicht verbindlich, sodass die **Forderungsanmeldungen** *(déclarations de créance)* auch noch nach diesem Datum zulässig sind.[56] Die Forderungen der Gläubiger werden vom Konkursverwalter und vom Konkursrichter *(juge-commissaire)* überprüft. Bei dieser Überprüfung werden die Forderungen entweder zugelassen oder, falls sie nicht gerechtfertigt erscheinen, abgelehnt. Nimmt der angebliche Gläubiger diese Abweisung nicht an, beruft der Konkursverwalter eine gerichtliche Verhandlung zur **Anfechtung** ein *(débat sur les contestations des créances)*. Das zuständige Gericht für diese Anfechtung entscheidet danach über die Gültigkeit und den Umfang der Forderung.[57]

3.12 Verteilung der Masse

Das Eigentum und die Rechte des Konkurses bilden das den Gläubigern zu übertragende Vermögen. Es handelt sich hierbei um die sogenannte Gläubigermasse.

Wenn es um die **Liquidation der Vermögenswerte** des insolventen Schuldners geht, muss grundsätzlich zwischen **drei Kategorien von Gläubigern** unterschieden werden: die Gläubiger im Rahmen der Konkursgläubigergemeinschaft *(créanciers dans la masse)*, die Gläubiger der Konkursgläubigergemeinschaft *(créanciers de la masse)* und die „gesicherten" Gläubiger.[58]

Ausländische Gläubiger werden im Prinzip im luxemburgischen Konkursrecht gleich behandelt wie luxemburgische Gläubiger.

3.12.1 Massegläubiger

Vor der Insolvenz geschlossene Verträge bleiben bestehen.

In der Regel muss der Konkursverwalter, der die Masse der Gläubiger vertritt (daher auch die Vertragspartner des Schuldners), die Verträge einhalten, die am Tag der Insolvenz abgeschlossen waren.

---

[52] Art. 444 des *Code de commerce*.
[53] Art. 444 Abs. 2 des *Code de commerce*.
[54] *Loi du 30 juin 1930 portant création d'un comité de créanciers ayant pour mission de sauvegarder les intérêts des créanciers dans les faillites et concordats.*
[55] Art. 496 ff.
[56] In der Praxis bleibt ein Insolvenzverfahren mindestens sechs Monate eröffnet.
[57] Das zuständige Gericht für die Frage der Existenz und des Umfangs der Forderung ist nicht unbedingt eine der Handelskammern des Bezirksgerichts, sondern zB, wenn es um Lohnforderungen geht, das Arbeitsgericht.
[58] Unter „gesicherten" Gläubigern verstehen wir, im weiten Sinne des Wortes, Gläubiger mit einer klassischen Sicherheit (Hypothek, *créancier hypothécaire*, Pfand, *créancier gagiste*), Gläubiger mit einem Sonderrecht (*créanciers dotés d'un privilège spécial*, s. Art. 2102 und 2103 des *Code civil*), Gläubiger mit einer Finanzsicherheit iSd *loi du 5 août 2005 sur les garanties financières*.

83 Der Konkursverwalter kann einen Vertrag gegen Dritte auch nach dem Datum der Insolvenz abschließen (zB nicht bearbeiteter oder nicht eingetragener Verkaufsvertrag), wenn die Masse ein Interesse daran hat.

84 Verträge müssen ungeachtet der Insolvenz ausgeführt werden. Der Konkursverwalter muss jedoch prüfen, ob die Ausführung für die Masse günstig erscheint. Die Ansprüche, die sich aus der Ausführung des Vertrages ergeben könnten, sind jedoch Ansprüche der Masse. Der Konkursverwalter kann daher die Ausführung bestimmter Verträge ablehnen.

85 In einigen Fällen (Art. 543 und 571 des *Code de commerce*) ist die ausdrückliche Genehmigung des *juge-commissaire* erforderlich. Dies sind:
– Entzug eines verpfändeten Objekts, da das Objekt möglicherweise einen höheren Wert als die von ihm garantierte Schuld hat; und
– Waren weder bezahlt noch geliefert; der Konkursverwalter kann hier mit Erlaubnis des Richters die Zahlung leisten.

86 Die gesicherten Gläubiger werden jeweils durch ihre Sicherheit befriedigt. Insofern konkurrieren sie nicht mit den anderen zwei Gläubigerkategorien.[59] Was das letztere anbelangt, werden zuerst die *créanciers de la masse* befriedigt. Die Forderungen dieser Gläubiger sind nach dem Konkurseröffnungsurteil vom Konkursverwalter im Interesse der ganzen Konkursgläubigergemeinschaft getätigt worden (zB Kosten für die Fortsetzung eines Mietvertrages nach dem Eröffnungsurteil, die Verwaltungskosten des Insolvenzverfahren, Versicherungsprämien für Versicherungsverträge, die nach dem Konkursurteil abgeschlossen werden und die Ausgaben für die Erhaltung des Vermögens des Schuldners).

3.12.2 Bevorrechtigte Gläubiger

87 Es handelt sich hierbei um die *créanciers dans la masse,* dh um Gläubiger ohne Forderungssicherung, die *créanciers chirographaires* und die *créanciers dotés d'un privilège* (s. Art. 2101 des *Code civil*).

88 An erster Stelle dieser Gläubiger befinden sich die Arbeitnehmer. Man spricht vom „Superprivileg" der Arbeitnehmer *(superprivilège des salariés)*.
(zB Fiskus, Arbeitnehmer)

3.12.3 Gesicherte Gläubiger

89 Unter „gesicherten" Gläubigern verstehen wir, im weiten Sinne des Wortes, Gläubiger mit einer klassischen Sicherheit (Hypothek, *créancier hypothécaire,* Pfand, *créancier gagiste*), Gläubiger mit einem Sonderrecht (*créanciers dotés d'un privilège spécial,* s. Art. 2102 und 2103 des *Code civil*) und Gläubiger mit einer Finanzsicherheit iSd *loi du 5 août 2005 sur les garanties financières.*

90 Unter luxemburgischem Recht gibt es die Möglichkeit, Kredite durch Bürgschaften, durch Pfändung (zB von beweglichen Gegenständen oder von Ansprüchen) oder durch Hypotheken zu besichern. **Bürgschaften** sind konkurssicher. Die **anderen Besicherungen** sind prinzipiell ungültig, falls sie während oder bis zu 10 Tagen vor der *période suspecte* bestellt wurden und sich auf schon im Verdachtszeitraum vorhergehende Schulden beziehen.[60] Es ist auch möglich, die Eintragung von Sicherheiten, die im Prinzip gültig sind, vor Gericht aufzuheben, falls diese Eintragung während der *période suspecte* vorgenommen wurde und mehr als 15 Tage zwischen der Eintragung und dem das Recht begründenden Geschäft liegen.[61]

91 Eine bedeutende Einschränkung der im vorhergehenden Absatz beschriebenen Reglungen geht aus dem Gesetz vom 5.8.2005 über Finanzsicherheiten hervor.[62] Dieses Gesetz sieht vor, dass **Finanzsicherheitsverträge** und **Aufrechnungsübereinkommen** (→ Rn. 93) nicht unter das Konkursrecht fallen[63] und dem Insolvenzverfahren entzogen sind.[64]

92 Die Rechtsprechung hat mit der Zeit die diesbezüglichen Rechte des Pfandgläubigers bekräftigt.

93 Das Gesetz über Finanzsicherheiten aus dem Jahr 2005 schützt nicht nur den alleinigen Garantievertrag als solchen, sondern auch die zugehörigen Ausführungsvorgänge. Mit anderen Worten, ein Konkursverwalter darf nicht die Nichtigkeit eines Vertrags über die Realisierung der Garantien eines Unternehmens geltend machen, dessen verpfändete Aktien verkauft wurden.[65] Durch das Gesetz von 2005

---

[59] Es sei denn, die Sicherheit würde nicht ausreichen, um die Forderung erlöschen zu lassen.
[60] Art. 445 Abs. 4 des *Code de commerce.*
[61] Art. 447 Abs. 2.
[62] *Loi du 5 août 2005 sur les garanties financières* (mehrmals durch nachfolgende Gesetze abgeändert); dieses Gesetz ist die Umsetzung der RL 2002/47/EG des europäischen Parlaments und des Rates v. 6.6.2000 (abgeändert durch die RL 2009/44/EG v. 6.5.2009) über Finanzsicherheiten.
[63] Urteil der *Cour d'appel* v. 16.5.2018, in *Journal des Tribunaux Luxembourg,* 2018, 172.
[64] Art. 18 u. Art. 20-1.
[65] Art. 20 Abs. 4.

werden Finanzsicherheiten daher vom ordentlichen Recht befreit, da es sich um ein Sondergesetz handelt, welches Vorrang vor dem allgemeinen Recht hat. In diesem Zusammenhang hat der Gesetzgeber auch Art. 448 des Handelsgesetzbuchs, der vorsieht, dass Zahlungen, die aufgrund eines Betrugs in Bezug auf die Rechte der Gläubiger geleistet werden, nicht anwendbar sind, für nichtig erklärt.[66]

In einem kürzlich ergangenen Urteil hat das Oberste Gericht (die *Cour de cassation*) jedoch entschieden, dass aufgrund des Finanzsicherheitsgesetzes von 2005 der Pfandgläubiger berechtigt ist, die verpfändeten Vermögenswerte im Falle des Eintritts eines vertraglichen Umstands, der die Vollstreckung der Garantie nach sich zieht, zu verwenden und dass der Richter im Falle eines Rechtsmissbrauchs oder eines Betrugs die Rückgabe der angezeigten Vermögenswerte anordnen kann.[67]

Somit dürften für diese Art von Sicherheiten die ua obengenannten Regeln über die Nichtigkeiten des Verdachtszeitraums *(nullités de la période suspecte)* keine Anwendung finden.

3.12.4 Ungesicherte Gläubiger

Die unbevorzugten Gläubiger *(créanciers chirographaires)* im Rahmen der Gläubigergemeinschaft erhalten, wenn noch Vermögenswerte nach der Auszahlung der anderen Gläubiger übrigbleiben, eine Zahlung, welche im Verhältnis zu ihren Forderungen *(au marc le franc)* steht.

3.12.5 Nachrangige Gläubiger

Mögliche Forderungen von Gesellschaftern können nur befriedigt werden, wenn alle anderen Gläubigern gänzlich ausgezahlt worden sind. Dies ist in der Regel nur ausnahmsweise der Fall, sodass in den meisten Konkursvorgängen die ungesicherten Gläubiger leer ausgehen.

3.13 Abschluss von Verfahren

Wenn der Konkursverwalter alle Vermögenswerte des Konkurses veräußert und die Schuldforderungen überprüft hat, führt er eine Rechnungslegung durch, die vom Gericht zu genehmigen ist.

Anschließend geht er zur Verteilung der Vermögenswerte über. Die Kosten der Liquidation werden vorab auf dem Vermögen vor den privilegierten Gläubigern erhoben, und wenn danach noch Vermögenswerte übrigbleiben, werden unbesicherte Gläubiger ausbezahlt, letztere im Verhältnis zu ihren Forderungen. Grundsätzlich kann eine Insolvenz nicht innerhalb von sechs Monaten nach dem Insolvenzurteil abgeschlossen werden.

Bei unzureichendem Vermögen sind Konkursverwalter von der Durchführung von Schuldprüfungen befreit, es sei denn, es liegen Lohnforderungen vor. Das Handelsgericht kann auch von Amts wegen den Abschluss der Insolvenzgeschäfte erklären, wenn festgestellt wird, dass das Vermögen nicht ausreicht, um die angeblichen Kosten für die Verwaltung und Liquidation der Insolvenz zu decken.[68]

Der Abschluss der Insolvenz wird durch ein Urteil ausgesprochen, das auszugsweise in zwei nationalen Zeitungen veröffentlicht wird.

Das Insolvenzurteil kann jederzeit vom Handelsgericht auf Antrag des Konkursverwalters oder einer anderen interessierten Person zurückgenommen werden, wenn nachgewiesen ist, dass der Schuldner über ausreichende Mittel für die Abwicklung der Insolvenzvorgänge verfügt.[69]

4. Verträge im Insolvenz- oder Restrukturierungsverfahren *(oder in anderen Verfahrensarten)*

Prinzipiell bestehen die vor dem Konkurs abgeschlossenen Verträge weiter, mit Ausnahme der Arbeitsverträge, die von Rechts wegen durch das Konkursverfahren des Arbeitgebers aufgelöst werden.[70] Es ist jedoch auch möglich, Verträge, die *intuitu personae* abgeschlossen wurden, dh bei denen es sich um eine höchstpersönliche Verpflichtung des Schuldners handelt (zB ein Auftragsvertrag), aufzulösen. Eine Rücktrittsklausel kann auch vertraglich festgelegt werden, für den Fall, dass über eine der Parteien ein Insolvenzverfahren eröffnet wird.

4.1 Unerfüllte Verträge

Vor der Insolvenz geschlossene Verträge bleiben bestehen.

In der Regel muss der Konkursverwalter, der die Masse der Gläubiger vertritt (daher auch die Vertragspartner des Schuldners), die Verträge einhalten, die am Tag der Insolvenz abgeschlossen waren.

---

[66] *Ibidem*.
[67] Urteil der *Cour de cassation* v. 14.2.2019, n°27/2019.
[68] Art. 536 des *Code de commerce*.
[69] Art. 536 des *Code de commerce*.
[70] Art. 125-1 des *Code du travail*.

106 Der Konkursverwalter kann einen Vertrag gegen Dritte auch nach dem Datum der Insolvenz abschließen (zB nicht bearbeiteter oder nicht eingetragener Verkaufsvertrag), wenn die Masse ein Interesse daran hat.

107 Verträge müssen ungeachtet der Insolvenz ausgeführt werden. Der Konkursverwalter muss jedoch prüfen, ob die Ausführung für die Masse günstig erscheint. Die Ansprüche, die sich aus der Ausführung des Vertrages ergeben könnten, sind jedoch Ansprüche der Masse. Der Konkursverwalter kann daher die Ausführung bestimmter Verträge ablehnen.

108 In einigen Fällen (Art. 543 und 571 des *Code de commerce*) ist die ausdrückliche Genehmigung des *juge-commissaire* erforderlich. Dies sind:
– Entzug eines verpfändeten Objekts, da das Objekt möglicherweise einen höheren Wert als die von ihm garantierte Schuld hat; und
– Waren weder bezahlt noch geliefert; der Konkursverwalter kann hier mit Erlaubnis des Richters die Zahlung leisten.

4.2 Miet- oder Pachtverhältnisse

109 Der Vermieter ist ein bevorzugter Gläubiger. Es muss daher darauf geachtet werden, die privilegierten Forderungen nicht unnötig zu verschlimmern. Grundsätzlich beendet die Insolvenz des Mieters den Mietvertrag nicht.

110 Der Konkursverwalter hat drei Möglichkeiten:
1. Er kündigt den Vertrag und verlässt die gemieteten Räumlichkeiten so schnell wie möglich, nachdem er die Kündigung mit dem Vermieter im besten Interesse der Konkursmasse ausgehandelt hat.
2. Wenn die Umstände der Insolvenz dies erfordern (zB wenn die Liquidation langfristig ist) oder wenn der Geschäftsbetrieb fortgeführt wird, kann der Mietvertrag fortgesetzt werden.
3. Er handelt einen neuen Mietvertrag aus.

111 Für die am Tag der Insolvenz fälligen Mieten und Auslagen verfügt der Vermieter über das in Art. 2102 des *Code civil* vorgesehene Privileg. Für die jedoch zwischen dem Insolvenzurteil und das Verlassen der angemieteten Räumlichkeiten durch den Konkursverwalter fälligen Mieten und Aufwendungen, ist der Vermieter Gläubiger der Masse.

4.3 Leasingverträge

112 In der Regel beinhalten Leasingverträge eine automatische Kündigungsklausel im Falle einer Insolvenz. Sämtliche ausstehenden Mieten werden sofort fällig. Es liegt im eindeutigen Interesse des Konkursverwalters die angemieteten Objekten – in der Regel Fahrzeuge – zurückzuerstatten, um die Verbindlichkeiten gegenüber der Masse zu mindern. Der Verkaufspreis der vom Gläubiger erhaltenen Objekten wird vor der Höhe seiner Forderung abgezogen.

4.4 Dienstverhältnisse

113 Art. L. 125-1 Abs. 1 des luxemburgischen *Code du travail* (Arbeitsgesetzbuch) bestimmt, dass der Arbeitsvertrag bei Einstellung der Geschäftstätigkeit als Folge des Todes oder der physischen Unfähigkeit des Arbeitgebers oder der Eröffnung eines Konkursverfahrens gegen den Arbeitgeber mit sofortiger Wirkung aufgelöst ist.

114 Wird das Geschäft des Schuldners an einen Arbeitgeber übertragen, leben die Arbeitsverträge von Amts wegen neu auf. Die Übernahme der Verträge durch einen neuen Arbeitgeber müssen jedoch innerhalb einer Frist von drei Monaten erfolgen. Ist dies nicht der Fall und entscheidet der Konkursverwalter die Arbeitsverträge nicht fortzuführen, hat der Angestellte Anspruch auf:
1. Fortzahlung des Gehalts für den Monat, in dem das Ereignis eingetreten ist, und den darauf folgenden Monat sowie
2. Zahlung einer Entschädigung in Höhe von 50 % der Monatsgehälter für die Dauer der Kündigungsfrist, auf deren Einhaltung er Anspruch gehabt hätte.

115 Die dem Angestellten nach dem vorstehenden Absatz zu zahlenden Gehälter und Entschädigungen dürfen jedoch den Betrag der Gehälter und Entschädigungen, auf die er bei einer ordentlichen Kündigung Anspruch gehabt hätte, nicht übersteigen.

116 Der Arbeitnehmer muss jedoch seine Forderung beim Konkursverwalter anmelden. Neben den vom Gesetz festgelegten Beträge kann der Arbeitnehmer zusätzliche Forderungen anmelden, wie zB Lohnrückstände, Entschädigungen für nicht in Anspruch genommene Urlaubstage, oder für geleistete Überstunden.

Die *Administration de l'Emploi* (Arbeitsagentur) garantiert unter verschiedenen Bedingungen die Forderungen der Arbeitnehmer bei Einstellung der Geschäftstätigkeit des Arbeitgebers als Folge der Eröffnung eines Konkursverfahrens.[71]

Der Europäische Gerichtshof hat aufgrund eines Vorabentscheidungsgesuches der luxemburgischen *Cour de cassation*[72] am 3.3.2011[73] für Recht erkannt, dass im Falle der Einstellung eines Betriebs infolge einer gerichtlichen Entscheidung, mit der dessen Auflösung und Liquidation wegen Insolvenz angeordnet wird – im vorliegenden Fall die gerichtliche Liquidation eines isländischer Bankinstituts –, eine Auflösung der Arbeitsverträge der Angestellte mit sofortiger Wirkung[74] eintritt und es zu Massenentlassungen kommt, den Rechtsvorschriften der RL 98/59 (EG) des Rates vom 20.7.1998 zur Angleichung der Rechtsvorschriften der Mitgliedstaaten über Massenentlassungen Rechnung getragen werden muss.

Der Gerichtshof hat weiterhin bestimmt, dass „die sich aus des vorbenannter Richtlinie ergebenden Verpflichtungen – wie zB die Anhörung der Vertreter der Arbeitnehmer – erfüllt werden müssen, bis die Rechtspersönlichkeiten eines Betriebes, dessen Auflösung und Liquidation angeordnet wurden, endgültig erloschen sind. Die dem Arbeitgeber nach diesen Bestimmungen obliegenden Verpflichtungen müssen von der Leitung des fraglichen Betriebs erfüllt werden, sofern diese, wenn auch mit beschränkten Befugnissen hinsichtlich der Geschäftsführung des Betriebs, fortbesteht, oder vom Liquidator des Betriebs, sofern die Geschäftsführung des Betriebs vollständig von diesem übernommen wird".

Dementsprechend obliegt es dem Konkursverwalter alsdann auch, im Falle der Eröffnung eines Konkursverfahrens, in dem Massenentlassungen anfallen, Verhandlungen zwecks Ausarbeiten eines kollektiven Sozialplans auszuarbeiten.[75]

5. Eigentumsvorbehalt

Art. 546 Abs. 1 versagt dem **Verkäufer von beweglichen Sachen,** bei einem Insolvenzverfahren gegenüber dem Käufer, jegliches Sonderrecht oder einen Herausgabeanspruch auf die verkaufte Sache. Jedoch sieht Art. 546 Abs. 2 eine Ausnahme für den Verkäufer von Maschinen oder Geräten vor, die in Industrieunternehmen verwendet werden. Diese Ausnahme gilt aber nur dann, wenn der Verkäufer binnen 2 Wochen nach Lieferung den Kaufvertrag bei der zuständigen Geschäftsstelle des Bezirksgerichts eintragen lassen hat.[76]

Eine wichtigere Ausnahme zu Art. 546 Abs. 1 des Handelsgesetzbuches geht aus Art. 567-1 hervor.[77] Demnach kann der Verkäufer, bezüglich beweglichen und nicht vertretbaren Gütern, die Herausgabe der Waren verlangen, vorausgesetzt die Ware besteht noch in ihrem ursprünglichen Zustand oder sie kann zurückerlangt werden ohne Schaden an der Ware, in der sie eingegliedert worden ist. Art. 567-1 des Handelsgesetzbuches wurde durch ein Gesetz vom 9.7.2013 abgeändert. Der Ausdruck „Waren" wurde durch *„unvertretbare bewegliche körperliche Gegenstände"* (*„biens meubles non fongibles corporels"*) ersetzt, um den Herausgabeanspruch auf Daten zu erweitern. Dieses Recht soll weiterhin sowohl der Person welche Dritten die Daten anvertraut hat, als auch dem Eigentümer der Daten zuerkannt werden. Die neuen Bestimmungen kommen aber nicht auf Finanzsicherheitenverträge zur Anwendung. Der Herausgabeanspruch muss jedoch in einer Frist von 3 Monaten seit der letzten Veröffentlichung des Eröffnungsurteils ausgeübt werden.

6. Sicherheiten in der Insolvenz

6.1 Mobiliarsicherheiten

Dem Gläubiger kann nach den allgemeinen Regeln des Bürgerlichen Gesetzbuches ein allgemeines Pfandrecht eingeräumt werden.[78] Dies ist ein Vertrag, mit dem der Schuldner seinem Gläubiger eine Sache zur Sicherung der Schuld übergibt. Die Verpfändung kann sich auf materielle oder immaterielle bewegliche Sachen für gegenwärtige oder zukünftige Schulden beziehen, aber auch

---

[71] Art. 126-1 des *Code du travail*, zuletzt abgeändert durch ein Gesetz v. 12.4.2019.
[72] S. Urt. v. 4.6.2009.
[73] Urteil C-235/10 und C-239/10, David Claes ua gegen Landsbanki Luxembourg S.A. in Liquidation.
[74] Laut Art. 125-1 des *Code du travail*.
[75] S. in diesem Sinne Urteil der *Cour d'appel* v. 19.4.2018, n°44476.
[76] Das aus dieser Eintragung hervorgehende Vorzugsrecht verfällt prinzipiell nach 2 Jahren; dies ist jedoch nicht der Fall, wenn vor Ablauf dieser Dauer gegenüber dem Käufer ein Konkursverfahren eröffnet wurde; das Vorzugsrecht bleibt dann bestehen.
[77] Art. 567-1 wurde durch die *loi du 31 mars 2000 relative aux effets des clauses de réserve de propriété dans les contrats de vente* eingeführt.
[78] Art. ff. 2071 des *Code civil*.

auf fungible Sachen wie landwirtschaftliche Produkte. Die Verpfändung ist nur durch die physische Übergabe der Sache an den Gläubiger oder an einen zwischen den Parteien vereinbarten Dritten wirksam.

124   Im Verzugsfall kann der Gläubiger die Sache nur aufgrund einer gerichtlichen Ermächtigung in Besitz nehmen.

125   Ein Sicherheitsrecht kann auch auf geistige Eigentumsrechte übertragen werden, aber es muss beim zuständigen Amt für geistiges Eigentum vorregistriert werden.

126   Dem Gläubiger, der eine Finanzgarantie erhält, wird unter bestimmten Voraussetzungen ein bestimmtes Pfandrecht eingeräumt (→ Rn. 91).

6.2 Grundstückssicherheiten

127   Wie in → Rn. 63 erwähnt, kann jeder Gläubiger die Eintragung einer vertraglichen oder gerichtlichen Hypothek auf dem Vermögen des Schuldners beantragen, sofern er eine Schuldverpflichtung hat.

128   Seine Forderung wird einen privilegierten Charakter haben und er wird vorrangig gegenüber den ungesicherten Gläubigern bezahlt werden.

6.3 Sicherheiten an Flugzeugen, Schiffen; andere Sicherheiten

129   Hypotheken auf Luftfahrzeuge *(hypothèques aériennes)* oder See- oder Binnenschiffe *(hypothèques maritimes* bzw. *hypothèques fluviales)* unterliegen grundsätzlich demselben rechtlichen Insolvenzrahmen wie Hypotheken auf Grundstücke *(hypothèques immobilières)*.

130   Eine Ausnahme hierzu bilden Hypotheken auf Luftfahrzeuge, welche nebst der Eintragung im luxemburgischen Register der dinglichen Rechte an Luftfahrzeugen *(registre des droits réels sur aéronefs)* zusätzlich im Internationalen Register *(registre international)* gemäß den Bestimmungen des Übereinkommens von Kapstadt über internationale Sicherungsrechte an beweglicher Ausrüstung und des Protokolls betreffend Besonderheiten der Luftfahrzeugausrüstung eingetragen wurden. Ein solches internationales Sicherungsrecht ist in einem Insolvenzverfahren wirksam gegen den Schuldner wirksam, wenn es vor der Einleitung des Insolvenzverfahrens dementsprechend eingetragen war. Unberührt bleiben jedoch (a) die im Insolvenzverfahren auf die Anfechtung eines Rechtsgeschäfts wegen Gläubigerbegünstigung oder Gläubigerbenachteiligung anzuwendenden Vorschriften und (b) die Verfahrensvorschriften über die Durchsetzung von Ansprüchen in Bezug auf Vermögenswerte, die sich in der Verfügungsgewalt oder unter der Aufsicht des Insolvenzverwalters befinden.

131   Allgemein sollte beachtet werden, dass Mobiliarhypotheken *(hypothèques mobilières)* und deren Durchsetzbarkeit in der Regel nicht ausschließlich aus luxemburgischer Sicht zu bewerten sind, da bewegliche Güter wie Luftfahrzeuge und Schiffe sich oftmals außerhalb des luxemburgischen Hoheitsgebiets befinden.

7. Aufrechnung; Netting-Vereinbarungen

132   Aufgrund des Prinzips der Gleichbehandlung aller Gläubiger ist im luxemburgischen Recht die Aufrechnung *(compensation)* während des **verdächtigen Zeitraums** einschließlich der vorhergehenden 10 Tage prinzipiell nicht gestattet. Dies erfolgt aus Art. 445 Abs. 3 des Handelsgesetzbuches, der die Aufrechnung als eine Art der Zahlung verbietet, und wendet sich gleichermaßen auf die vertragliche, die gerichtliche sowie die gesetzliche Aufrechnung an. Diese Regel wurde mehrmals von der luxemburgischen Rechtsprechung in Konkurs- oder Liquidationsverfahren sowie auch im Fall einer überwachten Geschäftsführung bestätigt.[79]

133   Das Prinzip kennt jedoch eine Ausnahme im Fall von zusammenhängenden Verbindlichkeiten *(dettes connexes)*, bei denen die Forderung und die Verbindlichkeit zB aus ein und demselben Vertrag entstanden sind und sie deshalb als gegenseitige und voneinander abhängige Verpflichtungen anzusehen sind.[80]

134   Eine weitere bedeutende Ausnahme erfolgt aus dem schon mehrmals zitierten Gesetz vom 5.8.2005 über Finanzsicherheiten. Dieses Gesetz erlaubt Aufrechnungen, auch im Fall eines Sanierungs- oder Insolvenzverfahrens, unter der Bedingung, dass diese Art der Bezahlung in bi- oder multilateralen Übereinkommen oder Aufrechnungsklauseln ausdrücklich vorgesehen wurde.[81]

---

[79]   S. hierzu das Urt. v. 3.1.1992 des *Tribunal d'arrondissement de Luxembourg*, *„Liquidation de la S. A. BCCI. S.A."*, in *Bulletin Droit et Banque*, 19, 47–48 und die dort erwähnten Urteile.

[80]   S. hierzu das Urt. v. 1.4.1977 des *Tribunal d'arrondissement de Luxembourg*, in *Pasicrisie* 23, 556; s. a. das Urteil der *Cour d'appel* (commercial) v. 17.3.1999, in *Pasicrisie* 29, 129 und das Urteil des *Tribunal d'arrondissement de Luxembourg* v. 29.7.1994, BCCI vs. S.

[81]   Art. 20 der *Loi du 5 août 2005 sur les contrats de garantie financière*.

135 Art. 9 der VO (EG) Nr. 2015/848 des Europäischen Parlaments und Rates vom 20.5.2015 über Insolvenzverfahren,[82] welche am 26.6.2017 in Kraft getreten ist, verfügt weiterhin, dass die Befugnis eines Gläubigers, mit seiner Forderung gegen eine Forderung des Schuldners aufzurechnen, nicht von der Eröffnung des Insolvenzverfahrens berührt wird, wenn diese Aufrechnung nach dem für die Forderung des insolventen Schuldners maßgeblichen Recht zulässig ist.

8. Insolvenzanfechtung

136 Die Konkurseröffnungsurteile sind in der Regel mit einer sofortigen Vollstreckbarkeitsklausel versehen. Der Schuldner kann Berufung gegen das ergangene Urteil einlegen. Andere Parteien – in der Regel die Gläubiger – können weiterhin das Konkursöffnungsurteil anfechten, insofern sie dem erstinstanzlichen Verfahren beigewohnt haben.

137 Ein Gläubiger könnte auch Einspruch *("opposition")* gegen das Konkursurteil einlegen. Grundsätzlich ist der Gläubiger jedoch aktivlegitimiert, wenn er nach materiellem Recht Inhaber eines Anspruchs ist.[83] Dies wäre zum Beispiel der Fall, wenn er dadurch die Nichtigkeitserklärung von vor dem Konkursurteil eingetragenen Hypotheken erwirken könnte. Ein solches Einspruchsrecht steht den Gläubigern jedoch nicht zu, um Einspruch gegen das Liquidierungsurteil eines Finanzinstituts einzulegen.[84]

138 Die Berufungsfrist beläuft sich auf fünfzehn Tage ab Zustellung des Urteils.[85]

139 Folgende Urteile sind jedoch nicht anfechtbar ua:
– die auf Ernennung oder Ersetzung des *juge-commissaire* bezüglichen Urteil;
– die über Anträge auf Unterstützung des Schuldners und dessen Familie entscheidenden Urteile;
– die auf einer Aussetzung des Konkordats aussprechenden Urteile;
– verschiedene vom *juge-commissaire* erlassene Entscheide.

9. Geltendmachung von Haftungsansprüchen gegen (frühere) Geschäftsführer, Gesellschafter oder Dritte

141 Der Insolvenzverwalter kann verschiedene zivilrechtliche sowie strafrechtliche Verfahren gegen den insolventen Geschäftsmann oder die Geschäftsführer der insolventen Gesellschaft einleiten.

142 Art. 495 des Handelsgesetzbuches sieht zum Beispiel die Ausdehnung des Insolvenzverfahrens auf den Geschäftsführer vor, der durch die Gesellschaft Handlungen in eigenem Interesse ausgeführt hat, das Eigentum der Gesellschaft wie sein eigenes benutzt hat oder die Geschäfte der Gesellschaft zu einem Zeitpunkt weitergeführt hat, als diese schon defizitär waren und nur zur Zahlungsunfähigkeit der Gesellschaft führen konnten.

143 Art. 495 ist nur anwendbar, wenn die betroffene Person selbst als Geschäftsmann betrachtet werden kann und die Bedingungen der Insolvenzenz auch bei ihr erfüllt sind.

144 Der Geschäftsführer kann ebenfalls, aufgrund von Art. 495-1, dazu verurteilt werden, die Schulden der Gesellschaft zu zahlen im Fall, dass die Insolvenz durch gravierende und spezifische Fehler seinerseits verursacht wurde.

145 Zudem kann in dem Fall ein Verbot verhängt werden, in Zukunft eine Geschäftstätigkeit auszuüben, oder eine andere Tätigkeit administrativer Art, als Geschäftsführer, Buchhalter, Revisor oder eine andere Tätigkeit, die dazu führt, eine Gesellschaft zu verpflichten.

146 Ein solches Verbot wird zum Beispiel gesprochen, wenn es keinen Gesellschaftssitz gibt, die Insolvenz verspätet erklärt wurde oder öffentliche Gläubiger nicht bezahlt wurden. Das Verbot wird vom Insolvenzverwalter oder der Staatsanwaltschaft beantragt und immer gesprochen, wenn ein einfacher oder betrügerischer Konkurs vorliegt. Das Verbot gilt für mindestens eineinhalb bis 20 Jahre.

147 Der Insolvenzverwalter kann ebenfalls gegen die Geschäftsführer aufgrund der sogenannten Actio mandati handeln, also aufgrund ihres Gesellschaftsmandats. Eine fehlerhafte Ausführung des Mandats, welche zur Insolvenz beigetragen hat, kann zu einer Verurteilung von Schadensersatz führen.

148 Der Insolvenzverwalter kann ebenfalls ein Verfahren gegen Drittpersonen aufgrund der allgemeinen deliktischen Haftung einleiten. Auch dabei muss der Beweis eines Fehlers, Schadens und einer kausalen Verbindung zwischen beiden Elementen erbracht werden.

---

82 Diese Verordnung hat die Verordnung Nr. 1346/2000 des Rates v. 29.5.2000 über Insolvenzverfahren aufgehoben.
83 S. Urt. v. 20.4.1905 des *Tribunal d'arrondissement*, in *Pasicrisie* 15, 36.
84 S. Art. 124(4) des abgeänderten Gesetzes von 18.12.2015 für die Sanierung und Abwicklung von Kreditinstituten und verschiedenen Wertpapierfirmen, sowie die Einlagensicherungssysteme.
85 Art. 465 des *Code de commerce*.

149 Schlussendlich kann der Geschäftsmann oder der Geschäftsführer für einen einfachen oder betrügerischen Konkurs strafrechtlich verurteilt werden.

150 Ein einfacher Konkurs wird erklärt, wenn die Insolvenzerklärung nicht fristgemäß erfolgte, keine Buchhaltung vorliegt, diese unvollständig oder fehlerhaft war, oder unvollständige Informationen an den überwachenden Richter geliefert wurden.

151 Ein betrügerischer Konkurs liegt vor, wenn der Geschäftsmann oder Geschäftsführer die Buchhaltung absichtlich zum Teil oder ganz entfernt oder zerstört hat, oder das Gesellschaftsvermögen entwendet hat. Dies kann zu einer Haftstrafe von bis zu 10 Jahren führen.

10. Asset tracing

152 Bei seinem Amtsantritt ist der Konkursverwalter persönlich dafür verantwortlich, alle Handlungen zur Wahrung der Rechte der insolventen Person gegenüber seinen Schuldnern durchzuführen.[86]

153 Der Konkursverwalter hat die Einziehung des Vermögens der Schuldner sicherzustellen. Diese Einziehung kann durch Mahnschreiben oder Einleitung gerichtlicher Schritte erfolgen. Er handelt in dieser Eigenschaft im Namen der Masse der Gläubiger. Er kann auch gegen die Aktionäre vorgehen, um das nicht eingezahlte Kapital der insolventen Gesellschaft einzufordern.

154 Nach Art. 487-3 des Handelsgesetzbuches ist der Konkursverwalter verpflichtet, die Eintragung von Hypotheken auf das Vermögen der Schuldner des Insolvenzschuldners zu verlangen, wenn dies von ihm noch nicht verlangt wurde. Die Eintragung erfolgt im Namen der Gläubigermasse.

155 Der Konkursverwalter muss auch im Namen der Gläubigermasse einen Eintrag auf die Immobilien des Insolvenzschuldners vornehmen, deren Existenz er kennt.

11. Gesetzentwurf

156 Im Februar 2013 wurde dem Luxemburger Parlament ein Gesetzesentwurf[87] in Bezug auf die Insolvenz von Unternehmen vorgelegt, welcher die Abänderung bestehender Vorschriften sowie die Einführung neuer Instrumente für sich in wirtschaftlichen Schwierigkeiten befindende Unternehmen vorsieht.

157 Ziel dieses Gesetzesentwurfes ist die **Fortführung** der betroffenen Unternehmen stärker als bisher zu fördern und eine schnelle Liquidation zu verhindern.

158 Um dieses Ziel zu verwirklichen sollen nach diesem Gesetzentwurf in Zukunft mehrere verschiedene Verfahren und Maßnahmen zur Verfügung stehen, die je nach Lage und Situation des Unternehmens angewendet werden können. Es handelt sich hierbei insbesondere um vorbeugende Maßnahmen, sowie ein schnelles administratives Auflösungsverfahren ohne Liquidation der betroffenen Gesellschaft. Die geplanten Instrumente stehen jedoch nicht exklusiv nebeneinander, sondern können auch miteinander kombiniert werden.

159 **Vorbeugende Maßnahmen**
Vermittlungsauftrag („*la mission de conciliation*")
Im Rahmen dieses außergerichtlichen Verfahrens wendet sich das in Schwierigkeiten befindliche Unternehmen an das „*Secrétariat du Comité de conjoncture*", um sich einen **Vermittler** („*conciliateur*") zur Seite stellen zu lassen. Dessen Aufgabenbereich ist im Gesetzentwurf sehr weit gefasst: es kann sich um eine Person handeln, die das Unternehmen sowohl bei der Verhandlung mit dessen Hauptgläubigern als auch bei der Bewertung der Ursachen für die wirtschaftlichen Schwierigkeiten und deren Lösung unterstützt.

160 **Gütliche Einigung** („*l'accord amiable*")
Durch dieses außergerichtliche Verfahren versucht der Schuldner eine Einigung mit zwei oder mehreren seiner Gläubiger herbeizuführen, gegebenenfalls mit Unterstützung des oben erwähnten Vermittlers. Diese **vertragliche Einigung** hat keine Auswirkungen auf die Stellung der daran nicht beteiligten Gläubiger.

161 Die unterzeichnenden Gläubiger dagegen haben die Garantie, dass die gefundenen Vereinbarungen und die in diesem Rahmen erfolgten Zahlungen im Fall einer späteren Insolvenz des betroffenen Unternehmens wirksam bestehen bleiben.

162 Die mit den Gläubigern ausgehandelte Vereinbarung soll an und für sich vertraulich gehandhabt werden, es sei denn, der Schuldner würde sein ausdrückliches Einverständnis zur Veröffentlichung der Vereinbarung geben. Den Parteien wird jedoch die Möglichkeit gegeben ihre Vereinbarung mit einer Vertraulichkeitsklausel zu versehen.

163 **Gerichtliche Verfahren zur Neustrukturierung** („*procédures judiciaires de réorganisation*")

---

[86] Art. 487 des *Code de commerce*.
[87] Gesetzesentwurf v. 1.2.2013, Nr. 6539; die parlamentarische Vorarbeit des Gesetzesentwurfes ist zurzeit noch nicht abgeschlossen.

Bedeutendere Maßnahmen, insbesondere solche, die Dritten gegenüber geltend gemacht werden können, bedürfen eines gerichtlichen Verfahrens.

164 Der Antrag auf Eröffnung eines solchen Verfahrens auf Neustrukturierung bezweckt den Erhalt eines Zahlungsaufschubs. Dies führt dazu, dass jegliche auf die Einziehung dieser zurückgestellten Forderungen abzielende Maßnahmen ab dem Zeitpunkt der Antragsstellung bis zur gerichtlichen Entscheidung über die Eröffnung des Verfahrens sowie während des Verfahrens der gerichtlichen Neustrukturierung ausgesetzt sind.

165 Solange das Gericht nicht über den Antrag auf Eröffnung des Verfahrens auf Neustrukturierung befunden hat, kann auch kein Insolvenzverfahren über das Vermögen des Schuldners eröffnet werden, es sei denn, der Schuldner würde selbst Konkurs anmelden.[88] Auch kann zu jeder Zeit der Staatsanwalt die gerichtliche Liquidierung des Schuldners beantragen.

166 Die Insolvenz des Schuldners schließt an und für sich die Eröffnung oder Fortsetzung der Sanierung nicht aus.

167 Der **Zahlungsausschub** kann:
– dem Schuldner sowohl Zeit verschaffen, um eine gütliche Einigung mit mehreren seiner Gläubiger zu erzielen
– als auch um ein Verfahren zur kollektiven Einigung einzuleiten, an dessen Ende möglicherweise eine Einigung mit allen Gläubigern zustande kommt. Diese Einigung verpflichtet alle Gläubiger des Unternehmens, wenn die Bedingungen hinsichtlich der Anzahl der Gläubiger, die diese Einigung akzeptieren, sowie der Höhe der Schulden, die sie repräsentieren, erfüllt sind. Die Ablehnung der erzielten Vereinbarung durch einen der Gläubiger ändert bei Vorliegen der Voraussetzungen nichts die Tatsache, dass er durch diese gebunden ist;
– oder zu einer gerichtlichen Neustrukturierung unter gerichtlicher Aufsicht führen. In diesem Rahmen bestellt das Gericht einen Verwalter, der alle oder Teile der Vermögenswerte des Unternehmens veräußert, um dessen Fortführung zu gewährleisten.

168 Um Missbrauch zu verhindern, kann das Gericht in jedem Fall die durch das *„Secrétariat du Comité de conjoncture"* über die wirtschaftliche Situation des Unternehmens erstellten Akten anfordern und einsehen.

169 **Administratives Auflösungsverfahren ohne Liquidation** („la procédure de dissolution administrative sans liquidation")

170 Zahlreiche sich in Insolvenz befindende Gesellschaften verfügen über keinerlei Vermögen und haben sogar teilweise bereits ihre Tätigkeit gänzlich eingestellt, was zur Beendigung des Insolvenzverfahrens mangels Masse führt. Da dieses Verfahren einen enormen Verwaltungs- und Kostenaufwand bei Gerichten und Staat verursacht, sieht der Gesetzesentwurf dessen Ersetzung durch ein **kostengünstigeres und schnelleres Verfahren** vor: das administrative Auflösungsverfahren.

171 Dieses Verfahren wendet sich allerdings nur auf Gesellschaften an, bei denen die vom Gesetzesentwurf festgelegten Voraussetzungen vorliegen.

172 In dem administrativen Auflösungsverfahren wird insbesondere geprüft und festgestellt, ob noch Vermögenswerte bei der betroffen Gesellschaft vorhanden sind.

173 Verfügt die Gesellschaft effektiv über kein Vermögen, kann der Verwalter des Handels- und Gesellschaftsregisters das Verfahren beenden und die Gesellschaft aus dem Handels- und Gesellschaftsregister löschen. Diese Streichung aus dem Register am Ende des Verfahrens bewirkt die Auflösung der juristischen Person.

174 Dieses neue Verfahren erlaubt somit die administrative Auflösung einer Gesellschaft ohne zuvor formell ein Insolvenzverfahren oder ein komplettes gerichtliches Liquidationsverfahren gemäß den Vorschriften des Handelsgesetzbuchs (insbesondere Art. 203 des geänderten Gesetzes vom 10.8.1915) eröffnet zu haben.

12. Internationales Insolvenzrecht

175 Luxemburg hat das UNCITRAL Modellgesetz über grenzüberschreitende Insolvenzen vom 30.5.1997 (UNCITRAL Model Law on Cross-Border Insolvency) nicht in seine Gesetzgebung umgesetzt. Das Europäische Übereinkommen über bestimmte internationale Aspekte des Konkurses vom 5.6.1990 wurde von Luxemburg unterschrieben, jedoch nicht ratifiziert.

176 In Luxemburg findet hauptsächlich in diesem Rahmen die VO (EG) Nr. 2015/848 des Europäischen Parlaments und des Rates vom 20.5.2015 über Insolvenzverfahren („Insolvenzverordnung") Anwendung. Demnach ist im Hinblick auf das internationale Insolvenzrecht je nach Situation zu

---

[88] Gesetzentwurf Nr. 6539-9 Abänderungsvorschläge des Parlaments; *l'état de faillite du débiteur ne fait pas obstacle en soi à l'ouverture ou à la poursuite de la procédure de réorganisation financière.*

unterscheiden, ob die Insolvenzverordnung oder die herkömmlichen Regeln aus dem luxemburgischen internationalen Privatrecht anzuwenden sind.

12.1 Verfahren, die unter die VO (EG) Nr. 2015/848 fallen

12.1.1 Wirkung des inländischen Verfahrens im EU-Ausland

177 Gemäß Art. 19 (1) wird die Eröffnung eines Insolvenzverfahrens durch ein zuständiges Gericht in Luxemburg in allen übrigen Mitgliedsstaaten anerkannt (Dänemark ausgeschlossen), sobald die Entscheidung in Luxemburg wirksam ist. Laut Art. 19 (2) ist es jedoch möglich, in einem anderen Mitgliedsstaat ein Sekundärinsolvenzverfahren zu eröffnen, wenn der Schuldner in diesem Mitgliedsstaat eine Niederlassung hat. Die Wirkung dieses Verfahrens ist in diesem Fall auf das im Gebiet dieses letzteren Staats gelegene Vermögen des Schuldners beschränkt.

12.1.2 Wirkung und Anerkennung von ausländischen Insolvenzverfahren, welche unter der VO (EG) Nr. 2015/848 eröffnet wurden:

178 Die Eröffnung eines Insolvenzverfahrens in einem anderen Mitgliedsstaat (Dänemark ausgeschlossen) entfaltet in Luxemburg, ohne dass es hierfür irgendwelcher Formalitäten bedarf, die Wirkungen, die das Recht des Mitgliedsstaates, in welchem das Insolvenzverfahren eröffnet wurde, gemäß der Insolvenzverordnung dem Verfahren gibt.[89]

179 Es besteht jedoch die Möglichkeit, wenn der Schuldner in Luxemburg eine Niederlassung hat, dass luxemburgische Gerichte ein, auf die in Luxemburg gelegene Vermögensgegenstände des Schuldners beschränktes Sekundärinsolvenzverfahren eröffnen. Dieses Insolvenzverfahren hätte dann nur Wirkung auf die in Luxemburg gelegenen Vermögenswerte des Schuldners.[90]

12.2 Verfahren, die nicht unter die VO (EG) Nr. 2015/848 fallen

12.2.1 Wirkung des inländischen Verfahrens im Ausland:

180 Das luxemburgische Insolvenzrecht erkennt das Universalitätsprinzip an. Nach der luxemburgischen Rechtsprechung ist daher die rechtliche Wirkung eines in Luxemburg eröffneten Konkursverfahrens nicht auf das inländische Vermögen begrenzt, sondern bezieht sich ebenfalls auf Vermögensgegenstände des Schuldners die sich im Ausland befinden.

181 In Anwendung des Prinzips der Gleichbehandlung aller Gläubiger, ist demnach der luxemburgische Konkursverwalter berechtigt, soweit dies von der *lex rei sitae* zugelassen ist, ausländisches Vermögen zur luxemburgischen Insolvenzmasse zu ziehen.

12.2.2 Wirkung und Anerkennung ausländischer Insolvenzverfahren:

182 Das luxemburgische Recht erkennt die Wirkungen eines im Ausland eröffneten Insolvenzverfahrens an, ohne dass hierzu ein Exequaturverfahren erforderlich ist. Ein Exequaturverfahren muss jedoch dann angestrengt werden, falls der ausländische Konkursverwalter in Luxemburg Vollstreckungsmaßnahmen vornehmen will.

183 Damit ein ausländisches Konkursurteil in Luxemburg anerkannt wird, müssen folgende Bedingungen erfüllt sein:
– das Urteil muss ordnungsgemäß sein *(régulier)*. Dies bedeutet, dass es von dem zuständigen ausländischen Gericht erlassen wurde, dass die Prozessordnung dieses Landes befolgt wurde, dass kein Vergehen *(fraude)* vorliegt und schließlich, dass die luxemburgische internationale öffentliche Ordnung *(ordre public international)* durch die Anerkennung nicht verletzt wird.
– das ausländische Recht muss dem Insolvenzverfahren einen universellen Geltungsbereich geben, andernfalls würde das luxemburgische Recht nur die eingeschränkten, territorial begrenzten Wirkungen dieses Urteils anerkennen.

184 Nach der luxemburgischen Rechtsordnung gelten die, vom ausländischen Konkursrecht festgelegten Beschränkungen der Handlungsfreiheit der Gläubiger auch auf luxemburgischem Territorium. Dies gilt auch für ein, im fremden Recht festgeschriebenes Zwangsvollstreckungsverbot gegen den Schuldner im Hinblick auf Zwangsvollstreckungen auf in Luxemburg gelegene Güter. Des Weiteren ist der ausländische Konkursverwalter aufgrund des ihn ernennenden Konkursurteils nach luxemburgischem Recht prinzipiell befugt, in Luxemburg seine Befugnisse auszuüben. Es ist ihm sogar

---

[89] Art. 20 (1) der VO (EG) 2015/848.
[90] Art. 34 der VO (EG) 2015/848.

gestattet, ohne dass hierzu ein Exequatur notwendig wäre, in Luxemburg gelegenes Vermögen des Schuldners beizutreiben und zur Insolvenzmasse im Ausland zu ziehen.

Das luxemburgische Insolvenzrecht schreibt zwingend vor, dass sowohl in Luxemburg eröffnete Konkursverfahren wie auch im Ausland eröffnete Verfahren der *lex concursus* unterliegen, es sein denn, dass zwingende luxemburgische Vorschriften *(lois de police)* anzuwenden wären oder die luxemburgische öffentliche Ordnung durch die *lex concursus* verletzt würde. Jedoch wendet sich die *lex concursus* nur auf die Auswirkungen des Konkursverfahrens auf vom Schuldner vorgenommene Geschäfte oder Handlungen an, während die grundsätzliche Gültigkeit dieser Geschäfte oder Handlungen meistens von einer anderen *lex* geregelt wird (zB *lex contractus*). **185**

Da das luxemburgische Insolvenzrecht auf dem Universalitätsprinzip beruht, sind generell keine Sekundärverfahren zugelassen. Dies wird dadurch vermieden, dass luxemburgische Konkursverfahren nur dann eröffnet werden können, falls der Gesellschaftssitz des Schuldners in Luxemburg liegt. Kommt es ausnahmsweise zu einem Sekundärverfahren im Ausland, versuchen die luxemburgischen Gerichte, soweit dies möglich ist, diese mit dem luxemburgischen Hauptverfahren zu koordinieren. **186**

13. COVID-19-Gesetzgebung

Im Rahmen der Coronakrise hat Luxemburg keine spezifische Änderung an den Bestimmungen des Handelsgesetzbuches über das Konkursverfahren vorgenommen. **187**

Durch eine großherzogliche Verordnung vom 25.3.2020 hat die Luxemburger Regierung entschieden, sämtliche Verfahrensfristen während des wegen der Coronakrise verhängten Ausnahmezustands aufzuschieben. Dies gilt auch für die im Konkursverfahren vorgesehenen Fristen. Dadurch wurde zum Beispiel die im Art. 440 des Handelsgesetzbuches vorgesehene Verpflichtung aufgeschoben, wonach der Kaufmann, falls die Bedingungen des Konkurses erfüllt sind, binnen einem Monat einen Antrag zur Eröffnung eines Konkursverfahrens bei Gericht einreichen muss. Diese Maßnahme betreffend die im Art. 440 des Handelsgesetzbuches vorgesehene Frist wurde durch ein Gesetz vom 20.6.2020 nach dem Ausnahmezustand, welcher am 24.6.2020 endete, um weitere 6 Monate verlängert. **188**

Ein Gläubiger kann jedoch noch immer einen Antrag zur Eröffnung eines Konkursverfahrens über das Vermögen seines Schuldners beantragen, und ein solches kann auch von Amts wegen eröffnet werden. **189**

Gemäß Art. 437 des Handelsgesetzbuches, befindet sich ein Kaufmann im Zustand des Konkurses, falls er seine Zahlungen eingestellt hat und seine Kreditwürdigkeit verloren hat. Die von der Luxemburger Regierung und dem Luxemburger Parlament getroffenen Maßnahmen zielen darauf ab, dass diese Bedingungen während der Coronakrise nicht erfüllt sein sollen. **190**

Durch ein Gesetz vom 18.4.2020 garantiert der Luxemburger Staat 85 % der Summe eines von verschiedenen Banken zu bestimmten Bedingungen gewährten Darlehen, welche dazu dienen sollen, finanzielle, durch die Coronakrise entstandene Engpässe zu überbrücken. Die Banken haben sich ebenfalls dazu bereit erklärt, ihren Kunden unter verschiedenen Bedingungen einen sechsmonatigen Zahlungsaufschub der im Rahmen eines Kredits geschuldeten Zinsen zu gewähren. **191**

Weitere von der Luxemburger Regierung getroffene Maßnahmen beinhalten finanzielle Direkthilfen, spezielle Verfahren zur Teilzeitarbeit und die Verschiebung der Fristen zur Zahlung der Steuern und der Sozialbeiträge. **192**

Abschließend sei noch bemerkt, dass zu diesem Zeitpunkt der beim Luxemburger Parlament eingereichte Vorschlag zur Reform des Luxemburger Insolvenzrechts noch nicht angenommen wurde. Zudem hat Luxemburg die Richtlinie (EU) 2019/1023 des Europäischen Parlaments und des Rates vom 20.6.2019 über Restrukturierung und Insolvenz in Luxemburger Recht noch nicht umgesetzt. Es bleibt noch ungewiss, ob die Richtlinie zusammen mit der oben genannten Reform umgesetzt wird. Es kann jedoch davon ausgegangen werden, dass die Coronakrise diese Reform und Umsetzung beschleunigen wird. **193**

Luxemburg

Zeitstrahl Konkursverfahren nach luxemburgischem Recht

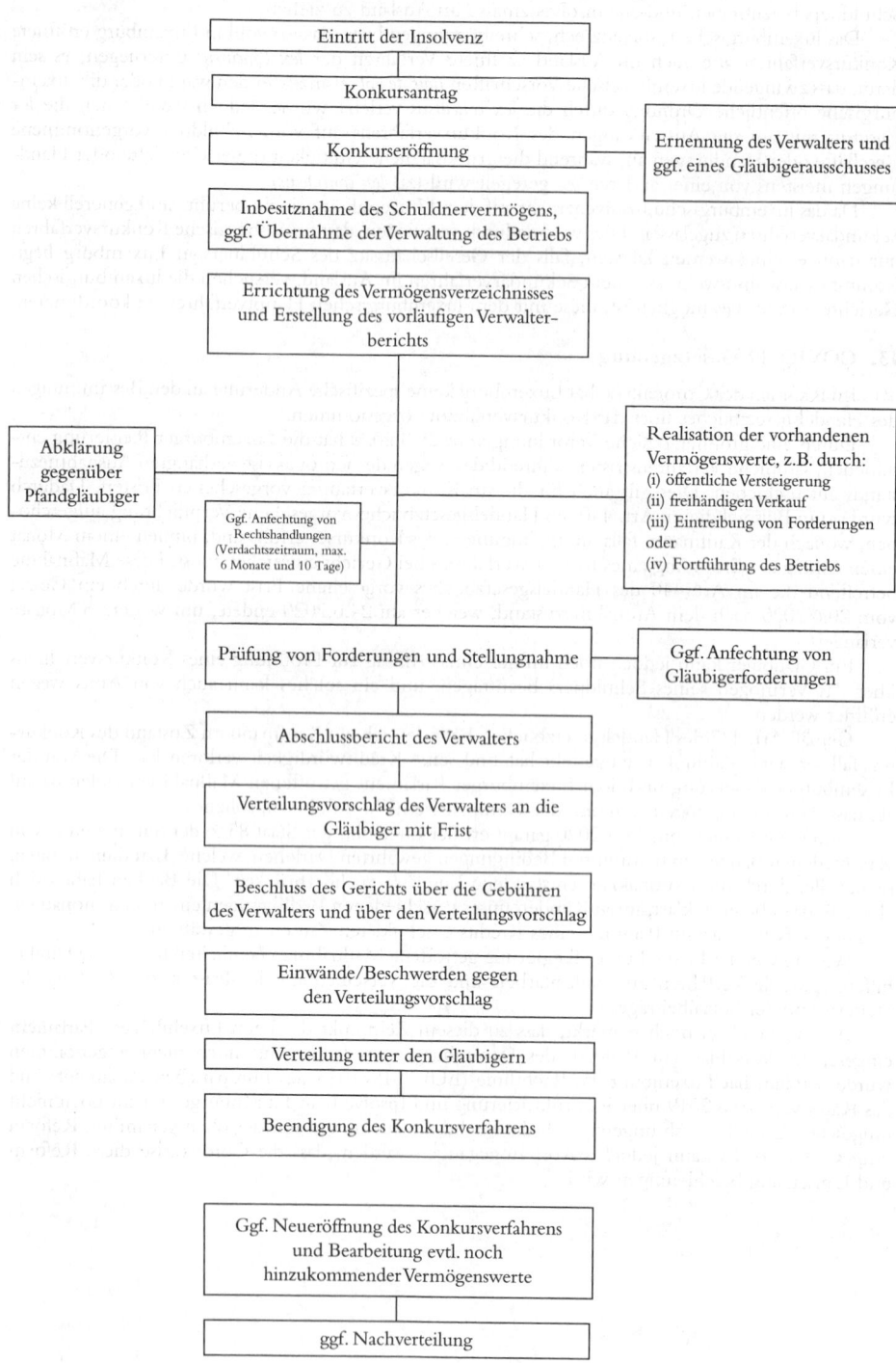

Luxemburg

Glossar

Deutsch	Französisch	Rn.
Gerichtlicher Zahlungsaufschub Zahlungsaufschub, der vom Gericht dem Kaufmann oder der Handelsgesellschaft, der/die durch außergewöhnliche und unvorhersehbare Vorkommnisse in vorübergehende Zahlungsschwierigkeiten geraten ist, ohne dass jedoch seine/ihre Schulden sein/ihr Vermögen übersteigen, gewährt werden kann.	**Sursis de paiement** Un sursis de paiement peut être accordé par le tribunal à un commerçant ou à une société commerciale qui par des circonstances exceptionnelles et imprévisibles, se trouverait confronté à des difficultés financières temporaires, sans que ses dettes ne dépassent cependant son patrimoine.	7
Gesicherte Gläubiger Gläubiger mit einer klassischen Sicherheit (Hypothek, Pfand), Gläubiger mit einem Sonderrecht (s. Art. 2102 und 2103 des Code civil), sowie Gläubiger mit einer Finanzsicherheit im Sinne der *loi du 5 août 2005 sur les garanties financières*.	**Créanciers privilégiés** Les créanciers, avec une sûreté classique (créancier hypothécaire, créancier bénéficiaire d'un gage), les créanciers titulaires d'un droit spécial, voir les art. 2102 et 2103 du Code civil, tout comme les créanciers avec une garantie financière au sens de la loi du 5 août 2005 sur les garanties financières.	89
Gläubiger der Konkursgläubigergemeinschaft Gläubiger, die zuerst befriedigt werden, da ihre Forderungen Ausgaben entsprechen, die vom Konkursverwalter im Interesse der ganzen Konkursgläubigergemeinschaft getätigt worden sind.	**Créanciers de la masse** Les créanciers qui sont désintéressés en premier, puisque leurs demandes correspondent à des dépenses qui ont été effectuées par le curateur dans l'intérêt de la communauté des créanciers (masse des créanciers).	79
Gläubiger im Rahmen der Konkursgläubigergemeinschaft Sämtliche Gläubiger, die nach den Gläubigern der Konkursgläubigergemeinschaft bezahlt werden.	**Créanciers dans la masse** Tous les créanciers qui sont désintéressés après les créanciers de la masse.	79
Konkurseröffnungsurteil Urteil in dem das Gericht feststellt, dass der Kaufmann/die Handelsgesellschaft sich in dem Zustand des Konkurses befindet und entscheidet, das Konkursverfahren über das Vermögen des Kaufmannes/der Handelsgesellschaft zu eröffnen.	**Jugement déclaratif de faillite** Jugement dans lequel le tribunal constate qu'un commerçant ou une société commerciale se trouve dans un état d'insolvabilité et décide de l'ouverture d'une procédure d'insolvabilité sur le patrimoine du commerçant ou de la société commerciale.	48
Konkursrichter In dem Konkurseröffnungsurteil ernennt das Gericht einen Konkursrichter, welcher damit beauftragt ist, die Abwicklung des Konkursverfahrens durch den Konkursverwalter zu überwachen.	**Juge-commissaire** Dans le jugement déclaratif de la faillite, le tribunal nomme un juge-commissaire qui doit veiller au bon déroulement de la procédure d'insolvabilité par l'intermédiaire du curateur.	57
Konkursverfahren Allgemeines Konkursverfahren, dem Kaufmänner und Handelsgesellschaften in Luxemburg unterliegen und das im Luxemburger Handelsgesetzbuch geregelt ist.	**Procédure d'insolvabilité** Les sociétés commerciales et les commerçants sont soumis à la procédure commune d'insolvabilité qui est réglementée par le code de commerce luxembourgeois.	45
Konkursverwalter Bei dem vom Gericht in seinem Konkurseröffnungsurteil ernannten Konkursverwalter handelt es sich meist um einen Rechtsanwalt, in besonderen Fällen auch um einen Buchhalter, Wirtschaftsprüfer oder Notar, der mit der Abwicklung des Konkursverfahrens betraut wird.	**Curateur** Le curateur nommé par le tribunal dans le jugement déclaratif de faillite est le plus souvent un avocat, et dans des cas particuliers, un comptable, un expert-comptable ou un notaire; il sera chargé de l'exécution de la procédure d'insolvabilité.	52

Luxemburg

Deutsch	Französisch	Rn.
Kontrollierte oder überwachte Geschäftsführung Sanierungsverfahren, das ggfs. vor der Eröffnung eines Insolvenzverfahrens mit dem Einverständnis der Gläubiger eröffnet werden kann, in der Praxis jedoch äußerst selten eingeleitet wird.	**Gestion contrôlée** Redressement judiciaire qui pourra être prononcé dans certains cas avant l'ouverture d'une procédure d'insolvabilité avec l'accord des créanciers qui est toutefois très rarement mis en pratique.	49
Nichtigkeiten des Verdachtszeitraums Verschiedene durch den Schuldner in dem Verdachtszeitraum vorgenommene Handlungen und Geschäfte sind den Insolvenzgläubigern gegenüber ungültig und rechtsunwirksam.	**Nullités de la période suspecte** Les différents actes et opérations effectués par le débiteur pendant la période suspecte ne sont pas opposables aux créanciers de l'insolvabilité pour qui ces actes sont nuls et invalides.	95
Prinzip der Gleichbehandlung aller Gläubiger Sämtliche Gläubiger müssen bei der Abwicklung des Insolvenzverfahrens grundsätzlich gleich behandelt werden und ein Gläubiger darf sich grundsätzlich gegenüber den anderen Gläubigern keinen unrechtmäßigen Vorteil verschaffen.	**Egalité des créanciers** Tous les créanciers doivent être traités de manière égale tout au long de la procédure d'insolvabilité et un créancier n'a en principe pas le droit d'obtenir un avantage illégal par rapport des autres créanciers.	132
Prinzip der *suspension des poursuites individuelles* Klagen sowie Vollstreckungsmaßnahmen über bewegliche und unbewegliche Güter dürfen von den Gläubigern ab dem Datum des Konkurseröffnungsurteils nur noch gegen den oder die Konkursverwalter geführt bzw. ergriffen werden.	**Principe de suspension des poursuites individuelles** A partir de la date du jugement déclaratif de faillite, les actions et les mesures d'exécution portant sur les biens meubles et immeubles ne peuvent être intentées ou prises par les créanciers qu'à l'encontre du ou des curateurs.	67
Prinzip der *suspension des voies d'exécution* Zwangsvollstreckungsverfahren sind ab dem Datum des Konkurseröffnungsurteils prinzipiell nicht mehr zulässig.	**Principe de suspension des voies d'exécution** A partir de la date du jugement déclaratif de faillite, les procédures d'exécution forcée ne sont en principe plus admissibles.	67
Prinzip des *dessaisissement du débiteur* Verlust des Verfügungs- und Verwaltungsrechts des zahlungsunfähigen Schuldners über sein gesamtes Vermögen, einschließlich des ihm während des Konkurses zufallenden Vermögens, ab dem Konkurseröffnungsurteil.	**Principe de dessaisissement du débiteur** La perte du droit de disposition et d'administration du patrimoine du débiteur insolvable, y compris sur les avoirs acquis lors de la procédure d'insolvabilité, à compter du jugement prononçant l'ouverture de la procédure d'insolvabilité.	59
Superprivileg der Arbeitnehmer Privileg, nach dem die Arbeitnehmer an erster Stelle der Gläubiger der Konkursgläubigergemeinschaft bezahlt werden.	**Superprivilège des salariés** Privilège grâce auquel les salariés seront payés prioritairement par rapport au reste de la masse des créanciers.	88
Universalitätsprinzip Die rechtliche Wirkung eines in Luxemburg eröffneten Konkursverfahrens ist nicht auf das inländische Vermögen begrenzt, sondern bezieht sich ebenfalls auf Vermögensgegenstände des Schuldners, die sich im Ausland befinden.	**Principe d'universalité de la faillite** Les effets juridiques d'une procédure d'insolvabilité ouverte au Luxembourg ne sont pas limités aux avoirs situés sur le territoire national mais s'étendent également aux avoirs du débiteur situés à l'étranger.	180

Luxemburg

Deutsch	Französisch	Rn.
Verdachtszeitraum Zeitraum zwischen dem Konkurseröffnungsurteil und dem darin festgelegten Datum der Zahlungseinstellung, der sich in der Regel auf die vom Gesetz maximal vorgesehene Zeitspanne von 6 Monaten ausdehnt.	**Période suspecte** Période comprise entre le jugement déclaratif de faillite et la date de cessation des paiements qui, en règle générale, s'étend sur une période maximale de 6 mois.	69
Zusammenhängende Verbindlichkeiten Forderungen und Verbindlichkeiten, die zB aus ein und demselben Vertrag entstanden sind und deshalb als gegenseitige und voneinander abhängige Verpflichtungen anzusehen sind.	**Obligations réciproques** Créances et obligations qui, par exemple, sont nées d'un seul et même contrat et doivent donc être considérées comme des obligations mutuelles et dépendantes l'une de l'autre.	133
Zustand des Konkurses Ein Kaufmann/eine Handelsgesellschaft befindet sich gemäß dem Luxemburger Handelsgesetzbuch im Zustand des Konkurses, wenn er/sie seine/ihre Zahlungen eingestellt hat und seine Kreditwürdigkeit verloren hat *(ébranlement du crédit)*.	**Etat de faillite** Un commerçant/une société commerçante se trouve, en application du code de commerce luxembourgeois, en état de faillite, lorsqu'il est en état de cessation des paiements et d'ébranlement du crédit.	43
Zwangsvergleich Sanierungsverfahren, das ggfs. vor der Eröffnung eines Insolvenzverfahrens mit dem Einverständnis der Gläubiger eröffnet werden kann, in der Praxis jedoch äußerst selten eingeleitet wird.	**Concordat préventif de faillite** Redressement judiciaire qui pourra être prononcé dans certains cas avant l'ouverture d'une procédure d'insolvabilité avec l'accord des créanciers qui est toutefois très rarement mis en pratique	6

Glossar

Französisch	Deutsch	Rn.
Concordat préventif de faillite Redressement judiciaire qui pourra être prononcé dans certains cas avant l'ouverture d'une procédure d'insolvabilité avec l'accord des créanciers qui est toutefois très rarement mis en pratique.	**Zwangsvergleich** Sanierungsverfahren, das ggfs. vor der Eröffnung eines Insolvenzverfahrens mit dem Einverständnis der Gläubiger eröffnet werden kann, in der Praxis jedoch äußerst selten eingeleitet wird.	6
Créanciers dans la masse Tous les créanciers qui sont désintéressés après les créanciers de la masse.	**Gläubiger im Rahmen der Konkursgläubigergemeinschaft** Sämtliche Gläubiger, die nach den Gläubigern der Konkursgläubigergemeinschaft bezahlt werden.	79
Créanciers de la masse Les créanciers qui sont désintéressés en premier, puisque leurs demandes correspondent à des dépenses qui ont été effectuées par le curateur dans l'intérêt de la communauté des créanciers (masse des créanciers).	**Gläubiger der Konkursgläubigergemeinschaft** Gläubiger, die zuerst befriedigt werden, da ihre Forderungen Ausgaben entsprechen, die vom Konkursverwalter im Interesse der ganzen Konkursgläubigergemeinschaft getätigt worden sind.	79
Créanciers privilégiés Les créanciers, avec une sûreté classique (créancier hypothécaire, créancier bénéficiaire d'un gage), les créanciers titulaires d'un droit spécial, voir les art. 2102 et	**Gesicherte Gläubiger** Gläubiger mit einer klassischen Sicherheit (Hypothek, Pfand), Gläubiger mit einem Sonderrecht (s. Art. 2102 und 2103 des Code civil), sowie Gläubiger	89

Luxemburg

Französisch	Deutsch	Rn.
2103 du Code civil), tout comme les créanciers avec une garantie financière au sens de la loi du 5 août 2005 sur les garanties financières.	mit einer Finanzsicherheit im Sinne der *loi du 5 août 2005 sur les garanties financières*.	
Curateur Le curateur nommé par le tribunal dans le jugement déclaratif de faillite est le plus souvent un avocat, et dans des cas particuliers, un comptable, un expert-comptable ou un notaire; il sera chargé de l'exécution de la procédure d'insolvabilité.	**Konkursverwalter** Bei dem vom Gericht in seinem Konkurseröffnungsurteil ernannten Konkursverwalter handelt es sich meist um einen Rechtsanwalt, in besonderen Fällen auch um einen Buchhalter, Wirtschaftsprüfer oder Notar, der mit der Abwicklung des Konkursverfahrens betraut wird.	52
Egalité des créanciers Tous les créanciers doivent être traités de manière égale tout au long de la procédure d'insolvabilité et un créancier n'a en principe pas le droit d'obtenir un avantage illégal par rapport des autres créanciers.	**Prinzip der Gleichbehandlung aller Gläubiger** Sämtliche Gläubiger müssen bei der Abwicklung des Insolvenzverfahrens grundsätzlich gleich behandelt werden und ein Gläubiger darf sich grundsätzlich gegenüber den anderen Gläubigern keinen unrechtmäßigen Vorteil verschaffen.	132
Etat de faillite Un commerçant/une société commerçante se trouve, en application du code de commerce luxembourgeois, en état de faillite, lorsqu'il est en état de cessation des paiements et d'ébranlement du crédit.	**Zustand des Konkurses** Ein Kaufmann/eine Handelsgesellschaft befindet sich gemäß dem Luxemburger Handelsgesetzbuch im Zustand des Konkurses, wenn er/sie seine/ihre Zahlungen eingestellt hat und seine Kreditwürdigkeit verloren hat.	43
Gestion contrôlée Redressement judiciaire qui pourra être prononcé dans certains cas avant l'ouverture d'une procédure d'insolvabilité avec l'accord des créanciers qui est toutefois très rarement mis en pratique.	**Kontrollierte oder überwachte Geschäftsführung** Sanierungsverfahren, das ggfs. vor der Eröffnung eines Insolvenzverfahrens mit dem Einverständnis der Gläubiger eröffnet werden kann, in der Praxis jedoch äußerst selten eingeleitet wird.	49
Juge-commissaire Dans le jugement déclaratif de la faillite, le tribunal nomme un juge-commissaire qui doit veiller au bon déroulement de la procédure d'insolvabilité par l'intermédiaire du curateur.	**Konkursrichter** In dem Konkurseröffnungsurteil ernennt das Gericht einen Konkursrichter, welcher damit beauftragt ist, die Abwicklung des Konkursverfahrens durch den Konkursverwalter zu überwachen.	57
Jugement déclaratif de faillite Jugement dans lequel le tribunal constate qu'un commerçant ou une société commerciale se trouve dans un état d'insolvabilité et décide de l'ouverture d'une procédure d'insolvabilité sur le patrimoine du commerçant ou de la société commerciale.	**Konkurseröffnungsurteil** Urteil in dem das Gericht feststellt, dass der Kaufmann/die Handelsgesellschaft sich in dem Zustand des Konkurses befindet und entscheidet, das Konkursverfahren über das Vermögen des Kaufmannes/der Handelsgesellschaft zu eröffnen.	48
Nullités de la période suspecte Les différents actes et opérations effectués par le débiteur pendant la période suspecte ne sont pas opposables aux créanciers de l'insolvabilité pour qui ces actes sont nuls et invalides.	**Nichtigkeiten des Verdachtszeitraums** Verschiedene durch den Schuldner in dem Verdachtszeitraum vorgenommene Handlungen und Geschäfte sind den Insolvenzgläubigern gegenüber ungültig und rechtsunwirksam.	95

Luxemburg

Französisch	Deutsch	Rn.
Obligations réciproques Créances et obligations qui, par exemple, sont nées d'un seul et même contrat et doivent donc être considérées comme des obligations mutuelles et dépendantes l'une de l'autre.	**Zusammenhängende Verbindlichkeiten** Forderungen und Verbindlichkeiten, die zB aus ein und demselben Vertrag entstanden sind und deshalb als gegenseitige und voneinander abhängige Verpflichtungen anzusehen sind.	133
Période suspecte Période comprise entre le jugement déclaratif de faillite et la date de cessation des paiements qui, en règle générale, s'étend sur une période maximale de 6 mois.	**Verdachtszeitraum** Zeitraum zwischen dem Konkurseröffnungsurteil und dem darin festgelegten Datum der Zahlungseinstellung, der sich in der Regel auf die vom Gesetz maximal vorgesehene Zeitspanne von 6 Monaten ausdehnt.	69
Principe d'universalité de la faillite Les effets juridiques d'une procédure d'insolvabilité ouverte au Luxembourg ne sont pas limités aux avoirs situés sur le territoire national mais s'étendent également aux avoirs du débiteur situés à l'étranger.	**Universalitätsprinzip** Die rechtliche Wirkung eines in Luxemburg eröffneten Konkursverfahrens ist nicht auf das inländische Vermögen begrenzt, sondern bezieht sich ebenfalls auf Vermögensgegenstände des Schuldners die sich im Ausland befinden.	180
Principe de dessaisissement du débiteur La perte du droit de disposition et d'administration du patrimoine du débiteur insolvable, y compris sur les avoirs acquis lors de la procédure d'insolvabilité, à compter du jugement prononçant l'ouverture de la procédure d'insolvabilité.	**Prinzip des *dessaisissement du débiteur*** Verlust des Verfügungs- und Verwaltungsrechts des zahlungsunfähigen Schuldners über sein gesamtes Vermögen, einschließlich des ihm während des Konkurses zufallenden Vermögens, ab dem Konkurseröffnungsurteil.	59
Principe de suspension des poursuites individuelles A partir de la date du jugement déclaratif de faillite, les actions et les mesures d'exécution portant sur les biens meubles et immeubles ne peuvent être intentées ou prises par les créanciers qu'à l'encontre du ou des curateurs.	**Prinzip der *suspension des poursuites individuelles*** Klagen sowie Vollstreckungsmaßnahmen über bewegliche und unbewegliche Güter dürfen von den Gläubigern ab dem Datum des Konkurseröffnungsurteils nur noch gegen den oder die Konkursverwalter geführt bzw. ergriffen werden.	67
Principe de suspension des voies d'exécution A partir de la date du jugement déclaratif de faillite, les procédures d'exécution forcée ne sont en principe plus admissibles.	**Prinzip der *suspension des voies d'exécution*** Zwangsvollstreckungsverfahren sind ab dem Datum des Konkurseröffnungsurteils prinzipiell nicht mehr zulässig.	67
Procédure d'insolvabilité Les sociétés commerciales et les commerçants sont soumis à la procédure commune d'insolvabilité qui est réglementée par le code de commerce luxembourgeois.	**Konkursverfahren** Allgemeines Konkursverfahren, dem Kaufmänner und Handelsgesellschaften in Luxemburg unterliegen und das im Luxemburger Handelsgesetzbuch geregelt ist.	45
Superprivilège des salariés Privilège grâce auquel les salariés seront payés prioritairement par rapport au reste de la masse des créanciers.	**Superprivileg der Arbeitnehmer** Privileg, nach dem die Arbeitnehmer an erster Stelle der Gläubiger der Konkursgläubigergemeinschaft bezahlt werden.	88
Sursis de paiement Un sursis de paiement peut être accordé par le tribunal à un commerçant ou une société commerciale qui par des circon-	**Gerichtlicher Zahlungsaufschub** Zahlungsaufschub, der vom Gericht dem Kaufmann oder der Handelsgesellschaft, der/die durch außergewöhnliche und	7

Luxemburg

Französisch	Deutsch	Rn.
stances exceptionnelles et imprévisibles, se trouverait confronté à des difficultés financières temporaires, sans que ses dettes ne dépassent cependant son patrimoine.	unvorhersehbare Vorkommnisse in vorübergehende Zahlungsschwierigkeiten geraten ist, ohne dass jedoch seine/ihre Schulden sein/ihr Vermögen übersteigen, gewährt werden kann.	

Malaysia

bearbeitet von *Salwah Abdul Shukor*, LL.B. (Bristol), Advocate and Solicitor, High Court of Malaya, Zain & Co., Kuala Lumpur, Malaysia; *Dr. Detlef Spranger*, Rechtsanwalt; *Andreas Ziegenhagen*, Rechtsanwalt, Wirtschaftsprüfer, Steuerberater; beide Dentons Europe LLP, Berlin bzw. Frankfurt am Main[*]

Übersicht

	Rn.
1. Gesetzessammlungen und Informationsquellen	1
2. Einleitung	2
2.1 Gesetzliche Grundlagen	2
2.2 Zusammenfassende Betrachtung der Verfahrenstypen	5
2.3 Gerichte, öffentliche Stellen, Verwalter	12
2.3.1 Obergerichte, *high courts*	12
2.3.2 Registerführung, *Registrar*	13
2.3.3 *Official Receiver, Director General of Insolvency*	14
2.3.4 Verwalterämter, *approved liquidator, insolvency practitioner*	15
2.4 Präventive finanzielle Restrukturierung	17
2.5 Konzerninsolvenzen	18
2.6 Privatinsolvenzen	19
3. Wesentliche Merkmale der Verfahren nach dem *Companies Act 2016, corporate insolvency*	20
3.1 Unternehmensabwicklung, *winding up*	20
3.1.1 Einleitung des Verfahrens	20
3.1.2 Rolle des Gerichts	24
3.1.3 Rolle des Verwalters, *liquidator*	25
3.1.4 Sicherungsmaßnahmen vor Verfahrenseröffnung, Wirkung des Antrags	27
3.1.5 Unternehmensfortführung	28
3.1.6 Wirkungen der Verfahrenseröffnung auf Einzelzwangsvollstreckungen	29
3.1.7 Wirkungen der Verfahrenseröffnung auf Rechtsstreitigkeiten	30
3.1.8 Gläubigerorgane, *creditors' meeting* und *committee of inspection*	31
3.1.9 Forderungsanmeldung, *proof of debt*	33

	Rn.
3.1.10 Reihenfolge der Befriedigung der Gläubiger, Behandlung von Sicherheiten	34
3.1.11 Beendigung der Gesellschaft, *dissolution*	38
3.2 Verwaltung im Interesse bestimmter Gläubiger, *receivership*	40
3.2.1 Einleitung des Verfahrens	40
3.2.2 Zum Verfahrensgang	43
3.3 Unternehmenssanierung unter gerichtlich angeordneter Verwaltung, *judicial management*	49
3.3.1 Einleitung des Verfahrens	49
3.3.2 Zum Verfahrensgang	51
3.4 Unternehmenssanierung im Vergleichsverfahren, *corporate voluntary arrangement*	62
3.4.1 Einleitung des Verfahrens	62
3.4.2 Zum Verfahrensgang	65
3.5 Unternehmenssanierung im Rahmen eines *scheme of arrangement*	70
3.5.1 Einleitung des Verfahrens	70
3.5.2 Zum Verfahrensgang	72
4. Wesentliche Verfahrensmerkmale des Konkurses von Personengesellschaften, Einzelunternehmen und natürlichen Personen, *proceedings in bankruptcy*	77
4.1 Eröffnung des Verfahrens	77
4.2 Zum Verfahrensgang	80
5. Eigentumsvorbehalte, *retention of title*	85
6. Aufrechnung, *insolvency set-off*	86
7. Anfechtungsähnliche Rechtsinstitute, *avoidance of transactions*	87
8. Haftung von Geschäftsführern, *directors*	91
9. Internationales Insolvenzrecht	92
10. COVID-19 Gesetzgebung	94

1. Gesetzessammlungen und Informationsquellen

Die *Companies Commission of Malaysia* stellt auf ihrer Internetseite eine Sammlung gesellschaftsrechtlicher Regelwerke zur Verfügung.[1] Über die Internetseite der *Attorney General's Chambers of*

---

[*] Mit Dank für ihre Unterstützung an *Wei Shen Chin*, B.Com und LL.B. (Western Australia) und *Yi Jan Lai*, LL.B. (Cardiff), beide Associates bei Zain & Co, Kuala Lumpur, Malaysia.

[1] [Online: URL: <https://www.ssm.com.my>]; diese Sammlung enthält auch den *Companies Act 2016* und die *Companies (Corporate Rescue Mechanism) Rules 2018*.

Malaysia kann auf eine allgemeine, offizielle Sammlung malaysischer Gesetze und Rechtsakte zugegriffen werden.[2] Auf der Internetseite des *Malaysian Department of Insolvency* werden außerdem spezifisch insolvenzrechtliche Informationen zur Verfügung gestellt.[3]

2. Einleitung

2.1 Gesetzliche Grundlagen

2   Das Insolvenzrecht Malaysias ist vor allem im **Companies Act 2016**[4] und im **Insolvency Act 1967**[5] geregelt.[6] Die Vorschriften haben ihre Wurzeln im englischen Recht. Auch das englische *common law* ist Teil des malaysischen Rechtssystems.[7]

3   Die einschlägigen Regelungen im *Companies Act 2016* betreffen vor allem die Sanierung und Abwicklung von Unternehmen, die in kapitalgesellschaftsrechtlichen Rechtsformen, *companies*, organisiert sind.[8] Sie werden ergänzt durch die *Companies (Corporate Rescue Mechanism) Rules 2018* und die *Companies (Winding-Up) Rules 1972*, die beide im Wesentlichen Verfahrensvorschriften enthalten. Der *Companies Act 2016* trat am **31.1.2017 in Kraft**. Ausgenommen hiervon waren die Regelungen zum neuen *corporate rescue mechanism*, die erst am **1.3.2018** in Kraft traten.[9] Der *Companies Act 2016* ersetzte den bis dahin geltenden *Companies Act 1965* vollständig. Der *Companies Act 2016* diente der **Umsetzung weitreichender Reformen** des malaysischen Kapitalgesellschaftsrechts, die auch dessen insolvenzrechtliche Regelungen betrafen. Unter anderem enthält der *Companies Act 2016* mit dem gerade erwähnten *corporate rescue mechanism* erstmals Verfahren für das *judicial management* und das *corporate voluntary arrangement*. Die bis dahin geltenden Regelungen des *Companies Act 1965* zum *scheme of arrangement* wurden ebenfalls überarbeitet; hier wurde unter anderem die Laufzeit des Moratoriums auf maximal neun Monate begrenzt und eine gerichtlich veranlasste Prüfung des *scheme* ermöglicht. Bezüglich der *receivership* wurden unter anderem die Aufgaben der Verwalter konkretisiert und deren gerichtliche Einsetzung geregelt. Auch die Regelungen für die verschiedenen Formen des *winding up* wurden modifiziert. Insofern wurde beispielsweise für die Prüfung der Zahlungsunfähigkeit von Gesellschaften eine betragsmäßige Untergrenze der relevanten Verbindlichkeiten in Höhe von 10.000,00 RM festgelegt.[10]

4   Der **Insolvency Act 1967** ist hingegen ein genuin insolvenzrechtliches Regelwerk. Seine Regelungen sind im Wesentlichen für die Insolvenzen von Personengesellschaften, Einzelunternehmen und Privatpersonen einschlägig. Die Regelungen des *Insolvency Act 1967* werden durch die *Insolvency Rules 2017* und die *Insolvency (Voluntary arrangement) Rules 2017* sowie die *Insolvency (Fees) (Amendment) Rules 2017* und die *Insolvency (Cost) (Amendment) Rules 2017* ergänzt.[11] Insbesondere im Hinblick auf die hohe Zahl von Privatinsolvenzen wurde das Gesetz durch den *Bankruptcy (Amendment) Act 2017* **umfassend reformiert**. Die Änderungen traten am **6.10.2017 in Kraft**.[12] Beispielsweise werden nunmehr auch im *Insolvency Act 1967* Bestimmungen für eine Insolvenzvermeidung

---

[2] [Online: URL: <www.agc.gov.my>]; dort können auch der *Insolvency Act 1967* und die *Insolvency Rules 2017* bezogen werden.
[3] [Online: URL: <http://www.mdi.gov.my>].
[4] *Laws of Malaysia*, Companies Act 2016, Act 777, as at 1 November 2018, published by the Commissioner of Law Revision, Malaysia under the authority of the Revision of Laws Act 1968.
[5] *Laws of Malaysia*, Act 360, Insolvency Act 1967, as at 1 November 2017, published by the Commissioner of Law Revision, Malaysia under the authority of the Revision of Laws Act 1968, ursprünglich in Kraft getreten als Bankruptcy Act 1967, Act 55 of 1967, zuletzt geändert mit Act A1534 mit Wirkung zum 6.10.2017.
[6] Malaysische Regelwerke werden im Folgenden mit den amtlichen oder üblichen englischen Kurztiteln bezeichnet; Abschnitte und Vorschriften malaysischer Gesetze werden im Folgenden unter Verwendung der in der englischen Fassung verwendeten Bezeichnungen zitiert; hierbei werden **sections** mit „**s**", **rules** mit „**r**" und **paragraphs** mit „**para**" abgekürzt.
[7] Nach *Civil Law Act 1956*, s 3 sind ua englisches *common law and rules of equity* grundsätzlich subsidiär in allen Teilen Malaysias anwendbar, allerdings mit inhaltlichen Vorbehalten und, örtlich differenziert, auf Ständen zwischen 1949 und 1956.
[8] Weitere Verfahren, insbesondere im Zusammenhang mit notleidenden Krediten, *non-performing loans*, sind im *Malaysia Deposit Insurance Corporation Act 2011* und im *Danaharta Act* geregelt; diese Verfahren sind derzeit ohne praktische Relevanz, von einer Darstellung wird im Folgenden abgesehen.
[9] S. Federal Government Gazette, P.U. (B) 106/2018.
[10] Die vorstehend genannten Verfahren und Begriffe werden in → Rn. 5–11 einleitend dargestellt und sind darüber hinaus Gegenstand weiterer, ausführlicher Ausführungen dieses Beitrages.
[11] Weiter finden auf Verfahren nach dem *Insolvency Act 1967* ergänzend die *Rules of Court 2012* Anwendung; s. *Insolvency Rules 2017*, r 284; *Dato' Fathi Hj Ahmad v Standard Chartered Bank Malaysia Bhd* [2006] 1 CLJ 273.
[12] S. Federal Government Gazette, P.U. (B) 466/2017.

durch ein *voluntary arrangement* getroffen. Auch wurden Restschuldbefreiungen, *discharges of bankrupt*, durch neue Mechanismen *(automatic discharge)* und Beschränkung von Widersprüchen *(no objection)* erleichtert.[13]

2.2 Zusammenfassende Betrachtung der Verfahrenstypen

Das malaysische Recht unterscheidet – ähnlich wie andere durch das englische Recht beeinflusste Rechtsordnungen – im Hinblick auf die Sanierung und die Insolvenz von Unternehmen und Privatpersonen **diverse Verfahrenstypen.** Hierzu zählen im Wesentlichen

a) die im *Companies Act 2016,* s 431–560 geregelten verschiedenen Formen der Abwicklung von Kapitalgesellschaften (und gemäß s 543–548 in modifizierter Form auch anderer Gesellschaftsformen), **winding up,**
b) die im *Companies Act 2016,* s 372–393 geregelte Verwaltung und Verwertung des Vermögens oder Teilen des Vermögens von Kapitalgesellschaften im Interesse der Inhaber bestimmter Sicherheiten, *receivership,*
c) die im *Companies Act 2016,* s 403–430 zum Zwecke der Unternehmenssanierung geregelte Anordnung einer gerichtlich kontrollierten Verwaltung bestimmter Kapitalgesellschaften, *judicial management,*
d) der im *Companies Act 2016,* s 395–402 zum Zwecke der Unternehmenssanierung geregelte Vergleich zwischen bestimmten Kapitalgesellschaften und ihren Gläubigern, *corporate voluntary arrangement,*
e) die im *Companies Act 2016,* s 365–371 für Kapitalgesellschaften geregelten, ebenfalls zur Unternehmenssanierung genutzten, Gestaltungsmöglichkeiten, *scheme of arrangement,*
f) die im *Insolvency Act 1967* insbesondere für die Insolvenzen von Personengesellschaften, Einzelunternehmen und Privatpersonen geregelten Verfahren, namentlich die *proceedings in bankruptcy* und das *voluntary arrangement.*

Die **verschiedenen Formen des** *winding up*[14] einer Gesellschaft richten sich grundsätzlich auf die Verwertung des Vermögens durch einen Verwalter, *liquidator,* die Verteilung an deren Gläubiger und ggf. deren Gesellschafter sowie schließlich auf die vom Gesetz als *dissolution* bezeichnete Beendigung der Gesellschaft. Mit dem Beginn eines *winding up*-Verfahrens befindet sich die Gesellschaft in Liquidation, *company in liquidation,* und hat diesen Umstand durch einen entsprechenden Firmenzusatz kenntlich zu machen.[15] Das *members' voluntary winding up* hat grundsätzlich nichts mit einer Insolvenz der Gesellschaft zu tun. Es dient vielmehr der Abwicklung solventer Gesellschaften nach Zeitablauf oder aufgrund eines entsprechenden Gesellschafterbeschlusses.[16] Ein *creditors' voluntary winding up* wird unter denselben Voraussetzungen wie ein *members' voluntary winding up* eingeleitet. Es richtet sich allerdings auf die Abwicklung insolventer Unternehmen. Im Unterschied zum *members' voluntary winding up* geben die Geschäftsführer hier keine Erklärung zur Zahlungsfähigkeit der Gesellschaft – *declaration of solvency* – ab.[17] Die Gläubiger haben beim *creditors' voluntary winding up* größeren Einfluss auf das Verfahren als beim *members' voluntary winding up,* insbesondere können sie auch den *liquidator* auswählen.[18] Ein **winding up by court** oder **compulsory winding up** wird hingegen vom Gericht auf Antrag insbesondere der Gesellschaft oder eines Gläubigers und vor allem bei Zahlungsunfähigkeit der Gesellschaft – *inability to pay debts* – angeordnet.[19] Es hat dementsprechend einen förmlicheren Charakter.

Die **Receivership**[20] ist die Verwaltung und Verwertung von Gesellschaftsvermögen oder Teilen hiervon auf Veranlassung und im Interesse bestimmter durch *charges* gesicherter Gläubiger. Diese Form der Verwaltung beruht in der Regel auf Sicherheitendokumenten, *instruments,* die, insbesondere im Zusammenhang mit notleidenden Schuldverschreibungen, *debentures,* die betreffenden Gläubiger ermächtigen, Verwalter, *receiver* oder *receiver and manager,* einzusetzen.[21] Der *Companies Act 2016* sieht außerdem die gerichtliche Bestellung solcher Verwalter vor, und zwar insbesondere auf Antrag von Schuldverschreibungsgläubigern, *debenture holders.*[22]

---

13 → Rn. 11, → Rn. 77–84.
14 Näher → Rn. 20–39.
15 *Companies Act 2016,* s 516(1).
16 *Companies Act 2016,* s 432(2)(a), s 439(1).
17 *Companies Act 2016,* s 432(2)(b), s 443–444.
18 *Companies Act 2016,* s 449–450.
19 *Companies Act 2016,* s 432(1)(b), s 464–466.
20 Näher → Rn. 40–48.
21 *Companies Act 2016,* s 374(a),(b),(c), s 375; *Dato' Sri Andrew Kam Tai Yeow v Tan Sri Dato' Kam Woon Wah & Ors* [2018] 1 LNS 1600.
22 *Companies Act 2016,* s 374(c), s 376.

8 Das *judicial management*[23] dient der Unternehmenssanierung oder der Erzielung einer (im Vergleich zum *winding up*) besseren Vermögensverwertung im Falle der Zahlungsunfähigkeit oder drohenden Zahlungsunfähigkeit der Gesellschaft.[24] Auf Antrag der Gesellschaft oder eines Gläubigers wird für einen Zeitraum von bis zu zwölf Monaten die Verwaltung des Gesellschaftsvermögens von einem gerichtlich bestellen Verwalter, dem *judicial manager*, übernommen.[25] Der *judicial manager* hat den Gläubigern einen Vorschlag, *proposal*, für Maßnahmen zur Unternehmenssanierung oder zur Erreichung der sonstigen Verfahrensziele zu unterbreiten.[26] Während des *judicial management* unterliegen die Ansprüche der Gläubiger einem **Schuldenmoratorium**.[27] Das *judicial management* steht Instituten, die der Aufsicht der malaysischen Zentralbank, dh der *Bank Negara Malaysia*, unterliegen oder dem *Capital Markets and Services Act 2007* unterfallen, wie etwa Kreditinstituten oder Versicherungen, nicht zur Verfügung.[28]

9 Das *corporate voluntary arrangement*[29] ist ein Vergleich zwischen der Gesellschaft und ihren ungesicherten Gläubigern, der grundsätzlich auf Basis eines von den Geschäftsführern, *directors*, unterbreiteten Vorschlags vereinbart wird.[30] Der designierte Treuhänder oder Supervisor, *trustee* oder *supervisor* (vom Gesetz als **nominee** bezeichnet), begleitet das Verfahren bereits während der Vorbereitungs- und Einigungsphase. Der *nominee* begleitet später in der Regel auch die Umsetzung des *voluntary arrangement* in der ihm zugewiesenen Funktion (vom Gesetz dann als **supervisor** bezeichnet).[31] Der *supervisor* ersetzt hierbei nicht die *directors*, vielmehr bleiben diese im Amt. Die Einigungsbemühungen werden von einem **Schuldenmoratorium** mit einer Laufzeit von bis zu 60 Tagen flankiert. Das Moratorium tritt mit Einreichung des Vergleichsvorschlags bei Gericht automatisch in Kraft.[32] Auch dieses Verfahren steht Instituten, die der Aufsicht der *Bank Negara Malaysia* unterliegen oder dem *Capital Markets and Services Act 2007* unterfallen, nicht zur Verfügung. Außerdem sind *public companies* (praktisch also größere Kapitalgesellschaften)[33] und solche Gesellschaften, deren Vermögen mit *charges* belastet sind (praktisch also Gesellschaften, die gesicherte Darlehen aufgenommen haben)[34] vom Anwendungsbereich dieses Verfahrens ausgenommen.[35]

10 Die Wurzeln des *scheme of arrangement*[36] liegen eigentlich nicht im Insolvenzrecht, sondern im Gesellschaftsrecht. *Schemes of arrangement* umfassen Vergleiche, *compromises*, und weitere Vereinbarungen, *arrangements*, zwischen der Gesellschaft und den Gesellschaftern (oder Gesellschafterklassen) oder Gläubigern (oder Gläubigerklassen), einschließlich der internen Reorganisation von Gesellschaften.[37] Das Verfahren wird auf Antrag vom Gericht eingeleitet. Das mit der erforderlichen Mehrheit der Parteien beschlossene *scheme* bedarf zu seiner Wirksamkeit der gerichtlichen Bestätigung.[38] Das Gericht kann die Durchführbarkeit des vorgelegten *scheme* vor der Abstimmung überprüfen lassen.[39] Auf Anordnung des Gerichts, *restraining order*, kann das Verfahren durch ein **Schuldenmoratorium** mit einer Laufzeit von bis zu neun Monaten begleitet werden.[40]

11 *Proceedings in bankruptcy*[41] können nach dem *Insolvency Act 1967* auf Antrag des Schuldners oder eines Gläubigers vom Gericht aus diversen gesetzlich geregelten Gründen – den *acts of bankruptcy* – über Vermögen von **Personengesellschaften, Einzelunternehmen und Privatpersonen** eröffnet werden.[42] Das Vermögen des Schuldners wird sodann vom **Director General of Insolvency** verwaltet und verwertet.[43] In der Praxis werden die meisten Insolvenzverfahren auf Antrag eines

---

[23] Näher → Rn. 49–61.
[24] *Companies Act 2016*, s 405(1).
[25] *Companies Act 2016*, s 404, s 406(1), s 414.
[26] *Companies Act 2016*, s 420.
[27] *Companies Act 2016*, s 411; *CIMB Islamic Bank Berhad v Wellcom Communications (NS) Sdn Bhd and Anor* [2019] 4 CLJ 1.
[28] *Companies Act 2016*, s 403.
[29] Näher → Rn. 62–69.
[30] *Companies Act 2016*, s 396, s 400.
[31] *Companies Act 2016*, s 401.
[32] *Companies Act 2016*, s 398.
[33] *Companies Act 2016*, s 2, s 11.
[34] Vgl. *Companies Act 2016*, s 353.
[35] *Companies Act 2016*, s 395.
[36] Näher → Rn. 70–76.
[37] *Companies Act 2016*, s 365, 366(3).
[38] *Companies Act 2016*, s 366(1),(4)-(7).
[39] *Companies Act 2016*, s 367.
[40] *Companies Act 2016*, s 368.
[41] Näher → Rn. 77–84.
[42] *Insolvency Act 1967*, s 3–7.
[43] *Insolvency Act 1967*, s 8(1)(b).

Gläubigers wegen Verstoßes des Schuldners gegen eine *bankruptcy notice* eröffnet. Der *Insolvency Act 1967* sieht verschiedene Verfahren vor, nach denen sich der Schuldner von seinen Restschulden befreien kann, *discharge*.[44] Neuerdings enthält der *Insolvency Act 1967* auch Bestimmungen über ein **voluntary arrangement** zur Abwendung von Insolvenzen.[45]

2.3 Gerichte, öffentliche Stellen, Verwalter

2.3.1 Obergerichte, *high courts*

Für die Verfahren nach dem *Companies Act 2016* sind die malaysischen **Obergerichte, *high courts***, zuständig, dh der *High Court of Malaya* und der *High Court of Sabah und Sarawak*.[46] Dasselbe gilt für die Verfahren nach dem *Insolvency Act 1967*.[47] Allgemein steht gegen die Entscheidungen der *high courts* das Rechtsmittel des *appeal* beim *Court of Appeal* als zweite Tatsacheninstanz zur Verfügung.[48] Gegen Entscheidungen des *Court of Appeal* kann unter Umständen ein weiteres Rechtsmittel zum *Federal Court* eingelegt werden, ebenfalls *appeal* genannt.[49] Verfahren beim *Federal Court* sind grundsätzlich auf die Prüfung ungeklärter und wesentlicher Rechtsfragen beschränkt.[50]

2.3.2 Registerführung, *Registrar*

Der *Companies Act 2016* sieht im Laufe der hier besprochenen Abwicklungs- und Sanierungsverfahren diverse Pflichten zur Einreichung von Dokumenten beim *Registrar* vor. Der *Registrar* ist – wie auch sonst im Anwendungsbereich des *Companies Act 2016* – der *Chief Executive Officer* der *Companies Commission of Malaysia*.[51]

2.3.3 *Official Receiver, Director General of Insolvency*

Nach malaysischem Recht nehmen in insolvenzrechtlichen Verfahren mitunter staatliche Stellen bestimmte Verwalterbefugnisse war. Der *Companies Act 2016* und der *Insolvency Act 1967* verwenden für diese Ämter die Bezeichnungen **Official Receiver** bzw. **Director General of Insolvency**.[52] Die Befugnisse beider Ämter werden formell vom Leiter des **Malaysian Department of Insolvency** ausgeübt. Nach dem *Companies Act 2016* hat der *Official Receiver* insbesondere beim **compulsory winding up**[53] wesentliche Funktionen. So übernimmt er hier die Aufgaben des *liquidator*, sofern oder solange kein privatwirtschaftlicher Verwalter bestellt wird oder werden kann, oder falls das Amt vakant wird.[54] Er kann vom Gericht auch als vorläufiger Verwalter, *interim liquidator*, bestellt werden.[55] Ferner überwacht er die Amtsführung der privatwirtschaftlichen *liquidators*.[56] Beim Konkurs nach den Regelungen des *Insolvency Act 1967* übernimmt der *Director General of Insolvency* alle typischen Funktionen des Konkursverwalters.[57]

2.3.4 Verwalterämter, *approved liquidator, insolvency practitioner*

Der *Companies Act 2016* verwendet für die Bezeichnung von Verwalterämtern hauptsächlich verfahrensbezogene, also **funktionsspezifische Begriffe**. Hierzu zählen vor allem: *liquidator, receiver/receiver and manager, judicial manager* und *nominee/supervisor*.[58]

Daneben verwendet der *Companies Act 2016* mitunter auch **qualifikationsbezogene Begriffe**, mit denen die allgemeinen Anforderungen bezeichnet werden, denen eine Person für die Übernahme eines Verwalteramtes oder einer bestimmten Aufgabe genügen muss. Hierzu zählt vor allem der

---

[44] *Insolvency Act 1967*, s 33–35D.
[45] *Insolvency Act 1967*, s 2A-2Q.
[46] *Companies Act 2016*, s 2(1).
[47] *Insolvency Act 1967*, s 88.
[48] *Courts of Judicature Act 1964*, s 67–73.
[49] *Courts of Judicature Act 1964*, s 96–102.
[50] *Courts of Judicature Act 1964*, s 96(a); *Terengganu Forest Products Sdn Bhd v Cosco Container Lines Co Ltd & Anor & Other Applications* [2011] 1 CLJ 51.
[51] *Companies Act 2016*, s 2(1), *Companies Commission of Malaysia Act 2001*, s 20A.
[52] Vgl. *Companies Act 2016*, s 2(1), *Insolvency Act 1967*, s 2, s. 70.
[53] Zusammenfassend → Rn. 6, ausführlicher → Rn. 20–39.
[54] *Companies Act 2016*, s 477.
[55] *Companies Act 2016*, s 476(1).
[56] *Companies Act 2016*, s 478(1)(a),(b), s 480.
[57] → Rn. 77–84.
[58] Vgl. zur Zuordnung dieser Begriffe zu den verschiedenen Verfahrensarten → Rn. 6–9; diese Begriffe werden auch im Folgenden bei der Darstellung der wesentlichen Merkmale der einzelnen Verfahren verwendet.

Begriff des *approved liquidator*. Ein *approved liquidator* muss einer anerkannten Berufsvereinigung angehören und vom Finanzminister für die Bekleidung des Amtes des *liquidator* zugelassen sein.[59] Derzeit sind das *Malaysian Institute of Accountants (MIA)* und das *Malaysian Institute of Certified Public Accountants (MICPA)* in diesem Sinne als Berufsvereinigungen anerkannt.[60] Neben dem Begriff des *approved liquidator* verwendet der *Companies Act 2016* auch den Begriff des **insolvency practitioner**. Auch hiermit ist dann eine im vorstehend beschriebenen Sinne vom Finanzminister zugelassene Person gemeint.[61]

2.4 Präventive finanzielle Restrukturierung

17   Seit 2009 stellt die *Bank Negara Malaysia* mit dem **Corporate Debt Restructuring Committee (CDRC)** notleidenden Unternehmen und ihren Gläubigern eine Plattform zur Verfügung, um auf freiwilliger Basis im Wege der Mediation Finanzverbindlichkeiten zu restrukturieren.[62] Die aktuellen Zulassungsvoraussetzungen sind auf der Internetseite der *CDRC* abrufbar.[63] Danach können notleidende Unternehmen die *CDRC* nutzen, wenn zu erwarten ist, dass sie nach einer Restrukturierung lebensfähig sein werden. Außerdem müssen sie entweder (a) am Primärmarkt *(Main Market)* oder Sekundärmarkt *(ACE Market)* der *Bursa Malaysia* notiert und nach den Regularien der Börse bereits als notleidend identifiziert worden sein (sog. *PN17* oder *GN3 Companies*) oder (b) Verbindlichkeiten von mindestens 10 Mio. RM sowie mehr als einen Finanzgläubiger haben, dürfen sich nicht im Verzug befinden und nicht Gegenstand förmlicher Verfahren sein.

2.5 Konzerninsolvenzen

18   Das malaysische Recht kennt **kein Konzerninsolvenzverfahren**. Vielmehr verfolgt der *Companies Act 2016* einen gesellschaftsbezogenen Verfahrensansatz. Demnach sind getrennte Verfahren für Unternehmen einer Unternehmensgruppe zu beantragen. Es kann aber vorkommen, dass Anträge, die sich auf Unternehmen einer Gruppe beziehen, vor demselben Gericht und von demselben Richter verhandelt werden.[64]

2.6 Privatinsolvenzen

19   Der **Insolvency Act 1967** findet auf Privatinsolvenzen Anwendung.[65] Das Gesetz enthält hierzu jedoch **keinen gesonderten Regelungsabschnitt**. Allerdings sind summarische Verfahren für Schuldner mit kleinen Vermögen und abhängig beschäftigte Arbeitnehmer, *small cases*, vorgesehen.

3. Wesentliche Merkmale der Verfahren nach dem *Companies Act 2016*, *corporate insolvency*

3.1 Unternehmensabwicklung, *winding up*

3.1.1 Einleitung des Verfahrens

20   Eine Gesellschaft kann nach dem *Companies Act 2016* freiwillig abgewickelt werden, **voluntary winding up**,[66] wenn (a) in der Satzung, *constitution*,[67] der Gesellschaft deren Dauer befristet worden und die Frist abgelaufen ist, (b) in der Satzung der Gesellschaft deren Auflösung an den Eintritt eines Ereignisses geknüpft worden, dieses eingetreten und über die Auflösung von den Gesellschaftern Beschluss gefasst worden ist oder (c) die Gesellschafter unabhängig davon die Auflösung beschlossen haben.[68] Die Abwicklung einer – solventen – Gesellschaft nach den Regelungen des **members'**

---

[59] *Companies Act 2016*, s 433(1)(a),(3)-(5).
[60] S. *Federal Government Gazette*, P.U. (B) 123/2018.
[61] *Companies Act 2016*, s 2(1).
[62] Die *CDRC* wurde erstmals im Jahr 1998 im Zuge der sog. Asienkrise ins Leben gerufen und nach deren Bewältigung zunächst wieder eingestellt.
[63] [Online: URL: <https://www.cdrc.my>].
[64] Vgl. *Tan Kean Keong v Tan Eng Hong Holdings Sdn Bhd & Ors & Another Case* [2015] 1 LNS 1385.
[65] Schon → Rn. 11 sowie → Rn. 77–84.
[66] Einleitend und zusammenfassend zu den verschiedenen *winding up*-Verfahren schon → Rn. 6.
[67] Nach dem *Companies Act 2016* sind die Grundlagen von *companies* in einem einheitlichen Dokument, genannt *constitution*, zu regeln; vgl. *Companies Act 2016*, s 34(a),(b); die *constitution* tritt damit an die Stelle der *articles of association* und des *memorandum of association* nach dem *Companies Act 1965*; in Bezug auf Gesellschaften, die nach dem alten Recht gegründet wurden, umfasst der Begriff *constitution* im *Companies Act 2016* nach s 34(c) beide vorgenannten Dokumente.
[68] *Companies Act 2016*, s 439(1).

voluntary winding up setzt voraus, dass die Geschäftsführer eine Erklärung zur Zahlungsfähigkeit der Gesellschaft für das erste Jahr ab dem Beginn der Abwicklung, *declaration of solvency,* abgeben.[69] Wird eine solche Erklärung nicht abgegeben, ist die Gesellschaft nach den Regelungen des *creditors' voluntary winding up* abzuwickeln.[70] Entsprechendes gilt, wenn sich später herausstellt, dass die Gesellschaft nicht über ausreichende Mittel zur Rückführung ihrer Verbindlichkeiten während des von der *declaration of solvency* abgedeckten Zeitraumes verfügt.[71]

Ein *compulsory winding up* kommt bei Vorliegen diverser Tatbestände in Betracht, die im Einzelnen in *Companies Act 2016,* s 465(1) aufgezählt sind. Zu diesen Tatbeständen zählt insbesondere auch die **Zahlungsunfähigkeit der Gesellschaft,** *inability to pay debts.* Eine Gesellschaft gilt als zahlungsunfähig, wenn sie eine ausstehende Verbindlichkeit auf förmliches Verlangen eines Gläubigers nicht binnen 21 Tagen begleicht; die fragliche Verbindlichkeit muss einen Mindestbetrag überschreiten, der vom zuständigen Minister festgelegt wird.[72] Derzeit[73] liegt diese Mindestgrenze bei 10.000,00 R.M.[74] Eine Gesellschaft gilt außerdem als zahlungsunfähig, wenn eine Vollstreckung aus einem Urteil ganz oder teilweise erfolglos geblieben oder die Zahlungsunfähigkeit dem Gericht auf sonstige Weise nachgewiesen worden ist.[75] Ein *compulsory winding up* kann auch dann angeordnet werden, wenn sich die Gesellschaft bereits im *voluntary winding up* befindet; allerdings muss sich in diesem Fall das Gericht davon überzeugt haben, dass die Fortsetzung der freiwilligen Abwicklung nicht im Gläubigerinteresse liegt.[76]

Während beide Formen des *voluntary winding up* aus in der Gesellschaftersphäre liegenden Gründen angestoßen werden,[77] bedarf ein *compulsory winding up* eines **Antrages**, *winding up petition,* beim zuständigen *high court.*[78] Ein *compulsory winding up* wegen Zahlungsunfähigkeit der Gesellschaft kann von der Gesellschaft selbst, jedem Gläubiger, einem *contributory*[79] oder ggf. einem *liquidator* beantragt werden.[80] In der Praxis überwiegen die Gläubigeranträge. Unter bestimmten Umständen sind auch die *Bank Negara Malaysia* oder die *Malaysia Deposit Insurance Corporation* antragsberechtigt.[81]

3.1.2 Rolle des Gerichts

Liegen die Voraussetzungen für ein *compulsory winding up* vor, eröffnet das **Gericht** mit einer entsprechenden Entscheidung, *winding up order,* das Verfahren.[82] Dem Gericht obliegt die Kontrolle der Amtsführung des Verwalters, *liquidator.*[83] Der Verwalter kann gerichtliche Weisungen zu sämtlichen das *winding up* betreffenden Angelegenheiten einholen.[84] Das Gericht kann außerdem Rechtsakte oder Entscheidungen des *liquidator* auf Einspruch einer beschwerten Partei aufheben oder ändern.[85] Sofern das Gericht einen *liquidator* bestellt hat,[86] kann es diesen aus begründetem Anlass abberufen.[87] Bei einem *voluntary winding up* ist die Rolle des Gerichts weniger ausgeprägt als beim

---

[69] *Companies Act 2016,* s 443(1); der Erklärung ist nach s 433(3) ein Lagebericht beizufügen, der Angaben zu den Vermögensgegenständen und Verbindlichkeiten sowie Einschätzungen der Abwicklungskosten und des Verwertungserlöses zu enthalten hat.
[70] *Companies Act 2016,* s 444.
[71] *Companies Act 2016,* s 447.
[72] *Companies Act 2016,* s 466(1)(a).
[73] Bearbeitungsstand: Januar 2020.
[74] S. *Federal Government Gazette,* P.U. (B) 582017.
[75] *Companies Act 2016,* s 466(1)(b)-(c).
[76] *Companies Act 2016,* s 464(1), (2)(d).
[77] Dazu schon → Rn. 20.
[78] *Companies Act 2016,* s 464(1).
[79] Ein *contributory* ist jede Person, die im Falle der Abwicklung der Gesellschaft nach deren Finanzverfassung zu ihrem Vermögen beitragen muss und schließt begrifflich auch die Inhaber voll eingezahlter Anteile ein; *Companies Act 2016,* s 2(1), s 435–438.
[80] *Companies Act 2016,* s 464(1)a)-(d).
[81] *Companies Act 2016,* s 464(1)(f),(g),(i).
[82] *Companies Act 2016,* s 464(1), s 469.
[83] *Companies Act 2016,* s 486(2).
[84] *Companies Act 2016,* s 487(3).
[85] *Companies Act 2016,* s 517.
[86] Dazu sogleich unter → Rn. 25.
[87] *Companies Act 2016,* s 482(b); die materiellen Anforderungen an eine Abberufung sind nicht zu überspannen, jedoch müssen die die Abberufung rechtfertigenden Gründe eindeutig nachgewiesen sein; vgl. *Shencourt Sdn Bhd v Shencourt Properties Sdn Bhd* [2019] 3 CLJ 791 (die Abberufung wurde im konkreten Fall darauf gestützt, dass die Liquidatoren gegen Anweisungen des Gerichts verstoßen und keine angemessenen Maßnahmen zum Abschluss der Abwicklung ergriffen hatten).

compulsory winding up, aber auch hier kann der Verwalter das Gericht mit Fragen des *winding up* befassen.[88] Allgemein gilt, dass das Gericht die Anliegen der Gläubiger und *contributories* zu beachten hat.[89]

3.1.3 Rolle des Verwalters, *liquidator*

25   Beim *compulsory winding up* wird der **Verwalter, *liquidator,*** in der Regel vom Gericht bestellt. Grundsätzlich ist ein *approved liquidator*[90] zu bestellen.[91] Der *liquidator* untersteht der Aufsicht des *Official Receiver.*[92, 93] Bestellt das Gericht keinen *liquidator,* übernimmt der *Official Receiver* dieses Amt.[94] Der *liquidator* ist damit betraut, das Gesellschaftsvermögen abzuwickeln und zu verteilen. Der *Companies Act 2016* enthält in der *Twelfth Schedule* **Kataloge von Maßnahmen,** zu deren Ergreifung der Verwalter im *compulsory winding up* entweder mit oder ohne Zustimmung des Gerichts, *with or without authority of the court,* berechtigt ist. Zu den zustimmungsfreien Geschäften zählen unter anderem (a) die Führung von Rechtsstreitigkeiten, (b) grundsätzlich das Schließen von Vergleichen über fällige Gesellschaftsverbindlichkeiten, die im jeweiligen Einzelfall eine Höhe von 10.000,00 RM nicht übersteigen, (c) Zahlungen, sofern diese zur Fortführung des Unternehmens im normalen Geschäftsgang notwendig sind und (d) die Veräußerung des Gesellschaftsvermögens im Wege der öffentlichen Versteigerung oder durch freihändigen Verkauf. *Authority of the court* ist unter anderem für die Fortführung des Unternehmens nach den ersten 180 Tagen ab der *winding up order* erforderlich.[95] Zahlungsein- und -ausgänge hat der *liquidator* täglich in einem sog. *cash book* zu verzeichnen.[96]

26   Zu Beginn eines *creditors' voluntary winding up* hat die Gesellschaft die Abhaltung einer Gläubigerversammlung zur Information und ggf. Beschlussfassung der Gläubiger zu veranlassen. Die Gläubiger haben das Recht (auch entgegen eines anders lautenden Vorschlags der Gesellschaft) den *liquidator* zu bestimmen.[97] Bei einem *creditors' voluntary winding up* bedürfen sämtliche in der *Twelfth Schedule* aufgezählten Maßnahmen des Verwalters[98] der Zustimmung des Gerichts oder des Kontrollausschusses, *committee of inspection.*[99] Beim *members' voluntary winding up* hat der *liquidator* bezüglich dieser Maßnahmen hingegen lediglich einen zustimmenden Gesellschafterbeschluss einzuholen.[100]

3.1.4 Sicherungsmaßnahmen vor Verfahrenseröffnung, Wirkung des Antrages

27   Das Gericht kann vor seiner Entscheidung über eine vorliegende *winding up petition* einen **vorläufigen Verwalter, *interim liquidator,*** bestellen. Dieser hat grundsätzlich dieselben Funktionen und Rechte wie der eigentliche *liquidator,* soweit nicht in den *rules* Einschränkungen vorgesehen sind oder das Gericht Einschränkungen bei der Bestellung vorsieht.[101] **Verfügungen über das Gesellschaftsvermögen,** die nicht vom *interim liquidator* (im Rahmen seiner Befugnisse) vorgenommen werden, sind unwirksam.[102] Ist ein *interim liquidator* bestellt worden, können **Rechtsstreitigkeiten** gegen die Gesellschaft nur noch mit Genehmigung des Gerichts – *leave of the court* – begonnen oder fortgeführt werden.[103] Unabhängig von der Bestellung eines vorläufigen Verwalters können die Gesellschaft, jeder Gläubiger und jeder *contributory* beim Gericht schon in der Phase zwischen der *winding up petition* und einer etwaigen *winding up order* den Erlass von Anordnungen beantragen,

---

[88] *Companies Act 2016*, s 461.
[89] *Companies Act 2016*, s 521; nach s 521(1) kann das Gericht zur Ermittlung der Anliegen Versammlungen der Gläubiger und *contributories* veranlassen.
[90] → Rn. 16.
[91] *Companies Act 2016*, s 433.
[92] → Rn. 14.
[93] *Companies Act 2016*, s 480.
[94] *Companies Act 2016*, s 477(1)(d).
[95] *Companies Act 2016, Twelfth Schedule Part II,* para 1(a).
[96] *Companies (Winding-Up) Rules 1972,* r 156.
[97] *Companies Act 2016*, s 449–450.
[98] → Rn. 25.
[99] *Companies Act 2016, Eleventh Schedule,* para 1; das *committee of inspection* wird insbesondere auf Verlangen der Gläubiger eingesetzt; dazu → Rn. 32.
[100] *Companies Act 2016, Eleventh Schedule,* para 1.
[101] *Companies Act 2016,* s 476; außerdem haben auch die *directors* vor Beschlussfassung der Gesellschafter über ein *voluntary winding up* einen *interim liquidator* zu bestellen, wenn sie gesetzlich zur Abgabe einer Erklärung über die verschuldensbedingte Einstellung des Geschäfts der Gesellschaft verpflichtet waren; *Companies Act 2016,* s 440(1).
[102] *Companies Act 2016,* s 472.
[103] *Companies Act 2016,* s 471(1).

mit denen Passivprozesse nach Ermessen des Gerichts unterbrochen oder eingeschränkt werden können.[104]

3.1.5 Unternehmensfortführung

Mit dem Beginn des *winding up* sind die Geschäfte der Gesellschaft **grundsätzlich einzustellen.** **28** Dies gilt allerdings nicht, sofern die Fortführung nach der Auffassung des *liquidator* für das *winding up* vorteilhaft ist.[105] Führt der *liquidator* das Unternehmen fort, hat er über die Ergebnisse Buch zu führen und die Ergebnisse wöchentlich in das *cash book* zu übernehmen.[106] Will der *liquidator* das Unternehmen länger als 180 Tage fortführen, benötigt er hierfür je nach Form des *winding up* die Zustimmung des Gerichts, des *committee of inspection* oder der Gesellschafter.[107]

3.1.6 Wirkungen der Verfahrenseröffnung auf Einzelzwangsvollstreckungen

Zwangsvollstreckungen in bewegliche Sachen, Immobilien oder Forderungen müssen vor **29** Beginn der Abwicklung abgeschlossen, dh die entsprechenden Pfändungspfandrechte verwertet worden sein. Ist dies nicht der Fall, so kann sich der vollstreckende Gläubiger nicht länger aus den Erlösen befriedigen, sondern muss diese oder die Sicherungsgüter selbst an den *liquidator* herausgeben.[108] Die Regeln gelten bei allen Formen des *winding up*, also auch beim *voluntary winding up*.[109]

3.1.7 Wirkungen der Verfahrenseröffnung auf Rechtsstreitigkeiten

Sofern nicht zuvor bereits ein *interim liquidator* bestellt worden ist, können jedenfalls ab Verfah- **30** renseröffnung **Rechtsstreitigkeiten** gegen die Gesellschaft nur noch mit *leave of the court* begonnen oder fortgeführt werden.[110] Das Gericht, das ein *compulsory winding up* angeordnet hat, kann ferner laufende Rechtsstreitigkeiten bei sich konzentrieren, um doppelte Verfahren zu vermeiden.[111]

3.1.8 Gläubigerorgane, *creditors' meeting* und *committee of inspection*

Der *Companies Act 2016* sieht vor allem beim *creditors' voluntary winding up* und beim *compulsory* **31** *winding up* unter verschiedenen Umständen die Einberufung von **Gläubigerversammlungen, creditors' meetings** und/oder Versammlungen der *contributories*,[112] durch die Gesellschaft oder den *liquidator* vor. So hat etwa die Gesellschaft zu Beginn eines *creditors' voluntary winding up* ein *meeting of creditors* einzuberufen.[113] Die Regelungen zum *compulsory winding up* sehen vor, dass der *liquidator* auf eigene Initiative Versammlungen der Gläubiger oder *contributories* einberufen kann und hierzu verpflichtet ist, wenn dies eine ausreichende Anzahl der Gläubiger bzw. *contributories* verlangt. In den Versammlungen können dem *liquidator* im Beschlusswege Weisungen erteilt werden.[114]

Ferner können die Gläubiger im *compulsory winding up*-Verfahren sowie im *creditors' winding up*- **32** Verfahren einen **Kontrollausschuss**, *committee of inspection*, bilden.[115] Das *committee of inspection* hat aus Gläubigern und/oder *contributories* zu bestehen.[116] Über die Einsetzung und die Besetzung des Kontrollausschusses entscheidet grundsätzlich eine Versammlung der Gläubiger und *contributories*.[117] Auch das *committee of inspection* kann dem *liquidator* Weisungen erteilen.[118] Darüber hinaus nimmt

---

[104] *Companies Act 2016*, s 470(1).
[105] *Companies Act 2016*, s 442.
[106] *Companies (Winding-Up) Rules 1972*, r 160.
[107] Dazu schon soeben → Rn. 25.
[108] *Companies Act 2016*, s 533–534; die Wirksamkeit der Veräußerungen von Gegenständen des Gesellschaftsvermögens durch den Gerichtsvollzieher an gutgläubige Dritte bleibt hiervon unberührt; s 533(1)(b).
[109] Beim *voluntary winding up* kann allerdings der für den Abschluss der Zwangsvollstreckung maßgebliche Zeitpunkt durch Mitteilung an die Gläubiger von der Einberufung der Versammlung, die über das *voluntary winding up* beschließen soll, vorverlegt werden; *Companies Act 2016*, s 533(1)(a).
[110] *Companies Act 2016*, s 471(1); dazu schon soeben → Rn. 27 im Zusammenhang mit der Rechtslage vor Verfahrenseröffnung; entsprechendes gilt nach s 451(2) auch bei einem *voluntary winding up*.
[111] *Companies (Winding-Up) Rules 1972*, r 163; *Techno Asia Holding Bhd v Mount Austin Properties Sdn Bhd* [2007] 8 CLJ 234.
[112] S. Fn. 79 bei → Rn. 11.
[113] *Companies Act 2016*, s 449.
[114] *Companies Act 2016*, s 487(1),(2); nach s 487(2) muss für ein Einberufungsverlangen ein Quorum von 10 % der Forderungen erreicht werden.
[115] *Companies Act 2016*, s 450(4), *Tenth Schedule*, para 3.
[116] *Companies Act 2016*, *Tenth Schedule*, para 5.
[117] *Companies Act 2016*, *Tenth Schedule*, paras 1–4.
[118] *Companies Act 2016*, s 487(1) (nach dem bei widerstreitenden Weisungen allerdings die Weisungen der Gläubiger bzw. *contributories* den Weisungen des *committee of inspection* vorgehen).

das *committee of inspection* weitere Aufgaben im Interesse der Gläubiger und *contributories* wahr, beispielsweise die Vereinbarung der Vergütung des *liquidator*.[119] Ist kein *committee of inspection* gebildet worden, werden die dem *committee of inspection* vom Gesetz zugewiesenen Aufgaben auf Antrag des Verwalters vom *Official Receiver* übernommen.[120]

3.1.9 Forderungsanmeldung, *proof of debt*

33   Gläubiger müssen ihre **Forderungen formell beim** *liquidator* **anmelden,** *proof of debt,* sobald Mitteilung von der *winding up order* oder der Beschlussfassung der Gesellschafter über ein *voluntary winding up* gemacht worden ist. Grundsätzlich können Gläubiger beim *liquidator* sämtliche Forderungen anmelden, die vor Beginn der Abwicklung begründet worden sind. Dies umfasst auch zukünftige oder bedingte Forderungen.[121] Bei einem *compulsory winding up* beträgt die Frist grundsätzlich drei Monate ab Verfahrensbeginn. Der *liquidator* kann allerdings eine kürzere Frist von mindestens 21 Tagen ab entsprechender Mitteilung setzen.[122]

3.1.10 Reihenfolge der Befriedigung der Gläubiger, Behandlung von Sicherheiten

34   **Gesicherte Gläubiger,** *secured creditors,* können, falls sie hierzu aufgrund der getroffenen Vereinbarungen oder gesetzlichen Bestimmungen berechtigt sind, das **Sicherungsgut selbst verwerten** und sich aus dem Erlös befriedigen. Überschießende Beträge sind an den *liquidator* auszukehren. Soweit gesicherte Forderungen unbefriedigt geblieben sind, können sie beim *liquidator* angemeldet werden und werden insoweit wie ungesicherte Forderungen behandelt.[123] Gesicherte Gläubiger können den Wert ihres Sicherungsgutes auch schätzen und eine etwaige negative Differenz zwischen der nominalen Höhe der gesicherten Forderung und dem ermittelten Schätzwert des Sicherungsgutes zur Prüfung anmelden. Der *liquidator* ist dann berechtigt, die Sicherheit zum (von ihm anerkannten) Schätzwert abzulösen.[124] Schließlich kann ein gesicherter Gläubiger auch auf die Sicherheit verzichten und die Forderung in voller Höhe als ungesicherter Gläubiger anmelden.[125]

35   Insbesondere Immobilienvermögen sind in der Praxis häufig nach dem *National Land Code 1965* auf verschiedene Arten, insbesondere auch durch Grunddienstbarkeiten, *charges,* belastet.[126] Hinsichtlich dieser Sicherheiten tritt durch ein *winding up* regelmäßig der Verwertungsfall ein. Auch *floating charges* sind in Malaysia in der Tradition englischen Richterrechts anerkannte und in der malaysischen Praxis verbreitete Sicherheiten.[127] Es handelt sich um flexible Belastungen, die sich auf gegenwärtige und zukünftig erworbene Vermögensgegenstände beziehen können und es dem Schuldner erlauben, im normalen Geschäftsgang über die – nach bildhafter Umschreibung gewissermaßen zunächst nur schwebend – belasteten Gegenstände zu verfügen. Der Sicherungsgeber verliert seine Verfügungsbefugnis über das Sicherungsgut erst im Sicherungsfall, der zur sog. Kristallisierung, *crystallization,* der *floating charge* in eine *fixed charge* führt. Neben dem Verzug zählt auch das *winding up* in der Regel zu den Ereignissen, die eine solche *crystallization* auslösen.[128] *Floating charges* sind, wie andere Sicherheiten auch, beim *Registrar* zu registrieren, unabhängig davon, ob sie hinsichtlich des gesamten Unternehmens oder einzelner Vermögensgegenstände bestellt werden.[129] Regelmäßig berechtigt eine *floating charge* zur Bestellung eines *receiver* oder *manager and receiver*.[130]

36   Die Ansprüche **bevorrechtigter Gläubiger,** *preferential creditors,* werden vor den Ansprüchen der (sonstigen) ungesicherten Gläubiger befriedigt. Zu den bevorrechtigten Forderungen zählen (a) die **Verfahrenskosten** einschließlich der Vergütung des *liquidator,* (b) alle **Bundessteuern,** *federal taxes,* und (c) diverse Ansprüche von **Arbeitnehmern,** darunter Gehaltsansprüche für die letzten

---

[119] Companies Act 2016, s 450(5), s 479(2)(a).
[120] Companies Act 2016, s 512.
[121] Companies Act 2016, s 523; für nicht bezifferbare Schadensersatzansprüche, *unliquidated damages,* gelten gewisse Einschränkungen; s 523(1).
[122] Companies (Winding-Up Rules) 1972, r 91.
[123] Companies Act 2016, s 524(1)(a),(3).
[124] Companies Act 2016, s 524(1)(b),(2)-(7).
[125] Companies Act 2016, s 524(1)(c),(10).
[126] Flugzeuge und Schiffe können nach den *Civil Aviation Regulations 2016* bzw. der *Merchant Shipping Ordinance 1952* mit Hypotheken, *statutory mortgages,* belastet werden.
[127] Vgl. zum Folgenden *Affin Bank Bhd v Malayan Banking Bhd* [2009] 3 CLJ 320 mwN.
[128] Der *Companies Act 2016* räumt bestimmten Ansprüchen bevorrechtigter Gläubiger, *preferential creditors,* Vorrang vor den Inhabern von *floating charges* ein; sogleich → Rn. 36 sowie auch → Rn. 47; außerdem kann die Wirksamkeit von *floating charges,* die sechs Monate vor der *winding up petition* oder der Beschlussfassung über ein *voluntary winding up* bestellt wurden, Einschränkungen unterliegen; dazu → Rn. 88.
[129] Companies Act 2016, s 352, s 353(g).
[130] → Rn. 40; zur Abgrenzung der Rechte des *receiver/receiver and manager* und des *liquidator* → Rn. 46.

vier Monate vor Verfahrensbeginn bis zu einer Höhe von 15.000,00 RM.[131] Grundsätzlich sind Sicherheiten der Verwertung durch den *liquidator* entzogen und Sicherungsgüter und Verwertungserlöse stehen damit nicht zur Verteilung an *preferential creditors* zur Verfügung.[132] Ansprüche im Zusammenhang mit *floating charges* sind allerdings nachrangig gegenüber diversen Arbeitnehmeransprüchen und können daher vom *liquidator* unter Zugriff auf das mit einer *floating charge* belastete Vermögen befriedigt werden.[133] Umgekehrt stehen Zuflüsse aus Haftpflichtversicherungen nicht zur Verteilung an *preferential creditors* zur Verfügung, sondern sind vom *liquidator* nach Abzug von Kosten an den Inhaber des dem Versicherungsfall zugrundeliegenden Haftungsanspruchs vorrangig auszuzahlen.[134]

Im Übrigen werden die **ungesicherten Gläubiger**, *unsecured creditors*, gleichmäßig bzw. quotal befriedigt.[135]   37

3.1.11 Beendigung der Gesellschaft, *dissolution*

Im Rahmen eines **compulsory winding up** kann der *liquidator* nach Abschluss der Verwertung des Gesellschaftsvermögens und der Verteilung der Erlöse an die Berechtigten beim Gericht seine Entlastung, *release,* und die Anordnung der Beendigung der Gesellschaft, *dissolution,* beantragen.[136]   38

Bei einem **voluntary winding up** hat der *liquidator* nach der Beendigung der Abwicklung einen Abschlussbericht zu erstellen und diesen einer Versammlung der Gesellschafter (oder im Falle des *creditors' voluntary winding up* einer Versammlung der Gesellschafter und der Gläubiger) vorzulegen und in dieser Versammlung zu erläutern. Die Gesellschaft ist dann nach Ablauf von drei Monaten ab dem Zeitpunkt beendet, an dem der *liquidator* beim *Registrar* und beim *Official Receiver* den Abschlussbericht nebst einem Bericht über den Verlauf der Versammlung eingereicht hat.[137]   39

3.2 Verwaltung im Interesse bestimmter Gläubiger, *receivership*

3.2.1 Einleitung des Verfahrens

Ein ***receiver / receiver and manager***[138] kann zunächst von dem **Inhaber einer Sicherheit**, *charge* bzw. *floating charge,*[139] ohne Einschaltung des Gerichts auf Grundlage des der *charge* zugrundeliegenden Dokuments, *instrument*, **ernannt werden**.[140] Die Voraussetzungen für eine solche Ernennung werden regelmäßig zwischen Gesellschaft und gesichertem Gläubiger in dem *instrument* vereinbart. Häufig ist die *charge* bzw. das Recht zur Bestellung eines *receiver and manager* in einer Schuldverschreibung, *debenture,* niedergelegt.   40

Ein *receiver and manager* kann auch **vom Gericht bestellt** werden. Eine gerichtliche Bestellung ist beispielsweise möglich, wenn die Gesellschaft gegenüber einem *debenture holder* mit einer Zahlung ausgefallen ist oder sonstige Verpflichtungen nicht erfüllt hat. Weiter sieht das Gesetz eine gerichtliche Bestellung vor, wenn die Gesellschaft mit Tilgungen von Darlehen oder Zinszahlungen im Rückstand ist, wenn sie beabsichtigt, über Sicherungsgüter abredewidrig zu verfügen oder die Bestellung eines *receiver and manager* erforderlich ist, um den Erhalt des Sicherungsgutes im Interesse des *debenture holder* zu gewährleisten.[141] In der Regel ist die Gesellschaft zu hören, eine Bestellung eines *receiver and manager* ohne Anhörung der Gesellschaft ist nur im Notfall zulässig.[142]   41

---

[131] *Companies Act 2016*, s 527(1)-(3).
[132] → Rn. 34.
[133] *Companies Act 2016*, s 527(4); weitergehende Vorrechte können sich aus *Employment Act 1955*, s 31 ergeben; *Perwaja Steel Sdn Bhd (In Liquidation) v RHB Bank Berhad and 789 Others* [2019] 5 AMR 342.
[134] *Companies Act 2016*, s 527(5).
[135] *Companies Act 2016*, s 527(10).
[136] *Companies Act 2016*, s 490–491.
[137] *Companies Act 2016*, s 459.
[138] Einleitend und zusammenfassend zur *receivership* schon → Rn. 7; der *Companies Act 2016* verwendet im Hinblick auf unterschiedliche Funktionen des Verwalters durchgehend den Begriff „*receiver or receiver and manager*", wobei das Gesetz die Verbindung beider Funktionen als Regelfall vorsieht; im Folgenden wird vereinfachend lediglich von *receiver and manager* gesprochen.
[139] Nach *Companies Act 2016*, s 2(1) beinhaltet der Begriff „*charge*" auch *mortgages*; s 352–364 treffen nähere Bestimmungen zu *charges*, die von Kapitalgesellschaften bestellt werden.
[140] *Companies Act 2016*, s 374(a),(b); sofern nicht etwas Abweichendes vereinbart worden ist, kann der berechtigte Gläubiger nicht nur einen, sondern mehrere Verwalter ernennen und/oder diese später austauschen; *Companies Act 2016*, s 375(2)(c).
[141] *Companies Act 2016*, s 374(c); s 376; nach einer Entscheidung des *High Court* in Malaysia ist die Aufzählung der Gründe für eine gerichtliche Bestellung in s 376 nicht abschließend regelt, vielmehr kann eine Entscheidung auch auf die allgemeine Regelung in s 374(c) gestützt werden; *Dato' Sri Andrew Kam Tai Yeow v Tan Sri Dato' Kam Woon Wah & Ors* [2018] 1 LNS 1500.
[142] *Dato' Sri Andrew Kam Tai Yeow v Tan Sri Dato' Kam Woon Wah & Ors* [2018] 1 LNS 1500.

42 Die gerichtliche Bestellung des Verwalters erfolgt auf **Antrag** des *debenture holder* oder jeder sonstigen Partei mit berechtigtem Interesse, *interested person*.[143]

3.2.2 Zum Verfahrensgang

43 Die **Verwaltungs- und Verwertungsbefugnisse des** *receiver and manager* ergeben sich primär aus dem *instrument* bzw. der gerichtlichen Anordnung. Sofern dort nichts Abweichendes geregelt ist, bestimmen sich die Rechte des Verwalters nach der *Sixth Schedule* des *Companies Act 2016*.[144] Danach hat der *receiver and manager* grundsätzlich umfassende Befugnisse. So ist er etwa berechtigt, das Vermögen der Gesellschaft entsprechend den Bestimmungen des *instrument* in Besitz zu nehmen, das Unternehmen fortzuführen, über das Vermögen zu verfügen, Optionen hieran einzuräumen, Forderungen einzuziehen, Arbeitnehmer einzustellen und zu entlassen, oder Verfahren aufzunehmen.[145] Mangels abweichender Bestimmung im *instrument* bzw. den gerichtlichen Anordnungen handelt der *receiver and manager* hierbei als *agent* der Gesellschaft.[146] Sowohl der Verwalter selbst als auch ein *debenture holder* können Weisungen des Gerichts im Hinblick auf die Verwaltungstätigkeit einholen.[147]

44 Die **Gesellschaft** hat dem *receiver and manager* binnen 14 Tagen, nachdem ihr seine Bestellung mitgeteilt worden ist, einen **Lagebericht,** *statement of affairs,* vorzulegen. Der Bericht ist binnen 30 Tagen nach Erhalt vom *receiver and manager* beim *Registrar* einzureichen. Zuvor ist der Bericht vom *receiver and manager* mit Kommentaren zu versehen, sofern er eine Kommentierung für geboten hält. Gleichzeitig ist der ggf. kommentierte Bericht an die Gesellschaft und an den Vertreter der *debenture holder* weiterzuleiten. Die Fristen für die Abgabe und Einreichung bzw. Weiterleitung des Berichts können vom Gericht verlängert werden.[148]

45 Der *receiver and manager* ist seinerseits verpflichtet, alle sechs Monate **Bericht** über die von ihm vereinnahmten und veranlassten Zahlungen **zu erstatten.** Jeder Bericht hat außerdem den jeweiligen Stand derjenigen Verbindlichkeiten zu beziffern, deren Rückführung die Verwaltung dient. Weiter hat der Bericht eine Schätzung des Wertes des Vermögens zu enthalten, auf das sich die Verwaltung erstreckt.[149] Der Bericht ist vom *receiver and manager* mit einer eidesstattlichen Erklärung beim *Registrar* einzureichen. Der *Registrar* kann aus eigener Veranlassung oder auf Antrag der Gesellschaft oder eines Gläubigers die Prüfung des Berichts durch einen *auditor* veranlassen.[150] Kommt der *receiver and manager* seinen Pflichten nicht nach, kann er hierzu auf Antrag eines Gesellschafters oder Gläubigers bzw. Gläubigervertreters durch gerichtliche Anordnung angehalten werden.[151] Außerdem kann das Gericht auf Antrag eines Gläubigers, Gesellschafters, sonstigen *contributory* oder *liquidator* die Amtsführung des Verwalters untersuchen und diesem ggf. die Rückführung von Mitteln oder den Ersatz von Schäden auferlegen.[152]

46 Mangels abweichender Bestimmung bzw. Anordnung ist der *receiver and manager* auch berechtigt, einen **Antrag auf Erlass einer** *winding up order* zu stellen.[153] Nach Beginn eines *winding up* bedarf die Fortführung der Geschäfte der Gesellschaft durch den *receiver and manager* der Zustimmung des *liquidator*. Verweigert der *liquidator* eine solche Zustimmung, kann diese ersatzweise vom Gericht erteilt werden.[154] Der *receiver and manager* und der *liquidator* können auch personenidentisch sein.[155]

---

[143] *Companies Act 2016*, s 376(1).
[144] *Companies Act 2016*, s 383.
[145] *Companies Act 2016*, *Sixth Schedule*, para 2.
[146] *Companies Act 2016*, s 375(2)(a).
[147] *Companies Act 2016*, s 384.
[148] *Companies Act 2016*, s 388(1)-(2); der Bericht hat Einzelheiten zu den Vermögensgegenständen und Verbindlichkeiten der Gesellschaft, die Namen und Adressen der Gläubiger und Angaben zu den von diesen ggf. gehaltenen Sicherheiten sowie den Zeitpunkt deren Bestellung zu enthalten; der *Registrar* kann weitere Informationen verlangen; *Companies Act 2016*, s 390(1); der Bericht ist nach s 390(2)-(4) von mindestens einem bei Verfahrensbeginn im Amt befindlichen *director* und einer weiteren vom Verwalter zu bestimmenden Person aus der Gesellschaftssphäre zu erstellen und mit eidesstattlichen Erklärungen, *affidavits,* der Berichtsverfasser zu versehen.
[149] *Companies Act 2016*, s 391(1)(a).
[150] *Companies Act 2016*, s 391(1)(b),(2).
[151] *Companies Act 2016*, s 393(2).
[152] *Companies Act 2016*, s 393(3).
[153] *Companies Act 2016*, *Sixth Schedule*, para 2(v); zusammenfassend zu den Formen des *winding up* → Rn. 6 und ausführlicher → Rn. 20–39.
[154] *Companies Act 2016*, s 386(1)(b); übt der Verwalter nur die Funktionen als *receiver* aus, bedarf es nach s 386(1)(a) für die Fortführung dieser Tätigkeit im Hinblick auf die gemäß dem *debenture* gesicherten Vermögensgegenstände einer solchen Zustimmung nicht.
[155] Vgl. *Companies Act 2016*, s 388(4).

Sofern die Gesellschaft **nicht Gegenstand eines *winding up*** ist, und sofern der *receiver and* 47
manager für einen *debenture holder* eingesetzt worden ist, der durch eine *floating charge* besichert ist, gelten gesonderte Regelungen für die Vermögensverteilung. Danach sind aus den der *receivership* unterfallenden Mitteln **vorrangig vor dem *debenture holder*** zunächst die Vergütung und Auslagen des Verwalters zu bezahlen und danach bestimmte Arbeitnehmeransprüche zurückzuführen.[156] Für Zuflüsse aus Haftpflichtversicherungen gilt dasselbe, wie im Falle eines *winding up*.[157]

Zum **Abschluss seiner Tätigkeit** hat der *receiver and manager* nochmals Bericht zu erstatten. 48
Insofern gelten dieselben Bestimmungen wie hinsichtlich der laufenden Berichterstattung.[158] Die Beendigung des Amtes ist dem *Registrar* anzuzeigen.[159]

3.3 Unternehmenssanierung unter gerichtlich angeordneter Verwaltung, *judicial management*

3.3.1 Einleitung des Verfahrens

Ein *judicial management*[160] **setzt voraus**, dass die Gesellschaft **zahlungsunfähig**[161] ist oder 49
zahlungsunfähig werden wird und mit hinreichender Wahrscheinlichkeit mindestens einer der drei gesetzlich vorgesehenen **Verfahrenszwecke** erreicht werden kann. Diese Verfahrenszwecke umfassen im Wesentlichen (a) die Fortführung des Unternehmens der Gesellschaft (ganz oder teilweise), (b) die Herbeiführung eines *scheme of arrangement*[162] und/oder (c) die Besserstellung der Gläubiger im Vergleich zu einem *winding up*[163].[164] Das Gericht hat den Antrag abzulehnen, wenn ein *receiver/receiver and manager*[165] auf Grundlage einer *debenture* in Bezug auf das gesamte oder nahezu gesamte Gesellschaftsvermögen bestellt worden ist oder werden wird, und ein zu einer solchen Bestellung berechtigter Gläubiger der Anordnung des *judicial management* widersprochen hat.[166] Außerdem soll ein *judicial management* nicht angeordnet werden, wenn die Gesellschaft bereits Gegenstand eines *winding up*-Verfahrens ist.[167] Unabhängig vom Vorstehenden kann das Gericht ein *judicial management* anordnen, wenn eine solche Anordnung im **öffentlichen Interesse, *public interest*,** liegt.[168]

Den **Antrag** auf Anordnung eines *judicial management* können die Gesellschaft oder ein Gläubi- 50
ger stellen.[169]

---

[156] *Companies Act 2016*, s 392(1)-(3); auch insoweit können sich weitergehende Vorrechte aus *Employment Act 1955*, s 31 ergeben; *Perwaja Steel Sdn Bhd (In liquidation) v RHB Bank Berhad and 789 Others* [2019] 5 AMR 342; vgl. auch → Rn. 36.
[157] Vgl. *Companies Act 2016*, s 392(4); dazu → Rn. 36.
[158] Vgl. *Companies Act 2016*, s 391(1)(a); dazu → Rn. 45.
[159] *Companies Act 2016*, s 379(1).
[160] Einleitend und zusammenfassend zum *judicial management* schon → Rn. 8.
[161] Die Definition der Zahlungsunfähigkeit, *inability to pay debts,* nach den gesetzlichen Bestimmungen zum *winding up*-Verfahren finden nach *Companies Act 2016*, s 405(8) auch bei der Prüfung der Voraussetzungen einer *judicial management order* Anwendung; zum Begriff der *inability to pay debts* schon → Rn. 22.
[162] Zusammenfassend zum *scheme of arrangement* → Rn. 10, ausführlicher → Rn. 70–76.
[163] Zusammenfassend zu den Formen des *winding up* → Rn. 6, ausführlicher → Rn. 20–39.
[164] *Companies Act 2016*, s 405(1).
[165] Zusammenfassend zur *receivership* → Rn. 7 ausführlicher → Rn. 40–48.
[166] *Companies Act 2016*, s 409; nach herrschendem Verständnis steht das Widerspruchsrecht nach s 409 nicht jedem gesicherten Gläubiger zu, sondern nur Gläubigern, die zur Bestellung eines *receiver/receiver and manager* auf Grundlage einer *debenture* berechtigt sind; dessen ungeachtet hält der *High Court of Malaya* auch Rechtsmittel sonstiger gesicherter Gläubiger gegen die Verfahrenseröffnung nicht per se für unzulässig; so kann nach Auffassung des Gerichts ein beschwerter Gläubiger rügen, der Antrag des Schuldners sei bösgläubig gewesen und ihm sei wegen unzureichender Offenlegung der wesentlichen Umstände stattgegeben worden; außerdem kann (so im konkret entschiedenen Fall) eine *judicial management order* aufgehoben werden, wenn im Hinblick auf die Äußerungen von Gläubigern eine Zustimmung zu den Vorschlägen des *judicial manager* und damit eine Erreichung der Verfahrensziels ausgeschlossen ist; vgl. *Leadmont Development Sdn Bhd v Infra Segi Sdn Bhd & Another Case* [2018] 10 CLJ 412.
[167] *Companies Act 2016*, s 405(6).
[168] *Companies Act 2016*, s 405(5)(a); der Begriff des öffentlichen Interesses ist gesetzlich nicht näher definiert und ist nach Auffassung des *High Court of Malaya* von Fall zu Fall *(case by case basis)* auszulegen; *Leadmont Development Sdn Bhd v Infra Segi Sdn Bhd & Another Case* [2018] 10 CLJ 412.
[169] *Companies Act 2016*, s 404; zur Vermeidung bösgläubiger Anträge obliegt dem Antragsteller die vollständige Offenlegung der für die Entscheidung wesentlichen Umstände; *CIMB Islamic Bank Berhad v Wellcom Communications (NS) Sdn Bhd and Anor* [2019] 4 CLJ 1.

3.3.2 Zum Verfahrensgang

51   Bereits mit der **Stellung des Antrages** sind erhebliche **Wirkungen** insbesondere für die Gläubiger verbunden. So können insbesondere Rechte aus Sicherheiten nur noch mit Erlaubnis des Gerichts, *leave of the court*, oder zu den vom Gericht festgesetzten Bedingungen verwertet werden. Entsprechendes gilt etwa für die Geltendmachung von Herausgabeansprüchen aus Mietkaufverträgen, *hire purchase agreements*, und Eigentumsvorbehalten, *retention of title agreements*[170], sowie für sonstige Vollstreckungshandlungen und rechtliche Verfahren. Außerdem kann nach der Antragsstellung kein *winding up* mehr beschlossen oder angeordnet werden.[171]

52   Sofern das **Gericht** dem Antrag entspricht,[172] werden mit der entsprechenden Anordnung, *judicial management order*, die vorstehend beschriebenen **Wirkungen** des Antrages im eröffneten Verfahren **perpetuiert und ergänzt**. So verlieren etwa bestellte *receiver* oder *receiver and manager* ihr Amt bzw. können nicht mehr bestellt werden. Anträge auf ein *winding up* der verfahrensgegenständlichen Gesellschaft sind zurückzuweisen bzw. können ebenfalls nicht mehr gestellt werden. Die Übertragung von Gesellschaftsanteilen und sonstige Veränderungen auf Ebene der Gesellschafter bedürfen der Erlaubnis des Gerichts oder müssen gerichtlichen Auflagen entsprechen.[173] Der *judicial manager* kann vom Gericht auch ermächtigt werden, über Gegenstände zu verfügen, die mit Sicherungsrechten Dritter belastet sind.[174]

53   Die **Verwaltung** – und damit auch das Moratorium nach → Rn. 52 – hat eine **Dauer von sechs Monaten** ab Erlass der *judicial management order*. Das Gericht kann das *judicial management* und damit auch das Moratorium auf Antrag des Verwalters, ggf. unter Auflagen, einmalig um weitere **sechs Monate verlängern**.[175]

54   Das Gericht bestellt in seiner Anordnung den **Verwalter, *judicial manager*.**[176] Der Antragsteller hat eine Person vorzuschlagen, das Gericht ist an den Vorschlag jedoch nicht gebunden. Wurde der Antrag von der Gesellschaft gestellt, können Gläubiger, die die Mehrheit der Forderungen innehaben, dem Vorschlag widersprechen. Hält das Gericht den Widerspruch für begründet, kann es die Gläubiger auffordern, einen eigenen Vorschlag zu unterbreiten. Der Verwalter muss *insolvency practitioner*[177] sein. Es darf sich nicht um den Abschlussprüfer der Gesellschaft handeln.[178] Der *judicial manager* kann Weisungen des Gerichts einholen.[179] Sofern **Gläubiger** in ihren Interessen im Rahmen der Amtsführung des *judicial manager* durch ungleiche Behandlung ungerechtfertigt beeinträchtigt werden, **unfair prejudice**, können sie beim Gericht Abhilfe durch entsprechende Anordnungen beantragen.[180]

55   Der *judicial manager* übernimmt die **Kontrolle über das Gesellschaftsvermögen** und führt die Geschäfte anstelle der Geschäftsführer fort.[181] Gegenstände des Gesellschaftsvermögens, die sich bei Dritten befinden, sind von diesen auf Anordnung des Gerichts an den *judicial manager* herauszugeben.[182] Die *Ninth Schedule* des *Companies Act 2016* enthält einen Katalog von Maßnahmen, die der *judicial manager* ergreifen kann. Hierzu zählen insbesondere auch die freihändige Veräußerung des

---

[170] Näher → Rn. 30.
[171] *Companies Act 2016*, s 410; nach *Companies Act 2016*, s 408 ist die Mitteilung des Antrages in der Zeitung in malaysischer und englischer Sprache zu annoncieren und sind der *Registrar* sowie uU auch Personen, die aufgrund eines *debenture* zur Bestellung eines *receiver/receiver and manager* bezüglich wesentlicher Teile des Gesellschaftsvermögens berechtigt sind oder sein können, über den Antrag zu informieren; eine ggf. später ergehende *judicial management order* ist ua auf Geschäftsbriefen, Rechnungen und der Internetseite der Gesellschaft deutlich zu machen und vom *judicial manager* ebenfalls in der Zeitung zu veröffentlichen, den bekannten Gläubigern mitzuteilen und beim *Registrar* einzureichen; *Companies Act 2016*, s 412(1), s 418(1).
[172] Wird der Antrag zurückgewiesen, endet auch das mit dem Antrag begründete Moratorium; seine Wirkungen können auch nicht unabhängig von der Zurückweisung isoliert aufrechterhalten werden; hierzu sowie zu den Anforderungen an die Prüfung des Antrags *CIMB Islamic Bank Berhad v Wellcom Communications (NS) Sdn Bhd and Anor* [2019] 4 CLJ 1.
[173] *Companies Act 2016*, s 411.
[174] *Companies Act 2016*, s 415.
[175] *Companies Act 2016*, s 406.
[176] *Companies Act 2016*, s 407(1); vorher ist nach s 405(5)(b) die Bestellung eines vorläufigen Verwalters, *interim judicial manager*, möglich.
[177] → Rn. 16.
[178] *Companies Act 2016*, s 407(1)-(3).
[179] *Companies Act 2016*, s 414(5).
[180] *Companies Act 2016*, s 425; dies kann nach s 425(2)(a) auch die Aufhebung der *judicial management order* umfassen; vgl. auch *Leadmont Development Sdn Bhd v Infra Segi Sdn Bhd & Another Case* [2018] 10 CLJ 412.
[181] *Companies Act 2016*, s 414(1)-(7).
[182] *Companies Act 2016*, s 427.

Gesellschaftsvermögens und die Aufnahme von Darlehen.[183] Auf Anordnung des Gerichts ist der *judicial manager* auch berechtigt, die *constitution*[184] der Gesellschaft zu ändern.[185]

Die **Gesellschaft** hat nach Erlass der *judicial management order* ein *statement of affairs* vorzulegen, 56 das vom *judicial manager* beim *Registrar* einzureichen ist. Die Frist für die Vorlage des Berichts beträgt 14 Tage und kann vom *judicial manager* auf bis zu 60 Tage verlängert werden.[186] Zum Berichtsinhalt, den Berichterstattern und den Anforderungen an die Beeidigung trifft das Gesetz nahezu identische Bestimmungen, wie zur Berichterstattung nach Einleitung einer *receivership*.[187]

Dem *judicial manager* obliegt es, einen **Vorschlag**, *proposal*, für die Maßnahmen zu machen, 57 mit denen die Verfahrensziele,[188] also insbesondere die Sanierung des Unternehmens, erreicht werden können. Der *judicial manager* hat den Vorschlag allen Gläubigern an die zuletzt bekannten Adressen zu übermitteln, diesen beim *Registrar* einzureichen und den Gläubigern vor einer Versammlung der Gläubiger, die mit einer Frist von mindestens 14 Tagen zu laden ist, zugänglich zu machen. Außerdem ist der Vorschlag den Gesellschaftern zugänglich zu machen.[189]

Der Vorschlag wird mit **Zustimmung der Gläubigerversammlung**, *creditors' meeting*, für 58 alle Gläubiger verbindlich. Einer Bestätigung des Plans durch das Gericht bedarf es nicht. Die Gläubiger können sich bei der Abstimmung vertreten lassen. Ihre Stimmen bemessen sich nach der Höhe der vom *judicial manager* anerkannten Forderungen. Ein zustimmender Beschluss der Gläubigerversammlung bedarf einer Mehrheit von 75 % der abgegebenen Stimmen. Eine Modifikation des unterbreiteten Vorschlags in der Versammlung bedarf der Zustimmung des *judicial manager*.[190]

Hat der **Vergleich** die Zustimmung der Gläubigerversammlung gefunden, ist er **vom** *judicial* 59 *manager* **umzusetzen**.[191] Wesentliche Änderungen der beschlossenen Bestimmungen können auf Vorschlag des *judicial manager* wiederum nur in einer Gläubigerversammlung unter Wahrung entsprechender Verfahren und Mehrheiten wie bei der ersten Abstimmung vorgenommen werden.[192]

In der Gläubigerversammlung, die dem Vergleich zugestimmt hat, kann ein **Gläubigeraus-** 60 **schuss**, *committee of creditors*, zur Überwachung des *judicial manager* gebildet werden.[193]

Ein *judicial management* **endet**, wenn das Gericht dessen Beendigung nach einer **Ablehnung** 61 **des Vergleichs** in der Gläubigerversammlung beschließt.[194] Ferner hat der *judicial manager* die Aufhebung der *judicial management order* zu beantragen, sobald das in der gerichtlichen Anordnung festgelegte Verfahrensziel erreicht worden ist oder nicht mehr erreicht werden kann.[195]

3.4 Unternehmenssanierung im Vergleichsverfahren, *corporate voluntary arrangement*

3.4.1 Einleitung des Verfahrens

Das **Moratoriums** findet während des Verfahrens zur Beschlussfassung über ein *corporate volun-* 62 *tary arrangement*[196] **kraft Gesetzes** ohne gerichtliche Entscheidung Anwendung, wenn die Gesellschaft bei Gericht einen entsprechenden Vorschlag für ein *voluntary arrangement* nebst weiteren Dokumenten **einreicht**.[197] Die Dokumente sind außerdem dem *Registrar* zu übermitteln.[198] Nach der gesetzlichen Definition kann ein *voluntary arrangement* eine kurzfristige Verzichtskomponente – „*composition in satisfaction of debts*" – oder eine Stundungskomponente – „*scheme of arrangement*" – haben.[199] Der Vorschlag hat außerdem einen designierten Treuhänder, *trustee*, oder Supervisor, *supervisor*, zu benennen.[200] Im Gesetz wird diese designierte Vertrauensperson als *nominee* bezeichnet. Für die Einreichung des Vorschlags bei Gericht und beim *Registrar* sind grundsätzlich die *directors* zuständig.

---

[183] *Companies Act 2016, Ninth Schedule,* lit. (b),(c).
[184] Zum Begriff in Fn. 67 bei → Rn. 20.
[185] *Companies Act 2016,* s 414(3)(b), (9)-(10).
[186] *Companies Act 2016,* s 418(2).
[187] *Companies Act 2016,* s 419(1)-(4); näher in Fn. 148 bei → Rn. 44.
[188] → Rn. 49.
[189] *Companies Act 2016,* s 420.
[190] *Companies Act 2016,* s 421(1)-(3).
[191] *Companies Act 2016,* s 423(1).
[192] *Companies Act 2016,* s 423(2)-(5).
[193] *Companies Act 2016,* s 422.
[194] *Companies Act 2016,* s 412(5)(a); nach s 412(5)(b)-(d) kann das Gericht die Anhörung auch vertagen, die *judicial management order* vorläufig ändern oder Zwischenverfügungen erlassen.
[195] *Companies Act 2016,* s 424.
[196] Einleitend und zusammenfassend zum *corporate voluntary arrangement* schon → Rn. 9.
[197] *Companies Act 2016,* s 398(1).
[198] *Companies (Corporate Rescue Mechanism) Rules 2018,* r 3.
[199] *Companies Act 2016,* s 394.
[200] *Companies Act 2016,* s 396(2).

Sofern sich die Gesellschaft im *winding up* oder unter *judicial management* befindet, hat der *liquidator* bzw. der *judicial manager* den Vorschlag einzureichen. In den zuletzt genannten Fällen kann auch der *liquidator* bzw. der *judicial manager* als *nominee* benannt werden.[201]

63   Neben dem Vorschlag für das *voluntary arrangement* ist bei Gericht zunächst ein **statement of affairs** einzureichen, das Angaben zu den Gläubigern, Verbindlichkeiten und Vermögensgegenständen sowie ergänzenden Informationen zu enthalten hat.[202] Weiter ist eine **Stellungnahme des nominee** einzureichen. Die Stellungnahme soll Einschätzungen dazu enthalten, ob begründete Aussicht auf die Annahme und Umsetzung des Vorschlags besteht, die Gesellschaft über ausreichende Mittel verfügt, um ihre Geschäfte während der Laufzeit des Moratoriums fortzuführen, und ob Versammlungen der Gesellschaft und ihrer Gläubiger zur Beratung über das *voluntary arrangement* abgehalten werden sollen.[203]

64   Konzeptionell beruht ein *corporate voluntary arrangement* grundsätzlich auf einem Vorschlag der *directors* an die Gesellschaft und ihre Gläubiger.[204] Die *directors* haben ihren Vorschlag dem *nominee* zusammen mit dem Lagebericht **vor der Einreichung beim Gericht** zur Prüfung zu übermitteln. Der *nominee* gibt daraufhin seine Stellungnahme gegenüber den *directors* ab.[205] Der *nominee* darf hierbei grundsätzlich auf die Richtigkeit des Lageberichtes vertrauen.[206] Der *nominee* kann vom Gericht unter bestimmten Umständen ausgetauscht oder ersetzt werden.[207]

3.4.2 Zum Verfahrensgang

65   Das mit der Einreichung der ordnungsgemäßen Unterlagen in Gang gesetzte **Moratorium** hat zunächst eine Dauer von **28 Tagen**.[208] Während der Laufzeit des Moratoriums dürfen sich Vermieter der Gesellschaft nicht mehr wegen Mietvertragsverstößen im Wege des *right of forfeiture by peaceable re-entry* in den Besitz der Mietsache setzen. Herausgabeansprüche aus Mietkaufverträgen, sonstige Vollstreckungshandlungen und rechtliche Verfahren können nur mit Erlaubnis des Gerichts bzw. nach Maßgabe der vom Gericht getroffenen Bestimmungen verfolgt bzw. fortgeführt oder begonnen werden. Sicherheiten am Gesellschaftsvermögen dürfen nicht bestellt werden. Außerdem darf kein *winding up* oder *judicial management* initiiert oder begonnen bzw. angeordnet werden.[209]

66   Während des Moratoriums hat der *nominee* Versammlungen der Gesellschafter und der Gläubiger einzuberufen und **das vorgeschlagene *voluntary arrangement* zur Abstimmung zu stellen**.[210] Die Annahme des Vorschlags bedarf einer Zustimmung von 75 % der abgegebenen Stimmen, wobei für die Stimmkraft, wie auch sonst, die Höhe der Forderungen maßgeblich ist. Das vorgeschlagene *voluntary arrangement* kann in den Versammlungen nicht mehr geändert werden. Der *nominee* hat das Ergebnis der Abstimmungen dem Gericht und dem *Registrar* mitzuteilen.[211] Mit dem zustimmenden Beschluss wird das *voluntary arrangement* für alle (ungesicherten) Gläubiger verbindlich. Das Gesetz nimmt von dieser Wirkung gesicherte Gläubiger ausdrücklich aus, sofern diese dem *voluntary arrangement* nicht zugestimmt haben.[212]

---

[201] Companies Act 2016, s 396(3), Companies (Corporate Rescue Mechanism) Rules 2018, r 3.
[202] Companies Act 2016, s 397(1)(b), s 398(1)(b).
[203] Companies Act 2016, s 397(2), s 398(1)(e); weiter ist (a) eine Erklärung dazu abzugeben, dass die Gesellschaft die gesetzlichen Anforderungen für die Gewährung des Moratoriums erfüllt hat, muss (b) der *nominee* seine Bereitschaft zur Übernahme der im Vergleichsplan für ihn vorgesehenen Aufgaben bestätigen, und sind (c) Angaben über ggf. frühere Verfahren bezüglich *voluntary arrangements* zu machen; Companies Act 2016, s 398(1)(c),(d),(f).
[204] Companies Act 2016, s 396(1).
[205] Companies Act 2016, s 397(1)-(2).
[206] Companies Act 2016, s 397(3).
[207] Companies Act 2016, s 401(2).
[208] Companies Act 2016, Eighth Schedule, para 3.
[209] Companies Act 2016, Eighth Schedule, para 17; wie beim *judicial management* ist auf das laufende Moratorium ua auf Geschäftsbriefen, Rechnungen und der Internetseite hinzuweisen, Eighth Schedule, para 18 und dieses in der Zeitung in malaysischer und englischer Sprache öffentlich zu machen, Eighth Schedule, para 10.
[210] Companies Act 2016, s 399.
[211] Companies Act 2016, s 400(1)-(3), (6)-(7).
[212] Companies Act 2016, s 400(4),(5); die Regelungen zu den gesicherten Gläubigern dürften zukünftig, wenn überhaupt, nur einen engen praktischen Anwendungsbereich haben, da der *Companies Act 2016* den Weg eines *corporate voluntary arrangement* an sich ausschließt, sofern die Gesellschaft ihr Vermögen mit Sicherheiten belastet hat, vgl. s. 395(b) und *Eighth Schedule*, para 1(d); die Regelungen in *Eighth Schedule*, para 2 gehen aber wohl davon aus, dass diese Einschränkungen nicht gelten, wenn ein *corporate voluntary arrangement* nicht von einem *director*, sondern von einem *judicial manager* oder *liquidator* (also im *winding up*-Verfahren bzw. *judicial management*-Verfahren) vorgeschlagen wird.

Die **Laufzeit des Moratoriums** kann durch Beschlussfassung der Gläubiger mit Zustimmung 67
der Gesellschafter und des *nominee* auf bis zu **60 Tage verlängert** werden.[213] Wird das Moratorium
nicht verlängert, **endet** es (unabhängig vom Abstimmungsergebnis) am Ende der Versammlung, die
über den Plan beschließt, ansonsten nach Ablauf der vorgesehenen Zeit.[214] Der *nominee* hat die
Beendigung dem Gericht, dem *Registrar*, der Gesellschaft und allen Gläubigern mitzuteilen und in
der Zeitung bekannt zu machen.[215] Die Beschlussfassung über die Verlängerung des Moratoriums
kann von den Gläubigern mit der Einsetzung eines Gläubigerausschusses, ***moratorium committee***,
für die verbleibende Laufzeit des Moratoriums verbunden werden.[216]

Sofern das vorgeschlagene *voluntary arrangement* die erforderliche Zustimmung gefunden hat, ist 68
in der Regel der *nominee* in der ihm im *arrangement* zugewiesenen Funktion für dessen **Umsetzung**
verantwortlich. Die mit der Umsetzung betraute Person wird vom Gesetz generalisierend als ***supervisor*** bezeichnet. Der *supervisor* kann Weisungen des Gerichts einholen. Das Gericht entscheidet auf
Antrag jedes Gläubigers oder sonstiger Personen über Widersprüche gegen die Amtsführung des
supervisor, kann dessen Entscheidungen ändern oder aufheben oder ihm Weisungen erteilen und ggf.
auch andere Personen als *supervisor* einsetzen.[217]

Wie bereits ausgeführt, **endet das Moratorium** nach maximal 60 Tagen.[218] Die **Beendigung** 69
der Umsetzung des *voluntary arrangement* ergibt sich aus der Natur der im *arrangement* enthaltenen
Maßnahmen und der dort diesbezüglich enthaltenen Bestimmungen.

3.5 Unternehmenssanierung im Rahmen eines *scheme of arrangement*

3.5.1 Einleitung des Verfahrens

Ein *scheme of arrangement*[219] muss nicht auf die Sanierung eines notleidenden Unternehmens 70
gerichtet sein. Das Verfahren kann und wird aber **für Sanierungszwecke genutzt**.

Das Verfahren wird vom Gericht **auf Antrag** der Gesellschaft, eines Gesellschafters oder eines 71
Gläubigers eingeleitet. Ist die Gesellschaft Gegenstand eines *winding up* oder steht sie unter *judicial management*, kann auch der *liquidator* bzw. *judicial manager* den Antrag stellen.[220]

3.5.2 Zum Verfahrensgang

Der für den eigentlichen Verfahrensgang primäre Antrag richtet sich auf die **gerichtliche** 72
Genehmigung der Einberufung von Versammlungen der Gesellschafter und/oder Gläubiger und/oder bestimmter Gesellschafterklassen und/oder Gläubigerklassen zur Abstimmung über
das *scheme*.[221] Das Gericht nimmt in dieser Phase im Wesentlichen eine Missbrauchskontrolle vor,
für die kein vollständig ausgearbeiteter, abstimmungsreifer Vorschlag vorliegen muss, sondern die
Darlegung der wesentlichen Grundzüge des zukünftigen Vorschlags ausreichend ist.[222]

Weiter kann (sofern die Gesellschaft nicht Gegenstand eines *winding up* ist) bei Gericht ein 73
Antrag auf Erlass einer Anordnung, ***restraining order***, zur Einschränkung grundsätzlich[223] sämtlicher
Verfahren gegen die Gesellschaft gestellt werden.[224] Die Anträge bezüglich der Einberufung von
Versammlungen zur Abstimmung über das *scheme* und auf Erlass einer *restraining order* können miteinander verbunden aber auch unabhängig voneinander gestellt werden.[225] Der Umfang des mit der
restraining order begründeten Moratoriums kann vom Gericht bestimmt und Handlungen von seiner
Zustimmung, *leave of the court*, oder von weiteren Bestimmungen abhängig gemacht werden. In der

---

[213] *Companies Act 2016, Eighth Schedule*, paras 3–4.
[214] *Companies Act 2016, Eighth Schedule*, paras 5–7.
[215] *Companies Act 2016, Eighth Schedule*, para 12.
[216] *Companies Act 2016, Eighth Schedule*, paras 13–16.
[217] *Companies Act 2016*, s 401(4)-(7).
[218] → Rn. 65, 67.
[219] Einleitend und zusammenfassend zum *scheme of arrangement* schon → Rn. 10.
[220] *Companies Act 2016*, s 366(1).
[221] *Companies Act 2016*, s 366(1); nach einer Entscheidung des *Court of Appeal* sind Gläubiger, die sich in laufenden Gerichtsverfahren mit der Gesellschaft befinden, in das Verfahren einzubeziehen (insoweit keine Anordnung *ex parte*); *Sham Chin Yen & 15 others v Mansion Properties Bhd* [2019] 1 LNS 781.
[222] Vgl. *Kuala Lumpur Industries Bhd. & Ors.* [1991] 3 CLJ Rep 86, *Sham Chin Yen & 15 others v Mansion Properties Bhd* [2019] 1 LNS 781.
[223] Ausgenommen sind Verfahren, die vom *Registrar* oder der *Securities Commission Malaysia* gegen die Gesellschaft betrieben werden; *Companies Act 2016*, s 366(6)(a).
[224] *Companies Act 2016*, s 368(1).
[225] *Kuala Lumpur Industries Bhd. & Ors.* [1991] 3 CLJ Rep 86.

Regel sind ab Erlass der *restraining ordner* auch die Verfügungsbefugnisse der Gesellschaft eingeschränkt.[226]

74 Die *restraining order* kann zunächst für einen Zeitraum von **bis zu drei Monaten** ergehen. Auf Antrag kann diese Dauer auf bis zu **neun Monate verlängert** werden. Die Anordnung **hat zur Voraussetzung,** dass (a) nach Überzeugung des Gerichts das zukünftige *scheme* mindestens die Hälfte der Ansprüche aller Gesellschaftsgläubiger umfasst, (b) die Anordnung erforderlich ist, um der Gesellschaft und ihren Gläubigern eine Inkraftsetzung des *scheme* zu ermöglichen, (c) dem Antrag ein Bericht über die Lage der Gesellschaft beigefügt wird, der nicht älter als drei Tage ist, und (d) die Mehrheit der Gläubiger dem Gericht einen *director* der Gesellschaft zur Bestätigung bzw. Bestellung durch das Gericht vorgeschlagen hat.[227] Eine Kopie der *restraining order* ist von der Gesellschaft beim *Registrar* einzureichen. Außerdem hat die Gesellschaft Mitteilung in der Zeitung zu machen.[228]

75 In der antragsgemäß einberufenen Versammlung kann über das *scheme* abgestimmt werden. Die **Annahme des *scheme*** bedarf einer Zustimmung von 75 % der abgegebenen Stimmen, wobei sich die Stimmen nach der jeweiligen Höhe der Forderungen der abstimmenden Gläubiger bemessen. Mit derselben Mehrheit kann die Abstimmung auch vertagt werden.[229] Einladungen zu Versammlungen sind mit Erläuterungen zu den Auswirkungen des *scheme* zu verbinden.[230] Zur Vorbereitung der Abstimmung können die Gesellschafter die *directors* anweisen, den vorliegenden Vorschlag durch einen Prüfer oder Anwalt prüfen zu lassen. Ferner kann auch das Gericht auf Antrag einer Partei von einem *approved liquidator*[231] einen Bericht zur Durchführbarkeit des *scheme* erstatten lassen.[232]

76 Das *scheme* wird erst mit der **Bestätigung durch das Gericht** verbindlich. Das Gericht kann in seiner bestätigenden Entscheidung Änderungen des *scheme* vornehmen. Die Bestätigung tritt mit Einreichung der gerichtlichen Entscheidung beim *Registrar* in Kraft, sofern nicht das Gericht einen früheren Termin festlegt.[233]

4. Wesentliche Verfahrensmerkmale des Konkurses von Personengesellschaften, Einzelunternehmen und natürlichen Personen, *proceedings in bankruptcy*

4.1 Eröffnung des Verfahrens

77 *Proceedings in bankruptcy* können nach dem *Insolvency Act 1967*[234] aus diversen Gründen – den **acts of bankruptcy** – eingeleitet werden.[235] Zu diesen Gründen zählen auch die schuldnerische Anzeige der Zahlungsunfähigkeit oder der Zahlungseinstellung beim Gericht oder Gläubigern. In der Praxis werden die meisten Insolvenzverfahren wegen Verstoßes des Schuldners gegen eine *bankruptcy notice* eröffnet, die dem Schuldner auf Betreiben des Inhabers eines Vollstreckungstitels zugestellt werden kann.[236]

78 Das Verfahren wird vom Gericht auf **Antrag** des Schuldners oder eines Gläubigers eröffnet.[237] Ein Gläubigerantrag setzt unter anderem voraus, dass der Gläubiger über Forderungen gegen den Schuldner in Höhe von mindestens 50.000,00 RM verfügt.[238]

79 Zur **Abwendung des Konkurses** regelt das *Insolvency Act 1967* ein Verfahren für ein *(individual) voluntary arrangement*.[239] Auch nach der Verfahrenseröffnung stellt das Gesetz dem Schuldner ein förmliches Verfahren für einen Vergleich mit den Gläubigern, *composition or scheme of arrangement*, zur Verfügung.[240]

---

[226] *Companies Act 2016*, s 368(1),(4).
[227] *Companies Act 2016*, s 368(2); nach Auffassung des *Kuala Lumpur High Court* müssen diese Voraussetzungen nicht nur bei einer Verlängerung der *restraining order*, sondern schon bei deren erstmaligen Erlass vorliegen, *Barakah Offshore Petroleum Berhad & Anor v Mersing Construcion & Engineering Sdn Bhd &3 Others* [2019] 1 LNS 551; auch insoweit ist dem Gericht noch kein vollständig ausgearbeitetes *scheme* vorzulegen; *Kuala Lumpur Industries Bhd. & Ors.* [1991] 3 CLJ Rep 86.
[228] *Companies Act 2016*, s 368(5).
[229] *Companies Act 2016*, s 366(2),(3).
[230] *Companies Act 2016*, s 369.
[231] → Rn. 16.
[232] *Companies Act 2016*, s 367.
[233] *Companies Act 2016*, s 366(3)-(5).
[234] Einleitend und zusammenfassend zum *Insolvency Act 1967* schon → Rn. 11.
[235] *Insolvency Act 1967*, s 3(1)(a)-(j).
[236] *Insolvency Act 1967*, s 3(1)(i),(2)-(2C).
[237] *Insolvency Act 1967*, s 4–6.
[238] *Insolvency Act 1967*, s 5(1)(a); stellen mehrere Gläubiger einen gemeinsamen Antrag, werden deren Forderungen für die Prüfung des Erreichens der Mindestschwelle addiert.
[239] *Insolvency Act 1967*, s 2A-2Q.
[240] *Insolvency Act 1967*, s 18.

4.2 Zum Verfahrensgang

Das Verfahren wird mit einer **bankruptcy order** des Gerichts eröffnet.[241] Die *bankruptcy order* 80 wird im Amtsblatt und in der Zeitung bekannt gemacht.[242] Mit der Verfahrenseröffnung können die Inhaber anmeldefähiger Forderungen grundsätzlich nicht mehr gegen die Masse oder den Schuldner vorgehen.[243] Hiervon bleiben die Rechte gesicherter Gläubiger zur Verwertung ihrer Sicherheiten grundsätzlich unberührt.[244] Das Gericht kann bereits nach Antragstellung einen **vorläufigen Verwalter,** *interim receiver,* bestellen und weitere Maßnahmen zur Sicherung der Masse anordnen.[245] Bei kleinen schuldnerischen Vermögen oder abhängig beschäftigten Schuldnern, *small cases,* sind summarische Verfahren möglich.[246]

Infolge der *bankruptcy order* wird das relevante Vermögen des Schuldners dem *Director General* 81 *of Insolvency* zugeordnet und von diesem ermittelt, verwaltet und verwertet.[247] Der Schuldner hat gegenüber dem *Director General of Insolvency* eine eidesstattliche Erklärung zu den Einzelheiten seiner Vermögensverhältnisse abzugeben.[248] Auf Antrag des *Director General of Insolvency* wird außerdem eine öffentliche Überprüfung des Schuldners, *public examination of bankrupt,* angeordnet, in der der Schuldner unter Eid Fragen des Gerichts und der Gläubiger zu beantworten hat.[249] Die Amtsführung des *Director General of Insolvency* unterliegt der Aufsicht des Gerichts. Der Schuldner, seine Gläubiger und beschwerte Dritte können gegen seine Handlungen und Entscheidungen Widerspruch beim Gericht erheben.[250]

Die Gläubiger haben ihre anmeldefähigen **Forderungen** beim *Director General of Insolvency* zur 82 Prüfung **anzumelden** und hierbei eidesstattlich zu versichern. Entsprechendes gilt für gesicherte Gläubiger soweit ihre Sicherheiten die Forderungen nicht abdecken.[251] Bei der **Verteilung** sind bestimmte Ansprüche vorrangig zu berücksichtigen, dazu zählen, mit näher geregelten Einschränkungen, Steuern und Arbeitnehmeransprüche.[252]

Der **Schuldner** kann von den verfahrensgegenständlichen Forderungen **befreit werden,** *dis-* 83 *charge.* Die Aufgaben des *Director General of Insolvency* bleiben von einer solchen Restschuldbefreiung unberührt. Von der *discharge* sind bestimmte Forderungen ausgenommen, darunter Forderungen des Fiskus und Ansprüche wegen *fraud or fraudulent breach of trust.*[253] Der Schuldner bleibt nach der Befreiung weiterhin zur Unterstützung des Verwalters bei der Verwertung und Verteilung der Masse verpflichtet. Widrigenfalls kann das Gericht unter anderem die Befreiung widerrufen.[254] Eine Befreiung kann auf verschiedenen Wegen erreicht werden. Der Schuldner kann jederzeit einen entsprechenden Antrag an das Gericht stellen, das eine Befreiung unter Berücksichtigung der Verhältnisse und des Verhaltens des Schuldners ggf. unter Auflagen aussprechen kann.[255] Fünf Jahre nach Verfahrenseröffnung kann der Schuldner auch einen Antrag an den *Director General of Insolvency* richten.[256] Außerdem sieht das Gesetz mit Ablauf einer Frist von drei Jahren eine automatische Befreiung, *automatic discharge,* vor, wenn bestimmte Voraussetzungen vorliegen, insbesondere der Schuldner vorher festgelegte Zahlungen geleistet hat und bestimmten Berichtspflichten nachgekommen ist. Die Dreijahresfrist beginnt mit der Abgabe der Erklärung des Schuldners über seine Vermögensverhältnisse[257] zu laufen.[258]

---

[241] *Insolvency Act 1967,* s 4.
[242] *Insolvency Act 1967,* s 13.
[243] *Insolvency Act 1967,* s 8(1)(a).
[244] *Insolvency Act 1967,* s 8(2)-(2A).
[245] *Insolvency Act 1967,* s 10.
[246] *Insolvency Act 1967,* s 106–108.
[247] *Insolvency Act 1967,* s 8(1)(b), s 48, s 72–73.
[248] *Insolvency Act 1967,* s 16; *Lim Tee Keong v HLG Securities Sdn Bhd* [2016] 4 CLJ 840.
[249] *Insolvency Act 1967,* s 17.
[250] *Insolvency Act 1967,* s 86–87; zum beschränkten Umfang der Antragsbefugnisse des Schuldner *Hong Leong Bank Bhd v Sheikh Ahmad Marzuki Sheikh Yusof* [2014] 9 CLJ 939.
[251] *Insolvency Act 1967,* s 40, s 42, Schedule C; *Insolvency Rules 2017,* r 167–176.
[252] *Insolvency Act 1967,* s 43.
[253] *Insolvency Act 1967,* s 35.
[254] *Insolvency Act 1967,* s 36.
[255] *Insolvency Act 1967,* s 33; die *discharge* steht im Ermessen des Gerichts; sofern der Schuldner die Abgabe der eidesstattlichen Versicherungen über seine Vermögensverhältnisse versäumt hat, ist dieser Umstand nach einer Entscheidung des *Court of Appeal* als *offence* im Sinne von s 33(4) einzuordnen und kann vom Gericht bei seiner Entscheidung zu Lasten des Schuldners zu berücksichtigen werden; *Hong Leong Bank Bhd v Sheikh Ahmad Marzuki Sheikh Yusof* [2014] 9 CLJ 939.
[256] *Insolvency Act 1967,* s 33A-33B.
[257] → Rn. 81.
[258] *Insolvency Act 1967,* s 33C.

84 Nachdem das Vermögen des Schuldners verwertet und verteilt ist, kann der Verwalter beim Gericht seine **Entlastung**, *release,* beantragen. Dasselbe gilt, wenn nach Auffassung des Verwalters das Vermögen unter Vermeidung unnötiger Verfahrensverzögerungen hinreichend abgewickelt worden ist oder wenn die Gläubiger einer *composition* zugestimmt haben. Die Entlastung wird vom Gericht nach antragsgemäßer Prüfung der Bücher des Verwalters ausgesprochen.[259]

5. Eigentumsvorbehalte, *retention of title*

85 Die malaysische Rechtsprechung erkennt **Eigentumsvorbehaltsklauseln** in Warenlieferungsverträgen mit entsprechenden Rückgabeverpflichtungen des Abnehmers an.[260] Beim *winding up* kann der Lieferant die gelieferten Waren damit kraft des bei ihm verbliebenen Eigentums grundsätzlich von der Gesellschaft herausverlangen, *repossession*. Die Regelungen zu den **Schuldenmoratorien** beim *judicial management* sehen ausdrücklich vor, dass Ansprüche aus Eigentumsvorbehaltsklauseln nur mit Genehmigung des Gerichts, *leave of the court,* und nach den ggf. vom Gericht angeordneten Vorgaben geltend gemacht werden können.[261]

6. Aufrechnung, *insolvency set-off*

86 **Insolvenzrechtliche Aufrechnungen** sind nur beim *winding up* nach dem *Companies Act 2016* sowie im Konkursverfahren nach dem *Insolvency Act 1967* vorgesehen.[262] Danach sind wechselseitige Ansprüche aus Geschäften vor Einleitung eines *winding up*-Verfahrens grundsätzlich zu verrechnen. Der relevante Zeitpunkt für die Nicht-Berücksichtigung von Gläubigerforderungen wird aber vorverlegt, wenn der Gläubiger zum Zeitpunkt der Fälligkeit einer Forderung Kenntnis von der *winding up petition* oder der Einberufung einer Gesellschafterversammlung zur Beschlussfassung über ein *voluntary winding up* hatte.[263]

7. Anfechtungsähnliche Rechtsinstitute, *avoidance of transactions*

87 Nach den vergleichsweise strengen, für *winding up*-Verfahren geltenden Regeln des *Companies Act 2016* zur Gläubigerbevorzugung, *undue preference,* sind Verfügungen, Zahlungen, Belastungen, Lieferungen und sonstige Rechtshandlungen der Gesellschaft grundsätzlich unwirksam, wenn (a) die Gesellschaft zum Zeitpunkt der Rechtshandlung zahlungsunfähig war und (b) die Rechtshandlung frühestens **sechs Monate** vor der *winding up petition* oder der Beschlussfassung über ein *voluntary winding up* vorgenommen wurde.[264] Dies gilt (nur) dann nicht, wenn die Gesellschaft eine angemessene Gegenleistung, *valuable consideration,* erhalten hat und die andere Partei keine Kenntnis von der Zahlungsunfähigkeit (oder einem laufenden *winding up-Verfahren*) hatte.[265] Entsprechende Regelungen gelten auch nach einer *judicial management order*.[266]

88 Darüber hinaus sind *floating charges* nur hinsichtlich des als Gegenleistung entrichteten Hauptbetrages zuzüglich 5 % Zinsen per annum wirksam, sofern sie nicht früher als **sechs Monate** vor der *winding up petition* oder der Beschlussfassung über ein *voluntary winding up* begründet wurden, und nicht nachgewiesen werden kann, dass die Gesellschaft unmittelbar nach der Bestellung noch solvent war.[267]

89 Weiter kann der *liquidator* von der anderen Partei **Nachzahlungen** zum Ausgleich zu geringer Verkaufspreise (der Wert der Kaufsache übersteigt den Kaufpreis) oder **Rückzahlungen** zum Ausgleich überhöhter Ankaufspreise (der Wert der Kaufsache unterschreitet den Kaufpreis) verlangen. Dies setzt weiter voraus, dass (a) der entsprechende Kaufvertrag zwischen der Gesellschaft und einem ihrer *directors* oder einer ihren *directors* nahestehenden Person oder Gesellschaft geschlossen wurde, (b) die Leistung der Gesellschaft nicht in Gewährung eigener Anteile bestand und (c) der Kaufvertrag

---

[259] *Insolvency Act 1967*, s 82.
[260] *Interdeals Automation (M) Sdn Bhd v Hong Hong Documents Sdn Bhd* [2009] 2 CLJ 321.
[261] *Companies Act 2016*, s 410(b), s 411(4)(d); dazu → Rn. 51–52.
[262] *Companies Act 2016*, s 526 bzw. *Insolvency Act 1967*, s 41.
[263] *Companies Act 2016*, s 526(3), ähnlich *Insolvency Act 1967*, s 41(2) (abstellend auf Kenntnis des Gläubigers von einem *act of bankruptcy*).
[264] *Companies Act 2016*, s 528(1)-(2); ging der *winding up petition* eine Beschlussfassung über ein *voluntary winding up* voraus, ist gem. s 528(2)(a)(ii) auch insoweit der Zeitpunkt der Beschlussfassung maßgeblich; war bei einem *voluntary winding up* ein *interim liquidator* zu bestellen, kommt es nach s 528(2)(b), s 441(1)(a) auf den Zeitpunkt der Erklärung der *directors* an, die die Pflicht zur Bestellung auslöste; s. a. Fn. 101 bei → Rn. 27.
[265] *Companies Act 2016*, s 528(4).
[266] *Companies Act 2016*, s 426.
[267] *Companies Act 2016*, s 529.

frühestens zwei Jahre vor der *winding up petition* oder der Beschlussfassung über ein *voluntary winding up* zustande gekommen ist.²⁶⁸

Außerdem hat der *liquidator* die Möglichkeit, auf belastende Vermögensteile einschließlich   90
unprofitabler Verträge zu verzichten, ***disclaimer of onerous property***. Ein solcher *disclaimer* bedarf der Zustimmung des Gerichts oder des *committee of inspection*. Der *disclaimer* hat außerdem Einzelheiten zu den Folgen für die Rechte und die Pflichten der Gesellschaft und betroffener Dritter zu regeln.²⁶⁹ Das Gericht bzw. das *committee of inspection* können die Zustimmung von einer vorherigen Mitteilung an betroffene Dritte und weiteren Bedingungen abhängig machen.²⁷⁰ Der *liquidator* verliert sein Verzichtsrecht, wenn er nach der Aufforderung eines betroffenen Dritten, sich zu entscheiden, ob er seine Rechte ausüben wird oder nicht, bestimmte Fristen ungenutzt verstreichen lässt.²⁷¹

8. Haftung von Geschäftsführern, *directors*

Eine Haftung eines *director* (oder eines anderen *officer*) für die Verbindlichkeiten einer insolven-   91
ten Gesellschaft kann sich insbesondere aus Geschäftsabschlüssen ergeben, die wissentlich im Stadium der Zahlungsunfähigkeit, ***insolvent trading***,²⁷² oder in betrügerischer Absicht, ***fraudulent trading***,²⁷³ getätigt wurden. In beiden Fällen kann das Gericht auf Antrag des *liquidator*, eines Gläubigers oder eines *contributory* die unbeschränkte Haftung der Personen, die pflichtwidrig gehandelt haben, feststellen.²⁷⁴ Darüber hinaus belegt das Gesetz in diversen Einzelregelungen Verstöße der *directors* (meist auch einschließlich anderer *officers*) gegen gesetzliche Buchführungs-, Mitwirkungs-, Erklärungs- oder Veröffentlichungspflichten im Rahmen der verschiedenen Abwicklungs- und Sanierungsverfahren mit **Geld- oder Freiheitsstrafen**.²⁷⁵

9. Internationales Insolvenzrecht

Malaysia hat das UNCITRAL Model Law on Cross-Border Insolvency nicht übernommen.   92

Der ***Reciprocal Enforcement of Judgments Act 1958*** ermöglicht die Registrierung und Vollstre-   93
ckung bestimmter ausländischer Zahlungstitel in Malaysia. Aufgrund entsprechender Gegenseitigkeitserklärungen gilt dies für Titel aus Brunei Darussalam, Hong Kong, Indien (mit Ausnahme bestimmter Bundesstaaten), Neuseeland, Singapur, Sri Lanka und dem Vereinigten Königreich.²⁷⁶ Auf Titel aus Deutschland findet das Gesetz hingegen mangels Gegenseitigkeitserklärungen keine Anwendung.

10. COVID-19 Gesetzgebung

Um die Zahl der Unternehmensabwicklungen während COVID-19-Pandemie zu kontrollieren   94
und zu reduzieren, wurden die Voraussetzungen der Zahlungsunfähigkeit, *inability to pay debts,* im Rahmen des *compulsory winding-up* gelockert. Zum einen wurde mit Wirkung für den Zeitraum vom 23.4.2020 bis zum 31.12.2020 der für die *inability to pay debts* nach Companies Acts 2016, s

---

²⁶⁸ *Companies Act 2016*, s 530.
²⁶⁹ *Companies Act 2016*, s 531(1)-(3).
²⁷⁰ *Companies Act 2016*, s 531(4).
²⁷¹ *Companies Act 2016*, s 531(5).
²⁷² *Companies Act 2016*, s 539(3).
²⁷³ *Companies Act 2016*, s 540(1); die betrügerische Absicht muss nach sorgfältiger Prüfung aller nachgewiesenen Umstände festgestellt werden; *Muniandy Nadasan & Ors v Dato' Prem Krishna Sahgal & Ors* [2016] 1 LNS 592; *Linear Profile Sdn Bhd v Khor Guik Lee & Anor* [2019] 1 LNS 579.
²⁷⁴ *Companies Act 2016*, s 540(1),(2)-(4).
²⁷⁵ Beispielsweise *Companies Act 2016*, s 368(5) (Verstoß gegen Pflicht zur Veröffentlichung einer *restraining order*), s 368(7) (Verfügungen über Gesellschaftsvermögen unter Verstoß gegen eine *restraining order*), s 389(2) (Verletzung der Informationspflichten gegenüber *receiver/receiver and manager*), s 390(4) (Verletzung der Berichterstattungspflicht zu Beginn einer *receivership*), s 412(2) (Verletzung der Pflicht zum Hinweis des *judicial management* auf Geschäftsbriefen etc), s 419(6) (Verletzung der Berichterstattungspflicht zu Beginn eines *judicial management*), s 428(2) (Verletzung der Informationspflichten gegenüber *judicial manager*), s 439(3) (Verstoß gegen Pflicht zur Veröffentlichung des Beschlusses über *voluntary winding up*), s 443(5) (falsche *declaration of solvency* zu Beginn eines *members' voluntary winding up*), s 449(11) (Verletzung der Pflicht zur Einberufung der Gläubigerversammlung zu Beginn eines *creditors' voluntary winding up*), s 484(6) (Verletzung der Berichterstattungspflicht zu Beginn eines *compulsory winding up*), 516(2) (Verletzung der Pflicht zum Hinweis „in liquidation" auf Geschäftsbriefen etc beim *winding up*), s 518(5) (Verletzung der Pflicht zur Aufbewahrung der Bücher zum Zwecke eines *winding up*), s 536(3) (Verbergen oder Beiseiteschaffen von Gegenständen), s 538 (Buchfälschung), s 539(1) (Verstoß gegen Buchführungspflichten).
²⁷⁶ *Reciprocal Enforcement of Judgments Act 1958*, First Schedule.

Malaysia 94

466(1)(a)[277] maßgebliche Gesamtbetrag ausstehender Forderungen von 10.000,00 RM auf 50.000,00 RM erhöht.[278] Weiter wurde mit der ministeriellen *Companies (Exemption) (No. 2) Order 2020* [279] die Frist für die Begleichung dieser Forderungen von 21 Tagen auf 6 Monate verlängert. Diese verlängerte Frist gilt allerdings nur für förmliche Zahlungsverlangen nach *Companies Acts 2016*, s 466(1)(a), die im Zeitraum vom 23.4.2020 bis zum 31.12.2020 erhoben wurden oder werden.[280] Nach fruchtlosem Verstreichen der 6-Monatsfrist gilt die betreffende Gesellschaft dann als zahlungsunfähig.

---

[277] Allgemein hierzu → Rn. 22.
[278] Siehe *Federal Government Gazette, Directions of Minister, Paragraph 466(1)(a)Companies Act 2016* v. 23.4.2020; s. a. [online: URL: https://www.ssm.com.my/Pages/Legal_Framework/Document/Direction%20of%20Minister%20under%20para%20466(1)(a).pdf].
[279] Siehe *Federal Government Gazette, P.U. (A) 123/2020*; die *Companies (Exemption) (No. 2) Order 2020* wurde am 23.4.2020 im Amtsblatt Malaysias veröffentlicht und trat am 24.4.2020 in Kraft.
[280] *Companies (Exemption) (No. 2) Order 2020, Order 2*.

Malaysia

Grafische Darstellung des *compulsory winding up*

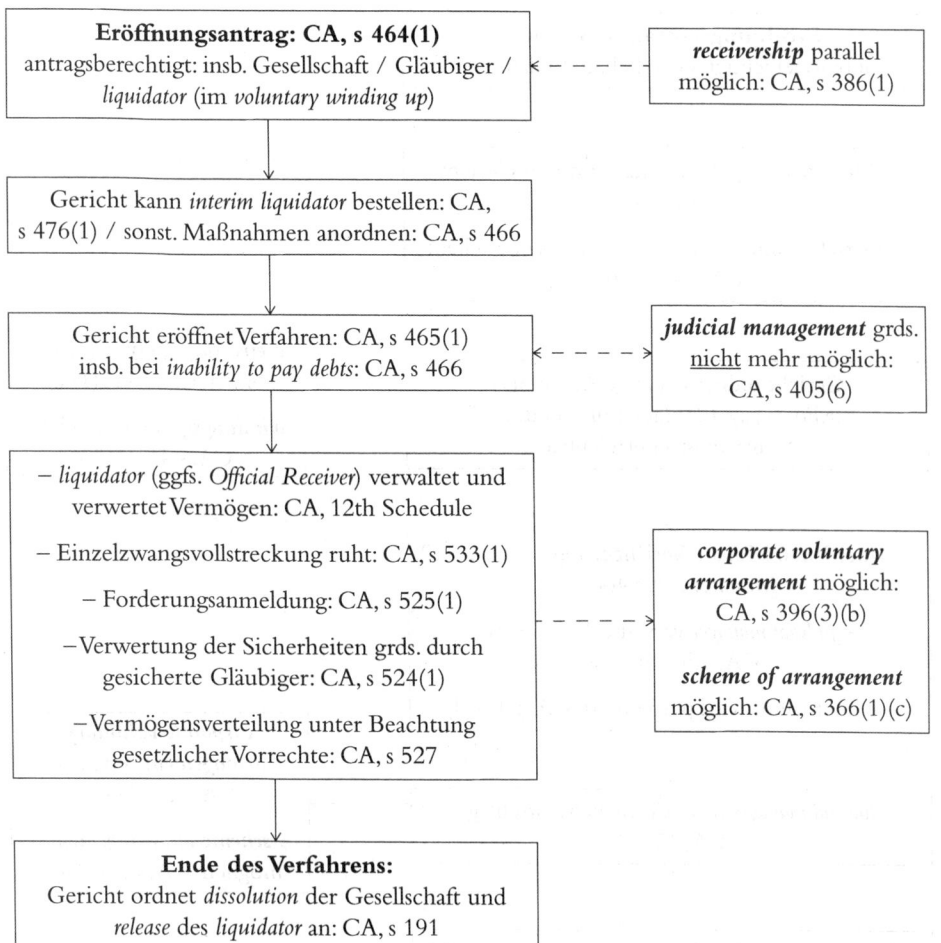

Malaysia

Grafische Darstellung des *judicial management*

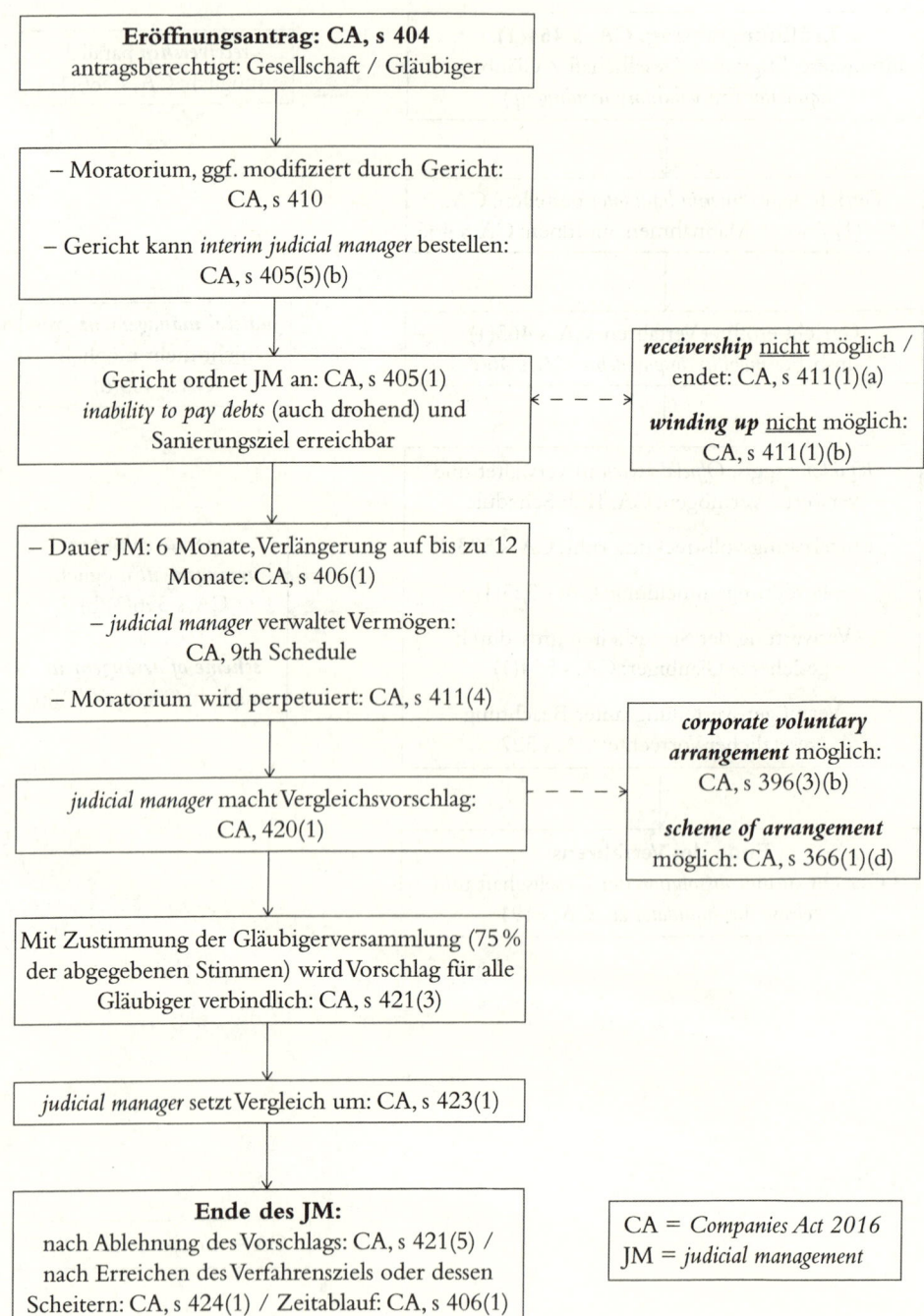

Malaysia

Grafische Darstellung des *corporate voluntary arrangement*

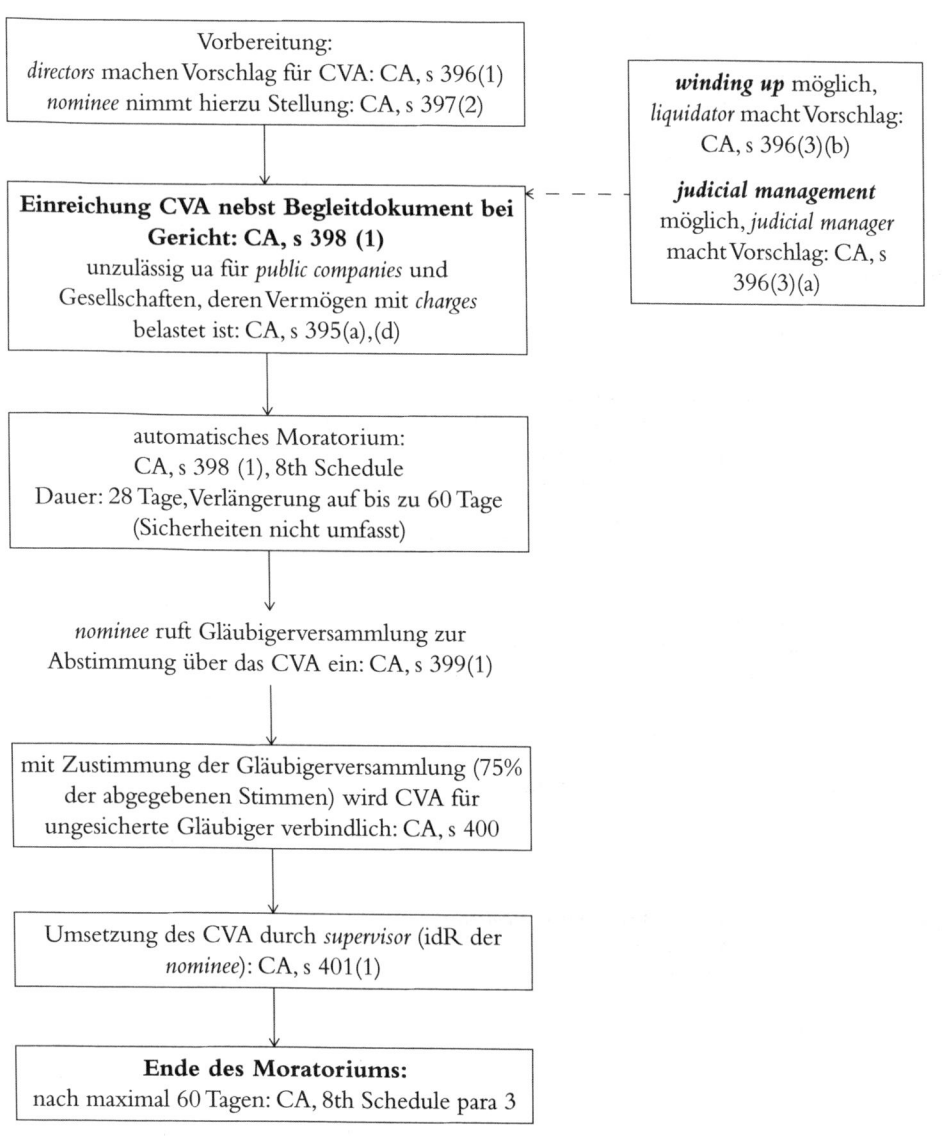

Malaysia

Grafische Darstellung des *scheme of arrangement*

```
┌─────────────────────────────────────────────┐
│ Gericht ordnet Versammlungen der Gläubiger  │
│ oder Gesellschafter an: CA, s 366(1)        │         ┌──────────────────────────────────┐
│ antragsberechtigt: Gesellschaft / Gläubiger │         │ *winding up* möglich,            │
│ / Gesellschafter                            │         │ *liquidator* antragsberechtigt:  │
└─────────────────────────────────────────────┘         │ CA, s 366(1)(c)                  │
                    │                                   │                                  │
                    ▼                                   │ *judicial management*            │
┌─────────────────────────────────────────────┐         │ möglich, *judicial manager*      │
│ Gericht ordnet Moratorium an: CA, s 368(1),(2) │ ◄ ─ ─│ antragsberechtigt:              │
│ Dauer: bis zu 3 Monate, Verlängerung auf bis zu │     │ CA, s 366(1)(d)                 │
│ 9 Monate,                                   │         └──────────────────────────────────┘
│ antragsberechtigt: Gesellschaft / Gläubiger │
│ / Gesellschafter,                           │
│ Voraussetzungen (ua): zukünftiger Vorschlag │
│ umfasst 50% der Gläubigerforderungen: CA,   │
│ s 368(1),(2)(a), *director* wird entsprechend│
│ Gläubigervorgaben bestätigt bzw. bestellt:  │
│ CA, s 368(2)(d)                             │
└─────────────────────────────────────────────┘
                    │
                    ▼
┌─────────────────────────────────────────────┐
│ Versammlung stimmt Vorschlag zu (75% der    │
│ abgegebenen Stimmen): CA, s 366(3)          │
└─────────────────────────────────────────────┘
                    │
                    ▼
┌─────────────────────────────────────────────┐
│ Gericht bestätigt den Vorschlag: CA, s 366(3),│
│ Gericht kann den Vorschlag modifizieren:    │
│ CA, s 367(2)                                │
└─────────────────────────────────────────────┘
                    │
                    ▼
┌─────────────────────────────────────────────┐
│ **Einreichung der Entscheidung beim *Registrar*:** │
│ CA, s 366(5)                                │
└─────────────────────────────────────────────┘
```

CA = *Companies Act 2016*

Malaysia

Grafische Darstellung der *proceedings in bankruptcy*

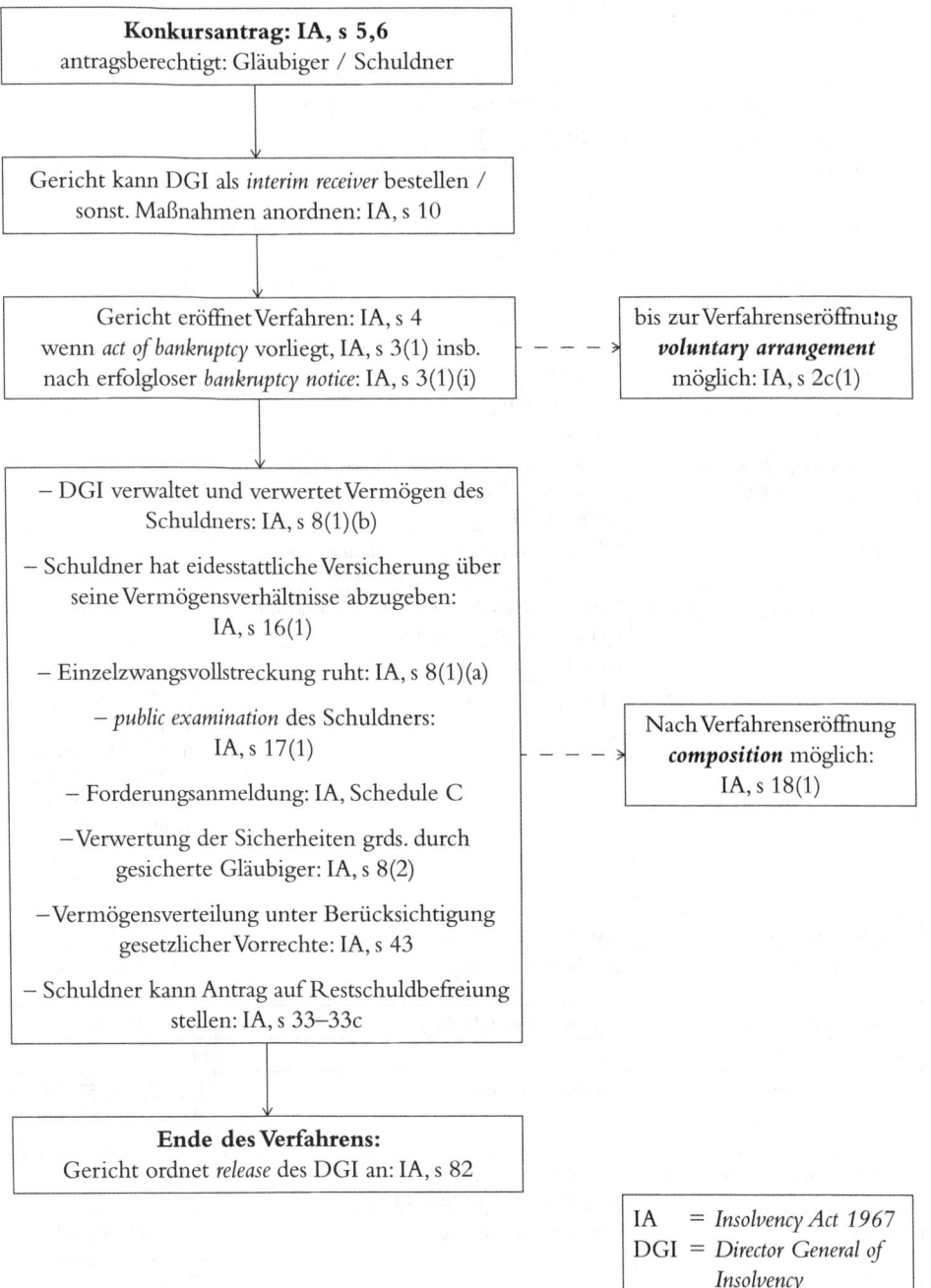

Malaysia

Glossar

Englisch	Deutsch	Rn.
acts of bankruptcy	Konkursgründe (nach Insolvency Act 1967)	11, **77**, 86 (Fn. 263)
approved liquidator	behördlich zugelassener liquidator	**16**, 25, 75
avoidance of transactions	Anfechtung, hier: insolvenzrechtliche	87–90
Bank Negara Malaysia	Zentralbank Malaysias	8, 9, 17, 23
bankruptcy	Konkursverfahren (nach Insolvency Act 1967)	4, 5, **11**, **77–84**, 86 (Fn. 263)
bankruptcy notice	förmliche Zahlungsaufforderung (nach Insolvency Act 1967)	11, 77
bankruptcy order	Konkurseröffnungsentscheidung (nach Insolvency Act 1967)	80, 81
charge	Belastung	7, 9, 35, 40
committee of inspection	Kontrollausschuss der Gläubiger im winding up-Verfahren	26, 28, **32**, 90
constitution	Satzung	20, 55
Corporate Debt Restructuring Committee (CDRC)	Mechanismus der Bank Negara Malaysia zur präventiven Restrukturierung von Finanzverbindlichkeiten	17
corporate rescue mechanism	Oberbegriff für corporate voluntary arrangement- und judicial management-Verfahren	3
corporate voluntary arrangement	Vergleich zwischen Gesellschaft und ihren Gläubigern (insolvenzrechtlich)	3, 5, **9**, **62–69**, 85
court	Gericht	siehe high court
creditor	Gläubiger	5, 6, 7, 8, 9, 10, 11, 17, 22, 23, 24, 26, 27, 29, **31–37**, 39, 40, 45, 49, 50, 51, **54**, 57, **58**, 63, 64, **66**, 67, 68, 71, 72, **74**, 77, 78, 79, 80, 81, **82**, 84, **86**, 91
– preferential creditor	bevorrechtigter Gläubiger	**36**, 47, 82
– secured creditor	gesicherter Gläubiger	7, **34**, **40**, 49, 66, 80, **82**
– unsecured creditor	ungesicherter Gläubiger	9, 36, **37**, **66**, 82
creditors committee	Gläubigerausschuss	60
creditors' meeting	Gläubigerversammlung	**31**, 32, 39, 57, **58**, 59, 60, 61, 63, 66, 67
creditors' voluntary winding up	Abwicklung aufgrund Beschlusses oder Satzung ohne Solvenzerklärung	siehe winding up
debenture	Schuldverschreibung	7, 40, 41, 42, 43, 44, 46 (Fn. 154), 47, 49
debenture holder	Schuldverschreibungsgläubiger	siehe debenture
debtor	Schuldner (nach Insolvency Act 1967)	11, 77, 78, 79, 80, 81, 83, 84
declaration of solvency	Solvenzerklärung	6, 20, 21

Malaysia

Englisch	Deutsch	Rn.
director	Geschäftsführer, Vorstand	6, 9, 20, 27 (Fn. 101), 44 (Fn. 148), 55, 87 (Fn. 264), 89, 91
discharge	Restschuldbefreiung (nach *Insolvency Act 1967*)	4, 11, **83**
disclaimer of onerous property	Verwertungsverzicht	90
dissolution of a company	Beendigung der Gesellschaft	6, 38, 39
floating charge	flexible Belastung	35, 36, 40, 47, 88
fraudulent trading	Unternehmensfortführung in böswilliger Absicht	91
Director General of Insolvency	staatlicher Verwalter (nach dem *Insolvency Act 1967*)	11, **14, 81,** 82, 83, 84
high court	Obergericht	6, 9, 10, **12,** 14, 18, **24,** 25–28, 30, 38, 40, **41,** 43–46, **49,** 51–55, 58, **62,** 64–68, **71, 73,** 74–76, 77, 78, **80,** 81, 84, 85, 90, 91
inability to pay debts	Zahlungsunfähigkeit	3, 6, 8, **22,** 49, 77, 87, 91
insolvency practitioner	privatwirtschaftlicher Verwalter	**16,** 54
insolvent trading	Unternehmensfortführung trotz Zahlungsunfähigkeit	91
interim judicial manager	vorläufiger Verwalter im *judicial management*-Verfahren	54 (Fn. 176)
interim liquidator	vorläufiger Verwalter in den *winding up*-Verfahren	14, 27, 30, 87 (Fn. 264)
interim receiver	vorläufiger Konkursverwalter (nach dem *Insolvency Act 1967*)	80
judicial management	Verwaltung unter gerichtlicher Aufsicht	3, 5, **8, 49–61,** 62, 65, 71
judicial management order	Anordnung eines *judicial management*	**52,** 53, 56
judicial manager	Verwalter (im *judicial management*-Verfahren)	8, 15, 52–61, 62, 71
liquidation	Abwicklung	siehe *winding up*
liquidator	Verwalter (in den *winding up*-Verfahren)	6, **14,** 15, **16,** 23, 24, **25,** 26, 28, 29, 31, 32, 33, 34, 36, 38, 39, 45, 46, 62, 71, 89, 90
members' voluntary winding up	Abwicklung (aufgrund Beschlusses oder Satzung mit Solvenzerklärung)	siehe *winding up*
moratorium	Moratorium	8, 9, 10, **51–53, 62,** 63, **65,** 66, **67,** 69, **73,** 85
moratorium committee	Gläubigerausschuss (im *corporate voluntary arrangement*-Verfahren)	67
nominee	Nominee (designierter *trustee* oder *supervisor* im *corporate voluntary arrangement*-Verfahren)	9, 15, **62,** 63, 64, 66

Malaysia

Englisch	Deutsch	Rn.
Official Receiver	staatlicher Verwalter (nach dem Companies Act 2016)	**14**, 25, 32, 39
preferential creditor	bevorrechtigter Gläubiger	siehe creditor
proceedings in bankruptcy	Konkursverfahren (nach dem Insolvency Act 1967)	siehe bankruptcy
proof of debt	Forderungsanmeldung	33
receiver and manager	Verwalter (im Rahmen einer receivership)	3, **7**, 15, **40–48**, 49, 52
receivership	Verwaltung (von Gesellschaftsvermögen im Interesse gesicherter Gläubiger)	siehe receiver and manager
Registrar	Registerstelle	**13**, 39, 44, 45, 48, 56, 57, 62, 66, 67, 74, 76
restraining order	Einstweilige Verfügung (hier: zur Beschränkung von Gläubigerrechten im scheme of arrangement-Verfahren)	10, **73–74**
retention of title	Eigentumsvorbehalt	51, 65, **85**
scheme of arrangement	Vergleich (zwischen Gesellschaft und ihren Gläubigern (gesellschaftsrechtlich))	3, 5, **9**, 49,**70–76**
secured creditor	gesicherter Gläubiger	siehe creditor
set-off	Aufrechnung (hier: insolvenzrechtliche)	86
statement of affairs	Lagebericht	44, 56, 63
supervisor	Supervisor (mit der Umsetzung eines corporate voluntary arrangement betraute Person)	9, 15, 62, **68**
undue preference	ungebührliche Bevorzugung	87
unsecured creditor	ungesicherter Gläubiger	siehe creditor
voluntary arrangement	Vergleich (zwischen Schuldner und seinen Gläubigern (nach Insolvency Act 1967)	4, 11, 79
voluntary winding up	Abwicklung (aufgrund Beschlusses oder Satzung)	siehe winding up
winding up	Abwicklung	3, 5, **6**, 8, **20–39**, 46, 47, 49, 52, 62, 65, 71, 73, **85, 87–89, 90, 91**
– compulsory winding up	Abwicklung auf Anordnung des Gerichts	**6**, 14, **22–25, 27–38**
– creditors' voluntary winding up	Abwicklung aufgrund Beschlusses oder Satzung ohne Solvenzerklärung	6, 21, 23, 24, 26, 27 (Fn. 101), 28–32, 33–37, 39
– members' voluntary winding up	Abwicklung aufgrund Beschlusses oder Satzung mit Solvenzerklärung	6, 22, 25, 26, 28, 29 (Fn. 101), 28–30, 33–37, 39
– voluntary winding up	Abwicklung aufgrund Beschlusses oder Satzung	siehe creditors' und members' voluntary winding up
– winding up by court	gleichbedeutend mit compulsory winding up	siehe compulsory winding up
winding up order	Eröffnungsentscheidung im compulsory winding up-Verfahren	24, 27, 29, 30, 33
winding up petition	Antrag auf Eröffnung des compulsory winding up-Verfahrens	**23**, 27, 87, 88, 89

Malaysia

Glossar

Deutsch	Englisch	Rn.
Abwicklung	winding up	3, 5, **6**, 8, **20–39**, 46, 47, 49, 52, 62, 65, 71, 73, **85, 87–89, 90, 91**
– auf Anordnung des Gerichts	compulsory winding up / winding up by court	**6**, 14, **22–25, 27–38**
– aufgrund Beschlusses oder Satzung	voluntary winding up	siehe creditors' und members' voluntary winding up
– aufgrund Beschlusses oder Satzung mit Solvenzerklärung	members' voluntary winding up	6, 22, 25, 26, 28, 29 (Fn. 101), 28–30, 33–37, 39
– aufgrund Beschlusses oder Satzung ohne Solvenzerklärung	creditors' voluntary winding up	6, 21, 23, 24, 26, 27 (Fn. 101), 28–32, 33–37, 39
Anfechtung, hier: insolvenzrechtliche	avoidance of transactions	87–90
Anordnung eines *judicial management*	judicial management order	**52**, 53, 56
Antrag auf Eröffnung des *compulsory winding up*-Verfahrens	winding up petition	**23**, 27, 87, 88, 89
Aufrechnung	set-off	86
Beendigung der Gesellschaft	dissolution of a company	6, 38, 39
Belastung	charge	7, 9, 35, 40
bevorrechtigter Gläubiger	preferential creditor	siehe Gläubiger
Eigentumsvorbehalt	retention of title	51, 65, **85**
einstweilige Verfügung	restraining order (hier: zur Beschränkung von Gläubigerrechten im scheme of arrangement-Verfahren)	10, **73–74**
Eröffnungsentscheidung (im *compulsory winding up*-Verfahren)	winding up order	24, 27, 29, 30, 33
flexible Belastung	floating charge	35, 36, 40, 47, 88
Forderungsanmeldung	proof of debt	33
Gericht	court	siehe Obergericht
Geschäftsführer, Vorstand	director	6, 9, 20, 27 (Fn. 101), 44 (Fn. 148), 55, 87 (Fn. 264), 89, 91
gesicherter Gläubiger	secured creditor	siehe Gläubiger
Gläubiger	creditor	5, 6, 7, 8, 9, 10, 11, 17, 22, 23, 24, 26, 27, 29, **31–37**, 39, 40, 45, 49, 50, 51, **54**, 57, **58**, 63, 64, **66**, 67, 68, 71, 72, **74**, 77, 78, 79, 80, 81, **82**, 84, **86**, 91
– bevorrechtigter	preferential creditor	**36**, 47, 82
– gesicherter	secured creditor	7, **34, 40**, 49, 66, 80, **82**
– ungesicherter	unsecured creditor	9, 36, **37, 66**, 82

Malaysia

Deutsch	Englisch	Rn.
Gläubigerausschuss	creditors committee / moratorium committee (im corporate voluntary arrangement-Verfahren)	60, 67
Gläubigerversammlung	creditors' meeting	**31**, 32, 39, 57, **58**, 59, 60, 61, 63, 66, 67
Konkurseröffnungsentscheidung	bankruptcy order (nach Insolvency Act 1967)	80, 81
Konkursgründe	acts of bankruptcy (nach Insolvency Act 1967)	11, **77,** 86 (Fn. 263)
Konkursverfahren	bankruptcy (nach Insolvency Act 1967)	4, 5, **11, 77–84,** 86 (Fn. 263)
Kontrollausschuss der Gläubiger	committee of inspection (im winding up-Verfahren)	26, 28, **32,** 90
Lagebericht	statement of affairs	44, 56, 63
Liquidation	liquidation	siehe Abwicklung
Liquidator	liquidator	siehe Verwalter
Liquidator, behördlich zugelassener	approved liquidator	**16,** 25, 75
Moratorium	moratorium	8, 9, 10, **51–53, 62,** 63, **65,** 66, **67,** 69, **73,** 85
Nominee	nominee (designierter trustee oder supervisor im corporate voluntary arrangement-Verfahren)	9, 15, **62,** 63, 64, 66
Obergericht	high court	6, 9, 10, **12,** 14, 18, **24,** 25–28, 30, 38, 40, **41,** 43–46, **49,** 51–55, 58, **62,** 64–68, **71, 73,** 74–76, 77, 78, **80,** 81, 84, 85, 90, 91
privatwirtschaftlicher Verwalter	insolvency practitioner	**16,** 54
Registerstelle	Registrar	**13,** 39, 44, 45, 48, 56, 57, 62, 66, 67, 74, 76
Restschuldbefreiung	discharge (nach Insolvency Act 1967)	4, 11, **83**
Sanierungsmechanismus	corporate rescue mechanism (Oberbegriff für corporate voluntary arrangement- und judicial management-Verfahren)	3
Satzung	constitution	20, 55
Schuldner	debtor (hier: nach Insolvency Act 1967)	11, 77, 78, 79, 80, 81, 83, 84
Schuldverschreibung	debenture	7, 40, 41, 42, 43, 44, 46 (Fn. 154), 47, 49
Schuldverschreibungsgläubiger	debenture holder	siehe Schuldverschreibung
Solvenzerklärung	declaration of solvency	6, 20, 21
Supervisor	supervisor (mit der Umsetzung cincs corporate voluntary arrangement betraute Person)	9, 15, 62, **68**

Malaysia

Deutsch	Englisch	Rn.
ungebührliche Bevorzugung	*undue preference*	87
ungesicherter Gläubiger	*unsecured creditor*	siehe Gläubiger
Unternehmensfortführung in böswilliger Absicht	*fraudulent trading*	91
Unternehmensfortführung trotz Zahlungsunfähigkeit	*insolvent trading*	91
Vergleich		
– zwischen Gesellschaft und ihren Gläubigern (gesellschaftsrechtlich)	*scheme of arrangement*	3, 5, **9**, 49,**70–76**
– zwischen Gesellschaft und ihren Gläubigern (insolvenzrechtlich)	*corporate voluntary arrangement*	3, 5, **9, 62–69,** 85
– zwischen Schuldner und seinen Gläubigern	*voluntary arrangement* (nach *Insolvency Act 1967*)	4, 11, 79
Verwalter		
– im *judicial management*-Verfahren	*judicial manager*	8, 15, 52–61, 62, 71
– im Rahmen einer *receivership*	*receiver and manager*	3, **7**, 15, **40–48**, 49, 52
– in den *winding up*-Verfahren	*liquidator*	6, **14**, 15, **16**, 23, 24, **25**, 26, 28, 29, 31, 32, 33, 34, 36, 38, 39, 45, 46, 62, 71, 89, 90
Verwalter, staatlicher		
– nach dem Companies Act 2016	*Official Receiver*	**14**, 25, 32, 39
– nach dem *Insolvency Act 1967*	*Director General of Insolvency*	11, **14, 81,** 82, 83, 84
Verwaltung (unter gerichtlicher Aufsicht)	*judicial management*	3, 5, **8, 49–61,** 62, 65, 71
Verwaltung (von Gesellschaftsvermögen im Interesse gesicherter Gläubiger)	*receivership*	siehe Verwalter
Verwertungsverzicht	*disclaimer of onerous property*	90
vorläufiger Verwalter		
– im Konkursverfahren	*interim receiver* (nach dem *Insolvency Act 1967*)	80
– im *judicial management*-Verfahren	*interim judicial manager*	54 (Fn. 176)
– in den *winding up*-Verfahren	*interim liquidator*	14, **27**, 30, 87 (Fn. 264)
Zahlungsaufforderung, förmliche	*bankruptcy notice* (nach *Insolvency Act 1967*)	11, 77
Zahlungsunfähigkeit	*inability to pay debts*	3, 6, 8, **22,** 49, 77, 87, 91
Zentralbank Malaysias	*Bank Negara Malaysia*	8, 9, 17, 23

Malta

bearbeitet von *Donald Vella, Steve Decesare, Francesca Galea Cavallazzi* und *Nicola Jaccarini* (Camilleri Preziosi, Malta); deutsche Bearbeitung von *Dr. Sabine Vorwerk* (Linklaters LLP, Frankfurt am Main)

Übersicht

	Rn.
1. Gesetzessammlungen, Schrifttum und Informationsquellen	1
1.1 Gesetzessammlungen	1
1.1.1 Primärgesetzgebung	1
1.1.2 Sekundärgesetzgebung	2
1.2 Schrifttum	3
1.3 Informationsquellen	4
2. Einführung	6
2.1 Gesetzliche Grundlagen	6
2.2 Übersicht zu den Verfahrensarten	10
2.2.1 Verfahrensarten im Rahmen des *winding up* im Überblick	13
2.2.1.1 Die gerichtliche Liquidation *(winding up by court)*	13
2.2.1.2 Die freiwillige Liquidation *(voluntary winding up)*	15
2.2.1.3 Die Liquidation von Schiffsgesellschaften	17
2.2.2 *Reconstruction,* die schuldenregulierende Vergleichsvereinbarung	19
2.2.3 Recovery, das Sanierungsverfahren	21
2.2.4 *Bankruptcy,* Insolvenzverfahren für Kaufleute und natürliche Personen	25
2.3 Zuständige Gerichte	29
2.4 Der Status präventiver Restrukturierungsverfahren im maltesischen Recht	31
2.5 Insolvenzrechtliche Regelungen für Insolvenzen von Finanzinstituten, Versicherungen	36
2.5.1 Finanzinstitute	37
2.5.2 Versicherungsunternehmen	42
2.6 Konzerninsolvenzen	45
3. Wesentliche Verfahrensmerkmale der jeweiligen Verfahrensarten	47
3.1 Winding up by court, die gerichtliche Abwicklung	47
3.1.1 Voraussetzungen	48
3.1.2 Die Einleitung des Verfahrens	50
3.1.3 Wirkungen des Verfahrens	55
3.1.4 Vorläufige Maßnahmen	57
3.1.5 Rolle der Gerichte im Rahmen des *winding up by court*	60
3.1.6 Das Amt des Verwalters, *official receiver* und *liquidator*	64

	Rn.
3.1.7 Rangordnung von Forderungen *(ranking of creditors)*	71
3.1.7.1 Vorrangige Verbindlichkeiten *(privileged debts)*	72
3.1.7.2 Besicherte Verbindlichkeiten *(secured debts)*	76
3.1.7.3 Unbesicherte Verbindlichkeiten *(unsecured debts)*	78
3.1.8 Der Liquidationsausschuss *(liquidation committee)*	79
3.1.9 Forderungsanmeldung *(proof of debt)*	84
3.2 Die gerichtliche Liquidation von Schiffsgesellschaften	86
3.2.1 Einschränkung der Antragsbefugnis	88
3.2.2 Einschränkung der vorläufigen Maßnahmen	90
3.2.3 Einschränkung der Verfügungsbeschränkungen	92
3.2.4 Deckung der *privileged debts* bei Schiffsgesellschaften	94
3.3 Die freiwillige Liquidation *(voluntary winding up)*	97
3.3.1 Einleitung des Verfahrens	100
3.3.2 Declaration of Solvency	103
3.3.3 Aufgaben des *liquidator*	106
3.3.4 Liquidation Committee	113
3.3.5 Verteilung des Vermögens	114
3.3.6 *Voluntary winding up* von Schifffahrtsgesellschaften	117
3.4 Die Schuldenregulierung durch *reconstruction*	123
3.5 Das Sanierungsverfahren *recovery*	129
3.5.1 Bisherige Akzeptanz des Verfahrens	129
3.5.2 Die Einleitung des Verfahrens	131
3.5.3 Moratorium	136
3.5.4 Der special controller	140
3.5.5 Beendigung des *recovery* Verfahrens	145
3.6 *Bankruptcy,* das Insolvenzverfahren für Kaufleute natürliche Personen	151
3.6.1 Wirkungen der Verfahrenseröffnung	152
3.6.2 Die Aufgaben des *curator*	155
3.6.3 Die Anmeldung von Forderungen, *proof of debt* und Schuldenerlass	158
4. Verträge im Insolvenz- oder Sanierungsverfahren	161

Malta 1, 2

Länderberichte

	Rn.		Rn.
5. Arbeitnehmeransprüche	163	10. Haftung der Geschäftsführer oder Dritter, *fraudulent trading* und *wrongful trading*	188
6. Eigentumsvorbehalt	164		
7. Sicherheiten in der Insolvenz	167	10.1 *Fraudulent Trading*	189
7.1 Finanzsicherheiten	167	10.2 *Wrongful Trading*	191
7.2 Sonderregelungen in Bezug auf Sicherheiten an Flugzeugen und Schiffen	170	11. Asset Tracing	196
		12. Internationales Insolvenzrecht	198
7.2.1 Sicherheiten an Flugzeugen (*aircraft security*)	170	13. Änderungen des maltesischen Gesellschaftsrechts im Hinblick auf das Insolvenzrecht als Ergebnis von COVID-19	199
7.2.2 Sicherheiten an Schiffen (*vessel security*)	174		
7.3 Vollstreckung von gesetzlich nicht privilegierten Sicherheiten	176	13.1 Überblick	199
8. Aufrechnung- und Netting Vereinbarungen	179	13.2 Einstweiliger Rechtsschutz vor dem *winding up by court*	203
9. Die Anfechtbarkeit von Rechtsgeschäften, *claw-back; setting aside of transactions*	183	13.3 Vorübergehende Aussetzung des *wrongful trading*	206
		13.4 Weitere Planungsansätze	206

1. Gesetzessammlungen, Schrifttum und Informationsquellen

1.1 Gesetzessammlungen

1.1.1 Primärgesetzgebung

1 *Companies Act* (Kapitel 386 der maltesischen Gesetze), zuletzt geändert durch das Gesetz XXXVI von 2018;
Merchant Shipping Act (Kapitel 234 der maltesischen Gesetze) (das **Handelsschifffahrtsgesetz**");
Commercial Code (Kapitel 13 der maltesischen Gesetze) (das **„Handelsgesetzbuch"**), zuletzt geändert durch *Legal Notice* 13 von 2014;
Code of Organisation and Civil Procedure (Kapitel 12 der maltesischen Gesetze);
Mediation Act (Kapitel 474 der maltesischen Gesetze) (das **„Mediationsgesetz"**);
Banking Act (Kapitel 371 der maltesischen Gesetze) (das **„Bankengesetz"**);
Controlled Companies (Procedure for Liquidation) Act (Kapitel 383 der maltesischen Gesetze) (das **„CCA"**);
Employment and Industrial Relations Act (Kapitel 452 der maltesischen Gesetze);
Social Security Act (Kapitel 318 der maltesischen Gesetze);
Income Tax Management Act (Kapitel 372 der maltesischen Gesetze);
Civil Code (Kapitel 16 der Gesetze Maltas) (das **„Zivilgesetzbuch"**);
Duty on Documents and Transfers Act (Kapitel 364 der Gesetze von Malta);
Value Added Tax Act (Kapitel 406 der maltesischen Gesetze);
Aircraft Registration Act (Kapitel 503 der maltesischen Gesetze) (das **„Luftfahrzeugregistrierungsgesetz"**), zuletzt geändert durch *Legal Notice* 109 von 2017;
Motor Vehicles Insurance (Risiken von Dritten) (Kapitel 104 der maltesischen Gesetze);
Customs Ordiance (Kapitel 37 der Gesetze von Malta);
Set-off and Netting on Insolvency Act (Kapitel 459 der maltesischen Gesetze).

1.1.2 Sekundärgesetzgebung

2 *Merchant Shipping Regulations* (Shipping Organisations – Private Organisations) (Nebengesetz 234.42) (die **„Schifffahrtsverordnung"**), zuletzt geändert durch *Legal Notice* 31 von 2020;
Insurance Business Regulations (Reorganisation and Winding up of Insurance Undertakings) (Nebengesetz 403.15) (die **„IBR"**);
Credit Institutions Regulations (Reorganisation and Winding-up) (Nebengesetz 371.12) (**„CIR"**);
Recovery and Resolution Regulations (Nebengesetz 330.09) (die **„RRR"**);
Financial Collateral Arrangements Regulations (Nebengesetz 459.01) (die **„FCAR"**).

1.2 Schrifttum

Das wohl bedeutendste Werk zum maltesischen Insolvenz- und Gesellschaftsrecht ist das *„Principles of Maltese Company Law"* von Professor Andrew Muscat (2007).

1.3 Informationsquellen

Sämtliche maltesische Gesetzesakte und Rechtsquellen, einschließlich der primären und subsidiären Gesetze, *Acts of Parliament, Bills, Legal Notices* und *Local Council Bye-Laws*, sind auf der Website des Ministeriums für Justiz, Kultur und örtliche Verwaltung *(Ministry of Justice, Culture and Local Government)* verfügbar: http://justiceservices.gov.mt/LOM.aspx?pageid=24. Alle Gesetze sind sowohl in maltesischer als auch in englischer Sprache verfügbar. Alle von den maltesischen Gerichten erlassenen Urteile sind unter folgendem Link abrufbar: https://ecourts.gov.mt/onlineservices/Judgements. Typischerweise werden Urteile der maltesischen Gerichte in maltesischer Sprache verfasst.

Das maltesische Handelsregister *(Registry of Companies Agency)* betreibt folgende Website: https://registry.mfsa.com.mt/ROC/. Alle gesetzlichen Mitteilungen, die an das Handelsregister zu übermitteln sind, können von der Website heruntergeladen werden, da es als öffentliches Register für sämtliche Gesellschaften mit beschränkter Haftung und Handelsgesellschaften fungiert, die nach maltesischem Recht registriert und/oder eingetragen sind.

2. Einführung

2.1 Gesetzliche Grundlagen

Im maltesischen Recht findet sich eine Vielzahl von gesetzlichen Grundlagen betreffend die Verfahren im Zusammenhang mit der Insolvenz oder Sanierung von Unternehmen. Obgleich die rechtlichen Quellen durchaus stark fragmentiert sind, stellt der **Companies Act** den gesetzlichen Kern im Zusammenhang mit Regelungen zur Abwicklung und/oder Sanierung dar.

Unternehmen, die als Schifffahrtsunternehmen im Sinne des Handelsschifffahrtsgesetzes gelten und im Sinne der Schifffahrtsverordnung registriert und eingetragen sind, unterliegen deren insolvenzrechtlichen Bestimmungen, die entweder Spezialregelungen vorsehen, insbesondere für das *winding up* von Schifffahrtsgesellschaften, oder die unmittelbar auf die Bestimmungen des *Companies Act* und die dortigen Verfahren, wie etwa die *reconstruction* oder das *recovery* Verfahren verweisen. Sofern die Schifffahrtsverordnung keine ausdrücklichen insolvenzrechtlichen Regelungen vorsieht, gelten allgemein die Vorschriften des *Companies Act*.[1]

Unternehmen, die als Luftfahrzeugunternehmen im Sinne des Luftfahrzeugregistrierungsgesetzes gelten, unterliegen den Bestimmungen des Art. 27A des Luftfahrzeugregistrierungsgesetzes, das Spezialregelungen enthält, aber in Bezug auf insolvenzrechtliche Verfahren vollumfänglich auf die Vorschriften des *Companies Act* verweist.

Der Begriff *„bankruptcy"* wird im maltesischen Recht ausschließlich in Bezug auf Kaufleute[2] *(traders)* und natürliche Personen verwendet,[3] die nicht in der Lage sind, ihre Schulden zu begleichen, nicht hingegen für Kapitalgesellschaften im Sinne einer *limited liability company*. Das *bankruptcy* Verfahren ist in Teil III des maltesischen Handelsgesetzbuches *(Commercial Code)* geregelt.

2.2 Übersicht zu den Verfahrensarten

Anders als im deutschen Recht, stehen insolventen oder insolvenzbedrohten Unternehmen unter maltesischem Recht grundsätzlich drei Wege zur Abwicklung oder zur Sanierung offen: (i) das *winding up*,[4] (ii) die *reconstruction*[5] und (iii) das *recovery* Verfahren.[6]

Das *winding up* ist ein ausschließlich auf die Vermögensabwicklung bezogenes Verfahren, das sowohl vom Gericht *(winding up by court)* als auch im Rahmen eines „freiwillig" initiierten Verfahrens *(voluntary winding up)* durch Beschluss der Gesellschafter initiiert werden kann.[7]

Die auf Sanierung ausgerichteten Verfahren *reconstruction* und *recovery* haben bisher wenig Aufmerksamkeit in der maltesischen Praxis erfahren. Im Fokus der insolvenzrechtlichen Marktpraxis steht vielmehr das *winding up*, sei es als gerichtliche oder freiwillige Form der Unternehmensabwicklung.

---

[1] Bestimmung 3 Abs. 3 der Schifffahrtsverordnung.
[2] Personen, die von Berufs wegen im eigenen Namen Handel treiben, einschließlich Personenhandelsgesellschaften, Handelsgeschäfte sind in Art. 5 des *Commercial Code* definiert.
[3] → Rn. 151.
[4] → Rn. 47 ff., 86 ff., 97 ff.
[5] → Rn. 123 ff.
[6] → Rn. 129 ff.
[7] Art. 214 Abs. 1 des *Companies Act*.

2.2.1 Verfahrensarten im Rahmen des *winding up* im Überblick

2.2.1.1 Die gerichtliche Liquidation *(winding up by court)*

13 Bei einer *cashflow test*[8] basierten Insolvenz, wenn also ein Unternehmen nicht mehr in der Lage ist, seine Verbindlichkeiten zu begleichen, wird dessen Vermögensabwicklung in der Regel durch ein primär vom Gericht überwachtes Verfahren, das sogenannte *winding up by court* durchgeführt.

14 Das Gericht ernennt einen Verwalter, den *liquidator*, mit dessen Bestellung regelmäßig alle Befugnisse der Geschäftsführung und des *company secretary* aufgehoben werden und erlöschen bzw. auf den *liquidator* übergehen.[9]
Näheres → Rn. 64 ff.

2.2.1.2 Die freiwillige Liquidation *(voluntary winding up)*

15 Die Abwicklung insolventer Vermögensmassen kann auch im Rahmen eines freiwilligen Verfahrens, dem *creditors' voluntary winding up*, erfolgen.[10] Diese Verfahrensform findet im Allgemeinen Anwendung, wenn die Geschäftsführer der Gesellschaft nicht mehr davon ausgehen können, dass genügend Vermögenswerte vorhanden sind, um die Verbindlichkeiten der Gesellschaft in Zukunft vollständig begleichen zu können (*balance sheet test*[11]).[12]

16 Erfolgt die freiwillige Abwicklung hingegen auf einer solventen Basis, sodass alle Gläubigeransprüche vollständig befriedigt werden und ggfls. freies Vermögen zur Ausschüttung an die Gesellschafter zur Verfügung steht, spricht man von einem *members' voluntary winding up*.[13]
Näheres → Rn. 97 ff.

2.2.1.3 Die Liquidation von Schiffsgesellschaften

17 Die Abwicklung einer der Schifffahrtsverordnung unterliegenden Schifffahrtsgesellschaft kann sowohl gerichtlich als auch freiwillig auf Initiative der Gesellschaft selbst oder eines Gläubigers erfolgen.[14]

18 Die Vorschriften zur Abwicklung von Schiffsgesellschaften enthalten einige vom *Companies Act* abweichende spezialgesetzliche Bestimmungen, insbesondere in Bezug auf die Rechte der Schiffshypothekengläubiger und vergleichbar privilegierter Gläubiger von maritimen Forderungen.[15] Im Übrigen gelten die Bestimmungen des *Companies Act*.
Näheres → Rn. 86 ff.

2.2.2 *Reconstruction*, die schuldenregulierende Vergleichsvereinbarung

19 Die *reconstruction*[16] versteht sich als Verfahren zur Restrukturierung von Gesellschaften mit beschränkter Haftung, welches es einer Gesellschaft ermöglicht, in bestimmten Fällen eine schuldenregulierende Vergleichsvereinbarung mit ihren Gläubigern oder einer Gruppe von Gläubigern oder den Gesellschaftern zu treffen. In diesem Fall kann:
(a) das Gericht auf Antrag der Gesellschaft oder Gesellschafters, eines Gläubigers oder, im Fall eines *winding up*, auf Antrag des *liquidator* eine Versammlung der für die Schuldenregulierung relevanten Gläubiger oder Gesellschafter einberufen; oder
(b) die Gesellschaft oder ein Gläubiger mit der Unterstützung von mindestens zwei Dritteln der Gläubiger oder der relevanten Gläubigergruppe die Ernennung eines *mediator*[17] beantragen, woraufhin der *mediator* eine Versammlung der für die Schuldenregulierung relevanten Gläubiger organisiert, damit die betroffenen Gläubiger und die Gesellschaft eine entsprechende Vergleichsvereinbarung erzielen können.[18]

20 Die Regelungen zum *reconstruction* Verfahren unter dem *Companies Act* gelten kraft Verweises unter den Schifffahrtsverordnungen auch für Schifffahrtsgesellschaften.

---

[8] Näheres → Rn. 48 f.
[9] Art. 295 des *Companies Act*.
[10] → Rn. 97 ff.
[11] Näheres → Rn. 47 f.
[12] Bestimmung 140 der Schifffahrtsverordnung.
[13] → Rn. 97 ff., insbesondere Rn. 103 ff.
[14] Bestimmung 99 Abs. 1 der Schifffahrtsverordnung.
[15] → Rn. 88 f., Rn. 174 f.
[16] Zu Einzelheiten → Rn. 88 f.
[17] Art. 20 des Mediationsgesetzes.
[18] Art. 327 Abs. 1 des *Companies Act*.

2.2.3 Recovery, das Sanierungsverfahren

Als weiteres Instrument zur Sanierung von Unternehmen mit beschränkter Haftung findet sich die *recovery* in Teil VI des *Companies Act* geregelt.[19]

Art. 329B des *Companies Act* sieht vor, dass bei Insolvenz eines Unternehmens oder bei drohender Insolvenz ein Antrag auf Sanierung bei Gericht gestellt werden kann, in dem das Gericht ersucht wird, ein *company recovery procedure*, und damit einhergehend ein *moratorium* anzuordnen und eine spezielle Aufsichtsperson, den *special controller*, zu bestellen.

Der *special controller* übernimmt mit seiner Bestellung die Geschäfte des Unternehmens für einen vom Gericht festzulegenden Zeitraum von vier bis maximal zwölf Monaten, → Rn. 140 ff.[20]

Die Regelungen zum *recovery* Verfahren unter dem *Companies Act* gelten kraft Verweises unter der Schifffahrtsverordnung auch für Schifffahrtsgesellschaften.

2.2.4 *Bankruptcy*, Insolvenzverfahren für Kaufleute und natürliche Personen

Jeder Kaufmann, der die Zahlung von Verbindlichkeiten einstellt, gilt von Gesetzes wegen als *bankrupt*.[21] Kaufleute oder deren gesetzliche Vertreter können mit Eintritt der Insolvenz eine *declaration of bankruptcy* beim *Civil Court, First Hall*, abgeben, ohne jedoch dazu verpflichtet zu sein.[22]

Das *bankruptcy* Verfahren über das Vermögen eines Kaufmanns kann auch von Gläubigern eingeleitet werden, unabhängig von der Art der dem Gläubiger zustehenden Forderung und ob diese Ansprüche bereits fällig sind.[23]

Das *bankruptcy* Verfahren ist nicht auf Kaufleute beschränkt, sondern findet auf natürliche Personen insgesamt Anwendung.

Die Einzelheiten des *bankruptcy* Verfahrens finden sich im maltesischen Handelsgesetzbuch (*Commercial Code*). Dort ist auch die Möglichkeit einer schuldenregulierenden Vergleichsvereinbarung vorgesehen. Der Schuldner kann Bedingungen für einen Vergleich oder einen Vergleichsplan mit den Gläubigern vorschlagen. Sofern ein solcher gerichtlich überwachter Vergleich zustande kommt, gilt der Schuldner als schuldbefreit und kann so wieder am Geschäftsverkehr teilnehmen. Die gerichtliche Schuldbefreiung gilt in dem Umfang, als dies in der Vergleichsvereinbarung vorgesehen ist.[24]

2.3 Zuständige Gerichte

Für sämtliche Verfahren in Bezug auf die Abwicklung oder Sanierung von Unternehmen unter dem *Companies Act*, also das *winding up*, die *reconstruction* ebenso wie die *recovery*, ist das Zivilgericht, **Civil Court, Commercial Section** zuständig.

Für *bankruptcy* Verfahren ist zwar ebenfalls das Zivilgericht, **Civil Court,** dort aber die **First Hall** zuständig. Die gerichtliche Zuständigkeit der *First Hall* gilt auch für das *winding up* von Schifffahrtsgesellschaften, die unter den Anwendungsbereich der Schifffahrtsverordnung fallen.

2.4 Der Status präventiver Restrukturierungsverfahren im maltesischen Recht

Mit Blick auf die Umsetzung der EU-Richtline des Europäischen Parlaments und des Rates über präventive Umstrukturierungsrahmen, zweite Chance und Maßnahmen zur Steigerung der Effizienz von Umstrukturierungs-, Insolvenz- und Entlastungsverfahren (die **„EU-Richtlinie zur präventiven Restrukturierung"**) hat es den Anschein, dass eine Sanierungskultur in der maltesischen Insolvenzlandschaft bisher noch keine Wurzeln geschlagen hat.

Derzeit bestehen im maltesischen Insolvenzrecht allein das *recovery* und das *reconstruction* Verfahren als gesetzlich vorgesehene Verfahrensalternativen zur Sanierung von Unternehmen, die auch präventiv bei einer drohenden Insolvenz angewendet werden können.[25] Diese Verfahrensarten scheinen in der Praxis bisher nur eingeschränkt angenommen und umgesetzt zu werden. Vor diesem Hintergrund gibt es bisher erst wenige Erfahrungswerte in der Anwendung dieser Sanierungsinstrumente.[26]

Als Mitglied der Europäischen Union ist Malta verpflichtet, die Bestimmungen der EU-Richtlinie zur präventiven Restrukturierung umzusetzen. Mit Stand zum 1.7.2019 hat der maltesische

---

[19] Einzelheiten → Rn. 129 ff.
[20] Art. 329B Abs. 1d und Art. 329B Abs. 11 a (ii) des *Companies Act*.
[21] Art. 477 des *Commercial Code*.
[22] Art. 478 des *Commercial Code*.
[23] Art. 482 Abs. 1 des *Commercial Code*.
[24] Art. 524 des *Commercial Code*.
[25] Art. 329B des *Companies Act*.
[26] Zu bisherigen Anwendungsfällen → Rn. 100 ff.

Gesetzgeber noch keine konkreten weiterführenden Entwürfe von Rechtsvorschriften oder Konsultationsdokumenten im Zusammenhang mit der erwarteten Umsetzung dieser Richtlinie in maltesisches Recht veröffentlicht.

34 Das *recovery* Verfahren enthält mit der Möglichkeit der Einsetzung eines *special controller* für maximal 12 Monate und der Anordnung eines *moratorium* bereits verfahrensrechtliche Elemente, die auch in der EU-Richtlinie zur präventiven Restrukturierung angelegt sind. Gleiches gilt für die *reconstruction* als Option der auf Mehrheitsentscheidung basierenden Schuldenregulierung von Unternehmen.

35 In welchem Umfang diese Verfahren im Zuge der Umsetzung der EU-Richtlinie zur präventiven Restrukturierung und unter Berücksichtigung der bisher fehlenden Marktakzeptanz vom maltesischen Gesetzgeber erneut evaluiert und ergänzt werden, bleibt vorerst abzuwarten.

2.5 Insolvenzrechtliche Regelungen für Insolvenzen von Finanzinstituten, Versicherungen

36 Malta hat die Richtlinie 2014/59/EU des Europäischen Parlaments und des Rates vom 15.5.2014 zur Festlegung eines Rahmens für die Sanierung und Abwicklung von Kreditinstituten und Wertpapierfirmen und zur Änderung der Richtlinie 82/891/EG des Rates in nationales Recht umgesetzt, ebenso wie die Richtlinien 2001/24/EG, 2002/47/EG, 2004/25/EG, 2005/56/EG, 2007/36/EG und 2011/35/EU, 2012/30/EU und 2013/36/EU sowie die Verordnungen (EU) Nr. 1093/2010 und (EU) Nr. 648/2012 des Europäischen Parlaments. Dies bietet einen effizienten Rahmen im Umgang mit Insolvenzen von Banken.

2.5.1 Finanzinstitute

37 Kernstück der Gesetzgebung zur Regulierung von Finanzinstituten nach maltesischem Recht ist das Bankengesetz *(Banking Act)*. Art. 29 des Bankengesetzes gestattet der zuständigen Behörde, der *Malta Financial Services Authority,* im Falle eines insolventen Finanzinstituts unter anderem Folgendes:
(a) Ernennung eines Sachverständigen, der die Verwaltung der Vermögenswerte des Finanzinstituts oder eines Teils davon zum Zwecke der Wahrung der Interessen der Einleger übernimmt;
(b) Ernennung eines Sachverständigen, der die Kontrolle über die Geschäfte des Finanzinstituts übernimmt und nach behördlicher Anordnung entweder diese Geschäfte fortsetzt oder das Institut auflöst und abwickelt;
(c) Behördliche Aufforderung an das Finanzinstitut, sein Geschäft insgesamt oder jedenfalls innerhalb von Malta abzuwickeln;
(d) Ernennung eines Sachverständigen, der als *liquidator* für die Abwicklung *(winding up)* des Finanzinstituts zuständig ist;
(e) Ernennung einer Person, die als *controller* im Sinne des *Controlled Companies Act* fungiert.[27]

38 Die *Malta Financial Services Authority* als zuständige Behörde kann zudem beim Gericht die Auflösung und gerichtliche Abwicklung eines Finanzinstituts beantragen, etwa wenn Sanierungsmöglichkeiten ausgeschlossen erscheinen und konkrete Gründe die Auflösung und gerichtliche Abwicklung anstelle einer Sanierung des Finanzinstituts rechtfertigen.

39 Der *Controlled Companies Act* gilt für die Abwicklung von regulierten Vermögenswerten, wie etwa Finanzinstituten, für welche die *Malta Financial Services Authority* einen *controller* ernannt hat. Gemäß Art. 5 Abs. 1 des *Controlled Companies Act* prüft der *controller* alle Ansprüche und Einwände, die sich auf die abzuwickelnden Vermögenswerte beziehen, beauftragt einen unabhängigen Wirtschaftsprüfer mit der Rechnungsprüfung und erstellt einen Verteilungsplan *(report of distribution),* über den er dem maltesischen Finanzminister Bericht erstattet. Bei der Erstellung dieses Berichts und des Verteilungsplans entscheidet der *controller,* ob die abzuwickelnde Vermögensmasse insolvent ist.[28]

40 Nach formeller Bestätigung des vom *controller* erstellten Verteilungsplans, liquidiert er die Vermögenswerte und stellt die Verteilung der Erlöse gemäß dem Verteilungsplan gemäß Art. 14 des *Controlled Companies Act* sicher. Mit dem Abschluss der Verteilung veranlasst der *controller* die Löschung aus dem maltesischen Handelsregister.[29]

41 Weiterführende Regelungen zur Sanierung und Liquidation von Finanzinstituten finden sich in der ins maltesische Recht umgesetzten *Credit Institutions Regulation* geregelt.

2.5.2 Versicherungsunternehmen

42 Die Insolvenz von Versicherungsunternehmen wird unter anderem durch die *Insurance Undertakings Regulation (IBR)* geregelt. Im Rahmen der *IBR* werden Reorganisationsmaßnahmen normiert,

---
[27] Art. 29 des Bankengesetzes.
[28] Art. 5 Abs. 3 des CCA.
[29] Art. 15 des CCA.

die verschiedene Interventionsmöglichkeiten der zuständigen lokalen oder ausländischen Behörden regeln und darauf abzielen, die finanzielle Lage eines Versicherungsunternehmens zu erhalten oder wiederherzustellen.

Die *IBR* sieht auch die Möglichkeit des Eingriffs in bestehende Rechte anderer Parteien als die des Versicherungsunternehmens vor, einschließlich, aber nicht beschränkt, auf Maßnahmen, die die Möglichkeit einer Zahlungseinstellung, der Aussetzung von Vollstreckungsmaßnahmen oder der Verringerung von Ansprüchen beinhalten.[30] Die *IBR* regelt auch die Umsetzung von Sanierungsmaßnahmen, die gegen ein maltesisches Versicherungsunternehmen in anderen EU-Mitgliedstaaten erlassen wurden.[31]

Im Zusammenhang mit der Auflösung und Abwicklung von maltesischen Versicherungsunternehmen, einschließlich deren Zweigniederlassungen in den Aufnahmemitgliedstaaten, kann eine Entscheidung über eine solche Angelegenheit nur von den zuständigen Behörden in Malta getroffen werden. Ein Beschluss über die Auflösung und Liquidation eines maltesischen Versicherungsunternehmens, einschließlich seiner Zweigniederlassungen in den Aufnahmemitgliedstaaten der EU, kann in Abwesenheit oder nach Erlass von Sanierungsmaßnahmen gefasst werden.[32] Die *IBR* legt das Verfahren fest, das bei der Abwicklung von Versicherungsunternehmen anzuwenden ist.

2.6 Konzerninsolvenzen

Das maltesische Recht enthält keine besonderen Bestimmungen über die Insolvenz von Unternehmensgruppen und die Koordination von Insolvenzverfahren innerhalb von Konzernstrukturen.

Aus rechtlicher Sicht können die haftungsrechtlichen Bestimmungen über *fraudulent trading* and *wrongful trading*[33] vor allem im Rahmen von Konzerninsolvenzen relevant sein.

3. Wesentliche Verfahrensmerkmale der jeweiligen Verfahrensarten

3.1 *Winding up by court,* die gerichtliche Abwicklung

Die gerichtliche Abwicklung *(winding up by court)* von Gesellschaften mit Haftungsbeschränkung bestimmt sich primär nach dem *Companies Act*. Sonderregelungen bestehen für Schifffahrtsgesellschaften, auf die nachfolgend gesondert eingegangen wird.[34]

3.1.1 Voraussetzungen

Die gerichtliche Abwicklung von Unternehmen im Rahmen des *winding up by court* entspricht im deutschen Recht dem auf die Zerschlagung eines Unternehmens gerichteten Insolvenzverfahren.

Ähnlich wie im deutschen Recht gibt es auch im maltesischen Recht zwei voneinander unabhängige Insolvenztatbestände: die *cashflow insolvency,* welche dem Insolvenzgrund der Zahlungsunfähigkeit entspricht sowie die *balance sheet insolvency,* die auf dem Grundgedanken der Überschuldung beruht.[35] Ein Unternehmen gilt als insolvent:
(a) wenn eine von der Gesellschaft geschuldete Forderung nach 24 Wochen seit der Vollstreckung eines titulierten Anspruchs gegen die Gesellschaft durch eine der in Art. 273 des *Code of Organisation and Civil Procedure* bezeichneten Handlungen ganz oder teilweise unbefriedigt geblieben ist *(cashflow test);* oder
(b) wenn dem Gericht nachgewiesen wird, dass die Gesellschaft nicht in der Lage ist, ihre Schulden zu begleichen, wobei auch Eventualverbindlichkeiten und künftige Verbindlichkeiten der Gesellschaft berücksichtigt werden *(balance sheet test).*

3.1.2 Die Einleitung des Verfahrens

Das Recht, die Eröffnung eines *winding up by court* zu beantragen, liegt grundsätzlich bei der abzuwickelnden Gesellschaft selbst. Die Gesellschaft kann unter Umständen zur Beantragung der gerichtlichen Abwicklung verpflichtet sein, sofern ein dahingehender Beschluss der Gesellschafterversammlung *(company's general meeting)* oder des Aufsichtsgremiums der Geschäftsführung *(board of directors)* vorliegt.

---

[30] Bestimmung 2 Abs. 1 der IBR.
[31] Bestimmung 3 f. der IBR.
[32] Bestimmung 9 Abs. 1 der IBR.
[33] → Rn. 188 ff.
[34] → Rn. 86 ff.
[35] Art. 214 Abs. 5 des *Companies Act*.

Malta 51–60

51 Alternativ kann die gerichtliche Abwicklung auch auf Betreiben eines Anleihegläubigers, eines Gläubigers von öffentlichen Abgaben oder sonstigen Gläubigers der Gesellschaft veranlasst werden. Auch die Gesellschafter oder der *director* der Gesellschaft[36] sind antragsberechtigt. Darüber hinaus kann das Gericht, handelnd durch den *Registrar of Companies,* von Amts wegen ein *winding up by court* einleiten, wenn es ihm zweckmäßig erscheint und im öffentlichen Interesse liegt, dass eine Gesellschaft aufgelöst und abgewickelt wird.[37]

52 Ein Antrag auf gerichtliche Abwicklung ist auch dann noch möglich, wenn sich eine Gesellschaft zuvor bereits in der freiwilligen Abwicklung (*voluntary winding up*) befindet.[38] Das *voluntary winding up* entfaltet insoweit keine verfahrensrechtliche Sperrwirkung.

53 Sofern das Gericht dem Antrag auf *winding up by court* im Rahmen der mündlichen Verhandlung stattgibt, ergeht ein entsprechend zustimmender Abwicklungsbeschluss, die *winding up order.*[39]

54 Eine Reihe von Bestimmungen des *Companies Act* zielen darauf ab, die Interessen der Gläubigerschaft im Rahmen der gerichtlichen Abwicklung zu wahren. Sofern diese Interessen durch die gerichtliche Abwicklung gefährdet werden, kann jede antragsberechtigte Person, sowohl die Gesellschaft ebenso wie ein Gläubiger oder Gesellschafter bis zum Erlass einer *winding up order* die Aussetzung des Verfahrens beantragen. Die Entscheidung über eine vorläufige Aussetzung des *winding up by court* Verfahrens steht im Ermessen des Gerichts.[40]

3.1.3 Wirkungen des Verfahrens

55 Im Zuge der Einleitung eines *winding up by court* ist jede Verfügung über Vermögenswerte der Gesellschaft, einschließlich der prozessualen Geltendmachung von Rechten ebenso wie jede Übertragung von Anteilen oder Satzungsänderungen, die nach dem Tag des Abwicklungsbeschlusses, der *winding up order,* erfolgen, nichtig, es sei denn, das Gericht verfügt ausdrücklich etwas anderes.[41] Darüber hinaus sind spätestens mit Erlass der *winding up order* Vollstreckungshandlungen in das Vermögen der Gesellschaft unwirksam,[42] sofern nicht bereits vorläufige vollstreckungshindernde Sicherungsmaßnahmen vom Gericht angeordnet wurden.[43]

56 Diese Zäsurwirkungen gelten jeweils rückwirkend auf den Tag der Beantragung der gerichtlichen Abwicklung. Abgesehen von bestimmten Ausnahmen gilt, dass mit Erlass der *winding up order* die Gesellschaft rückwirkend zum Zeitpunkt des Antrags auf Eröffnung eines *winding up by court* als aufgelöst gilt.[44]

3.1.4 Vorläufige Maßnahmen

57 Das Gericht kann jederzeit nach Beantragung der gerichtlichen Abwicklung und vor Erlass der *winding up order* einen vorläufigen Verwalter (*provisional administrator*) ernennen, wobei entweder ein *official receiver*[45] als auch andere vom Gericht als *liquidator* zugelassene Personen ernannt werden können.

58 Die Ernennung eines *provisional administrator* kann auch gesondert beantragt werden. In der Regel ordnet das Gericht dann zugleich auch einen Vollstreckungsschutz für das Unternehmen an bzw. untersagt bereits anhängige Vollstreckungsmaßnahmen von Gläubigern.

59 Ein prozessuales oder vollstreckungsrechtliches Vorgehen gegen das Schuldnervermögen soll im Rahmen der *provisional administration* grundsätzlich nicht erlaubt sein.[46] Der *provisional administrator* übt die Verwaltungs- und Verfügungsbefugnisse für die Gesellschaft in dem Umfang aus, wie vom Gericht jeweils angeordnet. Der *provisional administrator* bleibt in der Regel bis zur Entscheidung des Gerichts über den Antrag auf Liquidation im Amt.[47]

3.1.5 Rolle der Gerichte im Rahmen des *winding up by court*

60 Das Gericht nimmt im Rahmen der gerichtlichen Abwicklung umfangreiche Befugnisse und Überwachungspflichten wahr und nimmt insoweit eine zentrale verfahrenssteuernde Funktion ein.

---

[36] Art. 218 Abs. 2 des *Companies Code.*
[37] Art. 218 Abs. 4 des *Companies Code.*
[38] Art. 218 Abs. 5 des *Companies Act.*
[39] Art. 219 Abs. 1 des *Companies Act.*
[40] Art. 220 des *Companies Act.*
[41] Art. 221 des *Companies Act.*
[42] Art. 222 des *Companies Act.*
[43] → Rn. 57 ff.
[44] Art. 223 Abs. 1 des *Companies Act.*
[45] → Rn. 64 ff.
[46] Art. 224 Abs. 2 des *Companies Act.*
[47] Art. 228 des *Companies Act.*

3. Wesentliche Verfahrensmerkmale der jeweiligen Verfahrensarten

Diese zentrale verfahrenssteuernde Funktion der Gerichte beginnt mit dem Antrag auf Eröffnung eines *winding up by court* und umfasst neben den Sicherungsmaßnahmen im Rahmen der *provisional administration* auch das Verfahren zur Forderungsanmeldung *(proof of debt)*. So kann das Gericht beispielsweise eine oder mehrere Fristen festlegen, innerhalb derer die Gläubiger ihre Forderungen darlegen und nachweisen müssen, um an der Verteilung des Gesellschaftsvermögens teilnehmen zu können.[48] Näheres unten → Rn. 84 f.

Reicht das Vermögen der Gesellschaft nicht aus, um die Kosten der gerichtlichen Abwicklung vollständig zu bedienen, kann das Gericht im Rahmen des gesetzlichen Verteilungsschlüssels die Rangfolge bei der Begleichung von Kosten, Gebühren und Auslagen anordnen, die im Rahmen der gerichtlichen Abwicklung anfallen.[49]

Die Bestimmungen des *Companies Act* sehen darüber hinaus eine Vielzahl weiterer gerichtlicher Überwachungsbefugnisse vor, sodass das Gericht eine aktiv verfahrenssteuernde Funktion wahrnimmt.[50] Wenn die Gesellschaft vollständig abgewickelt ist und der *liquidator* aus seinem Amt entlassen wurde, veranlasst das Gericht die Löschung der Gesellschaft aus dem Handelsregister *(Registry of Companies Agency)*.[51]

3.1.6 Das Amt des Verwalters, *official receiver* und *liquidator*

Das Gericht wird in der Regel eine als *official receiver* zugelassene Person zum *liquidator* oder *provisional administrator* ernennen. Der *official receiver* ist ein hoher Beamter der maltesischen Finanzdienstleistungsaufsichtsbehörde *(Malta Financial Services Authority)*, der vom zuständigen Minister ernannt wird.[52] Wurde eine *winding up order* erlassen, so führt der *official receiver* in seiner Eigenschaft als *liquidator* unverzüglich die von ihm für angemessen erachteten Untersuchungen durch und legt dem Gericht einen entsprechenden Bericht vor, der Auskunft über die Vermögensverhältnisse der Gesellschaft gibt, insbesondere:[53]
(a) bezüglich der Höhe des ausgegebenen und eingezahlten Stammkapitals und der geschätzten Höhe der Vermögenswerte und Verbindlichkeiten der Gesellschaft;
(b) wenn das Unternehmen insolvent ist, über die Ursachen der Insolvenz; und
(c) sofern weitere Untersuchungen in Bezug auf die Durchführung der bisherigen Geschäftstätigkeit, einschließlich Fragen im Zusammenhang mit der Gründung oder dem Scheitern der Gesellschaft erforderlich sind.[54]

Der *official receiver* als *liquidator* untersucht die Vermögensverhältnisse der Gesellschaft und teilt seine Erkenntnisse im Rahmen weiterer Berichte dem Gericht mit. Dies umfasst auch etwaige Hinweise auf mögliche Straftaten im Zusammenhang mit der bisherigen Geschäftstätigkeit.

Wird eine andere Person als ein *official receiver* zum *liquidator* ernannt (was selten der Fall ist), so sind eine Reihe von zusätzlichen Verfahrensformalitäten zu wahren, insbesondere ist seine Bestellung gegenüber dem Handelsregister *(Registry of Companies Agency)* mitzuteilen.[55]

Ein *liquidator* kann unter bestimmten Voraussetzungen sein Amt auch während eines noch andauernden Abwicklungsverfahrens niederlegen und vom Gericht abberufen werden, wenn hinreichende Gründe dafür vorliegen.[56] Generell gilt jedoch, dass die Handlungen eines *liquidator* unabhängig von einer etwaigen späteren Abberufung gültig sind.[57]

Im Rahmen des *winding up by court* nimmt der *liquidator* oder – je nach Verfahrenssituation – der *provisional administrator*, alle Vermögensgegenstände und Rechte der Gesellschaft in Beschlag.[58] Er hat weitreichende Befugnisse gegenüber der abzuwickelnden Gesellschaft, wobei einige dieser Befugnisse eine ausdrückliche Ermächtigung durch das Gericht oder durch das gegebenenfalls eingesetzte *liquidation committee* (dazu → Rn. 79 ff.) erfordern.[59]

Bei der Verwaltung und Abwicklung des Vermögens der Gesellschaft sowie der Verteilung an die Gläubiger muss der *liquidator* die berechtigten Interessen aller Verfahrensbeteiligten angemessen berücksichtigen. Um dies zu gewährleisten, kann der *liquidator* zur Wahrung der Interessen der

---

[48] Art. 255 des *Companies Act*.
[49] Art. 258 des *Companies Act*.
[50] Art. 249–261 des *Companies Act*.
[51] Art. 264 des *Companies Act*.
[52] Art. 225 des *Companies Act*.
[53] Im Sinne von Art. 226 des *Companies Act*.
[54] Art. 227 Abs. 1 und 2 des *Companies Act*.
[55] Art. 235 des *Companies Act*.
[56] Art. 236 Abs. 1 des *Companies Act*.
[57] Art. 236 Abs. 6 des *Companies Act*.
[58] Art. 237 des *Companies Act*.
[59] Art. 238 des *Companies Act*.

Gläubiger und anderer Verfahrensbeteiligter wiederholt Gläubigerversammlungen einberufen, um über den weiteren Verfahrensgang abzustimmen. Der *liquidator* kann sich ebenfalls mit dem Gericht abstimmen und gerichtliche Hinweise zur Verfahrensabwicklung einholen, wenn er dies für sinnvoll erachtet.[60]

70 Mit der vollständigen Abwicklung des Gesellschaftsvermögens, dessen Verteilung an die Gläubiger bzw. der finalen Ausschüttung etwaigen freien Vermögens an die Gesellschafter endet das Amt des *liquidator*. Sodann ist es die Aufgabe des Gerichtes, auf Rechnung der Gesellschaft einen Abschlussbericht über die gerichtliche Abwicklung erstellen zu lassen, um sicherzustellen, dass den gesetzlichen Anforderungen des *Companies Act* vollumfänglich Rechnung getragen wurde. Mit der Feststellung, dass der *liquidator* die gesetzlichen Anforderungen im Rahmen seiner Tätigkeit eingehalten hat und nach Prüfung des Abschlussberichts bzw. etwaiger sich daraus ergebender Einwände entlässt das Gericht den *liquidator* aus seinem Amt.[61]

3.1.7 Rangordnung von Forderungen *(ranking of creditors)*

71 Das *winding up by court* als Äquivalent zu einem auf Vermögenszerschlagung ausgerichteten Insolvenzverfahren dient der Abwicklung von insolventen Vermögensmassen, sodass die Erlöse aus der Vermögensverwertung in der Regel nicht ausreichen, um sämtliche Verbindlichkeiten der Gesellschaft zu bedienen. Wie auch im deutschen Insolvenzrecht ergibt sich daraus die Notwendigkeit einer gesetzlichen Verteilungsreihenfolge, welche die Rangordnung der Forderungen bei der Verteilung des Vermögens der abzuwickelnden Gesellschaft festlegt.

3.1.7.1 Vorrangige Verbindlichkeiten *(privileged debts)*

72 Ähnlich wie im deutschen Recht gilt auch für das *winding up by court* der Vorrang der Verfahrenskosten. Kosten, Gebühren und Ausgaben *(costs, charges and expenses)*, die im Zuge und im Zusammenhang mit der gerichtlichen Abwicklung eines Unternehmens anfallen, sind grundsätzlich privilegiert zu bedienen.

73 Nach den Kosten des Verfahrens sind insbesondere Arbeitnehmeransprüche in Bezug auf Löhne und Gehälter bis zu einem Betrag von maximal drei Monatsgehältern im Rang privilegiert, wobei dieser Gesamtbetrag die Summe von sechs Monatsgehältern des nationalen Mindestlohns *(national minimum wage)* nicht überschreiten darf.

74 Vorrangig zu bedienen sind ebenfalls Sozialversicherungsbeiträge, die unter dem *Social Security Act* an den *Director of Social Security* zu leisten sind. Sodann folgen Steuerverbindlichkeiten nach Maßgabe des Einkommenssteuergesetzes *(Income Tax Management Act)*, die an den *Commissioner of Inland Revenue* als zuständige Steuerbehörde zu entrichten sind.

75 Neben den vorgenannten Privilegierungen gibt es weitere gesetzlich ausdrücklich privilegierende Sonderregelungen für Kostenpositionen, deren gesetzliche Verankerung gesetzeshistorisch teilweise weit zurückreicht, wie etwa Kosten Bediensteter[62] und Kosten der Beerdigung,[63] die jedoch in ihrer praktischen Relevanz eher von untergeordneter Bedeutung sind.

3.1.7.2 Besicherte Verbindlichkeiten *(secured debts)*

76 Sodann ist die verbleibende Verteilungsmasse an die Gläubiger allgemeiner hypothekarischer Sicherheiten *(hypothecary creditors)* auszukehren. Dies umfasst Sicherungsrechte wie die *general hypothec*, die als Pfandrecht an beweglichen Vermögenswerten bestellt werden kann ebenso wie die *special hypothec* in Bezug auf Immobilienvermögen.

77 Spezialgesetzliche Sonderregelungen bestehen für Sicherungsrechte als Luftfahrzeugen und Schiffen[64] sowie in Bezug auf Finanzsicherheiten.[65] Näheres → Rn. 167 ff.

3.1.7.3 Unbesicherte Verbindlichkeiten *(unsecured debts)*

78 Erst nach der vollständigen Bedienung sämtlicher *privileged debts* sowie der *hypothecary creditors* wird das verbleibende Vermögen gleichmäßig, *pari passu*, an die unbesicherten Gläubiger verteilt.

---

[60] Art. 239 des *Companies Act*.
[61] Art. 244 Abs. 1 des *Companies Act*.
[62] Art. 2003(d) und 2007 des *Civil Code*.
[63] Art. 2003 (b) und 2005 des *Civil Code*.
[64] Näheres → Rn. 170 ff.
[65] → Rn. 167 ff.

3.1.8 Der Liquidationsausschuss *(liquidation committee)*

Das *liquidation committee* ist als zusätzliches verfahrensrechtliches Organ vorgesehen und kann bei jeder Form der Unternehmensabwicklung gebildet werden, so auch im Rahmen des *winding up by court*.

Das *liquidation committee* ist nicht zu verwechseln mit dem im deutschen Insolvenzrecht verankerten Gläubigerausschuss, weil dessen Zusammensetzung gerade nicht auf Gläubiger der abzuwickelnden Gesellschaft beschränkt ist, sondern auch Gesellschafter Einfluss auf die Zusammensetzung des *liquidation committee* nehmen können.

In der praktischen Bedeutung führt der Liquidationsausschuss eher ein Schattendasein und wird aktuell nur in wenigen Fällen tatsächlich bestellt, wo die Größe oder Bedeutung des Verfahrens die Bildung eines Ausschusses gebieten.

In der Regel entscheiden die Gläubiger zu Beginn einer gerichtlichen Abwicklung, ob ein *liquidation committee* bestellt wird und wie sich dieses zusammensetzen soll. Sofern zu Beginn des Verfahrens kein Liquidationsausschuss ernannt wird, kann der *liquidator* auch noch im Laufe des Verfahrens eine Gläubigerversammlung einberufen, um über die Einsetzung eines *liquidation committee* abstimmen zu lassen.[66] Macht die Gläubigerversammlung keinen Gebrauch davon, einen Liquidationsausschuss zu bestellen, kann die Gesellschafterversammlung dies in bestimmten Fällen tun.[67]

Das *liquidation committee* besteht aus nicht mehr als fünf Gläubigern. Wenn es von den Gesellschaftern initiiert wird, besteht es aus nicht weniger als drei und nicht mehr als fünf Gesellschaftern.[68]

3.1.9 Forderungsanmeldung *(proof of debt)*

Die Anmeldung von Forderungen im Rahmen der gerichtlichen Abwicklung erfolgt auf Aufforderung des Gerichtes. Das Gericht bestimmt die Frist, innerhalb derer Gläubiger aufgefordert sind, ihre Forderungen anzuzeigen und geltend zu machen. Der zeitliche Rahmen für die Forderungsanmeldung variiert je nach Größe und Komplexität des Verfahrens und voraussichtlicher Anzahl der beteiligten Gläubiger.

Die Prüfung der Forderung und damit Festlegung der Gläubiger, die an der Verteilung des Vermögens teilnehmen, erfolgt formal durch das Gericht, aber auf der Grundlage des vom *liquidator* erstellten Verteilungsplans.

3.2 Die gerichtliche Liquidation von Schiffsgesellschaften

Wie eingangs erörtert, hält die Schifffahrtsverordnung für das *winding up by court* ergänzende Regelungen, soweit es sich bei der abzuwickelnden Gesellschaft um ein Schifffahrtsunternehmen handelt.

Im Folgenden wird auf die gerichtliche Abwicklung von Schiffsgesellschaften nur in dem Umfang eingegangen, als sich Abweichungen zu den Regelungen unter dem *Companies Act* ergeben.[69]

3.2.1 Einschränkung der Antragsbefugnis

Die Antragsbefugnis zur Durchführung einer gerichtlichen Abwicklung über das Vermögen einer Schifffahrtsgesellschaft ist beschränkt auf die Gesellschaft, Gesellschafter sowie Gläubiger mit Forderungen in Höhe von mindestens 23.293,73 EUR.

Ebenso wie unter dem *Companies Act*, beschließt das Gericht im Rahmen einer mündlichen Verhandlung über den Antrag, so dass ein *winding up by court* von Schifffahrtsgesellschaften durch Erlass einer *winding up order* eröffnet wird.[70]

3.2.2 Einschränkung der vorläufigen Maßnahmen

Die gerichtliche Abwicklung darf nicht dazu führen, dass ein bereits anhängiges Verwertungsverfahren in Bezug auf Sicherungsrechte am Schiff, welches vom Gläubiger einer eingetragenen Schiffshypothek oder einem sonstigen privilegierten Gläubiger eingeleitet wurde, ausgesetzt oder unterbrochen wird.[71] Die Schifffahrtsverordnung privilegiert die Durchsetzbarkeit von Schiffshypotheken und vergleichbaren dinglichen Rechten am Schiff zugunsten der Gläubiger maritimer Forderungen

---

[66] Art. 245 des *Companies Act*.
[67] Art. 246 Abs. 2 und 3 des *Companies Act*.
[68] Art. 246 Abs. 1 und 4 des *Companies Act*.
[69] S. insoweit bereits → Rn. 47 ff.
[70] Bestimmung 101 Abs. 1 der Schifffahrtsverordnung.
[71] Bestimmung 102 der Schifffahrtsverordnung.

(maritime claims / maritime liens) damit nicht nur im Rang[72] sondern auch in ihrer vollstreckungsrechtlichen Durchsetzbarkeit.

91   Einschränkungen für Verfügungen in Bezug auf ein mit Sicherungsrechten belastetes Schiff ergeben sich auch für den Fall der Bestellung eines *provisional administrator*. Dieser ist nicht berechtigt Handlungen vorzunehmen, welche die Ausübung der Rechte des Inhabers der eingetragenen Schiffshypothek einschränkt, einschließlich des Rechts des besicherten Gläubigers, das Schiff nach geltendem Recht in Besitz zu nehmen.[73]

3.2.3 Einschränkung der Verfügungsbeschränkungen

92   Die Unwirksamkeit von Vermögensverfügungen, die mit Erlass der *winding up order* rückwirkend ab dem Tag der Antragstellung auf Durchführung eines *winding up* gilt,[74] ist bei Schifffahrtsgesellschaften insoweit eingeschränkt, als Verfügungen im Rahmen der Verwertung der Schiffhypothek durch den berechtigten Sicherungsgläubiger wirksam bleiben.

93   Darüber hinaus sind jegliche Vollstreckungshandlungen unzulässig, sofern sie nicht im Zusammenhang mit der Inbesitznahme des Schiffes durch den Schiffshypothekengläubiger oder einem sonstigen berechtigten Sicherungsgläubiger stehen.

3.2.4 Deckung der *privileged debts* bei Schiffsgesellschaften

94   Die gerichtliche Abwicklung von Schiffsgesellschaften ist in der Regel von der Ausgangssituation geprägt, dass sämtliche Vermögenswerte, einschließlich des Schiffes, vollumfänglich mit Sicherungsrechten belastet sind und somit kein freies Vermögen der abzuwickelnden Gesellschaft besteht.

95   Vorbehaltlich der gesetzlichen Privilegierung von Sicherungsrechten am Schiff *(vessel security)*,[75] kann das Gericht, falls das Vermögen der Schiffsgesellschaft nicht zur Befriedigung sämtlicher Verbindlichkeiten ausreicht, den Rang der durch die *winding up by court* anfallenden *costs, charges and expenses* anordnen. Dabei berücksichtigt das Gericht die folgende allgemeine Rangfolge:
(a) Ausgaben, die dem *liquidator* bei der Erhaltung, Realisierung oder Einziehung zu liquidierenden Vermögenswerte der Gesellschaft entstanden sind;
(b) die Kosten für etwaige Sicherheiten, die von einem *liquidator* oder einem *provisional administrator* gestellt worden sind;
(c) Kosten der Antragstellung;
(d) gegebenenfalls die Vergütung eines *provisional administrators* oder eines Sonderverwalters *(special manager)* (sofern bestellt);
(e) Kosten der Erstellung der Buchhaltung und des Rechnungswesens;
(f) vom Gericht zugelassene Kosten;
(g) Auslagen des *liquidator* im Rahmen seiner Verwaltung;
(h) Kosten des *liquidator* für Dienstleistungen, einschließlich der Vergütung dafür hinzugezogener Personen
(i) die Vergütung des *liquidator;*
(j) Steuerverbindlichkeiten, die bei der Realisierung von Vermögenswerten der Gesellschaft anfallen.[76]

96   Der Schiffshypothekengläubiger bzw. andere bevorrechtigte Gläubiger maritimer Forderungen *(maritime claims, maritime liens)* können verpflichtet werden, die nicht gedeckten Verfahrenskosten der gerichtlichen Abwicklung anteilig zu tragen, indem das Gericht die Gläubiger anweist, an dem *winding up by court* teilzunehmen, sofern die besicherten Gläubiger die anteilige Kostentragung nicht freiwillig übernehmen.

3.3 Die freiwillige Liquidation *(voluntary winding up)*

97   Anders als die gerichtliche Liquidation *(winding up by court)*, findet die freiwillige Liquidation *(voluntary winding up)* weitestgehend ohne Mitwirkung des Gerichts statt. Dem Grunde nach werden zwei Arten der freiwilligen Abwicklung unterschieden: Das von den Gesellschaftern initiierte *members' voluntary winding up* sowie die im Gläubigerinteresse durchzuführende Abwicklung, das *creditors' voluntary winding up*.

---

[72]   → Rn. 94 ff., 174 f.
[73]   Bestimmung 109 der Schifffahrtsverordnung.
[74]   → Rn. 55 f.
[75]   → Rn. 174 f.
[76]   Bestimmung 122 der Schifffahrtsverordnung.

Der Umfang der Einbeziehung der Gläubiger in das Verfahren und deren Rechte bestimmen 98
sich entscheidend danach, ob das Verfahren als *members' voluntary winding up* oder als *creditor's voluntary winding up* geführt wird.

Im Vergleich zum deutschen Recht stellt die *members' voluntary winding up* die Parallele zur 99
solventen Liquidation dar. Das *creditors' voluntary winding up* hingegen kann auch dann erfolgen, wenn eine Gesellschaft insolvent ist.

3.3.1 Einleitung des Verfahrens

Mit der Beschlussfassung der Gesellschafter über die Auflösung einer Gesellschaft und der 100
folgenden Einleitung des *voluntary winding up* muss die Gesellschaft ihre beabsichtigte Abwicklung innerhalb von 14 Tagen nach dem Auflösungsbeschluss dem Handelsregister, dem *Registrar of Companies*, anzeigen.[77]

Infolge der Auflösung der Gesellschaft endet grundsätzlich auch deren satzungsmäßige Grund- 101
lage für eine Tätigkeit, sodass auch die *voluntary winding up* mit einer Einstellung der Geschäftstätigkeit einhergeht, es sei denn, die beschränkte Fortsetzung ist im Sinne einer vorteilhaften Abwicklung erforderlich.

Für die Rechte der Gesellschafter ergeben sich mit der Verabschiedung des Auflösungsbeschlus- 102
ses Einschränkungen dahingehend, dass für eine Übertragung oder Änderung ihrer Beteiligung die schriftliche Zustimmung des *liquidator* erforderlich ist. Anderenfalls sind solche Verfügungen unwirksam.[78]

3.3.2 Declaration of Solvency

Wesentliches Abgrenzungsmerkmal zwischen dem *members' voluntary winding up* und dem *credi-* 103
tors' voluntary winding up ist die Frage, ob das Vermögen der abzuwickelnden Gesellschaft ausreicht, um sämtliche Zahlungsverpflichtungen zu bedienen. Aus diesem Grund hat die Geschäftsführung der abzuwickelnden Gesellschaft eine Erklärung über deren Solvenz *(declaration of solvency)* abzugeben. Mit Abgabe der *declaration of solvency* bestätigt die Geschäftsführung, dass die Gesellschaft in der Lage sein wird, ihre Verbindlichkeiten innerhalb einer Frist von höchstens 12 Monaten ab dem Zeitpunkt der Auflösung vollständig zu begleichen.[79]

Bei Abgabe einer *declaration of solvency* gilt die freiwillige Abwicklung grundsätzlich als eine im 104
Interesse der Gesellschafter erfolgende *members' voluntary winding up*. Sofern die Geschäftsführung eine solche Erklärung zur Solvenz nicht abgibt, gilt das Verfahren als *creditors' voluntary winding up*, da Ausschüttungen an die Gesellschafter als Ergebnis der Vermögensabwicklung nicht mehr zu erwarten sind.

Die unrichtige Abgabe einer *declaration of solvency* kann erhebliche Haftungsrisiken für die 105
Geschäftsführung auslösen, angefangen mit einer maximalen Geldstrafe von 46.587,00 EUR bis hin zu einer Freiheitsstrafe von bis zu drei Jahren. Sofern die solvente Abwicklung der Gesellschaft nicht innerhalb von 12 Monaten gelingt, gilt im Zweifel die (widerlegliche) Vermutung, dass die Geschäftsführung schuldhaft eine falsche *declaration of solvency* abgegeben hat.

3.3.3 Aufgaben des *liquidator*

Bei einem *members' voluntary winding up* wird der *liquidator* durch außerordentlichen Beschluss 106
der Gesellschaft zum Zwecke der Auflösung der Geschäfte und der Verteilung des Gesellschaftsvermögens bestellt. Bei einem *creditors' voluntary winding up* wird der *liquidator* von den Gläubigern der Gesellschaft in einer zu diesem Zweck einberufenen Gläubigerversammlung ernannt. Sofern die Gläubiger von ihrem Wahlrecht keinen Gebrauch machen und keinen *liquidator* ernennen, obliegt die Auswahl den Gesellschaftern.[80]

Machen weder die Gesellschafter noch die Gläubiger von ihrem Recht auf Ernennung eines 107
liquidator Gebrauch, kann die Gesellschaft die Einsetzung eines *liquidator* bei Gericht beantragen. Der auf diesem Weg ernannte *liquidator* hat die Annahme seiner Bestellung innerhalb von 14 Tagen gegenüber dem Handelsregister *(Registrar of Companies)* anzuzeigen. Sowohl die Bestellung als auch die Abberufung des *liquidator* sind im Handelsregister einzutragen.

Sofern sich im Laufe des *voluntary winding up* herausstellt, dass die Gesellschaft voraussichtlich 108
nicht in der Lage sein wird, ihre Verbindlichkeiten wie im Rahmen der *declaration of solvency* mitge-

---

[77] Art. 265 des *Companies Act*.
[78] Art. 267 des *Companies Act*.
[79] Art. 268 des *Companies Act*.
[80] Art. 279 des *Companies Act*.

teilt, vollständig zu bedienen, ist der *liquidator* verpflichtet, eine Gläubigerversammlung einzuberufen und dieser eine Aufstellung der Vermögenswerte und Verbindlichkeiten der Gesellschaft vorzulegen.

109 Kann das *members' voluntary winding up* nicht solvent durchgeführt werden, sondern ist die Gesellschaft insolvent, muss die freiwillige Abwicklung als *creditors' voluntary winding up* fortgesetzt oder in ein *winding up by court* überführt werden.

110 Dauert das Verfahren zur freiwilligen Abwicklung länger als 12 Monate, ist der *liquidator* verpflichtet, eine Gesellschafterversammlung einzuberufen. Sofern das Verfahren als *creditors' voluntary winding up* geführt wird, ist zusätzlich am Ende des ersten 12-Monatszeitraums und am Ende jedes folgenden 12-Monatszeitraums eine Gläubigerversammlung durchzuführen.[81]

111 Mit vollständiger Vermögensabwicklung hat der *liquidator* eine abschließende Gesellschafterversammlung bzw. bei einem *creditors' voluntary winding up* eine abschließende Gläubigerversammlung einzuberufen und einen Abschlussbericht über die Ergebnisse der Vermögensverwertung einschließlich der geprüften Kosten des Verfahrens zusammen mit einem Verteilungsverzeichnis vorzulegen. Innerhalb von sieben Tagen nach dieser(n) Abschlusssitzung(en) muss der *liquidator* dem Handelsregister *(Registrar of Companies)* den Abschlussbericht zusammen mit einer Rückmeldung über die Durchführung der Abschlusssitzung(en) übermitteln. Ein Verstoß gegen diese verfahrensrechtlichen Vorschriften kann anderenfalls zu einer persönlichen Haftung des *liquidator* führen.[82]

112 Nach der Beendigung des *voluntary winding up* Verfahrens soll die liquidierte Gesellschaft in der Regel innerhalb von drei Monaten nach Vorlage des Abschussberichts aus dem Handelsregister gelöscht werden.[83]

3.3.4 Liquidation Committee

113 Ebenso wie bei der gerichtlichen Abwicklung können die Gläubiger einer Gesellschaft auch im Rahmen des *voluntary winding up* ein *liquidation committee* bilden und bis zu fünf Vertreter als Mitglieder bestellen.[84] Sofern ein solcher Ausschuss errichtet wird, haben die Gesellschafter ebenfalls die Möglichkeit, bis zu fünf Mitglieder zu bestellen.[85]

3.3.5 Verteilung des Vermögens

114 Vorbehaltlich der Anforderungen des *Companies Act* ist die allgemeine Verteilungsregel für die freiwillige Abwicklung, dass Erlöse aus dem abgewickelten Vermögen gleichmäßig zur Erfüllung aller Verbindlichkeiten dienen.

115 Im Rahmen eines *creditors' voluntary winding up* gilt im Übrigen die im *Companies Act* geregelte Rangfolge, → Rn. 71 ff. Alle Kosten, Gebühren und Auslagen *(costs, charges und expenses),* die im Zuge der Abwicklung anfallen, einschließlich der Vergütung des *liquidator,* sind aus dem Vermögen der Gesellschaft vorrangig vor allen anderen Ansprüchen zu bedienen.[86]

116 Beim *members' voluntary winding up* werden etwaige Übererlöse zu gleichen Teilen an die Gesellschafter ausgeschüttet, sofern die Satzung der Gesellschaft nichts anderes vorsieht.

3.3.6 *Voluntary winding up* von Schifffahrtsgesellschaften

117 Abweichend von den Bestimmungen des *Companies Act* gelten für die freiwillige Abwicklung von Schifffahrtsgesellschaften wiederum bestimmte Einschränkungen.

118 Im Rahmen eines *members' voluntary winding up* kann ein *liquidator* durch das *board of directors* bestellt werden, wenn dies in der Satzung der Gesellschaft so vorgesehen ist.[87]

119 Sofern die betreffende Gesellschaft insolvent ist, kann ein *voluntary winding up* nur mit Zustimmung von mindestens 75 % der Gläubiger als *creditors' voluntary winding up* unter der Kontrolle der Gläubiger und der allgemeinen Leitung des Gerichts fortgesetzt werden.[88]

120 Für die Verteilung der Vermögenswerte und den Rang der Forderungen gelten die Bestimmungen des Handelsschifffahrtsgesetzes *(Merchant Shipping Act).* Grundsätzlich haben alle Forderungen gegen ein Schiff bzw. im Zusammenhang mit dem Schiffsbetrieb Vorrang vor sonstigen Forderungen gegen die Gesellschaft. Die Entscheidung eines *liquidator,* ob eine Forderung als „gegen das Schiff", also im Zusammenhang mit dem Schiffsbetrieb zu bewerten ist, ist für die Beteiligten des Verfahrens

---

[81] Art. 273 und 283 des *Companies Act.*
[82] Art. 274 und 284 des *Companies Act.*
[83] Art. 275 und 285 des *Companies Act.*
[84] → Rn. 79 ff.
[85] Art. 280 des *Companies Act.*
[86] Art. 293 des *Companies Act.*
[87] Bestimmung 126 der *Schifffahrtsverordnung.*
[88] Bestimmung 139 der *Schifffahrtsverordnung.*

grundsätzlich bindend. Dem Gläubiger steht es jedoch frei, eine gerichtliche Überprüfung dieser Entscheidung zu beanspruchen.[89]

Sofern das Vermögen einer Schiffsgesellschaft nicht zur Erfüllung ihrer Verbindlichkeiten ausreicht, kann der *liquidator* zudem die Gesellschafter auffordern, das gegebenenfalls noch offene Stammkapital einzuzahlen, soweit dies zur Befriedigung der Verbindlichkeiten der Gesellschaft, einschließlich der Kosten, Gebühren und Ausgaben *(costs, charges und expenses)* des *voluntary winding up* erforderlich ist.[90] Darüber hinaus ist ein Zugriff auf die dem Schiffshypothekengläubiger haftenden Erlöse des Schiffs – anders als bei der gerichtlichen Liquidation – nur mit Zustimmung des besicherten Gläubigers möglich ist.[91]

Im Übrigen gelten wiederum die allgemeinen Bestimmungen des *Companies Act* auch für das *voluntary winding up* von Schifffahrtsgesellschaften.

3.4 Die Schuldenregulierung durch *reconstruction*

Das maltesische Recht sieht mit der *reconstruction* die Möglichkeit der Schuldenregulierung für Gesellschaften mit beschränkter Haftung auf Basis einer gerichtlich bestätigten Vergleichsvereinbarung vor.[92]

Ein vom Gericht im Rahmen einer *reconstruction* bestätigter Vergleich, dem mindestens zwei Drittel der relevanten Gläubiger oder Gläubigergruppe bzw. der relevanten Gesellschafter zugestimmt haben, ist für alle Gläubiger der jeweiligen Gruppe bzw. alle betroffenen Gesellschafter rechtlich bindend.

Eine schuldenregulierende Vergleichsvereinbarung kann auch im Rahmen eines *winding up* der Gesellschaft durchgeführt werden und ist mit ihrer gerichtlichen Bestätigung auch für den *liquidator* bindend.

Alternativ kann die Gesellschaft oder ein Gläubiger mit der Unterstützung von mindestens zwei Dritteln der Gläubiger oder der relevanten Gläubigergruppe die Ernennung eines *mediator* im Sinne von Art. 20 des Mediationsgesetzes beantragen, woraufhin der *mediator* die weiteren Verhandlungen unter den Gläubigern zur Abstimmung über die Vergleichsvereinbarung organisiert.

Wird ein Mediationsverfahren gemäß § 327 Abs. 1 Nr. b des *Companies Act* durchgeführt, bei dem alle Gläubiger der Vergleichsvereinbarung zustimmen, ist dies für alle Gläubiger und auch für die Gesellschaft oder im Falle der Auflösung einer Gesellschaft für den *liquidator* verbindlich, auch ohne dass es der Zustimmung des Gerichts bedarf. Jedoch ist eine solche im Wege der Mediation zustande gekommene Vergleichsvereinbarung beim *Registry of Companies Agency* einzutragen, um Wirksamkeit zu entfalten. Darüber hinaus ist eine Kopie der Vergleichsvereinbarung der jeweiligen Unternehmenssatzung *(companies memorandum)* in ihrer aktuellen Fassung beizufügen.

Die Regelungen zur *reconstruction* gelten gleichermaßen auch für Schifffahrtsgesellschaften.

3.5 Das Sanierungsverfahren *recovery*

3.5.1 Bisherige Akzeptanz des Verfahrens

Die *recovery* wurde erst im Jahr 2003 als Sanierungsinstrument im maltesischen Recht eingeführt. Die Anzahl der in der Praxis tatsächlich durchgeführten *recovery* Verfahren ist eher gering. Das gilt insbesondere im Vergleich zu der dominierenden Anzahl der *winding up* Verfahren.

Vor den jüngsten gesetzlichen Änderungen des *recovery* Verfahrens in den Jahren 2015 und 2017 sind nur wenige Fälle bekannt, in denen die *recovery* als Sanierungsmittel – jedoch mit unterschiedlichem Erfolg – angewandt wurde. Beispielhaft zu nennen sind hier insbesondere folgende Entscheidungen: In *More Supermarkets (Hamrun) Limited (C57252) v X* (Civil Court, First Hall, First Hall, 27.10.2014) lehnte das Gericht den Antrag auf das Sanierungsverfahren ab. Sowohl in *Executive Services Limited (C6533) v X* (Civil Court, First Hall, First Hall, 14.3.2016) als auch in *DQR Limited (C84784) et v X* (Civil Court, First Hall, First Hall, 9.5.2019) gab das Gericht dem Antrag auf Durchführung eines *recovery* Verfahrens statt.

3.5.2 Die Einleitung des Verfahrens

Sofern ein Unternehmen bereits insolvent ist oder insolvent zu werden droht, kann es bei Gericht den Schutz des *recovery* Verfahrens beantragen, verbunden mit der Ernennung eines *special*

---

[89] Bestimmung 162 der *Schifffahrtsverordnung*.
[90] Bestimmung 130 Abs. 1 der *Schifffahrtsverordnung*.
[91] Bestimmung 126 Abs. 3 der *Schifffahrtsverordnung*.
[92] Art. 327 (1) (a) und (b) des *Companies Act*.

controller, der die Geschäfte des Unternehmens für einen vom Gericht zu bestimmenden Zeitraum führt.

132 Ein Antrag auf *recovery* kann gestellt werden:
(a) von der Gesellschaft aufgrund eines außerordentlichen Gesellschafterbeschlusses;
(b) von dem Management auf Beschluss des Aufsichtsrates;
(c) von den Gläubigern des Unternehmens, die mehr als 50 % des Wertes aller Gläubigerforderungen repräsentieren; oder
(d) von den Gläubigern des Unternehmens, die innerhalb einer Gruppe von Gläubigern mehr als die Hälfte des Wertes aller Forderungen in dieser Gruppe ausmachen.[93]

133 Die *recovery* ist ausgeschlossen, sofern sich die Gesellschaft bereits in einem *winding up* Verfahren befindet und eine *winding up order* ergangen ist.[94]

134 Der Antrag auf *recovery* muss die vollständigen Tatsachen, Umstände und Gründe, die unter anderem zu den Zahlungsschwierigkeiten des Unternehmens geführt haben oder zu führen drohen, vollständig darlegen. Ebenso muss der Antrag eine Erklärung darüber enthalten, wie die finanzielle und wirtschaftliche Lage des Unternehmens im Interesse seiner Gläubiger und Arbeitnehmer durch Erhalt und Fortführung des Geschäftsbetriebes verbessert und stabilisiert werden kann.[95]

135 Das Gericht gibt dem Antrag statt und unterstellt die Gesellschaft dem Schutz des *recovery* Verfahrens, sofern es davon überzeugt ist, dass das Unternehmen zahlungsunfähig oder drohend zahlungsunfähig ist und die Einleitung des Verfahrens geeignet ist, um den Fortbestand des Unternehmens auf Fortführungsbasis ganz oder teilweise zu sichern oder das Verfahren dazu dient, eine Sanierung unter Hinzuziehung einer schuldenbereinigenden Vergleichsvereinbarung erzielen zu können.[96]

3.5.3 Moratorium

136 Mit Einreichung eines Antrags auf Durchführung einer *recovery* und – sofern dieser nicht abgelehnt wird – für die Dauer des *recovery* Verfahrens, gilt ein Durchsetzungs- und Vollstreckungsschutz zugunsten der Gesellschaft, das sogenannte *moratorium*. Dessen Anordnung führt insbesondere dazu, dass Anträge auf Abwicklung der Gesellschaft während des *moratorium* unzulässig sind. Ebenso darf kein Beschluss über die Auflösung und ein *winding up* der Gesellschaft gefasst oder werden. Das *moratorium* entfaltet insoweit eine verfahrensrechtliche Sperrwirkung.

137 Es dürfen keine Vollstreckungsmaßnahmen in das Vermögen der Gesellschaft durchgeführt werden, es sei denn das Gericht genehmigt dies. Die Vollstreckung von Zahlungsansprüchen wird ausgesetzt. Zudem gilt eine Kündigungssperre für Mietverträge, sofern das Gericht nicht ausdrücklich einer davon abweichenden Regelung zustimmt.

138 Zudem sind Maßnahmen des vorläufigen Rechtsschutzes gegenüber der Gesellschaft grundsätzlich unzulässig. Gleiches gilt für die Einleitung oder Fortsetzung von Schiedsverfahren oder sonstigen Gerichtsverfahren.

139 Das *moratorium* gilt nicht für neue Finanzierungen, die der Gesellschaft zum Zwecke der Umsetzung eines Sanierungsplans gewährt werden. Neue Finanzierungen schließen zum Zeitpunkt des *moratorium* bereits bestehende Finanzierungen, Schulden oder Verpflichtungen aus, auch wenn solche Verbindlichkeiten umstrukturiert werden, um in eine neue Finanzierung einbezogen zu werden.[97]

3.5.4 Der special controller

140 Die Bestellung eines *special controller* erfolgt für einen Zeitraum von höchstens vier Monaten (wobei der Zeitraum um weitere vier Monate verlängert werden kann, höchstens jedoch für einen Zeitraum von maximal zwölf Monaten).

141 Während der Dauer des *moratorium* soll die Gesellschaft ihren Geschäftsbetrieb unter der Leitung des *special controller* fortsetzen. Der *special controller* nimmt die Vermögenswerte der Gesellschaft in Besitz und unter seine Kontrolle und ist für die Leitung und Überwachung der Geschäfte der Gesellschaft verantwortlich. Der *special controller* prüft unter anderem das Vermögen der Gesellschaft sowie die Geschäftsabläufe um festzustellen, ob begründete Aussichten für eine nachhaltige Fortsetzung des Geschäftsbetriebes bestehen.[98]

---

[93] Art. 329B Abs. 1b des *Companies Act.*
[94] Art. 329B Abs. 1f des *Companies Act.*
[95] Art. 329B Abs. 2a des *Companies Act.*
[96] Art. 329B Abs. 3b des *Companies Act.*
[97] Art. 329B Abs. 4 des *Companies Act.*
[98] Art. 329B Abs. 6a–c des *Companies Act.*

Die Befugnisse der Geschäftsführung werden mit der Ernennung des *special controller* ausgesetzt, es sei denn, der *special controller* stimmt der Ausübung dieser Befugnisse ausdrücklich zu.[99] 142

Bei Vorliegen eines wichtigen Grundes und auf Antrag des *special controller* kann das Gericht seine Bestellung sowie seine Befugnisse auf andere Gruppengesellschaften innerhalb eines Konzerns erweitern.[100] 143

Zum Ende des *recovery* Verfahrens legt der *special controller* dem Gericht einen umfassenden schriftlichen Bericht über das Verfahren und seine Einschätzung zu den Sanierungsaussichten des Unternehmens und deren Tragfähigkeit vor.[101] 144

3.5.5 Beendigung des *recovery* Verfahrens

Spätestens 20 Tage nach Beendigung des Amtes des *special controller* muss das Gericht darüber entscheiden, ob es die Gesellschaft als saniert aus dem Verfahren entlässt oder ob die Gesellschaft aufgelöst und im Rahmen eines *winding up* abgewickelt werden soll.[102] 145

Kommt der vom *special controller* vorgelegte Abschlussbericht zu der Auffassung, dass das Unternehmen eine belastbare Aussicht hat, ganz oder teilweise fortgeführt zu werden, muss der Abschlussbericht einen detaillierten Sanierungsplan mit allen Schritten und Maßnahmen enthalten, die erforderlich sind, um das Unternehmen nachhaltig zu sanieren und fortzuführen. 146

Der Abschlussbericht muss ebenfalls über die Rückführung der Verbindlichkeiten Auskunft geben, insbesondere ob diese im Rahmen eines freiwilligen oder gerichtlichen bestätigten Vergleichsvorschlags reguliert werden sollen.[103] Das Gericht kann sowohl den vorgeschlagenen Sanierungsplan ablehnen, ihn ganz oder teilweise annehmen, als auch Änderungen verlangen.[104] 147

Ein Antrag auf vorzeitige Beendigung des *recovery* Verfahrens kann unter bestimmten Umständen vom *special controller*, der Geschäftsführung der Gesellschaft oder den Gesellschafter gestellt werden, etwa wenn eine Fortführung des Unternehmens nicht mehr angestrebt wird oder aber wenn sich die Angelegenheiten der Gesellschaft soweit verbessert haben, dass sie ihre Schulden vollständig begleichen kann.[105] 148

Erlässt das Gericht einen Beschluss über die Beendigung des *recovery* Verfahrens, weil die Gesellschaft keine begründete Aussicht auf eine Fortführung des Geschäftsbetriebs hat und nicht in der Lage sein wird, ihre Schulden in Zukunft regelmäßig zu begleichen, so ordnet es zugleich die gerichtliche Abwicklung *(winding up by court)* der Gesellschaft an.[106] 149

Das *recovery* Verfahren gilt mit Ausnahme von Schifffahrtsgesellschaften[107] ebenfalls für sonstige Gesellschaften, die dem *Companies Act* unterliegen. 150

3.6 *Bankruptcy,* das Insolvenzverfahren für Kaufleute natürliche Personen

Der gesetzliche Rahmen für die Durchführung des Insolvenzverfahrens über das Vermögen natürlicher Personen bestimmt sich nach dem maltesischen Handelsgesetzbuch (*Commercial Code*). 151

3.6.1 Wirkungen der Verfahrenseröffnung

Bei Beantragung eines *bankruptcy* Verfahrens hat der Schuldner seine Vermögensverhältnisse einschließlich aller Handelsbücher (soweit es sich um einen Kaufmann handelt) vollständig offenzulegen.[108] 152

Mit der Eröffnung des *bankruptcy* Verfahrens verliert der Schuldner *ipso iure* die Verwaltungs- und Verfügungsbefugnis über sein Vermögen. Darüber hinaus gilt die allgemeine Regel, dass alles, was nach der Insolvenzeröffnung vom Schuldner erworben wird, ebenfalls der ihm entzogenen Insolvenzmasse zuzurechnen ist. Ähnlich wie im deutschen Recht ist dem Schuldner jedoch ein monatlicher Unterhalt aus der Insolvenzmasse zu gewähren.[109] 153

Verbindlichkeiten, die bei Eröffnung des *bankruptcy* Verfahrens noch nicht fällig sind, auch wenn sie privilegiert oder besichert sind, gelten mit Einleitung der *bankruptcy* als fällig.[110] 154

---

[99] Art. 329B Abs. 6d des *Companies Act*.
[100] Art. 329B Abs. 6i des *Companies Act*.
[101] Art. 329B Abs. 11a (i) des *Companies Act*.
[102] Art. 329B Abs. 11a (c) des *Companies Act*.
[103] Art. 329B Abs. 12e des *Companies Act*.
[104] Art. 329B Abs. 12g des *Companies Act*.
[105] Art. 329B Abs. 12 des *Companies Act*.
[106] Art. 329B Abs. 14 des *Companies Act*.
[107] Bestimmung 164 der Schifffahrtsverordnung.
[108] Art. 480 des *Commercial Code*.
[109] Art. 486 des *Commercial Code*.
[110] Art. 487 des *Commercial Code*.

3.6.2 Die Aufgaben des *curator*

155 Unabhängig davon, ob das *bankruptcy* Verfahren auf Antrag des Schuldners oder auf Verlangen der Gläubiger eröffnet wurde, ernennt das Gericht in dem Urteil, mit dem die *bankruptcy* eröffnet wird, einen oder mehrere *curator*, die bestimmte Aufgaben und Befugnisse in Bezug auf die Insolvenzmasse des Schuldners ausüben.[111]

156 Voraussetzung für die Tätigkeit als *curator* ist, dass dieser einen Eid abgelegt hat, die ihm übertragenen Aufgaben zuverlässig und treu zu erfüllen. Mit Leistung eines solchen Eides gilt in der Regel, dass die Verwaltungs- und Verfügungsbefugnis in Bezug auf sämtliche Vermögenswerte des Schuldners den *curator* übertragen werden.[112]

157 Zu den Aufgaben und Pflichten der *curator* gehören:
i. Klage beim Gerichtshof zur Beschlagnahme der Insolvenzmasse und Unterlagen des Schuldners;[113]
ii. die Einziehung von Forderungen und die Inbesitznahme sämtlicher sonstigen Vermögenswerte;[114]
iii. den Verkauf aller verderblichen[115] und sonstigen Waren[116]
iv. mit der Zustimmung des Gerichts, die Fortsetzung der Tätigkeit des Insolvenzschuldners, wenn die *curator* der Ansicht sind, dass die Fortsetzung dieser Tätigkeit der Wiederherstellung der Zahlungsfähigkeit des Schuldners dient oder zur Erhöhung seines Vermögens zugunsten der Gläubiger beiträgt;[117]
v. im Allgemeinen die Einleitung aller erforderlichen Schritte zur Wahrung der Rechte des Schuldners gegen Drittschuldner und die Eintreibung von Forderungen gegenüber Dritten.[118]

3.6.3 Die Anmeldung von Forderungen, *proof of debt* und Schuldenerlass

158 Innerhalb eines Monats nach dem Urteil, mit dem die *bankruptcy* festgestellt wird, erstellen die *curator* eine Inventarliste über das Insolvenzvermögen.[119] Nach Erstellung dieser Vermögensübersicht ist innerhalb von drei Tagen eine Liste aller Insolvenzgläubiger beizubringen.[120] Mit der Erstellung der Gläubigerliste beginnt das Verfahren zur Anmeldung von Forderungen gegen die Insolvenzmasse (*proof of debt*) durch jeden Gläubiger unter Vorlage der Dokumente, welche die Forderung begründen.[121] Die Forderungsanmeldungen werden richterlich geprüft.[122] Das Gericht führt zu diesem Zweck eine Gläubigerversammlung durch. Das Prüfungsergebnis kann innerhalb von acht Tagen nach dessen Bekanntgabe durch den jeweiligen Gläubiger beim Zivilgericht, *First Hall*, angefochten werden. Wenn dies nicht der Fall ist, gilt es *ipso iure* als akzeptiert.[123]

159 Innerhalb von 10 Tagen nach Bekanntgabe der Ergebnisse der Forderungsprüfung beruft das Gericht erneut eine Gläubigerversammlung ein, um einen möglichen Vergleich zu erörtern.[124] Zu dieser Sitzung wird auch der Schuldner eingeladen,[125] der das Recht hat, den Gläubigern einen Vergleichsvorschlag zu unterbreiten. Die Gläubiger haben mindestens acht Tage Zeit, um den Vorschlag zu prüfen.

160 Im Fall einer Annahme und Bestätigung des Vergleichs ist dieser für alle Gläubiger[126] bindend. Mit Wirksamkeit des Vergleichs geht die Verwaltungs- und Verfügungsbefugnis über das Vermögen wieder auf den Schuldner über – jedoch unter den Bedingungen, die gegebenenfalls in dem Vergleich enthalten sind – sodass der Schuldner auf dieser Basis als schuldbefreit gilt.

4. Verträge im Insolvenz- oder Sanierungsverfahren

161 Den Bestand von Verträgen eines Schuldners bleibt von der Durchführung eines Insolvenz- oder Sanierungsverfahrens unberührt.

---

[111] Art. 488 des *Commercial Code*.
[112] Art. 492 des *Commercial Code*.
[113] Art. 493 des *Commercial Code*.
[114] Art. 495 des *Commercial Code*.
[115] Art. 496 des *Commercial Code*.
[116] Art. 497 des *Commercial Code*.
[117] Art. 498 des *Commercial Code*.
[118] Art. 501 des *Commercial Code*.
[119] Art. 502 des *Commercial Code*.
[120] Art. 502 Abs. 1 des *Commercial Code*.
[121] Art. 502 Abs. 2 des *Commercial Code*.
[122] Art. 514 des *Commercial Code*.
[123] Art. 515 des *Commercial Code*.
[124] Art. 517 des *Commercial Code*.
[125] Art. 518 des *Commercial Code*.
[126] Art. 523 Abs. 2 des *Commercial Code*.

Gesetzliche Sonderkündigungsrechte für den Insolvenzfall sieht das maltesische Recht nicht 162
vor. Jedoch kann die Durchsetzbarkeit vertraglicher Rechte durch ein *moratorium* oder während der Ernennung eines *provisional administrator* ebenso wie infolge der gesetzlichen Verteilungsreihenfolge, die bei der insolventen Abwicklung von Unternehmen im Rahmen des *winding up by court* gilt,[127] eingeschränkt werden, → Rn. 71 ff.

5. Arbeitnehmeransprüche

Ansprüche von Arbeitnehmern stellen im Rahmen des Insolvenzverfahrens, *winding up by court* 163
oder *creditors' winding up*, in einem betraglich gedeckelten Umfang von bis zu drei Monatsentgelten vorrangige Forderungen (*privileged debts*) dar.[128]

6. Eigentumsvorbehalt

Nach maltesischem Recht gilt der Eigentumsvorbehalt als zweiseitiger Vertrag, der einer auflö- 164
senden Bedingung unterliegt. Sofern die vertraglich geschuldeten Leistungspflichten nicht vereinbarungsgemäß erbracht werden, besteht ein Anspruch des Eigentumsvorbehaltsverkäufers auf Wiederherstellung des ursprünglichen Zustandes. Der Mechanismus des Eigentumsvorbehaltes unter maltesischem Recht unterscheidet sich insoweit von der im deutschen Recht praktizierten aufschiebenden Bedingung einer Übereignung, wie sie für den einfachen Eigentumsvorbehalt charakteristisch ist.

Das maltesische Recht enthält keine besonderen Bestimmungen über die Wirkung solcher 165
bedingten Lösungsklauseln im Insolvenzfall, wenn der Vorbehaltskäufer seine vertraglichen Verpflichtungen nicht erfüllt.

Jedoch kann die Durchsetzung der Rechte eines Verkäufers auf Wiederherstellung des ursprüng- 166
lichen Zustandes und damit auf Rückübereignung der Sache infolge des Eintritts der auflösenden Bedingung durch vollstreckungsrechtliche Einschränkungen im Rahmen eines *winding up* Verfahren als auch während eines *moratorium* für die Dauer einer *recovery* eingeschränkt sein.

7. Sicherheiten in der Insolvenz

7.1 Finanzsicherheiten

Malta hat die EU-Richtlinie 2002/47/EG über Finanzsicherheiten und die Richtlinie 2009/ 167
44/EG des Europäischen Parlaments und des Rates vom 6.5.2009 zur Änderung der Richtlinie 98/26/EG über die Wirksamkeit von Abrechnungen in Zahlungs- und Wertpapierabrechnungssystemen und die Richtlinie 2002/47/EG durch die *Financial Collateral Arangements Regulations* (*FCAR*) umgesetzt.

Die *FCAR* haben die Bedingungen für die Erstellung, Gültigkeit, Verwertung, Vollstreckbarkeit 168
oder Zulässigkeit von Finanzsicherheiten (*financial collateral*) liberalisiert, wenn der Sicherungsnehmer und der Sicherungsgeber Unternehmen sind, die vom Anwendungsbereich der *FCAR* erfasst sind – typischerweise lizenzierte, aber auch nicht regulierte Unternehmen. Die *FCAR* sieht eine Reihe von außergerichtlichen Vollstreckungsmaßnahmen vor, die auf Finanzsicherheiten Anwendung finden können.

Grundsätzlich gilt, dass Finanzsicherheiten unabhängig von der Einleitung oder Fortsetzung 169
eines Insolvenz- oder Sanierungsverfahrens gegenüber dem Sicherungsgeber und dem Sicherungsnehmer gemäß ihren Bedingungen gültig und durchsetzbar sind und insoweit von den Beschränkungen eines insolvenzrechtlichen Verfahrens unberührt bleiben.

7.2 Sonderregelungen in Bezug auf Sicherheiten an Flugzeugen und Schiffen

7.2.1 Sicherheiten an Flugzeugen (*aircraft security*)

Flugzeuge stellen eine besondere Klasse beweglichen Vermögens im Sinne des Luftfahrzeugre- 170
gistrierungsgesetzes dar, die im Rahmen der Verwertung als separates Vermögen behandelt werden. Im Falle der Insolvenz des Eigentümers des Flugzeugs haben alle Forderungen, aus denen Rechte am Flugzeug abgeleitet werden können, Vorrang vor allen anderen Verbindlichkeiten.[129]

Alle eingetragenen Hypotheken, sowie privilegierten Forderungen aus und im Zusammenhang 171
mit dem Betrieb des Flugzeugs dürfen – ebenso wie bei Schiffen – nicht durch die Insolvenz des

---

[127] → Rn. 71 ff.
[128] S. o. Ziffer 3.1.7.1.
[129] Art. 25 des Luftfahrzeugregistrierungsgesetzes.

Eigentümers beeinträchtigt werden und sind grundsätzlich vorrangig gegenüber sonstigen Verbindlichkeiten.[130]

172 Um sicherzustellen, dass die gesetzliche Privilegierung solcher vorrangigen Ansprüche an den Erlösen des Flugzeugs gegenüber Dritten wirksam durchgesetzt werden kann, sind die Eintragungsanforderungen im Nationalen Luftfahrzeugregister *(National Aircraft Register)* und/oder im Internationalen Register *(International Register)* zu erfüllen.

173 Eine Gesellschaft, deren Sitz in Malta ist oder deren Mittelpunkt der Unternehmensinteressen *(centre of main interest)* in Malta liegt und deren einziger Vermögenswert ein Flugzeug oder Flugzeugtriebwerke und andere damit zusammenhängende Vermögenswerte sind, kann in ihrer Satzung vorsehen, dass das Recht, ein Insolvenzverfahren zu beantragen, einschließlich aller in diesem Zusammenhang zur Verfügung stehenden Verfahren nur von den Inhabern einer Hypothek *(mortgage)*, eines internationalen Sicherungsrechts oder Treuhändern oder Sicherungsnehmer einzeln oder gemeinsam unter Ausschluss anderer Personen ausgeübt werden kann, solange die Sicherheit besteht.

7.2.2 Sicherheiten an Schiffen *(vessel security)*

174 Die Privilegierung von Sicherheiten gilt ebenso für Sicherungsrechte an Schiffen. In Bezug auf Schiffe sieht das Handelsschifffahrtsgesetz *(Merchant Shipping Act)* als gesetzliche Spezialnorm vor, dass im Falle der Insolvenz des Eigners eines Schiffes alle Verbindlichkeiten aus dem Schiffsbetrieb, denen das Schiff unterliegt unmittelbar als Sicherheit haftet, bevorzugt befriedigt werden. Das Handelsschifffahrtsgesetz sieht vor, ähnlich wie das Luftfahrzeugregistrierungsgesetz, dass das Schiff eine separate und eigenständige Haftungsmasse im Vermögen der Schifffahrtsgesellschaft darstellt.[131]

175 Auch in Bezug auf die Verwertung von Schiffen gilt, dass alle eingetragenen Hypotheken, sowie privilegierten Forderungen zum und im Zusammenhang mit dem Betrieb des Schiffes *(maritime claims, maritime liens)* gesetzlich privilegiert sind und einen Vorrang vor sämtlichen sonstigen Gläubigern genießen. Dieser Vorrang gilt auch gegenüber den Kosten des Verfahrens *(costs, charges and expenses)*, die nach einer vom Gericht festzusetzenden Reihenfolge aus dem sonstigen Gesellschaftsvermögen und damit erst nach den privilegiert besicherten Forderungen zu bedienen sind,[132] s. ergänzend → Rn. 71 ff.

7.3 Vollstreckung von gesetzlich nicht privilegierten Sicherheiten

176 Jede Sicherheit, die nicht den Schutz einer Finanzsicherheit genießt und nicht als Sicherheit an einem Schiff und Flugzeug gesetzlich privilegiert ist, unterliegt im Rahmen eines Insolvenzverfahrens der gesetzlichen Rangfolge, die stets eine Vorabbefriedigung der *costs, charges* und *expenses* als *privileged debts* vorsieht;[133] → Rn. 71 ff.

177 Zu den gesetzlich nicht privilegierten Sicherheiten zählen insbesondere Pfandrechte, sogenannte *hypothecs*, die als *general hypothec* an beweglichen Vermögenswerten bestellt werden können oder als *special hypothec* in Bezug auf Immobiliarvermögen bestellt werden.

178 Die Erlöse aus *hypothecs* als allgemeinen und nicht spezialgesetzlich privilegierten Sicherheiten dürfen daher zur Deckung der Kosten eines Insolvenzverfahrens und der sonstigen vorrangigen Verbindlichkeiten *(privileged debts)* herangezogen werden.

8. Aufrechnung- und Netting Vereinbarungen

179 Während die Möglichkeit der Aufrechnung von fälligen gegenseitigen Forderungen grundsätzlich im maltesischen Recht verankert ist, gelten im Fall der Insolvenz Einschränkungen für die Ausübung der Aufrechnungsbefugnis. Der Hauptgrund dafür ist die strikte Einhaltung des Grundsatzes der Gleichbehandlung der Gläubiger *(pari passu)* im maltesischen Insolvenzrecht.

180 Durch den Erlass des *Set-Off and Netting on Insolvency Act,* insbesondere dessen Art. 3, sind gegenseitige Verbindlichkeiten nach Maßgabe ihrer vertraglichen Bestimmungen im Wege der Aufrechnung gleichwohl durchsetzbar, soweit sie vor der Insolvenz einer der Parteien entstanden sind. Dies gilt für die Durchsetzung der Verbindlichkeiten zwischen den Vertragsparteien selbst; gegenüber Garantiegebern oder sonstigen Sicherungsgebern in Bezug auf das zugrunde liegende Vertragsverhältnis; gegenüber dem Liquidator, *curator, special controller* oder sonstigen Amtsträgern in Bezug auf eine Vertragspartei; und gegenüber den Gläubigern der Vertragsparteien.

181 Diese Privilegierungen gelten nicht für Aufrechnungsvereinbarungen, die zu einem Zeitpunkt abgeschlossen wurden, zu dem die andere Partei wusste oder hätte wissen müssen, dass ein Antrag

---

[130] Art. 27 Abs. 1 des Luftfahrzeugregistrierungsgesetzes.
[131] Art. 37A des Handelsschifffahrtsgesetzes.
[132] → Rn. 71 ff., 114 ff.
[133] → Rn. 71 ff.

auf ein *winding up* der Gesellschaft bereits anhängig war oder dass die Gesellschaft nach geltendem Recht formelle Schritte unternommen hat, um ihre Auflösung und Abwicklung herbeizuführen.

Nach Maßgabe des *Set-Off and Netting on Insolvency Act* darf eine Vertragsbestimmung, welche die Geltendmachung einer Aufrechnungslage betrifft und die anderweitig durchsetzbar wäre, nicht eingeschränkt oder verzögert werden, es sei denn, dass die Aufrechnungslage aus betrügerischen bzw. unlauteren Handlungen *(grounds of fraud)* resultiert Die Zulässigkeit der Aufrechnung im Insolvenzfall sollte durch eine schriftliche Vereinbarung zwischen den Parteien ausdrücklich geregelt werden.

9. Die Anfechtbarkeit von Rechtsgeschäften, *claw-back; setting aside of transactions*

Unter dem *Companies Act* gelten alle Sicherheiten, Verfügungen oder sonstigen Handlungen im Zusammenhang mit dem Vermögen des Schuldners und alle Verpflichtungen, die dem Unternehmen innerhalb von sechs Monaten vor seiner Auflösung *(dissolution)* entstehen, als „betrügerische Bevorzugung" *(fraudulent preference)* des jeweiligen Gläubigers und sind anfechtbar. Je nach Verfahrensart bestimmt sich der Zeitpunkt der Auflösung entweder durch Gesellschafterbeschluss (beim *voluntary winding up*) oder durch Erlass der *winding up order* im Rahmen des *winding up by court*.

Dies gilt sowohl für unentgeltliche als auch entgeltliche Transaktionen, sofern das Rechtsgeschäft nicht zu marktgerechten Konditionen durchgeführt oder einem Gläubiger einen Vorteil gewährt hat, sofern der Anfechtungsgegner nicht darlegen kann, dass er keine Kenntnis von einer Auflösung und Abwicklung der Gesellschaft hatte.

Mit der Auflösung *(dissolution)* der Gesellschaft ist jede „betrügerische Bevorzugung" *(fraudulent preference)* nichtig.[134]

Ist ein Rechtsgeschäft infolge seiner Anfechtbarkeit ungültig, so wird der Anfechtungsgegner so gestellt, als ob er sich verpflichtet hätte, persönlich als Bürge in dem Umfang zu haften, in dem sich der Wert des Vermögens des Schuldners durch die anfechtbare Handlung verringert hat.[135]

Die Schifffahrtsverordnung enthält weder spezialgesetzliche Regelungen zur Anfechtung noch einen ausdrücklichen Verweis auf die Vorschriften des *Companies Act*. Im Hinblick auf den Vorrang der Schifffahrtsverordnung als Spezialgesetz gegenüber dem *Companies Act* ist es umstritten, ob dessen Regelungen zur Anfechtung auch für Schiffsgesellschaften gelten sollen oder ob der fehlende gesetzliche Verweis eine bewusste Privilegierung von Schifffahrtsgesellschaften in Bezug auf das Anfechtungsrecht darstellt. Nach herrschender Ansicht sollen die Vorschriften des *Companies Act* in Bezug auf anfechtbare Rechtshandlungen trotz fehlendem ausdrücklichem Verweis auch für Schifffahrtsgesellschaften gelten.

10. Haftung der Geschäftsführer oder Dritter, *fraudulent trading* und *wrongful trading*

Die Haftungstatbestände für *fraudulent trading* und *wrongful trading* sind im maltesischen Recht gesetzlich normiert. Art. 315 des *Companies Act* bezieht sich auf *fraudulent trading*, während Art. 316 die Haftung im Zusammenhang mit *wrongful trading* regelt.

10.1 Fraudulent Trading

Eine Haftung wegen *fraudulent trading* kommt sowohl im Rahmen des *winding up by court* als auch des *voluntary winding up* in Betracht. Das Gericht kann auf Antrag des *liquidator*, eines Gläubigers oder Gesellschafter feststellen, dass Personen, die wissentlich an der Ausübung von Rechtsgeschäften im Rahmen von *fraudulent trading* beteiligt waren, persönlich und unbeschränkt für alle oder einen Teil der Verbindlichkeiten des Schuldners haften.

Jede Person, die wissentlich bei der Ausübung des Geschäftsbetriebs in der vorgenannten Weise betrügerisch mitwirkt, macht sich strafbar und kann zu einer Geldstrafe von maximal 232.937 EUR oder einer Freiheitsstrafe von bis zu fünf Jahren verurteilt werden.

10.2 Wrongful Trading

Der haftungsrechtliche Vorwurf, der mit *wrongful trading* verbunden ist, erinnert an die Grundzüge der im deutschen Recht bekannten Insolvenzverschleppungshaftung. Obwohl weniger statisch, da es keine Insolvenzantragspflichten im maltesischen Recht gibt, kann diese Haftung die Geschäftsführer einer insolventen Gesellschaft treffen, sofern die Geschäftsführung den Zeitpunkt einer Auflösung und Abwicklung der Gesellschaft ungebührlich und zum Nachteil des haftenden Vermögens verzögert hat.

---

[134] Art. 303 des *Companies Act*.
[135] Art. 304 Abs. 1 des *Companies Act*.

192 Konnte der Geschäftsführer vor dem Zeitpunkt der Auflösung erkennen, dass keine hinreichenden Fortführungschancen für die Gesellschaft bestanden haben und eine Abwicklung somit unvermeidbar war, kann dessen Haftung auf Antrag des *liquidator* gerichtlich festgestellt werden und eine Schadensersatzverpflichtung der Geschäftsführer nach sich ziehen.

193 Eine Haftung wegen *wrongful trading* scheidet aus, wenn das Gericht davon überzeugt ist, dass die Geschäftsführung trotz Kenntnis der mangelnden Fortführungsaussichten mit der Absicht gehandelt hat, Vermögensnachteile und damit einen potentiellen Verlust der Gläubiger zu vermeiden bzw. zu verringern.

194 Ein erhöhter Sorgfaltsmaßstab für die Durchführung von Rechtsgeschäften gilt insbesondere innerhalb von zwölf Monaten nach der Auflösung einer Gesellschaft. Sofern Rechtsgeschäfte nicht dem Ziel der bestmöglichen Abwicklung der Gesellschaft dienen, sondern dem Abwicklungsinteresse entgegenstehen, sieht der *Companies Act* weitere Haftungstatbestände vor.

195 Die Schifffahrtsverordnung enthält keine eigenständigen Haftungstatbestände. Auch insoweit fehlt es wiederum an einem ausdrücklichen gesetzlichen Verweis auf die Vorschriften des *Companies Act*, die nach ganz herrschender Meinung jedoch entsprechend heranzuziehen sind.

11. Asset Tracing

196 Um Vermögensverfügungen nachzuverfolgen bzw. bestehende und nicht offen gelegte Vermögenswerte festzustellen, können zumindest registrierte Vermögenswerte, die sich in Malta befinden, in der Praxis nachverfolgt werden, indem Recherchen im maltesischen öffentlichen Register durchgeführt werden, um unter anderem festzustellen, ob der Schuldner Eigentümer eines Grundstücks in Malta ist und welche Sicherungsrechte daran bestehen.

197 In der Regel werden die Jahresabschlüsse von Gesellschaften mit beschränkter Haftung in den Aufzeichnungen der jeweiligen Gesellschaften veröffentlicht, die im maltesischen Handelsregister geführt werden. Es ist auch möglich festzustellen, ob der Schuldner Anteile an einer in Malta registrierten Gesellschaft besitzt. Im Falle von Luftfahrzeugen oder Schiffen können, sofern die relevanten Angaben über das Luftfahrzeug oder das Schiff bekannt sind, Durchsuchungen im Nationalen Schiffsregister *(National Ship Registry)*, im Nationalen Luftfahrzeugregister *(National Aircraft Register)* oder im Internationalen Register *(International Registry)* durchgeführt werden, um festzustellen, ob ein bestimmtes Luftfahrzeug oder Schiff auf den Namen des Schuldners eingetragen ist.

12. Internationales Insolvenzrecht

198 Als Mitgliedstaat der Europäischen Union ist die Verordnung (EU) 2015/848 des Europäischen Parlaments und des Rates vom 20.5.2015 über Insolvenzverfahren unmittelbar anwendbar und hat in Malta direkte Wirkung. Malta hat das UNCITRAL-Mustergesetz von 1997 über die grenzüberschreitende Insolvenz nicht übernommen.

13. Änderungen des maltesischen Gesellschaftsrechts im Hinblick auf das Insolvenzrecht als Ergebnis von COVID-19

13.1 Überblick

199 Im aktuellen Zeitpunkt hat Malta noch keine ausdrücklichen Gesetzesänderungen oder Maßnahmen im Zusammenhang mit COVID-19 erlassen.

200 Nichtsdestotrotz besteht infolge des Ausbruchs der Krankheit und der damit zusammenhängenden Einschränkungen die Sorge, dass viele Unternehmen möglicherweise nicht mehr in der Lage sein könnten ihre Schulden zu bezahlen und so drohen zahlungsunfähig zu werden. Aus diesem Grund kündigte das Ministerium für Finanzen und Finanzdienst-leistungen am 29. April 2020 an, dass die Regierung beabsichtige das maltesische Insolvenzrecht zu ändern. Damit sollen lebensfähige Unternehmen zu unterstützt werden, die aufgrund der COVID-19-Situation in finanzielle Schwierigkeiten geraten könnten.

201 Die geplanten Änderungen konzentrieren sich vor allen Dingen auf die Schaffung einer kurzfristigen Entlastung für die betroffenen Unternehmen. Um den Übergangscharakter der Änderungen zu betonen, besteht die Überlegung diese als sekundäre Rechtsakte zu erlassen. Dies ermöglicht eine flexible Anpassung der Regelungen an die sich stetig ändernde Situation.

202 Thematisch werden vor allen Dingen die Änderung der Jahreshauptversammlungspflicht, die Aussetzung bestimmter insolvenzrechtlicher Regelungen, die Erleichterung des Zu-gangs zu Sanierungsverfahren und der Umgang mit schwerwiegenden Kapitalverlusten in öffentlich Unternehmen diskutiert. Auf einzelne Planungsansätze soll nachfolgend kurz eingegangen werden.

13.2 Einstweiliger Rechtsschutz vor dem *winding up by court*

Im Bereich des Insolvenzrechts soll vor allem die Aussetzung bestimmter Regelungen den belasteten Unternehmen neuen finanziellen Spielraum verschaffen.

Eine der vorgeschlagenen Maßnahmen stellt eine Opt-in-Regelung dar, die es einer Gesellschaft ermöglicht vorläufigen Schutz gegen Anträge auf *winding up* der Gesellschaft durch Aktionäre oder Gläubiger zu erhalten.[136] Hierfür bedarf es der Einreichung einer eidesstaatlichen Versicherung des Unternehmens bei den örtlichen Gerichten. In dieser bestätigt das Unternehmen, dass es sich infolge des Ausbruchs von COVID-19 erheblichen Herausforderungen gegenübersieht. Die Einreichung dieser Erklärung gibt dem Unternehmen automatisch das Recht auf vorläufigen Rechtsschutz für einen Zeitraum von drei Monaten. Eine Verlängerung ist bis zu maximal zwölf Monate möglich. Im Rahmen eines Verlängerungsantrages muss das Unternehmen ebenfalls einen Strategieplan einreichen. In diesem soll das Unternehmen darlegen, wie es plant sich von den Auswirkungen von COVID-19 zu erholen. Weiterhin enthält der Plan eine Selbstauskunft der Geschäftsführer und muss in zeitlicher Hinsicht den beantragten Zeitraum abdecken. Unter gewissen Bedingungen fällt das Unternehmen mit Antragstellung ebenfalls unter das *moratorium*,[137] was dem Unternehmen zusätzlichen Spielraum verschaffen kann.

Ebenfalls sieht der Vorschlag die Einsetzung eines Ad-hoc-Gremiums vor, das mit der Beurteilung solcher Anträge beauftragt wird. Insbesondere soll das Gremium mit der Beurteilung der Verlängerungsanträge betraut werden. Weiterhin soll es auch beurteilen, ob nach Ablauf der Dreimonatsfrist die Voraussetzungen des ursprünglichen Antrages auf *winding up by court* weiterhin vorliegen.

13.3 Vorübergehende Aussetzung des *wrongful trading*

Die Haftung der Geschäftsführer für den Fall der ungebührlichen Verzögerung einer Auflösung oder Abwicklung der Gesellschaft erfolgt nach maltesischem Recht unter dem Begriff des sog. *wrongful trading*.[138] Der Vorschlag sieht vor, das *wrongful trading* für einen Zeitraum von drei Monaten vollständig aussetzen. Dies soll den außerordentlichen Auswirkungen des Ausbruchs von COVID-19 Rechnung tragen und Unternehmen die Möglichkeit eröffnen diesen ebenfalls durch außerordentliche Maßnahmen zu beggnen. Vor dem Hintergrund der zeitgleichen Bereitstellung von Notfallkrediten durch die maltesische Regierung ist dies allerdings nicht unproblematisch. Die Aussetzung könnte so zu einer weiteren Verschuldung von Unternehmen führen.

13.4 Weitere Planungsansätze

Um die Versorgung notleidender Unternehmen mit Kapital sicherzustellen, sieht der Vorschlag ebenfalls vor, bestimmte Notfallfinanzierungen vorübergehend aus dem Anwendungsbereich der „betrügerischen Bevorzugung" *(fraudulent preference)*[139] auszunehmen und diese so vor einer späteren Anfechtung zu schützen.

Im Bereich der *reconstruction*[140] wird über eine Absenkung des gesetzlichen Schwellenwertes für das Zustandekommen einer Vergleichsvereinbarung auf unter zwei Dritteln diskutiert.

---

[136] Artikel 214 Abs. 2a des *Companies Act;* für Einzelheiten → Rn. 47 ff.
[137] Artikel 329B Abs. 4 des *Companies Act;* für Einzelheiten → Rn. 136 ff.
[138] Artikel 316 des *Companies Act;* für Einzelheiten → Rn. 191 ff.
[139] Artikel 303 des *Companies Act;* für Einzelheiten → Rn. 183 ff.
[140] Artikel 327 des *Companies Act;* für Einzelheiten → Rn. 123 ff.

Malta

Das Reconstruction-Verfahren

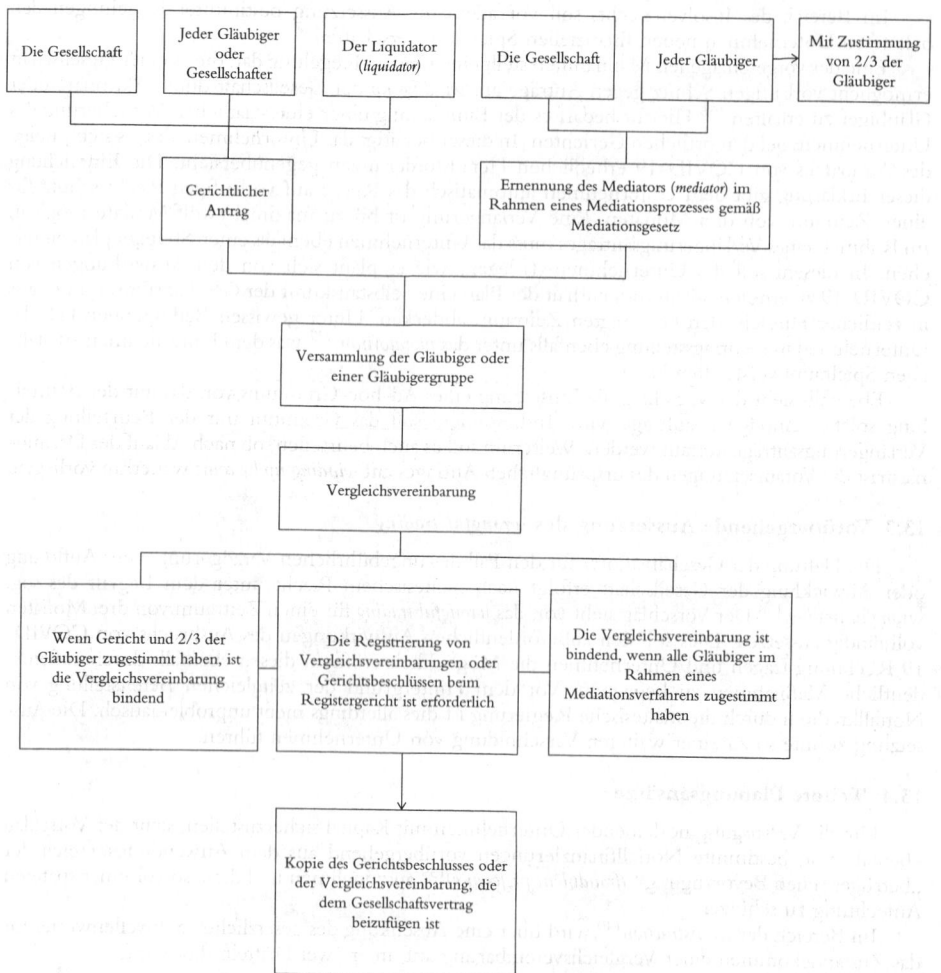

Malta

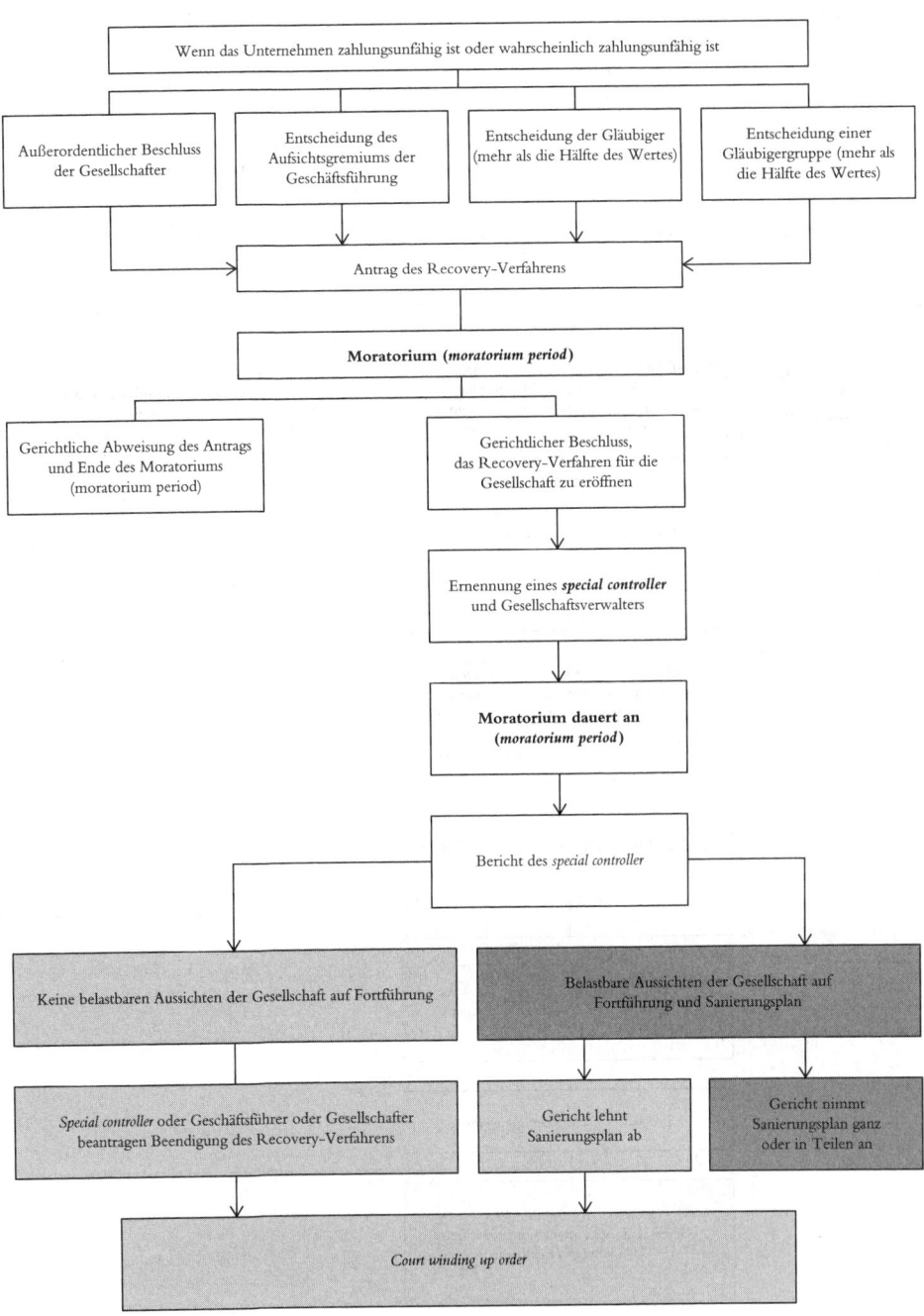

Malta

Die gerichtliche Liquidation

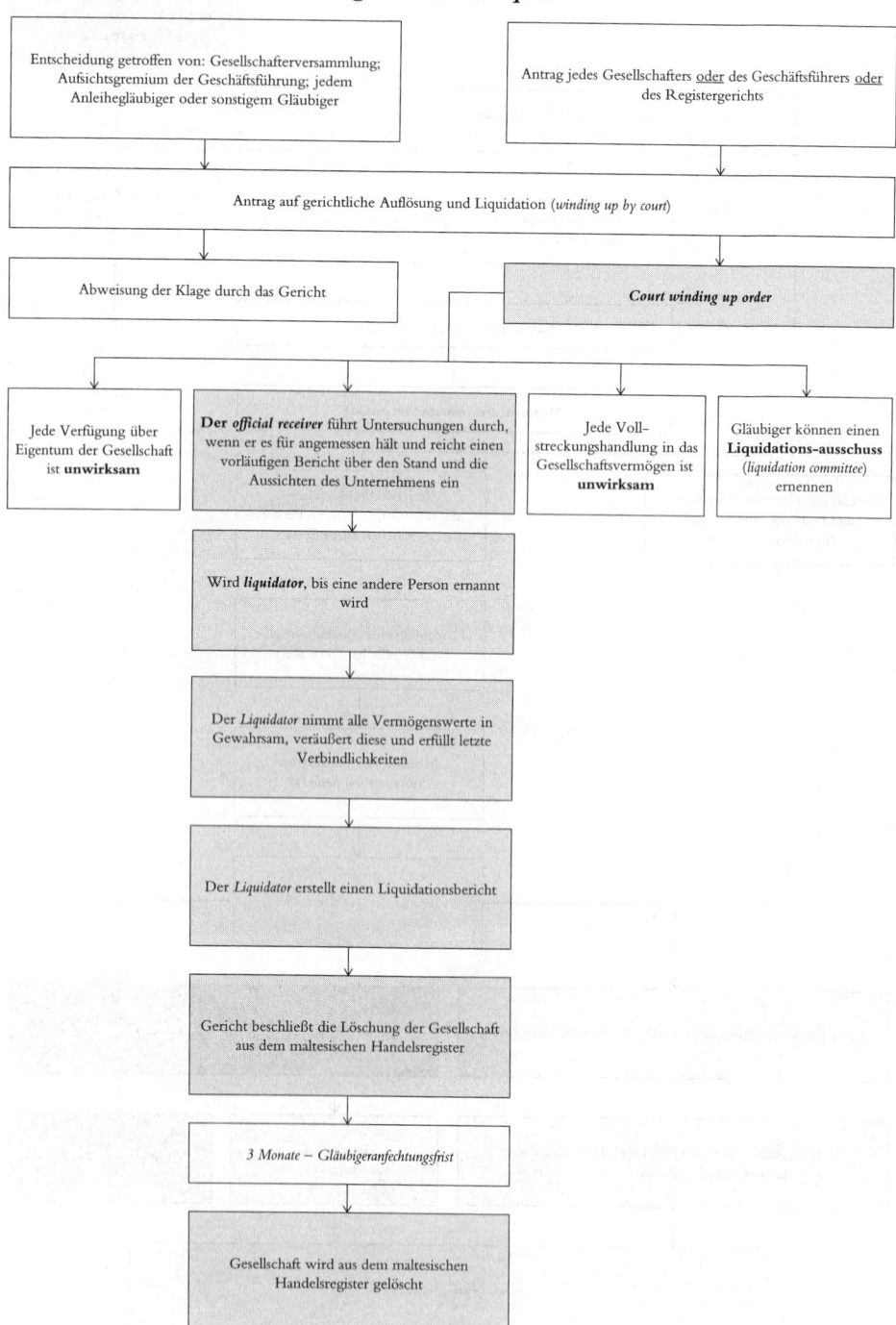

Malta

Die freiwillige Liqidation

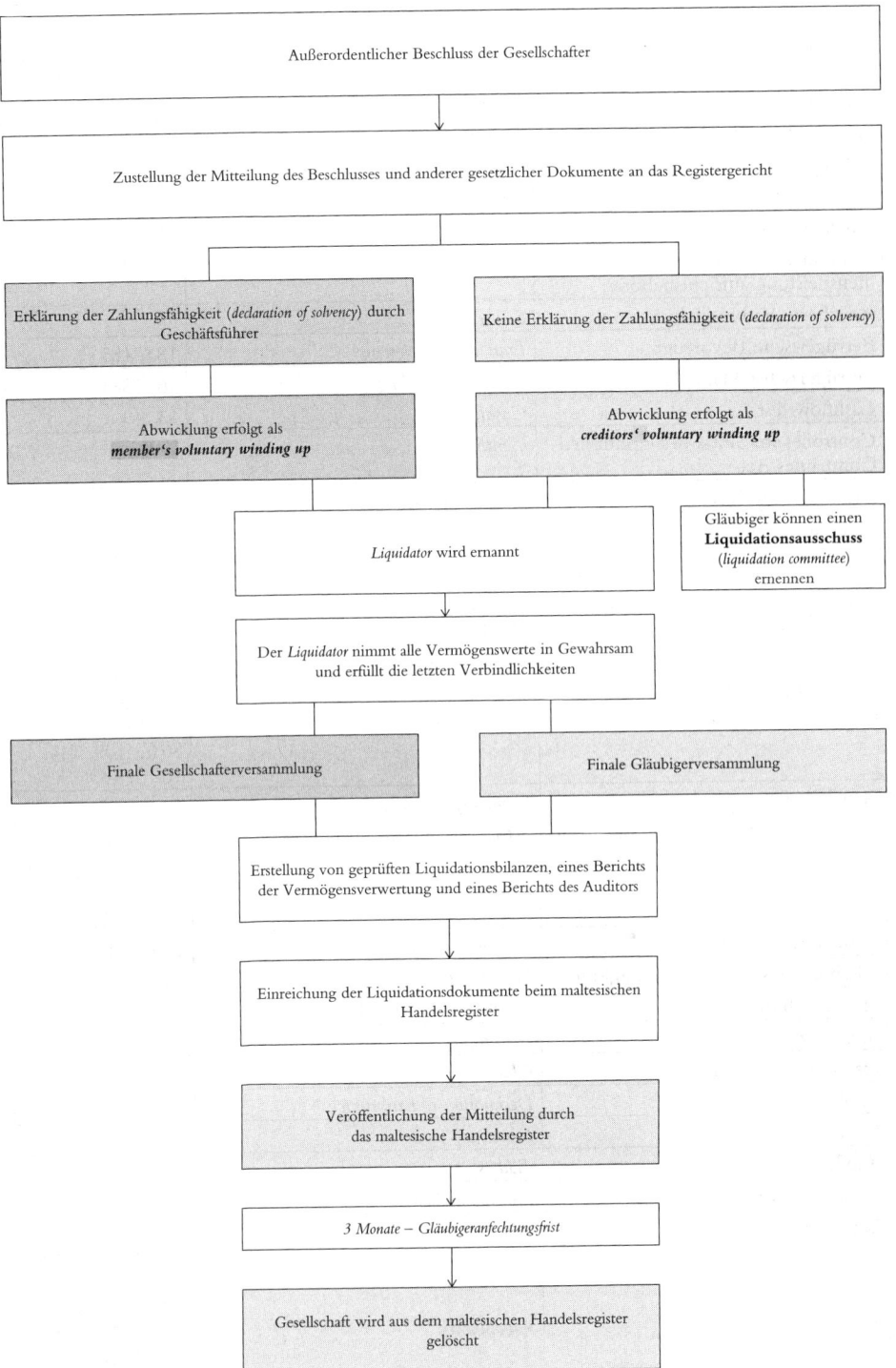

Malta

Glossar

Deutsch	Englisch	Rn.
Abwicklungsbeschluss	Winding up order	53 ff., 64, 89, 92, 133
Aufrechnung	Set-off	180, 182
Aussage über die Zahlungsfähigkeit	Declaration of solvency	103 ff.
Balance sheet test	Balance sheet test	15, 49
Bankengesetz	Banking Act	1, 37
Finanzinstitut	Credit institution	37 ff.
Beamter der maltesischen Finanzdienstleistungsaufsichtsbehörde	Official receiver	57, 64 ff.
Besicherte Verbindlichkeiten	Secured debts	76
Betrügerische Bevorzugung	Fraudulent preference	183, 185
Betrügerisches Handeln	Fraudulent trading	46, 188 ff.
Cashflow test	Cashflow test	13, 49
Controller im Sinne des Controlled Companies Act	Controller	37 ff.
Drohende Insolvenz	Impending insolvency	22, 32, 135
Eigentumsvorbehalt	Retention of title	164 ff.
Einkommensteuergesetz	Income Tax Management Act	1, 74
Eventualverbindlichkeit	Contingent liability	49
Finanzsicherheiten	Financial collateral	168
Sicherheiten an Flugzeugen	Aircraft security	170
Forderungsanmeldung	Proof of debt	61, 84, 158
Gerichtliche Liquidation	Winding up by court	11, 13, 47 ff., 86 ff., 109, 144, 162 f., 183, 189
Gesellschaftssekretär	Company secretary	14
Gesetz zur Aufrechnung in der Insolvenz	Set-off and Netting on Insolvency Act	1, 180, 182
Gläubigerversammlung	Meeting of the company's creditors	69, 82, 106, 108, 110 f., 158 f.
Handelsgesetzbuch	Commercial Code	1, 9, 151
Löschung aus dem Handelsregister	Deregistration	40, 63
Handelsschifffahrtsgesetz	Merchant Shipping Act	1, 120, 174
Insolvenz	Bankruptcy	9, 26 ff., 152 ff.
Insolvenzanfechtung	Claw-back	183
Insolvenzantrag	Declaration of bankruptcy	25
Insolvenzmasse	Insolvency estate	153, 155, 157 f.
Kaufleute	Traders	9
Künftige Verbindlichkeit	Future liability	49
Liquidation	Winding up	6, 10 ff., 19, 29 f., 37, 92, 125, 129, 133, 136, 145, 163, 166, 181
• freiwillige	• voluntary	11, 15, 52, 97 ff., 108, 112 f., 117 ff., 183, 189

Malta

Deutsch	Englisch	Rn.
• freiwillig durch Gesellschafter	• members' voluntary	16, 97 ff., 103 f., 106, 109, 116, 118
• freiwillig durch Gläubiger	• creditors' voluntary	15, 97, 99, 103 f., 106, 109 ff., 115, 119
Liquidationsausschuss	*Liquidation committee*	68, 79 ff., 113
Liquidationsbeschluss – s. Abwicklungsbeschluss		53 ff., 64, 89, 92, 133
Luftfahrzeugregistrierungsgesetz	*Aircraft Registration Act*	1
Maltesische Finanzdienstleistungsaufsichtsbehörde	*Malta Financial Services Authority*	37 ff., 64
Maltesische Zivilprozessordnung	*Code of Organisation and Civil Procedure*	1, 49
Maltesisches Handelsregister	*Registry of Companies Agency*	5, 63, 127
Maltesisches Moratorium	*Company recovery procedure*	22
Mediationsverfahren	*Mediation process*	127
Mediator	*Mediator*	19, 126
Moratorium	*Moratorium*	22, 34, 136 ff., 141, 162, 166
Nationales Luftfahrzeugregister	*National Aircraft Register*	172, 197
Nationales Schifffahrtsregister	*National Ship Registry*	197
Privilegierte Forderungen	*Privileged debt*	72, 78, 94, 163, 176, 178
Reconstruction Verfahren	*Reconstruction*	7, 10, 12, 19 f., 29, 32, 34, 123 ff.
Sanierungsverfahren	*Recovery*	2, 7, 10, 12, 21 ff., 29, 32, 34, 129 ff., 166
Sanierungsplan	*Recovery plan*	139, 146 f.
Schiffshypothek	*Maritime lien*	90, 96, 177
Vergleichsvereinbarung	*Compromise*	19 ff., 28, 123 ff., 135
Sicherungsrechte an Schiffen	*Vessel security*	95, 174
Spezielle Aufsichtsperson	*Special controller*	22 f., 34, 131, 140 ff., 180
Vermögensverfolgung	*Asset tracing*	196
Verteilungsplan	*Report of distribution*	39
Verwalter	*Curator*	155 ff.; 180
Verwaltungs- und Verfügungsbefugnis	*Power of administration*	59, 153, 156, 160
Verordnung für Finanzinstitute	*Credit Institutions Regulation*	41
Vollstreckungsschutz	*Stay of execution*	58, 136
Vorläufige Maßnahmen	*Preliminary measures*	57 ff.
Vorläufiger Verwalter	*Provisional administrator*	57 ff., 64, 68, 91, 162
Vorrangige Forderungen – s. Privilegierte Forderungen		72, 78, 94, 163, 176, 178
Widerrechtlicher Handel	*Wrongful trading*	46, 188, 191 ff.
Zivilgericht erster Instanz	*Civil Court First Hall*	25, 30, 158
Zivilgesetzbuch	*Civil Code*	1

Malta

Glossar

Englisch	Deutsch	Rn.
Aircraft security	Sicherheiten an Flugzeugen	170
Aircraft Registration Act	Luftfahrzeugregistrierungsgesetz	1
Asset tracing	Vermögensverfolgung	196
Balance sheet test	Balance sheet test	15, 49
Banking Act	Bankengesetz	1, 37
Bankruptcy	Insolvenz	9, 26 ff., 152 ff.
Cashflow test	Cashflow test	13, 49
Compromise	Vergleichsvereinbarung	19 ff., 28, 123 ff., 135
Controller	Controller im Sinne des Controlled Companies Act	37 ff.
Civil Code	Zivilgesetzbuch	1
Civil Court First Hall	Zivilgericht erster Instanz	25, 30, 158
Code of Organisation and Civil Procedure	Maltesische Zivilprozessordnung	1, 49
Claw-back	Insolvenzanfechtung	183
Commercial Code	Handelsgesetzbuch	1, 9, 151
Company recovery procedure	Maltesisches Moratorium	22
Company secretary	Gesellschaftssekretär	14
Contingent liability	Eventualverbindlichkeit	49
Credit institution	Finanzinstitut	37 ff.
Credit Institutions Regulation	Verordnung für Finanzinstitute	41
Curator	Verwalter	155 ff.; 180
Declaration of bankruptcy	Insolvenzantrag	25
Declaration of solvency	Aussage über die Zahlungsfähigkeit	103 ff.
Deregistration	Löschung aus dem Handelsregister	40, 63
Financial collateral	Finanzsicherheiten	168
Fraudulent preference	Betrügerische Bevorzugung	183, 185
Fraudulent trading	Betrügerisches Handeln	46, 188 ff.
Future liabilities	Künftige Verbindlichkeit	49
Impending insolvency	Drohende Insolvenz	22, 32, 135
Income Tax Management Act	Einkommensteuergesetz	1, 74
Insolvency estate	Insolvenzmasse	153, 155, 157 f.
Insurance Undertakings Regulation	Regelungen zu Versicherungsunternehmen	42
Liquidation committee	Liquidationsausschuss	68, 79 ff., 113
Malta Financial Services Authority	Maltesische Finanzdienstleistungsaufsichtsbehörde	37, 64 ff.
Maritime lien	Schiffshypothek	90, 96, 177
Mediation process	Mediationsverfahren	127
Mediator	Mediator	19, 126
Meeting of the company's creditors	Gläubigerversammlung	69, 82, 106, 108, 110 f., 158 f.
Merchant Shipping Act	Handelsschifffahrtsgesetz	1, 120, 174
Moratorium	Moratorium	22, 34, 136 ff., 141, 162, 166

Malta

Englisch	Deutsch	Rn.
National Aircraft Register	Nationales Luftfahrzeugregister	172, 197
National Ship Registry	Nationales Schifffahrtsregister	197
Official receiver	Beamter der maltesischen Finanzdienstleistungsaufsichtsbehörde	57, 64 ff.
Power of administration	Verwaltungs- und Verfügungsbefugnis	59, 153, 156, 160
Preliminary measures	Vorläufige Maßnahmen	57 ff.
Privileged debt	Privilegierte/ Vorrangige Forderungen	72, 78, 94, 163, 176, 178
Proof of debt	Forderungsanmeldung	61, 84, 158
Provisional administrator	Vorläufiger Verwalter	57 ff., 64, 68, 91, 162
Reconstruction	Reconstruction Verfahren	7, 10, 12, 19 f., 29, 32, 34, 123 ff.
Recovery	Sanierungsverfahren	2, 7, 10, 12, 21 ff., 29, 32, 34, 129 ff., 166
Recovery plan	Sanierungsplan	139, 146 f.
Registry of Companies Agency	Maltesisches Handelsregister	5, 63, 66, 127
Report of distribution	Verteilungsplan	39
Retention of title	Eigentumsvorbehalt	164 ff.
Secured debts	Besicherte Verbindlichkeiten	76
Set-off	Aufrechnung	180, 182
Set-off and Netting on Insolvency Act	Gesetz zur Aufrechnung in der Insolvenz	1, 180, 182
Special controller	Spezielle Aufsichtsperson	22 f., 34, 131, 140 ff., 180
Stay of execution	Vollstreckungsschutz	58, 136
Traders	Kaufleute	9
Vessel security	Sicherungsrechte an Schiffen	95, 174
Winding up	Liquidation	6, 10 ff., 19, 29 f., 37, 92, 125, 129, 133, 136, 145, 163, 166, 181
• voluntary	• freiwillige	11, 15, 52, 97 ff., 108, 112 f., 117 ff., 183, 189
• members' voluntary	• freiwillig durch Gesellschafter	16, 97 ff., 103 f., 106, 109, 116, 118
• creditors' vouIntary	• freiwillig durch Gläubiger	15, 97, 99, 103 f., 106, 109 ff., 115, 119
Winding up by court	Gerichtliche Liquidation	11, 13, 47 ff., 86 ff., 109, 144, 162 f., 183, 189
Winding up order	Abwicklungsbeschluss/ Liquidationsbeschluss	53 ff., 64, 89, 92, 133
Wrongful trading	Widerrechtlicher Handel	46, 188, 191 ff.

Marokko

bearbeitet von *Prof. Dr. Reinhard Dammann* (Avocat au Barreau de Paris, Professeur affilié à Sciences Po Paris), *Mustapha Mourahib* (Avocat, Partner Clifford Chance, Casablanca) und *Ouns Lemseffer* (Avocat, Clifford Chance, Casablanca)

Übersicht

	Rn.
1. Gesetzessammlungen und Informationsquellen, Amtssprache	1
2. Einführung	2
2.1 Gesetzliche Grundlagen, Übersicht der verschiedenen Verfahrenstypen	2
2.1.1 Geschichtliche Entwicklung	2
2.1.2 Anwendungsbereich	5
2.1.3 Staatliche Einflussnahme	6
2.2 Interne Präventionsmaßnahmen: das Frühwarnverfahren, *procédure d'alerte*	7
2.3 Externe Präventionsmaßnahmen, *prévention externe*	8
2.3.1 Vorladung durch den Präsidenten des Handelsgerichts	8
2.3.2 Mandataire spécial	10
2.3.3 Conciliation	14
2.4 Präventives Restrukturierungsverfahren, *procédure de sauvegarde*	25
2.5 Insolvenzen von Banken und Finanzinstituten	29
2.6 Konzerninsolvenzen	30
2.7 Verbraucherinsolvenzen	32
3. Wesentliche Verfahrensmerkmale des ordentlichen Insolvenzverfahrens – *redressement judiciaire*	33
3.1 Eröffnung des Verfahrens	33
3.2 Rolle des Gerichtes	38
3.3 Verwalter	40
3.4 Massezugehörigkeit	43
3.5 Fortführung des Unternehmens	52
3.6 Sicherungsmaßnahmen vor Verfahrenseröffnung	61
3.7 Wirkungen der Verfahrenseröffnung auf Rechtsverfolgungsmaßnahmen einzelner Gläubiger	62
3.8 Wirkungen der Verfahrenseröffnung auf laufende Gerichts- oder Schiedsverfahren	63
3.9 Automatisches Moratorium	64
3.10 Organe der Gläubiger	66
3.11 Forderungsanmeldung, Feststellung oder Bestreiten von Forderungen	67

	Rn.
3.12 Sanierungskonzept, *plan de redressement*	73
3.12.1 Allgemeine Bestimmungen	73
3.12.2 Fortführung des Unternehmens, *plan de continuation*	76
3.12.3 Planverfahren mit Gläubigerversammlung bei größeren Verfahren	81
3.12.4 Die übertragende Sanierung – *plan de cession*	86
3.12.5 Abschluss des Verfahrens	95
4. Die Liquidation – *liquidation judiciaire*	96
4.1 Eröffnung des Verfahrens	96
4.2 Verwaltung und Abwicklung des Vermögens	101
4.3 Beendigung des Liquidationsverfahrens – *clôture de la liquidation judiciaire*	103
5. Gläubigergruppen – Massegläubiger, bevorrechtigte, gesicherte, ungesicherte und nachrangige Gläubiger	104
5.1 Massegläubiger	104
5.2 Bevorrechtige Gläubiger	105
5.3 Ungesicherte Gläubiger	106
5.4 Nachrangige Gläubiger	107
6. Verträge im Insolvenzverfahren	108
7. Pensionsansprüche	110
8. Eigentumsvorbehalt	111
9. Sicherheiten in der Insolvenz	112
9.1 Rechtsstellung dinglich abgesicherter Gläubiger	112
9.2 Stellung von Bürgen und Gesamtschuldnern	122
10. Aufrechnung: Netting-Vereinbarungen	123
11. Insolvenzanfechtung	124
12. Geltendmachung von Haftungsansprüchen gegen (frühere) Geschäftsführer, Gesellschafter oder Dritte	130
12.1 Die Gläubigerhaftung bei fahrlässiger Kreditgewährung	130
12.2 Haftung von Mitgliedern der Leitungsorgane	131
13. Asset tracing	134
14. Internationales Insolvenzrecht	135

Marokko

1. Gesetzessammlungen und Informationsquellen, Amtssprache

1   Das Gesetz Nr. 73-17 hat das Insolvenzrecht im fünften Buch des marokkanischen Handelsgesetzbuches, *Code de commerce* **neu kodifiziert** und wurde durch die königliche Verordnung, *Dahir*, Nr. 1-18-26 vom 19.4.2018 im marokkanischen Amtsblatt, *bulletin officiel*, in offizieller französischer Übersetzung veröffentlicht. Da die Amtssprache bei Gericht **arabisch** ist, müssen alle Klagen und Schriftsätze in arabischer Sprache eingereicht werden, wodurch die Einschaltung einer örtlichen Kanzlei zwingend erforderlich ist. Da in der Praxis der Rechtsverkehr mit den örtlichen Kanzleien idR in französischer Sprache geführt wird, werden im Rahmen dieses Länderberichts die Begriffe in französischer Sprache verwendet. Das Glossar dieses Länderberichtes ist daher in deutscher, französischer und arabischer Sprache abgefasst.

2. Einführung

2.1 Gesetzliche Grundlagen, Übersicht der verschiedenen Verfahrenstypen

2.1.1 Geschichtliche Entwicklung

2   Das marokkanische Insolvenzrecht beruhte ursprünglich auf der königlichen Verordnung, *Dahir*, vom **12.8.1913** als Bestandteil des Zivilgesetzbuches, *Code des obligations et des contrats dans des dispositions consacrées à la faillite*. Eine **erste Reform** erfolgte durch *Dahir* Nr. 1-96-83 vom **1.8.1996**, die im fünften Buch des marokkanischen Handelsgesetzbuches, *Code de commerce*, kodifiziert worden ist. Es handelte sich um zwingendes Recht, Bestandteil des marokkanischen *ordre public*.[1]

3   Eine **durchgreifende Neugestaltung** des fünften Buches des Handelsgesetzbuches erfolgte durch **Gesetz Nr. 73-17**, das durch die königliche Verordnung Nr. 1-18-26 vom 19.4.2018 verkündet worden und am **6.12.2018 in Kraft getreten** ist. Die Reform übernimmt die Konstruktion und Konzepte des **französischen Rechts**.[2] Der Gesetzgeber bereit eine Gesetzesnovelle vor, um die Auswirkungen der Covid-19-Pandemie auch insolvenzrechtlich bewältigen zu können. Schuldnern, die aufgrund der Krise zahlungsunfähig sind, soll die Möglichkeit eröffnet werden, Antrag auf Eröffnung einer *procédure de sauvegarde* stellen zu können.[3] Nachfolgend wird daher auf die Ausdrücke in französischer Sprache verwiesen. Parallelen zur Rechtsentwicklung in Tunesien sind ebenfalls unverkennbar.[4]

4   Im Mittelpunkt des Interesses steht die **Rettung** des **Unternehmens** und der Erhalt der Arbeitsplätze. Die Befriedigung der Gläubiger ist nicht die Priorität des Gesetzgebers. Den verschiedenen Insolvenzverfahren sind mehrere präventive Maßnahmen bzw. Verfahren vorgeschaltet, die in der Praxis eine große Rolle spielen, wobei das marokkanische Recht zwischen der *prévention interne* und der *prévention externe* unterscheidet.[5] Bei den internen Präventionsmaßnahmen handelt es sich um ein Frühwarnverfahren, das ähnlich wie bei der französischrechtlichen *procédure d'alerte* durch den Wirtschaftsprüfer eingeleitet wird. Zur *prévention externe* gehören das **mandat spécial** und das Schlichtungsverfahren, *conciliation*, das sich das französische *mandat ad hoc* bzw. die *conciliation* zum Vorbild nimmt. Im Rahmen der Reform von 2018 wurde ein präventives Restrukturierungsverfahren, die *procédure de sauvegarde*, eingeführt. Unternehmen, die nicht zahlungsunfähig sind, sollen **saniert** werden. Anders als im französischen Recht handelt es sich hier allerdings nicht um das Regelverfahren des marokkanischen Insolvenzrechts, sondern um eine Sonderform des ordentlichen Insolvenzverfahrens, *procédure de redressement judiciaire*, die eröffnet wird, wenn der Schuldner **zahlungsunfähig** ist. Ist die Sanierung des Unternehmens weder im Rahmen eines Planverfahrens noch mittels einer übertragenden Sanierung möglich, kommt es zur **Liquidierung** des Schuldners. Am Ende des sechsten Buches sind allgemeine Vorschriften normiert, die bei allen Insolvenzverfahrenstypen zur Anwendung kommen.

2.1.2 Anwendungsbereich

5   Die einzelnen Verfahren sind anwendbar auf **Handelsgesellschaften**[6] sowie auf **natürliche** Personen, die Kaufläute iSv Art. 6 C. com. sind.[7] Nicht in den Anwendungsbereich des Insolvenz-

---

[1] *Cour d'appel* von Casablanca, 8.7.2003, Gaz. Trib. Maroc, Nr. 100, Jan./Feb. 2006, 168.
[2] Dazu → Länderbericht Frankreich Rn. 6.
[3] Bassamat & Laraqui, Le dirigeant face à la crise économique et au traitement des difficultés de son entreprise, 5 mai 2020.
[4] Dazu → Länderbericht Tunesien Rn. 2.
[5] Art. 545 C. com. normiert übersichtlich die einzelnen Verfahren.
[6] Dh Aktiengesellschaften, *sociétés anonymes*, Kommanditgesellschaften, *sociétés en commandite simple*, *sociétés en commandite par actions*, GmbHs, *sociétés à responsabilité limitée*, und offene Handelsgesellschaften, *sociétés en nom collectif*.
[7] Hierzu rechnen auch Personen, die eine handwerkliche Tätigkeit ausüben, so zB Schuster (s. *Cour Suprême*, 23.12.2003, Nr. 7217) und Schneider (*Cour Suprême*, 5.7.2000, Nr. 1128, Rev. Jurisp. *Cour Suprême*, 12/2004, Nr. 57–58, S. 129).

rechts fallen juristische Gesellschaften des Privatrechts, zB Berufsgesellschaften von Ärzten[8] und Architekten,[9] sowie **staatliche** Gesellschaften.[10]

2.1.3 Staatliche Einflussnahme

Anders als in Frankreich[11] und in Tunesien,[12] nimmt der marokkanische Staat keinen nennenswerten **Einfluss** auf die einzelnen Verfahren.

2.2 Interne Präventionsmaßnahmen: das Frühwarnverfahren, *procédure d'alerte*

Dem französischen Muster folgend, sehen Art. 547 f. C. com. bei Handelsgesellschaften ein vereinfachtes **Frühwarnsystem** vor.[13] Das Verfahren wird durch den **Wirtschaftsprüfer** bzw. den **Anteilseigner**, *associé*, innerhalb einer Frist von acht Tagen **eingeleitet,** wenn er Fakten feststellt, die die Kontinuität des Unternehmens infrage stellen können. Seit der Reform von 2018 rechnen hierzu nicht nur finanzielle, sondern auch rechtliche, wirtschaftliche und soziale Schwierigkeiten.[14] Ziel des Warnverfahrens ist es, Maßnahmen der Geschäftsleitung zu erwirken, um die Einleitung eines formellen Insolvenzverfahrens zu vermeiden. In der ersten Verfahrensstufe richtet der **Wirtschaftsprüfer** bzw. der *associé* ein Schreiben an den Geschäftsführer, der innerhalb von fünfzehn Tagen antworten muss. Erfolgt keine zufriedenstellende Antwort, muss innerhalb von fünfzehn Tagen eine **Gesellschafterversammlung** einberufen werden. Der Wirtschaftsprüfer legt der Versammlung einen **speziellen Bericht** vor. Werden die entsprechenden Beschlüsse nicht gefasst bzw. die notwendigen Maßnahmen nicht ergriffen, sind der Wirtschaftsprüfer, der Anteilseigner und der Geschäftsführer verpflichtet, den Präsidenten des Gerichts zu informieren, der daraufhin die *prévention externe* einleitet.[15]

2.3 Externe Präventionsmaßnahmen, *prévention externe*

2.3.1 Vorladung durch den Präsidenten des Handelsgerichts

Die **erste Phase** der *prévention externe* wird vom **Präsidenten des Handelsgerichts** eingeleitet, sobald er zB im Rahmen des **Frühwarnverfahrens** Kenntnis erhält, dass sich ein Unternehmen in wirtschaftlichen, finanziellen, rechtlichen oder sozialen Schwierigkeiten befindet, die die Kontinuität des Unternehmens infrage stellen, oder ein Finanzierungsbedarf besteht, der nicht durch einen den Möglichkeiten des Unternehmens angemessenen Kredit erfüllt werden kann. Der Schuldner darf nicht zahlungsunfähig sein.[16] Art. 549 Abs. 2 C. com. sieht vor, dass der Gerichtspräsident den Schuldner bzw. den Geschäftsführer des Unternehmens umgehend zu einem Gespräch **vorlädt,** damit die notwendigen Maßnahmen ins Auge gefasst werden können, um die Schwierigkeiten in den Griff zu bekommen. Die Vorladung und der Termin sind **streng vertraulich.**

Der **Schuldner** kann ebenfalls die Initiative ergreifen, sich an das Gericht zu wenden, da der Gerichtspräsident als Maßnahme der *prévention externe* einen **mandataire spécial** bzw. einen *conciliateur* bestellen kann.[17]

2.3.2 Mandataire spécial

Können die Schwierigkeiten eines Unternehmens, die seine Kontinuität infrage stellen, durch die Bestellung eines unabhängigen Dritten beigelegt werden, bestellt der Gerichtspräsident einen sog. *mandataire spécial*. Das Verfahren ist dem französischen *mandat ad hoc* nachempfunden.[18] Die **Person** des *mandataire* wird vom Schuldner vorgeschlagen. Gem. Art. 550 C. com. sollen nicht nur wirtschaftliche und finanzielle, sondern auch soziale Probleme, Zerwürfnisse zwischen Gesellschaftern und Streitigkeiten mit den Vertragspartnern des Unternehmens gelöst werden.

---

8 *Cour d'appel* von Casablanca, 10.10.2002, Nr. 01/1347, Gaz. Trib. Maroc, Nr. 96, Sep./Okt. 2002, S. 196.
9 *Cour d'appel* von Fès, 8.5.2001, Nr. 518.
10 Das Gleiche gilt auch für öffentlich-rechtliche Körperschaften „*établissements publics*", die Handelstätigkeiten ausüben, aber nicht in der Form einer Handelsgesellschaft gegründet worden sind.
11 Vgl. → Länderbericht Frankreich Rn. 25.
12 Vgl. → Länderbericht Tunesien Rn. 8.
13 Vgl. → Länderbericht Frankreich Rn. 20.
14 ZB der Verlust des Eigenkapitals, einer wichtigen Lizenz oder eines Patents.
15 Vgl. Art. 548 f. C. com.
16 Art. 549 Abs. 1 C. com.
17 Art. 549 Abs. 3 C. com.
18 Vgl. → Länderbericht Frankreich Rn. 33 ff.

11 Der Gerichtspräsident legt die **Dauer** des Verfahrens, den **Aufgabenbereich** des *mandataire spécial* sowie seine **Honorare** fest.[19] Es handelt sich um ein recht **flexibles** Verfahren, das **streng vertraulich** ist.

12 Der *mandataire* mischt sich in die **Geschäftsführung** des Schuldners nicht ein. Der Schuldner kann über seine Vermögenswerte weiterhin frei verfügen und behält so die Kontrolle über den täglichen Betrieb des Unternehmens und alle strategischen Entscheidungen. Der Abschluss einer Vereinbarung ist völlig **freiwillig**. Die Beteiligten sind in keiner Weise gehalten, die Vorschläge des *mandataire* zu akzeptieren. In der Praxis hängt der Erfolg des Verfahrens oft vom Verhandlungsgeschick des *mandataire* ab.

13 Scheitern die Verhandlungen, erstattet der *mandataire spécial* dem Gerichtspräsidenten Bericht.[20] Falls der Abschluss einer Vereinbarung dennoch möglich erscheint, kann der Präsident des Handelsgerichts ggf. das Verfahren verlängern oder mit Zustimmung des Schuldners einen neuen *mandataire* bestellen.[21]

2.3.3 Conciliation

14 Die Reform von 2018 hat sich zum Ziel gesetzt, in Anlehnung an das französische Recht[22] die Attraktivität des Schlichtungsverfahrens zu erhöhen. Die *conciliation* ist als ein **präventives Verfahren** konzipiert, um auf Antrag des Schuldners eine **einvernehmliche** Lösung seiner finanziellen und wirtschaftlichen Probleme mit **allen** bzw. den **wichtigsten** Gläubigern zu finden. Das Verfahren ist grundsätzlich **vertraulich**.[23] Im Gegensatz zum französischen Recht,[24] ist es möglich, ein allgemeines **Moratorium** anzuordnen und die Verbindlichkeiten von ablehnenden Minderheitsgläubigern zu stunden. Es handelt sich bei der *conciliation* also um ein präventives **hybrides Restrukturierungsverfahren**.

15 Ein Schuldner, der sich in **wirtschaftlichen** oder **finanziellen Schwierigkeiten** befindet[25] und nicht zahlungsunfähig ist,[26] kann die Eröffnung einer *conciliation* bei Gericht beantragen.[27] Dieser Tatbestand ist deutlich weiter gefasst als das deutschrechtliche Konzept der „drohenden Insolvenz". **Antragsberechtigt** ist allein der **Schuldner**. Im Antrag müssen die finanzielle, wirtschaftliche und soziale Situation des Unternehmens und die zur Verfügung stehenden finanziellen Mittel zur Deckung der laufenden Verbindlichkeiten dargestellt werden.[28] Der Gerichtspräsident hat die Möglichkeit, **ohne** jegliche **rechtliche Einschränkung**,[29] bei Dritten insbesondere Wirtschaftsprüfern, Banken, staatlichen Behörden und Vertretern der Arbeitnehmer alle notwendigen Informationen einzuholen, um sich ein genaues Bild der finanziellen und wirtschaftlichen Situation des Unternehmens zu machen.[30] Zu diesem Zweck kann auch ein gerichtlicher Gutachter bestellt werden.

16 Der Schuldner kann die **Person** des *conciliateur* **vorschlagen**.[31] Er wird vom Gerichtspräsidenten bestellt, der auch die **Honorare** des Schlichters festlegt. Die **Dauer** der *conciliation* beträgt **drei Monate**, die auf Antrag des Schlichters einmal um **weitere drei** Monate **verlängert** werden kann.[32] Der Schuldner führt seine Geschäfte in völliger **Eigenverwaltung** fort.

17 Anders als im französischen Recht[33] kann der *conciliateur* oder der Schuldner bei Gericht eine **generelle Aussetzung** von **Rechtsverfolgungs-** und **Vollstreckungsmaßnahmen** für die Restdauer des Verfahrens beantragen, wenn ein solches Moratorium den Abschluss der Vereinbarung mit den Gläubigern erleichtert.[34] Art. 555 C. com. sieht vor, dass die wichtigsten Gläubiger befragt

---

[19] Art. 549 Abs. 4; Art. 550 Abs. 1 C. com.
[20] Art. 550 Abs. 2 C. com.
[21] Art. 550 Abs. 3 C. com.
[22] Zum franz. Recht → Länderbericht Frankreich Rn. 37 ff.
[23] Das ergibt sich aus den allgemeinen Bestimmungen des Art. 549 C. com., der auf alle Verfahren der *prévention externe* zur Anwendung kommt.
[24] Zum franz. Recht → Länderbericht Frankreich Rn. 43, 45.
[25] Art. 551 C. com.: „*toute entreprise qui éprouve une difficulté économique ou financière ou des besoins ne pouvant être couverts par un financement adapté aux possibilités de l'entreprise*".
[26] Hier besteht ein wichtiger Unterschied zum franz. Recht, vgl. → Länderbericht Frankreich Rn. 39.
[27] Die beizufügenden Dokumente sind in Art. 417 C. com. aufgelistet.
[28] Art. 551 Abs. 2 C. com.
[29] Art. 552 Abs. 1 C. com.: „*nonobstant toute disposition législative contraire*".
[30] Art. 552 C. com.
[31] Art. 549 Abs. 4 C. com.
[32] Art. 553 Abs. 1 C. com.; die Eröffnung einer erneuten *conciliation* sieht das tunesische Recht nicht vor; anders Art. L. 611-6 C. com. in Frankreich, der diese Möglichkeit unter Wahrung einer Karenzfrist ins Auge fasst, vgl. → Länderbericht Frankreich Rn. 42.
[33] Vgl. → Länderbericht Frankreich Rn. 43.
[34] Art. 555 C. com. Abs. 1: „*une suspension provisoire des poursuites serait de nature à faciliter la conclusion de l'accord*".

werden müssen. Ihre Zustimmung ist allerdings nicht erforderlich. Ausgesetzt bzw. untersagt sind alle Rechtsverfolgungsmaßnahmen bezüglich von **Forderungen**, die **vor** der **Anordnung des Moratoriums entstanden sind** und die auf Zahlung eines Geldbetrages oder auf Auflösung eines Vertrags wegen Nichtzahlung eines Geldbetrages abzielen. Ausgesetzt sind ebenfalls **vorläufige Zwangsvollstreckungsmaßnahmen** über Mobilien und Immobilien. Schließlich werden **Ausschlussfristen** unterbrochen.[35]

Vorbehaltlich einer gerichtlichen Genehmigung untersagt Art. 555 Abs. 5 C. com. auf alle **Forderungen**, die vor der Anordnung des Moratoriums entstanden sind, **Zahlung** zu leisten.[36] Dieses Verbot betrifft auch Regressforderungen von Bürgen, die Forderungen, die vom Moratorium erfasst werden, beglichen haben. Ausgenommen sind allerdings **Lohnforderungen**.[37] Während der Dauer des **Moratoriums** ist die Verfügungsberechtigung des Schuldners auf den normalen Geschäftsbetrieb, *gestion normale de l'entreprise*, eingeschränkt. Die Bestellung von Hypotheken und Pfandrechten bedarf ebenfalls einer gerichtlichen Genehmigung.

Unter dem Stichwort „**Gläubigerautonomie**" ist anzumerken, dass der Abschluss und die Ausgestaltung des Restrukturierungsplans vollkommen frei sind. Vorgesehen werden können zB Zahlungsfristen, Forderungsverzichte, Aussetzung von Zinsen, *debt-to-equity-swaps* sowie die Emittierung von Wertrechten als Rückzahlung der Verbindlichkeiten. Der von den Parteien und dem *conciliateur* unterzeichnete Restrukturierungsplan wird bei Gericht hinterlegt. Er bleibt vertraulich und kann von Dritten nicht eingesehen werden.[38]

Der einstimmig von **allen** Gläubigern unterzeichnete Restrukturierungsplan wird vom Gerichtspräsidenten offiziell **bestätigt**, *homologué*, und bei Gericht hinterlegt.[39] Eine *homologation* ist ebenfalls möglich, wenn die Sanierungsvereinbarung von den **wichtigsten** Gläubigern unterschrieben worden ist. Der marokkanische Gesetzgeber hat den Begriff der „*principaux créanciers*" nicht definiert.[40] Zwar sieht Art. 556 Abs. 2 C. com. vor, dass der Gerichtspräsident die **übrigen** Forderungen, die nicht Gegenstand des *accord de conciliation* sind, in Anwendung der gesetzlich vorgesehen Fristen, **stunden** kann. Da diese Möglichkeit allerdings nur zugunsten von Konsumenten gesetzlich vorgesehen ist,[41] greift diese Vorschrift in der Praxis nicht.

Gläubiger, die im Rahmen eines *accord homologué* oder bereits während des Schlichtungsverfahrens dem Schuldner neue finanzielle Mittel, *new money*, zuführen,[42] um die Zukunft des Unternehmens zu sichern, erhalten ein **Befriedigungsvorrecht**, das sog. „*privilège de new money*", das Vorrang vor allen Insolvenzforderungen und Masseschulden hat.[43]

Während der **Dauer** der Restrukturierungsvereinbarung sind alle **Rechtsverfolgungs- und Vollstreckungsmaßnahmen**, inklusive **Aussonderungen** von Mobilien und Immobilien, der betroffenen Gläubiger, die auf ihren umgeschuldeten Forderungen beruhen, untersagt und alle Ausschluss- und Auflösungsfristen ausgesetzt.[44] **Bürgen** kommen in den Genuss der Aussetzung dieser Rechtsverfolgungs- und Vollstreckungsmaßnahmen.[45]

Anders als das französische Recht[46] und Art. 18 der EU-Richtlinie 2019/1023, bietet das Schlichtungsverfahren **keinen Anfechtungsschutz** für Rechtsgeschäfte, insbesondere die Bestellung von Sicherheiten und Rückzahlung von Krediten, die im Vorfeld bzw. im Rahmen einer Restrukturierungsvereinbarung getätigt worden sind.

Hält der Schuldner die Restrukturierungsvereinbarung nicht ein, beschließt der Gerichtspräsident die **gerichtliche Aufhebung**, *résolution*, der Vereinbarung und aller eingeräumten Stundungen. Der Fall wird zwecks Eröffnung eines ordentlichen Insolvenzverfahrens, *redressement* bzw. *liquidation judiciaire*, an das Gericht verwiesen. Gegen diesen Beschluss können keine Rechtsmittel eingelegt werden. Die Rechtswirkungen der Aufhebung der Vereinbarung sind gesetzlich nicht näher

---

[35] Art. 555 Abs. 4 C. com.
[36] Erfolgte Zahlungen und untersagte Rechtsgeschäfte sind nichtig: „*à peine de nullité*".
[37] Art. 555 Abs. 6 C. com.
[38] Art. 557 C. com.
[39] Art. 556 Abs. 1 C. com.
[40] Anders im tunesischen Recht, vgl. → Länderbericht Tunesien Rn. 22.
[41] Vgl. Art. 128, 243 Abs. 2 *Code des obligations et des contrats*.
[42] Art. 558 C. com. Hierunter rechnen auch Forderungen von Lieferanten und Dienstleistungsunternehmen, die auf sofortige Barzahlung verzichten. Ausgeschlossen sind allerdings Kredite, die vor Eröffnung des Verfahrens eingeräumt worden sind, sowie Einlagen bei Kapitalerhöhungen, Art. 558 Abs. 3 und 4 C. com.
[43] Art. 558 C. com. mit Verweis auf Art. 565, 590 und 652 Abs. 2 C. com. (dh Forderungen, die nach dem Eröffnungsurteil einer *procédure de sauvegarde*, *redressement* bzw. *liquidation judiciaire* aufgrund der Fortführung des Unternehmens entstehen). Einzelheiten zur Rangfolge unter → Rn. 113.
[44] Art. 559 Abs. 1 C. com.
[45] Art. 559 Abs. 2 C. com.
[46] Zum franz. Recht → Länderbericht Frankreich Rn. 51.

bestimmt. Abgesehen vom *privilège de new money*, dürfte die Aufhebung des Vertrags *ex tunc* rückwirkenden Charakter entfalten.

2.4 Präventives Restrukturierungsverfahren, *procédure de sauvegarde*

25   Im Rahmen der Reform von 2018 hat der marokkanische Gesetzgeber ein neues **präventives Restrukturierungsverfahren** eingeführt. Auf den ersten Blick scheint es sich um das marokkanische Pendant des französischrechtlichen *sauvegarde*-Verfahrens zu handeln. Wie in Frankreich ist **Ziel** des Verfahrens die **Fortführung** des **Unternehmens**, die **Bewahrung** der **Arbeitsplätze** und die **Begleichung** der **Schulden**.[47] **Antragsberechtigt** ist nur der Schuldner, sofern er nicht **zahlungsunfähig** ist und sich in Schwierigkeiten befindet, die er alleine nicht überwinden kann und die kurzfristig zur Zahlungsunfähigkeit führen könnten.[48] Diese mit § 18 Abs. 2 InsO vergleichbare Formulierung entspricht, obwohl etwas restriktiver gefasst, dem Eröffnungsgrund im französischen *sauvegarde*-Verfahren gem. Art. L. 620 C. com.[49] Blickt man etwas genauer hin, so treten allerdings gravierende Unterschiede im Vergleich zum französischen Modell zutage. Die marokkanische Spielart des *sauvegarde*-Verfahrens ist nämlich **nicht als Regelverfahren** konzipiert. Vorbehaltlich einiger Sondernormen verweisen Art. 569 f. C. com. auf die entsprechenden Bestimmungen des *redressement judiciaire*-Verfahrens.

26   Auf folgende **spezialgesetzlichen** Bestimmungen des Planverfahrens im Rahmen der *procédure de sauvegarde* sei an dieser Stelle hingewiesen. Bei **Antragstellung** zur Eröffnung des *sauvegarde*-Verfahrens muss der Schuldner einen **detaillierten Planentwurf** vorlegen.[50] Das Unternehmen wird in **Eigenverwaltung** fortgeführt. Der Schuldner kann allerdings **nicht** die **Person** des **Verwalters,** *syndic,* **vorschlagen**. Die Veräußerung des Aktiva und die Ausführung des Sanierungsplans unterliegt der Kontrolle des Verwalters, der dem verfahrensleitenden Richter regelmäßig Bericht erstattet.[51] Der Schuldner muss zu Beginn des Verfahrens ein **Inventar** erstellen, inklusive aller Sicherheiten und Aktiva, die ausgesondert werden können, das dem *juge commissaire* und dem Verwalter übergeben wird.[52]

27   Im Rahmen des *plan de sauvegarde* kann das Gericht die Insolvenzforderungen von Gläubigern, die dem Plan nicht zugestimmt haben, für eine Dauer von höchstens **fünf Jahren stunden,** statt zehn Jahre im *redressement judiciaire*.[53] Ein weiterer wichtiger Unterschied zum *redressement* besteht schließlich darin, dass bei größeren Verfahren **keine Gläubigerversammlung** einberufen werden kann. Daher haben die Gläubiger im Rahmen der *procédure de sauvegarde* nicht die Möglichkeit über den Planvorschlag des Schuldners mehrheitlich abzustimmen und ggf. einen Alternativplan vorzulegen. Art. 569 C. com. sieht vor, dass der **Verwalter,** unter Mitwirkung des Schuldners, einen Bericht über die finanzielle, wirtschaftliche und soziale Situation des Unternehmens erstellt. Auf dieser Grundlage schlägt der Verwalter dem Gericht vor, entweder den Sanierungsplanvorschlag zu genehmigen bzw. abzuändern oder ein *redressement judiciaire*- bzw. *liquidation judiciaire*-Verfahren zu eröffnen. Es besteht folglich keine Planungssicherheit. Daher scheint das Verfahren für den Schuldner nur dann attraktiv zu sein, wenn er sich im Vorfeld mit den wichtigsten Gläubigern auf den Sanierungsplan geeinigt hat und die Möglichkeit besteht, Gläubigern, die dem Plan nicht zustimmen, gerichtliche Stundungen von bis zu fünf Jahren aufzuzwingen.

28   Schließlich ist darauf hinzuweisen, dass im Rahmen eines *sauvegarde*-Verfahrens eine **übertragende Sanierung nicht möglich** ist und Rechtshandlungen **nicht angefochten** werden können.[54]

2.5 Insolvenzen von Banken und Finanzinstituten

29   Dem französischen Vorbild folgend[55] hat der marokkanische Gesetzgeber im Gesetz Nr. 103-12 vom 24.12.2014 **spezialgesetzliche Regelungen** bei **Insolvenz** von Kreditinstituten vorgesehen.

---

[47] Art. 560 C. com.
[48] Art. 561 C. com.: „*une entreprise qui, sans être en cessation de paiement, fait face à des difficultés qu'elle n'est pas en mesure de surmonter et qui pourraient entraîner dans un délai proche la cessation de paiement*". Die Bedingung der Abwesenheit der Zahlungsunfähigkeit soll im Rahmen der Covid-19 Ausnahmegesetzgebung vorläufig aufgehoben werden → Rn. 3.
[49] Zum franz. Recht → Länderbericht Frankreich Rn. 77.
[50] Art. 562 C. com.: „*sous peine d'irrecevabilité*" muss der Antragsteller „*tous les engagements nécessaires à la sauvegarde de l'entreprise, les moyens de maintenir son activité et ses financements, les modalités d'apurement du passif ainsi que les garanties accordées pour l'exécution dudit projet*" nachweisen.
[51] Art. 566 C. com.
[52] Art. 567 C. com. Wurde kein Inventar erstellt, können die Gläubiger trotzdem aussondern.
[53] Art. 571 C. com.
[54] Dies ergibt sich bereits aus der Systematik, da eine *procédure de sauvegarde* nur dann eröffnet werden kann, wenn der Schuldner nicht zahlungsunfähig ist; klarstellend Art. 574 C. com.
[55] Dazu → Länderbericht Frankreich Rn. 62.

Art 113 dieses Gesetzes schließt die Eröffnung eines präventiven Restrukturierungsverfahrens aus. Insbesondere sieht Art. 114 die Möglichkeit vor, dass der Gouverneur der marokkanischen Zentralbank, *Wali de Bank Al-Maghrib*, einen vorläufigen Verwalter, *administrateur provioire*, für das Kreditinstitut bestellt. Der Verwalter erstellt einen Bericht zur finanziellen Situation der Bank und schlägt gem. Art. 115 des Gesetzes vom 24.12.2014 der Zentralbank entweder die Liquidierung, eine übertragende Sanierung oder eine Spaltung in eine *Good Bank/Bad Bank* vor. Die Zentralbank kann auch die Sanierung der Bank beschließen.[56]

2.6 Konzerninsolvenzen

Der Grundsatz der **Selbstständigkeit** der einzelnen **Konzerngesellschaften** hat zur Folge, dass in Marokko gegen den Konzern als solchen kein Insolvenzverfahren eröffnet werden kann.[57] Wie im deutschen Recht gilt die Devise: ein Unternehmen, eine Insolvenz, ein Verfahren. Eine **verfahrensrechtliche Koordination** der einzelnen Verfahren eines Konzerns wird im marokkanischen Recht nicht ins Auge gefasst.

Kommt es im Vorfeld eines *redressement judiciaire*- oder eines *liquidation judiciaire*-Verfahrens zu **schuldhaften Rechtshandlungen** in der Form von nicht gerechtfertigten **Vermögensverschiebungen** oder -vermischungen (*„confusion de patrimoine"*) kann das Insolvenzverfahren, wie im französischen Recht,[58] auf andere Konzerngesellschaften bzw. Personen **ausgedehnt** werden.[59] Eine Ausdehnung des Verfahrens ist auch bei Fiktivität einer juristischen Person möglich. **Antragsberechtigt** sind nicht nur der Verwalter und der Staatsanwalt des Königs, *Procureur du Roi*, sondern, was recht unverständlich ist, auch der Schuldner selbst. Ferner kann das Gericht **von Amts wegen** eine *confusion de patrimoine* anordnen.[60]

2.7 Verbraucherinsolvenzen

Wie bereits erwähnt, kommt das allgemeine Insolvenzrecht bei einer **Insolvenz** bzw. **Überschuldung** von **Privatpersonen** nicht zur Anwendung. Das Gesetz Nr. 31-08 vom 7.4.2011 zum Verbraucherschutz enthält spezialgesetzliche Verschriften zur Vorbeugung von Überschuldung bei Verbraucher- und Immobiliarkrediten. Das Gesetz sieht spezielle Maßnahmen bei Überschuldung von Verbrauchern vor.[61] Es handelt sich jedoch nicht um ein Verbraucherinsolvenzverfahren im eigentlichen Sinn.

3. Wesentliche Verfahrensmerkmale des ordentlichen Insolvenzverfahrens – *redressement judiciaire*

3.1 Eröffnung des Verfahrens

Ziel des *redressement judiciaire*-Verfahrens ist die **Rettung** des **Unternehmens.** Dies geschieht entweder im Rahmen eines Planverfahrens, *plan de continuation,* gem. Art. 624 ff. C. com. oder einer übertragenden Sanierung, *plan de cession,* gem. Art. 635 ff. C. com. Voraussetzung für die Eröffnung des Verfahrens ist die Zahlungsunfähigkeit des Schuldners. Art. 575 C. com. definiert den Begriff der *cessation des paiements* als *„l'impossibilité de faire face au passif exigible avec son actif disponible",* wobei dem Schuldner im Rahmen einer *conciliation* eingeräumten Moratorien zu berücksichtigen sind.[62] Das Kriterium der **Überschuldung** spielt keine Rolle.

Tritt **Zahlungsunfähigkeit** auf, muss der Schuldner binnen **30 Tagen** bei Gericht **Antrag** auf **Eröffnung** eines *redressement judiciaire* stellen.[63] **Antragsverpflichtet** ist der gesetzliche Vertreter der Gesellschaft. Bei natürlichen Personen handelt der Schuldner selbst. Im Antrag sind die

---

[56] Vgl. Art. 116 Ges. Nr. 103-12 v. 24.12.2014.
[57] So auch im franz. Recht: → Länderbericht Frankreich Rn. 63.
[58] Dazu → Länderbericht Frankreich Rn. 64.
[59] Art. 585 Abs. 1 C. com.
[60] Art. 585 Abs. 2 C. com.
[61] Art. 103 ff.; 132 ff. Ges. Nr. 31-08 v. 7.4.2011.
[62] Dieser Begriff entspricht dem französischen Konzept der *cessation des paiements,* dazu → Länderbericht Frankreich Rn. 130.
[63] Art. 576 C. com. Vorübergehende Zahlungsschwierigkeiten reichen nicht aus, die Verfahrenseröffnung zu rechtfertigen, *Tribunal de commerce* von Agadir, 15.3.2000, Nr. 09/2000; in einer Entscheidung v. 24.9.2003, Nr. 43/2003, hat die *Cour d'appel* von Fès die Eröffnung eines *redressement*-Verfahrens abgelehnt, da der Beweis nicht erbracht worden ist, dass der Schuldner außer Stande war, seine fälligen Forderungen zu bezahlen und seine finanzielle Situation dergestalt auszugleichen, dass er durch Veräußerung seiner geldwerten Aktiva in der Lage war, seine fälligen Zahlungen zu leisten.

Gründe der Zahlungsunfähigkeit aufzuzeigen.[64] Art. 577 Abs. 2 C. com. normiert die Dokumente, die als Anlage beizufügen sind. Kommt der Antragsteller diesen Verpflichtungen nicht nach, wird der Antrag abgewiesen.[65]

35 Außerdem kann ein *redressement judiciaire* auf Antrag eines **Gläubigers** eröffnet werden. Die Rechtsnatur der Forderung spielt keine Rolle.[66] Ebenfalls klageberechtigt ist der **Staatsanwalt**, *procureur du Roi*. Den Antrag auf Verfahrenseröffnung kann auch der Präsident des Gerichts im Rahmen der *prévention externe* stellen. Schließlich kann das Verfahren, anders als in Frankreich,[67] **von Amts wegen** eröffnet werden.[68] Dies entspricht allgemeiner Gerichtspraxis.

36 Die **örtliche** Zuständigkeit regelt Art. 581 C. com. Das Verfahren wird vom Handelsgericht des Ortes eröffnet, wo sich die Hauptniederlassung des Schuldners bzw. der Sitz der Gesellschaft befindet.[69] Gem. Art. 581 ist das Insolvenzgericht für alle **Annexklagen** zuständig *(vis attractiva concursus)*. Hierzu rechnen alle Klagen, die in engem Zusammenhang mit der Eröffnungsentscheidung stehen, insbesondere Verfahrensentscheidungen, sowie Urteile, die *ratio materiae* in den Anwendungsbereich des IV. Titels des sechsten Buches über das *redressement judiciaire* fallen. Diese Regelung gilt auch im *sauvegarde*-Verfahren.

37 Das Gericht muss innerhalb von **fünfzehn Tagen nach Anrufung** über die Eröffnung des Verfahrens entscheiden. Der Schuldner wird zu einer nicht öffentlichen Sitzung *(en chambre de conseil)* vorgeladen und angehört. Das Gleiche gilt für Personen und Sachverständige deren Anhörung nützlich erscheint. Ist die Situation des Schuldners **aussichtslos** *(„irrémediablement compromise")*, wird eine *liquidation judiciaire* eröffnet.[70] Das Urteil der Eröffnung des Verfahrens wird umgehend ins **zentrale Register**, das vom **OMPIC**, *office marocain de la propriété industrielle et commerciale*, verwaltet wird, sowie in das **lokale Handelsregister** eingetragen und dort ausgehangen. Innerhalb von acht Tagen wird das Urteil im *journal d'annonces légales* und im „*Bulletin officiel*" veröffentlicht. Es wird vorläufig **rechtskräftig** um null Uhr an dem Tage, an dem es ergeht.[71] Der Schuldner, ein Gläubiger und der Staatsanwalt als Antragssteller[72] können innerhalb von zehn Tagen Berufung einlegen.[73] Eine **Drittwiderspruchsklage**, *tierce opposition*, kann innerhalb von fünfzehn Tagen ab Veröffentlichung der Eröffnungsentscheidung im *Bulletin officiel* eingelegt werden.

3.2 Rolle des Gerichtes

38 In Marokko nimmt das Gericht eine **zentrale Rolle** ein. Das Eröffnungsurteil benennt den verfahrensleitenden Richter, *juge commissaire*, und den Verwalter, *syndic*. Das **Insolvenzgericht** trifft alle wichtigen Entscheidungen. So sieht Art. 622 C. com. vor, dass das Gericht entscheidet, ob das Unternehmen fortgeführt, veräußert oder liquidiert wird. Es liegt ebenfalls im Ermessen des Gerichts, welcher Bieter bei der übertragenden Sanierung den Zuschlag erhält.[74] Das Gericht überprüft und bestätigt ferner den **Sanierungsplan**. Wurde der *plan de continuation* von der Gläubigerversammlung mehrheitlich verabschiedet, überprüft das Gericht, ob der Plan dem Prinzip des „*best interest of creditors' test*" entspricht.[75]

39 Ähnlich wie im französischen Recht,[76] spielt der *juge commissaire* eine wichtige Rolle. Gem. Art. 670 C. com. muss er für die zügige Abwicklung des Verfahrens und die Wahrung der Rechte aller Parteien sorgen.[77] Der verfahrensleitende Richter bestellt die Kontrolleure[78] und entscheidet

---

[64] Das Gericht muss entsprechende Überprüfungen vornehmen und alle notwendigen Dokumente und Informationen einholen.
[65] Vgl. *Tribunal de commerce* von Agadir, 22.9.2000, Nr. 26/2000.
[66] Art. 578 Abs. 1 C. com.; vgl. *Cour Suprême*, 26.9.2001, Nr. 1964/2001, Rev. Juris. *Cour Suprême*, 12/2004, Nr. 57–58, S. 360.
[67] Im französischen Recht wurde die Eröffnung des Verfahrens von Amts wegen abgeschafft, → Länderbericht Frankreich Rn. 132.
[68] Art. 578 Abs. 2 C. com.
[69] Art. 581 Abs. 1 C. com. iVm Art. 546 C. com.
[70] Art. 583 C. com.
[71] Art. 584 C. com.
[72] Der Staatsanwalt, der nicht Antragsteller ist, ist keine Partei im Verfahren und kann daher keine Berufung einlegen, so *Cour Suprême*, 12.7.2006, Gaz. Trib. Maroc, Nr. 111, 11-12/2007 S. 156.
[73] Art. 762 C. com. Wird diese Frist versäumt, ist auch ein *recours pour excès de pouvoir* nicht möglich, *Cour Suprême*, 22.6.2005, Nr. 740, Rev. Juris. *Cour Suprême*, 12/2006, Nr. 64–65 S. 191.
[74] Art. 637 C. com.
[75] Art. 616 C. com.
[76] Vgl. → Länderbericht Frankreich Rn. 83.
[77] Art. 670 C. com.: „*chargé de veiller au déroulement rapide de la procédure et à la protection des intérêts en présence*".
[78] Art. 678 C. com.

3. Wesentliche Verfahrensmerkmale des ordentlichen Insolvenzverfahrens

alle Rechtsstreitigkeiten bezüglich der Zulassung von Forderungsanmeldungen[79] und Aussonderungen von Mobilien. Gegen die *ordonnance* des *juge commissaire* kann innerhalb von zehn Tagen Berufung eingelegt werden.

3.3 Verwalter

Der Verwalter, *syndic,* wird vom Gericht bestellt. Er muss vom Schuldner unabhängig sein.[80] Weder der Schuldner noch die Gläubiger oder der Staatsanwalt, *procureur du Roi,* haben ein **Vorschlagsrecht.** Das **Gericht** kann den Verwalter **ersetzen.** Antragsberechtigt sind der Staatsanwalt, die Gläubigerversammlung (sofern sie eingerichtet worden ist), der *juge commissaire* von Amts wegen oder auf Antrag des Schuldners oder eines Gläubigers, sowie der Schuldner oder ein Gläubiger, falls der *juge commissaire* es innerhalb von 15 Tagen versäumt, eine Entscheidung zu treffen.[81]

Das Gericht entscheidet, ob im Rahmen des *règlement judiciaire* der *syndic* **Aufsichtspflichten** *(surveiller les opérations de gestion),* **Beistandspflichten** *(mission d'assistance)* oder ausnahmsweise die **Leitung** des Unternehmens wahrnimmt. Der Aufgabenbereich des Verwalters kann auf seinen Antrag oder *ex officio* vom Gericht **modifiziert** werden.[82] Gem. Art. 593 C. com. kann der Verwalter in jeder der drei Verfahrensvarianten über die Bankkonten des Schuldners im Interesse des Unternehmens verfügen. Es obliegt ebenfalls dem *syndic,* die Initiative zu ergreifen und dem *juge commissaire* **vorzuschlagen,** ob das Unternehmen **saniert, veräußert** oder **liquidiert** werden soll[83] und im Falle eines Sanierungsplans die **Stellungnahmen** der **Gläubiger** einzuholen. Der *syndic* hat das Recht, einen Antrag auf Einrichtung einer Gläubigerversammlung zu stellen, sofern die Schwellenwerte nicht erreicht worden sind.[84]

Im allgemeinen Teil des marokkanischen Insolvenzrechts, *titre VI,* sind den Rechten und Aufgaben des *syndic* ein eigener Abschnitt gewidmet. Art. 673 C. com. sieht vor, dass der *syndic* alle **Sanierungsmaßnahmen** *(opérations de redressement)* **durchführt,** die **Ausführung** des *plan de continuation* **überwacht** und die **Forderungsanmeldungen** überprüft. Darüber hinaus ist der Verwalter gem. Art. 674 C. com. verpflichtet dem *juge commissaire* regelmäßig Bericht zu erstatten.[85] Schließlich sieht Art. 675 C. com. vor, dass vorbehaltlich der Rechte der Kontrolleure und der Gläubigerversammlung, der *syndic* die **kollektiven Interessen** der **Gläubiger** vertritt.[86] So kann der *syndic* beispielsweise Anfechtungsklagen erheben und **einstweilige Maßnahmen** zur Wahrung der Aktiva des Schuldners einleiten.

3.4 Massezugehörigkeit

Aus der Systematik des Gesetzes ergibt sich, dass das *redressement judiciaire*-Verfahren **alle** Vermögenswerte des Schuldners umfasst. Der Eigentümer von beweglichen Sachen, die sich im **Besitz** des Schuldners befinden und daher nicht zu seinem Vermögen zählen, kann Aussonderung verlangen.[87] Es handelt sich um eine sog. **demande en revendication,** die gleichzeitig einen **Antrag auf Rückgabe** der Sache beinhaltet, obwohl der Gesetzgeber dies nicht ausdrücklich regelt. Das marokkanische Insolvenzrecht widmet dieser Problematik im allgemeinen Teil ein eigenes neuntes Kapitel. Art. 700 C. com. sieht die Aussonderung von beweglichen Sachen im Rahmen des ordentlichen Insolvenzverfahrens sowie der *liquidation judiciaire* vor. Die Aussonderung ist allerdings auch in der *procédure de sauvegarde* möglich.[88]

Im Einzelnen gelten folgende Regelungen. Die *revendication* muss innerhalb der kurzen **Frist** von **drei Monaten** ab **Veröffentlichung** des Urteils zur Einleitung des Verfahrens beantragt werden.[89] Ist die Sache Gegenstand eines laufenden Vertrags, so läuft die drei-monatige Antragsfrist ab der Vertragskündigung. Mit Zustimmung des Schuldners, kann der **Verwalter** die Aussonderung **akzeptieren.** Wird der Antrag zurückgewiesen, entscheidet der *juge commissaire.*[90] Ist das Eigentum

---

[79] Art. 731 bis 735 C. com.
[80] Art. 670 C. com.
[81] Art. 677 C. com.
[82] Art. 592 C. com.
[83] Art. 595. C. com.
[84] Art. 606 Abs. 2 C. com.
[85] Art. 764 C. com.
[86] Er kann jedoch nicht im Namen der Gläubiger Klage erheben, vgl. *Cour d'appel* von Casablanca, 24.9.2002, Nr. 2456/2002.
[87] Art. 700 C. com.
[88] Dies ergibt sich aus der Systematik des Ges. und aus Art. 567 C. com.
[89] Hier dürfte es sich, wie im französischen Recht, um eine Ausschlussfrist handeln; vgl. → Länderbericht Frankreich Rn. 91.
[90] Art. 708 C. com.

Marokko 45–52

bereits anerkannt, weil der Eigentümer sein Eigentumsrecht in ein **öffentliches Register** eintragen ließ, erübrigt sich die *revendication*.[91]

45 Art. 702 C. com. präzisiert, dass auch Waren ausgesondert werden können, sofern sie sich in natura (*„en nature"*) beim Insolvenzschuldner befinden und deren Kaufvertrag **vor** der Eröffnung des Insolvenzverfahrens entweder durch **Gerichtsurteil** oder eine **vertragliche Auflösungsklausel** (*condition résolutoire*) **wirksam aufgehoben** worden ist. Das Gleiche gilt, wenn der Kaufvertrag nach dem Eröffnungsurteil aufgehoben worden ist, allerdings unter der Bedingung, dass der Antrag auf Auflösung bzw. Aussonderung bereits vor der Eröffnung des Verfahrens gestellt worden ist und auf einem anderen Grund als der Nichtzahlung des Kaufpreises beruht.

46 Waren, *en nature,* die beim Schuldner entweder als Depot oder zwecks Weiterverkaufs für den Eigentümer **hinterlegt** *(consignées)* worden sind, können ebenfalls ausgesondert werden.[92]

47 Art. 705 ff. C. com. regeln den **Eigentumsvorbehalt**. Wie im französischen Recht handelt es sich um eine **konkursfeste dingliche Sicherheit**.[93] Wird zugunsten des Käufers ein Insolvenzverfahren eröffnet, hat der Vorbehaltsverkäufer ein **Aussonderungsrecht** unter der Voraussetzung, dass die *clause de réserve de propriété* schriftlich mit dem Käufer spätestens zum Zeitpunkt der **Lieferung** der Ware vereinbart wurde.[94]

48 Die unter Eigentumsvorbehalt gelieferte Ware kann nur herausverlangt werden, wenn sie sich zum **Zeitpunkt** der **Verfahrenseröffnung** noch **in natura** (*„en nature"*) beim Insolvenzschuldner befindet. Wird dagegen die unter Eigentumsvorbehalt gelieferte Sache vom Käufer in eine andere **eingebaut**, so kann der Vorbehaltsverkäufer seine Ansprüche nur dann geltend machen, wenn die Sache ohne Schaden getrennt werden kann und die anderen Vermögensgegenstände des Schuldners keinen zu großen Wertverlust (*dépréciation excessive*) erleiden.[95] Eine **Verarbeitungsklausel** ist nicht möglich.

49 Bei **fungiblen** Sachen können vertretbare Sachen der gleichen Art und Güte herausverlangt werden, sofern sie sich noch im **Besitz des Schuldners** befinden.[96] Wie im französischen Recht, wird der Eigentumsvorbehalt zu einem **Recht am Wert** (*„droit sur la valeur"*) der **gelieferten Waren**.[97]

50 Art. 709 C. com. erweitert den Anwendungsbereich der **dinglichen Surrogation** dergestalt, dass sich der Eigentumsvorbehalt an der **Wiederverkaufsforderung** der verkauften Sache fortsetzt. Wird die Forderung gezahlt, erlöschen allerdings die Rechte des Vorbehaltsverkäufers.[98]

51 Hat der Schuldner mit Genehmigung des verfahrensleitenden Richters den **Kaufpreis** bezahlt, entfällt die Aussonderung.[99] Mit Zustimmung des Vorbehaltsverkäufers kann der *juge commissaire* **Zahlungsfristen** genehmigen. Es handelt sich hier um eine **Masseverbindlichkeit** (*créance née régulièrement après le jugement d'ouverture*).

3.5 Fortführung des Unternehmens

52 Das Eröffnungsurteil eines *redressement judiciaire* hat eine Präparationsphase, *préparation de la solution,* zur Folge. Ziel ist die Erstellung einer **Wirtschafts-** und **Sozialbilanz** und die Ausarbeitung eines **Sanierungsplans** zur Fortsetzung des Unternehmens, *plan de continuation* bzw. zur Veräußerung des Unternehmens, *plan de cession*. Dies geschieht durch den Verwalter, unter Mitwirkung des Schuldners. Experten können hinzugezogen werden.[100] Es handelt sich hier um das marokkanische Pendant der französischen Beobachtungsphase, die in Deutschland der Zeitspanne entspricht, in der ein vorläufiger Insolvenzverwalter bestellt wird.[101]

---

[91] Art. 701 C. com. Der Eigentümer kann daher die Rückgabe der Mobilien verlangen, die nicht der dreimonatigen Ausschlussfrist unterliegen.
[92] Art. 704 C. com.
[93] Vgl. → Länderbericht Frankreich Rn. 160.
[94] Vgl. Art. 705 C. com. Dies kann auch in einem Rahmenvertrag und den AGB des Verkäufers geschehen und zukünftige Lieferungen einschließen.
[95] Vgl. Art. 706 Abs. 1 C. com.
[96] Vgl. Art. 706 Abs. 2 C. com.
[97] Vgl. → Länderbericht Frankreich Rn. 163.
[98] Die Zahlung kann auch durch Wechsel, Orderpapier und Scheck erfolgen oder im Rahmen eines Kontokorrents verrechnet worden sein.
[99] Art. 707 C. com. Die Genehmigung der Zahlung durch den *juge commissaire* erscheint angesichts des allgemeinen Verbots der Zahlung von Insolvenzforderungen in Art. 690 C. com. zwingend notwendig zu sein; so ebenfalls Art. L. 624-16 C. com. im französischen Recht, vgl. → Länderbericht Frankreich Rn. 161.
[100] Vgl. Art. 595 C. com.
[101] Vgl. → Länderbericht Frankreich Rn. 92, 135.

3. Wesentliche Verfahrensmerkmale des ordentlichen Insolvenzverfahrens

Die **Dauer** dieses Verfahrensabschnitts beträgt höchstens **vier Monate** und kann einmal für maximal weitere **vier** Monate auf Antrag des Verwalters **erneuert** werden.[102] 53

Während der Präparationsphase wird das **Unternehmen fortgeführt,** Art. 586 C. com. Dies geschieht grundsätzlich in **Eigenverwaltung.** Wie oben bereits dargestellt,[103] kann das Gericht die Befugnisse des Verwalters modulieren und ausnahmsweise das Vermögen des Schuldners mit Beschlag belegen. Das Insolvenzgericht kann jederzeit, auf Antrag des Verwalters, eines Kontrolleurs, des Schuldners selbst oder von Amts wegen, auf der Grundlage des Berichts des verfahrensleitenden Richters, die totale oder partielle **Einstellung** der **Aktivitäten** des **Unternehmens** anordnen und das Verfahren in eine *liquidation judiciaire* umwandeln.[104] 54

Gem. Art. 679 ff. C. com. muss der Verwalter sofort nach Eröffnung des Verfahrens alle Maßnahmen ergreifen, um das **Vermögen** des Schuldners zu **sichern** und ein **Inventar** zu erstellen. Der Verwalter unternimmt alle notwendigen Rechtshandlungen zur Wahrung der Rechte des Unternehmens gegenüber seinen Schuldnern. Insbesondere hat der *syndic* die Befugnis, alle **Hypotheken, Pfandrechte** und **Privilegien** zu bestellen bzw. deren Eintragungen zu erneuern. Darüber hinaus trifft der Verwalter alle **erforderlichen Maßnahmen** zur **Aufrechterhaltung des Betriebs.** 55

Geschäftsführer dürfen ihre **Anteile** bzw. **Aktien** und **Wertrechte** an der insolventen Gesellschaft ohne Genehmigung des verfahrensleitenden Richters **nicht veräußern.**[105] Sie werden vom Verwalter auf ein Sperrkonto gebucht. 56

Das Unternehmen steht zum Verkauf. Während der Präparationsphase können Investoren daher **Angebote** zur **Übernahme** des gesamten **Unternehmens** oder von Teilbereichen abgeben.[106] 57

Die Einleitung eines *redressement*-Verfahrens zieht **keine sofortige Fälligkeit** der einzelnen Forderungen nach sich.[107] **Zinsen** entstehen während der Präparationsphase nicht.[108] Sie laufen jedoch wieder während der Ausführung des *plan de sauvegarde* bzw. des *plan de continuation.*[109] 58

Nach Eröffnung eines *redressement*-Verfahrens können **Hypotheken, Pfandrechte** *(gages, nantissements)* und **Privilegien nicht mehr eingetragen** werden.[110] 59

Am Ende dieser Präparationsphase muss der Verwalter einen **Sanierungsplan** zur **Fortführung** des Unternehmens oder seiner **Veräußerung** an einen Dritten vorlegen, bzw. dem Gericht die Liquidierung des Unternehmens vorschlagen.[111] **Übernahmeangebote** sind als Anlage dem Bericht des Verwalters beizufügen.[112] Nachdem der Schuldner, der Kontrolleur und die Vertreter der Arbeitnehmer gehört worden sind, **entscheidet** auf der Grundlage des Berichts des *syndic* **allein** das **Gericht,** ob das Unternehmen fortgeführt, veräußert oder liquidiert wird.[113] 60

3.6 Sicherungsmaßnahmen vor Verfahrenseröffnung

Das marokkanische Recht sieht **keine** Sicherungsmaßnahmen vor der Eröffnung eines Insolvenzverfahrens vor. 61

3.7 Wirkungen der Verfahrenseröffnung auf Rechtsverfolgungsmaßnahmen einzelner Gläubiger

Art. 686 Abs. 1 C. com., schließt eine **individuelle Rechtsverfolgung** aufgrund von **Zahlungsansprüchen** aus **Insolvenzforderungen** bis zum Urteil der Planfeststellung grundsätzlich aus. Das Eröffnungsurteil[114] bewirkt ferner, dass alle Klagen auf **Zahlung von Insolvenzforderungen** oder **Vertragsauflösungsklagen** wegen **Nichtzahlung** eines **Geldbetrages** unterbrochen bzw. **untersagt** sind. Das Gleiche gilt für Zwangsvollstreckungsklagen bezüglich Mobilien und 62

---

[102] Art. 595 Abs. 3 C. com.
[103] → Rn. 41.
[104] Vgl. Art. 587 C. com.
[105] Art. 683 C. com.
[106] Ausgeschlossen sind die Leitungsorgane des Schuldners, Art. 598 Abs. 4 C. com.
[107] Art. 586 Abs. 2 C. com.
[108] Gesetzliche und konventionelle Zinsen, vgl. Art. 692 C. com. Das Gleiche gilt für Strafzinsen *(intérêts de retard et majorations).*
[109] Art. 693 C. com.
[110] Art. 699 C. com.
[111] Art. 595 Abs. 2 C. com.
[112] Art. 598 Abs. 3 C. com.
[113] Art. 622 C. com.
[114] Eine Feststellungsentscheidung bewirkt nicht die Eröffnung eines Insolvenzverfahrens, Cour d'oppel von Fès, 21.9.2002, Nr. 02/811.

Immobilien.[115] Keine Rolle spielt die Tatsache, dass die Geldbeträge bei Dritten deponiert sind.[116] Bei **verderblichen Waren** kann der Gläubiger eine Ausnahmegenehmigung beim *juge commissaire* einholen.[117]

3.8 Wirkungen der Verfahrenseröffnung auf laufende Gerichts- oder Schiedsverfahren

63   Die Unterbrechung und Wiederaufnahme **anhängiger Verfahren** sind in Art. 687 C. com. geregelt. *Instances en cours* sind **unterbrochen**, bis der Gläubiger seine Forderung angemeldet hat. Nach der Forderungsanmeldung werden die unterbrochenen Verfahren automatisch fortgeführt; der Streit wird dem Verwalter verkündet. Die Verfahren beschränken sich allerdings auf die **Feststellung** der **Forderungshöhe**.

3.9 Automatisches Moratorium

64   Die Eröffnung eines ordentlichen Insolvenzverfahrens bewirkt ein **automatisches Moratorium**, das grundsätzlich alle Gläubiger betrifft, auch wenn sie dinglich abgesichert sind. Unter **Eigentumsvorbehalt** gelieferte Waren können allerdings ausgesondert werden.[118]

65   Während der Präparationsphase darf der Schuldner grundsätzlich auf **Insolvenzforderungen** keine Zahlung leisten.[119] Die **Aufrechnung** von konnexen Haupt- und Gegenforderungen ist allerdings, wie im französischen Recht, möglich.[120] Die Zahlung von Insolvenzforderungen kann gerichtlich genehmigt werden, wenn es für die Fortführung der Geschäftstätigkeit erforderlich ist, **Sachen auszulösen**, an denen ein **Pfandrecht mit Zurückbehaltungsrecht** (*droit de rétention*) bestellt worden ist. Im Falle der Zuwiderhandlung kann jeder Betroffene innerhalb von drei Jahren nach erfolgter Zahlung zugunsten der Gläubigergemeinschaft Nichtigkeitsklage erheben.[121]

3.10 Organe der Gläubiger

66   Das Prinzip der **Gläubigerautonomie** hat in Marokko nicht den gleichen Stellenwert wie in Deutschland. Eine **Gläubigerversammlung,** *assemblée des créanciers,* ist nur in größeren Verfahren einzuberufen.[122] Sie ist jedoch nicht mit der Gläubigerversammlung der InsO zu verwechseln, da sie nur begrenzte Befugnisse hat. Im marokkanischen Insolvenzrecht gibt es auch keinen **Gläubigerausschuss**. Bis zu drei Gläubiger (oder deren Vertreter) können als **Kontrolleure** gerichtlich bestellt werden, um die Interessen der Gesamtheit der Gläubiger zu vertreten und das Verfahren zu überwachen.[123] In der Praxis spielen sie indes eher eine untergeordnete Rolle.

3.11 Forderungsanmeldung, Feststellung oder Bestreiten von Forderungen

67   Der **Verwalter** setzt die bekannten, dh die Gläubiger, die der Schuldner aufgelistet hat,[124] von der Verfahrenseröffnung in Kenntnis und macht sie auf die Notwendigkeit aufmerksam, Insolvenzforderungen fristgerecht anzumelden.[125] Gläubiger, deren **Sicherheitsrechte publiziert** wurden sind, müssen **speziell** benachrichtigt werden.[126] Die **Anmeldefrist** beträgt **zwei**, für Gläubiger mit Sitz **im Ausland vier Monate** und beginnt ab der Information der bekannten Gläubiger durch den Verwalter, bzw. für die übrigen Gläubiger ab der Veröffentlichung der Verfahrenseröffnung im *Bulletin officiel* zu laufen.[127] Insolvenzforderungen infolge der Aufhebung laufender Verträge müssen spätes-

---

[115] Art. 686 Abs. 2 C. com.
[116] Vgl. *Cour d'appel* von Fès, 4.12.2002, Nr. 20.
[117] Art. 686 Abs. 4 C. com. Gem. Art. 632 C. com. muss der Verkaufspreis entsprechend der Rangordnung der Gläubiger verteilt werden.
[118] → Rn. 47.
[119] Art. 690 C. com.
[120] Vgl. → Länderbericht Frankreich Rn. 177.
[121] Art. 691 C. com.
[122] Zu den Grenzwerten → Rn. 81.
[123] Art. 678 C. com.; sie werden vom *juge-commissaire* bestellt und können vom Gericht auf Vorschlag des *juge-commissaire* abgerufen werden.
[124] Der Gesetzgeber hat keine Sanktion vorgesehen, wenn der Schuldner es versäumt, alle ihm bekannten Gläubiger in die Liste einzutragen, *Cour d'appel* von Marrakech, 7.5.2002, Nr. 373, REMADE Nr. 5 5/ 2004, S. 157.
[125] Art. 719 C. com.
[126] Diese Vorschrift betrifft auch dingliche Sicherheiten, die von Dritten bestellt worden sind, *Cour Suprême*, 22.9.2004, Nr. 1025, *Rev. Jurisp. Cour Suprême*, 12/2006, Nr. 63, S. 102.
[127] Art. 720 C. com.

tens innerhalb von 15 Tagen, nachdem die Vertragsauflösung rechtskräftig geworden ist, angemeldet werden. **Ausgenommen** von der **Anmeldepflicht** sind **Arbeitnehmer.**

Die **Forderungsanmeldung** muss in marokkanischen *dirham* erfolgen, wobei der **Wechselkurs** 68 am Tag der Verfahrenseröffnung anzuwenden ist. Anzugeben sind die fälligen Forderungen und die **Zinsen** am Tag der Eröffnung des Verfahrens und eventuell später fällig werdende Beträge mit dem jeweiligen Fälligkeitsdatum. Für noch nicht fällige Zinsen sind die **Modalitäten der Berechnung** anzugeben. **Sicherheiten** müssen ebenfalls angemeldet werden.

Die Forderungsanmeldung bedarf keiner speziellen **Form.**[128] Aus Beweisgründen empfiehlt 69 sich natürlich ein eingeschriebener Brief mit Rückschein. Die Anmeldung muss vom Schuldner oder einer bevollmächtigen Person vorgenommen werden.

Versäumen es Gläubiger, ihre Forderungen innerhalb der gesetzlich vorgeschriebenen Frist 70 anzumelden, sind sie im Rahmen des Insolvenzverfahrens von Dividenden **ausgeschlossen,** es sei denn sie beweisen, dass sie für die Nichteinhaltung der Frist nicht verantwortlich sind *(„leurs défaillance n'est pas due à leur fait ").*[129] Ein **Antrag auf Wiedereinsetzung,** *relevé de forclusion,* muss grundsätzlich innerhalb von einem Jahr nach der Veröffentlichung des Eröffnungsurteils bzw. nach der Benachrichtigung des gesicherten Gläubiger gestellt werden. Ist der Antrag erfolgreich, muss der Gläubiger innerhalb von 30 Tagen nach Zustellung der Entscheidung eine Forderungsanmeldung vornehmen. Insolvenzforderungen, die nicht fristgerecht angemeldet und die nicht wiedereingesetzt worden sind, **erlöschen.**[130]

Nach der Anmeldung **prüft** der *syndic* die einzelnen Forderungen und holt die Stellungnahme, 71 **avis,** des Schuldners ein. Der Kontrolleur assistiert dem Verwalter.[131] Die **Überprüfung** der Forderungen **entfällt,** wenn im Rahmen der übertragenden Sanierung der Kaufpreis gerade ausreicht, die Verfahrenskosten, *frais de justice,* und die privilegierten Forderungen abzudecken.[132]

Stellt der *syndic* die angemeldete Forderung **infrage,** fordert er den Gläubiger zur **Stellung-** 72 **nahme** auf. Der Verwalter muss seine Position begründen und die Höhe der anerkannten bzw. abgelehnten Forderungen angeben.[133] Beantwortet der Gläubiger dieses Schreiben nicht innerhalb von **30 Tagen,** gilt dies als endgültige Zustimmung.[134] Daher ist große **Vorsicht** geboten. Der Verwalter übergibt dem *juge commissaire* die **provisorische Tabelle** der angemeldeten Forderungen mit seinem Vorschlag der Anerkennung oder Ablehnung. Die Entscheidung die einzelnen Forderungsanmeldungen zuzulassen oder abzuweisen trifft der *juge commissaire.*[135] Die endgültige Tabelle wird beim *greffe* des Gerichts hinterlegt und im *Bulletin officiel* veröffentlicht.[136] Betroffene können innerhalb von 15 Tagen **Beschwerde,** *reclamation,* bzw. **Drittwiderspruchsklage,** *tierce opposition,* einlegen.[137]

3.12 Sanierungskonzept, *plan de redressement*

3.12.1 Allgemeine Bestimmungen

Während der **Präparationsphase** arbeitet der *syndic* ein Sanierungskonzept, *plan de redresse-* 73 *ment,* aus.[138] Das marokkanische Recht unterscheidet zwischen dem Planverfahren, *plan de continuation,* und der übertragenden Sanierung, *plan de cession.* Da es am Ende der Präparationsphase dem *syndic* obliegt, dem Gericht die beste Lösung zur Sanierung des Unternehmens vorzuschlagen, wird parallel sowohl ein *plan de continuation* als auch ein *plan de cession* vorbereitet **(dual track).** Das hat zur Folge, dass der Verwalter mit den Gläubigern den Entwurf eines Sanierungsplans diskutiert und gleichzeitig Übernahmeangebote einholt.

Art. 599 C. com. fasst die Möglichkeit ins Auge, dass der Verwalter im Rahmen des *plan de* 74 *continuation* eine **Reduzierung** bzw. **Erhöhung** des **Kapitals** des **Schuldners** vorsieht. Kommt es

---

[128] ZB die Zustellung an die Gerichtsstelle, *greffe,* oder an den Verwalter, vgl. *Cour Suprême,* 16.3.2005, Nr. 1025, *Rev. Jurisp. Cour Suprême,* 12/2006, Nr. 63, S. 160.
[129] Art. 723 Abs. 1 C. com. Die Gläubiger nehmen dann an der Ausschüttung von Dividenden teil, die nach der Antragstellung ausgezahlt werden.
[130] Art. 723 Abs. 6 C. com.
[131] Art. 726 Abs. 1 C. com.
[132] Art. 724 f. C. com.
[133] Art. 726 Abs. 2 C. com.
[134] Art. 726 Abs. 3 C. com.
[135] Einzelheiten zum Verfahren normiert Art. 729 ff. C. com. Hier muss der Hinweis genügen, dass die Zuständigkeit des *juge-commaissaire* auf insolvenzrechtliche Fragen begrenzt ist.
[136] Art. 727 ff. C. com.
[137] Für Einzelheiten s. Art. 732 ff. C. com.
[138] Art. 595 C. com.

zu einer Kapitalherabsetzung, gefolgt von einer sofortigen Kapitalerhöhung, spricht man von einen sog. *coup d'accordéon*. In diesem Zusammenhang ist es denkbar, dass Investoren – auch Gläubiger im Rahmen eines *debt-to-equity swap* – eine Minderheits- oder Mehrheitsbeteiligung des Unternehmens übernehmen möchten.[139] In die Rechte der Anteilseigner kann allerdings grundsätzlich nicht gerichtlich eingegriffen werden.[140]

75   Gem. Art. 622 C. com. **entscheidet** am Ende der Präparationsphase allein das **Gericht**, ob das Unternehmen im Rahmen eines *plan de continuation* fortgeführt oder veräußert wird *(plan de cession)*. Ist eine **Sanierung ausgeschlossen**, wird das Verfahren in eine *liquidation judiciaire* umgewandelt. Keine Rolle spielt, dass die Prüfung der angemeldeten Forderungen noch nicht abgeschlossen worden ist.[141]

3.12.2 Fortführung des Unternehmens, *plan de continuation*

76   Beim *plan de continuation* geht es in erster Linie um die **Restrukturierung** von **Insolvenzforderungen**. Vorgesehen werden können Stundungen von Verbindlichkeiten, Forderungsverzichte, Kapitalerhöhungen sowie die Umwandlung von Forderungen in Eigenkapital. Der Sanierungsplanentwurf wird vom Verwalter unter **Aufsicht** des **verfahrensleitenden Richters** ausgearbeitet, den **Kontrolleuren** übermittelt[142] und am Ende der Präparationsphase vom **Insolvenzgericht bestätigt**. Das Gericht kann im Rahmen eines sog. *plan imposé* nur die **Verbindlichkeiten** für einen maximalen Zeitraum von zehn Jahren **stunden**. Zahlungsverzichte bedürfen der Zustimmung der betroffenen Gläubiger. Daher sieht der Plan in der Regel vor, dass die Gläubiger die **Wahl** haben, sich mit den vorgeschlagenen Zahlungsfristen abzufinden oder aber zum Ausgleich für kürzere Fristen einen Teilverzicht zu akzeptieren.

77   Art. 601 Abs. 2 C. com. sieht vor, dass der Verwalter jeden **Gläubiger individuell konsultiert**, um seine Zustimmung zu den vorgeschlagenen Forderungsverzichten und Stundungen einzuholen. Antwortet der Gläubiger nicht innerhalb von 30 Tagen, so gilt sein **Schweigen als Zustimmung**. Der Verwalter kann auch alle Gläubiger kollektiv konsultieren und eine Versammlung einberufen. Es kommt allerdings zu keiner Abstimmung, da jeder Gläubiger individuell zu den gemachten Vorschlägen schriftlich Stellung nehmen muss. Nimmt der Gläubiger an der Versammlung nicht teil, so gilt dies als Zustimmung des Vorschlags des Verwalters, Art. 603, Abs. 4 C. com. Das marokkanische Recht sieht **nicht** die **Möglichkeit** vor, dass **Gläubiger** einen **Alternativplan** vorlegen können.

78   Das Gericht **bestätigt** die von den Gläubigern **akzeptierten Zahlungsfristen** und **Forderungsverzichte** *(„donne acte des délais et remises accordés")*.[143] Für die übrigen Gläubiger setzt das Gericht im Rahmen des *plan imposé* die **Zahlungsziele** fest. Alle Gläubiger werden grundsätzlich gleichbehandelt, dh ungesicherte und dinglich abgesicherte Gläubiger müssen die gleichen Zahlungsziele hinnehmen.[144] Art. 630 Abs. 4 C. com. sieht allerdings vor, dass **Kleinforderungen**[145] nicht gestundet werden können.

Die maximale **Laufzeit** des Restrukturierungsplans als *plan imposé* beträgt grundsätzlich **zehn Jahre**.[146] Die erste **Teilzahlung** muss innerhalb einer Frist von einem Jahr erfolgen; die jährlichen Raten müssen mindestens 5 % der Planforderungen betragen.[147]

79   Die im Fortführungsplan vorgesehenen **Satzungsänderungen** oder **Kapitalerhöhungen** bedürfen der **Zustimmung** der **Gesellschafterversammlung**. Anders als im deutschen Recht kann in die gesellschaftlichen Rechte der Aktionäre grundsätzlich nicht eingegriffen werden, selbst wenn die Aktien nicht werthaltig sind. Art. 600 C. com. ermöglicht es allerdings dem Gericht, auf Antrag des Verwalters, die Bestätigung des Sanierungsplans von der Ersetzung eines oder mehrerer Leitungsorgane abhängig zu machen. Das Gericht kann dann anordnen, dass die Aktien, Anteile und Wertrechte der Leitungsorgane **unveräußerlich** oder an **Dritte zu veräußern** sind.[148]

80   Der Insolvenzplan enthält ferner alle Maßnahmen, die für die **Bestandsfähigkeit** des Unternehmens notwendig sind. Daher muss der Planentwurf die wirtschaftliche Situation des Schuldners,

---

[139] Vgl. Art. 599 Abs. 3 C. com.
[140] → Rn. 79.
[141] Art 624 Abs. 3 C. com.
[142] Art. 601 Abs. 1 C. com.
[143] Art. 630 Abs. 1 C. com.
[144] Art. 630 Abs. 2 C. com.
[145] Es handelt sich um Forderungen in der Höhe von maximal 0,5 % der 5 % der Planpassiva.
[146] Art. 628 C. com.; fünf Jahre beim *plan de sauvegarde*.
[147] Art. 630 Abs. 3 C. com.
[148] Der Preis wird von einem Gutachter ermittelt, *à dire d'expert*, vgl. Art. 600 Abs. 2 C. com.

3. Wesentliche Verfahrensmerkmale des ordentlichen Insolvenzverfahrens

einen Businessplan, die zur Verfügung stehenden Finanzmittel, Zukunftsperspektiven des Unternehmens sowie die Beschäftigungssituation und ggf. den Abbau von Arbeitsplätzen aufzeigen. Die **Veräußerung** von **Teilbereichen** des Unternehmens ist ebenfalls möglich.[149] Schließlich kann der Plan vorsehen, dass die für die Fortführung des Unternehmens **unverzichtbaren Aktiva** für einen bestimmten Zeitraum **unveräußerlich** *(inaliénables)* sind.[150] Die gerichtliche Planbestätigung beinhaltet, dass Entlassungen aus wirtschaftlichen Gründen rechtmäßig sind und nicht infrage gestellt werden können.[151]

3.12.3 Planverfahren mit Gläubigerversammlung bei größeren Verfahren

Art. 606 ff. C. com. sieht bei **größeren** *redressement*-Verfahren die Einschaltung einer **Gläubigerversammlung** vor. Eine solche *assemblée des créanciers* ist bei Unternehmen einzurichten, die gesetzlich verpflichtet sind, einen **Abschlussprüfer**, *commissaire aux comptes,* zu bestellen, während des Jahres vor der Eröffnung des Verfahrens einen **Jahresumsatz** von **mindestens 25 Millionen** *dirhams* erwirtschafteten **oder** mehr als **25 Arbeitnehmer** beschäftigten. Es handelt sich um **alternative Kriterien.** Selbst wenn keines von ihnen erfüllt ist, kann auf **Antrag** des *syndic* das Gericht die Einberufung einer Gläubigerversammlung anordnen.[152]

Die **Gläubigerversammlung** hat nicht zur **Aufgabe,** den Sanierungsplan frei auszuarbeiten und mehrheitlich zu beschließen.[153] In Marokko wird die Gläubigerversammlung erst am **Ende** der **Präparationsphase einberufen,** um, wie nachfolgend ausgeführt, über den vom Verwalter ausgearbeiteten Planentwurf bzw. von Gläubigern vorgeschlagenen Alternativplan abzustimmen.[154] Mehrheitlich beschlossen werden können Stundungen und uU auch Forderungsverzichte.[155] **Kapitaländerungen,** zB in der Form eines *debt to equity swap,* bedürfen allerdings der Zustimmung der Gesellschafterversammlung.[156] Darüber hinaus ist die Gläubigerversammlung befugt, die **gerichtliche Ersetzung** des **Verwalters vorzuschlagen** und die **Veräußerung** von **Vermögensgegenständen** zu **genehmigen,** die im Planentwurf als **unverzichtbar** für die Sanierung des Unternehmens ausgewiesen worden sind *(actifs indispensable à l'exécution du plan).*[157]

Der Gläubigerversammlung **gehören** alle **Gläubiger an,** deren Forderungen nicht bestritten, bzw. in die endgültige Tabelle gem. Art. 732 C. com. eingetragen worden sind.[158] Die Bildung von unterschiedlichen **Gläubigerklassen** ist **nicht vorgesehen.** Art. 611 Abs. 4 C. com. schreibt eine einfache **Summenmehrheit** der Insolvenzforderungen vor, die an der Abstimmung teilgenommen haben. Entscheidungen sind auch für abwesende Gläubiger bindend.[159]

Der Verwalter legt der Gläubigerversammlung seinen **Planentwurf** zusammen mit entsprechenden Informationen zur finanziellen Situation des Schuldners zur **Abstimmung** vor.[160] Wird der Entwurf von der Gläubigerversammlung **abgelehnt,** kann die **Mehrheit** der **ablehnenden Gläubiger** innerhalb von zehn Tagen einen **Alternativplan** vorschlagen.[161] **Forderungsverzichte** bedürfen der schriftlichen **Zustimmung** der **betroffenen Gläubiger.**[162] Können sich die ablehnenden Gläubiger auf **keinen Alternativplan** verständigen, wird der von der Gläubigerversammlung abgelehnte Planentwurf dem Gericht zur Bestätigung vorgelegt.[163] Wird der Plan nicht gerichtlich bestätigt, kommt es zu einer **erneuten Gläubigerversammlung,** die dann **auch Forderungsver-**

---

[149] Art. 624 Abs. 4 C. com.
[150] Art. 626 C. com.
[151] Die Entlassungen sind jedoch erst wirksam, nachdem der Verwalter die Arbeitsaufsichtsbehörde offiziell informiert hat, Art. 624 Abs. 6 C. com.
[152] Art. 606 Abs. 2 C. com. Gegen diese Entscheidung können keine Rechtsmittel eingelegt werden.
[153] Die Befugnisse der Gläubigerkomitees sind weitreichender im franz. Recht, vgl. → Länderbericht Frankreich Rn. 120.
[154] Art. 610, Ziff. 1: fünf Tage nachdem der Planentwurf gem. Art. 595 C. com. dem verfahrensleitenden Richter übermittelt worden ist, bzw. Art 610, Ziff. 2: ein Tag nachdem der Verwalter den von den Gläubigern vorgeschlagenen Alternativplan erhalten hat.
[155] Für Einzelheiten → Rn. 84.
[156] Art. 627 C. com.
[157] Vgl. Art. 607 C. com.
[158] Art. 608 C. com.; wurde die Versammlung zu einem Zeitpunkt einberufen, an dem die Forderungen in die vorläufige Tabelle eingetragen worden sind, ist entscheidend, ob die Forderungen vom Verwalter bestritten worden sind, vorbehaltlich einer Genehmigung der Teilnahme durch den *juge-commissaire.*
[159] Art. 611 Abs. 5 C. com.
[160] Art. 612 C. com.
[161] Art. 615 Abs. 4 C. com.
[162] Art. 615 Abs. 5 C. com.
[163] Das Gericht muss innerhalb von zehn Tagen eine Entscheidung fallen.

zichte, ausgenommen allerdings für *créances publiques*,[164] beschließen kann.[165] Der Plan muss vom **Insolvenzgericht bestätigt** werden.[166] Gem. Art. 616 C. com. prüft das Gericht, ob die ablehnenden Gläubiger im Plan mindestens so gut gestellt sind, wie im Rahmen einer *liquidation judiciaire* („*best interest of creditors' test*").

85 Der Sanierungsplan kann auf Antrag des Schuldners gerichtlich **abgeändert** werden.[167] Sieht der Plan eine Abänderung der Stundungen oder Forderungsverzichte vor, muss der Verwalter eine **Gläubigerversammlung** einberufen.[168] Wird der **Sanierungsplan** vom Schuldner **nicht erfüllt**, insbesondere bei Zahlungsverzug der im Plan vorgesehenen Raten, kann das Gericht den Sanierungsplan auf Antrag eines Gläubigers oder von Amts wegen **aufheben** und ein *liquidation judiciaire*-Verfahren eröffnen, Art. 634 C. com.[169]

3.12.4 Die übertragende Sanierung – *plan de cession*

86 Der **Verkauf** des gesamten **Unternehmens** ist in Art. 635 ff. C. com. geregelt. **Ziele** der übertragenden Sanierung sind die **Fortführung** der **Unternehmenstätigkeit**, die **Erhaltung** der **Arbeitsplätze** und die **Befriedigung** der **Gläubiger**. Werden lediglich **Teilbereiche** veräußert, muss es sich um eine oder mehrere „*branches complètes et autonomes d'activités*" handeln. Ferner darf der Wert der übrigen Aktiva nicht in Mitleidenschaft gezogen werden.

87 Der Verwalter setzt die **Frist** für die **Abgabe** der **Übernahmeangebote** fest.[170] Den **Inhalt** eines **Angebotes** und die einzureichenden **Anlagen** schreibt Art. 636 C. com. vor. Zu nennen sind u.a. der **Kaufpreis**, der **Businessplan**, die **Finanzierung** und **Garantien** der Übernahme. Besonders wichtig sind die **Anzahl** der zu übernehmenden **Arbeitnehmer** und Perspektiven der Beschäftigungslage. Die Angebote werden den *controlleurs* und den Vertretern der Arbeitnehmer übermittelt.

88 Den **Zuschlag** erteilt allein das **Insolvenzgericht** innerhalb von 15 Tagen nach Abgabeschluss der Angebote, es sei denn, es wurde eine andere Frist mit dem Schuldner vereinbart. Weder die Zustimmung des Schuldners noch diejenige der Gläubiger ist erforderlich. Entscheidend ist, welches Angebot am ehesten die dauerhafte **Erhaltung** der **Arbeitsplätze** sowie die **Befriedigung** der **Gläubiger** gewährleistet.[171]

89 Das Gericht entscheidet, welche **Leasing-** und **Mietverträge** sowie welche Verträge über die „*fourniture de biens ou services*" für den **Betrieb** notwendig sind, in die der Erwerber eintritt.[172] Die Verträge müssen zu den Bedingungen erfüllt werden, die zum Zeitpunkt der Verfahrenseröffnung bestanden. Das Gericht kann allerdings **Zahlungsfristen** einräumen, um die Durchführung der Übernahme zu gewährleisten.[173]

90 Anders als im französischen Recht muss der Kaufpreis nicht unbedingt zum Zeitpunkt der Gerichtsentscheidung gezahlt werden.[174] Eine Ratenzahlung ist möglich. Der Erwerber erwirbt das Unternehmen grundsätzlich **forderungsfrei**.[175]

91 **Dingliche Sicherheiten** gehen bei der Veräußerung des Unternehmens mit der vollständigen Zahlung des Kaufpreises **grundsätzlich unter.**[176] Daher erhalten dinglich abgesicherte Gläubiger lediglich einen Teil des Verkaufserlöses des Unternehmens, der in der Praxis idR recht gering ist. Gemäß Art. 649 Abs. 2 C. com. existiert jedoch eine **wichtige Ausnahme** für Immobiliar- und Mobiliarsicherheiten, die übergehen, sofern sie im Rahmen der **Finanzierung der Akquisition** der abgesicherten Aktiva wirksam bestellt worden sind. Vom Erwerber werden nur Ratenzahlungen übernommen, die mit dem Gläubiger vereinbart worden sind und die am Tage der Eigentumsüber-

---

[164] Art. 616 Abs. 3 C. com.
[165] Werden die Forderungsverzichte von der Gläubigerversammlung abgelehnt, kann jeder opponierende Gläubiger dem Verwalter neue Vorschläge machen, die dem Insolvenzgericht zur Billigung vorgelegt werden, Art. 617 Abs. 2 C. com.
[166] Art. 615 Abs. 1 C. com.
[167] Das Gericht kann ebenfalls den Sanierungsplan aufheben, Art. 629 Abs. 2 C. com.
[168] Art. 629 Abs. 3 C. com.
[169] Die Gläubiger müssen dann ihre offenen Planforderungen sowie die nicht gezahlten Masseforderungen anmelden, Art. 634 Abs. 3 C. com.
[170] Art. 636 C. com.
[171] Art. 637 C. com.
[172] Art. 638 C. com.
[173] Art. 638 Abs. 3 C. com.
[174] Vgl. → Länderbericht Frankreich Rn. 145.
[175] Art. 649 C. com.
[176] Art. 649 Abs. 1 C. com.: „*emporte purge des inscriptions grevant les biens compris dans la cession*"; der Sicherungsgläubigers kann sein *droit de suite* geltend machen, falls das Sicherungsgut vom Zessionar weiterveräußert wird. Der Sicherungsgläubiger wird vom Verwalter in Kenntnis gesetzt, Art. 650 C. com.

4. Die Liquidation – liquidation judiciaire   92–98 **Marokko**

tragung noch **nicht fällig** sind („*échéances [...] qui restent dues à compter du transfert de propriété*").[177] Wie im französischen Recht können Sachen, die Gegenstand eines **Zurückbehaltungsrechts** *(droit de rétention)* sind, nicht ohne Zustimmung des begünstigten Pfandgläubigers Bestandteil eines *plan de cession* werden.[178]

Das Gericht kann schließlich verfügen, dass ein Teil der Aktiva für eine bestimmte Zeit **unveräußerlich,** *inaliénable,* ist.[179]   92

Die **Ausführungsverträge** zur Übernahme des Betriebs werden nach der Gerichtsentscheidung vom Verwalter ausgefertigt.[180] Solange der Investor den Kaufpreis nicht völlig beglichen hat, kann er über die erworbenen Aktiva grundsätzlich nicht verfügen.[181]   93

Kommt der Zessionar mit der **Begleichung** der **Ratenzahlungen** des **Kaufpreises** in Verzug, kann das Gericht, von Amts wegen oder auf Antrag eines Interessierten einen *mandataire special* für eine Dauer von höchstens drei Monaten bestellen.[182] Der Zessionar muss dem Verwalter über die Ausführung der Übernahme jährlich Bericht erstatten. Kommt der Zessionar seinen Verpflichtungen nicht nach, wird der Übernahmeplan vom Gericht von Amts wegen **aufgehoben.**[183]   94

3.12.5 Abschluss des Verfahrens

Der **Abschluss** *(clôture)* des *règlement judiciaire*-**Verfahrens** erfolgt nach **Beendigung** des Sanierungsplans,[184] bzw. bei **Veräußerung** nach völliger Zahlung und Aufteilung des Kaufpreises.[185]   95

4. Die Liquidation – *liquidation judiciaire*

4.1 Eröffnung des Verfahrens

Befindet sich ein zahlungsunfähiger Schuldner in einer **aussichtslosen Lage,** *situation irrémédiablement compromise,*[186] beschließt das Gericht, auf **Antrag** des Schuldners, eines Gläubigers, des Staatsanwalts, *procureur du Roi,* oder durch das Gericht **von Amts wegen,** die Eröffnung eines Liquidierungsverfahrens, *liquidation judiciaire.*[187] Da die Bestimmungen von Art. 575 bis 585 C. com. zur Anwendung kommen, besteht eine **Antragspflicht** des Schuldners innerhalb von **dreißig Tagen** nach Einstellung seiner Zahlungen.   96

Das Eröffnungsurteil eines *liquidation*-Verfahrens bewirkt die **Fälligkeit** aller Forderungen.[188] **Zinsen** entstehen während des Verfahrens nicht.   97

Mit Eröffnung einer *liquidation judiiciaire* kommt es zu einer **Beschlagnahme** *(dessaisissement)* des **gesamten Vermögens** des Schuldners, Art. 651 Abs. 3 C. com. Hierzu rechnet nicht nur das gegenwärtige Vermögen, sondern auch dasjenige, welches der Schuldner während des Verfahrens hinzuerwirbt.   98

---

[177] Das Gericht kann Zahlungsfristen zugunsten des Zessionars einräumen; Art. 649 Abs. 2 C. com. verweist auf Art. 638 Abs. 3 C. com.
[178] Eine dem L. 642-12 Abs. 5 des franz. C. com. entsprechende klarstellende Bestimmung enthält das marokkanische Recht allerdings nicht, vgl. → Länderbericht Frankreich Rn. 171. Die Rechtsstellung des Faustpfandgläubigers ergibt sich aus der Natur des *droit de rétention* und seiner insolvenzrechtlichen Gleichbehandlung in Frankreich und Marokko. Seit dem Ges. Nr. 21-18 unterscheidet Art. 1170 *Code des obligations et des contrats,* wie im französischen Recht die *ordonnance* von 2006 (vgl. → Länderbericht Frankreich Rn. 165), zwischen dem Besitzpfandrecht *(gage)* und dem Registerpfandrecht ohne Zurückbehaltungsrecht, *nantissement.*
[179] Art. 643 C. com.
[180] Art. 640 C. com.
[181] Art. 642 C. com. Ausgenommen sind jedoch die Lagerbestände, *stocks.* Das Gericht kann jedoch weitere Ausnahmen genehmigen.
[182] Art. 646 C. com.
[183] Art. 645 C. com. Eine schuldhafte Aufhebung des *plan de cession* hat das *Cour Suprême* in seinem Urteil v. 10.12.2003, REMADAE, *Collections Droit et Pratiques Judiciaires,* Nr. 5, 2005, S. 119, abgelehnt, da der Verwalter es versäumt hatte, innerhalb der Frist von sechs Monaten nach dem Urteil die Ausführungsverträge zur Übertragung der Aktiva zu erstellen.
[184] Art. 634 Abs. 5 C. com.
[185] Art. 641 C. com.
[186] Zur Auslegung dieses Begriffs, *Tribunal de commerce* von Agadir, 24.3.2000, Nr. 10/2000.
[187] Art. 651 C. com.
[188] Art. 660 C. com. Anders als im franz. Recht, vgl. → Länderbericht Frankreich Rn. 139, sieht das marokkanische Insolvenzrecht keine Ausnahmeregelung bei Fortführung des Unternehmens vor.

99 Der **Schuldner** wird durch einen Konkursverwalter, *syndic,* **vertreten,** kann also nicht mehr mit Wirkung gegen die Gläubiger über das beschlagnahmte Vermögen verfügen.[189] **Ausgenommen** von der Beschlagnahmung sind **rein persönliche Rechte** *(„actions personnelles").* So kann der Schuldner als Zivilkläger im Strafverfahren auftreten. Eventuelle Schadensersatzansprüche fallen allerdings in die Konkursmasse.[190]

100 Art. 653 C. com. sieht spezialgesetzliche Sonderregelungen bei der Kündigung von **Geschäftsraummietverträgen** vor, sofern die Immobilie an den Gemeinschaftsschuldner vermietet ist und er dort sein Unternehmen betreibt.

4.2 Verwaltung und Abwicklung des Vermögens

101 Der *syndic* hat zur Aufgabe, das Unternehmen **abzuwickeln.** Seine Aktivitäten werden eingestellt, alle Arbeitnehmer rasch entlassen, die Aktiva des Schuldners werden versilbert und der Verkaufserlös unter den Gläubigern verteilt. Die bestmögliche Befriedigung der Gläubiger steht also im Mittelpunkt des Interesses. **Ausnahmsweise** kann das **Unternehmen fortgeführt** werden. Antragsberechtigt sind der Verwalter und der Staatsanwalt, *procureur du Roi.* Das **Gericht** kann ebenfalls von Amts wegen die Fortführung des Unternehmens beschließen und legt die Dauer einer solchen Fortführung fest.[191]

102 Die **Versilberung** der Aktiva kann durch Veräußerung des gesamten Unternehmens oder einzelner seiner Teilbereiche erfolgen.[192] Der **Schuldner, Leitungsorgane,** sowie nahestehende **Familienmitglieder** können **keine** Übernahmeangebote abgeben. Den Zuschlag erteilt der verfahrensleitende Richter. Der **Verkauf** von **Immobilien** erfolgt grundsätzlich nach den allgemeinen **Zwangsvollstreckungsbestimmungen** der Zivilprozessordnung. Art. 654 C. com. sieht vor, dass der verfahrensleitende Richter die Einzelheiten des Verfahrens bestimmt.[193] Er kann auch ausnahmsweise den **freihändigen Verkauf** *(gré à gré)* durch den *liquidateur* genehmigen.[194] Der Erwerber erwirbt die Immobilie **forderungsfrei.**[195] Die **Versilberung** der übrigen **beweglichen Sachen** des Schuldners, die in Art. 656 C. com. geregelt ist, erfolgt durch eine **öffentliche Versteigerung** oder einen **freihändigen Verkauf.**

4.3 Beendigung des Liquidationsverfahrens – *clôture de la liquidation judiciaire*

103 Das Liquidationsverfahren wird vom Insolvenzgericht **von Amts wegen** beendet, wenn die Passiva bereinigt bzw. der Verwalter über genügende Mittel verfügt, alle **Insolvenzforderungen** zu **befriedigen** oder wenn die Fortführung der Liquidierung **mangels Aktiva** unmöglich wird, Art. 669 C. com. Der Verwalter erstellt dann die **Abschlussrechnung,** *reddition des comptes,* die bei Gericht hinterlegt wird. Art. 669 Abs. 2 C. com. ermöglicht eine Wiedereröffnung des Verfahrens. Art. 752 Abs. 2 C. com. sieht eine **Restschuldbefreiung** zugunsten von natürlichen Personen am Ende des Verfahrens vor.

5. Gläubigergruppen – Massegläubiger, bevorrechtige, gesicherte, ungesicherte und nachrangige Gläubiger

5.1 Massegläubiger

104 Bei Masseforderungen handelt es sich um Forderungen, die **nach** dem **Eröffnungsurteil entstanden** und für die Fortführung des Unternehmens während der Beobachtungsphase notwendig sind.[196] Wie im französischen Recht[197] sind Masseforderungen bei **Fälligkeit zu zahlen.** Bleibt

---

[189] Art. 651 Abs. 4 C. com. Der Schuldner wird vom *syndic* bei Gericht vertreten, vgl. *Cour d'appel* von Fès, 17.9.2003, Nr. 42.
[190] Art. 561 Abs. 5 C. com.
[191] Art. 652 C. com.
[192] Art. 655 C. com. verweist für die Ausgestaltung der Angebote auf die Regelungen der überragenden Sanierung.
[193] Vgl. *Cour Suprême,* 9.6.2004, *Rev. Jurisp. Cour Suprême,* 12/2006, Nr. 64–65, S. 134: der Richter kann die öffentliche Versteigerung abbrechen, wenn der Verkauf zu einem günstigeren Preis durchgeführt werden kann.
[194] Art. 654 Abs. 3 C. com.
[195] Art. 654 Abs. 5 C. com.
[196] Art. 565 C. com.
[197] Dazu → Länderbericht Frankreich Rn. 151.

die Zahlung aus, sind sie mit einem **Befriedigungsvorrecht** ausgestattet *(„privilège")*, das nach dem *new money* Privilegs von Art. 558 C. com. zum Zuge kommt.[198]

5.2 Bevorrechtige Gläubiger

Im marokkanischen Insolvenzrecht gilt der zivilrechtliche Grundsatz der **Gleichheit** *(égalité)* **105** aller Gläubiger.[199] Er ist allerdings durch zahlreiche **Befriedigungsvorrechte** *(privilèges)* ausgehöhlt. Von insolvenzrechtlicher Relevanz sind das bereits erwähnte *new money*-**Privileg** des Art. 558 C. com.; das oben angesprochene Privileg von **Masseschulden** (Art. 565 C. com. bzw. 590 C. com.); das Privileg von Art. 1248 des *Code des obligations et des contrats*, der Lohnforderungen und Entschädigungen der Arbeitnehmer sowie die Zahlung von **Gerichtskosten** *(frais de justice)* abdeckt; die gem. Art. 667 C. com. vom verfahrensleitenden Richter festgelegten Unterhaltszahlungen *(subsides)* zugunsten der Leitungsorgane und deren Familienangehörigen. Privilegiert sind ebenfalls Löhne von **Hausangestellten** *(gens de service)*, **Steuerforderungen, Sozialabgaben,** und **Entschädigungszahlungen** bei **Arbeitsunfällen.**

5.3 Ungesicherte Gläubiger

Nach den bevorrechtigen Gläubigern ist der Restbetrag unter den **ungesicherten** Gläubigern **106** **ranggleich,** *pari passu,* aufzuteilen.[200] Aufgrund der Vielfalt der Befriedigungsvorrechte ist die zu erwartende Quote der ungesicherten Gläubiger in der Praxis sehr gering.

5.4 Nachrangige Gläubiger

Anders als im deutschen Recht sind **Gesellschafterforderungen** nicht nachrangig. **107**

6. Verträge im Insolvenzverfahren

Das Schicksal von **laufenden Verträgen,** die zum Zeitpunkt des Eröffnungsurteils noch nicht **108** erfüllt worden sind, sog. *contrats en cours,* ist von großer praktischer Bedeutung. Wie im französischen Recht,[201] geht Art. 588 C. com. von ihrer **grundsätzlichen Fortführung** aus. Klauseln, die im Falle der **Eröffnung** eines präventiven Restrukturierungsverfahrens des Vertragspartners die **automatische Auflösung** bzw. **Kündigung** eines laufenden Vertrages vorsehen, sind unwirksam. Das Gleiche gilt für Vertragsbestimmungen, die die Fortführung von Sukzessivverträgen davon abhängig machen, dass der Insolvenzverwalter auch Konkursforderungen **erfüllt** (sog. *clauses d'invisibilité*). Der Verwalter hat eine Schlüsselrolle inne und entscheidet über die Verträge, die er fortführen möchte. Er muss dann die vertraglich geschuldeten Leistungen erbringen.

Da die Entscheidungsfreiheit des *administrateur* eine Phase der Unsicherheit über die Fortführung **109** der *contrats en cours* zur Folge hat, gibt das Gesetz dem **Vertragspartner** die Möglichkeit, den **Schwebezustand** zu **beenden,** indem er den *administrateur* zur **Entscheidung auffordert.** Antwortet der Verwalter nicht innerhalb von einem Monat, ist der Vertrag automatisch gekündigt. Der **Schadensersatzanspruch** wegen Nichterfüllung ist wie bei § 103 Abs. 2 InsO eine **einfache Insolvenzforderung.**[202] Art. 588 Abs. 4 C. com. schließt die Anwendung dieser Bestimmungen auf **Arbeitsverträge** aus.

7. Pensionsansprüche

Pensionsansprüche sind in der Praxis **ohne Bedeutung,** da in Marokko die Altersversorge **110** nicht von den Unternehmen mitfinanziert wird.

8. Eigentumsvorbehalt

Wie oben bereits dargestellt, handelt es sich beim Eigentumsvorbehalt um eine konkursfeste **111** Sicherheit, da der Vorbehaltsverkäufer ein **Aussonderungsrecht** geltend machen kann.[203]

---

[198] Art. 565 Abs. 2 C. com. gefolgt vom Privileg des Art. 590 C. com. im *redressement judiciaire*, für Einzelheiten → Rn. 113. Die innere Rangordnung der einzelnen Masseforderungen richtet sich nach dem allgemeinen Recht, Art. 565 Abs. 3 C. com.
[199] Art. 1241 *Code des obligations et des contrats.*
[200] Art. 667 C. com.
[201] Vgl. → Länderbericht Frankreich Rn. 155.
[202] Art. 588 Abs. 3 C. com.
[203] → Rn. 47.

9. Sicherheiten in der Insolvenz

9.1 Rechtsstellung dinglich abgesicherter Gläubiger

112 **Dingliche Sicherheiten** können während der Präparationsphase eines *sauvegarde-* bzw. *redressement judiciaire-*Verfahren nicht verwertet werden. Sie **gehen,** vorbehaltlich der Zahlung des Kaufpreises, grundsätzlich bei der **übertragenden Sanierung unter.**[204] Wie bereits dargestellt, besteht gemäß Art. 649 Abs. 2 C. com. eine **wichtige Ausnahme** für Immobiliar- und Mobiliarsicherheiten, sofern sie im Rahmen der **Finanzierung der Akquisition** der abgesicherten Aktiva bestellt worden sind. Der Zessionar muss die offenen Ratenzahlungen übernehmen, die am Tage der Eigentumsübertragung noch nicht fällig sind.[205] Der **Pfandgläubiger** mit *droit de rétention* ist ebenfalls gegen die Rechtswirkungen eines Übernahmeplans immunisiert, da die verpfändeten Mobilien nur mit seiner **Zustimmung** an den Zessionar übertragen werden können.[206]

113 Die **Rangordnung** dinglich abgesicherter Gläubiger im Rahmen des **Liquidierungsverfahrens** ist wie folgt. **Vorbehaltsverkäufer** von Waren haben einen konkursfesten Eigentumsvorbehalt und können daher **aussondern. Pfandgläubiger** mit einem **Zurückbehaltungsrecht,** *droit de rétention,* müssen ebenfalls keine privilegierten Gläubiger fürchten. Gem. Art. 658 bzw. 690 C. com. kann der verfahrensleitende Richter die Zahlung von Insolvenzforderungen genehmigen, um **Sachen auszulösen,** an denen ein **Pfandrecht mit** *droit de rétention* bestellt worden ist. Ferner kann sich der Pfandgläubiger mit Zurückbehaltungsrecht gem. Art. 659 C. com. das Pfandobjekt an **Zahlungs statt gerichtlich übertragen** lassen. Kommt es zum Verkauf der Aktiva durch den Verwalter gelten folgende Regelungen:

114 **An erster** Stelle rangieren die **Liquidierungskosten,** *frais et dépens de la liquidation judiciaire,* die bei der Versilberung der Aktiva entstehen.[207]

115 Wird der Pfandgegenstand vom Verwalter veräußert, setzt sich das **Zurückbehaltungsrecht** am **Verkaufserlös** zugunsten des Pfandgläubigers fort, wodurch er Rang **zwei** erhält.

116 Rang **drei** belegt das *new money-*Privileg des Art. 558 C. com.[208]

117 Rang **vier** wird vom **Privileg** von **Masseschulden** im *sauvegarde-*Verfahren (Art. 565 C. com.) und Rang **fünf** vom **Privileg** von **Masseschulden** im *redressement judiciaire-*Verfahren (Art. 590 C. com.) eingenommen.[209]

118 An **sechster** Stelle sind **privilegierte Gläubiger** zu befriedigen. Die Rangordnung der einzelnen Privilegien ist in Art. 1244 *Code des obligations et des contrats* normiert Hier gilt zunächst der Grundsatz, dass spezielle Privilegien den allgemeinen vorgehen.[210]

119 Die **Rangfolge** der allgemeinen Privilegien ist wie folgt: 1°) **Lohnforderungen** und **Entschädigungen** von **Arbeitnehmern,** 2°) **Gerichtskosten,** 3°) Löhne von **Hausangestellten** *(gens de service),* 4°) **Steuerforderungen,**[211] 5°) **Sozialabgaben,** und 6°) **Entschädigungszahlungen** bei **Arbeitsunfällen.**

120 **Hypotheken-** und **Pfandgläubiger** ohne Zurückbehaltungsrecht in Höhe des Liquidationswertes der Immobilie bzw. der Mobilie werden **nach Befriedigung** der **privilegierten Gläubiger** abgefunden.

121 **Ungesicherte Insolvenzforderungen** *(créances chirographaires)* schließen die Rangordnung ab.

9.2 Stellung von Bürgen und Gesamtschuldnern

122 Gem. Art. 559 Abs. 2 C. com. kommen bürgerlich-rechtliche und gesamtschuldnerische **Bürgen** in den Genuss des **Moratoriums** einer *conciliation.* Sie können sich auch auf die Bestimmungen des *plan de sauvegarde* sowie des *plan de continuation* berufen.[212] Das Gleiche gilt in Bezug auf die

---

[204] → Rn. 91.
[205] → Rn. 91.
[206] → Rn. 91.
[207] Art. 667 C. com.
[208] → Rn. 21.
[209] → Rn. 104.
[210] „*Les privilèges spéciaux priment les privilèges généraux*", so. zB *Cour d'appel* von Rabat, 10.11.1936, der sich auf das franz. Recht beruft. So geht das Privileg des Vermieters von Art. 684 *Code des obligations et des contrats* iVm Art. 694 C. com. in Höhe der letzten zwei Monatsmieten am Verkaufserlös der beweglichen Gegenstände des Mieters dem Privileg der Steuerforderungen vor, *Cour d'appel* von Rabat, 23.1.1959, Rev. mar. de droit 1.5.1959, S. 224.
[211] Vgl. Art. 168 *Code général des impôts* und Kap. VI des *Dahir* Nr. 1-00-175 v. 3.5.2000.
[212] Art. 572 bzw. 695 C. com. Die Differenzierung des franz. Rechts zwischen *plan de sauvegarde* und *plan de continuation* hat der marokkanische Gesetzgeber nicht übernommen, vgl. → Länderbericht Frankreich Rn. 136.

Aussetzung der Zinsen gem. Art. 692 C. com. Darüber hinaus verfügt Art. 695 C. com., dass Bürgen nur nach Anmeldung der Insolvenzforderungen in Anspruch genommen werden können.[213] Der Bürge bzw. der Gesamtschuldner, der einen Teil der Forderung beglichen hat, kann eine Forderung in Höhe des gezahlten Betrages anmelden.[214]

10. Aufrechnung: Netting-Vereinbarungen

Wie im französischen Recht[215] ist seit der Grundsatzentscheidung der marokkanischen *Cour suprême* vom 16.1.1962 die **Aufrechnung** von **konnexen Haupt-** und **Gegenforderungen** in Ausnahme zum allgemeinen Moratorium der Zahlung von Insolvenzforderungen gestattet. Voraussetzung ist, dass beide Forderungen ihren **Ursprung** im **selben Vertrag** haben und dass der Gläubiger seine Hauptforderung fristgerecht gem. Art. 719 ff. C. com. **angemeldet** hat. 123

11. Insolvenzanfechtung

Die **Nichtigkeit** von **Rechtshandlungen,** die kurz vor Eröffnung eines Insolvenzverfahrens während der sog. *période suspecte* vorgenommen worden sind und gegen das Gebot der Gläubigergleichbehandlung verstoßen, sind in Art. 712 ff. C. com. normiert. Wie im französischen Recht[216] arbeitet der marokkanische Gesetzgeber nicht mit festen Fristen. Dreh- und Angelpunkt ist der Begriff der **tatsächlichen Zahlungsunfähigkeit.** Es können nämlich grundsätzlich nur Rechtshandlungen des Schuldners angefochten werden, die während des Zeitraums zwischen der gerichtlich festgestellten tatsächlichen Zahlungseinstellung, *cessation des paiements,* und der Verfahrenseröffnung – sog. *période suspecte* – getätigt worden sind. 124

Im Eröffnungsurteil des *redressement judiciaire-* bzw. *liquidation judiciaire*-Verfahrens stellt das Gericht die Zahlungsunfähigkeit des Schuldners formell fest und bestimmt den Zeitpunkt hierfür.[217] Das Insolvenzgericht kann den Zeitpunkt der **effektiven Zahlungseinstellung** bis zu **18 Monate** vor Erlass des Eröffnungsurteils vorverlegen.[218] Dies muss innerhalb von **fünfzehn Tagen** nach dem Beschluss des Fortführungsplans bzw. des Zuschlags der Veräußerung des Unternehmens oder im Liquidierungsverfahren nach der Hinterlegung der Tabelle der Forderungsanmeldungen geschehen. **Antragsberechtigt** ist allein der **Verwalter.** In der Gerichtspraxis ist zu beobachten, dass das Gericht idR auf ein Gutachten verzichtet und systematisch die achtzehnmonatige Frist ausschöpft.[219] 125

Das marokkanische Recht unterscheidet zwischen Rechtshandlungen, die das Gericht annullieren muss, sog. *nullité de droit,* und solchen Rechtsgeschäften, die gem. Art. 715 C. com. annulliert werden können, sog. *nullité facultative.* Beide Arten der Nichtigkeit müssen durch **Nichtigkeitsklage** geltend gemacht werden. Exklusiv zuständig ist das Insolvenzgericht. Allein antragsberechtigt ist der Verwalter. Das **Gericht** kann **nicht von Amts wegen** handeln. Eine Nichtigkeitsklage kann erhoben werden, solange die Organe im Amt sind. Ist die Nichtigkeitsklage erfolgreich, wird das Rechtsgeschäft **rückwirkend annulliert** und der Erlös fällt in die **Masse.** 126

Die *nullité de droit* betrifft alle **unentgeltlichen Verfügungsgeschäfte** des Schuldners, Art. 714 C. com. Wurde das inkriminierte Verfügungsgeschäft innerhalb eines Zeitraums von **sechs Monaten vor** dem Beginn der *periode suspecte* vom Schuldner getätigt, ist die Nichtigkeit **fakultativ.** 127

Die **Befriedigung von Forderungen** und **entgeltliche Rechtsgeschäfte** können annulliert werden, wenn dem **Gläubiger bekannt** war, dass der Schuldner im Übrigen seine Zahlungen bereits eingestellt hat.[220] Das Gericht entscheidet **fallbezogen** und hat einen recht großen Entscheidungsspielraum. Der Kläger trägt die **Beweislast.** Es ist nicht notwendig, einen **Schaden** nachzuweisen. 128

Nicht angefochten werden können allerdings **Garantien** und **Sicherungsrechte** jeglicher Art, die vor oder zum Zeitpunkt der Entstehung der abgesicherten Forderung bestellt worden sind.[221] Art. 711 C. com. schließt ebenfalls grundsätzlich die Anfechtung von Zahlungen aus, die durch **Wechsel, Orderpapiere, Scheck** oder **Forderungsabtretung** gem. Art. 529 ff. C. com. 129

---

[213] Art. 696 C. com.; hat der Gläubiger bereits vor Verfahrenseröffnung eine Abschlagszahlung erhalten, kann gem. Art. 698 C. com. lediglich der verbleibende Restbetrag angemeldet werden.
[214] Art. 698 Abs. 2 C. com.
[215] Vgl. → Länderbericht Frankreich Rn. 177.
[216] Vgl. → Länderbericht Frankreich Rn. 179.
[217] Zur Auslegung des Begriffs der *cessation des paiements* → Rn. 33.
[218] Art. 713 C. com.
[219] Vgl. *Tribunal de commerce* von Agadir, 15.3.2000, Nr. 09/2000.
[220] Art. 715 C. com.
[221] Art. 716 C. com.

getätigt worden sind. Der Verwalter kann allerdings einen Rückforderungsanspruch geltend machen, *action en rapport,* wenn der Gläubiger zum Zeitpunkt der erfolgten Zahlung nachweislich wusste, dass der Schuldner zahlungsunfähig gewesen ist.

12. Geltendmachung von Haftungsansprüchen gegen (frühere) Geschäftsführer, Gesellschafter oder Dritte

12.1 Die Gläubigerhaftung bei fahrlässiger Kreditgewährung

130   Anders als im französischen Recht, sieht das marokkanische Insolvenzrecht **keine spezialgesetzliche Norm** zur **Gläubigerhaftung** bei **fahrlässiger Kreditgewährung** vor.[222] Eine Haftung gem. der allgemeinen Deliktsrechtsklausel von Art. 77 *Code des obligations* ist jedoch ähnlich dem französischem Recht vor der Reform von 2005 durchaus denkbar.[223]

12.2 Haftung von Mitgliedern der Leitungsorgane

131   Art. 738 C. com. normiert die sog. *„action en responsabilité pour insuffisance d'actif".* Im Rahmen eines *redressement* bzw. *liquidation judiciaire*-Verfahrens kann das Gericht *de facto*- oder *de jure*-Mitglieder der **Leitungsorgane** einer juristischen Person, bei *faute de gestion,* verurteilen, das zur Schuldentilgung nicht ausreichende Vermögen ganz oder teilweise aufzufüllen. In der Rechtsprechung wird diese Haftungsregelung recht weit ausgelegt. Eine *faute de gestion* liegt vor, wenn der Geschäftsführer gesetzliche Bestimmungen oder die Statuten missachtet hat.[224] **Klageberechtigt** sind der Verwalter und der Staatsanwalt. Das Gericht kann auch von Amts wegen das Verfahren einleiten.[225] Der Anspruch **verjährt** innerhalb von drei Jahren nach Beschluss des Fortführungsplans oder der Veräußerung des Unternehmens im *redressement*-Verfahren bzw. nach dem Eröffnungsurteil des Liquidationsverfahrens.[226]

132   Kommt der verurteilte Geschäftsführer seiner Verpflichtung zur Schuldentilgung nicht nach, muss das Gericht als **Sanktion** gegen ihn ein *redressement* bzw. *liquidation judiciaire*-Verfahren eröffnen.[227] Die gleiche Sanktion sieht Art. 740 C. com. vor, sofern Mitglieder der **Leitungsorgane** ein schwerwiegendes Fehlverhalten an den Tag gelegt haben. Inkriminiert werden ua die Unterschlagung von Aktiva, Konkursverschleppung sowie betrügerische Handlungen in Bezug auf das Rechnungswesen. Wird ein solches Fehlverhalten gegenüber von Schuldnern, die natürliche Personen sind, bzw. von Mitgliedern der Leitungsorgane festgestellt, verhängt das Gericht die zivilrechtliche Sanktion der sog. *déchéance commerciale.*[228] Diese Strafe beinhaltet vor allem das Verbot, für mindestens fünf Jahre eine juristische Person zu leiten, zu verwalten oder zu kontrollieren, *interdiction de diriger, gérér, administrer ou contrôler.*[229] Am Ende des Verfahrens wird *déchéance commerciale* aufgehoben und der Schuldner kommt in den **Genuss** einer **Restschuldbefreiung.** Der Schuldner kann bei Gericht den Antrag stellen, die *déchéance commerciale* **vorzeitig** zu beenden. Voraussetzung ist, dass der Schuldner einen ausreichenden Beitrag zur Begleichung der Passiva geleistet hat.

133   Im **Anschluss** an das *redressement* bzw. *liquidation judiciaire*-Verfahren können Schuldner als natürliche Personen sowie *de facto*- oder *de jure*-Geschäftsführer einer juristischen Person, bei Vorsatz wegen **strafrechtlichen Bankrotts** *(banqueroute)* abgeurteilt werden. Einschlägig sind Art. 754 ff. C. com. Anders als in Frankreich kann die **Insolvenzverschleppung** strafrechtlich geahndet werden.[230] Das Strafmaß beträgt ein bis fünf Jahre Gefängnis und bzw. oder ein Bußgeld von 10.000 bis 100.000 *dirham.* Als zusätzliche Strafe kann das Gericht eine *déchéance commerciale* verhängen.

13. Asset tracing

134   Die Möglichkeit, dem **Insolvenzschuldner** gehörende unbewegliche und bewegliche Vermögen ganz oder teilweise auf den Insolvenzverwalter zu **übertragen,** besteht nicht.

---

[222] Vgl. → Länderbericht Frankreich Rn. 184; vgl. im tunesischem Recht Art. 588, dazu → Länderbericht Tunesien Rn. 133.
[223] Vgl. → Länderbericht Frankreich Rn. 184.
[224] ZB Nichtbeachtung der Antragspflicht eines Insolvenzverfahrens, *Cour d'appel* von Marrakech, 6.2.2002, Gaz. Trib. Maroc, Nr. 92, 1-2/2002, S. 209.
[225] Art. 742 C. com.
[226] Art. 738 Abs. 2 C. com.
[227] Art. 739 C. com.
[228] Art. 745 ff. C. com.
[229] Das Gericht kann darüber hinaus anordnen, dass die Leitungsorgane ihre Aktien bzw. Anteile an der Gesellschaft veräußern müssen; vgl. Art. 750, 752 C. com.; dieses Urteil ist vorläufig vollstreckbar; der Schuldner kann ebenfalls kein elektives Mandat bekleiden, Art. 751 C. com.
[230] Vgl. → Länderbericht Frankreich Rn. 189.

14. Internationales Insolvenzrecht

Im Titel IX des fünften Buches des Handelsgesetzbuches hat der marokkanische Gesetzgeber das *UNCITRAL model-law* übernommen.[231] Art. 768 bis 775 C. com. enthalten **allgemeine Bestimmungen,** die dem ersten Kapitel des *model-law* entsprechen. So normiert Art. 768 C. com. beispielsweise die wichtigsten **Ziele** von grenzüberschreitenden Insolvenzverfahren: die Kooperation zwischen marokkanischen und ausländischen Gerichten, die größere Rechtssicherheit für Handel und Investitionen, den Schutz und die Verwertung der Aktiva des Schuldners und die Erleichterung der Rettung von Unternehmen, die sich in finanziellen Schwierigkeiten befinden, und dadurch Schutz von Investitionen und Erhaltung von Arbeitsplätzen zu fördern.[232] Art. 769 C. com. übernimmt die Definition von Art. 2 *model-law* und unterscheidet somit ausländische **Hauptinsolvenz-** *(procédure étrangère principale)* und **Sekundärinsolvenzverfahren** *(procédure étrangère non principale).* Das Gleiche gilt für die Definitionen der ausländischen Verwalter und Gerichte sowie der Niederlassung, *établissement.* Art. 770 C. com. definiert den **Anwendungsbereich** der internationalprivatrechtlichen Bestimmungen. Der *ordre public*-Vorbehalt findet sich in Art. 773 C. com. wieder, wo es heißt, dass marokkanische Gerichte die IPR-Vorschriften dieses Titeln anwenden, es sei denn, sie stehen **offensichtlich im Widerspruch zur Ordnung** des marokkanischen Staates. Die Auslegungsregel von Art. 8 *model-law* wurde in Art. 774 C. com. übernommen. 135

Dem **Zugang** des ausländischen Verwalters zu marokkanischen Gerichten widmet der marokkanische *Code de commerce* ein eigenes, mit Art. 776 C. com. beginnendes Kapitel.[233] Damit wird die **Zuständigkeit** der marokkanischen Insolvenzgerichte begründet, auf Antrag des ausländischen Verwalters, ein Insolvenzfahren gem. Art. 575 ff. C. com. zu eröffnen.[234] Die Eröffnung einer *procédure de sauvegarde* ist somit ausgeschlossen. Die **Beteiligung** der **ausländischen Gläubiger** ist in Art. 779 f. C. com. geregelt. 136

Art. 781 ff. C. com. sind der **Anerkennung** von ausländischen Verfahren gewidmet. Die Bestimmungen entsprechen Art. 15 ff. *UNCITRAL model-law,* wobei das marokkanische Recht zwischen **Haupt-** und **Sekundärverfahren** unterscheidet. Entscheidend ist, ob der ausländische Schuldner im Eröffnungsstaat seinen *COMI* oder lediglich eine Niederlassung hat.[235] Die **Rechtsschutzmaßnahmen** nach Beantragung der Anerkennung eines ausländischen Verfahrens bis zur Entscheidung des Antrags sind in Art. 784 C. com. normiert, der Art. 19 *model-law* umsetzt. Nach der Anerkennung eines ausländischen Hauptverfahrens wird die Einleitung oder Fortsetzung von einzelnen **Vollstreckungsmaßnahmen** gem. Art. 686 C. com. **eingestellt** und der Schuldner kann über seine **Vermögenswerte nicht mehr verfügen.**[236] 137

Art. 21 *UNCITRAL model-law* über den **Rechtsschutz nach der Anerkennung** wird in Art. 786 C. com. umgesetzt, wobei nicht zwischen Haupt- und Territorialverfahren unterschieden wird. So können zB Einzelvollstreckungsmaßnahmen ausgesetzt oder eingestellt, Verfügungsverbote erlassen, sowie der ausländische Verwalter mit der Verwaltung und Verwertung der Gesamtheit oder eines Teils der in Marokko belegen Aktiva des Schuldners beauftragt werden. 138

Gem. Art. 788 C. com. kann der ausländische Verwalter alle Maßnahmen und Verfahren zum **Schutz** der **Insolvenzmasse** und der **Gläubigergemeinschaft** ergreifen, die ein marokkanischer *syndic* hätte einleiten können. Ist das ausländische Verfahren ein **Territorialverfahren,** so muss sich das Gericht vergewissern, dass sich die Maßnahmen und Verfahren auf **Vermögensgegenstände** beziehen, die von **ausländischen Sekundärverfahren erfasst** werden.[237] 139

In Art. 789 C. com. wird die **Kooperation** zwischen marokkanischen und ausländischen Gerichten und Verwaltern geregelt, die Art. 25 ff. *model-law* umsetzt. 140

Schließlich widmet der marokkanische Gesetzgeber in Art. 791 ff. der Frage der **Abstimmung,** *coordination,* von Verfahren ein eigenes Kapitel.[238] In diesem Zusammenhang ist anzumerken, dass nach der Anerkennung eines ausländischen Hauptverfahrens nur ein **marokkanisches Sekundärverfahren** eröffnet werden kann, das sich auf die Aktiva des Schuldners beschränkt, die in Marokko belegen sind. Eine Ausdehnung auf andere Vermögensbestandteile ist allerdings im Rahmen der internationalen Kooperation möglich.[239] Gem. Art. 791 Abs. 3 C. com. bewirkt die Anerkennung eines ausländischen Hauptverfahrens die Vermutung der Zahlungsunfähigkeit des Schuldners gem. 141

---

[231] Art. 768 bis 794 C. com.
[232] Art. 768 C. com.
[233] Vgl. Kap. II UNCITRAL *model-law.*
[234] Art. 777 f. C. com.
[235] Vgl. Art. 782. C. com., Art. 17 *UNCITRAL model-law.*
[236] Art. 785 C. com.; Art. 20 *UNCITRAL model-law.*
[237] Diese Regelung entspricht Art. 23 *UNCITRAL model-law.*
[238] Diese Regelung entspricht Art. 28 ff. *UNCITRAL model-law.*
[239] Art. 791 Abs. 2 C. com.

Art. 575 bzw. 651 C. com. Art. 792 C. com. regelt die Kooperation zwischen einem ausländischen Hauptverfahren und einem in Marokko bereits anhängigen *redressement* bzw. *liquidation judiciaire*-Verfahren. Art. 794 C. com. fasst schließlich die Koexistenz von mehreren ausländischen Insolvenzverfahren, die für denselben Schuldner eröffnet worden sind, und die in Marokko als Haupt- bzw. Territorialverfahren anerkannt werden, ins Auge.

Marokko

Marokko: Interne – Externe Präventionsmaßnahmen

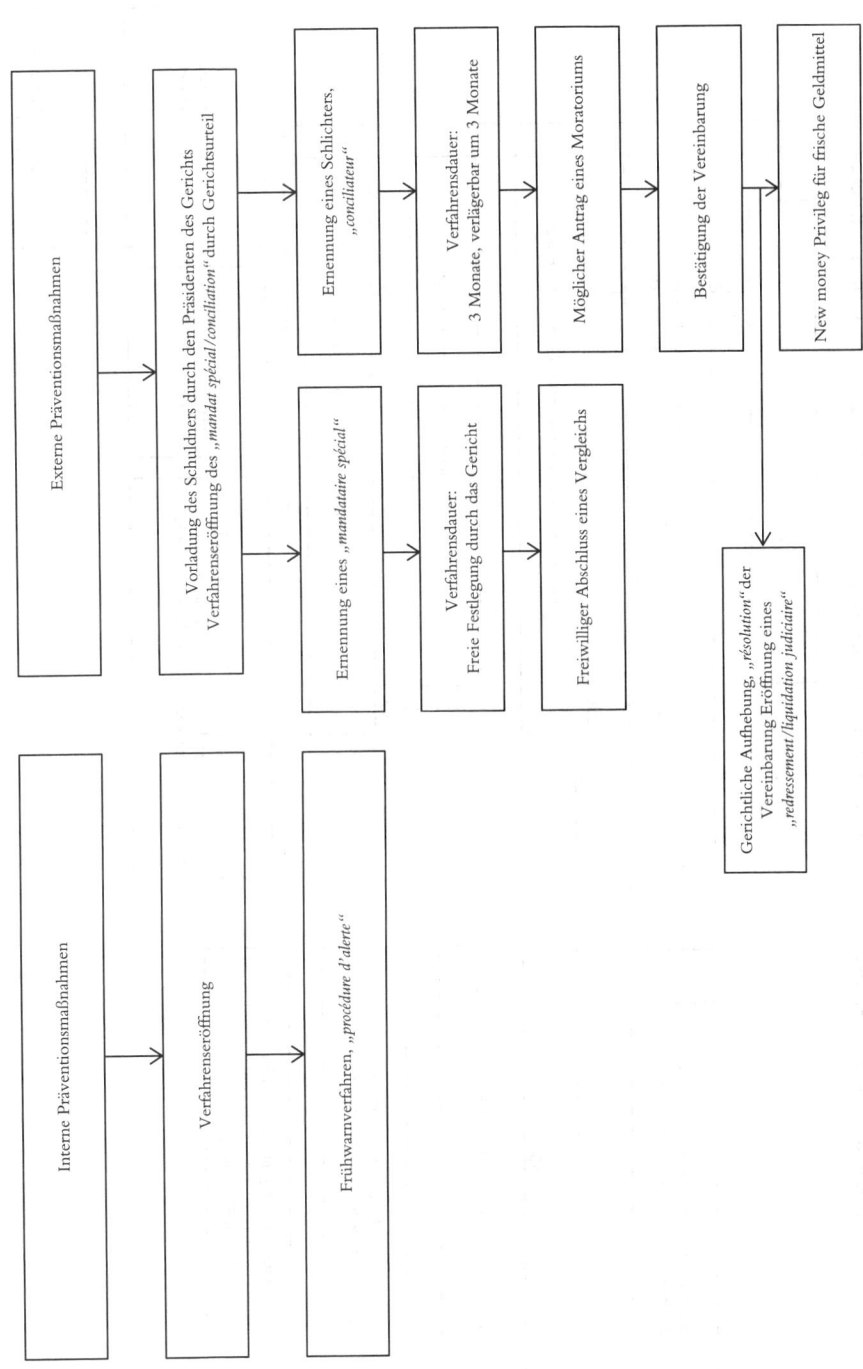

Marokko

Marokko: Insolvenzverfahrensübersicht „procédure de sauvegarde, redressement judiciaire, liquidation judiciaire"

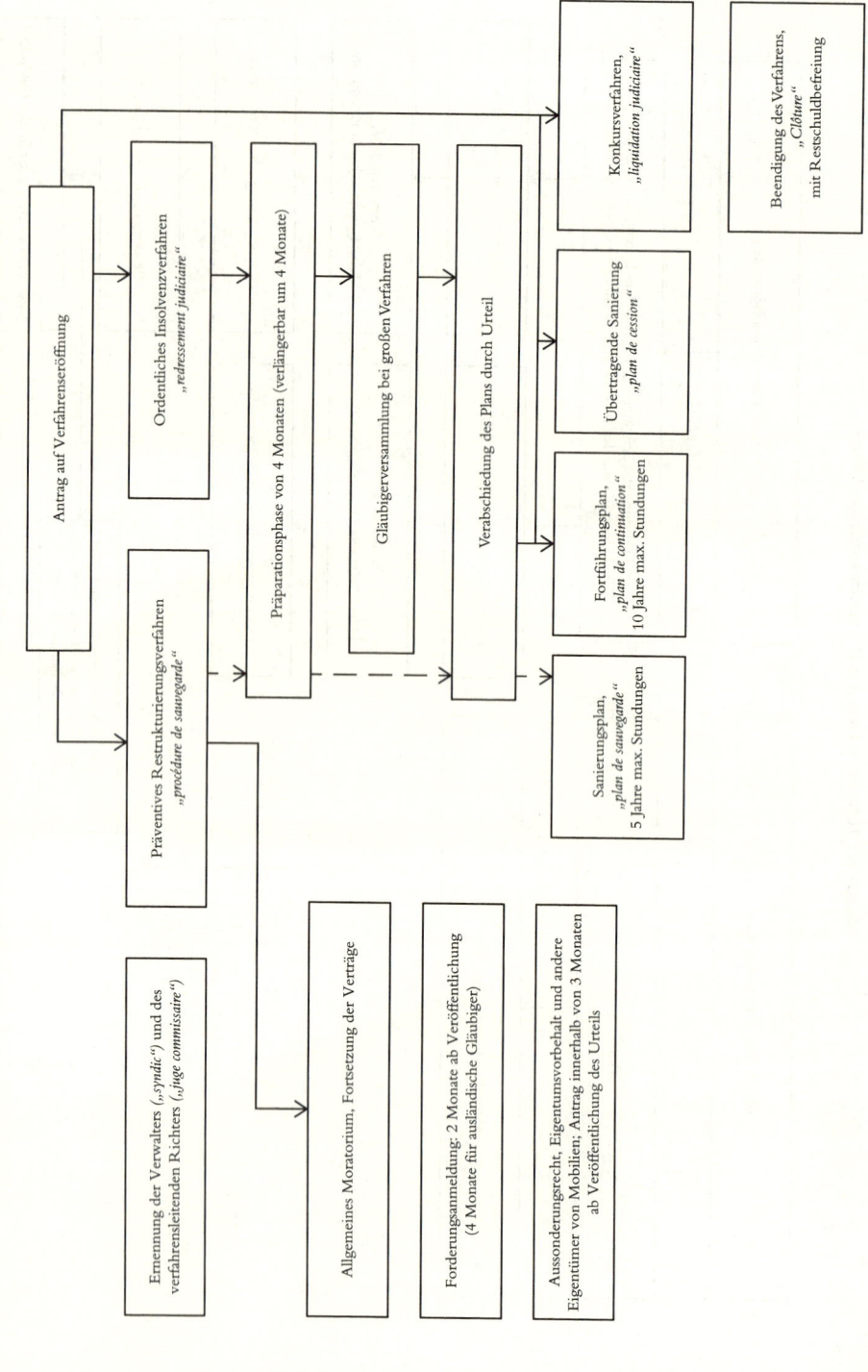

Marokko

Glossar

Deutsch	Französisch	Arabisch	Rn.
Abänderung des Sanierungsplans	Modification du plan de sauvegarde	تغيير تاريخ مخطط الانقاذ	85
Anfechtung, Nichtigkeitsklage	Action en nullité de la période suspect	بطلان الطعن والعقود المبرمة في فترة التبرير	23, 42, 65, 124 ff.
Amtsblatt des marokkanischen Staates	Bulletin officiel	الجريدة الرسمية	1, 37, 67, 72
Antrag zur Eröffnung eines Liquidierungsverfahrens	Demande d'ouverture de la procédure de liquidation judiciaire	طلب فتح مسطرة التصفية القضائية	96
Antrag zur Eröffnung eines ordentlichen Insolvenzverfahrens	Demande d'ouverture de la procédure de redressement judiciaire	طلب فتح مسطرة التسوية القضائية	16, **33 ff.**
Antrag zur Eröffnung eines Schlichtungsverfahrens	Demande d'ouverture de la procédure de conciliation	طلب فتح مسطرة المصالحة	14
Antragsfrist zur Eröffnung eines Konkursverfahrens	Délai de demande d'ouverture de la procédure de faillite	آجال طلب فتح مسطرة الإفلاس	96
Arbeitnehmer, Entlassung	Employé, salarié, licenciement	موظف - أجير - طرد	15, 60, 67, 81, 87, 101, 105, 119
Arbeitnehmervertreter	Représentant des salariés	ممثل العمال	15, 60, 87
Arbeitsvertrag	Contrat de travail	عقد شغل	109
Aufrechnung	Compensation	مقاصة	65, 123
Aufsichtspflicht	Mission de contrôle	مهمة المراقبة	41
Aussichtslose Lage	Situation désespérée	حالة انسداد	37, 96
Aufhebung, gerichtliche Aufhebung der Restrukturierungsvereinbarung	Résolution judiciaire de l'accord de restructuration	فسخ اتفاقية التصفية قضائيا لملكيته	24, 94
Ausdehnung des Insolvenzverfahrens	Extension de la procédure de redressement ou de liquidation judiciaire	تمديد مسطرة التسوية أو التصفية القضائية	31
Aussonderung, Aussonderungsklage	Revendication, action en revendication	طلب - دعوى الاسترجاع	22, 39, **43 ff.**, 51, 111
Bankrott	Banqueroute	الإفلاس	133
Beendigung des Verfahrens	Clôture de la procédure	ختم المسطرة	95, 103
Befriedigungsvorrechte	Privilèges	امتيازات	21, **104 ff.**
Beistandspflichten des Insolvenzverwalters	Mission d'assistance du syndic	مهمة المساعدة (للسنديك القضائي)	41
Beobachtungsphase, Fortführung des Unternehmens	Période d'observation	فترة المراقبة	25, **52**, 60, 65, 76, 80, 86, 101, 103 f.
Bericht des mandataire spécial	Rapport du mandataire spécial	تقرير الوكيل الخاص	13, 94
Bericht des Schlichters	Rapport du conciliateur	تقرير المصالح	20
Bericht des Verwalters	Rapport du syndic	تقرير السنديك	26 f., 29, 42, 60
Beschlagnahme	Dessaisissement	اختلال	98 f.

Marokko

Deutsch	Französisch	Arabisch	Rn.
Bestätigung, homologation	Homologation	المصادقة	20 f.
Betriebsveräußerung s. übertragende Sanierung			
Bürge, Garant, Gesamtschuldner	Caution, garant, coobligés	الكفيل - الضامن - شركاء في التزام	18, 54, 106, **125 f.**
Debt-to-equity-swap	Conversion de créances en capital	تحويل الديون إلى رأسمال	19, 74, 82
Drohende Insolvenz	Faillite imminente	الإفلاس وشيك	15
Eigentumsvorbehalt	Réserve de propriété	شرط الاحتفاظ بالملكية	47 ff., 64, 111, 113
Eigenverwaltung	Direction de l'entreprise par le débiteur	تسيير الشركة من طرف المدين	16, 26, 54
Erfüllung von Verträgen	Exécution de contrats	تنفيذ (العقد)	89, 108
Eröffnungsurteil, Eröffnungsantrag	Jugement d'ouverture, Demande d'ouverture d'une procédure de faillite	حكم فتح مسطرة - طلب فتح مسطرة الإفلاس	36 ff., 45, 52, 62, 70, 97, 104, 108, 125, 131
Fälligkeit der Forderung, fällig Stellung	Exigibilité, déchéance du terme	استحقاق الدين - سقوط الأجل	58, 68, 91, 97, 104, 112
Feststellung der Forderung	Acceptation de la créance	قبول الدين	63, 67
Forderung	Créance	دين	17, 27, 35, 39, 42, 50, 58, 62 f., 65, 67 ff., 75 ff., 83 ff., 97, 103 ff., 113 ff., 123, 128 f.
Forderungsanmeldung	Déclaration de créance	تسجيل الديون	**67 ff.**, 125
Forderungsanmeldungsfrist, Ausschlussfrist	Délai de déclaration de créance, délai de forclusion	أجل تسجيل الدين - أجل السقوط	67, 70, 72
Forderungsüberprüfung	Vérification des créances	تحقيق الديون	71, 75
Forderungsverzicht, Forderungserlasse	Remise de créance	إعفاء من الدين	19, 76 ff., 82 ff.
Fortführungsplan	Plan de continuation	مخطط الاستمرارية	33, 122
Freihändiger Verkauf	Vente de gré à gré	البيع بالتراضي	102
Freiwilliger Vergleich	Règlement amiable	الاتفاق الودي	3, **14 ff.**
Frühwarnverfahren	Procédure d'alerte	مسطرة التنبيه	4, 7
Gerichtliche Übertragung an Zahlungs statt	Attribution judiciaire	التسليم القضائي	113
Gerichtskosten	Frais de procédure	مصاريف رئيس المسطرة	105, 119
Gesellschaften, Handelsgesellschaften, staatliche Gesellschaften	Sociétés, sociétés commerciales, société d'État	شركات - شركات تجارية - شركة دولتية	5
Gesellschafterforderung	Avance d'actionnaire	تسبيق نفاذ المساهم	107
Gesetzgebung	Bestehend aus Gesetzen „lois", Dekreten, „décrets" und königliche Verordnungen, „Dahir"	قوانين - مراسيم - ظهير شريف	1 ff.

Marokko

Deutsch	Französisch	Arabisch	Rn.
Gläubiger, Gläubigerautonomie	Créancier, autonomie des créanciers	دائن - استقلالية الدائنين	14, 19
Gläubiger, bevorrechtigter	Créancier privilégié	دائن ممتاز	105
Gläubiger, dinglich gesicherter	Créancier ayant une sureté réelle	دائن يمتلك ضمانا عينيا	**112 ff.**
Gläubiger, einfacher, ungesicherter	Créancier chirographaire	دائن عادي	78, 106, 121
Gläubigerklassen	Classes des créanciers	ترتيب الدائنين	83
Gläubigerversammlung	Assemblée des créanciers	جمعية الدائنين	27, 38, 40 ff., 83 ff.
Gläubigerhaftung bei fahrlässiger Kreditgewährung	Responsabilité pour soutien abusif	مسؤولية معدل التمويل	**130**
Honorare des mandataire spécial, des Schlichters	Honoraires du mandataire spécial, du conciliateur	موسى الوكيل الخاص، المصالح	11, 16
Hybrides Restrukturierungsverfahren	Procédure de restructuration hybride	مسطرة إعادة هيكلة هجينة	14
Hypothek	Hypothèque	الرهن العقاري	18, 55, 59, 120
Insolvenzanfechtung	Action en nullité des actes juridiques accomplis pendant la période suspecte	الطعن ان العقود التي قام بها المدين الخ فترة الريبة	23, 42, **124 ff.**
Insolvenzforderung	Créance	دين	21, 27, 62, 65, 67, 70, 76, 83, 103, 109, 113, 121 ff.
Insolvenzforderung, einfache	Créance chirographaire	دين عادي	109, 121
Insolvenzforderung, nachrangige	Créance subordonnée	دين التبعية	107
Insolvenzforderung, vorrangige	Créance privilégiée	دين ممتاز	21, 24, 71, 104 f., 119 f.
Insolvenzmasse	Patrimoine du débiteur (als „masse" bezeichnet das tunesische Recht die Gesamtheit der Gläubiger)	ذمة المالية للدائن	**43 ff.**, 51, 100, 126, 139
Insolvenzverfahren, ordentliches	Procédure d'insolvabilité, redressement judiciaire	مسطرة الإعسار - التسوية القضائية	4, 24, **33 ff.**
Insolvenzverfahren, Ausdehnung	Extension de procédure	تمديد المسطرة	31
Insolvenzverschleppung, Konkursverschleppung	Poursuite d'une activité déficitaire	متابعة نشاط منقبض	132 ff.
Insolvenzverwalter	syndic	السنديك	26 f., 31, 38, **40 ff.**, 44, 52 ff., 60, 67, 71 ff. 82, 84 f., 87, 93, 101, 103, 108 f., 113, 115,

Marokko

Deutsch	Französisch	Arabisch	Rn.
			125 f., 129, 131, 134 ff.
Inventar	Inventaire	درج	26, 55
Schlichter	Conciliateur	المصالح	16 f.
Konkurseröffnung	Ouverture d'une procédure de liquidation judiciaire	فتح مسطرة التصفية القضائية	37, **96 ff.**
Konkursverfahren	Procédure de liquidation judiciaire	مسطرة التصفية القضائية	24, 27, 31, 43, 54, 75, 84 f., **96 ff.**, 125, 131 f., 133, 141
Konnexität von Forderungen	Connexité de créances	ترابط الديون	65, 123
Kontrolleur	Contrôleur	المراقب	39, 42, 54, 60, 66, 71, 76
Konzern	Groupe de sociétés	مجموعة الشركات	30 f.
Kreditinstitute	Établissement de crédit	مؤسسة قرض	29
Laufende Verträge	Contrat en cours	العقود المستمرة	44, 67, **108 f.**
Leitungsorgane	Dirigeants d'entreprise	مسيري المقاولة	79, 102, 105, **131 f.**
Lohnforderungen	Créances salariales	مطالبات الأجور	18, 105, 119
Mandat spécial	Mandat spécial	تفويض خاص	4, **10 ff.**
Massegläubiger	Créancier postérieur	الدائن الجديد	104
Masseforderung, Masseschulden	Créance postérieure, frais de procédure	دين جديد – مصاريف المسطرة	21, 51, 104 f., 117
Moratorium, individuelle Aussetzung von Rechtsverfolgungs- und Vollstreckungsmaßnahmen	Moratoire, suspension des poursuites	اجل الفضل – وقف الاجراءات	14, 17 f., 22, 33, 62, 64, 122 f.
Nachrangige Forderungen	Créances subordonnées	ديون باتبعية	107
New money, neue finanzielle Mittel, new-money Privileg	New money, privilège de new-money, privilège de l'argent frais	امتيازا ضخ الاموال الجديدة	21, 24, 104 f., 116
Nichtigkeit	Nullité	الطلان	65, **124 ff.**
Pensionsansprüche	Créances de retraite	مستحقات التقاعد	110
Persönliche Rechte, rein persönliche Rechte	Droits attachés exclusivement à la personne	الحقوق المرفقة حصريا للشخص	99
Personen, juristische, natürliche	Personnes physiques, morales	اشخاص ذاتيا، اعتبارية	5, 34, 103, 132 f.
Präparationsphase	Phase de préparation	فترة اعداد	52 ff., 65, 73 ff., 82
Präventionsmaßnahmen, interne, externe	Prévention, interne, externe	الوقاية الداخلية، الخارجية	7 ff.
Präventives Restrukturierungsverfahren	Procédure de sauvegarde	مسطرة إنقاذ وقائي	4, **25 ff.**
Pfandrecht	Gage	رهن	18, 55, 59, 65, 113
Quote	Dividende	الإبراء	106
Rangordnung, Rangfolge	Rang	الرتبة	**112 ff.**

Marokko

Deutsch	Französisch	Arabisch	Rn.
Regelverfahren	Procédure de droit commun	مسطرة القانون العام	4, 25
Restschuldbefreiung	Abandon des créances en fin de procédure	التنازل عن الديون	103, 132
Sanierungsplan	Plan de sauvegarde, plan de continuation	مخطط الانقاذ، مخطط الاستمرارية	26 ff., 38, 41, 52, 60, 73, **76 ff., 82 ff.**, 95
Satzungsänderungen	Changement des statuts	تغييرات النظام الأساسي	79
Schadensersatzansprüche	Dommages et intérêts	التعويض	99, 109
Schlichtung	Conciliation	المصالحة	4, **14 ff.**
Sicherungsmaßnahmen, vorläufige Schutzmaßnahmen	Mesures provisoires, conservatoires	تدابير وقتية- احتياطية	61
Staatsanwalt	Procureur du Roi	وكيل الملك	31, 35, 37, 40, 96, 101, 131
Stundung	Rééchelonnement de dettes	اعادة جدولة الديون	14, 20, 27, 76
Überschuldung	Surendettement	فرط المديونية	32 f.
Übertragende Sanierung, Veräußerungsplan, Betriebsveräußerung	Plan de cession, cession de l'entreprise	مخطط التفويت	33, 38, 71, 73, **86 ff.**, 112
Ungesicherte Forderungen	Créances chirographaires	ديون عادية	78, 106, 121
Unterbrechung anhängiger Verfahren	Suspension de procédures en cours	وقوف الجاري من المساطر	63
Verbraucherinsolvenzverfahren	Procédure de surendettement des consommateurs	مسطرة ضد فرط المديونية للمستهلكين	32
Verdachtsphase	Période suspecte	فترة الريبة	124
Verfahrenskosten	Frais de procédure	مصاريف رئيسية المسطرة	71
Verfahrensleitende Richter	Juge commissaire	القاضي المقرر	26, **38 ff.**, 44, 51, 54, 56, 62, 76, 102, 105, 113
Verfügungsverbote	Incessibilité d'actifs	عدم تفويت الأصول	138
Verfügungsgeschäfte, unentgeltliche	Transactions à titre gratuit	الاتفاقات بدون مقابل	127
Vermögensverschiebungen-vermischungen	Confusion de patrimoine	اختلاط الذمة المالية	31
Vertrag, laufender	Contrat en cours	العقد الحالي	67, **108 f.**
Verwalter	syndic	السنديك	26 f., 31, 38, **40 ff.**, 44, 52 ff., 60, 67, 71 ff. 82, 84 f., 87, 93, 101, 103, 108 f., 113, 115, 125 f., 129, 131, 134 ff.
Vollstreckungsverbot	Interdiction d'exécution forcée	منع التنفيذ القسري	17, 22, 62, 137

Marokko

Deutsch	Französisch	Arabisch	Rn.
Wechsel	Lettre de change	كمبيالة	129
Wirtschaftsprüfer	Commissaire aux comptes	مراقب الحسابات	4, 7, 15
Zahlungsunfähigkeit	Cessation des paiements	حالة التوقف عن الدفع	4, 8, 15, 25, 33f., 96
Zahlungsfristen	Délais de paiement	اجال الخلاص	19, 51, 76 ff., 89
Zinsen	Intérêts	فوائض	19, 58, 68, 97, 122
Zurückbehaltungsrecht	Droit de rétention	حق الحبس	65, 91, 113, 115, 120

Mexiko

bearbeitet von *Agustín Berdeja-Prieto,* Rechtsanwalt (México City), LL.M. (Harvard Law School); deutsche Bearbeitung: *Prof. (a.D.) Dr. Christoph G. Paulus,* Of Counsel bei White & Case, Berlin.

Übersicht

	Rn.			Rn.
1. Schrifttum und Informationsquellen	1	4.5.1	Versilberung der Masse	53
2. Einführung: Gesetzlicher Rahmen, zuständige Gerichte	3	4.5.2	Art und Weise der Versilberung	54
2.1 Gesetzlicher Rahmen	3	4.5.3	Unternehmerisches Ermessen bei der Versilberung; Anwendung von Treu und Glauben	64
2.2 Zuständige Gerichte	7			
2.3 Bundesinstitut der Insolvenzpraktiker	9	4.5.4	Erlöschende Belastungen	66
2.4 Verfahrenstypen	11	5.	Gläubiger, Feststellung der Forderungen	67
3. Eröffnung des Verfahrens	21	5.1	Aussonderungsberechtigte Gläubiger	70
3.1 Eröffnungsantrag	21	5.2	Rangfolgen	72
3.2 Eröffnungsgründe	23	5.3	Besonders privilegierte und gesicherte Gläubiger	73
3.3 Schuldner	24			
3.4 Sicherungsmaßnahmen vor Verfahrenseröffnung	25	5.4	Privilegierte Gläubiger	75
3.5 Wirkungen der Verfahrenseröffnung	28	5.5	Einfache ungesicherte Gläubiger	77
3.5.1 Die Insolvenzmasse	28	5.6	Nachrangige Insolvenzgläubiger	78
3.5.2 Unterbrechung von Gerichtsverfahren durch das Insolvenzverfahren (automatic stay)	29	5.7	Surrogationsgläubiger	78a
		5.8	Massegläubiger	79
		6.	Auszahlungen an die Gläubiger	80
3.5.3 Vollstreckungsschutz für die Dauer des Reorganisationsverfahrens	33	7.	Verträge im Insolvenzverfahren	81
4. Ablauf des Verfahrens	37	8.	Aufrechnung	82
4.1 Anmeldung der Forderungen durch die Gläubiger	38	9.	Insolvenzanfechtung	83
4.2 Gläubigerorgane	43	9.1	Betrügerische Rechtshandlungen nach Bundesrecht und dem Recht von Mexiko City	85
4.2.1 Keine Gläubigergemeinschaften	43			
4.2.2 Gläubigervertreter	44	9.2	Die insolvenzspezifische Anfechtung der LCM	86
4.3 Schlichter	46			
4.4 Finanzierung der Reorganisation, kein DIP Financing	50	9.3	Anfechtungsfrist	90
		10.	Internationale Gerichtszusammenarbeit	92
4.5 Verwaltung und Verwertung der Insolvenzmasse	51	11.	COVID-19-Maßnahmen	95

1. Schrifttum und Informationsquellen

Schrifttum: The American Law Institute, International Statement of Mexican Bankruptcy Law, Transnational Insolvency: Cooperation among the NAFTA Countries, 2003; *Berdeja-Prieto, Agustín,* Debt Collateralization and Business Insolvency: A Review of the Mexican Legal System, U. Miami Inter-Am. L. Rev. 25 (Winter 1993–94), 253; *Dávalos Mejía, Carlos Felipe,* Introducción a la Ley de Concursos Mercantiles, 2002; *Erreguerena Albateiro, José Miguel,* Suspensión de Pagos y Concurso Mercantil. Efectos en Materia del Impuesto Sobre la Renta, 2000; *Hamdan Amad, Fauzi,* Derecho Concursal Mexicano, 2011; *Méjan Carrer, Luis Manuel C.,* Instituciones Esenciales del Derecho de la Insolvencia, 2012; *Méjan Carrer, Luis Manuel C.,* Agenda Concursal, 2014; *Oscos Coria, Darío F./Oscos Rueda, Darío A.,* Overview of Mexican Insolvency, Getting the Deal Through. Restructuring & Insolvency, Law Business Research Ltd. 2013; *Rodríguez Rodríguez, Joaquín,* Ley de Quiebras y Suspensión de Pagos, 1999. 1

Informationsquellen: Der mexikanische Bundesjustizrat unterhält eine Website (auch in englischer Sprache), auf der unter anderem Gerichtsentscheidungen sowie Gesetze und Verordnungen abrufbar sind, www.cjf.gob.mx. 2

Reorganisationsverfahren sind öffentlich; jedermann kann Informationen über sie abrufen mittels Informationszugangsmechanismen, die die Bundesjustiz zur Verfügung stellt.

Das Bundesinstitut der Insolvenzspezialisten, *Instituto Federal de Especialistas de Concursos Mercantiles*, „IFECOM", stellt (nicht immer aktuelle) Informationen zu laufenden Insolvenzverfahren zur Verfügung: www.ifecom.cjf.gob.mx.

2. Einführung: Gesetzlicher Rahmen, zuständige Gerichte

2.1 Gesetzlicher Rahmen

3   Von 1943 bis 2000 war das mexikanische Insolvenzrecht im Ley de Quiebras y Suspensión de Pagos („LQSP") geregelt. Es wurde abgelöst durch das Unternehmensinsolvenzgesetz (*Ley de Concursos Mercantiles;* im Folgenden: **LCM**), das im Mai 2000 in Kraft getreten ist und **Reorganisation wie Liquidation des Schuldners regelt.**[1]

4   Das LQSP-Gesetz von 1943 war schuldnerfreundlich und wurde demgemäß vielfach dazu benutzt, die Abwicklung hinauszuzögern und das Verfahren bisweilen auf über 10 Jahre auszudehnen; natürlich jeweils zum Schaden der Gläubiger und zur Konservierung des eigenen Vermögens.[2] Das LCM-Gesetz des Jahres 2000 ist demgegenüber gläubigerfreundlicher, indem es insbesondere Verfahrensverzögerungen zu unterbinden versucht, aber auch insgesamt auf eine Beschleunigung ausgerichtet ist.

5   Die LCM wurde am 28.12.2007 ua dahingehend geändert, dass nunmehr auch **vorgefertigte bzw. vorvereinbarte Reorganisationspläne** (sog. Pre-Pack)[3] sowie die Gebühren von Insolvenzspezialisten[4] als normale Verwaltungsausgaben anerkannt werden. Darüber hinaus wurden mehrere Bestimmungen präzisiert, die sich zuvor als missverständlich erwiesen hatten. Eine weitere Änderung des Gesetzes erfolgte am 10.1.2014; der Gesetzgeber reagiert damit auf Defizite, die sich in einer Reihe von Verfahren offenbart hatten, beispielsweise wurde hinzugefügt, dass die Handlungen von Richtern und allen weiteren Beteiligten eines Reorganisatons- wie Liquidationsverfahrens „von Transparenz, Verfahrensökonomie, Beschleunigung, Offenheit und gutem Glauben geleitet sein sollen".[5]

5a Zuletzt wurde das Gesetz am 10.8.2019 ergänzt, ua um die teilweise Übertragbarkeit der Regeln des LCM auf Insolvenzverfahren über Unternehmen im Staatseigentum. Darüber hinaus bezieht das Ergänzungsgesetz auch das Institut der Vermögens- und Aktivenverwaltung (Instituto de Administración de Bienes y Activos) mit ein, indem es ihm die Aufgabe überträgt, als (eine Art von) Sachwalter, Vermittler oder als Verwalter für diesen Verfahrenstyp zu fungieren.[6]

6   Das Regelwerk der LCM wird als Bestandteil des **öffentlichen Interesses** angesehen – die Vorschriften rücken damit gleichsam in den Rang des **Ordre Public**.[7] In Mexiko ist es üblicherweise Aufgabe der Exekutive, deren oberster Repräsentant der Präsident von Mexiko ist, diejenigen Verordnungen zu erlassen, die zur Implementierung von Bundesgesetzen erforderlich sind.[8] Zum gegenwärtigen Zeitpunkt existieren allerdings in Bezug auf die LCM noch keinerlei derartige Verordnungen.

2.2 Zuständige Gerichte

7   In Mexiko gibt es **keine speziellen Insolvenzgerichte**. Grundsätzlich haben diejenigen **Bezirksgerichte,** in deren Sprengel sich das Domizil des Kaufmanns,[9] dh des Schuldners (vgl.

---

[1] Vgl. das im Bundesregister (Diario Oficial de la Federación = D.O.) am 12. Mai 2000 veröffentlichte Bulletin. Dessen vorläufiger Art. 2 setzte das LQSP außer Kraft.

[2] Für Parallelen zum Chapter 11-Verfahren des U.S.-amerikanischen Bankruptcy Code von 1978 vgl. *Ranney-Marinelli, Alesia,* Issues Arising Under United States Bankruptcy Law (February 2009), Vortrag vor der American Bar Association, Spring Meeting 2009, Business Law Section, Vancouver, B.C., Canada, Commercial Financial Services Committee, Panel: „Hands Across the Borders – Comparative Insolvency Regimes in the United States, Canada and Mexico" [im Folgenden: *Ranney-Marinelli,* Issues Arising].

[3] Vgl. → Rn. 16 f.

[4] S. Art. 333.

[5] Als Ergebnis dieser Änderung sind Reorganisationsverfahren nunmehr öffentlich; deswegen kann jedermann Informationen über sie abrufen mittels „Informationszugangsmechanismen, die die Bundesjustiz zur Verfügung stellt", vgl. Art. 7.

[6] Vgl. Art. 54 LCM.

[7] Vgl. Art. 1 LCM.

[8] Vgl. Art. 89 I der mexikanischen Verfassung (Constitución Política de los Estados Unidos Mexicanos = die „Verfassung").

[9] Gemäß der französisch beeinflussten Rechtstradition ist in Mexiko das Insolvenzrecht Kaufleuten vorbehalten (Anm. d. dt. Bearb.); gemäß Art. 4 II LCM ist ein „Kaufmann" eine „natürliche oder juristische Person, die gemäß dem Handelsgesetz (Código de Comercio) als Kaufmann anzusehen ist; darunter ist auch das

unten sub 3.3), befindet, die ausschließliche Zuständigkeit in Insolvenzsachen.[10] Das Domizil des Schuldners ist derjenige Ort, wo das Geschäft registriert ist, oder wo sich die hauptsächliche Verwaltung seines Unternehmens befindet oder befinden sollte. Im Falle von **Niederlassungen ausländischer Unternehmen** soll als Domizil derjenige Ort gelten, wo dieses Unternehmen innerhalb Mexikos seine Hauptniederlassung hat. Sofern der Schuldner eine kaufmännisch tätige natürliche Person ist, ist deren Domizil der Ort ihrer hauptsächlichen unternehmerischen Geschäftstätigkeit, anderenfalls ihr Wohnsitz.[11]

Von dieser Regel gibt es bei **Reorganisationen im Konzernverbund** die Ausnahme, dass der erstangerufene Richter die Kompetenz hat, über alle weiteren Anträge von konzernverbundenen Gesellschaften zu entscheiden.[12]

2.3 Bundesinstitut der Insolvenzpraktiker

Mit dem Erlass der LCM wurde auch das **Bundesinstitut der Insolvenzspezialisten** *(Instituto Federal de Especialistas de Concursos Mercantiles)*, abgekürzt „IFECOM" eingeführt.[13] IFECOM ist eine zur Unterstützung des **Rates der Bundesrichter** *(Consejo de la Judicatura Federal)* eingerichtete Institution mit fachlicher wie operativer Autonomie.[14] Seine Hauptaufgabe besteht in der Überwachung und Begleitung von Insolvenzverfahren und Aufgabenträgern, als da sind: **Sachwalter** *(visitadores)* im Eröffnungsverfahren, **Vermittler** *(conciliadores)* im Reorganisationsverfahren und **Insolvenzverwalter** *(síndicos)* im Liquidationsverfahren. Das IFECOM bestellt nach einem freien Auswahlverfahren diejenigen Verfahrensverantwortlichen, die bei einem Insolvenzverfahren eingesetzt werden, bestimmt deren Gebühren und kontrolliert deren Amtsausübung.[15]

Wie bei Rn. 6 schon erwähnt, existieren noch keine Umsetzungsvorschriften für das LCM. Aufgrunddessen spielt das IFECOM eine umso bedeutendere Rolle für Auslegung und Anwendung des LCM. Möglicherweise werden Aufgabenbereich und Verantwortlichkeiten des IFECOM in naher Zukunft durch Verordnung eine präzisere Ausformung erfahren.

2.4 Verfahrenstypen

Insolvenzverfahren gliedern sich in zwei bzw. drei Verfahrensabschnitte, je nach den Umständen des Einzelfalls und dem Ziel des Verfahrens, und je nachdem, ob eine Eingangsphase vorgeschaltet wird; darüber hinaus werden unter 4) und 5) die weiteren speziellen Verfahrenstypen eines Pre-Pack sowie der Konzerninsolvenz vorgestellt:

1) **Eingangsphase:** Deren Zweck besteht in der **Prüfung,** ob sich der Schuldner in einem allgemeinen Verzug seiner Leistungspflichten befindet, und ob er sich demgemäß für einen **Insolvenzschutz** etwa in Gestalt eines Moratoriums qualifiziert hat oder nicht.[16] Dieser Abschnitt ist nicht immer obligatorisch; seine Durchführung steht vielmehr im Ermessen des Richters und ist insbesondere in Fällen eines **Pre-Pack** angezeigt.[17]

2) **Reorganisation oder Schlichtung:** Zweck dieses Abschnitts ist der Versuch, zu einer einvernehmlichen, dh vertraglichen Vereinbarung zwischen dem Schuldner und seinen Gläubigern zu kommen. Grundsätzlich führt der Schuldner im Verlauf dieses Abschnitts seine Geschäfte **eigen-**

Vermögen einer Treuhand zu verstehen, sofern deren Aufgabenbereich sich auch auf unternehmerische Aktivitäten erstrecken sollte; darüber hinaus sollen ferner auch diejenigen beherrschenden bzw. beherrschten Unternehmen erfasst sein, die in Art. 15 adressiert sind"; (vgl. Art. 3 und 75 des Handelsgesetzbuchs (Código de Comercio = „Handelsgesetzbuch")).

Gemäß Art. 15 LCM – er definiert den für das vorliegende Gesetz einschlägigen Konzernbegriff – muss die Insolvenz der beherrschenden Gesellschaft zusammen mit denen seiner beherrschten Gesellschaften als Teil eines Gerichtsverfahrens behandelt werden, allerdings unter verschiedenen Aktenzeichen; eine gesonderte Vorschrift gibt es für Schuldner ein und desselben Konzerns; danach können diese die gleichzeitige Eröffnung verbundener Reorganisationsverfahren beantragen, ohne dass dabei die Massen verschmolzen würden; in einem derartigen Fall soll es ausreichen, wenn (nur) ein Konzernmitglied die Eröffnungsvoraussetzungen der Art. 10, 11 oder 20 Bis erfüllt, und dass dadurch ein oder mehrere Mitglieder des Konzerns in die gleiche Lage versetzt werden, sodass eine Eröffnungsentscheidung für eine verbundene Reorganisation getroffen werden kann, vgl. Art. 15 Bis.

[10] Art. 4 IV.
[11] Ebendort, Art. 17 mit Art. 4 III.
[12] Ebendort, Art. 17, zu weiteren Einzelheiten s. Fn. 8.
[13] Ebendort, Art. 4 IV.
[14] Ebendort, Art. 311.
[15] Ebendort, Art. 311 IV, V und VII.
[16] Ebendort, Art. 30.
[17] Ebendort, Art. 341.

verwaltend weiter, steht dabei aber unter der Aufsicht eines sog. **Sachwalters bzw. Schlichters** (conciliador).[18] Die administrativen Lasten sowie die der Finanzanalyse, die mit einem Reorganisationsverfahren einhergehen, werden zu einem erheblichen Teil von **IFECOM** getragen. Wie schon erwähnt, erfüllt IFECOM eine unterstützende Aufgabe für die Gerichte, die nunmehr, darin noch bestärkt durch das LCM, in die Lage versetzt sind, derartige Reorganisationen beschleunigt durchzuführen.

14   3) **Liquidation:** Deren Zweck besteht in der Veräußerung aller Vermögensgüter und Rechte der Masse,[19] um aus dem hieraus erlangten Erlös die Gläubiger zu befriedigen.[20] Der Schuldner kann seinen Antrag so stellen, dass sogleich ein Liquidationsverfahren ohne vorgeschalteten Versuch einer Reorganisation eingeleitet wird.[21] Während, wie schon erwähnt, der Schuldner im Verlauf eines Reorganisationsverfahrens die Kontrolle über sein Unternehmen oder Geschäft behält,[22] wird ihm im Falle eines Liquidationsverfahrens eben diese Kontrolle entzogen.[23] Im Falle eines gescheiterten Reorganisationsverfahrens wird üblicherweise der Schlichter zum **Insolvenzverwalter** ernannt; IFECOM ist es allerdings unbenommen, auch eine andere Person als Schlichter zu bestimmen.[24]

15   Unmittelbar im Anschluss an den **Liquidationseröffnungsbeschluss** des Gerichts **muss** der Verwalter, auch wenn das Forderungsfeststellungsverfahren noch nicht abgeschlossen ist, mit der Veräußerung der Insolvenzmasse beginnen – mit dem Ziel der bestmöglichen Verwertung.[25] Diese kann natürlich auch dadurch erreicht werden, dass er die Masse als „going concern", mithin als Einheit, veräußert.[26]

16   4) **Vorgefertigter Restrukturierungsplan** (Pre-Pack): Titel 14 der LCM sieht einige Erleichterungen für den Schuldner vor, der eine insolvenzrechtliche Sanierung mit Hilfe eines **vorgefertigten Restrukturierungsplans** (Pre-Pack) durchführen will. So genügt es beispielsweise, dass der Schuldner unter Eid bestätigt, dass die Unterzeichner des Pre-Pack mindestens 50 % seiner Gesamtschulden repräsentieren, und dass der Plan in eine der in Art. 10 und 11 LCM genannten Kategorien fällt.[27] Sofern die entsprechenden Voraussetzungen erfüllt sind, kann der Richter von einer Anfrage bei der IFECOM zur **Ernennung eines Sachverständigen absehen**.[28] Grundsätzlich müssen die Geschäftsführer eines insolventen Schuldners ab der Eröffnung des Reorganisationsverfahrens an dem Sitz bzw. Wohnort des Schuldners verfügbar sein, es sei denn, dass ein formgemäß bestellter Anwalt präsent ist.[29] Ein vom Schuldner vorgefertigter Pre-Pack muss dem Gericht entweder vom Schuldner, vom Sachwalter oder vom Schlichter zur Abstimmung und nachfolgender gerichtlicher Billigung vorgelegt werden.[30]

17   Ein Pre-Pack kann nicht dazu verwendet werden, Rechte der Gläubiger zu schmälern.[31] Die Neuartigkeit dieses Konzepts in Mexiko und die Tatsache, dass es gegenwärtig, soweit ersichtlich, erst wenig einschlägige Fälle gegeben hat, machen verständlich, dass es dabei noch eine Vielzahl ungelöster Probleme gibt. Man sollte freilich bei dem Ringen um das richtige Verständnis der Vorschriften des Titel 14 vermeiden, mit seiner Hilfe alle formellen und substantiellen Defizite der LCM heilen zu wollen. Eine ausufernde Interpretation könnte schließlich auch zu einer einseitigen Bevorzugung (und damit zur Missbrauchsanfälligkeit) dieses Titels führen und damit die Glaubwürdigkeit eines Verfahrens in Frage stellen, das seinem Zweck nach auf Beschleunigung, Bekräftigung von Redlichkeit und Zurückweisung von Missbrauch gerichtet ist.

18   Die Änderungen des LCM von 2014 reagierten genau auf diese Befürchtungen und Gefahren. So behalten etwa, anders als in den meisten anderen Rechten, Tochtergesellschaften des Schuldners

---

[18] Ebendort, Art. 74; zur Auswahl und Bestellung des Sachwalters näher → Rn. 46.
[19] Ebendort, Art. 4 V, wo sich die Definition für die „Insolvenzmasse" findet.
[20] Ebendort, Art. 167.
[21] Ebendort, Art. 167 I.
[22] Ebendort, Art. 74.
[23] Ebendort, Art. 169 II.
[24] Ebendort, Art. 169 I und V, 170 und 178.
[25] Ebendort, Art. 197.
[26] Ebendort, Art. 197.
[27] S. Art. 339 Nr. III, a) und b).
[28] Art. 341; s. auch Art. 29.
[29] Art. 4 Nr. III, 47.
[30] Art. 342.
[31] Nach den Worten eines Kommentators: „Die meisten Schuldner sind keine geeigneten Kandidaten für vorgefertigte oder vorverhandelten Fälle. Wenn also Schuldner erhebliche operationale Probleme, eine Vielzahl von neu zu verhandelnden bzw. abzuweisenden Miet- oder sonstigen Verträgen haben, oder wenn Massendeliktsansprüche oder klagebedingte Forderungen im Raume stehen, bedarf es üblicherweise des vollen Instrumentariums eines Chapter 11-Verfahrens und des damit einhergehenden Stays. Die besten Kandidaten für einen Pre-Pack bzw. vorverhandelten Plan sind solche Schuldner, deren Hauptproblem eine Überschuldung ist (zB LBO Unternehmen)," vgl. oben Fn. 2: *Ranney-Marinelli*, Issues Arising, S. 11.

ihr Stimmrecht in Reorganisationsverfahren. Während einige neue Regelungen eine positive Entwicklung implizieren, geben andere Spielraum für divergierende Auslegungen, die auf eine nicht hinreichende Berücksichtigung der inneren Stimmigkeit des Gesetzes schließen lassen. Eine gewichtige Modifikation stellt es dar, dass das LCM zu unterbinden versucht, dass **nicht-schuldnerische Tochtergesellschaften** von ihren Verpflichtungen aus sog. „**upstream-Garantien**" befreit werden. Die neue Bestimmung sieht vor, dass: „jede Vereinbarung, jede Schuldreduzierung, jeder Erlass oder jedwede andere Vergünstigung für den Schuldner in einem Reorganisationsplan, der vom Gericht bestätigt worden ist, nur zugunsten des Schuldners wirkt, nicht aber auch zugleich zugunsten von Mitschuldnern, Garantiegebern, Bürgen oder sonstigen Mitverpflichteten, es sei denn, dass der betroffene festgestellte Gläubiger seine gegenteilige Zustimmung erklärt hat," Art. 166-II.

5) **Konzerninsolvenzrecht:** Die LCM adressiert an verschiedenen Stellen **Konzernsachverhalte.** So definiert Art. 15 etwa den für das Gesetz einschlägigen Konzernbegriff: Danach muss die Insolvenz der beherrschenden Gesellschaft zusammen mit denen seiner beherrschten, ebenfalls insolventen Gesellschaften als Teile eines Insolvenzverfahrens behandelt werden, jedoch unter verschiedenen Aktenzeichen. Allerdings gibt es von dieser Zusammenfassung dann eine Ausnahme, wenn mehrere Schuldner ein und desselben Konzerns die gleichzeitige Eröffnung verbundener Reorganisationsverfahren beantragen; die Massen werden dann nicht miteinander verschmolzen. In einem derartigen Fall soll es ausreichen, wenn (nur) ein Konzernmitglied die Eröffnungsvoraussetzungen der Art. 10, 11 oder 20 Bis erfüllt, und dass dadurch ein oder mehrere Mitglieder des Konzerns in die gleiche Lage versetzt werden, sodass eine Eröffnungsentscheidung für eine verbundene Reorganisation getroffen werden kann.[32] Es ist zu beachten, dass sich der Insolvenzschutz bezüglich eines schuldnerischen Unternehmens nicht automatisch auf dessen beherrschte Gesellschaften erstreckt. Diese müssen vielmehr den Nachweis erbringen, dass sie ihrerseits insolvent sind; erst dann können sie den Schutz eines Reorganisationsverfahrens in Anspruch nehmen.[33]

Es wurde diskutiert, dass sich die vorbeschriebenen Einleitungsvoraussetzungen für ein Pre-Pack-Verfahren mit dem Zustimmungserfordernis von (mindestens) 50 % der Gläubiger in Konzernkonstellationen als zu unbestimmt herausstellen könnten. So kann beispielsweise ein Schuldner seine verbundenen Unternehmen zur Erreichung dieser Schwelle instrumentalisieren, weil das Gesetz pauschal von Gläubigern spricht. Freilich könnte ein eventueller Missbrauch auch mit Hilfe einer zutreffenden Gesetzesauslegung bzw. mittels Heranziehung bestimmter Rechtsprinzipien korrigiert werden. So kann ein Gericht etwa die Bestätigung mit der Begründung ablehnen, dass es sich bei dem „Pre-Pack" um einen Vertrag handelt, der infolgedessen von zwei oder mehr Parteien geschlossen sein muss. Tatsächlich aber bilden das kontrollierende Unternehmen und seine Tochtergesellschaften ein und denselben Willen, weil letztere lediglich Instrumente des ersteren sind, vgl. Art. 1797 des Bundeszivilgesetzes. Darüber hinaus sind aber die Abstimmungsrechte nachgeordneter Gesellschaften durch die Änderungen des LCM im Jahr 2014 geschmälert worden. Zur Eröffnungszuständigkeit der Gerichte bei Konzernen s. Fn. 9.

3. Eröffnung des Verfahrens

3.1 Eröffnungsantrag

Insolvenzverfahren können auf Antrag des Schuldners, der Gläubiger (unter Einschluss der zuständigen Steuerbehörde) oder des Bezirksanwalts (ministerio público) eröffnet werden.[34] Insolvenzschutz wird nicht etwa automatisch mit Stellung des Antrags gewährt; das ist vielmehr grundsätzlich erst dann der Fall, wenn der betreffende Schuldner auch tatsächlich den „Insolvenztest" gemäß der LCM besteht, wenn also ein Eröffnungsgrund vorliegt.[35]

Falls ein Richter im Verlauf eines regulären zivilgerichtlichen Verfahrens erkennt, dass eine Partei nach näherer Maßgabe der Art. 10 oder 11 LCM insolvent (geworden) ist, kann er sowohl

---

[32] Art. 15 Bis.
[33] Art. 4 Nr. II und 15.
[34] Art. 9 und 21; die LCM adressiert primär Reorganisation und Liquidation von mittelgroßen und großen Unternehmen; gemäß Art. 5 können kleine Unternehmen nur dann dem Reorganisationsverfahren der LCM unterworfen werden, wenn sie ihr Einverständnis dazu in schriftlicher Form erklären; für die Zwecke der LCM wird ein kleines Unternehmen in der Weise definiert, dass es fällige Verbindlichkeiten von insgesamt nicht mehr als dem Äquivalent zu 400.000 Investmenteinheiten (*unidades de inversión*) zum Zeitpunkt der Antragstellung vorzuweisen hat; bei Kleinunternehmen, die nicht der LCM unterworfen sein wollen, erfolgt die Reorganisation gemäß den Art. 2964–2998 des Bundeszivilgesetzes (*Código Civil Federal*).
[35] Art. 9, 10 und 11 LCM.

die Steuerbehörden als auch den Bezirksanwalt hiervon in Kenntnis setzen.[36] Diese können daraufhin einen Eröffnungsantrag stellen; die Steuerbehörde ggf. auch als Gläubiger.[37]

3.2 Eröffnungsgründe

23   Ein Insolvenzverfahren wird eröffnet, wenn ein Kaufmann sich in einem **allgemeinen Verzug hinsichtlich seiner Zahlungsverpflichtungen** befindet.[38] Von einem derartigen Verzug ist auszugehen, wenn (1) zum Zeitpunkt der Antragsstellung mindestens 35 % der fälligen Verbindlichkeiten ausstehen, oder wenn (2) der Wert der Vermögensgüter des Schuldners nicht ausreicht, um mindestens 80 % aller fälligen und ausstehenden Verbindlichkeiten abzudecken.[39] Sofern der Kaufmann einen Eigenantrag stellt, muss das Vorliegen entweder von (1) oder (2) nachgewiesen werden.[40] Wenn demgegenüber ein Gläubiger oder der Bezirksanwalt einen Fremdantrag stellen, müssen beide Voraussetzungen kumulativ nachgewiesen werden.[41] Etwas anderes gilt für den Antrag auf Eröffnung eines Reorganisationsverfahrens mit einem vorgefertigten Plan, Pre-Pack. Dieser wird angenommen, wenn der Schuldner eidlich bezeugt und darlegt, dass er a) eine der Voraussetzungen der Art. 10 und 11[42] erfüllt, bzw. b) dass dieser Zustand drohend bevorsteht.[43] Das Gesetz ist bestrebt, dass Reorganisationsverfahren spätestens zwölf Monate nach der Veröffentlichung des richterlichen Reorganisationsbeschlusses in dem D.O. (Fn. 1) abgeschlossen werden.[44]

3.3 Schuldner

24   Jede **natürliche oder juristische Person,** die nach dem Handelsgesetzbuch *(Código de Comercio)* unter den Begriff des Kaufmanns *(Comerciante)* fällt, ist nach der LCM insolvenzfähig. Sobald die Insolvenzfähigkeit festgestellt ist, wird der Schuldner (wie er auf dem mexikanischen Markt bekannt ist) im Gesetz durchgängig als Kaufmann bezeichnet.[45] Darüber hinaus kann auch der **Nachlass** eines Kaufmanns *(sucesión del Comerciante)* insolvent werden.[46]

3.4 Sicherungsmaßnahmen vor Verfahrenseröffnung

25   In Mexiko behält der Schuldner, der ein **Reorganisationsverfahren** beantragt hat, die Kontrolle über sein Unternehmen. Selbst mit dem Eröffnungsbeschluss des Gerichts verbleibt ihm so viel an eigenverwaltender Rechtsmacht, dass man den Schuldner mit Fug und Recht (und in Anlehnung an das US-amerikanische Recht) als „**Debtor in Possession**" bezeichnen kann.[47]

26   Unbeschadet des Voranstehenden ist es jedem Gläubiger unbenommen, wenn er denn die Eröffnung eines Reorganisationsverfahrens beantragt, vom Richter bestimmte vorläufige Maßnahmen zu erbitten bzw. je nach Fallgestaltung bereits angeordnete Maßnahmen zu ergänzen oder zu ändern; die Einzelheiten ergeben sich aus den einschlägigen Vorschriften des Handelsgesetzbuchs.[48]

27   Es kann aber auch der Schuldner selbst vorläufige Maßnahmen beantragen, um auf diese Weise Risiken für die Fortführungsmöglichkeit des Unternehmens zu verringern bzw. zu vermeiden; das Ganze dient dabei auch dem Schutz des öffentlichen Interesses iSd Art. 1 LCM.[49] Über den Antrag entscheidet der Richter im Zusammenhang mit dem Beschluss, den Verfahrensantrag überhaupt zuzulassen.[50]

---

[36] Art. 21.
[37] Art. 21.
[38] Art. 10 LCM.
[39] Art. 9 und 10.
[40] Art. 9 Nr. I.
[41] Art. 9 Nr. II.
[42] S. Fn. 34.
[43] Art. 339 Nr. III LCM.
[44] Art. 145.
[45] Ergebnis der Gesetzesergänzungen von 2019 ist, dass nunmehr der Begriff „Kaufmann" auch staatseigene Unternehmen insoweit erfasst, als das Institut der Vermögens- und Aktivenverwaltung (Instituto de Administración de Bienes y Activos) mit einbezogen ist.
[46] Art. 12.
[47] Vgl. Art. 74.
[48] S. dort Art. 25; beachte, dass nach dieser Vorschrift der Richter auch nach eigenem Ermessen vorläufige Maßnahmen anordnen kann.
[49] Ebendort, Art. 26.
[50] Ebendort.

3.5 Wirkungen der Verfahrenseröffnung

3.5.1 Die Insolvenzmasse

Die **Insolvenzmasse** umfasst **alle Vermögensgüter und Rechte des Kaufmanns,** die nicht 28 durch die LCM ausgeschlossen sind.[51] Die LCM gestattet Dritten **Aussonderungsrechte,** dh unter besonderen Voraussetzungen, im Klagewege bestimmte individualisierte Gegenstände auszusondern, die nicht endgültig auf den Schuldner übertragen worden sind.[52] Die LCM enthält eine Auflistung derartiger nicht-endgültiger Übertragungen.[53]

3.5.2 Unterbrechung von Gerichtsverfahren durch das Insolvenzverfahren (automatic stay)

Das gegenwärtige System der **Unterbrechung von Gerichtsverfahren durch das Insolvenz-** 29 **verfahren** unterscheidet sich vom früheren Recht, indem es weniger restriktiv ist. Wenn beispielsweise ein Streitgericht eine Klage noch vor der Eröffnung eines Reorganisationsverfahrens eröffnet hat, kann dieser Streit unbeschadet der Einleitung des Reorganisationsverfahrens weitergeführt werden. So heißt es in Art. 84 LCM:

„Klagen oder sonstige Rechtsverfahren, die von dem oder gegen den Kaufmann erhoben bzw. 30 betrieben wurden, und die zum Zeitpunkt der Eröffnungsentscheidung eines Reorganisationsverfahrens noch rechtshängig sind, sollen nicht in das Reorganisationsverfahren einbezogen werden. Vielmehr soll der Kaufmann unter Aufsicht des Schlichters derartige Verfahren weiter betreiben. Der Kaufmann ist verpflichtet, den Schlichter von der Existenz derartiger Verfahren am ersten Tag, nachdem er von der Ernennung des Schlichters Kenntnis erlangt hat, zu informieren.

Unbeschadet der im vorigen Absatz getroffenen Regelung kann der Schlichter in einem in 31 Art. 81 angesprochenen Fall an die Stelle des Kaufmanns treten."[54]

Es ist eine der Neuerungen, die durch das Reformgesetz im Jahr 2014 eingeführt worden sind, 32 dass auch noch nach Eröffnung des Reorganisationsverfahrens weitere Verfahren gegen den Schuldner unter der Aufsicht des Schlichters dem zuständigen Gericht unterbreitet werden können, ohne dass ersteres Verfahren diesem zugeschlagen werden müsste.[55]

3.5.3 Vollstreckungsschutz für die Dauer des Reorganisationsverfahrens

Es gilt der Grundsatz, dass für die Dauer eines Reorganisationsverfahrens **keine Vollstreckung** 33 und kein sonstiger Zwangszugriff in irgendeinen Vermögensgegenstand des Schuldners erfolgen darf.[56] Allerdings gibt es hiervon **Ausnahmen:**

Wenn der Zwangszugriff auf einer **Arbeitnehmerforderung** beruht, ist dieser Zugriffsstopp 34 nach Maßgabe des Art. 123 Abs. A, Abschnitt XXIII der Verfassung sowie dessen Ausführungsvorschriften für Lohnforderungen von zwei Jahren vor der Eröffnung des Reorganisationsverfahrens unbeachtlich.[57]

Die Eröffnung eines Reorganisationsverfahrens verhindert auch nicht, dass weiterhin **gesetzlich** 35 **vorgesehene Aufschläge, Strafgelder** oder sonstige **Mehrverpflichtungen von Steuerforderungen** auflaufen können.[58] Falls jedoch eine Vereinbarung nach Maßgabe des Titels 5 der LCM (betr. Reorganisation) getroffen wird, erlöschen die während der Verfahrensdauer angefallenen Strafgelder und sonstigen Mehrverpflichtungen. Die gerichtliche Entscheidung, ein Reorganisationsverfahren zu eröffnen, hat keinen Einfluss auf die Pflicht des Schuldners, seinen Steuer- und Sozialversicherungsverpflichtungen nachzukommen; denn diese sind für die Fortführung des Betriebes unabdingbar.[59]

Allerdings bezieht sich der Zugriffsstopp sehr wohl auf alle Zwangsmaßnahmen, die die **Steuer-** 36 **behörden** in der Zeit zwischen Eröffnung und Beendigung des Reorganisationsverfahrens anstrengen wollen. Das impliziert, dass die Steuerbehörden an einem Reorganisationsverfahren teilnehmen können, um die Erfüllung der Steuerschulden des Kaufmanns sicherzustellen.[60]

---

[51] Vgl. Art. 4 Nr. V iVm Art. 71–73.
[52] Art. 70 und 73.
[53] Art. 71.
[54] Gemäß Art. 81 kann der Schlichter die Entziehung der Geschäftsführungsbefugnis des Schuldners bei Gericht beantragen, wenn er dies für den Schutz der Masse für erforderlich erachtet.
[55] Art. 84-II.
[56] Art. 65 und 66.
[57] Art. 65.
[58] Art. 69.
[59] Art. 69.
[60] Art. 69.

4. Ablauf des Verfahrens

Dauer des Verfahrens

37 Grundsätzlich kann das Reorganisationsverfahren (**conciliación**) nicht länger als 185 Kalendertage dauern, gerechnet vom Tag der Veröffentlichung des endgültigen Reorganisationsbeschlusses im Bundesregister.[61] Der Schlichter (conciliador) wie auch die festgestellten Gläubiger (sofern sie mindestens 50 % der Gesamtsumme aller festgestellten Gläubiger repräsentieren) können aber eine Verlängerung von 90 Tagen beantragen, wenn dies für den Erfolg einer unmittelbar bevorstehenden Vereinbarung erforderlich erscheint.[62] Der Schuldner und 75 % der festgestellten Gläubiger können darüber hinaus eine weitere (letzte) Erstreckung dieses Zeitraums um 90 Tage beantragen.[63] Auf keinen Fall kann ein Reorganisationsverfahren länger als 365 Tage dauern.[64]

4.1 Anmeldung der Forderungen durch die Gläubiger[65]

38 Die Eröffnung eines Reorganisationsverfahrens umfasst auch eine Aufforderung an die Gläubiger zur **Forderungsanmeldung**.[66] Ein Gläubiger, der den Antrag auf Eröffnung eines Reorganisationsverfahrens stellt, muss schriftlichen Beweis für seine Forderung erbringen.[67] Nach dem Ablauf von 30 Kalendertagen nach Veröffentlichung des Eröffnungsbeschlusses im Bundesregister muss der Schlichter dem Richter eine vorläufige Liste der Forderungen präsentieren.[68] Diese Liste beruht ua auf den Recherchen des Sachverständigen in den Büchern des Schuldners wie auch auf den zwischenzeitlich erfolgten Anmeldungen.[69]

39 Gläubiger haben mehrere Möglichkeiten zur Anerkennung ihrer schriftlich dokumentierten Forderungen. Die wenigsten Probleme bereitet es, wenn die vom Gläubiger angemeldete Forderung als solche in den Büchern des Schuldners ausgewiesen ist. Das Gericht muss in einem „Vorlagebeschluss" angeben, welche Buchhaltungs- bzw. Buchführungsunterlagen dem Sachverständigen vorgelegt werden müssen. Nach Art. 34 muss der Schuldner diesem Sachverständigen Zugang zu diesen Unterlagen verschaffen. Vgl. auch Art. 123, in dem dem Schlichter aufgetragen wird, in die vorläufige Forderungsliste all diejenigen Forderungen aufzunehmen, die er nach Durchsicht der schuldnerischen Geschäftsbücher als berechtigt ansieht.[70] Eine Anerkennung kann aber auch durch den Schlichter erfolgen.[71]

40 Sofern weder der Schuldner noch der Schlichter die Forderung als gerechtfertigt anerkennen, sieht das LCM *mehrere Zeiträume* für die **Fristen zur Forderungsanmeldung** vor, binnen derer die Anerkennung gerichtlich erstritten werden kann:
 I. binnen 20 Kalendertagen nach Veröffentlichung des Eröffnungsbeschlusses für das Reorganisationsverfahren im Bundesregister;
 II. binnen der Frist, die Art. 129 für die Erhebung von Einwendungen gegen die vorläufige Liste setzt;
 III. binnen der für eine Beschwerde gegen die gerichtliche Anerkennung, Rangeinordnung oder Prioritätsfestsetzung einer Forderung gesetzten Frist.

41 Sofern die unter III. benannte Frist verstrichen ist, kann eine Forderungsanerkennung nicht mehr geltend gemacht werden.

42 Im Falle einer **Gesamtgläubigerschaft** ist der **gemeinsame Repräsentant** zur Anmeldung beim Schlichter oder dem Verwalter berechtigt. Darüber hinaus steht dieses Recht allerdings auch jedem einzelnen der Gesamtgläubiger zu; wird ein derartiger Antrag gestellt, ist der Betrag dieser Teilforderung vom Gesamtbetrag der Gesamtforderung abzuziehen.[72]

---

[61] Vgl. den im Bundesregister (Diario Oficial de la Federación = „D.O.") am 12.5.2000 veröffentlichten Beschluss; dessen Übergangsartikel 2 setzte das LQSP außer Kraft.
[62] Art. 69.
[63] Art. 69.
[64] Seine Kompetenzen überschreitend, weitete der Richter im Fall *Mexicana de Aviación* praeter legem diese Frist aus Gründen der öffentlichen Ordnung aus; seine Entscheidung hat sich als wenig glücklich erwiesen und trug von Anbeginn den Makel der Rechts- und Verfassungswidrigkeit; in Reaktion darauf hat das Änderungsgesetz von 2014 die Art. 7 und 145-III folgendermaßen angepasst: „Der Richter ... hat die umfassende Befugnis, den Bestimmungen des LCM zur Geltung zu verhelfen – freilich mit der Maßgabe, dass vorbehaltlich anderweitiger Anordnungen sich derlei Befugnisse nicht darauf erstrecken, angeordnete Fristen abzuändern."
[65] Dazu auch noch → Rn. 67 ff.
[66] Art. 43-XIV.
[67] Art. 23-I.
[68] Art. 121.
[69] Art. 122.
[70] Art. 31-III.
[71] S. etwa Art. 43-III.
[72] Art. 122.

4.2 Gläubigerorgane

4.2.1 Keine Gläubigergemeinschaften

Anders als sein Vorgängergesetz sieht das LCM weder Gläubigerversammlungen noch Gläubigerausschüsse vor, weil die einschlägigen Erfahrungen gezeigt haben, dass derartige Gemeinschaften zu Ineffizienzen und Verzögerungen geführt haben. 43

4.2.2 Gläubigervertreter

Stattdessen sieht die LCM nunmehr das Konzept eines **Gläubigervertreters** *(interventor)* vor. Der Gläubigervertreter vertritt die Interessen der Gläubiger und überwacht die Tätigkeiten sowohl des Schlichters, des Verwalters sowie die des Schuldners bei der Führung seines Geschäftes.[73] 44

Jeder Gläubiger oder jede Gruppe von Gläubigern, die gemäß der vorläufigen Forderungsanmeldungstabelle (bzw. der festgestellten Tabelle) zusammen wenigstens 10 % der Schuldenmasse repräsentieren, haben das Recht, vom Gericht nicht nur die Einsetzung, sondern ggf. auch die Auswechslung oder Absetzung eines Gläubigervertreters zu verlangen; dessen Gebühren müssen von dem (oder den) antragstellenden Gläubiger(n) getragen werden.[74] Als Gläubigervertreter können sowohl natürliche als auch juristische Personen agieren, gleich ob sie Gläubiger sind oder nicht. Die LCM betraut den Gläubigervertreter mit diversen Rechten und Pflichten.[75] 45

4.3 Schlichter

Bestellung

Der Schlichter wird auf Anfrage des Insolvenzgerichts und gemäß dem Eröffnungsbeschluss für das Reorganisationsverfahren von IFECOM bestellt.[76] Die **Auswahl** erfolgt nach dem **Zufallsprinzip** aus einer Liste von eingetragenen Spezialisten.[77] Allerdings kann sich der Schuldner mit einer Gruppe von Gläubigern, die wenigstens 50 % der Schuldenmasse innehaben, auf die Ernennung eines speziellen Schlichters von der IFECOM-Liste verständigen;[78] wenn es sich bei dieser Person allerdings um einen nicht gelisteten Schlichter handelt, muss die betreffende Gruppe der Gläubiger zumindest 75 % der Schuldenmasse repräsentieren.[79] Die Hauptaufgabe des Schlichters besteht darin, im Verhandlungswege eine Vereinbarung zwischen den Gläubigern und dem Schuldner herbeizuführen.[80] 46

Aufgaben

Grundsätzlich führt der Schuldner das Geschäft in Eigenverwaltung fort, wird dabei freilich überwacht durch den Schlichter. Falls letzterer jedoch der Ansicht sein sollte, es sei für den Schutz der Masse besser, kann er den Antrag bei Gericht stellen, dem Schuldner die Befugnis zur Geschäftsführung zu entziehen.[81] Im Rahmen seiner Entscheidung steht es im Ermessen des Richters, all die seiner Ansicht nach zum Schutze der Masse erforderlichen Anordnungen zu bestimmen. Über die Absetzung des Schuldners von der Geschäftsführung muss der Richter in einem Zwischenverfahren entscheiden.[82] 47

Der Schlichter und der Schuldner müssen sich darüber verständigen, ob eine Fortführung des Unternehmens die richtige Vorgehensweise ist.[83] Der Schlichter ist jederzeit befugt, beim Gericht zu beantragen, dass das Unternehmen ganz oder teilweise, zeitweilig oder endgültig eingestellt wird, sofern er – nach einer Verständigung mit dem Gläubigervertreter (falls ein solcher bestellt ist) – eine derartige Maßnahme für erforderlich hält, um eine Vergrößerung der Passivmasse oder sonst eine Verschlechterung der Masse zu unterbinden.[84] 48

Wann immer jedoch der Schuldner die Geschäftsführung inne hat, ist der Schlichter dazu befugt, die Aufsichtsorgane des schuldnerischen Unternehmens einzuberufen, wenn er deren Beschlussfassung oder Zustimmung für bestimmte Maßnahmen als notwendig erachtet.[85] 49

---

[73] Vgl. Art. 62.
[74] Art. 63.
[75] S. beispielsweise die Art. 43 Nr. VII, 46, 59, 60, 64, 70, 75 und 76.
[76] Art. 43 Nr. IV.
[77] Art. 146 und 335.
[78] Art. 147 Nr. I.
[79] Art. 147 Nr. II.
[80] Art. 148.
[81] Art. 81.
[82] Art. 81.
[83] Art. 79.
[84] Art. 79.
[85] Art. 80.

4.4 Finanzierung der Reorganisation, kein DIP Financing

50   Die LCM regelt Finanzierungsmöglichkeiten für den Schuldner für die Dauer des Reorganisationsverfahrens.[86] Das stellt gegenüber dem früheren Recht eine Neuerung dar, wobei es in Mexiko gegenwärtig noch keinen funktionierenden Sekundärmarkt für das sog. DIP Financing[87] gibt. Allerdings genießen bestimmte **Forderungen auf Arbeitslohn** und vergleichbare Vergünstigungen **Vorrang** (Superpriorität); sie sind daher vor allen anderen Gläubigern zu befriedigen. Eine Reorganisationsvereinbarung muss die Zahlungsmodalitäten für Masseforderungen enthalten, einschließlich also auch derjenigen aus einer DIP Financing-Vereinbarung.

4.5 Verwaltung und Verwertung der Insolvenzmasse

51   Die LCM gestattet den Verkauf von schuldnerischem Vermögen im ordentlichen Geschäftsgang.[88] Ein Verkauf außerhalb dessen kann allerdings auch vom eigenverwaltenden Schuldner vorgenommen werden, sofern der Schlichter dem nach vorangegangener Verständigung mit dem Gläubigervertreter vorab zugestimmt hat.[89] Dabei muss der Schlichter das Verfahren und die allgemeinen Regeln beachten, die in den Art. 197, 198, 205 und 210 angeordnet sind, um damit die bestmögliche Verwertung sicherzustellen; eine richterliche Autorisierung ist dafür nicht erforderlich. Allerdings ist ein **Liquidationsverkauf** von „produktiven Einheiten oder Vermögenswerten des Unternehmens" erst möglich, wenn das spezifische Liquidationsverfahren eingeleitet worden ist.[90] Ein Schuldner kann seinen Insolvenzantrag gleich von Anbeginn als Liquidationsantrag stellen.[91]

52   Sofern ein Reorganisationsverfahren läuft, kann das Liquidationsverfahren eingeleitet werden, wenn:
I.   es der Schuldner selbst so beantragt;
II. die Frist für die Erzielung einer Einigung abgelaufen ist, ohne dass eine Reorganisationsvereinbarung dem Richter zur Bestätigung vorgelegt worden ist, oder;
III. wenn der Schlichter die Einleitung des Liquidationsverfahrens beantragt und der Richter diesem nach näherer Maßgabe des Art. 150 LCM entspricht.[92]

4.5.1 Versilberung der Masse

53   Im Anschluss an die Eröffnung des Liquidationsverfahrens muss der Verwalter, auch wenn die Feststellung der Schuldenmasse noch nicht abgeschlossen sein sollte, mit dem Verkauf der zur Masse gehörenden schuldnerischen Vermögensgegenstände beginnen, wobei das **Ziel ist, den bestmöglichen Ertrag zu erzielen.**[93] Dabei muss er sich darüber Klarheit verschaffen, ob dieses Ziel der Ertragsmaximierung eventuell durch einen Verkauf der Gesamtmasse (going concern) erreicht werden kann[94] oder, wenn das nicht möglich sein sollte, doch wenigstens durch eine Bündelung verschiedener Vermögensgegenstände.

4.5.2 Art und Weise der Versilberung

54   Die Vermögensveräußerung muss gemäß dem in der LCM vorgesehenen **Auktionsverfahren** erfolgen.[95] Die Auktion muss binnen einer Zeitspanne von 10 bis 90 Kalendertagen nach der Veröffentlichung des ersten Aufrufs zur Versteigerung durchgeführt werden.[96] Der Verwalter muss diesen

---

[86] Art. 75 und 224 Nr. II.
[87] DIP Financing-Vereinbarungen begründen nach allgemeinem Verständnis Masseforderungen und werden regelmäßig mit Sicherheiten besichert, die Vorrang (**Superpriorität**) vor bereits bestehenden Sicherheiten erhalten, *Anm. des deutschen Bearbeiters.*
[88] Art. 75.
[89] Art. 75; gemäß Art. 77 kann der Schlichter ausnahmsweise auch einmal Gegenstände der Masse veräußern, ohne die Ansichten des Gläubigervertreters eingeholt zu haben; und das, obwohl Gerichte festgestellten Gläubigern das Recht zugesprochen haben, derartige Verkäufe zu opponieren; vgl. Amparo en revisión 232/2016. Segundo Tribunal Colegiado en Materia Civil del Tercer Circuito. Grupo Bajo Cero, S.A. de C.V. 1 de septiembre de 2016. Unanimidad de votos. Ponente: Víctor Manuel Flores Jiménez. Secretaria: Martha Lucía Lomelí Ibarra.
[90] Art. 3.
[91] Art. 20; die LCM wurde im Dezember 2007 nicht ordentlich angepasst; man beachte etwa die Diskrepanz zwischen Art. 20 und Art. 2: Letzterer impliziert immer noch zwei aufeinander folgende Stadien, Konziliation und Liquidation.
[92] Art. 167.
[93] Art. 197.
[94] Art. 197.
[95] Art. 198.
[96] Art. 198.

4. Ablauf des Verfahrens

Aufruf nach näherer Maßgabe der von IFECOM aufgestellten Regeln bekannt machen.[97] Danach müssen bestimmte Informationen über die zur Versteigerung anstehenden Gegenstände und Preise sowie die Daten, Ort und Zeit von Vorbesichtigung und Versteigerung bekannt gegeben werden.[98]

Vom Datum der Veröffentlichung bis zu dem der eigentlichen Versteigerung vorangehenden Tag kann jeder Interessent an der Versteigerung in der Weise teilnehmen, dass er dem Richter in einem **versiegelten Brief** ein Angebot für einen (oder mehrere) Vermögensgegenstände unterbreitet. Verspätete Angebote werden nicht berücksichtigt.[99] 55

Im Anschluss an die Versteigerung muss der Richter die Übertragung der ersteigerten Vermögensgegenstände an den jeweils Meistbietenden anordnen. Daraufhin muss der komplette Kaufpreis binnen einer Frist von 10 Tagen entrichtet werden. Geschieht dies nicht, wird das Angebot zurückgewiesen und die betreffende Versteigerung für unwirksam erklärt. Folge dessen ist, dass der betreffende Ersteigerer seine Einlage oder seine erbrachte Garantie verliert – zugunsten der Masse.[100] 56

Ausnahmsweise kann der Verwalter beim Richter beantragen, die Masse auf andere Weise als durch Versteigerung versilbern zu lassen, wenn denn dies der Masseanreicherung dienen kann.[101] Der entsprechende Antrag des Verwalters muss präzise Angaben über die in Frage stehenden Vermögensgegenstände enthalten, muss die alternative Veräußerungsart spezifizieren und muss dafür eine stichhaltige Begründung liefern.[102] 57

Sofern die Masse nicht binnen 6 Monaten nach Eröffnung des Insolvenzverfahrens versilbert sein sollte, kann jedermann ein Kaufangebot für die verbliebene Masse insgesamt oder einzelne Gegenstände davon unterbreiten.[103] Ein solches Angebot muss den von IFECOM aufgestellten Anforderungen entsprechen: dazu gehören zusätzlich zur Konkretisierung des gewünschten Kaufobjekts und der Preisofferte noch eine besondere Garantieerklärung.[104] 58

Am Tag nach Erhalt eines derartigen Angebots muss der Richter dieses dem Schuldner, den festgestellten Gläubigern und dem Gläubigervertreter für eine Zeitspanne von 10 Tagen zur Verfügung stellen. Sofern diese (vgl. Art. 206 Abs. 2 Nr. I bis IV LCM) nicht schriftlich einem der unterbreiteten Angebote widersprechen, muss der Richter den Verwalter anweisen, binnen einer Frist von 3 Tagen eine **Versteigerung** anzukündigen,[105] bei der als Mindestangebot die angebotene Summe ausgewiesen wird. 59

Diese Versteigerung ist wiederum anzuberaumen binnen einer Frist von zwischen 10 und 90 Kalendertagen nach der Ankündigung. Dabei ist das unterbreitete Angebot als ein solches in der Versteigerung zu behandeln. Dem Anbietenden ist es untersagt, an dieser Versteigerung teilzunehmen oder auch nur ein höheres Angebot zu unterbreiten. 60

Der Verwalter ist schließlich noch befugt – dabei freilich unter persönlicher Haftung stehend –, **Massegegenstände** auch unter jeglicher Außerachtlassung der Vorschriften der LCM zu versilbern, sofern es unmöglich sein sollte, sie zu konservieren, wenn sie **zu verschlechtern oder zu verderben drohen**, wenn ihr Wert ernsthaft beeinträchtigt ist oder wenn ihre Aufbewahrung im Verhältnis zu ihrem Wert zu kostspielig ist.[106] 61

In diesen Fällen muss der Verwalter binnen dreier Geschäftstage den Schuldner, den Gläubigervertreter und die festgestellten Gläubiger von dem Verkauf in Kenntnis setzen.[107] Diese Information muss eine Beschreibung des betreffenden Gegenstands, seinen Preis und die Verkaufsbedingungen sowie eine Begründung für die Eilbedürftigkeit und die Identität des Käufers mitumfassen.[108] 62

Vermögensgegenstände, die einem Aussonderungsanspruch ausgesetzt sind, dürfen nicht veräußert werden, solange nicht durch Urteil rechtskräftig festgestellt ist, dass ein Aussonderungsanspruch 63

---

[97] Art. 199.
[98] Art. 199.
[99] Art. 200.
[100] Art. 204.
[101] Art. 205.
[102] Art. 205.
[103] Art. 207.
[104] Art. 207.
[105] Art. 199.
[106] Art. 208; es gibt keine gesetzliche Regelung, die einem Insolvenzspezialisten Schutz gewähren würde, wenn ein neuer Kredit nicht zurückbezahlt werden kann oder wenn die Rückzahlung die Befriedigungsmöglichkeiten der anderen Gläubiger beeinträchtigt; vielmehr sind der Sachverständige, der Sachwalter und der Verwalter gegenüber dem schuldnerischen Unternehmen und seinen Gläubigern für alle Verluste und Schäden, die aus ihrem nicht ordnungsgemäßen Verhalten (oder dem ihrer Hilfspersonen) resultieren, verantwortlich, vgl. Art. 61; ebendort auch die Statuierung einer Haftung für jegliche Verletzung ihrer Pflichten und für jegliche Preisgabe vertraulicher Daten, die sie im Rahmen ihrer Tätigkeit erlangt haben; hieraus resultiert eine bedeutsame Kontrolle der Tätigkeiten der Insolvenzspezialisten.
[107] Art. 208.
[108] Art. 208.

nicht besteht.[109] Das gilt dann allerdings nicht, wenn der Interessent eine hinreichende Garantie stellt.

4.5.3 Unternehmerisches Ermessen bei der Versilberung; Anwendung von Treu und Glauben

64   Die LCM ist bestrebt, den **bestmöglichen Versilberungsertrag** zu erzielen.[110] So kann der Sachwalter etwa nach dieser Maßgabe das schuldnerische Unternehmen ganz oder teilweise bzw. in Teilen veräußern.[111] Ganz entsprechend kann der Sachwalter den Richter um Erlaubnis ersuchen, Vermögensgegenstände ohne ein öffentliches Bietverfahren versilbern zu dürfen, wenn dies der Erzielung eines besseren Erlöses dient.[112] Allerdings müssen Verfahren und Verkaufsbedingungen „die derzeit besten Handelspraktiken und -gebräuche" widerspiegeln; darin kann auch ein Verweis auf Treu und Glauben gesehen werden.[113]

65   Treu und Glauben *(buena fe)* spielt bei der Frage eine Rolle, ob eine Vermögensübertragung als vorsätzlich gläubigerschädigend anzusehen ist oder nicht.[114] Sie sind ferner als Interpretationsgrundlage für den Titel XII ausdrücklich erwähnt, also im Kontext mit dem internationalen Insolvenzrecht.[115] Die ausdrückliche Hervorhebung von Treu und Glauben wird als eine bloße legislative Mahnung verstanden. Denn nach allgemeinen Rechtsprinzipien[116] muss Treu und Glauben ohnedies bei der Ausübung jeglicher Rechtshandlung beachtet werden, auch wenn das nicht eigens angeordnet ist.[117]

4.5.4 Erlöschende Belastungen

66   Das mexikanische Recht trifft in diesem Zusammenhang keine Unterscheidung zwischen vor- und nachrangigen Pfandrechten. So gibt es auch keine besondere Regelung in der LCM, die die Versilberung im Liquidationsverfahren adressieren würde. Die allgemein geltenden Regeln des Zivil- und Handelsrechts führen dazu, dass dann, wenn sie bei den Veräußerungen befolgt worden sind, diese zum Erlöschen der Pfandrechte führen und sich auch nicht an dem Erlös fortsetzen. Die LCM schützt Verwalter und die festgestellten Gläubiger vor Forderungen, die im Zusammenhang mit derartigen Übertragungen entstanden sind.[118]

5. Gläubiger, Feststellung der Forderungen

67   Die LCM differenziert zwischen einem **festgestellten Gläubiger** *(Acreedor Reconocido)*[119] und einem **einfachen Gläubiger** *(acreedor)*.[120] Jede Person, die eine wie auch immer geartete Forderung gegen den Schuldner hat, die als solche nicht in den Büchern des Schuldners[121] geführt ist, muss den Antrag auf die Qualifikation als festgestellter Gläubiger stellen.[122] Nur dann kann sie an dem Verfahren als vollberechtigter Gläubiger teilnehmen. Die LCM beschreibt die Voraussetzungen für eine derartige Anerkennung, die dazu führt, dass diese Forderungen im Gesetz bisweilen auch als „Kredite"[123] bezeichnet werden. Gläubiger können demzufolge die Anerkennung innerhalb folgender drei alternativer Zeiträume anmelden:

68   I.   innerhalb von zwanzig Kalendertagen nach dem Veröffentlichungsdatum des Reorganisationsbeschlusses im Bundesregister;

---

[109] Art. 209.
[110] S. beispielsweise Art. 197, 205.
[111] Art. 197.
[112] Art. 205.
[113] Art. 197.
[114] Art. 115 bis 118.
[115] Art. 285.
[116] Die allgemeinen Rechtsprinzipien finden ua gemäß Art. 14 Abs. 4 der mexikanischen Verfassung, Art. 19 des Bundeszivilgesetzes (Código Civil Federal) und Art. 1324 des Handelsgesetzes Anwendung; die beiden letzteren Gesetze gelten ergänzend zur LCM, vgl. dort Art. 8 Nr. I und V.
[117] S. beispielsweise Art. 1796 des Bundeszivilgesetzes: „... Soweit wirksam, binden Verträge die Parteien nicht nur in der Weise, dass sie ihre jeweiligen Pflichten zu erfüllen hätten, sondern auch dahingehend, dass sie dabei die aus Treu und Glauben (buena fe), den Gepflogenheiten oder dem Recht resultierenden Implikationen zu beachten haben."
[118] Art. 212.
[119] Art. 4 Nr. I.
[120] S. beispielsweise Art. 122.
[121] Art. 121.
[122] Art. 122.
[123] S. etwa Art. 124, 125, 126 und 127.

II. innerhalb der Frist, die für Einwendungen gegen die vorläufige Liste gemäß Art. 129 LCM vorgesehen ist, und
III. innerhalb der Frist, die für eine Berufung gegen den Gerichtsbeschluss vorgesehen ist, welcher die Anerkennung, die Rangstellung und die Vorzugsstellung eines Kredits anordnet.

Sobald die unter III. genannte Frist verstrichen ist, kann ein Antrag auf Anerkennung als Kredit nicht mehr gestellt werden.[124]

5.1 Aussonderungsberechtigte Gläubiger

Bestimmte Vermögensgegenstände können ausgesondert werden. Als allgemeine Regel lässt sich zum **Aussonderungsrecht** festhalten: Befinden sich Vermögensgegenstände im Besitz des Schuldners, deren Übertragung auf ihn **nicht endgültig sein sollte** bzw. die **widerruflich** ist, können sie ausgesondert werden.[125] Dazu gehören insbesondere folgende (oder auch nur vergleichbar gelagerte) Vermögensgüter im Besitz des Schuldners:[126]

I. Eigentum an beweglichen oder unbeweglichen Gegenständen, das von Rechtswegen zurückverlangt werden kann;
II. Immobilien, die an den Schuldner verkauft worden waren, sofern dieser Verkauf nicht ordnungsgemäß registriert worden ist und der Schuldner den vereinbarten Kaufpreis nicht vollständig bezahlt hat;
III. bewegliche Sachen, für deren Erwerb der Schuldner zum Zeitpunkt des Reorganisationsbeschlusses noch nicht den vollen Kaufpreis entrichtet hat;
IV. auf Kredit gekaufte bewegliche und unbewegliche Sachen, hinsichtlich derer vertraglich festgelegt und öffentlich verlautbart war, dass Nichtzahlung zur Rückabwicklung führt;
V. begebbare Wertpapiere, die zugunsten des Schuldners ausgestellt sind und als Zahlung eines Drittkredits anzusehen sind, vorausgesetzt, dass die Zahlungen im direkten Zusammenhang mit diesem Kredit stehen;
VI. Steuern, die der Schuldner zugunsten der Steuerbehörden eingesammelt oder zurückbehalten hat; und
VII. Vermögensgegenstände, die sich unter den folgenden Voraussetzungen im Besitz des Schuldners befinden:
   a) Verwahrung, Nießbrauch, Miete oder andere, im Rahmen einer Verwaltung oder Versendung erhaltene Gegenstände, sofern diese Gegenstände zwischen dem Reorganisationsbeschluss und der Ankündigung eines Käufers, an der Sache ein Recht zu haben, bzw. dem Ablauf der für eine solche Entscheidung eingeräumten Zeitspanne, in den Besitz des Schuldners gelangt sind;
   b) Gegenstände aus Kauf- oder Verkaufskommissionen oder Vermögensgüter, die im Rahmen einer Lieferung für Dritte beim Schuldner gerade zwischengelagert sind;
   c) Gegenstände, die einer bestimmten Person namens eines Dritten zu liefern sind bzw. deren Erfüllungsort der Wohnsitz des Schuldners ist; wann immer die aus einer Anweisung resultierende Forderung mit der Zahlung aus einem Wechsel verknüpft ist, soll der tatsächliche Gläubiger diesbezüglich ein Aussonderungsrecht haben;
   d) jeder Betrag, den der Schuldner im Zusammenhang mit dem Kauf Dritter erhalten hat. Die aussondernde Person ist darüber hinaus berechtigt, die Abtretung der hieraus resultierenden Forderungen zu verlangen; oder
   e) Gegenstände, die einem Trust *(fideicomisio)*[127] unterliegen.[128]

---

[124] Art. 122; Gerichtsentscheidungen bestätigen, dass gemäß Art. 143, 233 und 266 einfache Gläubiger ein Beschwerderecht gegenüber dem gerichtlichen Beschluss zur Feststellung, Rang und Priorität einer Forderung (sentencia de reconocimiento, graduación y prelación de créditos) haben; in einem derartigen Fall darf der Insolvenzrichter das Verfahren nicht eher beenden als die Beschwerdeentscheidung ergangen ist.; vgl. Amparo en revisión 147/2016. Tercer Tribunal Colegiado en Materia Civil del Primer Circuito. Procuraduría Federal del Consumidor. 13 de julio de 2016. Unanimidad de votos. Ponente: Paula María García Villegas Sánchez Cordero. Secretario: Mariano Suárez Reyes.
[125] Art. 70.
[126] Art. 72.
[127] Nach mexikanischem Recht handelt es sich bei einem derartigen „Trust" nicht um eine eigenständige Person; vielmehr stellt dieser einen Vertrag dar, demzufolge der Treugeber *(fideicomitente)* Vermögensgegenstände auf den Treunehmer *(fiduciario)* überträgt, um damit bestimmte, legitime Ziele unter der Verantwortung des Treunehmers zu erreichen, vgl. Art. 381 des Allgemeinen Gesetzes über Kreditinstrumente und -geschäfte (*Ley General de Títulos y Operaciones de Crédito* = LTOC); ein solcher „Trust" kann mit oder ohne Begünstigten aufgesetzt werden; die Vielfalt der Gestaltungsmöglichkeiten ist groß, s. Art. 382.
[128] Art. 71.

5.2 Rangfolgen

72 **Insolvenzforderungen** haben je nach ihrer Qualifizierung einen unterschiedlichen **Befriedigungsrang**. Die LCM,[129] das Bundesarbeitsgesetz (Ley Federal del Trabajo, „LFT")[130] und das Bundesfiskusgesetz (Código Fiscal de la Federación, „CFF")[131] konstituieren dabei **sechs verschiedene Rangklassen** *(graduación)*. Andere Gesetze haben darüber hinaus ihr eigenes Rangklassensystem,[132] wenn auch die Vorschriften der spezialgesetzlichen LCM in Konfliktfällen vorgehen.[133]

5.3 Besonders privilegierte und gesicherte Gläubiger

73 In der LCM sind die Rangklassen in absteigender Linie aufgelistet. Den Anfang machen die **Gläubiger mit einem Spezialprivileg** *(acreedores singularmente privilegiados)*, die, bezogen auf natürliche Personen, Forderungen aus Beerdigungskosten für den Schuldner haben oder auch Auslagen für Krankheiten, die zum Tode des Schuldners geführt haben, wenn das Insolvenzverfahren nach dem Tode des Schuldners durchgeführt werden soll.[134]

74 Als zweites kommen die **gesicherten Gläubiger** *(acreedores con garantía real)*; sie umfassen die Gläubiger mit einer Hypothek *(hipoteca)*, einem Pfand *(prenda)*, oder einer **Finanzierungskaufvereinbarung** *(créditos de habilitación o avío y créditos refaccionarios)*. Sie erhalten Befriedigung ihrer Forderungen aus dem Erlös der Versilberung dieser Sicherheiten.[135] Falls an einem derartigen Gegenstand mehr als nur eine Sicherung besteht, so richtet sich die Befriedigungsreihenfolge nach dem Datum der Sicherheitenregistrierung im einschlägigen Öffentlichen Eigentums- und Handelsregister *(Registro Público de la Propiedad y de Comercio)* oder dem Alleinregister für Sicherheiten an beweglichen Sachen *(Registro Único de Garantías Mobiliarias, „RUG")*.[136] Sofern ein Überschuss bei einer derartigen Verteilung verbleibt, fällt er in die Masse und steht damit den allgemeinen, ungesicherten Gläubigern zur Verfügung. Falls der Erlös aber nicht zur vollständigen Befriedigung des gesicherten Gläubigers ausreicht, wird dieser hinsichtlich des Ausfalls wie ein allgemeiner, ungesicherter Gläubiger behandelt. Eine Verwertungsabgabe wird von den gesicherten Gläubigern nicht erhoben.

5.4 Privilegierte Gläubiger

75 Drittens, die **Bundessteuerbehörden** *(fisco federal)*. Das Ministerium für Finanzen und öffentlichen Kredit *(Secretaría de Hacienda y Crédito Público)* handelt mittels der Steuerdienstleistungsstelle *(Servicio de Administración Tributaria)*, üblicherweise „SAT" genannt, als Gläubiger für sogenannte Gesellschaftsforderungen – nämlich die unbezahlten Bundessteuern und Sozialversicherungsbeiträge.[137] Bestimmte arbeitsrechtlich begründete Forderungen rangieren auf der gleichen Stufe wie die Steuerforderungen.[138]

76 Viertens, zu den **Gläubigern mit einem besonderen Privileg** *(acreedores con privilegio especial)*[139] zählen all diejenigen Gläubiger, denen gemäß dem Handelgesetzbuch bzw. vergleichbaren

---

[129] Art. 217 bis 222 Bis.
[130] Vgl. Art. 113 bis 114 LFT.
[131] S. Art. 149 CFF.
[132] S. beispielsweise Art. 288 des Sozialversicherungsgesetzes *(Ley del Seguro Social)*; beachte, dass Sozialversicherungskredite als Steuerkredite eingeordnet werden, vgl. Art. 287.
[133] Vgl. Tesis Aislada. Registro No. 918,803. Séptima Época. Tercera Sala. Apéndice 2000, Tomo VII. pág. 262. Tesis: 298. Materia: Civil. Ferner Tesis Aislada. Registro No. 227,087. Octava Época. Tribunales Colegiados de Circuito. Semanario Judicial de la Federación, Tomo IV, Julio a Diciembre de 1989. pág. 315. Materia: Penal.
[134] Art. 218.
[135] Art. 219; s. überdies Art. 328 des Allgemeinen Gesetzes über Wertpapiere und Kreditgeschäfte (Ley General de Títulos y Operaciones de Crédito, „LTOC").
[136] Art. 219; die im Text angesprochene Registrierung erfolgt entweder im „Öffentlichen Register für Eigentum und Handel" *(Registro Público de la Propiedad y de Comercio)* oder aber im „Einzelregister für Mobiliarsicherheiten" *(Registro Único de Garantías Mobiliarias)*.
[137] Art. 221; s. überdies Art. 2, 4 und 149 CFF; beachte, dass Geldbeträge, die der Schuldner als Steuerschulden zurückbehalten, übertragen oder gesammelt hat, dem Aussonderungsrecht nach Art. 71 Abs. 6 LCM unterfallen; gemäß Art. 146-B CFF kann der Schuldner von der SAT eine Reduzierung ihrer Sozialforderungen verlangen; s. a. Art. 287 des Sozialversicherungsrechts.
[138] Art. 221.
[139] Art. 220.

Gesetzen ein solches besonderes Privileg oder ein Zurückbehaltungsrecht zuerkannt ist. In diese Gläubigerklasse fallen etwa Kommissionsagenten,[140] Warenlieferanten[141] oder Transporteure.[142]

5.5 Einfache ungesicherte Gläubiger

Fünftens, die **allgemeinen Gläubiger** *(acreedores comunes)*.[143] In diese Kategorie fallen all diejenigen Gläubiger, die nicht zu einer der vorgenannten Gruppen gehören. Sie sind die allgemeinen ungesicherten Gläubiger.

5.6 Nachrangige Insolvenzgläubiger

Sechstens, schließlich, enthält die LCM seit der Änderung des LCM im Jahr 2014 eine eigene **Nachrangregelung** *(acreedores subordinados);* ihre Einführung geht auf die besonderen Umstände des „Vitro-Falles" zurück.[144] Nachrangige Gläubiger sind demnach: diejenigen, die einem Nachrang zugestimmt haben, sowie diejenigen, deren Sicherungsgegenstände nicht von Personen besessen werden, die in den Art. 10, 116 und 117 genannt sind; ausgenommen hiervon sind wiederum die, die in Art. 15 Nr. 1 und 117 Nr. 2 angesprochen sind.

5.7 Surrogationsgläubiger

Das LCM enthält keine speziellen Vorschriften zur Surrogation von Forderungen. Infolgedessen muss bzw. kann eine derartige Surrogation allein nach den Vorschriften des Bundeszivilgesetzes vorgenommen werden.[145]

5.8 Massegläubiger

Finanzierungsvereinbarungen des eigenverwaltenden Schuldners (DIP-Financing) begründen **Masseforderungen.**[146] Die **Gebühren** eines Sachverständigen, eines Schlichters, eines Verwalters oder sonstiger, zur Wahrung und Verwaltung der Masse eingesetzter Spezialisten werden wie **zahlbare Verwaltungskosten** behandelt.[147] **Bestimmte Lohnforderungen** oder sonstige **arbeitsrechtliche Vergünstigungen** genießen eine „Superpriorität" und müssen demgemäß erfüllt werden, bevor irgendein sonstiger Gläubiger etwas erhält.[148] Die Reorganisationsvereinbarung[149] muss die Zahlungsmodalitäten für sämtliche hier genannten Masseforderungen enthalten.[150]

6. Auszahlungen an die Gläubiger

Die gesetzlich vorgesehene **Gläubigerrangfolge** *(graduación)* sowie die **Gläubigerpriorität innerhalb eines Rangs** *(prelación)* bestimmen die Auszahlungsmodalitäten. Dem Grundsatz nach haben die Gläubiger der ersten bis hin zur vierten Rangklasse die besten Chancen, vollständig befriedigt zu werden. Sofern die Masse nicht hinreicht, werden die Gläubiger der ersten Klasse vollständig befriedigt, bevor irgendein Gläubiger der zweiten Klasse überhaupt etwas erhält; gleichermaßen wird in den folgenden Klassen verfahren. Die Gläubiger der fünften Rangklasse erhalten regelmäßig lediglich anteilige Befriedigung.[151]

7. Verträge im Insolvenzverfahren

Selbst wenn der Kaufmann die Verwaltungsbefugnis beibehält, ist es doch dem alleinigen Verantwortungsbereich des Sachwalters überlassen, ob **beidseitig nicht vollständig erfüllte Verträge**

---

[140] Vgl. Art. 306 des Handelsgesetzes.
[141] Ebenda, Art. 386.
[142] S. Art. 2662 CCF.
[143] Art. 222 LCM.
[144] Art. 222 Bis.
[145] S. Art. 2058 bis 2061 Bundeszivilgesetz.
[146] Art. 224 Nr. II LCM.
[147] Art. 333 und 75; bis zu der Änderung des LCM v. 27.12.2007 wurden die genannten Gebühren eindeutig als Masseforderungen behandelt; seither besteht jedoch eine Grauzone bei „normalen Ausgaben" bezüglich „... Ersetzung, Erhaltung und Verwaltung" der Masse; sie stellen gemäß Art. 224 Nr. III Massekosten dar; vgl. damit Art. 75, der auf „regelmäßige Tätigkeiten einschließlich der dafür erforderlichen Ausgaben" verweist.
[148] Vgl. Art. 123 Abs. A, § XXIII der Politischen Verfassung der Vereinigten Mexikanischen Staaten; ferner Art. 65 LCM.
[149] Dazu Art. 145 ff.
[150] Art. 153.
[151] Art. 153.

aufgehoben werden sollen oder nicht. Hinsichtlich neuer Kreditaufnahmen gilt, dass er sie zuvor – nach Rücksprache mit dem Gläubigervertreter – billigen muss.[152]

8. Aufrechnung

82   Die allgemeine Regel für eine Aufrechnung nach mexikanischem Recht ist, dass beide Geldforderungen auf einen bestimmten Betrag gerichtet sind, und dass sie beide fällig und zahlbar sind.[153] Die LCM lässt unter bestimmten Voraussetzungen die Aufrechnung zu und hält dafür einige Regeln bereit.[154]

9. Insolvenzanfechtung

83   Anders als etwa das deutsche (besondere Insolvenzanfechtung) oder das US-amerikanische Recht *(preferential treatment)* kennt das mexikanische Recht **keinen spezifischen Tatbestand einer Vorzugsbehandlung von einzelnen Gläubigern.**

84   Das mexikanische Recht enthält allerdings eine Regelung, die der römisch-rechtlichen „Actio Pauliana" entspricht: also eine Klage zur Rückgängigmachung einer Rechtsübertragung (wie etwa einer Übereignung), die ein insolventer Schuldner zum **schädigenden Nachteil seiner Gläubiger** vorgenommen hat.[155] Im Einzelnen sehen die Tatbestände folgendermaßen aus:

9.1 Betrügerische Rechtshandlungen nach Bundesrecht und dem Recht von Mexiko City

85   „Rechtshandlungen des Schuldners zum Nachteil eines Gläubigers (oder mehrerer) können auf deren Antrag hin für nichtig erklärt werden, wenn sie die Insolvenz des Schuldners verursachen, vorausgesetzt, dass die Forderungen des Gläubigers, die den Anlass zur Klage gegeben haben, vor diesen Rechtshandlungen entstanden sind."[156]

9.2 Die insolvenzspezifische Anfechtung der LCM

Die LCM enthält ein generelles Konzept:

86   „Alle – auch unentgeltlichen – Rechtshandlungen, die zur **Benachteiligung der Gläubiger** *(en fraude de acreedores)* begangen wurden, sind gegenüber der Masse unwirksam.

Eine Übertragung wird als Benachteiligung der Gläubiger angesehen, wenn sie vor dem Reorganisationsbeschluss mit Benachteiligungsabsicht vorgenommen wurde **und** die beteiligte dritte Person Kenntnis von dieser Absicht hatte.

Eine solche Kenntnis ist nur dann nicht erforderlich, wenn es sich um eine unentgeltliche Verfügung handelt."[157]

87   Die Änderungen des LCM von 2014 haben neu eingeführt, dass nunmehr auch 1/5 der festgestellten Gläubiger oder Gläubiger, die mindestens 20 % der Gesamtschuldenmasse der geltend gemachten Forderungen innehaben sowie der Gläubigervertreter Klagen auf Schadens- und Verlustersatz erheben dürfen. Solche Ersatzklagen sind ohne Einfluss auf irgendwelche anderen Klagen, die eine zivilrechtliche oder strafrechtliche Haftung unter den speziellen Gesetzen zum Gegenstand haben.[158]

88   An dieser Vorschrift fällt auf, dass sie – im Gegensatz zu der des Bundeszivilgesetzes – nicht zur Voraussetzung der Anfechtbarkeit erhebt, dass die Rechtshandlungen die Insolvenz des Schuldners herbeigeführt haben. Die LCM listet bestimmte Verhaltensweisen bzw. Handlungen auf, die auf eine Gläubigerbenachteiligung schließen lassen. So sind bestimmte Rechtsübertragungen zwingend als fraudulös anzusehen, wenn sie innerhalb des Anfechtungszeitraums vorgenommen worden sind.

---

[152] Art. 75; in diesem Zusammenhang ist es der Erwähnung wert, dass „soweit nicht durch das Gesetz anderweitig gestattet, jede vertragliche Klausel, nach der als Folge eines Insolvenzantrags oder auch nur einem Verlangen nach einem Insolvenzverfahren der Vertrag zulasten des Schuldners modifiziert werden darf, nichtig ist", Art. 87; überdies ist erwähnenswert, dass „Verträge über die Erbringung von höchstpersönlichen Leistungen, egal ob der zu reorganisierende Schuldner Gläubiger eines derartigen Vertrages ist oder der Schuldner, durch das Verfahren nicht unterbrochen oder aufgehoben werden; die Parteien haben derartige Verträge weiterhin zu erfüllen", Art. 107.
[153] S. Art. 2188 Bundeszivilgesetz.
[154] S. beispielsweise Art. 90, 102–105 LCM; danach sind aufrechenbare Forderungen etwa Steuerforderungen oder auch solche aus bestimmten Master Agreements für Derivate oder Repo-Geschäfte.
[155] Art. 112–119.
[156] S. Art. 2163 Bundeszivilgesetz.
[157] Art. 113.
[158] Art. 113 Bis.

Hierzu zählen etwa unentgeltliche Leistungen oder solche, bei denen der Schuldner ursprünglich einen höheren Preis hat zahlen müssen bzw. einen niedrigeren erhalten hat in Relation zu der von der Gegenseite erbrachten Gegenleistung.[159]

Andere Rechtsübertragungen gelten lediglich prima facie als fraudulös; die **Vermutung** kann widerlegt werden, wenn der Anfechtungsgegner seine Gutgläubigkeit *(buena fe)* nachweist.[160] Hierunter fällt beispielsweise die Gewährung einer neuen oder die Verbesserung einer bereits bestehenden Sicherheit ohne entsprechende rechtliche Verpflichtung dazu.[161] 89

9.3 Anfechtungsfrist

Die allgemeine **Suspektsperiode** beträgt 270 Tage rückwirkend vom Tag des Reorganisationsbeschlusses (nicht des Antrags).[162] Gemäß den durch das Änderungsgesetz von 2014 eingeführten Neuerungen wird diese Frist verdoppelt, wenn und soweit nachrangige Gläubiger an der anzufechtenden Rechtshandlung beteiligt sind. Auf Antrag des Schlichters, des Gläubigervertreters oder eines Gläubigers kann der Richter die Regelfrist in die Vergangenheit hinein – allerdings nicht über drei Jahre hinaus – verlängern, sofern ein entsprechender Antrag gestellt wird, bevor der Beschluss über die Feststellung, die Rangklasse und die Priorität der Forderungen erlassen ist.[163] 90

Beachte, dass die Zeitspanne zwischen Antragstellung und dem tatsächlichen Beschluss auf Eröffnung des Reorganisationsverfahrens verstreichen kann. Die Suspektsperiode beginnt nicht rückwirkend ab Antragstellung zu laufen, sondern ab Erlass des Eröffnungsbeschlusses. Dadurch kann die 270-Tagesfrist irrelevant werden, wenn etwa (wie häufig in der Praxis zu beobachten) Rechtsstreitigkeiten den Eröffnungsbeschluss verzögern. 91

10. Internationale Gerichtszusammenarbeit

Die LCM enthält einen eigenen Abschnitt, Titel 12,[164] betreffend „Kooperation in grenzüberschreitenden Verfahren". Dieser Titel 12 ist dem **UNCITRAL Model Law on Cross-Border Insolvency** nachgebildet. Im Jahr 2000 war Mexiko das erste wirtschaftlich bedeutsame Land, das dieses Modellgesetz übernommen hat. 92

Die Geltung von Titel 12 wurde in Frage gestellt, als eine Gruppe mexikanischer Schuldner aufgrund verfassungsrechtlicher Bedenken mit der Behauptung Klage erhob, dass dieser Titel sie gegenüber ausländischen Gläubigern benachteiligen würde. Das mexikanische Oberste Gericht entschied gegen die Kläger und bestätigte damit die Geltung der Normen. Sie erfüllten demnach die verfassungsmäßigen Voraussetzungen, weil Art. 283 besagt, dass die Vorschriften der LCM nicht in einer Weise interpretiert werden dürfen, „die den Vorschriften in den Titeln I bis XI und XIII widerspricht oder die in sonstiger Weise mit den fundamentalen Grundsätzen des mexikanischen Rechts kollidiert". Das Oberste Gericht stellte darüber hinaus darauf ab, dass die LCM ausländische Gläubiger gleich den inländischen behandelt „ohne ihnen irgendwelche Vorzugsbehandlung auf der Grundlage ihrer Nationalität zuteilwerden zu lassen". 93

Es hat eine Vielzahl grenzüberschreitender Insolvenzverfahren aus Mexiko heraus, aber nur wenige ausländische Verfahren mit mexikanischer Berührung gegeben. Titel 12 ist dementsprechend bislang selten in Mexiko angewendet worden – und wenn, dann regelmäßig von ausländischen Gerichten im Kontext mit ausländischen Insolvenzverfahren. 94

11. COVID-19-Maßnahmen

Zum aktuellen Zeitpunkt gibt es in Mexiko keine wesentlichen Gesetzesänderungen im Insolvenzrecht oder insolvenzrechtlichen Maßnahmen im direkten Zusammenhang mit COVID-19. 95

---

[159] Art. 113 a. E. und 114 Nrn. I und II.
[160] Art. 115.
[161] Art. 115.
[162] Art. 112; beachte, dass durch Prozesse die Zeitspanne zwischen Antrag und Eröffnung verlängert werden kann; infolgedessen ist die Frist vielfach streitig.
[163] Art. 112.
[164] Zu der hierbei zu beachtenden Anwendung von Treu und Glauben s. oben im Text bei Fn. 113.

Mexiko

I. Reorganisationsverfahren – Variante 1

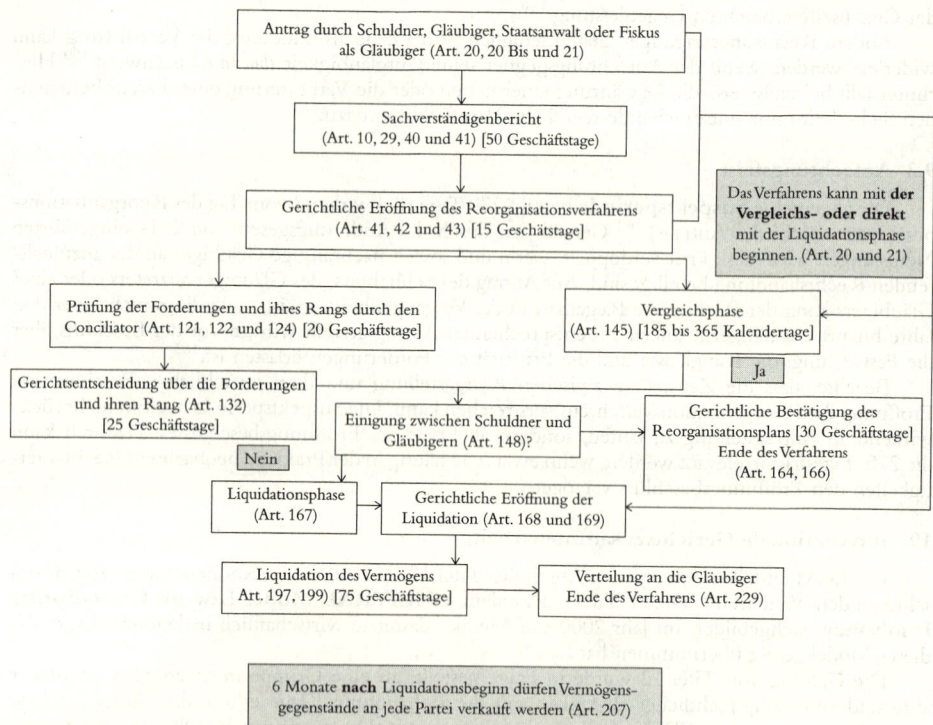

Mexiko

II. Direkter Antrag auf Eröffnung der Liquidationsphase – Variante 2

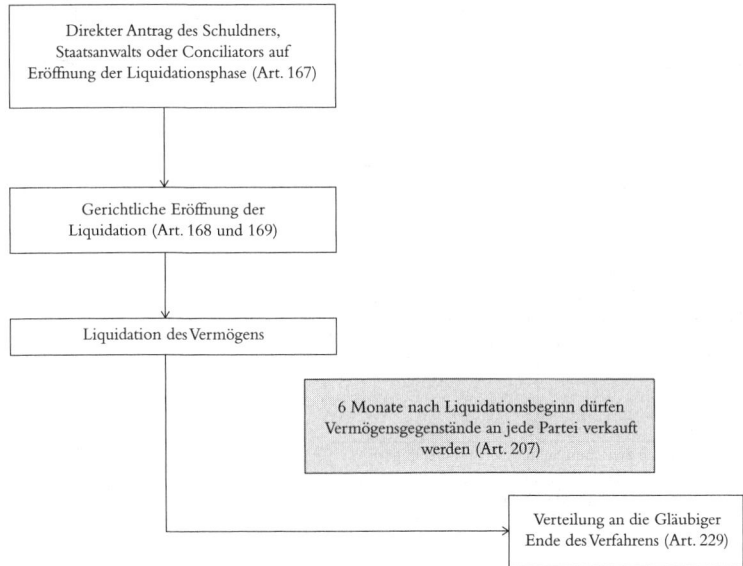

Mexiko

III. Reorganisationsverfahren mit einem vorhandenen Restrukturierungsplan – Variante 3

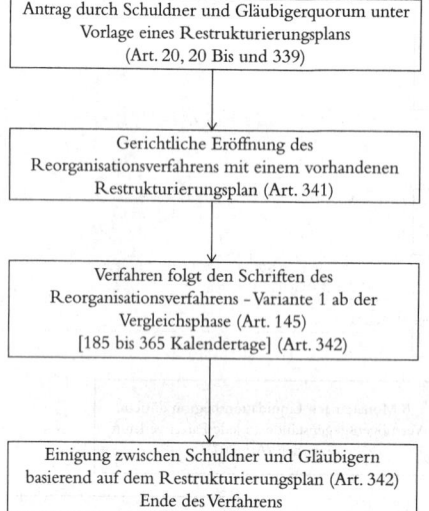

Mexiko

Glossar

Deutsch	Spanisch	Rn.
Ungesicherte Gläubiger	Acreedores comunes	77
Anerkannte Gläubiger	Acreedores Reconocidos	67
Bezirksanwalt	Ministerio público	22 f.
Bundesarbeitsgesetz	Ley Federal del Trabajo („LFT")	72
Bundesinstitut der Insolvenzspezialisten	Instituto Federal de Especialistas de Concursos Mercantiles („IFECOM")	2, 9
Bundesfiskalgesetz	Código Fiscal de la Federación („CFF")	72
Bundesregister	Diario Oficial de la Federación („D.O.")	37
Bundesrichterschaftsrat	Consejo de la Judicatura Federal	9
Bundessteuerbehörde	Fisco federal	75
Bundeszivilgesetz	Código Civil Federal	21, 65
Conciliator	Conciliador	9
Die Verfassung der Vereinigten mexikanischen Staaten	Constitución Política de los Estados Unidos Mexicanos	6
Domizil	Domicilio	7
Ministerium für Finanzen und öffentliche Kredite	Secretaría de Hacienda y Crédito Público („SHCP")	75
Finanzierungskaufvereinbarung	Créditos de habilitación o avío y créditos refaccionarios	74
Gesetz über Konkurse und Zahlungsaufschübe	Ley de Quiebras y Suspensión de Pagos („LQSP")	3 f.
Allgemeines Gesetz über Wertpapiere und Kredittransaktionen	Ley General de Títulos y Operaciones de Crédito	71
Gesicherte Gläubiger	Acreedores con garantía real	74
Gläubiger	Acreedor	67 f.
Gläubiger mit einem besonderen Privileg	Acreedores con privilegio especial	76
Gläubiger mit einem Spezialprivileg	Acreedores singularmente privilegiados	73
Forderungsrang	Grados	80
Gläubigerrangklasse	Prelación	72
Gläubigervertreter	Representante de Acreedores	44
Handelsgesetz	Código de Comercio	24
Hypothek	Hipoteca	74
Insolvenzverwalter	Síndico	9
Investmenteinheiten	UDIs (Unidades de Inversión)	21
Kaufmann	Comerciante	24
Konzern	Grupo societario	19
Masse	Masa	29
Nachrangige Gläubiger	Acreedores subordinados	78
Pfand	Prenda	74
Pre-Pack-Verfahren	Concurso mercantil con plan de reestructura previo	17
Reorganisationsverfahren	Concurso mercantil	26, 31, 33
Sozialversicherungsgesetz	Ley del Seguro Social	72
Einzelregister für Mobiliarsicherheiten	Registro Único de Garantías Mobiliarias („RUG")	

Mexiko

Deutsch	Spanisch	Rn.
Schuldner	Deudor	25
Steuerverwaltungsbehörde	Servicio de Administración Tributaria („SAT")	75
Tochtergesellschaften	Sociedades controladas	18
Unternehmensinsolvenzgesetz	Ley de Concursos Mercantiles („LCM")	3 f.
Gläubigervorrang	Prelación	80

Glossar

Spanisch	Deutsch	Rn.
Acreedor	Gläubiger	67 f.
Acreedores comunes	Ungesicherte Gläubiger	77
Acreedores con garantía real	Gesicherte Gläubiger	74
Acreedores con privilegio especial	Gläubiger mit einem besonderen Privileg	76
Acreedores Reconocidos	Anerkannte Gläubiger	67
Acreedores singularmente privilegiados	Gläubiger mit einem Spezialprivileg	73
Acreedores subordinados	Nachrangige Gläubiger	78
Código Civil Federal	Bundeszivilgesetz	21, 65
Código de Comercio	Handelsgesetz	24
Código Fiscal de la Federación („CFF")	Bundesfiskalgesetz	72
Comerciante	Kaufmann	24
Conciliador	Conciliator	9
Concurso mercantil	Reorganisationsverfahren	26, 31, 33
Concurso mercantil con plan de reestructura previo	Pre-Pack-Verfahren	17
Consejo de la Judicatura Federal	Bundesrichterschaftsrat	9
Constitución Política de los Estados Unidos Mexicanos	Die Verfassung der Vereinigten mexikanischen Staaten	6
Créditos de habilitación o avío y créditos refaccionarios	Finanzierungskaufvereinbarung	74
Deudor	Schuldner	25
Diario Oficial de la Federación („D.O.")	Bundesregister	37
Domicilio	Domizil	7
Fisco federal	Bundessteuerbehörde	75
Grados	Forderungsrangklassen	80
Prelación	Gläubigervorrang	72
Grupo societario	Konzern	19
Hipoteca	Hypothek	74
Representante de acreedores	Gläubigervertreter	44
Instituto Federal de Especialistas de Concursos Mercantiles („IFECOM")	Bundesinstitut der Insolvenzspezialisten	2, 9
Ley de Concursos Mercantiles („LCM")	Unternehmensinsolvenzgesetz	3 f.
Ley de Quiebras y Suspensión de Pagos („LQSP")	Gesetz über Konkurse und Zahlungsaufschübe	3 f.
Ley del Seguro Social	Sozialversicherungsgesetz	72
Ley Federal del Trabajo („LFT")	Bundesarbeitsgesetz	72

Mexiko

Spanisch	Deutsch	Rn.
Ley General de Títulos y Operaciones de Crédito	Allgemeines Gesetz über Wertpapiere und Kredittransaktionen	71
Masa	Masse	29
Ministerio público	Bezirksanwalt	22 f.
Prelación	Vorrang	80
Prenda	Pfand	74
Registro Único de Garantías Mobiliarias („RUG")	Alleinregister für Mobiliarsicherheiten	
Secretaría de Hacienda y Crédito Público („SHCP")	Finanz- und öffentlicher Kreditministerium	75
Servicio de Administración Tributaria („SAT")	Steuerverwaltungsbehörde	75
Síndico	Insolvenzverwalter	9
Sociedades controladas	Tochtergesellschaften	19
UDIs (Unidades de Inversión)	Investmenteinheiten	22

Mexiko

Niederlande

bearbeitet von *Lucas Kortmann*, advocaat (zugelassen in den Niederlanden) (RESOR N.V., Amsterdam)

Übersicht

	Rn.		Rn.
1. Schrifttum, Gesetzsammlungen und Informationsquellen	1	4.2 Gläubigerversammlungen, *Schuldeisersvergaderingen*	53
1.1 Schrifttum	1	4.3 Verwaltung und Verwertung der Insolvenzmasse, *boedel*	57
1.2 Gesetzsammlungen	2		
1.3 Informationsquellen	4	5. Gläubiger, *schuldeisers*	64
2. Einführung	7	5.1 Aussonderungsberechtigte Gläubiger	64
2.1 Gesetzlicher Rahmen	7	5.2 Gesicherte Gläubiger, *separatisten/zekerheidsgerechtigden*	69
2.2 Verfahrenstypen für Unternehmensinsolvenzen und Insolvenzen natürlicher Personen	9	5.3 Bevorzugte Insolvenzgläubiger, *bevoorrechte schuldeisers*	73
2.3 Reform der *faillissementswet*	13	5.4 Einfache Insolvenzgläubiger, *concurrente schuldeisers*	75
3. Eröffnung des Verfahrens	18		
3.1 Eröffnungsgründe	18	5.5 Nachrangige Insolvenzgläubiger, *achtergestelde schuldeisers*	76
3.1.1 *Surseance van betaling*	18		
3.1.2 *Faillissement*	19	5.6 Massegläubiger, *boedelschuldeisers*	77
3.1.3 Zuständigkeit	21	6. Rangfolge der Verteilung an die Gläubiger, Verfahrensdauer	79
3.1.4 Privatinsolvenzverfahren	22		
3.2 Schuldner	26	7. Verträge im Insolvenzverfahren	82
3.2.1 Unternehmen und natürliche Personen	26	7.1 Unvollständig erfüllte Verträge	82
3.2.2 Kreditinstitute und Versicherungsgesellschaften	30	7.2 Mietverträge, *huur*, Arbeitsverträge, *arbeidsovereenkomsten*	83
3.3 Sicherungsmaßnahmen vor Verfahrenseröffnung – „Pre-Pack"	32	8. Aufrechnung, *verrekening*	86
		9. Insolvenzanfechtung, *actio pauliana*	88
3.4 Wirkungen der Verfahrenseröffnung	36	10. Reorganisationsverfahren, Umsetzung der EU-Richtlinie zur präventiven Restrukturierung	94
3.4.1 Sanierungsverfahren, *Surseance van betaling*	36		
3.4.2 Konkursverfahren, *Faillissement*	43		
4. Verlauf des Verfahrens	48	11. Insolvenzrechtliche Haftung der Geschäftsführung, *bestuurdersaansprakelijkheid*	99
4.1.1 Anmeldung der Forderungen zur Prüfung und Feststellung durch die Gläubiger (*verificatie*) im Konkursverfahren, *faillissement*	48		
		11.1 Zivilrechtliche Haftung	100
		11.2 Strafrechtliche Haftung	110
4.1.2 Feststellung von Forderungen im Sanierungsverfahren, *surseance van betaling*	52	12. Internationales Insolvenzrecht	111
		13. COVID-19	113

1. Schrifttum, Gesetzsammlungen und Informationsquellen

1.1 Schrifttum

Polak, Faillissementsrecht, 14. Auflage 2017; *Kortmann/Faber*, Geschiedenis van de Faillissementswet, 2. Auflage 1995;[1] *Wessels*, Insolventierecht I-X;[2] *Declerq*, Netherlands Insolvency Law: The Netherlands Bankruptcy Act and the Most Important Legal Concepts, 1. Auflage 2002; *D. Faber* (Hrsg.), Oxford International and Comparative Insolvency Law Series, 1. Band 2011.[3]

1

---

[1] Neuausgabe des Parlamentären Kommentars über das Zustandekommen des *faillissementswet*.
[2] Eine Buchreihe von 10 Bänden mit ausführlicher Beschreibung des Insolvenzrechts.
[3] Neue internationale Buchreihe, wobei der erste Buchband im Jahre 2011 erschien. In jedem Band wird ein Thema des Insolvenzrechts anhand von Länderberichten ausführlich behandelt. Der erste Band handelt von der Verfahrenseröffnung.

Niederlande 2–9

1.2 Gesetzsammlungen

2   *Harmsen,* Insolventierecht 2011–2019, 3. Auflage 2019;[4] *Faber et al,* Sdu Commentaar Insolventierecht, 2017/2018;[5] *Verdaas et al,* GS Faillissementswet, Kluwer Loseblattsammlung.
3   Inoffizielle Übersetzungen des *Faillissementswet* (Konkursgesetz) sowie auch des Gesetzesentwurfs zur präventiven Restrukturierung *(Wet Homologatie Onderhands Akkoord)*[6] ins Englische sind auf diversen Websites einzusehen.[7] Die offiziellen niederländischen Gesetzestexte sind im Internet unter *www.wetten.nl* verfügbar (aber nur auf niederländisch).

1.3 Informationsquellen

4   Wenn ein Insolvenzverfahren (das Konkurs- oder Sanierungsverfahren, sowie auch das Schuldensanierungsverfahren natürlicher Personen) eröffnet wird, werden **grundlegende Informationen** zu dem Verfahren im Niederländischen Staatsanzeiger *(Nederlandse Staatscourant)* und in verschiedenen Tageszeitungen publiziert (wie Name und Adresse des Schuldners und die **Kontaktdaten des bestellten Insolvenzverwalters**). Außerdem führt jedes Gericht[8] ein **öffentliches Register**, in dem die wichtigsten Informationen und der Status jedes Verfahrens einzusehen sind.
5   Seit 1.1.2005 werden alle eröffneten Verfahren darüber hinaus in das **Zentrale Insolvenzregister** *(Centraal Insolventie Register, CIR)* in Den Haag eingetragen. Das CIR ist auch über das Internet abrufbar, über *www.insolventies.rechtspraak.nl.* Weil zwischen der Eröffnung und der Publikation eines Verfahrens normalerweise einige Tage liegen, ist es empfehlenswert, sich telefonisch beim zuständigen Gericht zu erkundigen, ob ein Verfahren eröffnet wurde. Über **Schuldensanierungsverfahren natürlicher Personen sind weitere Informationen** über *www.wsnp.rvr.org* zu erhalten.
6   Des Weiteren verfügt die niederländische **Handelskammer** *(Kamer van Koophandel), www.kvk.nl,* über Informationen zu Unternehmen, inklusive möglicher Insolvenzverfahrenseröffnungen. Falls über das Vermögen eines Unternehmens das Insolvenzverfahren eröffnet wurde, werden im Handelsregisterauszug *(uittreksel)* das Datum der Eröffnung sowie die Kontaktdaten des Insolvenzverwalters angegeben.

2. Einführung

2.1 Gesetzlicher Rahmen

7   **Gesetzliche Grundlage** des niederländischen Insolvenzrechts ist vor allem das niederländische **Konkursgesetz** von 1893, das *Faillissementswet* (Fw).[9] Das Faillissementswet enthält **sowohl materielle als auch verfahrensrechtliche Regeln.** Zahlreiche andere Gesetze enthalten Vorschriften, die ebenfalls direkt oder indirekt Anwendung finden können, wie zB das niederländische **Bürgerliche Gesetzbuch,** *Burgerlijk Wetboek* (BW) hinsichtlich der **Haftung von Geschäftsführern**[10] und der Rechtsstellung von **gesicherten Gläubigern.**[11]
8   **Kreditinstitute und Versicherungsgesellschaften** sind zusätzlich dem Gesetz über die Finanzaufsicht *(Wet op het financieel toezicht,* Wft) unterworfen. Die **Europäische Insolvenzverordnung**[12] gilt auch in den Niederlanden.

2.2 Verfahrenstypen für Unternehmensinsolvenzen und Insolvenzen natürlicher Personen

9   Ein wesentlicher Unterschied zwischen deutschem und niederländischem Insolvenzrecht ist die Existenz **zweier unterschiedlicher Gerichtsverfahren.** Die Deutsche Insolvenzordnung (InsO) kennt ein einziges Verfahren für sowohl die Sanierung als auch die Liquidation insolventer Schuldnervermögen: das (Regel-)Insolvenzverfahren. Das niederländische Gesetz sieht unterschiedliche **Ver-**

---

[4] Eine Sammlung von Gesetzestexten.
[5] Eine kommentierte Sammlung von Gesetzestexten.
[6] → Rn. 95.
[7] So zB http://www.dutchcivillaw.com/bankruptcyact.htm, https://eyesoninsolvency.com/documenten/.
[8] Zur gerichtlichen Zuständigkeit in Insolvenzsachen → Rn. 21.
[9] Zuletzt geändert durch Gesetz v. 12.12.2018.
[10] Insbesondere Art. 2:138 ff. und 2:248 ff. BW.
[11] Art. 3:227 ff. BW.
[12] Verordnung des Europäischen Parlaments und des Rates Nr. 2015/848 (Neufassung), die Verordnung des Europäischen Parlaments und des Rates Nr. 2015/848 (Neufassung) v. 20.5.2015 über Insolvenzverfahren (Neufassung), im Folgenden mit EuInsVO abgekürzt.

fahren für Sanierung und Liquidation vor. Für Unternehmen sind das *surseance van betaling*, als **Sanierungsverfahren**,[13] und *faillissement*, als **Liquidations- oder Konkursverfahren**.[14]

Das Liquidationsverfahren *faillissement* findet auch bei Privatpersonen Anwendung. Auf Besonderheiten, die sich bei der Anwendung auf Privatpersonen ergeben können, wird in den jeweiligen Kapiteln eingegangen. **10**

Natürlichen Personen steht allerdings ein eigenes Sanierungsverfahren, **Schuldensanierungsverfahren natürlicher Personen**, zur Verfügung: *schuldsanering natuurlijke personen*.[15] Die in diesem Beitrag verwendeten Begriffe „Insolvenzverwalter", oder „Insolvenzverfahren" beziehen sich sowohl auf die Sanierungsverfahren *surseance van betaling* und *schuldsanering natuurlijke personen* als auch auf das Konkursverfahren *faillissement*. **11**

Surseance van betaling und *schuldsanering natuurlijke personen* streben grundsätzlich eine Abwendung des Konkurses und eine Beseitigung temporärer Zahlungsschwierigkeiten an. Dahingegen beabsichtigt das *faillissement* prinzipiell die Liquidation (Verwertung) des Schuldnervermögens. In der Praxis ist aber eine Sanierung des Unternehmens auch noch im Rahmen eines *faillissement* möglich. Ein Insolvenzverfahren mit **Eigenverwaltung** gibt es nach niederländischem Insolvenzrecht (noch) nicht. **12**

2.3 Reform der *faillissementswet*

Am 27.6.2013 hat der niederländische Justizminister ein Gesetzgebungsprogramm zur **„Neukalibrierung des Insolvenzrechts"** *(Herijking Faillissementsrecht)* angekündigt. Ziel ist es, durch mehrere Gesetzesinitiativen wesentliche Teile des niederländischen Insolvenzrechts zu reformieren. Einer der wichtigsten Gründe für diese Initiativen ist, dass eine (erfolgreiche) Sanierung mittels eines niederländischen Insolvenzverfahrens in der Praxis schwer zu erreichen ist. Deshalb kam der Ruf der Praxis nach Änderungen des Insolvenzrechts. **13**

Eine Reihe dieser Gesetzesinitiativen ist bereits in Kraft getreten: **14**
– Bekämpfung des Insolvenzbetruges von Geschäftsführern durch Einführung eines zivilrechtlichen Geschäftsführungsverbots (*Wet civielrechtelijk bestuursverbod*). Dieses Gesetz trat am 1.7.2016 in Kraft;[16]
– Reform des Insolvenzstrafrechts. Das Gesetz zur Neufestsetzung der Strafbarkeit von Insolvenzbetrug (*Wet herziening strafbaarstelling faillissementsfraude*) trat ebenfalls am 1.7.2016 in Kraft;
– Gesetz zur Stärkung der Position des Insolvenzverwalters (*Wet versterking positie curator*), das am 1.7.2017 in Kraft trat;[17]
– Das Gesetz zur Modernisierung des Insolvenzverfahrens (*Wet modernisering faillissementsprocedure*) trat am 1.1.2019 in Kraft.

Die (für die Praxis) wichtigsten Gesetzesinitiativen zu den unten genannten Aspekten des „Pre-Pack"[18] und des Sanierungsplans außerhalb des Insolvenzverfahrens[19] befinden sich derzeit noch im Gesetzgebungsverfahren. Zu diesen Themen hat die niederländische Regierung am 22.10.2013 und 14.8.2014 zwei Gesetzesentwürfe „zur Fortführung von Unternehmen" vorgelegt, die den Namen *Wet Continuiteit Oondernemingen I* (Gesetz zur Fortführung von Unternehmen I) und *Wet Homologatie Onderhands Akkoord* (Gesetz zur Bestätigung privater Pläne)[20] tragen. **15**

Wet Continuiteit Oondernemingen I (Gesetz zur Fortführung von Unternehmen I)[21] ist eine gesetzliche Regelung für **„den stillen Verwalter"**, der sowohl eine Restrukturierung außerhalb eines Insolvenzverfahrens als auch innerhalb eines Insolvenzverfahrens erleichtern soll, und beinhaltet auch eine gesetzliche Regelung für **„Pre-Packs"**.[22] Der Gesetzesentwurf ist von der zweiten Kammer des Parlaments angenommen und an den Senat (die Erste Kammer des Parlaments) geleitet worden. Der Gesetzgebungsprozess im materiellen Sinn ist damit bereits abgeschlossen. Der Senat hat entschieden, den Entwurf gemeinsam mit dem Gesetz über den Übergang eines Unternehmens in der Insolvenz (*Wet overgang van onderneming in faillissement*), welches Regelungen zu den Rechten von Arbeitnehmern bei der Fortführung eines Unternehmens enthält, abzustimmen. Dieser Geset- **16**

---

[13] Art. 214 ff. Fw.
[14] Art. 1 ff. Fw.
[15] Art. 284 ff. Fw.
[16] Art. 106a ff. Fw.
[17] Art. 67–69, 71, 72, 73a, 105–106, 117 und 327 Fw.
[18] → Rn. 33–35.
[19] → Rn. 95–98.
[20] Ursprünglich *Wet Continuiteit Ondernemingen II* oder WCOII genannt.
[21] S. https://www.eerstekamer.nl/wetvoorstel/34218_wet_continuiteit.
[22] → Rn. 33–35.

zesentwurf befindet sich derzeit (nach einem öffentlichen Konsultationsverfahren, das im September 2019 abgeschlossen wurde) in der Entwurfsphase.

17 Derzeit liegt auch der Gesetzesentwurf zur **präventiven Restrukturierung**,[23] *Wet Homologatie Onderhands Akkoord* (Gesetz zur Bestätigung privater Pläne), dh die Einführung eines Sanierungsplans außerhalb der Insolvenz,[24] dem Senat vor. Der Entwurf wurde von der zweiten Kammer des Parlaments am 20. Mai 2020 angenommen. Dieser Entwurf entspricht den Vorstellungen der Europäischen Richtlinie zum präventiven Restrukturierungsrahmen.[25] Der Senat hat nicht das Recht, den Gesetzesentwurf zu ändern, sodass er ihn nur annehmen oder ablehnen kann. Letzteres kommt in der Praxis aber selten vor. Die allgemeine Erwartung ist, dass der Entwurf spätestens im Januar 2021 als Gesetz in Kraft tritt.

3. Eröffnung des Verfahrens

3.1 Eröffnungsgründe

3.1.1 *Surseance van betaling*

18 Der Schuldner, der erwartet, dass er die **Erfüllung seiner fälligen Zahlungsverpflichtungen nicht mehr fortsetzen können** wird, kann beim Amtsgericht *surseance van betaling* beantragen.[26] Gläubiger oder andere Dritte können keinen Antrag auf Eröffnung des Sanierungsverfahrens stellen.

3.1.2 *Faillissement*

19 Für den Schuldner, der seine **Zahlungen eingestellt** hat, hat das Amtsgericht auf Antrag des Schuldners oder auf Antrag eines oder mehrerer Gläubiger (oder der Staatsanwaltschaft aus Gründen des öffentlichen Interesses) das Konkursverfahren, *faillissement,* zu eröffnen.[27]

20 Das Amtsgericht muss dazu den Tatbestand feststellen, dass der Schuldner sich in der Lage befindet, seine Zahlungen eingestellt zu haben *(toestand dat hij heeft opgehouden te betalen)*. Dabei ist erforderlich, dass mindestens **zwei Gläubiger** existieren, von denen zumindest einer **eine fällige Forderung** gegenüber dem Schuldner hat.[28]

3.1.3 Zuständigkeit

21 Das **Amtsgericht** *(rechtbank)*, in dessen Bezirk der Schuldner seinen (letzten) Wohnsitz hat(te), ist für die Eröffnung eines Insolvenzverfahrens **zuständig**. Bei Rechtspersonen gilt der Ort des **satzungsgemäßen Sitzes**. Wenn der Schuldner keinen Wohnsitz/Sitz, aber eine Niederlassung in den Niederlanden hat, ist das Gericht des Bezirks zuständig, in dem sich die **Niederlassung** befindet.[29] Das Berufungsgericht ist derjenige der fünf Gerichtshöfe *(Gerechtshoven),* in dessen Bezirk der Schuldner seinen Wohnsitz/Sitz hat. Bei Rechtsfragen kann dann noch eine Berufung an den Hohen Rat *(Hoge Raad)* als höchste Instanz gerichtet werden.

3.1.4 Privatinsolvenzverfahren

22 Eine natürliche Person kann, wenn berechtigterweise zu erwarten ist, dass sie die Erfüllung ihrer fälligen Zahlungsverpflichtungen nicht mehr fortsetzen können wird, oder wenn sie sich in der Lage befindet, ihre Zahlungen eingestellt zu haben, die *schuldsanering natuurlijke personen* beantragen.[30]

23 Nur der Schuldner selbst kann diesen Antrag bei Gericht einreichen. Neben sämtlichen sonstigen Bescheiden[31] ist erforderlich, dass der Schuldner eine Erklärung vorlegen kann, unterschrieben vom Schuldner und dem Gemeindevorstand *(college van burgemeester en wethouders),* welche bescheinigt, dass dem Antrag ein **außergerichtliches Sanierungsverfahren** (freiwillige Einigung mit allen Gläubigern – *buitengerechtelijke schuldregeling*) erfolglos vorausgegangen ist, und deshalb keine reelle

---

[23] Für eine englische Übersetzung, s. www.eyesoninsolvency.com/documenten/.
[24] → Rn. 95–98.
[25] Richtlinie (EU) 2019/1023 des Europäischen Parlaments und des Rates v. 20.6.2019 über präventive Restrukturierungsrahmen, über Entschuldung und über Tätigkeitsverbote sowie über Maßnahmen zur Steigerung der Effizienz von Restrukturierungs-, Insolvenz- und Entschuldungsverfahren und zur Änderung der Richtlinie (EU) 2017/1132 (Richtlinie über Restrukturierung und Insolvenz).
[26] Art. 214 Fw.
[27] Art. 1 Fw.
[28] Art. 6 Fw.
[29] Bzgl. *faillissement,* s. Art. 2 Fw; bzgl. *surseance van betaling,* s. Art. 214 Fw.
[30] Art. 284 Abs. 1 Fw.
[31] Bescheide, die das Gericht über die Vermögenswerte und Schulden des Schuldners informieren.

3. Eröffnung des Verfahrens

Chance auf eine außergerichtliche Schuldenregelung besteht.[32] Voraussetzung dieses Verfahrens ist, dass der Schuldner **guten Glaubens** ist und bleibt. Diesbezüglich wird der Antrag, unter anderem, abgelehnt, wenn die Schulden nicht guten Glaubens entstanden sind. Außerdem wird er abgelehnt, wenn die berechtigte Befürchtung besteht, dass der Schuldner während des Schuldensanierungsverfahrens versuchen wird, seine Gläubiger zu benachteiligen, oder dass der Schuldner seine Pflichten während des Verfahrens nicht erfüllen wird.[33]

In dem Schuldsanierungsverfahren wird ein **Verwalter** bestellt, der den Schuldner überwacht und auf den die Verfügungsbefugnis über das Vermögen übergeht. 24

Bei oder kurz nach Beantragung muss der Schuldner einen **Sanierungsplan** vorlegen. Den Gläubigern wird die Gelegenheit geboten, ihre Meinung über die Fortsetzung des Verfahrens und den Inhalt des Sanierungsplans zu äußern. Letztendlich entscheidet aber das Gericht über die Fortsetzung des Verfahrens. Ein Schuldsanierungsverfahren dauert in der Regel bis zu **drei und maximal fünf Jahre.**[34] Wenn der Schuldner seine Pflichten während des Verfahrens erfüllt hat, wird er nach Ablauf dieser Zeit von seiner Restschuld befreit.[35] 25

3.2 Schuldner

3.2.1 Unternehmen und natürliche Personen

Das Konkursverfahren *faillissement* kann sowohl für juristische Personen als auch für natürliche Personen eröffnet werden. Dazu können auch Unternehmen, die keine juristischen Personen sind, dem Konkursverfahren unterworfen werden, dh **Personengesellschaften** wie die *vennootschap onder firma* (mit der offenen Handelsgesellschaft vergleichbar) und die *commanditaire vennootschap* (eine Art Kommanditgesellschaft). 26

Das Sanierungsverfahren *surseance van betaling* ist eine **Unternehmensinsolvenz** und kann über das Vermögen juristischer Personen, das Vermögen von Personengesellschaften und das Vermögen natürlicher Personen eröffnet werden, sofern die **natürliche Person** ein **Handelsgewerbe** betreibt oder einen **Beruf** ausübt.[36] 27

Obwohl eine Personengesellschaft (nach dem Transparenzprinzip) keine juristische Person ist, führt die Eröffnung des Insolvenzverfahrens gegen eine Personengesellschaft nicht **automatisch zur Insolvenz der Partner.** Bezüglich der Partner ist ein gesonderter Insolvenzantrag erforderlich.[37] 28

Natürliche Personen ohne Unternehmen, Handelsgewerbe oder Beruf können nur einen Antrag auf Eröffnung des Schuldensanierungsverfahrens *schuldsaniering natuurlijke personen* stellen.[38] 29

3.2.2 Kreditinstitute und Versicherungsgesellschaften

Für Kreditinstitute und Versicherungsgesellschaften gibt es eine Sonderregelung bezüglich des Konkursverfahrens.[39] Das Sanierungsverfahren steht nicht zur Verfügung. Stattdessen kann die Niederländische Zentralbank *(De Nederlandsche Bank)* bei Gericht die *noodregeling* (Notregelung) für ein Kreditinstitut oder eine Versicherungsgesellschaft beantragen.[40] Am 12.6.2012 ist das **Interventionsgesetz** *(interventiewet)* in Kraft getreten. Dieses Gesetz, das die Vorschriften des *Wet op het financieel toezicht* und *Faillissementswet* in Bezug auf **Kreditinstitute** reformiert, stattet sowohl die **Zentralbank** als auch das **Finanzministerium mit weitgehenden Sonderbefugnissen** aus, um bei Kreditinstituten, die sich in finanziellen Problemen befinden, einzugreifen. Diesbezüglich kann die Zentralbank das Institut an einen privaten Käufer veräußern (durch einen **erzwungenen Verkauf der Anteile oder der Vermögensgegenstände eines Instituts**). Das Finanzministerium ist befugt, in die Geschäftsführung einzugreifen, oder sogar das **Probleminstitut zu enteignen.** Jene weitgehende Maßnahme sollte das Ministerium (nur) zur **Stabilisierung des Finanzsystems** ergreifen. Momentan ist noch abzuwarten, wie sich dieses *interventiewet* in der Praxis auswirken wird.[41] 30

---

[32] Art. 285 Abs. 1 (f) Fw.
[33] Art. 288 Abs. 1 Fw.
[34] Art. 349a Abs. 2 Fw.
[35] Art. 358 Fw.
[36] Art. 214 Abs. 4 Fw.
[37] HR 6 Februar 2015, ECLI:NL:HR:2015:251.
[38] Art. 284 Fw.
[39] Art. 212g–213kk Fw.
[40] Art. 3:160 ff. Wft.
[41] Am 1.2.2013 hat der Finanzminister SNS Bank Reaal N.V. enteignet. Dies hat innerhalb weniger Tage zu vielen Appellationen (von etwa 700 Parteien) und Schadensersatzklagen geführt. Momentan sind in Zusammenhang mit diesem Verfahren Gerichtsverfahren sowohl am höchsten Gerichtshof der Niederlanden *(Hoge Raad)* als auch am Europäischen Gerichtshof für Menschenrechte anhängig.

Niederlande 31–37

31   Es ist unsicher (weil es nie vorkam und das Gesetz darüber keine Regelung gibt), ob über das Vermögen des niederländischen Staates oder niederländischer Körperschaften des öffentlichen Rechts, wie Gemeinden und Provinzen, ein Insolvenzverfahren eröffnet werden kann.

3.3 Sicherungsmaßnahmen vor Verfahrenseröffnung – „Pre-Pack"

32   Nach der Antragsstellung und bis zur Entscheidung über die Eröffnung des *faillissement* kann das Gericht dem Antragsteller auf dessen Antrag gestatten, die Masse notariell versiegeln zu lassen.[42] Diese Maßnahme wird in der Praxis selten getroffen.

33   Obwohl es zu dieser Praxis (noch) keine formelle Regelung gibt, kam es (vor allem in den letzten Jahren) zu einigen Fällen einer Art **„Pre-Pack"**.[43] Ein Pre-Pack dient dem Zweck, den **Wertverlust**, der typischerweise bei einer Insolvenz stattfindet, zu **minimalisieren**. In Kürze bedeutet diese Praxis, dass **schon vor Eröffnung des Insolvenzverfahrens inoffiziell ein (stiller) Verwalter vom Gericht „bestellt"**[44] wird, der sich ein Bild über den Zustand des Schuldners und mögliche Sanierungsoptionen außerhalb oder innerhalb eines Insolvenzverfahrens machen kann. Falls ein Insolvenzverfahren unvermeidlich oder für eine erfolgreiche Sanierungsdurchführung notwendig ist, wird der stille Verwalter als formeller Insolvenzverwalter ernannt. Dieser kann durch seinen **Wissensvorsprung** innerhalb kürzester Zeit die notwendigen Maßnahmen treffen (wie zB einen Verkauf des Unternehmens, daher der aus der angloamerikanischen Praxis übernommene Begriff „Pre-Pack").

34   Der Gesetzesentwurf *Wet Continuiteit Oondernemingen I*[45] oder *WCO I* regelt eine gesetzliche Grundlage für die Methode des „Pre-Packs". Der WCO I schreibt vor, dass das Gericht einen Verwalter nach Erhalt eines formgerechten, schriftlichen Antrages bestellen kann. Der stille Verwalter soll dem Schuldner nur beratend zur Seite stehen und bekräftigt ggf. Rechtshandlungen des Schuldners. Der Schuldner behält allerdings die Verwaltungs- und Verfügungsbefugnis über sein Vermögen. Das einzige Druckmittel des Verwalters ist sein Rücktritt. Bei dem WCO I wird kritisiert, dass Anfechtungsklagen in einem späteren Insolvenzverfahren gegen Rechtshandlungen unmöglich sind, wenn jene Rechtshandlungen zuvor von dem stillen Verwalter bekräftigt wurden.

35   Im Hinblick auf die Rechtsprechung des Europäischen Gerichtshofs bezüglich des niederländischen Pre-Packs, wurde der Gesetzesentwurf, der bei der Ersten Kammer der Generalstaaten anhängig ist, überarbeitet. Der Europäische Gerichtshof hat in der Sache „Smallsteps"[46] entschieden, dass der Schutz der Arbeitnehmer beim Übergang von Unternehmen aufrechterhalten wird, in dem der Übergang eines Unternehmens im Anschluss an eine Konkurseröffnung im Zusammenhang mit einem „Pre-pack" stattfindet, das vor der Konkurseröffnung vorbereitet und unmittelbar danach vollzogen wird. Folge dieser Entscheidung ist, dass es fraglich ist, ob das Unternehmen im *faillissement* zu verkaufen ist und dabei Arbeitsverträge gekündigt werden können, wenn von einem Pre-Pack Gebrauch gemacht wird. In diesem Zusammenhang ist auch das Gesetz über den Übergang eines Unternehmens in der Insolvenz *(Wet overgang van onderneming in faillissement)* zu nennen, welches Regelungen zu den Rechten von Arbeitnehmern bei der Fortführung eines Unternehmens enthält. Dieser Gesetzesentwurf befindet sich derzeit in einem öffentlichen Konsultationsverfahren.

3.4 Wirkungen der Verfahrenseröffnung

3.4.1 Sanierungsverfahren, *Surseance van betaling*

36   Wenn der Schuldner einen Antrag auf *surseance van betaling* stellt, eröffnet das Gericht **unmittelbar ein vorläufiges** *surseance van betaling*. Auch legt das Gericht einen Gerichtstermin fest, an dem die Gläubiger über die Eröffnung eines **definitiven** *surseance van betaling* **abstimmen** sollen.[47]

37   Das endgültige Sanierungsverfahren wird nicht eröffnet, wenn entweder über 30 % der einfachen Insolvenzgläubiger, oder Gläubiger, die gemeinsam über 25 % des Gesamtwertes der einfachen Insolvenzforderungen halten, gegen ebensolches stimmen. Auch weist das Gericht die endgültige Verfahrenseröffnung ab, wenn die berechtigte Befürchtung besteht, dass der Schuldner während des

---

[42] Art. 7 Fw.
[43] S. zB *L.P. Kortmann*, Improved prepacks: Going Dutch, Corporate Recovery and Insolvency Journal 6 (2012), 207.
[44] Weil es kein offizielles Verfahren ist, wird formell auch kein Verwalter bestellt; juristisch existiert der Verwalter nicht bis zur Verfahrenseröffnung.
[45] S. www.eerstekamer.nl/wetsvoorstel/34218_wet_continuiteit.
[46] Urt. des Gerichtshofs (Dritte Kammer) v. 22.6.2017, *Federatie Nederlandse Vakvereniging ua gegen Smallsteps BV*, C-126/16.
[47] Art. 215 Fw.

3. Eröffnung des Verfahrens

Sanierungsverfahrens versuchen wird, seine Gläubiger zu benachteiligen, oder wenn keine Aussicht besteht, dass er nach einiger Zeit seine Gläubiger befriedigen kann. Bei solch einer Abweisung eröffnet das Gericht normalerweise unmittelbar das Konkursverfahren über das entsprechende Vermögen.[48]

Bei Eröffnung des vorläufigen Sanierungsverfahrens bestellt das Gericht einen (oder mehrere) **38** Verwalter *(bewindvoerder)*, der (die) gemeinsam mit dem Schuldner bzw. mit der Geschäftsführung des Schuldners das Vermögen des Schuldners (die Masse – *boedel*) verwaltet (verwalten).[49] Eine **Eigenverwaltung** durch den Schuldner **existiert nach niederländischem Recht nicht.**

Auch wird (meistens) vom Gericht ein Insolvenzrichter *(rechter-commissaris)* als Berater des Ver- **39** walters ernannt. Das Gericht kann ab dem Moment der vorläufigen Sanierungsverfahrenseröffnung **Sicherungsmaßnahmen zur Wahrung der Gläubigerinteressen** anordnen.[50]

Während des Sanierungsverfahrens ist der Schuldner nicht befugt, ohne Erlaubnis oder Mitwir- **40** kung des Verwalters die Masse zu verwalten oder darüber zu verfügen.[51]

Das **Sanierungsverfahren** bezieht sich **nur auf die Forderungen einfacher Insolvenzgläu-** **41** **biger** *(concurrente pre-faillissementsschuldeisers)*. Gesicherte Gläubiger *(zekerheidsgerechtigde schuldeisers)* sind vom Sanierungsverfahren nicht betroffen. Das Gericht kann eine *afkoelingsperiode* (Abkühlungsfrist) anordnen, während derer den gesicherten Gläubigern die vollständige Durchsetzung ihrer Rechte (wie zB die Versteigerung der verpfändeten Güter) untersagt ist.[52]

Zwangsvollstreckungen *(executiemaatregelen)* und Sicherungsmaßnahmen *(beslag)* individueller **42** (ungesicherter) Gläubiger sind während des Sanierungsverfahrens nicht möglich. Bereits eingeleitete **Vollstreckungsverfahren** *(executies)* **werden suspendiert** *(geschorst)*.[53] Weiterhin ist allerdings möglich, **Klagen** gegen den Schuldner einzuleiten und laufende Gerichtsverfahren werden nicht suspendiert.[54]

3.4.2 Konkursverfahren, *Faillissement*

In einem *faillissement* ernennt das Gericht einen oder mehrere **Konkursverwalter** *(curator)*, **43** sowie einen Insolvenzrichter *(rechter-commissaris)*.[55] Der Konkursverwalter verwaltet das Vermögen des Schuldners. Der **Schuldner verliert seine Verfügungsbefugnis** über das Vermögen, er kann keine Masseverbindlichkeiten eingehen.[56]

Der Konkursverwalter verwertet das Vermögen und verteilt den Erlös entsprechend der Rang- **44** ordnung unter den Gläubigern.[57] Der Konkursverwalter kann Masseverbindlichkeiten eingehen. Der **Insolvenzrichter führt die Aufsicht** über die Verwaltung und Verwertung der Masse.[58] Für sämtliche Verfahrenshandlungen (zB Kündigung von Miet- und Arbeitsverträge und Einleitung von Gerichtsverfahren) benötigt der Verwalter die Zustimmung des Insolvenzrichters.[59] Gläubiger können sich beim Insolvenzrichter beschweren und bitten, dem Verwalter eine Verfahrenshandlung aufzutragen oder zu untersagen.[60]

Gesicherte Gläubiger können auch im Konkursverfahren ihre Rechte ausüben, als würde es **45** keinen Konkurs geben.[61] Sie sind vom Verfahren nicht betroffen. Das Gericht kann allerdings eine *afkoelingsperiode* (**Abkühlungsfrist**) anordnen, während derer den **gesicherten Gläubigern** die vollständige Durchsetzung ihrer Rechte (wie zB die Versteigerung der verpfändeten Güter) untersagt ist.[62]

Zwangsvollstreckungen und Sicherungsmaßnahmen individueller, ungesicherter Gläubiger sind **46** während des Konkursverfahrens nicht möglich. Bereits eingeleitete Vollstreckungsverfahren werden suspendiert und Arreste *(beslagen)* werden aufgehoben.[63] Bereits anhängige Gerichtsverfahren, die

---

[48] Art. 218 Fw.
[49] Art. 215 Fw.
[50] Art. 225 Fw.
[51] Art. 228 Abs. 1 Fw.
[52] Art. 241a Fw.
[53] Art. 230 Fw.
[54] Art. 231 Fw.
[55] Art. 14 Fw.
[56] Art. 23 Fw.
[57] Art. 68 Fw.
[58] Art. 64 Fw.
[59] Art. 68 Abs. 3 Fw.
[60] Art. 69 Fw.
[61] Art. 57 Fw.
[62] Art. 63a Fw.
[63] Art. 25 Fw.

Niederlande 47–54

die Durchsetzung eines Anspruchs der Masse gegenüber eines Dritten beabsichtigen, **können** vom Konkursverwalter wieder aufgenommen werden.[64]

47 Gläubiger können nach Verfahrenseröffnung nicht länger Gerichtsklagen bezüglich Verbindlichkeiten der Masse anhängig machen. Die **Forderungen können nur zur Prüfung und Feststellung** *(verificatie)* **angemeldet werden.**[65]

4. Verlauf des Verfahrens

4.1.1 Anmeldung der Forderungen zur Prüfung und Feststellung durch die Gläubiger *(verificatie)* im Konkursverfahren, *faillissement*

48 Bei der Verteilung des Erlöses eines *faillissements* unter den Gläubigern werden nur die (Präinsolvenz-) Forderungen,[66] die zur Prüfung *(verificatie)* angemeldet worden sind, in Betracht gezogen. Die Prüfung geschieht durch Anmeldung beim Konkursverwalter. Der Insolvenzrichter setzt eine Frist, die mindestens **14 Tage vor dem Prüfungstermin** *(verificatievergadering)* liegt, bis zu welcher die **Forderungen angemeldet** werden können.[67] Wenn ein Gläubiger seine Forderung nicht rechtzeitig angemeldet hat, kann der Gläubiger noch gegen die Verteilungsliste *(uitdelingslijst)* Einspruch erheben.[68] Nur angemeldete (und daraufhin vom Verwalter zugelassene) Forderungen werden bei der Verteilung berücksichtigt. Bei Anmeldung legt der Gläubiger jene **Dokumente** vor, **die der Forderung zugrunde liegen.** Zusätzlich gibt der Gläubiger eventuelle Vorzugsrechte oder Sicherheitenrechte (Pfand und Hypothek) an.

49 Grundsätzlich werden die Forderungen in niederländischer Sprache angemeldet. Allerdings findet Art. 55 Abs. 5 EuInsVO hier Anwendung. Forderungen können in einer Amtssprache der Organe der Union angemeldet werden mithilfe eines Standardformulars anmelden. Vom Gläubiger kann allerdings eine Übersetzung der Anmeldung ins Niederländische verlangt werden.

50 Eine **Forderung kann vom Konkursverwalter zugelassen oder bestritten werden.** Die zugelassenen Forderungen werden auf eine Liste für vorläufig zugelassene Forderungen, samt Rang und eventueller Sicherung durch Pfand, Hypothek oder ein Zurückbehaltungsrecht *(retentierecht)*, eingetragen. Die vom Konkursverwalter bestrittenen Forderungen werden auf einer separaten Liste vermerkt.[69]

51 Neben dem Konkursverwalter können **auch andere Gläubiger (im Prüfungstermin) eine Forderung bestreiten,** auch wenn diese vom Verwalter vorläufig zugelassen wurde.[70] Bei dieser Gläubigerversammlung wird der Insolvenzrichter versuchen, eine Einigung zu erreichen. Scheitert eine Einigung, werden der Gläubiger der bestrittenen Forderung und die Parteien, die die Forderung bestreiten, an das Gericht verwiesen. In dem **Gerichtsverfahren,** *renvooiprocedure,* stellt das Gericht fest, ob und mit welchem (Vor)Rang die Forderung zugelassen werden soll.[71]

4.1.2 Feststellung von Forderungen im Sanierungsverfahren, *surseance van betaling*

52 Auch in *surseance van betaling* findet auf ähnliche Weise eine Anmeldung von Forderungen statt. Weil es sich hier um ein Sanierungsverfahren handelt, dient die Prüfung einer Forderung nur dazu festzustellen, ob und mit welchem Stimmwert der Gläubiger bei der Abstimmung eines Sanierungsplans mitstimmen darf.[72]

4.2 Gläubigerversammlungen, *Schuldeisersvergaderingen*

53 Wie schon erwähnt,[73] finden eine oder mehrere Gläubigerversammlungen, Prüfungstermin(e), für die Prüfung und Feststellung der Forderungen, statt. In der Praxis kommt es in einem Konkursverfahren nur zu einem Prüfungstermin, wenn zu erwarten ist, dass die Masse ausreichend ist (oder sein wird), um auch eine Auszahlung an einfache Insolvenzgläubiger zu ermöglichen.

54 Eine Gläubigerversammlung kann zusätzlich in den folgenden Fällen stattfinden:
– zur Beratung und Abstimmung über einen Insolvenzplan *(akkoord);*[74]

---

[64] Art. 27 Fw.
[65] Art. 26 Fw.
[66] → Rn. 64–78 in Bezug auf die Rangfolge der Gläubiger bei einer Insolvenz.
[67] Art. 108 Fw.
[68] Art. 184 Fw.
[69] Art. 108 ff. Fw.
[70] Art. 119 Fw.
[71] Art. 122 Fw.
[72] Art. 257 ff. Fw.
[73] → Rn. 48.
[74] Art. 141 ff. Fw.

- zur Abstimmung, ob während des Insolvenzverfahrens das Unternehmen fortgeführt werden soll;[75]
- zur Beratung der Gläubiger über die Weise der Masseverwertung;[76]
- eine „Sonderversammlung" findet statt, wenn der Insolvenzrichter dies für notwendig hält, oder wenn der Insolvenzrichter dies auf Antrag entscheidet.[77]

Der Konkursverwalter lädt die Gläubiger schriftlich zu den Gläubigerversammlungen ein. **55**
Stimmberechtigt sind nur die Gläubiger, deren Forderungen (vorläufig) zugelassen sind.[78] **56**

4.3 Verwaltung und Verwertung der Insolvenzmasse, *boedel*

Die Insolvenzmasse umfasst das gesamte Vermögen des Schuldners zum Zeitpunkt der Insol- **57** venzeröffnung sowie das Vermögen, das während des Insolvenzverfahrens entsteht.[79] Ausgenommen von der Masse sind einige, spezifisch im Gesetz festgelegte Güter, wie Urheberrechte oder Mittel zur Zahlung einer gesetzlichen Unterhaltspflicht und zur Bestreitung des Lebensunterhalts des Schuldners.[80]

Die Verwaltung und Verwertung der Insolvenzmasse findet im Sanierungsverfahren durch den **58** **Schuldner und den *bewindvoerder* gemeinsam** statt. Im Konkursverfahren ist der *curator* **eigenständig verantwortlich** und zuständig für die Verwaltung und Verwertung.[81] Für bestimmte Handlungen braucht der Konkursverwalter die Zustimmung des Insolvenzrichters, zB bei der Schließung von Kaufverträgen und bei der Initiierung von Gerichtsverfahren.[82]

Im Rahmen des Sanierungsverfahrens kann der Schuldner (gleichzeitig mit dem Antrag zur **59** Verfahrenseröffnung oder im Nachhinein) einen **Insolvenzplan** *(akkoord)* **vorlegen**.[83] Zweck des Insolvenzplans ist es, einen Vergleich mit dem Gläubiger zu treffen, damit der Schuldner das Sanierungsverfahren mit einer Fortführungslösung, *„going concern"*, verlässt. Ein Insolvenzplan kann sowohl eine *pro rata* **Barzahlung an Gläubiger** beinhalten als auch andere Lösungen bieten, wie zum Beispiel eine **Auszahlung in Anteilen** *(debt/equity swap)*.

Theoretisch kann auch eine Liquidation (Verwertung) des Vermögens innerhalb eines Sanie- **60** rungsverfahrens stattfinden. In der Praxis kommt es allerdings meist nicht zu solch einer Verwertung, weil das Sanierungsverfahren zuvor schon beendet wurde. Die Beendigung (und in der Regel die unmittelbare Eröffnung des Konkursverfahrens) erfolgt, wenn aufgrund des Masseumfangs nicht zu erwarten ist, dass der Schuldner auf Dauer seinen Zahlungspflichten nachkommen können wird.[84] Weil die Masse meist zu gering ist, um auf Dauer den Zahlungspflichten nachkommen zu können, geschieht eine Verwertung des Vermögens vor Beendigung des Sanierungsverfahrens nur selten.

Im Konkursverfahren ist der Konkursverwalter für die Verwertung des Vermögens zuständig, **61** mit dem Ziel, den Erlös an die Gläubiger verteilen zu können.[85] In der Praxis wird ein Konkursverwalter am Anfang des Verfahrens prüfen, ob er das dem Konkursverfahren unterliegende Unternehmen in Zusammenarbeit mit den gesicherten Gläubigern ganz oder teilweise verkaufen kann. Ein Freihandverkauf erfordert die Zustimmung des Insolvenzrichters.[86]

Gelingt die Veräußerung des Unternehmens im Ganzen oder in Teilen nicht, findet eine Verwer- **62** tung der einzelnen Vermögensbestandteile statt, wobei auch dann der Konkursverwalter den höchsten Preis anstreben muss. In der Regel bedeutet dies entweder einen Freihandverkauf oder eine öffentliche Versteigerung.

Auch im Konkursverfahren ist es dem Schuldner erlaubt einen Insolvenzplan *(akkoord)* **63 anzubieten**.[87] Wenn dieser Plan von den Gläubigern angenommen[88] und vom Gericht homologiert wird, findet keine Verwertung des Vermögens statt.[89]

---

[75] Art. 173a Fw.
[76] Art. 178 Fw.
[77] Solch einen Antrag kann der Gläubigerausschuss oder eine Gruppe von mindestens fünf Gläubigern, die gemeinsam mindestens 20 % der Gesamtsumme der Forderungen halten, stellen; Art. 84 Fw.
[78] Art. 82 Fw.
[79] Art. 20 Fw.
[80] Art. 21 Fw.
[81] Bzgl. Konkursverfahren, s. Art. 68 Fw; bzgl. Sanierungsverfahren, s. Art. 228 Fw.
[82] Art. 68 Abs. 3 Fw.
[83] Art. 252 Fw.
[84] Art. 242 Fw.
[85] Art. 68 Fw.
[86] Art. 101 Fw.
[87] Art. 138 Fw.
[88] Erforderlich ist die Zustimmung von mehr als der Hälfte der einfachen Insolvenzgläubiger, die gemeinsam mehr als 50 % des Gesamtbetrags der zugelassenen Forderungen halten, Art. 145 Fw.
[89] Art. 138 ff. Fw.

Niederlande 64–72

5. Gläubiger, *schuldeisers*

5.1 Aussonderungsberechtigte Gläubiger

64 Das *faillissementswet* enthält keine Regel wie § 47 InsO, in der festgelegt ist, dass eine Person mit einem Aussonderungsrecht kein Insolvenzgläubiger ist. Allerdings gilt auch nach niederländischem Recht das gleiche Prinzip: Wer aufgrund eines dinglichen Anspruchs geltend machen kann, dass der diesbezügliche Gegenstand nicht zur Insolvenzmasse gehört, ist kein Insolvenzgläubiger (wenn dieser Gegenstand kostenlos und mängelfrei übergeben wird). Beispiele für **aussonderungsberechtigte Gläubiger** sind der Gläubiger, der unter **Eigentumsvorbehalt**[90] *(eigendomsvoorbehoud)*[91] geliefert hat, und der Verkäufer, dem ein **Reklamationsrecht** *(recht van reclame)*[92] zusteht.

65 Nach niederländischem Recht können Parteien auch einen erweiterten Eigentumsvorbehalt vereinbaren, bei dem der Eigentumsvorbehalt auch andere Zahlungsforderungen (aus dem gleichen Rechtsverhältnis) sichert.

66 Das *recht van reclame* ermöglicht dem Verkäufer einer beweglichen Sache, bei Nichtzahlung innerhalb von sechs Wochen nach Fälligkeit der Rechnung und innerhalb von 60 Tagen nach Übergabe der Sache, den Kaufvertrag aufzulösen und das Eigentum an der Sache zu „reklamieren", zurückzufordern. Dieses Recht zur „Reklamation" hat dingliche Wirkung, dh der Verkäufer erlangt das Eigentum auch nach Eröffnung des Insolvenzverfahrens wieder.[93]

67 Zudem hat auch der Gläubiger, der ein **Zurückbehaltungsrecht** *(retentierecht)* geltend machen kann, eine Sonderposition; er kann dieses Recht auch noch nach Insolvenzverfahrenseröffnung ausüben.[94] Zwar kann der Insolvenzverwalter die Sache einfordern und verkaufen, der Zurückbehaltungsberechtigte ist aber bei der Verteilung des Erlöses vorrangig zu behandeln. Auch kann der Zurückbehaltungsberechtigte dem Insolvenzverwalter eine Frist setzen, innerhalb welcher der Verwalter die Sachen verwerten soll. Gelingt dem Verwalter dies nicht, kann der Gläubiger selbst die Sache, ähnlich wie ein gesicherter Gläubiger, versteigern.

68 Wie bei gesicherten Gläubigern gilt die vom Insolvenzverwalter beantragte Abkühlungszeit *(afkoelingsperiode)* auch gegen aussonderungsberechtigte Gläubiger.

5.2 Gesicherte Gläubiger, *separatisten/zekerheidsgerechtigden*

69 Ein Gläubiger, dessen Forderung durch ein **Pfandrecht** *(pandrecht)* **oder eine Hypothek** *(hypotheek)* gesichert ist, kann sich prinzipiell mit Bezug auf sein Sicherheitsrecht so verhalten, **als gebe es keine Insolvenz**.[95] Er kann die als Sicherheit gegebene Sache auf gleiche Art und Weise verwerten wie außerhalb einer Insolvenz. Der Insolvenzverwalter kann allerdings während der Insolvenz eine Abkühlungszeit *(afkoelingsperiode)* bei Gericht beantragen.[96] Die **Abkühlungszeit** dient dazu, den gesicherten und aussonderungsberechtigten Gläubigern für eine gewisse Zeit **(maximal zwei Monate)** zu untersagen, ihre Aussonderungsposition geltend zu machen. Die Frist kann noch **einmalig um maximal zwei Monate verlängert** werden. Während dieser Zeit darf kein Anspruch auf Herausgabe der Sachen erhoben werden, damit der Insolvenzverwalter während des Insolvenzverfahrens über die Sachen verfügen kann, sofern er diese benötigt.

70 Auch kann der **Konkursverwalter in *faillissement* dem gesicherten Gläubiger eine Frist setzen,** innerhalb derer der Gläubiger sein Sicherheitsrecht geltend machen muss, bzw. innerhalb derer der Gläubiger die zur Sicherheit gegebene Sache verwerten muss.[97] Nach Ablauf dieser Frist kann der Insolvenzverwalter die Sache selbst verwerten. Der Gläubiger bleibt zwar **vorrangig bei der Verteilung des Erlöses,** wird aber an den Verfahrenskosten beteiligt.

71 Soweit die Verwertung der Sicherheiten nicht die gesamte Forderung des Gläubigers begleicht, kann der Gläubiger seine Restforderung in der Insolvenz anmelden.

72 **Sicherheitseigentum** (eine Sicherungsübereignung oder -abtretung, *fiducia cum creditorum*) ist nach niederländischem Recht **nicht gestattet**.[98]

---

[90] Wobei nach niederländischem Recht kein verlängerter Eigentumsvorbehalt existiert (der nach Verarbeitung oder Weiterveräußerung der Sache noch geltend gemacht werden kann).
[91] Art. 3:92 BW.
[92] Art. 7:39–40 BW.
[93] Art. 7:39–44 BW.
[94] Art. 60 Fw.
[95] Art. 57, 58, 59 Fw.
[96] Bzgl. Konkursverfahren, s. Art. 63a Fw; bzgl. Sanierungsverfahren, s. Art. 241a Fw.
[97] Art. 58 Fw.
[98] Art. 3:84 Abs. 3 BW.

5.3 Bevorzugte Insolvenzgläubiger, *bevoorrechte schuldeisers*

73 Nach niederländischem Insolvenzrecht wird zwischen zwei Kategorien bevorzugter Insolvenzforderungen *(bevoorrechte vorderingen)* unterschieden.[99] Ein Gläubiger kann aufgrund eines vorrangigen Anspruchs auf eine bestimmte Sache des Schuldners bevorzugt sein, wie zB der Pfandgläubiger oder der Bearbeiter einer beweglichen Sache mit Zurückbehaltungsrecht. Wenn die Sache nicht vom Gläubiger durch Anwendung des Pfandrechtes oder des Zurückbehaltungsrechts verwertet wird, sondern vom Insolvenzverwalter, so hat der Gläubiger einen bevorzugten Anspruch auf den Erlös (→ Rn. 70).

74 Die zweite Kategorie bezieht sich auf den Gläubiger mit einer allgemein bevorzugten Forderung. So sind insbesondere Forderungen des **Steueramts** und der Sozialversicherungen, sowie Forderungen vom **Arbeitnehmer** bevorzugt. Bevorzugte Forderungen sind bei der Verteilung vor einfachen Insolvenzforderungen zu befriedigen.

5.4 Einfache Insolvenzgläubiger, *concurrente schuldeisers*

75 Einfache Insolvenzforderungen *(concurrente pre-faillissementsschulden)* sind Forderungen, die nicht aufgrund des Gesetzes bevorzugt sind, und die zum Zeitpunkt der Eröffnung des Insolvenzverfahrens bereits existieren oder sich aus einem zum Zeitpunkt der Eröffnung bereits existierenden Rechtsverhältnis ergeben.[100] Zusätzlich kann auch der Gläubiger, der aufgrund eines bei der Eröffnung existierenden Vertrages erst nach Eröffnung einen **Schadensersatzanspruch** hat, seinen Anspruch **als einfache Insolvenzforderung anmelden**.[101]

5.5 Nachrangige Insolvenzgläubiger, *achtergestelde schuldeisers*

76 Nach niederländischem Recht sind alle nicht-bevorzugten Insolvenzforderungen gleich. Im Gegensatz zum deutschen Recht **gibt es nach niederländischem Recht keine Forderungen, die gesetzlich nachrangig sind**. Auch **Gesellschafterdarlehen sind im Prinzip konkurrierend** zu anderen einfachen Insolvenzforderungen. Eine Forderung ist nur dann nachrangig, wenn der Gläubiger und Schuldner dies vertraglich vereinbart haben.[102] Solch eine Vereinbarung beinhaltet, dass der Gläubiger bei der Verteilung der Masse nur dann bezahlt würde, wenn alle Massegläubiger und nicht-nachrangige Insolvenzgläubiger vollständig bezahlt wurden.

5.6 Massegläubiger, *boedelschuldeisers*

77 Massegläubiger sind Gläubiger, die einen **direkten Anspruch der Masse gegenüber** haben. Masseverbindlichkeiten *(boedelschulden)* sind teilweise gesetzlich festgelegt, wie zB die **Miete** nach Insolvenzeröffnung,[103] **Lohn** für während des Verfahrens geleistete Arbeit[104] und Steuerforderungen, die nach der Insolvenzeröffnung entstanden sind (weil der Verwalter den Betrieb des Schuldners fortgesetzt hat). Zusätzlich können Masseforderungen aufgrund einer **Rechtshandlung des Insolvenzverwalters** entstehen. Zu der letzten Kategorie gehören zB Dienstleister, die einen Vertrag mit dem Insolvenzverwalter schließen. Des Weiteren ist die **Vergütung des Insolvenzverwalters eine hoch-präferenzielle Masseforderung**, sie steht im Range der Masseverbindlichkeiten an erster Stelle.

78 Im Prinzip sind Masseforderungen sofort zu begleichen. Der Massegläubiger muss also nicht bis zum Ende des Verfahrens auf Befriedigung warten. Dies ist nur anders, wenn unsicher ist, ob die Masse genügend Umfang hat (oder haben wird), um alle Massegläubiger vollständig zu befriedigen.[105]

6. Rangfolge der Verteilung an die Gläubiger, Verfahrensdauer

79 Masseforderungen sind als erste aus der Masse zu begleichen und im Prinzip sofort zu befriedigen. Nur wenn nach der Befriedigung aller Masseforderungen noch Masse vorhanden ist, sind Insolvenzforderungen zu begleichen.

80 Bei der Verteilung der Masse an Insolvenzgläubiger (wobei nur angemeldete Forderungen berücksichtigt werden) gilt, dass **Insolvenzforderungen gleichen Ranges „pro rata"** zu beglei-

---

[99] Art. 3:278 ff. BW.
[100] Art. 24–26 Fw.
[101] Art. 37a Fw.
[102] Art. 3:277 BW.
[103] Art. 39 Abs. 1 Fw.
[104] Art. 40 Abs. 2 Fw.
[105] *Procall,* HR, 13 Juni 2003, ECLI:NL:HR:2003:AF3413.

chen sind. Wenn die Masse nicht ausreicht, um alle Insolvenzgläubiger vollständig zu befriedigen, sind erst die bevorzugten Insolvenzforderungen *(pro rata)* zu begleichen. Nur wenn alle bevorzugten Gläubiger bezahlt worden sind, kann der Insolvenzverwalter die einfachen Insolvenzgläubiger bei der Masseverteilung *(pro rata)* berücksichtigen.[106] Eventuelle nachrangige Gläubiger können nur eine Auszahlung erhalten, wenn alle einfachen Insolvenzgläubiger vollständig bezahlt worden sind. Ein Überschuss nach Zahlung aller Gläubiger käme den Gesellschaftern zu. Letzteres ist aber sehr selten der Fall.

81 Obwohl der Verwalter entscheiden kann, während des Verfahrens Zwischenverteilungen an Insolvenzgläubiger zu tätigen,[107] findet die Auszahlung in der Regel erst am Ende des Verfahrens statt. Die meisten **Insolvenzverfahren** (bei denen die Masse ausreicht, um Insolvenzgläubiger zu befriedigen) werden nicht innerhalb eines Jahres beendet und **dauern oft wesentlich länger**.

7. Verträge im Insolvenzverfahren

7.1 Unvollständig erfüllte Verträge

82 Die Eröffnung des **Insolvenzverfahrens hat grundsätzlich keinen Einfluss auf die Existenz und Wirksamkeit eines laufenden Vertrages,** es sei denn, die Vertragsparteien haben dies vertraglich anders vereinbart. Wenn Vertragsverpflichtungen zum Zeitpunkt der Verfahrenseröffnung sowohl vom Schuldner als auch vom Gläubiger nicht vollständig erfüllt worden sind, kann der Gläubiger dem Insolvenzverwalter eine berechtigte **Frist *(redelijke termijn)* setzen,** innerhalb derer der Verwalter sich bereit erklären muss, den Vertrag zu erfüllen. Geschieht dies nicht, verliert der Insolvenzverwalter den Anspruch auf Erfüllung der Vertragspflichten.[108] Wenn der Insolvenzverwalter sich bereit erklärt, die Verpflichtungen aus dem Vertrag zu erfüllen, so ist er verpflichtet, für seine Vertragsverpflichtungen Sicherheiten zu stellen. Andererseits kann der **Insolvenzverwalter nicht verpflichtet werden, einen Vertrag zu erfüllen.** Er kann die Vertragserfüllung verweigern. Der Gläubiger kann dann lediglich den daraus resultierenden Schaden als Insolvenzforderung anmelden. Dem Insolvenzverwalter steht jedoch nicht das Recht zu, Unterlassungsverpflichtungen des Schuldners, wie beispielsweise die Nutzung einer Sache durch Dritte, die Eigentum des Schuldners ist, nicht nachzukommen. Er darf nicht aktiv „vertragsbrüchig" werden. Tut er dies doch, besteht das Risiko der persönlichen Haftung *(aansprakelijkheid pro se)*.

7.2 Mietverträge, *huur*, Arbeitsverträge, *arbeidsovereenkomsten*

83 Für **Mietverträge** (sowie Mietkaufverträge und Pachtverträge) und Arbeitsverträge gelten besondere Regelungen. Wenn der Schuldner Mieter oder Pächter ist, kann sowohl der Verwalter als auch der Vermieter das Mietverhältnis zwischenzeitlich beenden. Bei der Kündigung muss die vertraglich festgelegte oder in der Region übliche Frist beachtet werden, wobei allerdings laut *faillissementswet*[109] eine **Kündigungsfrist von drei Monaten** in jedem Fall genügt.

84 **Arbeitsverträge** können sowohl vom Arbeitnehmer als auch vom Verwalter unter Beachtung der vertraglichen oder gesetzlichen Kündigungsfrist gekündigt werden, wobei allerdings laut *faillissementswet*[110] eine **Kündigungsfrist von sechs Wochen** in jedem Fall genügt.

85 Dies bedeutet, dass Arbeitnehmer, die außerhalb des Insolvenzverfahrens weitgehend geschützt sind, im Rahmen eines Insolvenzverfahrens im Interesse der gemeinsamen Gläubiger relativ einfach entlassen werden können und nur Anspruch auf Lohn für sechts Wochen haben (wenn sie entlassen werden). Die **Regeln zur Wahrung von Arbeitnehmeransprüchen und -rechten beim Übergang des Unternehmens finden keine Anwendung** bei einer Unternehmensveräußerung durch den Konkursverwalter im *faillissement*.[111]

8. Aufrechnung, *verrekening*

86 Ein Gläubiger kann seine Forderung gegenüber einer Forderung des Schuldners aufrechnen, wenn entweder beide Forderungen vor der Insolvenzeröffnung entstanden sind, oder beide Forderungen aus Rechtshandlungen hervorgehen, die vor der Insolvenzeröffnung stattgefunden haben.[112]

---

[106] Art. 137a, 180 Fw.
[107] Art. 179 Fw.
[108] Bzgl. Konkursverfahren, s. Art. 37 Fw; bzgl. Sanierungsverfahren, s. Art. 236 Fw.
[109] Art. 39 Fw.
[110] Art. 40 Fw.
[111] Art. 7:666 BW.
[112] Bzgl. Konkursverfahren, s. Art. 53 Fw; bzgl. Sanierungsverfahren, s. Art. 234 Fw.

Damit ist die **Aufrechnungsmöglichkeit innerhalb des Insolvenzverfahrens größer als außerhalb des Verfahrens.** So braucht die Forderung beispielsweise nicht fällig zu sein.

Dennoch ist Aufrechnung **nicht erlaubt,** wenn (i) der Gläubiger eine Forderung oder eine Verbindlichkeit dem Schuldner gegenüber vor der Insolvenzeröffnung von einem Dritten übernommen hat und diese **Übernahme nicht in gutem Glauben** stattgefunden hat, oder wenn (ii) der Gläubiger eine Forderung oder eine Verbindlichkeit dem Schuldner gegenüber **erst nach der Insolvenzeröffnung von einem Dritten übernommen** hat.[113]

9. Insolvenzanfechtung, *actio pauliana*

Eine Insolvenzanfechtungsklage (oder Anfechtungserklärung) steht nur dem Konkursverwalter und nicht dem Verwalter im Sanierungsverfahren, zur Verfügung. Nach den Regeln dieser **Anfechtungsklage,** *actio pauliana,*[114] kann der Konkursverwalter eine vom Schuldner durchgeführte Rechtshandlung anfechten, wenn (i) eine „freiwillige" Rechtshandlung betroffen ist (dh eine Rechtshandlung, zu der der Schuldner nicht rechtlich verpflichtet war), (ii) die eine Benachteiligung der Gläubiger zu Folge hatte, und (iii) von der der Schuldner und die andere bei der Handlung beteiligte Person von der **Benachteiligung der Gläubiger** wusste oder hätten wissen müssen.

Anders als in anderen Rechtsordnungen (wie zB Deutschland), geht niederländisches Recht **nicht** von einem bestimmten „**suspekten Zeitraum**" aus, in dem Rechtshandlungen automatisch oder wesentlich leichter anfechtbar sind (wie beispielsweise die vorangegangenen drei Monate vor Insolvenzeröffnung nach deutschem Recht).

Allerdings gilt bei bestimmten freiwilligen Rechtshandlungen, insbesondere Rechtsgeschäften mit verwandten (verbundenen) (juristischen) Personen des Schuldners, oder bei Rechtsgeschäften, bei denen der Wert der Gegenleistung wesentlich niedriger als der tatsächliche Wert ist, eine **Beweiserleichterung, wenn diese Rechtsgeschäfte innerhalb eines Jahres** vor der Konkurseröffnung stattgefunden haben. Es wird dann vermutet, dass der Schuldner und der Dritte wussten, dass die Rechtshandlung die Gläubiger benachteiligen würde. Der Dritte muss in diesem Fall beweisen, dass der Schuldner oder der Dritte von der Benachteiligung der Gläubiger durch die Rechtshandlung nicht wussten und auch nicht hätte wissen müssen.[115]

Zusätzlich kann der Konkursverwalter eine **Rechtshandlung, zu der der Schuldner rechtlich verpflichtet war, anfechten,** wenn (i) der begünstigte Gläubiger wusste, dass ein Konkursantrag gestellt worden war, oder wenn (ii) die Verpflichtung infolge einer Kollusion des Schuldners und des Dritten mit dem Ziel erfüllt worden ist, den Dritten durch die Verpflichtungserfüllung vor anderen Gläubigern zu begünstigen.[116]

Wenn die anzufechtende Rechtshandlung Teil einer größeren Transaktion ist, muss bei der **Beurteilung über die Insolvenzanfechtung die gesamte Transaktion beurteilt werden.**

Rechtsfolge der erfolgreichen Insolvenzanfechtung ist, dass die Rechtshandlung unwirksam ist, und dass der Konkursverwalter eine **Rückgewähr in die Masse** fordern kann.[117] Ist eine Rückgewähr nicht (mehr) möglich, kann ein Schadenersatzanspruch in die Masse geltend gemacht werden. Laut *faillissementswet* kann die Anfechtung durch eine Anfechtungserklärung geschehen,[118] in der Praxis wird allerdings eine erfolgreiche Klage benötigt, bevor Rückgewähr in die Masse stattfindet.

10. Reorganisationsverfahren, Umsetzung der EU-Richtlinie zur präventiven Restrukturierung[119]

Es gibt nach niederländischem Recht **derzeit**[120] **noch kein Reorganisationsverfahren außerhalb der formellen Insolvenzverfahren.** Für Restrukturierungen außerhalb eines Insolvenzverfahrens ist deshalb die Zustimmung und Mitwirkung aller Gläubiger erforderlich. Falls so eine Reorganisation scheitert, ist eine Sanierung innerhalb eines Insolvenzverfahrens erforderlich, wobei der oben dargestellte ‚Pre-Pack'[121] zur Minimalisierung des Wertverlustes beitragen kann.

---

[113] Bzgl. Konkursverfahren, s. Art. 54 Fw; bzgl. Sanierungsverfahren, s. Art. 235 Fw.
[114] Art. 42 Fw.
[115] Art. 43 Fw.
[116] Art. 47 Fw.
[117] Art. 51 Fw.
[118] Art. 42 Fw.
[119] Richtlinie (EU) 2019/1023 des Europäischen Parlaments und des Rates v. 20.6.2019 über präventive Restrukturierungsrahmen, über Entschuldung und über Tätigkeitsverbote sowie über Maßnahmen zur Steigerung der Effizienz von Restrukturierungs-, Insolvenz- und Entschuldungsverfahren und zur Änderung der Richtlinie (EU) 2017/1132 (Richtlinie über Restrukturierung und Insolvenz).
[120] Zu anstehenden Reformen → Rn. 13–17.
[121] → Rn. 32–35.

95 Dem Senat, der niederländischen Ersten Kammer der Generalstaaten, liegt derzeit ein Gesetzesentwurf zur präventiven Restrukturierung, dh Einführung eines **Sanierungsplans außerhalb der Insolvenz**, vor.[122] Dieser Entwurf mit dem Titel Gesetz zur Bestätigung privater Pläne *(Wet Homologatie Onderhands Akkoord (WHOA))*[123] entspricht den Vorstellungen der Europäischen Richtlinie zum präventiven Restrukturierungsrahmen. Das geplante niederländische Instrument verbindet die Vorteile des englischen *Schemes of Arrangement* (kein formelles Insolvenzverfahren, Möglichkeit der Herbeiführung eines Vergleichs durch Mehrheitsentscheidung)[124] mit dem *US-Chapter-11*-Moratorium und dessen **Cross-class-Cram-down**-Mechanismus, bietet aber gleichzeitig auch einige Verbesserungen der beiden „Vorbilder".[125]

96 Unter dem Gesetzesentwurf wird grundsätzlich vom Schuldner oder unter gewissen Voraussetzungen vom Restrukturierungsexperten ein Sanierungsplan vorgelegt. Dabei wird der Schuldner während dieses Verfahrens die Kontrolle über sein Unternehmen behalten, was der **Eigenverwaltung** entspricht. Bei der Abstimmung des Sanierungsplans werden die **Gläubiger und Gesellschafter in Klassen eingeteilt**. Der Sanierungsplan ist in der jeweiligen Klasse angenommen, wenn er die Zustimmung der Gläubiger mit **Zweidrittel der Forderungssumme** erhält. Eine Kopfmehrheit ist nicht erforderlich. Wenn eine **gerichtliche Bestätigung** beantragt wird, wird das Gericht bei seiner Entscheidung auf einen Katalog gesetzlicher Versagungsgründe abstellen. Das Gericht kann den Plan bestätigen, wenn alle Klassen den Plan akzeptiert haben und kein ablehnender Gläubiger eine geringere Befriedigung (sei es als Barzahlung oder in anderer Art und Weise) erhält, als er in einer Liquidation zu erwarten hätte. Das Gericht kann einen Plan bestätigen, wenn eine oder mehrere Klassen den Plan abgelehnt haben *(Cross-Class Cram-down)*, jedoch unter der Voraussetzung, dass mindestens eine Klasse den Plan akzeptiert hat. Die wichtigsten wirtschaftlichen Anforderungen sind hierbei vom Verfahren des US-Chapter 11 inspiriert und enthalten die *Absolute-Priority Rule*. Mit diesen Kriterien soll sichergestellt werden, dass Gläubiger einer ablehnenden Klasse ihren Anteil am **Sanierungswert** entsprechend ihrem Rang erhalten.

97 Dem nun vorliegenden Gesetzesentwurf gingen mehrere Beratungsphasen und Entwurfsversionen voraus, als deren Ergebnis der niederländische Gesetzgeber unter anderem einen **zweigleisigen Ansatz** entwickelt hat. Dieser Ansatz ermöglicht die Verwendung des niederländischen Planverfahrens nicht nur, wenn der Schuldner den Mittelpunkt seiner hauptsächlichen Interessen (COMI) oder eine Niederlassung in den Niederlanden hat, sondern auch in anderen Situationen, sofern sich eine andere (weitgehend definierte) **ausreichende Anknüpfung mit den Niederlanden** ergibt. Dieser zweigleisige Ansatz wird durch die Einführung eines öffentlichen und eines **nicht-öffentlichen, vertraulichen Verfahrens** geschaffen. Das öffentliche Verfahren wird in Anhang A der Europäischen Insolvenzverordnung (EuInsVO) aufgenommen. Damit wird für die Zuständigkeit des Gerichts für das öffentliche Verfahren an den COMI des Schuldners anknüpfen.

98 Das nicht-öffentliche Verfahren fällt nicht in den Anwendungsbereich der EuInsVO. Obwohl das vertrauliche Verfahren nicht den Vorteil einer automatischen Anerkennung (der EuInsVO) des öffentlichen Verfahrens hat, vermeidet dieses Verfahren einige Probleme, die bei Anwendung der EuInsVO zB dann entstehen, wenn Sicherheitsrechte an im EU-Ausland belegenen Vermögenswerten bestehen oder sich der COMI von Bürgen oder anderen Gruppengesellschaften in verschiedenen Mitgliedstaaten befinden. Damit ermöglicht das vertrauliche Verfahren die **Restrukturierung einer grenzüberschreitenden Gruppe durch Verfahren an einem einzigen Gerichtsstand**, was derzeit in den meisten europäischen Rechtsordnungen schwierig, wenn nicht unmöglich ist (vor dem Hintergrund der Möglichkeiten, die der Standort London bislang eröffnet hat, insbesondere nach dem Brexit).

11. Insolvenzrechtliche Haftung der Geschäftsführung, *bestuurdersaansprakelijkheid*

99 Der Geschäftsführer kann sowohl zivilrechtlich als auch strafrechtlich haften. Außerdem ist es seit dem 1.7.2016 möglich, einem Geschäftsführer, der sich des Insolvenzbetrugs oder eines Fehlverhaltens im Vorfeld der Insolvenz schuldig gemacht hat, ein maximal fünf Jahre andauerndes Geschäftsführungsverbot aufzuerlegen.[126]

---

[122] Für die Zeitlinie des Gesetzgebungsprozesses, → Rn. 17.
[123] https://www.rijksoverheid.nl/documenten/rapporten/2019/07/08/tk-wvs-homologatie-onderhands-akkoord (niederländische Fassung); für eine englischen Übersetzung, s. www.eyesoninsolvency.com/documenten/.
[124] Zu den Vor- und Nachteilen des englischen Schemes s. *Schlegel* FS Graf-Schlicker, 2018.
[125] Zu dem Entwurf s. *Kortmann/Tollenaar*, INDat Report 07_2019, S. 50 ff.
[126] Art. 106a Fw.

11. Insolvenzrechtliche Haftung der Geschäftsführung

11.1 Zivilrechtliche Haftung

Aufgrund des Gesellschaftsrechts hat jeder Geschäftsführer gegenüber der Gesellschaft die Pflicht, die ihm übertragenen Aufgaben ordnungsgemäß auszuführen. Wenn dem Geschäftsführer **schweres Verschulden** *(ernstige verwijtbaarheid)* nachzuweisen ist, kann der Geschäftsführer gegenüber der Gesellschaft haften.[127] Ob schweres Verschulden vorliegt, ist unter Berücksichtigung aller von Fall zu Fall abhängigen Umstände zu entscheiden.

Alle **Geschäftsführer haften grundsätzlich gesamtschuldnerisch.** Ein einzelner Geschäftsführer entgeht der Haftung, wenn er erfolgreich nachweisen kann, dass (i) er für die Pflichtverletzung nicht verantwortlich gemacht werden kann, und (ii) er bei der aktiven Begrenzung der daraus resultierenden Folgen nicht fahrlässig gehandelt hat.[128]

Aufgrund des Deliktrechts haftet der Geschäftsführer gegenüber einem Gläubiger *(onrechtmatige daad)*, wenn er im Namen der juristischen Person ein Rechtsgeschäft mit dem Gläubiger abschließt und er zum Zeitpunkt des Vertragsabschlusses **wusste oder hätte wissen müssen, dass das Unternehmen nicht in der Lage sein wird, den Verpflichtungen nachzukommen.**[129] Die schlichte Eventualität, dass das Unternehmen nicht in der Lage sein könnte, ihren Verpflichtungen nachzukommen, ist für eine erfolgreiche Haftungsklage nicht ausreichend. Wenn der Geschäftsführer kein unverantwortliches Risiko eingegangen ist, aber das Unternehmen im Nachhinein dennoch seine Verpflichtungen nicht erfüllen kann, haftet der Geschäftsführer nicht.

Ein Geschäftsführer haftet auch aufgrund einer unerlaubten Handlung, wenn er zugelassen oder bewirkt hat, dass die juristische Person frühere Verpflichtungen unerfüllt lässt und dies Dritten schadet.

Im Falle des Konkurses kann die Geschäftsführung gesamtschuldnerisch in Haftung genommen werden. Sie haftet für das **Konkursdefizit,** wenn (i) ersichtlich ist, dass die Geschäftsführung ihre **Pflichten offensichtlich mangelhaft erfüllt hat** *(kennelijk onbehoorlijke taakvervulling)*, und (ii) plausibel ist, dass dies eine **wichtige Ursache für den Konkurs** war.[130]

Nur offensichtlich mangelhafte Pflichterfüllungen während der **letzten drei Jahre** vor dem Konkurs sind zu berücksichtigen.[131] Offensichtlich mangelhafte Pflichterfüllung bedeutet, dass kein vernünftig handelnder Unternehmer unter den gleichen Umständen und dem Wissen des Geschäftsführers zum Zeitpunkt der Tat ebenso gehandelt hätte.

Bei **Versäumnis** die **Betriebsbücher ordnungsgemäß zu führen** oder den **Jahresabschluss** rechtzeitig bei der niederländischen Handelskammer zu **hinterlegen,** gilt offensichtlich **mangelhafte Pflichterfüllung** als (unwiderlegbar) eingetreten und wird vermutet, dass dies eine wichtige Ursache für den Konkurs war.[132] Bei offensichtlich mangelhafter Pflichterfüllung haftet die Geschäftsführung grundsätzlich gesamtschuldnerisch für das gesamte Defizit der Konkursmasse (obwohl das Gericht den Schadensersatzanspruch mindern kann).[133]

Ein einzelner Geschäftsführer entkommt der Haftung, wenn er nachweisen kann, dass andere Faktoren eine wichtige Ursache für die Insolvenz waren. Allerdings liegt die Beweislast bei dem Geschäftsführer.[134]

Außerdem hat der Geschäftsführer die Pflicht, das Steueramt binnen zwei Wochen nach **Zahlungsfälligkeit der Lohnsteuer und Umsatzsteuer** zu informieren, wenn das Unternehmen **unfähig** ist, diese zu bezahlen. Geschieht dies nicht, wird eine offensichtlich mangelhafte Pflichterfüllung vermutet und er haftet persönlich für den verschuldeten Betrag.[135]

Ähnliche Haftungsregeln gelten für den Aufsichtsrat und den tatsächlichen Entscheidungsträger *(feitelijk bestuurder)*. So kann der Gesellschafter haften, wenn er als tatsächlicher Entscheidungsträger aufgetreten ist.

11.2 Strafrechtliche Haftung

Unter bestimmten Umständen können Geschäftsführer (oder tatsächliche Entscheidungsträger) unter anderem aufgrund von Verletzungen des Gesellschaftsrechts, dessen Nichteinhaltung eine Straftat darstellt, strafrechtlich verfolgt werden.

---

[127] Art. 2:9 BW.
[128] Art. 2:9 Abs. 2 BW.
[129] *Beklamel,* HR 6 Oktober 1989, ECLI:NL:PHR:1989:AB9521.
[130] Art. 2:248 BW bzgl. der BV und Art. 2:138 BW bzgl. der NV.
[131] Art. 2:248 Abs. 6 BW und 2:138 Abs. 6 BW.
[132] Art. 2:248 Abs. 2 BW und 2:138 Abs. 2 BW.
[133] Art. 2:248 Abs. 1 BW und 2:138 Abs. 1 BW.
[134] Art. 2:248 Abs. 2 BW und 2:138 Abs. 2 BW.
[135] Art. 36 Invorderingswet 1990.

12. Internationales Insolvenzrecht

111 Die EuInsVO ist auch in den Niederlanden anwendbar. Deshalb werden Insolvenzverfahren aus Mitgliedsstaaten im Sinne der EuInsVO automatisch anerkannt.

112 Nach den Regeln des internationalen Privat- und Insolvenzrechts, welche für die Anerkennung von Insolvenzverfahren aus Staaten, die nicht Mitgliedsstaat im Sinne der EuInsVO sind, anzuwenden sind, wird **ein ausländisches Insolvenzverfahren grundsätzlich nicht (automatisch) anerkannt**. Dies bedeutet, dass individuelle Gläubiger weiterhin in den Niederlanden Ansprüche geltend machen können, und diese dort befindlichen Vermögenswerte des Schuldners ggf. verwerten können. Der ausländische Insolvenzverwalter kann ebenfalls die sich in den Niederlanden befindlichen Vermögenswerte veräußern, unter der Voraussetzung, dass ihm diese Befugnis nach dem *Lex concursus* zukommt. Diese Befugnis kann jedoch nicht die Regressmöglichkeiten von Gläubigern beeinträchtigen, deren Ansprüche bereits durch einen in den Niederlanden erlassenen Arrest gesichert wurden.[136] Die Anerkennung dieser Befugnis kann auch verweigert werden, wenn die Anerkennung der gerichtlichen Eröffnungsentscheidung des ausländisches Insolvenzverfahrens gegen die öffentliche Ordnung ist.[137]

13. COVID-19

113 Zum aktuellen Zeitpunkt gibt es in den Niederlanden keine wesentlichen Gesetzesänderungen im Insolvenzrecht oder insolvenzrechtlichen Maßnahmen im direkten Zusammenhang mit COVID-19. Momentan ist die Einschätzung, dass die existierenden Gesetze und Gesetzesentwürfe (vor allem auch der Entwurf zur präventiven Restrukturierung, siehe oben → Abschnitt 10, Rn. 95–98) hinreichend sind, um die negativen finanziellen Auswirkungen der Pandemie zu bekämpfen.

---

[136] *Yukos/Promneftstroy*, HR 13 September 2013, ECLI:NL:HR:2013:BZ5668.
[137] *Yukos/Promneftstroy*, HR 18 Januar 2019, ECLI:NL:HR:2019:54.

Niederlande

Liquidationsverfahren

Antrag auf Eröffnung des *Faillissement* (Liquidationsverfahren)

durch den Schuldner oder Gläubiger

↓

Eröffnungsverfahren (*rechtbank*)
Gerichtliche Prüfung der subjektiven und objektiven Voraussetzungen (nicht öffentlich)

↓

Eröffnung des Verfahrens (Urteil *rechtbank*)

Bestellung des Verwalters und Konkursrichters

↓

Prüfung der Aktiva und der Passiva

Forderungsanmeldung und Erstellung der Insolvenztabelle; Verwaltung und Verwertung der Insolvenzmasse

↓

Verteilung an Gläubiger

Insolvenzplan (Liquidations- oder Sanierungsplan) (*akkoord*) oder Verteilung (*uitdeling*)

↓

Beendigung durch gerichtliche Bestätigung (*homologatie*) des Liquidations- oder Sanierungsplans, gerichtliche Feststellung der Verteilungsliste oder Aufhebung durch Gericht (*rechtbank*)

Sanierungsverfahren

Antrag auf Eröffnung des *Surseance van Betaling* (Sanierungsverfahren)

durch den Schuldner

↓

Eröffnungsverfahren (*rechtbank*)

Gerichtliche Prüfung formeller Voraussetzungen; unmittelbare Entscheidung

↓

Eröffnung des vorläufigen Verfahrens (Urteil *rechtbank*)

Bestellung des Verwalters und Konkursrichters

↓

Gläubiger- versammlung(en) Abstimmung Sanierungsplan

Abstimmung und Gerichtsentscheidung über definitives Verfahren; Abstimmung Sanierungsplan (*akkoord*)

↓

Verteilung an Gläubiger

Insolvenzplan (Sanierungsplan) (*akkoord*)

↓

Beendigung durch gerichtliche Bestätigung (*homologatie*) des Sanierungsplans

Kortmann

Niederlande

Glossar

Deutsch	Niederländisch	Rn.
Abkühlungsfrist	Afkoelingsperiode	41, 45, 68, 69
Absonderungsrecht	Separatisme (recht van)	64–72
Amtsblatt/Bundesanzeiger	Nederlandse Staatscourant	4
Arbeitnehmer	Werknemer	35, 74, 77, 84–85
Arbeitsrecht	Arbeidsrecht	35, 74, 77, 84–85
Aufrechnung	Verrekening	86–87
Aussonderungsrecht	Recht van separatisme – zekerheidsrecht Vgl. Abschnitt 5 unter Aussonderungsberechtigte Gläubiger	41, 45, 48, 64–72
Befriedigung	Betaling Siehe auch Verteilung	78, 79, 96
Berufungsgericht	Gerechtshof – Gericht zweiter Instanz	21
Debt Equity Swap	Debt Equity Swap	59
Eigentumsvorbehalt	Eigendomsvoorbehoud	64–65
Erfüllung (von Verträgen)	Nakoming van overeenkomsten	82–85
Eröffnungsgrund	Voorwaarde voor surseance van betaling / faillietverklaring	18–20
Europäische Insolvenzverordnung (EuInsVo)	Insolventieverordening, IVO	8, 49, 97–98, 111–112
Forderung	Vordering	47, 48–56, 64–80, 86–87
Forderungsanmeldung	Het indienen (van de vordering) ter verificatie	48, 49, 52, 71
Forderungsprüfungsverfahren	Renvooiprocedure – Gerichtsverfahren wenn eine angemeldete Forderung bestritten wird (von dem Konkursverwalter oder einem Gläubiger)	51
Gericht	Rechtbank	18–21
Geschäftsführer	Bestuurder	38, 99–110
Gesetzgebung	Wetgeving: Faillissementswet, Fw – Insolvenzgesetz Wet op de financiele toezicht, Wft – Gesetz über die Finanzaufsicht Burgerlijk Wetboek, BW – Bürgerliches Gesetzbuch Insolventieverordening, IVO – Europäische Insolvenzverordnung	3, 7–8, 13–17
Gläubigerversammlung	Schuldeisersvergadering	51–56
Gleichbehandlungsgrundsatz	Paritas creditorum	80
Haftung	Aansprakelijkheid	82, 98–109
Handelsregister	Handelsregister van de Kamer van Koophandel	6
Höchstes Gericht	Hoge Raad – höchste (Revisions-) Instanz	21
Hypothekenrecht	Hypotheek; recht van hypotheek	48, 50, 69–73
Insolvenz(verfahren)	Faillissement, surseance van betaling	18–20, 36–47
Insolvenzanfechtung	Actio Pauliana	88–93
Insolvenzantrag	Faillissementsaanvraag, verzoek tot surseance van betaling	18, 19

Niederlande

Deutsch	Niederländisch	Rn.
Insolvenzeröffnung	Faillietverklaring, verlening van surseance van betaling	19, 21, 43
Insolvenzforderung	Pre-faillissementsvordering; verifieerbare vordering	37, 73–76, 79–80, 82
Insolvenzforderung, nachrangige	Achtergestelde verifieerbare vordering	76, 80
Insolvenzgericht	Rechtbank – Gericht erster Instanz, auch Insolvenzgericht	18–21
Insolvenzplan	Akkoord	52, 54, 59, 63
Insolvenzrichter	Rechter-commissaris	39, 43–44, 48, 51, 54, 58, 61
Insolvenzgläubiger	Schuldeiser (pre-faillissement)	73–76, 80–81
Insolvenzmasse	Boedel	38, 40, 57–62
Insolvenzregister	Centraal Insolventie Register, CIR	5
Insolvenzverfahren betreffend einen Schuldner mit Sitz oder Wohnsitz in den Niederlanden	Faillissement van de schuldenaar met zetel of woonplaats in Nederland	21
Insolvenzverfahren betreffend einen Schuldner mit Sitz oder Wohnsitz innerhalb oder außerhalb der EU	Faillissement van de schuldenaar met zetel of woonplaats binnen of buiten de EU	111–112
Insolvenzverwalter	Curator, bewindvoerder in surseance van betaling	24, 38–40, 43–44, 58, 67, 88
Konkursverfahren	Faillissement	19–20, 43–47
Konkursverwalter	Curator	43–44, 58, 67, 88
Liquidation	Vereffening, liquidatie	12, 44, 57–63
Liquidationsabschlussbilanz	Uitdelingslijst	48
Masse	Boedel	38, 40, 57–62
Massegläubiger	Boedelcrediteur, boedelschuldeiser	77–78
Masseunzulänglichkeit	Boedeltekort	78
Masseverbindlichkeit	Boedelschuld	43–44, 77–78
Nachrangige Insolvenzforderung	Achtergestelde verifieerbare vordering	76, 80
Pfandrecht	Pandrecht	69, 73
Prüfungstermin für Insolvenzforderungen	Verificatievergadering	48, 51, 53
Rang(folge) der Gläubiger	Rang(orde) der schuldeisers	80
Reklamationsrecht	Recht van reclame	64, 66
Reorganisationsverfahren/ Unternehmensreorganisation	Surseance van betaling	9–12, 18, 27, 36–42, 52, 58–60
Reorganisationsverfahren außerhalb der Insolvenz	Onderhands akkoordprocedure (WHOA)	17, 94–98
Sanierer/Verwalter (im Sanierungsverfahren)	Bewindvoerder	24, 38–40, 58
Sanierung	Sanering	4–5, 9–12, 17–18, 23–25, 27, 29, 30, 36–42, 52, 58–60, 94–96

Niederlande

Deutsch	Niederländisch	Rn.
Sanierungsplan (außerhalb des Insolvenzverfahrens)	*(onderhands) akkoord*	17, 94–98
Sanierungsverfahren	*Surseance van betaling*	9–12, 18, 27, 36–42, 52, 58–60
Sanierungsverfahren für Kreditinstitute und Versicherungsgesellschaften	*Noodregeling*	30
Schuldner	*Schuldenaar*	18–31, 33–34, 38, 58–60, 63, 96–97
Sicherheiten in der Insolvenz	*Zekerheden in insolventie* Vgl. Abschnitt 5 unter Aussonderungsberechtigte Gläubiger	41, 45, 48, 64–72
Sicherungsmaßnahmen (vor Verfahrenseröffnung)	*Stille Bewindvoering, Pre-Pack*	16, 33–35
Stille Verwalter	*Stille Bewindvoerder*	16, 33–35
Strafrecht	*Strafrecht*	14, 110
Unternehmensregisteramt	*Handelsregister van de Kamer van Koophandel*	6
Verbraucherinsolvenzverfahren	*Schuldsanering natuurlijke personen* und *faillissement*	10–12, 22–25, 29
Vergleich/Insolvenzplan	*Akkoord*	52, 54, 59, 63
Verteilung	*Uitdeling*	48
Verteilungsliste	*Uitdelingslijst*	48
Verwertung	*Vereffening*	12, 44, 57–63
Vollstreckung (Zwangsvollstreckung)	*Executie*	42, 46
Vorrangrecht	*Voorrang* oder *voorrecht*	64–74
Vorrangrecht, allgemeines	*Algemeen voorrecht*	74
Vorrangrecht, besonderes	*Bijzonder voorrecht*	73
Vorstand/Geschäftsführung	*Bestuur*	38, 99–110
Zahlungsunfähigkeit	*Betalingsonmacht / Toestand van te hebben opgehouden te betalen*	19–20
Zurückbehaltungsrecht	*Retentierecht*	50, 67, 73

Glossar

Niederländisch	Deutsch	Rn.
Aansprakelijkheid	Haftung	82, 98–109
Achtergestelde verifieerbare vordering	Nachrangige Insolvenzforderung	76, 80
Actio pauliana	Insolvenzanfechtung	88–93
Afkoelingsperiode	Abkühlungsfrist	41, 45, 68, 69
Akkoord	Vergleich/Insolvenzplan/ Sanierungsplan	52, 54, 59, 63, 95–98
Arbeidsrecht	Arbeitsrecht	35, 74, 77, 84–85
Betaling	Befriedigung	78, 79, 96
Bestuurder	Geschäftsführer	38, 99–110

Niederlande

Niederländisch	Deutsch	Rn.
Bewindvoerder	Insolvenzverwalter (im Sanierungsverfahren)	24, 38–40, 58
Boedel	Masse	38, 40, 57–62
Boedelcrediteur	Massegläubiger	77–78
Boedelschuld	Masseverbindlichkeit	43–44, 77–78
Boedeltekort	Masseunzulänglichkeit	78
Burgelijk Wetboek, BW	Bürgerliches Gesetzbuch	8
Centraal Insolventie Register, CIR	Insolvenzregister	5
Curator	Insolvenzverwalter	43–44, 58, 67, 88
Debt-Equity-Swap	Debt-Equity-Swap	59
Eigendomsvoorbehoud	Eigentumsvorbehalt	64–65
Executie	(Zwang)Vollstreckung	42, 46
Faillissement	Insolvenz(verfahren), Konkurs(verfahren)	19–20, 43–47
Faillissementsaanvraag	Insolvenzantrag, Konkursantrag	19
Faillissementsboedel	Insolvenzmasse, Konkursmasse	38, 40, 57–62
Faillietverklaring	Insolvenzeröffnung, Konkurseröffnung	19, 21, 43
Faillissementswet, Fw	Insolvenzgesetz	3, 7
Faillissement van de schuldenaar met zetel of woonplaats binnen of buiten de EU	Insolvenzverfahren betreffend einen Schuldner mit Sitz oder Wohnsitz innerhalb oder außerhalb der EU	111–112
Faillissement van de schuldenaar met zetel of woonplaats in Nederland	Insolvenzverfahren betreffend einen Schuldner mit Sitz oder Wohnsitz in den Niederlanden	21
Gerechtshof	Berufungsgericht – Gericht zweiter Instanz	21
Gezamenlijke schuldeisers	(Gemeinsame) Insolvenzgläubiger	73–76, 80–81
Handelsregister van de Kamer van Koophandel	Handelsregister	6
Hoge Raad	Höchstes Gericht – höchste (Revisions-) Instanz	21
Hypotheek	Hypothek	48, 50, 69–73
Indienen (van de vordering) ter verificatie	Forderungsanmeldung	48, 49, 52, 71
Insolventieverordening, IVO	Europäische Insolvenzverordnung (EuInsVo)	8, 49, 97–98, 111–112
Nakoming van overeenkomsten	Erfüllung (von Verträgen)	82–85
Noodregeling	Sanierungsverfahren für Kreditinstitute und Versicherungsgesellschaften	30
Onderhands Akkoord	Sanierungsplan außerhalb der Insolvenz	17, 94–98
Pandrecht	Pfandrecht	69, 73
Paritas creditorum	Gleichbehandlungsgrundsatz	80
Pre-faillissementsvordering	Insolvenzforderung	37, 73–76, 79–80, 82
Pre-Pack	Vgl. Sicherungsmaßnahmen (vor Verfahrenseröffnung)	16, 33–35

Niederlande

Niederländisch	Deutsch	Rn.
Rangorde der schuldeisers	Rang(folge) der Gläubiger	80
Recht van reclame	Reklamationsrecht	64, 66
Rechtbank	Gericht, Insolvenzgericht	18–21
Rechter-commissaris	Insolvenzrichter	39, 43–44, 48, 51, 54, 58, 61
Renvooiprocedure	Forderungsprüfungsverfahren	51
Retentierecht	Zurückbehaltungsrecht	50, 67, 73
Sanering	Sanierung	4–5, 9–12, 17–18, 23–25, 27, 29, 30, 36–42, 52, 58–60, 94–96
Schuldeisersvergadering	Gläubigerversammlung	51–56
Schuldenaar	Schuldner	18–31, 33–34, 38, 58–60, 63, 96–97
Schuldsanering natuurlijke personen	Verbraucherinsolvenzverfahren, Verbrauchersanierungsverfahren	11–12, 22–25, 29
Separatisme, recht van	Absonderungs- oder aussonderungsrecht	64–72
Staatscourant, Nederlandse	Amtsblatt/Bundesanzeiger	4
Stille bewindvoerder	Stille Verwalter	16, 33–35
Strafrecht	Strafrecht	14, 110
Surseance van betaling	Reorganisations-/Sanierungsverfahren für Unternehmen/Unternehmensreorganisation	9–12, 18, 27, 36–42, 52, 58–60
Toestand van te hebben opgehouden te betalen	In den Niederlanden ist der Eröffnungsgrund: Der Schuldner befindet sich in der Lage, seine Zahlungen eingestellt zu haben.	19–20
Uitdeling	Verteilung	48
Uitdelingslijst, Slotuitdelingslijst	Verteilungsliste oder Liquidationsabschlussbilanz	48
Vereffening	Verwertung oder Liquidation	12, 44, 57–63
Vordering	Forderung	47, 48–56, 64–80, 86–87
Vergadering van schuldeisers	Gläubigerversammlung	51–56
Verificatievergadering	Prüfungstermin für Insolvenzforderungen	48, 51, 53
Verifieerbare vordering	Insolvenzforderung	37, 73–76, 79–80, 82
Verrekening	Aufrechnung	86–87
Voorrang	Vorrang	64–74
Voorrecht, algemeen	allgemeines Vorrangrecht	74
Voorrecht, bijzonder	besonderes Vorrangrecht	73
Voorrecht	Vorrangrecht	73–74
Voorwaarde voor surseance van betaling / faillietverklaring	Eröffnungsgrund	18–20
Werknemer	Arbeitnehmer	35, 74, 77, 84–85

Niederlande

Niederländisch	Deutsch	Rn.
Wet Homologatie Onderhands Akkoord (WHOA)	Gesetzesentwurf zur präventiven Restrukturierung	17, 94–98
Wetgeving	Gesetzgebung	3, 7–8, 13–17
Wet op het financieel toezicht, Wft	Gesetz über die Finanzaufsicht	8, 30
Zekerheden	Sicherheiten in der Insolvenz	64–72, 82, 98
Zekerheidsrecht	Aussonderungsrecht	41, 45, 48, 69–72

Nigeria

bearbeitet von *Olasupo Shasore SAN*, Kanzlei ALP, Lagos; deutsche Bearbeitung: *Dr. Malte Köster*, Rechtsanwalt und Fachanwalt für Insolvenzrecht sowie Partner bei WILLMERKÖSTER Rechtsanwälte Insolvenzverwalter Partnerschaft in Bremen; *Dr. Hans-Joachim Berner*, Rechtsanwalt bei WILLMERKÖSTER in Hamburg.

Übersicht

	Rn.
1. Gesetze, Literatur und sonstige Informationsquellen	1
1.1 Gesetze	1
1.2 Literatur	2
1.3 Andere Informationsquellen	3
2. Einführung	4
2.1 Rechtlicher Rahmen und relevante Rechtsquellen	4
2.2 Arten von Insolvenzverfahren	5
2.3 Restrukturierung, *Restructuring*	6
2.4 Spezifische Regeln für Finanzinstitute und Versicherungsunternehmen	9
2.5 Insolvenzen von Unternehmensgruppen, *insolvency of a group of companies*	10
2.6 Insolvenz von natürlichen Personen	12
3. Zentrale Verfahrenselemente des Insolvenzverfahrens	18
3.1 Verfahrenseröffnung	18
3.1.2 Gründe für die Einleitung eines Verfahrens; Feststellung der Gründe, aus denen ein Verfahren eröffnet werden kann oder muss	19
3.1.3 Einleitung des Verfahrens	24
3.1.4 Antragspflichten, Haftung bei Nichteinhaltung	27
3.2 Beteiligung der Gerichte (oder anderer Verwaltungsorgane mit Gerichtsfunktion)	29
3.3 Verwalter, *office-holders*	30
3.4 Verwaltung und Verwertung der Masse *(estate)*	32
3.5 Betriebsfortführung, der Schuldner oder der Verwalter *(office holder)* führen die Geschäfte fort	36
3.6 Maßnahmen zum Schutz der Masse vor Eröffnung des Insolvenzverfahrens	37
3.7 Auswirkungen der Eröffnung des Insolvenzverfahrens auf Vollstreckungsmaßnahmen einzelner Gläubiger in laufenden Gerichts- oder Schiedsverfahren	39

	Rn.
3.8 Auswirkungen der Eröffnung eines Insolvenzverfahrens auf laufende Gerichts- oder Schiedsverfahren	41
3.9 Vertreter der Gläubiger	44
3.10 Nachweis der Forderungen	47
3.11 Gläubiger	49
3.11.1 Bevorrechtigte Gläubiger	49
3.11.2 Gesicherte Gläubiger, ungesicherte Gläubiger und Gläubiger mit niedrigstem Rang	51
3.12 Abschluss des Verfahrens	56
3.12.1 Auflösung durch das Gericht	56
3.12.2 Auflösung durch Mitglieder oder Gläubiger	57
4. Verträge in Insolvenz- oder Restrukturierungsverfahren	59
4.1 Schwebende Verträge	59
4.2 Leasingverträge	62
4.3 Mietverträge, *lease agreements*	65
4.4 Arbeitsverträge, *employment contracts*	68
5. Pensionsansprüche in Insolvenz und Restrukturierung	73
6. Eigentumsvorbehalt, *retention of title*	76
7. Sicherheiten in der Insolvenz	78
7.1 Sicherheiten an beweglichen Sachen	78
7.2 Sicherheiten an unbeweglichen Sachen	79
7.3 Behandlung von Sicherheiten in der Insolvenz	80
8. Aufrechnung, *set-off*, und *Netting*-Vereinbarungen	85
9. Anfechtung, *claw-back, setting aside antecedent transactions*	87
10. Durchsetzung der Haftung gegenüber ehemaligen Geschäftsführern oder Gesellschaftern; Ansprüche gegen Dritte	90
11. Verfolgung von Vermögenswerten, *asset tracing*	94
12. Internationales Insolvenzrecht	98
13. COVID-19 Maßnahmen der Nigerianischen Regierung	101

Nigeria 1–4

1. Gesetze, Literatur und sonstige Informationsquellen

1.1 Gesetze[1]

1
- Constitution of the Federal Republic of Nigeria 1999[2]
- Companies and Allied Matters Act 1990[3] and Company Winding up Rules 2001
- Central Bank of Nigeria Act[4]
- Banks and Other Financial Institutions Act 1991[5]
- Investment and Securities Act[6] and Securities and Exchange Commission (SEC) Rules and Regulations
- Nigeria Deposit Insurance Corporation Act[7]
- Failed Bank (Recovery of Debts and Financial Malpractices in Banks) Act[8]
- Secured Transactions in Moveable Assets Act, 2017[9]
- Assets Management Corporation of Nigeria Act[10]
- Bankruptcy Act[11] and Bankruptcy Rules
- Federal High Court Rules (Civil Procedure) Rules 2009

1.2 Literatur

2
- Essentials of Corporate Law Practice in Nigeria by Nelson C. S. Ogbuanya
- Principles of Corporate Law in Nigeria by Professor J.E.O. Abugu
- Company Securities: Law and Practice by Professor J.E.O Abugu
- Company Law and Practice in Nigeria by Hon. Dr. J. Olakunle Orojo

1.3 Andere Informationsquellen

3
- Corporate Affairs Commission – www.cac.gov.ng
- Central Bank of Nigeria – www.cbn.gov.ng
- Nigeria Deposit Insurance Commission – www.ndic.gov.ng
- National Insurance Commission – www.naicom.gov.ng
- Securities and Exchange Commission– www.sec.gov.ng
- National Collateral Registry – www.ncr.gov.ng
- Business Recovery and Insolvency Practitioners Association of Nigeria (BRIPAN) – www.bripan.org.ng
- Thomson Reuters – www.practicallaw.thomsonreuters.com

2. Einführung

2.1 Rechtlicher Rahmen und relevante Rechtsquellen

4 Die rechtlichen Rahmenbedingungen für Insolvenzen in Nigeria sind weitgehend gesetzlich niedergelegt und finden sich vor allem in Gesetzen der nigerianischen Landes- und Bundesgesetzgeber, in Vorschriften und Richtlinien der dazu ermächtigten staatlichen Stellen sowie in den Gerichtsordnungen für Insolvenz- und Zivilverfahren. Die anwendbaren Satzungen, Regelwerke und Gesetze für Insolvenzverfahren in Nigeria beinhalten:
  i. Verfassung von Nigeria (*Constitution of the Federal Republic of Nigeria*) in der aktuellen Fassung
  ii. Das Gesetz für Gesellschaften und verbundene Fragen (*Companies and Allied Matters Act („CAMA")*[12] und die Regeln zur Abwicklung von Gesellschaften (*Company Winding up Rules*) 2001 enthalten Bestimmungen bzgl. der Insolvenz von Unternehmen in Nigeria. Sie regeln

---

[1] Zu diesen näher → Rn. 4.
[2] In der jeweils gültigen Fassung.
[3] Cap. C20, Laws of the Federation of Nigeria, 2010.
[4] Cap C4, Laws of the Federation of Nigeria, 2010.
[5] Cap. B3, Laws of the Federation of Nigeria, 2010.
[6] Cap. I7 Laws of the Federation of Nigeria 2010.
[7] Cap. N102, Laws of the Federation of Nigeria, 2004.
[8] Cap F2. Laws of the Federation of Nigeria, 2010.
[9] Dieses Gesetz befasst sich mit Sicherungsrechten bei Transaktionen, insb. der Registrierung und Regulierung von Mobiliarsicherheiten.
[10] Cap. A24A, Laws of the Federation of Nigeria, 2010.
[11] Cap B2, Laws of the Federation of Nigeria, 2010.
[12] Cap. C20, Laws of the Federation of Nigeria, 2010.

2. Einführung

die Abwicklung sowie die Insolvenzverwaltung und Restrukturierung von insolventen Unternehmen.

iii. Das Zentralbankgesetz (*Central Bank of Nigeria Act*[13] *[the „CBN Act"]* reguliert das Handeln von Banken in Nigeria.

iv. Das Banken- und Finanzinstitutsgesetz *(Banks and Other Financial Institutions Act [„BOFIA"])*[14] enthält Bestimmungen zur Regulierung der Geschäftstätigkeit von Banken und Finanzinstituten in Nigeria sowie zusätzliche Regeln für gescheiterte Banken und lizensierte Finanzinstitute.

v. Das Gesetz über Investitionen und Sicherheiten *(Investment and Securities Act [„ISA"])* und die Regelungen betreffend Sicherheiten und Wechselprovisionen „Regeln und Regulierung in Übereinstimmung mit der ISA" *(Securities and Exchange Commission [SEC] Rules and Regulations made pursuant to the ISA)* beinhalten Restrukturierungsoptionen und -verfahren; außerdem enthalten sie Bestimmungen bzgl. der Verluste unabhängiger Kapitalmarktanleger im Zusammenhang mit Insolvenz und Veruntreuung durch Mittelsmänner.

vi. Das Nigerianische Einlagensicherungsgesetz *(Nigeria Deposit Insurance Corporation Act*[15] *[„NDIC Act"])*, Gründung der Nigeria Deposit Insurance Corporation (NDIC) und Regelung der Verbindlichkeiten aus der Einlagensicherung gegenüber lizenzierten Banken und anderen Finanzinstituten zum Schutz der Interessen der Einleger vor finanziellen Schwierigkeiten einer Bank.

vii. Das Gesetz für gescheiterte Banken *(Failed Bank [Recovery of Debts and Financial Malpractices in Banks] Act*[16] *[„Failed Banks Act"])* regelt Maßnahmen zur Eintreibung von Forderungen gegenüber gescheiterten Banken.

viii. Das Gesetz zur Regelung gesicherter Transaktionen über bewegliche Sachen *(Secured Transactions in Moveable Assets Act)*, 2017 reguliert bewegliche Sicherheiten bei Transaktionen, insbesondere die Registrierung.

ix. Das Gesetz bzgl. der Vermögensverwaltungsgesellschaft von Nigeria *(Assets Management Corporation of Nigeria Act*[17] *[„AMCON Act"])* gründete die Assets Management Corporation of Nigeria (AMCON), um Probleme im Zusammenhang mit notleidenden Krediten und Vermögenswerten von Banken zu lösen.

x. Das Insolvenzgesetz *(Bankruptcy Act*[18]*)* 2016 und die Insolvenzregeln *(Bankruptcy Rules)* regeln das Insolvenzverfahren gegenüber natürlichen Personen und Personengesellschaften.

xi. Das Zivilverfahrensgesetz für den Bundesgerichtshof von Nigeria *(Federal High Court Rules [Civil Procedure] Rules)* 2009 regelt Zivilverfahren vor dem Bundesgerichtshof von Nigeria, Federal High Court, das Gericht, welches für Insolvenzverfahren von Gesellschaften in Nigeria zuständig ist.

2.2 Arten von Insolvenzverfahren

Insolvenzverfahren in Nigeria können entweder gerichtlich oder außergerichtlich durchgeführt werden. Die unterschiedlichen Arten von Insolvenzverfahren für Unternehmen, Personengesellschaften und natürliche Personen beinhalten:
- Abwicklung durch das Gericht;[19]
- Freiwillige Abwicklung[20] *(voluntary winding up)* (durch die Gläubiger oder durch die Gesellschafter);
- Abwicklung unter Aufsicht des Gerichts[21] *(winding up subject to the supervision of the court)* sowie
- Insolvenzverfahren nach dem Insolvenzgesetz für Personengesellschaften und Einzelpersonen *(bankruptcy proceedings under the Bankruptcy Act for partnerships and individuals)*.

2.3 Restrukturierung, *Restructuring*

In Nigeria können Restrukturierungen sowohl intern *(internal)* wie auch extern *(external)* erfolgen. Dabei sind auch präventive Maßnahmen möglich. Die anerkannten Restrukturierungsmaßnahmen (intern wie extern) sind: Vereinbarung und Vergleich *(arrangement* und *compromise)*, Verkaufsvereinbarung *(arrangement on sale)*, Fusion und Übernahme *(merger and acquisition)*, Übernahme *(take*

---

[13] Cap C4, Laws of the Federation of Nigeria, 2010.
[14] Cap. B3, Laws of the Federation of Nigeria, 2010.
[15] Cap. N102, Laws of the Federation of Nigeria, 2004.
[16] Cap F2. Laws of the Federation of Nigeria, 2010.
[17] Cap. A24A, Laws of the Federation of Nigeria, 2010.
[18] Cap B2, Laws of the Federation of Nigeria, 2010.
[19] Section 401 (1)(a) CAMA.
[20] Section 401 (1)(b) CAMA.
[21] Section 401 (1)(c) CAMA.

over), Management Buy-Out *(management buy out)*, externe Restrukturierung unter Einbeziehung einer Unternehmensgruppe und Transaktionen mit nahestehenden Personen *(external restructuring involving group of companies and related party transactions)* wie in den SEC Regeln vorgesehen, Kauf und Übernahme *(purchase and assumption)*, „Rosinenpicken" *(cherry picking)* und die Erhöhung, Reduzierung oder Änderung des Stammkapitals *(share capital reorganisation exercise)*.

7 Zu den internen Restrukturierungsmaßnahmen zählen:
- Vergleich oder Vereinbarung (*compromise* oder *arrangement*)[22] – eine Vereinbarung des Unternehmens mit seinen Gläubigern dahingehend, dass diese einen gegenüber der bisherigen Forderung reduzierten Betrag als vollständige Erfüllung der offenen Verbindlichkeiten akzeptieren. Hierbei ist es möglich, in die Rechte der Gesellschafter oder Gläubiger mit Zustimmung des Gerichtes einzugreifen.[23]
- Verkaufsvereinbarung *(arrangement on sale)*[24] – der erzielte Verkaufspreis kann zur Gründung einer neuen Gesellschaft oder als Eigenkapitaleinlage in einer Restrukturierungsvereinbarung *(scheme of arrangement of restructuring)* wie etwa einer Fusion oder einer Übernahme verwendet werden.
- Stammkapitalanpassung *(share capital reorganisation)* – diese erfolgt in Form einer Zusammenlegung oder Teilung des Stammkapitals der Gesellschaft; Umwandlung und Rückumwandlung von Anteilen; Unterteilung von Anteilen; Einziehung von Anteilen; Erhöhung oder Herabsetzung des Stammkapitals der Gesellschaft.[25] Diese Verfahren können angewandt werden, um Vermögenswerte an Gesellschafter zu verteilen, Schulden abzubauen, Handelsverluste auszugleichen oder dringend benötigtes Kapital in das Unternehmen einzubringen.

8 Externe Restrukturierungsmaßnahmen beinhalten:
- Fusion und Übernahme *(mergers and acquisitions)*[26] – die Verschmelzung oder Zusammenlegung der Gesellschaften zweier oder mehrerer Wirtschaftssubjekte zu einem oder der Erwerb aller oder eines wesentlichen Anteils an einer anderen Gesellschaft durch eine Gesellschaft, sodass die erworbene Gesellschaft zu einer Tochtergesellschaft oder einer Abteilung der übernehmenden Gesellschaft wird;
- Übernahme *(take overs)*[27] – der Vorgang, der zum Erwerb/Kauf einer wesentlichen Beteiligung durch eine natürliche oder juristische Person (den Erwerber) an einer anderen Gesellschaft führt, die ausreicht, um dem Erwerber die maßgebliche Kontrolle über die Geschäftsführung und/oder die allgemeinen Angelegenheiten der Zielgesellschaft zu verleihen.
- Kauf und Übernahme *(purchase and assumption)* – diese zielen darauf ab, einen Teil der Investitionen in ein stillgelegtes oder scheiterndes Unternehmen zu retten. Der Verlust von Investitionen wird reduziert, indem es einem anderen Unternehmen oder Investoren ermöglicht wird, die Verbindlichkeiten des gescheiterten Unternehmens zu erwerben und dazu das Eigentum an den Vermögenswerten zu übernehmen.[28]
- „Rosinenpicken" *(cherry picking)* – eine Option, die darauf abzielt, den Verlust von Investitionen durch das Scheitern des Unternehmens zu reduzieren. Die übernehmende Gesellschaft darf die Bücher und Anlagen/Betriebe/Geschäftsaktivitäten der gescheiterten Gesellschaft einsehen, um herauszufinden, welche Teile sie durch die Integration in den eigenen Betrieb einsparen könnte.[29]

2.4 Spezifische Regeln für Finanzinstitute und Versicherungsunternehmen

9 Das nigerianische Banken- und Versicherungsrecht enthält ein Regelwerk bezüglich der Insolvenz von Banken, Finanzinstituten und Versicherungsunternehmen. Diese Vorschriften regulieren die Abwicklung, Restrukturierung und/oder den Verkauf von betroffenen Banken und Finanzinstituten und ihrer Vermögenswerte:
- BOFIA, die Rahmengesetzgebung für lizenzierte Banken und Finanzinstitute in Nigeria, enthält Bestimmungen über Insolvenzverfahren, Restrukturierung und andere damit verbundene Verfahren, an denen Banken in Nigeria[30] beteiligt sind. Im Rahmen der BOFIA darf keine Bank ohne

---

[22] Sections 537 & 539 of CAMA.
[23] Nelson C.S. *Ogbuanya*, Essentials of Corporate Law Practice in Nigeria Novena Publishers, Second Edition, Page 607.
[24] Section 538 of CAMA.
[25] Sections 100 – 111 of CAMA.
[26] Sections 118 and 119 of the ISA and Regulation 53 of Companies Regulations, 2012.
[27] Section 131 of the ISA.
[28] Nelson C.S. *Ogbuanya*, Essentials of Corporate Law Practice in Nigeria Novena Publishers, Second Edition, Page 670.
[29] Ibid Page 671.
[30] Section 7 of BOFIA.

die vorherige Zustimmung des Gouverneurs der Zentralbank von Nigeria *(Central Bank of Nigeria, „CBN")* einen Restrukturierungsprozess (Fusionen, Zukäufe, Übernahmen usw.) einleiten.
- Das Gesetz betreffend gescheiterte Banken *(Failed Banks Act)* regelt die Eintreibung von Forderungen gegenüber gescheiterten Banken. Nach dem *Failed Banks Act* ist eine „gescheiterte Bank" im Wesentlichen eine Bank oder ein anderes Finanzinstitut, der oder dem die Zulassung entzogen wurde, die für geschlossen erklärt, unter Zwangsverwaltung gestellt oder anderweitig vom CBN oder dem Nigeria Deposit Insurance Corporation („NDIC") übernommen wurde oder deren Eigenkapital-Risiko-Verhältnis unter dem Mindestprozentsatz liegt, der in regelmäßigen Abständen von der CBN oder einer anderen zuständigen Behörde festgeschrieben wird.[31]
- The NDIC Act erteilt NDIC die Befugnis, die Restrukturierung scheiternder Banken (in Verbindung mit der CBN) zu verwalten und zu überwachen; gefährdete Vermögenswerte scheiternder Banken zu erwerben, zu verwalten und zu veräußern sowie als Verwalter für gescheiterte Banken aufzutreten.[32]
- Nach dem Gesetz *AMCON Act* wird eine Vermögensverwaltungsgesellschaft, *asset management company* („AMCON"), zur Verwaltung und Abwicklung notleidender Kreditforderungen von Banken in Nigeria errichtet, um zu verhindern, dass Banken scheitern oder zahlungsunfähig werden.
- Das Versicherungsgesetz, *Insurance Act*, und das Gesetz über die *National Insurance Commission (National Insurance Commission Act* [„*NAICOM Act*"]) gelten für Versicherer und Versicherungsunternehmen. Das Versicherungsgesetz regelt die Restrukturierung und Insolvenz von Versicherungsunternehmen. Nach dem Versicherungsgesetz darf kein Versicherer ohne vorherige Genehmigung der National Insurance Commission an einem Restrukturierungsprogramm teilnehmen.[33] Das Versicherungsgesetz enthält auch Bestimmungen zur Abwicklung von Versicherungsunternehmen.[34]

2.5 Insolvenzen von Unternehmensgruppen, *insolvency of a group of companies*

Nach nigerianischem Recht sind die Mitglieder einer Unternehmensgruppe separate und eigenständige Rechtspersönlichkeiten und werden im Insolvenzverfahren als solche behandelt. Für den Fall, dass ein Insolvenzverfahren über ein Mitglied einer Unternehmensgruppe eröffnet wird, betrifft dieses Verfahren nur die (insolvente) Gesellschaft. Wenn das Ziel die Abwicklung aller Gesellschaften einer Gruppe ist, muss für jede der Gesellschaften der Gruppe ein Einzelverfahren vor Gericht eingeleitet werden; es kann jedoch auch ein Antrag auf Verbindung der Einzelverfahren, *applicaiton to consolidate the separate actions*, gestellt werden.

Darüber hinaus können die Mitglieder einer Unternehmensgruppe freiwillig beschließen, dieselben Insolvenzverwalter für jedes Insolvenzverfahren zu bestellen.

2.6 Insolvenz von natürlichen Personen

Das Gesetz zur Regelung der Insolvenzen natürlicher Personen und Partnerschaften, *Bankcruptcy Act*, sieht vor, dass jede Person, die Schulden in einer bestimmten Höhe hat und diese nicht begleichen kann, ein Insolvenzverfahren beantragen kann und schließt diese Personen im Weiteren von der Ausübung bestimmter Ämter oder regulierter Berufe *(regulated professions)* aus.

Nach dem *Bankcruptcy Act* ist eine natürliche Person insolvent, wenn:
- ein Gläubiger ein endgültiges Urteil/eine endgültige gerichtliche Anordnung gegen diese erhält;[35]
- die Zwangsvollstreckung gegen die Person durch Beschlagnahme ihrer Vermögensgegenstände im Rahmen einer gerichtlichen Klage durchgeführt wurde und die Gegenstände verkauft oder vom Gericht 21 Tage lang verwahrt wurden;[36]
- wenn die Person vor Gericht erklärt, dass sie nicht in der Lage ist, ihre Schulden zu begleichen oder einen Eigenantrag auf Eröffnung eines Insolvenzverfahrens stellt;

---

[31] Section 23(b) of the Failed Banks Act.
[32] Sections 37 – 40 of the NDIC Act.
[33] Sections 30 and 31 of the Insurance Act.
[34] Sections 32 and 33 of the Insurance Act.
[35] Eine solche Person darf nicht Aussetzung der Vollstreckung des Urteils/der endgültigen gerichtlichen Anordnung erreicht haben, ihr muss eine Insolvenzerklärung zugestellt worden sein; sie darf nicht innerhalb von 14 Tagen nach Zustellung der Mitteilung nachgekommen sein oder das Gericht davon überzeugt haben, dass sie einen Gegenanspruch auf einen Betrag hat, der den Betrag der im Urteil festgestellten Schuld übersteigt und den sie in der Klage, in der das Urteil/die Anordnung erwirkt wurde, nicht hat erheben können.
[36] Gesetzt den Fall, dass der Schuldner keine Vollstreckungsgegenklage in Bezug auf die beschlagnahmten Waren erhoben hat.

- wenn die Person die Begleichung ihrer Verbindlichkeiten an ihre Gläubiger aussetzt oder ankündigt, dass sie im Begriff ist, dies auszusetzen;
- wenn der Gläubiger aufgrund eines Kreditvertrags berechtigt wird, einen Insolvenzantrag zu stellen;
- wenn die Person ihr in Nigeria oder andernorts befindliches Vermögen an einen Treuhänder zum Wohle ihrer Gläubiger überträgt;
- wenn die Person eine betrügerische Übertragung *(fraudulent conveyance)*, etwa eine Schenkung, in der Absicht vornimmt ihr Vermögen vor den Forderungen der Gläubiger zu schützen;
- wenn die Person ihr Eigentum oder einen Teil davon überträgt oder belastet, und dies als unzulässige Bevorteilung *(fraudulent preference)* nichtig wäre, sollte das Insolvenzverfahren eröffnet werden; oder
- wenn die Person in der Absicht, den Forderungen der Gläubiger zu entgehen, Nigeria oder ihren Wohnort verlässt.[37]

14   Das Insolvenzverfahren für natürliche Personen wird mit der Einreichung eines Antrags des Schuldners oder eines Gläubigers, dass der Schuldner seine Schulden nicht begleichen kann, eröffnet. Die Forderung darf nicht niedriger als 2.000 ₦ (Zweitausend Naira)[38] sein, unabhängig davon, ob sie von einem Gläubiger oder einer Gruppe von Gläubigern geltend gemacht wird.

15   Nach Einreichung des Antrags kann das Gericht das Insolvenzverfahren per Beschluss eröffnen, woraufhin dem Vollstreckungsgläubiger *(judgement creditor)* eine Insolvenzerklärung *(bankruptcy notice)* übermittelt wird; die Insolvenzerklärung *(bankrupcty notice)* verpflichtet den Schuldner, die Vollstreckungsschuld oder den eingeforderten Betrag zu zahlen, und nennt die Folgen einer Nichterfüllung. Danach kann vom Gericht ein Amtlicher Verwalter *(Official Receiver)* oder ein Sonderverwalter *(Special Manager)* ernannt werden, der das Vermögen des Schuldners hält und verwaltet.[39]

16   Wie bei insolventen Gesellschaften sieht der *Bankcruptcy Act* eine Sanierungsoption vor, die dem insolventen Schuldner zur Verfügung steht: Vereinbarung und Vergleich (*Arrangement* und *composition*).[40] Hier unterbreitet der Schuldner dem *Official Receiver* einen Vorschlag für einen Vergleichsplan *(composition scheme)* zur Befriedigung seiner Schulden oder einen Plan zur Regelung seiner Angelegenheiten *(scheme for the arrangement of his affairs)*. Wenn einer der beiden Pläne vom Gericht genehmigt wird, wird er für den Gläubiger verbindlich.

17   Obwohl ein Schuldner für zahlungsunfähig erklärt werden kann, kann er unter bestimmten Voraussetzungen beim Gericht die Schuldbefreiung beantragen.[41]

3. Zentrale Verfahrenselemente des Insolvenzverfahrens

3.1 Verfahrenseröffnung

18   Die Abwicklung beginnt mit der Beschlussfassung über die Auflösung oder mit der Einreichung eines Antrags auf Auflösung beim Gericht.[42]

3.1.2 Gründe für die Einleitung eines Verfahrens; Feststellung der Gründe, aus denen ein Verfahren eröffnet werden kann oder muss

19   (a) Nach nigerianischem Recht kann eine Gesellschaft durch das Gericht aufgelöst werden, wenn unter anderem:[43]
- die Gesellschaft durch einen Sonderbeschluss die gerichtliche Auflösung beschlossen hat; oder
- das Unternehmen nicht in der Lage ist, seine Schulden zu begleichen; oder
- das Gericht der Ansicht ist, dass es gerechtfertigt und gerecht *(just and equitable)* ist, dass die Gesellschaft aufgelöst wird.

20   Ein Unternehmen gilt als nicht in der Lage, seine Schulden zu begleichen, wenn[44]
- ein Gläubiger der Gesellschaft einen ausstehenden Betrag von mehr als 2.000 ₦ schriftlich verlangt hat und es die Gesellschaft drei Wochen lang versäumt hat, den Betrag zu zahlen oder zur angemessenen Zufriedenheit des Gläubigers Sicherheit zu leisten; oder

---

[37] Section 1 Bankruptcy Act.
[38] Entspricht etwa 5.55 $ bei einem Kurs von $1/N360.
[39] Section 9 Bankruptcy Act.
[40] Section 18 Bankruptcy Act.
[41] Section 28–31 Bankruptcy Act.
[42] Section 415 of CAMA.
[43] Section 408 of CAMA.
[44] Section 409 CAMA.

3. Zentrale Verfahrenselemente des Insolvenzverfahrens

- eine Zwangsvollstreckung oder ein anderes Verfahren, das aufgrund eines Urteils oder einer gerichtlichen Entscheidung zugunsten eines Gläubigers der Gesellschaft durchgeführt wurde, ganz oder teilweise erfolglos bleibt; oder
- das Gericht unter Berücksichtigung einer möglichen bedingten oder künftigen Haftung der Gesellschaft davon überzeugt ist, dass die Gesellschaft nicht in der Lage ist, ihre Schulden zu begleichen.

Eine Gesellschaft wird jedoch dann nicht als zahlungsunfähig betrachtet, wenn die Schuld in gutem Glauben bestritten wird und es keinen Beweis dafür gibt, dass die Gesellschaft zahlungsunfähig ist, und/oder wenn es keinen Beweis für eine fällige Zahlungsaufforderung durch den Gläubiger gibt. 21

(b) Durch freiwillige Abwicklung *(voluntary winding up)*[45] kann eine Gesellschaft unter folgenden Voraussetzungen abgewickelt werden:
- wenn der Zeitraum, der als Dauer der Gesellschaft im Gesellschaftsvertrag festgelegt ist, abgelaufen ist oder ein Ereignis eintritt, welches nach dem Gesellschaftsvertrag zur Auflösung der Gesellschaft führt; oder
- Die Gesellschaft einen Sonderbeschluss fasst, der die freiwillige Auflösung der Gesellschaft vorsieht.[46]

Eine freiwillige Abwicklung beginnt mit der Beschlussfassung über die freiwillige Abwicklung. Die Geschäftsführer *(directors)* einer Gesellschaft müssen mindestens fünf Wochen vor dem Tag der Beschlussfassung über die Auflösung der Gesellschaft eine „Solvenzerklärung" *(declaration of solvency)* vorbereiten und der *Corporate Affairs Commission* vorlegen. Im Wesentlichen bedeutet eine „Solvenzerklärung", dass die Geschäftsführer eine umfassende Untersuchung der Angelegenheiten der Gesellschaft durchgeführt haben und nach entsprechender Prüfung zu der Auffassung gekommen sind, dass die Gesellschaft in der Lage sein wird, ihre Schulden innerhalb einer Frist von höchstens zwölf (12) Monaten ab Beginn der Auflösung vollständig zu begleichen. 22

Eine „freiwillige Abwicklung" durch die Gesellschafter einer Gesellschaft wandelt sich in eine „Abwicklung auf Gläubigerinitiative" *(creditor's winding up)*, wenn die Geschäftsführer nicht in der Lage sind, eine Solvenzerklärung abzugeben oder wenn der Verwalter *(liquidator)* trotz deren Abgabe davon überzeugt ist, dass die Gesellschaft nicht in der Lage wäre, ihre Schulden innerhalb des in der Erklärung der Zahlungsfähigkeit festgelegten Zeitrahmens vollständig zu begleichen. In dieser Situation kann das Vermögen der Gesellschaft nicht für deren Verbindlichkeiten aufkommen und die Gläubiger können sich nicht auf die Solvenzerklärung der Geschäftsführer verlassen. Auch wenn sich im Verlauf einer „freiwilligen Abwicklung" zeigt, dass die Gesellschaft zahlungsunfähig ist und ihre Schulden nicht vollständig begleichen kann, können die Gesellschafter einen Sonderbeschluss fassen und damit das Verfahren in eine Zwangsliquidation durch das Gericht *(winding up by the court)* umwandeln. 23

(c) Abwicklung unter gerichtlicher Aufsicht *(winding up subject to the supervision of the court)*.[47] Das Gericht kann anordnen, dass ein „freiwilliges Abwicklungsverfahren" unter Aufsicht des Gerichts fortzusetzen ist, und zwar mit der Befugnis der Gläubiger, Gesellschafter *(contributories)* oder Dritter, sich an das Gericht zu wenden und im Allgemeinen unter den Bedingungen vorzugehen, die das Gericht für richtig hält. In der Folge wird das Abwicklungsverfahren dann als zwangsweise Abwicklung durch das Gericht *(compulsory winding up by the court)* fortgesetzt.[48] Der Verwalter *(liquidator)* kann jedoch vorbehaltlich der vom Gericht auferlegten Einschränkungen fast alle seine Befugnisse ohne Genehmigungen oder Interventionen des Gerichts ausüben – so, als ob eine „freiwillige Abwicklung" vorläge.

3.1.3 Einleitung des Verfahrens

Eine Abwicklung kann von folgenden Beteiligten eingeleitet werden:[49] 24

(a) der Gesellschaft
(b) einem Gläubiger; auch Gläubiger mit bedingten oder künftigen Forderungen
(c) dem Amtlichen Verwalter *(Official Receiver)*
(d) einem Gesellschafter *(contributory)*
(e) einem Treuhänder im Privatinsolvenzverfahren *(trustee in bankruptcy)* oder persönlichen Vertreter eines Gläubigers oder Gesellschafters *(contributor)*
(f) der *Corporate Affairs Commission*; oder

---

[45] Section 457 of CAMA.
[46] *Professor Joseph E.O Abugu*, Principles of Corporate Law in Nigeria, MIJ Professional Publishers.
[47] Sections 486 – 490 of CAMA.
[48] Section 488 of CAMA.
[49] Section 410(1) of CAMA.

(g) einem Zwangsverwalter *(receiver)*, wenn er hierzu in der Anordnung, aus der sich seine Bestellung ergibt, ermächtigt wurde.

25 Bei Versicherungsunternehmen kann ein Antrag auf Auflösung eines Versicherungsunternehmens von mindestens fünfzig (50) Versicherungsnehmern sowie der *National Insurance Commission* gestellt werden.[50]

26 Darüber hinaus kann ein Geschäftsführer einer Gesellschaft keinen Antrag auf zwangsweise Abwicklung *(compulsory winding up)* der Gesellschaft stellen.

3.1.4 Antragspflichten, Haftung bei Nichteinhaltung

27 Das Verfahren zur Abwicklung einer Gesellschaft umfasst verschiedene Phasen ab der Einreichung des Antrags. Die erforderlichen Antragsvoraussetzungen lassen sich wie folgt zusammenfassen:
(a) Einreichung des Antrags in der nach den *Companies Winding Up Rules*[51] vorgeschriebenen Form, begleitet von einer eidesstattlichen Versicherung bezüglich der im Antrag enthaltenen Tatsachen;[52]
(b) gerichtliche Anordnung der Anzeige des Antrags im Bundesanzeiger und in einer nationalen Zeitung mindestens fünfzehn Tage vor der Anhörung des Antrags;[53] und
(c) Zustellung des Antrags an die Gesellschaft an ihrem Sitz[54] und an jeden Gläubiger und Gesellschafter der Gesellschaft.[55]

28 Wird ein Antrag nicht in der nach den in einer speziellen Verordnung über insolvenzliches Verfahrensrecht, den *Companies Winding Up Rules* vorgeschriebenen Form gestellt, angezeigt oder zugestellt, kann er vom Gericht abgelehnt werden,[56] sodass am Tag der Anhörung des Antrags das Gericht keinen Beschluss über den Antrag fasst.[57]

3.2 Beteiligung der Gerichte (oder anderer Verwaltungsorgane mit Gerichtsfunktion)

29 Für Verhandlungen und gewisse Entscheidungen im Rahmen von Insolvenzverfahren sind spezifische Gerichte zuständig. Zu den Befugnissen des Gerichts gehören die Verhandlung von Abwicklungsanträgen, die Bestellung von Insolvenzverwaltern *(insolvency officers)* und der Erlass von Nebenbeschlüssen im Rahmen von Abwicklungs-/Insolvenzverfahren. Das für Insolvenzrecht zuständige Gericht ist der Federal High Court of Nigeria.

3.3 Verwalter, *office-holders*

30 Der Oberbegriff, für Verwalter in Abwicklungsverfahren, *winding-up*, ist *office-holder*. Diese sind:[58] Verwalter *(liquidator)*, Amtlicher Verwalter *(official receiver)*, vorläufiger Verwalter *(provisional liquidator)*, Zwangsverwalter *(receiver, receiver manager)* und Sonderverwalter *(special manager)*.
- Der Verwalter *(liquidator)* wird von der Gesellschaft oder dem Gericht bestellt, um die Angelegenheiten der Gesellschaft zu regeln und ihr Vermögen an ihre Gläubiger und Gesellschafter *(contributories)* zu verteilen. Er vertritt die Interessen der Gläubiger der Gesellschaft, mit seiner Bestellung enden alle Befugnisse der Geschäftsführer der Gesellschaft.[59] Zu den Befugnissen eines Verwalters gehören unter anderem die Verwertung des Vermögens der Gesellschaft, die Durchführung von Verfügungen und Verträgen *(deeds and contracts)* im Namen und im Auftrag der Gesellschaft oder die Aufnahme von Darlehen gegen Sicherheiten aus dem Vermögen der Gesellschaft.
- Der Amtliche Verwalter *(official receiver)* ist zeitgleich der stellvertretende leitende „Rechtspfleger" des Bundesgerichtshofs *(deputy chief registrar of the Federal High Court)* oder ein vom Vorsitzenden des Bundesgerichtshofs zu diesem Zweck benannter Beamter.[60] Zu den Befugnissen des Amtlichen Verwalters *(official receiver)* gehören die Entgegennahme der Versicherung über die Vermögensverhältnisse der Gesellschaft *(statement of affairs)* und die Zusammenstellung von Informationen über die in Abwicklung befindliche Gesellschaft.

---

[50] Section 32 of the Insurance Act.
[51] Rule 16 of the Companies Winding Up Rules.
[52] Rule 18 of the Companies Winding Up Rules.
[53] Rule 19 of the Companies Winding Up Rules.
[54] Rule 17 of the Companies Winding Up Rules.
[55] Rule 20 of the Companies Winding Up Rules.
[56] Rule 19(3) of the Companies Winding Up Rules.
[57] Rule 22 of the Companies Winding Up Rules.
[58] *Nelson C.S. Ogbuanya*, Essentials of Corporate Law Practice in Nigeria Novena Publishers, Second Edition page 729.
[59] Section 422 of CAMA.
[60] Section 419 of CAMA.

3. Zentrale Verfahrenselemente des Insolvenzverfahrens

- Ein Sonderverwalter (*special manager*) wird vom Gericht auf Antrag des Amtlichen Verwalters (*official receiver*) ernannt, wenn dieser zum Verwalter einer Gesellschaft bestellt wird. Der Sonderverwalter verfügt über die Befugnisse, die das Gericht anordnet, einschließlich derjenigen eines Zwangsverwalters (*receiver* oder *manager*).[61]
- Der Zwangsverwalter (*receiver/manager*) wird von den gesicherten Gläubigern der Gesellschaft im Rahmen der Befugnisse bestellt, die in der Sicherheitenabrede zwischen Gläubiger und Gesellschaft festgelegt sind. Der Zwangsverwalter vertritt die Interessen der Gläubiger. Seine Hauptaufgabe besteht darin, das Vermögen des Unternehmens zu verwerten und die Schulden gegenüber den Gläubigern zu begleichen. Mit der Ernennung des Zwangsverwalters enden die Befugnisse der Geschäftsführer der Gesellschaft. Zu seinen Kompetenzen gehören unter anderem die Befugnis, das Vermögen des Unternehmens zu verwerten, die Geschäftstätigkeit des Unternehmens fortzusetzen, Gerichtsverfahren im Namen des Unternehmens zu führen sowie Kredite gegen Sicherheiten des Vermögens des Unternehmens aufzunehmen.

Nach dem AMCON-Gesetz[62] kann AMCON als Zwangsverwalter (*receiver*) für Schuldnerunternehmen tätig werden, einschließlich der Befugnis, das Vermögen der Schuldnergesellschaft zu verwerten, die individuelle Haftung der Gesellschafter und Geschäftsführer der Schuldnergesellschaft durchzusetzen und die Angelegenheiten der Schuldnergesellschaft zu verwalten.

3.4 Verwaltung und Verwertung der Masse *(estate)*

Sobald ein Abwicklungsbeschluss ergangen ist, hat das Gericht eine Liste der Gesellschafter (*contributories*) zu erstellen und die Einziehung und Verwertung des Vermögens der Gesellschaft zur Erfüllung ihrer Verbindlichkeiten zu veranlassen.[63] Diese Aufgaben sollen vom Verwalter erfüllt werden, der gesetzlich befugt ist, das gesamte Eigentum in Verwahrung zu nehmen und Ansprüche durchzusetzen, die der Gesellschaft möglicherweise zustehen.

Der Gläubiger eines verstorbenen Schuldners, dessen Schulden ausreichen würden, um einen Insolvenzantrag zu begründen, wenn er noch am Leben wäre, ist berechtigt, bei Gericht die Verwaltung des Nachlasses des verstorbenen Schuldners zu beantragen[64] und den Antrag den gesetzlichen Vertretern des Nachlasses zustellen zu lassen.

Wird die Forderung festgestellt und stellt das Gericht fest, dass der Nachlass die Verbindlichkeiten des Gläubigers decken kann, kann das Gericht einen Beschluss über die Insolvenzverwaltung (*administration in bankruptcy*) des Nachlasses des verstorbenen Schuldners erlassen und die Verwaltung des Nachlasses wird dem Amtlichen Verwalter (*official receiver*) als Treuhänder übertragen, um gemäß dem Gesetz verteilt zu werden. Anderenfalls wird das Gericht den Antrag ablehnen.

Die Insolvenzmasse, die unter den Gläubigern aufgeteilt wird, umfasst das Vermögen, das der insolventen Rechtspersönlichkeit gehört, sowie dasjenige, das sie vor Beendigung des Verfahrens erwirbt oder übertragen bekommt. Ferner gehören dazu alle Sachen, die sich zu Beginn des Insolvenzverfahrens mit Zustimmung der wahren Eigentümer im Besitz oder in der Verfügungsgewalt der insolventen Rechtspersönlichkeit befanden.[65] Das bedeutet, dass auch nach Beginn des Verfahrens erworbene Vermögenswerte in die Insolvenzmasse fallen.

3.5 Betriebsfortführung, der Schuldner oder der Verwalter *(office holder)* führen die Geschäfte fort

Das nigerianische Recht sieht vor,[66] dass der Verwalter in einem Abwicklungsverfahren befugt ist, die Geschäfte der Gesellschaft fortzuführen, soweit dies für die ordnungsgemäße Abwicklung erforderlich ist. Dies erfordert jedoch die Zustimmung des Gerichts oder des Kontrollausschusses (*committee of inspection*).[67]

3.6 Maßnahmen zum Schutz der Masse vor Eröffnung des Insolvenzverfahrens

Nach Einreichung eines Abwicklungsantrags (*winding up petition*), aber vor Beginn des Verfahrens, kann jeder Gläubiger oder Gesellschafter (*contributory*) der Gesellschaft vor Erlass des Eröffnungsbeschlusses (*winding-up order*) bei dem jeweils zuständigen Gericht einen Antrag auf Aussetzung dort anhängiger Gerichtsverfahren stellen; das jeweils zuständige Gericht kann dann mit oder ohne

---

61 Section 436 of CAMA.
62 Section 48 AMCON Act.
63 Section 439 CAMA.
64 Section 109 Bankruptcy Act.
65 Section 41 Bankruptcy Act.
66 Section 425 of CAMA.
67 Zum *committee of inspection* → Rn. 44 ff.

Fristsetzung diese Verfahren aussetzen oder einschränken oder, wenn es dies für angebracht hält, den Fall an das Gericht verweisen, das für den Eröffnungsantrag zuständig ist.[68]

38 Darüber hinaus ist der Verwalter befugt, bestimmte von der Gesellschaft vor der Eröffnung des Verfahrens abgeschlossene Rechtsgeschäfte anzufechten. Die Voraussetzungen hierfür werden im Folgenden erläutert.[69]

3.7 Auswirkungen der Eröffnung des Insolvenzverfahrens auf Vollstreckungsmaßnahmen einzelner Gläubiger in laufenden Gerichts- oder Schiedsverfahren

39 Nach nigerianischem Recht ist jede nach Beginn des Verfahrens gegen die Insolvenzmasse gerichtete Einzelvollstreckungsmaßnahme (Arrest, Beschlagnahme, Pfändung, Verwertung – *attachment, sequestration, distress* oder *execution*) nichtig.[70] Darüber hinaus können während der Dauer des Abwicklungsverfahrens ohne Gerichtsbeschluss keine Klagen gegen die Gesellschaft erhoben oder fortgesetzt werden.[71] Daher werden Vollstreckungsmaßnahmen einzelner Gläubiger bis zum Abschluss des Insolvenzverfahrens ausgesetzt.

40 Wenn ein Gläubiger eine Zwangsvollstreckung gegen Sachen oder Grundstücke einer Gesellschaft durchführt oder eine der Gesellschaft zustehende Forderung pfändet und die Gesellschaft anschließend liquidiert wird, ist der Gläubiger ferner nicht berechtigt, den aus der Zwangsvollstreckung oder Pfändung resultierenden Vorteil zulasten des Verwalters einzubehalten, es sei denn, er hat die Zwangsvollstreckung oder Pfändung vor Beginn des Verfahrens abgeschlossen.

3.8 Auswirkungen der Eröffnung eines Insolvenzverfahrens auf laufende Gerichts- oder Schiedsverfahren

41 Wenn ein Abwicklungsbeschluss ergangen ist, darf keine andere Klage oder sonstiges gerichtliches Verfahren gegen die Gesellschaft eingeleitet oder fortgeführt werden, es sei denn, das Gericht hat eine Ausnahme zugelassen. Das Gericht kann die Ausnahme an Bedingungen knüpfen.[72] Dies gilt für Rechtsstreitigkeiten, die vor der Bestellung des Verwalters oder dem Beginn der Abwicklung anhängig wurden, ebenso wie für nachfolgende Ansprüche anderer Parteien gegen die Gesellschaft.

42 Im Allgemeinen wird eine Ausnahme vom Gericht gewährt, wenn die insolvente Gesellschaft zwingende Beteiligte neben Dritten in einem Verfahren ist oder wenn die Klage das geeignetste Mittel ist, um eine aufgeworfene Rechtsfrage zu klären.[73]

43 Gestattet das Gericht eine Klage gegen eine Gesellschaft einzuleiten oder durchzuführen, so ist der Verwalter befugt, das Verfahren im Namen und im Interesse der Gesellschaft zu führen.[74]

3.9 Vertreter der Gläubiger

44 Wenn das Verfahren von der Gesellschaft selbst eingeleitet wurde und der Verwalter im Verlauf der Abwicklung zu der Auffassung gelangt, dass die Gesellschaft zahlungsunfähig ist und ihre Schulden nicht begleichen kann, muss er eine Gläubigerversammlung einberufen und der Versammlung eine Aufstellung über die Vermögenswerte und Verbindlichkeiten der Gesellschaft vorlegen.[75] Die Gläubiger können dann beschließen, beim Gericht eine zwangsweise Abwicklung (*compulsory winding up*) der Gesellschaft zu beantragen.

45 Wenn das Gericht einen Eröffnungsbeschluss erlässt, sind die Gläubiger und Gesellschafter (*contributories*) der Gesellschaft dafür verantwortlich, in getrennten Sitzungen zu entscheiden, ob beim Gericht ein Antrag auf Bestellung eines „Kontrollausschusses" (*committee of inspection*) gestellt werden soll. Dieser arbeitet mit dem Verwalter zusammen.[76] Sind sich Gläubiger- und Gesellschafterversammlung uneinig, so ist das Gericht befugt, eine endgültige Entscheidung zu treffen.

46 Ein Kontrollausschuss (*committee of inspection*) besteht aus Gläubigern und Gesellschaftern (*contributories*) der Gesellschaft (im Falle einer gerichtlichen Auflösung) oder von ihnen entsendeten Vertretern.[77]

---

[68] Section 412 of CAMA.
[69] → Rn. 87 ff.
[70] Sections 414 and 497 of CAMA.
[71] Section 417 of CAMA.
[72] Section 417 of CAMA; Federal Mortgage Bank of Nigeria v. Nigeria Deposit Insurance Corporation.
[73] *Professor Joseph E.O Abugu*, Principles of Corporate Law in Nigeria, Page 770.
[74] Section 425 of CAMA.
[75] Section 466 of the Companies Winding Up Rules.
[76] Section 433 of CAMA.
[77] Sections 434 and 474 of CAMA.

3.10 Nachweis der Forderungen

In der Abwicklung muss jede Gläubigergruppe ihre Forderungen nachweisen, es sei denn, das Gericht beschließt, dass die Forderungen eines Gläubigers oder eine Gläubigergruppe ohne Nachweis festgestellt werden können.[78] Der Gläubiger trägt die Kosten für den Nachweis seiner Forderungen, sofern das Gericht nichts anderes bestimmt.[79]

Die beim Amtlichen Verwalter *(official receiver)* oder Verwalter anzumeldenden Forderungen werden durch Beifügung einer eidesstattliche Versicherung *(affidavit)* über dieselbe nachgewiesen. Die eidesstattliche Versicherung kann vom Gläubiger oder einer vom Gläubiger bevollmächtigten Person abgegeben werden und soll einen Rechnungsbeleg enthalten oder darauf verweisen, aus dem sich die Einzelheiten der Forderung entnehmen lassen und in dem angegeben ist, ob der Gläubiger ein gesicherter Gläubiger ist.[80]

3.11 Gläubiger

3.11.1 Bevorrechtigte Gläubiger

Alle im Rahmen des Verfahrens anfallenden Kosten, Aufwendungen und Auslagen, einschließlich der Vergütung des Verwalters, sind aus den Vermögenswerten der Gesellschaft und vorrangig vor allen anderen Ansprüchen zu zahlen.[81] Nach der Zahlung dieser Verfahrenskosten werden folgende Zahlungen vorrangig vor allen anderen Verbindlichkeiten geleistet:[82]
(a) alle lokalen Steuern und Gebühren, die von der Gesellschaft zum betreffenden Zeitpunkt geschuldet werden und innerhalb von 12 Monaten vor diesem Zeitpunkt fällig geworden sind, sowie alle Lohnsteuerabzüge, veranschlagte Steuern, Grundsteuern sowie Vermögens- oder Einkommenssteuern, die von der Gesellschaft bis zum nächsten Veranlagungsjahr ab dem betreffenden Zeitpunkt entstehen oder fällig werden. Dies gilt für Lohnsteuerabzüge, insofern sie die Abzüge für ein Jahr der Veranlagung nicht überschreiten, für alle anderen insoweit sie die gesamte einjährige Veranlagung nicht überschreiten.
(b) Abzüge gemäß dem Nigerianischen treuhänderischen Sozialversicherungs-Fond, *Nigeria Social Insurance Trust Fund Act;*
(c) alle Löhne oder Gehälter von Angestellten in Bezug auf die für das Unternehmen erbrachten Dienstleistungen;
(d) alle Löhne von Arbeitern für Dienstleistungen, die für das Unternehmen erbracht werden, unabhängig davon, ob nach Zeit oder Akkordarbeit vergütet wird;
(e) alle aufgelaufenen Urlaubsvergütungen, die an einen Angestellten oder Arbeiter (oder im Falle seines Todes an eine empfangsberechtigte Person) bei Beendigung des Arbeitsverhältnisses vor oder durch die Wirkung des Abwicklungs- oder Beschlussverfahrens zu zahlen sind;
(f) alle ausstehenden Beträge zur Begleichung von Forderungen nach dem *Workmen's Compensation Act* (Arbeitsschutzgesetz), die vor dem relevanten Zeitpunkt entstanden sind. Dies gilt nicht, wenn die Gesellschaft freiwillig liquidiert wird, um sie umzugestalten oder mit einer anderen Gesellschaft zu verschmelzen. Dies gilt auch dann nicht, wenn zu Beginn der Auflösung eine Abrede mit Versicherern nach § 26 des *Workmens's Compensation Act* (Arbeitsschutzgesetz) besteht.

Die vorgenannten Verbindlichkeiten sind untereinander gleichrangig und in voller Höhe zu begleichen, es sei denn, das Vermögen der Gesellschaft reicht nicht aus, um sie zu befriedigen; in diesem Fall werden sie quotal befriedigt.[83] Darüber hinaus haben sie Vorrang vor den Ansprüchen aus Schuldanerkenntnissen, die durch schwebende Sicherheiten *(floating charges)*[84] gesichert sind, dh auch von der Sicherheit erfasste Waren dienen zunächst der Erfüllung der bevorzugten Gläubiger.[85] Eine schwebende Sicherheit *(floating charges)* erfasst das gesamte Vermögen oder bestimmte Vermögensgegenstände des Unternehmens, erlaubt es dem Sicherheitgeber jedoch, mit den belasteten Vermögenswerten solange im gewöhnlichen Geschäftsverkehr zu operieren, bis ein Ausfallereignis eintritt.

---

78 Rule 74 of the Companies Winding Up Rules.
79 Rule 80 of the Companies Winding Up Rules.
80 Rules 76 – 78 of the Companies Winding Up Rules.
81 Section 485 of CAMA.
82 Section 494 of CAMA.
83 Section 494(4)(a) of CAMA.
84 Schwebende Sicherheiten *(floating charges)* werden weiter unten, Kapitel 7, behandelt.
85 Section 494(4)(b) of CAMA.

3.11.2 Gesicherte Gläubiger, ungesicherte Gläubiger und Gläubiger mit niedrigstem Rang

51   Die genaue Reihenfolge der Mittelverwendung in der Abwicklung ist:[86]
(a) Kosten und Auslagen, einschließlich der Vergütung des Verwalters;
(b) sonstige bevorrechtigte Forderungen;
(c) gewöhnliche Forderungen;
(d) gestundete *(deferred)* und nachrangige Forderungen; und
(e) jeder verbleibende Restbetrag wird an die Gesellschafter gemäß ihren Ansprüchen aus dem Gesellschaftsvertrag verteilt.

52   Bei der Verwendung des Vermögens der Gesellschaft zur Befriedigung der Verbindlichkeiten der Gesellschaft sind die gesicherten Gläubiger zuerst zu befriedigen, es sei denn, sie geben ihre Sicherheit zurück. Zu den gesicherten Gläubigern gehören Anleihegläubiger, die über eine feste oder schwebende Sicherheit *(fixed or floating charges)* verfügen. Gesicherte Gläubiger können ihre Sicherheiten realisieren, ohne diese zuvor nachzuweisen, während ungesicherte Gläubiger ihre Forderungen nachweisen müssen.[87] Realisiert ein gesicherter Gläubiger seine Forderung, ohne dass der realisierte Betrag ausreicht, um die Forderung zu begleichen, so kann er seinen Ausfall zur regulären Verteilung in der Abwicklung anmelden.

53   Ungesicherte Gläubiger werden nach den gesicherten Gläubigern befriedigt und stehen gleichberechtigt zueinander. Zahlungen an ungesicherte Gläubiger erfolgen in Form von quotalen Ausschüttungen und werden auf der Grundlage des verfügbaren Vermögens verteilt.[88]

54   Nach vollständiger Befriedigung der Gläubiger der Gesellschaft kann das überschüssige Vermögen dann auf die Gesellschafter *(contributories)* der Gesellschaft verteilt werden.[89] Soweit Vorzugsrechte zugunsten von Gesellschaftern bestehen, sind diese bei der Verteilung zu berücksichtigen.[90]

55   Der Verwalter ist befugt, mit den Gläubigern einen Vergleich oder eine sonstige Vereinbarung in Bezug auf ihre Forderungen zu treffen, und er kann mit der Zustimmung der Kontroll- oder Gläubigerversammlung jede Klasse von Gläubigern vollständig bezahlen.[91] Die Rangfolge kann auch auf der Grundlage der Bedingungen der entsprechenden Verträge zwischen der Gesellschaft und dem Gläubiger geändert werden.

3.12 Abschluss des Verfahrens

3.12.1 Auflösung durch das Gericht

56   Nach Abschluss der Abwicklung hat der Verwalter beim Gericht einen Antrag auf Auflösung der Gesellschaft zu stellen; die Gesellschaft wird ab dem Tag einer solchen gerichtlichen Verfügung aufgelöst.[92]

3.12.2 Auflösung durch Mitglieder oder Gläubiger

57   Nach Abschluss der Abwicklung hat der Verwalter eine Abrechnung über die Abwicklung zu erstellen, aus der hervorgeht, wie die Abwicklung durchgeführt und die Vermögenswerte der Gesellschaft verwertet wurden. Zudem sind eine Hauptversammlung der Gesellschaft und eine Gläubigerversammlung einzuberufen, um die Abrechnung vorzulegen.[93]

58   Nach der Sitzung ist der Verwalter verpflichtet, der Corporate Affairs Commission („CAC") eine Kopie der Abrechnung und einen Bericht über die Durchführung der Sitzungen und derer Termine zuzusenden. Das CAC ist eine Art öffentliches Firmenregister, welches die Gründung, Verwaltung und Auflösung von Gesellschaften verwaltet und überwacht. Die Gesellschaft gilt innerhalb von drei Monaten nach der Registrierung der Berichte über die Sitzungen durch das CAC als aufgelöst.[94]

---

[86] *Professor Joseph E.O Abugu,* Principles of Corporate Law in Nigeria, Page 777.
[87] Rule 74 of the Companies Winding Up Rules.
[88] www.bripan.org.ng.
[89] Section 446 of CAMA.
[90] *Nelson C.S Ogbuanya,* Essentials of Corporate Law Practice in Nigeria, Page 736.
[91] Section 425 of CAMA.
[92] Section 454 of CAMA.
[93] Die Einladungen zu diesen Treffen werden im Amtsblatt der Regierung sowie in nigerianischen Zeitungen veröffentlicht.
[94] Section 478 of CAMA.

4. Verträge in Insolvenz- oder Restrukturierungsverfahren

4.1 Schwebende Verträge

Allgemein gilt, dass die Eröffnung eines Insolvenzverfahrens nicht automatisch die bestehenden 59
Verträge eines Unternehmens beendet und diese Verträge auch zu Beginn des Abwicklungsverfahrens gültig bleiben. Es kann jedoch Schwierigkeiten bei der Durchsetzung von Verpflichtungen aus solchen bereits bestehenden Verträgen geben, da eine Klage nicht ohne gerichtliche Erlaubnis erhoben werden kann.[95] Darüber hinaus können bestimmte Transaktionen der Gesellschaft zu Beginn des Abwicklungsverfahrens für nichtig erklärt werden.[96] Dazu gehören Verträge über den Verkauf von Unternehmenseigentum, die Übertragung von Anteilen, die Gewährung von Sicherheiten oder Zwangsvollstreckungen.

Allgemeine Verträge und Mietverträge enthalten in der Regel Klauseln, die es der gutgläubigen 60
Partei ermöglichen, einen Vertrag bei Eröffnung eines Insolvenzverfahrens oder dem Eintritt von Insolvenzgründen zu kündigen. Solche Klauseln sind grundsätzlich wirksam.

In jedem Fall enden mit der Auflösung einer Gesellschaft alle Verträge, da die Gesellschaft nicht 61
länger besteht.

4.2 Leasingverträge

Nach dem Gesetz über das Mobilienleasing *(Equipment Leasing Act 2015)* ist es einem Leasinggeber untersagt, einen Leasingvertrag einseitig zu kündigen, auch wenn der Leasingnehmer für zahlungsunfähig erklärt wird, solange der Leasingnehmer seine Verpflichtungen aus dem Leasingvertrag erfüllt.[97] 62

Ein Leasinggeber kann den Leasingvertrag kündigen, wenn der Leasingnehmer aufgrund seiner 63
Insolvenz nicht in der Lage ist, seine Raten zu zahlen.[98] Der Leasinggeber kann auch vor Gericht gegen den Leasingnehmer wegen der Rückgabe eines Leasinggegenstandes vorgehen, wenn der Leasingnehmer Gegenstand eines Auflösungs- oder Abwicklungsbeschlusses ist oder das Gericht die Bestellung eines Zwangsverwalters für einen Leasingnehmer anordnet.[99]

Für alle Mietverträge über bewegliche Gegenstände gelten die Bestimmungen des *Equipment* 64
Leasing Act.

4.3 Mietverträge, *lease agreements*

Die verfahrensrechtlichen Regelungen für die Abwicklung von Gesellschaften (*Companies Win-* 65
ding Up Rules 2001)[100] gestatten dem Vermieter die Einziehung von Mietzahlungen, wenn ein Mieter einem Abwicklungsbeschluss unterliegt.

Ist der Mietzins oder eine andere Zahlung zu einem bestimmten Zeitpunkt fällig und erfolgt 66
der Beschluss vor der nächsten fälligen Mietzahlung, so kann der Vermieter anteilige Zahlung der Miete für den Zeitraum bis zum Beschluss verlangen.

Wenn der Verwalter weiterhin von der Gesellschaft gemietete Räumlichkeiten nutzt, so kann 67
der Vermieter auch für diesen Zeitraum Zahlung der Miete verlangen.

4.4 Arbeitsverträge, *employment contracts*

Generell ist es nach nigerianischem Recht nicht erforderlich, dass Unternehmen ihre Arbeitneh- 68
mer nach einem Umstrukturierungs- oder Insolvenzverfahren weiterbeschäftigen. Die nigerianischen Gerichte haben entschieden, dass die Arbeitnehmer einer Gesellschaft ab dem Zeitpunkt des Eröffnungsbeschlusses und der Bestellung eines Verwalters entlassen werden.[101]

Arbeitnehmer, die aufgrund der Insolvenz gekündigt werden, können keine Klage wegen 69
unrechtmäßiger Kündigung erheben, sondern sind auf eine Klage wegen offener Zahlungsansprüche verwiesen. Den Arbeitnehmern wird bei der Auflösung einer Gesellschaft eine bevorzugte Befriedigung gewährt und sie haben hinsichtlich ihres Gehalts und des aufgelaufenen Urlaubsentgelts Vorrang vor allen anderen Verbindlichkeiten der Gesellschaft.[102]

---

[95] Section 417 of CAMA.
[96] Section 413 of CAMA.
[97] Section 22(1)(b) of the Equipment and Leasing Act.
[98] Sections 37 and 38 of the Equipment and Leasing Act.
[99] Section 41 of the Equipment and Leasing Act.
[100] Rule 82 Companies Winding Up Rules.
[101] Gbedu v. Itie (2010) 10 NWLR (Pt. 1202) 227.
[102] Section 494 of CAMA.

Nigeria   70–78

70 Darüber hinaus sehen die durch Verordnung geregelten verfahrensrechtlichen Vorschriften für die Abwicklung von Gesellschaften *(Company's Winding Up Rules)* einen Kollektivanspruch auf Löhne oder aufgelaufenes Urlaubsentgelt zugunsten der Arbeitnehmer der Gesellschaft vor.[103]

71 Ein Verwalter kann außerdem Zahlungen aus dem Vermögen der Gesellschaft an die Arbeitnehmer der Gesellschaft leisten, wenn die Gesellschaft vor Beginn der Abwicklung Vorkehrungen für die Übertragung eines Teils der Gesellschaft zugunsten ihrer Arbeitnehmer getroffen hat.[104]

72 Gemäß den *Security and Exchanges Commission Rules 2013 („SEC Rules 2013")* und dem Nigerianischen Regelwerk für Börsen *(Nigeria Stock Exchange Rulebook)* müssen die Auswirkungen einer Restrukturierung auf die Mitarbeiter berücksichtigt werden, einschließlich der Berücksichtigung von Rechten aus Arbeitsverträgen sowie von Ansprüchen und Leistungen der Arbeitnehmer. Gesellschaften, die unter die *SEC-Regeln 2013* und das *Nigeria Stock Exchange Rulebook* fallen und eine Umstrukturierung beabsichtigen, müssen ihre Pläne für ihre Arbeitnehmer darlegen, bevor sie die Genehmigung für eine Umstrukturierung erhalten.

5. Pensionsansprüche in Insolvenz und Restrukturierung

73 Das Rentenreformgesetz *(Pension Reform Act 2014)* schreibt die Zahlung von Altersversorgungsleistungen durch Arbeitnehmer an die Beitragsrentensysteme *(contributory pension scheme)* vor.[105] Die Arbeitnehmer sind verpflichtet, ein Altersvorsorgekonto bei einem Pensionskassenverwalter zu unterhalten, und die Arbeitgeber müssen den Beitrag des Arbeitnehmers an einen Pensionskassenverwahrer *(pension fund custodian)* überweisen, den der Pensionskassenverwalter *(pension fund administrator)* bestimmt.[106]

74 Der *Pension Reform Act*[107] schützt die Altersvorsorge und die Renten der Arbeitnehmer im Falle der Insolvenz eines Pensionsfondsverwahrers. Es ist verboten, Pensionsfonds oder Vermögenswerte zur Deckung der Ansprüche eines der Gläubiger des Pensionskassenverwahrers *(pension fund custodian)* im Falle der Abwicklung des Pensionskassenverwahrers *(pension fund custodian)* zu verwenden. Außerdem ist die Beschlagnahme der Rentenfonds und des Vermögens, das sich in der Obhut einer Versicherungsgesellschaft befindet, oder die Verwendung derselben zur Befriedigung der Ansprüche eines ihrer Gläubiger im Falle der Auflösung oder Abwicklung der Versicherungsgesellschaft, in allen Fällen ausdrücklich untersagt.

75 Es bestehen keine Bestimmungen über die von den Arbeitgebern abgezogenen, aber nicht an den Pensionskassenverwahrer *(pension fund custodian)* des Arbeitnehmers überwiesenen Beiträge zur Altersvorsorge. Diese können aber zum Gehalt der Arbeitnehmer zählen, die bei der Abwicklung des Verfahrens Vorrang vor allen anderen Verbindlichkeiten der Gesellschaft haben.

6. Eigentumsvorbehalt, *retention of title*

76 Der Eigentumsvorbehalt ist das Recht eines Eigentümers, das Eigentum an einer beweglichen Sache zu behalten, bis der Anspruch des Eigentümers gegenüber dem Erwerber erfüllt ist.[108] Eine Eigentumsvorbehaltsklausel erlaubt es einer Partei (dem Verkäufer), sich das Eigentum an den gelieferten Waren vorzubehalten, bis eine andere Partei (der Käufer) sie vollständig bezahlt hat oder – soweit dies gestattet wurde – sie an einen Dritten weiterverkauft hat. Der Eigentumsvorbehalt in Kaufverträgen sichert die Gläubiger im Insolvenzverfahren.

77 Das nigerianische Recht hat keinen Rahmen für die Behandlung von Eigentumsvorbehaltsklauseln in Verträgen während der Abwicklung geschaffen. In der Praxis kann Verkäufern (Gläubigern) empfohlen werden, Eigentumsvorbehaltsklauseln zu verwenden, um den Schutz vor Insolvenz zu verbessern, indem sie das Eigentum an ihren Vermögenswerten behalten, bis ein Schuldner seinen vertraglichen Verpflichtungen nachkommt. Diese Klauseln dienen dem Verkäufer als Sicherheit und können die gleiche Wirkung haben wie Sicherungsrechte.[109]

7. Sicherheiten in der Insolvenz

7.1 Sicherheiten an beweglichen Sachen

78 Sicherheiten, die hinsichtlich beweglicher Sachen bestellt werden können, beinhalten insbesondere Pfandrechte *(mortgage and charge)*.

---

[103] Rule 86 Companies Winding Up Rules.
[104] Sections 518 and 566 of CAMA.
[105] Section 3(1) of the Pension Reform Act.
[106] Section 11 of the Pension Reform Act.
[107] Section 114 of the Pension Reform Act.
[108] Black's Law Dictionary, Tenth Edition. Pg. 1510.
[109] Dr. Kubi Udofia – „Quasi-security transactions in Nigeria: sidestepping the adverse effects of insolvency proceedings by taking back what is yours", abrufbar unter https://bit.ly/3hnifLS ; außerdem veröffentlicht hier: https://bit.ly/30DN5sS.

7.2 Sicherheiten an unbeweglichen Sachen

Typische Formen von Sicherheiten an unbeweglichen Sachen beinhalten insbesondere Grundpfandrechte *(equitable mortgage, legal mortgage, charge)*. **79**

7.3 Behandlung von Sicherheiten in der Insolvenz

Nach nigerianischem Recht hat eine Gesellschaft die Möglichkeit, Geld zu leihen, und kann ihre Vermögenswerte und Grundstücke belasten *(charge or mortgage)* sowie Schuldverschreibungen *(debentures)* ausgeben.[110] Eine Gesellschaft kann Schuldverschreibungen an ihre Kreditgeber ausgeben, um die Verbindlichkeiten der Gesellschaft gegenüber dem Kreditgeber anzuerkennen. Eine Schuldverschreibung kann durch eine feste oder schwebende Sicherheit *(fixed or floating charge)* gesichert werden.[111] Eine feste Sicherheit *(fixed charge)* ist eine Hypothek *(mortgage)* an einem bestimmten Eigentum der Gesellschaft, wie beispielsweise den Maschinen der Gesellschaft, während eine schwebende Sicherheit *(floating charge)* eine Sicherheit in angemessener Höhe über das gesamte oder einen bestimmten Teil der Vermögenswerte der Gesellschaft, einschließlich Barmittel und nicht eingefordertes Kapital, sowohl gegenwärtig wie künftig, ist.[112] In der Regel haben feste Sicherheiten *(fixed charge)* Vorrang vor schwebenden Sicherheiten *(floating charge)* über dasselbe Vermögen, was auch im Insolvenzverfahren gilt.[113] **80**

Das Gericht ist befugt, einen Zwangsverwalter *(receiver and manager)* für das gesicherte Vermögen der Gesellschaft zu bestellen, wenn die Besicherung der Gläubiger gefährdet ist. Hierbei ist erforderlich, dass das Gericht zu der Überzeugung gelangt, dass es den gesicherten Gläubigern aufgrund der Umstände unzumutbar ist, dass der Schuldner weiterhin die Verfügungsgewalt über seine Vermögensgegenstände behält.[114] **81**

Alle gesicherten Schuldverschreibungen, *debentures*, sind zwingend durch den Schuldner oder den gesicherten Gläubiger bei der CAC anzumelden. Die Registrierung ist auch dann erforderlich, wenn sich das Eigentum nicht in Nigeria befindet und besteht im Hinblick auf alle Vermögenswerte (gegenwärtig oder zukünftig) der Gesellschaft einschließlich Flugzeugen, Schiffen und geistiger Eigentumsrechte.[115] **82**

Wird eine Sicherheit nicht wie erforderlich registriert, erlischt sie gegenüber dem Verwalter und den anderen Gläubigern des Schuldners. Im Falle der Abwicklung der Gesellschaft wäre das belastete Vermögen zugunsten des gesicherten Gläubigers nicht verwertbar, da die Sicherheit nicht gegenüber dem Verwalter oder anderen Gläubigern der Gesellschaft geltend gemacht werden kann.[116] Die *debenture* wird dann als bloße ungesicherte Verbindlichkeit der Gesellschaft behandelt, für welche die allgemeinen Prioritätsregeln gelten. **83**

Darüber hinaus gilt das Gesetz für Mobiliarsicherheiten bei Transaktionen (*Secured Transactions in Movable Assets Act 2017* [STMA]) für alle Sicherungsrechte an beweglichen Wirtschaftsgütern, die durch eine Vereinbarung geschaffen wurden, die die Rückzahlung von Geld oder die Erfüllung einer Verpflichtung sicherstellt, also etwa für alle nach ihrem Inkrafttreten abgeschlossenen Finanzierungs- und Operating-Leasingverträge. Das Sicherungsrecht an beweglichen Wirtschaftsgütern kann erst durch die Eintragung eines Finanzierungsnachweises für dieses Sicherungsrecht in das Sicherheitenregister vollwertig werden.[117] Die Auswirkungen der Nicht-Eintragung in das CAC – die sind jedoch nicht so gravierend wie die Auswirkungen der Nicht-Eintragung in das CAC – die Nicht-Eintragung in das Sicherheitenregister wirkt sich lediglich auf den Vorrang der Rechte der Gläubiger bezüglich des Vermögenswerts aus. **84**

8. Aufrechnung, *set-off,* und *Netting*-Vereinbarungen

Juristisch gesehen ist eine Aufrechnung (oder Verrechnung) das Recht eines Schuldners, den Betrag einer Verbindlichkeit um den Betrag zu reduzieren, den der Gläubiger dem Schuldner schuldet.[118] **85**

Es gibt keine ausdrücklichen Regeln und Verfahren für Aufrechnung oder Verrechnung im Insolvenzverfahren in Nigeria. In der Regel sollte der Verwalter, wenn ein Gläubiger seine Forderun- **86**

---

110 Section 166 of CAMA.
111 Section 178 of CAMA.
112 Sections 173(2) and 184(1)(c) of CAMA; zur Definition der *floating charge* bereits → 3.11.2.
113 Section 179 of CAMA.
114 Section 180 of CAMA.
115 Section 197 of CAMA.
116 Section 197 of CAMA.
117 Section 13 STMA.
118 Black's Law Dictionary, Tenth Edition. Pg. 1581.

gen im Insolvenzverfahren nachweist, die gegenseitigen Beziehungen zwischen dem Gläubiger und dem Schuldner berücksichtigen. Etwaige Forderungen des Gläubigers sind dann mit den Forderungen des Schuldners zu verrechnen. Der Gläubiger kann nicht aufrechnen, wenn er zum Zeitpunkt der Kreditgewährung an den Schuldner Kenntnis vom Abwicklungsantrag oder Eröffnungsbeschluss hatte.[119]

9. Anfechtung, *claw-back, setting aside antecedent transactions*

87 Nach nigerianischem Recht kann der Verwalter innerhalb einer bestimmten Frist vor Verfahrensbeginn vorgenommene Rechtsgeschäfte anfechten bzw. rückabwickeln. Dazu gehören insbesondere unzulässige Bevorzugungen *(fraudulent preference)* – jede Übertragung, Belastung, Lieferung von Waren, Zahlungen, Vertragsdurchführung, Vollstreckungen oder andere Handlungen im Zusammenhang mit Eigentum, die, soweit sie von bzw. gegenüber einer natürlichen Person vorgenommen wurden, eine unzulässige Bevorzugung *(fraudulent preference)* darstellen würden.[120]

88 Darüber hinaus ist jede innerhalb von drei Monaten nach Einleitung des Abwicklungsverfahrens über das Vermögen der Gesellschaft bestellte schwebende Sicherheit *(floating charge)* ungültig.[121] Anderes gilt, wenn nachgewiesen wird, dass die Gesellschaft unmittelbar nach der Bestellung der Sicherheit zahlungsfähig war oder dass an die Gesellschaft zum Zeitpunkt oder in der Folge eine angemessene Gegenleistung in Geld zuzüglich Zinsen erbracht wurde.

89 Der Verwalter ist auch befugt, das Eigentum an Vermögenswerten der Gesellschaft aufzugeben, wenn dieses mit Verpflichtungen belastet, unverkäuflich oder nicht ohne weiteres verkäuflich ist, weil sie die insolvente Gesellschaft an die Erfüllung einer belastenden Handlung oder an die Zahlung eines Geldbetrages bindet.[122] Diese Befugnis zum Verzicht auf Eigentum umfasst auch Anteile an Unternehmen und unrentable Verträge.

10. Durchsetzung der Haftung gegenüber ehemaligen Geschäftsführern oder Gesellschaftern; Ansprüche gegen Dritte

90 Die Geschäftsführer einer Gesellschaft sind Treuhänder *(fiduciaries)* der Gesellschaft und haben die Pflicht, bei jeder Transaktion mit ihr oder in ihrem Namen stets im besten Interesse der Gesellschaft zu handeln. Daher kann ein Geschäftsführer persönlich für die Verbindlichkeiten des Unternehmens haftbar gemacht werden, die durch die Verletzung seiner Pflichten entstanden sind.

91 Die Geschäftsführer haften in der Regel zivil-[123] und strafrechtlich[124] für die Verletzung ihrer Pflichten gegenüber der Gesellschaft. Darüber hinaus gibt es nach nigerianischem Insolvenzrecht Umstände, in denen das Gericht oder der Verwalter der Gesellschaft die Haftung gegen die Geschäftsführer oder Gesellschafter der Gesellschaft geltend machen kann. Dies beispielsweise, wenn eine Gesellschaft Vermögenswerte als Vorauszahlung für die Ausführung eines Vertrages erhält und diese in betrügerischer Absicht nicht für den Zweck verwendet, für den sie die Vermögenswerte erhalten hat. Hier haften die säumigen Geschäftsführer und leitenden Angestellten der Gesellschaft persönlich gegenüber der Partei, von der die Vermögenswerte erhalten wurden.[125]

92 Das Gericht kann auch jede Führungsperson der Gesellschaft oder jede Person, von der bekannt ist oder vermutet wird, dass sie im Besitz von Vermögenswerten der Gesellschaft ist oder der Gesellschaft gegenüber Verbindlichkeiten haben soll, vorladen. Das gilt auch für jede Person, die nach Ansicht des Gerichts in der Lage ist, Informationen über die Gründung, den Handel, die Geschäfte, die Angelegenheiten oder das Vermögen der Gesellschaft zu geben. Das Gericht kann diese Person zur eidesstattlichen Aussage und zur Vorlage aller in ihrer Obhut befindlichen Dokumente über die Gesellschaft verpflichten.[126] Darüber hinaus kann das Gericht jeden Geschäftsführer oder leitenden Angestellten der Gesellschaft dazu verpflichten, vor Gericht zu erscheinen und über die Geschäftsführung der Gesellschaft auszusagen, wenn der Amtliche Verwalter *(official receiver)* einen Bericht erstellt, in dem er feststellt, dass eine Person bei der Gründung der Gesellschaft oder ein Geschäftsführer oder anderer leitender Angestellter einen Betrug begangen hat.[127]

---

[119] Anthony Idigbe, Overview of Insolvency and directors' duties in Nigeria, abrufbar unter: https://uk.practical-law.thomsonreuters.com/3-637-5072?transitionType=Default&contextData=(sc.Default)&firstPage=true&comp=pluk&bhcp=1.
[120] Section 495 of CAMA.
[121] Section 498 of CAMA; zur Definition der schwebenden Sicherheit *(floating charge)* → Rn. 51 ff.
[122] Section 499 of CAMA.
[123] Section 279 of CAMA.
[124] Sections 503 – 506 of CAMA; andere nigerianische strafrechtliche Regeln finden ebenfalls Anwendung.
[125] Section 284 of CAMA.
[126] Section 449 of CAMA.
[127] Section 450 of CAMA.

Darüber hinaus erlaubt das Gesetz gegen scheiternde Banken *(Failed Banks Act)*[128] den Gerichten leitende Angestellte, Angestellte und Gesellschafter von gescheiterten Banken, die mit Verbindlichkeiten und Darlehen in Verbindung gebracht werden, gesamtschuldnerisch haftbar zu machen, wenn die Sicherheit nicht auffindbar ist oder der Schuldner nicht vorhanden, gefälscht oder sonst wie fiktiv ist.

11. Verfolgung von Vermögenswerten, *asset tracing*

Das nigerianische Insolvenzrecht sieht Bestimmungen vor, die es dem Gericht oder den Verwaltern ermöglichen, Vermögenswerte der Gesellschaften in den Händen Dritter, einschließlich der Gesellschafter *(contributories)* und Geschäftsführer der Gesellschaft, zu verfolgen und wieder einzuziehen.

In Bezug auf die Forderungen, welche die Gesellschaft gegenüber ihren Gesellschaftern *(contributories)* hat, steht dem Verwalter die Befugnis zu, die Forderung zu beweisen und auch gegen die Insolvenz oder Zwangsvollstreckung bei einem Gesellschafter *(contributory)* durchzusetzen, um anteilige Befriedigung zu erhalten.[129]

Das Gericht kann jeden Gesellschafter *(contributory)*, Käufer oder andere Personen, die der Gesellschaft Geld schulden, dazu verpflichten auf das Liquidationskonto der Gesellschaft zu zahlen.[130] Außerdem kann das Gericht nach Erlass eines Abwicklungsbeschlusses jederzeit von jedem Gesellschafter *(contributory)*, Treuhänder, Verwalter, Banker, Vertreter oder leitenden Angestellten der Gesellschaft verlangen, Geld, Eigentum oder Bücher und Papiere, auf welche die Gesellschaft Anspruch hat, zu zahlen bzw. an den Verwalter zu übertragen.[131]

Darüber hinaus kann das Gericht die Verhaftung eines Gesellschafters *(contributory)* und die Beschlagnahme seines Vermögens bis auf Weiteres veranlassen. Ein solcher Beschluss setzt voraus, dass ein Gesellschafter *(contributory)* kurz davorsteht, aus Nigeria abzureisen oder sein Eigentum zu entfernen oder zu verschleiern, um die Zahlung von Verbindlichkeiten zu umgehen oder eine Prüfung in Bezug auf die Angelegenheiten der Gesellschaft zu vermeiden.[132]

12. Internationales Insolvenzrecht

Das UNCITRAL-Mustergesetz über die grenzüberschreitende Insolvenz wurde 1997 von der UNCITRAL herausgegeben, um Staaten bei der Regulierung von Unternehmensinsolvenzen und finanziellen Schwierigkeiten von Unternehmen zu unterstützen, die Vermögenswerte oder Gläubiger in mehr als einem Staat haben. Der Zweck des Mustergesetzes besteht im Großen und Ganzen darin, die Zusammenarbeit zwischen den Gerichten und den zuständigen Behörden der an grenzüberschreitenden Insolvenzen beteiligten Staaten zu fördern und die Rechtssicherheit für Handel und Investitionen zu fördern. Vierundvierzig (44) Jurisdiktionen haben dieses Mustergesetz übernommen, Nigeria gehört jedoch nicht dazu.

Das UNCITRAL-Mustergesetz über die Anerkennung und Vollstreckung von Insolvenzurteilen wurde von UNCITRAL im Jahr 2018 verabschiedet, um einen Rahmen für die Anerkennung und Vollstreckung von Urteilen in ausländischen Konkurs- und Insolvenzverfahren zu schaffen. Es sollte das oben genannte Modellgesetz von 1997 ergänzen. Der Hauptzweck dieses Modellgesetzes besteht im Allgemeinen darin, Sicherheit in Bezug auf Rechte und Rechtsbehelfe bei der Anerkennung und Vollstreckung von insolvenzbezogenen Urteilen zu schaffen und Doppelarbeit bei Insolvenzverfahren zu vermeiden.

Nigeria hat keines der vorgenannten Insolvenzgesetze übernommen und keine internationalen Abkommen bezüglich grenzüberschreitender Insolvenzen geschlossen. Daher finden sich im nigerianischen Insolvenzrecht keine Berücksichtigungen zu internationalen oder grenzüberschreitenden Insolvenzen.

13. COVID-19 Maßnahmen der Nigerianischen Regierung

Als Reaktion auf die COVID-19-Pandemie führte die nigerianische Regierung über die *Central Bank of Nigeria* (CBN) Maßnahmen zur Abfederung der Auswirkungen der Pandemie auf Unternehmen ein, um die Wahrscheinlichkeit einer Insolvenz zu verringern. Die CBN schuf eine gezielte Kreditfazilität in Höhe von 50 Milliarden Naira und leitete ein Konjunkturpaket in Höhe von 3,6 Billionen Naira (in Form von Darlehen) in das Bankensystem ein. Was den Devisenhandel betrifft,

---

[128] Section 7(2)(b)(ii) of the Failed Banks Act.
[129] Section 425(2)(c) of CAMA.
[130] Section 443 of CAMA.
[131] Section 440 of CAMA.
[132] Section 451 of CAMA.

so führte die CBN einen einheitlichen Wechselkurs für offizielle Transaktionen, *Bureaus De Change* sowie Importeure und Exporteure von Waren ein.

102 Darüber hinaus brachte das Repräsentantenhaus das Gesetz *Emergency Economic Stimulus Bill 2020* ein, der Anreize zur Mitarbeiterbindung bot, um die Arbeitslosigkeit einzudämmen. Der Gesetzentwurf sah auch vor, dass Unternehmen, die vom 1.3.2020 bis zum 31.12.2020 den gleichen Mitarbeiterstatus beibehalten, ohne Personal abzubauen, Anspruch auf einen 50%igen Einkommenssteuernachlass auf den Gesamtbetrag der fälligen oder *Pay as You Earn Tax* (PAYE) gezahlten Steuern haben.

103 Darüber hinaus wurden mit der kürzlichen Verabschiedung des *Companies and Allied Matters Act 2020* (CAMA 2020) Optionen für *company voluntary arrangements* (CVA, Vergleichsverfahren) und *administration* (Sanierungsverfahren) von Unternehmen in das nigerianische Insolvenzrecht eingeführt. Eine CVA ermöglicht es dem Unternehmen, sich mit seinen Gläubigern darauf zu einigen, nur einen bestimmten Betrag seiner Schulden zu begleichen. Die *administration* würde es ermöglichen, Verwalter zu ernennen, die die Geschäfte von Unternehmen in finanziellen Schwierigkeiten führen, um bessere Ergebnisse für die Gläubiger des Unternehmens zu erzielen. Dies bietet ein Sicherheitsnetz für Unternehmen, die von der vollen Wucht der Pandemie betroffen sind.

104 Die Änderungen am nigerianischen Insolvenzrecht infolge des CAMA 2020 sind kurzfristig und erst nach Redaktionsschluss dieses Länderberichts vorgenommen worden. Der Länderbericht beinhaltet die Gesetzesänderungen nicht. Für weitere Informationen über die in der CAMA 2020 enthaltenen Änderungen wenden Sie sich bitte an den nigerianischen Autor, Olasupo Shasore, unter oshasore@alp.company.

Nigeria

Gerichtliche Abwicklung[1]

- Antrag auf Abwicklung wird zusammen mit einer eidesstattlichen Erklärung eingereicht und dem Antragsgegner mit Zustellungsnachweis zugestellt
- Genehmigung des Gerichts zur Bekanntmachung des Antrags wird eingeholt. Der Antrag muss 15 Tage vor der Verhandlung in einem Bundesanzeiger oder einer Tageszeitung bekannt gemacht werden
- Antrag und Anzeige müssen dem Unternehmen zugestellt werden
- Die Abwicklung beginnt, wenn der Antrag bei Gericht eingereicht wird. Ein Vorläufiger Verwalter wird ernannt
- Der Antrag wird verhandelt. Das Unternehmen, seine Gläubiger und seine Gesellschafter können an der Verhandlung teilnehmen
- Der Abwicklungsbeschluss wird vom Gericht gefasst und dem Unternehmen zugestellt
- Der Abwicklungsbeschluss muss vor Ablauf von 28 Tagen in einem Bundesanzeiger und einmal in zwei Tageszeitungen bekanntgegeben werden
- Das Unternehmen wird abgewickelt. Eine Kopie der Anordnung sollte der CAC übermittelt werden

[1] Bitte beachten Sie, dass das Verfahren zur Abwicklung unter der Aufsicht des Gerichts dasselbe ist wie die Abwicklung durch das Gericht - Abschnitt 488 des companies and allied matters act (CAMA)

Nigeria

Freiwillige Abwicklung durch die Gesellschaft

```
┌─────────────────────────────────────────────────────────────────┐
│ Die Geschäftsführer geben in der Geschäftsführerversammlung eine │
│   eidesstattliche Versicherung zur Solvenz ab und senden diese   │
│            innerhalb von 5 Wochen an die CAC                     │
└─────────────────────────────────────────────────────────────────┘
                              │
          ┌───────────────────────────────────────┐
          │ Mitteilung über Generalversammlung des│
          │             Unternehmens              │
          └───────────────────────────────────────┘
                              │
┌─────────────────────────────────────────────────────────────────┐
│ Auf der Generalversammlung wird ein Sonderbeschluss über die    │
│ freiwillige Abwicklung innerhalb von 5 Wochen nach Abgabe der   │
│             eidesstattlichen Versicherung gefasst               │
└─────────────────────────────────────────────────────────────────┘
                              │
┌─────────────────────────────────────────────────────────────────┐
│ Das Unternehmen bestellt einen oder mehrere Verwalter zur       │
│ Abwicklung der Geschäfte und zur Verteilung der Vermögenswerte  │
│ des Unternehmens. Mit der Ernennung der Verwalter enden die     │
│ Befugnisse der Geschäftsführer, es sei denn, dies wurde in der  │
│ Generalversammlung des Unternehmens oder von den Verwaltern     │
│ genehmigt                                                       │
└─────────────────────────────────────────────────────────────────┘
                              │
┌─────────────────────────────────────────────────────────────────┐
│ Der Sonderbeschluss und die Ernennung der Verwalter wird        │
│ innerhalb von 14 Tagen der CAC mitgeteilt                       │
└─────────────────────────────────────────────────────────────────┘
                              │
┌─────────────────────────────────────────────────────────────────┐
│ Wenn ein Verwalter der Meinung ist, dass das Unternehmen seine  │
│ Verbindlichkeiten nicht innerhalb von 12 Monaten erfüllen kann, │
│ kann ein Treffen der Gläubiger des Unternehmens einberufen      │
│ werden, in dem alle Vermögenswerte und Verbindlichkeiten        │
│ dargelegt werden                                                │
└─────────────────────────────────────────────────────────────────┘
                              │
┌─────────────────────────────────────────────────────────────────┐
│ Die Unternehmenskonten sollen vom Wirtschaftsprüfer des         │
│ Unternehmens geprüft werden                                     │
└─────────────────────────────────────────────────────────────────┘
                              │
┌─────────────────────────────────────────────────────────────────┐
│ Wo das Unternehmen vollständig abgewickelt wird, bereitet der   │
│ Verwalter die Endabrechnung vor, sendet sie an das Unternehmen  │
│ und beruft ein Treffen zur Vorstellung dieser ein               │
└─────────────────────────────────────────────────────────────────┘
                              │
┌─────────────────────────────────────────────────────────────────┐
│ Kopien der Endabrechnungen und eine Rückmeldung der Abhaltung   │
│ des Treffens werden innerhalb von 7 Tagen nach der Abhaltung    │
│ dessen an die CAC geschickt                                     │
└─────────────────────────────────────────────────────────────────┘
                              │
┌─────────────────────────────────────────────────────────────────┐
│ Die CAC erfasst nun die Kontoerträge und nach Ablauf von 3      │
│ Monaten seit der Erfassung der Erträge gilt das Unternehmen als │
│ aufgelöst                                                       │
└─────────────────────────────────────────────────────────────────┘
```

Freiwillige Abwicklung der Gläubiger

```
┌─────────────────────────────────────────────────────────────────┐
│ Die Gläubiger und das Unternehmen halten getrennte Treffen ab,  │
│ um die Abwicklung des Unternehmens zu beschliessen              │
└─────────────────────────────────────────────────────────────────┘
                                │
┌─────────────────────────────────────────────────────────────────┐
│ Das Treffen wird von einem Geschäftsführer geleitet; die        │
│ Geschäftsführer legen den Lagebericht des Unternehmens          │
│ zusammen mit der Liste der Gläubiger vor und                    │
│ Beziffern die Höhe der Forderungen                              │
└─────────────────────────────────────────────────────────────────┘
                                │
┌─────────────────────────────────────────────────────────────────┐
│ Ein Verwalter und ein Prüfungskommitee (nicht mehr als 5        │
│ Personen) werden bestellt. Der Verwalter muss die Ernennung     │
│ in einem Bundesanzeiger und in zwei Tageszeitungen innerhalb    │
│ von 14 Tagen nach der Ernennung bekanntmachen                   │
└─────────────────────────────────────────────────────────────────┘
                                │
┌─────────────────────────────────────────────────────────────────┐
│ Wenn die Abwicklung länger als ein Jahr dauert, ist eine        │
│ Vollversammlung des Unternehmens und der Gläubiger innerhalb    │
│ von 3 Monaten nach Ablauf des ersten Jahres und in jedem        │
│ darauffolgendem Jahr einzuberufen                               │
└─────────────────────────────────────────────────────────────────┘
                                │
┌─────────────────────────────────────────────────────────────────┐
│ Das letzte Treffen findet nach Abwicklung aller Angelegenheiten │
│ des Unternehmens statt. Der Verwalter muss ein Abwicklungskonto │
│ anlegen, das zeigt, wie sich die Abwicklung vollzog und wie das │
│ Eigentum veräußert wurde. Sodann wird eine Vollversammlung      │
│ des Unternehmens und der Gläubiger einberufen, um diesen die    │
│ Aufstellung vorzulegen                                          │
└─────────────────────────────────────────────────────────────────┘
                                │
┌─────────────────────────────────────────────────────────────────┐
│ Nach dem Treffen muss der Verwalter innerhalb von 7 Tagen eine  │
│ Kopie der Aufstellungen und einen Bericht des Treffens an die   │
│ CAC zur Erfassung übersenden                                    │
└─────────────────────────────────────────────────────────────────┘
                                │
┌─────────────────────────────────────────────────────────────────┐
│ Das Unternehmen gilt 3 Monate nach Erfassung der Aufstellungen  │
│ und Berichte durch die CAC als abgewickelt. Allerdings kann das │
│ Gericht auf Antrag des Verwalters oder einer beteiligten Partei │
│ das Datum des Inkrafttretens der Abwicklung verschieben         │
└─────────────────────────────────────────────────────────────────┘
```

Nigeria

Glossar

Englisch	Deutsch	Rn.
administration in bankcruptcy	Insolvenzverwaltung	34
affidavit	eidesstattliche Versicherung	48
arrangement	Vereinbarung	6, 7
arrangement on sale	Verkaufsvereinbarung	6, 7
attachment	Arrest	39
bankruptcy notice	Insolvenzerklärung	15
Bankruptcy proceedings under the Bankruptcy Act for partnerships and individuals	Insolvenzverfahren nach dem Insolvenzgesetz für Personengesellschaften und Einzelpersonen	5
cherry picking	Rosinenpicken	8
committee of inspection	Kontrollausschuss	36, 45, 46
composition scheme	Vergleichsplan	16
compromise	Vergleich	7
compulsory winding up by the court	Zwangsliquidation durch das Gericht	23
contracts	Verträge	30
Contributory(ies)	Gesellschafter	23, 24, 30, 32, 37, 45, 46, 54, 95, 96, 97
creditor's winding up	Abwicklung auf Gläubigerinitiative	23
debenture	Schuldverschreibung	80, 82, 83
declaration of solvency	Solvenzerklärung	22
deeds	Verfügungen	30
directors	Geschäftsführer	22
distress	Pfändung	39
execution	Verwertung	39
Failed Banks Act	Gesetz betreffend gescheiterte Banken	4, 9, 93
Federal High Court of Nigeria	Nigerianische Bundesgerichtshof	29
fiduciaries	Treuhänder	90
floating charge	schwebende Sicherheiten	50, 52, 80, 88
fraudulent conveyance	betrügerische Übertragung	13
fraudulent preference	unzulässige Bevorteilung	13, 87
Insolvency Officers	Insolvenzverwaltern	29
judgement creditor	Vollstreckungsgläubiger	15
liquidator	Verwalter	23, 30
mergers and acquisitions	Fusion und Übernahme	8
mortgage and charge	Pfandrechte	78
Nigeria Stock Exchange Rulebook	Nigerianischen Regelwerk für Börsen	72
office-holder	Verwalter (Oberbegriff)	30
official receiver	Amtlicher Verwalter	16
pension fund custodian	Pensionskassenverwahrer	73, 74, 75
provisional liquidator	vorläufiger Verwalter	30
purchase and assumption	Kauf und Übernahme	8
Receiver	Zwangsverwalter	24, 30, 31, 81

Nigeria

Englisch	Deutsch	Rn.
regulated professions	regulierter Berufe	12
restructuring	Restrukturierung	6, 7
scheme for the arrangement of his affairs	Plan zur Regelung seiner Angelegenheiten	16
scheme of arrangement of restructuring	Restrukturierungsvereinbarung	6, 7, 16
sequestration	Beschlagnahme	39
share capital reorganisation	Stammkapitalanpassung	7
special manager	Sonderverwalter	15, 30
take overs	Übernahme	8
trustee in bankruptcy	Treuhänder im Privatinsolvenzverfahren	23
voluntary winding up	Freiwillige Abwicklung	5, 21
winding up petition	Abwicklungsantrags	37
winding up subject to the supervision of the court	Abwicklung unter Aufsicht des Gerichts	5, 23
winding-up order	Eröffnungsbeschlusses	37
Workmen's Compensation Act	Arbeitsschutzgesetz	49

Glossar

Deutsch	Englisch	Rn.
Abwicklung auf Gläubigerinitiative	creditor's winding up	23
Abwicklung unter Aufsicht des Gerichts	winding up subject to the supervision of the court	5, 23
Abwicklungsantrags	winding up petition	37
Amtlicher Verwalter	official receiver	16
Arbeitsschutzgesetz	Workmen's Compensation Act	49
Arrest	attachment	39
Beschlagnahme	sequestration	39
betrügerische Übertragung	fraudulent conveyance	13
eidesstattliche Versicherung	affidavit	48
Eröffnungsbeschlusses	winding-up order	37
Freiwillige Abwicklung	voluntary winding up	5, 21
Fusion und Übernahme	mergers and acquisitions	8
Geschäftsführer	directors	22
Gesellschafter	Contributory(ies)	23, 24, 30, 32, 37, 45, 46, 54, 95, 96, 97
Gesetz betreffend gescheiterte Banken	Failed Banks Act	4, 9, 93
Insolvenzerklärung	bankruptcy notice	15
Insolvenzverfahren nach dem Insolvenzgesetz für Personengesellschaften und Einzelpersonen	Bankruptcy proceedings under the Bankruptcy Act for partnerships and individuals	5
Insolvenzverwaltern	Insolvency Officers	29
Insolvenzverwaltung	administration in bankruptcy	34
Kauf und Übernahme	purchase and assumption	8
Kontrollausschuss	committee of inspection	36, 45, 46

Nigeria

Deutsch	Englisch	Rn.
Nigerianische Bundesgerichtshof	Federal High Court of Nigeria	29
Nigerianischen Regelwerk für Börsen	Nigeria Stock Exchange Rulebook	72
Pensionskassenverwahrer	pension fund custodian	73, 74, 75
Pfandrechte	mortgage and charge	78
Pfändung	distress	39
Plan zur Regelung seiner Angelegenheiten	scheme for the arrangement of his affairs	16
regulierter Berufe	regulated professions	12
Restrukturierung	restructuring	6, 7
Restrukturierungsvereinbarung	scheme of arrangement of restructuring	6, 7, 16
Rosinenpicken	cherry picking	8
Schuldverschreibung	debenture	80, 82, 83
schwebende Sicherheiten	floating charge	50, 52, 80, 88
Solvenzerklärung	declaration of solvency	22
Sonderverwalter	special manager	15, 30
Stammkapitalanpassung	share capital reorganisation	7
Treuhänder	fiduciaries	90
Treuhänder im Privatinsolvenzverfahren	trustee in bankruptcy	23
Übernahme	take overs	8
unzulässige Bevorteilung	fraudulent preference	13, 87
Vereinbarung	arrangement	6, 7
Verfügungen	deeds	30
Vergleich	compromise	7
Vergleichsplan	composition scheme	16
Verkaufsvereinbarung	arrangement on sale	6, 7
Verträgen	contracts	30
Verwalter	liquidator	23, 30
Verwalter (Oberbegriff)	office-holder	30
Verwertung	execution	39
Vollstreckungsgläubiger	judgement creditor	15
vorläufiger Verwalter	provisional liquidator	30
Zwangsliquidation durch das Gericht	compulsory winding up by the court	23
Zwangsverwalter	Receiver	24, 30, 31, 81

Norwegen

bearbeitet von Advokat *Stein Hegdal* (SANDS Advokatfirma DA, Oslo)

Übersicht

	Rn.
1. Schrifttum	1
2. Einführung	5
2.1 Gesetzlicher Rahmen	6
2.2 Verfahrenstypen	11
2.2.1 *Enkeltforfølgning* – Einzelvollstreckung	11
2.2.2 *Gjeldsforhandling* – Rekonstruktionsverfahren	12
2.2.3 *Konkurs* – Konkurs	13
2.2.4 *Gjeldsordning for private* – Vergleichsverfahren für Privatpersonen	15
2.2.5 Anwendungsbereich der Insolvenzverfahren, Ausnahmen für Gemeinden, Körperschaften und Finanzinstitute	16
3. Eröffnung des Rekonstruktions- und Konkursverfahrens	19
3.1 Eröffnungsgründe	21
3.1.1 Eröffnungsgründe für Rekonstruktionsverfahren	21
3.1.2 Eröffnungsgründe für Konkurs	22
3.2 Gjeldsordningsloven – „Schuldenregelungsgesetz" für Privatpersonen	25
3.3 Sicherungsmaßnahmen vor einer Verfahrenseröffnung nach dem Konkursgesetz (*konkursloven*)	31
3.4 Wirkungen der Verfahrenseröffnung	32
3.4.1 Auswirkung der Eröffnung des Rekonstruktionsverfahrens	32
3.4.2 Verwaltung und Verwertung der Insolvenzmasse im Rekonstruktionsverfahren	33
3.4.3 Auswirkung der Eröffnung des Konkursverfahrens	34
3.4.4 Umfang des Beschlagnahmerechts der Konkursverwaltung	36
3.4.5 Auswirkung der Eröffnung von Rekonstruktionsverfahren oder Konkurs auf Einzelzwangsvollstreckungen	39
4. Verlauf des Verfahrens	40
4.1 Rekonstruktionsverfahren	40
4.1.1 Anmeldung der Forderung durch die Gläubiger	41
4.1.2 Bestreiten von Forderungen im Rekonstruktionsverfahren	44
4.1.3 Zustandekommen und Inhalt einer Rekonstruktion	45

	Rn.
4.2 Konkursverfahren	50
4.2.1 Die Verfahrensorgane	50
4.2.2 Anmeldung der Forderung durch die Gläubiger	54
4.2.3 Bestreiten von Forderungen	58
4.2.4 Verwaltung und Verwertung der Insolvenzmasse	60
4.2.5 Verteilung an die Gläubiger	62
5. Gläubiger	64
5.1 Aussonderungsberechtigte Gläubiger	65
5.2 Gesicherte Gläubiger	66
5.3 *Kreditorer med fortrinnsrett* – Bevorzugte Insolvenzgläubiger	78
5.4 *Alminnelige konkursfordringer* – Einfache Konkursforderungen	81
5.5 *Etterprioriterte fordringer* – Nachrangige Konkursforderungen	82
5.6 *Massekreditorer* – Massegläubiger	83
6. *Avvikling av uoppfylte kontrakter* – Abwicklung unvollständig erfüllter Verträge	84
7. *Motregning* – Aufrechnung	90
8. *Omstøtelse* – Insolvenzanfechtung	92
8.1 Schenkungen und unverhältnismäßig hohe Arbeitsentgelte	93
8.2 Außerordentliche Zahlungen	96
8.3 Aufrechnung	97
8.4 Besicherung von älteren Forderungen	98
8.5 *Utleggspant* – Pfändungspfandrecht	100
8.6 Rechtsgeschäfte mit bösgläubigen Dritten	101
9. Reorganisationsverfahren	102
10. Internationales Insolvenzrecht	105
10.1 Internationale Insolvenzverträge	106
10.2 Örtliche Zuständigkeit	108
10.3 Wirkungen des norwegischen Verfahrens im Ausland	113
10.4 Wirkung und Anerkennung ausländischer Insolvenzverfahren in Norwegen	110
11. COVID-19-Gesetzgebung	113

Norwegen 1–5

Länderberichte

1. Schrifttum

1   Literatur zum Insolvenzrecht (im Allgemeinen) in norwegischer Sprache:
Egil Hatling m fl: Konkursrett i et nøtteskall, 1. Aufl. 2018; *Vibeke Irene Løvold:* Brækhus', Omsetning og kreditt I, Den personlige gjeldsforfølgning, 1. Aufl. 2015; *Hans Fredrik Marthinussen (red):* Internasjonale konkurser, 1. Aufl. 2014; *Pål B. Børresen:* Konkurs, Enkeltforfølgning, gjeldsforhandlinger og konkurs, 1. Aufl. 2013; *Henriette Nazarian,* Konkursrett, 1. Aufl. 2012; *Mads Henry Andenæs,* Konkurs, 3. Aufl. 2009; *Ernst Moe,* Praktisk Konkurs. Bobehandling, 2007; *Håvard Wiker/ Knut Ro,* Konkursloven Kommentarutgave, 2003; *Konkursrådet,* Konkurs i praksis, 2000; *Kristian Huser,* Gjeldsforhandling og konkurs (3 Bände), 1987–1992; *Kristian Huser,* Gjeldsforfølgningsrett, 1995.

2   Literatur zum Insolvenzrecht für Privatpersonen in norwegischer Sprache:
Egil Rokhaug, Gjeldsrådgivning og gjeldsordning, 4. utg., Oslo 2009; *Runa Bunæs, Lars Borge Andersen, Alexander Dey og Norunn Løkken Sundet,* Tvangsfullbyrdelse og gjeldsordning, 2. utg., Oslo 2009; *Egil Rokhaug,* Gjeldsordningsloven i teori og praksis, 2. utg., Oslo 2008; *Ernst Moe,* Gjeldsordningsloven i praksis, Oslo 2003; *Hans Petter Graver,* Gjeldsordningsloven med kommentarer, Oslo 1996.

3   Literatur in deutscher Sprache:
Curt Wolfgang Hergenröder, Christine Alsmann: Das Privatinsolvenzrecht in Skandinavien, ZVI 2010, 413–421; *Hoebens Louis M. J.,* in: Jahn, Insolvenzen in Europa (4. Auflage, 2004); *Exner,* Schuldbefreiung in Norwegen, KTAS 1992, S. 547 ff.; *NN,* Deutsches und norwegisches Insolvenzrecht – Unterschiede und Gemeinsamkeiten beim Konkurs, Deutsch-Norwegische Handelskammer Nr. 4/1988 S. 23–27.

4   Die einschlägigen Gesetze sind im obigen Veröffentlichungszeitraum nur geringfügig geändert worden. Eine Ausnahme gilt für Vergleichsverhandlungen, hier wurde am 7.5.2020 das neue **Gesetz über Rekonstruktion von Unternehmen in finanziellen Schwierigkeiten,** im Folgenden: „das Rekonstruktionsgesetz", *rekonstruksjonsloven,* als Ersatz für die bestehende Gesetzesregelung über Vergleichsverhandlungen mit Wirkung vom 14.5.2020 erlassen. Die vorstehend aufgeführte Literatur hat sonst weitgehend ihre Aktualität behalten, neuere Rechtspraxis und die, meist geringfügigen, Gesetzesänderungen seit Erlass der einschlägigen Gesetze der Jahre 1984 und 1992 müssen aber beachtet werden.

Öffentliche Informationsquellen

• Veröffentlichung der einschlägigen Gesetze:	www.lovdata.no[1]
	www.rettsdata.no[2]
• Das Handelsregister, Brønnøysundregisteret:[3]	www.brreg.no
• Norsk lysingsblad:[4]	www.norsk.lysingsblad.no
• Informationsseite über die norwegischen Gerichte:[5]	www.domstol.no
• Informationsseite über Konkursrecht:	www.konkursradet.no
• Informationsseite über die norwegischen Ministerien:	www.regjeringen.no

2. Einführung

5   Das norwegische Recht sieht für Unternehmen als Insolvenzverfahren den **Vergleich** *(gjeldsforhandling)* und den **Konkurs** *(konkurs)* vor. Seit dem 14.5.2020 wird das Vergleichsverfahren **Rekonstruktionsverfahren** genannt, in Übereinstimmung mit dem seit dem 14.5.2020 geltenden Rekonstruktionsgesetz. Neben diesen Verfahren besteht für Privatpersonen die Möglichkeit eines **Vergleichsverfahrens für Privatpersonen** *(gjeldsordning for privatpersoner).*

---

[1] Gesetze und Verordnungen sowie jüngste Gerichtsentscheidungen sind hier in norwegischer Sprache frei zugänglich; für weitere Recherchen werden Gebühren gefordert.
[2] Hier sind Gesetze mit Kommentaren sowie Verordnungen s.o. und Gerichtsentscheidungen in norwegischer Sprache gegen Gebühren zugänglich.
[3] Hier erhält man Gesellschaftsauskünfte und kann unter anderem einsehen, ob ein Insolvenzverfahren gegen einen Schuldner beantragt oder eröffnet worden ist; auch Eröffnungen von Konkurs- und Vergleichsverfahren für juristische Personen werden hier veröffentlicht.
[4] Eine elektronische online Publikation, in der die Eröffnungen von Vergleichsverfahren für Privatpersonen veröffentlicht werden.
[5] Hier sieht man ua, welches Gericht für welche Gemeinden zuständig ist, sowie die Kontaktdaten der Gerichte. Die Website enthält zudem einige Auskünfte über Konkurs- und Vergleichsverfahren in englischer Sprache.

2. Einführung

2.1 Gesetzlicher Rahmen

Die wesentlichen Gesetze der Insolvenzverfahren des norwegischen Rechts sind: **6**
Lov om gjeldsforhandling og konkurs – konkursloven vom 8.6.1984 (Nr. 58); zuletzt geändert durch Gesetz vom 7.5.2020 (Nr. 38) – im Folgenden „**Konkursgesetz**" oder „**konkursloven**". Mit Wirkung vom 14.5.2020 wurde, als Ersatz für Teile dieses Gesetzes, **Midlertidig lov om rekonstruksjon for å avhjelpe økonomiske problemer som følge av utbrudd av covid-19 (rekonstruksjonsloven)**, das Rekonstruktionsgesetz erlassen. Das Gesetz wurde sehr kurzfristig als eine Maßnahme gegen die Auswirkungen von COVID-19 eingeführt, und **gilt vorläufig bis Ende 2021**. Die bisher geltenden Bestimmungen im Konkursgesetz sind auf neue Vergleichsverhandlungen nicht mehr anzuwenden. Es ist vorgesehen, dass das jetzt erlassene vorläufige Gesetz durch ein reguläres Gesetz abgelöst wird, nachdem man Erfahrungen mit dem vorläufigen Gesetz gewonnen hat und einige Fragestellungen, die in der vorhandenen kurzen Zeit nicht geklärt werden konnten, näher erörtern konnte. Ein neues Gesetz wird mit Wahrscheinlichkeit weitgehend auf dem jetzt erlassenen vorläufigen Gesetz aufbauen. Viele der jetzt eingeführten Bestimmungen werden somit bestehen bleiben. Die folgende Darstellung basiert deshalb auf dem neuen Rekonstruktionsgesetz, obwohl es in formaler Hinsicht nur vorläufig gilt.

Lov om fordringsinhavernes dekningsrett – dekningsloven, das Gesetz über das Befriedigungsrecht der Gläubiger vom 8.6.1984 (Nr. 59); zuletzt geändert durch Gesetz vom 7.5.2020 (Nr. 38) – im folgenden „**Deckungsgesetz**" oder „**dekningsloven**". **7**

Lov om frivillig og tvungen gjeldsordning for privatpersoner – gjeldsordningsloven, das Gesetz über freiwillige und erzwungene Schuldenregelung für Privatpersonen vom 17.7.1992 (Nr. 99); zuletzt geändert durch Gesetz vom 21.6.2019 (Nr. 29) – im folgenden „**Schuldenregelungsgesetz**" oder „**gjeldsordningsloven**". **8**

Lov om statsgaranti for lønnskrav ved konkurs m.v. – lønnsgarantiloven, das Gesetz über staatliche Garantien für Lohnansprüche bei Konkurs vom 14.12.1973, zuletzt geändert durch Gesetz vom 13.12.2013. **9**

Konkursloven, das Konkursgesetz, regelt das Verfahren für Konkurs, sowie die Bedingungen für die Konkurseröffnung, früher auch für Vergleich und die Eröffnung eines Vergleichsverfahrens. Das neue Rekonstruktionsverfahren sowie dessen Eröffnung, wird nunmehr vom Rekonstruktionsgesetz geregelt. Wesentliche Vorschriften materieller Art enthält außerdem das *dekningsloven*, das Deckungsgesetz. Hier findet man Bestimmungen darüber, was die Gläubigergemeinschaft in Beschlag nehmen kann, über Anfechtung, Vertragsverpflichtungen des Schuldners, Aufrechnung, solidarische Haftung, sowie über die Rangfolge der unterschiedlichen Forderungen. Das Gesetz über staatliche Garantien für Lohnansprüche (*lønnsgarantiloven*) enthält die Bedingungen für eine staatliche Garantie der Lohnansprüche der bei dem Schuldner angestellten Personen.[6] **10**

2.2 Verfahrenstypen

2.2.1 *Enkeltforfølgning* – Einzelvollstreckung

Einem Gläubiger steht es frei, individuell die Befriedigung seiner Forderungen aus dem Vermögen des Schuldners zu suchen, solange kein Rekonstruktions- oder Konkursverfahren eröffnet worden ist. Der Gläubiger braucht für die Zwangsvollstreckung einen **vollstreckbaren Titel** (*tvangsgrunnlag*), was unter anderem ein Pfandbrief, ein Schuldschein oder ein Urteil sein kann. Unter Umständen reicht auch eine Rechnung oder eine andere Zahlungsaufforderung aus, um eine Pfändung zu erlangen. Die Befriedigung ohne das freiwillige Mitwirken des Schuldners kann nur durch das zuständige Gericht oder durch die Vollstreckungsbehörden erfolgen. Durch die Einzelverfolgung erlangt derjenige Gläubiger Befriedigung (Deckung), der zuerst an Zahlungen oder Verpfändungen gelangt. Die Eröffnung eines Rekonstruktionsverfahrens oder eines Konkursverfahrens hindert die weitere Einzelverfolgung. Eine durch Einzelvollstreckung weniger als drei Monate vor Konkurseröffnung durchgeführte Vollstreckungsmaßnahme ist gegenüber der Insolvenzverwaltung unwirksam. Eine Vollstreckungsmaßnahme, die mehr als drei Monate, aber weniger als zwei Jahre zurückliegt, kann für unwirksam erklärt werden, es sei denn, es wird nachgewiesen, dass der Schuldner zum Zeitpunkt der Beschlagnahme zweifelsfrei solvent war.[7] Fand die Pfändung mehr als zwei Jahre vor der Verfahrenseröffnung statt, kann sie nur mit Nachweis der Untreue angefochten werden. **11**

2.2.2 *Gjeldsforhandling* – Rekonstruktionsverfahren

Ein Schuldner, der seine fälligen Verpflichtungen nicht erfüllen kann, hatte bisher die Möglichkeit, beim örtlich zuständigen Gericht erster Instanz (*tingrett*) die Eröffnung eines *gjeldsforhandling*, **12**

---
[6] Hierzu näher → Rn. 80.
[7] § 5–8 Deckungsgesetz.

eines Vergleichsverfahrens, zu beantragen. Das neue Rekonstruktionsgesetz ermöglicht einem Schuldner die Eröffnung einer Rekonstruktionsverhandlung zu einem früheren Zeitpunkt als es für die Vergleichsverhandlung der Fall war, bereits dann, wenn er *„ernsthafte wirtschaftliche Schwierigkeiten hat oder in überschaubarer Zukunft haben wird"*. Das Verfahren ist darauf ausgelegt, einerseits die Forderungen der Gläubiger soweit als möglich zu befriedigen, dem Schuldner aber andererseits das Fortbestehen seiner wirtschaftlichen Existenz zu sichern. Das Rekonstruktionsverfahren kann zu *frivillig rekonstruksjon*,[8] einer **freiwilligen Rekonstruktion,** führen, zu *rekonstruksjon med tvangsakkord*,[9] einer Rekonstruktion mit **Zwangsvergleich,** oder, falls keine Lösung erreicht wird, zu *konkursåpning*,[10] der Eröffnung eines Konkurses. Das Verfahren kann mit Zustimmung einer Mehrheit der Gläubiger eingestellt werden, und auch, falls der Schuldner dem Gericht seine Zahlungsfähigkeit nachweist.

2.2.3 *Konkurs* – Konkurs

13 Über das Vermögen eines Schuldners, der insolvent ist, kann auf Antrag des Schuldners oder eines Gläubigers das Konkursverfahren eröffnet werden. Das Verfahren kann ferner, wie oben erwähnt, im Anschluss an ein Rekonstruktionsverfahren eröffnet werden.

14 Das Konkursverfahren erfasst das gesamte Vermögen des Schuldners, soweit nicht einzelne Vermögensteile **von der Beschlagnahme ausgenommen** sind, was in der Praxis nur für Privatpersonen relevant ist. Die wichtigsten Ausnahmen sind dem persönlichen und notwendigen Gebrauch dienende Sachen, und nur falls diese einen nicht zu hohen Wert haben, weiter Mittel, die für den Lebensunterhalt von bis zu zwei Monaten notwendig sind, sowie Stipendien und öffentliche Beiträge für kulturelle Zwecke.[11] Die Vermögensgegenstände werden verwertet und der Erlös nach Maßgabe gesetzlicher Rangfolgen unter den Gläubigern verteilt.

2.2.4 *Gjeldsordning for private* – Vergleichsverfahren für Privatpersonen

15 Das Rekonstruktionsgesetz und das das Konkursgesetz gelten mit ihren Regelungen zur Rekonstruktion und zum Konkurs **auch für Privatpersonen.** Privatpersonen können außerdem das *gjeldsordning,* das **besondere Vergleichsverfahren für Privatpersonen,** beantragen.[12]

2.2.5 Anwendungsbereich der Insolvenzverfahren, Ausnahmen für Gemeinden, Körperschaften und Finanzinstitute

16 Die Insolvenzverfahren nach dem Rekonstruktionsgesetz und dem Konkursgesetz finden über das Vermögen von natürlichen Personen, Gesellschaften und sonstigen juristischen Personen statt. Grundsätzlich gelten dabei die gleichen Regeln für alle. Demnach kann jede natürliche und juristische Person Schuldner in einem Insolvenzverfahren sein. Auch in einer offenen Handelsgesellschaft, dh einer Gesellschaft, in der der einzelne Teilnehmer voll für die Verpflichtungen der Gesellschaft haftet, kann ein Konkursverfahren in der Gesellschaft als solcher eröffnet werden.[13] Gesellschaften, die nicht selbstständig gegenüber Dritten auftreten können (stille Gesellschaften oder andere Formen von Innengesellschaften), sowie Miteigentümer (*sameiere*) und gemeinsame Unternehmen (Joint Ventures), die keine selbständigen Gesellschaften sind, können jedoch nicht Gegenstand eines Insolvenzverfahrens sein.[14]

17 Auf bestimmte juristische Personen sind diese Insolvenzverfahren nicht anzuwenden. Das betrifft **Gemeinden und andere öffentliche Körperschaften,** über deren Vermögen weder ein Vergleichs- noch ein Konkursverfahren eröffnet werden. Anstelle eines Insolvenzverfahrens wird im Falle von Zahlungsschwierigkeiten, die nicht vorübergehend sind, offiziell die Zahlungseinstellung beschlossen und bis zur Ordnung der Verhältnisse eine staatliche Aufsichtsverwaltung eingerichtet.[15]

18 Nach dem *finansforetaksloven,*[16] dem Finanzunternehmensgesetz, kann über norwegische **Finanzinstitute** (Banken, Sparkassen sowie Geschäftsbanken, Finanzierungsunternehmen, Versicherungsgesellschaften, und Muttergesellschaften in Finanzkonzernen) ebenfalls kein Verfahren nach dem Rekonstruktionsgesetz oder dem Konkursgesetz eröffnet werden. Diese Institute werden, wenn

---

[8] Hierzu näher → Rn. 46–47.
[9] Hierzu näher → Rn. 48.
[10] Hierzu näher → Rn. 43, Rn. 50.
[11] Kapitel 2 *dekningsloven*.
[12] Dieses Verfahren ist näher unter → Rn. 25 – Rn. 30 dargestellt.
[13] S. § 4-2 *dekningsloven*.
[14] Vgl. § 4-2 *dekningsloven*.
[15] Für Gemeinden (*kommune*) sowie für öffentlichen Körperschaften auf mittlere Verwaltungsebene (*fylkeskommune*) gilt § 55 norw. Gemeindegesetz (*kommunelov*) v. 25.9.1992 (Nr. 107).
[16] Gesetz v. 10.4.2015 (Nr. 17).

sie außerstande sind, ihre Verpflichtungen zu erfüllen, und selbst keine ausreichenden Maßnahmen ergreifen, unter öffentliche Verwaltung gestellt. Dabei wird geprüft, ob eine ausreichende wirtschaftliche Grundlage für eine Fortsetzung der Geschäftstätigkeit vorhanden ist. Ist dies nicht der Fall, wird das Institut nach speziellen Regelungen des *finansforetaksloven,* des Finanzunternehmensgesetzes, unter öffentlicher Verwaltung liquidiert. Die Abwicklungsrichtlinie der EU für die Sanierung und Abwicklung von Kreditinstituten und Wertpapierfirmen[17] ist Teil des EWR–Vertrages[18] und die betreffenden Bestimmungen des Finanzunternehmensgesetzes setzen diese Richtlinie in norwegisches Recht um.

3. Eröffnung des Rekonstruktions- und Konkursverfahrens

Rekonstruktions- und Konkursverfahren werden im Folgenden gemeinsam dargestellt, die Unterschiede werden jeweils an Ort und Stelle erläutert. *Gjeldsordning,* die speziellen Regelungen über das Vergleichsverfahren für Privatpersonen, wird unter Ziff. 3.3 besonders behandelt.

Über die Eröffnung des Verfahrens entscheidet auf Antrag in erster Instanz das Amtsgericht *(tingrett).* Funktional zuständig ist also das allgemeine Gericht erster Instanz am Sitz des Schuldners. Nur in Oslo ist ein Spezialgericht für Insolvenz zuständig, das *Oslo Byfogdembete.*[19]

3.1 Eröffnungsgründe

3.1.1 Eröffnungsgründe für Rekonstruktionsverfahren

Der Antrag auf Eröffnung eines Rekonstruktionsverfahrens kann vom Schuldner selbst gestellt werden. Die Bedingung für die Eröffnung eines Rekonstruktionsverfahrens auf Antrag des Schuldners ist, dass der Schuldner „*ernsthafte wirtschaftliche Schwierigkeiten hat oder in überschaubarer Zukunft haben wird*". Somit kann der Schuldner ein Rekonstruktionsverfahren beantragen während er immer noch verfügbare Mittel für die Finanzierung der Verhandlungen und des Betriebes in der Verhandlungsphase hat. Für die Eröffnung einer Rekonstruktionsverhandlung auf Antrag eines Gläubigers ist aber die **Zahlungsunfähigkeit** Voraussetzung,[20] d.h. dass der Schuldner seine Verpflichtungen nicht erfüllen kann, wenn sie fällig werden.

3.1.2 Eröffnungsgründe für Konkurs

Der Konkurs kann vom Schuldner als auch von einem Gläubiger beantragt werden. Ist der Antragssteller ein Gläubiger, muss einen Kostenvorschuss in Höhe des Fünfzigfachen der Gerichtsgebühr bei der Antragsstellung einzahlen, zur Zeit 58.600 NOK.[21] Dieser Betrag ist eine **Sicherheit für die Verwaltungskosten,**[22] und wird dem Antragssteller erstattet, soweit bei der Verteilung Mittel dafür in der Masse vorhanden sind.[23] Mittel aus dem gesetzlichen Pfandrecht zur Sicherung von Konkurskosten sollen vor dem Kostenvorschuss in Anspruch genommen werden, hierzu näher.[24] Der Kostenvorschuss wird auch zurückerstattet, falls der Konkursantrag vor der Konkurseröffnung zurückgenommen wird. Ist der Antragssteller der Schuldner selbst, oder ein **Arbeitnehmer,** der wegen unbezahlter, fälliger Lohnforderungen Konkurs beantragt, ist kein Kostenvorschuss zu leisten.

Das Verfahren wird eröffnet, wenn das Gericht feststellt, dass der Schuldner „**insolvent**" ist. Die bloße Zahlungsunfähigkeit reicht dazu nicht aus; es muss auch **Überschuldung** vorliegen.[25] Dies ist der Fall, wenn sämtliche Aktiva und Einnahmen des Schuldners seine Verpflichtungen nicht decken können. Meint das Gericht, dass die Insolvenz als vorübergehend bezeichnet werden muss, oder falls sich die Erfüllung der Verpflichtungen durch Verkauf von Vermögenswerten durchführen lässt, soll der Konkurs nicht eröffnet werden. Der Konkurs kann weiter aus misslungenen Rekonstruktionsverhandlung eröffnet werden, oder falls der Schuldner seine Pflichten laut einem Zwangsvergleich schwer verletzt hat. Das Konkursgesetz, definiert mehrere **Insolvenzvermutun-**

---

[17] Richtlinie 2014/59/EU des europäischen Parlaments und des Rates v. 15.5.2014 zur Festlegung eines Rahmens für die Sanierung und Abwicklung von Kreditinstituten und Wertpapierfirmen.
[18] Das Abkommen über den Europäischen Wirtschaftsraum ist ein Vertrag zwischen der EU und Norwegen, Island sowie Liechtenstein; der Vertrag schließt diese Länder in vielerlei Hinsicht in den Binnenmarkt ein.
[19] Dieses Gericht ist auch für die öffentliche Behandlung von Nachlässen und Teilung von Gütergemeinschaften zuständig.
[20] § 2 *rekonstruksjonsloven.*
[21] 5.550 EUR zum Wechselkurs am 17.8.2020.
[22] Diese bestehen aus Gerichtskosten und Insolvenzverwalterkosten.
[23] § 67 *konkursloven.*
[24] → Rn. 75.
[25] § 60 und § 61 *konkursloven.*

gen; nämlich: 1.) die **Anerkennung der Insolvenz** durch den Schuldner, 2.) die **Zahlungseinstellung**, 3.) eine **erfolglose Zwangsvollstreckung** in den **letzten drei Monaten** vor dem Konkursantrag oder 4.) eine **erfolglose Konkursandrohung.** Wird ein buchführungspflichtiger Schuldner vom Gläubiger erfolglos zur Zahlung einer fälligen und unstreitigen oder offensichtlich zu Unrecht bestrittenen Forderung aufgefordert, und stellt der Gläubiger dem Schuldner mindestens vier Wochen danach die Aufforderung, innerhalb von zwei Wochen zu zahlen, wird bei einem Konkursantrag dieses Gläubigers von der Insolvenz des Schuldners ausgegangen.

24 Auch wenn eine Insolvenzvermutung vorliegt, ist der Konkurs nicht zu eröffnen, falls der Schuldner beweist, dass eine hohe Wahrscheinlichkeit seiner Solvenz vorliegt.[26] Der Konkurs ist auch nicht zu eröffnen, wenn der Antrag von einem Gläubiger gestellt wird, für dessen Forderung ausreichende Sicherheiten bestellt sind oder bestellt werden. Auch die Anhängigkeit eines Antrags auf Rekonstruktionsverhandlung steht einem Konkursverfahren bis zur rechtskräftigen Entscheidung über dessen Eröffnung entgegen. Während eines Rekonstruktionsverfahrens kann Konkurs nur in zwei Fällen eröffnet werden: Falls die Verbindlichkeiten erst nach der Eröffnung des Rekonstruktionsverfahrens begründet wurden, oder falls drei Gläubiger mit mehr als 50 % der bekannten Forderungen den Konkursantrag stellen.[27]

3.2 *Gjeldsordningsloven* – „Schuldenregelungsgesetz" für Privatpersonen

25 Für Privatpersonen regelt das *gjeldsordningsloven,* das Gesetz über freiwillige und erzwungene „Schuldenregelung", ein Vergleichsverfahren, das der Situation einer Privatperson mehr angepasst ist, als das für das Konkursgesetz und das Rekonstruktionsgesetz der Fall ist. Wer erhebliche finanzielle Schwierigkeiten hat, kann nach Maßgabe des Schuldenregelungsgesetzes die Eröffnung eines besonderen Vergleichsverfahrens beantragen. Das Verfahren findet nur für natürliche Personen Anwendung, nicht bei Fällen, wo die Schulden aus gewerblichen Tätigkeiten stammen. Eine Ausnahme gilt unter bestimmten Voraussetzungen, falls die gewerbliche Tätigkeit beendet wurde oder die durch die gewerbliche Tätigkeit verursachten Schulden nur einen geringen Anteil der Gesamtschulden ausmachen.

26 Die Schuldenregelung kann beinhalten: **Zahlungsaufschub, Wegfall von Zinsen und Kosten** sowie eine **prozentuale Ermäßigung der Forderungen.**

Voraussetzung für die Eröffnung dieses Vergleichsverfahrens ist, dass der Schuldner andauernd außerstande ist, seine Verbindlichkeiten zu erfüllen, und bereits nach seinen Möglichkeiten versucht hat, mit den Gläubigern zu einer Regelung zu gelangen. Das Verfahren kann dazu führen, dass eine Schuldenregelung, entweder eine freiwillige Schuldenregelung durch Vertrag mit den Gläubigern, *frivillig gjeldsordning,* oder zwangsweise mit Bestätigung durch das Gericht, *tvungen gjeldsordning,* erreicht wird. Ist über das Vermögen des Schuldners bereits ein Konkursverfahren nach dem *konkursloven,* das Konkursgesetz, anhängig, kann das besondere Vergleichsverfahren nicht eingeleitet werden. Ein anhängiges Schuldenregelungsverfahren steht auch der Eröffnung eines Konkurses nicht im Wege, wie es bei einem Rekonstruktionsverfahren nach dem *rekonstruksjonsloven,* dem Rekonstruktionsgesetz, der Fall ist.[28]

27 Das Schuldenregelungsverfahren kann nur dann eröffnet werden, wenn der Schuldner seine Verpflichtungen innerhalb eines nach Umfang seiner Schulden angemessenen Zeitraumes oder ohne unverhältnismäßige Opfer nicht erfüllen kann. Falls er für die Erfüllung der Verpflichtungen sämtliche freie Mittel über einen Zeitraum von 15–20 Jahren verwenden müsste, spricht dies laut Gesetzesbegründung für die Eröffnung eines Schuldenregelungsverfahrens. Eine unbillige Reduzierung des Lebensstandards, unverhältnismäßig viele Überstunden oder zusätzliche Arbeit sowie der Verkauf einer bescheidenen Wohnung sind als Beispiele unverhältnismäßiger Opfer genannt.[29]

Das Gesetz nennt auch verschiedene Umstände, die eine gesetzliche Schuldenregelung verhindern. Hat sich der Schuldner illoyal verhalten, um eine Schuldenregelung herbeizuführen, oder wäre eine Schuldenregelung anstößig, soll dem Schuldner die Eröffnung der Schuldenregelung verweigert werden. Als anstößend nennt das Gesetz: einen unverhältnismäßig hohen persönlichen Geldverbrauch, Verfügungen, die in einem Konkursverfahren anfechtbar wären, einen hohen Anteil an Schulden aus Straftaten oder dass der Schuldner es die letzte Zeit vor dem Antrag auf Schuldenregelung unterlassen hat, seine Verpflichtungen soweit es ihm möglich war zu erfüllen. In der Rechtspre-

---

[26] Entscheidung des Obersten Gerichtshofes *(Norges Høyesterett)* Rt 1988 Seite 1142.
[27] § 17 *rekonstruksjonsloven.*
[28] § 1–2 Abs. 2 Schuldenregelungsgesetz.
[29] Ot.prp. nr. 99 (2001–2002) s. 93. (Ot.prp., *Odelstingsproposisjon,* war bis 2009 das Dokument, in dem die Regierung dem Parlament, *Stortinget,* einen Gesetzesentwurf mit Begründung vorgelegt hat. Seit 2009 ist die Bezeichnung *proposisjon til Stortinget,* abgekürzt Prop. L.).

chung ist entschieden worden, dass einem Schuldner, der seine Erwerbsmöglichkeiten nicht ausgenutzt hat, die Schuldenregelung verweigert werden kann.[30]

Ein Schuldenregelungsverfahren kann nur auf Antrag des Schuldners bei der lokalen Vollstreckungsbehörde eröffnet werden. Die Eröffnung des Schuldenregelungsverfahrens wird veröffentlicht, mit der Aufforderung, **Forderungen anzumelden.** Nach Ablauf der **Meldefrist** hat der Schuldner der Vollstreckungsbehörde einen Vorschlag über eine Schuldenregelung vorzulegen. Die Vollstreckungsbehörde hat für die Ausarbeitung eines Vorschlages eine weitgehende Pflicht zur Beratung und Unterstützung des Schuldners. Um diese Pflicht wahrzunehmen, kann die Vollstreckungsbehörde bei Bedarf und nach eigenem Ermessen einen **Berater** für den Schuldner ernennen. Der Schuldner kann auch selbst einen Berater beauftragen, zum Beispiel einen Anwalt, muss dann aber selbst die Kosten dafür tragen. 28

Soll der Schuldner seine Eigentumswohnung behalten, sind solche Darlehen, die mit Pfandrechten am Wohnungseigentum gesichert sind, nur mit Zinsen zu bedienen. Für andere **mit Pfand gesicherte Forderungen** (ähnlich Hypothek oder Grundschuld), gilt, dass sie, soweit die Sicherheit ausreicht, mit Zahlung von Zinsen und Tilgungen bedient werden müssen.[31] 29
Nach Auslauf der **Schuldenregelungsperiode,** in der Regel **maximal 5 Jahre,** muss der Schuldner dann wieder Zinsen sowie Tilgung auf alle gesicherten Forderungen bezahlen. Gesicherte Forderungen werden also weitgehend außerhalb der Schuldenregelung gehalten. Dem Schuldner kann als Voraussetzung für eine Schuldenregelung auferlegt werden, Wohnung und Besitz zu verkaufen, aber nur soweit, dass er einen Haushalt weiterführen kann.

Nach inhaltlicher und formeller Überprüfung und eventuellen Korrekturen legt die Vollstreckungsbehörde den Vorschlag der Schuldenregelung den Gläubigern vor, mit einer Frist von mindestens drei Wochen für ihre Stellungnahme. Laut Gesetz gilt eine fehlende Stellungnahme als Akzeptanz der Schuldenregelung. Eine Ablehnung des Vorschlages durch den Gläubiger muss begründet werden. Falls die Gläubiger den Vorschlag zur freiwilligen Schuldenregelung nicht akzeptieren, kann der Schuldner eine gerichtlich beschlossene Schuldenregelung beantragen. Der Schuldner legt dann dem Gericht erneut einen Vorschlag einer Schuldenregelung zur Stellungnahme vor. Das Gericht bestätigt den Vorschlag oder lehnt ihn ab, falls der Vorschlag die rechtlichen Bedingungen nicht erfüllt, oder falls er den Gläubigern gegenüber unbillig oder anstößig[32] wäre. Hier werden die gleichen Maßstäbe zu Grunde gelegt, wie bei der Eröffnung der Schuldenregelung. 30

3.3 Sicherungsmaßnahmen vor einer Verfahrenseröffnung nach dem Konkursgesetz (*konkursloven*)

Bei einem Antrag auf **Rekonstruktionsverfahren nach dem Rekonstruktionsgesetz,** wird, sofern der Antrag angenommen wird, bereits der Zeitpunkt, in dem der Antrag bei dem Gericht eingeht, als **Zeitpunkt der Verfahrenseröffnung** gerechnet.[33] Besondere Sicherungsmaßnahmen sind deshalb nicht vorgesehen. Wird **Konkurs** beantragt und besteht die Gefahr, dass der Schuldner die Gläubiger durch sein Handeln schädigt, kann das Gericht schon beim Antrag, und ehe die Konkurseröffnung beschlossen wird, dem Schuldner die Befugnis, über sein Vermögen zu verfügen, entziehen.[34] Das Verfügungsverbot kann auf Antrag eines Gläubigers oder vom Gericht von Amts wegen beschlossen werden. Das Verfügungsverbot verhindert aber nicht, dass der Schuldner weitere Schulden aufnimmt. Der Schuldner darf nicht in das Ausland ausreisen, das Gericht hat auch die Befugnis, dem Schuldner ein inländisches Reiseverbot oder auch zusätzliche Einschränkungen der persönlichen Freiheit aufzuerlegen.[35] 31

3.4 Wirkungen der Verfahrenseröffnung

3.4.1 Auswirkung der Eröffnung des Rekonstruktionsverfahrens

Über die Verfahrenseröffnung ist umgehend eine **Bekanntmachung** auf der Webseite des Handelsregisters, *Brønnøysundregisteret*, zu veröffentlichen.[36] Der vom Gericht ernannte Rekonstruktionsverwalter kann bei Bedarf auch die Eröffnung des Rekonstruktionsverfahrens im Grundbuch und in ähnliche Register, im Güterregister und im Handelsregister eintragen lassen. Für die Pfand- 32

---

[30] HR-2019-1795-U.
[31] § 4-8 *gjeldsordningsloven*.
[32] Hierzu näher → Rn. 26.
[33] § 5 (4) *rekonstruksjonsloven*.
[34] Vgl. § 75 *konkursloven*.
[35] Vgl. § 102 *konkursloven*.
[36] . § 6 und § 7 *rekonstruksjonsloven*.

gläubiger ist besonders zu beachten, dass mit der Eröffnung eines Rekonstruktionsverfahrens ein gesetzlich festgelegtes vorrangiges Pfandrecht entsteht, § 6-5 Pfandgesetz. Dieses Pfandrecht hat den gleichen Umfang und unterliegt den gleichen Verfahrensregeln wie dies für das gesetzliche Pfandrecht für Konkursfälle, § 6-4 Pfandgesetz, der Fall ist,.[37] Zusätzlich gibt das Pfandgesetz dem Schuldner jetzt die Möglichkeit, neue Darlehen zur Finanzierung der Rekonstruktion mit vorrangigem Pfand am Warenlager, Betriebsausstattung und Forderungen aufzunehmen, § 3-1a und § 4-10 (4) Pfandgesetz. Pfandrechten für solche Darlehen werden kraft Gesetzes eine sogenannte Superpriorität gegeben, das heißt, die neuen Pfandrechte werden vorrangig vor bereits bestehenden freiwillig bestellten Pfandrechten befriedigt. Während das gesetzliche Pfandrecht insbesondere für die Verwaltungskosten in Anspruch genommen werden kann, bietet das freiwillige Pfandrecht mit Superpriorität eine Möglichkeit zur Finanzierung des Betriebes in der Rekonstruktionsphase.

3.4.2 Verwaltung und Verwertung der Insolvenzmasse im Rekonstruktionsverfahren

33   Der Schuldner behält im Rekonstruktionsverfahren grundsätzlich die Verfügungsbefugnis über seinen Betrieb und über sein Vermögen. Sogar Vermögensgegenstände aus einer gepfändeten Sachgesamtheit (zB des Warenlagers) kann der Schuldner im Rahmen des ordnungsgemäßen Geschäftsverkehrs mit Zustimmung des Vergleichsverwaltungsausschusses veräußern. Der Schuldner ist jedoch verpflichtet, sich der Aufsicht des Verwaltungsausschusses zu unterwerfen. Er soll somit dem Ausschuss die Möglichkeit geben, die Geschäftsführung und die wirtschaftlichen Verhältnisse zu überwachen. Der Schuldner ist verpflichtet, sich nach Anweisungen des Vergleichsverwaltungsausschusses zu richten. Ohne Zustimmung des Ausschusses kann der Schuldner keine neuen Verbindlichkeiten begründen. Über unbewegliches Vermögen oder sonstige Vermögensgegenstände von wesentlicher Bedeutung kann er ohne Zustimmung des Vergleichsverwaltungsausschusses nicht verfügen. Ohne Zustimmung eingegangene Rechtsgeschäfte sind jedoch gegenüber gutgläubigen Dritten wirksam.[38]

3.4.3 Auswirkung der Eröffnung des Konkursverfahrens

34   Wird der Konkursantrag vom Schuldner selbst gestellt, wird ein Konkursverfahren in der Regel ein bis zwei Tage nach der Antragsstellung eröffnet. Hat ein Gläubiger den Antrag gestellt, wird ein Gerichtstermin anberaumt. Der Termin wird von der Arbeitsbelastung des Gerichts und der Komplexität sowie Eilbedürftigkeit des Konkursantrages abhängen. Unter Umständen kann das Gericht ein vorläufiges Verfügungsverbot für den Schuldner anordnen.[39] Die Verfahrenseröffnung wird auf der Webseite des Handelsregisters (*Brønnøysundregisteret*) mit Angabe des Namens des **Konkursverwalters** und einer Aufforderung zur Anmeldung der Forderungen veröffentlicht. Zusätzlich sind die bereits erfassten Gläubiger vom Konkursverwalter zu benachrichtigen. Das Gericht veranlasst die Eintragung im zentralen **Konkursregister** (*konkursregisteret*), im Grundbuch und ähnlichen Realregistern, sowie in den zentralen Güterrechts- (*løsøreregisteret*), Handels- und Bilanzregistern (*foretaksregisteret* bzw. *regnskapsregisteret*).

35   Mit der Eröffnung des Konkursverfahrens verliert der Schuldner die Verfügungs- und Verwaltungsbefugnis über sein Vermögen, dh das Recht, über Gegenstände und Rechte, die zur Konkursmasse gehören, zu verfügen, Erfüllung von Verpflichtungen dem Schuldner gegenüber entgegenzunehmen, auch keine Rechtserklärungen wie Kündigungen für die Konkursmasse entgegenzunehmen oder Verpflichtungen für die Konkursmasse zu begründen.[40]

3.4.4 Umfang des Beschlagnahmerechts der Konkursverwaltung

36   Mit der Eröffnung des Konkurses verliert der Schuldner die Verfügungsbefugnis über sein Vermögen, mit nur einigen wenigen Ausnahmen. Mit der Konkurseröffnung gehen die Verwaltungs- und Verfügungsbefugnis von Gesetz wegen auf den Konkursverwalter über, der das Vermögen des Schuldners automatisch per Gesetz in Beschlag nimmt. Die Beschlagnahme umfasst alles, was dem Schuldner bei Eröffnung des Konkursverfahrens gehört.[41]

37   Sachen oder Rechte, die einem Dritten gehören, kann der Konkursverwalter nicht beschlagnahmen. Im Verhältnis zu den **Rechtsvorgängern** des Schuldners gilt die Grundregel, dass zur Masse gehört, was der Schuldner wirksam erworben hat. Was der Schuldner für andere aufbewahrt, kann der Eigentümer herausverlangen; hierzu gehören Waren in Kommission. Sachen die der Schuldner pro forma als Eigentümer besitzt, kann auch der richtige Eigentümer von der Masse herausverlangen.

---

[37] siehe hierzu näher → Rn. 75.
[38] § 16 *rekonstruksjonsloven*.
[39] § 75 *Konkursloven*.
[40] Vgl. § 100 *Konkursloven*.
[41] § 2–2 *Dekningsloven*.

Im Verhältnis zu den **Rechtsnachfolgern** des Schuldners hängt es aber nicht nur von einem gültigen Erwerb ab, der Erwerb des Rechtsnachfolgers muss gegenüber Dritten auch „erstarkt" sein. Ein Immobilienerwerb muss im Grundbuch spätestens am Tag vor der Eröffnung des Konkurses eingetragen sein,[42] und eine bewegliche Sache muss dem Käufer übergeben worden sein. Eine Ausnahme für bewegliche Sachen gilt nur, wenn die Übergabe im Interesse des Käufers nicht erfolgt ist.

Im Falle von Privatinsolvenzen gehören nicht zur Masse: im Gesetz genannte persönliche **38** Rechte und Eigentumsgegenstände, wie das Urheberrecht auf geistiges Eigentum,[43] Recht auf Schadensersatz laut persönlichem Versicherungsvertrag,[44] Lohnansprüche und Gegenstände, die für die Existenzerhaltung des Schuldners notwendig ist.[45]

3.4.5 Auswirkung der Eröffnung von Rekonstruktionsverfahren oder Konkurs auf Einzelzwangsvollstreckungen

Während des Rekonstruktions[46] – oder Konkursverfahrens[47] können Vermögensgegenstände **39** des Schuldners in der Regel nicht gepfändet werden; schon der Eröffnungsantrag hindert bis zu seiner rechtskräftigen Ablehnung eine Pfändung. Außerdem kann in den ersten sechs Monaten nach der Eröffnung eines Verfahrens ohne die Zustimmung der Konkursverwaltung keine Verwertung der bereits gepfändeten Vermögensgegenstände des Schuldners stattfinden.

4. Verlauf des Verfahrens

4.1 Rekonstruktionsverfahren

Der Schuldner kann auch Vergleichs- oder Rekonstruktionsverhandlungen mit den Gläubigern **40** ohne Mitwirkung der Gerichte führen, *private gjeldsforhandlinger,* **private Vergleichs- oder Rekonstruktionsverhandlungen.** Die spezialgesetzlichen Regelungen greifen hier nicht. Für die Gestaltung eines privaten Vergleiches besteht Vertragsfreiheit, wobei die allgemeinen Grenzen der Vertragsfreiheit den Rahmen für die Gestaltung setzen. Unbillige Vertragsbestimmungen können durch gerichtlichen Beschluss für ungültig erklärt werden.[48]

4.1.1 Anmeldung der Forderung durch die Gläubiger

Der Schuldner ist verpflichtet, dem Gericht, dem Vergleichsverwaltungsausschuss und dem **41** eventuell ernannten Wirtschaftsprüfer alle erforderlichen Auskünfte über seinen Betrieb zu geben. Der Rekonstruktionsverwalter benachrichtigt jeden einzelnen bekannten Gläubiger über die Eröffnung der Vergleichsverhandlung, mit der Aufforderung innerhalb von drei Wochen eine spezifizierte Aufschlüsselung seiner Forderungen einzureichen. Außerdem ist die Eröffnung des Rekonstruktionsverfahrens auf der Webseite für Bekanntmachungen des Handelsregisters, *Brønnøysundregisteret,* zu veröffentlichen.[49] Eine Forderungsanmeldung soll Aufschluss über die Grundlage der Forderung und über eventuelle Sicherheiten geben. Unterlagen, die zum Beweis der Forderung dienen, sind der Anmeldung beizufügen. Obwohl die Anmeldefrist drei Wochen beträgt, sind jedoch auch verspätet angemeldete Forderungen und bekannte Forderungen, die vom Gläubiger nicht angemeldet worden sind, zu berücksichtigen.[50]

Das Gericht ernennt einen **Rekonstruktionsverwalter** (*rekonstruktør*) und, falls erforderlich, **42** einen **Gläubigerausschuss** (*kreditorutvalg*)mit eins bis drei Mitgliedern, die gemeinsam mit dem Rekonstruktionsverwalter den **Rekonstruktionsausschuss** (*rekonstruksjonsutvalget*) bilden. Der Rekonstruktionsausschuss steht der gesamten praktischen Arbeit im Rekonstruktionsverfahren vor und führt die Aufsicht über den Betrieb des Schuldners. Der Rekonstruktionsverwalter soll in der Regel ein Rechtsanwalt mit Erfahrung als Insolvenzverwalter sein. Der Rekonstruktionsverwalter hat keine besonderen Vollmachten, sondern tritt im Namen und nach Maßgabe der Beschlüsse des Rekonstruktionsausschusses auf.

Der Rekonstruktionsausschuss legt den Gläubigern, wenn möglich innerhalb von vier Wochen **43** nach der Eröffnung des Verfahrens, einen Bericht vor. In dem Bericht werden die Vermögensgegen-

---

[42] § 23 *tinglysningsloven,* Eintragungsgesetz.
[43] § 39i Urheberrechtsgesetz (*åndsverkloven*).
[44] § 16–1 Versicherungsvertragsgesetz (*forsikringsavtaleloven*).
[45] Kapitel 2 *dekningsloven.*
[46] § 18 *rekonstruksjonsloven.*
[47] § 117 *konkursloven.*
[48] Vgl. § 36 Vertragsgesetz (*avtaleloven*).
[49] hierzu → Rn. 32.
[50] Über die Folgen einer verspäteten angemeldeten Forderung, → Rn. 47 und → Rn. 48.

stände, die Verbindlichkeiten und die geschäftliche Lage des Schuldners überprüft. Falls der Rekonstruktionsverwalter eine Rekonstruktion für möglich hält, soll er den Gläubigern einen vorläufigen Rekonstruktionsvorschlag unterbreiten. Erlangt dieser Vorschlag die Zustimmung der Gläubiger, bearbeitet der Rekonstruktionsverwalter mit Unterstützung des Schuldners und des Gläubigerausschusses den Vorschlag mit dem Ziel, einen detaillierten und vollständigen Rekonstruktionsvorschlag den Gläubigern vorlegen zu können. Stimmen die Gläubiger dem vorläufigen Vorschlag jedoch nicht zu, kann er geändert werden und nach eventueller Zustimmung der Gläubiger dann weiterbearbeitet und fertiggestellt werden. Hält der Rekonstruktionsverwalter keine Rekonstruktion für möglich, unterrichtet er das Gericht davon. Das Gericht kann dann das Verfahren einstellen und den anschließenden Konkurs eröffnen.

4.1.2 Bestreiten von Forderungen im Rekonstruktionsverfahren

44   Im Rekonstruktionsverfahren wird ein Streit darüber, inwieweit oder für welchen Betrag einer Forderung ein Stimmrecht zukommt, vom Gericht nur insoweit entschieden, als dies notwendig ist, um den Ausgang einer Abstimmung über einen Rekonstruktionsvorschlag festzustellen. Für einen späteren Rechtsstreit über die Existenz oder den Umfang der Forderung hat die Entscheidung keine präjudizierende Wirkung. Wenn der betroffene Gläubiger dies fordert, kann das Gericht bestimmen, dass der Auszahlungsbetrag, der auf die umstrittene Forderung entfällt, auf ein Anderkonto des Gerichts einbezahlt wird. Dem Gläubiger wird gleichzeitig eine Frist zur Erhebung einer Klage über die Anerkennung der Forderung gesetzt.

4.1.3 Zustandekommen und Inhalt einer Rekonstruktion

45   Das Verfahren kann erfolgreich mit der Annahme eines Rekonstruktionsvorschlags durch alle Gläubiger *(frivillig rekonstruksjon)* oder durch eine Rekonstruktion mit Zwangsvergleich *(rekonstruksjon med tvangsakkord)* abgeschlossen werden. Die Rekonstruktion mit **Zwangsvergleich** erfolgt durch gerichtliche Entscheidung. Typischer Regelungsinhalt einer Rekonstruktion ist ein **Zahlungsaufschub** *(moratorium)*, eine prozentuale **Ermäßigung der Forderungen** *(akkord)*, **Umwandlung von Schulden in Eigenkapital** *(frivillig akkord ved konvertering)*, **Verkauf** des Betriebes oder Teilen davon oder die **Abwicklung des Vermögens** des Schuldners oder eines näher bestimmten Vermögensteils, meist zur anteilsmäßigen Abdeckung der Forderungen *(likvidasjonsakkord)*. Dass bei einem öffentlichen Rekonstruktionsverfahren die Umwandlung von Fremdkapital ins Eigenkapital beschlossen werden kann, ist nach dem neuen Rekonstruktionsgesetz neu.

46   Eine **freiwillige Rekonstruktion** kommt zustande, wenn alle betroffenen Gläubiger dem Vorschlag zustimmen.[51] Falls kein Gläubiger innerhalb der Abstimmungsfrist dagegen gestimmt hat, reicht es jedoch aus, dass Gläubiger mit mindestens ¾ der Forderungen für den Rekonstruktionsvorschlag gestimmt haben. Für einen freiwilligen Vergleich sah das Gesetz bisher vor, dass alle bekannten Forderungen, die vor der Eröffnung des Verfahrens entstanden waren, gleichbehandelt werden mussten. Nach dem Rekonstruktionsgesetz ist dies nicht mehr ausdrückliche Voraussetzung. Alle Gläubiger müssen ohnehin dem Rekonstruktionsvorschlag zustimmen, stillschweigend oder explizit. Ein Gläubiger, der sich benachteiligt sieht, kann somit die Genehmigung eines Rekonstruktionsvorschlages verhindern. Eine Rekonstruktion mit **Zwangsvergleich** kann vom Gericht bestätigt werden, falls Gläubiger, die mehr als 50 % der Forderungen innehaben, ihre Zustimmung gegeben haben. Dieser Beschluss des Gerichts kann vom Schuldner und von jedem Gläubiger, der durch die Rekonstruktion gebunden wird, angefochten werden. Dass mit dem neuen Rekonstruktionsgesetz eine einfache Mehrheit der Forderungen für einen Zwangsvergleich ausreichen kann, ist eine wichtige Änderung und Vereinfachung gegenüber den bisherig geltenden Bestimmungen. Für eine Rekonstruktion, die eine Umwandlung von Fremdkapital ins Eigenkapital umfasst, muss auch ein Beschluss der Gesellschafterversammlung gefasst werden. Eine solche Kapitalerhöhung unterliegt denselben Formalien wie jede andere Kapitaländerung. Eine einfache Mehrheit reicht aber für einen Beschluss aus, wo sonst 2/3 der Stimmen notwendig gewesen wären. Kann das Verfahren nicht mit einer Rekonstruktion abgeschlossen werden, so eröffnet das Gericht den Konkurs über das Vermögen des Schuldners.[52]

47   Forderungen, für die ein gesetzliches Pfandrecht besteht, Forderungen, für die ein Pfandrecht oder ein anderes Sicherheitsrecht an Vermögensgegenständen des Schuldners bestellt wurde, (soweit die Sicherung die Forderung voraussichtlich deckt[53]), und Forderungen, die der Gläubiger durch

---

[51] § 29 *rekonstruksjonsloven*.
[52] Auch → Rn. 43.
[53] Ein Pfandrecht soll jedoch nach einem Zwangsvergleich nicht weiter reichen als der Wert des verpfändeten Gegenstandes im Zeitpunkt des Vergleichs (vgl. § 36 *rekonstruksjonsloven*); an späteren Wertsteigerungen des Pfandes soll der gesicherte Gläubiger keinen Anteil haben.

Aufrechnungen befriedigen will, soweit sie durch die Gegenforderung gedeckt werden, werden im Ausgangspunkt außerhalb einer Rekonstruktion gehalten. Dasselbe gilt für Kleinforderungen. Sie können eine höhere Befriedigung als andere Forderungen erhalten oder voll bezahlt werden. Die Begründung ist, dass viele Kleingläubiger ein Rekonstruktionsverfahren unnötig komplizieren können. Forderungen, die entweder durch den Gläubiger oder den Schuldner nicht dem Rekonstruktionsausschuss gemeldet wurden, und somit bei der Behandlung des Rekonstruktionsvorschlages und der Abstimmung nicht berücksichtigt wurden, werden nicht von der Rekonstruktion betroffen. Der Schuldner haftet bei einem freiwilligen Vergleich für solche Schulden mit dem vollen Betrag. Die Erfüllung einer solchen Forderung durch den Gläubiger kann jedoch unter Umständen als Wegfall der Grundlage für eine freiwillige Rekonstruktion betrachtet werden, andere Gläubiger können sich dann als ungebunden vom Rekonstruktionsvertrag erklären. Eine Rekonstruktion kann auch dann seine Wirkung verlieren, wenn der Schuldner mit Vorsatz oder fahrlässig unrichtige oder unzureichende Auskünfte gegeben hat.[54]

Ein Zwangsvergleich ist, im Gegensatz zu dem, was bei einem freiwilligen Vergleich der Fall ist, bindend für alle Forderungen, die vor der Eröffnung des Rekonstruktionsverfahrens begründet wurden,[55] selbst wenn diese bei der Behandlung der Rekonstruktion nicht bekannt waren. Es gelten sonst die gleichen Ausnahmen, wie sie oben für den freiwilligen Rekonstruktion genannt wurden. Auch ein Zwangsvergleich kann seine Wirkung verlieren, falls der Schuldner vorsätzlich oder fahrlässig unrichtige oder unzureichende Auskünfte gegeben hat.[56]

Außerhalb der Rekonstruktion geregelt werden Forderungen, die der Schuldner nach Maßgabe des Rekonstruktionsausschusses nach Verfahrenseröffnung begründen durfte, oder die gegenüber einem gutgläubigen Dritten begründet wurden. Kosten, die zum Beispiel für sachverständige Unterstützung bei der Vorbereitung des Rekonstruktionsvorschlages, oder sonst während der Rekonstruktionserstellung und -verhandlung entstehen, müssen im Voraus mit dem Schuldner und dem Rekonstruktionsausschuss abgestimmt sein. Die Kosten können dann entsprechend beglichen werden. Nur wenn eine Einigung über Kosten nicht getroffen wurde oder getroffen werden konnte, ist die Vergütung vom Gericht festzusetzen.[57] Die Vergütung des Rekonstruktionsverwaltungsausschusses und des Buchprüfers wird vom Gericht festgesetzt.[58] Bei einer freiwilligen Rekonstruktion wird die Vergütung auch für die Mitglieder des Verwaltungsausschusses und für den Buchprüfer mit dem Schuldner abgestimmt.

4.2 Konkursverfahren

4.2.1 Die Verfahrensorgane

Bei Konkurseröffnung ist der **Konkursverwalter** *(bostyrer)* zu ernennen und, wenn die Schwierigkeit des Verfahrens dies erfordert, auch ein **Gläubigerausschuss** *(kreditorutvalg)* von ein bis vier Mitgliedern. Hat das Gericht einen Gläubigerausschuss ernannt, so bildet dieser zusammen mit dem Konkursverwalter den **Konkursverwaltungsausschuss** *(bostyret)*. Weitgehend werden die Aufgaben nur vom Konkursverwalter wahrgenommen.[59] Über die Ernennung des Konkursverwalters entscheidet allein das Gericht. In Norwegen sind Konkursverwalter typischerweise Anwälte.[60] Die Ernennung erfolgt meist aus einer engeren Auswahl von Anwälten, die das Gericht für qualifiziert und erfahren befindet, und die sich für die Bestellung als Konkursverwalter beworben haben. Das Gericht kann sich aber auch an andere Anwälte wenden. Wird ein größeres Konkursverfahren auf einem Ort eröffnet, wo keine Anwälte mit der erforderlichen Erfahrung vorhanden sind, werden dafür qualifizierte Konkursverwalter andernorts angesprochen. Es kommt vor, dass Gläubiger oder der Schuldner einen Konkursverwalter vorschlagen. Das Gericht ist aber nicht daran gebunden, und wird in der Regel Wert darauf legen, dass der Konkursverwalter in keiner Verbindung zu dem Schuldner oder zu bestimmten Gläubigern steht.

Der Konkursverwaltungsausschuss ist das Verwaltungsorgan der Konkursmasse. Er ist jedoch an Beschlüsse gebunden, die von der Gläubigerversammlung im Prüfungstermin gefasst worden sind.

Der Konkursverwalter vertritt die Konkursmasse nach außen. Die Beschlüsse des Konkursverwaltungsausschusses sind für den Konkursverwalter bindend. Er hat aber im Gegensatz zum Leiter

---

54 Vgl. § 32 *Rekonstruktionsgesetz*.
55 Vgl. § 54 (1) *Rekonstruktionsgesetz*.
56 Vgl. § 54 (2) *Rekonstruktionsgesetz*.
57 § 159 *konkursloven*.
58 § 157, § 158 *konkursloven*.
59 Der Einfachheit halber wird der Begriff „Konkursverwaltung" für Konkursverwalter und/oder Konkursverwaltungsausschuss benutzt.
60 Vgl. § 77 Abs. 1 *konkursloven*.

des Rekonstruktionsausschusses in einer Reihe von Fragen, die die Konkursmasse betreffen, eigene Befugnisse. Sollte er im Widerstreit zu einem Beschluss des Verwaltungsausschusses, der Gläubigerversammlung oder des Gerichtes handeln, oder sonst seine Kompetenzen überschreiten, so wäre der gutgläubige Dritte geschützt.

53 Die erste Aufgabe der Konkursverwaltung ist, das Vermögen und den Betrieb des Schuldners unter Kontrolle zu bekommen. Anhand des Beschlusses des Gerichts werden eventuelle Konten bei den bekannten Banken beschlagnahmt. Das Vermögen des Schuldners wird sichergestellt und registriert, Arbeitnehmer angeschrieben und eventuell gekündigt.

4.2.2 Anmeldung der Forderung durch die Gläubiger

54 Die Anmeldungsfrist für Forderungen beträgt im Konkursverfahren laut Gesetz drei bis sechs Wochen, je nach Ermessen des Gerichts.[61] Bei der Veröffentlichung der Eröffnung des Konkurses wird gleich eine Aufforderung, Forderungen anzumelden, mit veröffentlicht. Außerdem wird der Konkursverwalter unmittelbar nach seiner Ernennung bekannte Gläubiger mit der gleichen Aufforderung zuschreiben. Wird das Konkursverfahren auf Antrag des Schuldners eröffnet, hat er bei der Antragsstellung eine Liste aller bekannten Gläubiger beizufügen. Wird das Konkursverfahren auf Antrag eines Gläubigers eröffnet, kann es etwas länger dauern, ehe der Konkursverwalter eine Übersicht über die bekannten Gläubiger hat.

Verspätet angemeldete Forderungen werden nicht präkludiert. Das Gericht kann aber dann dem Gläubiger aufgeben, die Kosten, die der Masse durch die Verspätung entstanden sind, zu erstatten.

Bei der Anmeldung sind Unterlagen beizufügen, die die Forderung nachweisen. Außerdem sind Auskünfte über die Grundlage der Forderungen, und eventuelle Sicherheiten dafür, zu geben. Der Konkursverwalter ist zwar ohnehin verpflichtet, die Forderungen in der Forderungsliste aufzuführen, diese Unterlagen und Auskünfte werden aber für die Prüfung der Forderungen benutzt. Oft wird eine Rechnungskopie als Unterlage ausreichen, ohne dass weitere Auskünfte erforderlich sind. Es empfiehlt sich jedoch, lieber ausführliche Auskünfte zu geben als zu knappe. Fehlende Unterlagen und Auskünfte können bewirken, dass die Forderung nicht anerkannt wird. Das gleiche gilt, falls die Forderungsanmeldung in einer Fremdsprache gemacht wird. Die Konkursverwaltung hat eine selbstständige Pflicht, die Forderungsanmeldungen sorgfältig zu prüfen. Es ist aber im Interesse des Gläubigers sicherzustellen, dass die Forderungsanmeldung, die Unterlagen und die zusätzlichen Auskünfte vom Konkursverwalter verstanden werden. Eine Forderungsanmeldung in einer der anderen skandinavischen Sprachen (schwedisch oder dänisch) oder in der englischen Sprache wird in der Regel verstanden, und braucht keine Übersetzung.

55 Das Gericht beruft kurz nach der Konkurseröffnung die Gläubiger zu einer **Gläubigerversammlung** *(skiftesamling)* ein. Diese Versammlung sollte laut Gesetz spätestens 3 Wochen nach der Eröffnung des Konkurses stattfinden. Bei größeren Konkursverfahren wird diese erste Gläubigerversammlung etwas später abgehalten. Die Versammlung findet bei dem zuständigen Gericht statt, und wird vom zuständigen Richter geleitet. Der vom Gericht bei der Verfahrenseröffnung ernannte Konkursverwalter wird einen **vorläufigen Bestandsbericht** *(foreløbig boinnberetning)* über die Konkursmasse und den Betrieb des Schuldners erstellt haben, und trägt diesen dem Gericht bei dem Termin vor.[62] Zu diesem Zeitpunkt wird der Konkursverwalter die Aktiva des Schuldners registriert und geschätzt haben, ein Beschluss über Einstellung oder weiteren Betrieb wird getroffen sein, Arbeitnehmern, die nicht für einen weiteren Betrieb notwendig sind, wird gekündigt worden sein, und der Konkursverwalter wird auch, soweit möglich, dazu Stellung genommen haben, ob Schadensersatzansprüche oder Anfechtungsansprüche gestellt werden sollen. Handelt es sich beim Schuldner um eine Gesellschaft, gibt er in dieser Gläubigerversammlung oder zu einem späteren Zeitpunkt auch dem Gericht eine Empfehlung, ob einem oder mehreren Verwaltungsratsmitgliedern oder dem Geschäftsführer eine so genannte **Konkursquarantäne** auferlegt werden soll. Eine Konkursquarantäne bedeutet, dass die betroffene Person für zwei Jahre ab der Eröffnung des Konkursverfahrens eine Gesellschaft nicht gründen und auch nicht Mitglied des Verwaltungsrats oder Geschäftsführer einer Gesellschaft sein oder die entsprechende Tätigkeit ausüben darf.[63] Eine Konkursquarantäne kann auferlegt werden, falls eine Person für Straftaten in Verbindung mit dem Konkurs oder der vorausgehenden Tätigkeit verdächtigt wird, oder wegen fahrlässiger oder unverantwortlicher Geschäftsführung angenommen werden muss, dass er ungeeignet oder unfähig ist, eine neue Gesellschaft zu gründen oder ein Amt als Verwaltungsratsmitglied

---

[61] Vgl. § 78, § 109 *konkursloven*.
[62] Vgl. § 120 *konkursloven*.
[63] Vgl. § 142 *konkursloven*.

oder Geschäftsführer auszuüben. Der Beschluss über eine Konkursquarantäne wird vom Gericht getroffen und der betreffenden Person soll in der Regel die Möglichkeit gegeben werden, sich im Voraus dazu zu äußern.

Der Konkursverwalter wird auch dazu Stellung nehmen, ob eine Strafverfolgung gegenüber dem persönlichen Schuldner, dem Geschäftsführer oder einem oder mehreren Verwaltungsratsmitgliedern in einer Gesellschaft empfohlen werden soll. Die Empfehlung wird gegenüber der Anklagebehörde gemacht, und auch die Entscheidung, ob eine Verfolgung eingeleitet werden soll, wird von der Anklagebehörde getroffen. Typische Straftaten in Verbindung mit Konkurs sind Betrug, Unterschlagung, mangelhafte Buchhaltung, Betrieb auf Kosten der Gläubiger, Benachteiligung von Gläubigern, Entziehung von Aktiva und unverantwortliche Geschäftsführung.[64]

Bei der ersten Gläubigerversammlung werden, falls es nicht schon bei der Eröffnung des Verfahrens erfolgte, ein Konkursverwaltungsausschuss und ein Wirtschaftsprüfer bei Bedarf ernannt.

4.2.3 Bestreiten von Forderungen

Forderungen sind laut Gesetz zu prüfen, sobald die notwendigen Unterlagen dafür vorgelegt worden sind.[65] In der Praxis ist aber die formelle Prüfung der Forderungen eine der letzten Handlungen des Konkursverwalters, ehe der Schlussbericht dem Gericht zugestellt wird. Der Konkursverwalter wird einen Gläubiger, dessen Forderung er nicht wie vom Gläubiger angemeldet, zur Genehmigung vorzuschlagen vorhat, kontaktieren und mit ihm die Einwände gegen die Forderung besprechen. Die formelle Prüfung der Forderungen wird auch vom Konkursverwalter, oder falls ernannt, vom Konkursverwaltungsausschuss, durchgeführt. Den Gläubigern wird der Termin für die Prüfung sowie die Einstellung des Konkursverwalters mitgeteilt. Es kann auch eine formelle Gläubigerversammlung einberufen werden, die unter der Leitung des Gerichts stattfindet; dies findet aber nur in Ausnahmefällen statt. Im Prüfungstermin, oder gegebenenfalls in der Gläubigerversammlung zur Prüfung der Forderungen, findet keine Abstimmung statt. Bei solchen Terminen erscheinen deshalb meistens nur diejenigen Gläubiger, die gegen die Einstellung des Konkursverwalters Protest einlegen werden.

Die Einstellung über die Forderungen, die anzuerkennen sind, wird zugrunde gelegt, in dem Ausmaß keine Einwände vor oder in dem Prüfungstermin erhoben worden sind. Demjenigen, der die Einstellung bestreitet, wird eine Frist zur Begründung seiner Einwände gegeben. Tut er das nicht, oder bleibt der Konkursverwalter oder der Konkursverwaltungsausschuss bei der abgegebenen Einstellung, wird der Fall dem Gericht übergeben. Das Gericht setzt dem Gläubiger eine Frist, in der er Gelegenheit hat, die angemeldete Forderung näher zu begründen und einen Antrag auf eine formelle Entscheidung des Gerichts zu stellen. Das Gericht entscheidet dann über die Anerkennung der Forderung durch Beschluss. Liegt dem Streit eine offene Rechtsfrage zugrunde, oder bedarf der Sachverhalt näherer Aufklärung, kann das Gericht gestatten, dass der Streit in einem normalen Klageverfahren ausgetragen wird. In erster Instanz ist das Amtsgericht zuständig. Gegen die Entscheidung kann Berufung eingelegt werden.[66]

4.2.4 Verwaltung und Verwertung der Insolvenzmasse

Anders als im Rekonstruktionsverfahren ist der Schuldner im Konkursverfahren nicht dazu berechtigt, über die Konkursmasse zu verfügen, Erfüllung von Verpflichtungen oder Kündigung und Ähnliches entgegenzunehmen, und auch nicht die Konkursverwaltung zu verpflichten. Die Erfüllung einer Verpflichtung gegenüber dem Schuldner, oder die Aussprache einer mit einer Frist belegten Kündigung oder ähnlichen Mitteilung von einem gutgläubigen Dritten, muss die Konkursverwaltung jedoch akzeptieren. Der Dritte trägt die Beweislast für seinen guten Glauben. Weil die Eröffnung eines Konkurses veröffentlicht und auch im Handelsregister angemerkt wird, ist diese Beweislast schwer zu erfüllen.

Die Verwaltung und Verwertung der Insolvenzmasse obliegt im Konkursverfahren dem Konkursverwalter, der im Interesse der Gläubigergemeinschaft handeln soll. Seine Aufgabe ist es, die Interessen der Gläubigergemeinschaft gegenüber dem einzelnen Gläubiger und gegenüber Dritten wahrzunehmen. Soweit mit diesen Interessen vereinbar, hat er auch in Zusammenarbeit mit öffentlichen Behörden die Interessen der Arbeitnehmer und öffentlichen Interessen bei der Konkursverwaltung wahrzunehmen. Seine detaillierten Aufgaben und Befugnisse sind weiterhin im § 85 Konkursgesetz *(konkursloven)* gelistet.

---

[64] Vgl. Kapitel 24, 26 und 27 Strafgesetz *(straffeloven)*.
[65] Vgl. § 111 *konkursloven*.
[66] Vgl. § 114 *konkursloven*.

4.2.5 Verteilung an die Gläubiger

62 Ist der Gläubiger Inhaber eines gegenüber der Konkursmasse wirksam bestellten Pfandrechts an einem Vermögensgegenstand des Schuldners, kann er sich aus dem Pfandrecht befriedigen. Ein Pfandrecht ist nicht gegenüber der Konkursmasse wirksam, falls der laut Gesetz zur Erlangung öffentlichen Glaubens erforderliche Akt *(rettsvern)* nicht durchgeführt worden ist, zum Beispiel für Immobilien die Eintragung des Pfandrechts in das Grundbuch, für Schiffe die Eintragung in das Schiffsregister und für bewegliche Sachen die Übergabe an den Pfandgläubiger oder an einen Dritten. Ein Pfandrecht ist auch dann nicht gegenüber der Konkursmasse wirksam, wenn das Pfandrecht laut den Bestimmungen im Deckungsgesetz anfechtbar ist.[67] Besteht ein wirksames Pfandrecht, ist der Pfandgläubiger auf sein Pfandrecht angewiesen und kann nicht stattdessen eine Konkursquote der Forderung anmelden. Ist seine Forderung nur teilweise wirksam mit Pfand besichert, soll er bei der Verteilung mit dem Teil der Forderung, die den Wert seines Pfandrechts übersteigt, mit einer Konkursquote berücksichtigt werden. Der Pfandgläubiger hat insoweit auch ein Stimmrecht.

63 Erst nach der Schlusssitzung des Verfahrens kann man mit einer Verteilung rechnen. Die meisten Konkursverwaltungen werden im Laufe von sechs bis acht Monaten abgewickelt und abgeschlossen, größere und kompliziertere Konkursverwaltungen können aber mehrere Jahre dauern. Falls sich das Verfahren über längere Zeit hinzieht, besteht die Möglichkeit, dass der Konkursverwaltungsausschuss, mit der Zustimmung des Gerichtes, Teile der Forderungsquote im Voraus auszahlen kann. Eine vorläufige Verteilung unter den Gläubigern findet aber nur selten statt.

5. Gläubiger

64 **Ausländische Gläubiger** sind im Insolvenzverfahren den inländischen Gläubigern gleichgestellt.

5.1 Aussonderungsberechtigte Gläubiger

65 Das norwegische Insolvenzrecht erkennt insbesondere **Eigentum** als Aussonderungsrecht an. Kann jemand nachweisen, dass eine Sache im Besitz der Masse ihm gehört, und nicht dem Schuldner, ist er zur Aussonderung berechtigt. In der Praxis wichtige Beispiele sind **Kommission, Leihe, Aufbewahrung** im Auftrag eines anderen und auch **Lieferung von Baumaterialien** bei Hochbau und Schiffbau. Generell wird gefordert, dass die Sachen deutlich als Eigentum eines Dritten gekennzeichnet sind. Die Anforderungen sind jedoch unterschiedlich, abhängig vom Aussonderungsgrund. Den **Eigentumsvorbehalt** erkennt das norwegische Recht nicht an. Anspruch auf die Kaufsumme beim Kauf kann jedoch unter Umständen durch **Verkaufspfandrecht** *(salgspant)* gesichert werden. Der Inhaber eines Verkaufspfandrechts hat dann auch Anspruch auf Aussonderung. Sachen, an denen ein Verkaufspfandrecht besteht, gehören formell zur Konkursmasse. Wegen des Pfandrechts ist aber die Kaufsumme gesichert. Der Konkursverwalter hat die Wahl, die Kaufsumme an den Verkäufer zu bezahlen oder ihn aufzufordern, die Kaufsache innerhalb einer Frist abzuholen. Ein Verkäufer hat auch Anspruch auf Rückgabe, falls die Kaufsache den Schuldner erst nach der Konkurseröffnung erreichte, und auch nicht laut dem Kaufvertrag schon als geliefert anzusehen war. Falls die Konkursverwaltung den Betrieb des Unternehmens fortführt, entscheiden die Aussonderungsberechtigten, ob und unter welchen Bedingungen die Konkursverwaltung die zur Aussonderung berechtigenden Sachen im Betrieb weiter nutzen darf.

5.2 Gesicherte Gläubiger

66 Die gebräuchlichsten Kreditsicherheiten sind verschiedene Formen von Pfandrechten und Garantien. Am verbreitetsten sind **Grundpfandrechte,** sowie Pfandrechte an **Sachgesamtheiten** (Warenlager oder Betriebsausstattung) und **Forderungsmassen.** Warenlieferungen werden über ein Pfandrecht an der gelieferten Sache durch **Verkaufspfand,** *salgspant,* gesichert, was jedoch nicht möglich ist, wenn die Sache zum Weiterverkauf bestimmt ist. Pfandrechte an Schiffen werden nach den Bestimmungen im Gesetz über Seefahrt *(sjøloven)* begründet und im Schiffsregister eingetragen.[68] Die Bestimmungen gelten für alle Schiffe über 15 Meter und für die Schiffe über 7 Meter, die freiwillig ins Schiffsregister eingetragen sind.[69] Die pfandrechtlichen Bestimmungen im Seefahrtsgesetz sind den pfandrechtlichen Bestimmungen über Immobilien sehr ähnlich. Zu beachten ist, dass auch ein im Bau befindliches Schiff und das entsprechende Pfandrecht in das Register eingetragen

---

[67] Hierzu → Rn. 98 und → Rn. 99.
[68] Vgl. § 20 *sjøloven*.
[69] Vgl. § 11 *sjøloven*.

werden können.[70] Für Flugzeuge, Kraftleitungen, Ölgewinnungskonzessionen und Fischzuchtkonzessionen gelten ähnliche Bestimmungen.[71] Damit die Pfandrechte gegenüber anderen Gläubigern und der Konkursmasse wirksam sind, müssen sie **Rechtsschutz,** oder öffentlichen Glaube, *(rettsvern)* erlangen. Dies geschieht in der Regel durch einen, je nach Objekt des Pfandrechts unterschiedlichen, Publizitätsakt.[72] Für Immobilien, Flugzeuge und Schiffe muss das Pfandrecht am Tag vor der Eröffnung des Verfahrens in dem betreffenden Register eingetragen worden. Für bewegliche Sachen ist die Übergabe (Faustpfand) oder entsprechende Maßnahmen notwendig, außer bei *tingsinnbegrep,* **Sachgesamtheiten,** wo Eintragung in das *løsøreregisteret,* das **Güterrechtsregister,** dem Pfandgläubiger Rechtsschutz gibt. Für Forderungen wird Rechtsschutz durch Notifikation an den Schuldner erlangt, bei Factoring auch bei Eintragung in das *løsøreregisteret,* das Güterrechtsregister. Bei Wertpapieren ist die Übergabe die Hauptregel. Pfand in Aktien erlangt Rechtsschutz durch Meldung an die Gesellschaft oder Eintragung in das *Verdipapirregisteret, VPS,* das Wertpapierregister.

Im Rekonstruktionsverfahren haben nur Realsicherheiten, die vom Schuldner selbst gestellt wurden, Einfluss auf die Position des Gläubigers. Sicherheiten, die von Dritten gestellt wurden, beeinflussen die Stellung des Gläubigers nur dann und insoweit, als er die Sicherheit verwertet, und seine Forderung dadurch erfüllt wird. Das gilt auch für Garantien und Sicherheiten, die von einem Nahestehenden gestellt worden sind, zum Beispiel von einer Gesellschaft innerhalb des gleichen Konzerns oder der gleichen Unternehmensgruppe, es sei denn, die Verhandlungen um eine Lösung führen zu einem anderen Ergebnis.

Ein Gläubiger, der durch ein Pfandrecht an Vermögensgegenständen des Schuldners gesichert ist, kann sowohl im Rekonstruktions- als auch im Konkursverfahren die Sicherheit verwerten und den Erlös im vollen Umfang zur Befriedigung seiner Forderungen verwenden. In formeller Hinsicht sind die gesicherten Vermögensgegenstände Eigentum des Schuldners, und nach der Konkurseröffnung von der Beschlagnahme seines Vermögens umfasst. Obwohl die gesicherten Gläubiger insoweit, als das Pfandrecht ihre Forderungen absichert, vom Konkurs finanziell unberührt bleiben sollen, hat das Konkursverfahren doch eine erhebliche Einwirkung auf die Position dieser Gläubiger.

Damit die Konkursverwaltung Zeit zur Prüfung hat, ob und gegebenenfalls wie das Unternehmen weiter geführt werden soll, und ob Verkaufsmöglichkeiten für Sachgesamtheiten oder das Unternehmen als solches bestehen, kann der Inhaber von Pfandrechten erst sechs Monate nach der Verfahrenseröffnung die Sachen selbst verwerten.[73]

Hat ein Pfandberechtigter nach Ablauf dieser sechs Monate die Zwangsvollstreckung und Verwertung seiner Forderung gegen den Schuldner eingeleitet, hat die Konkursverwaltung die Möglichkeit dem Pfandgläubiger einzulösen.[74] Die Konkursmasse tritt dann in das Pfandrecht ein, was von Bedeutung ist, falls es nachrangige Pfandgläubiger gibt.

Meint die Konkursverwaltung, dass ein Pfandobjekt von keinem wirtschaftlichen Interesse für die Gläubigergemeinschaft ist, wird der verpfändete Vermögensgegenstand in der Regel freigegeben. Diese Freigabe kann entweder dadurch durchgeführt werden, dass das Pfandobjekt dem Schuldner zurückgegeben wird,[75] oder, was öfter der Fall ist, dass es an den Pfandberechtigten freigegeben oder übertragen[76] wird. Diese Freigabe an den Schuldner wird in der norwegischen Konkurspraxis als abandonierung *(abandonering)* bezeichnet, und wenn die Freigabe an den Pfandberechtigten stattfindet, als uneigentliche abandonierung *(uegentlig abandonering).* Ein Pfandobjekt kann auch durch vertragliche Übertragung an den Pfandberechtigten stattfinden, besonders dann, falls der Wert der Pfandsache die Pfandforderung übersteigt.

Es besteht auch eine begrenzte Befugnis der Konkursverwaltung, dann die Verwertung selbst in die Hand zu nehmen, wenn die mit Pfand gesicherte Forderungden Wert der Pfandsache übersteigt. Diese Möglichkeit ist für den Fall gedacht wenn bei Verkauf einer Sachgesamtheit von verpfändeten und nicht verpfändeten Gegenständen ein höherer Gesamterlös hätte erreicht werden können, zum Beispiel bei einer übertragenden Sanierung von Unternehmen.[77] Der Käufer übernimmt dann alle Verpflichtungen aus Pfandrechten, soweit die Gesamtsumme der Pfandrechte von der Kaufsumme umfasst ist. Ist dies nicht der Fall, sind die Pfandrechte nach deren Prioritäten zu löschen. Diese Möglichkeit wird aber nur in sehr geringem Umfang, wenn überhaupt, genutzt. Falls die

---

[70] Vgl. § 31 *sjøloven.*
[71] Vgl. § 3–22 Gesetz über Luftfahrt *(luftfartsloven),* § 1 Gesetz über Kraftleitungsregister *(kraftledningsregisterloven),* § 6–1 Petroleumgesetz *(petroleumsloven),* § 18 Aquakulturgesetz *(akvakulturloven).*
[72] §§ 2–5, sowie Kapitel 3 und 4, Pfandgesetz *(panteloven).*
[73] § 18 *rekonstruksjonsloven* und § 117 *konkursloven.*
[74] § 8–16 *dekningsloven.*
[75] § 117b *konkursloven.*
[76] § 117c *konkursloven.*
[77] § 117a *konkursloven.*

Norwegen 73–79

73 Kaufsumme das Pfandrecht nicht völlig abdeckt, wird der Konkursverwalter ungerne Auseinandersetzungen vor Gericht mit den Pfandberechtigten über die Höhe des Erlöses und darüber, inwieweit der Konkursverwalter die Verwertung mit der notwendigen Sorgfalt durchgeführt hat, riskieren wollen. Üblicher ist deshalb, dass ein Verkauf dreiseitig zwischen dem Konkursverwalter, den Pfandberechtigten und dem Käufer einvernehmlich geregelt und durchgeführt wird.

73 Wie oben erwähnt, sind Pfandobjekte, solange sie nicht verwertet worden sind, Eigentum der Konkursmasse. Die Konkursmasse muss die mit den Pfandobjekten verbundenen Kosten tragen und hat auch Anspruch auf die entsprechenden Einnahmen. Der Inhaber des Pfandrechts hat keinen Anspruch auf Nutzungsentgelt. Häufig übersteigen aber die mit den Pfandobjekten verbundenen Kosten die entsprechenden Einnahmen. Die Konkursverwaltung wird dann eine Regelung mit dem Inhaber des Pfandrechts suchen, wonach dieser sowohl die Kosten tragen als auch die Einnahmen erhalten soll, oder man einigt sich um eine Übergabe an den Inhaber des Pfandrechts.[78]

74 Wird eine Forderung durch die Sicherheit nur teilweise abgedeckt, kann die Restforderung als Konkursforderung angemeldet werden, und gibt dem Gläubiger bei der Verteilung die gleichen Rechte und Pflichten für diesen Forderungsteil wie den ungesicherten Gläubigern.[79]

75 Die Position der pfandgesicherten Gläubiger kann von dem gesetzlichen Pfandrecht der Konkursverwaltung beeinflusst werden. Laut § 6–4 Pfandgesetz hat die Konkursverwaltung ein vorrangiges Pfandrecht in den ersten 5 % des Wertes aller Sachen, die mit Pfand behaftet sind. Die Mittel aus diesem Pfandrecht können nur dann genutzt werden, wenn die Mittel der Masse sonst nicht für die Kosten des Verfahrens ausreichen. Die Regelung wurde eingeführt, um zu verhindern, dass Konkursverfahren wegen fehlender Masse eingestellt werden müssten, nur weil alle Aktiva des Schuldners mit Pfand behaftet waren. Dieses gesetzliche Pfandrecht der Konkursverwaltung ist für Sachen, die in einem Register eingetragen sind, auf die siebenhundertfache Menge der gesetzlichen Gerichtsgebühr[80] pro Gegenstand beschränkt, was ab dem 1.1.2020 NOK 820.400 [81] entspricht. Das Pfandrecht genießt ohne Eintragung in das eventuell aktuelle Register den Vorrang gegenüber den anderen Pfandrechten. Mit dem neuen Rekonstruktionsgesetz wurde eine entsprechende Regelung für Rekonstruktionsverfahren mit den neuen §§ 6-5 Pfandgesetz eingeführt.

76 Der Konkursverwalter wird in der Regel schon von Anfang an sicherstellen, dass er Zugang zu den Mitteln aus diesem Pfandrecht hat. Obwohl er das Pfandobjekt durch Vollstreckung oder freiwilligen Verkauf verwerten könnte, wird der Pfandberechtigte mit dem höchsten Rang oft sein Recht aus § 6–4 Pfandgesetz nutzen, um das Pfandrecht bei der Konkursmasse auszulösen. Einigt man sich nicht über den Auslösungswert, wird dieser vom Gericht festgesetzt. Nach Einzahlung des Wertes tritt der Auslösende in das Pfandrecht ein. Der Konkursverwalter soll für Eintragung in das jeweilige Register sorgen.

77 Im Übrigen enthält *dekningsloven*, das Deckungsgesetz,[82] besondere Bestimmungen über die **Rangfolge** der Forderungen. Die Forderungen, die **nicht Masseforderungen** sind, sind in **vier Klassen** eingeteilt:

5.3 *Kreditorer med fortrinnsrett* – Bevorzugte Insolvenzgläubiger

78 Als **bevorzugte Forderungen 1. Klasse** *(fortrinnsberettigede fordringer av første klasse)* werden unter anderem Gehaltsforderungen der Arbeitnehmer aus einem Arbeitsverhältnis mit dem Schuldner und Feriengelder, sowie Pensionsansprüche an dem Schuldner, gedeckt. Das Vorzugsrecht für Gehaltsforderungen ist auf sechs Monatsgehälter beschränkt. Außerdem gehören Ansprüche auf Unterhalt für Ehegatten und Kinder für die letzten 6 Monate vor der Eröffnung des Verfahrens zu den bevorzugten Forderungen 1. Klasse. Vergütungen für Verwaltungsratsmitglieder, nicht jedoch die Arbeitnehmervertreter im Verwaltungsrat, Geschäftsführer und Arbeitnehmer, die einen höheren Anteil als 20 % des Unternehmens besitzen, werden dagegen nicht bevorzugt.

79 Als **bevorzugte Forderungen 2. Klasse** *(fortrinnsberettigede fordringer av andre klasse)* werden eine Reihe von öffentlich-rechtlichen Forderungen gedeckt, darunter Vermögens-, Einkommensteuer- und Mehrwertsteuerforderungen. Die Fälligkeit der Forderungen muss jedoch nicht mehr als sechs Monaten zurück liegen.

---

[78] Hierzu → Rn. 71 und Rn. 72.
[79] § 8–14 *dekningsloven*.
[80] Die Gerichtsgebühr beträgt ab 1.1.2020 1172 NOK und wird für die Berechnung von Gerichtsgebühren und einigen anderen im Gesetz festgelegten Beträgen benutzt, vgl. § 1 Gesetz über Rechtsgebühren *(rettsgebyrloven)*.
[81] 78.000 EUR zum Wechselkurs 17.8.2020.
[82] Kapitel 9 *dekningsloven*; §§ 9–1 bis 9–7.

Werden bevorzugte Forderungen abgetreten, wird deren Priorität beibehalten, es sei denn, die 80 Forderungen werden an die Konkursmasse abgetreten. Abtretung findet regelmäßig an die öffentliche Garantieeinrichtung für Gehaltsforderungen statt, nachdem diese Einrichtung den Arbeitnehmern Vorschuss geleistet hat (mit der **Vorfinanzierung von Insolvenzgeld** in Deutschland vergleichbar).

5.4 *Alminnelige konkursfordringer* – Einfache Konkursforderungen

Danach werden die sogenannten nicht bevorzugten Forderungen befriedigt. Diese sind die 81 Forderungen, die nicht zu den bevorzugten oder den nachrangigen Forderungen gehören. Die meisten Forderungen gehören in diese Klasse.

5.5 *Etterprioriterte fordringer* – Nachrangige Konkursforderungen

Falls alle bevorzugten und einfachen Konkursforderungen voll befriedigt werden konnten, wer- 82 den zuletzt die nachrangigen Forderungen befriedigt. Diese umfassen unter anderem Zinsen auf bevorzugte oder einfache Konkursforderungen, sowie Forderungen, für welche eine nachrangige Priorität vereinbart worden ist, und Forderungen aus Schenkungen. Die Bestimmungen über Zinsen sind nur für den Fall, dass die Konkursverwaltung mit einer Auszahlung von Überschüssen an den Schuldner beendet werden kann, von praktischem Interesse. Der Schuldner würde dann gegenüber den Gläubigern für Zinsen haften, weshalb diese gegebenenfalls ab der Eröffnung des Konkurses berechnet und als nachrangige Konkursforderung gegebenenfalls ausgezahlt würden. Der Zinssatz ist gesetzlich festgelegt,[83] und entspricht dem jeweils geltenden gesetzlichen Verzugszinssatz.[84]

5.6 *Massekreditorer* – Massegläubiger

Vor allen anderen Forderungen werden die **Masseforderungen** befriedigt. Diese werden in 83 **zwei Gruppen** geteilt. Vorrangig befriedigt werden zuerst die **Kosten des Konkursverfahrens,** dh die Verwalter- und Gerichtskosten sowie die Verpflichtungen, die nach der Eröffnung eingegangen wurden, und die von der Masse zu decken sind. Danach werden Kosten eines unmittelbar vorausgegangenen Rekonstruktionsverfahrens gedeckt, aber nur soweit die Mittel ausreichen.

6. *Avvikling av uoppfyllte kontrakter* – Abwicklung unvollständig erfüllter Verträge

Im Kapitel 7 *dekningsloven,* Deckungsgesetz, sind ausführliche Vorschriften über das Schicksal 84 von **vertraglichen Verpflichtungen des Schuldners** im Insolvenzfall enthalten. Nach Eröffnung des Konkursverfahrens hat der Konkursverwaltungsausschuss ein **Eintrittsrecht** in **gegenseitig verpflichtende Verträge,** die noch nicht erfüllt sind. Der andere Vertragspartner kann verlangen, dass der Konkursverwaltungsausschuss **unverzüglich erklärt,** ob er von diesem Recht Gebrauch machen will. Ein solches Eintrittsrecht ist nicht ausgeübt, wenn die Insolvenz des Schuldners für die jeweilige Vertragsart ein Beendigungsrecht begründet (zB Darlehens- und Bürgschaftsverträge). Das Recht des Dritten, sich auf einen speziellen Beendigungsgrund zu berufen, bleibt von der Insolvenz unberührt. Andererseits ist eine Vertragsbestimmung, die dem Dritten für den Fall der Insolvenz weitere als die aufgrund der Art des Vertrages bestehenden Lösungsrechte einräumt, gegenüber der Konkursmasse nicht bindend. Enthält also der Mietvertrag über ein Grundstück eine solche **Lösungsklausel,** so kann diese gegenüber der Konkursmasse nicht geltend gemacht werden. Ein Darlehensvertrag kann aber wirksam gekündigt werden.

Tritt der Konkursverwalter in den Vertrag **ein,** so wird die Konkursmasse nach den Bestim- 85 mungen des Vertrages berechtigt und verpflichtet. Die Forderung des Dritten aus dem Vertrag ist als Masseforderung zu decken. Der andere Teil kann aber verlangen, dass die Konkursmasse **Sicherheit** für die Erfüllungen ihrer vertraglichen Verpflichtungen leistet. Der Vertragspartner muss selbst beurteilen, ob er die angebotene Sicherheit für ausreichend befindet. Tut er das nicht, kann er die Frage dem Gericht zur Entscheidung vorlegen. Auch im Falle des Vertragseintritts kann der Konkursverwalter ein **Dauerschuldverhältnis,** unabhängig von den vertraglichen Bestimmungen, mit der für entsprechende Schuldverhältnisse üblichen Frist kündigen, oder wenn es eine solche nicht gibt, mit einer **Frist von drei Monaten.**[85] Falls der Vertrag vorzeitig gekündigt wird, kann der andere Teil den Ausfall als Konkursforderung anmelden. Tritt der Konkursverwalter nicht in den Vertrag des Schuldners ein, bezahlt er nicht oder leistet er keine Sicherheit, kann der andere Teil den Vertrag aufheben. In diesem Fall kann der **Nichterfüllungsschaden** als Konkursforderung geltend gemacht werden.

---

[83] Vgl. § 9–7 *dekningsloven.*
[84] Vgl. § 3 Gesetz über Zinsen bei Zahlungsverzug *(forsinkelsesrenteloven),* 8,00 % seit dem 1.1.2020.
[85] § 7–6 *dekningsloven.*

86 Für den Fall des Rekonstruktionsverfahrens regelt das Gesetz,[86] dass die Verträge des Schuldners fortdauern. Die Eröffnung eines Rekonstruktionsverfahrens gibt den Vertragspartnern des Schuldners kein besonderes Recht auf Kündigung oder Aufhebung von Verträgen mit dem Schuldner; ein besonderes Lösungsrecht gibt es nur dann, wenn die Vertragsart ein solches begründet.[87] Erklärt der Schuldner, dass der Vertrag außerhalb der Rekonstruktion erfüllt werden soll, bestehen dieselben Beendigungsmöglichkeiten wie im Konkurs. Der Vertragspartner kann also die Zahlungsschwierigkeiten des Schuldners als außerordentlichen Kündigungsgrund in Anspruch nehmen, soweit er nach Art des Vertrags dazu berechtigt wäre, wie in → Rn. 84 für Konkursfälle dargestellt. Der Schuldner kann bis zur Vorlage des Rekonstruktionsvorschlages offen lassen, ob ein beidseitig noch nicht erfüllter Vertrag vom Rekonstruktionsvorschlag erfasst werden soll.[88] Der Schuldner und der Rekonstruktionsverwaltungsausschuss können somit in Ruhe überlegen, wie das Unternehmen am besten weitergeführt wird und wie die Rekonstruktion am besten geregelt werden kann. Erklärt der Schuldner, dass ein Vertrag von der Rekonstruktion umfasst werden soll, kann sich der Vertragspartner vom Vertrag lösen, falls keine der Parteien vor der Eröffnung des Rekonstruktionsverfahrens geleistet hat. Auf den ihm entstandenen Schaden erhält er dann die Rekonstruktionsquote.

87 Ohne besondere Erklärung tritt die Konkursmasse in Mietverträge für Geschäftslokale oder andere Immobilien oder Grundstücke ein, die der Schuldner in Verbindung mit seiner Erwerbstätigkeit abgeschlossen hat, sofern der Schuldner die Mietsache vor der Verfahrenseröffnung in Benutzung genommen hat.[89] Dies kann jedoch vermieden werden, wenn der Konkursverwalter innerhalb von 4 Wochen nach Verfahrenseröffnung, eine entsprechende Erklärung abgibt, und die angemieteten Lokale dem Vermieter innerhalb dieser Frist zur Verfügung gestellt werden. Die Mietforderung ist für den Zeitraum von der Eröffnung des Verfahrens bis zur Rückgabe der Sache als Masseverpflichtung zu erfüllen.

88 Für Arbeitsverträge regelt das Gesetz im Konkursfall, dass die Masse in die Arbeitsverträge eintritt, wenn nicht innerhalb von drei Wochen etwas anderes erklärt wird.[90] Die Lohnforderungen für die entsprechende Zeit werden demgemäß zu Masseforderungen. Für beide Parteien bestehen erleichterte Kündigungsmöglichkeiten. Beide Parteien haben jeweils eine Kündigungsfrist von einem Monat und seitens des Arbeitgebers ist kein wichtiger Grund für die Kündigung erforderlich, wie sonst der Fall gewesen wäre.

89 Diese Frist von drei Wochen, innerhalb derer Arbeitsverträge zu kündigen sind, wenn sie nicht bestehen bleiben sollen, sowie die vierwöchige Frist, mit der Mietverträge zu kündigen sind, werden in der Praxis zu den Fristen, innerhalb derer der Konkursverwalter endgültig entscheiden muss, ob der Betrieb des Schuldners ganz oder teilweise auf Kosten der Konkursmasse weitergeführt werden soll.

7. *Motregning* – Aufrechnung

90 Grundsätzlich kann derjenige, der bei Eröffnung des Verfahrens eine Forderung gegen den Schuldner hat, die als Konkursforderung angemeldet werden kann, diese zur vollen Höhe gegen eine Forderung des Schuldners, die in die Masse fällt, aufrechnen.[91] Wenn die Aufrechnung jedoch, wegen der Art der Forderung, auch gegenüber dem solventen Schuldner nicht möglich gewesen wäre, so kann auch im Insolvenzverfahren grundsätzlich keine Aufrechnung erfolgen. Andererseits wird die Aufrechnung im Konkurs insoweit erleichtert, als die Forderung, mit der der Gläubiger aufrechnen will, nicht ursprünglich auf Geld gerichtet sein muss.

91 Die Aufrechnung ist ausgeschlossen, wenn:
– die Forderung des Schuldners vor Verfahrenseröffnung fällig wird, die des Gläubigers jedoch erst danach
– die Forderung des Gläubigers zur Klasse der nachrangigen Forderungen gehört
– der Gläubiger die Forderungen, die er aufrechnen will, in den letzten drei Monaten vor Verfahrenseröffnung von einem Dritten erworben hat, oder unabhängig vom Zeitpunkt, wenn es dem Gläubiger beim Erwerb bekannt war oder er wissen musste, dass der Schuldner insolvent war
– der Gläubiger gegenüber dem Schuldner eine Verbindlichkeit in der Absicht eingegangen ist, mit seiner Forderung aufrechnen zu können.

Zur **Anfechtbarkeit** von Aufrechnungen → Rn. 97.

---

[86] § 7–3a *dekningsloven*.
[87] Vgl. § 7–3 Abs. 2 *dekningsloven*.
[88] Vgl. § 7–4a *dekningsloven*.
[89] § 7–10 *dekningsloven*.
[90] § 7–11 *dekningsloven*.
[91] § 8–1 bis § 8–6 *dekningsloven*.

8. *Omstøtelse* – Insolvenzanfechtung

Bestimmte Rechtsgeschäfte des Schuldners können im Konkurs oder wenn über einen Zwangsvergleich verhandelt wird, von der Konkursverwaltung angefochten werden.[92]

8.1 Schenkungen und unverhältnismäßig hohe Arbeitsentgelte

Schenkungen können in den Fällen angefochten werden, in denen das Gesetz sie aufgrund objektiver Tatbestände als unangemessene Benachteiligung der Gläubiger einordnet. Je nach Person des Beschenkten und Höhe des Geschenks gelten unterschiedliche Fristen und Beweisregeln.

Schenkungen, die **weniger als ein Jahr** vor dem Eröffnungsantrag geleistet wurden (**zwei Jahre** bei Geschenken an **nahestehende Personen**[93]), können angefochten werden, es sei denn, der Schuldner war zum Zeitpunkt der Schenkung zweifelsohne noch solvent. Bei Schenkungen an den Ehepartner, Verlobten oder mit dem Schuldner in nichtehelicher Lebensgemeinschaft lebende Personen, die weniger als zwei Jahre vor dem Eröffnungsantrag geleistet wurden, kommt es auf die finanzielle Situation des Schuldners zum Schenkungszeitpunkt nicht an. Übersteigt das Geschenk einen bestimmten Bezugswert,[94] beträgt die Anfechtungsfrist fünf Jahre. Die Anfechtung kann aber dann verhindert werden, wenn bewiesen wird, dass der Schuldner zum Zeitpunkt der Schenkung zweifelsohne noch solvent war.

Die Regeln zur Anfechtbarkeit von Geschenken gelten entsprechend für die Bezahlung von unverhältnismäßig hohem **Lohn,** einer dementsprechenden Pension oder einer sonst unverhältnismäßig hohen Gegenleistung an eine dem Schuldner nahestehende Person.

8.2 Außerordentliche Zahlungen

Der Ausgleich von Verbindlichkeiten, die der Schuldner später als drei Monate vor dem Eröffnungsantrag vorgenommen hat, kann angefochten werden, wenn die Bezahlung mit ungewöhnlichen Mitteln, vor Fälligkeit oder mit einem Betrag, der die Zahlungsfähigkeit des Schuldners erheblich vermindert hat, vorgenommen wurde. Dies gilt jedoch nicht, wenn die Bezahlung sich nach den Gesamtumständen als nicht ungewöhnlich darstellt. Es muss insofern eine Gesamtwürdigung aller Umstände vorgenommen werden, welche die Leistung und die Verhältnisse des Schuldners betreffen.

8.3 Aufrechnung

Rechnet der Gläubiger vor Verfahrenseröffnung mit einer Forderung auf, so kann die Aufrechnung dann angefochten werden, wenn sie nach Verfahrenseröffnung nicht zulässig gewesen wäre. Dies gilt bei Forderungen, die der Gläubiger von Dritten erworben hat, wenn der Erwerb später als drei Monate vor Eröffnungsantrag stattgefunden hat. Bei den übrigen Aufrechnungshindernissen gilt dies, wenn die Aufrechnung innerhalb der letzten drei Monate vor Verfahrenseröffnung erklärt wurde. War der Gläubiger in bösem Glauben, so kommt es auf den Zeitpunkt des Erwerbs oder der Aufrechnung nicht an.

8.4 Besicherung von älteren Forderungen

Eine Verpfändung oder die Stellung einer anderen Sicherheit, die der Schuldner später als drei Monate vor dem Eröffnungsantrag vorgenommen hat, kann angefochten werden, wenn:
– das Pfand oder die Sicherheit für eine Verbindlichkeit bestellt worden ist, die zum Zeitpunkt der Sicherung bereits bestanden hat, oder
– der für die Wirksamkeit des Pfandes gegen Dritte notwendige Publizitätsakt nicht ohne unnötige Verzögerung vorgenommen wurde, nachdem die Verbindlichkeit begründet worden war.
Bei dem Schuldner nahestehenden Personen beträgt die Frist zwei Jahre, es sei denn, es wird bewiesen, dass der Schuldner im Zeitpunkt der Sicherheitsstellung offenbar solvent war. Für den Ehepartner, Verlobten oder mit dem Schuldner in nichtehelicher Lebensgemeinschaft lebende Personen beträgt die Frist ebenfalls zwei Jahre. Die finanzielle Situation des Schuldners im Zeitpunkt der Sicherheitsstellung ist aber in diesem Fall ohne Bedeutung.

8.5 *Utleggspant* – Pfändungspfandrecht

Ein Pfändungspfandrecht, das später als drei Monate vor dem Eröffnungsantrag begründet wurde, hat gegenüber der Konkursmasse keine Wirkung.

---

[92] Kapitel 5 *dekningsloven*.
[93] Der Kreis der nahestehenden Personen ist in § 1–5 *dekningsloven* näher definiert.
[94] 998.580 NOK ab dem 1.5.2019, 94.500 EUR zum Wechselkurs am 17.8.2020.

8.6 Rechtsgeschäfte mit bösgläubigen Dritten

101 Neben den vorgenannten Regelungen, die an objektive Gegebenheiten anknüpfen, kennt das Gesetz noch einen Auffangtatbestand. Danach können Rechtsgeschäfte angefochten werden, die auf unbillige Weise einen Gläubiger auf Kosten der übrigen bevorzugen, Vermögensgegenstände des Schuldners der Verwertung durch die Gläubiger entziehen oder zum Schaden der Gläubiger die Verbindlichkeiten des Schuldners erhöhen.[95] Voraussetzung ist, dass die wirtschaftliche Lage des Schuldners schwach war oder durch die Verfügung erheblich geschwächt wurde, und weiter, dass der andere Vertragspartner im bösen Glauben handelte. Verfügungen, deren Erfüllung mehr als 10 Jahre zurück liegen, können nicht mehr angefochten werden.

9. Reorganisationsverfahren

102 Ein Rekonstruktionsverfahren wird oft eine Reorganisation des Betriebes des Schuldners umfassen. Die Reorganisation kann im Rahmen des Rekonstruktionsverfahren stattfinden und als eine Begründung für die Schuldner dienen, den Rekonstruktionsvorschlag anzunehmen. Der Rekonstruktionsverwalter wird dann in Zusammenarbeit mit dem Schuldner und gegebenenfalls anderen Beratern den Betrieb des Schuldnersanalysieren, um Verbesserungsmöglichkeiten zu identifizieren. Das Rekonstruktionsgesetz gibt dem Schuldner und dem Rekonstruktionsverwalter verbesserte Möglichkeiten für eine Reorganisation. Beispiel ist das Umwandeln von Schulden ins Eigenkapital.[96]

103 Der Rekonstruktionsverwalter hat innerhalb von vier Wochen nach Verfahrenseröffnung den Gläubigern einen vorläufigen Plan für die Rekonstruktion vorzulegen und genehmigen zu lassen. Umfassende Arbeiten für die Vorbereitung einer Reorganisation können nur dann vorgenommen werden, wenn sie von diesem Rekonstruktionsplan umfasst sind und somit von den Gläubigern genehmigt sind.

104 Da der Konkurs darauf angelegt ist, das gesamte Vermögen des Schuldners zu verwerten und den Erlös unter den Gläubigern zu verteilen, kommt eine Reorganisation des Schuldners nur dann in Betracht, wenn der Betrieb auf einen anderen Rechtsträger übertragen wird. Der Schuldner muss dann insoweit für die Forderungen einstehen, als diese bei der Verteilung nicht erfüllt werden. Ist der Schuldner eine juristische Person, wird sie bei der Beendigung des Konkursverfahrens aufgelöst.

10. Internationales Insolvenzrecht

105 Am 17.6.2016 wurde das Konkursgesetz vom norwegischen Parlament (*Stortinget*) mit zusätzlichen Bestimmungen bezüglich der Behandlung **grenzüberschreitender Insolvenzen** ergänzt. Vorher gab es keine umfassende gesetzliche Regelung über die Wirkungen von norwegischen Konkurs- und Rekonstruktionsverfahren im Ausland, und auch nicht über die Wirkung von ausländischen Insolvenzverfahren in Norwegen. Die neuen Bestimmungen, nachfolgend „Konkursnovelle", sind noch nicht in Kraft getreten; derzeit ist noch offen, wann hiermit zu rechnen ist.[97]

10.1 Internationale Insolvenzverträge

106 Die europäische **Insolvenzverordnung** (EuInsVO) ist nicht Teil des Abkommens über den Europäischen Wirtschaftsraum (EWR-Vertrag) und gilt damit nicht für Norwegen.

Die Konkursnovelle verfolgt jedoch das Ziel, dass das norwegische internationale Insolvenzrecht mit dem internationalen Insolvenzrecht der Staaten, mit denen Norwegen wirtschaftlich besonders intensiv verkehrt, also auch die EU-Länder, in wichtigen Punkten (zum Beispiel Fragen der örtlichen Zuständigkeit) übereinstimmt.

107 Norwegen ist Vertragspartei des **Nordischen Insolvenzabkommens** vom 7.11.1933 zwischen Norwegen, Schweden, Dänemark, Finnland und Island. Im Kern sieht der Vertrag vor, dass Beschlüsse der Gerichte der jeweiligen Länder und die dortigen Konkursverfahren in den übrigen Mitgliedsstaaten anerkannt werden. Grundsätzlich gilt jedoch immer die Gesetzgebung des Mitgliedstaates, in dem das Konkursverfahren eröffnet wurde.

10.2 Örtliche Zuständigkeit

108 Übt der Schuldner mehrere Tätigkeiten aus oder hat er Vermögenswerte in mehreren Staaten, ist ein Insolvenzverfahren nach dem Inkrafttreten der Konkursnovelle nur dann in Norwegen zu

---

[95] § 5–9 *dekningsloven*.
[96] Hierzu → Rn. 46.
[97] Bei Einsicht der Webseite https://lovdata.no/dokument/NL/lov/1984-06-08-58 wird man feststellen können, ob die Konkursnovelle mit den neuen Paragrafen 161-177 im viertem Teil des Gesetzes in Kraft gesetzt worden ist oder nicht.

10. Internationales Insolvenzrecht 109–110 **Norwegen**

eröffnen, wenn der Schuldner seine **Hauptinteressen** in Norwegen hat.[98] Der Begriff „Hauptinteressen", **der „Mittelpunkt einer selbständigen wirtschaftlichen Tätigkeit"**, soll dem COMI-Begriff der EuInsVO entsprechen. Damit sucht man zu verhindern, dass Gerichte der EU und norwegische Gerichte in konkreten Fällen zu unterschiedlichen Lösungen über die Zuständigkeit kommen.

Ist das in Norwegen betriebene Unternehmen eine Niederlassung einer ausländischen Gesellschaft, muss das Insolvenzverfahren grundsätzlich in dem Staat, in dem das Unternehmen seinen Sitz hat, beantragt und eröffnet werden. Übt allerdings das Unternehmen im Staat seines Sitzes keine oder nur eine unwesentliche Tätigkeit aus, sodass die norwegische Niederlassung in der Tat die Hauptgeschäftsstelle ist, kann ein Insolvenzverfahren über diese Gesellschaft in Norwegen eröffnet werden.[99],[100] **109**

Die örtliche Zuständigkeit innerhalb Norwegens richtet sich nach dem Ort der „Hauptgeschäftsstelle" des Schuldners.[101] Bis zum Inkrafttreten der Konkursnovelle bestimmt sich hiernach auch die internationale Zuständigkeit des norwegischen Gerichts. **110**

Für Personen mit Besitz oder Tätigkeit in mehreren Staaten sollen norwegische Gerichte nach dem Inkrafttreten der Konkursnovelle ein norwegisches *Sekundärinsolvenzverfahren* öffnen können, das nur die Vermögenswerte des Schuldners, die sich in Norwegen befinden, umfasst. Ein Sekundärinsolvenzverfahren kann nur dann eröffnet werden, wenn sich die „Hauptinteressen" des Schuldners in einem anderen Staat befinden. Die Eröffnung eines Sekundärinsolvenzverfahrens ist nicht von der vorherigen Eröffnung eines Hauptinsolvenzverfahrens im Ausland abhängig. Für Fälle, in denen Verfahren in mehreren Ländern eröffnet wurden, hat die Konkursnovelle in §§ 173–174 Regeln zur Koordinierung der Verfahren geschaffen. **111**

Norwegische Gerichte sind nach norwegischem Recht für die Behandlung von Anfechtungsansprüchen gegen eine im Ausland ansässige Person zuständig.[102] Das gilt auch für Entscheidungen darüber, ob ein Dritter Rechtsschutz oder öffentlichen Glauben (*rettsvern*) für sein Recht erlangt hat.[103] Diese Zuständigkeit wird mit dem Inkrafttreten der Konkursnovelle gesetzlich festgeschrieben. **112**

10.3 Wirkungen des norwegischen Verfahrens im Ausland

Das norwegische Insolvenzverfahren umfasst das gesamte Vermögen des Schuldners, unabhängig davon, ob sich dieses in Norwegen oder in anderen Ländern befindet. Vermögensgegenstände im Ausland sollen demnach auch zur Konkursmasse gezogen werden können. Ob sich dies verwirklichen lässt, hängt allerdings davon ab, ob das Recht des fremden Staates die Verfügungsbefugnisse des Konkursverwalters oder des Konkursverwaltungsausschusses anerkennt und durchsetzt. **113**

10.4 Wirkung und Anerkennung ausländischer Insolvenzverfahren in Norwegen

Während derzeit ausländische Insolvenzverfahren keine Wirkung in Norwegen entfalten, legt die Konkursnovelle fest, dass sie dies künftig in Norwegen tun sollen. Voraussetzungen sind, dass der Eröffnungsstaat entsprechende Bestimmungen über die Anerkennung eines norwegischen Insolvenzverfahrens vorsieht, und dass das ausländische Verfahren bestimmte Kriterien bezüglich öffentlicher Kontrolle und Gleichbehandlung der Gläubiger erfüllt.[104] **110**

Ausländische Insolvenzverfahren sollen somit unmittelbar und automatisch in Norwegen anerkannt werden, mit der Folge, dass der Schuldner über sein in Norwegen belegenes Vermögen nicht mehr verfügen kann und dass Einzelvollstreckung verfolgende Gläubiger in Norwegen das ausländische Insolvenzverfahren respektieren müssen.

Das Recht der Insolvenzverwaltung, Vermögen des Schuldners in Beschlag zu nehmen, sowie die Einwirkung des Insolvenzverfahrens auf die Verfügungsrechte des Schuldners, sollen vom Recht des Staates der Ersteröffnung geregelt werden. Andere Wirkungen, die nicht die Befugnis oder das

---

[98] § 161 Konkursgesetz nach Inkrafttreten der Konkursnovelle.
[99] Beschluss Borgarting Lagmannsrett 17.3.2010, LB-2009-190671.
[100] Entsprechend wurde die norwegische Niederlassung der isländischen Bank Kaupthing am 12.10.2008 unter öffentliche Verwaltung gem. dem damaligen Banksicherungsgesetz gestellt, zu dem zu dieser Frage jetzt geltenden Finanzunternehmensgesetz Gesetz näher → Rn. 18. Die Begründung war damals, dass das isländische Unternehmen seine Tätigkeit in Island eingestellt hatte.
[101] § 146 Konkursgesetz.
[102] HR-2019-623-U: Das Høyesterett entschied, dass das norwegische Konkursgericht nach § 4-3 Zivilprozessgesetz und § 145 Konkursgesetz für Anfechtungsklagen, die sich auf in Norwegen eröffnete Insolvenzverfahren beziehen, zuständig ist.
[103] HR-2017-06-28
[104] §§ 163–167 der Konkursnovelle.

Recht der Konkursverwaltung, Vermögen in Beschlag zu nehmen, betreffen, sollen norwegischem Recht unterstehen.[105] Zum Beispiel werden dann Anfechtung und Gültigkeit einer Pfändung nach norwegischem Recht geregelt. Die Fristen richten sich jedoch nicht nach dem Zeitpunkt der Eröffnung des Insolvenzverfahrens, sondern nach dem Zeitpunkt der Veröffentlichung des Insolvenzverfahrens in Norwegen.

Bis die Konkursnovelle in Kraft tritt, hat die Eröffnung eines Insolvenzverfahrens im Ausland jedoch keine unmittelbaren Wirkungen für die Vermögensgegenstände des Schuldners in Norwegen. Dem Schuldner sind Verfügungen über Vermögensgegenstände, die sich in Norwegen befinden, weiterhin möglich. Gläubiger können, auch nachdem ein Insolvenzverfahren im Ausland eröffnet worden ist, die Einzelzwangsvollstreckung in das Vermögen des Schuldners in Norwegen betreiben.[106]

111 Das ausländische Verfahren wird aber grundsätzlich insofern anerkannt, als die Organe durch die Institute und Verfahren des norwegischen Rechts auf Vermögensgegenstände des Schuldners zugreifen können.

112 Das norwegische Gericht wird dadurch, dass bereits in einem anderen Land ein Verfahren anhängig ist, nicht daran gehindert, auch in Norwegen ein Insolvenzverfahren zu eröffnen. Internationale insolvenzrechtliche Übereinkommen hat Norwegen nur mit den anderen nordischen Ländern geschlossen.[107]

11. COVID-19-Gesetzgebung

113 Die wichtigste in Norwegen getroffene rechtliche Maßnahme als Folge der COVID-19-Situation ist die neue Gesetzgebung über Rekonstruktion von Unternehmen. Was weiterhin gilt, ist das Verbot, den schuldnerischen Betrieb auf Kosten der Gläubiger fortzuführen. Des Weiteren wurden die Konkursantragpflichten für Schuldner nicht suspendiert. Die Zahl der Insolvenzen war trotzdem niedriger als erwartet, teilweise wegen öffentlicher Unterstützungsanordnungen, teilweise auch weil das Finanzamt, das in sehr vielen Insolvenzfällen der Antragssteller ist, Zurückhaltung gezeigt hat.

114 Das neue Gesetz über Rekonstruktion von Unternehmen in finanziellen Schwierigkeiten, das Rekonstruktionsgesetz, wurde am 7.5.2020 erlassen und trat mit Wirkung vom 14.05.20 in Kraft. Das Rekonstruktionsgesetz ersetzt die bisher bestehende Gesetzgebung über Vergleich und Vergleichsverhandlungen im Konkursgesetz. Das im Konkursgesetz enthaltene Vergleichsverfahren wurde nur in geringem Umfang genutzt, u.a. weil eine Vergleichsverhandlung erst mit der schon eingetroffenen Zahlungsunfähigkeit des Schuldners eröffnet werden konnte. Damit waren die Möglichkeiten für eine erfolgreiche Restrukturierung und Weiterführung des Unternehmens schon sehr beschränkt. Die zur Verfügung stehenden Maßnahmen reichten auch nicht für eine effektive Rekonstruktion aus. Sehr viele Vergleichsverhandlungen wurden somit erfolglos und mit der Eröffnung des Konkurses frühzeitig abgeschlossen. Das neue RG ermöglicht dagegen die Eröffnung von Rekonstruktionsverhandlungen zu einem früheren Zeitpunkt als bisher und gibt gleichzeitig dem betroffenen Unternehmen einen besseren Schutz gegen die Eröffnung eines Konkurses während der Verhandlungen. Beschlussfassungen sind vereinfacht worden; nicht nur eine Reduzierung der Schulden, auch die Umwandlung von Schulden in Eigenkapital können als zusätzliche Maßnahmen genutzt werden. Wichtig ist auch, dass das Unternehmen die Verhandlungsperiode mit erstrangigem Pfand, vorrangig vor eventuell bestehenden anderweitigen Pfandsicherheiten zu befriedigen, finanzieren kann.

115 Das Rekonstruktionsgesetz gilt vorläufig bis Ende 2021. Die bisher geltende Gesetzgebung ist mittlerweile auf neue Vergleichsverhandlungen nicht mehr anzuwenden.

116 Das Rekonstruktionsgesetz basiert auf einem 2016 vorgelegten Entwurf. Das Justizministerium wollte aber damals die neuen Regeln über Insolvenz in der EU abwarten, dh die Richtlinie 2019/1023 vom 20.6.2019 und die Änderung der Richtlinie (EU) 2017/1132. Die umfangreichen wirtschaftlichen Auswirkungen des COVID 19 – Virus führten aber dazu, dass man den Entwurf im Laufe kurzer Zeit in einem Gesetz umsetzte, obwohl man ursprünglich einige Fragen weiter hätte klären wollen.

117 Die Bedingung für die Eröffnung einer Rekonstruktionsverhandlung auf Antrag des Schuldners ist, dass der Schuldner „ernsthafte wirtschaftliche Schwierigkeiten hat oder in überschaubarer Zukunft haben wird". Somit kann der Schuldner immer noch verfügbare Mittel für die Finanzierung der Verhandlun-

---

[105] § 164 der Konkursnovelle.
[106] HR-2013-00853-A, Rt. 2013 s 556.
[107] Konkurs-Übereinkommen v. 7.11.1933 zwischen Norwegen, Dänemark, Finnland, Island und Schweden, s. a. bei 10.1.

gen und des Betriebes in der Verhandlungsphase haben. Für die Eröffnung einer Rekonstruktionsverhandlung auf Antrag eines Gläubigers muss der Schuldner jedoch zahlungsunfähig sein.

Die Anforderungen an den Antrag auf Rekonstruktionsverhandlung sind erhöht worden. Der Antragsteller muss dem Gericht sowohl einen Plan für die Durchführung der Verhandlung und mögliche Lösungen als auch einen Plan für die Finanzierung der Verhandlungsphase und des Unternehmens während der Rekonstruktionsperiode vorlegen. **118**

Der Schuldner behält die Befugnis über sein Unternehmen während der Rekonstruktion, jedoch unter Aufsicht eines Rekonstruktionsverwalters. Dieser sollte in der Regel ein Anwalt mit Erfahrung als Insolvenzverwalter sein. **119**

Das neue Gesetz öffnet Möglichkeiten für eine abgesicherte Darlehensfinanzierung der Verhandlung. Nach dem Gesetz kann in einer Rekonstruktionsperiode Darlehen mit Pfand in Betriebsausstattung, Warenlager und Forderungen mit einer sog. „Superpriorität" aufgenommen werden. Für sehr viele Unternehmen sind diese Aktiva schon mit Pfand belastet. Nach der Eröffnung einer Rekonstruktionsverhandlung kann aber Darlehen für die Finanzierung der Verhandlungen und des weiteren Betriebs mit Pfand in diesen Aktiva mit Priorität vor schon bestehenden Belastungen gegeben werden – deshalb die Bezeichnung „Superpriorität". **120**

Laut § 6–4 Pfandgesetz hat eine Konkursverwaltung ein vorrangiges Pfandrecht in den ersten 5 % des Wertes aller Sachen, die mit Pfandrecht belastet sind. Mit der neuen Gesetzgebung kann auf dieses Pfandrecht auch in der Rekonstruktionsphase Zugriff genommen werden, § 6-5 Pfandgesetz. Der Verwalter wird dann durch Verabredung mit den erstrangigen Pfandgläubigern Zugang zu den Mitteln aus diesem Pfandrecht sicherstellen können. **121**

Neu sind auch Regeln über Umwandlung von Schulden in Eigenkapital für private oder allgemeine Aktiengesellschaften. Während bisher eine qualifizierte Mehrheit für einen solchen Beschluss erforderlich war, reicht jetzt eine einfache Mehrheit aus. Die Umwandlung ist im Ausgangspunkt freiwillig für die Gläubiger, das Gericht kann aber unter Umständen beschließen, dass die Umwandlung alle Gläubiger umfassen sollen. **122**

Der Schuldner ist während der Rekonstruktionsverhandlungen gegen die Eröffnung eines Konkurses und gegen gerichtliche Beschlagnahmen durch Verfolgung von Einzelgläubigern weitgehend geschützt. **123**

Bisher galten für die Entschließung eines Vergleiches komplizierte Bestimmungen über die geforderte Mehrheit. Dies ist jetzt erheblich vereinfacht worden. Um einen Vergleich für alle Gläubiger geltend zu machen, reicht jetzt eine einfache Mehrheit der Gläubiger, gezählt nach den anerkannten Forderungsbeträgen. **124**

Es ist vorgesehen, dass das jetzt erlassene vorläufige Gesetz durch ein reguläres Gesetz abgelöst wird, nachdem man Erfahrungen gewonnen hat und diverse Fragestellungen näher klären konnte. **125**

Norwegen

Zeitstrahl Vergleichsverfahren nach norwegischem Recht

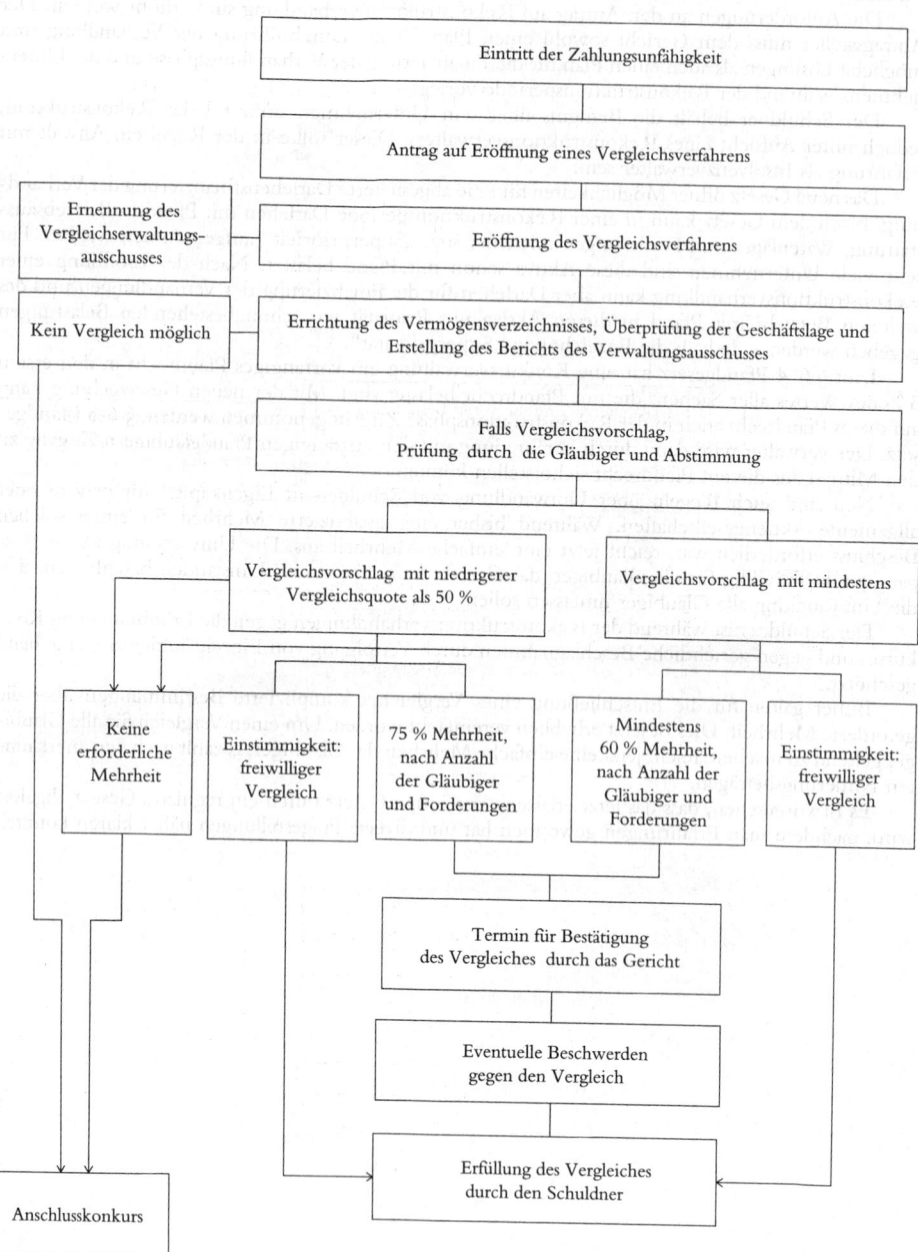

Norwegen

Zeitstrahl Konkursverfahren nach norwegischem Recht

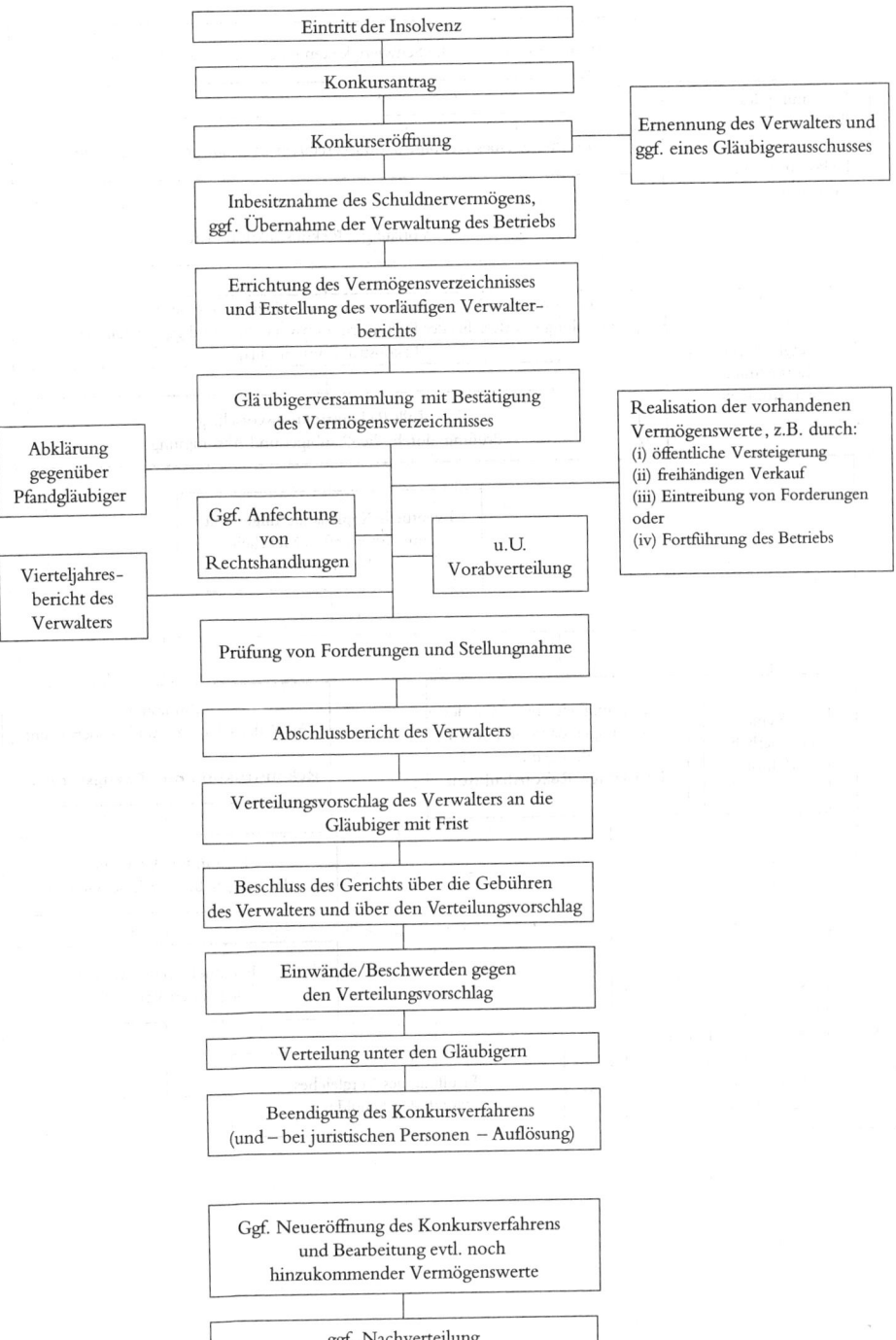

Norwegen

Zeitstrahl Rekonstruktion nach norwegischem Recht

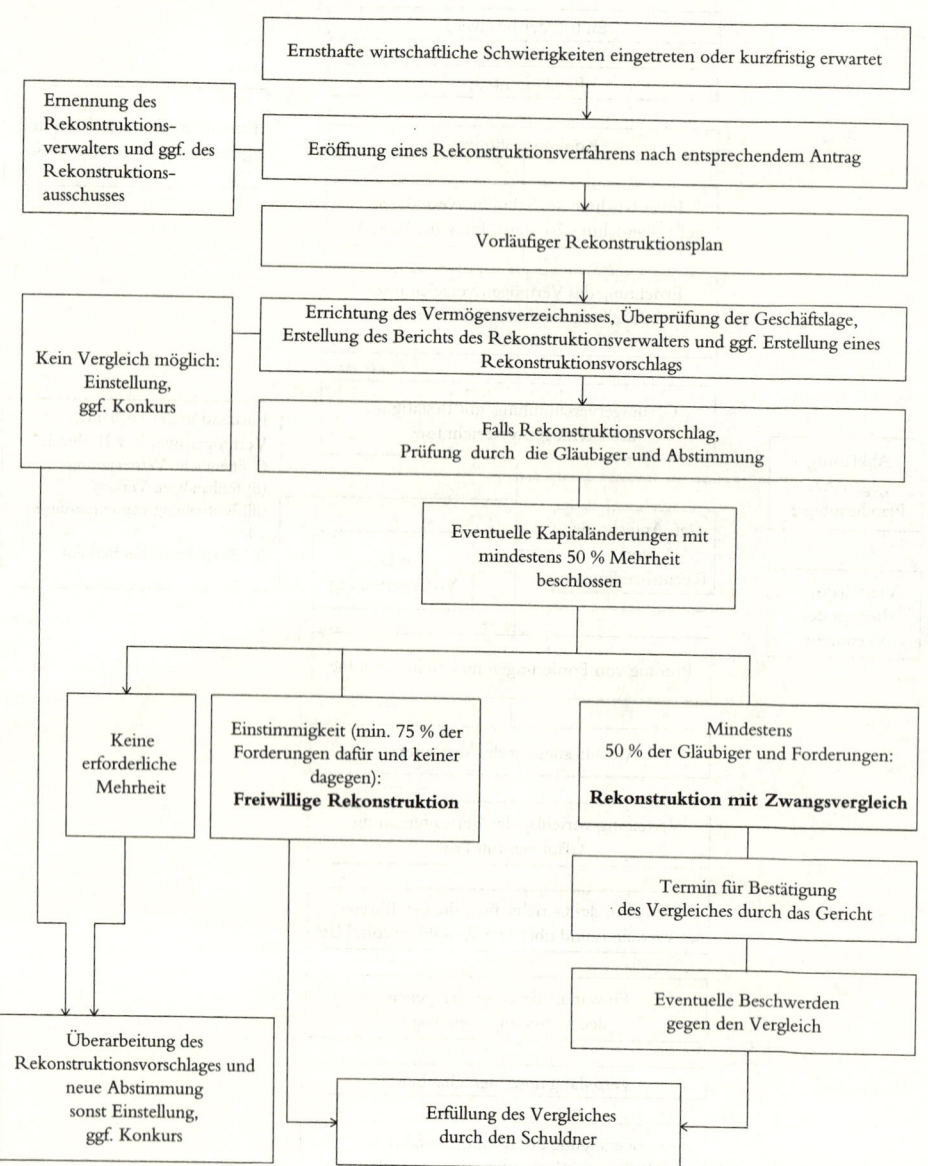

Norwegen

Glossar

Deutsch	Norwegisch	Rn.
Abandonierung	*abandonering*, Übertragung an den Schuldner oder an den Pfandberechtigten	71
Anfechtung	omstøtelse	92–101
Antragssteller einer Konkurseröffnung	konkursrekvirent	22
Arbeitnehmer	arbeidstaker	22, 53, 55, 61, 78, 80
Arbeitsrecht	arbeidsrett	
Aufrechnung	motregning	47, 90, 91, 97
außerordentliche Zahlungen	ekstraordinær betaling	96
Aussonderungsberechtigte	kreditorer med separatistrett	65
Aussonderungsrecht	separatistrett	65
Auszahlung der Forderungsquote	dividendeutbetaling	63
bedingte Forderungen	betingede krav	
Bericht des Verwalters	boinnberetning	43, 55
Berufungsgericht	ankedomstol, *lagmannsrett* ist die zweite instanz, *Norges Høyesterett* die dritte und letzte	
Beschlagfreiheit	beslagsfrihet	
Beschlagnahme	beslag	10, 11, 14, 36, 68, 110, 112
Beschlagverbot	beslagsforbud	
Bestandsbericht	boinnberetning	55
bevorzugte Forderung	fortrinnsberettiget fordring	78–80
bevorzugte Insolvenzgläubiger	kreditorer med fortrinnsrett	78–80
Eigentumsvorbehalt	eiendomsforbehold, wird nur als *salgspant* unter Einhaltung von Formvorschriften und mit Beschränkungen anerkannt	65
Einstellung des Konkursverfahrens	innstilling av bobehandlingen	
Einzelvollstreckung	enkeltforfølgning	11
Eröffnungsgründe für Konkurs	konkursgrunner	22–24
Forderungsanmeldung	fordringsanmeldelse	41, 54
Forderungsquote	dividende	63
freiwillige Vergleichsverhandlung	frivillig gjeldsforhandling	12
freiwilliger Vergleich	frivillig akkord, frivillig gjeldsordning	46
Garantieeinrichtung für Gehaltsforderungen	*Lønnsgarantiordningen*, eine staatliche Einrichtung für die Vorfinanzierung von Gehaltsforderungen bei Insolvenz	10, 80
Geschäftsführer	daglig leder, administrerende direktør	55, 78
gesetzliches Pfandrecht	legalpant	47
Gläubiger	kreditor	64–80
Gläubigerausschuss	kreditorutvalg	50
Gläubigerbegünstigung	kreditorbegunstigelse	10
Gläubigergemeinschaft	kreditorfellesskap	10, 61, 71

Norwegen

Deutsch	Norwegisch	Rn.
Gläubigerversammlung	kreditorforsamling, skiftesamling	51, 52, 55, 57
Güterrechtsregister	Løsøreregisteret	66
Handelsregister	Foretaksregisteret	4, 32, 34, 41, 60
Höchstes Gericht	Norges Høyesterett	
Insolvenzvermutung	insolvensformodning	23, 24
Konkurs	konkurs	
Konkursandrohung	konkurstrussel, konkursvarsel	23
Konkursantrag	konkursbegjæring	22, 23, 34
Konkurseröffnung	konkursåpning	10, 11, 22, 31, 36, 50, 55, 65, 68
Konkursforderung	dividendefordring	73, 81, 82, 85
Konkursquarantäne	konkurskarantene	55
Konkursverwalter	bostyrer	50
Konkursverwaltungsausschuss	bostyre	51, 52
Liquidation	likvidasjon, avvikling	18
Liquidation, freiwillige	frivillig avvikling	18
Liquidation, zwangsweise	tvangsavvikling	18
Masseforderung	massefordring	83, 85, 88
Massegläubiger	massekreditor	83
Masseunzulänglichkeit	*Utilstrekkelige midler i boet*, Einstellungsgrund des Verfahrens	
Mietvertrag	leieavtale	84, 87, 89
nachrangige Konkursforderungen	etterprioriterte fordringer	91
öffentlicher Glaube	rettsvern	62, 66, 112
Pfand	pant	66–77
Pfandberechtigter	panthaver	66–77
Pfandbrief	pantebrev	11
Pfandrecht	panterett	66–77
Pfandsicherheit	pantesikkerhet	66–77
Pfändung	utlegg, utleggspant	11, 39, 100, 110
Pfändungspfandrecht	utleggspant, utleggspanterett	11, 39, 100, 110
privater Vergleich	privat gjeldsordning	40
Prüfungstermin	termin for fordringsprøvelse	51, 58, 59
Rechtsanwalt	advokat	
Rechtsschutz	rettsvern	60, 112
Rekonstruktion	rekonstruksjon	40–49
Rekonstruktionsverfahren	rekonstruksjonsforhandling	40–49
Rekonstruktionsverwalter	rekonstruktør	42
Sachgesamtheiten	tingsinnbegrep, wie Warenlager *(varelager)*, Betriebsausstattung *(driftstilbehør)*, Fuhrpark *(motorvogner)*	33, 66, 69, 72
Schuldenregelung für Privatpersonen	gjeldsordning for privatpersoner	16–18

Norwegen

Deutsch	Norwegisch	Rn.
Schuldner	debitor, skyldner	
Schuldschein	gjeldsbrev	11
Sicherungsmaßnahmen	sikringstiltak	31
Steuer	skatt	79
Stimmrecht	stemmerett	44, 62
Überschuldung	insolvens	23
Übertragung an den Schuldner oder an den Pfandberechtigten	abandonering	71
Unternehmensregisteramt	Brønnøysundsregistrene, Verwaltungsorgan für mehrere öffentliche Register wie Handelsregister und Konkursregister.	
unvollständig erfüllte Verträge	uoppfylte kontrakter	84–89
Verbindlichkeiten	forpliktelser	24, 26, 33, 43, 96, 101
Verbraucherinsolvenzverfahren	gjeldsforhandling for privatpersoner	15, 25–30
Verfahrensorgane	boorganer	50–53
Verfügungsbefugnis	disposisjonsrett	33, 36, 112
Vergleich	Akkord, gjeldsordning	45–49
Vergleichsverfahren	gjeldsforhandling	40–49
Vergleichsverwaltungsausschuss	gjeldsnemnd	42
verpfänden	pantsette	11, 71, 72, 98
Verpfändung	pantsettelse	11, 71, 72, 98
Verwertung	realisasjon	33, 39, 60, 61, 70, 72, 101
vollstreckbarer Titel	tvangsgrunnlag	11
Vollstreckungsbehörde	namsmyndighet	11, 28, 30
Vorläufige Verteilung	foreløpig utlodning	63
Zahlungsaufschub	betalingsutsettelse	26, 45
Zahlungseinstellung	betalingsinnstilling	17, 23
Zahlungsunfähigkeit	betalingsudyktighet, illikviditet	21, 23
Zwangsvergleich	tvangsakkord	12, 23, 45, 46, 48, 92
Zwangsverkauf	tvangssalg	
Zwangsvollstreckung	tvangsfullbyrdelse	11, 23, 39, 70, 110

Glossar

Norwegisch	Deutsch	Rn.
abandonering	Abandonierung; Übertragung einer verpfändeten Sache an den Schuldner oder an den Pfandberechtigten (uneigentliches Abandonnieren)	71
administrerende direktør	Geschäftsführer	55, 78
advokat	Rechtsanwalt	
akkord	Vergleich	45–49

Norwegen

Norwegisch	Deutsch	Rn.
ankedomstol	Berufungsgericht	
arbeidsrett	Arbeitsrecht	
arbeidstaker	Arbeitnehmer	22, 53, 55
avvikling	Liquidation	18
beslag	Beschlagnahme	10, 11, 14, 36, 68, 110, 112
beslagsforbud	Beschlagverbot	
beslagsfrihet	Beschlagfreiheit	
betalingsinnstilling	Zahlungseinstellung	17, 23
betalingsudyktighet	Zahlungsunfähigkeit	21, 23
betalingsutsettelse	Zahlungsaufschub	26, 45
betingede krav	bedingte Forderungen	
boinnberetning	Bericht des Verwalters, Bestandsbericht	55
boorganer	Verfahrensorgane	50–53
bostyre	Konkursverwaltungsausschuss	51, 52
bostyrer	Konkursverwalter	50
Brønnøysundsregistrene.	Verwaltungsorgan für mehrere öffentliche register wie Handelsregister und Konkursregister	
daglig leder	Geschäftsführer	55, 78
debitor	Schuldner	
disposisjonsrett	Verfügungsbefugnis	33, 36, 112
dividende	Forderungsquote	63
dividendefordring	Konkursforderung	73, 81, 82, 85
dividendeutbetaling	Auszahlung der Forderungsquote	63
driftstilbehørspant	Pfand in Betriebsmitteln wie Maschinen, Ausrüstung	32, 66, 112
eiendomsforbehold	Eigentumsvorbehalt, wird nur als *salgspant* unter Einhaltung von Formvorschriften und mit Beschränkungen anerkannt	65
ekstraordinær betaling	außerordentliche Zahlungen	96
enkeltforfølgning	Einzelvollstreckung	11
etterprioriterte fordringer	nachrangige Konkursforderungen	91
fordringsanmeldelse	Forderungsanmeldung	41, 54
foreløpig utlodning	vorläufige Verteilung	63
Foretaksregisteret	das Handelsregister (wird zentral für ganz Norwegen geführt)	4, 32, 34, 41, 60
forpliktelser	Verbindlichkeiten	24, 26, 33, 43, 96, 101
fortrinnsberettiget fordring	bevorzugte Forderung	78–80
fristdag	Der Tag wonach Fristen im Konkursverfahren gerechnet werden	66
frivillig akkord	freiwilliger Vergleich	46
frivillig avvikling	freiwillige Liquidation	
frivillig gjeldsforhandling	freiwillige Vergleichsverhandlung	12

Norwegen

Norwegisch	Deutsch	Rn.
frivillig gjeldsordning	freiwilliger Vergleich	
gjeldsbrev	Schuldschein	11
gjeldsforhandling	Rekonstruktionsverfahren	40–49
gjeldsforhandling for privatpersoner	Verbraucherinsolvenzverfahren	25–30
gjeldsnemnd	Vergleichsverwaltungsausschuss	32–33
gjeldsordning for privatpersoner	Schuldenregelung für Privatpersonen	25–30
Høyesterett	Die dritte und letzte Instanz, entsprechend den Bundesgerichtshof	
illikviditet	Zahlungsunfähigkeit	23
innstilling av bobehandlingen	Einstellung des Konkursverfahrens	
insolvens	Überschuldung	23
insolvensformodning	Insolvenzvermutung	23, 24
konkurs	Konkurs	
konkursåpning	Konkurseröffnung	22, 31, 34
konkursbegjæring	Konkursantrag	22, 23, 34
konkursgrunner	Eröffnungsgründe für Konkurs	22–24
konkurskarantene	Konkursquarantäne	55
konkursregister	Register über Konkurseröffnungen und anhängige Konkursverfahren	
konkursrekvirent	Antragsteller einer Konkurseröffnung	22
konkurstrussel	Konkursandrohung	23
konkursvarsel	Konkursandrohung	23
kreditor	Gläubiger	64–80
kreditorbegunstigelse	Gläubigerbegünstigung	9
kreditorer med fortrinnsrett	bevorzugte Insolvenzgläubiger	78–80
kreditorer med separatistrett	Aussonderungsberechtigte	65
kreditorfellesskap	Gläubigergemeinschaft	10, 61, 71
kreditorforsamling	Gläubigerversammlung	51, 52, 55, 57
kreditorutvalg	Gläubigerausschuss	50
lagmannsrett	Die zweite Instanz, entsprechend Oberlandesgericht	
legalpant	gesetzliches Pfandrecht	47
leieavtale	Mietvertrag	84, 87, 89
likvidasjon	Liquidation	18
lønnsgarantiordningen	Garantieeinrichtung für Gehaltsforderungen, eine staatliche Einrichtung für die Vorfinanzierung von Gehaltsforderungen bei Insolvenz	10, 80
løsøreregisteret	Güterrechtsregister	66
massefordring	Masseforderung	83, 85, 88
massekreditor	Massegläubiger	83
motregning	Aufrechnung	47, 90, 91, 97
namsmyndighet	Vollstreckungsbehörde	11, 28, 30
omstøtelse	Anfechtung	92–101
pant	Pfand	66–77

Norwegen

Norwegisch	Deutsch	Rn.
pantebrev	Pfandbrief	5
panterett	Pfandrecht	66–77
pantsette	verpfänden	11, 71, 72, 98
pantsettelse	Verpfändung	11, 71, 72, 98
pantesikkerhet	Pfandsicherheit	66–77
panthaver	Pfandberechtigter	66–77
privat gjeldsordning	privater Vergleich	40
realisasjon	Verwertung	33, 39, 60, 61, 70, 72, 101
rettsvern	öffentlicher Glaube, Rechtsschutz	60–112
salgspant	Verkaufspfand, ähnlich Eigentumsvorbehalt, wird nur unter Einhaltung von Formvorschriften und mit Beschränkungen anerkannt	65
separatistrett	Aussonderungsrecht	65
sikringstiltak	Sicherungsmaßnahmen	31
skatt	Steuer	79
skiftesamling	Gläubigerversammlung	51, 52, 55, 57
skyldner	Schuldner	
stemmerett	Stimmrecht	44, 62
termin for fordringsprøvelse	Prüfungstermin	
tingsinnbegrep	Sachgesamtheiten	33, 66, 69, 72
tvangsakkord	Zwangsvergleich	12, 23, 45, 46, 48, 49
tvangsavvikling	zwangsweise Liquidation	
tvangsfullbyrdelse	Zwangsvollstreckung	11, 23, 39, 70, 110
tvangsgrunnlag	vollstreckbarer Titel	11
tvangssalg	Zwangsverkauf	
uoppfylte kontrakter	unvollständig erfüllte Verträge	84–89
utlegg	Pfändung	11, 39, 100, 110
utleggspant	Pfändungspfandrecht	11, 39, 100, 110
Varelagerpant	Pfand im Warenlager	32, 33, 66, 112
rekonstruksjon	Rekonstruktion	40–49
rekonstruksjonsforhandling	Rekonstruktionsverfahren	40–49
rekonstruktør	Rekonstruktionsverwalter	42

Österreich

bearbeitet von *Mag. Norbert Abel* (Abel Rechtsanwälte GmbH & Co KG, Wien)

Übersicht

	Rn.		Rn.
1. Gesetzessammlungen, Schrifttum und Informationsquellen	1	3.10.1 Gläubigerversammlung	56
		3.10.2 Gläubigerausschuss	57
1.1 Gesetzessammlungen	1	3.11 Forderungsanmeldung, Feststellung oder Bestreitung von Forderungen	58
1.2 Schrifttum	3		
1.3 Informationsquellen	4	3.12 Verteilung der Masse	60
2. Einführung	5	3.12.1 Massegläubiger	62
2.1 Gesetzlicher Rahmen	5	3.12.2 Aussonderungsberechtigte Gläubiger	63
2.2 Verfahrenstypen	7	3.12.3 Absonderungsberechtigte Gläubiger	65
2.3 Präventive Restrukturierung (vorinsolvenzlich)	14	3.12.4 Ungesicherte Gläubiger	69
2.4 Finanzielle Restrukturierung	27	3.12.5 Nachrangige Gläubiger	70
2.5 Spezielle Regelungen für Insolvenzen von Finanzinstituten und Versicherungen	30	3.13 Abschluss von Verfahren	71
		4. Verträge im Insolvenzverfahren	74
2.6 Konzerninsolvenzverfahren	32	4.1 Abwicklung unvollständig erfüllter Verträge	74
2.7 Verbraucherinsolvenzverfahren	34		
3. Wesentliche Verfahrensmerkmale des Insolvenzverfahrens	36	4.2 Miet- oder Pachtverhältnisse	79
		4.3 Leasingverträge	80
3.1 Eröffnung des Verfahrens	36	4.4 Dienstverhältnisse	81
3.1.1 Eröffnungsgründe und Antragspflicht	37	5. Pensionsansprüche	82
3.2 Rolle der Gerichte	41	6. Eigentumsvorbehalt	84
3.3 Insolvenzverwalter	42	7. Sicherheiten in der Insolvenz	85
3.4 Verwaltung und Verwertung der Masse	43	7.1 Mobiliarsicherheiten	86
		7.2 Immobiliensicherheiten	88
3.5 Fortführung durch den Schuldner oder Verwalter	46	8. Aufrechnung	90
		9. Insolvenzanfechtung	93
3.6 Zulässige Sicherungsmaßnahmen vor Verfahrenseröffnung	49	10. Geltendmachung von Haftungsansprüchen gegen (frühere) Geschäftsführer, Gesellschafter oder Dritte	98
3.7 Wirkungen der Verfahrenseröffnung	50		
3.8 Wirkung der Verfahrenseröffnung auf laufende Gerichts-/ oder Schiedsverfahren	51	11. Asset Tracking	101
		12. Reorganisationsverfahren	103
3.9 (Automatisches) oder gerichtlich anzuordnendes Moratorium	53	13. Internationales Insolvenzrecht	108
3.10 Organe der Gläubiger	56	14. COVID-19 Maßnahmen	111

1. Gesetzessammlungen, Schrifttum und Informationsquellen

1.1 Gesetzessammlungen

Gesetzessammlungen: 1
- Gesetzessammlung (Taschenkommentar): *Jelinek/Zangl*, Insolvenzordnung-IO[8] (2010)
- Gesetzessammlung in Englisch: *Konecny/Reisch*, Österreichische Insolvenzordnung/Austrian Insolvency Act (2014)
- Gesetzessammlung mit Kommentaren: *Mohr*, IO – Insolvenzordnung,[11] samt Nebengesetzen, verweisenden und erläuternden Anmerkungen und ausführlichen Hinweisen auf die Rechtsprechung (2012).

Österreich 2, 3

2 Gesetzestexte:
- Bundesgesetz über das Insolvenzverfahren (Insolvenzordnung – IO) StF: RGBl. 337/1914
- Kaiserliche Verordnung vom 10.12.1914 über die Einführung einer Konkursordnung, einer Ausgleichsordnung und einer Anfechtungsordnung (Insolvenzrechtseinführungsgesetz – IEG) StF: RGBl. 337/1914
- Bundesgesetz über die Reorganisation von Unternehmen (Unternehmensreorganisationsgesetz – URG) StF: BGBl. I 114/1997
- Anfechtungsordnung (AO), StF: RGBl. 337/1914
- Bundesgesetz vom 2.6.1977 über die Sicherung von Arbeitnehmeransprüchen im Falle der Insolvenz des Arbeitgebers (Insolvenz-Entgeltsicherungsgesetz – IESG) StF: BGBl. 324/1977
- Verordnung (EU) 2015/848 über Insolvenzverfahren ABl. L 2015/141
- Vorschlag für eine RICHTLINIE DES EUROPÄISCHEN PARLAMENTS UND DES RATES über präventive Restrukturierungsrahmen, die zweite Chance und Maßnahmen zur Steigerung der Effizienz von Restrukturierungs-, Insolvenz- und Entschuldungsverfahren und zur Änderung der Richtlinie 2012/30/EU, COM/2016/0723 final – 2016/0359 (COD)

1.2 Schrifttum

3   *Artmann,* Die Haftung des Abschlussprüfers für Schäden Dritter, JBl 2000, 623 ff.; *Aigner/Aigner/Aigner/Ebmer/Stiegler* (Hrsg.) Krisen- und Sanierungsmanagement, Finanzwirtschaftliche Sanierung (2008); *Bartsch/Pollak/Buchegger,* Kommentar zum Österreichisches Insolvenzrecht (2000); *Buchegger,* Österreichisches Insolvenzrecht (2010); *Dellinger/Oberhammer/Koller,* Insolvenzrecht[3] (2014); *Freitag,* Grundfragen der Richtlinie über präventive Restrukturierungsrahmen und ihrer Umsetzung in das deutsche Recht, ZIP 2019, 541 ff.; *Thole,* Der Richtlinienvorschlag zum präventiven Restrukturierungsrahmen, ZIP 2017, 101 ff.; *Jurgutyte-Ruez/Urthaler,* Der präventive Restrukturierungsrahmen in der Restrukturierungs-Richtlinie, ZIK 2019/116, 91 ff.; *Jelinek,* Insolvenzrechtsreform 2010, wbl 2010, 377 ff.; *Hans-Georg Kantner,* Sanierung aus Sicht der Gläubigerschutzverbände, in *Lichtkoppler/Reisch* (Hrsg.), Handbuch Unternehmenssanierung (2010); *Kodek,* Privatkonkurs[2] (2015); *Kodek,* Das IRÄG 2010 im Überblick, ZAK 2010, 499 ff.; *Kodek,* Von der KO zur IO – Das IRÄG 2010 im Überblick, ÖBA 2010, 498 ff.; *Kodek,* Das anwendbare Recht in grenzüberschreitenden Insolvenzen – Grundzüge und ausgewählte Probleme, in *Kodek/Konecny* (Hrsg.), Insolvenz-Forum 2007 (2008); *Konecny,* Das Insolvenzrechtsänderungsgesetz 2010, ZIK 2010/119, 82 ff.; *Konecny,* Die EuInsVO 2015 im Überblick, ZIK 2017/108, 82 ff.; *Konecny,* Probleme grenzüberschreitender Insolvenzen, in *Smid* (Hrsg.), Neue Fragen des deutschen und internationalen Insolvenzrechts (2006); *Konecny,* IRÄG 2010 – ZIK Spezial, 2010; *Konecny/Schubert* (Hrsg.) Kommentar zu den Insolvenzgesetzen (2009); *König/Trenker,* Die Anfechtung nach der Insolvenzordnung IO[6] (2020); *Madaus,* Die Vorgaben der EU-RL über präventive Restrukturierungsrahmen an den deutschen Gesetzgeber – Handlungsspielräume und -grenzen, DB 2019, 592 ff.; *Mayr,* Handbuch des europäischen Zivilverfahrensrechts (2017); *Mohr,* COVID-19-Pandemie – weitere Änderungen im Insolvenzrecht in Kraft getreten, ZIK 2020/56; *Mohr,* Unternehmensreorganisationsgesetz – URG (1997); *Mohr,* Insolvenzordnung[11] (2012); *Mohr,* Die Richtlinie über Restrukturierung und Insolvenz – ein kurzer Gesamtüberblick, ZIK 2019/115, 86 ff.; *Mohr,* Auslandsvermögen im österreichischen Konkurs – Anerkennung ausländischer Insolvenzverfahren, ZIK 2003/104; *Mohr,* Die Richtlinie über Restrukturierung und Insolvenz – ein kurzer Gesamtüberblick, ZIK 2019/115, 86 ff.; *Mohr,* Neuerungen im Privatinsolvenzrecht – IRÄG 2017, ZIK 2017/110, 97 ff.; *Mohr,* Das Insolvenzrechtsänderungsgesetz 2010 – Reform des Unternehmensinsolvenzrechts, ecolex 2010, 563 ff.; *Mohr,* Neuerungen im Unternehmensinsolvenzrecht – IRÄG 2010, ÖJZ 2010, 94 ff.; *Mohr/Riel,* Das IRÄG 2010 aus Bankensicht, RdW 2010, 639 ff.; *Oberhammer,* Das internationale Insolvenzrecht und Österreich: Grundstrukturen und ausgewählte Probleme, ÖBA 2002, 698 ff.; *Pariasek,* IRÄG 2010: Neuerungen im Zusammenhang mit Bestandrechten, wobl 2010, 237 ff.; *Pogacar,* Das „UNCITRAL Modelgesetz für grenzüberschreitende Insolvenzen" – 10 Jahre später, ZIK 2007/200 122 ff.; *Poltsch/Puschmann/Seiser/Übertsroider,* Vorgehensweise der Insolvenzgerichte unter Berücksichtigung der COVID-19-Gesetze, ZIK_digitalOnly 2020/8; *Rechberger/Seeber/Thurner,* Insolvenzrecht[3] (2018); *Reckenzaun,* IRÄG 2010 – Insolvenzordnung, 2010; *Riel,* Das Konzerninsolvenzrecht des IRÄG 2017, ZIK 2017/109, 91 ff.; *Schneider,* COVID-19: Update: Antragspflicht und Eröffnungsverfahren, ZIK 2020/57; *Schneider,* Privatinsolvenz[3] (2017); *Schneider,* IRÄG 2017 – die „kleineren" Änderungen, ZIK 2017/111, 103 ff.; *Schumacher* in *Grininger/Jaufer/Schumacher* (Hrsg.) Das Regime der IO und die außergerichtliche Sanierung, Deutsch-Österreichischer Rechts- und Praxisvergleich Insolvenzrecht (2018); *Spiegel/Benes,* Insolvenzordnung: Kreditvergabe und Insolvenzrisiken, RdW 2010/758, 751 ff.; *Wabl,* Pflichten der Unternehmensleitung nach der neuen EU-Richtlinie über Restrukturierung und

Insolvenz, ZIK 2019/210, 179 ff.; *Weissel,* Die neue Rechtsstellung des Absonderungsgläubigers nach dem IRÄG 2010, ÖBA 2011, 391 ff.

1.3 Informationsquellen

- Rechtsinformationssystem des Bundes (Gesetzestexte, sonstige Kundmachungen und Erlässe sowie Judikatur): https://www.ris.bka.gv.at
- Parlament der Republik Österreich (Gesetzesanträge und Gesetzesvorhaben, Erläuternde Bemerkungen zu Gesetzestexten, Stellungnahmen der Stakeholder, etc): https://www.parlament.gv.at
- Ediktsdatei (Veröffentlichungen zu Insolvenzverfahren): https://edikte.justiz.gv.at/
- Rechtsanwaltskammer Österreich (Suche nach Rechtsanwälten, Kundmachungen): https://www.rechtsanwaelte.at/
- ReTurn – Experten-Forum für Restrukturierungen, Sanierungen und Turnarounds: https://www.restrukturierung.at/
- Wirtschaftsinformationssystem (Firmenbuch, Firmen-Monitoring): https://compass.at/
- Gläubigerschutzverbände (Informationen zu Insolvenzverfahren, Bonitätsauskünfte, etc):
Alpenländischer Kreditorenverband (AKV) https://www.akv.at
Kreditschutzverband 1870 (KSV) https://www.ksv.at
Österreichischer Verband Creditreform (ÖVC) https://www.creditreform.at

2. Einführung

2.1 Gesetzlicher Rahmen

In Österreich wurde mit 1.7.2010 durch das IRÄG 2010[1] ein neues Insolvenzrecht eingeführt. Es beseitigte die Doppelgleisigkeit zwischen Konkursordnung (KO) und Ausgleichsordnung (AO). Zentraler Zweck der Novelle war die Erleichterung der Sanierungsmöglichkeit für Unternehmen. Der Kern des österreichischen Insolvenzrechts wird durch die Insolvenzordnung (IO)[2] geregelt. 2017 führte die EuInsVO 2015 zu einer Anpassung der IO und zu weiteren Änderungen. Die Reform des Schuldenregulierungsverfahrens für Privatpersonen erfolgte ebenso 2017.[3]

Daneben existiert nach wie vor das Unternehmensreorganisationsgesetz,[4] welches aber in der Praxis bedeutungslos ist.

2.2 Verfahrenstypen

Es gibt grundsätzlich ein Insolvenzgesetz, die Insolvenzordnung (IO). Innerhalb der IO gibt es unterschiedliche Ausprägungen des Insolvenzverfahrens:
- das Sanierungsverfahren mit Eigenverwaltung gem. §§ 169 ff. IO
- das Sanierungsverfahren ohne Eigenverwaltung gem. §§ 166 ff. IO
- das Konkursverfahren gem. §§ 180 f. IO
- das Schuldenregulierungsverfahren gem. §§ 181 ff. IO

Das Insolvenzverfahren wird daher entweder nach den Vorschriften für das Sanierungsverfahren oder nach den Vorschriften für das Konkursverfahren geführt. Unter bestimmten Voraussetzungen kann beim Sanierungsverfahren die Eigenverwaltung unter Aufsicht eines Sanierungsverwalters beantragt werden. Dem gegenüber eröffnet das Schuldenregulierungsverfahren dem Privatschuldner die Entschuldung mittels Zahlungsplan bzw. im Falle des Scheiterns mittels Abschöpfungsverfahren.

Wichtige Informationen bzw. Daten zum Insolvenzverfahren, wie etwa Verfahrensart, Kontaktdaten des Insolvenzverwalters, Termine und Fristen etc werden in der Ediktsdatei unter der Internetadresse https://www.edikte.justiz.gv.at veröffentlicht.

Das Konkursverfahren[5] dient zwar der Verwertung der vorhandenen Vermögenswerte und der Verteilung der Masse an die Gläubiger, eröffnet aber dem Schuldner dennoch die Möglichkeit einer Entschuldung. Der Schuldner kann zugleich mit dem Antrag auf Eröffnung des Insolvenzverfahrens oder auch danach bis zur Aufhebung des Insolvenzverfahrens den Abschluss eines Sanierungsplanes beantragen.[6] Im Sanierungsplanantrag muss der Schuldner den Gläubigern neben anderen Voraussetzungen eine Quote von mindestens 20 % der Forderungen, zahlbar binnen 2 Jahren nach Annahme des Sanierungsplanes, anbieten. Den Sanierungsplan kann der Schuldner auch dann beantragen,

---

[1] Insolvenzrechtsänderungsgesetz.
[2] Insolvenzordnung – IO, BGBl. 2010 I 29.
[3] Insolvenzrechtsänderungsgesetz 2017, BGBl. 2017 I 122; *Mohr* RdW 2017, 603.
[4] Unternehmensreorganisationsgesetz – URG, BGBl. 2005 I 120.
[5] § 180 IO.
[6] § 140 IO.

wenn das Konkursverfahren über Antrag eines Gläubigers eröffnet wurde. Stellt der Schuldner selbst einen Insolvenzantrag und hat die Absicht, sich zu entschulden, so kann er diesen gleich durch Eröffnung eines Sanierungsverfahrens[7] beantragen. Auch in diesem Fall beträgt, neben anderen Voraussetzungen, das Mindesterfordernis eine 20%ige Quote, zahlbar binnen 2 Jahren ab Abnahme des Sanierungsplanes. Beantragt der Schuldner ein Sanierungsverfahren mit Eigenverwaltung[8] so sind die Voraussetzungen für eine Verfahrenseröffnung wesentlich strenger. Im Antrag ist insbesondere anzugeben, wie die angebotene Quote aufgebracht und der Fortbetrieb finanziert wird. Die Mindestquote beträgt 30 %.

11   Für die Annahme des Sanierungsplanes ist in allen drei Fällen die einfache Kapital- und Kopfmehrheit der bei der Sanierungsplantagsatzung anwesenden stimmberechtigten Insolvenzgläubiger erforderlich.[9]

12   Die Verfahren stehen unter dem Grundsatz der par conditio creditorum (Gläubigergleichbehandlung). Während bei der Unternehmerinsolvenz die Ausgestaltung der Verfahren auf Unternehmenserhaltung und -sanierung gerichtet sind, wurde mit der Einführung des Schuldenregulierungsverfahrens ein Instrument zur Entschuldung natürlicher Personen geschaffen.

13   Das 1997 eingeführte Unternehmensreorganisationsverfahren soll hingegen noch nicht insolventen Unternehmen die Möglichkeit geben, eine Sanierung absehbarer zukünftiger Probleme durch Reorganisation zu erreichen.

2.3 Präventive Restrukturierung (vorinsolvenzlich)

14   Die neue EU-Richtlinie zur Restrukturierung und Insolvenz (RIRL) räumt den Mitgliedstaaten umfangreiche Gestaltungsmöglichkeiten ein.[10] Nachfolgend wird auf die ersten Regelungstendenzen und die bestehenden Bestimmungen in Österreich Bezug genommen.[11]

15   Als Maßnahmen zur Restrukturierung, sollen in Österreich neben dem Verkauf von Vermögenswerten oder Geschäftsbereichen auch weitere operative Maßnahmen und der Verkauf des lebenden Unternehmens als Ganzem möglich sein.[12] Im Hinblick auf die Einbindung der Justiz- oder Verwaltungsbehörde ist in Österreich bei der Umsetzung von der Kompetenz der Gerichtshöfe erster Instanz im Rahmen einer Eigenzuständigkeit auszugehen (Landesgericht als Handelsgericht).[13]

16   Der persönliche Anwendungsbereich für den Restrukturierungsrahmen und dessen Bausteine ist weit ausgestaltet. Eine Beschränkung auf juristische Personen ist in Österreich derzeit nicht geplant.[14] Der sachliche Anwendungsbereich setzt das Vorliegen von finanziellen Schwierigkeiten voraus, wobei die Festlegung des Eintrittes der „wahrscheinlichen Insolvenz" den Mitgliedstaaten obliegt.[15] Das österreichische Recht wird unter anderem an die Kennzahlen des Unternehmensreorganisationsgesetzes (URG) anknüpfen. Im Zuge der Umsetzung der Richtlinie reicht allein diese Definition nicht aus, um dem Zweck der Sanierung auch von Klein- und Mittelbetrieben zu ermöglichen, da bei nicht rechnungslegungspflichtigen Unternehmen eine Subsumtion nicht möglich wäre.[16]

17   In Österreich wird im Hinblick auf die Voraussetzung einer Bestandsfähigkeitsprüfung vertreten, dass die Prüfung auf eine Sanierungsfähigkeit des Unternehmens abzielt, wobei der Inhalt sich einer bedingten Fortbestehensprognose annähern könnte.[17] Zu den Rechnungslegungsvorschriften wird in Österreich die Vorlage der Jahresabschlüsse für die letzten 3 Jahre avisiert.[18]

18   Zur Aussetzung von Einzelvollstreckungsmaßnahmen nach Art. 6 RIRL sind neben der Zahlungsunfähigkeit derzeit keine weiteren Ausnahmen geplant.[19] Die Möglichkeit der Mitgliedstaaten,

---

[7] §§ 166 ff. IO.
[8] §§ 169 ff. IO.
[9] § 147 Abs. 1 IO.
[10] RL 2019/1023/EU des Europäischen Parlaments und des Rates v. 20.6.2019 über präventive Restrukturierungsrahmen, über Entschuldung und über Tätigkeitsverbote sowie über Maßnahmen zur Steigerung der Effizienz von Restrukturierungs-, Insolvenz- und Entschuldungsverfahren und zur Änderung der Richtlinie (EU) 2017/1132 (Richtlinie über Restrukturierung und Insolvenz), ABl. 2019 L 172, 18.
[11] Die Umsetzung in Österreich soll voraussichtlich bereits im Jahr 2020 erfolgen.
[12] Art. 2 Abs. 1 Nr 1 RIRL.
[13] § 63 IO bestimmt die Gerichtsbarkeit in Insolvenzverfahren.
[14] Zu den weiteren Ausnahmen vgl. Art. 1 Abs. 2 RIRL.
[15] Art. 4 RIRPL; s. Änderungsantrag 57 EP-Bericht.
[16] Vgl. *Jurgutyte/Urthaler* ZIK 2019, 116 (92).
[17] Vgl. *Mohr*, Der präventive Restrukturierungsrahmen – Titel II der Richtlinie über Restrukturierung und Insolvenz, in *Jaufer/Nunner-Krautgasser/Schummer*, Unternehmenssanierung mit Auslandsbezug (2019) 15 (27); *Jurgutyte/Urthaler* ZIK 2019, 116 (93); *Freitag* ZIP 2019, 541 (548).
[18] So auch § 169 IO bei einem Sanierungsverfahren mit Eigenverwaltung.
[19] ErwG 32 der RIRL.

die Wirkungen auch auf Drittsicherungsgeber zu erstrecken, wird aus derzeitiger Sicht nicht in Anspruch genommen.[20] Die Vollstreckungssperre soll nur auf Antrag des Schuldners für einen Zeitraum von bis zu vier Monaten erfolgen.[21] Eine Verlängerung soll unter gewissen Umständen möglich sein.[22] Nach Ablauf der Vollstreckungssperre ohne die Annahme eines Restrukturierungsplans erfolgt jedoch keine automatische Eröffnung eines Insolvenzverfahrens.[23] Bei der Insolvenzsperre wird in Österreich voraussichtlich die Ausnahme der Zahlungsunfähigkeit umgesetzt.[24]

Die in Art. 7 Abs. 4 RIRL vorgesehene Vertragsauflösungssperre nähert sich inhaltlich den bereits bestehenden Bestimmungen bei Insolvenzverfahren in Österreich an.[25] Die für die Weiterführung des täglichen Betriebes erforderlichen Verträge dürfen nicht aufgrund einer nicht erfolgten Zahlung bestehender Verbindlichkeiten beendet werden.

Bei der Einbindung und Kommunikation der betroffenen Parteien soll ein Wahlrecht zwischen der Bekanntmachung über die Ediktsdatei oder einer individuellen Verständigung der Gläubiger eingeführt werden. Jedenfalls müssen die bekannten Gläubiger, insbesondere auch bei Sitz im Ausland, unterrichtet werden. Gläubiger, die an der Annahme des Restrukturierungsplans nicht beteiligt waren, können durch den Plan auch nicht beeinträchtigt werden.[26]

Der Restrukturierungsplan gilt als angenommen, wenn bezogen auf den Betrag ihrer Forderungen oder Beteiligungen in jeder Klasse eine Mehrheit erreicht wird.[27] In Österreich ist eine Mehrheit von 75 % des Betrages Forderungen sowie eine einfache Kopfmehrheit geplant (doppelte Mehrheit).[28] Die Abstimmung soll im Rahmen eines Gerichtstermins erfolgen. Dies hat in Österreich Tradition, da die Gläubiger in großem Ausmaß durch die Gläubigerschutzverbände vertreten werden und daher die Kommunikation gebündelt wird und die Abstimmung in einer Tagsatzung daher effizient ist. Der klassenübergreifende Cram-down, bei dem nicht in jeder Abstimmungsklasse eine Annahme von den betroffenen Parteien erfolgte, ist ebenfalls nur auf Vorschlag des Schuldners mit einer Bestätigung des Gerichts und unter Einhaltung der Kriterien nach Art. 11 RIRL möglich (Fairnesstest). In Österreich zeigt sich im Hinblick auf den Fairnesstest die Präferenz für die Regel des relativen Vorrangs, sodass die von ablehnenden Abstimmungsklassen betroffenen Gläubiger zumindest ebenso wie andere gleichrangige Klassen und besser als alle nachrangigen Klassen gestellt werden (Relative Priority Rule).[29] Gegen den Beschluss über die Bestätigung des Restrukturierungsplans soll ein nicht aufschiebend wirkendes Rechtsmittel zulässig sein.[30]

Durch das Gläubigerinteresse als Schutzkonzept soll sichergestellt werden, dass es zu keiner Schlechterstellung der ablehnenden Gläubiger beim Restrukturierungsplan im Vergleich zu einer Verteilung im Insolvenzverfahren kommt. Ein ähnliches Konzept ist im Rahmen von Insolvenzverfahren bereits durch eine Stellungnahme des Insolvenzverwalters zum Sanierungsplan vorgesehen, nachdem der Sanierungsplan im Vergleich zu einer Zerschlagung angemessen sein muss. Der Going-Concern-Wert des Unternehmens wird durch die Höhe der Sanierungsplanquote wiedergespiegelt, da die Gläubiger den Plan nur annehmen werden, wenn in Anbetracht der Ertragsfähigkeit eine angemessene Quote angeboten wird. Neben einer Stellungnahme des Restrukturierungsbeauftragten wäre aus Sicht des österreichischen Rechts durch das Gericht auch die Beiziehung eines unabhängigen Sachverständen möglich. Im Rahmen der Entscheidung über die Bewertung des Unternehmens, wenn der Plan wegen eines mutmaßlichen Verstoßes gegen das Kriterium des Gläubigerinteresses oder gegen die Bedingungen für einen klassenübergreifenden Cram-down verstößt, sieht auch die Richtlinie die Bestellung eines ordnungsgemäß qualifizierten Sachverständigen vor.

Im österreichischen URG ist ein ausgeprägter Anfechtungsschutz vorgesehen, was mit dem objektiven Organ des Reorganisationsprüfers gerechtfertigt wurde.[31] Im Rahmen der Umsetzung der Richtlinie wird aufgrund der Möglichkeit der Eigenverwaltung ohne Prüfer wohl zurückhaltender agiert werden.

Die Frühwarnsysteme können Mechanismen zur Benachrichtigung des Schuldners, wenn dieser bestimmte Arten von Zahlungen nicht getätigt hat, oder Beratungsdienste von öffentlichen oder

---

[20] Art. 2 Abs. 1 Z4 RIRL.
[21] Art. 6 Abs. 6 RIRL.
[22] Dazu Art. 6 Abs. 7 RIRL.
[23] Art. 7 Abs. 7 RIRL.
[24] Art. 7 RIRL.
[25] Vgl. §§ 25a und 25b Abs. 2 IO.
[26] Art. 15 Abs. 2 RIRL.
[27] Art. 9 Abs. 6 RIRL.
[28] Art. 9 Abs. 6 RIRL; s. zum Sanierungsplan § 144 IO.
[29] Art 11 Abs 1 lit c RIRL.
[30] ErwG 65 RIRL.
[31] Vgl. § 20 URG; *Mohr*, Unternehmensreorganisationsgesetz 18.

privaten Organisationen umfassen. In Österreich werden insbesondere durch die Gläubigerschutzverbände[32] Informationen über die Bonität der Unternehmen gesammelt. Der Wirkungsbereich der Verbände erstreckt sich derzeit auf die Wahrung der Gläubigerinteressen der jeweiligen Mitglieder und des Gläubigerschutzes im In- und Ausland. Die Plattformen für die Schuldner sind demgegenüber derzeit wenig ausgeprägt. Als Einbindung von Dritten sind in Österreich bereits eine Warnpflicht der Wirtschaftsprüfer bei Bestandsgefährdung sowie eine Berichtspflicht bei Vorliegen der Kennzahlen nach dem URG vorgesehen.[33]

25 Die RIRL enthält weitere Bestimmungen zur Entschuldung insolventer Unternehmer und Bestimmungen zur Steigerung der Effizienz von Insolvenz- und Entschuldungsverfahren, wodurch weiterer Anpassungsbedarf der österreichischen Bestimmungen gegeben ist.[34]

26 Die Umsetzung muss bis 17.7.2021 erfolgen, wobei insbesondere der Plan ohne Mindestquote, die Bildung von Gläubigerklassen und das Zurückdrängen des Mehrheitsprinzips Neuland für Österreich darstellen. Jedenfalls sind durch den präventiven Restrukturierungsrahmen erhebliche Anpassungen erforderlich, insbesondere betreffend die Aussetzung von Durchsetzungsmaßnahmen sowie die Insolvenzantragspflicht und die Möglichkeiten der Gläubiger zur Antragsstellung. Die bisherigen vorinsolvenzrechtlichen Regelungen nach dem Unternehmensreorganisationsgesetz konnten sich nicht durchsetzen. Die Umsetzung der Richtlinie wird voraussichtlich in einem eigenen Gesetz erfolgen und in Österreich neue Möglichkeiten zur präventiven Restrukturierung schaffen.

2.4 Finanzielle Restrukturierung

27 Durch das Zusammenwirken von betriebswirtschaftlichen, insolvenzrechtlichen, gesellschaftsrechtlichen und steuerrechtlichen Instrumenten sowie durch Leistungen der öffentlichen Hand, müssen je nach Ausgangslage die unterschiedlichen gesetzlichen Rahmenbedingungen beachtet werden.[35]

28 Für die finanzielle Restrukturierung im außergerichtlichen Bereich bestehen bei Fremdfinanzierungen wenig verbindliche Regelungen. Die Erfahrung zeigt, dass sich die österreichischen Grundsätze für „Multi-Gläubiger Restrukturierungen" an den internationalen Vorbildern, wie etwa die „London Rules" und die „Statement of Principles" der INSOL International orientieren. Neben den bankrechtlichen und kapitalmarktrechtlichen Bestimmungen fließen die Regelungen zur Anfechtung und der Grundsatz der Gläubigergleichbehandlung in die Regelungsbereiche mit ein.[36]

29 Eigentümerseitig sind im Rahmen von Krisensituationen insbesondere die strengen Vorschriften des Eigenkapitalersatzrechts und die Treuepflichten der Gesellschafter zu beachten.[37] Darüber hinaus herrscht unabhängig von der Krise bei juristischen Personen das Verbot der Einlagenrückgewähr.[38]

2.5 Spezielle Regelungen für Insolvenzen von Finanzinstituten und Versicherungen

30 Die Umsetzung der Richtlinie 2014/59/EU zur Sanierung und Abwicklung von Banken erfolgte im Bundesgesetz über die Sanierung und Abwicklung von Banken und in den diversen Materiengesetzen.[39] In der Verordnung zum Einheitlichen Mechanismus für Abwicklung (SRM) sowie in einem dazugehörenden zwischenstaatlichen Vertrag werden primär institutionelle und finanzielle Themen geregelt, die sich aus dem Kompetenztransfer auf die europäische Ebene ergeben. Die gesetzlichen Änderungen sind mit 1.1.2015 in Kraft getreten. Die nationale Abwicklungsbehörde ist in Österreich die Finanzmarktaufsicht (FMA). Die Oesterreichische Nationalbank arbeitet mit der FMA in ihrer Funktion als Abwicklungsbehörde eng zusammen.

31 Mit dem Versicherungsaufsichtsgesetz 2016 (VAG 2016)[40] wird die Richtlinie 2009/138/EG (Solvabilität II) umgesetzt.[41] Die Begleitmaßnahmen für die Insolvenzverfahren von Kreditinstituten und Versicherungen finden sich weiter in §§ 221 bis 251 IO.

---

[32] § 266 IO.
[33] § 273 Abs. 2 und Abs. 3 UGB.
[34] Vgl. *Mohr* ZIK 2019/115, 88.
[35] Vgl. dazu ausführlich *Aigner/Aigner/Aigner/Ebmer/Stiegler*, Krisen- und Sanierungsmanagement (2008).
[36] Zusammenfassung in *Höller*, Grundsätze der Restrukturierung, Schönherr Rechtsanwälte (2013).
[37] Eigenkapitalersatz-Gesetz – EKEG, BGBl. 2003 I 92 idF BGBl. 2010 I 58.
[38] § 82 GmbHG, RGBl. 1906, 58 idF BGBl. 2018 I 71.
[39] BGBl. 2014 I 98; mit dem Sanierungs- und Abwicklungsgesetz sowie mit einer Änderung des Bankwesengesetzes, des Finanzmarktaufsichtsbehördengesetzes, der Insolvenzordnung, des Übernahmegesetzes, des Wertpapieraufsichtsgesetzes 2007, des Alternative Investmentfonds Manager-Gesetzes, des Ratingagenturenvollzugsgesetzes, des Stabilitätsabgabegesetzes und der Aufhebung des Bankeninterventions- und -restrukturierungsgesetzes; insbesondere §§ 81 ff. BWG, BGBl. 1993, 532 idF BGBl. 2018 I 112.
[40] Insb. §§ 307 ff. VAG, BGBl. 2015 I 34 idF BGBl. 2019 I 26.
[41] BGBl. 2015 I 34.

2.6 Konzerninsolvenzverfahren

Das mit dem IRÄG 2017 eingeführte Koordinationsverfahren, im Wesentlichen verweisend auf **32** die Bestimmungen der EuInsVO 2015, soll die Zusammenarbeit zwischen Insolvenzverwaltern im Rahmen eines Konzerninsolvenzverfahrens erleichtern.[42] Das österreichische Konzerninsolvenzrecht war bisher vom strengen Trennungsgebot geprägt, sodass bislang die Abwicklung isoliert für die einzelnen Konzerngesellschaften als Subjekt des Insolvenzverfahrens erfolgte.[43]

Wenn Insolvenzverfahren über das Vermögen von Mitgliedern einer Unternehmensgruppe **33** eröffnet werden, sind die Regelungen über die Zusammenarbeit und Kommunikation nach Art. 56 bis 60 EuInsVO sowie die Koordinierung nach Art 61 bis 77 EuInsVO anzuwenden. Durch die Insolvenzordnung werden die Bestimmungen der EuInsVO ins nationale österreichische Recht transformiert.[44] Die effiziente Führung der Insolvenzverfahren auf Basis der drei Säulen der Art. 56 ff. EuInsVO nimmt nunmehr stetig zu. Die Kommunikation zwischen den Verwaltern und Gerichten sowie die wechselseitige verfahrensrechtliche Teilnahme erfolgt bislang im Wege einer informellen Koordination.

2.7 Verbraucherinsolvenzverfahren

Eine natürliche Person, die kein Unternehmen betreibt, kann zu Beginn oder im Laufe des **34** Insolvenzverfahrens den Antrag auf Annahme eines Zahlungsplanes stellen.[45] Darin muss der Schuldner den Insolvenzgläubigern eine Quote anbieten, die seiner Einkommenslage in den folgenden 5 Jahren entspricht. Eine Mindestquote ist nicht vorgesehen.[46] Die Zahlungsfrist darf 7 Jahre nicht übersteigen. Die einfache Mehrheit der bei der Zahlungsplantagsatzung anwesenden stimmberechtigten Gläubiger hinsichtlich Kopf und Kapital genügen.

Der Schuldner kann im Laufe des Insolvenzverfahrens, spätestens mit dem Antrag auf Annahme **35** eines Zahlungsplanes, die Durchführung des Abschöpfungsverfahrens mit Restschuldbefreiung beantragen.[47] In dem Antrag hat der Schuldner die Erklärung beizufügen, dass er den pfändbaren Teil seiner Forderungen auf Einkünfte aus einem Arbeitsverhältnis oder aus sonstige wiederkehrende Leistungen mit Einkommensersatzfunktion für die Zeit von 5 Jahren nach Eintritt der Rechtskraft des Beschlusses, mit dem das Abschöpfungsverfahren eingeleitet wird, an einen vom Gericht zu bestellenden Treuhänder abtritt. Das Gericht entscheidet dann nach Ablauf der 5 Jahre über die Restschuldbefreiung.[48] Während der Dauer des Abschöpfungsverfahrens treffen den Schuldner Obliegenheitsverpflichtungen, insbesondere Informationspflichten hinsichtlich einer geänderten Vermögenslage.[49]

3. Wesentliche Verfahrensmerkmale des Insolvenzverfahrens

3.1 Eröffnung des Verfahrens

Für das Insolvenzverfahren ist der Gerichtshof 1. Instanz zuständig, in dessen Sprengel der **36** Schuldner zum Zeitpunkt der Antragstellung sein Unternehmen betreibt oder mangels solchen seinen gewöhnlichen Aufenthalt hat.[50] Für natürliche Personen, die kein Unternehmen betreiben, ist das örtliche Bezirksgericht zuständig.[51]

3.1.1 Eröffnungsgründe und Antragspflicht

Voraussetzung für die Eröffnung des Insolvenzverfahrens ist die materielle Insolvenz des Schuld- **37** ners.[52] Zur Einleitung eines Sanierungsverfahrens mit oder ohne Eigenverwaltung reicht schon die drohende Zahlungsunfähigkeit.[53] Bei juristischen Personen genügt die Überschuldung.[54] Das

---

[42] §§ 180b f. IO.
[43] OGH 8 Ob 104/11v.
[44] §§ 180b f. IO.
[45] § 193 Abs. 1 IO.
[46] § 194 IO.
[47] § 199 Abs. 1 IO.
[48] § 213 IO.
[49] § 210a IO.
[50] §§ 63 f. IO.
[51] § 182 IO.
[52] § 66 IO.
[53] § 167 Abs. 2 IO.
[54] § 67 IO.

Österreich 38–42

Konkursverfahren wird entweder über Antrag des Schuldners[55] oder über Antrag eines Gläubigers[56] eröffnet, sofern kostendeckendes Vermögen vorhanden ist oder der Antragsteller einen Betrag zur Deckung der Verfahrenskosten vorschussweise erlegt. Das Sanierungsverfahren mit oder ohne Eigenverwaltung kann nur über Antrag des Schuldners eröffnet werden.[57]

38 Liegen die Voraussetzungen für die Eröffnung eines Insolvenzverfahrens vor, so ist dieses ohne schuldhaftes Zögern, spätestens aber 60 Tage nach dem Eintritt der Zahlungsunfähigkeit zu beantragen. Schuldhaft verzögert ist der Antrag nicht, wenn die Eröffnung eines Sanierungsverfahrens mit Eigenverwaltung sorgfältig betrieben worden ist.[58] Die 60-Tages Frist dient nicht der bloßen „Überlegung" zu einer Antragstellung, sondern zur Ergreifung von Sanierungsmaßnahmen.[59] Die Sanierungsmaßnahmen müssen darüber hinaus ex ante aussichtsreich und realisierbar erscheinen.[60] Diese Verpflichtung trifft natürliche Personen, welche organschaftliche Vertreter einer juristischen Person oder unbeschränkt haftende Gesellschafter einer Personengesellschaft sind.[61] Die Haftung der Organe bei Verletzung der Insolvenzantragspflicht ist nach österreichischem Recht streng.[62] Der Insolvenzverwalter kann Schadenersatzansprüche wegen einer Verschlechterung der Insolvenzquote gegenüber den Organen geltend machen.[63] Nach der Rechtskraft und Aufhebung des Insolvenzverfahrens geht die Befugnis auf die Insolvenzgläubiger über.[64]

39 Das Insolvenzgericht prüft von Amts wegen die Eröffnungsgründe. Wird das Insolvenzverfahren durch den Schuldner beantragt und ein kostendeckendes Vermögen nachgewiesen, so ist das Insolvenzverfahren in der Regel ohne weitere Tagsatzung sofort zu eröffnen.[65] Bei dem Antrag eines Gläubigers erfolgt die Ausschreibung einer Tagsatzung unter Ladung des Schuldners zur Prüfung der Insolvenzeröffnungsgründe.

40 Die Eröffnung wird durch ein Edikt öffentlich bekannt gemacht.[66] Die öffentliche Bekanntmachung erfolgt durch Aufnahme in die Insolvenzdatei. Unter anderem erhält jeder Gläubiger, dessen Anschrift bekannt ist, eine Ausfertigung des Ediktes, beim Sanierungsplanantrag eine Abschrift des Antrages.[67] Der wesentliche Inhalt eines Sanierungsplanes wird zudem in der Ediktsdatei veröffentlicht.

3.2 Rolle der Gerichte

41 Das Insolvenzgericht ist für die Eröffnung und Aufhebung des Insolvenzverfahrens und die Leitung des Verfahrens verantwortlich. Das Insolvenzgericht bestellt dazu den Insolvenzverwalter und ist (allenfalls gemeinsam mit dem Gläubigerausschuss) für die Überwachung des Insolvenzverwalters samt Genehmigung von Rechtsgeschäften zuständig.[68] Das Insolvenzgericht ist gegenüber dem Insolvenzverwalter weisungsbefugt.[69] Des Weiteren hat das Insolvenzgericht verpflichtend nach Antragstellung über die Schließung des Unternehmens oder von Unternehmensteilbereichen zu Entscheiden und die Verwertung von Unternehmen, des Anlage- und Umlaufvermögens oder von Liegenschaften zu genehmigen.[70] Im Rahmen der Schlussrechnungslegung und Aufhebung des Insolvenzverfahrens entscheidet das Insolvenzgericht auch über die Kosten des Verfahrens.

3.3 Insolvenzverwalter

42 Das Insolvenzgericht hat zum Insolvenzverwalter eine unbescholtene, verlässliche und geschäftskundige Person zu bestellen, die Kenntnisse im Insolvenzwesen hat.[71] Die in Aussicht genommene

---

[55] § 69 IO.
[56] § 70 IO.
[57] §§ 167, 169 IO.
[58] § 69 Abs. 2 IO.
[59] *Grininger/Jaufer/Schumacher/Schumacher*, Praxisvergleich Insolvenzrecht 3.
[60] *Bartsch/Pollak/Buchegger/Schumacher*, Insolvenzrecht[4] I/2 § 69 Rn. 83 ff. mwN, EvBl 1991/81 = JBl 1991, 807.
[61] § 69 Abs. 3 IO.
[62] RIS-Justiz RS0122035; RS01223116; *Bartsch/Pollak/Buchegger/Schumacher*, Insolvenzrecht[4] I/2 § 69 Rn. 83 ff. mwN, EvBl 1991/81 = JBl 1991, 125 mwN.
[63] Vgl. dazu OGH 26.9.2017, 6 Ob 164/16k; RIS-Justiz RS0059751; *Konecny/Schubert*, Insolvenzgesetze § 69 IO Rn. 69 ff.
[64] § 69 Abs. 5 IO.
[65] § 69 Abs. 1 IO.
[66] § 74 IO.
[67] § 145 Abs. 2 IO.
[68] § 80 und §§ 116, 117 IO.
[69] § 84 IO.
[70] §§ 114a, 115 und § 117 IO.
[71] § 80 Abs. 2 IO.

Person muss in Insolvenzverfahren, die Unternehmen betreffen, ausreichende Fachkenntnisse des Wirtschaftsrechts oder der Betriebswirtschaft haben oder eine erfahrene Persönlichkeit des Wirtschaftslebens sein. Wenn das Insolvenzverfahren ein Unternehmen betrifft, das im Hinblick auf seine Größe, seinen Standort, seine wirtschaftlichen Verflechtungen oder aus anderen gleich wichtigen Gründen von wirtschaftlicher Bedeutung ist, ist eine im Insolvenzwesen besonders erfahrene Person heranzuziehen.[72] Bei der Auswahl des Insolvenzverwalters hat das Gericht die besonderen Kenntnisse, die bisherige Tätigkeit und die Berufserfahrung des Insolvenzverwalters zu berücksichtigen. Es werden daher generell Rechtsanwälte mit entsprechender betriebswirtschaftlicher Ausbildung oder Erfahrung als Insolvenzverwalter bestellt. Vereinzelt kommt es auch zur Bestellung von Wirtschaftstreuhändern. Der Insolvenzverwalter muss von der Schuldnerin und von den Gläubigern unabhängig sein.[73]

3.4 Verwaltung und Verwertung der Masse

Der Insolvenzverwalter hat unverzüglich die wirtschaftliche Lage, die bisherige Geschäftsführung, die Ursachen des Vermögensverfalls, das Ausmaß der Gefährdung von Arbeitsplätzen, das Vorliegen von Haftungserklärungen Dritter und alle für die Entschließung der Gläubiger wichtigen Umstände zu prüfen. Weiter hat er den Stand der Masse zu ermitteln und für die Einbringung und Sicherstellung der Aktiva zu sorgen. Dazu sind die Schulden festzustellen und die angemeldeten Ansprüche zu prüfen sowie Rechtsstreitigkeiten, die die Masse ganz oder teilweise betreffen, zu führen. Daneben hat der Insolvenzverwalter unmittelbar nach Insolvenzeröffnung zu prüfen, ob das Unternehmen fortgeführt oder wieder eröffnet werden kann.[74] Die Entscheidung darüber ist spätestens in einer eigens anberaumten Berichtstagsatzung, die ebenfalls im Edikt angeführt ist, zu treffen.[75] Sind die Voraussetzungen für eine Unternehmensfortführung gegeben, so hat das Insolvenzgericht mit Beschluss die Fortführung auszusprechen.

Im Sanierungsverfahren mit Eigenverwaltung unter Aufsicht des Sanierungsverwalters beschränkt sich die Verwaltungstätigkeit des Sanierungsverwalters[76] auf die Anfechtung von Rechtshandlungen nach den §§ 27 bis 43 IO, die Forderungsprüfung nach §§ 122 ff. IO, die Mitteilung von Geschäften nach § 116 IO, die Zustimmung zum Abschluss von Geschäften nach § 117 IO, die gerichtliche Veräußerung nach § 119 IO, die Veräußerung von Sachen an denen ein Absonderungsrecht besteht nach § 120 IO sowie die Aufschiebung des Exekutionsverfahrens nach § 120a IO. Darüber hinaus bedürfen Rechtshandlungen der Genehmigung des Sanierungsverwalters, wenn sie nicht zum gewöhnlichen Unternehmensbetrieb gehören, sowie der Rücktritt, die Kündigung oder die Auflösung der Verträge nach §§ 21, 23 und 25 IO. Eine Verwertungshandlung des Sanierungsverwalters ist nur mit Zustimmung des Schuldners zulässig.[77] Im Sanierungsplanverfahren ohne Eigenverwaltung obliegt dem Insolvenzverwalter die Verwaltung und Verwertung der Insolvenzmasse. Eingeschränkt wird diese Befugnis nur durch Mitwirkungs- und Anhörungsrechte seitens des Schuldners, des Gerichtes oder des Gläubigerausschusses. Bei der Verwertung kann das Insolvenzgericht nach Einvernehmung des Insolvenzverwalters und des Gläubigerausschusses anordnen, dass mit der Verwertung der Insolvenzmasse bis zur Beschlussfassung durch die Gläubigerversammlung inne gehalten wird.[78]

Im Schuldenregulierungsverfahren kommt es jedenfalls zu einer Verwertung und Verteilung der Masse des gesamten schuldnerischen Vermögens unabhängig davon, ob der Schuldner einen Zahlungsplan mit oder ohne Abschöpfungsverfahrensantrag stellt.

3.5 Fortführung durch den Schuldner oder Verwalter

Das Konkursverfahren kann von jeder natürlichen oder juristischen Person in Anspruch genommen werden. Das Sanierungsverfahren kann von einer natürlichen Person, die ein Unternehmen betreibt, einer juristischen Person, einer Personengesellschaft oder einer Verlassenschaft beantragt werden. Das Schuldenregulierungsverfahren ist natürlichen Personen, die Nichtunternehmer sind, vorbehalten. Das Reorganisationsverfahren ist Unternehmen vorbehalten, unabhängig davon, ob der Rechtsträger des Unternehmens eine natürliche oder juristische Person ist.

---

[72] § 80 Abs. 3 IO.
[73] § 80b IO.
[74] § 81a IO.
[75] § 91a IO.
[76] § 172 IO.
[77] § 172 Abs. 3 IO.
[78] § 140 Abs. 2 IO.

47 Im Rahmen des Sanierungsverfahrens mit Eigenverwaltung steht dem Schuldner die Verwaltung der Insolvenzmasse unter Aufsicht eines Insolvenzverwalters (Sanierungsverwalters) zu.[79] Der Schuldner ist bei Eigenverwaltung berechtigt, alle Rechtshandlungen vorzunehmen. Der Genehmigung des Sanierungsverwalters bedürfen Rechtshandlungen, die nicht zum gewöhnlichen Unternehmensbetrieb gehören, sowie der Rücktritt, die Kündigung oder die Auflösung von Verträgen. Der Schuldner muss aber auch eine zum gewöhnlichen Unternehmensbetrieb gehörende Handlung unterlassen, wenn der Sanierungsverwalter dagegen Einspruch erhebt.[80]

48 In den anderen Fällen obliegt die Fortführung des Unternehmens dem Insolvenzverwalter.[81] Der Schuldner ist verpflichtet, dem Insolvenzverwalter alle zur Geschäftsführung erforderlichen Aufklärungen zu erteilen.[82] Der Insolvenzverwalter hat das Unternehmen bis zur Berichtstagsatzung fortzuführen, es sei denn, es ist offenkundig, dass eine Fortführung des Unternehmens zu einer Erhöhung des Ausfalls für die Insolvenzgläubiger führt. Solange das Unternehmen fortgeführt wird, kann es nur als Ganzes und nur dann veräußert werden, wenn der Verkauf offenkundig dem gemeinsamen Interesse der Insolvenzgläubiger entspricht.[83]

3.6 Zulässige Sicherungsmaßnahmen vor Verfahrenseröffnung

49 Kann das Konkursverfahren nicht sofort eröffnet werden und ist der Antrag nicht offenbar unbegründet, hat das Gericht zur Sicherung der Masse, insbesondere zur Unterbindung anfechtbarer Rechtshandlungen und zur Sicherung der Fortführung des Unternehmens, einstweilige Vorkehrungen anzuordnen.[84]

3.7 Wirkungen der Verfahrenseröffnung

50 Die Rechtswirkungen der Eröffnung des Insolvenzverfahrens treten mit Beginn des Tages ein, der der öffentlichen Bekanntmachung des Inhaltes des Ediktes folgt.[85] Die öffentliche Bekanntmachung erfolgt durch die Aufnahme in die Insolvenzdatei. Durch Eröffnung des Insolvenzverfahrens wird das gesamte der Exekution unterworfene Vermögen des Schuldners dessen freier Verfügung entzogen.[86] Im Sanierungsverfahren mit Eigenverwaltung bedarf der Schuldner zur Vornahme bestimmter Rechtshandlungen die Zustimmung des Sanierungsverwalters bzw. des Gerichtes.[87] Hinsichtlich Insolvenzforderungen tritt Prozesssperre ein. Anhängige Verfahren sind ex lege durch den Beschluss über die Verfahrenseröffnung unterbrochen und können erst nach Ablehnung der Forderungsanerkennung durch Masse- bzw. Sanierungsverwalter in der Prüfungstagsatzung fortgesetzt bzw. eingeleitet werden.

3.8 Wirkung der Verfahrenseröffnung auf laufende Gerichts-/ oder Schiedsverfahren

51 Rechtsstreitigkeiten, welche die Geltendmachung oder Sicherstellung von Ansprüchen auf das zur Insolvenzmasse gehörige Vermögen bezwecken, können nach der Eröffnung des Insolvenzverfahrens gegen den Schuldner weder anhängig noch fortgesetzt werden. Rechtsstreitigkeiten über Absonderungsansprüche und über Ansprüche auf Aussonderung nicht zur Insolvenzmasse gehöriger Sachen können auch nach der Eröffnung des Insolvenzverfahrens, jedoch nur gegen den Insolvenzverwalter anhängig gemacht und fortgesetzt werden. Rechtsstreitigkeiten über Ansprüche, die das zur Insolvenzmasse gehörige Vermögen überhaupt nicht betreffen, insbesondere über Ansprüche auf persönliche Leistungen des Schuldners, können auch während des Insolvenzverfahrens gegen den Schuldner oder von ihm anhängig gemacht und fortgesetzt werden.[88]

52 Alle anhängigen Rechtsstreitigkeiten, in denen der Schuldner Kläger oder Beklagter ist, werden durch die Eröffnung des Insolvenzverfahrens unterbrochen. Das Verfahren kann vom Insolvenzverwalter, von den Streitgenossen des Schuldners und vom Gegner wiederaufgenommen werden. Bei Rechtsstreitigkeiten über Ansprüche, die der Anmeldung im Insolvenzverfahren unterliegen, kann das Verfahren vor Abschluss der Prüfungstagsatzung nicht wiederaufgenommen werden. An Stelle

---

[79] § 169 IO.
[80] § 171 Abs. 1 IO.
[81] § 114 IO.
[82] § 99 IO.
[83] § 114a IO.
[84] § 73 IO.
[85] § 2 IO.
[86] § 2 Abs. 2 IO.
[87] §§ 171 ff. IO.
[88] § 6 IO.

des Insolvenzverwalters können auch Insolvenzgläubiger, welche die Forderung bei der Prüfungstagsatzung bestritten haben, das Verfahren aufnehmen.[89]

3.9 (Automatisches) oder gerichtlich anzuordnendes Moratorium

Im Rahmen des Abschlusses eines Sanierungsplans tritt die Befreiung von den Verbindlichkeiten **53** erst mit dem rechtskräftig bestätigten Sanierungsplan ein.[90] Es handelt sich daher um ein angeordnetes Moratorium durch Beschluss des Insolvenzgerichtes. An den Forderungsnachlass und die sonstigen Begünstigungen, die der Sanierungsplan gewährt, ist jener Gläubiger nicht gebunden, gegenüber welchem der Schuldner mit der Erfüllung des Sanierungsplanes in Verzug gerät.[91]

In einem Insolvenzverfahren ohne Abschluss eines rechtskräftig bestätigten Sanierungsplanes **54** oder Zahlungsplanes bleiben die Verbindlichkeiten im angemeldeten und anerkannten Umfang aufrecht. Die im Anmeldeverzeichnis aufgenommene und vom Insolvenzverwalter in der Prüfungstagsatzung anerkannte Forderung ist ein Exekutionstitel.[92] Quotenzahlungen sind entsprechend zu berücksichtigen.

Bei natürlichen Personen endet das Abschöpfungsverfahren ebenfalls mit Beschluss des Gerich- **55** tes. Sofern es zwischenzeitig zu keiner vorzeitigen Einstellung des Insolvenzverfahrens gekommen ist, hat das Insolvenzgericht auszusprechen, dass der Schuldner von den im Verfahren nicht erfüllten Verbindlichkeiten gegenüber den Insolvenzgläubigern befreit ist (Restschuldbefreiung).[93]

3.10 Organe der Gläubiger

3.10.1 Gläubigerversammlung

Die IO ordnet zahlreiche Fälle von Gläubigerversammlungen an bzw. beruft diese auf Antrag **56** ein:
– Erste Gläubigerversammlung (§ 74 Abs. 2 Z 4, § 179 IO)
Im Sanierungsverfahren hat die erste Gläubigerversammlung in der Regel innerhalb der ersten drei Wochen ab Eröffnung des Insolvenzverfahrens statt zu finden, sonst in der Regel innerhalb der ersten 14 Tage ab Eröffnung.
Bei der ersten Gläubigerversammlung im Sanierungsverfahren hat der Sanierungsverwalter einen ersten Bericht über die Wirtschaftslage zu erstatten und darüber zu berichten, ob der Finanzplan eingehalten werden kann, der Sanierungsplan erfüllbar ist und allenfalls Gründe zur Entziehung der Eigenverwaltung vorliegen. Die erste Gläubigerversammlung dient auch dazu, allfällige Einwände gegen den Insolvenzverwalter vorzutragen und zu erörtern.
– Berichtstagsatzung (§ 91a IO)
Die Berichtstagsatzung hat spätestens 90 Tage nach Eröffnung des Insolvenzverfahrens stattzufinden, sie kann auch den Zweck der ersten Gläubigerversammlung erfüllen. In dieser ist die Entscheidung über die weitere Vorgangsweise (Fortführung oder Schließung des Unternehmens, Sanierungsplan) zu treffen.
Darüber hinaus ist in der Berichtstagsatzung zu klären, ob ein Sanierungsplan dem gemeinsamen Interesse der Insolvenzgläubiger entspricht und ob dessen Erfüllung voraussichtlich möglich sein wird.[94]
– Prüfungstagsatzung (§ 105 IO)
Bei der Prüfungstagsatzung gibt der Insolvenzverwalter hinsichtlich jeder angemeldeten Forderung eine vorbehaltlose bestimmte Erklärung über ihre Richtigkeit und Rangordnung ab. Der Schuldner kann sich den Erklärungen des Insolvenzverwalters anschließen oder anders lautende Erklärungen abgeben. Eine anderslautende Erklärung des Schuldners hat nur dann eine Auswirkung, wenn das Insolvenzverfahren durch einen Sanierungsplan abgeschlossen wird. Ein Gläubiger ist berechtigt, in der Prüfungstagsatzung die Forderungsanmeldung eines anderen Gläubigers zu bestreiten.
– Sanierungsplantagsatzung (§ 145 IO)
In der Sanierungsplantagsatzung wird über den angebotenen Sanierungsplan abgestimmt.
– Rechnungslegungstagsatzung (§ 121 IO)

---
[89] § 7 IO.
[90] § 156 IO.
[91] § 156a IO.
[92] § 1 Z 7 EO (Exekutionsordnung).
[93] § 213 IO.
[94] §§ 114a ff. IO.

In dieser Tagsatzung hat der Insolvenzverwaltung Rechnung zu legen und diese zu erläutern. Schuldner und Gläubiger wie auch Mitglieder des Gläubigerausschusses sind berechtigt, in die Rechnung Einsicht zu nehmen und allfällige Bemängelungen bei der Tagsatzung oder vorher durch einen Schriftsatz vorzubringen. Liegen Bemängelungen vor, entscheidet über diese das Insolvenzgericht unter Ausschluss des Rechtsweges.[95]
- Zahlungsplantagsatzung (§ 193 IO)
  Im Schuldenregulierungsverfahren von Privatpersonen wird in der Zahlungsplantagsatzung über einen vom Schuldner beantragten Zahlungsplan entschieden.
- Abschöpfungstagsatzung (§ 200 Abs. 2 IO)
  Blieb der beantragte Zahlungsplan vom Schuldner erfolglos, wird das Verfahren bei rechtzeitiger Antragstellung in ein Abschöpfungsverfahren übergeleitet, worüber ebenfalls im Rahmen einer Tagsatzung zu entscheiden ist.

3.10.2 Gläubigerausschuss

57 Der Gläubigerausschuss ist vom Gericht zu bestellen, wenn dies Eigenart oder besonderer Umfang des schuldnerischen Unternehmens verlangt oder der Insolvenzverwalter den Abschluss eines nach § 117 IO zustimmungspflichtigen Geschäftes beabsichtigt. Der Gläubigerausschuss hat sich zu wichtigsten Geschäften zu äußern und sonstige wichtige Vorkehrungen zu treffen.

3.11 Forderungsanmeldung, Feststellung oder Bestreitung von Forderungen

58 Die Gläubiger haben ihre Forderungen innerhalb der Anmeldefrist in doppelter Ausfertigung schriftlich oder mündlich zu Protokoll bei Gericht anzumelden.[96] Es besteht kein Anwaltszwang. Eine Vertretung durch einen bevorrechteten Gläubigerschutzverband[97] ist möglich. In der Anmeldung sind der Betrag der Forderung und die Tatsachen, auf die sie sich gründet, sowie die Beweismittel zu bezeichnen. Ist bereits ein Verfahren anhängig, so hat die Anmeldung auch die Angabe des Prozessgerichtes und das Aktenzeichen zu enthalten. In der Prüfungstagsatzung[98] gibt der Insolvenzverwalter bekannt, ob die angemeldete Forderung zur Gänze oder teilweise anerkannt bzw. bestritten wird. Der Gläubiger bzw. sein Vertreter müssen bei der Prüfungstagsatzung nicht anwesend sein. Eine Verständigung über die Erklärung des Insolvenzverwalters erhält der Gläubiger nur im Falle der Bestreitung.[99] Gläubiger, deren Forderungen bestritten wurden, können deren Feststellung als Insolvenzforderung mittels Feststellungsklage geltend machen. Das Insolvenzgericht hat dabei die Frist zu bestimmen, innerhalb welcher die Feststellungsklage eingereicht werden muss.[100]

59 Wurde die Anmeldefrist versäumt, so kann die Forderung dennoch nachträglich angemeldet werden.[101] Der Gläubiger wird jedoch für die nachträgliche Prüfungstagsatzung kostenersatzpflichtig, derzeit pauschal 60,- EUR. Wird ein Sanierungsplan rechtskräftig bestätigt, so hat der Gläubiger Anspruch auf die Sanierungsplanquote unabhängig davon, ob er angemeldet hat oder nicht. Eine bestrittene Forderung ist quotenmäßig beim Insolvenzverwalter sicher zu stellen, wenn die Frist für die Feststellungsklage noch offen ist oder innerhalb der Frist eine Feststellungsklage eingebracht wurde.

3.12 Verteilung der Masse

60 Wann und in welcher Höhe eine Quote an die Gläubiger zur Ausschüttung gelangt, hängt vom Verfahrensablauf ab.

61 Wird das Insolvenzverfahren mit einem Sanierungsplan oder Zahlungsplan abgeschlossen, so richten sich der Zahlungszeitpunkt und die Höhe der Quote nach dem rechtskräftig bestätigten Sanierungsplan oder Zahlungsplan. Wird kein Sanierungsplan oder Zahlungsplan abgeschlossen, so kommt es zu einer Quotenverteilung gemäß dem Bericht des Insolvenzverwalters in Form einer Schlussverteilung.[102] Im Abschöpfungsverfahren kommt es in der Regel erst nach Ablauf der Abtretungserklärung zu einer Ausschüttung an die Gläubiger.[103] Reicht die Insolvenzmasse nicht aus, um

---

[95] § 122 Abs. 2 IO.
[96] §§ 102 ff. IO.
[97] § 266 IO.
[98] § 105 IO.
[99] § 110 Abs. 5 IO.
[100] Üblicherweise 4–8 Wochen nach Zustellung der Bestreitungsbenachrichtigung.
[101] § 107 IO.
[102] § 136 IO.
[103] § 203 IO.

eine Quotenverteilung vorzunehmen, kommt es zur anteiligen Befriedigung der Massegläubiger.[104] Zwischenverteilungen sind möglich.

3.12.1 Massegläubiger

Masseforderungen sind Forderungen, die nach Eröffnung des Insolvenzverfahrens entstehen. Sie sind grundsätzlich zur Gänze zu befriedigen und ohne Rücksicht auf den Stand des Verfahrens bzw. der Masse zu bezahlen, sobald die Ansprüche feststehen und fällig sind. Können jedoch die Masseforderungen nicht vollständig befriedigt werden, so sind sie nach einer gesetzlich festgelegten Rangordnung zu befriedigen.[105] Der Insolvenzverwalter ist verpflichtet, dem Gericht den Eintritt der Masseunzulänglichkeit anzuzeigen. Diese Tatsache wird in der Ediktsdatei veröffentlicht. Offene Masseforderungen verhindern jedenfalls die Bestätigung eines allfälligen Sanierungsplanes und führen allenfalls zu einer Haftung des Insolvenzverwalters.[106]

3.12.2 Aussonderungsberechtigte Gläubiger

Befinden sich in der Insolvenzmasse Sachen, die dem Schuldner nicht oder zum Teil nicht gehören, so hat der Berechtigte ein Recht auf Aussonderung. Dieses richtet sich nach den allgemeinen gesetzlichen bzw. vertraglichen Bestimmungen. Ist die Sache nach Eröffnung des Insolvenzverfahrens veräußert worden, so kann der Berechtigte unbeschadet weitergehender Ersatzansprüche die Aussonderung des bereits geleisteten Entgelts aus der Masse, wenn aber das Entgelt noch nicht geleistet worden ist, die Abtretung des Rechtes auf das ausstehende Entgelt verlangen.[107]

Aussonderungsansprüche sind nicht bei Gericht anzumelden, sondern direkt beim Insolvenzverwalter geltend zu machen. Werden die Ansprüche nicht befriedigt, muss bei Gericht gegen den Insolvenzverwalter auf Herausgabe geklagt werden. Aussonderungsgläubiger unterliegen weder einer Prozess- noch Exekutionssperre.

3.12.3 Absonderungsberechtigte Gläubiger

Absonderungsansprüche sind Ansprüche auf abgesonderte Befriedigung aus bestimmten Sachen des Schuldners. Die Absonderungsgläubiger können im Ausmaß ihrer gesicherten Forderungen vorrangige Befriedigung aus diesen Sachen verlangen.[108]

Grundsätzlich hat die Verfahrenseröffnung keine Auswirkung auf den Bestand und den Umfang der Absonderungsrechte. Von dieser Regel gibt es Ausnahmen:

Absonderungsrechte, die in den letzten 60 Tagen vor Verfahrenseröffnung durch Exekution zur Befriedung oder Sicherstellung neu erworben worden sind, erlöschen durch die Verfahrenseröffnung.[109] Absonderungsrechte, die vor Verfahrenseröffnung durch Abtretung bzw. Verpfändung einer Forderung auf Einkünfte aus einem Arbeitsverhältnis oder auf sonstige Einkünfte mit Einkommensersatzfunktion erworben worden sind, erlöschen 2 Jahre nach Ablauf des Kalendermonats, in den die Eröffnung des Insolvenzverfahrens fällt. Exekutiv begründete Absonderungsrechte an solchen Ansprüchen erlöschen bereits mit Ablauf des Kalendermonats, in dem die Insolvenz eröffnet wurde, bzw. wenn die Insolvenzeröffnung nach dem 15. Tag des Monats erfolgte, erst mit Ablauf des folgenden Kalendermonats.[110]

Absonderungsansprüche unterliegen weder einer Prozess- noch einer Exekutionssperre. Die Verwertung der Sondermasse obliegt dem Insolvenzverwalter.[111] Aus dem Verwertungserlös sind die Absonderungsberechtigten entsprechend ihrem sachenrechtlichen Rang zu befriedigen. Soweit die Forderungen der Absonderungsberechtigten reichen, schließen sie die übrigen Gläubiger von der Befriedigung aus diesen Sachen aus. Absonderungsgläubiger, denen zugleich ein persönlicher Anspruch gegen den Schuldner zusteht, können diesen neben dem Absonderungsrecht auch als Gläubiger geltend machen. Die Absonderungsrechte müssen nicht bei Gericht angemeldet werden, sondern sind beim Insolvenzverwalter geltend zu machen.

---

[104] § 46 IO.
[105] § 47 IO.
[106] § 81 IO.
[107] § 44 IO.
[108] § 48 IO.
[109] § 12 IO.
[110] § 12a IO.
[111] §§ 120f IO.

3.12.4 Ungesicherte Gläubiger

69 Die österreichische Rechtsordnung kennt keinen „Klassenkonkurs". Es werden grundsätzlich sämtliche Insolvenzgläubiger gleichbehandelt.

3.12.5 Nachrangige Gläubiger

70 Nachrangige Insolvenzgläubiger sind jene, die entweder selbst eine Erklärung abgegeben haben, mit ihrer Forderung im Rang nach den übrigen Gläubigern zu stehen und die daher erst nachrangig befriedigt werden oder solche, bei denen das Gesetz die Nachrangigkeit anordnet. Dies ist etwa bei eigenkapitalersetzenden Leistungen der Fall. Nachrangige Insolvenzgläubiger erhalten erst dann eine Zahlung auf ihre Forderung, wenn alle übrigen Gläubiger quotenmäßig zur Gänze befriedigt sind.[112]

3.13 Abschluss von Verfahren

71 Ist die Masse vollständig verwertet und über sämtliche bestrittenen Forderungen endgültig entschieden, so ist nach Feststellung der Ansprüche des Insolvenzverwalters und Genehmigung der Schlussrechnung die Schlussverteilung vorzunehmen.[113] Im Rahmen der Schlussrechnungstagsatzung werden auch die Kosten des Insolvenzverfahrens bestimmt.

72 Die Verfahrenskosten bestehen aus der Entlohnung des Insolvenzverwalters, der Entlohnung der Gläubigerschutzverbände und der gerichtlichen Pauschalgebühr. Die Entlohnung des Insolvenzverwalters richtet sich im Wesentlichen nach dem Erfolg seiner Tätigkeit.[114] Die Entlohnung der Gläubigerschutzverbände orientiert sich mit einem Prozentsatz an der Insolvenzverwalter zu gesprochenen Entlohnung.[115] Die Pauschalgebühr richtet sich ebenfalls nach dem einen Prozentsatz der Insolvenzverwalterentlohnung.[116]

73 Die Aufhebung des Insolvenzverfahrens erfolgt durch Gerichtsbeschluss.[117] Die Aufhebung ist wegen mangels eines Vermögens oder mit Einverständnis aller Gläubiger, nach Abschluss eines rechtskräftig bestätigten Sanierungsplans oder nach Schlussverteilung zu beschließen.[118]

4. Verträge im Insolvenzverfahren

4.1 Abwicklung unvollständig erfüllter Verträge

74 Ist ein zweiseitiger Vertrag vom Schuldner und seinem Vertragspartner zur Zeit der Verfahrenseröffnung nicht oder nicht vollständig erfüllt worden, so kann der Insolvenzverwalter entweder anstelle des Schuldners den Vertrag erfüllen und vom anderen Teil Erfüllung verlangen oder vom Vertrag zurücktreten.[119] Der Insolvenzverwalter muss sich darüber spätestens binnen einer vom Insolvenzgericht auf Antrag des Gläubigers zu bestimmenden Frist erklären, andernfalls angenommen wird, dass der Insolvenzverwalter vom Geschäft zurücktritt. Diese festgesetzte Frist darf frühestens 3 Tage nach der Berichtstagsatzung enden. Tritt der Insolvenzverwalter vom Vertrag zurück, so kann der Vertragspartner den Ersatz des ihm verursachten Schadens als Insolvenzforderung verlangen.

75 Ist der Schuldner zu einer nicht in Geld bestehenden Leistung verpflichtet, mit deren Erfüllung er in Verzug ist, so muss sich der Insolvenzverwalter unverzüglich nach Einlangen des Ersuchens des Vertragspartners, längstens aber innerhalb von 5 Arbeitstagen erklären. Erklärt er sich nicht binnen dieser Frist, so wird angenommen, dass er vom Geschäft zurücktritt.[120]

76 Liegt eine teilbare Leistung vor und hat der Gläubiger die ihm obliegende Leistung zur Zeit der Verfahrenseröffnung nur teilweise erbracht, so ist der Entgeltanspruch für die bereits erbrachte Teilleistung eine Insolvenzforderung.[121]

77 Von dieser generellen gesetzlichen Anordnung gibt es für Vertragsverhältnisse, die für die Unternehmensfortführung von besonderer Bedeutung sind, abweichende Regelungen.

78 Laufende Verträge können vom Vertragspartner des Schuldners bis zum Ablauf von 6 Monaten nach Eröffnung des Insolvenzverfahrens nur aus wichtigem Grund aufgelöst werden, wenn die

---

[112] § 57a IO.
[113] § 136 IO.
[114] § 82 ff. IO.
[115] § 87a IO.
[116] TP 6 GGG, Gerichtsgebührengesetz, BGBl. 1984, 501 idF BGBl. 2018 I 58.
[117] § 123 IO.
[118] § 123a, 123b, 139 IO.
[119] § 21 IO.
[120] § 21 Abs. 2 IO.
[121] § 21 Abs. 4 IO.

Vertragsauflösung die Fortführung des schuldnerischen Unternehmens gefährden könnte.[122] Nicht als wichtige Gründe gelten dabei eine Verschlechterung der wirtschaftlichen Situation des Schuldners und der Verzug des Schuldners mit der Erfüllung von vor Eröffnung des Insolvenzverfahrens fällig gewordenen Forderungen. Diese Beschränkung gilt jedoch nicht, wenn die Auflösung des Vertrages zur Abwendung schwerer persönlicher oder wirtschaftlicher Nachteile des Vertragspartners unerlässlich ist, bei Ansprüchen auf Auszahlung von Krediten und bei Arbeitsverträgen.

4.2 Miet- oder Pachtverhältnisse

Hat der Schuldner eine Sache in Bestand genommen, so kann der Insolvenzverwalter, unbeschadet des Anspruches auf Ersatz des verursachten Schadens, den Vertrag unter Einhaltung der gesetzlichen oder der vereinbarten kürzeren Kündigungsfrist kündigen.[123] Ist der Schuldner Bestandgeber, bleibt der Insolvenzverwalter an die allgemeinen bestandrechtlichen Regelungen gebunden, insolvenzspezifische Regelungen bestehen nicht. Ein etwaiger Anspruch auf Ersatz des verursachten Schadens kann als Insolvenzforderung angemeldet werden. **79**

4.3 Leasingverträge

Abhängig davon, ob es sich um ein Operatives-Leasing oder ein Finanzierungs-Leasing handelt, kann der Vertrag entweder nach § 23 IO innerhalb der gesetzlichen oder vereinbarten kürzeren Kündigungsfrist beendet oder ein Rücktritt nach § 21 IO erklärt werden. Für den Leasinggeber ist die Insolvenzeröffnung jedoch kein Auflösungsgrund. Bei sonstiger Gefährdung der Fortführung des Unternehmens kann der Vertrag daher innerhalb der ersten 6 Monate nicht beendet werden.[124] **80**

4.4 Dienstverhältnisse

Ist der Schuldner Arbeitgeber, hat der Insolvenzverwalter ein privilegiertes Kündigungsrecht sowie der Arbeitnehmer unter bestimmten Voraussetzungen ein außerordentliches Austrittsrecht.[125] Das Dienstverhältnis kann innerhalb eines Monats nach der Schließung des Unternehmens oder eines Unternehmensteilbereiches vom Arbeitnehmer durch vorzeitigen Austritt, wobei die Eröffnung des Insolvenzverfahrens als wichtiger Grund gilt, und vom Insolvenzverwalter unter Einhaltung der gesetzlichen, kollektivvertraglichen oder der zulässigerweise vereinbarten kürzeren Kündigungsfrist unter Bedachtnahme auf die gesetzlichen Kündigungsbeschränkungen gelöst werden.[126] Kündigungstermine müssen nicht beachtet werden. Beendigungsansprüche, die auf Grund der Auflösung des Arbeitsverhältnisses nach § 25 IO entstehen, sind Insolvenzforderungen. Wird nur ein Unternehmensbereich geschlossen, so ist das Auflösungsrecht auf jene Arbeitnehmer beschränkt, die im betroffenen Bereich beschäftigt sind. **81**

5. Pensionsansprüche

Die gesetzliche Pensionsversicherung ist für Dienstnehmer eine Pflichtversicherung. Die Ansprüche auf die Pension bestehen daher gegenüber dem zuständigen Versicherungsträger. **82**

Eine ergänzende Leistung zur gesetzlichen Pension stellt die Betriebspension da. Dieser Pensionszuschuss ist eine freiwillige Leistung des Arbeitgebers. Dabei ist zwischen einer direkten Leistungszusage, Pensionskassenzusage und einer betrieblichen Kollektivversicherung zu unterscheiden. Freiwillige Pensionszusagen sind durch den österreichischen Insolvenzentgeltsicherungsfonds mit bis zu 24 Monatsbeiträgen gesichert.[127] **83**

6. Eigentumsvorbehalt

Der Eigentumsvorbehalt ist im Gesetz nicht gesondert geregelt. Im Insolvenzverfahren handelt es sich um ein Aussonderungsrecht. Dem Insolvenzverwalter steht im Konkurs über das Vermögen des Vorbehaltskäufers im Rahmen seines Wahlrechts auch nach Sachübergabe der Rücktritt vom Vertrag nach § 21 Abs. 1 IO offen, solange der Kaufpreis noch nicht zur Gänze bezahlt wurde und der Eigentumsvorbehalt daher noch wirksam ist. Des Weiteren ist im Insolvenzverfahren eine Verlängerung der Zwangsstundung bis zu 6 Monate möglich, wenn der Fortbetrieb durch die Erfül- **84**

---

122 § 25a Abs. 1 IO.
123 § 23 IO.
124 §§ 25a und 25b IO.
125 § 25 IO.
126 § 25 IO.
127 § 3d IESG.

lung gefährdet wäre und der Gläubiger dadurch keine schweren persönlichen oder wirtschaftlichen Nachteile erleidet.[128]

7. Sicherheiten in der Insolvenz

85   Wirksam begründete Sicherheiten führen in der Insolvenz des Schuldners zu einem Recht auf Absonderung.[129] Das Recht auf Absonderung wird durch das Insolvenzverfahren nicht berührt.[130] Der Sicherheitennehmer hat Anspruch auf Befriedung seiner Forderung aus dem Erlös des Sicherungsgutes. Für die Verwertung ist ausschließlich der Insolvenzverwalter zuständig, der für den Verwertungserlös eine Sondermasse bilden muss. Die Verteilung dieser Sondermasse erfolgt durch Gerichtsbeschluss nach vorangegangener Tagsatzung.

7.1 Mobiliarsicherheiten

86   Nach Insolvenzeröffnung hat der Insolvenzverwalter zu prüfen, ob an den beweglichen körperlichen Sachen, zu denen auch Forderungen gehören, für bestimmte Gläubiger bzw. für bestimmte Forderungen Absonderungsrechte, in der Regel Pfandrechte, bestehen.

87   Nach Veräußerung der beweglichen körperlichen Sachen bzw. Einziehung von Forderungen hat der Insolvenzverwalter entsprechende Sondermassen zu bilden und die Verteilung unter Berücksichtigung der Absonderungsrechte bei Gericht zu beantragen. Nach Rechtskraft des Beschlusses ist die Sondermasse entsprechend zu verteilen. Der Gläubiger hat nach Zahlungseingang aus der Sondermasse seine im Insolvenzverfahren angemeldete Forderung entsprechend einzuschränken.

7.2 Immobiliensicherheiten

88   Immobiliensicherheiten (idR Pfandrechte) sind im elektronisch geführten Grundbuch ersichtlich.[131] Sicherheiten an nicht verbücherten Liegenschaften und Superädifikate werden durch Urkundenhinterlegung begründet.[132] Nach Eröffnung des Insolvenzverfahrens besteht eine Grundbuchssperre.[133]

89   Die Vorgangsweise zur Berücksichtigung, Verwertung und Verteilung von Absonderungsrechten an Immobilien richtet sich nach dem gleichen Prinzip wie bei den Mobiliensicherheiten.

8. Aufrechnung

90   Forderungen von Gläubigern, die zur Zeit der Eröffnung des Insolvenzverfahrens bereits aufrechenbar waren, brauchen auch im Insolvenzverfahren nicht mehr geltend gemacht (angemeldet) werden.[134] Hinsichtlich der Zulässigkeit der Aufrechnung beinhaltet die IO teils Erweiterungen, teils Einschränkungen gegenüber den allgemeinen Erfordernissen bzw. Möglichkeiten der Aufrechnung im Zivilrecht.

91   Die Aufrechnung wird dadurch nicht ausgeschlossen, dass die Forderung des Gläubigers oder des Schuldners zur Zeit der Verfahrenseröffnung noch bedingt oder betagt, oder dass die Forderung des Gläubigers nicht auf eine Geldleistung gerichtet war. Ist die Forderung des Gläubigers bedingt, so kann das Gericht die Zulässigkeit der Aufrechnung von einer Sicherheitsleistung abhängig machen. Soweit die Zulässigkeit der Aufrechnung im Verfahren gegeben ist, kann sie vom Gläubiger während des gesamten Verfahrens geltend gemacht werden.[135]

92   Die Aufrechnung ist unzulässig, wenn ein Gläubiger erst nach der Verfahrenseröffnung Schuldner geworden ist oder wenn die Forderung gegen den Schuldner erst nach der Verfahrenseröffnung erworben worden ist. Ferner ist die Aufrechnung unzulässig, wenn der Schuldner seine Forderung in den letzten sechs Monaten vor Verfahrenseröffnung erworben hat, jedoch zur Zeit des Erwerbes von der Zahlungsunfähigkeit des Schuldners Kenntnis hatte oder Kenntnis haben musste.[136]

9. Insolvenzanfechtung

93   Das Anfechtungsrecht ist in den §§ 27 ff. IO geregelt. Anfechtbar sind Rechtshandlungen wegen Benachteiligungsabsicht innerhalb der letzten zehn Jahre vor Insolvenzeröffnung, wenn dem Anfech-

---

[128] § 11 IO.
[129] §§ 11 und 48 IO.
[130] § 11 Abs. 1 IO.
[131] § 431 ABGB.
[132] § 451 Abs. 2 ABGB.
[133] § 13 IO.
[134] § 19 IO.
[135] § 19 Abs. 2 IO.
[136] § 20 IO.

tungsgegner die Absicht des Schuldners bekannt war, seine Gläubiger zu benachteiligen. Hätte er die Benachteiligungsabsicht kennen müssen, so reduziert sich die Frist auf zwei Jahre.[137]

Wegen Vermögensverschleuderung können die im letzten Jahr vor der Insolvenzeröffnung vom Schuldner eingegangenen Kauf-, Tausch- und Lieferungsverträge angefochten werden, sofern der Anfechtungsgegner in dem Geschäft eine die Gläubiger benachteiligende Vermögensverschleuderung erkannte oder erkennen musste.[138] 94

Anfechtbar sind auch die innerhalb der letzten zwei Jahre vor Insolvenzeröffnung vorgenommen unentgeltlichen Verfügungen, soweit es sich nicht um die Erfüllung einer gesetzlichen Verpflichtung, um gebräuchliche Gelegenheitsgeschenke oder um Verfügungen in angemessener Höhe handelt, die zu gemeinnützigen Zwecken gemacht wurden oder durch die einer sittlichen Pflicht oder Rücksichten des Anstandes entsprochen worden ist.[139] 95

In der Praxis bedeutsam ist die Anfechtung wegen Begünstigung bzw. Kenntnis oder Kennenmüssen der Zahlungsunfähigkeit. Anfechtbar ist danach eine nach Eintritt der Zahlungsunfähigkeit oder nach dem Antrag auf Insolvenzeröffnung oder in den letzten 60 Tagen vorher vorgenommene Sicherstellung oder Befriedigung eines Gläubigers, wenn der Gläubiger eine Sicherstellung oder Befriedigung erlangt hat, die er nicht in der Art oder nicht in der Zeit zu beanspruchen hatte, es sei denn, dass er durch diese Rechtshandlung vor den anderen nicht begünstigt worden ist. Die Sicherstellung oder Befriedigung ist auch dann anfechtbar, wenn dem Anfechtungsgegner die Absicht des Schuldners, ihn vor den anderen Gläubigern zu begünstigen, bekannt war oder bekannt sein musste. Die Frist bei der Begünstigungsanfechtung beträgt ein Jahr vor Insolvenzeröffnung, bei der Anfechtung wegen Kenntnis bzw. Kennenmüssen der Zahlungsunfähigkeit sechs Monate vor Insolvenzeröffnung.[140] 96

Das Anfechtungsrecht wird vom Insolvenzverwalter ausgeübt. Die Anfechtung durch Klage muss bei sonstigem Erlöschen des Anspruches binnen Jahresfrist nach der Insolvenzeröffnung geltend gemacht werden. Die Anfechtungseinrede kann auch über diese Frist hinaus gegen einen Klageanspruch eingewendet werden.[141] Mit einem Anfechtungsanspruch kann eine Forderung gegen den Schuldner nicht aufgerechnet werden. Zuständig für die Anfechtungsklage ist das Gericht, bei dem das Insolvenzverfahren anhängig ist. Muss der Anfechtungsgegner auf Grund einer Anfechtung an die Insolvenzmasse leisten, entsteht in der Höhe des Zurückgewährten eine Insolvenzforderung, die im Insolvenzverfahren anzumelden ist. 97

10. Geltendmachung von Haftungsansprüchen gegen (frühere) Geschäftsführer, Gesellschafter oder Dritte

Mit der Insolvenzeröffnung geht die Zuständigkeit für die Geltendmachung von Schäden aus der Insolvenzverschleppung auf den Insolvenzverwalter über. Dies gilt jedenfalls für Pflichtverletzungen von Organen gegenüber der Gesellschaft im Gesellschaftskonkurs. Die gesellschaftsrechtlichen Bestimmungen sehen ausdrücklich Schadenersatzansprüche gegen Organe im Falle von Pflichtverletzungen vor.[142] Inwieweit der Insolvenzverwalter sich bei der Geltendmachung von Schadenersatzansprüchen gegen Organe auch auf Anspruchsgrundlagen stützen kann, die auf den Schutz des einzelnen Gläubigers abzielen, ist strittig. 98

Die Haftungsansprüche gegenüber Dritten, etwa Wirtschaftsprüfern, Rechtsberatern oder Sachverständigen, gehören zur Insolvenzmasse und fallen daher grundsätzlich in die Zuständigkeit des Insolvenzverwalters. Sofern die haftungsbegründenden Verträge mit Schutzwirkung zugunsten Dritter ausgestattet sind, können geschädigte Gläubiger auch direkt gegen den Vertragspartner des Schuldners vorgehen.[143] 99

In die Zuständigkeit des Insolvenzverwalters fallen auch Ansprüche, die im Gesellschaftsrecht begründet sind und sich gegen Gesellschafter richten. Dazu gehören insbesondere Ansprüche aus dem Verstoß gegen eigenkapitalersatzrechtliche und einlagenrückgewährrechtliche Gesetze bzw. Grundsätze.[144] Auch bei diesen Ansprüchen ist zu prüfen, inwieweit die Normen Schutzwirkungen zugunsten Dritter entfalten und damit dem einzelnen Gläubiger auch die Möglichkeit geben, gegen den Gesellschafter direkt vorzugehen. 100

---

[137] § 28 IO; ausführlich zur Anfechtung *König*, Die Anfechtung nach der Insolvenzordnung IO⁵ (2014).
[138] § 28 Z 4 IO.
[139] § 29 IO.
[140] §§ 30 f. IO.
[141] § 43 IO.
[142] § 25 Abs. 3 GmbHG; § 84 AktG.
[143] *Artmann*, Die Haftung des Abschlussprüfers für Schäden Dritter, JBl 2000, 623 mwN.
[144] Eigenkapitalersatz-Gesetz – EKEG, BGBl. I 92/2003 idF BGBl. 2010 I 58; § 82 GmbHG, RGBl. 1906, 58 idF BGBl. 2018 I 71.

Österreich

11. Asset Tracking

101 Zugleich mit der Insolvenzeröffnung hat das Insolvenzgericht alle Maßnahmen zu treffen, die zur Sicherung der Masse und zur Fortführung eines Unternehmens dienlich sind.[145] Das Insolvenzgericht verständigt daher zugleich mit der Eröffnung des Insolvenzverfahrens die Post- und Telegraphendienststellen, die Flugplätze, Bahnhöfe und Schiffsstationen, die nach Lage der Wohnung und der Betriebsstätte in Betracht kommen. Kreditinstitute und Verwahrungsanstalten, bei denen der Schuldner allein oder gemeinsam mit anderen ein Depot, ein Guthaben, ein Konto oder ein Schrankfach hat, sind von der Eröffnung des Insolvenzverfahrens mit dem Auftrag zu benachrichtigen, Verfügungen hierüber nur mit Zustimmung des Gerichtes zu vollziehen.[146]

102 Der Insolvenzverwalter hat unverzüglich nach der Insolvenzeröffnung den Stand der Masse zu ermitteln und für die Einbringung und Sicherstellung der Aktiven Sorge zu tragen.[147] Der Insolvenzverwalter kann dazu ua nachfolgende öffentliche Register abfragen
- Firmenbuch;[148]
- Grundbuch;[149]
- Zulassungsregister eines Fahrzeuges bei der Bezirksverwaltungsbehörde oder der Landespolizeidirektion;[150]
- Abfrage Schiffsregister und Luftfahrregister.[151]

12. Reorganisationsverfahren

103 Mit dem Insolvenzrechtsänderungsgesetz 1997 wurde in Österreich durch das Unternehmensreorganisationsgesetz (URG) die Unternehmensreorganisation eingeführt.[152] Bedarf ein Unternehmen der Reorganisation, so kann der Unternehmer, sofern er nicht insolvent ist, die Einleitung eines Reorganisationsverfahrens beantragen. Das Reorganisationsverfahren ist kein Insolvenzverfahren.

104 Reorganisation ist eine nach betriebswirtschaftlichen Grundsätzen durchgeführte Maßnahme zur Verbesserung der Vermögens-, Finanz- und Ertragslage eines im Bestand gefährdeten Unternehmens, die dessen nachhaltige Weiterführung ermöglicht. Zuständig für das Reorganisationsverfahren ist das Landesgericht, in dessen Sprengel das Unternehmen betrieben wird, in Wien das Handelsgericht Wien.[153]

105 Das Verfahren wird über Antrag des Unternehmers eingeleitet. Das Gericht bestellt einen Reorganisationsprüfer. Dieser hat dem Gericht ein Gutachten über die Zweckmäßigkeit der geplanten Reorganisationsmaßnahmen und deren Erfolgsaussichten gemäß dem vom Antragsteller vorgelegten Reorganisationsplan vorzulegen.[154]

106 Den Unternehmer trifft eine umfassende Auskunftspflicht gegenüber dem Reorganisationsprüfer. Der Unternehmer hat während des Reorganisationszeitraums den in den Reorganisationsplan einbezogenen Personen halbjährig über die Lage des Unternehmens und den Stand der Reorganisation sowie unverzüglich dann zu berichten, wenn sich die für die Durchführung des Reorganisationsplanes maßgeblichen Umstände ändern.

107 Das Reorganisationsverfahren gewährt keinen Schutz vor den Gläubigern, insbesondere keine Exekutionssperre. Es sieht auch nicht vor, dass Verträge im Zuge des Reorganisationsverfahrens begünstigt aufgelöst werden können. Stattdessen erklärt es Vereinbarungen über Rücktrittsrechte, Vertragsauflösung oder Fälligkeit eines zugezählten Kredites für den Fall der Einleitung eines Reorganisationsverfahrens für unzulässig. Darüber hinaus wird die Anfechtbarkeit von Überbrückungs- und Reorganisationsmaßnahmen für den Fall der späteren Konkurseröffnung erheblich eingeschränkt. Es soll damit die Möglichkeit eröffnet werden, relativ gefahrlos dem Unternehmen neue finanzielle Mittel zur Verfügung zu stellen. Daher werden Reorganisationsmaßnahmen auch nicht den Regeln des Eigenkapitalersatzrechtes unterworfen.[155]

---

[145] § 78 Abs. 1 IO.
[146] § 78 Abs. 2 IO.
[147] § 81a Abs. 2 IO.
[148] § 34 Firmenbuchgesetz – FBG, BGBl. 1991, 10 idF BGBl. 2018 I 69.
[149] § 7 Allgemeines Grundbuchsgesetz 1955 – GBG 1955, BGBl. 1955, 39 idF BGBl. 2018 I 58.
[150] § 47 Kraftfahrgesetz – KFG, BGBl. 1967, 267.
[151] § 16 Luftfahrtgesetz – LFG, BGBl. 1957, 253; Schiffsregisterordnung, dRGBl. 1940 I 1591 idF BGBl. 1982, 279; Gesetz über Rechte an eingetragenen Schiffen und Schiffsbauwerken, dRGBl. 1940 I 1499.
[152] Unternehmensreorganisationsgesetz – URG, BGBl. 1997 I 114 idF BGBl. 2016 I 43.
[153] § 3 URG.
[154] § 10 URG.
[155] Ausführlich dazu *Mohr*, Unternehmensreorganisationsgesetz – URG (1997).

13. Internationales Insolvenzrecht

108 Die EuInsVO 2015 ist in Österreich als Mitgliedsstaat der EU anwendbar.[156] Die österreichische Insolvenzordnung sieht zur EuInsVO ergänzende Bestimmungen vor.[157] Die Anerkennung eines ausländischen Verfahrens, das in einem der Mitgliedsstaaten der EuInsVO eröffnet wurde, richtet sich nach der EuInsVO.[158] Dagegen gilt für die Anerkennung von Verfahren aus Drittstaaten weiterhin das autonome internationale Insolvenzrecht.[159]

109 Mit der EuInsVO 2015 wurde das europäische Insolvenzrecht umfassend überarbeitet.[160] Die Bestimmungen des Achten Teils der IO sind nur dann anzuwenden, wenn nicht nach Völkerrecht oder in Rechtsakten der Europäischen Union etwas anderes bestimmt ist. Für Insolvenzverfahren, die Voraussetzungen für ihre Eröffnung und ihre Wirkungen gilt grundsätzlich das Recht des Staates, in dem das Verfahren eröffnet wird.[161] §§ 222 bis 235 IO regeln die Ausnahmen von der generellen Anordnung des § 221 IO, wonach grundsätzlich die Verfahren im Ausland und die diesbezüglichen Bestimmungen anerkannt werden. Die Ausnahmen orientieren sich an der EuInsVO. § 237 IO ordnet nunmehr ausdrücklich an, dass die Wirkungen eines in Österreich eröffneten Insolvenzverfahrens sich auch auf im Ausland gelegenes Vermögen erstrecken, es sei denn, der Mittelpunkt der hauptsächlichen Interessen des Schuldners liegt in einem anderen Staat oder es wurde bereits ein Insolvenzverfahren eröffnet und das Auslandsvermögen in dieses Insolvenzverfahren einbezogen. Umgekehrt anerkennt Österreich die Wirkung eines in einem anderen Staat eröffneten Insolvenzverfahrens und die in einem solchen Verfahren ergangenen Entscheidungen, wenn der Mittelpunkt der hauptsächlichen Interessen des Schuldners in dem anderen Staat liegt und das Insolvenzverfahren in den Grundzügen einem österreichischen vergleichbar ist.[162] Keine Anerkennung erfolgt, wenn in Österreich ein Insolvenzverfahren eröffnet wurde bzw. ein Verstoß gegen die ordre public vorliegt. Jedenfalls ist die materielle oder formelle Gegenseitigkeit für die Anerkennung des Insolvenzverfahrens nicht erforderlich.

110 Das UNCITRAL Modelgesetzes für grenzüberschreitende Insolvenzen wurde in Österreich nicht umgesetzt. Jedoch bietet das Modelgesetz Ansatzpunkte bzw. Denkanstöße für eine Verbesserung der Kooperation in grenzüberschreitenden Insolvenzverfahren und hat daher auch in Österreich entsprechende Beachtung gefunden.[163]

14. COVID-19 Maßnahmen

111 In Österreich wurde mit zahlreichen Sammelgesetze auf die COVID-19-Krise reagiert.[164] Die Änderungen mit Bezug zum Insolvenzrecht zielen insbesondere darauf ab, die wirtschaftliche Krise ohne ein Insolvenzverfahren zu überwinden.[165] Die Insolvenzantragspflicht des Schuldners bei einer im Zeitraum von 1.3.2020 bis 30.6.2020 eingetretenen insolvenzrechtlichen Überschuldung wurde ausgesetzt, nicht zuletzt weil die Erstellung einer validen Fortbestehensprognose durch die unsichere Marktsituation erschwert ist.[166] Die Verpflichtung des Schuldners, bei Eintritt der Zahlungsunfähigkeit die Eröffnung zu beantragen, ist für diesen Zeitraum unverändert aufrecht.[167]

112 Die Gläubiger können einen Antrag auf Insolvenzeröffnung stellen, wobei im Zeitraum der Aussetzung des Überschuldungstatbestandes die Zahlungsunfähigkeit als Insolvenzgrund erforderlich ist.[168] Die öffentliche Hand hat sich dazu verpflichtet, Steuern und Abgabe sowie Beiträge zur Sozialversicherung (Gesundheitsversicherung) zinsenfrei zu stunden.[169] Die Gebietskörperschaften (zB Krankenkassen) stellen bis Juni 2020 keine Insolvenzanträge wegen Nichtentrichtung bereits fälliger Beiträge.

113 Zu den Fristen im Insolvenzverfahren wurde durch die COVID-19-Gesetze die Möglichkeit von Fristverlängerungen geschaffen, um den (unvertretenen) Parteien und den rechtsberatenden

---

[156] *Mayr/Konecny*, Handbuch des europäischen Zivilverfahrensrechts (2017), Rn. 17.18 ff.
[157] §§ 219 ff. IO.
[158] *Konecny* ZIK 2017/108, 86.
[159] § 221 ff. IO.
[160] *Konecny* ZIK 2017/108, 86.
[161] § 221 IO.
[162] § 240 IO.
[163] *Pogacar* ZIK 2007/200, 122.
[164] S. insbesondere BGBl. 2020 I 12; BGBl. 2020 I 12; BGBl. 2020 I 23; BGBl. 2020 I 24; BGBl. 2020 I 25.
[165] BGBl. 2020 I 24.
[166] § 9 2. COVID-19-JuBG; AB 116 BlgNR 27. G 21.
[167] Vertiefend dazu *Mohr*, COVID-19-Pandemie – weitere Änderungen im Insolvenzrecht in Kraft getreten, ZIK 2020/56; *Schneider*, COVID-19: Update: Antragspflicht und Eröffnungsverfahren, ZIK 2020/57.
[168] Vgl § 70 IO.
[169] ZB § 733 ASVG Art 43 2. COVID-19-Gesetz.

114 Berufen mehr Zeit zum Handeln und Ordnen ihrer Angelegenheiten zu gewähren.[170] Mit dem 4. COVID-19-Gesetz wurden diverse Zustellerleichterungen in der IO eingeführt und die Zustellungsmöglichkeiten über die Insolvenzdatei (Ediktsdatei) erweitert.[171] Für die Durchführung von Tagsatzungen und Anhörungen wurde die Möglichkeit des Einsatzes von technischen Kommunikationsmittel geschaffen (Videokonferenzen oder Telefonate).[172]

Um den Sanierungsgedanken zu fördern sieht das österreichische Insolvenzrecht die Möglichkeit vor, eine Vertragsauflösung durch den Gläubiger zu verhindern, wenn dies die Fortführung des Unternehmens gefährden könnte und keine wichtigen Gründe auf Seiten der Gläubiger dagegensprechen.[173] Auch diese Fristen können verlängert werden, wobei dazu Voraussetzung ist, dass die Verlängerung geeignet ist, dadurch den Abschluss eines Sanierungsplans zu erreichen. Im Sanierungsverfahren mit Eigenverwaltung wurde die Frist zum Abschluss des Sanierungsplans mit den Gläubigern von 90 auf 120 Tage verlängert.[174]

115 Ändert sich die Einkommens- und Vermögenslage des Schuldners ohne dessen Verschulden, sodass er fällige Verbindlichkeiten des Zahlungsplans nicht erfüllen kann, so kann er versuchen, eine Änderung des Zahlungsplans zu erreichen.[175] Ist die Verschlechterung der finanziellen Situation auf Maßnahmen, die zur Verhinderung der Verbreitung von COVID-19 getroffen werden, zurückzuführen, so hat der Schuldner eine neu geschaffene Möglichkeit, einen Antrag auf Stundung der Verbindlichkeiten für bis zu neun Monate zu stellen.[176]

116 Für gewisse Maßnahmen, wie etwa die Vorfinanzierung von Kurzarbeitsbeihilfen (Überbrückungskredit), wurde ein begrenzter Anfechtungsschutz vorgesehen.[177] Bei den Anfechtungstagbeständen gilt es zu beachten, dass eine Anfechtung auch bei Eröffnung des Insolvenzverfahrens auf eine während des Aussetzungszeitraumes eingetretene Überschuldung gestützt werden kann.[178]

117 Über diverse Förderungsinstrumente wird den österreichischen Unternehmen eine finanzielle Unterstützung in Form von Zinsstützungen, Sicherheiten oder nicht rückzahlbaren Zuschüssen gewährt. Bei den finanziellen Unterstützungen stellt die Eröffnung eines Insolvenzverfahrens jedoch in den meisten Fällen einen Ausschlussgrund dar. Neben der staatlichen Unterstützung soll auch der Beitrag durch Gesellschafter erleichtert werden und schnell und unbürokratisch erfolgen können.[179] Geldkredite die für nicht mehr als 120 Tage gewährt werden, sind vom Eigenkapitalersatzrecht ausgenommen, sofern sie im Rahmen der COVID-19-Krise gewährt und zugezählt wurden.[180]

---

[170] Vgl *Poltsch/Puschmann/Seiser/Übertsroider*, Vorgehensweise der Insolvenzgerichte unter Berücksichtigung der COVID-19-Gesetze, ZIK_digitalOnly 2020/8; § 7 Abs 2 2. COVID-19-JuBG.
[171] Vgl § 257 Abs. 3 IO.
[172] § 3 1. COVID-19-JuBG.
[173] Fristverlängerung zu § 25a sowie zu § 11 Abs. 2 und § 26a IO.
[174] § 7 Abs 4 2. COVID-19-JuBG iVm § 170 IO.
[175] Vgl § 198 IO.
[176] Vgl § 11 2. COVID-19-JuBG.
[177] AB 116 BlgNR 27. GP.
[178] *Mohr*, COVID-19-Pandemie – weitere Änderungen im Insolvenzrecht in Kraft getreten, ZIK 2020/56.
[179] AB 116 BlgNR 27. GP.
[180] § 13 2. COVID-19-JuBG; § 3 Abs 1 Z 1 EKEG.

Österreich

Zeitstrahl Insolvenzverfahren nach österreichischem Recht

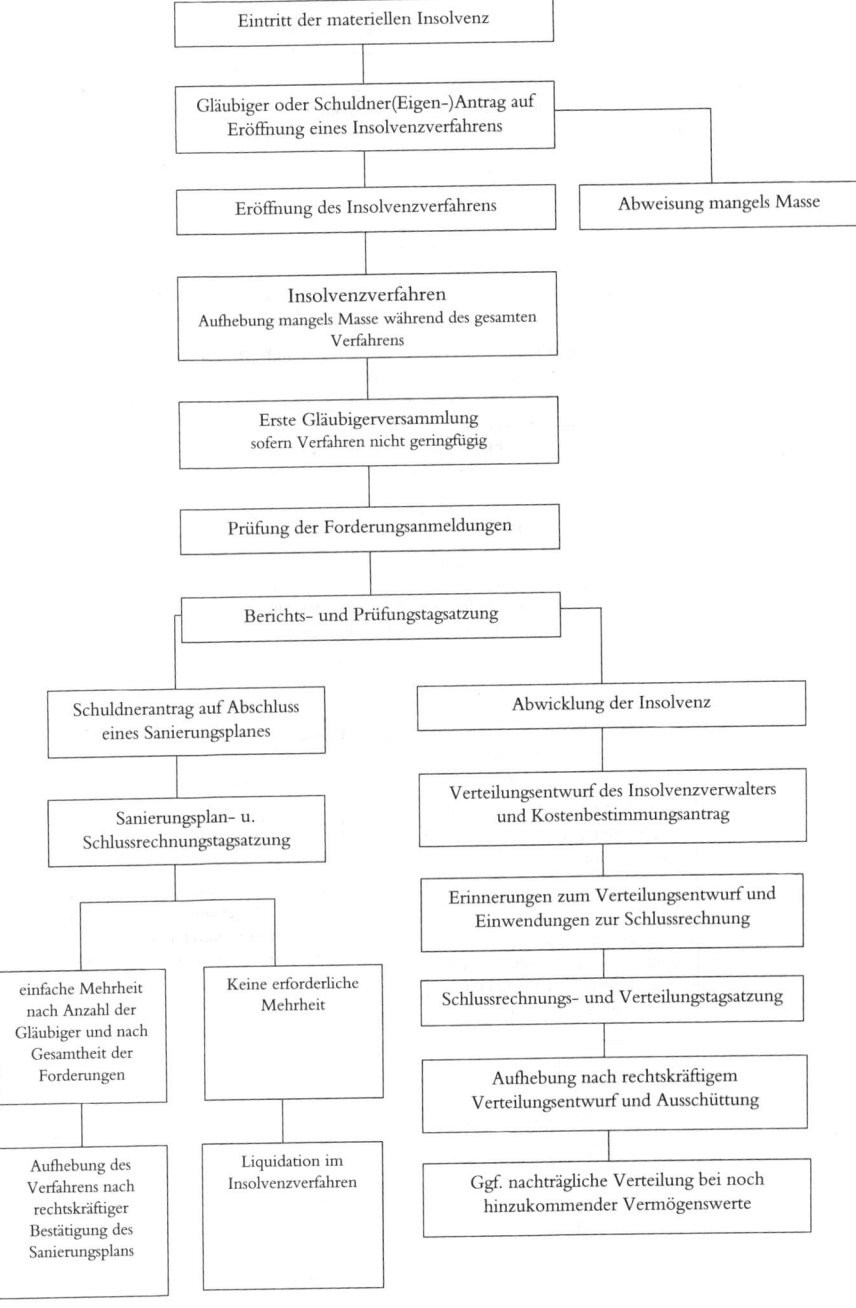

Abel

Österreich

Zeitstrahl Sanierungsverfahren nach österreichischem Recht

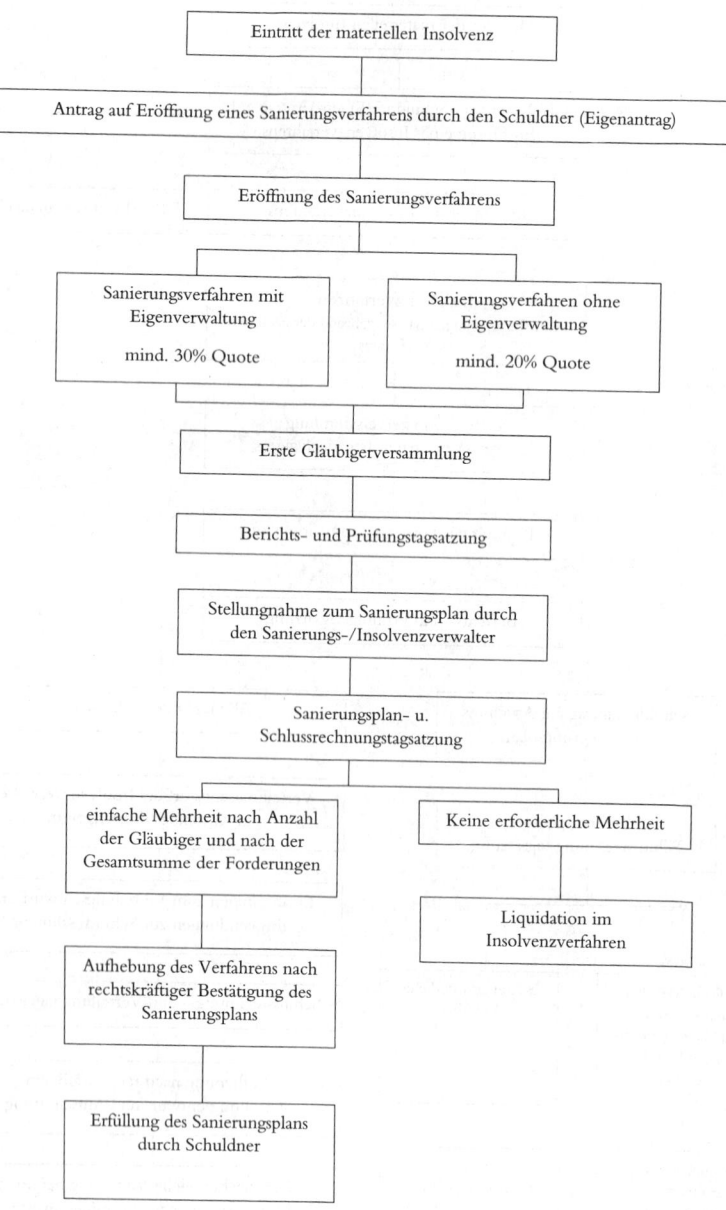

Österreich

Glossar

Deutsch	Erklärung	Rn.
Abschöpfungsverfahren	Antrag des Schuldners, den pfändbaren Teil seines Einkommens für 7 Jahre an einen Treuhänder abzutreten mit dem Ziel, eine Restschuldbefreiung zu erlangen.	8, 35, 45, 55f, 61
Absonderungsrecht	Anspruch eines Gläubigers auf abgesonderte Befriedigung aus der Verwertung eines zur Insolvenzmasse gehörenden Vermögens.	65ff, 85, 86f, 89
Anmeldungsverzeichnis	Das vom Insolvenzverwalter geführte Verzeichnis der bei Gericht angemeldeten Insolvenzforderungen.	58
Anschlusskonkurs	Bezeichnung des Insolvenzverfahrens nach Scheitern eines Sanierungsplanes.	
Aussonderungsrecht	Herausgabeanspruch eines Gläubigers gegenüber der Insolvenzmasse.	63f, 84
Austritt	Beendigung des Arbeitsvertrages durch den Dienstnehmer.	81
Bekanntmachung	Veröffentlichung in der Ediktsdatei.	20, 40, 50
Berichtstagsatzung	Gerichtstermin, bei welchem der Insolvenzverwalter aus verschiedenen Anlässen Bericht erstattet.	43, 48, 56
Bevorrechteter Gläubigerschutzverband	Institution mit dem Recht, Gläubiger gerichtlich in Insolvenzverfahren oder außergerichtlich zu vertreten.	21, 24, 58, 72
Ediktsdatei	Website des Bundesministeriums für Justiz für öffentliche Bekanntmachungen, unter Anderem in Insolvenzverfahren.	9, 20, 40, 50, 62
Erstreckung	Vertagung eines Gerichtstermines oder Verlängerung einer Frist.	
Exekution	Zwangsvollstreckung.	44, 50, 54, 67f, 107
Feststellungsklage	Klage des Gläubigers gegen den Insolvenzverwalter auf Feststellung des Bestehens einer angemeldeten Insolvenzforderung, die vom Insolvenzverwalter bestritten wurde.	58f
Finanzplan	Die im Sanierungsplanverfahren mit Eigenverwaltung erforderliche Darstellung der laufenden Finanzierung.	56
Inventarisierung	Erfassung der Insolvenzmasse.	43, 101f
Kostenvoranschlag	Kalkulation des Insolvenzverwalters betreffend des Honorars für die Betriebsfortführung in der Insolvenz.	46ff
kridamäßige Versteigerung	Verwertung eines Teils oder der gesamten Insolvenzmasse durch das Exekutionsgericht.	
Masseunzulänglichkeit	Die vorhandene Masse reicht nicht aus, um alle fälligen Masseforderungen befriedigen zu können.	62
Pauschalgebühren	Gerichtsgebühren, die bei bestimmten Prozesshandlungen entstehen und vom Gläubiger, Schuldner oder Insolvenzmasse zu bezahlen sind.	72
Prozesssperre	Unzulässigkeit einer Klagsführung nach Insolvenzeröffnung wegen einer Insolvenzforderung bis zur Prüfungstagsatzung.	50

Österreich

Deutsch	Erklärung	Rn.
Prüfungstagsatzung	Gerichtstermin, bei welchem der Insolvenzverwalter die Prüfungserklärung – Anerkennung oder Bestreitung – hinsichtlich der angemeldeten Insolvenzforderungen abgibt.	52, 54, 56, 58f
Rangrücktrittserklärung	Rechtsverbindliche Mitteilung eines Gläubigers, seine Forderung gegenüber den Forderungen anderer Gläubiger nachrangig zu stellen.	
Restschuldbefreiung	Ausspruch des Gerichtes nach Beendigung des Abschöpfungsverfahrens, den Schuldner die noch offenen Verbindlichkeiten zu erlassen.	35
Rückzahlungssperre	Verbot der Rückzahlung eigenkapitalersetzender Leistungen in der Krise.	70, 107
Sanierungsplan	Angebot des Schuldners an die Gläubiger zur Zahlung der Insolvenzforderungen in Quote(n) unter Verzicht auf einen Teil der Forderungen im Falle der Erfüllung des Planes.	10f, 22, 40, 44, 53, 56, 61
Sicherstellung	Rückstellung der Quotenforderung eines Gläubigers für eine bestrittene Forderung, soferne die Feststellungsklage fristgerecht eingebracht wurde.	59
Tagsatzung	Gerichtstermin.	21, 56
Vermögensübergabe	Übertragung des gesamten Vermögens oder einzelner Vermögensbestandteile aus der Insolvenzmasse bei Verfahrensabschluss an einen Treuhänder mit dem Auftrag zur Verwertung zu Gunsten der Gläubiger.	
Verteilungsentwurf	Vorschlag des Insolvenzverwalters an die Gläubiger zur Befriedung von Masse- und Insolvenzforderungen nach Verwertung der Insolvenzmasse.	60f
Zahlungsplan	Angebot einer natürlichen Person als Schuldner an die Gläubiger zur Tilgung aller Masse- und Insolvenzforderungen.	34f, 56, 61, 115
Zustellbevollmächtigter	Verpflichtung ausländischer Gläubiger zur Namhaftmachung eines inländischen Bevollmächtigten zur Vornahme von Zustellungen.	

Polen

bearbeitet von Rechtsanwalt *Dr. Marc Liebscher*, LL.M. (Washington, D.C) *Dr Marek Porzycki*, Lehrstuhl für Wirtschaftspolitik, Jagiellonen-Universität, Krakau

Übersicht

	Rn.		Rn.
1. Schrifttum:	1	4.8.3 Gläubiger, Gläubigerorgane	54
2. Einführung: Rechtsquellen und Zugang zu Informationen	2	4.9 Forderungsanmeldung *(zgłoszenie wierzytelności)*	57
3. Verfahrensarten und -ziele: Verwertung im Konkursverfahren oder Restrukturierung in vier Restrukturierungsverfahren	5	5. Gläubigerbefriedigung	59
		5.1 Befriedigung in Gläubigerkategorien	60
		5.2 Die Behandlung dinglich gesicherter Gläubiger	65
4. Allgemeine Vorschriften des Konkursrechts	11	5.3 Verfahrensabschluss	69
4.1 Konkursfähigkeit	11	6. Sonderregelung: die vorbereitete Liquidation *(przygotowana likwidacja)* nach Art. 56a-56h KR	72
4.2 Voraussetzungen der Verfahrenseröffnung	14		
4.3 Der Konkursantrag	19	7. Verbraucherkonkurs und Restschuldbefreiung	78
4.4 Gerichtszuständigkeit	26		
4.5 Das Konkursantrags-/Eröffnungsverfahren	29	7.1 Verbraucherkonkurs	81
		7.2 Vergleichsmöglichkeit für Verbraucher	93
4.6 Eröffnungsbeschluss; Rechtsmittel	32		
4.7 Rechtswirkungen der Eröffnung	36	7.3 Restschuldbefreiung der natürlichen Personen – Unternehmer	97
4.7.1 Auswirkungen auf das Vermögen des Schuldners, Bildung der Masse	36	8. Restrukturierungsverfahren	99
4.7.2 Möglichkeit der Aufrechnung	39	8.1 Allgemeines	99
4.7.3 Wirkungen auf Verbindlichkeiten und Rechtsgeschäfte des Schuldners	40	8.2 Charakteristika der einzelnen Verfahren	104
4.7.4 Wirkungen auf laufende Verfahren	43	8.3 Abschluss und Rechtsfolgen des Vergleichs	108
4.7.5 Konkursanfechtung	45	8.4 Teilvergleich	118
4.7.5.1 Unwirksamkeit *ex lege*	46	9. Internationales Insolvenzrecht	121
4.7.5.2 Unwirksamkeit kraft Beschlusses des Richter-Kommissars	48	10. Anmerkung zur Umsetzung der Richtlinie (EU) 2019/1023 vom 20.6.2019 über Restrukturierung und Insolvenz	124
4.7.5.3 Unwirksamkeit nach Anfechtung, *actio pauliana*	50		
4.8 Beteiligte am Konkursverfahren *(uczestnicy postępowania)*	51	11. Sonderregelungen im Zusammenhang mit der COVID-19-Pandemie	126
4.8.1 Konkursgericht, Richter-Kommissar	51		
4.8.2 Konkursverwalter	52		

1. Schrifttum:

Kommentare und Systeme: R. *Adamus*, Prawo restrukturyzacyjne. Komentarz, 2. Aufl., Warszawa 2019; R. *Adamus*, Prawo upadłościowe. Komentarz, 2. Aufl., Warszawa 2019; S. *Gurgul*, Prawo upadłościowe. Prawo restrukturyzacyjne. Komentarz, 11. Aufl., Warszawa 2018; A. *Hrycaj*, P. *Filipiak* (Hrsg.), Prawo restrukturyzacyjne. Komentarz, Warszawa 2017; A. *Hrycaj*, A. *Jakubecki*, A. *Witosz* (Hrsg.), Prawo restrukturyzacyjne i upadłościowe, System Prawa Handlowego, Band 6, Warszawa 2016; J. *Jakubecki*, F. *Zedler*, Prawo upadłościowe i naprawcze. Komentarz, 3. Aufl., Warszawa 2010; A. *Torbus*, A. *Witosz*, A.J. *Witosz* (Hrsg.), Prawo restrukturyzacyjne. Komentarz, Warszawa 2016; A.J. *Witosz* (Hrsg.), Prawo upadłościowe. Komentarz, Warszawa 2017; P. *Zimmerman*, Prawo upadłościowe. Prawo restrukturyzacyjne. Komentarz, 6. Aufl., Warszawa 2020

Aktuelle deutsch- und englischsprachige Literatur: R. *Cierpial-Magnor*, K. *Domańska-Mołdawa*, Ausgewählte Fragen des Sanierungs- und Reorganisationsverfahrens in Polen im Lichte des EU-Richtlinienvorschlags über präventive Restrukturierungsmassnahmen, in: M. *Winner*, R. *Cierpial-Magnor* (Hrsg.), Sanierung, Reorganisation, Insolvenz. Sechstes Jahrbuch des Krakauers Forums der Rechtswissenschaften, Wien 2018; M. *Michalski*,

Przygotowana Likwidacja (pre-pack) – endlich eine schnelle Rettung für polnische Unternehmen (?) in: OER Osteuropa Recht 2018, Nr. 2, S. 199–212; *M. Musiał,* Das polnische Restrukturierungsgesetz, Christian-Albrechts-Universität zu Kiel, Diss. 2018; *M. Porzycki,* Der Beruf des Insolvenzverwalters und die Insolvenzgerichtsbarkeit in Polen – zwischen Insolvenzrechtsreform und „illiberaler Demokratie", in: M. Winner, R. Cierpial-Magnor (Hrsg.), Sanierung, Reorganisation, Insolvenz. Sechstes Jahrbuch des Krakauers Forums der Rechtswissenschaften, Wien 2018; *M. Porzycki, A. Rachwał,* Poland, in: Th. Kadner Graziano, J. Bojars, V. Sajadova (Hrsg.), A Guide to Consumer Insolvency Proceedings in Europe, Edward Elgar 2019; *M. Porzycki, A. Rachwał,* National Report for Poland, in: D. Faber, N. Vermunt, J. Kilborn, T. Richter, I. Tirado (Hrsg.), Ranking and Priority of Creditors, Oxford International and Comparative Insolvency Law Series, Vol. 3, Oxford University Press 2016

2. Einführung: Rechtsquellen und Zugang zu Informationen

2   Das polnische Insolvenzrecht ist geregelt in zwei Gesetzen – dem Gesetz vom 15.5.2015 – Restrukturierungsrecht (RR),[1] in Kraft getreten am 1.1.2016, und im Gesetz vom 28.2.2003 – Konkursrecht (KR),[2] ursprünglich „Konkurs- und Sanierungsrecht" *(Prawo upadłościowe i naprawcze),* umbenannt ab 1.1.2016. Wie in den übrigen EU-Mitgliedstaaten findet in Polen zudem die EU-Verordnung über Insolvenzverfahren[3] unmittelbare Anwendung.

3   Neben dem KR und RR sind zu beachten das Zivilgesetzbuch (ZGB),[4] das Registerpfandrechtsgesetz (RegPfRG),[5] das Grundbuch- und Hypothekengesetz (GbHypG),[6] das Handelsgesellschaftengesetzbuch (HGGB),[7] das Zivilverfahrensgesetzbuch (ZVfnGB),[8] das Strafgesetzbuch (StGB),[9] das Finanzsicherheitengesetz (FinSichG)[10] und das Gesetz über den Schutz der Arbeitnehmeransprüche im Falle der Insolvenz des Arbeitgebers.[11] Eine nützliche Gesetzesdatenbank findet sich auf den Seiten des polnischen Parlaments unter http://isap.sejm.gov.pl/.

4   Zurzeit besteht noch kein einheitliches Informationssystem für laufende Insolvenzverfahren. Die Bekanntmachungen im Konkursverfahren werden im Wirtschafts- und Gerichtsmonitor *(Monitor Sądowy i Gospodarczy,* MSiG) veröffentlicht, darüber hinaus werden Anmerkungen über Konkursverfahren ins Landesgerichtsregister *(Krajowy Rejestr Sądowy,* KRS) eingetragen (sowohl MSiG als auch KRS sind über die Internetseite des Justizministeriums https://ems.ms.gov.pl/ zugänglich). Die Einführung eines im Internet zugänglichen einheitlichen Insolvenzregisters ist ab 1.12.2020 beabsichtigt. Das künftige Register wird „Landesregister der Verschuldeten" *(Krajowy Rejestr Zadłużonych)* genannt[12] und soll Teil des europäischen Systems der verbundenen Insolvenzregister werden.

3. Verfahrensarten und -ziele: Verwertung im Konkursverfahren oder Restrukturierung in vier Restrukturierungsverfahren

5   Seit der Insolvenzrechtsreform von 2015[13] unterscheidet das polnische Insolvenzrecht zwischen dem Konkursverfahren *(postępowanie upadłościowe* oder *upadłość)* und vier Restrukturierungsverfahren *(postępowania restrukturyzacyjne).*

6   Das **Konkursverfahren** *(postępowanie upadłościowe)* ist im KR geregelt und ist nur bei eingetretener Zahlungsunfähigkeit anwendbar. Der Konkurs ist hauptsächlich auf Liquidation ausgerichtet, aber es besteht auch die Möglichkeit, einen Vergleich zu schließen. Der Hauptzweck des Konkursverfahrens ist nach Art. 2 Abs. 1 KR die Befriedigung der Gläubiger in höchstmöglichem Maß, mit dem nachrangigen Ziel der Erhaltung des bisherigen Unternehmens des Schuldners, wenn vernünftige Gründe dies zulassen.

7   Für das Konkursverfahren über das Vermögen natürlicher Personen, sowohl Verbraucher als auch Unternehmer, ist auch die Restschuldbefreiung als Verfahrenszweck anerkannt (Art. 2 Abs. 2 KR).

---

[1] *Prawo restrukturyzacyjne,* keine deutsche Übersetzung vorhanden, englische Übersetzung bei *C.H. Beck* in *Legalis.*
[2] *Prawo upadłościowe,* keine deutsche Übersetzung vorhanden, englische Übersetzung bei *C.H. Beck* in *Legalis.*
[3] VO 2015/848 v. 20.5.2015, ABl. EU L 141, 19 v. 5.6.2015.
[4] *Ustawa – Kodeks cywilny,* deutsche Übersetzung bei *C.H. Beck.*
[5] *Ustawa o zastawie rejestrowym i rejestrze zastawów,* deutsche Übersetzung bei *C.H. Beck.*
[6] *Ustawa o księgach wieczystych i hipotece,* deutsche Übersetzung bei *C.H. Beck.*
[7] *Ustawa – Kodeks spółek handlowych,* deutsche Übersetzung bei *C.H. Beck.*
[8] *Ustawa – Kodeks postępowania cywilnego,* deutsche Übersetzung bei *C.H. Beck.*
[9] *Ustawa – Kodeks karny,* deutsche Übersetzung bei *Weigend.*
[10] *Ustawa o niektórych zabezpieczeń finansowych,* zur Umsetzung der Finanzsicherheiten-RL 2002/47/EG v. 6.6.2002.
[11] *Ustawa o ochronie roszczeń pracowniczych w razie niewypłacalności pracodawcy.*
[12] Nach dem Gesetz v. 6.12.2018, Dz.U. von 2019, Pos. 55.
[13] *Disclosure:* Einer der Autoren des Beitrags, Dr. Marek Porzycki, war Mitglied der Expertengruppe zur Legislativarbeit an der Insolvenzrechtsreform 2015.

4. Allgemeine Vorschriften des Konkursrechts

Die vier **Restrukturierungsverfahren** werden im RR geregelt und sind sowohl bei drohender als auch eingetretener Zahlungsunfähigkeit anwendbar. Die Verfahren differenzieren nach der Intensität des Eingriffs in die Rechtsverhältnisse des Schuldners. Das **Vergleichsbestätigungsverfahren** *(postępowanie o zatwierdzenie układu)* (Art. 210–226 RR) sieht eine einfache gerichtliche Bestätigung eines außergerichtlich abgeschlossenen Vergleichs vor. Das **beschleunigte Vergleichsverfahren** *(przyspieszone postępowanie układowe)* (Art. 227–264 RR) sieht hingegen schon den Abschluss des Vergleichs im Lauf des eröffneten Verfahrens vor. Es findet Anwendung, falls der Anteil der umstrittenen Gläubigerforderungen höchstens 15 % der Gesamtsumme der Forderungen beträgt. Das **Vergleichsverfahren** *(postępowanie układowe)* (Art. 265–282 RR), mit sehr ähnlicher Struktur, findet Anwendung, wenn der Anteil der umstrittenen Gläubigerforderungen mehr als 15 % der Gesamtsumme der Forderungen beträgt. In beiden der oben genannten Verfahren behält der Schuldner die Eigenverwaltung über sein Vermögen, unter Aufsicht eines Gerichtsaufsehers. Im **Sanierungsverfahren** *(postępowanie sanacyjne)* (Art. 283–323 RR) findet neben dem Vergleichsabschluss eine umfassende Restrukturierung des Schuldnerunternehmens durch einen professionellen Verwalter statt, wobei der Schuldner in der Regel die Verwaltung über sein Vermögen verliert. 8

Der Zweck der Restrukturierungsverfahren liegt in der Vermeidung des Konkurses des Schuldners durch die Ermöglichung eines Vergleichsabschlusses (Art. 3 Abs. 1 RR). Für das Sanierungsverfahren werden zusätzlich Sanierungstätigkeiten *(działania sanacyjne)* als Zweck erwähnt. Diese sind als Rechtsgeschäfte und faktische Tätigkeiten definiert, die zur Verbesserung der wirtschaftlichen Lage des Schuldners führen und die Wiederherstellung der Fähigkeit, Verbindlichkeiten zu erfüllen, bezwecken (Art. 3 Abs. 6 RR). Bei der Realisierung dieser Zwecke soll das Verfahren die begründeten Rechte der Gläubiger sichern (Art. 3 Abs. 1 RR *in fine*). 9

Besondere Vorschriften enthalten das KR und das RR auch für die Verfahren über den Nachlass,[14] über das Vermögen eines Bauträgers,[15] sowie über Banken,[16] Versicherungsanstalten[17] und Emittenten von Schuldverschreibungen.[18] 10

4. Allgemeine Vorschriften des Konkursrechts

4.1 Konkursfähigkeit

Die allgemeine Konkursfähigkeit *(zdolność upadłościowa)* steht grundsätzlich nur dem Schuldner zu, der Unternehmer ist.[19] Unternehmer ist eine natürliche Person, eine juristische Person oder eine organisatorische Einheit, die keine eigene Rechtspersönlichkeit besitzt, der aber ein anderes Gesetz Rechtsfähigkeit zuerkennt (zB Personengesellschaft), die im eigenen Namen eine wirtschaftliche oder berufliche Tätigkeit ausübt.[20] Ein Konkursverfahren kann auch eröffnet werden über das Vermögen von Gesellschaften mit beschränkter Haftung, sowie von Aktiengesellschaften, die keine wirtschaftliche Tätigkeit ausüben, über das Vermögen von Gesellschaftern von Personengesellschaften, die unbeschränkt mit ihrem ganzen Vermögen für Verbindlichkeiten der Gesellschaft haften, sowie über das Vermögen von Gesellschaftern von Partnerschaftsgesellschaften.[21] Ein Konkursverfahren über das Vermögen einer natürlichen Person ist, innerhalb eines Jahres nach dem Tod dieser Person zulässig. 11

Nicht konkursfähig nach allgemeinen Regeln sind neben natürlichen Personen, die einen landwirtschaftlichen Betrieb führen, auch Einheiten, die einem öffentlichen Zweck dienen, der Fiskus, Einheiten der territorialen/kommunalen Selbstverwaltung, öffentliche Krankenhäuser, einige juristische Personen, die durch ein Gesetz oder in Erfüllung gesetzlicher Pflicht errichtet wurden (wie zB die Bahngesellschaften), sowie Hochschulen (sowohl staatliche als auch private).[22] 12

Auf natürliche Personen (Nichtunternehmer) findet das Verbraucherkonkursverfahren,[23] sowie das 2020 eingeführte Sonderverfahren zum Vergleichsabschluss (Verbrauchervergleichsverfahren)[24] Anwendung. Beide diese Verfahren finden auf alle natürliche Personen Anwendung, die keine 13

---

[14] Art. 418–425 KR.
[15] Art. 425a–425s KR, Art. 349–361 RR.
[16] Art. 426–470 KR.
[17] Art. 471–482 KR.
[18] Art. 483–491 KR, Art. 362–367 RR.
[19] Art. 5 I KR.
[20] Art. 43^1 ZGB.
[21] Art. 5 II KR.
[22] Art. 6 KR.
[23] Art. 491^1 – 491^{24} KR.
[24] Art. 491^{25} – 491^{38} KR; dieses Verfahren ist von den im RR geregelten und auf Unternehmer anwendbaren Restrukturierungsverfahren zu unterscheiden.

allgemeine Konkursfähigkeit besitzen, dh neben Nichtunternehmern auch Personen, die landwirtschaftliche Betriebe führen.[25]

4.2 Voraussetzungen der Verfahrenseröffnung

14 Eröffnungsgründe sind Zahlungsunfähigkeit *(niewypłacalność)*, verstanden als Zahlungseinstellung (bei allen Schuldnern) sowie zusätzlich die Überschuldung (bei juristischen Personen und rechtsfähigen organisatorischen Einheiten).[26] Die Insolvenzrechtsreform von 2015 hat die Zahlungseinstellung nunmehr eindeutig definiert als den Zustand, in dem der Schuldner nicht mehr imstande ist, seine fälligen, auf Geld lautenden Verbindlichkeiten zu erfüllen (Art. 11 Abs. 1 KR). Um in der Praxis die Anwendung dieser Vorschrift zu vereinfachen, gilt die Vermutung, dass der Schuldner nicht imstande ist, seine fälligen, auf Geld lautenden Verbindlichkeiten zu erfüllen, wenn die Zahlungsverzögerung drei Monate überschreitet (Art. 11 Abs. 1a KR).

15 Für juristische Personen oder rechtsfähige organisatorische Einheiten ohne eigener Rechtspersönlichkeit (wie zB Personengesellschaften, gilt der erweiterte Konkurseröffnungsgrund der Überschuldung. Ein solcher Schuldner gilt auch dann als zahlungsunfähig, wenn seine Verbindlichkeiten den Wert seines Vermögens übersteigen, selbst wenn er laufend seine Verbindlichkeiten erfüllt, und der Zustand der Überschuldung länger als 24 Monate besteht (Art. 11 Abs. 2 KR). Dadurch soll in jedem Fall einen volles Bilanzjahr erfasst sein.

16 Trotz einer solchen Überschuldung kann das Gericht einen Konkursantrag abweisen, wenn dem Schuldner der Beweis gelingt, dass keine Gefahr des Verlustes der Fähigkeit, die fälligen auf Geld lautenden Verbindlichkeiten zu erfüllen, in kurzer Zeit besteht (Abs. 6). Die praktische Bedeutung der Überschuldungsvoraussetzung ist also nach seit 1.1.2016 geltender Rechtslage relativ gering.

17 Reicht das Schuldnervermögen nicht aus, um die Verfahrenskosten *(koszty postępowania)* zu decken oder reicht es aus, um nur die Kosten aber keine andere Forderungen zu decken, so ist ein Eröffnungsantrag nach Art. 13 KR mangels Masse abzuweisen. Massearmut liegt auch vor, wenn das Schuldnervermögen aus Gegenständen besteht, die derart mit dinglichen Sicherheiten anderer belastet sind, dass das sicherungsfreie Vermögen zur Zahlung der Verfahrenskosten nicht ausreicht. Das Verfahren kann jedoch trotz Massearmut eröffnet werden, wenn glaubhaft gemacht wird, dass Rechtsgeschäfte des Schuldners unwirksam sind oder angefochten werden können (nach Art. 127 ff. KR), sodass dadurch ausreichend Vermögen zur Masse gelangen und die Deckung der Verfahrenskosten aus der Konkursmasse ermöglicht werden kann (Art. 13 Abs. 3 KR).

18 Das Konkursverfahren kann auch dann nicht eröffnet werden, wenn gegen den Schuldner ein Restrukturierungsverfahren geführt wird (Art. 9a KR).

4.3 Der Konkursantrag

19 Das Konkursverfahren kann ausschließlich auf Antrag *(wniosek o ogłoszenie upadłości)* eröffnet werden (Art. 3 KR). Der Antrag auf Eröffnung des Konkursverfahrens kann vor allem vom Schuldner (der dazu verpflichtet ist) oder von seinem persönlichen[27] Gläubiger gestellt werden (Art. 20 Abs. 1 KR). Ein Gläubiger muss bei Antragsstellung gem. Art. 24 KR seine Forderung glaubhaft machen. Die Glaubhaftmachung bedeutet aber (noch) nicht die Anerkennung der glaubhaft gemachten Forderung zwecks Teilnahme am späteren Verfahren.

20 Zur Stellung eines Antrags auf Eröffnung des Konkursverfahrens verpflichtet sind der Schuldner selbst sowie, falls der Schuldner eine juristische Person oder eine andere organisatorische Einheit ist, der Vertreter (der Geschäftsführungsberechtigte) des Schuldners aufgrund Gesetz, Gesellschaftsvertrag oder Satzung (Art. 21 KR). Der Antrag ist gesetzmäßig binnen 30 Tagen seit dem Eintritt des Konkurseröffnungsgrundes zu stellen. Die Vertreter (Geschäftsführungberechtigten) des Schuldners sind jeweils einzeln berechtigt und verpflichtet, einen Konkurseröffnungsantrag zu stellen, auch wenn andere Rechtsgeschäfte des Schuldners nur im Wege der Gesamtvertretung abgeschlossen werden können.

21 Im Fall der Nichteinhaltung der Antragspflicht tragen die Antragspflichtigen, nach Art. 21 Abs. 3 KR die Verantwortung für den Schaden, wobei eine Beweislastumkehr gilt. Der Antragspflichtige hat zu beweisen, dass er keine Schuld für die verspätete Antragstellung oder Nichtantragstellung trägt. Dabei gilt auch die Eröffnung eines Restrukturierungsverfahrens vor Ablauf der Frist zur Konkursantragstellung als Rechtfertigungsgrund. Es gilt zudem eine widerlegliche Vermutung, dass

---

[25] Art. 491¹ Abs. 1 KR.
[26] Art. 10, 11.
[27] Das schließt jene Gläubiger aus, die einen ausschließlich dinglichen Anspruch gegen den Schuldner haben (etwa aus einer dinglichen Sicherheit auf einem Vermögensgegenstand des Schuldners zur Sicherung des Anspruchs gegen eine Drittperson).

der vom Gläubiger erlittene Schaden die volle Höhe der nicht befriedigten Forderungen dieses Gläubigers ausmacht (Abs. 3a).

Wenn der Antrag auf Eröffnung des Konkursverfahrens einer Gesellschaft mit beschränkter Haftung schuldhaft nicht rechtzeitig gestellt wurde, tragen die Vorstandsmitglieder eine persönliche, subsidiäre Haftung für die Verbindlichkeiten der Gesellschaft, gemäß Art. 299 HGGB. Auch für diese Haftungsgrundlage gilt eine Beweislastumkehr. Dh um eine Haftung aus Art. 299 HGGB zu vermeiden müssen Vorstandsmitglieder beweisen, dass der Antrag rechtzeitig gestellt war oder dass sie kein Verschulden wegen der verspäteten Antragsstellung trifft. 22

Über eine Person, die diese Pflicht nicht erfüllt, können ua in Art. 373–377 KR vorgesehene Sanktionen, vor allem das Verbot der Ausübung der wirtschaftlichen Tätigkeit, verhängt werden. Eine pflichtwidrige Unterlassung der Stellung des Antrags auf Eröffnung des Konkursverfahrens über eine Gesellschaft ist zudem Straftat gemäß Art. 586 HGGB. 23

Bei der Stellung des Konkursantrags ist nach Art. 22a KR ein Kostenvorschuss in Höhe einer durchschnittlichen Arbeitsvergütung im Unternehmenssektor (zzt. etwa 5.150 PLN) zu entrichten. 24

Das Konkursverfahren über Banken kann nur auf Antrag der Finanzaufsichtskommission *(Komisja Nadzoru Finansowego)* oder des Bankgarantiefonds *(Bankowy Fundusz Gwarancyjny)* eröffnet werden.[28] 25

4.4 Gerichtszuständigkeit

Das Verfahren wird vor dem für den Mittelpunkt der hauptsächlichen Interessen des Schuldners zuständigen Amtsgericht *(sąd rejonowy)* – Wirtschaftsgericht (Konkursgericht) geführt (Art. 18, 19 KR). Die Regelung der örtlichen Zuständigkeit für die Konkurseröffnung wird demnach mit der internationalen Zuständigkeit nach Art. 3 Abs. 1 EuInsVO (VO Nr. 2015/848) koordiniert. Der Mittelpunkt der hauptsächlichen Interessen des Schuldners wird als Ort definiert, an dem der Schuldner gewöhnlich der Verwaltung seiner Interessen nachgeht und damit für Dritte feststellbar ist (Art. 19 Abs. 1a), ergänzt durch zusätzliche Vermutungen wie nach der EuInsVO. 26

Wenn der Schuldner in Polen keinen Mittelpunkt seiner hauptsächlichen Interessen hat, ist das Amtsgericht seines Aufenthaltsortes oder seines Sitzes zuständig, und falls diese nicht bestehen – des Ortes, an dem sein Vermögen belegen ist (Art. 19 Abs. 3 KR). 27

Obwohl die Verschiebung der Konkursgerichtsbarkeit zu den Gerichten höheren Rangs *(sąd okręgowy*, entspricht dem deutschen Landgericht) im Bericht der Expertengruppe in 2012 empfohlen wurde,[29] sind die Konkursgerichte auf dem niedrigsten Rang der Gerichtsbarkeit verblieben. Es ist also weiterhin mit Schwierigkeiten bei der Ausprägung einer hochspezialisierten Gruppe von Konkursrichtern zu rechnen, da aus organisatorischen Gründen die Beförderung eines Richters zu einem Gericht höheren Ranges bislang eine Änderung seiner Spezialisierung zur Folge hat. 28

4.5 Das Konkursantrags-/Eröffnungsverfahren

Durch Antragstellung beginnt das Konkurseröffnungsverfahren *(postępowanie w przedmiocie ogłoszenia upadłości)*. In dieser Etappe kann das Sicherungsverfahren durchgeführt werden (Art. 36 KR). Zu möglichen Sicherungsmitteln gehört die Bestellung eines vorläufigen Gerichtsaufsehers *(tymczasowy nadzorca sądowy)* (Art. 38 KR), dessen Zustimmung für Geschäfte des Schuldners, die über dem Rahmen der gewöhnlichen Verwaltung hinausgehen, erforderlich ist (Art. 38a KR). 29

Nach Art. 40 KR kann das Gericht auch andere Sicherungsmaßnahmen verhängen, ua die Zwangsverwaltung. Dies aber nur dann, wenn zu befürchten steht, dass der Schuldner sein Vermögen verschieben oder auf andere Weise seine Gläubiger schädigen wird oder wenn Weisungen des Gerichtsaufsehers nicht erfüllt werden. Umfang als auch Art und Weise der Ausübung der Zwangsverwaltung sind durch Gerichtsbeschluss zu bestimmen. Die Kompetenzen des Zwangsverwalters *(zarządca przymusowy)* können somit flexibel durch Gerichtsentscheidung bestimmt werden. Auf Geschäfte des Schuldners in Bezug auf das der Zwangsverwaltung unterworfene Schuldnervermögen werden die Vorschriften über die Geschäfte des Konkursschuldners im eröffneten Konkurs entsprechend angewandt (Art. 40 Abs. 3 KR), was ggf. deren Nichtigkeit nach Art. 77 Abs. 1 KR zur Folge haben kann. 30

Alle vorläufigen Sicherungsmaßnahmen erlöschen am Tag der Konkurseröffnung. Die Bestellung des vorläufigen Gerichtsaufsehers und die Zwangsverwaltung verlieren ihre Wirksamkeit allerdings erst zum Zeitpunkt der Übernahme des Konkursschuldnervermögens durch den Konkursverwalter (Art. 43 KR). 31

---

[28] Art. 426 KR.
[29] *Rekomendacje Zespołu Ministra Sprawiedliwości ds. Nowelizacji Prawa Upadłościowego i Naprawczego*, Dezember 2012, https://www.arch.ms.gov.pl/pl/restrukturyzacja-i-upadlosc/.

4.6 Eröffnungsbeschluss; Rechtsmittel

32 Das Konkurseröffnungsverfahren endet mit Gerichtsbeschluss:
- über die Abweisung (poln. *oddalenie*) des Konkursantrags: bei fehlender Konkursfähigkeit (selten), bei Nicht-Vorliegen der Konkursvoraussetzung (dh keiner Zahlungsunfähigkeit) oder bei Vorliegen einer negativen Konkursvoraussetzung (dh bei Massearmut) oder
- über die Eröffnung des Konkurses *(ogłoszenie upadłości)*.

33 Darüber hinaus ist eine Zurückweisung (poln. *odrzucenie*) des Konkursantrags aus formellen Gründen möglich.

34 Im Beschluss werden Gläubiger und andere Inhaber von Rechten am Schuldnervermögen zur Forderungsanmeldung binnen einer Frist von 30 Tagen aufgefordert. Darüber hinaus werden im Beschluss der Richter-Kommissar *(sędzia-komisarz)*, der stellvertretende Richter-Kommissar, sowie der Konkursverwalter *(syndyk)* bestellt. Konkursdatum ist das Datum des Eröffnungsbeschlusses,[30] unter Geltung der *zero hour rule*, also Wirksamkeit rückwirkend ab 0:00 Uhr des Tages des Eröffnungsbeschlusses. Ausnahmen gelten für die Konkurseröffnung über das Vermögen von Teilnehmern an Wertpapierabrechnungssystemen.[31]

35 Obwohl anfechtbar, ist der Konkurseröffnungsbeschluss am Tag des Erlasses sofort wirksam (Art. 51 Abs. 2 KR). Gegen den Eröffnungsbeschluss kann der Schuldner Beschwerde *(zażalenie)* einlegen; nur der Antragsteller kann den auf seinen Antrag hin ergangenen Abweisungsbeschluss anfechten. Die zweite Instanz kann ein Konkursverfahren nicht eröffnen. Wird also erst in zweiter Instanz festgestellt, dass der Konkurs doch zu eröffnen ist, ist die Sache an die erste Instanz zurückzuverweisen.[32]

4.7 Rechtswirkungen der Eröffnung

4.7.1 Auswirkungen auf das Vermögen des Schuldners, Bildung der Masse

36 Durch die Verfahrenseröffnung entsteht die Konkursmasse *(masa upadłości)*, die nicht nur das Vermögen des Schuldners im Zeitpunkt der Eröffnung umfasst, sondern auch den späteren Neuerwerb. Von der Masse ausgeschlossen sind unpfändbares Schuldnervermögen sowie jene Vermögensgegenstände, welche auf Beschluss der Gläubigerversammlung vom Konkursbeschlag ausgenommen sind.[33] Bei natürlichen Personen ist von der Masse zudem ausgeschlossen Einkommen des Schuldners in der Höhe von 150 % des sozialen Minimums, ggf. 150 % des sozialen Minimums (jeweils für den Schuldner und jede andere von ihm abhängige Person), wobei der Richter-Kommissar nach Bedarf das von der Masse ausgeschlossene Einkommen des Schuldners auch in anderer Höhe bestimmen kann.[34] Das Vermögen der Konkursmasse steht weiterhin im Eigentum des Schuldners. Der Schuldner verliert grundsätzlich die Verwaltungs- und Verfügungsbefugnis (Übergang auf den Konkursverwalter), wobei alle Rechtsgeschäfte des Schuldners über massezugehörige Gegenstände nichtig sind.[35]

37 Eine vom Schuldner erteilte Vollmacht, obwohl nicht ausdrücklich geregelt, unterliegt den gleichen Beschränkungen wie die Verfügungsbefugnis des Schuldners selbst. Daher ist anzunehmen, dass die Vollmacht in Angelegenheiten bezüglich der Konkursmasse erlischt, weil der Schuldner seine Verfügungsbefugnis verloren hat.[36] Eine Vorschrift sieht hingegen ausdrücklich das Erlöschen der Prokura vor.[37]

38 Massefremde Vermögensgegenstände sind auszusondern und Aussonderungsberechtigte werden außerhalb des Konkursverfahrens bevorzugt befriedigt. Dabei ist die Aussonderung eines sicherungsübereigneten Gegenstandes oder eines sicherungsabgetretenen Rechts ausdrücklich ausgeschlossen. Diese Sicherheiten werden im Konkurs wie das Pfandrecht behandelt, also entfalten die Rechtswirkungen eines Absonderungsrechts *(prawo odrębności)*.[38] Die Berechtigung zur Aussonderung besteht hingegen auch beim Eigentumsvorbehalt weiterhin.[39]

---

[30] Art. 52 KR.
[31] Art. 51 I Ziff. 7 KR.
[32] Art. 54 KR.
[33] Art. 61–63 KR iVm Art. 829 ff. ZVfnGB.
[34] Art. 63 Abs. 1a-1d KR.
[35] Art. 75 Abs. 1; Art. 77 Abs. 1 KR.
[36] Hierzu *Jakubecki/Zedler*, These 4 zu Art. 102; vgl. auch Beschluss des OG v. 7.11.2003, I CZ 127/03.
[37] Art. 109⁷ II ZGB.
[38] Art. 70¹, Art. 336 II.
[39] Art. 102 I, s. *Gurgul*, Rn. 9–11 zu Art. 101; → Rn. 40 ff.

4.7.2 Möglichkeit der Aufrechnung

Bestehen im Moment der Verfahrenseröffnung zwischen Schuldner und Gläubiger gegenseitige **39** Forderungen (ausgeschlossen ist die Aufrechnung mit seit Eröffnung aufgelaufener Zinsforderungen), von denen zumindest eine fällig war, so ist im Konkursverfahren eine Aufrechnung *(potrącenie)* bis spätestens (andernfalls Verlust des Aufrechnungsprivilegs) zur Forderungsanmeldung zulässig, es sei denn die Forderung war an den Gläubiger zu Aufrechnungszwecken abgetreten worden oder die Forderung war binnen eines Jahres vor Eröffnung erworben worden, und dem Gläubiger war dabei der Konkurseröffnungsgrund bekannt gewesen.[40]

4.7.3 Wirkungen auf Verbindlichkeiten und Rechtsgeschäfte des Schuldners

Nach Art. 83 KR sind sog. Lösungsklauseln für den Konkursfall nichtig, wobei sowohl Vertrags- **40** klauseln erfasst werden, welche die Lösung des Vertrags im Fall der Eröffnung des Konkursverfahrens vorsehen, als auch solche, die an die Stellung des Konkurseröffnungsantrags anknüpfen. Eine Ergänzung dieser Vorschrift findet sich in der Generalklausel des Art. 84 Abs. 1 KR, wonach gegenüber der Masse solche Vertragsbestimmungen unwirksam sind, deren Partei der Konkursschuldner ist, und die die Erreichung des Zwecks des Konkursverfahrens unmöglich machen oder erschweren. Eine besondere Regelung und Ausnahme gilt nach Art. 85 KR für Close-out-Nettingklauseln.

Noch nicht fällige Schuldnerverbindlichkeiten werden mit Eröffnung des Konkurses fällig, und **41** nicht auf Geld lautende Forderungen sind in Geld umzurechnen.[41] Bei gegenseitigen,[42] im Moment der Verfahrenseröffnung beiderseits noch nicht vollständig erfüllten Verträgen, hat der Konkursverwalter ein Erfüllungswahlrecht, das der Zustimmung des Richter-Kommissars unterliegt. Fordert der Verwalter Vertragserfüllung, so tritt er für Rechnung der Masse in das Vertragsverhältnis ein, und der Anspruch des Vertragspartners ist als Masseverbindlichkeit vorweg zu befriedigen. Solange der Verwalter nicht erfüllt hat, steht dem Vertragspartner ein Zurückbehaltungsrecht zu.[43] Tritt der Verwalter vom Vertrag zurück, so erlischt der Vertrag und der Gegenpartei wird ein im allgemeinen zweiten Rang zu befriedigender Entschädigungsanspruch für erbrachte Leistungen und entstandene Verluste zugewiesen.[44] Besondere Regelungen bestehen für Miet- und Pachtverträge, Darlehens- und Kreditverträge.

Vorbehaltseigentum erlischt mit Konkurseröffnung nicht, wenn der Vorbehaltsvertrag unter **42** Beachtung der Schriftform mit sicherem Datum *(forma pisemna z datą pewną)* geschlossen wurde[45] und dadurch die Vereinbarung des Eigentumsvorbehaltes *(zastrzeżenie własności)* den anderen Gläubigern des Schuldners gegenüber wirksam war. Die Konkursfestigkeit von Vorbehaltseigentum hindert nicht das Wahlrecht des Konkursverwalters in Bezug auf den zugrunde liegenden Vertrag.[46] Eine Berechtigung zur Aussonderung des Gegenstandes des Eigentumsvorbehalts[47] besteht, wenn der Eigentümer nach allgemeinen Vorschriften Herausgabe fordern könnte, also nach Vertragslösung (zB wenn der Verwalter Rücktritt vom Vertrag wählt).

4.7.4 Wirkungen auf laufende Verfahren

Die Konkurseröffnung hat zahlreiche Auswirkungen auf anhängige oder noch einzuleitende **43** Verfahren, welche die Konkursmasse betreffen.

Gerichts- oder Verwaltungsverfahren, welche einen massezugehörigen Gegenstand betreffen, **44** können nur durch oder gegen den Konkursverwalter geführt werden, und mit Eröffnung sind anhängige (Vollstreckungs-)Verfahren auszusetzen *(zawieszenie, bzw. umorzenie)*. Dies betrifft auch mit Pfand oder Hypothek besicherte Forderungen. Ist eine anzumeldende Forderung durch ein Verfahren betroffen, so kann der Konkursverwalter das Verfahren nur aufnehmen, wenn die Forderung nicht zur Eintragung angenommen worden ist. Die Vollstreckung erfolgt dann im Rahmen des Konkursverfahrens. Es greift eine Vollstreckungssperre (Einleitung neuer Verfahren unzulässig) und alle nach Eröffnung ergangenen (Gerichts-) Entscheidungen sind innerhalb des Konkurses entsprechend der gesetzlichen Verteilungsreihenfolge zu befriedigen.[48]

---

[40] Art. 93, 95, 96, 94 Abs. 1 KR.
[41] Art. 91 KR.
[42] Art. 487 § 2 ZGB.
[43] Art. 98 KR; Art. 230 Abs 2; Art. 343 Abs. 1 KR.
[44] Art. 99 KR.
[45] Art. 590 ZGB.
[46] Art. 101 Abs. 1; Art. 98.
[47] Art. 102 I, s. *Gurgul*, Rn. 9–11 zu Art. 101.
[48] Art. 144–146 KR; Art. 174 § 1 ZVfnGB.

4.7.5 Konkursanfechtung

45 Um eine gleichmäßige Gläubigerbefriedigung sicherzustellen, können Rechtsgeschäfte von Gesetz wegen unwirksam sein (bzw. werden) oder anfechtbar sein.[49] Rechtsgeschäfte sind *ex lege* unwirksam *(bezskuteczność)*, wenn das Gesetz dies vorschreibt oder können kraft Beschlusses des Richter-Kommissars als unwirksam erklärt werden. Das Anfechtungsrecht *(zaskarżanie czynności upadłego)* steht ausschließlich dem Konkursverwalter zu. Angefochtene und unwirksame Rechtsgeschäfte sind nur im Verhältnis zur Masse unwirksam, die andere Partei kann also nach Verfahrensabschluss aufgrund des (relativ) unwirksamen Geschäfts vom Konkursschuldner Erfüllung oder Schadensersatz verlangen.

4.7.5.1 Unwirksamkeit *ex lege*

46 *Ex lege* unwirksam, ohne subjektive Voraussetzungen, sind solche un- oder entgeltlichen Schuldnerrechtsgeschäfte (hierunter fällt auch ein gerichtlicher Vergleich, ein Anspruchsverzicht oder ein Anerkenntnis), welche binnen eines Jahres vor Stellung des Eröffnungsantrages vorgenommen worden waren, wenn Leistung und Gegenleistung zueinander in einem krassen Missverhältnis stehen.[50] Ebenfalls unwirksam sind eine binnen sechs Monaten vor Konkurseröffnung erfolgte Sicherung oder Zahlung einer nicht fälligen Schuld. Kann ein Gläubiger allerdings beweisen, dass ihm der Eröffnungsgrund unbekannt war, so kann er durch Einspruch oder Klage die Anerkennung der Wirksamkeit der Sicherung oder Zahlung geltend machen.[51]

47 Unwirksam *ex lege* ist auch die Abtretung einer künftigen Forderung, wenn diese erst nach der Konkurseröffnung entsteht.[52]

4.7.5.2 Unwirksamkeit kraft Beschlusses des Richter-Kommissars

48 Wurde ein entgeltliches Rechtsgeschäft mit einer dem Schuldner nahestehenden Person abgeschlossen, so kann dieses vom Richter-Kommissar von Amts wegen oder auf Antrag des Konkursverwalters als unwirksam erklärt werden, wenn das Rechtsgeschäft binnen der letzten sechs Monate vor Antragstellung abgeschlossen worden war. Dem gleichgestellt sind Rechtsgeschäfte einer juristischen Person mit deren gesetzlichem Vertreter, mit Gesellschaftern oder mit verbundenen Gesellschaften.[53] Die andere Partei kann sich verteidigen indem sie beweist, dass es nicht zu einer Gläubigerbenachteiligung kam.

49 Die Vereinbarung von Abfindungen oder übermäßig hohen Geschäftsführer- oder sonstigen Managervergütungen kann vom Richter-Kommissar für unwirksam erklärt werden.[54] Gleiches gilt, wenn der Schuldner nicht persönlicher Schuldner war und binnen eines Jahres vor Konkursantragstellung eine dingliche Sicherheit (zB Hypothek, Pfand, Registerpfand) für die Forderung gegen eine Drittperson gewährt hat, wobei er keine oder eine nur unverhältnismäßig niedrige Gegenleistung erhalten hat. Wurde die Sicherheit für eine nahestehende Person bestellt, so ist eine etwaige Gegenleistung unerheblich.[55] Schließlich können unverhältnismäßig hohe Vertragsstrafen nach Art. 130a KR für unwirksam erklärt werden.

4.7.5.3 Unwirksamkeit nach Anfechtung, *actio pauliana*

50 Die Unwirksamkeit eines gläubigerbenachteiligenden *(pokrzywdzenie wierzyciela)* Rechtsgeschäfts (Entstehung oder Vertiefung der Zahlungsunfähigkeit des Schuldners) kann ferner nach Anfechtung (im Wege der Klageerhebung) durch Gerichtsurteil festgestellt werden, entsprechend allgemeinen Grundsätzen des Zivilrechts (sog. *actio Pauliana*).[56] Der Schuldner muss subjektiv im Bewusstsein der Gläubigerbenachteiligung gehandelt haben und die andere Partei musste die Benachteiligung kennen oder hätte diese kennen müssen. Es gibt Beweiserleichterungen durch Vermutungsregeln für besonders krasse Fälle (zB unentgeltliche Schenkung, Geschäft mit nahestehender Person). Klageberechtigt ist im Konkursfall nur der Konkursverwalter.

---

[49] Art. 127–130a KR.
[50] Art. 127 Abs. 1 KR.
[51] Art. 127 Abs. 3 KR.
[52] Art. 128a KR.
[53] Art. 128 KR.
[54] Art. 129 Abs. 1, 2, 3 KR.
[55] Art. 130 KR.
[56] Art. 131 KR verweist auf das ZGB, insbesondere auf die *actio Pauliana*, Art. 527 ff. ZGB.

4.8 Beteiligte am Konkursverfahren *(uczestnicy postępowania)*

4.8.1 Konkursgericht, Richter-Kommissar

Das Eröffnungsverfahren sowie das eigentliche Konkursverfahren wird vom für den Schuldner zuständigen Rayonsgericht *(sąd rejonowy)* (Wirtschaftsgericht) geführt, von einer als Konkursgericht *(sąd upadłościowy)* bezeichneten Abteilung. In vom KR nicht geregelten Fragen findet das allgemeine Zivilprozessrecht (ZVfnGB) Anwendung.[57] Im eröffneten Konkursverfahren ist der Richter-Kommissar *(sędzia-komisarz)* maßgebliches Verfahrensorgan. Sämtliche Kompetenzen, welche nicht ausdrücklich dem Konkursgericht zugewiesen sind, fallen in seinen Zuständigkeitsbereich, zB allgemeine Verfahrensleitung, Aufsicht über den Konkursverwalter, Festlegung der Rechtsgeschäfte, welche der Konkursverwalter nicht ohne Zustimmung des Gläubigerrates ausführen darf, Bestellung des Gläubigerrates und Auswahl dessen Mitglieder, Führung des Beweisverfahrens, Entscheidung über Beschwerden gegen Handlungen des Gerichtsvollziehers, Aufhebung von rechtswidrigen oder gegen Gläubigerinteressen verstoßenden Beschlüssen der Gläubigerorgane.[58] Neben dem Richter-Kommissar wird auch der stellvertretende Richter-Kommissar bestellt, um Verlängerungen des Verfahrens wegen Abwesenheit des Richter-Kommissars zu vermeiden.

4.8.2 Konkursverwalter

Die Pflichten des Konkursverwalters *(syndyk)* umfassen ua die Übernahme, Verwaltung, Sicherung und Verwertung des Schuldnervermögens, die Benachrichtigung der Gläubiger und anderer Beteiligter über die Eröffnung des Konkursverfahrens.[59] Der Konkursverwalter ist im Konkursverfahren im eigenen Namen auf Rechnung des Schuldners tätig, haftet wegen durch Pflichtverletzung entstandener Schäden und hat einen Vergütungsanspruch für seine Tätigkeit.[60]

Zum Konkursverwalter kann eine Person bestellt werden, die eine Lizenz als Restrukturierungsberater *(doradca restrukturyzacyjny)* innehat.[61] Eine Handelsgesellschaft kann als Konkursverwalter bestellt werden, wenn vertretungsbefugte Geschäftsführer oder vollhaftende Gesellschafter über eine Restrukturierungsberaterlizenz verfügen.[62] Ein gesetzlicher Verein (Berufskammer) der Restrukturierungsberater ist nicht vorgesehen. Von den freiwilligen Organisationen hat die Landeskammer der Restrukturierungsberater *(Krajowa Izba Doradców Restrukturyzacyjnych,* https://kidr.pl/) die größte Bedeutung.

4.8.3 Gläubiger, Gläubigerorgane

Gläubiger *(wierzyciel)* ist jeder, der Anspruch auf Befriedigung aus der Masse hat, ungeachtet, ob die Forderung anzumelden ist. Gläubigerorgane sind die obligatorische Gläubigerversammlung, an der jene Gläubiger teilnameberechtigt sind,[63] deren Forderungen anerkannt worden sind, oder die vom Richter-Kommissar zugelassen wurden, nachdem sie ihre Forderungen glaubhaft gemacht hatten sowie der fakultative Gläubigerrat[64] (vom Richter-Kommissar zu bestellen, drei bzw. fünf Mitglieder). Ist ein Gläubigerrat nicht bestellt, fallen dem Richter-Kommissar dessen Kompetenzen zu.[65]

Die Gläubigerversammlung *(zgromadzenie wierzycieli)* fasst grundsätzlich, unabhängig von der Zahl der Anwesenden, Beschluss mit einfacher Mehrheit, welche mindestens 20 % der Gesamtsumme aller zur Teilnahme an der Gläubigerversammlungen berechtigenden Forderungen umfassen muss. Zu ihren Kompetenzen gehören ua der Abschluss eines Vergleichs, sowie die Freigabe von Massegegenständen.[66] Die Versammlung ist vom Richter-Kommissar nach dessen Ermessen einzuberufen

---

[57] Art. 35, Art. 37, Art. 229 KR.
[58] Art. 151–155; Art. 201, 213, 218 KR.
[59] Art. 156 I, Art. 173–179 KR.
[60] Art. 160, Art. 162–167b KR.
[61] Art. 157 KR; das Lizenzverfahren und die Zulassungserfordernisse werden im Gesetz v. 15.6.2007 über die Restrukturierungsberaterlizenz *(Ustawa o licencji doradcy restrukturyzacyjnego)* geregelt, ein Verzeichnis der zugelassenen Restrukturierungsberater wird beim Justizministerium geführt (https://www.arch.ms.gov.pl/pl/lista-osob-posiadajacych-licencje-doradcy-restrukturyzacyjnego/, zuletzt aufgerufen am 20.12.2019); s. hierzu *Porzycki,* Der Beruf.
[62] Art. 157 Abs. 2 KR.
[63] Art. 195 KR.
[64] Art. 201 KR.
[65] Art. 213 KR.
[66] Art. 199 Abs. 2; Art. 63 Abs. 2; Art. 266c KR.

oder wenn von Gesetzes wegen deren Beschluss notwendig ist oder wenn zumindest zwei Gläubiger, die mindestens 1/3 aller Forderungen auf sich vereinen, dies verlangen.[67]

56   Die Einsetzung eines Gläubigerrates *(rada wierzycieli)* steht im Ermessen des Richter-Kommissars. Sie hat zu erfolgen, wenn der Schuldner, mindestens drei Gläubiger oder ein Gläubiger (oder eine Gläubigergruppe), welcher 20 % aller anerkannten oder glaubhaft gemachten Forderungen auf sich vereint, dies verlangen.[68] Über die Zusammensetzung des Rates entscheidet der Richter-Kommissar. Ein Gläubiger (oder eine Gläubigergruppe), welcher 20 % aller anerkannten oder glaubhaft gemachten Forderungen auf sich vereint, kann jedoch verlangen, dass eine von ihm bestimmte Person zum Rat bestellt wird. Wenn der Anteil der Forderungen mehr als 40 % beträgt, kann der Gläubiger (oder eine Gläubigergruppe) ein Mitglied des Rates für jede 20 % bestimmen.[69] Der Rat prüft den Verwertungserlös und kann Antrag auf Abbestellung des Konkursverwalters stellen (Kontrollkompetenz). Darüber hinaus unterliegen bestimmte Handlungen anderer Verfahrensbeteiligter der Zustimmung des Gläubigerrates, zB die Fortführung des Schuldnerunternehmens durch den Konkursverwalter für länger als drei Monate, die Veräußerung von Rechten/Forderungen, der freihändige Verkauf einer Immobilie, die Belastung des Schuldnervermögens mit beschränkt dinglichen Rechten, eine Klageanerkennung oder ein Anspruchsverzicht.[70]

4.9 Forderungsanmeldung *(zgłoszenie wierzytelności)*

57   Der Konkursverwalter führt die Forderungsliste *(lista wierzytelności)* und trägt die, beim Richter-Kommissar binnen der im Eröffnungsbeschluss bestimmten Frist von 30 Tagen, angemeldeten Forderungen nach eigener Prüfung ein. Im Zweifelsfall ist auf Antrag des Konkursverwalters vor dem Richter-Kommissar ein Beweisverfahren durchzuführen. Nach Bekanntmachung der Liste durch den Richter-Kommissar können Gläubiger (oder der Schuldner) binnen zwei Wochen Einspruch erheben gegen die Anerkennung einer Forderung (einspruchsberechtigt sind nur andere eingetragene Gläubiger oder der Schuldner) oder gegen die Ablehnung einer Forderung (einspruchsberechtigt ist nur der nicht eingetragene Gläubiger). Gegen die Entscheidung des Richter-Kommissars über den Einspruch ist Beschwerde zum Konkursgericht statthaft. Nach Prüfung durch den Richter-Kommissar erlässt dieser im Beschlusswege eine Bestätigung der Forderungsliste (die Liste ist im Laufe des Verfahrens noch abänderbar). Lehnt der Richter-Kommissar die angemeldete Forderung ab, kann der jeweilige Gläubiger nach Verfahrensabschluss die Forderung gerichtlich geltend machen.[71]

58   Das Anmeldungserfordernis gilt nicht für Masseverbindlichkeiten (nach Konkurseröffnung entstanden). Mit Pfandrecht/Hypothek besicherte Forderungen sowie Arbeitnehmerforderungen sind von Amts wegen in die Liste einzutragen.[72]

5. Gläubigerbefriedigung

59   Das Konkursverfahren bezweckt die Verwertung *(likwidacja)*[73] und anschließende Verteilung *(podział)* der Konkursmasse. Zur Verteilung greift das KR auf Gläubigerkategorien zurück, wobei die Insolvenzrechtsreform von 2015 mit der Eingrenzung privilegierter Kategorien den Grundsatz der Gläubigergleichbehandlung verstärkt. Die Rechtsstellung beschränkt dinglich gesicherter Gläubiger bei der Verwertung ist immer noch stark.

5.1 Befriedigung in Gläubigerkategorien

60   Die unverzüglich vorzunehmende Verwertung (durch Verkauf des Gesamtunternehmens, von Unternehmensteilen oder von Einzelgegenständen) erfolgt nach Erstellung eines Inventarverzeichnisses und Bewertung des Schuldnervermögens.[74] Die Gläubiger werden in vier Kategorien befriedigt, dem „Auffüllprinzip" folgend: Erst nach voller Befriedigung aller Forderungen einer Kategorie kann die Erlösausschüttung an Forderungen der nachfolgenden Kategorie begonnen werden, gegebenenfalls quotal.[75] Bevor aber die in Kategorien umfassten Konkursforderungen überhaupt befriedigt

---

[67] Art. 191 KR.
[68] Art. 201 KR.
[69] Art. 202a KR.
[70] Art. 205, 206 KR.
[71] Art. 236–266 KR.
[72] Art. 236 Abs. 2, 3; Art. 237 KR.
[73] Zwar ist der Verkauf Schuldnerunternehmens als Ganzes (übertragende Sanierung) die nach Art. 316 bevorzugte Form der Verwertung, in der Praxis jedoch findet in der überwiegenden Mehrheit der Fälle die Zerschlagung des Schuldnerunternehmens und der stückweise Verkauf der Massegegenstände statt.
[74] Art. 306 ff. KR.
[75] Art. 344 KR.

werden können, müssen die Verfahrenskosten und sonstige Masseverbindlichkeiten vorweg gedeckt werden.[76]

Die Befriedigungsreihenfolge[77] ist wie folgt: 61

In die erste Kategorie fallen die privilegierte Forderungen, die noch vor Eröffnung des Konkurs- 62 verfahrens entstanden sind und nach dem Willen des Gesetzgebers eine besondere Privilegierung verdienen – ua Arbeitnehmerforderungen[78] aus der Zeit vor Konkurseröffnung, Forderungen von Landwirten für die Lieferung von Produkten aus eigenem landwirtschaftlichen Betrieb, Unterhaltsforderungen für die letzten drei Jahre vor Konkurseröffnung, sowie Sozialversicherungsbeiträge für die letzten drei Jahre vor Konkurseröffnung. Falls das Konkursverfahren nach einem gescheiterten Restrukturierungsverfahren eröffnet wird, sind in dieser Kategorie auch die im früheren Restrukturierungsverfahren begründeten Forderungen zu befriedigen.

Die zweite Kategorie ist die Grundkategorie für einfache Forderungen. Zu dieser Kategorie 63 gehören seit der Insolvenzrechtsreform von 2015 auch die (früher privilegierten) Steuerforderungen, andere öffentliche Abgaben und die in Kategorie 1 nicht umfassten Beiträge zur Sozialversicherung.

In die dritte, nachrangige Kategorie, fallen Zinsen in der Reihenfolge der Hauptforderungen, 64 gerichtliche und verwaltungsrechtliche Geldstrafen, Forderungen aus Schenkungen sowie Vermächtnisse. Die letzte vierte Kategorie umfasst Forderungen gegen eine Kapitalgesellschaft aus Darlehen oder ähnlichen Geschäften der Anteilseigner, binnen fünf Jahren vor Konkurseröffnung, mit weiteren Detailregelungen in Art. 342 Abs. 5 und 6 KR (bis 2015 als kapitalersetzende Darlehen nach Vorschriften des HGGB behandelt).

5.2 Die Behandlung dinglich gesicherter Gläubiger

Dinglich besicherte Gläubiger werden besonders behandelt. Registerpfand *(zastaw rejestrowy)*, 65 Pfand *(zastaw)*, Hypothek *(hipoteka)*, Steuerpfandrecht und Schiffshypothek berechtigen zu abgesonderter Befriedigung *(prawo odrębności)*, wobei vorweg die Verwertungskosten sowie ein anteilsmäßiger Beitrag für allgemeine Verfahrenskosten bis höchstens 10 % des Erlöswertes zu begleichen sind.[79] Ist die gesicherte Forderung nur teilweise aus dem Sicherungsgegenstand befriedigt worden, so fällt der nicht befriedigte Anteil in die allgemeine zweite Kategorie.

Sicherungseigentum *(przewłaszczenie na zabezpieczenie)* sowie Sicherungszession *(przelew* bzw. 66 *cesja na zabezpieczenie)* werden wie Pfandrecht behandelt,[80] mit der Folge, dass auch diese Sicherheiten zur Absonderung berechtigen.

In bestimmten Fällen wird das Absonderungsrecht gebrochen, wenn die (eigentlich vorrangigen) 67 Ansprüche auf vorweggenommene Befriedigung an einem Vermögensgegenstand durch Forderungen von solchen Arbeitnehmern zurückgedrängt werden, die an/in/auf dem Verwertungsgegenstand beschäftigt waren (zB bei einer Immobilie, einem Schiff).[81]

Wird das Gesamtunternehmen oder dessen selbständiger Teil als Ganzes verwertet und werden 68 in Folge dessen mit dinglichen Sicherheiten belastete Vermögensgegenstände verkauft, so erlöschen diese zur Absonderung berechtigenden Rechte. Der Wert der Sicherungsgegenstände ist aber zu schätzen, im Veräußerungsvertrag auszuweisen und der erlangte Erlös ist vorweg an die gesicherten Gläubiger zur Befriedigung zu verteilen. Ist im Bestellungsvertrag eines Registerpfandrechts vereinbart, dass der Sicherungsnehmer sich durch Aneignung des Pfandgegenstandes befriedigen kann, so ist diese Befriedigungsart auch im Konkursverfahren zulässig, falls das Unternehmen (oder ein selbständiger Teil) nicht als Ganzes verkauft wird.[82]

5.3 Verfahrensabschluss

Der Verwertungserlös ist grds. nach einem Verteilungsplan *(plan podziału)* an die Gläubiger 69 auszukehren. Dieser wird im Laufe des Verfahrens ein oder mehrmals vom Konkursverwalter erstellt, und ist, nach Prüfung eventueller Einsprüche, durch den Richter-Kommissar zu bestätigen. Die Masseverbindlichkeiten werden, soweit flüssige Mittel vorhanden sind, ohne einen Verteilungsplan laufend nach ihrer Fälligkeit befriedigt.[83]

---

[76] Art. 343 KR; Art. 230 KR.
[77] Art. 342 Abs. 1 Ziff. 1–4 KR.
[78] Den Arbeitnehmerforderungen sind kraft Art. 238 KR die Regressforderungen des Garantiefonds für Arbeitnehmerforderungen *(Fundusz Gwarantowanych Świadczeń Pracowniczych)* gleichgestellt.
[79] Art. 336; Art. 345 KR.
[80] Art. 70¹, Art. 336 Abs. 2 KR.
[81] Art. 346 KR.
[82] Art. 314, 319 Abs. 4; Art. 327; Art. 330 KR.
[83] Art. 343, Art. 347 ff. KR.

70   Ist die Masse vollständig verwertet und der Erlös verteilt, so erklärt das Konkursgericht per Beschluss das Verfahren für beendet.[84] Falls während des Verfahrens Massearmut eintritt oder der geforderte Kostenvorschuss nicht geleistet wird, oder falls die Gläubiger dies einstimmig beschließen, ist das Verfahren ohne Schlussverteilung einzustellen.[85] Nach Verfahrensbeendigung *(zakończenie postępowania upadłościowego)* oder -einstellung können die Gläubiger nicht befriedigte Forderungen nach allgemeinen Grundsätzen erneut geltend machen, es sei denn es kam zur Restschuldbefreiung (s. unten). Der Forderungstabellenauszug dient als Vollstreckungstitel.

71   Eine Sonderform der Beendigung des Konkursverfahrens ist der Vergleichsabschluss. Obwohl grundsätzlich im RR geregelt, wurde diese Möglichkeit auch im Konkursverfahren beibehalten, wobei das Konkursrecht in dieser Hinsicht auf eine entsprechende Anwendung der Vorschriften des Restrukturierungsrechts verweist.[86]

6. Sonderregelung: die vorbereitete Liquidation *(przygotowana likwidacja)* nach Art. 56a–56h KR

72   Seit der Insolvenzrechtsreform 2015 besteht die Möglichkeit sich vorab für eine von den allgemeinen Regeln abweichende Liquidationsweise (sog. vorbereitete Liquidation, *przygotowana likwidacja*) zu entscheiden. Diese neue Abwicklungsweise setzt den Gedanken von „pre-pack" ins polnische Recht um. Danach sollen die Verfahrensteilnehmer sich im Voraus entscheiden können, dass ein bestimmter Käufer das Unternehmen des Schuldners (oder seine organisierte Teile bzw. wesentliche Vermögensgegenstände) zu im Voraus bestimmten Bedingungen übernimmt. Dadurch kann eine wesentliche Beschleunigung des Verfahrens erreicht werden, da eine regelmäßige Liquidation der Konkursmasse ganz oder teilweise entfällt. Die Übertragung eines funktionierenden Unternehmens wird erleichtert und die Erzielung eines höheren Verwertungserlöses ermöglicht.

73   Die Initiative zu einer vorbereiteten Liquidation wird in der Regel vom Schuldner selbst in Absprache mit dem geeigneten Käufer ausgehen. Regelungstechnisch ist der Antrag auf vorbereitete Liquidation während des Konkurseröffnungsverfahrens zu stellen (Art. 56a Abs. 1 KR), er kann also sowohl vom Schuldner als auch von dem antragstellenden Gläubiger gestellt werden. Der Antrag wird als Ersuchen auf Bestätigung der Bedingungen des Verkaufs des Unternehmens des Schuldners (oder seines organisierten Teils bzw. wesentlichen Vermögensgegenstände) gestellt, dem eine Beschreibung und Schätzung durch einen gerichtlich zugelassenen Sachverständigen hinzuzufügen ist (Art. 56a Abs. 3 KR). Der Antrag soll zumindest den Verkaufspreis und die Person des Käufers benennen. Darüber hinaus kann der Vertragsentwurf hinzugefügt werden. Es kann auch vorgesehen werden, dass die Übergabe des Unternehmens an den Käufer sogleich bei Konkurseröffnung stattfinden soll. In diesem Fall muss der Käufer noch vor Konkurseröffnung den vollen Preis auf das Depotkonto des Gerichts leisten (Art. 56a Abs. 5 KR) und verwaltet dann das Unternehmen als Fremdvermögen auf eigenes Risiko und Verantwortung bis der endgültige Vertrag zustande kommt (Art. 56f. KR).

74   Die gerichtliche Bestätigung ist zu erteilen, wenn der Verkaufspreis höher ist, als der voraussichtlich im regelmäßigen Verfahren erzielbare Preis nach Abzug der voraussichtlichen Verfahrenskosten und sonstigen Masseverbindlichkeiten (Art. 56c Abs. 1 KR), dh wenn die vorbereitete Liquidation für die Masse vorteilhaft ist. Ist kein Vorteil, aber auch kein Verlust zu erwarten, kann die vorbereitete Liquidation trotzdem bestätigt werden, wenn dies wegen eines wichtigen öffentlichen Interesses oder wegen der Möglichkeit der Unternehmenserhaltung gerechtfertigt ist (Art. 56c Abs. 2 KR).

75   Falls zwei oder mehr Anträge auf vorbereitete Liquidation gestellt werden, ist zwischen den Käufern eine Auktion durchzuführen (Art. 56ca KR).

76   Der Vertrag über den Unternehmensverkauf ist vom Konkursverwalter in der Regel binnen 30 Tagen ab Rechtskraft des Beschlusses über die Bestätigung der vorbereiteten Liquidation abzuschließen. Vor Vertragsabschluss hat der Käufer den vollen Preis zu leisten (Art. 56e KR).

77   Die Regelung der vorbereiteten Liquidation sieht gewisse Beschränkungen und Sicherheitsmaßnahmen zum Gläubigerschutz vor. Dazu gehören ua:
– ist der Käufer eine dem Schuldner nahestehende Person oder verbundene Gesellschaft (nach der Anfechtungsvorschrift von Art. 128 KR), so wird der Mindestverkaufspreis vom Gericht auf Grundlage der Schätzung durch einen Sachverständigen festgesetzt (Art. 56b KR);
– jeder Gläubiger kann Beschwerde gegen die gerichtliche Bestätigung der vorbereiteten Liquidation einlegen (Art. 56d Abs. 2 KR);

---

[84] Art. 368 KR.
[85] Art. 361 KR.
[86] Art. 266a – 266f KR.

– im Fall der Änderung der Verhältnisse nach der Bestätigung der vorbereiteten Liquidation aber noch vor dem Abschluss des Vertrages kann der Konkursverwalter einen Antrag auf Aufhebung oder Änderung des Bestätigungsbeschlusses stellen (Art. 56h KR).

7. Verbraucherkonkurs und Restschuldbefreiung

Die Möglichkeit der Restschuldbefreiung wurde in Polen erst 2003 für natürliche Personen – Unternehmer und 2009 für Verbraucher eingeführt. Da diese anfangs in der Praxis kaum funktionierte, wurden beide Regelungen im Rahmen der Insolvenzrechtsreform 2014–2015 neugestaltet. 2020 werden weitere weitgehende Änderungen eingeführt, darunter ein neues Sonderverfahren zwecks Vergleichsabschluss.

Ab 24.3.2020 ist die Struktur der Regelung der Restschuldbefreiung im polnischen Konkursrecht wie folgt gestaltet:
– Verbraucherkonkurs *(upadłość konsumencka)*, wörtlich: Konkursverfahren gegen natürliche Personen, die keine wirtschaftliche Tätigkeit betreiben *(postępowanie upadłościowe wobec osób fizycznych nieprowadzących działalności gospodarczej)*, als Sondertyp des Konkursverfahrens in Art. 491^1 – 491^{24} KR;
– Sonderverfahren zwecks Vergleichsabschluss für Verbraucher, wörtlich: Verfahren zum Vergleichsabschluss auf der Gläubigerversammlung durch eine natürliche Person, die keine wirtschaftliche Tätigkeit betreibt *(postępowanie o zawarcie układu na zgromadzeniu wierzycieli przez osobę fizyczną nieprowadzącą działalności gospodarczej)*, in den ab 24.3.2020 geltenden Art. 491^{25} – 491^{38} KR;
– Restschuldbefreiung für natürliche Personen – Unternehmer nach Abschluss des regelmäßigen Konkursverfahrens, in Art. 369–370 f.

Die Insolvenzrechtsreform 2014–2015 trug dazu bei, dass Hindernisse beseitigt wurden und die Zahl der Verbraucherkonkurse stark zunahm. 2018–2019 lag die Zahl der Verbraucherkonkurse bei ca. 7.000 pro Jahr, wobei die Gesamtzahl der übrigen Konkurse und Restrukturierungen meistens 1.000 pro Jahr nicht überschreitet.

7.1 Verbraucherkonkurs

Die Vorschriften über den Verbraucherkonkurs *(upadłość konsumencka)* (Art. 491^1 – 491^{24} KR) finden auf alle natürlichen Personen Anwendung, die einem Konkursverfahren nach allgemeinen Vorschriften nicht unterliegen, dh auf Nichtunternehmer, die keine vollhaftenden Gesellschafter einer Personengesellschaft sind, sowie auf Landwirte (vgl. Art. 5–6 KR). Eröffnungsvoraussetzung ist die Zahlungsunfähigkeit nach allgemeinen Regeln des KR (Art. 10 iVm Art. 11 Abs. 1 KR), das Verfahren kann auch bei nur einem Gläubiger eröffnet werden (Art. 491^2 Abs. 2 KR).

Ab 24.3.2020 gibt es keine verbraucherspezifischen Eröffnungshindernisse mehr. Etwaige Gründe für die Absage der Restschuldbefreiung, stark reduziert, werden erst bei der Entscheidung über die Feststellung des Zahlungsplanes berücksichtigt (s. unten).

Das Verfahren kann grundsätzlich nur auf Eigenantrag des Schuldners eröffnet werden (Art. 491^2 Abs. 2 KR). Eine Ausnahme gilt für ehemalige Unternehmer binnen eines Jahres nach der Streichung aus dem Register der wirtschaftlichen Tätigkeit oder nach dem tatsächlichem Abschluss der Tätigkeit, für die auch ein Gläubiger einen Antrag stellen kann (Art. 8–9 KR). Das Verfahren in einem solchen Fall ist eine teilweise Hybridform zwischen dem Verbraucherkonkurs und dem allgemeinen Konkurs.

In besonderen Fällen, wenn es wegen des Ausmaßes des Schuldnervermögens oder der zu erwartenden Komplexität des Verfahrens begründet ist, kann das Gericht entscheiden, das Verfahren nach allgemeinen Vorschriften des KR anstatt als Verbraucherkonkurs zu führen (Art. 491^1 Abs. 2 KR).

Die Vorschriften über Massearmut (Art. 13 und 361 KR) finden im Verbraucherkonkurs keine Anwendung. Bei fehlender Kostendeckung aus dem Schuldnervermögen sind die Kosten vorläufig vom Staat zu decken (Art. 491^7 KR). Diese Kosten sind dann, falls möglich, aus dem Schuldnervermögen während des Verfahrens oder aus dem Schuldnereinkommen während der Durchführung des Zahlungsplans zu decken. Falls eine Rückerstattung auf diese Weise nicht erfolgt, belasten die Kosten des Verbraucherkonkurses endgültig den Staat.

Zuwiderhandlungen des Schuldners während des Verfahrens begründen die Verfahrenseinstellung. Die Einstellung gleicht einer Ablehnung der Restschuldbefreiung (Art. 491^{10} Abs. 1 KR). Die Einstellung des Verfahrens findet nicht statt, wenn die Zuwiderhandlungen nicht wesentlich sind oder trotz wesentlicher Zuwiderhandlungen humanitäre Gründe oder Billigkeitsgründe die Fortsetzung des Verfahrens rechtfertigen.

Falls sich in der Masse eine Wohnung oder ein Einfamilienhaus befindet, in dem der Schuldner wohnt, bekommt der Schuldner aus dem Liquidationserlös eine Geldsumme, die einem durchschnittlichen Mietzins für 12–24 Monate entspricht (Art. 342a KR, gilt für alle natürliche Personen, nicht nur für Verbraucher). Der Betrag wird vom Richter-Kommissar auf Antrag des Schuldners bestimmt. Zu beachten ist, dass auf diese Weise die Wohnbedürfnisse des Schuldners nur dann geschützt werden, wenn der Schuldner Eigentümer der Wohnung oder des Hauses ist, aber nicht, wenn er die Wohnung nur gemietet hatte.

88 Das Konkursverfahren über das Vermögen eines Verbrauchers endet mit der Festsetzung eines Zahlungsplans *(plan spłaty wierzycieli)* (Art. 491[14] KR). Auf die Verteilung des Verwertungserlöses in Konkursverfahren wird verzichtet, da in der Regel der Wert des Erlöses sehr niedrig ist. Stattdessen wird die Verteilung des Erlöses in der ersten im Plan vorgesehenen Zahlung berücksichtigt.

89 Der Zahlungsplan wird im Regelfall auf bis zu 36 Monate festgesetzt (Art. 491[15] Abs. 1 KR). Eine vorzeitige Restschuldbefreiung ohne Zahlungsplan unmittelbar nach Abschluss des Konkursverfahrens ist möglich, wenn die persönliche Lage des Schuldners offensichtlich die Unmöglichkeit jedweder Zahlungen indiziert (Art. 491[16] Abs. 1 KR). Scheint dieses Lage nur vorläufig zu sein, wird die vorzeitige Restschuldbefreiung unter einer auflösenden Bedingung erteilt und erst nach fünf Jahren endgültig (Art. 491[16] Abs. 2a-2i KR).

90 Ein längerer Zahlungsplan, für drei bis sieben Jahre, wird festgesetzt, wenn festgestellt wurde, dass der Schuldner seine Zahlungsunfähigkeit vorsätzlich *(umyślnie)* oder aus grober Fahrlässigkeit *(rażące niedbalstwo)* verursacht oder vertieft hatte (Art. 491[15] Abs. 1a KR).

91 Nur ausnahmsweise kann das Gericht die Festsetzung des Zahlungsplanes (und somit auch die Restschuldbefreiung) verweigern: Gründe dafür sind: 1. Der Schuldner hat seine Zahlungsunfähigkeit zweckmäßig *(w sposób celowy)* verursacht oder wesentlich vertieft. 2. Der Schuldner hatte bereits eine Restschuldbefreiung binnen der letzten zehn Jahre vor Konkursantrag erlangt hat (Art. 491[14a] KR). Beide negativen Voraussetzungen kann das Gericht aber außer Acht lassen, wenn dies aus humanitären Gründe oder Billigkeitsgründen gerechtfertigt ist. Falls in einem solchen Fall ein Verwertungserlös aus dem Konkursverfahren anfällt, wird ein einmaliger Zahlungsplan zwecks Verteilung festgesetzt, ohne darauf folgende Restschuldbefreiung.

92 Die Durchführung des Zahlungsplans entspricht funktionell einer Wohlverhaltensperiode, mit Anpassungsmöglichkeiten bei einer Änderung der Vermögenslage des Schuldners sowie Möglichkeiten zur Aufhebung des Plans ohne Restschuldbefreiung bei wesentlichen Zuwiderhandlungen. Nach der redlichen Ausübung des Zahlungsplans wird dem Schuldner die Restschuldbefreiung gewährt (Art. 491[21] KR). Die Restschuldbefreiung *(umorzenie zobowiązań)* umfasst alle vor der Konkurseröffnung entstandenen Forderungen, die im Rahmen des Zahlungsplanes nicht befriedigt wurden, mit Ausnahme von Unterhaltsforderungen, Renten, Geldstrafen, Verbindlichkeiten, die sich aus Straftaten oder Ordnungswidrigkeiten ergeben sowie den Verbindlichkeiten, die vom Schuldner vorsätzlich verschwiegen wurden, wenn der Gläubiger am Verfahren nicht teilnahm (Art. 491[21] KR).

7.2 Vergleichsmöglichkeit für Verbraucher

93 Ab 24.3.2020 gilt neben dem Verbraucherkonkurs ein neues Sonderverfahren zwecks Vergleichsabschluss für Verbraucher, wörtlich: Verfahren zum Vergleichsabschluss auf der Gläubigerversammlung durch eine natürliche Person, die keine wirtschaftliche Tätigkeit betreibt *(postępowanie o zawarcie układu na zgromadzeniu wierzycieli przez osobę fizyczną nieprowadzącą działalności gospodarczej)* (Art. 491[25] – 491[38] KR). Dieses Verfahren soll es dem Schuldner-Verbraucher erlauben, einen Teil des Vermögens zu behalten, indem er den Gläubigern mit einem langlaufenden Vergleich Zahlungen anbietet (Vergleichsdauer bis fünf Jahre, bzw. zehn Jahre bei dinglich gesicherten Gläubigern, Art. 491[33] KR).

94 Das Verfahren wird auf Antrag des Schuldners bzw. auf gerichtliche Anweisung beim Antrag auf Verbraucherkonkurs eröffnet (Art. 491[25] KR). Die gerichtliche Anweisung ist aber nicht zulässig, wenn der Schuldner im Antrag auf Verbraucherkonkurs im Voraus erklärt, dass er einem Verfahren zum Vergleichsabschluss nicht zustimmt. Voraussetzung zur Verfahrenseröffnung ist, dass die Vermögens- und Berufslage des Schuldners darauf hindeutet, dass er die Verfahrenskosten voraussichtlich decken und den Vergleich abschließen und durchführen kann (Art. 491[25] Abs. 3 KR). Im Unterschied zum Verbraucherkonkurs ist keine staatliche Kostendeckung vorgesehen. Der Schuldner ist daher verpflichtet, einen Kostenvorschuss in der Höhe eines durchschnittlichen Monatsgehalts im Unternehmenssektor (zzt. etwa 5.150 PLN) zu leisten (Art. 491[26] KR). Im Verfahren wird ein Gerichtsaufseher *(nadzorca sądowy)* bestellt.

95 Die Abstimmung auf der Gläubigerversammlung über den Vergleich, seine Rechtsfolgen und Durchführung richten sich grundsätzlich nach den entsprechend angewandten Vorschriften des RR über das beschleunigte Vergleichsverfahren (Verweisung durch Art. 491[38]KR).

96 Es bleibt abzuwarten, ob das Verfahren zum Vergleichsabschluss auf der Gläubigerversammlung in der Praxis Anwendung findet. Die seit Ende 2014 bestehende Möglichkeit eines Vergleichsab-

schlusses im Verbraucherkonkurs (nach Art. 491^{22} KR) wird in der Praxis nur in sehr selten angewandt.

7.3 Restschuldbefreiung der natürlichen Personen – Unternehmer

Die Restschuldbefreiung der natürlichen Personen – Unternehmer richtet sich nach ähnlichen Grundsätzen wie bei Verbrauchern. Der hauptsächliche Unterschied besteht darin, dass diese nur nach der Durchführung eines regelmäßigen Konkursverfahrens möglich ist, auf Antrag des Schuldners, der binnen 30 Tagen ab Veröffentlichung des Beschlusses über die Beendigung des Konkursverfahrens zu stellen ist (Art. 369 Abs. 1 KR). Die Restschuldbefreiung eines Unternehmers ist also nur bei Kostendeckung aus dem Schuldnervermögen möglich, da sonst das Verfahrens mangels Masse gar nicht eröffnet (Art. 13 KR) oder eingestellt (Art. 361 KR) wird. Im regelmäßigen Konkursverfahren ist keine staatliche Finanzierung vorgesehen.

Die Festsetzung des Zahlungsplans, von Sonderregelungen für einen längeren Zahlungsplan, von Möglichkeiten der Restschuldbefreiung ohne Zahlungsplan oder einer bedingten Restschuldbefreiung sind in Art. 369–370f KR gleich dem Verbraucherkonkurs geregelt. Gleiches gilt für die Durchführung des Zahlungsplans und Forderungen, die einer Restschuldbefreiung nicht unterliegen. Abgesehen von der wohl wichtigen Finanzierungsfrage ist die Regelung der Restschuldbefreiung im polnischen Recht für natürliche Personen – Unternehmer oder Verbraucher also nahezu gleich.

8. Restrukturierungsverfahren

8.1 Allgemeines

Die durch die Insolvenzrechtsreform eingeführten Restrukturierungsverfahren haben die Abwendung des Konkurses zum Zweck, indem die Restrukturierung durch den Abschluss eines Vergleichs mit den Gläubigern ermöglicht wird, und im Fall der Sanierungsverfahrens durch Vornahme von Sanierungsmaßnahmen, unter Wahrung legitimer Gläubigerrechte (Art. 3 Abs. 1 RR). Hintergrund der Einführung dieser Verfahren ist die „Politik einer zweiten Chance" und die Absicht, eine Stigmatisierung von Unternehmern durch Restrukturierung innerhalb des Konkursverfahrens (im Vergleichskonkurs nach dem bis 2015 geltenden Recht) zu vermeiden.

Die Restrukturierungsverfahren finden grundsätzlich nur auf Unternehmer, sowie auf persönlich haftende Gesellschafter von Personengesellschaften Anwendung (Art. 4 Abs. 1 RR). Natürliche Personen – Nichtunternehmer (Verbraucher) können einen Vergleich nur nach den besonderen Vorschriften des Konkursrechts (Art. 491^{22} sowie Art. 491^{25} – 491^{38} KR) schließen. Ausgeschlossen vom Anwendungsbereich des Restrukturierungsrechts sind ferner der Fiskus, die Einheiten der territorialen/kommunalen Selbstverwaltung, Banken, Versicherungsanstalten sowie eine Reihe anderer Einheiten des Finanzsektors, die branchenspezifischen Sonderregelungen unterliegen (Art. 4 Abs. 2 RR).

Voraussetzung zur Eröffnung eines Restrukturierungsverfahrens ist entweder die Zahlungsunfähigkeit des Schuldners, verstanden wie nach dem Konkursrecht (s. Art. 11 KR), oder die drohende Zahlungsunfähigkeit, verstanden als eine wirtschaftliche Lage, die darauf hinweist, dass der Schuldner in kurzer Zeit zahlungsunfähig werden kann (Art. 6 RR). Das Verfahren wird grundsätzlich nur auf Antrag des Schuldners eröffnet (Art. 7 RR). Ausnahme ist das Sanierungsverfahren gegen eine zahlungsunfähige (und nicht nur mit Zahlungsunfähigkeit bedrohte) juristische Person. Dieses kann auch auf Antrag des Gläubigers eröffnet werden (Art. 283 Abs. 2 RR).

Die Restrukturierungsverfahren führen in der Regel zum Abschluss eines Vergleichs, durch den das Schuldnerunternehmen erhalten bleibt, jedoch mit der Möglichkeit, eine abweichende Lösung im Wege des Liquidationsvergleiches zu treffen. Im Verfahren wird, je nachdem, ob der Schuldner seine Verwaltungs- und Verfügungsbefugnisse verliert, der Aufseher *(nadzorca)* oder Verwalter *(zarządca)* bestellt, die jeweils eine Lizenz für Restrukturierungberater haben müssen.

Das Gesetz sieht vier Restrukturierungsverfahren vor, die nach der Intensität des Eingriffs in die Rechtsverhältnisse des Schuldners differenzieren:
– das Vergleichsbestätigungsverfahren *(postępowanie o zatwierdzenie układu)*,
– das beschleunigte Vergleichsverfahren *(przyspieszone postępowanie układowe)*,
– das Vergleichsverfahren *(postępowanie układowe)*,
– das Sanierungsverfahren *(postępowanie sanacyjne)*.

8.2 Charakteristika der einzelnen Verfahren

Das **Vergleichsbestätigungsverfahren** (Art. 210–226 RR) unterscheidet sich von den anderen Verfahren darin, dass es in der ersten Phase keine Publizität und auch keine Beschränkungen der Verfügungs- und Verwaltungsbefugnisse des Schuldners vorsieht. Der Schuldner soll in Zusammenarbeit mit dem Vergleichsaufseher *(nadzorca układu)* einen Restrukturierungsplan und Vergleichsvorschläge erstellen. Sodann sammelt der Schuldner selbst Gläubigerstimmen, wobei die fehlende Publizität hilft, negative Auswirkungen auf die Marktposition des Schuldners zu vermeiden. Danach legt der Schuldner seine Vergleichsvorschläge, zusammen mit den gesammelten Gläubigerstimmen dem Gericht zur Bestätigung vor. Mit Stellung des Bestätigungsantrags findet die erste Bekanntmachung im Verfahren statt. Der Gerichtsbeschluss über die Bestätigung des Vergleichs stellt dann zugleich die Eröffnung und den Abschluss des Verfahrens dar.

105 Das **beschleunigte Vergleichsverfahren** (Art. 227–264 RR) folgt dem „traditionellen" Gang mit Eröffnung, Ablauf und Beendigung. Dieses Verfahren ist für jene Fälle bestimmt, in denen weniger als 15 % der Forderungen strittig sind. Die relativ niedrige Zahl strittiger Forderungen bedeutet, dass die Erstellung des Forderungsverzeichnisses beschleunigt werden kann, da auf eine gründliche Prüfung der Forderungen verzichtet wird. Nach Verfahrenseröffnung verbleibt dem Schuldner die Eigenverwaltung, unter Aufsicht des Gerichtsaufsehers *(nadzorca sądowy)*. Während des Verfahrens erfolgt die Erstellung des Forderungsverzeichnisses und des Restrukturierungsplans. Dann stimmen die Gläubiger über die Vergleichsvorschläge ab. Ein von den Gläubigern angenommener Vergleich ist durch das Gericht zu bestätigen.

106 Das **Vergleichsverfahren** (Art. 265–282 RR, entsprechende Anwendung von Art. 238–256 RR) unterscheidet sich vom beschleunigten Vergleichsverfahren dadurch, dass es für jene Fälle bestimmt ist, in denen mehr als 15 % der Forderungen strittig sind. Dies begründet einige verfahrenstechnische Unterschiede, hauptsächlich im Bereich der Regelungen über den Einfluss des Vergleichsverfahrens auf andere Verfahren zur Geltendmachung von Forderungen. Im Übrigen unterscheiden sich beide Verfahren nur sehr gering.

107 Das **Sanierungsverfahren** (Art. 283–323 RR) kann, im Unterschied zu anderen Restrukturierungsverfahren, nicht nur auf Antrag des Schuldners, sondern auch auf Antrag eines Gläubigers eröffnet werden. Ein Gläubigerantrag ist aber nur gegen eine juristische Person und nur bei eingetretener Zahlungsunfähigkeit zulässig (Art. 283 Abs. 2 RR). In der Regel verliert der Schuldner die Verfügungs- und Verwaltungsberechtigung über sein Vermögen, diese gehen auf den Verwalter *(zarządca)* über. Falls begründet, ist aber auch im Sanierungsverfahren die Eigenverwaltung des Schuldners über einen Teil oder das ganze Vermögen möglich. Der Verwalter führt eine professionelle Restrukturierung des Schuldnerunternehmens (sog. Sanierungstätigkeiten) durch, mit für das Konkursverfahren typischen Instrumenten, wie Wahlrecht in Bezug auf Verträge und Anfechtung oder Unwirksamkeit von gläubigerbenachteiligenden Rechtsgeschäften des Schuldners. Der Verfahrensverlauf ist ähnlich wie im Vergleichsverfahren gestaltet, mit Abstimmung über den Vergleich und einer folgenden gerichtlichen Vergleichsbestätigung.

8.3 Abschluss und Rechtsfolgen des Vergleichs

108 Gemeinsames Element aller Restrukturierungsverfahren ist der Vergleich. Ausgangspunkt sind Vergleichsvorschläge *(propozycje układowe)*, die vom Schuldner, dem Gläubigerrat, dem Gerichtsaufseher oder Verwalter oder von Gläubigern, die insgesamt mehr als 30 % der Gesamtsumme der Forderungen inne haben, gestellt werden können (Art. 155 RR). Die Vergleichsvorschläge sollen eine Restrukturierung der Verbindlichkeiten des Schuldners vorsehen, wobei Art. 156 RR eine offene, beispielhafte Aufzählung von Restrukturierungsmaßnahmen enthält, darunter die Verlängerung von Zahlungsfristen, die Aufteilung von Zahlungen in Raten, die Verminderung der Forderungen (teilweiser Schuldenerlass), der Tausch der Forderungen in Anteile oder Aktien, die Zahlung der Forderungen aus zukünftigem Gewinn, ggf. auch die Bestellung eines Verwalters oder die Erteilung einer unwiderruflichen Vollmacht zur Verwaltung des Unternehmens. Die Vergleichsvorschläge können auch die Liquidation des Schuldnervermögens vorsehen (Liquidationsvergleich), darunter auch dessen Übernahme durch die Gläubiger mit evtl. Ausgleichszahlungen.

109 Nicht alle Verbindlichkeiten des Schuldners sind in gleicher Weise vom Vergleich umfasst. Dem Grundsatz nach umfasst der Vergleich persönliche Verbindlichkeiten, die vor der Eröffnung des Restrukturierungsverfahrens entstanden sind (Art. 150 Abs. 1 RR). Nicht umfasst sind Verbindlichkeiten, für die der Schuldner nur dinglich haftet. Ebenfalls nicht umfasst sind erst während des Verfahrens entstandene Verbindlichkeiten, die grundsätzlich laufend befriedigt werden sollen. Bezüglich solcher Verbindlichkeiten findet bei keiner Befriedigungsmöglichkeit eine Ablehnung der Eröffnung bzw. Einstellung des Vergleichs- oder Sanierungsverfahrens statt (Art. 8 Abs. 2, Art. 326 Abs. 2 RR) und es entsteht nach Art. 21 KR die Pflicht zur Stellung des Konkursantrags.

110 Bestimmte Gläubigerkategorien sind vom Vergleich ausgeschlossen. Einen absoluten Ausschluss betrifft zB Unterhaltsgläubiger sowie einen Teil der Sozialversicherungsbeiträge (Art. 151 Abs. 1

RR). Arbeitnehmerforderungen sowie dinglich gesicherte Forderungen können nur mit (individueller) Zustimmung des jeweiligen Gläubigers vom Vergleich erfasst werden (Art. 151 Abs. 2, 3 RR).

Die Abstimmung über den Vergleich kann in Gruppen durchgeführt werden. Ob die Gläubiger **111** in Gruppen geteilt werden und wie die Aufteilung zu erfolgen hat, ist in den Vergleichsvorschlägen zu bestimmen. Die Gruppen sollen Interessenkategorien umfassen. Eine beispielhafte Aufzählung von Interessenkategorien enthält Art. 161 RR und umfasst folgende Gruppen: Arbeitnehmer (nach Zustimmung, von einem Vergleich umfasst zu werden), Landwirte (in Bezug auf Lieferungsverträge über Güter aus eigenem landwirtschaftlichen Betrieb), dinglich gesicherte Gläubiger (nach Zustimmung, von einem Vergleich umfasst zu werden), Gläubiger, die zugleich Anteilseigner des Schuldners sind, die zumindest über 5 % der Stimmen auf der Gesellschafter-/Aktionärsversammlung verfügen, sonstige Gläubiger. Eine davon abweichende Einteilung ist zulässig, solange sich für jede Gruppe eine bestimmte Interessenlage identifizieren lässt. Die Restrukturierungsbedingungen sollen entweder für alle Gläubiger gleich sein, oder, bei einer Einteilung in Gruppen, für alle Gläubiger in derselben Interessenkategorie (Art. 162 RR).

Der Vergleich wird angenommen, wenn auf der Gläubigerversammlung die einfache Kopfmehr- **112** heit der an der Abstimmung teilnehmenden Gläubiger sowie die Kapitalmehrheit von 2/3 der Gesamtsumme der Forderungen der an der Abstimmung teilnehmenden Gläubiger erreicht wird (Art. 119 RR). Bei Abstimmung in Gruppen müssen beide Mehrheiten in jeder Gruppe erreicht werden, jedoch mit einem weitgehenden Obstruktionsverbot (Art. 119 Abs. 3, Art. 217 Abs. 3 RR): Wenn in manchen Gruppen keine Mehrheit erreicht wird, gilt der Vergleich auch dann als angenommen, wenn die Gläubiger, die für den Vergleich stimmten, insgesamt 2/3 der Gesamtsumme der Forderungen der an der Abstimmung teilnehmenden bzw. stimmberechtigten Gläubiger ausmachen. Die Bedingung für ein solches Zustandekommen des Vergleichs ist, dass die Gläubiger aus den opponierenden Gruppen, durch den Vergleich zumindest in gleichem Maß befriedigt werden wie im (hypothetischen) Fall eines Konkursverfahrens.

In drei von vier Restrukturierungsverfahren gilt keine Mindestteilnahmevoraussetzung. Das **113** bedeutet, dass passive Gläubiger nicht imstande sind, den Vergleich zu blockieren. Eine Ausnahme gilt nur für das Vergleichsbestätigungsverfahren, bei dem sich die erforderlichen Mehrheiten auf die Zahl der stimmberechtigten Gläubiger beziehen (Art. 217 RR).

Falls die erforderlichen Mehrheiten nicht erreicht werden, erfolgt die Einstellung des Restruk- **114** turierungsverfahrens (Art. 325 Abs. 1 Ziff. 3 RR). Bei erfolgreicher Annahme des Vergleichs erlässt der Richter-Kommissar einen Beschluss über die Feststellung der Vergleichsannahme (Art. 120 RR). Der Vergleich ist dann durch das Restrukturierungsgericht zu bestätigen (Art. 164 RR). Das Gericht lehnt die Bestätigung ab, wenn der Vergleich rechtswidrig ist oder wenn offensichtlich ist, dass dem Vergleich nicht nachgekommen wird (zB wegen des Schuldnerverhaltens wie Nichterfüllung von Neuverbindlichkeiten) oder wenn die Vergleichsbedingungen grob ungünstig für jene Gläubiger sind, die gegen den Vergleich gestimmt haben (unabhängig davon, ob in ihrer Gläubigergruppe der Vergleich angenommen wurde) und die Einspruch erhoben haben (Art. 165 RR). Eine rechtskräftige Bestätigung des Vergleichs (oder die Ablehnung der Bestätigung) ist gleich der Beendigung des Restrukturierungsverfahrens (Art. 324 RR).

Der Vergleich ist für die Gläubiger verbindlich, deren Forderungen vom Vergleich kraft Gesetzes **115** umfasst sind, auch wenn sie im Forderungsverzeichnis nicht erfasst worden waren (Art. 166 RR). Eine Ausnahme gilt für Forderungen, die vom Schuldner verschwiegen wurden und deren Gläubiger deswegen am Verfahren nicht teilnahmen. Falls am Schuldnervermögen dinglich besicherte Forderungen vom Vergleich erfasst sind (mit Zustimmung des Gläubigers), bewirkt der Vergleich auch eine Änderung des Umfangs der Sicherungsrechte (Art. 168 Abs. 2 RR). Wenn der Vergleich einen Tausch der Forderungen in Anteile oder Aktien vorsieht, werden dadurch die gesellschaftsrechtlichen Vorgaben der Kapitalerhöhung und Übernahme von Anteilen/Aktien ersetzt (Art. 169 Abs. 3 RR), dh dass es kein Beschluss der Gesellschafter-/Aktionärsversammlung erforderlich ist und die gesellschaftsrechtlichen Vorrangregeln finden keine Anwendung. Der bisherige Aufseher oder Verwalter wird zum Aufseher über die Vergleichsdurchführung (*nadzorca wykonania układu*, Art. 171 RR). Der Vergleich erfasst aber nicht Rechte aus dinglichen Sicherheiten, die das Vermögen eines Dritten belasten, sowie persönliche Sicherheiten, die durch Dritte erteilt wurden, wie etwa eine Bürgschaft (Art. 167 RR). Der Gläubiger kann also Befriedigung aus diesen Sicherheiten in ursprünglicher Höhe verlangen, so als wäre es nicht zu einem Vergleich gekommen. Der Auszug aus dem bestätigten Forderungsverzeichnis mit der Abschrift des rechtskräftigen Beschlusses über die Vergleichsbestätigung stellt einen vollstreckbaren Titel gegenüber dem Schuldner dar (Art. 102 Abs. 2 RR).

Nach der Durchführung des Vergleichs erlässt das Gericht einen Beschluss über die Durchfüh- **116** rung des Vergleichs (Art. 172 RR). Erst dieser Beschluss ist Grundlage für die Löschung aller mit dem Restrukturierungsverfahren verbundenen Eintragungen im Grundstücksregister sowie in anderen Registern. Falls der Vergleich Beschränkungen für den Schuldner vorgesehen hatte, erlangt der Schuldner dann die vollumfänglichen Verwaltungs- und Verfügungsbefugnisse zurück.

117 Bei außerordentlicher Änderung der Verhältnisse, die einen wesentlichen Einfluss auf die dauerhafte Erhöhung oder Verminderung der Erträge aus dem Schuldnerunternehmen haben, ist eine Änderung des Vergleichs möglich (Art. 173–175 RR). Die Änderung erfolgt auf Antrag des Gläubigers, des Aufsehers über die Vergleichsausübung oder des Schuldners und bedarf einer erneuten Abstimmung der Gläubigerversammlung über die Annahme des geänderten Vergleichs. Wenn der Schuldner den Vergleich nicht durchführt oder es offensichtlich ist, dass der Vergleich nicht durchgeführt wird, kann der Vergleich auf Antrag des Gläubigers, des Aufsehers über die Vergleichsdurchführung oder des Schuldners oder einer anderen Person, die zur Aufsicht oder Ausübung des Vergleichs bestellt wurde, aufgehoben werden (Art. 176–179 RR). Nach der Vergleichsaufhebung können die bisherigen Gläubiger ihre Forderungen in ursprünglicher Höhe geltend machen. Die aufgrund des Vergleichs zuvor ausgezahlten Beträge werden dann auf diese Forderungen aufgerechnet.

8.4 Teilvergleich

118 Eine durch die Insolvenzrechtsreform von 2015 eingeführte Neuheit ist der Teilvergleich (Art. 180–188 RR). Ein Teilvergleich kann nur mit einem bestimmten Teil der Gläubiger abgeschlossen werden, die nach objektiven Kriterien vom Schuldner zu bestimmen sind. Die Vergleichsvorschläge umfassen nur Verbindlichkeiten, deren Restrukturierung auf die Weiterführung des Schuldnerunternehmens entscheidenden Einfluss haben. Auf diese Weise kann der Gläubiger vermeiden, mit zahlreichen Kleingläubigern verhandeln zu müssen, wenn die Restrukturierung nur einer Einigung einer Mehrheit von wenigen, strategisch bedeutsamen Gläubiger und/oder Vertragspartnern bedarf. Die Kriterien für die Wahl der vom Teilvergleich umfassten Gläubiger sollen objektiv, klar und wirtschaftlich begründet sein, zB
– Finanzgläubiger (zB Kreditgeber),
– wichtigste langfristige Geschäftspartner des Schuldners, zB Lieferanten,
– dinglich gesicherte Gläubiger,
– Großgläubiger.

119 Die übrigen Gläubiger werden vom Teilvergleich nicht betroffen und sollen dadurch nicht beeinträchtigt werden. Der Teilvergleich kann nicht zu einer Verschlechterung der Lage der nicht umfassten Gläubiger führen, insbesondere können nicht die Chancen für deren Befriedigung vermindert werden (Art. 183 RR). Eine Verletzung der Rechte dieser Gläubiger ist Grundlage zur Ablehnung der Bestätigung des Vergleichs.

120 Der Abschluss eines Teilvergleichs ist nur im Rahmen eines Vergleichsbestätigungsverfahrens oder beschleunigten Vergleichsverfahrens zulässig.

9. Internationales Insolvenzrecht

121 Auf Insolvenzverfahren, sowohl Konkursverfahren als auch Restrukturierungsverfahren, bei denen sich der Mittelpunkt der hauptsächlichen Interessen des Schuldners in den EU-Mitgliedsstaaten (mit Ausnahme Dänemarks) befindet, findet die Verordnung (EU) 2015/848 des Europäischen Parlaments und des Rates vom 20.5.2015 über Insolvenzverfahren[87] Anwendung. Polnische Konkursverfahren und Restrukturierungsverfahren werden in den Anhängen A und B zur EuInsVO berücksichtigt.

122 Das KR enthält darüber hinaus im Zweiten Teil[88] Vorschriften zu Insolvenzfällen mit grenzüberschreitenden Bezügen *(przepisy z zakresu międzynarodowego postępowania upadłościowego)*, die teilweise dem UNCITRAL-Modellgesetz[89] nachgebildet sind. Diese Vorschriften finden auf ausländische Insolvenzverfahren Anwendung unabhängig davon, ob sie mit Liquidationszweck geführt werden oder eine Restrukturierung anstreben. Im RR finden sich lediglich wenige Vorschriften, die einige internationale Aspekte der polnischen Restrukturierungsverfahren regeln.[90]

123 Diese Vorschriften des KR und RR finden im Verhältnis zu Nicht-Mitgliedstaaten und zu Dänemark Anwendung. Die Eröffnung des Insolvenzverfahrens in einem Staat, welcher nicht EU-Mitglied ist, zeitigt nicht automatisch inländische Rechtsfolgen. Auf Antrag des ausländischen Verwalters ist vielmehr ein Anerkennungsverfahren in Polen durchzuführen.

---

[87] ABl. L 141, 19 v. 5.6.2015.
[88] Art. 378-417 KR.
[89] UNCITRAL Model Law on Cross-Border Insolvency, 1997.
[90] Art. 338-348 RR.

10. Anmerkung zur Umsetzung der Richtlinie (EU) 2019/1023 vom 20.6.2019 über Restrukturierung und Insolvenz

Die Richtlinie (EU) 2019/1023 des Europäischen Parlaments und des Rates vom 20.6.2019 über präventive Restrukturierungsrahmen, über Entschuldung und über Tätigkeitsverbote sowie über Maßnahmen zur Steigerung der Effizienz von Restrukturierungs-, Insolvenz- und Entschuldungsverfahren und zur Änderung der Richtlinie (EU) 2017/1132 (Richtlinie über Restrukturierung und Insolvenz) trat am 16.7.2019 in Kraft und soll bis 17.7.2021 umgesetzt werden.

Da das polnische, zwischen 2014 und 2015 eingeführte Restrukturierungsrecht und das geänderte Verbraucherkonkursrecht relativ neu sind, beruhen sie auf ähnlichen Grundkonzepten und Zweckbestimmungen wie die Richtlinie über Restrukturierung und Insolvenz.[91] Die Vorbereitung des Entwurfs eines Umsetzungsgesetzes ist für 2020 geplant, wobei keine Änderungen von großer Bedeutung für die Struktur oder das System des polnischen Insolvenzrechts zu erwarten sind. Die Umsetzung wird aber voraussichtlich als Anlass benutzt, nach den ersten Anwendungsjahren eine Überprüfung des Restrukturierungsrechts vorzunehmen und ggf. notwendige Detailänderungen vorzuschlagen. Bislang (September 2020) sind keine Details bekannt.

11. Sonderregelungen im Zusammenhang mit der COVID-19-Pandemie

Als erste Reaktion auf die Pandemie im Bereich des Insolvenzrechts wurde im April 2020 die Pflicht der Konkursantragstellung für jene Fälle vorläufig aufgehoben, in denen die Zahlungsunfähigkeit durch die Pandemie verursacht wurde, wobei diese Ursache vermutet wird. Die Aufhebung gilt für die Zeit des Pandemiezustands. Mit der Beendigung des Pandemiezustands fängt die Antragsfrist erneut an.[92]

Im Juni 2020 wurde als Hilfsmaßnahme für die durch die Pandemie betroffenen Unternehmer ein Sonderrestrukturierungsverfahren eingeführt.[93] Das vereinfachte Vergleichsbestätigungsverfahren *(uproszczone postępowanie o zatwierdzenie układu)* ist eine Hybridform zwischen den im RR vorgesehenen Vergleichsbestätigungsverfahren und beschleunigtem Vergleichsverfahren. Die Verfahrenseröffnung erfolgt kraft Erklärung des Schuldners, die im Wirtschafts- und Gerichtsmonitor (MSiG) veröffentlicht wird. Der Vergleich wird entweder durch Sammlung der Gläubigerstimmen oder auf der Gläubigerversammlung abgeschlossen. Während des Verfahrens wird der Schuldner vor Vollstreckungsmaßnahmen der Gläubiger geschützt. Die gerichtliche Kontrolle findet nachträglich bei der Vergleichsbestätigung statt. Das Verfahren wird kraft Gesetzes eingestellt, wenn der Antrag auf Vergleichsbestätigung nicht in einer Frist von vier Monaten ab Eröffnung gestellt wird.

Die Regelung des vereinfachten Vergleichsbestätigungsverfahrens ist zeitlich befristet. Dieses Verfahren kann nur bis 30 Juni 2021 eröffnet werden.

---

[91] S. hierzu *Cierpial-Magnor, Domańska-Mołdawa*, Ausgewählte Fragen.
[92] Art. 15zzra des Gesetzes v. 2 März 2020 über Sonderregelungen zur Bekämpfung des Covid-19 *(ustawa o szczególnych rozwiązaniach związanych z zapobieganiem, przeciwdziałaniem i zwalczaniem COVID-19, innych chorób zakaźnych oraz wywołanych nimi sytuacji kryzysowych)*, Dz.U. v. 2020, Pos. 374, i.d.F. des Gesetzes v. 16 April 2020 über Sonderinstrumente zur Förderung im Zusammenhang mit der Verbreitung des SARS-CoV 2 Virus *(ustawa o szczególnych instrumentach wsparcia w związku z rozprzestrzenianiem się wirusa SARS-CoV-2)*, Dz.U. v. 2020, Pos. 695.
[93] Art. 15–25 des Gesetzes v. 19 Juni 2020 über Zuschüsse zur Verzinsung der Bankkredite für die durch Covid-19 betroffene Unternehmer sowie über das vereinfachte Vergleichsbestätigungsverfahren im Zusammenhang mit Covid-19 *(ustawa o dopłatach do oprocentowania kredytów bankowych udzielanych przedsiębiorcom dotkniętym skutkami COVID-19 oraz o uproszczonym postępowaniu o zatwierdzenie układu w związku z wystąpieniem COVID-19)*, Dz.U. v. 2020, Pos. 1086.

Polen

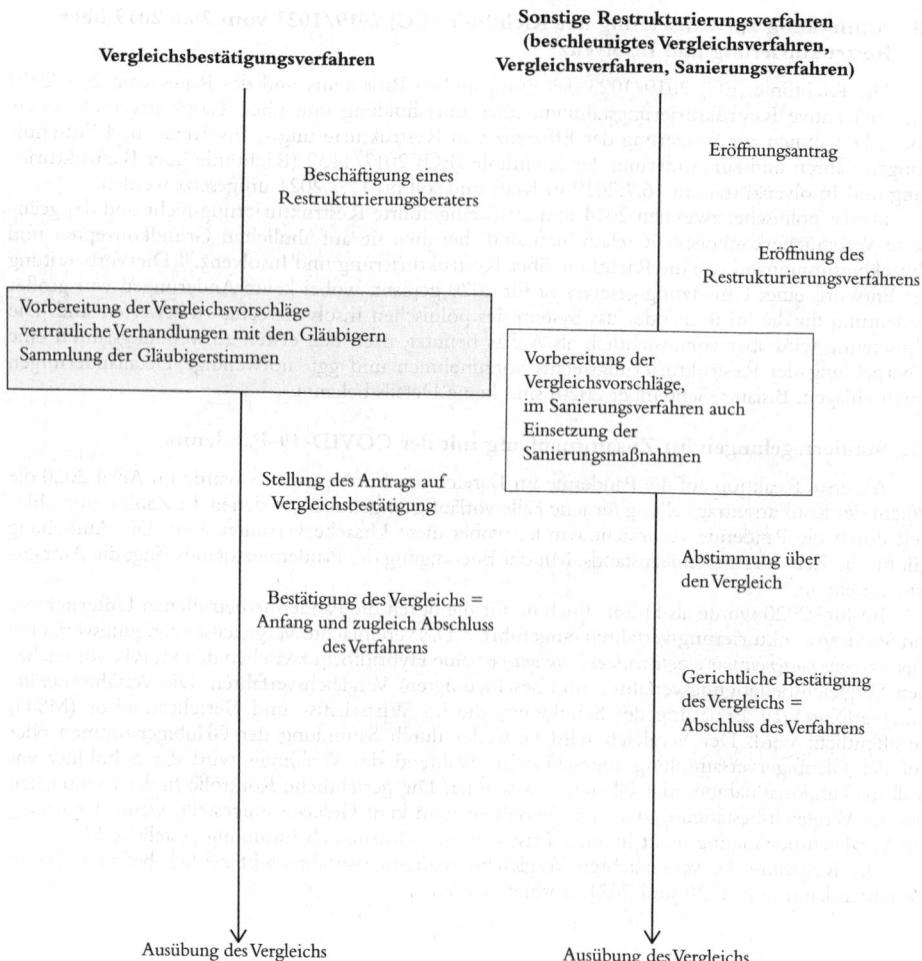

Polen

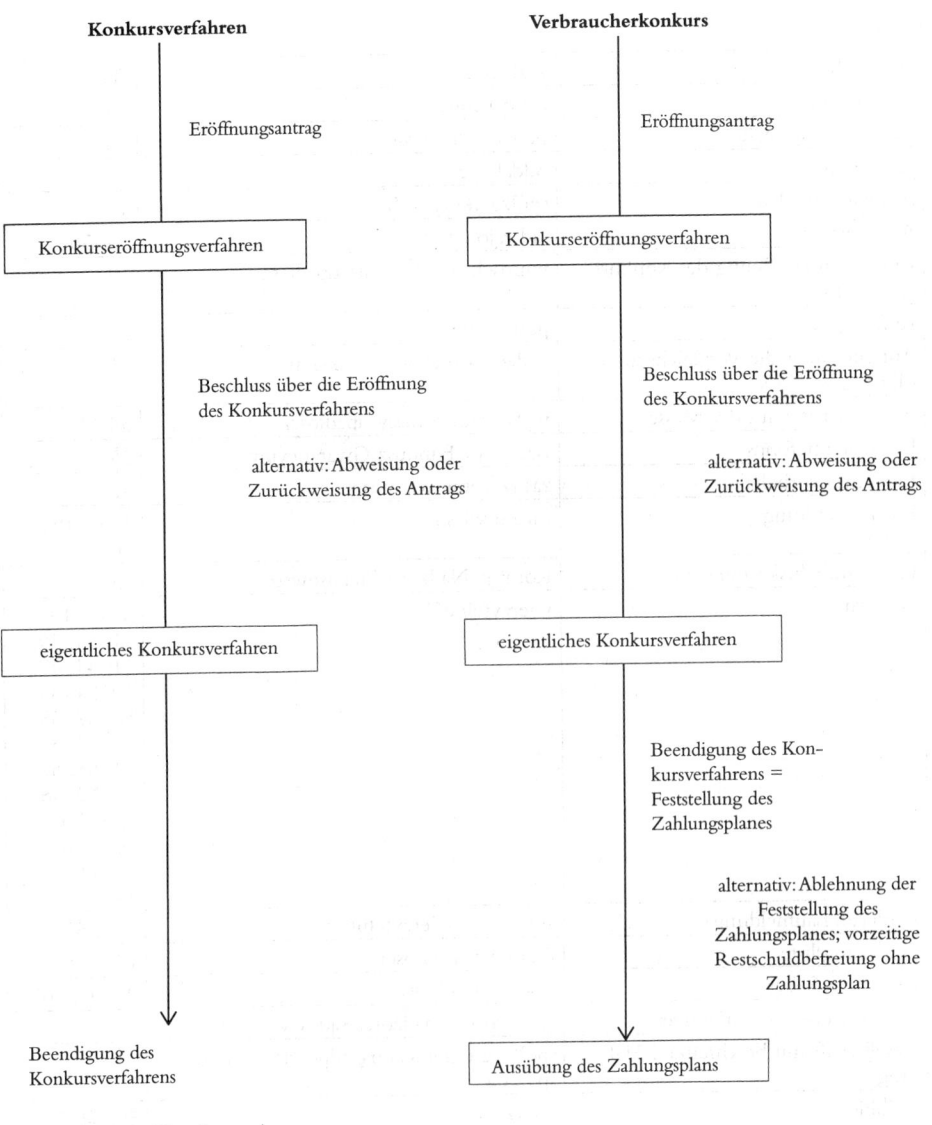

Polen

Glossar

Deutsch	Polnisch	Rn.
actio Pauliana	actio Pauliana	56, 50
Absonderungsrecht	prawo odrębności	38
Abweisung	oddalenie	32
Aktiengesellschaft	spółka akcyjna, S.A.	11
Amtsgericht	sąd rejonowy	26, 56
Antrag auf Eröffnung des Konkursverfahrens	wniosek o ogłoszenie upadłości	19
Aufrechnung	potrącenie	39
Aufseher über die Vergleichsdurchführung	nadzorca wykonania układu	115
Aussonderung aus der Masse	wyłączenie z masy upadłości	38, 42
Bankgarantiefonds	Bankowy Fundusz Gwarancyjny	25
Eigentumsvorbehalt	zastrzeżenie własności	42
Eigenverwaltung	zarząd własny	1, 7, 105, 107
Finanzaufsichtskommission	Komisja Nadzoru Finansowego	25
Forderung	wierzytelność	8, 17, 19, 21, 34, 39, 41, 44, 47, 49, 54, 55, 56, 57, 58, 60, 62, 63, 64, 65, 67, 70, 92, 98, 105, 106, 108, 110, 112, 115, 117
Forderungsanmeldung	zgłoszenie wierzytelności	4, 9, 57
Forderungsliste	lista wierzytelności	57
Gerichtsaufseher	nadzorca sądowy	29, 94, 105
Gerichtsaufseher, vorläufiger	tymczasowy nadzorca sądowy	29
Gesellschaft mit beschränkter Haftung	spółka z ograniczoną odpowiedzialnością, sp. z o.o.	22
Gläubiger	wierzyciel	50, 54, 55, 56, 79, 88, 93
Gläubigerbenachteiligung	pokrzywdzenie wierzycieli	48, 50
Gläubigerrat	rada wierzycieli	56
Gläubigerversammlung	zgromadzenie wierzycieli	55
Hypothek	hipoteka	65
internationales Insolvenzrecht	międzynarodowe prawo upadłościowe	9
Konkurs	upadłość	5, 79, 81
Konkursanfechtung	bezskuteczność i zaskarżanie czynności upadłego	34, 52
Konkurseröffnung	ogłoszenie upadłości	19, 32
Konkurseröffnungsantrag	wniosek o ogłoszenie upadłości	39
Konkurseröffnungsverfahren	postępowanie w przedmiocie ogłoszenia upadłości	115

Polen

Deutsch	Polnisch	Rn.
Konkursfähigkeit	zdolność upadłościowa	11
Konkursgericht	sąd upadłościowy	25
Konkursmasse	masa upadłości	36
Konkursrecht	prawo upadłościowe	2
Konkursschuldner	upadły	5, 79, 81
Konkursverfahren	postępowanie upadłościowe	5, 6, 79
Konkursverfahren, Beteiligte am	uczestnicy postępowania upadłościowego	19, 32
Konkursverwalter	syndyk	34, 52
Landgericht	sąd okręgowy	28
Landesgerichtsregister (entspr. dt. Handelsregister)	Krajowy Rejestr Sądowy, KRS	4
Landesregister der Verschuldeten	Krajowy Rejestr Zadłużonych	4
Liquidation, vorbereitete	przygotowana likwidacja	72
Massearmut	ubóstwo masy	17, 32, 70, 85
Personengesellschaft	spółka osobowa	11, 15, 81, 100
Pfand	zastaw	65
pre-pack	pre-pack	72
Registerpfand	zastaw rejestrowy	65
Restschuldbefreiung	umorzenie zobowiązań upadłego	7, 70, 78, 79, 82, 86, 89, 91, 92, 97, 98
Restrukturierungsberater	doradca restrukturyzacyjny	53
Restrukturierungsrecht	prawo restrukturyzacyjne	1
Restrukturierungsverfahren	postępowanie restrukturyzacyjne	5, 8, 9, 18, 21, 62, 99, 100, 101, 102, 103, 107, 108, 109, 113, 114, 116, 121, 122
Richter-Kommissar	sędzia komisarz	34, 36, 41, 45, 48, 49, 51, 54, 55, 56, 57, 69, 87, 114
Sanierungsverfahren	postępowanie sanacyjne	8, 103
Schriftform mit sicherem Datum	forma pisemna z datą pewną	42
Sicherungseigentum/ Sicherungsübereignung	przewłaszczenie na zabezpieczenie	66
Sicherungsverfahren	postępowanie zabezpieczające	29
Sicherungszession	przelew/cesja na zabezpieczenie	66
Teilvergleich	układ częściowy	118, 119, 120
Unwirksamkeit	bezskuteczność	45
Verbraucherkonkurs	upadłość konsumencka	79, 81
Verfahrensbeendigung	zakończenie postępowania	70

Polen

Deutsch	Polnisch	Rn.
Verfahrenskosten	koszty postępowania	17
Vergleich	układ	8, 79, 93, 103
Vergleichsbestätigungsverfahren	postępowanie o zatwierdzenie układu	8, 103
Vergleichsverfahren	postępowanie układowe	8, 103
Vergleichsverfahren, beschleunigtes	przyspieszone postępowanie układowe	8, 103
Vergleichsvorschläge	propozycje układowe	108
Verteilung	podział	59, 69
Verteilungsplan	plan podziału	69
Verwalter	zarządca	30, 102, 107
Verwertung	likwidacja	59, 72
Wirtschafts- und Gerichtsmonitor (poln. Wirtschaftsanzeiger)	Monitor Sądowy i Gospodarczy, MSiG	4
Zahlungsplan	plan spłaty wierzycieli	88
Zahlungsunfähigkeit	niewypłacalność	14
zero hour rule	zero hour rule	34
Zerschlagungs-/ Liquidationsvergleich	układ likwidacyjny	102, 108
Zwangsverwalter	zarządca przymusowy	30

Glossar

Polnisch	Deutsch	Rn.
actio Pauliana	actio Pauliana	56, 50
Bankowy Fundusz Gwarancyjny	Bankgarantiefonds	25
bezskuteczność	Unwirksamkeit	45
doradca restrukturyzacyjny	Restrukturierungsberater	53
forma pisemna z datą pewną	Schriftform mit sicherem Datum	42
hipoteka	Hypothek	65
Komisja Nadzoru Finansowego	Finanzaufsichtskommission	25
koszty postępowania	Verfahrenskosten	17
Krajowy Rejestr Sądowy, KRS	Landesgerichtsregister (entspr. dt. Handelsregister)	4
Krajowy Rejestr Zadłużonych	Landesregister der Verschuldeten	4
likwidacja	Verwertung	59, 72
lista wierzytelności	Forderungsliste	57
masa upadłości	Konkursmasse	36
międzynarodowe prawo upadłościowe	internationales Insolvenzrecht	9
Monitor Sądowy i Gospodarczy, MSiG	Wirtschafts- und Gerichtsmonitor (poln. Wirtschaftsanzeiger)	4
nadzorca sądowy	Gerichtsaufseher	29, 94, 105
nadzorca wykonania układu	Aufseher über die Vergleichsdurchführung	115
niewypłacalność	Zahlungsunfähigkeit	14
oddalenie	Abweisung	32
ogłoszenie upadłości	Konkurseröffnung	19, 32
plan podziału	Verteilungsplan	69

Polen

Polnisch	Deutsch	Rn.
plan spłaty wierzycieli	Zahlungsplans	88
podział	Verteilung	59, 69
pokrzywdzenie wierzycieli	Gläubigerbenachteiligung	48, 50
postępowanie o zatwierdzenie układu	Vergleichsbestätigungsverfahren	8, 103
postępowanie restrukturyzacyjne	Restrukturierungsverfahren	5, 8, 9, 18, 21, 62, 99, 100, 101, 102, 103, 107, 108, 109, 113, 114, 116, 121, 122
postępowanie sanacyjne	Sanierungsverfahren	8, 103
postępowanie układowe	Vergleichsverfahren	8, 103
postępowanie upadłościowe	Konkursverfahren	5, 6, 79
postępowanie w przedmiocie ogłoszenia upadłości	Konkurseröffnungsverfahren	115
postępowanie zabezpieczające	Sicherungsverfahren	29
potrącenie	Aufrechnung	39
prawo odrębności	Absonderungsrecht	38
prawo restrukturyzacyjne	Restrukturierungsrecht	1
prawo upadłościowe	Konkursrecht	2
pre-pack	pre-pack	72
propozycje układowe	Vergleichsvorschläge	108
przelew/cesja na zabezpieczenie	Sicherungszession	66
przewłaszczenie na zabezpieczenie	Sicherungseigentum/Sicherungsübereignung	66
przygotowana likwidacja	Liquidation, vorbereitete	72
przyspieszone postępowanie układowe	Vergleichsverfahren, beschleunigtes	8, 103
rada wierzycieli	Gläubigerrat	56
sąd okręgowy	Landgericht	28
sąd rejonowy	Amtsgericht	26, 56
sąd upadłościowy	Konkursgericht	25
sędzia komisarz	Richter-Kommissar	34, 36, 41, 45, 48, 49, 51, 54, 55, 56, 57, 69, 87, 114
spółka akcyjna, S.A.	Aktiengesellschaft	11
spółka osobowa	Personengesellschaft	11, 15, 81, 100
spółka z ograniczoną odpowiedzialnością, sp. z o.o.	Gesellschaft mit beschränkter Haftung	22
syndyk	Konkursverwalter	34, 52
tymczasowy nadzorca sądowy	Gerichtsaufseher, vorläufiger	29
ubóstwo masy	Massearmut	17, 32, 70, 85
uczestnicy postępowania upadłościowego	Konkursverfahren, Beteiligte am	19, 32

Polen

Polnisch	Deutsch	Rn.
układ	Vergleich	8, 79, 93, 103
układ częściowy	Teilvergleich	118, 119, 120
układ likwidacyjny	Zerschlagungs-/Liquidationsvergleich	102, 108
umorzenie zobowiązań upadłego	Restschuldbefreiung	7, 70, 78, 79, 82, 86, 89, 91, 92, 97, 98
upadłość	Konkurs	5, 79, 81
upadłość konsumencka	Verbraucherkonkurs	79, 81
upadły	Konkursschuldner	5, 79, 81
wierzyciel	Gläubiger	50, 54, 55, 56, 79, 88, 93
wierzytelność	Forderung	8, 17, 19, 21, 34, 39, 41, 44, 47, 49, 54, 55, 56, 57, 58, 60, 62, 63, 64, 65, 67, 70, 92, 98, 105, 106, 108, 110, 112, 115, 117
wniosek o ogłoszenie upadłości	Antrag auf Eröffnung des Konkursverfahrens	19
wniosek o ogłoszenie upadłości	Konkurseröffnungsantrag	39
wyłączenie z masy upadłości	Aussonderung aus der Masse	38, 42
zakończenie postępowania	Verfahrensbeendigung	70
zarząd własny	Eigenverwaltung	1, 7, 105, 107
zarządca	Vergleichsverwalter	7, 30, 105, 107
zarządca	Verwalter	7, 30, 105, 107
zarządca przymusowy	Zwangsverwalter	30
zaskarżanie czynności upadłego	Konkursanfechtung	34, 52
zastaw	Pfand	65
zastaw rejestrowy	Registerpfand	65
zastrzeżenie własności	Eigentumsvorbehalt	42
zdolność upadłościowa	Konkursfähigkeit	11
zero hour rule	zero hour rule	34
zgłoszenie wierzytelności	Forderungsanmeldung	4, 9, 57
zgromadzenie wierzycieli	Gläubigerversammlung	55

Portugal

bearbeitet von *Nuno Ferreira Lousa,* Advogado, und *Teresa Nora,* Advogado (Linklaters LLP, Lissabon); deutsche Bearbeitung von *Dr. Sabine Vorwerk* (Linklaters LLP, Frankfurt am Main), anknüpfend an die vorhergehende Bearbeitung von *Ann-Catherine Hoffmann,* Rechtsanwältin, Diplom-Volkswirtin und *Dr. Jonas Hermann,* Rechtsanwalt

Übersicht

	Rn.
1. Schrifttum und Informationsquellen	1
1.1 Schrifttum	1
1.2 Informationsquellen	2
2. Einführung	3
2.1 Gesetzlicher Rahmen	3
2.2 Verfahrenstypen	4
3. Eröffnung des Verfahrens	9
3.1 Eröffnungsgründe	9
3.2 Antragsberechtigte	11
3.3 Zuständiges Gericht	16
3.4 Sicherungsmaßnahmen vor Verfahrenseröffnung	18
3.5 Antrag auf Eröffnung des Insolvenzverfahrens	19
3.5.1 Allgemeines	19
3.5.2 Eigenantrag durch die Gesellschaft	20
3.5.3 Antrag durch einen Gläubiger	21
3.6 Eröffnung des Insolvenzverfahrens	23
3.7 Wirkungen der Verfahrenseröffnung	27
3.7.1 Auswirkungen auf die Insolvenzschuldnerin	27
3.7.2 Auswirkungen auf die Geschäftsleitung und andere Personen	32
3.7.3 Auswirkungen des Insolvenzverfahrens auf gerichtliche Verfahren	33
3.7.4 Auswirkungen auf Forderungen gegen die Insolvenzschuldnerin	38
4. Verlauf des Verfahrens	39
4.1 Forderungsanmeldung	39
4.2 Gläubigervertretungen	41
4.3 Verwaltung und Verwertung der Insolvenzmasse	44
4.3.1 Auswahl des Insolvenzverwalters, mehrere Verwalter für eine Masse	44
4.3.2 Verwaltung und Verwertungsentscheidung	46
4.3.3 Verwertung	48
5. Gläubiger	53
5.1 Masseverbindlichkeiten *(dívidas da massa insolvente)* und Insolvenzforderungen *(créditos sobre a insolvência)*	53
5.2 Aussonderungsberechtigte Gläubiger	56

	Rn.
6. Verteilung an die Gläubiger	57
7. Verträge im Insolvenzverfahren	60
7.1 Wahlrecht des Insolvenzverwalters bei „bestehenden Verträgen"	60
7.2 Unteilbare und teilbare Leistungen	63
7.3 Eigentumsvorbehalt, Eigentumserwerb, Miete und Leasing	67
7.4 Verkauf ohne Übergabe	70
7.5 Vorverträge	71
7.6 Termingeschäfte *(Operações a prazo)*	73
7.7 Die Insolvenz des Mieters	81
7.8 Die Insolvenz des Vermieters	84
7.9 Auftragsverhältnisse und Geschäftsbesorgungsverträge *(contratos de mandato e de gestão)*	86
7.10 Langfristige Dienstleistungsverträge	89
7.11 Vollmachten *(procurações)*	90
7.12 Auswirkungen auf Arbeitsverhältnisse	94
8. Aufrechnung	97
9. Insolvenzanfechtung *(resolução em benefício da massa insolvente)*	100
9.1 Anfechtbarkeit bei Nachteiligkeit des Rechtsgeschäfts und Bösgläubigkeit des anderen Teils	101
9.2 Anfechtbarkeit ohne Nachteil oder Bösgläubigkeit	104
10. Haftung von Geschäftsleitern, Gesellschaftern und anderen Personen	107
10.1 Pflichten der Geschäftsleitung bei finanziellen Schwierigkeiten der Gesellschaft	107
10.2 Insolvenzschuldverfahren *(insolvência culposa)*	109
10.2.1 Relevante Handlungen	110
10.2.2 Folgen	112
10.3 Die Haftung anderer Personen als der Geschäftsleiter	114
10.3.1 Die Haftung des „de facto"-Geschäftsleiters	114
10.3.2 Haftung des kontrollierenden Gesellschafters	115
11. Insolvenzplanverfahren *(Plano de Insolvência)*	118

Portugal 1–4

	Rn.		Rn.
12. Vorinsolvenzliches Sanierungsverfahren *(procedimento especial de revitalização)*	126	12.2 Außergerichtlich verhandelte Sanierungsvereinbarung	140
12.1 Gerichtlicher Sanierungsplan	130	13. Privatinsolvenz	144
12.1.1 Einleitung des Verfahrens, Aussetzung von Zwangsvollstreckungsverfahren und Insolvenzanträgen	130	14. Internationale Insolvenzen	147
		15. Änderung des Rechtsrahmens für Insolvenzen und Restrukturierungen aufgrund von COVID-19	151
12.1.2 Die Verhandlungen mit den Gläubigern, Zustimmungserfordernisse und gerichtliche Freigabe des Sanierungsplans	134	15.1 Aktueller Stand	151
		15.2 Geplante Maßnahmen	153

1. Schrifttum und Informationsquellen

1.1 Schrifttum

1 Carvalho Fernandes, Luís/Labareda, João, Código da Insolvência e da Recuperação de Empresas Anotado *(Kommentar zum Insolvenzrecht)*, 2. Aufl. 2013; Prata, Ana, Morais Carvalho, Jorge/Simões, Rui, Código da Insolvência e da Recuperação de Empresas Anotado *(Kommentar zum Insolvenzrecht)*, 2013; Reis Silva, Fátima, Processo Especial de Revitalização: Notas Práticas e Jurisprudência Recente *(Das Restrukturierungsverfahren: praktische Hinweise und Rechtsprechung)*, 2014; Rosário Epifânio, Maria do, Manual de Direito de Insolvência *(Leitfaden zum Insolvenzrecht)*, 2014; Serra, Catarina, O Regime Português da Insolvência *(Das Portugiesische Insolvenzrechtsregime)*, 5. Aufl. 2012.

1.2 Informationsquellen

2 **Die portugiesische Insolvenzordnung** *(Codigo da Insolvencia e da Recuperação de Empresas)* (in portugiesischer Sprache) ist einsehbar unter: http://www.pgdlisboa.pt/leis/lei_mostra_articulado.php?nid=85&tabela=leis; Informationen zu einzelnen **Insolvenz- und Restrukturierungsverfahren** können auf dem *Citius Portal* recherchiert und eingesehen werden: http://www.citius.mj.pt/Portal/consultas/ ConsultasCire.aspx; **Statistiken** zu Insolvenz- und Restrukturierungsverfahren in Portugal: http://www.siej.dgpj.mj.pt/webeis/index.jsp?username=Publico&pgmWindowName=pgmWindow_635563122770468750; Informationen zu Insolvenzverwaltern sind einsehbar auf der Seite der **Portugiesischen Insolvenzverwalter-Vereinigung** *(Associação Portuguesa dos Administradores Judiciais, APAJ)* unter: http://www.apaj.pt/index.asp, sowie auf der Seite der Kommission zur Überwachung der Rechtspflege *(Comissão para o Acompanhamento dos Auxiliares da Justiça, CAAJ)* unter: http://caaj.eu/.

2. Einführung

2.1 Gesetzlicher Rahmen

3 Das für Insolvenzen von Unternehmen und natürlichen Personen maßgebliche Regelwerk ist die **portugiesische Insolvenzordnung**,[1] veröffentlicht im portugiesischen Bundesanzeiger *(Diário da República)* am 18.3.2004. Sie trat am 15.9.2004 in Kraft und führte zu einer radikalen Änderung des bis dahin in Portugal geltenden Insolvenzverfahrens, sowohl im Hinblick auf das „klassische" Insolvenzverfahren als auch im Hinblick auf vorinsolvenzliche Restrukturierungen. Sowohl das deutsche als auch das spanische Recht gaben maßgebliche Impulse für das neue Gesetzeswerk. Flankiert wurde die Neuordnung durch Änderung der auf Insolvenzstraftaten anwendbaren Regeln des portugiesischen Strafgesetzbuches *(Código Penal)*.

2.2 Verfahrenstypen

4 Die portugiesische Insolvenzordnung unterscheidet zwischen Insolvenzverfahren, die mit **Abwicklung** *(liquidação)* enden und solchen, die den Weg eines **Insolvenzplanverfahrens** *(plano de insolvência)* gehen. Beide Wege werden nach dem Eröffnungsantrag wie auch in Deutschland vom Gericht gesteuert. Die Abwicklung (der Regelfall) bedeutet üblicherweise das Ende des Unternehmens als solchem, das Insolvenzplanverfahren dagegen dient seiner Wiederbelebung.

---

[1] *Código da Insolvência e da Recuperação de Empresas*, v. 18.3.2004, verabschiedet durch Dekret Nr. 53/2004 und zuletzt geändert durch Dekret Nr. 26/2015 v. 6.2.2015.

In Ausnahmefällen kann aber auch der vordergründig als „Unternehmensende" erscheinende 5
Weg der *liquidação* das geeignete Mittel darstellen, das Unternehmen als solches zu erhalten, denn dieses Verfahren ermöglicht es dem Verwalter, den Geschäftsbetrieb als Ganzes (im Wege des Asset Deals) an einen Dritten zu veräußern. Auf der anderen Seite kann auch das eigentlich als Mittel der Restrukturierung gedachte Insolvenzplanverfahren dazu genutzt werden, ein Unternehmen (effizient) abzuwickeln.

Zusammenfassend bedeutet der Weg in die *liquidação* nicht zwingend das Ende der Existenz des 6
Unternehmens durch Zerschlagung, dh Veräußerung der Vermögensgegenstände des Unternehmens im Einzelnen, und die Zustimmung zu einem Insolvenzplan und dessen Umsetzung nicht notwendigerweise eine Fortsetzung des Unternehmens.

Darüber hinaus kennt das neue portugiesische Insolvenzrecht, dem in England begründeten 7
und nun dem europäischen Trend[2] hin zu einem dem eigentlichen Insolvenzverfahren vorgelagerten Verfahren folgend, nun auch ein Sanierungsverfahren, das *Procedimento Especial de Revitalização*. Dieses wurde im Jahr 2012 in Portugal eingeführt.[3]

Schließlich enthält die portugiesische Insolvenzordnung besondere Vorschriften für Privatinsol- 8
venzverfahren.[4]

3. Eröffnung des Verfahrens

3.1 Eröffnungsgründe

Die portugiesische Insolvenzordnung unterscheidet zwischen zwei möglichen Eröffnungsgrün- 9
den: **Zahlungsunfähigkeit,** also die Unmöglichkeit einer Gesellschaft, ihre Verbindlichkeiten bei Fälligkeit zu begleichen *(cash-flow-test),*[5] und **bilanzielle Überschuldung:**[6] Hierfür werden im portugiesischen Recht die normalerweise anwendbaren Bilanzierungsregeln in Bezug auf bestimmte Positionen und Regeln nach dem sogenannten *corrected balance sheet-test* korrigiert.[7] Danach liegt ein Eröffnungsgrund vor, wenn die Verbindlichkeiten der Gesellschaft „signifikant höher" sind als der Wert der ihr gehörenden Vermögensgegenstände.

Das Gesetz definiert **„signifikant höher"** nicht, der Begriff muss daher ausgelegt und unter 10
Berücksichtigung der Umstände des Einzelfalls angewandt werden. Berücksichtigt werden beispielsweise der Sektor, in dem das Unternehmen sein Geschäft betreibt, und in welcher Höhe Vermögensgegenstände kurzfristig verfügbar wären beziehungsweise wann die einzelnen Verbindlichkeiten des Unternehmens tatsächlich fällig werden. Die wichtigsten Besonderheiten im Rahmen der anwendbaren Bilanzierungsregeln sind die folgenden:

(i) Aktiva und Passiva sind nach dem **„fair value"-Prinzip** zu bewerten. Darin liegt keine Abweichung von allgemeinen portugiesischen Bilanzierungsregeln, nach welchen Aktiva und Passiva grundsätzlich mit dem Zeitwert bewertet werden.

(ii) Wenn es sich um ein werbendes Unternehmen handelt, findet eine Bewertung auf Basis der **Unternehmensfortführung** *(going concern)* oder aber mit **Liquidationswerten** statt, abhängig davon, ob das Unternehmen nach Eröffnung des Insolvenzverfahrens wahrscheinlich in der Lage sein wird, sein Geschäft fortzuführen oder nicht (nicht unähnlich der deutschen Fortführungsprognose).

(iii) Verbindlichkeiten, die gegenüber allen anderen Verbindlichkeiten **nachrangig** sind, werden bei der Betrachtung der Verbindlichkeiten des Unternehmens nicht berücksichtigt.[8]

3.2 Antragsberechtigte

Antragsberechtigt sind nur die **Gesellschaft selbst** sowie **Gläubiger** der Gesellschaft, und 11
zwar letztere dann, wenn durch objektive Umstände das Vorliegen einer Insolvenz erwiesen ist.

---

[2] Vgl. den entsprechenden Länderbericht zu England & Wales, die auf eine lange Historie eines solchen Verfahrens zurückblicken sowie beispielsweise die Länderberichte zu Frankreich, Griechenland, Rumänien und Ungarn, wo ein solches Verfahren erst in jüngerer Vergangenheit eingeführt wurde.
[3] Zu Einzelheiten zu diesem Restrukturierungsverfahren *(Procedimento Especial de Revitalização)* → Rn. 126 ff.
[4] → Rn. 144 ff.; Art. 235-266 der portugiesischen Insolvenzordnung.
[5] Art. 3/1 der portugiesischen Insolvenzordnung.
[6] Bilanzielle Überschuldung kann nur bei Unternehmen vorliegen, nicht bei natürlichen Personen.
[7] Zu Beispielen → Rn. 10; Art. 3/2 der portugiesischen Insolvenzordnung.
[8] Es ist umstritten, welche Art von nachrangigen Verbindlichkeiten hiervon erfasst wird. Einigkeit besteht, dass jedenfalls gezeichnetes Kapital darunterfällt. Eine privatrechtliche **Subordinierung von Darlehen** führt ebenfalls dazu, dass diese beim *balance sheet-test* unberücksichtigt bleiben. Manche Autoren schlagen darüber hinaus vor, auch Gesellschafterdarlehen generell von dieser Vorschrift zu erfassen und damit bei einer bilanziellen Betrachtung außen vor zu lassen, dies ist allerdings umstritten.

12 Dafür kommen unter anderem folgende Gründe in Betracht:[9]
(i) Die Gesellschaft setzt die Zahlung auf fällige Verbindlichkeiten grundsätzlich aus oder ist mit wesentlichen Zahlungsverpflichtungen in Verzug und es wird dadurch deutlich, dass die Gesellschaft ihre fälligen Verbindlichkeiten nicht mehr bedienen kann.
(ii) Die Gesellschaft kommt ihren Verpflichtungen zur Entrichtung von Steuern und Sozialabgaben nicht mehr nach.
(iii) In einem gegen die Gesellschaft betriebenen Zwangsvollstreckungsverfahren wird nachgewiesen, dass der Gesellschaft nicht in ausreichendem Maße pfändbare Vermögensgegenstände zur Verfügung stehen, um den geltend gemachten Anspruch zu befriedigen.

13 Die Frage, ob eine Insolvenz vorliegt oder nicht, muss nach portugiesischem Insolvenzrecht grundsätzlich anhand **objektiver Umstände** beantwortet werden. Das bedeutet auch, dass jeder Gläubiger bei Vorliegen dieser objektiven Umstände den Insolvenzantrag stellen kann, unabhängig davon, ob seine eigenen Forderungen noch ordnungsgemäß bedient werden.

14 Im Unterschied hierzu kann, ähnlich wie im deutschen Recht, die Geschäftsleitung (auch) Eigenantrag stellen, wenn sie der Ansicht ist, dass der Gesellschaft eine Insolvenz droht. Die Insolvenzordnung beschreibt diese als **„drohende"** Insolvenz *(insolvência iminente)* im Gegensatz zur „tatsächlichen" Insolvenz.[10]

15 Der Unterschied zwischen „drohender" und „tatsächlicher" Insolvenz ist deswegen wichtig, weil Gläubiger ausschließlich in Fällen der tatsächlichen Insolvenz einen Antrag auf Eröffnung des Insolvenzverfahrens stellen können, Geschäftsführer den Antrag hingegen auch bei „drohender" Insolvenz stellen können, bzw. müssen.[11]

3.3 Zuständiges Gericht

16 Die Zuständigkeit für Insolvenz- und Restrukturierungsverfahren liegt bei einem Richter der Abteilung für Handelssachen des zuständigen **Zentralgerichts erster Instanz** *(Secção de Comércio da Instância Central)* oder, bei Gerichten, bei denen es für Handelssachen keine eigene Abteilung gibt, bei einem Richter der Abteilung für Zivilsachen des Zentralgerichts erster Instanz *(Secção Cível da Instância Central)*.

17 Zuständig ist das Zentralgericht, in dessen Bezirk der Schuldner seinen **Unternehmenssitz** hat oder, im Fall von natürlichen Personen, seinen **Wohnsitz**. Alternativ ist das Gericht des Bezirks zuständig, in dem der Schuldner den **Mittelpunkt seiner hauptsächlichen Interessen** hat. Sind im Ergebnis zwei Gerichte zuständig, kann der Antragsteller entscheiden, bei welchem der beiden Gerichte er den Antrag stellt.

3.4 Sicherungsmaßnahmen vor Verfahrenseröffnung

18 Wenn die Gefahr besteht, dass sich die Verhältnisse der Insolvenzschuldnerin vor Eröffnung des Insolvenzverfahrens wegen Missmanagements verschlechtern, erlaubt die portugiesische Insolvenzordnung dem Gericht den Erlass **verschiedener Sicherungsmaßnahmen.** Dazu zählt unter anderem die Ernennung eines **vorläufigen Verwalters,** der für die Verwaltung des Vermögens der Insolvenzschuldnerin bis auf Weiteres zuständig ist. Diese Maßnahmen können von Amts wegen angeordnet werden (was in der Praxis eher unüblich ist) oder auf Antrag des Gläubigers, der die Eröffnung des Insolvenzverfahrens beantragt.[12]

3.5 Antrag auf Eröffnung des Insolvenzverfahrens

3.5.1 Allgemeines

19 Das Insolvenzverfahren beginnt mit der **Stellung des Insolvenzantrags.** Dieser muss schriftlich gestellt werden und neben dem eigentlichen Antrag die Fakten darlegen, auf Basis derer die Insolvenzeröffnung erfolgen soll. In seinem Antrag muss der Antragsteller
(i) darlegen, ob es sich um eine drohende (im Fall des Eigenantrags) oder eine tatsächliche Insolvenzsituation handelt,
(ii) die Exekutivorgane der Gesellschaft und „de facto"-Geschäftsführer/ Vorstände identifizieren,
(iii) die fünf größten Gläubiger der Gesellschaft nennen (handelt es sich um einen Gläubigerantrag, ist der Antragsteller selbst ausgenommen) und

---

[9] Art. 20 der portugiesischen Insolvenzordnung.
[10] Art. 3/4 der portugiesischen Insolvenzordnung.
[11] → Rn. 107 ff. zu den Antragspflichten der Geschäftsleitung.
[12] Art. 31 der portugiesischen Insolvenzordnung.

3. Eröffnung des Verfahrens   20–23 **Portugal**

(iv) eine Kopie des Handelsregisterauszuges des Schuldners oder eines sonstigen öffentlichen Registers, in dem die Gesellschaft eingetragen ist, beifügen.[13]

3.5.2 Eigenantrag durch die Gesellschaft

Stellt die Gesellschaft selbst Insolvenzantrag, muss sie darüber hinaus folgende ausführliche **Informationen zu ihrer wirtschaftlichen Lage** zur Verfügung stellen:[14]   20
(i) eine aktuelle Liste der Gläubiger der Gesellschaft unter Angabe der einzelnen Forderungen;
(ii) Angaben über das Bestehen eines besonderen Näheverhältnisses zu Gläubigern der Gesellschaft;
(iii) Informationen zu gegen die Gesellschaft anhängigen Vollstreckungs- und vergleichbaren Verfahren;
(iv) eine Beschreibung der Geschäftstätigkeit der Gesellschaft in den letzten drei Jahren und eine Erklärung der Umstände, die zur Insolvenz geführt haben (könnten);
(v) eine Liste der Personen, die unter Umständen persönlich für die Schulden haften (beispielsweise nach Art. 501 des portugiesischen Unternehmensgesetzes[15]);
(vi) ein aktuelles Verzeichnis aller Gesellschafterdarlehen;
(vii) ein Verzeichnis aller Vermögensgegenstände der Gesellschaft (einschließlich gemieteter und gepachteter Gegenstände und solcher, an denen ein Eigentumsvorbehalt besteht);
(viii) die Jahresabschlüsse der letzten drei Jahre sowie Informationen zu signifikanten Veränderungen im Vermögensbestand der Gesellschaft;
(ix) konsolidierte Jahresabschlüsse, soweit vorliegend;
(x) der Wertpapieraufsicht vorzulegende Quartalsabschlüsse, soweit vorliegend; und
(xi) ein aktuelles Verzeichnis aller Arbeitnehmer.

3.5.3 Antrag durch einen Gläubiger

Stellt ein **Gläubiger** den Antrag, muss er darin zusätzlich zu den oben[16] genannten Angaben   21
Ursprung, Art und Betrag seiner Forderung (oder sonstige relevante Angaben hierzu) darlegen und alle Informationen über Verbindlichkeiten und Vermögen des Schuldners weitergeben, die ihm zur Verfügung stehen. Darüber hinaus muss der Antragsteller bereits in diesem Stadium ihm zur Verfügung stehende Beweismittel angeben und Zeugen benennen, die bei einer Anhörung aussagen können. Wenn der Antragsteller nicht im Besitz der hierfür notwendigen Informationen ist, kann er den Antrag trotzdem stellen und die Informationen und entsprechende Unterlagen von der Gesellschaft einfordern.

Wenn der Antrag durch einen Gläubiger gestellt wird und das Gericht keinen Grund für eine   22
Ablehnung des Antrags sieht, setzt es der Gesellschaft eine Frist von zehn Tagen, innerhalb derer die Gesellschaft zu dem Antrag Stellung nehmen kann. Der Stellungnahme sind entsprechende Dokumente beizufügen. Im Anschluss daran erfolgt eine Anhörung, zu der der Antragsteller, die Gesellschaft und ihre Geschäftsleitung geladen werden. Nach der Anhörung ergeht die Entscheidung des Richters zur Verfahrenseröffnung.

3.6 Eröffnung des Insolvenzverfahrens

Das Insolvenzverfahren wird durch Beschluss des Gerichts nach der erfolgten Anhörung eröffnet.   23
In seinem **Eröffnungsbeschluss** bestimmt das Gericht unter anderem:[17]
(i) den Insolvenzverwalter;[18]
(ii) die Frist, innerhalb derer die Gläubiger ihre Ansprüche anmelden müssen (maximal 30 Tage);[19]
(iii) Tag und Zeit der ersten Gläubigerversammlung. In der Regel findet diese 45 bis 60 Tage nach Eröffnung des Insolvenzverfahrens statt, alternativ kann das Gericht entscheiden, dass eine Gläubigerversammlung nicht einberufen wird;[20]
(iv) über eine etwaige Einziehung der Bücher der Gesellschaft und Beschlagnahme von Vermögensgegenständen; diese sind unverzüglich an den Insolvenzverwalter zu übergeben.
(v) Darüber hinaus ergeht ein Hinweis an alle Gläubiger der Gesellschaft, dass von nun an alle Zahlungen an den Insolvenzverwalter zu leisten sind.

---

13 Zum Ganzen Art. 23 der portugiesischen Insolvenzordnung.
14 Art. 24 der portugiesischen Insolvenzordnung.
15 → Rn. 116, 117.
16 → Rn. 19.
17 Art. 36 der portugiesischen Insolvenzordnung.
18 Dazu → Rn. 44 ff.
19 Dazu → Rn. 39 f.
20 Dazu → Rn. 42.

24 Von der Eröffnung des Insolvenzverfahrens sollen die Gesellschaft, ihre Geschäftsleiter, der Antragsteller, die Hauptgläubiger sowie alle bekannten Gläubiger mit (Wohn-)Sitz in einem anderen EU-Mitgliedsstaat in Kenntnis gesetzt werden.

25 Zusätzlich erfolgt eine Bekanntmachung am Sitz der Gesellschaft und bei Gericht, die auch auf der zuständigen Webseite *Portal Citius* veröffentlicht wird.[21]

26 Schließlich ist die Eröffnung des Insolvenzverfahrens in den entsprechenden öffentlichen Registern einzutragen, dh dem Handelsregister (für Gesellschaften) oder dem Zivilregister (für natürliche Personen) und im Grundbuch, wenn die Insolvenzmasse Grundstücke umfasst.

3.7 Wirkungen der Verfahrenseröffnung

3.7.1 Auswirkungen auf die Insolvenzschuldnerin

27 Grundsätzlich werden die Organe der Insolvenzschuldnerin mit Eröffnung des Insolvenzverfahrens ihrer Zuständigkeit über die **Geschäftsführung** enthoben. Sie dürfen nicht mehr über das Vermögen verfügen, das von der Insolvenzmasse *(massa insolvente)*[22] umfasst wird. Zu dieser *massa insolvente* gehört all das, was zum Zeitpunkt der Insolvenzeröffnung im Eigentum der Insolvenzschuldnerin stand und alles Vermögen, das während der Dauer des Insolvenzverfahrens hinzuerworben wird.

28 Die **Verfügungsbefugnis** über das Vermögen der Insolvenzschuldnerin geht unmittelbar mit Eröffnung des Insolvenzverfahrens auf den gerichtlich bestellten Insolvenzverwalter über, gleiches gilt grundsätzlich auch für die **Verwaltungsbefugnis**.[23]

29 Es gibt Ausnahmefälle, in denen das Gericht die Verwaltung der Insolvenzmasse der Schuldnerin überlassen kann *(administração pelo devedor)*.[24] Die Verwaltung durch die Insolvenzschuldnerin ähnelt zum Teil dem Konzept der deutschen Eigenverwaltung und zum Teil dem Konzept des „*debtor in possession*", wie es in den Vereinigten Staaten von Amerika bekannt ist. **Eigenverwaltung nach portugiesischem Recht** setzt einen Antrag der Insolvenzschuldnerin voraus. Ihm kann nur stattgegeben werden, wenn die Insolvenzschuldnerin bei Gericht einen Restrukturierungsplan vorlegt oder sich verpflichtet, einen solchen Plan innerhalb von 30 Tagen nach Eröffnung des Insolvenzverfahrens vorzulegen und das Gericht darin keine Gefahr oder Verzögerung zum Nachteil der Gläubiger sieht. Wurde das Insolvenzverfahren durch einen Gläubiger beantragt, darf dieser zudem der Eigenverwaltung durch die Schuldnerin nicht widersprochen haben.

30 Auch die Eigenverwaltung durch die Insolvenzschuldnerin erfolgt aber unter der **Aufsicht eines Insolvenzverwalters** *(administrador da insolvência)*. Er hat eine Überwachungsfunktion und seine Zustimmung ist stets erforderlich, wenn wesentliche Geschäftsentscheidungen getroffen werden, etwa im Fall der Veräußerung von Vermögensgegenständen.

31 Die Insolvenzschuldnerin (bei Unternehmen vertreten durch ihre entsprechenden Organe) ist verpflichtet, sich stets auf Aufforderung durch das Gericht oder den Insolvenzverwalter zur Verfügung zu halten, dem Insolvenzverwalter unverzüglich bestimmte Dokumente zur Verfügung zu stellen und generell allen Informationsverlangen des Insolvenzverwalters, der Gläubigerversammlung, des Gläubigerkomitees oder des Gerichts nachzukommen und mit dem Insolvenzverwalter zu **kooperieren**.

3.7.2 Auswirkungen auf die Geschäftsleitung und andere Personen[25]

32 Mit Eröffnung des Insolvenzverfahrens verlieren alle Mitglieder von Organen des Unternehmens jegliche **Vergütungsansprüche**, es sei denn, die Insolvenzschuldnerin wird eigenverwaltet. Sie können darüber hinaus für jegliche schuldhafte **Wertminderung** der Insolvenzmasse, insbesondere aufgrund verspäteter Antragstellung, verantwortlich gemacht werden.[26] Des Weiteren können die Gesellschafter aufgefordert werden, Zahlungen auf nicht voll eingezahltes Stammkapital der Gesellschaft vorzunehmen.

---

[21] Zur Internetadresse des *Citius Portal* → Rn. 2; Gläubigern wird empfohlen, das Portal regelmäßig einzusehen.
[22] Art. 46 der portugiesischen Insolvenzordnung.
[23] Art. 81 der portugiesischen Insolvenzordnung.
[24] Art. 223-229 der portugiesischen Insolvenzordnung; Évora Berufungsgericht, Aktenzeichen 104/12.7TTEVR.E1, 25.10.2012.
[25] Art. 82 der portugiesischen Insolvenzordnung.
[26] → Rn. 108, 110 ff.

3.7.3 Auswirkungen des Insolvenzverfahrens auf gerichtliche Verfahren

Mit Eröffnung des Insolvenzverfahrens ersetzt der Insolvenzverwalter automatisch die Insolvenzschuldnerin in allen **anhängigen Rechtsstreitigkeiten**.[27]

Auf Antrag des Verwalters können alle anhängigen Rechtsstreitigkeiten, die sich auf zur Insolvenzmasse gehörende Vermögensgegenstände beziehen oder die Ansprüche betreffen, welche die Insolvenzschuldnerin geltend macht und die nachteilige Auswirkungen auf die Insolvenzmasse haben könnten, mit dem Insolvenzverfahren verbunden werden.[28] Rechtsstreitigkeiten in Bezug auf insolvente Unternehmen oder Privatpersonen, die rechtlich für die Schulden der betroffenen insolventen Partei verantwortlich sind, kann der Verwalter auf Antrag ebenfalls mit dem Insolvenzverfahren verbinden lassen.

Die **Verbindung aller Verfahren** hat den Vorteil, dass diese dann vor demselben Richter verhandelt werden und dieser ein umfassendes Bild des Vermögens und der Verbindlichkeiten der Insolvenzschuldnerin erhält.

Als Grundregel werden mit der Eröffnung des Insolvenzverfahrens automatisch alle durch die Insolvenzschuldnerin mit Bezug auf die Masse eingegangenen Schiedsvereinbarungen **ausgesetzt** und ebenso alle Vollstreckungsverfahren, die sich auf die Insolvenzmasse auswirken können.[29] Zum Zeitpunkt der Eröffnung des Insolvenzverfahrens bereits begonnene Schiedsverfahren werden fortgesetzt, ebenso Vollstreckungsverfahren, die auch weitere Schuldner betreffen – dann jedoch nur in Bezug auf diese weiteren Schuldner.

Gläubiger können **während eines Zeitraums von drei Monaten** ab Eröffnung des Insolvenzverfahrens **keine neuen Vollstreckungsverfahren** in Gang setzen, die sich auf die Insolvenzmasse beziehen. Ansprüche gegen die Insolvenzmasse müssen im Rahmen des Insolvenzverfahrens geltend gemacht werden. Das gilt allerdings nicht für Steuerschulden.[30]

3.7.4 Auswirkungen auf Forderungen gegen die Insolvenzschuldnerin

Das portugiesische Insolvenzrecht enthält genaue Bestimmungen über den Umgang mit Forderungen gegen die Insolvenzschuldnerin ab Eröffnung des Insolvenzverfahrens.

(i) Fälligkeit von Forderungen mit Insolvenzeröffnung

Mit Eröffnung des Insolvenzverfahrens werden alle gegen die Insolvenzschuldnerin gerichteten unbedingten Forderungen **sofort fällig.**

Forderungen, deren Fälligkeit unter einer **aufschiebenden Bedingung stehen,** werden bei der Berechnung des Werts der Ansprüche der einzelnen Gläubiger zunächst miteinbezogen und die entsprechenden Beträge durch den Insolvenzverwalter bis zum Bedingungseintritt bei einem Kreditinstitut zunächst hinterlegt. Bei Abschluss des Verfahrens werden sie dann in Übereinstimmung mit dem allgemeinen Ergebnis der Verteilung an die berechtigten Gläubiger ausgekehrt. Wenn sich herausstellt, dass die Bedingung nicht (mehr) erfüllt werden kann, werden die hinterlegten Beträge an die verbleibenden Gläubiger verteilt.

Unter einer **auflösenden Bedingung** stehende Ansprüche werden so behandelt wie jede andere Forderung auch, mit der Besonderheit, dass der Anspruch mit Eintritt der auflösenden Bedingung auch für die Vergangenheit wegfällt und bereits auf den Anspruch gezahlte Beträge vom Empfänger der Insolvenzmasse zurückgezahlt werden müssen.

(ii) Zinsen

Forderungen, die mit Eröffnung des Insolvenzverfahrens fällig werden, werden verzinst. Die **Zinsforderungen** werden als nachrangige Verbindlichkeiten behandelt, es sei denn, die Forderung war besichert; dann erstreckt sich die Sicherheit bis zu ihrem entsprechenden Wert auch auf die Zinsforderungen.

Der Nominalbetrag von Forderungen, die ohne die Eröffnung des Insolvenzverfahrens erst zu einem späteren Zeitpunkt fällig geworden wären *(inter usurium)*, wird wie folgt berechnet: Der Nominalbetrag von nicht zinstragenden Verbindlichkeiten wird auf den Tag der Eröffnung des Insolvenzverfahrens mit dem gesetzlich anwendbaren Zinssatz abdiskontiert. Der Nominalbetrag von zinstragenden Verbindlichkeiten, bei denen der vereinbarte Zinssatz niedriger ist als der gesetzliche, wird mit der Differenz zwischen dem vereinbarten und dem gesetzlichen Zinssatz auf den Tag der Eröffnung des Insolvenzverfahrens abdiskontiert.

(iii) Erlöschen von vorrangigen Forderungen und von dinglichen Sicherheiten

Mit der Eröffnung des Insolvenzverfahrens **erlöschen** alle sogenannten vorrangigen Forderungen *(privilégios creditórios gerais)* und besonders vorrangigen Forderungen *(privilégios creditórios*

---

[27] Art. 85/3 der portugiesischen Insolvenzordnung.
[28] Art. 85 der portugiesischen Insolvenzordnung.
[29] Art. 87 und 88 der portugiesischen Insolvenzordnung.
[30] Art. 89 der portugiesischen Insolvenzordnung.

especiais), die dem Staat oder anderen öffentlichen Einrichtungen zustehen, soweit diese zwölf Monate vor der Eröffnung des Insolvenzverfahrens begründet wurden oder fällig geworden und noch nicht bezahlt sind. Darunter fallen beispielsweise Steuerforderungen oder Forderungen der Sozialversicherung. Gleiches gilt für Garantien, die zwölf Monate vor Eröffnung des Insolvenzverfahrens gestellt wurden.

Automatisch **annulliert werden Grundschulden** *(hipotecas legais),* deren Bestellung innerhalb der letzten zwei Monate vor Eröffnung des Insolvenzverfahrens zugunsten von staatlichen Einrichtungen oder Sozialversicherungseinrichtungen beantragt wurde, selbst wenn die Eintragung bereits erfolgt ist.

Dingliche Sicherheiten, die an Vermögensgegenständen bestellt wurden, die zur Insolvenzmasse gehören, und die zur vollen Wirksamkeit nach portugiesischem Recht registriert werden müssen, erlöschen automatisch, wenn zum Zeitpunkt der Eröffnung des Insolvenzverfahrens diese Registrierung noch nicht abgeschlossen und auch noch nicht beantragt wurde. Ebenfalls erlöschen dingliche Sicherheiten, die für nachrangige Forderungen gestellt wurden.

Forderungen von Arbeitnehmern sind nicht grundsätzlich vorrangig.

4. Verlauf des Verfahrens

4.1 Forderungsanmeldung

39 Alle gegen die Insolvenzschuldnerin bestehenden Forderungen müssen gegenüber dem Insolvenzverwalter innerhalb einer Frist, der **Anspruchsfrist** *(prazo para reclamação de créditos),* angemeldet werden, die vom Gericht bei Insolvenzeröffnung festgesetzt wird.[31] Die Anspruchsfrist beträgt in der Regel **30 Tage** ab Bekanntmachung der Eröffnung des Insolvenzverfahrens. Der Anmeldung müssen Nachweise über die Forderungen beigefügt werden.

40 Der Insolvenzverwalter hat jede geltend gemachte Forderung innerhalb von 15 Tagen nach dem Ende der Anspruchsfrist in eine Tabelle *(relação de créditos reconhecidos e não reconhecidos)* einzutragen, in der Grund und Höhe der Forderung anzugeben sind.[32] Außerdem muss er angeben, ob die Forderung anerkannt wird oder nicht. Wird sie nicht anerkannt, muss er dies begründen. Gläubiger können die Liste innerhalb von weiteren zehn Tagen nach Ende der 15 Tage (also innerhalb von 25 Tagen nach dem Ende der Anspruchsfrist) anfechten. Der zuständige Richter entscheidet über den Bestand und den Rang der Forderungen.[33]

4.2 Gläubigervertretungen

41 Wiewohl der Insolvenzverwalter grundsätzlich die Geschäftsführung der Insolvenzschuldnerin übernimmt, wird den Gläubigern in verschiedenem Umfang Einfluss zugestanden. Die Gläubiger werden durch das **Gläubigerkomitee** *(Comissão de Credores)* repräsentiert, das aus maximal fünf Mitgliedern besteht. In der Regel sind dies Vertreter der größten Gläubiger, des Staats (Finanzverwaltung, der Sozialkassen) und der Arbeitnehmer.[34] Ein Gläubigerkomitee ist nicht zwingend und in einfach gelagerten Insolvenzverfahren wird der Richter kein Gläubigerkomitee einsetzen. Der Insolvenzverwalter berichtet an das Gläubigerkomitee und bestimmte Maßnahmen des Insolvenzverwalters stehen unter dem Vorbehalt der Zustimmung des Komitees.

42 Daneben gibt es bestimmte Entscheidungen, die von der **Gläubigerversammlung** *(Assembleia de Credores)* getroffen werden. An der Gläubigerversammlung können alle Gläubiger der Insolvenzschuldnerin teilnehmen[35] und sie entscheidet insbesondere über die Frage, ob die Insolvenzschuldnerin abgewickelt oder restrukturiert werden soll. Die Stimmrechte in der Gläubigerversammlung richten sich nach der Höhe der vom Gericht anerkannten Ansprüche, wobei jeder volle Euro eine Stimme gewährt. Vorrangige Gläubiger haben kein besonderes Stimmrecht und stimmen auch nicht als gesonderte Gruppe ab, allerdings kann der Rang ihrer Forderungen nicht ohne ihre Zustimmung geändert werden.

43 Ein Beschluss, durch den einem Insolvenzplan zugestimmt werden soll, kann nur wirksam in einer Gläubigerversammlung gefasst werden, wenn mindestens ein Drittel aller Stimmrechte bei der Versammlung vertreten ist. Gläubiger, deren Forderungen durch den Insolvenzplan nicht betroffen werden, haben bei dieser Gläubigerversammlung kein Stimmrecht, ebenso wenig wie Gläubiger

---

[31] Art. 128 der portugiesischen Insolvenzordnung.
[32] Art. 129 der portugiesischen Insolvenzordnung.
[33] Art. 130-140 der portugiesischen Insolvenzordnung.
[34] Art. 66 der portugiesischen Insolvenzordnung.
[35] Art. 156 der portugiesischen Insolvenzordnung.

nachrangiger Forderungen, es sei denn der Insolvenzplan sieht ein Stimmrecht auch für nachrangige Gläubiger vor.

4.3 Verwaltung und Verwertung der Insolvenzmasse

4.3.1 Auswahl des Insolvenzverwalters, mehrere Verwalter für eine Masse

Der Insolvenzverwalter wird vom Gericht[36] bestellt, das wiederum auf eine offizielle **Liste von Insolvenzverwaltern** zurückgreift.[37] Diese Liste wird von der Kommission zur Überwachung der Rechtspflege *(Comissão para o Acompanhamento dos Auxiliares da Justiça, CAAJ)* erstellt, die für die Auswahl von und Aufsicht über die Insolvenzverwalter zuständig ist. Kandidaten müssen einen Hochschulabschluss und entsprechende Erfahrung nachweisen sowie eine insolvenzspezifische Ausbildung mit Abschlussprüfung absolvieren. Die Insolvenzschuldnerin und auch die Gläubiger können Vorschläge zur Person des Insolvenzverwalters machen, ohne dass das Gericht daran gebunden ist.[38] Abhängig von (i) der Größe der Gesellschaft, (ii) dem Geschäftsbereich und/oder (iii) der Komplexität des Insolvenzverfahrens darf auch ein Verwalter bestellt werden, der nicht auf der offiziellen Liste der Insolvenzverwalter geführt wird.[39] Die Gläubiger dürfen in der Gläubigerversammlung *(Assembleia de Credores)* den Insolvenzverwalter austauschen und einen anderen Insolvenzverwalter bestellen.

Bei **komplexeren Insolvenzverfahren** und auf Antrag durch eine beteiligte Partei kann das Gericht **mehr als einen Insolvenzverwalter** bestellen.[40] In diesen Fällen hat die Insolvenzschuldnerin ein Kollegialorgan, wobei der anfänglich gerichtlich bestellte Verwalter in einer Patt-Situation die Letztentscheidungsbefugnis hat.[41] Die beteiligte Partei, die die Bestellung von mehr als einem Insolvenzverwalter verlangt, muss eine begründete Empfehlung für den oder die zu bestellenden weiteren Insolvenzverwalter abgeben. Wird dieser oder diese tatsächlich bestellt, muss diese Partei die Vergütung tragen, wenn in der Insolvenzmasse dafür keine ausreichenden Mittel enthalten sind. Präzedenzfälle für Verfahren mit mehreren Verwaltern gibt es nur sehr wenige, sodass diese Möglichkeit praktisch noch als weitgehend unerprobt angesehen werden muss.

4.3.2 Verwaltung und Verwertungsentscheidung

Wie ausgeführt, steht die **Geschäftsführung** grundsätzlich dem Insolvenzverwalter zu. Er hat umfassende Befugnisse, auch wenn einige Maßnahmen unter dem **Vorbehalt der Zustimmung** des Gläubigerkomitees oder der Gläubigerversammlung stehen. Anders ist dies in Fällen der Eigenverwaltung *(administração pelo devedor)*, bei der die Geschäftsführung weiterhin durch die im Amt befindliche Geschäftsleitung erfolgt, jedoch unter der Aufsicht des Insolvenzverwalters.[42]

Die erste Gläubigerversammlung muss 45 bis 60 Tage nach Eröffnung des Insolvenzverfahrens stattfinden.[43] Für diese Versammlung muss der Insolvenzverwalter einen Bericht erstellen, in dem er die verschiedenen Optionen für die Masse und die erwarteten Auswirkungen von Entscheidungen der Gläubiger darstellt. Dieser Bericht ist dann Gegenstand von Diskussionen in der ersten Gläubigerversammlung und auf seiner Grundlage muss die Gläubigerversammlung darüber entscheiden, ob die Gesellschaft den Weg in das Insolvenzplanverfahren geht oder eine Abwicklung stattfindet.[44]

4.3.3 Verwertung

Wenn die Gläubigerversammlung keinen Insolvenzplan beschließt,[45] muss die Gesellschaft abgewickelt werden und der Insolvenzverwalter hat alle Vermögensgegenstände, die zur Insolvenzmasse gehören, zu verwerten.

Im Grundsatz und dem gesetzlichen Leitbild folgend, sollte die Insolvenzschuldnerin als **bestehender Geschäftsbetrieb** veräußert werden. Ein einzelner Verkauf der verschiedenen Vermögensgegenstände soll nur erfolgen, wenn damit mehr Gewinn erzielt werden kann.[46] In der Praxis ist

---

[36] → Rn. 16 f.
[37] Einsehbar unter http://www.citius.mj.pt/Portal/article.aspx?ArticleId=1755.
[38] Évora Berufungsgericht, Aktenzeichen 58/12.0.TBETZ-B.E1, 10.1.2013.
[39] Art. 53/1 und /2 der portugiesischen Insolvenzordnung.
[40] Art. 52/4 der portugiesischen Insolvenzordnung.
[41] Art. 52/5 der portugiesischen Insolvenzordnung.
[42] → Rn. 29 f.
[43] Art. 53/1 und /2 der portugiesischen Insolvenzordnung.
[44] Zu den Verfahrenstypen → Rn. 4 ff.
[45] Dazu → Rn. 118 ff.
[46] Art. 162 der portugiesischen Insolvenzordnung.

die Veräußerung der Insolvenzschuldnerin als bestehender Geschäftsbetrieb angesichts der häufig desolaten Lage der Gesellschaft zu diesem Zeitpunkt regelmäßig schwierig bis unmöglich und daher trotz dieses Grundsatzes die Ausnahme.

50 Der Insolvenzverwalter ist bei der **Wahl des Verkaufsprozesses** grundsätzlich frei, so kann er zB einen freihändigen Verkauf durchführen, aber auch eine private oder eine gerichtliche Auktion, oder einen ganz anderen Prozess wählen.

51 Gläubiger, denen eine Sicherheit an zur Insolvenzmasse gehörendem Vermögen bestellt wurde, haben das Recht, ein Gutachten über eine Veräußerung des Sicherungsgegenstands einzuholen und den Sicherungsgegenstand im Gegenwert zu ihrer bestehenden Forderung selbst zu erwerben.

52 Die Insolvenzschuldnerin soll **in der Regel innerhalb eines Jahres** ab der ersten Gläubigerversammlung abgewickelt werden. In der Praxis dauert die Abwicklung zumeist länger und die Jahresfrist wird selten eingehalten.

5. Gläubiger

5.1 Masseverbindlichkeiten (*dívidas da massa insolvente*) und Insolvenzforderungen (*créditos sobre a insolvência*)

53 Forderungen, die nach der Eröffnung des Insolvenzverfahrens und im Zusammenhang mit dem Insolvenzverfahren selbst entstehen (*dívidas da massa insolvente*, **Masseverbindlichkeiten**) sind gegenüber allen anderen Forderungen vorrangig und werden bei Fälligkeit aus der Insolvenzmasse befriedigt. Masseverbindlichkeiten sind insbesondere die Kosten und Gebühren des Insolvenzverwalters, Gerichtskosten und Verbindlichkeiten, die aus der Erfüllung von Verträgen nach Eröffnung des Insolvenzverfahrens entstehen.

54 Forderungen, die vor der Eröffnung des Insolvenzverfahrens begründet wurden (*créditos sobre a insolvência e dívidas da insolvência*), lassen sich in drei Hauptkategorien unterscheiden:

(i) **Vorrangige Forderungen** (*credores privilegiados e garantidos*) sind entweder besicherte Forderungen (Grundschulden, Pfandrechte oder andere *in rem* Sicherheiten), und zwar bis zur Höhe des Werts der Sicherheit, oder Forderungen, die gesetzlich vorrangig gestellt werden, typischerweise Steuern und Sozialabgaben.

(ii) **Normale unbesicherte Forderungen** sind Forderungen, die weder besichert, noch vorrangig oder nachrangig sind.

(iii) **Nachrangige Forderungen** (*créditos subordinados*) sind Forderungen, die vertraglich subordiniert wurden, Forderungen von Personen mit besonderen Beziehungen oder Näheverhältnissen zum Schuldner (*pessoas especialmente relacionadas com o devedor*), Forderungen aus Gesellschafterdarlehen und Forderungen auf Zinszahlungen die ab Eröffnung des Insolvenzverfahrens entstehen.

55 Diese Rangfolge bestimmt zum einen die Frage, ob ein Gläubiger im Insolvenzverfahren ein Stimmrecht hat (nachrangige Gläubiger haben bei den meisten Beschlüssen der Gläubigerversammlung kein Stimmrecht) und zum anderen die Frage, in welcher Höhe die Forderungen aus der Insolvenzmasse befriedigt werden. Innerhalb der einzelnen Kategorien gibt es weitere Unterschiede im Rang der Forderungen.[47]

5.2 Aussonderungsberechtigte Gläubiger

56 Nach portugiesischem Recht sind alle Vermögensgegenstände und Rechte Teil der Insolvenzmasse, mit Ausnahme solcher Vermögensgegenstände, die als **Finanzsicherheiten** Gegenstand der Richtlinie 2002/47/EG des Europäischen Parlaments und des Rates vom 6.6.2002 über Finanzsicherheiten sind.[48]

6. Verteilung an die Gläubiger

57 Der mit der Veräußerung erzielte Gewinn wird zunächst für die **Begleichung der Masseverbindlichkeiten** verwendet – beispielsweise für die Kosten des Verfahrens, die Vergütung des Insolvenzverwalters und die Gelder, die für Maßnahmen des Insolvenzverwalters bezahlt werden müssen.[49]

---

[47] Dazu → Rn. 63 ff.
[48] Das Gesetz betreffend Finanzsicherheiten (*Regime Jurídico dos Contratos de Garantia Financeira*) wurde durch Dekret Nr. 105/2004 v. 8.5.2004 verabschiedet und zuletzt durch Dekret Nr. 192/2012 v. 23.8.2012 geändert.
[49] Dazu → Rn. 59.

Alle anerkannten Forderungen, die nicht Masseverbindlichkeiten sind, werden in folgender **58**
Rangfolge bei gleichem Rang dem Verhältnis ihrer Beträge entsprechend, berichtigt:⁵⁰
(i) **Besonders vorrangige Forderungen** *(privilégios creditórios especiais)* sind solche vorrangigen Forderungen, die sich speziell auf einen bestimmten Vermögensgegenstand beziehen und die bis zur Höhe dessen, was durch den Verkauf des Vermögensgegenstandes erzielt werden kann, befriedigt werden können. Beispielsweise haben Arbeitnehmer eine grundstücksbezogene vorrangige Forderung in Bezug auf die Arbeitsstätte, an der sie beschäftigt sind.
(ii) **Besicherte Forderungen** *(garantia real)* bis zur Höhe dessen, was durch den Verkauf des Vermögensgegenstandes erzielt werden kann, auf den sich die Sicherheit bezieht.
(iii) **Grundsätzlich vorrangige Forderungen** *(privilégios creditórios gerais)* sind Forderungen, die sich nicht auf einen bestimmten Vermögensgegenstand beziehen, etwa Sozialversicherungsabgaben.
(iv) **Unbesicherte Forderungen** *(créditos comuns)*, darunter fallen auch Teile von Forderungen, die besichert waren, bei denen die Verwertung der Sicherheit jedoch nicht zur vollen Befriedigung geführt hat.
(v) **Nachrangige Forderungen** *(créditos subordinados)*.
Welchen Rang eine Insolvenzforderung innehat, muss im Einzelfall festgestellt werden. **59**

7. Verträge im Insolvenzverfahren

7.1 Wahlrecht des Insolvenzverwalters bei „bestehenden Verträgen"

Es gilt der Grundsatz, dass **bestehende Verträge**, also Verträge, bei denen für beide Vertragspar- **60**
teien fortlaufende Verpflichtungen bestehen, mit Eröffnung des Insolvenzverfahrens ausgesetzt werden. Der Insolvenzverwalter hat ein **Wahlrecht,** ob er den Vertrag erfüllt oder die Erfüllung ablehnt.⁵¹

Lehnt der Insolvenzverwalter die **Erfüllung ab,** gilt folgendes:⁵² (i) Keine der Parteien kann **61**
bereits geleistete Zahlungen zurückfordern; (ii) soweit die Insolvenzschuldnerin in Vorleistung gegangen ist, kann der Insolvenzverwalter Ausgleichszahlungen zur Insolvenzmasse verlangen; (iii) der andere Teil kann folgende Ausgleichszahlungen verlangen: Zahlungen für von der Insolvenzschuldnerin noch nicht erbrachte Leistungen, abzüglich vom anderen Teil selbst noch nicht erbrachter Leistungen, Ersatz von Schäden, die aufgrund der Entscheidung des Insolvenzverwalters entstehen, die Erfüllung abzulehnen. Soweit die Entscheidung des Insolvenzverwalters, einen Vertrag nicht zu erfüllen zu Schäden beim anderen Teil führt, ist der entsprechende Anspruch auf die Höhe des unter (ii) genannten Betrages beschränkt, abzüglich etwaiger Ausgleichszahlungen wie unter (iii) ausgeführt. Jede Forderung auf Ausgleichszahlung ist eine Insolvenzforderung.

Wenn es aussichtslos erscheint, dass die von der Insolvenzschuldnerin geschuldeten Leistungen **62**
aus der Insolvenzmasse erbracht werden können, gilt eine Wahl der Erfüllung durch den Insolvenzverwalter als missbräuchlich. In diesen Fällen kann sich der andere Teil auf das **Prinzip des** *exceptio non adimpleti contractus* berufen und die Erfüllung verweigern.⁵³ Falls notwendig, kann der andere Teil sich die Anwendung dieses Prinzips auch gerichtlich bestätigen lassen. Ein entsprechendes Gerichtsverfahren würde wiederum mit dem Insolvenzverfahren verbunden.

7.2 Unteilbare und teilbare Leistungen

Für die Entscheidung des Insolvenzverwalters über die Fortführung von Verträgen gelten beson- **63**
dere Grundsätze, wenn es um **unteilbare oder teilbare, aber zusammenhängende Leistungen** geht. Dabei kommt es darauf an, ob die Partei, welche die entsprechende Leistung schuldet, der andere Vertragsteil oder die Insolvenzschuldnerin ist.⁵⁴

Die Insolvenzschuldnerin kann von der anderen Partei zurückverlangen, was sie (die insolvente **64**
Partei) unter dem Vertrag an Leistungen erbracht hat – allerdings nur soweit, wie die andere Partei am Tag der Entscheidung über die Insolvenzeröffnung dadurch bereichert war. Das kann etwa der Fall sein, weil sie die von ihr zu erbringende Gegenleistung noch nicht erbracht hat. Die Gegenpartei darf dagegen von der insolventen Partei den Betrag verlangen, in dessen Höhe die Gegenleistung noch aussteht. Soweit Verpflichtungen vor Insolvenzeröffnung erfüllt wurden, darf die andere Partei

---

⁵⁰ Art. 47/4 und 172-184 der portugiesischen Insolvenzordnung.
⁵¹ Art. 102-119 der portugiesischen Insolvenzordnung.
⁵² Art. 102 der portugiesischen Insolvenzordnung.
⁵³ Art. 102/4 der portugiesischen Insolvenzordnung.
⁵⁴ Art. 103 der portugiesischen Insolvenzordnung.

darüber hinaus bei unteilbaren Verpflichtungen Rückerstattung ihrer Kosten und bei teilbaren Verpflichtungen die Erstattung der relevanten Beträge verlangen.

65 Der Gläubiger kann sich in jedem der genannten Fälle entscheiden, seine vertraglichen Verpflichtungen zu erfüllen. Dann kann er die entsprechende Forderung als Insolvenzforderung geltend machen.

66 Entscheidet sich der Insolvenzverwalter zur Fortführung bzw. Erfüllung eines Vertrages, der unteilbare oder zusammenhängende Verpflichtungen enthält, hat die andere Partei Anspruch auf einen Betrag, der dem Wert der Verpflichtung entspricht, die die andere Partei zu erbringen verpflichtet gewesen wäre, hätte der Insolvenzverwalter die Erfüllung des Vertrages abgelehnt. Beträge, die die Kosten (bei unteilbaren Verpflichtungen) oder ausgezahlten Beträge (bei teilbaren Verpflichtungen) bis zur Verfahrenseröffnung übersteigen, sind Masseverbindlichkeiten.[55]

7.3 Eigentumsvorbehalt, Eigentumserwerb, Miete und Leasing

67 Auch bei dem Umgang mit **Eigentumsvorbehalten** kommt es darauf an, ob der andere Teil oder die Insolvenzschuldnerin Käufer oder Verkäufer ist.[56] Es gelten dabei die gleichen Grundsätze wie im Zusammenhang mit **Miet- oder Leasingverträgen,** die vorsehen, dass der Mieter/Leasingnehmer am Ende der Vertragslaufzeit und mit Zahlung der letzten Rate das Eigentum an der gemieteten/geleasten Sache erhält.

68 Wenn die **Insolvenzschuldnerin** der **Verkäufer** oder bei Miete/Leasing der **Vermieter/Leasinggeber** ist und die Sache bereits vor Eröffnung des Insolvenzverfahrens an den anderen Teil **übergeben** wurde, kann der andere Teil Erfüllung des Vertrags verlangen und der Insolvenzverwalter hat kein Wahlrecht. Wurde die Sache noch nicht übergeben und lehnt der Insolvenzverwalter Erfüllung ab, findet keine Übergabe mehr statt. Stattdessen steht dem anderen Teil eine Insolvenzforderung zu, und zwar wenn die **Insolvenzschuldnerin** der **Käufer** oder bei Miete/Leasing der **Mieter/Leasingnehmer** ist: in Höhe des positiven Saldos zwischen Wert der Sache abzüglich ausstehender Raten. Wenn die **Insolvenzschuldnerin** der **Verkäufer** oder bei Miete/Leasing der **Vermieter/Leasinggeber** ist: in Höhe des positiven Saldos zwischen dem Wert der Sache und der Höhe aller Raten, die bis zur Beendigung des Vertrages zu zahlen gewesen wären.

69 Unter bestimmten Umständen kann ein Gläubiger darüber hinaus Schadensersatz als Insolvenzforderung geltend machen.[57] Wenn der Insolvenzverwalter den Vertrag erfüllt (oder erfüllen muss), ändert sich nichts.

7.4 Verkauf ohne Übergabe

70 Es gelten besondere Regeln für Kaufverträge, bei denen zwar das Eigentum übergegangen ist, die Sache aber noch nicht physisch übergeben wurde. Wenn der **Verkäufer insolvent** wird, darf der Insolvenzverwalter die Erfüllung des Vertrags nicht ablehnen und die Sache muss dem Käufer übergeben werden. Wenn jedoch der **Käufer** die **Insolvenzschuldnerin** ist, darf der Insolvenzverwalter erneut entscheiden, ob er den Vertrag erfüllen will oder nicht. Wenn der Insolvenzverwalter die Erfüllung, dh Zahlung des Kaufpreises ablehnt, geht das Eigentum wieder auf den Verkäufer über und er kann als Insolvenzforderung einen etwaigen entgangenen Gewinn geltend machen.[58]

7.5 Vorverträge

71 Nach portugiesischem Recht sind **Vorverträge** Verträge, bei denen die Parteien vereinbaren, einen Vertrag zu bestimmten wesentlichen, bereits niedergelegten Bedingungen, abzuschließen. Wenn der Vorvertrag ein Grundstück oder eine Sache zum Gegenstand hat, bei der das Eigentum nach portugiesischem Recht registriert werden kann, können die Parteien dem Vorvertrag **dingliche (in rem) Wirkung geben** *(contrato-promessa com eficácia real).*[59] In diesen Fällen ist der Vorvertrag auch Dritten gegenüber wirksam.

72 Ist die Insolvenzschuldnerin **Verkäufer** unter einem Vorvertrag mit dinglicher Wirkung und wurde die Sache bereits an den Käufer übergeben, kann der Insolvenzverwalter die Erfüllung des Vorvertrags nicht ablehnen. In jedem anderen Fall ist der Insolvenzverwalter zur **Ablehnung der Erfüllung** berechtigt.[60] Macht der Verwalter von diesem Recht Gebrauch, kann keine der Parteien bereits Gezahltes zurückverlangen, der Insolvenzverwalter kann aber für bereits von der Insolvenz-

---

[55] Art. 103/3 der portugiesischen Insolvenzordnung.
[56] Art. 104 der portugiesischen Insolvenzordnung.
[57] Art. 102/3 iVm 104/5 der portugiesischen Insolvenzordnung.
[58] Art. 102/3 iVm 104/5 und 105/1 der portugiesischen Insolvenzordnung.
[59] Art. 413 des portugiesischen Zivilgesetzbuchs.
[60] Portugiesischer Bundesgerichtshof, Aktenzeichen 5151/06.TBAVR.C1.S1, 12.5.2011.

schuldnerin erbrachte Leistungen Zahlung der Gegenleistung verlangen. Die Gegenpartei bekommt einen Anspruch, dessen Inhalt sich danach richtet, ob sie Verkäufer oder Käufer ist: (a) Wenn die Gegenpartei **Verkäufer** unter dem Vorvertrag ist, hat sie Anspruch auf einen Betrag in Höhe des Kaufpreises abzüglich des Werts des Kaufgegenstands zum Zeitpunkt der Ablehnung; (b) wenn sie **Käufer** ist, in Höhe des Werts des Kaufgegenstandes abzüglich des Kaufpreises. Ein etwaiger Anspruch auf Schadensersatz gegen den Insolvenzverwalter wegen Nichterfüllung eines Vertrags ist der Höhe nach auf die Summe begrenzt, die der Insolvenzverwalter als Gegenleistung erhalten hat, wobei sich der Gläubiger etwaige Ansprüche ((a) bzw. (b)) anrechnen lassen muss. Die Schadensersatzforderung ist wiederum eine Insolvenzforderung.[61] Jede Partei ist berechtigt, ihren jeweiligen Anspruch gegen eine Ausgleichsforderung der anderen Partei aufzurechnen.

7.6 Termingeschäfte *(Operações a prazo)*

Die portugiesische Insolvenzordnung enthält spezielle Vorschriften zu Verträgen über die **Lieferung von Waren oder über Finanzverbindlichkeiten,** für die es einen **Marktpreis** gibt und bei der die Lieferung oder Leistungserbringung zu einem Zeitpunkt nach Eröffnung des Insolvenzverfahrens erfolgen soll. Die Insolvenzordnung definiert den Begriff des „Marktpreises" nicht; es spricht jedoch viel dafür, dass es sich dabei um die Preise für Finanzinstrumente oder Waren handelt, die in einem regulierten Markt oder in anderen Märkten, die für das Finanzprodukt oder die im Vertrag vorgesehene Ware bestehen, gehandelt werden.

Es ist umstritten, ob diese Vorschriften auf alle Arten von Verträgen anwendbar sind, die die Lieferung von Waren zum Gegenstand haben oder nur auf Verträge über bestimmte Waren, beispielsweise über Waren, die Gegenstand von häufigen und plötzlichen Wertschwankungen sind. Der Wortlaut, der keine Ausnahmen für die Definition von Waren vorsieht,[62] scheint dafür zu sprechen, dass alle Arten von Waren erfasst sind.

Daneben werden für Zwecke dieser Vorschriften **folgende Finanzverbindlichkeiten** erfasst: (a) Verträge über die Lieferung von Wertpapieren (ausgenommen Anteile, die mehr als 10 % der Anteile an dem Stammkapital einer Gesellschaft ausmachen, wenn der Vertrag keine ausschließliche Barabfindung vorsieht); (b) Verträge über die Lieferung von Edelmetallen; (c) Barzahlungen, bei denen der zu zahlende Betrag direkt oder indirekt durch einen Devisenkurs, einen gesetzlichen Zinssatz, durch eine Berechnungseinheit oder durch den Preis anderer Waren oder Dienstleistungen bestimmt wird; (d) Optionen oder andere Rechte auf den Kauf oder Verkauf eines der in (a) oder (b) genannten Gegenstände oder eine in (c) genannte Zahlung.[63]

Die Insolvenzordnung sieht für die hier genannte Kategorie von Verträgen vor, dass keine der Parteien von der anderen die Lieferung der Waren beziehungsweise die Erfüllung der Finanzverbindlichkeit fordern kann, unabhängig davon, auf welcher Seite des Vertrags die Insolvenzschuldnerin steht.[64] Jede Partei kann von der anderen nur den Differenzbetrag zwischen dem vereinbarten Preis und dem Marktpreis der Ware oder der Finanzverbindlichkeit am zweiten Tag nach Eröffnung des Insolvenzverfahrens verlangen.

Ist der vereinbarte Preis höher als der Marktpreis, hat der Verkäufer Anspruch auf die Differenzzahlung, ist er niedriger, steht dieser Anspruch dem Käufer zu. Richtet sich der Ausgleichsanspruch gegen die Insolvenzschuldnerin, handelt es sich um eine Insolvenzforderung.[65]

In jedem Fall muss der Verkäufer bereits erhaltene Zahlungen an den anderen Teil zurückführen, hat aber das Recht, mit ihm zustehenden Ansprüchen aufzurechnen. Ist die **Insolvenzschuldnerin Verkäufer,** werden entsprechende Rückzahlungsforderungen als Insolvenzforderung behandelt.[66]

Ob auch der Käufer ein Aufrechnungsrecht hat, ist unklar. Die Regelungen der Insolvenzordnung sehen dies nur für den Verkäufer vor, woraus geschlossen werden könnte, dass es für den Käufer kein Aufrechnungsrecht geben soll. Allerdings soll diese Auslegung jedenfalls dann nicht gelten, wenn das auf die Forderung anwendbare Insolvenzrecht aus anderen Gründen die Aufrechnung zulässt.[67]

Verträge über Waren oder Finanzverbindlichkeiten mit einer festgelegten Laufzeit werden mit Eröffnung des Insolvenzverfahrens nicht automatisch gekündigt. Vielmehr hat die Eröffnung nur zur Folge, dass die Verträge nicht mehr durchgesetzt werden können.

---

[61] Art. 102/3, 104/5 und 106/2 der portugiesischen Insolvenzordnung.
[62] Art. 107 der portugiesischen Insolvenzordnung.
[63] Art. 107/3 der portugiesischen Insolvenzordnung.
[64] Art. 107/1 der portugiesischen Insolvenzordnung.
[65] Art. 107/1 der portugiesischen Insolvenzordnung.
[66] Art. 107/2 der portugiesischen Insolvenzordnung.
[67] Dazu → Rn. 97 ff.

7.7 Die Insolvenz des Mieters

81 Ein Mietverhältnis, das die **Insolvenzschuldnerin als Mieter** eingegangen ist, wird weder ausgesetzt noch automatisch gekündigt. Der Insolvenzverwalter kann es vielmehr ohne Rücksicht auf die vereinbarte Vertragsdauer mit einer Frist von 60 Tagen kündigen, wenn nicht eine kürzere gesetzliche oder vertragliche Frist maßgebend ist. Kündigt der Insolvenzverwalter, so kann der Vermieter Schadensersatz in der Höhe der entgangenen Miete verlangen, die er bei vertragsgemäßem Ablauf oder Kündigung erhalten hätte. Der Vermieter muss sich allerdings ersparte Aufwendungen sowie Einkünfte aus einer etwaigen vorzeitigen Weitervermietung anrechnen lassen. Die Forderung ist wiederum eine Insolvenzforderung.[68]

82 Der Vermieter darf das Mietverhältnis nach Eröffnung des Insolvenzverfahrens weder wegen offener Mietforderungen aus der Zeit vor Verfahrenseröffnung, noch aufgrund der Verschlechterung der Vermögensverhältnisse des Mieters kündigen.

83 Wenn die Mietsache zum Zeitpunkt der Insolvenzeröffnung noch nicht an den Mieter übergeben wurde, sind sowohl der Insolvenzverwalter als auch der Vermieter zum Rücktritt vom Vertrag berechtigt. Alternativ ist jede Seite berechtigt, der anderen Seite eine angemessene Frist zu setzen, innerhalb derer das Mietverhältnis gekündigt werden kann. Nach Ablauf einer solchen Frist entfällt das Sonderkündigungsrecht.

7.8 Die Insolvenz des Vermieters

84 Die **Insolvenz des Vermieters** führt nicht zu einer Aussetzung des Mietvertrages und jede Partei ist nur vertragsgemäß zur Kündigung berechtigt. Klauseln, wonach sich ein Mietvertrag ohne eine Kündigung automatisch verlängert, gelten ebenfalls fort.

85 Wenn die Mietsache zum Zeitpunkt der Insolvenzeröffnung allerdings noch nicht an den Mieter übergeben wurde, sind sowohl der Insolvenzverwalter als auch der Mieter zum Rücktritt vom Vertrag berechtigt. Alternativ ist jede Seite berechtigt, der anderen eine angemessene Frist zu setzen, innerhalb derer das Mietverhältnis gekündigt werden kann. Nach Ablauf einer solchen Frist entfällt das Sonderkündigungsrecht.

7.9 Auftragsverhältnisse und Geschäftsbesorgungsverträge *(contratos de mandato e de gestão)*

86 Auftragsverhältnisse *(contratos de mandato)* – einschließlich Kommissionsverträge *(contratos de comissão)* – bei denen die Insolvenzschuldnerin Prinzipal ist, **erlöschen automatisch** durch die Eröffnung des Insolvenzverfahrens. Dem Agenten oder Auftragnehmer stehen **keine Schadensersatzansprüche** zu. Das gilt auch für Auftragsverhältnisse, die zugunsten des Agenten oder eines Dritten abgeschlossen wurden.[69]

87 Dieser Grundsatz findet auch auf Verträge Anwendung, mit denen die Insolvenzschuldnerin einer anderen Partei die **Verwaltung von Vermögen übertragen** hat. Dies gilt sogar, wenn dem Auftragnehmer nur ein begrenzter Freiraum bei der Ausübung seiner Tätigkeit zusteht – einschließlich von Verträgen über **Portfolio Management** *(gestão de carteiras)* oder **Asset Management** *(gestão de património)*.

88 Von dieser Regel gibt es zwei **Ausnahmen:** (i) Die Aufrechterhaltung des Auftrags- oder Kommissionsvertrags ist erforderlich, um die Insolvenzmasse vor vorhersehbaren Schäden zu bewahren; in diesem Fall bleiben die Verträge bestehen, bis der Verwalter in der Position ist, Handlungen vorzunehmen, die eben diese Schäden verhindern. In diesem Fall sind die Vergütung des Vertragspartners und seine Kosten Masseverbindlichkeiten.[70] (ii) Der Vertragspartner hatte keine Kenntnis von der Insolvenz des Prinzipals und hätte davon auch keine Kenntnis haben müssen. Dann sind die Vergütung des Vertragspartners und seine Kosten Insolvenzforderungen.[71]

7.10 Langfristige Dienstleistungsverträge

89 Langfristig geschlossene Dienstleistungsverträge, bei denen die Insolvenzschuldnerin Empfängerin der Dienstleistungen ist und die nicht auf Grundlage der oben genannten Grundsätze beendet werden, werden durch die Insolvenzeröffnung auch nicht suspendiert. Jede der Parteien hat aber weiterhin ein **gesetzliches Kündigungsrecht** mit einer Kündigungsfrist von 60 Tagen. Durch Vertrag oder spezielle gesetzliche Regelungen kann diese Frist im Einzelfall abgekürzt werden. Wird

---

[68] Art. 108/3 der portugiesischen Insolvenzordnung.
[69] Zu Ausnahmen → Rn. 90 ff.
[70] Art. 110/3 der portugiesischen Insolvenzordnung.
[71] Art. 110/3 der portugiesischen Insolvenzordnung.

der Vertrag durch den Verwalter beendet, müssen potenzielle Verluste, die durch die vorzeitige Kündigung entstehen, ausgeglichen werden. Der anderen Partei steht in diesem Fall eine Insolvenzforderung zu.[72]

7.11 Vollmachten *(procurações)*

Vollmachten *(procurações)* die sich auf Vermögenswerte beziehen, die Teil der Insolvenzmasse sind, **erlöschen** im Fall der Insolvenz des Vollmachtgebers **kraft Gesetzes** *(caducam)*. Dies gilt auch, wenn die Vollmacht im Interesse des Bevollmächtigten oder eines Dritten erteilt wurde.[73] Ist die Vollmacht aber notwendig, um vorhersehbare Schäden von der Masse abzuwenden, bleibt sie bestehen, bis der Verwalter die zur Abwendung der Schäden notwendigen Maßnahmen vornehmen konnte. 90

Verträge, die ein Bevollmächtigter abgeschlossen hat, nachdem die Vollmacht aufgrund der Insolvenzeröffnung ex lege erloschen war, sind **unwirksam** und die Masse muss zurückgeben, was sie auf Basis dieser Verträge als ungerechtfertigte Bereicherung erhalten hat *(enriquecimento sem causa)*. Liegen kumulativ folgende Kriterien vor, sind die Verträge **dennoch wirksam:** (i) Die durch den Bevollmächtigten abgeschlossenen Verträge stellen eine Gegenleistung dar *(a título oneroso)*; (ii) die andere Vertragspartei war gutgläubig; (iii) der Vertragsschluss lag vor der Eintragung der Insolvenz im entsprechenden Register;[74] (iv) und die Verträge können unter anwendbarem Recht nicht bedingungslos beendet werden *(resolução incondicional em benefício da massa insolvente)*.[75] 91

Darüber hinaus tilgt die Zahlung eines Dritten an einen Bevollmächtigten nach Erlöschen der Vollmacht die Schuld nur dann, wenn der Dritte die Zahlung in gutem Glauben und vor Eintragung der Insolvenz vorgenommen hat oder die Zahlung tatsächlich in die Masse gelangt ist. 92

Der Bevollmächtigte haftet Dritten nicht für die Unwirksamkeit der Vollmacht, wenn er von der Insolvenz des Prinzipals ohne Verschulden keine Kenntnis hatte. 93

7.12 Auswirkungen auf Arbeitsverhältnisse

Die Eröffnung des Insolvenzverfahrens führt **nicht zu einer automatischen Beendigung aller Arbeitsverhältnisse** und der Insolvenzverwalter muss alle gegenüber den Arbeitnehmern bestehenden Verpflichtungen erfüllen. 94

Steht die Schließung eines Betriebs bevor, kann der Insolvenzverwalter alle Arbeitsverhältnisse kündigen, die für die Fortführung des Geschäfts nicht mehr benötigt werden. 95

Auf die Kündigung eines Arbeitsverhältnisses in der Insolvenz, sei es in Bezug auf einzelne Arbeitnehmer oder im Rahmen einer bevorstehenden Betriebsschließung, finden die allgemeinen arbeitsrechtlichen **Grundsätze** Anwendung.[76] 96

8. Aufrechnung

Nach portugiesischem Recht kann eine Forderung gegen die Insolvenzschuldnerin mit einer Forderung der Insolvenzmasse aufgerechnet werden.[77] 97

Grundsätzlich können nur solche Forderungen aufgerechnet werden, bei denen die Aufrechnungslage bereits vor dem Zeitpunkt der Insolvenzeröffnung bestand, oder wenn die Forderung gegen die Insolvenzschuldnerin vor der Gegenforderung der Insolvenzmasse aufrechenbar geworden ist. 98

Unter den folgenden Umständen ist eine Aufrechnung nach der portugiesischen Insolvenzordnung **unzulässig:**[78] (i) Wenn die Forderung gegen einen Insolvenzgläubiger erst nach der Eröffnung des Insolvenzverfahrens entstanden ist, und zwar als Folge einer Anfechtung zugunsten der Insolvenzmasse;[79] (ii) wenn der Gläubiger die Forderung nach Eröffnung des Insolvenzverfahrens von einem Dritten erwirbt; (iii) gegen Verbindlichkeiten der Insolvenzschuldnerin, für die die Insolvenzmasse nicht haftet; und (iv) zwischen Verbindlichkeiten der Insolvenzmasse und nachrangigen Insolvenzforderungen. 99

---

[72] Art. 111/2 der portugiesischen Insolvenzordnung.
[73] Art. 112 der portugiesischen Insolvenzordnung.
[74] → Rn. 25.
[75] S. Art. 121 der portugiesischen Insolvenzordnung.
[76] S. Art. 347 und 360 ff. des portugiesischen Arbeitsgesetzbuches *(Código do Trabalho)*.
[77] Art. 99 der portugiesischen Insolvenzordnung.
[78] Art. 99/4 der portugiesischen Insolvenzordnung.
[79] Dazu → Rn. 100 ff.

9. Insolvenzanfechtung (resolução em benefício da massa insolvente)

100 Die Insolvenzordnung berechtigt den Insolvenzverwalter, bestimmte Handlungen, Unterlassungen und Verträge der Insolvenzschuldnerin **anzufechten** *(resolução em benefício da massa insolvente)*.[80]

9.1 Anfechtbarkeit bei Nachteiligkeit des Rechtsgeschäfts und Bösgläubigkeit des anderen Teils

101 Rechtsgeschäfte, die in den letzten **zwei Jahren** vor Beginn des Insolvenzverfahrens zum Nachteil der Insolvenzmasse vorgenommen wurden, können angefochten werden. Als **nachteilig für die Insolvenzmasse** gelten Rechtshandlungen, die eine Befriedigung der Gläubiger mindert, verhindert, gefährdet oder verzögert. Dies gilt grundsätzlich jedoch nur, wenn der andere Teil bösgläubig war.

102 Für diese Zwecke gilt als **bösgläubig,** wem im Zeitpunkt der Rechtshandlung bekannt war, dass im Zeitpunkt der Rechtshandlung (i) der Schuldner zahlungsunfähig war, (ii) die Rechtshandlung nachteilig war und eine Insolvenz unmittelbar bevorstand oder (iii) ein Insolvenzverfahren bereits eingeleitet war.[81]

103 Wurde die Rechtshandlung durch oder zugunsten einer **nahestehenden Person** *(pessoas especialmente relacionadas com o devedor)*[82] vorgenommen, wird Bösgläubigkeit vermutet, selbst wenn das Näheverhältnis im Zeitpunkt der Rechtshandlung noch nicht bestand.[83]

9.2 Anfechtbarkeit ohne Nachteil oder Bösgläubigkeit

104 Die nachfolgenden Rechtshandlungen können angefochten werden, ohne dass Bösgläubigkeit oder ein besonderer Nachteil für die Insolvenzmasse nachgewiesen werden müssen:[84]

(i) **unentgeltliche Leistungen** innerhalb der letzten **zwei Jahre** vor dem Antrag auf Eröffnung des Insolvenzverfahrens;

(ii) die Bewilligung von **dinglichen** *(in rem)* **Sicherheiten** in den letzten **sechs Monaten** vor Beginn des Insolvenzverfahrens, um bestehende Forderungen oder neue Forderungen, die an die Stelle von bestehenden Forderungen getreten sind, zu sichern;

(iii) die Bewilligung von **Garantien** oder von **Kreditaufträgen** innerhalb der letzten **sechs Monate** vor Beginn des Insolvenzverfahrens, wenn diese für das Geschäft der Insolvenzschuldnerin nicht von Interesse gewesen sind;

(iv) **dingliche** *(in rem)* **Sicherheiten**, die innerhalb der letzten **60 Tage** vor Beginn des Insolvenzverfahrens bestellt wurden und gleichzeitig mit der Begründung von garantiert besicherten Forderungen über dingliche Sicherheiten erfolgten. Das hat gravierende Auswirkungen für kurz vor der Insolvenz durchgeführte Finanzierungsrunden, die das Ziel haben, die Gesellschaft doch noch zu retten: Misslingt die Rettung, kann in der anschließenden Insolvenz jede Bestellung von Sicherheiten zugunsten solcher Darlehensgeber angefochten werden.

(v) Zahlungen oder andere Rechtshandlungen in den letzten **sechs Monaten** vor Beginn des Insolvenzverfahrens, durch die **Forderungen erfüllt** wurden, die **erst nach Beginn** des Insolvenzverfahrens **fällig** geworden wären (oder, wenn die Zahlung oder andere erfüllende Rechtshandlung zwar nach Beginn des Insolvenzverfahrens aber noch vor Fälligkeit vorgenommen wurde);

(vi) Zahlungen oder andere **Rechtshandlungen** in den letzten **sechs Monaten** vor Beginn des Insolvenzverfahrens, durch die Forderungen erfüllt werden, die **nicht im gewöhnlichen Geschäftsverkehr** begründet wurden und die vom jeweiligen Gläubiger nicht hätten eingefordert werden können;

(vii) **Rechtshandlungen,** die eine Gegenleistung vorsehen, bei denen jedoch die Leistungen der Insolvenzschuldnerin deutlich die Leistungen des anderen Teils übersteigen, wenn die Rechtshandlung innerhalb **eines Jahres** vor Beginn des Insolvenzverfahrens vorgenommen wurde; und

(viii) die **Rückzahlung von Gesellschafterdarlehen** innerhalb **eines Jahres** vor Beginn des Insolvenzverfahrens. Das Gesetz bezieht sich dabei nur auf die Rückzahlung von Gesellschafterdarlehen und nicht auf die Zahlung von Zinsen. Daraus wird geschlossen, dass Zinszahlungen nicht angefochten werden können.

---

[80] Art. 120-127 der portugiesischen Insolvenzordnung.
[81] Coimbra Berufungsgericht, Aktenzeichen 928/11.2TBFIG-J C2, 21.5.2013.
[82] Art. 49 der portugiesischen Insolvenzordnung.
[83] Art. 120/4 der portugiesischen Insolvenzordnung.
[84] Art. 121 der portugiesischen Insolvenzordnung.

Wird eine dieser Rechtshandlungen außerhalb der dargestellten Zeiträume vorgenommen, gilt eine unwiderlegliche Vermutung dafür, dass sie für die Insolvenzmasse nachteilig war. Um Anfechtbarkeit herzustellen, muss dann zusätzlich Bösgläubigkeit des anderen Teils vorliegen.[85]

Die Anfechtung wirkt *ex tunc* mit dem Ziel, die Situation herzustellen, die bestehen würde, wenn die anfechtbare Rechtshandlung nicht vorgenommen worden wäre.

10. Haftung von Geschäftsleitern, Gesellschaftern und anderen Personen

10.1 Pflichten der Geschäftsleitung bei finanziellen Schwierigkeiten der Gesellschaft

Die Geschäftsleiter einer Gesellschaft müssen **innerhalb von 30 Tagen** ab dem Tag, an dem ihnen der Eröffnungsgrund der Zahlungsunfähigkeit nach dem *cash-flow-test* bekannt wird oder hätte bekannt sein müssen,[86] die Eröffnung des Insolvenzverfahrens beantragen.[87]

Das Wissen der Geschäftsleiter, dass eine Insolvenz vorliegt, wird **unwiderlegbar vermutet**, wenn die Gesellschaft für einen Zeitraum von mindestens sechs Monaten mit einer der folgenden Zahlungen ausfällt:[88] Zahlung von Steuern; Abführung von Sozialversicherungsbeiträgen; Zahlung von Löhnen und Gehältern sowie Abführung von Beiträgen und Freistellungen im Hinblick auf Angestelltenverhältnisse; oder Begleichung von Miet- oder Pachtzahlungen und Zahlungen auf Kaufpreise oder die Bedienung von Finanzverbindlichkeiten, die durch eine Grundschuld besichert sind, wenn sich diese Zahlungen auf die Räume der Gesellschaft beziehen, in denen die Geschäftsaktivitäten der Gesellschaft stattfinden.

10.2 Insolvenzschuldverfahren *(insolvência culposa)*

Im Rahmen eines sogenannten **Insolvenzschuldverfahren** *(insolvência culposa)*[89] gegen die Geschäftsleiter kann jede Person mit legitimem Interesse vortragen, dass eine Handlung oder eine Unterlassung eines Geschäftsleiters die Insolvenz der Gesellschaft herbeigeführt oder vertieft hat.[90] In der Praxis wird das Verfahren typischerweise von Gläubigern initiiert. Eine Verurteilung im Rahmen eines Insolvenzschuldverfahrens hat für die Betroffenen erhebliche Folgen.[91]

10.2.1 Relevante Handlungen

Die portugiesische Insolvenzordnung sieht **einen Katalog von Fällen** vor, bei deren Auftreten in den letzten **drei Jahren vor Verfahrenseröffnung** eine „Insolvenzschuld" im Sinne des Insolvenzschuldverfahrens angenommen wird.[92]

Die **Beweislast** für das Vorliegen eines dieser Fälle liegt bei der Partei, die das Insolvenzschuldverfahren anstrengt, wobei bei Vorliegen der Fälle der Ziff. (i) bis (ix) eine Insolvenzschuld **unwiderleglich vermutet** wird. Die Fälle unter Ziff. (x) und (xi) stellen eine **widerlegliche Vermutung** für eine Insolvenzschuld auf, die Geschäftsleiter können sich also durch Führen des Nachweises, dass ihre Verstöße nicht zur Insolvenz oder deren Vertiefung geführt haben, exkulpieren.

(i) Die Zerstörung, Beschädigung oder missbräuchliche Verwendung aller oder eines wesentlichen Teils der Vermögensgegenstände der Gesellschaft, ebenso das Entziehen derselben.
(ii) Die künstliche Begründung oder Erhöhung von Verbindlichkeiten der Gesellschaft, oder eine Verringerung der Einkünfte durch nachteilige Rechtsgeschäfte, die von der Geschäftsleitung im Namen der Gesellschaft und zugunsten der Geschäftsleiter oder mit diesen verbundenen Personen eingegangen wurden.
(iii) Der Erwerb von Gütern auf Kredit und die nachfolgende Weiterveräußerung der Güter zu einem niedrigeren Preis, obwohl der Akquisitionskredit zu diesem Zeitpunkt noch nicht zurückgeführt war.
(iv) Die Veräußerung von Vermögenswerten der Gesellschaft zugunsten der Geschäftsleiter oder Dritten.
(v) Die Ausübung von für die Gesellschaft nachteiligen Aktivitäten unter Nutzung der Struktur der Gesellschaft und zugunsten der Geschäftsleiter oder Dritter.

---

[85] → Rn. 103.
[86] S. zum *cash-flow*-test → Rn. 9.
[87] Art. 18/1 und 19 der portugiesischen Insolvenzordnung.
[88] Art. 18/3 und 20/1 g) der portugiesischen Insolvenzordnung.
[89] Art. 186 der portugiesischen Insolvenzordnung.
[90] Art. 188 und 191 der portugiesischen Insolvenzordnung.
[91] Dazu → Rn. 112 f.
[92] Art. 186/2 der portugiesischen Insolvenzordnung.

(vi) Die Nutzung der Kreditwürdigkeit der Gesellschaft oder von Vermögensgegenständen der Gesellschaft für die eigenen Interessen der Geschäftsleiter oder zugunsten Dritter (einschließlich Gesellschaften, an denen die Geschäftsführer selbst beteiligt sind).

(vii) Die Entwicklung einer unterdurchschnittlichen Geschäftsführung zu ihren eigenen Gunsten oder zugunsten Dritter, unabhängig davon, ob die Geschäftsleiter wussten oder hätten wissen müssen, dass eine solche Geschäftsführung zur Insolvenz der Gesellschaft führen würde.

(viii) Wesentliche Verstöße gegen Buchführungspflichten und Rechnungslegungsvorschriften, Bilanzverfälschungen oder vergleichbare Unregelmäßigkeiten, die nachhaltigen Einfluss auf die Darstellung der vermögensmäßigen und finanziellen Situation der Gesellschaft haben.

(ix) Verstöße gegen die Pflicht zur Zusammenarbeit mit dem Insolvenzverwalter im ersten Stadium des Insolvenzverfahrens.

(x) Ein Verstoß gegen die Pflicht, den Insolvenzantrag innerhalb der Antragsfrist zu stellen.[93]

(xi) Verstöße gegen die Buchhaltungspflichten (bspw. fristgemäße Erstellung, Einreichung zur Prüfung und zur Feststellung von Jahresabschlüssen der Gesellschaft).

10.2.2 Folgen

112 Wenn im Insolvenzschuldverfahren eine der oben genannten Handlungen festgestellt wird, wird es dem verantwortlichen Geschäftsleiter für einen Zeitraum von zwei bis zehn Jahren untersagt, Vermögen Dritter zu verwalten, geschäftliche Aktivitäten zu entwickeln und eine Organstellung, einschließlich einer Geschäftsführungsposition in einer Gesellschaft, einer privaten Stiftung mit gewerblichen Aktivitäten oder in einem staatlichen Unternehmen zu übernehmen. Jegliche Ansprüche des Geschäftsleiters gegen die Gesellschaft, seien es Vergütungsansprüche, Freistellungsansprüche oder andere, gehen verloren. Er muss zudem alles an die Gesellschaft herausgeben, was er auf Grundlage dieser Ansprüche von ihr erhalten hat. In der Praxis ist es aber eher ungewöhnlich, dass ein solcher Anspruch, insbesondere im Hinblick auf ausgezahlte Gehälter, geltend gemacht wird. Geschäftsleiter, deren „Insolvenzschuld" festgestellt wurde, haften gesamtschuldnerisch für den Fehlbetrag, der den Gläubigern durch die Insolvenz entsteht, also für die Differenz zwischen dem, was sie tatsächlich erhalten und der Höhe der angemeldeten Forderung.

113 Darüber hinaus haften die Geschäftsleiter für Pflichtverletzungen nach den jeweils anwendbaren zivil- und gesellschaftsrechtlichen Vorschriften. Bei besonders gravierenden Verstößen kommt zudem eine strafrechtliche Ahndung in Betracht.

10.3 Die Haftung anderer Personen als der Geschäftsleiter

10.3.1 Die Haftung des „de facto"-Geschäftsleiters[94]

114 Auch Personen, die nicht formell Geschäftsleiter eine Gesellschaft sind (de facto-Geschäftsleiter), können in bestimmten Situationen dennoch wie ein Geschäftsführer haften: Dies gilt, wenn eine Person die Geschäftsleitung einer Gesellschaft **faktisch kontrolliert** und führt, zB weil sie das Recht hat, die Geschäftsleitung einzusetzen oder ansonsten entscheidenden Einfluss auf die Geschäftsleitung hat. Gleiches gilt für Geschäftsleiter, deren Bestellungszeitraum abgelaufen ist. Diese gelten nach portugiesischem Recht solange als Geschäftsleiter, bis sie ihr **Amt niedergelegt** haben oder bis ein neuer Geschäftsleiter bestellt ist. Geschäftsleiter, die ihr Amt niedergelegt haben, sind bis zum Ende des Monats, der auf den Monat folgt, in dem die Niederlegung wirksam wird, de facto-Geschäftsleiter.

10.3.2 Haftung des kontrollierenden Gesellschafters

115 Grundsätzlich ist die Haftung von Gesellschaftern haftungsbeschränkter portugiesischer Gesellschaften auf das Stammkapital beschränkt.

116 Diese Haftungsbeschränkung wird jedoch aufgeweicht, wenn eine andere Rechtsperson einer Gesellschaft **Weisungen** erteilen kann und sie dadurch kontrolliert. Ein entsprechendes **Kontrollverhältnis** liegt vor bei Bestehen eines **Beherrschungsvertrages** oder im Fall „absoluter Kontrolle" durch den Gesellschafter. **Absolute Kontrolle** bezeichnet Fälle, in denen das gesamte Stammkapital einer Gesellschaft in der Hand einer anderen Gesellschaft ist. Absolute Kontrolle endet, wenn die beherrschte oder die herrschende Gesellschaft ihren Sitz in Portugal aufgibt,[95] wenn die beherrschte

---

[93] → Rn. 107.
[94] Art. 186/1 der portugiesischen Insolvenzordnung.
[95] Hierfür ist sowohl der eingetragene (sede estatutária) als auch der effektive Verwaltungssitz (sede efetiva) relevant. Die Beziehung zwischen den Gesellschaften endet nur, wenn sowohl der eingetragene als auch der effektive Verwaltungssitz außerhalb von Portugal verlegt wird. Die Verlegung von nur einem der Sitze genügt nicht.

Gesellschaft aufgelöst wird oder mehr als 10 % der Anteile an der beherrschten Gesellschaft von der (vormals) kontrollierenden Gesellschaft veräußert werden.

Solange das Kontrollverhältnis besteht, **haftet die anweisende Gesellschaft** bis zum Ende des 117 Beherrschungsvertrages für die Verbindlichkeiten der beherrschten Gesellschaft, unabhängig davon, ob diese vor oder nach Abschluss des Beherrschungsvertrages entstanden sind. Die Haftung der herrschenden Gesellschaft kann allerdings nicht vor Ablauf von 30 Tagen ab dem Zeitpunkt, zu dem die Verbindlichkeit der beherrschten Gesellschaft fällig geworden ist, verlangt werden und gegen die herrschende Gesellschaft kann nicht aufgrund eines Titels gegen die beherrschte Gesellschaft vollstreckt werden.[96]

11. Insolvenzplanverfahren *(Plano de Insolvência)*

In der **ersten Gläubigerversammlung** wird über den im Bericht des Insolvenzverwalters 118 enthaltenen Vorschlag abgestimmt, ob die Gesellschaft mittels Insolvenzplan *(plano de insolvência)* fortgeführt oder aber abgewickelt werden soll. Erhält ein vorgeschlagener Insolvenzplan keine ausreichende Zustimmung, wird die Gesellschaft abgewickelt.

Einen **Insolvenzplan vorlegen** können der Insolvenzverwalter, die Gläubiger und die 119 Geschäftsleitung der Insolvenzschuldnerin – letztere, wenn sie berechtigt ist, die Geschäfte der Insolvenzmasse fortzuführen.[97]

Im Insolvenzplan sind grundsätzlich alle Gläubiger gleich zu behandeln. Auswirkungen der 120 vorgeschlagenen Maßnahmen auf die Stellung der betroffenen Gläubiger müssen genau aufgezeigt werden, auch im Unterschied zu einer Abwicklung der Gesellschaft.

Ein Insolvenzplan kann unter anderem die folgenden Maßnahmen vorsehen: (i) Herabsetzung 121 des Stammkapitals auf Null und anschließende Erhöhung durch die **Umwandlung von Fremd- in Eigenkapital;** (ii) ein **Moratorium;** und/oder (iii) die teilweise **Veräußerung von Vermögen** der Gesellschaft.

Für Gläubiger können verschiedene Möglichkeiten der Befriedigung vorgesehen werden. Dann 122 muss der Insolvenzplan auch einen Hinweis dazu enthalten, welche Maßnahme umgesetzt wird, wenn es innerhalb einer Frist nicht zur Auswahl einer bestimmten Maßnahme kommt. Über die Zulässigkeit des vorgeschlagenen Plans entscheidet das Gericht. Wird der Vorschlag zugelassen, werden alle betroffenen Parteien (Arbeitnehmer, das Gläubigerkomitee, der Insolvenzverwalter und die Insolvenzschuldnerin) aufgefordert, zu dem Vorschlag innerhalb von zehn Tagen Stellung zu nehmen.

Die Gläubigerversammlung diskutiert den Plan und stimmt darüber ab. Für die Zustimmung 123 zu dem Insolvenzplan ist ein bei der Gläubigerversammlung vertretenes Quorum der Gläubiger erforderlich, die mindestens ein Drittel aller Forderungen innehaben. Es bedarf einer Mehrheit von (i) zwei Dritteln der abgegebenen Stimmen (Stimmen nachrangiger Gläubiger eingeschlossen) und (ii) 50 % der Stimmen der gesicherten und ungesicherten Gläubiger, um den Insolvenzplan zu verabschieden. Stimmenthaltungen werden in diesem Zusammenhang nicht berücksichtigt.

Nach der Zustimmung durch die Gläubigerversammlung muss der Insolvenzplan auch durch 124 das **Gericht bestätigt** werden. Durch die gerichtliche Bestätigung treten die Vereinbarungen des Insolvenzplans in Kraft und die Bedingungen aller Insolvenzforderungen werden entsprechend den Regelungen des Insolvenzplans geändert. Das gilt auch für Forderungen, die weder geltend gemacht noch anerkannt wurden.

Mit der gerichtlichen Bestätigung des Insolvenzplans können neue Gesellschaften gegründet 125 und alle notwendigen Handlungen vorgenommen werden, um Vermögensgegenstände und Kapital in neue Gesellschaften zu übertragen, hierfür notwendige gesellschaftsrechtliche Voraussetzungen zu erfüllen und erforderliche Anmeldungen bei Registern vorzunehmen.

12. Vorinsolvenzliches Sanierungsverfahren *(procedimento especial de revitalização)*

Ein Sanierungsverfahren **vor Einleitung des eigentlichen Insolvenzverfahrens** kann auf 126 zwei Arten angestoßen werden:[98] durch Verhandlung eines **Sanierungsplans**[99] oder durch einen außergerichtlichen **Sanierungsvertrag**.

---

[96] Art. 501 des portugiesischen Unternehmensgesetzes; über Verweis in Art. 491 entsprechend anwendbar auf Fälle der „absoluten Kontrolle".
[97] Dazu → Rn. 28.
[98] Besondere Restrukturierungsverfahren wurden im Jahr 2012 eingeführt und im Jahr 2017 überprüft. Sie sind in den Art. 17-A bis 17-H der portugiesischen Insolvenzordnung geregelt. Restrukturierungsverfahren, die eine Verhandlung des Restrukturierungsplans beinhalten, folgen den in Art. 17-A bis 17-H genannten Grundsätzen, wohingegen Regelungen zu außergerichtlichen Restrukturierungsvereinbarungen in den Art. 17-I der portugiesischen Insolvenzordnung niedergelegt sind.
[99] Art. 17-A to 17-J der portugiesischen Insolvenzordnung.

127 In beiden Varianten geht es um Fälle, in denen aufgrund einer wirtschaftlichen Notlage des Schuldners eine Insolvenz des Schuldners unmittelbar bevorsteht, jedoch außerhalb des formellen Insolvenzverfahrens der Versuch der Sanierung unternommen werden soll. Ein Schuldner befindet sich dann in einer solchen wirtschaftlichen Notlage, wenn er ernsthafte Schwierigkeiten hat, seinen Verpflichtungen nachzukommen, insbesondere mangels *Liquidität* oder weil er nicht mehr als kreditwürdig angesehen wird.

128 Ein Sanierungsverfahren steht nur Schuldnern offen, die sich (noch) nicht in der Insolvenz befinden.

129 Als Mitglied der Europäischen Union ist Portugal verpflichtet, die Bestimmungen der EU-Richtlinie des Europäischen Parlaments und des Rates über präventive Umstrukturierungsrahmen, die zweite Chance und Maßnahmen zur Steigerung der Effizienz von Umstrukturierungs-, Insolvenz- und Entlastungsverfahren (die *„EU-Richtlinie zur präventiven Restrukturierung"*) umzusetzen. Mit Stand zum 01. Januar 2020 ist der portugiesische Gesetzgebungsprozess im Hinblick auf die Umsetzung der EU-Richtlinie zur präventiven Restrukturierung noch nicht angestoßen. Der portugiesische Gesetzgeber prüft notwendige Maßnahmen zur Umsetzung der Restrukturierungsrichtlinie in portugiesisches Recht, die sich allerdings noch in einem frühen Stadium befinden und keine konkreteren Angaben zulassen.

12.1 Gerichtlicher Sanierungsplan

12.1.1 Einleitung des Verfahrens, Aussetzung von Zwangsvollstreckungsverfahren und Insolvenzanträgen

130 Die Sanierung beginnt mit einem **Antrag des Schuldners,** der von Gläubigern, die mindestens 10 % der nicht-subordinierten Forderungen *(créditos não subordinados)* gegen die Schuldnerin halten, mitunterzeichnet werden muss. In Ausnahmefällen kann der Schwellwert gesenkt werden. Zum einen auf Antrag der insolventen Gesellschaft zusammen mit einem Gläubiger oder zum anderen auf Antrag von Gläubigern, die mindestens 5 % der Forderungen gegen die Gesellschaft halten. Bei der Herabstufung des Schwellwertes berücksichtigt das Gericht sowohl die absolute Menge an Forderungen als auch die Zusammensetzung der Gläubiger. Der Antrag muss an das Gericht adressiert sein und muss die Entscheidung beinhalten, Verhandlungen mit dem Ziel einer Sanierung durch einen Sanierungsplan führen zu wollen. Der Sanierungsplan kann unterschiedliche **Sanierungsmaßnahmen** beinhalten, etwa ein **Moratorium** oder einen **Schuldenschnitt**.

131 Auf diesen Antrag hin ernennt das Gericht einen **vorläufigen gerichtlichen „Verwalter"**, der das Recht hat, an den Verhandlungen zwischen dem Schuldner und seinen Gläubigern teilzunehmen und diese zu überwachen. Die Entscheidung des Gerichts hat zur Folge, dass ein Gläubiger bestimmte Maßnahmen nicht mehr ohne die Zustimmung dieses vorläufigen gerichtlichen Verwalters vornehmen darf. Vollstreckungsmaßnahmen gegenüber dem Schuldner werden ebenso ausgesetzt wie alle Maßnahmen, um ein Insolvenzverfahren einzuleiten, vorausgesetzt, ein solches war zum Zeitpunkt der Entscheidung noch nicht eröffnet. In der Praxis kann der Schuldner mit Hilfe des Sanierungsverfahrens (solange alle in dem Verfahren aufgestellten Bedingungen eingehalten werden), **Zwangsvollstreckungsmaßnahmen** und **Gläubigeranträge** auf Eröffnung des Insolvenzverfahrens **abwehren**.

132 Sobald der vorläufige gerichtliche Verwalter ernannt wurde, muss der Schuldner sämtliche Gläubiger davon in Kenntnis setzen und sie auffordern, an den Verhandlungen über die Sanierung teilzunehmen.

133 Die Gläubiger werden außerdem aufgefordert, ihre Forderungen gegen den Schuldner innerhalb einer Frist von 20 Tagen nach Ernennung des Verwalters nachzuweisen.[100]

12.1.2 Die Verhandlungen mit den Gläubigern, Zustimmungserfordernisse und gerichtliche Freigabe des Sanierungsplans

134 Die Verhandlungen des Schuldners mit seinen Gläubigern über eine Sanierung laufen über einen Zeitraum von zwei Monaten, der um maximal einen weiteren Monat verlängert werden kann.

135 Am Ende der Verhandlungsphase soll die Schuldnerin bei Gericht die finale Version des Sanierungsplanes einreichen.

136 Wenn am Ende der Verhandlungen alle Gläubiger (einschließlich derer, die nicht an den Verhandlungen teilgenommen haben) mit dem Sanierungsplan einverstanden sind, hat der Schuldner den von **allen Gläubigern unterzeichneten** und vom vorläufigen gerichtlichen Verwalter zertifizierten

---

[100] Art. 17-D der portugiesischen Insolvenzordnung; s. a. Guimarães Berufungsgericht, Aktenzeichen 2812/12.3TBGMR-A.G1, 14.2.2013.

Sanierungsplan unverzüglich dem Gericht vorzulegen. Eine Vorlage an das Gericht erfolgt darüber hinaus, wenn einer der zwei folgenden Fälle eintritt. Der Sanierungsplan gilt als angenommen, wenn (a) Gläubiger, die ein Drittel der stimmberechtigten Forderungen gemäß der Gläubigerliste repräsentieren, zustimmen und eine Mehrheit von zwei Drittel aller abgegebenen Stimmen zustimmt und 50 % der abgegebenen Stimmen (Enthaltungen werden nicht berücksichtigt), die nicht-subordinierten Forderungen zugeordnet werden, zustimmen oder (b) Gläubiger, deren Forderungen mehr als 50 % aller stimmberechtigten Forderungen und gleichzeitig mehr als 50 % der nicht-subordinierten Forderungen repräsentieren, bei Nichtberücksichtigung von Enthaltungen, zustimmen. Der vorläufige Insolvenzverwalter fasst die Abstimmungsergebnisse in einem Bericht zusammen, der sodann bei Gericht eingereicht wird. Das Gericht muss seine Entscheidung jeweils innerhalb von zehn Tagen treffen. Das Gericht kann den Sanierungsplan ablehnen, wenn bestimmte Verfahrensvorschriften nicht eingehalten wurden. Gegen die Entscheidung des Gerichts kann innerhalb von 15 Tagen Berufung eingelegt werden.

Mit **Zustimmung des Gerichts tritt der Sanierungsplan** in Kraft. Gleichzeitig enden alle (zuvor ausgesetzten) Vollstreckungsverfahren (es sei denn, dies ist im Sanierungsplan anderweitig geregelt) und alle anhängigen Insolvenzverfahren gegen den Schuldner. **137**

Scheitern die Verhandlungen zwischen dem Schuldner und den Gläubigern in Bezug auf die Zustimmung zum Sanierungsplan, endet das Verfahren. Der Schuldner kann dann innerhalb der folgenden zwei Jahre kein neues Sanierungsverfahren beantragen. **138**

Der vorläufige gerichtliche Verwalter muss dann einen Bericht über die Vermögenslage des Schuldners anfertigen. Gelangt er zu dem Ergebnis, dass die Gesellschaft materiell insolvent ist (*balance sheet-test* oder *cash-flow-test*),[101] muss er das Gericht davon in Kenntnis setzen, was die Eröffnung des Insolvenzverfahrens zur Folge hat. **139**

12.2 Außergerichtlich verhandelte Sanierungsvereinbarung

Eine zweite Art von Sanierungsverfahren nach portugiesischem Recht ist die Sanierung mit Hilfe einer außergerichtlich verhandelten Vereinbarung.[102] Ein solches Verfahren wird dadurch in Gang gesetzt, dass eine **außergerichtliche Sanierungsvereinbarung** bei Gericht eingereicht wird, die verschiedene Sanierungsmaßnahmen vorsieht – im Kern sind dies dieselben, wie beim gerichtlichen Sanierungsverfahren,[103] zB ein Moratorium oder ein Schuldenschnitt. Eine solche Vereinbarung muss von den Gläubigern und von der Insolvenzschuldnerin unterzeichnet werden. **140**

Nach Einreichung der Vereinbarung wird vom Gericht ein vorläufiger gerichtlicher Verwalter bestellt.[104] **141**

Da die Sanierungsvereinbarung zu diesem Zeitpunkt bereits abgeschlossen ist, gibt es naturgemäß keine weiteren Verhandlungen über deren Inhalt. Binnen zehn Geschäftstagen entscheidet das Gericht daher über Zustimmung zur oder Ablehnung der Vereinbarung. **142**

Genehmigt das Gericht die Vereinbarung, wird sie sofort wirksam. Damit enden alle anhängigen Mahn- und Inkassoverfahren gegen den Schuldner, sofern ihre Fortsetzung nicht ausdrücklich in der Sanierungsvereinbarung vorgesehen ist. Auch alle anhängigen Insolvenzverfahren über das Vermögen des Schuldners werden automatisch beendet. Darüber hinaus gelten die oben[105] dargelegten Grundsätze auch für die außergerichtlich verhandelte Restrukturierungsvereinbarung. **143**

13. Privatinsolvenz

Das portugiesische Recht kennt auch ein Privatinsolvenzverfahren. In dessen Rahmen können natürliche Personen beantragen, von allen Schulden befreit zu werden, die nicht während des Insolvenzverfahrens oder in einem Zeitraum von fünf Jahren nach Beendigung des Insolvenzverfahrens beglichen werden *(exoneração do passivo restante)*. **144**

Im Wesentlichen setzt eine **Restschuldbefreiung** voraus, dass der Schuldner für einen Zeitraum von fünf Jahren ab Abschluss des Insolvenzverfahrens sein verfügbares Einkommen (mit Ausnahme bestimmter unpfändbarer Bezüge) an einen Treuhänder abtritt, der vom Gericht bestellt und aus der Liste der Insolvenzverwalter ausgesucht wird. Außerdem dürfen die Gläubiger einem Insolvenzplan nicht zugestimmt haben. **145**

---

[101] → Rn. 9.
[102] Art. 17-I der portugiesischen Insolvenzordnung.
[103] → Rn. 126 ff.
[104] Zu den Folgen → Rn. 16 f.
[105] → Rn. 130 ff.

146 Nach Ablauf der fünf Jahre und bei Vorliegen bestimmter weiterer **Wohlverhaltensvoraussetzungen** kann das Gericht den Schuldner durch Beschluss *(despacho de exoneração)* von dem Rest seiner Schulden befreien.

14. Internationale Insolvenzen

147 Die Verordnung (EG) Nr. 848/2015 des Rates vom 20.5.2015 über Insolvenzverfahren regelt in Portugal (wie in allen Mitgliedsstaaten der Europäischen Union außer Dänemark) direkt Insolvenzen mit europäischem Bezug. Die Verordnung findet auf Insolvenzverfahren mit europäischem Bezug nach dem 26.6.2017 Anwendung, sofern der Mittelpunkt der hauptsächlichen Interessen (**„COMI"**) des Schuldners innerhalb der Europäischen Union liegt.[106] Darüber hinaus enthalten die Art. 275–296 der portugiesischen Insolvenzordnung (ebenfalls in Übereinstimmung mit geltendem EU-Recht) Kollisionsnormen für internationale Insolvenzen, die Berührungspunkte mit der portugiesischen Jurisdiktion haben.

148 Grundsätzlich wird die Eröffnung eines Insolvenzverfahrens im Ausland, wenn das COMI des Schuldners außerhalb der Europäischen Union liegt, in Portugal anerkannt, außer in den folgenden Fällen: Die Jurisdiktion des ausländischen Gerichts oder der ausländischen Behörde gründet sich auf keines der Kriterien der portugiesischen Insolvenzordnung (Sitz der Gesellschaft oder Wohnort des Schuldners bei natürlichen Personen) oder Mittelpunkt seiner hauptsächlichen Interessen oder Vergleichbares; oder die Anerkennung der Entscheidung zur Insolvenzeröffnung führt zu Konflikten mit fundamentalen Prinzipien des portugiesischen Rechtssystems.

149 Diese Grundsätze finden auch Anwendung auf Maßnahmen zur vorläufigen Sicherung des Schuldnervermögens, auf Maßnahmen im Laufe des Insolvenzverfahrens und auf dessen Beendigung.

150 Den Antrag auf Anerkennung des ausländischen Insolvenzverfahrens in Portugal kann jede Person stellen, die ein legitimes Interesse vorweisen kann. Ist ein ausländisches Verfahren in Portugal anerkannt, ordnet das Gericht die Veröffentlichung der entsprechenden Entscheidung in Übereinstimmung mit den allgemein für Insolvenzverfahren in Portugal geltenden Regelungen[107] an.

15. Änderung des Rechtsrahmens für Insolvenzen und Restrukturierungen aufgrund von COVID-19

15.1 Aktueller Stand

151 Nach der Ausrufung des nationalen Notstands in Portugal im März 2020 hat die Regierung ein allgemeines Moratorium für Kredite beschlossen. Dies beinhaltet die Beschränkung der Rechte zur vollständigen Fälligstellung oder Kündigung von Darlehen durch den Darlehensgeber, eine Verlängerung von laufenden Finanzierungen samt ihrer Endfälligkeit und die Stundung aller Zahlungsverpflichtungen. Sofern eine Verlängerung des Moratoriums bis zum 30. September 2020 beantragt wird, bleibt es bis zum 31. März 2021 in Kraft.

152 Weiterhin wurde die Insolvenzantragspflicht der Geschäftsführung ausgesetzt.[108] Hinsichtlich der Möglichkeit der Gläubiger zur Stellung eines Insolvenzantrages[109] bestehen hingegen keine Beschränkungen.

15.2 Geplante Maßnahmen

153 Darüber hinaus hat die portugiesische Regierung die Implementierung eines vorübergehenden Sanierungsverfahrens *(processo extraordinário de viabilização de empresas)* angekündigt. Zielgruppe sind jene Unternehmen, die zwar an sich überlebensfähig sind, sich allerdings aufgrund der Pandemie in finanziellen Schwierigkeiten oder bereits in einem Insolvenzszenario befinden. Für die Teilnahme an diesem Verfahren müssen die Unternehmen beweisen, dass sie am 31. Dezember 2019 nicht bereits überschuldet waren und dass ihre momentane Zahlungsunfähigkeit auf COVID-19 beruht.

154 Außerdem schlägt die Regierung weitere außerordentliche Maßnahmen zur Unterstützung solcher Unternehmen vor. Dieses Maßnahmenpaket umfasst neben des vorher beschriebenen Sanierungsverfahrens unter anderem:
- Die Verlängerung von Zeiträumen für die Verhandlung von Sanierungs- oder Zahlungsplänen, sowie für die Umsetzung von Insolvenzplänen;

---

[106] Verordnung (EC) Nr. 1346/2000 findet weiterhin auf Insolvenzverfahren Anwendung, die vor dem 26.6.2017 eröffnet wurden, vgl. Art. 84 Abs. 2 der Verordnung (EU) Nr. 848/2015.
[107] Dazu → Rn. 23 f.
[108] Einzelheiten → Rn. 29.
[109] Einzelheiten → Rn. 19.

- Die Ermöglichung der Teilnahme am außergerichtlichen Sanierungsprogramm *(Regime Extrajudicial de Recuperação de Empresas, RERE)*;
- Die Verpflichtung zur partiellen Verteilung der Insolvenzmasse von Unternehmen, die sich bereits in einem Liquidationsverfahren befinden und insgesamt einen Liquidationserlös von insgesamt mehr als 10.000 € aufweisen;
- Die vorrangige Behandlung von Anträgen auf Freigabe von Sicherheiten oder Garantien, die im Zusammenhang mit Insolvenzverfahren, vorinsolvenzlichen Sanierungsverfahren *(processo especial de revitalização, PER)*[110] oder Zahlungsvereinbarungsverfahren *(processo especial para acordo de pagamento, PEAP)* gestellt wurden.

Das Maßnahmenpaket wird derzeit im Rahmen des Gesetzgebungsprozesses im Parlament diskutiert und kann dementsprechend noch Anpassungen unterliegen.

---

[110] Einzelheiten → Rn. 126 ff.

Portugal

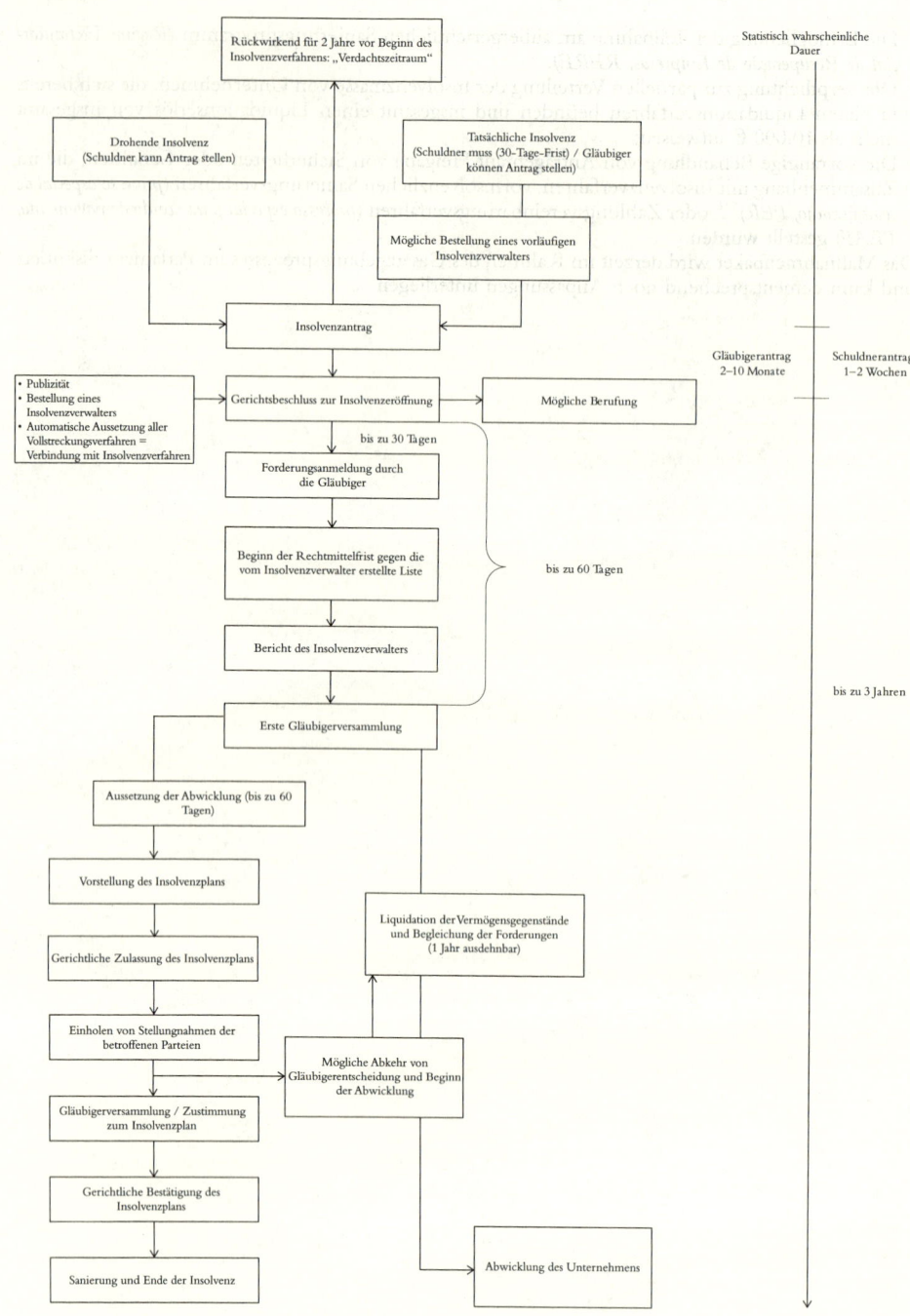

Portugal

Glossar

Deutsch	Portugiesisch	Rn.
Abteilung für Handelssachen des zuständigen Zentralgerichts erster Instanz, der Insolvenz- und Restrukturierungsverfahren zugeordnet werden	Secção de Comércio da Instância Central	15, 16
Abteilung für Zivilsachen des Zentralgerichts erster Instanz, der Insolvenz- und Restrukturierungssachen bei Gerichten zugeordnet werden, bei denen es keine Abteilung für Handelssachen gibt	Secção Cível da Instância Central	15, 16
Abwicklung eines Unternehmens im Rahmen des Insolvenzverfahrens	liquidação	4
Auftragsverhältnis betreffend Asset Management	gestão de património	89
Auftragsverhältnis betreffend Portfolio Management	gestão de carteiras	89
Außergerichtliches Sanierungsverfahren	Regime extrajudicial de recuperação de empresas, RERE	154
Besicherte Forderungen	garantia real	63
Besonders vorrangige Forderungen	privilégios creditórios especiais	63
Eigenverwaltung	administração pelo devedor	28, 52
Eröffnungsgrund „drohende Insolvenz"	insolvência iminente	13
Forderungsanmeldungsfrist	prazo para reclamação de créditos	45
Gerichtsbeschluss zur Restschuldbefreiung im Privatinsolvenzverfahren	despacho de exoneração	144
Gläubigerkomitee	Comissão de Credores	47
Gläubigerversammlung	Assembleia de Credores	48
Grundsätzlich vorrangige Forderungen	privilégios creditórios gerais	42, 63
Grundschulden	hipotecas legais	43
Insolvenz, schuldhafte	insolvência culposa	110
Insolvenzanfechtung	resolução em benefício da massa insolvente	101
Insolvenzforderungen	créditos sobre a insolvência	60
Insolvenzmasse	massa insolvente	26
Insolvenzplanverfahren	plano de insolvência	4, 118
Insolvenztabelle	relação de créditos reconhecidos e não reconhecidos	46
Insolvenzverwalter	administrador da insolvência	29, 50
Kommission zur Überwachung der Rechtspflege, die für die Auswahl und Aufsicht über die Insolvenzverwalter zuständig ist	Comissão para o Acompanhamento dos Auxiliares da Justiça, CAAJ	2, 50
Kommissionsverträge	contratos de comissão	88
Leistungsverweigerungsrecht, wenn es aussichtslos erscheint, dass die geschuldete Leistung der Insolvenzschuldnerin aus der Insolvenzmasse erbracht werden kann	exceptio non adimpleti contractus	66

Portugal

Deutsch	Portugiesisch	Rn.
Masseverbindlichkeiten	dívidas da massa insolvente	59, 60
Mittelpunkt der hauptsächlichen Interessen	Centro dos interesses principais	145
Nachrangige Forderungen	créditos subordinados	60, 63
Nahestehende Person	Pessoas especialmente relacionadas com o devedor	60, 104
Nicht-subordinierte Forderungen	créditos não subordinados	129
Portugiesische Insolvenzordnung	Codigo da Insolvencia e da Recuperação de Empresas	3
Portugiesische Insolvenzverwalter-Vereinigung	Associação Portuguesa dos Administradores Judiciais, APAJ	2
Portugiesischer Bundesanzeiger	Diário da República	3
Portugiesisches Strafgesetzbuch	código penal	3
Restschuldbefreiung im Privatinsolvenzverfahren	exoneração do passivo restante	142
Sitz, eingetragener	sede estatutária	16, 116
Termingeschäfte	Operações a prazo	75
Unbesicherte Forderungen	créditos comuns	63
Ungerechtfertigte Bereicherung	enriquecimento sem causa	93
Verträge mit Gegenleistung	a título oneroso	93
Verwaltungssitz	sede efetiva	16, 116
Vollmachten	procurações	92
Vorinsolvenzliches Sanierungsverfahren	procedimento especial de revitalização	7, 126
Vorrangige Forderungen	credores privilegiados e garantidos	60
Vorübergehendes Sanierungsverfahren im Rahmen der COVID-19 Pandemie	Processo extraordinário de viabilização de empresas	153
Vorvertrag mit dinglicher Wirkung, der ein Grundstück oder eine Sache zum Gegenstand hat, die registriert werden kann	contrato-promessa com eficácia real	73
Website (offiziell), auf der die vor der Eröffnung des Insolvenzverfahrens zu machenden Bekanntmachungen am Sitz der Gesellschaft und bei Gericht veröffentlicht werden müssen	Portal Citius	2, 24
Zahlungsvereinbarungsverfahren	processo especial para acordo de pagamento, PEAP	154

Glossar

Portugiesisch	Deutsch	Rn.
A título oneroso	Gegenleistung	93
Administração pelo devedor	Portugiesisches Konzept der Eigenverwaltung, bei dem in Ausnahmefällen das Gericht die Verwaltung der Insolvenzmasse dem Schuldner überlassen kann, ähnlich der deutschen Eigenverwaltung und dem US-amerikanischen Konzept des „debtor in possession"	28, 52

Portugal

Portugiesisch	Deutsch	Rn.
Administrador da insolvência	Insolvenzverwalter	29, 50
Assembleia de Credores	Gläubigerversammlung, an der alle Gläubiger der Insolvenzschuldnerin teilnehmen können und die insbesondere darüber entscheidet, ob die Insolvenzschuldnerin abgewickelt oder restrukturiert wird	48
Associação Portuguesa dos Administradores Judiciais, APAJ	Portugiesische Insolvenzverwalter-Vereinigung	2
Caducam	Erlöschen kraft Gesetzes	92
Centro dos interesses principais	Mittelpunkt der hauptsächlichen Interessen	145
Codigo da Insolvencia e da Recuperação de Empresas	Portugiesische Insolvenzordnung	3
Código Penal	Portugiesisches Strafgesetzbuch	3
Comissão de Credores	Gläubigerkomitee, das aus maximal fünf Mitgliedern besteht und durch das die Gläubiger Einflussmöglichkeiten auf die Geschäftsführung des Insolvenzverwalters haben	47
Comissão para o Acompanhamento dos Auxiliares da Justiça, CAAJ	Kommission zur Überwachung der Rechtspflege, die für die Auswahl und Aufsicht über die Insolvenzverwalter zuständig ist	2, 50
Contrato-promessa com eficácia real	Ein Vorvertrag mit dinglicher Wirkung, der ein Grundstück oder eine Sache zum Gegenstand hat, bei der das Eigentum registriert werden kann	73
Contratos de mandato e contratos de comissão	Auftragsverträge, einschließlich Kommissionsverträge, bei denen die Insolvenzschuldnerin Prinzipal ist – diese erlöschen automatisch durch die Eröffnung des Insolvenzverfahrens	88
Créditos comuns	Unbesicherte Forderungen, einschließlich solcher, bei denen die Verwertung der Sicherheit nicht zur vollen Befriedigung geführt hat; werden im Rang nach den *privilégios creditórios gerais* beglichen	63
créditos não subordinados	Nicht-subordinierte Forderungen	129
Créditos sobre a insolvência	Insolvenzforderungen	60
Créditos subordinados	Nachrangige Forderungen	60, 63
Credores privilegiados e garantidos	Vorrangige Forderungen, die vor der Eröffnung des Insolvenzverfahrens begründet wurden; entweder besicherte Forderungen oder Forderungen, die gesetzlichen Vorrang genießen	60
Despacho de exoneração	Gerichtsbeschluss zur Restschuldbefreiung im Privatinsolvenzverfahren	144
Diário da República	Portugiesischer Bundesanzeiger	3
Dívidas da massa insolvente	Masseverbindlichkeiten, also Forderungen, die nach der Eröffnung des Insolvenzverfahrens und im Zusammenhang mit dem Insolvenzverfahren selbst entstehen – liegen im Rang vor allen anderen Forderungen und werden bei Fälligkeit aus der Insolvenzmasse befriedigt	59, 60

Portugal

Portugiesisch	Deutsch	Rn.
Enriquecimento sem causa	Ungerechtfertigte Bereicherung	93
Exceptio non adimpleti contractus	Grundsatz, nach dem die Erfüllung einer vertraglichen Verpflichtung verweigert werden kann in Fällen, in denen es aussichtslos erscheint, dass die geschuldete Leistung der Insolvenzschuldnerin aus der Insolvenzmasse erbracht werden kann	66
Exoneração do passivo restante	Restschuldbefreiung im Privatinsolvenzverfahren	142
Garantia real	Besicherte Forderungen – werden bis zur Höhe des potenziellen Verkaufserlöses des Sicherungsgegenstandes nach den *privilégios creditórios especiais* beglichen	63
Gestão de carteiras	Auftragsverhältnis betreffend Portfolio Management	89
Gestão de património	Auftragsverhältnis betreffend Asset Management	89
Hipotecas legais	Grundschulden – werden automatisch annulliert, sofern deren Bestellung innerhalb der letzten zwei Monate vor Eröffnung des Insolvenzverfahrens zugunsten von staatlichen Einrichtungen oder Sozialversicherungseinrichtungen beantragt wurde	43
Insolvência culposa	Schuldhafte Insolvenz, es kann ein Verfahren zur Feststellung derselben gegen die Geschäftsleiter angestrengt werden	110
Insolvência iminente	Eröffnungsgrund „drohende Insolvenz", nur die Gesellschaft kann Eigenantrag basierend auf *insolvência iminente* stellen	13
Liquidação	Abwicklung eines Unternehmens im Rahmen des Insolvenzverfahrens	4
Massa insolvente	Insolvenzmasse – umfasst all das, was zum Zeitpunkt der Insolvenzeröffnung im Eigentum der Insolvenzschuldnerin stand und alles Vermögen, das während der Dauer des Insolvenzverfahrens hinzuerworben wird	26
Operações a prazo	Termingeschäfte	75
Pessoas especialmente relacionadas com o devedor	Nahestehende Person	60, 104
Plano de insolvência	Insolvenzplanverfahren	4, 118
Portal Citius	Offizielle Webseite, auf der die vor der Eröffnung des Insolvenzverfahrens zu machenden Bekanntmachungen am Sitz der Gesellschaft und bei Gericht veröffentlicht werden müssen	2, 24
Prazo para reclamação de créditos	Anspruchsfrist, die vom Gericht bei Insolvenzeröffnung festgesetzt wird (in der Regel 30 Tage) und innerhalb derer Gläubiger alle bestehenden Forderungen gegen die Insolvenzschuldnerin dem Insolvenzverwalter gegenüber geltend machen müssen	45

Portugal

Portugiesisch	Deutsch	Rn.
Privilégios creditórios especiais	Besonders vorrangige Forderungen, die sich speziell auf einen bestimmten Vermögensgegenstand beziehen und die bis zur Höhe dessen, was durch den Verkauf des Vermögensgegenstands erzielt werden kann, befriedigt werden können. Werden in der Rangfolge als erstes nach Begleichung der Masseverbindlichkeiten beglichen	63
Privilégios creditórios gerais	Grundsätzlich vorrangige Forderungen, also solche, die sich nicht auf einen bestimmten Vermögensgegenstand beziehen. Werden im Rang nach den *garantia real* beglichen	42, 63
Procedimento especial de revitalização	Besondere Sanierungsverfahren, bei denen in Fällen einer wirtschaftlichen Notlage des Schuldners außerhalb des formellen Insolvenzverfahrens der Versuch der Restrukturierung unternommen werden soll	7, 126
Processo especial para acordo de pagamento, PEAP	Zahlungsvereinbarungsverfahren	154
Processo extraordinário de viabilização de empresas	Vorübergehendes Sanierungsverfahren im Rahmen der COVID-19 Pandemie	153
Procurações	Vollmachten	92
Regime extrajudicial de recuperação de empresas, RERE	Außergerichtliches Sanierungsverfahren	154
Regime Jurídico dos Contratos de Garantia Financeira	Gesetz betreffende Finanzsicherheiten	62
Relação de créditos reconhecidos e não reconhecidos	Tabelle, in die der Insolvenzverwalter binnen 15 Tagen nach Ende der Anspruchsfrist alle geltend gemachten Forderungen unter Angabe von Grund und Höhe einzutragen hat	46
Resolução em benefício da massa insolvente	Anfechtung im Insolvenzverfahren zugunsten der Insolvenzmasse	101
Secção Cível da Instância Central	Abteilung für Zivilsachen des Zentralgerichts erster Instanz, der Insolvenz- und Restrukturierungssachen bei Gerichten zugeordnet werden, bei denen es keine Abteilung für Handelssachen gibt	15, 16
Secção de Comércio da Instância Central	Abteilung für Handelssachen des zuständigen Zentralgerichts erster Instanz, der Insolvenz- und Restrukturierungsverfahren zugeordnet werden	15, 16
Sede efetiva	Verwaltungssitz	16, 116
Sede estatutária	Sitz, eingetragener	16, 116

Rumänien

bearbeitet von *Speranța Munteanu,* (KPMG, Bukarest), *Luiza Monica Rădulescu (Anca),* LL.M. (KPMG, Bukarest), *Nicoleta Mihai* LL.M., (KPMG, Bukarest); deutsche Bearbeitung: *Ursula Schlegel,* Rechtsanwältin und Solicitor (England and Wales)

Übersicht

	Rn.
1. Literatur, Informationsquellen	1
1.1 Literatur	1
1.2 Informationsquellen	1
2. Einführung	2
2.1 Rechtsgrundlagen, jüngste Reformen	2
2.2 Verfahrensarten für Unternehmen in finanziellen Schwierigkeiten oder Insolvenz	6
3. Präventive Restrukturierungsverfahren	12
3.1 Das ad-hoc-Mandat *(mandat ad-hoc)*	12
3.2 Das präventive Konkordatverfahren *(procedura concordatului preventiv)*	17
3.2.1 Die wesentlichen Verfahrensbeteiligten des präventiven Konkordatverfahrens	17
3.2.1.1 Der Schuldner *(debitorul)*	17
3.2.1.2 Der Insolvenzrichter *(judecătorul sindic):*	18
3.2.1.3 Der (präventive) Konkordatsverwalter *(administratorul concordatar):*	19
3.2.1.4 Die Gläubiger *(Creditorii):*	20
3.2.2 Das Konkordatangebot *(oferta de concordat),* und der Restrukturierungsplan *(planul de restructurare)*	21
3.2.3 Der „Privatgläubigertest" *(Testul creditorului privat diligent)* bei Beteiligung von Gläubigern der öffentlichen Hand *(creditor bugetar)*	26
4. Umsetzung der Richtlinie über Restrukturierung und Insolvenz	29
5. Insolvenzverfahren	33
5.1 Einführung	33
5.1.1 Verfahrensarten des Insolvenzverfahrens	33
5.1.2 „Verwalter" in den verschiedenen Verfahrensarten und Verfahrensabschnitten	35
5.2 Antragsgründe, Begründung des Antrags und Antragspflicht	36
5.3 Die Beobachtungsphase *(perioada de observație)*	39
5.3.1 Einführung	39
5.3.2 Die Dauer der Beobachtungsphase	41
5.4 Verfahrensorgane während der Beobachtungsphase *(decidenții în procedură)*	47
5.4.1 Der „gerichtliche Verwalter" *(administratorul judiciar)*	47

	Rn.
5.4.2 Der Gläubigerausschuss *(omitetul creditorilor);* spezielle Rechte für Großgläubiger	50
5.4.3 Die Gläubigerversammlung *(adunarea creditorilor)*	52
5.5 Moratorium (Suspendarea executărilor silite)	53
5.6 Restrukturierung in der Insolvenz während der Restrukturierungsphase *(perioada de reorganizare);* der Restrukturierungsplan *(planul de reorganizare)*	58
5.6.1 Verwaltungs- und Verfügungsbefugnis; Restrukturierung in der Insolvenz, die Rollen des Sonderverwalters *(administratorul special),* des gerichtlichen Verwalters *(administratorul judiciar)* und des Liquidators *(lichidatorul)*	58
5.6.2 Die Rolle der Gläubiger und des Gläubigerausschusses bei Restrukturierung in der Insolvenz	61
5.6.3 Die Rolle des Insolvenzrichters bei Restrukturierung in der Insolvenz	69
5.6.4 Sanierungsfähigkeit und Restrukturierungsmaßnahmen	70
5.7 Im Falle der Insolvenz sieht das Gesetz folgende Rangfolge für die Befriedigung der Forderungen vor	82
5.8 Arbeitsverträge *(contractele de muncă)* in der Insolvenz	89
5.9 Sicherheiten *(garanțiile),* Befriedigung von Sicherungsgläubigern	90
5.9.1 Sicherheiten *(garanțiile)*	90
5.9.2 Befriedigung von Sicherungsgläubigern:	96
6. Abwicklung im Insolvenzverfahren „Bankrott" *(falimentul)*	97
7. Insolvenz einer Gruppe von Unternehmen (grupul de societăți)	107
8. Anfechtung von vor der Insolvenz vorgenommenen Rechtshandlungen und Rechtsgeschäfte *(tranzacții în perioada ante-insolvență)*	112
8.1 Innerhalb der letzten zwei Jahre vor Insolvenzeröffnung vorgenommene Rechtshandlungen und Rechtsgeschäfte	112
8.2 Innerhalb der letzten zwei Jahre vor Insolvenzeröffnung gegenüber verbundenen oder nahestehenden Personen vorgenommene Rechtshandlungen und Rechtsgeschäfte	120

	Rn.		Rn.
9. Haftung des gerichtlichen Verwalters/Liquidators (*administratorului judiciar/lichidatorului*)	132	künfte, denen Rumänien beigetreten ist	145
10. Privatinsolvenzverfahren	134	11.2 Anwendung der Regeln des internationalen Privatrechts	147
11. Grenzüberschreitende Insolvenz (*insolventa transfrontalieră*)	145	11.3 Ein ausländisches Insolvenzverfahren wird anerkannt als	153
11.1 Konventionen, internationale, bilaterale oder multilaterale Überein-		12. COVID-19-Maßnahmen	157

1. Literatur, Informationsquellen

1.1 Literatur:

1 Tratat practic de insolvență, ed. Hamangiu 2014, Prof. univ. dr. Radu Bufan, Avocat Andreea Deli-Diaconescu, Judecător, Conf. univ. dr. Florin Moțiu; OFFICIAL MONITOR; Boroi G., Rădescu D., Codul de procedură civilă: comentat ș i adnotat, Ed. Alle, București, 1994; Cărpenaru St.D., David S., Predoiu C., Piperea Gh., Legea societăților comerciale. Comentariu pe articole, Hrsg. a 4-a, Hrsg. C.H. Beck, București, 2009; *Fuerea A.*, Manualul Uniunii Europene, Hrsg. a 5-a revăzută ș i adăugită după Tratatul de la Lisabona (2007/2009), Hrsg. Universul Juridic, București, 2011.

1.2 Informationsquellen:

Rumänische Gesetze (auf Rumänisch) sind abrufbar unter: https://legeaz.net/dictionar-juridic/falimentul.

2. Einführung

2.1 Rechtsgrundlagen, jüngste Reformen

2 In Anlehnung an das italienische Handelsgesetz von 1882 standen die Insolvenzregelungen im rumänischen Handelsgesetz vom 10.5.1887 in der Tradition der „neo-romanischen" Gesetze, ausgerichtet auf „Bestrafung" des Schuldners.[1]

3 Ein **Projekt zur Reform des rumänischen Unternehmensinsolvenzrechts**, das mit der Verabschiedung des Gesetzes Nr. 85/2006 über Insolvenzverfahren[2] seinen Abschluss fand, war Teil eines von der **Weltbank und dem Internationalen Währungsfonds** finanzierten Programms mit dem Titel „Stärkung des Insolvenzmechanismus in Rumänien".[3] Dieses Gesetz Nr. 85/2006 wurde durch das **heute geltende Gesetz Nr. 85/2014 über Insolvenz und Insolvenzverfahren** (im Folgenden: **„Gesetz 85/2014"**) aufgehoben,[4] denn von den zwischen 2006 und 2014 eröffneten Insolvenzverfahren waren weniger als 3 % erfolgreiche Sanierungsfälle. Sowohl in der Lehre als auch in der Rechtsprechung war die Notwendigkeit weiterer Reformen erkannt worden.[5] Das neue Insolvenzgesetz Nr. 85/2014 weicht nicht wesentlich von seinem Vorgänger ab, tendiert jetzt aber zur Sanierung des Geschäftsbetriebs des Schuldners, soweit dies ohne Beeinträchtigung der Gläubigerrechte auf Befriedigung ihrer Forderungen möglich ist.[6] Das **Gesetz 85/2014 enthält sowohl Regelungen für präventive Restrukturierungsverfahren als auch für Insolvenzverfahren. Privatinsolvenzverfahren** sind im Gesetz Nr. 151/2015 geregelt. Die insolvenzrechtlichen Bestimmungen werden durch die Bestimmungen der **Zivilprozessordnung und des Zivilgesetzbuches** ergänzt, soweit deren Anwendung nicht zu Widersprüchen führt.[7]

---

[1] Tratat practic de insolvență, ed. Hamangiu 2014, Prof. univ. dr. Radu Bufan, Avocat Andreea Deli-Diaconescu, Judecător, Conf. univ. dr. Florin Moțiu, Abschnitte 39-40.
[2] S. Gesetz Nr. 85/2006 über Insolvenzverfahren.
[3] https://www.worldbank.org/content/dam/Worldbank/document/eca/romania/rosc/ICR%20-%20ROSC_English_version.pdf.
[4] Veröffentlicht im „offiziellen Monitor" Nr. 466 am 25.6.2014.
[5] Tratat practic de insolvență, ed. Hamangiu 2014, Prof. univ. dr. Radu Bufan, Avocat Andreea Deli-Diaconescu, Judecător, Conf. univ. dr. Florin Moțiu, Sektionen 39-40.
[6] Art. 2 des Gesetzes Nr. 85/2006 besagt, „der Zweck dieses Gesetzes besteht darin, ein kollektives Verfahren zur Deckung der Schulden des Schuldners in der Insolvenz einzuführen". Im Vergleich dazu zielt das Gesetz 85/2014 darauf ab, „ein kollektives Verfahren zur Begleichung der Verbindlichkeiten des Schuldners zu schaffen, das diesem, wenn möglich, die Gelegenheit bietet, seinen Geschäftsbetrieb fortzuführen".
[7] Art. 342 Gesetz 85/2014.

3. Präventive Restrukturierungsverfahren

Insolvenzen von **Kreditinstituten** *(insolvenţa instituţiilor de credit)* werden durch das Gesetz Nr. 83/1998, später GO Nr. 10/2004 *(privind procedura reorganizării judiciare şi a falimentului instituţiilor de credit)* geregelt. Der Geltungsbereich umfasst auch Kreditinstitute mit Sitz im Ausland. Das Insolvenzverfahren eines Kreditinstituts kann eingeleitet werden vom Kreditinstitut selbst, den Gläubigern des Kreditinstituts oder der **rumänischen Nationalbank**, deren **Zustimmung** für die Verfahrenseröffnung in jedem Fall immer erforderlich ist.[8] **Bislang wurde noch kein Insolvenzverfahren über ein Kreditinstitut in Rumänien eingeleitet.**

Insolvenzverfahren für **Versicherungs-/Rückversicherungsunternehmen** *(societăţi de asigurare/ reasigurare)* werden im Wesentlichen durch das Gesetz 85/2014 geregelt.

2.2 Verfahrensarten für Unternehmen in finanziellen Schwierigkeiten oder Insolvenz

Präventive Restrukturierung und Insolvenzverfahren

Das rumänische Recht sieht zwei Arten von **präventiven Restrukturierungsverfahren** vor, das **Ad-hoc-Mandat** *(mandat ad-hoc)* und das **präventive Konkordatverfahren** *(procedura concordatului preventiv)*.

Beim **Ad-hoc-Mandat** handelt es sich um ein **streng vertrauliches Verfahren**, das **außergerichtlich** und ausschließlich auf Antrag des Schuldners stattfindet. Ein **Treuhänder** *(mandatar)* verhandelt mit dem Schuldner und den Gläubigern über eine Vereinbarung zur Beseitigung der finanziellen Schwierigkeiten des Schuldners.

Das gerichtliche **präventive Konkordatverfahren** *(procedura concordatului preventiv)* eignet sich besonders für Unternehmen, die für eine finanzielle Restrukturierung die meisten ihrer Gläubiger bereits „an Bord haben" und daher nur einen Teil ihrer Verbindlichkeiten restrukturieren müssen, dh die Verbindlichkeiten, die ansonsten nicht oder nur schwer durch konsensuale Verhandlungen restrukturiert werden könnten.

Das Insolvenzverfahren verläuft grundsätzlich als **allgemeines Insolvenzverfahren** *(procedură generală)*, in dessen Verfahrensverlauf sich nach einer „Beobachtungsphase" *(perioadă de observaţie)* entscheidet, ob es als **Restrukturierungsverfahren** *(reorganizare)* weiter stattfindet, dh auf Sanierung ausgerichtet ist **oder** die Masse verwertet wird, wodurch die Erlöse verteilt werden. Scheitert eine Restrukturierung, beispielsweise weil nach der Beobachtungsphase kein Restrukturierungsplan vorgelegt wird oder weil der Schuldner die Bestimmungen eines angenommenen Restrukturierungsplans nicht einhält, geht das Verfahren in eine **Bankrott** *(falimentul)* **genannte Form der Abwicklung** über.

Das Insolvenzverfahren verläuft als **vereinfachtes Insolvenzverfahren** *(procedură simplificată)*, wenn der Schuldner dies bereits mit dem Eröffnungsantrag beantragt und die gesetzlichen Voraussetzungen gegeben sind oder sich nach einer Beobachtungsphase von maximal 20 Tagen herausstellt, dass eine Restrukturierung von vorneherein ausscheidet, beispielsweise weil keine Masse vorhanden ist, es keine Geschäftsführung gibt oder keine Buchhaltungsunterlagen vorliegen.

Dem Reorganisationsverfahren und dem allgemeinen Insolvenzverfahren geht, wie schon angesprochen, **stets eine „Beobachtungsphase"** *(perioadă de observaţie)* **voraus**, die **in der Praxis wesentlich länger als ein Jahr** dauern kann und während derer sich der Schuldner (unter Aufsicht eines gerichtlich bestellten Verwalters) und die Gläubiger je nach Sachlage des schuldnerischen Unternehmens **für die Verfahrensoptionen Reorganisation (Sanierung) oder Abwicklung** entscheiden.

3. Präventive Restrukturierungsverfahren

3.1 Das ad-hoc-Mandat *(mandat ad-hoc)*[9]

Da in der Praxis das Verfahren Ad-hoc-Mandat so gut wie gar nicht zur Anwendung kommt, wird im Folgenden[10] das präventive Konkordatverfahren ausführlicher behandelt.

Das **Ad-hoc-Mandat** ist ein streng vertrauliches, außergerichtliches Verfahren für Schuldner, die sich in finanziellen Schwierigkeiten befinden. Es kann nur durch den Schuldner initiiert werden.

Der Antrag des Schuldners auf Durchführung des Verfahrens wird dem **Präsidenten des Richterkabinetts** *(presedintele cabinetului)* vorgelegt und in ein spezielles Register eingetragen. Innerhalb von fünf Tagen lädt der Richter die Beteiligten vor und beruft sie in den **„Ratssaal"** *(camera de consiliu)* ein, wo die finanziellen Schwierigkeiten erörtert und festgestellt werden. Liegen die gesetzlichen Voraussetzungen hierfür vor, wird ein **Treuhänder** *(mandatar)* ernannt, der Mitglied der natio-

---

[8] Art. 216d Gesetz 85/2014.
[9] Art. 10–15 Gesetz 85/2014.
[10] → Rn. 17 ff.

nalen Vereinigung der rumänischen Insolvenzverwalter, *Uniunea Națională a Practicienilor în Insolvență din România* („UNPIR") sein muss.[11] Der Treuhänder führt die Verhandlungen zwischen dem Schuldner und den Gläubigern.[12]

15 Der Treuhänder hat 90 Tage Zeit, um mit einem oder mehreren Gläubigern des Schuldners eine konsensuale Vereinbarung zu erzielen, mit der die finanziellen Schwierigkeiten des Schuldners überwunden werden können. Zu diesem Zweck wird er alle notwendigen Maßnahmen vorschlagen.[13]

16 **Endet das Ad-hoc-Mandat,** wird der Präsident des Richterkabinetts dies auf Antrag des Treuhänders oder des Schuldners mit **unanfechtbarem Beschluss** feststellen; hierfür ist kein spezielles Verfahren vorgeschrieben.[14]

3.2 Das präventive Konkordatverfahren *(procedura concordatului preventiv)*

3.2.1 Die wesentlichen Verfahrensbeteiligten des präventiven Konkordatverfahrens

3.2.1.1 Der Schuldner *(debitorul):*

17
- hat das alleinige Initiativrecht, dh insbesondere Gläubiger oder Arbeitnehmer können das Verfahren nicht einleiten;
- legt ein „**Konkordatangebot**"*(oferta de concordat)* und den Vorschlag für einen **Restrukturierungsplan** *(planul de restructurare)* vor;
- behält während des gesamten Verfahrens die volle Befugnis zur Führung seines Geschäftsbetriebs;
- kann selbst oder durch den präventiven Konkordatsverwalter den Syndikusrichter ersuchen, Zwangsvollstreckungsmaßnahmen bis zur Abstimmung über das Konkordatangebot auszusetzen;
- nimmt auf Einladung an den Sitzungen der Gläubigerversammlung teil.

3.2.1.2 Der Insolvenzrichter *(judecătorul sindic):*[15]

18
- ernennt den **vorläufigen präventiven Konkordatsverwalter** *(administratorul concordatar provizoriu),*[16] der ein bei UNPIR[17] registrierter Insolvenzverwalter sein muss;
- bestätigt den Eingang des Konkordatangebots;
- kann vom Schuldner auf der Grundlage des vor Gericht unterbreiteten Konkordatangebots ersucht werden, die von den Gläubigern eingeleiteten **Zwangsvollstreckungsmaßnahmen**[18] *(măsurile de executare silită)* **vorübergehend auszusetzen.**[19] Der Aufschub der Zwangsvollstreckungsmaßnahmen wirkt entweder bis zum Erlass des Genehmigungsbeschlusses durch den Insolvenzrichter oder bis zur Ablehnung des Konkordatangebots durch die Gläubiger;
- kann auf Ersuchen des Konkordatsverwalters und wenn der Schuldner die erforderlichen Sicherheiten beibringt, Gläubigern, die dem Konkordatangebot nicht zustimmen, für die gesamte Dauer der Durchführung der Konkordatsvereinbarung und des Restrukturierungsplans die Stundung der Entstehung von Nebenansprüchen aus ihren Forderungen auferlegen;
- entscheidet über alle Anträge auf Erklärung der Unwirksamkeit des präventiven Konkordats.

3.2.1.3 Der (präventive) Konkordatsverwalter *(administratorul concordatar):*[20]

19
- wird vom Schuldner mit den Unterlagen, die er für die Verfahrenseröffnung vorlegt, vorgeschlagen und vom Insolvenzrichter vorläufig ernannt, um später von der Gläubigerversammlung *(adunarea creditorilor)* während des Verfahrens zur Annahme des Angebots bestätigt zu werden;
- legt gemeinsam mit dem Schuldner das Konkordatangebot vor; kann den Insolvenzrichter ersuchen, das Konkordatverfahren zu beenden; kann die Gläubigerversammlung einberufen und leitet die Gläubigerversammlung;
- beteiligt sich bei Konflikten zwischen dem Schuldner und Gläubigern oder zwischen Gläubigern unterneinander an der Vermittlung;

---

[11] Art. 12 Gesetz 85/2014.
[12] Art. 10 – Art. 15 Gesetz 85/2014.
[13] Art. 13 Abs. 2 Gesetz 85/2014.
[14] Art. 15 Abs. 2 Gesetz 85/2014.
[15] Art. 17 Gesetz 85/2014.
[16] Auch → Rn. 17.
[17] Nationale Vereinigung der rumänischen Insolvenzverwalter.
[18] Auf der Grundlage der Art. 996 und 999 der Zivilprozessordnung.
[19] Art. 25 Abs. 1 Gesetz 85/2014.
[20] Art. 19 Gesetz 85/2014.

- überwacht die Erfüllung des Konkordatangebots und des Restrukturierungsplans und legt monatliche oder vierteljährliche Berichte vor. Er ist verpflichtet, die Gläubiger über jede Nichterfüllung der Verpflichtungen des Schuldners zu informieren.

3.2.1.4 Die Gläubiger *(Creditorii):*[21]

Gläubiger,
- die 10 % der Forderungen auf sich vereinen, können eine abstimmungsfähige Gläubigerversammlung einberufen, wenn Gläubiger mit mindestens 50 % der Gesamtforderungen in der Versammlung vertreten sind;
- können die Verlängerung des Konkordats um weitere zwölf Monate beschließen.

3.2.2 Das Konkordatangebot *(oferta de concordat),* und der Restrukturierungsplan *(planul de restructurare)*

Das **Konkordatangebot** wird vom präventiven Konkordatsverwalter innerhalb von 30 Tagen nach seiner Bestellung zusammen mit der Liste der bekannten Gläubiger (einschließlich strittiger Forderungen, für die der Schuldner dann jeweils die Höhe der akzeptierten Forderung angibt) vorgelegt.[22] Es wird zusammen mit einem „Konkordatprojekt" bei Gericht eingereicht. Um Dritten zu ermöglichen, Einwände dagegen zu erheben, ist es öffentlich einsehbar, zudem ist es dem Gericht zur Eintragung in ein spezielles Register vorzulegen.

Das **Konkordatprojekt** muss detailliert den Status der Aktiva und Passiva des Schuldners, die Gründe für die finanzielle Notlage des Unternehmens und die bis zur Vorlage des Konkordatangebots ergriffenen Maßnahmen darstellen; zudem **eine Liquiditätsprognose für die folgenden 24 Monate.**

Der **Restrukturierungsplan** sollte mindestens folgende Maßnahmen enthalten:[23] Restrukturierung der Geschäftstätigkeit des Schuldners durch Maßnahmen wie Personalabbau, Änderung der Managementstruktur, gesellschaftsrechtliche Reorganisation oder andere für notwendig erachtete Maßnahmen; Mittel, mit denen der Schuldner die finanzielle Notlage zu überwinden beabsichtigt wie Gesellschafterzuschüsse, Anwerbung neuer Kreditgeber, Einrichtung oder Aufgabe bestimmter Geschäftszweige oder Standorte, Verkauf bestimmter Vermögenswerte oder Besicherungen zugunsten bestimmter Gläubiger.

Das Angebot wird von den Gläubigern und vom Insolvenzrichter unter der Voraussetzung angenommen, dass die strittigen Forderungen nicht mehr als 25 % der Ansprüche ausmachen und dass Gläubiger, die mindestens 75 % der akzeptierten und unbestrittenen Forderungen ausmachen, für das Konkordatangebot stimmen.[24]

Mindestens 20 % der im Konkordatplan benannten Forderungen müssen innerhalb des ersten Jahres nach dem Wirksamwerden des Konkordatplans beglichen werden.

3.2.3 Der „Privatgläubigertest" *(Testul creditorului privat diligent)* bei Beteiligung von Gläubigern der öffentlichen Hand *(creditor bugetar)*

Sieht das Konkordatangebot die reduzierte Befriedigung von Forderungen der öffentlichen Hand *(creditor bugetar)* vor, muss der „Privatgläubigertest" durchgeführt werden, damit festgestellt werden kann, ob im Vergleich zur Insolvenz die Ausschüttungen, die die öffentliche Hand im Fall eines Restrukturierungsverfahrens erhalten würde, höher sind als die Ausschüttungen, die sie bei der Abwicklung erhalten würde.[25] Für die öffentliche Hand in ihrer Eigenschaft als Gläubiger kann das Zustimmen zu einer finanziellen Restrukturierung gleichbedeutend mit der Erlangung einer vollen Befriedigung sein, während ein Insolvenzverfahren nur die Erwartung einer Quote mit sich bringt, bei der der geschätzt zu erwartende Betrag einen viel niedrigeren Wert als den der Ausgangsforderung haben kann, bezieht man auch die Kosten der Forderungsdurchsetzung mit ein; auch würde im Insolvenzverfahren ein Steuerzahler „eliminiert", was nicht im Interesse der öffentlichen Hand liegen kann.

Übt ein Gläubiger der öffentlichen Hand sein Recht aus, sich der Prüfung im Hinblick auf eine Befriedigung mit inhärenter Staffelung/Reduzierung des Forderungsbetrags zu unterziehen, muss er auch in Betracht ziehen, dass die Beträge in ihrem absoluten Wert durch das „Zeit-gegen-Geld"-Prinzip beeinflusst werden. Fällt der sorgfältig durchgeführte „Privatgläubigertest" zugunsten

---

[21] Art. 21–22 Gesetz 85/2014.
[22] Art. 23 par. 3 Gesetz 85/2014.
[23] Art. 24 Gesetz 85/2014.
[24] Art. 28 Abs. 1 Gesetz Nr. 85/2014.
[25] Art. 30 Gesetz 85/2014.

des Gläubigers der öffentlichen Hand aus, akzeptiert dieser das Ergebnis jedoch nicht, ist es nach Meinung der Autorinnen dieses Länderberichts Sache des Insolvenzrichters, das rechtmäßige Ergebnis festzustellen.

28 Für eine korrekte und faire Durchführung des **„Privatgläubigertests"** müssen auf der Ebene der involvierten Berufsträger folgende Bedingungen erfüllt sein, die auf einer einheitlichen und einstimmigen Übung der Praxis basieren:
- Einheitlichkeit der Durchführung des Tests durch Harmonisierung der einschlägigen Leitfäden auf der Ebene aller beteiligten Institutionen von Berufsträgern ANEVAR;[26] UNPIR[27] werden einen Praxisleitfaden entwickeln und darin auch die Korrelationen zu den anderen verwendeten Praxisleitfäden aufzeigen;
- Klärung der Mandatierung bzw. des Verzichts auf die Durchführung des Tests in Bezug auf ein Ad-hoc-Mandat;
- gemeinsame Erarbeitung mit den beteiligten Behörden durch deren Fachkommissionen, die die vereinbarten Modalitäten für die Durchführung der Evaluationen kennen und umsetzen;
- keiner der Verfahrensbeteiligten sollte den Zugang der anderen Beteiligten zur Verifizierung des Evaluationsergebnisses behindern.

4. Umsetzung der Richtlinie über Restrukturierung und Insolvenz[28]

29 Die Richtlinie **über Restrukturierung und Insolvenz** wurde bislang noch nicht in das rumänische Recht umgesetzt. Dennoch sieht das rumänische Recht schon Regelungen vor, die Anforderungen der Richtlinie bereits erfüllen, wie zB die Regelungen über das präventive Konkordatverfahren oder das Ad-hoc-Mandat sowie Regelungen bezüglich Steuererleichterungen in Sanierungssachverhalten. **In der bisherigen Sanierungspraxis** wurde das Verfahren Ad-hoc-Mandat allerdings **kaum angewandt,** auch das Konkordatsverfahren kam in nur wenigen Fällen zur Anwendung.

30 **Die mangelnde Akzeptanz des Konkordatsverfahrens in der rumänischen Sanierungspraxis** ist darauf zurückzuführen, dass es die Einschaltung der Gerichte erfordert, was zu sehr langen Verfahrensdauern führt, die selbst den gesetzlich festgelegten Zeitplan von fünf Monaten für die Durchführung des präventiven Konkordatverfahrens überschreiten. Im Rahmen der Umsetzung der Richtlinie in Rumänien scheint es daher ratsam, neue Voraussetzungen für präventive Restrukturierungsrahmen ohne oder nur mit einer **begrenzten Beteiligung der Justiz** zu schaffen, wenn die Verfahren schnell und effizient sein sollen.[29] Weiterhin sollte ein Berufsprofil von **Insolvenzverwaltern mit speziellen Kompetenzen** für außergerichtliche Sanierungsverfahren geschaffen werden.

31 Die geltenden Rechtsvorschriften unterscheiden sich auch insofern erheblich von den Anforderungen der Richtlinie, **als sie festlegen, dass ein Schuldner bei Scheitern des Präventivverfahrens einen Insolvenzantrag stellen muss,** während die Richtlinie festlegt, dass ein Insolvenzantrag nur dann gestellt werden muss, wenn bestimmte Bedingungen erfüllt sind und ein eindeutiger Fall von Insolvenz vorliegt; auch hier besteht Umsetzungsbedarf.

32 Eine **weitere Reform im Wege der Umsetzung** könnte darin bestehen, dass das **Initiativrecht** für das präventive Restrukturierungsverfahren nicht mehr ausschließlich beim Schuldner liegt (so wie derzeit beim präventiven Konkordatverfahren der Fall), sondern dass Verfahren **auch von Gläubigern, einschließlich der Arbeitnehmer,** eingeleitet werden können.

5. Insolvenzverfahren

5.1 Einführung

5.1.1 Verfahrensarten des Insolvenzverfahrens

33 **Insolvenzverfahren** können als **Restrukturierungsverfahren** *(reorganizare)* stattfinden, dh auf Sanierung ausgerichtet sein **oder** als **Abwicklungsverfahren,** dann entweder als **vereinfachtes**

---

[26] Asociația Națională a Evaluatorilor Autorizați din România, nationale Vereinigung authorisierter rumänischer Bewerter.
[27] Nationale Vereinigung der rumänischen Insolvenzverwalter.
[28] Richtlinie (EU) 2019/1023 DES EUROPÄISCHEN PARLAMENTS UND DES RATES v. 20.6.2019 über präventive Restrukturierungsrahmen, über Entschuldung und über Tätigkeitsverbote sowie über Maßnahmen zur Steigerung der Effizienz von Restrukturierungs-, Insolvenz- und Entschuldungsverfahren und zur Änderung der Richtlinie (EU) 2017/1132 („Richtlinie über Restrukturierung und Insolvenz").
[29] Țuca Zbârcea Și Asociații Asociații, Noi modificări legislativ așteptate în materia procedurilor de pre-insolvență și de insolvență, 18.9.2019.

Insolvenzverfahren (*procedură simplificată*) oder **allgemeines Insolvenzverfahren** (*procedură generală*) durchgeführt werden.

Dem Reorganisationsverfahren und dem allgemeinen Insolvenzverfahren **geht stets eine** „**Beobachtungsphase**" *(perioadă de observație)* **voraus**, die in der Praxis wesentlich länger als ein Jahr dauern kann und während derer sich der Schuldner (unter Aufsicht eines gerichtlich bestellten Verwalters) und die Gläubiger je nach Sachlage des schuldnerischen Unternehmens **für die Verfahrensoptionen Reorganisation (Sanierung) oder Abwicklung** entscheiden.

5.1.2 „Verwalter" in den verschiedenen Verfahrensarten und Verfahrensabschnitten

Den unterschiedlichen Verfahren und Verfahrensabschnitten entsprechend sind die Verwalterämter unterschiedlich ausgestaltet und benannt. Sie werden im Folgenden bei den einzelnen Verfahrensabschnitten beschrieben.

5.2 Antragsgründe, Begründung des Antrags und Antragspflicht

Insolvenz liegt vor, wenn die verfügbaren Mittel zur Begleichung der zur Zahlung fälligen Verbindlichkeiten nicht ausreichen. Eine solche Zahlungsunfähigkeit wird vermutet, wenn der Schuldner Verbindlichkeiten hat, die älter als 60 Tage und höher als 40.000 RON sind.[30]

Leitet der Schuldner das Insolvenzverfahren durch **Insolvenzantrag** (*cerere de deschidere a procedurii*) beim zuständigen Gericht ein, muss er dem Antrag eine Erklärung beifügen, in der er seine Absicht darlegt, entweder in ein vereinfachtes Insolvenzverfahren einzutreten oder seinen Geschäftsbetrieb auf der Grundlage eines Restrukturierungsplans oder durch die **vollständige oder teilweise Liquidation** sanieren zu wollen. Es ist eine zusammenfassende Beschreibung der geplanten Mittel zur Restrukturierung sowie eine Erklärung darüber vorzulegen, ob das Unternehmen in den fünf Jahren vor der Antragstellung bereits einem gesetzlichen Restrukturierungsverfahren unterzogen wurde.[31]

Die Geschäftsführung des schuldnerischen Unternehmens muss den **Antrag auf Eröffnung** eines Insolvenzverfahrens **innerhalb von maximal 30 Tagen** nach Eintritt der Insolvenz stellen. **Nicht rechtzeitige Antragstellung kann strafrechtlich verfolgt werden.**

5.3 Die Beobachtungsphase (*perioada de observație*)

5.3.1 Einführung

Dem Reorganisations- und allgemeinen Insolvenzverfahren geht eine „Beobachtungsphase" (*perioadă de observație*) voraus; sie ist der Zeitraum zwischen der Eröffnung des Insolvenzverfahrens und der Bestätigung des Restrukturierungsplans bzw. der Entscheidung, dass ein Unternehmen abgewickelt werden soll.

Die Beobachtungsphase hat nur einen **Zweck**: den der **Vorbereitung der** Restrukturierung (*reorganizare*), **wenn realistische Voraussetzungen** dafür vorliegen, den Geschäftsbetrieb des Schuldners fortzuführen. Für die Dauer der Beobachtungsphase besteht ein **Moratorium**.

5.3.2 Die Dauer der Beobachtungsphase

Die **maximale Dauer der Beobachtungsphase beträgt zwölf Monate,** gerechnet ab dem Datum der Eröffnung des Verfahrens.[32] Diese Dauer wird **in der Praxis** jedoch weithin als Empfehlung angesehen und daher **oft überschritten**.

Die Beobachtungsphase endet 30 Tage nach Einreichung der **endgültigen Forderungstabelle** (*tabelul definitive al creanțelor*).[33] Diese endgültige Forderungstabelle ist das „Protokoll", das alle Forderungen gegen den Schuldners enthält, die in der vorläufigen Forderungstabelle akzeptiert wurden und gegen die keine Einwände erhoben wurden, sowie die Forderungen, die als Ergebnis der vom Gericht bestätigten Anfechtungen oder der vom Insolvenzrichter vorläufig anerkannten Forderungen zugelassen wurden.

Spätestens 30 Tage nach der Veröffentlichung der endgültigen Forderungstabelle im Insolvenzblatt muss ein Sanierungsplan vorgelegt werden. Geschieht dies nicht, wird das Verfahren in eine **„Bankrott"** (*falimentul*) **genannte Abwicklung überführt.**

---

[30] Art. 5 Abs. 1 Gesetz 85/2014.
[31] Art. 67 par. 1 i Gesetz 85/2014.
[32] Art. 112 par. 3 Gesetz 85/2014.
[33] Art. 132 par. 1 Gesetz 85/2014.

Rumänien 44–52

44 Auf Antrag eines Beteiligten oder des gerichtlichen Verwalters (*administratorul judiciar*) kann die Frist für die Vorlage des Sanierungsplans aus wichtigem Grund um maximal 30 Tage verlängert werden.[34]

45 Üblicherweise führt die Geschäftsführung des Schuldners während der Beobachtungsphase und der späteren Reorganisation den Betrieb durch einen von den Gesellschaftern bestellten **Sonderverwalter** (*administratorul special*) fort, es sei denn, die Gesellschafter können sich nicht auf einen solchen Verwalter einigen, oder das Unternehmen wird abgewickelt.

46 **Ein Reorganisationsverfahren kann bis zu drei Jahre dauern** (mit der Möglichkeit, den Reorganisationsplan um ein weiteres Jahr zu verlängern), während die empfohlene Dauer des Beobachtungszeitraums ein Jahr beträgt, was zu einer Verfahrensdauer von insgesamt vier bis fünf Jahren führen kann.[35] **Für ein Insolvenzverfahren hingegen gibt es keine gesetzliche zeitliche Begrenzung.** Da die Dauer des Beobachtungszeitraums jedoch häufig ein Jahr übersteigt, führt dies zur Verlängerung des gesamten Insolvenzverfahrens.

5.4 Verfahrensorgane während der Beobachtungsphase (*decidenții în procedură*)

5.4.1 Der „gerichtliche Verwalter" (*administratorul judiciar*)

47 Der (vorläufige) **gerichtliche Verwalter** (*administratorul judiciar (provizoriu)*) untersucht und bewertet die Erfolgsaussichten des Geschäftsbetriebs, verfasst die Lageberichte, kann den Restrukturierungsplan erstellen, leitet und überwacht die Tätigkeit des Schuldners und erstellt die Forderungstabelle.

48 Zwei der wichtigsten **Aufgaben,** die ein **gerichtlicher Verwalter** im Beobachtungszeitraum zu erfüllen hat, sind zum einen die **Prüfung der wirtschaftlichen Lage des Schuldners** und die **Erstellung der Unterlagen, die dem Gericht** mit dem Antrag auf Eröffnung des Insolvenzverfahrens oder gemäß dem Beschluss des Gerichts über die Einleitung des Verfahrens **vorgelegt werden.** Zum anderen erstellt der gerichtliche Verwalter einen **Bericht,** in dem er entweder vorschlägt, **das vereinfachte Verfahren einzuleiten,** oder den Beobachtungszeitraum im Rahmen des allgemeinen Verfahrens fortzusetzen und den Bericht dem Insolvenzrichter innerhalb der von diesem festgelegten Frist, die jedoch 20 Tage ab seiner Bestellung nicht überschreiten darf, zur Genehmigung[36] vorzulegen.

49 Ein zweiter Bericht folgt dann innerhalb einer vom Insolvenzrichter gesetzten Frist, die 40 Tage ab der Bestellung des gerichtlichen Verwalters nicht überschreiten darf. Dieser Bericht stellt die Ursachen und Umstände, die zur Insolvenz geführt haben, dar. Er enthält auch Hinweise in Bezug auf die Personen, die zur Verantwortung gezogen werden sollten, und die Voraussetzungen ihrer möglichen Haftung.[37] Der Bericht erläutert, ob die Restrukturierung des Schuldners tatsächlich möglich ist und ob beim Schuldner Gründe vorliegen, die eine Reorganisation nicht zulassen.[38]

5.4.2 Der Gläubigerausschuss (*omitetul creditorilor*); spezielle Rechte für Großgläubiger

50 Der Gläubigerausschuss (*comitetul creditorilor*) bestellt den gerichtlichen Verwalter (*administratorul judiciar*), genehmigt langfristige Rechtsgeschäfte, überwacht die Tätigkeit des gerichtlichen Verwalters, kann beantragen, dass dem schuldnerischen Unternehmen die Verwaltungs- und Verfügungsbefugnis entzogen wird und kann Anfechtungsklagen erheben, wenn eine Anfechtung vom gerichtlichen Verwalter nicht vorgenommen wurde.[39]

51 Während des Beobachtungszeitraums kann ein einzelner **Großgläubiger,** der mindestens 20 % des gesamten Forderungsvolumens hält, Folgendes beantragen: Vorlage aller Informationen und notwendigen Unterlagen über das Vermögen und die Geschäfte des Schuldners; eine Liste der Zahlungen, die in den sechs Monaten vor der Eröffnung des Verfahrens geleistet wurden und eine Liste der Vermögensübertragungen, die innerhalb der letzten zwei Jahre vor der Eröffnung des Verfahrens vorgenommen wurden.[40]

5.4.3 Die Gläubigerversammlung (*adunarea creditorilor*)

52 Die wichtigsten Aufgaben der Gläubigerversammlung (*Adunarea creditorilor*) sind die Erhebung von Einwänden gegen Entscheidungen des Gläubigerausschusses, die Ernennung des Insolvenzver-

---

[34] Art. 132 Abs. 2 Gesetz 85/2014.
[35] Art. 133 Abs. 3 Gesetz 85/2014.
[36] Art. 58, par. (1) a) Gesetz 85/2014.
[37] Art. 169–173 Gesetz 85/2014.
[38] Art. 58 Abs. 1b Gesetz 85/2014.
[39] Art. 51 Gesetz 85/2014.
[40] Art. 82 Gesetz 85/2014.

walters *(precticianul în insolvență)* und die Genehmigung des im Insolvenzverfahren vorgelegten Sanierungsplans.[41] Für die Genehmigung des Plans ist ein zweifaches Quorum erforderlich: Die Mehrzahl der Gruppen (oder bei gleicher Anzahl verschiedener Arten von Gruppen, zumindest die Hälfte der Gruppen, darunter eine durch den Plan benachteiligte Gruppe) muss dem Plan zustimmen, des Weiteren mindestens 30 % der Forderungen nach Summen berechnet.[42]

5.5 Moratorium (Suspendarea executărilor silite)

Mit Eröffnung des Insolvenzverfahrens sind alle Zwangsvollstreckungsmaßnahmen und anderen gerichtlichen und außergerichtlichen Maßnahmen zur Durchsetzung von Ansprüchen aus dem Vermögen des Schuldners von Gesetzes wegen automatisch ausgesetzt.[43]

Dem Schuldner ermöglicht dieses Moratorium, seinen Geschäftsbetrieb ohne den Druck von Zwangsvollstreckungen analysieren zu können und so einen realisierbaren Sanierungsplan zu entwerfen.

Gläubigeransprüche können nur noch im Rahmen des Insolvenzverfahrens durch Forderungsanmeldung und -feststellung geltend gemacht werden.

Klagen zur Feststellung des Bestehens und/oder der Höhe von Forderungen gegenüber dem Schuldner, die nach Verfahrenseröffnung entstanden sind, unterliegen nicht der Aussetzung.

Mit den letzten insolvenzrechtlichen Reformen wurde hinsichtlich des Moratoriums eine **Bevorrechtigung für Masseverbindlichkeiten** eingeführt, die während eines Insolvenzverfahrens enstanden und älter als 60 Tage sind. Zur Durchsetzung solcher Forderungen kann die Zwangsvollstreckung eingeleitet werden, sofern bestimmte Bedingungen hinsichtlich der Forderung erfüllt sind.[44]

5.6 Restrukturierung in der Insolvenz während der Restrukturierungsphase *(perioada de reorganizare);* der Restrukturierungsplan *(planul de reorganizare)*

5.6.1 Verwaltungs- und Verfügungsbefugnis; Restrukturierung in der Insolvenz, die Rollen des Sonderverwalters *(administratorul special),* des gerichtlichen Verwalters *(administratorul judiciar)* und des Liquidators *(lichidatorul)*

Grundsätzlich liegt das **Vorschlagsrecht** für den Restrukturierungsplan *(planul de reorganizare)* beim **Schuldner.** Die Einleitung des Insolvenzverfahrens kann aber je nach Verfahrensoption dazu führen, dass der Schuldner die Verwaltungs- und Verfügungsbefugnis verliert, wobei diese Befugnisse dann entweder auf den gerichtlichen Verwalter in der Restrukturierungsphase *(administratorul judiciar)* oder (im Verfahren „Bankrott") dem Liquidator *(lichidatorul)* übertragen werden. Erklärt der Schuldner seine Absicht, in das gerichtliche Sanierungsverfahren einzutreten, wird die Verwaltungsbefugnis dem Sonderverwalter *(administratorul special)* übertragen.

In der Lehre[45] wird argumentiert, dass während der Beobachtungsphase oder des Insolvenzverfahrens, das als Restrukturierungsverfahren stattfindet, die Verwaltungs- und Verfügungsbefugnis des Schuldners durch den Sonderverwalter *(administratorul special)* unter direkter Aufsicht des gerichtlichen Verwalters ausgeübt wird. In der Praxis allerdings handelt der Sonderverwalter im Rahmen des Insolvenzverfahrens als Vertreter der Gesellschafterversammlung, der die Aufgabe hat, die Tätigkeit des Schuldners, der juristischen Person, zu verwalten.[46]

Für den Sonderverwalter verlangt das Insolvenzrecht keine bestimmte berufliche Qualifikation, sodass sich in der Praxis die Tendenz entwickelt hat, dass eine den Gesellschaftern nahestehende Person oder sogar ein Mitglied der Geschäftsleitung der Gesellschaft die Rolle des Sonderverwalters übernehmen kann. In der Praxis hat sich dieser Ansatz als kontraproduktiv erwiesen. Ein angemessener Ansatz für die Erreichung der Restrukturierung des Schuldners wäre es, als Sonderverwalter für das Unternehmen des Schuldners eine neutrale Person zu benennen, die über die erforderliche berufliche Qualifikation verfügt und die Besonderheiten des Markts versteht, in dem der Schuldner tätig ist.

---

[41] Art. 47–48 Gesetz 85/2014.
[42] Art. 139, Abs. 1a, b and c Law 85/2014.
[43] Art. 75 Abs. 1 Gesetz 85/2014.
[44] Art. 75 Gesetz 85/2014.
[45] Dreptul de administrare al debitorului în noua reglementare a procedureurii insolvenței, Lect. univ. dr. Daniela MOȚIU, Universitatea de vest din Timișoara, Facultatea de Drept.
[46] Art. 52–56 Gesetz 85/2014.

5.6.2 Die Rolle der Gläubiger und des Gläubigerausschusses bei Restrukturierung in der Insolvenz

61 In der Restrukturierung ist die wichtigste Rolle der Gläubiger die Genehmigung des Restrukturierungsplans des Schuldners. Ausnahmsweise kann der Restrukturierungsplan von einem Gläubiger/ den Gläubigern vorgeschlagen werden, der/die mindestens 20 % der gesamten Forderungssumme hält/halten.[47]

62 Ein solcher Vorschlag, dh die Absichtserklärung, an der Restrukturierung des Schuldners mitwirken zu wollen, muss vom Gläubiger gleichzeitig mit dem Antrag auf Eröffnung des Verfahrens gegen einen mutmaßlich insolventen Schuldner abgegeben werden.[48] Der Gläubiger muss hierbei zumindest in Grundzügen die Art und Weise darlegen, in der er beabsichtigt, sich an der Sanierung zu beteiligen.[49]

63 Das Votum der Gläubiger zur Genehmigung der Sanierung muss auf einer soliden Informationsgrundlage getroffen werden.

64 Der Gläubigerausschuss informiert die Gläubiger über die Geschäftätigkeitätigkeit des Schuldners.

65 **Bei Insolvenz einer Unternehmensgruppe** treten die Gläubigerausschüsse, die für alle Mitglieder der Gruppe, die dem Insolvenzverfahren unterliegen, ernannt werden, mindestens vierteljährlich zusammen. Der Hauptzweck besteht hierbei darin, Empfehlungen bezüglich der Geschäftätigkeit und der vorgeschlagenen Sanierungspläne abzugeben.[50]

66 Ist einer der Gläubiger mit der Entscheidung der Gläubigerversammlung oder des Gläubigerausschusses unzufrieden, so kann er Beschwerde beim Insolvenzgericht einlegen.[51]

67 Das Gesetz 85/2014 führte eine neue Kategorie von Gläubigern ein, die der **„unverzichtbaren Gläubiger"** *(creditori indispensabili).* Es definiert die unentbehrlichen Gläubiger als diejenigen unbesicherten Gläubiger, die **Dienstleistungen oder Versorgungsleistungen erbringen, Rohstoffe oder Materialien liefern,** ohne die die Tätigkeit des Schuldners nicht ausgeübt werden kann und die nicht durch einen anderen Anbieter ersetzt werden können, der dieselben Dienstleistungen in gleicher Weise und zu den gleichen finanziellen Bedingungen anbietet. In der Regel bezeichnet der Schuldner zusammen mit den Versorgungsunternehmen als unentbehrlicher Gläubiger *(creditor indispensabil)* auch diejenigen Gläubiger, die Dienstleistungen/Rohstoffe erbringen, ohne die seine Tätigkeit nicht mehr ausgeübt werden könnte.

68 Eine weitere Gläubigergruppe, die bei der Sanierung des Schuldners eine äußerst wichtige Rolle spielt, sind Kreditgeber, die in der Beobachtungsphase Kredite gegeben haben.[52] Finanzierungen, die dem Schuldner während der Beobachtungsphase zur Aufrechterhaltung des laufenden Geschäftsbetriebs mit Zustimmung der Gläubigerversammlung gewährt wurden, werden vorrangig befriedigt.[53]

5.6.3 Die Rolle des Insolvenzrichters bei Restrukturierung in der Insolvenz

69 Während der Restrukturierung übt der Insolvenzrichter lediglich eine formelle Kontrolle der Einhaltung von Verfahrensvorschriften aus,[54] zu den Aufgaben des Insolvenzrichters gehören hierbei:
- die Bestätigung des Restrukturierungsplans nach Bestätigung durch die Gläubiger;
- die Durchführung der Rechtmäßigkeitsprüfung der bei der Restrukturierung ergriffenen Maßnahmen;
- Anordnung einer Verfahrensunterbrechung auf Ersuchen des gerichtlichen Verwalters oder der Gläubiger;
- Erledigung von Beschwerden gegen die Berichte des Verwalters;
- die vierteljährliche Überwachung der Erfüllung der im Restrukturierungsplan übernommenen Verpflichtungen.

5.6.4 Sanierungsfähigkeit und Restrukturierungsmaßnahmen

70 Das Unternehmen eines Schuldners gilt als sanierbar, wenn der Wert des laufenden Geschäftsbetriebs größer oder mindestens gleich dem Wert der Liquidation des Unternehmens ist.

---

[47] Art. 98 Abs. 2 Gesetz 85/2014.
[48] Art. 70 Gesetz 85/2014.
[49] Art. 70 Abs. 1d Gesetz 85/2014.
[50] Art. 186 Gesetz 85/2014.
[51] Art. 48 Abs. 1 und Abs. 7, Art. 51 Abs. 6 Gesetz 85/2014.
[52] Art. 87 Abs. 4 Gesetz 85/2014.
[53] Art. 159 Abs. 1 und Art. 161 Gesetz 85/2014.
[54] Entscheidung Nr. 556 v. 19.3.2007.

Des Weiteren ist Voraussetzung für die Sanierungsfähigkeit eines Unternehmen, dass aus betriebswirtschaftlicher Sicht die Voraussetzungen für einen nachhaltigen Sanierungserfolg gegeben sind.

Eine dritte, nicht weniger wichtige Bedingung ist, dass die Eigentümer und Entscheidungsträger des Unternehmens (Aktionäre, Gesellschafter, Geschäftsführung) die Fähigkeit und Verfügbarkeit besitzen, die jeweilige Tätigkeit auszuführen, dh ein Interesse an der Reorganisation und der Fortführung der Unternehmenstätigkeit haben.

Das gesamte Sanierungsverfahren verfolgt gleichzeitig zwei Ziele: die Befriedigung der Gläubigerforderungen und die Beibehaltung des schuldnerischen Unternehmens auf dem Markt.

Die Restrukturierung kann auf folgende Weise erreicht werden:
- durch operative und/oder finanzielle Umstrukturierung des Schuldners;
- durch Änderung der Struktur des Gesellschaftskapitals;
- Beschränkung der Tätigkeit durch die teilweise oder vollständige Liquidation des Vermögens des Schuldners.

Der Sanierungsplan basiert auf einem gemäß den gesetzlichen Bestimmungen erstellten Bewertungsbericht. Die wesentlichen Elemente, die ein Sanierungsplan enthalten muss, sind der Zahlungsplan, die Art und Weise, wie eine faire Behandlung der Gläubiger erreicht werden kann, sowie die Mittel zur Sanierung. Diese können umfassen:
- operative und/oder finanzielle Restrukturierung der Tätigkeit des Schuldners, die wiederum durch die Zufuhr von Kapital oder durch die Umstrukturierung der bestehenden Kredite erreicht werden kann;
- Unternehmensumstrukturierung durch eine einvernehmliche Änderung der Struktur des Stammkapitals;
- Realisierung einer vereinfachten Organisationsstruktur („schlankere Struktur"): die Veräußerung von Anlagevermögen *(Sale-and-Lease-Back);* die Aufgabe der Nicht-Kerntätigkeiten des Unternehmens zur Neuausrichtung der Tätigkeit der Schuldnergesellschaft;
- „Feindliche Übernahme"- der von den Gläubigern oder dem gerichtlichen Verwalter vorgeschlagene Plan kann die Änderung des Gründungsakts ohne die gesetzliche Zustimmung der Mitglieder oder der Aktionäre/Aktionäre des Schuldners vorsehen.

Die **Frist für die Umsetzung des Reorganisationsplans** darf **drei Jahre,** gerechnet ab dem Datum der Bestätigung des Plans, nicht überschreiten.

Was Zahlungen betrifft, so können die in den zugrundeliegenden Verträgen festgelegten Bedingungen, unabhängig von der Vertragsart, einschließlich Kredit- oder Leasingverträgen, durch den Plan beibehalten werden, auch wenn sie den Zeitraum von drei Jahren überschreiten. Laufzeiten können mit ausdrücklicher Zustimmung der Gläubiger auch verlängert werden, wenn sie ursprünglich kürzer als drei Jahre waren.

Nach der Erfüllung aller Verpflichtungen des Plans und dem Abschluss des Reorganisationsverfahrens werden Zahlungen gemäß den dem Plan zugrundeliegenden Verträgen fortgesetzt. Diese gesetzlichen Möglichkeiten unterstreichen den Zweck des Restrukturierungsverfahrens, die Geschäftstätigkeit des Schuldners wiederherzustellen und ihm zu ermöglichen, weiterhin auf dem Markt aktiv zu bleiben und die Kontinuität des Unternehmens auch nach dem Ende der Reorganisationsperiode zu gewährleisten.

Der Sanierungsplan kann auch regeln, dass bevorrechtigte Forderungen geändert oder beendet werden. Dann muss dem betroffenen Gläubiger eine Sicherheit mit gleichwertigem Schutz in Höhe der Deckung seiner Forderung gewährt werden, einschließlich der gemäß dem Plan festgelegten Zinsen.

Wendet sich der betroffene Gläubiger dagegen, kann der Insolvenzrichter den Antrag eines Gläubigers auf Aufhebung der Aussetzung ablehnen,[55] wenn der gerichtliche Verwalter oder der Schuldner stattdessen eine oder mehrere Maßnahmen vorschlagen, die einen angemessenen Schutz der gesicherten Forderung des Gläubigers bieten, wie zB die Erneuerung der Garantieverpflichtung durch die Festlegung einer zusätzlichen realen oder persönlichen Garantie oder durch den Austausch des Sicherungsguts gegen einen anderen Vermögenswert.

Abweichend von den Bestimmungen des Gesetzes Nr. 31/1990, neu veröffentlicht und später geändert und ergänzt, und des Gesetzes Nr. 297/2004 mit den nachfolgenden Änderungen und Ergänzungen kann ein von den Gläubigern oder dem gerichtlichen Verwalter vorgeschlagener Plan die Änderung des Gründungsakts ohne die Zustimmung der Gesellschafter oder der Aktionäre des Schuldners vorsehen (eine Praxis, die international als **„feindliche Übernahme",** *hostile takeover,* bezeichnet wird).

---

[55] Art. 78 Abs. 2c Gesetz 85/2014.

5.7 Im Falle der Insolvenz sieht das Gesetz folgende Rangfolge für die Befriedigung der Forderungen vor:[56]

82
- Steuern und Verfahrenskosten, einschließlich des Honorars des gerichtlichen Verwalters/Liquidators;
- Forderungen aus Finanzierungen, die während des Verfahrens gewährt wurden („Superpriorität");
- Forderungen aus Arbeitsverhältnissen;
- Forderungen, die aus der Fortführung der Geschäfte des Schuldners in der Insolvenz resultieren;
- Forderungen der öffentlichen Hand.

83 Der Schuldner muss dem Gläubigerausschuss über den Sonderverwalter (*administratorul special*) oder den gerichtlichen Verwalter (*administratorul judiciar*) vierteljährlich Berichte über die Situation des schuldnerischen Vermögens vorlegen.

84 Wenn der Schuldner sich nicht an die Vorgaben des Restrukturierungsplans hält, wenn die Durchführung seiner Tätigkeit zu Verlusten führt oder wenn den Gläubigern während des Verfahrens neue Verbindlichkeiten entstehen, können jeder der Gläubiger (oder der gerichtliche Verwalter) jederzeit den Insolvenzrichter ersuchen, das Verfahren in den **„Bankrott"** *(falimentul)* zu überführen.

Der Schuldner wird zum Zeitpunkt der Bestätigung eines Restrukturierungsplans durch die Differenz zwischen dem Wert der Verpflichtungen, die er vor der Bestätigung des Plans hatte, und dem im Plan vorgesehenen Wert während des Verfahrens entlastet.[57]

85 Im Falle eines „Bankrotts" fallen die Verbindlichkeiten des Schuldners auf die Summe zurück, die durch die endgültige Forderungstabelle festgelegt wurde, gekürzt um die während des Reorganisationsplans gezahlten Beträge.

86 Das Gesetz sieht vor, dass der Insolvenzrichter, wenn kein Restrukturierungsplan bestätigt wird und die Frist für die Vorlage eines solchen Plans abgelaufen ist, die sofortige Einleitung des Insolvenzverfahrens anordnet.[58]

87 Der Abschluss des Reorganisationsverfahrens kann damit im Wesentlichen zwei Folgen haben: die Fortführung der Tätigkeit des Schuldners, dessen Unternehmen erfolgreich restrukturiert wurde, oder, als weniger glückliche Alternative, die Liquidation seines Vermögens im Rahmen eines „Bankrotts".

88 Ein Reorganisationsverfahren durch die Fortsetzung der Tätigkeit oder die Liquidation auf der Grundlage des Plans wird durch gerichtlichen Beschluss auf der Grundlage eines Berichts des gerichtlichen Verwalters abgeschlossen, der die Erfüllung aller Zahlungsverpflichtungen, die durch den bestätigten Plan übernommen wurden, sowie die Zahlung der laufenden Forderungen feststellt.[59]

5.8 Arbeitsverträge (*contractele de muncă*) in der Insolvenz

89 Nach der Eröffnung des Insolvenzverfahrens können Arbeitsverträge nur vom Insolvenzverwalter, unter Einhaltung der gesetzlichen Kündigungsfristen, gekündigt werden.[60] Sollten die Bestimmungen des Arbeitsgesetzbuchs[61] bezüglich der Massenentlassung anwendbar werden, gelten die dort vorgesehenen Bedingungen.

5.9 Sicherheiten (*garanțiile*), Befriedigung von Sicherungsgläubigern

5.9.1 Sicherheiten (*garanțiile*)

90 Das rumänische Recht kennt die folgenden Sicherheiten: **Hypotheken** (*ipoteci imobiliare*), **Hypotheken an beweglichen Sachen** (*ipoteci mobiliare*), **besondere Privilegien** (*privilegii speciale*), **Zurückbehaltungsrechte** (*drepturi de retenție*) und **Verpfändungen** (*gajuri*).

91 Die Eintragung solcher Sicherheiten in spezielle Register (zB Grundbuch oder AEGRM – Elektronisches Archiv für Sicherheiten) ist für die Wirksamkeit Dritten gegenüber erforderlich, unterlassene Eintragung kann auch zur Ungültigkeit der Sicherheit führen (zB wenn bewegliche Vermögenswerte, die Gegenstand einer Hypothek sind, nicht genau bezeichnet sind).

92 Der Begriff der **Immobilienhypothek** (*ipoteca imobiliară*) umfasst alle Sicherheiten an Immobilien, dh solche, die Immobilienvermögen dergestalt mit Erfüllung einer Verpflichtung verbinden,

---

[56] Art. 161 Gesetz 85/2014.
[57] Art. 181 Gesetz 85/2014.
[58] Art. 140 Abs. 5 Gesetz 85/2014.
[59] Art. 145 Gesetz 85/2014.
[60] Art. 123 Gesetz 85/2014.
[61] Art. 71, 72 Gesetz Nr. 53/2003, Arbeitsgesetzbuch (*Codul Muncii*).

dass sich für den Gläubiger aus der Sicherheit sowohl ein Vorzugsrecht (in der Insolvenz) als auch ein Zwangsvollstreckungsrecht ergibt.

Immobilienhypotheken sind alle in Bezug auf Immobilien gegebenen Sicherheiten, unabhängig vom Zeitpunkt ihrer Entstehung oder der Bezeichnung der Sicherheit, vorausgesetzt, ihre Bestellung war wirksam.[62]

„**Besondere Privilegien**" haben **nur bewegliche Güter** zum Gegenstand und spielen **nur bei vertraglichen Beziehungen mit Privatpersonen** eine Rolle. Dabei handelt es sich um das Zurückbehaltungsrecht des Verkäufers beweglichen Vermögens, für das die Bezahlung des Kaufpreises aussteht, gegenüber einer natürlichen Person.

Das **Zurückbehaltungsrecht oder Pfandrecht** (*dreptul de retenție*)[63] besteht, wenn ein Schuldner im Besitz von Eigentum eines Gläubigers ist und hierfür Aufwendungen getätigt hat. In diesem Fall ist der Schuldner berechtigt, zur Sicherheit für seine Forderungen den Besitz an dem Eigentum auszuüben.[64]

5.9.2 Befriedigung von Sicherungsgläubigern:

- Gemäß Art. 159 des Gesetzes 85/2014 werden die Erlöse, die aus dem Verkauf besicherter Vermögenswerte des Schuldners erzielt werden, in der folgenden Reihenfolge verteilt:
- Steuern, Grundbuchgebühren und alle anderen Ausgaben, die im Zusammenhang mit dem Verkauf der betreffenden Vermögenswerte entstanden sind;
- Forderungen von Gläubigern, die während des Insolvenzverfahrens zu bevorrechtigten Gläubigern wurden. Diese Forderungen können Zinsen und andere Nebenrechte umfassen;
- die Forderungen der Gläubiger, die aus anderem Grund bevorrechtigt sind, einschließlich aller Zinsen und anderer Nebenrechte.
- Wenn die aus der Verwertung von mit Sicherheiten belasteten Vermögenswerten erzielten Erlöse nicht ausreichen, um die besicherten Verbindlichkeiten vorab vollständig zu begleichen, ist der besicherte Gläubiger in Höhe des Ausfalls ungesicherter Gläubiger.

6. Abwicklung im Insolvenzverfahren „Bankrott" *(falimentul)*

Kommt es nicht zum Reorganisationsverfahren und damit zu keinem Reorganisationsplan, wird das Verfahren in den „**Bankrott**" *(falimentul)*, dh zur Abwicklung überführt. Mit der Abwicklungsentscheidung verlieren das schuldnerische Unternehmen/sein Sonderverwalter (*administratorul special*) die Verwaltungs- und Verfügungsbefugnis, diese Befugnisse gehen auf den nunmehr bestellten **Liquidator** (*lichidatorul*) über.[65]

Der Liquidator hat die Pflicht, das gesamte Vermögen der Gesellschaft in Besitz zu nehmen, es zu verwerten und nach Abzug der Verfahrenskosten an die Gläubiger zu verteilen.[66] Für die Liquidation des Vermögens des Schuldners schreibt das Gesetz vor, dass bestimmte Maßnahmen vom Liquidator durchgeführt werden müssen:
- Bestandsaufnahme des Vermögens des Schuldners;
- Durchführung der Verwertung von Vermögenswerten des Schuldners;
- Verteilung der durch die Liquidation realisierten Beträge und
- Erstellung eines Abschlussberichtes über die Liquidation.

Eine der ersten Maßnahmen, die der Liquidator ergreifen muss, ist die Erstellung eines Inventars der Vermögenswerte des Schuldners. Das Vermögen des Schuldners muss (von Ausnahmen wie zB Buchhaltungsunterlagen abgesehen) versiegelt werden. Anlässlich der Versiegelung ist der Liquidator verpflichtet, die notwendigen Maßnahmen zur Erhaltung der Vermögenswerte zu ergreifen.

Die Verwertung des Vermögens des Schuldners erfolgt nach den besonderen Regeln des Gesetzes Nr. 85/2014, vom Liquidator unter der Kontrolle des Insolvenzrichters durchgeführt. Der Liquidator wird alle Anstrengungen unternehmen, um den Wert des Vermögens des Schuldners zu maximieren. Die Vermögenswerte können als Ganzes oder einzeln verkauft werden, je nach der von der Gläubigerversammlung genehmigten Vorgehensweise für die Verwertung.

---

[62] Noul Cod Civil comentat din 20-feb-2013, AFRASINEI Madalina, Hrsg. Hamangiu.
[63] Art. 2495 Abs. 1 des Bürgerlichen Gesetzbuches besagt, dass „derjenige, der einen Vermögenswert zu überweisen oder zurückzugeben hat, diesen so lange zurückhalten kann, wie der Gläubiger seine Verpflichtung aus demselben Rechtsverhältnis nicht erfüllt bzw. so lange der Gläubiger ihm nicht die notwendigen und nützlichen Ausgaben, die er für diesen Vermögenswert getätigt hat, oder einen Schaden, den der Vermögenswert verursacht hat, ersetzt".
[64] Das Pfandrecht ist im Bürgerlichen Gesetzbuch, Buch V „Über Verpflichtungen", Titel XI „Reale Privilegien und Garantien", Kapitel VI, geregelt.
[65] Art. 145 Abs. 2a Gesetz 85/2014.
[66] Wie → Rn. 65.

101 Der Liquidator ist verpflichtet, den Gläubigern einen Bericht vorzulegen, der die Bewertung der Masse und die Beschreibung der Art und Weise der Bewertung enthält, wobei anzugeben ist, ob der Verkauf im Ganzen oder einzeln oder in einer Kombination aus beidem, durch öffentliche Versteigerung oder freihändigen Verkauf oder auf beiden Wegen erfolgt. Massegegenstände können auf Vorschlag des Liquidators und mit Zustimmung der Gläubigerversammlung direkt verkauft werden.[67]

102 Die durch die Liquidation des Vermögens des Schuldners realisierten Beträge werden an die berechtigten Gläubiger verteilt. Das Gesetz unterscheidet, ob an Massegegenständen zum Zeitpunkt ihres Verkaufs eine Gläubigersicherheit bestand.

103 **Erlöse werden in der folgenden gesetzlich festgelegten Reihenfolge verteilt:**[68]
- Steuern und alle anderen Verpflichtungen im Zusammenhang mit dem Verfahren, einschließlich des Honorars des gerichtlichen Verwalters/Liquidators;
- Forderungen aus Finanzierungen, die während des Verfahrens gewährt wurden (Superpriorität);
- Forderungen aus Arbeitsverhältnissen;
- Forderungen, die aus der Fortführung der Geschäfte des Schuldners stammen;
- Forderungen der öffentlichen Hand;
- Forderungen, die der Schuldner im Rahmen von Unterhaltsverpflichtungen oder der Zahlung periodischer Beträge, die zur Sicherung der Unterhaltsmittel bestimmt sind, zu decken hat;
- Unbesicherte Forderungen;
- Nachrangige Forderungen.

104 **Masseunzulänglichkeit:** Wird im Verlauf des Verfahrens festgestellt, dass der Schuldner über keine Vermögenswerte verfügt oder dass die vorhandenen Vermögenswerte nicht ausreichen, um die Verfahrenskosten zu decken, und bieten Gläubiger nicht an, die entsprechenden Beträge vorzuschießen, so beruft der Insolvenzrichter die Gläubiger zur Anhörung ein. Weigern sich die Gläubiger, die benötigten Beträge auszulegen, oder bleiben sie der Anhörung fern, obwohl die Einberufung veröffentlicht wurde, hat der Insolvenzrichter ein Urteil zur Einstellung des Insolvenzverfahrens zu erlassen, wobei auch die Löschung des Schuldners angeordnet wird.[69]

105 Ein **Insolvenzverfahren gilt nach dem Gesetz als abgeschlossen** ist, wenn der **Insolvenzrichter den Schlussbericht genehmigt** hat, wenn alle schuldnerischen Vermögenswerte (Erlöse aus deren Verwertung) verteilt oder, soweit nicht geltend gemacht, **hinterlegt** wurden.[70]

106 Mit dem Abschluss des Verfahrens sind der Insolvenzrichter, der gerichtliche Verwalter/Liquidator und alle Personen, die sie unterstützt haben, von allen Pflichten und Verantwortlichkeiten in Bezug auf das Verfahren, den Schuldner und sein Vermögen, die Gläubiger, die Inhaber von Vorzugsrechten, die Aktionäre oder Gesellschafter befreit.[71]

7. Insolvenz einer Gruppe von Unternehmen (grupul de societăți)

107 Eine Gruppe von Unternehmen bedeutet nach den insolvenzrechtlichen Regelungen zwei oder mehrere Unternehmen, die durch Kontrolle und/oder qualifizierte Beteiligungen miteinander verbunden sind.[72]

108 Sind mindestens zwei Unternehmen einer Unternehmensgruppe zahlungsunfähig, können sie beim zuständigen Gericht einen gemeinsamen Antrag auf Eröffnung der Insolvenz stellen.[73]

109 Ein einzelnes Unternehmen einer Gruppe kann, **selbst wenn es nur drohend zahlungsunfähig ist,** einen **„verbundenen" Antrag auf Eröffnung des Insolvenzverfahrens mit Gruppe stellen,** um die Eröffnung eines späteren individuellen Insolvenzverfahrens gegen sich zu vermeiden.[74] Nach dem Prinzip *„qui potest plus, potest minus"* kann ein Unternehmen, das nicht zahlungsunfähig ist, an den Insolvenzverfahren der anderen Unternehmens teilnehmen; umso mehr, als es sich selbst in Insolvenz befindet.

110 Die Unternehmen einer insolventen Gruppe können koordinierte und kompatible Sanierungspläne vorlegen. Sind unterschiedliche Gerichte involviert, müssen deren Verwalter während des Verfahrens zusammenarbeiten.[75]

---

[67] Art. 154 Abs. 2 Gesetz 85/2014.
[68] Art. 169 Gesetz 85/2014.
[69] Art. 174 Gesetz 85/2014.
[70] Art. 175 Abs. 2 Gesetz 85/2014.
[71] Art. 180 Gesetz 85/2014.
[72] Art. 5 Abs. 1 Punkt 31 Gesetz 85/2014.
[73] Art. 192 Gesetz 85/2014.
[74] Art. 196 Gesetz 85/2014.
[75] Art. 200 Gesetz 85/2014.

8. Anfechtung

Das rumänische Insolvenzrecht sieht **keine Konsolidierung der Vermögensmassen der einzelnen insolventen Gruppengesellschaften** vor, es gilt der Grundsatz: Eine juristische Person, ein Verfahren, eine Masse, die den Gläubigern dieser juristischen Person zur Befriedigung zur Verfügung steht.

8. Anfechtung von vor der Insolvenz vorgenommenen Rechtshandlungen und Rechtsgeschäfte *(tranzacții în perioada ante-insolvență)*

8.1 Innerhalb der letzten zwei Jahre vor Insolvenzeröffnung vorgenommene Rechtshandlungen und Rechtsgeschäfte

Folgende **in den zwei Jahren vor der Eröffnung des Insolvenzverfahrens** vom Schuldner vorgenommenen **Rechtshandlungen und Rechtsgeschäfte** können vom gerichtlichen Verwalter *(administratorul judiciar)* oder Liquidator *(lichidatorul)* durch Anfechtungserklärung angefochten werden:[76]

1. Unentgeltliche Rechtsgeschäfte, die in den zwei Jahren vor der Eröffnung des Verfahrens durchgeführt wurden; hiervon ausgenommen humanitäre Unterstützung;
2. Rechtsgeschäfte, bei denen die Leistung des Schuldners die in den sechs Monaten vor der Eröffnung des Verfahrens erhaltene Gegenleistung wesentlich übersteigt;
3. Handlungen, die in den zwei Jahren vor der Eröffnung des Verfahrens mit der Absicht aller Beteiligten erfolgten, um den Gläubigern Vermögensgegenstände zu entziehen oder ihre Rechte auf andere Weise zu schädigen;
4. Eigentumsübertragungen an einen Gläubiger zur Begleichung einer früheren Verbindlichkeit des Gläubigers, die in den sechs Monaten vor der Einleitung des Verfahrens vorgenommen wurden, wenn die Befriedigung, die der Gläubiger in der Insolvenz des Schuldners erhalten könnte, geringer ausfällt als der übertragene Wert;
5. Bevorrechtigung einer Forderung, die in den sechs Monaten vor der Eröffnung des Verfahrens ungesichert war;
6. Vorzeitige Rückzahlung von Schulden, die in den sechs Monaten vor der Eröffnung des Verfahrens entstanden sind, wenn die Fälligkeit dieser Schulden auf einen Zeitpunkt nach der Eröffnung des Verfahrens fallen würde;
7. Die Übertragung oder Übernahme von Verpflichtungen durch den Schuldner innerhalb eines Zeitraums von zwei Jahren vor der Eröffnung des Verfahrens mit der Absicht, den Zustand der Insolvenz zu verbergen/zu verzögern oder die Rechte eines Gläubigers zu schädigen.

8.2 Innerhalb der letzten zwei Jahre vor Insolvenzeröffnung gegenüber verbundenen oder nahestehenden Personen vorgenommene Rechtshandlungen und Rechtsgeschäfte

Die vorstehenden Regelungen (mit Ausnahme von Ziff. 4-6) gelten nicht für Handlungen, die in gutem Glauben bei der Erfüllung einer Vereinbarung mit Gläubigern vorgenommen wurden oder die als Ergebnis außergerichtlicher Verhandlungen zur Umschuldung vorgenommen wurden, sofern die Vereinbarung vernünftigerweise zur finanziellen Sanierung des Schuldners führen konnte und nicht den Zweck hat, Gläubiger zu benachteiligen und/oder zu diskriminieren.

Rechtsgeschäfte und Rechtshandlungen, die der Schuldner in den zwei Jahren vor der Eröffnung des Verfahrens mit verbundenen oder nahestehenden Personen abgeschlossen/vorgenommen hat, die ebenfalls angefochten werden können:

1. Mit einem Kommanditisten oder Gesellschafter, der mindestens 20 % des Kapitals der Gesellschaft oder der Stimmrechte in der Gesellschafterversammlung der Gesellschafter hält, wenn der Schuldner eine Kommanditgesellschaft bzw. eine landwirtschaftliche Gesellschaft ist;
2. Mit einem Gesellschafter oder Verwalter, wenn der Schuldner Gesellschafter einer „Gruppe von wirtschaftlichen Interessen" *(grup de interes economic)* ist;
3. Mit einem Aktionär, der mindestens 20 % der Aktien des Schuldners oder ggf. der Stimmrechte an der Generalversammlung *(Adunarea Generală a Acționarilor)* hält, wenn der Schuldner eine Aktiengesellschaft ist;
4. Mit einem Verwalter, Direktor oder einem Mitglied der Kontrollorgane des Schuldners, einer Genossenschaft, einer Gesellschaft mit beschränkter Haftung oder ggf. einer landwirtschaftlichen Gesellschaft;
5. Mit jeder anderen natürlichen oder juristischen Person, die eine kontrollierende Position in Bezug auf den Schuldner oder seine Tätigkeit einnimmt;

---

[76] Art. 117 Abs. 2 Gesetz 85/2014.

127 6. Mit einem Miteigentümer;
128 7. Mit Ehegatten, Verwandten oder nahestehenden Personen bis zum vierten Grad einschließlich der nahestehenden Personen der unter Ziff. 1–6 aufgeführten natürlichen Personen.[77]
129 Der erwerbende Dritte muss im Rahmen einer Vermögensübertragung, die nach den oben genannten Bestimmungen rückgängig gemacht wird, den übertragenen Vermögenswert an den Schuldner zurückgeben, oder, wenn der Vermögenswert nicht mehr existiert oder Hindernisse (jeglicher Art) für die Rückgabe bestehen, dem Dritten den Wert des Vermögenswerts zum Zeitpunkt der Übertragung erstatten. Im Fall einer Rückgabe werden die Beteiligten wieder in den früheren Rechtszustand versetzt.
130 Der erwerbende Dritte, der dem Schuldner den Vermögenswert (oder Wertersatz) zurückgegeben oder erstattet hat, hat gegen die Masse einen Anspruch auf Ersatz eventuellen Wertzuwachses, sofern die Übertragung in gutem Glauben und ohne die Absicht, einen Gläubiger zu benachteiligen, vorgenommen worden. Auf seinen Antrag ist der gutgläubige Dritte mit der diesbezüglichen Forderung in die Gläubigertabelle einzutragen und an der Verteilung der Masse zu beteiligen. Bösgläubigkeit muss nachgewiesen werden.
131 Der Dritte, der den Vermögenswert unentgeltlich und in gutem Glauben erworben hat, muss diesen in dem Zustand zurückgeben, in dem er sich befindet, ggf. erfolgte Wertsteigerungen kann der Dritte einbehalten. Bei Bösgläubigkeit hat der Dritte den gesamten Vermögenswert zurückzugeben.[78]

9. Haftung des gerichtlichen Verwalters/Liquidators (*administratorului judiciar/ lichidatorului*)

132 Der gerichtliche Verwalter/Liquidator (*administratorul/lichidatorul judiciar*) kann zur Verantwortung gezogen werden, wenn er seine Pflichten vorsätzlich oder grob fahrlässig verletzt. Vorsatz liegt vor, wenn der gerichtliche Verwalter/Liquidator gegen die Regeln des materiellen Rechts oder des Verfahrensrechts verstößt und dabei eine Beeinträchtigung eines legitimen Interesses in Betracht zieht oder in Kauf nimmt. Grobe Fahrlässigkeit liegt vor, wenn der gerichtliche Verwalter/gerichtliche Liquidator einer gesetzlichen Verpflichtung nicht oder nur ineffizient nachkommt und dadurch ein berechtigtes Interesse beeinträchtigt wird.[79]
133 Der gerichtliche Verwalter/Liquidator kann in zivil-, straf-, verwaltungs- oder disziplinarrechtlicher Hinsicht für Handlungen, die während des Verfahrens vorgenommen werden, zur Verantwortung gezogen werden.

10. Privatinsolvenzverfahren

134 Die Privatinsolvenz wird durch das Gesetz Nr. 151/2015 (im Folgenden: „Gesetz 151/2015") über die Insolvenz natürlicher Personen geregelt, das vom rumänischen Parlament im Juni 2015 verabschiedet wurde. Am 9.6.2017 beschloss die rumänische Regierung begleitende Verfahrensregelungen, diese enthalten Regeln für Schlichtungstermine im Insolvenzverfahren auf der Grundlage eines Schuldentilgungsplans; Parameter, die bei der Festlegung der Kriterien für die Beurteilung des angemessenen Lebensstandards eines Schuldners zu berücksichtigen sind; Regelungen für die Bestellung und Auswechslung des Insolvenzverwalters sowie für die Bekanntmachung des Verfahrens im Insolvenzblatt.
135 Der Schuldner, der eine natürliche Person ist, wird von den Verpflichtungen, die er vor dem Eintritt in die Insolvenz hatte, befreit, sofern er nicht wegen betrügerischer Insolvenz oder betrügerischer Zahlungen oder Überweisungen verurteilt ist; in diesen Fällen wird er nur dann von diesen Verpflichtungen befreit, wenn sie während des Verfahrens beglichen wurden.[80]
136 Das Gesetz gilt für Privatpersonen, die:
- ihren Wohnsitz oder gewöhnlichen Aufenthalt während der letzten sechs Monate in Rumänien hatten;
- zahlungsunfähig sind;
- nicht in der Lage sein werden, innerhalb von zwölf Monaten ihre vertraglichen Verpflichtungen zu erfüllen und dabei gleichzeitig einen angemessenen Lebensstandard zu wahren, weder für sich persönlich noch für die von ihnen abhängigen Personen;
- ausstehende Verbindlichkeiten haben, deren Gesamtbetrag die Summe von 15 nationalen monatlichen Mindestlöhnen übersteigt.

---

[77] Art. 117 par. 4 Gesetz 85/2014.
[78] Art. 120 Gesetz 85/2014.
[79] Art. 182 Gesetz 85/2014.
[80] Art. 181 Gesetz 85/2014.

Das Verfahren hat mit Unternehmensinsolvenzverfahren gemein, dass ab Beginn des gegen den 137
Schuldner eingeleiteten Verfahrens Zwangsvollstreckungsmaßnahmen ausgesetzt werden. Dieses
Moratorium dauert an bis
- zur Erledigung des Ersuchens um Schuldenerlass;
- zum Abschluss des auf einem Rückzahlungsplan basierenden Insolvenzverfahrens;
- zum Abschluss des Insolvenzverfahrens durch Liquidation der Masse, wenn alle Gläubiger ihre Zustimmung zum Insolvenzverfahren im Wege der durch Liquidation der Masse erklären.[81]

Die laufenden Verträge eines Schuldners gelten fort; der Insolvenzverwalter hat jedoch das Recht, 138
bestimmte Vereinbarungen zu kündigen.

Zu den Vermögenswerten, die nicht in die Masse fallen, gehören: 139
- persönliche oder Haushaltsgegenstände, einschließlich Möbel, die für den Schuldner und seine Familie für einen angemessenen Lebensunterhalt notwendig sind, jedoch ohne den Wert von jeweils 5.000 RON zu überschreiten;
- Objekte der Religionsausübung, wenn der Wert 2.000 RON nicht übersteigt;
- ein Fahrzeug, wenn es für den Schuldner und seine Familie, auch für den Umzug vom/zum Arbeitsort, unentbehrlich ist und einen Wert von maximal 5.000 RON hat, und wenn die Kosten seiner Anschaffung nicht einem Anspruch gegen das Vermögen des Schuldners unterliegen;
- die Gegenstände, die für den an einer Behinderung leidenden Unterhaltspflichtigen oder die von ihm unterhaltsberechtigten Personen in dieser Situation notwendig und angemessen sind, sowie die Gegenstände, die für die Pflege eines Patienten bestimmt sind;
- die für den Unterhaltspflichtigen und die Personen, die während des Verfahrens unterhaltspflichtig sind, erforderlichen Lebensmittel;
- Gegenstände, die der Ausübung des Berufs des Schuldners dienen.[82]

Bei einem Schuldner, der einem Insolvenzverfahren auf der Grundlage eines **Schuldentilgungs-** 140
plans oder eines **vereinfachten Insolvenzverfahrens** unterzogen wurde, kann der Schuldner innerhalb von 60 Tagen nach Erlass des Beschlusses zur Einstellung des Verfahrens einen Antrag auf **Restschuldbefreiung** stellen.

Auf Antrag des Schuldners und mit Zustimmung der Insolvenzkommission, das Insolvenzverfah- 141
ren auf der Grundlage eines Rückzahlungsplans abzuschließen, ordnet das Gericht an, dass der Schuldner von den Restschulden befreit wird, die die im Rückzahlungsplan vereinbarte Deckungsquote übersteigen.[83]

Nach Abschluss des gerichtlichen Insolvenzverfahrens durch Liquidation der Vermögenswerte 142
wird der Schuldner weiterhin Zahlungen an die Gläubiger während der vom Gericht (oder der Insolvenzkommission) festgelegten Zeiträume in festgelegter Höhe leisten und unterliegt dabei bestimmten Beschränkungen und Verboten.

Hat der Schuldner **nach Ablauf eines Jahres** nach Abschluss des Verfahrens eine Quote 143
von mindestens **50 %** der Gesamtschulden getilgt, kann das Gericht auf Antrag des Schuldners **Restschuldbefreiung** anordnen. Gleiches gilt, wenn der Schuldner nach drei Jahren ab dem Abschlussdatum des Verfahrens mindestens 40 % der Schulden getilgt hat.

Hat der redliche Schuldner nach drei Jahren nicht mindestens 40 % der Schulden getilgt, kann 144
das Gericht auf Antrag des Schuldners Restschuldbefreiung erst nach Ablauf von fünf Jahren nach Abschluss des Verfahrens anordnen.[84]

11. Grenzüberschreitende Insolvenz *(insolventa transfrontalieră)*

11.1 Konventionen, internationale, bilaterale oder multilaterale Übereinkünfte, denen Rumänien beigetreten ist

Das Insolvenzrecht in Rumänien hat „best practice"-Regelungen der internationalen Insolvenz- 145
praxis übernommen, dh die Empfehlungen der Weltbank, die in den *„Principles for Effective Insolvency and Creditor/Debtor Regimes"*[85] oder im *„Report on the Observance of Standards and Codes"*[86] enthalten sind; sowie die einschlägigen Empfehlungen der Europäischen Kommission und der UNCITRAL.[87]

---

[81] Art. 34 Gesetz 151/2015.
[82] Art. 3 Abs. 2 Gesetz 151/2015.
[83] Art. 71 Abs. 1 und 2 Gesetz 151/2015.
[84] Art. 72 Gesetz 151/2015.
[85] http://pubdocs.worldbank.org/en/919511468425523509/ICR-Principles-Insolvency-Creditor-Debtor-Regimes-2016.pdf.
[86] https://www.worldbank.org/en/programs/rosc.
[87] Weiterführend: Das neue Insolvenzrecht, Hrsg. Hamangiu, 2014.

146 Die grenzüberschreitende Insolvenz in Rumänien richtet sich zum einen nach der EuInsVO für Verfahren betreffend Schuldner, deren COMI in einem EU-Mitgliedstaat liegt; zudem hat Rumänien 2003 das Internationale Insolvenzgesetz (IIA) erlassen, das internationale Insolvenzen regelt, die nicht in den Anwendungsbereich der EuInsVO fallen. Das IIA wurde verabschiedet, um die im Rahmen des UNCITRAL-Modellgesetzes über grenzüberschreitende Insolvenz von 1997 entwickelten Grundsätze in rumänisches Recht umzusetzen.

11.2 Anwendung der Regeln des internationalen Privatrechts

147 Das Gesetz 85/2014 enthält in Titel III kollisionsrechtliche Bestimmungen, dh internationales Privatrecht zur Regelung grenzüberschreitender Insolvenzen.

148 Diese Bestimmungen sind anwendbar[88]
- wenn in Rumänien von einem ausländischen Gericht oder von einem ausländischen Vertreter im Zusammenhang mit einem ausländischen Insolvenzverfahren um Unterstützung gebeten wird;
- wenn in einem anderen Staat im Zusammenhang mit einem rumänischen Insolvenzverfahren um Unterstützung gebeten wird;
- im Fall der gleichzeitigen Durchführung eines rumänischen Insolvenzverfahrens und eines ausländischen Insolvenzverfahrens über eines der Mitglieder einer Unternehmensgruppe;
- wenn die Gläubiger oder andere interessierte Personen aus einem anderen Staat daran interessiert sind, in Rumänien die Eröffnung eines in diesem Gesetz vorgesehenen Verfahrens zu beantragen oder an einem eröffneten Verfahren teilzunehmen.

149 Bestimmte Institutionen wie Banken, Versicherungs- oder Rückversicherungsgesellschaften und Börsen sind von den Bestimmungen des Kapitels zur grenzüberschreitenden Insolvenz ausgenommen.[89]

150 Soweit ein Widerspruch zwischen den Bestimmungen über die grenzüberschreitende Insolvenz und den Verpflichtungen Rumäniens besteht, die sich aus Verträgen, Übereinkommen oder anderen Formen internationaler, zwei- oder mehrseitiger Vereinbarungen ergeben, denen Rumänien beigetreten ist, finden die Bestimmungen des Vertrags, der Konvention oder der internationalen Vereinbarung Anwendung.[90]

151 Die rumänischen Gerichte können die Anerkennung eines ausländischen Verfahrens, die Vollstreckung einer ausländischen Gerichtsentscheidung, die im Rahmen eines solchen Verfahrens getroffen wurde, die Entscheidungen, die sich unmittelbar aus dem Insolvenzverfahren ergeben und in engem Zusammenhang damit stehen oder die Genehmigung einer anderen in Titel III Gesetz 85/2014 vorgesehenen Maßnahme nur dann verweigern, wenn
- die Entscheidung das Ergebnis eines Betrugs im Rahmen des im Ausland eröffneten Verfahrens ist;
- die Entscheidung gegen die Bestimmungen des *ordre public* des rumänischen internationalen Privatrechts verstößt.[91]

152 Ausländische Gläubiger haben dieselben Rechte hinsichtlich der Eröffnung und Teilnahme am Verfahren wie die rumänischen Gläubiger.

11.3 Ein ausländisches Insolvenzverfahren wird anerkannt als

153
- Hauptverfahren, wenn es in einem ausländischen Staat durchgeführt wird, in dem der Schuldner seinen COMI hat;
- ausländisches Sekundärverfahren, wenn es in einem ausländischen Staat durchgeführt wird, in dem der Schuldner seine Niederlassung hat (jeder Ort, an dem der Schuldner nicht nur vorübergehend unter Einsatz von Personal und Vermögenswerten eine wirtschaftliche Tätigkeit oder einen unabhängigen Beruf ausübt).[92]

154 Ab dem Zeitpunkt der Anerkennung des Hauptinsolvenzverfahrens im Ausland werden gerichtliche und außergerichtliche Maßnahmen der individuellen Vollstreckung in das Vermögen des Schuldners ausgesetzt.[93]

155 Nach der Anerkennung eines ausländischen Hauptinsolvenzverfahrens kann die Eröffnung des rumänischen Verfahrens gegen denselben Schuldner unter den gesetzlich vorgesehenen Bedingungen nur dann erfolgen, wenn der Schuldner einen Sitz in Rumänien hat.

---

[88] Art. 274 Gesetz 85/2014.
[89] Art. 274 Abs. 2 Gesetz 85/2014.
[90] Art. 275 Gesetz 85/2014.
[91] Art. 278 Gesetz 85/2014.
[92] Art. 289 Gesetz 85/2014.
[93] Art. 289 Abs. 1 Gesetz 85/2014.

Die Auswirkungen des anerkannten Verfahrens werden nur auf die im rumänischen Hoheitsgebiet befindlichen Vermögenswerte und, soweit dies zur Anwendung der vom Gesetz vorgesehenen Zusammenarbeit und Koordinierung erforderlich ist, auf andere Vermögenswerte des Schuldners beschränkt, die nach rumänischem Recht in diesem Verfahren verwaltet werden müssen.[94]

12. COVID-19-Maßnahmen

Am 15.5.2020 wurde im rumänischen Staatsanzeiger das Gesetz Nr. 55 über *Maßnahmen zur Verhütung und Bekämpfung der Auswirkungen der COVID-19-Pandemie* veröffentlicht, das Maßnahmen in Bezug auf insolvente Unternehmen und gegen die Auswirkungen der COVID-19-Pandemie auf diese Unternehmen enthält.

Hiernach sind zahlungsunfähige Schuldner während der Dauer des „nationalen Notstands" (beginnend 15.5.2020) berechtigt, aber nicht verpflichtet, einen Insolvenzantrag beim zuständigen Gericht zu stellen. Die 30 Tage, innerhalb derer der Schuldner den Insolvenzantrag stellen müsste, wurden für die gesamte Dauer des nationalen Notstands und weitere anschließende 30 Tage ausgesetzt.

Einem Insolvenzantrag eines Gläubigers kann nicht stattgegeben werden, wenn er nicht nachweisen kann, dass angemessene Versuche unternommen wurden, mit dem Schuldner zu einer Zahlungsvereinbarung zu gelangen.

Außerdem wurde für die Dauer des nationalen Notstands die Insolvenzschwelle für die Eröffnung des Verfahrens von 40.000 RON auf 50.000 RON für diejenigen Schuldner angehoben, deren Tätigkeit aufgrund der von den Behörden während des nationalen Notstands getroffenen Anordnungen ganz oder teilweise eingestellt worden war.

Die Vollstreckung von Forderungen, die älter als 60 Tage sind und während eines laufenden Insolvenzverfahrens fällig wurden, wird ausgesetzt. Laufende Beobachtungsphasen im Insolvenzverfahren werden um drei Monate verlängert, auch die Frist für die Vorlage von Reorganisationsplänen im Insolvenzverfahren wurde um drei Monate verlängert.

Wenn die Auswirkungen der COVID-19-Pandemie die Erholungsaussichten angesichts der Möglichkeiten und Besonderheiten der Tätigkeit des Schuldners, der sich in der Reorganisation befindet, verändert haben, kann ein angepasster Reorganisationsplan mit einer Frist von drei Monaten ab Inkrafttreten des Gesetzes Nr. 55/2020 vorgelegt werden.

Diejenigen Schuldner, die sich gegenwärtig in der Reorganisation befinden, können die Verlängerung der Umsetzungsphase des Restrukturierungsplans um zwei Monate beantragen, oder können, wenn sie ihre Geschäftstätigkeit vollständig einstellen mussten, eine Aussetzung des Reorganisationsplans für einen Zeitraum von bis zu zwei Monaten beantragen.

Gleichzeitig kann das Gericht eine Verlängerung der Reorganisationsfrist gewähren, ohne die Gesamtlaufzeit des Plans von fünf Jahren zu überschreiten; diese Bestimmung gilt sowohl für laufende als auch für neue Reorganisationspläne.

---

[94] Art. 300 Gesetz 85/2014.

Rumänien

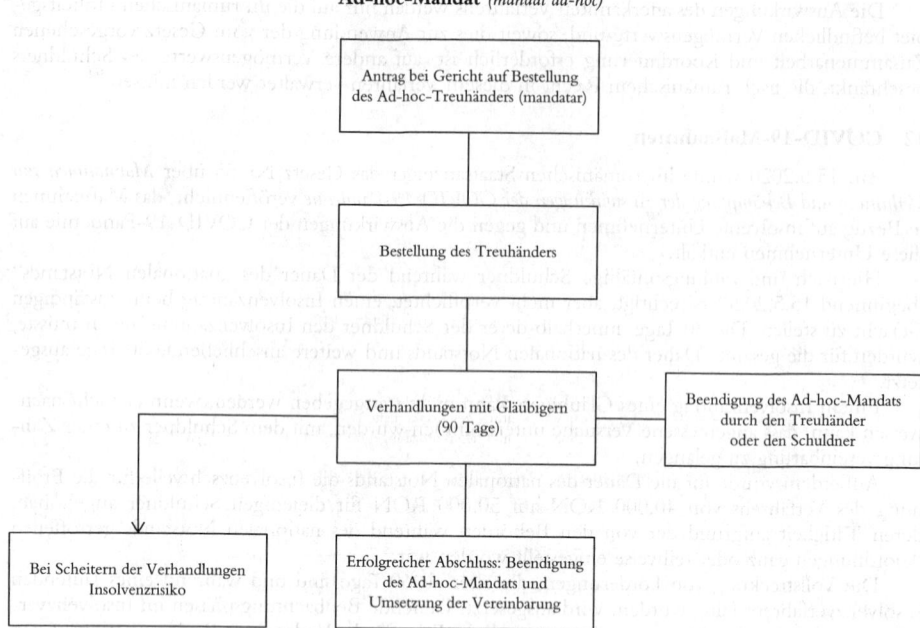

Rumänien

präventives Konkordatverfahren *(procedura concordatului preventiv)*

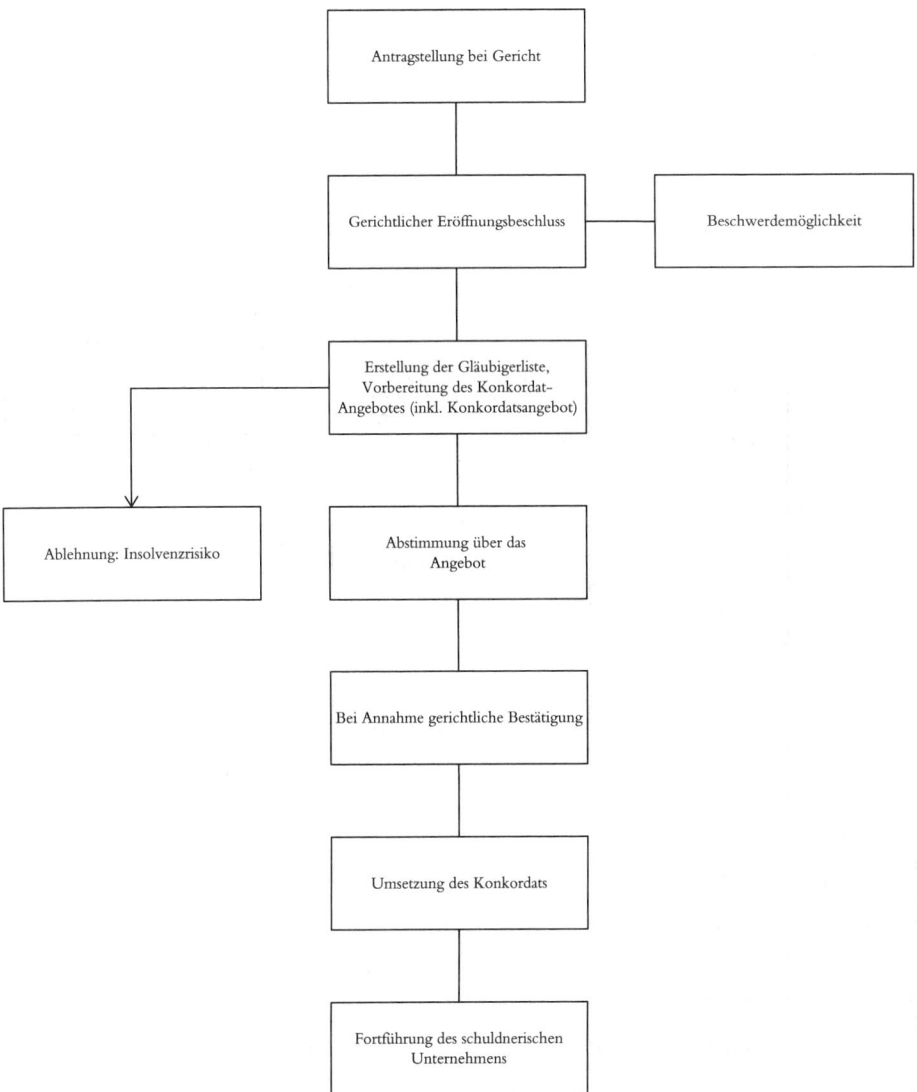

Rumänien

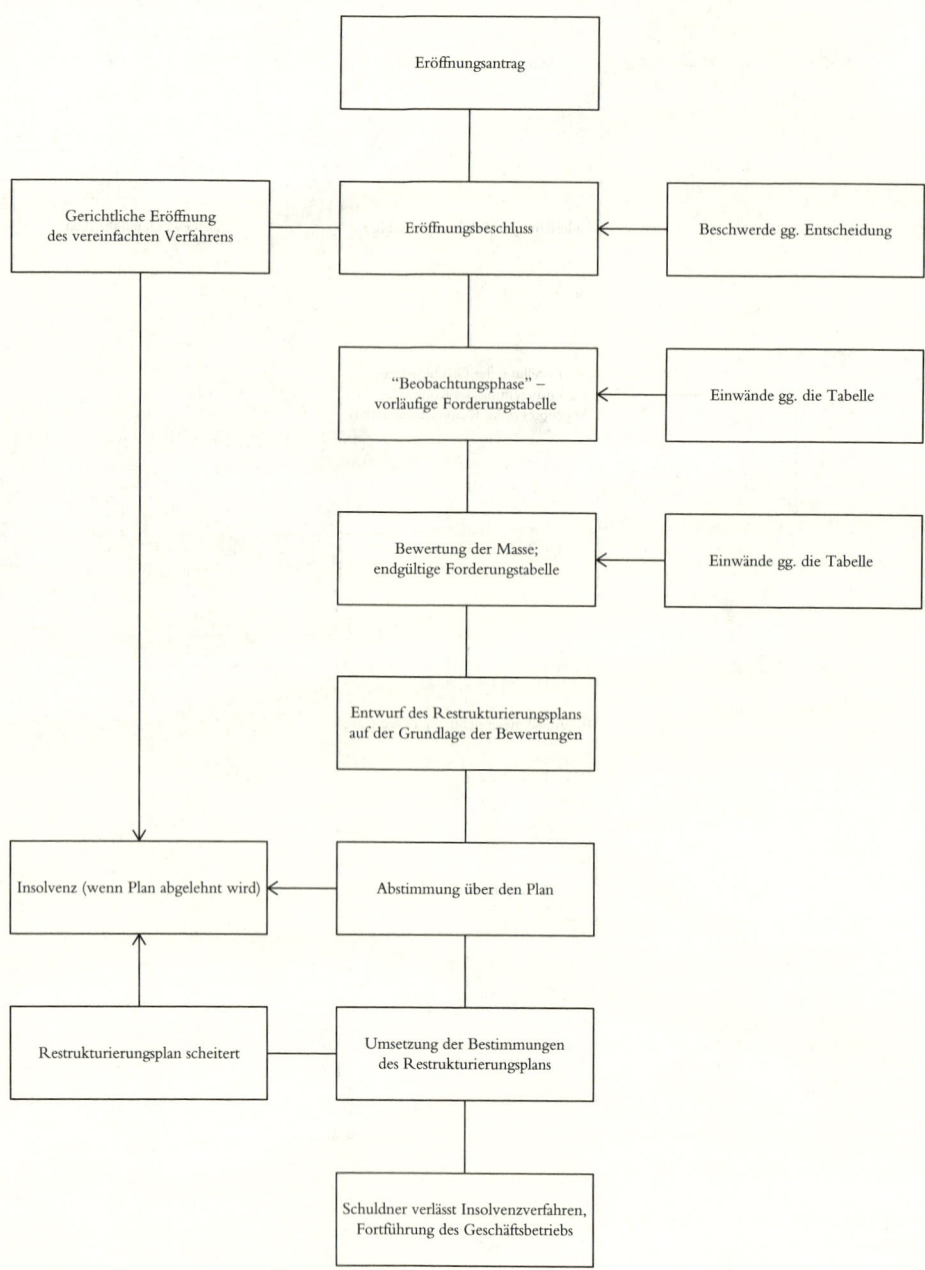

Rumänien

Glossar

Rumänisch	Deutsch	Rn.
Administratorul concordatar provizoriu	Konkordatsverwalter, vorläufiger präventiver	18
administratorul judiciar	Verwalter, gerichtlicher (gerichtlich bestellter Verwalter in der Beobachtungsphase)	44, 47, 50, 58, 112
administratorul special	Sonderverwalter (üblicherweise von der Gesellschaft bestellter Verwalter in der Beobachtungsphase)	45, 58, 83
adunarea creditorilor	Gläubigerversammlung	19, 52
Anularea actelor frauduloase	Anfechtung	112
camera de consiliu	Ratssaal (des Präsidenten des Richterkabinetts, zuständig im Verfahren *mandat ad-hoc*)	14
cererea de deschidere a procedurii	Insolvenzantrag	37
comitetul creditorilor	Gläubigerausschuss	50
contractele de muncă	Arbeitsverträge	89
creditor bugetar	öffentliche Hand, als Gläubiger	26
creditori indispensabili	Gläubiger, unverzichtbare	67
Creditorii	Gläubiger	20
debitorul	Schuldner	17
drepturi de retenție	Zurückbehaltungsrecht	90
Executare silită	Zwangsvollstreckungsmaßnahmen	18
falimentul	„Bankrott" (Form der Abwicklung, wenn Insolvenzverfahren nicht in Restrukturierung mündet)	9, 43, 84, 97
gajuri	Verpfändung	90
garanțiile	Sicherheiten	90
grupul de societăți	Unternehmen, Gruppe von	107
insolvența instituțiilor de credit	Kreditinstitut, Insolvenz eines	4
insolvența transfrontalieră	Grenzüberschreitende Insolvenz	146
ipoteci imobiliare	Hypotheken, an Grundstücken	90
ipoteci mobiliare	Hypotheken, an beweglichen Sachen	90
judecătorul sindic	Insolvenzrichter	18
lichidatorul	Liquidator (wird im Verfahren „Bankrott", falimentul, bestellt)	58, 97, 132
mandat ad-hoc	Ad-hoc-Mandat	6, 12
mandatar	Treuhänder (im Verfahren mandat-ad-hoc)	7, 14
oferta de concordat	Konkordatangebot	17, 21
perioadă de observație	Beobachtungsphase (im Insolvenzverfahren)	9, 11, 34, 39
perioada de reorganizare	Restrukturierungsphase	58
planul de restructurare	Restrukturierungsplan	17, 21
presedintele cabinetului	Präsident des Richterkabinetts (zuständig im Verfahren *mandat ad-hoc*)	14
privilegii speciale	Privilegien, besondere	90
procedura concordatului preventiv	Konkordatverfahren, präventives	6, 8, 17
procedură generală	Insolvenzverfahren, allgemeines	9, 33

Rumänien

Rumänisch	Deutsch	Rn.
procedură simplificată	Insolvenzverfahren, vereinfachtes	10, 33
reorganizare	Restrukturierung	9, 33
societăți de asigurare/ reasigurare	Versicherungs-/ Rückversicherungsunternehmen	5
suspendarea executărilor silite	Moratorium	40, 53, 137
tabelul definitive al creanțelor	Forderungstabelle, endgültige	42
Testul creditorului privat diligent	Privatgläubigertest	26
tranzacții în perioada ante-insolvență	vor der Insolvenz vorgenommene Rechtshandlungen und Rechtsgeschäften (Kontext Anfechtung)	112
Uniunea Națională a practicienilor în insolvență din România	(„UNPIR"): Abkürzung für nationale Vereinigung der rumänischen Insolvenzverwalter	14

Glossar

Deutsch	Rumänisch	Rn.
(„UNPIR"): Abkürzung für nationale Vereinigung der rumänischen Insolvenzverwalter	Uniunea Națională a practicienilor în insolvență din România	14
„Bankrott" (Form der Abwicklung, wenn Insolvenzverfahren nicht in Restrukturierung mündet)	falimentul	9, 43, 84, 97
Ad-hoc-Mandat	mandat ad-hoc	6, 12
Anfechtung	Anularea actelor frauduloase	112
Arbeitsverträge	contractele de muncă	89
Beobachtungsphase (im Insolvenzverfahren)	perioadă de observație	9, 11, 34, 39
Forderungstabelle, endgültige	tabelul definitive al creanțelor	42
Gläubiger	Creditorii	20
Gläubiger, unverzichtbare	creditori indispensabili	67
Gläubigerausschuss	comitetul creditorilor	50
Gläubigerversammlung	adunarea creditorilor	19, 52
Grenzüberschreitende Insolvenz	insolventa transfrontalieră	146
Hypotheken, an beweglichen Sachen	ipoteci mobiliare	90
Hypotheken, an Grundstücken	ipoteci imobiliare	90
Insolvenzantrag	cererea de deschidere a procedurii	37
Insolvenzrichter	judecătorul sindic	18
Insolvenzverfahren, allgemeines	procedură generală	9, 33
Insolvenzverfahren, vereinfachtes	procedură simplificată	10, 33
Konkordatangebot	oferta de concordat	17, 21
Konkordatsverwalter, vorläufiger präventiver	Administratorul concordatar provizoriu	18
Konkordatverfahren, präventives	procedura concordatului preventiv	6, 8, 17
Kreditinstitut, Insolvenz eines	insolventa instituțiilor de credit	4
Liquidator (wird im Verfahren „Bankrott", falimentul, bestellt)	lichidatorul	58, 97, 132
Moratorium	suspendarea executărilor silite	40, 53, 137

Rumänien

Deutsch	Rumänisch	Rn.
öffentliche Hand, als Gläubiger	*creditor bugetar*	26
Präsident des Richterkabinetts (zuständig im Verfahren *mandat ad-hoc*)	*presedintele cabinetului*	14
Privatgläubigertest	*Testul creditorului privat diligent*	26
Privilegien, besondere	*privilegii speciale*	90
Ratssaal (des Präsidenten des Richterkabinetts, zuständig im Verfahren *mandat ad-hoc*)	*camera de consiliu*	14
Restrukturierung	*reorganizare*	9, 33
Restrukturierungsphase	*perioada de reorganizare*	58
Restrukturierungsplan	*planul de restructurare*	17, 21
Schuldner	*debitorul*	17
Sicherheiten	*garanțiile*	90
Sonderverwalter (üblicherweise von der Gesellschaft bestellter Verwalter in der Beobachtungsphase)	*administratorul special*	45, 58, 83
Treuhänder (im Verfahren mandat-ad-hoc)	*mandatar*	7, 14
Unternehmen, Gruppe von	*grupul de societăți*	107
Verpfändung	*gajuri*	90
Versicherungs-/Rückversicherungsunternehmen	*societăți de asigurare / reasigurare*	5
Verwalter, gerichtlicher (gerichtlich bestellter Verwalter in der Beobachtungsphase)	*administratorul judiciar*	44, 47, 50, 58, 112
vor der Insolvenz vorgenommene Rechtshandlungen und Rechtsgeschäften (Kontext Anfechtung)	*tranzacții în perioada ante-insolvență*	112
Zurückbehaltungsrecht	*drepturi de retenție*	90
Zwangsvollstreckungsmaßnahmen	*Executare silită*	18

Russische Föderation

bearbeitet von *Michael Schwartz* und *Maxim Pogrebnoy*
(Freshfields Bruckhaus Deringer LLP, München, Moskau)

Übersicht

		Rn.
1.	Schrifttum	1
2.	Einführung	4
2.1	Gesetzlicher Rahmen	4
2.2	Verfahrenstypen	6
3.	*Vozbuzhdenie proizvodstva po delu o bankrotstve* – Eröffnung des Insolvenzverfahrens	10
3.1	*Osnovaniya dlya priznaniya dolzhnika bankrotom* – Insolvenzgründe	10
3.2	*Dolzhniki* – Schuldner	22
3.3	*Arbitrazhniy upravlyayushiy* – Arbitrageverwalter	25
3.4	*Obespechitelnie meri* – Sicherungsmaßnahmen vor Verfahrenseröffnung	27
3.5	Wirkungen der Verfahrenseröffnung	28
4.	Ablauf des Verfahrens	36
4.1	*Pred'yavlenie trebovaniy k dolzhniku* – Anmeldung der Forderungen durch die Gläubiger	36
4.2	*Sobranie kreditorov* – Gläubigerversammlung	40
4.3	Verwaltung und Verwertung der Insolvenzmasse	47
4.3.1	*Finansovoe ozdorovlenie* – Finanzielle Sanierung	48
4.3.2	*Vneshnee upravlenie* – Externe Verwaltung	56
4.3.3	*Konkursnoe proizvodstvo* – Konkursverfahren	66
4.3.4	*Mirovoe soglashenie* – Vergleich	74
4.3.5	*Uproschennie protseduri* – Vereinfachte Verfahren	75
5.	*Kreditory* – Gläubiger	78
5.1	*Isklyuchenie iz konkursnoi massi* – Aussonderung	78
5.2	*Kreditori, trebovaniya kotorykh obespecheni zalogom* – Durch Pfandrecht gesicherte Gläubiger	80
5.3	*Privilegirovannie konkursnie kreditori* – Bevorzugte Gläubiger	82
5.4	Einfache Insolvenzgläubiger	83
5.5	*Kreditori, rascheti s kotorimi osuschestvliayutsia posle raschetov s kreditorami tret'iey ochered* – Nachrangige Insolvenzgläubiger	84
5.6	*Kreditory po tekuschim platezham* – Massegläubiger (Gläubiger von Ansprüchen auf laufende Zahlungen)	85
6.	*Rascheti s kreditorami* – Verteilung an die Gläubiger	86
7.	Verträge im Insolvenzverfahren	88
8.	*Zachet* – Aufrechnung	91
9.	*Priznanie nedeistvitelnim* – Anfechtung	92
10.	Persönliche Haftung	95
11.	*Reorganizatsiya* – Reorganisationsverfahren	103
12.	Internationales Insolvenzrecht	108
13.	Aktuelle Regelungen im Zusammenhang mit der COVID-19-Pandemie	110

1. Schrifttum

Eine große Anzahl russischer Rechtsvorschriften im Bereich des Insolvenzrechtes ist **in russischer Sprache** auf den **Websites** von russischen Informationsprovidern erhältlich (www.garant.ru und www.konsultant.ru). Die **offizielle Informationsquelle** für die Veröffentlichung neuer Rechtsvorschriften und Änderungen bestehender Rechtsvorschriften in russischer Sprache ist das offizielle Internetportal für juristische Information (www.pravo.gov.ru:8080/appearance/officialPublications/mainWebForm.aspx). 1

Als weitere Informationsquelle über Fragen des Insolvenzrechts dienen das *Ediniy federal'niy reestr svedeniy o bankrostve*, das Einheitliche Föderale Register der Veröffentlichungen über die Insolvenz, sowie das *Ediniy federal'niy reestr svedeniy o faktakh deyatel'nosti juirditcheskikh liz*, das Einheitliche Föderale Register der Veröffentlichungen über die Tätigkeit juristischer Personen, die im Internet unter der Adresse www.fedresurs.ru eingesehen werden können. Auf diesen Websites werden Informationen über die Insolvenz (*Nesostoyatelnost' (bankrotstvo)*) juristischer Personen und die auf diese anzuwendenden Verfahren, über die Insolvenzverwalter, über die Versteigerung von Vermögen insolventer Unternehmen usw. sowie über die Androhung der Stellung eines Insolvenzantrages veröffentlicht. 2

Russische Föderation   3–11

3   **Übersetzungen russischer Gesetze.** Einige der im nachfolgenden Text zitierten Gesetze sind in deutscher Sprache im Handbuch Wirtschaft und Recht in Osteuropa, herausgegeben vom Institut für Ostrecht München, Band 3, Verlag C.H. Beck München, 2019, verfügbar.

2. Einführung

2.1 Gesetzlicher Rahmen

4   **Zentrale Vorschrift** des russischen Insolvenzrechts ist das *Federalniy zakon „O nesostoyatelnosti (bankrotstve)"*, das **Föderale Gesetz „Über die Insolvenz (Bankrott)"** vom 26.10.2002 Nr. 127-FS (im folgenden *InsG*), derzeit nach umfangreichen Änderungen in der Fassung vom 15.5.2019. Wie andere Rechtsakte der Russischen Föderation auch, unterliegt das InsG regelmäßigen, **mehr oder weniger grundlegenden Änderungen und Ergänzungen**.

5   Daneben gelten die allgemeinen Vorschriften, insbesondere die des Ersten Teils des *Grazhdanskiy kodeks Rossiyskoy Federatsiyi*, des Zivilgesetzbuches der Russischen Föderation, in der Fassung vom 18.3.2019 (im folgenden *ZGB*) und des *Arbitrazhniy protsessualniy kodeks Rossiyskoy Federatsiyi*, des Arbitrageverfahrensgesetzes der Russischen Föderation in der Fassung vom 25.12.2018 (im folgenden *AVG*).

2.2 Verfahrenstypen

6   Das russische Insolvenzrecht ist zwar relativ **komplex**, aber gleichzeitig **flexibel** ausgestaltet.

7   **Ziel jedes Insolvenzverfahrens** ist die möglichst vollständige Befriedigung der Forderungen der Gläubiger des Insolvenzschuldners. Dieses Ziel kann im Wege verschiedener, nach Entscheidung des *Arbitrazhniy sud* (Arbitragegerichts)[1] durchzuführender Verfahrenstypen erreicht werden, nämlich durch **Nablyudenie (Beobachtung)**, **Finansovoe ozdorovlenie (finanzielle Sanierung)**, *Vneshnee upravlenie* **(externe Verwaltung)**, **Konkursnoe proizvodstvo (Konkursverfahren)** und *Mirovoe soglashenie* **(Vergleich)**. Die im Insolvenzverfahren anzuwendenden **Verfahrenstypen** können sich **abhängig von der Person des Schuldners unterscheiden**. Insbesondere gelten für **einzelne Arten von juristischen Personen** (insbesondere landwirtschaftlichen Organisationen, Finanzorganisationen, Versicherungsunternehmen und tatsächlichen Monopolen) **besondere Verfahren**, die sich vom allgemeinen Insolvenzverfahren unterscheiden. Schließlich bestehen **vereinfachte Regelungen** im Falle der Feststellung der Unzulänglichkeit des Vermögens einer **zu liquidierenden juristischen Person** oder bei **Einstellung der Geschäftstätigkeit des Schuldners** (im letzteren Falle gilt die juristische Person nach der Terminologie des InsG als *Otsutstvuyushiy dolzhnik* – abwesender Schuldner").

8   Neu und gesondert geregelt ist nunmehr auch das Insolvenzverfahren für **Privatpersonen** und **Individualunternehmer.** Für diese Gruppe von Schuldnern sind **besondere Verfahrenstypen** vorgesehen (Restrukturierung der Schulden, Verwertung des Vermögens oder Vergleich). Der vorliegende Beitrag beschränkt sich im Wesentlichen auf die Darstellung des Insolvenzverfahrens für juristische Personen.

9   Keine Sonderregelungen bestehen dagegen für die gemeinsame Insolvenzerklärung von Konzerngesellschaften.

3. Vozbuzhdenie proizvodstva po delu o bankrotstve – Eröffnung des Insolvenzverfahrens

3.1 *Osnovaniya dlya priznaniya dolzhnika bankrotom* – Insolvenzgründe

10   Eröffnungsgrund für die oben aufgeführten Regelverfahren ist die **Neplatezhesposobnost' (Zahlungsunfähigkeit)** einer juristischen Person.[2] Eine **bilanzielle Überschuldung** (*Previshenie raskhodov nad dokhodami*) der juristischen Person oder **unzureichende Aktiva reichen hierzu nicht aus.**[3]

11   Als **zahlungsunfähig** gilt eine juristische Person dann, wenn sie Forderungen von Gläubigern auf Zahlung von Geldmitteln und/oder Verpflichtungen zur Entrichtung von öffentlichen Pflichtabgaben nicht erfüllen kann.[4] Zu den Geldforderungen zählen dabei nur Forderungen aus **Bankkredi-**

---

[1]   Bei dem *Arbitrazhniy sud* handelt es sich um ein staatliches (Handels)Gericht, nicht um ein Schiedsgericht.
[2]   Ähnliche Vorschriften gelten grundsätzlich auch für die Insolvenz natürlicher Personen.
[3]   Allerdings besteht für den Fall, dass der Bilanzwert der Aktiva der Gesellschaft die Höhe des gesetzlich festgelegten Mindestbetrages des Stammkapitals unterschreitet, nach den allgemeinen Regeln eine Verpflichtung zur Liquidation der Gesellschaft.
[4]   Art. 2 Abs. 2 InsG.

ten und solche Forderungen, die durch eine **rechtskräftige Entscheidung eines Gerichts** oder Schiedsgerichts bestätigt sind.[5] Als **öffentliche Pflichtabgaben** gelten Steuern, Abgaben, Bußgelder oder Geldstrafen und andere verpflichtende Beiträge, die nicht innerhalb von 30 Tagen ab dem Zeitpunkt beglichen worden sind, zu dem die entsprechende staatliche Behörde einen **Beschluss über die Zwangsvollstreckung** wegen dieser Zahlungspflichten gefasst hat.[6] Die Höhe der ausstehenden Forderungen und öffentlichen Pflichtabgaben muss bei einer juristischen Person **mindestens 300.000,- Rubel** betragen.[7]

Als Grund für die Eröffnung einer *Uproschennaya protsedura*, eines **vereinfachten Insolvenzverfahrens** bezüglich eines **in Liquidation (*Likvidatsiya*) befindlichen Unternehmens** gilt nicht die *Neplatezhesposobnost'* (Zahlungsunfähigkeit), sondern die feststehende **Unzulänglichkeit des Vermögens (*Nedostatochnost' imuchestva*)** der entsprechenden juristischen Person für die Begleichung ihrer Verbindlichkeiten. Unzulänglichkeit des Vermögens ist dann gegeben, wenn der Gesamtbetrag der Verbindlichkeiten des Schuldners den Wert seines Vermögens übersteigt. Die Unzulänglichkeit des Vermögens einer juristischen Person kann durch den Liquidator oder die Liquidationskommission des Schuldners bei Erstellung der vorläufigen Liquidationsbilanz oder in Folge der Geltendmachung von Ansprüchen durch Gläubiger oder der anderweitigen Entdeckung von Verbindlichkeiten festgestellt werden.

Ferner kann eine *Uproschennaya protsedura* **über das Vermögen eines *Otsutstvuyushiy dolzhnik* („abwesenden" Schuldners)** eröffnet werden, wenn die betreffende juristische Person Verbindlichkeiten aufweist, aber nicht mehr werbend tätig ist und die Organe der Geschäftsführung nicht mehr kontaktiert werden können.[8] Eine *Neplatezhesposobnost'* (Zahlungsunfähigkeit) ist dafür wiederum nicht erforderlich.

Zuständig für die **Entscheidung über die Verfahrenseröffnung** und das **anzuwendende Verfahren** ist das *Arbitrazhniy sud*, **das Arbitragegericht**.[9] Während das russische Recht im Allgemeinen sehr schiedsfreundlich ist, darf das Insolvenzverfahren nur vor dem *Arbitrazhniy sud* als staatlichem (Handels-)Gericht verhandelt werden. Außergerichtliche Einigungen zwischen dem Schuldner und seinen Gläubigern, die nicht nach dem formellen Verfahren getroffen werden, sind dagegen möglich.

Antragsberechtigt sind der Schuldner selbst (bei Vorliegen von Umständen, die nach Auffassung des Schuldners offensichtlich darauf schließen lassen, dass er nicht in der Lage sein wird, seine finanziellen Verpflichtungen fristgerecht zu erfüllen), sowie jeder Gläubiger.[10]

In einigen Fällen sieht das InsG eine **Verpflichtung der Geschäftsführung** (in diesem Fall des Generaldirektors, des Geschäftsführers oder des Liquidators) des zahlungsunfähigen Schuldners zur **Stellung eines Insolvenzantrags beim *Arbitrazhniy sud*** vor.[11] Vorgeschaltet ist die Verpflichtung, die **drohende Insolvenz** durch **Veröffentlichung** im *Ediniy federal'niy reestr svedeniy o faktakh deyatel'nosti juirditcheskikh liz* (Einheitlichen Föderalen Register der Veröffentlichungen über die Tätigkeit juristischer Personen) anzuzeigen.[12] Die Veröffentlichung soll unter anderem dazu dienen, den Gesellschaftern die Möglichkeit zu geben, durch Nachschüsse die Zahlungsfähigkeit der Gesellschaft wiederherzustellen.

Bleibt die Geschäftsleitung trotz Vorliegens der Merkmale einer Insolvenz **untätig**, statuiert das InsG eine **Verpflichtung der Gesellschafter** oder anderer den Schuldner kontrollierender Personen, durch geeignete Maßnahmen für eine Antragstellung zu sorgen.[13]

Bei **verspäteter Stellung** des Insolvenzantrages durch die Geschäftsführung des Schuldners oder **Untätigkeit der Gesellschafter** können diese zu einer **subsidiären Haftung** für solche Verbindlichkeiten des Schuldners herangezogen werden, die nach Ablauf der gesetzlichen Frist für die Stellung des Insolvenzantrages bis zur Verfahrenseröffnung entstanden sind. Ein **Verstoß** gegen die Verpflichtung zur Antragstellung kann darüber hinaus als Ordnungswidrigkeit mit einer **Geldstrafe** und/oder **Disqualifikation**[14] geahndet werden.

---

[5] Art. 6 Abs. 3 InsG.
[6] Art. 2 und Art. 7 Abs. 2 InsG.
[7] Art. 6 Abs. 2 und Art. 33 Abs. 2 InsG; dies entspricht zum Stand v. 30.6.2019 etwa 4.300,00 EUR; die Gesamthöhe der Forderungen gegenüber Privatpersonen und Individualunternehmern muss mindestens 500.000,- Rubel (derzeit etwa 7.200,00 EUR) betragen.
[8] Art. 227 ff. InsG.
[9] Art. 6 Abs. 1 InsG.
[10] Art. 7 und 11 Abs. 1 InsG.
[11] Art. 9 Abs. 1 InsG.
[12] Art. 30 Abs. 1 InsG.
[13] Art. 9 Abs. 3.1 InsG.
[14] Disqualifikation bedeutet den zeitweiligen Ausschluss von der Ausübung von Leitungsfunktionen bei juristischen Personen.

19 Die **formellen Anforderungen an den Insolvenzantrag** durch einen **Gläubiger** sind in Art. 39 und Art. 40 InsG näher geregelt. Insbesondere hat der Antrag eine **genaue Bezeichnung** der fälligen Forderungen gegen den Schuldner zu enthalten. Dem Antrag des Gläubigers sind ferner Unterlagen beizufügen, die das Bestehen und die Höhe der Verbindlichkeiten des Schuldners dem Gläubiger gegenüber belegen sowie ein **rechtskräftiges Urteil eines Gerichts,** das die Forderung des Gläubigers gegen den Schuldner bestätigt. Für **Banken und Kreditorganisationen** als Antragsteller ist dagegen **kein Titel** erforderlich.

20 Mindestens 15 Tage **vor einer Antragstellung** durch einen Gläubiger ist eine entsprechende **Androhung** im *Ediniy federal'niy reestr svedeniy o faktakh deyatel'nosti juirditcheskikh liz,* (Einheitlichen Föderalen Register der Veröffentlichungen über die Tätigkeit juristischer Personen) zu **veröffentlichen**.[15] Hält das Gericht den Insolvenzantrag für **begründet,** so ordnet es normalerweise innerhalb von 35 Tagen ab dem Tag des Eingangs des Antrags bei Gericht das **vorläufige Verfahren der *Nablyudenie* (Beobachtung)** an (hierzu → Rn. 2).

21 Sofern beim Schuldner **keine ausreichenden Mittel zur Deckung der Verfahrenskosten** und insbesondere zur Bezahlung der Vergütung für den Arbitrageverwalter vorhanden sind, stellt das Arbitragegericht das Verfahren **mangels Masse** ein.[16] In der Praxis fordern die Arbitragegerichte vom Antragsteller häufig die **Leistung einer Vorauszahlung** in Höhe des Mindestbetrages der Verfahrenskosten für 6 Monate.[17]

3.2 *Dolzhniki* – Schuldner

22 **Insolvenzfähig** sind grundsätzlich **alle juristischen Personen, Privatpersonen** sowie staatlich registrierte **Individualunternehmer.** Ausgenommen hiervon sind Staatsunternehmen, staatliche Organisationen, politische Parteien und religiöse Organisationen sowie staatliche Körperschaften, staatliche Gesellschaften und Staatsfonds, sofern nicht ein anderes durch das Gesetz über ihre Gründung bestimmt ist.[18] Unter einer staatlichen Körperschaft oder Gesellschaft sind spezielle nichtkommerzielle Organisationen zu verstehen, die auf der Grundlage gesonderter föderaler Gesetze gegründet wurden (also nicht Wirtschaftsunternehmen, an denen der Staat beteiligt ist).[19]

23 Für **einzelne Kategorien von Schuldnern** gelten **Sondervorschriften,** die sich auf alle Bestandteile des Insolvenzverfahrens beziehen können. Solche bestehen für **landwirtschaftliche Organisationen, ortsprägende Unternehmen** (dh solche, die einen Großteil der Arbeitsplätze in der jeweiligen Region stellen), für **Finanzorganisationen, Versicherungsunternehmen, strategische Unternehmen und Organisationen, nichtstaatliche Fondsgesellschaften** sowie für **tatsächliche Monopole und Bauträger.** Die jeweils anwendbaren Sondernormen finden sich in Abschnitt IX des InsG und in einigen Fällen auch in Sondergesetzen.

24 Das InsG sieht neben der Insolvenz von **Individualunternehmern** nunmehr auch die Möglichkeit der **Insolvenz von Privatpersonen** vor, für die die Sonderregelungen in Abschnitt X des InsG gelten.

3.3 *Arbitrazhniy upravlyayushiy* – Arbitrageverwalter

25 Die Kontrolle über die Tätigkeit und das Vermögen des Insolvenzschuldners bzw. die Verwaltung und Verwertung des Schuldnervermögens erfolgt durch den **Arbitrageverwalter** *(Arbitrazhniy upravlyayushiy),* der je nach Verfahrensart **verschieden bezeichnet** wird. Das InsG enthält umfassende **Regelungen zur Qualifikation und zur Haftung** des Arbitrageverwalters sowie Bestimmungen über eine verpflichtende Berufshaftpflichtversicherung und einen Fonds zur Deckung von Haftpflichtschäden.

26 Als Arbitrageverwalter kommen nur **russische Staatsbürger** in Betracht, die Mitglied einer **Selbstverwaltungsorganisation der Arbitrageverwalter** sein müssen.[20] Auf diese Weise soll eine ausreichende Qualifikation und Verlässlichkeit bei der Verwaltung und Verwertung des Schuldnervermögens sichergestellt werden.

3.4 *Obespechitelnie meri* – Sicherungsmaßnahmen vor Verfahrenseröffnung

27 Das *Arbitrazhniy sud* kann auf Antrag desjenigen, der den Insolvenzantrag stellt, oder jedes anderen am Insolvenzverfahren Beteiligten, **Sicherungsmaßnahmen** (*Obespechitelnie meri*) nach

---

[15] Art. 7 Abs. 2.1 InsG.
[16] Art. 57 Abs. 1 InsG.
[17] In der Regel ein Betrag in Höhe von 180.000,- Rubel (entspricht derzeit etwa 2.600,00 EUR).
[18] Art. 65 ZGB.
[19] Staatliche Gesellschaften sind zB die „Staatliche Gesellschaft Russische Autostraßen" und die „Staatliche Körperschaft für Atomenergie Rosatom"; auf beide ist das InsG nicht anwendbar.
[20] Art. 20 Abs. 1 InsG.

dem AVG erlassen.[21] Möglich sind dabei unter anderem **gerichtliche Verbote, generelle Verfügungsverbote, die Sperrung von Bankkonten, das Verbot der Vornahme von Rechtsgeschäften ohne die Zustimmung des Arbitrageverwalters** und vergleichbare Maßnahmen.

3.5 Wirkungen der Verfahrenseröffnung

Wenn das *Arbitrazhniy sud* der Auffassung ist, dass der Insolvenzantrag begründet ist, eröffnet 28 es das **vorläufige Verwaltungsverfahren der *Nablyudenie* (Beobachtung)** und bestellt als Arbitrageverwalter einen *Vremenniy upravlyayushiy,* einen **vorläufigen Insolvenzverwalter**.[22] Die **Geschäftsleitung** der Gesellschaft bleibt – genauso wie die übrigen Organe der Gesellschaft – dabei in der Regel **vorerst in ihrem Amt**, ist jedoch **in ihrer Geschäftsführungsbefugnis in dem nachfolgend dargestellten Umfang eingeschränkt.**

Zweck und Inhalt der *Nablyudenie* ist die **Prüfung der finanziellen Verhältnisse** des 29 Schuldners, das **Ergreifen von Maßnahmen zur Geltendmachung von Ansprüchen** des Schuldners und der **Schutz der Interessen der Gläubiger.** Insbesondere wird im Laufe der Beobachtungsphase (spätestens 10 Tage vor ihrer Beendigung) die **erste Gläubigerversammlung** (*Sobranie kreditorov*) durchgeführt und das Protokoll der Versammlung zur Vorlage an das *Arbitrazhniy sud* erstellt.[23]

Die *Nablyudenie* wird durch Beschluss des *Arbitrazhniy sud* über den weiteren Fortgang des 30 Insolvenzverfahrens beendet. Diese Entscheidung des *Arbitrazhniy sud* hat **auf Anregung der Gläubigerversammlung** spätestens **nach sieben Monaten** vom Zeitpunkt des Eingangs des Insolvenzantrages beim *Arbitrazhniy sud* zu erfolgen.[24]

Durch die Eröffnung der *Nablyudenie* wird das **Vermögen des Schuldners auf verschiedene** 31 **Weise geschützt.** Beispielsweise sind die **Auszahlung von Dividenden** sowie die **Gewinnausschüttung an die Gesellschafter** des Schuldners unzulässig. Forderungen gegen den Schuldner auf Zahlung von Geldbeträgen oder auf Leistung von Pflichtabgaben können nur noch unter Beachtung der Vorschriften des InsG geltend gemacht werden.[25] Insbesondere wird die **Zwangsvollstreckung gegen den Schuldner eingestellt,** soweit sie Eingriffe in das Schuldnervermögen zur Folge hätte. Dies **gilt jedoch nicht** für die Vollstreckung aus **vor dem Zeitpunkt der Eröffnung der *Nablyudenie* erteilten Titeln** auf Bezahlung **rückständiger Arbeitsgehälter und Abfindungszahlungen,** auf Bezahlung der Autorenvergütung für geistiges Eigentum, wegen Ansprüchen auf Herausgabe von Vermögensgegenständen gegen den unrechtmäßigen Besitzer sowie auf Schadensersatz für Schäden an Leben oder Gesundheit. **Vertragsstrafen** und andere **Sanktionen** für die Nichterfüllung von Verbindlichkeiten (mit Ausnahme sog. laufender Zahlungen) fallen nicht mehr an. Darüber hinaus ist der Schuldner nicht berechtigt, die **Aufrechnung (*Zachet*)** mit Gegenforderungen zu erklären, soweit er dadurch die Rangfolge der Gläubiger ändern würde (Einzelheiten hierzu unter → Rn. 78 ff.).

Schließlich bedürfen verschiedene Geschäfte des Schuldners in der *Nablyudenie* der **Zustim-** 32 **mung des *Vremenniy upravlyayushiy,* des vorläufigen Insolvenzverwalters.** Darunter fallen solche Geschäfte, deren Wert **mehr als fünf Prozent des Bilanzwerts der Aktiva des Schuldners** beträgt, Rechtsgeschäfte, die mit dem **Erhalt oder der Gewährung von Darlehen oder Krediten** zusammenhängen sowie die **Erteilung von Bürgschaften und Garantien, Forderungsabtretungen** und **Übertragungen von Verbindlichkeiten.**[26] Ein vollständiges Verbot gilt insbesondere für Beschlussfassungen in Bezug auf die **Reorganisation (*Reorganizatsiya*)** des Schuldners sowie für die **Gründung von Filialen, Vertretungen und Tochtergesellschaften.**[27] Den Abschluss anderer als der genannten Geschäfte kann das *Arbitrazhniy sud* **im Einzelfall untersage**n.[28]

Verletzt die Geschäftsleitung die im Beobachtungsverfahren geltenden Bestimmungen, kann sie 33 auf Antrag des *Vremenniy upravlyayushiy* vom Arbitragegericht **abgesetzt** werden.

Ungeachtet der oben aufgeführten Einschränkungen ist der Schuldner berechtigt, unbeschränkt 34 sogenannte **laufende Zahlungen (*Tekuschie platezhi*)** auszuführen, die aus Verpflichtungen herrühren, die **nach Annahme des Insolvenzantrags (*Prinyatie zayavleniya k proizvodstvu*)** entstanden sind. In der Praxis ist die Qualifizierung einer Zahlung als *Tekuschie platezhi* oft schwierig, da in vielen Fällen der Zeitpunkt der Entstehung der Verpflichtung, aus der sich die Notwendigkeit der

---

[21] Art. 42 Abs. 7, 46 Abs. 1 InsG.
[22] Art. 62 Abs. 1 InsG.
[23] Vgl. Art. 67 InsG.
[24] Vgl. Art. 51, 75 Abs. 2 InsG.
[25] Vgl. Art. 63 InsG.
[26] Vgl. Art. 64 Abs. 2 InsG.
[27] Vgl. Art. 64 Abs. 3 InsG.
[28] Vgl. Art. 46 Abs. 2 InsG.

Vornahme der Zahlung ergibt, nicht eindeutig bestimmbar ist. Nach einer Klarstellung des Plenums des Obersten Arbitragegerichts[29] handelt es sich bei *Tekuschie platezhi* unter anderem auch um ständig wiederkehrende Zahlungen für die Nutzung von Vermögensgegenständen (Miet- oder Leasingzahlungen), auf langfristige Dienstleistungsverträge (Verwahrungsverträge, Verträge über die Gewährung kommunaler Dienstleistungen) sowie Zahlungen aus Versorgungsverträgen (Verträge zum Bezug von Strom oder Heizung, Gas, Wasser etc) für Zeiträume nach der Annahme des Insolvenzantrages durch das Gericht. Gleiches gilt für die Verpflichtung zur Zahlung von **Arbeitsgehältern** und für **arbeitsrechtliche Abfindungszahlungen**.[30]

35   Neben diesen „Verhinderungsrechten" können auch **aktive Maßnahmen** zur Wiederherstellung der Zahlungsfähigkeit des Schuldners getroffen werden. So kann das **Stammkapital des Schuldners** durch die Ausgabe von Aktien an die Gesellschafter (Aktionäre) des Schuldners oder an dritte Personen im Wege der geschlossenen Zeichnung **erhöht werden**.[31] Im Stadium der *Nablyudenie* können die Gesellschafter (Aktionäre) des Schuldners außerdem Verbindlichkeiten des Schuldners aus öffentlichen Pflichtabgaben tilgen.[32]

4. Ablauf des Verfahrens

4.1 *Pred'yavlenie trebovaniy k dolzhniku* – Anmeldung der Forderungen durch die Gläubiger

36   Nach Veröffentlichung der Mitteilung über die Eröffnung der *Nablyudenie* sind die Gläubiger berechtigt, ihre Forderungen gegen den Schuldner zur **Eintragung in das *Reestr trebovaniy kreditorov*,** das Gläubigerregister, anzumelden. Die behaupteten Forderungen sind dem Schuldner, dem *Vremenniy upravlyayushiy* (vorläufigen Insolvenzverwalter) und dem *Arbitrazhniy sud* unter Beifügung von **Gerichtsentscheidungen oder anderen Dokumenten, die die Begründetheit dieser Forderungen belegen,** geltend zu machen.[33] Zwar legt das InsG die Anforderungen an diese Dokumente nicht präzise fest, in der Praxis ist jedoch davon auszugehen, dass die Dokumente den Anforderungen an die für die Stellung eines Insolvenzantrages durch einen Gläubiger erforderlichen Dokumenten entsprechen müssen[34] (hierzu → Rn. 10 ff.).

37   Grundsätzlich können die Forderungen **während aller Verfahrensstufen** des Insolvenzverfahrens geltend gemacht werden. Eine **verspätete Geltendmachung** kann jedoch **negative Folgen für die Gläubiger** haben (hierzu → Rn. 66 ff., und → Rn. 84).

38   Um an der **ersten Gläubigerversammlung (*Sobranie kreditorov*)** teilnehmen zu können, auf der zentrale Grundsatzentscheidungen über den weiteren Verfahrensverlauf getroffen werden, muss eine Forderung **innerhalb von 30 Tagen** nach Veröffentlichung der Eröffnung der *Nablyudenie* vorgelegt werden.[35] Forderungen, die **später** angemeldet werden, werden vom *Arbitrazhniy sud* **nach Eröffnung des auf die *Nablyudenie* folgenden Verfahrens** geprüft.[36] Es empfiehlt sich, sämtliche in Frage kommenden Forderungen **möglichst bald** anzumelden, da die **Stimmrechte auf der *Sobranie kreditorov* an die Höhe der fristgerecht angemeldeten Forderungen gekoppelt** sind.

39   **Widersprechen** der Schuldner oder andere Gläubiger den behaupteten Forderungen, entscheidet das *Arbitrazhniy sud* über ihren Bestand.[37]

4.2 *Sobranie kreditorov* – Gläubigerversammlung

40   Die erste *Sobranie kreditorov* wird vom *Vremenniy upravlyayushiy*, dem vorläufigen Insolvenzverwalter, einberufen.[38] Die Aufgaben der Gläubigerversammlung sind in Art. 73 InsG geregelt.

41   Wohl **wichtigster Punkt der ersten *Sobranie kreditorov*** ist die Beschlussfassung darüber, **welche Verfahrensart** im weiteren Insolvenzverfahren Anwendung finden soll. Grundsätzlich kann die erste *Sobranie kreditorov* das entsprechende Verfahren dem *Arbitrazhniy sud* gegenüber lediglich **anregen;** dieses wird in der Praxis aber regelmäßig dem Vorschlag der Versammlung folgen. Der Beschluss der ersten *Sobranie kreditorov* über das Verfahren, das im weiteren Verlauf des Insolvenzverfahrens anzuwenden ist, hat die **Grundzüge des beabsichtigten Verfahrens** zu

---

[29] Beschluss des Plenums des Obersten Arbitragegerichts der Russischen Föderation v. 23.7.2009 Nr. 63.
[30] Art. 5 Abs. 1 InsG.
[31] Art. 64 Abs. 5 InsG.
[32] Art. 71.1 InsG; zum Begriff der „öffentlichen Pflichtabgaben" → Rn. 11.
[33] Art. 71 Abs. 1 InsG.
[34] Jedoch mit dem Unterschied, dass die Vorlage eines rechtskräftigen Urteils nicht Voraussetzung für die *Pred'yavlenie trebovaniy k dolzhniku*, die Forderungsanmeldung, ist.
[35] Art. 71 Abs. 2–6 InsG.
[36] Art. 71 Abs. 7 InsG.
[37] Art. 71 Abs. 4 InsG.
[38] Art. 72 Abs. 1 InsG.

enthalten, beispielsweise einen grob strukturierten Finanzplan oder eine ungefähre Einschätzung hinsichtlich der Dauer der *Vneshnee upravlenie* (der externen Verwaltung) sowie Vorschläge bezüglich der Person des Arbitrageverwalters bzw. der Selbstverwaltungsorganisation, die diesen ernennt.[39]

Beschließt die *Sobranie kreditorov* bereits zu diesem Zeitpunkt den **Abschluss eines Vergleichs** 42 **(*Mirovoe soglashenie*)**, so sind die Anforderungen des Art. 151 InsG zu beachten; dies betrifft insbesondere die Verpflichtung, die *Sobranie kreditorov* über **potentielle entgegengesetzte Eigeninteressen** einzelner Gläubiger, des Schuldners oder des Insolvenzverwalters zu informieren. Das Gesetz legt dabei nicht eindeutig fest, wer die *Sobranie kreditorov* über eine solche sogenannte Interessiertheit informieren muss und in welcher Form diese Benachrichtigung zu erfolgen hat. In der Praxis geschieht die Benachrichtigung entweder durch die Übersendung eines entsprechenden Schreibens oder durch Erklärung auf der *Sobranie kreditorov* mit anschließender Aufnahme der Erklärung in das Protokoll der Versammlung.

Weiterhin wird auf der ersten *Sobranie kreditorov* das **Komitet kreditorov**, das **Gläubigerkomitee** 43 gebildet.[40] Das *Komitet kreditorov* kann Beschlüsse zu allen Fragen treffen, die nach dem InsG der Kompetenz der *Sobranie kreditorov* oder dem *Komitet kreditorov* zugewiesen sind, mit Ausnahme derjenigen, die gemäß Art. 12 Abs. 2 InsG von der Versammlung nicht an das *Komitet kreditorov* delegiert werden können.[41] In diesem Rahmen delegiert die *Sobranie kreditorov* einen Teil ihrer Kompetenzen an das *Komitet kreditorov*.

Die **grundlegende Aufgabe der *Sobranie kreditorov*** bleibt die **Beschlussfassung über den** 44 **Übergang zwischen einzelnen Verfahrensarten**.

Weitere Gläubigerversammlungen werden je nach der gewählten Verfahrensart mit unter- 45 schiedlichen Zielen und Kompetenzen in einzelnen Verfahrensstufen einberufen. Auf diese wird jeweils im Zusammenhang mit den einzelnen Verfahren eingegangen.

Jeder Insolvenzgläubiger verfügt auf der *Sobranie kreditorov* über eine **Anzahl von Stimmen,** 46 die proportional zur Höhe seiner registrierten Forderung **im Verhältnis zur Gesamthöhe** der registrierten Gläubigerforderungen ist. Entscheidungen der Gläubigerversammlung werden grundsätzlich mit **einfacher Mehrheit** der Stimmen gefasst.[42]

4.3 Verwaltung und Verwertung der Insolvenzmasse

Die **Verwaltung** und – dem folgend – die **Verwertung und Verteilung des Vermögens** 47 **des Schuldners (*Rascheti s kreditorami*)** kann in vier verschiedenen Verfahrensstufen erfolgen: im Rahmen der *Finansovoe ozdorovlenie* (finanziellen Sanierung), der *Vneshnee upravlenie* (externen Verwaltung), des *Konkursnoe proizvodstvo* (Konkursverfahrens unter Bankrotterklärung des Schuldners) oder durch Abschluss einer *Mirovoe soglashenie* (Vergleich).

4.3.1 *Finansovoe ozdorovlenie* – Finanzielle Sanierung

In der Regel wird die *Finansovoe ozdorovlenie* durch das *Arbitrazhniy sud* **auf der Grundlage** 48 **eines Beschlusses der ersten *Sobranie kreditorov*** eingeleitet, die einen **Plan zur *Finansovoe ozdorovlenie*** und einen **Zeitplan für die Tilgung der Verbindlichkeiten** des Schuldners verabschiedet hat. Ferner wird als Arbitrageverwalter ein ***Administrativniy upravlyayushiy*, ein administrativer Verwalter**, bestimmt.

Sofern die erste *Sobranie kreditorov* innerhalb der gesetzlich vorgesehenen Fristen **keine Ent-** 49 **scheidung über die Einleitung einer der Verfahrensarten** im Insolvenzverfahren getroffen oder eine **andere Verfahrensart** beschlossen hat, kann durch das *Arbitrazhniy sud* **gleichwohl die *Finansovoe ozdorovlenie*** eingeleitet werden. Dies setzt voraus, dass ein entsprechender Antrag der Gesellschafter (eines Gesellschafters) des Schuldners oder dritter Personen vorliegt, sofern der Antragsteller eine **Sicherheit für die Erfüllung der Verbindlichkeiten** des Schuldners in Form eines Pfandrechts (Hypothek), einer Bankgarantie, einer staatlichen oder kommunalen Garantie, einer Bürgschaft oder in anderer Form vorlegt,[43] deren Höhe die Verbindlichkeiten des Schuldners, die in das *Reestr*

---

[39] Art. 74 InsG.
[40] Art. 17 InsG.
[41] Zur ausschließlichen Kompetenz der Gläubigerversammlung gehören insbesondere Fragen der Einführung der finanziellen Sanierung und der externen Verwaltung, die Bestätigung und Änderung der entsprechenden Pläne, die Wahl des Insolvenzverwalters (der anschließend durch das Gericht zu bestätigen ist) und die Festlegung der diesem zustehenden zusätzlichen Vergütung.
[42] Im Hinblick auf bestehende Missbrauchsmöglichkeiten werden in der Praxis von einigen Arbitragegerichten mittlerweile Forderungen von mit dem Schuldner verbundenen Unternehmen bei der Festlegung der Stimmrechte auf der Gläubigerversammlung nicht mehr berücksichtigt.
[43] Eine Sicherheitsleistung durch Zurückbehaltung oder Versprechen einer Vertragsstrafe ist dabei nicht zulässig.

trebovaniy kreditorov, dem Gläubigerregister, aufgenommen worden sind, um mindestens 20 % übersteigt. In diesem Fall wird der Plan für die Tilgung der Verbindlichkeiten des Schuldners durch das *Arbitrazhniy sud* bestätigt.

50 Ziel der *Finansovoe ozdorovlenie* ist es, unter **Bewahrung des Unternehmens als laufendem Geschäftsbetrieb** die Forderungen der Gläubiger nach der im InsG festgelegten Rangordnung zu befriedigen. Entsprechend sieht der **Tilgungsplan** in der Regel vor, dass die Forderungen der erst- und zweitrangigen Gläubiger innerhalb von 6 Monaten nach Einleitung der *Finansovoe ozdorovlenie* zu befriedigen sind und die Forderungen aller weiteren Gläubiger spätestens einen Monat vor Ablauf der festgelegten Dauer der *Finansovoe ozdorovlenie* beglichen werden.[44]

51 Die **Verbotsmaßnahmen,** die dem Schuldner im Laufe der *Finansovoe ozdorovlenie* auferlegt werden können, sind **im Wesentlichen identisch mit den im Verfahren der** *Nablyudenie* (Beobachtungsverfahren) anzuwendenden Maßnahmen.[45]

52 Die **Geschäftsführung des Schuldners** bleibt im Rahmen des Sanierungsverfahrens zwar im Amt, bestimmte Geschäfte müssen aber **vom** *Administrativniy upravlyayushiy* (dem administrativen Verwalter)[46] oder **von der** *Sobranie kreditorov* (der Gläubigerversammlung)[47] **genehmigt werden**. Dazu gehören insbesondere solche Geschäfte, die die **Passivseite der Bilanz um mehr als 5 % der Gläubigerforderungen erhöhen** oder die direkt oder indirekt **zum Verlust von Eigentum des Schuldners** führen (jeweils mit Ausnahme der Fälle, in denen dies **im gewöhnlichen Geschäftsgang** des Schuldners geschieht). Rechtsgeschäfte, die vom Schuldner unter Verletzung dieser festgelegten Einschränkungen vorgenommen wurden, können auf Antrag eines Verfahrensbeteiligten vom *Arbitrazhniy sud* **für unwirksam erklärt werden.**

53 **Genehmigungspflichtig durch die** *Sobranie kreditorov* sind gemäß Art. 82 (3) InsG **Geschäfte mit interessierten Parteien** (insbesondere mit dem Geschäftsführer des Schuldners, seinen Verwandten oder mit Mitgliedern der (Unternehmens-)Gruppe des Schuldners[48]), sofern **deren Wert mindestens 5 % des Bilanzwerts aller Aktiva des Schuldners** zum letzten Bilanzstichtag beträgt oder sofern es sich um die **Gewährung von Darlehen, Krediten, Bürgschaften oder Garantien** oder die **Begründung von Treuhandverwaltungen** handelt. Schließlich besteht dann eine **allgemeine Genehmigungspflicht** durch die *Sobranie kreditorov,* wenn die Verbindlichkeiten, die **nach Beginn des Sanierungsverfahrens** entstanden sind, **mehr als 20 % der gesamten Gläubigerforderungen** betragen.

54 Ist das Sanierungsverfahren aufgrund der Leistung einer Sicherheit durch Dritte eingeleitet worden, so ist der *Administrativniy upravlyayushiy* berechtigt, diese Sicherheit zur Erfüllung der Verpflichtungen des Schuldners **in Anspruch zu nehmen,** wenn der Schuldner mit einer Zahlungspflicht gemäß dem Zahlungsplan mehr als 5 Tage in Rückstand gerät. Der Sicherungsgeber erwirbt dann einen **Regressanspruch** auf Erstattung der geleisteten Zahlung gegen den Schuldner.[49]

55 Das Sanierungsverfahren wird durch **Beschluss des** *Arbitrazhniy sud* nach Prüfung eines durch den *Administrativniy upravlyayushiy* gefertigten Gutachtens **abgeschlossen.** Wenn die Sanierung **erfolgreich durchgeführt** wurde (dh wenn die Verbindlichkeiten gegenüber den Gläubigern vollständig beglichen wurden), wird das **Insolvenzverfahren eingestellt** und der Schuldner ist berechtigt, seine **Geschäftstätigkeit ohne weitere Einschränkungen fortzuführen**. Andernfalls fasst das Gericht einen Beschluss über den **Übergang in die** *Vneshnee upravlenie,* die externe Verwaltung (sofern eine Möglichkeit zur Wiederherstellung der Zahlungsfähigkeit des Schuldners besteht) oder über die **Eröffnung des** *Konkursnoe proizvodstvo,* also des Konkursverfahrens (sofern diese Möglichkeit nicht besteht).[50]

4.3.2 *Vneshnee upravlenie* – Externe Verwaltung

56 In der Regel wird die *Vneshnee upravlenie* durch das *Arbitrazhniy sud* auf der Grundlage eines **Beschlusses der ersten** *Sobranie kreditorov* eingeleitet, der auch die voraussichtliche Dauer der *Vneshnee upravlenie* festlegt.[51]

---

[44] Art. 84 Abs. 3 InsG.
[45] Art. 81 Abs. 1 InsG, hierzu → Rn. 27.
[46] Art. 82 Abs. 4 InsG.
[47] Art. 82 Abs. 3 InsG.
[48] Art. 19 InsG enthält dabei eine weitergehende Definition der „Interessiertheit", als dieser Begriff im russischen Gesellschaftsrecht üblicherweise definiert wird.
[49] Art. 89 Abs. 1 und Art. 90 Abs. 1 InsG.
[50] Art. 88 Abs. 6 und Art. 92 InsG.
[51] Die Regeldauer des Verfahrens beträgt maximal 18 Monate und kann vom Arbitragegericht um höchstens 6 Monate verlängert werden.

Sofern auf der ersten *Sobranie kreditorov* innerhalb der gesetzlich festgelegten Fristen **kein** 57 **Beschluss** über die Einleitung eines der vorgesehenen Verfahren oder ein **Beschluss über die Durchführung einer anderen Verfahrensart** gefasst wurde, kann das *Arbitrazhniy sud* **gleichwohl eine *Vneshnee upravlenie* anordnen**, sofern dem *Arbitrazhniy sud* ausreichende Anhaltspunkte dafür vorliegen, dass die **Zahlungsfähigkeit des Schuldners wieder hergestellt werden kann.** Eine *Vneshnee upravlenie* kann dann nicht angeordnet werden, wenn für die Wiederherstellung der Zahlungsfähigkeit Sicherheiten für die Befriedigung der Gläubigerforderungen durch Dritte gewährt wurden (in diesem Fall ist vielmehr die *Finansovoe ozdorovlenie* (finanzielle Sanierung) durchzuführen (hierzu → Rn. 48 ff.).

Die *Vneshnee upravlenie* kann durch das *Arbitrazhniy sud* außerdem **nach erfolgloser Beendi-** 58 **gung des Verfahrens der** *Finansovoe ozdorovlenie* angeordnet werden, wenn die *Sobranie kreditorov* einen entsprechenden Beschluss fasst oder wenn das *Arbitrazhniy sud* (entgegen dem Beschluss der *Sobranie kreditorov*) zu dem Schluss kommt, dass die Zahlungsfähigkeit des Schuldners wiederhergestellt werden kann.

Im Rahmen der *Vneshnee upravlenie* werden die **Vollmachten der Geschäftsführung** und der 59 anderen Verwaltungsorgane des Schuldners **mit Ausnahme** der Kompetenz zur Entscheidung über die im InsG ausdrücklich aufgeführten Fragen **beendet. Die allgemeine Geschäftsführungsbefugnis geht auf den** *Vneshiy upravlyayushiy*, den externen Verwalter, **über.** Dabei sind die Kompetenzen des *Vneshiy upravlyayushiy* **auf das notwendige Maß reduziert** und insgesamt **auf die Wiederherstellung der Zahlungsfähigkeit des Schuldners beschränkt.** Zu den **dem *Vneshiy upravlyayushiy* zugewiesenen Aufgaben** gehören unter anderem **Maßnahmen zur Kapitalbeschaffung**, die Durchführung einer **Inventur des Vermögens des Schuldners** sowie die **Ablehnung der Erfüllung bereits abgeschlossener Rechtsgeschäfte** des Schuldners, sofern deren Erfüllung der Wiederherstellung der Zahlungsfähigkeit entgegensteht.

Während der Dauer der *Vneshnee upravlenie* handelt der *Vneshiy upravlyayushiy* auf der Grundlage 60 eines **Plans für die externe Verwaltung (*Plan vneshnego upravleniya*).** Der *Vneshiy upravlyayushiy* erarbeitet diesen Plan selbständig und beruft spätestens innerhalb eines Monats ab dem Zeitpunkt seiner Ernennung die *Sobranie kreditorov* ein und legt dieser den *Plan vneshnego upravleniya* **zur Bestätigung** vor.[52] Ziel der Umsetzung des *Plan vneshnego upravleniya* ist die **Wiederherstellung der Zahlungsfähigkeit des Schuldners.** Inhalt des Plans und damit Gegenstand der Verwaltertätigkeit sind regelmäßig **tiefgreifende Restrukturierungsmaßnahmen**, zu denen auch der **Verkauf von Unternehmensteilen** oder **Betriebsstilllegungen** gehören können.[53]

Im Rahmen der *Vneshnee upravlenie* bleibt es bei dem **grundsätzlichen Moratorium für** 61 **Gläubigerforderungen** mit Ausnahme laufender Zahlungen.[54] Das **Moratorium erstreckt sich nicht** auf die Verpflichtung zur Zahlung **rückständiger Arbeitsgehälter, Zahlungen für die Nutzung geistigen Eigentums sowie Ersatzansprüche für Schäden an Leib und Leben.**

Der *Vneshiy upravlyayushiy* bedarf der **Genehmigung durch die *Sobranie kreditorov*** oder das 62 *Komitet kreditorov* für den Abschluss von Geschäften mit sogenannten **interessierten Personen**[55] **und Großgeschäften**[56] deren Wert **mehr als 10 % des Bilanzvermögens** des Schuldners beträgt. Die **Hingabe von Darlehen, Bürgschaften oder Garantien**, Abtretungen etc. bedarf ebenfalls der Zustimmung, sofern nicht die grundsätzliche Möglichkeit des Abschlusses solcher Geschäfte sowie Bedingungen im *Plan vneshnego upravleniya* vorgesehen sind.[57]

Sofern die nach Einleitung der *Vneshnee upravlenie* begründeten **Neuverbindlichkeiten** des 63 Schuldners die Höhe der in das *Reestr trebovaniy kreditorov* (Gläubigerregister) eingetragenen Altforderungen **um 20 % übersteigen**, können **weitere finanzielle Verpflichtungen** des Schuldners (mit Ausnahme solcher Rechtsgeschäfte, die im externen Verwaltungsplan vorgesehen sind) **nur mit Zustimmung der *Sobranie kreditorov* oder des *Komitet kreditorov*** eingegangen werden.[58] Dies gilt auch für andere Maßnahmen des *Vneshiy upravlyayushiy*, die eine Ausgabenerhöhung für den Schuldner nach sich ziehen können.[59]

Im Laufe der *Vneshnee upravlenie* kann ein **Verkauf des Schuldnerunternehmens** (dh des 64 Vermögenskomplexes des Schuldners, der für die Entfaltung der unternehmerischen Tätigkeit durch diesen vorgesehen ist) und/oder eines **Teils des Vermögens des Schuldners** stattfinden. Grund-

---

[52] Art. 106 InsG.
[53] Art. 109 InsG.
[54] Art. 95 Abs. 2 InsG; zum Begriff der *Tekuschie platezhi*, der laufenden Zahlung, → Rn. 34.
[55] Art. 101 Abs. 1 und Art. 19 InsG.
[56] Art. 101 Abs. 3 InsG.
[57] Art. 101 Abs. 4 InsG.
[58] Art. 104 InsG.
[59] Art. 105 InsG.

sätzlich erfolgt sowohl der Verkauf des Geschäftsbetriebs, als auch eines Teils des Vermögens des Schuldners **durch öffentliche Verkäufe (Auktionen)**.[60] Im Laufe der *Vneshnee upravlenie* kann auch eine sogenannte **Verschiebung der Aktiva des Schuldners** erfolgen. Diese Maßnahme besteht aus der **Übertragung des Geschäftsbetriebs** des Schuldners als Einlage in das Stammkapital einer vom Schuldner **neu zu gründenden Aktiengesellschaft**. Die Aktien des Schuldners an dieser Aktiengesellschaft werden dann in öffentlichen Verkäufen verwertet.[61]

65   Die *Vneshnee upravlenie* und das Insolvenzverfahren werden **vom *Arbitrazhniy sud*** im Falle der **vollständigen Befriedigung sämtlicher Forderungen der Gläubiger aufgehoben**.[62] Auf Beschluss der *Sobranie kreditorov* sowie auf Antrag eines Verfahrensbeteiligten kann das *Arbitrazhniy sud* nach Ablauf der Frist für die *Vneshnee upravlenie* einen Beschluss über die **Bankrotterklärung** des Schuldners und über die **Eröffnung eines *Konkursnoe proizvodstvo*,** des Konkursverfahrens, fassen.

4.3.3 *Konkursnoe proizvodstvo* – Konkursverfahren

66   Liegen die gesetzlich vorgesehenen Voraussetzungen für die Einleitung einer *Finansovoe ozdorovlenie*, einer *Vneshnee upravlenie* oder für die Genehmigung einer *Mirovoe soglashenie* (Vergleich) nicht vor, **erklärt das *Arbitrazhniy sud* den Schuldner für bankrott,** ordnet die **Eröffnung des *Konkursnoe proizvodstvo*** an und ernennt einen *Konkursniy upravlyayushiy*, den Konkursverwalter.

67   Mit dem **Zeitpunkt der Eröffnung des *Konkursnoe proizvodstvo*** werden **alle Forderungen gegen den Schuldner fällig,** Zinsen und Vertragsstrafen oder andere Sanktionen für die Nichterfüllung oder nicht ordnungsgemäße Erfüllung von Geldverpflichtungen fallen aber nicht mehr an. **Informationen über die finanziellen Verhältnisse** des Schuldners gelten nicht mehr als vertraulich und durch das Gesetz vor Offenlegung geschützt.[63] Die **Geschäftsführungsorgane des Schuldners verlieren ihre Befugnisse.** Lediglich für den Fall, dass der *Konkursniy upravlyayushiy* Vereinbarungen über Zahlungen Dritter zur Tilgung von Verbindlichkeiten des Schuldners treffen will, die nach der gesetzlichen Regelung oder nach der Satzung des Schuldners der Zustimmung anderer Organe bedürfen, sind diese befugt, die entsprechenden Rechtsgeschäfte zu genehmigen oder abzulehnen.[64] Die Eröffnung des *Konkursnoe proizvodstvo* wird **durch Veröffentlichung** in der Zeitung „Kommersant" und auf der Website www.fedresurs.ru bekannt gemacht.[65]

68   Der ernannte *Konkursniy upravlyayushiy* erstellt durch die **Durchführung einer Inventur und einer Bewertung des Vermögens des Schuldners**[66] ein objektives Bild über die finanziellen Verhältnisse des Schuldners und legt die *Konkursnaya massa*, die Konkursmasse, fest. **Vermögensgegenstände, an denen Rechte Dritter bestehen,** werden in der *Konkursnaya massa* separat ausgewiesen.[67] Aus der *Konkursnaya massa* **ausgeschlossen** wird solches Vermögen, das in **besonders enger Beziehung mit der Person des Schuldners steht** (insbesondere Rechte aus dem Schuldner erteilten Lizenzen zur Ausübung bestimmter Tätigkeiten, Ansprüche auf Schadensersatz wegen Schädigung des Lebens oder der Gesundheit, Unterhaltszahlungen, Namensrechte, etc). Die Bewahrung und Erhaltung des Vermögens des Schuldners obliegt dem *Konkursniy upravlyayushiy*.

69   Zum Zwecke der **Bewertung des Vermögens** holt der *Konkursniy upravlyayushiy* zunächst ein **Bewertungsgutachten** ein. Auch wenn dem *Konkursniy upravlyayushiy* eine gewisse Selbständigkeit bezüglich des Verfahrens bei der Einholung solcher Bewertungsgutachten zugebilligt wird, ist er in seiner Freiheit zur Festlegung der Bedingungen für die Verwertung des Schuldnervermögens (insbesondere in der **Festlegung des Anfangspreises für einen Verkauf und der Zahlungsfristen**) eingeschränkt. Diese Bedingungen bedürfen der **Zustimmung der *Sobranie kreditorov* oder des *Komitet kreditorov*[68]**.

70   Der *Konkursniy upravlyayushiy* ist berechtigt, **über das Schuldnervermögen zu verfügen** und **Arbeitnehmer** des Schuldners (einschließlich der Geschäftsführung) **zu entlassen**.[69] Zum Zwecke

---

[60] Art. 111 ff. InsG.
[61] Art. 115 InsG.
[62] Art. 119 Abs. 6 InsG.
[63] Art. 126 Abs. 1 InsG.
[64] Art. 126 Abs. 2 InsG; in der Regel handelt es sich dabei um die Genehmigung durch die Gesellschafterversammlung/Aktionärshauptversammlung des Schuldners.
[65] Art. 128 Abs. 1, Art. 28 InsG.
[66] Art. 130 InsG.
[67] Vgl. Art. 131 Abs. 2 InsG.
[68] Ausgenommen von diesem Zustimmungserfordernis sind die Bedingungen für den Verkauf von verpfändeten Vermögensgegenständen, bei denen die Festlegung des Mindestverkaufspreises nach den allgemeinen Regeln erfolgt.
[69] Art. 129 Abs. 3 und 4 InsG.

4. Ablauf des Verfahrens

der Masseerhaltung und deren Vermehrung stehen ihm **Leistungsverweigerungsrechte**[70] zu, sofern keine Umstände vorliegen, die auf die Möglichkeit der Wiederherstellung der Zahlungsfähigkeit des Schuldners schließen lassen. Eine solche Verweigerung kann **in Bezug auf Rechtsgeschäfte** erklärt werden, **die vom Schuldner ganz oder teilweise noch nicht erfüllt sind** und die zu einer **Schädigung des Schuldners** im Vergleich zu vergleichbaren Verträgen führen, die unter ähnlichen Umständen abgeschlossen werden (s. hierzu auch → Rn. 88 ff.). Der *Konkursniy upravlyayushiy* ist auch berechtigt, vor dem *Arbitrazhniy sud* **Klage auf Unwirksamkeitserklärung** von Verträgen des Schuldners zu erheben, die keine vollwertige Gegenleistung vorsehen, oder die mit der Absicht vorgenommen wurden, die Interessen der Gläubiger zu schädigen[71] (vgl. hierzu auch → Rn. 92 ff.).

Das *Reestr trebovaniy kreditorov* wird zwei Monate nach der Bankrotterklärung des Schuldners und der Eröffnung des *Konkursnoe proizvodstvo* **geschlossen.**[72] Forderungen von Gläubigern, die **nach Schließung des *Reestr trebovaniy kreditorov*** angemeldet werden, können zwar auch noch danach geltend gemacht werden; jedoch werden solche Forderungen **nur nachrangig** nach Befriedigung aller im *Reestr trebovaniy kreditorov* aufgeführten Forderungen befriedigt.[73] 71

Während des *Konkursnoe proizvodstvo* legt der *Konkursniy upravlyayushiy* der *Sobranie kreditorov* mindestens alle drei Monate oder, sofern die *Sobranie kreditorov* etwas anderes festgelegt hat, in kürzeren Zeitabständen, einen **Bericht** vor.[74] 72

Die **Beendigung des *Konkursnoe proizvodstvo*** kann auf zwei Arten, nämlich durch **Abschluss oder durch Einstellung**, erfolgen. Die Auswahl zwischen den beiden Formen der Beendigung des *Konkursnoe proizvodstvo* wird durch das *Arbitrazhniy sud* getroffen.[75] **Abschluss des Verfahrens** bedeutet in diesem Zusammenhang, dass die **Liquidation des Schuldners (*Likvidatsiya*)** in das *Edinniy gozdarstvenniy reestr yuridicheskikh liz*, das Einheitliche Staatliche Register der juristischen Personen, eingetragen und das *Konkursnoe proizvodstvo* damit beendet wird.[76] Einstellung bedeutet, dass das *Konkursnoe proizvodstvo* **nicht weiter betrieben und die Tätigkeit der Gesellschaft fortgesetzt wird**.[77] Das *Konkursnoe proizvodstvo* wird eingestellt, wenn der *Konkursniy upravlyayushiy* **sämtliche bestehenden Gläubigerforderungen** befriedigen konnte[78] und dem Gericht einen Abschlussbericht über die Befriedigung aller im *Reestr trebovaniy kreditorov* eingetragenen Gläubiger vorgelegt hat.[79] 73

4.3.4 *Mirovoe soglashenie* – Vergleich

Schließlich können zur Befriedigung der Gläubiger **in jedem Verfahrensstadium vertragliche Vergleichsvereinbarungen** (*Mirovoe soglashenie*) getroffen werden.[80] Einzelheiten hierzu sind in → Rn. 103 ff. dargestellt. 74

4.3.5 *Uproschennie protseduri* – Vereinfachte Verfahren

In den in Abschnitt 3.1 („Eröffnungsgründe") dargestellten *Uproschennie protseduri* über die Zahlungsunfähigkeit (*Neplatezhesposobnost'*) einer zu liquidierenden juristischen Person oder eines „abwesenden" Schuldners (*Otsutstvuyushiy dolzhnik*) wird **nur das *Konkursnoe proizvodstvo*** durchgeführt. 75

Bei einem *Otsutstvuyushiy dolzhnik* erklärt das *Arbitrazhniy sud* (das Arbitragegericht) diesen einen Monat nach Stellung des Insolvenzantrags **für bankrott und eröffnet das *Konkursnoe proizvodstvo***. Die Gläubiger werden benachrichtigt und können Ansprüche **innerhalb eines Monats** beim Konkursverwalter anmelden. Hat ein Gläubiger keine Benachrichtigung vom Konkursverwalter erhalten, ist er gleichwohl berechtigt, seine Forderungen beim *Arbitrazhniy sud* im Laufe von zwei Monaten ab dem Zeitpunkt der Veröffentlichung der Informationen über die Eröffnung des *Konkursnoe proizvodstvo* anzumelden. 76

Erlangt der *Konkursniy upravlyayushiy* **Kenntnis von hinreichend vorhandener Vermögensmasse** des Schuldners, kann das *Arbitrazhniy sud* auf seinen Antrag hin den **Übergang in ein** 77

---

[70] Art. 129 Abs. 3 iVm Art. 102 InsG.
[71] Art. 129 Abs. 3 InsG.
[72] Art. 142 Abs. 1 InsG.
[73] Art. 142 Abs. 4 InsG.
[74] Art. 143 InsG.
[75] Art. 147 und Art. 149 Abs. 1 InsG.
[76] Art. 149 Abs. 3 und Abs. 4 InsG.
[77] Art. 149 Abs. 1 InsG.
[78] Art. 57 InsG.
[79] Art. 147 Abs. 2, Art. 142 InsG.
[80] Art. 151-154 InsG.

reguläres Insolvenzverfahren anordnen.[81] Im Übrigen wird das *Konkursnoe proizvodstvo* über einen zu liquidierenden Schuldner nach den allgemeinen Bestimmungen des InsG durchgeführt.

5. *Kreditory* – Gläubiger

5.1 *Isklyuchenie iz konkursnoi massi* – Aussonderung

78 Nach allgemeinen Grundsätzen kann eine **Vollstreckung nicht in fremdes Vermögen** erfolgen, das sich im Besitz oder in der Nutzung des Schuldners befindet. Das InsG bestimmt, dass solches fremdes Vermögen **nicht Bestandteil der *Konkursnaya massa*** ist und dem jeweiligen Gläubiger ein Recht auf *Isklyuchenie iz konkursnoi massi*, also auf Aussonderung aus der Konkursmasse, zusteht.

79 In Art. 301 ZGB statuiert das russische Recht einen dem deutschen Recht ähnelnden **Herausgabeanspruch des Eigentümers gegen den Besitzer**. Ein Herausgabeanspruch des Eigentümers gegen den Besitzer kann durch den Eigentümer **außerhalb des Insolvenzverfahrens geltend gemacht** werden und muss vom Schuldner in jedem Verfahrensstadium erfüllt werden. Dies gilt insbesondere für unter (auch nach russischem Recht zulässigem) **Eigentumsvorbehalt** stehende Gegenstände. Zu beachten ist allerdings, dass im Falle eines weiterbestehenden Besitz- oder Zurückbehaltungsrechts des Schuldners die Eröffnung des Insolvenzverfahrens (*Vozbuzhdenie proizvodstva po delu o bankrotstve*) nicht automatisch zu einem Herausgabeanspruch des Eigentümers führt, sondern das Besitzrecht des Schuldners grundsätzlich weiter bestehen bleibt.

5.2 *Kreditori, trebovaniya kotorykh obespecheni zalogom* – Durch Pfandrecht gesicherte Gläubiger

80 Als **Sicherungsmittel** können nach russischem Recht **Pfandrechte** sowohl an beweglichen und unbeweglichen Sachen, als auch an Forderungen begründet werden. In der Insolvenz werden Sachen und Rechte, **die Gegenstand eines Pfandrechts sind,** im Grundsatz wie das restliche Vermögen des Schuldners verwertet. Allerdings bedarf die Festlegung des **Mindestgebots** für die Verwertung durch Auktion **nicht der Zustimmung der Gläubigerversammlung.** Sofern der Pfandgegenstand durch Verkauf nicht verwertet werden kann, besteht ein **Zueignungsrecht** des Pfandgläubigers.[82]

81 Aus dem **Erlös aus der Verwertung** des verpfändeten Vermögens werden **in der Regel 70 %** zur Befriedigung der Forderungen des durch das Pfand gesicherten Gläubigers (*Kreditor, trebovaniya kotorogo obespecheni zalogom*), jedoch höchstens der Betrag dieser Forderung sowie der angefallenen Zinsen, an diesen bezahlt. **20 % des Erlöses** werden zur **Befriedigung der Forderungen der Gläubiger der ersten und zweiten Rangstelle** verwendet, sofern die *Konkursnaya massa* zur Befriedigung dieser Gläubiger nicht ausreicht. Die **restlichen 10 %** dienen der Deckung der *Sudebnie raskhodi*, der Gerichtskosten, (einschließlich der Vergütung für den jeweiligen Verwalter). Sofern der dem *Kreditor, trebovaniya kotoryogo obespecheni zalogom* überwiesene Betrag nicht zur Befriedigung seiner Forderung ausreicht, wird ein nach der Befriedigung der erst- und zweitrangigen Gläubiger eventuell **verbleibender Restbetrag** zusätzlich an den *Kreditor, trebovaniya kotoryogo obespecheni zalogom* ausbezahlt.

5.3 *Privilegirovannie konkursnie kreditori* – Bevorzugte Gläubiger

82 **Bevorzugte Insolvenzgläubiger** (*Privilegirovannie konkursnie kreditori*) werden befriedigt, nachdem die laufenden Zahlungen (*Tekuschie platezhi*) des Insolvenzverfahrens beglichen wurden. Die *Privilegirovannie konkursnie kreditori* teilen sich in **zwei Rangstufen:** Erstrangig sind Inhaber von Ansprüchen aus **Verletzungen von Leben und Gesundheit** (die zu diesem Zweck kapitalisiert werden); zweitrangig sind Inhaber von Ansprüchen auf **Zahlung von Abfindungen und Arbeitslohn** von Arbeitnehmern oder ehemaligen Arbeitnehmern aus Anstellungsverträgen[83] sowie von **urheberrechtlichen Ansprüchen.**[84]

---

[81] Art. 228 Abs. 3 InsG.
[82] Der Pfandgläubiger muss sich in diesem Fall 90 % des Mindestgebotspreises als Tilgung seiner Forderung anrechnen lassen; diese Regelung hat in der Praxis nicht selten zu Missbrauch geführt.
[83] Abfindungszahlungen für Mitglieder der Geschäftsleitung des Schuldners, die den gesetzlich festgelegten Mindestbetrag übersteigen, werden demgegenüber nur letztrangig befriedigt.
[84] Art. 134 Abs. 1 InsG.

5.4 Einfache Insolvenzgläubiger

Einfache Insolvenzgläubiger sind Gläubiger dritten Ranges, die nicht zu den beiden erstrangigen Kategorien gehören (→ Rn. 82). Zu ihnen gehören auch staatliche Gläubiger.[85] **Drittrangig** werden Ansprüche der Gläubiger auf die **Hauptforderung und Zinsen** und sodann auf Ersatz von Schäden aus **entgangenem Gewinn, Vertragsstrafen und anderen finanziellen Sanktionen** befriedigt.[86]

5.5 *Kreditori, rascheti s kotorimi osuschestvliayutsia posle raschetov s kreditorami tret'iey ochered* – Nachrangige Insolvenzgläubiger

Nach der Begleichung der Forderungen der Gläubiger der ersten drei Rangstellen werden **nachrangig befriedigt:** (i) Forderungen von Gläubigern aus Rechtsgeschäften, die durch Gerichtsentscheidung **für ungültig erklärt wurden** und durch die das Vermögen der Gläubiger geschädigt wurde; und (ii) Forderungen von Gläubigern, die **nach Schließung des** *Reestr trebovaniy kreditorov* **angemeldet** wurden (hierzu → Rn. 66 ff.). Vermögen des Schuldners, das **nach Befriedigung sämtlicher Gläubigerforderungen verbleibt,** steht den Gesellschaftern (Aktionären) des Schuldners zu.

5.6 *Kreditory po tekuschim platezham* – Massegläubiger (Gläubiger von Ansprüchen auf laufende Zahlungen)

Die **Massegläubiger** (*Kreditory po tekuschim platezham*) werden **vor den Gläubigern der ersten, zweiten oder dritten Rangfolge** befriedigt. Auch die Forderungen der *Kreditory po tekuschim platezham* werden **in bestimmter Reihenfolge** bedient. An **erster Rangstelle** werden Forderungen auf **Bezahlung der** *Sudebnie raskhodi* (Gerichtskosten einschließlich der Vergütung des Insolvenzverwalters) bedient, an **zweiter Rangstelle** Forderungen auf Bezahlung der **Vergütung der vom jeweiligen Verwalter zur Erfüllung seiner Pflichten im Insolvenzverfahren eingeschalteten Personen** und schließlich an **dritter Rangstelle** Forderungen für **kommunale Dienstleistungen und Betriebskosten.**

6. *Rascheti s kreditorami* – Verteilung an die Gläubiger

Auszahlungen an Gläubiger können grundsätzlich **in jedem Stadium** des Insolvenzverfahrens vorgenommen werden. Im **Stadium der** *Nablyudenie* darf der Schuldner Forderungen von Gläubigern unter Berücksichtigung der in Abschnitt 5 dargestellten Rangfolge befriedigen. Im Hinblick auf die relativ komplizierte Struktur der Rangfolgen (Rangfolge zwischen den außerhalb des Verfahrens zu befriedigenden Gläubigern sowie zwischen den Forderungen der drei Rangstufen und innerhalb dieser Rangstufen) erfolgen Auszahlungen an die Gläubiger in der Praxis allerdings in der Regel nur dann, wenn das *Reestr trebovaniy kreditorov* eindeutig ist und kein Risiko besteht, dass bislang unbekannte Gläubiger noch Ansprüche an den Schuldner stellen.

In der *Finansovoe ozdorovlenie,* dem finanziellen Sanierungsverfahren, erfolgen Zahlungen an die Gläubiger **gemäß dem Sanierungsplan und dem Tilgungsplan.** Im Rahmen der *Vneshnee upravlenie,* der externen Verwaltung, erfolgen *Rascheti s kreditorami* dann, wenn das *Arbitrazhniy sud* einen **Beschluss über den Übergang in das Verfahren der Befriedigung der Gläubiger** (*Opredelenie o perekhode k raschetam s kreditorami*) gefasst hat,[87] wobei Auszahlungen dann in der vom InsG festgelegten Rangfolge vorgenommen werden.

7. Verträge im Insolvenzverfahren

Nach den allgemeinen Bestimmungen des InsG führt die **Eröffnung des Insolvenzverfahrens** (*Vozbuzhdenie proizvodstva po delu o bankrotstve*) und die Einleitung einzelner Verfahrensschritte in Bezug auf den Schuldner noch **nicht zur Unwirksamkeit oder zur Beendigung von Verträgen** mit dem Schuldner. Dies betrifft sowohl zivilrechtliche, als auch arbeitsrechtliche Verträge des Schuldners.

Ebenso legt das russische Recht **kein umfassendes Moratorium** für die Erfüllung der Verpflichtungen des Schuldners aus bestehenden Verträgen fest (ein **begrenztes Moratorium** besteht lediglich bei **Einleitung der** *Vneshnee upravlenie,* dem externen Verwaltungsverfahren). Gleichzeitig hängt die Frage, wie die Forderungen der Gläubiger aus bestehenden Verträgen mit dem Schuld-

---

[85] Art. 137 Abs. 1 InsG.
[86] Art. 137 Abs. 3 InsG.
[87] Art. 120 InsG.

ner zu erfüllen sind, **von der jeweiligen Verfahrensstufe** im Insolvenzverfahren ab (s. hierzu Abschnitt 4.3).

90 Im Falle der *Vneshnee upravlenie* gewährt das InsG dem Schuldner (vertreten durch den *Vneshiy upravlyayushiy*) das Recht, die **Leistung aus Verträgen** und anderen Rechtsgeschäften des Schuldners **zu verweigern.** Eine **einseitige Verweigerung der Vertragserfüllung** kann jedoch **nur in Bezug auf solche Rechtsgeschäfte** erklärt werden, die von den Parteien **ganz oder teilweise noch nicht erfüllt** sind, sofern die Erfüllung dieser Geschäfte die **Wiederherstellung der Zahlungsfähigkeit des Schuldners hindern** oder wenn die Erfüllung für den Schuldner **im Vergleich zu ähnlichen Rechtsgeschäften,** die unter vergleichbaren Umständen abgeschlossen werden, **zu einem Schaden führen würde.** Im Falle einer einseitigen Verweigerung der Vertragserfüllung gilt der Vertrag **zum Zeitpunkt des Erhalts der entsprechenden Verweigerungserklärung** durch den *Vneshiy upravlyayushiy* an alle Parteien **als aufgehoben.** Bezüglich solcher Rechtsgeschäfte, die während der *Nablyudenie*, dem Beobachtungsverfahren, oder der *Finansovoe ozdorovlenie*, dem finanziellen Sanierungsverfahren **unter Beachtung der Vorschriften des InsG** abgeschlossen wurden, ist eine einseitige Verweigerung der Vertragserfüllung **nicht zulässig.**[88] Die Vertragspartei, der gegenüber die Verweigerung der Vertragserfüllung durch den Schuldner erklärt wurde, ist berechtigt, vom Schuldner den **Ersatz der entstandenen Schäden zu verlangen,** wobei diese Forderung nach der im InsG vorgesehenen **allgemeinen Rangfolge** für die Befriedigung der Insolvenzgläubiger befriedigt wird.

8. *Zachet* – Aufrechnung

91 Eine **Aufrechnung** (*Zachet*) ist während der *Nablyudenie*, der *Finansovoe ozdorovlenie* und des *Konkursnoe proizvodstvo* **grundsätzlich zulässig,** sofern diese in Übereinstimmung mit der Rangfolge der Gläubiger erfolgt. Unklar ist nach der gesetzlichen Formulierung jedoch, ob ein *Zachet* auch im Verfahren der *Vneshnee upravlenie* möglich ist. **In der Praxis ist ein *Zachet* allerdings stark eingeschränkt,** da nach derzeitiger gerichtlicher Praxis ein *Zachet* in vielen Fällen als bevorzugte Befriedigung eines Gläubigers den anderen Gläubigern gegenüber angesehen wird und der *Zachet* entsprechend nach erfolgter Anfechtung für unwirksam erklärt werden kann.

9. *Priznanie nedeistvitelnim* – Anfechtung

92 Im Insolvenzverfahren ist der Insolvenzverwalter **auf eigene Initiative** hin oder auf **Verlangen der *Sobranie kreditorov* oder des *Komitet kreditorov*** berechtigt, im Klagewege durch Anfechtung die **Feststellung der Unwirksamkeit folgender Rechtsgeschäfte** zu beantragen:
- Rechtsgeschäfte, die vom Schuldner **innerhalb eines Jahres vor Annahme des Insolvenzantrages** (*Prinyatie zayavleniya k proizvodstvu*) durch das *Arbitrazhniy sud* (oder danach) vorgenommen wurden, sofern die andere Vertragspartei auf den entsprechenden Vertrag **keine vollwertige Gegenleistung** erbracht hat;
- Rechtsgeschäfte, die vom Schuldner **mit der Absicht** vorgenommen wurden, die **Vermögensinteressen anderer Gläubiger zu schädigen,** sofern solche Rechtsgeschäfte **innerhalb von drei Jahren** vor der Annahme des Antrags auf Insolvenzerklärung durch das *Arbitrazhniy sud* oder danach vorgenommen wurden und sofern die andere Vertragspartei von den vermögenswerten Interessen der anderen Gläubiger oder der Zahlungsunfähigkeit und Vermögenslosigkeit des Schuldners **Kenntnis hatte oder Kenntnis hätte haben müssen;** und
- Rechtsgeschäfte, die vom Schuldner **innerhalb eines Monats** vor der Annahme des Insolvenzantrages durch das Gericht oder danach vorgenommen wurden und die **auf die Bevorzugung eines oder mehrerer Gläubiger gerichtet** sind.[89]

93 Hat die *Priznanie nedeistvitelnim* Erfolg, findet eine **gegenseitige Restitution** statt, d.h. die Parteien sind verpflichtet, sich gegenseitig alles durch das Rechtsgeschäft Erlangte zurückzuerstatten. Die Forderungen des Vertragspartners werden dabei allerdings **nachrangig befriedigt** (s. Abschnitt 5.5).

94 Im Insolvenzverfahren können Rechtsgeschäfte auch **nach den allgemeinen, im Zivilgesetzbuch enthaltenen Bestimmungen für unwirksam erklärt** werden. Restitutionsansprüche der Vertragspartner werden in diesem Falle nach der **allgemeinen Rangfolge** befriedigt.

10. Persönliche Haftung

95 In Abschnitt III.2 sieht das InsG nunmehr auch Regelungen bezüglich der **persönlichen Haftung der Geschäftsführer** und anderer Personen, die die Geschäftstätigkeit des Schuldners **kontrollieren,** vor.

---

[88] Zur *Priznanie nedeistvitelnim*, der Anfechtung von Verträgen, → Rn. 92 ff.
[89] Sofern der andere Vertragsteil bei der Vornahme des Rechtsgeschäfts die Zahlungsunfähigkeit oder Vermögenslosigkeit des Schuldners kannte oder kennen musste, beträgt die Frist 6 Monate.

Sofern eine vollständige Befriedigung der Forderungen der Insolvenzgläubiger in Folge von **Handlungen oder Unterlassungen** von Personen, die die Insolvenzschuldnerin kraft ihrer Organstellung oder auf andere Weise faktisch **innerhalb der letzten drei Jahre** von Eintritt der Anzeichen einer Insolvenz **kontrolliert haben,** unmöglich ist, kann das Arbitragegericht diesen Personen eine **subsidiäre Haftung** für die Verbindlichkeiten des Schuldners auferlegen. 96

Die Verantwortung für die Unmöglichkeit der vollständigen Befriedigung der Verbindlichkeiten des Schuldners wird dabei **vermutet,** wenn die betreffenden Personen Rechtsgeschäfte des Schuldners **ohne angemessene Gegenleistung** oder **in der Absicht, andere Gläubiger zu benachteiligen, abgeschlossen** oder **genehmigt** haben.[90] 97

Gleiches gilt, sofern zum Zeitpunkt der Verfahrenseröffnung zwingende **Buchhaltungsunterlagen, andere Dokumente,** zu deren Aufbewahrung der Schuldner **gesetzlich verpflichtet** ist, oder **zwingende Angaben** in den staatlichen Registern fehlten oder unrichtig waren und dies zu einer erheblichen **Erschwerung bei der Durchführung des Insolvenzverfahrens** (beispielsweise zur Ermittlung der Insolvenzmasse) geführt hat.[91] 98

Schließlich wird eine **Verursachung** der Unzulänglichkeit der Insolvenzmasse **vermutet,** wenn eine **ordnungs- oder strafrechtliche Haftung** von für den Schuldner handelnde Personen in Bezug auf drittrangige Forderungen (einschließlich Steuerforderungen) rechtskräftig festgestellt ist, sofern diese in der Hauptsumme **mehr als 50 %** der Gesamthöhe aller Forderungen drittrangiger Gläubiger betragen.[92] 99

Der in Anspruch Genommene kann seine Haftung durch den Nachweis **abwenden oder herabsetzen,** dass ihn bezüglich der Unmöglichkeit der Befriedigung der Gläubigerforderungen **kein Verschulden** trifft oder er im **gewöhnlichen Geschäftsbetrieb** unter Wahrung der Interessen des Schuldners und seiner Gesellschafter und **zur Abwendung eines größeren Schadens für die Gläubiger** gehandelt hat.[93] 100

Die Haftungsregeln des Abschnitts III.2 InsG gelten **auch im Falle der Einstellung** des Verfahrens **mangels Masse.**[94] 101

Die **russische Gerichtspraxis** macht von den neuen Regelungen zur Auferlegung der persönlichen subsidiären Haftung **auffallend häufig** Gebrauch.[95] 102

11. *Reorganizatsiya* – Reorganisationsverfahren

Eine **freiwillige Erledigung des Insolvenzverfahrens durch Vergleich** *(Mirovoe soglashenie)* zum Zwecke der Befriedigung der Gläubiger kann **in jedem Stadium** des Insolvenzverfahrens erfolgen.[96] Der Richter kann bereits im Stadium der Vorbereitung des Insolvenzverfahrens Maßnahmen im Hinblick auf eine gütliche Einigung der Parteien treffen.[97] Die **Entscheidung über den Abschluss einer** *Mirovoe soglashenie* ist von Gläubigerseite mit der **Mehrheit der Gesamtzahl der Stimmen der Insolvenzgläubiger** zu treffen, sofern **sämtliche durch Pfandrecht gesicherte Gläubiger** *(Kreditori, trebovaniya kotorykh obespecheni zalogom)* der *Mirovoe soglashenie* zugestimmt haben.[98] Auf der anderen Seite hat der **Schuldner** der *Mirovoe soglashenie* zuzustimmen. Dieser wird dabei je nach Verfahrensstadium **unterschiedlich vertreten:** Während der *Nablyudenie* und der *Finansovoe ozdorovlenie* durch die Geschäftsführung des Schuldners[99] und während der *Vneshnee upravlenie* und dem *Konkursnoe proizvodstvo* durch den jeweiligen **Verwalter.**[100] 103

Die *Mirovoe soglashenie* muss **Regelungen zum Verfahren und zu den Fristen der Erfüllung der finanziellen Verpflichtungen des Schuldners** enthalten. Bei Abschluss einer *Mirovoe soglashenie* sieht das InsG die Möglichkeit vor, dass die Gläubiger auf einen **Teil ihrer Forderungen verzichten,** sowie die Möglichkeit der Erfüllung der Verpflichtungen gegenüber den Gläubigern 104

---

[90] Art. 61.11 Abs. 2 Nr. 1 InsG.
[91] Art. 61.11 Abs. 2 Nr. 2, 4 und 5 InsG; in diesen Fällen können auch die Personen haftbar gemacht werden, die für die Erstellung bzw. Führung der entsprechenden Dokumente und Informationen verantwortlich waren, zB der Hauptbuchhalter des Schuldners.
[92] Art. 61.11 Abs. 2 Nr. 3 InsG.
[93] Art. 61.11 Abs. 10 InsG.
[94] Art. 61.11 Abs. 12 Nr. 1 InsG.
[95] In den meisten Fällen wird die persönliche Haftung mit dem Abschluss oder der Genehmigung von Verträgen mit verbundenen Personen zur Verschiebung von Vermögen oder damit begründet, dass dem Arbitrageverwalter keine ausreichenden Unterlagen oder Informationen zur Verfügung gestellt wurden.
[96] Art. 150 Abs. 1 InsG.
[97] Art. 150 Abs. 4 InsG.
[98] Art. 150 Abs. 2 InsG.
[99] Art. 151 Abs. 3, Art. 152 Abs. 3 InsG.
[100] Art. 153 Abs. 1, Art. 154 Abs. 1 InsG.

in anderer Form als in Geldform (dh für den Fall, dass die Gläubiger anstelle der Erfüllung ihrer Forderung durch Geldzahlung Rechte auf anderes Vermögen des Schuldners oder auf Aktien/Anteile des Schuldners erlangen). Dabei gilt der Grundsatz, dass die Befriedigung von Forderungen einzelner Gläubiger in anderer als in Geldform **nicht zu Vorteilen für diese Gläubiger** im Vergleich zu den Gläubigern führen darf, deren Forderungen in Geldform beglichen werden.[101]

105 Bei Abschluss einer *Mirovoe soglashenie* muss das **allgemeine Prinzip der Gleichbehandlung** aller Gläubiger einbehalten werden: die Bedingungen der *Mirovoe soglashenie* für die Gläubiger, die dem Vergleichsabschluss zugestimmt haben, dürfen nicht besser sein, als die Bedingungen für die Gläubiger, die gegen den Abschluss der *Mirovoe soglashenie* gestimmt haben.[102] Sofern einzelne Gläubiger gegen die Bestätigung der *Mirovoe soglashenie* gestimmt haben und den Vergleichsabschluss damit blockieren, können die Gläubiger, die am Abschluss einer *Mirovoe soglashenie* interessiert sind, die Verpflichtung zur Erfüllung der Verbindlichkeiten des Schuldners gegenüber den blockierenden Gläubigern übernehmen und die *Mirovoe soglashenie* so zum Abschluss bringen. In diesem Fall gehen die übernommenen Ansprüche gegen den Schuldner auf den diese übernehmenden Gläubiger über.[103]

106 Eine *Mirovoe soglashenie* kann allerdings **erst nach Befriedigung der Forderungen der Gläubiger der ersten und zweiten Rangstelle** bestätigt werden. Auf diese Art wird der Schutz der Interessen der besonders schutzwürdigen Gläubiger sichergestellt.[104]

107 Das *Arbitrazhniy sud* kann eine *Mirovoe soglashenie* **in Bezug auf alle Gläubiger für unwirksam erklären** und das jeweilige **Insolvenzverfahren wieder aufnehmen,** sofern der Schuldner seine Verpflichtungen gemäß der Vergleichsvereinbarung in Bezug auf solche Gläubiger, die über mindestens 25 % der Gesamtforderungen gegen den Schuldner zum Zeitpunkt der Bestätigung der *Mirovoe soglashenie* durch das *Arbitrazhniy sud* verfügen, nicht erfüllt hat.[105]

12. Internationales Insolvenzrecht

108 Entscheidungen **ausländischer staatlicher Gerichte** sind in Russland für vollstreckbar zu erklären, wenn dies in einem **bilateralen Abkommen** zwischen der Russischen Föderation und dem entsprechenden Staat, dessen Gericht die Entscheidung erlassen hat, vorgesehen ist. Russland ist (insbesondere als Rechtsnachfolger der UdSSR) Partei sowohl **multilateraler als auch bilateraler Abkommen** über die Vollstreckung von Gerichtsurteilen, die beispielsweise mit den Staaten der ehemaligen UdSSR, mit Zypern, Italien, Spanien und Griechenland bestehen. Allerdings bestehen insbesondere **keine entsprechenden Abkommen mit den übrigen Mitgliedstaaten der Europäischen Union und mit Nordamerika.** Gleichwohl können Urteile ausländischer Gerichte in Russland auch ohne Vorliegen eines bilateralen Vollstreckungsabkommens **nach dem Grundsatz der Gegenseitigkeit** vollstreckt werden, sofern russisches Recht dem nicht entgegen steht, was von den Gerichten **jeweils im Einzelfall entschieden** wird. Zum **Nachweis des Bestehens eines Gegenseitigkeitsverhältnisses** muss dem Gericht gegenüber der Nachweis erbracht werden, dass in dem Staat, in dem das entsprechende Gerichtsurteil erlassen wurde, eine Vollstreckung russischer Gerichtsentscheidungen **nicht nur möglich ist, sondern in der Praxis auch durchgeführt** wird.

109 Die Russische Föderation ist **nicht Partei spezieller Konventionen** zu Fragen des Insolvenzrechts. Sofern durch internationale Vereinbarungen nichts anderes festgelegt ist, sind **ausländische Gläubiger russischer Schuldner im Vergleich mit russischen Gläubigern gleichgestellt.**

13. Aktuelle Regelungen im Zusammenhang mit der COVID-19-Pandemie

110 Im Zusammenhang mit der Ausbreitung des Coronavirus Covid-19 in Russland wurde am 5.3.2020 das Regime der **„Erhöhten Bereitschaft"** (*povyshennaya gotovnost'*) ausgerufen, das den staatlichen Organen zeitlich begrenzt größere Kompetenzen zur **Einschränkung von Rechten und Freiheiten** der Bürger zum Schutze der Bevölkerung einräumt. Nachdem die russische Regierung bereits am 18.3.2020 angeordnet hatte, Tourismus- und Flugverkehrsunternehmen zeitlich befristet ein **Moratorium** für die Stellung von Insolvenzanträgen zu gewähren, wurde das InsG am 1.4.2020 durch einen neuen Artikel 9.1 („Moratorium zur Einleitung eines Insolvenzverfahrens"/ „*Moratoriy na vosbuzhdenie del o bankrotstve*") ergänzt, der der Regierung der Russischen Föderation

---

[101] Art. 156 Abs. 1 InsG.
[102] Art. 156 Abs. 3 InsG.
[103] Art. 156 Abs. 4 InsG.
[104] Art. 158 Abs. 1 InsG; dies gilt selbst dann, wenn die erst- und zweitrangigen Gläubiger der *Mirovoe soglashenie* unter Verzicht auf vollständige Befriedigung zustimmen würden.
[105] Art. 164 InsG.

grundsätzlich (also nicht nur im aktuellen Fall der Covid-19-Pandemie) das Recht einräumt, Moratorien zur Einleitung von Insolvenzverfahren zu verfügen.

Gemäß Art. 9.1 Ziff. 1 Abs. 1 InsG können solche Moratorien in Ausnahmefällen (genannt **111** sind Fälle von Umwelt- oder technischen Katastrophen, gravierende Änderungen des Kurses des Rubel und „ähnliche Umstände") zur Sicherstellung der Stabilität der Wirtschaft für eine von der Regierung der Russischen Föderation festzulegende Frist eingeführt werden. Erforderlichenfalls kann diese Frist mehrfach verlängert werden. Dabei kann die Regierung bestimmte Tätigkeitsbereiche und/oder bestimmte Unternehmen oder Personengruppen festlegen, auf die das Moratorium Anwendung findet.

Auf der Grundlage des neu eingeführten Art. 9.1 InsG hat die Regierung der Russischen **112** Föderation mit Beschluss vom Nr. 428 vom 3.4.2020 (in Kraft getreten am 6.4.2020) **Tätigkeitsgebiete und konkrete Unternehmen festgelegt,** für die zunächst für die **Dauer von sechs Monaten** keine Insolvenzverfahren eröffnet werden können. Im Einzelnen handelt es sich um folgende Unternehmen:

- Unternehmen und Individualunternehmer, die auf Gebieten tätig sind, die unter den verschlechterten Bedingungen im Zusammenhang mit der Verbreitung der Covid-19-Infektion am meisten glitten haben (Luftfracht- und Passagierverkehr, Flughafenbetreiber, Spediteure, Kultur-, Freizeit- und Unterhaltungsbranche, Sport und gesundheitsfördernde Tätigkeiten, Reisebüros und Veranstalter sowie andere Organisationen, die Dienstleistungen im Touristikbereich anbieten, Hotellerie und Gastgewerbe);[106]
- Unternehmen, die in die Liste der systemrelevanten Organisationen aufgenommen wurden, die durch die Regierungskommission zur Förderung der stabilen Entwicklung der russischen Wirtschaft bestätigt wurde;[107]
- Unternehmen, die in die Liste der strategischen Unternehmen und der strategischen Aktiengesellschaften aufgenommen wurden;[108]
- Organisationen, die in die Liste der strategischen Unternehmen und föderalen Vollzugsorgane aufgenommen wurden, die die Umsetzung der einheitlichen staatlichen Politik in den Wirtschaftsbereichen sicherstellen, in denen sie tätig sind.[109]

Die jeweiligen Listen umfassen derzeit mehr als 1.000 Unternehmen. Sie sind nicht abschließend **113** und werden laufend überprüft und falls erforderlich ausgeweitet oder korrigiert.

Für die Dauer des Moratoriums gelten in Bezug auf die betroffenen Schuldner folgende **Son- 114 derregelungen:**

- die Verpflichtung des Schuldners zur Antragstellung beim *Arbitrazhniy sud* in den im InsG vorgesehenen Fällen ist gehemmt;
- die Erfüllung von Forderungen von Gesellschaftern oder Aktionären des Schuldners zur Auszahlung oder Übertragung von Vermögen des Schuldners im Zusammenhang mit dem Austritt aus der Gesellschaft ist ebenso wie der Rückkauf von Aktien des Schuldners oder die Auszahlung des tatsächlichen Wertes des Anteils (der Aktien) unzulässig;
- die Erfüllung von Geldforderungen im Wege der Aufrechnung mit gleichartigen Gegenforderungen ist unzulässig, wenn dadurch die durch das InsG festgelegte Reihenfolge der Befriedigung von Gläubigerforderungen verletzt wird. Dieses Verbot gilt nicht für das Erlöschen von Forderungen aus sogenannten Finanzverträgen *(Finansovye dogovory)* im Sinne von Art. 4.1 InsG[110] und für die Festlegung von Netto-Verbindlichkeiten nach dem im InsG festgelegten Verfahren.
- die Einziehung von Vermögenswerten eines unitarischen Unternehmens als Schuldner durch den Eigentümer des Schuldnerunternehmens ist unzulässig;
- die Bezahlung von Dividenden oder anderen Erträgen aus Beteiligungen sowie die Ausschüttung von Gewinnen an die Gesellschafter des Schuldners ist unzulässig;
- Vertragsstrafen oder sonstige Strafzahlungen und andere finanzielle Sanktionen für die Nichterfüllung oder nicht ordnungsgemäße Erfüllung von Geldverpflichtungen und öffentlichen Pflichtabgaben mit Ausnahme von sog. laufenden Zahlungen *(Tekuschtchie platezhi)* fallen nicht an;
- die Verwertung von Pfandrechten an Vermögensgegenständen des Schuldners sowohl im gerichtlichen wie auch im außergerichtlichen Verfahren ist unzulässig;

---

[106] Verzeichnis bestätigt durch Beschluss der Regierung der Russischen Föderation Nr. 434 v. 3.4.2020.
[107] Liste bestätigt durch Schreiben des Ministeriums für wirtschaftliche Entwicklung Nr. 8952-RM/D 18i v. 23.3.2020.
[108] Liste bestätigt durch Erlass des Präsidenten der Russischen Föderation Nr. 1009 v. 4.8.2009 (in der Fassung v. 6.5.2020).
[109] Liste bestätigt durch Beschluss der Regierung der Russischen Föderation Nr. 1226-r v. 20.8.2009 (in der Fassung v. 24.4.2020).
[110] Verträge über Finanzinstrumente und im Zusammenhang mit Wertpapierhandel.

- die Zwangsvollstreckung von Geldforderungen, die vor Einführung des Moratoriums entstanden sind, wird eingestellt (bestehende Arreste auf Schuldnervermögen und andere Einschränkungen des Verfügungsrechts über Schuldnervermögen, die im Laufe eines Vollstreckungsverfahrens verhängt wurden, bleiben jedoch bestehen).

115 Wohl insbesondere im Hinblick auf das Verbot zur Ausschüttung von Dividenden und des Rückkaufs eigener Aktien ist jedes Unternehmen, auf das sich die Gültigkeit des Moratoriums erstreckt, gemäß Artikel 9.1 Ziffer 1 Absatz 3 InsG berechtigt, einen **Antrag auf Nichtanwendung** des Moratoriums zu stellen. Ein solcher Verzicht ist in das Einheitliche Föderale Register der Veröffentlichungen über die Insolvenz *(Ediniy federal'niy reestr svedeniy o bankrotstve)* **einzutragen** und gilt bis zum Ende der Dauer des Moratoriums. Im Falle der Verlängerung des Moratoriums ist das entsprechende Unternehmen berechtigt, einen erneuten Antrag auf Verzicht zu stellen.

116 Darüber hinaus gelten gemäß Art. 9.1 Ziff. 4 InsG für Insolvenzverfahren, die im Laufe von **drei Monaten nach Ende der Dauer des Moratoriums** in Bezug auf Schuldner eingeleitet wurden, auf die sich das Moratorium erstreckt hat, folgende **besonderen Regelungen:**
- die Fristen, die für die Bestimmung der Interessiertheit[111] und für die insolvenzrechtliche Anfechtung[112] festgelegt sind, werden vom Datum der Geltung des Moratoriums an berechnet und beinhalten den Zeitraum der Dauer des Moratoriums sowie ein Jahr nach dessen Beendigung (höchstens jedoch bis zum Zeitpunkt der Stellung des Insolvenzantrages);
- für die Festlegung der Zusammensetzung und der Höhe von Geldverbindlichkeiten, Forderungen auf Zahlung von Unterhalt und/oder zur Bezahlung von Arbeitsgehältern für derzeitige oder ehemalige Arbeitnehmer sowie für öffentliche Pflichtabgaben (auch solcher in ausländischer Währung), die vor dem Datum der Einführung des Moratoriums entstanden sind, gelten zusätzliche Regelungen;[113]
- die Gültigkeit von Vergleichen, die während der Dauer des Moratoriums abgeschlossen wurden, ist durch das *Arbitrazhniy sud,* das Arbitragegericht, zu bestätigen.

117 Die ursprünglich ebenfalls geltende Regelung, nach der in diesem Fall sämtliche während der Geltung des Moratoriums abgeschlossenen Rechtsgeschäfte zur Übertragung von Vermögen des Schuldners und zur Aufnahme von Verbindlichkeiten (mit Ausnahme von im normalen Geschäftsgang abgeschlossenen geringerwertigen Geschäften) für nichtig erklärt wurden, wurde bereits mit Gesetz Nr. 149-FZ vom 24.4.2020 wieder aufgehoben.

118 Während der Gültigkeitsdauer des Moratoriums werden Gläubigerversammlungen, Versammlungen des Gläubigerkomitees, Versammlungen der am Bau Beteiligten[114] und Versammlungen der derzeitigen oder früheren Arbeitnehmer des Schuldners auf Beschluss des Arbitrageverwalters **in Form von Fernabstimmungen** durchgeführt. Dies gilt für alle Schuldnerunternehmen, also auch für solche, die nicht unter die Geltung des Moratoriums fallen.

119 In Bezug auf die **Insolvenz von Privatpersonen** sind Maßnahmen zur Vereinfachung des Verfahrens, eine Verringerung der Kosten und eine Abkürzung der Fristen für solche Verfahren sowie Maßnahmen zum leichteren Zugang zum Insolvenzverfahren für finanziell schwache Bürger geplant. Entsprechende Regelungen wurden bis zur Drucklegung dieses Beitrags jedoch noch nicht in Kraft gesetzt.

120 Darüber hinaus ist zu beachten, dass das Oberste Gericht der Russischen Föderation und der Rat der Gerichte für den Zeitraum der Geltung des Regimes der Erhöhten Bereitschaft ein besonderes Verfahren für gerichtliche Verfahren festgelegt hat. Mit Beschluss vom 8.4.2020 Nr. 821 wurde den Gerichten empfohlen, eine persönliche Vorsprache von Parteien nur im Falle echter Unaufschiebbarkeit zuzulassen. Für die Gerichte unterer Instanzen wurde angeordnet, den Empfang von Dokumenten, die per Post oder in elektronischer Form versandt wurden, sicherzustellen.

121 Dabei haben das Oberste Gericht und der Rat allerdings klargestellt, dass die Gerichte weiterhin das Recht haben, selbständig und in Abhängigkeit von den Umständen des Einzelfalles über die Verhandlung von Rechtsfällen zu entscheiden.

---

[111] Art. 19 InsG.
[112] Dies betrifft die Anfechtung gemäß Art. 61.2 und Art. 61.3 InsG.
[113] Die Berechnung erfolgt zum Zeitpunkt des Beginns des Moratoriums; Verbindlichkeiten in Fremdwährung werden zum offiziellen Wechselkurs der russischen Zentralbank entweder zum Zeitpunkt des Beginns des Moratoriums oder zum Zeitpunkt der Stellung des Insolvenzantrages in Rubel umgerechnet.
[114] Im Falle der Insolvenz von Bauträgergesellschaften.

Russische Föderation

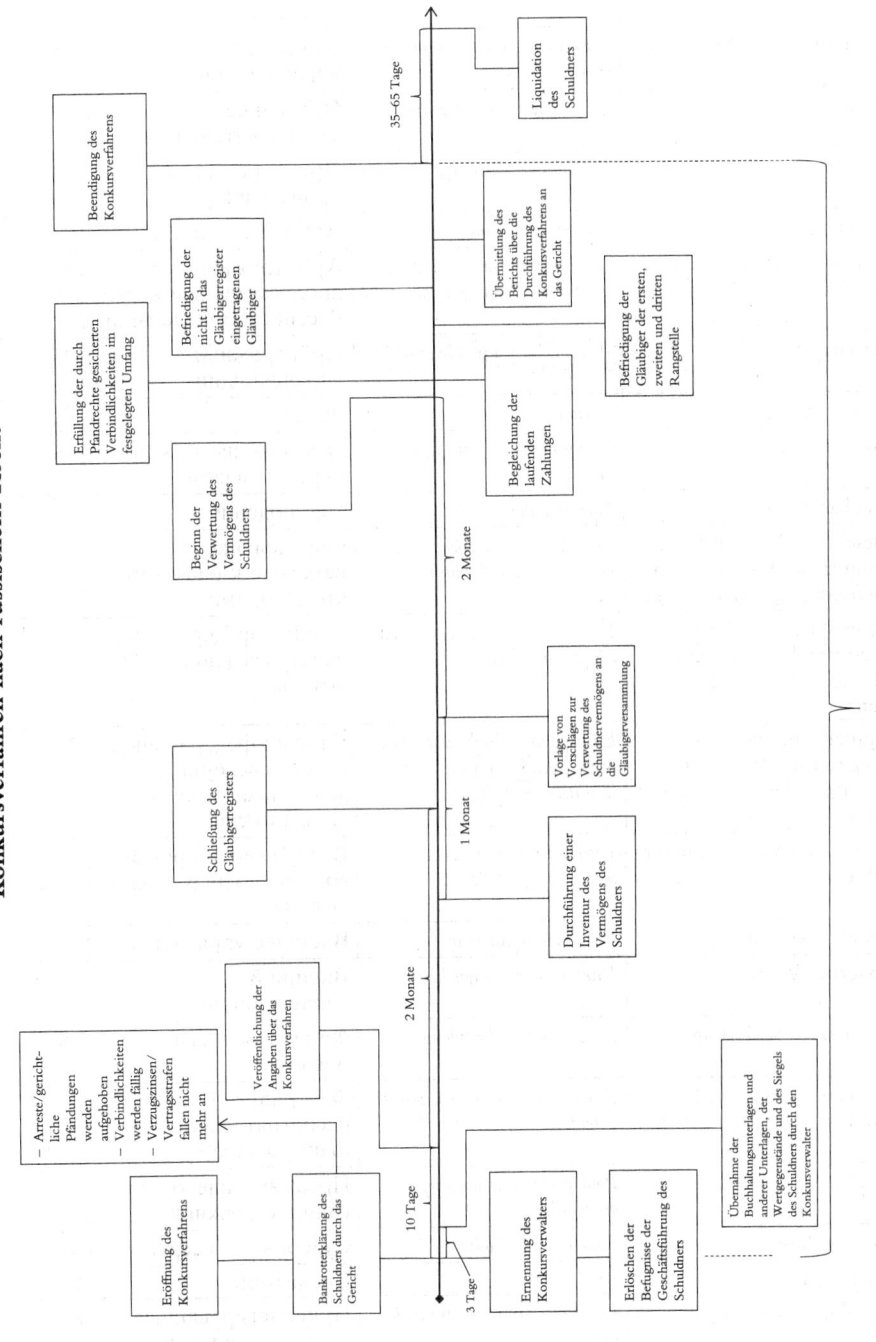

Russische Föderation

Glossar

Begriff	Transkription	Kyrillisch	Rn.
Abwesender Schuldner	Otsutstvuyushiy dolzhnik	Отсутствующий должник	7
Administrativer Verwalter	Administrativniy upravlyayushiy	Административный управляющий	48
Anfechtung	Priznanie nedeistvitelnim	Признание недействительным	92
Annahme des Insolvenzantrages	Prinyatie zayavleniya k proizvodstvu	Принятие заявления к производству	34
Arbitragegericht	Arbitrazhniy sud	Арбитражный суд	7
Arbitrageverfahrensgesetz der Russischen Föderation	Arbitrazhniy protsessualniy kodeks Rossiyskoy Federatsiyi	Арбитражный процессуальный кодекс Российской Федерации	5
Arbitrageverwalter	Arbitrazhniy upravlyayushiy	Арбитражный управляющий	25
Aufrechnung	Zachet	Зачет	91
Aussonderung	Isklyuchenie iz konkursnoi massi	Исключение из конкурсной массы	78
Beobachtung	Nablyudenie	Наблюдение	28
Beschluss über den Übergang in das Verfahren der Befriedigung der Gläubiger	Opredelenie o perekhode k raschetam s kreditorami	Определение о переходе к расчетам с кредиторами	87
Einheitliches Föderales Register der Veröffentlichungen über die Insolvenz	Ediniy federal'niy reestr svedeniy o bankrostve	Единый федеральный реестр сведений о банкротстве	2
Einheitliches Föderales Register der Veröffentlichungen über die Tätigkeit juristischer Personen	Ediniy federal'niy reestr svedeniy o faktakh deyatel'nosti juirditcheskikh liz	Единый федеральный реестр сведений о деятельности юридических лиц	2
Eröffnung des Insolvenzverfahrens	Vozbuzhdenie proizvodstva po delu o bankrotstve	Возбуждение производства по делу о банкротстве	10
Externe Verwaltung	Vneshnee upravlenie	Внешнее управление	56
Externer Verwalter	Vneshiy upravlyayushiy	Внешний управляющий	59
Finanzielle Sanierung	Finansovoe ozdorovlenie	Финансовое оздоровление	48
Föderales Gesetz „Über die Insolvenz (Bankrott)"	Federalniy zakon „O nesostoyatelnosti (bankrotstve)"	Федеральный закон «О несостоятельности (банкротстве)»	4
Forderungsanmeldung	Pred'yavlenie trebovaniy k dolzhniku	Предъявление требований к должнику	36
Gerichtskosten	Sudebnie raskhodi	Судебные расходы	81
Gläubiger	Kreditory	Кредиторы	78
Gläubiger, bevorzugte	Privilegirovannie konkursnie kreditori	Привилегированные конкурсные кредиторы	82
Gläubiger, durch Pfandrecht gesicherte	Kreditori, trebovaniya kotorykh obespecheni zalogom	Кредиторы, требования которых обеспечены залогом	80

# Russische Föderation

Begriff	Transkription	Kyrillisch	Rn.
Gläubiger, nachrangige	Kreditori, rascheti s kotorimi osuschestvliayutsia posle raschetov s kreditorami tret'iey ocheredi	Кредиторы, расчеты с которыми осуществляются после расчетов с кредиторами третьей очереди	84
Gläubigerregister	Reestr trebovaniy kreditorov	Реестр требований кредиторов	36
Gläubigerversammlung	Sobranie kreditorov	Собрание кредиторов	29
Gläubigerkomitee	Komitet kreditorov	Комитет кредиторов	43
Insolvenzgründe	Osnovaniya dlya priznaniya dolzhnika bankrotom	Основания для признания должника банкротом	10
Konkursmasse	Konkursnaya massa	Конкурсная масса	68
Insolvenzverwalter	Arbitrazhniy upravlyayushiy	Арбитражный управляющий	25
Konkursverfahren	Konkursnoe proizvodstvo	Конкурсное производство	66
Konkursverwalter	Konkursniy upravlyayushiy	Конкурсный управляющий	66
Laufende Zahlungen	Tekuschie platezhi	Текущие платежи	34
Liquidation	Likvidatsiya	Ликвидация	12
Massegläubiger	Kreditory po tekuschim platezham	Кредиторы по текущим платежам	85
Plan für die externe Verwaltung	Plan vneshnego upravleniya	План внешнего управления	60
Reorganisationsverfahren	Reorganizatsiya	Реорганизация	103
Schuldner	Dolzhniki	Должники	22
Sicherungsmaßnahmen	Obespechitelnie meri	Обеспечительные меры	27
Unzulänglichkeit des Vermögens	Nedostatochnost' imuchestva	Недостаточность имущества	12
Überschuldung	Previshenie raskhodov nad dokhodami	Превышение расходов над доходами	10
Vereinfachte Verfahren	Uproschennie protseduri	Упрощенные процедуры	75
Vorläufiger Verwalter	Vremenniy upravlyayushiy	Временный управляющий	28
Vergleich	Mirovoe soglashenie	Мировое соглашение	74
Verteilung an die Gläubiger	Rascheti s kreditorami	Расчеты с кредиторами	86
Zahlungsunfähigkeit	Neplatezhesposobnost'	Неплатежеспособность	10
Zivilgesetzbuch der Russischen Föderation	Grazhdanskiy kodeks Rossiyskoy Federatsiyi	Гражданский кодекс Российской Федерации	5

Glossar

Begriff	Deutsch	Rn.
Административный управляющий	Administrativer Verwalter	48
Арбитражный процессуальный кодекс Российской Федерации	Arbitrageverfahrensgesetz der Russischen Föderation	5

Russische Föderation

Begriff	Deutsch	Rn.
Арбитражный суд	Arbitragegericht	7
Арбитражный управляющий	Arbitrageverwalter	25
Внешний управляющий	Externer Verwalter	59
Внешнее управление	Externe Verwaltung	56
Возбуждение производства по делу о банкротстве	Eröffnung des Insolvenzverfahrens	10
Временный управляющий	Vorläufiger Verwalter	28
Гражданский кодекс Российской Федерации	Zivilgesetzbuch der Russischen Föderation	5
Должники	Schuldner	22
Единый федеральный реестр сведений о банкротстве	Einheitliches Föderales Register der Veröffentlichungen über die Insolvenz	2
Единый федеральный реестр сведений о деятельности юридических лиц	Einheitliches Föderales Register der Veröffentlichungen über die Tätigkeit juristischer Personen	2
Зачет	Aufrechnung	91
Исключение из конкурсной массы	Aussonderung	78
Комитет кредиторов	Gläubigerkomitee	43
Конкурсная масса	Konkursmasse	68
Конкурсное производство	Konkursverfahren	66
Конкурсный управляющий	Konkursverwalter	66
Кредиторы	Gläubiger	78
Кредиторы по текущим платежам	Massegläubiger	85
Кредиторы, требования которых обеспечены залогом	Durch Pfandrecht gesicherte Gläubiger	80
Кредиторы, расчеты с которыми осуществляются после расчетов с кредиторами третьей очереди	Nachrangige Gläubiger	84
Ликвидация	Liquidation	12
Мировое соглашение	Vergleich	74
Наблюдение	Beobachtung	28
Недостаточность имущества	Unzulänglichkeit des Vermögens	12
Неплатежеспособность	Zahlungsunfähigkeit	10
Обеспечительные меры	Sicherungsmaßnahmen	27
Определение о переходе к расчетам с кредиторами	Beschluss über den Übergang in das Verfahren der Befriedigung der Gläubiger	87
Основания для признания должника банкротом	Insolvenzgründe	10
Отсутствующий должник	Abwesender Schuldner	7
План внешнего управления	Plan für die externe Verwaltung	60
Превышение расходов над доходами	Überschuldung	10
Предъявление требований к должнику	Forderungsanmeldung	36
Привилегированные конкурсные кредиторы	Bevorzugte Gläubiger	82

Russische Föderation

Begriff	Deutsch	Rn.
Принятие заявления к производству	Annahme des Insolvenzantrages	34
Признание недействительным	Anfechtung	92
Расчеты с кредиторами	Verteilung an die Gläubiger	86
Реестр требований кредиторов	Gläubigerregister	36
Реорганизация	Reorganisationsverfahren	103
Собрание кредиторов	Gläubigerversammlung	29
Судебные расходы	Gerichtskosten	81
Текущие платежи	Laufende Zahlungen	34
Упрощенные процедуры	Vereinfachte Verfahren	75
Федеральный закон «О несостоятельности (банкротстве)»	Föderales Gesetz „Über die Insolvenz (Bankrott)"	4
Финансовое оздоровление	Finanzielle Sanierung	48

Schweden

bearbeitet von *Dr. Christina Griebeler,* Rechtsanwältin und Advokat (Schweden) (kallan Rechtsanwaltsgesellschaft mbH, Frankfurt a. M.), *Christoffer Monell,* Advokat (Schweden) und *Evelina Karlsson,* LL.M. (beide Mannheimer Swartling Advokatbyrå AB, Göteborg)

Übersicht

	Rn.		Rn.
1. Gesetze und Gesetzessammlungen, Schrifttum und Informationsquellen	1	3.5 Verwaltung und Verwertung der Insolvenzmasse	95
1.1 Gesetzessammlungen	1	3.6 Fortführung durch den Schuldner oder Verwalter	100
1.2 Schrifttum (in schwedischer Sprache)	3	3.7 Sicherungsmaßnahmen vor Verfahrenseröffnung	104
1.3 Informationsquellen	5		
2. Einführung	10	3.8 Allgemeine Wirkungen der Verfahrenseröffnung	105
2.1 Gesetzliche Grundlagen und jüngste Reformbestrebungen	10	3.9 Wirkungen der Verfahrenseröffnung auf Rechtsverfolgungsmaßnahmen einzelner Gläubiger	109
2.2 Unterschiedliche Verfahrenstypen	15		
2.2.1 *Frivillig likvidation* – Freiwillige Liquidation	18	3.10 Wirkungen der Verfahrenseröffnung auf laufende Gerichts- oder Schiedsverfahren	110
2.2.2 *Tvångslikvidation* – Zwangsweise Liquidation	20	3.11 Automatisches oder gerichtlich anzuordnendes Moratorium	115
2.2.3 *Konkurs* – Insolvenz	23	3.12 Organe der Gläubiger	117
2.2.4 *Företagsrekonstruktion* – Unternehmensreorganisation	24	3.13 *Bevakning* – Anmeldung der Forderungen durch die Gläubiger, Feststellung oder Bestreiten von Forderungen	121
2.2.5 *Skuldsanering* – Schuldensanierung	25		
2.2.6 *Offentligt ackord/tvångsackord* – Zwangsvergleich	29	3.14 Verteilung der Masse	124
2.2.7 *Frivilligt ackord/underhandsackord* – freiwilliger Vergleich	34	3.14.1 Massegläubiger	129
2.2.8 Debt-Equity-Swap	36	3.14.2 Gläubiger mit *särskild förmånsrätt* – Besondere Vorrangrechte	130
2.3 Präventive Restrukturierung (vorinsolvenzlich)	37	3.14.3 Gläubiger mit *allmän förmånsrätt* – Allgemeine Vorrangrechte	131
2.4 *Företagsrekonstruktion* – **Wesentliche Verfahrensmerkmale des Reorganisationsverfahrens**	38	3.14.4 Gläubiger ohne *förmånsrätt*	132
		3.14.5 Nachrangige Insolvenzgläubiger	133
2.5 Spezielle Regelungen für Insolvenzen von Finanzinstituten und Versicherungen	45	3.15 Abschluss von Verfahren	134
2.6 Konzerninsolvenzen	49	**4. Verträge im Insolvenz- *(konkurs)* oder Reorganisationsverfahren *(företagsrekonstruktion)***	138
2.7 Verbraucherinsolvenzverfahren	52	4.1 Unerfüllte Verträge	138
3. *Konkurs* – Wesentliche Verfahrensmerkmale des Insolvenzverfahrens	53	4.1.1 *Konkurs*	138
3.1 Eröffnung des Verfahrens	53	4.1.2 *Företagsrekonstruktion*	140
3.1.1 Eröffnungsgründe	59	4.2 Miet- oder Pachtverhältnisse	145
3.1.1.1 Prüfung der Eröffnungsgründe	61	4.3 Leasingverträge	149
3.1.1.2 Antragspflicht bei Vorliegen von Eröffnungsgründen und Folgen der Verletzung der Antragspflicht	63	4.4 Arbeitsverhältnisse	153
		5. Pensionsansprüche in der Insolvenz und Restrukturierung	155
3.1.2 Antragsbefugnis	65	**6. Eigentumsvorbehalt**	157
3.1.3 Hindernisse für die Verfahrenseröffnung	69	**7. Sicherheiten in der Insolvenz**	161
3.2 Schuldner	73	7.1 Mobiliarsicherheiten	161
3.3 Rolle der Gerichte	74	7.2 Sicherheiten an Grundstücken	164
3.4 Verwalter	84		

Schweden 1–7

	Rn.		Rn.
7.3 Sicherheiten an Flugzeugen und Schiffen	165	führende Direktoren, Gesellschafter oder Dritte	176
8. *Kvittning* – Aufrechnung; Netting-Vereinbarungen	168	11. Asset tracing	180
		12. Internationales Insolvenzrecht	184
9. *Återvinning* – Insolvenzanfechtung	170	13. Keine speziell insolvenzrechtliche COVID-19-Gesetzgebung	187
10. Geltendmachung von Haftungsansprüchen gegen (frühere) geschäfts-		14. Übersicht	191

1. Gesetze und Gesetzessammlungen, Schrifttum und Informationsquellen

1.1 Gesetzessammlungen

1 Konkurslag (1987:672), das materielle Bestimmungen ebenso wie prozessuale Regelungen zum *konkurs*, dem schwedischen Insolvenzverfahren, enthält; Lag om företagsrekonstruktion (1996:764), das Gesetz über die Unternehmensreorganisation; Skuldsaneringslagen (2016:675), das die Schuldensanierung natürlicher Personen betrifft; Aktiebolagslag (2005:551), das Gesetz betreffend die in Schweden häufigste Gesellschaftsform der Aktiengesellschaft; Lag om handelsbolag och enkla bolag (1980:1102), in dem die Handelsgesellschaften geregelt sind; Lönegarantilag (1992:497), das Gesetz über die Entgeltgarantie; Lag om insättningsgaranti (1995:1571), das die Einlagensicherung regelt; Lag med kompletterande bestämmelser till 2015 års insolvensförordning (2017:473), ein Ergänzungsgesetz zur Insolvenzverordnung von 2015; Förmånsrättslag (1970:979), in dem die Vorrangrechte von Gläubigern in der Insolvenz geregelt sind; sowie Lag om företagshypotek (2008:990), das die Unternehmenshypothek regelt.

2 Die offiziellen Fassungen von Gesetzen, Satzungen und behördlichen Verordnungen in schwedischer Sprache sind auf dem Internetauftritt der *Svensk författningssamling*, der schwedischen **Gesetzessammlung**, verfügbar.[1]

1.2 Schrifttum (in schwedischer Sprache)

3 *Erik Danhard*, Konkursarbetsrätt, 6 uppl. 2018; *Trygne Hellners/Mikael Mellqvist*, Skuldsaneringslagen – en kommentar, 2 uppl., 2011; *Marie Karlsson-Tuula*, Gäldenärens avtal vid företagsrekonstruktion och konkurs, 3 uppl., 2017; *Gertrud Lennander*, Återvinning i konkurs, 4 uppl., 2013; *Mikael Mellqvist*, Obeståndsrätten – en introduktion, 8 uppl., 2017; *Eugene Palmér/Peter Savin*, Konkurslagen, 2012; *Annina H. Persson/Marie Karlsson-Tuula*, Företagsrekonstruktion – i teori och praktik, 3 uppl., 2017; *Skatteverket*, Handbok för Konkurstillsyn, 2016; *Lars Welamson/Mikael Mellqvist*, Konkurs: och annan insolvensrätt, 12 uppl., 2017.

4 In der juristischen Fachzeitschrift *Svensk Juristtidning* werden regelmäßig Übersichten zu Entscheidungen im Bereich des Insolvenzrechts veröffentlicht. Auch in den Zeitschriften *Juridisk Tidskrift* und *Ny Juridik* erscheinen Artikel zu insolvenzrechtlichen Themen.

1.3 Informationsquellen

5 **Allgemeine Informationen** zum schwedischen Insolvenz- und Restrukturierungsrecht in englischer Sprache finden sich im Internetauftritt von *Sveriges Domstolar*,[2] den schwedischen Gerichten, sowie von *Kronofogden*,[3] der schwedischen Beitreibungsbehörde.

6 Darüber hinaus gibt es verschiedene **Online-Dienste**, die Kommentare zu den einschlägigen Gesetzen und zur Rechtspraxis sowie juristische Nachrichten anbieten.[4] Diese Dienste sind grundsätzlich nur in schwedischer Sprache verfügbar und die Leistungen können nur gegen Entgelt in Anspruch genommen werden.

7 Bei *Bolagsverket*, dem **schwedischen Firmenregisteramt**,[5] können Auszüge aus *Näringslivsregistret*, dem **schwedischen Handelsregister**, bestellt oder online eingesehen und abgerufen

---

[1] https://svenskforfattningssamling.se/english.html.
[2] https://www.domstol.se/other-languages/english/ mit Verweis auf die ehemalige Website der schwedischen Gerichte und den nachfolgenden Link, da die neue Website noch nicht vollständig in englischer Sprache verfügbar ist: http://old.domstol.se/Funktioner/English/Matters/Debts-and-payment/Bankruptcy/.
[3] http://www.kronofogden.se/Unabletopay.html.
[4] http://www.karnovgroup.com/index.aspx, http://www.nj.se/cms/pub/zeteo-startsida, http://www.infotorgjuridik.se/premium/, http://www.lexpress.se/ sowie http://www.nj.se/juridikidag/start.
[5] http://www.bolagsverket.se/.

werden. Die schwedischen **Handelsregisterauszüge** enthalten auch **Informationen zu laufenden Insolvenzverfahren, Liquidationen und Unternehmensrekonstruktionen** schwedischer Unternehmen. Um elektronisch auf *Näringslivsregistret* zugreifen zu können, muss man sich indes zunächst registrieren. Der Abruf elektronischer Informationen ist zudem kostenpflichtig. Teilweise sind Handelsregisterauszüge auch in deutscher und englischer Sprache erhältlich. **Detaillierte Informationen** zum aktuellen **Status eines Insolvenzverfahrens** erhält man beim zuständigen *tingsrätt*, dem Gericht erster Instanz als Insolvenzgericht. Über das ebenfalls bei *Bolagsverket* geführte *Konkursregister* sind **Konkurs(freiheits)bescheinigungen** mit Informationen zu Insolvenzverfahren betreffend natürliche Personen und Erbmassen erhältlich. Solche Bescheinigungen können nicht elektronisch abgerufen werden.

Auf der Website von *Sveriges Advokatsamfund*, der zentralen schwedischen **Rechtsanwaltskammer,** gibt es einen Suchservice in englischer Sprache,[6] der die Suche nach deutschsprachigen Anwälten mit Spezialisierung im Bereich des Insolvenzrechts ermöglicht. Eine Liste deutschsprachiger Anwälte steht im Rahmen des Internetauftritts der Deutschen Botschaft in Stockholm zum Download bereit.[7]

Neue oder bevorstehende Gesetze können auf der Website der schwedischen Regierung eingesehen werden.[8] Die offiziellen Fassungen von Gesetzen, Satzungen und behördlichen Verordnungen sind auf dem Internetauftritt der *Svensk författningssamling,* der schwedischen **Gesetzessammlung,** verfügbar.[9]

2. Einführung[10]

2.1 Gesetzliche Grundlagen und jüngste Reformbestrebungen

Das **schwedische Insolvenzrecht** ist überwiegend im *Konkurslag (1987:672)*, **KonkL,** geregelt. Das *KonkL* enthält materielle Bestimmungen ebenso wie prozessuale Regelungen zum *konkurs,* dem schwedischen Insolvenzverfahren. **Weitere wesentliche Gesetze** sind das *Lag om företagsrekonstruktion (1996:764)*, *FrekL,* in dem die *företagsrekonstruktion,* die Unternehmensreorganisation, geregelt ist, sowie das *Skuldsaneringslagen (2016:675)*, *SksanL,* dass die Rahmenbedingungen für eine *skuldsanering* enthält, die Schuldensanierung natürlicher Personen und damit die schwedische Variante des **Verbraucherinsolvenzverfahrens.** Auch im *Aktiebolagslag (2005:551)*, *ABL,* dem Gesetz über die schwedische Aktiengesellschaft (*aktiebolag*, AB),[11] sowie im *Lag om handelsbolag och enkla bolag (1980:1102)*, *HBL,* dem Gesetz über die schwedischen Handels- und Kommanditgesellschaften, finden sich einige insolvenzrechtlich relevante Vorschriften. Schließlich ist im Zusammenhang mit Arbeitsverhältnissen das *Lönegarantilag (1992:497)*, *LGL,* von entscheidender Bedeutung, da hier die Regelungen für die staatliche Übernahme von Löhnen und Gehältern im Konkurs und in der Reorganisation enthalten sind. Das *Lag om insättningsgaranti (1995:1571)* regelt die Entschädigungsleistungen an Kunden von Banken, anderen Kreditinstituten und bestimmten Wertpapierhandelsunternehmen im Konkursfall.

Jüngste Reformbestrebungen. Im April 2007 setzte die schwedische Regierung eine Arbeitsgruppe für eine staatliche, öffentliche Untersuchung *(SOU)* ein, die einerseits die Möglichkeiten für eine Verbesserung des Verfahrens der *företagsrekonstruktion* und andererseits dessen effektivere Koordination mit dem *konkurs*-Verfahren eruieren sollte. Die Ergebnisse dieser Untersuchung wurden am 28.1.2010 unter der Dokumentennummer *SOU 2010:2* veröffentlicht.[12] Insbesondere brachte die Untersuchung einen Vorschlag für ein einheitliches neues Insolvenzgesetz hervor mit dem Ziel, *företagsrekonstruktion* und *konkurs* in einem einheitlichen Insolvenzverfahren führen zu können. Der Vorschlag sah vor, dass das neue Gesetz zum Jahresbeginn 2012 in Kraft treten sollte. Jedoch kam es nie zu einem Gesetzgebungsverfahren. Die Ergebnisse der Untersuchung wurden auch nicht anderweitig weiterverfolgt. Die Ergebnisse der Untersuchung über eine Neuordnung

---

[6] http://www.advokatsamfundet.se/Advokatsamfundet-engelska/Find-a-lawyer/.
[7] http://www.stockholm.diplo.de/contentblob/1653416/Daten/3735507/download_Liste_Rechtsanwlte.pdf.
[8] https://www.regeringen.se/.
[9] https://svenskforfattningssamling.se/english.html.
[10] Die folgende Darstellung kann aufgrund ihrer Knappheit nur Grundzüge des schwedischen Insolvenzrechts vermitteln; insbesondere steuerrechtliche Aspekte werden hier nicht dargestellt; im Einzelfall sollte stets fachkundiger Rechtsrat eingeholt werden; s. dazu → Rn. 8.
[11] Die AB ist die in Schweden häufigste Gesellschaftsform.
[12] Abrufbar auf der Website der schwedischen Regierung unter http://www.regeringen.se/sb/d/12634/a/138576.

der Konkursaufsicht, veröffentlicht unter der Dokumentennummer *SOU 2000:62*,[13] wurden ebenso wenig umgesetzt.

12 Einzelne Neuerungen gab es zuletzt in den folgenden Bereichen: Am 19.6.2014 wurden unter der Dokumentennummer *SOU 2014:44*[14] Vorschläge für die Einführung einer **besonderen Form der Schuldensanierung für persönlich haftende Unternehmer** (die sogenannte *F-skuldsanering*) veröffentlicht. Die *F-skuldsanering* soll verantwortungsvollen Unternehmern, die ihr Gewerbe gewissenhaft betrieben haben, die Möglichkeit zu einem Neuanfang eröffnen und damit auch die Voraussetzungen für das Unternehmertum in Schweden insgesamt verbessern. Das neue *lag (2016:676) om skuldsanering för företagare* trat am 1.1.2016 in Kraft. Ab September 2014 war eine **Sonderkommission zur Modernisierung des Zwangsvollstreckungsverfahrens** damit beauftragt zu untersuchen, wie das Zwangsvollstreckungsverfahren sowohl zeitlich als auch vom wirtschaftlichen Ergebnis her effektiver gestaltet werden kann.[15] Dabei sollten insbesondere ein verbesserter Informationsfluss zwischen verschiedenen beteiligten Behörden mit den Anforderungen an die Rechtssicherheit in Einklang gebracht werden. Ihre Ergebnisse präsentierte die Kommission im November 2016 in ihrem Bericht mit der Dokumentennummer *SOU 2016:81* unter dem Titel „*Ett modernare utsökningsförfarande*". Im Dezember 2016 wurden die Vorschläge an mehr als 70 Institutionen zur Stellungnahme übersandt, sie mündeten jedoch nicht in der avisierten, umfassenden Änderung des *Utsökningsbalk (1981:774)*, des schwedischen Zwangsvollstreckungsgesetzes. Bereits seit dem 1.10.2014 ist es der **Kronofogden**[16] möglich, gepfändetes bewegliches Eigentum im Wege einer Internetauktion zu versteigern.

13 Am **18.12.2019** veröffentlichte das schwedische Justizministerium unter der Dokumentennummer *Ds 2019:31* ein über 600 Seiten starkes, internes **Memorandum** mit dem Titel „*Konkursförfarandet*", in dem Vorschläge für Gesetzesänderungen präsentiert werden, die ein **effizienteres Insolvenzverfahren** versprechen.[17] Zum Teil sehen die Vorschläge eine Neuordnung der Rollenverteilung zwischen den Gerichten, *Kronofogden* (der Aufsichtsbehörde in *konkurs*-Verfahren) und den Insolvenzverwaltern vor, wobei insbesondere die Verantwortung der Aufsichtsbehörde und des Verwalters ausgeweitet und die Gerichte entsprechend entlastet werden sollen. Die Aufgabe der Gerichte soll vor allem darin bestehen, Entscheidungen zu Fragen mit weitreichenden Auswirkungen zu treffen, Streitigkeiten zu lösen und Beschlüsse der Aufsicht und des Verwalters zu überprüfen. Für die Insolvenzeröffnung und die Einsetzung des Verwalters soll das Gericht erster Instanz auch künftig zuständig bleiben. Einzelne Beschlüsse, die derzeit den Gerichten obliegen, sollen künftig von der Aufsichtsbehörde gefasst werden. Dazu zählen beispielsweise Beschlüsse über die Gewährung einer Fristverlängerung für den Verwalter in bestimmten Fragen, aber auch Entscheidungen von größerer Bedeutung, wie etwa Beschlüsse über die Beendigung des Verfahrens (mit einzelnen Ausnahmen, wo diese Zuständigkeit auch künftig bei den Gerichten verbleiben soll) und über die Vergütung des Verwalters. Der Verantwortungsbereich des Verwalters soll insofern ausgeweitet werden, als dass das vom Verwalter zu erstellende Vermögensverzeichnis (*konkursbouppteckning*) künftig vom Schuldner nicht mehr durch eine eidliche Erklärung vor Gericht, sondern im Rahmen eines Termins vor dem Verwalter schriftlich zu bestätigen ist. Auch für die Forderungsanmeldungen und -überwachung (*bevakningsförfarande*), für die Einleitung eines *ackord*[18] und hinsichtlich bestimmter Auflagen für den Schuldner im Rahmen des Insolvenzverfahrens (wie beispielsweise Ausnahmen von einem Reiseverbot) sollen die Verwalterkompetenzen ausgeweitet werden. Ein anderer Aspekt, den das Memorandum berührt, ist die angestrebte Ausweitung der elektronischen Kommunikation im Insolvenzverfahren. Die in diesem Memorandum des Justizministeriums enthaltenen **Änderungsvorschläge betreffen** also insgesamt ganz **überwiegend den Bereich der Verfahrensordnung und -verwaltung** und dürften daher weniger (wenn nicht sogar gar keine) Auswirkungen auf das materielle Insolvenzrecht haben. Nach dem Vorschlag des Justizministeriums sollen die Gesetzesänderungen am 1.1.2022 in Kraft treten. Noch am Tag der Veröffentlichung hat das Ministerium das Memorandum zur Stellungnahme an diverse staatliche und nicht-staatliche Institutionen und Einrichtungen übersandt. Die **Stellungnahmen sollten spätestens am 23.4.2020 vorliegen**. Ob und in welcher Form die Vorschläge des Ministeriums tatsächlich in die angedachten Änderungen des schwedischen Insolvenzverfahrens münden, ist derzeit nicht abzusehen.

---

[13] Abrufbar auf der Website der schwedischen Regierung unter http://www.regeringen.se/sb/d/134/a/620.
[14] Abrufbar auf der Website der schwedischen Regierung unter http://www.regeringen.se/sb/d/108/a/242686.
[15] S. dazu unter http://www.regeringen.se/sb/d/18313/a/245935.
[16] *Kronofogden* ist die schwedische Beitreibungsbehörde.
[17] Abrufbar auf der Website der schwedischen Regierung unter https://www.regeringen.se/rattsliga-dokument/departementsserien-och-promemorior/2019/12/ds-201931/.
[18] S. dazu im Einzelnen → Rn. 29 ff. sowie → Rn. 34 f.

Nach Verabschiedung der Richtlinie (EU) 2019/1023 des Europäischen Parlaments und 14 des Rates vom 20.6.2019 über präventive Restrukturierungsrahmen, über Entschuldung und über Tätigkeitsverbote sowie über Maßnahmen zur Steigerung der Effizienz von Restrukturierungs-, Insolvenz- und Entschuldungsverfahren und zur Änderung der Richtlinie (EU) 2017/1132 (Richtlinie über Restrukturierung und Insolvenz) hat die schwedische Regierung im September 2019 eine **öffentliche Untersuchung** zur Umsetzung der EU-Richtlinie in Schweden in Auftrag gegeben.[19] Berichterstatterin ist die Gerichtspräsidentin des Gerichts erster Instanz *(tingsrätt)* in Helsingborg, Ylva Norling Jönsson. Ihr Auftrag ist es, einen kohärenten Gesetzesvorschlag vorzulegen. Dies kann in Form von Änderungen geltender Gesetze oder in Form eines Vorschlags für ein neues Gesetzes erfolgen. Die Vor- und Nachteile der vorgestellten Lösungen sind in dem Bericht ebenfalls darzulegen. Der Untersuchungsauftrag umfasst eine Analyse der derzeitigen schwedischen Rechtsvorschriften im Verhältnis zur EU-Richtlinie sowie die Ausarbeitung von Vorschlägen für notwendige oder geeignete Gesetzesänderungen und andere Maßnahmen.[20] Der Schwerpunkt der Untersuchung liegt auf der Umstrukturierung (Abschnitte I und II der EU-Richtlinie). Falls es für die Aufrechterhaltung eines effektiven und kohärenten Rechtsrahmens für die Umstrukturierung für notwendig erachtet wird, kann die Berichterstatterin auch die Regeln für ein effizienteres Insolvenzverfahren (Abschnitt IV) in die Untersuchung mit einbeziehen. Fragen des Schuldenerlasses und der Statistik (Abschnitte III und V der EU-Richtlinie) umfasst der Untersuchungsauftrag hingegen nicht. Darüber hinaus soll die Untersuchung die schwedische Gesetzgebung im Hinblick auf die Verordnung (EU) 2015/848 des Europäischen Parlaments und des Rates vom 20.5.2015 über Insolvenzverfahren analysieren. Insbesondere soll sich die Berichterstatterin auf die Bedingungen für Kleinst- und Kleinunternehmen konzentrieren. Um dieses Ziel zu erreichen, kann sie auch andere, damit zusammenhängende Fragen prüfen und gegebenenfalls weitere Maßnahmen vorschlagen. Die Berichterstatterin könnte beispielsweise ua die Gesetzesvorschläge berücksichtigen, die im jüngsten Bericht über das Unternehmertum vorgelegt wurden und der ähnliche Fragstellungen betraf.[21] Das **Ergebnis der Untersuchung ist spätestens am 26.2.2021 vorzulegen.** Dabei ist zu beachten, dass die Untersuchung nur die erste Stufe des schwedischen Gesetzgebungsverfahrens darstellt. Bevor die Regierung zu den Empfehlungen einer Untersuchungskommission Stellung nimmt, wird der Untersuchungsbericht zur Stellungnahme an berührte Stellen weitergeleitet. Nachdem diese ihre Stellungnahmen abgegeben haben, erarbeitet das Justizministerium den Gesetzentwurf, der dem schwedischen Parlament, dem *Riksdag*, vorgelegt wird. In Anbetracht dieses Prozesses ist es sehr wahrscheinlich, dass Schweden die für bestimmte Fälle zur Verfügung stehende, einjährige Verlängerung der Umsetzungsfrist für die EU-Richtlinie beantragen wird.[22]

2.2 Unterschiedliche Verfahrenstypen

Wie sich aus den obigen Ausführungen zum gesetzlichen Regelwerk ergibt, sieht das schwedi- 15 sche Insolvenzrecht grundsätzlich **zwei nach Art und Zielsetzung unterschiedliche Verfahren** vor, derer sich zahlungsunfähige Schuldner und deren Gläubiger bedienen können. Diese beiden Verfahrensarten sind zum einen das im *KonkL* geregelte, auf eine vollständige Abwicklung des Schuldnervermögens ausgerichtete **Insolvenzverfahren**, *konkurs*,[23] und zum anderen das auf eine Sanierung zielende **Reorganisationsverfahren**, das für **juristische Personen** in Form der im *FrekL* geregelten *företagsrekonstruktion* und für **natürliche Personen** in Form der *skuldsanering* nach dem *SksanL* durchgeführt wird.

Sowohl im Rahmen eines *konkurs* als auch im Rahmen einer *företagsrekonstruktion* kann es zu 16 einem *offentligt ackord*, auch *tvångsackord* genannt, kommen, dh zu einem **(Zwangs-)Vergleich** zwischen dem Schuldner und seinen Gläubigern auf Basis eines entsprechenden Beschlusses einer bestimmten Gläubigermehrheit über eine Schuldenherabsetzung.[24] Einigen sich der Schuldner und

---

[19] Dir. 2019:60 Nya regler om företagsrekonstruktion, abrufbar auf der Website der schwedischen Regierung unter https://www.regeringen.se/rattsliga-dokument/kommittedirektiv/2019/09/dir.-201960/.
[20] Dir. 2019:60 Nya regler om företagsrekonstruktion, abrufbar auf der Website der schwedischen Regierung unter https://www.regeringen.se/rattsliga-dokument/kommittedirektiv/2019/09/dir.-201960/, Seite 4.
[21] SOU 2016:72 Entreprenörskap i det tjugoförsta århundradet, abrufbar auf der Website der schwedischen Regierung unter https://www.regeringen.se/rattsliga-dokument/statens-offentliga-utredningar/2016/10/sou-20 1672/.
[22] Art. 34 Abs. 2 der EU-Richtlinie über Restrukturierung und Insolvenz.
[23] S. dazu die ausführlichen Ausführungen in → Rn. 53 ff.; soweit es für bestimmte Sachverhalte im Zusammenhang mit dem *konkurs* keinen feststehenden schwedischen Fachbegriff gibt, wird im Folgenden der entsprechende deutsche Begriff verwendet (zB Insolvenzantrag, Insolvenzeröffnung, Insolvenzgläubiger).
[24] Dazu im Einzelnen → Rn. 29 ff.

seine Gläubiger **einvernehmlich** über eine Schuldenherabsetzung, so spricht man von einem *frivilligt ackord* oder ***underhandsackord***.[25]

17   Neben der Abwicklung eines Unternehmens und der Aufteilung des Gesellschaftsvermögens auf die Gläubiger im Rahmen eines ***konkurs*** nach den Regeln des *KonkL* können die Gläubiger einer juristischen Person auch im Rahmen einer (freiwilligen oder zwangsweisen) ***likvidation***, ähnlich der **Unternehmensliquidation** nach deutschem Recht, Befriedigung ihrer Forderungen erfahren. In den nachfolgenden Abschnitten 2.2.1 und 2.2.2 sollen die maßgeblichen Voraussetzungen und Verfahrenszüge einer *frivillig likvidation* und einer *tvångslikvidation* kurz skizziert werden.

2.2.1 *Frivillig likvidation* – Freiwillige Liquidation

18   Die *frivillig likvidation* ist primär ein gesellschaftsrechtlicher Vorgang und daher im *ABL* und im *HBL* geregelt.[26] Bei einer schwedischen Aktiengesellschaft, *aktiebolag (AB)*,[27] kann die **Gesellschafterversammlung** beschließen, dass die Gesellschaft liquidiert werden soll.[28] Dies ist grundsätzlich auch dann möglich, wenn die Gesellschaft zahlungsunfähig ist, jedoch wird der Liquidator dann einen Insolvenzantrag stellen.[29] Die Gesellschaft informiert das schwedische Firmenregisteramt *Bolagsverket* über den Beschluss, und die Liquidation wird ins *aktiebolagsregister* eingetragen.[30]

19   Auf Antrag des Liquidators ruft *Bolagsverket* dann im Rahmen einer **öffentlichen Bekanntmachung** in ***Post- och Inrikes Tidningar,*** dem nur online einsehbaren schwedischen **Amtsblatt**,[31] etwaige unbekannte Gläubiger dazu auf, ihre noch offenen Ansprüche gegen die Gesellschaft binnen einer Frist von sechs Monaten anzumelden.[32] Sofern sich keine Gläubiger melden, teilt *Bolagsverket* dies nach Ablauf der **Sechs-Monats-Frist** dem Liquidator mit, der dann die Beendigung und Auflösung der Gesellschaft sowie die eventuelle Verteilung noch vorhandenen Vermögens vorbereitet. Ist das Gesellschaftsvermögen verteilt, erstellt der Liquidator eine *slutredovisning*, dh eine **Liquidationsabschlussbilanz,** und lässt diese vom Wirtschaftsprüfer der Gesellschaft prüfen und bestätigen.[33] Anschließend wird in einer letzten Gesellschafterversammlung diese Abschlussbilanz festgestellt und der Liquidator, der als letzten Schritt noch die Abschlussbilanz an *Bolagsverket* übersendet,[34] förmlich entlastet. Sobald die **Auflösung** im Gesellschaftsregister eingetragen ist, ist die Gesellschaft nicht mehr existent.

2.2.2 *Tvångslikvidation* – Zwangsweise Liquidation

20   Die Entscheidungsmacht über eine *tvångslikvidation,* also die zwangsweise Auflösung einer schwedischen *AB*, liegt grundsätzlich bei *Bolagsverket*.[35] Wenn eine Gesellschaft binnen elf Monaten nach Ende eines Geschäftsjahres noch **keinen Jahresabschluss** (sofern erforderlich mit Bericht des zuständigen Abschlussprüfers) bei *Bolagsverket* eingereicht hat, oder keinen Abschlussprüfer bei *Bolagsverket* gemeldet hat, obwohl sie gesetzlich zur Ernennung eines solchen verpflichtet ist,[36] oder wenn sie keinen *styrelse*,[37] *verkställande direktör* (geschäftsführenden Direktor) oder besonderen Zustellungsbevollmächtigten bei *Bolagsverket* angemeldet hat, kann dieses beschließen, dass eine *AB* zwangsweise liquidiert wird.[38] Außerdem kann *Bolagsverket* die Zwangsliquidation beschließen, wenn eine AB nach Änderung ihrer Rechnungslegungswährung in Schwedische Kronen nicht mehr über das jeweils erforderliche Mindest-*aktiekapital* (entspricht der Bedeutung nach etwa dem Stammkapital einer deutschen GmbH) verfügt und auch binnen sechs Monaten noch keine entsprechende Kapital-

---

[25] Dazu im Einzelnen → Rn. 34 f.
[26] 25. Kapitel *ABL* sowie 2. Kapitel, §§ 24 ff. *HBL*.
[27] Die *AB* ist die in Schweden häufigste Gesellschaftsform und ist von ihrer Bedeutung her mit der deutschen GmbH vergleichbar; die Ausführungen zur Liquidation beziehen sich daher beispielhaft ausschließlich auf die *AB*.
[28] 25. Kapitel, § 1 *ABL*.
[29] 25. Kapitel, § 36 *ABL*.
[30] 25. Kapitel, § 8 und 27. Kapitel, § 3 *ABL*.
[31] *Post- och Inrikes Tidningar* ist vergleichbar mit dem Elektronischen Bundesanzeiger in Deutschland.
[32] 25. Kapitel, § 34 *ABL* iVm *Lag (1981:131) om kallelse på okända borgenärer*.
[33] 25. Kapitel, § 40 *ABL*.
[34] 25. Kapitel, § 41 *ABL*.
[35] *Bolagsverket* ist das schwedische Unternehmensregisteramt.
[36] Werden bestimmte Schwellenwerte hinsichtlich Umsatz und/oder Mitarbeiterzahl erreicht, ist eine *AB* verpflichtet, einen Abschlussprüfer zu bestellen, vgl. 9. Kapitel, §§ 1 und 13 *ABL;* der Abschlussprüfer einer *AB* ist Gesellschaftsorgan.
[37] *Styrelse* ist ein Verwaltungsrat mit Management-Aufgaben.
[38] 25. Kapitel, § 11 *ABL*.

erhöhung durchgeführt hat, oder wenn eine AB nach dem Verkauf eigener Aktien gezwungen war, ihr *aktiekapital* unter die jeweils für sie geltende Mindestgrenze herabzusetzen.[39]

Auch das **Gericht** erster Instanz, das *tingsrätt,* kann entscheiden, dass ein Unternehmen zwangsweise zu liquidieren ist. Dies kann beispielsweise dann erforderlich werden, wenn das *aktiekapital* aufgebraucht oder die Gesellschaft nach der Satzung zur Liquidation verpflichtet ist, oder wenn nach Beendigung eines *konkurs* ein Überschuss vorhanden ist oder noch Vermögenswerte im Unternehmen vorhanden sind, die vom *konkurs* nicht umfasst waren und deshalb noch anderweitig zu verteilen sind.[40]

Durchführung und Abschluss des Liquidationsverfahrens im Rahmen einer Zwangsliquidation folgen grundsätzlich dem gleichen **Ablauf wie bei einer freiwilligen Liquidation,** sodass an dieser Stelle insoweit auf die Ausführungen unter → Rn. 18 f. verwiesen wird. Hinsichtlich der Haftung des Managements in *tvångslikvidations*-nahen Situationen wird auf → Rn. 176 ff. verwiesen.

2.2.3 *Konkurs* – Insolvenz

Ein *konkurs* nach dem **KonkL** kann grundsätzlich für juristische wie auch für natürliche Personen zur Anwendung kommen und ist auf die vollständige Verteilung des schuldnerischen Vermögens auf die Gläubiger und – sofern es eine juristische Person betrifft – auf die **Auflösung** des Unternehmens ausgerichtet. Ein *konkurs* **verfolgt insbesondere also nicht explizit das Ziel einer Reorganisation** des Unternehmens. Dass es im Rahmen eines *konkurs* unter bestimmten Umständen dennoch zu einem *ackord,* einem gerichtlichen Vergleich mit den Gläubigern über eine Schuldenreduzierung, kommen kann,[41] ändert an dieser grundsätzlichen Ausrichtung des *konkurs* nichts. Dennoch kann ein *konkurs* in der Praxis auch zur Reorganisation verlustreicher Unternehmen genutzt werden, wenn diese von neuen Eigentümern und unter neuer Führung in einer neuen Organisationsstruktur weiter betrieben werden; dies setzt freilich insbesondere voraus, dass der Insolvenzverwalter, *förvaltare,* bereit ist, an einer solchen Gestaltung mitzuwirken. Eine ausführliche Darstellung der Voraussetzungen und verschiedenen Phasen des *konkurs* bis zu seiner Beendigung folgt unter → Rn. 53 ff.

2.2.4 *Företagsrekonstruktion* – Unternehmensreorganisation

Voraussetzungen und Ablauf einer *företagsrekonstruktion* nach dem *FrekL*[42] werden im Einzelnen unter → Rn. 38 ff. dargestellt. An dieser Stelle sei nur zum Verhältnis zwischen *konkurs* und *företagsrekonstruktion* Folgendes angemerkt: Stellt ein Gläubiger einen Insolvenzantrag, während bereits ein Reorganisationsverfahren im Gange ist, so wird dieses auf entsprechenden Antrag des Schuldners zu einem sogenannten **Insolvenzhindernis.** Das Insolvenzeröffnungsverfahren ruht in solchen Fällen in aller Regel bis zum Abschluss der *företagsrekonstruktion*[43] und wird erst danach wieder aufgenommen. Dies gilt jedenfalls, wenn nicht besondere Gründe Anlass zu der Annahme geben, dass durch das Zuwarten die Interessen des antragstellenden Gläubigers ernstlich gefährdet sind.[44] Umgekehrt kann ein Reorganisationsverfahren nicht mehr eingeleitet werden – und endet ein laufendes Reorganisationsverfahren – sobald ein *konkurs*-Verfahren eröffnet ist.[45]

2.2.5 *Skuldsanering* – Schuldensanierung

Eine *skuldsanering* nach dem *SksanL*[46] steht nur **natürlichen Personen** offen, die „**außerordentlich überschuldet**", dh zahlungsunfähig sind und deren Verschuldungsgrad derart hoch ist, dass sie ihre Schulden auch unter Berücksichtigung der voraussichtlichen künftigen Einkommenslage auf absehbare Zeit nicht werden begleichen können.[47] Als besonderes insolvenzrechtliches Instrument hat die *skuldsanering* das Ziel, diesen Personen eine Möglichkeit zu eröffnen, sich insofern wirtschaftlich zu rehabilitieren, als dass sie zumindest eine teilweise Schuldbefreiung erlangen. In diesem Zusammenhang erwähnenswert ist eine Entscheidung des EuGH vom 8.11.2012,[48] der zufolge diese Möglichkeit unabhängig vom Wortlaut des Gesetzes grundsätzlich auch für im EU-Ausland wohnhafte schwedische Staatsbürger gegeben sein soll.

---

[39] 25. Kapitel, § 11 Abs. 1 Nr. 3 und 4 *ABL.*
[40] 25. Kapitel, §§ 12, 17, 21, 50 und 51 *ABL.*
[41] 11. Kapitel, § 3 und 12. Kapitel *KonkL.*
[42] → Rn. 10.
[43] 2. Kapitel, § 10a *KonkL.*
[44] 2. Kapitel, § 10a *KonkL.*
[45] 2. Kapitel, § 9 Abs. 2 Punkt 3 und 4. Kapitel, § 7 Abs. 2 *FrekL.*
[46] → Rn. 10.
[47] § 4 Abs. 1 Nr. 1 *SksanL.*
[48] Vorabentscheidung im Verfahren C-461/11.

26 Neben der Zahlungsunfähigkeit mit außerordentlich hohem Verschuldungsgrad setzt ein erfolgreicher Antrag auf *skuldsanering* voraus, dass es unter Berücksichtigung der persönlichen und wirtschaftlichen Verhältnisse des Antragstellers angemessen sein muss, ihm eine Schuldensanierung zu bewilligen.[49] Im Rahmen dieser **Angemessenheitsprüfung** sollen insbesondere die Umstände berücksichtigt werden, die zur Verschuldung des Antragstellers geführt haben, aber auch dessen Versuche, die Verschuldung selbständig wieder zu beseitigen, und seine Kooperationsbereitschaft während der Bearbeitungsphase des Antrags auf *skuldsanering*.[50] Auch der Grundgedanke des *SksanL*, der eine **Rehabilitierung** des Antragstellers verfolgt, soll eine Rolle spielen.[51]

27 Der Antrag ist bei der für diese Verfahren zuständigen **Kronofogden**[52] zu stellen.[53] Wird nach Antragstellung auf Durchführung einer *skuldsanering* der *konkurs* eröffnet, so wird das Schuldensanierungsgesuch nicht weiter bearbeitet.[54] Wird auf den Antrag hin eine *skuldsanering* eingeleitet und der Antrag auch nach eingehender Prüfung der Voraussetzungen nicht abgelehnt, so erstellen *Kronofogden* und der Schuldner **gemeinsam** einen **Vorschlag zur Schuldensanierung**,[55] wobei die Behörde dabei in der Praxis zumeist den aktiveren Part übernimmt. Zwar werden alle bekannten Gläubiger zu dem Vorschlag gehört, die Entscheidungsbefugnis darüber steht jedoch allein *Kronofogden* zu. Aus dem Vorschlag ergibt sich detailliert, welche Forderungen welcher Gläubiger in welcher Höhe von der *skuldsanering* umfasst sein sollen, in welcher Höhe sie erlöschen, und mit welchen Mitteln der Schuldner seine Restforderungen in welcher Höhe begleichen soll.

28 Wird eine *skuldsanering* bewilligt, so hat der Schuldner in der Regel für einen Zeitraum von **fünf Jahren** seine gesamten Einnahmen (nach Abzug eines gewissen Selbstbehalts) auf die **Erfüllung des Sanierungsplans** zu verwenden.[56] Hat er seine Verpflichtungen nach dem Sanierungsplan vollständig erfüllt, so wird der Schuldner automatisch endgültig von sämtlichen von der Sanierung umfassten Schulden in der Höhe frei, wie sie durch den Sanierungsplan herabgesetzt wurden.[57] Gleiches gilt auch für die meisten unbekannten Forderungen gegen den Schuldner, jedoch mit Ausnahme bestimmter Arten von Forderungen, wie beispielsweise strittigen Forderungen oder solchen, die nicht fällig und von einer Gegenleistung des Gläubigers abhängig sind.[58]

2.2.6 *Offentligt ackord/tvångsackord* – Zwangsvergleich

29 Bei einem *offentligt ackord* können bestimmte Forderungen, **auch gegen den Willen der überstimmten Gläubiger**, auf bis zu 25 % ihrer ursprünglichen Beträge reduziert werden.[59] Stimmen sämtliche Gläubiger zu oder liegen besondere Gründe vor, so können die Forderungen der Gläubiger sogar noch weiter reduziert werden.[60]

30 Die Möglichkeit eines *offentligt ackord* besteht für Schuldner grundsätzlich sowohl im Rahmen einer *företagsrekonstruktion*[61] als auch im Rahmen eines *konkurs*[62] (und dabei also für juristische wie auch für natürliche Personen, wobei es für letztere in der Praxis nur in seltenen Fällen dazu kommt). Da die Wiederherstellung der Wirtschaftlichkeit eines Schuldnerunternehmens einer der Hauptzwecke der *företagsrekonstruktion* ist, ist der *ackord* meist ein natürlicher Baustein im Rahmen einer *företagsrekonstruktion*. Die im KonkL enthaltenen Regelungen zum *ackord* entsprechen im Wesentlichen den Regelungen im *FrekL*.

31 Die Initiative zu einem *ackord* geht vom Schuldner aus, indem dieser einen entsprechenden **Antrag** beim allgemein für ihn zuständigen Gericht erster Instanz *(tingsrätt)* einreicht. Nimmt das **Gericht** den Antrag an und beschließt die Aufnahme von *ackord*-Verhandlungen, hat es diesen **Beschluss in *Post- och Inrikes Tidningar*[63] öffentlich bekannt** zu machen.[64] Die Gläubiger stim-

---

[49] § 4 Abs. 1 Nr. 2 SksanL.
[50] § 4 Abs. 3 SksanL.
[51] Trygve Hellners/Mikael Mellqvist, Skuldsaneringslagen, 2. Aufl. 2011, zu § 4 *SksanL*.
[52] Kronofogden ist die schwedische Beitreibungsbehörde.
[53] Inhalt und Form des Antrags sind in den §§ 10 und 11 *SksanL* festgelegt.
[54] § 33 *SksanL* iVm § 32 *SksanL*.
[55] § 19 *SksanL*.
[56] § 9 Abs. 4 *SksanL*.
[57] § 23 *SksanL*.
[58] § 23 iVm § 7 *SksanL*.
[59] 3. Kapitel, § 2 *FrekL*.
[60] 3. Kapitel, § 2 *FrekL*.
[61] 3. Kapitel *FrekL*.
[62] 11. Kapitel, § 3 und 12. Kapitel *KonkL*.
[63] *Post- och Inrikes Tidningar* ist nur online einsehbar und vergleichbar mit dem Elektronischen Bundesanzeiger in Deutschland.
[64] 3. Kapitel, § 13 *FrekL*.

men dann in einer **Gläubigerversammlung** über den *ackord*-Vorschlag des Schuldners ab.[65] Der Abstimmung geht die Erstellung eines ausführlichen Vermögens- und Schuldenverzeichnisses durch den *rekonstruktör*, den Verwalter im Reorganisationsverfahren, voraus.[66] Grundsätzlich gilt im Rahmen eines *ackord* das **likhetsprincip (Gleichbehandlungsgrundsatz),** dh dass alle einbezogenen Gläubiger gleich behandelt werden sollen. In den *ackord* einbezogen werden nur solche Forderungen, die vor der Antragstellung auf Einleitung einer *företagsrekonstruktion* entstanden sind.[67] **Ausgenommen** vom *ackord* sind Forderungen, die durch Aufrechnung befriedigt werden können sowie *fordringar med förmånsrätt*, dh Forderungen mit Vorrangrechten.[68] Auch nachrangige Forderungen werden vom *ackord* nicht umfasst. Die beiden erstgenannten Forderungsarten sollen trotz *ackord* voll befriedigt werden, wohingegen die Gläubiger nachrangiger Forderungen keinerlei Befriedigung erhalten sollen.

Je nach *ackord*-Dividende ist für die Annahme eines *ackords* eine Mehrheit von drei Fünfteln 32 oder drei Vierteln erforderlich.[69] Ein *ackord*-Dividendenvorschlag, der mindestens 50 Prozent des Forderungsbetrages ergibt, gilt als von den Gläubigern angenommen, wenn drei Fünftel der stimmberechtigten Gläubiger den Vorschlag angenommen haben und ihre Forderungen drei Fünftel des Gesamtbetrages der Forderungen der stimmberechtigten Gläubiger ausmachen. Ist der Prozentsatz der *ackord*-Dividende niedriger, so gilt der Vorschlag als angenommen, wenn drei Viertel der stimmberechtigten Gläubiger dem Vorschlag zugestimmt haben und ihre Forderungen drei Viertel des Gesamtbetrags der Forderungen der stimmberechtigten Gläubiger betragen. Sofern nicht alle bekannten, von dem Vergleich betroffenen Gläubiger zustimmen oder besondere Gründe vorliegen, darf die Dividende nicht weniger als 25 Prozent betragen.[70] Diese Mehrheitsverhältnisse müssen sowohl hinsichtlich der abstimmenden Gläubiger als auch bezogen auf den Gesamtbetrag der stimmberechtigenden Forderungen vorliegen.[71] Besteht eine solche **qualifizierte Mehrheit,** sind auch die überstimmten Gläubiger an den *ackord* gebunden.

Um seine volle Bindungswirkung zu entfalten, muss ein von den Gläubigern angenommener 33 *ackord* **gerichtlich festgestellt** werden,[72] was in der Regel eher eine Formsache darstellt. Mit dem Gerichtsbeschluss sind die vom *ackord* umfassten Forderungen abschließend reguliert – auch solche von Gläubigern, die zwar an den *ackord*-Verhandlungen tatsächlich nicht teilgenommen haben, dies aber hätten tun können, und zwar bekannte wie unbekannte Forderungen und Gläubiger. Unter besonderen Umständen und auf Antrag eines Gläubigers kann ein *ackord* jedoch vom Gericht für verwirkt erklärt werden, sodass der gewährte Schuldenerlass wieder aufgehoben wird.[73]

2.2.7 *Frivilligt ackord/underhandsackord* – freiwilliger Vergleich

Ohne Einschaltung eines Gerichts oder anderer Behörden und nur bei **einstimmigem** Abstim- 34 mungsergebnis können der Schuldner und seine Gläubiger **jederzeit** während, aber auch jenseits einer *företagsrekonstruktion* oder eines *konkurs*, eine **Vereinbarung** über einen *frivilligt ackord* treffen und so einen Schuldenerlass und damit einen wirtschaftlichen Neustart des Schuldners herbeiführen.[74]

Gelingt dies nicht, bleibt noch immer die Möglichkeit des *offentligt ackord*, wie unter → Rn. 29 35 beschrieben. Gerade in laufenden *företagsrekonstruktions*-Verfahren führt die Aussicht auf einen *offentligt ackord* oftmals dazu, dass die Gläubiger sich auf einen *frivilligt ackord* einlassen.

2.2.8 Debt-Equity-Swap

Im Rahmen einer **finanziellen Sanierung** eines Unternehmens kann in Schweden auch die 36 Möglichkeit eines **Debt-Equity-Swaps** in Betracht gezogen werden. Durch einen solchen Swap, dem stets eine **Einigung** des Schuldners mit einem oder mehreren Gläubigern zu Grunde liegt, werden Schulden in bestimmter Höhe in Eigenkapital des Unternehmens umgewandelt. Im Zuge dessen findet zwar eine **Erhöhung des Stammkapitals** statt, jedoch erhöht sich nicht notwendigerweise auch die Summe der Aktiva des Unternehmens. Die **Kapitalerhaltungsvorschriften** müssen

---

[65] 3. Kapitel, § 20 *FrekL.*
[66] 3. Kapitel, §§ 10 und 14 *FrekL.*
[67] 3. Kapitel, § 3 Abs. 1 S. 1 *FrekL.*
[68] 3. Kapitel, § 3 *FrekL*; im Einzelnen zu den verschiedenen Sicherungsrechten s. das *Förmånsrättslag (1970:979)* und die Ausführungen unter → Rn. 130 f.
[69] 3. Kapitel, § 4 *FrekL.*
[70] 3. Kapitel, § 2 *FrekL.*
[71] 3. Kapitel, § 4 *FrekL.*
[72] 3. Kapitel, § 8 *FrekL.*
[73] 3. Kapitel, § 27 *FrekL.*
[74] Dabei handelt es sich um einen Vertrag zwischen dem Schuldner und seinen Gläubigern, der zwar nicht gesetzlich geregelt, jedoch im 12. Kapitel, § 1 *KonkL* erwähnt und damit jedenfalls gesetzlich anerkannt ist.

dabei stets im Auge behalten werden, um sicherzustellen, dass das vorhandene Kapital nicht unter den erforderlichen Mindestwert fällt (dh nicht unter die Hälfte des registrierten Kapitals, s. näher in → Rn. 177). Zur Ausgabe neuer Aktien in diesem Zusammenhang ist stets ein Beschluss der Gesellschafterversammlung erforderlich.

2.3 Präventive Restrukturierung (vorinsolvenzlich)

37 In Schweden gibt es **keine formellen Verfahren** zur präventiven Restrukturierung. Bereits vor Verabschiedung der Richtlinie (EU) 2019/1023 des Europäischen Parlaments und des Rates vom 20.6.2019 über präventive Restrukturierungsrahmen, über Entschuldung und über Tätigkeitsverbote sowie über Maßnahmen zur Steigerung der Effizienz von Restrukturierungs-, Insolvenz- und Entschuldungsverfahren und zur Änderung der **Richtlinie (EU) 2017/1132** (Richtlinie über Restrukturierung und Insolvenz) hatte die schwedische Regierung am 21.12.2016 ein **kurzes Memorandum mit einleitenden Anmerkungen**[75] zum Richtlinienvorschlag veröffentlicht und darin angemerkt, dass sie die Richtlinie für effektive und rechtssichere Insolvenzverfahren, die zu vorhersehbaren Beziehungen von international agierenden Unternehmen und Investoren beitragen, für wichtig erachte. Allerdings erklärte sie auch, dass es einer näheren Betrachtung bedürfe, inwiefern eine Harmonisierung des Rechts der richtige Weg sei. Nach Verabschiedung der Richtlinie hat die Regierung **am 19.9.2019 eine öffentliche Untersuchung mit Blick auf ihre Implementierung ins schwedische Recht in Auftrag gegeben.**[76] Eine detaillierte Darstellung des Auftragsumfangs für die öffentliche Untersuchung, deren Ergebnis spätestens am 26.2.2021 vorzulegen ist, findet sich oben unter → Rn. 14. Hinsichtlich des weiteren Gesetzgebungsverfahrens ist davon auszugehen, dass Schweden einen Antrag auf Verlängerung der Umsetzungsfrist um ein Jahr beantragen wird.[77]

2.4 *Företagsrekonstruktion* – Wesentliche Verfahrensmerkmale des Reorganisationsverfahrens

38 **Juristische Personen**[78] können statt eines Insolvenzverfahrens auch ein Sanierungsverfahren durchlaufen: die bereits unter → Rn. 15 und 24 erwähnte *företagsrekonstruktion* nach dem *FrekL*.[79] Diese Alternative zu einem *konkurs* nach dem *KonkL* steht dann offen, wenn das betroffene Unternehmen Liquiditätsprobleme hat. Allerdings kann eine *företagsrekonstruktion* nur dann eingeleitet werden, wenn für die Zeit nach ihrem Abschluss eine **positive Fortführungsprognose** für das Unternehmen getroffen werden kann.

39 Ein Gläubiger kann ohne die Zustimmung des betroffenen Schuldners keine *företagsrekonstruktion* einleiten.[80] Umgekehrt ist jedoch für eine vom Schuldner beantragte *företagsrekonstruktion* die **Zustimmung der Gläubiger nicht erforderlich.**

40 Wenn das Gericht nach Prüfung eines vollständigen und ordnungsgemäßen Antrags auf Einleitung einer *företagsrekonstruktion*[81] zu dem Schluss kommt, dass der Schuldner entweder seine fälligen Schulden nicht begleichen kann oder dieser Zustand in Kürze zu erwarten ist, so darf es dem Antrag dennoch nur dann entsprechen, wenn anzunehmen ist, dass der Zweck eines solchen Verfahrens auch erreicht werden kann. Das Gericht muss demnach eine Prognose darüber treffen, ob erwartet werden kann, dass eine Reorganisation der Tätigkeit und der finanziellen Situation des Unternehmens möglich ist und der Schuldner bereit ist, daran mitzuwirken.[82] Beschließt das Gericht die Einleitung einer *företagsrekonstruktion*, so wird zugleich ein **rekonstruktör (Sanierer)** eingesetzt. Dieser sollte grundsätzlich über die für eine erfolgreiche Umsetzung des Auftrags erforderlichen wirtschaftlichen und juristischen Fachkenntnisse, insbesondere in den Bereichen Buchführung und Betriebswirtschaft sowie des (Insolvenz-)Arbeitsrechts, und über eine gewisse Erfahrung im Bereich der Unternehmensführung verfügen. Im Übrigen sollte es eine Person sein, der die Gläubiger vertrauen und die insgesamt für den Auftrag geeignet erscheint.[83] Dies erfordert unter anderem auch einen entsprechend ausgestatteten Geschäftsbetrieb und mit entsprechender

---

[75] Memorandum 2016/17:FPM34 *Direktiv om företagsrekonstruktion och en andra chans för företagare*, abrufbar auf der Website der schwedischen Regierung unter https://data.riksdagen.se/fil/0C6F9C17-2E9E-4916-9AE2-C2BF37ED6608.
[76] *Dir. 2019:60 Nya regler om företagsrekonstruktion*, abrufbar auf der Website der schwedischen Regierung unter https://www.regeringen.se/rattsliga-dokument/kommittedirektiv/2019/09/dir.-201960/.
[77] Art. 34 Abs. 2 der EU-Richtlinie über Restrukturierung und Insolvenz.
[78] Ausgenommen sind Finanzinstitute und Unternehmen in öffentlicher Hand, s. 1. Kapitel, § 3 *FrekL*.
[79] *Lagen om företagsrekonstruktion (1996:764)*, das schwedische Gesetz über die Unternehmensreorganisation.
[80] 2. Kapitel, § 6 Abs. 3 *FrekL*.
[81] Zu den Antragsvoraussetzungen s. 2. Kapitel, §§ 1 ff. *FrekL*.
[82] 2. Kapitel, § 6 *FrekL*.
[83] 2. Kapitel, § 11 *FrekL*.

Büroorganisation sowie die Fähigkeit, die wirtschaftliche Situation des schuldnerischen Betriebs einschätzen und bewerten zu können. Dabei liegt es aber im Ermessen des Gerichts, wen es als *rekonstruktör* einsetzt. Bei Vorliegen besonderer Gründe können mehrere Personen mit dieser Aufgabe betraut werden.[84] Auch bestimmt das Gericht zugleich mit der Einsetzung des *rekonstruktörs* einen Termin für eine **Gläubigerversammlung**, der nicht später als drei Wochen nach dem Einleitungsbeschluss liegen soll.[85] Von diesem Zeitpunkt an übernimmt der *rekonstruktör* die Geschicke des Verfahrens.

Der *rekonstruktör* verschafft sich zunächst ein Bild von der wirtschaftlichen Lage des Schuldners und erstellt auf dieser Basis einen **Reorganisationsplan**. Dieser soll die Schritte aufzeigen, die für eine erfolgreiche Reorganisation des Schuldners notwendig sind. Der Plan wird weder vom Gericht noch von den Gläubigern formell beschlossen, sondern diesen nur zugestellt.[86] Dieser Plan ist die Arbeitsgrundlage des *rekonstruktörs* für das gesamte weitere Verfahren. 41

Insgesamt soll der laufende Geschäftsbetrieb des Schuldners durch das Verfahren möglichst wenig gestört werden, auch nicht durch Maßnahmen der Gläubiger, sodass diese während einer laufenden *företagsrekonstruktion* beispielsweise bestehende **Verträge** mit dem Schuldner **nicht beenden**[87] und auch **keine Vollstreckungsmaßnahmen** gegen den Schuldner einleiten dürfen.[88] Ausnahmen gelten insofern einerseits für die Vollstreckung wegen Unterhaltspflichten und Masseforderungen, aber auch für die Vollstreckung in Eigentum, an dem zur Sicherung einer bestimmten Forderung ein Pfandrecht *(handpanträtt)* – dazu zählen auch Forderungsverpfändungen im Rahmen von Factoring-Arrangements – oder ein Zurückbehaltungsrecht *(retentionsrätt)* besteht. Der Schuldner darf während der Reorganisationsphase grundsätzlich auch **keine Zahlungen** auf Forderungen leisten, die bereits zum Zeitpunkt der Einleitung des Reorganisationsverfahrens bestanden, sofern nicht der *rekonstruktör* zustimmt.[89] 42

Sobald das Ziel der *företagsrekonstruktion* – also eine Reorganisation des Schuldners dergestalt, dass das Unternehmen wieder wirtschaftlich geführt werden kann – erreicht wurde, ist das Verfahren durch Gerichtsbeschluss zu beenden.[90] Grundsätzlich soll eine *företagsrekonstruktion* nicht länger als **drei Monate** andauern; sie kann jedoch unter bestimmten Umständen um jeweils höchstens drei Monate verlängert werden, sollte insgesamt aber eine Dauer von **zwölf Monaten nicht übersteigen**.[91] 43

Eine *företagsrekonstruktion* kann – muss aber nicht zwingend – mit einer Schuldenminderung im Rahmen eines *ackord* einhergehen.[92] Ist ein *ackord* eingeleitet und noch nicht beendet, kann eine *företagsrekonstruktion* auch länger als ein Jahr andauern, nämlich bis zur Beendigung des *ackords*.[93] 44

2.5 Spezielle Regelungen für Insolvenzen von Finanzinstituten und Versicherungen

Für Finanzinstitute und Versicherungsunternehmen in Schweden gelten spezielle Regelungen, die auf verschiedenen **EU-Richtlinien** beruhen.[94] 45

Der Rahmen für die Verwaltung von Kredit-, Finanz- und Wertpapierinstituten in der Krise ist in Schweden im *Lag (2015:1016) om resolution* geregelt. Es sieht vor, dass das Gericht, bei dem ein Insolvenzantrag betreffend ein Institut, das von diesem Gesetz umfasst ist, eingeht, zunächst eine entsprechende Mitteilung an die schwedische Reichsschuldenverwaltung *(Riksgäldskontoret)* machen muss. Teilt *Riksgäldskontoret* dem Gericht binnen sieben Tagen mit, dass ein Verfahren nach dem *Lag (2015:1016) om resolution* eingeleitet werden soll, ist der Insolvenzantrag abzuweisen.[95] Ein 46

---

[84] 2. Kapitel, § 10 *FrekL*.
[85] 2. Kapitel,. § 10 Abs. 2 *FrekL*.
[86] 2. Kapitel, § 12 *FrekL*.
[87] 2. Kapitel, § 20 *FrekL*.
[88] 2. Kapitel, § 17 *FrekL*.
[89] 2. Kapitel, § 15 Abs. 1 *FrekL*.
[90] 4. Kapitel, § 7 *FrekL*.
[91] 4. Kapitel, § 8 *FrekL*.
[92] Zum *ackord* unter → Rn. 29 ff.
[93] 4. Kapitel, § 8 Abs. 2 *FrekL*.
[94] Richtlinie 2001/24/EG des Europäischen Parlaments und des Rates v. 4.4.2001 über die Sanierung und Liquidation von Kreditinstituten; Richtlinie 2009/138/EG des Europäischen Parlaments und des Rates v. 25.11.2009 betreffend die Aufnahme und Ausübung der Versicherungs- und der Rückversicherungstätigkeit (Solvabilität II); Richtlinie 2014/59/EU des Europäischen Parlaments und des Rates v. 15.5.2014 zur Festlegung eines Rahmens für die Sanierung und Abwicklung von Kreditinstituten und Wertpapierfirmen; Verordnung (EU) 2015/63 der Kommission v. 21.10.2014 über im Voraus erhobene Beiträge zu Abwicklungsfinanzierungsmechanismen.
[95] 24. Kapitel, § 1 *Lag (2015:1016) om resolution*.

Schweden 47–53

Verfahren nach diesem Gesetz bedeutet eine **Reorganisation des Instituts in der Krise,** das heißt, dass der schwedische Staat die Kontrolle über das Institut übernehmen und den Geschäftsbetrieb aufrechterhalten kann, um die finanzielle Stabilität des Marktes zu bewahren. Zweck ist es, das Institut durch die Krise zu führen, ohne dass der Steuerzahler die Kosten eines Insolvenzverfahrens tragen muss. Die Verluste im Institut werden dadurch bewältigt, dass die **Aktionäre ihre Anteile abschreiben oder verpfänden** lassen. Gelder, die im Rahmen der Einlagensicherung gemäß dem *lag (1995:1571) om insättningsgaranti* eingezahlt wurden, sind von diesem Verfahren ausgenommen. Zuständige Behörde ist neben der schwedischen Reichsschuldenverwaltung *(Riksgäldskontoret)* die schwedische Finanzaufsichtsbehörde *(Finanzinspektionen).*[96]

47 Besondere gesetzliche Regelungen für Versicherungsunternehmen finden sich im *försäkringsrörelselag (2010:2043).* Versicherungsunternehmen unterstehen in Schweden der *Finanzinspektionen.* Im *konkurs* eines Versicherungsunternehmens **haben die Versicherungsnehmer ein Vorrangrecht.** Dies ist nicht auf einen bestimmten Betrag begrenzt. Stattdessen umfasst es solche Vermögenswerte, die von der Versicherungsgesellschaft in ihrem *förmånsrättsregister,* dem Vorrangrechteregister, ausgewiesen sind.[97]

48 In einem Insolvenzverfahren betreffend Finanzinstitute und Versicherungen findet außerdem (soweit relevant) das *lag (2005:1047) om internationella förhållanden rörande finansiella företags insolvens,* das Gesetz über internationale Beziehungen bei der Insolvenz von Finanzunternehmen, Anwendung.

2.6 Konzerninsolvenzen

49 Wie auch (bislang) in Deutschland gibt es im schwedischen Insolvenzrecht **keine speziellen Regelungen** für den Fall einer Konzerninsolvenz. Da juristisch gesehen jedes Unternehmen in einem Konzern auch im *konkurs* seine rechtliche Selbstständigkeit behält, wird auch für jedes insolvente verbundene Unternehmen ein eigener *konkurs* mit eigenem *förvaltare* durchgeführt.

50 In der Praxis kommt daher nicht selten die Frage nach der Bestellung eines *förvaltare* bzw. mehrerer in derselben Kanzlei tätigen *förvaltare* für die Betreuung sämtlicher Insolvenzverfahren in einer Gruppe auf, nicht zuletzt aus Gründen der **Verfahrenseffektivität.** Dem steht jedoch nach wie vor die **Gefahr des Interessenkonflikts** entgegen: Wenn die verbundenen Unternehmen beispielsweise gegenseitige Forderungen geltend machen, widerspricht die gleichzeitige Stellung eines *förvaltare* auf Gläubiger- und Schuldnerseite dem **Grundsatz der Unparteilichkeit** des *förvaltare.*[98]

51 Ähnlich wie in Deutschland wird auch in Schweden in Fachkreisen immer wieder mehr oder weniger lautstark – in den letzten Jahren wieder lauter – diskutiert, ein einheitliches Konzerninsolvenzrecht einzuführen, einerseits um die Verfahrenskosten zu drosseln und andererseits um die verwobenen Funktionen in einer Unternehmensgruppe besser kontrollieren zu können. Konkrete Gesetzesvorhaben in dieser Hinsicht sind jedoch bisher nicht bekannt.

2.7 Verbraucherinsolvenzverfahren

52 Ein eigenes Verbraucherinsolvenzverfahren gibt es in Schweden nicht. Der *konkurs* nach dem *KonkL* ist allerdings auch für Privatpersonen möglich, und die unter → Rn. 25 ff. dargestellte *skuldsanering* ist das schwedische Pendant zum deutschen Verbraucherinsolvenzverfahren. Im Rahmen eines *konkurs* steht Verbrauchern dabei grundsätzlich auch die Möglichkeit eines *underhandsackord*[99] sowie eines *offentligt ackord*[100] zur Verfügung, wobei es jedoch hierzu (und insbesondere zu letzterem) in der Praxis nur in seltenen Fällen kommt.

3. *Konkurs* – Wesentliche Verfahrensmerkmale des Insolvenzverfahrens

3.1 Eröffnung des Verfahrens

53 Das *tingsrätt,* das Gericht erster Instanz, das örtlich für allgemeine Zahlungsklagen gegen den betroffenen Schuldner zuständig ist, entscheidet als Insolvenzgericht auf Antrag per Beschluss darüber, ob ein Schuldner in *konkurs* versetzt wird, dh ob ein *konkurs*-Verfahren über sein Vermögen eröffnet wird.

---

[96] 6. Kapitel, §§ 11 und 13 *Försäkringsrörelselag (2010:2043).*
[97] 6. Kapitel, §§ 11 und 13 *Försäkringsrörelselag (2010:2043).*
[98] Dieser Grundsatz folgt aus der Regelung im 7. Kapitel, § 1 Abs. 3 *KonkL.*
[99] S. dazu im Einzelnen → Rn. 34 f.
[100] S. dazu im Einzelnen → Rn. 29 ff.

Die Eröffnung des *konkurs* setzt immer einen entsprechenden **schriftlichen Antrag**[101] voraus, der vom Antragsteller (oder dessen Bevollmächtigten) eigenhändig unterzeichnet und dem bestimmte Unterlagen beigefügt sein müssen.[102]

Stellt der Schuldner selbst den Antrag, so ist diesem in aller Regel ohne weitere Prüfung stattzugeben.[103] Stellt ein Gläubiger den Antrag, so setzt das Gericht einen **Termin zur Prüfung des Antrags** fest. Dieser Termin soll im Regelfall innerhalb von zwei Wochen seit Antragstellung stattfinden.[104]

Sofern der Schuldner bereits vor dem Termin schriftlich zu dem Insolvenzantrag eines Gläubigers Stellung genommen und diesen anerkannt hat, so kann das Gericht den Antrag auch auf dieser Basis prüfen und den Termin aufheben.[105] Nimmt der Schuldner hingegen im Vorhinein nicht schriftlich Stellung und erscheint er auch nicht zu dem Termin, kann das Gericht im Termin dennoch über die **Eröffnung des *konkurs*** entscheiden.[106] Erscheint jedoch der Gläubiger, der den Antrag gestellt hat, zu diesem Termin nicht, ist das Verfahren einzustellen.[107]

Grundsätzlich können **gegen Entscheidungen in Insolvenzsachen Rechtsmittel** eingelegt werden. Das Verfahren führt über die zweite Instanz beim *hovrätt* bis zum höchsten schwedischen Gericht, dem *Högsta domstolen*. Allerdings tritt ein Eröffnungsbeschluss unmittelbar in Kraft,[108] und Rechtsmittel haben insofern **keine aufschiebende oder unterbrechende Wirkung.**

Erlässt das *tingsrätt* einen **Eröffnungsbeschluss**, ist dieser unverzüglich öffentlich bekannt zu machen und **in *Post- och Inrikes Tidningar* zu veröffentlichen**.[109]

3.1.1 Eröffnungsgründe

Der **einzige Eröffnungsgrund** im schwedischen *KonkL* ist die **Zahlungsunfähigkeit,** *obestånd (insolvens)*, des Schuldners,[110] womit (insofern ebenso wie im deutschen Recht) die Tatsache gemeint ist, dass der Schuldner seine Schulden nicht rechtzeitig begleichen kann und dieser Zustand nicht nur ein vorübergehender ist.[111] Die Beurteilung der Frage der Zahlungsunfähigkeit erfordert demzufolge also immer auch eine **Prognose** für die Zukunft.

Das *KonkL* enthält allerdings auch einige **Vermutungstatbestände,** bei deren Vorliegen das Gericht ohne weiteres davon ausgehen darf, dass eine Zahlungsunfähigkeit des Schuldners gegeben ist. Dies ist zum einen dann der Fall, wenn der Schuldner selbst den Insolvenzantrag stellt und dabei angibt, zahlungsunfähig zu sein,[112] zum anderen, wenn der Schuldner erklärt hat, dass er seinen Zahlungsverpflichtungen nicht mehr nachkommen wird.[113] Auch wenn in einem Zeitraum von sechs Monaten vor Antragstellung ein Vollstreckungsversuch[114] mangels vollstreckungsfähigen Vermögens erfolglos war, ist von der Zahlungsunfähigkeit des Schuldners auszugehen.[115] Gleiches gilt für den Fall, dass ein Schuldner, der gesetzlich zur Buchführung verpflichtet ist (mit anderen Worten: Gewerbetreibende), eine fällige und unstreitige[116] oder rechtskräftig festgestellte Forderung nicht binnen einer Woche nach entsprechender Mahnung bezahlt, und der Gläubiger seinen Insolvenzantrag binnen drei weiterer Wochen stellt, während derer die Forderung weiterhin nicht beglichen worden ist.[117]

---

[101] 2. Kapitel, § 1 *KonkL*.
[102] 2. Kapitel, §§ 1, 3 und 4 *KonkL*.
[103] 2. Kapitel, § 7 *KonkL*.
[104] 2. Kapitel, § 16 *KonkL*.
[105] 2. Kapitel, § 16 Abs. 3 und § 18 Abs. 1 und 3 *KonkL*.
[106] 2. Kapitel, § 19 Abs. 2 *KonkL*.
[107] 2. Kapitel, § 19 Abs. 1 *KonkL*.
[108] 16. Kapitel, § 4 *KonkL*.
[109] 2. Kapitel, § 24 Abs. 2 und 15. Kapitel, § 1 *KonkL*. Post- och Inrikes Tidningar ist das nur online einsehbare schwedische Amtsblatt, vergleichbar mit dem Elektronischen Bundesanzeiger in Deutschland; die Veröffentlichung dort hat nach den Vorgaben im Gesetz über öffentliche Bekanntmachungen in behördlichen Verfahren, dem *lagen (1977:654) om kungörande i mål och ärenden hos myndighet m.m.*, zu erfolgen.
[110] 1. Kapitel, § 2 Abs. 1 *KonkL*.
[111] 1. Kapitel, § 2 Abs. 2 *KonkL*.
[112] 2. Kapitel, § 7 *KonkL*.
[113] 2. Kapitel, § 8 S. 2 *KonkL*.
[114] Damit eine Zwangsvollstreckung eingeleitet werden kann, ist ein Titel erforderlich; auf die Höhe der Forderung kommt es indes grundsätzlich nicht an; Voraussetzungen und Durchführung der Zwangsvollstreckung sind im Einzelnen geregelt im schwedischen Vollstreckungsgesetz *Utsökningsbalk (1981:774)* sowie der Vollstreckungsverordnung *Utsökningsförordning (1981:981)*.
[115] 2. Kapitel, § 8 S. 1 *KonkL*.
[116] Dabei soll eine Forderung auch dann als unstreitig gelten, wenn der Schuldner sie zwar bestritten hat, dies aber als offensichtlich unbegründet anzusehen ist, vgl. *Palmér/Savin*, Kommentar zu 2. Kapitel, § 9 *KonkL*.
[117] 2. Kapitel, § 9 *KonkL*.

3.1.1.1 Prüfung der Eröffnungsgründe

61 Wie bereits erwähnt, kann ein Insolvenzverfahren nur dann eröffnet werden, wenn der Schuldner zahlungsunfähig ist. Um die Zahlungsunfähigkeit des Schuldners festzustellen, muss das Gericht beurteilen, ob der Schuldner fähig ist, seine Schulden bei Fälligkeit zu begleichen, und wenn nicht, ob diese Unfähigkeit nur vorübergehend ist.[118] Der *Högsta domstolen,* das höchste schwedische Gericht, hat entschieden, dass die Beurteilung der Zahlungsunfähigkeit des Schuldners auch eine **Zukunftsprognose** beinhaltet, da ein Schuldner nicht bereits dann zahlungsunfähig ist, weil er seine Schulden nur zu einem bestimmten Zeitpunkt nicht begleichen kann.[119] Aufgrund der eventuellen Schwierigkeiten, den Nachweis der Zahlungsunfähigkeit zu erbringen, gilt ein Schuldner wie oben beschrieben als zahlungsunfähig, wenn es **bestimmte Anhaltspunkte für eine Zahlungsunfähigkeit** gibt.[120] Diese Regelungen übertragen die Beweislast auf den Schuldner, der in diesen Fällen seine Zahlungsfähigkeit beweisen muss, um einen *konkurs* zu verhindern.

62 Liegen die Vermutungstatbestände nicht vor, muss das Gericht beurteilen, ob der Schuldner innerhalb eines angemessenen Zeitraums in der Lage sein wird, seine Schulden bei Fälligkeit zu begleichen. Dies muss immer unter **Berücksichtigung der Umstände des Einzelfalls** geschehen, zB mit Rücksicht auf die Art des Unternehmens.[121] Ein Unternehmen, das Stundungen von seinen Gläubigern oder weitere Kredite erhalten kann, wird wohl nicht als zahlungsunfähig angesehen werden können. Dagegen ist ein Unternehmen höchstwahrscheinlich zahlungsunfähig, wenn es keinen Gewinn erzielt, über einen längeren Zeitraum nicht die Mittel zur Begleichung der Schulden hat und es über kein Umlaufvermögen verfügt. Da die Feststellung der Zahlungsunfähigkeit eine Prognose mit sich bringt, kann ein Unternehmen **bereits vor der Fälligkeit seiner Schulden als zahlungsunfähig anzusehen** sein. Es ist eine ungeklärte Frage, wie lang der Zeitraum für die Prognose bemessen sein muss. In der Literatur wird vertreten, dass der Zeitraum nicht länger sein darf als der von einem üblichen Budget abgedeckte Zeitraum. Allerdings kann es schwierig sein, eine Prognose für einen längeren Zeitraum als sechs Monate zu erstellen.

3.1.1.2 Antragspflicht bei Vorliegen von Eröffnungsgründen und Folgen der Verletzung der Antragspflicht

63 Im Vergleich zu Deutschland ist in diesem Zusammenhang bemerkenswert, dass es in Schweden im *KonkL* **keine ausdrückliche Verpflichtung für juristische Personen** gibt, in bestimmten Situationen einen Insolvenzantrag zu stellen.[122] Allerdings führen verschiedene straf- und zivilrechtliche Haftungsnormen dazu, dass das Management eines Unternehmens in der Praxis verpflichtet ist, unter bestimmten Umständen einen Antrag auf Insolvenzeröffnung zu stellen (s. dazu im Einzelnen die Erläuterungen unter → Rn. 176 ff.). So ist der Schuldner beispielsweise, wenn er zahlungsunfähig oder offensichtlich von der Zahlungsunfähigkeit bedroht ist, grundsätzlich dazu **verpflichtet sicherzustellen, dass sein Vermögen nicht verschwendet wird.** Diese Pflicht trifft in erster Linie den Verwaltungsrat *(styrelse)* und den geschäftsführenden Direktor *(verkställande direktör).* Letztlich soll das Vermögen auf die Gläubiger entsprechend der Rangfolge ihrer Forderungen verteilt werden, ohne dass ein Gläubiger dabei ungerechtfertigt begünstigt wird. Eine Verletzung dieser Pflicht kann eine **Straftat** nach Kapitel 11 des *Brottsbalken* (SFS 1962:700), des schwedischen Strafgesetzbuchs, darstellen.[123] Außerdem kann sich hieraus eine **Schadensersatzpflicht** ergeben.

64 Ein Gläubiger unterliegt zu keinem Zeitpunkt einer Antragspflicht. Vielmehr kann ein Gläubiger zur Zahlung einer Entschädigung an den Schuldner verpflichtet sein, wenn er einen Insolvenzantrag gestellt hat, dieser abgelehnt wurde und der Gläubiger bei der Antragstellung tatsächlich keinen vernünftigen Grund zu der Annahme hatte, dass der Schuldner zahlungsunfähig ist.[124] Der Gläubiger, der den (missbräuchlichen) Insolvenzantrag gestellt hat, kann im Fall der Einstellung des *konkurs* je nach den Umständen auch zur Zahlung derjenigen Kosten verpflichtet sein, die der Insolvenzmasse *(konkursbo)* entstanden sind.[125]

3.1.2 Antragsbefugnis

65 Das Verfahren kann vom Schuldner selbst oder von seinen Gläubigern eingeleitet werden.[126]

---

[118] 1. Kapitel, § 2 Abs. 2 *KonkL*.
[119] NJA 2013, S. 822, Element 4.
[120] 2. Kapitel, § 7–9 *KonkL*.
[121] *Palmér/Savin,* Kommentar zu 1. Kapitel, § 2 *KonkL*.
[122] *Palmér/Savin,* Kommentar zu 1. Kapitel, § 2 KonkL.
[123] S. Beispiele zu den Straftaten in Kapitel 11 des *Brottsbalken;* auch → Rn. 176.
[124] 17. Kapitel, § 3 S. 1 *KonkL*.
[125] 17. Kapitel, § 3 S. 2 *KonkL*.
[126] 1. Kapitel, § 2 *KonkL*.

Der **Schuldner selbst** kann das Verfahren einleiten, indem er einen Antrag mit der Angabe 66
stellt, dass er zahlungsunfähig ist.

Jeder Gläubiger des Schuldners, der einen Anspruch gegen den Schuldner hat, kann das 67
Verfahren durch Stellen eines Antrags einleiten. Dieses Antragsrecht nach dem *KonkL* steht ausländischen ebenso wie inländischen Gläubigern zu. Es ist nicht erforderlich, dass der Anspruch des Gläubigers einen bestimmten Betrag überschreitet, schriftlich festgehalten oder fällig ist.[127] Allerdings trägt der Gläubiger die **Beweislast bezüglich der Zahlungsunfähigkeit** des Schuldners, wenn dieser sie bestreitet.[128]

Die Forderung des Gläubigers wird als Anspruchsbasis anerkannt, wenn sie von einem Gericht 68
oder von der schwedischen Vollstreckungsbehörde *(Kronofogdemyndigheten)* nach dem *lagen (1990:746) om betalningsföreläggande och handräckning*, dem Gesetz über Zahlungsverfügungen und Amtshilfe, **bestätigt** wurde. Das gilt auch, wenn das Urteil noch nicht rechtskräftig ist, es sei denn, dass das Gericht die Vollstreckung des Urteils ausgesetzt hat.[129] Eine Forderung ist auch dann anzuerkennen, wenn sie von einem Schiedsspruch bestätigt wurde, der nach Kapitel 3, § 15 oder § 17 des Zwangsvollstreckungsgesetzes *(utsökningsbalken)* vollstreckt werden kann, und ein Gericht nicht etwas anderes bestimmt hat.[130] Wurde die Forderung nicht in solcher Weise bestätigt, muss der Gläubiger ihr Bestehen nach den allgemeinen Beweisgrundsätzen nachweisen.

3.1.3 Hindernisse für die Verfahrenseröffnung

Solange das Gericht über einen Antrag auf Insolvenzeröffnung noch nicht entschieden hat, 69
kann sowohl der Schuldner als auch der Gläubiger, der einen solchen Antrag gestellt hat, diesen **zurücknehmen**.[131] Geschieht dies, wird das Gericht keinen Eröffnungsbeschluss erlassen (es sei denn, es liegen noch konkurrierende Anträge vor).

Sofern die **Forderung des Gläubigers**, der den Antrag auf Insolvenzeröffnung gestellt hat, 70
beglichen wird, bevor das Gericht über diesen Antrag entschieden hat, verliert dieser Gläubiger mit der Zahlung seine Antragsberechtigung, und das Gericht muss den Antrag ablehnen. Dabei ist unerheblich, ob der Schuldner selbst oder ein Dritter die Forderung bezahlt. Erfolgt der Forderungsausgleich jedoch erst, nachdem der Konkursbeschluss ergangen ist, bleibt der Forderungsausgleich ohne diese Wirkung. Dies gilt auch, wenn der Schuldner Rechtsmittel gegen den Eröffnungsbeschluss des Insolvenzgerichts eingelegt hat. Ein Gläubiger, der seine Forderung über Pfandrechte oder damit vergleichbare **Sicherungsrechte** ausreichend abgesichert hat, ist nicht antragsberechtigt.[132] Die Beweislast hinsichtlich der Frage, wann eine Sicherheit insofern ausreichend ist, obliegt dem Schuldner. Sofern ein Dritter für die Forderung eines Gläubigers ausreichende **Sicherheit gewährt** hat, entfällt das Antragsrecht dieses Gläubigers, wenn die Sicherheit unter der Bedingung gewährt wurde, dass kein Insolvenzantrag gestellt wird.[133] Schließlich entfällt das Antragsrecht eines Gläubigers auch dann, wenn dessen Forderung noch nicht fällig ist, und ein Dritter ausreichende Sicherheit für diese Forderung anbietet.[134] Ein Forderungsausgleich darf ebenso wenig wie die Gewährung einer Sicherheit anfechtbar sein (dazu ausführlicher unter → Rn. 140 ff.), um tatsächlich ein Insolvenzhindernis darstellen zu können.

Die möglichen Auswirkungen eines bei Insolvenzantrag bereits laufenden Verfahrens zur *före-* 71
tagsrekonstruktion wurden bereits unter → Rn. 24 dargestellt.

Schließlich soll nicht unerwähnt bleiben, dass es nach schwedischem Recht ein Insolvenzhinder- 72
nis darstellt und unter Umständen auch eine Schadensersatzpflicht mit sich bringt, wenn beispielsweise ein Inkassounternehmen einen Insolvenzantrag **allein mit der Absicht stellt, den Schuldner zu einer Zahlung zu drängen**.[135]

3.2 Schuldner

Subjekt eines *konkurs* nach den Regeln des *KonkL* können **grundsätzlich alle schwedischen** 73
natürlichen und juristischen Personen sein, unabhängig von Umsatz, Zahl der Angestellten und

---

[127] *Mellqvist/Welamson*, Konkurs, S. 48–49.
[128] 2. Kapitel, § 6 S. 3 *KonkL*.
[129] 2. Kapitel, § 6 S. 1 *KonkL*.
[130] 2. Kapitel, § 6 S. 2 *KonkL*.
[131] 2. Kapitel, § 22 *KonkL*.
[132] 2. Kapitel, § 10, Abs. 1, Nr. 1 *KonkL*.
[133] 2. Kapitel, § 10, Abs. 1, Nr. 2 *KonkL*.
[134] 2. Kapitel, § 10 Abs. 1, Nr. 3 *KonkL*.
[135] Dies ergibt sich aus 17. Kapitel, § 3 Abs. 1 *KonkL*; vgl. auch den Kommentar zu dieser Bestimmung bei *Palmér/Savin* sowie *Mellqvist*, S. 70.

Tätigkeitsbereich. Auch über eine *dödsbo,* eine Erbmasse, kann ein *konkurs* geführt werden.[136] Für bestimmte juristische Personen, wie beispielsweise Banken und Versicherungen, gelten gewisse Sonderregeln.[137] Der Staat und seine Kommunen sind vom Geltungsbereich des *KonkL* ausgenommen.[138]

3.3 Rolle der Gerichte

74   Das Insolvenzverfahren wird mit der **Einreichung des *konkurs*-Antrags bei dem *tingsrätt,*** dem Gericht erster Instanz, eröffnet, welches im Allgemeinen für Zahlungsklagen gegen den Schuldner zuständig ist (dh wo eine natürliche Person ihren Wohnsitz bzw. eine juristische Person ihren Sitz hat).[139] Wenn das Gericht zuständig ist, erklärt es den Schuldner ohne weiteres für zahlungsunfähig, wenn dieser seine Zahlungsunfähigkeit in einem vollständigen und unterschriebenen Antrag selbst angegeben hat.[140] Hat dagegen einer seiner Gläubiger den Antrag gestellt und widerspricht der Schuldner dem Antrag, entscheidet das Gericht über die Zahlungsunfähigkeit des Schuldners erst nach einer Anhörung.

75   Mit der gerichtlichen Feststellung der Zahlungsunfähigkeit des Schuldners verliert er seine Befugnis, Maßnahmen jeder Art zu ergreifen oder eine Haftung zu übernehmen.[141] Die Eröffnung des *konkurs* gilt auch dann mit **sofortiger Wirkung,** wenn gegen die Entscheidung Rechtsmittel eingelegt werden.[142] Das Gericht bestellt bereits mit der Entscheidung, oder baldigst danach, **einen oder mehrere Insolvenzverwalter *(konkursförvaltare),*** um den Schuldner zu vertreten und das Vermögen der *konkursbo,* der Insolvenzmasse, zu beschlagnahmen und zu betreuen.[143] Außerdem hat das Gericht nach Eröffnung des *konkurs* sofort einen Termin für zur *edgångssammanträde* (Erklärung unter Eid) zum Vermögensverzeichnis festzulegen und die betroffenen Parteien hierzu zu laden (s. dazu unten). Zu dem *edgångssammanträde* lädt das Gericht den Schuldner, den Verwalter, die Aufsichtsbehörde (dazu s. weiter unten) sowie gegebenenfalls denjenigen Gläubiger, der den Insolvenzantrag gestellt hat.[144] Zugleich erfolgt die öffentliche Bekanntmachung der Insolvenzeröffnung in *Post- och Inrikes Tidningar.*[145]

76   Nach der Eröffnung des *konkurs* erstellt der *konkursförvaltare* unverzüglich ein **Vermögensverzeichnis (*konkursbouppteckning),*** in dem unter anderem alle Vermögenswerte und Schulden der *konkursbo* (Insolvenzmasse) in einer Übersicht über die Einnahmen und Ausgaben sowie die Buchführungsunterlagen und andere Unterlagen, die eine Beurteilung der wirtschaftlichen Lage des Schuldners und dessen Buchführung ermöglichen, zusammengefasst werden.[146] Der Schuldner ist dazu verpflichtet, dem *förvaltare* alle angeforderten Informationen zur Verfügung zu stellen, die für die Insolvenzbewertung von Bedeutung sein können. Wenn der Schuldner die angeforderten Informationen nicht freiwillig herausgibt, kann das Gericht die **Vorladung oder in seltenen Fällen die Haft des Schuldners** anordnen. Beides kann auch in Verbindung mit der *edgångssammanträde* geschehen.

77   Wenn das *konkursbouppteckning* fertiggestellt ist, wird das Gericht die *edgångssammanträde* organisieren. Diese bezweckt, dass der Schuldner bzw. der gesetzliche Vertreter des Schuldners (und gegebenenfalls auch andere Personen mit relevantem Wissen) in einer **eidlichen Erklärung** bestätigt, dass das *konkursbouppteckning* das Vermögen und die Schulden des Schuldners zutreffend darstellt.[147] Ist der Schuldner eine juristische Person, erfolgt die Bestätigung durch deren gesetzliche Vertreter; ein Vertreter muss jedoch keine Bestätigung abgeben, wenn diese nach Auffassung des Verwalters für das Vermögensverzeichnis ohne Bedeutung ist. Der Eid hat zur Folge, dass der Schuldner bei vorsätzlicher oder grob fahrlässiger Falschangabe oder Vorenthaltung von Informationen über Vermögenswerte wegen einer Straftat nach dem schwedischen Strafgesetzbuch verfolgt und bestraft werden kann, sog. Behinderung eines Konkurs- oder Vollstreckungsverfahrens *(försvårande av konkurs eller exekutiv förrättning).*[148]

---

[136] 15. Kapitel, § 5 *KonkL.*
[137] S. dazu ua 14. Kapitel, § 14 *Försäkringsrörelselag (2010:2043)* betreffend Versicherungen und 13. Kapitel, § 13 *Lag (2004:297) om bank- och finansieringsrörelse* betreffend Banken und andere Kreditinstitute; auch → Rn. 45 ff.
[138] Dies folgt zwar nicht unmittelbar aus dem Gesetz, jedoch kam die Rechtsprechung wiederholt zu diesem Schluss, vgl. *Palmér/Savin,* Kommentar zu 1. Kapitel, § 1 *KonkL.*
[139] 2 Kapitel, § 1 *KonkL,* iVm 10. Kapitel, § 1 *Rättegångsbalk (RB).*
[140] 2. Kapitel, § 7 *KonkL.*
[141] 3. Kapitel § 1 *KonkL.*
[142] 16. Kapitel, § 4 *KonkL.*
[143] 2. Kapitel, § 24 iVm 7. Kapitel, § 2 *KonkL.*
[144] 2. Kapitel, § 24 *KonkL.*
[145] S. Fn. 93.
[146] *Mellqvist, Mikael,* Obeståndsrätten: En introduktion, 8. Aufl. 2017, S. 69.
[147] 6. Kapitel § 3–5 *KonkL.*
[148] 11. Kapitel § 2 *Brottsbalk (BrB).*

Innerhalb von 6 Monaten nach der Verfahrenseröffnung reicht der *förvaltare* einen Bericht ein, 78 in dem er die Verhältnisse der *konkursbo* und die vermutliche Ursache des *konkurs* beschreibt. Dieser Bericht wird durch die Gerichtsverwaltung veröffentlicht.[149] Diese **Veröffentlichungsfunktion des Gerichts** hinsichtlich Informationen und/oder Entscheidungen gilt auch in Bezug auf das bereits erwähnte Vermögensverzeichnis *(konkursbouppteckning)* und die sogenannten Halbjahresberichte, die die Finanzen der *konkursbo* und andere Buchhaltungsunterlagen vorlegen.

Kommt das Gericht aufgrund des Vermögensverzeichnisses und des Verwalterberichts zu dem 79 Schluss, dass das vorhandene Vermögen die **Kosten** des *konkurs* voraussichtlich **nicht decken** wird, **oder jedenfalls nicht mehr als die Kosten des Insolvenzverfahrens selbst** decken wird, sodass es deshalb nicht zu einer Verteilung zwischen den Gläubigern kommen wird, **beschließt das Gericht, das Insolvenzverfahren zu beenden.**[150] Das Gleiche gilt für den Fall, dass in einem *konkurs* keine Forderungen geltend gemacht werden.[151]

Kommt der *förvaltare* dagegen zu dem Ergebnis, dass das Vermögen der *konkursbo* für eine 80 Verteilung zwischen den Gläubigern ausreicht, wird das Verfahren entweder als *bevaknings*-**Verfahren,** bei dem die Forderungen anzumelden sind, fortgesetzt oder einfacher durch die **direkte Bestätigung des Verteilungsvorschlags** des *förvaltare*.[152]

Auf Antrag des *förvaltare* unterstützt ihn das Gericht, indem es ein *bevaknings*-Verfahren anordnet 81 und die Frist festlegt, innerhalb derer die Gläubiger einen Nachweis ihrer Forderungen bei Gericht einreichen müssen. Das Gericht wird auch den **Zeitraum bestimmen,** innerhalb dessen die *konkursbo*, der Schuldner oder andere Gläubiger Einwände gegen die angemeldeten Forderungen erheben müssen. Die Entscheidung des Gerichts, ein *bevaknings*-Verfahren anzuordnen, ist **nicht anfechtbar.**[153] Kommt es in dem Verfahren zu Unstimmigkeiten über die Forderungen, so lädt das Gericht die betroffenen Parteien zu einer **Güteverhandlung,** damit sie sich darüber einigen können, in welchem Umfang die angemeldete Forderung bei der Verteilung zu berücksichtigen ist. Wenn es nicht zu einem solchen Vergleich kommt, entscheidet das Gericht. Das *bevaknings*-Verfahren ist näher in → Rn. 121 ff. ausgeführt.

Die letzte Maßnahme des *förvaltare* nach der Abwicklung der *konkursbo* ist der abschließende 82 Vorschlag für eine Verteilung zwischen den Gläubigern, die Endabrechnung sowie der Antrag über seine Gebühren, welche alle durch das Gericht überprüft und entschieden werden.

Die **begleitende Rolle der Gerichte** im *konkurs* wird etwa auch dann deutlich, wenn eine 83 gerichtliche Entscheidung angefochten wird, der *förvaltare* abgelehnt wird, Sicherungsmaßnahmen während des *konkurs* erforderlich werden oder wenn Streitigkeiten über die Geschäfte der *konkursbo*, der Insolvenzmasse, entstehen.

3.4 Verwalter

Wie bereits oben in → Rn. 75 erwähnt, bestellt das Gericht mit der Insolvenzeröffnung oder 84 kurz danach **einen (oder mehrere) Insolvenzverwalter** *(konkursförvaltare)* zur Vertretung des Schuldners und zur Verwaltung der Insolvenzmasse *(konkursbo)*. Es wird bevorzugt, nur einen *förvaltare* zu bestellen, und nur unter bestimmten Bedingungen werden mehrere bestellt.[154] Die unmittelbare Aufgabe des *förvaltare* ist es, das Vermögen der *konkursbo*, das Buchhaltungsmaterial sowie andere Dokumente mit Bezug zur *konkursbo* zu **beschlagnahmen.**[155]

Der *förvaltare* muss über die für seine Aufgaben erforderlichen Kenntnisse und Erfahrungen 85 verfügen und darüber hinaus in einer solchen Weise eingesetzt werden können, dass **seine Unparteilichkeit nicht angezweifelt werden kann.** Infolgedessen kann keine Person als *förvaltare* bestellt werden, die bei einem Gericht angestellt ist oder in einer Beziehung zu dem Schuldner steht, die das Vertrauen in das Insolvenzverfahren zu beeinträchtigen droht. Dasselbe gilt für andere Umstände, die die Unabhängigkeit des *förvaltare* gefährden könnten.[156] Bevor das Gericht einen *förvaltare* bestellt oder entscheidet, dass mehrere *förvaltare* bestellt werden sollen, holt es die **Stellungnahme der Konkursaufsichtsbehörde** ein, der *tillsynsmyndighet (TSM),* einer speziellen Abteilung der schwedischen Beitreibungsbehörde *(Kronofogden)*.[157]

---

[149] *Mellqvist, Mikael*, Obeståndsrätten: En introduktion, 8. Aufl. 2017, S. 69.
[150] 10. Kapitel, § 1 *KonkL*.
[151] 10. Kapitel, § 3 *KonkL*.
[152] *Mellqvist, Mikael*, Obeståndsrätten: En introduktion, 8. Aufl. 2017, S. 82 f.
[153] 16. Kapitel, § 6 *KonkL*.
[154] *Mellqvist, Mikael*, Obeståndsrätten: En introduktion, 8. Aufl. 2017, S. 68 f.
[155] 7. Kapitel, § 12 *KonkL*.
[156] 7. Kapitel, § 1 *KonkL*.
[157] *Mellqvist, Mikael*, Obeståndsrätten: En introduktion, 8. Aufl. 2017, S. 62.

Schweden 86–91

86   Die Hauptrolle der *TSM* besteht darin, **sicherzustellen, dass die Verwaltung des Insolvenzverfahrens in Übereinstimmung mit dem *KonkL*** und anderen Gesetzen erfolgt.[158] Insbesondere stellt die *TSM* sicher, dass der *konkurs* nicht unnötig verzögert wird, aber sie kann auch, wenn es als zweckmäßig erachtet wird, die Arbeit des *förvaltare* sowie die Finanzen der *konkursbo* nachprüfen. Die **Nachprüfung der Finanzen der *konkursbo*** kann auch von einem oder mehreren Wirtschaftsprüfern durchgeführt werden, wenn die *TSM* der Ansicht ist, dass bestimmte Umstände eine solche Nachprüfung rechtfertigen. Diese Funktionen der *TSM* werden als substanzieller Teil der Aufsicht bezeichnet. Der andere Teil der Aufsicht der *TSM* umfasst als sogenannte formale Aufsicht die Überwachung und Prüfung der Berichte, die vom *förvaltare* einzureichen sind.[159] Die *TSM* hat gegenüber dem Verwalter zwar **keine Weisungsbefugnis,** jedoch hat sie die Möglichkeit, das Honorar des Verwalters zu reduzieren oder ihn abzusetzen, wenn seine Arbeitsweise Anlass zu Beschwerden gibt. Die Aufsicht soll damit nicht nur die Einhaltung der einschlägigen Vorschriften sowie ein möglichst effektives Verfahren im Sinne einer Aufsicht im herkömmlichen Sinne gewährleisten; vielmehr steht die *TSM* dem *förvaltare* auch im Sinne einer gewissen **Qualitätssicherung** im Übrigen unterstützend zur Seite.[160]

87   Der *konkurs* als juristische Figur ist in erster Linie im Interesse der Gläubiger geschaffen. Daraus folgt die allgemeine Verpflichtung des *förvaltare,* das Wohl der Gläubiger bei der Durchführung zu berücksichtigen und alle Maßnahmen zu ergreifen, die zur **Förderung einer vorteilhaften und zügigen Abwicklung der *konkursbo*** erforderlich sind.[161] Hierbei ist es aber auch möglich, dass der *förvaltare* solche Alternativen erwägt, die **langfristige Beschäftigungen am ehesten fördern** oder **sonstigen gesellschaftlichen Interessen nützen,** solange diese die Rechte der Gläubiger nicht in erheblichem Maße beeinträchtigen.[162]

88   Wie oben ausgeführt, ist es eine der ersten Aufgaben des bestellten *förvaltare,* das **Vermögensverzeichnis *(bouppteckning)*** zu erstellen, worin alle Vermögenswerte und Schulden der *konkursbo* zusammengefasst und detailliert dargestellt werden. Dies soll einen Überblick über die finanzielle Situation des Schuldners und die Buchführung verschaffen. Deshalb gehört zu dem Vermögensverzeichnis auch eine Liste der Buchführungsunterlagen und sonstiger wichtiger Dokumente. Wie bereits erwähnt, muss die Richtigkeit der *bouppteckning* vom Schuldner in einem gesondert dafür vorgesehenen Termin vor Gericht *(edgångssammanträde)* unter Eid bestätigt werden.

89   Eine weitere Aufgabe, die der *förvaltare* so schnell wie möglich, aber spätestens sechs Monate nach der Eröffnung des Konkurses erfüllen muss, ist das **Verfassen eines ersten Berichts *(förvaltarberättelse)*.**[163] Dieser beinhaltet zum Beispiel die Verfassung der *konkursbo* und die Gründe für den *konkurs* des Schuldners, sofern diese festgestellt werden können, und, wenn möglich, den Zeitpunkt, mit dem die Zahlungsunfähigkeit auftrat.[164] Der Bericht soll Aufschluss geben über die Ursachen und über den Zeitpunkt des Eintritts der Zahlungsunfähigkeit. Diese Informationen sind insbesondere im Zusammenhang mit der Beurteilung möglicher Anfechtungssituationen[165] bedeutsam. Der Bericht ist unter anderem allen Gläubigern zu übersenden, die dies verlangen.

90   Ist das Insolvenzverfahren noch sechs Monate nach dem *edgångssammanträde* anhängig, hat der *förvaltare* innerhalb eines Monats der *TSM* einen sogenannten **Halbjahresbericht** einzureichen, worin er die zum Abschluss des *konkurs* getroffenen Maßnahmen nennt sowie die Finanzen der *konkursbo* darstellt. Außerdem sind weitere Halbjahresberichte jeweils innerhalb eines Monats nach dem Ablauf weiterer sechs Monate bei der *TSM* einzureichen. Eine Kopie eines jeden Berichts muss der *förvaltare* auch dem Gericht vorlegen.[166]

91   Eine der Hauptaufgaben des *förvaltare* besteht darin, die Forderungen gegen den Schuldner zusammenzufassen und über die Rangfolge zwischen ihnen zu entscheiden. Bevor er einen **Vorschlag über die Verteilung zwischen den Gläubigern** macht, hat der *förvaltare* auch zu prüfen, ob die **Einleitung eines *bevaknings*-Verfahren** notwendig ist. Ein *bevaknings*-Verfahren, welches unter → Rn. 121 ff. näher ausgeführt wird, sollte vom *förvaltare* dann beantragt werden, wenn bei der Verteilung eine Berücksichtigung von Forderungen ohne Vorrangrechte zu erwarten ist.[167] Dementsprechend ist dieses Verfahren nur selten erforderlich.[168]

---

158 7. Kapitel, § 27 *KonkL.*
159 Kronofogdens Handbok för konkurstillsyn, Sommer 2016, S. 11 f.
160 S. http://www.kronofogden.se/Tillsynikonkurs.html und 7. Kapitel, § 27 *KonkL.*
161 Mellqvist, Mikael, Obeståndsrätten: En introduktion, 8. Aufl., S. 58 f.
162 7. Kapitel, § 8 *KonkL.*
163 7. Kapitel, § 15 *KonkL.*
164 7. Kapitel, § 16 *KonkL.*
165 S. dazu unter → Rn. 170 ff.
166 7. Kapitel, § 20 *KonkL.*
167 9. Kapitel, § 1 KonkL.
168 Mellqvist, Mikael, Obeståndsrätten: En introduktion, 8. Aufl., S. 82.

Sobald der *förvaltare* die Abwicklung der *konkursbo* abgeschlossen hat, das heißt dass alle Vermögenswerte in Geld umgewandelt wurden, wird dieses Geld zwischen den Gläubigern entsprechend der vorher festgelegten Rangfolge verteilt. Diese Reihenfolge ist schriftlich in Form des Verteilungsvorschlags dokumentiert. Der Verteilungsvorschlag ist bei der *TSM* und dem Gericht einzureichen. Das Gericht wiederum gibt ihn öffentlich bekannt und entscheidet darüber, ob die Verteilung zwischen den Gläubigern entsprechend dem Vorschlag oder einer anderen vom Gericht bestimmten Weise stattfindet.[169] 92

Des Weiteren hat der *förvaltare* nach abgeschlossener Verteilung zwischen den Gläubigern einen **Abschlussbericht** einzureichen. Dieser Abschlussbericht wird dann von der *TSM* geprüft, die auch in den meisten Fällen hierzu eine Stellungnahme abgibt.[170] 93

Ein weiterer der letzten Schritte ist die **Vergütung des *förvaltare***, die er mit der Einreichung eines Gebührenantrags einfordert. Letztlich wird die Gebühr durch die Entscheidung des Gerichts bestimmt; in den meisten Fällen nach Abstimmung mit der *TSM*.[171] Weil die Gebühr des *förvaltare* Teil der Kosten des *konkurs* ist, wird sie aus der *konkursbo* vor der Zahlung der anderen Schulden bezahlt. 94

3.5 Verwaltung und Verwertung der Insolvenzmasse

Die Insolvenzmasse, *konkursbo*, ist eine eigenständige juristische Person, die wie jede andere juristische Person Rechte und Pflichten auf sich nehmen kann. Sie wird durch den *förvaltare* vertreten. Zur Insolvenzmasse gehören das **Eigentum** des Schuldners im Zeitpunkt des Eröffnungsbeschlusses, das Eigentum, das dem Schuldner während des *konkurs* zufließt (jedoch nur, soweit es der Zwangsvollstreckung unterliegt) sowie das Eigentum, das die Insolvenzmasse durch Anfechtung erlangen kann.[172] 95

Welche Vermögensgegenstände im Einzelnen zum Zeitpunkt des Eröffnungsbeschlusses im Eigentum des Schuldners stehen, wird anhand des geltenden Sachenrechts ermittelt. Dabei sind auch eventuelle *separationsrätter* (**Aussonderungsrechte**) zu beachten. Gläubiger, die ein *separationsrätt* haben – beispielsweise aufgrund eigener Eigentumsrechte – sind insofern keine Insolvenzgläubiger. Sie können ihr Eigentum vielmehr unabhängig vom *konkurs* heraus verlangen, da die betroffenen Vermögensgegenstände nicht zur Insolvenzmasse gehören. 96

Sofern es sich um einen sogenannten *domicilkonkurs* handelt, also einen *konkurs*, bei dem der Sitz oder Wohnsitz des Schuldners in Schweden liegt, gehört **auch im Ausland belegenes Vermögen** des Schuldners zur Insolvenzmasse. Der Verwalter ist für die Erfüllung seiner Aufgaben in diesen Fällen ganz auf die Kooperation der verschiedenen Stellen im Ausland angewiesen. Liegt der Sitz oder Wohnsitz des Schuldners jedoch im Ausland, so kann der *konkurs* in Schweden als sogenannter *särkonkurs* nur an **im Inland belegenes Vermögen** anknüpfen, und nur dieses gehört dann zur Insolvenzmasse. 97

Ist der Schuldner zum Zeitpunkt der Insolvenzeröffnung als Kläger oder Beklagter in einen **Rechtsstreit** verwickelt, so gelten Sonderregelungen, insbesondere für die Prozessführungsbefugnis des Schuldners, aber auch hinsichtlich der Frage der Zuordnung des streitgegenständlichen Vermögens zur Insolvenzmasse.[173] 98

Es ist die Hauptaufgabe des Verwalters, die unter Berücksichtigung der dargestellten Maßgaben ermittelte Insolvenzmasse im Interesse der Gläubiger mit Hilfe geeigneter Maßnahmen **möglichst zügig abzuwickeln**, damit die – möglichst hohen – verbleibenden Mittel zügig unter den Gläubigern zur Befriedigung ihrer Forderungen verteilt werden können.[174] In der Wahl der Mittel sowie der übrigen Art und Weise seines Vorgehens ist der Verwalter dabei weitestgehend autonom.[175] Er hat insbesondere auch die Möglichkeit, den **Betrieb** eines insolventen Schuldners noch über einen gewissen Zeitraum **weiterzuführen,** wenn er der Ansicht ist, dass dies letztlich zum Vorteil der Gläubiger ist.[176] Ansonsten kann der Verwalter die vorhandenen Vermögensgegenstände durch **Verkauf** im Rahmen einer öffentlichen oder privaten Versteigerung oder im freihändigen Verkauf realisieren.[177] Insgesamt ist der Verwalter angehalten, die Realisierung der vorhandenen Vermögens- 99

---

[169] 11. Kapitel, § 4–6 *KonkL*; s. a. *Mellqvist, Mikael*, Obeståndsrätten: En introduktion, 8. Aufl., S. 86 f.
[170] 13. Kapitel, §§ 2, 3 und 5 *KonkL*.
[171] 14. Kapitel, § 4, 6 und 8 *KonkL*.
[172] 3. Kapitel, § 3 KonkL.
[173] 3. Kapitel, § 9 KonkL.
[174] Zur Verteilung unter den Gläubigern → Rn. 124 ff.
[175] Dazu → Rn. 100 ff.
[176] Grundsätzlich soll dieser Zeitraum jedoch zwölf Monate seit der *edgångssammanträde* nicht überschreiten, es sei denn, es liegen besondere Gründe vor; vgl. 8. Kapitel, § 2 *KonkL*.
[177] 8. Kapitel, §§ 6 und 8 *KonkL*.

3.6 Fortführung durch den Schuldner oder Verwalter

100   Hat der Schuldner einen Geschäftsvorgang getätigt, kann der Insolvenzverwalter *(konkursförvaltare)*, wenn es rechtlich möglich ist, diesen Vorgang in Vertretung für die Insolvenzmasse, die *konkursbo*, **fortführen,** soweit dies zweckmäßig ist. Länger als ein Jahr nach dem *edgångssammanträde* kann dies aber nur dann geschehen, wenn besondere Gründe hierfür vorliegen.[180]

101   Damit die **Fortführung zweckmäßig** ist, muss sie der *konkursbo* einen höheren wirtschaftlichen Netto-Gewinn bringen als andere Alternativen, wie etwa ein direkter Verkauf.[181] Allerdings muss die fortgeführten Geschäfte nicht selbst profitabel sein, wenn sie es ermöglichen, dass das Unternehmen für einen Preis verkauft werden kann, der höher ist als das Einkommen durch den direkten Verkauf der Vermögenswerte. Es kann sein, dass ein Unternehmen in seiner Gesamtheit einen größeren Wert hat, zB ein gutgehendes Geschäft, als wenn es in kleinere Teile aufgeteilt wird.[182] Normalerweise ist die Fortführung eine relativ kurze Angelegenheit, da sie zu Goodwill-Verlusten oder dem Ausscheiden von Schlüsselmitarbeitern aus dem Unternehmen führen kann, wenn sie zu lange dauert.[183]

102   Formal ist zwar der *förvaltare* für die Entscheidung über die Fortführung des Geschäftsbetriebs zuständig, das Gesetz legt ihm jedoch nahe, vor seiner Entscheidung die Konkursaufsichtsbehörde *TSM*,[184] **die betroffenen Gläubiger und den Schuldner anzuhören.**[185] Eine Fortführung bringt sowohl für den *förvaltare* als auch für die Aufsichtsbehörde mehrere Pflichten mit sich. Der *förvaltare* muss die Betriebsfortführung auf eine der beiden folgenden Weisen sicherstellen: Entweder führt er den Betrieb **selbst oder mithilfe eines speziellen Beraters** fort, oder er gibt dem Management des Unternehmens **detaillierte Anweisungen** und behält dadurch die Kontrolle über die Betriebsführung. Während schwedisches Recht grundsätzlich verbietet, dass der Schuldner den Betrieb eigenständig fortführt,[186] kommt es aber häufig zu Situationen, die zur Fortführung des Betriebs einen Beitrag des Schuldners oder von bestimmten Fach- und Führungskräften des Unternehmens erfordern. Nicht zuletzt auch vor diesem Hintergrund hat der *förvaltare* eine möglichst **langfristige Beschäftigung der Mitarbeiter zu fördern,** soweit dies ohne erhebliche Beeinträchtigung der Rechte der Gläubiger geschehen kann.[187]

103   Aufgrund des erhöhten Aufsichtsbedarfs **übernimmt die *TSM* eine aktive Rolle** in der Fortführung. So stellt die *TSM* sicher, dass der fortgesetzte Handel den Gläubigern tatsächlich wirtschaftlichen Nutzen bringt, indem es das Budget der *konkursbo* überprüft. Außerdem gewährleistet sie, dass der *förvaltare* die an das Unternehmen gestellten Anforderungen einhält, zB erforderliche Genehmigungen innehat.[188]

3.7 Sicherungsmaßnahmen vor Verfahrenseröffnung

104   Ist eine Insolvenzeröffnung wahrscheinlich und besteht Grund zu der Annahme, dass der Schuldner Vermögen beiseiteschafft, kann das Gericht in besonders begründeten Fällen das Vermögen des Schuldners bis zum Beschluss über die Insolvenzeröffnung **sicherstellen.**[189] Sofern anzunehmen ist, dass sich der Schuldner durch eine Auslandsreise seinen Pflichten und den nach dem *KonkL* bestehenden Verboten entzieht, kann bis zum Beschluss über die Insolvenzeröffnung auch ein **Reiseverbot** verhängt werden mit der Folge, dass der Schuldner seinen Pass bei *Kronofogden*[190] hinterlegen

---

[178] 8. Kapitel, § 1 *KonkL*.
[179] Dazu → Rn. 124 ff.
[180] 8. Kapitel, § 2 *KonkL*.
[181] 7. Kapitel § 8 *KonkL*
[182] *Mikael Mellqvist*, Obeståndsrätten En introduktion, 8. Aufl. 2017, S. 81–82; 7. Kapitel, § 8 und 8. Kapitel, § 2 *KonkL*.
[183] *Mikael Mellqvist*, Obeståndsrätten En introduktion, 8. Aufl. 2017, S. 81–82; 7. Kapitel, § 8 und 8. Kapitel, § 2 *KonkL*.
[184] TSM ist die Abkürzung für *tillsynsmyndighet*, eine spezielle Abteilung der schwedischen Beitreibungsbehörde (*Kronofogden*).
[185] 7. Kapitel, § 10 *KonkL*.
[186] 6. Kapitel, § 1 *KonkL*.
[187] 7. Kapitel, § 8 *KonkL*.
[188] Kronofogdemyndighetens Handbok om Konkurstillsyn, 2.9.1.3.
[189] 2. Kapitel, § 11 *KonkL*.
[190] → Rn. 5.

muss. Unter Umständen darf der Schuldner zur Durchsetzung des Reiseverbots auch in **Haft** genommen werden.[191]

3.8 Allgemeine Wirkungen der Verfahrenseröffnung

Mit dem **Eröffnungsbeschluss** verliert der Schuldner jegliche Befugnis, über das zur Insolvenzmasse gehörende Vermögen zu verfügen oder sonst rechtswirksame Erklärungen abzugeben. Insbesondere darf er auch keine Verbindlichkeiten mehr eingehen, die im *konkurs* geltend gemacht werden könnten.[192] Allerdings gelten insofern bis zum Tag nach der öffentlichen Bekanntmachung[193] Sonderregeln zum Gutglaubensschutz beteiligter Dritter.[194] 105

Mit der Eröffnung des *konkurs* setzt das Gericht umgehend auch einen (oder mehrere) unparteiische **Insolvenzverwalter,** *förvaltare,* ein, der die **Insolvenzmasse,** *konkursbo,* in Besitz nimmt.[195] Zur Insolvenzmasse gehört das gesamte vollstreckbare Vermögen des Schuldners zum Zeitpunkt der Insolvenzeröffnung sowie solches Vermögen, das im Laufe des *konkurs* für die Masse erlangt wird. 106

Im Falle der Eröffnung eines *konkurs* über das Vermögen einer **natürlichen Person** oder einer Erbmasse leitet das Gericht noch am selben Tag die entsprechenden Informationen an das zentral bei *Bolagsverket*[196] für das ganze Land geführte **Konkursregister** weiter, sodass dem betroffenen Schuldner bereits kurze Zeit später schon keine Konkursfreiheitsbescheinigung mehr ausgestellt werden kann.[197] 107

Eine natürliche Person, über deren Vermögen ein *konkurs* eröffnet ist, darf ab dem Zeitpunkt des Eröffnungsbeschlusses bis zum Abschluss des *konkurs* insbesondere **kein Gewerbe betreiben,** das der Buchführungspflicht nach dem *bokföringslagen (1990:1078)* unterliegt.[198] 108

3.9 Wirkungen der Verfahrenseröffnung auf Rechtsverfolgungsmaßnahmen einzelner Gläubiger

Hinsichtlich des Eigentums, das zur Insolvenzmasse gehört, gilt für die Gläubiger des Schuldners ab Insolvenzeröffnung grundsätzlich ein **Vollstreckungsverbot.**[199] Ausnahmen gelten einerseits für die Vollstreckung wegen Unterhaltspflichten und Masseforderungen,[200] aber auch für die Vollstreckung in Eigentum, an dem zur Sicherung einer bestimmten Forderung ein Pfandrecht besteht.[201] 109

3.10 Wirkungen der Verfahrenseröffnung auf laufende Gerichts- oder Schiedsverfahren

Falls der Schuldner vor dem *konkurs* Partei eines Gerichts- oder Schiedsverfahrens wurde, das zur Insolvenzmasse *(konkursbo)* gehörendes Vermögen betrifft, hat er das Gericht hiervon zu unterrichten. Das Gericht teilt der *konkursbo* dann die laufenden Verfahren mit und diese kann dann entscheiden, ob sie **im Namen des Schuldners in das Verfahren eintritt** oder nicht.[202] 110

Beschließt die *konkursbo,* die Handlungen des Schuldners im laufenden Verfahren **nicht zu übernehmen,** steht es dem Schuldner und der Gegenpartei frei, das Verfahren fortzusetzen. Die *konkursbo* wird dann so angesehen, als hätte sie auf den betroffenen Vermögenswert zugunsten des Schuldners verzichtet und dieser gilt als nicht mehr zur *konkursbo* zugehörig. Jedoch kann der Vermögenswert nicht für eine solche Forderung gepfändet werden, die im *konkurs* angemeldet werden kann. 111

Beschließt die *konkursbo* dagegen, das **Verfahren für den Schuldner zu übernehmen,** kann der betroffene Vermögenswert durch das zukünftige Gerichtsurteil in die *konkursbo* fallen. Allerdings haftet die *konkursbo* dann auch für die anfallenden **Prozesskosten.**[203] Übernimmt sie die Rolle des Klägers, **haften die *konkursbo* und der Schuldner gesamtschuldnerisch** für die bis zur Übernahme anfallenden Prozesskosten, danach sind sie von der *konkursbo* zu tragen. 112

---

[191] 2. Kapitel, § 12 *KonkL.*
[192] 3. Kapitel, § 1 *KonkL.*
[193] Dazu → Rn. 75.
[194] 3. Kapitel, § 2 *KonkL.*
[195] 7. Kapitel, § 12 *KonkL.*
[196] → Rn. 7.
[197] 15. Kapitel, §§ 5–8 *KonkL.*
[198] 6. Kapitel, § 1 Abs. 1 *KonkL.*
[199] 3. Kapitel, § 7 *KonkL.*
[200] 7. Kapitel, §§ 14 und 19 *Utsökningsbalken.*
[201] Dazu → Rn. 130.
[202] 3. Kapitel, § 9 *KonkL.*
[203] 13. Kapitel, § 7 *Rättegångsbalk.*

113   Wenn gegen den Schuldner wegen einer Forderung geklagt wird, die im *konkurs* angemeldet werden kann, kann die *konkursbo* in das Verfahren neben dem Schuldner eintreten. Dann haften Schuldner und *konkursbo* gesamtschuldnerisch.

114   Die **Eröffnung einer** *företagsrekonstruktion,* eines Reorganisationsverfahrens, wirkt sich als solche nicht auf laufende Gerichts- und Schiedsverfahren aus. Wie bereits erwähnt, können aus solchen Verfahren herrührende Urteile oder Schiedssprüche aber erst nach Abschluss der Reorganisation vollstreckt werden.

3.11 Automatisches oder gerichtlich anzuordnendes Moratorium

115   Eine *företagsrekonstruktion* **beinhaltet ein automatisches Moratorium**. Während der Reorganisation darf der Schuldner zum Beispiel nicht ohne Zustimmung des Sanierers Schulden begleichen oder für diese Sicherheiten bestellen, wenn diese vor der Verfahrenseröffnung entstanden sind. Der Sanierer kann solchen Zahlungen nur bei Vorliegen besonderer Gründe zustimmen.[204]

116   Ein von einem Gläubiger **während der** *företagsrekonstruktion* **gestellter Insolvenzantrag** wird auf Antrag des Schuldners normalerweise ausgesetzt.[205] Bestehen jedoch ernsthafte Gründe zu befürchten, dass der Schuldner die Rechte des Gläubigers schwerwiegend gefährdet, kann der Schuldner dennoch in den *konkurs* versetzt werden.

3.12 Organe der Gläubiger

117   Gläubigerversammlungen wie im deutschen Insolvenzrecht kennt die schwedische Konkursordnung nicht. Dies beruht überwiegend darauf, dass die Gläubiger **keinerlei Weisungsbefugnis** gegenüber dem Verwalter haben und auch **keine Kontrollrechte** hinsichtlich seiner Art und Weise der Verwaltung oder der Verwertung des Vermögens ausüben können. Insbesondere bedürfen die Maßnahmen des Verwalters keiner Zustimmung seitens der Gläubiger (oder des Schuldners). Vielmehr ist der Verwalter ganz allein verantwortlich für seine Tätigkeit.

118   Allerdings ist er verpflichtet, mit den Gläubigern, die von seinen Maßnahmen besonders betroffen werden, Rücksprache zu halten und sie laufend über die im Zuge der betreffenden Maßnahmen vorgenommenen Schritte **unterrichtet** zu halten.[206]

119   Allen Gläubigern gegenüber ist der Verwalter verpflichtet, sie auf entsprechende Anfrage über die Insolvenzmasse und deren Verwaltung zu informieren.[207] Aufgrund des in Schweden für behördliche Vorgänge geltenden **Öffentlichkeitsprinzips** kann ein Gläubiger aber auch durch Einsicht in die Gerichtsakten dem *konkurs* folgen.

120   Schließlich hat jeder Gläubiger das Recht, seine Meinung zu bestimmten Angelegenheiten im Zusammenhang mit der Insolvenzmasse zu äußern und zu verlangen, dass der Verwalter über bestimmte Maßnahmen eine Entscheidung trifft, etwa über die Erfüllung von Verträgen.[208] Ein Weisungsrecht gegenüber dem Verwalter besteht jedoch nicht.

3.13 *Bevakning* – Anmeldung der Forderungen durch die Gläubiger, Feststellung oder Bestreiten von Forderungen

121   Mit der öffentlichen Bekanntmachung der Insolvenzeröffnung in *Post- och Inrikes Tidningar*[209] werden alle Gläubiger des Schuldners zum *edgångssammanträde* geladen. Jedoch brauchen die Gläubiger ihre Forderungen im Regelfall nicht gesondert beim Insolvenzgericht anzumelden. Vielmehr ist es **Aufgabe des Verwalters, die Gläubiger und ihre Forderungen ausfindig zu machen.** Allerdings sind Gläubiger nicht gehindert, ihre Forderungen (formfrei) beim *förvaltare* anzumelden oder bei diesem nachzufragen, ob er ihre Forderungen kennt.

122   Von dieser grundsätzlichen Regel gibt es eine **Ausnahme** für den Fall, dass der *förvaltare* in seinem ersten Bericht nahelegt, dass der *konkurs* als sogenanntes *bevaknings*-**Verfahren** geführt werden soll. Dies wird er insbesondere dann tun, wenn anzunehmen ist, dass auch Forderungen ohne *förmånsrätt*[210] im Rahmen einer Verteilung berücksichtigt werden können.[211] In diesen Fällen kann das Gericht beschließen, dass der *konkurs* für einen bestimmten Zeitraum zwischen vier und zehn Wochen als *bevaknings*-Verfahren geführt werden soll. Der Beschluss ist in *Post- och Inrikes*

---

[204] 2. Kapitel, § 15 *FrekL*.
[205] 2. Kapitel, § 10a *KonkL*.
[206] 7. Kapitel, § 10 *KonkL*.
[207] 7. Kapitel, § 9 *KonkL*.
[208] S. zB § 63 *Köplag (1990:931), KöpL* – schwedisches Kaufgesetz.
[209] S. dazu Fn. 109.
[210] Dazu unter → Rn. 132.
[211] 9. Kapitel, § 1 *KonkL*.

Tidningar bekannt zu machen, und alle Gläubiger sind damit aufgefordert, binnen des festgelegten Zeitraums bei Gericht eine schriftliche **Forderungsanmeldung** einzureichen, aus der die Höhe und der Grund der Forderung sowie eventuelle Sicherungsrechte oder andere *förmånsrätter* hervorgehen. Unter bestimmten Umständen können bis zu dem Zeitpunkt, in dem der Verwalter seinen Verteilungsplan vorlegt, noch Forderungen nachgemeldet werden.[212]

Das Gericht prüft die eingehenden Unterlagen nicht inhaltlich, sondern leitet sie nur an den *förvaltare* weiter, der dann ein **Verzeichnis** über die angemeldeten Forderungen erstellt.[213] Innerhalb eines ebenfalls vom Gericht mit dem Beschluss über das *bevaknings*-Verfahren festgelegten Zeitraums können der Verwalter sowie der Schuldner und die Gläubiger bei Gericht **Einwendungen** gegen einzelne Forderungen geltend machen. In einem Vergleichstermin werden die einzelnen Einwendungen erörtert, wobei das Gericht auf eine gütliche Einigung hinwirken soll – einer der wenigen aktiven Momente des Gerichts im schwedischen *konkurs*. Sofern eine Einigung nicht zustande kommt, wird in einer sich unmittelbar an die Vergleichsverhandlungen anschließenden **Verhandlung über die Rangordnung der streitigen Forderungen** entschieden. Damit ist das *bevaknings*-Verfahren beendet, und der *konkurs* kann auf Basis der festgelegten Rangfolge der angemeldeten Forderungen unmittelbar fortgesetzt werden.

3.14 Verteilung der Masse

Hauptzweck des schwedischen *konkurs* ist es, die Interessen aller Gläubiger weitestgehend zu berücksichtigen. Dies bedeutet insbesondere, dass im Rahmen eines *konkurs* eine größtmögliche Befriedigung der Forderungen der Gläubiger des insolventen Schuldners erreicht werden soll. Dieser Zweck findet im schwedischen *konkurs* seinen Ausdruck im sogenannten *likhetsprincip*, dem **Gleichbehandlungsprinzip**, demzufolge die Gläubiger grundsätzlich alle gleichermaßen, und zwar proportional im Verhältnis zum Umfang ihrer Forderungen, zu befriedigen sind. Allerdings ist die Bedeutung dieser Grundregel in der Praxis nicht zuletzt infolge der verschiedenen bestehenden Vorrangrechte deutlich **eingeschränkt**.

Zu einer Vermögensverteilung an die Gläubiger kommt es in aller Regel erst dann, wenn die Abwicklung der Insolvenzmasse – also die Realisierung des gesamten zur Masse gehörenden Vermögens – vollständig durchgeführt ist. Allerdings gibt es von dieser Regel einige wichtige Ausnahmen für die Gläubiger mit *särskild förmånsrätt*.[214]

Sobald die gesamte Insolvenzmasse in Geld umgewandelt ist, erstellt und übersendet der Verwalter seinen **Abschlussbericht** an die *TSM*[215] und einen **Vorschlag für einen Verteilungsplan** an die *TSM* und das Gericht.[216] Das Gericht veröffentlicht eine Bekanntmachung über den Plan in *Post- och Inrikes Tidningar*[217] und setzt dabei eine Frist fest, binnen derer **Einwendungen** gegen den Plan geltend gemacht werden können, der bei Gericht einsehbar ist.[218] Nach Ablauf dieser Frist stellt das Gericht den Verteilungsplan fest.[219] Mit dem Beschluss über den Verteilungsplan ist der *konkurs* abgeschlossen.[220]

Sofern nach der Schlussverteilung im *konkurs* einer juristischen Person kein Überschuss verbleibt, ist die Gesellschaft automatisch aufgelöst. Verbleibt hingegen ein Überschuss, wird das Gericht zur Verteilung dieses Überschusses die Liquidation der Gesellschaft einleiten.[221]

Gläubiger im Rahmen eines schwedischen *konkurs*[222] können **in- und ausländische** Gläubiger sein; beide werden vom *KonkL* in jeder Hinsicht gleich behandelt. Grundsätzlich können nur Forderungen geltend gemacht werden, die bis zum Eröffnungsbeschluss entstanden sind.[223] Auch bedingte

---

[212] 9. Kapitel, § 20 und 11. Kapitel, § 7 *KonkL*.
[213] 9. Kapitel, § 7 *KonkL*.
[214] Dazu unter → Rn. 130.
[215] *TSM, tillsynsmyndigheten i konkurs*, ist die Konkursaufsichtsbehörde in Schweden, dazu → Rn. 85 f.
[216] 11. Kapitel, §§ 1–5 und 13. Kapitel, §§ 1 und 2 *KonkL*.
[217] *Post- och Inrikes Tidningar* ist das nur online einsehbare schwedische Amtsblatt, vergleichbar mit dem Elektronischen Bundesanzeiger in Deutschland; die Veröffentlichung dort hat nach den Vorgaben im Gesetz über öffentliche Bekanntmachungen in behördlichen Verfahren, dem *lagen (1977:654) om kungörande i mål och ärenden hos myndighet m.m.*, zu erfolgen.
[218] 11. Kapitel, § 6 *KonkL*.
[219] 11. Kapitel, § 7 *KonkL*.
[220] 11. Kapitel, § 18 *KonkL*.
[221] 25. Kapitel, § 51 *ABL*.
[222] Aussonderungsberechtigte Gläubiger, also solche mit *separationsrätt*, zählen nicht zu den Insolvenzgläubigern im engeren Sinne.
[223] Kapitel 5, § 1 Abs. 1 *KonkL*; Ausnahmen gelten jedoch unter anderem für Rechtsgeschäfte, die ein gutgläubiger Gläubiger mit dem Schuldner am Tag nach der Bekanntmachung des Konkursbeschlusses in *Post- och Inrikes Tidningar*, dem schwedischen, elektronischen Amtsblatt, eingegangen ist, 3. Kapitel, § 2 *KonkL*.

und noch nicht fällige Forderungen können geltend gemacht werden.[224] Die **Rangfolge** der Forderungen der Gläubiger ist im *Förmånsrättslag (1979:979), FRL*, dem Gesetz über die Vorrangrechte in der Insolvenz, geregelt.

3.14.1 Massegläubiger

129   Massegläubiger, also Gläubiger mit einer Forderung nicht gegen den Schuldner, sondern gegen die Insolvenzmasse, werden **vorrangig** vor allen Insolvenzgläubigern befriedigt. Zu den Masseforderungen zählen – neben den Forderungen aus Verträgen, die die Insolvenzmasse abgeschlossen oder übernommen hat – auch die **Kosten des *konkurs***, unter anderem also das Verwalterhonorar.[225] Diese Konkurskosten sind vorrangige Masseforderungen, werden also wiederum vor den anderen Masseforderungen befriedigt. Sollte die Insolvenzmasse im Einzelfall das Verwalterhonorar nicht decken können, so übernimmt der Staat diese Kosten.[226]

3.14.2 Gläubiger mit *särskild förmånsrätt*[227] – Besondere Vorrangrechte

130   Besondere Vorrangrechte, *särskilda förmånsrätter*, sind solche, die **an bestimmte Sicherheiten und Vermögensgegenstände anknüpfen.** Dazu zählen Pfandrechte (einschließlich Grund-, Schiffs- und Flugzeugpfandrechte) sowie die Unternehmenshypothek,[228] außerdem Pfändungspfandrechte, Zurückbehaltungsrechte und besicherte Anleihen. Forderungen mit *särskild förmånsrätt* werden im Falle eines Verkaufs des Vermögensgegenstands, dem das Vorrangrecht anhaftet, **vorrangig**, also vor allen anderen Forderungen, aus dem Verkaufserlös befriedigt. Teilweise können die jeweiligen Gläubiger die betroffenen Vermögensgegenstände auch absondern und eigenständig verwerten. So darf beispielsweise ein Gläubiger, der ein **Mobiliar-Pfandrecht** besitzt, die verpfändete Sache bereits während des laufenden Verfahrens freihändig im Rahmen einer Auktion verkaufen und so seine Forderung befriedigen. Ohne die Zustimmung des Verwalters ist dies jedoch erst nach Ablauf von vier Wochen seit dem *edgångssammanträde*[229] zulässig.[230] Der Pfandgläubiger hat dem Verwalter mindestens eine Woche vor Einleitung der Maßnahme die Möglichkeit einzuräumen, das Pfandgut auszulösen. **Finanzinstrumente** und Devisen, die einem Gläubiger als Sicherheit gegeben wurden, dürfen ohne weiteres sofort verkauft oder in Abzug gebracht werden, sofern dies zu Marktbedingungen geschieht. **Anteile** an einer Tochtergesellschaft des Schuldners sind vor einem Verkauf stets dem Verwalter zur Auslösung anzubieten. Wenn Finanzinstrumente, Devisen oder Anteile freihändig verkauft werden sollen, ist dies dem Verwalter mindestens drei Wochen vorher anzukündigen.[231]

3.14.3 Gläubiger mit *allmän förmånsrätt*[232] – Allgemeine Vorrangrechte

131   *Allmänna förmånsrätter*, allgemeine Vorrangrechte, knüpfen nicht an bestimmte Sicherungsrechte oder Vermögensgegenstände an. Dazu gehören Forderungen im Zusammenhang mit den Kosten, die ein Gläubiger aufwenden musste, um den *konkurs* einzuleiten und – mit gewissen Einschränkungen – die Forderungen von **Arbeitnehmern** auf Löhne, Gehälter, Pensionen und Urlaubsgeld. Auch die Entgeltforderungen des *rekonstruktörs* einer *företagsrekonstruktion* genießen ein solches allgemeines Vorrangrecht. Forderungen mit allgemeinem Vorrangrecht werden aus dem nach Befriedigung der Gläubiger mit *särskilda förmånsrätter* noch verbliebenen Vermögen befriedigt.

3.14.4 Gläubiger ohne *förmånsrätt*[233]

132   Gläubiger von anderen Forderungen als den in den → Rn. 129 bis 131 beschriebenen gehören zu den einfachen Insolvenzgläubigern; ihre Forderungen sind solche *utan förmånsrätt*, also ohne Vorrang (sofern sie nicht zur Gruppe der nachrangigen Forderungen zählen, dazu sogleich). Diese Forderungen *utan förmånsrätt* haben **untereinander gleichen Rang** und werden erst dann befriedigt,

---

[224] 5. Kapitel, § 1 Abs. 2 *KonkL*.
[225] 14. Kapitel, § 1 *KonkL*.
[226] 14. Kapitel, §§ 2 und 3 *KonkL*.
[227] §§ 3a–9 *FRL*.
[228] Eine Unternehmenshypothek ist eine Sicherheit am Betrieb des Unternehmens, also eine Verpfändung der Aktiva; umfasst sind unter anderem Kundenforderungen und Waren, also insbesondere bewegliches Eigentum.
[229] Dazu unter → Rn. 75.
[230] 8. Kapitel, § 10 *KonkL*.
[231] 8. Kapitel, § 10 Abs. 3 *KonkL*.
[232] §§ 10–14 *FRL*.
[233] § 18 Abs. 1 S. 1 *FRL*.

wenn nach der Befriedigung der vorrangigen Forderungen mit *särskild förmånsrätt* und mit *allmän förmånsrätt* noch Vermögen vorhanden ist. Reicht das Vermögen nicht aus, um alle diese im Rang einfachen Forderungen zu befriedigen, so werden sie *pro rata* im Verhältnis zum jeweiligen Forderungsbetrag befriedigt.

3.14.5 Nachrangige Insolvenzgläubiger

Nachrangige Insolvenzgläubiger werden erst und nur dann bedient, wenn alle höherrangigen Forderungen vollständig abgegolten werden konnten. Nachrangige Insolvenzgläubiger sind unter anderem solche, die mit dem Schuldner **vertraglich** eine Nachrangigkeit ihrer Forderungen vereinbart haben,[234] wie dies beispielsweise insbesondere für Forderungen im Zusammenhang mit **Gesellschafterdarlehen** üblich ist. **Bußgelder** und **Geldstrafen** sind im Konkurs stets nachrangig.[235]

3.15 Abschluss von Verfahren

Neben der Einstellung des Verfahrens aufgrund eines Appells des Gläubigers, kann der *konkurs* auf drei verschiedene Arten abgeschlossen werden.

Die erste ist die **Einstellung des Verfahrens** *(avskrivning)* nach Kapitel 10 des *KonkL* durch Entscheidung des *tingsrätt*, das Gericht erster Instanz. Dies geschieht wenn es keine oder nur wenige Vermögenswerte in der *konkursbo*, der Insolvenzmasse, gibt.[236] Dasselbe gilt, wenn keine Forderungen gegen die *konkursbo* vorgebracht wurden oder wenn nach Zahlung der Kosten des *konkurs* nur noch wenige Vermögenswerte in der *konkursbo* verbleiben.[237] Der Großteil der Insolvenzverfahren in Schweden wird durch eine solche *avskrivning* eingestellt. Im Prinzip kann dies das Gericht selbst entscheiden, aber in der überwiegenden Mehrheit der Fälle, wenn nicht in allen, wird es zunächst vom Insolvenzverwalter *(konkursförvaltare)* beantragt.

Die zweite Art der Verfahrensabschlusses ist die **Feststellung des Verteilungsplanes** durch das *tingsrätt*, wie oben in → Rn. 92 beschrieben.[238]

Letztlich kann der *konkurs* auch durch Entscheidung des *tingsrätt* **abgebrochen** werden *(nedläggning)*.[239] Diese sehr seltene Alternative erfordert, dass der Schuldner einen freiwilligen Vergleich mit allen bekannten Gläubigern abgeschlossen hat, wie in → Rn. 37 f. beschrieben.

4. Verträge im Insolvenz- *(konkurs)* oder Reorganisationsverfahren *(företagsrekonstruktion)*

4.1 Unerfüllte Verträge

4.1.1 *Konkurs*

Der *förvaltare* ist **nicht verpflichtet,** unerfüllte Verträge des Schuldners zu erfüllen. Er hat jedoch das **Recht, vertragliche Rechte und Pflichten des Schuldners für die Insolvenzmasse zu übernehmen,** also mit der Insolvenzmasse anstelle des Schuldners in einen Vertrag einzutreten.[240] Übt der *förvaltare* dieses Recht aus, so gelten die Forderungen im Zusammenhang mit dem betreffenden Vertrag als **Masseforderungen,**[241] und der jeweilige Vertragspartner genießt dann mit seinen Forderungen unter diesem Vertrag entsprechenden Vorrang gegenüber den Forderungen von Insolvenzgläubigern.

Wenn die Insolvenzmasse (durch den *förvaltare*) jedoch beschließt, die Verpflichtung aus einem unerfüllten Vertrag nicht zu übernehmen, kann der Vertrag von der anderen Partei gekündigt werden. Der Vertragspartner kann dann auch Schadenersatzansprüche für Schäden, die durch die Kündigung entstanden sind, gegenüber der Insolvenzmasse geltend machen. Diese Ansprüche sind einfache Insolvenzforderungen ohne Vorrangrecht im *konkurs* und werden daher nur selten vollständig befriedigt.

4.1.2 *Företagsrekonstruktion*

In der *företagsrekonstruktion* gilt hinsichtlich der Verträge des Schuldners im Allgemeinen, dass eine Partei, die ansonsten in der Lage wäre, den **Vertrag wegen Schuldnerverzug zu kündigen,**

---

[234] § 18 Abs. 1 S. 2 *FRL*.
[235] § 19 *FRL*.
[236] 10. Kapitel, § 1 *KonkL*.
[237] 10. Kapitel, §§ 3–4 *KonkL*.
[238] 11. Kapitel, § 18 *KonkL*.
[239] 12. Kapitel, § 1 *KonkL*.
[240] Generalklausel in 7. Kapitel, § 8 *KonkL*; s. a. zB § 63 *Köplag* (1990:931), *KöpL* – schwedisches Kaufgesetz.
[241] 11. Kapitel, § 1 und 14. Kapitel, § 2 Abs. 1 S. 1 *KonkL*.

dies nach Verfahrenseröffnung nicht tun kann, wenn der Schuldner mit Zustimmung des Sanierers innerhalb einer angemessenen Frist die Vertragsdurchführung verlangt.[242]

141   Entscheidet sich der Schuldner jedoch gegen die Vertragsdurchführung, kann der Vertrag von der anderen Partei gekündigt werden. Der Vertragspartner kann dann auch Schadenersatzansprüche für Schäden, die durch diese Kündigung entstanden sind, gegenüber der Insolvenzmasse geltend machen. In aller Regel werden diese Ansprüche jedoch durch einen anschließenden gerichtlichen Vergleich erledigt (und reduziert).

142   Ist die **Leistung der anderen Partei fällig,** so hat der Schuldner auf Verlangen der anderen Partei seine korrespondieren Pflichten zu erfüllen oder, wenn eine Verlängerung der Leistungsfrist eingeräumt wurde, eine Sicherheit für die Erfüllung seiner Pflichten zu stellen. Kommt der Schuldner dem nicht nach, kann die Gegenpartei den Vertrag kündigen.

143   Ist die **Leistung der anderen Partei nicht fällig,** hat sie einen Anspruch auf Stellung einer Sicherheit für die zukünftige Leistung des Schuldners, soweit dies aus einem besonderen Grund erforderlich ist, um sie vor Verlusten zu schützen. Wenn der Schuldner seine Pflichten nicht erfüllt, kann die Gegenpartei den Vertrag kündigen.

144   Die vorstehenden Beschränkungen des Kündigungsrechts der anderen Partei **gelten aber nicht für Arbeitsverträge** oder gegenüber einem solchen Gläubiger, der Finanzinstrumente, Devisen oder in Kapitel 8, § 10 Abs. 2 des *KonkL* genannte Forderungen als Sicherheit für seine Forderung hält.

4.2 Miet- oder Pachtverhältnisse

145   Im Fall der Insolvenz des Mieters steht der **Insolvenzmasse das Recht zu, den Mietvertrag zu kündigen.** Handelt es sich um einen Mietvertrag über eine **Wohnung,** bedarf die Kündigung der Zustimmung des Schuldners.[243]

146   Die *konkursbo* (**Insolvenzmasse**) kann aber auch in einen bestehenden Mietvertrag eintreten und die Rechte und Pflichten des Schuldners übernehmen. Im Falle eines Wohnraummietvertrags steht dem **Vermieter ein Kündigungsrecht** mit sofortiger Wirkung zu, wenn der Schuldner die Wohnräume bei *konkurs*-Eröffnung noch nicht in Besitz genommen hatte, der Vermieter nicht über eine angemessene Sicherheit zur Vertragserfüllung verfügt und der Schuldner eine solche Sicherheit auf Verlangen des Vermieters auch nicht binnen einer Woche beibringt.[244]

147   Im Fall einer **Geschäftsraummiete** und sofern der **Schuldner die Räumlichkeiten vor *konkurs*-Eröffnung in Besitz genommen** hat, kann der Vermieter den Mietvertrag in den folgenden drei Fällen kündigen:[245]
1. Der Schuldner hat nicht auf Verlangen des Vermieters innerhalb eines Monats eine ausreichende Sicherheit gestellt.
2. Die *konkursbo* hat nicht innerhalb eines Monats erklärt, die Pflichten des Mieters für die Laufzeit des Vertrags übernehmen zu wollen.
3. Eine Übertragung des Mietrechts ist, sofern eine solche Übertragung nach dem Vertrag überhaupt zulässig ist, nicht vertragsgemäß erfolgt.

148   Die **Kündigungsfrist** hängt jeweils davon ab, ob der Mietvertrag für einen bestimmten Zeitraum oder unbefristet abgeschlossen wurde.[246]

4.3 Leasingverträge

149   Im schwedischen Recht gibt es keine gesetzlichen Vorschriften über die Behandlung von Leasingverträgen im *konkurs*.

150   In der schwedischen Literatur herrscht insofern die allgemeine Auffassung, dass im *konkurs*-Fall des Leasingnehmers die **konkursbo (Insolvenzmasse) darüber entscheiden kann, ob sie in den Leasingvertrag eintritt** oder nicht.[247] Dazu ist sie aber nicht verpflichtet.

151   Typischerweise enthalten Standard-Leasingverträge Klauseln, die im Fall der Zahlungsunfähigkeit des Leasingnehmers zur Kündigung berechtigen. Falls die *konkursbo* nicht in den Vertrag eintritt, so ist dieses Kündigungsrecht unproblematisch. Der Leasinggeber kann dann Schadensersatz von der *konkursbo* bezüglich der unbezahlten Leasingraten verlangen. Eine eher rechtsunsichere Situation entsteht aber, wenn **sich die *konkursbo* dafür entscheidet, in den Leasingvertrag einzutreten.**

---

[242] 2. Kapitel, § 20 *FrekL*.
[243] 12. Kapitel, § 31 Abs. 1 *Jordabalken*.
[244] 12. Kapitel, § 31 Abs. 2 *Jordabalken*.
[245] 12. Kapitel, § 31 Abs. 3 *Jordabalken*.
[246] 12. Kapitel, §§ 4, 6 und 31 *Jordabalken*.
[247] Karlsson-Tuula, Gäldenärens avtal, Abschnitt 5.1.1.

Vieles spricht dafür, dass die Rechtsfolgen dann gemäß § 36 des schwedischen Vertragsgesetzes *(Lag (1915:218) om avtal och andra rättshandlingar på förmögenhetsrättens område)* nach Treu und Glauben zu bestimmen sind.

Dem Leasinggeber steht das dingliche Recht an der Leasingsache zu. Damit hat er ein **Aussonderungsrecht** gegenüber der *konkursbo*. Dieses Recht kann jedoch verloren gehen, wenn die Leasingsache beispielsweise in eine andere Sache eingebaut wird oder wenn die Sache ursprünglich im Eigentum des Leasingnehmers stand und dieser im Rahmen einer sogenannten „Sale and lease back"-Transaktion durchgehend im Besitz der Sache geblieben ist.[248]

4.4 Arbeitsverhältnisse

Grundsätzlich bleiben Arbeitsverträge auch im Konkurs des Arbeitgebers weiterhin bestehen. Allerdings kann der *förvaltare* nach der Insolvenzeröffnung alle **Arbeitnehmer entlassen,**[249] ohne dass er die – in Schweden sehr einflussreichen – **Gewerkschaften** in diesen Entscheidungsprozess mit einbinden muss. Diese sind jedoch im Zusammenhang mit der Auflösung der Gesellschaft bei Beendigung des *konkurs* zu konsultieren.

Im Rahmen des Gesetzes über die Entgeltgarantie, *Lönegarantilag (1992:497), LGL*, übernimmt der schwedische Staat eine sogenannte *lönegaranti*, eine **Gehaltsgarantie,** gegenüber den Arbeitnehmern des insolventen Arbeitgebers.[250] Demnach steht er unter bestimmten Voraussetzungen grundsätzlich für unbezahlte Gehälter und andere Vergütungen ein, die dem Arbeitnehmer für den **Zeitraum** von drei Monaten vor Insolvenzantragstellung bis einen Monat nach Eröffnungsbeschluss zustehen. Dabei deckt die *lönegaranti* während dieses Zeitraums in bestimmten Fällen auch das Gehalt während einer in Gang gesetzten Kündigungsfrist ab. Jedoch gilt die *lönegaranti* höchstens bezogen auf eine Anstellungszeit von acht Monaten und unterliegt außerdem einer betragsmäßigen **Obergrenze.**[251] Für einen Teil der Lohn- oder Gehaltsforderungen, die über diese Obergrenze hinausgehen, genießen die Arbeitnehmer Vorrangrechte im *konkurs*;[252] im Übrigen sind sie jedoch einfache Forderungen ohne Vorrangrechte.

5. Pensionsansprüche in der Insolvenz und Restrukturierung

Pensionsansprüche genießen gemäß dem *förmånsrättslagen*, dem Vorrangrechtegesetz, ein **Vorrangrecht.**[253] Das Vorrangrecht umfasst die Pensionsansprüche hinsichtlich des Zeitraums **von sechs Monaten vor bis sechs Monate nach der Stellung des Insolvenzantrags** beim Gericht. Das Recht kommt den Arbeitnehmern zugute. Sehen die Pensionsbedingungen auch eine Witwenrente vor, so hat der überlebende Ehepartner oder Verwandte ein eigenes Vorrangrecht.[254]

Die Pensionsansprüche mit Vorrangrecht gemäß dem *förmånsrättslagen* werden vom schwedischen Staat durch das *lönegarantilag (1992:497)* gesichert. Die Garantie findet auf Ansprüche **sowohl im *konkurs* als auch in der *företagsrekonstruktion*** Anwendung, wenn alternativ das Unternehmen auch ohne die Restrukturierung in *konkurs* gegangen wäre.[255]

6. Eigentumsvorbehalt

Waren, die der Schuldner unter Eigentumsvorbehalt *(äganderättsförbehåll)* gekauft hat, werden nicht in den *konkurs* des Käufers einbezogen, wenn der Kaufpreis noch nicht vollständig beglichen ist. Daher hat der Vorbehaltsverkäufer ein **Aussonderungsrecht *(separationsrätt)*** im Insolvenzverfahren.

Allerdings ist nach der schwedischen Rechtsprechung ein vereinbarter Eigentumsvorbehalt wirkungslos, wenn die **Kaufsache in eine andere bewegliche Sache eingebracht** wurde, die im Vergleich zur Kaufsache die Hauptsache darstellt.

---

[248] Håstad, Sakrätt avseende lös egendom, Abschnitt 11.1.3.
[249] Vgl. *Karlsson-Tuula*, Abschnitt 5.1.2.1 mwN.
[250] Im Einzelnen gelten diesbezüglich die Bestimmungen des LGL iVm den §§ 12–13 *FRL* sowie 5. Kapitel, § 18 KonkL.
[251] Diese Obergrenze liegt bei dem Vierfachen des sogenannten *prisbasbelopp*, vgl. § 9 *LGL*; dabei handelt es sich um einen Basiswert, der gesetzlich festgelegt und jährlich neu kalkuliert wird, um in verschiedenen Zusammenhängen einen Inflationsausgleich zu gewährleisten; für das Jahr 2019 liegt er bei 47.300 SEK.
[252] Ein Vorrangrecht gilt für Forderungen bis zu dem Zehnfachen des *prisbasbelopp*, wobei eventuelle Leistungen aufgrund der *lönegaranti* angerechnet werden, vgl. § 12a *FRL*.
[253] §§ 12–13 *FRL*.
[254] *Danhard*, Konkursarbetsrätt, Abschnitt 4.6.
[255] § 7 *FRL*.

159 Der Verkäufer soll sein Eigentum an der Kaufsache auch dann verlieren, wenn sie so in eine andere bewegliche Sache eingebracht wurde, dass eine Trennung der Sachen zu einem erheblichen Wertverlust führen würde. Ein Eigentumsvorbehalt wird ferner dann wirkungslos, wenn die **Waren verkauft, verbraucht oder sonst für die Herstellung einer neuen Sache verwendet** werden. Der Eigentumsvorbehalt gilt dann auch **nicht für ein Surrogat** der Kaufsache, zum Beispiel für den von einem Dritten für die Ware bezahlten Kaufpreis oder im Hinblick auf das aus der Kaufsache hergestellte, neue Produkt.

160 Vor diesem Hintergrund ist herrschende Meinung, dass ein Eigentumsvorbehalt nach schwedischem Recht bereits dann ohne Wirkung ist, wenn es **dem Käufer ausdrücklich oder konkludent gestattet** ist, über die Kaufsache durch **Einbringung, Verbrauch oder Weiterverkauf** zu verfügen, und zwar unabhängig davon, ob der Schuldner eine dieser Möglichkeiten tatsächlich genutzt hat oder nicht. Es ist allgemeine Auffassung, dass eine Eigentumsvorbehaltsklausel in diesen Fällen nicht ernst gemeint sein kann, da beiden Parteien bekannt sei, dass der Käufer vor der vollständigen Zahlung des Kaufpreises über die Kaufsache verfügen und damit den Eigentumsvorbehalt zunichtemachen könne.

7. Sicherheiten in der Insolvenz

7.1 Mobiliarsicherheiten

161 An beweglichen Sachen kann eine **Sicherheit in Form eines Pfandrechts** bestehen. Dies setzt grundsätzlich voraus, dass die **Sache dem Pfandgläubiger übergeben wurde** *(traditionsprincipen)*. Ist die Sache im Besitz eines Dritten, muss das Pfandrecht dem Dritten durch Vorlage entsprechender Dokumente nachgewiesen worden sein oder es muss dem Dritten eine Mitteilung über das Pfandrecht *(denuntiation)* zugegangen sein, damit es wirksam bestellt ist.[256] Dabei ist zu beachten, dass die Mitteilung an den Dritten keine Mitteilung über ein Recht des Verpfänders, die Sache weiterhin zu nutzen, beinhalten darf. Auch im Rahmen einer **Unternehmenshypothek** *(företagshypotek)* kann eine Sicherheit an zum Schuldnervermögen zählenden, beweglichen Sachen bestehen, sofern diese zum Geschäftsbetrieb des Schuldners gehören. Die Sicherheit kommt durch die Übertragung des Besitzes an dem *företagsinteckningsbrev*, dem Unternehmenshypothekenbrief, zustande. Eine Unternehmenshypothek gewährt im *konkurs* ebenso ein Vorrangrecht wie das Faustpfandrecht an beweglichen Sachen.[257]

162 An **verkehrsfähigen Schuldtiteln in Inhaberform,** zB Aktienurkunden, erhält der Pfandnehmer das dingliche Recht mit Übergabe der Papiere. Auch **Marken** *(varumärken)* und **Patente** *(patent)* können durch eine beim schwedischen Patent- und Markenamt *(patent- och registreringsverket)* angemeldete Verpfändungsvereinbarung verpfändet werden und gewähren im *konkurs* ein Vorrangrecht.

163 Vergleichbares gilt für **Aktien**, für die **keine Urkunde** ausgestellt wurde. Sollen diese verpfändet werden, muss das Institut, bei dem die Aktie registriert ist, benachrichtigt und das Pfandrecht in das Register eingetragen werden.[258]

7.2 Sicherheiten an Grundstücken

164 Eine wirksam bestellte Grundsicherheit gewährt dem Gläubiger ein Vorrangrecht in der Insolvenz des Schuldners.[259] Hypotheken werden entweder durch physische **Übergabe eines Hypothekenbriefs** oder elektronisch durch **Eintragung im Hypothekenregister** *(pantbrevsregistret)* bestellt.[260] Der Wert der Hypothek als Sicherheit ist abhängig vom Verkehrswert der Immobilie und dem Rang der Hypothek im Verhältnis zu anderen Eintragungen.

7.3 Sicherheiten an Flugzeugen und Schiffen

165 Ein wirksam bestelltes Sicherungsrecht an einem Flugzeug oder Schiff gewährt dem Gläubiger ein Vorrangrecht in der Insolvenz des Schuldners.[261]

---

[256] *Lag om pantsättning av lös egendom som innehaves av tredje man* (Gesetz über Pfandrechte an beweglichen Sachen im Besitz von Dritten).
[257] §§ 4 und 5 *Förmånsrättslag (1970:979), FRL*.
[258] 3. Kapitel, § 10 und 6. Kapitel, §§ 2 und 7 *lag (1998:1479) om värdepapperscentraler och kontoföring av finansiella instrument*.
[259] § 6 Nr. 2 und § 7 Nr. 3 *Förmånsrättslag (1970:979), FRL*.
[260] 6. Kapitel, § 2 *Jordabalken*.
[261] § 4 *Förmånsrättslag (1970:979), FRL*.

9. *Återvinning* – Insolvenzanfechtung

Schweden hat das **Übereinkommen über internationale Sicherungsrechte an beweglicher Ausrüstung betreffend Besonderheiten der Luftfahrzeugausrüstung,** das am 16.11.2001 in Kapstadt unterzeichnet wurde, durch das Gesetz über internationale Sicherungsrechte an beweglichen Sachen *(Lag (2015:860) om internationella säkerhetsrätter i lösa saker)* übernommen. Nach der Ratifizierung des Übereinkommens und des Protokolls gibt es praktisch keine Pfandrechte nach nationalem Recht an in Schweden registrierten Flugzeugen mehr, da eine registrierte, unwiderrufliche Vollmacht zur Beantragung der Löschung der Eintragung und der Ausfuhr (IDERA) sowie ein Sicherungsrecht für ein in Schweden registriertes Flugzeug den Gläubigern regelmäßig ausreichenden Schutz bietet. 166

Das schwedische Zentralamt für Transport *(transportstyrelsen)* führt ein **Schiffsregister,** in dem alle schwedischen Schiffe eingetragen sein müssen.[262] Auch im Bau befindliche Schiffe sind eintragungsfähig. Für im Register eingetragene **Schiffshypotheken** wird ein **Hypothekenbrief als Nachweis** ausgestellt und dieser wird dem Hypothekengläubiger ausgehändigt.[263] 167

8. *Kvittning* – Aufrechnung; Netting-Vereinbarungen

Die Aufrechnung ist auch im Rahmen eines schwedischen *konkurs* möglich. Sofern ein Gläubiger aufrechnen will, muss er dies **ausdrücklich** geltend machen; eine automatische Aufrechnung erfolgt nicht. Die Regelungen zur Aufrechnung im *konkurs*[264] ermöglichen teilweise eine Aufrechnung unter Bedingungen, zu denen außerhalb eines *konkurs* keine Aufrechnung möglich wäre. Beispielsweise setzt eine Aufrechnung im *konkurs* keine Fälligkeit der Gegenforderung voraus.[265] 168

Zwei Parteien, die mit Finanzinstrumenten, ähnlichen Rechten und Pflichten oder mit Devisen handeln, können eine **Netting-Vereinbarung** abschließen. Hiernach findet eine Beilegung aller noch offenen Verbindlichkeiten statt, falls eine der Parteien in den *konkurs* versetzt wird. Der Abschluss einer Netting-Vereinbarung gilt im *konkurs* auch gegenüber der Masse *(konkursbo)* und den Gläubigern.[266] Dasselbe gilt für Beilegung von Verpflichtungen in einem gemeldeten Abwicklungssystem oder interoperablen System und Clearingmitgliedern oder Kunden solcher Clearingmitglieder gemäß der Verordnung (EU) 648/2012. Auch bei der Eröffnung einer *företagsrekonstruktion* gilt dies gegenüber dem Schuldner und solchen Gläubigern, deren Forderungen einem gerichtlichen Vergleich *(ackord)* unterliegen. 169

9. *Återvinning* – Insolvenzanfechtung

Zur weitestmöglichen Aufrechterhaltung des unter → Rn. 124 angesprochenen *likhetsprincips,* des Grundsatzes der Gleichbehandlung aller Gläubiger, enthält das **KonkL** Anfechtungsregeln. Diese ermöglichen es, bestimmte Rechtshandlungen des Schuldners, die dieser in einem gewissen Zeitraum vor Insolvenzeröffnung vorgenommen hat, rückgängig zu machen. Grundsätzlich können alle denkbaren zivilrechtlichen Rechtshandlungen Gegenstand einer Anfechtung sein. Ausgenommen von der Anfechtung sind indes bestimmte Steuern und Abgaben sowie familienrechtliche Unterhaltszahlungen und jegliche Prozesshandlungen.[267] 170

Nach der anfechtungsrechtlichen **Generalklausel,**[268] auch „*actio paulina*" genannt, können solche Rechtshandlungen angefochten werden, die einen bestimmten Gläubiger **unangemessen bevorzugt** haben oder durch die sich Schulden des Schuldners erhöht haben, soweit die Rechtshandlung im Einzelfall wenigstens auch dazu beigetragen hat, dass der Schuldner zahlungsunfähig wurde, und sofern der Begünstigte die Zahlungsunfähigkeit des Schuldners **jedenfalls hätte erkennen können.** Handelt es sich um eine Rechtshandlung zugunsten einer dem Schuldner nahestehenden Person, ist eine Anfechtung nach der Generalklausel ohne Zeitbeschränkung möglich. Welche Personen im Einzelnen als nahestehende Personen anzusehen sind, ist gesetzlich definiert.[269] In anderen Fällen, die keine nahestehenden Personen betreffen, ist eine Anfechtung nach der Generalklausel innerhalb einer Anfechtungsfrist von fünf Jahren möglich. 171

In diesem Zusammenhang, wie auch im Rahmen der spezifischen Anfechtungstatbestände (dazu sogleich), bezieht sich die **Anfechtungsfrist** stets auf den Zeitraum vor dem Eingang des Antrags auf Insolvenzeröffnung bzw. vor Einleitung einer *företagsrekonstruktion*.[270] 172

---

[262] 2. Kapitel, § 1 des schwedischen Seegesetzes, *Sjölag (1994:1009)*.
[263] 3. Kapitel, § 2 *Sjölag (1994:1009)*.
[264] 5. Kapitel, § 15–17 *KonkL.*
[265] 5. Kapitel, § 1 Abs. 2 *KonkL.*
[266] 5. Kapitel, § 1 *lag (1991:980) om handel med finansiella instrument.*
[267] 4. Kapitel, § 1 *KonkL.*
[268] 4. Kapitel, § 5 *KonkL.*
[269] 4. Kapitel, § 3 *KonkL.*
[270] 4. Kapitel, § 2 *KonkL;* zum Insolvenzeröffnungsantrag → Rn. 54, zur *företagsrekonstruktion* → Rn. 38 ff.

173 Für die weiteren, **konkreten Anfechtungstatbestände** gelten kürzere Anfechtungsfristen. Diese Tatbestände beziehen sich auf ganz bestimmte Rechtshandlungen, wie beispielsweise die Begleichung einer Schuld[271] oder die Gewährung einer Sicherheit.[272] Für alle Anfechtungstatbestände gilt, dass eine Anfechtung nur dann möglich ist, wenn der Schuldner durch die betreffende Rechtshandlung wirtschaftlich schlechter gestellt wurde und dies eine niedrigere Quote bei der Befriedigung der Gläubiger im *konkurs* zur Folge haben würde als wenn die Handlung unterblieben wäre.

174 Zur **Geltendmachung** der Anfechtung ist sowohl der *förvaltare* als auch – sofern dieser sein Anfechtungsrecht nicht ausübt – ein einzelner **Gläubiger** berechtigt.[273] Der *förvaltare* ist also nicht zur Anfechtung verpflichtet, sondern kann die Vor- und Nachteile eines möglicherweise langwierigen Zivilprozesses mit mehr oder minder ungewissem Ausgang und gegen die Höhe des erwarteten Erlöses abwägen. Unter gewissen Umständen ist der *förvaltare* verpflichtet, sich mit der *TSM*[274] über das Vorgehen abzustimmen.[275]

175 Aufgrund der ausfüllungsbedürftigen Begrifflichkeiten in den gesetzlichen Vorschriften zu Anfechtungsrechten gibt es in diesem Bereich für schwedische Verhältnisse überdurchschnittlich viele höchstrichterliche Entscheidungen.

10. Geltendmachung von Haftungsansprüchen gegen (frühere) geschäftsführende Direktoren, Gesellschafter oder Dritte

176 Wer in einer konkursnahen Situation anderen dadurch Schaden zufügt, dass er eine verlusthafte Tätigkeit weiter betreibt, um selbst Gewinn daraus zu ziehen, ist einer **strafrechtlichen Haftung** nach den Gläubigerschutzvorschriften im *brottsbalken, BrB*, dem schwedischen Strafgesetzbuch, ausgesetzt.[276] In praktischer Hinsicht kommt diese Haftung dem Tatbestand der Insolvenzverschleppung nach deutschem Recht nahe. Daneben sieht *BrB* auch eine strafrechtliche Haftung für denjenigen vor, der in einer konkursnahen Situation Eigentum von bedeutendem Wert zerstört oder sich dessen sonst entledigt und es so dem Zugriff der Gläubiger entzieht.[277] Gleiches droht unter Umständen demjenigen, der im Rahmen eines *konkurs*,[278] einer *skuldsanering*[279] oder eines *offentligt ackord*[280] falsche Angaben zu seinen Schulden oder seinem Vermögen macht,[281] sowie demjenigen, der einen bestimmten Gläubiger unsachgemäß bevorzugt behandelt.[282]

177 Das schwedische Aktiengesellschaftsgesetz *Aktiebolagslag (2005:551), ABL,* sieht eine dem deutschen Recht vergleichbare, **zivilrechtliche** persönliche Haftung der geschäftsführenden Direktoren einer *AB*[283] für den Fall vor, dass Grund zu der Annahme besteht, dass das Eigenkapital der Gesellschaft auf weniger als die Hälfte des registrierten Kapitals gesunken ist und das Management nicht der für solche Fälle vorgeschriebenen Verfahrensweise folgt – dh insbesondere zunächst keine *kontrollbalansräkning* **(Kontrollbilanz)** erstellt und diese von einem Wirtschaftsprüfer prüfen lässt, und es gegebenenfalls in der Folge versäumt, eine Gesellschafterversammlung einzuberufen oder schließlich eine *Likvidation* einzuleiten.[284] Die gleichen Haftungsfolgen können auch den Gesellschafter einer *AB* treffen, der sich wider besseren Wissens an einem Beschluss über die Fortsetzung der Betriebstätigkeit der Gesellschaft beteiligt.[285] Seit dem 1.5.2013 gelten in Schweden gesellschaftsrechtliche Sonderregeln zur Verjährung dieser persönlichen Haftung des Managements und der Gesellschafter: statt der bis dato geltenden allgemeinen Verjährungsfrist von zehn Jahren müssen diese persönlichen Haftungsansprüche nunmehr innerhalb von drei Jahren nach ihrer Entstehung oder innerhalb eines Jahres, nachdem die Verbindlichkeit zu erfüllen gewesen wäre, gerichtlich

---

[271] 4. Kapitel, § 10 *KonkL;* hier gilt eine Anfechtungsfrist von drei Monaten bis zu zwei Jahren, je nachdem, ob es sich um eine Leistung an eine nahestehende Person handelt und ob noch weitere Umstände hinzutreten.
[272] 4. Kapitel, § 12 *KonkL;* hier gilt eine Anfechtungsfrist von drei Monaten bis zu zwei Jahren, je nachdem, ob es sich um eine Sicherheit an eine nahestehende Person handelt und ob noch weitere Umstände hinzutreten.
[273] 4. Kapitel, § 19 *KonkL.*
[274] *TSM, tillsynsmyndigheten i konkurs,* ist die Konkursaufsichtsbehörde in Schweden, dazu → Rn. 85 f.
[275] 7. Kapitel, § 10 *KonkL.*
[276] 11. Kapitel, § 3 *BrB.*
[277] 11. Kapitel, § 1 *BrB.*
[278] Dazu im Einzelnen → Rn. 53.
[279] Dazu → Rn. 25 ff.
[280] Dazu → Rn. 29 ff.
[281] 11. Kapitel, § 2 *BrB.*
[282] 11. Kapitel, § 4 *BrB.*
[283] *AB, aktiebolag,* ist die schwedische Aktiengesellschaft.
[284] 25. Kapitel, § 18 iVm §§ 13–17 *ABL;* zur zwangsweisen Liquidation, *tvångslikvidation,* → Rn. 20 ff.
[285] 25. Kapitel, § 19 iVm §§ 17 und 18 *ABL.*

geltend gemacht werden.[286] Daneben kann aus gesellschaftsrechtlicher Sicht auch die Beteiligung an einer unrechtmäßigen Dividendenzahlung Haftungsfolgen für das Management nach dem *ABL* nach sich ziehen.[287] Ansprüche gegen ehemalige Gesellschafter einer *handelsbolag* (Handelsgesellschaft) für die Verpflichtungen der Gesellschaft verjähren regelmäßig innerhalb von fünf Jahren nach Registereintragung des Austritts des betreffenden Gesellschafters.[288]

Schließlich haften die Vertreter einer Gesellschaft unter bestimmten Umständen auch persönlich für deren **ausstehende Steuerschulden.** Dies gilt beispielsweise dann, wenn der Vertreter in wenigstens grob fahrlässiger Weise Steuerabzüge in falscher Höhe vorgenommen, Steuern oder Abgaben nicht bezahlt oder unrichtige Angaben gemacht hat, die zu einer zu hohen Umsatzsteuerrückerstattung geführt haben.[289] Allerdings steht dem Vertreter das Recht zu, insofern bei der Gesellschaft Regress zu nehmen.[290]

Eine Haftung Dritter im Zusammenhang mit Insolvenzen, etwa wegen Beihilfehandlungen zu Insolvenzstraftaten (wie man sie in Deutschland insbesondere für die Beihilfe zur Insolvenzverschleppung kennt), aber auch auf zivilrechtlicher Ebene, ist zwar rein rechtlich auch in Schweden denkbar, tatsächlich aber beschäftigen derartige Sachverhalte die schwedischen Gerichte sehr selten und dies ist daher eine vorwiegend akademische Frage. Lediglich in Fällen unzulässiger Gewinnausschüttungen einer *AB*,[291] in Folge derer die Gesellschaft dann in eine Insolvenzsituation geraten ist, sind die Gerichte geneigt, den Anwendungsbereich der Vorschriften betreffend die Verpflichtung zur Rückzahlung solcher Ausschüttungen eher weit auszulegen und auch auf Dritte – unter Umständen auch auf gesellschaftsfremde Empfänger wie etwa Banken – auszuweiten.[292]

11. Asset tracing

Asset tracing ist eine **zwingende Aufgabe des Insolvenzverwalters** *(konkursförvaltare)* im schwedischen Insolvenzverfahren. Wie bereits erwähnt, gewährt das *KonkL* dem *konkursförvaltare* weitreichende Befugnisse, die ihm dabei zugutekommen. So hat er vollständigen Zugang zur Buchhaltung und zu anderen Unterlagen des Schuldners. Außerdem kann sich der Schuldner gegenüber dem *förvaltare* nicht auf das Bankgeheimnis berufen. Ausgangspunkt der Ermittlungstätigkeit des *förvaltare* sind im Fall eines gewerblich tätigen Schuldners zwar zumeist die Buchhaltungsunterlagen des Unternehmens, aber diese sind oft unvollständig oder gar nicht vorhanden, weshalb er auch Einsicht in andere Dokumente wie Bankunterlagen, Briefe und Urkunden nimmt.

Im Hinblick auf die Anfechtungsvorschriften im *KonkL* muss der *förvaltare* alle Zahlungen prüfen, die **innerhalb von drei Monaten vor Insolvenzantragstellung getätigt** wurden.[293] Zahlungen an und Transaktionen mit Angehörigen oder Gesellschaften derselben Unternehmensgruppe sollten mit größerer Sorgfalt und in einem verlängerten Zeitraum von bis zu sechs Monaten vor der Antragstellung geprüft werden.

Schweden verfügt über mehrere **öffentliche Register,** in denen verschiedene Vermögenswerte verfolgt werden können und in die elektronisch Einsicht genommen werden kann. Hierzu gehören unter anderem das Grundbuch beim schwedischen Landesvermessungsamt *(lantmäteriet),* das Kfz-Register beim Zentralamt für Transport *(transportstyrelsen)* und das Register für Marken und andere immaterielle Vermögenswerte beim Patent- und Markenamt *(patent- och registreringsverket).*

Asset tracing kann prinzipiell auch durch private Ermittler erfolgen, aber dies ist in Schweden wegen der Verfügbarkeit von öffentlichen Vermögensregistern nur selten der Fall.

12. Internationales Insolvenzrecht

Insolvenzverfahren, die in einem anderen EU-Mitgliedsstaat (außer Dänemark) eingeleitet wurden, werden in Schweden auf Basis der **Europäischen Insolvenzverordnung**[294] automatisch anerkannt. Umgekehrt wird ein schwedischer *konkurs* auch in den anderen EU-Mitgliedsstaaten anerkannt.

---

[286] 25. Kapitel, § 20a *ABL.*
[287] 17. Kapitel, §§ 6 und 7 *ABL.*
[288] 2. Kapitel, § 22a *lag (1980:1102) om handelsbolag och enkla bolag, HBL,* Gesetz über die schwedischen Handels- und Kommanditgesellschaften.
[289] 59. Kapitel, §§ 12–21 *Skatteförfarandelag (2011:1244), SFL,* dem schwedischen Gesetz über Steuerverfahren.
[290] 59. Kapitel, § 21 *SFL.*
[291] 17. und 18. Kapitel *ABL.*
[292] Wegweisend waren hier zwei höchstrichterliche Entscheidungen (noch zum alten Aktiengesellschaftsgesetz) in den Jahren 1997 und 1999, veröffentlicht in der Zeitschrift *Nytt Juridiskt Arkiv* 1997, S. 418 und 1999, S. 426.
[293] 4. Kapitel, § 10 *KonkL.*
[294] Verordnung (EG) Nr. 1346/2000 des Rates v. 29.5.2000 über Insolvenzverfahren.

185 Insolvenzverfahren, die in Nicht-EU-Mitgliedstaaten eingeleitet wurden und Vermögen betreffen, das zum Zeitpunkt der Verfahrenseröffnung in Schweden belegen war, werden dagegen mangels entsprechender zwischenstaatlicher Übereinkünfte in Schweden nicht anerkannt. Mit **Dänemark, Island** und **Norwegen** (und auch mit Finnland, wo jedoch die EuInsVO stets vorrangig gilt) hat Schweden allerdings **gesonderte Insolvenzverträge** abgeschlossen,[295] nach denen auch die in diesen Staaten eröffneten Insolvenzverfahren automatisch in Schweden anerkannt werden.

186 Das Gesetz über die Entgeltgarantie, *Lönegarantilag (1992:497), LGL* enthält Sonderregelungen hinsichtlich der Handhabung der *lönegaranti* in ausländischen Insolvenzverfahren mit schwedischem Bezug ebenso wie im Falle eines schwedischen *konkurs* mit internationalem Bezug.[296]

13. Keine speziell insolvenzrechtliche COVID-19-Gesetzgebung

187 Bis zum heutigen Tag (13.5.2020) gibt es keine schwedische COVID-19-Gesetzgebung, die sich explizit mit Fragen der Insolvenz befasst. Es gibt jedoch einzelne Regelungen und Vorschläge, die sich auf die potenzielle persönliche Haftung der geschäftsführenden Direktoren einer juristischen Person in bestimmten wirtschaftlichen Krisensituationen auswirken.

188 Im März 2020 verabschiedete der *Riksdag*, das schwedische Parlament, anlässlich der Verbreitung des Corona-Virus verschiedene gesetzliche Regelungen, die eine Stärkung der Liquidität von Unternehmen unter anderem über Steuerkonten ermöglichen.[297] Die schwedische Steuerbehörde kann jeder Art von Unternehmen eine Steuerstundung gewähren. Ein Unternehmen kann die Zahlung der Arbeitgeberbeiträge zur Sozialversicherung, der vorläufigen Lohnsteuer und der Umsatzsteuer, die monatlich oder vierteljährlich vorangemeldet werden muss, aufschieben. Die Stundung kann für längstens 12 Monate gewährt werden und Steuerzahlungen für einen Zeitraum von bis zu drei Monaten in der Periode zwischen Januar 2020 und September 2020 umfassen. Auf die gestundeten Beiträge werden Zinsen und eine Stundungsgebühr erhoben und Unternehmen, die ihre Finanzen schlecht verwalten oder sonst leichtfertig handeln, wird kein Zahlungsaufschub gewährt. Ein Unternehmen, das bereits hohe Steuerschulden hat, kann keinen Zahlungsaufschub erhalten.

189 Am 26.3.2020 veröffentlichte *Skatteverket,* die schwedische Finanzbehörde, rechtliche Leitlinien, in denen sie erklärt, Unternehmensvertreter nicht persönlich für Steuerzahlungen (einschließlich der Stundungsgebühr) haftbar zu machen, die gemäß den oben genannten Regeln gestundet wurden.[298] Diese Praxis wird auch nach Ablauf des Stundungszeitraums beibehalten. Die Steuerbehörde wird also nicht die persönliche Haftung als Mittel zum Einzug offener, gestundeter Steuerzahlungen nutzen. Hat eine juristische Person jedoch unrechtmäßig von der Möglichkeit des Steueraufschubs Gebrauch gemacht, kann die Steuerbehörde unter besonderen Umständen dennoch die persönliche Haftung der Unternehmensvertreter geltend machen.

190 Nach Diskussion am 14.5.2020 befürwortete der *Riksdag* den Vorschlag des Ausschusses für Zivilangelegenheiten des schwedischen Parlaments *(Civilutskottet)* vom 7.5.2020,[299] die Fristen für eine mögliche persönliche Haftung von Unternehmensvertretern unter dem schwedischen Aktiengesetz zu überprüfen und forderte durch entsprechenden Beschluss die Regierung insofern zum Handeln auf. Durch eine vorübergehende Verlängerung der relevanten Zeiträume im Aktiengesetz soll das Risiko verringert werden, dass Unternehmensvertreter in der derzeitigen, außergewöhnlichen Situation wegen des Risikos der persönlichen Haftung eigentlich gesunde Unternehmen frühzeitig auflösen oder zu früh einen Insolvenzantrag stellen.

14. Übersicht

191 Zusammengefasst lässt sich der Ablauf eines *konkurs* nach schwedischem Recht mit seinen wesentlichen Schritten und Elementen wie folgt veranschaulichen:

---

[295] *Lagen (1981:6) om konkurs som omfattar egendom i annat nordiskt land* und *Lagen (1981:7) om verkan av konkurs som inträffat i annat nordiskt land.*
[296] §§ 1–2a und § 21a *LGL*.
[297] Prop. 2019/20:132 und Prop. 2019/20:151.
[298] Skatteverket, Dnr. 8-137725.
[299] Bet. 2019/20:CU28.

Schweden

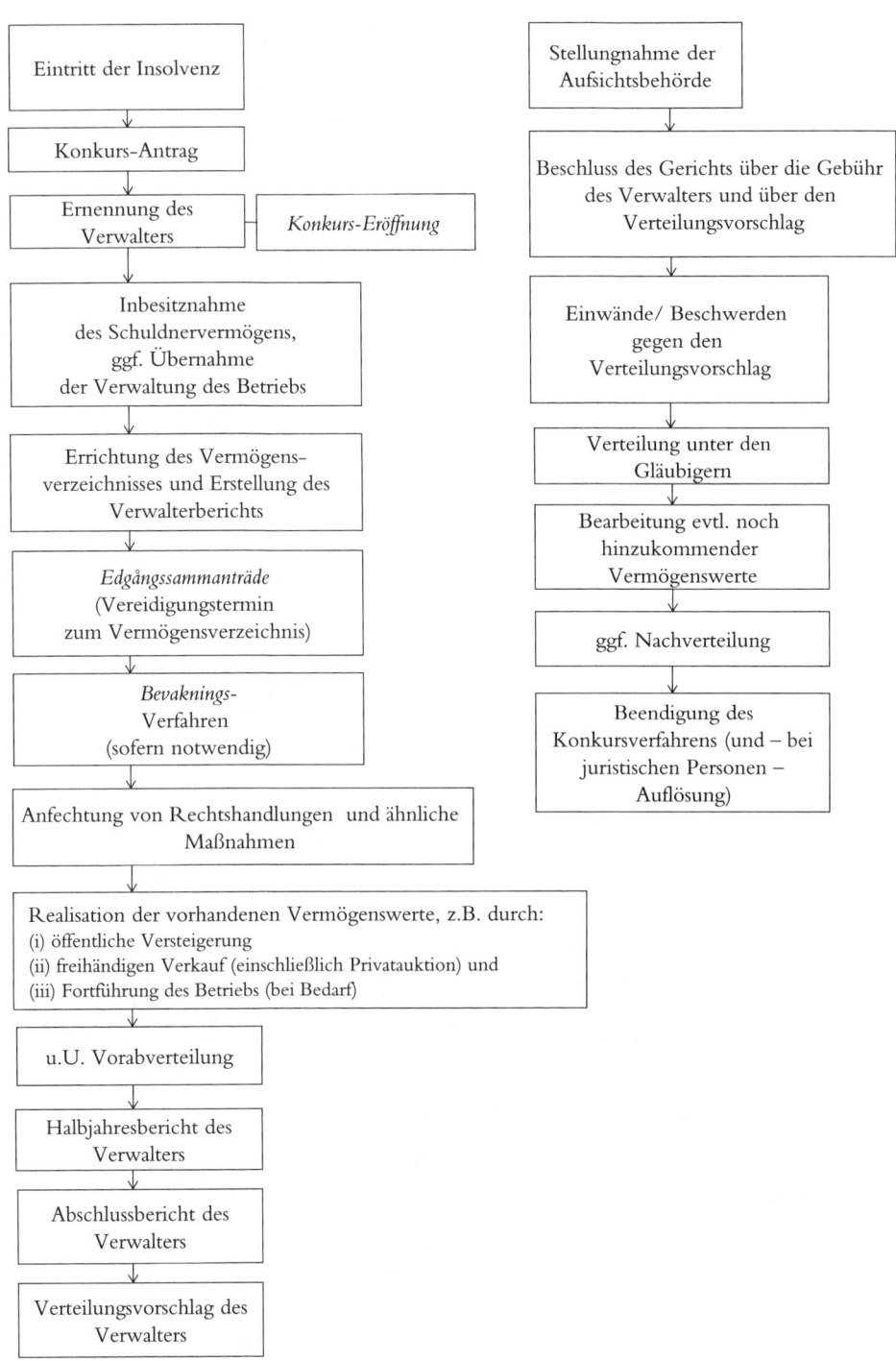

* Fortsetzung rechts oben

Schweden

Glossar

Deutsch	Schwedisch	Rn.
Absonderungsrecht	siehe Vorrangrechte, besondere	128, 130
Aktiengesellschaft	*Aktiebolag, AB*	18
Amtsblatt/Bundesanzeiger	*Post- och Inrikes Tidningar* – vergleichbar mit dem Elektronischen Bundesanzeiger in Deutschland	19, 58
Arbeitnehmer	*Arbetstagare* oder *anställd*	153, 154
Arbeitgeber	*Arbetsgivare*	153, 154
Arbeitsrecht	*Arbetsrätt*	153, 154
Aufrechnung	*Kvittning*	168, 169
Aussonderungsrecht	*Separationsrätt*	96
Basiswert/Bemessungsgrundlage	*Prisbasbelopp* – gesetzlich festgelegter und jährlich neu kalkulierter Basiswert, der in verschiedenen Zusammenhängen einen Inflationsausgleich gewährleisten soll; im Insolvenzrecht vor allem relevant für die Berechnung des staatlichen Insolvenzgeldes *(lönegaranti)*	154
Befriedigung	siehe Verteilung	124–128
Bericht des Verwalters	*Förvaltarberättelse*	89
Berufungsgericht	*Hovrätt* – Gericht zweiter Instanz, auch als Insolvenzgericht	57
Debt-Equity-Swap	Debt-Equity-Swap	36
Eidesstattliche Versicherung, Termin zur Abgabe der	*Edgångssammanträde* – in Schweden hat der Schuldner die Vollständigkeit und Richtigkeit der Angaben im Vermögensverzeichnis unter Eid zu bestätigen	88
Erbmasse	*Dödsbo*	7, 73, 107
Erfüllung (von Verträgen)	*Fullgörande (av avtal)*	42, 138
Eröffnungsgrund	*Insolvenskriterium* – im schwedischen Recht gibt es nur einen einzigen Eröffnungsgrund: die Zahlungsunfähigkeit	59
Firmenregisteramt	*Bolagsverket* – zentrale Behörde für ganz Schweden	7
Forderung	*Fordring, fordran*	128
Forderungsanmeldung	*Bevakning* – in Schweden nur auf besondere Anordnung hin obligatorisch	121–123
Gericht	*Domstol*	5, 123
Geschäftsführer	*Verkställande direktör* (geschäftsführender Direktor) – entspricht nach Aufgaben und Verantwortung nicht ganz dem deutschen GmbH-Geschäftsführer	20
Gesetzgebung	Im Bereich des schwedischen Insolvenzrechts sind vor allem die folgenden Gesetze relevant: *Konkurslagen (1987:672), KonkL* – Insolvenzgesetz *Lagen om företagsrekonstruktion (1996:764), LFR* – Gesetz über die Unternehmensreorganisation *Skuldsaneringslagen (2016:675), SksanL* – Schuldensanierungsgesetz	10

Schweden

Deutsch	Schwedisch	Rn.
	Lag (2016:676) om skuldsanering för företagare – Gesetz über die Schuldensanierung von Unternehmern *Förmånsrättslag (1979:979), FRL* – Gesetz über die Vorrangrechte *Aktiebolagslag (2005:551), ABL* – Aktiengesellschaftsgesetz *Lag (1980:1102) om handelsbolag och enkla bolag, HBL* – Gesetz über Handelsgesellschaften und einfache Gesellschaften *Lönegarantilag (1992:497), LGL* – Entgeltgarantiegesetz *Lag (1995:1571) om insättningsgaranti* – Einlagengarantiegesetz *Lagen (1977:654) om kungörande i mål och ärenden hos myndighet m.m.* – Gesetz über öffentliche Bekanntmachungen in Verfahren und Angelegenheiten bei Behörden u.a. *Bokföringslagen (1990:1078)* – Buchführungsgesetz *Köplag (1990:931), KöpL* – Kaufgesetz *Brottsbalk (1962:700), BrB* – Strafgesetzbuch *Utsökningsbalk (1981:774)* – Zwangsvollstreckungsgesetz	
Gläubiger	*Borgenär*	128
Gläubigerversammlung	*Borgenärssammanträde* – Gläubigerversammlungen vergleichbar denen im deutschen Insolvenzrecht gibt es in Schweden nicht	117
Gleichbehandlungsgrundsatz	*Likhetsprincip*	31, 124
Haftung	*Ansvar*	176–179
Handelsregister	*Näringslivsregistret* – das Register wird geführt von *Bolagsverket*, dem schwedischen Unternehmensregisteramt	7
Höchstes Gericht	*Högsta domstolen* – höchste (Revisions–) Instanz, auch als Insolvenzgericht	57
Insolvenz(verfahren)	*Konkurs(förfarande)*	23, 53–137
Insolvenzanfechtung	*Återvinning*	170–175
Insolvenzantrag	*Konkursansökan*	54
Insolvenzaufsichtsbehörde	*Tillsynsmyndigheten i konkurs (TSM)*	85–86
Insolvenzeröffnung	*Beslut om (försättande i) konkurs*	56–58
Insolvenzforderung	*Fordran i konkurs*	128
Insolvenzforderung	*Konkursfordran*	128
Insolvenzforderung, nachrangige	*Efterställd fordran*	133
Insolvenzgeld	*Lönegaranti* – staatliche Entgeltgarantie, jedoch anders ausgestaltet als das deutsche Insolvenzgeld	154, 186
Insolvenzgericht	*Tingsrätt* – Gericht erster Instanz, auch als Insolvenzgericht	53
Insolvenzgläubiger	*Borgenär i konkurs*	128
Insolvenzmasse	*Konkursbo*	95, 106
Insolvenzregister	*Konkursregister* – bei *Bolagsverket* (dem zent-	7

Schweden

Deutsch	Schwedisch	Rn.
	ralen schwedischen Firmenregisteramt) geführtes Register mit Informationen zu *konkurs*-Verfahren betreffend natürliche Personen und Erbmassen	
Insolvenzverfahren betreffend einen Schuldner mit Sitz oder Wohnsitz in Schweden	*Domicilkonkurs*	97
Insolvenzverfahren betreffend einen Schuldner mit Sitz oder Wohnsitz im Ausland	*Särkonkurs* – im Rahmen des Verfahrens in Schweden kann nur an in Schweden belegenes Vermögen angeknüpft werden	97
Insolvenzverwalter	*Konkursförvaltare*	23
Kontrollbilanz	*Kontrollbalansräkning*	177
Liquidation	*Likvidation*	17–22
Liquidation, freiwillige	*Frivillig likvidation*	17–19
Liquidation, zwangsweise	*Tvångslikvidation*	17, 20–22
Liquidationsabschlussbilanz	*Slutredovisning*	19
Massegläubiger	*Borgenär med massafordran*	129
Masseschulden	*Massafordran*	129
Masseunzulänglichkeit	*Otillräcklighet av konkursboets tillgångar*, vgl. dazu die Regelung in Kapitel 10, § 1 KonkL	79
Nachrangige Insolvenzforderung	*Efterställd fordran*	133
Rang(folge) der Gläubiger	*Borgenärs (fordrans) ställning i konkurs* – bestimmt sich nach den Regeln des *FRL*, des Gesetzes über die Vorrangrechte	128
Rechtsanwaltskammer	*Sveriges Advokatsamfund* – es gibt (nur) eine zentrale Kammer	8
Reorganisationsverfahren/ Unternehmensreorganisation	*Företagsrekonstruktion*	15, 16, 24, 38–44
Sanierer/Verwalter (im Rekonstruktionsverfahren)	*Rekonstruktör*	40
Sanierung	*Företagsrekonstruktion* – für Unternehmen	15, 16, 24, 38–44
	Skuldsanering – für natürliche Personen und Unternehmer	15, 25–28
Schuldner	*Gäldenär*	73
Sicherheiten in der Insolvenz	*Säkerheter i konkurs* – bieten *särskilda förmånsrätter*, besondere Vorrangrechte, mit vorrangiger Befriedigung	128, 130
Sicherungsmaßnahmen (vor Verfahrenseröffnung)	*Säkerhetsåtgärder*	104
Stammkapital/Grundkapital	*Aktiekapital* – entspricht der Bedeutung nach etwa dem Stammkapital einer deutschen GmbH	20
Strafrecht	*Straffrätt*	176–179
Verbraucherinsolvenzverfahren	Mit dem deutschen Verbraucherinsolvenzverfahren vergleichbar ist die *skuldsanering*. Ein eigenes Verbraucherinsolvenzverfahren gibt es in Schweden nicht.	15, 25–28, 52
Vergleich/Insolvenzplan	*Ackord* – in Schweden gibt es hier grundsätzlich in zwei Varianten:	16, 29–34

Schweden

Deutsch	Schwedisch	Rn.
	Frivilligt ackord / underhandsackord – entspricht nicht direkt dem deutschen Insolvenzplan; freiwilliger, einvernehmlicher und privatrechtlicher Vergleich des Schuldners mit allen Gläubigern	
	Offentligt ackord / tvångsackord – mehrheitsgebundener Vergleich des Schuldners mit seinen Gläubigern	
Vermögensverzeichnis	*Bouppteckning*	87, 88
Verteilung	*Utdelning*	124–128
Verwertung	*Realisation (av konkursegendomen)*	99
Vollstreckung	*Utmätning*	42, 60, 109
Vollstreckungsamt/ Gerichtsvollzieher/ Beitreibungsbehörde	*Kronofogden*	5
Vorrangrecht	*Förmånsrätt*	128, 130, 131
Vorrangrecht, allgemeines	*Allmän förmånsrätt*	131
Vorrangrecht, besonderes	*Särskild förmånsrätt*	130
Vorstand/Geschäftsführung	*Styrelse* – Verwaltungsrat in der schwedischen AB	20
Zahlungsunfähigkeit	*Obestånd* oder *insolvens* – einziger Eröffnungsgrund	59

Glossar

Schwedisch	Deutsch	Rn.
Ackord	Vergleich/Insolvenzplan; in Schweden gibt es hier grundsätzlich zwei Varianten: *frivilligt ackord / underhandsackord* und *offentligt ackord / tvångsackord*	16, 29–34
Aktiebolag, AB	Aktiengesellschaft	18
Aktiebolagslag (2005:551), ABL	Aktiengesellschaftsgesetz	10
Aktiekapital	Stammkapital/Grundkapital; entspricht der Bedeutung nach etwa dem Stammkapital einer deutschen GmbH	20
Allmän förmånsrätt	allgemeines Vorrangrecht	131
Anställd	Arbeitnehmer	153, 154
Ansvar	Haftung	176–179
Arbetsgivare	Arbeitgeber	153–154
Arbetsrätt	Arbeitsrecht	153–154
Arbetstagare	Arbeitnehmer	153–154
Återvinning	Insolvenzanfechtung	170–175
Beslut om (försättande i) konkurs	Insolvenzeröffnung(sbeschluss)	56–58
Bevakning	Forderungsanmeldung; in Schweden nur auf besondere Anordnung hin obligatorisch	121–123
Bokföringslagen (1990:1078)	Buchführungsgesetz	108
Bolagsverket	Unternehmensregisteramt	7

Schweden

Schwedisch	Deutsch	Rn.
Borgenär	Gläubiger	128
Borgenär i konkurs	Insolvenzgläubiger	128
Borgenär med massafordran	Massegläubiger	129
Borgenärs (fordrans) ställning i konkurs	Rang(folge) der Gläubiger in der Insolvenz; bestimmt sich nach den Regeln des FRL, des Gesetzes über die Vorrangrechte	128
Borgenärssammanträde	Gläubigerversammlung; allerdings mit anderer Bedeutung als in Deutschland – Gläubigerversammlungen vergleichbar denen im deutschen Insolvenzrecht gibt es in Schweden nicht	117
Bouppteckning	Vermögensverzeichnis	87, 88
Brottsbalk (1962:700), BrB	Strafgesetzbuch	88, 176
Debt-Equity-Swap	Debt-Equity-Swap	36
Dödsbo	Erbmasse	7, 73, 107
Domicilkonkurs	Insolvenzverfahren betreffend einen Schuldner mit Sitz oder Wohnsitz in Schweden	97
Domstol	Gericht	5, 123
Edgångssammanträde	Termin zur Abgabe der eidesstattliche Versicherung; in Schweden hat der Schuldner dabei die Vollständigkeit und Richtigkeit der Angaben im Vermögensverzeichnis unter Eid zu bestätigen	88
Efterställd fordran	nachrangige Insolvenzforderung	133
Fordran	Forderung	128
Fordran i konkurs	Insolvenzforderung	128
Fordring	Forderung	128
Företagsrekonstruktion	Unternehmenssanierung/-rekonstruktion/-reorganisation	10, 11, 15, 16, 24, 38–44
Förmånsrätt	Vorrangrecht	128, 130, 131
Förmånsrättslag (1979:979), FRL	Gesetz über die Vorrangrechte	128
Förvaltarberättelse	Bericht des Verwalters	88
Frivillig likvidation	freiwillige Liquidation	17–19
Frivilligt ackord / underhandsackord	freiwilliger, einvernehmlicher und privatrechtlicher Vergleich des Schuldners mit allen Gläubigern; entspricht nicht direkt dem deutschen Insolvenzplan	16
Fullgörande (av avtal)	Erfüllung (von Verträgen)	42, 138
Gäldenär	Schuldner	73
Högsta domstolen	Höchstes Gericht; höchste (Revisions-)Instanz, auch als Insolvenzgericht	57
Hovrätt	Gericht zweiter Instanz, auch als Insolvenzgericht	57
Insolvens	Zahlungsunfähigkeit; einziger Eröffnungsgrund	59
Insolvenskriterium	Eröffnungsgrund; es gibt nur einen einzigen Eröffnungsgrund in Schweden: die Zahlungsunfähigkeit	59

Schweden

Schwedisch	Deutsch	Rn.
Konkurs(förfarande)	Insolvenz(verfahren)	15, 23, 53–137
Konkursansökan	Insolvenzantrag	54
Konkursbo	Insolvenzmasse	95, 106
Konkursfordran	Insolvenzforderung	128
Konkursförvaltare	Insolvenzverwalter	23
Konkurslagen (1987:672), KonkL	Insolvenzgesetz	10
Konkursregister	Insolvenzregister; bei *Bolagsverket* geführtes Register mit Informationen zu Konkursverfahren betreffend natürliche Personen und Erbmassen	7
Kontrollbalansräkning	Kontrollbilanz	177
Köplag (1990:931), KöpL	Kaufgesetz	120
Kronofogden	Vollstreckungsamt/Gerichtsvollzieher/Beitreibungsbehörde	5
Kvittning	Aufrechnung	168, 169
Lag (1980:1102) om handelsbolag och enkla bolag, HBL	Gesetz über Handelsgesellschaften und einfache Gesellschaften	10
Lag (1995:1571) om insättningsgaranti	Einlagengarantiegesetz	10, 154
Lag (2016:676) om skuldsanering för företagare	Gesetz über die Schuldensanierung von Unternehmern	10
Lagen (1977:654) om kungörande i mål och ärenden hos myndighet m.m.	Gesetz über öffentliche Bekanntmachungen in Verfahren und Angelegenheiten bei Behörden u.a.	58
Lagen om företagsrekonstruktion (1996:764), LFR	Gesetz über die Unternehmensreorganisation	10, 38
Likhetsprincip	Gleichbehandlungsgrundsatz	31, 124
Likvidation	Liquidation	17–22
Lönegaranti	staatliche Entgeltgarantie, jedoch anders ausgestaltet als das deutsche Insolvenzgeld	154, 186
Lönegarantilag (1992:497), LGL	Entgeltgarantiegesetz	10, 154
Massafordran	Masseverbindlichkeit, Masseschulden	129
Näringslivsregistret	Handelsregister; das Register wird geführt vom *Bolagsverket*, dem schwedischen Unternehmensregisteramt	7
Obestånd	Zahlungsunfähigkeit; einziger Eröffnungsgrund	59
Offentligt ackord / tvångsackord	mehrheitsgebundener Vergleich des Schuldners mit seinen Gläubigern	16
Otillräcklighet av konkursboets tillgångar	Masseunzulänglichkeit; vgl. dazu die Regelung in Kapitel 10, § 1 KonkL	79
Post- och Inrikes Tidningar	Amtsblatt, vergleichbar mit dem Elektronischen Bundesanzeiger in Deutschland	19, 58
Prisbasbelopp	Basiswert/Bemessungsgrundlage; gesetzlich festgelegter und jährlich neu kalkulierter Basiswert, der in verschiedenen Zusammenhängen einen Inflationsausgleich gewährleisten soll; im Insolvenzrecht vor allem relevant für die Berechnung der staatlichen *lönegaranti*	154

Schweden

Schwedisch	Deutsch	Rn.
Realisation (av konkursegendomen)	Verwertung	99
Rekonstruktör	Sanierer/Verwalter (im Unternehmensrekonstruktionsverfahren)	40
Säkerheter i konkurs	Sicherheiten in der Insolvenz; sie bieten *särskilda förmånsrätter*, besondere Vorrangrechte, mit vorrangiger Befriedigung	128, 130
Säkerhetsåtgärder	Sicherungsmaßnahmen (vor Verfahrenseröffnung)	104
Särkonkurs	Insolvenzverfahren betreffend einen Schuldner mit Sitz oder Wohnsitz im Ausland; im Rahmen des Verfahrens in Schweden kann nur an in Schweden belegenes Vermögen angeknüpft werden	97
Särskild förmånsrätt	besonderes Vorrangrecht	130
Separationsrätt	Aussonderungsrecht	96
Skuldsanering	Schuldensanierung für natürliche Personen; nicht ganz mit dem deutschen Verbraucherinsolvenzverfahren vergleichbar	15, 25–28
Skuldsaneringslagen (2016:675), SksanL	Schuldensanierungsgesetz	10
Slutredovisning	Liquidationsabschlussbilanz	19
Straffrätt	Strafrecht	176–179
Styrelse	Verwaltungsrat in der schwedischen AB, vergleichbar mit Vorstand/Geschäftsführung in einer deutschen AG/GmbH	20
Sveriges Advokatsamfund	Schwedens Rechtsanwaltskammer; es gibt (nur) eine zentrale Kammer	8
Tillsynsmyndigheten i konkurs (TSM)	Insolvenzaufsichtsbehörde	85, 86
Tingsrätt	Gericht erster Instanz, auch als Insolvenzgericht	53
Tvångslikvidation	zwangsweise Liquidation	17, 20–22
Utdelning	Verteilung	124–124
Utmätning	Vollstreckung	42, 60, 109
Utsökningsbalk (1981:774)	Zwangsvollstreckungsgesetz	11
Verkställande direktör, VD	Geschäftsführer; entspricht nach Aufgaben und Verantwortung nicht ganz dem deutschen GmbH-Geschäftsführer	20

Schweiz

bearbeitet von *Georg Zondler* von Wenger & Vieli AG, Zürich

Übersicht

	Rn.
1. Gesetzessammlungen, Schrifttum und Informationsquellen	1
1.1 Gesetzessammlungen	1
1.2 Schrifttum	1
1.3 Informationsquellen	1
2. Einführung	1
2.1 Gesetzlicher Rahmen	1
2.2 Verfahrenstypen	5
2.3 Präventive und finanzielle Restrukturierung	7
2.4 Beaufsichtigende Institute (Banken, Versicherungen)	11
2.5 Konzerninsolvenzen	13
2.6 Verbraucherinsolvenzverfahren	15
3. Wesentliche Verfahrensmerkmale des Einleitungsverfahrens	18
3.1 Eröffnung des Verfahrens	18
4. Wesentliche Verfahrensmerkmale des Konkursverfahrens	27
4.1 Eröffnung des Verfahrens	27
4.1.1 Eröffnungsgründe	29
4.1.1.1 Prüfung der Eröffnungsgründe	31
4.1.1.2 Antragspflicht bei Vorliegen von Eröffnungsgründen	36
4.1.2 Antragsbefugnis	38
4.2 Rolle der Gerichte	39
4.3 Konkursverwalter	45
4.4 Verwaltung und Verwertung der Masse	51
4.5 Fortführung durch den Schuldner oder Konkursverwalter	59
4.6 Sicherungsmaßnahmen vor Verfahrenseröffnung	62
4.7 Wirkungen der Verfahrenseröffnung auf die Rechtsverhältnisse des Schuldners	65
4.8 Wirkungen der Verfahrenseröffnung auf laufende Verfahren	67
4.9 Organe der Gläubiger	70
4.10 Forderungsanmeldung, Feststellung oder Bestreiten von Forderungen	74
4.11 Verteilung der Masse	77
4.11.1 Massegläubiger	79
4.11.2 Bevorrechtigte Gläubiger	80
4.11.3 Gesicherte Gläubiger	85

	Rn.
4.11.4 Ungesicherte Insolvenzgläubiger	87
4.11.5 Nachrangige Insolvenzgläubiger	88
4.11.6 Aussonderungsberechtigte Gläubiger	90
4.12 Abschluss des Konkursverfahrens	92
5. Wesentliche Verfahrensmerkmale des Nachlassverfahrens	95
5.1 Eröffnung des Verfahrens	97
5.1.1 Eröffnungsgründe	99
5.1.1.1 Prüfung der Eröffnungsgründe	102
5.1.1.2 Antragspflicht bei Vorliegen von Eröffnungsgründen	104
5.1.2 Antragsbefugnis	105
5.2 Rolle der Gerichte	106
5.3 Nachlassverwalter	109
5.4 Verwaltung und Verwertung der Nachlassmasse	118
5.4.1 In der Nachlassstundung	118
5.4.2 Nach Zustandekommen des Nachlassvertrages	119
5.5 Fortführung durch den Schuldner oder Sachwalter	122
5.6 Sicherungsmaßnahmen vor Verfahrenseröffnung	123
5.7 Wirkungen der Verfahrenseröffnung auf die Rechtsverhältnisse des Schuldners	124
5.8 Wirkungen der Verfahrenseröffnung auf laufende Verfahren	127
5.9 Organe der Gläubiger	129
5.10 Forderungsanmeldung, Feststellung oder Bestreiten von Forderungen	131
5.10.1 In der Nachlassstundung	131
5.10.2 In der Nachlassstundungsliquidation	133
5.11 Verteilung der Masse	134
5.12 Massegläubiger	135
5.13 Abschluss des Nachlassverfahrens	136
6. Verträge im Insolvenz- oder Restrukturierungsverfahren	137
6.1 Unerfüllte Verträge	141
6.2 Miet- oder Pachtverhältnisse	143
6.3 Leasingverträge	145
6.4 Arbeitsverhältnisse	146
7. Pensionsansprüche in der Insolvenz und Restrukturierung	148
8. Eigentumsvorbehalt	149

Schweiz 1   Länderberichte

	Rn.		Rn.
9. Sicherheiten in der Insolvenz	150	11. Insolvenzanfechtung	157
9.1 Mobiliarsicherheiten	150	12. Geltendmachung von Haftungsansprüchen gegen (frühere) Geschäftsführer, Gesellschafter oder Dritte	160
9.2 Immobiliarsicherheiten	152		
9.3 Sicherheiten an Flugzeugen, Schiffen; andere Sicherheiten	153	13. Asset tracing	161
		14. Internationales Insolvenzrecht	164
10. Aufrechnung, Netting-Vereinbarungen	155	15. COVID-19 Ausnahmegesetzgebung der Schweiz	170

1. Gesetzessammlungen, Schrifttum und Informationsquellen

1.1 Gesetzessammlungen

https://www.admin.ch/gov/de/start/bundesrecht/systematische-sammlung.html **Offizielle Gesetzestexte in aktuell gültiger Fassung,** in den Landessprachen Deutsch, Französisch, Italienisch und vereinzelt auch auf Rätoromanisch; teilweise mit englischen Übersetzungen in nicht offizieller Fassung

1.2 Schrifttum

Amonn/Walther, Grundriss des Schuldbetreibungs- und Konkursrechts, 9. Aufl., Bern 2013; *Gilliéron,* Poursuite pour dettes, faillite et concordat, 5. Aufl., Basel 2012; *Hunkeler,* Kurzkommentar SchKG, 2. Aufl., Basel 2014; *Lorandi,* Schuldbetreibung und Konkurs (SchKG) in a nutshell, 4. Aufl., Zürich/St. Gallen 2020; *Kren Kostkiewicz/Vock,* Kommentar zum Bundesgesetz über Schuldbetreibung und Konkurs SchKG, 4. Aufl., Zürich 2017; *Kren Kostkiewicz,* SchKG, Kommentar zum Schuldbetreibungs- & Konkursrecht, 20. Aufl., Zürich 2020; *Spühler/Dolge,* Schuldbetreibungs- und Konkursrecht I + II, 8. Aufl., Zürich 2020; *Staehelin/Bauer,* Kommentar zum Bundesgesetz über Schuldbetreibung und Konkurs, 2 Bände und Ergänzungsband 2016, 2. Aufl., Basel 2010; *Stoffel/Chabloz,* Voies d'exécution, 3. Aufl., Bern 2016; *Vock/Meister-Müller,* SchKG-Klagen nach der Schweizerischen ZPO, 2. Aufl., Zürich 2018

1.3 Informationsquellen

https://www.zefix.ch/ **Zentraler Firmenindex** mit Daten, die bei den kantonalen Handelsregisterämtern gespeichert sind, in der jeweiligen Amtssprache der Kantone. In einigen Kantonen können auch die mit einer Anmeldung eingereichten Unterlagen wie Gründungsurkunde, Statuten etc. per Email angefordert werden.

https://shab.ch/ **Schweizerisches Handelsamtsblatt (SHAB)** mit amtlichen und weiteren Publikationen ua in Insolvenzsachen.

http://www.betreibung-konkurs.ch/ Website der **Konferenz der Betreibungs- und Konkursbeamten der Schweiz,** mit Links zu den örtlich zuständigen Betreibungs- und Konkursämtern.

https://www.bger.ch/ **Entscheide des Schweizerischen Bundesgerichts.** Alle Entscheide des Bundesgerichts werden auf der Webseite publiziert.

http://www.gerichte-zh.ch/entscheide/entscheide-anzeigen.html **Beispiel einer kantonalen Entscheidsammlung.** Die Publikationspraxis der kantonalen Gerichte ist sehr uneinheitlich und oft werden nur ausgewählte Entscheide publiziert. Auf dieser Webseite finden sich unter dem Stichwort „Themen/Betreibung und Konkurs" auch nützliche Hinweise zu den Verfahrensarten und den erforderlichen Unterlagen bspw. bei Konkursanträgen (wobei die Praxis der Kantone auch diesbezüglich uneinheitlich ist).

https://www.finma.ch/de/durchsetzung/resolution/ Informationen der Aufsichtsbehörde FINMA zur Durchsetzung des Finanzmarktrechts und ua damit zusammenhängenden (Zwangs-)Liquidationen.

2. Einführung

2.1 Gesetzlicher Rahmen

1   Die **Zwangsvollstreckung von Geldforderungen** (sowie von Ansprüchen auf Sicherheitsleistung in Geld) wird in der Schweiz einheitlich durch das **Bundesgesetz über Schuldbetreibung**

und **Konkurs (SchKG)** und dessen Nebenerlasse[1] geregelt. Das SchKG vom 11.4.1889 wurde mit der umfassenden Revision vom 16.12.1994[2] in wesentlichen Teilen geändert und an die Gerichtspraxis angepasst. Andere privatrechtliche Ansprüche, die keine Geldforderung zum Inhalt haben, sind auf dem Wege der zivilprozessualen Vollstreckung, welche durch die *Schweizerische Zivilprozessordnung* geregelt ist, durchzusetzen.[3]

Konkursrechtliche Bestimmungen finden sich sodann in **Spezialgesetzen,** bspw. dem Bundesgesetz über die Schuldbetreibung gegen Gemeinden und andere Körperschaften des kantonalen öffentlichen Rechts, im **Bankengesetz** oder im **Versicherungsaufsichtsgesetz.**

Zu beachten ist auch, dass das materielle Recht für die gesamte Schweiz verbindlich in Bundeserlassen geregelt ist, während die Organisation von Gerichten und Behörden in die Hoheit der Kantone fällt und entsprechend je nach Ort unterschiedlich geregelt sein kann. Gleichwohl ist die Organisation und Zuständigkeit in vielen Kantonen sehr ähnlich geregelt, was teils auf gleichen oder ähnlichen Traditionen beruht, teils auf Vorgaben durch den Bundesgesetzgeber.

Die jeweils aktuellste Fassung dieser Erlasse sowie die Chronologie ihrer Änderungen kann online auf der amtlichen Webseite des Bundes nachgeschlagen werden,[4] und kantonales Recht ist auf der Webseite des entsprechenden Kantons zu finden.

2.2 Verfahrenstypen

Das SchKG unterscheidet im Wesentlichen zwischen der Spezial- und der Generalexekution, welche je nach Eigenschaft des Schuldners und/oder der Forderung einzuschlagen ist. Bei Privatpersonen steht die **Spezialexekution mit der Pfändung einzelner Vermögenswerte** im Vordergrund, während bei Unternehmen in der Regel die **Generalexekution mit Verwertung sämtlicher Vermögenswerte (Konkurs)** zum Zuge kommt. Besteht Aussicht auf **Sanierung,** kann auch ein **Nachlassverfahren** in Frage kommen,[5] welches bereits mit der Revision vom 16.12.1994 überarbeitet und auf den 1.1.2014 erneut einer umfassenden Änderung unterzogen wurde.[6]

Auch eine natürliche Person kann mit der sogenannten **einvernehmlichen privaten Schuldenbereinigung**[7] eine Gesamtregelung mit den Gläubigern anstreben. Zudem kann jede Person die Konkurseröffnung beantragen, indem sie sich beim Gericht für zahlungsunfähig erklärt.[8]

2.3 Präventive und finanzielle Restrukturierung

Eine präventive Restrukturierung von Aktiengesellschaften und anderen Kapitalgesellschaften, namentlich auch der GmbH, ist im Schweizerischen Obligationenrecht (OR) in Art. 725 geregelt. Dieser schreibt vor, dass bei hälftigem Kapitalverlust, auch als Unterbilanz bezeichnet, vom Verwaltungsrat unverzüglich eine Generalversammlung (Versammlung der Aktionäre) einzuberufen ist und dieser Sanierungsmaßnahmen vorzuschlagen sind. Ein hälftiger Kapitalverlust liegt vor, wenn der bilanzierte Verlustsaldo die Hälfte des Aktienkapitals sowie der gesetzlichen Reserven übersteigt.

Die Art und Weise der Sanierung ist nicht vorgeschrieben, die Beseitigung einer Unterbilanz erfordert jedoch eine finanzielle Restrukturierung mit Veränderung entweder des Eigenkapitals oder des Fremdkapitals, oft sind auch weitere, betriebswirtschaftliche Maßnahmen erforderlich, um die Lage der Gesellschaft dauerhaft zu verbessern.

Wenn die vorhandenen Aktiven das Fremdkapital nicht mehr abdecken, liegt eine Überschuldung vor. Besteht die Befürchtung, dass eine solche Überschuldung vorliegt, muss eine Zwischenbilanz erstellt und von einem zugelassenen Revisor geprüft werden. Sind die Forderungen gegenüber der Gesellschaft weder zu Fortführungs- noch zu Liquidationswerten gedeckt, muss der Verwaltungsrat den Richter benachrichtigen, der entweder den Konkurs eröffnet oder auf Antrag der Gesellschaft ein Nachlassverfahren bewilligt.

---

[1] Wie zB die Verordnung über die Geschäftsführung der Konkursämter (KOV), die Verordnung des Bundesgerichts über die Zwangsverwertung von Grundstücken (VZG) oder die Gebührenverordnung zum Bundesgesetz über Schuldbetreibung und Konkurs (GebV SchKG).
[2] In Kraft getreten am 1.1.1997.
[3] Die Eidgenössische Zivilprozessordnung (ZPO) ist am 1.1.2011 in Kraft getreten und hat die bisherigen Zivilprozessordnungen der einzelnen Kantone ersetzt. Die Organisation der Gerichte, auch betreffend SchKG-Entscheide, verbleibt jedoch in der Hoheit der Kantone.
[4] Vgl. den unter Ziff. 1.1 angegebenen Link zu den offiziellen Gesetzestexten.
[5] Art. 293 ff. SchKG.
[6] Inkrafttreten am 1.1.2014.
[7] Art. 333 ff. SchKG.
[8] Art. 191 SchKG.

10 Der Gang zum Richter kann allerdings vermieden werden, wenn Gesellschaftsgläubiger im Ausmaß der Überschuldung den Rangrücktritt gegenüber allen anderen Gläubigern erklären.[9] Der Rangrücktritt ist eine in der Praxis häufig anzutreffende Maßnahme, um eine Insolvenz abzuwenden. Um die Ertragslage einer Unternehmung dauerhaft zu verbessern, sind in aller Regel aber noch weitere Maßnahmen bilanztechnischer und/oder betriebswirtschaftlicher Art erforderlich.

2.4 Beaufsichtigende Institute (Banken, Versicherungen)

11 Die konkursrechtliche Liquidation von Banken oder Versicherungen entspricht weitgehend den allgemeinen Regeln des SchKG, trägt jedoch den Besonderheiten der betroffenen Institute Rechnung. Diese zeigt sich insbesondere darin, dass der Eidgenössischen Finanzmarktaufsichtsbehörde FINMA die Kompetenz eingeräumt wurde, von den Regeln des SchKG abzuweichen. Diese Kompetenz hat die FINMA namentlich bezüglich der verfahrensrechtlichen Regeln ausgeübt, mit dem Erlass von je einer Verordnung über die Bankeninsolvenz[10] und den Versicherungskonkurs,[11] während das materielle Konkursrecht im Wesentlichen das gleiche ist. Erwähnenswerte Abweichungen bei Banken sind jedoch das Privileg der Einlagensicherung bis 100.000 CHF[12] sowie das Absonderungsrecht (Aussonderung) für von Kunden hinterlegte Depotwerte.[13]

12 Zu beachten ist auch, dass die FINMA regelmäßig auch Unternehmen, die ihrer Aufsicht nicht formell unterstellt sind, in Liquidation setzt, welche ohne erforderliche Bewilligung im Finanzmarktbereich aktiv sind, wenn sie bspw. eine unbewilligte Bankentätigkeit ausüben (oft durch Entgegennahme von Publikumsgeldern).

2.5 Konzerninsolvenzen

13 Die Schweiz kennt **kein Konzerninsolvenzrecht,** was bedeutet, dass im Insolvenzfall die Konzernstruktur missachtet wird und die Insolvenz nach den allgemeinen Regeln auf Ebene der einzelnen Gruppengesellschaft abgewickelt wird. Entsprechend kann ein Konzern auch keinen Insolvenzantrag stellen, sondern es müssen dies eine oder mehrere Gruppengesellschaften je für sich tun. Aufgrund der gegenseitigen Abhängigkeiten im Konzern kann daher die Insolvenz einer wichtigen Gruppengesellschaft zum Zusammenbruch der gesamten Gruppe führen.

14 Im Zuge der letzten großen Revision des Sanierungsrechts wurde jedoch die Bestimmung von Art. 4a SchKG ins Gesetz eingefügt, welche vorsieht, dass verschiedene Verfahren, die in einem sachlichen Zusammenhang stehen, **soweit möglich koordiniert** werden, und die beteiligten Konkurs- und Nachlassgerichte sowie die Aufsichtsbehörden können im gegenseitigen Einvernehmen eine **einheitliche Zuständigkeit** für alle Verfahren bezeichnen.

2.6 Verbraucherinsolvenzverfahren

15 In der Schweiz existieren keine besonderen Regeln für Verbraucherinsolvenzen. Hingegen kann jede natürliche Person beim Gericht einen **Privatkonkurs** erklären oder eine **einvernehmliche private Schuldenbereinigung**[14] beantragen. Denkbar ist auch für natürliche Personen ein **Nachlassverfahren,** wie es bei Unternehmen zum Zuge kommt.

16 Ein Privatkonkurs führt allerdings nicht zu einer Restschuldbefreiung. Eine vor Konkurs entstandene Forderung kann nach Beendigung des Konkursverfahrens jedoch erst wieder geltend gemacht werden, wenn der Schuldner zu neuem Vermögen gekommen ist.[15] Das zur Feststellung neuen Vermögens vorgesehene Verfahren ist allerdings schwerfällig[16] und hat sich in der Praxis nicht bewährt.

17 Nicht bewährt hat sich bzw. soweit ersichtlich kaum benutzt wird auch die einvernehmliche private Schuldenbereinigung. Diese ist nur für die zustimmenden Gläubiger verbindlich und gewährt dem Schuldner daher keine umfassende Sanierung seiner Finanzlage. Den nicht zustimmenden

---

[9] Vgl. Art. 725 Abs. 3 OR; im Zuge einer laufenden Aktienrechtsrevision sollen auch die Bestimmungen zur vorsorglichen Sanierung verfeinert werden; der Zeithorizont für die weitreichende Aktienrechtsrevision ist derzeit noch sehr ungewiss.

[10] Verordnung der Eidgenössischen Finanzmarktaufsicht über die Insolvenz von Banken und Effektenhändlern (Bankeninsolvenzverordnung-FINMA bzw. BIV-FINMA).

[11] Verordnung der Eidgenössischen Finanzmarktaufsicht über den Konkurs von Versicherungsunternehmen (Versicherungskonkursverordnung-FINMA bzw. VKV-FINMA).

[12] Gem. Art. 37a Bankengesetz.

[13] Gem. Art. 37d Bankengesetz.

[14] Vgl. Art. 333 ff. SchKG.

[15] Art. 265 Abs. 2 SchKG.

[16] Art. 265a SchKG.

Gläubigern ist es weiterhin gestattet, ihre Forderungen im vollen Umfang – gegebenenfalls mit den Mitteln der Zwangsvollstreckung – geltend zu machen. Aus diesem Grunde ist das mit der Gesetzesrevision im Jahre 2014 eingeführte Institut nicht sonderlich attraktiv, zumal es im Vergleich zum Privatkonkurs den Schuldner auch noch mehr kostet. Wegen der damit verbundenen Kosten ist auch ein gerichtliches Nachlassverfahren für den Privatschuldner wenig attraktiv.

3. Wesentliche Verfahrensmerkmale des Einleitungsverfahrens

3.1 Eröffnung des Verfahrens

In aller Regel muss **für alle Vollstreckungsverfahren zuerst das *Einleitungsverfahren*** durchlaufen werden: Der **Gläubiger beantragt** beim zuständigen Betreibungsamt mit einem *Betreibungsbegehren* **die Ausstellung eines *Zahlungsbefehls*.** Im Betreibungsbegehren sind insbesondere Name und Wohnsitz von Gläubiger und Schuldner, die Forderungssumme in Schweizer Franken samt allfälligen Angaben zu Zinsfuß und Zinsenlauf sowie Forderungsurkunde, falls vorhanden, oder zumindest der Forderungsgrund anzugeben.[17] Die Kosten der Betreibung sind vom Gläubiger vorzuschießen.[18] 18

In zivilrechtlicher Hinsicht bewirkt die Einleitung der Betreibung gleichzeitig auch die **Unterbrechung der Verjährung,**[19] jedenfalls für Forderungen, die dem Schweizer Recht unterstehen. Ob eine Betreibung in der Schweiz auch die Verjährung einer Forderung nach fremdem Recht unterbricht, ist nach dem anwendbaren ausländischen Recht zu beantworten. 19

Es entspricht einer Besonderheit des schweizerischen Vollstreckungsrechts, dass ein Gläubiger eine Betreibung einleiten kann, ohne den Bestand einer Forderung nachweisen zu müssen, und dass der Zahlungsbefehl als Grundlage des Vollstreckungsverfahrens grundsätzlich gegenüber jedermann erwirkt werden kann, unabhängig davon, ob tatsächlich eine Schuld besteht oder nicht. Es steht dem Betreibungsamt (oder im Rahmen einer Beschwerde der Aufsichtsbehörde) nicht zu, darüber zu befinden, ob ein in Betreibung gesetzter Anspruch zu Recht eingefordert wird oder nicht. In Ausnahmefällen kann jedoch eine Betreibung wegen Rechtsmissbräuchlichkeit nichtig sein, namentlich wenn der Gläubiger offensichtlich Ziele verfolgt, die nicht das Geringste mit der Zwangsvollstreckung zu tun haben. Die Prüfung, ob eine Forderung besteht und auf dem Betreibungsweg durchgesetzt werden kann, erfolgt im **Rechtsöffnungsverfahren** oder allenfalls in einem späteren **Zivilprozess** (dazu → Rn. 22 ff.). 20

Alle Betreibungen werden im *Betreibungsregister* des lokalen Betreibungsamtes am Wohnsitz der betriebenen Person eingetragen, und Dritte, die ein Interesse glaubhaft machen, können zu einer bestimmten Person Auskünfte über die Einträge der letzten 5 Jahre verlangen.[20] Der **Betreibungsregisterauszug** kann für die Beurteilung der Kreditwürdigkeit von Bedeutung sein (und wird bspw. vor Abschluss von Mietverträgen für Wohnungen vom Vermieter regelmäßig verlangt). Seit 1.1.2019 kann ein Betriebener allerdings die Löschung einer Betreibung im Register verlangen, sofern seit Zustellung des Zahlungsbefehls 3 Monate vergangen sind und der Gläubiger seither nichts zur Fortsetzung des Verfahrens unternommen hat.[21] „Löschung" in diesem Zusammenhang bedeutet einzig, dass die Betreibung nicht im Betreibungsregisterauszug gegenüber Dritten angezeigt wird. Beim Betreibungsamt bleibt das Verfahren weiterhin vermerkt und wird bei Weiterführung des Verfahrens durch den Gläubiger auch wieder im Betreibungsregisterauszug angezeigt. 21

Der nach Eingang eines Betreibungsbegehrens vom Betreibungsamt ausgestellte *Zahlungsbefehl* enthält einerseits die Aufforderung an den Schuldner, den Gläubiger binnen 20 Tagen für die Forderung samt Zinsen und Betreibungskosten zu befriedigen, und andererseits die Mitteilung, dass der Schuldner, welcher die Forderung bestreiten will, **innerhalb von 10 Tagen** beim Betreibungsamt *Rechtsvorschlag* (dh den Gläubiger durch Einsprache auf den Rechtsweg verweisen) zu erheben hat.[22] In der Praxis wird in vielen Fällen Rechtsvorschlag erhoben. 22

Ein rechtzeitig erhobener Rechtsvorschlag kann nur in einem **gerichtlichen Verfahren** beseitigt werden. Besitzt der Gläubiger einen sog. *Rechtsöffnungstitel,* **also eine schriftliche Schuldanerkennung, ein vollstreckbares gerichtliches Urteil** oder einen ähnlichen Titel, so kann er in einem summarischen Verfahren *Rechtsöffnung,* dh die Beseitigung des Rechtsvorschlages, verlangen. Je nach Quali- 23

---

17 Art. 67 SchKG.
18 Art. 68 Abs. 1 SchKG; die Kosten sind in der Gebührenverordnung zum Bundesgesetz über Schuldbetreibung und Konkurs (GebV SchKG) festgesetzt.
19 Art. 135 Ziff. 2 des Schweizerischen Obligationenrechts (OR); mit der Verjährungsunterbrechung beginnt der Lauf der Verjährung von neuem (Art. 137 Abs. 1 OR).
20 Art. 8a SchKG.
21 Art. 8a Abs. 3 lit. d SchKG.
22 Art. 69 Abs. 2 Ziff. 2 und 3 SchKG.

tät des Rechtsöffnungstitels wird *provisorische* oder *definitive* **Rechtsöffnung** erteilt. Bei schriftlicher oder durch öffentliche Urkunde festgestellter Schuldanerkennung erfolgt lediglich eine provisorische Beseitigung des Rechtsvorschlags,[23] während bei Vorliegen eines vollstreckbaren gerichtlichen Urteils oder eines ähnlichen Titels (bspw. eine vollstreckbare öffentliche Urkunde[24] oder eine Verfügung einer schweizerischen Verwaltungsbehörde) die definitive Rechtsöffnung gewährt wird.[25]

24 **Bei provisorischer Rechtsöffnung** steht dem Schuldner das Recht zu, binnen 20 Tagen nach Rechtsöffnung am Ort der Betreibung oder vor einem anderen zuständigen Gericht die *Aberkennungsklage* zu erheben,[26] **dh eine negative Feststellungsklage gegen die in Betreibung gesetzte Forderung** einzureichen. Besitzt der Gläubiger keinen Rechtsöffnungstitel, muss er eine *Anerkennungsklage* erheben, also eine normale Forderungsklage bei dem für den Anspruch zuständigen Gericht einleiten.[27] Im Rahmen einer solchen ordentlichen Klage kann er gleichzeitig auch die definitive Rechtsöffnung für die hängige Betreibung beantragen, sofern das angerufene Gericht dafür überhaupt zuständig ist, was namentlich bei Schieds- oder ausländischen Gerichten nicht der Fall ist.

25 Sobald der **Zahlungsbefehl rechtskräftig** wird, dh wenn kein Rechtsvorschlag erhoben oder dieser rechtskräftig beseitigt wurde, kann das Betreibungsverfahren binnen gewisser Fristen fortgesetzt werden. Der Gläubiger kann frühestens zwanzig Tage nach Zustellung des Zahlungsbefehls das *Fortsetzungsbegehren* stellen.[28] Erst dann legt das Betreibungsamt fest, welche Betreibungsart für das weitere Verfahren zum Zuge kommt. Das Recht, die Betreibung fortzusetzen, erlischt binnen eines Jahres nach Zustellung des Zahlungsbefehls. Wurde Rechtsvorschlag erhoben, steht diese Frist zwischen der Einleitung und der Erledigung eines dadurch veranlassten Gerichts- oder Verwaltungsverfahrens still.[29]

26 Bei Forderungen (auch pfandgesicherte), die auf einem **Wechsel oder Scheck** beruhen, kann die *Wechselbetreibung* verlangt werden, sofern der Schuldner der Konkursbetreibung unterliegt.[30] Für dieses Verfahren gelten **besonders kurze Fristen;** zudem muss ein allfälliger Rechtsvorschlag des Schuldners begründet und gerichtlich bewilligt werden.[31]

4. Wesentliche Verfahrensmerkmale des Konkursverfahrens

4.1 Eröffnung des Verfahrens

27 Entscheidet das Betreibungsamt nach Prüfung des Fortsetzungsbegehrens, dass der Schuldner der **Konkursbetreibung** unterliegt, stellt es dem Schuldner die **Konkursandrohung** zu.[32] Dies ist der Fall, wenn der Schuldner als Inhaber einer Einzelfirma, Mitglied einer Kollektivgesellschaft etc oder als Aktiengesellschaft, GmbH, Stiftung, Verein etc im Handelsregister eingetragen ist.[33] Für **pfandgesicherte Forderungen** hingegen wird das Verfahren ungeachtet der Konkursfähigkeit des Schuldners durch die **Betreibung auf Pfandverwertung** fortgesetzt.[34]

28 Die Konkursandrohung enthält die Anzeige, dass der Gläubiger nach Ablauf von 20 Tagen das Konkursbegehren stellen kann, wenn die Betreibungsforderung samt Kosten nicht bezahlt werden sollte.[35] Danach kann der Gläubiger **beim Konkursgericht die Konkurseröffnung beantragen.**[36] Darüber findet eine Verhandlung statt. Wird der Konkurs eröffnet, hält das Gericht den Zeitpunkt der Konkurseröffnung im Konkurserkenntnis fest.[37] Mit diesem Zeitpunkt treten die Wirkungen des Konkurses ein (→ Rn. 51 und → Rn. 65 ff.).

4.1.1 Eröffnungsgründe

29 Wenn der Schuldner die in Betreibung gesetzte Forderung inklusive Zinsen und Kosten nicht bis zur Verhandlung bezahlt hat, wird über ihn der Konkurs eröffnet. Ferner wird der Konkurs

---

[23] Art. 82 SchKG.
[24] ISv Art. 347–352 ZPO.
[25] Art. 80 SchKG.
[26] Art. 83 Abs. 2 SchKG.
[27] Art. 79 SchKG.
[28] Art. 88 Abs. 1 SchKG.
[29] Art. 88 Abs. 2 SchKG.
[30] Art. 177 Abs. 1 SchKG.
[31] Art. 182 SchKG.
[32] Art. 159 ff. SchKG.
[33] Art. 39 Abs. 1 SchKG.
[34] Art. 41 Abs. 1 SchKG.
[35] Art. 160 Abs. 1 Ziff. 3 SchKG.
[36] Art. 166 SchKG.
[37] Art. 175 SchKG.

eröffnet über jeden Schuldner, welcher sich beim Gericht als *zahlungsunfähig* erklärt, wenn keine Aussicht auf eine Schuldenbereinigung besteht.[38]

Ein Antrag auf **Konkurseröffnung ohne vorgängige Betreibung** kann schließlich gestellt werden:[39] (a.) gegen den Schuldner, dessen Aufenthaltsort unbekannt ist oder der die Flucht ergriffen hat, um sich seinen Verbindlichkeiten zu entziehen, oder der betrügerische Handlungen zum Nachteile der Gläubiger begangen oder zu begehen versucht oder bei einer Betreibung auf Pfändung Bestandteile seines Vermögens verheimlicht hat oder (b.) gegen einen der Konkursbetreibung unterliegenden Schuldner, der seine Zahlungen eingestellt hat.

4.1.1.1 Prüfung der Eröffnungsgründe

Das Verfahren vor dem Konkursgericht erfolgt im **summarischen Verfahre**n, welches insbesondere eine Beweismittelbeschränkung auf Urkunden (Dokumente) mit sich bringt.[40] Es findet eine Verhandlung statt, an der der Schuldner angehört wird; bei Verfahren auf Antrag des Schuldners kann die Verhandlung je nach Praxis der Gerichte auch entfallen.

Je nach Ausgangslage prüft das Gericht das Vorliegen der anwendbaren Konkursgründe. Recht einfach ist dies insbesondere beim Konkursantrag infolge einer erfolgreich durchgeführten Betreibung. In diesem Falle ist bloß zu prüfen, ob die Forderung des Gläubigers vollumfänglich beglichen wurde oder nicht.

Auch bei einem vom Schuldner selbst gestellten Insolvenzantrag (Konkurs infolge Zahlungsunfähigkeit) ist die Prüfung durch das Gericht beschränkt, vor allem bei der Konkurserklärung einer natürlichen Person (Privatkonkurs). Hier muss lediglich der schuldnerische Antrag vorliegen (und die Gerichtskosten bezahlt werden), eine Prüfung der finanziellen Lage erfolgt nicht.

Bei juristischen Personen muss der Insolvenzantrag durch das hierfür zuständige Organ im gesetzlich vorgesehenen Verfahren und in der richtigen Form beschlossen werden. Daher muss bei einer Aktiengesellschaft oder GmbH eine Versammlung der Aktionäre bzw. Gesellschafter in einer öffentlichen Urkunde die Auflösung infolge Insolvenz beschließen und dieser Beschluss muss durch den Verwaltungsrat bzw. die Geschäftsführung bei Gericht eingereicht werden.

Gelangt eine juristische Person infolge Überschuldung (→ Rn. 9) an das Konkursgericht, sind Unterlagen wie Zwischenbilanz und dazugehöriger Revisionsbericht sowie ein Beschluss über die Überschuldungsanzeige durch den Verwaltungsrat erforderlich.

4.1.1.2 Antragspflicht bei Vorliegen von Eröffnungsgründen

Abgesehen von der bei Überschuldung bestehenden Pflicht zur Benachrichtigung des Gerichts (→ Rn. 9) sind im Schweizer Recht keine expliziten Anzeigepflichten statuiert. Die verantwortlichen Organe von Unternehmungen tragen jedoch ein hohes Risiko der Verantwortlichkeit für den Schaden, der sich aus verspäteter Anzeige eines Konkursgrundes ergibt, wenn eine solcher pflichtwidrig nicht erkannt oder darauf nicht angemessen reagiert wurde. Insoweit kann sich eine Antragspflicht aus den Pflichten der Gesellschaftsorgane ergeben.

Bei „offensichtlich überschuldeten" Aktiengesellschaften ist auch die Revisionsstelle zur Anzeige verpflichtet, sofern der Verwaltungsrat die Anzeige unterlässt.[41] Dies ist vor allem dann relevant, wenn der Verwaltungsrat nicht innerhalb der Frist ein Sanierungskonzept vorlegt und umsetzt.

4.1.2 Antragsbefugnis

Abgesehen vom Schuldner selbst, der in jedem Falle den Antrag auf Konkurseröffnung stellen kann, ist dazu der Gläubiger berechtigt, welcher die Konkursandrohung gegen den Schuldner beantragt hat. Ferner ist, wie eben erwähnt, auch die Revisionsstelle berechtigt (und verpflichtet) (→ Rn. 37).

4.2 Rolle der Gerichte

Jede Konkurseröffnung bedarf eines gerichtlichen Entscheides, welche den Eintritt des Konkurses und dessen exakten Zeitpunkt feststellt. Ein derartiger Entscheid kann an die obere kantonale Instanz weitergezogen werden, und gegen deren Entscheid ist eine Beschwerde an das Schweizerische Bundesgericht möglich.

---

[38] Art. 191 SchKG.
[39] Art. 190 Abs. 1 SchKG.
[40] Art. 254 ZPO.
[41] Art. 728c Abs. 3 OR.

Schweiz 40–50

40 Das Konkursgericht ist nach Eröffnung des Verfahrens ferner auch zuständig für die Anordnung des sog. summarischen Verfahrens. Wenn das Konkursamt feststellt, dass in einem konkreten Fall die Kosten des ordentlichen Konkursverfahrens voraussichtlich nicht gedeckt werden können oder wenn die Verhältnisse einfach sind, beantragt es beim Konkursgericht die Durchführung des summarischen Verfahrens.[42] In der ganz überwiegenden Anzahl der Fälle wird der Konkurs im summarischen Verfahren abgewickelt. Wenn jedoch nicht genügend Aktiven zur Deckung der Verfahrenskosten vorhanden sind, wird das Verfahren sogleich wieder eingestellt, falls nicht ein Gläubiger die mutmaßlichen Konkurskosten vorschießt.[43]

41 Nachdem ein Konkursentscheid ergangen ist, beschränkt sich die Rolle der Gerichte vor allem auf diejenige einer Aufsichtsbehörde, welche gegebenenfalls Beschwerden gegen Anordnungen der Konkursverwaltung beurteilt. Hierbei handelt es sich jedoch nicht um eine besondere Aufgabe als Konkursgericht, sondern bloß um die sich aus Art. 17 SchKG ergebende allgemeine Aufsichtsfunktion als Beschwerdeinstanz in SchKG-Angelegenheiten.

42 Wenn das Konkursverfahren abgeschlossen ist, wird es mittels Gerichtsentscheid für geschlossen erklärt.[44] Eine im Handelsregister eingetragene juristische Person wird in der Folge gelöscht.

43 Sowohl Eröffnung wie Abschluss eines Konkursverfahrens, wie auch andere wichtige Mitteilungen, namentlich der Schuldenruf, also die Aufforderung zur Forderungseingabe, werden im **Schweizerischen Handelsamtsblatt** (SHAB[45]) publiziert, und allenfalls zu beachtende Fristen beginnen mit der Publikation zu laufen.

44 Wie einleitend erwähnt, ist die Organisation von Gerichts- und anderen Behörden Sache der Kantone (→ Rn. 3), weshalb die sachliche Zuständigkeit und die Organisation der Gerichte von Kanton zu Kanton unterschiedlich ausfallen können. Die aufgrund der Vorgaben des SchKG unerlässlichen Konkursgerichte können daher unterschiedlich ausgestaltet sein, in aller Regel sind sie jedoch organisatorisch Teil der ordentlichen Gerichte, sei es, dass sie als besondere Kammer oder Abteilung eines Gerichts ausgestaltet sind oder sei es, dass die Aufgaben des Konkurs- und Nachlassgerichts einer Kammer zugeteilt sind, die auch andere Aufgaben wahrnimmt.

4.3 Konkursverwalter

45 Der Entscheid des Gerichtes über die Konkurseröffnung wird umgehend auch dem örtlich zuständigen Konkursamt zugestellt. Dieses ist umfassend für die Abwicklung des Verfahrens zuständig und hat alles Notwendige für die Abwicklung vorzukehren.

46 Das **Konkursamt** ist eine staatliche Behörde, welche nach kantonalem Recht organisiert ist (→ Rn. 3). Oft ist es das örtliche Betreibungs- und Konkursamt, welches für die Konkursverfahren zuständig ist, wobei je nach Größe der Gemeinde nicht selten auch die Betreibungsbeamten zugleich auch als Konkursbeamte tätig sind. Die entsprechenden Ämter sind oft für eine politische Gemeinde, in größeren Städten zumeist für ein bestimmtes Teilgebiet, zuständig; in einigen Kantonen bestehen nur ein einziges oder einige wenige Konkursämter für das gesamte Kantonsgebiet. Die entsprechende Organisation ergibt sich aus dem kantonalen Einführungsgesetz zum SchKG (EG SchKG) oder ähnlichen Erlassen.

47 Namentlich bei größeren Konkursen kommt es öfters vor, dass in der ersten Gläubigerversammlung statt des Konkursamts eine **außeramtliche Konkursverwaltung** gewählt wird. Nicht selten geht hierbei die Initiative vom Konkursamt aus, da es für größere Konkursverfahren zumeist nicht die erforderlichen Kapazitäten hat, um nebst den zahlreichen anderen Verfahren auch einen umfangreichen Konkurs mit komplexen Verhältnissen abzuwickeln.

48 Gegebenenfalls bedürfen gewissen Handlungen der Konkursverwaltung der Zustimmung der Gläubigerversammlung oder des Gläubigerausschusses (vgl. dazu → Rn. 71), oder es kann die Zustimmung der Gläubigergesamtheit auf dem Zirkularweg eingeholt werden, was namentlich bei summarischen Verfahren die Regel und bei ordentlichen Verfahren ebenfalls häufig anzutreffen ist.

49 Die Rechte und Pflichten der Konkursverwaltung ergeben sich aus dem Gesetz und den dazugehörigen Verordnungen, wovon insbesondere die Verordnung über die Geschäftsführung der Konkursämter (KOV) zu erwähnen ist. Diese enthält namentlich detaillierte Vorschriften über die zu führenden Protokolle, die Inventaraufnahme, die Kollokation (→ Rn. 75) und weitere Verrichtungen.

50 Die Entschädigung der Konkursverwaltung richtet sich nach der Gebührenverordnung zum SchKG (GebV SchKG). Die dort vorgesehenen Ansätze für einzelne Verrichtungen oder nach

---

[42] Art. 231 SchKG.
[43] Art. 230 SchKG.
[44] Art. 268 Abs. 2 SchKG.
[45] Vgl. den Link vorne bei Ziff. 1.3.

4.4 Verwaltung und Verwertung der Masse

Das Konkursamt macht die **Eröffnung des Konkurses öffentlich** bekannt, sobald feststeht, 51
ob dieser **im ordentlichen oder summarischen Verfahren** durchgeführt werden kann.[47] Die
Konkurspublikation umfasst insbesondere die Bekanntgabe des Namens und Wohnorts des Konkursiten sowie den Zeitpunkt der Konkurseröffnung, die **Aufforderung an Konkursgläubiger** und
Aussonderungsberechtigte, ihre **Ansprüche innerhalb einer Monatsfrist beim Konkursamt
anzumelden.**[48]

Allfällige Forderungen können noch bis zum Schluss des Konkursverfahrens angemeldet werden, 52
wobei der Gläubiger sämtliche durch die verspätete Konkursanmeldung verursachten Kosten zu
tragen hat.[49]

Die Konkurspublikation enthält sodann, unter Androhung der Strafrechtssanktionen von 53
Art. 324 Ziff. 2 StGB, die Aufforderung an die Schuldner des Konkursiten, sich binnen der Eingabefrist beim Konkursamt zu melden und Auskünfte über die Guthaben des Konkursiten zu erteilen.
Auch die Besitzer von Sachen im Eigentum des Konkursiten, insbesondere Faustpfandgläubiger,
werden aufgefordert, binnen der gleichen Frist die Sachen des Konkursiten dem Konkursamt zur
Verfügung zu stellen.[50]

Die **Konkursmasse umfasst das gesamte pfändbare Vermögen,** das dem Schuldner im 54
Zeitpunkt der Konkurseröffnung gehört und welches ihm bis zum Schluss des Konkursverfahrens
anfällt, egal wo es gelegen ist.[51] Dies entspricht dem **Grundsatz der Universalität** des Konkurses,
welcher allerdings durch das **Territorialitätsprinzip** eingeschränkt wird. Auch das **im Ausland
liegende Schuldnervermögen gehört im Prinzip zur Konkursmasse,** nur können der Beizug
(Admassierung) und die Verwertung von Vermögen im Ausland mit rechtlichen und praktischen
Schwierigkeiten verbunden sein (dazu → Rn. 164).

Zur Konkursmasse gehören ferner Vermögensstücke, die mit Pfandrechten belastet sind,[52] 55
gepfändete Vermögensstücke, deren Verwertung zum Zeitpunkt der Konkurseröffnung noch nicht
stattgefunden hat, und Arrestgegenstände[53] (dazu → Rn. 62) sowie alles, was Gegenstand einer
Anfechtungsklage sein kann[54] (dazu → Rn. 157).

Die Konkursverwaltung hat alle zur **Erhaltung und Verwertung der Konkursmasse** gehö- 56
renden Geschäfte zu besorgen und diese namentlich auch vor Gericht zu vertreten.[55] Dazu gehören
insbesondere der Entscheid über die Aussonderung (dazu → Rn. 90 f.) und die Admassierung von
Gegenständen sowie der Forderungseinzug und gegebenenfalls der Notverkauf von Gegenständen,
die einer schnellen Wertminderung ausgesetzt sind oder hohe Kosten verursachen.[56]

Die zur Masse gehörenden Vermögenswerte werden auf Anordnung der Konkursverwaltung 57
öffentlich versteigert oder, falls die Gläubiger es beschliessen, freihändig verkauft.[57]

Verzichtet die Gläubigergesamtheit auf die Geltendmachung von Ansprüchen, wie zB 58
kostenintensive Verantwortlichkeits- oder Anfechtungsprozesse, so ist jeder Gläubiger berechtigt, die
Abtretung solcher Rechtsansprüche der Masse zu verlangen. Das Ergebnis dient nach Abzug
der Kosten zur Deckung der Forderungen derjenigen Gläubiger, an welche die Abtretung stattgefunden hat, nach dem unter ihnen bestehenden Range; ein allfälliger Überschuss geht an die Masse.[58]
Die Abtretung nach Art. 260 SchKG ist ein Institut *sui generis* und ist im Wesentlichen keine vollrechtliche Abtretung, sondern die Übertragung eines Prozessführungsrechts, das den Gläubiger
berechtigt, in eigenem Namen einen Prozess für die Masse zu führen. Sie kommt in der Praxis sehr
oft vor und wird bei fast jedem Konkursverfahren angewandt.

---

[46] Art. 47 GebV SchKG.
[47] Art. 232 Abs. 1 SchKG.
[48] Art. 232 Abs. 2 Ziff. 2 SchKG.
[49] Vgl. Art. 251 SchKG.
[50] Art. 232 Abs. 2 Ziff. 3 und 4 SchKG; vgl. zu den Pfandgläubigern unten bei 5.b.
[51] Art. 197 SchKG.
[52] Art. 198 SchKG.
[53] Art. 199 Abs. 1 SchKG.
[54] Art. 200 SchKG.
[55] Art. 240 SchKG.
[56] Vgl. Art. 242 f. SchKG.
[57] Art. 256 Abs. 1 SchKG.
[58] Art. 260 Abs. 1 und 2 SchKG.

4.5 Fortführung durch den Schuldner oder Konkursverwalter

59 Mit der Eröffnung des Konkurses verliert der Schuldner die Verfügungsbefugnis über sein Vermögen. Eine Weiterführung eines vom Schuldner zuvor geführten Geschäfts durch diesen selber ist damit nicht mehr möglich und vom Gesetz auch gar nicht vorgesehen.

60 Die Rolle des Konkursverwalters besteht in der Sicherung der Masse und deren Verwertung, nicht in der Weiterführung eines Geschäfts. Sofern solches im Interesse der Gläubiger angezeigt wäre, müsste dies bereits im Konkurseröffnungsverfahren geprüft und gegebenenfalls ein Nachlassverfahren angeordnet werden; ist der Konkurs ausgesprochen, ist eine Geschäftsweiterführung an sich zwar noch denkbar, in der Praxis aber kaum je machbar. Im Übrigen sind die staatlichen Konkursämter in aller Regel von den personellen Kapazitäten wie auch der Ausbildung her nicht in der Lage, ein Geschäft weiterzuführen.

61 Lediglich im begrenzten Umfang ist es denkbar, dass einzelne laufende Geschäfte noch abgeschlossen werden (dazu → Rn. 141).

4.6 Sicherungsmaßnahmen vor Verfahrenseröffnung

62 Als **allgemeines Mittel der Sicherung von Vermögenssubstrat** für eine spätere Vollstreckung dient in erster Linie der *Arrest* gemäß Art. 271 ff. SchKG. Dieser kann vom Gericht am Ort eines Vermögensgegenstandes in einem **summarischen Verfahren ohne Anhörung der Gegenpartei** bewilligt werden, wenn der Gläubiger (a.) den **Bestand einer fälligen**[59] **Forderung**, welche nicht durch ein Pfand gedeckt sein darf, (b.) das **Vorliegen eines Arrestgrundes** sowie (c.) das **Vorhandensein von Vermögensgegenständen des Schuldners**[60] glaubhaft macht. Wichtige Arrestgründe sind insbesondere das Vorliegen eines definitiven Rechtsöffnungstitels[61] oder das Fehlen eines schweizerischen Wohnsitzes des Schuldners[62] (sog. Ausländerarrest). Letzteres setzt allerdings einen genügenden Bezug der Gläubigerforderung zur Schweiz voraus, sofern nicht ein vollstreckbares gerichtliches Urteil oder eine Schuldanerkennung im Sinne von Art. 82 Abs. 1 SchKG[63] vorliegt. Allein die Existenz eines schweizerischen Bankkontos schafft noch keinen genügenden Bezug zur Schweiz. Infolge der Revision des Lugano Übereinkommens wurde das schweizerische Arrestrecht einer Anpassung unterzogen, namentlich wurde die bisherige Beschränkung der Kompetenzen des Arrestrichters auf Vermögensgegenstände in seinem Hoheitsgebiet aufgehoben, und es kann nun vom Richter am Ort eines Arrestgegenstandes der Arrest auch für Vermögenswerte anderswo in der Schweiz angeordnet werden (schweizweiter Arrest).

63 Ein bewilligter Arrest muss vom Gläubiger binnen 10 Tagen prosequiert, dh durch Einleitung einer Betreibung oder durch ordentliche Klage fortgesetzt werden.

64 **Andere Sicherungsmaßnahmen** setzen ein fortgeschrittenes Einleitungsverfahren voraus. So kann ein Gläubiger in der Spezialexekution die **provisorische Pfändung** verlangen, wenn die ihm gewährte Rechtsöffnung definitiv geworden ist.[64] Bei einem der Konkursbetreibung unterliegenden Schuldner kann unter der gleichen Voraussetzung die **Aufnahme eines Güterverzeichnisses** beantragt werden.[65] Das Güterverzeichnis ist ein amtliches Inventar des Schuldnervermögens, welches im Falle einer Konkurseröffnung die Aktivmasse bilden könnte. Dementsprechend nimmt es ein späteres Konkursinventar vorweg.

4.7 Wirkungen der Verfahrenseröffnung auf die Rechtsverhältnisse des Schuldners

65 Mit der Konkurseröffnung **verliert der Schuldner die Verfügungsfähigkeit** über das zur Konkursmasse gehörende Vermögen. Die von ihm nach Konkurseröffnung vorgenommenen Rechtshandlungen in Bezug auf Aktiven der Konkursmasse sind gegenüber den Konkursgläubigern ungültig.[66]

66 Fällt der Schuldner in Konkurs, begründen weder der Arrest noch eine provisorische oder definitive Pfändung ein Vorzugsrecht des betreffenden Gläubigers.

---

[59] Bei den Arrestgründen von Art. 271 Abs. 1 Ziff. 1 und 2 SchKG kann auch für eine nicht verfallene Forderung Arrest beantragt werden (Art. 271 Abs. 2 SchKG).
[60] Was die Kenntnisse des Gläubigers von Vermögenswerten des Schuldners und deren Belegenheit voraussetzt, was nicht immer einfach sein mag, vgl. → Rn. 161 f.
[61] Art. 271 Abs. 1 Ziff. 6 SchKG, vgl. auch → Rn. 23 zum Begriff des definitiven Rechtsöffnungstitels.
[62] Art. 271 Abs. 1 Ziff. 4 SchKG.
[63] Dh ein Rechtsöffnungstitel gegeben ist, wie in → Rn. 23 erläutert.
[64] Art. 83 Abs. 1 SchKG; BGE 122 III 36 ff. (BGE: in der amtlichen Sammlung publizierter Bundesgerichtsentscheid).
[65] Art. 162 ff. SchKG.
[66] Art. 204 Abs. 1 SchKG.

4.8 Wirkungen der Verfahrenseröffnung auf laufende Verfahren

Mit Ausnahme dringlicher Fälle werden Zivilprozesse, in denen der Schuldner Partei ist und die den Bestand der Konkursmasse berühren, eingestellt.[67]

Alle gegen den Schuldner hängigen Betreibungen sind aufgehoben, und neue Betreibungen für Forderungen, die vor der Konkurseröffnung entstanden sind, können während des Konkursverfahrens nicht eingeleitet werden. Ausgenommen sind Betreibungen auf Verwertung von Drittpfändern.[68]

Dies gilt jedoch nur für inländische Konkurse; bei im Ausland eröffneten Konkursen tritt diese Wirkung erst mit Anerkennung des Konkurses in der Schweiz ein.

4.9 Organe der Gläubiger

Im **summarischen Verfahren** finden in der Regel **keine Gläubigerversammlungen** statt.

Im **ordentlichen Verfahren** finden **zwei Gläubigerversammlungen** statt. In der *ersten Gläubigerversammlung* erstattet das Konkursamt Bericht über die Aufnahme des Inventars und den Bestand der Masse. Die Gläubigerversammlung entscheidet, ob das Konkursamt als Verwalter bestätigt oder ob eine außeramtliche Konkursverwaltung eingesetzt wird. Die Versammlung kann ferner einen **Gläubigerausschuss** wählen.[69]

Die *zweite Gläubigerversammlung* findet nach Auflage des Kollokationsplans (→ Rn. 75) statt. Eingeladen werden die Gläubiger, deren Forderungen nicht bereits rechtskräftig abgewiesen sind.[70] Die Konkursverwaltung erstattet umfassend Bericht über den Gang der Verwaltung und den Stand der Aktiven und Passiven.[71] Die Versammlung beschließt über die Bestätigung der Konkursverwaltung und gegebenenfalls des Gläubigerausschusses und ordnet alles Weitere für die Durchführung des Konkurses an, insbesondere betreffend Verwertung der Aktiven.[72]

Weitere Gläubigerversammlungen werden einberufen, wenn ein Viertel der Gläubiger oder der Gläubigerausschuss es verlangt oder wenn die Konkursverwaltung es für nötig hält.[73] Des Weiteren können wichtige, durch die Gläubigergesamtheit zu fällende **Beschlüsse auf dem Zirkularweg** gefasst werden,[74] was in der Praxis wesentlich häufiger vorkommt als zusätzliche Versammlungen.

4.10 Forderungsanmeldung, Feststellung oder Bestreiten von Forderungen

Mit der Konkurspublikation, oder einer späteren Publikation im SHAB, wird den Gläubigern eine Frist zur Eingabe ihrer Forderungen angesetzt, wobei diese Frist spätere Forderungseingaben nicht ausschließt (→ Rn. 51 f.).

Nach Ablauf der Eingabefrist prüft die Konkursverwaltung die eingegebenen Forderungen und macht die dazu erforderlichen Abklärungen.[75] Die Konkursverwaltung entscheidet über die **Anerkennung der Forderungen**[76] und den Plan für die **Rangordnung der Gläubiger** im Rahmen der Auflage des *Kollokationsplans*,[77] aus welchem der Betrag der zugelassenen Forderungen und deren Rang sowie auch die abgewiesenen Forderungen und der Grund der Abweisung hervorgehen.[78] Der Kollokationsplan ist binnen 60 Tagen nach Ablauf der Eingabefrist zu erstellen; eine Frist, die in der Praxis praktisch nie eingehalten wird.

Der Kollokationsplan wird beim Konkursamt zur Einsicht aufgelegt, und die Auflage ist öffentlich bekannt zu machen.[79] Ein Gläubiger, der den **Kollokationsplan anfechten** will, weil seine Forderung nicht oder nicht vollumfänglich und/oder im beanspruchten Range zugelassen wurde, kann **binnen 20 Tagen nach der öffentlichen Auflage** durch Einleiten einer *Kollokationsklage* beim Richter am Konkursort gegen die Masse klagen.[80] Will ein Gläubiger die Zulassung eines

---

[67] Art. 207 Abs. 1 SchKG.
[68] Art. 206 Abs. 1 SchKG.
[69] Art. 237 SchKG.
[70] Art. 252 Abs. 1 SchKG.
[71] Art. 253 Abs. 1 SchKG.
[72] Art. 253 Abs. 2 und 243 Abs. 3 SchKG.
[73] Art. 255 SchKG.
[74] Vgl. Art. 255a SchKG.
[75] Art. 244 SchKG.
[76] Art. 245 SchKG.
[77] Art. 247 Abs. 1 SchKG.
[78] Art. 248 SchKG.
[79] Art. 249 Abs. 1 und 2 SchKG.
[80] Art. 250 Abs. 1 SchKG (positive Kollokationsklage).

anderen Gläubigers oder dessen Rang bestreiten, so muss er binnen der gleichen Frist eine Klage gegen diesen Gläubiger erheben.[81]

4.11 Verteilung der Masse

77 Nachdem sowohl die Aktiv- wie auch die Passivmasse bereinigt und rechtskräftig festgestellt sind und der gesamte Erlös der Verwertung der Aktiven eingegangen ist, stellt die Konkursverwaltung die **Verteilungsliste und die Schlussrechnung** auf.[82] Diese liegen während 10 Tagen beim Konkursamt zur Einsicht; die Auflage wird jedem Gläubiger angezeigt.[83] Im summarischen Verfahren sind Auflage von Verteilungsliste und Schlussrechnung sowie Anzeige an die Gläubiger nicht vorgeschrieben. Sofort nach Ablauf der Auflagefrist schreitet die Konkursverwaltung zur Verteilung;[84] für den **ungedeckt gebliebenen Betrag der Forderung** erhält der Gläubiger einen **Verlustschein**, welcher die in Art. 149, 149a und 265 SchKG erwähnten Wirkungen zeitigt, insbesondere die Unverzinslichkeit der Verlustscheinforderung sowie deren Verjährung binnen 20 Jahren. Ein Verlustschein berechtigt den Gläubiger zudem, Arrest legen zu lassen (→ Rn. 62).

78 Vorzeitige Abschlagszahlungen können vorgenommen werden, sobald die Frist zur Anfechtung des Kollokationsplans abgelaufen ist[85] und wenn Gewähr besteht, dass dadurch das Endergebnis nicht beeinträchtigt wird. Der Entscheid obliegt dem Gläubigerausschuss, sofern einer bestellt wurde, oder der Konkursverwaltung.

4.11.1 Massegläubiger

79 Sämtliche während des Konkursverfahrens entstandenen Kosten (Massekosten) und eingegangenen Schuldverpflichtungen (Masseschulden), die **Masseverbindlichkeiten,** sind vorab aus dem Reinerlös der Verwertung zu befriedigen. Die Masseverbindlichkeiten genießen daher ein „Superprivileg", noch vor den gemäß Gesetz privilegierten Gläubigern. Masseverbindlichkeiten sind im Gesetz kaum geregelt,[86] und es ist daher bei strittigen Fragen auf die Praxis abzustellen.

4.11.2 Bevorrechtigte Gläubiger

80 Die ungesicherten Forderungen werden nach Maßgabe der **Rangordnung von Art. 219 Abs. 4 SchKG** befriedigt, wobei die Gläubiger einer Klasse unter sich gleich behandelt werden und die nachfolgenden Gläubiger erst dann Anspruch auf Erlös haben, wenn die vorangehenden Klassen befriedigt sind.[87]

81 Art. 219 Abs. 4 SchKG sieht folgende Rangordnung der Gläubigerforderungen vor:

82 *Erste Klasse*
  a. Forderungen von **Arbeitnehmern aus dem Arbeitsverhältnis,** die nicht früher als sechs Monate vor der Konkurseröffnung entstanden oder fällig geworden sind (aber nicht mehr als der maximale Jahresverdienst gemäß obligatorischer Unfallversicherung[88]) sowie weitere im Zusammenhang mit dem Arbeitsverhältnis stehende Forderungen.
  b. Ansprüche der Versicherten nach Unfallversicherungsgesetz und nicht obligatorischer **beruflicher Vorsorge** und die Forderungen von **Personalvorsorgeeinrichtungen.**
  c. Geldwerte Unterhalts- und Unterstützungsansprüche des Familienrechts und ähnliche Ansprüche, begrenzt auf die letzten sechs Monate vor der Konkurseröffnung.

83 *Zweite Klasse*
  a. Die Forderungen von Personen, deren Vermögen kraft elterlicher Gewalt dem Schuldner anvertraut war, für alles, was derselbe ihnen in dieser Eigenschaft schuldig geworden ist.
  b. Sodann die in der Revision von 1994 weggefallenen, aus sozialpolitischen Gründen im Jahre 2001 jedoch wieder eingeführten Privilegien für die **Beitragsforderungen** nach den Bundesgesetzen über die **Alters- und Hinterlassenenversicherung, Invalidenversicherung, Unfallversicherung, dem Arbeitslosenversicherungsgesetz** etc.
  c. Ferner gehört auch das sog. *Einlageprivileg* gemäß Art. 37a Abs. 2 des Bankengesetzes für Forderungen im Namen des Einlegers bis zu **100.000 CHF** in die zweite Klasse (vgl. auch → Rn. 11).

---

[81] Art. 250 Abs. 2 SchKG (negative Kollokationsklage).
[82] Art. 261 SchKG.
[83] Art. 263 SchKG.
[84] Art. 264 SchKG.
[85] Art. 266 SchKG.
[86] Vgl. aber Art. 262 Abs. 1 SchKG für Massekosten und Art. 211a Abs. 2 SchKG für Dauerschuldverhältnisse.
[87] Art. 220 SchKG.
[88] Derzeit rund 148.000 CHF.

Alle übrigen Forderungen fallen in die **dritte Klasse** und sind nicht privilegiert (→ Rn. 87). **84**

4.11.3 Gesicherte Gläubiger

In einem schweizerischen Konkurs werden auch die **Pfandgegenstände zur Konkursmasse** **85** **gezogen** und zusammen mit den übrigen Aktiven verwertet.[89] Dies gilt namentlich für sämtliche **Faustpfandforderungen** und für **fällige Grundpfandforderungen;** die nicht fälligen Grundpfandforderungen demgegenüber werden nicht liquidiert, sondern dem Erwerber des Grundstücks überbunden.[90]

Die Pfandgläubiger haben ein **Recht auf vorrangige Befriedigung aus dem Pfanderlös.** **86** Vorab werden die pfandgesicherten Forderungen aus dem Ergebnis der Pfandverwertung bezahlt.[91] Der ungedeckte Betrag der pfandgesicherten Forderungen wird wie eine ungesicherte Forderung behandelt und gemäß der Rangordnung von Art. 219 Abs. 4 SchKG aus dem Erlös der übrigen Konkursmasse gedeckt.

4.11.4 Ungesicherte Insolvenzgläubiger

Alle übrigen Forderungen, dh nicht privilegierte Forderungen (sog. *Kurrentforderungen*) und **87** der ungedeckt gebliebene Teil von Pfandforderungen, fallen in die **dritte Klasse** und werden somit erst zuletzt bedient, sofern und soweit die Gläubiger der ersten und zweiten Klasse vollständig befriedigt werden konnten.

4.11.5 Nachrangige Insolvenzgläubiger

Durch **Rangrücktritt,** also durch privatrechtliche Vereinbarung, kann sodann innerhalb der **88** Gläubigergruppe der dritten Klasse eine Bevorzugung der gewöhnlichen Gläubiger gegenüber denjenigen mit einer Rangrücktrittserklärung geschaffen werden. Dabei erklären bspw. Darlehens- oder Anleihensgläubiger den Verzicht auf Befriedigung im Konkurs, bevor nicht die übrigen Kurrentgläubiger voll gedeckt sind oder eine gewisse Mindestdividende erhalten haben.

Forderungen der Gesellschafter werden nicht *a priori* als nachrangig behandelt, sondern sind in **89** der dritten Klasse zu kollozieren. Die Konkursverwaltung kann solche Forderungen jedoch abweisen, weil sie zB als Eigenkapital ersetzende Darlehen zu qualifizieren sind.

4.11.6 Aussonderungsberechtigte Gläubiger

Was nicht zum Vermögen des Schuldners gehört, kann auch nicht Bestandteil der Konkursmasse **90** sein. Ist die Zugehörigkeit zur Konkursmasse strittig, muss die **Berechtigung am Vermögenswert im** *Aussonderungsverfahren* geklärt werden. Der Gewahrsam an der umstrittenen Sache entscheidet darüber, wem allenfalls die Klägerrolle zufällt: Befindet sich die Sache im Besitz des Konkursiten, hat der Drittansprecher von der Konkursverwaltung die Herausgabe zu verlangen. Hält diese den Anspruch für unbegründet, setzt sie dem Dritten eine Frist von 20 Tagen, um beim Richter am Konkursort Klage einzureichen. Wird keine Klage eingereicht, ist der Anspruch verwirkt.[92] Befindet sich die Sache dagegen im Gewahrsam oder Mitgewahrsam des Dritten, fällt die Klägerrolle der Konkursmasse zu.[93]

Das Konkursrecht gewährt ferner in den Fällen von Art. 201–203 SchKG (zB Inkassomandat **91** bei Inhaber- und Orderpapieren oder Distanzkauf) ein selbständiges **Aussonderungsrecht.** Aussonderungsberechtigt ist auch der **Bankkunde** an den in seinem Namen bei einer insolventen Bank **hinterlegten Depotwerten**[94] (vgl. auch → Rn. 11).

4.12 Abschluss des Konkursverfahrens

Wenn die Liquidationsdividenden an die Gläubiger ausbezahlt wurden und keine Aktiven mehr **92** zu verwerten sind (→ Rn. 77), kann das Verfahren abgeschlossen werden. Der Konkursverwalter erstattet den Schlussbericht und reicht ihn dem Konkursgericht ein. Dieses erklärt das Konkursverfahren für geschlossen, wenn es befindet, dass das Verfahren vollständig durchgeführt wurde.[95] Der Abschluss des Konkurses wird im SHAB publiziert.

---

[89] Art. 198 SchKG.
[90] Vgl. Art. 135 SchKG.
[91] Art. 219 Abs. 1 SchKG.
[92] Art. 242 Abs. 1 SchKG.
[93] Art. 242 Abs. 3 SchKG.
[94] Art. 37d Bankengesetz, mit Verweis auf die Regelungen des Bucheffektengesetzes bei Unterbeständen.
[95] Art. 268 SchKG.

Schweiz 93–100

93 Wenn nach Abschluss des Verfahrens noch neue Vermögenswerte entdeckt werden, so verwertet das Konkursamt diese, mit den Worten des SchKG, „ohne weitere Förmlichkeit" und verteilt den Erlös an die Gläubiger.[96]

94 In der Praxis nicht selten anzutreffen ist auch der Fall, dass ein Konkursverfahren zwar geschlossen wurde, einzelne Aktiven jedoch noch nicht realisiert wurden. Dies kann eintreten, wenn Ansprüche an einen oder mehrere Gläubiger im Sinne von Art. 260 SchKG abgetreten wurden (→ Rn. 58) und im Zusammenhang damit erhobene Prozesse noch nicht abgeschlossen sind. Im Schlussbericht an das Gericht hat sich der Konkursverwalter dazu zu äußern und darzulegen, weshalb das Verfahren trotzdem geschlossen werden kann. In der Regel dürfte der Grund darin liegen, dass aus solchen Verfahren kein Überschuss zugunsten der Konkursmasse zu erwarten ist.

5. Wesentliche Verfahrensmerkmale des Nachlassverfahrens

95 Die eigentliche Reorganisation eines Unternehmens war früher im schweizerischen Insolvenzrecht nicht vorgesehen. In der Folge des Zusammenbruchs des Swissair-Konzerns im Jahr 2001 wurde das **Sanierungsrecht** überarbeitet und per 1.1.2014 in Kraft gesetzt. Für die Sanierung oder allenfalls die Liquidation einer insolventen Unternehmung steht das **Nachlassverfahren** zur Verfügung.

96 Ziel des Nachlassverfahrens ist der Abschluss eines **Nachlassvertrages**, der die Zustimmung einer Mehrheit der Gläubiger findet und mit gerichtlicher Bestätigung danach für alle verbindlich wird. Beim **gerichtlichen Nachlassvertrag** können **zwei Grundtypen** unterschieden werden:
a. Der **ordentliche Nachlassvertrag**[97], entweder in der Form des **Stundungsvergleich**, bei dem die Gläubiger nach einem bestimmten Zeitplan vollumfänglich befriedigt werden, oder den **Prozent- bzw. Dividendenvergleich**, bei dem der Schuldner alle Gläubiger im gleichen Ausmaß befriedigt und ihm der Rest der Forderungen erlassen wird. Denkbar sind auch Kombinationen hiervon und andere Entschädigungsformen; sowie
b. der **Nachlassvertrag mit Vermögensabtretung**[98] (auch als Liquidationsvergleich bezeichnet), bei dem der Schuldner den Gläubigern sein Vermögen oder Teile davon zur Verfügung stellt und diese sich aus der Liquidation dieser Vermögenswerte und dem daraus erzielten Erlös Befriedigung verschaffen können.

5.1 Eröffnung des Verfahrens

97 Das Nachlassverfahren wird auf Antrag des Schuldners, eines Gläubigers, der zum Konkursantrag berechtigt ist, oder durch das Konkursgericht eingeleitet.[99] Das Nachlassgericht bewilligt unverzüglich (dh in der Regel ohne Verhandlung) eine **provisorische Nachlassstundung** für maximal vier Monate,[100] welche dem Schuldner für den bewilligten Zeitraum Gläubigerschutz gewährt.

98 Das Gericht setzt einen oder mehrere **provisorische Sachwalter** ein; in begründeten Fällen kann davon abgesehen werden.[101] Ferner kann in begründeten Fällen, auf Antrag einer Partei, auf die öffentliche Bekanntmachung der provisorischen Stundung verzichtet werden; dann muss jedoch zwingend ein Sachwalter ernannt werden.[102]

5.1.1 Eröffnungsgründe

99 Unter dem seit 2014 geltenden Recht ist die Hürde für die Bewilligung der provisorischen Nachlassstundung tief angesetzt. Nur wenn offensichtlich **keine Aussicht auf Sanierung oder Bestätigung eines Nachlassvertrages** besteht (sei es bei der Prüfung der provisorischen oder der definitiven Nachlassstundung), **eröffnet das Nachlassgericht von Amtes wegen den Konkurs**.[103] Dies ist namentlich dann denkbar, wenn für die Durchführung des Nachlassverfahrens offensichtlich nicht genügend Mittel zur Verfügung stehen.

100 Wenn vor Ablauf der provisorischen Nachlassstundung weiterhin Aussicht auf Sanierung oder Bestätigung eines Nachlassvertrages besteht, bewilligt das Nachlassgericht die *definitive Nachlassstundung* **für vier bis sechs Monate** und ernennt einen oder mehrere *definitive Sachwalter*. Es setzt

---

[96] Art. 269 SchKG.
[97] Art. 314 SchKG.
[98] Art. 317 SchKG.
[99] Art. 293 SchKG.
[100] Art. 293a SchKG.
[101] Art. 293b SchKG.
[102] Art. 293c Abs. 2 SchKG.
[103] Art. 293a Abs. 3 bzw. 294 Abs. 3 SchKG.

einen Gläubigerausschuss ein, wo es die Umstände erfordern,[104] namentlich in komplexen Fällen. Auf Antrag des Sachwalters kann die Stundung um 12, in komplexen Fällen um bis zu 24 Monate verlängert werden.[105]

Ein Schuldner kann mit seinen Gläubigern auch einen **außergerichtlichen Nachlassvertrag** 101 anstreben. Dieser ist ein rein privatrechtliches Rechtsgeschäft und **bindet lediglich die daran beteiligten Parteien,** weshalb er in der Praxis höchstens bei einfachen und übersichtlichen Verhältnissen in Frage kommt.

5.1.1.1 Prüfung der Eröffnungsgründe

Die Bewilligung der ***provisorischen Nachlassstundung*** erfolgt regelmäßig ohne Verhandlung 102 aufgrund des Gesuchs und der diesem beigelegten Urkunden, welche insbesondere über die finanzielle Lage des Schuldners Auskunft geben müssen. Das Gesetz erwähnt insbesondere aktuelle Bilanz, Erfolgsrechnung und Liquiditätsplanung sowie einen provisorischer Sanierungsplan,[106] an den jedoch keine hohen Anforderungen gestellt werden.

Bei juristischen Personen ist die oberste Geschäftsführung zuständig für den Antrag auf Nachlass- 103 stundung, was mit entsprechendem Beschlussprotokoll zu belegen ist.

5.1.1.2 Antragspflicht bei Vorliegen von Eröffnungsgründen

Abgesehen von der bei Überschuldung bestehenden Pflicht zur Benachrichtigung des Gerichts 104 (→ Rn. 9) sind im Schweizer Recht **keine expliziten Anzeigepflichten** statuiert. Wenn die Gesellschaft an das Nachlass- statt an das Konkursgericht gelangt, vermag sie ihrer Benachrichtigungspflichten unter Art. 725 OR nachzukommen. Vgl. auch → Rn. 36 zum **Risiko der Haftung als verantwortliches Organ.**

5.1.2 Antragsbefugnis

Abgesehen vom Schuldner selbst ist zum Antrag auf Nachlassstundung auch **ein Gläubiger** 105 **berechtigt, welcher ein Konkursbegehren stellen könnte,**[107] dh der das Einleitungsverfahren bis zum Erlass der Konkursandrohung veranlasst hat. Gesuche eines Gläubigers dürften in der Praxis selten sein, oft wird der Gläubiger nicht über die Informationen verfügen, um die finanzielle Lage des Schuldners und die Erfolgsaussichten eines Nachlassverfahrens beurteilen zu können.

5.2 Rolle der Gerichte

Anders als im Konkurs ist die Rolle der Gerichte im Nachlassverfahren wesentlich grösser. Das 106 Nachlassgericht[108] ist zuständig für die Bewilligung der provisorischen und definitiven Nachlassstundung, die Ernennung des Sachwalters sowie gegebenenfalls eines Gläubigerausschusses, allenfalls einer Verlängerung der gewährten Dauer und zum Abschluss der Nachlassstundung schließlich für die Genehmigung des Nachlassvertrages.

Wenn während der Nachlassstundung wesentliche Aktiven des Schuldners verkauft oder belastet 107 werden sollen, ist hierfür die Ermächtigung des Nachlassgerichts (oder des Gläubigerausschusses, falls einer bestellt wurde), erforderlich.[109] Nicht selten ist bspw., dass während der Nachlassstundung die überlebensfähigen Teile eines Unternehmens in eine Auffanggesellschaft überführt werden, während der Rest im Konkurs oder durch Nachlassvertrag mit Vermögensabtretung liquidiert wird. Eine Ermächtigung zum Verkauf kann im Übrigen auch bereits mit dem Gesuch um Nachlassstundung beantragt werden, man spricht dann von einem „pre-pack" bzw. einer „pre-packed" Transaktion, welche bereits vor Einreichung des Gesuchs vorbereitet und ausgehandelt wurde, wegen möglicher Anfechtungsrisiken aber nicht ohne gerichtliche Ermächtigung vollzogen werden konnte (vgl. auch → Rn. 159).

Beim Nachlassvertrag mit Vermögensabtretung nimmt das Nachlassgericht die jährlichen 108 Berichte und den Schlussbericht des Liquidators entgegen.[110] Beim ordentlichen Nachlassvertrag ist das Gericht sodann zuständig für den Antrag eines Gläubigers auf Aufhebung des Nachlassvertrages bei Nichterfüllung durch den Schuldner.[111]

---

[104] Art. 295a SchKG.
[105] Art. 295b Abs. 1 SchKG.
[106] Art. 293 lit. a SchKG.
[107] Art. 293 lit. b SchKG.
[108] Organisatorisch oft die gleiche Gerichtsabteilung, die sich auch mit Konkursen befasst (vgl. auch → Rn. 44).
[109] Art. 298 Abs. 2 SchKG.
[110] Art. 330 SchKG.
[111] Art. 316 SchKG.

5.3 Nachlassverwalter

109 Mit der Bewilligung der provisorischen Nachlassstundung ernennt das Nachlassgericht einen oder mehrere **provisorische Sachwalter**. Weder die Bewilligung der provisorischen Stundung noch die Einsetzung des provisorischen Sachwalters sind anfechtbar.[112] Auf die Ernennung eines Sachwalters kann in begründeten Fällen verzichtet werden, was aber eine Ausnahme bleiben dürfte.[113] Ein Sachwalter muss zwingend eingesetzt werden, wenn die provisorische Nachlassstundung nicht öffentlich bekannt gegeben wird.[114]

110 Der potentielle Sachwalterkandidat wird üblicherweise im Nachlassgesuch des Schuldners dem Nachlassgericht vorgeschlagen. Wird ein geeigneter Kandidat vorgeschlagen, so wird er in aller Regel auch vom Gericht ernannt. In Frage kommen insbesondere Anwälte mit entsprechender Erfahrung oder auf solche Mandate spezialisierte Unternehmungen. In einigen Kantonen bedarf es hierfür eines besonderen Fähigkeitsausweises (Patent) oder eines gleichwertigen Ausweises.

111 Der provisorische Sachwalter überwacht während der Nachlassstundung die Handlungen des Schuldners und wirkt bei der Geschäftsführung mit. Er muss die **finanzielle Situation des Schuldners abklären und die Chancen für eine Sanierung oder für das Zustandekommen eines Nachlassvertrages prüfen**. Vor Ablauf der provisorischen Stunden hat er **dem Nachlassgericht Bericht zu erstatten** und Antrag für das weitere Vorgehen zu stellen, dh entweder Bewilligung einer definitiven Nachlassstundung oder deren Ablehnung, was gleichbedeutend mit einem Antrag auf Konkurseröffnung ist. Das Gericht hat hierfür eine Verhandlung durchzuführen.

112 Wird die Nachlassstundung definitiv gewährt, ist zwingend ein definitiver Sachwalter zu bestimmen, anders als (ausnahmsweise) in der provisorischen Nachlassstundung. In aller Regel wird dies der schon mit der Angelegenheit vertraute provisorische Sachwalter sein.

113 Der **definitive Sachwalter** leitet das Nachlassverfahren und muss insbesondere für den Erhalt des Schuldnervermögens besorgt sein. Er **beaufsichtigt die Geschäftstätigkeit des Schuldners und kann diesem Weisungen erteilen**. Ferner nimmt er ein **Inventar**[115] auf und erlässt einen **öffentlichen Schuldenruf**.[116]

114 Während der Nachlassstundung hat der Sachwalter zu klären, ob der Schuldner saniert werden kann oder liquidiert werden muss. Im Falle einer Sanierung wird der Schuldner einen **ordentlichen Nachlassvertrag** anstreben, anderenfalls einen **Nachlassvertrag mit Vermögensabtretung** (→ Rn. 96). In Zusammenarbeit mit dem Schuldner entwirft der Sachwalter den Nachlassvertrag. Liegt ein Entwurf vor, ruft der Sachwalter eine **Gläubigerversammlung** ein. Der Entwurf des Nachlassvertrages wird den versammelten Gläubigern zur unterschriftlichen Genehmigung vorgelegt.[117] Die Gläubiger können diesem in der Verhandlung oder auch nachher noch unterschriftlich zustimmen.

115 Der Nachlassvertrag ist angenommen, wenn ihm entweder die Mehrheit der Gläubiger, die zugleich 2/3 der gesamten Forderungssumme vertreten, oder 1/4 der Gläubiger, die mindestens 3/4 der Forderungen vertreten, zustimmen.[118] Die privilegierten Gläubiger werden weder für ihre Person noch für ihre Forderungen mitgerechnet; pfandgesicherte Forderungen zählen nur zu dem Betrag mit, der nach der Schätzung des Sachwalters ungedeckt ist.[119]

116 Vor Ablauf der **Nachlassstundung unterbreitet der Sachwalter dem Nachlassgericht seinen Bericht** über bereits erfolgte Zustimmungen der Gläubiger und empfiehlt die Bestätigung oder Ablehnung des Nachlassvertrags.[120] Das Nachlassgericht ist nicht an die Zustimmung durch die Gläubiger gebunden, diese ist jedoch erste Voraussetzung für die Bestätigung des Nachlassvertrages.[121] Des Weiteren muss insbesondere der Wert der vom Schuldner angebotenen Leistungen im richtigen Verhältnis zu seinen Möglichkeiten stehen,[122] und beim ordentlichen Nachlassvertrag müssen die Anteilsinhaber neuerdings einen angemessenen Sanierungsbeitrag leisten.[123] **Mit Bestäti-**

---

[112] Art. 293d SchKG.
[113] Art. 293b SchKG.
[114] Art. 293c Abs. 2 lit. d SchKG.
[115] Art. 299 Abs. 1 SchKG.
[116] Art. 300 Abs. 1 SchKG.
[117] Art. 301 und 302 SchKG.
[118] Art. 305 Abs. 1 SchKG.
[119] Art. 305 Abs. 2 SchKG.
[120] Art. 304 Abs. 1 SchKG.
[121] Vgl. Art. 306 SchKG.
[122] Art. 306 Abs. 1 Ziff. 1 SchKG.
[123] Art. 306 Abs. 1 Ziff. 3 SchKG, mit der Revision v. 1.1.2014 eingeführt.

gungsentscheid wird der **Nachlassvertrag für alle Gläubiger verbindlich** und kann durchgeführt werden. Davon erfasst sind sämtliche *Nachlassforderungen*, also alle Forderungen, die vor der Bewilligung der Stundung oder seither ohne Zustimmung des Sachwalters entstanden sind.[124] Wird der **Nachlassvertrag vom Gericht abgelehnt**, so eröffnet das Nachlassgericht von Amtes wegen den **Konkurs** über den Schuldner.[125]

Das **Honorar des Sachwalters** wird vom Nachlassgericht gemäß Gebührenverordnung zum SchKG pauschal festgelegt. Es trägt dabei ua dem Zeitaufwand und der Schwierigkeit des Falles Rechnung.[126]

5.4 Verwaltung und Verwertung der Nachlassmasse

5.4.1 In der Nachlassstundung

Das Ziel der Nachlassstundung ist (noch) nicht die Verwertung des schuldnerischen Vermögens, sondern dessen Erhalt und Sicherung sowie die Klärung der Sanierungsaussichten. Sowohl in der provisorischen wie auch der definitiven Nachlassstundung wird die Verwaltung im Normalfall weiterhin durch den Schuldner ausgeübt, jedoch unter Aufsicht des Sachwalters. Hierbei gilt, dass einerseits gewisse Geschäfte, wie Veräußerung wesentlicher Aktiven und Sicherheitenbestellung, nur noch mit Zustimmung des Nachlassgerichts oder des Gläubigerausschusses möglich sind und andererseits das Gericht die Befugnisse des Schuldners weitergehend einschränken und solche dem Sachwalter anvertrauen kann.[127]

5.4.2 Nach Zustandekommen des Nachlassvertrages

Mit dem **ordentlichen Nachlassvertrag** verpflichtet sich der Schuldner, die Gläubigerforderungen auf die im Vertrag festgelegte Art und Weise zu befriedigen.[128] Dies kann sowohl in der Form einer nur teilweisen Befriedigung *(Prozentvergleich)* oder als Stundung eventuell verbunden mit Abzahlungsplan *(Stundungsvergleich)* oder in sonstiger Form (zB mit einem Besserungsschein) geschehen. Mit Erfüllung des Nachlassvertrages befreit sich der Schuldner von seinen Nachlassforderungen und kann sein Geschäft ohne entsprechende „Altlasten" weiterführen.

Kommt es zum Abschluss eines **Nachlassvertrages mit Vermögensabtretung**, wird den Gläubigern das Verfügungsrecht über das schuldnerische Vermögen (oder Teilen davon) eingeräumt, welches in der Folge liquidiert wird.[129] Die Liquidation wird einem *Liquidator*, der unter Aufsicht und Kontrolle eines *Gläubigerausschusses* steht, übertragen.

Die Feststellung der Passiven sowie die Verwertung der Nachlassmasse erfolgt weitgehend nach den für den Konkurs geltenden Regeln (vgl. → Rn. 51 ff.), wobei der Liquidator größere Freiheiten beim Verkauf von Aktiven genießt, da er solche sowohl freihändig wie auch durch öffentliche Versteigerung veräußern darf und die Gläubiger auch nicht über die getroffenen Verfügungen orientieren muss.[130] Bestrittene oder schwer einbringliche Ansprüche sind den Gläubigern nach Art. 260 SchKG zur Abtretung anzubieten (vgl. → Rn. 58).[131]

5.5 Fortführung durch den Schuldner oder Sachwalter

Während der Nachlassstundung wird die Geschäftstätigkeit in der Regel durch den Schuldner weitergeführt, jedoch unter Aufsicht und mit Weisungsbefugnis des Sachwalters und mit Einschränkungen in der Verfügungsfähigkeit (vgl. → Rn. 118).

5.6 Sicherungsmaßnahmen vor Verfahrenseröffnung

Das Gesetz sieht keine besonderen Sicherungsmaßnahmen vor Eröffnung eines Nachlassverfahrens vor, es kann auf → Rn. 62 f. verwiesen werden. Erst bei Verfahrenseröffnung sind entsprechende Anordnungen des Nachlassgerichts möglich.[132]

---

[124] Art. 310 Abs. 1 SchKG.
[125] Art. 309 SchKG.
[126] Art. 55 GebV SchKG.
[127] Art. 298 SchKG.
[128] Art. 314 Abs. 1 SchKG.
[129] Art. 317 SchKG.
[130] Art. 322 SchKG.
[131] Art. 325 SchKG.
[132] Art. 293a Abs. 1 und 298 Abs. 1 SchKG.

5.7 Wirkungen der Verfahrenseröffnung auf die Rechtsverhältnisse des Schuldners

124 Die **provisorische** hat die gleichen Wirkungen wie die **definitive Nachlassstundung**.[133] Der Schuldner ist insbesondere berechtigt, mit Zustimmung des Sachwalters ein **Dauerschuldverhältnis jederzeit auf einen beliebigen Zeitpunkt hin zu kündigen**, wenn dies der Sanierung dient. Eine daraus folgende Entschädigungsforderung der Gegenpartei gilt als Nachlassforderung.[134]

125 Ferner hört mit Bewilligung der Stundung der **Zinsenlauf**, mit Ausnahme pfandgesicherter Forderungen, auf und es stehen **Verjährungs- und Verwirkungsfristen** still.[135] Schließlich entfaltet auch die **Abtretung künftiger Forderungen** (also vor allem eine Debitorenzession) keine Wirkung mehr, soweit die Forderung nach Bewilligung der Nachlassstundung entsteht.[136]

126 Wie bereits erwähnt kann der Schuldner während der Nachlassstundung ohne Ermächtigung des Nachlassgerichts oder des Gläubigerausschusses zudem auch nicht mehr in rechtsgültiger Weise wesentliche Aktiven veräußern, Sicherheiten bestellen oder unentgeltliche Verfügungen treffen.[137] Erst mit der **rechtskräftigen Bestätigung des Nachlassvertrages mit Vermögensabtretung verliert der Schuldner die Verfügungsfähigkeit** über das zur Nachlassmasse gehörende Vermögen.[138]

5.8 Wirkungen der Verfahrenseröffnung auf laufende Verfahren

127 Mit Ausnahme dringlicher Fälle werden Zivilprozesse und Verwaltungsverfahren über Nachlassforderungen sistiert.[139]

128 Sodann können auch bestehende **Betreibungen** (→ Rn. 18 ff.) nicht mehr fortgesetzt oder neue Betreibungen eingeleitet werden; ausgenommen sind Betreibungen auf Verwertung von Grundpfändern.[140]

5.9 Organe der Gläubiger

129 Während der definitiven Nachlassstundung findet eine **Gläubigerversammlung** statt, die vom Sachwalter einberufen und geleitet wird. Darin erstattet der Sachwalter Bericht über die Vermögens- und Ertragslage des Schuldners und er oder der Schuldner legen den Entwurf des Nachlassvertrages vor.[141]

130 Im **Nachlassvertrag mit Vermögensabtretung** werden **ein oder mehrere Liquidatoren** bestimmt, ein **Gläubigerausschuss** bezeichnet und deren Befugnisse geregelt.[142] Die Wahl kommt erst mit gerichtlicher Bestätigung des Nachlassvertrages zustande.

5.10 Forderungsanmeldung, Feststellung oder Bestreiten von Forderungen

5.10.1 In der Nachlassstundung

131 Nach Bewilligung der definitiven Nachlassstundung fordert der Sachwalter durch **öffentliche Bekanntmachung** die Gläubiger auf, ihre **Forderungen binnen einer Monatsfrist einzugeben**. Diese Frist schließt spätere Forderungseingaben nicht aus, die verspätete Anmeldung führt jedoch zum Verlust des Stimmrechts über den Nachlassvertrag.[143]

132 Der Schuldner hat sich zu jeder Eingabe zu äußern und Bestreitungen zu begründen.[144] Der Sachwalter und das Nachlassgericht sind frei in der Beurteilung der Forderungen, und das Gericht entscheidet frei, ob und inwieweit bestrittene oder auch bedingte Forderungen bei der Abstimmung über den Nachlassvertrag berücksichtigt werden.[145]

---

[133] Art. 293c Abs. 1 SchKG.
[134] Art. 297a SchKG.
[135] Art. 297 Abs. 6 und 7 SchKG.
[136] Art. 297 Abs. 4 SchKG.
[137] Art. 298 Abs. 2 SchKG.
[138] Art. 319 Abs. 1 SchKG.
[139] Art. 297 Abs. 5 SchKG.
[140] Art. 297 Abs. 1 SchKG.
[141] Art. 302 SchKG.
[142] Art. 318 Abs. 1 SchKG.
[143] Art. 300 Abs. 1 SchKG.
[144] Art. 300 Abs. 2 SchKG.
[145] Art. 305 Abs. 3 SchKG.

5.10.2 In der Nachlassstundungsliquidation

Kommt ein *Nachlassvertrag mit Vermögensabtretung* zustande, erstellt der Liquidator einen **133** *Kollokationsplan* nach den im Konkurs geltenden Regeln, welcher analog zu den dortigen Regeln angefochten werden kann.[146]

5.11 Verteilung der Masse

Vor jeder (auch provisorischen) Auszahlung stellt der Liquidator den Gläubigern einen Auszug **134** aus der **Verteilungsliste** zu und legt diese während 10 Tagen zur Einsicht auf.[147] Zusammen mit der definitiven Verteilungsliste wird auch die **Schlussrechnung** aufgelegt.[148] Schließlich wird die Liquidationsdividende ausbezahlt.

5.12 Massegläubiger

Die Stellung der Gläubiger und deren Vorrechte in der Nachlassliquidation unterscheiden sich **135** nicht von denjenigen im Konkurs, es kann auf die vorstehenden Ausführungen verwiesen werden (→ Rn. 79 ff.).

5.13 Abschluss des Nachlassverfahrens

Nach Abschluss des Verfahrens erstellt der Liquidator seinen Schlussbericht. Dieser muss dem **136** Gläubigerausschuss zur Genehmigung unterbreitet und hernach dem Nachlassgericht eingereicht werden. Er ist ferner auch den Gläubigern zur Einsicht aufzulegen.

6. Verträge im Insolvenz- oder Restrukturierungsverfahren

Die **Konkurseröffnung** bewirkt die **Fälligkeit sämtlicher Schuldverpflichtungen des** **137** **Schuldners** mit Ausnahme derjenigen, die durch seine Grundstücke pfandrechtlich gedeckt sind. Der Gläubiger kann neben der Hauptforderung die Zinsen bis zum Tag der Konkurseröffnung und die Betreibungskosten geltend machen. Von noch nicht verfallenen unverzinslichen Forderungen wird ein Zwischenzins (Diskont) von 5 % abgezogen.[149]

Im Gegensatz dazu bewirkt die Bewilligung der **Nachlassstundung** keine Fälligkeit der Forde- **138** rungen gegen den Schuldner, jedoch können Dauerschuldverhältnisse gekündigt[150] und Realforderungen durch Mitteilung des Sachwalters in Geldforderungen umgewandelt werden.[151] Die *Verrechnung* (Aufrechnung) ist gleichermaßen eingeschränkt wie im Konkurs[152] (dazu → Rn. 155).

Mit der **Eröffnung des Konkurses hört** gegenüber dem Schuldner **der Zinsenlauf auf. 139** Ausgenommen sind pfandgesicherte Forderungen, für welche der Zins bis zur Verwertung weiterläuft, soweit der Pfanderlös den Betrag der Forderung und des bis zur Konkurseröffnung aufgelaufenen Zinses übersteigt.[153] Dies gilt auch in der Nachlassstundung, sofern der Nachlassvertrag nichts anderes bestimmt.[154] Forderungen, welche nicht eine Geldzahlung zum Gegenstand haben, werden in Geldforderungen von entsprechendem Wert umgewandelt.[155] Ein Verkäufer, der dem Schuldner die verkaufte Sache vor der Konkurseröffnung übertragen hat, kann nicht mehr vom Vertrag zurücktreten und die übergebene Sache zurückfordern, auch wenn er sich dies ausdrücklich vorbehalten hatte.[156]

Ansprüche aus Dauerschuldverhältnissen können ab Konkurseröffnung höchstens bis zum nächs- **140** ten möglichen Kündigungstermin oder bis zum Ende der festen Vertragsdauer geltend gemacht werden, wobei sich der Gläubiger allfällige Vorteile anrechnen lassen muss.[157]

6.1 Unerfüllte Verträge

Die Konkursverwaltung hat das Recht, **zweiseitige Verträge**, die zur Zeit der Konkurseröff- **141** nung nicht oder nur teilweise erfüllt sind, an Stelle des Schuldners zu erfüllen. Der Vertragspartner

---

[146] Art. 321 SchKG, vgl. → Rn. 75 f.
[147] Art. 326 SchKG.
[148] Art. 328 SchKG.
[149] Art. 208 SchKG.
[150] Art. 297a SchKG.
[151] Art. 297 Abs. 9 mit Verweis auf Art. 211 Abs. 1 SchKG.
[152] Art. 297 SchKG.
[153] Art. 209 SchKG.
[154] Art. 297 Abs. 7 SchKG.
[155] Art. 211 Abs. 1 SchKG.
[156] Art. 212 SchKG.
[157] Art. 211a SchKG.

kann verlangen, dass ihm die Erfüllung sichergestellt wird.[158] Dieses Recht ist jedoch ausgeschlossen bei Fixgeschäften sowie Finanztermin-, Swap- und Optionsgeschäften, wenn der Wert der vertraglichen Leistungen im Zeitpunkt der Konkurseröffnung aufgrund von Markt- und Börsenpreisen bestimmbar ist. Konkursverwaltung und Vertragspartner haben je das Recht, die Differenz zwischen dem vereinbarten Wert der vertraglichen Leistungen und dem Marktwert im Zeitpunkt der Konkurseröffnung geltend zu machen.[159] Ferner gibt es einzelne Bestimmungen in anderen Bundesgesetzen über die Auflösung von Vertragsverhältnissen im Konkurs.[160]

142 Im **Nachlassverfahren** kann der Schuldner mit Zustimmung des Sachwalters und unter Entschädigung der Gegenpartei ein Dauerschuldverhältnis kündigen.[161] Die Nachlassstundung bewirkt keine automatische Vertragsauflösung.

6.2 Miet- oder Pachtverhältnisse

143 Es gilt das zu Dauerschuldverhältnissen Ausgeführte (→ Rn. 140). Im Übrigen gewährt das Obligationenrecht dem Vermieter das Recht, den Mietvertrag bei Konkurs des Mieters fristlos zu kündigen, wenn ihm der Mieter oder die Konkursverwaltung nicht binnen angemessener Frist Sicherheit für zukünftige Mietzinsen leistet.[162]

144 Im Pachtverhältnis endet die Pacht mit der Konkurseröffnung. Wenn jedoch Sicherheit für den laufenden Pachtzins und das Inventar erbracht wird, muss der Verpächter das Verhältnis bis zum Ende des Pachtjahres fortsetzen.[163]

6.3 Leasingverträge

145 Es gilt das zu Dauerschuldverhältnissen Ausgeführte (→ Rn. 140). Der Leasinggeber, der in aller Regel Eigentümer des Leasingguts ist, kann dieses von der Konkursverwaltung herausverlangen (→ Rn. 90).

6.4 Arbeitsverhältnisse

146 Grundsätzlich gilt auch hier das zu Dauerschuldverhältnissen Ausgeführte (→ Rn. 140). Die Forderungen der Arbeitnehmer sind in gewissem Umfang privilegiert (→ Rn. 82). Der Arbeitnehmer hat bei Zahlungsunfähigkeit des Arbeitgebers das Recht, das Arbeitsverhältnis fristlos aufzulösen, sofern ihm dieser für seine Forderungen aus dem Arbeitsverhältnis nicht binnen angemessener Frist Sicherheit leistet.[164]

147 Wird ein Betrieb oder ein Betriebsteil im Konkursverfahren veräußert, so gehen die Arbeitsverhältnisse mit allen Rechten und Pflichten auf den Erwerber über, wenn dies mit dem Erwerber so vereinbart wurde und wenn der Arbeitnehmer den Übergang nicht ablehnt.[165] Aus den vorne erwähnten Gründen (→ Rn. 60) wird ein Betriebsverkauf im Konkurs eher die Ausnahme bilden, während eine Veräußerung im Rahmen eines Nachlassverfahrens häufiger anzutreffen ist (→ Rn. 107).

7. Pensionsansprüche in der Insolvenz und Restrukturierung

148 Die Pensionsansprüche werden in Konkurs oder Nachlassverfahren nicht speziell behandelt, sondern gemäß den ihnen zukommenden Privileg unter Art. 219 Abs. 4 SchKG in der ersten Klasse kolloziert und sind somit privilegiert (→ Rn. 82).

8. Eigentumsvorbehalt

149 Der Eigentumsvorbehalt nach Art. 715 des Schweizerischen Zivilgesetzbuches (ZGB) spielt in der schweizerischen Praxis keine große Rolle, da er wenig praktikabel ausgestaltet ist. So bestimmt das Gesetz, dass der Eigentumsvorbehalt an einer beweglichen Sache nur dann wirksam ist, wenn er am jeweiligen Wohnort des Erwerbers in einem vom Betreibungsamt zu führenden öffentlichen

---

[158] Art. 211 Abs. 2 SchKG.
[159] Art. 211 Abs. 2bis SchKG.
[160] Vgl. zB Art. 266h, 297a, 333b, 337a, 392 oder 405 OR.
[161] Art. 297a SchKG.
[162] Art. 266h OR, welche Bestimmung insoweit zwingend ist, als nicht eine automatische Vertragsbeendigung bei Konkurseröffnung vertraglich vereinbart werden kann.
[163] Art. 297a OR.
[164] Art. 337a OR.
[165] Art. 333b OR.

Register eingetragen ist. Dies geschieht nur in Ausnahmefällen, weshalb ein Eigentumsvorbehalt in schweizerischen Insolvenzen kaum je anzutreffen ist.

9. Sicherheiten in der Insolvenz

9.1 Mobiliarsicherheiten

Das Gesetz gewährt bei pfandgesicherten Forderungen ein **Vorabbefriedigungsrecht des** 150 **Gläubigers** aus dem Erlös der Pfandsache.[166] Sämtliche im Eigentum des Schuldners stehende Sachen (Pfandobjekte, etc) sind dem Insolvenzverwalter, also ein Konkursverwalter oder Liquidator, auszuhändigen, welcher die Verwertung übernimmt. Die entsprechenden Forderungen und die beanspruchten Sicherheiten sind vom Gläubiger anzumelden und werden **im Kollokationsplan als pfandgesicherte Forderungen** gesondert aufgeführt.

Der Erlös aus der Verwertung, nach Abzug der darauf entfallenden Kosten, wird dem besi- 151 cherten Gläubiger bis zur Höhe seiner Forderung inklusive Zinsen, sofern diese ebenfalls besichert sind, ausbezahlt. Ein Überschuss verbleibt in der Masse und wird an die übrigen Gläubiger nach ihrem Range verteilt. Soweit die Forderung des Gläubigers nicht vollständig aus dem Verwertungserlös gedeckt werden kann, wird der Restbetrag wie die übrigen nicht gesicherten Forderungen behandelt und entsprechend der Rangordnung von Art. 219 Abs. 4 SchKG behandelt (→ Rn. 82 ff.).

9.2 Immobiliarsicherheiten

Sicherheiten an Immobilien, namentlich **Grundpfand** (bspw. zur Absicherung eines Hypothe- 152 karkredits), ergeben sich zwingend aus dem Grundbuch. Wird das Grundpfand in Form eines physischen Schuldbriefes bestellt, ist dieser dem Insolvenzverwalter auszuhändigen. Beim Register-Schuldbrief erübrigt sich dies bzw. ist eine physische Lieferung gar nicht möglich. Die Behandlung von Grundpfandsicherheiten und den dadurch besicherten Forderungen unterscheidet sich nicht von derjenigen der Mobiliarsicherheiten (→ Rn. 150 f.). Zu beachten ist, dass das Grundpfand bezüglich Zinsen eine vom Gesetz begrenzte Sicherheit bietet.[167]

9.3 Sicherheiten an Flugzeugen, Schiffen; andere Sicherheiten

Flugzeuge und Schiffe werden in der Zwangsvollstreckung gleich behandelt wie Grundstücke. 153 Die an ihnen begründeten Pfandrechte ergeben sich aus den **entsprechenden Registern**, dem schweizerischen Luftfahrtzeug- sowie dem Schiffsregister.[168]

Sicherheiten an sonstigen Rechten, sofern diese übertragbar sind,[169] sind gemäss den für die 154 Pfandsache geltenden Regeln zu begründen und in der Insolvenz zu belegen, also bspw. durch **schriftlichen Pfandvertrag** bei Verpfändung einer nicht durch Urkunde oder bloß durch einen Schuldschein verkörperten Forderung[170] oder bei Immaterialgüterrechten.[171]

10. Aufrechnung, Netting-Vereinbarungen

Ein Gläubiger kann seine Forderung mit einer Forderung, welche dem Schuldner ihm gegen- 155 über zusteht, aufrechnen.[172] Die *Verrechnung* (**Aufrechnung**) ist jedoch ausgeschlossen, wenn ein Schuldner des Konkursiten erst nach der Konkurseröffnung dessen Gläubiger wird, es sei denn, er habe eine vorher eingegangene Verpflichtung erfüllt oder eine für die Schuld des Schuldners als Pfand haftende Sache eingelöst, an der ihm das Eigentum oder ein beschränktes dingliches Recht zusteht. Verrechnung ist sodann ausgeschlossen, wenn ein Gläubiger des Schuldners erst nach Konkurseröffnung Schuldner desselben oder der Konkursmasse wird.[173] Die Aufrechnung ist bloß anfechtbar, wenn ein Schuldner des Konkursiten vor Konkurseröffnung, aber in Kenntnis der Zah-

---

[166] Art. 219 Abs. 1 SchKG.
[167] Art. 818 Abs. 1 Ziff. 3 ZGB begrenzt die Sicherheit auf „drei zur Zeit der Konkurseröffnung […] verfallene Jahreszinse und den seit dem letzten Zinstag laufenden Zins; beim Schuldbrief sind nur die tatsächlich geschuldeten Zinsen pfandgesichert".
[168] Entsprechend dem Bundesgesetz über das Luftfahrzeugbuch (LBG) sowie dem Bundesgesetz über das Schiffsregister.
[169] Vgl. Art. 899 Abs. 1 ZGB.
[170] Vgl. Art. 899 ff. ZGB.
[171] Dies gilt jedenfalls bei schweizerischen Immaterialgüterrechten; bei ausländischen ist zu prüfen, ob das Pfandrecht auch im jeweiligen Register, soweit vorhanden, einzutragen ist.
[172] Art. 213 Abs. 1 SchKG.
[173] Art. 213 Abs. 2 SchKG.

lungsunfähigkeit des Konkursiten, eine Forderung gegen diesen erworben hat, um sich oder einem anderen dadurch einen Vorteil zu sichern.[174]

156 Eine **Netting-Vereinbarung** zwischen zwei Parteien, welche die Fälligkeit und *Verrechnung* der gegenseitigen Forderungen auf den (oder vor dem) Zeitpunkt der Insolvenz einer Partei vorsieht, ist konkursrechtlich gültig und beachtlich. Dies ist bei Banken im Gesetz explizit festgehalten,[175] gilt jedoch allgemein auch für sonstige Vertragsverhältnisse.

11. Insolvenzanfechtung

157 Das SchKG kennt drei Tatbestände von Anfechtungen: Die Schenkungs-, die Überschuldungs- und die Absichtspauliana:
a. Anfechtbar sind mit Ausnahme üblicher Gelegenheitsgeschenke **alle Schenkungen und unentgeltlichen Verfügungen,** die der Schuldner innerhalb des letzten Jahres vor der Pfändung oder Konkurseröffnung vorgenommen hat. Schenkungen gleichgestellt sind Rechtsgeschäfte, bei denen ein **Missverhältnis der Leistung des Schuldners zur Gegenleistung** besteht, sowie Rechtsgeschäfte, durch die der Schuldner für sich oder für einen Dritten eine Nutznießung, ein Wohnrecht oder ähnliche Vorteile erworben hat.[176]
b. Anfechtbar sind sodann **gewisse Rechtshandlungen des Schuldners** innerhalb des letzten Jahres vor Pfändung oder Konkurseröffnung, **wenn dieser im Zeitpunkt der Vornahme bereits überschuldet war,** wie Bestellung von Sicherheiten für bereits bestehende Verbindlichkeiten, Tilgung einer Geldschuld auf unübliche Weise oder Zahlung einer nicht verfallenen Schuld.[177]
c. Anfechtbar sind schließlich **alle Rechtshandlungen,** welche der Schuldner innerhalb der letzten fünf Jahre vor Pfändung oder Konkurseröffnung in der dem anderen Teile **erkennbaren Absicht** vorgenommen hat, seine **Gläubiger zu benachteiligen oder** einzelne Gläubiger zum Nachteil anderer **zu begünstigen.**[178]

158 Die **Anfechtungsklage** ist beim Richter **am Wohnsitz des Beklagten** zu erheben. Hat der **Beklagte keinen Wohnsitz in der Schweiz,** kann die Klage beim Richter **am Ort der Pfändung oder des Konkurses** eingereicht werden.[179] Sie richtet sich gegen die Personen, die mit dem Schuldner die anfechtbaren Rechtsgeschäfte abgeschlossen haben oder von ihm in anfechtbarer Weise begünstigt worden sind.[180] Mit der Revision des Sanierungsrechts wurde neu auch eine **Beweislastumkehr bei nahestehenden Personen** bzw. Gesellschaften eines Konzerns eingeführt;[181] nun haben diese Personen nachzuweisen, dass kein Missverhältnis zwischen Leistung und Gegenleistung vorliegt[182] bzw. dass sie die Benachteiligungsabsicht nicht erkennen konnten.[183] Das Anfechtungsrecht verjährt nach Ablauf von zwei Jahren seit Konkurseröffnung oder Bestätigung eines Nachlassvertrages mit Vermögensabtretung.[184]

159 Rechtshandlungen, die während einer Nachlassstundung mit Genehmigung des Nachlassgerichts (oder des Gläubigerausschusses) vorgenommen wurden, sind nicht anfechtbar.[185]

12. Geltendmachung von Haftungsansprüchen gegen (frühere) Geschäftsführer, Gesellschafter oder Dritte

160 Ansprüche aus organschaftlicher Verantwortlichkeit beruhen auf den entsprechenden Bestimmungen des Zivilrechts, insbesondere Art. 754 ff. OR, und stehen der Konkurs- bzw. Nachlassmasse zu. Da die Durchsetzung solcher Ansprüche in aller Regel sehr aufwendig und mit erheblichen Prozessrisiken behaftet ist, werden sie in den meisten Fällen nicht vom Insolvenzverwalter auf Rechnung und Risiko der Masse durchgesetzt, sondern gemäß Art. 260 SchKG an einzelne Gläubiger abgetreten (→ Rn. 58).

---

[174] Art. 214 SchKG.
[175] Art. 27 BankG.
[176] Art. 286 SchKG.
[177] Art. 287 SchKG.
[178] Art. 288 SchKG.
[179] Art. 289 SchKG.
[180] Art. 290 SchKG.
[181] Die Beweislastumkehr gilt für die Schenkungs- und die Absichtspauliana.
[182] Art. 286 Abs. 3 SchKG.
[183] Art. 288 Abs. 2 SchKG.
[184] Art. 292 SchKG, vgl. auch Art. 173a Abs. 2 SchKG.
[185] Art. 285 Abs. 3 SchKG.

13. Asset tracing

Ohne nähere Kenntnisse der Verhältnisse des Schuldners ist die Ausforschung seiner finanziellen Lage in der Schweiz stark beschränkt. Die Schwierigkeiten des *Asset tracing* in der Schweiz liegen einerseits im Bundesrecht begründet, andererseits aber auch in der föderalistischen Struktur, welche die behördliche Organisation überwiegend den Kantonen überlässt (vgl. bereits → Rn. 3).

Vorab einmal erschwert namentlich das Bankgeheimnis die Ausforschung der vermögensrechtlichen Lage eines Schuldners, indem man von Banken als Privatperson normalerweise keine Auskunft erhalten wird. Zudem ist es mangels gesamtschweizerischer Organisation der relevanten Register, zB des Betreibungsregisters oder des Grundbuchs auch nicht möglich, einfach und kostengünstig Informationen zu beschaffen. Nur wenn der Gläubiger bereits Angaben über mögliche Vermögenswerte des Schuldners hat, kann er entsprechende Abklärungen treffen (bspw. die Eigentümerauskunft über eine ganz bestimmte Immobilie) oder allenfalls auch Sicherungsmaßnahmen ergreifen (→ Rn. 62 f.).

Oft wenig erfolgversprechend sind auch gerichtliche Auskunftsbegehren, da unspezifische Ausforschungsversuche im Sinne von „fishing expeditions" nicht zulässig sind. Auch Anfragen bei Behörden, wie bspw. Steuerämtern oder Fahrzeugzulassungsstellen, sind oft nicht hilfreich, da der Schuldner seine Daten sperren lassen kann und diese im Übrigen oft wenig aussagekräftig sind.

14. Internationales Insolvenzrecht

Sämtliche Vermögensstücke des Schuldners mit Sitz in der Schweiz, unabhängig davon, wo sie sich befinden, **bilden Teil der Konkursmasse.**[186] Der Insolvenzverwalter hat daher dafür zu sorgen, auch die im Ausland gelegenen Vermögenswerte zur inländischen Masse zu ziehen. Dazu bedarf es in der Regel aber der Hilfe ausländischer Behörden, welche entweder aufgrund zwischenstaatlicher Regelungen, des anwendbaren ausländischen Rechts bzw. allenfalls aufgrund freiwilliger Rechtshilfe aktiv werden oder zumindest ein Tätigwerden der schweizerischen Insolvenzverwalter zulassen.

Im umgekehrten Falle, also dem **ausländischen Konkurs mit Auswirkungen in der Schweiz**, kommen **Art. 166 ff.** des *Bundesgesetzes über das Internationale Privatrecht* **(IPRG)** zur Anwendung, soweit nicht ein **Staatsvertrag** besteht. Es gibt nur wenige und teilweise sehr alte Staatsverträge, welche das Konkursrecht regeln und die direkte Anerkennung ausländischer Insolvenzentscheide für das schweizerische Vertragsgebiet vorsehen (bspw. mit der Krone Württemberg von 1826 oder die Übereinkunft zwischen dem Bayrischen Königreich und diversen schweizerischen Kantonen von 1834). Ein **ausländisches Konkursdekret**, das am Wohnsitz des Schuldners ergangen ist, wird auf Antrag der ausländischen Konkursverwaltung oder eines Konkursgläubigers in der Schweiz anerkannt, sofern es im Staat, in dem es ergangen ist, vollstreckbar ist sowie minimale verfahrensrechtliche Voraussetzungen und das Gegenrechtserfordernis erfüllt sind.[187] Zuständig ist das Gericht am Ort des Vermögens in der Schweiz.[188]

Die Anerkennung eines ausländischen Konkursdekrets zieht für das in der Schweiz gelegene Vermögen des Schuldners die **konkursrechtlichen Folgen des schweizerischen Rechts** nach sich.[189] Für die Schweiz wird ein **Hilfsverfahren (auch als „Minikonkurs" bezeichnet)** eröffnet, welches sich durch einige Besonderheiten auszeichnet: Es wird weder eine Gläubigerversammlung abgehalten noch ein Gläubigerausschuss gebildet;[190] zudem werden lediglich die pfandgesicherten Forderungen und die privilegierten Forderungen[191] von Gläubigern mit Wohnsitz in der Schweiz in den Kollokationsplan aufgenommen.[192] Die im schweizerischen Hilfskonkurs kollozierten Gläubiger werden vorab aus dem schweizerischen Vermögen des Schuldners befriedigt. Ein Überschuss wird der ausländischen Konkursverwaltung oder den berechtigten Konkursgläubigern zur Verfügung gestellt, sofern der ausländische Kollokationsplan anerkannt werden kann.[193] Wird der ausländische Kollokationsplan nicht anerkannt, so ist ein Überschuss an die Gläubiger der dritten Klasse gemäß Art. 219 Abs. 4 SchKG mit Wohnsitz in der Schweiz zu verteilen. Das Gleiche gilt, wenn der Kollokationsplan nicht innerhalb von der vom Gericht angesetzten Frist zur Anerkennung vorgelegt wird.[194]

---

[186] Art. 197 SchKG.
[187] Art. 166 IPRG.
[188] Art. 167 Abs. 1 IPRG.
[189] Art. 170 Abs. 1 IPRG.
[190] Art. 170 Abs. 3 IPRG.
[191] Dh Forderungen der ersten und zweiten Klasse gem. Art. 219 Abs. 4 SchKG.
[192] Art. 172 Abs. 1 IPRG.
[193] Art. 173 Abs. 1 und 2 IPRG.
[194] Art. 174 IPRG.

167 Sofern keine pfandgesicherten und privilegierten Forderungen schweizerischer Gläubiger vorliegen und wenn die sonstigen Forderungen solcher Gläubiger im ausländischen Konkursverfahren angemessen berücksichtigt werden, **kann auf Antrag des Insolvenzverwalters auf das schweizerische Hilfskonkursverfahren verzichtet werden.**[195] Der ausländische Konkursverwalter kann dann auf die in der Schweiz gelegenen Aktiven direkt zugreifen oder Prozesse anheben.

168 Das **Erfordernis der Anerkennung eines ausländischen Konkursdekretes** für die Schweiz ist **bei jeglicher Verwertung von schweizerischen Aktiven der Insolvenzmasse zu beachten.**[196] Daher hat ein ausländischer Insolvenzverwalter stets auch die Anerkennung des Konkursdekretes zu beantragen, bevor bzw. spätestens wenn er hierzulande eine Klage oder Betreibung eines schweizerischen Schuldners der ausländischen Insolvenzmasse einleitet. In der Praxis verlangen bspw. auch Banken die Anerkennung des ausländischen Konkursdekrets, bevor sie Instruktionen einer ausländischen Insolvenzverwaltung befolgen.

169 Das vorstehend Ausgeführte gilt sinngemäß auch für Nachlassverträge. Eine von der zuständigen ausländischen Behörde ausgesprochene Genehmigung eines Nachlassvertrages oder eines ähnlichen Verfahrens kann in der Schweiz anerkannt werden.[197]

15. COVID-19 Ausnahmegesetzgebung der Schweiz

170 Gestützt auf die Bundesverfassung und insbesondere auch das seit 2016 geltende Epidemiengesetz hat die Schweizer Regierung, der Bundesrat, Mitte März 2020 die außerordentliche Lage erklärt und war damit ermächtigt, für das ganze Land die als notwendig erachteten Maßnahmen anzuordnen. Der Bundesrat erließ insbesondere die *Verordnung 2 über Maßnahmen zur Bekämpfung des Coronavirus* (COVID-19-Verordnung 2[198]), welche gewissermaßen das Herzstück der schweizerischen Maßnahmen im Zusammenhang mit der Coronakrise darstellte, wobei zahlreiche weitere Verordnungen erlassen wurden.[199] Für das Insolvenzrecht sind namentlich folgende Maßnahmen von Bedeutung:

171 Mit der *Verordnung über insolvenzrechtliche Maßnahmen zur Bewältigung der Coronakrise* (COVID-19-Verordnung Insolvenzrecht) wurden insbesondere in zwei Bereichen Regelungen erlassen. Die Maßnahmen wurden per 20.4.2020 für eine Dauer von sechs Monaten in Kraft gesetzt.

172 Zuerst einmal wurden die **Pflichten bei Vorliegen einer Überschuldung** (vgl. → Rn. 9) unter bestimmten Voraussetzungen angepasst. So kann der Verwaltungsrat einer AG bzw. die Geschäftsführung anderer Kapitalgesellschaften trotz Überschuldung der Gesellschaft auf die Benachrichtigung des Gerichts verzichten, „wenn die Gesellschaft am 31.12.2019 nicht überschuldet war und Aussicht besteht, dass die Überschuldung bis am 31.12.2020 behoben werden kann".[200] Der Verwaltungsrat muss den entsprechenden Entscheid schriftlich begründen und dokumentieren. Zudem muss die weiterhin erforderliche Zwischenbilanz nicht von einem Revisor geprüft werden.

173 Des Weiteren hat der Bundesrat mit der **COVID-19-Stundung** ein an die *Nachlassstundung* (vgl. → Rn. 95 ff.) angelehntes Schutzinstrument geschaffen, das einem infolge der Coronakrise in Bedrängnis geratenen Schuldner ermöglichen soll, relativ einfach, rasch und kostengünstig für eine begrenzte Zeit Gläubigerschutz zu erlangen. Jede Einzelunternehmung, Personengesellschaft oder juristische Person kann beim *Nachlassgericht* eine Stundung von höchstens drei Monaten beantragen, wenn am 31.12.2019 keine Überschuldung vorlag. Diese *COVID-19-Stundung* ist für kleine und mittlere Unternehmen (KMU) gedacht und steht den Publikums- und großen Gesellschaften[201] nicht zur Verfügung.

174 Im Normalfall wird kein *Sachwalter* ernannt, jedoch kann das Gericht jederzeit einen solchen einsetzen. Die *COVID-19-Stundung* wird öffentlich bekanntgegeben, und der Schuldner muss alle bekannten Gläubiger informieren. Eine Verlängerung der Stundung um maximal drei weitere Monate ist auf Antrag des Schuldners möglich. Nach Ablauf der *COVID-19-Stundung* fällt diese ohne Weiteres dahin.

175 Die Wirkungen der *COVID-19-Stundung* sind ähnlich wie diejenigen der *Nachlassstundung*. Der Schuldner kann seine Geschäftstätigkeit fortsetzen, darf aber keine Rechtshandlungen vornehmen, welche berechtigte Interessen der Gläubiger beeinträchtigen. Die Belastung oder Veräußerung von Anlagevermögen bedarf einer Ermächtigung des Gerichts. Sämtliche Forderungen, die vor der Bewilligung der Stundung entstanden sind, unterliegen der *COVID-19-Stundung* und dürfen wäh-

---

[195] Art. 174a IPRG, in Kraft seit 1.1.2019.
[196] BGE 134 III 366 E. 9.2.3 und 9.2.5 S. 376 ff. mit Hinweisen.
[197] Art. 175 IPRG.
[198] Per 22.6.2020 durch die COVID-19-Verordnung 3 aufgehoben und ersetzt, mit welcher bis auf Weiteres gewisse Aspekte der „neuen Normalität" geregelt wurden.
[199] Eine gute Übersicht ist derzeit unter https://www.legalis.ch/de/covid-19-updates/ zu finden.
[200] Art. 1 Abs. 1 COVID-19-Verordnung Insolvenzrecht.
[201] Vgl. die Kriterien von Art. 727 Abs. 1 Ziff. 2 OR.

rend ihrer Dauer nicht bezahlt werden, andernfalls kann das *Nachlassgericht* den *Konkurs* eröffnen. Davon ausgenommen sind *Forderungen der ersten Klasse*,[202] also namentlich Forderungen der Arbeitnehmer.

Ergänzend dazu ist auch auf die *Verordnung zur Gewährung von Krediten und Solidarbürgschaften infolge des Coronavirus* (COVID-19-Solidarbürgschaftsverordnung) hinzuweisen. Damit soll die Liquidität von Unternehmen, die von der Coronakrise betroffen sind, gestützt werden. Der Bund gewährt eine **Bürgschaft** für den vollen Betrag von Krediten bis zu 500.000 CHF, die von Banken an Unternehmen gewährt werden. Der Kreditantrag kann über eine Plattform vorbereitet und mit elektronischer Signatur versehen oder ausgedruckt bei einer Bank, in der Regel die Hausbank, eingereicht werden. Diese prüft den Antrag lediglich in formeller Hinsicht und zahlt den Kredit in aller Regel sehr rasch, meist innert weniger Tage seit Antrag, aus. Es können höchstens 10 % des Umsatzes des Jahres 2019 als Kredit beansprucht werden, und die Höchstdauer liegt bei fünf Jahren. Der Zinssatz beträgt momentan 0 % p.a., kann aber vom Eidgenössischen Finanzdepartement jährlich am 31. März angepasst werden. Für Kredite über 500.000 CHF bis 20 Mio. CHF bürgt der Bund für maximal 85 % des Kreditbetrages, und der Zins für solche Kredite liegt derzeit bei 0.5 % p.a.

Zwecks Schonung der Liquidität der Unternehmen hat der Bundesrat den bis 31.12.2020 befristeten Verzicht auf Verzugszinsen bei verspäteter Zahlung von Mehrwertsteuern, Zoll- und Lenkungsabgaben beschlossen. Auch bei verspäteter Zahlung von Bundessteuern, die nach dem 1.3.2020 fällig werden, fallen bis Ende 2020 keine Verzugszinsen an.

Eine weitere, vom Parlament beschlossene Stützungsmaßnahme ist ein Mietzinserlass von 60 % der monatlichen Geschäftsmiete für die Zeit der behördlich angeordneten Schließung, dies zulasten der Vermieter. Die Regelung gilt für Geschäftsmieten bis 20.000 CHF pro Monat. Ein entsprechendes Gesetz muss vom Bundesrat ausgearbeitet und dem Parlament vorgelegt werden, was im September 2020 erfolgt ist.

---

[202] Art. 219 Abs. 4 SchKG, vgl. → Rn. 81 f.

Schweiz

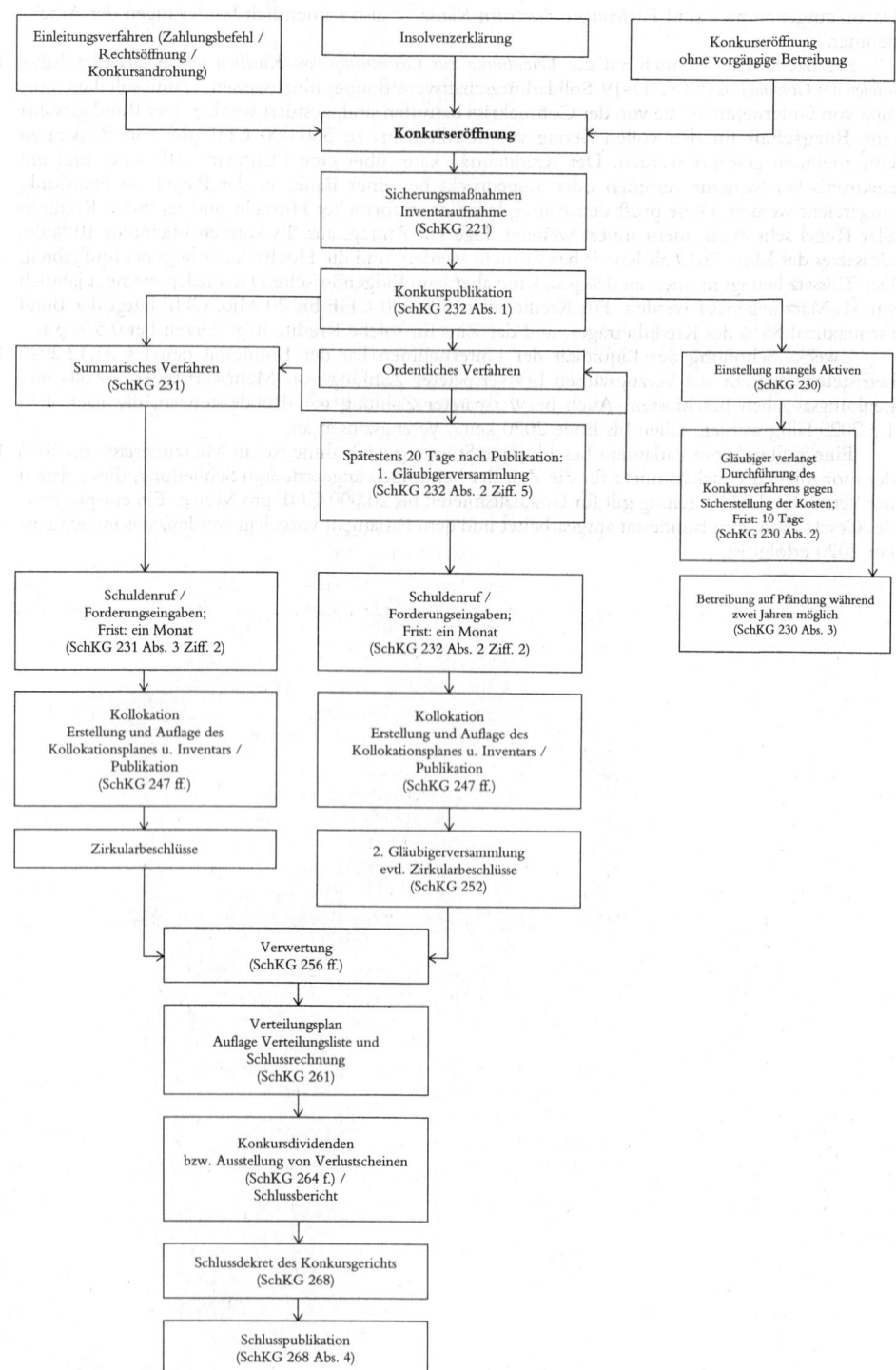

Ablauf Konkursverfahren nach schweizerischem Recht

Schweiz

Glossar

		Rn.
Aberkennungsklage	Ordentliche Klage des Schuldners, gegen den die *Rechtsöffnung* gewährt wurde, auf Bestätigung des Nichtbestandes der in *Betreibung* gesetzten Forderung.	24
Anerkennungsklage	Ordentliche Klage des Gläubigers, dessen *Betreibung* durch *Rechtsvorschlag* blockiert ist und der keinen Rechtsöffnungstitel hält bzw. dem die *Rechtsöffnung* verweigert wurde, auf Leistung der in *Betreibung* gesetzten Forderung.	24
Arrest	Amtliche Blockierung von gewissen Vermögenswerten des Schuldners in der Schweiz zur Sicherung einer nachfolgenden Zwangsvollstreckung.	62
Betreibung	(Einleitungs-)Verfahren der Zwangsvollstreckung, welches auf Antrag des Gläubigers für eine bestimmte Forderung durchgeführt wird und zur *Pfändung,* zur Pfandverwertung oder zur Eröffnung eines *Konkurses* führen kann.	18 ff.
Betreibungsamt	Staatliche Behörde, die für alle Betreibungsverfahren und die damit verbundenen Schritte in einem bestimmten Gebiet zuständig ist. Wird häufig für das Gebiet einer politischen Gemeinde und regelmäßig zusammen mit dem *Konkursamt* organisiert.	18 ff.
Betreibungsbegehren	Begehren des Gläubigers an das zuständige Betreibungsamt, für eine in Schweizer Franken anzugebene Forderung eine *Betreibung* einzuleiten.	18
Betreibungsregister	Das von einem bestimmten *Betreibungsamt* geführte Register über sämtliche bei ihm erhobenen *Betreibungen.* Der Registerauszug über eine bestimmt Person dient in der Praxis auch als Nachweis der Solvenz bzw. geordneter Finanzen.	21
Einvernehmliche private Schuldenbereinigung	Gerichtlich angeordnetes Verfahren, in dem ein Sachwalter den Schuldner bei der Ausarbeitung eines Bereinigungsvorschlags unterstützt und mit den Gläubigern verhandelt, mit dem Ziel, einen Vertrag mit einigen oder allen Gläubigern über die Schuldenbereinigung abzuschließen.	17
Kollokationsklage	Klage eines Gläubigers entweder (a) gegen die Konkursmasse auf Zulassung seiner ganz oder teilweise abgewiesenen Forderung im *Kollokationsplan* oder deren Zulassung in einer höheren Klasse (positive *Kollokationsklage*) oder (b) gegen einen anderen Gläubiger mit einer zugelassenen Gläubigerforderungen auf ganz oder teilweise Streichung aus dem Kollokationsplan oder deren Zulassung in einer tieferen Klasse (negative *Kollokationsklage*).	76
Kollokationsplan	Aufstellung sämtlicher zugelassener Gläubigerforderungen und deren Rang sowie auch der abgewiesenen Forderungen, unter kurzer Angabe des Abweisungsgrundes.	75
Konkurs	Zwangsvollstreckungsverfahren, welches sämtliches Vermögen des Schuldners erfasst und dieses zugunsten der Gläubigergesamtheit verwertet.	27 ff.
Konkursamt	Staatliche Behörde, die in aller Regel für die Konkursverfahren und die damit verbundenen Schritte in einem bestimmten Gebiet zuständig ist, soweit nicht eine außeramtliche Konkursverwaltung eingesetzt wird. Wird häufig für das Gebiet einer politischen Gemeinde und regelmäßig zusammen mit dem *Betreibungsamt* organisiert.	46

Zondler

Schweiz

		Rn.
Konkursgericht	Staatliches Gericht am Sitz des Schuldners, welches für alle gerichtlichen Entscheidungen im Zusammenhang mit einem *Konkurs*verfahren zuständig ist.	31 ff.
Liquidator	Im Rahmen eines *Nachlassvertrages mit Vermögensabtretung* ernannte Person, welcher die Verwertung der Nachlassmasse und Verteilung des Verwertungsresultats an die Gläubiger zu besorgen hat.	120, 130
Nachlassgericht	Staatliches Gericht am Sitz des Schuldners, welches für alle gerichtlichen Entscheidungen im Zusammenhang mit einem *Nachlassverfahren* zuständig ist.	97 ff.
Nachlassstundung	Vom *Nachlassgericht* auf Antrag des Schuldners oder eines Gläubigers für eine bestimmte Zeitdauer verliehene Wirkung des Gläubigerschutzes.	97 ff, 118.
Nachlassverfahren	Verfahren, in welchem der Schuldner während der Dauer der *Nachlassstundung* und unter Aufsicht des *Sachwalters* eine Sanierung durchführt und/oder seinen Gläubigern einen *Nachlassvertrag* vorschlägt.	97 ff.
Nachlassvertrag	Vertrag, welcher nach Annahme durch die Gläubiger und Bestätigung durch das Gericht in verbindlicher Weise die Befriedigung der Gläubigerforderungen aus dem schuldnerischen Vermögen regelt.	96
Nachlassvertrag, ordentlicher	*Nachlassvertrag*, welcher die Art und Weise der Begleichung der Nachlassforderungen durch den Schuldner regelt.	96
Nachlassvertrag mit Vermögensabtretung	*Nachlassvertrag*, mit welchem der Gläubigergesamtheit die Verfügungsmacht über das schuldnerische Vermögen (oder Teilen davon) eingeräumt wird und welches von einem *Liquidator* verwertet wird.	96
Pfändung	Amtliche Beschlagnahme von bestimmten schuldnerischen Vermögenswerten zwecks Zwangsverwertung und Befriedigung bestimmter Forderungen eines oder mehrerer Gläubiger, welche erfolgreiche eine *Betreibung* durchgeführt haben.	5
Rechtsöffnung	Gerichtliches Verfahren zur definitiven oder provisorischen Beseitigung des vom Schuldner erhobenen *Rechtsvorschlages*.	23
Rechtsvorschlag	Einsprache des Schuldners gegen den vom Gläubiger erwirkten *Zahlungsbefehl*, womit der Gläubiger für den Nachweis seiner Forderung auf den Rechtsweg verwiesen wird, dh *Rechtsöffnung* beantragen oder eine Anerkennungsklage erheben muss.	22
Sachwalter	Vom *Nachlassgericht* eingesetzte Person, welche die Geschäftsführung eines Schuldners in der *Nachlassstundung* beaufsichtigt, dessen Aktiven und Passiven aufnimmt und den Entwurf eines *Nachlassvertrages* ausarbeitet. Ein *Sachwalter* wird auch im Verfahren der *einvernehmlichen privaten Schuldenbereinigung* eingesetzt, um den Schuldner bei der Ausarbeitung eines Bereinigungsvorschlags zu unterstützen und mit den Gläubigern zu verhandeln.	98 ff.
Schuldenruf	Aufforderung an die Gläubiger, ihre Forderungen in einem *Konkurs-* oder *Nachlassverfahren* einzugeben.	43, 113
Verlustschein	Amtliche Bescheinigung des Ausfalls einer Forderung in einer Zwangsvollstreckung. Die Verlustscheinforderung ist unverzinslich und verjährt binnen 20 Jahren.	77

Schweiz

		Rn.
Zahlungsbefehl	Amtliche Aufforderung des Betreibungsamts an den Schuldner in einer *Betreibung*, eine vom Gläubiger geltend gemachte Forderung samt Zins binnen 20 Tagen zu begleichen oder binnen 10 Tagen den *Rechtsvorschlag* zu erheben.	18

Singapur

bearbeitet von *Ajinderpal Singh,* Advocate & Solicitor, *Adriel Chioh,* Advocate & Solicitor, Dentons Rodyk & Davidson LLP, Singapur, deutsche Bearbeitung *Dr. Benjamin Kurzberg,* Rechtsanwalt, Fachanwalt für Bank- und Kapitalmarktrecht, *Andreas Ziegenhagen,* Rechtsanwalt, Wirtschaftsprüfer, Steuerberater, Dentons Europe LLP, Berlin bzw. Frankfurt am Main

Übersicht

	Rn.
1. Literatur und Informationsquellen ..	1
1.1 Literatur	1
1.2 Informationsquellen	2
2. Einführung	3
2.1 Gesetzliche Grundlagen	3
2.2 Historische Entwicklung, jüngste Reformen	4
2.3 Verfahrensarten	10
2.3.1 Abwicklung *(winding-up)* und Privatinsolvenz *(bankruptcy)*	11
2.3.1.1 Freiwillige Abwicklung *(voluntary winding-up)*	11
2.3.1.2 Gerichtliche Abwicklung, *court winding-up*	12
2.3.1.3 Privatinsolvenz, *bankruptcy*	13
2.3.2 Gerichtliche Restrukturierung, *judicial management*	14
2.3.3 Sanierungsvergleich, *scheme of arrangement*	15
2.4 Außergerichtliche Restrukturierung, *out-of-court restructuring*	16
2.5 Insolvenzen von Finanzinstituten und Versicherungsgesellschaften	18
2.6 Konzern-Insolvenzen	19
3. Wesentliche Merkmale der Insolvenzverfahren	20
3.1 Abwicklungsverfahren, *winding-up*	20
3.1.1 Eröffnung des Verfahrens	20
3.1.1.1 Beginn des Verfahrens	20
3.1.1.2 Eröffnungsgründe	21
3.1.2 Verfahrensbeteiligte: Verwalter, Gläubigerausschuss	22
3.1.2.1 Verwalter, *liquidator*	22
3.1.2.2 Gläubigerausschuss, *committee of inspection*	31
3.1.3 Auswirkungen der Eröffnung eines Insolvenzverfahrens auf anhängige Verfahren und Vollstreckungsmaßnahmen	33
3.1.3.1 Aussetzung von Verfahren	33
3.1.3.2 Aussetzung der Vollstreckung ...	34
3.1.4 Forderungsanmeldung	36
3.1.5 Verteilung der Masse	39
3.1.5.1 Vorrangige Gläubiger	40
3.1.5.2 Gesicherte Gläubiger, *secured creditors*	41
3.1.5.3 Ungesicherte Gläubiger, *unsecured creditors*	44
3.1.6 Abschluss des Verfahrens	45

	Rn.
3.2 Privatinsolvenz, *bankruptcy*	47
3.2.1 Eröffnung des Verfahrens	47
3.2.2 Verfahrensbeteiligte: Official Assignee / trustee in insolvency	49
3.2.3 Zahlungsaufforderung, *statutory demand* ..	51
3.2.4 Wirkung der Verfahrenseröffnung	52
3.2.5 Einschränkungen des Schuldners	54
3.2.6 Schuldbefreiung, *discharge*	55
3.3 Gerichtliche Restrukturierung, *judicial management*	57
3.3.1 Eröffnung des Verfahrens	57
3.3.2 Verfahrensbeteiligte: Der Verwalter, *judicial manager*	59
3.3.3 Führung des Unternehmens	62
3.3.4 Wirkungen der gerichtlichen Verfahrensanordnung	64
3.3.5 Vorrangige Rettungsfinanzierung	67
3.3.6 Entlassung des Verwalters, *judicial manager*	68
3.4 Sanierungsvergleich, *scheme of arrangement*	69
3.4.1 Eröffnung des Verfahrens	69
3.4.2 Verfahrensbeteiligte: Der *scheme manager*	73
3.4.3 Antrag auf Moratorium	75
3.4.3.1 Pre-Scheme Moratorium	77
3.4.3.2 Scheme-Moratorium	84
3.4.4 Vorrangige Rettungsfinanzierung, *super-senior rescue financing*	87
3.4.4.1 Einführung	87
3.4.4.2 Rettungsfinanzierung, *rescue financing*	89
3.4.4.3 Prioritätsstufen	91
3.4.5 Prüfungs- und Abstimmungstermin	93
3.4.6 Bestätigung des Gerichts	97
3.4.7 Beendigung des *scheme of arrangement* ...	100
4. Verträge in Insolvenz- oder Restrukturierungsverfahren	101
4.1 Abwicklung, *winding-up*	101
4.2 Sanierungsverfahren, *judicial management*	102
4.3 *Ipso facto*-Klauseln	103
5. Eigentumsvorbehalt, *retention of title*	104
6. Aufrechnung, *insolvency set-off*	105

Singapur 1–4

		Rn.			Rn.
7.	Rückabwicklung von Rechtshandlungen, *avoidance of transactions*	107	9.2	Anerkennung von ausländischen Hauptverfahren	120
7.1	Nicht registrierte Pfandrechte, *unregistered charges*	107	10.	Das Singapurer COVID-19-Gesetz 2020 („COVID-19-Gesetz", *The Singapore COVID-19 (Temporary Measures) Act 2020)*	122
7.2	Verschleuderung von Vermögen, *transaction at an undervalue*	108
7.3	Unangemessene Bevorzugung, *undue preference*	111	10.1	Änderung der Gesetze zur Privatinsolvenz, *bankruptcy laws*	123
7.4	Wucher, *extortionate credit transactions*	113	10.2	Änderung des Unternehmensinsolvenzrechts	125
7.5	Floating charge	114
7.6	Verfügungen nach Verfahrenseröffnung, *post-application dispositions*	115	10.3	Zusätzliche Verteidigungsmöglichkeit bei Gläubigergefährdung, *insolvent trading*	126
8.	Haftung von Direktoren oder Dritten	116
9.	Internationales Insolvenzrecht	118	10.4	Weitere Bestimmungen	129
9.1	UNCITRAL-Modellgesetz	118	11.	Grafische Darstellung der Verfahren	1

1. Literatur und Informationsquellen

1.1 Literatur

1 *Walter Woon,* Woon's Corporation Law (gedruckte Version, erste Ausgabe (2016)) (LexisNexis); *Tan Cheng Han Gen. Ed.,* Walter Woon on Company Law (überarbeitete dritte Auflage (2009)) (Sweet & Maxwell); *Andrew Chan Chee Yin,* Law and Practice on Corporate Insolvency (erste Ausgabe (2014)) (LexisNexis); Halsbury's Laws of Singapore – Insolvency (Band 13) (LexisNexis Singapore); *LIM Debby,* Singapore Law Watch, Ch. 30 Bankruptcy and Insolvency;[1] *WEE Meng Seng,* Whither the Scheme of Arrangement in Singapore: More Chapter 11, less Scheme.[2]

1.2 Informationsquellen

2 Die Gesetze der Republik Singapur sind in der Online-Datenbank *Singapore Statutes Online* zu finden.[3] Zusätzliche Informationen und Updates zum Recht in Singapur finden sich auf der **Website des Justizministeriums** von Singapur.[4] Die **Singapore Academy of Law** stellt zusätzliche Informationen über das Recht in Singapur zur Verfügung und veröffentlicht Online-Zeitschriften und Artikel.[5] *Singapore Law Watch* hält Berichte über die neuesten Entwicklungen, Nachrichten und Fälle bereit.[6]

2. Einführung

2.1 Gesetzliche Grundlagen

3 Singapurs Unternehmensinsolvenz- und -restrukturierungsgesetze finden sich in erster Linie im Companies Act (Cap. 50, überarbeitete Fassung 2006) **("Companies Act")** in den Abschnitten VII, VIII, VIIIA und X. Diese Vorschriften werden ergänzt durch Verordnungen wie die Companies (Liquidation) Rules (Cap. 50, R 1) und die Companies Regulations (Cap. 50, RG 1). Regelungen zu Insolvenzen von natürlichen Personen finden sich vor allem in Bankruptcy Act (Kap. 20, überarbeitete Fassung 2009) **("Bankruptcy Act")**.

2.2 Historische Entwicklung, jüngste Reformen

4 Singapurs **Regelungen zu Unternehmensinsolvenzen wurden 1967 verabschiedet** und orientierten sich zunächst am britischen Companies Act 1948 und dem australischen Companies

---

[1] URL:<https://www.singaporelawwatch.sg/About-Singapore-Law/Commercial-Law/ch-30-bankruptcy-and-insolvency>.
[2] URL: <https://www.law.ox.ac.uk/sites/files/oxlaw/wee_the_scheme_of_arrangement_in_singapore.pdf>.
[3] URL:< https://sso.agc.gov.sg/>.
[4] URL: < https://www.mlaw.gov.sg/>.
[5] URL: <https://www.sal.org.sg/>.
[6] URL: <https://www.singaporelawwatch.sg/>.

Act 1961. In Singapur findet das **Common Law** Anwendung, so dass die Rechtsprechung zB auch auf die Urteile des Vereinigten Königreichs und Australiens zurückgreifen kann.

Im November 2010 ernannte das Justizministerium einen Ausschuss aus Praktikern und Akademikern, der die Vorschriften zu Insolvenzen in Singapur im Hinblick auf eine Vereinfachung und Modernisierung überprüfen sollte. Der Ausschuss schlug vor, die Regelungen zu Insolvenzen natürlicher und juristischer Personen in einem konsolidierten Statut zusammenzufassen.[7] Der Ausschuss trat außerdem für die Verabschiedung des UNCITRAL-Mustergesetzes über grenzüberschreitende Insolvenzen, die Einführung von Regeln über die Berufsausübung der Insolvenzverwalter sowie zur Finanzierung von Eigenverwaltungsverfahren, *debtor in possession,* ein.

2015 ernannte der Justizminister einen weiteren Ausschuss, das *Committee to Strengthen Singapore as an International Centre for Debt Restructuring.* Dieser machte ebenfalls verschiedene Empfehlungen wie zB die Zulassung von Super-Prioritätspfandrechten und Regelungen, um notleidende Fonds zu ermutigen, Restrukturierungen in Singapur zu durchlaufen.

Der **Companies Act** wurde daraufhin im Jahr **2017 geändert,** um einige der Empfehlungen der Ausschüsse umzusetzen. Einige dieser Änderungen umfassen: Die Einführung größerer Möglichkeiten für ein Gericht, Schuldnern in Restrukturierung Schutz zu gewähren, Regelungen zu Rettungsfinanzierungen sowie neue Bestimmungen zu grenzüberschreitenden Insolvenzen, insbesondere die Verabschiedung des entsprechenden UNCITRAL-Modellgesetzes.

Im Oktober 2018 verabschiedete das Parlament von Singapur sodann den *Insolvency, Restructuring And Dissolution Act 2018* (Nr. 40 von 2018) **(„IRDA").** Der IRDA ist jedoch zum Zeitpunkt dieser Bearbeitung[8] **noch nicht in Kraft getreten. Der Zeitpunkt des Inkrafttretens ist noch ungewiss.** Der IRDA fasst im Wesentlichen alle Gesetze Singapurs über Unternehmensinsolvenzen und Restrukturierungen in einem Gesetz zusammen. Der IRDA wird die Bestimmungen des *Companies Act* in Bezug auf Insolvenzen ersetzen. Daneben werden auch neue Vorschriften eingeführt, wobei jedoch die Kernaspekte des bisherigen Insolvenzrechts weitgehend unverändert bleiben.

Der **vorliegende Länderbericht** wurde daher auf der Grundlage der derzeit geltenden Gesetze erstellt und bezieht sich in erster Linie auf den **Companies Act** und den **Bankruptcy Act.** Deren Inhalt bleibt bzgl. der hier darzustellenden wesentlichen Grundsätze auch unangetastet. **Die relevanten Bestimmungen des IRDA werden jedoch ebenfalls bereits genannt.**

2.3 Verfahrensarten

In Singapur gibt es im Wesentlichen **drei Arten von Insolvenzverfahren:** Die Insolvenz (oder Abwicklung) von Unternehmen, *winding-up,* sowie die Insolvenz von natürlichen Personen, *bankruptcy.* Des Weiteren gibt es ein gerichtliches Restrukturierungsverfahren, *judicial management,* und schließlich das **scheme of arrangement**, ein im Kern gesellschaftsrechtliches Institut mit breitem Anwendungsbereich.

2.3.1 Abwicklung *(winding-up)* und Privatinsolvenz *(bankruptcy)*

2.3.1.1 Freiwillige Abwicklung *(voluntary winding-up)*

Wenn ein Unternehmen zahlungsfähig ist, können die Gesellschafter jederzeit einen **Beschluss zur Einleitung einer freiwilligen Abwicklung,** *voluntary winding-up,* fassen. Das Unternehmen muss hierfür in der Lage sein, seine Verbindlichkeiten innerhalb einer Frist von max. 12 Monaten nach Abwicklungsbeschluss zu begleichen.[9] Ist das Unternehmen hierzu nicht in der Lage, wird die freiwillige Liquidation als Abwicklung zugunsten der Gläubiger durchgeführt, *Creditors' Voluntary Winding-Up.* In dem Fall ernennen die Gläubiger einen Abwickler.[10]

2.3.1.2 Gerichtliche Abwicklung, *court winding-up*

Bei einer gerichtlichen Abwicklung, *court winding-up,* sind das Unternehmen selbst, seine Gläubiger, ein Verwalter, *judicial manager,* und der Justizminister berechtigt, beim Gericht einen Antrag auf Abwicklung des Unternehmens zu stellen. Die Vermögenswerte des Unternehmens werden verwertet und an die Gläubiger und ggf. Anteilsinhaber verteilt. Die Begriffe *winding-up* oder *liquida-*

---

[7] URL:<https://www.mlaw.gov.sg/files/news/public/consultations/2013/10/RevisedReportoftheInsolvencyLawReviewCommittee.pdf>.
[8] Frühjahr 2020.
[9] Die Bestimmungen über die freiwillige Liquidation durch Gesellschafter finden sich in Teil X, Ziff. 3(2) des Companies Act und Teil 8, Ziff. 3(2) des IRDA.
[10] Die Bestimmungen über die freiwillige Liquidation zugunsten der Gläubiger finden sich in Teil X, Ziff. 3(3) des Companies Act oder Teil 8, Ziff. 3(3) des IRDA.

tion werden auch zur Abgrenzung gegenüber Insolvenzen natürlicher Personen, *bankruptcy,* verwendet.

2.3.1.3 Privatinsolvenz, *bankruptcy*

13   Das Insolvenzverfahren bei natürlichen Personen kann entweder von den Gläubigern des Schuldners[11] oder vom Schuldner selbst eingeleitet werden.[12] Im Privatinsolvenzverfahren, *bankruptcy,* geht das Vermögen des Schuldners auf den Verwalter, *Official Assignee,* über. Es wird verwertet und unter den Gläubigern verteilt.[13]

2.3.2 Gerichtliche Restrukturierung, *judicial management*

14   Die gerichtliche Restrukturierung, *judicial management,* ist ein Insolvenzverfahren, das darauf abzielt, **lebensfähigen Unternehmen die Möglichkeit zur Sanierung und Reorganisation zu geben.** Die Zwangsabwicklung auf Betreiben eines Gläubigers soll vermieden werden.[14] Das Verfahren ist an das englische Verfahren *administration* angelehnt.

2.3.3 Sanierungsvergleich, *scheme of arrangement*

15   Ein *scheme of arrangement* nach Ziff. 210 des Companies Act[15] ist ein **gesellschaftsrechtliches Instrument.** Es stellt im Wesentlichen einen **gerichtlich genehmigten Vergleich** dar, **der alle Gläubiger oder bestimmte Klassen von Gläubigern des schuldnerischen Unternehmens bindet.** Erforderlich hierfür ist eine Kopfmehrheit von 50 % und eine Summenmehrheit von 75 % der abgegebenen Stimmen. Anstatt Änderungen vertraglicher Regelungen mit einzelnen Gläubigern auch einzeln auszuhandeln, kann durch das *scheme of arrangement* auf kollektiver Basis in Rechte der Gläubiger oder einzelner Klassen eingegriffen werden, ohne dass die Zustimmung aller Gläubiger hierzu erforderlich ist.[16]

2.4 Außergerichtliche Restrukturierung, *out-of-court restructuring*

16   Im Geschäftsleben vereinbaren Unternehmen aller Größenordnungen verschiedenste Maßnahmen mit ihren Gläubigern, um ihre Verbindlichkeiten zu restrukturieren. Dazu können Debt-Equity-Swaps, Verzichte, Nachbesicherungen durch den Schuldner oder Dritte oder auch Fusionen und Übernahmen gehören.

17   Während Verhandlungen mit einem oder zwei Gläubigern noch gut handhabbar sind, wird die Situation bei Beteiligung zahlreicher Interessengruppen komplizierter – insbesondere, wenn verschiedene Arten von Gläubigern (besichert, unbesichert oder strittig) und zerstrittene Anteilsinhaber existieren oder eine sehr große Zahl von Gläubigern (zB bei Anleihen) zu berücksichtigen ist. **Ein Verfahren unter gerichtlicher Kontrolle ist damit häufig die attraktivere Option für komplexe Restrukturierungen.**

2.5 Insolvenzen von Finanzinstituten und Versicherungsgesellschaften

18   Die Finanzaufsicht, *Monetary Authority of Singapore* (**„MAS"**) reguliert Finanzinstitutionen in den Bereichen Banken, Kapitalmarkt, Versicherungen und Zahlungsabwicklung. Der *Monetary Authority of Singapore Act* (Cap. 186, 1999 Ed) (**„MAS Act"**) sieht Gründe für die **Abwicklung einer Bank** vor. Das Verfahren kann **nur von der MAS**[17] initiiert werden. Dies erfolgt zum Beispiel bei Verstößen gegen eine Bestimmung des MAS-Act oder andere aufsichtsrechtliche Vorschriften. Die MAS wird dann gemäß ihrer Funktion als Regulierungsbehörde für Finanzinstitute tätig.[18]

---

[11] S. Ziff. 57 des Bankruptcy Act oder Ziff. 307 des IRDA.
[12] S. Ziff. 58 des Bankruptcy Act oder Ziff. 308 des IRDA.
[13] S. Ziff. 76(1) des Bankruptcy Act oder Ziff. 327(1) des IRDA.
[14] Die Bestimmungen bezüglich der Verwaltung finden sich in Teil VIIIA des Companies Act oder Teil 7 des IRDA.
[15] Ziff. 210 des Companies Act wird nicht aufgehoben, wenn das IRDA in Kraft tritt.
[16] S. The Royal Bank of Scotland NV (formerly known als ABN Amro Bank NV) and others v TT International Ltd and another appeal [2012] 2 SLR 213; [2012] SGCA 9.
[17] Ziff. 54 des MAS-Act.
[18] Die Bestimmungen des *Insurance Act* (Cap. 142, 2002 Rev. Ed.), insbesondere Ziff. 49FO, gelten für Versicherungsgesellschaften, die Bestimmungen des *Banking Act* (Kap. 19, 2008 Rev. Ed.) für Banken; nach Ziff. 62 des *Banking Act* haben bestimmte Verbindlichkeiten im Falle der Liquidation Vorrang.

2.6 Konzern-Insolvenzen

Nach singapurischem Recht wird jedes Unternehmen als eigenständige Rechtspersönlichkeit 19 betrachtet.[19] Die Insolvenzgesetze Singapurs enthalten **keine spezifischen Bestimmungen für die Insolvenz einer Unternehmensgruppe**. Insolvenzverfahren werden gegen jedes einzelne Unternehmen eingeleitet. Werden mehrere Anträge auf gerichtliche Abwicklung, *winding-up*, gegen einzelne Unternehmen gestellt, die eine Gruppe bilden, ist jedoch eine gemeinsame Verhandlung über alle Anträge vor demselben Richter möglich. Ziff. 211C des Companies Act erlaubt es dem Gericht zudem, Verfahren gegen verbundene Unternehmen einzustellen, wenn diese Unternehmen integraler Bestandteil der Restrukturierung der gesamten Gruppe sind.

3. Wesentliche Merkmale der Insolvenzverfahren

3.1 Abwicklungsverfahren, *winding-up*

3.1.1 Eröffnung des Verfahrens

3.1.1.1 Beginn des Verfahrens

Ein Antrag auf Abwicklung, *winding-up*, kann zB von der Gesellschaft, einem ihrer Gesellschafter 20 oder einem Gläubiger gestellt werden.[20] In Singapur werden alle Insolvenzanträge vor dem Obersten Gerichtshof, *High Court*, verhandelt. Das Berufungsgericht, *Court of Appeal*, ist die finale Instanz nach dem *High Court*.

3.1.1.2 Eröffnungsgründe

Es existieren mehrere Gründe, mit denen ein Antragsteller beim Gericht die Abwicklung, 21 *winding-up*, eines Unternehmens beantragen kann.[21] Der am häufigsten herangezogene ist die **Zahlungsunfähigkeit** „*where a company is unable to pay its debt*".[22] Ein Unternehmen gilt als zahlungsunfähig, wenn ein Gläubiger mit fälligen Forderungen über mehr als 10.000 S$[23] Zahlung verlangt und der Schuldner diese nicht innerhalb von drei Wochen leistet. Erfolgt in diesem Zeitraum keine Befriedigung oder ausreichende Besicherung, ist der Gläubiger berechtigt, einen gerichtlichen Antrag auf Abwicklung, *winding-up*, zu stellen.[24]

3.1.2 Verfahrensbeteiligte: Verwalter, Gläubigerausschuss

3.1.2.1 Verwalter, *liquidator*

3.1.2.1.1 Übersicht

In den meisten Abwicklungsverfahren wird ein freiberuflicher Verwalter, **private *liquidator*,** 22 bestellt. Es handelt sich in der Regel um Wirtschaftsprüfer, *accountants*, oder sonstige **insolvenzerfahrene Personen**, *insolvency practitioners*. Sie werden regelmäßig von den Gläubigern bei der freiwilligen Abwicklung oder auf Anregung des Antragsstellers bei einer gerichtlichen Abwicklung bestellt. Sobald der Verwalter, *liquidator*, ernannt ist, verliert die Geschäftsleitung des Schuldners die Befugnis, unternehmerische Entscheidungen zu treffen. Dies obliegt nun dem Verwalter, *liquidator*.

Der Verwalter, *liquidator*, ist gerichtlich legitimiert und handelt gegenüber der Gesell- 23 **schaft und ihren Gläubigern ähnlich einem Treuhänder.** Der Verwalter, *liquidator*, muss unabhängig sein und die Interessen in einen fairen Ausgleich bringen. Er ist verpflichtet, das Vermögen des Schuldners zu verwerten und den Erlös zur Tilgung der Verbindlichkeiten zu verwenden. Nach Anordnung der Abwicklung, *winding-up*, nimmt der Verwalter, *liquidator*, das gesamte Vermögen und alle Werte, auf die der Schuldner Anspruch hat oder haben könnte, in seine Obhut oder unter seine Kontrolle.[25]

---

[19] Salomon gegen A Salomon & Co Ltd [1896] UKHL 1, [1897] AC 22.
[20] S. Ziff. 253(1) des Companies Act oder Ziff. 124(1) des IRDA für die vollständige Liste.
[21] S. Ziff. 254 des Companies Act oder Ziff. 125(1) des IRDA für die vollständige Liste der Gründe.
[22] Ziff. 254(1)(e) des Companies Act oder Ziff. 125(1)(e) des IRDA.
[23] Gem. Ziff. 254(2)(a) des Companies Act beträgt der Schwellenwert 10.000,00 S$; dieser wird gem. Ziff. 125(2)(a) des IRDA auf 15.000,00 S$ angehoben.
[24] S. 254(2) des Companies Act oder Ziff. 125(2) des IRDA für weitere Definitionen der Zahlungsunfähigkeit.
[25] Ziff. 269(1) des Companies Act oder Ziff. 140(1) des IRDA.

3.1.2.1.2 Zulassung von Verwaltern nach IRDA

24   Wenn das IRDA in Kraft tritt, müssen Verwalter, *insolvency practitioners,* eine Zulassung des *Insolvency and Public Trustee Office* („**IPTO**") erhalten. Ziff. 50 des IRDA enthält eine Liste von qualifizierten Berufsgruppen. Zu ihnen gehören Rechtsanwälte, *solicitors,* oder Wirtschaftsprüfer und vereidigte Buchprüfer, *public and chartered accountants.*

3.1.2.1.3 Aufsicht über den Verwalter, *liquidator*

25   Der Verwalter, *liquidator,* hat bei der Ausübung seiner Aufgaben und der Verwertung der Vermögenswerte des Schuldners zum Nutzen der Gläubiger einen großen Spielraum. Die **Amtsausübung des Verwalters,** *liquidator,* **unterliegt dabei der Aufsicht eines Gläubigerausschusses,** *committee of inspection,* **oder des Gerichts.**[26]

26   Wurde kein Gläubigerausschuss, *committee of inspection,* eingesetzt, übernimmt dessen Aufgabe das Gericht in der Person des *Official Receiver.*[27] Dieser kann dann auf Antrag des Verwalters, *liquidator,* jede seiner Handlungen oder geplanten Maßnahmen genehmigen.

27   Bei der Verwaltung und Verteilung des schuldnerischen Vermögens ist der Verwalter, *liquidator,* verpflichtet, allen Weisungen des Gläubigerausschusses, *committee of inspection,* nachzukommen. Der Verwalter, *liquidator,* kann auch Versammlungen aller Gläubiger einberufen, um deren Vorstellungen zur Verfahrensabwicklung zu ermitteln. Ein Verwalter, *liquidator,* hat grundsätzlich das Recht, beim Gericht Weisungen in Bezug auf alle im Rahmen der Abwicklung, *winding-up,* zu ergreifenden Maßnahmen zu beantragen.

3.1.2.1.4 Vergütung des Verwalters, *liquidator*

28   Der Verwalter, *liquidator,* hat **Anspruch auf eine Vergütung, die regelmäßig durch Vereinbarung** zwischen ihm und dem Gläubigerausschuss, *committee of inspection,* **festgelegt wird.**[28] Besteht eine solche nicht, kann eine Mehrheit der abstimmenden Gläubiger (50 % Kopf- und 75 % Summenmehrheit) die Vergütung des Verwalters, *liquidator,* genehmigen. Erfolgt auch dies nicht, hat das Gericht letztlich die Befugnis, die Vergütung des Verwalters, *liquidator,* im eigenen Ermessen festzusetzen.

29   Die Höhe der Vergütung des Verwalters, *liquidator,* unterliegt der Aufsicht des Gerichts. Die Anteilsinhaber der Schuldnerin, der *Official Receiver* und auch der Verwalter, *liquidator,* selbst können beim Gericht beantragen, die Vergütung des Verwalters, *liquidator,* zu bestätigen oder zu ändern. Bei ihrer Festlegung berücksichtigt das Gericht zB den Vorteil der Handlungen des Verwalters, *liquidator,* für die Schuldnerin und die Gläubiger, seinen Zeitaufwand, die Insolvenzquote sowie den Umfang der vom Verwalter, *liquidator,* und seinen Mitarbeitern geleisteten Tätigkeiten.[29]

3.1.2.1.5 Befugnisse und Aufgaben des Verwalters, *liquidator*

30   Die **Befugnisse** eines Verwalters, *liquidator,* sind **gesetzlich geregelt.**[30] Bestimmte Handlungen können nur **nach Einwilligung durch das Gericht** oder den Gläubigerausschuss, *committee of inspection,* ausgeübt werden. Dazu gehören die Fortführung der Geschäftstätigkeit des Schuldners, die vollständige Befriedigung aller Gläubigergruppen oder Vereinbarungen mit den Gläubigern. **Ohne Einwilligung** kann zB ein Vergleich über fällige Verbindlichkeiten unter 1.500,00 S$ geschlossen werden. Genauso bedürfen die Erhebung von oder Verteidigung gegen Klagen im Namen der Schuldnerin,[31] der Verkauf von Vermögenswerten durch öffentliche Versteigerung, Ausschreibung oder Vertrag oder andere Maßnahmen, die für die Abwicklung der Schuldnerin und Verteilung der Vermögenswerte erforderlich sind, keiner Einwilligung.

3.1.2.2 Gläubigerausschuss, *committee of inspection*

31   Üblicherweise schlägt der Verwalter, *liquidator,* in der ersten Gläubigerversammlung die Einsetzung eines Gläubigerausschusses, *committee of inspection,* vor, soweit dies für die Abwicklung als

---

[26]   Ziff. 272(1) des Companies Act oder Ziff. 144(1) des IRDA.
[27]   Ziff. 314(1) des Companies Act oder Ziff. 189(1) des IRDA.
[28]   Ziff. 268(3) des Companies Act oder Ziff. 139(3) des IRDA.
[29]   *Re Econ Corp Ltd (in provisional liquidation)* [2004] 2 SLR(R) 264.
[30]   Ziff. 272 des Companies Act oder Ziff. 144 des IRDA; die Befugnisse des Liquidators sind weitgehend ähnlich, auch wenn einige Befugnisse nach IRDA die vorherige Genehmigung des Gerichts oder des Gläubigerausschusses erfordern, bevor sie ausgeübt werden können.
[31]   Gem. Ziff. 272(2)(a) des Companies Act ist keine Einwilligung erforderlich; gem. Ziff. 144(1)(f) des IRDA benötigt der Liquidator diese jedoch.

vorteilhaft angesehen wird. Der Ausschuss besteht aus einzelnen Gläubigern, die jedoch die **Gesamtheit der Gläubiger der Schuldnerin vertreten.** Der Gläubigerausschuss, *committee of inspection,* hat gegenüber dem Verwalter, *liquidator,* eine **Kontrollfunktion.** Er dient diesem gegenüber zudem als Sprachrohr der Gläubigergesamtheit.

Jeder Gläubiger oder Anteilsinhaber, *contributory,*[32] kann den Verwalter, *liquidator,* ersuchen, **32** getrennte Sitzungen der Gläubiger und Anteilsinhaber einzuberufen, in denen diese über die Einsetzung eines Gläubigerausschusses, *committee of inspection,* und dessen Mitglieder abstimmen.[33]

3.1.3 Auswirkungen der Eröffnung eines Insolvenzverfahrens auf anhängige Verfahren und Vollstreckungsmaßnahmen

3.1.3.1 Aussetzung von Verfahren

Nach der Antragstellung, aber vor der Anordnung der Abwicklung, kann der Schuldner, jeder **33** Gläubiger oder Anteilsinhaber die Aussetzung eines anhängigen Verfahrens oder einer Klage gegen den Schuldner bei Gericht beantragen.[34] **Nach der Anordnung der Abwicklung, *winding-up order,* werden alle anhängigen Verfahren automatisch ausgesetzt.**[35] Mit diesen Regelungen soll das Vermögen der Gesellschaft erhalten bleiben, um es zum Vorteil der Gläubiger als Ganzes verteilen zu können.

3.1.3.2 Aussetzung der Vollstreckung

Gläubiger dürfen keine Vorteile aus noch nicht vollständig durchgeführten Vollstreckungsmaß- **34** nahmen ziehen.[36] Wenn ein Gläubiger entsprechende Maßnahmen eingeleitet hat (zB einen Antrag auf Sachpfändung und Verwertung,[37] *application for writ of seizure and sale* oder Forderungspfändung,[38] *garnishee application*), die Vollstreckung aber noch nicht abgeschlossen ist, muss das jeweilige Verfahren ausgesetzt werden.

Im Abwicklungsverfahren, *winding-up proceedings,* müssen alle Forderungen den Vorschriften **35** entsprechend angemeldet und nachgewiesen werden. Dadurch sollen insbesondere auch Kosteneinsparungen gegenüber einzelnen Rechtsstreitigkeiten über Höhe und Durchsetzbarkeit der Forderungen erzielt werden.[39] Daneben wird so sichergestellt, dass eine gleichmäßige Befriedigung der Gläubiger, *pari passu distribution,* erfolgt, auch indem verhindert wird, dass ungesicherte Gläubiger Vermögenswerte durch Vollstreckungsmaßnahmen zu ihren Gunsten sichern.[40]

3.1.4 Forderungsanmeldung

Wenn sich ein Unternehmen im Abwicklungsverfahren, *winding-up,* befindet, fordert der Ver- **36** walter, *liquidator,* die Gläubiger auf, **Nachweise für ihre Forderungen** zu erbringen. Üblicherweise erhalten die Gläubiger mindestens eine Frist von 14 Tagen, innerhalb derer der Nachweis zu erbringen ist. Die Aufforderung kann durch Veröffentlichung in einer Zeitung erfolgen oder durch schriftliche Mitteilung gegenüber jedem, der sich einer Gläubigerstellung gegenüber dem Schuldner berühmt.

Ein Gläubiger, der keinen Forderungsnachweis erbringt, ist nicht berechtigt, Ausschüttungen **37** zu verlangen oder andere Gläubiger wegen einer vermeintlich zu hohen Quotenzahlung in Anspruch zu nehmen. **Eine unzureichende Forderungsanmeldung hat jedoch keinen Einfluss auf das Bestehen der Forderung.** Es handelt sich lediglich um ein Verfahren zu ihrer Feststellung und hat keinen materiell-rechtlichen Einfluss.

Alle gegenwärtigen und zukünftigen, unbedingten oder bedingten Forderungen können im **38** Verfahren angemeldet werden, es sei denn, deren Höhe kann nicht ermittelt werden, *liability is uncapable of being fairly estimated.* Im Allgemeinen müssen sowohl Rechtsgrund als auch Umfang der

---

[32] Definiert in Ziff. 4 des Companies Act.
[33] Ziff. 277 des Companies Act oder Ziff. 150 des IRDA.
[34] Ziff. 258 des Companies Act oder Ziff. 129 des IRDA.
[35] Ziff. 262(3) des Companies Act oder Ziff. 133(1) des IRDA.
[36] Ziff. 334 des Companies Act oder Ziff. 206 des IRDA.
[37] *Tiong Polestar Engineering Pte Ltd* [2003] 4 SLR(R) 1.
[38] *Transbilt Engineering Pte Ltd gegen Finebuild Systems Pte Ltd* [2005] SGCA 33, [2005] 3 SLR(R) 550.
[39] *S. Laserforschung v. Intertech Systems Pte Ltd* [2011] 1 SLR 382.
[40] S. Fn. 38.

anzumeldenden Forderung spätestens am Tag der Verfahrenseröffnung feststehen, um am Verfahren teilnehmen zu können.[41]

3.1.5 Verteilung der Masse

39　Die Verteilung des Vermögens einer Schuldnerin erfolgt **gleichmäßig,** *pari-passu*. Gläubiger derselben Klasse erhalten also die gleiche Insolvenzquote.

3.1.5.1 Vorrangige Gläubiger

40　Die vorrangig zu befriedigenden Forderungen und deren Befriedigungsreihenfolge ist gesetzlich festgelegt.[42] Auszahlungen erfolgen in der folgenden Reihenfolge:
a) Die **Kosten und Auslagen des Verfahrens** inkl. Verwaltervergütung;
b) Die **Löhne oder Gehälter** der Mitarbeiter der Schuldnerin;
c) Die den Arbeitnehmern zustehenden **Leistungen bei Entlassungen;**
d) Alle fälligen Beträge in Bezug auf die **Entschädigung von Arbeitsunfällen;**
e) **Altersvorsorge** der Mitarbeiter der Schuldnerin;
f) Alle **Vergütungen,** die einem Mitarbeiter der Schuldnerin **in Bezug** auf seinen **Erholungsurlaub** zustehen und
g) **Steuerverbindlichkeiten.**

3.1.5.2 Gesicherte Gläubiger, *secured creditors*

41　Zu den gesicherten Gläubigern, *secured creditors*, gehören zB Grundpfandrechtsgläubiger, Gläubiger konkret bestimmter Pfandrechte, *fixed charge over ascertainable property*, Verkäufer unter Eigentumsvorbehalt, *retention of title*, und Treugeber.

42　Gesicherte Gläubiger, *secured creditors*, sind berechtigt, ihre Sicherheit zu verwerten und für den Ausfall eine Forderung als ungesicherte Gläubiger, *unsecured creditors*, anzumelden.

43　Die Forderungen von Inhabern einer *floating charge*, sind gegenüber den meisten anderen gesicherten Gläubigern demgegenüber nachrangig.[43] Bei einer *floating charge* handelt es sich um eine Sicherheit, mit der das gesamte oder Teile des gegenwärtigen oder zukünftigen Vermögens einer Gesellschaft belastet werden kann, zB Umlaufvermögen oder Konten. Im normalen Geschäftsbetrieb, *ordinary course of business*, behält der Sicherungsgeber hierüber die Verfügungsbefugnis. Erst mit dem Eintritt des Sicherungsfalls, *crystallisation*, steht der Bestand des Sicherungsgutes zu diesem Zeitpunkt dem Sicherungsnehmer zur Verwertung zur Verfügung.

3.1.5.3 Ungesicherte Gläubiger, *unsecured creditors*

44　Ungesicherte Gläubiger, *unsecured creditors*, haben in der Regel den niedrigsten Rang bei der Verteilung der Masse. Innerhalb dieser Klasse können jedoch Vereinbarungen zwischen den Gläubigern in Bezug auf eine bestimmte Rangfolge getroffen werden.

3.1.6 Abschluss des Verfahrens

45　Sobald das gesamte Vermögen des Schuldners verwertet und an die Gläubiger verteilt wurde, kann der Verwalter, *liquidator*, eine **gerichtliche Anordnung** beantragen, mit der er von seinen Aufgaben freigestellt und die **Gesellschaft aufgelöst** wird.[44]

46　Das Gericht kann die Auflösung auf Antrag des Verwalters, *liquidator*, oder einer anderen betroffenen Person innerhalb von zwei Jahren nach deren Wirksamwerden für nichtig erklären.[45] Dies geschieht üblicherweise, wenn vom Verwalter, *liquidator*, vor der Auflösung doch nicht alle Vermögenswerte verwertet wurden.

---

[41] S. *Re Swiber Holdings Ltd [2018] 5 SLR 1130, [2018] SGHC 180* für zusätzliche Anforderungen an Forderungsanmeldungen; der High Court von Singapur entschied unter anderem, dass ein Gläubiger, dessen Forderungen gegen den Schuldner durch eine Drittsicherheit gesichert ist, nicht als gesicherter Gläubiger am Verfahren teilnimmt und den vollen Betrag seiner Forderung ohne Abzug der Sicherheit anmelden kann.

[42] Ziff. 328 des Companies Act oder Ziff. 203 des IRDA; gem. Ziff. 203 des IRDA stehen die „Kosten und Ausgaben des Verfahrens" immer noch an der Spitze, werden aber in drei Kategorien unterteilt: (1) die Kosten und Aufwendungen der Liquidation, die dem Liquidator der Gesellschaft entstehen; (2) alle anderen Kosten und Aufwendungen der Liquidation, einschließlich der Vergütung des Liquidators; (3) die Kosten des Antragstellers für den Liquidationsantrag.

[43] Ziff. 328(5) des Companies Act oder Ziff. 203(6) des IRDA.

[44] Ziff. 275 des Companies Act oder Ziff. 147 des IRDA.

[45] Ziff. 343 des Companies Act oder Ziff. 208 des IRDA.

3.2 Privatinsolvenz, *bankruptcy*

3.2.1 Eröffnung des Verfahrens

Die Voraussetzungen für die Eröffnung eines Privatinsolvenzverfahrens, *bankruptcy*, in Singapur sind im Allgemeinen **fällige Verbindlichkeiten von mindestens 15.000,00 S$, die der Schuldner nicht bedienen kann.**[46] Es wird vermutet, dass ein Schuldner hierzu nicht in der Lage ist, wenn ihm eine Zahlungsaufforderung, *statutory demand*, zugestellt wurde, der er nicht nachgekommen ist, 21 Tage seit deren Zustellung verstrichen sind und der Schuldner keine gerichtliche Hilfe gegen eine Verfahrenseröffnung in Anspruch genommen hat oder wenn Zwangsvollstreckungsmaßnahmen fruchtlos verstrichen sind.[47]

Der Privatinsolvenzantrag kann durch (i) einen oder mehrere Gläubiger, (ii) durch den Beauftragten, *nominee*, der die Durchführung eines freiwilligen Vergleichs, *voluntary arrangement*, überwacht,[48] oder (iii) durch den Schuldner selbst gestellt werden.[49]

3.2.2 Verfahrensbeteiligte: Official Assignee / trustee in insolvency

Der *Official Assignee* **ist der Insolvenzverwalter im Privatinsolvenzverfahren**, *bankruptcy*. Er verwertet die Vermögensgegenstände und hat die Befugnis, den Geschäftsbetrieb aufrechtzuerhalten, soweit dies für die Gläubiger von Vorteil ist. Der *Official Assignee* kann Aktivprozesse einleiten, Passivprozesse führen und die notwendigen Beauftragungen durchführen. Er darf Vermögensgegenstände belasten oder Vergleiche mit den Gläubigern des Schuldners schließen.[50]

Wenn der antragstellende Gläubiger ein institutioneller Gläubiger ist, muss dieser einen privaten Insolvenzverwalter, *trustee in insolvency*, bestellen.[51] Der *Official Assignee* ist Beamter des *Insolvency and Public Trustee Office*, während der *trustee in insolvency* selbstständig tätig ist. Die Rechte und Pflichten in Bezug auf die Durchführung des Verfahrens sind identisch.[52]

3.2.3 Zahlungsaufforderung, *statutory demand*

Ein Gläubiger mit fälligen Forderungen über mehr als 15.000,00 S$ kann dem Schuldner eine Zahlungsaufforderung, *statutory demand*, zustellen lassen, die alle erforderlichen Informationen über die geltend gemachte Forderung enthält. Die Zahlungsaufforderung, *statutory demand*, muss persönlich zugestellt werden. **Der Schuldner kann innerhalb von 14 Tagen nach Zustellung die Aufhebung, *set aside*, der Aufforderung verlangen.**[53] Das Gericht wird die Zahlungsaufforderung, *statutory demand*, zB zurückweisen, wenn die Forderung nachvollziehbar bestritten wird, der Schuldner Inhaber einer fälligen Gegenforderung ist, die zur Aufrechnung gestellt werden kann oder der Schuldner über freie Vermögenswerte verfügt, die die geltend gemachten Forderungen übersteigen.

3.2.4 Wirkung der Verfahrenseröffnung

Das Verfahren dauert von der Eröffnung bis zur Schuldbefreiung, *discharge*.[54] Der Schuldner muss **innerhalb von 21 Tagen nach der Verfahrenseröffnung eine Übersicht über seine finanziellen Verhältnisse** einreichen.[55]

Mit der Eröffnung geht das **Vermögen des Schuldners automatisch auf den *Official Assignee* über** und steht zur Befriedigung der Gläubiger zur Verfügung.[56] Der *Official Assignee* hat die Aufgabe der Verwertung des Vermögens. Gegen den Schuldner kann kein Verfahren oder Prozess wegen finanzieller Verbindlichkeiten eingeleitet werden, soweit nicht vom Gericht zugelassen.[57]

---

[46] Ziff. 61 des Bankruptcy Act oder Ziff. 311 des IRDA.
[47] Die vollständige Liste der Antragsvoraussetzungen ist in Ziff. 62 des Bankruptcy Act oder Ziff. 312 des IRDA enthalten.
[48] Ziff. 57(1) des Bankruptcy Act oder Ziff. 307(1) des IRDA.
[49] Ziff. 58(1) des Bankruptcy Act oder Ziff. 308(1) des IRDA.
[50] Ziff. 112 des Bankruptcy Act oder Ziff. 378 des IRDA.
[51] Ziff. 33 des Bankruptcy Act oder Ziff. 36 des IRDA.
[52] Ziff. 36 des Bankruptcy Act oder Ziff. 39 des IRDA.
[53] Regel 97 der Bankruptcy Rules (Kap. 20, Ziff. 166); die entsprechende Verordnung zum IRDA ist zum Zeitpunkt der Erstellung dieses Berichts noch nicht verabschiedet.
[54] Ziff. 75 des Bankruptcy Act oder Ziff. 326 des IRDA.
[55] Ziff. 81 des Bankruptcy Act oder Ziff. 332 des IRDA.
[56] Ziff. 76(1)(a) des Bankruptcy Act oder Ziff. 327(1)(a) des IRDA.
[57] Ziff. 76(1)(c) des Bankruptcy Act oder Ziff. 327(1)(c) des IRDA.

Vermögensverfügungen des Schuldners nach Verfahrenseröffnung sind unwirksam, es sei denn, diese wurde mit Zustimmung des Gerichts getroffen oder später vom Gericht genehmigt.[58]

3.2.5 Einschränkungen des Schuldners

54 Der Schuldner darf nicht als Treuhänder oder Verwalter eines Nachlasses oÄ bestellt oder tätig werden, es sei denn, er wird vom Gericht ausdrücklich ermächtigt.[59] Gleiches gilt für die Mitgliedschaft in der Geschäftsleitung eines Unternehmens.[60] Gerichtsverfahren können von ihm nicht eingeleitet oder fortgesetzt werden, wenn nicht die Ermächtigung des *Official Assignee* vorliegt.[61] Diese ist auch erforderlich, wenn der Schuldner Singapur verlassen will.[62] **Der Reisepass des Schuldners kann beschlagnahmt werden.**[63] Er darf keine Darlehen über mehr als 1.000,00 S$ aufnehmen, ohne den Vertragspartner von der Eröffnung des Verfahrens zu informieren.[64]

3.2.6 Schuldbefreiung, *discharge*

55 Wenn die Vermögenswerte des Schuldners verwertet sind, können das Gericht oder der *Official Assignee* das Verfahren aufheben.

56 Bei erstmaliger Privatinsolvenz kann der *Official Assignee* den Schuldner von den nach der Verteilung noch verbleibenden Verbindlichkeiten des Schuldners befreien, *discharge*, wenn dieser einen Zielbetrag, *target contribution*,[65] vollständig bezahlt hat oder der *Official Assignee* davon überzeugt ist, dass der Schuldner nicht in der Lage ist, den Zielbeitrag, *target contribution*, vollständig zu bezahlen. Die Schuldbefreiung, *discharge*, ist nach drei Jahren möglich, wenn kein Gläubiger widerspricht, sonst fünf Jahre nach Verfahrenseröffnung.

3.3 Gerichtliche Restrukturierung, *judicial management*

3.3.1 Eröffnung des Verfahrens

57 Ein Antrag auf gerichtliche Verwaltung, *judicial management*, eines Unternehmens und auf Bestellung eines Verwalters, *judicial manager*, kann bei Gericht gestellt werden. Voraussetzung der Anordnung ist die Überzeugung des Gerichts, dass die Gesellschaft zwar nicht in der Lage ist, ihre Schulden zu begleichen. **Es muss aber entweder eine überwiegende Wahrscheinlichkeit bestehen, dass die Gesellschaft ganz oder teilweise ihre Geschäftstätigkeit fortführen kann, wenn bestimmte Sanierungsmaßnahmen durchgeführt werden** oder das Verfahren den Gläubigern im Vergleich zur Abwicklung, *winding-up*, einen Mehrwert bringt.[66]

58 Die gerichtliche Verwaltung, *judicial management*, kann von der **Gesellschaft** oder **einem Gläubiger der Gesellschaft** beantragt werden.

3.3.2 Verfahrensbeteiligte: Der Verwalter, *judicial manager*

59 Der Antragsteller muss einen **Wirtschaftsprüfer**, *public accountant*, **als Verwalter**, *judicial manager*, vorschlagen, der nicht zuvor mit der Prüfung des Unternehmens betraut war. Eine Kopf- und Summenmehrheit der Gläubiger kann sich gegen den Vorschlag wenden. Die Entscheidung über die Ernennung liegt im Ermessen des Gerichts.[67]

60 Der Verwalter, *judicial manager*, ist Beauftragter des Gerichts, aber auch Vertreter des Unternehmens. Er hat den gesetzlichen Auftrag, **alle Maßnahmen zu ergreifen, die für die Verwaltung der Vermögensgegenstände und Führung des Geschäftsbetriebs erforderlich sind**. Er hat Anordnungen des Gerichts Folge zu leisten. Der Verwalter, *judicial manager*, verfügt über weitreichende Befugnisse in der Führung des Unternehmens, um den Zweck seiner Einsetzung zu erreichen. Dazu gehören die Inbesitznahme und Verfügungsbefugnis bzgl. aller Vermögensgegenstände,

---

[58] Ziff. 77(1) des Bankruptcy Act oder Ziff. 328(1) des IRDA.
[59] Ziff. 130(1) des Bankruptcy Act oder Ziff. 400(1) des IRDA.
[60] Ziff. 148 des Companies Act.
[61] Ziff. 131(1)(a) des Bankruptcy Act oder Ziff. 401(1)(a) des IRDA.
[62] Ziff. 131(1)(b) des Bankruptcy Act oder Ziff. 401(1)(b) des IRDA.
[63] Ziff. 116 des Bankruptcy Act oder Ziff. 382 des IRDA.
[64] Ziff. 141 des Bankruptcy Act oder Ziff. 412 des IRDA.
[65] Der Zielbetrag wird zu Beginn des Verfahrens vom *Official Assignee* bestimmt; er berechnet sich aus Gesamtverbindlichkeiten, zu erwartenden Kosten des Verfahrens, Vermögenswerten des Schuldners und während des Verfahrens zu erwartenden Einnahmen.
[66] Ziff. 227A des Companies Act oder Ziff. 90 des IRDA; s. Ziff. 227B(7) des Companies Act oder Ziff. 91 (5), (8) über Beschränkungen des Verfahrens.
[67] Ziff. 227B(3) des Companies Act oder Ziff. 91(3) des IRDA.

die Befugnis zur Aufnahme von Krediten und die Gewährung von Sicherheiten, die Klageerhebung, sowie die Verteidigung in Rechtsstreitigkeiten.[68]

Der Verwalter, *judicial manager*, kann beim Gericht Weisungen beantragen oder eine Gläubigerversammlung einberufen, um Verwaltungsmaßnahmen abzustimmen.[69] Er hat Anspruch auf Vergütung. Diese sowie seine Auslagen werden vorrangig vor allen anderen Verbindlichkeiten des Schuldners bedient.[70] **61**

3.3.3 Führung des Unternehmens

Die **Befugnisse** des Verwalters, *judicial manager*, werden **durch den Inhalt der Verfahrensanordnung des Gerichts begrenzt**. Er darf seine Befugnisse nicht über das zur Erreichung der Zwecke der Anordnung Erforderliche hinaus ausüben. Ehemalige oder gegenwärtige Geschäftsleiter und Mitarbeiter der Gesellschaft sind verpflichtet, mit dem Verwalter, *judicial manager*, zusammenzuarbeiten und alle erforderlichen Informationen über die Gesellschaft, Gründung, Geschäft, Vermögen und Verbindlichkeiten zu erteilen.[71] **62**

Innerhalb von 90 Tagen nach Erlass der gerichtlichen Verfahrensanordnung muss der Verwalter, *judicial manager*, allen Gläubigern **Vorschläge zur Erreichung der angestrebten Sanierung** übermitteln und diese in einer Gläubigerversammlung zur Abstimmung bringen.[72] Eine einfache Kopf- und Summenmehrheit der abstimmenden Gläubiger reicht aus, um die Vorschläge anzunehmen.[73] **63**

3.3.4 Wirkungen der gerichtlichen Verfahrensanordnung

Wenn die Gläubiger den Vorschlägen des Verwalters, *judicial manager*, zustimmen, muss dieser das Unternehmen entsprechend führen. Es kann ein **Gläubigerausschuss**, *committee of inspection*, **zur Überwachung** eingesetzt werden. **64**

Die gerichtliche Verfahrensanordnung bleibt für einen **Zeitraum von 180 Tagen** in Kraft und kann auf Antrag des Verwalters, *judicial manager*, vom Gericht ausgedehnt werden.[74] **65**

Durch die **Anordnung** werden alle anderen Verwalter und die **Geschäftsführung ihren Ämtern enthoben**. Die Ernennung neuer Geschäftsleiter ist untersagt. Alle anhängigen Abwicklungsanträge, *winding-up*, werden abgelehnt und alle Zahlungen für bereits bestehende Verbindlichkeiten eingestellt.[75] Dieses **gesetzliche Moratorium** setzt die Möglichkeit der Durchsetzung von Rechten aus, bringt sie aber nicht zum Erlöschen. Eine von dem Moratorium betroffene Partei kann dessen Aufhebung beantragen, indem sie den Verwalter, *judicial manager*, um Zustimmung ersucht oder einen Antrag an das Gericht stellt.[76] **66**

3.3.5 Vorrangige Rettungsfinanzierung

Eine vorrangige Rettungsfinanzierung, *super-priority rescue financing*, auch als *debtor-in-possession financing* („**DIP Financing**") bekannt, ermöglicht es Schuldnern, die sich in der gerichtlichen Verwaltung, *judicial management*, befinden oder planen, ein *scheme of arrangement* vorzuschlagen, neue finanzielle Mittel einzuwerben. Die entsprechenden Darlehen sind **vorrangig vor anderen Forderungen in einer späteren Abwicklung**, *winding-up*, des Schuldners. DIP-Finanzierungen sind oft ein integraler Bestandteil eines *scheme of arrangement* und werden dort ausführlich dargestellt.[77] **67**

3.3.6 Entlassung des Verwalters, *judicial manager*

Die Verwaltung, *judicial management*, kann beendet werden, wenn ihre Zwecke erreicht sind, ein Antrag auf Abwicklung, *winding-up*, der Gesellschaft gestellt wird oder ein *scheme of arrangement* unterbreitet wird. Der Verwalter, *judicial manager*, kann bei Gericht seine Entlassung beantragen, wenn nach seiner Auffassung die Zwecke des Verfahrens nicht erreicht wurden oder nicht erreicht werden können.[78] **68**

---

68 Ziff. 227G des Companies Act oder Ziff. 99 des IRDA.
69 Ziff. 227G(5), (7) des Companies Act oder Ziff. 99(5), (7) des IRDA.
70 Ziff. 227J(3) des Companies Act oder Ziff. 104(3) des IRDA.
71 Ziff. 227V des Companies Act oder Ziff. 243 des IRDA.
72 Ziff. 227M des Companies Act oder Ziff. 107 des IRDA.
73 Ziff. 227N des Companies Act oder Ziff. 108 des IRDA.
74 Ziff. 227(8) des Companies Act oder Ziff. 111 des IRDA.
75 S. Ziff. 227D(4) des Companies Act oder Ziff. 96(4) des IRDA für die vollständige Liste der Auswirkungen.
76 Ziff. 227D(4)(c) des Companies Act oder Ziff. 96(4)(c) des IRDA.
77 → Rn. 87 ff.
78 Ziff. 227J des Companies Act oder Ziff. 104 des IRDA.

3.4 Sanierungsvergleich, *scheme of arrangement*

3.4.1 Eröffnung des Verfahrens

69 Ein Antrag auf ein *scheme of arrangement* eröffnet die **Möglichkeit, in Rechte von Gläubigern einzugreifen**. Es handelt sich um ein originär gesellschaftsrechtliches Institut. Der Antrag kann zB vom Unternehmen, seinen Gläubigern oder dem Verwalter im Falle eines Abwicklungsverfahrens, *winding-up*, gestellt werden.[79]

70 Bei Bestehen einer nachhaltigen Verbindung, *substantial connection*, zur Republik Singapur kann ein entsprechender Antrag auch von **ausländischen Schuldnern** gestellt werden.[80] Zur Feststellung dieser Verbindung werden zB folgende Gesichtspunkte herangezogen: Geschäftsbetrieb in Singapur, dortige Niederlassung, Vermögen oder Bankverbindung. Auch Klauseln in Verträgen des Schuldners, die das Recht von Singapur für anwendbar erklären, sind hierbei von Bedeutung. Es ist das erklärte Ziel des Gesetzgebers, die Durchführung von Restrukturierungsverfahren für ausländische Schuldner zu erleichtern und attraktive Verfahrensbedingungen zu bieten, um **Singapur als Restrukturierungsstandort zu etablieren.**

71 Bevor der Schuldner beim Gericht einen Antrag auf Einberufung einer Gläubigerversammlung zur Genehmigung eines *scheme of arrangement* stellt, kann ein Antrag auf Erlass eines **Moratoriums** gestellt werden. Damit können Gläubiger daran gehindert werden, rechtliche Schritte gegen den Schuldner einzuleiten oder erfolgreich ein Abwicklungsverfahren, *winding-up*, einzuleiten. Das Moratorium gilt ab Antragstellung automatisch zunächst für 30 Tage. Innerhalb dieser Frist wird über den Antrag verhandelt. Das Gericht gewährt regelmäßig Verlängerungen von vier bis sechs Monaten.

72 Ein Antrag auf ein *scheme of arrangement* wird zunächst beim Gericht gestellt, das eine Gläubigerversammlung einberuft, in der das *scheme of arrangement* vorgestellt, erörtert und abgestimmt wird.[81] Wenn die Gläubiger dem *scheme of arrangement* zustimmen, muss dies noch vom Gericht bestätigt werden.

3.4.2 Verfahrensbeteiligte: Der *scheme manager*

73 Die **Befugnisse, Rechte und Pflichten des *scheme manager* sind insbesondere auch im *scheme of arrangement* selbst festgelegt**. Er stellt die Forderungen der Gläubiger fest und setzt ihre Beschlüsse um.

74 In der Rechtsprechung ist anerkannt, dass dem *scheme manager* eine **quasi-richterliche Rolle** bei der Entscheidung über die Anerkennung und Ablehnung von Forderungen zukommt. Er muss objektiv, unparteiisch, unabhängig und fair handeln. Ein *scheme manager* hat auch treuhänderische Pflichten gegenüber dem Schuldner und den Gläubigern. Er darf nicht zulassen, dass Interessenkonflikte seine Pflichten beeinträchtigen.

3.4.3 Antrag auf Moratorium

75 Es gibt zwei Arten von Moratorien in Bezug auf ein *scheme of arrangement*. Ein Moratorium vor Unterbreitung des Vergleichsvorschlags (*pre-scheme moratorium*)[82] und ein verfahrensbegleitendes Moratorium gemäß Ziff. 210(1) des Companies Act (*scheme moratorium*).

76 Ein Schuldner kann das Gericht um ein *pre-scheme moratorium* gegen Vollstreckungsmaßnahmen der Gläubiger ersuchen, bevor er überhaupt einen Vorschlag für ein *scheme of arrangement* unterbreitet, wenn er die erforderliche Unterstützung der Gläubiger hat. Verfügt der Schuldner nicht über die erforderliche Unterstützung, kann ein Moratorium nur dann in Kraft treten, wenn ein *scheme of arrangement* tatsächlich vorgelegt wird („*scheme moratorium*").

3.4.3.1 Pre-Scheme Moratorium

77 Die Bestimmungen des *pre-scheme moratorium* wurden an Kapitel 11 des US-Bankruptcy Code angelehnt, um Entschuldungsverfahren in Singapur zu verbessern. Ein **Antrag auf ein *scheme of arrangement* Verfahren** gemäß Ziff. 210(1) des Companies Act **wird üblicherweise durch einen Antrag auf ein *pre-scheme moratorium* flankiert**, wenn der Schuldner beabsichtigt, ein *scheme of arrangement* vorzulegen, dies aber noch nicht erstellt ist.

78 Eine Gesellschaft, die ein *scheme of arrangement* vorzuschlagen beabsichtigt, kann bei Gericht beantragen, dass zB die Beschlussfassung über die Abwicklung der Gesellschaft, *winding-up*, die

---

[79] Ziff. 210(2) des Companies Act.
[80] Ziff. 210(11), 351 des Companies Act.
[81] Ziff. 210(1) des Companies Act.
[82] Gem. Ziff. 211B des Companies Act oder Ziff. 64 des IRDA.

Bestellung eines Verwalters, die Einleitung oder Fortsetzung eines Verfahrens oder die **Einleitung von Vollstreckungsmaßnahmen ausgesetzt** wird.

3.4.3.1.1 Voraussetzungen

Für einen erfolgreichen Antrag auf ein *pre-scheme moratorium* darf der Schuldner sich nicht in der Abwicklung, *winding-up*, befinden und muss beim Gericht einen Antrag auf Einberufung einer Gläubigerversammlung zur Genehmigung eines *scheme of arrangement* stellen oder sich verpflichten, dies so bald wie möglich zu tun.

In dem entsprechenden Antrag muss der **Nachweis** erbracht werden, dass die **Unterstützung der Gläubiger** für das beabsichtigte oder vorgeschlagene *scheme of arrangement* besteht und das *pre-scheme moratorium* wichtig für den Erfolg der Sanierung ist. Sollte der Antrag nicht vom Schuldner selbst gestellt werden, muss dieser zumindest eine kurze Beschreibung der beabsichtigten Sanierung vorlegen, die ausreichende Angaben zur Beurteilung der Erfolgsaussichten enthält. **Die Belange der Gläubiger müssen ausreichend berücksichtigt werden.** Beizufügen ist ebenfalls eine Liste aller gesicherten Gläubiger des Schuldners und der 20 größten ungesicherten Gläubiger, die nicht mit dem Schuldner verbunden sind.

Mit der Stellung des Antrags auf ein *pre-scheme moratorium* durch den Schuldner, tritt eine **automatische Moratoriumsdauer von 30 Tagen** in Kraft.[83]

Durch ein *pre-scheme moratorium* kann Einfluss auf jede Rechtshandlung einer Person genommen werden, soweit diese der Gerichtsbarkeit von Singapur unterliegt. Die Wirkungen des *pre-scheme moratorium* können dann auch außerhalb dieser Jurisdiktion eintreten.[84] Am 25.3.2019 hat der High Court of Justice Business and Property Courts of England and Wales ein *pre-scheme moratorium* gem. Ziff. 211B des Companies Act anerkannt. Damit erfolgte ein Anerkenntnis zum ersten Mal durch ein Gericht außerhalb von Singapur.[85]

3.4.3.1.2 Erweiterung auf verbundene Unternehmen

Das Gericht kann ein *pre-scheme moratorium* auch auf mit dem Schuldner verbundene Unternehmen ausdehnen, wenn diese für den Restrukturierungsprozess relevant sind.[86] Das verbundene Unternehmen muss mehrere Voraussetzungen erfüllen, um dem Moratorium unterworfen zu werden, wie zB das Fehlen eines Abwicklungsbeschlusses und die fehlende Umsetzung der vom Schuldner vorgeschlagenen Maßnahmen. Darüber hinaus muss das verbundene Unternehmen *eine notwendige und wesentliche Rolle* bei der Sanierung *spielen* und dessen Gläubiger dürfen durch den Einbezug ins Moratorium nicht in unfairer Weise benachteiligt werden.[87]

3.4.3.2 Scheme-Moratorium

Angesichts der Stärke und Vielseitigkeit des *pre-scheme moratorium* hat die Bedeutung des *scheme moratoriums* in der Praxis etwas nachgelassen. Dennoch wird das *scheme moratorium* weiterhin genutzt, insbesondere **wenn der Schuldner nicht über die ausreichende Unterstützung der Gläubiger verfügt, um einen Antrag auf ein *pre-scheme moratorium* zu stellen.**

Gemäß Ziff. 210 des Companies Act kann ein Unternehmen, wenn es bei Gericht die Einberufung einer Gläubigerversammlung zur Genehmigung eines *scheme of arrangements* beantragt, auch beantragen, dass weitere Rechtshandlungen gegen das Unternehmen eingestellt werden. Dies bedeutet, dass ein *scheme of arrangement* bereits vorgeschlagen worden sein muss, während es im Rahmen des *pre-scheme moratorium* ausreicht, dass das Unternehmen die *Absicht* hat, ein solches vorzuschlagen.[88] Ein entscheidender Unterschied besteht noch darin, dass beim Antrag auf ein *scheme moratorium* **kein** Nachweis über die Unterstützung der Gläubiger erforderlich ist.

Ein *scheme moratorium* schränkt lediglich das weitere Vorgehen gegen das Unternehmen ein und gewährt kein automatisches 30-tägiges Moratorium ab Antragstellung.

3.4.4 Vorrangige Rettungsfinanzierung, *super-senior rescue financing*

3.4.4.1 Einführung

Die vorrangige Rettungsfinanzierung, *super-senior rescue financing*, ermöglicht es Schuldnern, die ein *scheme of arrangement* vorschlagen wollen oder sich unter gerichtlicher Verwaltung, *judicial*

---

[83] Ziff. 211B(13) des Companies Act oder Ziff. 64(8) des IRDA.
[84] Ziff. 64(5)(b) des IRDA.
[85] URL: < https://www.vantageasia.com/uk-court-recognizes-singapore-law-for-debt-restructuring/>.
[86] Ziff. 211C des Companies Act oder Ziff. 65 des IRDA.
[87] Ziff. 211C(2) des Companies Act oder Ziff. 65(2) des IRDA.
[88] Ziff. 211B des Companies Act oder Ziff. 64 des IRDA.

management, befinden, neue finanzielle Mittel einzuwerben. Die entsprechenden **Darlehen sind vorrangig vor anderen Forderungen in einer späteren Abwicklung,** *winding-up,* **des Schuldners.**[89] Die Gewährung eines solchen Superprioritätsstatus ist wichtig, weil sie den Gläubigern die Sicherheit bietet, dass ihre Rettungsfinanzierung im Falle eines Scheiterns der Restrukturierung zuerst jedenfalls aus den unbesicherten Vermögenswerten des Schuldners und vor allen unbesicherten Forderungen und Verfahrenskosten ausgezahlt wird.

88 **Da die Anordnung des Vorrangs aber auch die Interessen bestehender Darlehensgeber und ihrer Sicherheiten beeinträchtigen kann,** ist die Gewährung eines entsprechenden Darlehens von der Genehmigung durch das Gericht abhängig. Dies verlangt (i) den Nachweis, dass keine andere Finanzierung verfügbar ist und (ii) die Interessen der bereits bestehenden gesicherten Darlehensgeber angemessen geschützt sind (zB der Wert der Sicherheit die bereits gesicherten Forderungen erheblich übersteigt).[90]

3.4.4.2 Rettungsfinanzierung, *rescue financing*

89 Als „Rettungsfinanzierung", *rescue financing,* wird **jede Finanzierung bezeichnet, die für den Fortbestand des Schuldners notwendig ist oder die notwendig ist, um eine vorteilhaftere Verwertung der Vermögenswerte im Vergleich zu einer Abwicklung zu erreichen.**[91] Die Rettungsfinanzierung ermöglicht es dem Schuldner, seine Geschäftstätigkeit fortzusetzen und Verbindlichkeiten zu begleichen. Sie ist auch deshalb besonders wichtig, weil Schuldner in finanziellen Schwierigkeiten mit höheren Kreditkosten konfrontiert sein können. Banken und andere Finanzinstitutionen schrecken immer mehr davor zurück, neue Mittel an ein in Schwierigkeiten geratenes Unternehmen ohne irgendeine Form von Schutz oder „Superpriorität" auszureichen.

90 Neue Finanzierungen sind häufig für die Sanierung eines Schuldnerunternehmens von wesentlicher Bedeutung und können noch wichtiger sein als die Reduzierung von Verbindlichkeiten oder andere vorteilhafte Verträge, die der Schuldner nach Antragstellung abschließt. Dies rechtfertigt die Gewährung eines Vorrangs dieser Finanzierung auch vor den Kosten des Verfahrens.

3.4.4.3 Prioritätsstufen

91 Es gibt vier Prioritätsstufen, die das Gericht gewähren kann:[92]
– Gleichrang mit Verfahrenskosten;
– Vorrang vor allen bevorzugten Gläubigern und anderen ungesicherten Verbindlichkeiten;
– Erstrangige Besicherung auf freiem Vermögen oder nachrangige bei bestehenden Sicherheiten;
– Gleichrang mit oder Vorrang vor bereits bestehenden Sicherheiten.

92 Je höher der Vorrang, desto größer ist die Kontrolldichte durch das Gericht, da **empfindlich in bestehende Rechte eingegriffen werden kann.** Es muss daher auch sichergestellt werden, dass die Interessen der bereits bestehenden gesicherten Kreditgeber angemessen geschützt werden, bevor ein Superprioritätsrecht gewährt wird.

3.4.5 Prüfungs- und Abstimmungstermin

93 Wenn eine Gläubigerversammlung zur Prüfung eines *scheme of arrangements* einberufen wird, muss die Gesellschaft jedem Gläubiger schriftlich den Plan erläutern, die wesentlichen Interessen der Geschäftsleitung und Anteilseigner der Gesellschaft offenlegen und alle sonstigen Informationen erteilen, die vernünftigerweise notwendig sind, damit der Gläubiger über sein Abstimmungsverhalten entscheiden kann.

94 Vor der Sitzung muss der *scheme manager* die **Forderungsprüfung zum Zwecke der Festlegung des Stimmrechts** abgeschlossen haben. Gläubiger, deren Forderungen nicht wie beantragt festgestellt wurden, können gegen die Entscheidung des *scheme managers* Rechtsmittel einlegen. Sie können auch die Stimmrechtsfestsetzung anderer Gläubiger gerichtlich überprüfen lassen. Das Gericht wird sich jedoch nur dann über die Entscheidung des *scheme managers* zum Zwecke der Stimmrechtsfestsetzung hinwegsetzen, wenn nachgewiesen werden kann, dass dieser nicht in gutem Glauben, objektiv und unparteiisch gehandelt hat.

---

[89] Die Bestimmungen bezüglich der vorrangigen Rettungsfinanzierung finden sich in Ziff. 211E des Companies Act oder Ziff. 67 des IRDA, wenn ein Schuldner beabsichtigt, ein scheme of arrangement zu unterbreiten oder in Ziff. 227HA des Companies Act oder Ziff. 101 des IRDA, wenn ein Schuldner der gerichtlichen Verwaltung, *judicial management,* unterstellt wurde.
[90] Vgl. Ziff. 211E(1d) des Companies Act.
[91] Ziff. 211E(9) und 227HA(10) des Companies Act oder Ziff. 67(9) und 1010(10) des IRDA.
[92] Ziff. 211E(1) und 227HA(1) des Companies Act oder Ziff. 67(1) und 101(1) des IRDA.

Damit ein *scheme of arrangement* genehmigt werden kann, muss eine Kopfmehrheit von 50 % und eine Summenmehrheit von 75 % der abgegebenen Stimmen erreicht werden.[93]

Die Gläubiger stimmen in Klassen ab, die nach Rechten und Interessen gebildet werden. Gläubiger, deren Rechte sich so stark voneinander unterscheiden, dass sie im Hinblick auf ein gemeinsames Interesse nicht sinnvoll zusammengefasst werden können, müssen in verschiedenen Klassen abstimmen. Im Falle einer unzulässigen Zuordnung ordnet das Gericht eine erneute Abstimmung an. Erst dann kann das *scheme of arrangement* gerichtlich bestätigt werden.[94]

3.4.6 Bestätigung des Gerichts

Nach Zustimmung zum *scheme of arrangement* muss dieses vom Gericht bestätigt werden. Es muss dabei sicherstellen, dass die gesetzlichen Bestimmungen eingehalten und das erforderliche Quorum erreicht wurde. **Das Gericht prüft die Zusammensetzung der Gläubigerklassen und den Inhalt** des *scheme of arrangement*. Dieses muss gerecht und fair gegenüber den Gläubigern insgesamt sein.

Ein gerichtlich bestätigtes *scheme of arrangement* ist für alle Gläubiger und auch für den Schuldner verbindlich. Bis zur Bestätigung können Rechtsmittel eingelegt werden. Das Gericht kann die Stimmen einzelner Gläubiger unberücksichtigt lassen, wenn sie bestimmte persönliche oder besondere Interessen haben, die nicht als repräsentativ für die betreffende Klasse angesehen werden können. Die Interessen müssen allerdings deutlich nachgewiesen werden. Betroffen sind insbesondere nahestehende Personen und hundertprozentige Tochtergesellschaften.

Gemäß Ziff. 210(4) Companies Act kann das Gericht Änderungen eines *scheme of arrangement* nach eigenem Ermessen vornehmen.

3.4.7 Beendigung des *scheme of arrangement*

Im *scheme of arrangement* selbst werden regelmäßig die Umstände der Beendigung des Verfahrens festgelegt. Es kann beispielsweise nach einer bestimmten Dauer oder nach der vollständigen Umsetzung der beschlossenen Maßnahmen beendet werden. Die Beendigung der Wirkungen kann auch an das Verhalten von Gläubigern geknüpft werden.

4. Verträge in Insolvenz- oder Restrukturierungsverfahren

4.1 Abwicklung, *winding-up*

Ein Verwalter, *liquidator*, hat die Befugnis, die **Erfüllung nachteiliger Verträge innerhalb von 12 Monaten** nach Verfahrenseröffnung mit Genehmigung des Gerichts oder des Gläubigerausschusses, *committee of inspection*, **abzulehnen**.[95] Dies soll ihm auch die zügige Beendigung des Verfahrens ermöglichen.[96]

4.2 Sanierungsverfahren, *judicial management*

Der Verwalter, *judicial manager*, kann innerhalb einer **Frist von 28 Tagen** ab dem Datum seiner Ernennung durch das Gericht die **Erfüllung eines vom Schuldner abgeschlossenen Vertrages ablehnen**. Erfolgt dies nicht, wird unterstellt, dass er die persönliche Haftung für die Erfüllung übernommen hat. Der Verwalter, *judicial manager*, kann diese Haftung jedoch vermeiden, wenn er die andere Vertragspartei entsprechend in Kenntnis setzt.[97]

4.3 *Ipso facto*-Klauseln

Ipso facto-Klauseln berechtigen eine Vertragspartei eine Vereinbarung aufgrund eines **Insolvenzereignisses zu kündigen** und/oder bestimmte Maßnahmen zu ergreifen. Eine *ipso facto*-Klausel knüpft nur an das Vorliegen des Insolvenzereignisses an, nicht an sonstige Vertragsverletzungen. Nach aktuellem singapurischem Recht ist eine Vertragspartei grundsätzlich nicht daran gehindert, sich auf *ipso facto*-Klauseln zu berufen. Ziff. 440 des IRDA wird die Wirksamkeit von entsprechenden Klau-

---

[93] Ziff. 210(3AB) des Companies Act.
[94] The Royal Bank of Scotland NV (formerly known as ABN Amro Bank NV) and others v TT International Ltd and another appeal [2012] 2 SLR 213; [2012] SGCA 9.
[95] Ziff. 332(1) des Companies Act oder Ziff. 230 des IRDA; nach letzterem ist die Genehmigung des Gerichts nicht mehr erforderlich; stattdessen muss der Liquidator den Gläubigern und dem Verwalter eine Mitteilung machen.
[96] S. Woon's Corporation Law – Desk Edition, 1st Ed (2016) (Walter Woon, LexisNexis) unter [6104.2].
[97] Ziff. 227I des Companies Act oder Ziff. 102 des IRDA.

seln jedoch in der gerichtlichen Restrukturierung, *judicial management*, und im *scheme of arrangement* einschränken.

5. Eigentumsvorbehalt, *retention of title*

104 Die Gerichte in Singapur erkennen Eigentumsvorbehaltsklauseln in Warenlieferverträgen mit entsprechenden Rückgabeverpflichtungen des Erwerbers an. Im Falle einer Abwicklung, *winding-up*, kann der Lieferant somit die an den Schuldner gelieferte Ware aufgrund des von ihm vorbehaltenen Eigentums **herausverlangen**. In gerichtlichen Sanierungsverfahren, *judicial management*, können entsprechende Ansprüche nur mit **Genehmigung des Gerichts** und nach Maßgabe der vom Gericht erteilten Anweisungen geltend gemacht werden.

6. Aufrechnung, *insolvency set-off*

105 Ein Gläubiger, der aufgrund anderer Leistungen ebenfalls Schuldner des Insolvenzschuldners ist, ist **grundsätzlich zur Aufrechnung berechtigt** und nimmt am Verfahren nur mit dem Saldo der Verbindlichkeiten nach Aufrechnung teil.[98]

106 Die gegenseitigen Forderungen müssen aus Transaktionen vor der Eröffnung des Verfahrens stammen. Soweit ein Gläubiger von der geplanten Eröffnung wusste, kann dies der Aufrechnung entgegenstehen. Die Erklärung der Aufrechnung ist obligatorisch.

7. Rückabwicklung von Rechtshandlungen, *avoidance of transactions*

7.1 Nicht registrierte Pfandrechte, *unregistered charges*

107 Ziff. 131 des Companies Act sieht vor, dass **bestimmte Pfandrechte innerhalb von 30 Tagen nach dem Beschlag registriert werden müssen**. Erfolgt dies nicht, ist die Belastung gegenüber dem Verwalter und allen Gläubigern des Unternehmens nichtig. Die Eintragung ist zB erforderlich bei Anteilspfändungen von Gesellschaften, Grundpfandrechten, *floating charges*,[99] sowie Pfandrechten an Patenten, Marken oder Lizenzen.[100]

7.2 Verschleuderung von Vermögen, *transaction at an undervalue*

108 Vermögensübertragungen gegen eine **nicht wertäquivalente Gegenleistung** oder Schenkungen können **rückabgewickelt** werden, wenn der Schuldner zum Zeitpunkt der Transaktion insolvenzreif war oder in Folge der Transaktion insolvenzreif wurde.[101] Es wird ein Zeitraum von **5 Jahren** vor der Eröffnung eines Insolvenzverfahrens erfasst.[102]

109 Wenn eine entsprechende Transaktion mit einer **nahestehenden Person**, *associate*, durchgeführt wurde, wird gesetzlich vermutet, dass der Schuldner zum Zeitpunkt der Transaktion zahlungsunfähig war oder durch die Transaktion zahlungsunfähig wurde.[103] Beispiele für nahestehende Personen, *associate*, sind Verwandte, in Partnerschaft lebende Personen oder Arbeitgeber.

110 Das Gericht verfügt über einen großen Spielraum[104] bei der Ausgestaltung der Rückabwicklung und kann die Anordnungen treffen, die es für angemessen hält, um die ursprüngliche Lage wiederherzustellen. Dabei können **Anordnungen auch über an der ursprünglichen Transaktion nicht Beteiligte** getroffen werden.

7.3 Unangemessene Bevorzugung, *undue preference*

111 Soweit Transaktionen eines Unternehmens eine unangemessene Bevorzugung, *undue preference*, eines Gläubigers darstellen, können sie ebenfalls rückabgewickelt werden. Dies kann zB der Fall sein, wenn die bevorzugte Partei ein Gläubiger ist und die Transaktion mit dem **Ziel der Vorteils-**

---

[98] Ziff. 88 des Bankruptcy Act, 327(2) des Companies Act und Ziff. Ziff. 219, 346 des IRDA; das Berufungsgericht von Singapur legte die Grundsätze der Insolvenzaufrechnung im Fall *Good Property Land Development Pte Ltd gegen Societe General [1996] 1 SLR(R) 884 fest*.
[99] → Rn. 43.
[100] Ziff. 131(3) des Companies Act.
[101] Ziff. 98 des Bankruptcy Act, Ziff. 329 des Companies Act, Ziff. 224, Ziff. 361 des IRDA.
[102] Ziff. 100(1)(a)(i), (ii) des Bankruptcy Act oder Ziff. 226(1)(a) des Companies Act und Ziff. 226(1)(a), 363(1)(a) des IRDA; gem. Ziff. 363(1)(a) des IRDA beträgt die Frist drei Jahre ab dem Datum des Insolvenzantrags.
[103] Ziff. 100(3) des Bankruptcy Act oder Ziff. 226(3) und 363(3) des IRDA.
[104] Ziff. 102(1) des Bankruptcy Act oder Ziff. 227(1) und 365(1) des IRDA.

verschaffung durchgeführt wurde. Der Schuldner muss hierbei zahlungsunfähig gewesen sein oder infolge des Abschlusses der Transaktion zahlungsunfähig geworden sein.[105]

Entsprechende Vermögensübertragungen können **generell bis zu sechs Monate** vor Antragstellung rückabgewickelt werden. Handelt es sich bei der bevorzugten Partei um eine nahestehende Person, *associate*, oder eine mit dem Schuldner verbundene Person, *person connected to*, beträgt die entsprechende Frist **bis zu zwei Jahre**. Gegenüber nahestehenden Personen, *associate*, wird vermutet, dass der Wunsch zur Bevorzugung bestand. 112

7.4 Wucher, *extortionate credit transactions*

Das Gericht kann die (teilweise) Aufhebung einer Vereinbarung oder die Änderung ihrer Bedingungen anordnen, wenn diese zB eine Abrede zur Gewährung eines Kredits beinhaltet, der innerhalb von drei Jahren vor der Eröffnung des Verfahrens abgeschlossen wurde. Inhaltlich müssen **deutlich überhöhte Zahlungen**, *grossly exorbitant payments*, vereinbart sein und die **Vereinbarung muss insgesamt ungerecht**, *substantially unfair*, sein.[106] 113

7.5 Floating charge

Nach Ziff. 330 des Companies Act ist eine *floating charge*,[107] die innerhalb von sechs Monaten nach Beginn der Abwicklung, *winding-up*, bestellt wird, ungültig. Davon ausgenommen ist ein Umfang der Sicherheit in Höhe des bei Belastung an die Gesellschaft gezahlten Betrages zzgl. 5 % Zinsen. Eine solche Sicherheit wäre insgesamt wirksam, wenn nachgewiesen werden kann, dass der Schuldner zum Zeitpunkt der Belastung zahlungsfähig war.[108] 114

7.6 Verfügungen nach Verfahrenseröffnung, *post-application dispositions*

Verfügungen über das schuldnerische Vermögen sowie Verfügungen über die Geschäftsanteile nach der Eröffnung des Verfahrens sind ungültig, sofern das Gericht nichts anderes anordnet.[109] 115

8. Haftung von Direktoren oder Dritten[110]

Grundsätzlich muss die Geschäftsleitung eines Unternehmens in wirtschaftlichen Schwierigkeiten die Interessen der Gläubiger berücksichtigen, auch wenn diesen gegenüber keine direkte Verpflichtung besteht. Verstöße können nicht von einem Gläubiger, sondern nur vom Verwalter geltend gemacht werden. Diesem gegenüber besteht eine **persönliche Haftung für die Verbindlichkeiten des Unternehmens**. Die Geschäftsleiter verstoßen nicht gegen ihre Pflichten gegenüber den Gläubigern, wenn sie im **Interesse der Gesamtheit der Gläubiger**, *general body of creditors*, handeln, auch wenn dies einzelnen Interessen widerspricht. 116

Bei der Abwicklung einer Gesellschaft kann jede Person zivil- und strafrechtlich zur Verantwortung gezogen werden, wenn Handlungen in betrügerischer Absicht, *intent to defraud*, durchgeführt werden.[111] 117

9. Internationales Insolvenzrecht

9.1 UNCITRAL-Modellgesetz

Singapur hat 2017 das UNCITRAL-Modellgesetz über grenzüberschreitende Insolvenzen, *Model Law on Cross Border Insolvency*, verabschiedet. Mit der Einführung des Modellgesetzes hat die Anzahl der anerkannten ausländischen Insolvenzverfahren in Singapur zugenommen. Das Modellgesetz wird in Abschnitt X des Companies Act[112] mit einigen Abweichungen implementiert. 118

Zu den wesentlichen Neuerungen in Singapur gehören das Recht auf Zugang zu den Gerichten, um Unterstützung in einem Insolvenzverfahren zu beantragen und die **Anerkennung ausländischer Verfahren als Hauptverfahren**. Die ordnungsgemäße und gerechte Abwicklung, *orderly and fair conduct*, grenzüberschreitender Insolvenzen wird gefördert. Gleiches gilt für die Zusammenarbeit 119

---

[105] Ziff. 99 des Bankruptcy Act oder Ziff. 225 Companies Act und 362 des IRDA.
[106] Ziff. 329, 227(T) Companies Act oder Ziff. 103 des Bankruptcy Act oder Ziff. 366 des IRDA.
[107] → Rn. 43.
[108] Ziff. 229(1) des IRDA wird diese Bestimmungen ändern.
[109] Ziff. 259 des Companies Act oder Ziff. 130(1) des IRDA.
[110] Ziff. 339(3) des Companies Act oder Ziff. 239 des IRDA.
[111] Ziff. 340(1) und (5) des Companies Act oder Ziff. 238(1) des IRDA.
[112] Ziff. 354(A) ff. Companies Act bzw. im dritten Anhang zum IRDA.

zwischen den Gerichten der Staaten, in denen sich das Vermögen des Schuldners befindet und die Koordinierung der Verfahren.

9.2 Anerkennung von ausländischen Hauptverfahren

120 Auch in Singapur muss das ausländische Verfahren als ausländisches Hauptverfahren anerkannt werden, wenn es in dem Staat eröffnet wurde, in dem der Schuldner den **Mittelpunkt seiner hauptsächlichen Interessen** hat („COMI").

121 Es wird bis zum Beweis des Gegenteils davon ausgegangen, dass sich der COMI am Sitz des Schuldners befindet. Diese Vermutung kann zB mit dem Nachweis widerlegt werden, dass die zentrale Verwaltung des Unternehmens und andere wesentliche Faktoren an einem vom Sitz abweichendem Ort belegen sind.[113] Zu diesen Faktoren gehören der Ort, von dem aus die Kontrolle und Leitung der Gesellschaft ausgeübt wurde, der Sitz der Kunden, Gläubiger oder Mitarbeiter, der Ort der hauptsächlichen Geschäftstätigkeit oder auch Rechtswahlklauseln in Verträgen.[114]

10. Das Singapurer COVID-19-Gesetz 2020 („COVID-19-Gesetz", *The Singapore COVID-19 (Temporary Measures) Act 2020)*[115]

122 Das COVID-19-Gesetz wurde am 7.4.2020 vom Parlament von Singapur verabschiedet, um Privatpersonen und Unternehmen, die aufgrund von COVID-19 nicht in der Lage sind, ihren vertraglichen Pflichten nachzukommen, vorübergehende Erleichterungen zu verschaffen. Zusätzlich zu vertragsrechtlichen Änderungen hebt das Gesetz die Schwellenwerte der Verbindlichkeiten an, die mindestens vorliegen müssen, um ein Privatinsolvenzverfahren, *bankruptcy*, oder Abwicklungsverfahren, *winding-up*, zu eröffnen.

10.1 Änderung der Gesetze zur Privatinsolvenz, *bankruptcy laws*

123 Vom 20.4.2020 bis 20.10.2020 (Verlängerung durch Justizminister möglich) ist der Schwellenwert an Mindestverbindlichkeiten, *monetary threshold,* für die Stellung eines Antrags auf Eröffnung eines Privatinsolvenzverfahrens von 15.000,00 S$ auf 60.000,00 S$ angehoben.

124 Bisher konnte der Gläubiger einer natürlichen Person eine Zahlungsaufforderung, *statutory demand,* zustellen, um die Begleichung der Verbindlichkeiten innerhalb eines Zeitraums von 21 Tagen zu verlangen. Erfolgte dies nicht, galt der Schuldner als zahlungsunfähig. Das COVID-19-Gesetz verlängert diesen Zeitraum nun von 21 Tagen auf sechs Monate. Angesichts der Anhebung des finanziellen Schwellenwertes und der Verlängerung des Zeitraums, in der der Schuldner berechtigt ist, auf die Zahlungsaufforderung, *statutory demand,* zu reagieren, wird die Stellung eines Antrages auf Eröffnung eines Privatinsolvenzverfahrens damit also erschwert.

10.2 Änderung des Unternehmensinsolvenzrechts

125 Im Bereich der Unternehmensinsolvenzen ändert das COVID-19-Gesetz auf ähnliche Weise auch den Schwellenwert der Mindestverbindlichkeiten für die Stellung eines Abwicklungsantrags, *winding-up application,* und den Zeitraum, in dem der Schuldner auf eine Zahlungsaufforderung, *statutory demand,* reagieren muss.
Vom 20.4.2020 bis 20.10.2020 (Verlängerung durch Justizminister möglich) erhöht das COVID-19-Gesetz den Schwellenwert von ursprünglich 10.000,00 S$ auf 100.000,00 S$. Die Reaktionszeit auf eine Zahlungsanforderung wird ebenfalls von drei Wochen auf sechs Monate verlängert.

10.3 Zusätzliche Verteidigungsmöglichkeit bei Gläubigergefährdung, *insolvent trading*

126 Geschäftsführern von Unternehmen, die kurz vor einer Insolvenz stehen, ist es gesetzlich verboten, eine Verbindlichkeit einzugehen, wenn keine begründete Aussicht existiert, dass das Unternehmen fähig sein wird, diese auch zu begleichen. Ein Verstoß hiergegen ist strafbewehrt und kann zu einer Geldstrafe von bis zu 2.000,00 S$ oder Freiheitsstrafe von maximal drei Monaten führen (Ziff. 339(3) des Singapore Companies Act). Dies wird als Gläubigergefährdung, *insolvent trading,* bezeichnet. Gegen Geschäftsführer wird häufig erst bei Liquidation des Unternehmens entsprechend ermittelt.

127 Das COVID-19-Gesetz schützt Geschäftsführer nun vor einer Sanktion wegen Gläubigergefährdung, *insolvent trading,* solange die Verbindlichkeit im Rahmen des normalen Geschäftsbetriebs des Unternehmens im Zeitraum vom 20.4.2020 bis 20.10.2020 begründet wurde.

---

[113] Re Zetta Jet Pte Ltd [2019] SGHC 53, bei [76].
[114] Re Zetta Jet Pte Ltd [2019] SGHC 53, bei [85].
[115] https://sso.agc.gov.sg/Act/COVID19TMA2020.

Dies erleichtert die Situation von Geschäftsführern, die sich mit schwerwiegenden Cashflow-Problemen und dem Risiko konfrontiert sehen, dass es ihnen unter Umständen nicht möglich sein wird, ihre Kredite oder sonstigen Verbindlichkeiten zu begleichen. Verbindlichkeiten, begründet außerhalb des normalen Geschäftsbetriebs oder auf betrügerische Weise, sind hiervon ausgenommen.

10.4 Weitere Bestimmungen

Die weiteren Bestimmungen des COVID-19-Gesetzes bieten einen gewissen Schutz für Vertragsparteien, die aufgrund von COVID-19 nicht in der Lage sind, ihre vertraglichen Pflichten zu erfüllen.

Das Gesetz umfasst Verträge wie beispielsweise:
1) Gewerbliche Mietverträge für nicht zu Wohnzwecken genutztes unbewegliches Eigentum;
2) Bauverträge;
3) Tourismusbezogene Verträge;
4) Gesicherte Kredite von Banken.

Wenn eine Vertragspartei nicht in der Lage ist, die Miete für ihren gewerblichen Mietvertrag oder eine Kreditrate zu zahlen, kann sie eine Entlastungsmitteilung, *notification of relief*, an den Vermieter oder die Bank senden. Diesen ist es dann untersagt, ein Gerichts- oder Insolvenzverfahren einzuleiten, den Vertrag zu kündigen oder Sicherheiten wie zB Kautionen im Rahmen von Mietverträgen zu verwerten. Auch dies gilt für eine Dauer von sechs Monaten (im Zeitraum 20.4.2020 bis 20.10.2020).

Singapur

11. Grafische Darstellung der Verfahren

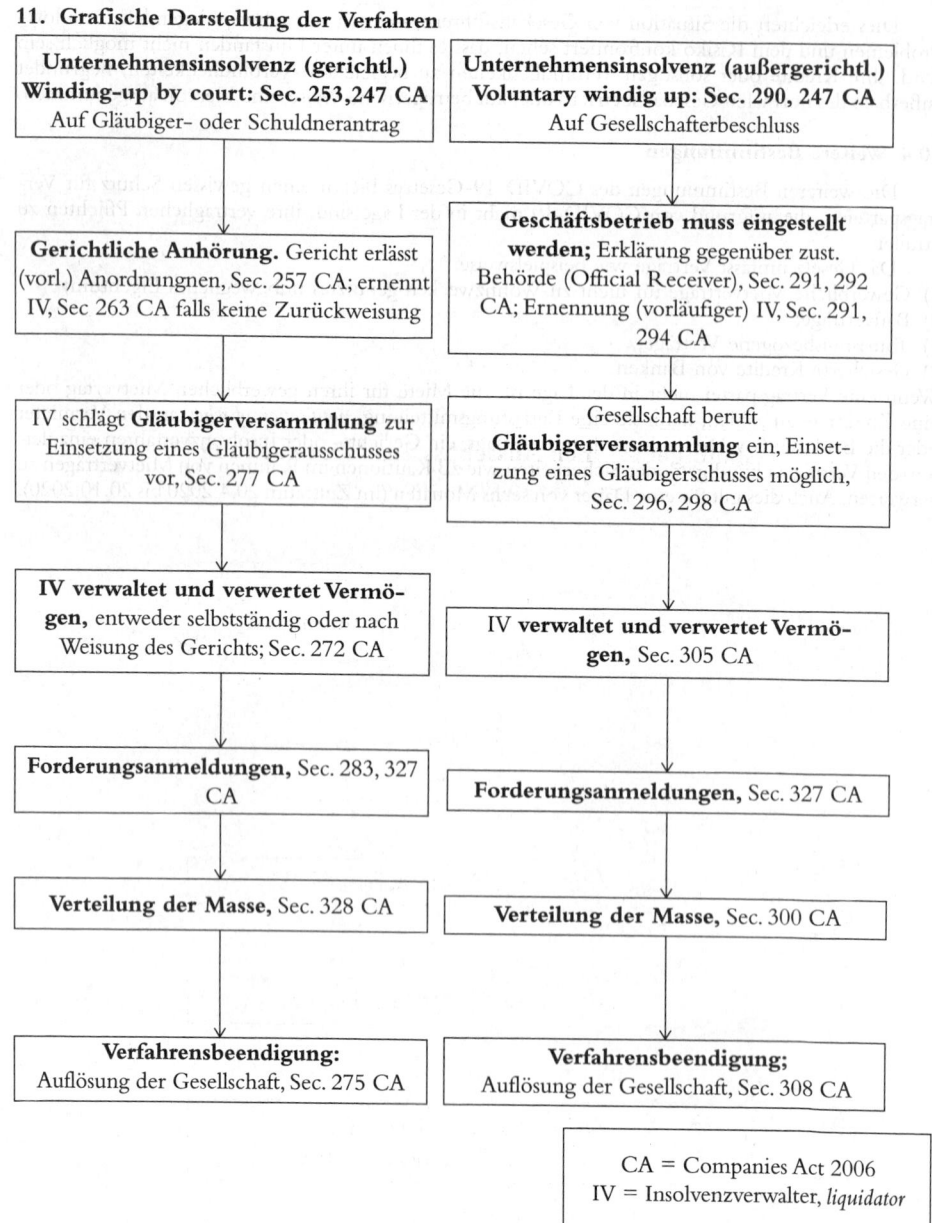

Singapur

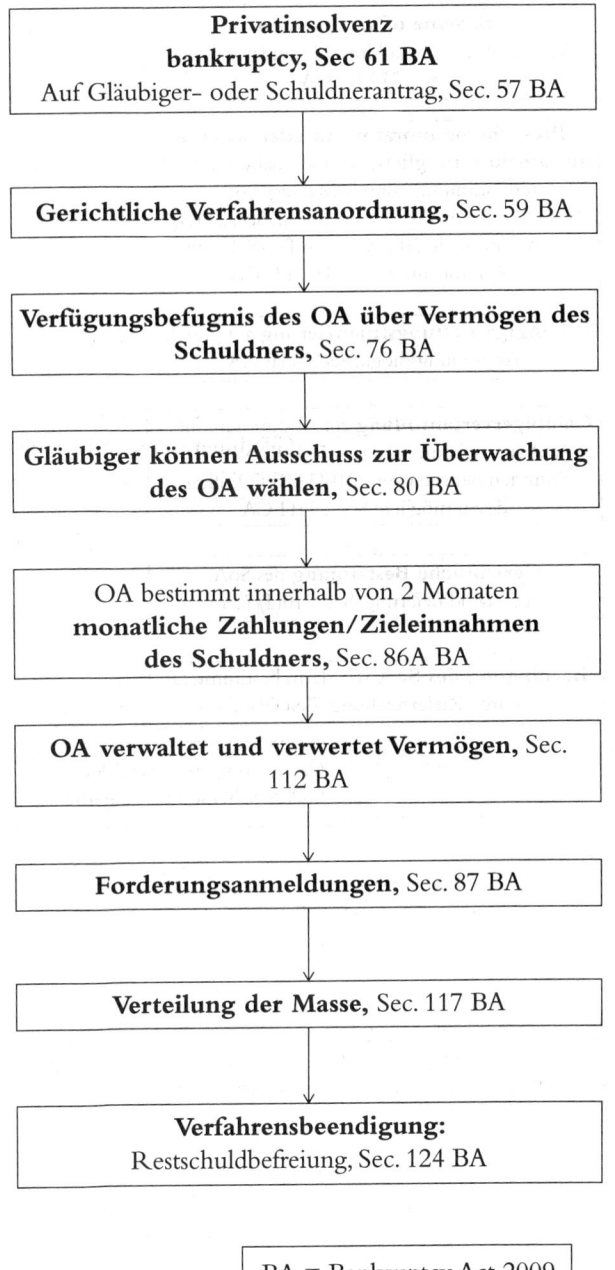

Singapur

Scheme of arrangement
Auf Gläubiger-, Schuldner-, Liquidatorantrag, Sec. 210 (2) CA

↓

Pre-Scheme moratorium oder scheme moratorium möglich, um Liquidation, Verwalterbestimmung durch Gläubiger oder Zwangsvollstr.maßn. zu verhindern, Sec. 211B(1) CA, automatic 30 day stay in Pre-Scheme Moratorium, Sec. 211B (13) CA

↓

Vorrangige Rettungsfinanzierung auf gerichtl. Anordnungsmögl., Sec. 211E CA

↓

Gläubigerversammlung zur Abstimmung über SoA und scheme manager 50% Kopf- 75%, Summenmehrheit, Sec. 210(3AB) CA, cram down möglich, Sec. 211H CA

↓

Gerichtliche Bestätigung des SoA, ggf. Modifizierung, Sec. 210(4) CA

↓

Beedingung des SoA wie darin bestimmt, zB durch Zielerreichung, Zeitablauf

---

CA = Companies Act 2006
SoA = Scheme of arrangement

Singapur

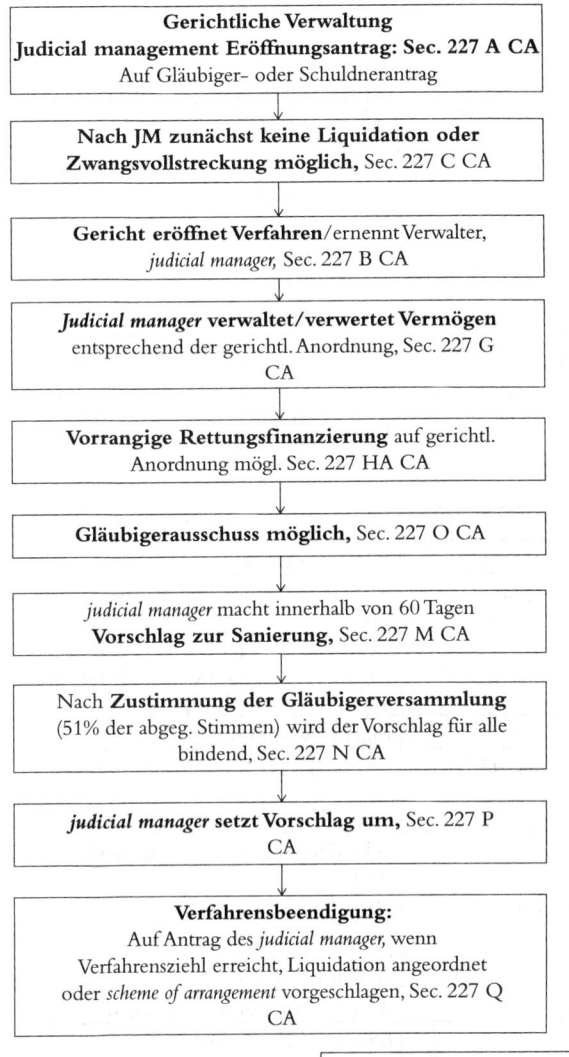

Singapur

Glossar

Englisch	Deutsch	Rn.
avoidance of transactions	Rückabwicklung von Rechtshandlungen	107
accountant	Wirtschaftsprüfer	22, 24, 59
associate	nahestehende Person	98, 109, 112
bankruptcy	Privatinsolvenz; Insolvenz von natürlichen Personen	10, **12, 13,** 47, 49
charge	Belastung	
– floating charge	unbestimmte Generalsicherheit	43, 107, **114**
– unregistered charge	nicht registriertes Pfandrecht	107
– fixed charge over ascertainable property	konkret bestimmtes Pfandrecht	41
chartered accountants	vereidigte Buchprüfer	24
committee of inspection	Kontrollausschuss der Gläubiger im winding up-Verfahren	25, 26, 27, 28, 30, **31,** 32, 101, (Fn. 29)
contributory	Anteilsinhaber	32
Court of Appeal	Berufungsgericht	20, (Fn. 95)
creditors' voluntary winding up	freiwillige Liquidation als Abwicklung zugunsten der Gläubiger	s. winding up
crystallisation	„Verfestigung" der floating charge; Sicherheiten werden konkretisiert und stehen zur Verwertung zur Verfügung	43
debtor in possession	Eigenverwaltungsverfahren	5
debtor-in-possession financing (DIP Financing)	vorrangige Rettungsfinanzierung	s. super-priority rescue financing
discharge	Schuldbefreiung (nach dem Bankruptcy Act)	52, 56
extortionate credit transactions	Wucher	*113*
garnishee application	Forderungspfändung	34
general body of creditors	Gesamtheit der Gläubiger	116
grossly exorbitant payments	deutlich überhöhte Zahlungen	113
High Court	Oberster Gerichtshof	20, 82, (Fn. 39)
insolvency practitioner	privatwirtschaftlicher Verwalter als sonstige insolvenzerfahrene Person	22, 24
insolvency set-off	Aufrechnung (hier: insolvenzrechtliche)	**105, 106**
judicial management	gerichtliche Verwaltung	10, **14, 57,** 58, 67, 68, 86, 102, 103, 104, (Fn. 86)
judicial manager	Verwalter (im Rahmen der gerichtlichen Verwaltung)	12, 57, **59, 60,** 61, 62, 63, 65, 66, 68, 102 (Fn. 92)
liquidation	Abwicklung	s. winding up
liquidator	Verwalter (in den winding up-Verfahren), Liquidator	11, **22, 23,** 25, 26, 27, 28, 29, 30,

Singapur

Englisch	Deutsch	Rn.
		31, 32, 36, 45, 46, 69, 101, 107, 116, (Fn. 29, 30, 40, 92)
moratorium	Moratorium	66, 71, **75, 76**, 86
– pre-scheme moratorium	Moratorium vor dem scheme of arrangement	75, **77**, 79, 80, 81, 82, 83, 84, 85
– Scheme Moratorium	Verfahrensbegleitendes Moratorium	74, **84, 85**, 86
Monetary Authority of Singapur („MAS")	Finanzaufsicht von Singapur	18 (Fn. 16)
nominee	Beauftragter	48
Official Receiver	Gericht in der Rolle des (dann nicht bestellten) Gläubigerausschusses im winding-up Verfahren	26, 29
Official Assignee	Verwalter im Privatinsolvenzverfahren, bankruptcy	**49, 50**, 53, 54, 55, 56 (Fn. 63)
ordinary course of business	gewöhnlicher Geschäftsgang	43
out-of-court restructuring	außergerichtliche Restrukturierung	16
pari passu distribution	gleichmäßige Befriedigung aller Gläubiger	35, 39
person connected to	verbundene Person	112
post-application dispositions	Verfügungen nach Verfahrenseröffnung	**115**
private liquidator	freiberuflicher Verwalter	22
public accountant	Wirtschaftsprüfer	s. accountant
rescue financing	Rettungsfinanzierung	87
retention of title	Eigentumsvorbehalt	41, 104
scheme manager	Verwalter im scheme of arrangement	**73, 74**, 94
scheme of arrangement	Vergleich zwischen Gesellschaft und Gläubigern (gesellschaftsrechtliches Institut)	1, 10, **15**, 67, 68, 69, 71, 72, 73, 75, 76, 77, 78, 79, 80, 85, 87, 93, 95, 96, 97, 98, 99, 100, 103, (Fn. 86)
statutory demand	Zahlungsaufforderung	47, **51**
substantial connection	nachhaltige Verbindung	70
super-priority rescue financing	vorrangige Rettungsfinanzierung	67
target contribution	Zielbetrag im Privatinsolvenzverfahren, bankruptcy	56 (Fn. 63)
transaction at an undervalue	Verschleuderung von Vermögen	108
undue preference	unangemessene Bevorzugung	**111**
where a company is unable to pay its debt	Zahlungsunfähigkeit	21
winding-up	Liquidation oder Abwicklung	3, 10, 11, **12**, 18, 19,

Singapur

Englisch	Deutsch	Rn.
		20, 21, 22, 23, 27, 30, 31, 33, 35, 36, 57, 66, 67, 68, 69, 71, 78, 79, 87, 89, 101, 104, 114, 117, 119 (Fn. 8, 9, 17, 28, 40)
– *creditors' voluntary winding-up*	freiwillige Abwicklung zugunsten der Gläubiger	11
– *court winding-wp*	gerichtliche Abwicklung	12
– *voluntary winding-up*	freiwillige Abwicklung	11
winding-up order	Anordnung der Abwicklung	33

Glossar

Deutsch	Englisch	Rn.
„Verfestigung" der *floating charge;* Sicherheiten werden konkretisiert und stehen zur Verwertung zur Verfügung	*crystallisation*	43
Abwicklung	*liquidation*	s. *winding up*
Anordnung der Abwicklung	*winding-up order*	33
Anteilsinhaber	*contributory*	32
Aufrechnung (hier: insolvenzrechtliche)	*insolvency set-off*	**105, 106**
außergerichtliche Restrukturierung	*out-of-court restructuring*	16
Beauftragter	*nominee*	48
Belastung	*charge*	
Berufungsgericht	*Court of Appeal*	20, (Fn. 95)
deutlich überhöhte Zahlungen	*grossly exorbitant payments*	113
Eigentumsvorbehalt	*retention of title*	41, 104
Eigenverwaltungsverfahren	*debtor in possession*	5
Finanzaufsicht von Singapur	*Monetary Authority of Singapore („MAS")*	18 (Fn. 16)
Forderungspfändung	*garnishee application*	34
freiberuflicher Verwalter	*private liquidator*	22
freiwillige Abwicklung	– *voluntary winding-up*	**11**
freiwillige Abwicklung zugunsten der Gläubiger	– *creditors' voluntary winding-up*	**11**
freiwillige Liquidation als Abwicklung zugunsten der Gläubiger	*creditors' voluntary winding up*	s. *winding up*
Gericht in der Rolle des (dann nicht bestellten) Gläubigerausschusses im *winding-up* Verfahren	*Official Receiver*	26, 29
gerichtliche Abwicklung	– *court winding-wp*	12
gerichtliche Verwaltung	*judicial management*	10, **14, 57,** 58, 67, 68, 86, 102,

Singapur

Deutsch	Englisch	Rn.
		103, 104, (Fn. 86)
Gesamtheit der Gläubiger	*general body of creditors*	116
gewöhnlicher Geschäftsgang	*ordinary course of business*	43
gleichmäßige Befriedigung aller Gläubiger	*pari passu distribution*	35, 39
konkret bestimmtes Pfandrecht	*– fixed charge over ascertainable property*	41
Kontrollausschuss der Gläubiger im *winding up*-Verfahren	*committee of inspection*	25, 26, 27, 28, 30, **31**, 32, 101, (Fn. 29)
Liquidation oder Abwicklung	*winding-up*	3, 10, 11, **12**, 18, 19, 20, 21, 22, 23, 27, 30, 31, 33, 35, 36, 57, 66, 67, 68, 69, 71, 78, 79, 87, 89, 101, 104, 114, 117, 119 (Fn. 8, 9, 17, 28, 40)
Moratorium	*moratorium*	66, 71, **75, 76,** 86
Moratorium vor dem scheme of arrangement	*– pre-scheme moratorium*	75, **77**, 79, 80, 81, 82, 83, 84, 85
nachhaltige Verbindung	*substantial connection*	70
nahestehende Person	*associate*	98, 109, 112
nicht registriertes Pfandrecht	*– unregistered charge*	107
Oberster Gerichtshof	*High Court*	20, 82, (Fn. 39)
Privatinsolvenz; Insolvenz von natürlichen Personen	*bankruptcy*	10, **12, 13,** 47, 49
privatwirtschaftlicher Verwalter als sonstige insolvenzerfahrene Person	*insolvency practitioner*	22, 24
Rettungsfinanzierung	*rescue financing*	87
Rückabwicklung von Rechtshandlungen	*avoidance of transactions*	107
Schuldbefreiung (nach dem Bankruptcy Act)	*discharge*	52, 56
unangemessene Bevorzugung	*undue preference*	**111**
unbestimmte Generalsicherheit	*– floating charge*	43, 107, **114**
verbundene Person	*person connected to*	112
vereidigte Buchprüfer	*chartered accountants*	24
Verfahrensbegleitendes Moratorium	*– Scheme Moratorium*	74, **84, 85, 86**
Verfügungen nach Verfahrenseröffnung	*post-application dispositions*	**115**

Singapur

Deutsch	Englisch	Rn.
Vergleich zwischen Gesellschaft und Gläubigern (gesellschaftsrechtliches Institut)	scheme of arrangement	1, 10, **15**, 67, 68, 69, 71, 72, 73, 75, 76, 77, 78, 79, 80, 85, 87, 93, 95, 96, 97, 98, 99, 100, 103, (Fn. 86)
Verschleuderung von Vermögen	transaction at an undervalue	108
Verwalter (im Rahmen der gerichtlichen Verwaltung)	judicial manager	12, 57, **59, 60**, 61, 62, 63, 65, 66, 68, 102 (Fn. 92)
Verwalter (in den *winding up*-Verfahren), Liquidator	liquidator	11, **22, 23**, 25, 26, 27, 28, 29, 30, 31, 32, 36, 45, 46, 69, 101, 107, 116, (Fn. 29, 30, 40, 92)
Verwalter im Privatinsolvenzverfahren, *bankruptcy*	Official Assignee	**49, 50**, 53, 54, 55, 56 (Fn. 63)
Verwalter im *scheme of arrangement*	scheme manager	**73, 74**, 94
vorrangige Rettungsfinanzierung	debtor-in-possession financing (DIP Financing)	s. super-priority rescue financing
vorrangige Rettungsfinanzierung	super-priority rescue financing	67
Wirtschaftsprüfer	accountant	22, 24, 59
Wirtschaftsprüfer	public accountant	s. accountant
Wucher	extortionate credit transactions	113
Zahlungsaufforderung	statutory demand	47, **51**
Zahlungsunfähigkeit	where a company is unable to pay its debt	21
Zielbetrag im Privatinsolvenzverfahren, *bankruptcy*	target contribution	56 (Fn. 63)

Slowakische Republik

bearbeitet von *Dr. Ernst Giese* (Giese & Partner, s.r.o., Prag) und *JUDr. Zuzana Tužilová* (Giese & Partner, s.r.o. – organizačná zložka, Bratislava)

Übersicht

	Rn.		Rn.
1. Schrifttum	1	5.1 Aussonderungsberechtigte Gläubiger	56
2. Einführung	2	5.2 Besicherte Gläubiger	58
2.1 Gesetzlicher Rahmen	2	5.3 Massegläubiger	60
2.2 Verfahrenstypen	5	5.4 Bevorzugte und übrige Gläubiger	62
2.3 Privatinsolvenz	9	6. Abwicklung nicht vollständig erfüllter Verträge	68
3. Eröffnung des Verfahrens	18	7. Aufrechnung	72
3.1 Eröffnungsgründe	18	8. Insolvenzanfechtung	73
3.1.1 Zahlungsunfähigkeit	19	9. Restrukturierung	78
3.1.2 Überschuldung	21	10. Internationales Insolvenzrecht	92
3.2 Schuldner	24	11. Die COVID-19-Gesetzgebung	95
3.3 Zulässige Sicherungsmaßnahmen vor Verfahrenseröffnung	26	11.1 Einleitung	95
3.4 Wirkungen der Verfahrenseröffnung	28	11.2 Erste Hilfe	96
4. Verlauf des Verfahrens	35	11.3 Vorübergehender Schutz (erste Hilfe ausgeweitet)	97
4.1 Anmeldung der Forderung durch die Gläubiger	35	11.3.1 Antragstellung	99
4.2 Gläubigerversammlungen	43	11.3.2 Gewährung / Ablehnung des vorübergehenden Schutzes.	102
4.3 Verwaltung und Verwertung der Konkursmasse	49	11.3.3 Wirkungen des vorübergehenden Schutzes	104
4.4 Verteilung an die Gläubiger	53	11.3.4 Aufhebung des vorübergehenden Schutzes	109
5. Gläubiger	56		

1. Schrifttum

Zum alten Recht: *Ďurica, Milan*, Zákon o konkurze a reštrukturalizácii s komentárom, Úplné znenie zákona s komentárom a judikátmi, 2013.

Zum reformierten Recht: *Ďurica, Milan*, Konkurzné právo na Slovensku a v Európskej únii, 2006; *Pospíšil, Branislav*, Zákon o konkurze a reštrukturalizácii s komentárom, 2005; *Ďurica, Milan*, Zákon o konkurze a reštrukturalizácii, Komentár, 2. vydanie, 2015.

Öffentlich zugängliche Informationsquellen:
Allgemeines Portal der slowakischen Justiz:
– http://www.justice.gov.sk
Einsicht in das Handelsregister *("obchodný register")*, in welches ua die Eröffnung eines Konkursverfahrens eingetragen wird, ist bei dem jeweiligen Kreisgericht *("okresný súd")* am Sitz der acht Bezirksgerichte *("krajské súdy")* möglich – alternativ im Internet:
– http://www.orsr.sk/
Aktuelle Eintragungen werden auch im Handelsblatt *("Obchodný vestník")* veröffentlicht, zugänglich auch im Internet:
– https://www.justice.gov.sk/PortalApp/ObchodnyVestnik/Web/Zoznam.aspx
Das Insolvenzverwalterverzeichnis *("Zoznam správcov")* wird vom slowakischen Justizministerium geführt und ist auch im Internet zugänglich:
– http://www.justice.gov.sk/Stranky/Registre/Zoznamy-vedene-MS-SR/Zoznam-spravcov.aspx
Formulare für Konkurs und Restrukturierung stehen zum Download zur Verfügung unter:
– https://portal.justice.sk/Formulare/Stranky/Konkurz-a-restrukturalizacia.aspx

Slowakische Republik

2. Einführung

2.1 Gesetzlicher Rahmen

2   Durch das am 1.1.2006 in Kraft getretene „Zákon o konkurze a reštrukturalizácii",[1] dh Gesetz über Konkurs und Restrukturierung, nachfolgend nur: Konkursgesetz (das slowakische Recht vermeidet den in Europa mittlerweile gängigen Begriff der „*Insolvenz*"), hat das slowakische Konkursrecht eine völlige Neuregelung erfahren.

3   Das reformierte Konkursgesetz löste das alte, noch aus der Zeit der Tschechoslowakei vor ihrer Teilung stammende Konkurs- und Vergleichsgesetz ab,[2] welches bis dahin zu Lasten der systematischen Kohärenz 27-mal angepasst und verschlimmbessert worden war. Das alte Konkurs- und Vergleichsgesetz (letzte Änderung vom 28.10.2005[3]) ist allerdings noch für sämtliche Verfahren anzuwenden, die vor Inkrafttreten des reformierten Konkursgesetzes, dh bis einschließlich 31.12.2005, eröffnet wurden.[4]

4   Zu beachten ist ferner das bereits am 1.7.2005 in Kraft getretene „Zákon o správcoch a o zmene a doplnení niektorých zákonov" (Gesetz über die Verwalter und Änderung und Ergänzung weiterer Gesetze).[5]

2.2 Verfahrenstypen

5   Das reformierte Konkursgesetz sieht drei verschiedene Verfahrensarten vor:
Das Konkursverfahren *(„konkurzné konanie")*[6] beruht auf dem Grundsatz der Liquidation und verfolgt das Ziel der Veräußerung des Vermögens des Schuldners, bzw. Dritter (falls durch Vermögen Dritter Verpflichtungen des Schuldners besichert wurden). Aus dem Veräußerungserlös werden, soweit möglich, die Forderungen derjenigen Gläubiger befriedigt, die ihre Forderungen innerhalb der Anmeldungsfrist und in vorgeschriebener Art und Weise anmelden. Durch das reformierte Konkursgesetz wurde zum Zwecke der Verfahrensökonomie ein nicht unerheblicher Anteil der Kompetenzen des Gerichts auf den Konkursverwalter übertragen, der die Forderungen prüft, die Konkursmasse verwertet und dabei vom Konkursgericht und den Gläubigerorganen überwacht wird.

6   Das Restrukturierungsverfahren *(„reštrukturalizačné konanie")*[7] hingegen dient dem Verfahrensziel der Sanierung und ersetzt das Vergleichsverfahren, welches im alten Konkurs- und Vergleichsgesetz vorgesehen war, sich in der Praxis jedoch kaum durchgesetzt hatte. Voraussetzung für das Verfahren ist ein positives Restrukturierungsgutachten, das die Restrukturierung empfiehlt, und ein gerichtlich zugelassener Restrukturierungsplan. Das Restrukturierungsverfahren wird dann angewendet, wenn davon auszugehen ist, dass die Forderungen der Gläubiger durch Sanierung des Unternehmens des Schuldners in größerem Maße befriedigt werden können als im Liquidationskonkurs.

7   Durch das reformierte Konkursgesetz wurde das Verfahren der Restschuldbefreiung *(„oddĺženie")*[8] eingeführt. Die Restschuldbefreiung in deren ursprünglichen Fassung gewährte natürlichen Personen nach dem Vorbild des „Verbraucherkonkurses" moderner Insolvenzrechtsordnungen ein dreijähriges Verfahren unter Belassung von mindestens 30 % ihrer Einkünfte, wobei an dessen Ende die Befreiung von verbleibenden Verbindlichkeiten stehen konnte. Die Restschuldbefreiung konnte auf Antrag des Schuldners nach der Aufhebung des Konkursverfahrens unter bestimmten Bedingungen eingeleitet werden. Mit Wirkung ab März 2017 wurde jedoch das Verfahren der Restschuldbefreiung erheblich geändert.[9] Der Gesetzgeber wollte dadurch die Vereinfachung und die Beschleuni-

---

[1]   Gesetz v. 9.12.2004, nachfolgend nur: ZKR, veröffentlicht unter Nr. 7/2005 Z.z. (slowakisches Gesetzblatt).
[2]   „Zákon o konkurze a vyrovnaní" v. 11.7.1991, nachfolgend nur: ZKV, damals veröffentlicht unter Nr. 328/1991 Sb. (tschechoslowakisches Gesetzblatt).
[3]   „Zákon, ktorým sa mení a doplňa zákon č. 328/1991 Sb. o konkurze a vyrovnaní v znení neskorších predpisov a o doplnení zákona č. 7/2005 Z.z. o konkurze a reštrukturalizácii a o zmene a doplnení niektorých zákonov", übersetzt: Gesetz zur Änderung und Ergänzung des Gesetzes Nr. 328/1991 Sb. über Konkurs und Vergleich in Fassung späterer Änderungen und zur Ergänzung des Gesetzes Nr. 7/2005 Z.z. über Konkurs und Restrukturierung sowie zur Änderung und Ergänzung einiger Gesetze, v. 28.11.2005, veröffentlicht unter Nr. 520/2005 Z.z.
[4]   § 206 Abs. 1 ZKR.
[5]   Gesetz v. 9.12.2004, veröffentlicht unter Nr. 8/2005 Z.z.
[6]   §§ 11–107b ZKR.
[7]   §§ 108–165 ZKR.
[8]   §§ 166–171c ZKR.
[9]   Durch das Gesetz „Zákon, ktorým sa mení a dopĺňa zákon č. 7/2005 Z.z. o konkurze a reštrukturalizácii a o zmene a doplnení niektorých zákonov v znení neskorších predpisov", übersetzt: Gesetz zur Änderung und Ergänzung des Gesetzes Nr. 7/2005 Z.z. über Konkurs und Restrukturierung sowie über Änderung und Ergänzung einiger Gesetze in der geänderten Fassung, veröffentlicht unter Nr. 377/2016 Z.z. nachfolgend nur: 2017 Novelle.

gung der „alten" Restschuldbefreiung der natürlichen Personen erzielen, da die Praxis gezeigt hat, dass die ursprüngliche Regelung der Restschuldbefreiung sehr selten verwendet wurde. Gemäß der neuen Regelung kann sich der Schuldner (auch natürliche Person, die unternehmerisch tätig ist) zwischen zwei Formen der Restschuldbefreiung entscheiden – die Restschuldbefreiung durch einen Konkurs oder die Restschuldbefreiung durch Feststellung einer Ratenzahlungsvereinbarung. Die Restschuldbefreiung kann immer nur auf Antrag des Schuldners und nur unter Erfüllung bestimmter gesetzlichen Voraussetzungen eingeleitet werden. Über die Restschuldbefreiung wird das Gericht durch einen einzelnen Beschluss schon am Anfang zusammen mit der „Verkündung" („vyhlásenie") des Konkurses oder der Feststellung einer Ratenzahlungsvereinbarung entscheiden. Im Gegensatz zu der bisherigen Regelung wird der Schuldner bereits durch diesen Gerichtsbeschluss von seinen Schulden befreit. Diese Restschuldbefreiung zu Beginn des Verfahrens unterscheidet sich erheblich von den meisten anderen Verfahren im EU-Ausland, bei denen die Restschuldbefreiung an deren Ende steht. Das macht die Slowakei für Schuldner aus dem Ausland besonders attraktiv.

Auf den Konkurs von „Finanzinstitutionen" („finančné inštitúcie"), dh insbesondere Banken, **8** Kreditinstituten, Wertpapierhändler, Rentenverwaltungsgesellschaften, Versicherungs- und Rückversicherungsgesellschaften usw. sind die allgemeinen Regeln des Konkursgesetzes anzuwenden, es sei denn, dass das Konkursgesetz ausdrücklich besondere Regeln für deren Konkurs vorsieht. So kann zB der Antrag auf Konkurs nur von der zuständigen Aufsichtsbehörde oder von einem Aufsichtsverwalter nach Erhalt der Zustimmung der Aufsichtsbehörde gestellt werden. Die Restrukturierung einer Finanzinstitution wird von besonderen Gesetzen über die Zwangsverwaltung geregelt.[10]

2.3 Privatinsolvenz

Bis zur 2017 Novelle entsprach dem deutschen Verbraucherinsolvenzverfahren nach slowaki- **9** schem Konkursrecht der sog. kleine Konkurs[11] („malý konkurz"). Die Rechtsprechung definiert den kleinen Konkurs im Allgemeinen als eine vereinfachte Form des Konkursverfahrens mit dem Hauptzweck, den Vermögensverfall des Schuldners möglichst schnell, sparsam und effektiv zu lösen. Bis zur Novelle 2017 war der kleine Konkurs auf das Vermögen einer natürlichen Person, die nicht unternehmerisch tätig war, zwingend anzuwenden. Wie bereits oben im Absatz 7 erwähnt, konnte der kleine Konkurs in der Regel als ein Verfahren der Restschuldbefreiung („oddlženie") weitergeführt werden. Nach Beendigung der Restschuldbefreiung konnte der Schuldner von den verbleibenden Verbindlichkeiten, die nach dem kleinen oder ordentlichen Konkursverfahren unbefriedigt geblieben sind, befreit werden. Die Neuregelung hat dies wesentlich geändert.

Das Gericht kann bei der Konkursverkündung das Verfahren für den kleinen Konkurs beschlie- **10** ßen, wenn mindestens zwei von den drei folgenden gesetzlich gegebenen Voraussetzungen erfüllt sind:
i) das dem Konkurs unterliegende Vermögen überschreitet nicht voraussichtlich den Betrag in Höhe von 165.000 EUR;
ii) der Umsatz des Schuldners in dem letzten abgeschlossenen Geschäftsjahr vor der Konkursverkündung überschreitet nicht den Betrag in Höhe von 333.000 EUR;
iii) der Schuldner hat voraussichtlich nicht mehr als 50 Gläubiger.[12]

Das Gericht eröffnet den kleinen Konkurs auf Antrag oder auch ohne Antrag bei der Konkursverkündung oder jederzeit während des Konkursverfahrens, wenn dadurch erhebliche Vorteile zu erwarten sind.[13] Das Gericht kann die für das ordentliche Konkursverfahren geltenden Fristen verkürzen oder über andere Maßnahmen, die geeignet sind, das Verfahren zu beschleunigen, bzw. effektiver zu gestalten, entscheiden. Anstatt eines Gläubigerausschusses wie im allgemeinen Konkursverfahren wird nur ein einziger Gläubigervertreter („zástupca veriteľov") gewählt.[14] Stellt das Gericht während des Verfahrens fest, dass die für den kleinen Konkurs vorgesehen gesetzlichen Voraussetzungen nicht erfüllt sind, kann der kleine Konkurs aufgehoben werden.[15] Das Verfahren wird dann nach den allgemeinen Vorschriften über das Konkursverfahren weitergeführt.

Im Sinne der neuen Regelung (dh nach der Novelle 2017) entspricht deswegen dem deutschen **11** Verbraucherinsolvenzverfahren im slowakischen Konkursrecht derzeit das Verfahren der Restschuldbefreiung, die nur auf Antrag des Schuldners (natürliche Person) eingeleitet werden kann. Es ist immer noch ohne Bedeutung, ob der Schuldner unternehmerisch tätig ist oder nicht. Allerdings wird zwischen zwei Formen der Restschuldbefreiung unterschieden – die Restschuldbefreiung durch

---

[10] §§ 176–195a ZKR.
[11] §§ 106 f. ZKR.
[12] § 106 Abs. 1 ZKR.
[13] § 106 Abs. 2 ZKR.
[14] § 107 ZKR.
[15] § 106 Abs. 3 ZKR.

einen Konkurs oder die Restschuldbefreiung durch Feststellung einer Ratenzahlungsvereinbarung.[16] Im Gegensatz zu der bisherigen Regelung gibt es kein zweistufiges Verfahren (zuerst Konkurs und dann Rechtschuldbefreiung). Das Verfahren fordert nun mehr keine dreijährige Wohlverhaltensphase – der Schuldner wird bereits durch den „ersten" Gerichtsbeschluss von seinen Schulden befreit.[17] Weiterhin gilt, dass eine wiederholte Restschuldbefreiung von dem Schuldner erst nach Ablauf der zehnjährigen Frist nach der Verkündung des Konkurses oder der Feststellung einer Ratenzahlungsvereinbarung beantragt werden kann.[18]

12   Der Schuldner (natürliche Person) ist berechtigt, einen Antrag auf Restschuldbefreiung nur einzureichen, wenn gegen ihn ein Zwangsvollstreckungsverfahren *(„exekučné konanie")* oder ein ähnliches Vollstreckungsverfahren geführt wird. Dabei ist er verpflichtet, eine Erklärung abzugeben, dass er zahlungsunfähig *(„platobne neschopný")* ist. Ein Schuldner, der dem Freiheitsentzug unterliegt, ist nicht berechtigt, die Restschuldbefreiung zu beantragen.[19]

13   Bei der Beantragung der Restschuldbefreiung soll der Schuldner durch eine Behörde, die Personen in finanzieller Not rechtlich berät – Zentrum für Rechtshilfe *(„Centrum právnej pomoci")* oder durch einen von dieser Behörde bestimmten Anwalt vertreten werden. Dies gilt bis zu der Bestellung des Verwalters vom Gericht. Gleichzeitig soll der Schuldner einen Vorschuss auf den Verwalterentgelt in Höhe von 500 EUR bezahlen. Unter bestimmten Voraussetzungen kann dieser Vorschuss von dem Zentrum für Rechtshilfe statt des Schuldners bezahlt werden; das von Zentrum bezahlte Entgelt wird als Darlehen betrachtet – der Schuldner muss dann diese Summe dem Zentrum innerhalb von drei Jahren zurückzahlen.[20]

14   Nach Erhalt des Antrags wird das Gericht über die Restschuldbefreiung innerhalb von 15 Tagen entscheiden – dies geschieht durch den Beschluss über Feststellung einer Ratenzahlungsvereinbarung oder den Beschluss über Verkündung einen Konkurs.[21] Der Schuldner wird von Schulden (die nur im Konkurs oder durch Ratenzahlungsvereinbarung beglichen werden können) in einem solchem Umfang befreit, in welchem die Schulden im Konkurs oder durch Ratenzahlungsvereinbarung nicht beglichen werden.[22] Grundsätzlich können im Konkurs oder durch die Ratenzahlungsvereinbarung nur die Forderungen beglichen werden, die vor der Verkündung des Konkurses oder der Feststellung der Ratenzahlungsvereinbarung entstanden sind.[23] Jedoch gilt, dass einige gesetzlich bestimmte Forderungen von dem Beschluss über Restschuldbefreiung unberührt bleiben (zB Forderungen aus der Haftung für gesundheitliche Schäden und Schäden durch vorsätzliches Fehlverhalten, die Unterhaltsforderung eines Kindes, arbeitsrechtliche Ansprüche ggü. einem Schuldner, eine Geldbuße gemäß dem slowakischen Strafgesetz, die Forderung des Zentrums für Rechtshilfe).[24]

15   Nach Eintritt der Restschuldbefreiung werden die Forderungen, die nur im Konkurs oder durch Ratenzahlungsvereinbarung beglichen werden können (ohne Rücksicht darauf, ob diese angemeldet wurden), ggü. dem Schuldner als undurchsetzbar in dem Umfang betrachtet, in welchem das Gericht den Schuldner von Schulden befreit hat (sie bleiben als Naturalobligationen weiterhin bestehen). Eine solche Forderung, die infolge der Restschuldbefreiung ggü. dem Schuldner undurchsetzbar ist, kann der Gläubiger jedoch bei einem Bürgen oder einer anderen Person, die die Verbindlichkeit des Schuldners besichert hat, eintreiben. Die Undurchsetzbarkeit einer Forderung wird das Gericht ex offo (ohne jeglichen Einwand des Schuldners) berücksichtigen. Ferner gilt, dass eine Behörde, deren Forderung als undurchsetzbar zu betrachten ist, verpflichtet ist, ggü. dem Schuldner so zu handeln, als ob diese Behörde selbst entschieden hätte, diese Forderung dauerhaft nicht einzutreiben.[25]

16   Die durch die Restschuldbefreiung betroffenen Gläubiger sind jedoch berechtigt, die Aufhebung der Restschuldbefreiung beim Gericht innerhalb von 6 Jahren ab Verkündung des Konkurses oder Feststellung der Ratenzahlungsvereinbarung zu beantragen, falls nachgewiesen wird, dass der Schuldner bei der Restschuldbefreiung nicht redliche Absichten *(„poctivý zámer dlžníka")* hatte.[26]

17   Als allgemeine Schlussfolgerung lässt sich zusammenfassen, dass die derzeitige slowakische Regelung der Restschuldbefreiung ziemlich liberal ist und für die Schuldner attraktiv/leicht zugänglich ist.

---

[16] § 166 Abs. 1 und 2 ZKR.
[17] § 166e ZKR.
[18] § 166 Abs. 2 ZKR.
[19] § 166 Abs. 3, 4 und 5 ZKR.
[20] § 166k ZKR.
[21] § 167 Abs. 1 und § 168a Abs. 1 ZKR.
[22] § 166e Abs. 1 ZKR.
[23] § 166a ZKR.
[24] § 166c ZKR.
[25] § 166e Abs. 2, 3 und 4 ZKR.
[26] § 166f ZKR.

Deswegen kann nicht ausgeschlossen werden, dass die slowakische Regelung der Restschuldbefreiung „Insolvenztouristen" anzieht *(Forum Shopping)*. Um dies zu verhindern, kann das Gericht den Schuldner jederzeit während des Verfahrens vernehmen, falls Zweifel bestehen, dass der Schuldner auf dem Gebiet der Slowakischen Republik sein hauptsächliches Interesse *(„centrum hlavných záujmov")* hat (insbesondere wenn es sich um einen Ausländer handelt). Stellt das Gericht fest, dass der Schuldner kein hauptsächliches Interesse auf dem Gebiet der Slowakischen Republik hat, wird das Verfahren ausgesetzt. Gegen diese Gerichtsentscheidung ist eine Berufung zulässig.[27]

3. Eröffnung des Verfahrens

3.1 Eröffnungsgründe

Der Konkurs ist zu eröffnen, wenn sich der Schuldner im Vermögensverfall *(„úpadok")* befindet. Dies liegt vor, wenn der Schuldner (1) zahlungsunfähig *(„platobne neschopný")* oder (2) überschuldet *(„predlžený")* ist. Reicht der Schuldner selbst den Antrag auf Konkurseröffnung ein, wird ohne Weiteres vorausgesetzt, dass er sich im Vermögensverfall befindet.[28]

3.1.1 Zahlungsunfähigkeit

Gemäß dem reformierten Konkursgesetz wurde ursprünglich zwischen der Zahlungsunfähigkeit einer natürlichen und einer juristischen Person nicht unterschieden. Allerdings wurde dies durch die 2017 Novelle eingeführt, die seit dem 1.3.2017 wirksam ist. Eine juristische Person ist zahlungsunfähig, wenn sie mindestens zwei Geldforderungen von mehr als einem Gläubiger innerhalb von 30 Tagen nach deren Fälligkeit nicht begleichen kann. Hierbei werden Forderungen, die in dem Zeitraum von 90 Tagen vor Einreichung des Konkursantrags ursprünglich ein- und demselben Gläubiger gehörten, als eine einheitliche Forderung angesehen. Damit soll verhindert werden, dass die gesetzlichen Anforderungen an die Zahlungsunfähigkeit durch Aufspaltung der betroffenen Forderungen und künstliche Schaffung einer Gläubigermehrheit umgangen werden. Eine natürliche Person ist zahlungsunfähig, wenn sie mindestens eine Geldforderung innerhalb von 180 Tagen nach deren Fälligkeit nicht begleichen kann. Die Zahlungsunfähigkeit einer natürlichen/juristischen Person wird vorausgesetzt, falls es nicht möglich ist, die Geldverbindlichkeit des Schuldners durch Zwangsvollstreckung einzutreiben, oder falls der Schuldner gegen seine Pflicht, sich zum Antrag auf Konkurseröffnung zu äußern und seine Zahlungsfähigkeit zu beweisen, verstoßen hat.[29]

Nach dem slowakischen Konkursgesetz ist der drohende Vermögensverfall *(„hroziaci úpadok")* des Schuldners per se kein Grund für die Eröffnung des Konkurses. Dem Schuldner droht der Vermögensverfall vor allem, wenn er sich im Sinne der einschlägigen Bestimmungen des slowakischen Handelsgesetzbuches in der Krise befindet.[30] Das reformierte Konkursgesetz verpflichtet den Schuldner jedoch, Maßnahmen zur Abwendung des drohenden Konkurses zu ergreifen[31] und bietet ihm bereits bei drohendem Vermögensverfall die Möglichkeit, ein Restrukturierungsverfahren (s. u. zu 9.) einzuleiten.[32]

3.1.2 Überschuldung

Der Schuldner ist überschuldet, wenn er zur Buchführung verpflichtet ist,[33] mehr als einen Gläubiger hat und der Wert seiner Verbindlichkeiten den Wert seines Vermögens übersteigt. Zu beachten ist, dass sich das slowakische Konkursrecht nach einer der jüngsten Änderungen dem geltenden tschechischen Insolvenzrecht insofern angenähert hat, als es für das Tatbestandsmerkmal der „Überschuldung" nicht mehr nur die fälligen Verbindlichkeiten, sondern auch die Gesamtheit aller Verbindlichkeiten außerhalb der untergeordneten Forderungen in den Blick nimmt. Bei der Verbindlichkeiten- und Vermögensbewertung wird ebenso die voraussichtliche Fortführung des Unternehmens berücksichtigt (sog. Fortführungsprinzip/*going concern principle*).[34]

---

[27] § 171c ZKR.
[28] § 3 Abs. 1 ZKR.
[29] § 3 Abs. 2 ZKR.
[30] S. § 67a Obchodný zákonník (slowakisches, ursprünglich tschechoslowakisches, Handelsgesetzbuch – nachfolgend nur: ObchZ) v. 5.11.1991, veröffentlicht unter Nr. 513/1991 Zb.
[31] § 4 ZKR.
[32] § 108 Abs. 1 ZKR.
[33] Die Buchführungspflicht ergibt sich aus dem „Zákon o účtovníctve", übersetzt: Gesetz über Buchführung, 18.6.2002, veröffentlicht unter Nr. 431/2002 Z.z.
[34] § 3 Abs. 3 ZKR (wirksam seit 1.1.2013).

Slowakische Republik

22 Bemerkenswert ist ferner, dass anders als im deutschen Recht[35] der Eröffnungsgrund der Überschuldung nicht nur für juristische Personen, sondern auch für natürliche Personen Anwendung finden kann.[36]

23 Die genaue Bestimmung des Tatbestandsmerkmals der Überschuldung ist deshalb von besonderer Bedeutung, weil die Pflicht des Schuldners, bzw. seines gesetzlichen Vertreters, seiner vertretungsberechtigten Organe oder des Liquidators, unverzüglich Konkursantrag zu stellen, ab dem Augenblick besteht, ab dem der Schuldner, bzw. sein Vertreter über die Überschuldung Kenntnis erlangte, bzw. erlangen musste. Falls der Schuldner eine slowakische GmbH *(s.r.o.)* oder slowakische AG *(a.s.)* ist, wird bei Verletzung dieser Pflicht angenommen, dass zwischen dem Schuldner und der Person, die zur Antragstellung im Namen des Schuldners verpflichtet war, eine Vertragsstrafe iHv 12.500 EUR vereinbart wurde. Die Vertragsstrafe kann weder vertraglich (im Gesellschaftsvertrag/in den Satzungen oder in einem besonderen Vertrag mit der betroffenen Person) noch durch ein einseitiges Rechtsgeschäft des Schuldners (zB ein Verzicht) ausgeschlossen/eingeschränkt werden; eine Aufrechnung oder ähnliche Art des Ausgleichs ist ebenso unzulässig. Die Vertragsstrafe lässt den Schadenersatzanspruch, der die Vertragsstrafe übersteigt, unberührt.[37] Seit 1.1.2018[38] ist die Haftung für den durch die Nichteinreichung eines Konkursantrags entstandenen Schaden ausdrücklich im Konkursgesetz geregelt (zB die Bedingungen der Haftung, Bedingungen, nach Erfüllung deren angenommen wird, dass der Konkursantrag nicht fristgemäß gestellt wurde, Fiktion der Schadenshöhe, Verjährung, Haftungsausschluss).[39]

3.2 Schuldner

24 Schuldner im Konkursverfahren können juristische als auch natürliche Personen sein. Sowohl das alte Konkurs- und Vergleichsgesetz als auch das reformierte Konkursgesetz unterscheiden darüber hinaus zwischen natürlichen Personen, die unternehmerisch tätig sind *(„fyzické osoby – podnikatelia")*, und natürlichen Personen, die nicht unternehmerisch tätig sind *(„fyzické osoby, ktoré nie sú podnikateľmi")*. Den Konkursantrag kann/soll von dem Schuldner, bzw. dessen vertretungsberechtigten Personen oder einer anderen durch Konkursgesetz bestimmten Person (zB eine Aufsichtsbehörde) oder von einem Gläubiger bei dem zuständigen Gericht gestellt werden. Nach Erfüllung der gesetzlichen Anforderungen kann das Gericht das Verfahren für den kleinen Konkurs erklären (s. Absatz 10 oben).[40]

25 Ein Antrag auf Verkündung eines Konkurses bzgl. Vermögens einer natürlichen Person wird immer im Rahmen einer Restschuldbefreiung *(„oddlženie")* (s. Abs. 11 u. ff.) erledigt; auf Anträge bzgl. juristischer Personen wird ein sog. „gewöhnliches" Konkursverfahren angewandt.[41]

3.3 Zulässige Sicherungsmaßnahmen vor Verfahrenseröffnung

26 Durch das Konkursverfahren per se entstehen regelmäßig hohe Kosten. Das Konkursgericht hat nach Einleitung des Eröffnungsverfahrens durch den Konkursantrag des Schuldners fünf Tage Zeit, entweder den Konkurs zu eröffnen oder, falls Zweifel bestehen, ob der Schuldner überhaupt genügend Vermögen für die Durchführung des Verfahrens hat, diesem innerhalb derselben Frist einen vorläufigen Konkursverwalter *(„predbežný správca")* zu bestimmen.[42] Dieser soll dann prüfen, ob das Vermögen des Schuldners überhaupt zur Deckung der entstehenden Gebühren und Auslagen ausreicht. Das Vermögen, das bei dieser Prüfung zu berücksichtigen ist, besteht aus (i) dem Vermögen, das dem Schuldner gemäß Informationen vom Schuldner, bzw. gemäß anderen Quellen tatsächlich gehört, (ii) dem Vermögen, das vom Vermögen des Schuldners infolge der Rechtsgeschäfte, die vernünftigerweise als anfechtbar *(„odporovateľné právne úkony")* betrachtet werden können, vermindert wurde und (iii) dem Wert etwaiger Schadensersatzansprüche, die zugunsten der Konkursmasse (zB: wegen Verletzung der Pflicht auf Stellung eines Konkursantrags) zu bezahlen sind. Bei Bestimmung des Schuldnervermögens stehen dem Verwalter die gleichen Befugnisse wie dem ordentlichen Ver-

---

[35] § 19 Abs. 1 InsO.
[36] § 3 Abs. 3 ZKR.
[37] § 11 Abs. 2 ZKR (bezüglich der ersten beiden Sätze wirksam seit 1.1.2013, bezüglich der weiteren Sätze wirksam seit 1.3.2018).
[38] Durch das Gesetz „Zákon ktorým sa mení a dopĺňa zákon č. 513/1991 Z.z. Obchodný zákonník v znení neskorších predpisov a ktorým sa menia a dopĺňajú niektoré zákony", übersetzt: Gesetz zu Änderungen und Ergänzung des Gesetzes Nr. 513/1991 Z.z. Handelsgesetzbuch in der geänderten Fassung und zur Änderung und Ergänzung mancher Gesetze, v. 12.10.2017, veröffentlicht unter Nr. 264/2017 Z.z.
[39] § 11a ZKR.
[40] § 11 Abs. 1 ZKR.
[41] § 11 Abs. 1 und § 166 Abs. 1 ZKR.
[42] §§ 18 ZKR.

walter im Konkurs zu. Der Schuldner ist verpflichtet, dem vorläufigen Verwalter ein Verzeichnis der Verbindlichkeiten (einschließlich der Bezeichnung der Gläubiger), der verbundenen Personen und des Vermögens des Schuldners innerhalb von 15 Tagen ab Bestellung des vorläufigen Verwalters vorzulegen, falls ein solches Verzeichnis nicht bereits zusammen mit dem Konkursantrag eingereicht wurde.[43]

Das Konkursgericht kann auf Antrag des vorläufigen oder ordentlichen Verwalters oder auch ohne dessen Antrag vorläufige Maßnahmen *("predbežné opatrenie")* zur Feststellung oder Sicherung des Vermögens des Schuldners anordnen. Über einen Antrag auf Anordnung solcher Maßnahmen entscheidet das Gericht innerhalb von 15 Tagen ab Eingang des Antrags. Die durch die Maßnahme verpflichtete Person ist berechtigt, dagegen innerhalb von 30 Tagen ab Zustellung des Gerichtsbeschlusses über Anordnung der Maßnahme eine Berufung *("odvolanie")* einzureichen.[44] 27

3.4 Wirkungen der Verfahrenseröffnung

Nach altem Recht ging erst mit Konkurseröffnung die Befugnis des Schuldners, über sein Vermögen zu verfügen, auf den Konkursverwalter über; Ansprüche gegen die Vermögensmasse konnten nur gegenüber dem Verwalter geltend gemacht werden.[45] 28

Nach dem reformierten Konkursgesetz dagegen kommt bereits dem Zeitpunkt des wirksamen Beginns *("začatie")* des Konkursverfahrens eine große Bedeutung zu: 29

Stellt das Konkursgericht fest, dass der Konkursantrag die formellen Erfordernisse erfüllt, entscheidet es innerhalb von 15 Tagen über den Beginn des Konkursverfahrens. Bereits ab diesem Augenblick soll der Schuldner seine Tätigkeit auf gewöhnliche Rechtsgeschäfte beschränken. Vornahme außergewöhnlicher Rechtsgeschäfte kann später im Konkursverfahren angefochten werden. Ferner gilt, dass (i) das Vermögen des Schuldners und die an seinem Vermögen bestellten Sicherheiten nicht, bzw. nur zu den gesetzlich bestimmten Bedingungen vollstreckt werden können, (ii) laufende Vollstreckungsverfahren sowie Verfahren zur Löschung der Gesellschaft ohne Liquidation *ipso iure* ausgesetzt werden, oder (iii) über die Verschmelzung/Spaltung des Schuldners nicht entschieden werden kann und ein diesbezüglicher Beschluss nicht ins Handelsregister eingetragen werden kann.[46] 30

Der nächste bedeutende Verfahrensschritt ist sodann die „Verkündung" *("vyhlásenie")* des Konkurses. Das Konkursgericht verkündet den Konkurs, falls die materiellen Voraussetzungen dafür, also va Zahlungsunfähigkeit/Überschuldung des Schuldners vorliegen. Wurde der Konkursantrag durch den Schuldner eingereicht, verkündet das Gericht den Konkurs spätestens fünf Tage nach dem Beginn des Konkursverfahrens.[47] 31

Wurde der Konkursantrag durch einen Gläubiger eingereicht, stellt das Gericht diesen Antrag dem Schuldner unverzüglich zu und setzt ihm eine Frist von 20 Tagen, um sich zu dem Antrag zu äußern, bzw. um seine Zahlungsfähigkeit zu beweisen. Das Konkursgericht bestimmt einen Termin für die mündliche Verhandlung, die innerhalb von 70 Tagen nach dem Beginn des Konkursverfahrens stattfinden soll. Falls der Schuldner damit einverstanden ist, dass das Gericht ohne Verhandlung über den Antrag entscheidet, hebt das Gericht den Verhandlungstermin auf. In dem Falle entscheidet das Gericht über dem Antrag binnen sieben Tagen nach Erhalt dieser Zustimmung, bzw. nach Beendigung der Beweisaufnahme. Falls der Schuldner seine Zahlungsfähigkeit nicht fristgerecht nachgewiesen hat, verkündet das Gericht den Konkurs.[48] Falls in dieser Phase des Verfahrens Zweifel bestehen, ob der Schuldner über genügend Vermögen verfügt, um die Kosten des Konkursverfahrens decken zu können, wird ein vorläufiger Verwalter bestellt.[49] Falls sich aus den Ermittlungen des vorläufigen Verwalters ergibt, dass die Masse ungenügend ist, wird das Verfahren mangels Masse eingestellt (es sei denn, dass ein anderer Verfahrensbeteiligter dem Gericht Vorschusszahlung auf Begleichung der Kosten des Konkursverfahrens bezahlt).[50] 32

Mit Verkündung des Konkursverfahrens geht die Vermögensbefugnis bezüglich der Konkursmasse auf den Konkursverwalter über.[51] 33

Nach Verkündung des Konkurses werden die vorher entstandenen und sich auf die Masse beziehenden Forderungen und Verbindlichkeiten des Schuldners als fällig angesehen (ungeachtet 34

---
[43] § 21 ZKR.
[44] § 203 ZKR.
[45] § 14 Abs. 1 ZKV.
[46] § 14 Abs. 1 S. 1., Abs. 5 ZKR.
[47] § 18, 19 ZKR.
[48] § 19 Abs. 1 ZKR.
[49] Für nähere Details → Rn. 24, § 21 ZKR.
[50] § 20 Abs. 1, 2 ZKR.
[51] § 44 ZKR. Abs. 1.

dessen, ob diese Forderungen/Verbindlichkeiten vor Verkündung des Konkurses tatsächlich fällig waren).[52]

4. Verlauf des Verfahrens

4.1 Anmeldung der Forderung durch die Gläubiger

35 Die Anmeldung der Forderungen ist nach slowakischem Recht erst ab Verkündung des Konkurses möglich. In dem Beschluss über die Verkündung des Konkurses werden die Gläubiger aufgefordert, ihre Forderungen anzumelden. Anmeldungen sind sodann bis zum Ablauf einer Frist von 45 Tagen seit der Verkündung des Konkurses einzureichen. Gläubiger verspätet angemeldeter Forderungen sind nicht berechtigt, das Stimmrecht und andere mit der angemeldeten Forderung verbundenen Rechte (zB Mitgliedschaft in den Gläubigerorganen) auszuüben.[53]

36 Die Forderungsanmeldung ist schriftlich in einem Formblatt mit Anlagen in einer Gleichschrift beim Konkursverwalter einzureichen. Der Gläubiger soll eine Gleichschrift der Forderungsanmeldung dem Gericht zustellen. Es ist jedoch umstritten, welche Rechtsfolgen die Nichtzustellung der Forderungsanmeldung dem Gericht hat. Die Anmeldung kann auch in elektronischer Form erfolgen. Für das Verfahren ist das gesetzlich bestimmte Kreisgericht *("okresný súd")* gemäß Sitz des Schuldners zuständig.[54]

37 In inhaltlicher Hinsicht müssen in der Anmeldung insbesondere der rechtliche Grund der Forderung, ihre Höhe, Angaben zum Rang, Angaben des Gläubigers und des Schuldners angeführt sowie entsprechende Urkunden beigefügt werden. Bei Anmeldung mehrerer unbesicherter Forderungen ist eine Gesamtanmeldung zulässig. Falls jedoch mehrere besicherte Forderungen angemeldet werden, ist jede Forderung einzeln anzumelden.[55]

38 Die Forderungen sind grundsätzlich in Euro anzugeben. Anderenfalls wird für die Umrechnung der Wechselkurs in Euro verwendet, der zu dem Tag der Verkündung des Konkurses von der Europäischen Zentralbank oder der Slowakischen Nationalbank veröffentlicht wurde. Wurde die Forderung in einer solchen Währung angeführt, bei der kein Wechselkurs veröffentlicht wird, wird der Wert der Forderung von dem Verwalter mit fachlicher Sorgfalt bestimmt. Bei Sachforderungen wird deren Wert durch ein Sachverständigengutachten, das die Anlage der Anmeldung bildet, bestimmt.[56]

39 Bei besicherten Forderungen ist in der Anmeldung ebenso die Art, Rangfolge, der rechtliche Grund der Sicherung, Sicherungsgegenstand und die Höhe, bis zu der die Forderung besichert ist, anzugeben.[57]

40 Hat der Gläubiger in der Slowakei weder Sitz noch Wohnsitz, muss er in der Anmeldung einen Bevollmächtigten mit Sitz oder Wohnsitz in der Slowakei benennen, der für ihn die zuzustellenden Schriftsätze in Empfang nehmen wird. Wird kein solcher Vertreter bestimmt, werden dem betroffenen Gläubiger jegliche Schriftsätze mittels Veröffentlichung im Handelsblatt zugestellt.[58]

41 Für die Prüfung *("preskúmavanie")* der Forderungen ist nun nicht mehr das Gericht, sondern allein der Verwalter zuständig. Der Verwalter oder nunmehr auch der Gläubiger einer angemeldeten Forderung kann angemeldete Forderungen bestreiten *("popierať")*, und zwar innerhalb einer Frist von 30 Tagen nach Ablauf der Anmeldungsfrist bzw., wenn es sich um eine verspätet angemeldete Forderung handelt, innerhalb von 30 Tagen nach Veröffentlichung der Eintragung dieser Forderung ins Verzeichnis der Forderungen im Handelsblatt. Nach Fristablauf gelten die Forderungen, soweit sie nicht bestritten wurden, als festgestellt *("zistené")*.[59]

42 Der Gläubiger einer bestrittenen Forderung ist berechtigt, binnen 30 Tagen Klage auf Feststellung dieser Forderung zu erheben. Die Klage muss gegen. alle Personen, die seine Forderung bestritten haben, gerichtet werden. Die Frist beginnt mit Zustellung der schriftlichen Bekanntgabe des Bestreitens an den betroffenen Gläubiger.[60]

4.2 Gläubigerversammlungen

43 Mit dem reformierten Konkursgesetz wird insbesondere das Ziel verfolgt, die nach dem alten Konkurs- und Vergleichsgesetz sehr schwache Stellung der Gläubiger im Verfahren zu stärken.

---

[52] § 46 ZKR. Abs. 1.
[53] § 28 Abs. 2, 3 ZKR.
[54] § 28 Abs. 2 ZKR.
[55] § 29 Abs. 1, 2 ZKR.
[56] § 29 Abs. 5, 7 ZKR.
[57] § 29 Abs. 2 ZKR.
[58] § 29 Abs. 8 ZKR.
[59] § 32 Abs. 2, 3, 17 ZKR.
[60] § 32 Abs. 9 ZKR.

4. Verlauf des Verfahrens

Das alte wie auch das reformierte Recht kennen als Gläubigerorgane die Gläubigerversammlung **44** (*"schôdza veriteľov"*) und den Gläubigerausschuss (*"veriteľský výbor"*).

Die Gläubigerversammlung wird durch den Konkursverwalter einberufen. Die erste Versammlung beruft der Verwalter innerhalb von 55 Tagen nach Verkündung des Konkurses ein, und zwar so, dass sie innerhalb von 20 Tagen nach Ablauf der Frist zur Bestreitung der Forderungen stattfindet. Weitere Versammlungen beruft der Verwalter nach Ermessen ein. Die Einberufung kann jedoch vom Gericht, Gläubigerausschuss oder von einem oder mehreren Gläubigern angefordert werden; von einem Gläubiger oder mehreren Gläubigern jedoch nur in dem Falle, wenn dieser/diese mehr als 10 % der Stimmrechte (pro Euro des Betrages der Forderung hat der Gläubiger eine Stimme[61]) auf sich vereint/vereinen.[62] **45**

Der Gläubigerausschuss wird bei der ersten Gläubigerversammlung durch die nicht besicherten Gläubiger gewählt. Der Ausschuss ist ein freiwilliges Organ der nicht besicherten Gläubiger (diese Gläubiger sind zugleich seine Mitglieder). Die Hauptaufgabe des Ausschusses ist die Verwaltung und Verwertung der allgemeinen Konkursmasse und die Tätigkeit des Verwalters ggü. der Allgemeinmasse zu überwachen.[63] **46**

Die Gläubigerorgane haben gemäß dem reformierten Konkursgesetz zahlreiche Möglichkeiten das Verfahren zu beeinflussen. So kann die Gläubigerversammlung das Gericht ersuchen, den Konkursverwalter abzuberufen, wofür auf der ersten Gläubigerversammlung eine einfache Mehrheit genügt. Eine spätere Gläubigerversammlung kann über den Ersatz des Verwalters ohne jegliche Begründung lediglich mit Dreiviertelmehrheit aller Gläubiger entscheiden. Des Weiteren ist bei späteren Gläubigerversammlungen eine einfache Mehrheit ausreichend, um den Wechsel des Verwalters sicherzustellen, falls der Verwalter seine gesetzlichen Pflichten grob oder wiederholt verletzt hat oder falls sich die Aufteilung der Gläubigerstimmen seit der letzten Gläubigerversammlung grundsätzlich geändert hat.[64] **47**

Der Gläubigerausschuss kann insbesondere bei Gericht beantragen, eine Abschlagsverteilung sowie deren Ausmaß anzuordnen.[65] **48**

4.3 Verwaltung und Verwertung der Konkursmasse

Für die Durchführung der Verwertung ist grundsätzlich der Konkursverwalter zuständig. Dabei hat das reformierte Konkursgesetz die Möglichkeiten für die Verwertung der Konkursmasse deutlich erweitert. So kann der Verwalter zum Zwecke der Verwertung der Konkursmasse: **49**
(1) eine öffentliche Ausschreibung[66] durchführen,
(2) einen Versteigerer oder einen Wertpapierhändler beauftragen,
(3) eine Versteigerung, ein Angebotsverfahren oder einen anderen zur Veräußerung der Konkursmasse führenden Wettbewerbsprozess durchführen, bzw. die Konkursmasse auf andere angemessene Weise veräußern.[67]

Bei der Veräußerung eines Unternehmens des Schuldners gehen die Sachen, Rechte und anderen Vermögenswerte, die zu dem Unternehmen gehören, mitsamt diesem über. Der Übergang betrifft jedoch lediglich die zu dem Unternehmen gehörigen Verbindlichkeiten des Schuldners, die im Zusammenhang mit Betrieb des Unternehmens nach Konkursverkündung entstanden sind und einige arbeitsrechtliche Verbindlichkeiten des Schuldners.[68] **50**

Falls die Konkursmasse nicht durch Verkauf des Unternehmens, des Unternehmensteils oder eines wesentlichen, zum Unternehmen gehörigen Vermögensteil veräußert wird, können die Liegenschaften ausschließlich im Wege einer Versteigerung verwertet werden. An eine solche Versteigerung sind die Regeln des besonderen Gesetzes anzuwenden.[69] **51**

An etwaige vertragliche Vorkaufsrechte Dritter an Massegegenständen oder an besondere Vereinbarungen in verschiedenen Gesellschaftsverträgen (sog. Drag-Along-, Tag-Along- oder Shoot-Out-Rechte) ist der Verwalter bei der Verwertung der Konkursmasse nicht gebunden. An gesetzliche Vorkaufsrechte oder Vorkaufsrechte, die als Sachrechte bestellt und ins Liegenschaftskataster eingetragen wurden, ist der Verwalter gebunden, es sei denn, dass das Recht vom Berechtigten in der **52**

---

61 § 35 Abs. 4 S. 1 Hs. 2 ZKR.
62 § 34 Abs. 1, 2 ZKR.
63 §§ 33, 37 ZKR.
64 § 36 ZKR.
65 § 98 Abs. 2 ZKR.
66 Geregelt in §§ 281 ff. ObchZ.
67 § 92 Abs. 1 ZKR.
68 § 92 Abs. 2 ZKR.
69 § 92 Abs. 6 ZKR.

gesetzlich bestimmten Frist (üblicherweise 60 Tage ab Zustellung der entsprechenden Aufforderung des Verwalters) nicht ausgenutzt wird.[70]

4.4 Verteilung an die Gläubiger

53   Zu beachten ist die zeitlich abgestufte Verteilung des Erlöses zugunsten besicherter und unbesicherter Gläubiger.

54   Die angemeldeten Forderungen befriedigt der Verwalter aufgrund einer Verteilung (*„rozvrh"*). Die unbesicherten Forderungen befriedigt er aufgrund einer Verteilung aus der Allgemeinmasse und die besicherten Forderungen aufgrund einer Verteilung aus der abgesonderten Masse. Vor Beginn der Verteilung erstellt der Verwalter ein Verzeichnis der Masseforderungen. Der Gläubigerausschuss, betroffene Gläubiger und jeder, der behauptet, dass er Gläubiger einer Masseforderung ist, sind berechtigt, innerhalb von 30 Tagen nach Veröffentlichung der Auskunft über die Erstellung des Verzeichnisses in dieses Verzeichnis Einsicht zu nehmen und gegen die Rangfolge der Massenforderung beim Verwalter innerhalb der gleichen Frist einen Einspruch einzulegen. Nach Erhalt der Zustimmung des zuständigen Organs oder des Gerichts, bzw. nach Vornahme der vom Gericht geforderten Korrektur der Verteilung befriedigt der Konkursverwalter die Gläubiger unverzüglich durch Ausgabe des unbestrittenen Teils des Erlöses. Der streitige Teil des Erlöses wird der Verwalter vorab aufbewahren und diesen gemäß der einschlägigen gerichtlichen Entscheidung dem Gläubiger aushändigen.[71]

55   Soweit nach der abgesonderten Befriedigung des besicherten Gläubigers noch Massevermögen in der abgesonderten Masse übrig bleibt, werden die unbesicherten Gläubiger aus diesem übrig gebliebenen Erlös (nach Abzug der noch verbleibenden Masseverbindlichkeiten) befriedigt. Umgekehrt gilt, dass die besicherten Gläubiger in dem Ausmaß, in dem sie aus dem Erlös der Sicherheit nicht befriedigt werden konnten, zu den unbesicherten Gläubigern gehören.[72] Voraussetzung für die Verteilung ist die vorherige Verwertung des gesamten, dem Konkurs unterliegenden, Vermögens. Reicht die so zu verteilende Masse nicht aus, um alle unbesicherten Gläubiger zu befriedigen, werden sie verhältnismäßig, gemäß der Höhe ihrer Forderungen, befriedigt.[73] Nach der Verwertung des gesamten Vermögens, der Beendigung aller Verfahren bzgl. Bestimmung der Forderungen und aller anderen mit dem Konkurs verbundenen Verfahren wird unverzüglich ein Entwurf der Schlussverteilung (*„návrh konečného rozvrhu výťažku"*) für unbesicherte Gläubiger erstellt. Der Entwurf wird zunächst vom Verwalter an die Mitglieder des Gläubigerausschusses bekanntgegeben und sodann im Handelsblatt veröffentlicht. In dieser Auskunft werden die Mitglieder des Gläubigerausschusses aufgefordert, den Entwurf der Schlussverteilung binnen einer Frist, die mindestens 15 und höchstens 30 Tage beträgt, zu bewilligen, bzw. ggü. dem Entwurf der Verteilung begründete Einwände zu erheben. Falls der Gläubigerausschuss von einem unbesicherten Gläubiger aufgefordert wird, die Einwände zu erheben, ist der Ausschuss verpflichtet, dies zu tun. Die Schlussverteilung beinhaltet jegliche frühere Verteilungen, die in dem Verfahren vorher gemacht wurden (zB zugunsten der besicherten Gläubigern).[74]

5. Gläubiger

5.1 Aussonderungsberechtigte Gläubiger

56   Wenn bestritten wird, dass Vermögen zur Konkursmasse gehört, wird es in die Aufstellung der Konkursmasse (*„súpis majetku podstát"*) mit einer entsprechenden Anmerkung eingetragen. Unverzüglich nach der Veröffentlichung der bestrittenen Eintragung im Handelsblatt fordert der Verwalter schriftlich denjenigen, zugunsten dessen er diese Anmerkung eingetragen hat, auf, Gründe für einen Ausschluss des Vermögens aus der Masse (*„vylúčenie majetku z podstaty"*) zu benennen und hierfür Beweis vorzulegen. Falls der Verwalter das Aussonderungsrecht für nachgewiesen hält, wird der Vermögensgegenstand von der Konkursmasse ausgesondert. Lehnt der Verwalter den Ausschluss nach Prüfung dieses Vortrags ab, kann der Aussonderungsberechtigte binnen 30 Tagen nach Bekanntgabe der Ablehnung Klage ggü. dem Verwalter erheben. Falls die Klage nicht fristgerecht eingereicht wird, gilt, dass die Einbeziehung des Gegenstandes in die Konkursmasse unbestritten ist. Falls sich nach Anwendung der fachlichen Fürsorge nicht feststellen lässt, zu wessen Gunsten die strittige Eintragung wirkt, wird die entsprechende Notiz nach Ablauf von 30 Tagen ab Veröffentlichung

---

[70] § 93 Abs. 1 ZKR.
[71] § 96 ZKR.
[72] § 94 ZKR.
[73] § 95 Abs. 1 ZKR.
[74] § 101 ZKR.

dieser Eintragung im Handelsblatt von der Aufstellung der Konkursmasse gelöscht. Andere Anmerkungen über strittige Eintragungen werden gelöscht, falls festgestellt wird, dass die Eintragung des Vermögengegenstandes in die Konkursmasse unbestritten ist.[75]

Bestätigt das Gericht, dass der Vermögensgegenstand aus der Konkursmasse ausgesondert werden soll, ist der Verwalter verpflichtet, den Gegenstand unverzüglich aus der Aufstellung auszuschließen.[76]

5.2 Besicherte Gläubiger

Gläubiger, deren Forderungen durch ein Pfandrecht, Zurückbehaltungsrecht oder eine Sicherungsübereignung aus dem Massevermögen (dh des Vermögensgegenstandes, der Forderung oder eines anderen Rechtes) besichert sind,[77] haben ein Recht auf abgesonderte Befriedigung ihrer Forderungen aus dem Sicherungsgegenstand.[78]

Eine besicherte Forderung des besicherten Gläubigers wird im festgestellten Umfang von dem Erlös aus der Verwertung des Sicherungsgegenstandes befriedigt; von diesem Erlös sind vorab die Massenforderungen ggü. dieser abgesonderten Masse zu befriedigen. Der Verwalter erstellt die Verteilung aus der abgesonderten Masse unverzüglich nach der Verwertung des Vermögens der abgesonderten Masse.[79]

5.3 Massegläubiger

Massegläubiger sind Gläubiger, deren Forderung grundsätzlich voll aus der Konkursmasse zu befriedigen ist. Dies betrifft insbesondere Forderungen, die im Zusammenhang mit der Verwertung oder Verwaltung der Konkursmasse nach Verkündung des Konkurses entstanden sind, ferner Unterhaltsansprüche minderjähriger Kinder, nach Konkursverkündung entstandene öffentliche Abgaben- und Sozialversicherungsansprüche, arbeitsvertragliche Ansprüche von Arbeitnehmern des Schuldners oder einige Ansprüche der Gegenpartei aus einem vor Verkündung des Konkurses mit dem Schuldner abgeschlossenen Vertrags.

Masseforderungen (*„pohľadávky proti podstate"*) werden in die Forderungen gegen die Allgemeinmasse und Forderungen gegen die abgesonderte Masse aufgeteilt. Zu den Massenforderungen gegen die abgesonderte Masse gehören die Massenforderungen, die die abgesonderte Masse betreffen (dh insbesondere Kosten für die Verwertung und Verwaltung des Sicherungsgegenstandes). Massegläubiger müssen ihre Forderungen nicht förmlich im Konkursverfahren anmelden, diese können vielmehr nach der Verkündung des Konkurses direkt gegenüber dem Verwalter geltend gemacht und von diesem jederzeit nach der Reihenfolge ihrer Fälligkeit und in voller Höhe befriedigt werden.[80]

5.4 Bevorzugte und übrige Gläubiger

Die Forderungen gegen die Allgemeinmasse befriedigt der Verwalter laufend. Reicht der Erlös aus der Verwertung der Konkursmasse nicht zur Befriedigung aller gleichrangigen Forderungen gegen die Allgemeinmasse aus, werden sie verhältnismäßig befriedigt.[81]

Besicherte Forderungen werden gesondert aus dem Sicherungsgegenstand befriedigt (s. o. 5.2).

Die unbesicherten Forderungen werden im Allgemeinen in zwei verschiedene „Klassen" (*„triedy"*) aufgeteilt – in sog. „untergeordnete Forderungen" (*„podriadené pohľadávky"*), wie unten definiert, und in die restlichen unbesicherten Forderungen.[82]

Zunächst werden die unbesicherten Forderungen befriedigt, die nicht untergeordnet sind. Sofern das Massevermögen hierfür nicht ausreicht, werden sie verhältnismäßig befriedigt.[83]

Bestrittene und bedingte Forderungen (mit Ausnahme derer, die nicht zu berücksichtigen sind) werden in der Verteilung angeführt. Die bestrittenen Forderungen werden erst dann befriedigt, wenn sie festgestellt (s. o. 4.1) werden. Bei den bedingten Forderungen tritt dies erst nach Eintritt der entsprechenden Bedingung ein.[84]

Forderungen sind dann als untergeordnet anzusehen, wenn sie aus einem schriftlichen Vertrag hervorgehen, in dem sich die Parteien für den Fall des Vermögensverfalls oder der Liquidation des

---

[75] § 78 Abs. 1, 2, 4 ZKR.
[76] § 78 Abs. 5 ZKR.
[77] § 8 ZKR.
[78] §§ 94, 97 ZKR.
[79] §§ 94 S. 1, 97 ZKR.
[80] § 87, § 28 Abs. 1 ZKR.
[81] § 87 Abs. 4 ZKR.
[82] § 95 Abs. 2 ZKR.
[83] § 95 Abs. 1 ZKR.
[84] § 99 ZKR.

Schuldners die Nachrangigkeit der betroffenen Forderung gegenüber dessen übrigen Verbindlichkeiten vereinbart haben. Untergeordnete Forderungen werden erst dann befriedigt, nachdem die übrigen unbesicherten Forderungen befriedigt wurden.[85] Auch diese werden, sofern das Massevermögen hierfür nicht ausreicht, verhältnismäßig befriedigt.[86]

6. Abwicklung nicht vollständig erfüllter Verträge

68 Die Abwicklung der Verträge, die vom Schuldner vor Verkündung des Konkurses mit einer Drittperson abgeschlossen wurden und von den Vertragsparteien nicht, bzw. nur teils erfüllt wurden, beruht darauf, welche von den Vertragsparteien den Vertrag vor Konkursverkündung bereits erfüllte, bzw. ob diese Vertragspartei den Vertrag vollständig erfüllte. Sofern der Schuldner den Vertrag bereits erfüllte und der Vertragspartner nicht, kann der Verwalter die Erfüllung des Vertrages verlangen oder von dem Vertrag zurücktreten *("odstúpiť")*. Hat der Vertragspartner den Vertrag bereits teilweise erfüllt, ist das Rücktrittsrecht auf einen Teilrücktritt beschränkt.[87]

69 Falls die Lage umgekehrt ist (dh falls der Vertragspartner den Vertrag erfüllte und der Schuldner nicht, bzw. nur teilweise), steht dem Vertragspartner ein Rücktritts-, bzw. Teilrücktrittsrecht zu. Etwaige Rückgewähransprüche aus dem Rücktritt müssen jedoch im Konkurs rechtzeitig als (bedingte[88]) Forderung angemeldet werden, anderenfalls können diese im Konkurs nicht befriedigt werden. Falls der Rücktritt vor Anmeldung der Forderung wirksam erklärt wurde, ist die Forderung natürlich nicht mehr bedingt.[89]

70 Die vor der Konkursverkündung abgeschlossenen Dauerschuldverhältnisse können vom Verwalter gekündigt werden. Die Kündigungsfrist dauert zwei Monate, ggf. auch kürzer, soweit dies gesetzlich oder vertraglich vorgesehen ist. Dies betrifft auch die auf bestimmte Zeit abgeschlossenen Dauerschuldverhältnisse.[90] Mietverhältnisse über Wohnraum können jedoch nur nach allgemeinen mietrechtlichen Regeln[91] gekündigt werden.

71 Besondere Regeln gelten für Arbeitsverträge. Die Rechte und Pflichten des Schuldners als Arbeitgeber gehen mit der Verkündung des Konkurses auf den Verwalter über.[92] Eine Kündigung des Arbeitsverhältnisses nach der Konkursverkündung ist möglich, jedoch nicht zwingend erforderlich (für eine Kündigung müssen die im Arbeitsgesetzbuch vorgesehenen Bedingungen erfüllt werden).[93] Im Falle der Massenentlastung sind besondere gesetzliche Informationspflichten des Schuldners als Arbeitgeber gegenüber den Arbeitnehmern zu beachten.[94] Daneben gilt, dass die Arbeitnehmer des Schuldners Anspruch auf Leistungen aus der gesetzlichen Garantieversicherung haben, falls der Schuldner nicht fähig ist, deren arbeitsrechtliche Forderungen zu befriedigen. Dieses Recht entsteht mit der Stellung des Antrags auf Konkurs (dh nicht mit der Konkursverkündung).[95]

7. Aufrechnung

72 Eine nach der Konkursverkündung entstandene Forderung des Schuldners kann ggü. einer vor der Konkusverkündung entstandenen Forderung des Gläubigers nicht aufgerechnet werden. Dies gilt auch für die bedingten Forderungen, die im Konkurs ordentlich angemeldet werden sollen. So muss der betroffene Gläubiger seine Gegenforderung anmelden. Die Forderungen, die nicht ordentlich angemeldet wurden (obwohl dies gesetzlich vorgesehen ist), die Forderung, die nach Konkursverkündung durch Übergang oder Übertragung erworben wurde und eine aufgrund eines anfechtbaren Rechtsgeschäfts *("odporovateľný právny úkon")* erworbene Forderung kann ggü. keiner Forderung des Schuldners aufgerechnet werden. Eine Aufrechnung ggü. Schadensersatzforderungen, die auf einer verspäteten Konkursantragstellung beruhen, ist nicht zulässig. Aufrechnung ggü. anderen Forderungen ist nicht ausgeschlossen.[96]

---

[85] § 408a Abs. 1, 2 ObchZ.
[86] § 95 Abs. 2 ZKR.
[87] § 45 Abs. 1, 3 ZKR.
[88] Die aufschiebbare Bedingung dabei ist die wirksame Erklärung des Rücktritts.
[89] § 45 Abs. 2, 3 ZKR.
[90] § 45 Abs. 4 ZKR.
[91] §§ 676–684 Občiansky zákonník (slowakisches, ursprünglich tschechoslowakisches, Bürgerliches Gesetzbuch – nachfolgend nur: BGB) v. 26.2.1964, veröffentlicht unter Nr. 40/1964 Zb.
[92] § 44 Abs. 1, § 56 ZKR.
[93] §§ 61, 62 Zákonník práce, übersetzt: Arbeitsgesetzbuch, v. 2.7.2001, veröffentlicht unter Nr. 311/2001 Z.z.
[94] § 73 des Arbeitsgesetzbuches.
[95] § 12, 18, 102 Zákon o sociálnom poistení, übersetzt: Gesetz über die Sozialversicherung, v. 30.10.2003 veröffentlicht unter 461/2003 Z.z.
[96] § 54 ZKR.

8. Insolvenzanfechtung

Das Rechtsinstitut der Anfechtung *("odporovanie")* bestimmter, im Konkursgesetz abschließend **73** aufgeführter Rechtsgeschäfte dient dazu, sicherzustellen, dass der Konkursmasse vor Eröffnung des Konkursverfahrens wichtige Teile nicht entzogen werden.

Anfechtbar sind grundsätzlich die Rechtsgeschäfte, **74**
(1) in denen sich der Schuldner unentgeltlich oder für eine nicht angemessene Gegenleistung[97] zu einer Leistung verpflichtet,
(2) mit denen der Schuldner einen Gläubiger gegenüber den anderen Gläubigern ohne Grund übervorteilt,[98]
(3) bei deren Vornahme der Schuldner den Vorsatz hatte, einige von seinen Gläubigern zu benachteiligen, falls dies der anderen Vertragspartei des betroffenen Rechtsgeschäfts bekannt war oder hätte bekannt sein müssen,[99]
(4) die nicht als Teil der gewöhnlichen Geschäftsführung angesehen werden können und die der Schuldner nach Beendigung eines Konkursverfahrens vorgenommen hat, wenn innerhalb von sechs Monaten nach Beendigung des ersten Konkursverfahrens über sein Vermögen erneut der Konkurs verkündet wurde.[100]

Zur Anfechtung sind sowohl der Verwalter als auch die restlichen Gläubiger des Schuldners berech- **75** tigt. Die Anfechtung kann direkt gegenüber der anderen Vertragspartei des anfechtbaren Rechtsgeschäfts oder im Wege der Klage beim Konkursgericht geltend gemacht werden. Der Beschluss des Gerichtes (falls die Klage eingereicht wurde) hat den Vorteil, dass die Anfechtung Wirkungen gegenüber allen Beteiligten des Konkursverfahrens entfaltet.[101]

Infolge der Anfechtung ist derjenige, der aufgrund des anfechtbaren Rechtsgeschäfts eine Leis- **76** tung erhalten hat, verpflichtet, für diese Geldersatz zu leisten. Handelt es sich um eine Sachleistung, kann von ihm alternativ auch die Herausgabe des betroffenen Gegenstandes verlangt werden.[102] Im Falle eines gegenseitigen Rechtsgeschäfts kann der Anfechtungsgegner, sofern seine eigene Leistung zu einer Bereicherung gegenüber der Konkursmasse geführt hat, einen Anspruch auf Herausgabe der Bereicherung als Masseforderung geltend machen.[103]

Von vornherein nichtig *("neplatné")* sind außerdem bestimmte Vereinbarungen von Ehegatten **77** über die Aussonderung von Vermögen aus dem Gesamthandvermögen der Ehegatten *("bezpodielové spoluvlastníctvo manželov")*, wenn diese Vereinbarungen innerhalb von sechs Monaten vor Verkündung des Konkurses getroffen werden.[104] Klarstellend ist anzuführen, dass sowohl in der Slowakei als auch in Tschechien Gesamthandvermögen (dh eine Eigentumseinheit, die den beiden Ehegatten gehört) während Dauer der Ehe den Regelfall darstellt, wobei nur einige, gesetzlich bestimmte Vermögensgegenstände (wie zB das zur Unternehmenstätigkeit verwendete Vermögen, Sachen, die die ihrer Natur nach dem persönlichen Gebrauch dienen, vererbtes, verschenktes Vermögen usw.) aus dem Gesamthandvermögen ausgesondert sind.[105]

9. Restrukturierung

Gemäß dem reformierten Konkursgesetz besteht nunmehr auch die Möglichkeit, statt des Liqui- **78** dationskonkurses die Genehmigung des Restrukturierungsverfahrens *("reštrukturalizačné konanie")* zu beantragen.

Das Restrukturierungsverfahren kann beantragt werden, falls der Schuldner im Verfall (dh **79** zahlungsunfähig oder überschuldet) ist oder falls ihm Verfall droht.

Die Anlage des Restrukturierungsantrags bildet ein Restrukturierungsgutachten, dh ein Gut- **80** achten über die finanzielle und wirtschaftliche Lage des Schuldners. Mit Erstellung eines solchen Gutachtens kann nur ein im Verwalterverzeichnis eingetragener Verwalter beauftragt werden.[106]

Das Gutachten soll neben der genauen Bezeichnung des Schuldners und seiner unternehmeri- **81** schen Tätigkeit zahlreiche Informationen über den Schuldner beinhalten, zB: die Feststellung, ob der Verfall bereits eingetreten ist, bzw. ob dieser lediglich droht, den Grund, warum dies eingetreten

---

[97] § 58 ZKR.
[98] § 59 ZKR.
[99] § 60 ZKR.
[100] § 61 ZKR.
[101] § 62 Abs. 1, 2 und 5 ZKR.
[102] § 63 Abs. 1 ZKR.
[103] § 65 ZKR.
[104] § 53 Abs. 3 lit. a ZKR.
[105] §§ 143–151 BGB.
[106] §§ 108 Abs. 3, 109 Abs. 1 ZKR.

ist, eine genaue Beschreibung der von dem Schuldner unternommenen Maßnahmen zur Vermeidung des Verfalls, eine genaue Beschreibung der finanziellen und wirtschaftlichen Situation des Schuldners, eine genaue Beurteilung der Rechtsgeschäfte des Schuldners, bei denen eine Anfechtbarkeit in Betracht kommt, eine ausführliche Beurteilung der während des drohenden Verfalls oder während des Verfalls vorgenommenen Rechtsgeschäfte des Schuldners mit den verbundenen Personen, die zum Verfall führen konnten (vor allem in Bezug auf die Vorschriften des Handelsrechts, die das Konkurrenzverbot, Verbot der Rückgabe von Einlagen, Verbot der Rückgabe von Leistungen, die die eigenen Mittel ersetzen, die Transaktionen mit Interessenkonflikt, das Verbot der Gewinnauszahlung und die Verteilung anderer eigenen Mittel regeln), die Bezeichnung der Personen, die für die Verbindlichkeiten des Schuldners haften oder deren Vermögen als Sicherheit dient (einschl. Beschreibung dieses Vermögens), sowie die Empfehlung oder Ablehnung einer Restrukturierung mit der dazugehörigen Begründung.[107]

82 Falls das Gutachten die Restrukturierung empfiehlt, muss dieses zudem eine Beurteilung der Rechte und wirtschaftlichen Interessen der Gläubiger, eine Restrukturierungsstrategie zur Rettung des Unternehmens, Präzisierung der Rechtsgeschäfte, die nach der Bewilligung der Restrukturierung der Zustimmung des Verwalters bedürfen sollen, die Angabe über die Höhe des reinen Gewinns und die anderen eigenen Mittel des Schuldners, die an seine Gesellschafter in den letzten zwei Jahren verteilt wurden und die Stellungnahme des Auditors oder des Gerichtssachverständigen, ob der dem Antrag beigefügte Jahresabschluss des Schuldners ein treues und wahres Bild über die Finanzsituation des Schuldners gewährt, umfassen.[108]

83 Empfiehlt das Gutachten die Restrukturierung, kann der Schuldner, bzw. der/die Gläubiger mit Zustimmung des Schuldners innerhalb von 30 Tagen den Antrag auf Genehmigung der Restrukturierung stellen.[109] Für das Verfahren ist das gesetzlich bestimmte Kreisgericht (*„okresný súd"*) gemäß Sitz des Schuldners zuständig. Dieses soll innerhalb von 15 Tagen nach Antragsstellung über den Antrag entscheiden, dh das Restrukturierungsverfahren einleiten oder den Antrag ablehnen.[110]

84 Bereits die Einleitung des Restrukturierungsverfahrens hat die Wirkung, dass der Schuldner ua in seiner Geschäftsführungsbefugnis auf gewöhnliche Geschäfte beschränkt ist und die Forderungen, die anmeldungsbedürftig sind, nicht mehr vollstreckt oder aufgerechnet werden können.[111]

85 Nach einer weiteren Frist von 30 Tagen muss das Gericht über die Genehmigung der Restrukturierung entscheiden Falls die dazu vorgesehen gesetzlichen Anforderungen erfüllt sind, wird die Restrukturierung bewilligt.[112]

86 Die Gläubigerversammlung wird durch den Konkursverwalter einberufen. Die erste Versammlung beruft der Verwalter nach 30 Tagen nach Genehmigung der Restrukturierung ein, und zwar so, dass sie innerhalb von sieben Tagen nach Ablauf der Frist zu Bestreitung der Forderungen) stattfindet.[113] Gläubiger des Schuldners können danach innerhalb von 30 Tagen nach Genehmigung der Restrukturierung ihre Forderungen beim Verwalter anmelden. Verspätet angemeldete Forderungen werden nicht berücksichtigt.[114]

87 Die Restrukturierung als solche wird gemäß dem Restrukturierungsplan (*„reštrukturalizačný plán"*) durchgeführt. Der Restrukturierungsplan wird entweder vom Schuldner (bei einem Schuldnerantrag) oder vom Verwalter (bei einem Gläubigerantrag) ausgearbeitet und danach dem Gläubigerausschuss, der Versammlung der Planteilnehmer (dh den im Plan genannten Personen – *„účastník plánu"*) als sog. „Genehmigungsversammlung" (*„schvaľovacia schôdza"*) sowie dem Gericht zur Genehmigung vorgelegt.[115]

88 Ein Restrukturierungsplan muss die ökonomische Lage des Schuldners (insb. seine Verbindlichkeiten) berücksichtigen. Der Restrukturierungsplan beinhaltet einen „umschreibenden Teil" (*„opisná časť"*), der insbesondere eine Einteilung der Forderungen der Gläubiger nach ihrer Art und eine Beurteilung der Stellung der Gläubiger und der Aktionäre nach Bewilligung der Restrukturierung (und einen Vergleich deren Stellung ggü. der Situation, dass die Restrukturierung nicht bewilligt wird) enthält.[116]

---

[107] § 110 Abs. 1 ZKR, § 9 ZKR (verbundene Personen).
[108] § 110 Abs. 2 ZKR.
[109] § 111 ZKR.
[110] § 113 Abs. 1 ZKR.
[111] § 114 Abs. 1 ZKR.
[112] § 116 Abs. 1, 2 ZKR.
[113] § 126 ZKR.
[114] § 121 iVm § 28 ZKR.
[115] §§ 132 Abs. 1, 133 ZKR.
[116] § 135 ZKR.

Das Herzstück der Restrukturierung stellt der „verbindliche Teil" *(„záväzná časť")* des Plans **89** dar. In diesem Teil werden alle Rechte und Pflichten aufgelistet, die den Beteiligten des Planes entstehen, sich ändern oder wegfallen.[117] Zudem kann er eine Auflistung neu eingeräumter Darlehen mit der Bestimmung enthalten, dass der betroffene Rückzahlungsanspruch im Falle späterer Verkündung eines Liquidationskonkurses aus der allgemeinen Masse vorrangig gegenüber anderen unbesicherten Forderungen zu befriedigen ist.[118]

Stimmt das Gericht dem Restrukturierungsplan zu, wird dieser mit der Veröffentlichung im **90** slowakischen Handelsblatt ggü. allen am Plan beteiligten Gläubigern wirksam. Diejenigen Gläubiger, die ihre Forderungen nicht ordnungsgemäß angemeldet haben, können ihre Forderungen nach Veröffentlichung des Plans im Handelsblatt nicht mehr eintreiben. Der Gewinn und die anderen eigenen Mittel des Schuldners dürfen an die Gesellschafter nicht verteilt werden, bevor die Forderungen aller unbesicherten Gläubiger in der festgestellten Höhe beglichen wurden. Bei Verletzung dieser Pflicht sind die Gläubiger berechtigt, die Unwirksamkeit des Restrukturierungsplans beim Gericht zu beantragen.[119]

Im verbindlichen Teil des Restrukturierungsplans kann zudem ein Überwachungsverwalter **91** bestellt werden, der nach Beendigung der Restrukturierung bis zur vollständigen Umsetzung des Plans die Einhaltung des Plans sowie die Geschäftsaktivitäten des Schuldners kontrolliert, bei zustimmungspflichtigen Rechtsgeschäften die Zustimmung erteilt und Informationen über die wirtschaftliche Lage des Schuldners bewertet. Der Überwachungsverwalter wird ebenso aus dem Verwalterverzeichnis ausgewählt.[120]

10. Internationales Insolvenzrecht

Die Regelung der Europäischen Union betr. Insolvenzverfahren[121] ist für die Slowakische **92** Republik seit ihrem EU-Beitritt vom 1.5.2004 unmittelbar anwendbar. Das slowakische Konkursgesetz gilt gegenüber dem Anwendungsbereich europarechtlicher Insolvenzvorschriften ausdrücklich nur subsidiär.[122] Damit dürfen etwa, wenn über einen Teil einer europaweit tätigen Unternehmensgruppe ein Insolvenzverfahren in einem Mitgliedstaat der EU eröffnet wird, in dem der Schuldner seinen „centre of main interest" (dh den Mittelpunkt seiner hauptsächlichen Interessen) hat, Sekundärinsolvenzverfahren in der Slowakei nur unter den in der EuInsVO festgelegten Bedingungen eröffnet werden. Dies wurde etwa im Falle des vor einem britischen Gericht eröffneten Verfahrens „Collins & Aikman"[123] durch die slowakischen Gerichte akzeptiert, die, anders als etwa jene der Republik Österreich, kein Sekundärverfahren eröffneten.

Dagegen lässt das reformierte Konkursgesetz die Eröffnung eines Partikularverfahrens zu, wenn **93** der Schuldner auf dem Gebiet der Slowakischen Republik Vermögen hat. Ein durch slowakisches Gericht verkündeter Konkurs soll auch das im Ausland befindliche Vermögen betreffen, falls dies nach den Vorschriften des anderen Staates zulässig ist.[124] Der Insolvenzverwalter des in einem Drittstaat eröffneten Verfahrens kann jedoch bei dem slowakischen Konkursgericht, bzw. dem für die Restrukturierung zuständigen Gericht die Anerkennung des ausländischen Verfahrens aufgrund der Gegenseitigkeit beantragen. Das Gericht kann ferner von Amts wegen dem ausländischen Verfahren einige Auswirkungen gemäß slowakischem Konkursgesetz zuerkennen oder entscheiden, dass einige Auswirkungen gemäß der einschlägigen ausländischen Regelung in der Slowakei nicht anwendbar werden. Mit der Einleitung eines Konkurs- oder Restrukturierungsverfahrens in der Slowakei wird die Anerkennung jedoch aufgehoben.[125]

Derzeit wird auf der EU-Ebene eine Regelung bzgl. präventive Restrukturierungsrahmen dis- **94** kutiert.[126] Nach den öffentlich zugänglichen Quellen ist die derzeitige offizielle Stellungnahme der Slowakischen Republik zu dieser Richtlinie eher zurückhaltend. Es wird angenommen, dass die vorgeschlagene Regelung teils im slowakischen Recht bereits enthalten ist (und zwar ausreichend),

---

[117] § 136 ZKR.
[118] § 141 ZKR.
[119] § 155 Abs. 1 und 2, § 155a und 159a ZKR.
[120] §§ 162, 164 ZKR.
[121] Dh derzeit VO (EG) Nr. 848/2015 v. 20.5.2015 über Insolvenzverfahren (Neufassung) („EuInsVO").
[122] § 172 ZKR.
[123] Vgl. High Court of Justice London – Urt. v. 9.6.2006 – Az : [2006] EWHC 1343 (Ch), NZI 2006, 654.
[124] § 174 ZKR.
[125] § 175 ZKR iVm § 54 Zákon o medzinárodnom práve súkromnom a procesnom, übersetzt: Gesetz über das internationale Privat- und Verfahrensrecht, v. 4.12.1963, veröffentlicht unter Nr. 97/1963 Sb.
[126] Richtlinie des Europäischen Parlaments und des Rates über präventive Restrukturierungsrahmen, die zweite Chance und Maßnahmen zur Steigerung der Effizienz von Restrukturierungs-, Insolvenz- und Entschuldungsverfahren und zur Änderung der Richtlinie 2012/30/EU.

11. Die COVID-19-Gesetzgebung

11.1 Einleitung

95   Der Gesetzgeber hat entschieden, die einschlägigen gesetzlichen Bestimmungen des Konkursgesetzes durch das Gesetz Nr. 62/2020 Slg.[128] („Coronagesetz") indirekt abzuändern bzw. zu ergänzen.

11.2 Erste Hilfe

96   Kurz nach der Verkündung des Ausnahmezustandes in der Slowakei wurde die Antragspflicht der Schuldner wesentlich gemildert. Schuldner, deren Überschuldung in dem Zeitraum vom 12.3.2020 („Stichtag") bis zum 30.4.2020 eingetreten ist, mussten den Konkursantrag binnen 60 Tage ab Eintritt der Überschuldung stellen, statt der sonst üblichen 30 Tage.[129]

11.3 Vorübergehender Schutz (erste Hilfe ausgeweitet)

97   Um die Wirtschaft vor einer rasch steigenden Anzahl der Insolvenzanträge zu schützen, wurde ferner ein Rechtsinstitut eingeführt, das die Schuldner von Gläubigerinsolvenzanträgen schützen soll – der sog. „vorübergehende Schutz" („*dočasná ochrana*").

98   Zweck der Regelung ist es, den Unternehmern einen befristeten Zeitraum zu eröffnen, um die negativen Folgen der Coronakrise besser bewältigen zu können.[130]

11.3.1 Antragstellung

99   Die in der Slowakei ansässigen Unternehmer (natürliche oder juristische Person; mit Ausnahme von Finanzinstitutionen), die ihre Unternehmenstätigkeit vor dem Stichtag ausübten, sind grundsätzlich berechtigt, einen vorübergehenden Schutz bei dem zuständigen Konkursgericht zu beantragen.[131]

100   Der Antrag soll, falls möglich, elektronisch gestellt werden.[132] Die allgemeinen Angaben des Antrages sind die Bestimmung des Konkursgerichtes, Daten des Antragstellers, eine Erklärung darüber, dass alle im Antrag angeführten Tatsachen wahrheitsgetreu beschrieben wurden, der Tag der Antragstellung und Unterschrift.[133]

101   Zu den besonderen Angaben des Antrages gehören zahlreiche Erklärungen des Antragstellers, zB dass:
– die Notwendigkeit des Schutzes vor Gläubigern durch die Coronakrise hervorgerufen wurde (dabei ist der Anstieg der fälligen, aber nicht beglichenen Forderungen, bzw. Einkommensverlust zu berücksichtigen);
– der Antragsteller zum Stichtag nicht im Vermögensverfall war, keine Gründe für eine Insolvenz *ex offo* bestanden und kein Vollstreckungsverfahren bzgl. seines Vermögens eingeleitet wurde;
– der Antragsteller den Gewinn fürs Jahr 2019 nicht ausgeschüttet hat bzw. dass die ausbezahlten Mittel rückerstattet wurden;
– der Antragsteller im Jahr 2020 keine Schritte unternommen hat, die seine finanzielle Stabilität bedrohen könnten bzw. dass die Folgen solcher Maßnahmen aufgehoben wurden, und
– das Rechnungswesen des Antragstellers ordentlich geführt wird und die Jahresabschlüsse ordentlich veröffentlicht sind.[134]

---

[127] Vorläufige Stellungnahme, veröffentlicht unter: https://www.google.com/url?sa=t&rct=j&q=&esrc=s&source=web&cd=5&cad=rja&uact=8&ved=2ahUKEwikleHmve3hAhVShUIHSFaCzYQFjAEegQIARAC&url=https%3A%2F%2Fwww.nrsr.sk%2Fssez%2FdownloadDoc.ashx%3FDocID%3D5116&usg=AOvVaw16LSmUS_u4EjdfktJz8-Dq.
[128] Gesetz über einige außerordentliche Maßnahmen im Zusammenhang mit der Verbreitung der gefährlichen ansteckenden menschlichen Krankheit COVID-19 und in der Justiz (zákon o niektorých mimoriadnych opatreniach v súvislosti so šírením nebezpe4nej nákazlivej ľudskej choroby COVID-19 a v justícii).
[129] Best. § 4 des Coronagesetzes.
[130] Best. § 8 u. ff. des Coronagesetzes.
[131] Best. § 9 des Coronagesetzes.
[132] Best. § 12 des Coronagesetzes.
[133] Best. § 13 des Coronagesetzes.
[134] Best. § 14 des Coronagesetzes.

11.3.2 Gewährung / Ablehnung des vorübergehenden Schutzes.

Falls der Antrag die gesetzlichen Anforderungen erfüllt, wird dem Antragsteller der vorübergehende Schutz gewährt; der Gerichtsbeschluss wird im Handelsblatt veröffentlicht.

Anderenfalls lehnt das Gericht die Gewährung des vorübergehenden Schutzes ab und informiert den Antragsteller über die Gründe der Ablehnung. Der Antragsteller ist danach berechtigt, die eventuellen Mängel des Antrags zu beheben. Nach Behebung der Mängel wird der vorübergehende Schutz gewährt; anderenfalls wird der Antrag erneut abgelehnt.[135]

11.3.3 Wirkungen des vorübergehenden Schutzes

Ein Unternehmer unter dem vorübergehenden Schutz ist nicht verpflichtet, den Konkursantrag bei seiner Überschuldung zu stellen. Die Konkursverfahren, die aufgrund eines nach dem Stichtag gestellten Gläubigerantrages bzgl. seines Vermögens eingeleitet wurden, werden ausgesetzt; ebenso werden die meisten Vollstreckungsverfahren ausgesetzt.

Gegenüber einer Forderung des Unternehmers unter dem vorübergehenden Schutz kann eine Forderung von verbundenen Personen nicht aufgerechnet werden.

Der Unternehmer soll unter dem vorübergehenden Schutz auch in Vertragsverhältnissen geschützt werden. Ein Vertragspartner kann weder einen Vertrag wegen Verzugs kündigen noch von einem solchen Vertrag zurücktreten oder aus diesem Grund die vertragliche Gegenleistung verweigern, falls der Verzug nach dem Stichtag eingetreten ist und durch die Coronakrise hervorgerufen wurde. Diese Bestimmung wird nicht angewandt, falls dadurch der Betrieb des Vertragspartners unmittelbar bedroht wird.

Die Fristen, die für Geltendmachung eines Rechtes (einschl. der Fristen für Anfechtung der anfechtbaren Rechtsgeschäfte) laufen, sind ggü. dem betroffenen Unternehmer unter dem vorübergehenden Schutz gehemmt.

Der Unternehmer unter dem vorübergehenden Schutz ist verpflichtet, sich zu bemühen, alle seine Gläubiger in möglichst großem Ausmaß zu befriedigen. Darüber hinaus muss er das gemeinsame Interesse der Gläubiger vor das eigene stellen, insbesondere darf er keine Gewinne an Gesellschafter ausschütten. Er darf jedoch vorzugsweise die Verbindlichkeiten begleichen, die mit der unmittelbaren Fortführung des Betriebes zusammenhängen.[136]

11.3.4 Aufhebung des vorübergehenden Schutzes

Der vorübergehende Schutz wird aufgehoben:
a) auf Antrag des betroffenen Unternehmers,
b) am 31.12.2020,
c) durch Gerichtsbeschluss, falls nachträglich nachgewiesen wird, dass die gesetzlichen Anforderungen für Gewährung des vorübergehenden Schutzes nicht erfüllt wurden oder falls der Unternehmer seine gesetzlichen Pflichten während des vorübergehenden Schutzes verletzt hat.[137]

---

[135] Best. § 15 und 16 des Coronagesetzes.
[136] Best. § 17 des Coronagesetzes.
[137] Best. § 18 des Coronagesetzes.

Slowakische Republik

Das Konkursverfahren

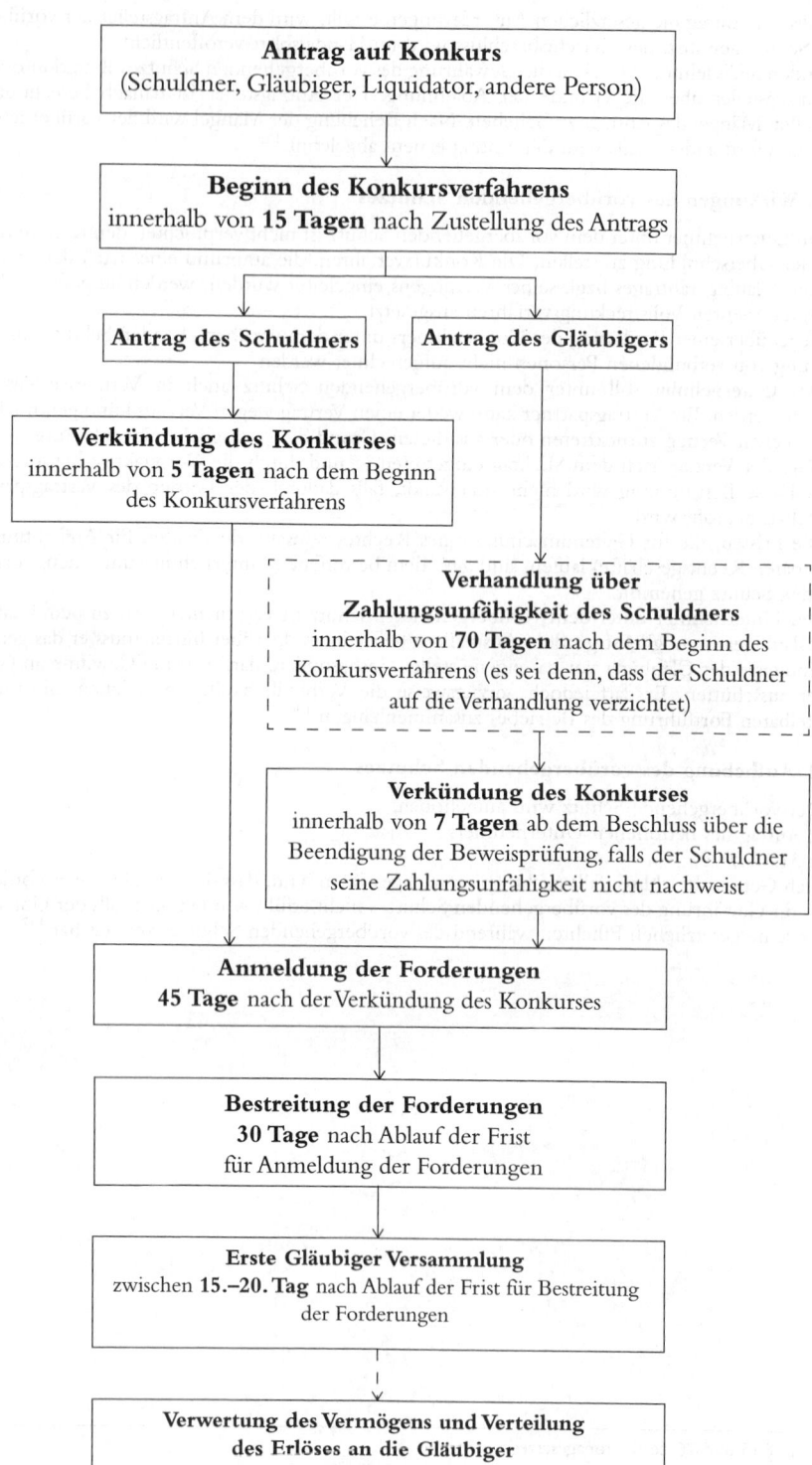

Slowakische Republik

Glossar

Deutsch	Slowakisch	Rn.
anfechtbares Rechtsgeschäft	odporovateľný právny úkon	26, 72, 74–76, 107
Anfechtbarkeit	odporovateľnosť	81
Anfechtung	odporovanie	107
Aufstellung der Konkursmasse	súpis majetku podstát	56
Ausschluss des Vermögens aus der Masse	vylúčenie majetku z podstaty	56
Beginn des Konkursverfahrens	začatie konkurzného konania	29, 30–32, Zeitstrahl
Berufung	odvolanie	17, 27
Bestreitung der Forderungen/bestreiten	popretie pohľadávok/popierať	41, 42, 45, 86, Zeitstrahl
Bezirksgericht/Bezirksgerichte	krajský súd/krajské súdy	1
umschreibender Teil des Restrukturierungsplans	opisná časť reštrukturalizačného plánu	88
drohender Vermögensverfall	hroziaci úpadok	20, 79, 81
Entwurf für eine Schlussverteilung	návrh konečného rozvrhu výťažku	55
Feststellung der Forderungen	zistenie pohľadávok	41, 42, 59, 66
Finanzinstitution/Finanzinstitutionen	finančná inštitúcia/finančné inštitúcie	8, 99
Genehmigungsversammlung	schvaľovacia schôdza	87
Gläubigerausschuss	veriteľský výbor	10, 44–46, 48, 54, 55, 87
Gläubigerversammlung	schôdza veriteľov	44–47, 86, 87, Zeitstrahl
Handelsblatt	Obchodný vestník	1, 40, 41, 55, 56, 90, 102
Handelsregister	obchodný register	1, 30
Insolvenzverwalterverzeichnis	Zoznam správcov	1, 80, 91
Klassen	triedy	64
kleiner Konkurs	malý konkurz	9–10, 24
Konkursverfahren	konkurzné konanie	1, 5, 7, 9–10, 24–26, 29–33, 61, 73–75, 104, Zeitstrahl
Kreisgericht/Kreisgerichte	okresný súd/okresné súdy	1
Masseforderungen	pohľadávky proti podstate	54, 61
Massegläubiger	veritelia pohľadávok proti podstate	60, 61
natürliche Personen, die nicht unternehmerisch tätig sind	fyzické osoby, ktoré nie sú podnikateľmi	9, 11, 24
natürliche Personen, die unternehmerisch tätig sind	fyzické osoby- podnikatelia	7, 11, 24
nichtige Vereinbarungen	neplatné dohody	77

Giese/Tužilová

Slowakische Republik

Deutsch	Slowakisch	Rn.
Planteilnehmer	účastníci plánu	87
präventive Restrukturierungsrahmen	rámce preventívnej reštrukturalizácie	94
Prüfung der Forderungen	preskúmavanie pohľadávok	5, 41
Ratenzahlungsvereinbarung	dohoda o splátkach	7, 11, 14–16
Restschuldbefreiung	oddlženie	7, 9, 11, 17, 25
Restrukturierungsplan	reštrukturalizačný plán	87, 88, 90, 91
Restrukturierungsverfahren	reštrukturalizačné konanie	6, 20, 78–79, 83, 84, 93
Rücktritt von einem Vertrag/zurücktreten	odstúpenie od zmluvy/odstúpiť	68, 69
Gesamthandvermögen der Ehegatten	bezpodielové spoluvlastníctvo manželov	77
untergeordnete Forderungen	podriadené pohľadávky	21, 64, 67
überschuldet/Überschuldung	predlžený/predlženie	18, 21–23, 31, 79, 96, 104
verbindlicher Teil des Restrukturierungsplans	záväzná časť reštrukturalizačného plánu	89, 91
Verkündung des Konkurses	vyhlásenie konkurzu	7, 10, 11, 14, 16, 25, 31, 33–35, 38, 45, 50, 60, 61, 68, 70–72, 77, 89, 96, Zeitstrahl
Vermögensverfall	úpadok	9, 18, 20, 67, 101
Verteilung	rozvrh	48, 53–55, 59, 66, 81
vorläufige Maßnahme	predbežné opatrenie	27
vorläufiger Konkursverwalter	predbežný správca	26, 27
vorübergehender Schutz	dočasná ochrana	97, 99, 102–109
zahlungsunfähig/Zahlungsunfähigkeit	platobne neschopný/platobná neschopnosť	12, 18, 19, 31, 79 Zeitstrahl

Glossar

Slowakisch	Deutsch	Rn.
bezpodielové spoluvlastníctvo manželov	Gesamthandvermögen der Ehegatten	77
dočasná ochrana	vorübergehender Schutz	97, 99, 102–109
dohoda o splátkach	Ratenzahlungsvereinbarung	7, 11, 14–16
finančná inštitúcia/finančné inštitúcie	Finanzinstitution/Finanzinstitutionen	8, 99
fyzické osoby, ktoré nie sú podnikateľmi	natürliche Personen, die nicht Unternehmer sind	9, 11, 24

# Slowakische Republik

Slowakisch	Deutsch	Rn.
fyzické osoby- podnikatelia	natürliche Personen, die Unternehmer sind	7, 11, 24
konkurzné konanie	Konkursverfahren	1, 5, 7, 9–10, 24–26, 29–33, 61, 73–75, 104, Zeitstrahl
hroziaci úpadok	drohender Vermögensverfall	20, 79, 81
krajský súd/krajské súdy	Bezirksgericht/Bezirksgerichte	1
malý konkurz	kleiner Konkurs	9–10, 24
návrh konečného rozvrhu výťažku	Entwurf für eine Schlussverteilung	55
neplatné dohody	nichtige Vereinbarungen	77
obchodný register	Handelsregister	1, 30
Obchodný vestník	Handelsblatt	1, 40, 41, 55, 56, 90, 102
oddlženie	Restschuldbefreiung	7, 9, 11, 17, 25
odporovanie	Anfechtung	107
odporovateľnosť	Anfechtbarkeit	81
odporovateľný právny úkon	anfechtbares Rechtsgeschäft	26, 72, 74–76, 107
odstúpenie od zmluvy/odstúpiť	Rücktritt von einem Vertrag/zurücktreten	68, 69
odvolanie	Berufung	17, 27
okresný súd/okresné súdy	Kreisgericht/Kreisgerichte	1
opisná časť reštrukturalizačného plánu	umschreibender Teil des Restrukturierungsplans	88
platobne neschopný/platobná neschopnosť	zahlungsunfähig/Zahlungsunfähigkeit	12, 18, 19, 31, 79 Zeitstrahl
podriadené pohľadávky	untergeordnete Forderungen	21, 64, 67
pohľadávky proti podstate	Masseforderungen	54, 61
popretie pohľadávok/popierať	Bestreitung der Forderungen/bestreiten	41, 42, 45, 86, Zeitstrahl
predbežné opatrenie	vorläufige Maßnahme	27
predbežný správca	vorläufiger Konkursverwalter	26, 27
predlžený/predlženie	überschuldet/Überschuldung	18, 21–23, 31, 79, 96, 104
preskúmavanie pohľadávok	Prüfung der Forderungen	5, 41
rámce preventívnej reštrukturalizácie	präventive Restrukturierungsrahmen	94
reštrukturalizačné konanie	Restrukturierungsverfahren	6, 20, 78–79, 83, 84, 93
reštrukturalizačný plán	Restrukturierungsplan	87, 88, 90, 91
rozvrh	Verteilung	48, 53–55, 59, 66, 81
schôdza veriteľov	Gläubigerversammlung	44–47, 86, 87, Zeitstrahl

Slowakische Republik

Slowakisch	Deutsch	Rn.
schvaľovacia schôdza	Genehmigungsversammlung	87
súpis majetku podstát	Aufstellung der Konkursmasse	56
triedy	Klassen	64
úpadok	Vermögensverfall	9, 18, 20, 67, 101
účastníci plánu	Planteilnehmer	87
veritelia pohľadávok proti podstate	Massegläubiger	60, 61
veriteľský výbor	Gläubigerausschuss	10, 44–46, 48, 54, 55, 87
vyhlásenie konkurzu	Verkündung des Konkurses	7, 10, 11, 14, 16, 25, 31, 33–35, 38, 45, 50, 60, 61, 68, 70–72, 77, 89, 96, Zeitstrahl
vylúčenie majetku z podstaty	Ausschluss des Vermögens aus der Masse	56
začatie konkurzného konania	Beginn des Konkursverfahrens	29, 30–32, Zeitstrahl
záväzná časť reštrukturalizačného plánu	verbindlicher Teil des Restrukturierungsplans	89, 91
zistenie pohľadávok	Feststellung der Forderungen	41, 42, 59, 66
Zoznam správcov	Insolvenzverwalterverzeichnis	1, 80, 91

Slowenien

bearbeitet von Doc. dr. *Gregor Dugar*, PhD, Dozent für Zivil- und Wirtschaftsrecht am Lehrstuhl für Zivilrecht an der Juristischen Fakultät der Universität Ljubljana

Übersicht

	Rn.
1. Gesetzessammlungen, Schrifttum und Informationsquellen	1
1.1 Gesetzessammlungen	1
1.2 Schrifttum	2
1.3 Informationsquellen	3
1.4 Rechtsrat	4
2. Einführung	5
2.1 Gesetzliche Grundlagen	5
2.2 Verfahrenstypen	7
2.3 Präventive Restrukturierung	9
2.3.1 Anwendbare Gesetze	9
2.3.2 Umsetzung der Richtlinie (EU) 2019/1023 des Europäischen Parlaments und des Rates vom 20.6.2019 über präventive Restrukturierungsrahmen, über Entschuldung und über Tätigkeitsverbote sowie über Maßnahmen zur Steigerung der Effizienz von Restrukturierungs-, Insolvenz- und Entschuldungsverfahren und zur Änderung der RL (EU) 2017/1132	13
3. Wesentliche Verfahrensmerkmale des Insolvenzverfahrens	21
3.1 Gemeinsame Regeln für Zwangsvergleichs- und Konkursverfahren	21
3.1.1 Eröffnung des Verfahrens	21
3.1.1.1 Die einzelnen Verfahrensphasen	21
3.1.1.2 Eröffnungsgründe	23
3.1.2 Verwalter	24
3.1.3 Gläubigerausschuss	31
3.1.4 Anmeldung der Forderungen durch die Gläubiger	33
3.1.5 Gläubiger	36
3.1.5.1 Aussonderungsberechtigte Gläubiger	36
3.1.5.2 Gesicherte Gläubiger	38

	Rn.
3.1.5.3 Ungesicherte Gläubiger (Vorrangige, Gewöhnliche und Nachrangige Gläubiger)	42
3.1.5.4 Insolvenzkosten	48
3.1.6 Auswirkungen von Verfahren wegen Insolvenz auf Vollstreckungs- und Sicherungsverfahren	52
3.2 Zwangsvergleichsverfahren	55
3.2.1 Gewöhnliches Zwangsvergleichsverfahren	55
3.2.2 Zwangsvergleichsverfahren über kleine, mittlere oder große Kapitalgesellschaften	62
3.2.3 Vereinfachtes Zwangsvergleichsverfahren	68
3.3 Konkursverfahren	70
3.3.1 Konkursverfahren über das Vermögen juristischen Personen	70
3.3.2 Konkursverfahren über das Vermögen einer natürlichen Person	78
3.3.3 Nachlasskonkursverfahren	83
4. Verträge in der Insolvenz	86
4.1 Unerfüllte Verträge	86
4.2 Miet- oder Pachtverhältnisse	92
4.3 Arbeitsverträge	93
5. Aufrechnung	96
6. Insolvenzanfechtung	99
7. Insolvenzrechtliche Haftung	103
7.1 Haftungsansprüche gegen (frühere) Geschäftsführer	103
7.2 Haftungsansprüche gegen Gesellschafter	110
8. Internationales Insolvenzrecht	112
9. Die COVID-19-Ausnahmegesetzgebung	121

1. Gesetzessammlungen, Schrifttum und Informationsquellen

1.1 Gesetzessammlungen

Alle gültigen slowenischen Rechtsvorschriften können unter http://www.pisrs.si/Pis.web/ eingesehen werden. **1**

1.2 Schrifttum

Plavšak, Nina: Komentar Zakona o finančnem poslovanju, postopkih zaradi insolventnosti in prisilnem prenehanju (Kommentar des Gesetzes über Finanzgeschäfte, Insolvenzverfahren und Zwangsliquidation), Tax-Fin-Lex, Ljubljana 2017; *Lajevec, Maja, Levstek, Mateja, Plavšak, Nina:* Urejena sodna praksa k Zakonu o finančnem poslovanju, postopkih zaradi insolventnosti in prisilnem **2** prenehanju (Gerichtsentscheidungen zum Gesetz über Finanzgeschäfte, Insolvenzverfahren und Zwangsliquidation), Tax-Fin-Lex, Ljubljana 2017.

1.3 Informationsquellen

3   Die wichtigsten insolvenzrechtlichen Entscheidungen finden sich bei *Lajevec, Levstek, Plavšak*, in ihrem unter → Rn. 2 zitierten Werk. Auf der Website für amtliche **Veröffentlichungen in Insolvenzverfahren** (www.ajpes.si) werden veröffentlicht: Informationen über individuelle Zwangsvergleichsverfahren, Konkursverfahren, Zwangsliquidationen, vereinfachte Zwangsvergleichsverfahren, präventive Restrukturierungen und Nachlassinsolvenzverfahren; Gerichtsentscheidungen, die in den Verfahren ergangen sind (bis auf einige gesetzlich vorgeschriebene Ausnahmen); Mitteilungen über die Verfahrenseröffnung, über Verhandlungstermine und sonstige Mitteilungen sowie Aufrufe zur Stimmabgabe, zu denen das Gericht gesetzlich verpflichtet ist; Aufzeichnungen der Verhandlungen und Sitzungen des Gläubigerausschusses; Berichte der Verwalter und der Insolvenzschuldner in Zwangsvergleichsverfahren; Berichte der Verwalter und der Insolvenzschuldner in Zwangsvergleichsverfahren; Liste der geprüften Forderungen; Eingaben der Verfahrensparteien und sonstige Gerichtsunterlagen, die gesetzlich veröffentlicht werden müssen; alle Mitteilungen über öffentliche Versteigerungen in Konkursverfahren und Aufforderungen zur Abgabe von Angeboten hinsichtlich der Verwertung der Konkursmasse. Auf der Website für amtliche Veröffentlichungen in Insolvenzverfahren (www.ajpes.si) ist auch das slowenische **Unternehmensregister** (PRS) verfügbar.

1.4 Rechtsrat

4   Auf der Website der Kammer der Verwalter Sloweniens (http://www.zbornica-upraviteljev.si/clani) finden sich die Daten aller in Slowenien zugelassenen Verwalter in Insolvenzverfahren. Auf der Website der slowenischen Anwaltskammer (http://www.odv-zb.si/en/directory/lawyer-register) finden sich die Daten aller in Slowenien zugelassenen Anwälte und deren Fachgebiete (nach deren eigenen Angaben).

2. Einführung

2.1 Gesetzliche Grundlagen

5   Das slowenische Insolvenzrecht ist im **Gesetz über Finanzgeschäfte, Insolvenzverfahren und Zwangsliquidation** *(slow. Zakon o finančnem poslovanju, postopkih zaradi insolventnosti in prisilnem prenehanju; im Folgenden: ZFPPIPP)* geregelt.[1] Das ZFPPIPP wurde 2008 verabschiedet, es handelt sich also um ein verhältnismäßig junges Gesetz. Trotzdem wurde das ZFPPIPP seit seiner Verabschiedung bereits siebenmal novelliert. Häufige und umfassende Änderungen des ZFPPIPP sind auch eine Folge des Eintritts der Weltwirtschaftskrise, von der auch Slowenien betroffen wurde. Seit 2009 steigt die Zahl der Insolvenzverfahren in Slowenien. Der Gesetzgeber sucht mit der Einführung neuer Maßnahmen und Möglichkeiten zur Umstrukturierung insolventer Schuldner nach Lösungen für insolvente Unternehmen. Ob die neuerlichen umfassenden Änderungen des slowenischen Insolvenzrechts zur Verbesserung der Situation der am Wirtschaftsleben Teilnehmenden beitragen werden, wird die Zeit zeigen. Allerdings hat das Insolvenzrecht in Slowenien mit dem Eintritt der Wirtschaftskrise zweifellos an Bedeutung gewonnen und ist eines der Werkzeuge der Regierung bei der Suche nach einem Ausweg aus der Wirtschaftskrise geworden.

6   Der slowenische Gesetzgeber hat seit Beginn der Wirtschaftskrise neben Änderungen des Insolvenzrechts auch zahlreiche andere Gesetze geändert oder neu verabschiedet, die die Tätigkeit von Wirtschaftsteilnehmern und insbesondere Finanzinstituten regeln.[2] Bei der Suche nach einem Ausweg aus der Krise hat sich der Gesetzgeber vor allem auf Maßnahmen zur Bankensanierung konzentriert, deren Ziele eine erhöhte Regulierung der Banken sowie eine Stärkung der Stabilität der Banken und des Bankensystems waren.[3] Die Verbesserung der Lage der Banken wirkt sich auch auf

---

[1]   Amtsblatt der Republik Slowenien (Uradni list Republike Slovenije), Nr. 13/14, 10/15, 27/16, 31/16, 38/16, 63/16, 54/18).

[2]   *Jerič, Marko*, Poseganje ukrepov za sanacijo gospodarstva v sistemsko ureditev drugih področij (Eingreifen der Maßnahmen zur Sanierung der Wirtschaft in die systemische Regelung sonstiger Bereiche), in: Podjetje in delo 6-7/2013, S. 1077.

[3]   Die wichtigsten Vorschriften in dem Bereich sind das Gesetz über das Bankwesen (slow. Zakon o bančništvu; Amtsblatt der Republik Slowenien, Nr. 25/15, 44/16, 77/16, 41/17, 77/18, 22/19; *im Folgenden:* ZBan-2) und das Gesetz über Maßnahmen zu Stärkung der Banken (slow. Zakon o ukrepih za krepitev stabilnosti bank; Amtsblatt der Republik Slowenien, Nr. 105/12, 63/13, 23/14, 104/15, 26/17, 27/17).

die Verbesserung der Lage von Wirtschaftsteilnehmern auf dem Markt aus, denn die Banken können diese Wirtschaftsteilnehmer weiter kreditieren.[4] Für Maßnahmen, die dagegen als unmittelbare Hilfe an notleidende Unternehmen gedacht sind, ist das Gesetz über die Hilfe für Rettung und Umstrukturierung der Handelsgesellschaften und Genossenschaften in der Krise *(slow. Zakon o pomoči za reševanje in prestrukturiranje gospodarskih družb in zadrug v težavah)* bestimmt.[5]

2.2 Verfahrenstypen

Insolvenzverfahren *(postopek zaradi insolventnosti)* gemäß ZFPPIPP sind das **Zwangsvergleichsverfahren** *(postopek prisilne poravnave)*, das **vereinfachte Zwangsvergleichsverfahren** *(postopek poenostavljene prisilne poravnave)* und die **Konkursverfahren** *(stečajni postopek)*. Konkursverfahren sind das **Konkursverfahren über das Vermögen einer juristischen Person** *(stečajni postopek nad pravno osebo)*, das **Konkursverfahren über das Vermögen einer natürlichen Person** *(postopek osebnega stečaja)* und das **Nachlasskonkursverfahren** *(postopek stečaja zapuščine)*. 7

Die Lehre ordnet dem Bereich des Insolvenzrechts im weiteren Sinne neben Insolvenzverfahren auch Regelungen über Finanzgeschäfte von juristischen Personen und Regelungen über Verfahren der Zwangsliquidation von juristischen Personen zu.[6] Die **Zwangsliquidationsverfahren** *(postopek prisilnega prenehanja)* sind die **Zwangsliquidation** *(prisilna likvidacija)* und die **Löschung aus dem Register ohne Liquidation** *(izbris iz sodnega registra brez likvidacije)*.[7] Die Zwangsliquidation wird vom Gericht nach den Bestimmungen des ZFPPIPP dann durchgeführt, wenn ein anderes Gesetz, das die jeweilige rechtliche Organisationsform der juristischen Person regelt, die Auflösung dieser juristischen Person durch Liquidation verfügt und zugleich festlegt, dass die Liquidation durch das Gericht erfolgt.[8] Das Verfahren der **Löschung der juristischen Person aus dem Register ohne Liquidation** nimmt das Gericht vor, wenn die juristische Person ihren Geschäftsbetrieb aufgegeben hat, kein Vermögen besitzt und ihre Verbindlichkeiten erfüllt hat, wenn die juristische Person nicht an der im Register eingetragenen Adresse tätig ist oder wenn sonstige Gründe vorliegen, die das Gesetz als Grund für die Löschung einer juristischen Person aus dem Gerichtsregister ohne Liquidation vorsieht.[9] 8

2.3 Präventive Restrukturierung

2.3.1 Anwendbare Gesetze

Mit der Novelle ZFPPIPP-F regelte der Gesetzgeber unter den allgemeinen Bestimmungen der Insolvenzverfahren das **Verfahren der präventiven Restrukturierung** *(postopek preventivnega prestrukturiranja)*. Dieses Verfahren darf bei einer kleinen,[10] mittleren[11] oder großen[12] Kapitalgesellschaft durchgeführt werden, über die das Zwangsvergleichsverfahren durchgeführt werden darf.[13] Der Zweck des Verfahrens der präventiven Restrukturierung besteht darin, dass einem Schuldner, bei dem wahrscheinlich ist, dass er innerhalb eines Jahres insolvent werden wird, ermöglicht wird, aufgrund einer Vereinbarung über die finanzielle Umstrukturierung ent- 9

---

[4] Jerič, Marko, Posreganje ukrepov za sanacijo gospodarstva v sistemsko ureditev drugih področij (Eingreifen der Maßnahmen zur Sanierung der Wirtschaft in die systemische Regelung sonstiger Bereiche), in: Podjetje in delo 6-7/2013, S. 1077.
[5] Amtsblatt der Republik Slowenien, Nr. 5/2017.
[6] Plavšak, Nina, Zakon o finančnem poslovanju, postopkih zaradi insolventnosti in prisilnem prenehanju z uvodnimi pojasnili (Gesetz über Finanzgeschäfte, Insolvenzverfahren und Zwangsliquidation mit Erläuterung), GV Založba, Ljubljana 2008, S. 19.
[7] Art. 6 ZFPPIPP.
[8] Art. 419 ZFPPIPP.
[9] Art. 427 Abs. 1 ZFPPIPP.
[10] Handelsgesellschaften, die zwei der folgenden Kriterien erfüllen: die durchschnittliche Zahl der Arbeitnehmer im Geschäftsjahr liegt nicht über 50, die reinen Umsatzerlöse liegen nicht über 8 Mio. EUR, der Wert der Aktiva liegt nicht über 4 Mio. EUR; Art. 55 Abs. 3 des Gesetzes über Handelsgesellschaften (slow. Zakon o gospodarskih družbah; Amtsblatt der Republik Slowenien, Nr. 65/09, 33/11, 91/11, 32/12, 57/12, 44/13, 82/13, 55/15, 15/17, 22/19; im Folgenden: ZGD-1).
[11] Handelsgesellschaften, die zwei der folgenden Kriterien erfüllen: die durchschnittliche Zahl der Arbeitnehmer im Geschäftsjahr liegt nicht über 250, die reinen Umsatzerlöse liegen nicht über 40 Mio. EUR, der Wert der Aktiva liegt nicht über 20 Mio. EUR; Art. 55 Abs. 4 ZGD-1.
[12] Handelsgesellschaften, die nicht eine „mikro", kleine, mittlere oder große Handelsgesellschaft ist; Art. 55 Abs. 5 ZGD-1.
[13] Art. 44.b Abs. 1 ZFPPIPP.

sprechende Maßnahmen zur Umstrukturierung seiner Verbindlichkeiten und sonstige Maßnahmen der finanziellen Umstrukturierung zu ergreifen, die für die Behebung der Gründe nötig sind, derentwegen er insolvent werden könnte.[14] Das Verfahren der präventiven Restrukturierung wird vor dem gegebenenfalls folgenden Zwangsvergleichs- oder Konkursverfahren durchgeführt.[15] Im Verfahren der präventiven Restrukturierung schließen der Schuldner und die Gläubiger eine **Vereinbarung über die finanzielle Restrukturierung** *(sporazum o finančnem prestrukturiranju)*, in der sie die nötigen Maßnahmen zur finanziellen Umstrukturierung, den Zeitplan der Umsetzung dieser Maßnahmen und etwaige Bedingungen für die Umsetzung dieser Maßnahmen bestimmen sowie sonstige gegenseitige Rechte und Verpflichtungen bezüglich der finanziellen Umstrukturierung festlegen.[16]

10 Nur der Schuldner ist berechtigt, die Einleitung des Verfahrens der präventiven Restrukturierung zu beantragen.[17] Der Schuldner hat im Antrag auf Einleitung eines Verfahrens der präventiven Restrukturierung den Grund für die Einleitung nachzuweisen, indem er seinem Antrag auf Einleitung des Verfahrens notariell beglaubigte Erklärungen von Gläubigern, die insgesamt mindestens 30 % der Summe aller **finanziellen Forderungen** *(finančne terjatve)*[18] gegen den Schuldner erreichen, beilegt, dass sie mit der Einleitung des Verfahrens der präventiven Restrukturierung einverstanden sind.[19]

11 Im Verfahren der präventiven Restrukturierung können nur finanzielle Forderungen Gegenstand der zwangsweisen Umstrukturierung sein. **Ungesicherte finanzielle Forderungen** *(nezavarovane finančne terjatve)* dürfen durch Herabsetzung oder die Aufschiebung ihrer Fälligkeit umstrukturiert werden (Art. 44.c Abs. 4 ZFPPIPP), während **gesicherte finanzielle Forderungen** *(zavarovane finančne terjatve)*[20] nur durch die Aufschiebung ihrer Fälligkeit um längstens fünf Jahre oder durch Änderung der Zinssätze umstrukturiert werden (Art. 44.c Abs. 5 ZFPPIPP). Die Umstrukturierung von finanziellen Forderungen der Republik Slowenien und der Gebietskörperschaften sowie von finanziellen Forderungen von Banken, für die die Republik Slowenien gebürgt hat, ist gesondert geregelt. Diese Forderungen dürfen nur mit der Aufschiebung der Fälligkeit um höchstens fünf Jahre umstrukturiert werden, und auch das nur unter der Voraussetzung, dass Republik Slowenien oder die Gebietskörperschaft dem Abschluss einer Vereinbarung über die finanzielle Umstrukturierung zustimmt.[21] Ist als Maßnahme der finanziellen Umstrukturierung eine Änderung des Stammkapitals des Schuldners vorgesehen, so kann die Republik Slowenien oder die Gebietskörperschaft unter bestimmten Bedingungen (unter anderem zB, dass der Schuldner laufend positiv wirtschaftet) die finanzielle Forderung als Sacheinlage für die Bezahlung neuer Aktien auf den Schuldner übertragen.[22]

12 Nach Einleitung des Verfahrens der präventiven Restrukturierung verhandeln der Schuldner und die Gläubiger außergerichtlich den Inhalt der Vereinbarung über die finanzielle Restrukturierung. Der Schuldner und die Gläubiger stimmen dem Abschluss der Vereinbarung über die finanzielle Restrukturierung zu, indem sie dieselbe Ausfertigung dieser Vereinbarung unterzeichnen.[23] Dem Abschluss der Vereinbarung müssen Gläubiger zustimmen, deren Gesamtbetrag sich auf mindestens 75 % aller ungesicherten finanziellen Forderungen beläuft, und Gläubiger, deren Gesamtbetrag mindestens 75 % der Summe aller gesicherten finanziellen Forderungen erreicht.[24] Nach Abschluss der Vereinbarung hat der Schuldner die Vereinbarung mit allen erforderlichen Unterlagen dem Gericht zur Bestätigung vorzulegen.[25]

---

[14] Art. 44.c Abs. 1 ZFPPIPP.
[15] *Jadek, Srečko*, Postopek preventivnega prestrukturiranja (Verfahren der präventiven Umstrukturierung), in: Aktualna vprašanja insolvenčnega prava: zbornik 2014 (Aktuelle Fragen des Insolvenzrechts: Jahrbuch 2014), Kranjska Gora 2014, S. 71.
[16] Art. 44.c Abs. 2 ZFPPIPP.
[17] Art. 44.f Abs. 2 ZFPPIPP.
[18] In Art. 20.a ZFPPIPP ist genau festgelegt, welche Forderungen als finanzielle Forderungen gelten; eine finanzielle Forderung ist zB eine Forderung gegen den Schuldner, die aufgrund eines Kreditvertrags, eines Vertrags über die Ausstellung einer Bankgarantie, eines Finanzleasingvertrags oder eines anderen Geschäfts mit den gleichen Eigenschaften, das der Schuldner mit einer Bank, einem Finanzinstitut oder einer sonstigen Finanzgesellschaft geschlossen hat, entstanden ist.
[19] Art. 44.h Abs. 2 Ziff. 3 ZFPPIPP.
[20] Eine gesicherte finanzielle Forderung ist eine durch ein Absonderungsrecht geschützte finanzielle Forderung (Art. 20 Abs. 3 ZFPPIPP).
[21] Art. 44.c Abs. 7 ZFPPIPP.
[22] Art. 44.c Abs. 8 ZFPPIPP.
[23] Art. 44.p Abs. 1 ZFPPIPP.
[24] Art. 44.o Abs. 1 ZFPPIPP.
[25] Art. 44.r und 44.t ZFPPIPP.

2.3.2 Umsetzung der Richtlinie (EU) 2019/1023 des Europäischen Parlaments und des Rates vom 20.6.2019 über präventive Restrukturierungsrahmen, über Entschuldung und über Tätigkeitsverbote sowie über Maßnahmen zur Steigerung der Effizienz von Restrukturierungs-, Insolvenz- und Entschuldungsverfahren und zur Änderung der RL (EU) 2017/1132

Bei der Umsetzung der Richtlinie (EU) 2019/1023 des Europäischen Parlaments und des Rates vom 20.6.2019 über präventive Restrukturierungsrahmen, Entschuldung und über Tätigkeitsverbote sowie über Maßnahmen zur Steigerung der Effizienz von Restrukturierungs-, Insolvenz- und Entschuldungsverfahren und zur Änderung der Richtlinie (EU) 2017/1132 *(im Folgenden: Richtlinie)*[26] könnte das ZFPPIPP das Verfahren der präventiven Restrukturierung auch über **Einzelunternehmer *(podjetnik)*** zulassen, wo die derzeitige Regelung des Verfahrens der präventiven Restrukturierung nur über eine Kapitalgesellschaft zulässig ist. 13

Die Bestimmung der Richtlinie, wonach die Anzahl der Verfahren der präventiven Restrukturierung eines Schuldners über einen bestimmten Zeitraum begrenzt sein kann (Art. 4 Abs. 4), besteht bereits in den slowenischen Rechtsvorschriften, da das Verfahren der präventiven Restrukturierung nicht zulässig ist, wenn der Antrag vor dem Ablauf der zweijährigen Frist ab dem Tag, an dem das vorherige Verfahren der präventiven Restrukturierung rechtskräftig abgeschlossen wurde, eingelegt wird.[27] 14

Gemäß der Richtlinie sollen die Mitgliedstaaten sicherstellen, dass Schuldner, die Verfahren der präventiven Restrukturierung anwenden, die vollständige oder zumindest teilweise Kontrolle über ihre Vermögenswerte und ihre täglichen Geschäfte behalten. Das ZFPPIPP sieht bereits vor, dass die Geschäftsführung durch die Einleitung eines Verfahren der präventiven Restrukturierung die Befugnis zur Führung des Schuldners nicht verliert. 15

Nach dem ZFPPIPP wird im Verfahren der präventiven Restrukturierung kein Verwalter bestellt. Um Art. 5 der Richtlinie zu entsprechen, sollte das ZFPPIPP im Verfahren der präventiven Restrukturierung die Bestellung eines Verwalters zumindest in den Fällen des Art. 5 Abs. 3 vorsehen. 16

Gem. Art. 6 der Richtlinie ist die Aussetzung einzelner Vollstreckungsmaßnahmen gegen den Schuldner vorgesehen. Das ZFPPIPP enthält bereits die genannte Mindestanforderung, da das vor dem Beginn des Verfahren der präventiven Restrukturierung gegen den Schuldner eingeleitete Vollstreckungs- oder Sicherungsverfahren mit der Einleitung des Verfahrens der präventiven Restrukturierung auch nach Beginn des Verfahrens unterbrochen wird; außerdem ist es nach dem Beginn des Verfahrens nicht zulässig, einen Beschluss über die Vollstreckung oder Sicherung zu erlassen. In Anbetracht dessen, dass das Verfahren der präventiven Restrukturierung nach ZFPPIPP nur finanzielle Forderungen betrifft, ist die Aussetzung von Vollstreckungs- und Sicherungsverfahren sowie das Verbot deren Einleitung gegen den Schuldner nach Beginn des Verfahrens der präventiven Restrukturierung auf die finanziellen Forderungen des Schuldners beschränkt.[28] Das ZFPPIPP sollte allerdings an den Maximalzeitraum des Art. 6. Abs. 8 der Richtlinienvorschlags angepasst werden. 17

Das ZFPPIPP sieht vor, dass die Einleitung des Verfahrens der präventiven Restrukturierung Auswirkungen auf (die Einleitung) andere(r) Insolvenzverfahren hat. Nach Einleitung des Verfahrens der präventiven Restrukturierung ist es nicht zulässig, die Einleitung eines Zwangsvergleichsverfahrens zu beantragen.[29] Wenn der Gläubiger vor Einleitung des Verfahrens der präventiven Restrukturierung einen Antrag auf Einleitung eines Konkursverfahrens gestellt hat, über den das Gericht vor der Einleitung des Verfahrens der präventiven Restrukturierung noch nicht entschieden hat, oder wenn der Gläubiger einen solchen Antrag nach der Einleitung und vor dem Abschluss des Verfahrens zur präventiven Restrukturierung gestellt hat, setzt das Gericht das Verfahren für die Entscheidung über den Antrag des Gläubigers für die Einleitung eines Konkursverfahrens bis zum Abschluss des Verfahrens der präventiven Restrukturierung aus.[30] In dieser Hinsicht erfüllt das ZFPPIPP die Anforderungen von Art. 7 der Richtlinie. 18

Die Richtlinie sieht in Art. 9 vor, dass Gläubiger, deren rechtliche Interessen sich unterscheiden, bei der Bestätigung des Restrukturierungsplans in verschiedenen Klassen entscheiden sollten. Es sollten zumindest gesicherte und ungesicherte Gläubiger in getrennten Klassen abstimmen. Im Verfahren der präventiven Restrukturierung sieht das ZFPPIPP eine getrennte Abstimmung von Gläubigern der ungesicherten finanziellen Forderungen und Gläubigern der gesicherten finanziellen Forderungen vor.[31] Nach dem ZFPPIPP ist es möglich, als eine zusätzliche Bedingung für die Gültigkeit 19

---

[26] Abl. (EU) OJ L 172, 26.6.2019, S. 18–55.
[27] Art. 44.g Abs. 1 Ziff. 1 ZFPPIPP.
[28] Art. 44.l Abs. 1–3 ZFPPIPP.
[29] Art. 44.k Abs. 2 ZFPPIPP.
[30] Art. 44.k Abs. 3 ZFPPIPP.
[31] Art. 44.o Abs. 1 ZFPPIPP.

der Vereinbarung über die finanzielle Umstrukturierung die Zustimmung aller Gläubiger, die gesicherte finanzielle Forderungen innehaben, oder bestimmter Gläubiger, die geschäftliche Forderungen gegenüber dem Schuldner haben, zu fordern.[32] Die größte Änderung, die auf der Grundlage der Richtlinie in das ZFPPIPP umgesetzt werden muss, ist eine Änderung dahingehend, dass die Vereinbarung über die finanzielle Umstrukturierung nicht nur auf ungesicherte und gesicherte finanzielle Forderungen, sondern auch auf andere ungesicherte und gesicherte Forderungen Auswirkung hätte.

20   Bei der präventiven Restrukturierung bietet das ZFPPIPP einen besonderen Vorteil bei der Begleichung solcher finanziellen Forderungen an, die während des Verfahrens der präventiven Restrukturierung entstehen. Finanzielle Forderungen, die während des Verfahrens der präventiven Restrukturierung entstehen, werden im Falle eines späteren Konkursverfahrens aus der allgemeinen Verteilungsmasse noch vor vorrangigen Forderungen befriedigt.[33] Im Falle eines späteren Konkursverfahrens ist es auch nicht möglich, die gerichtlichen Schritte des Schuldners in Bezug auf die Zahlung von Forderungen der Gläubiger oder die Erfüllung sonstiger Verpflichtungen gemäß der genehmigten Vereinbarung über die finanzielle Umstrukturierung anzufechten.[34]

3. Wesentliche Verfahrensmerkmale des Insolvenzverfahrens

3.1 Gemeinsame Regeln für Zwangsvergleichs- und Konkursverfahren

3.1.1 Eröffnung des Verfahrens

3.1.1.1 Die einzelnen Verfahrensphasen

21   Das **Insolvenzverfahren** *(postopek zaradi insolventnosti)* ist in ein **Vorinsolvenzverfahren** *(predhodni postopek zaradi insolventnosti)* und ein **Hauptinsolvenzverfahren** *(glavni postopek zaradi insolventnosti)* gegliedert. Im Vorverfahren entscheidet das Gericht über die Voraussetzungen für die Eröffnung des Insolvenzverfahrens.[35] Sind sämtliche Voraussetzungen für den Beginn des Insolvenzverfahrens erfüllt, so fasst das Gericht den Beschluss über seine Eröffnung und das Hauptverfahren beginnt. Im Hauptverfahren werden im Zwangsvergleichsverfahren die Maßgaben der Abstimmung der Gläubiger über die Annahme des Zwangsvergleichs und im Konkursverfahren die Maßgaben zur Verwertung der Konkursmasse und zur Begleichung der Forderungen der Gläubiger durchgeführt.

22   Für die Zuständigkeit in Insolvenzverfahren gilt der Gerichtsstand des örtlich zuständigen Kreisgerichts, für die Entscheidung über Beschwerden ist in allen Verfahren das Obergericht in Ljubljana zuständig.[36] In Insolvenzverfahren ist der Einzelrichter zuständig.[37] Nur im Konkursverfahren können die Entscheidungen eigenständig auch von einem selbständigen Rechtsassistenten *(samostojni sodniški pomočnik)* oder Sachbearbeiter *(strokovni sodelavec)* getroffen werden, mit der Ausnahme von Eröffnung und Abschluss des Konkursverfahrens, Entscheidungen über vorläufige Anordnungen, Prüfung von Forderungen, Verkauf von Vermögen, deren Wert 100.000,00 EUR übersteigt, über die Verteilung der Konkursmasse und über Fragen betreffend den Erlass der Verbindlichkeiten. Gegen den Beschluss des selbstständigen Rechtsassistenten und Sachbearbeiter kann **Einspruch** *(ugovor)* eingelegt werden, worüber vom Richter, der das Konkursverfahren leitet, in dem der angefochtene Beschluss erlassen wurde, entschieden wird.[38]

3.1.1.2 Eröffnungsgründe

23   Die allgemeine Voraussetzung für den Beginn jedes Insolvenzverfahrens besteht darin, dass der Schuldner insolvent ist.[39] Das ZFPPIPP definiert die **Insolvenz** *(insolventnost)* als die Situation, in der der Schuldner innerhalb eines längeren Zeitraumes außerstande ist, allen seinen Verbindlichkeiten nachzukommen (sog. **dauerhafte Illiquidität** *(trajnejša nelikvidnost)* oder in der der Schuldner **langfristig zahlungsunfähig** *(dolgoročna plačilna nesposobnost)* wird.[40] Um die

---

[32] Art. 44.o Abs. 2 ZFPPIPP.
[33] Art. 44.z Abs. 1 ZFPPIPP.
[34] Art. 44.z Abs. 4 ZFPPIPP.
[35] Art. 49 ZFPPIPP.
[36] Art. 51 und 52 ZFPPIPP.
[37] Art. 53 Abs. 1 ZFPPIPP.
[38] Art. 53 Abs. 3, 4 und 6 ZFPPIPP.
[39] Art. 50 ZFPPIPP.
[40] Art. 14 Abs. 1 ZFPPIPP.

dauerhafte Illiquidität und langfristige Zahlungsunfähigkeit leichter beweisen zu können, legt das ZFPPIPP anfechtbare und unanfechtbare Vermutungen fest, dass ein solcher Zustand eingetreten ist. So spricht zum Beispiel eine anfechtbare Vermutung dafür, dass eine juristischen Person oder ein Einzelunternehmer dauerhaft illiquide ist, wenn dieser Schuldner über zwei Monate mit der Erfüllung einer Verbindlichkeit in Verzug ist, die 20 % der Gesamtsumme all seiner Verbindlichkeiten übersteigt.[41] Eine unanfechtbare Vermutung, dass eine juristische Person oder ein Einzelunternehmer dauerhaft illiquide ist, gilt dagegen zum Beispiel dann, wenn der Schuldner schon seit über zwei Monaten mit der Bezahlung der Löhne seiner Arbeitnehmer bis zur Höhe des Mindestlohns ist, oder mit der Bezahlung der Steuern und der Sozialversicherungsbeiträge im Verzug ist, die er gleichzeitig mit der Bezahlung der Löhne an die Arbeitnehmer zu berechnen oder zu bezahlen hat.[42] Der Zweck der genannten unanfechtbaren Vermutung ist es vor allem, die Beweislast der Arbeitnehmer zu erleichtern, die die Einleitung des Konkursverfahrens über ihren insolventen Arbeitgeber beantragen.[43]

3.1.2 Verwalter

Mit dem Beschluss über die Eröffnung des Insolvenzverfahrens bestellt das Gericht auch den **24** **Verwalter** *(upravitelj)*. Der Verwalter hat nicht die Stellung eines selbstständigen Organs im Verfahren, die Stellung des Prozessorgans hat vielmehr das Gericht.[44] Dem Verwalter kommen im Insolvenzverfahren mehrere Aufgaben zu, wobei als die wichtigsten die Prüfung der angemeldeten Gläubigerforderungen, die Führung der Geschäfte und die Vertretung des Schuldners im Konkursverfahren, die Verwaltung und Verwertung der Konkursmasse sowie die Berichterstattung an das Gericht über seine Aktivitäten im Insolvenzverfahren zu erwähnen sind.

Eine Besonderheit der slowenischen Insolvenzverfahren besteht darin, dass das Gericht für jedes **25** neue Verfahren einen anderen Verwalter gemäß der Reihenfolge auf der Liste der Verwalter zu bestellen hat. Die Reihenfolge der Bestellung der Verwalter erfolgt getrennt für Zwangsvergleichsverfahren und Konkursverfahren über das Vermögen juristischer Personen sowie für Konkursverfahren über das Vermögen natürlicher Personen und Nachlasskonkursverfahren.[45] Der slowenische Richter hat also nicht die Kompetenz, denjenigen Verwalter zu bestimmen, der angesichts seiner Kenntnisse und Erfahrung der am besten geeignete für die Funktion des Verwalters im jeweiligen Verfahren wäre, sondern er ist an die Reihenfolge auf der Liste der Verwalter gebunden. Bei der Bestellung der Verwalter gilt also sinngemäß ein ähnliches System wie in der Gerichtsordnung für die Zuteilung von Gerichtssachen an Richter.[46]

Mit der Novelle ZFPPIPP-F ist der Gesetzgeber von der allgemeinen Regel über die Bestellung **26** der Verwalter gemäß der Reihenfolge auf der Liste aller Verwalter etwas abgewichen. Im Zwangsvergleichsverfahren über eine kleine, mittlere oder große Kapitalgesellschaft kann der Richter eine Person zum Verwalter ernennen, die die Lizenz zum Verwalter hat und nach Meinung der Gerichts über die nötigen Kenntnisse und Erfahrungen verfügt, die Kompetenzen und Aufgaben des Verwalters unter Berücksichtigung der Interessen des Schuldners, über den das Verfahren geführt wird, wahrzunehmen. Ist der Schuldner Antragsteller des Zwangsvergleichsverfahrens, so wählt das Gericht den Verwalter immer selbst,[47] wird das Zwangsvergleichsverfahren von den Gläubigern beantragt, bestellt das Gericht den Verwalter, der von den Gläubigern vorgeschlagen wird,[48] ansonsten wählt es den Verwalter selbst. Ob der Gesetzgeber mit einer der nächsten Änderungen des ZFPPIPP dem Richter eine freie Wahl des Verwalters auch in den übrigen Insolvenzverfahren ermöglichen wird, ist zurzeit noch offen.

Als Verwalter darf nur eine Person eingesetzt werden, die eine **gültige Zulassung des Justiz-** **27** **ministers** für die Ausübung der Funktion eines Verwalters in Insolvenzverfahren und Zwangsliquidationsverfahren hat. Diese Zulassung ist an folgende Voraussetzungen geknüpft:

---

[41] Art. 14 Abs. 12 Ziff. 1, 1. Spiegelstrich ZFPPIPP.
[42] Art. 14 Abs. 4 Ziff. 1 ZFPPIPP.
[43] *Plavšak, Nina*, Zakon o finančnem poslovanju, postopkih zaradi insolventnosti in prisilnem prenehanju: z novelami ZFPPIPP-A do ZFPPIPP-D (Gesetz über Finanzgeschäfte, Insolvenzverfahren und Zwangsliquidation: mit Novellen ZFPPIPP-A bis ZFPPIPP-D), Ljubljana 2011, S. 29.
[44] *Plavšak, Nina*, Zakon o finančnem poslovanju, postopkih zaradi insolventnosti in prisilnem prenehanju z uvodnimi pojasnili (Gesetz über Finanzgeschäfte, Insolvenzverfahren und Zwangsliquidation mit Erläuterung), GV Založba, Ljubljana 2008, S. 87, 88.
[45] Art. 116 Abs. 3 ZFPPIPP.
[46] Ausführlich hierzu *Dugar, Gregor*, Imenovanje upravitelja v postopku zaradi insolventnosti (Bestellung des Insolvenzverwalters im Insolvenzverfahren), in: Podjetje in delo 1/2011, S. 111–127.
[47] Art. 221.h Abs. 2 ZFPPIPP.
[48] Art. 221.j Abs. 6 ZFPPIPP.

- Staatsangehörigkeit der Republik Slowenien oder eines EU-Mitgliedstaats, eines EWR- oder OECD-Mitgliedstaats und ausreichende Kenntnis der slowenischen Sprache,
- unbeschränkte Geschäftsfähigkeit und guter Gesundheitszustand,
- Studienabschluss im Rahmen des mehrstufigen Bachelor-Master-Systems Zyklus oder vergleichbarer ausländischer Abschluss, der gemäß dem Gesetz über die Bewertung und Anerkennung von Bildungsabschlüssen anerkannt wurde, oder die Zulassung zur Ausübung der Aufgaben eines Wirtschaftsprüfers oder zugelassenen Wirtschaftsprüfers,
- mindestens drei Jahre einschlägige Berufserfahrung,
- Berufshaftpflichtversicherung mit einer jährlichen Deckungssumme von mindestens 500.000,00 EUR,
- erfolgreicher Abschluss einer Fachprüfung als Verwalter,
- Unbescholtenheit,
- Abgabe einer Erklärung gegenüber dem Justizminister, die Aufgabe als Verwalter gewissenhaft und verantwortungsvoll auszuüben und in jedem Insolvenzverfahren auf einen raschen Abschluss des Verfahrens und die bestmögliche Befriedigung der Gläubiger hinzuarbeiten.[49]

28 Als Besonderheit der slowenischen Gesetzgebung ist darauf hinzuweisen, dass der Verwalter, der die Zulassung als Anwalt hat, einen Schuldner nicht als Anwalt in einem gerichtlichen oder sonstigen Verfahren vertreten darf, das im Zusammenhang mit dem Insolvenzverfahren, in dem er zum Verwalter bestellt wurde, geführt wird, und den Titel eines Rechtsanwaltes nicht verwenden darf.[50]

29 Im Insolvenzverfahren umfasst die Vergütung des Verwalters das Honorar für die Übernahme von Räumlichkeiten, Vermögen und Geschäften des Schuldners sowie für die Erstellung des Eröffnungsberichts, das Honorar für die Prüfung der Forderungen und das Honorar für die Verwertung der Insolvenzmasse sowie für die Verteilung der allgemeinen oder besonderen Insolvenzmasse.[51] Die genaueren Vorschriften über die Honorarberechnung des Verwalters sind in der Tarifordnung für die Honorarberechnung des Verwalters in den Insolvenzverfahren und Zwangsliquidation und über Kosten, zu deren Erstattung Verwalter berechtigt ist (*Pravilnik o tarifi za odmero nagrade upravitelja v postopkih zaradi insolventnosti in prisilne likvidacije ter stroških, do povrnitve katerih je upravitelj v teh postopkih upravičen; im Folgenden: Tarifordnung*)[52] enthalten. Die Höhe des Honorars des Verwalters ist nach oben begrenzt; zum Beispiel kann der Verwalter in einem Insolvenzverfahren ein Honorar von maximal 20.000 EUR für die Erstellung des Eröffnungsberichts[53] und ein Honorar von maximal 60.000 EUR für die Verwertung sämtlicher Insolvenzmasse und die Verteilung des Erlöses[54] erhalten. Darüber hinaus hat der Verwalter das Recht zur Erstattung von bei Wahrnehmung seiner Pflichten und Kompetenzen als Verwalter entstandenen Kosten.[55]

30 Die Aufsicht über Verwalter wird vom Justizministerium und der Kammer der Verwalter Sloweniens[56] wahrgenommen. Das Justizministerium kann im Zuge seiner Aufsicht die Nachprüfung der Unterlagen des Schuldners vornehmen, die vom Verwalter in Bezug auf das Insolvenzverfahren übernommen worden sind, sowie der Unterlagen, die der Verwalter in Bezug auf dieses Verfahren zu führen hat; oder es fordert die Kammer der Verwalter Sloweniens auf, eine solche Nachprüfung vorzunehmen. Das Justizministerium kann die Einleitung eines Disziplinarverfahrens gegen den Verwalter beantragen und andere Maßnahmen anordnen, um zu überprüfen, ob der Verwalter seine Aufgaben im Insolvenzverfahren im Einklang mit dem Gesetz erfüllt.[57] Über die gleichen Kompetenzen wie das Justizministerium bei der Aufsicht über Verwalter verfügt die Kammer der Verwalter Sloweniens.[58]

3.1.3 Gläubigerausschuss

31 Die Gläubiger können im Insolvenzverfahren ihre Rechte durch den **Gläubigerausschuss** (*upniški odbor*) geltend machen. Die Bildung des Gläubigerausschusses ist im slowenischen Zwangsvergleichsverfahren obligatorisch, während im Konkursverfahren der Gläubigerausschuss nur dann gebildet wird, wenn dies von den Gläubigern gefordert wird.[59] Im Zwangsvergleichsverfahren werden die Mitglieder des Gläubigerausschusses vom Gericht ernannt, während im Konkursverfahren die Mitglieder

---

[49] Art. 108 Abs. 1 und 2 ZFPPIPP.
[50] Art. 108 Abs. 3.
[51] Art. 103 Abs. 2 und 4 ZFPPIPP.
[52] Amtsblatt der Republik Slowenien, Nr. 91/2008, 119/2008, 53/2009, 92/2014.
[53] Art. 5 Abs. 1 Tarifordnung.
[54] Art. 7 Abs. 1 Tarifordnung.
[55] Art. 105 Abs. 1 ZFPPIPP.
[56] http://www.zbornica-upraviteljev.si/clani.
[57] Art. 106 Abs. 4 ZFPPIPP.
[58] Art. 120.c Abs 1 ZFPPIPP.
[59] Art. 77 Abs. 1 ZFPPIPP.

des Gläubigerausschusses durch Wahlen bestimmt werden. Mitglied des Gläubigerausschusses kann jeder Gläubiger sein, der berechtigt ist, Prozesshandlungen im Insolvenzverfahren vorzunehmen.[60] Der Gläubigerausschuss ist ein Organ der Gläubiger, das im Insolvenzverfahren für Rechnung aller Gläubiger Prozesshandlungen vornimmt.[61] Der Gläubigerausschuss entscheidet über die Stellungnahme oder Zustimmung in den durch Gesetz festgelegten Angelegenheiten, befasst sich mit Berichten, die vom Insolvenzverwalter vorzulegen sind, und nimmt weitere durch Gesetz festgelegte Kompetenzen wahr.[62] Hervorzuheben ist die durch die Novelle ZFPPIPP-E eingeführte Zuständigkeit des Gläubigerausschusses, jederzeit mit der Stimmenmehrheit aller seiner Mitglieder ohne Begründung eine Abstimmung der Gläubiger über die Abberufung des Verwalters fordern zu können, wenn der Verwalter nach seiner Einschätzung kein Vertrauen der Gläubiger mehr genießt. Die Entscheidung über die Abberufung und die Bestellung eines neuen Verwalters ist angenommen, wenn dafür Gläubiger stimmen, deren Forderungen insgesamt die Hälfte aller anerkannten Forderungen übersteigen.[63] Die Lehre steht einer solchen Möglichkeit der Gläubiger kritisch gegenüber, denn die Gläubiger können den Verwalter ohne objektiven Grund, aus dem dieser für die Wahrnehmung der Verwalteraufgaben ungeeignet wäre, abberufen.[64] **32**

3.1.4 Anmeldung der Forderungen durch die Gläubiger

Ein Gläubiger, der über den Zwangsvergleich abstimmen bzw. an der Aufteilung des Vermögens im Konkursverfahren teilnehmen möchte, hat seine Forderung gegen den Schuldner rechtzeitig anzumelden (**Forderungsanmeldung**; *prijava terjatev*). Im Zwangsvergleichsverfahren hat er dies innerhalb eines Monats nach Beginn dieses Verfahrens zu tun, während er im Konkursverfahren drei Monate nach Beginn dieses Verfahrens Zeit hat.[65] Die Frist für die Anmeldung der Forderung ist präklusiv. Die allgemeine Folge der verspäteten Anmeldung der Forderung besteht darin, dass der Gläubiger das Verfahrensrecht verliert, Verfahrenshandlungen im Verfahren wegen Insolvenz durchzuführen.[66] Im Konkursverfahren über das Vermögen einer juristischen Person hat die Fristversäumung auch zur Folge, dass die Forderung des Gläubigers gegenüber dem Schuldner erlischt.[67] Wenn im Konkursverfahren über das Vermögen einer natürlichen Person eine Forderung verspätet angemeldet wird, verliert der Gläubiger nicht den Anspruch; der Verwalter setzt die Forderung jedoch auf die Liste der Nachforderungen. **33**

Auf die Anmeldung der Gläubigerforderungen folgt das Verfahren der **Prüfung der Forderungen** (*preizkus terjatev*), das in drei Phasen erfolgt. Zuerst äußert sich der Verwalter zu den angemeldeten Gläubigerforderungen, dann äußern sich die anderen Gläubiger dazu und am Ende entscheidet das Gericht per Beschluss über die Prüfung der Gläubigerforderungen. **34**

Es gibt Ausnahmen von der Anmeldungspflicht. Der Gläubiger braucht im Konkursverfahren bestimmte vorrangige Forderungen[68] und die Steuerforderung für die Zeit vor der Eröffnung des Konkursverfahrens nicht anzumelden.[69] Als angemeldet gelten auch die durch eingetragene Hypothek oder Höchstbetragshypothek gesicherte Forderung[70] und das Aussonderungsrecht auf Immobilien, für das der ausschließende Gläubiger ein gerichtliches Verfahren zur Vollstreckung des Eigentumsrechts vor Beginn des Insolvenzverfahrens eingeleitet hat und dieses deshalb im Grundbuch als Anmerkung des Streits eingetragen ist.[71] **35**

3.1.5 Gläubiger

3.1.5.1 Aussonderungsberechtigte Gläubiger

Das **Aussonderungsrecht** (*izločitvena pravica*) ist das Recht des Inhabers einer Sache oder des Inhabers eines anderen Rechts, die Herausgabe von Vermögen, das nicht dem Schuldner gehört, aus der Insolvenzmasse zu fordern. Nach ZFPPIPP wird das Aussonderungsrecht definiert als Recht: **36**

---

[60] Art. 78 Abs. 1 ZFPPIPP.
[61] Art. 77 ZFPPIPP.
[62] Art. 87 Abs. 1 ZFPPIPP.
[63] Art. 119.a Abs. 1 und 4 ZFPPIPP.
[64] Plavšak, Nina, Zakon o finančnem poslovanju, postopkih zaradi insolventnosti in prisilnem prenehanju: z novelo ZFPPIPP-E (Gesetz über Finanzgeschäfte, Insolvenzverfahren und Zwangsliquidation: mit Novelle ZFPPIPP-E), Ljubljana 2013, S. 36.
[65] Art. 59 Abs. 1 und 2 ZFPPIPP.
[66] Art. 57 Abs. 1 ZFPPIPP.
[67] Art. 296 Abs. 5 ZFPPIPP.
[68] Art. 21 Abs. 4, 5 und 6 ZFPPIPP.
[69] Art. 296 Abs. 6 ZFPPIPP.
[70] Art. 298.a ZFPPIPP.
[71] Art. 299.a ZFPPIPP.

1. des Eigentümers einer beweglichen Sache vom insolventen Schuldner die Übergabe der beweglichen Sache, die sich im Besitz des insolventen Schuldners befindet, zu verlangen,[72]
2. einer Person, die durch Ersitzung oder andere originäre Weise das Eigentumsrecht an der Immobilie, bei welcher der insolvente Schuldner als Eigentümer eingetragen ist, erlangt hat, von dem insolventen Schuldner zu verlangen sein Eigentumsrecht an der Immobilie anzuerkennen,
3. einer Person, auf deren Rechnung der insolvente Schuldner aufgrund der treuhänderischen Eigentumsübertragung oder eines anderen Mandatsrechtsverhältnisses das Eigentumsrecht an einer Sache oder Rechte eines rechtmäßigen Besitzers eines anderen Vermögens ausübt, vom insolventen Schuldner zu fordern, ein Verfügungsgeschäft oder andere Rechtshandlungen auszuführen, die zur Übertragung dieses Rechts zu Gunsten dieser Person erforderlich sind,
4. des Wareninhabers der staatlichen Warenreserven, vom zahlungsunfähigen Schuldner zu fordern ihm die Ware der staatlichen Warenreserven zu übergeben, die sich im Besitz, Verwahrung oder Gebrauch des zahlungsunfähigen Schuldners befindet.[73]

37 Die Einleitung eines Zwangsvergleichsverfahrens berührt weder das Aussonderungsrecht noch bewirkt ein bestätigter Zwangsvergleich dieses Recht.[74] Die Einleitung eines Konkursverfahrens hat ebenfalls keinen Einfluss auf das Aussonderungsrecht.[75] Obwohl die Einleitung des Konkursverfahrens das Aussonderungsrecht nicht berührt, verlangt das ZFPPIPP, dass der aussonderungsberechtigte Gläubiger das Aussonderungsrecht innerhalb von drei Monaten nach Veröffentlichung des Konkursbeschlusses anmeldet.[76] Wenn der Gläubiger die festgelegte Frist für die Anmeldung des Aussonderungsrechts nicht einhält, erlischt das Aussonderungsrecht nicht.[77] Wenn der Verwalter aufgrund des Gläubigerverzugs mit der Anmeldung des Aussonderungsrechts den Gegenstand des Aussonderungsrechts veräußert, verwirkt das Aussonderungsrecht; er kann jedoch verlangen, dass ihm der durch den Verkauf dieses Vermögens erzielte Geldbetrag abzüglich der mit dem Verkauf verbundenen Kosten gezahlt wird.[78] In diesem Fall muss der Gläubiger das Aussonderungsrecht spätestens bei Veröffentlichung des Plans für die erste allgemeine Verteilung anmelden, andernfalls verwirkt auch sein Anspruch auf Zahlung dieses Geldbetrags.[79]

3.1.5.2 Gesicherte Gläubiger

38 ZFPPIPP definiert eine **Gesicherte Forderung** *(zavarovana terjatev)* als eine Forderung eines Gläubigers, die durch ein **Absonderungsrecht** *(ločitvena pravica)* gesichert ist.[80] Das Absonderungsrecht ist das Recht des Gläubigers auf Befriedigung seiner Forderungen gegenüber dem insolventen Schuldner aus einem bestimmten Vermögen vor der Befriedigung der Forderungen anderer Gläubiger dieses Schuldners aus diesem Vermögen.[81] Zu den Rechten, die einen solchen vorrangigen Befriedigungsanspruch beinhalten, gehören das **Pfandrecht** *(zastavna pravica)*,[82] Zurückbehaltungsrecht *(pridržna pravica)*[83] sowie das Recht des Treuhänders bei **treuhänderischer Übertra-**

---

[72] Dies schließt auch den Eigentumsvorbehalt ein; der Eigentumsvorbehalt ist in Slowenien im Obligationsgesetzbuch (slow. Obligacijski zakonik; Amtsblatt der Republik Slowenien, Nr. 97/07, 64/16, 20/18; *im Folgenden: OZ*) geregelt und zwar im Kapitel über den Kaufvertrag (Art. 435–527 OZ); der Verkäufer einer bestimmten beweglichen Sache kann sich durch eine besondere Bestimmung auch nach der Übergabe an den Käufer das Eigentumsrecht vorbehalten, bis der Käufer das gesamten Kaufpreis entrichtet hat (Art. 520 Abs. 1 OZ); Gegenstand des Eigentumsvorbehalts kann nur eine bewegliche Sache sein (Art. 520 Abs. 1 OZ); der Eigentumsvorbehalt muss vom Verkäufer und Käufer ausdrücklich vereinbart werden (Art. 520 Abs. 1 OZ); für die Vereinbarung mit der Wirkung *inter partes* ist keine Sonderform erforderlich, er kann also mündlich, schriftlich vereinbart oder in den allgemeinen Bedingungen des Verkäufers enthalten sein; die Wirksamkeit des Eigentumsvorbehalts gegenüber Dritten (den Gläubigern des Käufers) tritt nur dann ein, wenn die Unterschrift des Käufers auf dem den Eigentumsvorbehalt enthaltenden Vertrag bereits vor einem Konkurs oder der Pfändung auf das Vermögen des Käufers notariell beglaubigt ist (Art. 520 Abs. 2 OZ).
[73] Art. 22 Abs. 1 ZFPPIPP.
[74] Art. 160 Abs. 2 und Art. 213 Abs. 1 Nr. 3 ZFPPIPP.
[75] Art. 279 Abs. 2 ZFPPIPP.
[76] Art. 299 Abs. 2 ZFPPIPP.
[77] Art. 299 Abs. 4 ZFPPIPP.
[78] Art. 299 Abs. 5 ZFPPIPP.
[79] Art. 299 Abs. 7 ZFPPIPP.
[80] Art. 20 Abs. 3 ZFPPIPP.
[81] Art. 19 Abs. 1 ZFPPIPP.
[82] Art. 128 Abs. 1 Sachenrechtsgesetzbuchs (slow. Stvarnopravni zakonik; Amtsblatt der Republik Slowenien, Nr. 87/02, 91/13; *im Folgenden: SPZ*).
[83] Art. 264 OZ.

gung *(prenos lastninske pravice v zavarovanje; fiduciarni prenos)* und **Treuhandabtretung** *(odstop terjatve v zavarovanje; fiduciarna cesija)*.[84] Nach den Regeln des Sachenrechts kann das **Pfandrecht auf Immobilien − Hypothek *(hipoteka)*,**[85] beweglichen Sachen[86] und auf Rechten bestehen, während das SPZ das Pfandrecht an einem Recht, an einer Forderung,[87] an Wertpapieren[88] und an anderen Vermögensrechten (zum Beispiel Unternehmensrechten und Rechten des geistigen Eigentums)[89] regelt.

Obligations- und sachenrechtliche Verhältnisse im Bereich der Luftfahrt werden durch das Gesetz über Obligations- und sachenrechtliche Verhältnisse in der Luftfahrt *(slow. Zakon o obligacijskih in stvarnopravnih razmerjih v letalstvu; im Folgenden: ZOSRL)*[90] geregelt. An einem Flugzeug und einem Flugzeug im Bau kann ein Eigentumsrecht an einem Flugzeug, vertragliches Pfandrecht (Hypothek *(hipoteka)* genannt) und ein Luftfahrtprivileg *(letalski privilegij)*[91] erworben und in das Luftfahrzeugregister[92] eingetragen werden. Eine Hypothek an einem Flugzeug ist ein Recht, nach dem der Gläubiger berechtigt ist, seine Forderung mit dem durch den gerichtlichen Verkauf des Flugzeugs erzielten Kaufpreis zu tilgen.[93] Die Hypothek kann auch das Recht des Gläubigers einschließen, seine Forderung im Falle von deren Nichtzahlung durch Nutzung des Flugzeugs zu tilgen, sofern dies vertraglich festgelegt ist,[94] und durch die Sicherheit für das dem Eigentümer des Flugzeugs gehörende Flugzeug, sofern im Vertrag nichts anderes vereinbart ist.[95] Die Hypothek auf einem Flugzeug kann durch Vertrag auch ein Pfandrecht an einer durch Hypothek gesicherten Forderung zugunsten einer anderen Person begründen. Das Luftfahrtprivileg hat Vorrang vor der Hypothek und allen anderen Rechten.[96] Mit dem Luftfahrtprivileg am Flugzeug sind gesetzlich genau festgelegte Ansprüche der Gläubiger gesichert.[97]

Ähnlich wie die Obligations- und sachenrechtlichen Verhältnisse an den Flugzeugen sind auch die Obligations- und sachenrechtlichen Verhältnisse an den Schiffen geregelt, was im Seeverkehrsgesetz *(slow. Pomorski zakonik; im Folgenden: PZ)*[98] geregelt ist. An einem Schiff und an einem Schiff im Bau kann ein Eigentumsrecht, eine Hypothek und ein gesetzliches Pfandrecht bestehen.[99] Eine Hypothek an einem Schiff ist ein Recht, nach dem der Gläubiger berechtigt ist, seine Forderung mit dem durch den gerichtlichen Verkauf des Schiffes erzielten Kaufpreis zu tilgen. Die Hypothek kann auch das Recht des Gläubigers einschließen, seine Forderung im Falle der Nichtzahlung durch Nutzung des Schiffes zu tilgen, sofern dies vertraglich festgelegt ist, oder durch die Versicherung für das dem Eigentümer des Schiffes gehörende Schiff, sofern im Vertrag nichts anderes vereinbart ist.[100] Die Hypothek an einem Schiff kann durch Vertrag auch ein Pfandrecht an einer durch Hypothek gesicherten Forderung zugunsten einer anderen Person begründen.[101] Vor der Hypothek wird dem gesetzlichen Pfandrecht oder dem Seeverkehrsprivileg *(ladijski privilegij)* Vorrang eingeräumt, durch das die gesetzlich festgelegten Forderungen der Gläubiger gesichert werden, zum Beispiel die Ansprüche des Kapitäns und anderer Besatzungsmitglieder an Bord des Schiffes aus dem Arbeitsverhältnis, Hafengebühren und Servicegebühren für die Sicherheitsdienstleistungen in Häfen und Belohnungen für die Rettung und Beiträge zur Havarie.[102]

Die zwischen bestimmten Körperschaften auf den Finanzmärkten abgeschlossenen Finanzsicherungen unterliegen den besonderen Bestimmungen des Finanzsicherungsgesetzes *(slow. Zakon o finančnih zavarovanjih; im Folgenden: ZFZ)*.[103] **Finanzsicherheit *(finančno zavarovanje)*** ist die Übertragung eines Finanzinstruments, Bargeldes oder Kredits zur Sicherung oder das Pfandrecht auf

---

[84] Art. 206 Abs. 2 und Art. 209 Abs. 2 SPZ.
[85] Art. 138–154 SPZ.
[86] Art. 155–177 SPZ.
[87] Art. 178–186 SPZ.
[88] Art. 187–189 SPZ.
[89] Art. 190–191 SPZ.
[90] Amtsblatt der Republik Slowenien, Nr. 27/11.
[91] Art. 165 ZOSRL.
[92] Art. 167 ZOSRL.
[93] Art. 177 Abs. 1 ZOSRL.
[94] Art. 177 Abs. 2 ZOSRL.
[95] Art. 179 Abs. 1 ZOSRL.
[96] Art. 179 Abs. 4 und Art. 192 ZOSRL.
[97] Art. 190 ZOSRL.
[98] Amtsblatt der Republik Slowenien, Nr. 62/16, 41/17, 21/18, 31/18.
[99] Art. 220 PZ.
[100] Art. 224 Abs. 2 und Art. 228 Abs. 1 PZ.
[101] Art. 225 Abs. 1 PZ.
[102] Art. 237–247 PZ.
[103] Amtsblatt der Republik Slowenien, Nr. 67/11, 82/13, 90/15.

einem Finanzinstrument, Bargeld oder Kredit.[104] ZFZ erleichtert die Position des Finanzsicherungsempfängers aus Sicht der Vollstreckung der Sicherheit erheblich. Der Empfänger der Finanzsicherung hat die Möglichkeit, verpfändete Finanzinstrumente oder den Kredit in angemessener Weise außergerichtlich zu verkaufen, sobald die Voraussetzungen für die Durchführung der Sicherung erfüllt sind, ohne den Sicherungsgeber zuvor über den Verkauf zu informieren, mit dem Verkauf bestimmte Zeit warten zu müssen, öffentliche Versteigerung durchführen zu müssen oder sich die Bewilligung für den Verkauf einholen zu müssen.[105] Wenn dies in der Finanzsicherungsvereinbarung vorgesehen ist und der Vertrag Elemente zur Bestimmung des Werts des Finanzinstruments oder des Kredits enthält, kann der Sicherungsempfänger auch das Recht zur Verpfändung eines Finanzinstruments oder eines Bankdarlehens erwerben, sobald die Bedingungen für den Sicherungsfall erfüllt sind. In diesem Fall wird davon ausgegangen, dass der Empfänger das Recht nach dem vertraglich vereinbarten Wert erworben hat.[106] Der Vertrag über die Finanzsicherung und die daraus erworbenen Rechte einschließlich der Rechte zur Ausführung der Sicherung bleiben auch nach dem Beginn und Dauer des Zwangsvergleichs-, Konkurs- oder Zwangsliquidationsverfahrens über dem Sicherungsempfänger oder Sicherungsgeber in Kraft.[107]

3.1.5.3 Ungesicherte Gläubiger (Vorrangige, Gewöhnliche und Nachrangige Gläubiger)

42 ZFPPIPP ordnet **ungesicherte Forderungen** *(nezavarovane terjatve)*[108] in **vorrangige Forderungen** *(prednostne terjatve)*, **gewöhnliche Forderungen** *(navadne terjatve)* und **nachrangige Forderungen** *(podrejene terjatve)* ein. Als ungesicherte Forderung wird auch der Teil des Forderungsbetrags des absonderungsberechtigten Gläubigers angesehen, um den der Forderungsbetrag den Wert des Vermögens, das der Gegenstand des Absonderungsrechts ist, übersteigt.[109]

43 Bei den vorrangigen Forderungen handelt es sich um folgende ungesicherte Forderungen:
1. Löhne und Gehälter für die letzten sechs Monate vor Eröffnung des Insolvenzverfahrens;
2. Schadenersatz für Verletzungen im Zusammenhang mit der Arbeit bei dem Schuldner und für Berufskrankheiten,
3. Unbezahlte Abfindungen für die Beendigung des Arbeitsverhältnisses vor Beginn eines Konkursverfahrens, die den Arbeitnehmern gemäß dem Gesetz, das die Arbeitsverhältnisse regelt, zustehen, jedoch nicht über den Abfindungsbetrag hinaus, der für einen Arbeitnehmer festgelegt wurde, dem der Arbeitgeber das Arbeitsverhältnis aus geschäftlichen Gründen kündigt,
4. Löhne und Gehälter für Arbeitnehmer, deren Tätigkeit infolge der Eröffnung eines Insolvenzverfahrens für den Zeitraum vom Beginn des Insolvenzverfahrens bis zum Ablauf der Kündigungsfrist unnötig wird,
5. Abfindungen an Arbeitnehmer, denen der Verwalter den Arbeitsvertrag gekündigt hat, weil ihre Tätigkeit aufgrund des Konkursverfahrens oder während dieses Verfahrens nicht mehr erforderlich ist,
6. Steuern und Abgaben, die vom Zahler zu entrichten sind oder gleichzeitig mit den Zahlungen gemäß den Nummern 1, 3, 4 und 5 dieses Absatzes zu zahlen sind,
7. Entgelt für nicht in Anspruch genommenen Jahresurlaub für das laufende Kalenderjahr,
8. Forderung aus Krediten, die auf der Grundlage des Gesetzes über Sanierungs- und Umstrukturierungsbeihilfen für Unternehmen und Genossenschaften in Schwierigkeiten gewährt wurden, sowie Garantien für diese Darlehen.[110]

44 Vorrangige Forderungen sind auch ungesicherte Forderungen für die Zahlung von Beiträgen, die vor Eröffnung des Verfahrens entstanden sind.[111] Im Konkursverfahren gegen eine natürliche Person sind vorrangige Forderungen auch die Forderungen gegenüber dem Schuldner aufgrund gesetzlicher Unterhaltsansprüche, Schadenersatz für Schäden, die durch Verminderung der Gesundheit oder Verminderung oder Verlust der Arbeitsfähigkeit verursacht werden, sowie Schadenersatz für den Verlust des Unterhalts aufgrund des Todes des Erbringers.[112] Vorrangige Forderungen sind dadurch gekennzeichnet, dass der bestätigte Zwangsvergleich auf sie keine Wirkung hat[113] und dass sie

---

104 Art. 3 Ziff. 1 ZFZ.
105 Art. 8 Abs. 1 ZFZ.
106 Art. 8 Abs. 2 ZFZ.
107 Art. 11 Abs. 1 ZFZ.
108 Ungesicherte Forderungen sind Forderungen, die nicht durch ein Absonderungsrecht gesichert sind; Art. 20 Abs. 4 ZFPPIPP.
109 Art. 20 Abs. 5 ZFPPIPP.
110 Art. 21 Abs. 1 ZFPPIPP.
111 Art. 21 Abs. 2 ZFPPIPP.
112 Art. 390 Abs. 1 ZFPPIPP.
113 Art. 213 Abs. 1 Nr. 2 ZFPPIPP.

im Konkursverfahren in der Reihenfolge der Zahlung vor den gewöhnlichen und nachrangigen Forderungen bezahlt werden.[114]

Nachrangige Forderungen sind ungesicherte Forderungen, die aufgrund des Rechtsverhältnisses **45** zwischen dem Schuldner und dem Gläubiger im Falle der Zahlungsunfähigkeit des Schuldners erst nach Zahlung anderer ungesicherter Forderungen gegenüber dem Schuldner gezahlt werden.[115] Nachrangige Forderungen werden in der Geschäftspraxis häufig durch Ausgabe von nachrangigen Schuldverschreibungen begründet.[116] Zu den nachrangigen Forderungen gehört auch der Anspruch des Gesellschafters, das Darlehen zurückzuzahlen, das er der Gesellschaft gegeben hat, wenn er als vernünftiger Kaufmann die Gesellschaft mit Eigenkapital versorgen soll.[117]

Nachrangige Forderungen zeichnen sich dadurch aus, dass durch den rechtskräftigen Beschluss **46** über die Bestätigung des Zwangsvergleichs das Recht des Gläubigers zur Geltendmachung der Zahlung des Gesamtbetrags der nachrangigen Forderung erlischt[118] und sie werden im Konkursverfahren in der Reihenfolge nach der Gesamtzahlung von vorrangigen und gewöhnlichen Forderungen bezahlt.[119]

Gewöhnliche Forderungen sind ungesicherte Forderungen, die weder zu den vorrangigen noch **47** zu den nachrangigen Forderungen gehören.[120]

3.1.5.4 Insolvenzkosten

In präventiven Restrukturierungsverfahren muss der Schuldner den Gläubigern, die an dem **48** Verfahren beteiligt waren, seinen proportionalen Anteil an den Kosten zurückzahlen, die üblicherweise vom Schuldner getragen werden. Der Schuldner und die Gläubiger einigen sich in der Vereinbarung über die finanzielle Umstrukturierung über die Erstattung dieser Kosten.[121]

In Zwangsvergleichsverfahren, die auf Antrag des Schuldners eröffnet wurden, trägt der Schuld- **49** ner die Kosten des Verfahrens einschließlich der Aufwendungen.[122] Der Sinn dieser Bestimmung ist die Sicherung derjenigen Gläubiger, die im Zusammenhang mit der Durchführung des Zwangsvergleichsverfahrens Forderungen gegenüber dem Schuldner erwerben, die dem Wesen nach Kosten des Zwangsvergleichsverfahrens sind. Stellt sich im Zuge eines Zwangsvergleichsverfahrens heraus, dass der Vorschuss aufgrund veränderter Umstände oder einer falschen Beurteilung der Höhe des erforderlichen Vorschusses nicht ausreicht, hat der Antragsteller die Mittel zur Deckung der Verfahrenskosten bereitzustellen.[123]

In Zwangsvergleichsverfahren gegen kleine, mittlere oder große Unternehmen, die auf Antrag **50** der Gläubiger eröffnet wurden, werden die Anlaufkosten des Verfahrens von dem Antragsteller getragen.[124] Der Schuldner, gegen den das Verfahren eingeleitet wurde, trägt die Kosten für:
– Zahlungen auf der Grundlage von Verträgen, die mit qualifizierten Rechts- und Finanzberatern in Bezug auf Rechts- und Finanzdienstleistungen geschlossen wurden, die für die Vorbereitung des Berichts über die finanzielle Lage und die Tätigkeiten des Schuldners, des finanziellen Umstrukturierungsplans und sonstiger Dokumente erforderlich sind, die als Teil des Vorschlags für einen Zwangsvergleich eingereicht werden müssen;
– Zahlungen auf der Grundlage eines Vertrags mit einem Wirtschaftsprüfer über die Prüfung der Berichts über die finanzielle Situation und die Tätigkeiten des Schuldners und
– Zahlungen auf der Grundlage eines Vertrags mit einem bevollmächtigten Gutachter zur Überprüfung des finanziellen Umstrukturierungsplans.[125]

In Konkursverfahren werden die Verfahrenskosten und die Aufwendungen während des Verfahrens **51** vorab aus der Konkursmasse abgezogen, bevor die Forderungen aus der freien Masse befriedigt werden.[126] Wenn ein Gläubiger einen Antrag auf Eröffnung des Konkursverfahrens stellt, muss er

---

[114] Art. 359 Abs. 1 ZFPPIPP.
[115] Art. 21 Abs. 3 ZFPPIPP.
[116] *Plavšak, Nina*, Komentar Zakona o finančnem poslovanju, postopkih zaradi insolventnosti in prisilnem prenehanju (Kommentar des Gesetzes über Finanzgeschäfte, Insolvenzverfahren und Zwangsliquidation), Tax-Fin-Lex, Ljubljana 2017, S. 133, 134.
[117] Art. 498 Abs. 1 ZGD-.
[118] Art. 214 Abs. 2 ZFPPIPP.
[119] Art. 359 Abs. 1 ZFPPIPP.
[120] Art. 21 Abs. 4 ZFPPIPP.
[121] Art. 44.b Abs. 4 ZFPPIPP.
[122] Art. 153 Abs. 3 ZFPPIPP.
[123] Entscheidung des Obergerichts in Ljubljana, Nr. VSL Cst 118/2016, 24.2.2016.
[124] Art. 221.j Abs. 2 ZFPPIPP.
[125] Art. 221.l Abs. 4 ZFPPIPP.
[126] Art. 226 ZFPPIPP.

eine Vorauszahlung leisten, damit die Anlaufkosten des Konkursverfahrens[127] gedeckt sind. Er hat das Recht, die Vorauszahlung gemäß den Bestimmungen über die Zahlung der Kosten im Konkursverfahren zurückzuverlangen.[128] Der Schuldner und der Arbeitnehmer, der einen Antrag auf Einleitung eines Konkursverfahrens aus dem Grund nach dem Art. 14 Abs. 4 ZFPPIPP stellt, sind von der Zahlung des Vorschusses für die Anfangskosten des Konkursverfahrens befreit.[129] Laut der letzten Novelle ZFPPIPP-F muss der Vorschuss für die Kosten des Konkursverfahrens nicht vom Schuldner und vom Arbeitnehmer hinterlegt werden, der die Einleitung des Konkursverfahrens beantragt, wenn sein Arbeitgeber schon seit über zwei Monaten mit der Bezahlung des Lohns bis zur Höhe des Mindestlohns oder mit der Bezahlung von Steuern und Abgaben in Verzug ist, die er als Arbeitgeber gleichzeitig mit der Bezahlung der Löhne abzuführen hat (Art. 233 Abs. 6 ZFPPIPP). Das bedeutet, dass das Gericht, das das Verfahren führt, diese Mittel vorzuschießen hat.

3.1.6 Auswirkungen von Verfahren wegen Insolvenz auf Vollstreckungs- und Sicherungsverfahren

52   Nach dem Beginn des Insolvenzverfahren über das Vermögen des insolventen Schuldner ist es nicht zulässig, einen Vollstreckungs- oder Sicherungsbeschluss zu erlassen.[130] Es gibt mehrere Ausnahmen von dieser Regel,[131] zum Beispiel zur **Vollstreckung** *(izvršilni postopek)* aufgrund eines rechtskräftigen Beschlusses, der im Insolvenzverfahren vom Gericht, das dieses Verfahren führt, erlassen wird und für die im ZFPPIPP bestimmt ist, dass sie ein **Vollstreckungstitel** *(izvršilni naslov)* sind[132] oder zur Vollstreckung auf der Grundlage eines Urteils über einen Anspruch, der eine Forderung als Gegenstand hat, die im Konkursverfahren als Teil der Verfahrenskosten beglichen wird.[133]

53   Das Vollstreckungs- oder Sicherungsverfahren, das über den insolventen Schuldner vor Beginn des Zwangsvergleichsverfahrens eingeleitet wurde, wird mit dem Beginn des Zwangsvergleichsverfahrens unterbrochen.[134]

54   Hat der Gläubiger im Vollstreckungsverfahren oder im Verfahren zur Sicherung durch ein Pfandrecht an einer Immobilie oder ein Pfandrecht an einer beweglichem Sache bis zur Eröffnung des Insolvenzverfahrens noch kein Absonderungsrecht erworben, wird das Vollstreckungs- oder Sicherungsverfahren nach Beginn des Insolvenzverfahrens eingestellt. Hat der Gläubiger im Vollstreckungsverfahren oder im Verfahren zur Sicherung durch ein Pfandrecht an einer Immobilie oder durch ein Pfandrecht an einer beweglichen Sache vor Beginn des Konkursverfahrens ein Absonderungsrecht erworben und ist der Verkauf des Vermögens, das Gegenstand des Absonderungsrechts ist, im Vollstreckungsverfahren noch nicht erfolgt, wird das Vollstreckungsverfahren oder das Sicherungsverfahren mit der Eröffnung des Konkursverfahrens unterbrochen. Hat der Gläubiger im Vollstreckungsverfahren vor Beginn des Konkursverfahrens ein Absonderungsrecht erworben und wurde der besicherte Gegenstand vor Verfahrensveröffnung veräußert, hat die Eröffnung des Konkursverfahrens keinen Einfluss auf den Ablauf dieses Vollstreckungsverfahrens. Das Verfahren zur Sicherung durch eine einstweilige oder vorläufige Verfügung wird nach Beginn des Konkursverfahrens eingestellt und alle in diesem Verfahren durchgeführten Handlungen werden aufgehoben.[135]

3.2 Zwangsvergleichsverfahren

3.2.1 Gewöhnliches Zwangsvergleichsverfahren

55   Das slowenische **Zwangsvergleichsverfahren** *(postopek prisilne poravnave)* verfolgt dasselbe Ziel wie das *„reorganization"* genannte Verfahren nach Chapter 11 des US Bankruptcy Code und

---

[127] Die Anlaufkosten des Konkursverfahrens umfassen:
  - die Kosten der pauschalen Vergütung für die in Art. 122 Abs. 5 ZFPPIPP genannten Veröffentlichungen in den – Konkursverfahren,
  - die Mindestvergütung des Verwalters gemäß der Tarifordnung und
  - der minimale Betrag zur Deckung aller sonstiger Kosten des Konkursverfahrens gemäß der Tarifordnung (Art. 233 Abs. 1 ZFPPIPP).
[128] Art. 233 Abs. 2 ZFPPIPP.
[129] Art. 233 Abs. 6 ZFPPIPP.
[130] Dies gilt sowohl für Vollstreckungs- und Sicherungsverfahren, die vom Gericht durchgeführt werden, als auch für Steuervollstreckungsverfahren und andere Vollstreckungs- oder Sicherungsverfahren, die von einer anderen staatlichen Stelle durchgeführt werden; Art. 130 Abs. 1 und 2 ZFPPIPP.
[131] Art. 131 Abs. 2 und 3 ZFPPIPP.
[132] Art. 131 Abs. 2 Nr. 1 ZFPPIPP.
[133] Art. 131 Abs. 2 Nr. 3 ZFPPIPP.
[134] Art. 132 Abs. 1 ZFPPIPP.
[135] Art. 132 Abs. 3 ZFPPIPP.

das Verfahren mit Insolvenzplan nach der deutschen InsO. Das Zwangsvergleichsverfahren ermöglicht die Sanierung und anschließende Fortführung eines insolventen Unternehmens. Zu diesem Zweck schlägt der Schuldner den Gläubigern eine Reduzierung ihrer Forderungen vor oder bittet sie um Aufschiebung der jeweiligen Zahlungsfristen.

Das Zwangsvergleichsverfahren kann gegen einen **Einzelunternehmer** *(podjetnik)* sowie über jede **Handelsgesellschaft** *(gospodarska družba)* oder **Genossenschaft** *(zadruga)* geführt werden, außer wenn das Gesetz anderes bestimmt. So ist zum Beispiel kein Zwangsvergleichsverfahren über eine Bank,[136] Versicherung[137] oder Investitionsgesellschaft zulässig.[138] Ein Sondergesetz kann festlegen, dass das Zwangsvergleichsverfahren auch über eine juristische Person in einer anderen rechtlichen Organisationsform geführt werden darf, nicht nur über eine Handelsgesellschaft oder Genossenschaft.[139] 56

Die Einleitung des Zwangsvergleichsverfahrens können der Schuldner und der persönlich haftende Gesellschafter des Schuldners beantragen.[140] Hierzu muss neben der Voraussetzung der Insolvenz des Schuldners noch eine mindestens fünfzigprozentige Wahrscheinlichkeit bestehen, dass die Umsetzung des Zwangsvergleichs eine finanzielle Umstrukturierung des Schuldners so ermöglichen wird, dass dieser kurz- und langfristig zahlungsfähig wird, sowie dass eine mindestens fünfzigprozentige Wahrscheinlichkeit besteht, dass den Gläubigern durch Bestätigung des Zwangsvergleichs günstigere Bedingungen der Befriedigung ihrer Forderungen gewährleistet werden als im Falle der Einleitung eines Konkursverfahrens über den Schuldner.[141] Mit der Novelle ZFPPIPP-F wurde in slowenischem Insolvenzrecht die Bedingung abgeschafft, dass der Schuldner den Gläubigern im Zwangsvergleich eine mindestens fünfzigprozentige Abgeltung ihrer Forderungen innerhalb eines Zeitraums von längstens vier Jahren anzubieten hatte.[142] 57

Der **Zwangsvergleich** *(prisilna poravnava)* ist ein Angebot des Schuldners an die Gläubiger in Bezug auf eine Umstrukturierung ihrer Forderungen. Der Schuldner kann in dem Antrag auf Annahme des Zwangsvergleichs den Gläubigern vorschlagen, einer Minderung ihrer gewöhnlichen Forderungen bzw. einer Aufschiebung der jeweiligen Zahlungsfristen zuzustimmen.[143] Alternativ kann ein Schuldner, der die Form einer Kapitalgesellschaft hat, den Gläubigern vorschlagen, ihre Forderungen auf ihn als Sacheinlage aufgrund einer Aufstockung seines Stammkapitals zu übertragen.[144] 58

Der Verwalter überwacht im Zwangsvergleichsverfahren die Geschäftstätigkeit und die Erfüllung der Verbindlichkeiten des insolventen Schuldners. Der Verwalter nimmt seine Aufsicht wahr, indem er insbesondere über die Zustimmung zu Zahlungen des insolventen Schuldners entscheidet[145] und die Geschäftsbücher und Unterlagen des insolventen Schuldners prüft.[146] 59

Über die Annahme des Zwangsvergleichs entscheiden die Gläubiger durch Abstimmung. Ein Stimmrecht hat jeder Gläubiger, dessen Forderung im Zwangsvergleichsverfahren anerkannt oder glaubhaft gemacht worden ist.[147] Der Gläubiger hat jedoch kein Recht, über den Zwangsvergleich bezüglich einer gesicherten Forderung[148] und einer vorrangigen Forderung abzustimmen. Im ZFPPIPP sind die Maßstäbe für die Errechnung des Anteils der Stimmrechte des jeweiligen Gläubigers im Detail festgelegt.[149] Der Zwangsvergleich gilt als angenommen, wenn für seine Annahme 60

---

[136] Art. 318 Gesetz über das Bankwesen (slow. Zakon o bančništvu; Amtsblatt der Republik Slowenien, Nr. 52/11, 9/11, 35/11, 59/11, 85/11, 48/12, 105/12, 56/13, 63/13, 96/13, 25/15, 27/16, 44/16; *im Folgenden: ZBan-1*).
[137] Art. 410 Gesetz über das Versicherungswesen (slow. Zakon o zavarovalništvu, Amtsblatt der Republik Slowenien, Nr. 93/15, 9/19; *im Folgenden ZZavar-1*).
[138] Art. 96 Gesetz über Investitionsfonds und Investmentgesellschaften (slow. Zakon o investicijskih skladih in družbah za upravljanje; Amtsblatt der Republik Slowenien, Nr. 31/15, 81/15, 77/16, 77/18; *im Folgenden: ZISDU-3*).
[139] Art. 135 ZFPPIPP.
[140] Art. 140 Abs. 2 ZFPPIPP.
[141] Art. 146 Abs. 4 ZFPPIPP.
[142] Art. 143 Abs. 2 ZFPPIPP.
[143] Art. 143 Abs. 1 ZFPPIPP; der Zwangsvergleich wirkt sich nicht auf gesicherte und vorrangige Forderungen aus (Art. 213 ZFPPIPP), während nachrangige Forderungen mit der Bestätigung des Zwangsvergleichs enden (Art. 214 Abs. 2 ZFPPIPP); in Zwangsvergleichsverfahren über kleine, mittlere oder große Kapitalgesellschaften sind laut Novelle ZFPPIPP-F auch gesicherte Forderungen Gegenstand der Umstrukturierung.
[144] Art. 144 Abs. 1 ZFPPIPP.
[145] Art. 158 Abs. 2 ZFPPIPP.
[146] Art. 171 Abs. 2 ZFPPIPP.
[147] Art. 200 Abs. 1 und 2 ZFPPIPP.
[148] Außer wenn er diese Forderung im Verfahren der Änderung des Stammkapitals zwecks finanzieller Umstrukturierung auf den insolventen Schuldner übertragen hat: Art. 200 Abs. 3 Ziff. 1 ZFPPIPP.
[149] Art. 201 ZFPPIPP.

Slowenien 61–64

Gläubiger stimmen, die insgesamt mindestens 6/10 aller Stimmrechte besitzen.[150] Das heißt, dass für die Annahme des Zwangsvergleichs nur eine Summenmehrheit erreicht sein muss. Ist eine für die Annahme des Zwangsvergleichs erforderliche Mehrheit erreicht und sind noch einige andere Voraussetzungen erfüllt, so fasst das Gericht einen Beschluss, mit dem es den Zwangsvergleich bestätigt.[151] Ist eine für die Annahme des Zwangsvergleichs erforderliche Mehrheit nicht erreicht, so wird *ex officio* das Konkursverfahren durchgeführt.[152]

61 Nach der Einleitung eines Zwangsvergleichsverfahrens kann der Schuldner unter anderem ein **Darlehen** *(posojilo)* aufnehmen, jedoch nur in Höhe des Gesamtbetrags der flüssigen Mittel, die zur Finanzierung des regelmäßigen Geschäftsbetriebs und zur Deckung der Kosten eines Zwangsvergleichsverfahrens erforderlich sind.[153] Diese Forderungen werden im Konkursverfahren aus der allgemeinen Verteilungsmasse vor vorrangigen Forderungen beglichen.[154] Die Forderungen der Kreditgeber, die während des Zwangsvergleichsverfahrens die Geschäfte des Schuldners neu finanzieren, haben daher in einem nachfolgenden Konkursverfahren Vorrang bei der Rückzahlung aus der allgemeinen Konkursmasse.

3.2.2 Zwangsvergleichsverfahren über kleine, mittlere oder große Kapitalgesellschaften

62 Mit der letzten Novelle ZFPPIPP-F hat der Gesetzgeber besondere Regeln für das Zwangsvergleichsverfahren über eine kleine,[155] mittlere[156] oder große[157] Kapitalgesellschaft *(postopek prisilne poravnave nad majhno, srednjo ali veliko kapitalsko družbo)* eingeführt, was eine Besonderheit des slowenischen Insolvenzrechts ist. Der Grund für den Erlass besonderer Regeln für das Zwangsvergleichsverfahren über kleine, mittlere oder große Kapitalgesellschaften besteht darin, dass bei diesen Kapitalgesellschaften in der Rolle des Gläubigers eine größere Zahl von Finanzinstituten, vor allem Banken, auftritt, was eine eingehendere Regelung der Verhandlungen zwischen diesen Gläubigern und dem Schuldner erfordert.[158]

63 Es gibt mehrere Unterschiede zwischen den allgemeinen Regeln über das gewöhnlichen Zwangsvergleichsverfahren und den allgemeinen Regeln über Zwangsvergleichsverfahren für kleine, mittlere oder große Kapitalgesellschaften. Das Zwangsvergleichsverfahren über kleine, mittlere oder große Kapitalgesellschaften kann außer vom Schuldner auch von Gläubigern vorgeschlagen werden, deren Forderungen insgesamt 20 % aller finanziellen Verbindlichkeiten des Schuldners übersteigen.[159] Der Zweck dieser neuen Berechtigung der Gläubiger liegt insbesondere darin, den Banken zu ermöglichen, sich aktiver in Verfahren der finanziellen Umstrukturierung größerer Schuldner einzubringen.[160]

64 Gegenstand des Zwangsvergleichs über eine kleine, mittlere oder große Kapitalgesellschaft können neben bzw. anstatt einer Minderung oder Aufschiebung der Fälligkeit aller gewöhnlichen Forderungen auch die Umstrukturierung nur der gewöhnlichen finanziellen Forderungen, die Umstrukturierung der gesicherten Forderungen und die Umstrukturierung mit Ausgliederung[161] sein.

---

[150] Art. 205 ZFPPIPP.
[151] Art. 209 ZFPPIPP.
[152] Art. 208 Abs. 1 ZFPPIPP.
[153] Art. 151 Abs. 3 Ziff. 3 ZFPPIPP.
[154] Art. 289 Abs. 2 ZFPPIPP.
[155] Handelsgesellschaften, die zwei der folgenden Kriterien erfüllen: die durchschnittliche Zahl der Arbeitnehmer im Geschäftsjahr liegt nicht über 50, die reinen Umsatzerlöse liegen nicht über 8 Mio. EUR, der Wert der Aktiva liegt nicht über 4 Mio. EUR; Art. 55 Abs. 3 ZGD-1.
[156] Handelsgesellschaften, die zwei der folgenden Kriterien erfüllen: die durchschnittliche Zahl der Arbeitnehmer im Geschäftsjahr liegt nicht über 250, die reinen Umsatzerlöse liegen nicht über 40 Mio. EUR, der Wert der Aktiva liegt nicht über 20 Mio. EUR; Art. 55 Abs. 4 ZGD-1.
[157] Handelsgesellschaften, die nicht eine mikro, kleine, mittlere oder große Handelsgesellschaft ist; Art. 55 Abs. 5 ZGD-1.
[158] *Plavšak, Nina*, Zakon o finančnem poslovanju, postopkih zaradi insolventnosti in prisilnem prenehanju: z novelo ZFPPIPP-F (Gesetz über Finanzgeschäfte, Insolvenzverfahren und Zwangsliquidation: mit Novelle ZFPPIPP-F), Ljubljana 2014, S. 37.
[159] Art. 221.j Abs. 1 ZFPPIPP.
[160] *Plavšak, Nina*, Zakon o finančnem poslovanju, postopkih zaradi insolventnosti in prisilnem prenehanju: z novelo ZFPPIPP-F (Gesetz über Finanzgeschäfte, Insolvenzverfahren und Zwangsliquidation: mit Novelle ZFPPIPP-F), Ljubljana 2014, S. 39.
[161] Nach dem Art. 623 Abs 3 ZGD-1 ist Ausgliederung eine Art der Spaltung, bei welcher der übertragende Rechtsträger aus seinem Vermögen einen Teil oder mehrere Teile zur Neugründung einen oder mehrere Rechtsträger oder zur Aufnahme einen bestehenden oder mehrere bestehende Rechtsträger (übernehmende Rechtsträger) ausgliedert, gegen Gewährung von Anteilen oder Mitgliedschaften dieses Rechtsträgers oder dieser Rechtsträger an den übertragenden Rechtsträger.

Gesicherte Forderungen dürfen nur so umstrukturiert werden, dass ihre Fälligkeit aufgeschoben oder der Zinssatz herabgesetzt wird.[162] Die rechtskräftige Bestätigung des Zwangsvergleichs hat für gesicherte Forderungen zwei Arten von Rechtsfolgen. Ist die Höhe einer gesicherten Forderung größer als der Wert der Sicherheit, so wird die gesicherte Forderung in zwei neue Forderungen aufgeteilt, und zwar in eine neue gesicherte Forderung in der Höhe, die dem Wert der Sicherheit entspricht, und in eine neue ungesicherte Forderung, die der Differenz zwischen der gesamten Höhe der Forderungen und dem Wert der Sicherheit gleicht.[163] Ist jedoch das Vermögen Gegenstand mehrerer Absonderungsrechte und reicht es unter Berücksichtigung des Sicherungswertes nicht für die vorrangige Abgeltung der gesicherten Forderungen mit der späteren Befriedigungsreihenfolge aus, endet mit der Rechtskraft des Beschlusses über die Bestätigung des Zwangsvergleichs das zur Besicherung dieser Forderungen hergestellte Absonderungsrecht.[164] Die Umstrukturierung kann auch als Zusatzmaßnahme die Umwandlung der Absonderungsrechte, mit denen diese Forderungen gesichert sind, zu einem **gemeinsamen Absonderungsrecht** (*skupna ločitvena pravica*) einschließen.[165] Das bedeutet, dass die bisherigen Absonderungsrechte, die es zugunsten einzelner gesicherter Gläubiger gab, enden, und stattdessen entstehen gemeinsame Absonderungsrechte zugunsten aller gesicherten Gläubiger. Mit der Umwandlung der Absonderungsrechte in ein gemeinsames Absonderungsrecht entsteht eine schuldrechtliche Gemeinschaft zwischen den Inhabern der gesicherten Forderungen.

Bei der Umstrukturierung mit **Ausgliederung** (*izčlenitev*) wird eine neue Handelsgesellschaft gegründet, auf die jenes Vermögen des Schuldners (der Muttergesellschaft) übertragen wird, das für die Weiterführung des Unternehmens erforderlich ist. Über den Schuldner wird nach der Ausgliederung der neuen Handelsgesellschaft das Konkursverfahren durchgeführt. Auf die neue Handelsgesellschaft dürfen nur diejenigen Verbindlichkeiten übertragen werden, deren Gegenstand Forderungen sind, die mit dem Absonderungsrecht gesichert sind.[166] Der Zweck dieser Form der Umstrukturierung ist der Erhalt des sogenannten „gesunden Kerns" des Unternehmens und ein rentabler Geschäftsbetrieb der neuen Handelsgesellschaft.[167]

Im Zwangsvergleichsverfahren über eine kleine, mittlere oder große Kapitalgesellschaft kann ein Zwangsvergleichsantrag auch dann gestellt werden, wenn der Schuldner noch nicht alle Verpflichtungen aus dem vorangegangenen rechtskräftig bestätigten Zwangsvergleich erfüllt hat (sog. **erneutes Zwangsvergleichsverfahren** (*ponovna prisilna poravnava*)). Die Einleitung des erneuten Zwangsvergleichsverfahrens können nur Gläubiger beantragen, deren Forderungen insgesamt 50 % der Summe aller anerkannten und glaubhaft gemachten Forderungen im vorangegangenen rechtskräftig bestätigten Zwangsvergleichsverfahren erreichen.[168] Für die Zulässigkeit des Antrags auf einen erneuten Zwangsvergleich müssen von der Rechtskraft des Beschlusses über die Bestätigung des vorangegangenen Ausgleichs mindestens zwei Jahre vergangen sein.[169] Der erneute Zwangsvergleich wirkt nur gegen Forderungen, für die der vorangegangene rechtskräftig bestätigte Zwangsvergleich Wirkung entfaltet hat.[170]

3.2.3 Vereinfachtes Zwangsvergleichsverfahren

Das **vereinfachte Zwangsvergleichsverfahren** (*postopek poenostavljene prisilne poravnave*) ist eine Art des Insolvenzverfahrens, die mit der Novelle ZFPPIPP-E hinzugefügt wurde.[171] Dieses spezielle Zwangsvergleichsverfahren ist eine Besonderheit des slowenischen Insolvenzrechts. Das vereinfachte Zwangsvergleichsverfahren ist für Mikrohandelsgesellschaften[172] und unter bestimmten Voraussetzungen für Einzelunternehmer bestimmt.[173] Beim vereinfachten Zwangsvergleichsverfah-

---

[162] Art. 221.n Abs. 1 Ziff. 1 ZFPPIPP.
[163] Art. 221.t Abs. 2 ZFPPIPP.
[164] Art. 221.t Abs. 4 ZFPPIPP.
[165] Art. 221.n Abs. 1 Ziffer 2 ZFPPIPP.
[166] Art. 221.o Abs. 5 ZFPPIPP.
[167] Š. *Ivanjko*, Legalizacija „programiranega stečaja" (Legalisierung des „programmierten Konkurses"), in: Pravna praksa 49-50/2013, S. 6.
[168] Art. 221.v Abs. 3 ZFPPIPP.
[169] Art. 221.v Abs. 3 Ziff. 1 ZFPPIPP.
[170] Art. 221.z Abs. 2 ZFPPIPP.
[171] Amtsblatt der Republik Slowenien, Nr. 47/2013.
[172] Handelsgesellschaften, die zwei der folgenden Kriterien erfüllen: die durchschnittliche Zahl der Arbeitnehmer im Geschäftsjahr liegt nicht über 10, die reinen Umsatzerlöse liegen nicht über 700.000,00 EUR, der Wert der Aktiva liegt nicht über 350.000,00 EUR; Art. 55 Abs. 2 ZGD-1.
[173] Einzelunternehmer, bei denen die durchschnittliche Arbeitnehmerzahl im Geschäftsjahr nicht über 10 und die reinen Umsatzerlöse nicht über 700.000,00 EUR liegen, und Unternehmer, bei denen die durchschnittliche Arbeitnehmerzahl im Geschäftsjahr nicht über 50 und die reinen Umsatzerlöse nicht über 8 Mio. EUR liegen: Art. 221.a Ziff. 2 ZFPPIPP und Art. 55 Abs. 2 und 3 ZGD-1.

ren melden die Gläubiger ihre Forderungen nicht an. Somit erfolgt keine Prüfung der Gläubigerforderungen, und es wird kein Verwalter bestellt. Ebenso wird im vereinfachten Zwangsvergleichsverfahren kein Gläubigerausschuss gebildet.[174] Im vereinfachten Zwangsvergleichsverfahren entscheiden die Gläubiger über die Annahme des Zwangsvergleichs nicht durch die Abgabe von Stimmzetteln, wie es für das gewöhnliche Zwangsvergleichsverfahren charakteristisch ist, sondern der Gläubiger stimmt für die Annahme des Zwangsvergleichs, indem er mit dem Schuldner einen Vertrag über die Zustimmung zur Annahme des Zwangsvergleichs in Form einer notariellen Urkunde schließt oder indem er eine schriftliche Erklärung über die Zustimmung zur Annahme des Zwangsvergleichs abgibt.[175]

69 Über die Annahme des vereinfachten Zwangsvergleichs entscheiden sämtliche Gläubiger. Die Basis für die Errechnung des Stimmrechtanteils des jeweiligen Gläubigers ist die Summe der Beträge aller gewöhnlichen Forderungen des Gläubigers.[176] Der Zwangsvergleich ist angenommen, wenn für seine Annahme Gläubiger stimmen, deren Gesamtbetrag der Forderungen mindestens 6/10 des Betrags der Basis für die Errechnung der Anteile erreicht und wenn für seine Annahme mehr als die Hälfte aller Gläubiger stimmt, deren Forderungen in der Liste der gewöhnlichen Forderungen angeführt sind.[177] Ein bestätigter Zwangsvergleich hat die gleichen Rechtswirkungen wie der gewöhnliche Zwangsvergleich, und zwar wirkt er für sämtliche gewöhnliche Forderungen der Gläubiger.

3.3 Konkursverfahren

Konkursverfahren *(stečajni postopek)* nach slowenischem Insolvenzrecht haben grundsätzlich dieselben Merkmale wie die sog. *„liquidating bankruptcy"* nach dem US Bankruptcy Code (Chapter 7) und wie das Regelinsolvenzverfahren nach der deutschen InsO. In allen genannten Verfahren ist das Ziel des Verfahrens, das Vermögen des Schuldners zu verwerten und mit dem Erlös die Gläubiger zu befriedigen. Die Verwaltung und Veräußerung des Schuldnervermögens übernimmt der Verwalter, den das Gericht ernennt. Eine juristische Person wird nach der Aufhebung des Konkursverfahrens im entsprechenden Register gelöscht.

3.3.1 Konkursverfahren über das Vermögen juristischen Personen

70 Das Konkursverfahren darf nach slowenischem Insolvenzrecht über jede juristische Person durchgeführt werden, es sei denn, das Gesetz trifft für die jeweilige juristische Person eine Ausnahme.[178] Das Konkursverfahren kann auch über eine Bank oder Versicherung durchgeführt werden, doch sind die diesbezüglichen Sonderregeln zu befolgen. Einleitung und Durchführung des Konkursverfahrens über eine Bank sind an einen Bescheid über die Feststellung der Voraussetzungen für die Einleitung des Konkursverfahrens gebunden, der von der Bank von Slowenien ausgestellt wird.[179] Das gilt auch für Versicherungen, bei denen der Bescheid über die Feststellung der Voraussetzungen für die Einleitung des Konkursverfahrens von der Agentur für die Versicherungsaufsicht ausgestellt wird.[180]

71 Der Antrag auf Einleitung des Konkursverfahrens darf vom Schuldner, dem persönlich haftenden Gesellschafter des Schuldners, von einem Gläubiger, der seine Forderung gegen den Schuldner und den Umstand glaubhaft macht, dass der Schuldner mit der Bezahlung der Forderung seit über zwei Monaten in Verzug ist, sowie unter bestimmten Voraussetzungen[181] auch vom Öffentlichen Haftungs- und Versorgungsfonds der Republik Slowenien gestellt werden.[182] Von Amts wegen entscheidet das Gericht über die Einleitung des Konkursverfahrens nur, wenn das Gesetz dies für den

---

[174] Art. 221.b Abs. 1 ZFPPIPP.
[175] Art. 221.e Abs. 4 ZFPPIPP.
[176] Art. 221.e Abs. 2 ZFPPIPP.
[177] Art. 221.e ZFPPIPP.
[178] Art. 221 Abs. 2 ZFPPIPP.
[179] Art. 320 ZBan-1.
[180] Art. 412 ZZavar-1.
[181] Der Öffentliche Haftungs- und Versorgungsfonds der Republik Slowenien ist berechtigt, die Einleitung des Konkursverfahrens zu beantragen, wenn er
– die Forderungen der Beschäftigten gegen den Gläubiger, gegen den er die Einleitung des Verfahrens beantragt, und
– den Umstand, dass der Schuldner mit der Bezahlung dieser Forderungen seit über zwei Monaten in Verzug ist (Art. 231 Abs. 1 Ziff. 4 ZFPPIPP),
glaubhaft macht.
[182] Art. 231 ZFPPIPP.

Einzelfall so bestimmt.[183] Das Gericht leitet das Konkursverfahren von Amts wegen nur ein, wenn zum Beispiel der Schuldner den Antrag auf Zwangsvergleichsverfahren zurückzieht.[184]

Das Konkursverfahren gliedert sich in zwei Phasen: **Konkursvorverfahren *(predhodni stečajni postopek)*** und **Hauptkonkursverfahren *(glavni stečajni postopek)***.[185] Die Phase des Konkursvorverfahrens beginnt mit der Einreichung des Antrags auf Beginn des Verfahrens (sog. **Einleitung des Konkursverfahrens *(uvedba stečajnega postopka)***).[186] In dieser Phase des Verfahrens entscheidet das Gericht über das Bestehen der prozessualen und materiellen Voraussetzungen für den Beginn des Hauptverfahrens. Die prozessualen Voraussetzungen sind die aktive und passive Prozesslegitimation sowie die Bezahlung der Gerichtsgebühr und der Vorauszahlung für die Deckung der Insolvenzkosten[187] des Konkursverfahrens. Die materielle Voraussetzung für den Beginn des Konkursverfahrens ist die Insolvenz des Schuldners.[188] 72

Sind die Voraussetzungen für den Beginn des Konkursverfahrens erfüllt, so fasst das Gericht einen Beschluss über den Beginn des Konkursverfahrens (sog. **Beginn des Konkursverfahrens *(začetek stečajnega postopka)***).[189] Der Beginn des Konkursverfahrens hat prozessuale und materiellrechtliche Folgen. Der Beginn des Konkursverfahrens beeinflusst andere anhängige Verfahren, zB werden Zivilverfahren unterbrochen.[190] Zu den materiell-rechtlichen Folgen des Beginns des Konkursverfahrens zählen zB die Bildung der **Konkursmasse *(stečajna masa)*,**[191] die Übertragung der Vollmachten auf den Verwalter,[192] die Umwandlung von nicht geldwerten Forderungen in Geldforderungen,[193] die Aufrechnung bedingter Forderungen[194] sowie Sonderregeln für gegenseitig nicht erfüllte bilaterale Verträge.[195] Die gemeinsame Eigenschaft aller materiell-rechtlichen Folgen des Beginns des Konkursverfahrens besteht darin, dass sie nur auf Forderungen der Gläubiger gegen den **Konkursschuldner *(stečajni dolžnik)*** wirken, nicht jedoch auch auf Forderungen des Konkursschuldners gegen die Gläubiger.[196] 73

Im Laufe des Konkursverfahrens verwaltet und verwertet der Verwalter das Vermögen des Schuldners. Das ZFPPIPP ermöglicht verschiedene Arten der Verwertung. Möglich sind der Verkauf durch **öffentliche Versteigerung *(javna dražba)*,** der Verkauf durch **Einholen verbindlicher Angebote *(zbiranje zavezujočih ponudb)*** und der Verkauf nach **Direktverhandlungen mit dem Käufer *(neposredna pogajanja s kupcem)*.**[197] Es ist auch der Verkauf einer betrieblichen Einheit als Verkauf eines Teils des Vermögens des Schuldners möglich. Eine betriebliche Einheit bilden Sachen und sonstige Vermögensrechte, die als Ganzes für die Ausübung einer einzelnen oder mehrerer Geschäftstätigkeiten erforderlich sind, die für die Herstellung bestimmter Produkte oder für die Ausübung bestimmter Leistungen durchgeführt werden. Mit Bezahlung der Kaufsumme für die betriebliche Einheit tritt der Käufer in die Rechtsstellung des Konkursschuldners als universeller Rechtsnachfolger ein.[198] 74

Der Erlös aus der Veräußerung des Vermögens des Schuldners ist für die Deckung der Kosten des Konkursverfahrens und der Forderungen der Gläubiger bestimmt. Nach erfolgter Befriedigung der Gläubiger aus der Teilungsmasse[199] verfasst der Insolvenzverwalter den Endbericht, aufgrund dessen das Gericht den Beschluss über die **Beendigung des Konkursverfahrens *(končanje stečaj-*** 75

---

[183] Art. 230 Abs. 2 ZFPPIPP.
[184] Art. 149 Abs. 2 ZFPPIPP.
[185] Ivanjko, Šime, Kocbek, Marijan, Prelič, Saša, Korporacijsko pravo (Gesellschaftsrecht), Ljubljana 2009, S. 1174.
[186] Art. 49 Abs. 2 ZFPPIPP.
[187] → Rn. 51.
[188] Art. 14 ZFPPIPP.
[189] Art. 49 Abs. 4 und Art. 230 ZFPPIPP.
[190] Art. 205 Abs. 1 Ziff. 4 Gesetz über das Streitverfahren (slow. Zakon o pravdnem postopku, Amtsblatt der Republik Slowenien, Nr. 73/07, 45/08, 45/08, 111/08, 57/09, 12/10, 50/10, 107/10, 75/12, 40/13, 92/13, 10/14, 48/15, 6/17, 10/17, 16/19).
[191] Art. 224 ZFPPIPP.
[192] Art. 245 ZFPPIPP.
[193] Art. 253 ZFPPIPP.
[194] Art. 262 ZFPPIPP.
[195] Art. 265 bis 268 ZFPPIPP.
[196] S. Prelič, Oris pravne ureditve prenehanja pravnih subjektov (Umriss der rechtlichen Regelung der Beendigung rechtlicher Subjekte), Maribor 2006, S. 46.
[197] Art. 329 ZFPPIPP.
[198] Art. 343 Abs. 2 und 3 ZFPPIPP.
[199] Die Teilungsmasse ist der verwertete Teil der Konkursmasse, der für die Abgeltung der Gläubiger bestimmt ist (Art. 226 Abs. 1 ZFPPIPP); die allgemeine Teilungsmasse ist für die Abgeltung der ungesicherten Forderungen der Gläubiger bestimmt und die besondere Teilungsmasse für die Abgeltung der Forderungen, die mit einem Absonderungsrecht gesichert sind (Art. 226 Abs. 2 und 3 ZFPPIPP).

nega postopka) erlässt.[200] Anhand des rechtskräftigen Beschlusses über die Beendigung des Konkursverfahrens wird der Konkursschuldner von Amts wegen aus dem Register gelöscht.[201]

76   Ist die Konkursmasse von geringfügigem Wert oder reicht sie nicht einmal für die Kosten des Konkursverfahrens aus, so entscheidet das Gericht auf Antrag des Verwalters und anhand der Stellungnahme des Gläubigerausschusses, dass das Konkursverfahren endet, ohne dass eine Verteilung an die Gläubiger stattfindet.[202] In diesem Fall wird das Vermögen des Schuldners für die Deckung der Kosten des Konkursverfahrens aufgewendet, und etwaiges sonstiges Vermögen wird per Gerichtsbeschluss auf die Republik Slowenien übertragen.[203]

77   Im Falle später aufgefundenen Vermögens wird ein Konkursverfahren über dieses Vermögen durchgeführt.[204] Im **Konkursverfahren über später aufgefundenes Vermögen** *(stečajni postopek nad pozneje najdenim premoženjem)* werden Forderungen der Gläubiger nicht erneut angemeldet, es werden bei der Verteilung vielmehr nur die Forderungen berücksichtigt, die im Konkursverfahren über das Vermögen des Konkursschuldner anerkannt wurden.[205]

3.3.2 Konkursverfahren über das Vermögen einer natürlichen Person

78   Das **Konkursverfahren über eine natürliche Person** *(postopek osebnega stečaja)* darf nach slowenischem Insolvenzrecht über das Vermögen jeder natürlichen Person durchgeführt werden, das heißt sowohl eines **Einzelunternehmers** *(podjetnik)* als auch eines **Verbrauchers** *(potrošnik)*.[206] Auf das Konkursverfahren über das Vermögen einer natürlichen Person finden die Regeln des Konkursverfahrens über das Vermögen einer juristischen Person sinngemäß Anwendung, außer wenn das ZFPPIPP im Sonderkapitel über das Konkursverfahren über das Vermögen einer natürlichen Person anderes bestimmt.[207]

79   Mit der Einleitung des Konkursverfahrens über das Vermögen einer natürlichen Person wird die Geschäftsfähigkeit des Konkursschuldners eingeschränkt. Der Konkursschuldner kann keine Verträge schließen und nicht über das Vermögen verfügen, das Gegenstand der Konkursmasse ist. Er kann bestimmte Rechtsgeschäfte (zB Kreditaufnahme, Verzicht aufs Erbe) schließen, doch benötigt er dafür eine Zustimmung des Gerichts.[208]

80   Zur Konkursmasse gehört das gesamte Vermögen, das der Konkursschuldner bei der Einleitung des Konkursverfahrens hat, sowie sämtliche Einkünfte des Konkursschuldners, die er während der Dauer des Konkursverfahrens erlangt. Um dem Schuldner die minimalen Mittel zum Überleben zu gewährleisten, nimmt das ZFPPIPP aus der Konkursmasse Einkünfte bis zu einer bestimmten Höhe aus.

81   Eine natürliche Person endet anders als eine juristische Person nach dem Ende des Konkursverfahrens nicht, deshalb bleiben die Forderungen der Gläubiger in dem Teil, in dem sie nicht abgegolten sind, bestehen und können von den Gläubigern gegen den Konkursschuldner auch nach dem Ende des Konkursverfahrens über das Vermögen einer natürlichen Person geltend gemacht werden.[209] Eine Ausnahme von dieser Regel stellt der **Erlass der Verbindlichkeiten** *(odpust obveznosti)* dar. Der Erlass erfolgt im Rahmen des Konkursverfahrens über das Vermögen einer natürlichen Person, wenn der Konkursschuldner den Erlass der Verbindlichkeiten beantragt.[210] In bestimmten Fällen ist der Erlass nicht zulässig, zum Beispiel, wenn der Konkursschuldner rechtskräftig wegen eines Vermögens- oder Wirtschaftsdelikts verurteilt wurde oder wenn dem Konkursschuldner seine Verbindlichkeiten bereits erlassen wurden und seit der Rechtskraft des Beschlusses über den Erlass der Verbindlichkeiten noch keine zehn Jahre vergangen sind.[211] Der Erlass der Verbindlichkeiten wirkt auf sämtliche Forderungen von Gläubigern gegen den Schuldner, die bis zum Beginn des Konkursverfahrens über das Vermögen einer natürlichen Person entstanden sind, mit bestimmten Ausnahmen.[212] Ausgenommen sind etwa Forderungen aufgrund gesetzlicher Unterhaltsleistungen, die Einziehung illegal erlangten Vermögens, Geldstrafen oder die Einziehung der durch eine Straftat erlangten Vermögensvorteile.[213] Stellt sich nachträglich heraus, dass der Konkurs-

---

[200]   Art. 375 und 376 ZFPPIPP.
[201]   Art. 377 ZFPPIPP.
[202]   Art. 378 Abs. 1 ZFPPIPP.
[203]   Art. 378 Abs. 2 ZFPPIPP.
[204]   Art. 380 ZFPPIPP.
[205]   Art. 380 Abs. 2 ZFPPIPP.
[206]   Art. 381 Abs. 1 ZFPPIPP.
[207]   Art. 383 ZFPPIPP.
[208]   Art. 386 Abs. 1 ZFPPIPP.
[209]   Art. 382 Abs. 2 ZFPPIPP.
[210]   Art. 397 Abs. 1 ZFPPIPP.
[211]   Art. 399 ZFPPIPP.
[212]   Art. 408 Abs. 1 ZFPPIPP.
[213]   Art. 390 Abs. 1, Art. 408 Abs. 2 ZFPPIPP.

schuldner den Beschluss über den Erlass der Verbindlichkeiten durch Verheimlichung oder falsche Darstellung seines Vermögensstandes erreicht hat, so kann jeder Gläubiger, dessen Forderung nicht abgegolten wurde, die Aufhebung des Erlasses der Verbindlichkeiten fordern. Die Klage auf Aufhebung des Erlasses ist innerhalb von zwei Jahren nach Eintritt von dessen Rechtskraft zu erheben.[214]

Im ZFPPIPP wird das Konkursverfahren über das Vermögen des Einzelunternehmers und über das Vermögen des Verbrauchers einheitlich geregelt, was bedeutet, dass es beim Erlass der Verbindlichkeiten nicht zwischen den Schulden aus der Ausübung der unternehmerischen Tätigkeit und den Schulden des privaten Verbrauchs unterscheidet. Dies bedeutet, dass ZFPPIPP dem Einzelunternehmer den Erlass aller Verbindlichkeiten bereits nach Ablauf der Wohlverhaltensperiode ermöglicht. Daher müssen die slowenischen Insolvenzvorschriften in Bezug auf dieses Thema nicht an die Richtlinie (EU) 2019/1023 des Europäischen Parlaments und des Rates vom 20.6.2019 über präventive Restrukturierungsrahmen, Entschuldung und über Tätigkeitsverbote sowie über Maßnahmen zur Steigerung der Effizienz von Restrukturierungs-, Insolvenz- und Entschuldungsverfahren und zur Änderung der Richtlinie (EU) 2017/1132[215] angepasst werden. Die Gründe für die Zurückweisung des Erlasses der Verpflichtung und die Forderungen, auf die sich der Erlass der Verbindlichkeiten laut ZFPPIPP nicht auswirkt, gelten bereits gleich sowohl für den Einzelunternehmer als auch für der Verbraucher. **82**

3.3.3 Nachlasskonkursverfahren

Das **Nachlasskonkursverfahren** *(postopek stečaja zapuščine)* wird zu dem Zweck durchgeführt, dass alle Gläubiger aus der Konkursmasse die Abgeltung ihrer Forderungen gegen den **Erblasser** *(zapustnik)* gleichzeitig und zu gleichen Anteilen erhalten.[216] Das Nachlasskonkursverfahren darf über den Nachlass einer jeden verstorbenen Person durchgeführt werden.[217] Beim Nachlasskonkursverfahren finden die Regeln des Konkursverfahrens über eine juristische Person sinngemäße Anwendung, es sei denn, das ZFPPIPP bestimmt im besonderen Kapitel über das Nachlasskonkursverfahren anderes.[218] **83**

Zum Zeitpunkt des Todes des Erblassers wird der **Nachlass** *(zapuščina)* gebildet und geht in dem Moment auch auf die Erben über.[219] Deshalb hat der Verlauf eines etwaigen Nachlassverfahrens keinen Einfluss auf den Beginn und den Verlauf des Nachlasskonkursverfahrens. Das Nachlasskonkursverfahren kann unmittelbar nach dem Tode des Erblassers beginnen, ungeachtet des Umstandes, ob das Gericht bis zu seiner Einleitung einen Erbschaftsbeschluss erlassen hat.[220] **84**

Das slowenische Insolvenzrecht kennt auch das Institut des **Nachlasskonkurses ohne Erben** *(stečaj zapuščine brez dedičev)*. Die Situation des Nachlasses ohne Erben ergibt sich, wenn es keine bekannten Erben gibt oder wenn alle bekannten Erben auf das Erbe verzichtet haben.[221] **85**

4. Verträge in der Insolvenz

4.1 Unerfüllte Verträge

Bei unerfüllten Verträgen spricht das ZFPPIPP zu Beginn eines Verfahrens wegen Insolvenz über **gegenseitig nicht erfüllte bilaterale Verträge** *(vzajemno neizpolnjena dvostranska pogodba)* und sieht hierfür besondere Regeln vor. Ein beiderseitig nicht erfüllter bilateraler Vertrag ist ein bilateraler Vertrag, der vor Eröffnung des Verfahrens wegen Insolvenz geschlossen worden ist und bei dem weder der insolvente Schuldner noch sein Vertragspartner ihre Leistungsverpflichtungen auf der Grundlage dieses Vertrages nicht erfüllt haben oder keiner von ihnen diese Verpflichtungen vollständig erfüllt hat.[222] **86**

---

[214] Art. 411 Abs. 1 und 2 ZFPPIPP.
[215] Abl. (EU) OJ L 172, 26.6.2019, S. 18–55.
[216] Art. 415 ZFPPIPP.
[217] Art. 414 Abs. 1 ZFPPIPP.
[218] Art. 416 Abs. 1 ZFPPIPP.
[219] Das slowenische Erbrecht kennt keinen ruhenden Nachlass (hereditas iacens); *Zupančič, Karel, Žnidaršič Skubic, Viktorija,* Dedno pravo (Erbrecht), Uradni list Republike Slovenije, Ljubljana 2009, S. 206.
[220] *Plavšak, Nina,* Zakon o finančnem poslovanju, postopkih zaradi insolventnosti in prisilnem prenehanju z uvodnimi pojasnili (Gesetz über Finanzgeschäfte, Insolvenzverfahren und Zwangsliquidation mit Erläuterung), GV Založba, Ljubljana 2008, S. 294.
[221] Art. 219 des Gesetzes über die Erbfolge (slow. Zakon o dedovanju; Amtsblatt der Sozialistische Republik Slowenien, Nr. 15/76, 23/78, Amtsblatt der Republik Slowenien, Nr. 13/94, 40/94, 117/00, 67/01, 83/01, 73/04, 31/13, 63/16.
[222] Art. 24 Abs. 2 ZFPPIPP.

87 Für die Forderung des Gläubigers, die aufgrund eines beiderseitig nicht erfüllten bilateralen Vertrages gegenüber dem zahlungsunfähigen Schuldner entstanden ist, gelten im Rahmen von ZFPPIPP folgende Sonderregelungen:
– wenn auf der Grundlage eines beiderseitig nicht erfüllten bilateralen Vertrages dem Vertragspartner des Schuldner eine nicht in Geld bestehende Forderung entstanden ist, wird diese Forderung mit dem Beginn des Konkursverfahrens in eine in Geld bestehende Forderung nach dem Art. 261 ZFPPIPP umgewandelt;
– die gegenseitigen Forderungen des Gläubigers und des insolventen Schuldners auf Erfüllung der Verpflichtungen aus einem gegenseitig nicht erfüllten Vertrag werden durch Art. 261 ZFPPIPP nicht aufgerechnet;
– die Regeln über die Zahlung von Forderungen aus der Verteilungsmasse finden hier keine Anwendung, sondern diese sind vom insolventen Schuldner gemäß den Regeln für die Zahlung der Kosten des Insolvenzverfahrens (Art. 265 Abs. 3 ZFPPIPP) zu erfüllen.

88 Aufgrund von Sonderregelungen bezüglich eines beiderseitig nicht erfüllten bilateralen Vertrags kann der Vertragspartner des insolventen Schuldners auch nach Eröffnung des Konkursverfahrens von diesem fordern, seine Verpflichtung vollständig und innerhalb der vertraglichen Fristen zu erfüllen, und nicht nur in dem Verhältnis und den Fristen, in denen aus der Verteilungsmasse andere ungesicherte Verpflichtungen bezahlt werden. Dies gilt jedoch nicht, wenn die Forderung während des Konkursverfahrens erloschen ist, weil der Vertrag aufgrund der Nichterfüllung oder der Geltendmachung eines Rücktrittsrechts des Verwalters nach Art. 267 ZFPPIPP aufgehoben wird.

89 Mit dem Beginn des Konkursverfahrens erwirbt der Schuldner das Recht von einem beiderseitig nicht erfüllten bilateralen Vertrag (Art. 267 Abs. 1 ZFPPIPP) zurückzutreten, wenn er für die Geltendmachung dieses Rechts eine gerichtliche Bewilligung einholt.[223] Der Schuldner hat das Rücktrittsrecht **innerhalb von drei Monaten** nach dem rechtskräftigen Beschluss über die Einleitung des Konkursverfahrens geltend zu machen, oder ab dem Tag, an dem der Verwalter vom Gläubiger eine Mitteilung erhält, dass dieser eine Forderung gegen den insolventen Schuldner auf der Grundlage eines beiderseitig nicht erfüllten bilateralen Vertrags hat.[224] Wenn das Gericht den Antrag des Geschäftsführers auf Zustimmung zur Verwirklichung des Widerrufsrechts ablehnt oder über die Einwilligung erst nach Ablauf dieser Dreimonatsfrist entscheidet, hat die Erklärung zur Verwirklichung des Abtretungsrechts keine Rechtswirkung.[225] Wenn die Voraussetzungen für die Geltendmachung des Rücktrittsrechts von einem beiderseitig nicht erfüllten Vertrag erfüllt sind, gilt der Vertrag als von dem Tag an aufgehoben, an dem der Beschluss, mit dem das Gericht der Geltendmachung des Rücktrittsrechts zugestimmt hat, rechtskräftig wird.[226]

90 Die sinngemäß gleichen Rechtsfolgen für einen gegenseitig nicht erfüllten bilateralen Vertrag, die sich aus der Eröffnung eines Konkursverfahrens ergeben, gelten auch im Zwangsvergleichsverfahren. Weder die Einleitung des Zwangsvergleichsverfahrens noch der bestätigte Zwangsvergleich sind für die Forderung des Gläubigers auf der Grundlage eines beiderseitig nicht erfüllten bilateralen Vertrags wirksam, es sei denn, der insolvente Schuldner hat sein Rücktrittsrecht ausgeübt.[227] Mit der Einleitung eines Zwangsvergleichsverfahrens erwirbt der insolvente Schuldner das Recht, von einem beiderseitig nicht erfüllten bilateralen Vertrag zurückzutreten, wenn das Gericht dem Rücktritt vom Vertrag zustimmt.[228] Das Gericht stimmt der Ausübung eines Rücktrittsrechts zu, wenn seine Ausübung für die Durchführung einer finanziellen Umstrukturierung gemäß dem finanziellen Umstrukturierungsplan erforderlich ist.[229]

91 Die slowenische Regelung des Obligationsrechts enthält **keine Regelungen über Leasingverträge,** auch das Insolvenzrecht kennt hierfür keine Sonderregelungen. Für den Finanzleasingvertrag gelten daher die oben dargestellten allgemeinen Regeln für beiderseitige unerfüllte Verträge, wenn der Leasingnehmer zum Beginn des Konkursverfahrens noch nicht alle Raten des Leasingverhältnisses gezahlt und der Leasinggeber das Eigentumsrecht an dem Leasingobjekt auf den Leasingnehmer noch nicht übertragen hat.[230]

---

[223] Art. 267 Abs. 2 ZFPPIPP.
[224] Art. 267 Abs. 2 ZFPPIPP.
[225] Art. 6 Abs. 267 ZFPPIPP.
[226] Art. 268 Abs. 1 ZFPPIPP.
[227] Art. 165 Abs. 2 ZFPPIPP.
[228] Art. 166 Abs. 2 ZFPPIPP.
[229] Art. 166 Abs. 4 ZFPPIPP.
[230] Plavšak, Nina, Komentar Zakona o finančnem poslovanju, postopkih zaradi insolventnosti in prisilnem prenehanju (Kommentar des Gesetzes über Finanzgeschäfte, Insolvenzverfahren und Zwangsliquidation), Tax-Fin-Lex, Ljubljana 2017, S. 179.

4.2 Miet- oder Pachtverhältnisse

Bei Eröffnung des Konkursverfahrens ist der Schuldner berechtigt, die vor Beginn des Konkurs- 92
verfahrens geschlossenen **Mietverträge** *(najemna pogodba)* und **Pachtverträge** *(zakupna pogodba)*
mit einer Frist von einem Monat zu kündigen.[231] Diese Regelung ist lex specialis, daher hat der
Schuldner das Recht, den Miet- oder Pachtvertrag mit einer einmonatigen Kündigungsfrist zu
kündigen, selbst wenn er diese Rechte nach Gesetz oder vertraglich nicht hätte bzw. wenn er den
Vertrag nur mit einer längeren Kündigungsfrist hätte kündigen können. Der Schuldner kann den
Miet- oder Pachtvertrag gemäß der Sondervorschrift des ZFPPIPP unabhängig davon kündigen, ob
der Mieter (Pächter) oder der Vermieter (Verpächter) ist.

4.3 Arbeitsverträge

Nicht das ZFPPIPP regelt die Folgen der Eröffnung eines Verfahrens wegen Insolvenz in Bezug 93
auf Arbeitsverhältnisse, sondern wird das Gesetz über Arbeitsverhältnisse *(slow. Zakon o delovnih
razmerjih; im Folgenden: ZDR-1)*.[232]

In einem Konkurs- oder Zwangsliquidationsverfahren kann der Verwalter die Arbeitsverträge 94
mit Arbeitnehmern, deren Tätigwerden aufgrund des Beginns eines Konkursverfahrens oder der
Zwangsliquidation bei dem Arbeitgeber unnötig geworden ist, mit einer Kündigungsfrist von
15 Tagen kündigen.[233] Vor der Kündigung von Arbeitsverträgen muss der Verwalter die **Gewerkschaften** *(sindikat)* bei dem Arbeitgeber so bald wie möglich schriftlich benachrichtigen, eine Kopie
dieser Mitteilung an das Arbeitsamt senden und sich mit den Gewerkschaften über in Frage kommende Möglichkeiten zur Verhinderung und Begrenzung der Zahl von Kündigungen beraten.[234]
Im Fall der Kündigung einer größeren Anzahl von Arbeitsverträgen hat der Verwalter das Arbeitsamt
schriftlich über die Gründe für die Beendigung des Arbeitsbedarfs des Arbeitnehmers, die Anzahl
und Beschäftigungsarten aller Beschäftigten, über voraussichtlichen Beschäftigungsarten der überschüssigen Arbeitskräfte und über die Frist, in der der Bedarf nach diesen Arbeitskräften wegfallen
wird, zu informieren und eine Kopie dieser Mitteilung an die Gewerkschaften beim Arbeitgeber zu
senden.[235]

In Falle der Bestätigung eines Zwangsvergleichs kann der Arbeitgeber die Arbeitsverträge mit 95
einer 30-tägigen Kündigungsfrist kündigen, wenn die Beendigung von Arbeitsverträgen im finanziellen Umstrukturierungsplan als eine der besonderen Maßnahmen zur finanziellen Umstrukturierung
vorgesehen ist.[236] Vor der Kündigung von Arbeitsverträgen hat der Arbeitgeber alle Verpflichtungen
zu erfüllen, die ZDR-1 für die Kündigung einer größeren Anzahl von Arbeitnehmern aus dem
Geschäftsgrund auferlegt.[237]

5. Aufrechnung

Nach den allgemeinen Vorschriften des Schuldrechts kann der Schuldner die Forderung, die 96
er gegen den Gläubiger hat, mit dem von ihm geforderten Anspruch aufrechnen, wenn beide
Forderungen auf Geld oder andere Ersatzgegenstände derselben Art und derselben Qualität lauten
und beide fällig sind.[238] Eine **Aufrechnung** *(pobotanje)* tritt nicht schon ein, wenn die Voraussetzungen dafür gegeben sind, sondern hierfür ist eine Erklärung einer Partei gegenüber der anderen
Partei erforderlich. Nach der Aufrechnungserklärung wird davon ausgegangen, dass die Aufrechnung
erfolgte, als die Bedingungen für sie vorlagen.[239] ZFPPIPP weicht im Zwangsvergleichs- und Konkursverfahren von den allgemeinen Regeln des Schuldrechts ab.

Besteht zu Beginn des Zwangsvergleichsverfahrens ein Anspruch des einzelnen Gläubigers gegen 97
den insolventen Schuldner und eine Gegenforderung des insolventen Schuldners gegen diesen Gläubiger, so gelten diese Forderungen mit der Einleitung des Zwangsvergleichsverfahrens als aufgerechnet.[240] Die Erklärung der Partei über die Geltendmachung der Aufrechnung ist daher, anders als
nach den allgemeinen Regeln des Schuldrechts, nicht erforderlich. Diese Sonderregelung über
Aufrechnung zu Beginn des Zwangsvergleichsverfahrens gilt auch für nicht in Geld bestehende

---

[231] Art. 248 ZFPPIPP.
[232] Amtsblatt der Republik Slowenien, Nr. 21/13, 78/13, 47/15, 33/16, 52/16, 15/17, 22/19.
[233] Art. 104 Abs. 1 ZDR-1.
[234] Art. 104 Abs. 2 ZDR-1.
[235] Art. 104 Abs. 3 ZDR-1.
[236] Art. 105 Abs. 1 ZDR-1.
[237] Art. 105 Abs. 2 ZDR-1.
[238] Art. 311 OZ.
[239] Art. 312 OZ.
[240] Art. 164 Abs. 1 ZFPPIPP.

Forderungen und Forderungen, die zu Beginn des Zwangsvergleichsverfahrens noch nicht fällig sind.[241]

98   Die Zulässigkeit der Aufrechnung im Konkursverfahren ist eine Ausnahme von der Regel der gleichzeitigen und verhältnismäßigen Rückzahlung von Forderungen. ZFPPIPP definiert vier Gruppen der Sonderregeln für die Aufrechnung von Ansprüchen im Konkursverfahren:
- Besteht zu Beginn des Konkursverfahrens eine Forderung des einzelnen Gläubigers gegenüber dem Schuldner und die Gegenforderung des Schuldners gegenüber diesem Gläubiger, gelten die Forderungen zu Beginn des Konkursverfahrens als aufgerechnet. Dies gilt auch für nicht in Geld bestehende Forderungen und Forderungen, die zum Beginn des Konkursverfahrens noch nicht zur Zahlung fällig sind.[242]
- Wenn die Forderung des Gläubigers gegenüber dem Schuldner mit einer Bedingung verbunden ist, wird die Aufrechnung vorgenommen, wenn der Gläubiger die Aufrechnung verlangt und das Gericht der Durchführung der Aufrechnung zustimmt.[243]
- Die Forderungen gegenüber dem Schuldner, die vor dem Beginn des Konkursverfahrens entstanden sind und die der neue Gläubiger nach dem Beginn des Konkursverfahrens auf der Grundlage einer Abtretung des früheren Gläubigers erworben hat, darf nicht mit der Gegenforderung des Schuldners, die er gegenüber dem neuen Gläubiger hat und die bis zum Beginn des Konkursverfahrens entstanden ist, aufgerechnet werden.[244]
- Die Forderungen des Gläubigers gegenüber dem insolventen Schuldner, die vor der Eröffnung des Konkursverfahrens entstanden sind, können nicht gegen die Forderung des Schuldners gegenüber diesem Gläubiger, die nach der Eröffnung des Konkursverfahrens entstanden sind, aufgerechnet werden.[245]

6. Insolvenzanfechtung

99   Mit Beginn des Konkursverfahrens erlangen die Gläubiger und der Verwalter die Möglichkeit, **Rechtshandlungen des Schuldners anzufechten** *(izpodbijanje dolžnikovih pravnih dejanj)*, mit denen der Schuldner den Wert des Vermögens vermindert und somit die Gläubiger benachteiligt hat. Es können entgeltliche Rechtsgeschäfte und unentgeltliche Rechtshandlungen angefochten werden, die der Schuldner in den letzten 12 Monaten vor der Einleitung des Konkursverfahrens bis zum Beginn des Konkursverfahrens geschlossen oder vorgenommen hat. Im Falle von unentgeltlichen Rechtshandlungen des Konkursschuldners verlängert sich der Anfechtungszeitraum auf die letzten 36 Monate vor Einleitung des Konkursverfahrens.[246] Im Konkursverfahren über das Vermögen einer natürlichen Person sind unentgeltliche Rechtshandlungen und Rechtshandlungen, die der Schuldner zugunsten einer eng verbundenen Person durchführt, fünf Jahre anfechtbar.[247] Die **Frist für die Erhebung der Anfechtungsklage beträgt zwölf Monate** nach Veröffentlichung der Bekanntmachung über den Beginn des Konkursverfahrens.[248]

100 Für die Anfechtung müssen eine objektive und eine subjektive Bedingung erfüllt sein. Die objektive Bedingung ist erfüllt, wenn die Rechtshandlung des Konkursschuldners eine Verringerung des reinen Vermögenswertes des Konkursschuldners zur Folge hat oder wenn die Person, zu deren Gunsten die Handlung vorgenommen wurde, günstigere Bedingungen für die Bezahlung der Forderung gegen den Konkursschuldners erlangt hat.[249] Nach der subjektiven Bedingung muss die Person, zu deren Gunsten die Handlung vorgenommen wurde, zum Zeitpunkt der Durchführung der Rechtshandlung von der Insolvenz des Schuldners wissen, oder ihr der Vorwurf gemacht werden können, sie hätte wissen müssen, dass der Schuldner insolvent ist.[250] Rechtshandlungen und Geschäfte, die vom Schuldner vor Eintritt der Insolvenz geschlossen oder vorgenommen werden, können nicht Gegenstand der Anfechtung laut ZFPPIPP sein.[251] Eine Unterlassung steht einer

---

[241] Art. 164 Abs. 2 ZFPPIPP.
[242] Art. 261 Abs. 1 ZFPPIPP.
[243] Art. 262 Abs. 1 ZFPPIPP.
[244] Art. 263 ZFPPIPP.
[245] Art. 264 ZFPPIPP.
[246] Art. 269 Abs. 1 ZFPPIPP.
[247] Art. 391 ZFPPIPP.
[248] Art. 277 Abs. 1 ZFPPIPP.
[249] Art. 271 Abs. 1 Ziff. 1 ZFPPIPP.
[250] Art. 271 Abs. 1 Ziff. 2 ZFPPIPP.
[251] S. *Prelič*, Plačilna nesposobnost dolžnika kot predpostavka za izpodbijanje pravnih dejanj po ZFPPIPP (Zahlungsunfähigkeit des Schuldners als Voraussetzung für die Anfechtung rechtlicher Handlungen laut ZFPPIPP), in: Pravna praksa 6/2013, S. 8.

7. Insolvenzrechtliche Haftung

Rechtshandlung gleich.²⁵² Die Anfechtung wird nicht dadurch ausgeschlossen, dass für die Rechtshandlung ein vollstreckbarer Schuldtitel erlangt oder dass die Handlung durch Zwangsvollstreckung erwirkt worden ist.²⁵³

Den Beweis der objektiven und der subjektiven Bedingung erleichtern rechtliche Vermutungen. So ist die objektive Voraussetzung der Anfechtbarkeit erfüllt, wenn (1) die Rechtshandlung zum Zwecke der Erfüllung der Verbindlichkeit des insolventen Schuldners auf der Grundlage eines bilateralen Vertrages oder eines anderen bilateralen Rechtsgeschäfts zugunsten des Gläubigers durchgeführt wurde, der die entgegengesetzte Erfüllung vor Erfüllung des Schuldners vorgenommen hat,²⁵⁴ (2) der Gläubiger durch die Rechtshandlung des Konkursschuldners die Stellung eines Absonderungsgläubigers erlangt hat,²⁵⁵ oder (3) wenn der Schuldner Rechtshandlungen während des Zwangsvergleichsverfahrens durchgeführt hat, die nach den Regeln des Zwangsvergleichsverfahrens nicht erlaubt sind.²⁵⁶, ²⁵⁷ Die subjektive Voraussetzung dagegen ist erfüllt, (1) wenn der Gläubiger, zu dessen Gunsten die Handlung vorgenommen wurde, die Erfüllung seiner Forderung vor ihrer Fälligkeit erhielt, oder eine Leistung in einer Form oder Weise erhalten hat, die nach geschäftlichen Gepflogenheiten, Usancen oder Gepflogenheiten, die zwischen ihm und dem insolventen Schuldner bestanden, nicht als gewöhnliche Form oder Erfüllungsmethode angesehen wird,²⁵⁸ oder (2) wenn die Handlung in den letzten drei Monaten vor Einleitung des Konkursverfahrens erfolgte.²⁵⁹ Folgende Rechtshandlungen des Schuldners sind nicht anfechtbar: (1) Rechtshandlung, die nach ZFPPIPP während des Zwangsvergleichsverfahrens erlaubt sind,²⁶⁰ (2) Rechtshandlungen, die nach dem Restrukturierungsplan im Zwangsvergleichverfahen als Maßnahme der finanziellen Umstrukturierung festgelegt sind,²⁶¹ oder (3) Zahlungen für Wechsel und Schecks, wenn der Empfänger eine Zahlung erhalten musste, damit der Empfänger bei einer Verweigerung der Annahme der Zahlung den Wechselanspruch gegen andere Wechselverpflichtete nicht verloren hätte.²⁶²

Eine erfolgreiche Durchsetzung des Anfechtungsanspruchs hat zur Folge, dass die Wirkungen der angefochtenen Rechtshandlung aufgehoben werden. Die Person, zu deren Gunsten die erfolgreich angefochtene Handlung erfolgte, hat an den Konkursschuldner herauszugeben, was sie aufgrund einer solchen Handlung erhalten hat.

7. Insolvenzrechtliche Haftung

7.1 Haftungsansprüche gegen (frühere) Geschäftsführer

Das ZFPPIPP regelt neben den Insolvenzverfahren über das Vermögen juristischer und natürlicher Personen auch die Finanzgeschäfte juristischer Personen. In den Bestimmungen über die Finanzgeschäfte juristischer Personen sind unter anderem die Verpflichtungen eines Unternehmens und seiner Organe beim Eintritt der Insolvenz festgelegt. Nach Eintritt der Insolvenz darf das Unternehmen keine Zahlungen mehr leisten oder neue Verbindlichkeiten übernehmen, außer jenen, die für den ordentlichen Geschäftsbetrieb des Unternehmens unabdingbar sind. Die **Geschäftsführung** *(poslovodstvo)* und sonstige Organe des Unternehmens dürfen keine Handlung vornehmen, durch

---

²⁵² Art. 271 Abs. 3 ZFPPIPP.
²⁵³ Art. 274 ZFPPIPP.
²⁵⁴ Art. 272 Abs. 1 Ziff. 1 ZFPPIPP.
²⁵⁵ Art. 272 Abs. 1 Ziff. 2 ZFPPIPP.
²⁵⁶ Nach der Eröffnung des Verfahrens darf der Schuldner nur seinen ordentlichen Geschäften nachgehen, die mit seiner Tätigkeit und mit der Abwicklung seiner Verbindlichkeiten im Zusammenhang mit dem Unternehmen zusammenhängen, und nur in dem Maß über sein Vermögen verfügen, in dem dies zur Fortführung des ordentlichen Geschäfts erforderlich ist (Art. 151 Abs. 1 ZFPPIPP); er darf weder Darlehen oder Kredite aufnehmen, noch Garantien oder Sicherheiten gewähren, Verträge schließen oder andere Handlungen vornehmen, die zu einer Ungleichbehandlung der Gläubiger führen oder die Durchführung der finanziellen Umstrukturierung verhindern würden (Art. 151 Abs. 2 ZFPPIPP); nach der Eröffnung des Zwangsvergleichsverfahrens darf der Schuldner mit der Zustimmung des Gerichts Vermögenswerte veräußern, die nicht für das Unternehmen benötigt werden, sofern die Veräußerung der Vermögenswerte im Restrukturierungsplans als Maßnahme der finanziellen Umstrukturierung festgelegt ist (Art. 151 Abs. 2 Ziff. 1 ZFPPIPP); der Schuldner kann Darlehen oder Kredite aufnehmen, die den Gesamtwert an flüssigen Mitteln nicht übersteigen dürfen, die für die Finanzierung der regulären Geschäftstätigkeit und für die Deckung der Kosten des Zwangsvergleichsverfahrens benötigt werden (Art. 151 Abs. 2 Ziff. 2 ZFPPIPP).
²⁵⁷ Art. 272 Abs. 1 Ziff. 1 ZFPPIPP.
²⁵⁸ Art. 272 Abs. 3 Ziff. 1 ZFPPIPP.
²⁵⁹ Art. 272 Abs. 3 Ziff. 2 ZFPPIPP.
²⁶⁰ Art. 273 Ziff. 1 ZFPPIPP.
²⁶¹ Art. 273 Ziff. 2 ZFPPIPP.
²⁶² Art. 273 Ziff. 3 ZFPPIPP.

die Gläubiger, ungleich behandelt würden.²⁶³ Innerhalb eines Monats nach Eintritt der Insolvenz hat die Geschäftsführung dem **Aufsichtsrat *(nadzorni svet)*** einen Bericht über Maßnahmen der finanziellen Umstrukturierung vorzulegen, der eine Beschreibung der finanziellen Lage des Unternehmens, eine Analyse der Gründe der Insolvenz und eine Stellungnahme der Geschäftsführung bezüglich der Möglichkeiten zur finanziellen Umstrukturierung des Unternehmens zu enthalten hat, auf deren Grundlage das Unternehmen erneut kurz- und langfristig zahlungsfähig werden soll.²⁶⁴ Meint die Geschäftsführung, dass eine finanzielle Umstrukturierung erfolgreich durchgeführt werden kann, so hat sie im Bericht über die finanziellen Umstrukturierungsmaßnahmen auch die Maßnahmen darzulegen, die sie zu ergreifen gedenkt (zB Vornahme einer Stammkapitalaufstockung mit neuen Einlagen, Veräußerung geschäftlich nicht benötigter Aktiva).²⁶⁵ Der Aufsichtsrat hat zum Bericht der Geschäftsführung Stellung zu nehmen.

104 Verletzt die Geschäftsführung die genannten Pflichten bei Eintritt der Insolvenz des Unternehmens, haftet sie gegenüber den Gläubigern für Schäden, die diese möglicherweise in Form einer geringeren Befriedigung ihrer Forderungen im Konkursverfahren erleiden.²⁶⁶ Für die Haftung der Geschäftsführung müssen folgende vier Voraussetzungen erfüllt sein:
1. Über die Gesellschaft wurde ein Konkursverfahren eröffnet;
2. Rechtswidriges Verhalten der Geschäftsführung;
3. Schaden;
4. Kausaler Zusammenhang zwischen rechtswidrigem Verhalten und Schaden.²⁶⁷

105 In Bezug zur Voraussetzung der Insolvenz gilt nach ZFPPIPP die unwiderlegbare Vermutung, dass die Gesellschaft zu demjenigen Zeitpunkt zahlungsunfähig geworden ist, zu dem eine solche Lage von der Geschäftsführung hätte festgestellt werden können, wenn die Mitglieder der Geschäftsführung mit der Sorgfalt ordentlicher Kaufmänner gehandelt hätten.²⁶⁸ Insolvenz ist eine Lage, die entsteht, wenn der Schuldner über eine längere Zeit hinweg nicht in der Lage ist alle seine Verpflichtungen, die in dieser Zeit fällig geworden sind zu bezahlen (sogenannte dauerhafte Illiquidität) oder wenn er langfristig zahlungsunfähig wird.²⁶⁹

106 Die Geschäftsführung handelt rechtswidrig, wenn sie nach dem Eintritt der Insolvenz die Pflicht zur Gleichbehandlung von Gläubigern verletzt oder die Ursachen der Insolvenz nicht analysiert und erforderliche Maßnahmen nicht durchführt. Die Pflicht zur Gleichbehandlung von Gläubigern ist durch zwei Verbote bestimmt, nämlich durch das Verbot Zahlungen zu leisten oder neue Verpflichtungen einzugehen, die nicht für den ordnungsgemäßen Geschäftsbetrieb der Gesellschaft erforderlich sind²⁷⁰ und das Verbot Handlungen vorzunehmen, wegen derer die Gläubiger, die im Verhältnis zur Gesellschaft in gleicher Position stehen, ungleich behandelt werden.²⁷¹ Es wird vermutet, dass die Gläubiger ungleich behandelt wurden, wenn die Geschäftsführung den Geschäftsbetrieb oder Finanzströme auf eine andere juristische Person oder natürliche Person umgeleitet hat oder wenn sie zu Beginn des Konkursverfahrens anfechtbare Rechtshandlungen vorgenommen hat.²⁷²

107 Wird von der Geschäftsführung nicht das Gegenteil bewiesen, wird davon ausgegangen, dass der Gläubiger aufgrund oben erwähnter Unterlassungen oder Handlungen der Geschäftsleitung einen Schaden erlitten hat, und zwar in Höhe des Unterschieds zwischen dem Gesamtbetrag seiner Forderung und dem Betrag, zu dem diese Forderung im Konkursverfahren befriedigt wurde.²⁷³ Das ZFPPIPP regelt damit eine anfechtbare Vermutung über die Höhe des Schadens und über den kausalen Zusammenhang zwischen dem rechtswidrigen Verhalten der Gesellschaft und der Höhe des Schadens, der für die Gläubiger damit entsteht.

108 Einzelne Mitglieder der Geschäftsführung haften den Gläubigern für Schäden, die durch Verletzung der Vorschriften des ZFPPIPP verursacht worden sind, bis zum zweifachen Gesamtbetrag ihrer gesamten Geschäftsführervergütung in dem Jahr, in dem die Handlung durchgeführt oder unterlassen worden ist; bei den Mitgliedern der Geschäftsführung einer großen Gesellschaft beträgt dieser Betrag nicht weniger als 150.000,00 EUR, bei einer mittelgroßen Gesellschaft nicht weniger als 50.000,00

---

²⁶³ Art. 34 Abs. 1 und 3 ZFPPIPP.
²⁶⁴ Art. 35 Abs. 1 und 2 ZFPPIPP.
²⁶⁵ Art. 35 Abs. 3 Ziff. 2 ZFPPIPP.
²⁶⁶ Art. 42 bis 44 ZFPPIPP.
²⁶⁷ Art. 42 ZFPPIPP; *Plavšak, Nina*, Zakon o finančnem poslovanju, postopkih zaradi insolventnosti in prisilnem prenehanju z uvodnimi pojasnili (Gesetz über Finanzgeschäfte, Insolvenzverfahren und Zwangsliquidation mit Erläuterung), GV Založba, Ljubljana 2008, S. 65, 66.
²⁶⁸ Art. 33 ZFPPIPP.
²⁶⁹ Mehr über die Definition der Insolvenz bei → Rn. 23.
²⁷⁰ Art. 34 Abs. 1 ZFPPIPP.
²⁷¹ Art. 34 Abs. 3 ZFPPIPP.
²⁷² Art. 34 Abs. 4 ZFPPIPP.
²⁷³ Art. 42 Abs. 2 ZFPPIPP.

EUR und bei einer kleinen Gesellschaft oder einer anderen juristischen Person nicht weniger als 20.000,00 EUR.[274] Die Haftung ist nicht der Höhe nach begrenzt, wenn die Handlung vorsätzlich oder grob fahrlässig durchgeführt oder unterlassen worden ist.[275]

Die Haftung der Geschäftsführung nach ZFPPIPP schließt die Haftung von Mitgliedern der Geschäftsführung nach anderen Gesetzen nicht aus.[276] Nach ZFPPIPP haftet die Geschäftsführung nur für die Verletzung der Verbote und Pflichten **nachdem** die Gesellschaft insolvent wird. Die Haftung nach ZFPPIPP schließt daher nicht die Haftung der Geschäftsführung für den Eintritt der Insolvenz aus, wenn die Gesellschaft zahlungsunfähig geworden ist, weil die Mitglieder der Geschäftsführung ihren Verpflichtungen zur Führung der Geschäftstätigkeit nicht mit der erforderlichen professionellen Sorgfaltspflicht nachgekommen sind.[277] So ist in ZGD-1 bestimmt, dass ein Mitglied der Geschäftsführung oder des Aufsichtsrats bei der Wahrnehmung seiner Aufgaben im Interesse der Gesellschaft mit der Sorgfalt eines gewissenhaften und ehrlichen Kaufmannes zu handeln und die Geschäftsgeheimnisse der Gesellschaft zu schützen hat.[278] Verstoßen die Mitglieder der Geschäftsführung oder des Aufsichtsrats gegen diese Regel, haften sie gemeinsam für Schäden, die sich aus der Verletzung ihrer Pflichten ergeben.[279] Nach dem Beginn des Konkursverfahrens kann ein Schadensersatzanspruch wegen Verletzung der Pflichten aus ZGD-1 gegen Mitglieder der Geschäftsführung oder Aufsichtsrat auch von einem Gläubiger geltend gemacht werden, der zur Durchführung von Verfahrenshandlungen im Konkursverfahren gemäß ZFPPIPP berechtigt ist (Art. 263 Abs. 5 ZGD-1).[280]

7.2 Haftungsansprüche gegen Gesellschafter

Das ZFPPIPP enthält in Bezug auf die Haftung der Gesellschafter für die Pflichten der Gesellschaft einige Sonderregelungen, die im Konkursverfahren über das Vermögen einer Personengesellschaft[281] oder über andere juristische Personen, für deren Verpflichtungen gesetzlich oder nach den Regeln dieser juristischen Person die Gesellschafter haften,[282] verwendet werden. Nach den Regeln des Gesellschaftsrechts kann jeder Gläubiger die Zahlung dieser Forderung von persönlich verantwortlichen Partnern verlangen, wenn die Gesellschaft ihren Verpflichtungen auf seinen schriftlichen Antrag nicht nachkommt.[283] Aufgrund der Gleichbehandlung der Gläubiger können die Gläubiger ab dem Beginn des Konkursverfahrens diese Forderungen nicht mehr einzeln geltend machen, sondern im Namen des zahlungsunfähigen Schuldners und zugunsten der Insolvenzmasse der Verwalter.[284] Die persönlich haftenden Gesellschafter haften in Höhe der Summe der Forderungen, die nicht aus dem Vermögen des Schuldners beglichen werden können.

Die Gesellschafter von Kapitalgesellschaften haften nicht für die Verpflichtungen der Gesellschaft.[285] In Ausnahmefällen haften auch die Gesellschafter für die Verpflichtungen der Kapitalgesellschaft auf der Grundlage des Instituts der **Durchgriffshaftung** *(spregled pravne osebnosti)*. In diesem Fall haften die Gesellschafter für die Verpflichtungen der Gesellschaft, wenn sie die Gesellschaft als

---

[274] Art. 44 Abs. 1 ZFPPIPP.
[275] Art. 44 Abs. 2 ZFPPIPP.
[276] Art. 44 Abs. 4 ZFPPIPP.
[277] *Plavšak, Nina*, Zakon o finančnem poslovanju, postopkih zaradi insolventnosti in prisilnem prenehanju z uvodnimi pojasnili (Gesetz über Finanzgeschäfte, Insolvenzverfahren und Zwangsliquidation mit Erläuterung), GV Založba, Ljubljana 2008, S. 65.
[278] Art. 263 Abs. 1 ZGD-1.
[279] Art. 263 Abs. 2 ZGD-1.
[280] Art. 263 Abs. 5 ZGD-1.
[281] Im slowenischen Gesellschaftsrecht gehören zu den Personengesellschaften die Gesellschaft mit unbeschränkter Haftung und Kommanditgesellschaft (Art. 3 Abs. 3 ZGD-1); alle Gesellschafter haften neben der Gesellschaft für die Verpflichtungen der Gesellschaft mit unbeschränkter Haftung (Art. 76 Abs. 1 ZGD-1); für die Verpflichtungen der Kommanditgesellschaft haften neben der Gesellschaft die Komplementäre (Art. 135 Abs. 1 ZGD-1), während die Kommanditisten nur haften, wenn sie die Geschäfte der Gesellschaft führen (Art. 138 Abs. 3 ZGD-1) oder der Kommanditist in der Höhe des Betrags den er nach dem Vertrag hätte in die Gesellschaft zahlen müssen (Art. 145 Abs. 1 ZGD-1).
[282] Art. 348 Abs. 5 ZFPPIPP.
[283] Art. 100 Abs. 1 ZGD-1.
[284] Art. 350 Abs. 2 und 3 ZFPPIPP.
[285] Im slowenischen Gesellschaftsrecht gehören zu den Kapitalgesellschaften die Gesellschaft mit beschränkter Haftung, Aktiengesellschaft, eine Kommanditaktiengesellschaft und europäische Aktiengesellschaft (Art. 3 Abs. 3 ZGD-1); die Gesellschafter einer Gesellschaft mit beschränkter Haftung, Aktiengesellschaften und europäische Aktiengesellschaften haften nicht für die Verpflichtungen der Gesellschaft; im Falle einer Kommanditaktiengesellschaft haften neben der Gesellschaft auch die Komplementäre, und zwar sinngemäß gleich wie die Komplementäre bei einer Kommanditgesellschaft (Art. 464 Abs. 2 ZGD-1).

juristische Person zur Erreichung des ihnen als Privatpersonen verbotenen Ziels missbraucht haben, wenn die Gesellschaft als juristische Person dazu missbraucht wurde, ihren eigenen Gläubigern oder den Gläubigern der Gesellschaft zu schaden, wenn sie gesetzeswidrig mit dem Vermögen der Gesellschaft als juristischen Person als mit ihrem eigenen Vermögen gehandelt haben oder wenn sie zu ihren Gunsten oder zu Gunsten einer anderen Person das Vermögen der Gesellschaft verringert haben obwohl sie wussten oder hätten wissen müssen, dass diese nicht in der Lage sein wird ihre Verpflichtungen an dritte Personen zu zahlen.[286] Slowenische Lehre und Rechtsprechung sind sich einig, dass auf der Grundlage der Durchgriffshaftung nur die Gläubiger die Erfüllung der Verpflichtungen von Gesellschaftern für ihre Forderungen gegenüber der Gesellschaft fordern können, nicht jedoch auch die Gesellschaft für ihre Forderungen gegenüber dem Gesellschafter.[287]

8. Internationales Insolvenzrecht

112   Mit dem Beitritt Sloweniens zur Europäischen Union am 1.5.2004 ist die EuInsO in Slowenien anwendbar.

113   Im Hinblick auf Nicht-EU Staaten hat das ZFPPIPP in Kapitel 8 besondere Regeln. Die Regelung orientiert sich am Modell von UNCITRAL Model Law. Kapitel 8 ZFPPIPP ist anwendbar (sofern nicht anders im ZFPPIPP angegeben):
1. für Rechtshilfe, um die ein ausländisches Gericht oder ein ausländischer Verwalter in Zusammenhang mit einem ausländischen Insolvenzverfahren in der Republik Slowenien ersucht,
2. für Rechtshilfe, um die in einem anderen Land das Gericht oder der Verwalter in Zusammenhang mit einem inländischen Insolvenzverfahren ersucht,
3. wenn sowohl inländische als auch ausländische Insolvenzverfahren über das Vermögen desselben Schuldners gleichzeitig geführt werden und
4. wenn ausländische Gläubiger daran interessiert sind die Einleitung eines inländischen Insolvenzverfahren zu beantragen oder daran teilzunehmen.[288]

114   Zur Entscheidung über die Anerkennung eines ausländischen Insolvenzverfahrens und zur Zusammenarbeit mit ausländischen Gerichten ist das inländische Gericht zuständig, das für die Durchführung eines inländischen Insolvenzverfahren sachlich zuständig ist.[289] Das inländische Gericht kann die Anerkennung eines ausländischen Insolvenzverfahren oder des Rechtshilfeersuchens eines ausländischen Gerichts oder Verwalters zurückweisen, wenn dies die Souveränität, Sicherheit oder das öffentliche Interesse der Republik Slowenien beeinträchtigen könnte.[290]

115   Für die Anerkennung eines ausländischen Insolvenzverfahrens gelten die allgemeinen Regelungen für die Anerkennung und Vollstreckung ausländischer Entscheidungen, die das Gesetz über internationales Privatrecht und Verfahren *(slow. Zakon o mednarodnem zasebnem pravu in postopku; im Folgenden: ZMZPP)*[291] regelt, sofern im ZFPPIPP nichts anderes bestimmt ist.[292] Der Antrag auf Anerkennung kann von einer in diesem Verfahren als Verwalter bezeichneten Person gestellt werden.[293]

116   Mit dem Beschluss über die Anerkennung eines ausländischen Insolvenzverfahrens entscheidet das Gericht, ob ein ausländisches Insolvenzverfahren als Haupt- oder Sekundärverfahren anerkannt wird.[294]

117   Erkennt ein Gericht ein ausländisches Insolvenzverfahren als Hauptverfahren an, ist es ab Veröffentlichung des Beschlusses über diese Anerkennung in Hinblick auf den Schuldner und auf sein Vermögen in der Republik Slowenien nicht mehr zulässig, ein Vollstreckungs- oder Sicherungsverfahren zu beginnen. Bereits anhängige Verfahren werden ausgesetzt, die Befugnisse des Vertreters des Schuldners und seiner Bevollmächtigten, über sein Vermögen zu verfügen oder andere Rechtsgeschäfte für den Schuldner durchzuführen, werden auf den ausländischen Verwalter übertragen.[295] Auf den Antrag eines ausländischen Verwalters kann das slowenische Gericht mit dem Beschluss über die Anerkennung eines ausländischen Insolvenzverfahrens auch entscheiden, (1) dass diese

---

[286] Art. 8 Abs. 1 ZGD-1.
[287] Zabel, Bojan, in: Kocbek, Marijan (red.), Veliki komentar Zakona o gospodarskih družbah (Großer Kommentar des Gesetzes über Handelsgesellschaften), 1. Buch, S. 161; Entscheidung des Obersten Gerichtshofs der Republik Slowenien, Nr. II Ips 333/2000, 15.3.2001.
[288] Art. 449 Abs. 1 ZFPPIPP.
[289] Art. 450 Abs. 1 ZFPPIPP.
[290] Art. 452 ZFPPIPP.
[291] Amtsblatt der Republik Slowenien, Nr. 59/99, 45/08.
[292] Art. 459 ZFPPIPP.
[293] Art. 460 Abs. 1 ZFPPIPP.
[294] Art. 462 Abs. 2 ZFPPIPP.
[295] Art. 466 Abs. 1 ZFPPIPP.

Rechtsfolgen für ein Sekundärverfahren entstehen, (2) einen ausländischen Verwalter oder eine andere Person, die von ihm bestellt wird, zur Verwaltung oder Veräußerung des Vermögens eines insolventen Schuldners in der Republik Slowenien oder eines Teils davon ermächtigen, wenn es der Auffassung ist, dass die Interessen der inländischen Gläubiger angemessen geschützt sind, oder (3) das Geschäftsunterlagen und Informationen zu Zwecken eines ausländischen Verfahrens wegen Insolvenz an den ausländischen Verwalter weiterzuleiten sind.[296]

Die Anerkennung eines ausländischen Insolvenzverfahrens bedeutet nicht die gleichzeitige Anerkennung aller gerichtlichen Entscheidungen in einem anerkannten ausländischen Insolvenzverfahren, sondern nur die Anerkennung der Rechtsfolgen der Einleitung dieses Verfahrens in Slowenien.[297] Die Anerkennung eines ausländischen Insolvenzverfahrens, das die Merkmale eines Finanzrestrukturierungsverfahrens aufweist, bedeutet nicht auch die Anerkennung der Rechtsfolgen einer erzwungenen Restrukturierung von Forderungen, die nach dem ausländischen Recht durch den Erlass oder die Rechtskraft der Entscheidung entstehen, mit der das ausländische Gericht die Vereinbarung oder den Finanzrestrukturierungsplan, Zwangsvergleich oder ein anderes Instrument der Zwangsrestrukturierung bestätigt. Die Rechtsfolgen dieser Entscheidung in Slowenien entstehen nur, wenn ihre Anerkennung nach allgemeinen im ZMZPP vorgesehenen Regelungen über die Anerkennung der ausländischen Gerichtsentscheidungen erreicht wird.[298]

Wurde ein ausländisches Insolvenzverfahren anerkannt, ist es nur gestattet, über denselben Schuldner in der Republik Slowenien ein inländisches Insolvenzverfahren als Sekundärverfahren einzuleiten.[299] Die rechtlichen Folgen eines inländischen Insolvenzverfahrens beschränken sich auf das Vermögen eines insolventen Schuldners in der Republik Slowenien und auf den Umfang, der für die Verwirklichung der Zusammenarbeit des slowenischen Gerichts mit ausländischen Gerichten und ausländischen Verwaltern in Bezug auf dieses Vermögen erforderlich ist.[300]

Das ZFPPIPP legt in einem besonderen Abschnitt Regelungen des internationalen Privatrechts für das auf die Rechtsfolgen eines Insolvenzverfahrens anwendbare Recht fest.[301] Nach der allgemeinen Regel wird für die Rechtsfolgen des Insolvenzverfahrens das Recht des Landes angewendet, in dem dieses Verfahren geführt wird,[302] sofern im Einzelfall im Gesetz nicht etwas anderes bestimmt ist, zB für die Rechtsfolgen des Insolvenzverfahrens wird für Verträge, die als Gegenstand Nutzung oder Erwerb von Immobilien haben, das Recht des Landes angewendet, in dessen Territorium sich diese Immobilie befindet.[303]

9. Die COVID-19-Ausnahmegesetzgebung

Die slowenische Regierung hat am 12.3.2020 die „Epidemie für Infektionskrankheiten SARS-CoV-2 (COVID-19)" erklärt.[304] Nach der Erklärung der Epidemie hat der slowenische Gesetzgeber verschiedene Gesetze aufgrund der Epidemie verabschiedet; für das Insolvenzrecht am wichtigsten ist das Gesetz über Interventionsmaßnahmen zur Eindämmung der COVID-19-Pandemie und zur Abschwächung ihrer Auswirkungen auf Bürger und Wirtschaft *(Zakon o interventnih ukrepih za zajezitev epidemije COVID-19 in omilitev njenih posledic za državljane in gospodarstvo;* im Folgenden: ZIUZEOP).[305] Die COVID-19-Pandemie in Slowenien wurde von der slowenischen Regierung zwischenzeitlich für beendet erklärt. Die entsprechende Verordnung wurde jedoch am 14.5.2020 verabschiedet und ab dem 31.5.2020 angewendet.[306]

---

[296] Art. 467 Abs. 2 ZFPPIPP.
[297] Art. 446 Abs. 9 ZFPPIPP.
[298] *Plavšak, Nina,* Komentar Zakona o finančnem poslovanju, postopkih zaradi insolventnosti in prisilnem prenehanju (Kommentar des Gesetzes über Finanzgeschäfte, Insolvenzverfahren und Zwangsliquidation), Tax-Fin-Lex, Ljubljana 2017, S. 828.
[299] Art. 474 Abs. 1 ZFPPIPP.
[300] Art. 474 Abs. 2 ZFPPIPP.
[301] Art. 479–484 ZFPPIPP.
[302] Art. 479 ZFPPIPP.
[303] Art. 480 ZFPPIPP.
[304] Verordnung über die Erklärung der Infektionskrankheiten SARS-CoV-2 (COVID-19) auf dem Gebiet der Republik Slowenien *(slow. Odredba o razglasitvi epidemije nalezljive bolezni SARS-CoV-2 (COVID-19) na območju Republike Slovenije),* Amtsblatt der Republik Slowenien (Uradni list Republike Slovenije), Nr. 19/20, 68/20).
[305] Amtsblatt der Republik Slowenien (Uradni list Republike Slovenije), Nr. 49/20, 61/20; das Gesetz ist seit dem 11.4.2020 gültig.
[306] Verordnung über den Widerruf der Infektionskrankheiten SARS-CoV-2 (COVID-19) *(slow. Odlok o preklicu epidemije nalezljive bolezni SARS-CoV-2 (COVID-19)),* Amtsblatt der Republik Slowenien (Uradni list Republike Slovenije), Nr. 68/20).

122 Das ZIUZEOP legt zusätzlich zu den Vermutungen der Insolvenz des Unternehmens gemäß ZFPPIPP eine unanfechtbare Vermutung fest. Laut dieser Vermutung ist ein Unternehmen insolvent, wenn es im einmonatigen Verzug bei der Auszahlung von Gehältern und Beiträgen ist, deren Erstattung es gemäß den Interventionsvorschriften für Arbeitnehmer erhalten hätte.[307] Diese unanfechtbare Vermutung gilt noch vier Monate nach der Beendigung der Maßnahmen nach dem ZIUZEOP.[308] Es muss betont werden, dass das ZIUZEOP kein Insolvenzmoratorium einführt, sondern die Geschäftsführung nur von bestimmten Verpflichtungen entbindet und dadurch von der Haftung für Nichtausführung entlastet.

123 Wie im deutschen Recht soll durch Aussetzung von Antragsfristen die Einleitung eines Insolvenzverfahrens vermieden werden. Die Geschäftsführung ist im Falle des Eintritts der Insolvenz für die Dauer der verkündeten Epidemie und für drei Monate danach von der Pflicht ein Insolvenzverfahren zu beantragen entlastet, wenn die Pandemie der Grund für die Insolvenz des Unternehmens ist. Dies gilt nur, wenn die Aussicht besteht, dass das Unternehmen seine Insolvenz in Zukunft beseitigen wird.[309] Es wird vermutet, dass die Pandemie der Grund der Insolvenz des Unternehmens sei, wenn die Geschäftstätigkeit des Unternehmens wegen der Maßnahmen zur Eindämmung der Pandemie untersagt wurde.[310]

124 Beim Eintritt der Insolvenz des Unternehmens hat die Geschäftsführung nach dem ZFPPIPP die Pflicht, dem Aufsichtsrat einen Bericht über Maßnahmen der finanziellen Umstrukturierung vorzulegen, der eine Beschreibung der finanziellen Lage des Unternehmens, eine Analyse der Gründe der Insolvenz und eine Stellungnahme der Geschäftsführung bezüglich der Möglichkeiten zur finanziellen Umstrukturierung des Unternehmens zu enthalten hat, auf deren Grundlage das Unternehmen erneut solvent werden soll.[311] Wenn im Bericht über Maßnahmen der finanziellen Umstrukturierung die Vornahme einer Stammkapitalaufstockung mit neuen Einlagen vorgesehen ist, muss die Geschäftsführung die Hauptversammlung einberufen.[312] Falls die Einberufung der Hauptversammlung wegen der Pandemie nicht möglich ist, muss die Geschäftsführung diese Pflicht innerhalb eines Monats nach Beendigung der Maßnahmen nach dem ZIUZEOP erfüllen.[313]

125 Art. 97 des ZIUZEOP verlängert die Frist, um die Entscheidung über den Antrag auf die Einleitung des Konkursverfahrens eines Gläubigers zu verschieben, und die Frist, innerhalb der das Unternehmen seinen Antrag auf Verschiebung des Insolvenzantrags begründen kann, auf vier Monate. Diese Regel gilt für alle Anträge auf die Einleitung des Konkursverfahrens, die der Gläubiger spätestens drei Monate nach Beendigung der Maßnahmen nach dem ZIUZEOP einreicht.[314] Es wird vermutet, dass die Pandemie der Grund der Insolvenz des Unternehmens ist, wenn die Geschäftstätigkeit des Unternehmens wegen der Maßnahmen zur Eindämmung der Pandemie untersagt wurde.[315]

---

[307] Art. 95 Abs. 1 ZIUZEOP.
[308] Art. 95 Abs. 2 ZIUZEOP.
[309] Art. 96 Abs. 1 ZIUZEOP.
[310] Art. 96 Abs. 3 ZIUZEOP.
[311] Art. 35 Abs. 1 und 2 ZFPPIPP.
[312] Art. 36 ZFPPIPP.
[313] Art. 96 Abs. 1 ZIUZEOP.
[314] Art. 97 Abs. 1 ZIUZEOP.
[315] Art. 97 Abs. 3 ZIUZEOP.

Slowenien

Das Verfahren der präventiven Restrukturierung

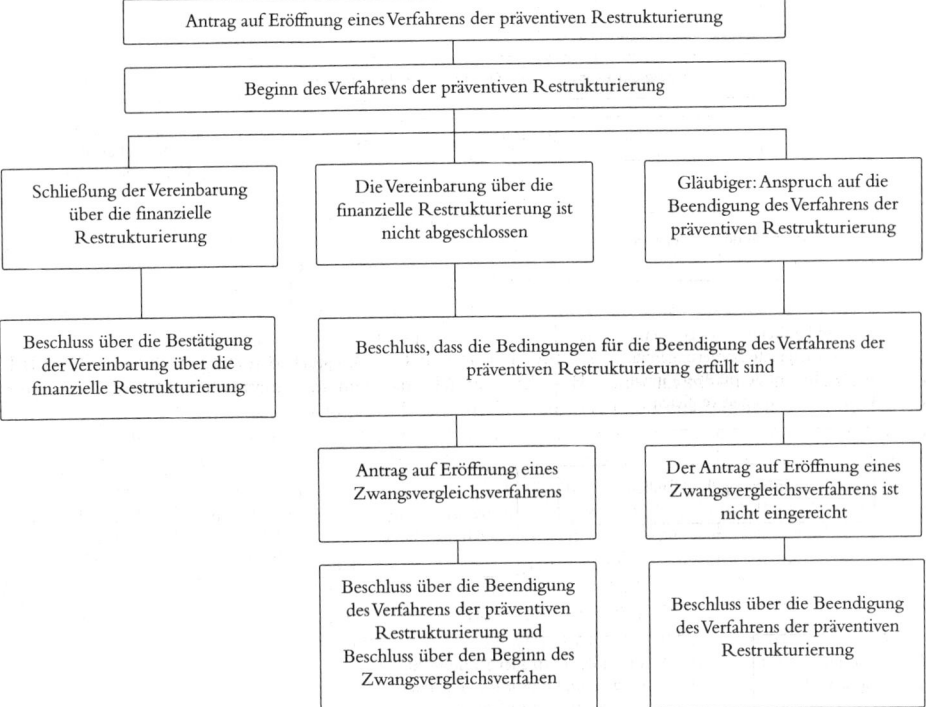

Slowenien

Zwangsvergleichsverfahren

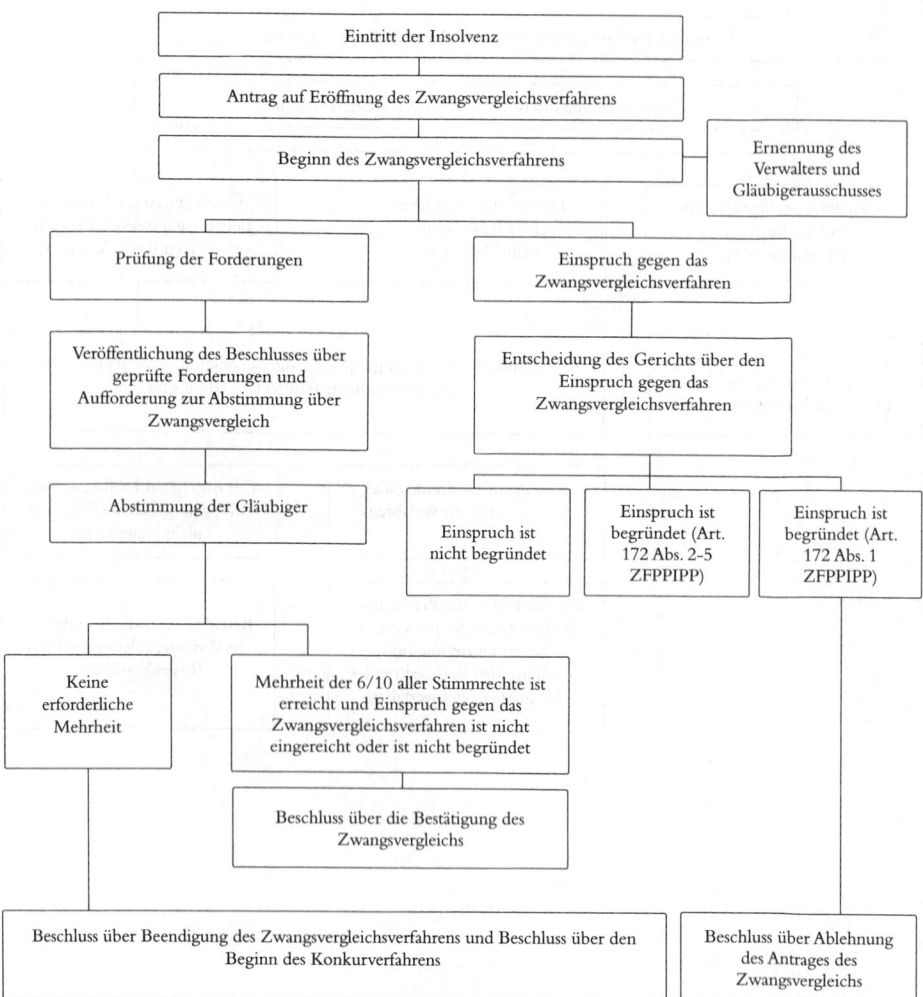

Slowenien

Konkursverfahren

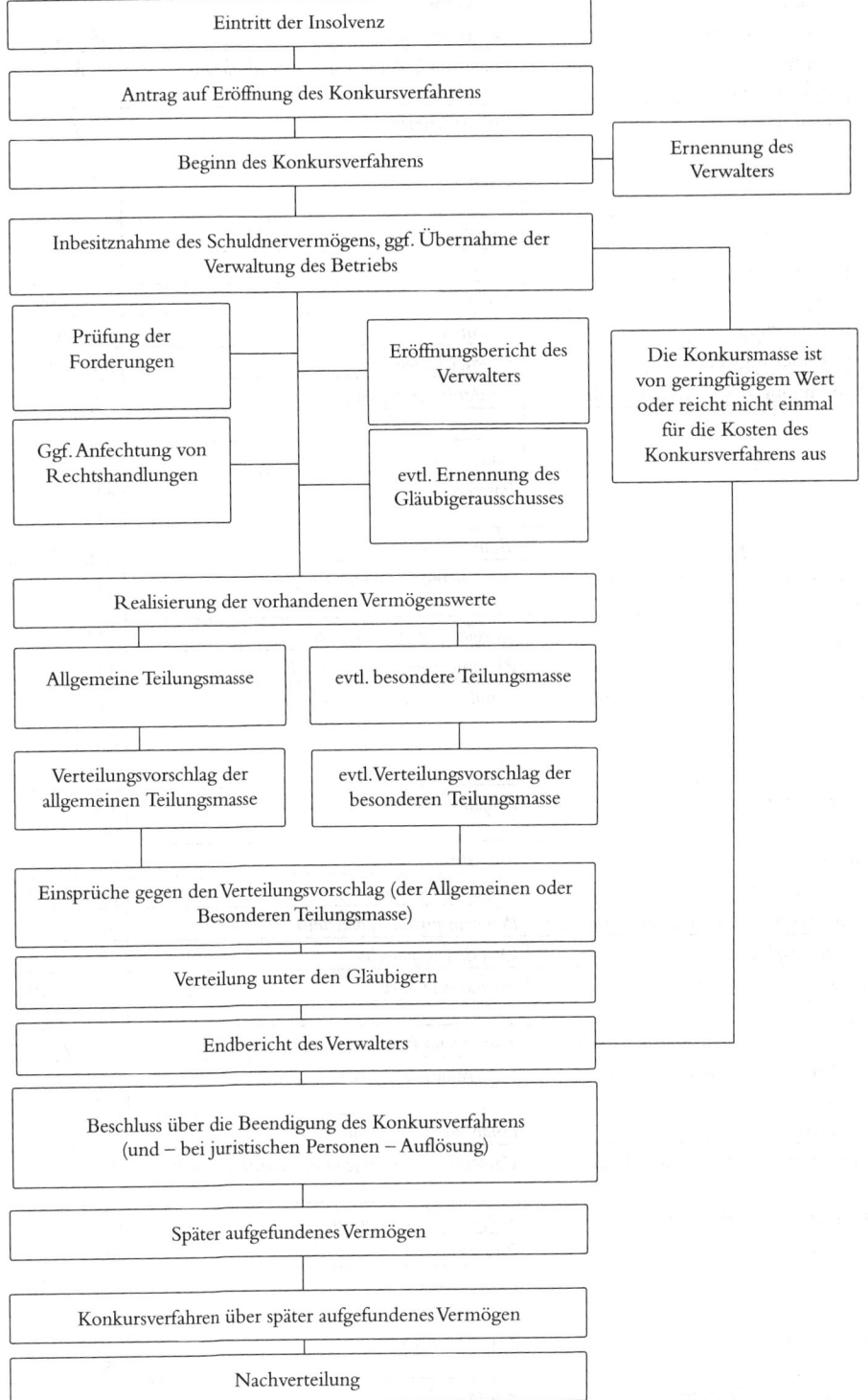

Slowenien

Glossar

Deutsch	Slowenisch	Rn.
Absonderungsrecht	Ločitvena pravica	38, 54, 65
Anfechtung der Rechtshandlungen des Schuldners	Izpodbijanje dolžnikovih pravnih dejanj	99 ff.
Anmeldung der Forderungen/Forderungsanmeldung	Prijava terjatev	33 ff.
Arbeitnehmer	Delavec	23, 43, 51, 122
Arbeitsvertrag	Pogodba o zaposlitvi	94, 95
Aufrechnung	Pobotanje	96 ff.
Aufsichtsrat	Nadzorni svet	103, 109
Ausgliederung	Izčlenitev	64, 66
Aussonderungsrecht	Izločitvena pravica	35, 36 ff.
Beendigung des Konkursverfahrens	Končanje stečajnega postopka	75
Beginn des Konkursverfahrens	Začetek stečajnega postopka	73
Darlehen	Posojilo	41, 43, 45, 61
Dauerhaftere Illiquidität	Trajnejša nelikvidnost	23, 105
Direktverhandlungen mit dem Käufer	Neposredna pogajanja s kupcem	74
Durchgriffshaftung	Spregled pravne osebnosti	111
Einholen verbindlicher Angebote	Zbiranje zavezujočih ponudb	74
Einleitung des Konkursverfahrens	Uvedba stečajnega postopka	37, 51, 70, 71, 72, 79, 80, 89, 99, 101, 125
Einzelunternehmer	Podjetnik	13, 23, 56, 68, 78, 82
Erblasser	Zapustnik	83, 84
Erlass der Verbindlichkeiten	Odpust obveznosti	22, 81, 82
Erneutes Zwangsvergleichsverfahren	Ponovna prisilna poravnava	67
Eröffnungsbericht	Otvoritveno poročilo	29
Finanzielle Forderung	Finančna terjatev	11, 17, 19, 20
– Gesicherte finanzielle Forderung	Zavarovana finančna terjatev	11, 19
– Ungesicherte finanzielle Forderung	Nezavarovana finančna terjatev	11
Finanzsicherheit	Finančno zavarovanje	41
Gegenseitig nicht erfüllter bilateraler Vertrag	Vzajemno neizpolnjena dvostranska pogodba	86
Gemeinsames Absonderungsrecht	Skupna ločitvena pravica	65
Genossenschaft	Zadruga	56
Geschäftsführung	Poslovodstvo	15, 103 ff., 122 ff.
Gesicherte Forderung	Zavarovana terjatev	19, 35, 38, 65
Gesicherter Gläubige	Zavarovani upnik	65

Slowenien

Deutsch	Slowenisch	Rn.
Gewerkschaft	Sindikat	94
Gewöhnliche Forderung	Navadna terjatev	42, 47, 69
Gläubigerausschuss	Upniški odbor	31 ff., 68, 76
Haftung (insolvenzrechtliche)	Odgovornost	103 ff.
– der Geschäftsführung	– poslovodstva	103 ff.
– der Gesellschafter	– družbenikov	110 ff.
Handelsgesellschaft	Gospodarska družba	56
Hauptkonkursverfahren	Glavni stečajni postopek	72
Insolvenz	Insolventnost	23
Insolvenzkosten	Stroški insolvenčnega postopka	48 ff., 72
Insolvenzverfahren	Postopek zaradi insolventnosti	7, 21, 22
– Vorinsolvenzverfahren	– predhodni postopek zaradi insolventnosti	21
– Hauptinsolvenzverfahren	– glavni postopek zaradi insolventnosti	21
Konkursmasse	Stečajna masa	73, 79, 80, 83
Konkursschuldner	Stečajni dolžnik	73, 75, 79, 80, 81, 102
Konkursvorverfahren	Predhodni stečajni postopek	72
Konkursverfahren über später aufgefundenes Vermögen	Stečajni postopek nad pozneje najdenim premoženjem	77
Konkursverfahren	Stečajni postopek	7, 70
– Konkursverfahren über das Vermögen einer juristischen Person	Stečajni postopek nad pravno osebo	70 ff.
– Konkursverfahren über das Vermögen einer natürlichen Person	Postopek osebnega stečaja	78 ff.
– Nachlasskonkursverfahren	Postopek stečaja zapuščine	83 ff.
Kündigungs- bzw. Rücktrittsrecht	Odstopna pravica	89
Langfristige Zahlungsunfähigkeit	Dolgoročna plačilna nesposobnost	23
Löschung aus dem Register ohne Liquidation	Izbris iz sodnega registra brez likvidacije	8
Mietvertrag	Najemna pogodba	92
Nachlass	Zapuščina	83, 84, 85
Nachlasskonkurs ohne Erben	Stečaj zapuščine brez dedičev	85
Nachrangige Forderung	Podrejena terjatev	42, 45, 46
Nachrangiger Insolvenzgläubiger	Podrejeni upnik	42
Öffentliche Versteigerung	Javna dražba	41, 74
Pachtvertrag	Zakupna pogodba	92
Pfandrecht	Zastavna pravica	38, 39, 40, 41, 54
– Pfandrecht auf Immobilien, Hypothek	– Hipoteka	35, 38, 39, 40
Präventive Restrukturierung	Postopek preventivnega prestrukturiranja	9 ff.
Prüfung der Forderungen	Preizkus terjatev	34
Zurückbehaltungsrecht	Pridržna pravica	38
Treuhandabtretung	Odstop terjatve v zavarovanje; fiduciarna cesija	38

Slowenien

Deutsch	Slowenisch	Rn.
Treuhänderische Übertragung	prenos lastninske pravice v zavarovanje; fiduciarni prenos	38
Ungesicherte Forderung	Nezavarovana terjatev	42 ff.
Verbraucher	Potrošnik	78, 82
Vereinbarung über die finanzielle Umstrukturierung	Sporazum o finančnem prestrukturiranju	9, 11, 19, 20, 48
Verteilung	Razdelitev	22, 29, 37, 77
Verwalter	Upravitelj	24 ff.
Verwertung	Ocenitev vrednosti	21, 24, 29, 74
Vollstreckung (auch Vollstreckungsverfahren)	Izvršilni postopek	17, 35, 41, 52 ff., 115, 117
Vollstreckungstitel	Izvršilni naslov	52
Vorrangige Forderung	Prednostna terjatev	35, 42, 43, 44
Zahlungsunfähigkeit	Plačilna nesposobnost	23, 45
Zwangsliquidation	Prisilna likvidacija	8
Zwangsliquidationsverfahren	Postopek prisilnega prenehanja	8, 41, 44, 94
Zwangsvergleich	Prisilna poravnava	33, 37, 44, 57, 58, 60, 67, 69, 90, 118
Zwangsvergleichsverfahren	Postopek prisilne poravnave	7, 18, 21, 25, 26, 31, 33, 37, 49, 53, 55 ff., 90, 97, 101
– vereinfachte Zwangsvergleichsverfahren	Postopek poenostavljene prisilne poravnave	7, 68 ff.
– Zwangsvergleichsverfahren über kleine, mittlere oder große Kapitalgesellschaften	Postopek prisilne poravnave nad majhno, srednjo ali veliko kapitalsko družbo	62 ff.

Glossar

Slowenisch	Deutsch	Rn.
Delavec	Arbeitnehmer	23, 43, 51, 122
Dolgoročna plačilna nesposobnost	Langfristige Zahlungsunfähigkeit	23
Finančna terjatev	Finanzielle Forderung	11, 17, 19, 20
Finančno zavarovanje	Finanzsicherheit	41
Glavni postopek zaradi insolventnosti	Hauptinsolvenzverfahren	21
Glavni stečajni postopek	Hauptkonkursverfahren	72
Gospodarska družba	Handelsgesellschaft	56
Hipoteka	Pfandrecht auf Immobilien, Hypothek	35, 38, 39, 40
Insolventnost	Insolvenz	23

Slowenien

Slowenisch	Deutsch	Rn.
Izbris iz sodnega registra brez likvidacije	Löschung aus dem Register ohne Liquidation	8
Izčlenitev	Ausgliederung	64, 66
Izločitvena pravica	Aussonderungsrecht	35, 36 ff.
Izpodbijanje dolžnikovih pravnih dejanj	Anfechtung der Rechtshandlungen des Schuldners	99 ff.
Izvršilni naslov	Vollstreckungstitel	52
Izvršilni postopek	Vollstreckung (auch Vollstreckungsverfahren)	17, 35, 41, 52 ff., 115, 117
Javna dražba	Öffentliche Versteigerung	41, 74
Končanje stečajnega postopka	Beendigung des Konkursverfahrens	75
Ločitvena pravica	Absonderungsrecht	38, 54, 65
Nadzorni svet	Aufsichtsrat	103, 109
Najemna pogodba	Mietvertrag	92
Navadna terjatev	Gewöhnliche Forderung	42, 47, 69
Neposredna pogajanja s kupcem	Direktverhandlungen mit dem Käufer	74
Nezavarovana terjatev	Ungesicherte Forderung	42 ff.
Nezavarovana finančna terjatev	Ungesicherte finanzielle Forderung	11
Ocenitev vrednosti	Verwertung	21, 24, 29, 74
Odgovornost	Haftung (insolvenzrechtliche)	103 ff.
– Poslovodstva	– der Geschäftsführung	103 ff.
– družbenikov	– der Gesellschafter	110 ff.
Odpust obveznosti	Erlass der Verbindlichkeiten	22, 81, 82
Odstop terjatve v zavarovanje; fiduciarna cesija	Treuhandabtretung	38
Odstopna pravica	Kündigungs- bzw. Rücktrittsrecht	89
Otvoritveno poročilo	Eröffnungsbericht	29
Plačilna nesposobnost	Zahlungsunfähigkeit	23, 45
Pobotanje	Aufrechnung	96 ff.
Podjetnik	Einzelunternehmer	13, 23, 56, 68, 78, 82
Podrejena terjatev	Nachrangige Forderung	42, 45, 46
Podrejeni upnik	Nachrangiger Insolvenzgläubiger	42
Pogodba o zaposlitvi	Arbeitsvertrag	94, 95
Ponovna prisilna poravnava	Erneutes Zwangsvergleichsverfahren	67
Poslovodstvo	Geschäftsführung	15, 103 ff., 122 ff.
Posojilo	Darlehen	41, 43, 45, 61
Postopek osebnega stečaja	Konkursverfahren über das Vermögen einer natürlichen Person	78 ff.
Postopek poenostavljene prisilne poravnave	Vereinfachte Zwangsvergleichsverfahren	7, 68 ff.
Postopek preventivnega prestrukturiranja	Präventive Restrukturierung	9 ff.

Slowenien

Slowenisch	Deutsch	Rn.
Postopek prisilne poravnave	Zwangsvergleichsverfahren	7, 18, 21, 25, 26, 31, 33, 37, 49, 53, 55 ff., 90, 97, 101
Postopek prisilne poravnave nad majhno, srednjo ali veliko kapitalsko družbo	Zwangsvergleichsverfahren über kleine, mittlere oder große Kapitalgesellschaften	62 ff.
Postopek prisilnega prenehanja	Zwangsliquidationsverfahren	8, 41, 44, 94
Postopek stečaja zapuščine	Nachlasskonkursverfahren	83 ff.
Postopek zaradi insolventnosti	Insolvenzverfahren	7, 21, 22
Potrošnik	Verbraucher	78, 82
Predhodni postopek zaradi insolventnosti	Vorinsolvenzverfahren	21
Predhodni stečajni postopek	Konkursvorverfahren	72
Prednostna terjatev	Vorrangige Forderung	5, 42, 43, 44
Preizkus terjatev	Prüfung der Forderungen	34
Prenos lastninske pravice v zavarovanje; fiduciarni prenos	Treuhänderische Übertragung	38
Pridržna pravica	Zurückbehaltungsrecht	38
Prijava terjatev	Anmeldung der Forderungen / Forderungsanmeldung	33 ff.
Prisilna likvidacija	Zwangsliquidation	8
Prisilna poravnava	Zwangsvergleich	33, 37, 44, 57, 58, 60, 67, 69, 90, 118
Razdelitev	Verteilung	22, 29, 37, 77
Sindikat	Gewerkschaft	94
Skupna ločitvena pravica	Gemeinsames Absonderungsrecht	65
Sporazum o finančnem prestrukturiranju	Vereinbarung über die finanzielle Umstrukturierung	9, 11, 19, 20, 48
Spregled pravne osebnosti	Durchgriffshaftung	111
Stečaj zapuščine brez dedičev	Nachlasskonkurs ohne Erben	85
Stečajna masa	Konkursmasse	73, 79, 80, 83
Stečajni dolžnik	Konkursschuldner	73, 75, 79, 80, 81, 102
Stečajni postopek	Konkursverfahren	7, 70
Stečajni postopek nad pozneje najdenim premoženjem	Konkursverfahren über später aufgefundenes Vermögen	77
Stečajni postopek nad pravno osebo	Konkursverfahren über das Vermögen einer juristischen Person	70 ff.
Stroški insolvenčnega postopka	Insolvenzkosten	48 ff., 72
Trajnejša nelikvidnost	Dauerhaftere Illiquidität	23, 105
Upniški odbor	Gläubigerausschuss	31 ff., 68, 76
Upravitelj	Verwalter	24 ff.
Uvedba stečajnega postopka	Einleitung des Konkursverfahrens	37, 51, 70, 71, 72, 79,

Slowenien

Slowenisch	Deutsch	Rn.
		80, 89, 99, 101, 125
Vzajemno neizpolnjena dvostranska pogodba	Gegenseitig nicht erfüllter bilateraler Vertrag	86
Začetek stečajnega postopka	Beginn des Konkursverfahrens	73
Zadruga	Genossenschaft	56
Zakupna pogodba	Pachtvertrag	92
Zapustnik	Erblasser	83, 84
Zapuščina	Nachlass	83, 84, 85
Zastavna pravica	Pfandrecht	38, 39, 40, 41, 54
Zavarovana terjatev	Gesicherte Forderung	19, 35, 38, 65
Zavarovana finančna terjatev	Gesicherte finanzielle Forderung	11, 19
Zavarovani upnik	Gesicherte Gläubiger	65
Zbiranje zavezujočih ponudb	Einholen verbindlicher Angebote	74

Spanien

bearbeitet von *Angel Martin Torres* und *Beatriz Rúa*, beide KPMG, Abogados, S. L. P.; deutsche Bearbeitung: *Dr. Malte Köster*, Rechtsanwalt und Fachanwalt für Insolvenzrecht sowie Partner bei WILLMERKÖSTER Rechtsanwälte Insolvenzverwalter Partnerschaft in Bremen; *Dr. Hans-Joachim Berner*, Rechtsanwalt bei WILLMERKÖSTER in Hamburg.

Übersicht

	Rn.
1. Literatur und andere nützliche Informationen	1
1.1 Literatur	1
1.2 Andere Informationen	2
2. Einführung	12
2.1 Gesetzliche Grundlagen	12
2.2 Bestimmte Verfahrensarten	16
2.3 Präventive Restrukturierung	18
2.3.1 Vorinsolvenzliches Moratorium („preconcurso")	19
2.3.2 Außergerichtlicher Zahlungsplan für Einzelpersonen, Unternehmer sowie kleine und mittlere Unternehmen	23
2.3.3 Außergerichtliche Refinanzierungsvereinbarung („acciones de reintegración")	32
2.4 Finanzielle Restrukturierung	33
2.5 Spezifische Vorschriften für Finanzinstitute und Versicherungsunternehmen	36
2.6 Insolvenzen von Unternehmensgruppen	37
2.7 Insolvenz und Insolvenzverfahren für natürliche Personen	38
3. Wesentliche Verfahrensmerkmale des Insolvenzverfahrens	42
3.1 Wesentliche Merkmale des spanischen Insolvenzrechts	42
3.2 Überblick zum Verfahrensablauf	43
a) Gemeinsame Phase („fase común")	43
b) Alternative 1: Vergleichsphase („fase de convenio")	46
c) Alternative 2: Liquidationsphase („fase de liquidación")	48
d) Qualifikationsphase („calificación del concurso")	50
3.1 Verfahrenseröffnung	52
3.1.1 Insolvenzgründe und Insolvenzantrag	52
3.1.2 Meldepflichten und Haftung bei Nichteinhaltung	55
3.1.3 Antragsberechtigung	57
3.2 Die Rolle des Insolvenzgerichts	60
3.2.1 Präventive Restrukturierungsinstrumente	61
3.2.2 Das Insolvenzverfahren	62

	Rn.
3.3 Auswahl der Amtswalter & Vergütung; Aufgaben und Befugnisse	63
3.4 Verwaltung und Verwertung der Insolvenzmasse	70
3.5 Unternehmenserhalt	76
3.7 Auswirkungen des Insolvenzerklärung auf die Vollstreckungsmaßnahmen einzelner Gläubiger	78
3.8 Auswirkungen der Eröffnung des Insolvenzverfahrens auf laufende Gerichts- und Schiedsverfahren	80
3.9 Automatisches oder gerichtlich angeordnetes Moratorium	82
3.10 Vertreter der Gläubiger	84
3.11 Anmeldung von Forderungen	87
3.12 Verteilung des Vermögens, Verteilungsreihenfolge	88
3.13 Beendigung des Verfahrens	89
4. Verträge in Insolvenz-, Restrukturierungs- oder anderen Verfahren	90
4.1 Allgemeine Regeln	90
4.2 Mietverträge	94
4.3 Leasingverträge	96
4.4 Arbeitsverträge	99
5. Unterhalts- und Pensionsansprüche in Insolvenz und Restrukturierung	102
6. Eigentumsvorbehalt	105
7. Sicherheiten in der Insolvenz	109
7.1 Sicherheiten an beweglichen Gegenständen und Rechten	112
7.2 Immobilien	113
7.3 Flugzeuge und Schiffe	114
8. Aufrechnung und Aufrechnungsvereinbarungen.	115
9. Insolvenzanfechtung und Aufhebung vorangegangener Transaktionen	116
10. Durchsetzung der Haftung gegenüber (ehemaligen) Geschäftsführern oder Gesellschaftern; Ansprüche gegen Dritte	121
11. Verfolgung von Vermögenswerten	125
12. Internationales Insolvenzrecht	126
13. COVID-19-Gesetzgebung	129

Spanien   1–10

1. Literatur und andere nützliche Informationen

1.1 Literatur

1   „Protocolo Concursal" von Alfonso Muñoz Paredes, 2 Ed., 2017, Editorial Aranzadi; „Comentario a la Ley Concursal", 2016. Juana Pulgar. Editorial La Ley; 2014 Recommendation on a new approach to business failure and insolvency (2014) 1500 final, 12.3.2014; Regulation (EU) No 2015/848 of the European Parliament and of the Council of 20 May 2015 on insolvency proceedings, OJ L 141/19, 5.6.2015 and Evaluation of the implementation of the Commission Recommendation on a new approach to business failure and insolvency, 30 September 2015; Commission Communication „Towards the Completion of the Banking Union" of 24 November 2015; European Central Bank, Statistics, 23 June 2016, Tender No. JUST/2014/JCOO/PR/CIVI/0075; Tender No. JUST/2015/JCOO/FWCIVI0103; WB report, Doing Business 2017: Equal opportunity for All: http://www.doingbusiness.org/en/reports/global-reports/doing-business-2017

1.2 Andere Informationen

2   Das Spanische Insolvenzgesetzbuch (*Ley Concursal*, 22/2003 vom 9 Juli 2003, nachfolgend: „*InsoGB*") und die nachfolgenden Ergänzungen sind in Englischer Sprache im Internet verfügbar unter:
3   https://www.mjusticia.gob.es/cs/Satellite/Portal/1292427555218?blobheader=application%2Fpdf&blob header name1 = Content - Dis position & blob header value1 = attach ment %3B + file name %3DAct_on_Insolvency_%28Ley_Concursal%29.PDF.
4   Derzeit wird der Entwurf eines Königlichen Gesetzesdekrets (*Real Decreto-Ley*) diskutiert, der eine Neufassung des InsoGB vorsieht. Dabei geht es jedoch weniger um eine wesentliche Änderung, sondern vielmehr darum, die bestehenden Klauseln neu anzuordnen, zu vereinfachen und umzuformulieren. Diese Aufgabe ist nach 28 Reformen, denen das Gesetz in seiner kurzen Geschichte unterworfen wurde, von wesentlicher Bedeutung. Zwar ist noch nicht absehbar, wann der aufgeführte Gesetzesentwurf beschlossen wird. Es ist jedoch damit zu rechnen, dass der Wortlaut der finalen Fassung nicht in erheblichen Maßen von dem bisherigen Entwurf abweichen wird. Der Entwurf kann (in Spanisch) unter dem angegebenen Link eingesehen werden:
5   https://www.mjusticia.gob.es/cs/Satellite/Portal/1292428364645?blobheader=application%2Fpdf&blob header name1 = Content - Dis position & blob header name2 = Grupo & blob header value1 = attachment%3B+filename%3DPropuesta_de_Real_Decreto_Legislativo_por_el_que_se_aprueba_el_Texto_Refundido_de_la_Ley_Concursal.PDF&blobheadervalue2=Docs_CGC_Propuestas
6   Als Mitgliedsstaat der Europäischen Union ist Spanien derzeit ebenfalls mit der Umsetzung der „*Richtlinie über Restrukturierung und Insolvenz*" (Richtlinie (EU) 2019/1023 des Europäischen Parlaments und des Rates vom 20.6.2019 über präventive Restrukturierungsrahmen, über Entschuldung und über Tätigkeitsverbote sowie über Maßnahmen zur Steigerung der Effizienz von Restrukturierungs-, Insolvenz- und Entschuldungsverfahren und zur Änderung der Richtlinie (EU) 2017/1132 befasst. Die spanische Regierung hat zur Umsetzung der Richtlinie einen Konsultationsprozess mit Experten, Beteiligtengremien und Interessenverbänden eingeleitet. Außerdem hat ein Ausschreibungsprozess zur Unterstützung der spanischen Regierung bei der Umsetzung der Richtlinie in Übereinstimmung mit den europäischen Best Practices begonnen. Der spanische Gesetzgeber hat einen großen Teil der von der Richtlinie geforderten Standards und Instrumente bereits eingeführt, insbesondere weil sich der spanische Gesetzgeber bei den zahlreichen Gesetzesänderungen der letzten Jahre eng an der Empfehlung der Europäischen Kommission vom 12.3.2014 orientiert hat (s. dazu unten). Der Umsetzungsbedarf im Hinblick auf die *Richtlinie über Restrukturierung und Insolvenz* ist daher begrenzt. Er dürfte sich beschränken auf die Einführung von Frühwarninstrumenten, die Einbindung des Insolvenzgerichts oder eines Insolvenzverwalters bei bestimmten Umstrukturierungsvereinbarungen sowie die Einführung eines Devolutiveffekts bei Rechtsmitteln gegen die Bestätigung oder Ablehnung solcher Umstrukturierungsvereinbarungen. Darüber hinaus wird Spanien die Restschuldbefreiungsphase von derzeit fünf auf drei Jahre reduzieren müssen.
7   Die höchstrichterliche Rechtsprechung kann unter: http://www.poderjudicial.es/search/indexAN.jsp recherchiert werden.
8   Informationen zu Vorinsolvenzen und Insolvenzanträgen eines Unternehmens sowie zu den Hauptentscheidungen für jeden Insolvenzfall können auf dieser öffentlichen Website (abhängig vom Handelsregister) eingesehen werden:
9   https://www.publicidadconcursal.es/concursal-web/
10   Erwähnenswert sind weiterhin die Webseite der *Asociación Profesional de Administradores Concursales* („ASPAC"), der wichtigsten spanischen Vereinigung von Insolvenzrechtlern mit Einfluss auf

Gesetzgebung und Rechtsprechung: https://asociacionaspac.com/ sowie die Webseite der *REFOR – economistas forenses,* einer Art Vereinigung der spanischen Wirtschaftsjuristen https://refor.economis tas.es/?post_type=cust-legis-concursal.

Schließlich können die wichtigsten Handels- und Zivilgesetze eingesehen werden unter https:// www.mjusticia.gob.es/cs/Satellite/Portal/es/servicios-ciudadano/documentacion-publicaciones/publicaciones/traducciones-derecho-espanol.

2. Einführung

2.1 Gesetzliche Grundlagen

Der spanische Insolvenzrechtsrahmen vor Erlass des InsoGB (22/2003) war archaisch und geprägt durch eine verstreute Regelungsweise. Sie schützte fast ausschließlich die Rechte der Gläubiger und stigmatisierte den Schuldner.

Daher versuchte sich das InsoGB – ähnlich wie die deutsche InsO 1999 – an einem lange diskutierten und fundamental anderen Regelungsansatz. Die Insolvenzgesetzgebung sollte dem in finanzielle Schieflage geratenen Schuldner ein rechtliches Sanierungsinstrument zur Verfügung zu stellen, um ihm eine Überbrückung der Insolvenzsituation sowie den dauerhaften Unternehmenserhalt zu ermöglichen. Idealerweise sollte die Insolvenz durch eine frühzeitige Vergleichsvereinbarung zwischen dem Schuldner und seinen Gläubigern vermieden werden können. Nur wenn es dem Schuldner misslingt, die Insolvenz durch einen außergerichtlichen Vergleich zu überwinden, wird durch einen Insolvenzantrag ein gerichtliches Insolvenzverfahren eingeleitet. Dieses Verfahren folgt sodann dem Gedanken der Gläubigergleichbehandlung.

Zwar hat das InsoGB entscheidend zur Fortbildung des spanischen Insolvenzrechts beigetragen. Es erwies sich gleichwohl als ungeeignet, um die Finanz- und Wirtschaftskrise des Jahres 2008[1] befriedigend zu bewältigen und offenbarte an zahlreichen Stellen Reformbedarf. Zwischen 2008 und 2015 wurden mehr als 27 Änderungen[2] vorgenommen, welche sich an der Empfehlung der Europäischen Kommission 2014/135/EU[3] orientierten. Durch diese Änderungen hat Spanien zahlreiche international anerkannte Standards zu modernen Restrukturierungsgesetzen umgesetzt – insbesondere solcher, die von der Eurogruppe in ihrer Sitzung vom 22.4.2016[4] gebilligt wurden. Hierzu gehören unter anderem: die Erkennung und Lösung von Schuldenproblemen in einem frühen Stadium, die Verfügbarkeit von präventiven Restrukturierungsverfahren zur Verbesserung der Sanierungsquote, die Verfügbarkeit einer ganzen Palette an kosteneffizienten und situationsangepassten Restrukturierungsinstrumenten, Rechtssicherheit bei der Durchsetzung gesicherter Forderungen, eine angemessene Restschuldbefreiungsphase für redliche Unternehmer und die Förderung internationaler Investitionen durch Sicherheit bei der Behandlung von grenzüberschreitenden Forderungen.

Dennoch weist das spanische Insolvenzrecht nach wie vor einige Ineffizienzen auf. So gibt es zum Beispiel noch immer wenige bzw. wenig effektive Frühwarnsysteme; dies soll jedoch im Rahmen der Umsetzung der *Richtlinie über Restrukturierung und Insolvenz* geändert werden. Weiterhin müssen Dauer und Kosten des Insolvenzverfahrens weiter reduziert werden. Schließlich ist die Restschuldbefreiung (ähnlich wie in Deutschland) vergleichsweise restriktiv geregelt. So ist zur Erlangung einer Restschuldbefreiung nach fünf Jahren insbesondere eine Befriedigungsquote der Gläubiger von 25 % erforderlich.

2.2 Bestimmte Verfahrensarten

Das InsoGB sieht zwei Verfahrensarten vor: außergerichtliche Verfahren und gerichtliche Verfahren.

Zu den außergerichtlichen Verfahren gehören folgende Instrumente:
– Antrag auf ein *vorinsolvenzliches Moratorium* („*preconcurso*" oder „*comunicación del 5 bis*") von bis zu vier Monaten für Verhandlungen mit Gläubigern.

---

[1] So belegen Statistiken, dass über 95% der insolventen Gesellschaften schließlich liquidiert wurden.
[2] Besonders zu erwähnen sind die Änderungen durch das Gesetz 38/2011, das Königliche Dekret 4/2014, das Gesetz 17/2014, das Königliche Dekret 1/2015 sowie die Gesetze 5/2015, 11/2015 und 25/2015 eingeführt wurden.
[3] Empfehlung der Kommission vom 12.3.2014 für einen neuen Ansatz im Umgang mit unternehmerischem Scheitern und Unternehmensinsolvenzen, abzurufen unter https://publications.europa.eu/en/publication-detail/-/publication/3d2631f9-ab55-11e3-86f9-01aa75ed71a1.
[4] Vgl. Erklärung der Euro-Gruppe zu den nationalen Insolvenzrahmen vom 22.4.2016, abzurufen unter https://www.consilium.europa.eu/de/press/press-releases/2016/04/22/eg-statement-national-insolvency-frameworks.

- *Außergerichtlicher Zahlungsplan ("acuerdo extrajudicial")* für Einzelpersonen, Unternehmer sowie für kleine und mittlere Unternehmen (sofern weniger als 50 Gläubiger vorhanden sind und die Verbindlichkeiten und Vermögenswerte fünf Millionen Euro nicht überschreiten).
- Vergleich nach Art eines britischen *„Scheme of Arrangement"* (*„acuerdo de refinanciación irrescindile"*), welcher Unternehmen eine frühzeitige Umstrukturierung ihrer Verbindlichkeiten ermöglicht und der unter bestimmten Voraussetzungen nicht der Insolvenzanfechtung unterliegt.
- Finanzielle Restrukturierung der Passivseite von Unternehmen, die unter bestimmten Voraussetzungen anfechtungsfest ist. Insbesondere das Instrument der außergerichtlichen Refinanzierungsvereinbarung (*„acciones de reintegración"*) ermöglicht unter bestimmten Voraussetzungen und bei Genehmigung durch das Gericht sogar die Überwindung von obstruierenden (gesicherten) Gläubigern; das Gericht hat dabei lediglich eine Aufsichtsfunktion.
- Die gerichtlichen Verfahren können wie nach folgenden Kriterien eingeteilt werden:
- Im Hinblick auf den Antragsteller kann das Insolvenzverfahren in ein *freiwilliges Insolvenzverfahren* (*„concurso voluntario"*, bei Schuldnerantrag) und ein *obligatorisches Insolvenzverfahren* (*„concurso necesario"*, bei Fremdantrag) unterteilt werden.
- Nach der Person des Schuldners unterscheidet das InsoGB zwischen Insolvenzen von natürlichen Personen (*„concurso de persona física"*), für die eine Restschuldbefreiung vorgesehen ist und Insolvenzen von Gesellschaften (*„concurso de persona jurídica"*).[5]

2.3 Präventive Restrukturierung

18   Der wichtigste im InsoGB vorgesehene präventive Restrukturierungsmechanismus ist das *vorinsolvenzliche Moratorium*, bei dem der Schuldner mit seinen Gläubigern eine außergerichtliche Vereinbarung aushandeln kann.

2.3.1 Vorinsolvenzliches Moratorium (*„preconcurso"*)

19   Der Schuldner kann dem Insolvenzgericht eine *förmliche Mitteilung* (*„comunicación"*) darüber machen, dass er mit seinen Gläubigern Verhandlungen über eine Restrukturierungsvereinbarung aufgenommen hat bzw. dass er versucht, die Unterstützung der Gläubiger für einen frühen Vergleichsvorschlag oder eine außergerichtliche Vergleichsvereinbarung zu erhalten. Dabei kann der Schuldner die Aussetzung der Zwangsvollstreckung in solche Vermögenswerte beantragen, die er für die Fortführung seiner beruflichen oder geschäftlichen Tätigkeit für notwendig hält.

20   Diese Mitteilung kann jederzeit vor Ablauf der Zweimonatsfrist erfolgen, innerhalb derer der Schuldner einen Antrag auf Eröffnung eines (gerichtlichen) Insolvenzverfahrens stellen müsste.[6]

21   Die förmliche Mitteilung hat folgende Auswirkungen: Erstens wird während des Moratoriums ein Antrag auf ein obligatorisches Insolvenzverfahren nicht vom Gericht zugelassen. Zweitens sind gerichtliche und außergerichtliche Zwangsvollstreckungsmaßnahmen in solche Gegenstände des Schuldners suspendiert, die für die Fortsetzung der beruflichen oder geschäftlichen Tätigkeit des Schuldners erforderlich sind;[7] dies gilt jedoch nicht für die Vollstreckung aus öffentlich-rechtlichen Titeln. Drittens können Vollstreckungen aus Finanzverbindlichkeiten (*„acreedores financieros"*)[8] suspendiert werden, sofern eine Finanzgläubigermehrheit (51 % der gesamten Finanzverbindlichkeiten) die Aufnahme von Verhandlungen zur Unterzeichnung der Refinanzierungsvereinbarung ausdrücklich unterstützt; dies ist dem Gericht durch die Vorlage geeigneter Unterlagen darzulegen. Viertens wird den Sicherungsgläubigern die (nach spanischem Recht mögliche) Ausübung von direkt gegen die dinglichen Sicherheiten gerichteten Klagen (vergleichbar einer briti-

---

[5] In Abhängigkeit des Verfahrensausgangs nach dem Abschluss der ersten Phase (*„fase común"*), kann unterschieden werden zwischen Insolvenzverfahren, die durch Vergleich (*„convenio de acreedores"*) abgeschlossen werden und solchen, die in der Liquidation enden. In diesem Zusammenhang ermöglicht das InsoGB den Schuldnern, zusammen mit ihrem Antrag auf Eröffnung der Insolvenz beim Gericht einen Vorschlag für eine frühzeitige Vergleichsvereinbarung oder einen Liquidationsplan vorzulegen; dies führt zu einer erheblichen Verkürzung des Verfahrens. Weiterhin kann man spanische Insolvenzverfahren nach ihrem zeitlichen Ablauf einteilen: Je nach Komplexität des Verfahrens kann das Insolvenzverfahren durch verkürzte Fristen und andere Vereinfachungen beschleunigt werden.

[6] Der maßgebliche Zeitpunkt beginnt mit dem Tag, an dem der Schuldner Kenntnis von dem Eintritt der materiellen Insolvenz erlangt hat oder hätte erlangen müssen.

[7] Die Vollstreckung in Vermögenswerte, die bereits begonnen wurde, wird von dem Richter, der für sie zuständig ist, mit der Vorlage des Beschlusses des Rechtspflegers bezüglich der Verhandlungen, ausgesetzt. Die Aussetzung wird aufgehoben, wenn der für das Verfahren zuständige Richter entscheidet, dass das von der Vollstreckung betroffene Eigentum oder die betroffenen Rechte für die Fortsetzung der beruflichen oder geschäftlichen Tätigkeit nicht erforderlich sind sowie in jedem Fall nach Ablauf der vier Monate.

[8] Zum Begriff der Finanzgläubiger → Rn. 33 ff.

schen „*action in rem*") gesperrt bzw. ausgesetzt. In der Regel genießen die in diesem Zeitraum getroffenen Vereinbarungen nur unter ganz bestimmten Voraussetzungen Schutz gegen Insolvenzanfechtungen.

Hat der Schuldner drei Monate nach der Mitteilung an das Gericht keine Einigung mit seinen Gläubigern erzielt, sollte er bei Gericht einen Insolvenzantrag stellen, um das Auflaufen weiterer Verbindlichkeiten zu vermeiden.

2.3.2 Außergerichtlicher Zahlungsplan für Einzelpersonen, Unternehmer sowie kleine und mittlere Unternehmen

Jede natürliche Person (ob Unternehmer oder nicht), die sich um Zustand materieller Insolvenz befindet oder erwartet, dass sie ihre Verpflichtungen nicht ordnungsgemäß wird erfüllen können, kann das Instrument des *außergerichtlichen Zahlungsplans* nutzen. Die voraussichtlichen Verbindlichkeiten dürfen den Gesamtbetrag von fünf Millionen Euro jedoch nicht übersteigen. Der *außergerichtliche Zahlungsplan* wird auch kleinen und mittleren Unternehmen zur Verfügung gestellt, sofern weniger als 50 Gläubiger vorhanden sind und weder Aktiva noch Passiva den Betrag von jeweils 5 Mio. € überschreiten.

Der Mechanismus zur Schuldentilgung durch außergerichtliche Einigung steht nur redlichen Personen zur Verfügung. Nicht nutzen kann ihn, wer a) in den zehn Jahren vor dem Beginn der Verhandlungen durch rechtskräftiges Urteil wegen einer Straftat gegen das Vermögen, die sozioökonomische Ordnung, das Finanzministerium, die Sozialversicherungsbehörden, gegen die Rechte der Arbeitnehmer oder wegen Urkundenfälschung verurteilt wurde sowie b) wer in den letzten fünf Jahren eine außergerichtliche Einigung erreicht hat, die mit einer vollstreckbaren *Refinanzierungsvereinbarung* geendet hat, c) wessen Insolvenz förmlich erklärt wurde

Das Verfahren beginnt ebenfalls durch eine *förmliche Mitteilung* („*comunicación*") der Verhandlungseröffnung an das Gericht. Diese zeitigt im Wesentlichen zwei Folgen: Erstens wird die Zwangsvollstreckung in das Vermögen des Schuldners für einen Zeitraum von höchstens drei Monaten suspendiert. Dies gilt allerdings nicht für Vollstreckungen aus Forderungen, die mit nicht-betriebsfortführungsnotwendigen Gegenständen besichert sind; diese können zwar begonnen werden, bleiben aber bis zum Ablauf von drei Monaten gehemmt. Zweitens verhindert die Mitteilung der Verhandlungseröffnung für einen Zeitraum von vier Monaten, dass vom Insolvenzgericht eine *Insolvenzerklärung („auto")* ergeht.[9]

Das Verfahren nimmt durch einen Antrag auf Bestellung eines *Insolvenzmediators* („*mediador*") seinen Lauf. Dieser wird vom Handelsregisterführer am Sitz des Schuldners bestimmt, wenn dieser ein Unternehmer oder eine eintragungsfähige Rechtsperson ist. Andernfalls wird er von einem Notar bestimmt. Der *Insolvenzmediator* lädt den Schuldner und die Gläubiger zu einer Sitzung ein, die innerhalb von zwei Monaten nach der Annahme des Amtes abzuhalten ist.

Vor der Sitzung unterbreitet der *Insolvenzmediator* einen Vorschlag für einen *außergerichtlichen Zahlungsplan*. Dieser kann folgende Vereinbarungen enthalten: Stundungen von bis zu zehn Jahren, Schuldenschnitte, Übertragung von schuldnerischen Gegenständen an Gläubiger, Debt-to-Equity Swaps oder die Umwandlung bzw. Modifikation von Verbindlichkeiten (etwa in *Beteiligungsdarlehen* („*préstamo participativo*") mit einer Laufzeit von höchstens zehn Jahren, in *Wandelschuldverschreibungen* („*bonos convertibles*") oder in Nachrangdarlehen („*préstamos subordinados*"); möglich sind aber auch die Umwandlung in andere Finanzinstrumente, die sich in Rang, Fälligkeit oder sonstigen Eigenschaften von der ursprünglichen Schuld unterscheiden).

Im Falle nicht-unternehmerischer natürlicher Personen gelten einige vereinfachende Sonderregelungen. So kann ein Notar das Verfahren unmittelbar (also ohne die Notwendigkeit der Bestellung eines *Insolvenzmediators*) einleiten. Weiterhin sind die möglichen Inhalte des außergerichtlichen Zahlungsplans eingeschränkt. Schließlich wird im Falle einer Folgeinsolvenz unmittelbar die Liquidation eingeleitet.

Je nach Inhalt des *außergerichtlichen Zahlungsplans* sind für seine Genehmigung mehr oder weniger qualifizierte Mehrheiten erforderlich:

Sieht der Zahlungsplan für nicht-gesicherte Gläubiger Stundungen für einen Zeitraum von bis zu fünf Jahren, Schuldenschnitte von bis zu 25 % oder die Umwandlung von Schulden in *Beteiligungsdarlehen* mit gleichbleibender Laufzeit vor, bedarf seine Zustimmung einer Mehrheit von 60 % der Gläubigerforderungen.[10] Sind Stundungen für einen Zeitraum von mehr als fünf Jahren,

---

[9]   Zur *Insolvenzerklärung* → Rn. 43 ff.
[10] In dieser Hinsicht gelten gesicherte Gläubiger, deren Forderungen den beizulegenden Zeitwert ihrer Sicherheiten übersteigen, hinsichtlich des übersteigenden Teils als ungesicherte Gläubiger und können diesbezüglich vom Obstruktionsverbot betroffen sein.

Spanien 31–34

Schuldenschnitte von über 25 % oder andere der oben genannten Maßnahmen vorgesehen, beträgt die erforderliche Mehrheit 75 % der Gläubigerforderungen.

31   Bei einer Annahme des *außergerichtlichen Zahlungsplans* werden die Ansprüche wie vereinbart gestundet oder erlöschen; ausgenommen hiervon sind allerdings stets öffentlich-rechtliche Ansprüche, die von dem außergerichtlichen Vergleich nicht betroffen sein können. Wird der Vorschlag hingegen nicht angenommen und befindet sich der Schuldner weiterhin im Zustand materieller Insolvenz, leitet der Insolvenzmediator das Verfahren in ein gerichtliches Insolvenzverfahren über.

2.3.3 Außergerichtliche Refinanzierungsvereinbarung (*„acciones de reintegración"*)

32   Durch frühzeitige *Refinanzierungsvereinbarungen* (*„acciones de reintegración"*) können Unternehmensinsolvenzen häufig vermieden werden. In diesem Bewusstsein hat der spanische Gesetzgeber den Forderungen der Finanz- und Rechtswirtschaft Gehör geschenkt, die nach größerer Sicherheit (insbesondere vor nachträglichen Insolvenzanfechtungsklagen) verlangen. Nach derzeitiger Gesetzeslage genießen *Refinanzierungsvereinbarungen* (einschließlich der in ihr vereinbarten Maßnahmen) unter den nachfolgend genannten Voraussetzungen einen besonderen rechtlichen Bestandsschutz; dabei ist vorab darauf hinzuweisen, dass nur ein Insolvenzverwalter (*„administrador concursal"*) einen Verstoß gegen die Einhaltung dieser Anforderungen durch Anfechtung geltend machen kann:
– Kollektiv-Refinanzierungsvereinbarungen, die eine signifikante Erhöhung der Kreditsumme oder eine Verlängerung der Kreditlaufzeit oder eine sonstige Modifikation der vertraglichen Verpflichtung enthält: a) die Vereinbarung muss auf einem Rentabilitätsplan basieren; b) die Vereinbarung muss von einem Quorum von Gläubigern unterstützt werden, die (berechnet anhand des Testats eines Wirtschafsprüfers (*„auditor"*) mindestens 60 % der gesamten (finanziellen und nichtfinanziellen) Verbindlichkeiten des Schuldners repräsentieren; c) die Vereinbarung muss in einer in einer öffentlichen Urkunde formalisiert werden. Sofern die *Refinanzierungsvereinbarung* alle der vorgenannten inhaltlichen Anforderungen erfüllt und lediglich das Zustimmungsquorum von 60 % der Gesamtgläubiger verfehlt, kann es nichtsdestoweniger in bestimmten Umfang den Schutz vor Rückforderungsklagen erlangen. Erforderlich ist hierzu eine Unterstützung durch 51 % der *Finanzgläubiger* sowie eine formelle Genehmigung durch das Gericht. Die Vereinbarung ist dem Gericht zusammen mit den Dokumenten vorzulegen, die belegen, dass alle Anforderungen erfüllt sind. Sobald das Gericht diese Anforderungen überprüft hat, wird es offiziell bekannt geben, dass das Gericht die *Refinanzierungsvereinbarung* formell genehmigt hat.
– Individual-Refinanzierungsvereinbarungen mit einzelnen Gläubigern können ebenfalls vor nachträglichen Rückforderungsmaßnahmen geschützt sein, sofern bestimmte (restriktive) Anforderungen erfüllt werden. In der Praxis spielen derartige Vereinbarungen jedoch eine untergeordnete keine Rolle.

2.4 Finanzielle Restrukturierung

33   Durch die Gesetzesänderungen der letzten fünf Jahre wurden entscheidende Hürden ausgeräumt und die *Refinanzierungsvereinbarung* zu einem leistungsfähigen Insolvenzvermeidungsinstrument ausgebaut. De lege lata kann eine vom Gericht genehmigte finanzielle *Refinanzierungsvereinbarung* auch den nicht am Prozess teilnehmenden oder abweichenden *Finanzgläubigern* aufgezwungen werden – ob gesichert oder nicht. Als Finanzgläubiger gelten dabei nicht nur Finanzinstitute, sondern alle Inhaber von Forderungen aus Krediten, Anleihen, Leasingverträgen und Ähnlichem; nicht erfasst sind jedenfalls *kommerzielle Gläubiger* (also solche mit Forderungen aus dem regulären gewerblichen Geschäftsverkehr, *„acreedores por operaciones comerciales"* oder kurz: *„acreedores comerciales"*) sowie öffentlich-rechtliche Gläubiger (*„acreedores de derecho público"*). Bis heute ist die genaue Definition des Begriffs der *Finanzverbindlichkeiten* in Rechtsprechung und Lehre umstritten. Insbesondere besteht keine Einigkeit darüber, ob er bestimmte komplexe Finanzinstrumente umfasst.

34   Das Gesetz sieht recht ausdifferenzierte Quoren für ein *Obstruktionsverbot* (*„arrastre"*) vor, um den Verlust der Gläubigerrechte und die Vorteile des Unternehmenserhalts auszugleichen. Die unterschiedlichen Quoren variieren je nach Auswirkung auf die abweichenden *Finanzgläubiger*. So kann durch ein Quorum von 60 % der *Finanzgläubiger* den obstruierenden *ungesicherten Finanzgläubigern* in der Refinanzierungsvereinbarung eine Stundung von bis zu fünf Jahren oder eine Umwandlung in *Beteiligungsdarlehen* mit einer Laufzeit von bis zu fünf Jahren auferlegen. Wird ein Quorum von 75 % erreicht, sind Stundungen von bis zu zehn Jahren, unbegrenzte Schuldenschnitte, Umwandlungen der Verbindlichkeiten in Beteiligungen, *Beteiligungsdarlehen* oder sonstige Finanzinstrumente (zB Wandelschuldverschreibungen) mit einer Laufzeit von zu zehn Jahren möglich. Sollen obstruierende gesicherte *Finanzgläubiger* einbezogen werden erhöhen sich die vorstehend genannten Quoren von 60 % auf 65 % sowie von 75 % auf 80 %. Hinzuweisen ist auch auf eine Sonderregelung für

syndizierten Kredite: ein positives Votum von 75 % der Inhaber von syndizierten Forderungen reicht aus, damit die Vereinbarung von 100 % der syndizierten Gläubiger als genehmigt gilt.

Die gerichtliche Kontrolle beschränkt sich auf die Einhaltung der oben dargestellten gesetzlich festgelegten Anforderungen sowie die Entscheidung über die Rechtsmittel von Gläubigern. Letztere können sich indes lediglich auf eine unverhältnismäßige Gläubigerbenachteiligung[11] sowie das Fehlen der geforderten Quoren berufen.

2.5 Spezifische Vorschriften für Finanzinstitute und Versicherungsunternehmen

Das InsoGB trägt besonderen und weitgehend unionsrechtlich durchwirkten Rechtsvorschriften Rechnung, die für Kreditinstitute, Versicherer und Geschäfte im Zusammenhang mit Zahlungssystemen und dem Clearing von Wertpapieren oder derivativen Finanzinstrumenten gelten. Besonderheiten gelten bei der Auswahl des *Insolvenzverwalters*. Dieser muss im Falle eines Kreditinstituts als Schuldner aus den Vorschlägen des Bankenrestrukturierungsfonds (*„fondo de reestructuración ordenada bancaria"*) benannt werden; bei einer Versicherungsgesellschaft hat das Versicherungskompensationskonsortiums (*„concorcio de compensacion de seguros"*) das Vorschlagsrecht.

2.6 Insolvenzen von Unternehmensgruppen

Eine Unternehmensgruppe liegt nach spanischem Recht vor, wenn „eine Gesellschaft die Kontrolle über eine oder mehrere andere Gesellschaften direkt oder indirekt ausübt oder ausüben kann". Die Insolvenz einer Konzerngesellschaft erstreckt sich nicht automatisch auf den Konzern. Freilich ist es möglich, dass mehrere Unternehmen einer Gruppe oder sogar die der gesamten Gruppe gemeinsam ihre Insolvenz anmelden. Darüber hinaus besteht im spanischen Recht die Möglichkeit der Koordinierung der Insolvenzverfahren im Konzern sowie die grundsätzliche Möglichkeit der Massekonsolidierung. Bei Konzerninsolvenzen ist im Übrigen stets darauf zu achten, dass konzerninterne Darlehen als *nachrangige Forderungen* (*„créditos subordinados"*)[12] betrachtet werden, da Schuldner und Gläubiger als nahestehende Personen gelten.

2.7 Insolvenz und Insolvenzverfahren für natürliche Personen

Das InsoGB enthielt in seiner ursprünglichen Fassung keine Sonderregelung für das insolvenzverfahren natürlicher Personen. Es fehlte insbesondere die Möglichkeit zur Befreiung der nicht im Verfahren befriedigten Verbindlichkeiten, mit den bekannten negativen Folgen für den Schuldner. Erst mit dem Königlichen Gesetzesdekret 1/2015 wurde natürlichen Personen die Möglichkeit zur Erlangung einer Restschuldbefreiung unter bestimmten Voraussetzungen eingeräumt. Die Regelungen weisen dabei deutliche Ähnlichkeiten zum deutschen Insolvenzrecht auf.

Die Restschuldbefreiung erstreckt sich grundsätzlich auf alle regulären und nachrangigen Insolvenzforderungen, die zum Zeitpunkt der Verfahrensbeendigung geltend gemacht wurden sowie auf gesicherte Forderungen in Höhe des Ausfalls. Ausgenommen sind Forderungen aus öffentlich-rechtlichem und unterhaltsrechtlichem Rechtsgrund.

Die Erlangung der Restschuldbefreiung setzt einen fristgebundenen Antrag beim Insolvenzgericht voraus. Außerdem steht sie nur dem redlichen Schuldner offen. Der Schuldner muss vor Antragstellung daher einen außergerichtlichen Schuldenbereinigungsversuch unternommen haben (hierauf kann verzichtet werden, wenn eine Quote von mindestens 25 % auf die regulären Insolvenzforderungen zustande kommt) und die Masseverbindlichkeiten sowie die bevorzugten Insolvenzfor-

---

[11] Das von der spanischen Rechtsprechung akzeptierte Konzept der unverhältnismäßigen Gläubigerbenachteiligung (Abengoa-Urteil 2017) stimmt mit dem bereits in der EU-Empfehlung vom 12.3.2012 Festgelegten überein und erfordert es, die Situation des Gläubigers, der gegen seinen Willen betroffen ist, unter zwei Gesichtspunkten zu betrachten: zum einen, ob ihm im Vergleich zu seiner früheren Situation und gegenüber dem Rest der Gläubiger ein unverhältnismäßiges Opfer auferlegt wird und zum anderen ob das auferlegte Opfer für die Rentabilität des Unternehmens notwendig ist oder darüber hinaus geht. Dem abweichenden Gläubiger darf nicht mehr auferlegt werden, als es für die Fortführung der schuldnerischen Unternehmung erforderlich ist und er darf nicht weniger erhalten, als er im Falle einer Liquidation erhalten würde (sog. Best-Interest-Test). Über die Schwierigkeit hinaus, die sich aus der Beurteilung des Vermögenswertes im Rahmen der Liquidation und dem Vergleich der Situation des abweichenden Gläubigers mit anderen Gläubigern in einem Vorinsolvenzszenario ergibt (in dem die Klassifizierung der Gläubiger ja noch nicht überprüft wurde), hält es die spanische Rechtsprechung nicht für erforderlich, dass die Rentabilität unmittelbar folgen muss, sondern kurz- oder mittelfristig das Ergebnis einer finanziellen und betrieblichen Umstrukturierung sein kann. Eine absolute Sicherheit über die künftige Rentabilität des Unternehmens infolge der Refinanzierungsvereinbarung ist nicht erforderlich, sofern sie auf Grundlage eines sachkundigen Rentabilitätsplan eintreten soll.

[12] Zu den insolvenzrechtlichen Einteilungen der verschiedenen Forderungskategorien → Rn. 88.

derungen beglichen werden. Alternativ kann der Schuldner sich einem Zahlungsplan unterwerfen. Die Restschuldbefreiung setzt außerdem voraus, dass der Schuldner erstens seinen Mitwirkungspflichten im Insolvenzverfahren nachgekommen ist. Zweitens darf er keine Restschuldbefreiung in den letzten zehn Jahren erhalten haben. Drittens trifft ihn eine rückwirkende Erwerbsobliegenheit: er darf in den letzten vier Jahren vor dem Insolvenzantrag keine zumutbare Arbeitsstelle abgelehnt haben. Viertens muss er sich mit einem Eintrag in ein öffentliches Schuldnerregister für die Zeit von fünf Jahren einverstanden erklären.

41   Die nicht von der Restschuldbefreiung erfassten Verbindlichkeiten sind vom Schuldner innerhalb von fünf Jahren nach Abschluss der Insolvenz zu begleichen, es sei denn, sie werden erst später fällig. Zu diesem Zweck muss der Schuldner einen Vorschlag für einen Zahlungsplan vorlegen, der nach Anhörung der Parteien innerhalb von zehn Tagen vom Gericht genehmigt oder gegebenenfalls geändert wird. Schließlich richtet sich bei öffentlich-rechtlichen Ansprüchen der Aufschub oder die Stundung von Zahlungen nach besonderen Regelungen.

3. Wesentliche Verfahrensmerkmale des Insolvenzverfahrens

3.1 Wesentliche Merkmale des spanischen Insolvenzrechts

42   Das spanische Insolvenzverfahren wird durch folgende Merkmale charakterisiert:
a) Es handelt sich um ein Verfahren mit starker gerichtlicher Prägung.
b) Das spanische Insolvenzverfahren ist schuldnerfreundlich ausgestaltet. Der Leitgedanke des spanischen InsoGB besteht darin, den Schuldnern ein Rechtsinstrument zur Verfügung zu stellen, um die derzeitige oder (drohende) Insolvenzsituation zu überwinden und den Betrieb aufrecht zu erhalten.
c) Das Insolvenzverfahren wird nur auf Antrag des Schuldners (sog. *freiwilliges Verfahren, „concurso voluntario"*) oder eines Gläubigers (sog. *obligatorisches Insolvenzverfahren, „concurso necesario"*) durchgeführt. Erforderlich ist eine Mehrzahl an Gläubigern.
d) Antragsgrund sind die drohende oder eingetretene Insolvenz. Es besteht eine Antragspflicht des Schuldners: Der Schuldner muss einen Insolvenzantrag innerhalb von zwei Monaten nach dem Tag stellen, ab dem er weiß oder hätte wissen müssen, dass er seine Verbindlichkeiten nicht bedienen kann.
e) Im Falle eines Schuldnerantrags behält der Schuldner grundsätzlich die rechtliche Kontrolle und führt die Geschäfte weiter. Gegenteiliges gilt hingegen, wenn der Insolvenzantrag zuerst von einem Gläubiger gestellt wird: der Schuldner wird sodann grundsätzlich von der Kontrolle über seine Geschäfte ausgeschlossen.
f) Dem Insolvenzverwalter (*„administrador concursal"*) werden weitreichende Befugnisse eingeräumt. Dies geht mit einem sehr strengen Haftungsregime einher.
g) Für Streitigkeiten in Bezug auf massezugehörige Gegenstände ist ein gerichtliches Schnellverfahren (*„incidente concursal"*) vorgesehen. Anhörungen sind dabei auf Ausnahmefälle beschränkt.
h) Das spanische Insolvenzrecht sieht diverse Möglichkeiten zur Verfahrensbeschleunigung vor. Zu nennen ist etwa der frühzeitige Vorschlag eines *Insolvenzvergleichs („convenio de acreedores"*),[13] der *frühe Liquidationsplan („propuesta anticipada de plan de liquidación"*) und das *beschleunigte Insolvenzverfahren („insolvencia express"*).
i) Es besteht ein besonderes Haftungsregime für Geschäftsführer, Gesellschafter und Dritte wegen *Insolvenzverschleppung („demora en la declaración de una posible insolvencia"*).

3.2 Überblick zum Verfahrensablauf

a) Gemeinsame Phase (*„fase común"*)

43   Das gerichtliche Verfahren wird durch einen Insolvenzantrag des Schuldners oder eines Gläubigers in Gang gesetzt. Für die Entscheidung über das Insolvenzverfahren sind spezielle Gerichte (*„Juzgados de lo Mercantil"*, im Folgenden: *Insolvenzgerichte*) in der Hauptstadt der Provinz zuständig, in welcher der Schuldner den Mittelpunkt seiner wirtschaftlichen Tätigkeit bzw. seinen Wohnsitz hat.

44   Nach Prüfung des Insolvenzantrags, wird das Gericht eine formelle *Insolvenzerklärung („auto"*) erlassen, in welcher die Gesellschaft als formell im Insolvenzverfahren befindlich (*„en concurso de acreedores"*) erklärt wird. In der Insolvenzerklärung wird festgehalten, ob das Verfahren durch einen Eigen- oder Fremdantrag in Gang gesetzt wurde, es wird ein *Insolvenzverwalter* eingesetzt, die Verfahrensart bestimmt (Verbleib der Verwaltungs- und Verfügungsbefugnis beim Schuldner mit Zustim-

---

[13] S. hierzu → Rn. 46 f.

mungsvorbehalt durch den Insolvenzverwalter oder vollständiger Übergang der Verfügungs- und Verwaltungsbefugnis auf den Insolvenzverwalter), etwaige Verfahrensbeschleunigungen beschlossen und die Gläubiger aufgefordert, ihre Forderungen innerhalb eines Monats beim Insolvenzverwalter anzumelden. Die Insolvenzerklärung entspricht in etwa dem gerichtlichen Insolvenzeröffnungsbeschluss im deutschen Insolvenzrecht.

Während der *gemeinsamen Phase* sollen (ähnlich wie beim deutschen Insolvenzantragsverfahren) **45** die genauen Vermögenswerte und Verbindlichkeiten des Schuldners ermittelt werden. Zu diesem Zweck hat der *Insolvenzverwalter* ein Gutachten zu erstellen, welches eine Bestandsaufnahme aller schuldnerischen Vermögensgegenstände mit ihrem Zeitwert sowie eine Liste der (entsprechend der insolvenzrechtlichen Vorgaben zu klassifizierenden) Verbindlichkeiten enthält, nachdem er die von den Gläubigern eingereichten Forderungsanmeldungen mit der Buchhaltung des Schuldners verglichen hat. Dieses Gutachten wird im öffentlichen Insolvenzregister veröffentlicht *("Registro Público Concursal")* und kann mit Rechtsmitteln der Gläubiger angegangen werden. Ist diese Frist abgelaufen und über alle etwaig eingelegten Rechtsmittel entschieden, legt der Insolvenzverwalter einen Abschlussbericht vor. Damit endet die *gemeinsame Phase*.

b) Alternative 1: Vergleichsphase *("fase de convenio")*

Sofern der Schuldner nicht beantragt, sofort in die *Liquidationsphase ("fase de liquidación")* einzu- **46** treten, eröffnet das Insolvenzgericht nach dem Ende der *gemeinsamen Phase* die sog. *Vergleichsphase ("fase de convenio")*. Die Vergleichsphase gibt dem Schuldner und seinen Gläubigern die Gelegenheit, die Insolvenz durch Verhandlung eines *Insolvenzvergleichs ("convenio de acreedores")* auf besonderer gesetzlicher Grundlage zu überwinden. Jeder Insolvenzvergleichsvorschlag muss einen konkreten Zahlungs- und Durchführbarkeitsplan enthalten, welcher vom Insolvenzverwalter geprüft wird. Inhaltlich können grundsätzlich Schuldenschnitte von bis zu 50 % sowie Stundungen von bis zu fünf Jahren verhandelt werden; auch größere Schuldenschnitte, längere Stundungen sowie sonstige Modifikationen der Verbindlichkeiten sowie Umwandlungen von Schulden in Beteiligungen oder Finanzinstrumente sind möglich, wobei sich dann jedoch die Anforderungen an die Zustimmungsquoren auf der Gläubigerversammlung erhöhen (von 50 % auf 65 %). In gewissem Umfang ist die Ungleichbehandlung von Gläubigern möglich. Ebenfalls möglich ist die Veräußerung des gesamten Unternehmens. Die Abstimmung erfolgt auf einer besonderen *Gläubigerversammlung ("junta de acreedores")* vor dem Insolvenzgericht bei Anwesenheit des Insolvenzverwalters. Zur Annahme des *Insolvenzvergleichs* ist grundsätzlich eine Zustimmung von 50 % der einfachen Insolvenzgläubiger erforderlich; die Quoren können sich je nach inhaltlicher Ausgestaltung des *Insolvenzvergleichs* auf 65 % erhöhen. Das Gericht prüft den *Insolvenzvergleich* von Amts wegen, jedoch nur auf die Einhaltung der zwingenden gesetzlichen Vorschriften, und beschließt formell über die Bestätigung des Vergleichs. Gegen die Entscheidung sind diverse Rechtsmittel vorgesehen. Durch die gerichtliche Bestätigung wird die formelle *Insolvenzerklärung* durch die Vergleichsregelungen gleichsam ersetzt; das Amt des Insolvenzverwalters endet. Der Schuldner muss Gericht und Gläubiger in einem zweimonatlichen Rhythmus über die Einhaltung der im *Insolvenzvergleich* eingegangenen Verpflichtungen informieren.

Der Eintritt der Vergleichsphase ist der vom Gesetz gewollte und vorgesehene Regelfall. Aus **47** Gründen der Verfahrensbeschleunigung besteht sogar die Möglichkeit, bereits während der gemeinsamen Phase einen *Insolvenzvergleich* nach den Regelungen über die *Vergleichsphase* zu verhandeln.

c) Alternative 2: Liquidationsphase *("fase de liquidación")*

Der Schuldner kann jederzeit die Überleitung in die Liquidationsphase beantragen – sei es, **48** weil ein *Insolvenzvergleich* von vornherein aussichtslos erscheint, in der *Vergleichsphase* nicht zustande kommt oder im Nachgang nicht eingehalten wird. Unter bestimmten Voraussetzungen kann der Eintritt in die *Liquidationsphase* auch von den Gläubigern oder dem Insolvenzgericht bewirkt werden. Das InsoGB hält klare Regeln für die Liquidation des schuldnerischen Vermögens bereit. Unter bestimmten Voraussetzungen ist auch in der Liquidationsphase ein beschleunigtes Verfahren möglich.

Nachdem das Gericht den Eintritt in die Liquidationsphase formell beschließt, legt der Insol- **49** venzverwalter dem Gericht einen *Liquidationsplan ("plan de liquidación")* für die Verwertung der massezugehörigen Gegenstände vor. Die Verwertung und Verteilung erfolgt durch den *Insolvenzverwalter* auf Grundlage des Liquidationsplans und den Bestimmungen des InsoGB. Vorgesehen sind insbesondere vierteljährliche Berichtspflichten und ein Abschlussbericht.

d) Qualifikationsphase *("calificación del concurso")*

Der *Insolvenzverwalter* muss dem Gericht nach Ablauf der *Liquidationsphase* einen begründeten **50** und dokumentierten Bericht über die Insolvenzursachen vorlegen. Dieser Bericht wird vom Gericht geprüft, welches über die Frage nach den Insolvenzgründen eine formelle Entscheidung trifft. Diese ist für die handelnden Personen berufsrechtlich sowie im Rahmen künftiger Haftungsfragen relevant.[14] Im Kern geht es um die Frage, ob die Insolvenz verschuldet oder unverschuldet eingetreten ist. Das Gericht entscheidet über diese Frage und in der Folge über die Einordnung der Akteure und Auswirkungen auf die beteiligten Personen.

51   Nachdem die Handlungen gegenüber den betroffenen Personen abgeschlossen sind und nach Genehmigung des vom Insolvenzverwalter vorgelegten Abschlussberichts ist das Insolvenzverfahren abgeschlossen.

3.1 Verfahrenseröffnung

3.1.1 Insolvenzgründe und Insolvenzantrag

52   Nach spanischem Recht gilt zunächst ein Schuldner als zahlungsunfähig, der nicht in der Lage ist, seine Zahlungsverpflichtungen regelmäßig zu erfüllen. Auch die drohende Zahlungsunfähigkeit berechtigt zu einem *Insolvenzantrag* („*solicitud de concurso*"). Darüber hinaus kann auch ein Werteverfall (engl. *impairment*) zu einer Insolvenz führen, wenn der Schuldner mit Verlusten konfrontiert ist, die sein Eigenkapital auf einen Betrag von weniger als die Hälfte des Stammkapitals reduziert.

53   Die formellen Voraussetzungen an einen *Insolvenzantrag* unterscheiden sich je nach Antragsteller. Stellt der Schuldner einen Antrag auf Eröffnung des Insolvenzverfahrens, so muss er seine Verschuldung und seine (eingetretene oder drohende) Zahlungsunfähigkeit darlegen. Dem Antrag sind umfangreiche Unterlagen beizufügen, einschließlich der letzten drei Jahresabschlüsse, einer Gläubigerliste und einem Vermögensverzeichnis.

54   Wird der Antrag von einem Gläubiger gestellt, so ist er auf einen erfolglosen Vollstreckungsversuch zu stützen. Alternativ kann er sich für seinen Antrag auf das Vorliegen einer der folgenden Tatsachen berufen: Die generelle Verweigerung der laufenden Erfüllung von Verbindlichkeiten des Schuldners, das Vorhandensein von Pfändungen für anhängige Zwangsvollstreckungsmaßnahmen in das schuldnerische Vermögen, die übereilte oder stark unwirtschaftliche Veräußerung von Vermögensgegenständen durch den Schuldner oder die ausbleibende Zahlungen von Steuern, Sozialversicherungsbeiträgen und Gehältern in den letzten drei Monaten vor Antragstellung. Der Schuldner kann sich gegen einen Gläubigerantrag wenden, wenn er nachweist, dass die Insolvenz überwunden ist.

3.1.2 Meldepflichten und Haftung bei Nichteinhaltung

55   Ähnlich wie nach deutschen Recht ist der Schuldner ab dem Zeitpunkt der Kenntnis bzw. dem Kennenmüssen seiner Zahlungsunfähigkeiten dazu verpflichtet, innerhalb von zwei Monaten einen Insolvenzantrag zu stellen. Diese Pflicht ist haftungsbewährt. Der Schuldner kann diese Antragsfrist um bis zu vier Monate verlängern, wenn er bei Gericht einen entsprechenden Antrag stellt, um mit seinen Gläubigern eine außergerichtliche Restrukturierungsvereinbarung auszuhandeln. Innerhalb dieser Frist ist kein Fremdantrag möglich.

56   Wenn eine der oben dargelegten Tatsachen eingetreten ist und die maßgebliche Frist für den *Insolvenzantrag* abgelaufen ist, wird unwiderleglich vermutet, dass der Schuldner von seiner Insolvenz Kenntnis hatte. Ohne Beweis des Gegenteils wird vermutet, dass der Schuldner von der Insolvenz Kenntnis hatte, wenn eine der Tatsachen, die einem Insolvenzantrag zugrunde liegen können, eingetreten ist und die maßgebliche Frist für den Insolvenzantrag abgelaufen ist. Dies ist im Rahmen eines etwaig möglichen Haftungsprozesses relevant.

3.1.3 Antragsberechtigung

57   Ist der Schuldner eine juristische Person, entscheiden die Geschäftsführer bzw. der Vorstand über den Schuldner. Darüber hinaus können jedoch auf Gesellschafter und sonstige Beteiligte, die direkt für die Verbindlichkeiten der Gesellschaft haften, einen Insolvenzantrag stellen.

58   Weiterhin kann grundsätzlich jeder Gläubiger ein Verfahren einleiten. Es besteht allerdings eine Ausnahme für Finanzgläubiger, die ihre offene Kreditforderung erst innerhalb der letzten sechs Monate vor dem Insolvenzantrag erworben haben. Es ist darauf hinzuweisen, dass innerhalb eines *vorinsolvenzlichen Moratoriums* kein Fremdantrag zulässig ist.

59   In besonderen Konstellationen kann darüber hinaus auch der *Insolvenzmediator* oder ein Strafrichter (in Strafverfahren wegen Verbrechen gegen die sozioökonomische Ordnung) einen Insolvenzantrag stellen.

---

[14] Für weitere Details → Rn. 121 ff.

3.2 Die Rolle des Insolvenzgerichts

Im Zuge der letzten Reformen des InsoGB wurde versucht, den Einflussbereich des Insolvenz- 60
gerichts zu beschränken. Nichtsdestominder ist das spanische Insolvenzverfahren weiterhin an vielen Stellen gerichtlich geprägt.

3.2.1 Präventive Restrukturierungsinstrumente

Im Rahmen der oben dargestellten präventiven Restrukturierungsverfahren des spanischen 61
Insolvenzrechts beschränkt sich die Rolle des Insolvenzgerichts weitgehend auf eine Kontroll- und Mitwirkungsfunktion.

3.2.2 Das Insolvenzverfahren

Zu den wichtigsten Entscheidungen bzw. Mitwirkungshandlungen des Insolvenzgerichts gehö- 62
ren im regulären Insolvenzverfahren:
a) Der Erlass der *Insolvenzerklärung*, welche den Schuldner formell für insolvent erklärt, einen Insolvenzverwalter bestellt und die Verwaltungs- und Verfügungsbefugnis des Schuldners einschränkt. Es können auch vorläufige Maßnahmen zum Schutz der Insolvenzmasse getroffen werden.
b) Entscheidung über zahlreiche rechtliche Einzelfragen im Insolvenzverfahren, vor allem im Hinblick auf die verbindliche Feststellung der Aktiv- oder Passivmasse, Maßnahmen zur Wiedereinsetzung, Beendigung oder Erneuerung von Verträgen sowie Entscheidung über arbeitsrechtliche Angelegenheiten.
c) Entscheidungen über Rechtsmittel der verschiedenen Beteiligten.
d) Entscheidung zur Einleitung der *Vergleichsphase* oder der *Liquidationsphase*.
e) Genehmigung des *Insolvenzvergleichs* oder des *Liquidationsplans*.
f) Ermächtigung des Insolvenzverwalters zur Durchführung bestimmter Maßnahmen, wie z.B. dem Verkauf von Vermögenswerten in der *gemeinsamen Phase*.
g) Beurteilung der Insolvenz als verschuldet oder unverschuldet als Vorfrage für Haftungsprozesse im Rahmen der *Qualifikationsphase*.
h) Die Genehmigung des Schlussberichts des Insolvenzverwalters.
i) Entscheidung über die Beendigung des Insolvenzverfahrens aufgrund der Einhaltung des *Insolvenzvergleichs*, mangels Masse (*„desestimación de la solicitud de concurso por falta de masa"*), wegen Überwindung der Insolvenzsituation oder wegen der Liquidation des Vermögens und Befriedigung der Gläubiger.

3.3 Auswahl der Amtswalter & Vergütung; Aufgaben und Befugnisse

Das InsoGB sieht für das Insolvenzverfahren grundsätzlich die Bestellung eines einzigen *Insol-* 63
venzverwalters vor. In dem von Versicherungsgesellschaften und Finanzunternehmen wird darüber hinaus ein zweiter Insolvenzverwalter bestellt.

Nach spanischem Recht können nicht nur natürliche, sondern auch juristische Personen zu 64
Insolvenzverwaltern bestellt werden. Juristische Personen sind jedoch gehalten, für jedes Verfahren eine natürliche Person als Vertreter zu benennen. *Insolvenzverwalter* (bzw. deren natürliche Vertreter im Falle von juristischen Personen) müssen vergleichsweise hohe Anforderungen erfüllen: Der Insolvenzverwalter muss entweder Jurist oder Wirtschaftswissenschaftler mit mehr als fünf Jahren Erfahrung und anerkannten Kenntnissen in Insolvenzverfahren sein. Er muss in einem öffentlichen Register gelistet sein. In dieses Register werden nur Fachleute eingetragen, die ihre allgemeine Bereitschaft zur Übernahme des Verwalteramts erklärt haben und über eine Ausbildung sowie nachgewiesene Sachkenntnis in Insolvenzangelegenheiten verfügen. Der Insolvenzverwalter muss nachweisen, dass er über eine Haftpflichtversicherung verfügt. Es bestehen außerdem diverse Unabhängigkeitsanforderungen.

Die Ernennung erfolgt in unabhängiger Weise durch das Gericht; eine Mitbestimmung durch 65
Gläubiger oder Schuldner ist nicht vorgesehen. Grundsätzlich orientiert sich die Bestellung an der durchlaufenden Reihenfolge in der Liste des öffentlichen Registers – es sei denn, die Komplexität des Insolvenzverfahrens rechtfertigt die Ernennung eines besonders sachkundigen Verwalter(büro)s.

Das im InsoGB vorgesehene Vergütungssystem wurde 2015 geändert, wobei die Gesetzesände- 66
rung zum Zeitpunkt dieser Kommentierung noch einer Konkretisierung durch einen Königlichen Erlass bedarf und daher noch nicht in Kraft getreten ist. Im Wesentlichen wurde darin die Verwaltervergütung auf einen (nur in Ausnahmefällen zu erhöhenden) Höchstbetrag begrenzt und ein besonderer Fonds zur Sicherstellung der Mindestvergütung in massearmen Insolvenzverfahren geschaffen; dieser finanziert sich durch eine Abgabe auf die Vergütung der *Insolvenzverwalter* in anderen Verfahren.

Spanien

67 Die Aufgaben des *Insolvenzverwalters* sind in der derzeit geltenden Fassung des InsoGB sehr ausführlich beschrieben. In der anstehenden Gesetzesreform soll dies jedoch geändert werden, da sich eine starre Aufgabenbeschreibung im Hinblick auf die vielfältige Verwaltertätigkeit als unpraktikabel erwiesen hat.

68 Im *obligatorischen Insolvenzverfahren* geht die Verwaltungs- und Verfügungsbefugnis vollständig auf den *Insolvenzverwalter* über und der Schuldner wird vollständig von Vertretung und Geschäftsführung ausgeschlossen; dieser Zustand wird als *Regime der Ersatzvornahme („regime de sustitución")* bezeichnet. Der Insolvenzverwalter übernimmt (wie sein deutsches Pendant) vollständig die Fortführung der werbenden Tätigkeit des Schuldners, entscheidet über die Fortsetzung schwebender Rechtsgeschäfte und ist für die Erfüllung der steuerlichen Verpflichtungen (einschließlich der Erstellung des Jahresabschlusses) verantwortlich.

69 Im Falle eines *freiwilligen Insolvenzverfahrens* wird hingegen nur ein (grundsätzlicher) Zustimmungsvorbehalt angeordnet, so dass sich die Rolle des Insolvenzverwalters (wie beim deutschen „schwachen" vorläufigen Insolvenzverwalter) auf die Kontrolle der Handlungen des Schuldners beschränkt; dieser Zustand wird als *Eingriffregime („regime de intervención")* bezeichnet.

3.4 Verwaltung und Verwertung der Insolvenzmasse

70 Die *Insolvenzmasse („masa de insolvencia")* besteht aus den Vermögensgegenständen (Sachen und Rechte), die zu Beginn des Insolvenzverfahrens Teil des schuldnerischen Vermögens sind und die im Laufe des Verfahrens neu erworben werden. Wie im deutschen Recht bestehen auch in Spanien für bestimmte Gegenstände Zwangsvollstreckungsbeschränkungen, die entsprechend nicht Teil der *Insolvenzmasse* werden.

71 Die Inventarisierung und Bewertung der Massegegenstände obliegt dem *Insolvenzverwalter*. Er fertigt ein Vermögensverzeichnis, welches Art, Eigenschaften, Belegenheitsort und Drittrechte enthalten soll. Die Beurteilung erfolgte nach dem Marktwert unter Berücksichtigung von Drittrechten, welche unmittelbar an den jeweiligen Gegenständen bestehen. Für die Bewertung sowie die Berechnung der Drittrechtswerte enthält das InsoGB zahlreiche Sonderregelungen. Den Gläubigern, die sich gegen die Bewertung bzw. Berücksichtigung ihrer Drittrechte oder der Qualifizierung eines Vermögenswertes als massezugehörig wenden wollen, steht ein besonderer Eilrechtsbehelf vor dem Insolvenzgericht zur Verfügung, die *„incidente concursal"*.

72 Als generelle Leitlinie muss der Insolvenzverwalter diejenigen Entscheidungen zur Verwaltung des Vermögens treffen, die dazu geeignet erscheinen, die *Insolvenzmasse* zu erhalten oder zu optimieren.

73 Die Verwertung der *Insolvenzmasse* darf hingegen grundsätzlich nur auf Grundlage eines vom Gericht genehmigten *Liquidationsplans* erfolgen. Ausnahmen hiervon bestehen einerseits, wenn die Verwertung von Vermögensgegenständen unerlässlich wird, um die Rentabilität der Gesellschaft oder den Bedarf an liquiden Finanzmitteln zu gewährleisten. Andererseits ist eine Verwertung zu einem Preis möglich, der im Wesentlichen mit dem Bestandswert eines Vermögensgegenstands laut Vermögensverzeichnis übereinstimmt, sofern er für die weitere Betriebsfortführung nicht wesentlich ist. Für den Fall, dass der *Liquidationsplan* nicht genehmigt wird oder noch nicht feststeht, enthält das InsoGB im Übrigen Regeln zur Vornahme der Verwertung, welche auf die allgemeinen Regelungen zu Verwertungen im Rahmen des Zwangsvollstreckungsverfahrens verweisen.

74 Der *Liquidationsplan* soll auf den möglichst einheitlichen Verkauf der gesamten schuldnerischen Unternehmenseinheit zielen. Die letzten Änderungen des InsoGB zielten darauf ab, diese Zielsetzung zu fördern. Hierzu sieht das spanische Insolvenzrecht sogar die Möglichkeit des Eintritts des Unternehmenserwerbers in schwebende Verträge, Dauerschuldverhältnisse und öffentlich-rechtliche Genehmigungen vor, sofern die Geschäftstätigkeit in den gleichen Einrichtungen fortgesetzt wird. Die Verbindlichkeiten des insolventen Unternehmens werden hingegen nur unter bestimmten Voraussetzungen übertragen; dies gilt zum Beispiel im Falle einer Erfüllungswahl des Erwerbers und für Lohn- und Sozialversicherungsverbindlichkeiten. Besicherte Gegenstände können unter Erhalt des Sicherungsrechts an den Unternehmenserwerber veräußert werden, sofern der Erwerber die gesicherte Verbindlichkeit übernimmt. In diesem Fall bedarf es keiner Zustimmung des gesicherten Gläubigers zur Veräußerung. Die vom Erwerber übernommene Verbindlichkeit wird aus der Aufstellung der Verbindlichkeiten gestrichen. Der Verkauf der gesamten oder einer einzelnen Unternehmenseinheit erfolgt in der Regel durch Versteigerung vor dem *Insolvenzgericht*. Ein Direktverkauf ist indes möglich, wenn es keine erfolgreichen Bieter gibt oder der Bericht des *Insolvenzverwalters* besagt, dass dies (ausnahmsweise) die günstigste Option für das Insolvenzverfahren ist. Darüber hinaus kann das Gericht jederzeit während des Verfahrens und auf Antrag des *Insolvenzverwalters* oder des gesicherten Gläubigers die direkten drittrechtsbelasteten Gegenstände oder deren Übertragung an Erfüllung statt an den gesicherten Gläubiger genehmigen.

Schließlich ist zu erwähnen, dass dem Insolvenzverwalter die Anreicherung der Masse durch Insolvenzanfechtungen *(„actos perjudiciales rescindibles")*[15] obliegt.

3.5 Unternehmenserhalt

Die *Insolvenzerklärung* soll die Fortsetzung der beruflichen oder gewerblichen Tätigkeit des Schuldners nicht behindern. Bis zur finalen Bestellung des *Insolvenzverwalters* kann der Schuldner weiterhin ohne Beschränkung die zur Fortsetzung seiner Geschäftstätigkeit erforderlichen Handlungen vornehmen. Ungeachtet der Frage, ob ein *Eingriffs-* oder *Ersatzvornahme-Regime* eingreift: den *Insolvenzverwalter* trifft – schon zum Erhalt der bestmöglichen Verwertungschancen – die grundsätzliche Verpflichtung zur Betriebsfortführung bzw. einer entsprechenden Mitwirkung hieran. Dabei wird er durch einige Sonderbefugnisse unterstützt. So kann er etwa die Laufzeit eines Mietvertrages verlängern, unlängst gekündigte Kreditverträge wiederherstellen und gesicherte Kredite als Masseverbindlichkeiten bedienen, um die Geltendmachung der betriebsnotwendigen Sicherheit zu vermeiden.

Darüber hinaus wird auch das grundsätzliche Verwertungsverbot bis zur gerichtlichen Genehmigung eines *Insolvenzvergleichs* bzw. bis zum offiziellen Eintritt in die *Liquidationsphase* durch das Fortführungsgebot durchbrochen: wie bereits dargelegt, können die zum Erhalt der Rentabilität oder Ertragskraft des schuldnerischen Unternehmens dringend erforderlichen Handlungen durchgeführt werden; das Gericht ist unverzüglich danach zu unterrichten und die Handlung zu begründen. Darüber hinaus kann der *Insolvenzverwalter* nicht-betriebsnotwendiges Vermögen zu Werten veräußern, die der Bewertung im Vermögensverzeichnis entsprechen.

3.7 Auswirkungen des Insolvenzerklärung auf die Vollstreckungsmaßnahmen einzelner Gläubiger

Nach Eröffnung des Insolvenzverfahrens dürfen zugunsten individueller Gläubiger keine gerichtlichen oder außergerichtlichen Vollstreckungsmaßnahmen eingeleitet werden. Dies gilt grundsätzlich auch für Vollstreckungen auf Grundlage des Steuer- oder Verwaltungsrechts.

Besonderheiten bestehen weiterhin bei der Vollstreckung durch besicherte Gläubiger in Sicherungsgut, das für die Fortsetzung der beruflichen oder geschäftlichen Tätigkeit des Schuldners notwendig ist. Grundsätzlich kann eine Vollstreckung erst dann erfolgen, wenn dies im *Liquidationsplan* vorgesehen oder seit der *Insolvenzerklärung* ein Jahr ohne Eintritt in die *Liquidationsphase* vergangen ist.

3.8 Auswirkungen der Eröffnung des Insolvenzverfahrens auf laufende Gerichts- und Schiedsverfahren

In der Regel werden zum Zeitpunkt der Verfahrenseröffnung anhängige Feststellungsklagen weiterhin vor demselben Gericht verhandelt, bis ein rechtskräftiges Urteil ergeht. Die von einer juristischen Person gegen ihre Geschäftsführer betriebenen Haftungsprozesse werden in das Insolvenzverfahren integriert und laufen fort.

Gleichfalls werden die zum Zeitpunkt der *Insolvenzerklärung* laufenden Schiedsverfahren bis zur endgültigen Entscheidung fortgesetzt.

3.9 Automatisches oder gerichtlich angeordnetes Moratorium

Eine der Hauptfolgen der *Insolvenzerklärung* ist das Einsetzen eines Moratoriums: die Vollstreckung der schuldnerischen Insolvenzverbindlichkeiten sowie das Anfallens weiterer Zinsen wird unterbrochen; eine Ausnahme gilt insoweit jedoch bei gesicherten Krediten, bei welchen sich die Zinsen insofern weiter erhöhen, als sie durch die Sicherheit gedeckt sind. Darüber hinaus bestehen weitere Ausnahmen vom obigen Moratorium. So können Sicherungsgläubiger die Zwangsvollstreckung in diejenigen Sicherheiten betreiben, die für die Fortsetzung der Geschäftstätigkeit nicht erforderlich sind; sind die Sicherungsgegenstände für die Fortführung des Geschäftsbetriebs notwendig, endet das Moratorium (wie bereits → Rn. 78 f. dargelegt), sobald dies in einem entsprechenden *Insolvenzvergleich* zugelassen wird oder ein Jahr nach der Insolvenzerklärung noch immer nicht in die *Liquidationsphase* eingetreten wurde.

Masseverbindlichkeiten sind von diesem Moratorium grundsätzlich nicht erfasst und müssen grundsätzlich bei Fälligkeit beglichen werden. Der Insolvenzverwalter kann hiervon unter gewissen Voraussetzungen eine Ausnahme machen, wobei für Gehaltszahlungen jedoch Gegenausnahmen bestehen.

---

15 Weitere Details finden sich in → Rn. 116 ff.

3.10 Vertreter der Gläubiger

84 Wie bereits dargelegt mündet das Verfahren – sofern nicht die Liquidation beantragt wird – nach dem Ende der *gemeinsamen Phase* in die *Vergleichsphase* mit dem Ziel der Aushandlung eines *Insolvenzvergleichs*. Hierzu tritt eine besondere *Gläubigerversammlung* zusammen, um die verschiedenen Vorschläge des Schuldners oder der Gläubiger für einen *Insolvenzvergleich* zu beraten und darüber abzustimmen. Damit die *Gläubigerversammlung* beschlussfähig ist, benötigt sie ein Quorum von mindestens 50 % der vom Insolvenzvergleich betroffenen Forderungen (ohne Berücksichtigung *nachrangiger Gläubiger*).

85 Die Mehrheitsanforderungen an die Zustimmung variieren je nach inhaltlicher Ausgestaltung des *Insolvenzvergleichs*. Grundsätzlich beträgt sie 50 % der gewöhnlichen Forderungen, erhöht sich jedoch im Falle von Schuldenschnitten über 50 %, Stundungen von mehr als fünf Jahren sowie bei sonstigen Umwandlungsmaßnahmen.

86 Schließlich ist darauf hinzuweisen, dass der *Insolvenzvergleich* nach einem zustimmenden Beschluss durch die *Gläubigerversammlung* noch der weiteren Genehmigung durch das Gericht bedarf. Hiergegen bestehen Rechtsbehelfe, denen jedoch keine aufschiebende Wirkung zukommt.

3.11 Anmeldung von Forderungen

87 Die Forderungen der Gläubiger sind in einem vergleichsweise unkomplizierten Prozess beim Insolvenzverwalter anzumelden. Die Gläubiger müssen ihre Forderungen dem Insolvenzverwalter schriftlich mitteilen; eine E-Mail reicht hierzu aus. Erforderlich ist die Angabe der Kontaktdaten sowie sämtlicher relevanten Tatsachen im Hinblick auf den Rechtsgrund der Forderung, ihren Betrag, die Entstehungs- und Fälligkeitsdaten, die Merkmale und die begehrte insolvenzrechtliche Klassifizierung.[16] Wird ein besonderes Sicherungsrecht in Anspruch genommen, so sind auch das Eigentum oder die betroffenen Rechte, auf das/die es wirkt, und gegebenenfalls die Registerdaten anzugeben. Eine Kopie des Titels oder der Dokumente, die sich auf die Forderung beziehen, ist in elektronischer Form oder per Post beizufügen. Sofern die Sicherheiten oder Dokumente nicht in ein öffentliches Register eingetragen sind, kann der *Insolvenzverwalter* die Originale oder autorisierten Kopien der zur Verfügung gestellten Sicherheiten oder Dokumente sowie jede andere Begründung, die er für die Anerkennung der Forderung für notwendig hält, verlangen.

3.12 Verteilung des Vermögens, Verteilungsreihenfolge

88 Das spanische Insolvenzrecht klassifiziert die gegen den Schuldner gerichteten Forderungen der Gläubiger in fünf Kategorien, die in der nachfolgend aufgeführten Reihenfolge zu befriedigen sind:
1. *Masseforderungen („créditos contra la masa"):* Masseverbindlichkeiten sind bei ihrer jeweiligen Fälligkeit und in voller Höhe zu begleichen. Im Falle der Masseunzulänglichkeit trifft den Insolvenzverwalter eine Pflicht zur Mitteilung an das Insolvenzgericht. Zu den Masseforderungen gehören neben den Verfahrenskosten diejenigen Forderungen, die nach der gerichtlichen Insolvenzerklärung durch Handlungen des weiterhin verwaltungs- und verfügungsbefugten Schuldners bzw. des Insolvenzverwalters entstehen (zB Gehälter, Mieten, sonstige Aufwendungen im Rahmen der Betriebsfortführung). *Masseverbindlichkeiten* sind außerdem die Gehaltsforderungen der Arbeitnehmer für die innerhalb der letzten 30 Tage vor der Insolvenzerklärung tatsächlich geleistete Arbeit (begrenzt auf die Höhe des doppelten Mindestlohns); diese sind gar sofort fällig und genießen im Falle der Masseunzulänglichkeit Vorrang. Forderungen aus Krediten, die im Rahmen einer vorinsolvenzlichen Refinanzierungsvereinbarung oder eines *Insolvenzvergleichs* neu ausgereicht wurden, stellen zu 50 % Masseforderungen dar.
2. *Spezielle Vorzugsforderungen („créditos con privilegio especial")* resultieren aus der Vereinbarung von Sicherungsrechten vor der Insolvenz, etwa durch Hypotheken oder Verpfändungen. Dem Grunde nach handelt es sich nicht um eine echte Insolvenzforderung, die an der üblichen Verteilungsreihenfolge teilnimmt: Die Befriedigung erfolgt grundsätzlich durch abgesonderte Befriedigung außerhalb des Insolvenzverfahrens bis zur Höhe der gesicherten Forderung. Die Verwertung des Sicherungsguts kann in Ausnahmefällen aber auch innerhalb des Insolvenzverfahrens erfolgen; gesicherte Gläubiger muss der Verwertung im Verfahren zustimmen, es sei denn, seine gesicherte Forderung übersteigt den angebotenen Preis nicht oder der Verkauf erfolgt unter Erhalt der Sicherheit. Nur in besonderen Fällen wird die Verwertung der Sicherheiten durch den Gläubiger selbst im Wege der Zwangsvollstreckung durch die Insolvenz beeinträchtigt; der *Insolvenzverwalter* kann sich jedoch dafür entscheiden, die gesicherte Forderung zu befriedigen, um die Durchsetzung der Sicherheit zu vermeiden, wenn dies insgesamt vorteilhaft für das Insolvenzverfahren ist.

---

[16] Hierzu → Rn. 88.

Die Verwertung erfolgt grundsätzlich durch Versteigerung; in Ausnahmefällen ist jedoch auch ein Direktverkauf möglich.
Der Sicherungsgläubiger kann in Höhe seines Ausfalls wie ein gewöhnlicher Insolvenzgläubiger an den Quotenausschüttungen partizipieren. Im Falle von Sicherungskonkurrenzen greift grundsätzlich das Prinzip zeitlicher Priorität.
3. Das spanische Insolvenzrecht räumt gewissen Gläubigern freimütig Privilegien ein. So erhalten Gehälter, Sozialversicherungsbeiträge und Steuern den Status von *allgemeinen Vorzugsforderungen* (*„créditos con privilegio general"*); allgemeinen Vorzug erhalten außerdem die fremdantragstellenden Gläubiger mit 50 % ihrer Forderung sowie die Forderungen aus Krediten, die im Rahmen einer vorinsolvenzlichen Refinanzierungsvereinbarung neu ausgereicht wurden und die nicht schon Masseforderungen darstellen. Allgemeine Vorzugsforderungen werden (unbeschadet der abgesonderten Befriedigung der *Speziellen Vorzugsgläubiger*) unmittelbar nach den Massegläubigern befriedigt. Ihre Forderungen sind im Übrigen nur unter besonderen Voraussetzungen von einem *Insolvenzvergleich* erfasst.
4. *Gewöhnliche Insolvenzforderungen* (*„créditos ordinarios"*) werden nach dem Prinzip der Gläubigergleichbehandlung quotal von dem nach Abzug der Masse- und Verzugsforderungen verbleibenden Betrag befriedigt.
5. *Nachrangige Insolvenzforderungen* (*„créditos subordinados"*) resultieren aus einer besonderen Verbindung des Gläubigers zum Schuldner (Forderung der Geschäftsführungsorgane und Gesellschafter, Konzerndarlehen, etc), aus Zinsansprüchen, Geldstrafen oder einer verspäteten Forderungsanmeldung im Insolvenzverfahren. Zu Ausschüttungen kommt es nur, wenn die *gewöhnlichen Insolvenzgläubiger* vollständig befriedigt wurden.

3.13 Beendigung des Verfahrens

Das Insolvenzverfahren kann aus den folgenden Gründen beendet werden:
1. Rechtskräftiger Widerruf der formellen *Insolvenzerklärung* durch das Gericht wegen eines unzureichenden Antrags.
2. Aufhebung des Verfahrens infolge eines vollständig durchgeführten *Insolvenzvergleichs*.
3. Volle Befriedigung aller Gläubiger oder anderweitige Überwindung der Insolvenzsituation.
4. Forderungsverzicht aller anerkannten Gläubiger nach Beendigung der *gemeinsamen Phase*. Hierüber informiert der *Insolvenzverwalter* das *Insolvenzgericht*, welches das Verfahren sodann für beendet erklärt.
5. Abweisung der Eröffnung *mangels Masse*. Seit kurzem erlaubt das InsoGB den Schuldnern, die sich in einer Insolvenzsituation befinden und nicht über ausreichende Vermögen verfügen, um die alle Gläubiger zu befriedigen, unter bestimmten Voraussetzungen einen Antrag auf „frühzeitige" Beendigung des Insolvenzverfahrens zu stellen. Die Abweisung mangels Masse setzt die Erkenntnis des Gerichts voraus, dass das Vermögen des zahlungsunfähigen Schuldners (unter Berücksichtigung potenzieller Anfechtungs- und Haftungsansprüche) vermutlich nicht ausreichen wird, um die voraussichtlichen Masseverbindlichkeiten im Verfahren zu begleichen. Handelt es sich bei dem Schuldner um eine natürliche Person, kann der Schuldner beim Gericht die Restschuldbefreiung beantragen. Bei juristischen Personen behalten die Gläubiger ihr Recht, ihre Forderungen in Zukunft durchzusetzen. Das InsoGB sieht außerdem ein besonderes beschleunigtes Verfahren vor. Im Rahmen dieses Verfahrens kann das Gericht insbesondere die Insolvenzerklärung mit der Verfahrensbeendigung mangels Masse kombinieren. Es wird kein Insolvenzverwalter bestellt und die Qualifikationsphase findet nicht statt. Es schließt sich direkt die Löschung des Unternehmens mit entsprechendem Handelsregistereintrag an.

4. Verträge in Insolvenz-, Restrukturierungs- oder anderen Verfahren

4.1 Allgemeine Regeln

Ab Erlass der *Insolvenzerklärung* kann der Schuldner allein keine Verträge mehr abschließen: im Falle des *freiwilligen Insolvenzverfahrens* setzt das *Eingriffsregime* ein und der Vertragsschluss bedarf der Zustimmung des Insolvenzverwalters, sofern es sich um einen Vertrag mit erheblichem Inhalt handelt. Im Falle des *obligatorischen Insolvenzverfahrens* (*Ersatzvornahmeregime*) obliegt der Vertragsschluss vollständig dem *Insolvenzverwalter*. Verträge ohne Zustimmung bzw. Vornahme durch den Insolvenzverwalter können aufgehoben werden.

Das InsoGB sieht darüber hinaus besondere Regelungen für schwebende Rechtsverhältnisse vor. Demnach werden gegenseitige Verträge, die beidseitig noch nicht (vollständig) erfüllt wurden, durch die *Insolvenzerklärung* nur in Ausnahmefälle berührt und begründen grundsätzlich *Masseverbind-*

lichkeiten. Möchte der Insolvenzverwalter die Erfüllung des Vertrages vermeiden, muss er bei Gericht ein spezifisches Verfahren durchführen.

92 Das InsoGB sieht ausdrücklich vor, dass insolvenzbedingte Lösungsklauseln in Verträgen unwirksam sind. Ungeachtet dessen bleibt die Möglichkeit zur Vertragsauflösung bei Pflichtverletzungen durch eine der Parteien im Rahmen des Insolvenzverfahrens bestehen. Das *Insolvenzgericht* hat allerdings die Möglichkeit, das Fortbestehen eines Vertragsverhältnisses trotz Pflichtverletzung anzuordnen, wenn dies im überwiegenden Interesse der Insolvenzmasse erforderlich ist und die dem Vertragspartner geschuldeten Beträge als Masseverbindlichkeiten bedient werden.

93 Im Übrigen unterliegen Vertragsbeziehung den allgemeinen Regelungen.

4.2 Mietverträge

94 Die Auswirkungen der Insolvenzerklärung auf den Mietvertrag variieren je nachdem, welche Vertragspartei für insolvent erklärt wird: Im Falle der Insolvenz des Vermieters, läuft der Mietvertrag praktisch unverändert weiter. Wird dagegen der Mieter für insolvent erklärt, wird der zum Zeitpunkt der *Insolvenzerklärung* ausstehende Betrag als *(gewöhnliche) Insolvenzforderung* eingeordnet, während die danach fällig werdenden Mieten *Masseverbindlichkeiten* darstellen.

95 Darüber hinaus sieht das InsoGB die Möglichkeit vor, dass der *Insolvenzverwalter* eine gegen den insolventen Mieter vor der *Insolvenzerklärung* erhobene Räumungsklage anficht oder die Gültigkeit des gekündigten Mietvertrages in gewissen zeitlichen Grenzen wiederherstellt. In diesem Fall sind alle ausstehenden Mieten (und Nebenpflichten des Mieters) sowie die bis dahin angefallenen Prozesskosten als *Masseverbindlichkeiten* zu begleichen.

4.3 Leasingverträge

96 Nach spanischem Insolvenzrecht wird ein Leasingverhältnis wie ein gesichertes Darlehen behandelt, wobei der geleaste Gegenstand als massezugehörig gilt und die Sicherheit darstellt.

97 Die insolvenzrechtliche Qualifikation der ausstehenden Leasingraten ist komplex und richtet sich nach der Rechtsprechung des Obersten Gerichtshofs danach, ob der Leasinggeber akzessorische Pflichten zu erfüllen hat oder nicht: Wird auf der Grundlage der vereinbarten Vertragsklauseln festgestellt, dass am Tag der Insolvenzerklärung nicht akzessorische Pflichten des Leasinggebers bestehen, so werden die am Tag der Insolvenzerklärung noch nicht gezahlten Raten als *spezielle Vorzugsforderung* anerkannt und die während der Insolvenz anfallenden Raten als *Masseverbindlichkeiten* eingeordnet; soweit der Leasingvertrag wegen ausbleibender Zahlungen gekündigt wurde, kann er durch Anerkennung der ausstehenden Verbindlichkeiten als Masseverbindlichkeiten wieder in Kraft gesetzt werden. Wird auf der Grundlage der Vertragsklauseln hingegen der Schluss gezogen, dass der Leasinggeber nur akzessorischen Pflichten zu erfüllen hat, werden alle ausstehenden Raten als *spezielle Vorzugsforderungen* eingeordnet – unabhängig davon, ob sie vor oder nach dem Insolvenzantrag anfallen.

98 Um die Behandlung eines Leasingsvertrags in der Insolvenz des Leasingnehmers beurteilen zu können, ist somit eine ausführliche Analyse erforderlich.

4.4 Arbeitsverträge

99 Im Allgemeinen lässt die Insolvenzerklärung bestehende Arbeitsverträge unberührt.

100 Hinsichtlich der Qualifizierung der aus den Arbeitsverhältnissen resultierenden Verbindlichkeiten gilt Folgendes: Wie bereits dargelegt stellen die Forderungen von Arbeitnehmern des Schuldners aus Gehalt für tatsächlich erbrachte Arbeitsleistungen innerhalb der letzten 30 Tagen vor der Insolvenzerklärung *Masseverbindlichkeiten* dar, soweit sie das Doppelte des spanischen Mindestlohns nicht übersteigen; diese Masseverbindlichkeiten genießen sogar im Falle der Masseunzulänglichkeit Vorrang. Die darüber hinaus gehenden Forderungen aus Arbeitsverhältnissen (einschließlich Abfindungen, Steuer- und Sozialversicherungsabgaben) stellen darüber hinaus in bestimmten, ausdifferenziert geregelten Grenzen *allgemeine Vorzugsforderungen* dar.

101 Das Insolvenzverfahren hat darüber hinaus einige kollektivarbeitsrechtliche Folgen. War zum Zeitpunkt der Insolvenzerklärung etwa ein Verfahren zur Massenentlassung, Vertragsaussetzung oder zur Arbeitszeitverkürzung im Gange, so geht die Zuständigkeit von der Arbeitsbehörde auf das Insolvenzgericht über; jede von der Behörde bereits getroffene Entscheidung behält jedoch ihre Gültigkeit, und der Insolvenzverwalter ist an sie gebunden. Weiterhin wird das Recht der Arbeitnehmer, den Arbeitsvertrag im Fall von wesentlichen kollektiven Änderungen der Arbeitsbedingungen zu kündigen, für einen Zeitraum von höchstens einem Jahr ausgesetzt.

5. Unterhalts- und Pensionsansprüche in Insolvenz und Restrukturierung

Der Schuldner hat während des Insolvenzverfahrens Anspruch auf Unterhalt als Masseverbindlichkeit. Zahlungsfrequenz und -höhe wird mit dem *Insolvenzverwalter* verhandelt *(Eingriffsregime)* oder vom Gericht genehmigt *(Ersatzvornahmeregime)*. 102

Pensionsansprüche von Personen, denen der Schuldner gesetzlich unterhaltspflichtig ist – ausgenommen Ehepartner, eingetragene unverheiratete Partner und unterhaltsberechtigte Nachkommen –, gelten als *Masseverbindlichkeit*, sofern keine andere Person rechtlich zum Unterhalt verpflichtet ist, innerhalb eines Jahres eine Klage auf Unterhalt erhoben wird und der Grund und die Höhe vom Gericht festgelegt werden. 103

Die Auswirkungen der Insolvenzerklärung auf das eheliche Güterrecht des Schuldners sind in den Artikeln 77 bis 79 des InsoGB dargelegt. Sie ermöglichen insbesondere die Liquidation einer Gütergemeinschaft, um das Vermögen eines verheirateten Schuldners für Zwecke des Insolvenzverfahrens abgrenzen zu können. 104

6. Eigentumsvorbehalt

Der Eigentumsvorbehalt ist im spanischen Recht weder systematisch noch vollständig geregelt. Das InsoGB enthält jedoch mehrere Bestimmungen. 105

So können Vollstreckungsmaßnahmen im Hinblick auf Vorbehaltsware unter bestimmten Voraussetzungen ausgesetzt werden: Wurden fortführungswesentliche Gegenstände unter Kaufpreisstundung bzw. Eigentumsvorbehalt verkauft und der Kaufvertrag in ein spezielles öffentliches Register eingetragen, können Vollstreckungsmaßnahmen bis zum Abschluss eines *Insolvenzvergleichs* bzw. dem Ablauf einer Frist von einem Jahr ab *Insolvenzerklärung* ohne Eintritt in die Liquidationsphase ausgesetzt werden. 106

Für Vermögenswerte an denen ein Eigentumsvorbehalt besteht und die sich außerhalb Spaniens befinden gelten spezielle Regeln: Erstens ist für die Auswirkungen der Insolvenz auf die Rechte des Verkäufers in Bezug auf die an den *Insolvenzverwalter* verkauften Vorbehaltsgegenstände das Recht des Staates maßgebend, in dem sich die dem Schuldner gehörenden Sicherheiten zum Zeitpunkt der Eröffnung des Insolvenzverfahrens befinden. Zweitens stellt die *Insolvenzerklärung* des Verkäufers einer bereits gelieferten und zum Zeitpunkt der Erklärung im Hoheitsgebiet eines anderen Staates befindlichen Sache für sich genommen keinen Grund zum Rücktritt vom Kauf dar und hindert den Käufer nicht daran, die Sache zu erwerben. 107

Grundsätzlich trägt das spanische InsoGB dem Sicherungszweck eines Eigentumsvorbehalts dadurch Rechnung, dass es dem Vorbehaltsgläubiger ein *spezielles Vorzugsrecht* in der insolvenzrechtlichen Verteilungsreihenfolge gewährt. Die Gegenstände gelten jedoch als massezugehörig. Das Sicherungsrecht umfasst grundsätzlich die gesamten ausstehenden Zahlungen, unabhängig davon, ob diese vor oder nach *Insolvenzerklärung* fällig geworden sind. 108

7. Sicherheiten in der Insolvenz

Sicherheiten sind auf die Forderungshöhe beschränkt und grundsätzlich soweit wie ihr Verkehrswert. Das heißt: Ist der Verkehrswert des Sicherungsgut höher als die gesicherte Forderung, ist das *spezielle Vorzugsrecht* auf die Forderungshöhe beschränkt. Umgekehrt nehmen Sicherungsgläubiger im Falle nicht hinreichender Sicherheiten mit ihrem Ausfall als *gewöhnliche Insolvenzgläubiger* am Verfahren teil. Die Befriedigung von Sicherungsgläubigern erfolgt – wie bereits oben dargelegt – nach Art einer abgesonderten Befriedigung. 109

Mündet das Insolvenzverfahren in einen *Insolvenzvergleich*, unterfallen gesicherte Forderungen grundsätzlich nicht den darin vereinbarten Verzichtserklärungen. Eine Ausnahme gilt dann, wenn besondere Mehrheiten erreicht werden. Darüber hinaus kann ein *Insolvenzvergleich* unterschiedliche Vereinbarung für jede der folgenden vier Gläubigergruppen beinhalten: öffentliche Sicherungsgläubiger, gesicherte Arbeitnehmer, gesicherte *Finanzverbindlichkeiten* und andere gesicherte Gläubiger. Über jede spezifische Regelung des *Insolvenzvergleichs* kann nur von den Mitgliedern dieser Klasse abgestimmt werden, wobei alle Gläubiger der Klasse daran gebunden sind, wenn ausreichende Mehrheiten erreicht werden. 110

Im Falle einer Liquidation werden Sicherheiten nach den Bestimmungen des *Liquidationsplans* (und subsidiär nach den Bestimmungen des InsoGB) verwertet. Die Besonderheit besteht darin, dass gesicherte Gläubiger, die bisher kein Vollstreckungsverfahren eingeleitet haben, ihr Recht auf Einzelvollstreckung verlieren, aber das Recht behalten, den Erlös aus dem Verkauf der Sicherheiten bis zur Höhe der „ursprünglichen Verbindlichkeit" einzuziehen. 111

7.1 Sicherheiten an beweglichen Gegenständen und Rechten

112   Sicherungsrechte an beweglichen Gegenständen und Rechten werden bei der abgesonderten Befriedigung (das heißt: der Berechnung des *speziellen Vorzugs*) nicht mit ihrem vollen Wert, sondern in Höhe von 90 % des Zeitwerts berücksichtigt. Zur Feststellung dieses Zeitwerts legt das InsoGB bestimmte Regelungen fest. So werden marktgängige Wertpapiere mit dem Durchschnittspreis berücksichtigt, zu dem sie im letzten Quartal vor dem Tag der Insolvenzerklärung (an einem oder mehreren geregelten Märkten gemäß der von der Sekundär- oder regulierten Marktbehörde ausgestellten Bescheinigung) gehandelt wurden. Bareinlagen, Girokonten, E-Geld oder Festgelder werden mit Umtauschwert in Euro (zum Durchschnittskurs am Bewertungsstichtag) berechnet. Bestehen die Sicherheiten an anderen Arten von beweglichen Sachen oder Rechten, wird der maßgebliche Zeitwert von einem unabhängigen Sachverständigen nach den für diese Gegenstände allgemein anerkannten Grundsätzen und Bewertungsstandards festgelegt.

7.2 Immobilien

113   Für Sicherheiten an unbeweglichen Gegenständen sieht das InsoGB vor, dass der *spezielle Vorzug* 90% des Wertes der Immobilie umfasst, der sich aus der Schätzung einer im Sonderregister der Bank von Spanien eingetragenen und zugelassenen Sachverständigengesellschaft ergibt.

7.3 Flugzeuge und Schiffe

114   Schiffe und Flugzeuge können erst besichert werden, sobald ein Drittel des Rumpfes fertiggestellt wurde. Erst dann sind die Minimalanforderungen für die öffentliche Registrierung und damit für die Eintragung von Sicherungsrechten erfüllt. Sicherungsgläubiger können *speziellen Vorzug* für 90 % des Wertes beanspruchen, der durch den Bericht eines unabhängigen Sachverständigen in Übereinstimmung mit den allgemein anerkannten Grundsätzen und Bewertungsstandards für diese Gegenstände bestimmt wird.

8. Aufrechnung und Aufrechnungsvereinbarungen.

115   Grundsätzlich ist eine Aufrechnung nach der *Insolvenzerklärung* nicht mehr möglich. Denn nach Auffassung des spanischen Gesetzgebers handelt es sich bei der Aufrechnung um eine Form der Erfüllung von Verbindlichkeiten, die sich nach der *Insolvenzerklärung* jedoch ausschließlich nach den insolvenzrechtlichen Verteilungsregelungen richten darf. Ausnahmen gelten, wenn die Aufrechnungslage bereits vollständig vor der Insolvenzerklärung eingetreten ist. Besonderheiten gelten darüber hinaus für besondere Finanzsicherheiten nach der Europäischen Richtlinie 2002/47/EG. Schließlich ist die Aufrechnung in Spanien möglich, wenn die zu verrechnende Forderung ausländischem Recht unterliegt, welches eine Aufrechnung in der Insolvenz zulässt.

9. Insolvenzanfechtung und Aufhebung vorangegangener Transaktionen

116   Das spanische InsoGB ermöglicht es, Handlungen oder Transaktionen im Zeitraum von bis zu zwei Jahren vor der Insolvenzerklärung rückabzuwickeln, die als schädlich für das Gesamtvermögen des Schuldners betrachtet werden können; eine betrügerische Absicht der Handelnden ist nicht zwingend erforderlich. Nach der Rechtsprechung des Obersten Gerichtshofs gilt jede Handlung, die zu einer ungerechtfertigten Verringerung des Vermögens des Schuldners führt, als nachteilig für die Masse und ist daher angreifbar.

117   Prozessführungsberechtigt ist grundsätzlich nur der *Insolvenzverwalter*. Gläubiger haben indes eine subsidiäre Klagemöglichkeit, wenn der Insolvenzverwalter trotz Aufforderung innerhalb von zwei Monaten nicht tätig geworden ist.

118   Der Nachteil für die Insolvenzmasse muss bewiesen werden. Das InsoGB enthält zugunsten des Insolvenzverwalters einige Vermutungsregelungen. So wird die Benachteiligung der Insolvenzmasse unwiderleglich vermutet bei Verfügungen ohne Gegenleistung sowie Zahlungen auf nicht offene Forderungen. Widerlegliche Vermutungen bestehen im Falle von Geschäften mit nahestehenden Personen, der dinglichen Nachbesicherung für bereits bestehende Verbindlichkeiten und verfrühten Zahlungen auf nicht-fällige dinglich-besicherte Forderungen. Vermutungen für die Nicht-Nachteilhaftigkeit bestehen bei gewöhnlichen Handlungen, die in der täglichen Tätigkeit des Schuldners als üblich angesehen werden und unter Marktbedingungen erfolgen, bei Zahlungen nach besonderen Gesetzen im Zusammenhang mit Abrechnungs- und Clearingsystemen, der Bestellung von Sicherheiten für öffentlich-rechtliche Forderungen und bei außergerichtlichen Restrukturierungsvereinbarungen etwa einer genehmigten *Refinanzierungsvereinbarung*.

Soweit eine Anfechtung erfolgreich ist, wird die angefochtene Handlung für unwirksam erklärt und die Vermögenswerte und Rechte, auf die sie sich bezieht, in natura an die Masse zurückgegeben. Wenn die aus dem Vermögen des Schuldners entfernten Waren und Rechte nicht an die Masse zurückgegeben werden können, muss der Anfechtungsgegner einen entsprechenden Wert in die Masse zahlen. Ein bösgläubiger Anfechtungsgläubiger muss der Masse außerdem darüberhinausgehenden Schadensersatz leisten.

Hinsichtlich des durch die Anfechtung auflebenden Anspruchs des Gläubigers gelten komplizierte Regelungen. Dieser kann unter Umständen sogar eine *Masseverbindlichkeit* darstellen. Bei bösgläubigen Anfechtungsgegnern wird er hingegen als *nachrangige Insolvenzverbindlichkeit* behandelt.

10. Durchsetzung der Haftung gegenüber (ehemaligen) Geschäftsführern oder Gesellschaftern; Ansprüche gegen Dritte

Mit der Insolvenzerklärung gehen Einschränkungen hinsichtlich der Durchsetzung der Haftung der Geschäftsführer einher. Haftungsansprüche im Verhältnis zwischen Gesellschaft und Geschäftsführer können vom Insolvenzverwalter erst nach Erlass der *Insolvenzerklärung* geltend gemacht werden. Es besteht darüber hinaus eine besondere Gefährdungshaftung für das pflichtwidrige Unterlassen einer Auflösung der Gesellschaft; diese wird durch die Insolvenzerklärung ausgesetzt und kann nicht erneut eingeleitet werden. Die Möglichkeit, als Außenstehender vom Geschäftsführer Schadensersatz für dessen pflichtwidrige Handlungen zu erhalten, wird von der Insolvenz nicht berührt.

Darüber hinaus sieht das InsoGB ein besonderes Verfahren zur haftungsrechtlichen Qualifikation des Verhaltens des Schuldners bzw. seiner Organe bei Insolvenz vor *(Qualifikationsphase)*. Hierzu kommt es, wenn die Liquidationsphase eröffnet wird oder ein Insolvenzvergleich zustande kommt, der Forderungsverzichte von mindestens einem Drittel oder Stundungen von mehr als drei Jahren vorsieht. Die Insolvenz gilt als unverschuldet, wenn festgestellt wird, dass der Schuldner die Insolvenz nicht verursacht oder verschlimmert hat, und sich auch nicht anderweitig schuldhaft verhalten hat. Der Insolvenzverwalter und die Staatsanwaltschaft sind die einzigen, die berechtigt sind, die Feststellung einer schuldhaften Insolvenz zu verlangen, während Gläubiger lediglich angehört werden. Eine verschuldete Insolvenz wird hingegen dann angenommen, wenn ihre Entstehung oder Verschärfung auf vorsätzliches oder grob fahrlässiges Handeln des Schuldners bzw. seiner Organe zurückzuführen ist. Hierzu enthält das InsoGB einige Vermutungen. So wird vorsätzliches Verhalten unter anderem vermutet bei wesentlichen Verstößen gegen die Pflichten zur ordnungsgemäßen Buchführung, bei schwerwiegend falschen Angaben in einem dem Insolvenzantrag beigefügten Dokument bzw. der Beifügung eines falschen Dokuments, beim Eintritt in die *Liquidationsphase* infolge der schuldhaften Verletzung eines *Insolvenzvergleichs* und bei der Veruntreuung von Vermögen durch den Schuldner. Eine widerlegbare Vermutung besteht bei der Verletzung der Insolvenzantragspflicht oder der Pflicht zur kooperativen Zusammenarbeit mit dem Gericht oder dem Insolvenzverwalter; gleichfalls kann die verschuldete Insolvenz vermutet werden, wenn der Schuldner gegen seine Pflichten im Zusammenhang mit der Jahresabschlussstellung und -niederlegung verstößt.

Das Urteil, durch welches eine Insolvenz als schuldhaft eingeordnet wird, führt die von der Qualifikation erfassten Personen (Schuldner, Geschäftsführer und/oder Mitschuldige) auf und schließt sie für einen Zeitraum von zwei bis fünfzehn Jahren von der Verwaltung des Vermögens Dritter aus. Ferner muss es anordnen, dass Sachen oder Rechte, welche zu Unrecht aus der Masse entfernt wurden, zurückzugeben sowie die daraus resultierenden Schäden und Verluste zu ersetzen sind. Darüber hinaus können der Schuldner oder die Geschäftsführer (nicht aber die Mitschuldigen) dazu verpflichtet werden, verschleppungsbedingte Schäden bei der Verwertung zu ersetzen.

Die Haftung erstreckt sich auch auf Dritte, die an der Entstehung oder Vertiefung der Insolvenz mitgewirkt haben. Bei diesen Personen ist jedoch nur die Verpflichtung vorgesehen, der zahlungsunfähigen Partei den ihr entstandenen Schaden zu ersetzen.

11. Verfolgung von Vermögenswerten

Das InsoGB sieht kein besonderes Verfahren zur Verfolgung der Vermögenswerte des Schuldners vor. Der Insolvenzverwalter kann jedoch nach besonderen Regelungen die Amtshilfe des Gerichts beantragen, wenn er der Ansicht ist, dass verstecktes Vermögen vorhanden ist. Dieser Mechanismus zur Aufspürung von Vermögenswerten ist in Einzelvollstreckungsverfahren gegen das Vermögen des Schuldners üblich und ist im Zivilprozessrecht ergänzend geregelt.

12. Internationales Insolvenzrecht

Die Förderung internationaler Investitionen durch Minimierung der Unsicherheit bei der Behandlung grenzüberschreitender Forderungen im Insolvenzverfahren ist eine große Priorität aktueller Gesetzesänderungen.

127 Das InsoGB enthält diesbezügliche Regeln des internationalen Privatrechts, die dem Muster der Verordnung (EG) Nr. 1346/2000 über Insolvenzverfahren folgen.[17] Die internationale Zuständigkeit für die Erklärung und Beantragung der Insolvenz richtet sich nach dem „*Center of Main Interest*" („COMI"); die vom Gericht des COMI erklärte Insolvenz wird als „Hauptinsolvenzverfahren" betrachtet, unbeschadet der Möglichkeit, andere Sekundärinsolvenzverfahren in den Staaten zu eröffnen, in denen der Schuldner seine Geschäftstätigkeit ebenfalls ausübt. Der gerichtliche Beschluss zur Eröffnung eines Insolvenzverfahrens hat in Spanien ohne weitere Formalitäten die gleichen unanfechtbaren Wirkungen wie nach dem Recht des Staates der Verfahrenseröffnung. Ebenso werden Urteile über die Durchführung und den Abschluss von Insolvenzverfahren, die vom zuständigen Gericht des Mitgliedstaats, in dem das Insolvenzverfahren eröffnet wurde, erlassen wurden, sowie von diesem Gericht genehmigte Vereinbarungen in Spanien automatisch anerkannt.

128 Vor der Eröffnung des Insolvenzverfahrens in Spanien muss das Gericht von Amts wegen prüfen, ob sich der COMI oder die Niederlassung des Schuldners tatsächlich in seinem Zuständigkeitsbereich befinden. Hierbei wird bis zum Nachweis des Gegenteils grundsätzlich angenommen, dass der COMI bei juristischen Personen mit dem Sitz und bei natürlichen Personen mit dem Wohnsitz zusammenfällt.

13. COVID-19-Gesetzgebung

129 Die spanische Regierung hat mit dem Königlichen Erlass 16/2020 vom 28.4.2020 auf die dramatische Wirtschaftskrise infolge der COVID-19-Pandemie reagiert und auf das spanische Insolvenzrecht eingewirkt. Wie beim Deutschen COVInsAG zielen die Regelungen darauf ab, pandemiebedingte Insolvenzen von grundsätzlich gesunden Unternehmen weitestmöglich zu vermeiden, und ähneln sich in ihrer rechtstechnischen Ausgestaltung. Zudem befürchtet die spanische Regierung einen allgemeinen Anstieg von Rechtsstreitigkeiten. Mit dem Königlichen Erlass wurden daher weitere Verfahrensmodifikationen erlassen, um die Justiz zu entlasten.

130 Vorgesehen ist zunächst eine Modifikation der Insolvenzantragspflichten des Schuldners sowie der Insolvenzantragsrechte der Gläubiger. So wurde eine befristete Aussetzung der schuldnerischen Insolvenzantragspflicht bis zum 14.3.2021 beschlossen. Hierdurch sollen einerseits solche Insolvenzverfahren vermieden werden, die von den Organen und Gesellschaftern lediglich zur Haftungsvermeidung eingeleitet würden. Andererseits soll die Aussetzungsperiode dem Schuldner mehr Zeit gewähren, um möglichst weitgehend von den präventiven Restrukturierungsmöglichkeiten des spanischen Insolvenzrechts Gebrauch machen zu können. Sollte es dem Schuldner in diesem Zeitraum nicht gelingen, eine Refinanzierungsvereinbarung oder einen außergerichtlichen Vergleich mit seinen Gläubigern zu erzielen, hat er bis zum 31.12.2020 die Möglichkeit, einen Schuldnerantrag zu stellen und die Vorteile des freiwilligen Insolvenzverfahrens zu erlangen. Der Schuldnerantrag genießt Vorrang vor dem Gläubigerantrag, der nach den gewöhnlichen Regelungen zu einem obligatorischen Insolvenzverfahren und damit dem Verlust der Verwaltungs- und Verfügungsbefugnis führen würde. Darüber hinaus werden Gläubigeranträge zwischen dem 14.3.2020 und dem 31.12.2020 zurückgestellt; auch insoweit ist die Regelung dem deutschen COVInsAG vergleichbar. Nach Ablauf der Aussetzungsperiode werden die Fremdanträge bearbeitet und führen zur Durchführung eines obligatorischen Insolvenzverfahrens, sofern bis dahin kein eigener Antrag des Schuldners vorliegt.

131 Der Königliche Erlass 16/2020 modifiziert weiterhin den spanischen Insolvenzgrund des Werteverfalls, der üblicherweise bei einer hälftigen Aufzehrung des Eigenkapitals eingreift und zur Unternehmensliquidation führt: Verluste aus dem Jahr 2020 bleiben weitgehend unberücksichtigt. Im Hinblick auf den Antragsgrund der (drohenden) Zahlungsunfähigkeit erfährt das Insolvenzrecht hingegen keine Modifikation. Vielmehr sollen kriselnde Unternehmen insoweit durch staatlich garantierte Finanzierungshilfen (sog. ICO-Darlehen) unterstützt werden.

132 Darüber hinaus sieht der Königliche Erlass 16/2020 einige Veränderungen im Hinblick auf die Möglichkeiten der präventiven Restrukturierung vor. So wurden die Möglichkeiten der Gläubiger, die Verletzung der freiwilligen Vergleichsvereinbarung durch den Schuldner geltend zu machen, vorübergehend bis zum 14.3.2020 eingeschränkt. Neu ausgereichte Finanzierungen oder Garantien im Rahmen solcher freiwilliger Vergleichsvereinbarungen zwischen dem Schuldner und seinen Gläubigern, die bis zum 14.3.2022 genehmigt werden, können weiterhin in einem etwaig folgenden Insolvenzverfahren den Rang von Masseforderungen erhalten. Außerdem erfahren Kreditausreichungen von nahestehenden Personen, die üblicherweise zu den nachrangigen Insolvenzforderungen zählen, eine Aufwertung zu gewöhnlichen Insolvenzforderungen. Ferner wurde das Recht der außergerichtlichen Refinanzierungsvereinbarung erweitert. Während diese in gewöhnlichen Zeiten

---

[17] Diese wird derzeit durch die Verordnung (EU) 2015/848 des Europäischen Parlaments und des Rates vom 20.5.2015 über Insolvenzverfahren ersetzt.

erst nach Ablauf eines Jahres erneuert bzw. neu ausgehandelt werden können, wurde diese Beschränkung vorübergehend bis zum 14.3.2021 ausgesetzt. Darüber hinaus können Verstöße gegen ausgehandelte Refinanzierungsvereinbarungen durch den Schuldner von den Gläubigern bis zum 14.9.2020 nur eingeschränkt geltend gemacht werden.

Eine weitere Säule des spanischen COVID-19-Sonderinsolvenzrechts besteht darin, die Durchführung des Insolvenzverfahrens vorübergehend an bestimmten Stellen zu beschleunigen und die Rechtsbehelfsmöglichkeiten der verschiedenen Beteiligten zu beschränken. Dies betrifft etwa die Geltendmachung von Beanstandungen an Gläubigerliste, Vermögensverzeichnis und Liquidationsplan. Hierdurch soll die von der spanischen Regierung befürchtete Überlastung der Justiz vermieden werden.

Spanien

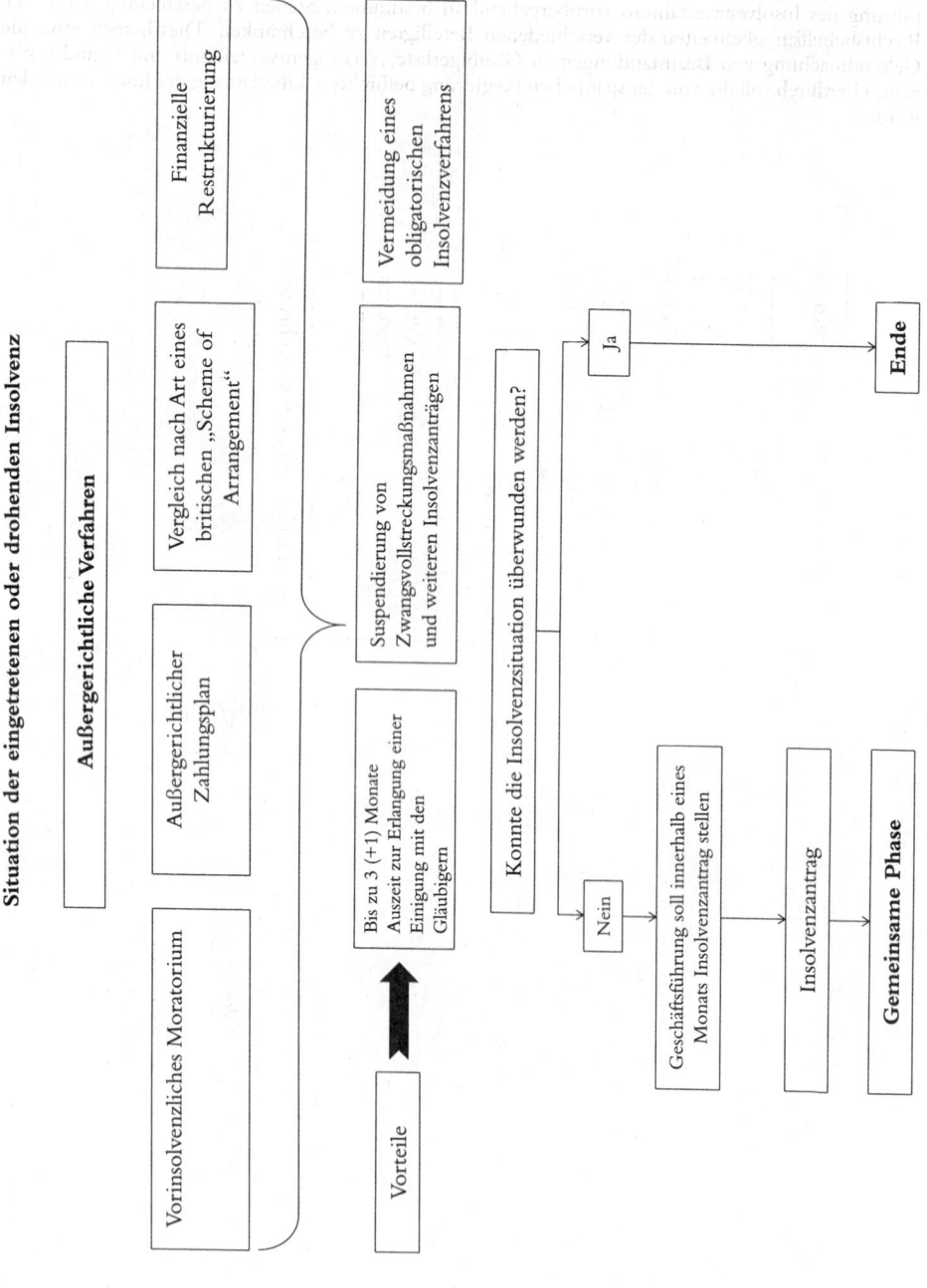

Spanien

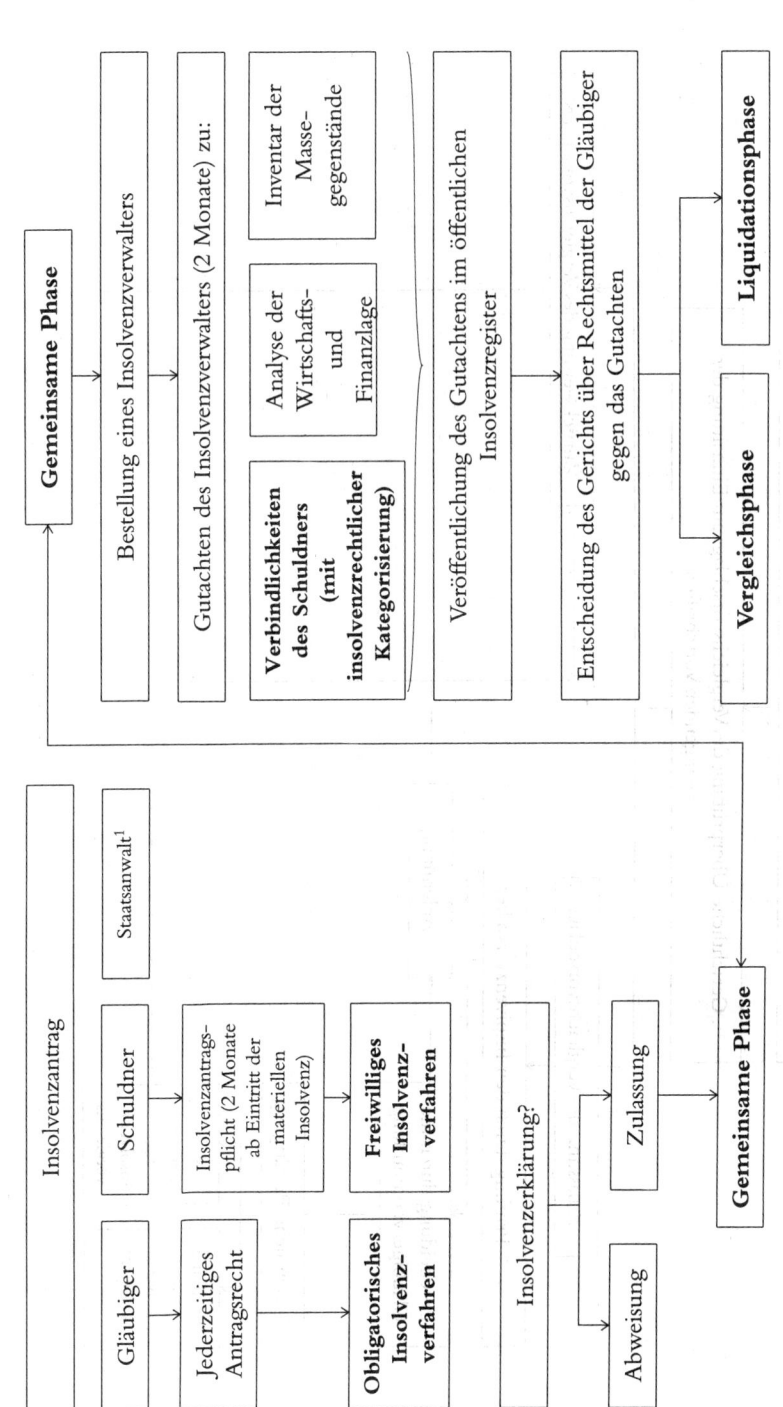

Spanien

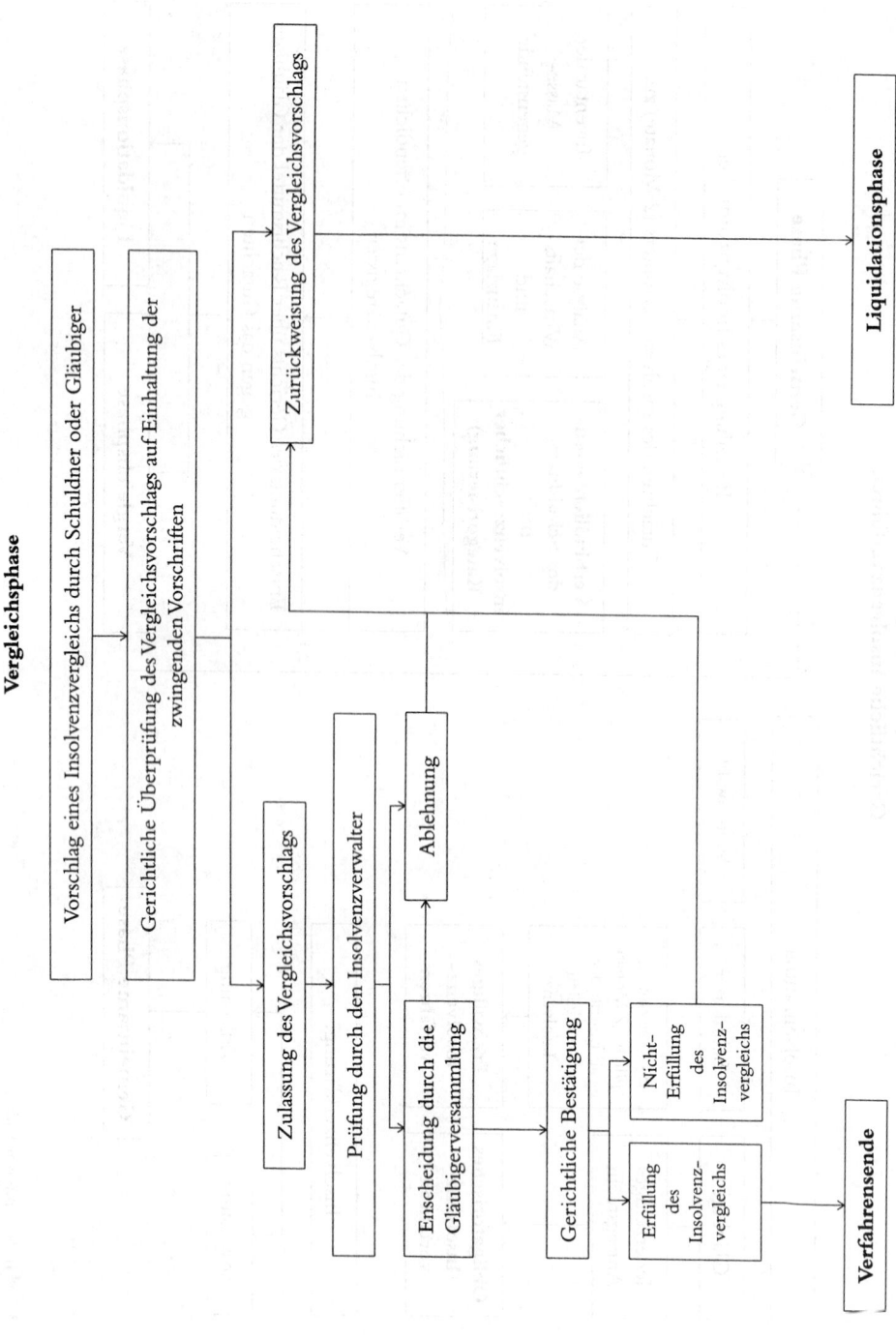

Spanien

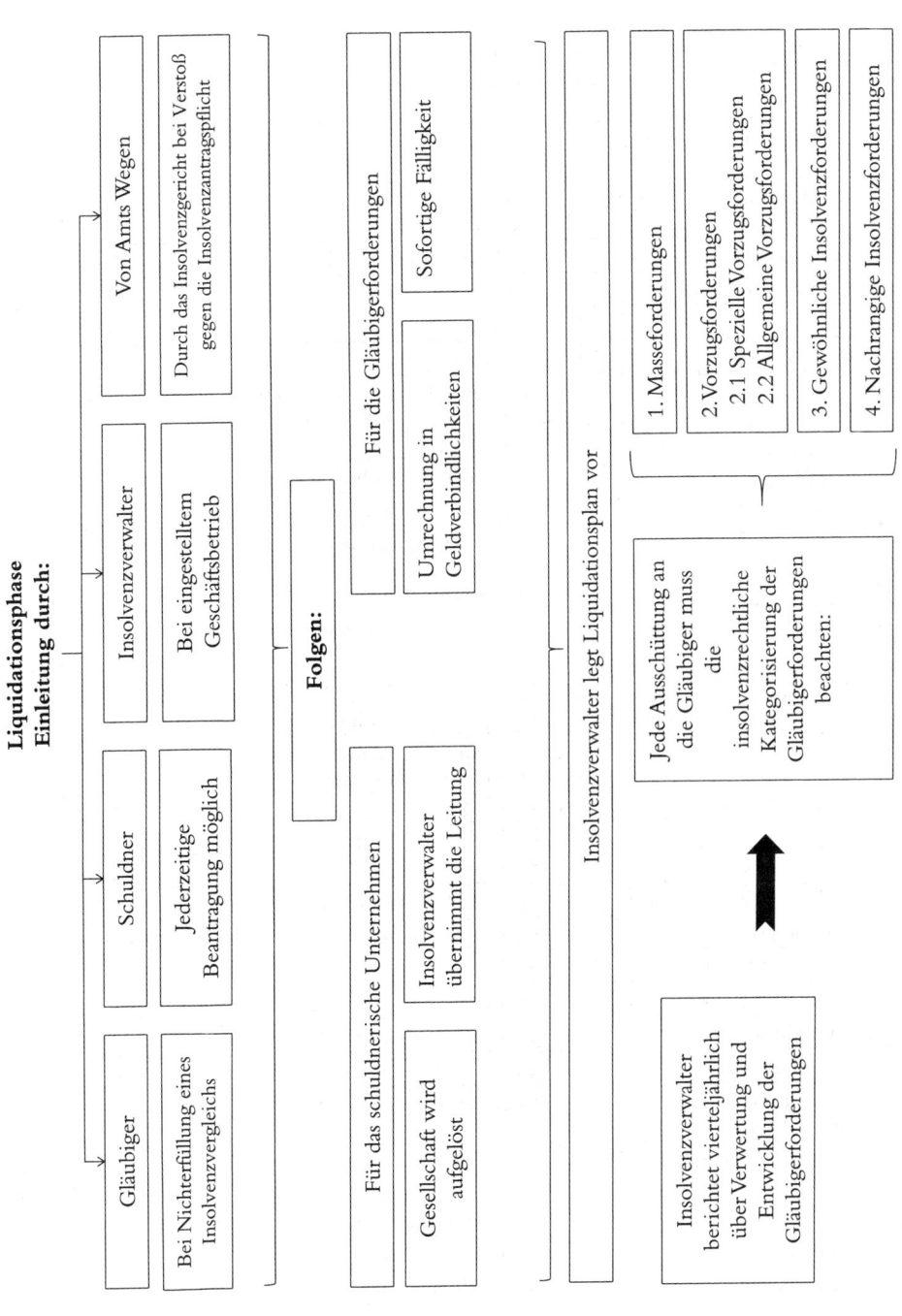

Spanien

Glossar

Spanisch	Deutsch	Rn.
acciones de reintegración	Außergerichtliche Refinanzierungsvereinbarung	32
acciones de reintegración	Refinanzierungsvereinbarung	17, 32
acreedores de derecho público	öffentlich-rechtliche Gläubiger	33
acreedores por operaciones comerciales, kurz: acreedores comerciales	kommerzielle Gläubiger (also solche mit Forderungen aus dem regulären gewerblichen Geschäftsverkehr)	33
acuerdo de refinanciación irrescindile	Vergleich nach Art eines britischen „Scheme of Arrangement"	17
acuerdo extrajudicial	Außergerichtlicher Zahlungsplan	17
administrador concursal	Insolvenzverwalter	32, 42
arrastre	Obstruktionsverbot	34
auditor	Wirtschafsprüfer	32
auto	Insolvenzerklärung (vergleichbar dem gerichtlichen Insolvenzeröffnungsbeschluss)	25, 44
bonos convertibles	Wandelschuldverschreibungen	27
calificación del concurso	Qualifikationsphase	50
comunicación	Förmliche Mitteilung (des Schuldners an das Insolvenzgericht über die Aufnahme von Verhandlungen über ein vor	19, 25
concorcio de compensacion de seguros	Versicherungskompensationskonsortium	36
concurso de persona física	Insolvenzverfahren natürlicher Personen	17
concurso de persona jurídica	Insolvenzverfahren juristischer Personen	17
Concurso Necesario	obligatorisches Insolvenzverfahren (nach Fremdinsolvenzantrag eines Gläubigers)	17, 42
Concurso Voluntario	Freiwilliges Insolvenzverfahren (nach Eigeninsolvenzantrag des Schuldners)	17, 42
convenio de acreedores	Insolvenzvergleich	42, 46
créditos con privilegio especial	Spezielle Vorzugsforderungen	88
créditos con privilegio general	Allgemeine Vorzugsforderungen	88
créditos contra la masa	Masseforderungen	88
acreedores financieros	Finanzverbindlichkeiten; Finanzgläubiger	21
créditos ordinarios	Gewöhnliche Insolvenzforderungen	88
créditos subordinados	Nachrangige Forderungen	88
demora en la declaración de una posible insolvencia	Insolvenzverschleppung	42
desestimación de la solicitud de concurso por falta de masa	Abweisung mangels Masse	62
en concurso de acreedores	Zustand des eröffneten Insolvenzverfahrens	44
fase común	Gemeinsame Phase	43
fase de convenio	Vergleichsphase	46
fase de liquidación	Liquidationsphase	46, 48
fondo de reestructuración ordenada bancaria	Bankenrestrukturierungsfonds	36

Spanien

Spanisch	Deutsch	Rn.
Incidente concursal	gerichtliches Schnellverfahren zur Klärung von Streitigkeiten im Hinblick auf massezugehörige Gegenstände	42, 71
insolvencia express	beschleunigte Insolvenzverfahren	42
junta de acreedores	Gläubigerversammlung	46
Juzgados de lo Mercantil	Insolvenzgericht	43
Ley Concursal, 22/2003, vom 9. Juli 2003	InsoGB: Spanisches Insolvenzgesetzbuch	2
masa de insolvencia	Insolvenzmasse	70
mediador	Insolvenzmediator	26
plan de liquidación	Liquidationsplan	42, 49
Preconcurso (oder: comunicación del 5 bis)	vorinsolvenzliches Moratorium	17
préstamo participativo	Beteiligungsdarlehen	27
préstamos subordinados	Nachrangdarlehen	27
propuesta anticipada de plan de liquidación	früher Liquidationsplan	42
regime de intervención	Eingriffsregime	69
regime de sustitución	Regime der Ersatzvornahme	68
Registro Público Concursal	Öffentliches Insolvenzregister	45
Richtlinie (EU) 2019/1023 des Europäischen Parlaments und des Rates vom 20.6.2019 über präventive Restrukturierungsrahmen, über Entschuldung und über Tätigkeitsverbote sowie über Maßnahmen zur Steigerung der Effizienz von Restrukturierungs-, Insolvenz- und Entschuldungsverfahren und zur Änderung der Richtlinie (EU) 2017/1132	Richtlinie über Restrukturierung und Insolvenz	6
solicitud de concurso	Insolvenzantrag	52, 62

Glossar

Deutsch	Spanisch	Rn.
Abweisung mangels Masse	desestimación de la solicitud de concurso por falta de masa	62
Allgemeine Vorzugsforderungen	créditos con privilegio general	88
Außergerichtliche Refinanzierungsvereinbarung	acciones de reintegración	32
Außergerichtlicher Zahlungsplan	acuerdo extrajudicial	17
Bankenrestrukturierungsfonds	fondo de reestructuración ordenada bancaria	36
beschleunigte Insolvenzverfahren	insolvencia express	42
Beteiligungsdarlehen	préstamo participativo	27
Eingriffsregime	regime de intervención	69
Finanzverbindlichkeiten; Finanzgläubiger	acreedores financieros	21

Spanien

Deutsch	Spanisch	Rn.
Förmliche Mitteilung (des Schuldners an das Insolvenzgericht über die Aufnahme von Verhandlungen über ein vor	comunicación	19, 25
Freiwilliges Insolvenzverfahren (nach Eigeninsolvenzantrag des Schuldners)	Concurso Voluntario	17, 42
früher Liquidationsplan	propuesta anticipada de plan de liquidación	42
Gemeinsame Phase	fase común	43
gerichtliches Schnellverfahren zur Klärung von Streitigkeiten im Hinblick auf massezugehörige Gegenstände	Incidente concursal	42, 71
Gewöhnliche Insolvenzforderungen	créditos ordinarios	88
Gläubigerversammlung	junta de acreedores	46
InsoGB: Spanisches Insolvenzgesetzbuch	Ley Concursal, 22/2003, vom 9. Juli 2003	2
Insolvenzantrag	solicitud de concurso	52, 62
Insolvenzerklärung (vergleichbar dem gerichtlichen Insolvenzeröffnungsbeschluss)	auto	25, 44
Insolvenzgericht	Juzgados de lo Mercantil	43
Insolvenzmasse	masa de insolvencia	70
Insolvenzmediator	mediador	26
Insolvenzverfahren juristischer Personen	concurso de persona jurídica	17
Insolvenzverfahren natürlicher Personen	concurso de persona física	17
Insolvenzvergleich	convenio de acreedores	42, 46
Insolvenzverschleppung	demora en la declaración de una posible insolvencia	42
Insolvenzverwalter	administrador concursal	32, 42
kommerzielle Gläubiger (also solche mit Forderungen aus dem regulären gewerblichen Geschäftsverkehr)	acreedores por operaciones comerciales, kurz: acreedores comerciales	33
Liquidationsphase	fase de liquidación	46, 48
Liquidationsplan	plan de liquidación	42, 49
Masseforderungen	créditos contra la masa	88
Nachrangdarlehen	préstamos subordinados	27
Nachrangige Forderungen	créditos subordinados	88
obligatorisches Insolvenzverfahren (nach Fremdinsolvenzantrag eines Gläubigers)	Concurso Necesario	17, 42
Obstruktionsverbot	arrastre	34
Öffentliches Insolvenzregister	Registro Público Concursal	45
öffentlich-rechtliche Gläubiger	acreedores de derecho público	33
Qualifikationsphase	calificación del concurso	50
Refinanzierungsvereinbarung	acciones de reintegración	17, 32
Regime der Ersatzvornahme	regime de sustitución	68

Spanien

Deutsch	Spanisch	Rn.
Richtlinie über Restrukturierung und Insolvenz	Richtlinie (EU) 2019/1023 des Europäischen Parlaments und des Rates vom 20.6.2019 über präventive Restrukturierungsrahmen, über Entschuldung und über Tätigkeitsverbote sowie über Maßnahmen zur Steigerung der Effizienz von Restrukturierungs-, Insolvenz- und Entschuldungsverfahren und zur Änderung der Richtlinie (EU) 2017/1132	6
Spezielle Vorzugsforderungen	créditos con privilegio especial	88
Vergleich nach Art eines britischen „Scheme of Arrangement"	acuerdo de refinanciación irrescindile	17
Vergleichsphase	fase de convenio	46
Versicherungskompensationskonsortium	concorcio de compensacion de seguros	36
vorinsolvenzliches Moratorium	Preconcurso (oder: comunicación del 5 bis)	17
Wandelschuldverschreibungen	bonos convertibles	27
Wirtschafsprüfer	auditor	32
Zustand des eröffneten Insolvenzverfahrens	en concurso de acreedores	44

Spanien

Südafrika

bearbeitet von *Dr. Silvio Kupsch*, LL.M. (Stellenbosch), (PwC, Frankfurt am Main), *Dr. Eric Levenstein*, LL.B. (Wits), *Nastascha Harduth*, LL.B. (Johannesburg), *Lara von Wildenrath*, LL.B. (Rhodes), (alle Werksmans Attorneys, Johannesburg).

Übersicht

		Rn.
1.	Schrifttum	1
2.	Einführung	2
2.1	Rechtlicher Rahmen und Systematik	2
2.2	Verfahrenstypen	7
2.3	Präventive Restrukturierung *(Compromise)*	10
2.4	Finanzielle Restrukturierung	13
2.5	Spezielle Regeln für die Insolvenzen von Finanzinstituten und Versicherungsunternehmen	15
2.6	Insolvenzen von Niederlassungen ausländischer Unternehmen und von Unternehmensgruppen	17
2.7	Verbraucherinsolvenzverfahren und solche bezüglich sonstiger Schuldner	19
3.	Wesentliche Verfahrensmerkmale von Insolvenz- und *business rescue*-Verfahren	20
3.1	Eröffnung des Verfahrens	20
3.1.1	Eröffnungsgründe	20
3.1.1.1	*Voluntary (out-of-Court) winding up* juristischer Personen und Gesellschaften	20
3.1.1.2	*(Court-controlled) winding up* juristischer Personen und Gesellschaften	22
3.1.1.3	*Sequestration* des Vermögens von Verbrauchern und sonstigen Schuldnern	28
3.1.1.4	Eröffnung eines *business rescue*-Verfahrens	30
3.1.2	Antragspflichten; Folgen der Verletzung der Antragspflicht	36
3.1.3	Antragsbefugnis	44
3.2	Rolle der Gerichte	48
3.3	Verwalter	49
3.4	Verwaltung und Verwertung der Masse	55
3.5	Unternehmensfortführung *(Going Concern)*	61
3.6	Sicherungsmaßnahmen vor Verfahrenseröffnung	63
3.7	Wirkungen der Verfahrenseröffnung auf Rechtsverfolgungsmaßnahmen einzelner Gläubiger, Moratorium	66
3.8	Organe der Gläubiger	70
3.9	Anmeldung der Forderungen *(proof of claims)*	73
3.10	Verteilung der Masse	78

		Rn.
3.10.1	Massegläubiger	81
3.10.2	Rangfolge der Gläubiger in Insolvenzverfahren	85
3.10.3	Gesicherte Gläubiger	86
3.10.4	Ungesicherte Gläubiger	90
3.10.5	Nachrangige Gläubiger	91
3.10.6	Gläubigerrangfolge in *business rescue*-Verfahren	92
3.11	Abschluss des Verfahrens	94
4.	Verträge in Insolvenz- und *business rescue*-Verfahren	97
4.1	Unerfüllte Verträge	97
4.2	Miet- und Pachtverhältnisse	103
4.3	Arbeitsverträge	106
4.4	Besonderheiten im *common law*	108
5.	Pensionsansprüche in Insolvenz- und *business rescue*-Verfahren	109
6.	Eigentumsvorbehalt	111
7.	Sicherheiten in der Insolvenz	113
7.1	Mobiliarsicherheiten	113
7.2	Grundstückssicherheiten	115
7.3	Sicherheiten an Flugzeugen, Schiffen	116
8.	Aufrechnung; Netting-Vereinbarungen	118
9.	Insolvenzanfechtung	120
10.	Geltendmachung von Haftungsansprüchen gegen (frühere) Organe, Gesellschafter und Dritte	122
11.	Asset tracing	125
12.	Internationales Insolvenzrecht	126
12.1	Anerkennung ausländischer Verfahren in Südafrika	126
12.2	Anwendbares Recht	130
12.3	*Cross-Border Insolvency Act 42 of 2000*	131
13.	COVID-19-Gesetzgebung	133
13.1	Allgemeines	133
13.2	Auswirkungen von COVID-19 auf die Befugnisse und Pflichten der CIPC in Bezug auf Unternehmen in finanzieller Bedrängnis.	138
13.3	Service-Einschränkungen in den Büros des *Master of the High Court*	143

Südafrika 1–3

1. Schrifttum

1 *Burdette,* A Framework for Corporate Insolvency Law Reform in South Africa (Dissertation, University of Pretoria, 2004, http://hdl.handle.net/2263/29560); *Cronje,* Country Report for South Africa, Vortrag auf dem World Bank Global Judges Forum vom 19.5.-23.5.2003 (http://www.worldbank.org); *Delport/Vorster,* Henochsberg on the Companies Act 71 of 2008, Onlineausgabe unter http://www.mylexisnexis.co.za, Stand Dezember 2011; *Galgut/Kunst/Delport/Vorster,* Henochsberg on the Companies Act 61 of 1973, Onlineausgabe unter http://www.mylexisnexis.co.za, Stand Juni 2011; *Bertelsmann/Evans/Harris ua,* Mars: The law of insolvency in South Africa, 9. Auflage, Cape Town 2008; *Forsyth,* Private International Law, 5. Auflage, Lansdowne 2012; *Henke,* Verwaltungssitzverlegung von Gesellschaften mit beschränkter Haftung aus Deutschland und Südafrika und deren kollisionsrechtliche Folgen, Jena 2013; *Kupsch,* Grenzüberschreitende Insolvenzverfahren in Südafrika, Frankfurt am Main 2014; *Levenstein,* An appraisal of the new South African business rescue procedure, (Dissertation, University of Pretoria, 2016, http://hdl.handle.net/2263/56618); *Meskin/Kunst* (Hrsg.), Insolvency Law and its Operation in the Winding up of Companies, Onlineausgabe unter http://www.mylexisnexis.co.za, Stand Oktober 2011; *Sharrock/van der Linde/Smith,* Hockly's Insolvency Law, 9. Auflage, Cape Town 2012; *Smith,* Some Aspects of South African Insolvency Relief: The *Lehane* Matter, PER/PELJ 2016 (19) – DOI http://dx.doi.org/10.17159/1727-3781/2016/v19n0a1221; *Smith/Boraine,* Crossing Borders into South African Insolvency Law: From the Roman-Dutch Jurists to the UNCITRAL Model Law, ABI Law Review 10 (2002, 135 ff.; *Smith/Boraine,* Chapter 39: South Africa, in: Broude/Freedman/Rogoff (Hrsg.), Collier International Business Insolvency Guide, Band 3: Insolvency Laws of Selected Nations, Lsblt-Slgn.; *Sutherland/Wicke,* Länderbericht Südafrika, in: Süß/Wachter (Hrsg.), Handbuch des internationalen GmbH-Rechts, 2. Auflage, Angelbachtal 2011, 1619 ff.; *Van der Merwe/Du Plessis,* Introduction to the Law of South Africa, Den Haag 2004; *Zimmermann/Visser* (Hrsg.), Southern Cross – Civil law and common law in South Africa, Oxford 1996

Auswahl nützlicher Internetadressen:
- http://www.sabinet.co.za/prod_gazette.html, Onlinedatenbank der offiziellen Anzeigeblätter der Regierung *(Government Gazette)* und der Provinzregierungen ab Januar 1994
- http://www.cipc.co.za, *Companies and Intellectual Property Commission* (CIPC)
- http://www.acts.co.za, Onlinegesetzessammlung
- http://www.saflii.org, Umfangreiche Datenbank des *Southern African Legal Information Institute*
- http://www.saripa.co.za, South African Restructuring and Insolvency Practitioners Association

2. Einführung

2.1 Rechtlicher Rahmen und Systematik

2 Das südafrikanische Insolvenzrecht ist historisch gesehen unkodifiziertes römisch-holländisches Recht, das im 17. Jahrhundert mit den holländischen Siedlern an das Kap der Guten Hoffnung gelangte. Unter dem Einfluss der britischen Kolonialherren wurden im 19. Jahrhundert große Teile kodifiziert.[1] Entsprechend setzen sich heute die Rechtsquellen zusammen.

3 Zentrales Insolvenzgesetz ist der **Insolvency Act 24 of 1936,**[2] dessen Wurzeln in der Amsterdamer Ordonnanz aus dem Jahre 1777 zu finden sind, der aber auch Elemente des alten englischen Rechts enthält.[3] Daneben sowie ergänzend ist seit jeher **South African common law**[4] anwendbar, soweit es nicht mit dem IA kollidiert.[5] Rechtsquellen des *common law* sind das unkodifizierte **römisch-holländische und römische Recht des 17./18. Jahrhunderts** sowie die Entscheidungen der

---

[1] Hierzu, allerdings mit Fokus auf die Parallelentwicklung des Internationalen Insolvenzrechts, *Kupsch,* Grenzüberschreitende Insolvenzverfahren, S. 7 ff. und S. 41 ff.

[2] Im Folgenden „IA", zuletzt geändert durch Notice No. 169, Government Gazette No. 41549, 19 March 2018; abrufbar unter http://www.acts.co.za.

[3] *Fairlie v Raubensteiner* 1935 AD 135, 146.

[4] Im Folgenden ohne den Zusatz „South African".

[5] Vgl. *Fairlie v Raubensteiner* 1935 AD 135, 146; *Milman NO v Twiggs and Another* 1995 (3) SA 674 (A), 679 f.; so war zB die cessio bonorum bis zur expliziten Abschaffung in § 2 der Cape Ordinance 6 of 1843 noch neben dem damaligen Insolvenzgesetz anwendbar; andere unkodifizierte römische Rechtsinstitute gelten noch heute, zB die actio pauliana; zur Fortgeltung des im common law bestehenden Kündigungsrechts des Vermieters bei Nichtzahlung des Mietzinses auch in der Insolvenz s. *Ellerine Brothers (Pty) Ltd v McCarthy Limited* (Supreme Court of Appeal, Case No 245/13, 1 April 2014), saflii, Rn. 12 f. sowie Rn. 14 f. zur parallelen Anwendbarkeit des common law neben dem IA.

2. Einführung   4, 5   Südafrika

Obergerichte *(High Court, Supreme Court of Appeal)*.[6] Zusammen mit dem IA bildet das *common law* gleichzeitig das allgemeine Insolvenzrecht.

Das Insolvenzrecht für **juristische Personen und Gesellschaften** ist in das Gesellschaftsrecht integriert, was auf den dominierenden englischen Einfluss[7] zurückzuführen ist. Zum 1.5.2011 trat der *Companies Act 71 of 2008* in Kraft.[8] Dieser enthält ein von Grund auf reformiertes Unternehmenssanierungsrecht *(business rescue)*.[9] Gleichzeitig hat er den bis dahin gültigen *Companies Act 61 of 1973*[10] weitgehend abgelöst. Lediglich die Liquidation insolventer Gesellschaften wurde wegen der anstehenden Zusammenfassung des Insolvenzrechts in einem einheitlichen Insolvenzgesetz vom Regelungsbereich des CA 2008 ausgenommen. Die diesbezüglichen Vorschriften des CA 1973 und die zugehörigen Ausführungsbestimmungen *(regulations)* behalten deshalb bis auf weiteres ihre Gültigkeit.[11] Insoweit bleibt es vorerst auch bei dem bisherigen System aus Verweisungen auf den CA 1973 durch andere Spezialgesetze, insbesondere durch solche betreffend Banken und Versicherungen.[12] Die nachfolgenden Ausführungen zur Liquidation insolventer juristischer Personen und Gesellschaften konzentrieren sich daher auf das Verfahren nach dem CA 1973. Der CA 1973 wiederum ist selbst unvollständig und verweist in weiten Teilen auf die entsprechende Anwendbarkeit des allgemeinen Insolvenzrechts.[13]

Zu erwähnen ist schließlich noch der *Cross-Border Insolvency Act 42 of 2000*,[14] mit dem im Dezember 2000 das UNCITRAL Modellgesetz für grenzüberschreitende Insolvenzverfahren aus dem Jahre 1997 weitgehend unverändert in das südafrikanische Recht übernommen wurde.[15] Bis zum Inkrafttreten des CBIA gab es kein entsprechendes Gesetz.[16] Auch zukünftig wird der CBIA nur auf sogenannte *designated states* anwendbar sein, die vom Justizminister benannt und vom Parlament bestätigt werden müssen.[17] Bis dato hat der Minister von seinem Recht kein Gebrauch

---

[6] *Cronje*, Country Report, 1.2; deshalb werden noch in der heutigen Gerichtspraxis gelegentlich die alten römisch-holländischen Rechtsgelehrten des 17. Jahrhunderts sowie führende Römischrechtler wie *Savigny* und sogar der Corpus Iuris Civilis konsultiert; dagegen bildet das englische Recht keinen Teil des South African common law; nichtsdestotrotz genießen englische Gerichtsentscheidungen gerade bei der Auslegung von Normen, die im englischen Recht wurzeln, erhebliche Überzeugungskraft; s. dazu auch *Kupsch*, Grenzüberschreitende Insolvenzverfahren, S. 27 ff.

[7] Dazu *Gradel*, Der Einfluss englischen Rechts bei der Herausbildung der südafrikanischen Kapitalgesellschaft, RIW 1997, 998 ff.

[8] S. Government Gazette No. 32121 v. 9.4.2009, Notice 421; das Datum des Inkrafttretens wurde gem. section 225 CA 2008 vom Präsidenten festgelegt und gemeinsam mit den Ausführungsbestimmungen (Regulations) am 26.4.2011 veröffentlicht, s. Government Gazette 34239, R 32 für das Datum des Inkrafttretens und R 351 für die Regulations; im Folgenden „CA 2008"; das Gesetz wurde zuletzt durch den Financial Markets Act 19 of 2012 geändert; abrufbar unter http://www.acts.co.za.

[9] S. CA 2008, Chapter 6: Business rescue and compromise with creditors.

[10] Im Folgenden „CA 1973", zuletzt geändert durch Notice No. 1171, Government Gazette No. 33848, 6 December 2010; abrufbar unter http://www.acts.co.za.

[11] S. schedule 5, item 9 CA 2008; das gilt auch für bereits eröffnete Liquidationsverfahren nach dem CA 2008, in denen erst nach Verfahrenseröffnung die Zahlungsunfähigkeit festgestellt wird, vgl. Boschpoort Ondernemings (Pty) Ltd v Absa Bank Ltd (Supreme Court of Appeal, Case No 936/12, 28 November 2013), saflii, Rn. 13.

[12] S. dazu auch MüKoInsO/*Kupsch* → 2. Aufl. 2008, Anhang, Länderbericht Südafrika, Rn. 5.

[13] Neben der Generalklausel in § 339 CA 1973 etwa im Insolvenzanfechtungsrecht (§ 340 CA 1973), bezüglich der Verfahrenskosten (§ 342 CA 1973) und der Anmeldung von Forderungen (§ 366 CA 1973).

[14] Letzte Änderung durch den Judicial Matters Second Amendment Act 44 of 2003 (im Folgenden: „CBIA").

[15] Formell ist das Gesetz nach Unterschrift des Präsidenten und Veröffentlichung in der Government Gazette Nr. 25768 v. 27.11.2003 Kraft getreten; zur Entwicklung des CBIA *Kupsch*, Grenzüberschreitende Insolvenzverfahren, S. 19 ff.

[16] Erwähnt werden sollte jedoch, dass bereits die drei britischen Kolonien Transvaal, Cape of the Good Hope und Orange Free State, die sich mit Natal im Jahr 1910 zur Südafrikanischen Union zusammengeschlossen haben, jeweils eigene internationale Insolvenzgesetze hatten: Foreign Trustees and Liquidators Act No. 7 of 1907 (Transvaal), The Non-Cape Trustees and Liquidators Act No. 7 of 1907 (Cape) und Foreign Trustees and Liquidators Act No. 4 of 1908 (Orange Free State); diese galten jedoch nur im Verhältnis zu Kolonien des British Empire und wurden mit dem Pre-Union Statute Law Revision Act 36 of 1976 abgeschafft; dazu *Kupsch*, Grenzüberschreitende Insolvenzverfahren, S. 11–19.

[17] § 2 (2) CBIA; damit soll die Gegenseitigkeit sichergestellt werden; zu Hintergründen und Kritik s. *Smith/Boraine* ABI Law Review 10 (2002), 135, 190 ff.; in *Ex parte van Straten* (Western Cape High Court, Case No 22678/14, 19 December 2014) hat das Gericht den CBIA trotz dieser Gegenseitigkeitsklausel angewandt; es erkannte das Namibische Insolvenzverfahren in Südafrika an und gewährte dem namibischen Insolvenzverwalter umfassende Rechtshilfe nach dem CBIA; angesichts des eindeutigen Gesetzeswortlauts handelt es sich hier um eine Fehlentscheidung.

gemacht, sodass im internationalen Insolvenzrecht bis auf weiteres ausschließlich *common law* gilt.[18]

6   Im März 2003 hat das Regierungskabinett den **Entwurf eines Insolvenzgesetzes** gebilligt, mit dem das bisherige Insolvenzrecht reformiert und sämtliche insolvenzrechtlichen Vorschriften vereint werden sollen.[19] Das Gesetzgebungsverfahren ist noch immer nicht abgeschlossen.[20]

2.2 Verfahrenstypen

7   Grundsätzlich wird zwischen Insolvenzverfahren nach dem IA (*„sequestration"*) und insolvenzrechtlichen Liquidationsverfahren für juristische Personen und Gesellschaften nach dem CA 1973 (*„winding up"*) unterschieden.[21] Beide Verfahren können auf freiwilliger Basis (*„voluntary surrender"*[22] bzw. *„creditors' voluntary (out-of-Court) winding up"*[23]) oder aufgrund eines entsprechenden Antrags durch Gerichtsbeschluss (*„compulsory sequestration"*[24] bzw. *„compulsory (Court-controlled) winding up"*[25]) eingeleitet werden.[26] Entsprechend den unterschiedlichen Verfahrensarten wird auch bei der Bezeichnung des Insolvenzverwalters unterschieden. In einem *sequestration*-Verfahren heißt dieser ***Trustee***[27] und in einem Liquidationsverfahren **Liquidator**.[28] Die **Bestellung als Insolvenzverwalter** und insbesondere die persönlichen Voraussetzungen für dieses Amt wurde mit Wirkung zum 31.3.2014 durch eine **Richtlinie** des Justizministeriums geregelt worden.[29] Diese Richtlinie ist vor kurzem jedoch vom südafrikanischen Verfassungsgericht für verfassungswidrig erklärt wurden.[30]

8   Zur Durchführung von **Unternehmenssanierungsverfahren** steht nunmehr das neue *business rescue*-Verfahren zur Verfügung, das sich im Gegensatz zu seinen Vorgängern zu einer echten Erfolgsstory zu entwickeln scheint.[31] Das ***business rescue***-Verfahren wird unter der Leitung eines oder

---

[18] Ohnehin regelt der CBIA nur Teilbereiche des Internationalen Insolvenzrechts, sodass auch nach dessen Belebung für die Praxis auf das common law zurückgegriffen werden muss, Kupsch, Grenzüberschreitende Insolvenzverfahren, S. 27 f.

[19] Dazu *Burdette*, A Framework for Corporate Insolvency Law Reform; *Burdette* INSOL World 4/2003, 27 f.

[20] Zum Stand der Reform *Calitz*, Some thoughts on state regulation of South African insolvency law, 2011 De Jure 290, 304 ff.

[21] *Smith/Boraine*, in: Collier, 39-7.

[22] § 3 IA; dieses Verfahren geht unmittelbar auf die römisch-holländische cessio bonorum zurück, dazu *Visser*, Romeinsregtelike Aanknopingspunte van die Sekwestrasieproses in die Suid-Afrikaanse Insolvensiereg, 1980 De Jure 41.

[23] § 343 Abs. 2 (a) CA 1973; die freiwillige Liquidation solventer Gesellschaften ist nunmehr in §§ 79 ff. CA 2008 geregelt.

[24] § 9 IA.

[25] § 343 Abs. 1 (a) CA 1973.

[26] Über 80 % der Unternehmensliquidationen gehen auf auf voluntary windings-up zurück, s. „Business rescues surge, liquidations decline", Moneyweb.co.za vom 27.11.2012. Dabei handelt es sich um eine seit Jahren konstante Größe, vgl. MüKoInsO/*Kupsch*, → 2. Aufl. 2008, Anhang, Länderbericht Südafrika, Rn. 8 Fn. 22; hierin manifestiert sich ein allgemeines Desinteresse an insolvenzrechtlichen Liquidationsverfahren auf Gläubigerseite, da ungesicherte Gläubiger regelmäßig keine nennenswerte Quote zu erwarten haben, *Cronje*, Country Report, 1.6.

[27] Vgl. § 18 (1) IA.

[28] Vgl. § 367 CA 1973.

[29] S. Government Gazette No 37287 v. 7.2.2014, Department of Justice and Constitutional Development No. 77, Policy on the Appointment of Insolvency Practitioners; dazu http://www.justice.gov.za/master/liquidations.html; s. a. Legalbrief Today, 8 February 2014; beim Master wird eine entsprechende Namensliste der Insolvenzverwalter geführt; die Aufnahme in die Liste erfolgt nicht nur auf Basis der persönlichen Qualifikation, sondern auch nach Quoten im Verhältnis 4:3:2:1, je nachdem, ob der Liquidator einer zu Apartheidzeiten benachteiligten Bevölkerungsgruppe angehört.

[30] *Minister of Justice and Constitutional Development and Another v South African Restructuring and Insolvency Practitioners and Associates* CCT 13/17 [2018] ZACC 20; der Constitutional Court schloss sich dabei der vorhergehenden Entscheidung des Supreme Court of Appeal an, der dieser Richtlinie ebenfalls für verfassungswidrig erklärt hat.

[31] Der Anteil der business rescue-Verfahren an den gesamten Insolvenzverfahren stieg seit Inkrafttreten des CA 2008 auf knapp 14 %, s. „SA's business rescue track record", Moneyweb.co.za v. 4.9.2012; über die Hälfte (55 %) der bereits beendeten business rescue-Verfahren war erfolgreich, s. „Business rescues surge, liquidations decline", Moneyweb.co.za v. 27.11.2012; das reformierte gesetzliche Vergleichsverfahren scheint daneben bisher keine praktische Relevanz zu haben; zur Rechtslage vor Inkrafttreten des CA 2008 s. MüKoInsO/*Kupsch* → 2. Aufl. 2008, Anhang, Länderbericht Südafrika, Rn. 9.

2. Einführung

mehrerer gerichtlich bestellter Sanierungsexperten *(Business Rescue Practitioner, „BRP")* durchgeführt, der für diese Tätigkeit eine behördliche Zulassung benötigt.[32] Für **Pensionsfonds und Versicherer** wurden wiederum Spezialregelungen eingeführt.[33]

Für **Verbraucher** sieht der *National Credit Act 34 of 2005* ein spezielles **Schuldenbereinigungsverfahren** vor.[34] Daneben gibt es noch ein **Schuldenbereinigungsverfahren für Kleininsolvenzen**, bei denen die Gesamtverbindlichkeiten des Schuldners 50.000 Rand[35] nicht übersteigen *(administration)*,[36] und die Möglichkeit eines **Vergleichsverfahrens** *(composition)*.[37] Die beiden letztgenannten Verfahren sind jedoch kaum praxisrelevant.

2.3 Präventive Restrukturierung *(Compromise)*

Eine als Unternehmen tätige Gesellschaft (ob finanziell angeschlagen oder nicht), die kein Unternehmenssanierungsverfahren eingeleitet hat, kann stattdessen mit seinen Gläubigern einen formalen Vergleich zur Bereinigung der Schulden des Unternehmens eingehen.[38] Das Leitungsorgan der Gesellschaft (oder ein bestellter Verwalter) unterbreitet dazu den Gläubigern einen Vergleichsvorschlag (der auch der CIPC vorgelegt werden muss). Zur Prüfung des Vorschlags ist eine Gläubigerversammlung einzuberufen.[39]

Der Vorschlag muss bestimmte Informationen wie die finanzielle Situation des Unternehmens und konkrete Angaben darüber enthalten, wie lange ein Schuldenmoratorium dauern würde und welche Auswirkungen es auf die Forderungen der Gläubiger hätte.[40]

Der Vorschlag wird angenommen, wenn die Mehrheit der Gläubiger oder der Gläubigergruppe, die mindestens 75 % des Wertes der anwesenden und abstimmenden Gläubiger oder der Gläubigergruppe repräsentiert, für ihn stimmt.[41] Sobald ein Vergleichsvorschlag angenommen ist, kann das Unternehmen ihn gerichtlich bestätigen lassen und bei der CIPC einreichen.[42]

2.4 Finanzielle Restrukturierung

Ein Schuldner kann mit seinen Gläubigern auch ein informelles Vergleichsverfahren nach dem Vorbild eines formalen Restrukturierungsverfahrens durchführen, ohne jedoch an das gesetzliche Verfahren gebunden zu sein. Entscheidet sich ein Schuldner jedoch dafür, muss er alle seine Gläubiger in den Prozess einbeziehen.

Wenn die Schulden bestimmter Gläubiger auf Kosten anderer Gläubiger bereinigt werden, könnte dies jedoch als unlauterer Vorteil für die Gläubiger angesehen werden, und die Transaktion könnte als unangemessene Präferenz der Anfechtung unterliegen.

2.5 Spezielle Regeln für die Insolvenzen von Finanzinstituten und Versicherungsunternehmen

Der *Financial Sector Regulation Act 9 of 2017*[43] sieht vor, dass ein **systemrelevantes Finanzinstitut** nicht ohne Zustimmung der *South African Reserve Bank* unter anderem die Auflösung beschließen oder einen Antrag auf Auflösung beim Gericht stellen kann. Jeder Versuch, dies zu tun, wäre unwirksam.[44]

---

[32] *Delport/Vorster*, Henochsberg on the CA 2008, section 128, Anm. zu „Business rescue practitioner"; die Zulassung erfolgt durch die CIPC; s.§ 138 CA 2008 zu den Zulassungskriterien.
[33] Eingeführt durch den Financial Service Laws General Amendment Act 45 of 2013.
[34] Weitere Details dazu MüKoInsO/*Kupsch* → 3. Aufl. 2016, Länderbericht Südafrika, Rn. 72 ff.
[35] Entspricht derzeit etwa 5.000 EUR.
[36] §§ 74 ff. Magistrates' Courts Act 32 of 1944.
[37] §§ 119 ff. IA; neben dem gesetzlichen Vergleichsverfahren sieht auch das common law ein Vergleichsverfahren vor; s. zu den Verbraucherschuldbereinigungsverfahren insgesamt *Boraine/Roestoff*, Fresh Start Procedures for Consumer Debtors in South African Bankruptcy Law, (2002) 11 Int. Insolv. Rev. 1, 2 f. und 7 f.; *Boraine*, Some thoughts on the reform of administration orders and related issues, 2003 De Jure 217 ff.; *Bertelsmann/Evans/Harris ua*, Mars: The law of insolvency in South Africa, S. 546 ff., jeweils mwN.
[38] § 155 CA 2008.
[39] § 155 (2) CA 2008.
[40] § 155 (3) CA 2008.
[41] § 155 (6) CA 2008.
[42] § 155 (7) CA 2008.
[43] Der Financial Sector Regulation Act ist am 29.3.2018 in Kraft getreten.
[44] § 31 Financial Sector Regulation Act.

16 Ein systemrelevantes Finanzinstitut ist eines, das vom Gouverneur der *Reserve Bank* in einem schriftlichen Bescheid an das betreffende Finanzinstitut als solches bestimmt wird.[45] Bislang wurde kein Finanzinstitut als systemrelevant bestimmt.

2.6 Insolvenzen von Niederlassungen ausländischer Unternehmen und von Unternehmensgruppen

17 Das Insolvenzverfahren des CA 1973 gilt auch für ausländische (Personen- oder Kapital-) Gesellschaften, wenn sie in Südafrika als **external Company** eingetragen sind oder zumindest eine Niederlassung haben, wobei einer Niederlassung gleichgestellt ist, wenn die Gesellschaft in Südafrika Immobiliarvermögen besitzt.[46] Insoweit wird die **südafrikanische Niederlassung** – obgleich rechtlich unselbständig – als eigenständige juristische Person behandelt, die unabhängig von der restlichen Gesellschaft **nach südafrikanischem Recht abzuwickeln** ist.[47]

18 Das südafrikanische Insolvenzrecht sieht **keine speziellen Regelungen für Konzerninsolvenzen** vor. In jüngerer Zeit hat allerdings die Rechtsprechung bei **rechtswidriger Vermischung der Vermögenssphären** verschiedener Konzerngesellschaften eine **Konsolidierung** verschiedener Insolvenzverfahren und der jeweiligen Insolvenzmassen angeordnet, insbesondere bei betrügerischem Missbrauch gesellschaftsrechtlicher Gestaltungen.[48] Was **grenzüberschreitende Konzernsachverhalte** anbelangt, so werden in der Literatur entsprechende Überlegungen im europäischen und US-amerikanischen Recht genau beobachtet, um hieraus Rückschlüsse für das südafrikanische Recht zu ziehen.[49]

2.7 Verbraucherinsolvenzverfahren und solche bezüglich sonstiger Schuldner

19 Für natürliche Personen (insbesondere Verbraucher) und alle **sonstigen Schuldner,** die auch nicht unter eines der eingangs genannten Spezialgesetze fallen, bleibt das *sequestration*-Verfahren nach dem IA.[50] Zu den sonstigen Schuldnern zählen insbesondere ausländische Handelsgesellschaften, die nicht als *external Company* eingetragen sind und/oder keine Niederlassung in Südafrika haben,[51] *business trusts*,[52] Vereine *(clubs)*, und Nachlässe *(deceased insolvent estates)*.[53] Ausdrücklich genannt werden im IA zudem Personengesellschaften *(partnerships)*. Entgegen dem scheinbar eindeutigen Wortlaut des IA können allerdings *partnerships* als solche niemals Insolvenzschuldner sein, da ihnen nach *common law* die nötige Rechtsfähigkeit fehlt.[54] Stattdessen geht ein Insolvenzverfahren über das Vermögen einer *partnership* regelmäßig einher mit einem parallelen Insolvenzverfahren über das Vermögen der Partner einher.[55] Ausgenommen hiervon sind Kommanditisten *(partner en commandite)*, die wie im deutschen Recht nur mit ihrer Einlage haften.[56] Besteht eine *partnership* aus natürlichen Personen und *Companies,* so ist über das Vermögen von Letzteren ein Insolvenzverfahren nach dem CA 1973 zu eröffnen.[57] Sind sämtliche Partner *Companies,* so ist auch die *partnership* insgesamt über den CA 1973 abzuwickeln.[58]

---

[45] § 29 Financial Sector Regulation Act.
[46] Vgl. § 337 CA 1973, § 1 CA 1973, Definition „external company"; allerdings kann eine ausländische Gesellschaft in Südafrika kein Grundstück erwerben, ohne sich zuvor als external Company bei der CIPC (oben → Rn. 1) eintragen zu lassen, § 324 (2) CA 1973; eine ausländische Gesellschaft, die eine Niederlassung in Südafrika gründet, ist verpflichtet, sich innerhalb von 21 Tagen eintragen zu lassen, § 322 CA 1973; Zuwiderhandlungen werden als Ordnungswidrigkeiten geahndet, § 333 CA 1973.
[47] *Ward v Smit and others: In Re Gurr v Zambia Airways Corp Ltd* 1998 (3) SA 175 (A), 183H-J; *Sackstein NO v Proudfoot SA (Pty) Ltd* 2003 (4) SA 348 (A), 357A-G.
[48] S. *Allers v Fourie* (Supreme Court of Appeal, Case No 491/2005, 21 September 2006), Rn. 5; *Janse van Rensburg v Steyn* (Supreme Court of Appeal, Case No 66/2010, 25 May 2011), Rn. 6.
[49] S. *Weideman/Stander* PELJ 2012 (15), 133 ff.
[50] § 2 IA, Definition „debtor"; *Meskin/Kunst*, 2.1.
[51] *Lawclaims (Pty) Ltd v Rea Shipping Co SA: Schiffscommerz Aussenhandelsbetrieb der VVB Schiffbau Intervening* 1979 (4) SA 745 (NPD), 751; vgl. oben → Rn. 17.
[52] Kapitalgesellschaft in Treuhandform, vgl. *Sutherland/Wicke*, Rn. 10.
[53] *Smith/Boraine*, in: Collier, 39-8; vgl. auch § 2 IA, Definition „debtor"; zu den Gesellschaftsformen im südafrikanischen Recht *Sutherland/Wicke*, Rn. 10 ff.
[54] Zur beschränkten Rechtsfähigkeit der partnership *Sutherland*, in: *Van der Merwe/Du Plessis*, S. 366.
[55] *Acar v Pierce* 1986 (2) SA 827 (W).
[56] *Sharrock/van der Linde/Smith*, S. 222, Ch. 20.2.
[57] *SA Leather Co (Pty) Ltd v Main Clothing Manufacturers (Pty) Ltd & another* 1958 (2) SA 118 (O).
[58] *P de V Reklame (Edms) Bpk v Gesamentlike Onderneming van SA Numismatiese Buro (Edms) Bpk en Vitaware (Edms) Bpk* 1985 (4) SA 876 (C), 882; für partnerships mit mehr als 21 Gesellschaftern s. § 30 Abs. 1, § 31, § 337 CA 1973.

3. Wesentliche Verfahrensmerkmale von Insolvenz- und *business rescue*-Verfahren

3.1 Eröffnung des Verfahrens

3.1.1 Eröffnungsgründe

3.1.1.1 *Voluntary (out-of-Court) winding up* juristischer Personen und Gesellschaften

Außer bei *external Companies*[59] kann ein insolvenzrechtliches Liquidationsverfahren freiwillig als sogenanntes *creditors' voluntary winding up* eröffnet werden. Hierzu muss zunächst der Vorstand *(directors)* der *Company* auf einem Formblatt eine Vermögensübersicht erstellen *(statement of affairs)*.[60] Das *statement of affairs* muss außerdem Angaben über Gläubiger, Sicherheiten und laufende Prozesse gegen die *Company* als Beklagte enthalten[61] und der Gesellschafterversammlung vorgelegt werden, die hieraufhin einen gesetzlich qualifizierten Eröffnungsbeschluss *(special resolution*[62]*)* fällt.[63] Der Eröffnungsbeschluss wird mit Eintragung der *special resolution* bei der CIPC wirksam.[64]

Ein *voluntary winding up* kann auf Antrag des *Master*, eines Gläubigers oder eines Gesellschafters jederzeit in ein *Court-controlled winding up* überführt werden.[65]

3.1.1.2 *(Court-controlled) winding up* juristischer Personen und Gesellschaften

In § 344 CA 1973 sind darüber hinaus eine ganze Reihe von Gründen aufgezählt, bei deren Vorliegen auf Antrag das zuständige Gericht[66] ein *(Court-controlled) winding up*-Verfahren eröffnen kann, wobei nicht wie im deutschen Recht zwischen **Insolvenzgründen und insolvenzunabhängigen Eröffnungsgründen** differenziert wird.[67] Dies ist nach der eingangs beschriebenen Systematik auch nicht erforderlich, da mit dem Eröffnungsbeschluss noch keine Entscheidung darüber getroffen wird, ob es sich bei dem *winding up*-Verfahren um ein Insolvenzverfahren handelt.

Aus Gläubigersicht interessant ist vor allem § 344 (f) CA 1973, der den klassischen Insolvenzgrund der **Zahlungsunfähigkeit *(commercial insolvency)*** als Eröffnungsgrund aufführt. Zahlungsunfähigkeit wird gem. § 345 CA 1973 widerlegbar[68] vermutet, wenn die *Company* es versäumt, eine fällige Forderung in Höhe von mindestens 100 Rand[69] auf schriftliche Aufforderung ihres Gläubigers an die Adresse ihres eingetragenen Sitzes innerhalb von 3 Wochen zu zahlen bzw. ausreichend Sicherheit zu leisten.[70] Sofern die *Company* aus irgendeinem Grund nicht eingetragen ist (zB eine ausländische Gesellschaft, die sich trotz Gründung einer Niederlassung nicht vorschriftsmäßig eintragen lassen hat[71]), reicht eine schriftliche Aufforderung an das Hauptbüro oder Übergabe an einen Geschäftsführer, *Company's Secretary*, Manager oder Bevollmächtigten der Gesellschaft.[72] Wird die Fälligkeit oder die Forderung insgesamt „substantiiert" bestritten, so liegt in der Regel kein „Versäumnis" der Zahlung vor.[73] Außerdem greift in diesen Fällen regelmäßig das Missbrauchsverbot.[74]

---

[59] Zum Begriff „external Companies" oben → Rn. 17.
[60] § 363 CA 1973, Winding up Regulations, Form CM 100.
[61] *Smith/Boraine*, Collier, 39-23.
[62] Vgl. dazu § 1 CA 1973, Definition „special resolution" und § 199 ff. CA 1973.
[63] Vgl. §§ 349, 351 (1) CA 1973.
[64] Vgl. §§ 351 (1), 352 iVm 200 CA 1973.
[65] Vgl. § 346 (e) CA 1973, wobei die Entscheidung und die damit verbundenen Rechtsfolgen im Ermessen des Gerichts liegen, vgl. § 347 (1) und (4) CA 1973.
[66] Gem. § 12 (1) CA 1973 ist die Regionalabteilung des High Court zuständig, in deren Zuständigkeitsbereich die Company ihren eingetragenen Sitz oder den Schwerpunkt ihrer Geschäftstätigkeit hat.
[67] Eröffnungsgrund kann z.B. gem. § 344 (a) auch ein entsprechender Gesellschafterbeschluss sein, dass die Gesellschaft durch das Gericht abgewickelt werden soll (nicht zu verwechseln mit dem members' bzw. creditors' voluntary winding up); auch kann das Gericht ein winding up anordnen, wenn es ihm „just and equitable" erscheint, vgl. § 344 (h) CA 1973; in keinem dieser Fälle kommt es auf die Insolvenz der Gesellschaft an.
[68] *Ter Beek v United Resources* CC 1997 (3) SA 315 (C), 331.
[69] Entspricht ca. 10 EUR, bei einem derzeitigen Wechselkurs von etwa 1:10.
[70] Vgl. § 345 (1) (a) (i) CA 1973.
[71] *Galgut/Kunst/Delport/Vorster*, Henochsberg on the CA 1973, § 345, S. 707.
[72] Vgl. § 345 (1) (a) (ii) CA 1973.
[73] *Galgut/Kunst/Delport/Vorster*, Henochsberg on the CA 1973, § 345, S. 707 f., unter Bezugnahme auf die englische Entscheidung *Re Lympne Investments Ltd* [1972] 2 All ER 385 (Ch), 389.
[74] Vgl. *World Focus 754 CC v Business Partners Ltd* (KwaZulu-Natal High Court, Case No 8275/2008, AR: 513/11, 25 January 2013), saflii, Rn. 42; *Galgut/Kunst/Delport/Vorster*, Henochsberg on the CA 1973, § 345, S. 707 f.; zum Missbrauchsverbot: § 347 (1A) CA 1973.

24 Zahlungsunfähigkeit wird auch dann vermutet, wenn zuvor ein Vollstreckungsversuch des Gläubigers mangels ausreichender Vermögensmasse des Schuldners gescheitert ist.[75] Außerdem kann der Antragsteller auch unabhängig von den vorgenannten Voraussetzungen Beweis dafür erbringen, dass der Schuldner zahlungsunfähig ist.[76]

25 Auch wenn die gesetzliche Vermutung der Zahlungsunfähigkeit greift, liegt es **letztlich im Ermessen des Gerichts,** ob das Verfahren eröffnet wird oder nicht.[77] Selbst wenn die Gesellschaft bereits bilanziell überschuldet ist, kann das Gericht die Eröffnung im Einzelfall ablehnen, wenn nach seiner Überzeugung noch kurzfristig verwertbares Vermögen zur Tilgung der fälligen Verbindlichkeiten vorhanden ist, wobei teilweise zusätzlich gefordert wird, dass die Gesellschaft dieses kurzfristig verwertbare Vermögen zur Fortführung des Unternehmens entbehren kann.[78] Im Rahmen der Beurteilung der Zahlungsunfähigkeit hat das Gericht gem. § 345 (2) CA 1973 **auch sonstige Verbindlichkeiten zu berücksichtigen,** deren Rechtsgrund zwar bereits gelegt ist, die aber erst in der Zukunft fällig und durchsetzbar werden oder deren Entstehung und Durchsetzbarkeit noch vom Eintritt eines zukünftigen ungewissen Ereignisses abhängen.[79] Insoweit hat das Gericht eine **Prognose** zu erstellen, ob die Gesellschaft diese Verbindlichkeiten voraussichtlich in der Lage sein wird, diese zukünftigen Verbindlichkeiten zu erfüllen, oder nicht.[80] Das Gericht darf den Antrag jedenfalls nicht deshalb ablehnen, weil kein oder nicht genügend Vermögen vorhanden ist.[81]

26 Das Ermessen des Gerichts ist dann nahezu auf Null reduziert, wenn ein Gläubiger den Eröffnungsantrag stellt und diesem seitens anderer Gläubiger nicht entgegengetreten wird. In diesem Fall hat der Gläubiger, der seine Forderung gem. § 345 (1) CA 1973 nicht durchzusetzen vermag, in der Regel *ex debito justitiae* einen **Anspruch auf Eröffnung des Verfahrens** und muss sich nicht auf eine spätere Zahlungsfähigkeit der *Company* verweisen lassen.[82]

27 Im Falle einer *external Company*[83] kann eine *winding up order* auch darauf gestützt werden, dass die *Company* an ihrem **Satzungssitz aufgelöst** wurde, den Unternehmensbetrieb einstellte oder diesen nur noch zum Zwecke der Liquidation fortführt.[84] Dagegen findet sich die aus dem deutschen Recht vertraute **Überschuldung** nicht im Katalog des § 344 CA 1973, obgleich bei Überschuldung regelmäßig der Eröffnungsgrund nach § 344 (f) CA 1973 (Verlust von 75 % des gezeichneten Kapitals bzw. in gleicher Höhe Wertlosigkeit desselbigen für die Fortführung des Unternehmens) gegeben sein wird.

3.1.1.3 *Sequestration* des Vermögens von Verbrauchern und sonstigen Schuldnern

28 Der wichtigste Eröffnungsgrund für *sequestration*-Verfahren liegt vor, wenn die Verbindlichkeiten des Schuldners sein Vermögen übersteigen *(over-indebtedness)*.[85] Ein Gläubiger kann den Insolvenzantrag ferner auf einen *act of insolvency* des Schuldners stützen, wie zB Gläubigerflucht des Schuldners, schriftliche Bekanntgabe der Zahlungsunfähigkeit oder versuchte Gläubigerbenachteiligung.[86] Das Verfahren kann außerdem nur eröffnet werden, wenn Grund zur Annahme besteht (bei Gläubigerantrag) bzw. das Gericht davon überzeugt ist (Schuldnerantrag), dass das Insolvenzverfahren für die **Gläubiger nutzbringend** ist.[87] Das wird regelmäßig dann der Fall sein, wenn zumindest die Verfahrenskosten gedeckt sind, weil ansonsten das Insolvenzverfahren zum Nutzen der Gläubiger

---

[75] Vgl. § 345 (1) (b) CA 1973.
[76] § 345 (1) (c) CA 1973.
[77] *Galgut/Kunst/Delport/Vorster,* Henochsberg on the CA 1973, § 344, S. 698.
[78] Vgl. *Johnson v Hirotec (Pty) Ltd* 2000 (4) SA 930 (A), 933 f.; *Irvin & Johnson Ltd v Oelofse Fisheries* Ltd 1954 (1) SA 231 (E), 238 f.
[79] Vgl. *Kyle v Maritz & Pieterse Inc* [2002] 3 All SA 223 (T), 225 f.; *Choice Holdings Ltd v Yabeng Investment Jolding Company Ltd* [2001] 2 All SA 539 (W); in diesen Fällen steht auch den zukünftigen Gläubigern ein Antragsrecht zu, vgl. § 346 (1) (b) CA 1973.
[80] *Galgut/Kunst/Delport/Vorster,* Henochsberg on the CA 1973, § 345, S. 711, mwN.
[81] § 347 (1) CA 1973; in dem Fall droht den Gläubigern eine Beteiligung an den Verfahrenskosten, unten → Rn. 80.
[82] *ABSA Bank Ltd v Rhebokskloof (Pty) Ltd* 1993 (4) SA 436 (C), 440 f.; *E Sacks Futeran and Co (Pty) Ltd v Linorama (Pty) Ltd* 1985 (4) SA 686.
[83] Zum Begriff „external Companies" oben → Rn. 17.
[84] § 344 (g) CA 1973.
[85] *Venter v Volkskas Ltd* 1973 (3) SA 175 (T), 179.
[86] Vgl. § 8 IA; zur bisher nicht höchstrichterlich geklärten Frage, ob auch die Beantragung eines Schuldenbereinigungsverfahrens einen act of insolvency darstellt, s. *Steyn,* PELJ 2012 (15), 190 ff.
[87] Vgl. § 12 (1) (c) IA (Gläubigerantrag) und § 6 (1) IA (Schuldnerantrag).

jedenfalls eine genaue Untersuchung des Vermögens und die Rückführung von Vermögensgegenständen zur Insolvenzmasse ermöglicht.[88]

Stellt der Schuldner selbst Insolvenzantrag, so muss sein Vermögen nach Abzug der gesicherten Forderungen noch ausreichen, sämtliche **Verfahrenskosten** zu decken.[89] Er muss den Insolvenzantrag zudem zwischen 14 und 30 Tagen vorher in der *Gazette*[90] und in einer Regionalzeitung seines Heimatortes ankündigen und dabei auch mitteilen, wo und wann sein *statement of affairs* einsehbar ist.[91] Außerdem hat der Schuldner bei Antragstellung nachzuweisen, dass er auch seine Gläubiger über seine **Insolvenzantragsabsicht** informiert hat.[92] 29

3.1.1.4 Eröffnung eines *business rescue*-Verfahrens

Alternativ zum Liquidationsverfahren können juristische Personen und Gesellschaften einen Sanierungsversuch über das *business rescue*-Verfahren betreiben. Dieses Verfahren steht ausschließlich südafrikanischen Unternehmensträgern zur Verfügung, die nach dem bisher gültigen *Companies Law* oder nach dem CA 2008 in Südafrika gegründet wurden, nicht auch ausländische juristische Personen und Gesellschaften.[93] 30

Wie das Liquidationsverfahren kann auch das *business rescue*-Verfahren **freiwillig durch einen Vorstandsbeschluss** oder auf Antrag durch das Gericht eingeleitet werden.[94] 31

Die Initiierung eines **freiwilligen Verfahrens** setzt zunächst voraus, dass noch kein insolvenzrechtliches Liquidationsverfahren beantragt wurde.[95] Zweitens muss aus Sicht des Vorstands begründeter Anlass bestehen anzunehmen, dass sich die *Company* in finanzieller Bedrängnis *(financial distress)* befindet.[96] Eine *Company* ist *financially distressed,* wenn sie bei vernünftiger Betrachtungsweise wahrscheinlich nicht in der Lage sein wird, alle ihre fälligen und Schulden bei Fälligkeit und Fälligkeit innerhalb der unmittelbar folgenden sechs Monate fällig werdenden Verbindlichkeiten zu begleichen (drohende Zahlungsunfähigkeit, *commercial insolvency*) oder wenn es hinreichend wahrscheinlich erscheint, dass die Verbindlichkeiten der *Company* innerhalb der unmittelbar folgenden sechs Monate ihr Vermögen übersteigen werden (drohende *factual insolvency*). Schließlich müssen hinreichende Aussichten *(„reasonable prospects")* auf einen Sanierungserfolg im Sinne der Ziele des CA bestehen.[97] Der Test auf finanzielle Bedrängnis ist somit ein sechsmonatiger zukunftsorientierter Test. 32

Die Voraussetzungen für ein **gerichtlich eingeleitetes Verfahren** sind prinzipiell ähnlich. Der Antrag auf gerichtliche Einleitung eines *business rescue*-Verfahrens kann gestellt werden, wenn: 33
- die *Company financially distressed* ist im oben beschriebenen Sinne;[98]
- die *Company* es versäumt hat, ihren arbeitsrechtlichen Zahlungspflichten aus Gesetz oder Vertrag nachzukommen; oder
- es aus finanziellen Gründen recht und billig *(„just and equitable")* erscheint;[99] und
- hinreichende Aussichten *(„reasonable prospects")* auf einen Sanierungserfolg im Sinne der Ziele des CA bestehen.[100]

Anders als ein freiwilliges Verfahren kann jedoch ein gerichtliches Verfahren grundsätzlich auch noch nach Eröffnung eines Liquidationsverfahrens eingeleitet werden.[101] Nach dem Gesetzeswortlaut 34

---

[88] *Commissioner for South African Revenue Service v Hawker Air Services (Pty) Ltd; Commissioner for South African Revenue Service v Hawker Aviation Services Partner-ship and others* (Supreme Court of Appeal, Case No 379/2005, 31 March 2006), saflii, Rn. 30; dazu *Kupsch,* Grenzüberschreitende Insolvenzverfahren, S. 122 ff.; aA mit der früher hM noch MüKoInsO/*Kupsch* → 2. Aufl. 2008, Anhang, Länderbericht Südafrika, Rn. 23.
[89] § 6 (1) IA, *Sharrock/van der Linde/Smith,* S. 19, Ch. 2.2.2, mwN.
[90] Internetadresse oben → Rn. 1.
[91] In der Regel entweder beim Master oder beim zuständigen Magistrate Court, vgl. § 4 (1) IA.
[92] § 4 (2) IA.
[93] *Delport/Vorster,* Henochsberg CA 2008, section 129, „company"; die oben → Rn. 8, erwähnten Spezialregelungen für Pensionsfonds und Versicherer bleiben aus Platzgründen hier außer Betracht.
[94] § 128 (1) (a) CA 2008.
[95] § 129 (2) (a) CA 2008.
[96] § 129 (1) (a) CA 2008.
[97] § 129 (1) (b) CA 2008; *Petzetakis International Holdings Ltd v Petzetakis Africa (Pty) Ltd* (South Gauteng High Court, Case No 2011/35891, 6 February 2012), saflii, Rn. 17 f., 26; *Delport/Vorster,* Henochsberg on the CA 2008, section 128, Anm. zu „Rescuing the company"; zur Auslegung des Tatbestandsmerkmals „reasonable prospects" s. *Oakdene Square Properties (Pty) Ltd and Others v Farm Bothasfontein (Kyalami) (Pty) Ltd and Others* (Supreme Court of Appeal, Case No 609/2012, 27 May 2013), saflii, Rn. 29 ff.
[98] § 131 (4) (a) (i) CA 2008.
[99] § 131 (4) (a) (ii) und (iii) CA 2008.
[100] § 131 (4) (a) letzter Halbsatz CA 2008.
[101] § 131 (6) CA 2008; s. dazu *Van Staden v Angel Ozone Products CC and Others* (North Gauteng High Court, Case No 54009/11, 12 October 2012), saflii.

wäre es sogar in jedem Stadium des Liquidationsverfahrens – auch ohne Antrag von Amts wegen[102] – möglich, dass das Gericht dieses zugunsten eines *business rescue*-Verfahrens aussetzt oder in ein *business rescue*-Verfahren umwandelt.[103]

35 Der Gesetzgeber hat **zwei mögliche Zielrichtungen** eines *business-rescue*-Verfahren definiert. Zum einen kann damit angestrebt werden, auf Basis eines Restrukturierungs- und Sanierungsplans die rechtlichen und wirtschaftlichen Voraussetzungen für eine **dauerhafte Fortführung** des Unternehmens zu schaffen. Zum anderen hat der Gesetzgeber für den Fall, dass sich die dauerhafte Fortführung als unmöglich erweist, die **vorübergehende Fortführung** des Unternehmens als Verfahrensziel genannt, wenn sich dadurch die Befriedigungschancen für die Gläubiger oder Gesellschafter der Gesellschaft im Vergleich zu einer unmittelbaren Liquidation erhöhen.[104] Wie das Liquidationsverfahren kann auch das *business rescue*-Verfahren freiwillig durch die *Company* selbst oder auf Antrag eines der legaldefinierten Beteiligten durch das Gericht eingeleitet werden.[105]

3.1.2 Antragspflichten; Folgen der Verletzung der Antragspflicht

36 Weder für natürliche noch für juristische Personen besteht eine Insolvenzantragspflicht. Im Wenn eine insolvente *Company* bei vorliegender Insolvenz des Unternehmens weiterhin geschäftlich tätig ist, könnten die Geschäftsführungsorgane unter dem Gesichtspunkt des rücksichtsloses Weiterbetreiben der Geschäfte (***reckless trading*** persönlich haftbar gemacht werden.[106]

37 Wenn ein Gläubiger einen Antrag auf **Einleitung eines Liquidationsverfahrens** stellt, ist er verpflichtet, eine Kopie des Antrags zu übermitteln an
- die schuldnerische *Company* an ihrem Sitz;
- die Mitarbeiter der *Company* durch Anbringen einer Kopie am schwarzen Brett oder am Eingangstor der *Company;*
- alle Gewerkschaften, in denen die Arbeitnehmer der *Company* organisiert sind; und
- die südafrikanische Finanzbehörde *(South African Revenue Service).*[107]

38 Darüber hinaus muss dem Antrag eine Bescheinigung des *Master* beigefügt sein, die nicht älter als zehn Tage ist und aus der hervorgeht, dass ausreichend Sicherheit hinterlegt wurde für die Zahlung sämtlicher Gebühren und Abgaben, die für die Durchführung des Liquidationsverfahrens und aller Kosten für die Verwaltung der in Liquidation befindlichen Gesellschaft bis zur Bestellung eines vorläufigen Liquidators entstehen.[108]

39 Will ein Gläubiger einen Insolvenzantrag gegen einen Verbraucher oder eine natürliche Person stellen, gilt prinzipiell dasselbe.[109]

40 Ein **freiwilliges *business rescue*-Verfahren** kann eingeleitet werden, indem die folgenden Formulare bei der CIPC eingereicht werden:[110]
- Mitteilung über den Beginn *business rescue*-Verfahrens (CoR123.1 Formular);
- eine Eidesstattliche Erklärung eines Vorstands der *Company,* aus der hervorgeht, warum sich die *Company* in einer finanziellen Notlage befindet;
- der Beschluss des Vorstands, das *business rescue*-Verfahren einzuleiten;
- ein Schreiben der *Company,* dass ihren sogenannten *public interest score*-Wert (dies ist eine Messgröße im *Companies Act 2008,* um die Größe des Unternehmens zu bestimmen), ihren Unternehmensgegenstand und den Namen des vorgeschlagenen *Business Rescue Practitioner* enthält; und
- ein Schreiben des *Business Rescue Practitioner,* in dem er seine Verfügbarkeit, seine persönliche Unabhängigkeit von der *Company* sowie darüber hinaus bestätigt, dass ihm die Tätigkeit als *Business Rescue Practitioner* nicht untersagt ist.

41 Die *Company* wird ab dem Zeitpunkt der Einreichung der oben genannten Unterlagen als im *business rescue*-Verfahren befindlich behandelt.

---

[102] *Investec Bank Ltd v Bruyns* (Western Cape High Court, Case No 19449/11, 14 November 2011), saflii, Rn. 12 Fn. 2.
[103] Zu letzterem *Van Staden v Angel Ozone Products CC and Others* (North Gauteng High Court, Case No 54009/11, 12 October 2012), saflii, Rn. 30 ff.; s. ferner *Sharrock/van der Linde/Smith,* S. 279 f. Ch. 25.1.1; differenzierend *Delport/Vorster,* Henochsberg on the CA 2008, section 131, Anm. zu „subsections (6) and (7)".
[104] § 128 (1) b) ii) CA 2008.
[105] Beteiligte in diesem Sinne sind Gesellschafter, Gläubiger, Gewerkschaften, in der Arbeitnehmer der Company organisiert sind und nichtgewerkschaftlich organisierte Arbeitnehmer, s. § 128 (1) (a) CA 2008.
[106] Siehe dazu auch unten → Rn. 122 ff.
[107] § 346A CA. 1973.
[108] § 346 CA 1973.
[109] § 9 of IA.
[110] CIPC practice note 3 of 2014.

Danach muss innerhalb von fünf Werktagen nach dem o.g. Vorstandsbeschluss durch einen 42 weiteren Vorstandsbeschluss ein *Business Rescue Practitioner* ernannt werden. Die Mitteilung über die Bestellung des *Business Rescue Practitioner* (Formular CoR 123.2) muss danach bei der CIPC eingereicht werden.[111] Darüber hinaus sind alle betroffenen Personen so genannten betroffenen Personen, „*affected persons*" (d.h. Gesellschafter, Gläubiger, eine Gewerkschaft, in der Arbeitnehmer der *Company* organisiert sind und nichtgewerkschaftlich organisierte Arbeitnehmer)[112] über die o.g. Vorstandsbeschlüsse zu informieren.[113]

Beantragt ein Betroffener einen **gerichtlichen Antrag auf Einleitung eines** *business res-* 43 *cue-***Verfahrens**, so muss der Antragsteller auch die *Company* und die CIPC sowie die anderen betroffenen Personen informieren.[114] Nach der Rechtsprechung obliegt es dem Antragsteller für die Erfüllung seiner Informationspflichten nachzuweisen, dass er alle **zumutbaren Schritte unternommen** hat, um die Identität der betroffenen Personen und ihre zustellungsfähigen Anschriften festzustellen.[115] *Business rescue*-Verfahren, bei denen diese Anforderungen nicht erfüllt waren, **wurden aufgehoben** mit der Begründung, dass die betroffenen Personen ein rechtlich erhebliches Interesse in dem Verfahren haben und entsprechend benachteiligt sind, wenn sie nicht beteiligt werden.[116]

3.1.3 Antragsbefugnis

Antragsbefugt ist wie oben bereits erwähnt bei einem *voluntary winding up* die Gesellschafterver- 44 sammlung der *Company*.[117] Ein *voluntary winding up* kann auf Antrag des *Master*, eines Gläubigers oder eines Gesellschafters jederzeit in ein *Court-controlled winding up* überführt werden.[118]

Die Eröffnung eines *(Court-controlled) winding up*-Verfahrens können die *Company* selbst beantra- 45 gen sowie jeder Gläubiger, der eine Forderung von 100 ZAR oder mehr hat, oder mehrere Gläubiger, die zusammengenommen Forderungen in Höhe von 200 ZAR oder mehr haben,[119] darüber hinaus im Einzelfall auch Gesellschafter und der *Master*.[120]

Antragsbefugt für die Einleitung eines *sequestration*-Verfahrens ist der Schuldner selbst[121] oder 46 alternativ ein oder mehrere Gläubiger mit den eben beschriebenen Mindestforderungen.[122]

Antragsbefugt für die Eröffnung des *business rescue*-Verfahrens sind die gesetzlich definierten so 47 genannten betroffenen Personen, „*affected persons*", (d.h. Gesellschafter, Gläubiger, eine Gewerkschaft, in der Arbeitnehmer der *Company* organisiert sind und nichtgewerkschaftlich organisierte Arbeitnehmer).[123] Der Antragsteller muss dabei auch die *Company* und die CIPC sowie die anderen betroffenen Personen informieren.[124]

3.2 Rolle der Gerichte

Die Zuständigkeit für **Insolvenzverfahren und** *business-rescue***-Verfahren** liegt grundsätzlich 48 beim *High Court of South Africa* am Satzungssitz/Wohnsitz des Schuldners, oder, soweit sich die Zuständigkeit auf die Belegenheit von Vermögen bezieht, der für diesen Ort zuständige High Court.[125] Nur die lokalen und Provinzabteilungen des *High Court of South Africa* dürfen über die Eröffnung des Insolvenzverfahrens über das gesamte Vermögen des Schuldners entscheiden, da es sich um eine Statusfrage handelt.

---

[111] § 129 (3) (b) und § 129 (4) CA 2008.
[112] S. die Definition „affected person" in § 128 (1) (a) CA 2008.
[113] § 129 (3) (a) und § 129 (4) CA 2008.
[114] § 131 (2) CA 2008.
[115] *Engen Petroleum Ltd v Multi Waste (Pty) Ltd and Others* 2012 (5) SA 596 SG.
[116] *Taboo Trading 232 (Pty) ltd v Pro Wreck Scrap Metal* 2013 (6) 141 (KZP).
[117] Vgl. §§ 349, 351 (1) CA 1973.
[118] Vgl. § 346 (e) CA 1973, wobei die Entscheidung und die damit verbundenen Rechtsfolgen im Ermessen des Gerichts liegen, vgl. § 347 (1) und (4) CA 1973.
[119] § 9 (1) IA.
[120] § 346 CA 1973.
[121] § 3 (1) IA.
[122] § 9 (1) IA.
[123] § 131 (1) CA 2008; s. die Definition „affected person" in § 128 (1) (a) CA 2008.
[124] § 131 (2) CA 2008.
[125] Vgl. § 2 IA, Definition „Court"; § 12 CA 1973; zu weiteren Gerichtsständen s. *Kupsch*, Grenzüberschreitende Insolvenzverfahren, S. 94 ff.; unter dem CA 2008, der die Gerichtszuständigkeit nicht mehr ausdrücklich regelt, gilt nach Maßgabe des common law dasselbe, *Sibakhulu Construction (Pty) Ltd v Wedgewood Village Golf Country Estate (Pty) Ltd* (Western Cape High Court, Case No 27956/2010, 16 November 2011), saflii, Rn. 11; *Delport/Vorster*, Henochsberg on the CA 2008, section 128, Anm. zu „Court".

3.3 Verwalter

49   Eine Besonderheit des südafrikanischen Insolvenzrechts für *sequestration*- und Liquidationsverfahren ist die Übertragung der gesamten **Verfahrensleitung und -überwachung** auf den sogenannten *Master of the High Court*.[126] Der *Master* (nicht das Gericht) bestellt letztlich insbesondere den jeweiligen (auch vorläufigen) Insolvenzverwalter.[127] Ferner obliegt dem *Master* die Aufbewahrung sämtlicher Unterlagen betreffend das Vermögen des Insolvenzschuldners.[128] Auch hat der *Master* den Eröffnungsbeschluss (im Falle eines freiwilligen Verfahrens das *statement of affairs* und die *resolution*) in der *Gazette* zu **veröffentlichen**.[129]

50   In der ersten können die Gläubiger einen **Insolvenzverwalter vorschlagen**,[130] wobei die Bestellung letztlich im **Ermessen des *Master*** liegt.[131] Bei dem Insolvenzverwalter muss es sich um eine natürliche Person handeln, insbesondere können also **juristische Personen nicht zum Insolvenzverwalter** bestellt werden.[132]

51   Die **Befugnisse und Pflichten eines vorläufigen Insolvenzverwalters** beschränken sich darauf, die physische Kontrolle über das Eigentum des Schuldners zu übernehmen und die Angelegenheiten des Schuldners bis zur Bestellung eines endgültigen Insolvenzverwalters zu überwachen.

52   Die **Befugnisse des endgültigen Insolvenzverwalters** sind weitreichend und umfassen unter anderem:[133]

- im Namen des Schuldners eine Klage oder ein anderes Gerichtsverfahren einzureichen oder zu verteidigen;
- einem angemessenen Vergleichsangebot des Gläubigers des Schuldners zuzustimmen;
- einen Anspruch oder eine Forderung gegen den Schuldner zu abzulehnen oder anzuerkennen;
- einen Teil der Geschäftstätigkeit des Unternehmens fortzusetzen oder einzustellen, soweit dies für die Gläubiger von Vorteil ist;
- Verkauf von beweglichen oder unbeweglichen Sachen;
- jegliche pflichtgemäße Handlung vorzunehmen oder eine Befugnis auszuüben, soweit hierfür nicht die Zustimmung des Gerichts erforderlich ist.

53   Wie bereits erwähnt wird im Falle eines freiwilligen *business rescue*-Verfahrens im Rahmen eines Unternehmenssanierungsverfahrens der ***Business Rescue Practitioner*** durch Vorstandsbeschluss ernannt. Im Falle eines *business rescue*-Verfahrens, dass im Wege eines Gerichtsbeschlusses eingeleitet wird, kann der Antragsteller jedoch einen **vorläufigen** *Business Rescue Practitioner* benennen, der dann endgültig ernannt wird, wenn die Mehrheit der Gläubiger in einer ersten Gläubigerversammlung dafür gestimmt hat.[134]

54   Sobald ein *Business Rescue Practitioner* bestellt wurde, übernimmt er die Angelegenheiten des Unternehmens und übernimmt alle Verantwortlichkeiten und Pflichten der Geschäftsführung dieses Unternehmens, als wäre er selbst Vorstand.[135]

3.4 Verwaltung und Verwertung der Masse

55   Mit der *winding up order* verlieren die *directors* die **Verwaltungs- und Verfügungsbefugnis** über das Vermögen der *Company*, die bis zur Bestellung eines *provisional Liquidator* als auf den *Master* übergegangen fingiert werden.[136] Im Falle eines *voluntary winding up* kann ein solcher schon in der *special resolution* bestimmt worden sein,[137] ansonsten wird der *provisional Liquidator* alsbald nach der *winding up order* vom *Master* bestellt.[138]

---

[126] Südafrikanisches Pendant zum deutschen Rechtspfleger; wird gem. § 4 des Administration of Estates Act 66 of 1965 für jeden High Court ernannt und betreut neben Insolvenzsachen weitere Aufgaben der Rechtspflege; s. a. offizielle Website http://www.justice.gov.za/master/m_main.htm; im Folgenden: „Master".
[127] §§ 18, 56 IA, §§ 367 ff., 429 (b) CA 1973.
[128] §§ 154 f. IA.
[129] § 356 CA 1973; § 17 (4) IA; die Government Gazette ist über das Internet abrufbar, oben → Rn. 1.
[130] §§ 364, 369 CA 1973; § 54 IA.
[131] Vgl. §§ 370, 375 CA 1973; §§ 56, 57 IA; gegen die Entscheidung des Master kann innerhalb von 7 Tagen Rechtsmittel beim Justizministerium und unter bestimmten Voraussetzungen auch noch bei Gericht eingelegt werden, vgl. § 371 CA 1973, *Galgut/Kunst/Delport/Vorster*, Henochsberg on the CA 1973, § 371, S. 795 ff.; §§ 57 (7)-(10), 151 IA, *Meskin/Kunst*, 4.2, Fn. 39.
[132] S. § 55 IA und § 372 CA 1973, jeweils auch zu weiteren Ausschlussgründen.
[133] § 386(4) CA 1973.
[134] § 131(5) CA 2008.
[135] § 140 CA 2008.
[136] § 361 (1) CA 1973; für voluntary windings-up vgl. § 353 (2) (a) CA 1973, wonach der Liquidator oder die Gläubigerversammlung auch andere Regelungen treffen können.
[137] *Smith/Boraine*, in: Collier, 39-24, mwN.
[138] Vgl. § 367, 368 CA 1973; *Galgut/Kunst/Delport/Vorster*, Henochsberg on the CA 1973, § 367, S. 788.

Der *Liquidator* hat die Pflicht, das **gesamte Vermögen** der *Company* in seinen Besitz zu bringen, **56** zu verwerten und nach Abzug der Verfahrenskosten an die Gläubiger zu verteilen. Wenn das liquidierbare, nicht zur Deckung der Verfahrenskosten dienende, Gesellschaftsvermögen zur Erfüllung sämtlicher Verbindlichkeiten nicht ausreicht (**Überschuldung bzw.** *factual insolvency*), gelten daneben zahlreiche Spezialvorschriften. Bei Überschuldung sind u.a. **sämtliche Vermögensdispositionen,** die die Gesellschaft nach Antragstellung vorgenommen hat, **automatisch (rückwirkend) nichtig,** soweit das Gericht im Einzelfall nichts anderes anordnet.[139] In der Praxis hat diese Nichtigkeitsregelung jedoch kaum Bedeutung, weil die *Company* mit dem Eröffnungsbeschluss ohnehin ihre Verwaltungs- und Verfügungsbefugnis verliert und der Zeitraum seit der Antragstellung regelmäßig zu kurz war.[140] Generell ist es unerheblich, ob die Gesellschaft bereits zum Zeitpunkt der Verfahrenseröffnung überschuldet war oder ob die Überschuldung etwa durch Wertverlust des Vermögens[141] erst im Laufe des Verfahrens eingetreten ist.[142]

Die *sequestration order* umfasst das **gesamte Vermögen** des Schuldners sowie prinzipiell auch **57** das, was er während des Insolvenzverfahrens erwirbt.[143] Nach der Konzeption des IA wird der *Trustee* **Eigentümer** des Vermögens des Insolvenzschuldners.[144] Diese Regelung mag auf den ersten Blick etwas verwirren, zumal auch der südafrikanische Eigentumsbegriff im römischen Recht wurzelt und der Eigentümer einer Sache grundsätzlich nach Belieben mit ihr verfahren darf.[145] Das Eigentum des *Trustee* unterscheidet sich hiervon jedoch darin, dass dessen Handhabung im IA detailliert vorgegeben ist, der *Trustee* also gerade **nicht nach Belieben** mit dem Schuldnervermögen verfahren kann.[146] Die Rechtsprechung musste sich mit der Widersprüchlichkeit dieser Konzeption bisher nicht im Detail auseinandersetzen; im Schrifttum wird sie verbreitet als überflüssig kritisiert.[147] Der **Regierungsentwurf eines einheitlichen Insolvenzgesetzes** geht daher nicht mehr von einem Eigentumsübergang aus, sondern übernimmt das bestehende Konzept des Übergangs der Verwaltungs- und Verfügungsbefugnis aus dem CA 1973.[148] Eine weitere – sehr umstrittene – Besonderheit ist, dass mit dem Vermögen des Insolvenzschuldners auch das **Vermögen seines Ehepartners bzw. Lebenspartners** in das Eigentum des *Trustee* übergeht, solange und soweit dem Partner nicht der Nachweis gelingt, dass es sich dabei um sein Eigentum handelt.[149]

Der **Schuldner bzw. dessen Organe** haben durch **Anwesenheit auf den Gläubigerver- 58 sammlungen und umfassende Auskunftserteilung** bei der Aufklärung über die Vermögenslage des Schuldners mitzuwirken und gegebenenfalls unter Eid aussagen.[150] Auch Dritte können auf Anordnung des *Master* oder des Gerichts bzw. – in einem *sequestration*-Verfahren – auf Anordnung des *presiding officer* zur Anwesenheit und Auskunftserteilung verpflichtet werden.[151]

Der Insolvenzverwalter hat die Verwaltung und Verwertung der Insolvenzmasse grundsätzlich **59** im Einzelnen mit der Gläubigerversammlung **abzustimmen.**[152] Soweit bestimmte Anweisungen fehlen, ist in einem *sequestration*-Verfahren das Vermögen durch öffentliche Versteigerung bzw. öffentliche Ausschreibung zu verwerten.[153] In einem Liquidationsverfahren hingegen kann der Insolvenzverwalter sich mit dem *Master* abstimmen und insbesondere bei Meinungsverschiedenheiten oder rechtlichen Unsicherheiten eine Entscheidung des Gerichts einholen.[154] Das Gericht wird sich

---

[139] § 341 (2) CA 1973; dazu *Excellent Petroleum (Pty) Ltd v Brent Oil (Pty) Ltd* (North Gauteng High Court, Case No 13614/2009, 30 May 2012), saflii, Rn. 45 ff.
[140] *Galgut/Kunst/Delport/Vorster,* Henochsberg on the CA 1973, § 341, S. 681.
[141] Man denke hier nur an die Volatilität von Aktien- und Grundstückswerten.
[142] Vgl. *Taylor and Steyn NNO v Koekemoer* 1982 (1) SA 374 (T), 380 ff.
[143] Vgl. §§ 23, 24 IA und die dort genannten Ausnahmen.
[144] Vgl. § 20 (1) (a) IA und *De Villiers NO v Delta Cables (Pt) Ltd* 1992 (1) SA 9 (A), 15 G-H.
[145] Vgl. *Evans* 1996 TSAR 719, 723 f., mwN § 903 BGB zum deutschen Recht.
[146] *Evans* 1996 TSAR 719, 723 f.
[147] *Evans* 1996 TSAR 719, 723 f.; *Burdette,* A Framework for Corporate Insolvency Law Reform, S. 315, mwN; zu den historischen Hintergründen und den daraus resultierenden Problemen im Internationalen Insolvenzrecht *Kupsch,* Grenzüberschreitende Insolvenzverfahren, S. 44 ff.
[148] *Burdette,* A Framework for Corporate Insolvency Law Reform, S. 316.
[149] Vgl. § 21 IA sowie *Smith/Boraine* ABI Law Review 10 (2002), 135, 163 ff., mwN; nach einem Urteil des südafrikanischen Verfassungsgerichts (Constitutional Court) verstößt diese Regelung auch nicht gegen die 1994 in Kraft getretene südafrikanische Verfassung, vgl. *Harksen v Lane* 1997 (11) BCLR 1489 (CC).
[150] Vgl. §§ 414 ff. CA 1973; §§ 64–65 IA; § 66 ff.; iA, auf deren analoge Anwendbarkeit in § 416 CA 1973 verwiesen wird.
[151] §§ 417 f. CA 1973; § 65 ff. IA.
[152] § 387 (1) CA 1973; § 82 (1) IA.
[153] § 82 IA.
[154] § 387 (2)-(4) CA 1973; der gleiche Weg ist auch einem anderen Beteiligten eröffnet, der durch eine Entscheidung des Liquidator beschwert ist.

regelmäßig auf Rechtsfragen beschränken und nicht in die wirtschaftliche Kompetenz des Insolvenzverwalters eingreifen.[155]

60   Ein **Business Rescue Practitioner** muss so bald wie möglich nach seiner Bestellung die Geschäfts-, Vermögens- und Finanzlage des Unternehmens untersuchen und die Aussichten auf eine Rettung des Unternehmens prüfen.[156] Der *Business Rescue Practitioner* ist dann dafür verantwortlich, einen Sanierungsplan *(business rescue plan)* zu entwickeln, diesen mit den Beteiligten abzustimmen, und den Plan umzusetzen, sobald er von den Gläubigern angenommen wird.[157] Über den *business rescue plan* ist in einem abgestuften Verfahren abzustimmen, das auch die **Möglichkeit vorsieht, obstruierende Beteiligte zu überstimmen.** Der *business rescue plan* kann auch eine Restschuldbefreiung vorsehen. Das Verfahren soll nach der Vorstellung des Gesetzgebers möglichst nicht länger als drei Monate dauern, es sei denn, das Gericht gewährt auf Antrag des *BRP* eine längere Frist. Daraus folgt, dass der *BRP* nach Ablauf der gesetzlichen oder richterlichen Frist verstärkten Berichtspflichten unterliegt.

3.5 Unternehmensfortführung *(Going Concern)*

61   Der *Liquidator* **einer Company** kann die Geschäftstätigkeit der Gesellschaft ganz oder teilweise fortsetzen oder einstellen, soweit dies für Zwecke Liquidationsverfahrens erforderlich ist. Er kann dies ohne Zustimmung des Gerichts tun, wäre dann aber nicht berechtigt, die Kosten der von ihm erworbenen Waren und Leistungen in die Verfahrenskosten einzubeziehen, es sei denn, diese Waren waren für den unmittelbaren Zweck der Ausübung des Geschäftsbetriebs erforderlich und es stehen Mittel für diese Waren zur Verfügung, nachdem die Kosten der Liquidation gedeckt sind.[158]

62   In einem *business rescue*-**Verfahren** übernimmt der *Business Rescue Practitioner* sämtliche Leitungsfunktionen des Vorstands und haftet entsprechend.[159] Der der *Business Rescue Practitioner* muss daher die Geschäftstätigkeit des Unternehmens fortsetzen, soweit sie den Gläubigern zugutekommt. In diesem Zusammenhang kann der *Business Rescue Practitioner* vertragliche Verpflichtungen, die während des Verfahrens fällig sind oder werden, ganz oder teilweise aussetzen.[160] Wenn dies gerechtfertigt und angemessen ist kann ein *Business Rescue Practitioner* mit Zustimmung des Gerichts auch alle vertraglichen Verpflichtungen gegenüber dem Unternehmen ganz oder teilweise beenden.

3.6 Sicherungsmaßnahmen vor Verfahrenseröffnung

63   Zur vorläufigen Sicherung des Insolvenzvermögens einer *Company* kann das Gericht **jegliche Anordnung** treffen, die es für angemessen hält.[161] Langezeit war es feste Gerichtspraxis, einen vorläufigen Eröffnungsbeschluss **(***provisional winding up order***)** zu erlassen, verbunden mit einer sogenannten **rule nisi**[162] – der Aufforderung an sämtliche Beteiligte, an einem bestimmten Datum *(return date)* zur Anhörung bei Gericht zu erscheinen und Argumente gegen eine Verfahrenseröffnung vorzubringen.[163] Diese Praxis scheint allerdings in letzter Zeit zu bröckeln.[164] Eine *provisional winding up order* hat bis zu ihrer Aufhebung grundsätzlich **dieselben Wirkungen** wie der endgültige Beschluss.[165]

64   Auch ohne einen solchen vorläufigen Eröffnungsbeschluss können auf Antrag bis zur Entscheidung über die Verfahrenseröffnung bei dem jeweiligen Prozessgericht **rechtshängige Verfahren unterbrochen** werden.[166] Ferner kann das Gericht auf Antrag **vorläufigen Vollstreckungsschutz** gewähren.[167] Seine Entscheidung hat das Gericht auf Basis einer sorgfältigen Interessenabwägung zu treffen, in die auch die Wahrscheinlichkeit der Verfahrenseröffnung ein-

---

[155] *Galgut/Kunst/Delport/Vorster*, Henochsberg on the CA 1973, § 387, S. 831 f., mwN.
[156] § 141(1) CA 2008.
[157] § 140(1) CA 2008.
[158] § 386 (4) (f) CA 1973.
[159] § 136(2) (a) CA 2008.
[160] § 136 (2) (b) CA 2008.
[161] § 347 (1) CA 1973.
[162] S. Legaldefinition in § 11 (1) IA.
[163] *Kalil v Decotex (Pty) Ltd* 1988 (1) SA 943 (A), 976; *Wolhuter Steel (Welkom) (Pty) Ltd v Jatu Construction (Pty) Ltd* 1983 (3) SA 815 (O), 818, mwN.
[164] *Johnson v Hirotec (Pty) Ltd* 2000 (4) SA 930 (A), 934; kritisch dazu *Galgut/Kunst/Delport/Vorster*, Henochsberg on the CA 1973, § 347, S. 725.
[165] S. § 1 CA 1973, Definition „winding up order", wonach die provisional winding-order für die Dauer ihrer Anordnung einer winding up order gleichsteht.
[166] § 358 (a) CA 1973; den Antrag können Gläubiger, Gesellschafter oder die Company selbst stellen.
[167] § 358 (b) CA 1973.

fließt, wobei sich ein gesicherter Gläubiger nicht darauf verweisen lassen muss, dass die Verwertung der Sicherheit, aus der er die Vollstreckung betreibt, in einem späteren Verfahren höhere Erlöse einbringen würde.[168]

Auch in einem *sequestration*-Verfahren kann eine **provisional sequestration order** beantragt werden.[169] Für sie gilt prinzipiell das Gleiche wie oben, mit der Einschränkung, dass nach Einschätzung des Gerichts *prima facie* die Eröffnungsvoraussetzungen vorliegen müssen.[170]

3.7 Wirkungen der Verfahrenseröffnung auf Rechtsverfolgungsmaßnahmen einzelner Gläubiger, Moratorium

Die Eröffnung des **Liquidationsverfahren**s entfaltet unabhängig vom Eröffnungsgrund und unabhängig davon, ob das Verfahren freiwillig oder aufgrund Gerichtsbeschlusses eröffnet wurde,[171] weitestgehend **einheitliche Wirkungen**.[172] Die Wirkungen treten **rückwirkend** zum Antragszeitpunkt ein.[173] Im Gegensatz zur *winding up order* entfaltet eine *sequestration order* keine Rückwirkung.[174]

Rechtshängige **Zivilprozesse** der *Company* werden **automatisch** bis zur Bestellung eines *(provisional) Liquidator* **unterbrochen**.[175] Die Wiederaufnahme von unterbrochenen Prozessen bzw. die Einleitung neuer Verfahren aufgrund einer vor Antragstellung[176] entstandenen Forderung, muss dem endgültigen[177] *Liquidator* innerhalb von vier Wochen nach dessen Bestellung mitgeteilt werden. Dem *Liquidator* ist hiernach eine **Frist** von mindestens drei weiteren Wochen einzuräumen, bevor das Verfahren (wieder) aufgenommen werden kann.[178] Wird die 4-Wochenfrist versäumt, so wird das Verfahren auf entsprechende Einrede des *Liquidator* als zurückgenommen behandelt.[179] Das Gericht kann auf Antrag diese Fiktion der Rücknahme aufheben, wenn der Antragsteller sein Fristversäumnis hinreichend zu entschuldigen vermag.[180] Nach dem gleichen Prinzip wie im Liquidationsverfahren werden **auch im *sequestration*-Verfahren sämtliche Zivilprozesse des Schuldners unterbrochen.**[181]

Veräußerungen von Gesellschaftsanteilen oder Änderungen im Gesellschafterstatus nach Antragstellung ohne Zustimmung des *Liquidator* sind nichtig.[182]

---

[168] Vgl. Re Kimberly Share Exchange Co Ltd (1883) 2 HCG 162; Niagara Ltd v Benson 1912 WLD 46; *Galgut/Kunst/Delport/Vorster*, Henochsberg on the CA 1973, § 358, S. 755 f., mit Nachweis entsprechender Entscheidungen englischer Gerichte.

[169] § 10 IA.

[170] Vgl. § 2 IA, Definition „sequestration order", § 10 IA, § 11 IA („rule nisi").

[171] Für voluntary windings-up tritt an die Stelle des Datums des Eröffnungsbeschlusses der Zeitpunkt der Eintragung der special resolution, vgl. oben, → Rn. 20.
So auch in einem vorläufigen Verfahren, oben, → Rn. 63.

[172] Diese kann im Einzelfall zu Abgrenzungsschwierigkeiten bei der Qualifikation für die Anerkennung gem. § 343 InsO führen; vgl. auch *Galgut/Kunst/Delport/Vorster*, Henochsberg on the CA 1973, § 347, S. 738 und *Ward v Smit and others: In Re Gurr v Zambia Airways Corp Ltd* 1998 (3) SA 175 (A), 179: Ziel eines jeden winding up (ausgenommen wohl members' voluntary windings-up) ist die Gewährleistung einer gerechten Verteilung des Gesellschaftsvermögens unter allen Gläubigern.

[173] § 348 CA 1973; damit ist der genaue Zeitpunkt des Antragseingangs bei Gericht gemeint, nicht das Datum, s. *Development Bank of Southern Africa Ltd. v Van Rensburg NO and Others* (Supreme Court of Appeal, Case No 490/2000, 14 May 2002), saflii, Rn. 8; *Nedbank Ltd v Cooper NO and Others* (Free State High Court, Case No 2538/2010, 11 February 2013), saflii, Rn. 37.

[174] *Burdette*, A Framework for Corporate Insolvency Law Reform, S. 278 f.

[175] § 359 (1) (a) CA 1973; vgl. auch § 386 (4) (a) iVm § 386 (3) CA 1973, bezüglich der Prozessführungsbefugnis des Liquidators.

[176] Auf die ja die winding up order zurückwirkt.

[177] Nach der Definition in § 1 (1) ist Liquidator gleichzusetzen mit „provisional Liquidator", wenn sich aus den Umständen nichts anderes ergibt. § 359 CA 1973 ist so ein Fall, in dem nur der endgültige Liquidator gemeint ist, vgl. *Strydom NO v MGN Construction (Pty) Ltd* 1983 (1) SA 799 (D); *Galgut/Kunst/Delport/Vorster*, Henochsberg on the CA 1973, § 359, S. 758 f.

[178] § 359 (2) (a) CA 1973.

[179] § 359 (2) (b) CA 1973; da die Norm ausschließlich den Liquidator bzw. das von ihm verwaltete Vermögen schützen soll, kann er hierauf auch verzichten, vgl. *Barlows Tractor Co (Pty) Ltd v Townsend* 1996 (2) SA 869 (A), 884F-G.

[180] *Galgut/Kunst/Delport/Vorster*, Henochsberg on the CA 1973, § 359, S. 761, mwN.

[181] Vgl. § 20 (1) (b) und (c) IA sowie die dort genannten Ausnahmen und § 79 IA („subsistance allowance for insolvent and family); die Benachrichtigungsfrist beträgt hier allerdings 3 Wochen ab dem Datum der ersten Gläubigerversammlung sowie die Wiederaufnahmefrist weitere 3 Wochen, § 75 (1) IA.

[182] § 341 (1) CA 1973.

69 In einem *business rescue*-Verfahren gilt während der gesamten Verfahrensdauer gilt ein allgemeines Moratorium. Dies bedeutet, dass abgesehen von wenigen enumerativ aufgezählten Ausnahmen nur noch mit **schriftlicher Genehmigung des** *Business Rescue Practitioner* **oder mit Zustimmung des Gerichts** rechtlich gegen die *Company* vorgegangen werden kann.[183]

3.8 Organe der Gläubiger

70 Das südafrikanische Insolvenzverfahren wird **in erster Linie von den Gläubigern betrieben**, die vom *Master* beaufsichtigt werden.[184] Mit Verfahrenseröffnung über das Vermögen einer *Company* oder einer natürlichen Person treten die Interessen der Gläubiger in den Vordergrund. Dies wird als *concursus creditorum* bezeichnet, bei dem kein Gläubiger zum Nachteil der Gläubigergesamtheit bevorzugt werden darf.[185]

71 Regelmäßig sind mindestens zwei Gläubigerversammlungen vorgesehen.[186] In der ersten können die Gläubiger einen **Insolvenzverwalter vorschlagen**,[187] wobei die Bestellung letztlich im **Ermessen des *Master*** liegt.[188] In der zweiten Gläubigerversammlung erhalten die Gläubiger den Bericht des Insolvenzverwalters über den Status des Schuldnervermögens und haben die Möglichkeit, ihre Forderungen anzumelden und Vorgaben für die Verwaltung der Insolvenzmasse zu machen.[189] Weitere Gläubigerversammlungen können einberufen werden, um dem Insolvenzverwalter Instruktionen zu erteilen *(general meetings)*[190] oder für andere besondere Zwecke *(special meetings)* wie die Prüfung angemeldeter Forderungen.[191]

72 In *business rescue*-Verfahren kann ein *business rescue plan* erst dann umgesetzt werden, wenn über ihn in einer zu diesem Zweck einberufenen Sitzung abgestimmt wurde. Damit ein Unternehmensrettungsplan als angenommen gilt, muss er von 75% der Gläubiger, von denen 50% unabhängige Gläubiger sein müssen, unterstützt werden.[192] Darüber hinaus können die Gläubiger, während der *Business Rescue Practitioner* die *Company* führt und einen *business rescue plan* erstellt, einen Gläubigerausschuss bilden und haben das Recht, bei der Entwicklung des Plans konsultiert zu werden.[193] In jedem Fall hat jeder Gläubiger unter anderem das Recht, sich über jedes Gerichtsverfahren, jede Entscheidung oder jedes Ereignis im Zusammenhang mit der Unternehmenssanierung zu informieren.[194]

3.9 Anmeldung der Forderungen *(proof of claims)*

73 Grundsätzlich[195] müssen alle Gläubiger ihre Forderungen nebst eidesstattlicher Versicherung und sonstiger Beweismittel **spätestens 24 Stunden** vor der ersten oder zweiten Gläubigerversammlung anhand dafür im IA vorgesehener Formblätter beim Versammlungsleiter *(presiding officer)* anmelden.[196] In einem Liquidationsverfahren kann der *Master* auf Antrag des *Liquidator* **zusätzlich eine Anmeldefrist** setzen.[197]

---

[183] Vgl. § 133 CA 2008 und die dort genannten Ausnahmen.
[184] *Minister of Justice v The South African Restructuring & Insolvency Practitioners Association* 2017 (3) SA 95 (SCA), Rn. 55.
[185] *Walker v Syfret* 1911 AD 141, 166.
[186] Vgl. § 364 (1) (a) und (2) CA 1973; § 40 IA; das Datum ist spätestens 10 Tage vorher in der Gazette (Internetadresse oben, 1.) und darüber hinaus in einer oder mehreren Zeitungen am Wohnort/Sitz des Schuldners bekanntzugeben; in der Praxis dauert es bis zum ersten meeting durchschnittlich etwa 3 Monate, manchmal aber auch bis zu einem Jahr, je nachdem, wie schnell der Master arbeitet; das zweite meeting folgt normalerweise etwa innerhalb eines Monats.
[187] §§ 364, 369 CA 1973; § 54 IA.
[188] Vgl. § 370 CA 1973; §§ 56, 57 IA; gegen die Entscheidung des Master kann innerhalb von 7 Tagen Rechtsmittel beim Justizministerium und unter bestimmten Voraussetzungen auch noch bei Gericht eingelegt werden, vgl. § 371 CA 1973, *Galgut/Kunst/Delport/Vorster*, Henochsberg on the CA 1973, § 371, S. 795 ff.; §§ 57 (7)-(10), 151 IA, *Meskin/Kunst*, 4.2, Fn. 39.
[189] § 364 (1) CA 1973; § 40 (3) (a) IA; *Smith/Boraine*, in: Collier, 39-27.
[190] § 41 IA; *Smith/Boraine*, in: Collier, 39-27.
[191] § 42 IA; § 413 CA 1973; *Smith/Boraine*, in: Collier, 39-27.
[192] § 152 (2) CA 2008.
[193] § 145 (3) CA 2008.
[194] § 145 (1) CA 2008.
[195] Ausgenommen sind zB bestimmte Ansprüche aus Arbeitsverhältnissen, die nicht angemeldet werden müssen.
[196] Vgl. § 366 (1) CA 1973, der auf die entsprechende Anwendbarkeit des IA verweist; § 44 (1) bis (4) IA, First Schedule, Annexure VIII, Forms C und D; *Smith/Boraine*, in: Collier, 39-28; presiding officer ist entweder der Master selbst oder ein von ihm bestimmter öffentlicher Bediensteter, vgl. § 39 (2) IA.
[197] § 366 (2) CA 1973.

Wollen gesicherte Gläubiger allein aus dem Verwertungserlös ihrer Sicherheit am Insolvenzverfahren teilnehmen, müssen sie dies bereits in ihrer Forderungsanmeldung deutlich machen.[198] Ausländische Gläubiger sind grundsätzlich gleichberechtigt, allerdings kann sie der ausländische Insolvenzverwalter bei der Forderungsanmeldung wohl nicht vertreten.[199] Die Forderungsanmeldungen müssen auf einen rechtskräftig festgestellten oder unbestrittenen Geldbetrag lauten.[200] Forderungen in **ausländischer Währung** werden nach dem am Tag vor Verfahrensbeginn gültigen Kurs umgerechnet.[201] In Anbetracht von Sinn und Zweck des Forderungsanmeldungsverfahrens, das eine Überprüfung der Forderung ermöglichen soll, wird hier davon ausgegangen, dass wenigstens die Anmeldung selbst in **Englisch** zu erfolgen hat und die dazugehörigen Unterlagen in zumindest einer der 11 offiziellen Landessprachen vorliegen müssen, ggf. in **beglaubigter Übersetzung**.[202]

Nicht rechtzeitig vor den Gläubigerversammlungen angemeldete Forderungen dürfen vom *presiding officer* nur dann zugelassen werden, wenn die Verspätung genügend entschuldigt wurde.[203] Im Übrigen hat der *presiding officer* die **Forderung abzulehnen,** wenn sie nicht frist- und formgerecht angemeldet wurde oder wenn es sich *prima facie* um keine zu berücksichtigende Forderung handelt.[204] Eine einmal angemeldete Forderung kann der Insolvenzverwalter nur (substantiiert) **bestreiten.**[205] Zur Ablehnung oder Reduzierung hingegen muss er sich mit schriftlicher Begründung an den *Master* wenden.[206]

Nach der zweiten Gläubigerversammlung können zwar innerhalb von drei Monaten noch *special meetings* für **verspätete Forderungsanmeldungen** einberufen werden, wenn der Gläubiger die damit verbundenen Kosten trägt.[207] Der Gläubiger riskiert aber, in einem bereits aufgestellten Verteilungsplan unberücksichtigt zu bleiben.[208] Nach Ablauf dieser 3-Monatsfrist sind Forderungsanmeldungen nur noch mit Zustimmung des *Master* oder des Gerichts möglich.[209]

Im **business rescue**-Verfahren gibt es keine vorgeschriebene Form, um einen Anspruch beim *Business Rescue Practitioner* anzumelden. Darüber hinaus sind die Gläubiger berechtigt, ihre Forderungen bis zur Veröffentlichung des *business rescue plan* einzureichen.

3.10 Verteilung der Masse

Der Insolvenzverwalter hat grundsätzlich innerhalb von 6 Monaten nach seiner Bestellung mittels einer detaillierten **Verwertungsbilanz** *(liquidation account)* sowie ggf. zusätzlich einer **Handelsbilanz**[210] *(trading account)* abzurechnen und zu begründen, warum bestimmte Vermögenswerte noch nicht realisiert werden konnten.[211] Außerdem ist ein Verteilungsplan zu erstellen.[212] Hiernach sind die *accounts* für zwei Wochen zur Einsichtnahme der Gläubiger im Büro des

---

[198] Vgl. §§ 89 (2), 103 IA; *Smith/Boraine,* in: Collier, 39-28; dies sollte im Einzelfall sorgfältig abgewogen werden, da bei weiterer Teilnahme als einfacher, ungesicherter Insolvenzgläubiger statt einer Quote möglicherweise sogar anteilig Verfahrenskosten zu zahlen sind, vgl. unten, → Rn. 80.

[199] So zumindest zwei Entscheidungen aus der Kolonialzeit, ohne nähere Begründung: *Liddle & Leask v Pooley and Leinberger* (1899) 6 OR 109, 112; *In re Estate Skeen* 27 NLR 127.

[200] Vgl. § 44 IA „liquidated claims" und *Meskin/Kunst,* 9.1.1; die Zulassung anderer Forderungen („unliquidated claims") ist direkt auf der Gläubigerversammlung gegenüber dem Insolvenzverwalter zu beantragen.

[201] *Nedbank Ltd v Cooper NO and Others* (Free State High Court, Case No 2538/2010, 11 February 2013), saflii, Rn. 44; *Galgut/Kunst/Delport/Vorster,* Henochsberg on the CA 1973, § 366, S. 782, mit Bezugnahme auf die englische Entscheidung *Re Lines Bros Ltd* [1982] 2 All ER 183 (CA).

[202] Neben Englisch und Afrikaans zählen dazu zB Isizulu, Xhosa, Setswana; im Rechtsalltag wird jedoch schon aus Kostengründen fast ausschließlich mit den traditionellen Gerichtssprachen Englisch und Afrikaans gearbeitet *Bambust/Krueger/Kruger,* Erasmus Law Review 5 (2012), 211 ff., insb. 217.

[203] Vgl. Derby Shirt Manufactures (Pty) Ltd v Nel NO 1964 (2) SA 599 (D), 602, mwN.

[204] Vgl. *Marendaz v Smuts* 1966 (4) SA 66 (T), 72, mwN; bei Überschuldung kann der Gläubiger gegen die Entscheidung des presiding officer Rechtsmittel beim Gericht einlegen, vgl. § 339 CA 1973 iVm § 151 IA; in jedem Fall kann er auch seine Forderung einklagen, vgl. § 44 (3) IA.

[205] Vgl. *Galgut/Kunst/Delport/Vorster,* Henochsberg on the CA 1973, § 366, S. 780 f.; *Caldeira v The Master* 1996 (1) SA 868 (N), 874.

[206] Vgl. *Wynne NO v Mitchell NO* 1973 (1) SA 283 (E), 293 f.

[207] § 44 (1) IA, *Meskin/Kunst,* 9.2.1.

[208] Vgl. § 104 (1) IA; § 366 (2) CA 1973.

[209] § 44 (1) IA.

[210] Im Falle der Unternehmensfortführung.

[211] §§ 403 ff. CA 1973; §§ 91 ff. IA; auf schriftlich begründeten Antrag, der auch sämtlichen Gläubigern per Einschreiben zuzustellen ist, kann (und wird häufig) die 6-Monatsfrist durch den Master verlängert werden, vgl. § 404 CA 1973; § 109 IA; in bestimmten Fällen (zB bei größeren Bankguthaben/Geldvermögen) kann der Master auch eine kürzere Frist setzen, vgl. § 110 (1) IA.

[212] § 91 (1) IA.

Master auszulegen.²¹³ Soweit keine schriftlichen Einwände erhoben werden, hat der *Master* die *accounts* zu bestätigen.²¹⁴

79 Nach Abzug der Verfahrenskosten wird der **Erlös** verteilt.²¹⁵ Erlöse, die nicht innerhalb von zwei Monaten gegen Quittung an die Gläubiger ausgezahlt wurden, werden auf Rechnung des entsprechenden Gläubigers auf ein Sonderkonto gezahlt.²¹⁶

80 Eine weitere Besonderheit des südafrikanischen Verfahrens ist die Beteiligung der Gläubiger, die Forderungen angemeldet haben, an den **Verfahrenskosten,** soweit der Erlös diese nicht abdeckt. Diese sind in erster Linie von den einfachen ungesicherten Gläubigern einschließlich des Gläubigers, der die Verfahrenseröffnung beantragt hat, zu tragen.²¹⁷ Der von ihnen zu leistende Kostenbeitrag bestimmt sich *anteilig* nach den von ihnen angemeldeten Forderungen. Gesicherte Gläubiger haben lediglich für eine eventuelle Unterdeckung aus der Verwertung ihrer Sicherheiten aufzukommen.²¹⁸

3.10.1 Massegläubiger

81 Masseverbindlichkeiten sind sämtliche Kosten, die der Erhaltung, Verwaltung und Verwertung der Masse nach Verfahrenseröffnung dienen. Masseverbindlichkeiten sind als Verfahrenskosten vorab zu befriedigen.²¹⁹

82 Zu den Masseverbindlichkeiten gehören insbesondere Miete und Mietnebenkosten sowie Kosten, die durch die Fortführung der Unternehmenstätigkeit zu Liquidationszwecken anfallen.²²⁰ Der *Liquidator* **einer insolventen** *Company* kann mit Zustimmung des Gerichts auch Massekredite aufnehmen und das Vermögen der Company als Sicherheit zum Nutzen der Insolvenzmasse verwenden.²²¹

83 Ein wesentliches Merkmal von **business rescue-Verfahren** ist die Möglichkeit für den *Business Rescue Practitioner,* nach Eröffnung des Verfahrens einen Sanierungskredit aufzunehmen. Diese Finanzierung kann durch Vermögenswerte der *Company* besichert werden, soweit diese nicht bereits belastet sind. Der Finanzierer erwirbt mit der Herausgabe des Sanierungskredits insoweit einen Anspruch auf bevorzugte Befriedigung nach Abzug der Verfahrenskosten und der nach Verfahrenseröffnung entstandenen Lohn- und Gehaltsansprüche der Mitarbeiter des zu sanierenden Unternehmens.²²²

84 Nach der Rechtsprechung sind **Sanierungskredite nur solche Darlehen,** die einer *Company* im Zuge des eröffneten *business rescue*-Verfahrens für Sanierungszwecke bereitgestellt wurden.²²³ Somit stellen bestehende Verbindlichkeiten, die vor Beginn der Geschäftsrettung entstanden sind und die das Unternehmen während des *business rescue*-Verfahrens schuldet (wie Mietzahlungen oder Zahlungen für die Lieferung von Waren und Dienstleistungen), keinen Sanierungskredit in diesem Sinne dar. Aus solchen bestehenden Verbindlichkeiten kann der Gläubiger deshalb auch keine bevorrechtigte Befriedigungsmöglichkeit bei der Verteilung des Erlöses aus dem *business rescue*-Verfahren ableiten.

3.10.2 Rangfolge der Gläubiger in Insolvenzverfahren

85 In einem Insolvenzverfahren werden die Gläubiger in folgender Reihenfolge befriedigt:
1. Erlöse aus der Veräußerung von mit Sicherungsrechten belasteter Vermögensgegenstände:
   a. Zahlung der Kosten für die Instandhaltung, Erhaltung und Verwertung des jeweils betroffenen Vermögensgegenstands. In diesem Zusammenhang beinhalten die Verwertungskosten im Sinne dieses Abschnitts „die Vergütung des [Insolvenzverwalters] in Bezug auf diesen Vermögensgegenstand und einen proportionalen Anteil an den Kosten, die der [Insolvenzverwalter] für

---

[213] § 406 CA 1973; § 108 IA; die Möglichkeit der Einsichtnahme im Masterbüro ist wiederum in der Gazette und in lokalen Zeitungen am Wohnort/Sitz des Schuldners bekanntzumachen.
[214] §§ 407, 408 CA 1973; § 112 IA.
[215] § 409 CA 1973; *Smith/Boraine*, in: Collier, 39-35; in der Praxis findet eine Verteilung selten vor Ablauf eines Jahres nach der zweiten Gläubigerversammlung statt, ua auch davon abhängig, wie viele Klageverfahren noch anhängig sind; es kann aber auch über 2 Jahre bis zu einer Verteilung dauern.
[216] § 410 (2) CA 1973.
[217] § 106 IA und § 14 (3) IA; *Smith/Boraine*, in: Collier, 39-37.
[218] *Smith/Boraine*, in: Collier, 39-35. Soweit gesicherte Gläubiger nach Verwertung ihrer Sicherheit noch nicht vollständig befriedigt wurden und deshalb mit ihrer noch offenen Restforderung als ungesicherte Gläubiger am Verfahren teilnehmen, haften sie aber wie die anderen ungesicherten Gläubiger für die Verfahrenskosten.
[219] Ggf. durch Inanspruchnahme bestimmter Gläubiger, oben → Rn. 80.
[220] Vgl. § 37 (3) IA; *Sharrock/van der Linde/Smith*, S. 188 ff., Ch. 16 3.2.
[221] § 386 (5) von CA1973.
[222] § 135 CA 2008.
[223] *South African Property Owners Association v Minister of Trade and Industry and others* 2018 (2) SA 523, Rn. 17.

die Bestellung einer Sicherheit für die ordnungsgemäße Verwaltung des Insolvenzvermögens entstehen, berechnet auf der Grundlage des Erlöses aus dem Verkauf des Vermögensgegenstands, eine proportionalen Anteil an den Gebühren des *Master* und, wenn es sich um ein unbewegliches Vermögensgegenstand handelte, eine darauf zu entrichtende (Grund)steuer (und eventuelle Verspätungszuschläge hierauf)";[224]
  b. Zahlung der mit dem Vermögensgegenstand besicherten Gläubigerforderung(en);[225]
2. Erlöse aus der Veräußerung der unbelasteten Vermögensgegenstände:
  a. Zahlung der Verfahrenskosten;[226]
  b. Zahlung der Verwertungskosten;[227]
  c. Auszahlung von Gehältern oder Löhnen ehemaliger Mitarbeiter eines insolventen Unternehmens, zeitlich und betragsmäßig begrenzt;[228]
  d. Zahlung gesetzlicher Abgaben;[229]
  e. Zahlung von Steuern auf Personen oder die Einkommen oder Gewinne von Personen, nach irgendeinem parlamentarischen Gesetz;[230]
  f. Zahlung auf bestimmte Globalsicherheiten (*„unperfected general notarial bonds"*).[231]
  g. Ungesicherte Gläubiger.

3.10.3 Gesicherte Gläubiger

Vor Verfahrenseröffnung wirksam begründete Sicherheiten geben grundsätzlich ein Recht auf **abgesonderte Befriedigung maximal in Höhe seiner Forderung,** wobei dem Insolvenzverwalter das Verwertungsrecht zusteht.[232] **86**

Grundsätzlich nicht insolvenzfest sind **Grundsicherheiten,** die der Schuldner für mindestens zwei Monate alte, bis dahin ungesicherte Forderungen bestellt hat, wenn innerhalb von 6 Monaten nach Eintragungsantrag beim südafrikanischen Grundbuchamt[233] das Insolvenzverfahren eröffnet wird.[234] Besonderheiten gelten auch für sich im Besitz des Sicherungsgläubigers befindliche **Mobiliarsicherheiten** (einschließlich frei handelbarer Wertpapiere), die unter bestimmten Voraussetzungen bis zur zweiten Gläubigerversammlung vom Sicherungsgläubiger selbst verwertet werden können.[235] Allerdings ist auch hier der Erlös an die Insolvenzmasse zu zahlen und der Sicherungsgläubiger erlangt nur insoweit (abgesondert) Befriedigung, als er seine Forderung anmeldet und diese anerkannt wird.[236] **87**

Soweit ein Gläubiger **Pfandgegenstände** oder Gegenstände, an denen er ein **Zurückbehaltungsrecht** ausübt, auf Aufforderung des Insolvenzverwalters an diesen herausgibt,[237] behält er ein Recht auf abgesonderte Befriedigung, wenn er sein Recht schriftlich gegenüber dem Insolvenzverwalter geltend macht und eine entsprechende Forderung anmeldet.[238] Der Insolvenzverwalter kann Sicherheiten auch freigeben.[239] **88**

Auch für bestimmte **Ratenzahlungskaufsachen** besteht ein Recht auf abgesonderte Befriedigung des Verkäufers.[240] **89**

3.10.4 Ungesicherte Gläubiger

Zu den einfachen Insolvenzgläubigern gehören sonstige Insolvenzgläubiger sowie die vorgenannten, soweit deren Ansprüche die Höchstbeträge übersteigen bzw. (bei Sicherungsgläubigern) sie sich nicht ausschließlich auf ihre Sicherheit beschränkt haben. **90**

---

[224] § 89 IA.
[225] § 95 (1) IA.
[226] § 97 IA.
[227] § 98 IA.
[228] § 98A IA.
[229] § 99 IA.
[230] § 101 IA.
[231] § 102 IA.
[232] *Smith/Boraine,* in: Collier, 39-18; Übersicht über Sicherheiten im südafrikanischen Recht *ibid,* 39-13 ff.
[233] Registrar of deeds.
[234] Vgl. § 88 IA.
[235] Vgl. § 83 IA.
[236] § 83 (10) IA; *Smith/Boraine,* in: Collier, 39-18 f.
[237] Etwa der Vermieter, der von seinem Vermieterpfandrecht Gebrauch gemacht hat.
[238] § 47 IA.
[239] *Meskin/Kunst,* 12.4.2.
[240] Vgl. § 84 IA; *Meskin/Kunst,* 5.21.8.2. (b); dies ist dann der Fall, wenn es sich um ein „instalment agreement" nach der Definition in § 1 NCA handelt, ohne dass es auf die Anwendbarkeit des NCA im Übrigen ankommt.

3.10.5 Nachrangige Gläubiger

91 Sollte hiernach noch Vermögen übrig sein, werden die Forderungen der einfachen Insolvenzgläubiger mit mindestens 8% ab Verfahrenseröffnung verzinst.[241] Forderungen, denen eine Nachrangvereinbarung zugrunde liegt, werden in der Insolvenz normalerweise als „weggefallen" behandelt.[242] Die eventuell verbliebene Masse ist an die Gesellschafter zu verteilen.[243]

3.10.6 Gläubigerrangfolge in *business rescue*-Verfahren

92 In einem *business rescue*-Verfahren lautet die Rangfolge der Forderungen wie folgt:
1. Erlöse aus der Veräußerung von mit Sicherheiten belasteten Vermögensgegenständen
   a. Zahlung von gesicherten Gläubigerforderungen;[244]
2. Erlöse aus der Veräußerung von unbelasteten Vermögensgegenständen
   a. Zahlung der Vergütungen und Auslagen der *Business Rescue Practitioner* sowie anderer Ansprüche, die sich im Zusammenhang mit den Kosten des *business rescue*-Verfahrens ergeben;[245]
   b. Zahlung sämtlicher Ansprüche auf Vergütung, Auslagenersatz oder anderen Geldbeträgen aus einem Arbeitsverhältnis, die im Rahmen eines *business rescue*-Verfahrens an Mitarbeiter fällig und zahlbar werden;[246]
   c. Zahlung der im Rahmen des *business rescue*-Verfahrens erhaltenen Sanierungskredite in der Reihenfolge ihrer Entstehung;[247]
   d. Zahlung sämtlicher Ansprüche auf Vergütung, Auslagenersatz oder anderen Geldbeträgen aus einem Arbeitsverhältnis, die vor Beginn des *business rescue*-Verfahrens an einen Mitarbeiter fällig und zahlbar wurden;[248]
   e. Ungesicherte Gläubiger.

93 Geht ein *business rescue*-Verfahren nachträglich in ein Liquidationsverfahren über, so werden die oben genannten Ansprüche von 2.a bis c zu Vorzugsansprüchen, die im Rang nach Zahlung der Verfahrenskosten zu zahlen sind.[249]

3.11 Abschluss des Verfahrens

94 Wenn die *Company* vollständig abgewickelt wurde sind, hat der *Master* eine entsprechende **Bescheinigung an die CIPC und eine Kopie davon an den *Liquidator*** zu übermitteln.[250] Der Registrator der CIPC wird dann die Auflösung der Gesellschaft protokollieren und eine entsprechende Mitteilung in der vorgeschriebenen Weise veröffentlichen.[251]

95 Für **natürliche Personen sieht der IA die Möglichkeit der Restschuldbefreiung** *(discharge)* als Bestandteil der Rehabilitierung *(rehabilitation)* vor, die gleichzeitig auch das Insolvenzverfahren beendet.[252] Die *rehabilitation* tritt **automatisch nach Ablauf von 10 Jahren** ein, wenn zwischenzeitlich kein anderslautender Gerichtsbeschluss ergangen ist.[253] Die Frist beginnt mit der Eröffnung des vorläufigen Insolvenzverfahrens.[254]

96 Der Schuldner kann – nach rechtzeitiger Bekanntmachung dieser Absicht[255] – auch schon vor Ablauf der 10-Jahresfrist beim zuständigen Gericht *rehabilitation* beantragen.[256] Der Antrag ist in Form einer **eidesstattlichen Versicherung** einzureichen, die umfangreiche Details über seine

---

[241] § 103 IA, soweit nicht höhere vertragliche Zinsen vereinbart sind.
[242] *Smith/Boraine,* in: Collier, 39-36.
[243] §§ 342 (1), 398 CA 1973.
[244] § 134 (3) CA 2008.
[245] § 135 (3) CA 2008.
[246] § 135 (3) (a) CA 2008.
[247] § 135 (3) (a) (i) und (b) CA 2008.
[248] § 144 (2) CA 2008.
[249] *Diener N.O. v. Justizminister* (926/2016) [2017] ZASCA 180.
[250] § 419 (1) CA 1973.
[251] § 419 (2) CA 1973.
[252] Vgl. § 129 IA.
[253] § 127 A (1) IA.
[254] *Grevler v Landsdown en 'n ander NNO* 1991 (3) SA 175 (T).
[255] Vgl. § 124 IA, im Einzelfall zwischen 3 und 6 Wochen vor Antragstellung in der Gazette (Internetadresse s. o., Rn. 2).
[256] Vgl. § 124 (2)-(5); normalerweise gelten Mindestwartezeiten zwischen 6 Monaten und 5 Jahren; einigt sich der Schuldner mit seinen Gläubigern (statutory composition) über die Zahlung von mindestens 50 % seiner Verbindlichkeiten, so kann er unmittelbar Antrag auf rehabilitation stellen.

Vermögensentwicklung bis zum Tag des Antrags und eine Auflistung seiner Gläubiger enthält.[257] Das Gericht wird nach Eingang des Antrags einen **Anhörungstermin** bestimmen, zu dem der *Master* eine Stellungnahme abzuliefern hat und neben dem *Trustee*, den Gläubigern und sonstigen Personen mit berechtigtem Interesse Einwände gegen die *rehabilitation* vorbringen kann.[258] Das Gericht ist an diese Einwände jedoch nicht gebunden, sondern entscheidet nach eigenem **pflichtgemäßen Ermessen** unter Berücksichtigung des Verhaltens des Schuldners vor und während des Insolvenzverfahrens. Hierbei kann das Gericht die *rehabilitation* versagen, an bestimmte Bedingungen und Auflagen knüpfen oder die Entscheidung vertagen.[259]

4. Verträge in Insolvenz- und *business rescue*-Verfahren

4.1 Unerfüllte Verträge

Unvollständig erfüllte Verträge werden in der Regel durch die Verfahrenseröffnung nicht beendet. Der Liquidator kann dann Erfüllung wählen oder den Vertrag kündigen, je nachdem, was für die Gläubiger vorteilhafter wäre.[260]

Ein Gläubiger (in diesem Fall die Partei, die einen Anspruch aus dem Vertrag hat) darf nicht gegenüber den anderen Gläubigern bevorzugt werden. Ein Gläubiger kann einen Treuhänder nicht zwingen, einen bestehenden Vertrag zu erfüllen.[261]

Ausnahmen gelten für Auftrag, Bevollmächtigung und Personengesellschaftsvertrag bei Insolvenz eines Gesellschafters.[262]

Bei nicht vollzogenen **Grundstückskaufverträgen** kann der Verkäufer dem Insolvenzverwalter eine Frist setzen, nach deren Ablauf er bei Gericht die Rückabwicklung einklagen kann.[263] Weitere gesetzliche Sonderregelungen gelten für bestimmte Kapitalmarkttransaktionen[264] und Ratenzahlungskaufverträge.[265] Vertragsklauseln für den Insolvenzfall sind nur eingeschränkt wirksam.[266]

Im Rahmen von ***business recue*-Verfahren** kann ein *Business Rescue Practitioner* für die Dauer des Verfahrens jede Verpflichtung des Unternehmens ganz, teilweise oder bedingt aussetzen, die sich aus einer Vereinbarung (einschließlich eines Mietvertrages) ergibt, die zu Beginn des Verfahrens bestand oder sonst während des Verfahrens fällig werden würde.[267]

Ein Gläubiger erwirbt unter diesen Umständen einen Schadensersatzanspruch gegen die *Company*.[268] Darüber hinaus verfügt der Gläubiger vorbehaltlich der allgemeinen Regeln auch über den *exceptio non adimpleti contractus*[269] und, soweit die allgemeinen Regeln zur Wesentlichkeit und zu den vertraglichen Kündigungsrechten Anwendung finden, hat der Gläubiger auch die allgemeinen Kündigungsrechte.[270]

4.2 Miet- und Pachtverhältnisse

Mietverträge bestehen zunächst noch für mindestens 3 Monate fort, wenn sie der Insolvenzverwalter nicht vorher schriftlich kündigt.[271] Nach Ablauf der 3-Monatsfrist enden sie automatisch,

---

[257] Vgl. § 126 S. 1 und S. 2 IA; Besonderheiten gelten bei einer statutory composition, vgl. §§ 124, 126 S. 3 IA.
[258] § 127 (1) IA.
[259] Zur Ausübung des Ermessens hat die Rechtsprechung umfangreiche Richtlinien entwickelt, s. Zusammenfassung bei *Sharrock/van der Linde/Smith*, S. 214 ff., Ch. 19.2.5., mwN.
[260] *Meskin/Kunst*, 5.21.1.
[261] *Ellerine Brothers (Pty) Ltd v McCarthy Limited* 2014 (4) SA 22 (SCA).
[262] *Smith/Boraine*, in: Collier, 39-33; *Meskin/Kunst*, 5.21.1., mwN.
[263] § 35 IA.
[264] Vgl. §§ 35A, 35B IA.
[265] Vgl. § 84 IA.
[266] Vgl. im Einzelnen *Smith/Boraine*, in: Collier, 39-33.
[267] § 136 (2) CA 2008.
[268] § 136 (3) CA 2008.
[269] Wenn gegenseitige Verpflichtungen aus einem Vertrag geschuldet sind, kann eine Partei die andere nicht verklagen, wenn sie ihre eigenen Verpflichtungen nicht erfüllt hat.
[270] *Cloete Murray & Another, NNO v FirstRand Bank Ltd t/a Wesbank*, 2015 (3) SA 438 (SCA).
[271] § 37 (1) IA; Vereinbarungen, wonach der Mietvertrag mit Verfahrenseröffnung automatisch endet oder die einer Partei für diesen Fall ein Kündigungsrecht einräumen, sind nichtig, vgl. § 37 (5) IA; allerdings bleiben Kündigungsrechte des Vermieters nach common law von der Verfahrenseröffnung unberührt, soweit die Insolvenzverwalter den Mietvertrag nicht erfüllen will, s. *Ellerine Brothers (Pty) Ltd v McCarthy Limited* (Supreme Court of Appeal, Case No 245/13, 1 April 2014), saflii, Rn. 12 f. sowie Rn. 14 f. zur parallelen Anwendbarkeit des common law neben dem IA; dazu bereits oben → Rn. 3.

wenn der Insolvenzverwalter nicht ausdrücklich daran festhält.[272] Vereinbarungen, wonach der Mietvertrag mit Verfahrenseröffnung automatisch endet oder die einer Partei für diesen Fall ein Kündigungsrecht einräumen, sind nichtig.[273] Allerdings bleiben Kündigungsrechte des Vermieters nach *common law* von der Verfahrenseröffnung unberührt, soweit der Insolvenzverwalter den Mietvertrag nicht erfüllen will.[274]

104 **Mietzinsen,** die im Rahmen des Mietvertrages ab dem Zeitpunkt der Verfahrenseröffnung bis zum Zeitpunkt der Beendigung des Mietvertrags entstehen, sind als Verfahrenskosten vorrangig zu zahlen.[275]

105 Vermieter nehmen mit ihrer Mietzinsforderung gegen eine *Company* als Mieter, die sich in einem **business recue -Verfahren** befindet, als ungesicherte Insolvenzgläubiger an der Erlösverteilung teil. Eine Ausnahme gilt dann, wenn der Business Rescue Practitioner mit dem Vermieter den **Mietzins als Sanierungskredit** mit entsprechenden Kreditbedingungen vereinbart hat.[276]

4.3 Arbeitsverträge

106 **Arbeitsverträge** können vom Insolvenzverwalter nur nach vorheriger Konsultation verschiedener Interessengruppen gekündigt werden[277] und bleiben etwa im Falle einer Unternehmensveräußerung bestehen.[278] Ohne Kündigung enden sie mangels anderweitiger Vereinbarung 45 Tage nach Bestellung des endgültigen Insolvenzverwalters.[279]

107 Im Rahmen von **business recue-Verfahren** werden die Mitarbeiter des Unternehmens, die zu Beginn des Verfahrens als solche beschäftigt waren, weiterhin zu den gleichen Bedingungen beschäftigt, mit Ausnahme der Fälle, in denen sich Änderungen im normalen Verlauf der Fluktuation ergeben oder die Mitarbeiter und das Unternehmen andere Bedingungen vereinbaren (gemäß der Arbeitsgesetzgebung).[280]

4.4 Besonderheiten im *common law*

108 In den nicht gesetzlich geregelten Fällen hat der (Insolvenz-)verwalter nach *common law* ein unwiderrufliches Wahlrecht. Das gilt zB auch für **Lizenzverträge,** für die es keine insolvenzrechtlichen Spezialregelungen gibt. Lehnt der Insolvenzverwalter die Erfüllung ab, so kann der Gläubiger Schadensersatz wegen Nichterfüllung als einfache Insolvenzforderung anmelden oder aber bis zur Beendigung des Insolvenzverfahrens warten und seine Ansprüche dann durchsetzen.[281]

5. Pensionsansprüche in Insolvenz- und *business rescue*-Verfahren

109 **Betriebliche Pensionsverpflichtungen** sind regelmäßig in *Pension Funds* gebündelt, die als juristische Person nicht zum Insolvenzvermögen ihres Initiators gehören.[282] Einschränkungen gelten auch für bestimmte Versicherungen.[283]

110 In **business recue-Verfahren** bleiben die Pensionskassen der Mitarbeiter unangetastet.

6. Eigentumsvorbehalt

111 Vermögensgegenstände, die sich zum Zeitpunkt der Verfahrenseröffnung nicht im Eigentum des Schuldners befinden, gehören nicht zum (Insolvenz-)vermögen.[284] Insbesondere ist der

---

[272] Vgl. § 37 (2) IA; der Vermieter kann seine Mietzinsforderung als Verfahrenskosten geltend machen, vgl. oben → Rn. 82.
[273] Vgl. § 37 (5) IA.
[274] S. *Ellerine Brothers (Pty) Ltd v McCarthy Limited* (Supreme Court of Appeal, Case No 245/13, 1 April 2014), saflii, Rn. 12 f. sowie Rn. 14 f. zur parallelen Anwendbarkeit des common law neben dem IA; dazu bereits oben → Rn. 3.
[275] § 37 (3) CA 1973.
[276] South African Property Owners Association v Minister of Trade and Industry and Others 2018 (2) SA 523 (GP).
[277] Inklusive Gewerkschaften, Betriebsrat und Arbeitnehmer persönlich, vgl. § 38 (5) und (6) IA.
[278] *Smith/Boraine,* in: Collier, 39-33, mit Hinweis auf § 197 Labor Relations Act 66 of 1995.
[279] § 38 (9) IA; im beschränkten Umfang sind Lohn- und Gehaltsforderungen vorrangig aus der Masse zu bedienen, vgl. oben, → Rn. 85.
[280] § 136 (1) CA 2008.
[281] Vgl. *Smith/Boraine,* in: Collier, 39-31 f.; die Erfüllungsablehnung des Insolvenzverwalters beendet nicht den Vertrag.
[282] S. dazu Pension Funds Act 24 of 1956.
[283] Dazu *Meskin/Kunst,* 5.2.
[284] *Ruskin NO v Thiergen* 1962 (3) SA 737 (A), 745; *Kelly v Lombard* 1927 AD 182, 187.

Eigentumsvorbehaltsverkäufer zur Aussonderung berechtigt, wenn der (Insolvenz-)verwalter die Nichterfüllung des Vertrags wählt.[285] Der nicht befriedigte Verkäufer kann aber auch ohne Eigentumsvorbehaltsvereinbarung – ggf. Zug um Zug gegen Erstattung bereits getätigter Teilzahlungen[286] – die Kaufsache heraus verlangen, wenn der volle Kaufpreis spätestens bei Lieferung fällig war.[287] Das Recht des Verkäufers setzt sich am Erlös einer gutgläubigen Weiterveräußerung fort.[288]

Auch **Treuhandvermögen** gehören nicht zum Schuldnervermögen, soweit der (insolvente) Treuhänder hieran kein eigenes Recht hat.[289]

7. Sicherheiten in der Insolvenz

7.1 Mobiliarsicherheiten

Ein Gläubiger kann in bestimmten gesetzlich geregelten Fällen einen **notariellen Pfandbrief** über bewegliches Vermögen halten.[290] Um im Insolvenzfall vollständig gesichert zu sein, müsste der Pfandgläubiger das Pfandrecht registrieren lassen und den Pfandbrief vor Verfahrensbeginn in seinen Besitz genommen haben. In diesem Fall wird der Pfandbrief in ein Pfandrecht umgewandelt, das eine Form der Sicherung an beweglichen Sachen nach Übergabe der beweglichen Sache darstellt.[291] Der mit dem Pfandrecht belastete Vermögensgegenstand kann dann **zugunsten des gesicherten Gläubigers verwertet werden**, wenn der Gläubiger eine Forderung zur Insolvenzmasse angemeldet hat.

Eine weitere Form der Sicherung von Mobilien ist das **Zurückbehaltungsrecht (oder Pfandrecht)**[292] und das Vermieterpfandrecht. Wenn ein Gläubiger im Besitz des Vermögens eines Schuldners ist und dafür Kosten aufgewendet hat, ist der Gläubiger berechtigt, das Eigentum als Sicherheit für seine Forderung gegen den Insolvenzschuldner zurückzubehalten. Ein Vermieter hat nach *common law* ein Pfandrecht an den in die gemieteten Räumlichkeiten eingebrachten beweglichen Sachen und ist so lange tätig, wie der Mieter mit dem Mietzins in Verzug ist.

7.2 Grundstückssicherheiten

Ein Gläubiger hält eine Sicherheit an einem Grundstück, wenn er über einen speziellen Pfandbrief für diese Sachen verfügt, der beim Grundbuchamt eingetragen ist.[293] Meldet der Pfandbriefinhaber keinen Anspruch in dem Insolvenzverfahren an, so wird der Erlös aus der Veräußerung dieses Grundstücks an den *Master's Guardian's Fund* abgeführt.[294]

7.3 Sicherheiten an Flugzeugen, Schiffen

An Schiffen kann eine Hypothek nur im Wege des nach dem *Ship Registration Act* vorgeschriebenen Verfahrens begründet werden.[295] Schiffe, in die aufgrund einer Seeforderung vor Eröffnung des Insolvenzverfahrens ein dinglicher Arrest erwirkt wurde, sind grundsätzlich nicht Teil der Insolvenzmasse.[296]

An Flugzeugen kann eine Sicherheit nur über das im *Convention on the International Recognition of Rights in Aircraft Act 59 of 1993* vorgeschriebenen Verfahren erworben werden. Solche Sicherungsrechte an Flugzeugen sind, wenn sie wirksam begründet wurden, insolvenzfest.[297] Wenn über das Vermögen des Sicherungsgebers also das Insolvenzverfahren eröffnet wird, hat der Sicherungsgeber ein Recht auf vorrangige Befriedigung aus dem Verwertungserlös des Flugzeugs.

---

[285] *Meskin/Kunst*, 5.21.8.2. (a); in Südafrika gilt übrigens das aus dem deutschen Recht vertraute Abstraktionsprinzip, vgl. *Smith/Boraine*, in: Collier, 39-12; zur Behandlung von nicht erfüllten Verträgen oben, → Rn. 97 ff.
[286] § 36 (3) IA.
[287] § 36 (1), (2) IA.
[288] § 36 (5), (6) IA.
[289] *Meskin/Kunst*, 5.2.
[290] S. § 1 Security by Means of Movable Property Act no 57 of 1993.
[291] *Simon v Mitsui and Co Ltd* 1997 (2) SA 475 (W) 497G.
[292] *Davis and another v Purple Fountain Properties 118 (Pty) Limited*, 2016 JDR 1433 (GJ).
[293] § 86 der IA.
[294] § 95 der IA.
[295] Nr. 58 von 1998.
[296] § 10 Admiralty Jurisdiction Regulation Act No. 105 of 1983.
[297] § 8 Convention on the International Recognition of Rights in Aircraft Act 59 of 1993.

8. Aufrechnung; Netting-Vereinbarungen

118 Nach *common law* können zwei Forderungen gegeneinander aufgerechnet werden, wenn sie gegenseitig, gleichartig, fällig und durchsetzbar sind.[298] Aufrechnungen *(set-offs)*, die **innerhalb eines 6-Monatszeitraums** oder – bei Aufrechnung mit einer durch Abtretung erworbenen Forderung – sogar **innerhalb eines Jahres vor Verfahrenseröffnung** vorgenommen wurden, müssen vom Insolvenzverwalter bestätigt werden. Geschah die Aufrechnung nicht im Rahmen des „**gewöhnlichen Geschäftsverlaufs**", so kann der Insolvenzverwalter mit Zustimmung des *Master* die Aufrechnung für unwirksam erklären.[299] Insoweit wird es sich also um eine Aufrechnung handeln müssen, die nicht aufgrund vermuteter oder festgestellter Insolvenz des Geschäftspartners erfolgte.[300] **Nach Eröffnung des Insolvenzverfahrens** ist die Aufrechnung abgesehen von den o.g. Sonderregeln für bestimmte Kapitalmarkttransaktionen nicht mehr möglich.[301]

119 In *business rescue*-Verfahren ist eine Aufrechnung nur gegen eine gerichtlich geltend gemachte Forderung der *Company* während der Dauer des Gerichtsverfahrens zulässig, unabhängig davon, ob dieses Gerichtsverfahren vor oder nach Beginn des *business rescue*-Verfahrens eingeleitet wurde.[302]

9. Insolvenzanfechtung

120 Das südafrikanische Insolvenzanfechtungsrecht betrifft die Übertragung oder Aufhebung vermögenswerter Rechte, einschließlich Veräußerung, Vermietung, Belastung, Verpfändung, Zahlung, Befreiung, Vergleich, Schenkung oder entsprechender vertraglicher Verpflichtungen, es sei denn, die Verfügungen beruhen auf einem Gerichtsbeschluss. Gesetzliche Anfechtungsmöglichkeiten sind für folgende Rechtshandlungen vorgesehen, wenn sie zum Zeitpunkt der Überschuldung vorgenommen wurden:

- **Verfügungen** über Schuldnervermögen **ohne adäquate Gegenleistung,** prinzipiell zeitlich unbeschränkt, wobei innerhalb von zwei Jahren vor Verfahrenseröffnung der Nutznießer den Gegenbeweis hinsichtlich der Überschuldung führen kann. Bei älteren Verfügungen dreht sich die Beweislast um, d.h. der Insolvenzverwalter muss die Überschuldung zum Verfügungszeitpunkt beweisen;[303]
- **Objektive Gläubigerbevorzugung** innerhalb von 6 Monaten vor Verfahrenseröffnung, wobei der Gläubiger den Beweis einer gewöhnliche Geschäftshandlung antreten kann, mit der eine Gläubigerbenachteiligung nicht intendiert war;[304]
- **Vorsätzliche Gläubigerbevorzugung,** zeitlich unbeschränkt;[305]
- **Kollusives** Zusammenwirken zum Nachteil der Gläubiger, zeitlich unbeschränkt;[306]
- Die nicht nach den gesetzlichen Vorschriften öffentlich angekündigte **Veräußerung** des **Unternehmensbetriebs** als Ganzes oder Veräußerung von zum Unternehmen gehörende Waren oder Vermögensgegenständen, es sei denn, dies waren gewöhnliche Geschäftshandlungen, innerhalb von 6 Monaten vor Verfahrenseröffnung;[307]
- **Missbräuchliche Verwendung** oder Unterschlagung von Geldern oder Vermögen einer *Company,* zeitlich unbeschränkt.[308]

121 Darüber hinaus können betrügerische Vermögensverschiebungen auch nach dem *common law* mit Hilfe der alten römisch-rechtlichen *actio pauliana* angefochten werden, ebenfalls zeitlich unbe-

---

[298] *Smith/Boraine*, in: Collier, 39-36.
[299] § 46 IA; *Smith/Boraine,* in: Collier, 39-36.
[300] So zu § 29 IA, wo die gleiche Formulierung verwendet wird, *Meskin/Kunst*, 5.31.6.3.
[301] *Siltek Holdings (Pty) Ltd (in Liquidation) t/a Workgroup v Business Connexion Solutions (Pty) Ltd* (Supreme Court of Appeal, Case No 081/08, 26 November 2008), saflii, Rn. 11; *Mohammed Abdulmohsin Al-Kharafi & Sons for General Trading, General Contracting and Industrial Structures WLL and another v Pema, Jayant Daji NO and others* (South Gauteng High Court, Case No 2008/12359, 27 August 2008), saflii, Rn. 25 ff.; aA offenbar *Bertelsmann/Evans/Harris ua*, Mars: The law of insolvency in South Africa, S. 405 ff.
[302] § 133 (1) (c) CA 2008.
[303] § 340 CA 1973, § 26 IA „Disposition without value"; „zeitlich unbeschränkt" ist wörtlich zu nehmen, es gelten weder Verjährungs- noch Ausschlussfristen, vgl. *Meskin/Kunst,* 5.31.16.1.
[304] § 340 CA 1973, § 29 IA „Voidable preferences"; „gewöhnliche Geschäftshandlungen" in diesem Sinne umfasst nur legale Geschäfte; abgelehnt deshalb bei einem „Schneeballsystem", s. *Janse Van Rensburg and Another v Griffiths* (Eastern Cape High Court, Case No 2101/2002, 25 March 2014), saflii, Rn. 23.
[305] § 340 CA 1973, § 30 IA „Undue preferences to creditors".
[306] § 340 CA 1973, § 31 IA „Collusive dealings before sequestration".
[307] § 340 CA 1973, § 34 IA „Voidable sale of business".
[308] Vgl. § 423 CA 1973, der allerdings für alle windings-up gilt.

schränkt.³⁰⁹ Das durch anfechtbare Handlung erlangte ist an die Insolvenzmasse zu herauszugeben bzw. – soweit nicht mehr im Besitz des Gläubigers – Wertersatz zu leisten.³¹⁰

10. Geltendmachung von Haftungsansprüchen gegen (frühere) Organe, Gesellschafter und Dritte

Die zentrale Haftungsnorm im Insolvenzfall ist die im CA 1973 verankerte Haftung für sogenanntes rücksichtsloses Weiterbetreiben der Geschäfte *(reckless trading)* bzw. für betrügerisches Verhalten *(fraudulent conduct)*.³¹¹ Auf Antrag kann der zuständige *High Court* hiernach die handelnden Personen unbeschränkt und persönlich ganz oder teilweise für Verbindlichkeiten der *Company* haftbar erklären. 122

Sanktionierte **Schädigungshandlung** ist zum einen die rücksichtslose Fortführung von Geschäften der *Company (reckless trading)* in Kenntnis eingetretener oder drohender Zahlungsunfähigkeit.³¹² Bei der Qualifikation des Verhaltens als rücksichtslos hat das erkennende Gericht eine Gesamtbetrachtung vorzunehmen, die ua die Unternehmensziele, den Geschäftsbereich, die Rolle und Befugnisse der handelnden Person, die Höhe der Verbindlichkeiten der *Company*, den Umfang der finanziellen Schwierigkeiten und die Sanierungsaussichten der *Company*, jeweils aus *ex ante*-Sicht zum Tatzeitpunkt zu berücksichtigen.³¹³ Rücksichtslos bedeutet auf der subjektiven Tatbestandsebene zumindest grob fahrlässiges Handeln *(grossly negligent)*.³¹⁴ Als weitere Schädigungshandlungen werden genannt die Weiterführung der Geschäfte mit der Absicht, Gläubiger der *Company* oder Gläubiger irgendeiner anderen Person zu betrügen oder für sonstige betrügerische Zwecke *(fraudulent conduct)*.³¹⁵ 123

Als **handelnde Person** und damit **Haftungsverantwortlicher** kommt nicht nur der Vorstand der betreffenden *Company*, sondern prinzipiell jede natürliche oder juristische Person in Betracht in und außerhalb der *Company*.³¹⁶ Der Antragsteller kann zwischen mehreren in Betracht kommenden Haftungsverantwortlichen wählen.³¹⁷ **Antragsberechtigt** sind neben dem Insolvenzverwalter auch Gläubiger oder Gesellschafter. 124

11. Asset tracing

Wenn es sich als zweckmäßig erweist, kann das Gericht anordnen, dass dem Insolvenzschuldner gehörende unbewegliche und bewegliche Vermögen ganz oder teilweise auf den Insolvenzverwalter übertragen werden. Danach kann der Insolvenzverwalter, sobald eine Sicherheit hinterlegt wurde, sämtliche rechtlichen Mittel ergreifen, um das Vermögen zur Insolvenzmasse zurückzuführen.³¹⁸ 125

12. Internationales Insolvenzrecht

12.1 Anerkennung ausländischer Verfahren in Südafrika

Nach südafrikanischer Rechtsdogmatik können Insolvenzverfahren zumindest hinsichtlich Immobiliarvermögen nur territoriale Wirkung entfalten. Allerdings ist der Insolvenzverwalter verpflichtet, mit Unterstützung ausländischer Gerichte das ausländische Vermögen zur Masse zu ziehen.³¹⁹ Entsprechend ist nach *common law* auch der Beschluss über die Eröffnung eines ausländischen Insolvenzverfahrens nicht anerkennungsfähig. Stattdessen wird lediglich die **Bestellung des Insolvenzverwalters** anerkannt. Südafrikanische Gerichte gewähren ausländischen Insolvenzverwaltern aus Einsicht in die Notwendigkeit internationalen Entgegenkommens *(comity)* regelmäßig weitreichende Unterstützung bei der Ausführung ihrer Tätigkeit.³²⁰ Südafrika hat bisher **keine internatio-** 126

---

[309] *Nissan South Africa (Pty) Ltd v Marnitz NO and Others* 2005 (1) SA 441 (A), 446G-H. 5.31.
[310] *Meskin/Kunst*, 5.31.16.1., sowie insgesamt zu den einzelnen Anfechtungstatbeständen ibid, 5.31.
[311] Vgl. § 424 (1) CA 1973; zur Vorstandshaftung insgesamt *van der Linde* (2008) 20 SA Merc LJ 439 ff.; ferner *Henke*, Verwaltungssitzverlegung von Gesellschaften, S. 174 ff.
[312] Vgl. § 424 (1) CA 1973; *Galgut/Kunst/Delport/Vorster*, Henochsberg on the CA 1973, § 424, S. 916.
[313] *Philotex (Pty) Ltd & others; Braitex (Pty) Ltd & others v Snyman & others* (Supreme Court of Appeal, Case No 334/1993, 13 November 1997), saflii, Rn. 10 ff.
[314] *Galgut/Kunst/Delport/Vorster*, Henochsberg on the CA 1973, § 424, S. 916.
[315] § 424 (1) CA 1973.
[316] *Galgut/Kunst/Delport/Vorster*, Henochsberg on the CA 1973, § 424, S. 912.
[317] *Galgut/Kunst/Delport/Vorster*, Henochsberg on the CA 1973, § 424, S. 912.
[318] § 361 (3) CA 1973 und s 77 IA.
[319] Vgl. *Sackstein NO v Proudfoot SA (Pty) Ltd* 2003 (4) SA 348 (A), 358H–359F.
[320] Ausführlich zur Rechtshilfe für ausländische Insolvenzverwalter im südafrikanischen common law *Kupsch*, Grenzüberschreitende Insolvenzverfahren, S. 141 ff.; s. a. *Kupsch*, Grenzüberschreitende Insolvenzverfahren, S. 48 ff. zur Comitas-Doktrin.

nalinsolvenzrechtlichen Abkommen geschlossen,[321] obgleich eine Konvention für die SADC-Staaten diskutiert wird.[322]

127 Die Frage des „ob" und des „wie" der Anerkennung bzw. Unterstützung liegt grundsätzlich im **Ermessen der Gerichte**.[323] In das Ermessen fließen insbesondere Zweckmäßigkeits- *(convenience)* und Gerechtigkeitserwägungen *(equity)* ein. Unterstützung **für Insolvenzverwalter in ausländischen Universalverfahren (Hauptinsolvenzverfahren)** wird grundsätzlich nur dann gewährt, wenn das Verfahren vom zuständigen Gericht am *domicile* des Schuldners eröffnet wurde.[324] Das *domicile* befindet sich regelmäßig am ständigen Wohnsitz/Satzungssitz des Schuldners.[325] Ausnahmsweise können aber auch Insolvenzverwalter in **ausländischen Territorialverfahren (Partikular- bzw. Sekundärinsolvenzverfahren)** anerkannt werden.[326] Dies gilt insbesondere dann, wenn der die Anerkennung beantragende, nicht am *domicile* des Schuldners bestellte, ausländische Insolvenzverwalter im Einvernehmen mit dem am *domicile* des Schuldners bestellten ausländischen Insolvenzverwalter handelt.[327] Darüber hinaus dürfte immer auch die Bestellung von Insolvenzverwaltern in ausländischen Territorialverfahren auf der Basis von *convenience* und *equity* anerkennungsfähig sein, wenn das das Verfahren eröffnende ausländischen Gerichte spiegelbildlich nach südafrikanischem Recht für die Eröffnung international zuständig war.[328] Im Rahmen von *convenience* und *equity* wird es für die Anerkennung in diesen Fällen u.a. zusätzlich auf das konkrete Begehren des ausländischen Territorialinsolvenzverwalters in Südafrika ankommen. Gegenseitigkeit ist kein Erfordernis. Allerdings kann der Nachweis, dass im Einzelfall keine äquivalente Unterstützung im jeweiligen Heimatland des Insolvenzverwalters gewährt würde, das Ermessen des Gerichts negativ beeinflussen.[329]

128 Die Idealsituation eines einheitlichen *concursus creditorum* ist zwar anerkannt, allerdings wird dieses durch einen umfangreichen Schutz von nach südafrikanischem Recht erworbenen Individualrechten stark eingeschränkt. Häufig beschließt das Gericht zunächst eine *rule nisi*, mit der die lokalen Gläubiger über den Antrag des ausländischen Insolvenzverwalters informiert und aufgefordert werden, bis zum *return date* hierzu Stellung zu nehmen.[330] Danach ergeht für **Hauptinsolvenzerfahren** eine sogenannte *recognition order* mit der Vorgabe der Anwendbarkeit zahlreicher Vorschriften des südafrikanischen Insolvenzrechts, was im Ergebnis der Anordnung eines inländischen Sekundärverfahrens nahekommt. Der Insolvenzverwalter hat ein südafrikanisches Bankkonto zu eröffnen und beim *Master* Sicherheit für die ordnungsgemäße Erfüllung seiner Pflichten zu hinterlegen. Nur den verbleibenden Erlös nach Befriedigung der in Südafrika angemeldeten Forderungen sowie aller örtlichen Verfahrenskosten einschließlich der Kosten des Anerkennungsverfahrens darf der Insolvenzverwalter ins Ausland transferieren.[331] Für die nur ausnahmsweise anzuerkennenden **Partikular- und Sekundärinsolvenzverfahren** kommt es auf

---

[321] *Olivier/Boraine* (2005) 38 CILSA 373, 377; *Meskin/Kunst*, 17.1.
[322] Vgl. *Ailola* (1999) 32 CILSA 54 ff.; *Olivier/Boraine* (2005) 38 CILSA 373, 390; die Diskussion über eine regionale Insolvenzrechtskonvention wurde bereits auf der Reform of South African Insolvency Law Conference angeregt, die im Jahre 1995 an der Rand Afrikaans University in Johannesburg (heute University of Johannesburg) abgehalten wurde, vgl. *Rajak*, The European Union Bankruptcy Convention – Useful Lessons for South Africa, S. 18 ff.
[323] S. allerdings *Kupsch*, Grenzüberschreitende Insolvenzverfahren, S. 149 ff., zur Ermessensreduktion auf Null bei der Anerkennung unter bestimmten Voraussetzungen.
[324] Nunmehr höchstrichterlich bestätigt durch *Lagoon Beach Hotel v Lehane* (Supreme Court of Appeal, Case No 235/2015, 21 December 2015), saflii, Rn. 31; so bereits *In re Zeederberg* (1867) 5 Searle 307, 308; vgl. auch *Greub v The Master and others* 1999 (1) SA 746 (C), 752F.
[325] Zur Zuständigkeit im südafrikanischen Internationalen Insolvenzrecht *Kupsch*, Grenzüberschreitende Insolvenzverfahren, S. 69 ff.
[326] So ausdrücklich *Leach*, Judge of Appeal: „… this is not a law set in stone", in *Lagoon Beach Hotel v Lehane* (Supreme Court of Appeal, Case No 235/2015, 21 December 2015), saflii, Rn. 31.
[327] S. *Lagoon Beach Hotel v Lehane* (Supreme Court of Appeal, Case No 235/2015, 21 December 2015), saflii, Rn. 31 ff.
[328] Hierzu gibt es bislang kaum Rechtsprechung; dies folgt allerdings aus dem Spiegelbildprinzip im südafrikanischen Recht, nachgewiesen in *Kupsch*, Grenzüberschreitende Insolvenzverfahren, S. 64 ff., und zur Anerkennungsfähigkeit der Bestellung von Insolvenzverwaltern in ausländischen Partikularverfahren *Kupsch*, Grenzüberschreitende Insolvenzverfahren, S. 169 f.; zu den möglichen Internationalen Gerichtsständen für ausländische Partikularinsolvenzverfahren s. *Kupsch*, Grenzüberschreitende Insolvenzverfahren, S. 93 ff.
[329] Vgl. *Re African Farms* Ltd 1906 TS 373, 392 f.; *Kupsch*, Grenzüberschreitende Insolvenzverfahren, S. 153.
[330] Dazu *Kupsch*, Grenzüberschreitende Insolvenzverfahren, S. 180 ff.; vgl. auch → Rn. 63.
[331] Recognition orders etwa in *Ex parte Steyn* 1979 (2) SA 309 (O), 311F-312F; *Moolman v Builders & Developers (Pty) Ltd* 1990 (1) SA 954 (A), 957F-958E; s. a. *Smith*, PER/PELJ 2016 (19), 6; im Einzelnen zu den Anordnungen in der recognition order *Kupsch*, Grenzüberschreitende Insolvenzverfahren, S. 176 ff. und S. 282 ff.

das konkrete Begehren des ausländischen Insolvenzverwalters an. Grundsätzlich erlauben südafrikanische Gerichte in solchen Verfahren keine Wirkungserstreckung auf das in Südafrika belegene Vermögen oder auf Gläubigerrechte in Südafrika.[332]

Durch die *recognition order* erwirbt der Insolvenzschuldner nach südafrikanischem Recht keinen Insolvenzstatus.[333] Laufende lokale Zivil- und Insolvenzverfahren können jedoch auf Antrag unterbrochen werden.[334]

12.2 Anwendbares Recht

Obgleich nach Rechtsprechung und Schrifttum für bewegliches Vermögen *(movables)* der alte Glossatorengrundsatz *mobilia sequuntur personam*[335] gilt, hat sich dies in der internationalinsolvenzrechtlichen Praxis bisher kaum ausgewirkt.[336] Nach dieser Theorie müssten *movables* der *lex fori concursus* unterliegen, während für Immobiliarvermögen *(immovables)* stets das Recht am Belegenheitsort gilt.[337] In der Praxis gibt die *recognition order* allerdings **weitgehend die Anwendbarkeit der lex fori** vor.[338] Wohl auch deshalb haben insolvenzkollisionsrechtliche Fragestellungen in den bisher veröffentlichten Entscheidungen und im einschlägigen Schrifttum kaum eine Rolle gespielt.[339] Denkbar wäre eine **spezielle insolvenzkollisionsrechtliche Anknüpfung** unter Einschluss ausländischen Rechts, wenn und soweit dieses mit der *recognition order* bzw. zwingenden Normen des südafrikanischen Rechts nicht kollidiert: Bei der Entscheidung über die Wirkung der Verfahrenseröffnung auf bestehende Verträge, für die Insolvenzanfechtung und die Aufrechnung in der Insolvenz.[340]

12.3 Cross-Border Insolvency Act 42 of 2000

In der Diskussion über die Übernahme des **UNCITRAL Modellgesetzes** wurde die Auffassung geäußert, dass damit lediglich bisheriges Recht in Gesetzesform gegossen würde.[341] *Prima facie* bringt der CBIA tatsächlich vor allem mehr **Transparenz und Rechtssicherheit.** Die bereits seit 200 Jahren übliche Anerkennung wird im Anwendungsbereich des CBIA nunmehr verbindlich,[342] wobei zukünftig ausländische Insolvenzverfahren als solche anzuerkennen sind.[343] Genauso bleibt es bei der bisherigen Praxis einer weitgehenden Anwendbarkeit südafrikanischen Insolvenzsachrechts.[344] Darüber hinaus ist die **grenzüberschreitende Kooperation** mit Insolvenzverwaltern

---

[332] *Re Estate Morris* 1907 TS 657, 667; vgl. auch *Lagoon Beach Hotel v Lehane* (Supreme Court of Appeal, Case No 235/2015, 21 December 2015), saflii, Rn. 31 ff.
[333] *Kupsch,* Grenzüberschreitende Insolvenzverfahren, S. 172, 192.
[334] Dazu *Kupsch,* Grenzüberschreitende Insolvenzverfahren, S. 188 ff.; in *Ward v Smit and others: In Re Gurr v Zambia Airways Corp Ltd* 1998 (3) SA 175 (A) lehnte es der Supreme Court of Appeal allerdings ab, das bereits laufende Insolvenzverfahren zugunsten des ausländischen Insolvenzverwalter aufzuheben, weil diese erst 8 Monate nach ihrer Bestellung und 6 Monate nach Eröffnung des südafrikanischen Verfahrens ihre Anerkennung beantragt hatten.
[335] „Mobilien folgen der Person (ihres Eigentümers)".
[336] Vgl. *Sharrock/van der Linde/Smith,* S. 298, Ch. 26.3; ferner *Ex parte Palmer NO: In re Hahn* 1993 (3) SA 359 (C), 362E-F, wonach es zwar theoretisch unnötig, praktisch aber Übung sei, dass ausländische Insolvenzwalter auch dann eine recognition order beantragen müssen, wenn sie lediglich auf movables in Südafrika zugreifen wollen – obwohl ihnen dieses Recht anerkanntermaßen ja bereits aufgrund der lex fori concursus übertragen wurde.
[337] *Smith/Boraine* ABI Law Review 10 (2002), 135, 178 f.
[338] *Kupsch,* Grenzüberschreitende Insolvenzverfahren, S. 182 ff.
[339] In dem konkret ersichtlich bisher einzigen Fall, in dem internationalinsolvenzanfechtungsrechtliche Fragestellungen hätten geklärt werden können, hat der Supreme Court of Appeal ohne nachvollziehbare Begründung die Anwendbarkeit des südafrikanischen Insolvenzanfechtungsrechts bejaht, *Sackstein NO v Proudfoot SA (Pty) Ltd* 2003 (4) SA 348 (A), dazu *Kupsch,* Grenzüberschreitende Insolvenzverfahren, S. 304 ff.
[340] Ausführlich zum südafrikanischen Insolvenzkollisionsrecht de lege lata und de lege ferenda nunmehr *Kupsch,* Grenzüberschreitende Insolvenzverfahren, S. 273 ff.
[341] Kommentar der Society of Advocates of Natal, in: South African Law Commission, Project 63, Interim Report on Review of the Law of Insolvency: The Enactment in South Africa of UNCITRAL's Model Law on Cross-Border Insolvency, June 1999, 3.3.
[342] Wie bisher unter dem Vorbehalt des ordre public, vgl. § 6 CBIA.
[343] Vgl. Chapter 3 CBIA; trotz des eindeutigen Gesetzeswortlauts scheint damit aber die Eröffnungsentscheidung gemeint zu sein, denn „Verfahren" als solche können internationalverfahrensrechtlich nicht anerkannt werden.
[344] S. etwa § 21 (4) CBIA, wonach das entsprechende Gericht anordnen muss, welche Vorschriften des südafrikanischen Rechts bezüglich der Verwaltung, Verwertung und Verteilung des Schuldnervermögens anzuwenden sind.

Südafrika 132–136

und Insolvenzgerichten in ausländischen Parallelinsolvenzverfahren nunmehr gesetzlich festgeschrieben.[345] Auf weitere Details muss hier aufgrund der gebotenen knappen Darstellung verzichtet werden.[346]

132 Mit Spannung bleibt abzuwarten, wie sich die internationale Rechtsprechung zur Auslegung des UNCITRAL Modellgesetzes und zur EuInsVO,[347] die ein weitestgehend einheitliches Vokabular benutzen, auf die traditionell international rechtsvergleichende südafrikanische Rechtsprechung auswirken wird.[348]

13. COVID-19-Gesetzgebung

13.1 Allgemeines

133 Am 15. März 2020 erklärte die Ministerin für kooperative Regierungsführung und traditionelle Angelegenheiten *(Minister of Cooperative Governance and Traditional Affairs)*, Dr. Nkosazana Dlamini Zuma („die Ministerin"), den Nationalen Katastrophenfall *(National State of Disaster)* im Sinne des Disaster Management Act 57 of 2002.

134 Gemäß § 27 (2) des Disaster Management Act ist die Ministerin ermächtigt, Verordnungen oder Richtlinien bezüglich des Nationalen Katastrophenfalls zu erlassen.

135 Am 18. März 2020 erließ die Ministerin mehrere Verordnungen im Sinne des § 27 (2) Disaster Management Act *(„Regulations")*,[349] um den Nationalen Katastrophenfall zu regulieren und die Ausbreitung von COVID-19 einzudämmen.[350] Diese *Regulations* wurden anschließend am 25. März 2020,[351] 26. März 2020, 2. April 2020,[352] 16. April 2020[353] und 20. April 2020[354] geändert.

136 Die *Regulations* (in ihren geänderten Fassungen) regelten unter anderem Ausgangsbeschränkungen in Südafrika und schränkten den Personenverkehr ein:
1. Gemäß der Definition in Regulation 11A (in der am 25. März 2020 geänderten Fassung) wurde zunächst vom 26. März 2020, 23:59 Uhr, bis 16. April 2020, 23:59 Uhr, eine generelle *Lockdown* Ausgangssperre verhängt.[355]
2. Dieser *Lockdown* wurde gemäß der Definition in Regulation 11A (in der Fassung vom 16. April 2020) bis zum 30. April 2020, 23.59 Uhr, verlängert.[356]
3. Für die Dauer des *Lockdown* bestand eine grundsätzliche Ausgangssperre für jedermann. Ein Verlassen der häuslichen Wohnung war ausschließlich erlaubt zur Erbringung einer systemrelevanten Dienstleistung *(„performing an essential service")*, zur Erlangung notwendiger Waren und Dienstleistungen, *(„obtaining an essential good or service")*, zur Beziehung einer Sozialleistung oder zur Inanspruchnahme einer Notfall-, lebensrettenden oder chronischen medizinischen Versorgung. Entsprechende Anordnungen galten für Geschäfte und Unternehmen, die nur noch öffnen bzw. tätig sein durften, soweit ihr Betrieb systemrelevant war.[357]

---

[345] Chapter 4 und 5 CBIA. Vgl. zur Kooperationspflicht gem. Art. 31 EuInsVO High Court of Justice London, Beschl. v. 11.2.2009 („Nortel Group"), ZIP 2009, 578 = [2009] EWHC 206 (Ch).
[346] Stattdessen *Kupsch*, Grenzüberschreitende Insolvenzverfahren, passim.
[347] Man denke hier vor allem an Länder wie das Vereinigte Königreich, in denen sowohl das Modellgesetz als auch die EuInsVO gilt; der englische Court of Appeal hat bereits entschieden, dass gleiche Rechtsbegriffe in der englischen Adaption des UNCITRAL Modellgesetzes wie in der EuInsVO auszulegen sind, s. *In the Matter of Stanford International Bank* [2010] EWCA Civ 137 (Case No. A3/2009/1565 & 1643 CAO No. 13091, 25.2.2010), Rn. 54.
[348] § 8 CBIA schreibt ausdrücklich vor, dass bei der Auslegung dieses Gesetzes sein internationaler Ursprung, die Notwendigkeit seiner international einheitlichen Anwendung und der Gutglaubensschutz zu beachten ist; zum Einfluss ausländischen Rechts auf das südafrikanische Internationale Insolvenzrecht *Kupsch*, Grenzüberschreitende Insolvenzverfahren, S. 32 ff.
[349] Government Notice No R 318, Government Gazette No 43107.
[350] Covid-19 wird in den Bestimmungen definiert als „*das neuartige Coronavirus (2019-nCov), das eine durch ein Virus verursachte Infektionskrankheit ist, die im Laufe des Jahres 2019 auftrat und von der WHO im Jahr 2020 zu einer globalen Pandemie erklärt wurde, die bisher noch nicht wissenschaftlich beim Menschen identifiziert wurde…*".
[351] Government Notice No R 398, Government Gazette No 43148.
[352] Government Notice No. R 446, Government Gazette No 43199.
[353] Government Notice No R 465, Government Gazette No 43232.
[354] Government Notice No R 471, Government Gazette No 43240.
[355] Government Notice No R 398, Government Gazette No 43148.
[356] Government Notice No R 465, Government Gazette No 43232.
[357] Regulation 11B, Government Notice No. R 398, Government Gazette No 43148.

Am 29. April 2020 erließ die Ministerin eine Reihe neuer Verordnungen, durch die die bisherigen *Regulations* wieder aufgehoben wurden.[358] Diese neuen Verordnungen sehen eine Übergangszeit für die Beendigung der Abriegelung vor.[359]

13.2 Auswirkungen von COVID-19 auf die Befugnisse und Pflichten der CIPC in Bezug auf Unternehmen in finanzieller Bedrängnis.

Als Reaktion auf die Erklärung des Nationalen Katastrophenfalls und die danach verkündeten *Regulations* gab die CIPC am 24.3.2020 die *Practice Notice 17 of 2020* heraus. Hierin betonte die CIPC zunächst ihre Befugnisse gemäß § 22 CA 2008. Bei begründetem Verdacht, dass eine *Company* ihr Unternehmen oder Geschäfte rücksichtslos oder grob fahrlässig betreibt, kann die CIPC gem. § 22 CA 2008 solche *Companies* zu diesem Verdacht anhören und hiernach erforderlichenfalls mittels einer sog. *Compliance Notice* verfügen, dass die *Company* ihre unternehmerische Tätigkeit einzustellen hat. Dieses rücksichtslose oder grob fahrlässige unternehmerische Handeln schließt die Weiterführung des Unternehmens in Kenntnis eingetretener oder drohender Zahlungsunfähigkeit ein.[360]

In der *Practice Notice 17 of 2020* verpflichtete sich die CIPC, von ihren Befugnissen nach § 22 CA 2008 keinen Gebrauch zu machen in Bezug auf Unternehmen, die als direkte Folge der COVID-19-Pandemie vorübergehend zahlungsunfähig geworden sind. Diese Selbstverpflichtung der CIPC erlischt innerhalb von 60 Tagen nach Aufhebung des Nationalen Katastrophenfalls.

Darüber hinaus hat auch die CIPC ihre Tätigkeit vorübergehend eingestellt, sodass im Zeitraum vom 24.3.2020 bis zum 30.4.2020 keine Bearbeitung von Dokumenten oder Anmeldungen stattfinden. Gem. § 129 CA 2008 tritt jedoch der Vorstandsbeschluss zur Einleitung eines *business rescue*-Verfahrens für die *Company* erst dann in Kraft, wenn der Beschluss und die unterstützenden Dokumente bei der CIPC formal angemeldet wurden.[361]

Dies stellte eine Herausforderung dar, da eine *Company*, die sich zu einem *business rescue*-Verfahren entschlossen hatte, infolge der vorübergehenden Schließung der CIPC seine erforderlichen Unterlagen dort nicht einreichen konnte. Die Einleitung von *business rescue*-Verfahren drohte deshalb an formalen Hindernissen zu scheitern.

Die CIPC hat deshalb eine „*dies non period*" verfügt (vom 24.3.2020 bis zum 30.4.2020), in der kein Unternehmen dafür benachteiligt wird, dass es nicht in der Lage ist, den entsprechenden Vorstandsbeschluss und die unterstützenden Unterlagen für die Einleitung eines *business rescue*-Verfahrens einzureichen.[362] Dies beinhaltet folgende Anordnungen:

1. Alle *business rescue*-Anträge, die bei der CIPC formell und materiell richtig während der *dies non period* eingereicht werden, werden von der CIPC so bearbeitet, dass sie das tatsächliche Anmeldedatum während der *dies non period* widerspiegeln;
2. Die Bestellung von BRP, die formell und materiell richtig während der *dies non period* angemeldet wurden, von der CIPC gebilligt würde, um so das tatsächliche Anmeldedatum während der *dies non period* wiederzugeben; und
3. *Companies*, die ein *business rescue*-Verfahren eingeleitet haben (formell und materiell richtig bei CIPC angemeldet), erhalten automatisch eine Verlängerung der Frist um fünf Tage im Hinblick auf die Bestellung eines BRP.

13.3 Service-Einschränkungen in den Büros des *Master of the High Court*

Die Dienste des *Master of the High Court* sind insofern funktionsfähig, als Anmeldungen und Ernennungen über E-Mail erfolgen können. Im Hinblick auf die geltenden Vorschriften (und die stufenweise Beendigung der Ausgangssperre) kann der *Master of the High Court* in Bezug auf Insolvenzverfahren nur die folgenden Dienstleistungen erbringen:[363]
1. Berichterstattung und Terminvergabe in allen Insolvenzangelegenheiten;
2. Einreichung förmlicher Nominierungen eines Experten als Insolvenzverwalter in einem bestimmten Verfahren per E-Mail;[364] und
3. Prüfung von Liquidations- und Verteilungskonten in allen per E-Mail eingereichten Insolvenzangelegenheiten.

---

[358] Government Notice No R 480, Government Gazette No 43258.
[359] Zum Zeitpunkt der Finalisierung dieses Abschnitts (19.5.2020) befindet sich Südafrika in Alarmstufe 4 des stufenweisen Vorgehens zur Beendigung der Ausgangssperre.
[360] Vgl. oben zu „reckless trading" und der daraus resultierenden Organhaftung → Rn. 122 ff.
[361] § 129 (2) (b) CA 2008.
[362] CIPC-Practice Notice 23 of 2020 v. 1.4.2020 iVm Practice Notice 24 of 2020 v. 6.5.2020.
[363] Government Notice No. R. 489 v. 4.5.2020, Government Gazette No. 43268.
[364] Siehe zum Vorschlagsrecht der Gläubiger.

Südafrika

Insolvenzrechtliche Liquidationsverfahren (winding-up; sequestration)

Antrag auf Eröffnung	Eröffnungsverfahren (provisional proceeding)	Eröffnung des Verfahrens (winding-up/sequestration order)	1. und 2. Gläubigerversammlung	Verwertung der Insolvenzvermögens und Verteilung	Beendigung
Schuldner/Gläubiger. Bei voluntary winding-up Gesellschafterbeschluss.	Verfügung einer rule nisi zur Überprüfung der Eröffnungsvoraussetzungen; bei voluntary winding-up unmittelbare Eröffnung mit Eintragung des Gesellschafterbeschlusses.	Übergang der Verwaltungs- und Verfügungsbefugnis auf Master of the High Court.	Master bestellt Insolvenzverwalter (1. Gläubigerversammlung, Vorschlagsrecht der Gläubiger). Forderungsanmeldung spätestens 24h vorher; Forderungsprüfung.	Verwaltung und Verwertung der Insolvenzmasse. Erlösverteilung nach Rangfolge und individueller Höhe der angemeldeten Forderungen.	Winding-up: Löschung im CIPC-Register. Sequestration: Grundsätzlich Gerichtsbeschluss (Rehabilitation order).

Unternehmenssanierungsverfahren (business rescue)

Eröffnung	1. Gläubigerversammlung und 1. Versammlung der Arbeitnehmervertreter	Entwicklung Sanierungsplan (Business Rescue Plan)	Veröffentlichung Sanierungsplanentwurf	Gläubigerversammlung und Abstimmung
Vorstandsbeschluss oder Antrag eines Beteiligten bei Gericht. Bestellung des BRP.	Grundsätzlich innerhalb von 10 Werktagen, Fristverlängerung möglich. Stellungnahme des BRP, ob hinreichende Sanierungschancen bestehen.	Durch BRP mit individueller Stellungnahmemöglichkeit der Beteiligten. Während dieser Zeit gilt ein allgemeines Moratorium.	Grundsätzlich innerhalb von 25 Werktagen nach Bestellung des BRP; Fristverlängerung möglich.	75% Mehrheit der Gläubigerforderungen. Wenn Sicherungsrechte beschnitten werden, dann zusätzlich 50% dieser Gläubigerforderungen.

Südafrika

Glossar

Englisch	Deutsch	Rn.
administration	Kleininsolvenzverfahren für Verbraucher	9
business rescue	Sanierungsverfahren für südafrikanische Unternehmen	4, 8, 19, 30 f., 33 ff., 40 f., 43, 47 f., 53, 62, 69, 72, 77, 83 f., 92 f., 97, 101, 119, 140 ff.-
Business Rescue Practitioner (BRP)	Sanierungsleiter, staatlich zugelassener Sanierungsexperte, der nach seiner Bestellung in einem *business rescue*-Verfahren insbesondere mit der Koordinierung, Planung und Umsetzung des Sanierungskonzepts beauftragt ist	8, 40, 42, 53, 54, 60, 62, 69, 72, 77, 83, 92, 101, 105, 142
CIPC	Handelsregister *(Companies and Intellectual Property Commission)*, Behörde, hervorgegangen als Zusammenschluss des *Companies and Intellectual Property Enforcement* (OCIPE) und *Companies and Intellectual Property Registration Office* (CIPRO) ua zuständig für die Führung des Handelsregisters und zentrale Aufsichtsbehörde für *Business Rescue Practitioners*	1, 10, 12, 20, 40, 42 f., 47, 94, 138 ff.
composition	Vergleichsverfahren zur Schuldenbereinigung	9
compulsory sequestration	Insolvenzverfahren für natürliche Personen, das auf Gläubigerantrag durch Gerichtsbeschluss eröffnet wurde	7
compulsory winding up	Insolvenzrechtliches Liquidationsverfahren für juristische Personen und Gesellschaften, das auf Antrag durch Gerichtsbeschluss eröffnet wurde	7
discharge	Restschuldbefreiung, die regelmäßig Bestandteil der *rehabilitation*-Anordnung ist	95
Gazette	Offizielles Anzeigenblatt der südafrikanischen Regierung und der Provinzregierungen	1, 29, 49
general meeting	Gläubigerversammlung, in der dem Insolvenzverwalter bestimmte Instruktionen erteilt werden	71
High Court	Insolvenzgericht, das allerdings anders als im deutschen Recht nicht ausschließlich für Insolvenzverfahren sondern auch für streitige Verfahren zuständig ist	48, 122
liquidation account	Verwertungsbilanz	78
Liquidator	Insolvenzverwalter für juristische Personen und Gesellschaften	7, 55 f., 61, 67 f., 73, 82, 94, 97
Master	Rechtspfleger, beim High Court für zahlreiche Leitungs- und Überwachungsaufgaben in Insolvenzverfahren zuständig	21, 38, 44 f., 49 f., 55, 58 f., 70 f., 73, 75 f., 78,

Südafrika

Englisch	Deutsch	Rn.
		85, 94, 96, 118, 128, 143
presiding officer	Versammlungsleiter bei Gläubigerversammlungen	58, 73, 75
proof of claims	Forderungsanmeldung	73
provisional Liquidator	Vorläufiger Insolvenzverwalter für juristische Personen und Gesellschaften	55, 67
recognition order	Anerkennungsbeschluss zur Anerkennung ausländischer Insolvenzverfahren/Insolvenzverwalter in Südafrika	128 ff.
rehabilitation	Beendigung des Insolvenzverfahrens für natürliche Personen, das mit einer Restschuldbefreiung *(discharge)* einhergeht	95 f.,
return date	Anhörungsfrist im Rahmen einer *rule nisi*	63, 128
rule nisi	Einstweilige Anordnung im Insolvenzantragsverfahren und im Anerkennungsverfahren für ausländische Insolvenzverwalter, mit der sämtlichen Beteiligten eine Frist *(return date)* zum rechtlichen Gehör gesetzt wird	63, 128
sequestration	Insolvenzverfahren für natürliche Personen	7, 19, 28, 46, 49, 57 ff., 65 ff.
set-off	Aufrechnung	118
special meeting	Gläubigerversammlungen zu besonderen Themen	71, 76
trading account	Handelsbilanz	78
Trustee	Insolvenzverwalter für natürliche Personen	7, 57, 96
voluntary surrender	Insolvenzverfahren für natürliche Personen, das auf Eigenantrag des Schuldners eröffnet wurde	7
voluntary winding up	Insolvenzrechtliches Liquidationsverfahren für juristische Personen und Gesellschaften, das aufgrund eines Eigenantrags eröffnet wurde	7, 20 f., 44, 55
winding up	Insolvenzrechtliches Liquidationsverfahren für juristische Personen und Gesellschaften	7, 20 ff., 27, 44 f., 55, 63, 66

Glossar

Deutsch	Englisch	Rn.
Anerkennungsbeschluss zur Anerkennung ausländischer Insolvenzverfahren/Insolvenzverwalter in Südafrika	*recognition order*	128 ff.
Anhörungsfrist im Rahmen einer *rule nisi*	*return date*	63, 128
Aufrechnung	*set-off*	118
Beendigung des Insolvenzverfahrens für natürliche Personen, das mit einer Restschuldbefreiung *(discharge)* einhergeht	*rehabilitation*	95 f.

Südafrika

Deutsch	Englisch	Rn.
Einstweilige Anordnung im Insolvenzantragsverfahren und im Anerkennungsverfahren für ausländische Insolvenzverwalter, mit der sämtlichen Beteiligten eine Frist *(return date)* zum rechtlichen Gehör gesetzt wird	*rule nisi*	128
Forderungsanmeldung	*proof of claims*	73
Gläubigerversammlung, in der dem Insolvenzverwalter bestimmte Instruktionen erteilt werden	*general meeting*	71
Gläubigerversammlungen zu besonderen Themen	*special meeting*	71, 76
Handelsbilanz	*trading account*	78
Handelsregister *(Companies and Intellectual Property Commission)*, Behörde, hervorgegangen als Zusammenschluss des *Companies and Intellectual Property Enforcement* (OCIPE) und *Companies and Intellectual Property Registration Office* (CIPRO) ua zuständig für die Führung des Handelsregisters und zentrale Aufsichtsbehörde für *Business Rescue Practitioners*	*CIPC*	1, 10, 12, 20, 40, 42 f., 47, 94, 138 ff.
Insolvenzgericht, das allerdings anders als im deutschen Recht nicht ausschließlich für Insolvenzverfahren sondern auch für streitige Verfahren zuständig ist	*High Court*	48, 122
Insolvenzrechtliches Liquidationsverfahren für juristische Personen und Gesellschaften, das auf Antrag durch Gerichtsbeschluss eröffnet wurde	*compulsory winding up*	7
Insolvenzrechtliches Liquidationsverfahren für juristische Personen und Gesellschaften, das aufgrund eines Eigenantrags eröffnet wurde	*voluntary winding up*	7, 20 f., 44, 55
Insolvenzrechtliches Liquidationsverfahren für juristische Personen und Gesellschaften	*winding up*	7, 20 ff., 27, 44 f., 55, 63, 66
Insolvenzverfahren für natürliche Personen	*sequestration*	7, 19, 28, 46, 49, 57 ff., 65 ff.
Insolvenzverfahren für natürliche Personen, das auf Eigenantrag des Schuldners eröffnet wurde	*voluntary surrender*	7
Insolvenzverfahren für natürliche Personen, das auf Gläubigerantrag durch Gerichtsbeschluss eröffnet wurde	*compulsory sequestration*	7
Insolvenzverwalter für juristische Personen und Gesellschaften	*Liquidator*	7, 55 f., 61, 67 f., 73, 82, 94, 97
Insolvenzverwalter für natürliche Personen	*Trustee*	7, 57, 96

Südafrika

Deutsch	Englisch	Rn.
Kleininsolvenzverfahren für Verbraucher	administration	9
Offizielles Anzeigenblatt der südafrikanischen Regierung und der Provinzregierungen	Gazette	1, 29, 49
Rechtspfleger, beim High Court für zahlreiche Leitungs- und Überwachungsaufgaben in Insolvenzverfahren zuständig	Master	21, 38, 44 f., 49 f., 55, 58 f., 70 f., 73, 75 f., 78, 85, 94, 96, 118, 128, 143
Restschuldbefreiung, die regelmäßig Bestandteil der rehabilitation-Anordnung ist	discharge	95
Sanierungsleiter, staatlich zugelassener Sanierungsexperte, der nach seiner Bestellung in einem business rescue-Verfahren insbesondere mit der Koordinierung, Planung und Umsetzung des Sanierungskonzepts beauftragt ist	Business Rescue Practitioner (BRP)	8, 40, 42, 53, 54, 60, 62, 69, 72, 77, 83, 92, 101, 105, 142
Sanierungsverfahren für südafrikanische Unternehmen	business rescue	4, 8, 19, 30 f., 33 ff., 40 f., 43, 47 f., 53, 62, 69, 72, 77, 83 f., 92 f., 97, 101, 119, 140 ff.-
Vergleichsverfahren zur Schuldenbereinigung	composition	9
Versammlungsleiter bei Gläubigerversammlungen	presiding officer	58, 73, 75
Verwertungsbilanz	liquidation account	78
Vorläufiger Insolvenzverwalter für juristische Personen und Gesellschaften	provisional Liquidator	55, 67

Tschechische Republik

bearbeitet von *Dr. Ernst Giese* und *Mgr. Bc. Karolína Szturc* (Giese & Partner, s.r.o., Prag)[1]

Übersicht

		Rn.
1.	Gesetzessammlungen, Schrifttum und Informationsquellen	1
2.	Einführung	4
2.1	Gesetzliche Grundlagen	4
2.2	Verfahrenstypen	7
2.3	Schuldner	8
2.4	Spezielle Regelungen für Insolvenzen von Finanzinstituten, Versicherungen	10
2.5	Konzerninsolvenz	11
2.6	Aussonderungsberechtigte Gläubiger	17
2.7	Präventive Restrukturierung (vorinsolvenzlich)	19
3.	Wesentliche Verfahrensmerkmale des Insolvenzverfahrens	24
3.1	Eröffnung des Verfahrens	25
3.1.1	Eröffnungsgründe	25
3.1.1.1	Prüfung der Eröffnungsgründe	35
3.1.1.2	Antragspflicht bei Vorliegen von Eröffnungsgründen, Folgen der Verletzung der Antragspflicht	36
3.1.2	Antragsbefugnis	37
3.2	Rolle der Gerichte	38
3.3	Insolvenzverwalter	39
3.4	Verwertung der Insolvenzmasse	45
3.5	Fortführung durch den Schuldner oder Verwalter	51
3.6	Zulässige Sicherungsmaßnahmen vor Verfahrenseröffnung	52
3.7	Wirkungen der Verfahrenseröffnung auf laufende Gerichts-/oder Schiedsverfahren	54
3.8	Wirkungen der Verfahrenseröffnung auf laufende Gerichts-/oder Schiedsverfahren	58
3.9	Moratorium	59
3.10	Organe der Gläubiger	60
3.11	Forderungsanmeldung, Feststellung oder Bestreiten von Forderungen	65

		Rn.
3.12	Verteilung der Insolvenzmasse	70
3.12.1	Massegläubiger	73
3.12.2	Bevorrechtigte und übrige Gläubiger	75
3.12.3	Gesicherte Gläubiger	77
3.12.4	Nachrangige Gläubiger	80
3.13	Abschluss von Verfahren	81
4.	Verträge im Insolvenzverfahren	96
4.1	Unerfüllte Verträge	96
4.2	Miet- oder Pachtverhältnisse	97
4.3	Leasingverträge	98
4.4	Dienstverhältnisse	99
5.	Pensionsansprüche in der Insolvenz	101
6.	Eigentumsvorbehalt	102
7.	Sicherheiten in der Insolvenz	103
7.1	Mobiliarsicherheiten	104
7.2	Grundstückssicherheiten	105
7.3	Sicherheiten an Flugzeugen, Schiffen; andere Sicherheiten	106
8.	Aufrechnung	107
9.	Insolvenzanfechtung	108
10.	Geltendmachung von Haftungsansprüchen gegen (frühere) Geschäftsführer, Gesellschafter oder Dritte	112
11.	Asset Tracing	113
12.	Internationales Insolvenzrecht	116
13.	Die COVID-19-Gesetzgebung	117
13.1	Einführung	117
13.2	Erlass der versäumten Frist im Insolvenzverfahren	118
13.3	Antragstellung	120
13.4	Befreiung von der Zahlung von Forderungen	122
13.5	Durchführung des Reorganisationsplanes	123
13.6	Außerordentliches Moratorium	124

1. Gesetzessammlungen, Schrifttum und Informationsquellen

Einführende Literatur: *Hásová, Moravec et al.*, Insolvenční zákon, 2018; *Kozák, Brož, Dadam, Stanislav, Strnad, Zrůst, Žižlavský*, Insolvenční zákon: komentář, 2018. *Kotoučová*, Zákon o úpadku a způsobech jeho řešení (insolvenční zákon), komentář, 2010; *Zelenka*, Insolvenční zákon, poznámkové vydání s důvodovou zprávou, 2008.

---

[1] Ursprünglich bearbeitet in Zusammenarbeit mit *Michael Krüger* (Richter am Amtsgericht, Ansbach).

Tschechische Republik 2–7

Öffentlich zugängliche Informationsquellen:
Viele Informationen sind auf offiziellen, von Staatsorganen betriebenen, Internetseiten erhältlich. Die wichtigsten Informationsquellen stehen jedoch lediglich auf Tschechisch zur Verfügung. Allgemeines Portal der tschechischen Justiz:
- http://justice.cz/

Einsicht in das Insolvenzregister (*„insolvenční rejstřík"*) und in das Handelsregister (*„obchodní rejstřík"*) in welche ua der Insolvenzverwalter und gerichtliche Entscheidungen im Insolvenzverfahren eingetragen werden, ist bei den Kreisgerichten möglich – alternativ im Internet:
- http://justice.cz/or/ (Handelsregister)
- https://isir.justice.cz/ (Insolvenzregister)

2   Das Insolvenzgesetz beinhaltet neben gemeinsamen Vorschriften ferner Bestimmungen über das Insolvenzregister (*„insolvenční rejstřík"*). Dieses ist öffentlich zugänglich und enthält ein Verzeichnis der Insolvenzverwalter, der Schuldner sowie Auszüge aus Insolvenzakten. Ferner werden dort Entscheidungen der Insolvenzgerichte im Insolvenzverfahren und in Inzidenzstreitigkeiten veröffentlicht. Die Entscheidungen des Insolvenzgerichts sind grundsätzlich mit der Veröffentlichung im Insolvenzregister zugestellt und wirksam.[2]

3   Aktuelle Eintragungen werden auch im Handelsanzeiger veröffentlicht (*„obchodní věstník"*), zugänglich auch im Internet:
- http://ov.gov.cz/

Wichtige Informationen zum Insolvenzrecht und alle vorgeschriebenen Formulare werden für das Insolvenzgesetz auf dem Portal des Justizministeriums veröffentlicht. Das Portal ist auf folgender Adresse zu finden:
- http://insolvencni-zakon.justice.cz/

2. Einführung

2.1 Gesetzliche Grundlagen

4   Das tschechische Insolvenzrecht ist durch das am 1.1.2008 in Kraft getretene *„zákon o úpadku a způsobech jeho řešení (insolvenční zákon)"*, dh Gesetz über die Insolvenz und deren Abwicklungsformen, kurz: Insolvenzgesetz[3] geregelt.

5   Das Insolvenzgesetz wurde während seiner Gültigkeit mehrmals durch Novellen und einige Male aufgrund von Entscheidungen des Verfassungsgerichts geändert, wobei die meisten Änderungen vor allem Teilfragen und Fehler betrafen. Eine vollständige Novellierung, welche die von der Rechtspraxis und von der Rechtsprechung identifizierten Schwächen berücksichtigen soll, wurde durch das Gesetz Nr. 294/2013 Sb. durchgeführt. Eine vornehmlich auf die Restschuldbefreiung und die Insolvenzverwalter gezielte Novellierung wurde durch das Gesetz Nr. 64/2017 Sb. durchgeführt. Ergänzt ist das Insolvenzgesetz durch das *„zákon o insolvenčních správcích"*, dh Gesetz über Insolvenzverwalter.[4]

6   Sonderfragen zum Insolvenzrecht sind auch weiterhin in anderen Gesetzen geregelt, etwa zum Insolvenzstrafrecht,[5] zum internationalen Insolvenzrecht,[6] oder zu handels-[7] und steuerrechtlichen Fragen.

2.2 Verfahrenstypen

7   Drei verschiedene „Formen der Abwicklung der Insolvenz" (*„způsoby řešení úpadku"*) kommen nach dem Insolvenzgesetz in Betracht: Neben dem klassischen Liquidationskonkurs (*„konkurs"*)[8] sind dies die Reorganisation (*„reorganizace"*)[9] vergleichbar mit dem Planverfahren nach dem deutschen Recht und die Restschuldbefreiung (*„oddlužení"*).[10]

---

[2] § 89 und §§ 424 ff. IZ.
[3] Gesetz v. 30.3.2006, nachfolgend nur: Insolvenzgesetz oder IZ, veröffentlicht unter Nr. 182/2006 Sb. (tschechisches Gesetzblatt).
[4] Gesetz v. 23.5.2006, veröffentlicht unter Nr. 312/2006 Sb.
[5] *„Trestní zákoník"*, übersetzt: Strafgesetz, v. 8.1.2009, veröffentlicht unter Nr. 40/2009 Sb., hier: § 225 zur Verletzung von Pflichten im Insolvenzverfahren und § 226 zur Behinderung des Konkursverfahrens.
[6] Verordnung (EU) 2015/848 des Europäischen Parlaments und des Rates v. 20.5.2015 über Insolvenzverfahren.
[7] Insbesondere *„Zákon o obchodních korporacích"*, übersetzt: Gesetz über Handelskorporationen, v. 25.1.2012, veröffentlicht unter Nr. 90/2012 Sb.
[8] §§ 244–315 IZ.
[9] §§ 316–364 IZ.
[10] §§ 389–418 IZ.

2.3 Schuldner

Schuldner im Insolvenzverfahren können natürliche wie auch juristische Personen sein. Das **8**
Insolvenzgesetz unterscheidet darüber hinaus zwischen natürlichen Personen, die Unternehmer sind
(„fyzická osoba – podnikatel"), und solchen natürlichen Personen, die nicht Unternehmer sind („fyzická
osoba, která není podnikatelem").

So kommt für eine natürliche Person, die nicht Unternehmer ist, insbesondere der Eröffnungs- **9**
grund der Überschuldung (→ Rn. 31 f.) nicht in Betracht. Demgegenüber wird für diesen Schuldnertypus, sofern für ihn der Abwicklungsform des Konkurses gewählt wurde, das vereinfachte Verfahren des sog. „geringfügigen Konkurses" („nepatrný konkurs")[11] angewandt, ohne dass, anders als bei sonstigen Schuldnern, ein besonders geringer Umsatz oder Mitarbeiterbestand geprüft werden muss.[12]

2.4 Spezielle Regelungen für Insolvenzen von Finanzinstituten, Versicherungen

Besondere Regelungen sind für die Insolvenz von sog. „Finanzinstituten" („finanční instituce"), **10**
dh insbesondere Banken, Spar- und Kreditgenossenschaften, Wertpapierhändler, Versicherungen und Rückversicherungen, eingeführt worden. Die Finanzinstitute mit Ausnahme von Wertpapierhändlern sind von der Anwendung des Insolvenzgesetzes ausgeschlossen sofern sie Inhaber einer Lizenz oder Erlaubnis im Sinne der Sonderrechtsvorschriften sind. Der Insolvenzverwalter von Finanzinstituten darf lediglich ein über eine Sondererlaubnis verfügender Insolvenzverwalter werden.[13] Bei vielen Arten der Finanzinstitute ist die einzige zugelassene Form der Insolvenzlösung der Konkurs.[14]

2.5 Konzerninsolvenz

Die Konzernstrukturen betreffenden Sonderregelungen sind im Rahmen des ganzen Insolvenz- **11**
gesetzes in den einzelnen Paragraphen verteilt, wobei sie meistens bestimmte Beschränkungen darstellen. Als Insolvenzverwalter der einzelnen Schuldner, die einen Konzern bilden, wird grundsätzlich dieselbe Person bestellt.[15] Ein Teil der Sonderregelungen betrifft die Fälle der Unwirksamkeit der Masse schmälernden Rechtshandlungen.

Die Gläubiger, die mit dem Schuldner einen Konzern bilden, sind bezüglich des Stimmrechts **12**
beschränkt. Grundsätzlich dürfen sie im Rahmen der Gläubigerversammlung nicht abstimmen.[16] Eine der Ausnahmen ist die Abstimmung über einen Reorganisationsplan, der von einer anderen Person vorgelegt wurde, als von dem Schuldner oder einem Gläubiger, der mit dem Schuldner einen Konzern bildet oder eine nahestehende Person des Schuldners ist. Des Weiteren dürfen die einen Konzern mit dem Schuldner bildenden Personen über die Form der Restschuldbefreiung nicht abstimmen.[17]

Ferner dürfen die Personen, die mit dem Schuldner einen Konzern bilden, keine Mitglieder **13**
(bzw. Ersatzmitglieder) des Gläubigerausschusses werden.[18]

Die Tatsache, dass die Gläubiger mit dem Schuldner einen Konzern bilden, ist in das Verzeichnis **14**
der Verbindlichkeiten einzutragen.[19]

Ebenso hat ein von dem Schuldner gestellter Antrag auf Erlaubnis der Reorganisation besondere **15**
Angaben zu enthalten. Es handelt sich um Angaben über die Kapitalstruktur und das Vermögen der Personen, die den Schuldner leiten oder mit ihm einen Konzern bilden, einschließlich der Angabe darüber, ob hinsichtlich einer der vorgenannten Personen ein Insolvenzverfahren anhängig ist, oder eine Erklärung darüber, dass keine solchen Personen vorhanden sind.[20]

Eine Beschränkung gilt auch bezüglich der Insolvenzmasse. Die Personen, die mit dem Schuld- **16**
ner einen Konzern bilden, dürfen kein in die Insolvenzmasse eingegliedertes Vermögen erwerben. Dieses Vermögen darf auf diese Personen innerhalb der nächsten drei Jahre nach Abschluss des Konkurses übertragen werden. Dieses Verbot gilt auch, wenn die einen Konzern bildenden Personen

---

[11] §§ 314 ff. IZ.
[12] § 314 Abs. 1 lit. a IZ.
[13] § 3 Abs. 2 des Gesetzes über Insolvenzverwalter.
[14] § 368 Abs. 3 IZ.
[15] § 25 Abs. 4 IZ.
[16] § 53 IZ.
[17] § 402 Abs. 1 IZ.
[18] § 59 Abs. 2 IZ.
[19] § 104 Abs. 3 IZ.
[20] § 319 Abs. 1 lit. b IZ.

über ein gesetzliches Vorkaufsrecht verfügen und wenn das Vermögen im Wege einer Versteigerung veräußert wird.[21]

2.6 Aussonderungsberechtigte Gläubiger

17 Wer, aufgrund eines dinglichen oder persönlichen Rechts, geltend machen kann, dass ein Gegenstand nicht zur Masse gehört, kann innerhalb von dreißig Tagen nach Benachrichtigung über die vom Insolvenzverwalter aufzustellende Vermögensübersicht *("soupis majetkové podstaty")* im Klagewege den Ausschluss *("vyloučení")* des Gegenstands aus der Masse verlangen.[22]

18 Schwieriger stellt sich dies jedoch für Sicherungseigentümer (dazu sogleich → Rn. 77 ff.) und Vorbehaltseigentümer dar.

2.7 Präventive Restrukturierung (vorinsolvenzlich)

19 Zurzeit wird die Finalfassung der Richtlinie über präventive Restrukturierungsrahmen, die zweite Chance und Maßnahmen zur Steigerung der Effizienz von Restrukturierungs-, Insolvenz- und Restschuldbefreiungsverfahren auf EU-Ebene vorbereitet. Der tschechische Gesetzgeber hat im Gegensatz zu einigen anderen EU-Mitgliedstaaten diese Richtlinie bisher nicht in das Insolvenzgesetz eingearbeitet. Den Grund dafür kann man darin sehen, dass er sich zuerst mit der Finalfassung der Richtlinie bekannt machen will, um die optimale Lösung für die Umsetzung der Maßnahmen bei Aufrechterhaltung der Struktur und der Grundprinzipien des tschechischen Insolvenzrechtes zu finden. Der Richtlinienentwurf wurde schon in der tschechischen Regierung sowie im Senat des tschechischen Parlaments besprochen (http://public.psp.cz/en/sqw/text/text2.sqw?idd=91243). Obwohl diese Richtlinie auf ihre Umsetzung immer noch wartet, kann man in den letzten Änderungsgesetzen zum Insolvenzgesetz gewisse Tendenzen in Richtung der neuen Richtlinie sehen.

20 Der präventive Restrukturierungsrahmen, den die Richtlinie einführt, ist aus der Sicht des tschechischen Insolvenzrechtes ein ganz unbekanntes Institut. Sie stellt nämlich eine nicht öffentliche Lösung einer Krisensituation dar, welche der Insolvenz vorbeugen soll. Deswegen soll die Gesellschaft nach Regelung der präventiven Restrukturierung ihr Vermögen und Tagesgeschäft weiter kontrollieren können. Die tschechische Regierung hat allerdings Bedenken, ob die Gläubigerrechte auch weiter genügend berücksichtigt werden können, wenn Gläubiger im Rahmen der präventiven Restrukturierung ihre individuellen Forderungen – ohne Genehmigung der Gläubiger – nicht mehr vollstrecken dürfen.

21 Die Richtlinie rechnet weiterhin mit einer sog. Zweiten Chance für Unternehmer als natürliche Personen. Diese Zweite Chance kann unter gewissen Bedingung für sie die komplette Restschuldbefreiung erlauben. Dies soll dem überschuldeten Unternehmer ermöglichen, mit dem Unternehmen wieder neu anzufangen. Genau in diesem Bereich sind schon gewisse Bestrebungen des tschechischen Gesetzgebers zu sehen. Anfang 2019 ist nämlich das letzte Änderungsgesetz zum Insolvenzgesetz in Kraft getreten. Dadurch, dass das Änderungsgesetz den Schuldnern (natürlichen Personen) ermöglicht, innerhalb von entweder drei- oder fünfjährigen Restschuldbefreiungsfristen den entsprechenden Anteil ihrer Schulden zu tilgen, wird das Institut der Restschuldbefreiung praktikabler. Die in der Richtlinie festgesetzte kurze Grundfrist soll zugunsten des Unternehmers sein, wobei die Verlängerung der Restschuldbefreiungsfrist zB auf missbräuchliches oder nicht gutgläubiges Verhalten des Schuldners im Einzelfall reagieren soll. Den Mitgliedstaaten ist dann überlassen, ob die Regelung der zweiten Chance auch auf die Schuldner, die Verbraucher sind, Anwendung finden wird oder nicht.

22 Um die Effizienz der neuen Institute zu steigern regelt die Richtlinie ebenfalls Maßnahmen, die die Spezialisierung und Qualifikation von Beamten und Richtern mit direktem Einfluss auf die neuen Verfahren betreffen. Diese Institute werden allerdings nicht nur die Anpassung des Insolvenzgesetzes verlangen, sondern auch andere damit zusammenhängende Gesetze und Vorschriften. Die tschechische Regierung hält diese Idee im Grunde genommen für richtig.

23 Aus allen oben genannten Gründen ist es schließlich fraglich, wie auf diese Richtlinie gesetzlich reagiert wird. Interessierten können auf der offiziellen Webseite des Abgeordnetenhauses des Parlaments der Tschechischen Republik unter dem Link http://public.psp.cz/en/sqw/sntisk.sqw den aktuellen Stand des Änderungsgesetzes, das innerhalb von zwei Jahren nach Erlass der Richtlinie kommen muss, verfolgen.

---

[21] § 295 IZ.
[22] § 225 IZ.

3. Wesentliche Verfahrensmerkmale des Insolvenzverfahrens

Das Insolvenzgesetz geht von einem einheitlichen Insolvenzverfahren aus, das in zwei Phasen eingeteilt ist und aufgrund eines Insolvenzantrags (*„insolvenční návrh"*) eingeleitet wird.[23] In der ersten Phase, dem Eröffnungsverfahren (*„zahájení řízení"*), ist festzustellen, ob überhaupt ein Eröffnungsgrund vorliegt. Liegt ein solcher vor, wird die Entscheidung über die Insolvenz (*„rozhodnutí o úpadku"*) erlassen. Danach wird eine der drei zugelassenen Formen der Abwicklung der Insolvenz durchgeführt.

3.1 Eröffnung des Verfahrens

3.1.1 Eröffnungsgründe

Das Insolvenzverfahren wird an dem Tag eröffnet, an dem der Insolvenzantrag dem Insolvenzgericht zugeht. In der Anfangsphase des Verfahrens wird festgestellt, ob sich der Schuldner tatsächlich in der Insolvenz befindet (*„úpadek"*), oder ob die Insolvenz droht (*„hrozící úpadek"*). Im Einzelnen sieht das Insolvenzgesetz dazu drei Eröffnungsgründe vor. Liegen die Voraussetzungen für den Erlass der Entscheidung über eine Insolvenz nicht vor, wird der Insolvenzantrag abgewiesen. Das Insolvenzgericht weist den von einem Gläubiger gestellten Insolvenzantrag auch dann zurück, wenn dieser offensichtlich unbegründet ist; dies tut es unverzüglich, spätestens innerhalb von sieben Tagen nach der Stellung des Insolvenzantrags.[24]

Zahlungsunfähigkeit (*„platební neschopnost"*) **des Schuldners**

Diese ist gegeben, wenn der Schuldner Geldverbindlichkeiten gegenüber mehreren verschiedenen Gläubigern hat, die bereits seit mehr als dreißig Tagen fällig sind, und er nicht fähig ist, diese zu erfüllen.[25] Das Insolvenzgesetz beinhaltet einige Beispiele, in denen Unfähigkeit des Schuldners, die Geldverbindlichkeit zu erfüllen, vermutet wird.[26]

Die genannte 30-Tage-Frist soll als Neuerung gegenüber der alten Regelung zur Erhöhung der Rechtssicherheit führen. Die alte Regelung hingegen stellte noch auf Forderungen ab, die der Schuldner „über einen längeren Zeitraum" (*„po delší dobu"*) nicht fähig war zu erfüllen. Darüber, wann das Tatbestandsmerkmal „über einen längeren Zeitraum" erfüllt war, kam es regelmäßig zu Streitigkeiten. Diese Klarstellung ist insbesondere deswegen von Bedeutung, da die Pflicht des Schuldners, unverzüglich Insolvenzantrag zu stellen, an dessen Kenntnis von der Insolvenz anknüpft und der Schuldner bei Verletzung dieser Pflicht den Gläubigern zum Schadensersatz verpflichtet ist.[27] Diese Pflichten gelten entsprechend für gesetzliche Vertreter des Schuldners, sein Verwaltungsorgan und bei juristischen Personen auch deren Liquidator.[28]

Zu beachten ist, dass für das Tatbestandsmerkmal „mehrerer" Gläubiger solche Gläubiger außer Betracht bleiben, an die Forderungen des Antragstellers gegenüber dem Schuldner (oder Teile davon) innerhalb von sechs Monaten vor Stellung des Antrages oder nach Eröffnung des Insolvenzverfahrens abgetreten wurden.[29] Damit soll verhindert werden, dass die gesetzlichen Anforderungen an den Eröffnungsgrund der Zahlungsunfähigkeit durch Aufspaltung der betreffenden Forderungen und künstliche Schaffung einer Gläubigermehrheit umgangen werden.

Demgegenüber wurde in das Insolvenzgesetz die Vermutung einer Zahlungsfähigkeit der Schuldner hinzugefügt, die Unternehmer sind und Bücher führen. Nach dieser Vermutung wird der Schuldner als zahlungsfähig angesehen, sofern der Unterschied zwischen der Höhe seiner fälligen Zahlungsverbindlichkeiten und seiner verfügbaren Mittel (Liquiditätslücke) nach dem Liquiditätsbericht weniger als ein Zehntel seiner fälligen Zahlungsverbindlichkeiten darstellt.[30] Dasselbe gilt, falls die entsprechende Liquiditätsvorhersage zeigt, dass die Liquiditätslücke unter ein Zehntel sinkt.

Überschuldung (*„předlužení"*) **des Schuldners**

Die Überschuldung stellt bei juristischen Personen sowie bei natürlichen Personen, die Unternehmer sind (*„fyzická osoba – podnikatel"*), einen Unterfall der Insolvenz und somit einen Eröffnungsgrund dar.[31] Überschuldung in diesem Sinne liegt vor, wenn der Schuldner mehrere Gläubiger hat und die Summe seiner Verbindlichkeiten den Wert seines Vermögens übersteigt. Bei der Bestimmung

---

[23] § 97 Abs. 1 IZ.
[24] § 128a Abs. 1 IZ.
[25] § 3 Abs. 1 IZ.
[26] § 3 Abs. 2 IZ, zB die Nichterfüllung innerhalb von drei Monaten nach Fälligkeit.
[27] §§ 98, 99 IZ.
[28] § 98 Abs. 2 IZ.
[29] § 143 Abs. 2 IZ.
[30] § 3 Abs. 3 IZ.
[31] § 3 Abs. 4 IZ.

des Werts des Schuldnervermögens ist die weitere Verwaltung seines Vermögens beziehungsweise die Fortführung seines Unternehmens zu berücksichtigen, wenn unter Berücksichtigung aller Umstände begründeterweise zu erwarten ist, dass der Schuldner die Vermögensverwaltung oder den Betrieb des Unternehmens weiterführen kann.[32] Hervorzuheben ist, dass der Eröffnungsgrund der Überschuldung nicht nur für juristische Personen, sondern auch für natürliche Personen, die Unternehmer sind, Anwendung finden kann. Die Überschuldung kommt somit bei allen Personen, die unternehmerisch tätig sind, als Eröffnungsgrund in Betracht.

33 **Drohende Insolvenz *(„hrozící úpadek")* des Schuldners**

34 Dieser Eröffnungsgrund ist gegeben, wenn unter Berücksichtigung aller Umstände Grund zu der Annahme besteht, dass der Schuldner nicht fähig sein wird, einen wesentlichen Teil seiner Verbindlichkeiten ordnungsgemäß und rechtzeitig zu erfüllen.[33] Da das Gesetz jedoch davon ausgeht, dass nur der Schuldner dies zutreffend beurteilen kann, steht das Recht, aufgrund „drohender Zahlungsunfähigkeit" Insolvenzantrag zu stellen, allein ihm zu.[34]

3.1.1.1 Prüfung der Eröffnungsgründe

35 Die Tatsachen, aufgrund derer das Insolvenzgericht eine Entscheidung trifft, müssen glaubhaft gemacht werden. Dies heißt nicht, dass die Tatsachen bewiesen werden müssen. Es ist ausreichend, dass ihre Glaubhaftigkeit bzw. ihre Wahrscheinlichkeit bewiesen wird.[35] Im Falle eines vom Schuldner gestellten Insolvenzantrags ist es ausreichend, dass die entscheidenden Tatsachen durch die Angaben und die Anhänge des Insolvenzantrags glaubhaft gemacht werden.[36]

3.1.1.2 Antragspflicht bei Vorliegen von Eröffnungsgründen, Folgen der Verletzung der Antragspflicht

36 Die Antragspflicht betrifft die Schuldner, die eine juristische Person oder eine unternehmende natürliche Person sind. Sie sind verpflichtet, den Insolvenzantrag unverzüglich zu stellen, nachdem sie bei erforderlicher Sorgfalt über die Insolvenz erfahren haben oder erfahren haben sollten. Verletzen Sie die Antragspflicht, sind sie zum Ersatz des Schadens oder anderer Nachteile verpflichtet, die infolge der Verletzung der Antragspflicht entstanden sind.[37] Eine strafrechtliche Sanktion besteht dagegen nicht.

3.1.2 Antragsbefugnis

37 Zur Antragstellung ist grundsätzlich der Schuldner oder sein Gläubiger berechtigt, im Falle der drohenden Insolvenz jedoch ausschließlich der Schuldner.[38] Bei den Finanzinstituten ist der Insolvenzantrag vom Aufsichtsorgan zu stellen, dh grundsätzlich von der Tschechischen Nationalbank.[39]

3.2 Rolle der Gerichte

38 Das Insolvenzgericht hat grundsätzlich zwei Hauptrollen. Es entscheidet in den gesetzlich vorgesehenen Situationen und übt gleichzeitig die durchlaufende Aufsicht über andere Prozesssubjekte aus. Gleichzeitig ist es auch befugt, den einzelnen Prozesssubjekten verschiedene Pflichten aufzuerlegen. In Bezug auf den Insolvenzverwalter ist das Insolvenzgericht befugt, Berichte zu verlangen, in seine Konten einzusehen und erforderliche Ermittlungen durchzuführen.

3.3 Insolvenzverwalter

39 Der Insolvenzverwalter stellt ein besonderes und unabhängiges Prozesssubjekt dar. Er ist verpflichtet, mit fachlicher Sorgfalt vorzugehen und haftet für Schäden, die infolge der Verletzung seiner Pflichte entstehen. Daneben ist er auch verpflichtet, den Gläubigerorganen seine Mitwirkung zu gewährleisten und dem Insolvenzgericht und dem Gläubigerorgan regelmäßig einen Bericht über den Zustand des Insolvenzverfahrens zu übermitteln.[40]

---

[32] § 3 Abs. 4 IZ.
[33] § 3 Abs. 5 IZ.
[34] § 97 Abs. 7 IZ.
[35] § 131 IZ.
[36] § 132 IZ.
[37] § 98, § 99 IZ.
[38] § 97 Abs. 7 IZ.
[39] § 368, § 380 IZ.
[40] § 36 und § 37 IZ.

Die Bedingungen der Tätigkeit der Insolvenzverwalter ergeben sich vornehmlich aus dem **40** Gesetz über Insolvenzverwalter. Zur Ausübung der Tätigkeit des Insolvenzverwalters ist eine Genehmigung erforderlich. Die Grundbedingungen sind seine Hochschulausbildung eines Magisterprogramms, die Ablegung einer Fachprüfung und eine Unbescholtenheit. Als Insolvenzverwalter können natürliche Personen tätig sein. Die zugelassene Form der juristischen Person ist die offene Handelsgesellschaft. Ebenso sind auch ausländische Formen der Gesellschaften oder Gemeinschaften zugelassen, die nach dem Recht eines Mitgliedsstaats der EU oder des Abkommens über den europäischen Wirtschaftsraum gegründet wurden und die dieselben Garantien auf der Seite der Gesellschafter gewährleisten wie die offene Handelsgesellschaft.

Der Insolvenzverwalter wird vom Insolvenzgericht in der Reihenfolge bestellt, die sich nach **41** dem Zeitpunkt der Eintragung ihres Sitzes in die von dem Kreisgericht geführten Liste richtet. Eine Ausnahme darüber hinaus gilt für die Fälle, in denen die Genehmigung der Reorganisation mit der Insolvenzerklärung verbunden ist. Wurde ein Insolvenzverwalter im Auftrag auf Genehmigung der Reorganisation vorgeschlagen, bestellt das Insolvenzgericht den vorgeschlagenen Insolvenzverwalter.

Meistens wird der Insolvenzverwalter zum Zeitpunkt der Insolvenzerklärung bestellt. Daneben **42** kann auch ein vorläufiger Verwalter bestellt werden. Seine Aufgabe ist vornehmlich die Feststellung und Sicherung des Vermögens des Schuldners. Die nach dem Prüfungstermin einberufene Gläubigersammlung ist befugt, den Insolvenzverwalter abzuberufen und einen neuen zu bestellen. Dafür ist jedoch eine qualifizierte Mehrheit erforderlich.

Allgemein ist zur Überwachung der Tätigkeit des Insolvenzverwalters das Justizministerium **43** zuständig.[41] Im Rahmen eines bestimmten Verfahrens verfügt jedoch das Insolvenzgericht über Aufsichtsbefugnisse gegenüber dem Insolvenzverwalter. Das Insolvenzgericht darf dem Insolvenzverwalter eine Ordnungsstrafe bis zu 200.000 CZK auferlegen und ist auch befugt, den Insolvenzverwalter von seiner Funktion zu entheben.[42]

Die Vergütung des Insolvenzverwalters ist von der jeweiligen Form der Abwicklung der Insolvenz **44** abhängig und wird von der Insolvenzmasse gedeckt. Ist die Insolvenzmasse nicht ausreichend, gewährt der Staat die Vergütung in beschränkter Höhe. Die Festsetzung der Vergütung richtet sich nach der Verordnung Nr. 313/2007 Sb.[43]

3.4 Verwertung der Insolvenzmasse

Die Insolvenzmasse kann im Wege **45**
– der öffentlichen Versteigerung nach Sondergesetzen,
– des Verkaufs beweglicher oder unbeweglicher Sachen nach den Vorschriften über die Zwangsvollstreckung,
– des freihändigen Verkaufs außerhalb einer Versteigerung,
– der von einem Gerichtsexekutoren durchgeführten Versteigerung nach Sondergesetzen,[44]
verwertet werden. Über die Art der Verwertung entscheidet der Insolvenzverwalter im Einverneh- **46** men mit dem Gläubigerausschuss.[45]

Die öffentliche Versteigerung führt der Versteigerer auf Antrag des Insolvenzverwalters durch. **47** Der Vertrag über die Durchführung der Versteigerung entfaltet jedoch erst dann rechtliche Wirkung, wenn ihm der Gläubigerausschuss zustimmt.[46]

Die Veräußerung von beweglichen und unbeweglichen Sachen obliegt dem für Zwangsvollstre- **48** ckungen zuständigen Kreisgericht am allgemeinen Gerichtsstand (am Sitz bzw. Wohnsitz) des Schuldners, das auf Antrag des Insolvenzverwalters tätig wird.[47]

Den freihändigen Verkauf kann der Insolvenzverwalter im Einvernehmen mit dem Insolvenzge- **49** richt und dem Gläubigerausschuss vornehmen, wobei das Insolvenzgericht jedoch Bedingungen für die Durchführung stellen kann.[48]

---

[41] § 36 des Gesetzes über Insolvenzverwalter.
[42] § 32 und § 81 IZ.
[43] § 38 und § 39 IZ.
[44] Die Gerichtsexekutoren bestehen in der tschechischen Rechtsordnung als eine Alternative zu den Gerichtszwangsvollziehern, wobei sie als die Ausübenden eines unabhängigen Berufs tätig sind und dabei der Aufsichtskompetenz ihrer Berufskammer unterliegen.
[45] § 286 Abs. 1, 2 IZ.
[46] § 287 Abs. 2 IZ.
[47] § 288 IZ iVm § 252 Abs. 1 Občanský soudní řád, übersetzt: tschechische Zivilprozessordnung, nachfolgend nur: ZPO (OSŘ), v. 4.12.1963, veröffentlicht unter Nr. 99/1963 Sb.
[48] § 289 Abs. 1 IZ.

50 Für den Fall der Verwertung von dem Unternehmen des Schuldners sieht das Gesetz eine besondere Verwertungsweise vor: der Insolvenzverwalter kann das Unternehmen im Einvernehmen mit dem Insolvenzgericht und dem Gläubigerausschuss durch einen einzigen Vertrag verwerten.[49]

3.5 Fortführung durch den Schuldner oder Verwalter

51 Der Insolvenzverwalter hat die Möglichkeit, Kreditverträge und ähnliche Verträge sowie Verträge über die Lieferung von Energie und Rohstoffen abzuschließen, um den Betrieb eines Unternehmens, der zur Insolvenzmasse gehört, aufrechtzuerhalten oder wiederaufzunehmen.[50] Dies gilt, sofern die Geschäftsbedingungen als üblich angesehen werden können. Bieten die gesicherten Gläubiger Bedingungen an, die nicht ungünstiger als die Bedingungen des besten Angebots sind, haben sie Vorrang bezüglich des Abschlusses von solchen Verträgen.

3.6 Zulässige Sicherungsmaßnahmen vor Verfahrenseröffnung

52 Das Insolvenzgericht kann dem Schuldner durch einstweilige Anordnung die Verfügung über Sachen oder Rechte verbieten sowie ihn zu sonstigen Handlungen, Duldungen oder Unterlassungen verpflichten. Für diesen Fall sowie zur Feststellung und Sicherung der Vermögensmasse kann das Insolvenzgericht dem Schuldner einen vorläufigen Verwalter bestellen und ggf. Verfügungen unter der Bedingung der Zustimmung des vorläufigen Verwalters zulassen.[51]

53 Wird im Verlaufe des Verfahrens erkennbar, dass ein Gläubiger infolge der Verletzung der Pflicht zur Stellung des Insolvenzantrags einen Schaden oder anderen Nachteil erlitten hat, kann das Insolvenzgericht auf Antrag des Gläubigers vorläufige Maßnahmen anordnen, aufgrund derer der Verpflichtete bei Gericht einen angemessenen Geldbetrag zu hinterlegen hat.[52]

3.7 Wirkungen der Verfahrenseröffnung auf laufende Gerichts-/oder Schiedsverfahren

54 Große Bedeutung kommt bereits dem Zeitpunkt der wirksamen Einleitung des Eröffnungsverfahrens („zahájení řízení") zu, die spätestens zwei Stunden nach Eingang des Insolvenzantrags durch Bekanntmachung zu verkünden ist.[53]

55 Forderungen und sonstige das Vermögen des Schuldners betreffende Rechte dürfen nicht mehr im Wege einer Klage geltend gemacht werden und eine Zwangsvollstreckung darf zwar angeordnet, nicht aber durchgeführt werden. Sicherheiten können nur noch unter den gesetzlich bestimmten Bedingungen befriedigt oder bestellt werden.[54]

56 Ferner verliert der Schuldner, falls das Insolvenzgericht nichts Abweichendes bestimmt, bereits zu diesem Zeitpunkt die Befugnis zur Verfügung über die Insolvenzmasse sowie über sämtliches weiteres Vermögen, das in die Insolvenzmasse gehören kann, soweit es dadurch zu wesentlichen Änderungen in der Struktur, Verwendung, Bestimmung oder nicht unerheblicher Verminderung dieses Vermögens kommen kann. Zu Rechtsgeschäften, die zur gewöhnlichen Geschäftsführung sowie zur Abwendung drohender Schäden erforderlich sind, bleibt er einstweilen befugt. Die Beschränkung bezieht sich weiter nicht auf die Befriedigung der Forderungen der Massegläubiger und Gläubigern, die Massegläubigern gleichgestellt sind.[55]

57 Erst mit Eröffnung des Konkursverfahrens geht schließlich die Vermögensbefugnis bezüglich der Insolvenzmasse in dem Umfang, in dem sie dem Schuldner verwehrt ist, auf den Insolvenzverwalter über.[56] Wird die Insolvenz andererseits durch die Reorganisation oder die Restschuldbefreiung gelöst, erwirbt der Schuldner die Vermögensbefugnis erneut.

3.8 Wirkungen der Verfahrenseröffnung auf laufende Gerichts-/oder Schiedsverfahren

58 Das Insolvenzgericht ist verpflichtet, das allgemeine Gericht des Schuldners über die Verfahrenseröffnung zu benachrichtigen.[57] Infolge der Insolvenzerklärung werden die Gerichts- und Schiedsverfahren über die Geltendmachung von Forderungen (oder andere Rechte) unterbrochen, die die

---

[49] § 290 IZ; obwohl die gesetzliche Bestimmung die Bedingung der Zustimmung des Gläubigerausschusses für den Fall der Verwertung durch einen einzigen Vertrag nicht ausdrücklich festlegt, ist seine Zustimmung erforderlich; diese Voraussetzung ergibt sich aus § 289 Abs. 1 IZ.
[50] § 41 IZ
[51] §§ 112, 113 IZ iVm § 76 Abs. 1 lit. d, e: ZPO (OSŘ).
[52] § 100 Abs. 1 IZ.
[53] § 101 Abs. 1 IZ.
[54] § 109 Abs. 1 IZ.
[55] § 111 IZ.
[56] §§ 140 Abs. 1 S. 3, 229, 246 Abs. 1 IZ.
[57] § 102 Abs. 1 lit. e IZ.

Insolvenzmasse betreffen und die im Insolvenzverfahren angemeldet werden sollen oder die als angemeldet angesehen werden oder die im Rahmen des Insolvenzverfahrens nicht befriedigt werden.[58] Bestimmte Verfahrensarten bleiben von dem Insolvenzverfahren unberührt, vornehmlich Steuerverfahren und Verfahren in Sachen der Eintragung von Rechten an Immobilien. Ebenso ist es nicht möglich, die Vollstreckung einer Entscheidung oder Zwangsvollstreckung anzuordnen oder einzuleiten, die das Vermögen betreffen würden, das im Eigentum des Schuldners oder ein Bestandteil der Insolvenzmasse ist.[59]

3.9 Moratorium

Der Schuldner kann binnen der ersten sieben Tage (im Falle vom Gläubiger gestellten Insolvenzantrag binnen der ersten fünfzehn Tage) nach Einreichung des Insolvenzantrags beim Insolvenzgericht die Verkündung eines maximal dreimonatigen Moratoriums beantragen, während dessen die gerichtliche Feststellung der Insolvenz nicht erfolgt. Der Schuldner ist in dieser Zeit berechtigt, die mit der Fortführung des Unternehmens zusammenhängenden laufenden Verbindlichkeiten vorrangig zu erfüllen, die in den letzten dreißig Tagen vor der Erklärung des Moratoriums entstanden sind. Die Regelung verfolgt den Zweck, dem Schuldner die Chance zu geben, die drohende Zahlungsunfähigkeit aus eigener Kraft abzuwenden.[60]

3.10 Organe der Gläubiger

Das Insolvenzgesetz unterscheidet zwischen zwei Gläubigerorganen: der Gläubigerversammlung („schůze věřitelů") und dem Gläubigerausschuss („věřitelský výbor"). Der Gläubigerausschuss ist von der Gläubigerversammlung zu bestellen, falls es mehr als fünfzig angemeldete Gläubiger gibt.[61]

Die Gläubigerversammlung wird ausschließlich durch das Insolvenzgericht einberufen. Die Einberufung steht grundsätzlich im Ermessen des Gerichts, kann allerdings auch auf Antrag des Insolvenzverwalters, des Gläubigerausschusses oder zweier Gläubiger, deren Forderungen insgesamt ein Zehntel aller angemeldeten Forderungen ausmachen, innerhalb von dreißig Tagen erzwungen werden.[62]

Über diese Organe haben die Gläubiger direkten Einfluss ua auf die Auswahl unter den drei Formen der Abwicklung der Insolvenz. Das Gericht entscheidet darüber innerhalb von drei Monaten nach der Entscheidung über die Insolvenz; es darf jedoch nicht vor der Beendigung der Gläubigerversammlung entscheiden.[63] Fasst die Gläubigerversammlung einen Beschluss über die (zulässige) Form der Abwicklung der Insolvenz, so hat sich das Gericht grundsätzlich danach zu richten.[64] Legt der Schuldner gleichzeitig mit dem Insolvenzantrag bereits einen Reorganisationsplan (dazu → Rn. 81 ff.) vor, so kann das Gericht schon vor Einberufung der Gläubigerversammlung zusammen mit der Entscheidung über die Insolvenz über die Form der Abwicklung entscheiden. Die Einflussnahme der Gläubiger wird dann aber dadurch sichergestellt, dass der Reorganisationsplan mindestens von einer Hälfte der gesicherten und der ungesicherten Gläubiger genehmigt werden muss.[65] In dem Reorganisationsplan kann die Person des Insolvenzverwalters bestimmt werden.

Darüber hinaus können die Gläubiger durch die Gläubigerversammlung den vom Gericht bestimmten Insolvenzverwalter abberufen und einen neuen bestimmen – eine Entscheidung, die jedoch vom Insolvenzgericht bestätigt werden muss.[66]

Der Gläubigerausschuss überwacht ferner ua die Tätigkeit des Insolvenzverwalters. Insbesondere dessen Entscheidung über die Art der Verwertung der Insolvenzmasse bedarf der Zustimmung des Gläubigerausschusses.[67]

3.11 Forderungsanmeldung, Feststellung oder Bestreiten von Forderungen

Die Gläubiger des Schuldners sind bereits ab Einleitung des Eröffnungsverfahrens berechtigt, ihre Forderungen anzumelden. Anmeldungen sind sodann bis zum Ablauf der durch den Beschluss über die Feststellung der Insolvenz festgesetzten Anmeldefrist zulässig. Verspätet angemeldete

---

[58] § 140a Abs. 1 IZ.
[59] § 140e IZ.
[60] §§ 115–127 IZ.
[61] § 56 IZ.
[62] § 47 Abs. 1 IZ.
[63] § 149 Abs. 1 IZ.
[64] § 152 IZ.
[65] § 152 IZ iVm § 151 Abs. 2 IZ.
[66] §§ 28, 29 IZ.
[67] §§ 286 Abs. 2, 287 Abs. 2, 288 Abs. 2, 289 Abs. 1, 289a Abs. 2 IZ.

Forderungen werden nicht mehr berücksichtigt (präklusiver Charakter). Für ausländische bekannte Gläubiger mit Sitz oder Wohnsitz in der Europäischen Union mit Ausnahme von Dänemark läuft die Frist zur Anmeldung der Forderungen erst nachdem diese von dem Insolvenzgericht über das Insolvenzverfahren benachrichtigt worden sind. Die Rechtsprechung hat dargelegt, dass der Gläubiger bekannt ist, wenn er in der Buchhaltung oder ähnlicher Übersicht geführt ist oder geführt werden sollte. Alle Forderungen sind anzumelden, dies gilt auch für gesicherte, noch nicht fällige oder bedingte Forderungen.[68] Bei der Anmeldung aller Forderungen ist jedoch zu beachten, dass für den Fall, dass der Wert der tatsächlichen Forderung weniger als 50 % des Wertes der angemeldeten Forderung beträgt, das zuständige Insolvenzgericht diese fehlerhafte Anmeldung zum Nachteil des entsprechenden Gläubigers sanktionieren darf, uU bis hin zur Nichtberücksichtigung.[69]

66 Die Anmeldung muss in einem Formblatt in zweifacher Ausfertigung beim Insolvenzgericht (nicht beim Insolvenzverwalter) eingereicht werden. Zuständig ist grundsätzlich das Kreisgericht (*„krajský soud"*) am Sitz des Schuldners.[70] Bei Konzerninsolvenzen ist allerdings auch das Insolvenzgericht zuständig, das ein Insolvenzverfahren mit einem Unternehmen führt, das zum Konzern des Schuldners gehört.[71] Anmeldungen bei einem unzuständigen Gericht werden zwar an das zuständige Gericht weitergeleitet, dürfen aber erst dann berücksichtigt werden, wenn sie bei dem zuständigen Gericht eingehen.[72]

67 In inhaltlicher Hinsicht müssen der Rechtsgrund der Forderung bzw. die ihm zugrundeliegenden Tatsachen sowie die Höhe der Forderung angegeben werden. Forderungen, die nicht in der aktuellen tschechischen Währung bemessen sind, müssen zu dem von der Tschechischen Nationalbank für den Tag der Einleitung des Verfahrens (bzw. ggf. früherer Termin der Fälligkeit) bekannt gegebenen Wechselkurs in die tschechische Währung umgerechnet werden. Andere Forderungen als Geldforderungen sind mit ihrem Wert anzugeben.[73]

68 Bei gesicherten Forderungen sind zudem die entsprechenden Belege (bzw. Bezeichnung der Art der Sicherheit und die Zeit ihrer Entstehung) sowie eine Erklärung, ob Befriedigung aus der Sicherheit begehrt wird, beizufügen. Für titulierte Forderungen sind ferner die Tatsachen, die ihrer Vollstreckbarkeit zugrunde liegen, zu nennen.[74]

69 Vor dem Insolvenzgericht findet dann auch der Prüfungstermin (*„přezkumné jednání"*) statt. Sowohl der Insolvenzverwalter, der Schuldner als auch die Gläubiger können angemeldete Forderungen bestreiten (*„popírat"*). Für den Fall, dass der Insolvenzverwalter eine vollstreckbare Forderung bestritten hat, ist er verpflichtet, innerhalb einer Frist von dreißig Tagen nach dem Prüfungstermin eine entsprechende Klage beim Gericht einzureichen.[75] Der Gläubiger einer bestrittenen nicht vollstreckbaren Forderung kann innerhalb derselben Frist gegen das Bestreiten im Wege der Feststellungsklage vorgehen, diese Frist endet jedoch nicht vor Ablauf von fünfzehn Tagen nach Zustellung der Mitteilung über das Bestreiten.[76] Die Befugnis der Gläubiger zum aktiven Bestreiten von Forderungen[77] ist jedoch an verschiedene formale und unter Umständen tatsächliche Voraussetzungen (zB Hinterlegung einer Kaution[78]) geknüpft.[79] Der Gläubiger muss jeweils deutlich machen, ob er die Rechtmäßigkeit der Forderung (*„pravost pohledávky"*), die Höhe der Forderung (*„výše pohledávky"*) oder den Rang der Forderung (*„pořadí pohledávky"*) bestreitet.[80]

3.12 Verteilung der Insolvenzmasse

70 Nach Abschluss der Verwertung legt der Insolvenzverwalter dem Insolvenzgericht einen Abschlussbericht (*„konečná zpráva"*) vor, der einen Überblick über die bereits befriedigten und die noch zu befriedigenden Masseforderungen bzw. ihnen gleichgestellten Forderungen, ferner über getätigte Ausgaben, Ergebnisse der Verwertung ua enthält.[81]

---

[68] §§ 110 Abs. 1, 173 IZ.
[69] §§ 178, 179 IZ.
[70] § 7b IZ.
[71] § 7b Abs. 2 IZ.
[72] § 173 Abs. 4.
[73] §§ 174 Abs. 2, 175 IZ.
[74] § 174 Abs. 3, 4.
[75] § 199 Abs. 1 IZ.
[76] § 198 Abs. 1 IZ.
[77] §§ 192 Abs. 1, 200 Abs. 1 IZ.
[78] § 202 Abs. 3–6 IZ.
[79] § 200 Abs. 1 IZ.
[80] § 200 Abs. 1 IZ.
[81] § 302 IZ.

3. Wesentliche Verfahrensmerkmale des Insolvenzverfahrens

Nach Rechtskraft der gerichtlichen Billigung des Abschlussberichts, legt der Insolvenzverwalter 71 dem Gericht einen Vorschlag für die Verteilung *("rozvrh")* vor, in dem er aufführt, in welcher Höhe die einzelnen Forderungen an der Verteilung partizipieren sollen.[82]

Das Gericht prüft die sachliche Richtigkeit des Vorschlags und erlässt daraufhin einen Verteilungsbeschluss, in welchem er auch eine Frist für dessen Erfüllung bestimmt, die jedoch nicht mehr als zwei Monate betragen darf.[83] 72

3.12.1 Massegläubiger

Massegläubiger sind Gläubiger, deren Anspruch grundsätzlich voll aus der Insolvenzmasse zu 73 befriedigen ist. Massegläubiger müssen ihre Forderung nicht förmlich im Insolvenzverfahren anmelden, vielmehr können diese nach der gerichtlichen Entscheidung über die Insolvenz direkt geltend gemacht und grundsätzlich jederzeit und in voller Höhe befriedigt werden. Dies betrifft insbesondere Aufwendungsersatz- und Vergütungsansprüche eines vorläufigen oder ordentlichen Insolvenzverwalters oder Gutachters zur Bewertung von Massegegenständen.[84]

Von großer Bedeutung ist zudem die sog. „Forderungen, die Masseforderungen gleichgestellt 74 sind". Hierzu zählen vor allem arbeitsrechtliche Ansprüche von Mitarbeitern des Schuldners, und zwar unabhängig vom Zeitpunkt ihres Entstehens und Ansprüche des Arbeitsamts auf Erstattung des Insolvenzgeldes, die damit gegenüber übrigen Gläubigern privilegiert werden.[85]

3.12.2 Bevorrechtigte und übrige Gläubiger

Reicht der Erlös aus der Verwertung der Insolvenzmasse nicht zur Befriedigung aller Forderungen aus, werden bevorzugt zunächst folgende Forderungen in folgender Reihenfolge befriedigt:[86] 75
(1) Forderungen des Insolvenzverwalters (Auslagen, Vergütung),
(2) Forderungen, die während des Moratoriums entstanden sind,
(3) Darlehensfinanzierungskosten *("úvěrové financování")*,
(4) Verbindlichkeiten aus der Erhaltung und Verwaltung der Insolvenzmasse,
(5) arbeitsrechtliche Forderungen der Schuldner/Arbeitnehmer, die nach der Entscheidung über die Insolvenz entstanden sind,
(6) gesetzliche Unterhaltsansprüche,
(7) Forderungen auf Schadenersatz aufgrund von Gesundheitsschädigung.
Übrige Forderungen werden verhältnismäßig befriedigt. 76

3.12.3 Gesicherte Gläubiger

Im Übrigen haben Gläubiger, die durch ein Pfandrecht, ein Zurückbehaltungsrecht, eine noch 77 wirksame Immobiliarverfügungsbeschränkung,[87] eine Sicherungsübereignung oder sicherungsweise Abtretung von Forderungen oder durch ähnliche, in ausländischen Rechtsordnungen vorgesehene Rechte gesichert sind, ein Recht auf abgesonderte Befriedigung aus dem Sicherungsgegenstand.[88] Die Forderungen der gesicherten Gläubiger sowie die Masseforderungen und Forderungen, die den Masseforderungen gleichgestellt werden, werden vor der Erlösverteilung befriedigt.

Das Insolvenzgesetz gewährt den gesicherten Gläubigern die 100%ige abgesonderte Befriedi- 78 gung aus dem Sicherungsgegenstand, wovon allerdings bis zu 5 % des Erlöses für die Verwertungskosten und bis zu 4 % des Erlöses für die Verwaltungskosten sowie das Entgelt des Insolvenzverwalters in Höhe von 9 % bis zu 1 % (degressiver Satz) des zur Auszahlung an die gesicherten Gläubiger vorbereiteten Erlöses abgezogen werden können.[89]

Die Befriedigung der gesicherten Gläubiger erfolgt gemäß dem Prioritätsprinzip nach der 79 Reihenfolge, in der die Sicherheiten entstanden sind, sofern die Sicherungsnehmer nichts Abweichendes vereinbaren. Die Sicherheit geht mit Verwertung des Sicherungsgegenstandes unter.[90]

---

[82] § 306 Abs. 1 IZ.
[83] §§ 306 Abs. 2, 307 Abs. 2 IZ.
[84] §§ 168, 305 Abs. 1 IZ.
[85] §§ 169, 305 Abs. 1 IZ.
[86] § 305 Abs. 2 IZ.
[87] Die zugrundeliegende Regelung der §§ 58 ff. des „Občanský zákoník", übersetzt: Bürgerliches Gesetzbuch v. 26.2.1964, veröffentlicht unter Nr. 40/1964 Sb., wurde inzwischen abgeschafft; diese Regelung ist deshalb faktisch obsolet.
[88] §§ 2 lit. g, 298 Abs. 1 IZ.
[89] § 167 Abs. 1, 298 IZ.
[90] § 167 Abs. 1, 4 IZ.

3.12.4 Nachrangige Gläubiger

80 Die nachrangigen Forderungen (sowie die aus der Beteiligung an einer Gesellschaft stammenden Forderungen der Gesellschafter) sind erst zu befriedigen, nachdem alle Forderungen befriedigt wurden, die von dem Insolvenzverfahren betroffen sind (mit Ausnahmen von zB den Vertragsstrafen).[91] Als nachrangige Forderungen gelten dabei die Forderungen, die nach einem Vertrag erst nach Befriedigung einer anderen Forderung befriedigt werden sollen, die Forderungen aus nachrangigen Schuldverschreibungen und im Falle der Restschuldbefreiung auch Zinsen und ähnliche Forderungen. Die nachrangigen Forderungen sind danach zu befriedigen, wie sie nachrangig sind, wobei die Forderungen der Gesellschafter, die aus der Beteiligung an einer Gesellschaft stammen, stets als die Letzten zu befriedigen sind.

3.13 Abschluss von Verfahren

81 Die Art und Weise des Verfahrensabschlusses unterscheiden sich nach der Form der Abwicklung der Insolvenz.

82 Wird die Insolvenz durch Konkurs abgewickelt, endet das Insolvenzverfahren mit der Rechtskraft der Entscheidung, mit der der Konkurs aufgehoben wird.[92] Das Insolvenzgericht hat auch ohne Antrag über die Aufhebung des Konkurses zu entscheiden. Der Konkurs muss auch dann von dem Insolvenzgericht aufgehoben werden, wenn der Zweck des Konkurses erreicht wurde, dh der Verteilungsbeschluss erfüllt wurde.[93] Der Konkurs ist auch aufzuheben, falls das Vermögen des Schuldners nicht genügt oder falls es keinen angemeldeten Gläubiger gibt und alle Masseforderungen (oder die der Masseforderungen gleichgestellte Forderungen) befriedigt sind. Daneben muss der Konkurs auch aufgehoben werden, wenn die Insolvenz des Schuldners nicht nachträglich glaubhaft gemacht wurde. Dies gilt nicht, soweit ein Teil der Insolvenzmasse bereits verwertet wurde.

83 Die Reorganisation wird im Falle einer erfolgreichen Abwicklung durch die Entscheidung des Insolvenzgerichts beendet, mit der das Insolvenzgericht die Erfüllung des Reorganisationsplans zur Kenntnis nimmt.[94] Die Reorganisation kann aber auch beendet werden, indem die Entscheidung über die Billigung des Reorganisationsplans aufgehoben wird, weil der Reorganisationsplan mit einer betrügerischen Handlung, mit einer Straftat, mit der Begünstigung eines Gläubigers oder mit Schmälerung der Befriedigung eines Gläubigers verbunden ist.[95] Daneben kann die Reorganisation in gesetzlich festgelegten Fällen in einen Konkurs umgewandelt werden.[96]

84 Die Restschuldbefreiung endet mit der Rechtskraft der Entscheidung, mit der das Insolvenzgericht die Erfüllung der Restschuldbefreiung zur Kenntnis nimmt.[97]

Reorganisationsverfahren

85 Mit Einführung des Insolvenzgesetzes wurde die Möglichkeit eines Reorganisationsverfahrens eingeführt. Voraussetzung für die Durchführung dieses Verfahrens ist, dass das Insolvenzgericht es für zulässig erklärt, woraufhin der Schuldner innerhalb von 120 Tagen einen zulässigen Reorganisationsplan (*„reorganizační plán"*) vorlegen muss. Sodann kann der Schuldner im Falle der Zustimmung der Gläubiger das Unternehmen unter Einhaltung dieses Planes fortführen.[98] Ein Reorganisationsplan ist dann zulässig, wenn der Schuldner mindestens 50 Mitarbeiter oder einen Umsatz von mindestens 50 Mio. CZK für das letzte Buchhaltungsjahr hatte. Diese Beschränkung gilt nicht, sofern die Hälfte der gesicherten und ungesicherten Gläubiger dem Reorganisationsplan zustimmt.[99]

86 Der Reorganisationsplan enthält ua eine Bestimmung der Art der Reorganisation (insbesondere über das weitere Verfahren mit der noch vorhandenen Masse), eine Einteilung der Gläubiger nach der Art des weiteren Verfahrens mit ihren jeweiligen Forderungen und eine Benennung der Personen, die sich an der Finanzierung der Reorganisation beteiligen.[100]

87 Das Gesetz sieht dabei verschiedene Arten der Durchführung der Reorganisation vor (zB durch Erlass eines Teils der Schulden oder ihrer Stundung, durch Verkauf der Masse oder des Unternehmens des Schuldners, durch Herausgabe eines Teils der Aktiva des Schuldners an die Gläubiger oder durch

---

[91] § 172 iVm § 170 IZ.
[92] § 309 Abs. 4 IZ.
[93] § 308 Abs. 1 lit. c IZ.
[94] § 364 Abs. 3 IZ.
[95] § 362 IZ.
[96] § 363 IZ.
[97] § 413 IZ.
[98] §§ 316 ff. IZ, insbesondere § 339 Abs 1 IZ.
[99] § 316 IZ.
[100] § 340 Abs. 1 IZ.

deren Übertragung auf eine neu gegründete juristische Person, an welcher die Gläubiger einen Anteil haben). Die Forderungen der Gläubiger werden dabei schrittweise erfüllt.[101]

Das Insolvenzgericht billigt den Reorganisationsplan, wenn er a) im Einklang mit gesetzlichen Vorschriften steht, b) mit ihm keine unlauteren Absichten verfolgt werden, c) er grundsätzlich von sämtlichen Gläubigergruppen genehmigt wurde, d) ihm zufolge jeder Gläubiger eine Leistung erlangt, die nicht geringer ist als die Leistung, die er bei Durchführung eines Konkurses erhalten würde, oder, im Falle einer geringeren Leistung, diesem zustimmt und e) Masseforderungen, oder solche, die ihnen gleichgestellt sind, beglichen wurden oder beglichen werden sollen, sobald der Reorganisationsplan in Kraft tritt, sofern der Schuldner und der jeweilige Gläubiger nichts Abweichendes vereinbart haben.[102] 88

Der Schuldner bleibt, soweit nichts Abweichendes bestimmt wird, verfügungsberechtigt.[103] Die Durchführung des Reorganisationsplanes wird vom Insolvenzverwalter sowie vom Gläubigerausschuss überwacht.[104] 89

Restschuldbefreiung

Der persönliche Anwendungsbereich der Restschuldbefreiung nach tschechischem Recht ist mit dem persönlichen Anwendungsbereich der Restschuldbefreiung nach der deutschen Insolvenzordnung[105] nicht deckungsgleich. Antragsberechtigt ist nach tschechischem Insolvenzrecht eine juristische Person, die nicht als Unternehmer betrachtet wird[106] und deren Schulden nicht aus der Unternehmenstätigkeit entstanden sind sowie eine natürliche Person, deren Schulden nicht aus der Unternehmenstätigkeit entstanden sind.[107] Hat eine solche Person dagegen eine Schuld aus der Unternehmenstätigkeit, ist sie lediglich antragsberechtigt, wenn a) der Gläubiger zustimmt, oder b) es um eine Forderung eines Gläubigers geht, die nach der Beendigung des Konkursverfahrens unbefriedigt geblieben ist, oder c) es um eine Forderung eines gesicherten Gläubigers geht. Der Antrag auf Zulassung zur Restschuldbefreiung darf nur von einem Rechtsanwalt, einem Notar, einem Exekutor oder einem Insolvenzverwalter verfasst und für den Schuldner gestellt werden. Daneben sind zur Verfassung und Stellung des Antrags auch juristische Personen befugt, die über eine entsprechende Akkreditierung verfügen. 90

Die Restschuldbefreiung ist in zwei Phasen aufgeteilt: die Zulassung zur Restschuldbefreiung („*Rozhodnutí o povolení oddlužení*") und die Erteilung der Restschuldbefreiung („*Rozhodnutí o schválení oddlužení*"). Das Verfahren der Restschuldbefreiung kann nur auf Antrag des Schuldners eingeleitet werden.[108] Das Insolvenzgericht kann den Antrag auf Restschuldbefreiungserlaubnis ablehnen, wenn es einen konkreten Anlass zu der Annahme gibt, dass durch die Antragstellung ein unredliches Ziel verfolgt wird oder dass der Schuldner nicht in der Lage sein wird, zumindest die Forderung des Insolvenzverwalters (wobei die Raten für andere Gläubiger nicht niedriger als diese Forderung sein dürfen), die Forderung des Antragstellers auf Zulassung der Restschuldbefreiung und die Unterhaltsforderungen zu befriedigen.[109] 91

Nach der Zulassung zur Restschuldbefreiung wird darüber entschieden, ob diese durch Verwertung der Insolvenzmasse („*zpeněžení majetkové podstaty*") oder durch die Erfüllung nach einem Ratenkalender mit Verwertung der Insolvenzmasse („*plnění splátkového kalendáře se zpeněžením majetkové podstaty*") erfolgen wird. Bei der im Wege der Erfüllung nach einem Ratenkalender mit Verwertung der Insolvenzmasse zu vollziehenden Restschuldbefreiung ist der Schuldner für den Zeitraum bis zu dem Erlass des Berichts über Erfüllung der Restschuldbefreiung dazu verpflichtet, dem Insolvenzverwalter das zu der Insolvenzmasse gehörige Vermögen zu übergeben. Weiter ist er verpflichtet, monatlich an die nicht gesicherten Gläubiger aus eigenem Einkommen einen Betrag in demselben Umfang zu zahlen, in welchem bei einer Zwangsvollstreckung die vorrangigen Forderungen hätten befriedigt werden können. Nach der Befriedigung der Masseforderungen und der ihnen gleichgestellten Forderungen verteilt der Schuldner den Restbetrag durch den Insolvenzverwalter auf die nicht gesicherten Gläubiger nach dem Verhältnis ihrer Forderungen in der Weise, die in der Entscheidung über die Restschuldbefreiungsbewilligung bestimmt wurde. Die gesicherten Gläubiger sind ausschließlich aus dem Erlös der Verwertung der Sicherungsgegenstände zu befriedigen.[110] 92

---

[101] § 341 Abs. 1 IZ.
[102] § 348 Abs. 1 IZ.
[103] § 330 IZ.
[104] §§ 354, 355 IZ.
[105] § 304 InsO.
[106] Unternehmer nach § 420 Abs. 1 des tschechischen Bürgerlichen Gesetzbuchs, Gesetz Nr. 89/2012 Sb., nachfolgend nur: BGB, ist jeder, der selbständig auf eigener Rechnung eine Erwerbstätigkeit in gewerblicher oder ähnlicher Weise in der Absicht ausübt, dauerhaft zum Zwecke des Gewinnerwerbs tätig zu sein.
[107] § 389 Abs. 1 IZ.
[108] § 389 Abs. 3 IZ.
[109] § 395 IZ.
[110] § 398 IZ.

93 Die Restschuldbefreiung durch Erfüllung nach einem Ratenkalender mit Verwertung der Insolvenzmasse ist erfüllt, falls der Schuldner einer der folgenden Bedingungen nachkommt: die Forderungen der ungesicherten Gläubiger wurden völlig bezahlt, der Schuldner hat innerhalb von drei Jahren nach der Erteilung der Restschuldbefreiung mindestens 60 % der Forderungen der ungesicherten Gläubiger erfüllt oder die Restschuldbefreiung wurde nicht innerhalb von fünf Jahren nach der Erteilung aufgehoben, wobei der Schuldner seine Pflicht nicht verletzt hat, nach besten Kräften nach der vollen Befriedigung der Forderungen zu streben. Es wird dabei vermutet, dass der Schuldner diese Pflicht nicht verletzt hat, sofern er in dem angeführten Zeitraum den ungesicherten Gläubigern mindestens 30 % ihrer Forderungen bezahlt hat.[111]

94 Bei der Restschuldbefreiung in Form der Verwertung der Insolvenzmasse ist entsprechend der Regelung der Verwertung der Insolvenzmasse durch Konkurs zu verfahren. Diese Form der Restschuldbefreiung ist nach der Zustellung des Berichts über die Erfüllung des Verteilungsbeschlusses erfüllt, insofern der Schuldner alle Pflichte ordnungsgemäß erfüllt hat.

95 Entscheidet das Insolvenzgericht über die Erfüllung der Restschuldbefreiung, wobei der Schuldner alle Verbindlichkeiten entsprechend der genehmigten Weise der Restschuldbefreiung ordnungsgemäß und rechtzeitig erfüllt, erlässt das Insolvenzgericht einen Beschluss, durch den es den Schuldner von der Befriedigung der von der Restschuldbefreiung erfassten Verbindlichkeiten in dem Umfang befreit, in welchem sie bisher nicht befriedigt worden sind. Diese Befreiung erstreckt sich auch auf die Gläubiger, die im Insolvenzverfahren nicht berücksichtigt worden sind, oder die ihre Forderungen im Insolvenzverfahren nicht angemeldet haben, obwohl ihnen dies oblag, als auch auf Bürgen und andere Personen, denen ein Rückgriffsrecht gegen den Schuldner hinsichtlich dieser Forderungen zustand. Wurde das zur Sicherung der Forderungen dienende Vermögen nicht verwertet, behält der gesicherte Gläubiger das Recht, die Befriedigung der Forderungen aus dem Erlös der Verwertung dieser Vermögensbestandteile geltend zu machen.[112]

4. Verträge im Insolvenzverfahren

4.1 Unerfüllte Verträge

96 Einen gegenseitigen Vertrag, der von beiden Seiten noch nicht vollständig erfüllt wurde, kann der Insolvenzverwalter alternativ entweder anstelle des Schuldners erfüllen und Erfüllung verlangen oder die Leistung ablehnen.[113] Falls der Verwalter nicht innerhalb von dreißig Tagen nach der Entscheidung über den Konkurs erklärt, dass er den Vertrag erfüllt, gilt, dass er die Leistung abgelehnt hat.[114] Der andere Vertragsteil kann im Falle der Ablehnung der Leistung eine Forderung auf entsprechenden Schadensersatz anmelden.[115]

4.2 Miet- oder Pachtverhältnisse

97 Bzgl. eines Miet-, Untermiet- oder Leasingvertrags ist der Insolvenzverwalter berechtigt, diesen innerhalb der vertraglichen oder gesetzlichen Kündigungsfristen zu kündigen. Die Kündigungsfrist darf jedoch nicht mehr als drei Monate betragen.[116] Die Pachtverträge sind nicht ausdrücklich erwähnt, die Regelung findet aber wahrscheinlich auch hierzu Anwendung.

4.3 Leasingverträge

98 Bezüglich der Leasingverträge gelten entsprechend die Bestimmungen, die Miet- und Untermietverträge regeln.[117]

4.4 Dienstverhältnisse

99 Arbeitsverhältnisse bestehen auch nach Eröffnung des Konkurses weiter. Die Funktion des Arbeitgebers wird sodann vom Verwalter übernommen. Wird das Unternehmen des Schuldners beispielsweise durch einen einzigen Vertrag verwertet, etwa als Ganzes veräußert, gehen die Rechte und Pflichten aus dem Arbeitsverhältnis auf den Erwerber über, mit Ausnahme der arbeitsrechtlichen Verbindlichkeiten, die bis zur Wirksamkeit des Kaufvertrages entstanden sind.[118]

---

[111] § 412a IZ.
[112] § 414 IZ.
[113] § 253 Abs. 1 IZ.
[114] § 253 Abs. 2 IZ.
[115] § 253 Abs. 4 IZ.
[116] § 256 Abs. 1 IZ.
[117] § 259 IZ.
[118] §§ 246 Abs. 1, 291 IZ.

Im Falle der Zerschlagung des Unternehmens stellt die Auflösung des Arbeitgebers oder des 100 betreffenden Unternehmensteils einen zulässigen Kündigungsgrund dar. Gleiches gilt für betriebsbedingte Kündigungen aufgrund einer arbeitgeberischen Entscheidung, etwa bzgl. einer Änderung von Aufgabenbereichen oder Reduzierung des Arbeitnehmerbestandes.[119] Im Fall einer Massenkündigung sind die Arbeitnehmer dreißig Kalendertage im Voraus zu informieren.[120] Die Arbeitnehmer haben bei einer Kündigung aus den o.g. Gründen Anspruch auf eine Abfindung, deren Höhe abhängig von der Dauer des Arbeitsverhältnisses von einem bis zu drei Monatsgehältern beträgt.[121]

5. Pensionsansprüche in der Insolvenz

Pensionsansprüche stellen einen Bestandteil der Insolvenzmasse dar und können von dem Insol- 101 venzverfahren betroffen werden.[122]

6. Eigentumsvorbehalt

Hat der Schuldner vor der Konkurserklärung eine Sache mit dem Eigentumsvorbehalt gekauft 102 und übernommen, ohne das Eigentumsrecht zu erwerben, darf der Verkäufer die Rückgabe der Sache nicht verlangen, sofern der Insolvenzverwalter ohne unnötige Verzögerung (*„bez zbytečného odkladu"*) die vertragliche Verpflichtung des Schuldners als Käufer erfüllt.[123]

7. Sicherheiten in der Insolvenz

Als gesicherte Gläubiger werden solche Gläubiger angesehen, deren Forderungen durch das zu 103 der Insolvenzmasse gehörige Vermögen gesichert sind. Das Gesetz legt die einzelnen Formen der Sicherung abschließend fest. Die zugelassenen Formen der Sicherung sind das Pfandrecht, das Zurückbehaltungsrecht, die Sicherungsübereignung, die sicherungsweise Abtretung von Forderungen oder ein ähnliches Recht im Sinne einer ausländischen Rechtsordnung. Daneben kommt die Immobiliarverfügungsbeschränkung in Betracht.

7.1 Mobiliarsicherheiten

Als bewegliche Sachen gelten nach tschechischem Recht die Sachen, die nicht als unbewegliche 104 Sachen definiert sind, unabhängig davon, ob sie materieller oder immaterieller Beschaffenheit sind.[124] Soll das Pfandrecht mit Eintragung in das Pfandregister entstehen, bedarf der Pfandvertrag der Form einer notariellen Urkunde.

7.2 Grundstückssicherheiten

Als unbewegliche Sachen gelten im tschechischen Recht in erster Linie Grundstücke und 105 unterschiedliche Bauwerke mit selbstständiger Zweckbestimmung und die dazugehörigen dinglichen Rechte. Dabei ist zu erwähnen, dass im Sinne des BGB die Gebäude grundsätzlich einen Bestandteil des Grundstücks darstellen, es gibt jedoch viele Gebäude, die zurzeit kein Bestandteil des Grundstücks sind. Daneben gelten als unbewegliche Sachen auch Rechte, die gesetzlich zu unbeweglichen Sachen erklärt werden. Legt ein Gesetz fest, dass eine Sache kein Bestandteil des Grundstücks ist und kann sie ohne Beeinträchtigung ihrer Substanz von einer Stelle zur anderen versetzt werden, gilt auch diese Sache als unbeweglich.[125] Im Zusammenhang mit den Immobilien ist das Pfandrecht von der größten Bedeutung. Ein Pfandrecht an im Grundbuch eingetragenen Immobilien entsteht mit der Eintragung in das Grundbuch.[126]

7.3 Sicherheiten an Flugzeugen, Schiffen; andere Sicherheiten

Ähnlich wie die Immobilien werden auch Flugzeuge und Schiffe in eine öffentliche Liste 106 eingetragen und das Pfandrecht an diesen Gegenständen entsteht ebenso mit der Eintragung.

---

[119] § 52 lit. a, c Zákoník práce, übersetzt: Arbeitsgesetzbuch, nachfolgend nur: ArbGB (ZPr), v. 21.4.2006, veröffentlicht unter 262/2006 Sb.
[120] § 62 ArbGB (ZPr).
[121] § 67 ArbGB (ZPr).
[122] § 206 Abs. 1 lit. i IZ.
[123] § 260 Abs. 2 IZ.
[124] § 498 Abs. 2 BGB.
[125] § 498 Abs. 1 BGB.
[126] § 1316 BGB.

8. Aufrechnung

107 Die Aufrechnung *(„započtení")* mit Gläubigerforderungen gegen Forderungen des Insolvenzschuldners ist nach der Entscheidung über die Insolvenz nur noch unter den vom Insolvenzgesetz aufgestellten Bedingungen zulässig. So muss der Gläubiger seine Gegenforderung angemeldet haben, darf diese nicht aufgrund eines anfechtbaren *(„neúčinný",* dazu → Rn. 108 ff.) Rechtsgeschäfts erworben haben, darf bei deren Erwerb noch nichts von der Insolvenz des Schuldners gewusst haben und schließlich darf er die fällige Hauptforderung des Insolvenzschuldners noch nicht in einem Ausmaß bezahlt haben, das die Höhe seiner Gegenforderung übersteigt.[127] Zur Aufrechnung kann in bestimmten Fällen die Zustimmung oder die Versagung durch das Insolvenzgericht im Wege der einstweiligen Verfügung erteilt werden.[128] So kann, wenn die gemeinsamen Interessen der Gläubiger dem nicht entgegenstehen, eine Zustimmung in Form einer einstweiligen Verfügung zur Aufrechnung gegenseitiger Forderungen zwischen Gläubiger und Schuldner einerseits während des Moratoriums[129] und anderseits ebenfalls zum Zeitpunkt nach der Veröffentlichung des Antrags auf die Reorganisationsgenehmigung im Insolvenzregister[130] ergehen. Hinzu kommt jedoch die Möglichkeit des Insolvenzgerichts, für bestimmte Fälle bzw. für eine bestimmte Zeit, eine solche Aufrechnung durch einstweilige Verfügung zu untersagen.[131]

9. Insolvenzanfechtung

108 Damit der Insolvenzmasse nicht vor Eröffnung des Insolvenzverfahrens wichtige Teile entzogen werden, gelten bestimmte Rechtsgeschäfte, zB die Ausschlagung einer Erbschaft oder Ablehnung einer Schenkung ohne Zustimmung des Insolvenzverwalters,[132] bestimmte Vermögensverschiebungen unter Ehegatten oder unter Gesellschaften eines Konzernverbundes[133] sowie im Falle des Reorganisationsverfahrens (dazu → Rn. 81 ff.) bestimmte Geschäfte, die ohne erforderliche Zustimmung des Insolvenzverwalters erfolgen,[134] in bestimmten Fällen als nichtig *(„neplatné")*.

109 Von größerer praktischer Bedeutung ist die „Unwirksamkeit" *(„neúčinnost")* von Rechtsgeschäften. Diese gelten nach tschechischem Recht als zunächst gültig *(„platné"),* aber anfechtbar. Dies betrifft im Insolvenzgesetz abschließend aufgeführte Fälle, insbesondere Geschäfte ohne angemessene Gegenleistung[135] oder vorsätzlich masseverkürzende Geschäfte,[136] sowie Geschäfte, mit denen einem Gläubiger zum Nachteil anderer Gläubiger eine höhere Befriedigung gewährt wird, als ihm ansonsten im Konkurs zustehen würde.[137]

110 Im Insolvenzgesetz sind weiter abschließend die Fälle aufgelistet, in welchen die Rechtsgeschäfte nicht anfechtbar sind, zB bei Sicherheiten, wenn der Schuldner im Zusammenhang mit ihrer Bestellung eine angemessene Gegenleistung erhalten hat (zB die Gewährung des Darlehens).[138]

111 Die Anfechtung wie auch die Geltendmachung der Nichtigkeit erfolgen im Wege der Klage, über die im Rahmen einer sog. „Inzidenzstreitigkeit" oder im Verfahren selbst als Vorfrage entschieden werden kann. Für „Inzidenzstreitigkeiten" ist aus Gründen der Verfahrensökonomie sachlich, örtlich und auch funktionell das Insolvenzgericht zuständig. Anders als die Nichtigkeitsklage kann die Anfechtungsklage jedoch ausschließlich vom Insolvenzverwalter erhoben werden.[139] Der Insolvenzverwalter ist zur Klageerhebung verpflichtet, wenn der Gläubigerausschuss dies von ihm verlangt.[140] Stellt das Insolvenzgericht die Anfechtbarkeit des Rechtsgeschäfts fest, hat der durch das Geschäft Begünstigte die erlangten Vorteile herauszugeben.[141] Der Insolvenzverwalter kann die Anfechtungsklage innerhalb der Frist eines Jahres ab dem Tag, an dem die Wirkungen der Entscheidung über die gerichtliche Feststellung der Insolvenz eingetreten sind, erheben. Erhebt er sie nicht innerhalb dieser Frist, so erlischt der Anfechtungsanspruch.[142]

---

[127] §§ 140 Abs. 2, 3, 238 IZ.
[128] § 82 Abs. 3 IZ.
[129] § 82 Abs. 3 a) IZ.
[130] § 82 Abs. 3 b) IZ.
[131] § 82 Abs. 3 c) IZ.
[132] § 246 Abs. 4 IZ.
[133] §§ 269, 270, 276 bzw. § 295 IZ.
[134] § 354 Abs. 4 IZ.
[135] § 240 IZ.
[136] § 242 IZ.
[137] § 241 IZ.
[138] § 241 Abs. 5 IZ.
[139] § 239 Abs. 1 IZ.
[140] § 239 Abs. 2 IZ.
[141] § 237 IZ.
[142] § 239 Abs. 3 IZ.

10. Geltendmachung von Haftungsansprüchen gegen (frühere) Geschäftsführer, Gesellschafter oder Dritte

Die Haftungsansprüche gegen Geschäftsführer oder Gesellschafter kommen im Falle des Schadens, der infolge der Verletzung der Pflicht, den Insolvenzantrag zu stellen, entstanden ist, zum Tragen. Die Verjährungsfrist ist dabei zu beachten.

11. Asset Tracing

Der Insolvenzverwalter sowie auch der vorläufige Verwalter sind verpflichtet, die Insolvenzmasse festzustellen, wobei sie sich nach den Weisungen des Insolvenzgerichts richten sollen.[143]

Dabei ist der Insolvenzverwalter befugt, die Zusammenarbeit von Organen der öffentlichen Gewalt, Notaren, Exekutoren sowie auch von Finanzinstituten und anderen Personen zu verlangen. Die Zusammenarbeit besteht auf der Gewährleistung der Angaben über das Vermögen des Schuldners. Insbesondere ist (mit Hinsicht auf das zu erwartende Vermögen) für die Praxis die Mitwirkung von Banken, Grundbuchämtern und vom Kraftfahrzeugamt wichtig. Viele andere Organe und Personen kommen jedoch auch noch in Betracht.

Des Weiteren darf der Gläubigerausschuss die Bücher des Schuldners einsehen.[144]

12. Internationales Insolvenzrecht

Das Insolvenzgesetz stellt fest, dass in einem Verfahren mit grenzüberschreitendem Bezug die unmittelbar anwendbaren europarechtlichen Insolvenzvorschriften und das dort verwiesene Recht des Mitgliedstaats anzuwenden sind. Auf der Ebene der Europäischen Union ist das Insolvenzverfahren vornehmlich durch die Verordnung über Insolvenzverfahren[145] (nachfolgend nur: EuInsVO) geregelt. Aufgrund der Verordnung werden Entscheidungen aus Insolvenzverfahren anderer EU-Mitgliedstaaten anerkannt. Wird über einen Schuldner ein Insolvenzverfahren in einem Mitgliedstaat der EU eröffnet, in dem der Schuldner seinen „centre of main interest" hat, so können Sekundärinsolvenzverfahren in der Tschechischen Republik damit nur noch unter den in der EuInsVO vorgesehenen Voraussetzungen eröffnet werden. Im Falle des vor einem britischen Gericht eröffneten Verfahrens „Collins & Aikman"[146] zeigte sich, dass die tschechischen Gerichte bereits vor Inkrafttreten des gegenwärtigen Insolvenzrechts anders als etwa jene der Republik Österreich, diese Regeln tatsächlich auch respektierten und in dem vorliegenden Falle kein Sekundärverfahren eröffneten.[147]

13. Die COVID-19-Gesetzgebung

13.1 Einführung

Infolge der Pandemie wurde am 12.3.2020 der Notstand in der Tschechischen Republik erklärt und am 17.5.2020 beendet. Um die Auswirkungen der Corona-Krise zu mildern, wurden Notfallmaßnahmen getroffen und Novellen mehrerer Gesetze aufgenommen, zB das Gesetz Nr. 191/2020 Sb.[148] Das sog. Lex Covid ist am 24.4.2020 in Kraft getreten und regelt unter anderem insbesondere folgende Bereiche des Insolvenzrechts.

13.2 Erlass der versäumten Frist im Insolvenzverfahren

Auf Antrag einer Person, die die Frist für die Vornahme einer bestimmten Handlung im Insolvenzverfahren während der außerordentlichen Maßnahmen bei der Epidemie nicht eingehalten hat, hebt das Insolvenzgericht durch Erlass die versäumte Frist auf, wenn das Versäumen infolge Beschränkungen aufgrund der außerordentlichen Maßnahmen während der Epidemie eingetreten ist.[149] Dies gilt nicht, wenn die betroffene Angelegenheit bereits entschieden wurde

---

[143] § 209 IZ.
[144] § 58 Abs. 2 lit. e IZ.
[145] VO (EU) 2015/848 des Europäischen Parlaments und des Rates v. 20.5.2015 über Insolvenzverfahren.
[146] Vgl. High Court of Justice London – Urt. v. 9.6.2006 – Az : [2006] EWHC 1343 (Ch), NZI 2006, 654.
[147] Obchodní věstník, Handelsanzeiger, Nr. 32/05, Az.: 222721-32/05.
[148] „Zákon o některých opatřeních ke zmírnění dopadů epidemie koronaviru SARS CoV-2 na osoby účastníci se soudního řízení, poškozené, oběti trestných činů a právnické osoby a o změně insolvenčního zákona a občanského soudního řádu", Gesetz über bestimmte Maßnahmen zur Minderung der Auswirkungen der SARS-CoV-2-Coronavirus-Epidemie auf Prozessbeteiligte, Geschädigte, Opfer von Straftaten und juristische Personen sowie über Änderungen des Insolvenzgesetzes und der Zivilprozessordnung, v. 17.4.2020, nachfolgend nur: Lex Covid.
[149] § 5 Abs. 1 Lex Covid.

oder die Entscheidung bereits in Kraft getreten ist, falls es sich um eine Berufung oder Einsprüche handelt.

119 Der Antrag muss innerhalb von sieben Tagen nach Ende oder Aufhebung der außerordentlichen Maßnahmen während der Epidemie, die zur Verzögerung geführt haben, eingereicht werden. Die versäumte Handlung muss mit dem Antrag verbunden werden. Die Frist für die Einreichung endet jedoch nicht früher als sieben Tage nach dem Ende oder Aufhebung des Notstands.[150]

13.3 Antragstellung

120 Die Antragspflicht gemäß § 98 Abs. 1 IZ (die Insolvenzantragspflicht des Schuldners) gilt nicht ab dem 24.4.2020 bis sechs Monate nach Ende oder Aufhebung der außerordentlichen Maßnahmen während der Epidemie, spätestens jedoch bis zum 31.12.2020. Dies gilt nicht, wenn die Insolvenz vor den außerordentlichen Maßnahmen während der Epidemie eingetreten ist oder nicht überwiegend als Folge davon verursacht wurde.[151] Infolgedessen haftet der Schuldner und die Geschäftsführung nicht für Schäden oder andere Nachteile, die infolge der Verletzung der Antragspflicht entstanden sind. Wenn der Schuldner trotzdem den Insolvenzantrag stellen möchte, hindert ihn daran Lex Covid nicht.

121 Falls der Gläubiger den Insolvenzantrag zwischen dem 24.4.2020 und dem 31.8.2020 einreicht, wird dies nicht berücksichtigt.[152] Der Gläubiger wird erst nach diesem Zeitpunkt einen Insolvenzantrag stellen können.

13.4 Befreiung von der Zahlung von Forderungen

122 Wenn der Schuldner nachweist, dass er die Forderungen im Rahmen der Restschuldbefreiung durch Erfüllung des Ratenkalenders aufgrund von Umständen, die er nicht verschuldet hat, nicht in gesetzlichem Umfang erfüllt hat, kann das Insolvenzgericht dem Schuldner auf seinen Antrag eine Befreiung von der Zahlung der Forderungen gewähren.[153] Es wird davon ausgegangen, dass der Schuldner solche Umstände nicht verschuldet hat, die sich aus den Beschränkungen im Zusammenhang mit außerordentlichen Maßnahmen während der Epidemie oder einer ähnlichen Maßnahme ergeben.[154]

13.5 Durchführung des Reorganisationsplanes

123 Im Insolvenzverfahren, in dem wirksam ein Reorganisationsplan bis zum 12.4.2020 genehmigt wurde, jedoch noch nicht vollständig erfüllt wurde, kann der Schuldner beim Insolvenzgericht innerhalb des Zeitraums seiner Befreiung von der Insolvenzantragspflicht, wie oben erwähnt, beantragen, dass es über die zwischenzeitliche Aussetzung der Durchführung des Reorganisationsplanes entscheidet.[155] Das Insolvenzgericht kann über die Aussetzung der Durchführung des Reorganisationsplanes oder Maßnahmen zum Schutz der Gläubiger auch ohne Antrag entscheiden, wenn schwerwiegende Gründe dafür vorliegen.[156] Während dieser Zeit kann jedoch das Insolvenzgericht nicht über die Umwandlung der Reorganisation in einem Liquidationskonkurs entscheiden.[157]

13.6 Außerordentliches Moratorium

124 Bis zum 31.8.2020 kann der Schuldner einen Antrag auf ein außerordentliches Moratorium beim Insolvenzgericht stellen.[158] Dabei muss er ua folgende Bedingungen erfüllen: der Schuldner ist ein Unternehmer, der zum 12.3.2020 nicht insolvent war, der Antrag ist aufgrund der außerordentlichen Maßnahmen während der Epidemie gestellt und der Schuldner hat nach dem 11.2.2020 keine außerordentlichen Gewinnanteile oder sonstigen Leistungen bezahlt.[159] Falls der Antrag alle Anforderungen erfüllt, erklärt das Insolvenzgericht das außerordentliche Moratorium.[160]

---

[150] § 5 Abs. 2 Lex Covid.
[151] § 12 Abs. 1 und 2 Lex Covid.
[152] § 13 Abs. 1 Lex Covid.
[153] § 15 Abs. 1 Lex Covid.
[154] § 15 Abs. 2 Lex Covid.
[155] § 16 Abs. 1 Lex Covid.
[156] § 16 Abs. 4 Lex Covid.
[157] § 16 Abs. 2 Lex Covid.
[158] § 127a Abs. 1 IZ.
[159] § 127a Abs. 2 IZ.
[160] § 127a Abs. 3 IZ.

Das außerordentliche Moratorium leistet Schuldnern denselben Schutz wie ein Moratorium. Der Schuldner ist vor einer Insolvenzeröffnung, Verwertung von Sicherheiten oder Vollstreckung geschützt und kann seine üblichen Geschäfte fortführen. Der Unterschied zwischen einem Moratorium und einem außerordentlichen Moratorium besteht darin, dass die Zustimmung der Mehrheit der Gläubiger nicht erforderlich ist, um ein außerordentliches Moratorium zu erklären. Die Zustimmung der Mehrheit der Gläubiger ist erst dann erforderlich, wenn eine Verlängerung des außerordentlichen Moratoriums beantragt wird, das um maximal drei Monate verlängert werden kann.[161]

---

[161] § 127a Abs. 8 IZ.

Tschechische Republik

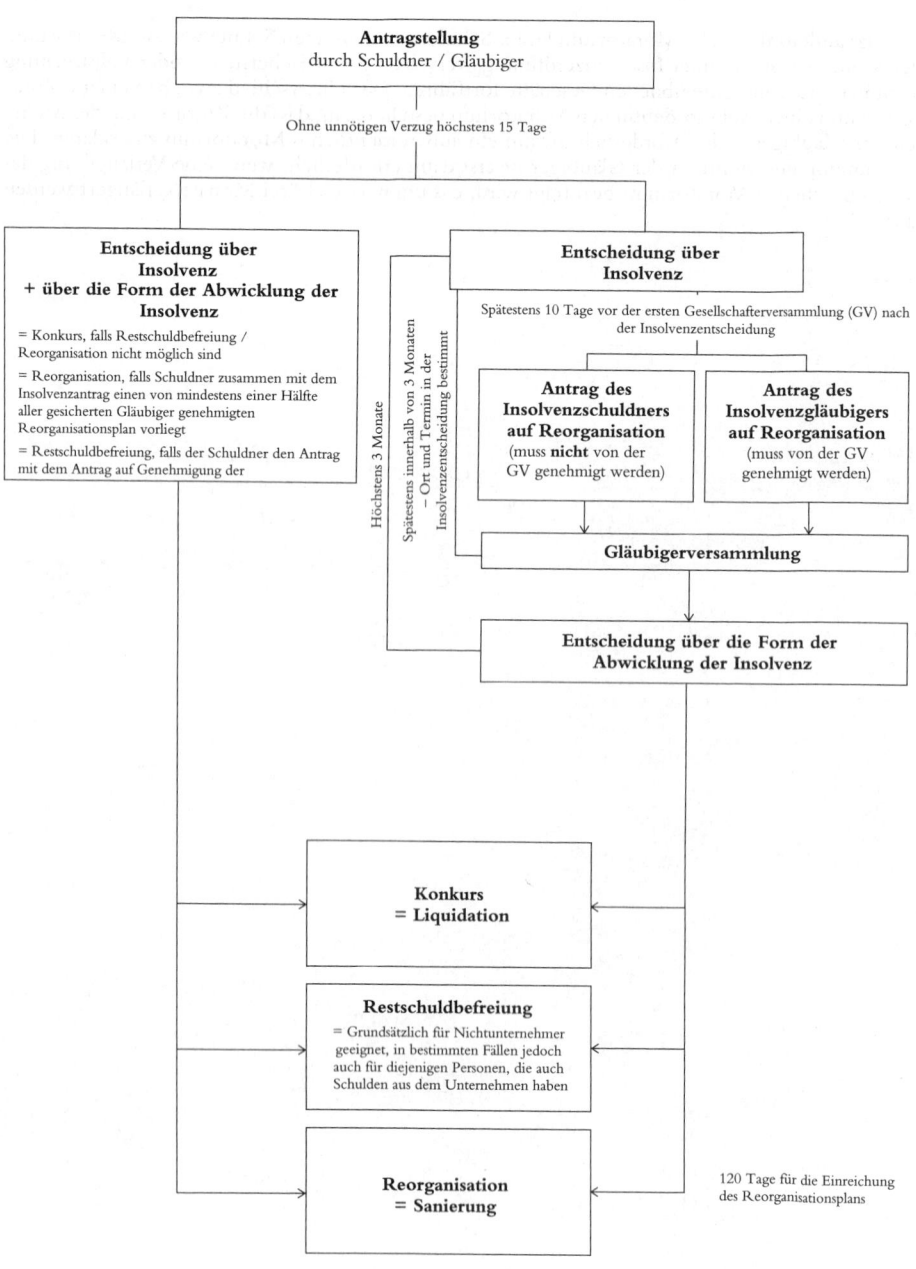

Tschechische Republik

Glossar

Deutsch	Tschechisch	Rn.
Abschlussbericht	konečná zpráva	45–46
Anfechtbares Rechtsgeschäft	neúčinný právní úkon	63, 66
Aufrechnung	započtení	63
Ausschluss	vyloučení	48
Darlehensfinanzierung	úvěrové financování	57
drohende Insolvenz	hrozící úpadek	16
einstweilige Anordnung	předběžné opatření	20
Entscheidung über die Insolvenz	rozhodnutí o úpadku	8, 37, 55, 57, 63, Zeitstrahle
Erfüllung nach einem Ratenkalender mit Verwertung der Insolvenzmasse	plnění splátkového kalendáře se zpeněžením majetkové podstaty	76, 77
Eröffnungsverfahren	zahájení řízení	8, 23, 28
Erteilung der Restschuldbefreiung	rozhodnutí o schválení oddlužení	74
Forderung	pohledávka	13, 14, 24, 28, 30–32, 35, 45, 46, 51, 55, 57–59, 63, 69–70, 73, 75–77
Forderung, die Masseforderungen gleichgestellt ist	pohledávka postavená naroveň pohledávkám za majetkovou podstatou	56
Formen der Abwicklung der Insolvenz	způsoby řešení úpadku	37
freihändiger Verkauf außerhalb einer Versteigerung	přímý prodej mimo dražbu	40, 43
geringfügiger Konkurs	nepatrný konkurs	18
gesicherter Gläubiger	zajištěný věřitel	53–54, 68, 73–77
Gläubigerausschuss	věřitelský výbor	34–36, 39–41, 43–44, 67, 72
Gläubigerversammlung	schůze věřitelů	34–35, 37, Zeitstrahle
Handelsregister	obchodní rejstřík	3
Insolvenz	úpadek	4, 8, 9, 13, 15–16, 26–28, 37, 55, 57–58, 63
Insolvenzantrag	insolvenční návrh	
Insolvenzgericht	insolvenční soud	10, 21, 25, 27–29, 32, 35, 38, 43–45, 63, 67–68, 71, 75, 77
Insolvenzgesetz	insolvenční zákon	3–5, 7–8, 11–12, 17, 23, 28, 32–

Tschechische Republik

Deutsch	Tschechisch	Rn.
		33, 50, 53, 63, 65–66, 68, 78
Insolvenzregister	insolvenční rejstřík	3, 10, 63
Insolvenzverwalter	insolvenční správce	3, 5, 10, 26, 29, 32, 35, 37–46, 48, 50, 53, 55, 57, 59–60, 64, 67, 72, 76
Inzidenzstreitigkeit	incidenční spor	10, 67
Kreisgericht	krajský soud	
Masseforderung	pohledávka majetkovou podstatou	45, 56, 71
Massegläubiger	věřitel s pohledávkou za majetkovou podstatou	25, 55
nachrangige Forderung	podřízená pohledávka	58
nichtiges Rechtsgeschäft	neplatný právní úkon	64
öffentliche Versteigerung	veřejná dražba	40–41
Prüfungstermin	přezkumné jednání	32
Reorganisation	reorganizace	8, 26, 69–70, Zeitstrahle
Reorganisationsplan	reorganizační plán	37, 68–69, 71–72, Zeitstrahle
Restschuldbefreiung	oddlužení	8, 19, 26, 73–77
Überschuldung	předlužení	15, 18
Unternehmer	podnikatel	15, 17–19, 73
Unwirksamkeit	neúčinnost	65
Vermögensübersicht	soupis majetkové podstaty	48
Verteilung	rozvrh	46
Verwertung der Insolvenzmasse	zpeněžení majetkové podstaty	39, 57, 76
vorläufiger Verwalter	předběžný insolvenční správce	20
Zahlungsunfähigkeit	platební neschopnost	12, 14, 16, 27
Zulassung zur Restschuldbefreiung	rozhodnutí o povolení oddlužení	74, 76

Glossar

Tschechisch	Deutsch	Rn.
hrozící úpadek	drohende Insolvenz	16
incidenční spor	Inzidenzstreitigkeit	10, 67
insolvenční návrh	Insolvenzantrag	
insolvenční rejstřík	Insolvenzregister	3, 10, 63
insolvenční soud	Insolvenzgericht	10, 21, 25, 27–29, 32, 35, 38, 43–

Tschechische Republik

Tschechisch	Deutsch	Rn.
		45, 63, 67–68, 71, 75, 77
insolvenční správce	Insolvenzverwalter	3, 5, 10, 26, 29, 32, 35, 37–46, 48, 50, 53, 55, 57, 59–60, 64, 67, 72, 76
insolvenční zákon	Insolvenzgesetz	3–5, 7–8, 11–12, 17, 23, 28, 32–33, 50, 53, 63, 65–66, 68, 78
konečná zpráva	Abschlussbericht	45–46
krajský soud	Kreisgericht	
nepatrný konkurs	geringfügiger Konkurs	18
neplatný právní úkon	nichtiges Rechtsgeschäft	64
neúčinnost	Unwirksamkeit	65
neúčinný právní úkon	Anfechtbares Rechtsgeschäft	63, 66
obchodní rejstřík	Handelsregister	3
oddlužení	Restschuldbefreiung	8, 19, 26, 73–77
platební neschopnost	Zahlungsunfähigkeit	12, 14, 16, 27
plnění splátkového kalendáře se zpeněžením majetkové podstaty	Erfüllung nach einem Ratenkalender mit Verwertung der Insolvenzmasse	76, 77
podnikatel	Unternehmer	15, 17–19, 73
podřízená pohledávka	nachrangige Forderung	58
pohledávka	Forderung	13, 14, 24, 28, 30–32, 35, 45, 46, 51, 55, 57–59, 63, 69–70, 73, 75–77
pohledávka majetkovou podstatou	Masseforderung	45, 56, 71
pohledávka postavená naroveň pohledávkám za majetkovou podstatou	Forderung, die Masseforderungen gleichgestellt ist	56
předběžné opatření	einstweilige Anordnung	20
předběžný insolvenční správce	vorläufiger Verwalter	20
předlužení	Überschuldung	15, 18
přezkumné jednání	Prüfungstermin	32
přímý prodej mimo dražbu	freihändiger Verkauf außerhalb einer Versteigerung	40, 43
reorganizace	Reorganisation	8, 26, 69–70, Zeitstrahle

Tschechische Republik

Tschechisch	Deutsch	Rn.
reorganizační plán	Reorganisationsplan	37, 68–69, 71–72, Zeitstrahle
rozhodnutí o povolení oddlužení	Zulassung zur Restschuldbefreiung	74, 76
rozhodnutí o schválení oddlužení	Erteilung der Restschuldbefreiung	74
rozhodnutí o úpadku	Entscheidung über die Insolvenz	8, 37, 55, 57, 63, Zeitstrahle
rozvrh	Verteilung	46
schůze věřitelů	Gläubigerversammlung	34–35, 37, Zeitstrahle
soupis majetkové podstaty	Vermögensübersicht	48
úpadek	Insolvenz	4, 8, 9, 13, 15–16, 26–28, 37, 55, 57–58, 63
úvěrové financování	Darlehensfinanzierung	57
veřejná dražba	öffentliche Versteigerung	40–41
věřitel s pohledávkou za majetkovou podstatou	Massegläubiger	25, 55
věřitelský výbor	Gläubigerausschuss	34–36, 39–41, 43–44, 67, 72
vyloučení	Ausschluss	48
zahájení řízení	Eröffnungsverfahren	8, 23, 28
zajištěný věřitel	gesicherter Gläubiger	53–54, 68, 73–77
započtení	Aufrechnung	63
zpeněžení majetkové podstaty	Verwertung der Insolvenzmasse	39, 57, 76
způsoby řešení úpadku	Formen der Abwicklung der Insolvenz	37

Tunesien

bearbeitet von *Prof. Dr. Reinhard Dammann* (Avocat au Barreau de Paris, professeur affilié à Sciences Po Paris) und *Prof. Imen Abdelhak* (Universität Tunis).

Übersicht

	Rn.		Rn.
1. Gesetzessammlungen und Informationsquellen, Amtssprache	1	3.12.3 Die übertragende Sanierung – *plan de cession*	75
2. Einführung	2	3.12.4 Abschluss des Verfahrens	88
2.1 Gesetzliche Grundlagen, Übersicht der verschiedenen Verfahrenstypen	2	4. Das Konkursverfahren – *faillite*	89
		4.1 Eröffnung des Verfahrens	89
2.1.1 Geschichtliche Entwicklung	2	4.2 Verwaltung und Abwicklung des Vermögens	97
2.1.2 Gesetz vom 29.4.2016	6		
2.1.3 Anwendungsbereich	7	4.3 Anmeldung und Überprüfung der Insolvenzforderungen	101
2.1.4 Staatliche Einflussnahme	8	4.4 Beendigung des Konkursverfahrens – *clôture de la faillite*	103
2.2 Präventive Restrukturierung	11		
2.2.1 Frühwarnverfahren, *procédure d'alerte*	11	5. Gläubigergruppen – Massegläubiger, bevorrechtigte, gesicherte, ungesicherte und nachrangige Gläubiger	107
2.2.2 *Règlement amiable*	14		
2.3 Insolvenzen von Banken und Finanzinstituten	28	5.1 Massegläubiger	107
		5.2 Bevorrechtigte Gläubiger	108
2.4 Konzerninsolvenzen	29	5.3 Ungesicherte Gläubiger	110
2.5 Verbraucherinsolvenzen	31	5.4 Nachrangige Gläubiger	111
3. Wesentliche Verfahrensmerkmale des ordentlichen Insolvenzverfahrens – *règlement judiciaire*	32	6. Verträge im Insolvenzverfahren	112
		7. Pensionsansprüche	114
3.1 Eröffnung des Verfahrens	32	8. Eigentumsvorbehalt	115
3.2 Rolle des Gerichtes	36	9. Sicherheiten in der Insolvenz	116
3.3 Verwalter	38	9.1 Rechtsstellung dinglich abgesicherter Gläubiger	116
3.4 Massezugehörigkeit	41		
3.5 Fortführung des Unternehmens	49	9.2 Stellung von Gesamtschuldnern und Garanten	125
3.6 Sicherungsmaßnahmen vor Verfahrenseröffnung	52	9.3 Aufrechnung: Netting-Vereinbarungen	127
3.7 Wirkungen der Verfahrenseröffnung auf Rechtsverfolgungsmaßnahmen einzelner Gläubiger	53	10. Insolvenzanfechtung	128
		10.1 Allgemeines	128
3.8 Wirkungen der Verfahrenseröffnung auf laufende Gerichts- oder Schiedsverfahren	57	10.2 Automatische Nichtigkeit – *nullité de droit*	131
		10.3 Fakultative Nichtigkeit – *nullité facultative*	132
3.9 Automatisches Moratorium	58		
3.10 Organe der Gläubiger	59	11. Geltendmachung von Haftungsansprüchen gegen (frühere) Geschäftsführer, Gesellschafter oder Dritte	133
3.11 Forderungsanmeldung, Feststellung oder Bestreiten von Forderungen	60		
3.12 Sanierungsplan, *plan de redressement*	64	11.1 Die Gläubigerhaftung bei fahrlässiger Kreditgewährung	133
3.12.1 Allgemeine Bestimmungen	64	11.2 Haftung von Mitgliedern der Leitungsorgane	135
3.12.2 Fortführung des Unternehmens, *poursuite de l'activité*	69	12. Internationales Insolvenzrecht	137

1. Gesetzessammlungen und Informationsquellen, Amtssprache

1 Der tunesische *Code de commerce* ist in französischer Sprache im Internet abrufbar (Stand 2014). Eine Neufassung ist in Vorbereitung. Das Gesetz Nr. 2016-36 vom 29.4.2016 in französischer Sprache ist ebenfalls zugänglich.[1] Da die **Amtssprache** bei Gericht **arabisch** ist, müssen alle Klagen und Schriftsätze in arabischer Sprache eingereicht werden, wodurch in der Praxis die Einschaltung einer **örtlichen Kanzlei** zwingend erforderlich ist. Da in Praxis der Rechtsverkehr mit den örtlichen Kanzleien idR in französischer Sprache geführt wird, werden im Rahmen dieses Länderberichts die Begriffe in französischer Sprache verwendet. Das Glossar dieses Länderberichtes ist daher in deutscher, französischer und arabischer Sprache abgefasst.

2. Einführung

2.1 Gesetzliche Grundlagen, Übersicht der verschiedenen Verfahrenstypen

2.1.1 Geschichtliche Entwicklung

2 Zum besseren Verständnis des **neuen Gesetzes** vom 29.4.2016[2] ist eine Rückblende auf die geschichtliche Entwicklung des tunesischen Insolvenzrechts angebracht. Auffällig ist in diesem Zusammenhang der **Einfluss** des **französischen Rechts**. Ursprünglich sahen Art. 413 bis 444 und Art. 445 bis 595 des vierten Buches des tunesischen Handelsgesetzbuches von 1959[3] den präventiven Vergleich, *concordat préventif,* und den Konkurs, *faillite,* als eine **repressive**, auf **Gläubigerbefriedigung** ausgerichtete Schuldenregulierung vor, die das tunesische Insolvenzrecht während mehr als drei Jahrzehnten prägten. Diese Vorschriften beruhten auf dem **französischen Handelsgesetz,** der *loi commerciale,* vom 28.5.1838 zur Sanktion des strafrechtlichen Bankrotts, zwei Gesetzesverordnungen, *décret-lois,* vom 8.8.1935 zum Gläubigerschutz und der Einführung eines Super-Privilegs zugunsten der Arbeitnehmer, das bis heute fortbesteht,[4] sowie das *décret* Nr. 55-583 vom 20.5.1955 zum Anfechtungsrecht.[5] Die Beschlagnahmung des Vermögens[6] sowie der strafrechtliche Charakter vieler Bestimmungen hatten zur Folge, dass die Schuldner die Eröffnung des Konkursverfahrens auf Äußerste hinauszögerten.[7] An eine Rettung notleidender Unternehmen war nicht zu denken. Es ging einzig und allein um die **Bestrafung** bankrotter Schuldner und die **Befriedigung** der Gläubiger.

3 Eine **durchgreifende Reform** erfolgte durch Gesetz vom 17.4.1995,[8] dass sich das **französische Loi Badinter** vom 25.1.1985 zum Vorbild nahm.[9] Die Behebung wirtschaftlicher Schwierigkeiten sollte in zwei Phasen geschehen. Das Gesetz von 1995 sah für die erste Phase als präventive Maßnahmen ein Frühwarnsystem, *procédure d'alerte,* und den freiwilligen Vergleich, *règlement amiable,* vor. Kam es dennoch zur Eröffnung eines Insolvenzverfahrens, sollte in einer zweiten Phase das Unternehmen im Wege der Fortsetzung oder der Veräußerung saniert werden. Es ging nicht mehr in erster Linie in französischer Sprache geführt wird, werden im Rahmen dieses Länderberichts die Begriffe mehr in erster Linie um eine organisierte Schuldenabwicklung, sondern das *règlement judiciaire* sollte dazu dienen, das notleidende Unternehmen, *entreprise en difficulté,* zu retten, seine Aktivität und Arbeitsplätze zu erhalten und seine Passiva zu bereinigen.[10] Die Interessen der Gläubiger wurden den wirtschafts- und sozialpolitischen Zielen des Gesetzes eindeutig untergeordnet. Im Mittelpunkt der Betrachtungen stand das **Unternehmen,** *entreprise,* dessen Schicksal von dem des Schuldners getrennt wurde und das zum Rechtsträger avancierte.[11]

4 Das Reformgesetz von 1995 hat das **Konkursverfahren,** *faillite,* beibehalten. Das *règlement judiciaire* musste als Regelverfahren grundsätzlich einem Konkurs vorgeschaltet werden.[12] Eine Aus-

---

[1] http://www.legislation.tn/sites/default/files/loi_pc_version_condsolidee__finalisee.pdf.
[2] JORT v. 10.5.2016, Nr. 38, S. 1724.
[3] Durch Ges. Nr. 59-129 v. 5.10.1959 wurde das tunesische Handelsgesetzbuch, *Code de commerce,* erlassen.
[4] Übersichtlich *Mechri,* Leçons de droit commercial, Les procédures collectives: le concordat préventif et la faillite, Centre d'Études, de Recherches et de Publications, Tunis 1994, S. 51.
[5] Art. 462 u. 463 C. com. wurden von der Reform des Insolvenzrechts durch Ges. v. 17.4.1995 nicht tangiert.
[6] Art. 457 u. 596 (anc.) C. com.
[7] Vgl. *Abdelhak,* La protection des créanciers de la faillite, Mémoire pour l'obtention du Diplôme d'Études Approfondies, Faculté de Droit et des Sciences-politiques de Tunis, 1991–1992.
[8] Loi Nr. 95-34 *relative au redressement des entreprises en difficulté,* JORT Nr. 33 v. 25.4.1995, S. 792.
[9] Dazu → Länderbericht Frankreich Rn. 1.
[10] Vgl. Art. 1 des Ges. v. 1995: „*le règlement judiciaire tend essentiellement à aider les entreprises qui connaissent des difficultés économiques à poursuivre leur activité, à y maintenir les emplois et à payer leurs dettes*".
[11] So sprach das Reformgesetz von 1995 von den „*droits de l'entreprise*", den „*biens de l'entreprise*" und dem „*intérêt de l'entreprise*".
[12] Art. 54 des Ges. v. 1995.

nahme bestand allerdings beim strafrechtlichen Bankrott oder falls ein Liquidierungsverfahren der Gesellschaft bereits eingeleitet worden war.

Die Reform von 1995 konnte die an sie gestellten hohen Erwartungen nicht erfüllen. Das *règlement amiable* wurde **rechtsmissbräuchlich** dazu benutzt, die Eröffnung des *règlement judiciaire*-Verfahrens hinauszuzögern. Kritisiert wurde ebenfalls die mangelnde Koordination zwischen *règlement judiciaire* und *faillite*. Die Gesetze vom 15.7.1999 und 29.12.2003 nahmen erste Korrekturen vor, ohne jedoch das Gesamtkonzept in Frage zu stellen.[13]

2.1.2 Gesetz vom 29.4.2016

Durch **Gesetz** vom **29.4.2016** wurde das tunesische Insolvenzrecht des vierten Buches des *Code de commerce* **neu gestaltet**.[14] Die Reform löste das Gesetz vom 17.4.1995 ab. An die Stelle der *„faillite"* trat ein neues Konkursrecht. Anders als im französischen Recht wurde allerdings kein präventives Sanierungsverfahren, in Anlehnung an die *procédure de sauvegarde,* kreiert. Die Grundstruktur des tunesischen Insolvenzrechts von 1995 wurde beibehalten. Weiterhin sind folgende Verfahren zu unterscheiden: das Frühwarnverfahren, *procédure d'alerte,* das präventive Vergleichsverfahren, *règlement amiable,* das ordentliche Insolvenzverfahren, *règlement judiciaire* und das Konkursverfahren, *faillite*. In der Praxis ist zu beobachten, dass die Gerichte weiterhin sehr häufig auf die *faillite* zurückgreifen, um Leitungsorgane zivil- und strafrechtlich belangen zu können. Das Gericht kann nämlich, zu jedem Zeitpunkt des Verfahrens, ein *règlement judiciaire* in ein Konkursverfahren umzuwandeln, falls der zahlungsunfähige Schuldner sich in einer aussichtslosen Lage, *situation désepérée,* befindet.[15] Ob das neue Recht die Stellung der **Gläubiger verbessert** – das erklärte Ziel der Reform[16] – darf allerdings bezweifelt werden. Im Rahmen der Covid-19-Pandemie wurde das Gesetz 29.4.2016 nicht abgeändert. Um die finanziellen Auswirkungen der Krise abzumildern, hat die tunesische Regierung durch décret-loi Nr. 06-2020 eine Kreditlinie von 300 Millionen Dinar zur Refinanzierung von Krediten, die mittelständischen Unternehmen eingeräumt worden sind, zur Verfügung gestellt. Voraussetzung ist, dass das Unternehmen vor dem 1.2.2020 seine Aktivitäten nicht eingestellt hat und nicht Gegenstand eines *redressement-judiciaire*-Verfahrens ist.[17]

2.1.3 Anwendungsbereich

Die einzelnen Verfahren sind anwendbar auf **juristische Personen** des **Privatrechts,** steuerpflichtige **natürliche** Personen,[18] die eine **kaufmännische** oder **handwerkliche** Tätigkeit ausüben, sowie **Handelsgesellschaften,** die auf dem Gebieten der **Landwirtschaft** oder **Fischerei** tätig sind.[19] **Staatliche** Gesellschaften und Privatpersonen fallen nicht in den Anwendungsbereich des Insolvenzrechts.[20]

2.1.4 Staatliche Einflussnahme

Besonders charakteristisch für das tunesische Insolvenzrecht ist die **staatliche Einflussnahme** auf die einzelnen Verfahren, die über das französische Model weit hinausgeht.[21] Der Reformgesetzgeber von 1995 hatte der neu geschaffenen **Commission de suivi des entreprises économiques – CSEE** eine Schlüsselrolle zugewiesen, die bis heute fortbesteht. Es handelt sich um eine staatliche Behörde, die dem Industrieministerium untersteht und sich ausschließlich aus Repräsentanten verschiedener Ministerien und Vertretern der tunesischen Zentralbank zusammensetzt.[22]

Im **Vorfeld der Insolvenz** sollen die wirtschaftlichen Probleme frühzeitig erkannt werden, um die Eröffnung eines Insolvenzverfahrens zu vermeiden. Im Frühwarnverfahren hat die *CSEE* daher zur Aufgabe, als nationales Observatorium Information über Unternehmen, die sich in wirtschaftlichen oder finanziellen Schwierigkeiten befinden, zu zentralisieren und dem Gerichtspräsiden-

---

[13] *Loi* Nr. 99-63 v. 15.7.1999, JORT Nr. 57 v. 16.7.1999 S. 1175 u. *Loi* Nr. 2003-79 v. 29.12.2003, JORT Nr. 104 v. 30.12.2003 S. 3713.
[14] Art. 433 bis 596 C. com.
[15] S. Art. 475 C. com., der von der Rechtsprechung recht weit ausgelegt wird.
[16] Daher der Gesetzestitel: *„loi sur les procédures collectives"*.
[17] Weitere Bedingungen enthält das Randschreiben der Zentralbank Nr. 14-2020 v. 18.6.2020.
[18] *„Personne physique assujettie au régime d'imposition réel"*.
[19] Art. 416 Abs. 1 C. com.
[20] *„Établissements et entreprises publique"* iSv Ges. Nr. 89-9 v. 1.2.1989, vgl. Art. 416 Abs. 2 C. com.
[21] Vgl. → Länderbericht Frankreich Rn. 25.
[22] Vgl. *décret* Nr. 1769 v. 20.10.1995, abgeändert durch *décret* Nr. 99-2790 v. 13.12.1999, JORT Nr. 103 v. 24.12.1999, S. 2701.

ten zugänglich zu machen.[23] Seit der Reform von 2016 ist es möglich, mit Zustimmung des Schuldners, die *CSEE* als **Schlichter,** *conciliateur,* im Rahmen des *règlement amiable* zu bestellen.[24]

10 Darüber hinaus greift die *CSEE* auch direkt in das **Insolvenzverfahren** ein, indem es auf Anrufen des Richters zur Wahl der geeigneten Sanierungsmaßnahmen bzw. zum Sanierungsplan Stellung nimmt.[25] Selbst wenn die Kompetenzen der *CSEE* durch die Reform von 2016 **eingeschränkt** wurden, bleibt festzuhalten, dass sie auch weiterhin einen **entscheidenden Einfluss** auf den Ausgang der Insolvenzverfahren nimmt.

2.2 Präventive Restrukturierung

2.2.1 Frühwarnverfahren, *procédure d'alerte*

11 Durch Gesetz vom 17.4.1995 wurde ein **Frühwarnsystem** eingeführt, die sog. *procédure d'alerte,* die seit der Reform von 2016 mit wenigen Abweichungen in Art. 418 ff. C. com. kodifiziert worden ist. Die **Geschäftsleitung** bzw. der **Eigentümer** eines Unternehmens müssen der *CSEE* Symptome von wirtschaftlichen Schwierigkeiten anzeigen, die zu einer Zahlungsunfähigkeit führen können.[26] Diese Verpflichtung obliegt auch den **Anteileignern** von Personengesellschaften und bei Kapitalgesellschaften **Gesellschaftern,** die mindestens 5 % des Kapitals halten.[27] Gleiches gilt für **Sozialversicherungen,** Arbeitsaufsichtsbehörden *(services de l'inspection du travail)* und **Steuerbehörden.** Seit der Reform von 2016 haben auch Banken ein *devoir d'alerte.* Hat eine Gesellschaft ein Drittel ihres Kapitals eingebüßt, muss die *CSEE* dies dem Gerichtspräsidenten melden. Werden Fakten festgestellt, die die Kontinuität des Unternehmens infrage stellen können, erstellt die *CSEE* einen Bericht, der ebenfalls dem Gerichtspräsidenten zugeleitet wird.[28]

12 Die *procédure d'alerte* kann ferner, dem französischen Muster folgend, durch den **Wirtschaftsprüfer** eingeleitet werden.[29] Stellt der *commissaire aux comptes* Fakten fest, die die Kontinuität des Unternehmens infrage stellen können, richtet er ein Schreiben an den Geschäftsführer, der innerhalb von 8 Tagen antworten muss. Erfolgt keine Antwort, richtet sich der Wirtschaftsprüfer an den **Verwaltungs-** bzw. **Aufsichtsrat.** Wenn Eile besteht, wird umgehend eine **Gesellschafterversammlung** einberufen. Werden die notwendigen Maßnahmen nicht ergriffen, unterrichtet der Wirtschaftsprüfer den Präsidenten des Gerichts und die *CSEE.*[30]

13 Art. 421 C. com. sieht schließlich vor, dass der **Gerichtspräsident** die Geschäftsleitung, bzw. den Eigentümer des Unternehmens zu einem Gerichtstermin **vorladen** kann. Anders als im französischen Recht[31] hat diese Vorladung uU insolvenzrechtliche Konsequenzen. Während des Gerichtstermins erläutert nämlich der Schuldner dem Gerichtspräsidenten die ins Auge gefassten Schritte, um die wirtschaftlichen und finanziellen Schwierigkeiten in den Griff zu bekommen. Diese Maßnahmen werden protokolliert und müssen innerhalb einer Frist von höchstens einem Monat umgesetzt werden. Geschieht dies nicht, kann der Gerichtspräsident mit **Zustimmung** des **Schuldners** die Eröffnung eines *règlement amiable* beschließen, bzw. im Falle von Zahlungsunfähigkeit, von Amts wegen die Eröffnung eines ordentlichen Insolvenzverfahrens, *règlement judiciaire,* anordnen.[32]

2.2.2 Règlement amiable

14 Die Reform von 2016 hat sich zum Ziel gesetzt, in Anlehnung an das französische Recht,[33] die Attraktivität des Schlichtungsverfahrens für die Gläubiger zu erhöhen. Das *règlement amiable* ist als ein **präventives Restrukturierungsverfahren** konzipiert, um auf Antrag des Schuldners, eine **einvernehmliche** Lösung der finanziellen Probleme des Schuldners mit **allen** bzw. mit seinen **wichtigsten** Gläubigern zu finden. Im Gegensatz zum französischen Recht,[34] ist das Verfahren nicht vertraulich. Ferner besteht im tunesischen Recht die Möglichkeit, die Verbindlichkeiten von

---

[23] Vgl. Art. 418 Abs. 1 C. com.
[24] Art. 424 C. com.
[25] Vgl. *Romdhana,* L'évolution du rôle de la commission de suivi des entreprises économiques, Mél. Hachem, CPU 2007, S. 813; vgl. Cass. 14.9.1997, Nr. 60.042, RTD 1998, 207 Anm. *Belaiba;* Cass. 26.5.1999, Nr. 66.453, RTD 1999, 299 Anm. *Rais.*
[26] Art. 419 Abs. 1 C. com.
[27] Art. 419 Abs. 2 C. com.
[28] Art. 418 Abs. 2 C. com.
[29] Vgl. → Länderbericht Frankreich Rn. 20.
[30] Vgl. Art. 420 C. com.
[31] Vgl. Länderbericht Frankreich → Rn. 24.
[32] Art. 421 C. com.
[33] Zum franz. Recht → Länderbericht Frankreich Rn. 37 ff.
[34] Zum franz. Recht → Länderbericht Frankreich Rn. 45.

ablehnenden Minderheitsgläubigern begrenzt zu stunden. Es handelt sich also beim *règlement amiable* um ein **hybrides Restrukturierungsverfahren**.

Ein Schuldner, der sich in **wirtschaftlichen Schwierigkeiten** befindet[35] und nicht zahlungsunfähig ist,[36] kann die Eröffnung eines *règlement amiable* bei Gericht beantragen.[37] Dieser Tatbestand ist deutlich weiter gefasst als das deutschrechtliche Konzept der „drohenden Insolvenz". **Antragsberechtigt** ist allein der **Schuldner**. Anders als im französischen Recht[38] kann der Schuldner die **Person** des *conciliateur* nicht **vorschlagen**. Er wird vom Gerichtspräsidenten bestellt, der auch die Honorare des Schlichters festlegt. Liegt ein *motif sérieux* vor, kann der Schuldner innerhalb von acht Tagen die Bestellung eines anderen *conciliateur* beantragen. Als Alternative sieht Art. 424 C. com. vor, dass der Gerichtspräsident, mit Zustimmung des Schuldners, die *CSEE* als *conciliateur* bestellen kann. Dies hat den Vorteil, dass keine Honorare anfallen, da die Intervention der *CSEE* gebührenfrei ist.

Die **Dauer** des *règlement amiable* beträgt **drei Monate**, die durch den Richter auf **vier Monate verlängert** werden kann.[39]

Ein generelles, automatisches **Moratorium** sieht das tunesische Recht **nicht** vor. Gem. Art. 427 C. com. kann das Gericht allerdings eine **individuelle Aussetzung** von **Rechtsverfolgungs-** und **Vollstreckungsmaßnahmen** von Schulden verfügen, die vor der Eröffnung des Verfahrens entstanden sind. Voraussetzung ist, dass die Zahlung dieser Verbindlichkeiten die **finanzielle Situation** des Schuldners **verschlechtert** und die **mögliche Sanierung** des Unternehmens **beeinträchtigt**.[40] Zwangsvollstreckungsmaßnahmen über Mobilien und Immobilien können ebenfalls ausgesetzt werden, falls sie für die Fortführung des Unternehmens **unentbehrlich** sind.[41] Darüber hinaus kann das Gericht Verfallfristen aussetzen.[42] An die Aussetzung von Rechtsverfolgungs- und Vollstreckungsmaßnahmen von **Lohnforderungen** sind strengere Bedingungen geknüpft. Sie sind nur möglich, wenn ihre Zwangsvollstreckung die Sanierung des Unternehmens unmöglich macht. Das Gericht kann schließlich auch Vollstreckungsmaßnahmen gegenüber Bürgen, Garanten und Gesamtschuldnern aussetzen.

Der Schuldner führt seine Geschäfte in völliger **Eigenverwaltung** fort. Unter dem Stichwort „**Gläubigerautonomie**" ist anzumerken, dass der Abschluss und die Ausgestaltung des Restrukturierungsplans vollkommen frei sind.[43] Vorgesehen werden können Zahlungsfristen, Forderungsverzichte, Aussetzung von Zinsen, *debt-to-equity-swaps* sowie die Emittierung von Wertrechten als Rückzahlung der Verbindlichkeiten.

Der *conciliateur* kann, **ohne** jegliche **rechtliche Einschränkung**,[44] bei Behörden, Banken und der *CSEE* **Informationen** zur Situation des Schuldners einzuholen und erstattet monatlich dem Gerichtspräsidenten Bericht über die Fortschritte der Verhandlungen. So wird eine Insolvenzverschleppung vermieden.

Scheitert die Schlichtung, informiert der *conciliateur*, ein Gläubiger oder jeder Interessierte umgehend den Gerichtspräsidenten, der die Schlichtung beendet. Ist der Schuldner **zahlungsunfähig** iSv Art. 434 C. com., ordnet das Gericht von Amts wegen die Eröffnung eines ordentlichen Insolvenzverfahrens (*règlement judiciaire*) an.[45]

Der einstimmig von **allen** Gläubigern unterzeichnete Restrukturierungsplan wird am Ende des Verfahrens vom Gerichtspräsidenten offiziell **bestätigt**, *homologué*. Eine *homologation* ist ebenfalls möglich, wenn der Plan von den **wichtigsten** Gläubigern, deren Forderungen Zweidrittel aller Verbindlichkeiten des Schuldners ausmachen, unterschrieben worden ist. Der Gerichtspräsident kann dann, anders als im französischen Recht,[46] gem. Art. 428 Abs. 2 C. com. die **übrigen** Forderungen für die Plandauer, höchsten jedoch für drei Jahre, **stunden**. Ausgenommen sind lediglich Lohn-

---

[35] Art. 422 C. com.: „*entreprise en difficulté économique*".
[36] Hier besteht ein wichtiger Unterschied zum franz. Recht, vgl. → Länderbericht Frankreich Rn. 39.
[37] Die beizufügenden Dokumente sind in Art. 417 C. com. aufgelistet.
[38] Vgl. → Länderbericht Frankreich Rn. 41.
[39] Die Eröffnung eines erneuten *règlement amiable* sieht das tunesische Recht nicht vor, anders Art. L. 611-6 Abs. 2 C. com. in Frankreich, der diese Möglichkeit unter Wahrung einer Karenzfrist ins Auge fasst, vgl. → Länderbericht Frankreich Rn. 42.
[40] Art. 427 Abs. 1 C. com.: „*son paiement aboutirait à` la détérioration de la situation de l'entreprise et constituerait une entrave à` la possibilité de son redressement*".
[41] Art. 427 Abs. 1 C. com.: „*indispensable à l'activité de l'entreprise débitrice*".
[42] Art. 427 Abs. 1 C. com.: „*suspension des délais de déchéance*".
[43] Art. 428 C. com.
[44] Art. 425 Abs. 2 C. com.: „*En dépit de toute disposition légale contraire*".
[45] Art. 432 C. com.; vgl. Labastie-Dahdouh et H. Dahdouh, S. 30.
[46] Vgl. → Länderbericht Frankreich Rn. 45.

und Kleinforderungen.⁴⁷ Der Restrukturierungsplan wird beim *greffe* des Handelsgerichts **hinterlegt** und der *CSEE* zugestellt.

23   Während der **Dauer** der Restrukturierungsvereinbarung sind alle **Rechtsverfolgungs-** und **Vollstreckungsmaßnahmen,** inklusive **Aussonderungen** von Mobilien und Immobilien der betroffenen Gläubiger, die auf ihren umgeschuldeten Forderungen beruhen, untersagt.⁴⁸

24   Anders als das französische Recht⁴⁹ und Art. 18 der EU-Richtlinie 2019/1023, bietet das *règlement amiable* **keinen Anfechtungsschutz** für Rechtsgeschäfte, insbesondere die Bestellung von Sicherheiten und Rückzahlung von Krediten, die im Vorfeld bzw. im Rahmen einer Restrukturierungsvereinbarung getätigt worden sind.

25   Gläubiger, die im Rahmen eines *accord homologué* dem Schuldner neue finanzielle Mittel *(new money)* zuführen, um die Zukunft des Unternehmens zu sichern, erhalten ein **Befriedigungsvorrecht,** das sog. *„privilège de new money"* oder *„privilège de l'argent frais",* das im Rahmen eines Insolvenzverfahrens an zweiter Stelle, nach dem Superprivileg der Arbeitnehmer, eine vorzügliche Rangposition einnimmt.⁵⁰

26   Hält der Schuldner die Restrukturierungsvereinbarung nicht ein, kann jeder Interessierte Antrag auf **gerichtliche Aufhebung** *(résolution)* stellen. Gläubiger erhalten ihre eventuell aufgegebenen Forderungen und Sicherheiten zurück. Ausgenommen von der Rückwirkung sind jedoch bereits erhaltene Rückzahlungen, sowie das *privilège de new money.*

27   Ob das *règlement amiable* die **hohen Erwartungen** erfüllen wird, bleibt **abzuwarten.** Der tunesische Gesetzgeber hat sich am französischen Erfolgsmodell orientiert, dies jedoch in wichtigen Punkten leider abgeändert.

2.3 Insolvenzen von Banken und Finanzinstituten

28   Dem französischen Vorbild folgend⁵¹ hat der tunesische Gesetzgeber in Art. 109 ff. des Bankgesetzes, *loi bancaire,* vom 11.7.2016⁵² **spezialgesetzliche Regelungen** zur **Sanierung** und **Abwicklung** von Kreditinstituten vorgesehen, *„dispositif de résolution des banques et établissements financiers en situation compromise".* Zentrales Organ ist die **commission de résolution,** die alle notwendigen Maßnahmen zur Rettung bzw. Abwicklung von Banken und Finanzinstituten, die sich in einer *situation compromise* befinden, ergreifen kann.⁵³

2.4 Konzerninsolvenzen

29   Der Grundsatz der **Selbstständigkeit** der einzelnen **Konzerngesellschaften** hat zur Folge, dass in Tunesien gegen den Konzern als solchen kein Insolvenzverfahren eröffnet werden kann. Wie im deutschen Recht gilt die Devise: ein Unternehmen, eine Insolvenz, ein Verfahren. Eine **verfahrensrechtliche Koordination** der einzelnen Verfahren eines Konzerns wird im tunesischen Recht nicht ins Auge gefasst.

30   Kommt es im Vorfeld eines Konkursverfahrens zu **schuldhaften Rechtshandlungen** in der Form von nicht gerechtfertigten **Vermögensverschiebungen** oder **-vermischungen** *(„confusion de patrimoine")* kann das **Konkursverfahren**⁵⁴ auf andere Konzerngesellschaften bzw. Personen **ausgedehnt** werden.⁵⁵ Im Gegensatz zum französischen Recht⁵⁶ sieht Art. 590 C. com. allerdings strenge Voraussetzungen vor. Es handelt sich um eine **Sanktion** gegenüber Leitungsorganen, die unter dem **Deckmantel** einer **Gesellschaft** *(sous le couvert d'une société),* im **Eigeninteresse** *(dans un intérêt personnel)* **Vermögensverschiebungen** vornehmen. Die Ausdehnungsklage muss innerhalb von drei Jahren nach Eröffnung des Konkursverfahrens erhoben werden.⁵⁷

---

⁴⁷ Art. 428 Abs. 3. C. com.
⁴⁸ Art. 428 Abs. 5. C. com.
⁴⁹ Zum franz. Recht → Länderbericht Frankreich Rn. 51.
⁵⁰ Art. 429 Abs. 1 C. com.; ausgeschlossen sind Forderungen, die während des Verfahrens, also vor dem Abschluss der Vereinbarung entstanden sind, sowie Einlagen bei Kapitalerhöhungen, Art. 429 Abs. 2 C. com.
⁵¹ Dazu → Länderbericht Frankreich Rn. 62.
⁵² Nr. 48-2016, JORT, 15.7.2016.
⁵³ Vgl. Art. 112 ff. der *loi bancaire.*
⁵⁴ Die Eröffnung eines Konkursverfahrens ist zwingend notwendig; eine Ausdehnung eines *règlement judiciaire-*Verfahrens ist nicht möglich.
⁵⁵ Vgl. CA Tunis 7.5.2003, Nr. 96070 u. 96071; Cass. 17.1.2012, Nr. 60808; TGI Tunis, 10.6.2016, Nr. 36905; Art. 592 C. com. sieht eine entsprechende Veröffentlichung des Urteils auf Ausdehnung des Konkursverfahrens vor.
⁵⁶ Dazu → Länderbericht Frankreich Rn. 64.
⁵⁷ Art. 591 C. com.

2.5 Verbraucherinsolvenzen

Wie bereits erwähnt, kommt das allgemeine Insolvenzrecht bei einer **Insolvenz** bzw. **Über-** 31 **schuldung** von **Privatpersonen** nicht zur Anwendung. Die Einführung eines speziellen Verbraucherinsolvenzverfahrens ist in Vorbereitung.[58]

3. Wesentliche Verfahrensmerkmale des ordentlichen Insolvenzverfahrens – *règlement judiciaire*

3.1 Eröffnung des Verfahrens

Ziel des *règlement judiciaire*-Verfahrens ist die **Rettung** des **Unternehmens,** *sauvetage de l'entre-* 32 *prise.*[59] Voraussetzung für die Eröffnung des Verfahrens ist die Zahlungsunfähigkeit des Schuldners. Art. 434 C. com. definiert den Begriff der *cessation des paiements* als „*l'impossibilité de faire face au passif exigible avec ses liquidités et actifs réalisables à court terme*".[60] Das Kriterium der **Überschuldung** spielt keine Rolle.

Eine **Antragspflicht** für das *règlement judiciaire* kennt das tunesische Recht nicht. Sie besteht 33 nur beim **Konkurs,** wenn die Situation des Unternehmens aussichtslos ist.[61] Der Antrag auf Eröffnung des Verfahrens kann vom **Schuldner** selbst,[62] bzw. bei Gesellschaften von den entsprechenden Leitungsorganen gestellt werden[63] oder vom alleinigen Gesellschafter einer Ein-Mann-Gesellschaft, dem Anteilseigner, der mindestens 5 % des Kapitals einer GmbH innehat, bzw. jedem Anteilseigner einer Gesellschaft mit unbeschränkter Haftung.

Außerdem kann ein *règlement judiciaire*-Verfahren auf **Antrag** eines **Gläubigers** eröffnet werden, 34 falls er seine Forderung nicht auf dem Wege der Zwangsvollstreckung einziehen konnte. Schließlich kann das Verfahren, anders als in Frankreich,[64] **von Amts wegen** durch den Präsidenten des Gerichts eröffnet werden. Dies entspricht allgemeiner Gerichtspraxis.

Der Verwalter, *adminsitrateur*, trägt Sorge dafür, dass das Urteil der Eröffnung des Verfahrens ins 35 **Handelsregister** eingetragen und im Amtsblatt der tunesischen Republik, *Journal Officiel de la République Tunisienne,* innerhalb von zehn Tagen veröffentlicht wird.[65] Eine Kopie des Eröffnungsbeschlusses wird der *CSEE* zugestellt.

3.2 Rolle des Gerichtes

In Tunesien nimmt das Gericht eine **zentrale Rolle** ein. Das Eröffnungsurteil benennt den 36 verfahrensleitenden Richter, *juge commissaire,* und den Verwalter, *administrateur.* Das Insolvenzgericht trifft alle wichtigen Entscheidungen. ZB kann das Gericht sofort eine übertragende Sanierung anordnen, ohne dass es zu einer Fortführung des Unternehmens im Rahmen einer *période d'observation* kommt.[66] Wie in Frankreich entscheidet das Gericht, welcher Bieter den Zuschlag erhält.[67] Das Gericht überprüft und bestätigt ferner den **Sanierungsplan,** der von den Gläubigern mehrheitlich verabschiedet worden ist und überprüft, ob der Plan den Interessen aller Gläubiger hinreichend Rechnung trägt.[68]

Ähnlich wie im französischen Recht,[69] spielt der *juge commissaire* eine wichtige Rolle und 37 entscheidet nicht nur in rechtlichen, sondern auch in wirtschaftlichen Fragen häufig nach Ermessen. Unmittelbar nach seiner Ernennung, holt der *juge commissaire* bei der *CSEE* und Dritten alle zur Sanierung des Unternehmens notwendigen Informationen ein.[70] Der verfahrensleitende Richter

---

[58] Ein Gesetzentwurf wurde im März 2019 erstellt.
[59] Art. 433 C. com.
[60] So bereits Art. 18 Ges. v. 1995 idF v. 29.12.2003; dieser Begriff entspricht weitgehend dem französischen Konzept der *cessation des paiements,* dazu → Länderbericht Frankreich Rn. 130.
[61] Art. 479 C. com. sieht hier eine Antragspflicht innerhalb eines Monats vor, → Rn. 89.
[62] Dh der Eigentümer des Unternehmens.
[63] Bei Aktiengesellschaften ist dies der **P**résident **D**irecteur **G**énéral, der Generaldirektor bzw. die Mehrheit der Mitglieder des Verwaltungsrats, bzw. der Vorsitzende des Vorstands, der Generaldirektor bzw. die Mehrheit der Mitglieder des Vorstandes.
[64] Im französischen Recht wurde die Eröffnung des Verfahrens von Amts wegen abgeschafft, → Länderbericht Frankreich Rn. 132.
[65] Art. 438 C. com.
[66] Art. 436f. C. com. Voraussetzung ist, dass die Veräußerung des Unternehmens die einzige Lösung der Sanierung des Unternehmens darstellt *(unique solution pour son redressement).*
[67] Art. 463 C. com.
[68] Art. 452 C. com.
[69] Vgl. → Länderbericht Frankreich Rn. 83.
[70] Art. 444 C. com.

muss über bestrittene Entscheidungen des Verwalters innerhalb von drei Tagen befinden.[71] Er ist ebenfalls bei Konflikten zwischen dem Verwalter und den Leitungsorganen des Schuldners zuständig.[72] Schließlich gibt der *juge commissaire* eine **Stellungnahme** zum **Sanierungsplan** ab. Ist eine Rettung ausgeschlossen, schlägt er dem Gericht die Umwandlung des *reglement judiciaire* in ein Konkursverfahren vor.[73]

3.3 Verwalter

38 Der Verwalter, *administrateur*, der vom Schuldner unabhängig sein muss, wird vom Gericht bestellt.[74] Weder der Verwalter noch die Gläubiger oder der Staatsanwalt haben ein **Vorschlagsrecht.** Der *juge commissaire* kann von Amts wegen oder auf Antrag des Schuldners, eines Gläubigers oder des Staatsanwalts dem Gericht die **Ersetzung** des **Verwalters** vorschlagen.[75] Falls der *juge commissaire* den Antrag nicht weiterleitet, kann das Gericht angerufen werden, das innerhalb von sieben Tagen entscheidet.

39 Im Rahmen des *règlement judiciaire*-Verfahrens nimmt der **adminsitrateur** grundsätzlich **Aufsichtspflichten** *(mission de contrôle)* bzw. **Beistandspflichten** *(mission d'assistance)* wahr, die vom Präsidenten des Gerichts näher definiert werden.[76] Die Leitungsorgane des Unternehmens bleiben nämlich, ähnlich wie bei der Eigenverwaltung nach § 270 ff. InsO, im Amt. In Ausnahmefällen kann das Gericht allerdings den Verwalter mit der Leitung des Unternehmens betrauen.[77] Wie bereits erwähnt, werden Streitigkeiten zwischen den Leitungsorganen und dem Verwalter vom verfahrensleitenden Richter umgehend entschieden.[78]

40 Der *administrateur* **überprüft** den vom Schuldner ausgearbeiteten **Sanierungsplan** und **ändert** ihn ggf. **ab.**[79] Er hat schließlich Sorge zu tragen, dass alle **Urteile** im Rahmen des Verfahrens **veröffentlicht** werden und dass die *CSEE* eine Kopie erhält.

3.4 Massezugehörigkeit

41 Aus der Systematik des Gesetzes ergibt sich, dass das *règlement judiciaire* wie auch der Konkurs **alle** Vermögenswerte des Schuldners umfasst.

42 Art. 554 ff. C. com. normiert Bestimmungen zur **Aussonderung,** *revendication,* von beweglichen Sachen. Im Einzelnen gelten folgende Regelungen. Art. 554 C. com. sieht vor, dass **Eigentümer** von **beweglichen Sachen,** die sich im **Besitz** des Schuldners befinden, grundsätzlich aussondern können, *revendiquer,* vorausgesetzt der **Verwalter akzeptiert** die Aussonderung nach **Genehmigung** durch den *juge commissaire.* Wird der Antrag vom Verwalter zurückgewiesen, entscheidet das Insolvenzgericht.

43 Insbesondere können **unbezahlte Wechsel** und andere **Schuldverschreibungen,** die sich in natura *(en nature)* im Portfolio des Schuldners am Tage der Verfahrenseröffnung befinden, ausgesondert werden, sofern es sich um ein **Depot** mit Auftrag der Einziehung der Forderung für den Eigentümer handelt oder falls der Betrag **zweckgewindet** für die Bezahlung von Forderungen bestimmt ist.[80]

44 Das Gleiche gilt für Waren, **en nature,** die beim Schuldner **hinterlegt** *(remises en consignation)* oder zwecks Weiterverkaufs deponiert worden sind. Art. 556 Abs. 2 C. com. erweitert die Aussonderung kraft **dinglicher Surrogation** auf **Verkaufsforderungen,** sofern der Käufer die Waren noch nicht bezahlt hat.

45 Solange der Schuldner nicht in den Besitz der erworbenen Ware gelangt ist, da sie noch nicht versandt oder sich im mittelbaren Besitz befinden, kann der Verkäufer gem. Art. 557 C. com. ein **Zurückbehaltungsrecht**, *droit de rétention,* geltend machen.[81] Art. 558 C. com. präzisiert, dass der Verkäufer sein *droit de rétention* solange ausüben kann, bis die Ware an den Schuldner geliefert worden

---

[71] Art. 441 C. com.
[72] Art. 443 Abs. 1 C. com.
[73] Art. 452 Abs. 4 C. com.
[74] Art. 440 C. com.
[75] Art. 441 C. com.
[76] Hat der Verwalter lediglich Aufsichtspflichten, wird festgelegt, welche Rechtsgeschäfte des Schuldners der Zustimmung des Verwalters bedürfen; die Liste der Rechtsgeschäfte, die gegengezeichnet werden müssen, wird veröffentlicht, Art. 443 Abs. 2 C. com.
[77] Art. 443 C. com.: „le charger de prendre la direction totale ou partielle de l'entreprise, avec ou sans le concours du débiteur".
[78] → Rn. 37.
[79] Art. 452 C. com.
[80] Art. 555 C. com.
[81] Es nimmt den dritten Rang von Art. 569 C. com. ein, dazu → Rn. 120.

ist, sich an einem Ort befindet, wo der Verkäufer **offensichtlich Besitz** ausübt oder sich in den Lagerräumen eines **Kommissionärs** befindet, der mit dem Verkauf beauftragt wurde, aber ihn noch nicht ausgeführt hat.[82]

Wenn der Käufer **vor** der **Eröffnung** des **Konkursverfahrens** in Besitz der gekauften Sache 46 gekommen ist, kann der Verkäufer weder aussondern noch den Kaufvertrag gem. Art. 681 des *Code des obligations et des contrats* aufheben bzw. ein Privileg geltend machen.[83]

Wenn der Verkäufer ein **Zurückbehaltungsrecht** geltend machen kann, kann der *syndic*, mit 47 Genehmigung des *juge commissaire*, auf Lieferung bestehen, sofern er den vereinbarten Kaufpreis entrichtet.[84] Macht der Verwalter von dieser Möglichkeit keinen Gebrauch, kann der Verkäufer den Kaufvertrag aufheben und muss Anzahlungen zurückzahlen. Schadenersatzansprüche des Verkäufers sind als Insolvenzforderungen anzumelden.[85]

Aus Art. 449 C. com. lässt sich ableiten, dass **Aussonderungsklagen,** die auf **Nichtzahlung** 48 einer **Insolvenzforderung** beruhen *(en raison du non-paiement d'une créance)*, grundsätzlich **ausgeschlossen** sind.[86]

3.5 Fortführung des Unternehmens

Das Eröffnungsurteil eines *règlement judiciaire* hat eine Beobachtungsphase zur Folge, die grund- 49 sätzlich **neun Monate** dauert und einmal für maximal weitere **drei** Monate **erneuert** werden kann.[87] Art. 442 C. com. sieht die Erstellung eines **Inventars** der **Vermögensgegenstände** des Schuldners durch den Verwalter vor.

Die Verfahrenseröffnung eines *règlement judiciaire* bewirkt **keine sofortige Fälligkeit** der einzel- 50 nen Forderungen während der Beobachtungsperiode.[88] Anderslautende vertragliche Klauseln sind unwirksam. **Zinsen** entstehen während dieser Periode ebenfalls nicht.[89]

Während der Beobachtungsphase darf der Schuldner **keine Immobilien veräußern** oder mit 51 Hypotheken belasten. Das Gericht kann darüber hinaus gehende **Verfügungsverbote** erlassen. Der Verwalter trägt Sorge dafür, dass diese Verfügungsbeschränkungen veröffentlicht werden. Zessionen, die gegen dieses Verfügungsverbot verstoßen, sind absolut nichtig. Die Nichtigkeitsklage muss innerhalb von drei Jahren angestrengt werden.[90]

3.6 Sicherungsmaßnahmen vor Verfahrenseröffnung

Das tunesische Recht sieht **Sicherungsmaßnahmen** lediglich vor der Eröffnung eines Kon- 52 kursverfahrens vor.[91]

3.7 Wirkungen der Verfahrenseröffnung auf Rechtsverfolgungsmaßnahmen einzelner Gläubiger

Art. 449 C. com. schließt eine **individuelle Rechtsverfolgung** aufgrund von **Zahlungsan-** 53 **sprüchen** aus **Insolvenzforderungen** grundsätzlich während der Beobachtungsphase für höchsten zwölf Monate aus. Das Gleiche gilt für Aussonderungsklagen auf Herausgabe, *récupération,* von Mobilien und Immobilien, die auf Nichtzahlung von Insolvenzforderungen beruhen. Dinglich abgesicherte Gläubiger können ihre Sicherheiten nicht verwerten. Arrestverfahren, *procédures de saisie,* werden ebenfalls unterbrochen. Nicht in den Anwendungsbereich dieser *suspension des poursuites* fallen hingegen **Nichtigkeitsklagen,** Klagen auf **Erfüllung** von *obligations en nature.* Klagen gegenüber Dritten zB auf der Grundlage einer *actio pauliana* sind ebenfalls zulässig. Der Erlös fällt in die Masse.

---

[82] Art. 558 Abs. 2 C. com. sieht vor, dass der Verkäufer nicht aussondern kann, wenn die Ware vor der Lieferung an einen gutgläubigen Dritten weiterverkauft worden ist.
[83] Art. 559 C. com.
[84] Art. 560 C. com.
[85] Art. 561 C. com.
[86] Im Insolvenzverfahren der Syphax Airlines hatte ein deutscher Leasinggeber den Leasingvertrag über zwei 318 Airbus-Flugzeuge gekündigt; die Aussonderung wurde vom Gericht in Sfax in seiner Entscheidung vom 20.8.2015 abgelehnt, da die Klage auf der Nichtbezahlung von Insolvenzforderungen beruhte.
[87] Art. 439 C. com.
[88] Sie beträgt höchstens zwölf Monate, → Rn. 49.
[89] Art. 449 C. com.; das gilt auch für Strafzinsen, *dommages et intétêts moratoires.*
[90] Art. 443 Abs. 5 C. com.
[91] Dazu → Rn. 91.

54 Der Gerichtspräsident hat die Möglichkeit die Suspendierung von Rechtsverfolgungs- und Vollstreckungsmaßnahmen auf **Bürgen, Garanten** und **Gesamtschuldner** auszudehnen.[92] Vor der Reform von 2016 war die Rechtslage unklar.[93]

55 Art. 449 Abs. 4 C. com. sieht eine **Ausnahme** der *suspension des poursuites* vor, falls das *règlement judiciaire*-Verfahren auf Antrag eines Gläubigers eröffnet worden ist und der Schuldner nicht alle erforderlichen Dokumente, **ohne *juste motif*,** beigebracht hat. Eine **Regulierung** der Situation ist jedoch möglich.

56 Die *suspension des poursuites* **endet** automatisch mit Beendigung der Beobachtungsphase.

3.8 Wirkungen der Verfahrenseröffnung auf laufende Gerichts- oder Schiedsverfahren

57 Das tunesische Insolvenzrecht sieht keine speziellen Vorschriften zur **Unterbrechung** und **Wiederaufnahme** anhängiger Verfahren vor. Die Vollstreckung einer Verurteilung auf Zahlung von Insolvenzforderungen ist, wie oben dargestellt, während der Beobachtungphase grundsätzlich ausgeschlossen.

3.9 Automatisches Moratorium

58 Mit Eröffnung eines *règlement judiciaire* werden die Rechte der Gläubiger deutlich eingeschränkt. Während der Beobachtungsphase darf der Schuldner auf **Insolvenzforderungen keine Zahlung** leisten.[94] Im tunesischen Insolvenzrecht gilt der Grundsatz der Gleichheit aller Gläubiger.[95] Somit kommt das Moratorium auch gegenüber **privilegierten** Gläubigern zur Anwendung. Die Zahlung von Insolvenzforderungen kann allerdings gerichtlich genehmigt werden.

3.10 Organe der Gläubiger

59 Im tunesischen Insolvenzrecht gibt es **weder** eine **Gläubigerversammlung** noch einen **Gläubigerausschluss**. Im *règlement judiciaire*-Verfahren sieht Art. 444 Abs. 3 C. com. zwar die Bildung von homogenen Gläubigerklassen vor, die einen oder mehrere Vertreter wählen, um ihre Interessen zu vertreten. Diese **Gläubigerklassen** haben allerdings lediglich **beratende** Funktion. Ihre Stellungnahmen werden dem *juge commissaire* zugeleitet. Über den Restrukturierungsplan stimmen sie nicht ab. Die Bestellung eines oder mehrerer Gläubiger als **Kontrolleure** ist lediglich im Konkursverfahren vorgesehen.[96]

3.11 Forderungsanmeldung, Feststellung oder Bestreiten von Forderungen

60 Insolvenzforderungen sind gem. Art. 445 C. com. bei Gericht innerhalb von **dreißig Tagen** ab der Veröffentlichung der Verfahrenseröffnung im Amtsblatt der tunesischen Republik, *Journal Officiel de la République Tunisienne*, **anzumelden**.[97] Für Gläubiger mit Sitz im **Ausland** beträgt die Anmeldefrist **sechzig Tage**. Wird diese Frist versäumt, kann das Gericht eine spätere Anmeldung zulassen, vorausgesetzt, sie erfolgt innerhalb der **Ausschlussfrist eines Jahres** nach der Veröffentlichung des Eröffnungsurteils.[98] Ausgenommen von dieser Ausschlussfrist sind **Steuerforderungen** und **Forderungen** der **Sozialversicherungsträger,** die innerhalb von zwei Monaten, nachdem sie bestimmbar sind *(certaine),* anzumelden sind.[99]

61 Die Forderungsanmeldung bedarf keiner speziellen **Form**. Aus Beweisgründen empfiehlt sich ein eingeschriebener Brief mit Rückschein.

62 **Versäumen** es Gläubiger, ihre Forderungen innerhalb der gesetzlich vorgeschriebenen Frist anzumelden, sind sie im Rahmen des Insolvenzverfahrens von Dividenden **ausgeschlossen**.[100]

63 Das Gericht **bestätigt** die zugelassenen Insolvenzforderungen und stellt ihren Rang fest. **Bestrittene** Forderungen werden in eine **provisorische Tabelle** eingetragen, wenn das Gericht auf der Grundlage der eingereichten Belege *prima facie* davon ausgeht, dass die Zulassung der

---

[92] Art. 449 Abs. 3 C. com.
[93] Cass. 8.5.2014, Nr. 9454-10114, hatte einen Rückgriff gegen den Bürgen zugelassen; aA Cass. 13.11.2013, Nr. 75454.
[94] Art. 443 Abs. 3 C. com.
[95] St. Rspr., vgl. Cass. 29.11.2011, Nr. 51617; Cass. 13.5.2013.
[96] Art. 507 C. com.
[97] Art. 445 Abs. 3 C. com. stellt klärend fest, dass beim Kontokorrent der provisorische Saldo des Kontos anzumelden ist.
[98] Hier handelt es sich um das tunesische Pendant des Antrages auf Wiedereinsetzung, „*relevé de forclusion*", des französischen Rechts, dazu → Länderbericht Frankreich Rn. 112.
[99] Art. 445 Abs. 2 C. com.
[100] Art. 445 Abs. 4 C. com.

Forderung wahrscheinlich ist. Die **Ablehnung** einer Insolvenzforderung berührt nicht das Recht des Gläubigers nach Beendigung des *règlement judiciaire*-Verfahrens seine Forderung weiterhin geltend zu machen.[101]

3.12 Sanierungsplan, *plan de redressement*

3.12.1 Allgemeine Bestimmungen

Während der Beobachtungsphase arbeitet der Schuldner ein Sanierungskonzept, *plan de redressement*, aus, der vom Verwalter geprüft und ggf. abgeändert werden kann. Der Verwalter **konsultiert** die Vertreter der Gläubigerklassen. Zu einer Abstimmung kommt es nicht. Bis zur Reform von 2016 musste darüber hinaus zwingend die *CSEE* eingeschaltet werden.[102]

Das tunesische Recht unterscheidet zwischen der **Fortführung** des Unternehmens, *poursuite de l'activité*, und der **übertragenden Sanierung**, *cession de l'entreprise*, der eine zweijährige Verpachtung des Unternehmens vorgeschaltet werden kann. Eine **Verpachtung** von bis zu sieben Jahren steht auch als **autonome Sanierungsvariante** zur Verfügung.[103]

Der Insolvenzplan enthält alle Maßnahmen, die für die **Bestandsfähigkeit** des Unternehmens und der Sicherung der Arbeitsplätze notwendig sind.[104] Sieht der Plan die **Entlassung** bzw. die **Herabsetzung** von **Löhnen** vor, informiert der Verwalter die Arbeitsaufsichtsbehörde, *inspection du travail*. Zu beachten ist hier eine dreißigtägige Konsultationsfrist, bevor der Sanierungsplan an den verfahrensleitenden Richter weitergeleitet werden kann.

Der *juge commissaire* nimmt zwingend innerhalb von zwei Wochen zur Effizienz der vorgesehen Maßnahmen **Stellung**. Ist nach seiner Meinung eine Sanierung ausgeschlossen, schlägt er dem Gericht vor, das Verfahren in ein Konkursverfahren umzuwandeln.

In einer nicht öffentlichen Sitzung **entscheidet** das **Gericht**, ob das Unternehmen fortgeführt, verpachtet oder im Rahmen einer übertragenden Sanierung veräußert wird. Es legt den Zeitplan fest und bestellt einen oder mehrere *commissaires à l'exécution*,[105] die die Ausführung des Sanierungsplans überwachen und regelmäßig dem Gericht Bericht erstatten.[106] Das Gericht beschließt die im Plan vorgesehen Entlassungen von Arbeitnehmern.[107] Kommt das Gericht zur Überzeugung, das eine Sanierung ausgeschlossen ist, wird ein Konkursverfahren eröffnet, worüber die *CSEE* informiert wird, Art. 454 C. com.

3.12.2 Fortführung des Unternehmens, *poursuite de l'activité*

Gem. Art. 455 C. com. beschließt das Gericht einen **Fortführungsplan,** sofern die Bestandsfähigkeit des Unternehmens, der Erhalt der Arbeitsplätze und die Bereinigung der Passiva eine seriöse Chance auf Erfolg hat.[108] Das Gericht entscheidet auf der Grundlage des Berichts des Verwalters. **Teilbereiche** des Unternehmens, *branches d'activité*, können veräußert werden.[109] Während der **Ausführung** des Fortführungsplans, können **Immobilien** nicht ohne Zustimmung des Gerichts verkauft oder Hypotheken bestellt werden. Der *commissaire à l'exécution* trägt Sorge dafür, dass diese Beschränkungen, die das Gericht auf **andere Aktiva** ausdehnen kann, veröffentlicht werden. Im Falle der Zuwiderhandlung sind alle Verfügungsgeschäfte **nichtig**. Die Nichtigkeitsklage muss innerhalb von drei Jahren erhoben werden.

Beim Fortführungsplan geht es in erster Linie um die **Restrukturierung** der **Passiva**. Vorgesehen werden können Stundungen von Verbindlichkeiten, Zahlungsverzichte, sowie Kapitalerhöhungen. Das Gericht kann den Plan nur dann bestätigen *(homologuer)*, falls die Gläubiger mit **Summen-**

---

[101] Art. 445 Abs. 5 C. com.
[102] Nach dem bisherigen Gesetz v. 1995 führte eine Unterlassung zur Nichtigkeit des Verfahrens, vgl. Cass. 14.5.1997, Nr. 16.137, RJL Juli 1997, 161: *„violation d'une procédure essentielle"*; die Stellungnahme ist nunmehr fakultativ, vgl. Art. 452 Abs. 1 C. com.
[103] Vgl. *Kchaou*, La cession de l'entreprise dans les procédures collectives: un mode de redressement, in: Le droit des entreprises en difficulté à l'heure des réformes, S. 105.
[104] Art. 452 C. com.
[105] IdR werden die ehemaligen Verwalterbestellt.
[106] Art. 453 C. com. Die *CSEE* erhält ebenfalls eine Kopie dieser Berichte.
[107] Die Entlassung erfolgt aus wirtschaftlichen Gründen, die die betroffenen Arbeitnehmer nicht infrage stellen können.
[108] Art. 455 C. com.
[109] Einschlägig sind die Bestimmungen der übertragenden Sanierung.

mehrheit aller **Insolvenzforderungen** zustimmen[110] und der Plan den **Interessen aller Gläubiger hinreichend Rechnung** trägt.[111]

71 **Forderungserlasse** bedürfen der **Zustimmung** der **betroffenen Gläubiger**. Das gleiche gilt bei **Stundung** von **Verbindlichkeiten** für einen Zeitraum von mehr als **sieben Jahren**. Bei der Festsetzung der Zahlungsziele berücksichtigt das Gericht die **Situation** der **betroffenen Gläubiger** und die **Zahlungsfähigkeit** des **Schuldners**. Wie im französischen Recht[112] gilt auch im tunesischen Recht das **Gleichbehandlungsprinzip**.[113] Nicht gestundet werden können allerdings **Lohnforderungen**. Das Gericht hat auch die Möglichkeit **Kleinforderungen** auszuklammern.[114]

72 Die im Fortführungsplan vorgesehenen **Satzungsänderungen** oder **Kapitalerhöhungen** werden vom *commissaire à l'exécution* durchgeführt. Kapitalerhöhungen müssen sofort gezeichnet und das Kapital eingezahlt werden. Zugelassene fällige Insolvenzforderungen können aufgerechnet werden. Sind die Insolvenzforderungen nicht fällig, müssen die Forderungen gestundet werden, worüber das Gericht entscheidet.[115] Hervorzuheben ist, dass ein ***debt-to-equity swap*** nicht der **Zustimmung** der **Aktionäre** bzw. **Anteilseigner** bedarf.[116]

73 Wird der Fortführungsplan vom Schuldner **nicht erfüllt,** kann der betroffene Gläubiger **Vollstreckungsmaßnahmen** einleiten. Nicht gepfändet werden können allerdings die zeitlich vom Gericht für unveräußerlich erklärten Aktiva.[117] Der Staatsanwalt, *commissaire à l'exécution,* sowie ein oder mehrere Gläubiger, deren Forderungen 15 % der Passiva betragen, können auf **Aufhebung** des **Fortführungsplans** klagen. Alle Forderungserlasse, auch gegenüber von Garanten, werden rückwirkend aufgehoben. Das Gericht kann danach eine übertragende Sanierung beschließen, sofern die gesetzlichen Voraussetzungen erfüllt sind.

74 Im Falle einer **außerordentlichen Veränderung** der allgemeinen wirtschaftlichen Lage (*„sérieux bouleversement de la situation économique générale"*) mit der Folge, dass der Schuldner nicht in der Lage ist, seinen Fortführungsplan zu erfüllen, kann das Gericht auf Antrag des Schuldners, des Staatsanwalts oder eines oder mehrerer Gläubiger, deren Forderungen 15 % der Passiva betragen, den **Plan abändern,** sofern die Gläubiger mit einer **Summenmehrheit aller Insolvenzforderungen** zustimmen.[118]

3.12.3 Die übertragende Sanierung – *plan de cession*

75 Der **Verkauf** des gesamten **Unternehmens** oder einzelner Teilbereiche hat in der tunesischen Gerichtspraxis in den letzten Jahren an Bedeutung gewonnen. Die übertragende Sanierung kann vom **Gericht** beschlossen werden, sofern der Schuldner zur Fortführung des Unternehmens außerstande ist.[119] Ist zum **Zeitpunkt** der **Eröffnung** des *règlement judiciaire*-Verfahrens bereits eindeutig, dass sie die einzige Möglichkeit der Sanierung des Unternehmens darstellt (*„solution unique pour son redressement"*), kann, seit der Reform von 2016, das Gericht gem. Art. 436 Abs. 2 C. com. den **sofortigen Verkauf** des Unternehmens beschließen, ohne dass es zur Eröffnung einer Beobachtungsphase kommt. Der Gesetzgeber hat hier die Konsequenzen aus der Praxis und der Rechtsprechung gezogen.[120]

76 **Ziele** der übertragenden Sanierung sind die **Fortführung** der **Unternehmenstätigkeit**, die **Erhaltung** der **Arbeitsplätze** und die **Befriedigung** der **Gläubiger**.[121]

---

[110] So bereits vor der Reform von 2016, Cass. 28.10.2008, Nr. 25750.
[111] Art. 456 C. com.: *„après avoir vérifié que le plan mentionné prend en compte les intérêts de tous les créanciers".* Anders als im französischen Recht, handelt es sich also beim Fortführungsplan um keinen *plan imposé* des Gerichts, dazu → Länderbericht Frankreich Rn. 116.
[112] Dazu → Länderbericht Frankreich Rn. 112.
[113] Cass. 29.11.2011, Nr. 51617; Cass. 13.5.2013, Nr. 481.
[114] In Höhe von bis zu 5 % der Gesamtverbindlichkeiten; die einzelnen Forderungen dürfen 0,5 % der Passiva nicht überschreiten.
[115] Art. 457 C. com. schreibt vor, dass die Stundungen mindestens die Höhe der Zinsen der nicht fälligen Forderungen betragen.
[116] Art. 457 Abs. 4 C. com.
[117] Art. 458 C. com.
[118] Art. 459 C. com.
[119] Art. 461 C. com.
[120] Vgl. Cass. 13.2.2014, Nr. 2831-2013; in Cass. 6.7.2017, Nr. 43920-2017, hat das Kassationsgericht die übertragende Sanierung als seine direkte und unausweichliche Konsequenz der Aufhebung des Sanierungsplans gesehen (*„résultat incontournable"*); eine dem französischen Recht nachempfundene Vorbereitung der Übernahme des Unternehmens im Vorfeld eines Insolvenzverfahrens, *prepack-cession*, dazu → Länderbericht Frankreich Rn. 144, sieht das tunesische Recht nicht vor.
[121] Art. 461 C. com.

Das Gericht setzt die **Frist** für die **Abgabe** der **Übernahmeangebote** im Rahmen einer 77 öffentlichen Ausschreibung und die notwendigen **Garantierklärungen** fest.[122] Die **Auflagen,** *cahier des charges,* bestimmt der Verwalter unter Aufsicht des *juge commissaire.*

Den **Inhalt** eines **Angebotes** schreibt Art. 462 C. com. vor. Zu nennen sind der **Kaufpreis,** 78 der **Businessplan,** eventuelle Investitionen und die **Finanzierung** der Übernahme. Besonders wichtig sind die **Anzahl** der zu übernehmenden **Arbeitnehmer,** sowie eventuelle **Arbeitsplatzgarantien.** Schließlich muss das Angebot die **laufenden Verträge** auflisten, die für den Betrieb **notwendig** sind.

Leitungsorgane, sowie nahestehende **Familienmitglieder** und die **Kontrolleure** können 79 direkt oder indirekt durch eine Einschaltung von Mittelspersonen **keine** Übernahmeangebote abgeben.[123]

Den **Zuschlag** erteilt allein das Insolvenzgericht innerhalb von 20 Tagen nach Abgabeschluss 80 der Angebote. Weder die Zustimmung des Schuldners noch diejenige der Gläubiger ist erforderlich. Entscheidend ist, welches Angebot am ehesten die dauerhafte **Erhaltung** der **Arbeitsplätze** sowie die **Befriedigung** der **Gläubiger** gewährleistet.[124]

Das Gericht entscheidet, welche **laufenden Verträge,** in die der Erwerber eintritt, für den 81 Betrieb notwendig sind.[125] Verträge, die nicht Gegenstand des Angebotes des Erwerbers gewesen sind, können nicht übertragen werden. Die Verträge müssen zu den Bedingungen erfüllt werden, die zum Zeitpunkt der Verfahrenseröffnung bestanden. Der Erwerber erwirbt das Unternehmen grundsätzlich **forderungsfrei.**[126] Dingliche Sicherheiten gehen bei der Veräußerung des Unternehmens unter.

Die **Ausführungsverträge** zur Übernahme des Betriebs müssen innerhalb von einem Monat 82 nach der Gerichtsentscheidung ausgefertigt werden.[127] Der **Eigentumsübergang** erfolgt, sobald der Investor seine Verpflichtungen erfüllt und den Kaufpreis beglichen hat.[128]

Unterbleibt die **Zahlung** des **Kaufpreises,** geht der Zuschlag an einen anderen Bieter, es sei 83 denn, das Gericht entscheidet, ein neues Ausschreibungsverfahren durchzuführen. Der **Zessionar** macht sich **schadensersatzpflichtig** und eventuell geleistete **Anzahlungen** werden einbehalten.[129]

Ist eine übertragende Sanierung nicht möglich, kann das Gericht eine **Verpachtung** mit bzw. 84 ohne anschließende Veräußerung des Unternehmens beschließen, Art. 466 C. com. Beide Verfahrensvarianten zielen darauf ab, die Fortführung des Unternehmens, die Erhaltung der Arbeitsplätze und die Befriedigung der Gläubiger zu gewährleisten. Der Verwalter arbeitet die **Auflagen,** *cahier des charges,* für die Verpachtung aus. Insbesondere muss der Pächter Arbeitsplatzgarantien abgeben und sich verpflichten das materielle und immaterielle Betriebsvermögen zu erhalten.[130] Den Zuschlag erhält das Angebot, dass am ehesten die **Erhaltung** der **Arbeitsplätze,** die **Zahlung** der **Passiva** und die **Bewahrung** des **Betriebsvermögens** gewährleistet.[131] Der Pächter ist nicht zur Zahlung der Insolvenzforderungen verpflichtet. Sie bleiben bestehen. Eventuelle Verjährungs- und Ausschlussfristen sind während der Verpachtung des Unternehmens unterbrochen.[132]

Besteht **keine Verpflichtung** für den *locataire-gérant* das Unternehmen zu erwerben, ist die 85 Verpachtung des Unternehmens auf höchstens **sieben Jahre** begrenzt.[133]

Wie im französischen Recht[134] kann der Unternehmensveräußerung eine **Unternehmensver-** 86 **pachtung,** *location gérance,* für eine Dauer von höchstens **zwei Jahren** vorausgehen, Art. 469 C. com. **Versäumt** der *locataire-gérant* den fristgerechten Erwerb des Unternehmens, kommt es zu einer erneuten Veräußerung bzw. Verpachtung des Unternehmens an einen Dritten. Der sich in Verzug befindliche Verpächter muss den Wertverlust und die enstandenen Kosten ersetzen.[135]

Bei **Nichtzahlung** der **Mietraten,** kann das Gericht die **Kündigung** des Pachtvertrages verfü- 87 gen. Es kommt zum Verkauf des Unternehmens bzw. zum Konkurs, *faillite,* des Schuldners. Der

---

[122] Art. 460 C. com.
[123] Art. 462 Abs. 2 C. com.
[124] Art. 463 Abs. 1 C. com.
[125] Art. 464 Abs. 2 C. com.
[126] Art. 464 C. com.
[127] Art. 463 Abs. 2 C. com.
[128] Art. 464 C. com.
[129] Art. 463 Abs. 4 C. com.
[130] Art. 467 C. com.
[131] Art. 467 Abs. 4 C. com.
[132] Art. 471 C. com.
[133] Art. 467 C. com.
[134] Vgl. → Länderbericht Frankreich Rn. 143.
[135] Art. 469 Abs. 2 C. com.

locataire-gérant muss die entstandenen Verfahrenskosten tragen und macht sich darüber hinaus schadenersatzpflichtig.[136]

3.12.4 Abschluss des Verfahrens

88   Der **Abschluss** *(clôture)* des *règlement judiciaire*-**Verfahrens** erfolgt nach **Beendigung** des **Sanierungsplans**, der **Veräußerung** bzw. der **Verpachtung** des Unternehmens.[137] Der *commissaire à exécution* reicht bei Gericht einen **Abschlussbericht** ein. Danach beendet das Gericht das Verfahren durch eine *ordonnance de clôture*.

4. Das Konkursverfahren – *faillite*

4.1 Eröffnung des Verfahrens

89   Befindet sich ein zahlungsunfähiger Schuldner in einer **aussichtslosen Lage**, *situation désespérée*, beschließt das Gericht die Eröffnung eines Konkursverfahrens, *faillite*.[138] Die Unterscheidung zwischen der Zahlungsunfähigkeit und der „*situation désespérée*" geht auf eine Grundsatzentscheidung des Kassationshofes vom 26.5.1999 zurück.[139] Dies hätte an sich zur Folge, dass eine *faillite* nur dann eröffnet werden kann, wenn der Schuldner seine Zahlungen bzw. seine Aktivitäten **völlig** eingestellt hat. In der Gerichtspraxis wird der Begriff der *situation désespérée* allerdings **recht weit** ausgelegt.

90   Die Eröffnung des Konkursverfahrens wird innerhalb von 10 Tagen im Amtsblatt der tunesischen Republik **veröffentlicht**, Art. 485 C. com.

91   Das Verfahren wird auf **Antrag** des Schuldners, eines Gläubigers, des Staatsanwalts oder, was recht häufig geschieht, durch das Gericht **von Amts wegen** eröffnet.[140] Falls **Gefahr** besteht, dass der Schuldner versucht sich dem Zugriff der Justiz zu entziehen oder einen Teil seiner Aktiva zu veruntreuen, können gem. Art. 482 C. com. die Gläubiger in einer nicht öffentlichen Sitzung vom Gericht gehört werden. Die Eröffnung des *faillite*-Verfahrens erfolgt danach in einer öffentlichen Sitzung. Das Gericht kann einstweilige **Sicherungsmaßnahmen** auf Antrag des Staatsanwalts, eines Gläubigers oder von Amts wegen beschließen.

92   Art. 479 C. com. normiert eine **Antragspflicht** des Schuldners innerhalb von einem Monat nach der völligen Einstellung seiner Zahlungen. Diese Verpflichtung obliegt ebenfalls den Anteilseignern einer *société en nom collectif, SNC* bzw. den unbeschränkt haftenden Gesellschaftern, *commandités* einer Kommanditgesellschaft.[141]

93   Im Eröffnungsurteil wird der *juge commissaire*[142] sowie ein bis drei Konkursverwalter, *syndic*, ernannt. Die **Vergütung** der *syndic* ist in Art. 501 C. com. geregelt.[143] Die Bestellung des *syndic* erfolgt für den Zeitraum eines Jahres und kann zweimal um jeweils ein Jahr verlängert werden, falls das Verfahren noch nicht abgeschlossen ist.[144] Gegen die Entscheidungen des *syndic* kann beim *juge commissaire* **Beschwerde** eingelegt werden. Für die **Abberufung** des *syndic* ist das Gericht zuständig.[145] Die **Kontrolleure** werden vom *juge commissaire* bestellt, Art. 507 C. com. In größeren Verfahren mit mehr als zehn Arbeitnehmern, werden ein oder zwei Arbeitnehmervertreter gewählt, die gleichzeitig die Stellung von Kontrolleuren einnehmen.[146]

---

[136] Art. 470 C. com.
[137] Art. 473 C. com.
[138] Art. 475 C. com.
[139] Cass. Nr. 70108: „*La cessation des paiements au sens de l'article 18 de la loi relative au redressement [loi 1995] diffère de cette notion dans le cadre de la faillite laquelle nécessite que l'entreprise atteigne un état désespéré et que son activité se dégrade de manière à l'empêcher de poursuivre ses transactions et de payer ses dettes alors que l'intention du législateur concernant l'expression cessation des paiements énoncée à l'article 18 dénote l'incapacité de faire face à son passif par son actif disponible*".
[140] Art. 479 C. com.
[141] Art. 481 C. com.
[142] Art. 498 C. com.; das Gericht kann ihn jederzeit abberufen und einen neuen verfahrensleitenden Richter benennen, Art. 500 C. com.
[143] Sie wird vom *juge commissaire* festgelegt mit einer Höchstgrenze von 20 % der Erlöse.
[144] Art. 504 C. com.
[145] Art. 505 C. com.; der Antrag kann vom Schuldner, den Gläubigern und dem Staatsanwalt beim *juge commissaire* gestellt werden, der auch von Amts wegen tätig werden kann; der verfahrensleitende Richter muss innerhalb von acht Tagen das Insolvenzgericht anrufen; unterbleibt dies, kann der Antragsteller sich direkt an das Insolvenzgericht wenden.
[146] Wird keine Wahl durchgeführt, werden die Arbeitnehmervertreter vom *juge commissaire* benannt.

Das Eröffnungsurteil eines *faillite*-Verfahrens bewirkt die **Fälligkeit** aller Forderungen, *déchéance* 94 *du terme*.[147] **Zinsen** entstehen während des Verfahrens nicht. Art. 492 C. com. weitet diese Regelung auf Garanten und Gesamtschuldner aus.

Mit Eröffnung einer *faillite* kommt es zu einer **Beschlagnahme** *(dessaisissement)* des **gesamten** 95 **Vermögens** des Schuldners, Art. 486 C. com. Hierzu rechnet nicht nur das gegenwärtige Vermögen, sondern auch dasjenige, welches der Schuldner während des Verfahrens hinzuerwirbt.

Der **Schuldner** wird durch die *syndic* **vertreten**, kann also nicht mehr mit Wirkung gegen die 96 Gläubiger über das beschlagnahmte Vermögen verfügen.[148] Der Schuldner kann jedoch vorläufige Schutzmaßnahmen, *actions conservatoires*, tätigen.[149] **Ausgenommen** von der Beschlagnahme des Vermögens sind der **nicht pfändbare** Teil der **Löhne** und **Gehälter** sowie **rein persönliche Rechte** *(„droit attachés exclusivement à la personne")*, Art. 487 C. com.

4.2 Verwaltung und Abwicklung des Vermögens

Der *syndic* hat zur Aufgabe, das Unternehmen **abzuwickeln**. Seine Aktivitäten werden einge- 97 stellt, alle Arbeitnehmer rasch entlassen, die Aktiva des Schuldners versilbert und der Verkaufserlös unter den Gläubigern verteilt. Die bestmögliche Befriedigung der Gläubiger steht also im Mittelpunkt des Interesses. **Ausnahmsweise** kann das **Unternehmen** für eine Dauer von **drei Monaten,** die einmal erneuert werden kann, **fortgeführt** werden. Die Entscheidung trifft das Gericht auf der Grundlage des Berichts des *juge commissaire*.[150] In der Praxis geschieht dies, wenn das Unternehmen oder Teilbereiche **veräußert** werden sollen.

Der *syndic* erstellt zunächst ein **Inventar**[151] und erstattet dem Gericht innerhalb von zwei 98 Wochen nach der Eröffnung des Verfahrens einen **Bericht** über die Gründe der *faillite*.[152] Der Konkursverwalter muss nach Zustimmung des verfahrensleitenden Richters alle Sicherungsmaßnahmen vornehmen und die von Drittschuldnern eingeräumten, aber noch nicht veröffentlichten Sicherungsrechte eintragen lassen.[153] Die Kundenforderungen werden eingezogen.[154] Der Abschluss von **Vergleichen** bedarf der Zustimmung des *juge commissaire* und der Bestätigung, *homologation*, des Gerichts.[155]

Um die **Versilberung** der Aktiva zu **beschleunigen,** hat der Gesetzgeber in Art. 539 bis 99 550 C. com. eine neue vereinfachte Liquidierung, *liquidation*, der Aktiva unter der Kontrolle des verfahrensleitenden Richters vorgesehen. Gem. Art. 540 C. com. hat der *syndic* nunmehr die Möglichkeit in gewissen Grenzen Forderungen an Gesellschaften, die sich auf die Eintreibung von Kundenforderungen spezialisiert haben *(sociétés de recouvrement)*, **abzutreten**. Grundsätzlich werden die **beweglichen Sachen** und **Immobilien** des Schuldners gerichtlich versteigert. Interessierte Käufer machen Angebote in versiegelten Kuverts *(sous plis fermés)*. In einer nicht öffentlichen Gerichtsverhandlung werden die Kuverts geöffnet. Das beste Angebot erhält den Zuschlag. Ist der Verkaufspreis zu gering, kann eine erneute Versteigerung durchgeführt werden.[156] In Ausnahmefällen kann auch ein **freihändiger Verkauf** *(gré à gré)* gerichtlich genehmigt werden.[157] Das Gericht kann ferner die Veräußerung des gesamten **Betriebs** oder einzelner **Teilbereiche** beschließen. In diesem Zusammenhang verweist Art. 546 C. com. auf die einschlägigen Bestimmungen zur übertragenden Sanierung.

Die Möglichkeit dem Insolvenzschuldner gehörende unbewegliche und bewegliche Vermögen 100 ganz oder teilweise **auf den Insolvenzverwalter** zu **übertragen** besteht nicht.

4.3 Anmeldung und Überprüfung der Insolvenzforderungen

Art. 530 ff. C. com. normiert spezielle konkursrechtliche Regelungen zur **Anmeldung** und 101 **Überprüfung** von **Forderungen**. Wurde eine Forderung nicht innerhalb von zwei Wochen nach der Veröffentlichung des Konkursverfahrens im Amtsblatt der tunesischen Republik, *Journal Officiel de la République Tunisienne*, angemeldet, erfolgt eine offizielle Benachrichtigung durch den *syndic*

---

[147] Art. 493 C. com.
[148] Art. 486 C. com.
[149] Art. 486 Abs. 3 C. com.
[150] Art. 512 Abs. 2 C. com.
[151] Art. 519 C. com.
[152] Art. 521 C. com.
[153] Art. 524 C. com.
[154] Art. 525 C. com.
[155] Art. 529 C. com.
[156] Art. 544 C. com.
[157] Art. 544 Abs. 4 C. com.; das Gericht und der Staatsanwalt müssen eine Stellungnahme abgeben.

per Einschreiben mit Rückschein mit einer erneuten Anmeldefrist von zwei Wochen.[158] Für ausländische Gläubiger sowie Steuer- und Sozialbehörden verlängert sich diese Frist um sechzig Tage. Eine **erneute** Forderungsanmeldung entfällt für Gläubiger, die ihre Forderungen bereits im *règlement judiciaire*-Verfahren angemeldet haben.

102 Die **Feststellung** der Forderungen ist in Art. 532 C. com. geregelt. Sind nur wenige Aktiva vorhanden, werden lediglich privilegierte Forderungen geprüft. Sind keine Aktiva feststellbar, entfällt die Prüfung völlig.

4.4 Beendigung des Konkursverfahrens – *clôture de la faillite*

103 Spätestens drei Monate nach Abschluss der Veräußerung der Aktiva und der Feststellung der Insolvenzforderungen übergibt der Konkursverwalter dem verfahrensleiten Richter die **Abschlussaufstellung.** Zu diesem Gerichtstermin können die Kontrolleure geladen werden.[159] Die **Aufstellung** wird bei Gericht hinterlegt und kann von allen Gläubigern eingesehen werden. Das Gericht schließt daraufhin die Operationen des Konkursverfahrens ab.

104 Nachdem das Gericht gem. Art. 533 C. com. die Passiva festgestellt hat, kann auf Antrag des Schuldners das **Verfahren beendet** werden, sofern er in der Lage ist, alle **Insolvenzforderungen zu befriedigen,** was vom verfahrensleitenden Richter überprüft wird. Der Schuldner wird dann in seine Rechte **wiedereingesetzt.**[160]

105 Stellt sich heraus, dass der Schuldner über **keine** oder noch sehr **geringe Aktiva** verfügt, kann das Gericht, nach Berichterstattung durch den *juge commissaire*, von Amts wegen, auch ohne Liquidation, die Beendigung der Operationen des Konkursverfahrens beschließen.[161]

106 Am Ende der Liquidation kommt der Schuldner grundsätzlich **nicht** in den Genuss einer **Restschuldbefreiung.** Art. 585 C. com. sieht allerdings eine Reihe von Ausnahmen vor. So kann das Gericht die **Rechtsverfolgung** auf **strafrechtliche** und **höchstpersönliche** Forderungen beschränken. Eine Beschränkung der Rechtsverfolgung kann ebenfalls auf Fälle von Bankrott oder Betrugstatbestände sowie gegenüber Schuldnern, gegen die innerhalb der letzten fünf Jahre ein Konkursverfahren eröffnet worden ist, angeordnet werden. Das Gericht kann schließlich entscheiden, dass lediglich Bürgen *(garants)* bzw. Gesamtschuldner *(coobligés du débiteur)* den Gemeinschuldner nach Beendigung des Konkursverfahrens in Regress nehmen können.

5. Gläubigergruppen – Massegläubiger, bevorrechtige, gesicherte, ungesicherte und nachrangige Gläubiger

5.1 Massegläubiger

107 Bei Masseforderungen handelt es sich um Forderungen, die **nach** dem **Eröffnungsurteil entstanden** und für die Fortführung des Unternehmens während der Beobachtungsphase notwendig sind.[162] Hierzu rechnen auch ausgesetzte Mietraten bei Leasingverträgen von Mobilien und Immobilien, die vor Verfahrenseröffnung fällig und Gegenstand von Zwangsversteigerungsverfahren gewesen sind.[163] Wie im französischen Recht[164] sind Masseforderungen bei **Fälligkeit zu zahlen.** Bleibt die Zahlung aus, sind sie mit einem **Befriedigungsvorrecht** ausgestattet *(„privilège")*.[165]

5.2 Bevorrechtige Gläubiger

108 Im tunesischen Insolvenzrecht gilt weiterhin der Grundsatz der Gleichheit *(égalité)* aller Gläubiger. Er ist allerdings durch zahlreiche Befriedigungsvorrechte *(privilèges)* ausgehöhlt. Von insolvenzrechtlicher Relevanz sind: (i) das **Superprivileg,** das Lohnforderungen der Arbeitnehmer der letzten sechs Monate, **Bestattungskosten** *(frais funéraires),* **Ärztehonorare,** Forderungen von **Apothekern** sowie **Gerichtskosten** abdeckt;[166] (ii) das **New money**-Privileg des Art. 429 C. com.; (iii) das

---

[158] Art. 531 C. com.
[159] Art. 548 C. com.
[160] Art. 549 C. com.
[161] Art. 550 C. com.
[162] Vgl. Cass 25.6.2013, Nr. 1443: „*ce sont les dettes qui sont nées après la période d'observation, qui sont une conséquence immédiate de la poursuite de l'activité pendant cette période et qui ont donc un lien direct et nécessaire avec la continuation de l'activité de l'entreprise, ce qui justifie le droit de priorité accordé à ces créances*".
[163] Art. 450 C. com.
[164] Dazu → Länderbericht Frankreich Rn. 151.
[165] Art. 450 C. com. (aE).
[166] Art. 570 C. com. iVm Art. 199 *Code des droits réels;* im franz. Recht werden lediglich Lohnforderungen superprivilegiert, vgl. → Länderbericht Frankreich Rn. 152.

bereits erwähnte Privileg von **Masseschulden** (Art. 650 C. com.) sowie von Mietforderungen des während der Beobachtungsphase fortgeführten Mietvertrages bzw. im Konkursverfahren bis zur Räumung des Mietobjekts, (iv) **allgemeine Steuerprivilegien,** sowie (v) **allgemeine Privilegien** *(privilèges généraux)* zur Absicherung von **Sozialabgaben** *(cotisation déduites des salaires)* und **Lohnforderungen** *(privilège des salaires).*[167]

Der **unpfändbare Teil** von **Lohnforderungen** als Insolvenzforderungen ist innerhalb der ersten zehn Tage nach Eröffnung eines Konkursverfahrens nach Entscheidung *(ordonnance)* des verfahrensleitenden Richters zu zahlen.[168]

5.3 Ungesicherte Gläubiger

Nicht speziell in Art. 569 C. com. aufgeführte, mit einem **allgemeinen Befriedigungsvorrecht** ausgestattete Forderungen sind mit **ungesicherten** Forderungen ranggleich, *pari passu.* Aufgrund der Vielfalt der Befriedigungsvorrechte ist die zu erwartende Quote der ungesicherten Gläubiger in der Praxis sehr gering.

5.4 Nachrangige Gläubiger

Anders als im deutschen Recht sind **Gesellschafterforderungen** nicht nachrangig.[169]

6. Verträge im Insolvenzverfahren

Das Schicksal von **laufenden Verträgen,** die zum Zeitpunkt des Eröffnungsurteils noch nicht erfüllt worden sind, sog. *contrats en cours,* ist von großer praktischer Bedeutung. Wie im französischen Recht,[170] geht Art. 451 C. com. von ihrer **grundsätzlichen Fortführung** aus. Anders lautende Klauseln sind unwirksam.[171] Auf Antrag des Verwalters beendet das Gericht die Verträge, die für die **Fortführung** des Unternehmens **nicht notwendig** sind und deren Kündigung die **Interessen** des **Vertragspartners nicht über Gebühr berührt** (*„ne porte pas une atteinte excessive aux intérêts du cocontractant"*). Die gerichtlich ausgesprochene Beendigung des Vertrages wird vom Verwalter innerhalb von 15 Tagen durch Einschreiben mit Rückschein dem Vertragspartner zugestellt. Art. 451 Abs. 2 C. com. schließt die Anwendung dieser Bestimmungen auf **Arbeitsverträge** aus. Ihre Kündigung unterliegt dem allgemeinen Arbeitsrecht.

Art. 451 C. com. sieht anders als das französische Recht keine weitergehenden Vorschriften bezüglich der Kündigung von laufenden Verträgen vor. Bei **Schadenersatzforderungen** dürfte es sich um **einfache Insolvenzforderungen** handeln.[172] Vor allem sind im tunesischen Recht die **Rechtsfolgen** bei **Nichterfüllung** der fortgesetzten Verträge durch den Schuldner nicht geregelt.[173]

7. Pensionsansprüche

Pensionsansprüche, die zur Kategorie der bevorrechtigten Forderungen der Arbeitnehmer zählen, sind in der Praxis **ohne Bedeutung,** da in Tunesien die Altersversorgung nicht von den Unternehmen mitfinanziert wird.

8. Eigentumsvorbehalt

Aus Art. 559 C. com. ergibt sich, dass der Eigentumsvorbehalt keine konkursfeste Sicherheit darstellt. Wurde die Ware an den Schuldner geliefert, kann der Vorbehaltsverkäufer weder die **Aufhebung** des **Kaufvertrages** noch ein **Aussonderungsrecht** geltend machen.

---

[167] Art. 199, 5° *Code des droits réels.*
[168] Art. 541 C. com.
[169] Die Rechtslage entspricht dem franz. Recht, vgl. → Länderbericht Frankreich Rn. 154.
[170] Vgl. → Länderbericht Frankreich Rn. 155.
[171] Darunter dürften alle Klauseln fallen, die im Falle der Eröffnung eines *règlement judiciaire*-Verfahrens des Vertragspartners die automatische Auflösung bzw. Kündigung eines laufenden Vertrages vorsehen, bzw. die die Fortführung von Sukzessivverträgen davon abhängig machen, dass der Insolvenzverwalter auch Konkursforderungen erfüllt (sog. *clauses d'invisibilité*).
[172] Dies ergibt sich aus der Definition von Masseforderungen in Art. 450 C. com. und aus Art. 561 Abs. 3 C. com., der vorsieht, dass Schadenersatzansprüche bei Aufhebung von Kaufverträgen einfache Insolvenzforderungen sind.
[173] Im französischen Recht wird der fortgeführte Vertrag automatisch beendet, wenn der Schuldner die vertraglich vorgesehenen Zahlungen nicht leistet und der Gläubiger ihm keinen Zahlungsaufschub gewährt, vgl. → Länderbericht Frankreich Rn. 158. Im Insolvenzverfahren der Syphax Airlines hatte ein deutscher Leasinggeber über 18 Monate vergeblich versucht, zwei 318 Airbus-Flugzeuge zu revindizieren, obwohl der Schuldner nach Eröffnung des Verfahrens seine Leasingraten und Versicherungsgebühren nicht bezahlt hatte.

9. Sicherheiten in der Insolvenz

9.1 Rechtsstellung dinglich abgesicherter Gläubiger

116 **Dingliche Sicherheiten** können während der **Beobachtungsphase** eines *règlement judiciaire*-Verfahren nicht verwertet werden und gehen im Rahmen einer **übertragenden Sanierung** bei der Veräußerung des Unternehmens unter.

117 Die **Rangordnung** dinglich abgesicherter Gläubiger im Rahmen des **Konkursverfahrens** ist wie folgt:

118 An **erster** Stelle rangieren Gläubiger mit einem Superprivileg. Wie bereits dargestellt, handelt es sich um **Lohnforderungen** der letzten sechs Monate, **Bestattungskosten** *(frais funéraires)*, **Ärztehonorare**, Forderungen von **Apothekern** sowie von **Gerichtskosten**.

119 Rang **zwei** belegt das *New money*-**Privileg** des Art. 429 C. com., gefolgt vom **Privileg** von **Masseschulden** (Art. 450 C. com.) und danach von **Mietforderungen** des während der Beobachtungsphase fortgeführten Mietvertrages bzw. im Konkursverfahren bis zur Räumung des Mietobjekts (Art. 490 C. com.).

120 Rang **drei** wird von Gläubigern eingenommen, die in den Genuss eines **Zurückbehaltungsrechts**, *droit de rétention*, kommen, wie zB ein Verkäufer, der weiterhin unmittelbar oder mittelbar im Besitz der Ware ist.[174]

121 Die **vierte** Stelle nehmen Gläubiger ein, deren Forderungen durch ein **spezielles Privileg** abgesichert sind. Dies ist zB der Fall von **Pfandrecht am Unternehmen** *(nantissement du fonds de commerce)*.

122 Rang **fünf** haben folgende Gläubiger, die in den Genuss eines **allgemeinen Privilegs** *(privilèges généraux)* kommen. Dies gilt für Steuerforderungen der letzten vier Jahre vor Eröffnung des Verfahrens. Diese zeitliche Beschränkung kommt nicht zur Anwendung bei Quellen- und Mehrwertsteuern, allen anderen indirekten Steuern, sowie bei Lohnnebenforderungen *(caisse nationale de sécurité sociale au titre des cotisation déduites des salaires)*. Alle **übrigen** Forderungen, die mit einem **allgemeinen Privileg** ausgestattet sind, rechnen zu den **ungesicherten** Insolvenzforderungen *(créances ordinaires)*.

123 **Hypotheken-** und **Pfandgläubiger** in Höhe des Liquidationswertes der Immobilie bzw. der Mobilie rangieren erst an **sechster** Rangposition.

124 Ungesicherte Insolvenzforderungen *(créances chirographaires)* nehmen schließlich den **siebten** Rang ein.

9.2 Stellung von Gesamtschuldnern und Garanten

125 Auf die Möglichkeit die **Suspendierung** von **Rechtsverfolgungs-** und **Vollstreckungsmaßnahmen** gem. Art. 449 Abs. 3 C. com. im Rahmen eines *règlement judiciaire*-Verfahren auf **Bürgen**, **Garanten** und **Gesamtschuldner** gerichtlich auszudehnen, wurde bereits hingewiesen.[175]

126 Garanten *(garants)* und Gesamtschuldner *(coobligé du débiteur)* kommen in den **Genuss** der **Aussetzung** der **Zinsen** im Konkursverfahren.[176] Die **sofortige Fälligkeit** von Insolvenzforderungen gegenüber dem Schuldner hat keine Drittwirkung auf Garanten und Gesamtschuldner.[177]

9.3 Aufrechnung: Netting-Vereinbarungen

127 Anders als das französische Recht,[178] hat der tunesische Gesetzgeber keine Bestimmungen zur **Aufrechnung** von **konnexen Haupt-** und **Gegenforderungen** in Ausnahme zum allgemeinen Moratorium der Zahlung von Insolvenzforderungen vorgesehen. Folglich kann ein Gläubiger grundsätzlich Insolvenzforderungen nicht mit Gegenforderungen des Gemeinschuldners aufrechnen.[179] Nicht betroffen von diesem Verbot sind Aufrechnungen, die **vor** Eröffnung des Verfahrens bereits wirksam erfolgt sind.[180]

---

[174] Art. 557 f. C. com., dazu → Rn. 47.
[175] → Rn. 54.
[176] Art. 492 C. com.
[177] Art. 493 C. com.
[178] Vgl. → Länderbericht Frankreich Rn. 177.
[179] Das gilt insbesondere für Insolvenzforderungen, die zum Zeitpunkt der Verfahrenseröffnung noch nicht fällig waren; die Befriedigung nicht fälliger Forderung ist automatisch nichtig, Art. 494 C. com., → Rn. 131.
[180] Vgl. Art. 369 *Code des obligations et des contrats* : „*la compensation s'opère lorsque les parties sont réciproquement et personnellement créancières et débitrices l'une de l'autre* [...]".

10. Insolvenzanfechtung

10.1 Allgemeines

Die **Nichtigkeit** von **Rechtshandlungen,** die kurz vor Eröffnung eines Insolvenzverfahrens **128** während der sog. *période suspecte* vorgenommen worden sind und gegen das Gebot der Gläubigergleichbehandlung verstoßen, sind in Art. 494 ff. C. com. normiert. Wie im französischen Recht[181] arbeitet der tunesische französische Gesetzgeber nicht mit festen Fristen. Dreh- und Angelpunkt ist der Begriff der **tatsächlichen Zahlungsunfähigkeit.** Es können nämlich nur Rechtshandlungen des Schuldners angefochten werden, die während des Zeitraums zwischen der gerichtlich festgestellten tatsächlichen Zahlungseinstellung, *cessation des paiements,* und der Verfahrenseröffnung – sog. *période suspecte* – getätigt worden sind.

Im **Eröffnungsurteil** des *règlement judiciaire* stellt das Gericht die Zahlungsunfähigkeit des **129** Schuldners formell fest und bestimmt den Zeitpunkt hierfür. Bleibt dies aus, was in der Gerichtspraxis häufig passiert, so ist gem. Art. 439 C. com. das Datum der Antragstellung einschlägig. Wird das Konkursverfahren ohne ein vorhergehendes *règlement judiciaire* eröffnet, ist das Datum der Verfahrenseröffnung grundsätzlich Ausgangspunkt der Berechnung der *periode suspecte*.[182] Das Insolvenzgericht kann allerdings den Zeitpunkt der effektiven Zahlungseinstellung später festlegen und bis zu **18 Monate** vor dem Datum der Antragstellung bzw. dem Erlass des Eröffnungsurteils vorverlegen. Dies geschieht auf der Grundlage des Berichts des verfahrensleitenden Richters. **Antragsberechtigt** ist jeder Interessierte, insbesondere Gläubiger. Das Gericht, das auch von Amts wegen tätig werden kann, legt das Datum frei fest.[183]

Das tunesische Recht unterscheidet zwischen Rechtshandlungen, die das Gericht annullieren **130** muss, sog. *nullité de droit,* und solche, die annulliert werden können, sog. *nullité facultative.* Beide Arten der Nichtigkeit müssen durch **Nichtigkeitsklage** geltend gemacht werden. Eine Nichtigkeitsklage muss innerhalb von zwei Jahren nach Verfahrenseröffnung der *faillite* erhoben werden.[184] Antragberechtigt ist der *juge commissaire* und der Konkursverwalter, *syndic*. Nicht geregelt ist, ob ein Gläubiger antragsberechtigt ist. Ist die **Nichtigkeitsklage** erfolgreich, wird das Rechtsgeschäft **rückwirkend annulliert** und der Erlös fällt in die Masse.[185]

10.2 Automatische Nichtigkeit – *nullité de droit*

Art. 494 C. com. normiert eine Liste von Rechtshandlungen, die in **jedem Fall nichtig** sind, **131** sofern sie der Schuldner nach dem Zeitpunkt seiner effektiven Zahlungsunfähigkeit vornimmt. Hierzu zählen **unentgeltliche Verfügungsgeschäfte,** die **Befriedigung nicht fälliger** Forderungen, die Zahlung fälliger Forderungen durch **unübliche Zahlungsmittel,** die Bestellung von rechtsgeschäftlichen oder gerichtlichen Hypotheken sowie die Gewährung von rechtsgeschäftlichen Pfandrechten *(gage)* **zur Absicherung bestehender Verbindlichkeiten.**

10.3 Fakultative Nichtigkeit – *nullité faculative*

Die **Befriedigung fälliger Forderungen** und **entgeltliche Rechtsgeschäfte** können annul- **132** liert werden, wenn dem **Gläubiger bekannt** war, dass der Schuldner im Übrigen seine Zahlungen bereits eingestellt hat.[186] Das Gericht entscheidet **fallbezogen** und hat einen recht großen Entscheidungsspielraum.[187]

11. Geltendmachung von Haftungsansprüchen gegen (frühere) Geschäftsführer, Gesellschafter oder Dritte

11.1 Die Gläubigerhaftung bei fahrlässiger Kreditgewährung

Kommt es zur Eröffnung eines Konkursverfahren, so kann gem. Art. 588 C. com. ein **Kreditge- 133 ber** haftbar gemacht werden, wenn er dem Schuldner **neue Kredite** oder **Zahlungsziele** eingeräumt hat, obwohl er seine **Zahlungsunfähigkeit kannte** und somit das **Risiko** einging, seine **Lage zu verschlimmern** und die Möglichkeit einer **Sanierung zu beeinträchtigen,** insbesondere

---

[181] Vgl. → Länderbericht Frankreich Rn. 179.
[182] Art. 484 C. com.
[183] Art. 484 Abs. 2 C. com.
[184] Art. 497 C. com.
[185] Art. 496 C. com.
[186] Art. 495 C. com.
[187] Vgl. zur Auslegung der vergleichbaren Bestimmung im franz. Recht → Länderbericht Frankreich Rn. 183.

wenn diese Kredite dem Schuldner **Schaden** zufügten und das Unternehmen **künstlich über Wasser** hielten. Klageberechtigt sind der Konkursverwalter, *syndic,* sowie Gläubiger, die im Interesse aller Gläubiger handeln *(ut singuli).*

134   Bei **fahrlässiger Kreditgewährung** wird der Kreditgeber zur Zahlung von Schadensersatz verurteilt, der durch die **Verzögerung** der **Eröffnung** des **Insolvenzverfahrens** verursacht worden ist. Der Schaden dürfte, wie im französischen Recht, der **Verschlechterung** der **bilanziellen Situation** des **Schuldners** – *aggravation de l'insuffisance d'actif* – entsprechen.[188]

11.2 Haftung von Mitgliedern der Leitungsorgane

135   Art. 121 des *Code de sociétés commerciales* normiert die sog. „*action en complement du passif social*". Im Rahmen eines *redressement judiciaire-* bzw. Konkursverfahrens kann das Gericht, bei *faute de gestion, de jure* oder *de facto,* Mitglieder der **Leitungsorgane** einer Gesellschaft mit beschränkter Haftung dazu verurteilen, das zur **Schuldentilgung nicht ausreichende Vermögen ganz** oder **teilweise aufzufüllen.** Der Konkursverwalter und Gläubiger sind klageberechtigt. Der **Kläger** muss eine *faute de gestion* und die Kausalität zwischen dem Fehlverhalten und dem erlittenen Schaden **nachweisen.**[189]

136   Kommt der verurteilte *de jure* oder *de facto* Geschäftsführer seiner Verpflichtung zur Schuldentilgung nicht nach, kann das Gericht als **Sanktion** auf ihn das Konkursverfahren ausdehnen *(extension de la faillite).*[190] Darüber hinaus kann das Gericht das Verbot aussprechen, bis zu fünf Jahre eine juristische Person zu leiten oder zu verwalten, *interdiction de gérér et de diriger.*

12. Internationales Insolvenzrecht

137   In Tunesien kommt das **UNCITRAL *model-law*** nicht zur **Anwendung.**
138   Gem. Art. 8 des *Code de droit international privé* sind tunesische Gerichte **exklusiv zuständig** ein Insolvenzverfahren zu eröffnen, sofern der Schuldner sein *domicile* in Tunesien hat.
139   Ausländischen Entscheidungen wird das **Exequatur** verwehrt, wenn das Insolvenzverfahren in die ausschließliche Zuständigkeit der tunesischen Gerichte fällt **oder** falls tunesische Gerichte in der **gleichen Sache** gegenüber denselben Parteien in letzter Instanz bereits eine endgültige Entscheidung getroffen haben. Geprüft wird ferner, ob das Urteil dem internationalen tunesischen *ordre public* entgegensteht. Das Exequatur setzt voraus, dass die ausländische Entscheidung in dem Staate, in dem sie ergangen ist, **rechtskräftig** ist. Schließlich prüft das Exequaturgericht, ob der Staat, in dem das Eröffnungsurteil ergangen ist, auch die Eröffnungsentscheidung eines tunesischen Gerichts anerkannt hätte (Voraussetzung der **Reziprozität**).

---

[188] Vgl. → Länderbericht Frankreich Rn. 185.
[189] Vgl. Cass. 28.3.2006, Nr. 6162.2006. Nach altem Recht bestand eine Beweislastumkehr. Der Geschäftsführer konnte sich exkulpieren, wenn er nachweisen konnte, dass er mit Sorgfalt gehandelt hatte. In einem kritisierten Urteil v. 7.5.2003, Nr. 7324, hat das erstinstanzliche Gericht in Tunis entschieden, das *règlement judiciaire*-Verfahren auf den Geschäftsführer einer GmbH auszudehnen, obwohl das Unternehmen im Rahmen einer übertragenden Sanierung veräußert worden ist.
[190] Art. 589 C. com.

Tunesien

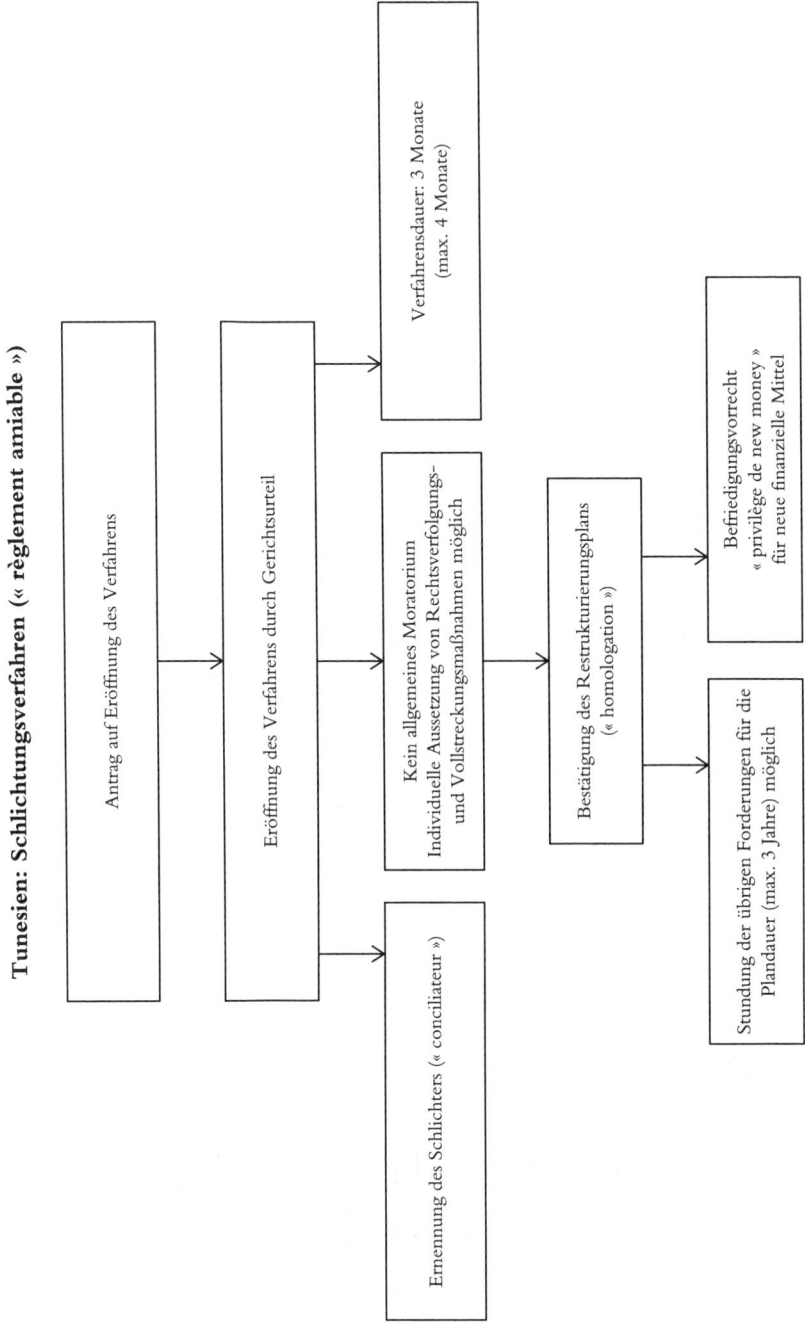

Tunesien

Tunesien Insolvenzverfahren: Ordentliches Insolvenzverfahren (« règlement judiciaire »), Konkursverfahren (« faillite »)

```
                          Antrag auf Eröffnung des Verfahrens
                                   │
                 ┌─────────────────┴─────────────────┐
                 ▼                                   ▼
      Konkursverfahren                  Ordentliches Insolvenzverfahren
      (« procédure de faillite »)       (« procédure de règlement judiciaire »
                 │                       Bestellung eines Verwalters (« administrateur »)
                 ▼                                   │
      Abschluss (« clôture ») mit                    ▼
      Restschuldbefreiung              Beobachtungsphase: 9 Monate
                                       (verlängerbar um 3 Monate)
                                                    │
                                                    ▼
                                       Verabschiedung des Sanierungsplans
                                       durch Gerichtsurteil
                                                    │
                          ┌─────────────────────────┼─────────────────────────┐
                          ▼                         ▼                         ▼
              Verpachtung des              Übertragende Sanierung     Fortführung des Unternehmens
              Unternehmens                 (« plan de cession »)      (« plan de poursuite »)
              (« location gérance »)                                            │
                          ▲                                                     ▼
                          │                                          Beendigung des
                          └──────────────────────────────────────────« plan de cession »
                                                    │
                                                    ▼
                                       Abschluss (« Clôture »)
                                       des Verfahrens
```

- Ernennung des verfahrensleitenden Richters (« juge commissaire »)
- Forderungsanmeldung 1 Monat ab Veröffentlichung des Urteils der Verfahrenseröffnung (« règlement judiciaire, faillite »)
- Moratorium
- Zahlungsverbot
- Fortsetzung der Verträge

Tunesien

Glossar

Deutsch	Französisch	Arabisch	Rn.
Abänderung des Fortführungsplans	Modification du plan de continuation	اخذ ل حدتوير ب علی مجانب مصالقة استشناطا	74
Anfechtung, Nichtigkeitsklagen	Action/Demande de nullité de la période suspecte	دعوى- بطلان اطبال العقود المبرمة في فترة الريبة	24, 53, **128 ff.**
Amtsblatt der Tunesischen Republik	Journal officiel de la République Tunisienne	الرائد الرسمي مجلة للجمهورية التونسية	35, 60, 90, 101
Antrag zur Eröffnung eines Konkursverfahrens	Demande d'ouverture de la procédure de faillite	طلب افتتاح اجراءات الفلسة	91
Antrag zur Eröffnung eines ordentlichen Insolvenzverfahrens	Demande d'ouverture de la procédure de règlement judiciaire	طلب افتتاح اجراءات التسوية القضائية	16, **32 ff.**
Antrag zur Eröffnung eines präventiven Vergleichsverfahrens	Demande d'ouverture de la procédure de règlement amiable	طلب افتتاح اجراءات التسوية الرضائية	16
Antragsfrist zur Eröffnung eines Konkursverfahrens	Délais de demande d'ouverture de la procédure de faillite	آجال مطلب افتتاح اجراءات الفلسة	92
Arbeitnehmer, Entlassung	Employé, salarié, licenciement	موظف- اجير- طرد	2, 66, 68, 97, 108, 114
Arbeitnehmervertreter	Représentant des salariés	ممثل العمال	93
Arbeitsvertrag	Contrat de travail	عقد شغل	112
Aufrechnung	Compensation	مقاصة	127
Aufsichtspflicht	Mission de contrôle	مهمة المراقبة	39
Aussichtslose Lage	Situation désespérée	وضعية ميؤوس منها	6, 89
Aufhebung, gerichtliche Aufhebung der Restrukturierungsvereinbarung	Résolution judiciaire de l'accord de restructuration	الفسخ القضائي لاتفاق اعادة الهيكلة	26
Aufhebung des Fortführungsplans	Résolution du plan de continuation	فسخ برمجانب مصالقة استشناطا	73
Ausdehnung des Konkursverfahrens	Extension de la faillite	بسح الفلسة	30, 136
Aussonderung, Aussonderungsklage	Revendication, action en revendication	ادعاء وا بطلب- دعوى الاستراجاع	23, 42, 44, 48, 53, 115
Bankrott	Banqueroute	التسبب في الافلاس	106
Beendigung des Verfahrens	Clôture de la procédure	ختم الاجراءات	103
Befriedigungsvorrechte	Privilèges	امتيازات	**107 ff.**
Beistandspflichten (des Insolvenzverwalters)	Mission d'assistance (de l'administrateur judiciaire)	مهمة المساعدة (المتصرف القضائي)	39
Beobachtungsphase, Fortführung des Unternehmens	Période d'observation	فترة المراقبة	36, **49**, 58, 64, 75, 97, 116
Bericht des commissaire à l'exécution	Rapport du commissaire à l'exécution	تقرير مراقب التنفيذ	68
Bericht des Schlichters	Rapport du conciliateur	تقرير المصالح	20
Bericht des Verwalters, Bericht des Konkurswalters	Rapport de l'administrateur, rapport du syndic	تقرير المتصرف القضائي- تقرير امين الفلسة	98

Tunesien

Deutsch	Französisch	Arabisch	Rn.
Beschlagnahme	dessaisissement	رفع يد	95
Bestätigung, homologation	homologation	المصادقة	22
Betriebsveräußerung, übertragende Sanierung	Cession d'entreprise / plan de cession	احالة المؤسسة- برنامج الاحالة	75, 99
Bürge, Garanten, Gesamtschuldner	Caution, garant, coobligés	الكفيل- الضامن- المدين المتضامن	18, 54, 106, **125 f.**
Commissaires à l'exécution (Verwalter, der die Ausführung des Sanierungsplans überwacht)	Commissaires à l'exécution	مراقب التنفيذ	68, 88
Commission de résolution	Commission de résolution	لجنة الفسخ	28
Commission de suivi des entreprises économiques – CSEE	Commission de suivi des entreprises économiques – CSEE	لجنة متابعة المؤسسات الاقتصادية	8, 37, 68
Debt-to-equity-swap	Conversion de créances en capital	تحويل الديون الى رسامال	19, 72
Drohende Insolvenz	Faillite imminente	تأكد الفلس	15
Eigentumsvorbehalt	Réserve de propriété	شرط الاحتفاظ بالملكية	110, 115
Eigenverwaltung	Direction de l'entreprise par le débiteur	تسيير الشركة من طرف المدين	19, 39
Erfüllung von Verträgen	Exécution de contrats	تنفيذ (العقد)	53, 113
Eröffnungsurteil, Eröffnungsantrag	Jugement d'ouverture, Demande d'ouverture d'une procédure de faillite	قرار افتتاح- طلب فتح اجراءات الفلس	5, 9, 13, 15, 18, 21, 30, **32 ff.**, 35 f., **49 ff.**, 58, 60, 75, 81, **89 ff.**, 107, 112, 129, 133, 139
Exequatur	Exequatur	الاكساء بالصيغة التنفيذية	139
Fälligkeit der Forderung, fällig Stellung	Exigibilité, déchéance du terme	حلول الدين- سقوط الاجل	50, 94, 107, 126
Feststellung der Forderung	Acceptation de la créance	قبول الدين	101
Forderung	Créance	دين	22, 26, 34, 43, 47, 50, 53, 58, 60 ff., 70 ff., 103 f., 107 ff., 116 ff.
Forderungsanmeldung	Déclaration de créance	تسجيل الدين	**60,** 101
Forderungsanmeldungsfrist, Ausschlussfrist	Délai de déclaration de créance, délai de forclusion	اجل تسجيل الدين- سقوط الاجل	60
Forderungsprüfung	Vérification des créances	التثبت في الدين	63, 101
Forderungsverzicht, Forderungserlasse	Remise de créance	الحط من الدين	19, 71
Fortführungsplan	Plan de continuation	برنامج مواصلة النشاط	69
Freihändiger Verkauf	Vente de gré à gré	بيع بالملف بالتراضي	99
Freiwilliger Vergleich	Règlement amiable	التسوية الرضائية	3, **14 ff.**
Frühwarnverfahren	Procédure d'alerte	اجراءات الاشعار	3, 9, **11**
Gerichtskosten	Frais de procédure	مصاريف الاجراءات	108, 118

Tunesien

Deutsch	Französisch	Arabisch	Rn.
Gesellschaften, Handelsgesellschaften, staatliche Gesellschaften	Sociétés, sociétés commerciales, société d'État	شركات- شركة تجارية- شركة مملوكة للدولة	7
Gesellschafterforderung	Avance d'actionnaire	تسبقة نقدية للمساهم	111
Gesetzgebung	Bestehend aus Gesetzen „lois", Dekreten, „décrets" und Verordnungen, „décret-lois"	قوانين- أوامر- مراسيم	2
Gläubiger, Gläubigerautonomie	Créancier, autonomie des créanciers	دائن- استقلالية الدائنين	19
Gläubiger, bevorrechtigter	Créancier privilégié	دائن ممتاز	58
Gläubiger, dinglich gesicherter	Créancier bénéficiant d'une sureté réelle	دائن متمتع بضمان عيني	**116 ff.**
Gläubiger, einfacher, ungesicherter	Créancier chirographaire	دائن مجرد	110, 124
Gläubigerklassen	Classification des créanciers	ترتيب الدائنين	59
Gläubigerversammlung	Masse des créanciers	جمعية الدائنين	59
Gläubigerhaftung bei fahrlässiger Kreditgewährung	Responsabilité pour soutien abusif	مسؤولية مسدي التمويل	**133 f.**
Honorare des Schlichters	Honoraires du conciliateur	أجرة المصالح	16
Hybrides Restrukturierungsverfahren	Procédure de restructuration hybride	إجراءات إعادة هيكلة هجينة	14
Hypothek	Hypothèque	الرهن العقاري	123
Insolvenzanfechtung	Nullité d'acte juridique accompli pendant la période suspecte	بطلان أعمال قانونية أبرمت خلال الفترة المريبة	**128 ff.**
Insolvenzeröffnung	Ouverture d'une procédure de faillite	افتتاح إجراءات الإفلاس	5, 9, 13, 15, 18, 21, 30, **32 ff.**, 35 f. **49 ff.,**, 58, 60, 75, 81, **89 ff.**, 107, 112, 129, 133, 139
Insolvenzforderung	Créance	دين	22 f. 34, 43, 47 f., 50, 53, 57 f., **60 ff.**, 70 ff., 84, 94, **101 ff.**, 109 ff., 116 ff. 126 f., 131 f.
Insolvenzforderung, einfache	Créance chirographaire	دين مجرد	110, 124
Insolvenzforderung, nachrangige	Créance subordonnée	دين بالتبعية	111
Insolvenzforderung, vorrangige	Créance privilégiée	دين ممتاز	118 ff.
Insolvenzmasse	Patrimoine du débiteur (als „masse" bezeichnet das tunesische französische Recht die Gesamtheit der Gläubiger)	مدمة أملاك المدين	**41 ff.**, 53, 107, 130

Tunesien

Deutsch	Französisch	Arabisch	Rn.
Insolvenzverfahren, ordentliches	Procédure d'insolvabilité, règlement judiciaire	اجراءات الفلسة-التسوية القضائية	3, 6, 20
Insolvenzverfahren, Ausdehnung	Extension de procédure	بسح الاجراءات	30
Insolvenzverschleppung	Poursuite d'une activité déficitaire	مواصلة نشاط منقبض	20
Insolvenzverwalter, Konkursverwalter	Administrateur, syndic	المتصرف القضائي- امين الفلسة	36, **38 ff.**, 93, 96
Inventar	Inventaire	درج	49, 98
Schlichter	Conciliateur	المصالح	9
Konkursverfahren	Procédure de faillite	اجراءات الفلسة	2, 4, 6, 46, **89 ff.**, 117
Konnexität von Forderungen	Connexité de créances	ترابط الديون	127
Kontrolleur	Contrôleur	المراقب	59, 79, 93
Konzern	Groupe de sociétés	مجموعة الشركات	**29**
Kreditinstitute	Établissement de crédit	مؤسسة قرض	28
Laufende Verträge	Contrat en cours	العقود المستمرة	112 f.
Leitungsorgane	Dirigeants d'entreprise	مسيري المؤسسة	79, **135 f.**
Liquidation, Liquidierung	Liquidation	التصفية	99
Lohnforderungen	Créances salariales	مستحقات العملة	18, 71, 108 f., 118, 122
Massegläubiger	Créancier postérieur	الدائن الجديد	107
Masseforderung, Masseschulden	Créance postérieure, frais de procédure	دين جديد-مصاريف الاجراءات	107 f., 119
Moratorium, individuelle Aussetzung von Rechtsverfolgungs- und Vollstreckungsmaßnahmen	Moratoire, suspension des poursuites	اجل للضغط تعطيل اجراءات التقاضي	18, 23, 53, 55, **58**, 125
Nachrangige Forderungen	Créances subordonnées	ديون تابعية	111
New money, neue finanzielle Mittel, new-money Privileg	New money, privilège de new-money, privilège de l'argent frais	امتياز خضر الاموال الجديدة	25, 108, 119
Nichtigkeit	Nullité	البطلان	**128 ff.**
Pensionsansprüche	Créances de retraite	مستحقات التقاعد	114
Persönliche Recht, rein persönliche Rechte	Droits attachés exclusivement à la personne	وثيق الارتباط بالشخص	96
Période suspecte	Période suspecte	فترة الريبة	128
Personen, juristische, natürliche	Personnes physiques, morales	اشخاص طبيعية- اشخاص معنوية	7
Präventives Vergleichsverfahren	Concordant préventif, règlement amiable	الصلح الاحتياطي-التسوية الرضائية	2, 6, 9, **14 ff.**
Präventives Sanierungsverfahren	Procédure de sauvegarde préventive	اجراءات معدل الاحتياطي	6
Pfandrecht	Gage	رهن	121, 123
Quote	Dividende	الرايج	110
Rangordnung, Rangfolge	Rang	الرتبة	117
Regelverfahren	Procédure de droit commun	اجراءات القانون العام	4

Tunesien

Deutsch	Französisch	Arabisch	Rn.
Restschuldbefreiung	Abandon des créances	التنازل عن الديون	106
Sanierungsplan	Plan de redressement	برنامج الإنقاذ	36, 37, 40, **64 ff.**
Satzungsänderungen	Changement des statuts	إدخال تحويرات على العقد التأسيسي	72
Schadensersatzansprüche	Dommages et intérêts	التعويض	47
Sicherungsmaßnahmen, vorläufige Schutzmaßnahmen	Mesures provisoires, conservatoires	تدابير وقتية ـ احتياطية	52, 91, 96, 98
Staatsanwalt	Procureur de la République	وكيل الجمهورية	38
Stundung	Rééchelonnement de dettes	إعادة جدولة الديون	22
Super-Privileg der Arbeitnehmer	Superprivilège des salariés	الامتياز الممتاز للعملة	2, 25, 108
Überschuldung	Surendettement	المديونية المفرطة	32
Übertragende Sanierung, Veräußerungsplan	Plan de cession	برنامج الإحالة	65, **75 ff.**
Ungesicherte Forderungen	Créances chirographaires	ديون مجردة	110, 124
Unterbrechung anhängiger Verfahren	Suspension de procédures en cours	تعطيل الإجراءات الجارية	57
Verbraucherinsolvenzverfahren	Procédure de surendettement des consommateurs	إجراءات حماية المستهلكين ضد المديونية المفرطة	31
Vergleich	transaction	صلح	98
Verfahrenskosten, Gerichtskosten	Frais de la procédure	مصاريف الإجراءات	108, 118
Verfahrensleitende Richter	Juge commissaire	القاضي المقرر	36, 37, 42, 67, 93, 98
Verfügungsverbote	Incessibilité d'actifs	منع التفويت في الأصول	51
Verfügungsgeschäfte, unentgeltliche	Transactions à titre gratuit	الاتفاقات المجانية	131
Vermögensverschiebungen-vermischungen	Confusion de patrimoine	اختلاط المدمج بالمحل	30
Verpachtung des Unternehmens	Location gérance	كراء	65, 84, 86
Vertrag, laufender	Contrat en cours	العقد الساري المفعول	78, 81
Verwalter, Konkursverwalter	Administrateur, syndic	المتصرف القضائي ـ أمين الفلسة	36, **38 ff.**, 93, 96
Vollstreckungsverbot	Interdiction d'exécution forcée	منع التنفيذ الجبري	18, 23
Wechsel	Lettre de change	كمبيالة	43
Wirtschaftsprüfer	Commissaire aux comptes	مراقب الحسابات	12
Zahlungsunfähigkeit	Cessation des paiements	حالة التوقف عن الدفع	32, 89, 128 f.
Zahlungsfristen	Délais de paiement	آجال الخلاص	19
Zinsen	Intérêts	فوائض	19, 50, 94, 126
Zurückbehaltungsrecht	Droit de rétention	حق حبس	45, 47, 120

Ungarn

bearbeitet von *Zoltán Fabók*, LL.M. (Heidelberg), Fellow of INSOL International, Special Counsel, DLA Piper Posztl, Nemescsói, Györfi-Tóth and Partners Law Firm, *Ákos Bajorfi*, LL.M. corp. restruc. (Heidelberg), Counsel, Noerr & Partners Law Firm, *Jenő Kimmel*, LL.M. (Heidelberg), Partner, Kimmel Law Firm

Übersicht

	Rn.
1. Gesetzessammlungen, Schrifttum und Informationsquellen	1
1.1 Gesetzessammlungen	1
1.2 Schrifttum	2
1.3 Informationsquellen	3
2. Einführung	6
2.1 Gesetzliche Grundlagen, neues Insolvenzgesetz	6
2.1.1 Historie des Insolvenzrechts in Ungarn	6
2.1.2 Aktuelle Gesetzesreform	8
2.2 Unterschiedliche Verfahrenstypen	9
2.3 Präventive Restrukturierung (vorinsolvenzlich), Umsetzung der Richtlinie (EU) 2019/1023	16
2.4 Finanzielle Restrukturierung	17
2.5 Spezielle Regelungen für Insolvenzen von Finanzinstituten, Versicherungen	18
2.5.1 Insolvenzen von Finanzinstituten	18
2.5.2 Insolvenzen von Versicherungen	20
2.6 Konzerninsolvenzen	21
2.7 Verbraucherinsolvenzverfahren	22
3. Wesentliche Merkmale des Liquidationsverfahrens	24
3.1 Eröffnung des Liquidationsverfahrens	24
3.1.1 Eröffnungsgründe	25
3.1.1.1 Prüfung der Eröffnungsgründe	27
3.1.1.2 Keine Antragspflicht bei Vorliegen von Eröffnungsgründen	28
3.1.2 Antragsbefugnis	31
3.1.2.1 Vertragliche, unbestrittene oder anerkannte Verbindlichkeiten, Praxis der Nutzung des Liquidationsverfahrens als „Alternative" zur zivilrechtlichen Klage	32
3.1.2.2 Nichtleistung auf Gerichtsentscheidung bzw. erfolglose Vollstreckung	37
3.1.2.3 Nichtleistung auf Vergleichsabschluss	38
3.1.2.4 Durch den Schuldner initiiertes Liquidationsverfahren	39
3.1.2.5 Durch den Abwickler des Schuldners initiiertes Liquidationsverfahren	40
3.1.2.6 Von Amts wegen eröffnete Liquidationsverfahren	41
3.2 Rolle der Gerichte	42

	Rn.
3.3 Insolvenzverwalter-Gesellschaft	43
3.3.1 Insolvenzverwalter-Gesellschaft	43
3.3.2 Insolvenzverwalter	44
3.4 Verwaltung und Verwertung der Masse	45
3.5 Fortführung durch den Schuldner oder Verwalter	50
3.6 Sicherungsmaßnahmen vor Verfahrenseröffnung	51
3.7 Wirkungen der Verfahrenseröffnung auf Rechtsverfolgungsmaßnahmen einzelner Gläubiger	53
3.8 Wirkungen der Verfahrenseröffnung auf laufende Gerichts-/ oder Schiedsverfahren	54
3.9 (Automatisches) oder gerichtlich anzuordnendes Moratorium	1
3.10 Organe der Gläubiger	55
3.10.1 Gläubigerversammlung und Gläubigerausschuss	56
3.10.2 Vergleich im Liquidationsverfahren	57
3.11 Forderungsanmeldung, Feststellung oder Bestreiten von Forderungen	58
3.12 Verteilung der Masse	59
3.12.1 Aussonderungsberechtigte Gläubiger	61
3.12.2 Gesicherte Gläubiger	63
3.12.3 Massegläubiger	65
3.12.4 Bevorrechtigte Gläubiger	68
3.12.5 Ungesicherte Gläubiger	69
3.12.6 Nachrangige Insolvenzgläubiger* *(hátrasorolt hitelezők)*	70
4. Wesentliche Merkmale des Vergleichsverfahrens	73
4.1 Eröffnung des Vergleichsverfahrens	73
4.2 Rolle der Gerichte	74
4.3 Vergleichsverwalter-Gesellschaft	75
4.4 (Automatisches) oder gerichtlich anzuordnendes Moratorium	76
4.5 Forderungsanmeldung, Feststellung oder Bestreiten von Forderungen	77
4.6 Abschluss von Verfahren	78
5. Verträge im Liquidationsverfahren	79
6. Verträge im Vergleichsverfahren	80

		Rn.			Rn.
7.	Pensionsansprüche in der Insolvenz und Restrukturierung	81	12.	Geltendmachung von Haftungsansprüchen gegen (frühere) Geschäftsführer, Gesellschafter oder Dritte	93
8.	Eigentumsvorbehalt	82	12.1	Die Haftung der Geschäftsführung des Schuldners	93
9.	Sicherheiten in der Insolvenz	83	12.2	Die Gesellschafterhaftung	96
10.	Aufrechnung; Netting-Vereinbarungen	84	13.	Asset-Tracing	100
			14.	Internationales Insolvenzrecht	103
11.	Liquidationsanfechtung	90	15.	Die COVID-19-Ausnahmegesetzgebung	106

1. Gesetzessammlungen, Schrifttum und Informationsquellen

1.1 Gesetzessammlungen

1   Alle gültigen ungarischen Rechtsvorschriften können online eingesehen werden.[1] Eine elektronische Datenbank mit deutsch- und englischsprachigen Übersetzungen von grundlegenden Gesetzen und Verordnungen wurde von einem Privatunternehmen erstellt.[2] Das Handbuch Wirtschaft und Recht in Osteuropa enthält die deutschen Übersetzungen von mehreren ungarischen Gesetzen.[3]

1.2 Schrifttum

2   *Bóka*, Fizetésképtelenségi eljárások az új nemzetközi magánjogi törvényben, in: Gazdaság és jog 2016/7-8, S. 11; *Csőke*, A határon átnyúló fizetésképtelenségi eljárások, 2. Auflage 2016; *Csőke*, Nagykommentár a csődtörvényhez *(Großkommentar zum Insolvenzgesetz)*, 2019; *Fabók*, Észrevételek a Szerkezetátalakítási Irányelv átültetésének kérdéséhez, in: Bodzási (Hrsg.): Gazdasági jogi és adójogi tanulmányok, 2020; *Fabók*, International Insolvency Law in the New Hungarian PIL Code – A Window of Opportunity to Enact the UNCITRAL Model Law on Cross-Border Insolvency?, 2017 (http://www.uncitral.org/pdf/english/congress/Papers_for_Congress/119-FABOK-International_Insolvency_Law_in_the_New_Hungarian_PIL_Code_.pdf); *Fabók*, „Wrongful Trading" in England and Hungary: A Comparative Study, in: Dr. Jennifer L. L. Gant (ed) Harmonisation of European Insolvency Law, 2017 (https://papers.ssrn.com/sol3/papers.cfm?abstract_id=2896290); *Fónagy*, A fizetésképtelenségért való magánjogi felelősség. PhD értekezés, 2011 (http://midra.uni-miskolc.hu/document/6388/1756.pdf); *Gárdos/Gárdos*, Biztosítéki tulajdon a felszámolási eljárásban (Válasz Csőke Andrea és Juhász László reflexióira), in: Gazdaság és jog 2014/2, S. 21–23; *Halmos*, A csőd intézményének rövid története, in: Közgazdasági szemle 2012/5, S. 540–557 (http://www.kszemle.hu/tartalom/letoltes.php?id=1307); *Juhász*, A magyar fizetésképtelenségi jog kézikönyve I-II, 7. Auflage 2019; *Kiss*, A felszámoló kártérítési felelőssége *(Schadenshaftung der Insolvenzverwalter-Gesellschaft)*, Gazdaság és jog 2009/10, S. 15–18; *Nochta*, A vezető tisztségviselők magánjogi felelősségének mércéjéről és irányairól az új Ptk. alapján, in: Gazdaság és jog 2013/6, S. 3–8; *Török*, Felelősség a társasági jogban *(Haftung im Gesellschaftsrecht)*, 2. Auflage 2015.

1.3 Informationsquellen

3   Die Eröffnungen der Insolvenzverfahren von juristischen Personen werden im elektronischen **Firmenamtsblatt** *(Cégközlöny)* veröffentlicht.[4] Die Angaben der nach dem 26.6.2018 eröffneten Insolvenzverfahren sind außerdem in einer Online-Datenbank *(fizetésképtelenségi nyilvántartás)* frei zugänglich und suchbar.[5] Die Handelsregisterauszüge enthalten auch Informationen zu laufenden und abgeschlossenen Insolvenzverfahren (Datum der Eröffnung bzw. Beendigung des Insolvenzverfahrens, Name und Adresse des Insolvenzverwalters).[6]

---

[1]   https://net.jogtar.hu/ (frei zugänglich, nur in Ungarisch verfügbar).
[2]   HMJ – Hatályos Magyar Jogszabályok három nyelven. https://shop.wolterskluwer.hu/termek-reszletek/jog/egyeb/hmj-hatalyos-magyar-jogszabalyok-harom-nyelven.p317/YSO0909.v6975 (gebührenpflichtig).
[3]   S. *Breidenbach* (Hrsg.), Handbuch Wirtschaft und Recht in Osteuropa, Losebaltt. München. (nachstehend: WiRO).
[4]   https://cegkozlony.hu (frei zugänglich, nur in Ungarisch verfügbar).
[5]   https://fizeteskeptelenseg.im.gov.hu/#/help-english (grundsätzlich in Ungarisch verfügbar, aber es gibt eine Anleitung in englischer Sprache).
[6]   https://www.e-cegjegyzek.hu; der Abruf nichtoffizieller elektronischer Handelsregisterauszüge ist kostenfrei.

Die wichtigsten insolvenzrechtlichen Entscheidungen der **Kurie** (*Kúria,* vor dem 1.1.2012 "Oberstes Gericht" genannt) sind in zusammengefasster Version unter https://kuria-birosag.hu/hu/fizkepugy veröffentlicht.[7] Die Rechtseinheitsbeschlüsse, Kollegiumstandpunkte und Grundsatzbeschlüsse der Kurie sind ebenfalls unter https://kuria-birosag.hu zu finden. Die Stellungnahmen, Berichterstattungen und Beschlüsse der in insolvenzrechtlichen Fällen als Zweitinstanz fungierenden **Regionalgerichte** *(ítélőtáblák)* finden sich unter http://www.birosag.hu/itelotablak. Über die Links der Webseite http://www.birosag.hu/torvenyszekek sind auch die erstinstanzlichen **Gerichtshöfe** *(törvényszékek)* erreichbar.

Auf der Webseite der ungarischen Anwaltskammer befinden sich die Daten aller in Ungarn zugelassenen Anwälte und deren Fachgebiete (nach deren eigenen Angaben).[8] Eine Liste von deutschsprachigen Anwälten in Ungarn ist auf der Webseite der Deutschen Botschaft Budapest zu finden.[9]

2. Einführung

2.1 Gesetzliche Grundlagen, neues Insolvenzgesetz

2.1.1 Historie des Insolvenzrechts in Ungarn

Im politischen System der Nachkriegszeit wurden wirtschaftslenkende Maßnahmen bis zum Ende der 1960er-Jahre über unmittelbare planwirtschaftliche Weisungen verwirklicht. Da in diesem Wirtschaftssystem marktwirtschaftliche Mechanismen nicht zur Geltung gelangen konnten, bedurfte es keiner Regelung für Fälle von Zahlungsunfähigkeit. Ab dem Ende der 1960er-Jahre traten im Zuge der Einführung des sogenannten "neuen wirtschaftlichen Mechanismus" *(új gazdasági mechanizmus)*[10] Vorschriften zur Regelung der Zahlungsunfähigkeit von Wirtschaftsorganisationen in Kraft, welche der Gesetzgeber typischerweise nicht als Gesetze, sondern als rangniedrigere Verordnungen erlassen hat. Ein charakteristischer Wesenszug dieser Regelungen war, dass das Insolvenzverfahren von dem Firmengründer angeordnet wurde, hierfür aber gleichzeitig eine Einwilligung des Finanzministers erforderlich war, welcher auch das Unternehmen, welches das Insolvenzverwalteramt übernahm, bestimmte.[11] Die insolvenzrechtliche Kodifikation, die als Vorbild des heutigen InsolvG betrachtet werden kann, entstand im Jahre 1986.[12] Diese Regelung wies die Abwicklung der Insolvenzverfahren dem Zuständigkeitsbereich der Gerichte zu, sodass die Liquidation von Wirtschaftsorganisationen der unmittelbaren Kontrolle des Zentralstaates entzogen wurde (obgleich in der Anfangszeit die das Insolvenzverwalteramt übernehmenden Unternehmen allesamt Staatsunternehmen waren).

Die wesentlichsten materiell- und verfahrensrechtlichen Regelungen des ungarischen Insolvenzrechts sind im **Insolvenzgesetz** (*Csődtörvény;* im Folgenden: InsolvG)[13] von 1991 enthalten, welches seit seinem Inkrafttreten am 1.1.1992 mehr als fünfzigmal modifiziert worden ist. Es ist durchweg in den vergangenen mehr als zwanzig Jahren zahlreiche bedeutsame Änderungen und unzählige kleinere, aber dennoch wichtige Detailregelungen betreffende Modifikationen.[14] Gleichzeitig dienen den materiellen Normen des InsolvG die Vorschriften des **Zivilgesetzbuches** (*Polgári Törvénykönyv,*[15] im Folgenden: ZGB) als materiell-rechtlicher Hintergrund, während den Regelungen mit

---

[7] Die Entscheidungen sind nur in Ungarisch verfügbar.
[8] https://www.magyarugyvedikamara.hu.
[9] https://budapest.diplo.de/hu-de/service/-/1614982.
[10] Der neue wirtschaftliche Mechanismus war eine Reform des planwirtschaftlichen Systems, dessen Hauptanliegen die Senkung der Bedeutung der zentralen Wirtschaftsplanung und die Erhöhung der unternehmerischen Eigenständigkeit war; ferner gewährte die Reform den natürlichen Marktmechanismen in begrenztem Umfang eine Mitwirkung bei der Lenkung der Wirtschaft; näher dazu: *I. Romsics:* Magyarország története a XX. században, 4. Aufl. 2010, Budapest.
[11] Näher dazu: *Juhász,* S. 41 ff.
[12] Gesetzesverordnung 1986:11 über das Liquidationsverfahren.
[13] Gesetz 1991:XLIX über das gerichtliche Vergleichsverfahren und das Liquidationsverfahren (ungarische Abkürzung: Csődtv.), deutsche Übersetzung abgedruckt in: WiRO unter UNG 920.
[14] Eine bezeichnende Schwierigkeit des ungarischen Insolvenzrechts besteht deshalb darin, dass der Rechtsanwender im Rahmen seiner Arbeit die unterschiedlichen Fassungen des InsolvG anwenden muss; nicht selten muss in einem Verfahren der zeitliche Geltungsbereich einzelner Vorschriften geprüft werden, weil manche Gesetzesänderungen auch auf laufende Verfahren Anwendung finden, während andere Vorschriften nur für Verfahren maßgeblich sind, die nach Inkrafttreten der Gesetzesänderung begonnen wurden.
[15] Gesetz 2013:V über das Bürgerliche Gesetzbuch (ungarische Abkürzung: Ptk.), deutsche Übersetzung abgedruckt in: WiRO unter UNG 200.

verfahrensrechtlichem Charakter die Vorschriften der Zivilprozessordnung (*Polgári Perrendtartás*[16] im Folgenden: ZPO) eine solche Grundlage zur Verfügung stellen. Die oft technischen Detailregelungen des Insolvenzverfahrens sind ferner in zahlreichen rangniedrigeren Vorschriften enthalten.[17] Die Vorschriften der **Schuldensanierung natürlicher Personen** wurden in einem **separaten Gesetz** niedergelegt.[18]

2.1.2 Aktuelle Gesetzesreform

8   Unter der Ägide des ungarischen Justizministeriums begann im Jahre 2018 die Vorbereitung eines neuen Insolvenzgesetzes, des neuen Rechtsaktes für Insolvenz (im Folgenden: neues InsolvG). Zum Zeitpunkt des Abschlusses des Manuskripts[19] sind Konzeptionsentwürfe des neuen InsolvG fertiggestellt, jedoch noch nicht veröffentlicht worden. Es gibt keine öffentliche Information über die voraussichtliche Zeit des Inkrafttretens des neuen InsolvG. **Im Folgenden weisen wir daher bei den einzelnen Kapiteln auf die Gebiete hin, in denen durch das neue InsolvG wesentliche Änderungen zu erwarten sind und wie sich diese gestalten könnten.**

2.2 Unterschiedliche Verfahrenstypen

9   Die Verfahren für die Zahlungsunfähigkeit von juristischen Personen sind grundsätzlich im InsolvG geregelt, das zwei Verfahrenstypen vorsieht: die **Liquidation★**, *felszámolás,* welche sich auf die Auflösung einer zahlungsunfähigen verschuldeten Wirtschaftsorganisation[20] ohne Erhalt des Unternehmensträgers richtet, und das **Vergleichsverfahren★**, *csődeljárás,* ein gerichtliches Verfahren, in welchem die zahlungsunfähigen oder mit Zahlungsschwierigkeiten kämpfenden verschuldeten Wirtschaftsorganisation ein Zahlungsmoratorium eingeräumt wird und diese einen Versuch des kollektiven Vergleichs mit ihren Gläubigern unternimmt.[21]

10   Nach dem InsolvG gelten diejenigen Wirtschaftsorganisationen als Schuldner, die ihre Schuld (Schulden) bei Fälligkeit nicht begleichen konnten oder voraussichtlich nicht begleichen können.[22] Die Wirtschaftsorganisationen werden im InsolvG abschließend aufgeführt.[23] Im Ergebnis lässt sich festhalten, dass das InsolvG den Kreis der Schuldner im insolvenzrechtlichen Sinne recht weit definiert. So gelten beispielsweise als Wirtschaftsorganisation und damit als potentieller Schuldner eines Liquidationsverfahrens iSd InsolvG auch Anwaltskanzleien oder das Büro eines Gerichtsvollziehers. Daneben gelten hinsichtlich gewisser Wirtschaftsorganisationen, wie zB Versicherungen, Kreditinstitute, Privatrentenkassen, Vereine und Stiftungen spezielle Vorschriften.[24]

11   Seit 2011 gelten spezielle, auch im InsolvG niedergelegte Vorschriften bezüglich des Liquidationsverfahrens für **Wirtschaftsorganisationen, die als „strategisch besonders wichtig"** *(stratégi-*

---

[16]   Gesetz 2016:CXXX über die Zivilprozessordnung (ungarische Abkürzung: Pp.).
[17]   So zB Regierungsverordnung 106/1995 (IX. 8.) über die Umwelt- und Naturschutzanforderisse des Liquidations- und Vergleichsverfahrens; Regierungsverordnung 2000/225 (XII.19.) über das Rechnungswesen der Liquidation; Regierungsverordnung 114/2006 (V. 12.) über das Register der Insolvenzverwalter-Gesellschaften (im Folgenden: Registerverordnung); Verordnung des Ministers für Justiz und Polizeiwesen 39/2009 (IX.3.) über die Regeln der Berechnung der Gebühren, die der Insolvenzverwalter-Gesellschaft für die Verwertung von Pfandsachen und die Eintreibung verpfändeter Forderungen zustehen.
[18]   Gesetz 2015:CV über die Schuldensanierung natürlicher Personen.
[19]   Januar 2020.
[20]   Zur Definition der Wirtschaftsorganisation → Rn. 10.
[21]   Grundsätzliche Anmerkung: in diesem Länderbericht mit ★ markierte Begriffe werden in dem beigefügten Glossar übersetzt, meistens auch definiert.
[22]   § 3 Abs. 1 Buchst. b) InsolvG.
[23]   Nach § 3 Abs. 1 Buchst. a) InsolvG gelten als Wirtschaftsorganisationen: die in Ungarn ansässigen Wirtschaftsgesellschaften (zB offene Handelsgesellschaft, Kommanditgesellschaft, Gesellschaft mit beschränkter Haftung oder Aktiengesellschaft), gemeinnützige Gesellschaften, Rechtsanwalts-, Notariats- und Patentanwaltskanzleien, Büros des Gerichtsvollziehers, Europäische Gesellschaften, Genossenschaften, Wohnungsgenossenschaften, Europäische Genossenschaften, Arbeitsgemeinschaften der Wasserwirtschaft (mit Ausnahme der Arbeitsgemeinschaften der kommunalen Wasserwerke), Vereinigungen der Waldbesitzer, freiwillige Versicherungskassen auf Gegenseitigkeit, Privatpensionskassen, Einzelfirmen, Vereinigungen, einschließlich der Europäischen Wirtschaftlichen Interessenvereinigungen, Europäische Verbünde für territoriale Zusammenarbeit, Vereine, Stiftungen sowie all die juristischen Personen oder Wirtschaftsgesellschaften ohne Rechtspersönlichkeit, bei denen der Mittelpunkt ihrer hauptsächlichen Interessen aufgrund der Verordnung (EU) 2015/848 des Europäischen Parlaments und des Rates v. 20.5.2015 über Insolvenzverfahren auf dem Gebiet der Europäischen Union zu finden ist.
[24]   Vgl. § 2 InsolvG und das Gesetz 1997:LXXXII über die Privatrentenkassen und die Privatrente sowie das Gesetz 2013:CCXXXVII über die Kreditinstitute und Finanzunternehmen.

ailag kiemelt jelentőségű) klassifiziert sind.[25] Danach kann die Regierung durch Verordnung einzelne Unternehmen als strategisch besonders wichtig qualifizieren. Der Verordnungsgeber muss bei seiner Entscheidung im InsolvG festgesetzte **volkswirtschaftliche Aspekte bzw. Belange von öffentlichem Interesse** abwägen.[26] Es können zwei besondere Verfahrensarten unterschieden werden. Innerhalb der Gruppe der **strategisch besonders wichtigen Wirtschaftsorganisationen** kann die Regierungsverordnung einzelne **Wirtschaftsorganisationen** als **von „besonders herausragender Bedeutung"** qualifizieren, sofern ein öffentliches Interesse an der (dauerhaften) Fortsetzung ihres Wirtschaftsbetriebes besteht. Beide Typen der „besonderen" Verfahrensarten haben gemeinsam, dass als Insolvenzverwalter-Gesellschaft★ *(felszámoló)* bzw. als vorläufige Insolvenzverwalter-Gesellschaft★ *(ideiglenes vagyonfelügyelő)* nur von der Regierung bestimmte **staatliche Insolvenzverwalter-Gesellschaften** tätig werden dürfen[27] und dass die zeitliche Dauer des Liquidationsverfahrens★ *(felszámolás)* sowie die maßgeblichen Fristen viel kürzer sind als in den allgemeinen Verfahren.[28] Die Bestellung einer vorläufigen Insolvenzverwalter-Gesellschaft ist in jedem Fall verbindlich, wobei das Gericht auf eine Anhörung des Schuldners verzichten kann.[29] Darüber hinaus ist bei Organisationen von „besonders herausragender Bedeutung" ein **Sondermoratorium** vorgesehen – vergleichbar mit dem Moratorium im Vergleichsverfahren. Dieses ermöglicht in der gerichtlichen Phase der Liquidation und in den ersten 90 Tagen der Liquidationsphase die Aufrechterhaltung des Wirtschaftsbetriebes des Schuldners.[30] Im Falle von Organisationen von besonders herausragender Bedeutung kann die staatliche Insolvenzverwalter-Gesellschaft das Vermögen des Schuldners als **laufender Wirtschaftsbetrieb** (going concern) und – sofern sie es für erforderlich hält – **unter Ausschluss der Öffentlichkeit verwerten**.[31]

Die vermögenslosen, nicht mehr aktiven „Phantom-Gesellschaften" werden seit dem 1.3.2012 nicht mehr im Rahmen des Liquidationsverfahrens aufgelöst. Für die Auflösung solcher Organisationen wurde ein spezielles Verfahren, das sog. **Zwangslöschungsverfahren** *(kényszertörlési eljárás)* eingeführt. Dieses gehört in die Zuständigkeit der Firmengerichte.

Die Vorschriften über Schuldenanpassung der lokalen Selbstverwaltung gelangen in ein separates Gesetz.[32]

Die Schuldensanierung natürlicher Personen und damit die ungarische Variante des **Verbraucherinsolvenzverfahrens** wurde in Ungarn erstmals 2015 gesetzlich geregelt. In diesem Gesetz handelt es sich jedoch grundsätzlich um eine Art „Familieninsolvenz", weil die Einkünfte und Vermögen der im Haushalt lebenden Angehörigen mit einbezogen werden.

Es ist zu erwarten, dass mit dem **neuen InsolvG** ein neues einheitliches Insolvenzverfahren eingeführt wird. In der sogenannten Eröffnungsphase dieses einheitlichen Verfahrens sollte bestimmt werden, ob das Insolvenzverfahren in Form eines (dem heutigen Vergleichsverfahren ähnlichen) „Reorganisationsverfahrens" oder eines (mit dem heutigen Liquidationsverfahren vergleichbaren) „Konkursverfahrens" durchgeführt wird.

2.3 Präventive Restrukturierung (vorinsolvenzlich), Umsetzung der Richtlinie (EU) 2019/1023

Im Hinblick auf mehrere seiner Komponenten steht das heutige Vergleichsverfahren★ *(csődeljárás)* dem von der Restrukturierungsrichtlinie[33] vorgesehenen Restrukturierungsverfahren nahe. Nichts-

---

[25] Unternehmen können von der Regierung von Fall zu Fall als strategisch besonders wichtig eingestuft werden. Als Beispiele für Unternehmen, die als strategisch besonders wichtig klassifiziert wurden, lassen sich die einstige ungarische Fluggesellschaft MALÉV sowie der Fleischprodukthersteller Kapuvári Hús Húsipari Zrt. nennen.

[26] S. Abschnitt IV (§§ 65–70) InsolvG; s. a. Regierungsverordnung 2011/359 (XII.30.) über das Verfahren zur Bestimmung der strategisch besonders wichtigen Wirtschaftsorganisationen iSd InsolvG.

[27] § 66 InsolvG; s. a. Regierungsverordnung 2011/358 (XII. 30.) über die Ernennung der staatlichen Insolvenzverwalter-Gesellschaft für Vergleichsverfahren und Liquidationsverfahren von strategisch besonders wichtigen Wirtschaftsorganisationen.

[28] § 67 InsolvG.

[29] § 66 Abs. 2a InsolvG; die Bestellung der vorläufigen Insolvenzverwalter-Gesellschaft kann nur aufgehoben werden, wenn a) der Gläubiger vom Antrag auf ein Liquidationsverfahren Abstand nimmt und es keinen anderen Antrag oder keine andere Mitteilung gibt, der/die gegen den Schuldner die Einleitung eines Liquidationsverfahrens anregt, oder b) das Gericht den Antrag auf ein Liquidationsverfahren rechtskräftig abgewiesen hat oder c) das Gericht die Liquidation des Schuldners angeordnet und die vorläufige Insolvenzverwalter-Gesellschaft zur Insolvenzverwalter-Gesellschaft bestellt hat (§ 66 Abs. 2b InsolvG).

[30] § 69 InsolvG.

[31] § 70 InsolvG.

[32] Gesetz 1996:XXV über die Schuldenanpassung der lokalen Selbstverwaltungen.

[33] Richlinie (EU) 2019/1023 des Europäischen Parlaments und des Rates v. 20.6.2019 über präventive Restrukturierungsrahmen, über Entschuldung und über Tätigkeitsverbote sowie über Maßnahmen zur Steigerung

destotrotz erscheint die Umsetzung der Restrukturierungsrichtlinie als notwendig in Anbetracht dessen, dass zum einen das heutige Vergleichsverfahren grundsätzlich eine Art Insolvenzverfahren darstellt und zum Erreichen der von der Restrukturierungsrichtlinie gesetzten Ziele ungeeignet ist, zum anderen das geplante Restrukturierungsverfahren sich mit dem – gemäß dem neuen InsolvG voraussichtlich einzuführenden – einheitlichen Insolvenzverfahren nicht vereinen lässt.[34] Zu der Frage, ob die Restrukturierungsrichtlinie im Rahmen des Verabschiedungsprozesses des neuen InsolvG oder außerhalb dessen umgesetzt wird, hat der Gesetzgeber zum Zeitpunkt des Abschlusses des Manuskripts noch nicht öffentlich Stellung genommen. Es wäre nach unserem Dafürhalten zweckmäßig, wenn die Umsetzung durch einen gesonderten Rechtsakt, unabhängig von dem neuen InsolvG erfolgte.[35]

2.4 Finanzielle Restrukturierung

17 Das Vergleichsverfahren* *(csődeljárás)* ermöglicht Organisationen mit Zahlungsschwierigkeiten die **Aufrechterhaltung des Wirtschaftsbetriebes** im Rahmen des **Zahlungsmoratoriums** und – während dieser Zeit – den Abschluss eines Vergleichs mit den Gläubigern, auf dessen Grundlage der Wirtschaftsbetrieb erhalten bleibt.[36] Der Schuldner muss jedoch die Beantragung des Vergleichsverfahrens sorgfältig abwägen, da das einmal eröffnete Verfahren **unumkehrbar** ist, namentlich also entweder mit einer erfolgreichen **Reorganisation** endet oder automatisch in ein **Liquidationsverfahren*** *(felszámolás)* umschlägt.[37]

2.5 Spezielle Regelungen für Insolvenzen von Finanzinstituten, Versicherungen

2.5.1 Insolvenzen von Finanzinstituten

18 Zur Einleitung von Liquidationsverfahren gegen Finanzinstitute ist ausschließlich die Finanzaufsichtsbehörde, dh die **Ungarische Nationalbank** *(Magyar Nemzeti Bank)* berechtigt. Vergleichsverfahren gegen Finanzinstitute sind ausgeschlossen. Die Eröffnungsgründe sind begrenzt, und die Finanzaufsichtsbehörde kann den Eröffnungsantrag nur dann stellen, wenn a) die Tätigkeitserlaubnis des Finanzinstituts widerrufen wird, weil dieses seine unstrittigen Schulden innerhalb von fünf Tagen nach deren Fälligkeit nicht beglichen hat und sein Vermögen die Forderungen der bekannten Gläubiger nicht deckt; oder b) wenn der Abwickler des Finanzinstituts die Finanzaufsichtsbehörde darüber informiert, dass nach seiner auf der Eröffnungsbilanz beruhenden Feststellung das Vermögen des Finanzinstituts die Forderungen der Gläubiger nicht deckt und die Gesellschafter (Eigentümer) die fehlende Summe nicht innerhalb von 30 Tagen zur Verfügung gestellt haben; oder c) im Falle einer Zweigniederlassung gegen das ausländische Finanzinstitut ein Insolvenzverfahren eingeleitet wurde.

19 Für Liquidationsverfahren gegen Finanzinstitute ist der **Hauptstädtische Gerichtshof** *(Fővárosi Törvényszék)* ausschließlich zuständig. Das Gericht hat das Liquidationsverfahren ohne Prüfung der Zahlungsunfähigkeit zu eröffnen.

2.5.2 Insolvenzen von Versicherungen

20 Allein die Finanzaufsichtsbehörde, dh die **Ungarische Nationalbank** *(Magyar Nemzeti Bank)* ist berechtigt, einen Antrag auf Eröffnung des Liquidationsverfahrens gegen ein Versicherungsunternehmen zu stellen. Die Finanzaufsichtsbehörde kann die Eröffnung des Liquidationsverfahrens nur dann beantragen, wenn die Tätigkeitserlaubnis des Versicherungsunternehmens widerrufen wurde. Das Gericht hat über den Eröffnungsantrag innerhalb von 30 Tagen nach dessen Erhalt zu entscheiden und das Liquidationsverfahren ohne Prüfung der Zahlungsunfähigkeit zu eröffnen.

2.6 Konzerninsolvenzen

21 In Ungarn sind Konzerninsolvenzen nicht geregelt, dh das ungarische nationale Recht kennt keine Insolvenzfähigkeit eines Konzerns. Die EuInsVO sieht jedoch Bestimmungen für Insolvenzverfahren über das Vermögen von Mitgliedern einer Unternehmensgruppe vor.[38]

---

[34] der Effizienz von Restrukturierungs-, Insolvenz- und Entschuldungsverfahren und zur Änderung der Richtlinie (EU) 2017/1132 (Richtlinie über Restrukturierung und Insolvenz) ABl. L 172/18.

[34] → Rn. 15.

[35] *Fabók (2020)*.

[36] Das Vergleichsverfahren (das Moratorium) bedeutet für den Schuldner auch dann eine Entlastung, wenn ihm gegenüber bereits ein Liquidationsverfahren angestrengt wurde, das Gericht aber die Auflösung noch nicht angeordnet hat, s. § 7 Abs. 2 InsolvG.

[37] Hiervon gibt es lediglich eine enge Ausnahme, wenn das Gericht das Verfahren wegen eines Verfahrensfehlers beendet; § 9 Abs. 9 InsolvG.

[38] Kapitel V EuInsVO.

2.7 Verbraucherinsolvenzverfahren

Am 1.9.2015 ist das Gesetz Nr. CV aus dem Jahre 2015 über die Schuldensanierung von natürlichen Personen in Kraft getreten. Am **Schuldensanierungsverfahren★** *(adósságrendezési eljárás)* dürfen Personen teilnehmen, die Schulden in Höhe von mindestens 2 Mio. HUF (ca. 6.000 EUR), maximal jedoch 60 Mio. HUF (ca. 180.000 EUR) angehäuft haben. Die Verbindlichkeiten müssen den Gesamtwert des Vermögens des Schuldners übersteigen. Aufgrund dieses Konzepts gilt das Rechtsinstitut eher als eine Art „Familieninsolvenz", weil die Einkünfte und Vermögen der im Haushalt lebenden Angehörigen mit einbezogen werden. Sollte das Schuldensanierungsverfahren erfolgreich sein, wird der Schuldner von seinen Schulden im Regelfall nach fünf Jahren befreit; während dieser Zeit sind Pfändungen und Räumungen untersagt.

Im Schuldensanierungsverfahren wird der Schuldner vom Familieninsolvenzdienst *(Családi Csődvédelmi Szolgálat)* unterstützt. Dieser überprüft, ob der Schuldner die gesetzlich vorgeschriebenen Voraussetzungen erfüllt, führt das Sanierungsregister *(adósságrendezési nyilvántartás)* und bestellt und kontrolliert die Familientreuhänder *(családi vagyonfelügyelő)*. Dem Schuldner wird ein Familientreuhänder für den Zeitraum des Schuldensanierungsverfahrens zur Seite gestellt; dieser nimmt vorbereitende Aufgaben für das Gericht wahr, überwacht die Finanzen des Schuldners und verwertet die Vermögensgegenstände des Schuldners.[39]

3. Wesentliche Merkmale des Liquidationsverfahrens

3.1 Eröffnung des Liquidationsverfahrens

Das **Liquidationsverfahren★** *(felszámolás)* kann in **zwei grundlegende Phasen** unterteilt werden. Die **erste Phase** ist die **gerichtliche Phase**. Hier ähnelt das Verfahren am ehesten einem Zivilprozess,[40] welcher **nicht öffentlich** ist und an welchem lediglich die Parteien – typischerweise der beklagte Schuldner und ein Gläubiger als Kläger – beteiligt sind. Gegen den gerichtlichen Beschluss zur Liquidationsanordnung ist die Berufung zulässig. Die gerichtliche Phase **endet mit der Veröffentlichung**[41] des rechtskräftigen Beschlusses zur Liquidationsanordnung. Der Tag dieser Veröffentlichung ist zugleich der Zeitpunkt der Liquidationseröffnung, womit auch die **zweite Phase**, namentlich die **Liquidationsphase**, ihren Anfang nimmt.[42] Der wichtigste Akteur dieses zweiten Verfahrensabschnitts ist die **Insolvenzverwalter-Gesellschaft★** *(felszámoló)*, die das Verwaltungs- und Verfügungsrecht über das Vermögen der verschuldeten Wirtschaftsorganisation übernimmt, die Gläubiger registriert, die Wirtschaftstätigkeit des Schuldners beendet, dessen Vermögenswerte verwertet, offene Forderungen des Schuldners eintreibt und die Erlöse unter den Gläubigern aufteilt. Die Funktion des Gerichts in der Liquidationsphase ist eingeschränkter: Es entscheidet primär über aufkommende Rechtsstreitigkeiten, wie zB die Überprüfung der von der Insolvenzverwalter-Gesellschaft bestrittenen Forderungen (§ 46 Abs. 6 InsolvG), die Überprüfung der Einsprüche gegen Maßnahmen der Insolvenzverwalter-Gesellschaft (§ 51 InsolvG), die Feststellung der unmittelbaren Haftung der Geschäftsführung der Wirtschaftsorganisation (§ 33/A InsolvG)[43] sowie Klagen, die gegen solche Rechtsgeschäfte des Schuldners gerichtet sind, die die Interessen der Gläubiger verletzen,[44] und übt eine Art Rechtsaufsicht[45] über die Tätigkeit der Insolvenzverwalter-Gesellschaft aus.

3.1.1 Eröffnungsgründe

Das Liquidationsverfahren kann nach § 22 Abs. 1 InsolvG bei **Zahlungsunfähigkeit★** *(fizetésképtelenség)* des Schuldners durchgeführt werden,

---

[39] Regierungsverordnung 240/2015. (IX. 8.) über die detaillierten Aufgaben des Familieninsolvenzdienstes und Familientreuhänders im Schuldensanierungsverfahren von natürlichen Personen.
[40] Das Gesetz 2016:CXXX über die Zivilprozessordnung (ZPO) ist ergänzend heranzuziehen, vgl. § 6 Abs. 3 InsolvG.
[41] Die Veröffentlichung erfolgt im Firmenamtsblatt *(Cégközlöny)*, vgl. https://www.cegkozlony.hu.
[42] § 27 Abs. 1 InsolvG.
[43] Näher dazu → Rn. 93–95.
[44] § 40 InsolvG; dazu näher → Rn. 90–92.
[45] Darunter ist ua die Pflicht der Insolvenzverwalter-Gesellschaft zu verstehen, die Zwischenbilanz und die Abschlussunterlagen der Liquidation dem Gericht zur Überprüfung vorzulegen; das Gericht beruft die Insolvenzverwalter-Gesellschaft auch ohne einen diesbezüglichen Einspruch ab, wenn es aufgrund von Verfahrensinformationen in seinem Bescheid feststellt, dass die Insolvenzverwalter-Gesellschaft die Rechtsnormen grob oder wiederholt verletzt, einschließlich der Fälle, in denen das InsolvG die Abberufung der Insolvenzverwalter-Gesellschaft wegen deren Rechtsnormverletzung verbindlich vorschreibt (§ 27/A Abs. 7 InsolvG).

a) wenn im Vergleichsverfahren kein Vergleich von Amts wegen zustande gekommen ist,
b) auf Antrag des Schuldners, des Gläubigers oder des **Abwicklers★** *(végelszámoló)* oder
c) aufgrund der Mitteilung des Handelsregistergerichts, wenn das Handelsregistergericht das Liquidationsverfahren angeregt hat,
d) aufgrund der Mitteilung des in einer Strafsache befassten Gerichts (wenn die zur Beitreibung der gegen die juristische Person angewandten Geldbuße durchgeführte Vollstreckung nicht zum Erfolg geführt hat).

26 Laut dem Schrifttum ist die Formulierung „bei Zahlungsunfähigkeit" des § 22 Abs. 1 InsolvG falsch, da nur im Falle von Buchst. b) die Zahlungsunfähigkeit des Schuldners geprüft und ggf. festgestellt wird. In den anderen Fällen [Buchst. a), c) und d)] wird das Liquidationsverfahren von Amts wegen eröffnet, und die Zahlungsunfähigkeit des Schuldners ist keine Voraussetzung des Liquidationsverfahrens; die Zahlungsunfähigkeit wird hier weder geprüft noch festgestellt.[46]

3.1.1.1 Prüfung der Eröffnungsgründe

27 Das Gericht prüft die **Zahlungsunfähigkeit★** *(fizetésképtelenség)* des Schuldners[47] und stellt sie in den folgenden Fällen[48] fest:
a) wenn der Schuldner eine vertragliche, unbestrittene oder anerkannte Verbindlichkeit binnen 20 Tagen nach Ablauf der Leistungszeit weder beglichen noch bestritten hat und auch auf die hierauf folgende schriftliche Zahlungsaufforderung des Gläubigers nicht geleistet hat oder
b) der Schuldner innerhalb einer durch rechtskräftigen Gerichtsbeschluss bzw. Zahlungsbefehl angeordneten Frist seiner Zahlungspflicht nicht nachgekommen ist oder
c) die gegen den Schuldner durchgeführte Vollstreckung ergebnislos war oder
d) der Schuldner seine Zahlungspflicht trotz des im Vergleichsverfahren oder im Liquidationsverfahren abgeschlossenen Vergleichs nicht erfüllt hat oder
e) es das frühere Vergleichsverfahren eingestellt hat (nach § 18 Abs. 3, § 18 Abs. 10 oder § 21/B InsolvG), oder
f) in dem durch den Schuldner bzw. den Abwickler initiierten Verfahren, wenn die Ausstände des Schuldners dessen gesamtes Vermögen[49] übersteigen bzw. wenn der Schuldner seine Verbindlichkeit bei Eintritt der Fälligkeit nicht erfüllen konnte oder voraussichtlich nicht wird erfüllen können und die Gesellschafter (Inhaber) des Schuldners in dem durch den Abwickler eingeleiteten Verfahren auch nach Aufforderung keine Erklärung darüber abgeben, ob sie eine Verpflichtung zur Bereitstellung der zur Bezahlung der Schulden bei Fälligkeit erforderlichen Mittel übernehmen.

3.1.1.2 Keine Antragspflicht bei Vorliegen von Eröffnungsgründen

28 Nach ungarischem Recht besteht weder für juristische noch für natürliche Personen eine gesetzliche Pflicht zur Stellung eines Eröffnungsantrags bei Vorliegen von Eröffnungsgründen.

29 Nichtsdestotrotz muss ein Geschäftsführer nach Eintritt der drohenden Zahlungsunfähigkeit nicht mehr primär die Gesellschafterinteressen, sondern vielmehr die Gläubigerinteressen beachten. Die drohende Zahlungsunfähigkeit liegt ab dem Zeitpunkt vor, in dem die Geschäftsführer vorhersahen oder vorhersehen konnten, dass der Schuldner bei Eintritt der Fälligkeit die ihm gegenüber bestehenden Forderungen nicht wird erfüllen können.[50] Sollten die Geschäftsführer nicht nach diesem Maßstab handeln, begründet dieses Verhalten ihre Haftung.[51]

30 Das **neue InsolvG** wird voraussichtlich die Geschäftsführer verpflichten, im Falle der Zahlungsunfähigkeit der Gesellschaft (dh bei deren Zahlungsunfähigkeit im wirtschaftlichen Sinne) ein Insolvenzverfahren zu veranlassen. Das neue Gesetz wird des Weiteren dem Geschäftsführer besondere Pflichten für den Fall der drohenden Zahlungsunfähigkeit des Schuldners auferlegen.

3.1.2 Antragsbefugnis

31 Antragsberechtigt sind nach § 22 Abs. 1 Buchst. b) die Gläubiger des Schuldners, der Schuldner selbst und der Abwickler des Schuldners.

---

[46] *Csőke*, zum § 22 InsolvG; als Ausnahme gilt der Eröffnungsgrund nach Buchst. a), weil hier die Zahlungsunfähigkeit des Schuldners nicht geprüft, jedoch nach § 21/B iVm § 27 Abs. 2 Buchst. e) von Amts wegen festgestellt wird.
[47] § 26 Abs. 1 InsolvG.
[48] § 27 Abs. 2 InsolvG.
[49] Dh nicht nur das liquide, sondern das ganze, in der Bilanz des Schuldners ausgewiesene Vermögen.
[50] § 33/A Abs. 1 InsolvG.
[51] → Rn. 93–95.

3.1.2.1 Vertragliche, unbestrittene oder anerkannte Verbindlichkeiten, Praxis der Nutzung des Liquidationsverfahrens als „Alternative" zur zivilrechtlichen Klage

Auf **Antrag des Gläubigers** stellt das Gericht die **Zahlungsunfähigkeit*** *(fizetésképtelenség)* des Schuldners fest, wenn der Schuldner eine **vertragliche, unbestrittene oder anerkannte Verbindlichkeit** binnen 20 Tagen nach Ablauf der Leistungszeit weder beglichen noch bestritten hat und auch auf die hierauf folgende schriftliche Zahlungsaufforderung des Gläubigers nicht geleistet hat.[52] Aus dieser Regelung ergibt sich eine vom Gesetzgeber vorgegebene Struktur für den zeitlichen Ablauf der Ereignisse, die notwendig sind, um den **Eintritt des Eröffnungsgrundes** herbeizuführen:
- Schritt 1: Der Gläubiger stellt seine Forderung fällig, etwa durch Zusendung der Rechnung an den Schuldner oder auf anderem Wege („erste Zahlungsaufforderung").[53]
- Schritt 2: In dem Zeitabschnitt zwischen dem Zugang der ersten Zahlungsaufforderung bei dem Schuldner und dem Fälligwerden der Forderung erkennt der Schuldner entweder die Forderung an oder er unterlässt es, die Forderung zu bestreiten.
- Schritt 3: In dem Zeitabschnitt zwischen dem Fälligwerden der Forderung und dem Ablauf des zwanzigsten Tages nach Ablauf der einschlägigen Leistungszeit leistet der Schuldner nicht und er bestreitet die Forderung auch nicht.
- Schritt 4: In dem Zeitabschnitt zwischen dem Ablauf des zwanzigsten Tages nach Ablauf der einschlägigen Leistungszeit und dem Zugang einer **förmlichen schriftlichen Zahlungsaufforderung** [nebst Androhung des Liquidationsverfahrens* *(felszámolás)*] des Gläubigers („zweite Zahlungsaufforderung") bei dem Schuldner leistet der Schuldner nicht, noch bestreitet er die Forderung.[54]
- Schritt 5: Der Gläubiger lässt dem Schuldner die zweite Zahlungsaufforderung frühestens am einundzwanzigsten Tage nach Ablauf der Leistungszeit zukommen.
- Schritt 6: In dem Zeitabschnitt zwischen dem Zugang der zweiten Zahlungsaufforderung bei dem Schuldner und dem Tag der Entscheidung des Insolvenzgerichts über die Zahlungsunfähigkeit des Schuldners unterlässt es der Schuldner, die Forderung zu begleichen.

Es folgt aus der oben dargestellten gesetzlichen Tatbestandsstruktur, dass der Schuldner die behauptete Forderung des Gläubigers nur **vor dem Zugang der zweiten Zahlungsaufforderung wirksam bestreiten** kann.[55] Wenn das Bestreiten seitens des Schuldners verspätet ist, bleibt ihm – sofern er die Liquidation abwenden will – keine andere Möglichkeit als die Erfüllung der Zahlungsforderung. Für diesen Fall sieht das Gesetz explizit vor, dass die Erfüllungsleistung nicht als Schuldanerkenntnis gilt und dass eine Rückforderung durch eine zivilrechtliche Klage verlangt werden kann.[56]

Das **Gericht prüft** im Falle des hier gegenständlichen Eröffnungsgrundes entsprechend der gesetzlich vorgegebenen Tatbestandsstruktur **grundsätzlich** die nachfolgenden Umstände bei der Feststellung der **Zahlungsunfähigkeit*** *(fizetésképtelenség)*: 1) Handelt es sich um eine vertragliche Verbindlichkeit?[57] 2) Ist die Verbindlichkeit seitens des Schuldners unbestritten oder anerkannt? 3) Ist die Frist zur Zahlungserfüllung seit mindestens 20 Tagen abgelaufen? 4) Wurde die zweite, dh die schriftliche (förmliche) Zahlungsaufforderung nach Ablauf der 20-tägigen Frist seitens des Gläubigers zugesandt?

Aus den obigen Ausführungen wird erkennbar, dass das Gericht für die Feststellung der Zahlungsunfähigkeit* *(fizetésképtelenség)* des Schuldners [und zur Anordnung der Liquidation* *(felszámolás)*] **keine Prüfung** der Zahlungsunfähigkeit des Schuldners im **wirtschaftlich-finanziellen Sinne** vornimmt. Die Gerichte prüfen konsequent lediglich die im Gesetz vorgesehenen Umstände[58] und

---

[52] § 27 Abs. 2 Buchst. a) InsolvG.
[53] Im Sinne der ständigen Rechtsprechung (etwa. Kúria Gfv. X.30.209/2011/4. und Fpk. X.30.076/2012/3., beide veröffentlicht auf www.lb.hu) muss der Gläubiger vor der Zahlungsaufforderung gem. § 27 Abs. 2 Buchst. a) InsolvG die Fälligkeit seiner Forderung erreichen – etwa durch Zusendung der Rechnung oder auf anderem Wege.
[54] Der Wortlaut des § 27 Abs. 2 Buchst. a) InsolvG lässt offen, ob der Schuldner auch in dem Zeitraum zwischen dem zwanzigsten Tag nach dem Ablauf der Leistungszeit und dem Zugang der zweiten Zahlungsaufforderung des Gläubigers berechtigt ist, die Forderung zu bestreiten; nach der ständigen Rechtsprechung steht ihm nichtsdestotrotz dieses Recht zu.
[55] § 27 Abs. 3 InsolvG.
[56] § 27 Abs. 3 InsolvG.
[57] Der Begriff „Vertragsrechtsverhältnis" ist weit auszulegen; dazu gehören beispielsweise auch Gewährleistungsrechte und Schadensersatzansprüche aus einem vertraglichen Schuldverhältnis; s. Rechtseinheitsbeschluss *(Polgári jogegységi határozat)* Nr. 4/2013.
[58] → Rn. 34.

lassen andere Gesichtspunkte – im Regelfall sogar die Prüfung der Gültigkeit der vertraglichen Grundlage der behaupteten Forderung[59] – bei der Prüfung außer Betracht. Eine **Aufrechnungseinrede** ist nur beschränkt möglich.[60] Obgleich die rechtlichen Voraussetzungen der Zahlungsunfähigkeit aufgrund einer unbestrittenen Forderung in den vergangenen zwei Jahrzehnten zahlreichen Änderungen unterworfen wurden, war es doch für dieses Rechtsinstitut kennzeichnend, dass das Gericht die Zahlungsunfähigkeit nicht hinsichtlich der wirtschaftlichen Lage des Schuldners, sondern aufgrund formaler Kriterien festgestellt hat. Dies wiederum hatte zur Folge, dass das **Liquidationsverfahren** zu einem sehr populären **Instrument für die Eintreibung von Forderungen** avancierte. Dies resultierte offenbar daraus, dass das verhältnismäßig schnelle und einfache Liquidationsverfahren[61] eine effiziente und **kostengünstige Alternative** zu der zivilrechtlichen Klage darstellt.[62]

36   Es ist zu erwarten, dass das **neue InsolvG** der Praxis der auf Forderungseintreibung ausgerichteten Liquidationsverfahren ein Ende bereiten wird: sofern der Schuldner den Forderungsbetrag in gerichtliche Hinterlegung leistet, so kann der Gläubiger seine Forderung im ordentlichen Zivilprozess geltend machen.

3.1.2.2 Nichtleistung auf Gerichtsentscheidung bzw. erfolglose Vollstreckung

37   Auf **Antrag des Gläubigers** stellt das Gericht die Zahlungsunfähigkeit★ *(fizetésképtelenség)* auch dann fest, wenn der Schuldner innerhalb einer durch rechtskräftigen **Gerichtsbeschluss** angeordneten Frist seiner Zahlungspflicht nicht nachgekommen ist.[63] Dies bedeutet, dass die obsiegende Partei eines Rechtsstreits frei entscheiden kann, ob sie im Besitz des rechtskräftigen Urteils im Falle der Nichtleistung durch den Schuldner in die Zwangsvollstreckung geht oder ein Liquidationsverfahren★ *(felszámolás)* initiiert. Im Gegensatz zu Gerichtsentscheidungen kann auf der Grundlage von **nicht gerichtlichen vollstreckbaren Titeln** (etwa Verwaltungsakte oder durch den Notar ausgestellte vollstreckbare Urkunden) nur dann die Liquidation des Schuldners initiiert werden, wenn der Gläubiger zuvor erfolglos die gerichtliche Vollstreckung dieser Titel versucht hat.[64]

3.1.2.3 Nichtleistung auf Vergleichsabschluss

38   Das InsolvG behandelt die Nichterfüllung einer **Zahlungsverpflichtung,** die in einem im Rahmen eines **erfolgreichen Vergleichsverfahrens★** *(csődeljárás)* erzielten, gerichtlich genehmigten Vergleich festgestellt wurde, als einen Sui-generis-Fall der Zahlungsunfähigkeit★ *(fizetésképtelenség)*.[65] Die Zahlungsunfähigkeit wird auf Antrag des Gläubigers festgestellt.

3.1.2.4 Durch den Schuldner initiiertes Liquidationsverfahren

39   Auf **Antrag des Schuldners** stellt das Gericht die Zahlungsunfähigkeit★ *(fizetésképtelenség)* fest, wenn die Ausstände des Schuldners dessen gesamtes Vermögen[66] übersteigen bzw. wenn der Schuldner seine Verbindlichkeit bei Eintritt der Fälligkeit nicht erfüllen konnte oder voraussichtlich nicht wird erfüllen können.[67] Zwar scheint es aufgrund der gesetzlichen Formulierung so, dass das Gericht in diesem Verfahren die tatsächliche, wirtschaftlich-finanzielle Zahlungsunfähigkeit prüfen muss, doch verhält es sich in Wirklichkeit anders. Das Gericht prüft den Antrag des Schuldners primär in förmlicher Hinsicht und stützt seine Entscheidung in der Sache auf die Angaben des Schuldners. Dabei ist zu betonen, dass das ungarische Recht die zwingende Selbstliquidation des Schuldners nicht vorschreibt, auch für den Fall nicht, dass der Schuldner tatsächlich (wirtschaftlich) zahlungsunfähig ist. Aber die Weiterführung einer tatsächlich zahlungsunfähigen

---

[59]   Das Gericht muss lediglich die offensichtliche Ungültigkeit von Amts wegen erkennen und ist im Übrigen nicht befugt, weiteren Unwirksamkeitsgründen nachzugehen; vgl. *Juhász,* S. 503 ff.; *Csőke,* zum § 27 Abs. 2 InsolvG.
[60]   § 27 Abs. 5 InsolvG.
[61]   In diesem Abschnitt meint der Begriff „Liquidationsverfahren" die gerichtliche Phase, also das Verfahren vor der Feststellung der Zahlungsunfähigkeit und der Anordnung der Liquidation.
[62]   Gem. § 27 Abs. 1 InsolvG entscheidet das Gericht in erster Instanz über den Liquidationsantrag innerhalb von 60 Tagen nach Eingang des Antrags; selbst wenn diese Frist nicht immer eingehalten werden kann, ist doch die Dauer dieser Verfahren wesentlich kürzer als die eines Zivilprozesses.
[63]   § 27 Abs. 2 Buchst. b) InsolvG; die Vorschrift findet auch Anwendung auf Mahnbescheide (das Mahnbescheidsverfahren gehört zu dem Zuständigkeitsbereich des Notars).
[64]   § 27 Abs. 2 Buchst. c) InsolvG.
[65]   § 27 Abs. 2 Buchst. d) InsolvG; demgegenüber schlägt ein **erfolgloses Vergleichsverfahren** (wenn also kein Vergleich erzielt worden ist oder das Gericht keine Genehmigung erteilt hat) zwingend in ein Liquidationsverfahren um, → Rn. 17 und → Rn. 41.
[66]   Dh nicht nur das liquide, sondern das ganze, in der Bilanz des Schuldners ausgewiesene Vermögen.
[67]   § 27 Abs. 2 Buchst. f) InsolvG.

3. Wesentliche Merkmale des Liquidationsverfahrens

Firma kann zu einer Durchgriffshaftung zulasten des Geschäftsführers oder der Gesellschafter gegenüber den Gläubigern führen.[68]

3.1.2.5 Durch den Abwickler des Schuldners initiiertes Liquidationsverfahren

Die im Wesentlichen gleichen Regeln wie beim durch den Schuldner initiierten Liquidations- 40 verfahren gelten für den Fall, dass der **Abwickler*** *(végelszámoló)* die Einleitung des Liquidationsverfahrens* *(felszámolás)* initiiert. Der Abwickler ist die von den Gesellschaftern gewählte Person, die für die Durchführung der **freiwilligen solventen Liquidation*** *(végelszámolás;* die Auflösung einer zahlungsfähigen Firma[69] ohne Erhalt des Unternehmensträgers) einer Firma verantwortlich ist. Die Initiierung eines Liquidationsverfahrens ist aber eine zwingende Rechtspflicht des **Abwicklers,** soweit er feststellt, dass das Vermögen der Gesellschaft keine Deckung für die Forderungen der Gläubiger bietet.[70]

3.1.2.6 Von Amts wegen eröffnete Liquidationsverfahren

Nach ungarischem Recht schlägt das erfolglose Vergleichsverfahren* *(csődeljárás)* (wenn keine 41 wirksame Einigung zwischen Schuldner und Gläubiger erzielt werden kann) zwingend in ein Liquidationsverfahren* *(felszámolás)* um. In diesem Fall prüft das Gericht nicht die Zahlungsunfähigkeit* *(fizetésképtelenség)* des Schuldners sondern stellt diese von Amts wegen fest.[71] Darüber hinaus kann in bestimmten Fällen das Firmengericht[72] *(cégbíróság)* oder ein Strafgericht[73] *(büntetőügyben eljáró bíróság)* das Liquidationsverfahren von Amts wegen einleiten. Zu erwähnen ist ferner die Befugnis des Verwalters eines Hauptinsolvenzverfahrens in einem anderen Mitgliedstaat der Europäischen Union, die Eröffnung eines Sekundärinsolvenzverfahrens in Ungarn zu beantragen.[74]

3.2 Rolle der Gerichte

Sowohl das **Liquidationsverfahren*** *(felszámolás)* als auch das **Vergleichsverfahren*** *(csődel-* 42 *járás)* gehören in die **Zuständigkeit der ordentlichen Gerichte** und sind relativ stark formalisiert: Beispielsweise muss zur Eröffnung des Verfahrens ein Antrag mit dem gesetzlich vorgeschriebenen Mindestinhalt bei Gericht eingereicht werden; das Gericht entscheidet über die Eröffnung des Liquidationsverfahrens* *(felszámolás)* bzw. des Vergleichsverfahrens* *(csődeljárás);* das Gericht bestellt von Amts wegen und ohne Anhörung der Parteien eine **Insolvenzverwalter-Gesellschaft*** *(felszámoló)* (im Liquidationsverfahren) bzw. eine **Vergleichsverwalter-Gesellschaft*** *(vagyonfelügyelő)* (im Vergleichsverfahren); das **Gericht genehmigt den Vergleichsabschluss;** ferner entscheidet das Gericht über Rechtsschutzersuchen gegen Maßnahmen einer Insolvenzverwalter-Gesellschaft oder der Vergleichsverwalter-Gesellschaft und über strittige Forderungen der Gläubiger.

3.3 Insolvenzverwalter-Gesellschaft

3.3.1 Insolvenzverwalter-Gesellschaft

Als **Insolvenzverwalter-Gesellschaft*** *(felszámoló)* bestellt das Gericht eines jener **als juristi-** 43 **sche Person organisierten Unternehmen,** die im staatlichen Register der Insolvenzverwalter-Gesellschaften eingetragen sind. Eine Aufnahme in das Register erfolgt durch die Regierung im Wege eines in der Registerverordnung geregelten Ausschreibungsverfahrens. Ins Register können ungarische Gesellschaften oder ungarische Niederlassungen von für Liquidationsverfahren berechtigten Unternehmen aus anderen EWR-Staaten aufgenommen werden.[75] Eine Insolvenzverwalter-

---

[68] Hierzu → Rn. 93–99 und → Rn. 30.
[69] Unter Firma ist – sofern ein Gesetz nichts anderes verfügt – ein Rechtssubjekt zu verstehen, das mit der Eintragung in die Firmenregistratur zur Ausübung einer gewerbsmäßigen Wirtschaftstätigkeit zustande kommt (§ 2 Abs. 1 des Gesetzes 2006:V über die Firmenpublizität, das handelsgerichtliche Verfahren und die freiwillige solvente Liquidation (im Folgenden: **FirmenG**); der Begriff der Firma ist mit dem im InsolvG definierten Begriff der Wirtschaftsorganisation (→ Rn. 10) zwar nicht deckungsgleich, beide Begriffe umfassen jedoch die Wirtschaftsgesellschaften als die wichtigste Gruppe der Akteure des Wirtschaftslebens.
[70] § 108 FirmenG.
[71] §§ 27 Abs. 2 Buchst. e) iVm 21/B InsolvG.
[72] §§ 84, 118 FirmenG.
[73] § 26 Abs. 5 des Gesetzes 2001:CIV über die Anwendbarkeit strafrechtlicher Sanktionen gegenüber juristischen Personen.
[74] Art. 34 Verordnung (EU) 2015/848 des Europäischen Parlaments und des Rates v. 20.5.2015 über Insolvenzverfahren (EuInsVO).
[75] § 2 Abs 1 Registerverordnung.

Gesellschaft muss über mindestens zwei Wirtschaftswissenschaftler, zwei Volljuristen, zwei Wirtschaftsprüfer und zwei in Liquidation und Vermögensverwaltung qualifizierte Personen verfügen.[76] Das staatliche Register ist von der zuständigen Behörde für die Führung des Registers von Insolvenzverwalter-Gesellschaften *(Felszámolók Névjegyzékét Vezető Hatóság)* geführt, die dem Minister für Staatsvermögen unterliegt.[77] Als Insolvenzverwalter-Gesellschaften sind typischerweise Gesellschaften mit beschränkter Haftung oder Aktiengesellschaften tätig, die ausdrücklich auf die Abwicklung von insolventen Wirtschaftsorganisationen spezialisiert sind. Das Gericht bestellt die Insolvenzverwalter-Gesellschaft mit dem Beschluss zur Liquidationsanordnung. Die Bestellung nimmt das Gericht **von Amts wegen** ohne Anhörung der Parteien vor. Zur Bestellung dient ein automatisches Computersystem, die von der vorerwähnten Behörde betrieben wird.[78]

3.3.2 Insolvenzverwalter

44 Die Befugnisse der Insolvenzverwalter-Gesellschaft übt ein **Insolvenzverwalter*** *(felszámolóbiztos)* als im konkreten Fall in Vertretung für die Insolvenzverwalter-Gesellschaft handelnde **natürliche Person** aus, die ihrerseits von der Insolvenzverwalter-Gesellschaft bestellt wird[79] (und damit nicht vom Gericht). Das InsolvG stattet also die Insolvenzverwalter-Gesellschaft (in deren Eigenschaft als Gesellschaft) und nicht den Insolvenzverwalter mit den entsprechenden Befugnissen aus. Letzterer ist nur ein Vertreter der Insolvenzverwalter-Gesellschaft. Mit Rücksicht auf diese Besonderheit des ungarischen Insolvenzrechts werden nachfolgend die Kompetenzen und die Tätigkeit der „Insolvenzverwalter-Gesellschaft" erörtert. Die rechtliche Situation der Insolvenzverwalter-Gesellschaft ist doppelter Natur. Einerseits ist sie die gesetzliche Vertreterin des Schuldners, andererseits nimmt sie die Interessen der Gläubiger wahr, wobei ihre primäre Aufgabe in der bestmöglichen Befriedigung der Zahlungsansprüche der Gläubiger besteht.[80] Gleichzeitig können die Gläubiger die Insolvenzverwalter-Gesellschaft in nur relativ geringfügigem Umfang kontrollieren oder Weisungen unterwerfen.[81] Die Abberufung der Insolvenzverwalter-Gesellschaft kann nur im Falle von deren rechtswidrigem Verhaltens erfolgen[82] oder – ausnahmsweise – mit der Mehrheit der Stimmen der Gläubiger.[83] Die Insolvenzverwalter-Gesellschaft haftet zivilrechtlich für Schäden, die sie durch pflichtwidriges Verhalten verursacht hat.[84] Es ist in der Rechtsprechung nicht eindeutig beantwortet und im Schrifttum ebenfalls umstritten, in welchen Fällen die Schadensersatzansprüche von Dritten unmittelbar gegenüber der Insolvenzverwalter-Gesellschaft geltend gemacht werden können und wann nur gegenüber dem – durch die Insolvenzverwalter-Gesellschaft vertretenen – Schuldner.[85]

3.4 Verwaltung und Verwertung der Masse

45 Die **gerichtliche Phase** des Liquidationsverfahrens* *(felszámolás)* ist nicht öffentlich, und es sind lediglich die Parteien beteiligt. Die Einleitung der gerichtlichen Phase an sich beschränkt nicht den Wirtschaftsbetrieb des Schuldners und **beeinträchtigt im Allgemeinen nicht dessen Rechtsverhältnisse,** soweit das Gericht keine **vorläufige Insolvenzverwalter-Gesellschaft*** *(ideiglenes vagyonfelügyelő)*[86] zur Beaufsichtigung der Wirtschaftsführung bestellt. Die in der gerichtlichen Phase getätigten Rechtsgeschäfte, sofern sie für die Gläubiger nachteilhaft sind, können aber im Falle der späteren Anordnung der Liquidation angegriffen werden,[87] bzw. es kann auf die Feststellung der **unmittelbaren Haftung***[88] *(felelősség)* **der Geschäftsführung**[89] des Schuldners hingewirkt werden.

---

[76] § 27/C § Abs. 1, Abs. 2 Buchst. g) InsolvG, § 2 Abs 5 Registerverordnung.
[77] § 4 Abs 1 Registerverordnung.
[78] § 27/A Abs. 1 InsolvG.
[79] §§ 27/A Abs. 3–5, Abs. 12, 27/B InsolvG.
[80] *Juhász*, S. 528.
[81] Die Gläubiger können rechtswidriges Tun oder Unterlassen der Insolvenzverwalter-Gesellschaft gerichtlich beanstanden (§ 51 InsolvG) oder gerichtlichen Rechtsschutz in anderen gesetzlich vorgesehenen Fällen erwirken (§§ 50 Abs. 5, 49 Abs. 5–6 InsolvG); die Befugnisse des Gläubigerausschusses sind weitreichender, vgl. dazu → Rn. 56.
[82] §§ 27/A Abs. 7, 39 InsolvG oder von Amts wegen (§ 27/A Abs. 6 InsolvG).
[83] § 27/A Abs. 8 InsolvG.
[84] § 54 InsolvG.
[85] Eingehend zu dieser Fragestellung s. *Kiss*.
[86] Der vorläufige Insolvenzverwalter kann auf Antrag des Gläubigers zur Beaufsichtigung der Wirtschaftstätigkeit des Schuldners in der gerichtlichen Phase des Verfahrens bestellt werden, vgl. § 24/A InsolvG.
[87] § 40 InsolvG, vgl. näher → Rn. 90–92.
[88] § 33/A InsolvG, vgl. näher → Rn. 93–95.
[89] Der Begriff Geschäftsführer meint hier einheitlich den Leiter der jeweiligen Wirtschaftsorganisation, unabhängig davon, dass das Gesetz je nach Rechtsform des Schuldners teils unterschiedliche Begriffe verwendet, § 3 Abs. 1 Buchst. d) InsolvG.

Mit Beginn der Liquidation★ *(felszámolás)*, dh während der **Liquidationsphase**, wird das Verfahren insoweit **unumkehrbar**, als es in dieser Phase in der Regel[90] nur noch mit der Auflösung des Schuldners oder mit der Erzielung eines umfassenden Vergleichsabschlusses[91] enden kann, welcher alle Gläubiger erfasst. Nach Bekanntmachung der Liquidation können **Willenserklärungen im Namen des Schuldners** bezüglich seines Vermögens nur noch von der gerichtlich bestellten Insolvenzverwalter-Gesellschaft★ *(felszámoló)* abgegeben werden.[92]

Das InsolvG verortet das Ziel des Liquidationsverfahrens★ *(felszámolás)* in der Auflösung des Schuldners und in der wertmäßig bestmöglichen Befriedigung der Forderungen der Gläubiger.[93] Aus diesem Gesetzeszweck folgt, dass die Insolvenzverwalter-Gesellschaft★ *(felszámoló)* nicht zur Beachtung anderer Gesichtspunkte verpflichtet oder gar berechtigt ist.[94] So darf nicht in die Abwägung einfließen, ob die Liquidation des Schuldners wirtschaftlich angebracht ist oder ob die Wirtschaftsorganisation mit einem vernünftigen Vergleich★ *(egyezség)* gerettet werden könnte. Ferner darf die Insolvenzverwalter-Gesellschaft die **Interessen der Arbeitnehmer**★ *(munkavállaló)* **nicht** beachten (etwa durch die Aufrechterhaltung der wirtschaftlichen Tätigkeit des Schuldners für einen gewissen Zeitraum) und kann auch nicht die etwaigen negativen gesellschaftlich-wirtschaftlichen Folgen einer Liquidation berücksichtigen.[95]

Die **Verwertung des Vermögens**★ *(értékesítés)* des Schuldners geschieht im Wege der **öffentlichen Ausschreibung oder der Versteigerung**.[96] Auf anderem Wege darf die Verwertung nur erfolgen, wenn dies der Gläubigerausschuss★ *(hitelezői választmány)* genehmigt hat oder wenn die Durchführung der Versteigerung oder Ausschreibung hinsichtlich der zu erwartenden Kosten unwirtschaftlich wäre. Die Verwertung muss jedoch auch in diesem Falle öffentlich geschehen.[97] Die Insolvenzverwalter-Gesellschaft★ *(felszámoló)* muss zunächst den Firmenstandort als Einheit samt der dazugehörigen produktionsrelevanten Einrichtungen verwerten oder der Gesamtheit der Vermögensgegenstände des Schuldners zur Versteigerung ausschreiben. Bleibt diese Ausschreibung ohne Erfolg, können die einzelnen Vermögensgegenstände jeweils getrennt verwertet werden.[98] Die Insolvenzverwalter-Gesellschaft ist zur Festlegung des Schätzwertes (Richtwert) des zu verwertenden Vermögens befugt sowie zur Feststellung des zu erzielenden Mindesterlöses, bei dessen Unterschreitung die Ausschreibung als erfolglos gilt.[99] Der Gläubigerausschuss kann beim Gericht die Bestellung eines Sachverständigen beantragen, um die Schätzung der Insolvenzverwalter-Gesellschaft überprüfen zu lassen.[100] Der Käufer der Vermögensgegenstände des Schuldners kann **grundsätzlich keine Aufrechnung**★ *(beszámítás)* gegenüber dem Schuldner betreiben, namentlich kann der Käufer seine eigene Forderung gegen die Kaufpreisforderung des Schuldners nicht aufrechnen.[101] Im Falle einer

---

[90] Das Liquidationsverfahren kann in dem wohl seltenen Fall auch eingestellt werden, wenn alle Gläubiger ohne Verwertung der Insolvenzmasse befriedigt worden sind, vgl. § 45/A InsolvG; ausnahmsweise kann ein rechtskräftiger, veröffentlichter Auflösungsbeschluss wieder aufgehoben werden (weil etwa das zweitinstanzliche Gericht dem Beweisantrag eines verspäteten Rechtsschutzersuchens einer Partei stattgibt); zu den Rechtsfolgen s. den Beschluss der Kurie *(Kúria)* Gfv.X.30.388/2011/4.

[91] §§ 41–45 InsolvG, vgl. näher → Rn. 57.

[92] § 34 Abs. 2 InsolvG.

[93] § 1 Abs. 3 InsolvG.

[94] Die Insolvenzverwalter-Gesellschaft muss gleichwohl den gesetzlich vorgeschriebenen Landwirtschaftsflächen-, Natur- Umwelt- und Denkmalschutzbestimmungen nachkommen, s. § 48 Abs. 3–5 InsolvG und die Regierungsverordnung 1995/106 (IX.8.) über die Anfordernisse des Liquidationsverfahrens an Natur- und Umweltschutzbestimmungen.

[95] Beschäftigungsgesichtspunkte werden in den Rechtsnormen lediglich im Zusammenhang mit der Verwertung der Insolvenzmasse *(adós vagyona)* erwähnt: Nach § 4 Abs. 1 der Regierungsverordnung 2009/237 (X. 20.) über die Verwertung der Vermögensgegenstände des Schuldners im Liquidationsverfahren muss die Insolvenzverwalter-Gesellschaft im Interesse wirtschaftlicher Verwertungserlöse und der Beschäftigungsgesichtspunkte den Betrieb und dessen Ausstattung zusammen als Bestandteil einer selbstständigen Produktionseinheit oder die Gesamtheit seiner Vermögensbestandteile durch eine öffentliche Ausschreibung oder Versteigerung verwerten.

[96] Die detaillierten Regelungen zur öffentlichen Verwertung enthalten die §§ 49–49/B InsolvG sowie die Regierungsverordnung 2009/237 (X. 20.); die §§ 49/E-49/G InsolvG ermöglichen die Verwertung auf elektronischem Wege; die einschlägigen Detailregelungen sind in der Regierungsverordnung 2014/17 (II. 3.) enthalten.

[97] § 49 Abs. 1 InsolvG; im Falle von strategisch besonders wichtigen Wirtschaftsorganisationen kann die Insolvenzverwalter-Gesellschaft von der öffentlichen Verwertung absehen, → Rn. 11.

[98] § 4 der Regierungsverordnung 2009/237 (X. 20.).

[99] § 49 Abs. 2 InsolvG; § 4 der Regierungsverordnung 2009/237 (X. 20.).

[100] § 49 Abs. 2 InsolvG; § 4 der Regierungsverordnung 2009/237 (X. 20.) gewährt dem Gläubigerausschuss (oder, wenn ein solcher fehlt, der Mehrheit der Gläubiger) ein Mitspracherecht auch bezüglich der Festsetzung des Mindesterlöses.

[101] § 49 Abs. 4 InsolvG.

zweiten erfolglosen Ausschreibung oder Versteigerung gibt das Gesetz der Insolvenzverwalter-Gesellschaft jedoch die Möglichkeit, mit Einwilligung des Gläubigerausschusses oder von einem Drittel der Gläubiger, die Veräußerung anstelle einer erneuten Ausschreibung oder Versteigerung direkt gegenüber dem Pfandgläubiger nach dem Schätzwert vorzunehmen. Der Pfandgläubiger darf dann auch seine gegenüber dem Schuldner bestehenden Forderungen aufrechnen.[102] Es ist hervorzuheben, dass die Verwertung durch Ausschreibung oder Versteigerung keine behördliche Versteigerung darstellt. Als Ergebnis der Ausschreibung (Versteigerung) schließen die Insolvenzverwalter-Gesellschaft (der Schuldner) und der Käufer einen **zivilrechtlichen Vertrag,** der den abgeleiteten Erwerb von Rechten bewirkt.[103] Das bedeutet, dass **der Käufer nicht kraft Gesetzes unbelastetes Eigentum** erwirbt. Ferner kann hinsichtlich der Unwirksamkeit des Vertrages sowohl nach den vertragsrechtlichen Vorschriften des InsolvG[104] als auch des ZGB eine Klage eingereicht werden.[105]

49   Das **neue InsolvG** wird voraussichtlich erhebliche Neuerungen zwecks der Ermöglichung der Fortführung (Rettung) der Wirtschaftstätigkeit einführen. Diesbezüglich sollten die „Abspaltung" als eine neue, Sui-generis-Form der Firmengründung bzw. die Verwertung des Anteils an der betriebsfähigen, durch die Abspaltung entstandenen Gesellschaft eingeführt werden. Die Übertragung eines Wirtschaftszweiges sollte auch besser in den Vordergrund treten. In diesen Fällen wird nicht die Schuldnergesellschaft, sondern die von ihr entfaltete Tätigkeit gerettet. Nichtsdestotrotz dürften diese Lösungen einen deutlichen Beitrag zur Verringerung der Insolvenzverluste und zur Erhaltung von Arbeitsplätzen leisten.

3.5 Fortführung durch den Schuldner oder Verwalter

50   Die Insolvenzverwalter-Gesellschaft* *(felszámoló)* kann die Fortführung des Wirtschaftsbetriebs des Schuldners nur unter Beachtung der oben angeführten Gesichtspunkte (dh der bestmöglichen Befriedigung der Forderungen) betreiben. Soweit die Gläubiger einen Gläubigerausschuss* *(hitelezői választmány)* gegründet haben, ist die Insolvenzverwalter-Gesellschaft verpflichtet, zur **vorübergehenden Fortführung des Wirtschaftsbetriebs des Schuldners unter Liquidation*** *(felszámolás)* die **Einwilligung** des Ausschusses einzuholen.[106] Eine Fortführung der Wirtschaftstätigkeit ist in zahlreichen Fällen sowohl für die Gläubiger als auch für die Angestellten des Schuldners eindeutig vorteilhaft. Soweit der Schuldner bei Beginn der Liquidation noch tatsächlich funktioniert und über marktfähige Güter, Infrastruktur, Belegschaft, einen ausgebauten Zulieferer- und Abnehmerkreis verfügt, so führt eine gemeinsame Verwertung* *(értékesítés)* dieser Produktionsfaktoren in Form eines funktionierenden Betriebes regelmäßig zu höheren Einnahmen als lediglich die Veräußerung der (unter Umständen durch die Betriebseinstellung) wertgeminderten einzelnen Güter. Trotzdem fördern die gegenwärtigen Rechtsnormen die Aufrechterhaltung des Wirtschaftsbetriebes nicht sonderlich. Die Insolvenzverwalter-Gesellschaft hat typischerweise erst mehrere Wochen nach Beginn der Liquidation (Bekanntmachung des Liquidationsbeschlusses) Zugriff auf die Daten des Schuldners und auf dessen die Finanzlage zusammenfassende Tätigkeitsabschlussbilanz* *(tevékenységet lezáró mérleg).*[107] Da die frühere Geschäftsführung des Schuldners in diesem Zeitraum (dh in der Liquidationsphase) nicht mehr befugt ist, Willenserklärungen bezüglich des Vermögens des Schuldners abzugeben,[108] die Insolvenzverwalter-Gesellschaft aber in den meisten Fällen noch keine Einsicht in den Wirtschaftsbetrieb des Schuldners hat, stößt die Aufrechterhaltung des Wirtschaftsbetriebes auf ernsthafte Hindernisse.[109]

3.6 Sicherungsmaßnahmen vor Verfahrenseröffnung

51   Der Gläubiger kann beim Gericht gleichzeitig mit der Einreichung des Liquidationsantrags oder danach bis zur Insolvenzeröffnung die Bestellung einer vorläufigen Insolvenzverwalter-Gesellschaft* *(ideiglenes vagyonfelügyelő)* beantragen. Das Gericht bestellt unverzüglich eine vorläufige Insolvenzver-

---

[102] §§ 49/A Abs. 5, 49/B Abs. 7.
[103] Regionalgericht *(Ítélőtábla)* Szeged, Beschl. Gf. I. 30 214/2007, veröffentlicht in BDT2009. 1979.
[104] § 49 Abs. 5–6 InsolvG.
[105] Regionalgericht *(Ítélőtábla)* Szeged, Beschl. Gf. I. 30 214/2007, veröffentlicht in BDT2009. 1979; Oberstes Gericht *(Legfelsőbb Bíróság),* Beschl. Gfv.X.30.148/2010/7.
[106] § 46 Abs. 3–4 InsolvG.
[107] Gem. § 31 InsolvG muss der frühere Geschäftsführer des Schuldners diese Unterlagen binnen 30 Tagen nach Beginn der Liquidation der Insolvenzverwalter-Gesellschaft übergeben.
[108] § 34 Abs. 2 InsolvG.
[109] Kapitel IV des InsolvG enthält spezielle Vorschriften für „strategisch besonders wichtige Wirtschaftsorganisationen", welche die Aufrechterhaltung des Wirtschaftsbetriebes solcher Organisationen erleichtern, → Rn. 11.

walter-Gesellschaft, wenn drei gleichzeitig vorliegende Voraussetzungen vom Gläubiger erfüllt werden:
a) Es wird glaubhaft gemacht, dass eine spätere Befriedigung seiner Forderung gefährdet ist und
b) das Entstehen, die Höhe und die Fälligkeit der Forderung mit einer öffentlichen Urkunde oder Privaturkunde mit voller Beweiskraft nachgewiesen wird und
c) das Honorar der vorläufigen Insolvenzverwalter-Gesellschaft hinterlegt wird.[110]

Die Aufgabe der vorläufigen Insolvenzverwalter-Gesellschaft ist der Schutz des Gläubigerinteresses. **52** Die vorläufige Insolvenzverwalter-Gesellschaft hat sich einen Überblick über die Vermögenslage des Schuldners zu verschaffen, weshalb sie die Bücher einsehen, die Kasse, den Anlagenbestand, die Dokumente, die Konten, sowie alle Vermögensgegenstände des Schuldners prüfen und von der Geschäftsführung eine Auskunft anfordern kann. Nach der Bestellung der vorläufigen Insolvenzverwalter-Gesellschaft kann die Geschäftsführung nur mit Bestätigung und Gegenzeichnung des vorläufigen Insolvenzverwalters die über den Bereich der ordentlichen Wirtschaftsführung hinausgehenden Verträge in Bezug auf das Vermögen des Schuldners abschließen bzw. solche bereits existierenden Verträge erfüllen. Die Geschäftsführung muss der vorläufigen Insolvenzverwalter-Gesellschaft umfassend Auskunft geben und alles ermöglichen, was zur Durchführung der Prüfungshandlungen erforderlich ist. Ein Verstoß der Geschäftsführung gegen die ihr obliegende Kooperationspflicht kann zur Eröffnung des Insolvenzverfahrens führen.[111]

3.7 Wirkungen der Verfahrenseröffnung auf Rechtsverfolgungsmaßnahmen einzelner Gläubiger

Die Liquidation bewirkt nicht automatisch die **Aufhebung von zuvor geschlossenen Ver-** **53** **trägen** des Schuldners, allerdings kann die Insolvenzverwalter-Gesellschaft diese Verträge – mit bestimmten Ausnahmen[112] – **mit sofortiger Wirkung kündigen*** *(felmondási jog)*.[113] Ferner können auch die Gläubiger weiterhin von ihren vertraglich vereinbarten oder gesetzlich vorgesehenen Kündigungs- und Rücktrittsrechten Gebrauch machen. **Geldforderungen** können **nur im Rahmen des Liquidationsverfahrens** und nach erfolgter Forderungsanmeldung* *(követelések bejelentése)* bei der Insolvenzverwalter-Gesellschaft geltend gemacht werden.[114] Mit Eröffnung der Liquidation sind **von einzelnen Dritten betriebene gerichtliche Individualzwangsvollstreckungen gegen den Schuldner einzustellen,**[115] da neben der Liquidation als kollektive Zwangsvollstreckung individuelle, den Gläubigerinteressen dienende Vollstreckungsverfahren nicht statthaft sind.

3.8 Wirkungen der Verfahrenseröffnung auf laufende Gerichts-/ oder Schiedsverfahren

Vor der Liquidation begonnene Klagen werden vor dem bis dahin zuständigen Gericht weiterge- **54** führt, allerdings muss der Schuldner auch in diesem Falle seine Forderung bei der Insolvenzverwalter-Gesellschaft anmelden.[116] Gleichzeitig werden andere Forderungen als Geldforderungen (etwa Besitzstreitigkeiten) oder **Aussonderungsrechte** wie **Eigentumsrechte** an Sachen, die nicht zum Vermögen des Schuldners gehören (etwa Zurückforderung einer mit **Eigentumsvorbehalt** an den Schuldner verkauften Sache), nicht im Liquidationsverfahren, sondern **vor den allgemeinen Gerichten** geltend gemacht.[117]

3.9 (Automatisches) oder gerichtlich anzuordnendes Moratorium

Im Liquidationsverfahren gibt es kein gesetzlich geregeltes Moratorium.

---

[110] § 24/A Abs. 1–2 InsolvG.
[111] § 24/A Abs. 4, 7 InsolvG.
[112] Zum Beispiel Mietverträge für Wohnungen von natürlichen Personen – mit Ausnahme von Dienstwohnungen und Garagen –, Verträge, abgeschlossen mit Schulen oder Schülern zur Organisation der praktischen Ausbildung, Arbeitsverträge, nicht mit einer Wirtschaftstätigkeit verbundene Darlehensverträge, Kollektivverträge.
[113] § 47 Abs. 1–4 InsolvG; keine der gesetzlich bestimmten Ausnahmen von dem Kündigungsrecht der Insolvenzverwalter-Gesellschaft betrifft Lizenzverträge* *(licencia szerződések);* damit trägt der Lizenznehmer alleine das Insolvenzrisiko des Lizenzgebers.
[114] § 38 Abs. 3 InsolvG; andere Ansprüche als Geldansprüche können zB aufgrund von § 4 InsolvG außerhalb der Liquidation geltend gemacht werden; § 4 InsolvG bestimmt, welche Vermögensbestandteile des Schuldners nicht zur Insolvenzmasse *(adós vagyona)* gehören.
[115] § 38 Abs. 1 InsolvG.
[116] § 38 Abs. 2 InsolvG.
[117] Hierzu s. den unter BDT2005.1233 veröffentlichten Beschluss.

3.10 Organe der Gläubiger

55 Im ungarischen Insolvenzrecht ist der Begriff „Gläubiger" wie folgt legaldefiniert:

Im **Vergleichsverfahren** gelten jene Personen als Gläubiger, die gegenüber dem Schuldner (i) auf rechtskräftigen und vollstreckbaren Gerichts- bzw. behördlichen Beschlüssen oder anderen vollstreckbaren Urkunden beruhende Forderungen haben; oder (ii) unstrittige oder anerkannte, abgelaufene Geldforderungen (oder in Geld umrechenbare Forderungen) haben; oder (iii) strittige oder im Vergleichsverfahren fällig gewordene Geldforderungen (oder in Geld umrechenbare Forderungen) haben, welche vom Vergleichsverwalter registriert wurden; oder (iv) in der Zukunft ablaufende Geldforderungen (oder in Geld umrechenbare Forderungen) haben, die sich rechtmäßig aus Liefer-, Werks-, Dienstleistungs- und anderen Verträgen ergeben bzw. an durch die Gläubiger bereits erfüllte Lieferungen von Gegenständen und Dienstleistungen, an den Verkauf von Schuldverschreibungen bzw. Eigentumsanteile verkörpernde Anlagen, an die Gewährung von Darlehen oder an Vorschusszahlungen geknüpft sind, welche Forderungen vom Vergleichsverwalter registriert wurden.

Im **Liquidationsverfahren** – bis zur Insolvenzeröffnung – gelten jene Personen als Gläubiger, die gegenüber dem Schuldner (i) auf rechtskräftigen und vollstreckbaren Gerichts- bzw. behördlichen Beschlüssen oder anderen vollstreckbaren Urkunden beruhende Forderungen oder (ii) unstrittige oder anerkannte, abgelaufene Geldforderungen (oder in Geld umrechenbare Forderungen) haben. Nach der Insolvenzeröffnung gilt jede Person als Gläubiger, die dem Schuldner gegenüber Geldforderungen (oder in Geld umrechenbare Forderungen) hat, welche vom Insolvenzverwalter registriert wurden.

3.10.1 Gläubigerversammlung und Gläubigerausschuss

56 Die Insolvenzverwalter-Gesellschaft* *(felszámoló)* ist dazu verpflichtet, binnen 75 Tagen nach Bekanntmachung der Liquidation* *(felszámolás)* die registrierten Gläubiger zur Einsetzung eines **Gläubigerausschusses*** *(hitelezői választmány)* einzuberufen.[118] Gemäß etabliertem Gewohnheitsrecht dient diese **Gläubigerversammlung*** *(hitelezői gyűlés)* auch dazu, dass die Insolvenzverwalter-Gesellschaft den anwesenden Gläubigern Auskunft über die finanzielle Lage des Schuldners, die angemeldeten Forderungen und den zu erwartenden Ablauf der Liquidation gibt. Der **Gläubigerausschuss** ist ein Interessenvertretungs- und Vertretungsorgan der Gläubiger und kann von mindestens einem Drittel der Gläubiger eingesetzt werden.[119] Die Befugnisse des Gläubigerausschusses sind zwar stetig ausgebaut worden, jedoch handelt es sich im Wesentlichen immer noch um Informations- und Kontrollrechte gegenüber der Insolvenzverwalter-Gesellschaft.[120] Andererseits besitzt der Ausschuss im Zusammenhang mit der Verwertung* *(értékesítés)* des Schuldnervermögens durch die Insolvenzverwalter-Gesellschaft verhältnismäßig weitreichende Befugnisse,[121] und auch die Fortsetzung der wirtschaftlichen Tätigkeit des Schuldners während der Liquidation ist ohne Zustimmung des Ausschusses nicht möglich.[122]

3.10.2 Vergleich im Liquidationsverfahren

57 Wie bereits angesprochen,[123] ist die Liquidationsphase des Liquidationsverfahrens* *(felszámolás)* grundsätzlich unumkehrbar und führt zur Auflösung des Schuldners ohne Erhalt des Unternehmensträgers. Das InsolvG erlaubt jedoch auch während der Liquidation die Herbeiführung eines **Vergleichs*** *(egyezség)* **zwischen dem Schuldner und den Gläubigern** mit dem Ergebnis, dass die Zahlungsunfähigkeit* *(fizetésképtelenség)* endet.[124] Den Vergleichsabschluss kann ausschließlich der Schuldner initiieren, und das Einigungsverfahren spielt sich im Rahmen des Liquidationsverfahrens unter Mitwirkung der Insolvenzverwalter-Gesellschaft* *(felszámoló)* ab. Voraussetzung für den Vergleich ist, dass mindestens die Hälfte der vergleichsberechtigten Gläubiger in allen Gläubigergruppen[125] den Vergleich unterstützt und dass die Gesamtheit der Forderungen dieser Gläubiger mindes-

---

[118] § 39 Abs. 1–2 InsolvG.
[119] § 5/A Abs. 4 InsolvG; das 1/3-Erfordernis muss sowohl hinsichtlich der Anzahl der Gläubiger als auch der Gesamtsumme der angemeldeten Forderungen erfüllt sein.
[120] §§ 5 Buchst. a), 39 Abs. 3–4, 40 Abs. 5, 46 Abs. 2–4 InsolvG.
[121] § 49 InsolvG.
[122] § 46 Abs. 3 InsolvG.
[123] → Rn. 46.
[124] §§ 41–45 InsolvG; die Erzielung eines Beschlusses ist eher die Ausnahme; im Jahr 2017 endeten lediglich 88 Verfahren auf diese Weise.
[125] Zu den Gläubigergruppen → Rn. 61–72; am Vergleichsbeschluss nehmen nicht teil: aussonderungsberechtigte Gläubiger (→ Rn. 61–62), die Anspruchsberechtigten der Liquidationskosten (→ Rn. 65–67), Anspruchsinhaber von Unterhalt und anderen Zuwendungen (→ Rn. 68) und die Inhaber von bestrittenen Forderungen.

tens zwei Drittel der Forderungen sämtlicher vergleichsberechtigter Gläubiger beträgt. Der Vergleich wird vom Gericht durch Bescheid bestätigt; die Rechtskraft des bestätigten Vergleichs erstreckt sich auf alle Gläubiger, zu denen nicht die aussonderungsberechtigten Gläubiger, die Anspruchsberechtigten der Liquidationskosten und die Anspruchsinhaber von Unterhalt und anderen Zuwendungen zählen (**Zwangsvergleich**).[126]

3.11 Forderungsanmeldung, Feststellung oder Bestreiten von Forderungen

Die Gläubiger müssen ihre Forderungen gegenüber dem Schuldner innerhalb einer **Anmeldefrist** von **40 Tagen** nach Bekanntmachung der Liquidation* *(felszámolás)* bei der Insolvenzverwalter-Gesellschaft* *(felszámoló)* anmelden.[127] Es gibt Ausnahmen von der Anmeldepflicht.[128] Gläubiger, die diese Frist versäumen, können zwar innerhalb einer präkludierenden Frist von 180 Tagen nach der Bekanntmachung noch ihre Forderungen anmelden, allerdings können diese Ansprüche nur noch dann bedient werden, wenn nach der Befriedigung der innerhalb von 40 Tagen angemeldeten Forderungen noch entsprechende Geldmittel zur Deckung vorhanden sind.[129] Dies bedeutet, dass im Falle der Versäumung der 40-tägigen Frist **selbst die mit Pfandrechten*** *(zálogjog)* **gesicherten Gläubiger** ihre gesicherten Positionen gegenüber den fristgemäß angemeldeten Gläubigern einbüßen und sie den Verwertungserlös aus dem Pfandgegenstand nur noch nach der Befriedigung der fristgemäß angemeldeten Gläubiger verlangen können.[130] Die Anmeldung der Forderungen* *(követelések bejelentése)* ist auch deshalb unerlässlich, weil die Versäumung (der 180-tägigen Präklusionsfrist) zum **Untergang der Forderungen** gegenüber dem Schuldner führt, und dies sogar bei dinglichen Sicherungsrechten. Ferner ist ein nicht angemeldeter Gläubiger im Falle einer Klage des Schuldners gegen den Gläubiger auch nicht mehr befugt, seine eigenen Forderungen aufzurechnen.[131]

3.12 Verteilung der Masse

Grundregel der Verteilung* *(felosztás)* ist, dass im Falle der – typischerweise – nicht ausreichenden Deckung sämtlicher Forderungen durch die Insolvenzmasse *(adós vagyona)* die Befriedigung der Gläubiger in der Rangfolge* *(kielégítési sorrend)* nach bestimmten Gläubigergruppen (→ Rn. 61–72) geschieht.[132]

Die Befriedigung der Forderungen muss bei Pfandgläubigern unverzüglich[133] nach Verwertung* *(értékesítés)* der Pfandsache erfolgen, bei Liquidationskosten* *(felszámolási költségek)* und den Gläubigern aus Unterhalts- und Zuwendungsansprüchen zum Zeitpunkt der Fälligkeit der jeweiligen Forderung, bei den übrigen Forderungen schließlich auf der Grundlage der **Zwischenbilanz*** *(közbenső mérleg)* oder der **Liquidationsabschlussbilanz*** *(felszámolási zárómérleg)*.[134]

3.12.1 Aussonderungsberechtigte Gläubiger

Das InsolvG gewährt dem Berechtigten einer **Finanzsicherheit*** *(óvadék,* ein spezielles Pfandrecht an Bargeld oder Finanzinstrumenten) **ein Aussonderungsrecht*** *(külön kielégítési jog),* sofern die Finanzsicherheit vor Beginn der Liquidation* *(felszámolás)* zu Stande kam. Das bedeutet, dass der Berechtigte der Finanzsicherheit seine Forderung unabhängig von der Liquidation aus der Sicher-

---

[126] § 44 Abs. 1 S. 5 iVm § 57 Abs. 1 Buchst. a) und c) InsolvG.
[127] §§ 28 Abs. 2 Buchst. f), 46 Abs. 5 InsolvG.
[128] So muss etwa ein Gläubiger, dessen Forderung bereits in einem vorherigen (erfolglosen) Vergleichsverfahren registriert worden ist, keine erneute Anmeldung vornehmen (§ 28 Abs. 2 Buchst. f) InsolvG); während des Liquidationsverfahrens entstandene Liquidationskosten (§ 57 Abs. 2 InsolvG) müssen ebenfalls nicht angemeldet werden (§ 37 Abs. 2 InsolvG).
[129] § 37 Abs. 1 InsolvG.
[130] § 37 Abs. 1 InsolvG.
[131] §§ 36 Abs. 1 Buchst. b), 38 Abs. 3 InsolvG.; näher zur Aufrechnung → Rn. 84–89; weitere Konsequenz des Unterganges der Forderung ist, dass der Gläubiger nicht mehr gegen etwaige (dritten) Bürgen oder Pfandschuldnern vorgehen kann.
[132] Die einschlägigen Vorschriften für die Befriedigungsrangfolge sind in § 49/D und in § 57 Abs. 1 InsolvG enthalten.
[133] § 49/D Abs. 1 InsolvG.
[134] § 58 Abs. 1 InsolvG; für Pfandrechte an Sachgesamtheiten mit wechselndem Bestand gibt es keine explizite Regelung, aber vermutlich wird die vernünftigste Lösung auch hier eine Zahlung auf Grundlage der Zwischen- oder Liquidationsabschlussbilanz sein; s. *Csőke*, zum § 57 Abs. 4 InsolvG; spezielle Vorschriften enthält das Gesetz zu Forderungen aus Unterhalts- und Zuwendungsansprüchen, zukünftigen Gewährleistungsansprüchen sowie anhängigen Forderungen; dazu s. § 58 Abs. 3–5 InsolvG.

heit[135] befriedigen kann, die Durchsetzung der Forderung also entgegen der Grundregel[136] nicht im Rahmen des Liquidationsverfahrens geschieht. Andererseits schreibt das Gesetz für dieses Aussonderungsrecht eine zeitliche Begrenzung vor: Soweit der Berechtigte nicht innerhalb von drei Monaten nach Bekanntmachung des Liquidationsbeschlusses seine Forderung aus der Finanzsicherheit befriedigt, kann er seine Forderung nur noch als Pfandgläubiger geltend machen.[137]

62   Den Gläubigern zustehende **Aufrechnungsrechte**★[138] *(beszámítási jog)* gegen Forderungen des Schuldners bzw. die bilaterale Aufrechnung★ *(beszámítás)* infolge von Positionsabschluss auf dem Kapitalmarkt (close-out netting)[139] können ebenfalls als ein **spezielles Aussonderungsrecht**★ *(külön kielégítési jog)* bezeichnet werden.

3.12.2 Gesicherte Gläubiger

63   Die Pfandrechte★ *(zálogjog)* werden im InsolvG als hervorgehobene Sicherungsrechte behandelt, und **dem Pfandgläubiger wird der erste Befriedigungsrang**★ *(kielégítési ranghely)* [mit Ausnahme des Aussonderungsrechts★ *(külön kielégítési jog)*] zugewiesen.[140] Allerdings muss der Pfandgläubiger – im Gegensatz zum aussonderungsberechtigten Inhaber einer Finanzsicherheit★ *(óvadék)* – seine Forderung bei der Insolvenzverwalter-Gesellschaft★ *(felszámoló)* anmelden. Eine diesbezügliche Säumnis wirkt auch beim Pfandgläubiger präkludierend. Aus der gesicherten Position des Pfandgläubigers [Absonderungsrecht★ *(elkülönítési jog)*] folgt, dass der bei Verwertung★ *(értékesítés)* der Pfandsache durch die Insolvenzverwalter-Gesellschaft erzielte Erlös nur zur Befriedigung seiner Forderungen – vor den Ansprüchen anderer Gläubiger – verwendet werden kann und vom Verwertungserlös nur in begrenztem Umfang Verwertungskosten abgezogen werden dürfen.[141] Forderungen, zu deren Sicherung der Gerichtsvollzieher im Rahmen einer Zwangsvollstreckung etwaige Vermögensgegenstände des Schuldners bereits vor Beginn der Liquidation★ *(felszámolás)* beschlagnahmt hat (wenn also wegen der eingeleiteten Liquidation eine bereits fortgeschrittene gerichtliche Zwangsvollstreckung eingestellt werden musste[142]), stehen mit dem Pfandrecht im gleichen Befriedigungsrang.[143]

64   Soweit gesicherte Forderungen nicht nach § 49/D InsolvG befriedigt werden können, werden sie im Rang erst nach den **Liquidationskosten**★ *(felszámolási költségek)* (aber vor den weiteren Gläubigerkategorien) befriedigt.[144]

3.12.3 Massegläubiger

65   Das ungarische Insolvenzrecht kennt zwar den Begriff „Massegläubiger" nicht, aber ähnlich dem Konzept des Massegläubigers im deutschen Recht sind die Kosten des Liquidationsverfahrens in der **Befriedigungsrangfolge**★ *(kielégítési sorrend)* vorweg zu berichten. Da die Pfandgläubiger nach § 49/D InsolvG eine präferierte Position haben, sind die Liquidationskosten★ *(felszámolási költségek)*[145] im zweiten Rang★ *(kielégítési ranghely)* zu befriedigen.

66   Als Liquidationskosten★ *(felszámolási költségek)* gelten im Sinne des Gesetzes ua
1. **Lohnkosten;**
   Hierzu zählen Lohn- und lohngleiche Forderungen – zB Abfindungen – der Arbeitnehmer★ *(munkavállaló)* des unter Liquidation★ *(felszámolás)* stehenden Schuldners nebst darauf anfallender Sozialabgaben sowie die Rückzahlung von lohnbezogenen staatlichen Beihilfen aus dem Staatsfond.[146] Der Fonds gewährt dem insolventen Schuldner eine rückzahlbare Förderung zur Deckung von fälligen und ungedeckten Lohnverbindlichkeiten, wie zB Arbeitslohn- und Abfin-

---

[135] § 38 Abs. 5 InsolvG; die Bestimmungen dieser Vorschrift sind harmonisiert mit der Richtlinie 2002/47/EG des Europäischen Parlaments und des Rates v. 6.6.2002 über Finanzsicherheiten.
[136] § 38 Abs. 3 InsolvG, näher dazu → Rn. 53.
[137] Das Gesetz sieht weitere Beschränkungen vor für Berechtigte, die unter mehrheitlichem Einfluss des Schuldners stehen.
[138] §§ 36 Abs. 1, 38 Abs. 3 InsolvG.
[139] § 36 Abs. 2 InsolvG.
[140] § 49/D InsolvG; für Einschränkungen bzgl. Pfandgläubiger, die mit dem Schuldner verbunden sind, oder solcher Pfandgeschäfte, die in einer Situation, in der Insolvenz droht, abgeschlossen worden sind, s. § 49/D Abs. 4–5 InsolvG.
[141] So etwa die Aufbewahrungs- und Verwertungskosten der Pfandsache sowie eine Liquidationsgebühr von 5 % des Nettoverkaufspreises.
[142] Ld. → Rn. 53.
[143] § 49/D Abs. 3 InsolvG.
[144] §§ 49/D Abs. 6, 57 Abs. 1 Buchst. b) InsolvG; zu den Liquidationskosten → Rn. 66.
[145] § 57 Abs. 1 Buchst. a) iVm Abs. 2 InsolvG.
[146] Die detaillierten Regelungen zum Fonds enthält das Gesetz 1994/LXVI über den Staatlichen Lohngarantie-Fonds (*Bérgarancia Alap;* im Folgenden: **Lohngarantie-FondsG**).

dungsverbindlichkeiten. Der von dem Fonds gewährte Insolvenzschutz [„Insolvenzgeld"* *(bérgarancia támogatás)*] beträgt maximal das Fünffache des monatlichen volkswirtschaftlichen Durchschnittslohnes im vorletzten Jahr vor der Insolvenzeröffnung. Der Insolvenzschutz erstreckt sich nicht auf die von dem Arbeitgeber übernommenen Beiträge zu sog. freiwilligen gegenseitigen Pensionskassen (betriebliche Pensionsverbindlichkeiten). Die Pflicht des Schuldners zur Rückzahlung der empfangenen Förderungen wird am 60. Tag nach deren Zahlung fällig bzw. sie wird, wenn die Einreichung der Liquidationsabschlussbilanz vor dem 60. Tag erfolgt, am Tag vor der Einreichung der Liquidationsabschlussbilanz fällig.[147]

2. **Kosten,** die bei **Tätigwerden der Insolvenzverwalter-Gesellschaft*** *(felszámoló)* entstehen (bei der **Verwertung*** *(értékesítés)* des Vermögens und der Eintreibung der Forderungen sowie der Vergütung der Insolvenzverwalter-Gesellschaft).

3. **Verwaltungs- und Justizkosten** im Zusammenhang mit der Liquidation;

4. **Kosten im Zusammenhang mit der Einstellung des Wirtschaftsbetriebs** des Schuldners. Hierzu zählen beispielsweise die für die vorübergehende Fortsetzung der Wirtschaftstätigkeit notwendigen Beschaffungen von Waren und Dienstleistungen, die Sozialabgaben und Schadensersatzverpflichtungen im Zusammenhang mit dem Wirtschaftsbetrieb, die Kosten vermögenserhaltender Maßnahmen, Kosten zur Beseitigung von Umweltbelastungen, die Vergütung von Erfüllungsgehilfen, die der Schuldner rechtmäßig herangezogen hat,[148] Kosten für die Verwahrung der Schriftstücke des Schuldners.

Da die als **Liquidationskosten*** *(felszámolási költségek)* aus dem Vermögen des Schuldners geleisteten Zahlungen die Summe zur Befriedigung der in der **Rangfolge*** *(kielégítési sorrend)* rangniedriger eingestuften Forderungen der Gläubiger schmälert, bestreiten die Gläubiger häufig die Notwendigkeit dieser Kosten. **67**

3.12.4 Bevorrechtigte Gläubiger

Nach den Pfandgläubigern (sowohl nach § 49/D als auch nach § 57 Abs. 1 Buchst. b) InsolvG) und den **Liquidationskosten*** *(felszámolási költségek)* werden die durch Gesetz festgelegten **Berechtigten aus Unterhalts- und Zuwendungsrechten**[149] befriedigt. In die dahinter folgende Gruppe gehören **Privatpersonen** mit Forderungen aus nicht gewerblicher Tätigkeit (etwa Forderungen aus Gewährleistung oder Schadensersatz oder Schmerzensgeld) und die **Klein- und Mikrounternehmen** sowie **landwirtschaftliche Urproduzenten** *(mezőgazdasági őstermelő)*.[150] Schließlich gehören zu den bevorzugten Forderungen **öffentliche Abgaben** [sofern diese nicht als **Liquidationskosten*** *(felszámolási költségek)* eingestuft sind].[151] **68**

3.12.5 Ungesicherte Gläubiger

In diese Gruppe gehören regelmäßig die ungesicherten Forderungen der Handelspartner (Zulieferer, Abnehmer).[152] Ferner zählen hierzu jene Schadensersatzansprüche, die dadurch entstanden sind, dass die Insolvenzverwalter-Gesellschaft* *(felszámoló)* auf Grundlage des InsolvG die Verträge des Schuldners **gekündigt hat*** *(felmondási jog)*.[153] **69**

3.12.6 Nachrangige Insolvenzgläubiger* *(hátrasorolt hitelezők)*

Zu den **nachrangigen Insolvenzgläubigern*** *(hátrasorolt hitelezők)* zählen alle Verzugszinsen[154] und ähnliche Forderungen, wie etwa die Vertragsstrafe.[155] Es ist von wesentlicher Bedeutung, dass diese Forderungen auch dann in diese Gruppe gehören, wenn sie durch ein **Pfandrecht*** *(zálogjog)* gesichert sind.[156] **70**

---

[147] § 9 Abs. 1 Lohngarantie-FondsG.
[148] § 27/A Abs. 13 InsolvG.
[149] § 57 Abs. 1 Buchst. c) InsolvG.
[150] § 57 Abs. 1 Buchst. d) InsolvG; der Begriff Klein- und Mikrounternehmen wird in § 3 des Gesetzes 2004:XXXIV über kleine und mittlere Unternehmen bzw. die Förderung ihrer Entwicklung legaldefiniert; der Begriff des landwirtschaftlichen Urproduzenten *(mezőgazdasági őstermelő)* wird in § 3 Nr. 18 des Gesetzes 1995:CXVII über die Einkommensteuer legaldefiniert.
[151] § 57 Abs. 1 Buchst. e) InsolvG.
[152] § 57 Abs. 1 Buchst. f) InsolvG.
[153] Zum Kündigungsrecht der Insolvenzverwalter-Gesellschaft → Rn. 53 und → Rn. 79.
[154] Zum Begriff des Verzugszinses s. § 35 Abs. 2 Buchst. b) InsolvG.
[155] Oberstes Gericht *(Legfelsőbb Bíróság)*, Beschl. Gfv.X.30.246/2010/4.
[156] Gem. § 49/D Abs. 1–2 InsolvG entspricht nämlich nur ein vertraglicher Zins (dh kein Verzugszins) einer durch ein Pfandrecht gesicherten Forderung.

71 In die Gruppe mit dem letzten Rang (namentlich hinter den Verzugszinsen) gehören schließlich Gesellschafter des Schuldners, die eine Mehrheit besitzen, und Wirtschaftsorganisationen unter mehrheitlichem Einfluss solcher Gesellschafter; ferner der Geschäftsführer des Schuldners und leitende Angestellte des Schuldners sowie Berechtigte aus unentgeltlichen Verträgen des Schuldners (etwa Schenkungsverträge).[157]

72 Es ist zu erwarten, dass das **neue InsolvG** vier wesentliche Gläubigergruppen bestimmen wird: (i) zur Herausgabe Berechtigte (zB aufgrund ihres Eigentumsrechts), (ii) Absonderungsberechtigte (zB aufgrund ihres Pfandrechts), (iii) Massegläubiger (bevorrechtigte Ansprüche, zB Verfahrenskosten, Lohnkosten, Kosten der Fortführung des Wirtschaftsbetriebes) und (iv) sonstige Gläubiger.

4. Wesentliche Merkmale des Vergleichsverfahrens

4.1 Eröffnung des Vergleichsverfahrens

73 Der Antrag auf Einleitung eines Vergleichsverfahrens kann beim Gericht durch den Leiter des Schuldners eingereicht werden. Die Einreichung des Antrages ist nicht erlaubt, wenn gegen den Schuldner bereits ein Vergleichsverfahren läuft oder ein Liquidationsantrag gegen den Schuldner eingereicht wurde und die Liquidationseröffnung bereits in erster Instanz angeordnet wurde.[158]

Wenn ein früheres Vergleichsverfahren erfolgreich war (dh, ein Vergleich wurde erreicht) und keine zwei Jahre seit der Veröffentlichung des rechtskräftigen Abschlusses des früheren Vergleichsverfahrens vergangen sind, darf der Schuldner erst dann einen neuen Antrag stellen, wenn er die im früheren Vergleichsverfahren angemeldeten und im Vergleich berücksichtigten Gläubigerforderungen beglichen hat, dh wenn er den geschlossenen Vergleich eingehalten hat.[159]

4.2 Rolle der Gerichte

74 Auf Antrag des Schuldners auf die Einleitung des Vergleichsverfahrens* *(csődeljárás)* verhängt das Gericht nach lediglich formeller Prüfung innerhalb eines Werktages das **sofortige vorübergehende Zahlungsmoratorium,** welches im Firmenamtsblatt veröffentlicht wird.[160] Zweck des vorübergehenden Moratoriums ist, dass der Schuldner seinen Betrieb fortsetzen kann, während das Gericht innerhalb einer kurzen Frist materiell die Eröffnungsvoraussetzungen für das Vergleichsverfahren prüft. Gibt das Gericht dem Antrag statt und ordnet es das Vergleichsverfahren an, so steht dem Schuldner ab Erhalt des diesbezüglichen Bescheids (also mit Beginn des Verfahrens) ein 120-tägiges **Zahlungsmoratorium** zu.[161] Das Moratorium kann mit Zustimmung der Mehrheit der Gläubiger auf 240 Tage bzw. mit der Zustimmung von zwei Dritteln der Gläubiger auf höchstens 365 Tage verlängert werden.[162]

4.3 Vergleichsverwalter-Gesellschaft

75 Zeitgleich mit der Anordnung des Vergleichsverfahrens* *(csődeljárás)* bestellt das Gericht eine **Vergleichsverwalter-Gesellschaft*** *(vagyonfelügyelő).* Diese ist – ebenso wie die Insolvenzverwalter-Gesellschaft* *(felszámoló)* – ein Unternehmen und wird gerichtlich von Amts wegen bestellt und aus dem öffentlichen Register der Insolvenzverwalter-Gesellschaften ohne Anhörung der Parteien ausgewählt.[163] Die **Funktion** der Vergleichsverwalter-Gesellschaft ist indes **beschränkter** als jene der Insolvenzverwalter-Gesellschaft. Im Rahmen dieses Verfahrens übt die Geschäftsführung des Schuldners weiterhin ihre Tätigkeit aus, und die Vergleichsverwalter-Gesellschaft wird nicht an deren Stelle, sondern ergänzend zu ihr tätig. Die Vergleichsverwalter-Gesellschaft übt eine **koordinierende Aufgabe** sowie eine **Überwachungsbefugnis** über die Unternehmensleitung, die Abwicklung des Vergleichsverfahrens, die Aufstellung des Reorganisationsplanes sowie die Vorbereitung und Vereinbarung des Vergleichsabschlusses aus. Die wichtigsten Rechte und Pflichten der Vergleichsverwalter-Gesellschaft sind die Registrierung der Gläubigerforderungen sowie die Bestimmung von

---

[157] § 57 Abs. 1 Buchst. h) InsolvG; nahe Angehörige des Gesellschafters mit mehrheitlichem Einfluss, des Geschäftsführers oder des leitenden Angestellten werden ebenfalls als nachrangige Insolvenzgläubiger eingereiht.
[158] § 7 Abs. 1–2 InsolvG.
[159] § 7 Abs. 3 InsolvG.
[160] § 9 Abs. 1 InsolvG, hinsichtlich des Amtsblattes → Rn. 24.
[161] § 10 Abs. 4 InsolvG.
[162] § 18 Abs. 8–9 InsolvG.
[163] Für die Bestellung, Entlassung usw. der Vergleichsverwalter-Gesellschaft gelten die für die Insolvenzverwalter-Gesellschaft maßgeblichen Vorschriften entsprechend, vgl. § 13 Abs. 1 InsolvG.

deren Rangfolge,[164] die Genehmigung von Verbindlichkeiten, die der Schuldner während des Moratoriums eingeht,[165] und die Gegenzeichnung des kollektiven Vergleichsbeschlusses.[166]

4.4 (Automatisches) oder gerichtlich anzuordnendes Moratorium

Ziel des Zahlungsmoratoriums ist die Bewahrung des Vermögens des Schuldners für die etwaige Erzielung eines Vergleichs mit den Gläubigern.[167] Das Moratorium hebt die Rechtsverhältnisse und die daraus resultierenden Rechte und Pflichten zwischen dem Schuldner und seinen Gläubigern zwar nicht auf, beschränkt jedoch deren Ausübung.[168] Die wichtigsten Einschränkungen sind folgende: **76**

- Der Schuldner darf **Forderungen der Gläubiger**, die vor Beginn des Vergleichsverfahrens* *(csődeljárás)* entstanden sind, nicht erfüllen, und die gerichtlichen Zwangsvollstreckungen werden ausgesetzt.[169] Auf bevorzugte Forderungen erstreckt sich das Moratorium nicht. Hierher zählen etwa Lohnforderungen und dazugehörige Sozialabgaben, öffentliche Gebühren und Ausgaben, die zur Fortsetzung des Wirtschaftsbetriebes während des Moratoriums notwendig sind.[170]
- Auch **gesicherte Gläubiger**[171] können ihre Forderungen nicht gegenüber dem Schuldner geltend machen. Im Gegensatz zum Liquidationsverfahren* *(felszámolás)* können Inhaber von Finanzsicherheiten* *(óvadék)* auch nicht in jedem Fall ein Aussonderungsrecht* *(külön kielégítési jog)* geltend machen.[172] Im Liquidationsverfahren gelten der Pfandgläubiger und der Gläubiger, zugunsten dessen in einem vorhergehenden Zwangsvollstreckungsverfahren ein Vollstreckungsrecht an den Vermögensgegenständen des Schuldners eingetragen ist oder die Vermögensgegenstände des Schuldners bei der Vollstreckung gepfändet wurden, als gesicherte Gläubiger, vgl. → Rn. 63. Im Vergleichsverfahren ist der Begriff der gesicherten Gläubiger weiter und umfasst auch den Inhaber einer Finanzsicherheit. Aufrechnungen* *(beszámítás)* gegenüber dem Schuldner können nicht vorgenommen werden.[173]
- **Verträge des Schuldners bleiben wirksam:** Rücktritt oder Kündigung wegen der Eröffnung des Vergleichsverfahrens bzw. wegen der Nichterfüllung von vor dem Beginn des Vergleichsverfahrens entstandenen Forderungen sind unstatthaft.[174]

4.5 Forderungsanmeldung, Feststellung oder Bestreiten von Forderungen

Die **Anmeldung der Forderungen*** *(követelések bejelentése)* ist – ebenso wie im Liquidationsverfahren* *(felszámolás)* – von grundlegender Bedeutung. Gläubiger, die ihre Forderungen nicht anmelden, können an den Vergleichsverhandlungen nicht teilnehmen, und der Vergleichsabschluss entfaltet keine Wirkung für sie. Gelingt ein Vergleichsabschluss, können zuvor nicht angemeldete Forderungen nicht mehr gegenüber dem Schuldner geltend gemacht werden.[175] Die Vergleichsverwalter-Gesellschaft* *(vagyonfelügyelő)* stuft die Forderungen in unterschiedliche Gruppen ein, die sich aber von jenen des Liquidationsverfahrens unterscheiden.[176] Am bedeutsamsten ist die **Einstufung als gesicherter bzw. ungesicherter Gläubiger**, da die **Zustimmung dieser beiden Gruppen** zum Vergleichsabschluss jeweils getrennt und **mit der Zustimmung der jeweils über die Stimmmehrheit verfügenden Gläubiger** erzielt werden muss.[177] Bei der Berechnung der Stimmen steht den Gläubigern in beiden Gläubigergruppen für Forderungen von jeweils 50.000 Forint, die als anerkannte oder unstrittige Forderungen registriert wurden, eine Stimme zu, wobei die Geltendmachung von Splitterstimmen nicht zulässig ist.[178] Auch die Gläubiger von Forderungen unter 50.000 Forint verfügen über eine Stimme. Durch die Abtretung von Gläubigerforderungen an einen **77**

---

[164] § 12 Abs. 2 InsolvG.
[165] § 13 Abs. 5 InsolvG.
[166] § 21 Abs. 2 InsolvG.
[167] § 11 Abs. 1 InsolvG.
[168] § 11 Abs. 4 InsolvG.
[169] § 11 Abs. 2 Buchst. c) und e) InsolvG.
[170] § 11 Abs. 1 InsolvG.
[171] Hierzu s. § 12 Abs. 3 InsolvG.
[172] Die Finanzsicherheit oder die bilaterale Aufrechnung infolge von Beendigung können geltend gemacht werden, sofern eine der Parteien eine Institution iSd § 11 Abs. 3 InsolvG ist.
[173] § 11 Abs. 2 Buchst. a) InsolvG.
[174] § 11 Abs. 2 Buchst. h) InsolvG.
[175] § 20 Abs. 3 InsolvG; vom Ausschluss der Forderungsgeltendmachung macht das Gesetz enge Ausnahmen, sofern der Schuldner später liquidiert wird.
[176] § 12 InsolvG.
[177] § 20 Abs. 1 InsolvG.
[178] § 18 Abs. 4–5 InsolvG regeln die Details der Stimmenzählung.

anderen Gläubiger innerhalb von 180 Tagen vor der Einreichung des Antrags für ein Vergleichsverfahren oder nach der Einreichung des Antrags für ein Vergleichsverfahren wird die Stimmenberechnung nicht beeinflusst. Die während des Zahlungsaufschubs angefallenen Zinsforderungen sind bei der Berechnung der Stimmen nicht zu berücksichtigen. Für die Berechnung von Stimmen in besonderen Situationen, beispielsweise beim Mehrheitseinfluss des Schuldners über einen Gläubiger oder bei Gläubigern, die in Zusammenhang mit der Reorganisationskrediten Anteile am Schuldner erwarben, gelten Sonderregelungen.[179] Die **nichterschienenen Gläubiger,** die trotz einer ordnungsgemäßen Einladung nicht persönlich oder durch einen Vertreter an der Gläubigerversammlung zur Abstimmung über den Vergleichsabschluss teilnehmen, sind den **Neinstimmen zuzuordnen.** Inhaber bestrittener Forderungen haben kein Stimmrecht, der Vergleichsabschluss wirkt aber auch für und gegen sie (Zwangsvergleich).[180]

4.6 Abschluss von Verfahren

78 Zum Wirksamwerden eines mit der Stimmenmehrheit der Gläubiger angenommenen Vergleiches bedarf es auch eines bestätigenden Bescheides des Gerichts. Das Gericht prüft den Vergleich auf dessen Rechtmäßigkeit hin.[181] Wenn das Gericht den Vergleich bestätigt, erklärt es in seinem einschlägigen Bescheid auch das Vergleichsverfahren für abgeschlossen.[182] Der Vergleichsabschluss wirkt wie ein Gerichtsurteil. Er ist bei Nichteinhaltung vollstreckbar, oder die Gläubiger können im Falle der Nichterfüllung des Vergleichs die Durchführung eines Liquidationsverfahrens* *(felszámolás)* gegen den Schuldner beantragen.

5. Verträge im Liquidationsverfahren

79 Die Anordnung der Liquidation* *(felszámolás)* **beseitigt grundsätzlich nicht** die vertraglichen Rechtsverhältnisse des Schuldners.[183] Da aber die Liquidation auf die Auflösung ohne Rechtsnachfolge gerichtet ist,[184] gibt das InsolvG der Insolvenzverwalter-Gesellschaft* *(felszámoló)* Möglichkeiten zur Aufhebung von Verträgen, die über die üblichen vertraglichen oder gesetzlichen Kündigungs- und Rücktrittsrechte hinausgehen. Die Insolvenzverwalter-Gesellschaft ist befugt, die Verträge des Schuldners **mit sofortiger Wirkung zu kündigen*** *(felmondási jog)* (also mit Ex-nunc-Wirkung) oder den **Rücktritt*** *(elállási jog)* zu erklären, wenn bislang keine der Parteien Leistungen erbracht hat (in diesem Fall mit Ex-tunc-Wirkung). Hieraus resultierende Forderungen der Vertragspartei können nach erfolgter Anmeldung* *(követelések bejelentése)* als einfache Insolvenzforderungen geltend

---

[179] **Besondere Vorschriften gelten für die Stimmenberechnung nach Forderungen,** (1) deren Gläubiger eine Wirtschaftsorganisation ist, an welcher der Schuldner **wenigstens über eine Beteiligung** zur Sicherung eines **mehrheitlichen Einflusses** verfügt, oder aber eine natürliche Person, juristische Person oder Organisation ohne Rechtspersönlichkeit, deren ausschließlicher oder über einen mehrheitlichen Einfluss verfügender Inhaber der Schuldner ist, oder eine Wirtschaftsorganisation, die mit dem Schuldner zusammen Mitglied einer im ZGB definierten anerkannten oder tatsächlichen **Unternehmensgruppe** ist, bzw. nach Forderungen, (2) die sich aus einer **Schuldenübernahme** durch den Schuldner vor weniger als 180 Tagen vor der Einreichung eines Antrags für ein Vergleichsverfahren ergeben oder deren Berechtigter ein Gläubiger ist, der – auch in einem vor weniger als 180 Tagen vor der Einreichung eines Antrags für ein Vergleichsverfahren abgeschlossenen Abtretungsvertrag heraus – einen sich aus der Bürgschaftshaftung ergebenden Anspruch gegenüber dem Schuldner als vertraglichen Zedenten geltend macht, weil die Erfüllung durch den Verpflichteten ausgeblieben ist. Die Stimmen der Gläubiger solcher Forderungen sind bei der oben erwähnten Berechnungsweise zu einem Viertelteil zu berücksichtigen, außer den Gläubigern, die im Vergleichsverfahren durch einen Beteiligungserwerb in Verbindung mit der Gewährung eines wenigstens das gezeichnete Kapital des Schuldners erreichenden **Reorganisationskredits** zum Eigentümer des Schuldners mit mehrheitlichem Einfluss werden, oder den Wirtschaftsorganisationen, die zusammen mit dem Schuldner Mitglieder einer im ZGB definierten anerkannten oder faktischen Unternehmensgruppe sind und dem Schuldner im Vergleichsverfahren ein Darlehen in Höhe von wenigstens des gezeichneten Kapitals des Schuldners oder Kredite zu Reorganisationszwecken gewähren.

[180] § 20 § Abs. 2 InsolvG.

[181] Dagegen darf das Gericht keinen Einfluss auf den wirtschaftlichen Inhalt des Vergleiches zwischen dem Schuldner und den Gläubigern nehmen; dementsprechend darf es auch nicht den Vergleich auf dessen wirtschaftliche Zweckmäßigkeit hin prüfen [Legfelsőbb Bíróság (Oberstes Gericht), Gfv. X. 30.427/2010. (EBH2011. 2332) und Kúria (Kurie) Gfv. VII.30.339/2013/5.].

[182] §§ 20 Abs. 1, 21/A Abs. 3 InsolvG.

[183] Natürlich ist es nicht ausgeschlossen, dass die Parteien die Anordnung der Liquidation als vertragsauflösende Bedingung festgesetzt haben, sodass der Vertrag bei der Anordnung einer Liquidation „automatisch" erlischt. Hierzu s. § 6:116 Abs. 2 ZGB.

[184] Hierzu → Rn. 46.

gemacht werden.¹⁸⁵ Bei Finanz-Leasingverträgen sieht das Gesetz spezielle Regeln vor,¹⁸⁶ während bei manchen Verträgen das Kündigungs- und Rücktrittsrecht der Insolvenzverwalter-Gesellschaft beschränkt ist.¹⁸⁷ Etwaige gesetzliche bzw. vertragliche Kündigungs- und Rücktrittsrechte des Vertragspartners des Schuldners sind von dem Liquidationsverfahren nicht beeinträchtigt.¹⁸⁸

6. Verträge im Vergleichsverfahren

80 Im Vergleichsverfahren bleiben die Verträge des Schuldners wirksam. Rücktritt oder Kündigung wegen der Eröffnung des Vergleichsverfahrens bzw. wegen der Nichterfüllung von vor dem Beginn des Vergleichsverfahrens entstandenen Forderungen sind unstatthaft.¹⁸⁹

7. Pensionsansprüche in der Insolvenz und Restrukturierung

81 Die Pensionsansprüche sind im InsolvG nicht geregelt. Wie oben erwähnt, erstreckt sich der Insolvenzschutz nicht auf die von dem Arbeitgeber übernommenen Beiträge zu sog. freiwilligen gegenseitigen Pensionskassen (betriebliche Pensionsverbindlichkeiten). Der Insolvenzverwalter hat lediglich der Rentenversicherung die notwendigen Angaben über die Rechtsverhältnisse der versicherten Arbeitnehmer der Schuldner zu schicken.

8. Eigentumsvorbehalt

82 Nach § 4 Abs. 3 Buchst. h) InsolvG gehört der im Besitz des Schuldners befindliche Vermögensgegenstand, für den sich der Verkäufer das Eigentumsrecht bis zur vollständigen Begleichung des Kaufpreises vorbehalten hat, nicht zum Vermögen des Schuldners.¹⁹⁰ (Als Ausnahme gilt wenn der Schuldner diesen Vermögensgegenstand rechtmäßig – durch Verbauen, Verarbeitung oder Umgestaltung – zur Schaffung eines neuen Vermögensgegenstandes genutzt hat und der Vermögensgegenstand dadurch zum untrennbaren Bestandteil der neuen Sache geworden ist.)

9. Sicherheiten in der Insolvenz

83 Das InsolvG gewährt dem Pfandgläubiger ein absolutes Verwertungsrecht, namentlich mit absolutem Vorrang.¹⁹¹ Zugunsten des Berechtigten einer **Finanzsicherheit*** *(óvadék)* sieht das InsolvG ein Aussonderungsrecht vor.¹⁹² Die sog. fiduziarischen Sicherheiten* *(fiduciárius biztosítékok)* (Sicherungsabtretung, Sicherungsübereignung, ein zugunsten des Gläubigers vereinbartes Kaufrecht zu Sicherungszwecken) sind im ungarischen Insolvenzrecht grundsätzlich anerkannt, werfen jedoch in der Praxis viele Fragen auf.¹⁹³

10. Aufrechnung; Netting-Vereinbarungen

84 Gemäß den allgemeinen Regeln des bürgerlichen Rechts¹⁹⁴ kann der Schuldner durch eine Erklärung gegenüber dem Gläubiger oder dem Gericht eigene gleichartige und fällige Ansprüche gegen seine Verbindlichkeiten aufrechnen. Bis zur Höhe der Aufrechnung* *(beszámítás)* werden seine Verbindlichkeiten beseitigt. Das **InsolvG** gestattet im Vergleich zu den allgemeinen Vorschriften ein

---

¹⁸⁵ § 47 Abs. 1 InsolvG; zum Rang der Forderungen des Gläubigers, die aus Kündigung oder Rücktritt resultieren, → Rn. 69.
¹⁸⁶ Wird der Leasingvertrag gekündigt, muss bei der Rückgabe des Leasingobjekts mit dem Leasinggeber abgerechnet werden; bei der Kündigung eines Finanz-Leasingvertrags wird der Marktwert des durch den Leasinggeber zurückgenommenen Leasingobjekts bei der Rückgabe auf die noch nicht gezahlten Kapital- und Zinszahlungspflichten des Schuldners angerechnet (§ 47 Abs. 1a InsolvG).
¹⁸⁷ Hierzu s. § 47 Abs. 3 InsolvG.
¹⁸⁸ Dagegen bleibt es dem Vertragspartner des Schuldners **in einem Vergleichsverfahren** vorenthalten, von dem mit dem Schuldner abgeschlossenen Vertrag zurückzutreten oder diesen unter Berufung darauf zu kündigen, dass der Schuldner das Vergleichsverfahren angeregt hat oder während des Zahlungsaufschubs seine vor dem vorläufigen Zahlungsaufschub entstandenen Schulden nicht begleicht, s. den letzten Absatz von → Rn. 76.
¹⁸⁹ § 11 Abs. 2 Buchst. h) InsolvG; dagegen dürfen die Vertragspartner des Schuldners ihre Kündigungs- bzw. Rücktrittsrechte **in einem Liquidationsverfahren** uneingeschränkt ausüben, → Rn. 79.
¹⁹⁰ → Rn. 54.
¹⁹¹ → Rn. 63–64.
¹⁹² → Rn. 61.
¹⁹³ *Csőke,* zum § 4 InsolvG; *Gárdos/Gárdos,* S. 21–23.
¹⁹⁴ Die Aufrechnung ist eine einseitige rechtsvernichtende Willenserklärung des Verpflichteten gegenüber dem Berechtigten, mit welchem er seine eigenen Forderungen mit der Verbindlichkeit verrechnet, s. §§ 6:49 ff. ZGB.

begrenzteres Aufrechnungsrecht★ *(beszámítási jog).* Die Einschränkungen machen sich auf drei Gebieten bemerkbar:

85   Wie an anderer Stelle bereits angesprochen, muss der Schuldner im Rahmen der gerichtlichen Phase der Liquidation★[195] *(felszámolás)* [Prüfung der Zahlungsunfähigkeit★ *(fizetésképtelenség)*] im Falle eines **Antrags auf Liquidation aufgrund einer nicht bestrittenen Forderung** beweisen, dass er die Forderung des Gläubigers fristgerecht (dh vor dem Empfang der förmlichen Zahlungsaufforderung des Gläubigers)[196] bestritten hat. Die Rechtsprechung behandelt auch die Aufrechnungserklärung des Schuldners als Bestreiten der Forderung,[197] sodass das Gericht den Antrag auf Liquidation ablehnen wird, sofern der Schuldner nachweisen kann, dass er vor der Zahlungsaufforderung die Aufrechnung★ *(beszámítás)* erklärt hat und die Forderung daher als bestritten gilt. Eine wesentliche Beschränkung liegt jedoch darin, dass der Schuldner **nach erfolgter Zahlungsaufforderung** nur noch innerhalb der engen gesetzlichen Rahmen die Beseitigung der Forderung im Wege der Aufrechnung verlangen kann.[198]

86   Das **Aufrechnungsrecht★** *(beszámítási jog)* **des Gläubigers** wird vom Gesetz auch in der **Liquidationsphase**[199] beschränkt. In dieser Phase begünstigt das Aufrechnungsrecht typischerweise den Gläubiger, weil seine Forderungen gegenüber dem Schuldner im Grunde dadurch zurückfließen, dass er Forderungen des Schuldners ihm gegenüber mit den eigenen Forderungen schmälern kann. Der Gläubiger kann dann aufrechnen, wenn (i) er seine Forderung bei der Insolvenzverwalter-Gesellschaft★ *(felszámoló)* angemeldet hat und diese die Forderung anerkannte und (ii) die Forderung nach der Liquidationseröffnung (oder, soweit die Forderung erst hiernach entstanden ist, nach deren Entstehung) **nicht abgetreten** wurde.[200] Letztere Voraussetzung soll verhindern, dass Gläubiger mit erheblichen Zahlungsverbindlichkeiten gegenüber dem Schuldner ihre Position gegenüber dem Schuldner durch den **günstigen Ankauf von Forderungen** (zu günstigen Preisen aufgrund der Insolvenz) anderer Gläubiger verbessern und dadurch die Insolvenzmasse *(adós vagyona)* zum Nachteil

---

[195] Hierzu → Rn. 24.
[196] Hierzu → Rn. 32–35.
[197] Hierzu s. Oberstes Gericht *(Legfelsőbb Bíróság),* Beschl. Gfv.X.30.272/2010/6.
[198] § 27 Abs. 5 InsolvG; ein Bestreiten nach Zugang der Zahlungsaufforderung ist nur möglich, wenn der Schuldner beweist, dass die anzurechnende Forderung erst später fällig geworden ist oder er nur später Kenntnis hierüber erlangte, oder wenn der Gläubiger die Forderung des Schuldners anerkennt.
[199] → Rn. 24.
[200] § 36 Abs. 1 InsolvG; das Gesetz enthält weitere Einschränkungen für die mit dem Schuldner verbundenen Gläubiger, dh die leitenden Repräsentanten bzw. leitenden Angestellten der verschuldeten Wirtschaftsorganisation oder ihre nahen Angehörigen bzw. Lebensgefährten sowie die unter einem Mehrheitseinfluss des Schuldners stehende Wirtschaftsorganisation und der wenigstens über einen Mehrheitseinfluss verfügende Gesellschafter der verschuldeten Wirtschaftsorganisation (bei einer Einmanngesellschaft und einer Einzelfirma der Gesellschafter bzw. bei der ungarischen Zweigniederlassung eines Unternehmens mit ausländischem Sitz das Unternehmen mit ausländischem Sitz). Diese dürfen ihre Forderungen gegenüber dem Schuldner nicht anrechnen.
Unter **nahen Angehörigen** sind gem. § 8:1 Abs. 1 Nr. 1 ZGB der Ehegatte, Verwandte in gerader Linie, Adoptiv-, Stief- und Pflegekinder, Adoptiv-, Stief- und Pflegeeltern sowie Geschwister zu verstehen. Der Begriff des Mehrheitseinflusses ist in § 8:2 Abs. 1–5 ZGB wie folgt legaldefiniert: (1) Der **Mehrheitseinfluss** ist eine Beziehung, durch die eine natürliche Person oder eine juristische Person (die über einen Einfluss verfügende Person) an einer juristischen Person über mehr als die Hälfte der Stimmen oder einen entscheidenden Einfluss verfügt. (2) Die über einen Einfluss verfügende Person verfügt an einer juristischen Person über einen entscheidenden Einfluss, wenn sie deren Gesellschafter oder Aktionär ist und a) zur Bestellung bzw. Abberufung der Mehrzahl der Personen mit Führungsaufgaben oder Aufsichtsratsmitglieder dieser juristischen Person berechtigt ist oder b) andere Gesellschafter bzw. Aktionäre der juristischen Person aufgrund einer mit der über einen Einfluss verfügenden Person abgeschlossenen Vereinbarung genauso wie die über einen Einfluss verfügende Person abstimmen oder ihr Stimmrecht über die über einen Einfluss verfügende Person ausüben, vorausgesetzt, dass sie zusammen über mehr als die Hälfte der Stimmen verfügen. (3) Der Mehrheitseinfluss besteht auch, wenn der über einen Einfluss verfügenden Person die Berechtigungen laut den Absätzen 1 und 2 durch einen indirekten Einfluss gesichert sind. (4) Über einen indirekten Einfluss an einer juristischen Person verfügt die Person, die einen Einfluss an einer anderen juristischen Person (zwischengeschaltete juristische Person) besitzt, die ihrerseits ein Stimmrecht an der juristischen Person verfügt. Die Höhe des indirekten Einflusses ist der Anteil des Einflusses der zwischengeschalteten juristischen Person, über den die über einen Einfluss verfügende Person an der zwischengeschalteten juristischen Person verfügt. Wenn die über einen Einfluss verfügende Person einen über die Hälfte der Stimmen hinausgehenden Einfluss an der zwischengeschalteten juristischen Person besitzt, muss der an der juristischen Person bestehende Einfluss der zwischengeschalteten juristischen Person voll und ganz als indirekter Einfluss der über einen Einfluss verfügenden Person berücksichtigt werden. (5) Die direkten und indirekten Eigentumsanteile oder Stimmrechte der nahen Angehörigen sind zusammenzuzählen.

der übrigen Gläubiger schmälern.[201] Das Gesetz trifft besondere Anordnungen für den Fall, dass der Schuldner unter Liquidation★ *(felszámolás)* eine Forderung gegenüber einem seiner Gläubiger gerichtlich einklagt und der beklagte Gläubiger im Prozess die Aufrechnung★ *(beszámítás)* erklärt.[202] Für diesen Fall ist ebenfalls Voraussetzung, dass der Gläubiger die Forderung im Liquidationsverfahren angemeldet hat und auf Gläubigerseite kein Personenwechsel nach der Liquidationseröffnung erfolgt ist. Die Begründetheit der aufzurechnenden Forderung wird hier allerdings durch das Gericht geprüft, sodass eine Anerkennung durch die Insolvenzverwalter-Gesellschaft nicht vorliegen muss.[203]

Bei der **Verwertung★** *(értékesítés)* **des Schuldnervermögens durch die Insolvenzverwalter-Gesellschaft★** *(felszámoló)* kann der Käufer seine Kaufpreiszahlungspflicht nicht durch Aufrechnung★ *(beszámítás)* (dh Aufrechnung der Gläubigerforderung des Käufers gegen die Kaufpreisforderung des Schuldners) erfüllen.[204] **87**

Dieser Grundsatz wird vom Gesetz im Falle von Pfandgläubigern durchbrochen. Nach erfolgloser Ausschreibung oder Versteigerung kann die Insolvenzverwalter-Gesellschaft den Vermögensgegenstand nach dessen Schätzwert an den Pfandinhaber veräußern, wobei dieser die Aufrechnung wirksam erklären kann.[205] **88**

Die sog. close-out Netting-Vereinbarungen sind im Kapitalmarktgesetz (im Folgenden: KapitalmarktG)[206] geregelt.[207] Diese sehen eine Verrechnung der Transaktionen für die unter dem Rahmenvertrag geschlossenen Einzeltransaktionen im Beendigungsfall vor (sog. Positionsabschluss). Im Fall einer vor dem Zeitpunkt der Insolvenzeröffnung abgeschlossenen Netting-Vereinbarung hat der Gläubiger dem Insolvenzverwalter die ihm zustehende Nettoforderung anzumelden bzw. – sofern die Nettoforderung dem Schuldner zusteht – macht diese der Insolvenzverwalter geltend.[208] **89**

11. Liquidationsanfechtung

Das InsolvG gewährt der Insolvenzverwalter-Gesellschaft★ *(felszámoló)* und den Gläubigern über die allgemeinen Regeln des bürgerlichen Rechts hinaus rechtsvernichtende und -beseitigende Gestaltungsrechte für Verträge, die der Schuldner vor Beginn der Liquidation★ *(felszámolás)* geschlossen hat: **90**
– **Arglistige Schröpfung**[209] *(rosszhiszemű vagyoncsökkentés)*: Verträge (Willenserklärungen), die der Schuldner bis zu fünf Jahre vor Einreichung des Antrags auf Liquidation bei Gericht getätigt hat und die zur Minderung des Vermögens des Schuldners führen, sofern der Schuldner absichtlich die Gläubiger schädigen wollte und dies der Vertragspartei bewusst war oder erkennbar sein musste.
– **Unentgeltliches oder auffällig wertunverhältnismäßiges Rechtsgeschäft**[210] *(ingyenes vagy feltűnően aránytalan értékkülönbözettel megkötött jogügylet)*: Verträge (Willenserklärungen), die der Schuldner bis zu drei Jahre vor Einreichung des Antrags auf Liquidation bei Gericht getätigt hat und die eine unentgeltliche Veräußerung aus dem Vermögen des Schuldners bzw. die unentgeltliche Eingehung einer das Vermögen des Schuldners belastenden Verbindlichkeit begründen oder zweiseitige Rechtsgeschäfte, die zugunsten der Gegenseite auffällig wertunverhältnismäßig sind.
– **Bestimmte Gläubiger begünstigendes Rechtsgeschäft**[211] *(egyes hitelezőket előnyben részesítő jogügylet)*: Verträge (Willenserklärungen), die der Schuldner bis zu 90 Tage vor Einreichung des Antrags auf Liquidation bei Gericht getätigt hat, sofern der Vertrag (Willenserklärung) einem Gläubiger einen Vorteil gewährt, insbesondere die begünstigende Abänderung eines bestehenden Vertrages oder die Gewährung einer Sicherheit für einen Gläubiger, der über keine Sicherheit verfügt.
– *Missbräuchlich in Anspruch genommene oder nicht registrierte fiduziarische Sicherheiten★ (visszaélésszerűen igénybe vett vagy nyilvántartásba be nem jegyzett fiduciárius biztosítékok)*:[212] Verträge

---
[201] → Rn. 62.
[202] § 38 Abs. 3 InsolvG.
[203] Soweit ersichtlich, liegt diesbezüglich kein publiziertes Gerichtsurteil vor, allerdings folgt das Gesagte aus Sinn und Zweck der Rechtsvorschrift.
[204] Näher zur Verwertung → Rn. 48.
[205] → Rn. 48.
[206] Gesetz 2001:CXX über den Kapitalmarkt.
[207] § 5 Abs. 1 Nr. 107 KapitalmarktG.
[208] § 36 Abs. 2 InsolvG.
[209] § 40 Abs. 1 Buchst. a) InsolvG.
[210] § 40 Abs. 1 Buchst. b) InsolvG.
[211] § 40 Abs. 1 Buchst. c) InsolvG.
[212] § 40 Abs. 1 Buchst. d) InsolvG.

(Willenserklärungen), die der Schuldner bis zu drei Jahre vor Einreichung des Antrags auf Liquidation bei Gericht getätigt hat und die eine Eigentumsübertragung zu Sicherungszwecken bzw. eine Übertragung von Rechten oder Forderungen zu Sicherungszwecken oder die Ausübung eines Kaufrechts zu Sicherungszwecken begründen, aufgrund deren der Berechtigte von seinem erworbenen Recht so Gebrauch gemacht hat, dass er seine Abrechnungspflicht gegenüber dem Schuldner nicht oder nicht entsprechend erfüllt bzw. den über den Wert der gesicherten Forderungen hinausgehenden Teil der Deckung nicht an den Schuldner herausgegeben hat; wobei das Bestehen der Bedingungen der Anfechtung anzunehmen ist, wenn die zum Rechtserwerb berechtigte Person den zu Sicherheitszwecken erfolgenden Erwerb des Eigentumsrechts, von anderen Rechten oder von Forderungen nicht ins Register der Kreditsicherungsrechte bzw. ihr Kaufrecht nicht ins Grundbuch hat eintragen lassen.

91 Die Insolvenzverwalter-Gesellschaft* *(felszámoló)* kann auch ohne Anfechtung* *(megtámadás)* des Vertrages **solche Leistungen, die der Schuldner bis zu 60 Tage vor Einreichung des Antrags auf Liquidation*** *(felszámolás)* **erbracht hat,** zurückfordern, sofern die Leistungen einem Gläubiger einen Vorteil verschaffen und nicht dem Maßstab einer ordentlichen Wirtschaftstätigkeit entsprechen. Eine solche Vorteilsgewährung ist insbesondere die Erfüllung einer Zahlungsverbindlichkeit vor deren Fälligkeit.[213] Dieser Tatbestand fängt jene Fälle auf, in denen der Schuldner die Insolvenzmasse nicht durch den Abschluss (Abänderung) neuer Rechtsgeschäfte, sondern durch Leistungen aufgrund bestehender Verträge schmälert.

92 Die Gläubiger oder die Insolvenzverwalter-Gesellschaft* *(felszámoló)* können innerhalb einer 120-tägigen **Verjährungsfrist** ab dem Kenntniserwerb über den Anfechtungsgrund (→ Rn. 90) gerechnet den Vertrag anfechten. Die **Präklusionsfrist** beträgt ein Jahr ab Beginn der Liquidation* *(felszámolás)*.[214] Im Falle von Personen, die mit dem Schuldner verflochten[215] sind, wird die Bösgläubigkeit und die Unentgeltlichkeit gesetzlich vermutet.[216] Ist die Anfechtung erfolgreich, so wird das Gericht die Ungültigkeitsregeln für Verträge anwenden.[217] Soweit das Gericht eine *restitutio in integrum* anordnet,[218] gelangt der von der Gegenseite zurückgeforderte Vermögensgegenstand des Schuldners wieder in die Insolvenzmasse *(adós vagyona)*, während die Gegenseite ihre Forderungen gegenüber dem Schuldner als Gläubiger im Liquidationsverfahren geltend machen kann. Der spätere Gläubiger im Liquidationsverfahren trägt also ein bedeutendes Risiko, da er nur mit einer Befriedigung seiner Forderung rechnen kann, wenn dafür eine ausreichende Deckung der Insolvenzmasse *(adós vagyona)* vorhanden ist.

12. Geltendmachung von Haftungsansprüchen gegen (frühere) Geschäftsführer, Gesellschafter oder Dritte[219]

12.1 Die Haftung der Geschäftsführung des Schuldners

93 Das InsolvG enthält seit 2006 explizite Regelungen zur unmittelbaren Haftung* *(felelősség)* des Geschäftsführers des Schuldners gegenüber dessen Gläubigern.[220] Seitdem ist die Regelung

---

[213] § 40 Abs. 2 InsolvG.
[214] § 40 Abs. 1 InsolvG.
[215] Gem. § 40 Abs. 3 InsolvG gelten jeweils als mit dem Schuldner verflochten: (a) eine unter dem Mehrheitseinfluss des Schuldners stehende Wirtschaftsorganisation; (b) der Gesellschafter des Schuldners bzw. sein Angehörige; (c) der leitende Repräsentant des Schuldners bzw. sein Angehörige; (d) eine Wirtschaftsorganisation, wenn sie und der Schuldner unter dem Einfluss der gleichen Partei oder Wirtschaftsorganisation tätig sind; für den Begriff des Mehrheitseinflusses s. Fn. 200 zu → Rn. 86.
[216] § 40 Abs. 3 InsolvG; die Vermutung ist widerlegbar, s. *Csőke*, zum § 40 Abs. 3.
[217] § 40 Abs. 1a InsolvG.
[218] Gem. § 6:108 Abs. 3 ZGB kann das Gericht auch die übrigen Rechtsfolgen der Unwirksamkeit anwenden, bspw. die Gültigerklärung des Vertrages und, sofern die besonderen Voraussetzungen hierfür gegeben sind, die Erstattung der Geldsumme, die der Übervorteilung entspricht.
[219] Im hiesigen Abschnitt werden nur die wichtigsten, im InsolvG bzw. in § 3:2 Abs. 2 ZGB geregelten Fälle der Durchgriffshaftung erläutert. Es ist jedoch anzumerken, dass das ungarische Gesellschaftsrecht (enthalten im Buch 3 des ZGB und im FirmenG) zahlreiche weitere Regelungen enthält, auf deren Grundlage eine zivilrechtliche Haftung der Gesellschafter oder der Geschäftsführung erfolgen kann. Unter den letztgenannten ist insbesondere die Haftung der Geschäftsführer oder der Gesellschafter im Rahmen des Zwangslöschungsverfahrens zu nennen (→ Rn. 12).
[220] § 33/A InsolvG; eine detaillierte Darstellung des Themenkomplexes „wrongful trading" s. in: *Fabók*, „Wrongful Trading" in England and Hungary: A Comparative Study, in: Dr. Jennifer L. L. Gant (ed) Harmonisation of European Insolvency Law, 2017 (https://papers.ssrn.com/sol3/papers.cfm?abstract_id=2896290); ferner s. die zusammenfassende Stellungnahme Nr. 2016.El.II.JGY.G.2. der Gruppe für Rechtsprechungsanalyse beim Zivilkolleg der Kurie, die zum Themenkreis „Haftung der Geschäftsführer gegen-

mehreren Änderungen unterzogen worden. Die Klage gegen den Geschäftsführer können die Insolvenzverwalter-Gesellschaft* *(felszámoló)* oder die Gläubiger während des Liquidationsverfahrens* *(felszámolás)* einreichen. Das Verfahren kann gegen solche Personen angestrengt werden, die **in den letzten drei Jahren** vor Beginn der Liquidation **Geschäftsführer** waren. Im Rahmen dieses Haftungstatbestandes gilt auch als Geschäftsführer, wer auf die Entscheidungsprozesse der Wirtschaftsorganisation tatsächlichen und maßgeblichen Einfluss auszuüben im Stande war („**faktischer Geschäftsführer**"). Eine Haftung* *(felelősség)* des Geschäftsführers liegt vor, wenn er seine Aufgabe **nach Eintritt der drohenden Zahlungsunfähigkeit*** *(fizetésképtelenség)* nicht unter Berücksichtigung der Interessen der Gläubiger wahrnahm und hierdurch das Vermögen der Wirtschaftsorganisation verringert, die umfängliche Befriedigung der Forderungen der Gläubiger vereitelt oder die Beseitigung von **Umweltbelastungen** versäumt wurde.[221] Nach Maßgabe dieser Vorschrift muss also der Geschäftsführer nach Eintritt der drohenden Zahlungsunfähigkeit nicht mehr primär die Gesellschafterinteressen, sondern vielmehr die Gläubigerinteressen beachten. Nach der Legaldefinition liegt die drohende Zahlungsunfähigkeit ab dem Zeitpunkt vor, in welchem die Geschäftsführung vorhersahen oder vorhersehen konnten, dass der Schuldner bei Eintritt der Fälligkeit die ihm gegenüber bestehenden Forderungen nicht wird erfüllen können.[222] Das Oberste Gericht hat in einem Grundsatzurteil[223] dahingehend Stellung genommen, dass die Haftung ua dann begründet sein kann, wenn die Geschäftsführung unter völliger Verkennung der Lage des Schuldners und der Marktsituation ein von vornherein erkennbares und augenfällig unsachgemäßes Risiko eingegangen ist.[224] Die Haftung des Geschäftsführers erstreckt sich auf die Summe der durch sein pflichtwidriges Verhalten verursachten Vermögenseinbuße, welche der Kläger (Insolvenzverwalter-Gesellschaft oder Gläubiger) beweisen muss.[225] In manchen Fällen, etwa wenn der Geschäftsführer seiner Pflicht zur Hinterlegung der Bilanz* *(mérleg)* oder anderen gesetzlichen Pflichten nach Anordnung der Liquidation nicht nachkam, **wird gesetzlich vermutet,** dass sein Verhalten den Interessen der Gläubiger entgegenstand.[226] Soweit das Gericht eine Haftung des Geschäftsführers festgestellt hat, können die Gläubiger nach dem rechtskräftigen Abschluss der Liquidation in einem gesonderten Verfahren die Verurteilung des Geschäftsführers zur Zahlung verlangen.[227] Die beiden Klagen auf die Feststellung der Haftung des Geschäftsführers bzw. auf seine Verurteilung zur Begleichung der unbefriedigten Forderungen können von den Gläubigern oder der im Namen des Schuldners handelnden Insolvenzverwalter-Gesellschaft auch in ein und demselben Verfahren angestrengt werden, wenn bereits aufgrund der vom Insolvenzgericht genehmigten Zwischenbilanz* *(közbenső mérleg)* und des detaillierten Vermögensaufteilungsvorschlags ersichtlich ist, dass die Insolvenzmasse *(adós vagyona)* zur Befriedigung der Forderungen der Gläubiger nicht genügt.

über den Gläubigern" veröffentlicht wurde (https://kuria-birosag.hu/sites/default/files/joggyak/osszefoglalo_velemeny_6.pdf).
[221] § 33/A Abs. 1 InsolvG.
[222] § 33/A Abs. 1 InsolvG.
[223] Grundsatzurteil, veröffentlicht unter EBH2011.2417.
[224] Als weitere bezeichnende Beispiele für Tatbestände, die in der jüngsten Rechtsprechung die Haftung der Geschäftsführung begründeten, können erwähnt werden:
 – der Geschäftsführer genehmigt die Ausschüttung von Dividenden an die Gesellschafter trotz der unmittelbar bevorstehenden Zahlungsunfähigkeit der Gesellschaft und ohne Einsprüche gegen die Ausschüttung in der Gesellschafterversammlung zu erheben;
 – Zahlungen an nahestehende Personen (zB Zurückzahlung von Gesellschafterdarlehen);
 – Gewährung von ungesicherten Darlehen an verbundene Unternehmen und/oder Dritten;
 – Umleitung von Zahlungen, die ursprünglich dem Schuldner zustehen, an andere (verbundene) Unternehmen im Vorfeld der Insolvenz;
 – Abschluss von Scheinverträgen mit der Absicht, das Vermögen des Schuldners zu verringern, oder die betrügerische Übertragung von Grundstücken an andere (verbundene) Unternehmen ohne dass eine angemessene Gegenleistung vereinbart wird;
 – ein Gläubiger erleidet Verluste, weil der Geschäftsführer außergewöhnlich unangemessene Risiken eingeht;
 – der Schuldner geht neue Verpflichtungen gegenüber Gläubigern in einer Lage ein, wenn es nahezu keine Chance besteht, diese erfüllen zu können; oder der Geschäftsführer veranlasst den Schuldner zur Aufnahme eines Darlehens, obzwar er wusste oder hätte wissen müssen, dass das Darlehen nicht zurückgezahlt wird;
 – Bevorzugung von verbundenen Unternehmen oder den Gesellschaftern gegenüber unabhängigen Gläubigern.
[225] Abschluss von Scheinverträgen mit der Absicht *Juhász,* S. 626 ff.
[226] § 33/A Abs. 3 InsolvG.
[227] § 33/A Abs. 6 InsolvG.

94 Im Rahmen des Verfahrens zur Feststellung der Haftungspflicht kann der Kläger auch beantragen, dass das Gericht den Geschäftsführer zur **Hinterlegung einer Sicherheit** verpflichtet, damit der Geschäftsführer sein Vermögen nicht vor der drohenden Vollstreckung entzieht. Ordnet das Gericht eine Hinterlegung an, so **haftet der über mehrheitlichen Einfluss verfügende Gesellschafter als Bürge** für die Erfüllung der Hinterlegung.[228] Letztere Regelung erstreckt letztlich die Haftung des Geschäftsführers auch auf den Gesellschafter mit mehrheitlichem Einfluss.

95 Mit dem **neuen InsolvG** werden voraussichtlich erhebliche Verschärfungen im Bereich der Geschäftsführerhaftung eingeführt. Der Geschäftsführer einer insolventen Gesellschaft würde zB bei unterlassener oder zu spät erfolgter Antragstellung auf Insolvenz gegenüber den Gläubigern der Gesellschaft unmittelbar haften. Beim Eintritt der drohenden Zahlungsunfähigkeit wäre des Weiteren auch die unmittelbare Haftung jenes Geschäftsführers verschärft, der die Einberufung des höchsten Gesellschaftsorgans unterlässt.

12.2 Die Gesellschafterhaftung

96 Soweit der Schuldner liquidiert wird und sein Vermögen die Forderungen der Gläubiger nicht deckt, stellt das Gericht auf Antrag der Gläubiger eine **unbeschränkte (sekundäre) Haftung*** *(felelősség)* jener Gesellschafter fest, die durch eine qualifizierte (3/4) oder darüber liegende Mehrheit einen leitenden Einfluss[229] ausüben konnten, und wenn erwiesen ist, dass sie durch diesen Einfluss auf eine dauerhaft nachteilige Geschäftspolitik hinwirkten, was schließlich zu der Liquidation* *(felszámolás)* des Schuldners führte.[230] Auf Grundlage dieser sog. **konzernrechtlichen Haftung (konszernjogi felelősség)** haftet der betroffene Gesellschafter uneingeschränkt für die Erfüllung der durch das Schuldnervermögen nicht gedeckten Forderungen. In einer neueren Entscheidung stellte die Kurie fest,[231] dass Alleineingesellschafter nach Abschluss der Liquidation für unausgeglichene Forderungen haften, wenn sie eigene wirtschaftliche Interessen vor jene der Gesellschaft stellten und eine für die Gesellschaft nachteilige Geschäftspolitik verfolgten und dadurch die Liquidation herbeiführten. Eine nachteilige Geschäftspolitik kann auch vorliegen, wenn die notwendigen Schritte zur Bereinigung der Schulden der Tochtergesellschaft oder zur Auflösung dieser Tochtergesellschaft zwecks Verhinderung weiterer Verluste nicht gemacht worden sind.

97 Ein über mehrheitlichen Einfluss verfügender Gesellschafter, der drei Jahre vor Anordnung der Liquidation* *(felszámolás)* seinen **Gesellschafteranteil bösgläubig übertragen** hat, haftet ebenfalls gegenüber den Gläubigern, sofern die betroffene Wirtschaftsorganisation Schulden in Höhe von über 50 % des gezeichneten Kapitals angehäuft hat.[232] Der Gesellschafter kann sich von der Haftung* *(felelősség)* befreien. Eine weitere Durchbrechung der beschränkten Gesellschafterhaftung besteht darin, dass das InsolvG die Haftung eines mehrheitlichen Einflusses ausübenden Gesellschafters als Bürgen für solche Kosten und Geldbußen anordnet, die in erster Linie den Schuldner oder dessen Geschäftsführung betreffen.[233]

98 Im Falle von Wirtschaftsorganisationen, die als juristische Personen ungarischen Rechts organisiert sind und für deren Verbindlichkeiten die Gesellschafter im Normalfall nur beschränkt haften,[234] ist schließlich eine **Durchgriffshaftung** der Gesellschafter gemäß § 3:2 (2) ZGB zu berücksichtigen. Danach muss der Gesellschafter einer juristischen Person, wenn er seine beschränkte Haftung missbraucht hat und deswegen bei der Auflösung der juristischen Person ohne Rechtsnachfolger Gläubigerforderungen unbefriedigt geblieben sind, für diese Schulden unbegrenzt einstehen. Obwohl es sich bei der Durchgriffshaftung eigentlich um eine außerordentliche Haftungsgrundlage handelt, hat das Oberste Gericht (ab dem 1.1.2012 als *Kúria* genannt, Kurie) den Grundsatz der beschränkten Haftung des Gesellschafters auch in einem Fall[235] durch Anwendung der Durchgriffshaftung[236] durchbrochen, in dem der Alleingesellschafter in Kenntnis der Verbindlichkeiten der Wirtschaftsorganisation gegenüber Dritten seinen eigenen Anspruch gegen die Wirtschaftsorganisation auf dem Gerichtsweg durchgesetzt und auf diese Weise einen beträchtlichen Anteil des Vermögens der Wirtschaftsorganisation entzogen hat.[237]

---

[228] § 33/A Abs. 2 InsolvG; für den Begriff des Mehrheitseinflusses s. Fn. 200 zu → Rn. 86.
[229] § 3:324 Abs. 1 ZGB.
[230] § 63 Abs. 2 InsolvG iVm § 3:324 Abs. 3 ZGB.
[231] Beschl. Gfv.X. 30.082/2012.
[232] § 63/A InsolvG.
[233] §§ 9 Abs. 10, 11 Abs. 7, 16 Abs. 2, 21/B und 33 Abs. 2 InsolvG.
[234] Wie zB bei Aktiengesellschaften und Gesellschaften mit beschränkter Haftung.
[235] Legfelsőbb Bíróság (Oberstes Gericht), Beschl. Gfv. X. 30.249/2004., EBH 2005/1228.
[236] Damals gem. § 56 Abs. 3–4 des Gesetzes 144/1997 über die Wirtschaftsgesellschaften.
[237] Das ungarische Gesellschaftsrecht (enthalten in Buch 3 des ZGB und das FirmenG) enthält zahlreiche weitere Regelungen, auf deren Grundlage eine zivilrechtliche Haftung der Gesellschafter oder der Geschäftsführung erfolgen kann, ua die Haftung der Geschäftsführer oder der Gesellschafter im Zwangslöschungsverfahrens, → Rn. 12.

Es ist zu erwarten, dass das **neue InsolvG** die unmittelbare Haftung der Gesellschafter in 99
erheblichem Maße auf Fälle erstreckt, in denen die Gesellschafter die Erfüllung ihrer, nach Eintritt
der drohenden Zahlungsunfähigkeit geltenden Obliegenheiten unterlassen.

13. Asset-Tracing

Der Insolvenzverwalter hat zur Beschaffung von Daten über das Vermögen des Schuldners die 100
öffentlichen Register auf elektronischem Wege aufzusuchen. Diese müssen dem Ersuchen innerhalb
von 15 Tagen auf elektronischem Wege und gebührenfrei nachkommen.[238]

Um das Vermögen des Schuldners ausfindig zu machen, soll der Insolvenzverwalter auch über 101
Vermögensbewegungen informiert sein. Deswegen haben jene Zahlungsdienstleister und Wertpapierdienstleister den Insolvenzverwalter zu informieren, welche für den Schuldner in den letzten
fünf Jahren vor dem Tag der Veröffentlichung der Insolvenzeröffnung ein Zahlungskonto bzw.
Wertpapierkonto geführt haben oder führen. Danach kann der Insolvenzverwalter Auskunft über das
beim Zahlungsdienstleister bzw. beim Wertpapierdienstleister verwaltete Vermögen des Schuldners
anfordern, und die Dienstleister müssen diesem die Information innerhalb von 15 Tagen auf elektronischem Wege und gebührenfrei zuschicken.[239]

Das InsolvG verpflichtet den Insolvenzverwalter, das Vermögen des Schuldners aufzuspüren. 102
Einerseits müssen die Insolvenzverwalter die Gerichte über die erhaltenen Informationen informieren, andererseits müssen sie am Ende des Verfahrens nachweisen, dass diese Suchen durchgeführt
wurden.[240]

14. Internationales Insolvenzrecht

Da Ungarn ein Mitgliedstaat der Europäischen Union ist, gilt die Neufassung der Insolvenzverordnung (EuInsVO).[241] Hieraus folgt, dass, solange sich der Mittelpunkt der hauptsächlichen Interessen (COMI)[242] des Schuldners im Hoheitsgebiet eines Mitgliedstaats (mit Ausnahme Dänemarks)
befindet, die EuInsVO die grenzüberschreitenden Aspekte des Insolvenzrechts bestimmt, insbesondere die Fragen der Zuständigkeit, des anwendbaren Rechts sowie der Anerkennung und Rechtswirkungen des in einem anderen Mitgliedstaat eröffneten Insolvenzverfahrens. Der Anwendungsbereich
der nationalen (anstelle der EU-) Vorschriften über das internationale Insolvenzrecht ist daher auf
Situationen beschränkt, in denen sich die COMI des Schuldners in Drittstaaten befindet. 103

Ungarn hat das UNCITRAL-Modellgesetz[243] nicht übernommen. Darüber hinaus ist Ungarn 104
nicht Vertragspartei multilateraler oder regionaler Übereinkommen, die auf internationale Insolvenzen anwendbar sind.[244] Ungarn hat jedoch eine Reihe von bilateralen Verträgen über die Rechtshilfe
in Zivil- oder Handelssachen abgeschlossen.[245] Es ist aber zweifelhaft, ob sich der materielle Anwendungsbereich dieser bilateralen Verträge auf grenzüberschreitende Insolvenzsituationen erstreckt: Uns
ist kein Urteil bekannt, in dem ungarische Gerichte diese Verträge in internationalen Insolvenzverfahren angewandt haben.

Das kürzlich verabschiedete neue ungarische Gesetz über das internationale Privatrecht 105
(IPRG)[246] stellt einen bedeutenden Fortschritt auf dem Gebiet des grenzüberschreitenden Insolvenzrechts dar. Das IPRG gewährt ungarischen Gerichten eine nicht ausschließliche (internationale)
Zuständigkeit für die Durchführung von Insolvenzverfahren, wenn der Sitz des Schuldners (eine
juristische Person) in Ungarn liegt oder dieser über eine Betriebsstätte (Zweigniederlassung oder
andere Niederlassung) verfügt, an der er eine Tätigkeit von nicht vorübergehender Art nachgeht.[247]
Ungarische Gerichte, die für die Durchführung von Insolvenzverfahren zuständig sind, sind auch

---

[238] § 30 Abs. 1 InsolvG.
[239] § 29 Abs. 5 InsolvG.
[240] *Csőke*, zum § 30 InsolvG.
[241] Verordnung (EU) 2015/848 des Europäischen Parlaments und des Rates v. 20.5.2015 über Insolvenzverfahren (Neufassung) ABl. L 141/19.
[242] Art. 3 Abs. 1 EuInsVO.
[243] United Nations Commission on International Trade Law (UNCITRAL) Model Law on Cross-Border Insolvency; zum UNCITRAL-Modellgesetz ist auch ein Umsetzungs- und Auslegungsleitfaden *(Guide to Enactment and Interpretation)* veröffentlicht worden; beide Dokumente sind unter https://uncitral.un.org/sites/uncitral.un.org/files/media-documents/uncitral/en/1997-model-law-insol-2013-guide-enactment-e.pdf erreichbar.
[244] *Csőke* (2016), S. 33.
[245] Für die vollständige Liste dieser Verträge s. *Fabók*.
[246] Gesetz 2017: XXVIII über das internationale Privatrecht; für einen Überblick über die Herausforderungen des ungarischen IPR im Zusammenhang mit dem internationalen Insolvenzrecht s. *Fabók*.
[247] Art. 100 Abs. 1 EuInsVO.

zuständig hinsichtlich Klagen, welche aus dem Insolvenzverfahren hervorgehen und in engem Zusammenhang damit stehen.[248] Was das anwendbare Recht betrifft, so erklärt das IPRG ausdrücklich, dass das ungarische Forum sein eigenes Verfahrensrecht anwendet[249] und, mit einigen Ausnahmen, das ungarische (materielle) Recht auf die Rechtswirkungen des in Ungarn eröffneten Insolvenzverfahrens anwendbar ist.[250] In Bezug auf die Anerkennung ausländischer Insolvenzverfahren verlangt das IPRG Gegenseitigkeit.[251] Seltsamerweise gibt es jedoch keine Gegenseitigkeit in Bezug auf Insolvenzverfahren zwischen Ungarn und anderen Ländern.[252] Daher ermöglicht das IPRG derzeit praktisch nicht, dass ungarische Gerichte ausländische Insolvenzverfahren anerkennen können. Das IPRG scheint jedoch die Tür offen für weitere Rechtsvorschriften zu lassen, die sich mit den inländischen Auswirkungen ausländischer Insolvenzverfahren befassen.[253] In der jetzigen Phase der Reform des neuen InsvGist nicht abzusehen, wie (ggf.) das neue Gesetz die Frage der Rechtswirkungen ausländischer Insolvenzverfahren in Ungarn regeln wird.

15. Die COVID-19-Ausnahmegesetzgebung

106 In Ungarn wurde kein insolvenzspezifisches Gesetz zur Abmilderung der Folgen der COVID-19-Pandemie eingeführt. Bezüglich der Insolvenzverfahren wurde lediglich am 28 Mai 2020 (vorübergehend bis zum 31. Dezember 2020) eine 75-tätige Fristverlängerung für die Schuldner angeboten, bevor der Gläubiger das Insolvenzverfahren einleiten kann und der gesetzliche Minimumbetrag der Forderung gegen den Schuldner, der zur Einleitung eines Insolvenzverfahrens erforderlich ist, wurde etwas erhöht.[254]

Im „Normalfall" stellt nämlich das Gericht die Zahlungsunfähigkeit eines Schuldners fest, wenn der Schuldner eine vertragliche, unbestrittene oder anerkannte Verbindlichkeit binnen 20 Tagen nach Ablauf der Leistungszeit weder beglichen noch bestritten hat und auch auf die hierauf folgende schriftliche Zahlungsaufforderung des Gläubigers nicht geleistet hat.[255] Bis 31. Dezember 2020 muss der Gläubiger nach dieser schriftlichen Zahlungsaufforderung noch zusätzliche 75 Tage zur Begleichung der Schulden gewähren.

Ferner kann ein Insolvenzantrag gegen einen Schuldner vor 31. Dezember 2020 eingereicht werden, wenn die Forderungssumme mindestens 400.000 Forint (ca. 1.150 Euro) beträgt. (Im „Normalfall" beträgt die Minimumforderungssumme 200.000 Forint.)[256]

---

[248] Art. 100 Abs. 2 EuInsVO.
[249] Art. 66 EuInsVO.
[250] Art. 67 EuInsVO.
[251] Art. 114 Abs. 1 EuInsVO.
[252] Bóka, S. 11.
[253] Art. 114 Abs. 4 EuInsVO.
[254] Vom 28. Mai 2020 bis 18. Juni 2020: § 1 der Regierungsverordnung Nr. 249/2020. (V. 28.); ab 18. Juni 2020 bis 31. Dezember 2020: § 156 des Gesetzes LVIII aus dem Jahre 2020.
[255] § 27 Abs. 2 Buchst. a) InsolvG. Dazu näher → Rn. 27.
[256] Gilt nur für die Zahlungsunfähigkeit nach § 27 Abs. 2 Buchst. a)-b) InsolvG.

Ungarn

Liquidationsverfahren

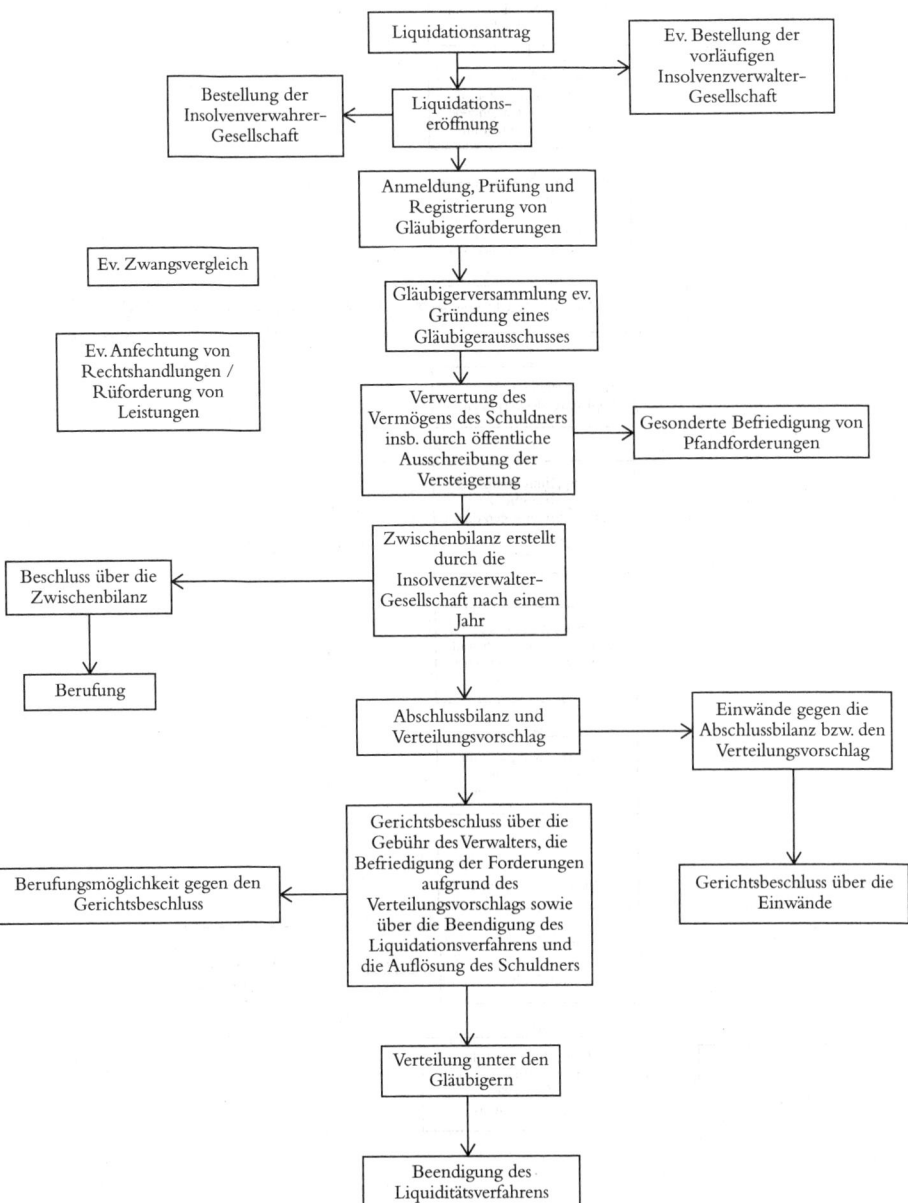

Ungarn

Vergleichsverfahren

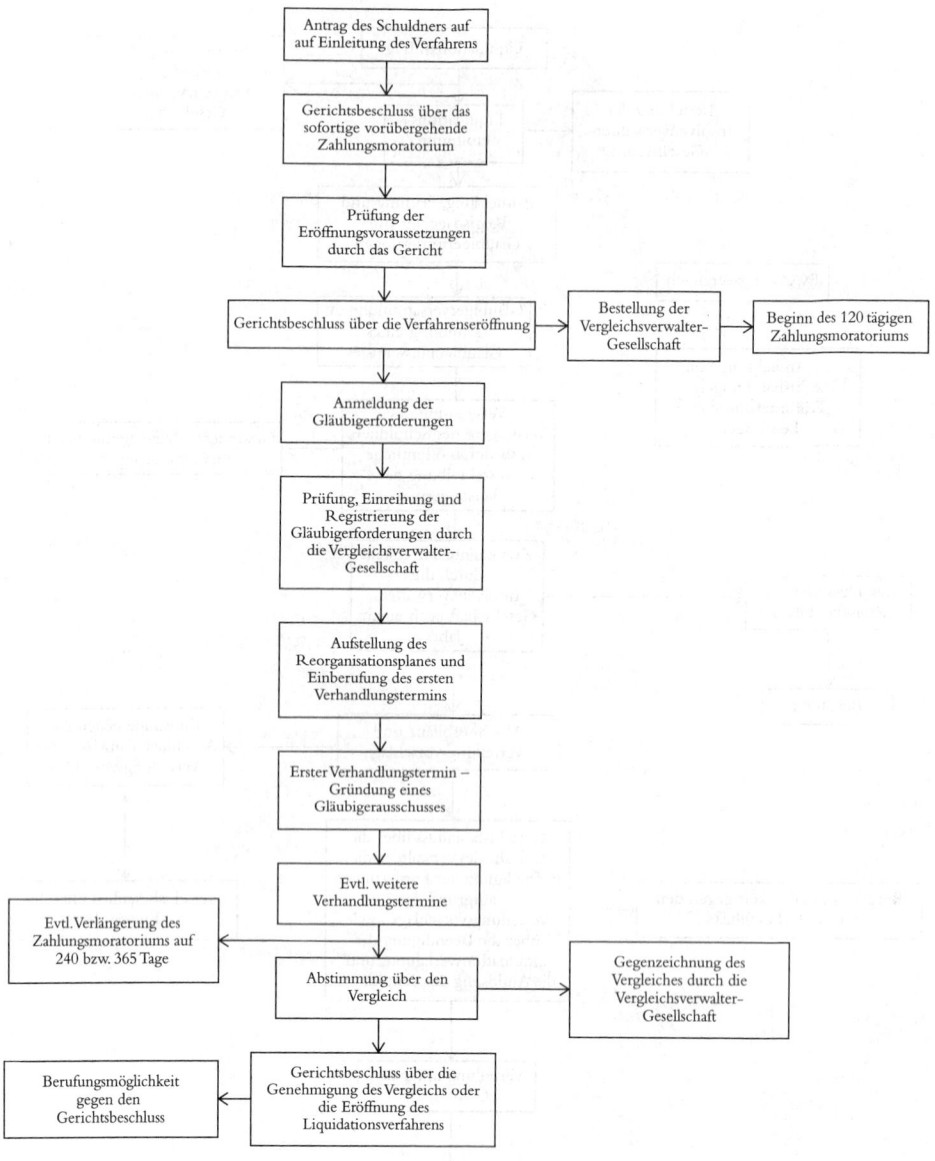

Ungarn

Glossar

Deutsch	Ungarisch	Rn.
Absonderungsrecht	elkülönítési jog (biztosított hitelezőt megillető kielégítési jog)	63, 72
Abwickler	végelszámoló, eine von den Gesellschaftern erwählte Person, die für die Durchführung der freiwilligen solventen Liquidation einer Wirtschaftsorganisation verantwortlich ist	25, 31, 40
Anfechtung (Liquidationsanfechtung)	megtámadás	90–92
Anmeldung der Forderungen/ Forderungsanmeldung (im Liquidationsverfahren)	követelések bejelentése (felszámolási eljárásban)	53, 58, 79
Anmeldung der Forderungen/ Forderungsanmeldung (im Vergleichsverfahren)	követelések bejelentése (csődeljárásban)	77
Arbeitnehmer	munkavállaló	47, 66, 81
Aufrechnung/Aufrechnungsrecht	beszámítás/beszámítási jog	35, 48, 62, 76, 84–88
Aussonderungsrecht	külön kielégítési jog	54, 61–63, 76, 83
Befriedigungsrang/Rang	kielégítési ranghely	59, 61–72, 75, 83
Bilanz	mérleg	50, 60, 66, 93
– Liquidationsabschlussbilanz	felszámolási zárómérleg	60, 66
– Tätigkeitsabschlussbilanz	tevékenységet lezáró mérleg	50
– Zwischenbilanz	közbenső mérleg	60, 93
fiduziarische Sicherheiten	fiduciárius biztosítékok, nicht akzessorische Sicherheiten, die in ihrer Entstehung und ihrem Fortbestand von der Existenz eines gesicherten Anspruchs unabhängig sind (zB Kaufoption mit Sicherungszweck, Sicherungsübereignung, Sicherungsabtretung)	83, 90
Finanzsicherheit	óvadék, ein spezielles Pfandrecht an Bargeld, Finanzinstrumenten oder Zahlungskontoforderungen, das dem Gläubiger ein Recht zur unmittelbaren Befriedigung aus dem Pfandgegenstand gewährt, dh den Erwerb von Eigentum an dem Pfandgegenstand ermöglicht	61, 63, 76, 83
Freiwillige solvente Liquidation	végelszámolás, die Auflösung einer zahlungsfähigen Wirtschaftsorganisation ohne Rechtsnachfolge	40
Gläubigerausschuss	hitelezői választmány	48, 50, 56
Gläubigerversammlung	hitelezői gyűlés	56, 77
Haftung (insolvenzrechtliche)	felelősség	24, 29, 39, 45, 93–99
– der Geschäftsführung		24, 29, 39, 45, 93–95
– der Gesellschafter (bes. konzernrechtliche)		39, 96–99

Ungarn

Deutsch	Ungarisch	Rn.
Insolvenzgeld	bérgarancia támogatás	66
Insolvenzverwalter	felszámolóbiztos, eine von der Insolvenzverwalter-Gesellschaft bestimmte und über die erforderliche fachgerichtete Qualifikation verfügende natürliche Person, die mit der Insolvenzverwalter-Gesellschaft in einem Arbeitsverhältnis, Mitgliedschaftsverhältnis oder Auftragsverhältnis steht und im Namen der Insolvenzverwalter-Gesellschaft die Liquidation des Schuldners abwickelt	44
Insolvenzverwalter-Gesellschaft	felszámoló, ein vom Gericht bestelltes Unternehmen, welches für die Abwicklung der (Liquidationsphase der) Liquidation verantwortlich ist und welches den Schuldner unter Liquidation gegenüber Drittpersonen vertritt	11, 24, 42–48, 50–54, 56–58, 63, 66, 69, 75, 79, 86–88, 90–93
– staatliche		11
Kündigungs- bzw. Rücktrittsrecht (der Insolvenzverwalter-Gesellschaft)	felmondási jog/elállási jog	53, 69, 79
Liquidation oder Liquidationsverfahren	felszámolás, ein vom Gericht eröffnetes Verfahren, welches auf die Auflösung einer zahlungsunfähigen verschuldeten Wirtschaftsorganisation ohne Rechtsnachfolge gerichtet ist. Es sind zwei grundlegende Phasen zu unterscheiden: (a) die *gerichtliche Phase*, welche auf die Prüfung der Zahlungsunfähigkeit durch das Gericht abzielt und (b) die *Liquidationsphase*, nachdem das Gericht die Liquidation schon rechtskräftig angeordnet und veröffentlicht hat.	6, 9–12, 15, 17–20, 24–27, 32–33, 35–37, 39–43, 45–47, 50–51, 53–58, 60–61, 63–68, 73, 76–79, 85–86, 90–93, 96–97
– Eröffnung der L.	f. kezdete	3, 24–42, 53–54
– erste Phase der L. (gerichtliche Phase)	f. első fázisa (bírósági szakasz)	24, 45
– zweite Phase der L. (Liquidationsphase)	f. második fázisa (felszámolási szakasz)	24, 46, 50, 57, 86
– L. für strategisch besonders wichtige Wirtschaftsorganisationen		11
Liquidationskosten	felszámolási költségek	57, 60, 64–68
Lizenzverträge	licencia szerződések	53
Nachrangige Insolvenzgläubiger	hátrasorolt hitelezők	70–72
Pfandrecht	zálogjog	58, 63–64, 70, 72
Pfandrecht an Sachgesamtheiten mit wechselndem Bestand	körülírással meghatározott zálogjog	60
Rangfolge (der Befriedigung)	kielégítési sorrend	59–72
Schuldensanierungsverfahren	adósságrendezési eljárás, ein gerichtliches Verfahren, im Rahmen dessen gutgläubige natürliche Personen, die einen angemessenen Anteil der von ihnen angehäuften Schulden über eine bestimmte Zeitperiode hinweg ordnungsgemäß tilgen, von	22–23

Ungarn

Deutsch	Ungarisch	Rn.
	ihren Restschulden mit endgültiger Wirkung befreit werden	
Vergleich (im Liquidationsverfahren)	egyezség (a felszámolási eljárásban)	57
Vergleichsverfahren	csődeljárás, ein von dem Schuldner beantragtes und von dem Gericht eröffnetes und kontrolliertes Verfahren, in welchem der zahlungsunfähigen oder mit Zahlungsschwierigkeiten kämpfenden verschuldeten Wirtschaftsorganisation ein Zahlungsmoratorium eingeräumt wird und diese einen Versuch des kollektiven Vergleichs mit ihren Gläubigern unternimmt	9, 11, 15–17, 25, 27, 38, 41–42, 55, 73–78, 80
Vergleichsverwalter-Gesellschaft	vagyonfelügyelő, der vom Gericht bestellte Koordinator im Vergleichsverfahren	42, 75, 77
Verteilung	Felosztás	59
Verwertung	Értékesítés	48–50, 56, 58, 60, 63, 66, 83, 87–88
– der Pfandsache	zálogtárgy értékesítése	48, 58, 60, 63, 83, 88
Vorläufige Insolvenzverwalter-Gesellschaft	ideiglenes vagyonfelügyelő, eine vom Gericht im Verlauf der gerichtlichen Phase der Liquidation (dh vor Anordnung der Liquidation) bestellte Insolvenzverwalter-Gesellschaft, welche für die Beaufsichtigung der Wirtschaftsführung des Schuldners verantwortlich ist	11, 45, 51–52
Zahlungsunfähigkeit	fizetésképtelenség	25–27, 32–41

Glossar

Ungarisch	Deutsch	Rn.
adósságrendezési eljárás	Schuldensanierungsverfahren, ein gerichtliches Verfahren, im Rahmen dessen gutgläubige natürliche Personen, die einen angemessenen Anteil der von ihnen angehäuften Schulden über eine bestimmte Zeitperiode hinweg ordnungsgemäß tilgen, von ihren Restschulden mit endgültiger Wirkung befreit werden	22–23
beszámítás/beszámítási jog	Aufrechnung/Aufrechnungsrecht	35, 48, 62, 76, 84–88
bérgarancia támogatás	Insolvenzgeld	66
csődeljárás	Vergleichsverfahren, ein von dem Schuldner beantragtes und von dem Gericht eröffnetes und kontrolliertes Verfahren, in welchem der zahlungsunfähigen oder mit Zahlungsschwierigkeiten kämpfenden verschuldeten Wirtschaftsorganisation ein Zahlungsmoratorium eingeräumt wird und diese einen Versuch des kollektiven Vergleichs mit ihren Gläubigern unternimmt	9, 11, 15–17, 25, 27, 38, 41–42, 55, 73–78, 80

Ungarn

Ungarisch	Deutsch	Rn.
egyezség (a felszámolási eljárásban)	Vergleich (im Liquidationsverfahren)	57
elkülönítési jog (biztosított hitelezőt megillető kielégítési jog)	Absonderungsrecht	63, 72
értékesítés	Verwertung	48–50, 56, 58, 60, 63, 66, 83, 87–88
– zálogtárgy értékesítése	der Pfandsache	48, 58, 60, 63, 83, 88
felelősség	Haftung (insolvenzrechtliche)	24, 29, 39, 45, 93–99
– ügyvezetés felelőssége	der Geschäftsführung	24, 29, 39, 45, 93–95
– tagok felelőssége (különösen: konszernjogi)	der Gesellschafter (bes. konzernrechtliche)	39, 96–99
felmondási jog/elállási jog	Kündigungs- bzw. Rücktrittsrecht (der Insolvenzverwalter-Gesellschaft)	53, 69, 79
felosztás	Verteilung	59
felszámolás vagy felszámolási eljárás	Liquidation oder Liquidationsverfahren, ein vom Gericht eröffnetes Verfahren, welches auf die Auflösung einer zahlungsunfähigen verschuldeten Wirtschaftsorganisation ohne Rechtsnachfolge gerichtet ist. Es sind zwei grundlegende Phasen zu unterscheiden: (a) die *gerichtliche Phase*, welche auf die Prüfung der Zahlungsunfähigkeit durch das Gericht abzielt und (b) die *Liquidationsphase*, nachdem das Gericht die Liquidation schon rechtskräftig angeordnet und veröffentlicht hat	6, 9–12, 15, 17–20, 24–27, 32–33, 35–37, 39–43, 45–47, 50–51, 53–58, 60–61, 63–68, 73, 76–79, 85–86, 90–93, 96–97
– f. kezdete	Eröffnung der L.	3, 24–42, 53–54
– f. első fázisa (bírósági szakasz)	erste Phase der L. (gerichtliche Phase)	24, 45
– f. második fázisa (felszámolási szakasz)	zweite Phase der L. (Liquidationsphase)	24, 46, 50, 57, 86
– stratégiailag kiemelt jelentőségű gazdálkodó szervezetek f.	L. für strategisch besonders wichtige Wirtschaftsorganisationen	11
felszámolási költségek	Liquidationskosten	57, 60, 64–68
felszámoló	Insolvenzverwalter-Gesellschaft, ein vom Gericht bestelltes Unternehmen, welches für die Abwicklung der (Liquidationsphase der) Liquidation verantwortlich ist und welches den Schuldner unter Liquidation gegenüber Drittpersonen vertritt	11, 24, 42–48, 50–54, 56–58, 63, 66, 69, 75, 79, 86–88, 90–93
– állami	Staatliche	11
felszámolóbiztos	Insolvenzverwalter, eine von der Insolvenzverwalter-Gesellschaft bestimmte und über die erforderliche fachgerichtete Qualifikation verfügende natürliche Person, die mit der Insolvenzverwalter-Gesellschaft in einem Arbeitsverhältnis, Mitgliedschaftsver-	44

Ungarn

Ungarisch	Deutsch	Rn.
	hältnis oder Auftragsverhältnis steht und im Namen der Insolvenzverwalter-Gesellschaft die Liquidation des Schuldners abwickelt	
fiduciárius biztosítékok	fiduziarische Sicherheiten, dh nicht akzessorische Sicherheiten, die in ihrer Entstehung und ihrem Fortbestand von der Existenz eines gesicherten Anspruchs unabhängig sind (zB Kaufoption mit Sicherungszweck, Sicherungsübereignung, Sicherungsabtretung)	83, 90
fizetésképtelenség	Zahlungsunfähigkeit	25–27, 32–41
hátrasorolt hitelezők	nachrangige Insolvenzgläubiger	70–72
hitelezői gyűlés	Gläubigerversammlung	56, 77
hitelezői választmány	Gläubigerausschuss	48, 50, 56
ideiglenes vagyonfelügyelő	vorläufige Insolvenzverwalter-Gesellschaft, eine vom Gericht im Verlauf der gerichtlichen Phase der Liquidation (dh vor Anordnung der Liquidation) bestellte Insolvenzverwalter-Gesellschaft, welche für die Beaufsichtigung der Wirtschaftsführung des Schuldners verantwortlich ist	11, 45, 51–52
kielégítési ranghely	Befriedigungsrang/Rang	59, 61–72, 75, 83
kielégítési sorrend	Rangfolge (der Befriedigung)	59–72
körülírással meghatározott zálogjog	Pfandrecht an Sachgesamtheiten mit wechselndem Bestand	60
követelések bejelentése (felszámolási eljárásban)	Anmeldung der Forderungen/Forderungsanmeldung (im Liquidationsverfahren)	53, 58, 79
követelések bejelentése (csődeljárásban)	Anmeldung der Forderungen/Forderungsanmeldung (im Vergleichsverfahren)	77
külön kielégítési jog	Aussonderungsrecht	54, 61–63, 76, 83
licencia szerződések	Lizenzverträge	53
megtámadás	Anfechtung (Liquidationsanfechtung)	90–92
Mérleg	Bilanz	50, 60, 66, 93
– felszámolási zárómérleg	Liquidationsabschlussbilanz	60, 66
– tevékenységet lezáró mérleg	Tätigkeitsabschlussbilanz	50
– közbenső mérleg	Zwischenbilanz	60, 93
munkavállaló	Arbeitnehmer	47, 66, 81
óvadék	Finanzsicherheit, ein spezielles Pfandrecht an Bargeld, Finanzinstrumenten oder Zahlungskontoforderungen, das dem Gläubiger ein Recht zur unmittelbaren Befriedigung aus dem Pfandgegenstand gewährt, dh den Erwerb von Eigentum an dem Pfandgegenstand ermöglicht	61, 63, 76, 83
vagyonfelügyelő	Vergleichsverwalter-Gesellschaft, der vom Gericht bestellte Koordinator im Vergleichsverfahren	42, 75, 77

Ungarn

Ungarisch	Deutsch	Rn.
végelszámolás	freiwillige solvente Liquidation, die Auflösung einer zahlungsfähigen Wirtschaftsorganisation ohne Rechtsnachfolge	40
végelszámoló	Abwickler, eine von den Gesellschaftern erwählte Person, die für die Durchführung der freiwilligen solventen Liquidation einer Wirtschaftsorganisation verantwortlich ist	25, 31, 40
zálogjog	Pfandrecht	58, 63–64, 70, 72

USA

bearbeitet von *Britta Grauke, Garrett Avery Fail, Natasha Hwangpo,* Weil, Gotshal & Manges, Frankfurt am Main/New York

Übersicht

		Rn.			Rn.
1.	Schrifttum und Informationsquellen	1	5.	Gläubiger	35
2.	Einführung	2	5.1	Gesicherte Gläubiger	36
2.1	Gesetzlicher Rahmen	4	5.2	Bevorzugte Gläubiger	38
2.2	Verfahrenstypen	7	5.3	Einfache Insolvenzgläubiger	39
2.2.1	Chapter 7 – Liquidation durch einen Insolvenzverwalter	8	5.4	Nachrangige Insolvenzgläubiger	40
			6.	Verträge im Insolvenzverfahren	41
2.2.2	Chapter 9 – Insolvenzverfahren über insolvente Gemeinden	10	7.	Aufrechnung	44
2.2.3	Chapter 11 – Reorganisierung	11	8.	Insolvenzanfechtung	46
2.2.4	Chapter 12 – Familiengeführte Agrarunternehmen und Fischereiunternehmen	13	9.	Reorganisationsverfahren	49
			9.1	Ausprägungen des Chapter 11-Verfahrens in der Praxis	50
2.2.5	Chapter 13 – Privatinsolvenzen	14			
2.2.6	Chapter 15 – Internationales Insolvenzrecht	16	9.2	Vorlage des Reorganisationsplans	51
			9.3	Inhalt des Reorganisationsplans	53
3.	Eröffnung des Verfahrens	18	9.4	Annahme des Reorganisationsplans	56
3.1	Eröffnungsgründe	18	9.5	Folge der Planbestätigung	62
3.2	Zulässige Schuldner	21	9.6	Besonderheiten des Small Business Reorganization Act	64
3.3	Sicherungsmaßnahmen vor Verfahrenseröffnung	23			
3.4	Wirkung des Verfahrensbeginns	24	10.	Konzerninsolvenzrecht	67
3.4.1	Verfügungsbefugnis	24	10.1	Venue Consolidation	68
3.4.2	Automatic Stay	26	10.2	Substantive Consolidation	69
4.	Verlauf des Verfahrens	30	11.	Internationales Insolvenzrecht	71
4.1	Anmeldung der Forderungen	30	11.1	Grundlagen des Chapter 15-Verfahrens	71
4.2	Gläubigerversammlung	32	11.2	Das Chapter 15-Verfahren	73
4.3	Verwaltung und Verwertung der Insolvenzmasse	33	12.	Auswirkungen der COVID-19 Pandemie auf die insolvenzrechtlichen Vorschriften	79
4.4	DIP Financing	34			

1. Schrifttum und Informationsquellen

Baird, Douglas G., *The Elements of Bankruptcy,* 5th Ed. (Foundation Press 2010); Bufford, The Hon. Samuel L., United States International Insolvency Law (Oxford 2009), *Collier on Bankruptcy.* 16th ed. (Matthew Bender 2009); Jackson, Thomas H., *The Logic and Limits of Bankruptcy Law* (Harvard 1986); Miller, Harvey R., „*Corporate Governance in Chapter 11: The Fiduciary Relationship between Directors and Stockholders of Solvent and Insolvent Corporations,*" 23 Seton Hall L. Rev. 1467 (1992–1993); Miller, Harvey R., „*Changing Face of Chapter 11: A Reemergence of the Bankruptcy Judge as Producer, Director, and Sometimes Star of the Reorganization Passion Play,*" 69 Am. Bankr. L.J. 431 (1995); Miller, Harvey R. and Waisman, Shai Y., „*Does Chapter 11 Reorganization Remain a Viable Option For Distressed Businesses For The Twenty-First Century,* " 78 Am. Bankr. L.J. 153 (2004); Miller, Harvey R. and Waisman, Shai Y., „*Is Chapter 11 Bankrupt,*" 47 B.C. L. Rev. 129 (2005–2006); Miller, Harvey R., „*Chapter 11 in Transition – From Boom to Bust and into the Future,*" 81 Am. Bankr. L.J. 375 (2007); Miller, Harvey R., „*Restructuring under a microscope: Cautionary tales for directors and officers in 'distressed land,' "* in *Navigating in Today's Environment: The Directors' and Officers' Guide to Restructuring* (Globe White Page 2010); *Norton Bankruptcy Law and Practice.* 3d ed. (Clark Boardman Callaghan 2012); *Reorganizing Failing Businesses, Revised Edition: A Comprehensive Review and Analysis of Financial Restructuring and Business Reorganization* (Weil, Gotshal & Manges LLP 2007); Skeel, David A., *Debt's Dominion: A History of Bankruptcy Law in America* (Princeton 2001); Warren, Elizabeth, *Chapter 11: Reorganizing American Businesses* (Aspen Publishers 2008); Weil Bankruptcy Blog, *business-finance-restructuring.weil.com.*

Eine gute, detaillierte Erläuterung des Bankruptcy Codes bietet die offizielle Gerichtsseite www.US-courts.gov/bankruptcycourts/bankruptcybasics.

Weitere hilfreiche Internetadressen:
United States Bankruptcy Courts: http://www.uscourts.gov/bankruptcycourts.html (viele der großen Insolvenzfälle werden vor dem Insolvenzgericht des Southern District of New York (http://www.nysb.us-courts.gov) und dem District Court of Delaware (https://ecf.deb.uscourts.gov) begonnen)

Offizielle Bankruptcy Formulare: http://www.uscourts.gov/bkforms
United States Trustee Informationen: http://www.usdoj.gov/ust
American Bankruptcy Institute: http://www.abiworld.org

2. Einführung

2 Das US-amerikanische Insolvenzrecht wird gerade in Europa häufig als Vorbild für erforderliche Reformen der nationalen Insolvenzrechte angesehen, da es den in die Krise geratenen Unternehmen sehr weitgehend ermöglicht, im Insolvenzverfahren den Geschäftsbetrieb fortzuführen und das Verfahren anschließend als reorganisiertes Unternehmen, frei von alten Verbindlichkeiten, zu verlassen. Es hat auch den amerikanischen Gesetzgeber bei den Änderungen der Insolvenzordnung in den letzten Jahren durchaus beeinflusst, der insbesondere mit dem Gesetz zur Erleichterung der Sanierung von Unternehmen („ESUG") Ende 2011 Änderungen in die Insolvenzordnung eingefügt hat, die einen vergleichbaren Zweck verfolgen.[1] Auch in anderen europäischen Ländern ist es zu Änderungen des Insolvenzrechts gekommen, die vom US-amerikanischen Recht beeinflusst waren, vgl. etwa die Einführung der *procédure de sauvegarde* in Frankreich, die Reform des *concordato preventivo* in Italien und das neue Sanierungsverfahren in Österreich.[2]

3 Das US-amerikanische Insolvenzrecht ist dabei von der Annahme geprägt, dass ein in die Krise geratenes Unternehmen bei Fortführung des Betriebes einen größeren Wert darstellen wird, als in der Zerschlagung, sowie dass durch die Fortführung dieses Unternehmens Arbeitsplätze und auch Vertragspartner (wie beispielsweise Zulieferer oder Vermieter) geschützt werden. Die *Reorganisation Policy* und das Insolvenzverfahren sind daher in der Geschichte und im Recht der Vereinigten Staaten von Amerika fest verankert (vgl. Artikel I, § 8, cl. 4 der Verfassung der Vereinigten Staaten von Amerika *(Constitution).*[3]

2.1 Gesetzlicher Rahmen

4 Auf der Grundlage des vorgenannten Artikel 1, § 8, cl. 4 der *Constitution* hat der US-amerikanische Kongress im Jahre 1978 den derzeitigen *Bankruptcy Code* (Kapitel 11 des *United States Code*) als einheitliches US-amerikanisches Bundesrecht erlassen.

5 Der US-amerikanische Kongress hat in diesem Zusammenhang außerdem den *Bankruptcy Court* geschaffen, der zuständig für alle insolvenzrechtlichen Fragen ist (womit diese Zuständigkeit sehr viel weiter geht als beispielsweise die Zuständigkeit eines deutschen Insolvenzgerichtes; vor dem *Bankruptcy Court* werden sämtliche Rechtsstreitigkeiten im Zusammenhang mit der Insolvenz entschieden, also auch zivilrechtliche Streitigkeiten oder Anfechtungsstreitigkeiten). Formal werden Insolvenzfälle zwar vor dem *United States Federal District Court* anhängig gemacht, der diese jedoch dann gemäß Section 157 (a) United States Code an die *Bankruptcy Courts* verweist und zwar heute aufgrund *Standing General Order.*[4] Die prozessualen Regelungen für Insolvenzverfahren sind in den *Federal Rules of Bankruptcy Procedure* („Bankruptcy Rules") geregelt.

6 Am US-amerikanischen Insolvenzverfahren sind eine Vielzahl von Personen und Institutionen beteiligt, wie beispielsweise der Insolvenzrichter, die Gläubiger, die im Rahmen der Insolvenz beauftragten Berater und der sogenannte *United States Trustee.* Dieser wird vom Justizministerium

---

[1] BGBl. 2011 I 2582.
[2] Wegen der Einzelheiten s. Piepenbrock, „Das ESUG – fit für Europa?", NZI 2012, 905.
[3] Skeel, David A., *Debt's Dominion: A History of Bankruptcy Law in America* (Princeton 2001), hier wird insbesondere die föderalistische Vision eines einheitlichen Bankruptcy Codes betont.
[4] S. beispielsweise: In re Vicars Ins. Agency, Inc., 96 F.3d 949, 951 (7th Cir. 1996); Grochocinski v. LaSalle Bank N.A. (In re K & R Express Sys., Inc.), 382 B.R. 443, 446 (N.D. Ill. 2007).

ernannt und hat ähnliche Aufgaben wie ein deutscher Rechtspfleger, etwa Kontrollfunktionen im Verfahren und Vorsitz bei Versammlungen.[5]

2.2 Verfahrenstypen

Der *Bankruptcy Code* unterscheidet zwischen sechs verschiedenen Verfahrenstypen. Die Verfahrenstypen werden herkömmlich nach den sechs Kapiteln benannt, in denen sie im Rahmen des *Bankruptcy Codes* geregelt sind:

2.2.1 Chapter 7 – Liquidation durch einen Insolvenzverwalter

Auch das US-amerikanische Recht kennt die Liquidation der Vermögenswerte des Schuldners durch einen Insolvenzverwalter *("Trustee")* (dies ist allerdings nicht das prägende Institut des US-amerikanischen Insolvenzrechts). Unternehmen leiten in der Regel ein Chapter 7-Verfahren ein, wenn es keine Aussichten einer Sanierung des Unternehmens oder des Geschäftsbetriebes gibt. Für Privatpersonen hat das Chapter 7-Verfahren zudem den Vorteil, dass in diesem Verfahren eine Restschuldbefreiung eintritt.

Wesentliche Funktion des Insolvenzverwalters in Chapter 7-Verfahren ist die Veräußerung der Vermögenswerte und die Verteilung der Erlöse an die Gläubiger (bei Privatpersonen können bestimmte Gegenstände aus der Liquidation ausgenommen werden[6]). Eine weitere Aufgabe des Insolvenzverwalters besteht, ähnlich wie im deutschen Recht, in der „Rückholung" von Vermögensgegenständen, die anfechtbar das Vermögen des Schuldners verlassen haben (siehe hierzu [8.]).

2.2.2 Chapter 9 – Insolvenzverfahren über insolvente Gemeinden

Für Gemeinden gelten die Sonderregelungen des Chapter 9, wobei allerdings Insolvenzverfahren von Gemeinden bisher in den Vereinigten Staaten von Amerika sehr selten gewesen sind. Die wesentlichen Unterschiede zu einem „normalen" Insolvenzverfahren bestehen darin, dass den Gemeinden im Rahmen des Insolvenzverfahrens sehr viel weitergehende Mitspracherechte als normalen Schuldnern gewährt werden und dass die Gemeinden – anders als andere Schuldner – keine Zustimmung des Insolvenzgerichts zur Veräußerung von Vermögensgegenständen während des laufenden Insolvenzverfahrens benötigen. Das Chapter 9-Verfahren kann außerdem nicht von Dritten (Gläubigern) begonnen werden. Damit behalten die Gemeinden stets Kontrolle über ihr Insolvenzverfahren. Dies ist Ausfluss des 10. Zusatzartikels zur *Constitution (State Sovereignty)*.

2.2.3 Chapter 11 – Reorganisierung

Das Chapter 11-Verfahren ist das prägende Verfahren des US-amerikanischen Insolvenzrechts, das inzwischen weltweit eine erhebliche Bekanntheit erreicht hat und immer wieder als Vorbild für notwendige Reformen des Insolvenzrechts in verschiedenen europäischen Ländern, einschließlich Deutschland, herangezogen wird, siehe [2.]. Im Rahmen des Chapter 11-Verfahrens führt regelmäßig das Management des Unternehmens den Geschäftsbetrieb fort, um den Wert des Unternehmens zu erhalten und durch das Insolvenzverfahren die Krise zu überwinden. Wegen der Einzelheiten vgl. [9.] unten. Anders als die Liquidation gemäß Chapter 7 führt die Reorganisation eines US-amerikanischen Unternehmens zu einer Restschuldbefreiung. Viele der auch in Deutschland zu einiger Bekanntheit gelangten großen US-amerikanischen Insolvenzverfahren, wie beispielsweise die Verfahren der Unternehmen Worldcom, United Airlines und General Motors, wurden als Reorganisationsverfahren nach Chapter 11 (erfolgreich) durchgeführt, mit der Folge, dass diese Unternehmen heute weiterhin im Markt aktiv sind.

Im Jahre 2019 haben die Vereinigten Staaten außerdem den Small Business Reorganization Act erlassen, um das Chapter 11-Verfahren auch für kleine Unternehmen (Verschuldung unter 2,7 Mio. USD, inzwischen aufgrund der COVID-19 Pandemie angehoben auf 7,5 Mio. USD) zugänglich zu machen und die Reorganisation für diese Unternehmen zu vereinfachen.[7]

2.2.4 Chapter 12 – Familiengeführte Agrarunternehmen und Fischereiunternehmen

Chapter 12 des Bankruptcy Codes erlaubt „Family Farmers" und „Family Fishermen", einen Insolvenzplan zur Rückführung ihrer Schulden durchzuführen. Hintergrund dieses Verfahrens sind

---

[5] Wegen der Einzelheiten vgl. http://www.usdoj.gov/ust.
[6] 11 U.S.C. § 522 (b).
[7] Der Small Business Reorganization Act wurde am 23.8.2019 erlassen und wurde zum 20.2.2020 wirksam; er ist in einem neuen Unterkapitel des Chapter 11 (Sub-Chapter V) angesiedelt.

Schwierigkeiten, die solche Schuldner sonst im regulären Reorganisationsprozess hätten, etwa bei der neuen Kreditaufnahme.

2.2.5 Chapter 13 – Privatinsolvenzen

14   Wie ein „Mini-Chapter 11" für Privatpersonen ermöglicht das Chapter 13-Verfahren Personen mit beschränktem (also nicht hohem) Einkommen, einen Insolvenzplan vorzulegen, mit dem alle oder Teile der Schulden zurückgeführt werden sollen. Voraussetzung ist, dass die ungesicherten Schulden 394.725,- USD und die gesicherten Forderungen 1.181.200,- USD nicht überschreiten.[8] Die vorgenannten Beträge werden regelmäßig in Abhängigkeit vom *Consumer Price Index* angepasst. Der sogenannte Rückzahlungsplan *(„Repayment Plan")* sieht in der Regel Ratenzahlungen zur Zurückzahlung der Schulden über einen Zeitraum von drei bis fünf Jahren vor.

15   Das Verfahren nach Chapter 13 hat für den Schuldner einige Vorteile im Vergleich zum Chapter 7-Verfahren, da zwar beide Verfahren eine (teilweise) Restschuldbefreiung vorsehen, das Chapter 13-Verfahren dem Schuldner aber beispielsweise ermöglicht, Vollstreckungshandlungen in die selbstgenutzten Häuser oder Wohnungen zu verhindern und Ratenzahlungen zu leisten. Mit vollständiger Erfüllung des Rückzahlungsplanes tritt zudem eine Restschuldbefreiung ein,[9] die weitergehender sein kann, als in Chapter 7-Verfahren.[10]

2.2.6 Chapter 15 – Internationales Insolvenzrecht

16   Das Chapter 15-Verfahren ist ein neues Kapitel, das 2005 in den Bankruptcy Code eingefügt worden ist und die Anerkennung ausländischer Insolvenzverfahren in den USA ermöglicht. Es basiert auf dem UNCITRAL Modellgesetz *(„UNCITRAL Model Law on Cross Border Insolvency")* und hat den vorher geltenden § 304 des *Bankruptcy Codes* abgelöst.

17   Hierbei handelt es sich um eine der wesentlichen Änderungen der Insolvenzrechtsreform aus dem Jahr 2005. Die Vereinigten Staaten von Amerika haben dabei fast wortgleich die Regelungen aus dem *UNCITRAL Model Law* übernommen und damit erstmals eine einheitliche Rechtsgrundlage für die Anerkennung ausländischer Verfahren in den Vereinigten Staaten von Amerika geschaffen. Für Einzelheiten vgl. unter [11.].

3.   Eröffnung des Verfahrens

3.1 Eröffnungsgründe

18   Anders als in anderen Jurisdiktionen (wie beispielsweise in Deutschland) erfordern Insolvenzverfahren nach dem *Bankruptcy Code* nicht das Vorliegen eines Insolvenzgrundes (wie etwa Überschuldung oder Zahlungsunfähigkeit). Auch besteht keine Pflicht zur Insolvenzantragstellung,[11] eine solche kommt nur in Einzelfällen aufgrund Treuepflichtgedanken in Betracht. Die ganz überwiegende Anzahl der US-amerikanischen Verfahren sind daher freiwillige Insolvenzverfahren, insbesondere nach Chapter 11, die von Unternehmen begonnen werden, um die Restschuldbefreiung zu nutzen und so eine Restrukturierung zu erreichen.

19   Die Freiwilligkeit des Insolvenzverfahrens *(voluntary petition)* führt dazu, dass das Insolvenzverfahren ohne weitere Prüfung unmittelbar beginnt, ohne dass die Insolvenz per Gerichtsentscheid eröffnet werden muss.[12] Nur in Ausnahmefällen wird das Verfahren aufgrund Antragstellung in bösem Glauben („Bad Faith") gerichtlich beendet – so beispielsweise wenn sich im Rahmen des Chapter 11-Verfahrens herausstellt, dass von Anfang an keine Restrukturierungsabsicht des Schuldners bestand und es auch keine Wahrscheinlichkeit gibt, dass der Schuldner jemals die Insolvenz verlassen kann.[13] Damit haben US-amerikanische Unternehmen in der Regel einen sehr großen – beabsichtigten – Spielraum, um durch das Insolvenzverfahren eine Restschuldbefreiung zu erreichen.

---

[8] 11 U.S.C. § 109(e).
[9] 11 U.S.C. § 1328.
[10] 11 U.S.C. § 1328(a).
[11] Hinzuweisen ist allerdings auf die Pflichten der Geschäftsleitungen, wenn ein Unternehmen in die *„Zone of Insolvency"* eintritt, s. Miller, Harvey R., „Restructuring under a microscope: Cautionary tales for directors and officers in „distressed land", in *Navigating in Today's Environment: The Directors' and Officers' Guide to Restructuring* (Global White Page 2010).
[12] 11 U.S.C. § 301 (b).
[13] *In re C-TC 9th Ave. P'ship*, 113 F.3d 1304, 1309 (2d. Cir. 1997); dieser böse Glaube liegt allerdings nicht vor, wenn der Schuldner das Chapter 11-Verfahren nutzen will, um seine Vermögenswerte zu verkaufen – die Liquidation ist seit des Bankruptcy Reform Act aus dem Jahre 1978 auch im Chapter 11-Verfahren möglich.

3. Eröffnung des Verfahrens

Daneben können auch Gläubiger einen Antrag auf Eröffnung des Insolvenzverfahrens stellen. Anders als bei der *voluntary petition* gibt es hierfür jedoch zwingende Voraussetzungen, die gerichtlich überprüft werden, wie beispielsweise die Unterstützung des Insolvenzantrages durch drei oder mehr Gläubiger und das Erreichen einer bestimmten Forderungssumme.[14] Von der Möglichkeit des Gläubigerantrags wird in den USA daher nur selten Gebrauch gemacht, zumal bei Abweisung die Kosten vom Gläubiger zu tragen sind. Der Gläubigerantrag kann jedoch im Internationalen Insolvenzrecht im Rahmen des Chapter 15-Verfahrens Bedeutung erlangen, nämlich dann, wenn ausländische Gläubiger im Rahmen des Chapter 15-Verfahrens Rechte durchsetzen möchten.

3.2 Zulässige Schuldner

Schuldner des US-amerikanischen Insolvenzverfahrens kann eine natürliche Person, eine Personengesellschaft oder eine Gesellschaft sein (Besonderheiten gelten – wie dargestellt – für Gemeinden, für die das Chapter 9-Verfahren eingeführt wurde). Schuldner kann dabei auch eine Gesellschaft sein, die nach ausländischem Recht organisiert ist,[15] Voraussetzung ist nur, dass der Schuldner eine ausreichende Verbindung zu den Vereinigten Staaten hat. Eine solche ausreichende Verbindung ergibt sich entweder aus (i) dem Wohnsitz oder Sitz des Schuldners in den Vereinigten Staaten, (ii) dem *Place of Business* (Geschäftsbetrieb) des Schuldners in den Vereinigten Staaten oder (iii) aus Vermögenswerten des Schuldners in den Vereinigten Staaten. Anders als im Europäischen Recht kommt es dabei für den Sitz des Schuldners nur darauf an, ob der Schuldner dem Recht eines der US-amerikanischen Staaten unterfällt, der sog. COMI *(Center of Main Interest)* wird nicht geprüft.[16] Für ausländische Gesellschaften, die vom US-amerikanischen Insolvenzrecht Gebrauch machen wollen, ist damit regelmäßig der Nachweis von Vermögenswerten in den USA der Weg in das Chapter 11-Verfahren. Dabei haben die US-amerikanischen Gerichte schon das Halten eines einzigen Kontos in den USA als ausreichend angesehen.[17]

Ausnahmen gelten für US-amerikanische Banken und Versicherungen, deren Insolvenzen besonderen Regelungen unterliegen.[18] Ausländische Banken, die eine Zweigniederlassung oder eine Tochtergesellschaft in den USA haben und ausländische Versicherungsgesellschaften unterliegen ebenfalls Sonderregelungen.[19] Einschränkungen gelten auch für bestimmte Berufszweige, wie beispielsweise Makler (S*tockbroker).*[20]

3.3 Sicherungsmaßnahmen vor Verfahrenseröffnung

Wie dargestellt, beginnt das US-amerikanische Verfahren unmittelbar mit der Stellung des Insolvenzantrages (Petition). Die *Voluntary Petition* löst eine sogenannte „*Order for relief*" und damit den von den Unternehmen beabsichtigten *Automatic Stay* (ein Moratorium) aus. Es besteht daher, anders als etwa im deutschen Recht, nur in eingeschränktem Maße überhaupt das Bedürfnis für weitergehende Sicherungsmaßnahmen. Diese können jedoch in internationalen Fällen, wenn zunächst eine ausführliche Prüfung des Gerichts erforderlich ist, von Bedeutung sein.

3.4 Wirkung des Verfahrensbeginns

3.4.1 Verfügungsbefugnis

Insbesondere in Chapter 11-Verfahren bleibt der Schuldner verfügungsbefugt über sein Vermögen und das bestehende Management des Unternehmens führt den Geschäftsbetrieb weiter. Nur in Ausnahmefällen, wie beispielsweise bei betrügerischen Handlungen oder grobem Missmanagement, wird das zuständige Gericht die Bestellung eines Verwalters anordnen.[21] Dieser ist jedoch in der Regel nicht mit der Verwertung des Schuldnervermögens befasst, sondern prüft die Vorwürfe des betrügerischen Verhaltens und die tatsächliche finanzielle Situation des Unternehmens. Im Liquidationsverfahren nach Chapter 7 wird dagegen ein *Trustee* (also Insolvenzverwalter) bestellt.

---

[14] 11 U.S.C. § 303.
[15] *In re ICLNDS Notes Acquisition, LLC,* 259 B.R. 289, 293 (Bankr. N.D. Ohio 2001).
[16] *Hoffman v. Bullmore (In re Nat'l Warranty Ins. Risk Retention Group),* 384 F.3d 959, 962 (8th Cir. 2004).
[17] *In re McTague,* 198 B.R. 428, 431-32 (Bankr. W.D.N.Y. 1996) (dort hat das Gericht schon ein Guthaben von 194 USD als ausreichend angesehen, um seine Zuständigkeit für ein Insolvenzverfahren anzunehmen, sogenannte „*A dollar, a dime or a peppercorn*" Rule).
[18] Federal Deposit Insurance Act, 12 U.S.C. §§ 191, 288, 339a, 634, 1818 für Banken; es bestehen zudem Sonderregelungen in den einzelnen US-amerikanischen Staaten für Versicherungen.
[19] 11 U.S.C. § 109(b).
[20] 11 U.S.C. § 109(b) (1); 11 U.S.C. § 109(d).
[21] 11 U.S.C. § 104.

25 Der Beginn des Insolvenzverfahrens führt zur Gründung des *Bankruptcy Estate,* also der Insolvenzmasse (die alle Vermögenswerte des Schuldners umfasst, unabhängig davon, wo sie sich befinden oder wer sie im Besitz hält (Universalitätsprinzip)).[22]

3.4.2 Automatic Stay

26 Eine der wesentlichsten Wirkung des Beginns des US-amerikanischen Insolvenzverfahrens ist der (von Unternehmen regelmäßig angestrebte) *Automatic Stay.*[23] Dieser *Automatic Stay* ist ein Moratorium für die Dauer des gesamten Verfahrens, während dessen sämtliche laufenden Vollstreckungsverfahren gegen den Schuldner oder seine Vermögenswerte ausgesetzt werden. Auch eine Absonderungsberechtigung der gesicherten Gläubiger besteht während des *Automatic Stay* grundsätzlich nicht.

27 Hintergrund und Ziel dieser Regelungen ist es, dem Schuldner die Möglichkeit zu geben, sein Geschäft zu restrukturieren und zu stabilisieren. Gleichzeitig soll eine Gleichbehandlung der Gläubiger gesichert werden; ein „Wettlauf" bei der Vollstreckung und Geltendmachung von Ansprüchen soll verhindert werden (sog. *Rat Race*).[24] Das Insolvenzgericht hat sogar die Möglichkeit, diesen *Automatic Stay* auf Dritte auszuweiten (etwa Garantiegeber oder Mitschuldner). Der *Automatic Stay* ist daher *„one of the fundamental debtor protections provided by the bankruptcy laws. It gives the debtor a breathing spell from his creditors. It stops all collection efforts, all harassment and all foreclosure actions. It permits the debtor to attempt a repayment or reorganization plan, or simply to be relieved of the financial pressures that drove him into bankruptcy".*[25]

28 Ausgenommen vom *Automatic Stay* sind nur besondere Verfahren (wie beispielsweise strafrechtliche Themen oder Unterhaltsverfahren). Das Insolvenzgericht kann zudem Ausnahmen vom *Automatic Stay* anordnen,[26] etwa für gesicherte Gläubiger, um einen Vermögenfall von Sicherheiten zu verhindern.

29 Handlungen, die den *Automatic Stay* verletzen, sind nichtig, dh sie haben keine rechtliche Wirkung.[27] Das Insolvenzgericht hat darüber hinaus die Möglichkeit, Sanktionen, wie beispielsweise *punitive damages,* also Strafschadensersatz, gegen Verletzer des *Automatic Stay* zu verhängen.[28] Dies wird insbesondere in internationalen Fällen relevant, in denen ausländische Unternehmen, die die Wirkung des *Automatic Stay* im Ausland nicht anerkennen wollen oder ihn gar nicht kennen, immer wieder Gefahr laufen, dass ihre Vermögensgegenstände in den USA gerichtlich beschlagnahmt werden, um Strafschadensersatzforderungen durchzusetzen.

4. Verlauf des Verfahrens

4.1 Anmeldung der Forderungen

30 Die Gläubiger müssen ihre Forderungen nebst Nachweis ihres Anspruchs vor Ablauf der hierfür vom Gericht gesetzten Frist anmelden. Dieser *Proof of Claim* ist in der Regel eine schriftliche Beschreibung des Anspruchs, wobei die meisten Insolvenzgerichte entsprechende Vordrucke anbieten.[29] Die *Proofs of Claim* müssen in der englischen Sprache und, sofern es sich um Forderungen in einer anderen Währung handelt, in US-Dollar umgerechnet eingereicht werden. Als Nachweis sind Originale oder Abschriften der relevanten Unterlagen beizufügen.[30] Bei ordnungsgemäßer Anmeldung wird zunächst davon ausgegangen, dass die Forderungen bestehen *(prima facie),* sofern nicht ein Dritter widerspricht.[31]

31 In US-amerikanischen Insolvenzverfahren wird die vom Gesetz (in Chapter 7-, 12- und 13-Verfahren) oder Insolvenzgericht (in Chapter 9- und 11-Verfahren) gesetzte Frist zur Forderungsan-

---

[22] 11 U.S.C. § 541 (a), s. a. *Cent. Va. Cmty. Coll. v. Katz,* 546 U.S. 356, 362 (2006); *Hong Kong & Shanghai Banking Corp. v. Simon (In re Simon),* 153 F.3d 991, 998 (9th Cir. 1998); 28 U.S.C. § 1334(e)(1); In re Simon, 153 F.3d at 998.
[23] 11 U.S.C. § 362.
[24] H.R. Rep. No. 95-595 at 349 (1977) as reprinted in 1978 U.S.C.C.A.N. 5963, 6296.
[25] S. Rep. No. 95-989, at 54–55 (1978) as reprinted in 1978 U.S.C.C.A.N. 5787, 5840-41.
[26] 11 U.S. C. § 362 (d).
[27] *Eastern Refractories Co. Inc. v. Forty Eight Insulations Inc.,* 157 F.3d 169, 172 (2d Cir. 1998) („any proceedings or actions [that violate the automatic stay] are void and without vitality if they occur after the automatic stay takes effect").
[28] *Maritime Asbestosis Legal Clinic v. LTV Steel Co., (In re Chateaugay Corp.),* 920 F.2d 183, 186–187 (2d Cir. 1990) *(citing Crysen/Montenay Energy Co. v. Esselen Assocs., Inc. (In re Crysen/Montenay),* 902 F.2d 1098, 1104 (2d Cir. 1990)); *Accord Fid. Mortgage Investors v. Camelia Builders, Inc.,* 550 F.2d 47, 51, 57 (2d Cir. 1976).
[29] Fed. R. Bankr. P. 3001 (a).
[30] Fed. R. Bankr. P. 3001 (c).
[31] 11 U.S.C. 502 (a).

meldung *(bar date)* strikt durchgesetzt.[32] Verspätet angemeldete Forderungen werden daher, bis auf wenige Ausnahmefälle, nicht mehr zugelassen und im Insolvenzverfahren daher nicht berücksichtigt.[33]

4.2 Gläubigerversammlung

Innerhalb einer angemessenen Zeit nach Beginn des Insolvenzverfahrens muss eine Gläubigerversammlung stattfinden.[34] Anders als beispielsweise im deutschen Recht nimmt das Insolvenzgericht an dieser Versammlung nicht teil.[35] Diese Versammlung findet häufig nur ein Mal statt und hat den Zweck, den Schuldner zur finanziellen Situation und dem Status des Insolvenzverfahrens (gegebenenfalls unter Eid) zu befragen. In Chapter 7-Verfahren wird in dieser Gläubigerversammlung außerdem der Insolvenzverwalter *(Trustee)* gewählt.

4.3 Verwaltung und Verwertung der Insolvenzmasse

Wie dargestellt, wird im Chapter 7-Verfahren ein Insolvenzverwalter *(Trustee)* bestellt, dem die Verwaltungs- und Verfügungsbefugnis und die Liquidation der Masse übertragen werden. Im – wesentlich häufigeren – Chapter 11-Verfahren dagegen bleibt der *Debtor in Possession* verwaltungs- und verfügungsbefugt und führt auch den Geschäftsbetrieb des Unternehmens weiter. Der *Debtor in Possession* (bzw. im Chapter 7-Verfahren der *Trustee*) ist befugt, Vermögenswerte im Rahmen des normalen Geschäftsbetriebes *(„in the ordinary course of business")* zu veräußern. Die Veräußerung von Vermögensgegenständen außerhalb des gewöhnlichen Geschäftsbetriebes erfordert dagegen sowohl für den Insolvenzverwalter *(Trustee)* als auch für den *Debtor in Possession* die Zustimmung des Insolvenzgerichts nach Anhörung der Beteiligten („notice and a hearing").[36] Regelmäßig wird das Insolvenzgericht eine derartige Verfügung außerhalb des ordentlichen Geschäftsbetriebes nur erlauben, wenn dies ökonomisch sinnvoll ist und zudem die ggf. betroffenen Gläubiger anderweitig gesichert sind (etwa durch die Verpfändung von anderen Vermögensgegenständen).

4.4 DIP Financing

Der *Bankruptcy Code* erleichtert dem *Debtor in Possession* die kurzfristige – vorrangige - Darlehensaufnahme, um damit die ausreichende Solvenz des Geschäftsbetriebes wiederherzustellen und eine erfolgreiche Reorganisation im Chapter 11-Verfahren zu erreichen (sogenanntes *Debtor in Possession Financing;* kurz: *DIP-Financing*). Dafür wird der Schuldner nach Anhörung der Beteiligten ermächtigt, sogenannte Superpriority Loans, dh absolut vorrangige Darlehen, in Anspruch zu nehmen.[37] Das Insolvenzgericht kann dabei dem Schuldner sogar erlauben, bereits mit Rechten Dritter belastete Vermögensgegenstände nochmals, gegebenenfalls sogar vorrangig, zu belasten. Damit geht das DIP-Financing auch noch über den Sanierungskredit nach dem ESUG[38] hinaus.

5. Gläubiger

Wie auch im deutschen Recht sind die Gläubigergruppen im US-amerikanischen Insolvenzrecht von entscheidender Bedeutung, insbesondere im Hinblick auf das Zustimmungserfordernis zum Reorganisationsplan im Chapter 11-Verfahren sowie bei der Verteilung der Insolvenzmasse in der Liquidation. Dabei gilt das Prinzip, dass innerhalb der verschiedenen Gläubigergruppen die Gläubiger gleich behandelt werden. Es gibt regelmäßig die folgenden Gläubigergruppen:

---

[32] Die meisten Insolvenzgerichte gehen davon aus, dass solche bar dates erforderlich sind, um ein Insolvenzverfahren effizient und erfolgreich abzuschließen, In re Lehman Bros. Holdings, Inc., 433 B.R. 113, 119 (Bankr. S.D.N.Y. 2010), aff'd. 445 B.R. 137 (S.D.N.Y. 2011); In re Keene Corp., 188 B.R. 903, 907 (Bankr. S.D.N.Y. 1995); Florida Dept. of Ins. v. Drexel Burnham Lambert Group, Inc. (In re Drexel Burnham Lambert Group, Inc.), 148 B.R. 1002, 1005 (S.D.N.Y. 1993) („The bar order by forcing creditors to make known their claims against the estate, enables the bankruptcy judge to tally up the debtor's assets and liabilities so that a reorganization plan can be developed").
[33] 11 U.S.C. 509 (b) (9).
[34] 11 U.S.C. 341 (a).
[35] 11 U.S.C. 341(b).
[36] Dabei kann das Insolvenzgericht den Debtor in Possession (oder Trustee) auch befähigen, die Vermögensgegenstände frei von Belastungen Dritter zu veräußern (um einen möglichst hohen Wert zu erzielen); 11 U.S.C. § 363(f), (m).
[37] 11 U.S.C. § 364 (c).
[38] § 270 Abs. 3 InsO.

5.1 Gesicherte Gläubiger

36 Gesicherte Gläubiger sind solche, denen für ihre Forderung gegen den Schuldner Sicherheiten zur Verfügung gestellt wurden (jeweils in Höhe der Besicherung). Auch für solche gesicherten Gläubiger gilt der *Automatic Stay*, sodass sie ihre Sicherheiten und ihre Forderungen nicht durchsetzen können (keine Absonderungsberechtigung). Sie erhalten allerdings einen beschränkten Anspruch auf Zinszahlung, während bei ungesicherten Forderungen ab Beginn des Insolvenzverfahrens keinerlei Zinsen mehr beansprucht werden können. Des Weiteren haben sie aufgrund der Wirkungen des *Automatic Stay* Anspruch auf angemessene Absicherung gegen den Wertverlust ihrer Sicherheiten.

37 In Chapter 11-Verfahren spielen die großen gesicherten Gläubiger häufig eine wichtige Rolle bei der Überwachung des *Debtor in Possession*, insbesondere, wenn es einen großen Gläubiger gibt, der Sicherheiten an den wesentlichen Vermögensgegenständen hält (etwa die finanzierende Bank). Da der Geschäftsbetrieb fortgeführt wird, gehen weitere Verluste zunächst zu Lasten dieses großen gesicherten Gläubigers, sodass ihm eine entscheidende Rolle im Verfahren zugebilligt wird.

5.2 Bevorzugte Gläubiger

38 Ähnlich wie im deutschen Recht, gibt es im US-amerikanischen Insolvenzrecht bestimmte Forderungen, die bevorzugt behandelt werden. Hierzu zählen die gesicherten Kreditgeber, die nach Beginn des Insolvenzverfahrens noch Kredite zur Verfügung gestellt haben, der Verwaltungsaufwand für die Kosten des Verfahrens[39] sowie auch bestimmte Lohn- und Steuerforderungen.[40]

5.3 Einfache Insolvenzgläubiger

39 Alle anderen – nicht nachrangigen – Gläubiger gelten als ungesicherte Insolvenzgläubiger, die je nach Komplexität des Verfahrens noch einmal in verschiedene Gläubigergruppen aufgeteilt werden können, in denen jeweils gleichartige Forderungen zusammengefasst werden. So kann es beispielsweise sinnvoll sein, ungesicherte Gläubiger mit Kleinforderungen bis zu einem bestimmten Betrag zusammenzufassen.

5.4 Nachrangige Insolvenzgläubiger

40 Nachrangige Insolvenzgläubiger sind zum einen die Anteilseigner, sowie die Gläubiger, mit denen der Schuldner einen Nachrang vertraglich vereinbart hat. Des Weiteren werden Forderungen von Gläubigern nachrangig behandelt, die gemeinsam mit dem Schuldner für Ansprüche haften und diese erfüllt haben (wodurch sich für sie ein – dann nachrangiger – Regressanspruch ergibt).[41]

6. Verträge im Insolvenzverfahren

41 Ähnlich wie im deutschen Recht gibt das US-amerikanische Insolvenzrecht dem Schuldner (bzw. dem Trustee) die Wahl, Verträge, bei denen die Hauptpflichten noch nicht vollständig erfüllt sind (sogenannte *executory contracts*) nicht zu erfüllen oder weiter zu führen.[42] Nach der Rechtsprechung der meisten Insolvenzgerichte ist ein Vertrag noch nicht vollständig erfüllt, also ein *executory contract*, wenn außerhalb des Insolvenzverfahrens die Nichterfüllung der noch nicht erfüllten Pflicht einen Vertragsbruch *(material breach)* darstellen würde.[43] Dabei hat der Supreme Court of the United States mehrfach entschieden, dass, während die Durchsetzung des Vertrages gegen den Schuldner nicht mehr möglich ist, der Schuldner selbst den Vertrag gegenüber seinem Vertragspartner jederzeit durchsetzen kann.[44] Die andere Partei ist damit verpflichtet, die Verträge zu erfüllen, bis der Schuldner (bzw. *Trustee*) entschieden hat, ob die Vertragserfüllung beendet werden soll.

42 Für den Fall, dass der Schuldner die Beendigung des Vertrages wählt, erhält die andere Vertragspartei einen – ungesicherten – Anspruch auf Schadensersatz gegen den Schuldner.[45] Für den Fall, dass sich der Schuldner dafür entscheidet, einen für ihn vorteilhaften Vertrag weiterzuführen, muss er die bisherigen Vertragsverletzungen heilen und gegebenenfalls auch seine zukünftige Leistung ausreichend absichern. Für den Fall der Wahl der Erfüllung erlaubt der *Bankruptcy Code* dabei

---

[39] 11 U.S.C. § 503(b)(1)(A).
[40] 11 U.S.C. § 507.
[41] 11 U.S.C. § 509 (a); *Pearlman v. Reliance Insurance Co.*, 371 U.S. 132, 134 (1962); See *Corland Corp. v. Salisbury (In re Corland Corp.)*, 967 F.2d 1069, 1078 (5th Cir. 1992).
[42] U.S.C. § 365.
[43] *In re Penn Traffic Co.*, 524 F.3d at 379 (citing Vern Countryman, *Executory Contracts in Bankruptcy: Part I*, 57 Minn. L.Rev. 439, 460 (1973)).
[44] N.R.L.B. v. *Bildisco and Bildisco*, 465 U.S. 513, 531 (1984).
[45] 11 U.S.C. § 365 (g).

8. Insolvenzanfechtung 43–48 USA

grundsätzlich die uneingeschränkte Abtretbarkeit der Verträge, selbst wenn vertraglich ein Abtretungsverbot vereinbart ist. Zudem erklärt der *Bankruptcy Code* grundsätzlich Klauseln für ungültig, die vorsehen, dass eine schlechte finanzielle Lage des Schuldners oder der Beginn des Insolvenzverfahrens zur Beendigung, Kündigung oder Abänderung eines Vertrages mit dem Schuldner führen sollen.[46] Damit wird der Schuldner in die Lage versetzt, günstige Verträge weiterzuführen und im Rahmen des Reorganisationsplans ggf. auch gewinnbringend an Dritte zu veräußern, während er sich von den für ihn ungünstigen Verträgen befreien kann.

Sonderregelungen gelten für bestimmte Verträge, so gibt es etwa umfassende Sonderregelungen 43 zu Mietverträgen und Lizenzverträgen über gewerbliche Schutzrechte sowie Sonderregelungen für Tarifverträge. Außerdem sieht das amerikanische Recht beispielsweise sogenannte *Safe Harbors* für Derivateverträge vor, die ua nicht dem *Automatic Stay* unterfallen und für die kein Erfüllungswahlrecht besteht. Verträge, die der Schuldner oder *Trustee* erst nach dem Beginn des Insolvenzverfahrens eingegangen ist, unterfallen den Regelungen zu den *executory contracts* insgesamt nicht.

7. Aufrechnung

Section 553 des Bankruptcy Code ordnet an, dass die Gläubiger im Insolvenzverfahren ihr 44 Recht zur Aufrechnung behalten, soweit sich gegenseitige Forderungen gegenüberstehen *(mutual debt)*, die vor Beginn des Insolvenzverfahrens entstanden sind. Der Begriff der Gegenseitigkeit wird dabei eng ausgelegt und entspricht im Wesentlichen dem deutschen Verständnis.[47] Ausnahmen von der Aufrechnungsmöglichkeit bestehen für Ansprüche, die kurz vor Beginn des Insolvenzverfahrens begründet wurden, wenn der Schuldner zu diesem Zeitpunkt schon zahlungsunfähig war oder die Forderungen nur zum Zweck der Aufrechnung überhaupt begründet wurden.

Neben der Insolvenzaufrechnung steht das gewohnheitsrechtliche Instrument des sogenannten 45 „*recoupment*", das es einem Gläubiger erlaubt, sich unter bestimmten Bedingungen darauf zu berufen, dass sich gegenüberstehende Forderungen im Insolvenzverfahren untergegangen sind (selbst wenn eine Aufrechnung gemäß Section 553 des Bankruptcy Code nicht möglich ist).

8. Insolvenzanfechtung

Ähnlich dem deutschen Recht kennt auch das US-amerikanische Recht verschiedene Möglich- 46 keiten, Geschäfte und Transaktionen, die vor Beginn des Insolvenzverfahrens abgeschlossen wurden, unter bestimmten Bedingungen anzufechten. Die beiden wesentlichen Anfechtungsgründe sind die Vornahme einer Vorzugsbehandlung für bestimmte Gläubiger[48] und die Anfechtung wegen einer betrügerischen Handlung.[49] Die Beweislast für das Vorliegen der Anfechtungsgründe liegt dabei ähnlich wie im deutschen Recht beim Schuldner bzw. Trustee. Ob ein Anfechtungsgrund vorliegt, entscheidet das Insolvenzgericht nach mündlicher Verhandlung.

Als anfechtbare Vorzugsbehandlung wird eine Zahlung oder Vermögensverfügung des insolven- 47 ten Schuldners angesehen, die innerhalb von 90 Tagen vor Beginn des Insolvenzverfahrens erfolgt ist (oder ggf. einer längeren Frist, zB bei Kenntnis des Gläubigers von der Insolvenzlage des Schuldners) und die die andere (Vertrags-)Partei in die Lage versetzt hat, mehr zu erzielen, als ihr in einer Liquidation gemäß Chapter 7 zustehen würde.[50] Ausnahmen bestehen entsprechend den Zielen des amerikanischen Insolvenzsystems für bestimmte „gewünschte" Vermögensverfügungen, wie etwa Zahlungen *in the ordinary course of business* und Vermögensverfügungen, die neue bzw. höhere Werte kreiert haben oder im Zusammenhang mit einer neuen Kreditgewährung stehen.

Eine betrügerische Transaktion *(fraudulent transfer)* ist jede Verfügung, die eine Vermögensver- 48 schiebung, Benachteiligung oder verzögerte Bedienung von Gläubigern bezweckt oder bei der die

---

[46] 11 U.S.C. § 365 (e) (1).
[47] *Scherling v. Hellman Elec. Corp. (In re Westchester Structures, Inc.)*, 181 B.R. 730, 739 (Bankr. S.D.N.Y. 1995); *Official Comm. of Unsecured Creditors v. Mfrs. & Traders Trust Co. (In re Bennett Funding Group, Inc.)*, 212 B.R. 206, 212 (B.A.P. 2d Cir. 1997); *Packaging Indus. Group, Inc. v. Dennison Mfg. Co. (In re Sentinel Prods. Corp.)*, 192 B.R. 41, 46 (N.D.N.Y. 1996); *Shugrue v. Fischer*, 164 B.R. at 843; *Depositors Trust Co. v. Frati Enters., Inc.*, 590 F.2d 377, 379 (1st Cir. 1979); *In re Virginia Block Co.*, 16 B.R. 560, 562 (Bankr. W.D.Va. 1981); *Barber v. Prod. Credit Servs. (In re KZK Livestock)*, 221 B.R. 471, 480 (Bankr. C.D. Ill. 1998); *In re Semcrude, L.P.*, 399 B.R. at 393.
[48] 11 U.S.C. § 547.
[49] 11 U.S.C. § 548; die Anfechtbarkeit sogenannter *fraudulent transfers* ist in zwei unterschiedlichen und voneinander unabhängigen gesetzlichen Regelungen festgelegt, nämlich in § 548 des Bankruptcy Code (als Federal Law) und in den jeweilig anwendbaren Regelungen der einzelnen Bundesstaaten, die entweder auf dem Uniform Fraudulent Conveyance Act („UFCA") oder dem Uniform Fraudulent Transfer Act („UFTA") beruhen.
[50] 11 U.S.C. § 547 (b).

insolvente Gesellschaft keine adäquate Gegenleistung erhält. Hierunter können auch Vermögensverfügungen fallen, die den Schuldner mit unangemessen kleinem Kapital zurücklassen oder bei denen bereits ersichtlich ist, dass der Schuldner nicht in der Lage sein wird, zukünftig seine Verbindlichkeiten zu zahlen.

9. Reorganisationsverfahren

49 Das Reorganisationsverfahren ist der Kern des US-amerikanischen Insolvenzrechts, und war und ist Vorbild für Regelungen in vielen anderen Staaten. Es ist Ausfluss der Grundannahme des US-amerikanischen Insolvenzrechtes, dass eine Weiterführung eines Geschäftsbetriebes nach einer Reorganisation einer Liquidation vorzuziehen ist,[51] da die Reorganisation Werte erhält, Arbeitsplätze schützt und eine höhere Befriedigungsquote für die Gläubiger schafft.[52] Diesem Zweck dienen daher auch die wesentlichen Regelungen des Reorganisationsverfahrens, insbesondere der *Automatic Stay*, die Weiterführung des Geschäftsbetriebes durch die Geschäftsführung (anstelle eines fachfremden Insolvenzverwalters) und die Möglichkeit ein sog. vorrangiges DIP-Financing zu erhalten. Ergänzend dazu eröffnen die weiteren Regelungen des Chapter 11-Verfahrens die Möglichkeit, ohne Zustimmung aller Gläubiger den Geschäftsbetrieb und die Insolvenzverbindlichkeiten zu restrukturieren (sogenannter „*cram-down*"), Vermögenswerte frei von Belastungen Dritter zu veräußern und ungünstige Verträge „loszuwerden" sowie günstige Verträge ungehindert von jedem Abtretungsverbot auf Dritte zu übertragen.

9.1 Ausprägungen des Chapter 11-Verfahrens in der Praxis

50 Kern des Chapter 11-Verfahrens ist der Reorganisationsplan. In der Praxis gibt es zwei verschiedene Ausprägungen des Chapter 11-Verfahrens, nämlich die sogenannten *„free fall cases"* und die *„pre-packaged or pre-arranged cases"*. Als *„free fall cases"* werden die Verfahren bezeichnet, in denen das Chapter 11-Verfahren begonnen wird, ohne dass bereits ein zwischen dem Schuldner und den wesentlichen Gläubigern zumindest vorverhandelter Reorganisationsplan vorliegt, also bei Beginn des Verfahrens noch keine *exit strategy* besteht. Bei den sogenannten *pre-packaged cases* hat der Schuldner bereits im Vorfeld des Insolvenzverfahrens einen Reorganisationsplan verhandelt und gegebenenfalls sogar schon die Zustimmung der wesentlichen Gläubiger hierzu eingeholt *(pre-voted case)*, sodass das Insolvenzverfahren selbst sehr effizient und kurz ist.[53]

9.2 Vorlage des Reorganisationsplans

51 Während der ersten 120 Tage nach Beginn des Chapter 11-Verfahrens kann ausschließlich der Schuldner einen Reorganisationsplan beim Insolvenzgericht vorlegen.[54] Diese 120-Tagefrist kann durch das Insolvenzgericht substantiell verlängert werden, gegebenenfalls bis zu einer maximalen Exklusivitätsfrist von 18 Monaten.[55] In der Praxis wird die 120-Tagefrist in großen Fällen in der Regel erheblich verlängert, damit der *Debtor in Possession* ausreichend Zeit hat, den Geschäftsbetrieb zu stabilisieren und für die Akzeptanz seines Plans zu werben.

52 Nach Ablauf dieser Fristen können der Gläubigerausschuss oder jeder einzelne Gläubiger einen eigenen Reorganisationsplan vorlegen.

9.3 Inhalt des Reorganisationsplans

53 Der *Debtor in Possession* hat im Rahmen des Chapter 11-Verfahrens einen großen Spielraum beim Inhalt des von ihm vorgelegten Reorganisationsplans. So kann er einen *stand-alone-Plan* vorlegen, in dem dem Schuldner die Fortführung des Geschäftsbetriebes nach Reduzierung der Verbindlichkeiten ermöglicht wird. Der Reorganisationsplan kann aber auch die Kapitalzuführung durch bestehende oder neue Gläubiger vorsehen, die Entziehung oder den Verkauf der Anteile an dem reorganisierten Unternehmen oder die Umwandlung von Verbindlichkeiten in Eigenkapital *(debt for equity swap)*. Auch kann der Plan die Befriedigung von Ansprüchen der Gläubiger durch andere als die ursprünglichen Mittel, zB Anteile am reorganisierten Unternehmen, vorsehen.

---

[51] *In re Stanwich Fin. Servs. Corp.*, 288 B.R. 24, 26–27 (Bankr. D. Conn. 2002).
[52] *NLRB v. Bildisco & Bildisco*, 465 U.S. 513, 528 (1984).
[53] Einer der Kritikpunkte am ESUG ist, dass das deutsche Recht solche pre-voted plans und damit eine rein bestätigende Insolvenz weiterhin nicht zulässt, sodass die Verfahren stets relativ lange dauern „müssen", vgl. *Madaus*, „Aktivierung des Planverfahrens als Sanierungsverfahren durch Zulassung einer Bestätigungsinsolvenz", NZI 2011, 622.
[54] 11 U.S.C. § 1121 (b).
[55] 11 U.S.C. § 1121 (d) (1) – (2).

Möglich ist im Planverfahren auch die Liquidation, dh der Verkauf der Vermögensgegenstände **54**
zur Befriedigung der Gläubiger.[56] In den letzten Jahren haben Schuldner vermehrt von der Möglichkeit Gebrauch gemacht, die wesentlichen Vermögenswerte (als Gesamtheit) bereits kurz nach Eröffnung des Chapter 11-Verfahrens zu veräußern, sodass der Geschäftsbetrieb von einem Dritten fortgeführt wird.[57] Die reine Liquidation der Vermögenswerte hat gerade in komplexen Verfahren immer mehr an Bedeutung gewonnen, in denen es eine Vielzahl von verschiedenen Gläubigern gab und eine Fortführung des Geschäftsbetriebs nicht möglich war, vgl. etwa die bekannten Großverfahren Enron und Lehman Brothers.

Neben der eigentlichen Reorganisation oder Liquidation setzt der Reorganisationsplan vor **55**
allem die verschiedenen Gläubigergruppen und deren Behandlung fest.[58]

9.4 Annahme des Reorganisationsplans

Innerhalb der ersten zwei Wochen des Chapter 11-Verfahrens benennt der United States Trustee **56**
ein *Official Committee of Unsecured Creditors (Creditors' Committee)*.[59] Die Größe dieses Gläubigerausschusses hängt von der Komplexität des Falls und der verschiedenen ungesicherten Gläubigergruppen ab, wobei regelmäßig Vertreter der sieben größten ungesicherten Gläubiger Mitglieder des Gläubigerausschusses sein sollen. Eine der wesentlichen Aufgaben des Gläubigerausschusses ist dabei die Teilnahme an den Verhandlungen des Reorganisationsplans.

Angenommen werden muss der Plan jedoch durch die verschiedenen Gläubigergruppen, die **57**
durch den Reorganisationsplan nachteilig betroffen werden. Die Abstimmung erfolgt innerhalb der einzelnen Gläubigergruppen, sodass nicht jeder einzelne Gläubiger zustimmen muss. Bevor über die Annahme des Plans abgestimmt wird, muss der Schuldner schriftliche Planerläuterungen *(Disclosure Statement)* vorlegen, die vom Insolvenzgericht genehmigt sind und ausreichende Informationen aus dem Reorganisationsplan enthalten.[60]

Die Gläubiger stimmen sodann in ihren Gruppen über den Plan ab, wobei die Zustimmung **58**
einer Gläubigergruppe vorliegt, wenn mindestens die Gläubiger den Plan akzeptieren, die mehr als die Hälfte der zur Gruppe gehörenden Ansprüche im Betrag von mindestens 2/3 der in die Gruppe fallenden Gesamtanspruchssumme halten.[61] Gläubigergruppen, die durch den Plan nicht beeinträchtigt werden, werden als zustimmende Gläubigergruppen gewertet.[62] Umgekehrt werden Gläubigergruppen, die unter dem Plan nichts erhalten, als ablehnende Gläubigergruppen bewertet.[63] Bei diesen Gläubigergruppen findet keine Abstimmung statt.

Das Insolvenzgericht kann zudem unter bestimmten Umständen Gläubiger von der Abstim- **59**
mung ausschließen (sodass ihre Ansprüche auch nicht bei der Berechnung der Mehrheiten zählen), insbesondere, wenn Gläubiger bösgläubig handeln *(not in good faith)*, was beispielsweise angenommen wird, wenn Gläubiger Forderungen gegen den Schuldner alleine mit dem Ziel aufgekauft haben, den Reorganisationsplan zu blockieren.[64]

Das US-amerikanische Insolvenzrecht erlaubt dem Insolvenzgericht schließlich, den Reorgani- **60**
sationsplan auch dann zu bestätigen, wenn einzelne Gläubigergruppen diesen abgelehnt haben, solange mindestens eine der betroffenen Gläubigergruppen den Plan akzeptiert hat (sogenannter *cram down*). Voraussetzung hierfür ist, dass der Schuldner nachweist, dass der Plan keine unfaire Behandlung von Gläubigern vorsieht und Gläubigergruppen angemessen berücksichtigt *(„fair and equitable")*.[65] Der *cram-down* wird in den USA als eine effiziente, aber auch erforderliche Regelung angesehen, da gegen den Reorganisationsplan naturgemäß regelmäßig diejenigen (nachrangigen) Gläubiger oder Anteilseignergruppen stimmen werden, die ihr Geld bereits verloren haben und keine oder nur eine geringe Auszahlung oder keine oder nur nachrangige Rechte an der Insolvenzmasse erhalten.

---

[56] Dies ist seit der Reform von 1978 im Rahmen des Chapter 11 Verfahrens möglich; Bankruptcy Reform Act of 1978, Pub. L. No. 95-598, 92 Stat. 2549; Richard L. Epling, Proposal for Equality of Treatment for Claims in Chapter 7 and Claims in A Liquidating Chapter 11 Case, 4 Bankr. Dev. J. 399, 419 (1987) (quoting H.R. Rep. No. 595, 95th Cong., 1st Sess. 406 (1977); S. Rep. No. 989, 95th Cong., 2d Sess. 118 (1978)).
[57] Vergleichbar mit der sogenannten „übertragenden Sanierung" in Deutschland.
[58] 11 U.S.C. § 1123.
[59] 11 U.S.C. § 1102.
[60] 11 U.S.C. § 1125.
[61] 11 U.S. C. § 1126 (c), für Anteilsinhaber gilt ein anderes Mehrheitserfordernis, § 1126 (d).
[62] 11 U.S.C. § 1126 (f).
[63] 11 U.S.C. § 1126 (g).
[64] 11 U.S. C. § 1126 (e).
[65] 11 U.S.C. § 1129 (b).

61 Gleichzeitig kommt damit der Bildung der Gläubigergruppen eine erhöhte Bedeutung zu, da es durch geschickte Bildung dieser möglich ist, weitere „zustimmende" Gläubigergruppen zu schaffen und die Mehrheitsverhältnisse innerhalb der Gläubiger zu verschieben.

9.5 Folge der Planbestätigung

62 Sobald das Insolvenzgericht den Organisationsplan bestätigt hat, ist dieser für den Schuldner, die Gläubiger und die Anteilseigner verbindlich und der Schuldner wird von sämtlichen Forderungen, die vor dem Insolvenzplan begründet wurden, frei (Restschuldbefreiung), es sei denn, der Reorganisationsplan selbst sieht anderes vor. Ab dann gelten nur noch die Regelungen des Plans.[66]

63 Eine Ausnahme gilt für reine Liquidationspläne, bei denen der Schuldner nach Planannahme nicht mehr geschäftlich tätig ist und bei denen es in einem Chapter 7-Verfahren keine Restschuldbefreiung geben würde (dh für Unternehmen). Hier soll sichergestellt werden, dass nicht über den Umweg des Chapter 11-Verfahrens die Regelungen des Chapter 7-Verfahrens ausgehebelt werden.[67]

9.6 Besonderheiten des Small Business Reorganization Act

64 Ziel des Small Business Reorganization Act ist es, auch kleineren Unternehmen Zugang zur Reorganisation im Chapter 11-Verfahren zu gewähren. Aufgrund der formellen Anforderungen und des Aufwands des Chapter 11-Verfahrens war dieses bis dahin für kleine Unternehmen quasi nicht verfügbar. Das „Mini-Chapter 11" für Privatpersonen gemäß Chapter 13 war für kleinere Unternehmen ebenfalls nicht zugänglich.

65 Von dieser „Gesetzeslücke" in den Reorganisationsverfahren waren sowohl kleine Familienunternehmen als auch Start-Ups betroffen. Zur Unterstützung der Reorganisation (anstelle einer Liquidation) solcher kleinen Unternehmen wurde daher ein neues Kapitel in das Chapter 11-Verfahren eingefügt.

66 Die Besonderheiten des Verfahrens liegen insbesondere in den folgenden Themen:
– Reduzierung der prozessualen Anforderungen, insbesondere Abschaffung des Creditors' Committee für diese Verfahren (was zu einer erheblichen Reduzierung der Kosten und des Aufwands führt)
– Abschaffung des zwingenden Erfordernisses, dass die Gläubiger dem Insolvenzplan zustimmen, sofern bestimmte Voraussetzungen vorliegen (insbesondere, dass für eine bestimmte Anzahl an Jahren sämtliches Einkommen genutzt wird, um den Plan durchzuführen und die Gläubiger zurückzuführen),
– Einführung eines Trustees zur Überwachung, aber Wahrnehmung der Rolle des Trustee durch eine Privatperson (ausgewählt aus einer Liste von Kandidaten, die vom Department of Justice bestätigt sind), sowie
– Beschleunigung des Verfahrens (zB Anforderung, dass der Insolvenzplan sehr kurzfristig vorgelegt werden muss).

10. Konzerninsolvenzrecht

67 Anders als (jedenfalls bisher) im deutschen Recht gibt es im US-amerikanischen Recht Regelungen, die die einheitliche und koordinierte Abwicklung von Konzerninsolvenzen erleichtern, nämlich den gemeinsamen Gerichtsstand *(Venue Consolidation)* und die Zusammenfassung von Insolvenzverfahren verschiedener Konzerngesellschaften zu einem Verfahren *(Substantive Consolidation)*.

10.1 Venue Consolidation

68 Ein Insolvenzantrag kann im US-amerikanischen Recht (auch) bei dem Insolvenzgericht gestellt werden, bei dem bereits ein Insolvenzverfahren verbundener Unternehmen oder des Gesellschafters anhängig ist (die entsprechende Regelung gilt sowohl für Unternehmen als auch für Privatpersonen, der Hauptanwendungsfall ist jedoch das Konzerninsolvenzrecht).[68] Für den Fall, dass mehrere Gesellschaften am gleichen Gerichtsstand ihr Insolvenzverfahren betreiben, können sie auch unter einem Aktenzeichen verwaltet werden.[69]

---

[66] 11 U.S.C. § 1141 (a) (b).
[67] 11 U.S.C. § 1141 (d) (3).
[68] 28 U.S.C. § 1408.
[69] FRBP, Rule 1015.

10.2 Substantive Consolidation

Richterrechtlich hat sich zudem die *Substantive Consolidation* entwickelt, die es dem Insolvenzgericht erlaubt, verbundene Unternehmen zu einem einzigen Insolvenzverfahren zusammenzufassen, sodass die Gläubiger des Konzerns von den Vermögenswerten sämtlicher verbundener Gesellschaften profitieren. Hiervon wird im US-amerikanischen Recht regelmäßig Gebrauch gemacht, es handelt sich um ein wirksames Mittel zur Restrukturierung großer Konzerne und vermeidet die anderenfalls erforderliche Entflechtung der Konzernverhältnisse. Für den einzelnen Gläubiger kann dies auch Nachteile mit sich bringen, insbesondere wenn er nur Gläubiger einer oder weniger Konzerngesellschaften ist, die über die großen Vermögenswerte verfügen. Gleichzeitig werden damit auch die Garantien von Muttergesellschaften letztlich ausgehebelt, da die Vermögensgegenstände der Muttergesellschaft in der Insolvenz allen Gläubigern zur Verfügung stehen. Die Gerichte haben daher bestimmte Voraussetzungen entwickelt, wann die *Substantive Consolidation* angewandt werden kann, wobei insbesondere darauf abgestellt wird, ob der Konzern entweder nach außen als Einheit aufgetreten ist oder für die Gläubiger die Entflechtung des Konzerns nachteilig wäre.[70]

Außerdem können Schuldner und Gläubiger einvernehmlich die Anwendung der *Substantive Consolidation* beschließen, was jedenfalls in Pre-Packaged-Verfahren gegebenenfalls schon vorher vereinbart wird.

11. Internationales Insolvenzrecht

11.1 Grundlagen des Chapter 15-Verfahrens

Die internationalen insolvenzrechtlichen Fragen sind im Chapter 15 des US Bankruptcy Code geregelt. Das Chapter 15 wurde im Rahmen des *Bankruptcy Abuse Prevention and Consumer Protection Act of 2005* in den Bankruptcy Code eingeführt und basiert auf dem Uncitral Model Law on Cross Border Insolvency. Es ordnet daher ausdrücklich an, dass bei der Auslegung dieses Kapitels das Insolvenzgericht die internationale Herkunft sowie die Auslegung des Uncitral Model Laws in anderen Ländern berücksichtigen soll.[71] Es handelt sich damit um einen der wenigen Fälle, in denen die US-amerikanischen Gerichte ausdrücklich aufgefordert werden, die Auslegung und Anwendung von Gesetzen in anderen Ländern zu beachten.

Im Chapter 15-Verfahren ist erstmals eine einheitliche Rechtsgrundlage für die Anerkennung ausländischer Insolvenzverfahren in den Vereinigten Staaten geschaffen worden. Ziel des Chapter 15-Verfahrens ist, eine effektive Behandlung von Insolvenzverfahren zu gewährleisten, bei denen der Schuldner Vermögenswerte und Gläubiger in mehr als einem Land hat.[72] Darauf aufbauend sind im Chapter 15-Verfahren die folgenden fünf Ziele ausdrücklich niedergelegt:
i) Förderung der Zusammenarbeit der US-amerikanischen Gerichte mit den Gerichten und Behörden in anderen Ländern bei grenzüberschreitenden Insolvenzen;
ii) Schaffung einer größeren Rechtssicherheit für den Handel und für Investitionen;
iii) Angemessene und effiziente Verwaltung von grenzüberschreitenden Insolvenzen und Schutz der Interessen des Schuldners und der Gläubiger;
iv) Schutz und Maximierung des Werts der Vermögensgegenstände in grenzüberschreitenden Insolvenzverfahren und
v) Erleichterung der Rettung von Unternehmen in der Krise und dabei Schutz von Investitionen und Arbeitsplätzen.[73]

11.2 Das Chapter 15-Verfahren

Verfahren, die gemäß Chapter 15 des *Bankruptcy Code* begonnen werden, sind sogenannte *ancillary proceedings,* dh Partikularverfahren zu einem Hauptinsolvenzverfahren in einem anderen Land. Nachdem ein Chapter 15-Verfahren eröffnet wurde, ist es dem Schuldner oder einem Gläubiger jedoch auch möglich, ein Chapter 7- oder Chapter 11-Verfahren in den Vereinigten Staaten zu beginnen, wenn die Voraussetzungen hierfür vorliegen, also sich insbesondere ausreichend Vermö-

---

[70] Diese Tests sind auch bekannt als *Second Circuit's Augie/Restivo approach* oder *D.C. Circuit's Auto-Train approach,* siehe: *In Re Augie/Restivo Baking Co., 860 F.2d 515, 518 (2d Cir. 1988, In Re Auto-Train Corp., Inc., 810 F.2d 270 (D.C. Cir. 1987)* sowie *In Re Owens Corning, 419 F.3d 195 (3d Cir. 2005).*
[71] 11 U.S.C. § 1508.
[72] Bilaterale oder multilaterale Verträge über die Anerkennung ausländischer Insolvenzverfahren oder die Koordination internationaler Insolvenzverfahren haben die USA nicht abgeschlossen (obwohl es hierzu mehrere Anläufe gab, zB mit Kanada und den NAFTA-Staaten).
[73] 11 U.S.C. § 1501.

gensgegenstände in den Vereinigten Staaten befinden.[74] Außerdem kann das Insolvenzgericht einen US-amerikanischen Schuldner oder *Trustee* berechtigen, im ausländischen Verfahren für die US-amerikanische Insolvenzmasse tätig zu werden.[75]

74 Das Partikularverfahren wird durch einen Antrag auf Anerkennung des ausländischen Hauptinsolvenzverfahrens begonnen *(petition for recognition of a foreign proceeding).*[76] Anerkannt werden können dabei (i) Hauptinsolvenzverfahren in dem Land, in dem der Schuldner seinen auch aus dem EU-Recht bekannten *Center of Main Interest* (COMI) hat und (ii) ausländische Nebenverfahren in Ländern, in denen der Schuldner zwar nicht seinen COMI, aber eine Niederlassung (Establishment) hat. Berechtigt zur Stellung des Anerkennungsantrags ist der sogenannte *Foreign Representative,* der bei Antragsstellung die Existenz des ausländischen Hauptverfahrens und seine Vertretungsbefugnis und Handlungsbefugnis nachweisen muss.[77]

75 Anders als in den anderen US-amerikanischen Insolvenzverfahren beginnt das Chapter 15-Verfahren nicht mit dem Eingang des Antrags auf Anerkennung, hier ist vielmehr eine Prüfung und Entscheidung des Insolvenzgerichts nach mündlicher Verhandlung erforderlich. Das Insolvenzgericht ist jedoch berechtigt, in der Zwischenzeit Sicherungsmaßnahmen anzuordnen,[78] wie beispielsweise die Aussetzung von Vollstreckungsverfahren in die US-amerikanischen Vermögensgegenstände des Schuldners. Mit der Anerkennungsentscheidung treten dann wesentliche Regelungen des *Bankruptcy Code* für das Partikularverfahren in Kraft, wie etwa der *Automatic Stay* und die Befugnis des *Foreign Representatives,* den Geschäftsbetrieb des Schuldners fortzuführen.[79] Zudem ist es dem ausländischen Vermögensverwalter möglich, weitere Anordnungen des Insolvenzgerichts zu beantragen, um das Vermögen des Schuldners oder die Interessen der Gläubiger zu schützen. Er kann zudem ein Hauptverfahren unter Chapter 7 oder Chapter 11 des *Bankruptcy Code* beginnen, allerdings nur für die in den USA gelegenen Vermögensgegenstände. Sollte ein Verfahren in den USA bereits anhängig sein, kann der *Foreign Representative* außerdem als Beteiligter an diesem Insolvenzverfahren teilnehmen und entsprechende Beteiligungsrechte ausüben.[80]

76 Die Regelungen des Chapter 15-Verfahrens verbieten schließlich die Diskriminierung ausländischer Gläubiger und führen dazu, dass auch die ausländischen Gläubiger über alle wesentlichen Aspekte des US-amerikanischen Insolvenzverfahrens informiert werden müssen, wie beispielsweise das Recht und die Fristen, Forderungen anzumelden.[81]

77 Chapter 15-Verfahren ermöglichen dem Insolvenzgericht schließlich eine größtmögliche Zusammenarbeit mit den ausländischen Insolvenzgerichten und ausländischen Insolvenzverwaltern. Hierunter fallen zB Vereinbarungen über die Koordination der verschiedenen Verfahren im Ausland und in den Vereinigten Staaten.[82]

78 In der Praxis wird das Chapter 15 Verfahren inzwischen häufig angewendet, führt allerdings immer wieder auch zu Streitigkeiten. Dies ist insbesondere der Fall, wenn die ausländischen Regelungen des Hauptverfahrens mit den Grundsätzen des US-amerikanischen Insolvenzrechts kollidieren, denn das US-amerikanische Insolvenzgericht wird durch die Regelungen des Chapter 15 ausdrücklich nicht verpflichtet, ausländische Gesetze oder Regelungen anzuerkennen, die dem Recht der Vereinigten Staaten fundamental widersprechen,[83] vgl. etwa die viel beachteten Verfahren In Re Qimonda AG[84] (bei deutschem Hauptverfahren) und *In Re Vitro, S.A.B. de C.V.*[85] (bei mexikanischem Hauptverfahren).

12. Auswirkungen der COVID-19 Pandemie auf die insolvenzrechtlichen Vorschriften

79 Anders als in anderen Jurisdiktionen, wie beispielsweise Deutschland, ist es in den Vereinigten Staaten im Rahmen der COVID-19 Pandemie nicht zu wesentlichen Änderungen der insolvenz-

---

[74] 11 U.S.C. § 1520 (c).
[75] 11 U.S.C. § 1505.
[76] 11 U.S.C. § 1504.
[77] 11 U.S.C. § 1515.
[78] 11 U.S.C. § 1519.
[79] 11 U.S.C. § 1520.
[80] 11 U.S.C. § 1512, 1524.
[81] 11 U.S.C. § 1513, 1514.
[82] 11 U.S.C. § 1527.
[83] 11 U.S.C. § 1506.
[84] In dem um die Anwendbarkeit des im US-amerikanischen Recht vorgesehenen Schutzes des Lizenznehmers in der Insolvenz gestritten wird (vgl. etwa GRUR Int. 2014, 190); diese Thematik hat auch in der deutschen Literatur für erhebliche Diskussionen gesorgt, vgl. etwa Entscheidungsbesprechung von *Esser* FD-InsR 2010, 300546 oder von *Hübler* NZI 2014, 108 (113).
[85] In dem die Vollstreckbarkeit eines mexikanischen Insolvenzplans abgelehnt wurde.

rechtlichen Vorschriften gekommen.[86] Der Fokus lag vielmehr in der wirtschaftlichen Unterstützung von Unternehmen und Privatpersonen, insbesondere durch den Coronavirus Aid, Relief, and Economic Security (CARES) Act, der am 27.3.2020 als Gesetz erlassen wurde. Hierbei handelt es sich um eines der größten, wenn nicht das größte, Unterstützungsprogramm der jüngeren US-amerikanischen Geschichte mit Unterstützungsleistungen von fast 2 Bio. USD.

Die einzige wesentliche rechtliche Änderung ist die Erweiterung des Zugangs zum vereinfachten Chapter 11-Verfahren für kleine Unternehmen gemäß dem Small Business Reorganization Act, das jetzt auch für Unternehmen mit einer Verschuldung von bis zu 7,5 Mio. USD zulässig ist.

Die Tatsache, dass der US-amerikanische Gesetzgeber ansonsten die insolvenzrechtlichen Vorschriften nicht – temporär – an die Pandemiesituation angepasst hat, führt in der Praxis zu erheblichen Problemen, insbesondere bei der Durchführung des wichtigsten Verfahrens des US-amerikanischen Insolvenzrechts, der Reorganisierung nach Chapter 11. Da dieses Verfahren auf die Fortführung des Geschäftsbetriebes gerichtet ist – und mit erheblichen Auswirkungen für die Gläubiger verbunden ist, vgl. etwa der oben beschriebene Automatic Stay –, ordnet das US-amerikanische Insolvenzrecht an, dass bestimmte Verpflichtungen des Schuldners durch diesen erfüllt werden müssen, Masseschulden also zB beglichen werden müssen (etwa Mietzahlungen an den Vermieter der vom Unternehmen genutzten Immobilien). Diese Anforderungen stellen regelmäßig kein Problem dar, da in der Kombination aus DIP-Financing und Fortführung des Geschäftsbetriebs ausreichend Liquidität zur Verfügung steht. Im Rahmen der COVID-19 Pandemie liegt allerdings eine andere Situation vor. Hier kann es – wie bei Unternehmen, die sich nicht in der Insolvenz befinden – zu erheblichen operativen Liquidationsengpässen kommen. In der Praxis hat dies bereits kurze Zeit nach Beginn der Pandemie dazu geführt, dass Unternehmen anstelle der eigentlich angestrebten Reorganisation gemäß Chapter 11 eine Liquidation gemäß Chapter 7 eingeleitet haben.

---

[86] Aktuelle Informationen zu den Maßnahmen der US-amerikanischen Regierung im Rahmen der COVID-Pandemie sind abrufbar unter https://www.usa.gov/coronavirus.

USA

Herkömmliches ("Free Fall") Chapter 11

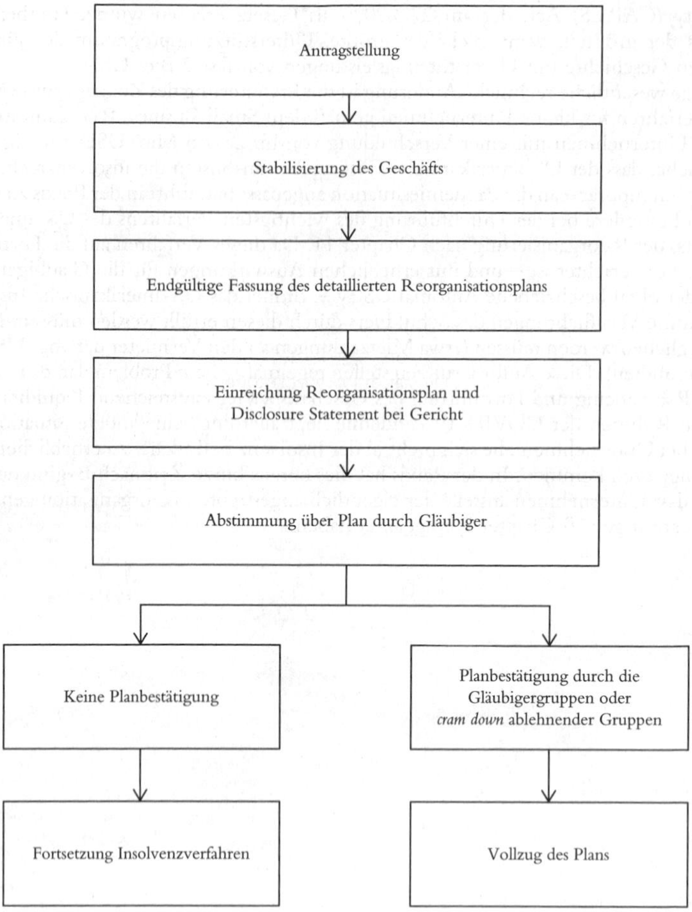

```
┌─────────────────────────────────────────┐
│           Antragstellung                │
└────────────────────┬────────────────────┘
                     ▼
┌─────────────────────────────────────────┐
│       Stabilisierung des Geschäfts      │
└────────────────────┬────────────────────┘
                     ▼
┌─────────────────────────────────────────┐
│ Endgültige Fassung des detaillierten    │
│         Reorganisationsplans            │
└────────────────────┬────────────────────┘
                     ▼
┌─────────────────────────────────────────┐
│    Einreichung Reorganisationsplan und  │
│    Disclosure Statement bei Gericht     │
└────────────────────┬────────────────────┘
                     ▼
┌─────────────────────────────────────────┐
│   Abstimmung über Plan durch Gläubiger  │
└────────┬────────────────────────┬───────┘
         ▼                        ▼
┌──────────────────┐   ┌──────────────────────────┐
│      Keine       │   │ Planbestätigung durch die│
│ Planbestätigung  │   │   Gläubigergruppen oder  │
│                  │   │ cram down ablehnender    │
│                  │   │        Gruppen           │
└────────┬─────────┘   └────────────┬─────────────┘
         ▼                          ▼
┌──────────────────┐       ┌──────────────────┐
│   Fortsetzung    │       │ Vollzug des Plans│
│ Insolvenzverfahren│      │                  │
└──────────────────┘       └──────────────────┘
```

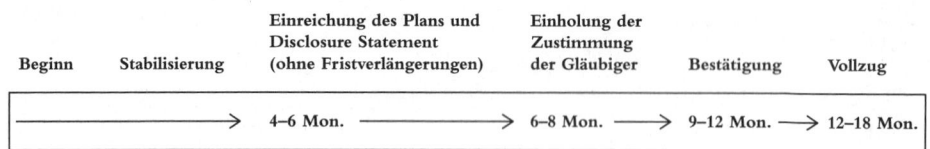

Beginn	Stabilisierung	Einreichung des Plans und Disclosure Statement (ohne Fristverlängerungen)	Einholung der Zustimmung der Gläubiger	Bestätigung	Vollzug
	→	4–6 Mon. →	6–8 Mon. →	9–12 Mon. →	12–18 Mon.

USA

Glossar

Begriff	Erklärung	Rn.
Automatic Stay	Moratorium, das für das gesamte Verfahren gilt und die Durchsetzung von Ansprüchen und Vollstreckung in das Schuldnervermögen ausschließt	25
Bankruptcy Court	Das US-amerikanische Insolvenzgericht, das weitgehend für alle Streitigkeiten und Fragen im Zusammenhang mit dem US-amerikanischen Insolvenzverfahren zuständig ist	5
Bankruptcy Estate	Insolvenzmasse, zu der alle Vermögenswerte des Schuldners gehören, unabhängig davon, wo sie sich befinden (einschließlich ausländischer Vermögensgegenstände)	24
Bar Date	(Strikt durchgesetzte) Frist, innerhalb derer Forderungen in US-amerikanischen Insolvenz-verfahren angemeldet werden müssen	30
Chapter 7-Verfahren	Liquidationsverfahren nach US-amerikanischem Insolvenzrecht	30
Chapter 11-Verfahren	Reorganisationsverfahren nach US-amerikanischem Insolvenzrecht	36
Cram-down	Möglichkeit des Insolvenzgerichtes, den Reorganisationsplan im Chapter 11 trotz fehlender Zustimmung von einzelnen Gläubigergruppen zu bestätigen	48
Debtor in Possession	Schuldner im Chapter 11-Verfahren, der verwaltungs- und verfügungsbefugt bleibt	32
DIP Financing	Debtor in Possession Financing; absolut vorrangige Darlehensaufnahme des Schuldners im Insolvenzverfahren mit dem Ziel der Reorganisation	33
Disclosure Statement	Schriftliche Planerläuterung, die vom Schuldner vor Abstimmung über den Reorganisationsplan im Chapter 11-Verfahren vorzulegen ist	56
Executory Contract	Verträge, bei denen die Hauptpflichten noch nicht vollständig erfüllt sind und deshalb ein Wahlrecht des Schuldners (bzw. Insolvenzverwalters) besteht	40
Foreign Representative	Ausländischer Insolvenzverwalter oder vergleichbarer Verfügungsbefugter, der einen Antrag auf Anerkennung des ausländischen Verfahrens in den USA im Chapter 15-Verfahren stellen kann	70
Free-fall Case	Chapter 11-Verfahren, in dem vor Einleitung des Verfahrens der Reorganisationsplan noch nicht mit den Gläubigern vorverhandelt wurde	49
Pre-packaged/Pre-arranged case	Chapter 11-Verfahren, in dem der Schuldner bereits vor Insolvenzantragstellung einen Reorganisationsplan mit den Gläubigern verhandelt hat	49

USA

Begriff	Erklärung	Rn.
Pre-voted Case	Chapter 11-Verfahren, in dem der Schuldner nicht nur den Reorganisationsplan vorab verhandelt hat, sondern auch schon die Zustimmung der wesentlichen Gläubiger eingeholt hat	49
Proof of Claim	Schriftliche Forderungsanmeldung, die in der englischen Sprache und in US Dollar erfolgen muss; bei fristgemäßer Anmeldung wird zunächst davon ausgegangen, dass die Forderungen bestehen	29
Substantive Consolidation	Zusammenfassung von Insolvenzverfahren von Konzerngesellschaften	63
United States Trustee	Vom Justizministerium ernannte Person, die Kontrollfunktionen im Insolvenzverfahren ausübt	6
Venue Consolidation	Gemeinsamer Gerichtsstand für Insolvenzverfahren von Konzerngesellschaften	63
Voluntary Petition	Freiwilliger Insolvenzantrag des Schuldners, bei dem keine Insolvenzgründe vorliegen müssen	18

Glossar

Begriff	Erklärung	Rn.
Anmeldungsfrist	Bar date	30
Ausländischer Insolvenzverwalter	Foreign Representative	70
Chapter 11-Verfahren, unvorbereitete	Free-fall Case	49
Chapter 11-Verfahren, vorbereitete	Pre-packaged/Pre-arranged Case	49
Forderungsanmeldung	Proof of Claim	29
Freiwilliger Insolvenzantrag des Schuldners	Voluntary Petition	18
Gemeinsamer Gerichtsstand von Konzerngesellschaften	Venue Consolidation	63
Kontrollorgan des Justizministeriums im Insolvenzverfahren	United States Trustee	6
Moratorium	Automatic stay	25
Planerläuterung im Chapter 11-Verfahren (schriftlich)	Disclosure Statement	56
Reorganisationsplan, vorab abgestimmt	Pre-voted Case	49
Schuldner im US-amerikanischen Chapter 11-Verfahren	Debtor in Possession	32
US-amerikanisches Insolvenzgericht	Bankruptcy Court	5
US-amerikanische Insolvenzmasse	Bankruptcy Estate	24
US-amerikanisches Liquidationsverfahren	Chapter 7 proceedings	30
US-amerikanisches Reorganisationsverfahren	Chapter 11 proceedings	36
Verträge mit Wahlrecht des Schuldners/Insolvenzverwalters bezüglich der Erfüllung	Executory Contract	40

USA

Begriff	Erklärung	Rn.
Vorrangige Darlehensaufnahme zur Reorganisation	DIP Financing	33
Zwangsweise Teilnahme am Reorganisationsplan	Cram-down	48
Zusammenfassung von Insolvenzverfahren von Konzerngesellschaften	Substantive Consolidation	63

Vereinigte Arabische Emirate

bearbeitet von *Adrian Cohen*, Partner, LLB (Hons), LLM, *Melissa Coakley,* LLB (Hons), LLM, Dr. *Nicola Reader,* Counsel, BA (Hons), PhD, *Michael Panayi,* Associate, MA (Cantab), LLM (Cantab), allesamt Clifford Chance und *Prof. (a.D.) Dr. Christoph G. Paulus,* Of Counsel bei White & Case, Berlin.

Übersicht

	Rn.		Rn.
1. Bibliographie	1	4.7 Konkurserklärung	45
2. Einführung	2	4.8 Das Amt des Konkursverwalters	47
2.1 Allgemeiner Hintergrund zum Recht der VAE	2	4.9 Schutzmaßnahmen für die Konkurs- und Liquidationsmasse	49
2.1.1 Bundesgesetze und emiratsspezifische Gesetze	2	4.9.1 Moratorium	49
2.1.2 Freizonen	3	4.9.2 Befugnis des Schuldners, sein Vermögen zu verwalten	50
2.2 Hierarchie der Insolvenzrechte in den VAE	4	4.10 Verwaltung und Verwertung des Nachlasses nach Verfahrenseröffnung	51
2.2.1 Bundesrecht	4	4.11 Schließung des Konkurses und Liquidation	57
2.2.2 Freihandelszonengesetze	5		
2.2.3 Nationale Notlagengesetze	6	5. Vertragserfüllung	59
2.3 Einführung in das Konkursrecht	7	5.1 Allgemeine Regelungen	59
3. Schutzvergleichsverfahren	13	5.2 Mietverträge	62
3.1 Einführung	13	5.3 Arbeitsverträge	65
3.2 Eröffnung des Verfahrens	15	6. Pensionen	66
3.3 Beteiligung des Gerichts	16	7. Aufrechnung & Verrechnung	67
3.4 Beteiligung des Managements	18	7.1 Verfügbarkeit von Aufrechnung & Netting nach dem Insolvenzgesetz	67
3.5 Schuldner, der sein Vermögen verwaltet / Weiterführung des Geschäfts	22	7.2 Das Netting-Gesetz der VAE	71
3.6 Sicherungsmaßnahmen für die Masse	24	7.3 Close-Out Netting nach dem UAE Netting-Gesetz	76
3.7 Vertretung der Gläubiger	28	7.4 Sicherheitenvereinbarungen nach dem Netting-Gesetz der VAE	79
4. Konkurs	29		
4.1 Einführung	29	7.5 Aufrechnung nach dem VAE-Netting-Gesetz	81
4.2 Eröffnung des Konkursverfahrens	30	8. Anfechtung	82
4.3 Beteiligung des Gerichts und der Manager an einer Rettung im Konkursverfahren	31	8.1 Rückforderung	82
		8.2 Wirkung der Anfechtung	84
4.4 Schutzmaßnahmen für den Nachlass bei einer Rettung im Rahmen eines Konkurses	35	8.3 Zurechnung der Haftung	86
		9. Die Haftung der Geschäftsführer, Manager und Liquidatoren	88
4.4.1 Moratorium	35	9.1 Persönliche Haftung	88
4.4.2 Fähigkeit des Schuldners, sein Vermögen zu verwalten	36	9.2 Geplatzter Scheck	93
4.5 Die Rettung innerhalb des Konkursverfahrens	37	10. Internationales Insolvenzrecht	94
4.6 Durchführung der Rettung im Rahmen des Konkurses	42	11. Covid-19	96

1. Bibliographie

Hajjiri, Tarek/Cohen, Adrian, Global Insolvenz und Insolvenzpraxis für nachhaltige wirtschaftliche Entwicklung: General Principles and Approaches in the UAE, Dubai Economic Council 2016, Volume 1, Palgrave Macmillan; *Hajjiri, Tarek/Cohen, Adrian,* Global Insolvency and Bankruptcy 1

Practice for Sustainable Economic Development: Internationale Best Practice, Dubai Economic Council 2016, Band 2, Palgrave Macmillan.

2. Einführung

2.1 Allgemeiner Hintergrund zum Recht der VAE

2.1.1 Bundesgesetze und emiratsspezifische Gesetze

2 (a) Die VAE sind von ägyptischen und französischen Rechtsmodellen beeinflusst und haben daher eine Civil Law (im Gegensatz zum Common Law) Rechtsordnung. Auf der Grundlage dieser Herkunft haben die VAE mehrere Gesetze auf Bundesebene erlassen, die zivil- und handelsrechtliche Transaktionen, Verträge und Prozessrechte regeln. Daneben gibt es im Zuge eines Dezentralisierungsprozesses Parallelkompetenzen für die VAE und jedes einzelne Emirat.
(b) Jedes Emirat unterhält sein eigenes Justizsystem. Infolgedessen gibt es eine Abstufung der Gerichtsbarkeit, wobei Bundes- und Emiratsgerichte Fälle je getrennt voneinander verhandeln. Infolgedessen beginnen Gerichtsverfahren in der Regel bei den Gerichten der Emirate, bevor die Berufungen zu den Bundesgerichten aufsteigen. Daneben sind quasi-richterliche Stellen für die Beilegung von Streitigkeiten in bestimmten Rechtsgebieten (zB Handelsvertreterstreitigkeiten) zuständig.
(c) Auch wenn das Recht der VAE nicht auf dem Konzept verbindlicher Präzedenzfälle basiert, folgen die unteren Gerichte rein faktisch regelmäßig den Urteilen der höheren Gerichte. Das Fehlen eines offiziellen Publikationssystems hat allerdings zur Folge, dass nicht alle Entscheidungen öffentlich zugänglich sind.

2.1.2 Freizonen

3 (a) Innerhalb der VAE wurden mehrere Freihandelszonen eingerichtet, darunter auch Finanzfreihandelszonen, die formell von den Handels- und Zivilgesetzen des Bundes ausgenommen sind. Die Gesetze, Vorschriften und Insolvenzregime in den Freihandelszonen unterscheiden sich oft von denen, die in den übrigen VAE gelten; aber nur eine paar wenige Freihandelszonen haben ihre eigenen Insolvenzgesetze.
(b) Grundsätzlich werden die rechtlichen Lücken in den Freizonengesetzen durch Bundesrecht gefüllt. Das DIFC[1] und die ADGM sind die einzigen derzeit eingerichteten Finanzfreihandelszonen, und beide haben ein Rechtssystem, das auf den Grundsätzen des englischen Common Law basiert. Sie verfügen jeweils über unabhängige Gerichtssysteme zur Verhandlung von Zivilsachen und unterliegen anderen Gesetzen und Verfahrensregeln als die sonstigen Gerichte der VAE.

2.2 Hierarchie der Insolvenzrechte in den VAE

2.2.1 Bundesrecht

4 (a) Das Konkursgesetz wurde am 29.9.2016 in den VAE verkündet und trat im Dezember 2016 in Kraft. Es ist ergänzt worden durch das Bundesgesetz Nr. 23 von 2019 (**„Ergänzungsgesetz"**).
(b) Das Konkursgesetz wurde in arabischer Sprache erlassen. Zum Zeitpunkt der Erstellung dieses Dokuments wurde eine vom Finanzministerium der VAE gesponserte Übersetzung auf der Website des Finanzministeriums veröffentlicht. Für die Zwecke dieses Kapitels haben wir uns auf diese englische Übersetzung gestützt. Das wird hier erwähnt, weil das Konkursgesetz danach einige Unklarheiten enthält, die auf Übersetzungsfehler zurückzuführen sein könnten. So enthält Abschnitt 15 zwar angeblich „gemeinsame Bestimmungen" sowohl für die Umstrukturierung als auch für den Konkurs,[2] doch gelten seine Bestimmungen manchmal eindeutig nur für die Umstrukturierung (wie das Moratorium für Forderungen[3]).
(c) Das Konkursrecht ist anwendbar auf:
  (i) Gesellschaften, die den Bestimmungen des Bundesgesetzes Nr. 2 von 2015 über Handelsgesellschaften unterliegen;
  (ii) „Erlass"-Unternehmen, die sich für das Konkursgesetz entscheiden;
  (iii) Gesellschaften in Freihandelszonen, die keine Insolvenzregeln haben;
  (iv) Händler mit Gewinnerzielungsabsicht; und

---
[1] S. https://www.difc.ae/files/3415/6032/5798/Insolvency_Law_No_1_of_2019.pdf.
[2] Art. 152 des Konkursgesetzes.
[3] Art. 162 des Konkursgesetzes.

(v) lizenzierte private Unternehmen oder Einrichtungen, die eine berufliche Tätigkeit ausüben.
(d) Im Gegensatz dazu gilt das Insolvenzgesetz nicht für staatliche Stellen oder Freizoneneinheiten, die über ein eigenes umfassendes Insolvenzrecht verfügen (einschließlich DIFC und ADGM).

2.2.2 Freihandelszonengesetze

Das DIFC und die ADGM unterliegen, wie schon erwähnt, nicht dem Konkursgesetz, auch wenn die Lage in Bezug auf andere Freizonen nicht so eindeutig ist.

2.2.3 Nationale Notlagengesetze

(a) Auf Bundesebene werden einige Insolvenzfälle als so bedeutsam für die Wirtschaft angesehen, dass der Staat eingreifen kann. Zu diesen Unternehmen gehören Banken, Fluggesellschaften, Versorgungsunternehmen und andere systemrelevante Unternehmen/Einrichtungen. In einigen Notsituationen hat die Regierung auch Gesetze erlassen, die spezielle Ausschüsse berufen, die die Insolvenz hochrangiger Unternehmen wie Finanzinstitute oder Investmentgesellschaften abzuarbeiten haben.
(b) Ein Beispiel für ein solches Notstandsgesetz war das Dekret Nr. 57 von 2009 über die Einrichtung eines Gerichts zur Entscheidung von Streitigkeiten im Zusammenhang mit der Regelung der Finanzlage von Dubai World und seinen Tochtergesellschaften, das die Grundsätze des englischen und US-amerikanischen Insolvenzrechts (und nicht die Bundesgesetze der VAE) verwendete, um einen Insolvenzrahmen für eine bestimmte Gruppe von Unternehmenseinheiten zu schaffen.

2.3 Einführung in das Konkursrecht

2.3.1 Im Einklang mit anderen Gesetzen der VAE enthält das Insolvenzrecht moderne französische Rechtsmechanismen sowie Best-Practice-Konzepte aus dem deutschen, englischen und US-amerikanischen Insolvenzrecht und zielt auf die Modernisierung des Insolvenzrechts der VAE ab. Im Rahmen dieses Modernisierungsprozesses hat das Konkursgesetz wichtige Schritte zur Erreichung von drei Hauptzielen unternommen.

2.3.2 Erstens hat das Konkursgesetz eine Klärung der Insolvenzregelung der VAE zum Ziel. So wurde beispielsweise der Cashflow-Test für die Insolvenz verfeinert und ein balance sheet-Insolvenztest eingeführt, der auf dem deutschen Überschuldungstatbestand basiert, bei dem ein Schuldner dann zahlungsunfähig ist, wenn sein Vermögen seine laufenden Verbindlichkeiten nicht deckt. Damit wird nicht nur festgelegt, in welchen Situationen ein Schuldner für zahlungsunfähig erklärt werden kann, sondern es soll auch ein Anreiz geschaffen werden, dass sich der notleidende Schuldner frühzeitig um eine Sanierung bemühen.

2.3.3 Ausgehend von diesem ersten Punkt war das zweite Ziel des Insolvenzgesetzes, eine Verlagerung weg vom strafenden Insolvenzrecht hin zu schuldnerfreundlicheren Sanierungsmöglichkeiten zu initiieren. Das Insolvenzgesetz sieht insbesondere zwei gerichtliche Verfahren vor: ein gerichtliches schuldnergeführtes Schutzvergleichsverfahren, das für Unternehmen vorgesehen ist, die in finanziellen Schwierigkeiten, aber noch nicht zahlungsunfähig sind, sowie den förmlichen Konkurs, der seinerseits ein Rettungsverfahren im Rahmen des Konkurses oder der Liquidation umfasst.[4] Zwar sieht das Konkursgesetz kein privates, außergerichtliches Vor-Insolvenzverfahren (ähnlich dem französischen *Schlichtungsverfahren*) vor, das für Unternehmen gilt, die sich noch nicht formaliter in der Insolvenzzone befinden, doch stellt die Verfügbarkeit eines Umstrukturierungsverfahrens ohne Vorliegen eines Insolvenzgrundes eine wesentliche Änderung der Insolvenzregelung der VAE dar. Ebenso wurde die Regelung für geplatzte Schecks (die zuvor ein Strafverfahren gegen den Schuldner nach sich zog) dahingehend verfeinert, dass ein Verfahren wegen eines geplatzten Schecks ausgesetzt werden kann, wenn sich der Schuldner in einer Umstrukturierung befindet (unabhängig davon, ob er zahlungsfähig oder insolvent ist). Diese Reformen haben dazu geführt, dass die durch finanzielle Notlagen ausgelöste Stigmatisierung beseitigt wurde und stattdessen ein Rahmen für die Rehabilitation des notleidenden Schuldners geschaffen wurde.

2.3.4 Das dritte Ziel des Insolvenzgesetzes war die Schaffung einer stärkeren Verwaltungsaufsicht über Umstrukturierungen und Insolvenzen, indem beispielsweise die Gründung der FRC vorgeschrieben wurde.[5] Die FRC hat unter anderem die Aufgaben, die Umsetzung des Insolvenzgesetzes zu überwachen und dem Finanzminister Bericht zu erstatten, oder die nach dem

---

[4] Ein Schaubild, das die verschiedenen Möglichkeiten der Verfahren nach dem Insolvenzgesetz zeigt, ist in → Anh. 1 zu finden.
[5] Kabinettsbeschluss (Nr. 4 von 2018) zur Errichtung des Financial Resolution Committee (FRC).

Insolvenzgesetz zu führenden Register zu führen, wie zB die Sachverständigenliste und die öffentlichen Register, in denen Einzelheiten über insolvente Unternehmen und disqualifizierte Geschäftsführer erfasst werden, oder aber die außergerichtlichen Umstrukturierungsverfahren für zugelassene Finanzinstitute zu überwachen.

11 2.3.5 Auch wenn sich das Insolvenzgesetz deutlich in Richtung eines rehabilitierenden und restaurativen Modells entwickelt hat, bewahrt es doch eine Grundhaltung des Insolvenzregimes der VAE in Bezug auf die gesicherten Gläubiger. Soweit die Gläubiger durch Hypothek gesichert sind bzw. zu den „bevorzugten Gläubigern" gehören, sind sie nicht an die neu eingeführten Sanierungsverfahren gebunden (und die Sicherheiten können mit Genehmigung des Gerichts während der laufenden Sanierungsverfahren weiterhin realisiert werden) – mit der Folge, dass große Unternehmen mit gesicherten bzw. bevorzugten Gläubigern nur ein reduziertes Interesse an der Nutzung eines Sanierungsverfahrens halten. Darüber hinaus behindern allgemeine Grundsätze des VAE-Rechts die Wirksamkeit des Konkursgesetzes. Beispielsweise bedeutet die fehlende Möglichkeit, Vereinbarungen über Eigentumsvorbehalt zu dokumentieren, dass im Insolvenzfall bisweilen Schwierigkeiten bestehen, die Eigentumsverhältnisse nachzuvollziehen.

12 2.3.6 Angesichts des Fehlens eines formellen Systems zur Veröffentlichung von Rechtsprechung ist es schwierig festzustellen, in welchem Umfang das Insolvenzgesetz tatsächlich genutzt wurde; dem Hörensagen nach soll bislang der Appetit begrenzt gewesen sein. Immerhin aber gestattete am 5.3.2019 das Gericht erster Instanz von Abu Dhabi (Insolvenzabteilung) auf Anweisung der Justizbehörde von Abu Dhabi einem Unternehmen mit 18-mal mehr Schulden als Kapital, sich im Rahmen des Schutzvergleichsverfahrens nach Abschnitt 3 des Insolvenzgesetzes umzustrukturieren.

3. Schutzvergleichsverfahren

3.1 Einführung

13 3.1.1 Ein Abschnitt 3-Verfahren (PCP[6]) soll den Schuldnern helfen, unter Aufsicht des Gerichts und mit Hilfe eines Vergleichsverwalters, des sogenannten PCP-Treuhänders, einen Vergleich mit den Gläubigern zu schließen.[7] Dieses Verfahren folgt dem französischen Sauvegarde-Modell, bei dem ein Schuldner, der i) sich in finanziellen Schwierigkeiten befindet, aber noch nicht zahlungsunfähig ist, oder ii) sich seit weniger als 30 aufeinander folgenden Geschäftstagen im Zustand einer Überschuldung oder Zahlungseinstellung befindet, einen Vergleich mit seinen Gläubigern vorschlägt.

14 3.1.2 Die wichtigsten Schritte des PCP sind in dem Diagramm in → Anh. 2 zusammengefasst.

3.2 Eröffnung des Verfahrens

15 3.2.1 Ein Antrag auf ein PCP kann nur vom Schuldner gestellt oder vom Gericht angeordnet werden – Gläubiger können den Antrag nicht stellen.[8] Ein PCP kann nicht beantragt werden, wenn der Schuldner bereits im vergangenen Jahr einem PCP unterworfen war, der Schuldner bereits in ein Insolvenzverfahren eingetreten ist oder der Schuldner aufgrund seiner instabilen Finanzlage länger als 30 aufeinander folgende Geschäftstage in Verzug ist.

3.3 Beteiligung des Gerichts

16 3.3.1 Das PCP ist ein gerichtlich gesteuertes Verfahren; die Gerichtsbeteiligung erstreckt sich über die verschiedenen Phasen:
(a) *Einreichen des Antrags:* Der Schuldner muss bei der Beantragung eines PCP dem Gericht bestimmte Unterlagen vorlegen, zu denen auch ein Gesellschafterbeschluss gehört, mit dem der Antrag auf ein PCP genehmigt wird.[9] Das Gericht kann daraufhin einen Sachverständigen bestellen, der einen Bericht über die finanzielle Lage des Schuldners erstellt, in dem festgestellt wird, ob die Voraussetzungen für die Aufnahme des PCP erfüllt sind, und ob der Schuldner über ausreichende Mittel verfügt, um die Kosten des PCP zu decken.[10] Wenn das Gericht den Antrag annimmt, wird sofort ein Moratorium für Gläubigerhandlungen verhängt.

---

[6] Protective Composition Procedure.
[7] Art. 5 des Konkursgesetzes.
[8] Art. 6 des Konkursgesetzes.
[9] Art. 9 des Konkursgesetzes.
[10] Art. 13 des Konkursgesetzes.

(b) *Überprüfung des Antrags:* Das Gericht entscheidet über den PCP-Antrag innerhalb von fünf Geschäftstagen nach Antragstellung oder nach Vorlage des Gutachtens durch den Sachverständigen, je nachdem, welcher Zeitpunkt früher liegt. Dabei kann das Gericht den Antrag aus verschiedenen verfahrensrechtlichen (zB keine ausreichenden Unterlagen, keine erforderliche Bankgarantie für die Kosten) und sachlichen Gründen (zB der Schuldner ist bereits einem PCP unterworfen, der Schuldner handelt bösgläubig) ablehnen.

(c) *Ernennung von Treuhänder & Aufsichtspersonen:* Nach Prüfung des Antrags bestellt das Gericht einen PCP-Treuhänder, der (i) die Fortführung der Geschäftstätigkeit des Schuldners überwacht, (ii) ein Inventar des schuldnerischen Vermögens und (iii) eine Liste sämtlicher Gläubiger des Schuldners erstellt, welche Einzelheiten über die Schulden wie etwa ihre Sicherung durch Bürgschaft oder Pfandrecht, ihre (vom Gläubiger geltend gemachte) Aufrechenbarkeit und alle weiteren Informationen enthält, die der PCP-Treuhänder für erforderlich hält. Das Gericht kann auch Gläubiger als Aufsichtspersonen zur Unterstützung des PCP-Treuhänders bestellen.

(d) *Erste Überprüfung des Entwurfs der PCP-Regelung:* Innerhalb von 45 Geschäftstagen nach der Veröffentlichung des Beschlusses über die Einleitung eines PCP muss dem Gericht ein Entwurf eines Schutzvergleichsplans vorgelegt werden, der unter anderem Einzelheiten über die Möglichkeit der Wiedererzielung von Gewinnen durch das Unternehmen des Schuldners, die auszusetzenden oder zu beendenden Tätigkeiten des Schuldners, die Zahlungsfristen und die Zahlungskürzungen enthält. Außerdem muss ein Zeitplan für das PCP beigefügt werden, wobei die Laufzeit des Plans drei Jahre nicht überschreiten darf (es sei denn, die erforderliche Mehrheit der Gläubiger stimmt einer Verlängerung zu). Nach dieser ersten Überprüfung des Plans fordert das Gericht den Treuhänder des PCP auf, eine Gläubigerversammlung einzuberufen, um den Plan zu erörtern und darüber abzustimmen.

(e) *Zweite Überprüfung des Entwurfs der PCP-Regelung:* Im Anschluss an die Gläubigerversammlung wird das Gericht den Entwurf des PCP-Plans erneut prüfen und ihn entweder genehmigen oder ablehnen und etwaige Einwände der Gläubiger anhören.

(f) *Beendigung des PCP:* Das Gericht kann das PCP beenden, indem es entweder feststellt, dass alle Verpflichtungen des PCP erfüllt sind, oder indem es die Bedingungen des PCP gemäß Kapitel 11 des Konkursgesetzes für nichtig erklärt oder aufhebt.

3.3.2 Die für die Gerichtsbeteiligung maßgeblichen Normen sind in der nachstehenden Abbildung 1 dargestellt:

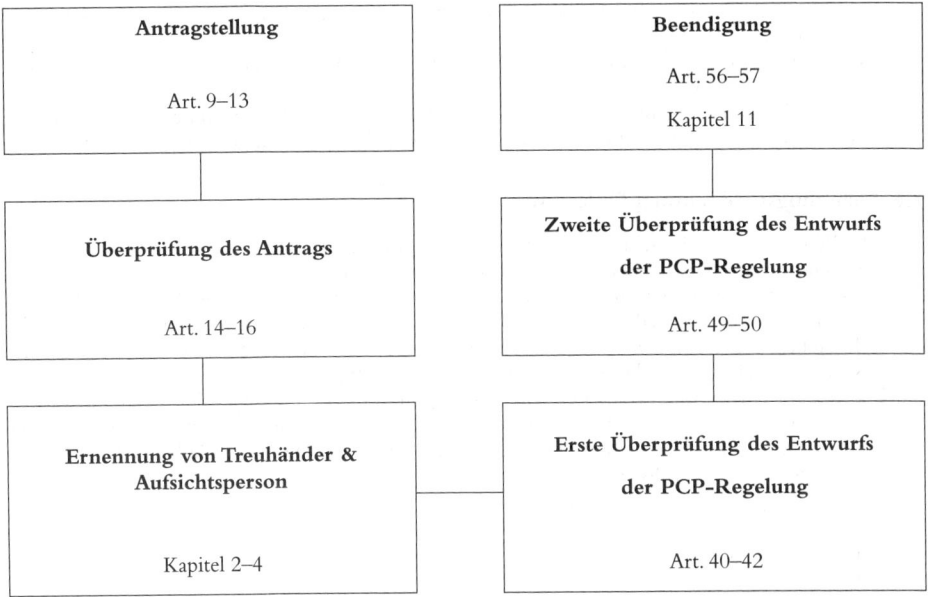

Abbildung 1: Gerichtsbeteiligung beim Schutzvergleichsverfahren

3.4 Beteiligung des Managements

18 3.4.1 Der Verwalter des PCP wird vom Gericht ernannt, und zwar typischerweise aus der Sachverständigenliste, die der Ausschuss für finanzielle Restrukturierung zusammenstellt.[11] Es gibt vier allgemeine Ausschlussgründe, die Personen daran hindern, als PCP-Treuhänder tätig zu werden:[12]
  (a) Gläubiger;
  (b) ein Ehepartner oder Verwandte des Schuldners;
  (c) jede Person, gegen die ein rechtskräftiges Urteil wegen Verschleierung, Unterschlagung und anderer ehrenrühriger Handlungen ergangen ist; oder
  (d) jede Person, die innerhalb von zwei Jahren vor dem PCP als Gesellschafter, Angestellter, Prüfer oder Vertreter der Schuldner tätig war.

19 3.4.2 Die den Treuhändern des PCP erwachsenden Gebühren werden dem beim Gericht hinterlegten Betrag oder einer Bankgarantie entnommen.

20 3.4.3 Wie bereits erwähnt, ist der bestellte PCP-Treuhänder vor Einleitung des Verfahrens verantwortlich für (i) die Überwachung der fortdauernden Geschäftstätigkeit des Schuldners, (ii) die Erstellung eines Inventars über das Vermögen des Schuldners sowie (iii) einer Liste sämtlicher Gläubiger des Schuldners, die Einzelheiten über die Forderungen wie etwa ihre Sicherung durch Bürgschaft oder Pfandrecht, ihre (vom Gläubiger geltend gemachte) Aufrechenbarkeit und alle sonstigen Informationen enthält, die der PCP-Treuhänder für erforderlich hält.

21 3.4.4 Während des PCP überwacht der PCP-Treuhänder die weitere Geschäftsführung des Schuldners. Der PCP-Treuhänder hat weitreichende Befugnisse in Bezug auf die Vermögenserhaltung und die eventuelle Fortführung der Geschäfte des Schuldners, die er bei Bedarf ausüben kann. So kann der Treuhänder des PCP ua Besitz an jeglichem Eigentum des Schuldners ergreifen und behalten, Gelder oder Rechte für den Schuldner einziehen, für den Schuldner eine Vereinbarung, Verzicht oder einen Vergleich mit den Gläubigern eingehen oder andere Arbeiten ausführen, die den Zweck des PCP erfüllen.[13] Ebenso kann der Treuhänder des PCP beim Gericht um die Erlaubnis ersuchen, dass er eine Finanzierung (mit oder ohne Sicherheit) besorgt, die die Fortführung des Geschäfts sicherstellt.[14]

3.5 Schuldner, der sein Vermögen verwaltet / Weiterführung des Geschäfts

22 3.5.1 Mit Einleitung des PCP ist es dem Schuldner grundsätzlich untersagt, Forderungen zu begleichen, Vermögensgegenstände, Aktien oder Anteile zu veräußern, neue Finanzierungen zu erhalten oder die Eigentumsverhältnisse oder die Rechtsform der Gesellschaft zu ändern, sofern dies nicht gesetzlich zulässig ist oder der PCP-Treuhänder bzw. das Gericht ausdrücklich zugestimmt haben.

23 3.5.2 Vorbehaltlich der Befugnis des PCP-Treuhänders, Verträge mit gerichtlicher Genehmigung zu kündigen, muss der Schuldner seine vertraglichen Verpflichtungen weiterhin erfüllen.[15]

3.6 Sicherungsmaßnahmen für die Masse

24 Das PCP enthält drei wichtige Schutzmaßnahmen für die Masse:

25 3.6.1 Erstens kann der Treuhänder des PCP wie ein Schuldner in Eigenverwaltung vorrangige Finanzmittel aufnehmen, um die Fortführung des Unternehmens während des Verfahrens zu ermöglichen, die entweder durch unbelastete Vermögenswerte gesichert werden können oder durch bereits besicherte Gegenstände auf vorrangiger oder nachrangiger Basis (wenn auch mit Schutzmaßnahmen für die betroffenen Sicherungsgläubiger).[16]

26 3.6.2 Zweitens wird zu Beginn des PCP ein Moratorium für gerichtliche Forderungen und Verfahren zugunsten des gesamten Vermögens des Schuldners verhängt.[17] Eine bedeutsame Ausnahme davon betrifft gesicherte und bevorzugte Gläubiger, die mit Fälligkeit ihrer Schulden in die Sicherheiten vollstrecken dürfen.

---

[11] Art. 17 des Konkursgesetzes.
[12] Art. 19 des Konkursgesetzes.
[13] Art. 26 des Konkursgesetzes.
[14] Art. 28 des Konkursgesetzes.
[15] Art. 34 des Konkursgesetzes.
[16] Art. 26 des Konkursgesetzes.
[17] Art. 32 des Konkursgesetzes.

3.6.3 Drittens ist es den Vertragspartnern des Schuldners während der Laufzeit des PCP nicht möglich, insolvenzbezogene vertragliche Kündigungen auszusprechen, sofern der Schuldner seinen eigenen Verpflichtungen nachkommt.[18]

3.7 Vertretung der Gläubiger

3.7.1 Das Konkursgesetz sieht drei Ebenen der Gläubigervertretung während des PCP vor:
(a) Erstens können sich Gläubiger selbst als Aufsichtspersonen nominieren; bei mehreren Benennungen hängt die endgültige Wahl des betreffenden Gläubigers von der Wahl des Gerichts ab; das hat dabei die Höhe der Forderung jedes potenziellen Ausschussmitglieds zu berücksichtigen (wenn es sowohl ungesicherte als auch gesicherte und bevorzugte Gläubiger gibt, muss mindestens je ein Mitglied ernannt werden).[19] Die Aufgabe des Aufsichtsgremiums besteht darin, den Treuhänder des PCP und das Gericht zu unterstützen und im allgemeinen Interesse der Gläubiger zu handeln. Darüber hinaus hat das Gremium sicherzustellen, dass die Bedingungen der PCP eingehalten werden. Diese Tätigkeit erfolgt unentgeltlich.
(b) Zweitens können die Gläubiger die Bildung eines Gläubigerausschusses vorschlagen – sofern das Gericht von seiner Kompetenz zur Bildung derartiger Gläubigerausschüsse Gebrauch macht, muss es darauf achten, dass ungesicherte, gesicherte und bevorzugte Gläubiger gleichermaßen repräsentiert sind (und sei es in Gestalt von drei Ausschüssen).[20] Auch eine Regulierungsbehörde kann Mitglied in dem Ausschuss werden. Die Rolle dieser Ausschüsse scheint darin zu bestehen, die Umsetzung des Plans zu überwachen und dem Gericht über die Fortschritte zu berichten, was der Gesamtheit der Gläubiger des Schuldners zugute kommt. Kein Ausschuss darf für seine Tätigkeit Gebühren erheben.
(c) Drittens sind die Gläubiger stimmberechtigt, sobald der Schuldner unter der Aufsicht des PCP-Treuhänders einen Restrukturierungsplan ausgearbeitet hat und das Gericht die Genehmigung zur Einberufung einer Gläubigerversammlung erteilt hat. Damit der Plan genehmigt werden kann, muss eine Mehrheit von mindestens zwei Dritteln des Wertes jeder Klasse dafür stimmen. Ungesicherte und bevorzugte Gläubiger sind für das PCP uneingeschränkt abstimmungsberechtigt, während gesicherte Stimmrecht nur dann haben, wenn (1) das PCP ihre Sicherheiten berührt, oder (2) wenn sie auf ihre Sicherheit verzichten. Wenn die erforderlichen Mehrheiten und das Gericht dem Plan zustimmen, ist die abweichende Minderheit der Gläubiger (unabhängig davon, ob sie mitgestimmt haben oder nicht) an den PCP-Plan gebunden. Es gibt kein Obstruktionsverbot.

4. Konkurs

4.1 Einführung

4.1.1 Nach Kapitel 4 des Konkursgesetzes kann das Gericht den Konkurs des Schuldners und damit die Liquidation des Schuldnervermögens erklären. Zwischen der Eröffnung des Konkursverfahrens und der Erklärung des Konkurses räumt das Gericht dem Schuldner (mithilfe eines Treuhänders) den Versuch ein, sich zu retten. Ein solches Verfahren zur „Rettung im Konkursverfahren" ermöglicht es dem Schuldner, eine Unternehmensrestrukturierung vorzunehmen, sobald das Konkursverfahren eingeleitet wurde.[21] Verfahrensmäßig ist das ähnlich wie beim PCP (einschließlich eines automatischen Moratoriums und der Möglichkeit, Finanzierung zu beschaffen). Wird ein Antrag auf Eröffnung eines Konkursverfahrens gestellt, kann der Antragsteller angeben, ob der Antrag auf Rettung im Konkursverfahren oder auf Liquidation gerichtet ist.

4.2 Eröffnung des Konkursverfahrens

4.2.1 Das Konkursverfahren kann von folgenden Antragstellern auf Antrag beim Gericht eröffnet werden:

---

[18] Art. 34 des Konkursgesetzes (iVm Art. 26 und 31).
[19] Art. 29 des Konkursgesetzes.
[20] Art. 43 des Konkursgesetzes.
[21] Art. 67(1) des Konkursgesetzes.

(a) Vom Schuldner, den eine Antragspflicht trifft, wenn er sich länger als 30 aufeinander folgende Geschäftstage in Überschuldung oder Zahlungseinstellung befindet.[22] Der Schuldner muss dem Gericht ausreichende Informationen zur Verfügung stellen, damit das Gericht seine Zahlungsunfähigkeit feststellen kann. Zu diesen Informationen gehören unter anderem ein Memorandum, in dem die Finanzlage des Schuldners, seine Finanzkonten und Zukunftsaussichten sowie eine Aufstellung über das Vermögen des Schuldners, seine Mitarbeiter und ein Verzeichnis der Gläubiger und Schuldner aufgelistet sind. Dem Gericht ist auch ein Beschluss der Gesellschafter über die Genehmigung der Antragstellung vorzulegen.

(b) Von einem Gläubiger (oder einer Gruppe von Gläubigern), sofern (i) der Gläubiger eine Schuld von mindestens 100.000 AED hält und (ii) der Gläubiger dem Schuldner angezeigt hat, dass die Schuld zurückzuzahlen (fällig???) war und der Schuldner dennoch mehr als 30 aufeinander folgende Geschäftstage nicht bezahlt hat.[23] Der Gläubiger muss dem Gericht eine Abschrift der dem Schuldner zugestellten Mitteilung sowie einen Beleg vorlegen, aus dem die fälligen und zu zahlenden Beträge und Einzelheiten eventuell bestehender Sicherheiten hervorgehen.

(c) Entsprechend dem soeben (lit. b) beschriebenen Vorgehen von einem gesicherten Gläubiger, sofern der Wert des ihm zustehenden Sicherungsrechtes zum Zeitpunkt der Antragstellung geringer ist als der seiner gesicherten Forderung.[24]

(d) Von einer Regulierungsbehörde des Schuldners, die dem Gericht die gleichen Nachweise vorlegen muss, die der Schuldner dem Gericht vorzulegen hat;[25] oder

(e) vom Staatsanwalt.[26]

4.3 Beteiligung des Gerichts und der Manager an einer Rettung im Konkursverfahren

31   4.3.1 Sofern das Gericht einen Konkursgrund feststellt und dem Antrag stattgibt (was der tatsächlichen Konkurseröffnung vorausgeht), ernennt das Gericht (unter Berücksichtigung eines entsprechenden Gläubigervorschlags) aus der Sachverständigenliste einen speziellen Verwalter für dieses Verfahren (oder, falls ein PCP gescheitert ist, die Umwandlung des PCP-Verwalters in den für das neue Verfahren), der alle notwendigen Maßnahmen zur Rettung des Unternehmens ergreift. Schuldner wie Gläubiger können die Bestellung mehr als nur eines Verwalters für dieses Verfahren anregen.

32   4.3.2 Anders als beim PCP führt der „Rettungsverwalter" in diesem Verfahren die Geschäfte bis zur Durchführung des Restrukturierungsplans.

33   4.3.3 Im Anschluss an die Forderungsanmeldung der Gläubiger muss der Rettungsverwalter einen Bericht erstellen, in dem dargelegt wird:
(a) ob eine begründete Aussicht auf eine Restrukturierung des Unternehmens des Schuldners besteht (und, falls ja, die Bestätigung des Schuldners, dass er dazu fähig und in der Lage ist, seine Geschäftstätigkeit fortzusetzen);
(b) einen Restrukturierungsplan zur Vorlage an die Gläubiger und
(c) ob im Falle einer Liquidation des Schuldners die Wahrscheinlichkeit besteht, dass der Betrieb des Unternehmens ganz oder teilweise veräußert werden kann.[27]

34   4.3.4 Soweit das Gericht mit dem Bericht einverstanden ist, haben die Gläubiger ein Überprüfungsrecht noch vor einer Sitzung, an der der Rettungsverwalter, jeder Sachverständige, der Schuldner, jeder Gläubigerausschuss und sämtliche Gläubiger teilnehmen. In dieser Sitzung ordnet das Gericht entweder die Vorlage eines Restrukturierungsplans an, über den die Gläubiger abstimmen können, oder die Liquidation des Schuldners.

4.4 Schutzmaßnahmen für den Nachlass bei einer Rettung im Rahmen eines Konkurses

4.4.1 Moratorium

35   (a) Die Eröffnung des Konkursverfahrens führt zu einem automatischen Moratorium für Forderungen, Gerichtsverfahren und Vollstreckungsmaßnahmen, bis der Umstrukturierungsplan genehmigt oder abgelehnt wird.[28]

---

[22] Art. 68 des Konkursgesetzes.
[23] Art. 69 des Konkursgesetzes.
[24] Art. 69 des Konkursgesetzes.
[25] Art. 71 des Konkursgesetzes.
[26] Art. 72 des Konkursgesetzes.
[27] Art. 96 des Konkursgesetzes.
[28] Art. 162 des Konkursgesetzes.

(b) Eine wichtige Ausnahme vom Moratorium ist, dass gesicherte und bevorzugte Gläubiger mit Erlaubnis des Gerichts ihre Forderungen immer noch durchsetzen und gerichtlich geltend machen können.

4.4.2 Fähigkeit des Schuldners, sein Vermögen zu verwalten

(a) Nach der Eröffnung des Konkursverfahrens ist es dem Schuldner untersagt, sein Vermögen zu verwalten oder darüber zu verfügen, Forderungen zu begleichen, die vor oder nach der Eröffnung des Konkurses entstanden sind, Beträge zu leihen[29] oder neue Sicherheiten zu begründen.[30] Jede Handlung des Schuldners, die gegen dieses Verbot verstößt, kann auf Antrag eines Beteiligten vom Gericht als nichtig erklärt werden.

(b) Von diesen Verboten gibt es begrenzte Ausnahmen bezüglich der Beschaffung von neuen Finanzierungen. Insbesondere erlaubt das Insolvenzgesetz die Aufnahme neuer Finanzierungen, wenn diese (falls möglich) gesichert sind und dadurch der Vorrang der gesicherten Gläubiger nicht beeinträchtigt wird.[31]

(c) Im Allgemeinen kann der Rettungsverwalter den Schuldner anweisen, alle erforderlichen Maßnahmen zur Erhaltung des Unternehmens zu ergreifen, einschließlich die Erfüllung verbindlicher Verträge. Daneben kann das Gericht auf Antrag des Rettungsverwalters die Aussetzung des gesamten oder eines Teils des Geschäfts des Schuldners anordnen.

4.5 Die Rettung innerhalb des Konkursverfahrens

4.5.1 Ordnet der Gerichtshof den Entwurf eines Restrukturierungsplans an, so sind die Verfahrensregeln des PCP (bezüglich der Abstimmung/Genehmigung des Umstrukturierungsplans, der Dauer des „Beobachtungsprozesses", der DIP-Finanzierung und der *ipso facto*-Bestimmungen) auch auf diese Rettung im Rahmen des Konkursverfahrens anwendbar.

4.5.2 Der Restrukturierungsplan muss einen Nachweis darüber enthalten, dass das Geschäft des Schuldners wieder rentabel werden kann, sowie eine Darstellung, welche Geschäftsaktivitäten eingestellt werden müssen. Darüber hinaus muss der Restrukturierungsplan darlegen, wie die Schulden beglichen, verlängert oder abgeschrieben werden sollen, einschließlich der Sicherheiten, die zur Unterstützung der Sanierung des Schuldners geschaffen oder freigegeben werden können. Die Rettung innerhalb des Konkursverfahrens kann auch Debt-to-Equity-Swaps/Konvertierungen beinhalten, um die Passivmasse des Schuldners zu reduzieren.

4.5.3 Der Restrukturierungsplan darf keine Restrukturierung vorschlagen, die länger als fünf Jahre (ab dem Datum der Genehmigung durch das Gericht) dauert, wobei eine Zweidrittelmehrheit der Gläubiger eine Verlängerung der Laufzeit des Plans um bis zu drei weitere Jahre genehmigen kann.

4.5.4 Sofern der Restrukturierungsplan auf beiden Gläubigerversammlungen genehmigt wird (in denen die gesicherten Gläubiger nur dann abstimmen können, wenn der Plan ihre Sicherheiten berührt), wird das Gericht den Restrukturierungsplan genehmigen und die Umsetzung des Plans durch den Rettungsverwalter anordnen.

4.5.5 Die wichtigsten Schritte bei der Rettung im Rahmen des Konkurses sind in dem Diagramm in → Anh. 3 zusammengefasst.

4.6 Durchführung der Rettung im Rahmen des Konkurses

4.6.1 Bei der Umsetzung des Restrukturierungsplans hat der Rettungsverwalter folgende Befugnisse:
   (a) die Vermögenswerte des Schuldners zum bestmöglichen Marktpreis zu verkaufen;
   (b) den Gläubigern eine alternative Sicherheit zu der von ihnen gehaltenen Sicherheit zu bieten; und
   (c) vorbehaltlich der Anordnung des Gerichts, Vermögenswerte zu erhalten, die als wesentlich für den Betrieb des Schuldners angesehen werden.

4.6.2 Zusätzlich zur Zusammenarbeit mit den Gläubigern ist der Rettungsverwalter auch verpflichtet, die Restrukturierung öffentlich bekannt zu geben, die Durchführung des Restrukturie-

---

[29] Art. 157 des Konkursgesetzes.
[30] Art. 159 des Konkursgesetzes.
[31] Art. 181 und 182 des Konkursgesetzes.

rungsplans zu überwachen und dem Gericht regelmäßig über die Fortschritte bei der Umsetzung des Restrukturierungsplans zu berichten.

44 4.6.3 Nach erfolgreicher Rettung des Schuldners stellt das Gericht durch Beschluss den Abschluss der Rettung im Rahmen des Konkurses fest; dieser wird in zwei weit verbreiteten Zeitschriften, einer arabischen und einer englischen, veröffentlicht.

4.7 Konkurserklärung

45 4.7.1 Alternativ kann das Gericht von Amts wegen in folgenden Fällen ein Konkursverfahren einleiten:[32]

(a) Wenn es ein PCP beendet entweder, weil i) der Schuldner 30 aufeinander folgende Geschäftstage in Zahlungsverzug ist oder sich in einem Zustand der Überschuldung befindet, oder wenn ii) der dem Gericht zur Genehmigung vorgelegte PCP-Plan nicht zielführend ist und dazu führen würde, dass der Schuldner entweder 30 aufeinander folgende Geschäftstage in Zahlungsverzug ist oder sich in einem Zustand der Überschuldung befindet.[33] Konsequenz einer solchen Beendigung ist, dass das Gericht das Amt des Rettungsverwalters entweder beendet oder in die Bestellung eines (regulären) Konkursverwalters umwandelt und das Verfahren zur Liquidation des Schuldners einleitet.[34]

(b) Wenn der Eigenantrag des Schuldners wider Treu und Glauben gestellt wurde oder um mit der Einleitung des Verfahrens die Zahlung seiner Schulden zu verzögern.

(c) Wenn sich aufgrund der Prüfung des Berichts des Sachverständigen[35] bzw. des Konkursverwalters herausstellt,[36] dass das vorgeschlagene Sanierungsverfahren für den Schuldner entweder unpassend oder nicht in der Lage ist, den vorgeschlagenen Plan zu verwirklichen.

(d) Wenn der Umstrukturierungsplan nicht von einer Zwei-Drittel-Mehrheit der Gläubiger, deren Forderungen als berechtigt anerkannt wurden, genehmigt wurde.[37]

(e) Wenn das Gericht selbst den Restrukturierungsplan ablehnt.[38]

(f) Wenn das Gericht beschließt, dass das Restrukturierungsverfahren für nichtig erklärt werden sollte aufgrund eines Antrags eines Beteiligten, der behauptet, dass der Schuldner eine Straftat nach Kapitel 6 des Konkursgesetzes begangen hat, und wenn daraufhin Untersuchungen eingeleitet werden.[39]

(g) Wenn das Gericht beschließt, dass das Restrukturierungsverfahren beendet werden sollte, weil i) der Schuldner die Vorbedingungen des Restrukturierungsplans nicht erfüllt oder ii) wegen des Todes des Schuldners.[40]

46 4.7.2 Die wichtigsten Schritte im Ablauf eines Insolvenzverfahrens sind in dem Diagramm in → Anh. 4 dargestellt.

4.8 Das Amt des Konkursverwalters

47 4.8.1 Nach der Eröffnung des Konkursverfahrens wird ein Konkursverwalter ernannt, der den Konkurs und die Liquidation leitet.[41]

48 4.8.2 Der Konkursverwalter ist ua verantwortlich für

(a) Bekanntgabe des Konkurses in zwei weit verbreiteten lokalen Tageszeitungen (eine auf Arabisch, eine auf Englisch) innerhalb von drei Werktagen nach dem Gerichtsbeschluss;[42]

(b) Anweisung an die Gläubiger, ihre endgültigen Forderungen innerhalb von zehn Werktagen nach der gerichtlichen Entscheidung einzureichen;[43]

---

[32] Art. 124 des Konkursgesetzes.
[33] Art. 65 des Konkursgesetzes.
[34] Art. 66 des Konkursgesetzes.
[35] Art. 77 des Konkursgesetzes.
[36] Art. 96 des Konkursgesetzes.
[37] Art. 107 des Konkursgesetzes.
[38] Art. 109 des Konkursgesetzes.
[39] Art. 117 des Konkursgesetzes.
[40] Art. 118 des Konkursgesetzes.
[41] Art. 126 des Konkursgesetzes.
[42] Art. 128 des Konkursgesetzes.
[43] Art. 129 des Konkursgesetzes.

(c) Prüfung der Forderungen der Gläubiger;[44]
(d) die Veräußerung des gesamten Vermögens des Schuldners im Rahmen einer Versteigerung oder auf eine andere vom Gericht bewilligte Weise;[45] und
(e) monatliche Berichterstattung an das Gericht und den Schuldner über den Fortgang des Konkurses und der Liquidation.[46]

4.9 Schutzmaßnahmen für die Konkurs- und Liquidationsmasse

4.9.1 Moratorium

(a) Die Bestimmungen über das automatische Moratorium sind in Abschnitt 15 des Konkursgesetzes enthalten, der gemeinsame Bestimmungen für Restrukturierungsverfahren und den Konkurs enthält.[47] Da das Moratorium aber offenbar von der Entscheidung abhängig ist, ob der Restrukturierungsplan genehmigt oder abgelehnt wird, ist es wohl so, dass das Moratorium nur für eine Rettung im Rahmen eines Konkurses und nicht für die Liquidation im Konkurs gilt. **49**

4.9.2 Befugnis des Schuldners, sein Vermögen zu verwalten

(a) Nach der Eröffnung des Konkursverfahrens ist es dem Schuldner (wie auch im Rettungsverfahren, vgl. → Rn. 36) untersagt, sein Vermögen zu verwalten oder darüber zu verfügen: Forderungen, die vor oder nach der Eröffnung des Konkurses entstanden sind, zu begleichen, Geld zu leihen oder neue Sicherheiten zu bestellen. **50**
(b) Für diese Verbote gelten die gleichen begrenzten Ausnahmen hinsichtlich der Möglichkeit, neue Finanzmittel zu beschaffen wie während der Rettung im Rahmen des Konkurses.

4.10 Verwaltung und Verwertung des Nachlasses nach Verfahrenseröffnung

4.10.1 Der Konkursverwalter ist damit beauftragt, das gesamte Vermögen des Schuldners in einer Versteigerung oder auf eine andere vom Gericht genehmigte Weise zu veräußern.[48] Verteilungen an die Gläubiger können, je nach Wunsch des Verwalters, entweder nach Veräußerung jedes einzelnen Massegegenstandes oder auch erst nach Abschluss der gesamten Versilberung erfolgen.[49] Soweit der Konkursverwalter nicht innerhalb eines Monats nach der gerichtlichen Anordnung den Verkauf des Schuldnervermögens vorgenommen hat, können gesicherte Gläubiger auf Antrag beim Gericht die Zwangsvollstreckung beantragen. **51**
4.10.2 Es ist dem Konkursverwalter untersagt, das Vermögen des Schuldners ohne Zustimmung des Gerichts an einen der folgenden Beteiligten zu verkaufen: **52**
(a) den Schuldner;
(b) die Mitarbeiter, Buchhalter, Agenten oder Geschäftsführer des Schuldners; oder
(c) an sich selbst oder an andere Aufsichtspersonen des Konkursverfahrens.
4.10.3 Das Insolvenzgesetz enthält besondere Schutzvorkehrungen für Konkursverwalter, die sicherstellen, dass der Konkursverwalter in Fällen, in denen der Erlös aus dem Verkauf Sicherungsgut nicht ausreicht, um die Gebühren und Kosten des Konkursverwalters zu decken; er kann dann beschließen, den Verkauf nicht durchzuführen, sofern er den betroffenen gesicherten Gläubiger davon in Kenntnis setzt.[50] Betroffene gesicherte Gläubiger haben dann eine Frist von drei Werktagen, um gegen diese Mitteilung des Konkursverwalters Einspruch zu erheben; die endgültige Entscheidung obliegt dem Gericht. **53**
4.10.4 Ergibt sich bei der Versilberung des Sicherungsguts ein Überschuss, so ist dieser im Interesse des Schuldners vom Konkursverwalter einzubehalten, während im Falle eines Defizits der unbefriedigte Teil der Forderung als ungesicherte Forderung gilt, die an der allgemeinen quotenmäßigen Verteilung teilnimmt. **54**
4.10.5 Die Rangfolge bei der Liquidation des Schuldnervermögens folgt weitgehend dem englischen Modell und ist in Abbildung 2 dargestellt: **55**

---

[44] Art. 130 des Konkursgesetzes.
[45] Art. 132 des Konkursgesetzes.
[46] Art. 134 des Konkursgesetzes.
[47] Art. 152 des Konkursgesetzes.
[48] Art. 132 des Konkursgesetzes.
[49] Art. 137 des Konkursgesetzes.
[50] Art. 187 des Konkursgesetzes.

56

| Veräußerung von Sicherheiten, Art. 185 | → | 1. Verwaltergebühren und -kosten
2. Gesicherte Gläubiger. |

| Veräußerung von freiem Schuldnervermögen & Überschuss aus Sicherheitenveräußerung, Art. 188–189 | → | 1. Gerichts-, Verw.- und Expertengebühren und -kosten für die Veräußerung.
2. Noch ausstehende Abschlagszahlung bei Vertragsende, Gehalt und Einkommen der Arbeitnehmer (für einen 3-Monatszeitraum).*
3. Unterhaltszahlungen des Schuldners.*
4. Ausstehende Zahlungen an Behörden.*
5. Kosten der Fortführung der Geschäfte.*
6. Ungesicherte Gläubiger (einschließlich gesicherte Gläubiger hinsichtlich ihres ungedeckten Betrags).
7. Anteilseigner. |

Bevorzugte Gläubiger.

Abbildung 2: Rangfolgen in der Liquidation

4.10.6 Das Konkursgesetz sieht keine Vorrangstellung der Forderungen innerhalb der verschiedenen Prioritätsklassen vor.

4.11 Schließung des Konkurses und Liquidation

57 4.11.1 Nach der Schlussverteilung an die Gläubiger erklärt das Gericht den Konkurs für beendet, und der Konkursverwalter wird angewiesen, dies in zwei weit verbreiteten Tageszeitungen (eine in arabischer und eine in englischer Sprache) zu veröffentlichen.

58 4.11.2 Nach der Beendigungserklärung des Gerichts gibt der Konkursverwalter dem Schuldner alle Unterlagen zurück, und es wird eine Liste derjenigen Gläubiger erstellt, deren Schulden nicht getilgt wurden. Soweit nämlich der Schuldner fortexistiert, haben diese Gläubiger weiterhin ihre Forderungen gegen den Schuldner.

5. Vertragserfüllung

5.1 Allgemeine Regelungen

59 5.1.1 Die Vorschriften des Konkursgesetzes über die Erfüllung von Verträgen sind in Abschnitt 15 (Abschnitt über die gemeinsamen Bestimmungen) enthalten und gelten daher, wörtlich genommen, für das PCP, die Rettung im Konkurs sowie im Konkurs und in der Liquidation, vorbehaltlich sprachlicher Unklarheiten.

60 5.1.2 Der Treuhänder ist verpflichtet, sicherzustellen, dass der Schuldner seine Verpflichtungen aus verbindlichen Verträgen erfüllen kann.[51] Zur Erfüllung dieser Pflicht kann der Treuhänder das Vermögen des Schuldners für die Zahlung von Schulden aus einem laufenden Vertrag verwenden (allerdings ist diese Befugnis nur im Rahmen der Durchführung eines Restrukturierungsplans gegeben).

61 5.1.3 Im Allgemeinen ist es den Vertragspartnern nicht gestattet, Verträge mit der Begründung zu kündigen, dass der Schuldner in einer finanziellen Notlage ist, was bedeutet, dass die Vertragspartner die Verträge so erfüllen müssen, als ob der Schuldner im normalen Geschäftsverlauf tätig wäre. Soweit der Schuldner allerdings schlichtweg nicht in der Lage ist, seine vertraglichen Verpflichtungen zu erfüllen, kann das Gericht auf Antrag einer Vertragspartei oder des Treuhänders den Vertrag zum Schutz des Geschäfts des Schuldners kündigen und die Gegenpartei zum Gläubiger einer Konkursforderung in Liquidation für vorrangige Zwecke machen.

---

[51] Art. 164 des Konkursgesetzes.

5.2 Mietverträge

5.2.1 Die Eröffnung des PCP bzw. die Verfahren der Rettung im Rahmen eines Konkurs- oder 62
des Konkurs- und Liquidationsverfahrens führt nicht zur Beendigung eines Mietvertrags.[52]

5.2.2 Wenn es im Interesse des Schuldners liegt, kann der Konkursverwalter einen Mietvertrag mit 63
einer Kündigungsfrist von 45 Werktagen gegenüber dem Vermieter kündigen, sofern die im
Mietvertrag vorgesehene Kündigungsfrist nicht kürzer ist. Der Vermieter hat gleichfalls das
Recht, den Mietvertrag zu kündigen, allerdings nur dann, wenn der Schuldner mit der Zahlung der Miete mehr als drei Monate ab Verfahrenseröffnung in Verzug ist.

5.2.3 Der Konkursverwalter kann auch vorbehaltlich der Zustimmung des Gerichts die Nutzung 64
des Mietobjekts durch den Schuldner maximieren, indem er einerseits die beweglichen Sachen
innerhalb des Mietobjekts verkaufen und anderseits das Mietobjekt mit oder ohne Zustimmung des Vermieters untervermieten kann, unabhängig von den Bedingungen des Mietvertrags.

5.3 Arbeitsverträge

5.3.1 Das Gericht kann Arbeitsverträge, bei denen der Schuldner der Arbeitgeber ist, unabhängig 65
von den Bedingungen dieser Verträge kündigen, vorbehaltlich des Schutzes der Arbeitnehmer
im allgemeinen Arbeitsrecht der VAE.[53]

6. Pensionen

Das Konkursgesetz enthält keine Bestimmungen, die sich speziell mit der Behandlung von 66
Renten bei einer Unternehmensumstrukturierung/Insolvenz befassen.

7. Aufrechnung & Verrechnung

7.1 Verfügbarkeit von Aufrechnung & Netting nach dem Insolvenzgesetz

7.1.1 Historisch gesehen war nach dem Handelsgesetz die Aufrechnung zulässig, aber nur in Bezug 67
auf „verbundene" Schulden, dh Schulden, die aus „demselben Grund" oder aus demselben
„Kontokorrent" entstanden sind.[54] Es war jedoch unklar, ob das Zivilgesetzbuch der VAE
oder die Konkursbestimmungen der VAE im Falle der Insolvenz eines Vertragspartners Vorrang
vor angenommenen Aufrechnungsrechten haben würden.

7.1.2 Nach dem Konkursgesetz sieht Art. 183 die Anerkennung der Aufrechnung vor; insbesondere 68
erlaubt er:
(a) die Aufrechnung zwischen einem Gläubiger und einem Schuldner, soweit die Aufrechenbarkeit vor der Eröffnung eines Insolvenzverfahrens vertraglich vereinbart wurde, nicht
aber für Schulden, die nach der Eröffnung eines Insolvenzverfahrens entstehen (einschließlich des PCP); und
(b) den Gläubigern, den verrechneten Betrag aus der Insolvenzmasse einzufordern (es sei
denn, der Gläubiger schuldet den verrechneten Betrag; in diesem Fall zahlt der Gläubiger
den Betrag an die Insolvenzmasse).

7.1.3 Da es wenig Klarheit darüber gibt, welche Beträge bei der Berechnung des Aufrechnungsbe- 69
trags nach Art. 183 verwendet werden können, wurde stets angenommen, dass die Bestimmungen des Zivilgesetzbuches der VAE über die „obligatorische Aufrechnung" – dh, dass *„jede
der Parteien gleichzeitig Schuldner und Gläubiger der anderen Partei sein muss und die Verpflichtungen
von gleicher Art und Beschreibung sein müssen, gleich fällig und gleich stark oder schwach sein müssen"* –
für die rechtliche Beurteilung der Aufrechnungsbefugnis von Bedeutung wären.

7.1.4 Da das Konkursgesetz keine Anerkennung des Close-out-Netting vorsieht, mussten sich die 70
Parteien vor dem Erlass eines speziellen VAE-Netting-Gesetzes auf die gesetzlichen Bestimmungen zur Insolvenzaufrechnung berufen, um einen ähnlichen Effekt wie das Close-out-Netting bei Zahlungsunfähigkeit des Kontrahenten zu ermöglichen, was von Natur aus problematisch war in Bezug auf die Bewertung von Close-out-Transaktionen und die Auswahl der
richtigen Transaktionen.

---

[52] Art. 166 des Konkursgesetzes.
[53] Art. 167 des Konkursgesetzes.
[54] Art. 688 des Handelsgeschäftsgesetzes.

7.2 Das Netting-Gesetz der VAE

71 7.2.1 Das Netting-Gesetz der VAE ist die erste Neufassung eines umfassenden Gesetzes über das Netting in den VAE, das am 30.10.2018 in Kraft getreten ist,[55] nachdem eine neue Verordnung erlassen wurde, die das Clearing bestimmter Derivatekontrakte durch die Wertpapieraufsichtsbehörde der VAE, die SCA, vorschreibt.

72 7.2.2 Das Netting-Gesetz der VAE basiert im Wesentlichen auf dem 2006 von der ISDA veröffentlichten Model Netting Act. Dabei verleiht das Netting-Gesetz der VAE den Aufrechnungsverfahren vor und nach der Insolvenz im Rahmen von Netting-Vereinbarungen gegenüber natürlichen und juristischen Personen mit Sitz in den VAE (aber außerhalb des Freihandelszonen DIFC und der ADGM) rechtliche Durchsetzbarkeit.

73 7.2.3 Das Netting-Gesetz der VAE gilt, mit einigen wenigen Ausnahmen, für (i) alle qualifizierten Finanzkontrakte, (ii) Netting-Vereinbarungen und (iii) Sicherheitsvereinbarungen.[56]

74 7.2.4 Die Kategorie der qualifizierten Finanzkontrakte[57] umfasst bestimmte Shari'ah-konforme Verträge oder Verpflichtungen, die die Durchsetzbarkeit des Close-out Netting in Bezug auf Shari'ah-konforme Transaktionen auf nationaler Ebene über die finanziellen Freihandelszonen hinaus sicherstellen.

75 7.2.5 Wie das Konkursgesetz wird auch das Netting-Gesetz der VAE vom Finanzministerium verwaltet und erfordert die Einrichtung eines Ausschusses für die Benennung qualifizierter Finanzverträge, in dem das Finanzministerium mit Vertretern der Zentralbank, der SCA und der Versicherungsbehörde den Vorsitz führt.[58] Das Netting Law Committee hat die Aufgabe, Stellungnahmen zu Themen im Zusammenhang mit qualifizierten Finanzverträgen zu verfassen und von Zeit zu Zeit zu prüfen, welche Verträge die Kategorie der qualifizierten Finanzverträge umfassen sollte. Die Finanzaufsichtsbehörden in der ADGM und im DIFC sind nicht im Netting Law Committee vertreten.

7.3 Close-Out Netting nach dem UAE Netting-Gesetz

76 7.3.1 Für die Zwecke des Close-Out-Netting kann eine Nettingvereinbarung folgende Formen annehmen:
(a) jede Vereinbarung, die ein Netting in Bezug auf gegenwärtige oder zukünftige Zahlungen, Lieferverpflichtungen und/oder Ansprüche aus einem qualifizierten Finanzkontrakt vorsieht;
(b) jede Netting-Rahmenvereinbarung, einschließlich produktübergreifender Rahmenverträge;
(c) alle Sicherheitenvereinbarungen, einschließlich der Anhänge zur Kreditunterstützung;
(d) alle Shari'ah-konformen Netting-Vereinbarungen; und
(e) alle Vereinbarungen, die als qualifizierter Finanzkontrakt qualifiziert werden können (im Wesentlichen auf der Grundlage des Modell-Netting-Gesetzes von 2006).[59]

77 7.3.2 Eine Netting-Vereinbarung:
(a) ist endgültig und durchsetzbar in Übereinstimmung mit ihren Bedingungen, einschließlich gegenüber einer insolventen Partei, einem Garanten oder einer anderen Person, die Sicherheit für eine Partei der Netting-Vereinbarung stellt, selbst wenn der Garant oder Sicherheitsgeber später insolvent wird; und
(b) wird nicht ausgesetzt oder gestoppt werden oder anderweitig Bedingungen für ihre Ausführung (dh den Eintritt des Netting gemäß den Bedingungen der Nettingvereinbarung) unterworfen werden durch:
  (i) die Bestellung eines Liquidators;
  (ii) irgendeine Handlung des Liquidators;
  (iii) jegliche Bestimmung des Insolvenz- und Konkursverfahrens, einschließlich Vorrangs, Anfechtung oder jegliche Beschränkung der Aufrechenbarkeit; oder
  (iv) jede andere Rechtsvorschrift, die auf eine insolvente Partei anwendbar sein könnte.[60]

78 7.3.3 Die Definition des Begriffs „Insolvenz- und Konkursverfahren", die jedes Verfahren nach den Bestimmungen der in den VAE geltenden Insolvenzgesetze umfasst, ist auch deshalb bemerkenswert, weil sie über die Insolvenzgesetze hinausgehende Insolvenzverfahren erfassen kann, da eine Reihe von Personen in den VAE nicht unter das geltende Insolvenzrecht

---

[55] Einsehbar unter: https://www.mof.gov.ae/en/lawsAndPolitics/govLaws/Documents/Decretal%20Federal%20Law%20No%20%2810%29%20of%202018%2c%20Regarding%20Netting.pdf.
[56] Art. 2 des Netting-Gesetzes.
[57] Art. 5 des Netting-Gesetzes.
[58] Art. 7 des Netting-Gesetzes.
[59] Art. 4 des Netting-Gesetzes.
[60] Art. 9 des Netting-Gesetzes.

der VAE fallen und alle größeren Unternehmensinsolvenzen bisher durch ein per Dekret angeordnetes System erfolgt sind.[61]

7.4 Sicherheitenvereinbarungen nach dem Netting-Gesetz der VAE

7.4.1 Der Abschluss von Sicherungsvereinbarungen in Form der Vollrechtsübertragung (zB im Rahmen von Repo-Vereinbarungen und Aktienleihevereinbarungen) ist möglich. Die Sicherheiten, die aus einem Title Transfer Collateral Arrangement bestehen, umfassen Bargeld, Wertpapiere, Garantien und Letters of Credit sowie bestimmte andere üblicherweise verwendete Vermögenswerte, die die Position im ISDA Model Netting Act von 2006 sowie im ISDA Model Netting Act von 2018 widerspiegeln.

7.4.2 Während die operativen Bestimmungen über die Sicherungsvereinbarungen,[62] die Teil der Netting-Vereinbarungen sind, *prima facie* darauf hinweisen würden, dass Vereinbarungen im Rahmen der Anhänge zur Kreditunterstützung anerkannt werden, bleiben einige Fragen offen, ob etwa Sicherungsrechte, die aufgrund eines Pfandrechts oder einer Hypothek auf bewegliches Eigentum nach dem Recht der VAE geschaffen wurden, weiterhin gelten werden – auch in Bezug auf die Verwertung und Liquidation von Sicherheiten.[63]

7.5 Aufrechnung nach dem VAE-Netting-Gesetz

7.5.1 Das Netting-Gesetz der VAE erkennt an, dass das Netting eine Bestimmung des neuen Wertsaldos durch Aufrechnung bedeuten kann, und bestätigt auch, dass die Beschränkungen der Aufrechnung in den VAE eine Aufrechnungsvereinbarung nicht undurchsetzbar machen.[64] Soweit das Netting-Gesetz der VAE nicht ausgeschlossen ist, brauchen sich die Parteien daher für die Anerkennung der Aufrechnung nicht mehr auf Art. 183 des Konkurses zu verlassen. Das Netting-Gesetz klärt jedoch nicht gänzlich die Parameter für die Aufrechnung, sodass vorläufig (bis zur endgültigen Klärung) Art. 183 des Konkursgesetzes möglicherweise die einzige tragfähige Rechtsgrundlage für die Aufrechnung ist, wenn das VAE-Netting-Gesetz ausgeschlossen ist.

8. Anfechtung

8.1 Rückforderung

8.1.1 Der Gerichtshof ist befugt, folgende in den letzten zwei Jahren vor der Eröffnung des Verfahrens vorgenommene Handlungen zurückzufordern oder aufzuheben:
(a) Transaktionen ohne Gegenleistung (einschließlich Geschenke und Spenden);
(b) belastende Transaktionen, bei denen die Verpflichtungen des Schuldners die der Gegenpartei bei weitem übersteigen;
(c) die vorzeitige Begleichung von Schulden;
(d) die Begleichung von Schulden, die nicht wie vereinbart erfolgt ist;
(e) Begründung einer Sicherheit; und
(f) jede andere Transaktion, die die Gläubiger zu einem Zeitpunkt schädigt, zu dem der Schuldner wusste oder hätte wissen müssen, dass er nicht in der Lage war, seine Schulden zu begleichen, und sich in einem Zustand der Überschuldung befand.[65]

8.1.2 Stellt sich heraus, dass i) ein vorangegangenes Geschäft in gutem Glauben abgeschlossen wurde, ii) um den Schuldner bei der Fortführung seiner Geschäftstätigkeit zu unterstützen, und iii) unter Umständen, bei denen der Schuldner Grund zu der Annahme hatte, dass das Geschäft für ihn vorteilhaft ist, kann das Gericht die Rückgängigmachung des Geschäfts ablehnen.[66]

8.2 Wirkung der Anfechtung

8.2.1 Eine angefochtene Transaktion ist nichtig, und die Gegenpartei muss alle vom Schuldner erhaltenen Vermögenswerte zurückgeben.[67]

8.2.2 Die Gegenpartei hat Anspruch auf die für das Geschäft ausgetauschte Gegenleistung. Sofern die ausgetauschte Gegenleistung nicht liquide oder beweglich ist, nimmt die Gegenpartei als Konkursgläubigerin an dem Verfahren teil.

---

[61] Art. 1 des Netting-Gesetzes.
[62] Zu finden in Art. 4 des Netting-Gesetzes.
[63] Art. 15 des Netting-Gesetzes.
[64] Art. 3 des Netting-Gesetzes.
[65] Art. 168 des Konkursgesetzes.
[66] Art. 170 des Konkursgesetzes.
[67] Art. 169 des Konkursgesetzes.

8.3 Zurechnung der Haftung

86 8.3.1 Direktoren und Geschäftsführer können persönlich für die Bevorzugung von Gläubigern und für Transaktionen zu einem Unterwert haften (→ Rn. 89).

87 8.3.2 Soweit Kreditgeber mit einem in Konkurs geratenen Schuldner kolludiert haben, um eine Sonderbehandlung oder eine Zuweisung der geschuldeten Beträge zu erreichen, jeweils zum Nachteil anderer Gläubiger, können diese Kreditgeber mit einer Freiheitsstrafe belegt werden, und alle derartigen Transaktionen können auf gerichtliche Anordnung hin für nichtig erklärt werden.

9. Die Haftung der Geschäftsführer, Manager und Liquidatoren

9.1 Persönliche Haftung

88 9.1.1 Direktoren, Generaldirektoren und Schattendirektoren können mit einer Vielzahl von Bußgeldern und strafrechtlichen Sanktionen nach dem Insolvenzgesetz konfrontiert werden. So kann zB betrügerisches Verhalten, das zum Konkurs eines Unternehmens führt (oder betrügerisches Verhalten nach Einleitung des Verfahrens), mit einer fünfjährigen Freiheitsstrafe sowie einer Geldstrafe von bis zu 1 Mio. AED geahndet werden.

89 9.1.2 Im Falle von Missmanagement oder unrechtmäßigem Verhalten, das nach Auffassung des Gerichts zum Scheitern des Unternehmens geführt und die Interessen der Gläubiger geschädigt hat (einschließlich Handlungen im Rahmen des Insolvenzverfahrens), können Geschäftsführer, Generaldirektoren und Schattenvorstände verschiedenen Strafen unterworfen werden und könnten verpflichtet werden, den Verlust des Unternehmens ganz oder teilweise abzumildern, wenn die Gläubiger weniger als 20 % Rückzahlung leisten.

90 9.1.3 Darüber hinaus können die „Quarantäne"-Vorschriften des Konkursgesetzes dazu führen, dass Direktoren wegen Konkurses oder konkursbezogener Verstöße im Zusammenhang mit der Unternehmensführung für einen Zeitraum von bis zu fünf Jahren von entsprechenden Ämtern ausgeschlossen werden. Direktoren können auch disqualifiziert werden, wenn sie nicht innerhalb der entsprechenden Fristen Konkurs anmelden. Das Konkursgesetz schreibt die Einrichtung eines staatlichen Registers vor, in dem alle ausgeschlossenen Direktoren katalogisiert werden.

91 9.1.4 Das Konkursgesetz verleiht dem Gericht auch weitreichende Befugnisse, um den Konkurs der Aktionäre einer in Liquidation befindlichen Gesellschaft zu erklären oder die Aktionäre zu zwingen, ihr Eigenkapital oder ihr Aktienkapital zur Begleichung der Schulden der in Konkurs gegangenen Gesellschaft einzubringen.

92 9.1.5 Eine Zusammenfassung der verschiedenen Kategorien der Haftung für Direktoren ist in der folgenden Abbildung 3 dargestellt:

Art. 144	• Sofern das Gericht feststellt, dass das Vermögen des schuldnerischen Unternehmens nicht einmal 20 % der Schulden abdeckt, kann es anordnen, dass die Direktoren bzw. Unternehmensleiter zusammen oder getrennt für die Schuldenlast des Unternehmens ganz oder teilweise aufzukommen haben.
Art. 147	• Im Konkursfall kann das Gericht anordnen, dass die Direktoren, Leiter bzw. Liquidatoren die Schulden des Unternehmens zu begleichen haben, sofern sie binnen zwei Jahren nach Verfahrensbeginn die Interessen aller oder einzelner Gläubiger beschädigt haben.
Art. 198	• Direktoren, Leiter bzw. Liquidatoren können mit Gefängnisstrafe bis zu fünf Jahren und mit Strafzahlung bis zu 1 Mio. AED belegt werden, wenn sie fraudulös gehandelt haben.

| Art. 201 | • Direktoren, Leiter bzw. Liquidatoren können mit Gefängnisstrafe von bis zu zwei Jahren belegt werden, wenn sie die finanzielle Lage des Schuldners verborgen oder falsch dargestellt haben, einschließlich fehlender Aufklärung dazu. |

Abbildung 3: Verantwortlichkeit von Vorstand und Liquidatoren

9.2 Geplatzter Scheck

Wurde das PCP oder die Rettung im Rahmen eines Konkursverfahrens eingeleitet, wird ein Strafverfahren wegen geplatzter Schecks des Schuldners mit Zustimmung des Gerichts automatisch ausgesetzt.[68] Danach werden die betreffenden Gläubiger in den Kreis der ungesicherten Gläubiger miteinbezogen, die über den Restrukturierungsplan abstimmen müssen. Sofern die Zustimmung sowohl der Gläubiger als auch des Gerichts vorliegt, wird die Aussetzung so lange aufrechterhalten, bis der Restrukturierungsplan gemäß seinen Bedingungen umgesetzt ist. Ist das erfolgt, kann der Schuldner eine gerichtliche Anordnung zur dauerhaften Aussetzung oder Beendigung des Strafverfahrens beantragen.

10. Internationales Insolvenzrecht

10.1 Das Insolvenzgesetz enthält keine Bestimmungen über die rechtliche und gerichtliche Anerkennung und Zusammenarbeit, die in Fällen gelten, in denen ein in den VAE gegründetes Unternehmen (oder ein in den VAE ansässiger Händler) grenzüberschreitend (sowohl international als auch innerhalb der VAE) tätig ist. Insbesondere haben die VAE nicht das UNCITRAL-Modellgesetz über grenzüberschreitende Insolvenzen übernommen.

10.2 So kann ein Unternehmen, das in den Geltungsbereich des Konkursgesetzes fällt, in mehr als einer Gerichtsbarkeit einem Insolvenzverfahren unterliegen oder über Vermögenswerte außerhalb der VAE verfügen, auf die die Gläubiger zugreifen möchten. Darüber hinaus dürfte die Vollstreckung von Urteilen nach dem Konkursgesetz in anderen Nicht-UAE-Jurisdiktionen auf die gleichen verfahrenstechnischen Hürden stoßen, die derzeit bei allen Gerichtsentscheidungen aus den VAE zu gewärtigen sind.

11. Covid-19

Anlässlich der Pandemiekrise haben sich die VAE zu einer am 28.10.2020 verlautbarten Änderung ihres Konkursrechtes entschlossen. Einzelheiten sind zusammengefasst unter: https://i.emlfiles4.com/cmpdoc/8/7/4/8/2/2/files/17401_document-14.pdf?utm_campaign=718327_ENL%20November%202020&utm_medium=email&utm_source=INSOL%20International&dm_i=4WAM,FE9J,19L9J4,1T4D5,1.

---

[68] Art. 212 des Konkursgesetzes.

Vereinigte Arabische Emirate

Anhang 1: Die Verfahren des Konkursgesetzes

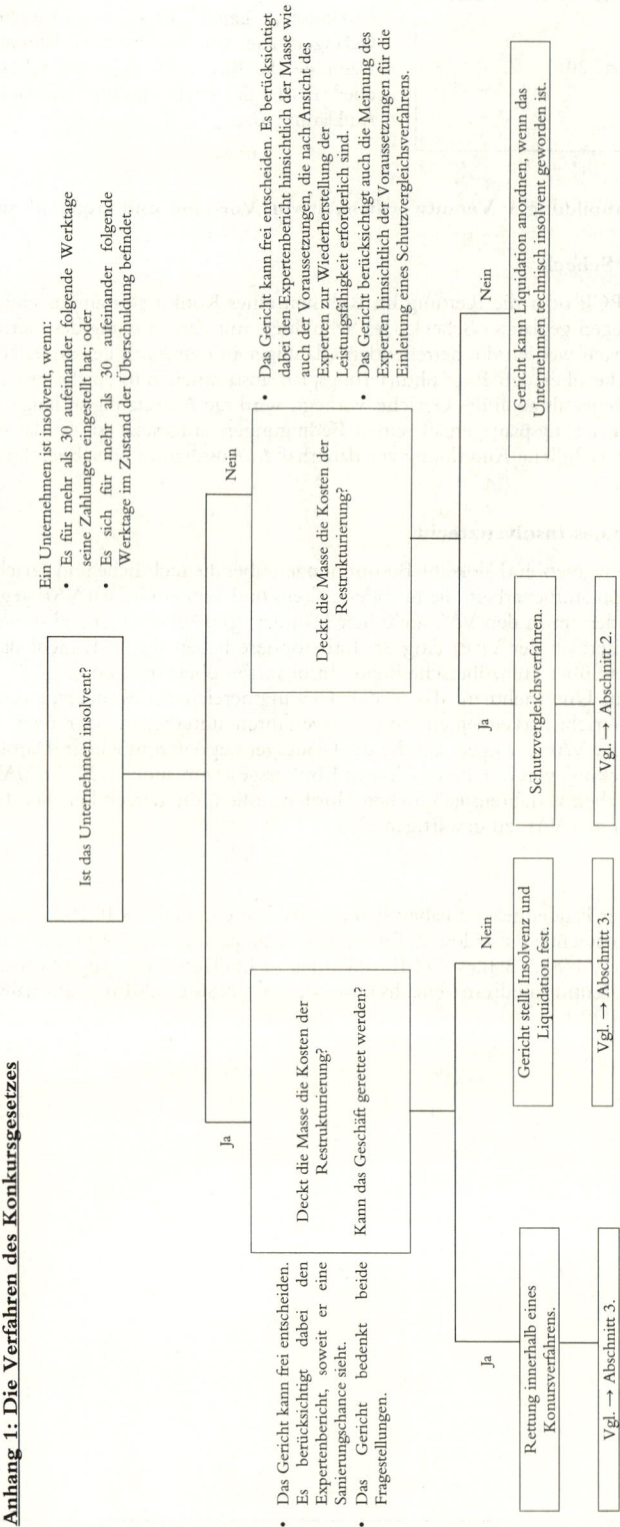

Vereinigte Arabische Emirate

Anhang 2: Schutzvergleichsverfahren

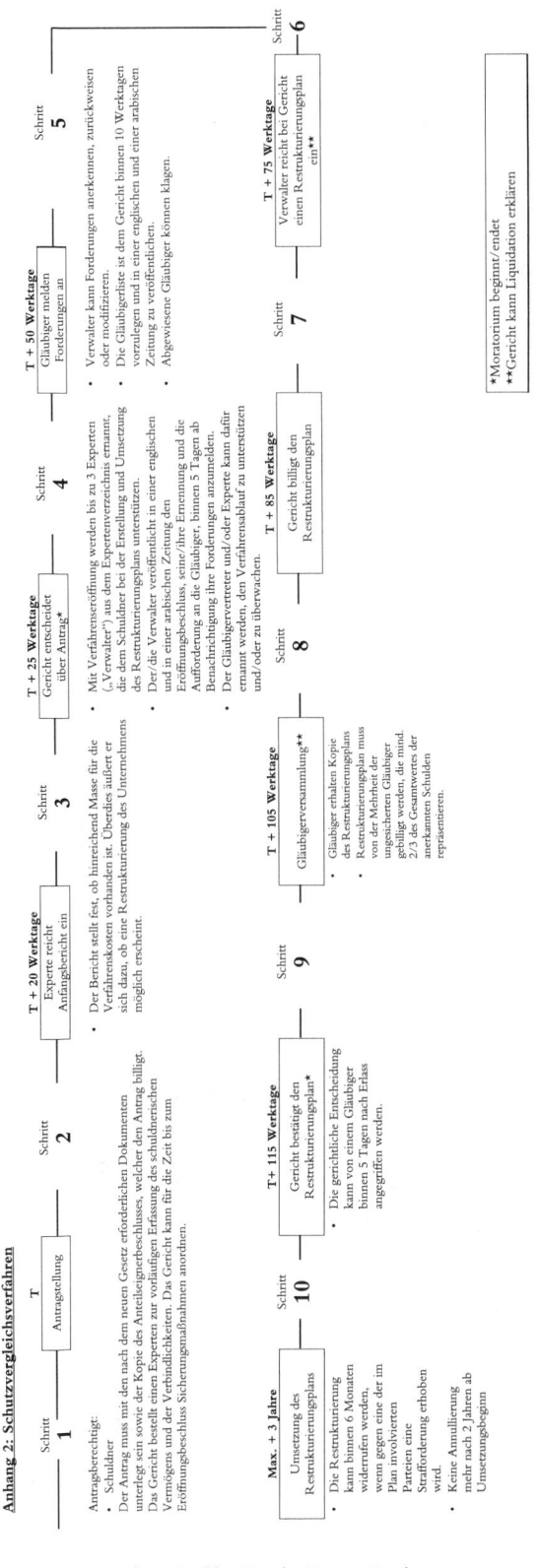

*Moratorium beginnt/endet
**Gericht kann Liquidation erklären

Vereinigte Arabische Emirate

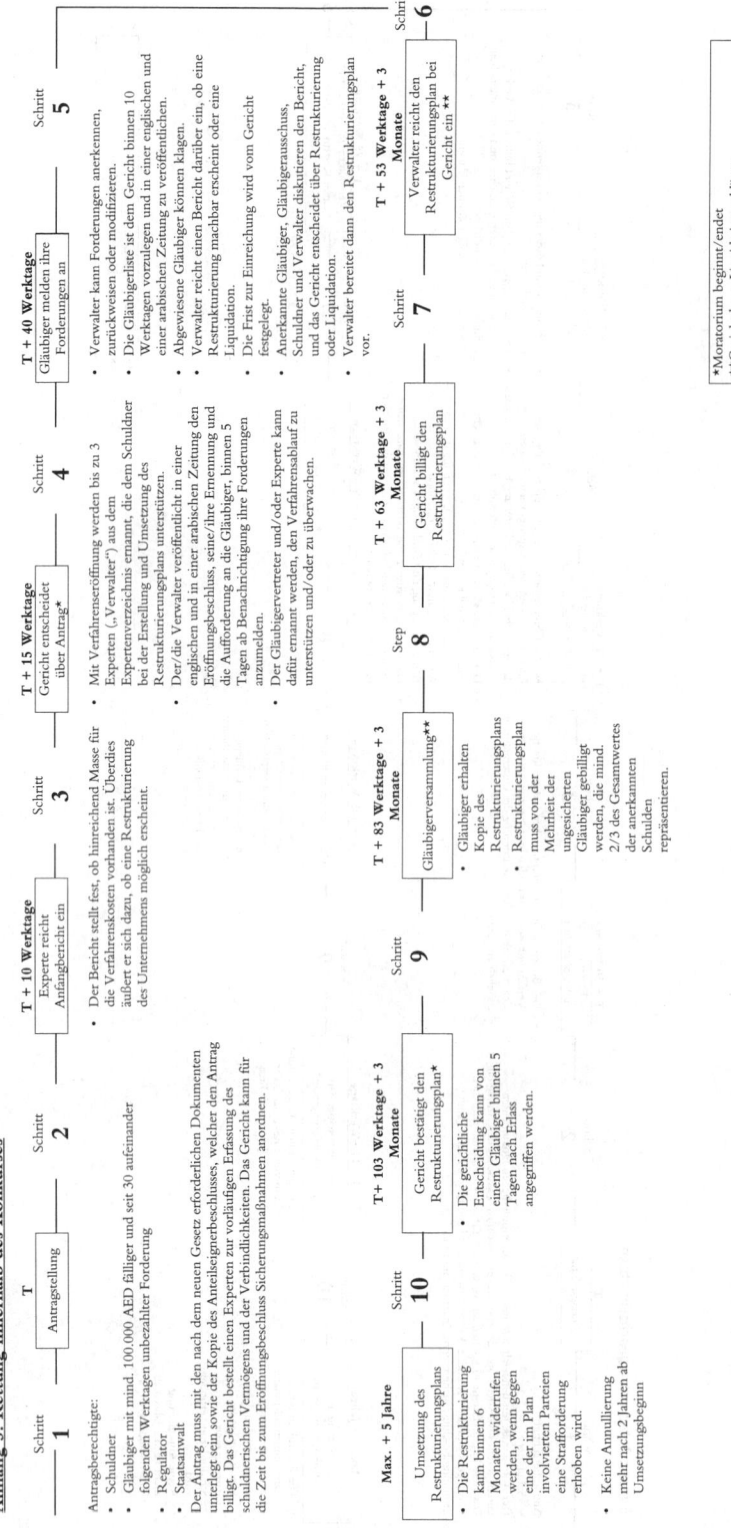

Anhang 3: Rettung innerhalb des Konkurses

Vereinigte Arabische Emirate

Anhang 4: Konkurs

```
Schritt 8                    Schritt 7                    Step 6
┌──────────────────┐   ┌──────────────────────┐   
│ Gläubiger-       │   │ Gericht billigt den  │   
│ versammlung      │   │ Restrukturierungsplan│   
└──────────────────┘   └──────────────────────┘   
                                                  ┌──────────────────────┐
                                                  │ Verwalter reicht den │
                                                  │ vorgeschlagenen      │
                                                  │ Restrukturierungsplan│
                                                  │ bei Gericht ein      │
                                                  └──────────────────────┘
```

T

┌──┐
│ Gericht eröffnet Verfahren und bestellt Verwalter* │
└──┘

T + 3 Werktage

┌──┐
│ Verwalter veröffentlicht den Eröffnungsbeschluss │
└──┘

T + 13 Werktage

┌──────────────────────────┐
│ Anmeldefrist für die Gläubiger │
└──────────────────────────┘

T + 13 Werktage + 1 Monat

┌──┐
│ Der Verwalter beginnt mit der Versilberung, monatliche Mitteilungspflicht │
│ an das Gericht   │
└──┘

* Der Schuldner wird davon abgehalten, über sein Vermögen zu verfügen.

Vereinigte Arabische Emirate

Glossar

Glossar		Rn.
ADGM	globaler Markt von Abu Dhabi	3, 5, 75
Konkursrecht	Bundesgesetz Nr. 9 von 2016	4, 7
Konkursverwalter	nach dem Insolvenzgesetz bestellter Konkursverwalter	47f, 51f
Sicherheitenvereinbarungen	Vereinbarungen in Bezug auf Sicherheiten im Sinne des VAE-Netting-Gesetzes	79
Recht des Handelsverkehrs	Föderales Gesetz Nr. 18/1993 über die Herausgabe des Handelsgeschäftsgesetzes	
Unternehmensverordnung	sind gewerbliche Unternehmen, deren Anteilsbesitz des Staates von direkter bis zu indirekter/letzter wirtschaftlicher Beteiligung variieren kann	
DIFC	Internationales Finanzzentrum Dubai	3, 5
FRC	Ausschuss für die finanzielle Umstrukturierung	10
ISDA	Internationale Vereinigung für Swaps und Derivate	72, 79
Netting-Vereinbarungen	Vereinbarungen über das Netting im Sinne des Netting-Gesetzes der VAE	72f
PCP	Umstrukturierungsprozess gemäß Abschnitt 3 des Konkursgesetzes	13–17
PCP-Treuhänder	im PCP nach dem Insolvenzgesetz bestellter Treuhänder	13–17
Qualifizierte Finanzverträge	qualifizierte Finanzverträge für die Zwecke des VAE-Netting-Gesetzes, wie sie darin definiert sind	75
Rettung innerhalb des Konkursverwalters	Treuhänder, der bei einer Rettung im Rahmen des Konkurses nach dem Insolvenzgesetz bestellt wird	42
Expertenliste	von der FRC eingerichtete Liste von Branchenexperten	
SCA	Emirates Securities and Commodity Authority	71, 75
VAE	Vereinigten Arabische Emirate	
VAE-Netting-Gesetz	Bundesgesetz Nr. 10 von 2018 über die Aufrechnung von Derivatekontrakten und anderen qualifizierten Finanzkontrakten	70, 81

Zypern

bearbeitet von *Maria Kyriacou*, Maria Kyriacou & Associates LLC., Nicosia; *Elias Neocleous*, Elias Neocleous & Co LLC., Nicosia; deutsche Bearbeitung: Dr. *Martin Rinscheid*, Rechtsanwalt, Frankfurt am Main und *Ursula Schlegel*, Rechtsanwältin & Solicitor (England and Wales), Frankfurt am Main.

Übersicht

		Rn.
1.	Gesetze, Literatur und Informationsquellen	1
1.1	Gesetze	1
1.2	Literatur	2
1.3	Informationsquellen	3
2.	Einführung	4
2.1	Einfluss des englischen Rechtssystems	4
2.2	Griechisch als Amts- und Gerichtssprache; Verwendung von Englisch in der zypriotischen Restrukturierungs- und Insolvenzpraxis	5
2.3	Gesetzlicher Rahmen	6
2.4	Verfahrensarten, Einführung	10
2.4.1	Verfahren zur Abwicklung von Unternehmen *(winding up)*	10
2.4.2	Sanierungsverfahren	11
2.4.3	Zwangsverwaltung *(receivership)* (Διαχείριση)	13
2.4.4	Verfahrensarten bei Privatinsolvenz	1
2.4.4.1	Privatinsolvenzverfahren, *bankruptcy,* (Πτώχευση):	1
2.4.4.2	Schuldenerlass, *debt relief order,* (Διάταγμα απαλλαγής οφειλών):	1
2.4.4.3	Persönliche Rückzahlungsregelung, *personal repayment scheme* (Προσωπικό σχέδιο αποπληρωμής):	1
2.4.4.4	Verfahrensarten bei öffentlichen Einrichtungen:	1
2.5	Präventive vorinsolvenzliche Restrukturierung *(pre-insolvency preventive restructuring)* (Προληπτική αναδιάρθρωση πριν την αφερεγγυότητα)	18
2.6	Finanzielle Restrukturierung	19
2.7	Sonderregelungen für Finanzinstitute und Versicherungsunternehmen	21
2.7.1	Verfahren für Finanzinstitute	21
2.7.2	Verfahren für Versicherungsunternehmen	26
2.8	Insolvenzen von Unternehmensgruppen	29
2.9	Insolvenzverfahren für Privatpersonen *(bankruptcy)*	30
2.9.1	Gerichtliche Anordnung der Schuldbefreiung *(Debt Relief Order)*	30
2.9.2	Verfahren über einen Persönlichen Rückzahlungsplan *(Personal Repayment Scheme)*	31

		Rn.
2.9.3	Privatinsolvenzverfahren *(bankruptcy)*	33
3.	Insolvenzverfahren: Abwicklung *(winding up)* (Εκκαθάριση)	42
3.1	Eröffnung des Verfahrens	42
3.2	Eröffnungsgründe	1
3.3	Abwicklung aufgrund eines Gerichtsbeschlusses *(Winding up by order of the court)* (Εκκαθάριση με διάταγμα του Δικαστηρίου)	43
3.4	Freiwillige Abwicklung *(voluntary winding-up)* (Εκούσια Εκκαθάριση)	45
3.5	Einreichungspflichten beim Handelsregister, Haftung für Verstöße	49
3.6	Antragsbefugnis	51
3.7	Anrufung des Gerichts	53
3.8	Aufsicht durch den *Insolvency Service*	57
3.9	Rechtsweg	59
3.10	Verwalter *(office-holder)*	60
3.11	Verwaltung und Verwertung der Masse (Διαχείριση και Ρευστοποίηση της Περιουσίας)	72
3.12	Fortführung des Geschäftsbetriebs in der Zwangsverwaltung *(receivership)* Διαχείριση)	76
3.13	Restrukturierung sanierungsfähiger Unternehmen *(arrangements and reconstruction)* (Διακανονισμοί και αναδιοργανώσεις)	78
3.14	Auswirkungen der Eröffnung des Insolvenzverfahrens auf Vollstreckungsmaßnahmen einzelner Gläubiger und laufende Gerichts- und Schiedsverfahren	87
3.15	Moratorium (Αναστολή αγωγών)	89
3.16	Gläubigervertreter	90
3.17	Forderungsfeststellung (Επαλήθευση χρέους)	92
3.18	Rangfolge bei der Verteilung der Masse (Διανομή περιουσίας)	97
3.19	Abschluss des Verfahrens	101
4.	Verträge in Insolvenz- und Restrukturierungsverfahren	104
4.1	Unerfüllte Verträge (Εκκρεμείς συμβάσεις)	104
4.2	Mieverträge *(lease agreements)*	106

Zypern 1

	Rn.		Rn.
4.3 Anstellungsverträge in der Insolvenz	107	9.3 Unprofitable, lästige Verträge *(onerous contracts)* (Φορτικές συμβάσεις)	142
5. Pensions- und Versorgungsansprüche in der Insolvenz und Restrukturierung	112	9.4 Fraudulent transfers (Δόλια Μεταβίβαση)	143
6. Eigentumsvorbehalt (Επιφύλαξη κυριότητας)	114	10. Haftung (ehemaliger) Geschäftsführer und Gesellschafter; Ansprüche gegen Dritte	144
7. Sicherheiten in der Insolvenz	115		
7.1 Mobiliarsicherheiten *(moveable collateral)* (Εξασφάλιση επί κινητής περιουσίας)	115	11. Schutz von Vermögenswerten	150
		11.1 Writ of Movables (Ένταλμα κατάσχεσης κινητής κινητής ιδιοκτησίας)	150
7.2 Immobiliarsicherheiten *(real estate collateral)* (Χρηματοοικονομική Εξασφάλιση επί ακίνητης περιουσίας)	126	11.2 Interim Order (Προσωρινό Διάταγμα)	151
7.3 Sicherungsrechte an Flugzeugen und Schiffen	135	11.3 *Temporary Charging Order* (Προσωρινό επιβαρυντικό διάταγμα)	155
8. Aufrechnung (Συμψηφισμός)	138	11.4 *Garnishee Order* (Διάταγμα κατάσχεσης χρημάτων)	156
9. Anfechtung, Aufhebung von Rechtsgeschäften	139	12. Internationales Insolvenzrecht und Anerkennung von Verfahren	158
9.1 Anfechtbarkeit, Unwirksamkeit von Sicherungsrechten (Ακυρώσιμες συμφωνίες επιβάρυνσης)	139	13. Umsetzung der Richtlinie über Restrukturierung und Insolvenz	164
9.2 *Fraudulent Preference* (Δόλια Προτίμηση)	141	14. COVID-19 Maßnahmen	170

1. Gesetze, Literatur und Informationsquellen

1.1 Gesetze

1   Die **Gesetze** von 1922 bis 1944 **betreffend Gesellschaften mit beschränkter Haftung** [περί Εταιρειών (Περιορισμένης Ευθύνης) Νόμους] wurden durch das **Gesetz über Gesellschaftsrecht** [περί Εταιρειών Νόμος], im Folgenden: „CAP 113" ersetzt. Das „CAP 113" enthält die wesentlichen, auf Restrukturierungs- und Insolvenzverfahren anwendbaren gesetzlichen Regelungen (das CAP 113 wurde geändert in den Jahren 1968, 1977, 1979, 1985, 1986, 1990, 1992, 1994, 1995, 1997, 1999, 2000, 2001, 2003, 2004, 2005, 2006, 2007, 2008, 2009, 2010, 2011, 2012, 2013, 2014, 2015, 2016, 2017 und 2018); **Verfahrensregelungen über die Abwicklung von Gesellschaften, The Companies (Winding up) Rules** [περί Εταιρειών (Εκκαθάριση) Κανονισμοί] von 1933 (in der 1935, 1938, 1999 und 2013 geänderten Fassung); **Gesetz über die Sanierung von zypriotischen Investitionsfirmen und anderen Einrichtungen unter der Aufsicht des Gesetzes der zypriotischen Wertpapier- und Börsenkommission, The Recovery of Cyprus Investment Firms and other Entities under the Supervision of the Cyprus Securities and Exchange Commission Law** Nr. 20(I)/2016 [περί Ανάκαμψης ΚΕΠΕΥ και Λοιπών Οντοτήτων υπό την Εποπτεία της Επιτροπής Επιτροπής Κεφαλαιαγοράς και για Συναφή Θέματα Νόμος]; **Kreditwesengesetz, The Business of Credit Institutions Law** Nr. 66(I)/1997 [περί Εργασιών Πιστωτικών Ιδρυμάτων Ιδρυμάτων Νόμος] (in der 1997, 1999, 2000, 2003, 2004, 2005, 2008, 2009, 2011, 2012, 2013, 2015, 2016, 2017 und 2018 geänderten Fassung); **Genossenschaftsgesetz, The Cooperative Societies Law** Nr. 22/1985 [περί Συνεργατικών Εταιρειών Νόμος] in der 1987, 1989, 1992, 1999, 2000, 2001, 2003, 2004, 2005, 2007, 2009, 2010, 2011, 2012, 2013, 2014, 2015, 2016 und 2018 geänderten Fassung); **Gesetz über die Auflösung von Kreditinstituten und Investmentgesellschaften The Resolution of Credit Institutions and Investment Companies Law** Nr. 22(I)/2016 [περί Εξυγίανσης Πιστωτικών και και Επενδυτικών Εταιρειών Νόμος]; **Gesetz über das Versicherungs- und Rückversicherungsgeschäft und damit zusammenhängende Angelegenheiten, The Insurance and Re-insurance Business and Related Matters Law** Nr. 38(I)/2016 [περί Ασφαλιστικών και Αντασφαλιστικών Εργασιών και Άλλων Συναφών Θεμάτων Νόμος] (in der 2017, 2018 und 2019 geänderten Fassung); **Gesetz betreffend Privatinsolvenzverfahren The Bankruptcy Law** [περί Πτώχευσης Νόμος] GAP. 5 (in der 1985, 1986, 1999, 2008, 2012, 2015, 2016, 2017 und 2018 geänderten Fassung); **Verfahrens-**

regelungen betreffend Privatinsolvenzverfahren, **The Bankruptcy Rules** [περί Πτωχεύσεως Διαδικαστικό Κανονισμό] von 1931 (in der1978, 1980, 1986, 1996, 1998, 2001 und 2002 geänderten Fassung); **Gesetz über Rückzahlungsvereinbarungen und über Schuldenerlass natürlicher Personen, The Insolvency of Natural Persons (Personal Repayment Schemes and Debt Relief Orders) Law Nr. 65(I)/2015** [περί Αφερεγγυότητας Φυσικών Προσώπων (Προσωπικά Σχέδια Αποπληρωμής και Διάταγμα Απαλλαγής Οφειλών) Νόμος] (in der Fassung von 2018); **Gesetz betreffend die Anfechtung betrügerischer Rechtshandlungen Fraudulent Transfers Avoidance Law** [περί Δόλιων Μεταβιβάσεων (Ακύρωση) Νόμος] CAP. 62; **Gesetz über Leasing, The Leasing Law Nr. 72(I)/2016** [περί Χρηματοδοτικής Μίσθωσης Νόμος]; **Gesetz über Verbraucher-Leasing im Zusammenhang mit dem Wohnungseigentumsrecht The Consumer Leasing in relation to Housing Property Law Nr. 41(I)/2017** [περί Συμβάσεων Πίστωσης για Καταναλωτές σε σχέση με Ακίνητα που προορίζονται για Κατοικία Νόμος] (in der 2017 und 2019 geänderten Fassung); **Gesetz über die Entlassung von Arbeitskräften The Redundancy Law Nr. 24/1967** [περί Τερματισμού Απασχολήσεως Νόμος] (in der in den Jahren 1968, 1972, 1973, 1975, 1977, 1979, 1980, 1983, 1987, 1988, 1990, 1994, 2001, 2002, 2003 und 2016 geänderten Fassung); **Gesetz zum Schutz der Rechte von Arbeitnehmern im Falle der Insolvenz ihres Arbeitgebers The Protection of the Rights of Employees in the case of Insolvency of their Employer Law Nr. 25(I)/2001** [περί της Προστασίας των Δικαιωμάτων του των Εργοδοτουμένων σε Περίπτωση Αφερεγγυότητας του Εργοδότη Νόμος] (in der geänderten Fassung von 2006, 2008 und 2014); **Gesetz über Lohnschutz The Protection of Wages Law Nr. 35(I)/2007** [περί Προστασίας των Μισθών Νόμος] (in der Fassung von 2012); **Gesetz über die Einrichtung, Tätigkeit und Beaufsichtigung von beruflichen Vorsorgeeinrichtungen The Establishment, Activities and Supervision of Professional Retirement Benefit Funds Law** [περί **Nr. 208(I)/2012** της Ίδρυσης, των Δραστηριοτήτων και και της Εποπτείας των Ταμείων Επαγγελματικών Συνταξιοδοτικών Παροχών Νόμος] (in der 2014, 2015 und 2018 geänderten Fassung);**Gesetz Nr. 9/1965 über Immobilien (Übertragung und Begründung von Sicherheiten) The Immovable Property (Transfer and Mortgage) Law** [περί Μεταβιβάσεως και Υποθηκεύσεως Ακινήτων Νόμος] (in der 1970, 1978, 1981, 2002, 2006, 2007, 2008, 2010, 2011, 2014, 2015 und 2018 geänderten Fassung); **Gesetz Nr. 45/1963 über die Handelsschifffahrt (Registrierung, Veräußerung und Besicherung von Schiffen) The Merchant Shipping (Registration of Ships, Sales and Mortgages) Law** [περί Εμπορικής Ναυτιλίας (Νηολόγησις, Πώλησις και Υποθήκευσις Πλοίων) Νόμος] (in der von 1963, 1965, 1968, 1973, 1979, 1980, 1982, 1986, 1987, 1995, 1996, 2003, 2004 und 2005 geänderten Fassung); **Gesetz Nr. 213(I)/2002 betreffend die zivile Luftfahrt The Civil Aviation Law** [[περί Πολιτικής Αεροπορίας Νόμος] (in der 2004, 2005, 2006, 2007, 2008, 2011, 2012, 2014 und 2015 geänderten Fassung).

1.2 Literatur

Maria Kyriacou, „Chapter-8 -Insolvency", (2010); Andreas Neocleous & Co LLC, 2010, Neocleous' *Introduction to Cyprus Law*, dritte Auflage, Zypern, S. 179–194. **2**

1.3 Informationsquellen

Handelsregister und Website des *Official Receiver*: www.mcit.gov.cy/drcor (in griechischer Sprache); Rechtsportal Zyperns www.cylaw.org (Gesetze nur in griechischer Sprache verfügbar); der „Insolvency Service" des Ministeriums für Handel, Energie und Industrie bietet auf seiner Website http://www.mcit.gov.cy/mcit/insolvency.nsf/ englische Übersetzungen von Gesetzestexten, Informationen auf Englisch sowie weiterführende Links. **3**

2. Einführung

2.1 Einfluss des englischen[1] Rechtssystems

Die Republik Zypern war vor ihrer Unabhängigkeit im Jahre 1960 britische Kronkolonie. **4** Deshalb geht ein großer Teil des zypriotischen Rechtssystems auf das englische Recht aus der Zeit bis 1960 zurück. **Insbesondere das zypriotische Gesellschafts- und Insolvenzrecht weisen starke Ähnlichkeit mit dem englischen Companies Act 1948 und dem Bankruptcy Act**

---

[1] Die Begriffe „England" und „englisch" beziehen sich in diesem Länderbericht abkürzend auf das Vereinigte Königreich von Großbritannien und Nordirland.

1925 auf, beide Gesetze waren in besonderem Maße gläubigerfreundlich. Auch die englische Rechtsprechung beeinflusst nach wie vor die Rechtspraxis Zyperns.

2.2 Griechisch als Amts- und Gerichtssprache; Verwendung von Englisch in der zypriotischen Restrukturierungs- und Insolvenzpraxis

5   Das bei Insolvenzsachverhalten zur Anwendung kommende zypriotische Gesellschaftsrecht wurde ursprünglich in englischer Sprache verfasst, die Terminologie entspricht im Wesentlichen englischem Gesellschaftsrecht. Daher kommt in der zypriotischen Rechtspraxis auch Englisch zur Anwendung, die zypriotschen Gerichte akzeptieren die Einreichung von Dokumenten in englischer Sprache. Die offizielle Amts- und Gerichtssprache Zyperns allerdings ist Griechisch. Seit dem EU-Beitritt werden auch die englischen Begrifflichkeiten der EU-Richtlinien und EU-Verordnungen verwendet. **Deshalb werden in diesem Länderbericht sowohl englische als auch griechische[2] juristische Fachbegriffe zitiert.**

2.3 Gesetzlicher Rahmen

6   Die Unternehmensinsolvenz (sowohl Sanierung als auch Abwicklung) wird durch das Gesellschaftsrecht (***Companies Law,* im Folgenden: CAP 113**) und die Verfahrensregelungen für Abwicklung, *Winding Up Rules*,[3] geregelt, die auf dem englischen Gesellschaftsrecht von 1948 basieren. Diese wurden im Laufe der Jahre immer wieder geändert, auch, um EU-Richtlinien zu implementieren. Die Gesetzeskapitel, die sich auf Sanierung,[4] die Unternehmensinsolvenz[5] und die Eintragung und Vollstreckung von Sicherheiten[6] beziehen, wurden 2015 geändert, um die jüngsten für Zypern völlig neuen Bestimmungen für die Unternehmenssanierung, wie das Verfahren *Examinership*[7] (das darauf abzielt, lebensfähigen Unternehmen eine zweite Chance zu geben), in das Gesellschaftsrecht einzufügen. Die gesetzlichen Regelungen können nach wie vor als gläubigerfreundlicher bezeichnet werden, sie sind auf die Abwicklung, Verwertung und die Erlösverteilung ausgerichtet.[8]

7   **Die Privatinsolvenz (πτώχευση φυσικού προσώπου)** wird durch das Gesetz über Privatinsolvenzverfahren[9] und die diesbezüglichen Verfahrensregelungen geregelt.[10] Im Jahr 2015 wurde ein „**Gesetz über Rückzahlungsvereinbarungen und Schuldenerlass natürlicher Personen"** eingeführt,[11] um Schuldnern eine zweite Chance zu geben, hierbei wurden auch Rechtsänderungen vorgenommen, um die private Wohnung des Schuldners in Insolvenzverfahren zu schützen.

8   **Das Kreditwesengesetz[12] und das Genossenschaftsgesetz[13] regeln die Insolvenzen von Banken und genossenschaftlichen Kreditinstituten.** Im Jahr 2013 wurde das Gesetz über die Auflösung von Kreditinstituten und anderen Finanzinstitutionen[14] eingeführt, um Instrumente für die Stabilisierung und geordnete Abwicklung von Finanzinstituten zu schaffen und um die Wirtschaft vor finanziellen Störungen aufgrund der finanziellen Probleme großer Kreditinstitute zu schützen. Dieses Gesetz wurde 2016 durch das Gesetz über die Auflösung von Kreditinstituten und Investmentgesellschaften ersetzt,[15] das die im Vorgängergesetz vorgesehenen Instrumente und Verfahren verbesserte und erweiterte.

9   **Das Gesetz über das Versicherungs- und Rückversicherungsgeschäft** und damit verbundene Angelegenheiten[16] regelt die Abwicklungsmaßnahmen und das Verfahren zur Auflösung im Falle der Insolvenz eines Versicherungsunternehmens.

---

[2] In griechischem Alphabet.
[3] The Companies (Winding up) Rules of 1933.
[4] Section 198-201 CAP 113.
[5] Teil V CAP 113.
[6] Teil III CAP 113.
[7] Teil IVA CAP 113.
[8] Section 300 CAP 113.
[9] CAP 5.
[10] Die Insolvenzregeln von 1931.
[11] Gesetz Nr. 65(I)/2015.
[12] Gesetz Nr. 66(I)/1997.
[13] Gesetz Nr. 22/1985.
[14] Nr. 17(I)/2013.
[15] Gesetz über Kreditinstitute und Investmentgesellschaften Nr. 22(I)/2016.
[16] Gesetz Nr. 38(I)/2016 über das Versicherungs- und Rückversicherungsgeschäft und damit zusammenhängende Angelegenheiten.

2.4 Verfahrensarten, Einführung

2.4.1 Verfahren zur Abwicklung von Unternehmen *(winding up)*[17]

Nach den hierfür vorgesehenen gesellschaftsrechtlichen Vorschriften kann ein in Zypern eingetragenes Unternehmen entweder mit oder ohne Aufsicht des Gerichts freiwillig, *voluntary* (durch die Gesellschafter oder Gläubiger) oder erzwungen, *involuntary* (durch die Gläubiger) abgewickelt werden.[18] Sobald das Verfahren eingeleitet ist, stellt die Gesellschaft sofort den Geschäftsbetrieb ein, der Verwalter übernimmt die Verwaltungs- und Verfügungsbefugnis,[19] die Verpflichtungen der Geschäftsführer enden, das Vermögen der Gesellschaft wird verwertet und verteilt[20] und die Gesellschaft wird aufgelöst.[21]

2.4.2 Sanierungsverfahren

Vergleiche mit Gläubigern oder Gesellschaftern, arrangements and reconstruction (Διακανονισμοί και Αναδιοργανώσεις):[22] Ein Unternehmen, das sanierungsfähig ist, aber kurzfristige Liquiditätsprobleme hat, kann eine finanzielle Restrukturierung durch einen Vergleich mit seinen Gläubigern oder seinen Gesellschaftern erzielen. Dieser Vergleich muss von einer (nach Forderungssummen berechneten) Mehrheit der Gläubiger oder Gesellschafter gebilligt und vom Gericht genehmigt werden und ist in diesem Fall für alle Gesellschafter, Gläubiger und die Gesellschaft verbindlich.[23] Der Schuldner behält die volle Kontrolle über das Unternehmen. Dieses Verfahren kann unabhängig von oder im Rahmen jedes anderen Insolvenzverfahrens durchgeführt werden.

Examinership (Διορισμός Εξεταστή):[24] Dieses Verfahren bietet eine „Atempause", während derer ein Unternehmen, das von der Insolvenz bedroht ist, unter den Schutz des Gerichts und eines Moratoriums gestellt wird, während ein vom Gericht bestellter[25] *examiner,* ein lizensierter Insolvenzverwalter *(insolvency practitioner),* das Unternehmen bewertet und ggf. einen **Sanierungsplan,** *rehabilitation plan,* (έκθεση εξεταστή-σχέδιο διακανονισμού),[26] erstellt der auf einer freiwilligen Vereinbarung, *voluntary arrangement,* beruht.[27] Das Verfahren kann entweder mit der Annahme der Vorschläge des *examiner* für eine freiwillige Vereinbarung oder mit deren Ablehnung[28] abgeschlossen werden. Kommt der *examiner* zu dem Schluss, dass er nicht in der Lage ist, Vorschläge zu unterbreiten, kann er bei Gericht eine Anweisung zum weiteren Vorgehen beantragen, das Gericht trifft Anordnungen, die es für angebracht hält, einschließlich Auflösung der Gesellschaft.[29] Während des gesamten Verfahrens verbleiben dem Schuldner die Aufsicht über den laufenden Geschäftsbetrieb und grundsätzlich auch die Verfügungsbefugnis, der *examiner* ist jedoch befugt, das Unternehmen zu verwalten und über belastetes Eigentum zu verfügen, um die Sanierung des Unternehmens zu erleichtern.[30]

2.4.3 Zwangsverwaltung *(receivership)* (Διαχείριση)[31]

Ein Sicherheitengläubiger, der eine Sicherheit an Vermögenswerten eines Unternehmens hält, kann einen Zwangsverwalter, *receiver,* bestellen, der die betreffenden Vermögenswerte verwertet und den Gläubiger aus dem Erlös befriedigt. Wenn es sich bei der Sicherheit um eine *floating charge* handelt, die im Wesentlichen alle Vermögenswerte des Unternehmens erfasst, kann der Gläubiger einen Zwangsverwalter/Geschäftsführer bestellen.[32] Grundsätzliches Ziel der Zwangsverwaltung *(receivership)* ist die Befriedigung der Forderungen des gesicherten Gläubigers. Sie bietet jedoch auch die besten Chancen, dass ein Unternehmen fortgeführt wird.

---

[17] Teil VCAP 113.
[18] Section 203 CAP 113.
[19] Section 231 CAP 113.
[20] Section 300, CAP 113.
[21] Section 260, CAP 113.
[22] Sectione 198–201, CAP 113.
[23] Section 198(2), CAP 113.
[24] Teil IVA, CAP 113.
[25] Section 202A CAP 113.
[26] Section 202K CAP 113.
[27] Section 202ΚΓ CAP 113.
[28] Section 202ΚΔ CAP 113.
[29] Section 202ΙΘ(7) CAP 113.
[30] Section 202ΙΣΤ CAP 113.
[31] Teil VI CAP 113.
[32] Section 340(3) CAP 113.

2.4.4 Verfahrensarten bei Privatinsolvenz

2.4.4.1 Privatinsolvenzverfahren, *bankruptcy,* (Πτώχευση):[33]

Nach dem Gesetz betreffend Privatinsolvenzverfahren kann jede Person, die in Zypern lebt, arbeitet oder ein Gewerbe betreibt oder einen Wohnsitz in Zypern unterhält und nicht in der Lage ist, ihre Schulden zu begleichen, ein Privatinsolvenzverfahren beantragen.[34] Das Gesetz unterscheidet nicht hinsichtlich der Nationalität oder des Berufs des Schuldners.

2.4.4.2 Schuldenerlass, *debt relief order,* (Διάταγμα απαλλαγής οφειλών):[35]

Das Gesetz Nr. 65(I)/2015 über Rückzahlungsvereinbarungen und über Schuldenerlass natürlicher Personen ermöglicht es Schuldnern, die keine Straftaten begangen haben, einen Schuldenerlass bis zu 25.000 EUR, um ihnen ihre Rehabilitierung zu erleichtern und um ihre Rückkehr zu produktiver Wirtschaftstätigkeit zu beschleunigen.[36]

2.4.4.3 Persönliche Rückzahlungsregelung, *personal repayment scheme* (Προσωπικό σχέδιο αποπληρωμής):[37]

Gesetz Nr. 65(I)/2015 über Rückzahlungsvereinbarungen und über Schuldenerlass natürlicher Personen gibt weiterhin Schuldnern, die keine Straftaten begangen haben, eine zweite Chance, ihre Schulden durch Vergleich oder Vereinbarung mit ihren Gläubigern zu restrukturieren,[38] schützt ihren Hauptwohnsitz[39] und die für ihr Gewerbe oder ihren Beruf notwendigen Instrumente.[40]

2.4.4.4 Verfahrensarten bei öffentlichen Einrichtungen:

Öffentliche Einrichtungen wie die zypriotische Elektrizitätsbehörde,[41] die zypriotische Rundfunkgesellschaft,[42] die zypriotische Wasserbehörde,[43] die zypriotische Hafenbehörde,[44] die zypriotische Post[45] und die zypriotische Telekommunikationsbehörde[46] werden durch spezielle Gesetze geregelt. Das Verfahren im Fall der Insolvenz dieser Einrichtungen muss ebenfalls nach speziellen Regelungen erfolgen. Solche Regelungen existieren derzeit nicht für alle der vorgenannten Einrichtungen, sondern werden je nach Bedarf geschaffen und verabschiedet. So wurde im Jahr 2016 im Fall der Hafenbehörde ein Gesetz zur freiwilligen Vorruhestandsregelung[47] (Gesetz zur Sicherung der Rechte der Beschäftigten der zypriotischen Hafenbehörde) umgesetzt und Teile der öffentlichen Einrichtung wurden privatisiert[48] gemäß der Verordnung zur Regelung von Privatisierungsangelegenheiten (Privatisierung der Handelsabteilung des Hafens von Limassol), die aufgrund des Gesetzes zur Regelung von Privatisierungsangelegenheiten von 2014 erlassen wurde.[49]

2.5 Präventive vorinsolvenzliche Restrukturierung *(pre-insolvency preventive restructuring)* (Προληπτική αναδιάρθρωση πριν την αφερεγγυότητα)

Mit Ausnahme der *"Recovery of Cyprus Investment Firms"* und anderen Firmen, die der Aufsicht nach dem Gesetz „*Cyprus Securities and Exchange Commission Law*"[50] unterstehen, und dazu verpflich-

---

[33] CAP 5.
[34] Section 3(2) CAP 5.
[35] Kap. 1, Teil III des Gesetzes Nr. 65(I)/2015.
[36] Section 22 des Gesetzes Nr. 65(I)/2015.
[37] Kap. 2, Teil III des Gesetzes Nr. 65(I)/2015.
[38] Section 23 des Gesetzes Nr. 65(I)/2015.
[39] Section 50 des Gesetzes Nr. 65(I)/2015.
[40] Section 74(1)(α) des Gesetzes Nr. 65(I)/2015.
[41] Die Entwicklung des Elektrizitätsgesetzes Nr. 40/1959, ersetzt durch das Gesetz Nr. 12A/1960 über die Elektrizitätsbehörde (Sicherheit).
[42] Das zyprische Rundfunkgesetz, CAP 300A.
[43] Das Wassergesetz (Entwicklung und Verteilung), GAP. 348.
[44] Das Gesetz Nr. 38/1973 über die zyprische Hafenbehörde.
[45] Das Postgesetz, CAP 303.
[46] Das Gesetz über die Telekommunikationsbehörde, CAP 302.
[47] Die Sicherung der Rechte der Angestellten der zyprischen Hafenbehörde No. 28(I)/2016.
[48] Die Verordnung über die Regelung von Privatisierungsangelegenheiten (Privatisierung der Handelsabteilung des Hafens von Limassol), K. Δ. Π 96/2016.
[49] Gemäß Section 5 (ζ) des Gesetzes Nr. 28(I)/2014 über die Regelung von Privatisierungsangelegenheiten, das Gesetz zur Regelung von Privatisierungsangelegenheiten wurde 2018 abgeschafft.
[50] Die Sanierung von zyprischen Investitionsfirmen und anderen Einrichtungen unter der Aufsicht der zyprischen Wertpapier- und Börsenkommission, Gesetz Nr. 20(I)/2016.

tet sind, einen Sanierungsplan zur Wiederherstellung der finanziellen Lage im Fall deren signifikanter Verschlechterung aufzustellen,[51] gibt es in Zypern keine mit diesen Gesetzen vergleichbaren Regelungen, die Geschäftsführer oder Einzelunternehmer verpflichten würden, proaktiv durch Restrukturierung Situationen zu vermeiden, die zu einer finanziellen Notlage des Unternehmens führen könnten.

2.6 Finanzielle Restrukturierung

Eine finanzielle Restrukturierung kann entweder durch einen Rückzahlungsplan im Fall einer Privatperson[52] oder, im Fall eines Unternehmens, durch eine formelle Vereinbarung, *formal arrangement and reconstruction* (kann jederzeit eingeleitet werden, auch wenn sich das Unternehmen in einem Insolvenz- oder Abwicklungsverfahren befindet[53])[54] oder durch *examinership*[55] erreicht werden. **19**

Alternativ kann eine Restrukturierung, wenn alle betroffenen Parteien die Fortführungsaussichten einvernehmlich beurteilen und die Wiederherstellung finanzieller Stabilität und Rentabilität des Schuldners unterstützen, durch eine **informelle, außergerichtliche private Vereinbarung**, *informal private arrangement (εξωδικαστικές διαδικασίες),* zwischen dem Schuldner und seinen Hauptgläubigern angestrebt werden. **20**

2.7 Sonderregelungen für Finanzinstitute und Versicherungsunternehmen

2.7.1 Verfahren für Finanzinstitute

Das Gesetz über die Tätigkeit von Kreditinstituten[56] enthält besondere Bestimmungen für die Sanierung und Abwicklung von Finanzinstituten, sowohl von Banken als auch von genossenschaftlichen Kreditinstituten. **21**

Eine Restrukturierung kann in Bezug auf ein Finanzinstitut einschließlich jeder seiner Zweigstellen (in jedem EU-Mitgliedstaat, vorbehaltlich der dort geltenden Gesetze), von der Zentralbank von Zypern vorgeschlagen werden, die dann bei Gericht die Einberufung einer Gläubigerversammlung (im Fall einer Bank) oder der Mitglieder (im Fall einer Genossenschaft) beantragt.[57] Das Gericht wird die Restrukturierung genehmigen, wenn die Bestimmungen des Gesellschaftsrechts über formelle Vergleichs und Restrukturierungsvereinbarungen[58] (im Fall einer Bank) oder (im Fall einer Genossenschaft) die Bestimmungen des Genossenschaftsgesetzes[59] über Schlichtungsverfahren erfüllt sind. Eine Restrukturierung kann jederzeit durchgeführt werden, auch im Rahmen einer Abwicklung des Finanzinstituts. Im Rahmen der Restrukturierung können Handlungen, die das Finanzinstitut vor der Restrukturierung vorgenommen hat und die als gläubigerschädlich erachtet werden, für nichtig erklärt werden (es sei denn, diese Handlungen unterliegen dem Recht eines anderen Mitgliedstaates, das dies nicht zulässt).[60] **22**

Alternativ kann die Zentralbank von Zypern als Abwicklungsbehörde gemäß Gesetz über Kreditinstitute und Investmentgesellschaften[61] bestimmte Maßnahmen gegen Finanzinstitute verhängen, ua: Erhöhung des Aktienkapitals,[62] Verkauf des Geschäftsbetriebs,[63] Übertragung von Aktien, anderen Finanzinstrumenten, Vermögensrechten oder Verbindlichkeiten auf eine „Übergangsbank", *bridge institution,* oder eine dritte Partei,[64] die Übertragung von Vermögenswerten, Rechten oder Verbindlichkeiten auf ein oder mehrere *management vehicles,* VI,[65] und Sanierung durch Abschreibung **23**

---

[51] Teil II der Sanierung von zypriotischen Investitionsfirmen und anderen Einrichtungen, die unter der Aufsicht der zypriotischen Wertpapier- und Börsenkommission stehen, Gesetz Nr. 20(I)/2016.
[52] Kap. 2, Teil III des Gesetzes Nr. 65(I)/2015 über die Insolvenz natürlicher Personen (persönliche Rückzahlungsregelungen und Schuldenerleichterungen).
[53] Teil IVA, CAP 113.
[54] Sections 198 – 201, CAP 113.
[55] Teil IVA, CAP 113.
[56] Teil XIII des Gesetzes über die Geschäfte der Kreditinstitute Nr. 66(I)/1997.
[57] Section 33 des Gesetzes über die Geschäfte der Kreditinstitute Nr. 66(I)/1997.
[58] Sections 198 – 201, CAP 113.
[59] Teil XIII des Genossenschaftsgesetzes Nr. 22/1985.
[60] § 33(7) des Gesetzes über die Geschäfte der Kreditinstitute Nr. 66(I)/1997.
[61] Die Entschließung des Gesetzes über Kreditinstitute und Investmentgesellschaften Nr. 22(I)/2016.
[62] Section 46(3)(β)(ι) der Entschließung des Gesetzes über Kreditinstitute und Investmentgesellschaften Nr. 22(I)/2016.
[63] Section 46(3)(β)(ιι) der Entschließung des Gesetzes über Kreditinstitute und Investmentgesellschaften Nr. 22(I)/2016.
[64] § 48 der Entschließung des Gesetzes über Kreditinstitute und Investmentgesellschaften Nr. 22(I)/2016.
[65] Section 52 der Entschließung des Gesetzes über Kreditinstitute und Investmentgesellschaften Nr. 22(I)/2016.

von Verbindlichkeiten oder Umwandlung in Eigenkapital, sodass das Finanzinstitut fortgeführt werden kann.[66]

24 Banken können nach den Verfahren des Gesellschaftsrechts in ähnlicher Weise wie Unternehmen aufgelöst und liquidiert werden,[67] aber auch vorbehaltlich spezifischer Bestimmungen des Gesetzes über die Tätigkeit von Kreditinstituten[68] oder durch Gerichtsbeschluss auf Antrag der Zentralbank von Zypern, der in ihrem absoluten Ermessen liegt, gemäß dem Gesetz über die Tätigkeit von Kreditinstituten.[69]

25 Genossenschaften können nach dem im Genossenschaftsgesetz festgelegten Verfahren aufgelöst und abgewickelt werden,[70] wenn dies durch einen in einer Sondersitzung gefassten Mehrheitsbeschluss von drei Vierteln der Mitglieder gebilligt wird und der Kommissar der Behörde für Genossenschaften „der Meinung ist, dass die Genossenschaft aufgelöst werden sollte, oder der Kommissar der Behörde für Genossenschaften, *Commissioner of the Authority of Cooperative Societies,* nach einer Inspektion oder Prüfung der Genossenschaft der Ansicht ist, dass die Genossenschaft aufgelöst werden sollte.[71] Der Kommissar der Behörde für Genossenschaften kann eine entsprechende Verfügung erlassen und zu von ihm zu diesem Zweck festgelegten Bedingungen einen Verwalter bestellen.[72] Gemäß dem Gesetz über die Tätigkeit von Kreditinstituten[73] ist Abwicklung auch durch Gerichtsbeschluss auf Antrag der Zentralbank von Zypern möglich, der in ihrem absoluten Ermessen liegt.

2.7.2 Verfahren für Versicherungsunternehmen

26 Nach dem Gesetz über das Versicherungs- und Rückversicherungsgeschäft und damit zusammenhängende Angelegenheiten[74] können gegen Versicherungsunternehmen und in Zypern betriebene Versicherungsgeschäfte von Drittländern Auflösungs- und Abwicklungsverfahren eingeleitet werden.[75]

27 Der Registrar für das Versicherungswesen, *Registrar of Insurance,* kann alle Abwicklungsmaßnahmen gegen ein zypriotisches Versicherungsunternehmen und jede seiner Zweigstellen (weltweit) ergreifen und in diese eingreifen,[76] um die finanzielle Situation des Versicherungsunternehmens zu sichern oder wiederherzustellen, auch wenn diese Maßnahmen die Rechte anderer Parteien beeinträchtigen,[77] einschließlich Maßnahmen wie beispielsweise die Möglichkeit der Aussetzung von Zahlungen, der Aussetzung von Vollstreckungsmaßnahmen oder der Kürzung von Entschädigungen. Solche Maßnahmen können unabhängig von einem etwaigen Abwicklungsverfahren ergriffen werden,[78] und der *Registrar of Insurance* muss alle in Zypern ansässigen Gläubiger und bekannten Gläubiger, die in einem anderen Mitgliedstaat ansässig sind, informieren, damit sie ihr Recht auf Anmeldung ihrer Forderungen ausüben können.[79]

28 Ein Versicherungsunternehmen kann freiwillig, *voluntarily* (nach dem gesellschaftsrechtlich vorgesehenen Verfahren),[80] abgewickelt werden, vorausgesetzt, dass das Unternehmen zuvor sein Versicherungsportfolio gemäß dem Gesetz über das Versicherungs- und Rückversicherungsgeschäft und damit zusammenhängende Angelegenheiten[81] übertragen hat, oder es kann durch das Gericht in

---

[66] § 55 der Entschließung des Gesetzes über Kreditinstitute und Investmentgesellschaften Nr. 22(I)/2016.
[67] Teil V, CAP 113.
[68] Sectione 33A – 33O des Gesetzes über die Geschäfte der Kreditinstitute Nr. 66(I)/1997.
[69] Section 33Bδις des Gesetzes Nr. 66(I)/1997 über die Tätigkeit der Kreditinstitute.
[70] Teil IX des Genossenschaftsgesetzes Nr. 22/1985.
[71] Section 42 des Genossenschaftsgesetzes Nr. 22/1985.
[72] Section 44 des Genossenschaftsgesetzes Nr. 22/1985.
[73] Section 33Bδις des Gesetzes Nr. 66(I)/1997 über die Tätigkeit der Kreditinstitute.
[74] Teil V des Gesetzes Nr. 38(I)/2016 über das Versicherungs- und Rückversicherungsgeschäft und damit zusammenhängende Angelegenheiten.
[75] Section 4 des Gesetzes Nr. 38(I)/2016 über das Versicherungs- und Rückversicherungsgeschäft und damit zusammenhängende Angelegenheiten.
[76] Section 309(2) des Gesetzes Nr. 38(I)/2016 über das Versicherungs- und Rückversicherungsgeschäft und damit zusammenhängende Angelegenheiten.
[77] Section 309(3) des Gesetzes Nr. 38(I)/2016 über das Versicherungs- und Rückversicherungsgeschäft und damit zusammenhängende Angelegenheiten.
[78] Section 309(1) des Gesetzes Nr. 38(I)/2016 über das Versicherungs- und Rückversicherungsgeschäft und damit zusammenhängende Angelegenheiten.
[79] Section 312 des Gesetzes Nr. 38(I)/2016 über das Versicherungs- und Rückversicherungsgeschäft und damit zusammenhängende Angelegenheiten.
[80] Section 313(2) des Gesetzes Nr. 38(I)/2016 über das Versicherungs- und Rückversicherungsgeschäft und damit zusammenhängende Angelegenheiten und die Sectione 203 – 208, 261 – 292 und 298 – 344 von Teil V des Gesellschaftsgesetzes, CAP 113.
[81] Section 313(1) und Teil II des Gesetzes Nr. 38(I)/2016 über das Versicherungs- und Rückversicherungsgeschäft und damit zusammenhängende Angelegenheiten.

einem dem gesellschaftsrechtlichen Verfahren ähnlichen Verfahren abgewickelt werden, aber vorbehaltlich spezifischer Bestimmungen des Gesetzes über das Versicherungs- und Rückversicherungsgeschäft und damit zusammenhängende Angelegenheiten.[82]

2.8 Insolvenzen von Unternehmensgruppen

Die insolvenzrechtlichen Regelungen des Gesellschaftsrechts[83] unterscheiden nicht zwischen Haupt- und Sekundärverfahren bei Unternehmensinsolvenzen, es gilt der Grundsatz eine Gesellschaft, eine Masse, ein Verfahren.

2.9 Insolvenzverfahren für Privatpersonen (*bankruptcy*)

2.9.1 Gerichtliche Anordnung der Schuldbefreiung (*Debt Relief Order*)[84]

Privatpersonen, die als zahlungsunfähig gelten, dh die ihre fälligen Schulden nicht zurückzahlen können, und die wahrscheinlich für einen Zeitraum von einem Jahr nach Antragstellung bei Gericht zahlungsunfähig sein werden, können über den *Insolvency Service* einen Antrag auf gerichtliche Anordnung einer Restschuldbefreiung von bis zu 25.000 EUR stellen. Die betreffende Person muss über ein Vermögen von weniger als 1.000 EUR und ein monatliches Nettoeinkommen von weniger als 200 EUR verfügen und darf über ein Auto im Wert von bis zu 4.000 EUR, über Werkzeuge für ein Kleinunternehmen im Wert bis zu 6.000 EUR sowie Möbel und Ausstattung für die Familie verfügen. Befindet sich eine Privatperson im Insolvenzverfahren, *bankruptcy*,[85] oder in einem Verfahren, das einen Rückzahlungsplan[86] zum Gegenstand hat, kann eine gerichtliche Schuldbefreiung nicht beantragt werden.[87]

2.9.2 Verfahren über einen Persönlichen Rückzahlungsplan (*Personal Repayment Scheme*)[88]

Persönliche Rückzahlungspläne mit einem Rückzahlungszeitraum von fünf Jahren können für alle Schulden einer hierzu berechtigten Person beantragt werden.[89] Der Schuldner kann nach eigenem Ermessen einen Insolvenzverwalter bestellen und einen Sanierungsplan erstellen. Es gibt derzeit keine behördlich zur Verfügung gestellten Muster für solche Sanierungspläne. Unternehmer, die Kleinstunternehmen sind (dh weniger als zehn Mitarbeiter beschäftigen) können bei Gericht einen Antrag auf Konsolidierung der Verbindlichkeiten ihres Unternehmens mit ihren persönlichen Verbindlichkeiten, die durch die Bereitstellung persönlicher Sicherheiten für das Unternehmens entstanden sind, stellen.[90]

Wer sich im Privatinsolvenzverfahren, *bankruptcy,* befindet kann diese Regelung nicht in Anspruch nehmen.[91] Die Person muss in Zypern ansässig sein, als zahlungsunfähig gelten, aber mit vernünftigen Aussichten, innerhalb von fünf Jahren wieder zahlungsfähig zu werden, wenn die Regelung angewendet wird. War für die Person bereits einmal *ein Schuldenerlass (Debt Relief Order)* erlassen worden, müssen mindestens drei Jahre seit diesem Auftrag vergangen sein. Wurde die Person bereits für insolvent erklärt, müssen mindestens fünf Jahre ab dem Zeitpunkt der Restschuldbefreiung vergangen sein. Wenn die Person durch ein **Schutzzertifikat,** *protective certicate* (Προστατευτικό διάταγμα), geschützt war, müssen mindestens zwölf Monate vergangen sein.[92]

---

[82] Kap. 3, Teil V des Gesetzes Nr. 38(I)/2016 über das Versicherungs- und Rückversicherungsgeschäft und damit zusammenhängende Angelegenheiten.
[83] CAP 113.
[84] Kap. 1, Teil III des Gesetzes Nr. 65(I)/2015 über die Insolvenz natürlicher Personen (persönliche Rückzahlungsregelungen und Schuldenerleichterungen).
[85] Siehe hierzu im Folgenden → Rn. 35 ff.
[86] Siehe hierzu im Folgenden → Rn. 31, 32.
[87] Section 11 des Gesetzes Nr. 65(I)/2015 über die Zahlungsunfähigkeit natürlicher Personen (persönliche Rückzahlungspläne und Schuldenerleichterungsbefehle).
[88] Kap. 2, Teil III des Gesetzes Nr. 65(I)/2015 über die Insolvenz natürlicher Personen (persönliche Rückzahlungsregelungen und Schuldenerleichterungen).
[89] Section 11(6)(δ) des Gesetzes Nr. 65(I)/2015 über die Zahlungsunfähigkeit natürlicher Personen (persönliche Rückzahlungspläne und Schuldenerleichterungsbefehle).
[90] Section 78 des Gesetzes Nr. 65(I)/2015 über die Zahlungsunfähigkeit natürlicher Personen (persönliche Rückzahlungspläne und Schuldenerleichterungsbefehle).
[91] Section 11(6)(ε) des Gesetzes Nr. 65(I)/2015 über die Zahlungsunfähigkeit natürlicher Personen (persönliche Rückzahlungspläne und Schuldenerleichterungsbefehle).
[92] Section 35 des Gesetzes Nr. 65(I)/2015 über die Zahlungsunfähigkeit natürlicher Personen (persönliche Rückzahlungspläne und Schuldenerleichterungsbefehle).

32 Das Schutzzertifikat kann für maximal 95 Tage beantragt werden, unter bestimmten Umständen kann es durch gerichtliche Genehmigung um weitere 40 Tage verlängert werden.[93] Persönliche Rückzahlungspläne müssen von der wertmäßigen Mehrheit der stimmberechtigten Gläubiger genehmigt werden, die abweichenden Stimmen dürfen 35 % des Gesamtbetrags der Schuld, 50 % der gesicherten Schuld oder 50 % der ungesicherten Schuld nicht überschreiten.[94] Eine Person kann mehr als einmal einen persönlichen Rückzahlungsplan beantragen, solange seit dem letzten persönlichen Rückzahlungsplan 20 Jahre vergangen sind.[95] Nach erfolgreichem Abschluss wird die Person von allen ungesicherten Schulden entlastet und von den gesicherten Schulden in dem in der Regelung festgelegten Umfang befreit.[96]

2.9.3 Privatinsolvenzverfahren (*bankruptcy*)[97]

33 **Persönlicher Anwendungsbereich:** Das Privatinsolvenzverfahren gilt für jede Person, die einen Wohnort in Zypern hat, die in Zypern persönlich oder durch einen Vertreter oder „*director*" geschäftlich tätig ist, oder die Gesellschafter einer Firma oder Partnerschaft ist, die in Zypern geschäftlich tätig ist.

34 Das Verfahren kann beantragt werden, wenn ein **Insolvenzakt**, „*act of bankruptcy*" vorliegt, die Beantragung erfolgt durch die Einreichung eines Insolvenzantrags bei Gericht. Der Antrag kann von einem oder mehreren Gläubigern oder vom Schuldner selbst gestellt werden.[98] Falls der Antrag vom Schuldner gestellt wird, muss er nachweisen, dass er angemessene Versuche unternommen hat, mit seinen Gläubigern durch einen persönlichen Rückzahlungsplan einen Vergleich zu erreichen.[99]

Insolvenzakte sind:[100] eine **begünstigende Übertragung,** *preferential conveyance,* **(δόλια προτίμηση),** oder eine Belastung eines Teils des Vermögens einer Person zugunsten einer bestimmten Person zum Nachteil ihrer Gläubiger; eine betrügerische oder andere Übertragung, **fraudulent or other transfer (δόλια μεταβίβαση);** wenn die Vermögenswerte einer Person in Ausübung eines Rechtsstreits beschlagnahmt und verkauft werden; wenn eine Person vor Gericht eine Erklärung über ihre Zahlungsunfähigkeit einreicht oder einen Insolvenzantrag gegen sich selbst stellt; wenn ein Gläubiger gegen eine Person ein rechtskräftiges Urteil in beliebiger Höhe erwirkt hat und dieser einer Insolvenzankündigung, *bankruptcy notice,* nicht nachkommt, die Zahlung grundlos unbeglichen bleibt (eine Insolvenzankündigung, ist eine Aufforderung an den Schuldner, seine Schulden in Höhe eines bestimmten Betrags innerhalb von sieben Tagen zu begleichen); wenn eine Person eine Zahlung, zu der sie gerichtlich verurteilt wurde, nicht beglichen hat; wenn ein persönlicher Rückzahlungsplan gescheitert oder beendet ist.

35 Ein Insolvenzantrag muss auf liquidierte und ungesicherte Forderungen von mindestens 15.000 EUR gegenüber einem oder mehreren Gläubigern beruhen (und kann auch Forderungen umfassen, die einem Bürgen, nicht dem Kapitalgeber entstanden sind). Im Fall eines Insolvenzantrags eines Gläubigers muss dieser auf einen Insolvenzakt des Schuldners aus den sechs Monaten vor der Einreichung des Antrags gegründet werden.[101] Das Gericht kann den *Official Receiver* **(Επίσημος Παραλήπτης)** oder einen Insolvenzverwalter, *insolvency practitioner* **(Σύμβουλος Αφερεγγυότητας),** als vorläufigen Verwalter bestellen, wenn es dies für notwendig erachtet.[102]

36 Nach Anhörung des Antrags und eines eventuellen Einspruchs des Schuldners hat das Gericht das absolute Ermessen, den Antrag abzuweisen. Wenn es sich davon überzeugt hat, dass alle Voraussetzungen erfüllt sind, erlässt es einen **Beschluss,** *Receiving Order* **(Διάταγμα διορισμού παραλήπτη),**[103] der die Wirkung hat, dass der *Official Receiver* Verwalter des Vermögens des Schuldners wird,[104] der *Official Receiver* kann auf Antrag eines Gläubigers und mit Zustimmung des Gerichts einen *special manager* bestellen (ειδικός διαχειριστής).[105]

---

[93] Section 39 des Gesetzes Nr. 65(I)/2015 über die Zahlungsunfähigkeit natürlicher Personen (persönliche Rückzahlungspläne und Schuldenerleichterungsbefehle).
[94] Section 55 des Gesetzes Nr. 65(I)/2015 über die Insolvenz natürlicher Personen (persönliche Rückzahlungsregelungen und Schuldenerleichterungen).
[95] Section 34 des Gesetzes Nr. 65(I)/2015 über die Zahlungsunfähigkeit natürlicher Personen (persönliche Rückzahlungspläne und Schuldenerleichterungsbefehle).
[96] Section 71 des Gesetzes Nr. 65(I)/2015 über die Zahlungsunfähigkeit natürlicher Personen (persönliche Rückzahlungspläne und Schuldenerleichterungsbefehle).
[97] Das Insolvenzgesetz, CAP 5.
[98] Section 3 des Insolvenzgesetzes, CAP 5.
[99] Section 27(9) CAP 5.
[100] Section 3 des Insolvenzgesetzes, CAP 5.
[101] Section 5 des Insolvenzgesetzes, CAP 5.
[102] Section 10 des Insolvenzgesetzes, CAP 5.
[103] Section 6 des Insolvenzgesetzes, CAP 5.
[104] Section 20 des Insolvenzgesetzes, CAP 5.
[105] Section 12 des Insolvenzgesetzes, CAP 5.

Danach können die Gläubiger durch einen ordentlichen Beschluss den *Official Receiver* durch **37**
einen Insolvenzverwalter ersetzen, alternativ bestellt der Official Receiver selbst einen Insolvenzverwalter, der das Verfahren fortführt; und dass alle rechtlichen Schritte gegen den Schuldner und sein Eigentum in Bezug auf die im Insolvenz nachweisbaren Forderungen ausgesetzt werden. Gegen den Schuldner können keine gerichtlichen Verfahren oder Klagen fortgesetzt oder eingeleitet werden, es sei denn, das Gericht lässt es zu.[106]

Mit dem Erlass der Einziehungsverfügung werden dem Schuldner der Besitz und die Kontrolle **38**
über sein Vermögen entzogen. Der Schuldner stellt dem Insolvenzverwalter eine Erklärung über seine Angelegenheiten, *statement of affairs,* zur Verfügung (innerhalb von sieben Tagen nach der Verfügung oder innerhalb eines längeren, vom Gericht festgelegten Zeitraums).[107] Der Verwalter übernimmt die Vermögenswerte und alle Angelegenheiten und Geschäfte des Schuldners zur Verteilung an seine Gläubiger.[108] Beabsichtigt der Schuldner einen **Vergleich,** *composition* **(συμβιβασμός),** oder ein *scheme of arrangement* **(σχέδιο διευθέτησης)** zu schließen, um seine Forderungen zu begleichen, kann er dies tun (innerhalb von vier Tagen nach der Einreichung des *statement of affairs* oder innerhalb eines längeren Zeitraums, der vom *Official Receiver* festgelegt wird).[109]

Gesicherte Gläubiger sind von der *receiving order* nicht betroffen und können ihre Sicherheit **39**
außerhalb des Insolvenzverfahrens realisieren.[110]

Eine Person, die für insolvent erklärt wurde, wird **nach drei Jahren ab Verfahrenseröffnung,** **40**
issue of the bankruptcy order **(αυτοδίκαιη αποκατάσταση πτωχεύσαντα),**[111] **vollständig von ihren Schulden befreit** (mit Ausnahme zB von Steuern, Unterhaltsverpflichtungen, Schadenersatz im Zusammenhang mit Tod oder Körperverletzung; Löhne der Angestellten von insolventen Personen; strafrechtliche Bußgelder; Schulden im Zusammenhang mit betrügerischen Handlungen).[112] Die Verfügung über die Restschuldbefreiung kann aufgehoben werden, wenn der Schuldner nicht mit dem Verwalter kooperiert oder in betrügerischer oder anderer Weise die Abwicklung seines Vermögens behindert hat.

Mit der Restschuldbefreiung des Insolvenzschuldners werden alle Disqualifikationen (zB von **41**
der Ausübung eines öffentlichen Amtes oder der Tätigkeit als Direktor eines Unternehmens) aufgehoben.[113]

3. Insolvenzverfahren: Abwicklung *(winding up)* (Εκκαθάριση)

3.1 Eröffnung des Verfahrens

Nach dem *Companies Law* kann eine in Zypern eingetragene Gesellschaft abgewickelt werden, **42**
und zwar entweder durch Gerichtsbeschluss aufgrund eines vorangegangenen Antrags oder freiwillig, *voluntarily,* durch Gesellschafter, dh Beschlussfassung in der Gesellschafterversammlung; oder durch die Gläubiger, dh zunächst mit einem Sonderbeschluss der Gesellschafterversammlung gefolgt von einem Mehrheitsbeschluss der Gläubigerversammlung, oder freiwillig unter gerichtlicher Aufsicht.[114]

3.2 Eröffnungsgründe

Nach dem Gesetz sind Abwicklungsverfahren fakultativ; es gibt keine gesetzliche Verpflichtung zur Einleitung einer Abwicklung.

3.3 Abwicklung aufgrund eines Gerichtsbeschlusses *(Winding up by order of the court)* (Εκκαθάριση με διάταγμα του Δικαστηρίου)

Auslöser für die in der Praxis am häufigsten vorkommende, gerichtlich angeordnete Abwicklung **43**
einer Gesellschaft ist deren Insolvenz. Eine Gesellschaft gilt als insolvent, wenn sie nicht in der Lage ist, ihre Schulden zu begleichen, dh, wenn ein Gläubiger die Gesellschaft innerhalb von drei Wochen zur Zahlung einer Verbindlichkeit von mehr als 5.000 EUR auffordert und die Gesellschaft es versäumt, diesen Betrag zu zahlen, oder wenn die Zwangsvollstreckung eines Gläubigers vollständig oder teilweise unzureichend ist, um die Gläubigerforderungen zu befriedigen, oder wenn das Gericht

---

[106] Section 9 des Insolvenzgesetzes, CAP 5.
[107] Section 15 des Insolvenzgesetzes, CAP 5.
[108] Section 38 des Insolvenzgesetzes, CAP 5.
[109] Section 17 des Insolvenzgesetzes, CAP 5.
[110] Section 54 des Insolvenzgesetzes, CAP 5.
[111] Section 27A des Insolvenzgesetzes, CAP 5.
[112] Section 30 des Insolvenzgesetzes, CAP 5.
[113] Section 32 des Insolvenzgesetzes, CAP 5.
[114] Section 203, CAP 113.

unter Berücksichtigung auch möglicher zukünftiger Verbindlichkeiten der Gesellschaft zur Überzeugung gelangt, dass die Gesellschaft nicht in der Lage sein wird, ihre Schulden bei Fälligkeit zu begleichen, oder wenn das Gericht unter Berücksichtigung auch möglicher zukünftiger Verbindlichkeiten zur Überzeugung gelangt, dass der Wert der vorhandenen Vermögensmasse der Gesellschaft niedriger ist als die Höhe ihrer Verbindlichkeiten.[115]

44   **Die gerichtliche Abwicklung ist auch in Situationen außerhalb der Insolvenz möglich, wenn** die Gesellschaft durch Gesellschafterbeschluss beschließt, in die Abwicklung einzutreten; oder die Gesellschaft es versäumt, beim **Registergericht** *(Registrar of Companies)* ihren Jahresabschluss einzureichen oder sie es versäumt, die ordentliche Gesellschafterversammlung einzuberufen; oder sie tatsächlich ruhend ist (dh, ihre Geschäftstätigkeit nicht innerhalb eines Jahres nach ihrer Gründung aufnimmt oder ihre Geschäftstätigkeit für ein gesamtes Jahr aussetzt). Aktiengesellschaften können unabhängig davon, ob sie an der Börse notiert sind oder nicht, gerichtlich aufgelöst werden, wenn die Zahl der Gesellschafter unter sieben sinkt. In diesem Fall räumt das Gericht der Gesellschaft jedoch genügend Zeit ein, die Zahl der Mitglieder wieder zu erhöhen. Ein gerichtlicher Beschluss über die Abwicklung *(winding up order)* wird nur dann erlassen, wenn die Gesellschaft zu Beginn erklärt, dass sie die Zahl der Mitglieder nicht auf das vorgeschriebene Minimum erhöhen wird bzw. sie dies nicht innerhalb der gesetzten Frist erreichen wird können.[116]

3.4 Freiwillige Abwicklung *(voluntary winding-up)* (Εκούσια Εκκαθάριση)

Freiwillige Abwicklung durch die Gesellschafter *(members' voluntary winding-up)*

45   Die freiwillige Abwicklung durch die Gesellschafter, *members' voluntary winding-up,* wird auch von den Gesellschaftern durchgeführt.[117] Sie steht somit auch nur solchen Gesellschaften zur Verfügung, die in der Lage sind, ihre Verbindlichkeiten vollständig zurückzuführen. Vor Einleitung der *members' voluntary winding-up* ist die Geschäftsführung gesetzlich verpflichtet, die **Zahlungsfähigkeit der Gesellschaft durch Abgabe einer Solvenzerklärung,**[118] *declaration of solvency,* **zu bestätigen.** Darin bestätigt die Geschäftsführung, dass sie die Vermögenslage der Gesellschaft eingehend geprüft hat und der Auffassung ist, dass die Gesellschaft ihre Verbindlichkeiten innerhalb von maximal zwölf Monaten wird begleichen können.

46   Die *Declaration of Solvency* ist nur dann wirksam, wenn sie innerhalb von fünf Wochen vor der die Abwicklung beschließenden Gesellschafterversammlung abgegeben wird. Sie muss eine Aufstellung der Vermögenswerte und Verbindlichkeiten der Gesellschaft zum spätestmöglichen Zeitpunkt vor der Abgabe der *Declaration of Solvency* enthalten. Die *Declaration of Solvency* muss dem Registergericht *(Registrar of Companies)* vor dem Tag, an dem der Beschluss der Gesellschafterversammlung bezüglich der Abwicklung gefasst wird, zugegangen sein.

Freiwillige Abwicklung durch Gläubiger *(creditors' voluntary winding-up)*

47   Dies ist die einzige Form der freiwilligen Abwicklung *(voluntary winding up)*, die zahlungsunfähigen Gesellschaften zur Verfügung steht, und die von den Gläubigern **kontrolliert** wird. Die Geschäftsführung muss eine Gesellschafterversammlung einberufen, um folgende Beschlussgegenstände beschließen zu lassen: *Statement of the company's affairs,* Gläubigerliste mitsamt der geschätzten Höhe ihrer Forderungen, die vor der Versammlung der Gläubiger zu stellen sind, zu genehmigen und einen Vorsitzenden der Gläubigerversammlung zu bestimmen.[119]

48   Die freiwillige Abwicklung durch die Gläubiger wird durch einen entsprechenden Sonderbeschluss (εκκαθαριστής) der ordentlichen Gesellschafterversammlung eingeleitet. Die Gesellschafterversammlung beschließt ebenso darüber, dass eine Person als Verwalter (εκκαθαριστής) zu benennen ist. Am selben oder folgenden Tag müssen die Gläubiger eine Versammlung abhalten, um die Person als Verwalter sowie dessen Vergütung festzulegen.[120]

3.5 Einreichungspflichten beim Handelsregister, Haftung für Verstöße

49   Mit Wirksamwerden seiner Bestellung hat der Verwalter **Einreichungspflichten** zu beachten. Kommt er diesen nicht nach, prüft der *Official Receiver* die Angelegenheit und kann nach seinem Ermessen gebotene Maßnahmen ergreifen.

50   **Abwicklung durch Gerichtsbeschluss:** innerhalb von drei Tagen nach Erhalt des Gerichtsbeschlusses zur Abwicklung ist dieser beim Registergericht *(Registrar of Companies)* einzureichen. Der

---

[115] Section 212, CAP 113.
[116] Section 211, CAP 113.
[117] Section 261, CAP 113.
[118] Section 266, CAP 113.
[119] Section 276, CAP 113.
[120] Section 277, CAP 113.

Verwalter muss auch eine Kopie des Antrags auf Abwicklung der Gesellschaft sowie des Gerichtsbeschlusses den folgenden Personen und Stellen übermitteln: dem *Official Receiver*, dem Registergericht *(Registrar of Companies)*, dem *Department of Lands and Surveys;* dem *Department of Merchant Shipping*, der zypriotischen Börse *(Cyprus Stock Exchange)* und dem *Department of Road Transport*.[121]

Freiwillige Abwicklung, *voluntary winding up:* innerhalb von zwei Wochen nach der Beschlussfassung über die Einleitung der Abwicklung (ob durch die Gläubiger oder durch die Gesellschafter) muss das Registergericht *(Registrar of Companies)* hiervon in Kenntnis gesetzt werden.[122]

3.6 Antragsbefugnis

Abwicklung durch Gerichtsbeschluss (*winding up by order of the court*)

Ein Antrag bei Gericht auf Einleitung der Abwicklung kann eingereicht werden durch die Gesellschaft, einen Gläubiger oder mehrere Gläubiger, inklusive künftiger Gläubiger, einen *contributory* (συνεισφορέας) oder mehrere *contributories* (nachschussverpflichtete Gesellschafter), einen *examiner* und den *Official Receiver*.[123] **51**

Freiwillige Abwicklung (*voluntary winding up*)

Bei einer freiwilligen Abwicklung *(voluntary winding up)* muss die Geschäftsführung der Gesellschaft abwägen, ob sie der Gesellschafterversammlung eine durch die Gesellschafter *(members' winding-up)* oder durch die Gläubiger *(creditors' winding up)* betriebene Abwicklung vorschlagen soll. Die Gesellschafterversammlung entscheidet durch Beschluss.[124] **52**

3.7 Anrufung des Gerichts

Zu jedem Zeitpunkt eines Abwicklungsverfahrens kann der Verwalter oder können Gläubiger das Gericht ersuchen, im Rahmen der Abwicklung auftretenden Fragen zu klären.[125] **53**

Abwicklung durch Gerichtsbeschluss (*winding up by order of the court*)

Das Gericht hat die allgemeine Befugnis, einen **vorläufigen Verwalter,** *provisional* Verwalter (προσωρινός εκκαθαριστής) zu ernennen, abzuberufen oder zu ersetzen, einen *special manager* zu bestellen sowie dessen Vergütung festlegen, Abwicklungsverfahren auszusetzen, eine Liste von *contributories* (nachschussverpflichteten Gesellschaftern) zu erstellen, Vermögenswerte der Gesellschaft zu verwerten, um deren Verbindlichkeiten zu befriedigen, einen *contributory*, Treuhänder *(trustee)*, *receiver*, Vertreter oder leitenden Angestellten der Gesellschaft anzuweisen, dem Verwalter Geld, Eigentum, Geschäftsunterlagen, die sich in seinem Besitz befinden, zu zahlen, zu übertragen oder zu übergeben, einen *contributory* zur Begleichung offener Forderungen der Gesellschaften anzuweisen, einen Gläubiger vom Verfahren auszuschließen, der den gesetzlichen Anforderungen an den Nachweis seiner Forderung nicht nachkommt, die Rechte der *contributories*, die Erlöse untereinander zu verteilen, neu anzupassen, Gläubigern und *contributories* zu ermöglichen, die Geschäftsunterlagen des Unternehmens einzusehen, Personen zu befragen, die über Vermögenswerte der Gesellschaft verfügt oder sonstige Information über die Gesellschaft besitzt, eine öffentliche Untersuchung der Handlungen der Gründungsgesellschafter und Geschäftsführer der Gesellschaft zu beantragen, die Verhaftung eines *contributory* sowie die Beschlagnahme seiner Geschäftsunterlagen, Papiere und seines Vermögens zu verlangen, wenn der begründete Verdacht besteht, dass der *contributory* das Land verlassen möchte, er bewegliches Eigentum dem Gläubigerzugriff zu entziehen versucht oder er eine Untersuchung der Unternehmensangelegenheiten zu verhindern versucht. **54**

Das Gericht kann die vorgenannten Befugnisse auf Antrag des *Official Receiver*, des Verwalters und in einigen Fällen auf Antrag eines *contributory* oder Gläubigers ausüben.[126] **55**

Freiwillige Abwicklung

Die Einbindung des Gerichts ist bei der freiwilligen Abwicklung *(voluntary winding up)* nicht erforderlich. Jedoch kann der Verwalter oder ein Gläubiger jederzeit bei Gericht beantragen, diejenigen Kompetenzen auszuüben, welche das Gericht im Falle einer gerichtlich verfügten Abwicklung hätte.[127] Des Weiteren kann das Gericht auch einen Verwalter ernennen, sofern ein solcher noch nicht ernannt wurde. Das Gericht kann zudem, sofern hierfür sachliche Gründe vorliegen, einen Verwalter abberufen und einen anderen ernennen.[128] **56**

---

[121] Section 219, CAP 113.
[122] Section 262, CAP 113.
[123] Section 213, CAP 113.
[124] Section 261, CAP 113.
[125] Section 234, CAP 113.
[126] Section 233 of the Companies Law, CAP 113.
[127] Section 290, CAP 113.
[128] Section 287, CAP 113.

3.8 Aufsicht durch den *Insolvency Service*

57   Der *Insolvency Service* des *Department of Registrar of Companies* und *Official Receiver* überwacht die einzelnen Verfahrensschritte des Insolvenzverfahrens. Ziel ist die wirksame, ununterbrochene und effiziente Umsetzung der insolvenzrechtlichen Verfahrensvorschriften, die zur Überwindung wirtschaftlicher Schwierigkeiten von natürlichen Personen und Gesellschaften beitragen. Übergeordnetes Ziel ist es, die Anzahl notleidendender Kredite zu reduzieren, Beschäftigung zu sichern, die Wirtschaftstätigkeit im Allgemeinen zu fördern und den sozialen Zusammenhalt zu erhalten. Zu den Hauptaufgaben des *Insolvency Service* gehören:
- die Überarbeitung und Modernisierung der eigenen Betriebsabläufe, damit die ihm übertragenen Aufgaben erfolgreich erfüllt werden können,
- die effektive Betreuung der *personal repayment schemes* von insolventen, natürlichen Personen, um deren Zahlungsfähigkeit wiederherzustellen,
- die effektive Betreuung von Schuldenerlassen für geringwertige Verbindlichkeiten zugunsten von Personen ohne verfügbares Einkommen und ohne wesentliche Vermögenswerte im Rahmen eines *Debt Relief Order*,
- die wirksame Durchsetzung von Eröffnungsbeschlüssen (Unternehmens- und Privatinsolvenzverfahren).

58   Die Kosten bestimmen sich nach der Art des Verfahrens. Details sind in der Gerichtskostenordnung festgelegt.

3.9 Rechtsweg

59   Anträge für jegliche Art von Abwicklungsverfahren sind beim Bezirksgericht, *District Court* (Επαρχιακό Δικαστήριο), einzureichen.[129] Gegen die Entscheidung des *District Court* kann beim *Supreme Court* Berufung eingelegt werden. Der *Supreme Court* weist die Berufung ab, bestätigt die Entscheidung des *District Court* oder hebt diese auf. Der *Supreme Court* kann zudem nach eigenem Ermessen Schadenersatz gewähren.[130]

3.10 Verwalter *(office-holder)*

60   Von Gesetzes wegen wird der *Official Receiver* zum (vorläufigen) Verwalter, *provisional liquidator*, bestellt.[131] Die Gesellschafter- und Gläubigerversammlung kann jedoch statt seiner einen lizensierten *insolvency practitioner* als Verwalter bestellen.[132] Der *Official Receiver* und/oder das Gericht sind ebenso befugt, einen lizensierten *insolvency practitioner* als Verwalter bestellen.

Abwicklung aufgrund Gerichtsbeschlusses

61   Mit Erlass des Abwicklungsbeschlusses wird der *Official Receiver* zum Verwalter bestellt. Alternativ kann ein Antrag an das Gericht auf Erlass eines Abwicklungsbeschlusses einen Vorschlag für die Bestellung eines bestimmten *insolvencey practitioner*s beinhalten.[133] In der ersten Gläubigerversammlung können die Gläubiger die Ernennung des Verwalters bestätigen oder einen anderen *insolvencey practitioner* als Verwalter bestellen und die ihm zustehende Vergütung festzulegen.[134]

62   Der *Official Receiver* hat ebenfalls die Befugnis, einen *insolvencey practitioner* zu bestellen. Der *Insolvency Service* unterhält zu diesem Zweck eine Liste sämtlicher verfügbarer *insolvencey practitioner*, die in gleichberechtigter Art und Weise jeweils **turnusgemäß** bestellt werden. Einen auf diese Weise bestimmten *insolvencey practitioner* können die Gläubiger durch Beschluss der Gläubigerversammlung durch einen anderen *insolvencey practitioner* ersetzen. Ein Beschluss der Gläubigerversammlung erfordert die Zustimmung der Mehrheit der anwesenden Gläubiger, die persönlich oder durch einen Bevollmächtigten vertreten sind, wobei die Forderungen der Gläubiger, die dem Beschluss zustimmen, mehr als die Hälfte der Forderungsumme ausmachen müssen.[135]

63   Die Gesellschafter benennen einen *insolvencey practitioner* als Verwalter und können auch dessen Vergütung festlegen. Der Beschluss muss von mindestens 75 % der persönlich anwesenden (oder durch einen Bevollmächtigten vertretenen) und in der Gesellschafterversammlung stimmberechtigten Gesellschafter gefasst werden.[136]

---

[129] Section 209, CAP 113.
[130] Zivilprozessregeln des Gerichts nach dem Zivilprozessrecht, Kap. 7, dem Mandamus-Gesetz, Kap. 23, den Verordnungen und dem Gesetz des zyprischen Gerichtshofs von 1927.
[131] Paragraphen 227 und 228, CAP 113.
[132] Section 228A, CAP 113.
[133] §§ 227 und 228, CAP 113.
[134] Section 228A, CAP 113.
[135] Section 228A, CAP 113.
[136] §§ 261 und 268, CAP 113.

Freiwillige Abwicklung durch die Gläubiger (creditors' *voluntary winding up*)

Die Einleitung einer freiwilligen Abwicklung durch die der Gläubiger *(creditors' voluntary winding up)* erfordert einen außerordentlichen Gesellschafterbeschluss, der die Zustimmung von mindestens 75 % der in der Gesellschafterversammlung anwesenden oder bevollmächtigten und stimmberechtigten Gesellschafter erfordert und der ordnungsgemäß bekannt zu geben ist. Wird dieser Abwicklungsbeschluss infolge eines Ereignisses gefasst, welches in der Satzung der Gesellschaft als Auslöser für eine Abwicklung bestimmt ist, so erfordert der Beschluss lediglich die Mehrheit der anwesenden oder vertretenen und stimmberechtigten Gesellschafter. In der Gläubigerversammlung gilt ein Beschluss als gefasst, wenn die Mehrheit der anwesenden Gläubiger persönlich oder durch einen Bevollmächtigten für den Beschluss stimmt und zudem die Forderungen dieser dem Beschluss zustimmenden Gläubiger mehr als die Hälfte der Forderungssumme ausmachen. Bei Meinungsverschiedenheiten über den zwischen den Gesellschaftern und den Gläubigern hinsichtlich des zu bestellenden Verwalters gehen die Wünsche der Gläubiger vor, wobei eine Anrufung des Gerichts möglich bleibt.[137]

64

Insolvency practitioner
Nur Rechtsanwälte und Wirtschaftsprüfer, die über die entsprechenden Zulassung, Erfahrung, Kompetenz sowie über eine angemessene Haftpflichtversicherung verfügen, dürfen als *insolvencey practitioner* zugelassen iSv lizensiert werden, als Verwalter bestellt werden.

65

Kontrolle und Überwachung des Verwalters

Jeder Gläubiger oder *contributory* (nachschussverpflichteter Gesellschafter) kann bei Gericht eine Überprüfung der Verfahrensausübung des Verwalters beantragen.[138] Wenn der Verwalter seine Aufgaben nicht gewissenhaft erfüllt und allen ihm gesetzlich auferlegten Anforderungen nicht ordnungsgemäß nachkommt, so ist der *Official Receiver* gehalten, sich der Sache anzunehmen und die zweckdienlichen Maßnahmen zu ergreifen.[139] Der Verwalter kann vom *Official Receiver* aufgefordert werden, jede Anfrage im Zusammenhang mit einer Abwicklung zu beantworten. Andernfalls kann der *Official Receiver* einen entsprechenden Antrag bei Gericht stellen.[140] Der *Official Receiver* kann gegenüber dem Verwalter auch eine verpflichtende Auskunft über dessen Angelegenheiten sowie die Herausgabe von Geschäftsunterlagen anordnen.

66

Darüber hinaus werden die *insolvency practitioner* auch von ihren jeweiligen Kammern, *regulatory bodies*, beaufsichtigt. Bei anwaltlichen *insolvency practitioner* ist dies die Rechtsanwaltskammer (CBA) und für *insolvency practitioner*, die Wirtschaftsprüfer sind, ist dies das *Institute of Certified Public Accountants* (ICPAC). Beide Kammern verfügen über Disziplinargremien und entsprechende Verfahren zur Sicherstellung der Einhaltung der beruflichen Sorgfaltspflichten ihrer Mitglieder.

67

Vergütung des Verwalters

Sofern die Gläubigerversammlung (oder die Gesellschafterversammlung im Falle einer freiwilligen Abwicklung durch die Gesellschafter) nichts anderes vereinbart hat, richten sich Kosten und erstattungsfähige Auslagen des *insolvencey practitioner* nach der gesetzlichen Gebührentabelle. Sie gelten als angemessene Ausgaben, die vorrangig gegenüber anderen Forderungen aus der Insolvenzmasse zu befriedigen sind.

68

Pflichten und Befugnisse des Verwalters

Die Aufgabe des Verwalters ist es, die Geschäftstätigkeit der Gesellschaft einzustellen und deren Vermögen zu verwerten. Der Verwalter hat die Verwaltungs- und Vermögensbefugis über das Vermögen der Gesellschaft. Ihm obliegt die Verwertung und anschließende Verteilung des Erlöses an die Gläubiger entsprechend der vorgegebenen Prioritätenfolge.[141]

69

Der Verwalter ist befugt, möglicherweise gefährdete Vermögenswerte der Gesellschaft zu schützen und hierzu alle Vermögenswerte und Rechte, auf welche die Gesellschaft Anspruch hat oder zu haben scheint, in Besitz zu nehmen oder in sonstiger Weise unter seine Kontrolle zu bringen.[142] Das CAP 113 gibt dem Verwalter umfangreiche Befugnisse zur Verwertung des Vermögens und zur Feststellung von Ansprüchen, einschließlich der Befugnis, **unprofitable oder belastende Vermögenswerte** *(onerous property)* aufzugeben.[143] Einige dieser Befugnisse bedürfen der gerichtlichen Zustimmung bzw. des **Gläubigerausschusses** *(committee of creditors)*, sofern ein solcher gebildet wurde.[144] Alle Befugnisse des Verwalters unterliegen einer der letztendlichen Kontrolle des Gerichts.

70

---

[137] §§ 261, 276, 277 und 279, CAP 113.
[138] Section 233(3), CAP 113.
[139] Section 238, CAP 113.
[140] Section 256A, CAP 113.
[141] Section 300, CAP 113.
[142] Section 231, CAP 113.
[143] Section 304, CAP 113.
[144] Section 240, CAP 113.

Insbesondere hat der Verwalter die Befugnis, mit der Zustimmung entweder des Gerichts oder des Gläubigerausschusses (*committee of inspection*) eine Klage oder ein anderes Gerichtsverfahren im Namen der Gesellschaft einzureichen oder sich in einem solchen zu verteidigen; die Geschäftstätigkeit der Gesellschaft fortzuführen, soweit dies für die wirtschaftliche Abwicklung erforderlich ist; Rechtsrat einzuholen, der ihn bei der Erfüllung seiner Aufgaben unterstützt; Gläubigerklassen vollständig zu befriedigen; jedweden Vergleich mit Gläubigern oder Personen, die vorgeben, Inhaber von Forderungen zu sein, einzugehen. Gleiches gilt für Personen, die lediglich behaupten, Gläubiger oder Inhaber von Forderungen gegen die Gesellschaft zu sein; jedwede die Vermögenswerte der Gesellschaft oder die Abwicklung betreffenden Angelegenheit einvernehmlich zu regeln.

71 **Der Verwalter hat des Weiteren folgende Befugnisse:** vollständige oder auch lediglich teilweise Veräußerung von Grundstücken und sonstigem beweglichen Eigentum der Gesellschaft durch öffentliche Versteigerung oder durch Vertrag; im Namen der Gesellschaft alle Rechtshandlungen vorzunehmen, alle Urkunden und sonstigen Dokumente auszufertigen und zu diesem Zweck erforderlichenfalls das Siegel der Gesellschaft zu verwenden; im Falle der Insolvenz eines *contributory* oder der Beschlagnahme von Vermögenswerten eines *contributory* diesem gegenüber Forderungen anzumelden und die erforderlichen Nachweise zu erbringen. Ebenso ist der Verwalter befugt, Dividendenzahlungen aus der Insolvenz oder der Beschlagnahme in Bezug auf diese Forderungen als separate Forderung zu erhalten; die Gesellschaft bei der Ausstellung, der Entgegennahme oder der Bestätigung eines Wechsels oder einer Schuldverschreibung vollumfänglich zu vertreten; einen Vertreter zu benennen, der alle Geschäfte ausführt, zu denen der Verwalter selbst nicht in der Lage ist; alle sonstigen Handlungen vorzunehmen, die für die Abwicklung der Gesellschaft und die Verteilung ihres Vermögens erforderlich sind.

3.11 Verwaltung und Verwertung der Masse (Διαχείριση και Ρευστοποίηση της Περιουσίας)

72 Die Geschäftsführung ist verpflichtet, dem *Official Receiver* ein *statement of affairs* vorzulegen, in dem alle Vermögenswerte und Verbindlichkeiten (auch zukünftige und bedingte) des Unternehmens ausgewiesen sind. Das *statement of affairs* enthält detaillierte Angaben zu den Vermögenswerten, Schulden und Verbindlichkeiten, den Namen, Anschriften und Berufstätigkeiten der Gläubiger, den zu ihren Gunsten bestehenden Sicherheiten mitsamt den Daten, wann diese den Gläubigern eingeräumt wurden.[145] Diese Detailtiefe soll den *Official Receiver*/Verwalter in die Lage versetzen, die Vermögenswerte zu erhalten und dazu, dass er die Angelegenheiten des Schuldners untersuchen kann.

73 Im zypriotischen Recht gibt es das Konzept des „*Trust*", des treuhänderisch gehaltenen Vermögens. Vermögenswerte, welche die Gesellschaft „*in trust*" hält, sind ausdrücklich dem Gläubigerzugriff entzogen.

74 Ob Vermögenswerte, welche die Gesellschaft als „*registered leases*" hält oder Vermögenswerte, die mit einer Hypothek belastet und im Grundbuch oder im Handelsregister eingetragen sind, dem Insolvenzbeschlag unterfallen, richtet sich nach den zugrundeliegenden Vertragskonditionen. Unmittelbar nach Einleitung des Abwicklungsverfahrens (*winding up proceeding*) stellt die Gesellschaft ihre Geschäftstätigkeit ein und verwertet und verteilt das Vermögen. Die Gesellschaft wird im Anschluss gelöscht. Der Verwalter hat die Liste der *contributories* zu erstellen,[146] das Vermögen der Gesellschaft zu verwerten, die gegenüber den Gläubigern der Gesellschaft bestehenden Verbindlichkeiten der Gesellschaft zurückzuführen,[147] und sofern vorhanden, den Überschuss an die *contributories* nach Maßgabe ihrer Beteiligungsquote zu verteilen.

75 Sobald der Abwicklungsbeschluss gefasst ist, darf die Gesellschaft ihre Geschäftstätigkeit nicht mehr ausüben, es sei denn, es ergeben sich hieraus Vorteile für die Verwertung. Zudem ist hierfür die Zustimmung des Gerichts oder eines Mitglieds des Gläubigerausschusses notwendig.[148] Daher darf der Verwalter die Geschäfte der Gesellschaft nur insoweit fortführen, als dies für die Abwicklung der Gesellschaft erforderlich ist.[149] Bei einer *compulsory* Abwicklung benötigt der Verwalter die Zustimmung des Gerichts oder des *committee of inspection*, um die Geschäftstätigkeit fortzuführen. Verwalter in einer freiwilligen Abwicklung benötigen hingegen keine Genehmigung.

---

[145] Section 224, CAP 113.
[146] Section 205, CAP 113.
[147] Section 244, CAP 113.
[148] Section 216, CAP 113.
[149] § 233.1. b CAP 113.

3.12 Fortführung des Geschäftsbetriebs in der Zwangsverwaltung (*receivership*) Διαχείριση)[150]

Gläubiger, zu deren Gunsten Sicherheiten bestehen, können für die Verwertung des Sicherungsgutes und Verteilung der Erlöse einen *receiver* bestellen. Handelt es sich bei der Sicherheit um eine das (nahezu) gesamte schuldnerische Vermögen erfassende *floating charge,* kann der Gläubiger einen *receiver* bzw. *manager* bestellen. Zweck der *receivership* ist es, die Forderung der Sicherungsgläubiger zu befriedigen. Um eine Fortführung der Gesellschaft zu erreichen, ist die *receivership* das geeignetste der verfügbaren Instrumentarien.

Im Falle der Bestellung eines *receiver* führt der Schulder den Geschäftsbetrieb fort; die Verwaltungs- und Verfügungsbefugnis verbleiben bei ihm. Der *receiver* hat jedoch die Befugnis, in die Geschäftsführungstätigkeit einzugreifen und besichertes Eigentum zu veräußern, um die besicherten Gläubiger zu befriedigen. Ein *receiver* kann von einem Sicherungsgläubiger durch eine schriftliche Urkunde *(by virtue of a deed)*[151] oder durch das Gericht[152] bestellt werden. Die Befugnisse des *receiver* sind in der *deed,* der Urkunde, gemäß derer er bestellt wird, beschrieben. Der *receiver* kann sich hinsichtlich einzelner Angelegenheiten, die sich im Zusammenhang mit der Ausübung seiner Aufgaben ergeben, an das Gericht wenden, um Anweisungen *(directions)* zu erhalten.[153] Selbst wenn es zum Verfahren *winding up* kommt, ist der Sicherungsgläubiger hiervon nicht betroffen und kann seine Sicherheit auch außerhalb dieses Verfahrens verwerten.[154]

3.13 Restrukturierung sanierungsfähiger Unternehmen (*arrangements and reconstruction*) (Διακανονισμοί και αναδιοργανώσεις)[155]

Eine Gesellschaft, die zwar fortführungsfähig, aber kurzfristigen Liquiditätsproblemen ausgesetzt ist, kann durch ein *arrangement* oder einen *compromise* mit Gläubigern oder Gesellschaftern eine finanzielle Restrukturierung vornehmen. *Arrangement* oder *compromise* müssen von einer Mehrheit der Gläubiger, welche mehr als die Hälfte der Forderungssumme repräsentieren, oder einer Mehrheit der Gesellschafter genehmigt werden.[156] Bestätigt das Gericht das *arrangement* oder *compromise,* so ist es für alle Gesellschafter, Gläubiger und die Gesellschaft verbindlich.[157] Das Gericht stellt sicher, dass das genannte Mehrheitserfordernis erfüllt ist und bestätigt bei ordnungsgemäßer Durchführung die Entscheidung. Dieses Verfahren kann unabhängig von oder im Rahmen eines anderen Insolvenzverfahrens durchgeführt werden.

Die Einbindung des Gerichts ist minimal und soll allein den Schutz der Gläubiger gewährleisten. Wird dieses Verfahren bei Vorliegen der ersten Warnzeichen einer sich abzeichnenden Zahlungsunfähigkeit angewandt und eine erzielte Vereinbarung umgesetzt, bevor die Gesellschaft zahlungsunfähig wird, so stellt es ein wirksames Instrument für einen *Turnaround* dar. Jedoch können ablehnende Gläubiger der Restrukturierung widersprechen und bei Gericht die Beendigung des Verfahrens verlangen. Das Gericht ist nicht zum *cross-class cram-down* befugt, ein Gläubiger kann einen Vorschlag/einen Vergleich ablehnen, diese Entscheidung kann nicht vom Gericht aufgehoben werden.

Examinership (Διορισμός εξεταστή)[158]

Die *examinership* bietet eine „Atempause", in der eine insolvenzgefährdete Gesellschaft unter den Schutz des Gerichts gestellt wird. Währenddessen prüft ein vom Gericht bestellter *examiner,* der *insolvency practitioner* ist,[159] die wirtschaftliche Lage der Gesellschaft. Sofern eine Fortführungsprognose besteht, erstellt er einen Sanierungsplan in Form einer freiwilligen Vereinbarung *(voluntary arrangement)*.[160] Das Verfahren endet entweder mit der Annahme des vorgeschlagenen Sanierungsplans für eine freiwillige Vereinbarung oder mit dessen Ablehnung.[161] Sieht der *examiner* keine Fortführungsprognose und ist er daher nicht in der Lage, einen Sanierungsplan vorzulegen, so kann das Gericht, entweder auf Antrag des *examiner* oder von Amts wegen selbst geeignete Maßnahmen anordnen, einschließlich der Auflösung der Gesellschaft.[162]

---

[150] Teil VI CAP 113.
[151] Section 337 CAP 113.
[152] Section 336 CAP 113.
[153] Section 337 CAP 113.
[154] Section 340 CAP 113.
[155] Section 198-201 CAP 113.
[156] Section 198(2).CAP 113.
[157] Section 200 CAP 113.
[158] Teil IVA, CAP 113.
[159] Section 202A, CAP 113.
[160] Section 202IΘ, CAP 113.
[161] Section 202KE, CAP 113.
[162] Section 202IΘ(7), CAP 113.

81 Das Verfahren der *examinership* wurde in der Praxis bislang noch nicht angewandt. Zum einen aufgrund der mangelnden Zusammenarbeit aller Beteiligten, zum anderen aber auch wegen deren Unvermögen, das Verfahren innerhalb der vom Gesetz vorgegebenen engen Zeitvorgaben umsetzen zu können. Theoretisch bleibt es jedoch ein vielversprechendes Instrument. Es könnte Gesellschaften erfolgreich vor der Abwicklung schützen, sofern es in einem frühzeitigen Stadium eingesetzt würde, dh zu einer Zeit, in der sich alle Beteiligten kooperativ verhalten und daran interessiert sind, die Gesellschaft zu erhalten. Zwar verbleibt in der alternativen Sanierungsvariante, der Bestellung eines *receiver/manager*, der Schuldner im Besitz seiner Vermögenswerte und führt den Geschäftsbetrieb fort. Jedoch hat der *examiner* die Befugnis, Geschäftsführungsmaßnahmen durchzuführen und belastetes Eigentum zu veräußern, sofern dies der Rettung der Gesellschaft dient.[163] Zudem wird ein *examiner* vom Gericht bestellt.

Während einer *examinership* kann kein Antrag auf Abwicklung der Gesellschaft gestellt werden und es kann kein Beschluss zur Abwicklung der Gesellschaft gefasst werden. Es können keine gerichtlichen Schritte zur Beitreibung von Forderungen gegen die Gesellschaft vorgenommen werden, es kann kein *receiver* bestellt werden, bereits bestellte *receiver* können angewiesen werden, ihr Amt niederzulegen und es können keine Maßnahmen zu Lasten von Bürgen des Schuldners vorgenommen werden.

82 In Bezug auf laufende Verfahren kann das Gericht nach freiem Ermessen ein Ruhen des Verfahren anordnen. Im Schutz des ruhenden Verfahrens gilt für alle Gläubiger (einschließlich Arbeitnehmer und Arbeitnehmer), dass es keine absoluten Höchstgrenzen für die Dauer des Ruhens gibt (der Schutz gilt, solange sich das Unternehmen in der *examinership* befindet, auch wenn das Gesetz vorsieht, dass die *examinership* nicht länger als vier Monate dauern soll, wobei das Gericht diesen Zeitraum auf sechs Monate verlängern kann). Es liegt im freien Ermessen des Gerichts, auf Antrag der Gläubiger ein Verfahren fortzuführen.[164]

83 Während der *examinership* kann der Schuldner mit Zustimmung des Gerichts auch noch ausstehende vertragliche Verpflichtungen erfüllen oder Verträge beenden. Im Falle einer Kündigung wird der Vertragspartner zu einem unbesicherten Gläubiger. Zudem ist es dem Schuldner untersagt, bereits zuvor ohne die Zustimmung des *examiners* oder des Gerichts begründete Verpflichtungen zu erfüllen (mit Ausnahme von Strom-, Wasser- und Gasrechnungen, welche frei bezahlt werden können).[165]

84 Vorschläge für Vereinbarungen (proposal) im Rahmen der *examinership* müssen mit der Mehrheit (gemessen am Gesamtwert aller geltend gemachten Forderungen) der bei der Versammlung anwesenden Gläubiger oder Mitglieder angenommen werden. Das *proposal* muss von mindestens einer Gläubigerklasse, deren Rechte von dem Vorschlag betroffen sind, angenommen werden.[166] Das Gericht kann das angenommene *proposal* unter bestimmten Bedingungen nach freiem Ermessen genehmigen, ändern oder auch ablehnen.[167] Es kann jedes *proposal* gläubigerklassenübergreifend durchsetzen. Diese Befugnis kann ausgeübt werden, sofern mindestens eine Klasse von betroffenen Gläubigern den Vorschlag annimmt[168] und das Gericht der Ansicht ist, dass das *proposal* für alle Gesellschafter und Gläubiger eine interessengerechte *(fair and equitable)* Lösung darstellt. Dies gilt nicht, wenn der einzige Zweck des *proposal* darin besteht, Steuerverpflichtungen zu vermeiden.[169]

85 Das Gericht ist gehalten, über das *proposal* so „schnell wie möglich" zu entscheiden, wobei es keine Frist gibt, innerhalb welcher dies erfolgen muss. Neben der Einhaltung der formalen Voraussetzungen überprüft das Gericht, ob die Vorschläge interessengerecht sind, ob die Gesellschaft nach dem *proposal* überlebensfähig ist, ob die Mitarbeiter im schuldnerischen Unternehmen gehalten werden können und ob die Gläubiger in einer günstigeren Position sind als im Vergleich zu einer Abwicklung der Gesellschaft.[170]

86 Im Falle einer *examinership* kann der *examiner* die Eingehung bestimmter Verpflichtungen und neuer Kreditfazilitäten vornehmen.[171] Den Gläubigern, die diese neuen Faziliäten gewähren, wird Schutz und Vorrang bei der Rückzahlung dieser Verbindlichkeiten gegenüber anderen Gläubigern gewährt, mit Ausnahme der *secured creditor* im Hinblick auf Restrukturierungen, *compromises* oder der Abwicklung der Gesellschaft.

---

[163] Section 202IB, CAP 113.
[164] Section 202H, CAP 113.
[165] Section 202Θ, CAP 113.
[166] Section 202KΔ, CAP 113.
[167] Section 202KE, CAP 113.
[168] Section 202KΔ, CAP 113.
[169] Section 202KΔ, CAP 113.
[170] Section 202KE, CAP 113.
[171] Section 202IE, CAP 113.

3.14 Auswirkungen der Eröffnung des Insolvenzverfahrens auf Vollstreckungsmaßnahmen einzelner Gläubiger und laufende Gerichts- und Schiedsverfahren

Sobald ein Antrag auf Abwicklung gestellt wurde, kann keine Klageverfahren mehr gegen die Gesellschaft eingeleitet oder fortgeführt werden. Ausnahmen sind möglich, sofern eine gerichtliche Genehmigung hierzu vorliegt.[172] 87

Jede nach Beginn der Abwicklung vorgenommene Veräußerung von Vermögenswerten der Gesellschaft, jede Übertragung von Anteilen oder Änderung des Status einzelner Gesellschafter ist nichtig, sofern das Gericht nicht ausdrücklich etwas anderes verfügt.[173] Die Gerichte haben auf Antrag der Gläubiger freies Ermessen, das Ruhen eines Verfahrens aufzuheben.[174] 88

3.15 Moratorium (Αναστολή αγωγών)

Sobald das Abwicklungsverfahren *(winding up)* eingeleitet ist, stellt die Gesellschaft ihre Geschäftstätigkeit sofort ein, Pflichten der Geschäftsführung erlöschen und es können keine rechtlichen Schritte oder Verfahren gegen die Gesellschaft fortgesetzt oder eingeleitet werden. Das Gericht kann (auf Antrag) Ausnahmen hiervon anordnen.[175] 89

3.16 Gläubigervertreter

Der *Official Receiver* ist verpflichtet, ordentliche Versammlungen der Gläubiger und *contributories* einzuberufen. In diesen Versammlungen steht es ihnen frei, eine andere Person zu wählen, die unter der Aufsicht des *Official Receiver* als Verwalter fungiert.[176] In der Sitzung können die Gläubiger des Weiteren einen Gläubigerausschuss *(committee of inspection)* bilden. Die Hauptfunktion eines *committee of inspection* besteht darin, als Vertreter der Gläubiger (oder, was seltener der Fall ist, der *contributories*) aufzutreten und dem Verwalter als Ansprechpartner zu dienen.[177] Das *committee of inspection* kann zudem die Vergütung des Verwalters festlegen.[178] 90

In einem *winding-up by the court* benötigt der Verwalter der Zustimmung des *committee of inspection*, um bestimmte Geschäfte vorzunehmen, beispielsweise Einleitung von oder Verteidigung gegen Klagen oder anderen Gerichtsverfahren im Namen und im Auftrag des Schuldners oder der Gesellschaft oder die Fortführung der Geschäftstätigkeit des Schuldners oder der Gesellschaft.

Wenn es kein *committee of inspection* gibt, muss der Verwalter die Zustimmung des Gerichts einholen. Bei einer freiwilligen Abwicklung ist die Zustimmung des *committee of inspection* nur für bestimmte Geschäfte erforderlich.[179] 91

3.17 Forderungsfeststellung (Επαλήθευση χρέους)

Alle Gläubiger sind verpflichtet, dem Verwalter einen Forderungsnachweis vorzulegen.[180] Zu den Forderungen, die angemeldet werden können, gehören alle bestehenden und zukünftigen Ansprüche, festgestellte Ansprüche oder Schadenersatzansprüche. Die Forderungen müssen innerhalb eines festgelegten Zeitraums nachgewiesen werden, der im Falle einer *voluntary winding up* vom Verwalter und im Falle einer *compulsory winding up* vom Gericht festgelegt wird. 92

Im Falle von Eventualverbindlichkeiten (ενδεχόμενες απαιτήσεις), die keinen bestimmten Wert haben, wird eine angemessene Schätzung ihres Wertes vorgenommen. Die Gläubiger sind berechtigt, periodische Zahlungen (zB künftig zu zahlende Mieten) bis zu dem Zeitpunkt, zu dem die Schuld fällig geworden wäre, nachzuweisen. Der Gläubiger kann eine weitere Prüfung der Forderung durch das Gericht beantragen. Dies birgt jedoch das Risiko, dass das Gericht die Höhe der Verbindlichkeit als nicht feststellbar beurteilt. In diesem Fall besteht die Möglichkeit, dass die Verbindlichkeit als „nicht beweisbar" und damit nicht feststellbar eingestuft wird. 93

Die dem Verwalter vorgelegten Forderungsnachweise sollten zusammen mit einer eidesstattlichen Versicherung *(affidavit)* abgegeben sowie durch aussagekräftige Unterlagen zur Begründung der Forderung ergänzt werden. 94

Alle Gläubigernachweise stehen jedem anderen Gläubiger, der ebenfalls einen Forderungsnachweis erbracht hat, zur Einsichtnahme offen. Die *secured creditors* sind verpflichtet, ihre Sicherheiten 95

---

[172] Section 220, CAP 113.
[173] Section 216, CAP 113.
[174] Section 220, CAP 113.
[175] Section 220, CAP 113.
[176] Section 228A, CAP 113.
[177] Section 240, CAP 113.
[178] Section 230, CAP 113.
[179] Section 233, CAP 113.
[180] Section 298, CAP 113.

zu verwerten, zu bewerten oder aufzugeben. Es steht dem Verwalter frei, entweder die Sicherheit zum vom Gläubiger benannten Schätzwert abzulösen oder einen Antrag bei Gericht auf Verwertung des mit der Sicherheit belasteten Vermögenswertes zu stellen.

96 Nach Erhalt eines Forderungsnachweises kann der Verwalter ihn ganz oder teilweise zulassen oder ablehnen oder weitere Nachweise verlangen. Der Verwalter muss dem Gläubiger seine Entscheidung und die Gründe für die Ablehnung eines Nachweises schriftlich mitteilen. Gegen die Entscheidung des Verwalters kann ein Gläubiger beim Gericht eine Überprüfung beantragen.[181]

3.18 Rangfolge bei der Verteilung der Masse (Διανομή περιουσίας)

97 Die Rangfolge der Befriedigung stellt sich bei Abwicklung wie folgt dar:
- Verfahrenskosten,
- bevorrechtigte Gläubiger,
- jede Forderung, die durch eine *floating charge* gesichert ist,
- ungesicherte Gläubier *(unsecured creditors)*,
- alle nachrangigen Forderungen, wie zB Beträge, die den Gesellschaftern in Bezug auf beschlossene, aber noch nicht ausgezahlte Dividenden zustehen.
- Schließlich das gezeichnete Kapital der Gesellschaft. Gibt es verschiedene Klassen von gezeichnetem Kapital, wie zB Vorzugsaktien *(preferential shares)*, so richtet sich die jeweilige Rangfolge nach den Bedingungen, zu denen diese Anteile ausgegeben wurden.[182]

98 Innerhalb jeder Forderungskategorie sind die Gläubiger gleichrangig. Reichen die Mittel nicht aus, um sie vollständig zu befriedigen, so verringern sich ihre Forderungen zu gleichen Teilen.

99 **Bevorrechtigte Gläubiger (Προνομιούχοι πιστωτές):** Bevorrechtigte Forderungen *(preferential claims)* umfassen alle staatlichen und lokalen Steuern und Abgaben, die zum Zeitpunkt der Abwicklung fällig oder innerhalb von zwölf Monaten vor diesem Zeitpunkt fällig und zahlbar geworden sind (bei veranlagten Steuern begrenzt auf höchstens ein Jahr nach der Veranlagung); alle Verbindlichkeiten gegenüber Angestellten, einschließlich der Löhne, bis zu einem Jahr aufgelaufenes Urlaubsgeld, Abzüge vom Lohn (zB Beiträge zur Rentenversicherung) sowie Schadenersatzansprüche. Ansprüche von Angestellten, die Gesellschafter oder Geschäftsführer sind, werden je nach Art der Beteiligung oder der Geschäftsführungsmodalitäten nicht als vorrangig behandelt. Hat eine Person Mittel zur Entlohnung von Arbeitnehmern vorgeschossen, so hat sie einen kraft gesetzlichen Forderungsübergangs übergegangenen, vorrangigen Anspruch, soweit die direkten Vorrangsansprüche der Arbeitnehmer durch die Vorschüsse vermindert wurden. Das Datum der Feststellung der Vorrangsverbindlichkeiten, *„relevant date"* genannt, ist in einer *compulsory winding up* entweder der Tag, an welchem der Verwalter ernannt wird oder an welchem der Abwicklungsbeschluss erfolgt. In allen anderen Fällen[183] ist dies der Tag der Beschlussfassung über die Auflösung der Gesellschaft.

Absonderungsberechtigte Gläubiger *(secured creditors)*

100 Ein *secured creditor* ist ein Gläubiger, der bei Gewährung eines Darlehens oder einer anderen Kreditfazilität im Gegenzug ein Sicherungsrecht am Vermögen des Schuldners erhält. *Secured creditors* sind aus dem Erlös des Verkaufs der dem Sicherungsrecht unterliegenden Vermögenswerte zu befriedigen. Handelt es sich bei dem Sicherungsrecht um eine *floating charge*, so steht dessen Inhaber in der Rangfolge hinter den *secured creditors*. Im Falle eines Überschusses wird dieser Überschuss Teil der allgemeinen Masse. Im Falle eines Fehlbetrags verbleibt dem betreffenden Gläubiger lediglich eine ungesicherte Forderung in Höhe des Fehlbetrags. Eingetragene Hypotheken sind nicht Gegenstand der Abwicklung und bleiben durch den Gläubiger, zu dessen Gunsten das Grundstück belastet ist, vollstreckbar. Der nach vollständiger Befriedigung des *secured creditor* verbleibende Erlös geht an den Verwalter.

3.19 Abschluss des Verfahrens

Abwicklung durch das Gericht (winding up by order of the court)

101 Wenn die Angelegenheiten des Schuldners vollständig erledigt sind, beantragt der Verwalter beim Gericht den Erlass eines Beschlusses zur Auflösung der Gesellschaft. Das Datum der Auflösung der Gesellschaft ist der Tag des Gerichtsbeschlusses. Eine Kopie des Gerichtsbeschlusses wird vom Verwalter innerhalb von 14 Tagen an den *Registrar of Companies* übermittelt.[184]

---

[181] Section 251, CAP 113.
[182] Section 300, CAP 113.
[183] Section 300, CAP 113.
[184] Section 260, CAP 113.

Freiwillige Abwicklung *(voluntary winding up)*
Sind die laufenden Geschäfte der Gesellschaft beendet, erstellt der Verwalter eine Abwicklungs- 102
bilanz mitsamt Erläuterungen zur Beendigung der Geschäfte, den liquidierten Vermögenswerten der Gesellschaft sowie der Verteilung der erzielten Erlöse an die Gesellschafter. Im Anschluss beruft er eine letzte ordentliche Gesellschafterversammlung ein. Innerhalb einer Woche nach der Gesellschafterversammlung muss der Verwalter dem *Registrar of Companies* die folgenden Dokumente übermitteln: Kopien der Abwicklungsbilanz, der Einladung zur Gesellschafterversammlung und Protokolls der Gesellschafterversammlung.

Nach Ablauf von drei Monaten nach Abhalten der Gesellschafterversammlung gilt die Gesell- 103
schaft als gelöscht, es sei denn, dass auf Antrag des Verwalters oder einer anderen betroffenen Person an das Gericht dieser Termin verschoben wird. Ein solcher Gerichtsbeschluss ist innerhalb von sieben Tagen an den Registrar of Companies zuzustellen.[185]

4. Verträge in Insolvenz- und Restrukturierungsverfahren

4.1 Unerfüllte Verträge (Εκκρεμείς συμβάσεις)

Ein Insolvenzverfahren führt nicht zu einer automatischen Vertragsauflösung. Anderseits kann 104
die Eröffnung eines Verfahren die Verfolgung bestimmter Rechtsbehelfe, die einer Partei gegen den Schuldner unter normalen Umständen zustünden, erschweren.

Während der *examinership* kann der Schuldner mit Zustimmung des Gerichts unerfüllte Verträge 105
erfüllen oder deren Erfüllung ablehnen. Im Falle der Ablehnung kann der andere Teil die Forderung nur als Insolvenzgläubiger geltend machen. Außerdem darf der Schuldner ohne die Zustimmung des *examiner* oder die Zustimmung des Gerichts keine früheren Zahlungsverbindlichkeiten erfüllen (mit Ausnahme von Strom-, Wasser- und Gasrechnungen).[186] Unerfüllte Verträge können Bestimmungen enthalten, wonach ein Insolvenzereignis als Nichterfüllung gilt und der Vertrag automatisch beendet wird. Alternativ erhält die vertragstreue Partei das Recht, den Vertrag unter Einhaltung einer Frist aufgrund der Eröffnung des Insolvenzverfahrens zu kündigen. Daher ist es nicht ungewöhnlich, dass Gläubiger ihre vertraglich geschuldete Leistung zurückhalten oder aber den Vertrag kündigen, wenn ein Insolvenzereignis vorhersehbar ist oder eintritt. Vieles hängt letztlich von der Gestaltung des jeweiligen Vertrages ab. Im Falle der Abwicklung oder einer Insolvenz kann ein Verwalter oder *receiver* mit Erlaubnis des Gerichts die Erfüllung von Verträgen ablehnen, welche den Schuldner zur Erfüllung einer belastenden Handlung oder zur Zahlung eines Geldbetrags verpflichten würden.[187]

4.2 Mietverträge *(lease agreements)*

Die obige Analyse würde für Pacht- und Mietverträge gelten, wobei anerkannt wird, dass das 106
Eigentum zu jeder Zeit dem Vermieter gehört, während der Schuldner (Leasingnehmer) Besitz und Kontrolle hat.

4.3 Anstellungsverträge in der Insolvenz

Im Falle der Insolvenz eines Arbeitgebers werden Löhne der Arbeitnehmer, Sozialversicherungs- 107
beiträge und gerichtliche Entscheidungen nach dem Kündigungsschutzgesetz *(Redundancy Law)*[188] als bevorrechtigt *(preferential)* befriedigt.[189]

Gemäß dem *Protection of the Rights of Employees in the case of Insolvency of their Employer Law* 108
gilt als zahlungsunfähiger Arbeitgeber, wer sich in einem Insolvenz- oder Abwicklungsverfahren befindet[190] oder wo das Gericht feststellt, dass der Arbeitgeber keine Geschäftstätigkeit mehr ausübt und nicht über genügend Vermögen verfügt, um eine Abwicklung oder eine *receivership* anzuordnen.[191] Nach diesem Gesetz wird ein Fonds eingerichtet, aus dem Angestellte insolventer Arbeitgeber – gemessen an den 78 Wochen vor Insolvenzanmeldung – 13 Wochenlöhne und einen entsprechenden Anteil Anteil am Jahresurlaub erhalten, ebenso wie ein 13. und 14. Monatsgehalt.[192]

---

[185] Sections 273 und 283, CAP 113.
[186] Section 202Θ, CAP 113.
[187] Section 304, CAP 113.
[188] Das Entlassungsgesetz Nr. 24/1967.
[189] Section 300, CAP 113.
[190] Section 2, CAP 113.
[191] Section 2 des Gesetzes Nr. 25(I)/2001 über den Schutz der Rechte der Arbeitnehmer bei Zahlungsunfähigkeit ihres Arbeitgebers.
[192] Section 4 des Gesetzes Nr. 25(I)/2001 zum Schutz der Rechte der Arbeitnehmer bei Zahlungsunfähigkeit ihres Arbeitgebers.

109 Keinen Anspruch auf Löhne aus diesem Fonds haben Arbeitnehmer, die auch Geschäftsführer oder Gesellschafter sind oder eine maßgebliche Kontrolle über die insolvente Gesellschaft innehaben, Arbeitnehmer von nicht zypriotischen Arbeitgebern sowie nicht zypriotische inländische Arbeitnehmer.[193]

110 Darüber hinaus sieht das *Redundancy Law* vor,[194] dass bei Einstellung der Tätigkeit eines Arbeitgebers die Arbeitnehmer als entlassen gelten und einen Anspruch auf Abfindungszahlungen haben. Die gesetzlichen Abfindungszahlungen werden wie folgt auf der Grundlage des Lohns jedes Angestellten und seiner Beschäftigungsdauer berechnet:
– für die ersten vier Jahre andauernder Beschäftigung zwei Wochenlöhne für jedes Dienstjahr;
– für das 5. bis 10. Jahr andauernder Beschäftigung zweieinhalb Wochenlöhne für jedes Dienstjahr;
– für das 11. bis 15. Jahr andauernder Beschäftigung drei Wochenlöhne für jedes Dienstjahr;
– für das 16. bis 20. Jahr andauernder Beschäftigung dreieinhalb Wochenlöhne für jedes Dienstjahr;
– für das 21. bis 25. Jahr andauernder Beschäftigung vier Wochenlöhne für jedes Dienstjahr.

111 Die Obergrenze für Abfindungen liegt bei 75,5 Wochenlöhnen. Die Abfindungszahlungen werden vom staatlichen Abfindungsfonds *(Government Redudancy Fonds)* gezahlt, zu dem alle Arbeitgeber verpflichtet sind, Beiträge zu leisten.

5. Pensions- und Versorgungsansprüche in der Insolvenz und Restrukturierung

112 Nach dem *Protection of Wages Law*[195] umfasst der Lohn alle Vergütungen, die für die Beschäftigung zu zahlen sind, sowie alle Leistungen aus dieser Beschäftigung, die einen monetären Wert haben und unter anderem Beiträge aus Vorsorgeeinrichtungen umfassen.[196] Für den Fall, dass die Rente vom Arbeitgeber gemäß den Anstellungsbedingungen garantiert ist, gilt zusätzlich der Schutz des *Protection of the Rights of Employees in the case of Insolvency of their Employer Law,* wonach der Arbeitnehmer Anspruch auf einen 13 Wochen entsprechenden Anteil der fälligen Rente hat.[197]

113 Nach dem *Establishment, Activities and Supervision of Professional Retirement Benefit Funds Law*[198] werden im Falle der Beendigung *(dissolution)* des Fonds[199] die vom Arbeitgeber vor seiner Insolvenz oder Abwicklung an eine Vorsorgeeinrichtung *(registered Provident Fund)* geschuldeten Beiträge sowohl nach dem *Bankruptcy Law*[200] als auch dem *Companies Law* vorrangig befriedigt.[201]

6. Eigentumsvorbehalt (Επιφύλαξη κυριότητας)

114 Der Eigentumsvorbehalt oder die *Romalpa*-Klauseln (benannt nach der englischen Entscheidung von Aluminium Industrie Vaassen BV vs. Romalpa Aluminium Ltd.[1976] 1 WLR 676)[202] sind in der Praxis häufig anzutreffen, sofern das Eigentum an der Ware bis zur Erfüllung bestimmter Verpflichtungen (in der Regel Zahlung des Kaufpreises) durch den Käufer beim Verkäufer verbleibt. Im Falle der Insolvenz des Käufers kann der Verkäufer den Besitz an nicht bezahlten Waren wiedererlangen. Obwohl die Frage der Wirksamkeit dieser Eigentumsvorbehaltsklauseln bislang noch nicht Gegenstand zypriotischer Enscheidungen war, ist anzunehmen, dass die zypriotischen Gerichte den zahlreichen englischen Präzedenzfällen zum Eigentumsvorbehalt folgen würden.[203]

7. Sicherheiten in der Insolvenz

7.1 Mobiliarsicherheiten *(moveable collateral)* (Εξασφάλιση επί κινητής περιουσίας)

115 Die wichtigsten Arten von Sicherheiten für bewegliches Eigentum sind verschiedene Varianten des Pfandrechts, namentlich das *lien,* das *pledge* sowie die *floating charge.*

---

[193] Section 3(2) des Gesetzes zum Schutz der Rechte der Arbeitnehmer bei Zahlungsunfähigkeit ihres Arbeitgebers Nr. 25(I)/2001.
[194] Das Entlassungsgesetz Nr. 24/1967.
[195] Das Lohnschutzgesetz N.35(I)/2007.
[196] Section 2 des Lohnschutzgesetzes N.35(I)/2007.
[197] Der Schutz der Rechte von Arbeitnehmern bei Insolvenz ihres Arbeitgebers Gesetz Nr. 25(I)/2001.
[198] Die Einrichtung, die Aktivitäten und die Aufsicht über die beruflichen Vorsorgeeinrichtungen Gesetz Nr. 208(I)/2012.
[199] Paragraph 48 des Gesetzes über die Einrichtung, Tätigkeit und Beaufsichtigung beruflicher Altersversorgungseinrichtungen N. 208(I)/2012.
[200] Section 38 of the Bankruptcy Law, CAP 5.
[201] Section 300 CAP 113.
[202] Aluminium Industrie Vaassen BV gegen Romalpa Aluminium Ltd [1976] 1 WLR 676.
[203] Section 29 des Gerichtsgesetzes Nr. 14/1960.

7. Sicherheiten in der Insolvenz

Ein *lien* kann nach *common law* oder *equity* bestehen. Ein **common law** *lien* ist das Recht, 116 den Besitz an einem bestimmten Vermögensgegenstand einer anderen Person bis zur vollständigen Begleichung einer Verbindlichkeit zu behalten. Diese Art von *lien* gewährt dem Besitzer der Sache lediglich ein Recht zum Besitz. Er ist nicht befugt, die Sache zu verkaufen/veräußern oder anderweitig darüber zu verfügen. Das *common law lien* erlischt in dem Moment, in dem der Gläubiger dem Schuldner oder dessen Vertreter den Besitz wieder einräumt.

Ein *equitable lien* erfordert keinen fortwährenden Besitz des Vermögensgegenstands und ist dem 117 Grunde nach einer Hypothek ähnlich. Es unterscheidet sich von einer Hypothek darin, dass es sich bei Letzterer um ein vertraglich begründetes Recht handelt, während ein *equitable lien* aufgrund allgemeiner *principles of equity* entsteht. Diesen zufolge ist es untersagt, durch Rechtsgeschäft erworbenes Eigentum zu behalten, solange keine Bezahlung hierfür geleistet wurde.

Ein *pledge* (ενέχυρο) ist die Verpfändung von beweglichen Sachen (typischerweise Handelswa- 118 ren oder Geschäftsanteilen) als Sicherheit für die Zahlung einer Verbindlichkeit oder für die Erfüllung jeder Art von Versprechen. In der Regel wird ein *pledge* im Rahmen eines Darlehens vereinbart, wonach der Darlehensnehmer gegen Gewährung des Darlehens dem Darlehensgeber den Besitz an der Sache einräumt.

Der Darlehensgeber ist zwar zum Verkauf bzw. zur Veräußerung berechtigt, das Eigentum an 119 der Sache verbleibt hingegen beim Darlehensnehmer. Ein *pledge* muss schriftlich in Anwesenheit von zwei unabhängigen Zeugen vereinbart sowie vom Pfandgeber (*pawnor*/ενεχυριαστής) unterzeichnet werden.[204]

Eine *floating charge* ist ein Sicherungsrecht über das gesamte Vermögen einer Gesellschaft. 120 Sie „schwebt" (*to float,* schweben) so lange über allen Vermögenswerten bis ein Verzugsereignis/Nichterfüllung eintritt oder bis über das Vermögen der Gesellschaft ein Insolvenzverfahren eröffnet wird. In diesem Moment **„kristallisiert"** die *floating charge* (*"the floating charge crystallizes"*) und erfasst entweder alle oder einzelne, individualisierte Vermögenswerte des Schuldners. Sie räumt dem *secured creditor* zwei wichtige Rechtsbehelfe im Falle eines Verzugs/der Nichterfüllung ein. Zum einen kann der Gläubiger die *floating charge* materialisieren und dann alle ihr unterliegenden Vermögenswerte wie eine *fixed charge* verwerten. Umfasst die *floating charge* im Wesentlichen alle Vermögenswerte der Gesellschaft, kann der Gläubiger einen *receiver* benennen, der die Kontrolle über den Geschäftsbetrieb übernimmt und versucht, die Schulden mittels zufließender Einnahmen zu tilgen oder aber die Gesellschaft als *going concern* zu veräußern.

Eine *fixed charge* ist ein Sicherungsrecht über einzelne Vermögenswerte, welche dem Darle- 121 hensgeber bestimmte Rechte an den belasteten Vermögenswerten einräumt. Die *fixed charge* gibt ihm das Recht, die Vermögenswerte des Schuldners im Wege der Vollstreckung zu veräußern und mit dem Erlös aus der Verwertung die Verbindlichkeiten zu tilgen. Der Darlehensgeber kann Rechte an dem Vermögenswert erwerben, er erwirbt allerdings kein Eigentum daran. Die Vermögenswerte verbleiben im Besitz und unter der Kontrolle des Schuldners, während der Darlehensgeber mit dem Sicherungsrecht für das Darlehen ausgestattet ist (mit Vorrang gegenüber anderen Gläubigern in einer Ausfallsituation), ohne dass er mit der Verpflichtung zur Instandhaltung/Erhaltung des Vermögenswertes belastet ist.

Ansprüche auf Geldzahlungen, wie zB aufgrund eines Testaments, eine Beteiligung an *trust funds* 122 oder auf einem Bankkonto befindliche Beträge und *choses in action* können einem Darlehensgeber als Sicherheit für einen Vorschuss abgetreten werden.

Alle oben genannten Sicherungsrechte können, wenn sie sich auf Vermögenswerte oder Eigen- 123 tum einer Gesellschaft beziehen, nach dem *Companies Law* beim *Registrar of Companies* eingetragen werden.[205] Sowohl *fixed charge* als auch *floating charge* können geistiges Eigentum einer Gesellschaft umfassen.

Im Falle von Markenrechten und Patenten, die beide in die vom *Registrar of Companies* geführten 124 Register eingetragen sind, kann eine Abtretung oder Lizenz des geistigen Eigentums eingetragen werden, wenn dies zur Ergänzung der Sicherheit erforderlich ist.[206]

Im Falle der Insolvenz einer Gesellschaft bestimmt sich der Rang einer jeden Sicherheit nach 125 dem Tag der Einreichung beim *Registrar of Companies* gemäß den *priority rules*. **Registrierbare,**[207] **aber nicht registrierte** *charges* **sind gegenüber dem Verwalter unwirksam.** Im Falle der Insolvenz einer natürlichen Person bestimmt sich der Rang einer Sicherheit gemäß den *priority rules* nach dem Tag ihrer Entstehung.

---

[204] Section 138 of the Contract Law, CAP 149.
[205] Section 90 CAP 113.
[206] Section 3 of the Patents Law No. 16(I)/1998 and section 3 of the Trade Marks Law, CAP 268.
[207] Section 90(1)(α) CAP 113.

7.2 Immobiliarsicherheiten *(real estate collateral)* (Χρηματοοικονομική Εξασφάλιση επί ακίνητης περιουσίας)

126 Das am häufigsten eingeräumte Sicherungsrecht über unbewegliches Vermögen ist die Hypothek (legal *mortgage*) (υποθήκη). Die Hypothek ist kein *estate in land*, sondern ein vertraglich begründetes Sicherungsrecht über das unbewegliche Vermögen zugunsten des Hypothekengläubigers. Eine Hypothek gibt dem Darlehensgeber ein Sicherungsrecht an dem Grundeigentum, bis das Darlehen vollständig zurückgezahlt ist.

127 Zahlt der Hypothekengläubiger einen fälligen Betrag nicht, kann der Darlehensgeber gemäß dem *Immovable Property (Transfer and Mortgage) Law*[208] dem Hypothekengläubiger eine einmonatige Zahlungsfrist setzen. Bleibt der Hypothekengläubiger weiterhin im Verzug, so kann der Darlehensgeber beim Grundbuchamt *(land registry)* einen Antrag auf Verkauf des belasteten Grundbesitzes in Form einer eidesstattlichen Versicherung *(affidavit)* stellen.[209] Es handelt sich hierbei um ein unkompliziertes Verfahren; ein Gerichtsbeschluss ist nicht erforderlich. Dennoch ist die Erlangung eines entsprechenden Gerichtsbeschlusses zur Beschleunigung des Verfahrens inzwischen gängige Praxis. Ziel ist die Vermeidung weiterer unnötiger Verzögerungen, wenn nämlich bspw. ein Sicherungsgeber beim *land registry* einen Antrag auf Aussetzung eines geplanten Verkaufs bis Erlass einer gerichtlichen Entscheidung stellen kann (gemäß dem *Security Providers (Suspension of Sale of Property) Law of 1973*).[210] Daher versucht der Darlehensgeber in der Regel, jeder drohenden Aussetzung des Verfahrens durch die Einreichung einer auf Versteigerung des Grundbesitzes gerichteten Zivilklage zuvorzukommen.[211] Im Rahmen dieses Verfahrens kann die Vollstreckung der Hypothek endlos sein, da Verzögerungen über Jahre hinweg durch strategisch motivierte Anträge bei den Gerichten möglich sind, beispielsweise durch Anträge auf Aussetzung von Zwangsversteigerungen, durch Widerspruch gegen den vom *land registry* festgelegten Mindestpreis oder aus einer Reihe anderer Verfahrensgründe. Die durchschnittliche Dauer für die Vollstreckung einer Hypothek beträgt rund zehn Jahre, wobei ein entschlossener Schuldner die Vollstreckung auch weit darüber hinaus verzögern kann.

128 **Im Jahr 2014 wurde das Verfahren zur Vollstreckung von Hypotheken geändert, um privat organisierte Versteigerungen zu ermöglichen.**[212] Den Gläubigern wurde hierdurch die führende Rolle im Verwertungsprozess übertragen und die Beteiligung des *land registry* eingeschränkt. Nach dieser Änderung kann der Darlehensgeber, nachdem mindestens 120 Tage seit dem Tag des Zahlungsverzugs einer fälligen Fazilität vergangen sind,[213] den Schuldner mittels eines hierfür vorgesehenen Formularblatts mahnen.

129 Begleicht der Schuldner die Verbindlichkeit weiterhin nicht, kann der Darlehensgeber abermals unter Mitteilung einer 30-Tage-Frist mahnen und hierin mitteilen, dass er bei Verstreichen der Frist von seinem Recht Gebrauch machen kann, das belastete Grundeigentum zu verkaufen.

130 Kommt der Schuldner auch dieser Zahlungsaufforderung nicht nach, so hat der Darlehensgeber eine weitere Mahnung mit einer **Frist von mindestens 30 Tagen auszusprechen und mitzuteilen, dass das Grundeigentum bei erfolglosem Ablauf im Wege der öffentlichen Versteigerung verkauft wird.**

131 Die oben genannten Mahnungen müssen an alle betroffenen Parteien (dh Hauptschuldner, betroffene Bürgen und andere betroffene Parteien, sofern vorhanden),[214] gerichtet werden. Jede dieser Personen kann bei Gericht beantragen, die Versteigerung zu stoppen, wenn die Mahnungen nicht fristgerecht oder nicht in der richtigen Form übermittelt wurden. Gleiches gilt, wenn eine Klage bezüglich eines Forderungsnachweises anhängig ist.[215] Anschließend wird das Grundeigentum bewertet (sowohl vom Darlehensgeber als auch vom Schuldner, die jeweils einen eigenen Gutachter benennen),[216] und das Grundeigentum im Anschluss versteigert. Endet die Versteigerung erfolglos, erhält der Darlehensgeber eine Kaufoption.[217] Im Falle weiterer Belastungen des Grundeigentums ist der Darlehensgeber verpflichtet, die anderen Gläubiger **mindestens 15 Tage im Voraus über das Datum der Versteigerung zu informieren.**[218]

---

[208] The Immovable Property (Transfer and Mortgage) Law No. 9/1965.
[209] Section 37 of the Immovable Property (Transfer and Mortgage) Law No. 9/1965.
[210] The Security Providers (Suspension of Sale of Property) Law No. 107/1973.
[211] Order 42 of the Civil Procedure Rules and Part 5 of the Civil Procedure Law, CAP 6.
[212] Part VIA of the Immovable Property (Transfer and Mortgage) Law No. 9/1965.
[213] Section 44B of the Immovable Property (Transfer and Mortgage) Law No. 9/1965.
[214] Section 44Γ of the Immovable Property (Transfer and Mortgage) Law No. 9/1965.
[215] Section 44Γ(3) of the Immovable Property (Transfer and Mortgage) Law No. 9/1965.
[216] Section 44Δ of the Immovable Property (Transfer and Mortgage) Law No. 9/1965.
[217] Section 44IA of the Immovable Property (Transfer and Mortgage) Law No. 9/1965.
[218] Section 44Θ of the Immovable Property (Transfer and Mortgage) Law No. 9/1965.

Eine weitere Form der Sicherheit, welche einem *judgment creditor* zur Verfügung steht, ist das **132** *memo* (προσημείωση), das für jede unbewegliche Sache des Schuldners bzw. Bürgen eingetragen werden kann. **Bei der Abwicklung/Insolvenz des Schuldners/Bürgen genießt das *memo* des Gläubigers Vorrang gemäß den *priority rules*** bei der Verteilung der Erlöse.[219]

Hypotheken oder andere *charges* über unbewegliches Vermögen müssen beim *Department of* **133** *Lands and Surveys under the Immovable Property (Transfer and Mortgage)*[220] eingetragen werden. Wird die Sicherheit von einer Gesellschaft gestellt, muss die *charge*/Hypothek auch beim *registrar of companies* nach dem *Companies Law* eingetragen werden. Im Falle der Insolvenz einer Gesellschaft gibt der Tag der Einreichung beim *registrar of companies* und nicht beim land registry den Rang an, der jeder Sicherhiet gemäß den *priority rules* gewährt wird.

Im Falle der Insolvenz einer natürlichen Person ist der Tag der Einreichung beim *land registry* **134** ausschlaggebend. Nicht eingetragene Hypotheken gelten als unwirksam gegenüber dem Verwalter oder *receiver*.[221]

7.3 Sicherungsrechte an Flugzeugen und Schiffen

Flugzeughypotheken (*aircraft mortgages*) (υποθήκη επί αεροσκαφών) können von einer **135** als Hypothekenschuldner agierenden zypriotischen juristischen Person als Sicherheit beim *registrar of companies* eingetragen werden. Nach dem Zivilluftfahrtgesetz (Civil Aviation Law) ist die Eintragung in das Luftfahrzeugregister (Aircraft Register) auch dann erforderlich, wenn das Flugzeug in Zypern registriert ist.[222]

Hypotheken auf zypriotische Schiffe (*mortgages over Cyprus ships*) (υποθήκη επί πλοίου) **136** können verbrieft abgeschlossen werden (normalerweise in Form eines vom Hypothekenschuldner ausgefertigten Hypothekenbriefes (*mortgage deed*), wodurch ein Sicherungsrecht am Schiff entsteht. Zusätzlich erfordert die Schiffshypothek eine vom Hypothekenschuldner und vom Hypothekengläubiger eingegangene *deed of covenants*, welche im *Ships Registry* oder bei einem zypriotischen Konsulat im Ausland einzutragen ist.[223] Jede von einer Gesellschaft gewährte Hypothek muss ebenfalls beim Registrar of Companies eingetragen werden. Wenn mehr als eine Schiffshypothek auf demselben Schiff im *Ships Registry* eingetragen ist, steht die zuerst eingetragene Hypothek im Rang vor den anderen an erster Stelle. Die weitere Rangverteilung der anderen Hypotheken bestimmt sich nach dem Datum von deren Eintragung (und nicht nach dem Datum ihrer Entstehung).[224] **Eine im *Ships Registry* eingetragene Schiffshypothek räumt dem Darlehensgeber Vorrang vor *unsecured creditors* des Schiffseigentümers ein**, wobei die Eintragung für die Gültigkeit der Hypothek nicht zwingend erforderlich ist. Auch ohne Eintragung behält eine Hypothek ihre Wirksamkeit. Wird die Hypothek nicht beim *registrar of companies* eingetragen, so erlischt die Hypothek gegenüber einem Verwalter.[225] Dessen ungeachtet hat eine *maritime lien*[226] Vorrang vor einer Schiffshypothek, unabhängig davon, ob sie vor oder nach dem Tag der Hypothek entstanden ist.[227]

Bei Schiffs- und Flugzeugfinanzierungen ist es auch üblich, Sicherungsübereignungen (*security* **137** *assignment*) vorzunehmen, die hauptsächlich die Abtretung von Versicherungen und Erträgen betreffen. Derartige Sicherungsübereignungen sind auch nach dem *Companies Law* eintragungsfähig.[228]

8. Aufrechnung (Συμψηφισμός)

Bei gegenseitigen Krediten, gegenseitigen Forderungen oder anderen beiderseitigen Geschäften **138** zwischen einem Schuldner, der sich im Privatinsolvenz- oder Unternehmensinsolvenzverfahren befindet, und jeder anderen Person, die eine Forderung nachgewiesen hat, **wird ein Konto erstellt** für das, was wechselseitig geschuldet wird erstellt. Der geschuldete Betrag wird verrechnet und nur der Saldo des Kontos eingefordert oder, je nach dem, ausgeglichen. Wer zum Zeitpunkt der Kreditgewährung an den Schuldner Kenntnis von dessen Zahlungsunfähigkeit hatte, ist nicht zur Aufrechnung befugt.[229]

---

[219] Section 300, CAP 113.
[220] Section 8 of the Immovable Property (Transfer and Mortgage) Law No. 9/1965.
[221] Section 90(1)(α) of the Companies Law, CAP 113. and section 15 of the Immovable Property (Transfer and Mortgage) Law No. 9/1965.
[222] Section 11 of the Civil Aviation Law No. 213(I)/2002.
[223] Section 31 of the Merchant Shipping (Shipping, Selling and Mortgage of Ships) Law No. 45/1963.
[224] Section 33 of the Merchant Shipping (Shipping, Selling and Mortgage of Ships) Law No. 45/1963.
[225] Section 90(1)(α) CAP 113.
[226] The Bold Buccleugh (1851) 7 Moo PC 267.
[227] The Tolten (1946) P. 135.
[228] Section 90, CAP 113.
[229] Section 35 CAP 5 und 298B, CAP 113.

9. Anfechtung, Aufhebung von Rechtsgeschäften

9.1 Anfechtbarkeit, Unwirksamkeit von Sicherungsrechten (Ακυρώσιμες συμφωνίες επιβάρυνσης)[230]

139 Ein Sicherungsrecht, das nicht ordnungsgemäß beim *registrar of companies* eingetragen wurde, ist gegenüber dem Verwalter und jedem anderen Gläubiger der Gesellschaft unwirksam.[231]

140 Eine innerhalb der letzten zwölf Monate vor Beginn der Abwicklung begründete *floating charge*[232] über das Vermögen einer Gesellschaft ist unwirksam, es sei denn, es wird unmittelbar nach deren Begründung der Nachweis erbracht, dass die Gesellschaft zahlungsfähig war. Dies gilt nicht, wenn der Gesellschaft zum Zeitpunkt der Begründung der Belastung oder danach für Barmittel sowie etwaige angemessene Zinsen zugeflossen sind. Die Beweislast für die Zahlungsfähigkeit der Gesellschaft liegt bei dem Inhaber der *floating charge*. Die Zahlungsfähigkeit erfordert nicht nur ein positives Eigenkapital, vielmehr muss die Gesellschaft auch in der Lage sein, Verbindlichkeiten bei Fälligkeit begleichen zu können.[233]

9.2 *Fraudulent Preference* (Δόλια Προτίμηση)

141 Jedes seitens der Gesellschaft innerhalb von sechs Monaten vor Beginn ihrer Abwicklung getätigte Rechtsgeschäft (einschließlich aller Eigentumsübertragungen, Hypotheken, Warenlieferungen, Zahlungen, Zwangsvollstreckungen oder sonstiger Handlungen im Zusammenhang mit Eigentum) kann als *fraudulent conveyance* ihrer Gläubiger angesehen werden und ist entsprechend anfechtbar, es sei denn, dass die Gesellschaft eine vollwertige Gegenleistung erhalten hat.[234] Bei der Feststellung, ob es sich um eine *fraudulent conveyance* handelt, betrachtet das Gericht die maßgebliche oder tatsächliche Absicht hinter dem Rechtsgeschäft, nicht das erzielte Ergebnis. Die Beweislast dafür, dass eine gläubigerbenachteiligende Absicht vorlag, liegt bei demjenigen, der das Rechtsgeschäft anficht (in der Regel also beim Verwalter). Liegen diese Voraussetzungen vor, so gilt das Rechtsgeschäft als *fraudulent;* der Nachweis einer „moralischen Schuld", *moral blame,* der Gesellschaft ist nicht erforderlich.[235]

Im Zusammenhang mit einer *fraudulent conveyance* zurückerlangte Barmittel sind vom sind vom Verwalter zur späteren Verteilung an die Gläubiger in Verwahrung zu nehmen.

9.3 Unprofitable, lästige Verträge *(onerous contracts)* (Φορτικές συμβάσεις)

142 Ein Verwalter oder *receiver* kann mit Erlaubnis des Gerichts einen Vertrag ablehnen, der den Schuldner zur Erfüllung einer belastenden Handlung oder zur Zahlung eines Geldbetrags verpflichtet.[236] Hiervon unberührt bleiben die Rechte oder Pflichten anderer Parteien, es sei denn, dass diese zur Befreiung von Verbindlichkeiten des Schuldners bzw. Belastung von Vermögensgegenständen des Schuldners erforderlich sind. Ein Bürge beispielsweise würde somit nicht von seinen Verpflichtungen aus dem betreffenden Vertrag befreit. Der Vertragspartner eines unprofitablen Vertrags *(onerous contract)* kann bei Gericht die Aufhebung dieses Vertrags beantragen, ebenso wie die Zahlung von Schadenersatz durch oder an eine der Parteien. Das Gericht entscheidet hierbei nach freiem Ermessen.[237] Ist an den Vertragspartner Schadensersatz zu zahlen, so hat dies im Rahmen der Abwicklung oder eines Insolvenzverfahrens den Rang einer Insolvenzforderung.

9.4 *Fraudulent transfers* (Δόλια Μεταβίβαση)

143 Jede Schenkung, jede Veräußerung, jede Verpfändung, jede Hypothek oder jede andere Übertragung oder Veräußerung von beweglichem oder unbeweglichem Vermögen, die von einem Schuldner in der **Absicht** vorgenommen wird, die **Gläubiger** bei der Einziehung ihrer Schulden gegenüber dem Schuldner **zu benachteiligen** oder zu verzögern, gilt als *fraudulent* und ist gegenüber diesem Gläubiger unwirksam. Die hiervon betroffenen Vermögenswerte können sichergestellt und verwertet

---

[230] Ua Teil III des Vertragsrechts, CAP 149.
[231] Section 90(1)(α), CAP 113.
[232] Zu dieser, → Rn. 120.
[233] Section 212, CAP 113.
[234] Section 301, CAP 113.
[235] Bezüglich der Gesellschaft Cyfelco Ltd. in Abwicklung, Appl. Nr. 189/08, 20.10.2016 & 21.7.2017; bezüglich der Gesellschaft Magia Old People's Home, Appl. Nr. 250/2016, 4.12.2018; bezüglich SCM Financial Overseas Limited, Appl. Nr. 1045/2016, 18.10.2017.
[236] Section 304, CAP 113.
[237] Teil VII und VIII des Vertragsrechts, CAP 149.

werden. Behauptet der Schuldner oder jeweilige Vertragspartner, dass das Rechtsgeschäft ohne die Absicht einer Gläubigerbenachteiligung vorgenommen wurde, so tragen sie hierfür auch die Beweislast. Die Unwirksamkeit einer Veräußerung, Hypothek, Übertragung oder Abtretung, welche gegen Geld oder anderes gleichwertiges Eigentum als Gegenleistung vorgenommen wurde, scheidet grundsätzlich aus, es sei denn, das die jeweiligen Vertragspartner nachweislich Kenntnis davon hatten, dass das Rechtsgeschäft die Gläubiger benachteiligen würde.[238]

10. Haftung (ehemaliger) Geschäftsführer und Gesellschafter; Ansprüche gegen Dritte

Zusätzlich zu ihren gesellschaftsrechtlichen Treuepflichten *(fiduciary duties)* sind die Geschäftsführer der Gesellschaft verpflichtet, bei der Führung der Angelegenheiten der Gesellschaft **nicht fahrlässig** zu handeln. **Die Geschäftsführung ist gesetzlich verpflichtet, Interessenkonflikte zu vermeiden und dort wo vorhanden, anzuzeigen sowie Transparenz zu wahren** in Bezug auf Anteilsbesitz, Gehälter und Pensionen sowie an leitende Angestellte und die Geschäftsführung gewährter Darlehen.[239] 144

Stellt sich im Zuge der Abwicklung einer Gesellschaft heraus, dass Rechtsgeschäfte der Gesellschaft in der Absicht vorgenommen wurden, Gläubiger zu betrügen oder zu benachteiligen, kann das Gericht jedes Mitglied der Geschäftsführung, das wissentlich an dem Rechtsgeschäft beteiligt war, persönlich für die Verbindlichkeiten der Gesellschaft haftbar machen.[240] Ob eine solche Absicht, Gläubiger zu benachteiligen, tatsächlich vorlag, ist im Einzelfall vom Gericht zu prüfen. Um Betrug anzunehmen, müssen ausreichend Beweise vorliegen, wie beispielsweise tatsächlich nachgewiesene Unehrlichkeit. 145

Ein Geschäftsführer kann auch zur Rückzahlung von Geld oder zur Wiederbeschaffung von Eigentum (inklusive Zinsen) an die Gesellschaft verpflichtet werden, wenn sich im Laufe der Abwicklung herausstellt, dass der Geschäftsführer Geld oder Eigentum der Gesellschaft veruntreut hat oder sich einer Treuepflichtverletzung in Bezug auf die Gesellschaft schuldig gemacht hat.[241] Auf Antrag des Verwalters oder eines Gläubigers oder eines *contributory* kann dies das Gericht beschließen.[242] **Der Verwalter verfügt über weitreichende Befugnisse, das Verhalten von Gesellschaftern zu untersuchen**, einschließlich der Befugnis, beim Gericht eine öffentliche Überprüfung eines Geschäftsführers oder sonstiger mit der Gesellschaft in Verbindung stehender Personen zu beantragen. Sofern **Fluchtgefahr** besteht, kann der Verwalter bei Gericht auch die **Verhaftung** einer Person beantragen, ebenso die **Sicherstellung** aller relevanten Unterlagen.[243] 146

Für Geschäftsführer gilt eine veschuldensunabhängige Haftung *(strict liability)* in Fällen von Steuerhinterziehung, fehlerhafter Buchführung und Anstiftung zum Betrug, wenn die Geschäftsführer nachweisbar gegen die Bestimmungen der Mehrwertsteuer-[244] und Einkommensteuergesetzgebung[245] *(VAT and Income Tax legislation)* verstoßen haben. Auf Geschäftsführer finden die strafrechtlichen Vorschriften Anwendung, zuständige Verfolgungsbehörde ist das *Inland Revenue and Customs & Excise*. Für ausstehende Steuerverbindlichkeiten haften die Geschäftsführer zudem zivilrechtlich. 147

Die **Haftung** der Gesellschafter **ist auf den Nennwert der von ihnen gezeichneten Gesellschaftsanteile beschränkt.** Nur im Falle eines Haftungsdurchgriffs auf die Gesellschafter (*piercing the corporate veil*) kann ein Gesellschafter persönlich für das Handeln der Gesellschaft haften. Dies ist beispielsweise der Fall, wenn jemand eine Gesellschaft kontrolliert und sie als Vehikel benutzt, um eigene gesetzliche Verpflichtungen zu umgehen oder wenn nachgewiesen werden kann, dass eine Gesellschaft für einen rechtswidrigen oder unzulässigen Zweck eingetragen ist.[246] 148

Darüber hinaus kann jeder derzeitige und ehemalige Gesellschafter verpflichtet werden, den erforderlichen Betrag in das Vermögen der Gesellschaft einzubringen, um ihre Schulden und Verbindlichkeiten sowie die Kosten, Gebühren und Ausgaben für die Abwicklung zu begleichen. Es gibt **Ausnahmen** davon für: 149
- Gesellschafter, die seit mehr als einem Jahr ab Beginn der Abwicklung nicht mehr Gesellschafter sind;
- Schulden oder Verbindlichkeiten, die von der Gesellschaft erst nach Ausscheiden des ehemaligen Gesellschafter begründet wurden;

---

[238] Section 3 des Gesetzes zur Vermeidung betrügerischer Transfers, CAP 62.
[239] Section 189, CAP 113.
[240] Section 311, CAP 113.
[241] Section 312, CAP 113.
[242] Section 313, CAP 113.
[243] Section 257, CAP 113.
[244] Das Umsatzsteuergesetz Nr. 95(I)/2000.
[245] Das Einkommensteuergesetz Nr. 118(I)/2002.
[246] Section 33 des Einkommensteuergesetzes Nr. 118(I)/2002.

- ehemalige Gesellschafter können nur dann für eine Einbringung herangezogen werden, wenn das Gericht der Auffassung ist, dass die bestehenden Gesellschafter nicht in der Lage sind, die von ihnen zu leistenden Beiträge zu erbringen. Schließlich haftet jeder derzeitige und auch jeder ehemalige Geschäftsführer unbegrenzt, und zusätzlich zu seiner Stellung als Gesellschafter, sofern er ein solcher ist. Hierbei gelten die gleichen Ausnahmen, die für ehemalige Gesellschafter gelten.[247]

11. Schutz von Vermögenswerten

11.1 Writ of Movables ('Ένταλμα κατάσχεσης κινητής κινητής ιδιοκτησίας)

150   Ein Titelgläubiger *(judgment creditor)* kann eine *writ of movables* beim *District Court* eingereichen. Der Gerichtsvollzieher begibt sich zur Adresse des Schuldners (gemäß des *writ*) und beschlagnahmt jegliches Eigentum. Das beschlagnahmte Eigentum kann dann in einer öffentlichen Versteigerung verkauft werden.

11.2 Interim Order (Προσωρινό Διάταγμα)

151   Nach dem *Courts Law* kann der Gläubiger parallel zu jedem anderen Verfahren eine einstweilige Verfügung *(interlocutory order)* beantragen, um dem Schuldner untersagen zu lassen, sein Vermögen in einer Weise zu entfernen/verstecken, die den Gläubiger daran hindern würde, seine Sicherungsrechte zu verwerten und alle daraus resultierenden Beträge einzuziehen.

152   Um einen *interim order* zu beantragen, muss der Gläubiger nachweisen, dass
(1) für den Fall, dass der Antrag ohne Anhörung des Schuldners gestellt werden soll, Eilbedürftigkeit gegeben ist;
(2) ein Verfügungsgrund gegeben ist, dh ein Anspruch glaubhaft gemacht wird;
(3) eine überwiegende Erfolgswahrscheinlichkeit zugunsten des Gläubigers besteht;
(4) dass die anschließende Zwangsvollstreckung gegen den Gläubiger zu scheitern droht, sollte kein *interim order* erlassen werden;
(5) aus Gründen der Zweckmäßigkeit das Gericht den beantragten Beschluss zugunsten des Gläubigers erlassen müsse, da der Gläubiger sonst ungerecht behandelt würde.

153   Das Gericht prüft, ob der Erlass einer *interim order* interessengerecht ist *(fair and just)*. Der Gläubiger muss selbst eine Sicherheit hinterlegen, um den Schuldner von allen möglichen Verlusten freistellen zu können, falls das Gericht nachträglich feststellt, dass die einstweilige Verfügung fälschlicherweise erlassen wurde.

154   Es sei darauf hingewiesen, dass *Mareva Injunctions* nur bezüglich auf Zypern belegener Immobilien gewährt werden können, für welche die ernsthafte Wahrscheinlichkeit besteht, dass Eigentum daran ins Ausland veräußert werden könnte.[248]

11.3 Temporary Charging Order (Προσωρινό επιβαρυντικό διάταγμα)

155   Eine *temporary charging order* kann gemäß dem *Charging Orders Law* eingeholt werden für Zinsansprüche (einschließlich Erlöse und Forderungen aus Rechten), die der Schuldner haben könnte aus:
- Staatsanleihen, *development stock*, Schatzbriefen,
- Aktien, Anteilen oder Schuldverschreibungen einer in Zypern registrierten Gesellschaft,
- Aktien, Anteile oder Schuldverschreibungen einer Gesellschaft, deren Register für Aktien, Anteilen oder Schuldverschreibungen in Zypern geführt wird.
- Beteiligungen an einem *unit trust*, dessen Register in Zypern geführt wird.
- *funds in court*,

wenn das Gericht der Überzeugung ist, dass der Schuldner einen Anspruch hat und durch die Übertragung oder Veräußerung von Vermögenswerten die Gefahr besteht, dass ein Gläubiger ein späteres Urteil nicht mehr wird vollstrecken können.[249]

11.4 Garnishee Order (Διάταγμα κατάσχεσης χρημάτων)

156   Ein Pfändungs- und Überweisungsbeschluss *(garnishee order)* ähnelt einem *writ of attachment*. Nach dem Zivilprozessrecht *(Civil Procedure Law)* kann ein Titelschuldner, der Forderungen gegen einen Dritten innehat oder über Sicherungsrechte gegen eines Dritten verfügt, bei Gericht den Erlass eines Beschlagnahmungsbeschlusses *(seizure order)* beantragen, aufgrund dessen dieser Drittschuldner vom Gericht geladen, die Rechtslage geprüft und dem Drittschuldner schließlich untersagt

---

[247] Section 204, CAP 113.
[248] Orders 41 und 42 der Zivilprozessordnung; und Teil 5 der Zivilprozessordnung, CAP 7.
[249] Gesetz Nr. 31(I)/1992 über die Gebührenordnung.

werden kann, Forderungen gegenüber dem Titelschuldner zu erfüllen oder die Verwertung von Sicherungsrechten zuzulassen. Durch eine *garnishee order* sind Forderungen des Titelschuldners gegen den Drittschuldner arrestiert. Für den Erlass einer *garnishee order* muss zur Überzeugung des Gerichts feststehen, dass der geschuldete Betrag durch keine andere Vollstreckungsmaßnahme erlangt werden kann.

Durch eine *garnishee order* erhält der Titelgläubiger nicht die Stellung eines Gläubigers des Drittschuldners *(garnishee)*, und er hat nicht das Recht, den *garnishee* davon abzuhalten, seine Gläubiger zu bezahlen. Eine *garnishee order* darf jedoch andere Urteilsgläubiger und Insolvenz- oder Abwicklungsverfahren nicht benachteiligen.[250]

12. Internationales Insolvenzrecht und Anerkennung von Verfahren

EU-Regelungen, zypriotisches Gesetzesrecht und *common law*

Ein ausländisches Urteil kann nach EU-Regelungen, zypriotischem Gesetzesrecht und *common law* durchgesetzt werden. Es besteht auch die Möglichkeit, zur Verteidigung gegen eine Klage anerkannt zu werden. Obwohl es in Zypern kein einheitliches System für die Vollstreckung ausländischer Urteile gibt, werden zypriotische Gerichte im Allgemeinen bei der Vollstreckung ausländischer Urteile kooperieren, sofern die folgenden Voraussetzungen erfüllt sind: Das ausländische Urteil wurde von einem Gericht erlassen, das gemäß den zypriotischen Kollisionsnormen zuständig ist; die Vollstreckung des ausländischen Urteils steht nicht im Widerspruch zu zypriotischen *ordre public*; das ausländische Urteil ist nicht durch Betrug erlangt worden; das Verfahren, das zum Erlass des des ausländischen Urteils geführt hat, verstößt nicht gegen die Grundsätze des Naturrechts.

Die Republik Zypern ist der EU am 1.5.2004 beigetreten und ist daher an die EU-Regelungen gebunden. Bei Entscheidungen anderer EU-Staaten werden die Gerichte die EuInsVO anwenden.

Gleichzeitig stattfindende Verfahren

Im Falle gleichzeitig stattfindender Verfahren in Zypern und im Ausland betreffend ein ausländisches Unternehmen betrachten die zypriotischen Gerichte das örtliche Verfahren als subsidiär zu dem ausländischen Verfahren.

Internationale Verträge

Zypern hat eine **Vielzahl internationaler Verträge und multilateraler Konventionen** mit Relevanz für insolvenzrechtliche Sachverhalte unterzeichnet, darunter: Die Europäische Konvention von 1959 über die Rechtshilfe in Strafsachen (Übereinkommen über die Rechtshilfe in Strafsachen), das (Haager Übereinkommen über die Anerkennung und Vollstreckung in Zivil- und Handelssachen von 1971; das Übereinkommen der Vereinten Nationen über die Anerkennung und Vollstreckung ausländischer Schiedssprüche von 1958 (New Yorker Übereinkommen) und das Europäische Übereinkommen über bestimmte internationale Aspekte der Insolvenz von 1990. Zypern hat auch Modellgesetze wie das UNCITRAL-Modellgesetz über grenzüberschreitende Insolvenz von 1997 (UNCITRAL-Modell-Insolvenzgesetz) und das zwischenstaatliche Abkommen über die Einhaltung des Foreign Account Tax Compliance Act (FACTA) in das nationale Recht übernommen.

Verfahrensbeteiligung ausländischer Gläubiger

Ausländische Gläubiger können ihre Forderung im Rahmen eines zypriotischen Verfahrens nach den hierfür geltenden Regelungen zur Feststellung anmelden. Im Falle gleichzeitiger Verfahren über das Vermögen derselben Gesellschaft von Gerichten anderer Staaten erhält ein Gläubiger, der seine Forderung in Zypern nachgewiesen hat, einen Anteil an einer Verteilung, nachdem im ausländischen Verfahren erhaltene Beträge berücksichtigt wurden.

13. Umsetzung der Richtlinie über Restrukturierung und Insolvenz[251]

Das zypriotische Recht enthält bereits eine Reihe derjenigen Maßnahmen und Mechanismen, welche **in der Richtlinie über Restrukturierung und Insolvenz vorgegeben werden.** Diese Maßnahmen werden in diesem Länderbericht dargestellt.

Insbesondere das jüngst eingeführte Verfahren *Examinership* bietet den von der Richtlinie gewollten Schutz eines gerichtlich angeordneten **Moratoriums,** unter dem dann der Schuldner – in Eigenverwaltung – einen Gläubigervergleich in Form eines *scheme of arrangement* anstreben kann; der **Schuldner behält bei diesem Verfahren die Verwaltungs- und Verfügungsbefugnis** über sein Unternehmen und arbeitet mit dem gerichtlich bestellten *examiner* zusammen, auch dies ent-

---

[250] Teil 7 der Zivilprozessordnung, CAP. 7.
[251] Richtlinie (EU) 2019/1023 DES EUROPÄISCHEN PARLAMENTS UND DES RATES v. 20.6.2019 über präventive Restrukturierungsrahmen, über Entschuldung und über Tätigkeitsverbote sowie über Maßnahmen zur Steigerung der Effizienz von Restrukturierungs-, Insolvenz- und Entschuldungsverfahren und zur Änderung der Richtlinie (EU) 2017/ 1132 („Richtlinie über Restrukturierung und Insolvenz").

spricht in Grundzügen dem von der Richtlinie Vorgegebenen, wie auch die wesentlichen Verfahrenselemente des *scheme of arrangement*. Ein Unternehmen, das lebensfähig ist, aber kurzfristige Liquiditätsprobleme hat, kann hiermit eine (finanzielle) Restrukturierung durch einen Vergleich mit seinen Gläubigern oder Gesellschaftern anstreben.

166 Die Einführung der *examinership* mit dem Ziel, Unternehmenssanierung zu fördern, hat sich **in der bisherigen Praxis allerdings nicht bewährt**. Bei allen Versuchen, einen *examiner* zu bestellen, verblieb es bei langwierigen Gerichtsverfahren, in denen es nie zur Bestellung eines *examiner* kam oder wo dessen Bestellung vom Gericht abgewiesen wurde. Die *examinership* wird von Schuldnern und Gläubigern misstrauisch betrachtet, letztere verschleppen das Verfahren häufig mit kostspieliger Prozesstaktik. Schuldner nutzen das Verfahren zur Zeitgewinnung, **Gläubiger reagieren, indem sie versuchen, durch** *receivership*, die durch eine beantragte *examinership* nicht blockiert wird, und durch Ernennung eines *receiver* **individuelle Befriedigung aus dem schuldnerischen Vermögen zu erlangen**.

167 Die Praxis zeigt allerdings auch, dass schon die **bloße Vorbereitung und Ankündigung einer** *examinership* die beteiligten Parteien **am Verhandlungstisch zur Vernunft bringen** und damit eine Sanierungslösung auf den Weg bringen kann.

168 Neben der *examinership* und der Tatsache, dass sie bereits einige der Mechanismen bietet, die die Richtlinie vorgibt, verbleiben durchaus Regelungen, welche noch einer Umsetzung in zypriotisches Recht bedürfen. So etwa die Einführung von Musterrestrukturierungsplänen oder die Möglichkeit, Sanierungspläne auch ohne gerichtliche Einbindung für allgemeinverbindlich erklären zu können (es sei denn, der Sanierungsplan beeinträchtigt die Interessen anderer betroffener Parteien oder aber sieht eine neue Finanzierung vor), oder die gerichtliche Befugnis, **gläubigerklassenübergreifende** *cram down plans* auch gegen den Widerstand einzelner Gläubigerklassen durchzusetzen, sofern der Plan zuvor von mindestens einer anderen Gläubigerklasse genehmigt wurde (ausgenommen Gläubigerklassen, die in der Insolvenz keine Zahlung erhalten würden).

169 Umsetzungsbedarf besteht auch hinsichtlich der von der Richtlinie geforderten Einführung von Frühwarnsystemen zur rechtzeitigen Krisenvermeidung.

14. COVID-19 Maßnahmen

170 Spezielle Maßnahmen bezüglich wirtschaftlicher Auswirkungen der COVID-19 Pandemie wurden von der zypriotischen Regierung nicht getroffen.

Zypern

Bankruptcy / Privatinsolvenzverfahren	*Winding-up* / Abwicklung, Insolvenzverfahren
Antrag zur Eröffnung des Konkursverfahrens	Antrag zur Eröffnung des Liquidationsverfahrens
Erteilung des Konkurseröffnungsbescheids (*receiving order*); Konkursverwalter (*official receiver*) wird zum Treuhänder des Vermögens des Schuldners	Das Gericht kann einen vorläufigen Liquidator einsetzen
Einberufung der Gläubigerversammlung von dem Konkursverwalter	Erteilung des Verfahrenseröffnungsbescheids (*winding-up order*); Konkursverwalter (*official receiver*) wird zum Treuhänder des Vermögens des Schuldners
Aufstellung des Lageberichts (*statement of affairs*)	Aufstellung des Lageberichts (*statement of affairs*)
Schuldner darf Vergleich vorschlagen	Anmeldung der Forderungen durch die Gläubiger
Falls der Vergleich von der Gläubigerversammlung nicht bewilligt wird, wird ein Verwalter (*trustee*) bestellt, der für die Verwertung und die Verteilung der Vermögenswerte des Schuldners verantwortlich ist	Schuldner oder Liquidator dürfen Vergleich vorschlagen
	Falls der Vergleich von der Gläubigerversammlung nicht bewilligt wird, übernimmt der Liquidator die Verwertung und die Verteilung der Vermögenswerte des Schuldners

Zypern

Glossar

Griechisch	Englisch	Deutsch	Rn.
αναστολή αγωγών	moratorium	Moratorium	89
Δήλωση Φερεγγυότητας	Declaration of Solvency	Solvenzerklärung, Erklärung, die die Zahlungsfähigkeit einer Gesellschaft bestätigt	45f
Διακανονισμοί και Αναδιοργανώσεις	arrangements and reconstruction	Vergleiche mit Gläubigern oder Gesellschaftern	11, 78
Διανομή περιουσίας	waterfall in the distribution of the estate	Rangfolge bei der Verteilung der Masse	97
Διάταγμα απαλλαγής οφειλών	debt relief order	Schuldenerlass (in der Privatinsolvenz)	1, 15
διαχείριση	receivership, receiver	Zwangsverwaltung, Zwangsverwalter	13, 72
Διαχείριση και Ρευστοποίηση της Περιουσίας	Administration and liquidation of the estate	Masse, Verwaltung und Verwertung derselben	72
Διορισμός Εξεταστή	examinership	Sanierungsverfahren unter gerichtlicher Aufsicht mit Moratorium	80
δόλια μεταβίβαση	fraudulent or other transfer	betrügerische oder andere Übertragung (Anfechtungsgrund)	34, 143
δόλια προτίμηση	preferential conveyance	begünstigende Übertragung (Anfechtungsgrund)	34, 141
ειδικός διαχειριστής	special manager	„spezieller" Geschäftsführer, der dem Official Receiver an die Seite gestellt werden kann	36
έκθεση εξεταστή-σχέδιο διακανονισμού	rehabilitation plan	Sanierungsplan	12
Εκκαθάριση με διάταγμα του Δικαστηρίου	Winding up by order of the court	Liquidation aufgrund Gerichtsbeschlusses	43, 51, 54, 101
Εκούσια Εκκαθάριση	voluntary winding-up	Freiwillige Abwicklung	45
Εκούσια Εκκαθάριση Μελών	members' voluntary winding-up	Freiwillige Liquidation durch die Gesellschafter	45
ενεχυριαστής	pawnor	Pfandgeber	119
ενέχυρο	pledge	Verpfändung von beweglichen Sachen	118
Εξασφάλιση επί ακίνητης περιουσίας	Real estate collateral	Immobiliarsicherheiten	126
εξασφάλιση επί κινητής περιουσίας	moveable collateral	Mobiliarsicherheiten	115
εξεταστής	examiner	„Verwalter" im Verfahren examinership	12, 80f, 165f
εξωδικαστικές διαδικασίες	informal private arrangement	informelle private Vereinbarung	20
Επαλήθευση χρέους	proof of claims	Forderungsnachweis	92
Επαρχιακό Δικαστήριο	District Court	Bezirksgericht	59
Επίσημος Παραλήπτης	Official Receiver	Official Receiver	35
Επιτροπή πιστωτών	Committee of creditors	Gläubigerausschuss	70, 90

Zypern

Griechisch	Englisch	Deutsch	Rn.
Επιφύλαξη κυριότητας	retention of title	Eigentumsvorbehalt	114
Έφορος Εταιρειών	Registrar of Companies	Handelsregister, Registergericht	44
θεματοφύλακας	trustee	Treuhänder	54
Κάτοχος αξιώματος	Office-holder	Verwalter, Oberbegriff für Verwalterämter	60
κυμαινόμενη επιβάρυνση	floating charge	Sicherungsrecht über das gesamte Vermögen einer Gesellschaft	13, 76, 100, 120
Προληπτική αναδιάρθρωση πριν την αφερεγγυότητα	pre-insolvency preventive restructuring	Präventive vorinsolvenzliche Restrukturierung	18
προνομιούχοι πιστωτές	preferential creditors	Bevorrechtigte Gläubiger	99
Προστατευτικό Διάταγμα	protective certificate	Schutzzertifikat (in der Privatinsolvenz)	31
Προσωπικό σχέδιο αποπληρωμής	personal repayment scheme	Persönliche Rückzahlungsregelung (in der Privatinsolvenz)	16
προσωρινός εκκαθαριστής	provisional liquidator	Vorläufiger Verwalter	54
πτώχευση φυσικού προσώπου	bankruptcy	Privatinsolvenz	7
Σύμβουλος Αφερεγγυότητας	insolvency practitioner	lizensierter Insolvenzverwalter	35
συνεισφορέας	contributory	nachschussverpflichteter Gesellschafter (im Fall der Abwicklung)	51
υποθήκη	legal mortgage	Hypothek an unbeweglichem Vermögen	126
υποθήκη επί αεροσκαφών	Aircraft mortgages	Flugzeughypotheken	135
υποθήκη επί πλοίου	Mortgages over Cyprus ships	Hypotheken an zypriotischen Schiffen	136

Glossar

Deutsch	Englisch	Griechisch	Rn.
Privatinsolvenz	bankruptcy	πτώχευση φυσικού προσώπου	7
Vergleiche mit Gläubigern oder Gesellschaftern	arrangements and reconstruction	Διακανονισμοί και Αναδιοργανώσεις	11, 78
Sanierungsverfahren unter gerichtlicher Aufsicht mit Moratorium	examinership	Διορισμός Εξεταστή	80
Sanierungsplan	rehabilitation plan	έκθεση εξεταστή-σχέδιο διακανονισμού	12
Zwangsverwaltung, Zwangsverwalter	receivership, receiver	διαχείριση	13, 72
Schuldenerlass (in der Privatinsolvenz)	debt relief order	Διάταγμα απαλλαγής οφειλών	1, 15

Zypern

Deutsch	Englisch	Griechisch	Rn.
Persönliche Rückzahlungsregelung (in der Privatinsolvenz)	personal repayment scheme	Προσωπικό σχέδιο αποπληρωμής	16
Präventive vorinsolvenzliche Restrukturierung	pre-insolvency preventive restructuring	Προληπτική αναδιάρθρωση πριν την αφερεγγυότητα	18
informelle private Vereinbarung	informal private arrangement	εξωδικαστικές διαδικασίες	20
Schutzzertifikat (in der Privatinsolvenz)	protective certificate	Προστατευτικό Διάταγμα	31
begünstigende Übertragung (Anfechtungsgrund)	preferential conveyance	δόλια προτίμηση	34, 141
betrügerische oder andere Übertragung (Anfechtungsgrund)	fraudulent or other transfer	δόλια μεταβίβαση	34, 143
Official Receiver	Official Receiver	Επίσημος Παραλήπτης	35
lizensierter Insolvenzverwalter	insolvency practitioner	Σύμβουλος Αφερεγγυότητας	35
„spezieller" Geschäftsführer, der dem Official Receiver an die Seite gestellt werden kann	special manager	ειδικός διαχειριστής	36
Liquidation aufgrund Gerichtsbeschlusses	Winding up by order of the court	Εκκαθάριση με διάταγμα του Δικαστηρίου	43, 51, 54, 101
Handelsregister, Registergericht	Registrar of Companies	Έφορος Εταιρειών	44
Freiwillige Abwicklung	voluntary winding-up	Εκούσια Εκκαθάριση	45
Freiwillige Liquidation durch die Gesellschafter	members' voluntary winding-up	Εκούσια Εκκαθάριση Μελών	45
Solvenzerklärung, Erklärung, die Zahlungsfähigkeit einer Gesellschaft zu bestätigt	Declaration of Solvency	Δήλωση Φερεγγυότητας	45f
nachschussverpflichteter Gesellschafter (im Fall der Abwicklung)	contributory	συνεισφορέας	51
„Verwalter" im Verfahren examinership	examiner	εξεταστής	12, 80f, 165f
Vorläufiger Verwalter	provisional liquidator	προσωρινός εκκαθαριστής	54
Treuhänder	trustee	θεματοφύλακας	54
Bezirksgericht	District Court	Επαρχιακό Δικαστήριο	59
Verwalter, Oberbegriff für Verwalterämter	Office-holder	Κάτοχος αξιώματος	60
Masse, Verwaltung und Verwertung derselben	Administration and liquidation of the estate	Διαχείριση και Ρευστοποίηση της Περιουσίας	72
Moratorium	moratorium	αναστολή αγωγών	89
Forderungsnachweis	proof of claims	Επαλήθευση χρέους	92
Rangfolge bei der Verteilung der Masse	waterfall in the distribution of the estate	Διανομή περιουσίας	97
Bevorrechtigte Gläubiger	preferential creditors	προνομιούχοι πιστωτές	99

Zypern

Deutsch	Englisch	Griechisch	Rn.
Eigentumsvorbehalt	retention of title	Επιφύλαξη κυριότητας	114
Mobiliarsicherheiten	moveable collateral	εξασφάλιση επί κινητής περιουσίας	115
Verpfändung von beweglichen Sachen	pledge	ενέχυρο	118
Pfandgeber	pawnor	ενεχυριαστής	119
Sicherungsrecht über das gesamte Vermögen einer Gesellschaft	floating charge	κυμαινόμενη επιβάρυνση	13, 76, 100, 120
Immobiliarsicherheiten	Real estate collateral	Εξασφάλιση επί ακίνητης περιουσίας	126
Hypothek an unbeweglichem Vermögen	legal mortgage	υποθήκη	126
Flugzeughypotheken	Aircraft mortgages	υποθήκη επί αεροσκαφών	135
Hypotheken an zypriotischen Schiffen	Mortgages over Cyprus ships	υποθήκη επί πλοίου	136
Gläubigerausschuss	Committee of creditors	Επιτροπή πιστωτών	70, 90

Glossar

Englisch	Griechisch	Deutsch	Rn.
Administration and liquidation of the estate	Διαχείριση και Ρευστοποίηση της Περιουσίας	Masse, Verwaltung und Verwertung derselben	72
Aircraft mortgages	υποθήκη επί αεροσκαφών	Flugzeughypotheken	135
arrangements and reconstruction	Διακανονισμοί και Αναδιοργανώσεις	Vergleiche mit Gläubigern oder Gesellschaftern	11, 78
bankruptcy	πτώχευση φυσικού προσώπου	Privatinsolvenz	7
Committee of creditors	Επιτροπή πιστωτών	Gläubigerausschuss	70, 90
contributory	συνεισφορέας	Nachschussverpflichteter Gesellschafter (im Fall der Abwicklung)	51
debt relief order	Διάταγμα απαλλαγής οφειλών	Schuldenerlass (in der Privatinsolvenz)	1, 15
Declaration of Solvency	Δήλωση Φερεγγυότητας	Solvenzerklärung, Erklärung, die die Zahlungsfähigkeit einer Gesellschaft bestätigt	45f
District Court	Επαρχιακό Δικαστήριο	Bezirksgericht	59
examiner	εξεταστής	„Verwalter" im Verfahren examinership	12, 80f, 165f
examinership	Διορισμός Εξεταστή	Sanierungsverfahren unter gerichtlicher Aufsicht mit Moratorium	80
floating charge	κυμαινόμενη επιβάρυνση	Sicherungsrecht über das gesamte Vermögen einer Gesellschaft	13, 76, 100, 120
fraudulent or other transfer	δόλια μεταβίβαση	betrügerische oder andere Übertragung (Anfechtungsgrund)	34, 143

Zypern

Englisch	Griechisch	Deutsch	Rn.
informal private arrangement	εξωδικαστικές διαδικασίες	informelle private Vereinbarung	20
insolvency practitioner	Σύμβουλος Αφερεγγυότητας	lizensierter Insolvenzverwalter	35
legal mortgage	υποθήκη	Hypothek an unbeweglichem Vermögen	126
members' voluntary winding-up	Εκούσια Εκκαθάριση Μελών	Freiwillige Liquidation durch die Gesellschafter	45
moratorium	αναστολή αγωγών	Moratorium	89
Mortgages over Cyprus ships	υποθήκη επί πλοίου	Hypotheken an zypriotischen Schiffen	136
moveable collateral	εξασφάλιση επί κινητής περιουσίας	Mobiliarsicherheiten	115
Office-holder	Κάτοχος αξιώματος	Verwalter, Oberbegriff für Verwalterämter	60
Official Receiver	Επίσημος Παραλήπτης	Official Receiver	35
pawnor	ενεχυριαστής	Pfandgeber	119
personal repayment scheme	Προσωπικό σχέδιο αποπληρωμής	Persönliche Rückzahlungsregelung (in der Privatinsolvenz)	16
pledge	ενέχυρο	Verpfändung von beweglichen Sachen	118
preferential conveyance	δόλια προτίμηση	begünstigende Übertragung (Anfechtungsgrund)	34, 141
preferential creditors	προνομιούχοι πιστωτές	Bevorrechtigte Gläubiger	99
pre-insolvency preventive restructuring	Προληπτική αναδιάρθρωση πριν την αφερεγγυότητα	Präventive vorinsolvenzliche Restrukturierung	18
proof of claims	Επαλήθευση χρέους	Forderungsnachweis	92
protective certificate	Προστατευτικό Διάταγμα	Schutzzertifikat (in der Privatinsolvenz)	31
provisional liquidator	προσωρινός εκκαθαριστής	Vorläufiger Verwalter	54
Real estate collateral	Εξασφάλιση επί ακίνητης περιουσίας	Immobiliarsicherheiten	126
receivership, receiver	διαχείριση	Zwangsverwaltung, Zwangsverwalter	13, 72
Registrar of Companies	Έφορος Εταιρειών	Handelsregister, Registergericht	44
rehabilitation plan	έκθεση εξεταστή-σχέδιο διακανονισμού	Sanierungsplan	12
retention of title	Επιφύλαξη κυριότητας	Eigentumsvorbehalt	114
special manager	ειδικός διαχειριστής	„spezieller" Geschäftsführer, der dem Official Receiver an die Seite gestellt werden kann	36
trustee	θεματοφύλακας	Treuhänder	54
voluntary winding-up	Εκούσια Εκκαθάριση	Freiwillige Abwicklung	45
waterfall in the distribution of the estate	Διανομή περιουσίας	Rangfolge bei der Verteilung der Masse	97

Zypern

Englisch	Griechisch	Deutsch	Rn.
Winding up by order of the court	Εκκαθάριση με διάταγμα του Δικαστηρίου	Liquidation aufgrund Gerichtsbeschlusses	43, 51, 54, 101

Sachverzeichnis

Fette Zahlen = Paragraphen; magere Zahlen = Randnummern

A

Abberufung des Koordinators EuInsVO 75
- amtswegige **EuInsVO 75** 5
- Antrag **EuInsVO 75** 5
- Gründe **EuInsVO 75** 2 ff.
- Rechtsfolgen **EuInsVO 75** 6

Abhängig Beschäftigte EuInsVO 3 53 ff.
Ablehnung der Eröffnung EuInsVO 3 86; **EuInsVO 38** 7 ff.; **EGInsO Art. 102c 20** 1 f.; **EGInsO Art. 102c 22** 13
Abschlagsrechnungen EuInsVO 77 9
Absonderungsberechtigte EuInsVO 36 18 f.; **EGInsO Art. 102c 3** 6; **EGInsO Art. 102c 16** 3 ff.; **EGInsO Art. 102c 18** 14
Absonderungsklagen
- internationale Zuständigkeit **EuInsVO 6** 17

Abstimmung über Zusicherung EGInsO Art. 102c 17
- Absonderungsberechtigte **EGInsO Art. 102c 18** 14
- aufschiebend bedingte Forderungen **EGInsO Art. 102c 18** 12 f.
- bestrittene Forderung **EGInsO Art. 102c 18** 5 f.
- Dispens **EGInsO Art. 102c 18** 15
- Entscheidung über Stimmrecht **EGInsO Art. 102c 18** 5 ff.
- Fernkommunikationsmittel **EGInsO Art. 102c 17** 15
- Gruppenbildung **EGInsO Art. 102c 17** 16
- Hinweispflichten **EGInsO Art. 102c 17** 14 ff.
- lokale Gläubiger **EGInsO Art. 102c 17** 17
- Stimmberechtigung **EGInsO Art. 102c 18** 2 ff.
- Stimmrecht **EGInsO Art. 102c 18**
- Unterrichtung über Ergebnis **EGInsO Art. 102c 19**
- Unterrichtungspflichten **EGInsO Art. 102c 17** 14 ff.
- Verfahren **EGInsO Art. 102c 17** 4 ff.

Abwicklungssysteme
- dingliche Rechte **EuInsVO 12** 8 f.
- Erweiterung der Sonderanknüpfung **EuInsVO 12** 10
- Finanzmarktbegriff **EuInsVO 12** 3
- lex systema **EuInsVO 12** 1, 7
- Mitglieder **EuInsVO 12** 4 f.
- Sonderanknüpfung **EuInsVO 12** 1, 6
- Vertrauensschutz **EuInsVO 12** 1
- Vorliegen **EuInsVO 12** 2

Abwicklungstätigkeit EuInsVO 3 46 ff.
Aktivklagen EuInsVO 6 10, 19
Aktivmasse
- Beschränkung **EuInsVO 34** 31 ff.
- Sekundärverfahren **EuInsVO 34** 31 ff.

Aktivprozesse EuInsVO 18 10
Allgemeine Bestimmungen EuInsVO 1 ff.
Allgemeine Interessen EuInsVO 38 15 f.; **EuInsVO 51** 9

Alpenblume EuInsVO 6 14; **EuInsVO 32** 19
Amtsermittlung EuInsVO 3 15, 18; **EuInsVO 4** 3, 4
Amtssprache EuInsVO 22 6; **EuInsVO 73** 2
Anerkennung EuInsVO 19 ff.
- ablehnende Entscheidungen **EuInsVO 3** 86
- ausländischer Verfahren **EuInsVO 1** 42 f.
- automatische **EuInsVO 19** 1, 3 f.; **EuInsVO 20** 1; **EuInsVO 32** 10 ff.
- Brexit **EuInsVO 19** 7
- eigenverwaltender Schuldner **EuInsVO 21** 6a
- entferntere Entscheidungen **EuInsVO 32** 28
- Entscheidungsbegriff **EuInsVO 32** 6
- Eröffnungsentscheidung **EuInsVO Vor 1** 33; **EuInsVO 18** 12; **EuInsVO 19** 5, 9
- Förmlichkeiten **EuInsVO 20** 2
- Gerichtsbegriff **EuInsVO 32** 7 f.
- Gerichtszuständigkeit **EuInsVO 19** 20 ff.
- Gestaltungswirkungen **EuInsVO 32** 12
- Grenze **EuInsVO 20** 10
- Hauptverfahren **EuInsVO 34** 15
- Inhalt **EuInsVO 19** 2
- insolvenztypische Annexentscheidungen **EuInsVO 32** 16
- Kompetenzkonflikte **EuInsVO 6** 33
- materiell-rechtliche Wirkungen **EuInsVO 20** 8
- Neben- und Annexentscheidungen **EuInsVO 32** 6 ff.
- Prioritätsprinzip **EuInsVO 19** 3
- Rechtsfolgen **EuInsVO 19** 25 ff.
- Reichweite **EuInsVO 20** 3 ff.
- Restschuldbefreiung **EuInsVO 32** 9
- Sekundärinsolvenzverfahren **EuInsVO 19** 29
- Sicherungsmaßnahmen **EuInsVO 32** 26 ff.
- sonstiger Entscheidungen **EuInsVO 32**
- Tatbestandswirkungen **EuInsVO 20** 8
- Unbeachtlichkeit der Insolvenzfähigkei **EuInsVO 19** 24
- unmittelbare Wirkung der Eröffnungsentscheidung **EuInsVO 20** 7
- Unterscheidung zur Vollstreckung **EuInsVO 32** 2
- Unvereinbarkeit mit öffentlicher Ordnung **EuInsVO 33**
- Vergleiche **EuInsVO 32** 9 ff.
- Verwalterbestellung **EuInsVO 21** 1
- vierstufiges System **EuInsVO 32** 3
- Vollstreckbarkeit **EuInsVO 19** 25
- Voraussetzungen **EuInsVO 19** 5 ff.
- widersprechende Entscheidungen **EuInsVO 3** 87
- Wirksamkeit der Eröffnungsentscheidung **EuInsVO 19** 18 f.
- Wirkungen **EuInsVO 20**
- Wirkungserstreckung **EuInsVO 19** 2; **EuInsVO 20** 3 ff.; **EuInsVO 32** 12
- keine Zuständigkeitsregelung **EuInsVO 32** 4

Anerkennungshindernis EuInsVO 19 22; **EuInsVO 22** 1; **EuInsVO 29** 12

Sachverzeichnis

Fette Zahlen = §§

Anerkennungspflicht EuInsVO 19 22, 25
Anfechtung EuInsVO 21 14 ff.
Anfechtung der Eröffnungsentscheidung EuInsVO 5; EGInsO Art. 102c 4
– aus anderen Günden **EuInsVO 5** 16
– Art des Rechtsbehelfs **EuInsVO 5** 5
– Berechtigte **EuInsVO 5** 3
– Einstellung **EuInsVO 5** 10
– aus Gründen internationaler Zuständigkeit **EuInsVO 5** 1 ff.
– nationales Recht **EuInsVO 5** 1, 9, 11 ff.
– Rechtsbeschwerde **EGInsO Art. 102c 4** 8
– Rechtsfolgen **EuInsVO 5** 9, 15
– Rechtsmittelbelehrung **EuInsVO 5** 12 f.
– sofortige Beschwerde **EuInsVO 5** 1, 11 ff.; **EGInsO Art. 102c 4** 2 ff.; **EGInsO Art. 102c 20** 2
– Voraussetzungen **EuInsVO 5** 2 ff.
Anfechtungsanspruch EuInsVO 2 32, 44; **EuInsVO 3** 97; **EuInsVO 21** 16
Anfechtungsforderung EuInsVO 2 44
Anfechtungsgegner EuInsVO 36 27
Anfechtungsrecht EuInsVO 2 31
Angemessener Interessenschutz EuInsVO 38 17 ff.
Anhang A EuInsVO Vor 1 31; **EuInsVO 1** 2a ff.; **EuInsVO 2** 2, 13; **EuInsVO 19** 5 f.; **EuInsVO 32** 9b
Anhängige Rechtsstreitigkeiten EuInsVO 18
– Begriff Anhängigkeit **EuInsVO 18** 7
– Erkenntnisverfahren **EuInsVO 18** 4
– Gerichtsbarkeit **EuInsVO 18** 5
– Massebezogenheit **EuInsVO 18** 10
– Rechtsfolgen der Verfahrenseröffnung **EuInsVO 18** 13 ff.
– Rechtsstreit **EuInsVO 18** 4 f., 13 ff.
– Rechtsstreit in Mitgliedstaat **EuInsVO 18** 9
– Sachnormverweisung **EuInsVO 18** 13
– Schiedsverfahren **EuInsVO 18** 17 ff.
– Wirkungen **EuInsVO 1** 37; **EuInsVO 18** 15
Anhörungsrechte EuInsVO 60 2 f.; **EuInsVO 72** 14 s. a. *Rechtliches Gehör*
Annexentscheidungen
– Anerkennung **EuInsVO 32** 6 ff.
– Insolvenznähe **EuInsVO 32** 17
– insolvenztypische **EuInsVO 32** 16 ff.
– keine Nichtanerkennungspflicht **EuInsVO 32** 24
– Vollstreckbarkeit **EuInsVO 32** 25
– Vollstreckung **EuInsVO 32** 13 ff.
– Zuständigkeit **EuInsVO 3** 110; **EuInsVO 32** 22
Annexkompetenzen EuInsVO 60 2
Annexverfahren
– internationale Zuständigkeit **EuInsVO 1** 30; **EuInsVO 3** 8; **EuInsVO 6** 8 ff.
– gegen Klagegegner mit Drittstaatensitz **EuInsVO 6** 36
– örtliche Zuständigkeit **EGInsO Art. 102c 6** 3 ff.
Annexzuständigkeit EuInsVO Vor 1 17
Anteile an Immobiliengesellschaften EuInsVO 11 10
Anteilsrechte
– Belegenheit **EuInsVO 2** 47
Anticipatio fori EuInsVO 3 65
Antragspriorität EuInsVO 3 78
Antragsrecht
– Sekundärverfahren **EuInsVO 37** 3 ff.; **EuInsVO 38** 8 f.

Anwaltzeithonorare EuInsVO 33 17
Anwartschaftsrechte EuInsVO 8 9
Anweisungsfall EuInsVO 31 7
Anwendbares Recht EuInsVO 7
Anwendungsvorrang EuInsVO 85 1; **EGInsO Art. 102c 22** 4 ff.
APCOA EuInsVO 33 17
Arbeitnehmer EuInsVO 2 55; **EuInsVO 3** 53 ff., 95
Arbeitsort EuInsVO 3 54
Arbeitsverhältnisse EuInsVO 13
– Arbeitgeberinsolvenz **EuInsVO 13** 7
– Arbeitnehmerinsolvenz **EuInsVO 13** 7
– Arbeitsverhältnis **EuInsVO 13** 4 f.
– Auslegung **EuInsVO 13** 5
– Ausschließlichkeit **EuInsVO 13** 21 f.
– Begriff Arbeitsverhältnis **EuInsVO 13** 4 f.
– Begriff Arbeitsvertrag **EuInsVO 13** 4 f.
– behördliche Zustimmung **EuInsVO 13** 27
– Betriebsübergang **EuInsVO 13** 10
– einseitige kollisionsrechtliche Verweisung **EuInsVO 13** 23 f.
– Forderungsrang **EuInsVO 13** 9
– gerichtliche Zustimmung **EuInsVO 13** 25
– gewöhnlicher Arbeitsort **EuInsVO 13** 19
– Individualarbeitsrecht **EuInsVO 13** 8
– Insolvenzgeld **EuInsVO 13** 11 ff.
– internationale Zuständigkeit **EuInsVO 13** 25 ff.
– Kollektivarbeitsrecht **EuInsVO 13** 8
– kollisionsrechtliche Verweisung **EuInsVO 13** 20
– Kompetenzlücke **EuInsVO 13** 25
– lex loci laboris **EuInsVO 13** 1, 11
– maßgeblicher Zeitpunkt **EuInsVO 13** 6
– Pfändungsschutz **EuInsVO 13** 17
– Recht des Arbeitsortes **EuInsVO 13** 22, 26
– sachliche Reichweite **EuInsVO 13** 7 ff.
– sachlich-räumliche Reichweite **EuInsVO 13** 18 ff.
– Sonderanknüpfung **EuInsVO 13** 1 ff.
– Weisungsgebundenheit **EuInsVO 13** 5
– Wirkungen des Insolvenzverfahrens **EuInsVO 13** 7 ff.
Art des Geschäftsbetriebes EuInsVO 3 43
Asset Deal EuInsVO 47 13 ff.
Auffangzuständigkeit EGInsO Art. 102c 1 6 f.
Aufhebung der EuInsVO 2000 EuInsVO 91 1
Auflösung juristischer Personen EuInsVO 48 3 f.
Aufrechnung EuInsVO 1 41; **EuInsVO 23** 10
– Aufrechnungsbefugnis **EuInsVO 9** 3
– Aufrechnungsbefugnis nach lex causae **EuInsVO 9** 8 ff.
– Begriff **EuInsVO 9** 3
– fehlende Aufrechnungsbefugnis **EuInsVO 9** 7
– Forderungsbestand bei Eröffnung **EuInsVO 9** 11
– Netting **EuInsVO 9** 4 ff.
– Rechtsfolge **EuInsVO 9** 12
– Unwirksamkeit **EuInsVO 9** 13
– Vertrauensschutz **EuInsVO 9** 1
Aufrechnungsberechtigte Gläubiger EuInsVO 36 25
Aufsicht EuInsVO 1 7 ff.; **EuInsVO 41** 47
– Aufsicht **EuInsVO 1** 9
Aufwendungen
– Verwalter **EuInsVO 30** 3
Ausdehnungsmodell EuInsVO 20 1
Ausführung durch deutsche Gerichte EuInsVO Vor 1 48 ff.

Sachverzeichnis

Auskunftsanspruch **EuInsVO 23** 32
Ausländische Gläubiger **EuInsVO 54** 6
- Begriff **EuInsVO 2** 62 f.
- Information **EuInsVO 5** 14
Ausländische Verwalter
- Vorauswahlliste **EGInsO Art. 102a** 1
Auslandsbezug, qualifizierter **EuInsVO 3** 22
Auslegung **EuInsVO Vor 1** 39 ff.
- unionsrechtlich-autonome **EuInsVO 3** 4
Ausschließliche Zuständigkeit **EuInsVO 6** 4 ff., 39
Ausschlusswirkung **EuInsVO 3** 21
Ausschussverfahren **EuInsVO 89**
Aussetzung der Eröffnungsentscheidung
- Antrag **EuInsVO 38** 24
- Aussetzungsentscheidung **EuInsVO 38** 22 ff.
- Dauer **EuInsVO 38** 26
- Interessensschutz **EuInsVO 38** 25
- wegen Schuldenbereinigung **EuInsVO 38** 21 ff.
- Sicherungsmaßnahmen **EuInsVO 38** 27
- Widerruf **EuInsVO 38** 28 ff.
Aussetzung der Verwertung **EuInsVO 21** 8; **EuInsVO 50** 11; **EGInsO Art. 102c 16**
- Anhörung des Verwalters **EuInsVO 60** 19
- Anordnung **EuInsVO 60** 18 ff.
- Antrag **EuInsVO 46** 4 f.
- Antragsberechtigung **EuInsVO 46** 4 f.
- Antragsrecht **EuInsVO 60** 10 ff.
- Aufhebung **EuInsVO 46** 17 ff.
- Dauer **EuInsVO 46** 16; **EuInsVO 60** 24 f.
- dingliche Gläubigerrechte **EuInsVO 60** 7
- Entschädigungsmaßnahmen **EGInsO Art. 102c 16** 3 ff.
- Eröffnungsverfahren **EuInsVO 46** 10
- Gläubigerinteressen **EuInsVO 60** 15, 22
- gruppenangehörige Unternehmen **EGInsO Art. 102c 24**
- Gruppen-Koordination **EuInsVO 60** 16, 17
- Interessen der Gläubiger des Hauptverfahrens **EuInsVO 46** 6 ff.
- Interessen der Gläubiger des Sekundärverfahrens **EuInsVO 46** 14
- Konzerninsolvenz **EuInsVO 60** 4 ff.
- koordinierter Sanierungsplan **EuInsVO 60** 11 ff.
- Notwendigkeit **EuInsVO 60** 14
- Rechtsbehelfe **EuInsVO 60** 26
- Rechtsfolgen **EuInsVO 46** 11
- Schutz Absonderungsberechtigter **EGInsO Art. 102c 16** 3 ff.
- Schutzmaßnahmen **EuInsVO 46** 15
- Sekundärverfahren **EuInsVO 346**
- Sicherungsmaßnahmen **EuInsVO 60** 21 ff.
- Stilllegungsmaßnahmen **EuInsVO 46** 12
- teilweise **EuInsVO 60** 21 ff.
- Umlaufvermögen **EuInsVO 46** 13
- Verlängerung **EuInsVO 46** 9, 16; **EuInsVO 60** 25
- Verwertungshandlungen **EuInsVO 60** 4
- Voraussetzungen **EuInsVO 46** 4 ff.
- Zuständigkeit **EuInsVO 46** 5
Aussetzung des Verfahrens
- Dauer **EuInsVO 72** 22
- Gruppen-Koordination **EuInsVO 72** 18 ff.
- Rechtsmittel **EuInsVO 72** 24
- Voraussetzungen **EuInsVO 72** 20 f.
- Zuständigkeit **EuInsVO 72** 23

Aussonderungsberechtigte **EuInsVO 36** 18 f.; **EGInsO Art. 102c 3** 6; **EGInsO Art. 102c 16** 3
Aussonderungsklagen **EuInsVO 6** 14 f.
Austauschverträge **EuInsVO 41** 35 ff.
Ausübung von Gläubigerrechten
- Forderungsanmeldung **EuInsVO 45** 1, 4 ff.
- Mitwirkungsrechte **EuInsVO 45** 1, 21 ff.
- Partikularverfahren **EuInsVO 45** 2
Autonomes internationales Insolvenzrecht **EuInsVO Vor 1** 44
Autonomes Recht **EuInsVO 3** 10, 20

B

Bedingungen **EuInsVO 11** 12
Beendigung des Insolvenzverfahrens **EuInsVO 7** 43; **EuInsVO 48**
- Auflösung juristischer Personen **EuInsVO 48** 3 f.
Beförderungsleistungen **EuInsVO 6** 19
Befriedigung eines Gläubigers
- Herausgabeanspruch **EuInsVO 23** 9 f.,
Beglaubigung
- Verwalterbestellung **EuInsVO 22** 3 ff.
Begriffsbestimmungen **EuInsVO 2**
Behauptungslast **EuInsVO 3** 18
Behörde **EuInsVO 2** 18
Behördenantrag **EuInsVO 3** 108
Bekanntmachung *s. Insolvenzregister, Öffentliche Bekanntmachung*
Belegenheit
- Begriff **EuInsVO 20** 15
- Veröffentlichung **EGInsO Art. 102c 7** 8 ff.
Benachteiligende Handlungen **EuInsVO 1** 39; **EuInsVO 16**
- keine Angreifbarkeit nach lex causae **EuInsVO 16** 11 ff.
- Belegenheit in Mitgliedstaat **EuInsVO 16** 23
- Beweislast **EuInsVO 16** 13 ff.
- Gläubigerbenachteiligung **EuInsVO 16** 3
- Handlung **EuInsVO 16** 6
- internationale Zuständigkeit **EuInsVO 16** 26
- lex causae **EuInsVO 16** 11 ff.
- Maßgeblichkeit des Mitgliedstaatenrechts **EuInsVO 16** 8 f.
- Parallelverfahren **EuInsVO 16** 21 f.
- Rechtswahl **EuInsVO 16** 24 f.
- Regelanknüpfung **EuInsVO 16** 1
- sachlich-räumlicher Anwendungsbereich **EuInsVO 16** 23
- Sperrwirkung der lex fori concursus **EuInsVO 16** 19 f.
- vor Verfahrenseröffnung **EuInsVO 16** 7
Bereicherungsansprüche **EuInsVO 23** 31
Berufsaufsicht **EuInsVO 2** 16
Bescheinigung **EGInsO Art. 102c 10** 3
Beschlagnahme **EuInsVO 2** 23; **EuInsVO 19** 26
Beschränkung von Gläubigerrechten **EuInsVO 20** 17 f.
Bestätigung des Insolvenzplans **EuInsVO 32** 9b
Bestellung von Verwaltern **EuInsVO 21** 4 f.; **EuInsVO 42; EuInsVO 42** 7
Betriebsübergang **EuInsVO 13** 10
Bevorrechtigte Gläubiger **EuInsVO 36** 22
Beweisführungslast **EuInsVO 3** 17
Beweislast **EuInsVO 3** 17

Sachverzeichnis

Fette Zahlen = §§

Billigungsverfahren s. a. Zusicherung
- Rechtsfolgen **EuInsVO 36** 43 ff.
- Zusicherung **EuInsVO 36** 35 ff.

Binnensachverhalte EuInsVO 1 26
Brexit EuInsVO 1 24; **EuInsVO 2** 13; **EuInsVO 19** 7; **EuInsVO 32** 9a; **EuInsVO 33** 17
Burgo Group EuInsVO 2 49, 57
Business activity EuInsVO 3 26

C

Clearstream EuInsVO 2 35
Close-out Netting EuInsVO 9 4 ff.
Cloud EuInsVO 2 43
COMI EuInsVO 3 11 ff., 20 ff.
- abweichender **EGInsO Art. 102c 5** 2 f.
- allgemeine Lehren **EuInsVO 3** 23 ff.
- maßgeblicher Zeitpunkt **EuInsVO 3** 60
- Verlegung **EuInsVO 3** 59, 61; **EuInsVO 33** 15
- Verlegung nach Antragstellung **EuInsVO 3** 70
- Verlegung vor Antragstellung **EuInsVO 3** 64 ff.

COMI-Migration EuInsVO 33 16 ff.
cross- over cooperation EuInsVO 43 1

D

Dänemark EuInsVO 1 23
Daseins- und Lebensmittelpunkt EuInsVO 3 55
Datenerhebung EuInsVO 79 5
Datenschutz EuInsVO Vor 1 12; **EuInsVO 24** 3; **EuInsVO 78** ff. s. a. Personenbezogene Daten
- Aufgaben der Kommission **EuInsVO 80**
- Aufgaben der Mitgliedstaaten **EuInsVO 79**
- Informationspflichten **EuInsVO 81**
- Justizportal **EuInsVO 83**
- Kommission **EuInsVO 80**
- Mindestinformationen **EuInsVO 81** 2
- Mitgliedstaaten **EuInsVO 79**
- Speicherung personenbezogener Daten **EuInsVO 82**

Datenschutzrichtlinie EuInsVO 78 1
Datenspeicherung EuInsVO 79 5
Deko Marty EuInsVO 6 1, 3
Deliktsklage EGInsO Art. 102c 6 11
Deliktsstatut EuInsVO 7 13 f.
Deutsche Gerichte EuInsVO 3 81
Deutsche Niederlassung EGInsO Art. 102c 7 3 ff.; **EGInsO Art. 102c 8** 2 ff.
Diagonale Kooperation EuInsVO 43 1
Dingliche Anwartschaftsrechte EuInsVO 8 9
Dingliche Rechte EuInsVO 1 35; **EuInsVO 8**
- Anwartschaftsrechte **EuInsVO 8** 9
- Auslegung **EuInsVO 8** 4, 5a
- Beispielliste **EuInsVO 8** 9
- Belegenheitsort **EuInsVO 8** 10
- Belegenheitsort in anderem Mitgliedstaat **EuInsVO 8** 13 f.
- Beschränkung des Vertrauensschutzes **EuInsVO 8** 20
- Bestehen bei Verfahrenseröffnung **EuInsVO 8** 8
- Finanzmarkt **EuInsVO 12** 8 f.
- Gläubiger/Dritter **EuInsVO 8** 16
- insolvenzfeste **EuInsVO 8** 3 ff.
- maßgeblicher Zeitpunkt der Belegenheit **EuInsVO 8** 11 f.
- Rechtsfolge **EuInsVO 8** 17 ff.
- Sekundärverfahren **EuInsVO 8** 15
- Vollstreckungs-/Verwertungsbeschränkungen **EuInsVO 8** 19
- Voraussetzungen **EuInsVO 8** 5a
- Wirkungsbeschränkung **EuInsVO 8** 17 ff.
- Zahlungs-/Abwicklungssysteme **EuInsVO 12** 8 f.

discharge EuInsVO 32 9, 12; **EuInsVO 33** 14
Dispens EGInsO Art. 102c 18 15
Drei-Monats-Sperrwirkung EuInsVO 3 61 ff.
Drittleistungen EuInsVO 31 7 f.
Drittstaat EuInsVO 2 66; **EuInsVO 3** 72
Drittstaatenabkommen EuInsVO 85 5 ff.
Drittstaatenbezug EuInsVO 1 28; **EuInsVO 2** 34; **EuInsVO 3** 22
Drittstaatengläubiger EuInsVO 54 6
DSGVO EuInsVO 78 1 f., 3
Durchführungsbestimmungen EGInsO Vor Art. 102c 2
Durchführungsentscheidungen EuInsVO 3 8

E

effet utile EuInsVO 29 12
EG-Entwurf von 1970 EuInsVO Vor 1 4
EG-Entwurf von 1980 EuInsVO Vor 1 5
Eigenkapitalersetzende Gesellschafterdarlehen EuInsVO 7 8
Eigentumsvorbehalt EuInsVO 10
- Begriff **EuInsVO 10** 3
- Käuferinsolvenz **EuInsVO 10** 9 f.
- maßgeblicher Zeitpunkt **EuInsVO 10** 8
- Rechtsunwirksamkeit **EuInsVO 10** 1, 14
- Verkäuferinsolvenz **EuInsVO 10** 11 ff.
- Vorbehaltsware in anderem Mitgliedsstaat **EuInsVO 10** 5 ff.
- wirksame Vereinbarung **EuInsVO 10** 4

Eigenverwaltung EuInsVO 23 9
- Anerkennung **EuInsVO 21** 6a
- Gruppen-Koordination **EuInsVO 76**
- vorläufige **EuInsVO 2** 11
- Zusammenarbeit **EuInsVO 41** 43

Einbeziehung in Gruppen-Koordination
- Antragsvoraussetzungen **EuInsVO 69** 6 ff.
- Entscheidung **EuInsVO 69** 8 ff.
- nachträgliche **EuInsVO 69** 2 ff.
- Rechtsmittel **EuInsVO 69** 12 f.
- Unterrichtung **EuInsVO 69** 11

Einfache Insolvenzgläubiger EuInsVO 36 23 f.
Einheimische Forderungen EuInsVO 2 61
Einheitliches Verfahren EuInsVO Vor 1 33, 34; **EuInsVO 3** 5
Einstellung des Verfahrens EGInsO Art. 102c 2 17 ff.; **EGInsO Art. 102c 3**
- Anhörung **EGInsO Art. 102c 3** 4 f.
- Beschwerdebefugnis **EGInsO Art. 102c 3** 6
- Kooperation zwischen Insolvenzgerichten **EGInsO Art. 102c 3** 13 f.
- Reduktion des Anwendungsbereichs **EGInsO Art. 102c 3** 11 f.
- Unterrichtungspflicht **EGInsO Art. 102c 3** 13
- Wirkungen **EGInsO Art. 102c 3** 9 ff.

Einstweilige Sicherungsmaßnahmen EuInsVO 36 55 ff.; **EGInsO Art. 102c 21** 2 ff.
Eintragungspflichtige Rechte EuInsVO 14
Einzelzwangsvollstreckung EuInsVO 19 26

magere Zahlen = Randnummer

Sachverzeichnis

e-Justice-Portal EuInsVO 24 2; EuInsVO 86 1
Entfernung von Massegegenständen EuInsVO 21 7
Entgeltliche Verfügungen EuInsVO 17 10
Entscheidung
– Begriff EuInsVO 32 6
– Vollstreckung EuInsVO 32 13 ff.
Entwurf des Europäischen Parlaments EuInsVO Vor 1 14
Entwurf des Europäischen Übereinkommens über Insolvenzverfahren von 1995 (EuIÜ) EuInsVO Vor 1 7
Erinnerung EGInsO Art. 102c 25
Erlösverteilung EuInsVO 7 41 f.
Eröffnung
– Begriff EuInsVO 2 20 ff.; EuInsVO 3 7; EuInsVO 19 10; EuInsVO 23 15; EuInsVO 24 8; EGInsO Art. 102c 2 4
– nachträgliche EuInsVO 50
– zeitlicher Anwendungsbereich EuInsVO 84 3 ff.
Eröffnung des Sekundärverfahrens EuInsVO 38 7 ff.
– Ablehnung EuInsVO 38 7 ff.
– allgemeine Interessen EuInsVO 38 15 f.
– angemessener Interessenschutz EuInsVO 38 17 ff.
– Antragsrecht EuInsVO 38 8 f.
– Aussetzung der Eröffnungsentscheidung EuInsVO 38 21 ff.
– Befugnis zur Antragstellung EuInsVO 37 3 ff.
– Ermessensspielraum EuInsVO 38 7
– gebilligte Zusicherung EuInsVO 38 10 f.
– gerichtliche Nachprüfung EuInsVO 39
– lokale Gläubiger EuInsVO 38 13 f.
– Rechtsmittelbefugnis EuInsVO 39 3 ff., 6
– Verfahrensart EuInsVO 38 31 ff.
Eröffnungsantrag
– zusätzliche Angaben EGInsO Art. 102c 5 4 ff.
Eröffnungsbeschluss EuInsVO 19 9; EuInsVO 34 12; EGInsO Art. 102c 2 4
– Gestaltungswirkung EuInsVO 20 6
– Gruppen-Koordination EuInsVO 68 2 ff.
– Mitteilung EuInsVO 68 8 ff.
– Rechtsmittel EuInsVO 68 11
Eröffnungsentscheidung
– Anerkennung EuInsVO 19 9
– Anfechtung EuInsVO 5 1 ff.; EGInsO Art. 102c 4
– Aussetzung EuInsVO 38 21 ff.
– aus Drittstaaten EuInsVO 19 20
– gerichtliche Nachprüfung EuInsVO 39
– Gruppen-Koordination EuInsVO 68
– Rechtsbeschwerde EGInsO Art. 102c 4 8
– Sekundärverfahren EuInsVO 38
– unmittelbare Wirkung EuInsVO 20 7
– Vollstreckung EGInsO Art. 102c 10
– Wirksamkeit EuInsVO 19 18 f.
Eröffnungsgründe EuInsVO 3 107 ff.
Eröffnungspriorität EuInsVO 3 78
Eröffnungszeitpunkt EuInsVO 2 25 ff.
Eröffnungszuständigkeit
– Sekundärverfahren EuInsVO 34 11 ff.
EuGVVO EuInsVO Vor 1 47
EuInsVO 2000 EuInsVO Vor 1 1 ff., 9 f.
– Aufhebung EuInsVO 91 1
– Fortgeltung EuInsVO 84 9

EuInsVO 2015
– Neufassung EuInsVO Vor 1 11 ff.
EuInsVOKomE EuInsVO Vor 1 13
EuInsVO-ParlE EuInsVO Vor 1 14
EuIÜ EuInsVO Vor 1 7
Eurofood EuInsVO 3 27 ff.; EuInsVO 19 11
Europäisches Insolvenzregister EuInsVO 78 1
s. a. Insolvenzregister
Europäisches Patent EuInsVO 2 41; EuInsVO 15 4 f.,
European Communication und Cooperation Guidelines EuInsVO 41 3
EuVTO EuInsVO 32 15
Exequaturverfahren EuInsVO 19 18; EuInsVO 21 6
Existenzvernichtungshaftung EuInsVO 6 21

F

Fairness des Verfahrens EuInsVO 33 11
Fernkommunikationsmittel EGInsO Art. 102c 17 15
Feststellungsantrag EuInsVO 32 11
Feststellungsklagen zur Tabelle
– internationale Zuständigkeit EuInsVO 6 16
Finanzinstrumente
– Belegenheit EuInsVO 2 36
Finanzmarkt EuInsVO 12
– Begriff EuInsVO 12 3
– dingliche Rechte EuInsVO 12 8 f.
– Erweiterung der Sonderanknüpfung EuInsVO 12 10
– lex systema EuInsVO 12 7
– Mitglieder EuInsVO 12 4 f.
– Sonderanknüpfung EuInsVO 12 1, 6
Forderungen
– Belegenheit EuInsVO 2 44 ff.
Forderungfeststellung EuInsVO 7 39 f.
Forderungsanmeldung EuInsVO 7 39 f.; EuInsVO 45 4 ff.
– Anmeldeberechtigung EuInsVO 53 1, 6 ff.
– Anmelderecht EuInsVO 45 4 f., 9
– Drittstaatengläubiger EuInsVO 45 9
– Einzelanmeldung EuInsVO 45 14
– Erleichterung EuInsVO 45 1
– Form EuInsVO 45 7; EuInsVO 53 9 f.
– Fristen EuInsVO 55 12
– Gläubigerrechte aus EuInsVO 45 17 ff.
– grenzüberschreitende EuInsVO 86 1
– inhaltliche Vorgaben EuInsVO 55 5 ff.
– jeder ausländischer Gläubiger EuInsVO 53 6
– Kollisionsnorm EuInsVO 53 9
– Kosten EuInsVO 45 16
– Mehrfachanmeldungen EuInsVO 45 6
– Nachholen EuInsVO 54 21 f.
– nachträgliche Hauptverfahrenseröffnung EuInsVO 50 10
– ohne Standardformular EuInsVO 55 8
– Pflicht EuInsVO 45 15
– Prüfung und Feststellung EuInsVO 45 7
– Recht auf EuInsVO 53
– rechtliches Gehör EuInsVO 55 13 f.
– Sammelanmeldung EuInsVO 45 14
– Sprache EuInsVO 55 9 ff.
– Standardformular EuInsVO 54 15; EuInsVO 55 1, 3 f.

2213

Sachverzeichnis

Fette Zahlen = §§

- Verfahren **EuInsVO 55**
- Verletzung der Unterrichtungspflicht **EuInsVO 54** 21 f.
- Verwalter **EuInsVO 45** 10 ff.

Forderungsprüfung EuInsVO 7 39 f.
Fortgeltung der EuInsVO 2000 EuInsVO 84 9
Freiberufliche selbständige Tätigkeit EuInsVO 3 52 ff., 57 f.

G

Ganz schwache vorläufige Verwaltung EuInsVO 19 15
Gegenteilige Sicherungsmaßnahmen EuInsVO 21 9
Gelegenheitstätigkeit EuInsVO 3 57
Gemeinkosten EuInsVO 30 3
Gemeinschaftsbezug EuInsVO 1 27
Gemeinschaftsgeschmacksmuster EuInsVO 15 7
Gemeinschaftsmarken EuInsVO 15
Genehmigungen EuInsVO 64 8 f.
Gerechtigkeitsvorstellung EuInsVO 33 8
Gericht
- Begriff **EuInsVO 2** 17 ff.; **EuInsVO 19** 20; **EuInsVO 32** 7 f.; **EuInsVO 33** 6; **EuInsVO 36** 54

Gerichtsstand EuInsVO 66
Gerichtsstand des Sachzusammenhangs EuInsVO 6 38 ff.; **EGInsO Art. 102c 6** 8 ff.
- ausschließliche Zuständigkeit **EuInsVO 6** 39
- Begrenzung auf Verwalterklagen **EuInsVO 6** 42
- insolvenzbezogene Annexstreitigkeiten **EuInsVO 6** 41
- Klagen gegen mehrere Beklagte **EuInsVO 6** 43 f.
- Zuständigkeit für EuGVVO-Klagen **EuInsVO 6** 40

Gerichtswahl EuInsVO 66
German Graphics EuInsVO 32 20
Gesamtüberschuss EuInsVO 20 16
Gesamtverfahren EuInsVO 1 6 ff., 12
- Anhang A **EuInsVO 2** 2
- Begriff **EuInsVO 2** 2 ff.; **EuInsVO 19** 6
- Forderungen nicht beteiligter Gläubiger **EuInsVO 2** 5 f.
- Gläubigerbeteiligung **EuInsVO 2** 3 f.
- Insolvenzverfahren **EuInsVO 2** 7
- Organismen für gemeinsame Anlagen **EuInsVO 2** 7
- Schuldner in Eigenverwaltung **EuInsVO 2** 8

Geschäftsführerhaftung EuInsVO 6 28
Geschäftsgeheimnisse EuInsVO 2 42
Geschäftsleiterhaftung EuInsVO 90 4
Gesellschafterdarlehen
- eigenkapitalersetzende **EuInsVO 7** 8

Gesellschafterhaftung EuInsVO 6 23
Gesellschaftsrechtliche Klagen
- internationale Zuständigkeit **EuInsVO 6** 20

Gesellschaftsstatut EuInsVO 7 6 ff.
Gesetz zur Neuregelung des Internationalen Insolvenzrechts EuInsVO Vor 1 48 ff.
Gespaltener Eröffnungsbegriff EuInsVO 3 83
Gestaltungswirkung des Eröffnungsbeschlusses EuInsVO 20 6
Gestaltungswirkungen
- Anerkennung **EuInsVO 32** 12

Gewerbliche Schutzrechte EuInsVO 15
- Belegenheit **EuInsVO 15** 11
- Einbeziehung in Hauptverfahrensmasse **EuInsVO 15** 9 f.
- erfasste Schutzrechte **EuInsVO 15** 4
- Lageort **EuInsVO 15** 1
- Rechtsfolgen **EuInsVO 15** 8 ff.

Gewerbliche selbständige Tätigkeit EuInsVO 3 52 ff., 57 f.
Gewöhnlicher Aufenthalt EuInsVO 3 53 ff., 63
Gläubiger
- ausländischer **EuInsVO 3** 105
- Begriff **EuInsVO 3** 103
- lokale **EuInsVO 36** 16 f.; **EuInsVO 38** 13 f.; **EuInsVO 51** 8a f.; **EGInsO Art. 102c 17** 17; **EGInsO Art. 102c 20** 3

Gläubigerausschuss EuInsVO 6 31; **EuInsVO 60** 3; **EGInsO Art. 102c 11** 2; **EGInsO Art. 102c 23** 9
Gläubigerbefriedigung
- eines Gläubigers **EuInsVO 23** 9 f.

Gläubigerbenachteiligung EuInsVO 7 47; **EuInsVO 16** 3, 4; **EuInsVO 63** 4
Gläubigergleichbehandlung EuInsVO 23
Gläubigergruppen EuInsVO 36 18 f.
Gläubigerrechte
- Ausübung **EuInsVO 45**
- Beschränkung **EuInsVO 20** 17 f.

Gläubigerversammlung EuInsVO 60 3
Gleichbehandlungsgrundsatz EuInsVO 23 30
Gleichordnungskonzerne EuInsVO 2 64
Gleichstellungslehre EuInsVO 20 3
Gourdain/Nadler EuInsVO 6 2
Grenzgänger-Arbeitnehmer EuInsVO 3 54
Grenzüberschreitenden Sanierung EuInsVO Vor 1 3
Grundbuch EuInsVO 29 3
Grundbucheintragungen EuInsVO 14
Grundrechte-Charta EuInsVO 3 88; **EuInsVO 6** 34
Grundstücke
- Belegenheit **EuInsVO 2** 39
- Sonderanknüpfung **EuInsVO 14**

Gründungstheorie EuInsVO 2 35
Gruppenbildung EGInsO Art. 102c 17 16
Gruppen-Koordination EuInsVO Vor 56 10, 16; **EuInsVO 61 ff.**
- Antrag **EuInsVO 61** 2
- Antragsberechtigung **EuInsVO 61** 3 ff.
- Antragsergänzung **EuInsVO 61** 19
- Antragsinhalt **EuInsVO 61** 14 ff.
- Antragsvorprüfung **EuInsVO 63** 1
- anwendbares Recht **EuInsVO 61** 12
- Aussetzung der Verwertung **EuInsVO 60** 16, 17
- Aussetzung des Verfahrens **EuInsVO 72** 18 ff.
- Beteiligung der Gläubiger **EGInsO Art. 102c 23**
- Eigenverwaltung **EuInsVO 61** 8; **EuInsVO 76**
- Einbeziehungsantrag **EuInsVO 69** 2 ff.
- Einbeziehungseinwand **EuInsVO 64** 3
- Einwendungen **EuInsVO 64** 3 ff.
- Einwendungsfrist **EuInsVO 64** 6
- Entwurf **EuInsVO 61** 15
- Entwurf der Koordination **EuInsVO 68** 5
- Eröffnungsbeschluss **EuInsVO 68** 2
- Eröffnungsentscheidung **EuInsVO 68**
- Eröffnungsvoraussetzungen **EuInsVO 68** 2 f.
- Genehmigungen **EuInsVO 64** 8 f.
- Gerichtsstand **EuInsVO 66**
- internationale Zuständigkeit **EuInsVO 66** 1
- Kosten **EuInsVO 77**

Sachverzeichnis

magere Zahlen = Randnummer

- Kostendarstellung **EuInsVO 61** 21
- Kostenfestsetzung **EuInsVO 77** 5 ff.
- Kostenschätzung **EuInsVO 61** 21 f.; **EuInsVO 68** 7; **EuInsVO 72** 10
- Kostenverteilung **EuInsVO 68** 7
- Nicht-Einbeziehung **EuInsVO 65** 2 f.
- Opt-in **EuInsVO 69**; **EGInsO Art. 102c 23** 7
- Opt-out **EuInsVO 69** 1, 14 f.; **EGInsO Art. 102c 23** 6
- Prioritätsregel **EuInsVO 62** 2 ff.
- Prüfungsbefugnis **EuInsVO 65** 3
- Rechtsbehelf gegen Einbeziehungsentscheidung **EGInsO Art. 102c 25**
- Rechtsmittel gegen Kostenentscheidung **EGInsO Art. 102c 26**
- Sprachen **EuInsVO 73**
- Unterrichtungspflichten **EuInsVO 63**
- vorläufige Verwaltung **EuInsVO 61** 7, 17
- Zulässigkeitsschranke **EGInsO Art. 102c 22** 9
- Zuständigkeit **EuInsVO 61** 9
- Zwei-Drittel-Mehrheit **EuInsVO 66** 3 ff.

Gruppen-Koordinationsplan EuInsVO 70; EuInsVO 72 6 ff.
- Berücksichtigung **EuInsVO 70** 2
- Sanierungskonzept **EuInsVO 72** 7
- Unverbindlichkeit der Empfehlungen **EuInsVO 70** 3 ff.
- Vorlagebefugnis **EuInsVO 72** 16

Gruppen-Koordinator
- Abberufung **EuInsVO 75**
- Abschlagsrechnungen **EuInsVO 77** 9
- Absehen von Bestellung **EuInsVO 67** 2 f.
- Anhörungsrechte **EuInsVO 72** 14
- Aufgaben **EuInsVO 72** 2 ff.; **EuInsVO 77** 3
- Ausschlussgründe **EuInsVO 67** 2
- Aussetzung des Verfahrens **EuInsVO 72** 18 ff.
- Auswahlermessen **EuInsVO 67** 5
- Bestellung **EuInsVO 67** 2 f.
- Eignung **EuInsVO 71** 2
- Einwände gegen Person **EuInsVO 64** 4; **EuInsVO 67**
- Empfehlungen **EuInsVO 70** 2, 3; **EuInsVO 72** 5
- Informationsrechte **EuInsVO 72** 17
- Informationsübermittlung **EuInsVO 74** 3
- Interessenkonflikt **EuInsVO 71** 3 ff.
- Kostenkontrolle **EuInsVO 72** 9
- neue Personalvorschlag **EuInsVO 67** 8
- Pflichtenmaßstab **EuInsVO 72** 25 ff.
- Qualifikation **EuInsVO 63** 6 f.; **EuInsVO 68** 4; **EuInsVO 71** 1
- Streitvermittlung **EuInsVO 72** 15
- Unterrichtungspflicht **EuInsVO 69** 11
- Vergütung **EuInsVO 77** 2 ff.
- Vorlage des Gruppen-Koordinationsplans **EuInsVO 72** 16
- Vorschlag **EuInsVO 61** 14
- Zusammenarbeit mit Verwaltern **EuInsVO 74**

Gutgläubiger Erwerb EuInsVO 28 1; **EuInsVO 29** 1
Gutgläubigkeit EuInsVO 31 11

H

Haftung des Verwalters EuInsVO 36 59 ff.; **EGInsO Art. 102c 14**
Haftungsdurchgriff EuInsVO 6 20
Haftungsklage gegen Verwalter/Gläubigerorgane EuInsVO 6 30
Haftungsklage wegen unlauteren Wettbewerbs EuInsVO 6 19
Handelsregister EuInsVO 29 3
Handlowy EuInsVO 3 6
Hauptinsolvenzverfahren EuInsVO 3 11 ff.
- COMI **EuInsVO 3** 11 ff.
- Gesellschaften/juristische Personen **EuInsVO 3** 23 ff.
- natürliche Personen **EuInsVO 3** 51 ff.

Hauptniederlassung EuInsVO 3 52
Hauptverfahren EuInsVO Vor 1 33
Hauptverwaltung EuInsVO 3 37
Head office functions EuInsVO 3 35
Herausgabeanspruch EuInsVO 23
- Anrechnungsvorgabe **EuInsVO 23** 3
- Auskunftsanspruch **EuInsVO 23** 32
- Ausnahmen **EuInsVO 23** 16
- Befriedigung eines Gläubigers **EuInsVO 23** 9 f.
- Befriedigung nach Eröffnung **EuInsVO 23** 15
- Belegenheit in anderem Mitgliedstaat **EuInsVO 23** 12
- Eröffnung eines Hauptverfahrens **EuInsVO 23** 7
- bei Eröffnung Sekundärverfahren **EuInsVO 36** 57 f.
- europäische Anspruchsgrundlage **EuInsVO 23** 2
- Herausgabe des Erlangten **EuInsVO 23** 17 f.
- Inhalt **EuInsVO 23** 17 f.
- internationale Zuständigkeit **EuInsVO 23** 18
- Massegegenstand **EuInsVO 23** 11
- materieller **EuInsVO 23** 4
- Quotenanrechnung **EuInsVO 23** 19 ff.
- Verhältnis zum nationalen Recht **EuInsVO 23** 4 ff.
- Wertersatz **EuInsVO 23** 17
- Zeitpunkt der Belegenheit **EuInsVO 23** 13

Herausgabeklage des Verwalters EuInsVO 6 15
Herausgabevollstreckung EGInsO Art. 102c 10 3
Hilfszuständigkeit EGInsO Art. 102c 7 13
Höchstpersönliche Ansprüche EuInsVO 31 5
Holding EuInsVO 3 44 f.
Hybride Insolvenzvermeidungs- und Sanierungsverfahren EuInsVO 32 9a

I

Immaterialgüterrechte
- Belegenheit **EuInsVO 2** 39

Immobilien
- Sonderanknüpfung **EuInsVO 14**

Informationsasymmetrien EuInsVO 23 32
Informationspflichten
- Art und Weise der Information **EuInsVO 41** 23 f.
- Beendigung des Verfahrens **EuInsVO 41** 21a
- Datenschutz **EuInsVO 81**
- Durchsetzung **EuInsVO 41** 27
- Forderungsprüfung **EuInsVO 41** 21
- Gegenseitigkeit **EuInsVO 41** 18
- Kosten der Informationserteilung **EuInsVO 41** 25
- Schranken **EuInsVO 41** 28
- Stand der Forderungsanmeldungen **EuInsVO 41** 20
- Umfang **EuInsVO 41** 19 ff.
- Verwertungsmaßnahmen **EuInsVO 41** 21a
- Zusammenarbeit **EuInsVO 41** 17 ff.

Informationsrechte EuInsVO 72 17

Sachverzeichnis

Fette Zahlen = §§

Inkrafttreten **EuInsVO** 92
Inländische Gläubiger **EuInsVO 54** 6
InsIntBekV **EuInsVO 83** 2
Insolvenzanfechtung **EuInsVO 34** 36;
 EuInsVO 84 7
Insolvenzanfechtungsklagen
– internationale Zuständigkeit **EuInsVO 6** 11 ff.
Insolvenzantragspflicht **EuInsVO 7** 9;
 EuInsVO 34 17
Insolvenzanztragsrecht **EuInsVO 34** 25
Insolvenzaufrechnung **EuInsVO 7** 23 ff.
Insolvenzfähigkeit **EuInsVO 7** 19; **EuInsVO 19** 24; **EuInsVO 34** 27
Insolvenzforderungen **EuInsVO 7** 36 ff.
Insolvenzgeld **EuInsVO 13** 11 ff.
Insolvenzgeldfinanzierung **EuInsVO 19** 12
Insolvenzgrund
– Sekundärverfahren **EuInsVO 34** 20 ff.
Insolvenzmasse **EuInsVO 7** 21
Insolvenznomadentum **EuInsVO 3** 70
Insolvenzpläne **EuInsVO 20** 8; **EGInsO Art. 102c** 15
– anwendbares Recht **EuInsVO 47** 6 f.
– Bestätigung grenzüberschreitender **EuInsVO 47** 9 ff.
– Einheitlichkeit **EuInsVO 47** 19
– Mehrheiten **EuInsVO 47** 9
– parallele **EuInsVO 47** 17 f.
– Planinitiativrecht **EuInsVO 47** 8
– übertragende Sanierung **EuInsVO 47** 16
– Vorschlagsrecht **EuInsVO 60** 12
– Zustandekommen **EuInsVO 47** 6
Insolvenzplanverfahren **EuInsVO 34** 29 f.
Insolvenzportal **EuInsVO 79** 2
Insolvenzquote **EuInsVO 36** 10
Insolvenzregister **EuInsVO Vor 1** 15; **EuInsVO 5** 11; **EuInsVO 24**
– Auskunftsersuchen **EuInsVO 27** 4
– Einrichtung **EuInsVO 24** 4 f.
– Einrichtungskosten **EuInsVO 26**
– Eintragungsgegenstände **EuInsVO 24** 6 ff.
– Gebührenfreiheit **EuInsVO 27** 3
– nationale **EuInsVO 79**
– Pflichtinformationen **EuInsVO 27** 2 f.
– Suchkriterien **EuInsVO 27** 2
– Vernetzung **EuInsVO 25**; **EuInsVO 87**
Insolvenzstatut **EuInsVO 7** 1
– Abgrenzungen **EuInsVO 7** 6 ff.
– Beispielkatalog **EuInsVO 7** 16 ff.
– Beschränkung **EuInsVO 8** 1
– Erlösverteilung **EuInsVO 7** 41
– Eröffnungsvoraussetzungen **EuInsVO 7** 17
– Forderungsanmeldung, -prüfung, -feststellung **EuInsVO 7** 39 f.
– Gläubigerrechte nach Verfahrensbeendigung **EuInsVO 7** 44 f.
– Insolvenzaufrechnung **EuInsVO 7** 23 ff.
– Insolvenzfähigkeit **EuInsVO 7** 19 f.
– Insolvenzforderungen **EuInsVO 7** 36 ff.
– Insolvenzmasse **EuInsVO 7** 21
– Kosten des Verfahrens **EuInsVO 7** 46 ff.
– laufende Verträge **EuInsVO 7** 28 ff.
– Masseverbindlichkeiten **EuInsVO 7** 36 ff.
– Rang **EuInsVO 7** 41
– Rechtsverfolgungsmaßnahmen **EuInsVO 7** 31
– Reichweite **EuInsVO 7** 3 ff.

– Schuldner-/Verwalterbefugnisse **EuInsVO 7** 22
– Verfahrensbeendigung **EuInsVO 7** 18, 43
– Verfahrensdurchführung **EuInsVO 7** 18
Insolvenztypische Annexentscheidungen **EGInsO Art. 102c** 1 9
– Anerkennung **EuInsVO 32** 16 ff.
– Vollstreckung **EuInsVO 32** 16 ff.
Insolvenzverfahren
– Begriff **EuInsVO 2** 13 ff.; **EuInsVO 19** 5; **EuInsVO 34** 11
– öffentliches Gesamtverfahren **EuInsVO 1** 6 ff.
– sachlicher Anwendungsbereich **EuInsVO 1** 2a ff.
Insolvenzverschleppungshaftung **EuInsVO 6** 25; **EuInsVO 7** 9
Insolvenzverwaltungsverträge **EuInsVO 41** 10 ff.
– Inhalt **EuInsVO 41** 14 f.
– Rahmenkooperationsvertrag **EuInsVO 41** 10 f.
– Vereinbarungen **EuInsVO 41** 12
– Verständigungen **EuInsVO 41** 12
– Zulässigkeit **EuInsVO 41** 12
Interedil **EuInsVO 3** 30 ff.
Interessenkonflikte **EuInsVO 41** 9; **EuInsVO 56** 2; **EuInsVO 58** 7; **EuInsVO 63** 7; **EuInsVO 71** 3 ff.
Internationale Zuständigkeit **EuInsVO Vor 1** 15, 16; **EuInsVO 1** 29; **EuInsVO 3**; **EuInsVO 66** 1
– Anfechtung der Eröffnungsentscheidung **EuInsVO 5** 1 ff.
– Anwendungsbereich **EuInsVO 3** 7 ff.
– eigenständige Zuständigkeitsnorm **EuInsVO 3** 3
– fehlerhafte Inanspruchnahme **EuInsVO 33** 18
– Hauptinsolvenzverfahren **EuInsVO 3** 11 ff.
– Herausgabeanspruch **EuInsVO 23** 18
– Klagen gegen Verwalter **EuInsVO 36** 66
Internationales Konzerninsolvenzrecht **EuInsVO Vor 1** 12
Isoliertes Partikularverfahren **EuInsVO 3** 91, 101 ff.
Istanbuler Abkommen des Europarates **EuInsVO Vor 1** 6

J

Justizportal **EuInsVO 81** 1; **EuInsVO 83**

K

Kapitalaufbringung **EuInsVO 7** 7; **EuInsVO 34** 33
Kapitalerhaltung **EuInsVO 7** 7; **EuInsVO 34** 33; **EGInsO Art. 102c** 6 11
Kassenführung **EuInsVO 31** 4
Kaufmannskonkurs **EuInsVO 19** 24
Kaufverträge **EuInsVO 11**
Kernpunkttheorie **EuInsVO 6** 10, 16
Klagen gegen Vertretungsorgane/Geschäftsleiter **EuInsVO 6** 25
Kollisionsnormen **EuInsVO Vor 1** 33; **EuInsVO 1** 31 ff.
Kombinationslösung **EuInsVO 3** 32
Kommissionsentwurf **EuInsVO Vor 1** 13
Kommunikation der Gerichte **EuInsVO 42**
– direkte **EuInsVO 42** 4 f.
– Konzerninsolvenz **EuInsVO 57** 5
– Sanktionen **EuInsVO 57** 7

magere Zahlen = Randnummer

Sachverzeichnis

Kommunikation der Verwalter EuInsVO 41
- Konzerninsolvenz **EuInsVO 56**
- Sanktionen **EuInsVO 56** 9

Kommunikation zwischen Verwaltern und Gerichten
- Grenzen **EuInsVO 58** 7
- Informationsrecht des Verwalters **EuInsVO 58** 4 ff.
- Konzerninsolvenz **EuInsVO 58**
- Pflicht **EuInsVO 58** 2 f.
- Sanktionen **EuInsVO 58** 8

Kommunikationspflicht EuInsVO 33 19; **EuInsVO 41** 17 ff.; **EuInsVO 43** 8 *s. a. Informationspflicht*

Kompetenzabgrenzung EuInsVO 3 9

Kompetenzkonflikt EuInsVO 3 76 ff.; **EuInsVO 6** 33
- negativer **EuInsVO 3** 76, 86 ff.; **EuInsVO 6** 34; **EGInsO Art. 102c 2** 1, 3, 21 f.
- positiver **EuInsVO 3** 77 ff.; **EGInsO Art. 102c 2** 1, 4 ff.
- Vermeidung **EGInsO Art. 102c 2**

Konsolidierte Quotenberücksichtigung EuInsVO 23 3

Konsortialkreditvertrag EuInsVO 33 17

Kontoguthaben
- Belegenheit **EuInsVO 2** 37

Kontrolle EuInsVO 1 7 ff., 9

Konzerngerichtsstand EuInsVO Vor 56 6; **EuInsVO 3** 33, 45

Konzerngesellschaften EuInsVO 3 11, 44 f.

Konzernhaftungsansprüche EuInsVO 6 21

Konzerninsolvenz EuInsVO Vor 1 15, 20; **EuInsVO 1** 46; **EuInsVO 2** 57; **EuInsVO Vor 56**; **EGInsO Art. 102c 22 ff.** *s. a. Gruppen-Koordination*
- Aussetzung der Verwertung **EuInsVO 60** 4 ff.
- Gruppen-Koordinationsverfahren **EuInsVO Vor 56** 16
- Kollisionsnormen **EuInsVO Vor 56** 17
- Kommunikation der Gerichte **EuInsVO 57** 5
- Kommunikation zwischen Verwaltern und Gerichten **EuInsVO 58**
- Kooperationsvorschriften **EuInsVO Vor 56** 14 ff.
- Koordinierung der Verfahren **EuInsVO Vor 56** 4, 9
- Lösungsmodelle **EuInsVO Vor 56** 3 ff.
- Mitwirkungsrechte des Verwalters **EuInsVO 60**
- räumlicher Anwendungsbereich **EuInsVO Vor 56** 12
- sachlicher Anwendungsbereich **EuInsVO Vor 56** 11
- sachlich-räumlicher Anwendungsbereich **EuInsVO Vor 56** 13
- verfahrensmäßige Konsolidierung **EuInsVO Vor 56** 4, 7 f.
- Vollkonsolidierung **EuInsVO Vor 56** 4, 5
- Zusammenarbeit der Gerichte **EuInsVO 57** 3 f.
- Zusammenarbeit der Verwalter **EuInsVO 56** 2 ff.
- Zusammenarbeit zwischen Verwaltern und Gerichten **EuInsVO 58**
- Zuständigkeitskonzentration **EuInsVO Vor 56** 4

Kooperation EuInsVO 1 45 *s. a. Zusammenarbeit*

Kooperationsbereitschaft EuInsVO 41 6

Kooperationspflicht EuInsVO 33 19; **EuInsVO 38** 33; **EuInsVO 50** 9 *s. a. Zusammenarbeit*
- generelle **EuInsVO 42** 2 f.

- Gerichte **EuInsVO 42**
- wechselseitige **EuInsVO 43** 1

Koordination *s. a. Gruppen-Koordination*
- Haupt- und Sekundärverfahren **EuInsVO Vor 1** 15, 19
- Konzerninsolvenz **EuInsVO Vor 56** 9

Koordination der Verwertung EuInsVO 41 31 ff.
- Austauschverträge **EuInsVO 41** 35 ff.
- Feststellung der Passivmasse **EuInsVO 41** 31
- Geltendmachung von Forderungen **EuInsVO 41** 32
- gemeinsame Verwertung **EuInsVO 41** 40
- Sanierungsplan **EuInsVO 41** 29 f.
- Verkauf der Sekundärverfahrensmasse **EuInsVO 41** 41 f.
- Verwertung **EuInsVO 41** 38 ff.
- Wahlrechtsausübung **EuInsVO 41** 34

Koordination mehrerer Insolvenzverfahren EuInsVO 41 1

Koordinierter Sanierungsplan EuInsVO 60 11 ff.

Körperliche Gegenstände
- Belegenheit **EuInsVO 2** 43

Kosten
- Begriff **EuInsVO 30** 2
- Gruppen-Koordination **EuInsVO 61** 21 f.; **EuInsVO 77**
- Insolvenzverfahren **EuInsVO 7** 46
- öffentliche Bekanntmachung **EuInsVO 30** 2 ff.; **EGInsO Art. 102c 7** 20
- Zusammenarbeit und Kommunikation **EuInsVO 44**; **EuInsVO 59**

Kostenentscheidung
- Rechtsmittel **EGInsO Art. 102c** 26

Kostenfestsetzung EuInsVO 77 5 ff.

Kostenkontrolle EuInsVO 72 9

Kostenschätzung EuInsVO 68 7; **EuInsVO 72** 10

Kostenverbot EuInsVO 44 6

Kostenverteilung EuInsVO 68 7

Kostenvorschuss EuInsVO 34 25; **EuInsVO 40** 1 ff.

Kreditinstitute EuInsVO 1 20, 22

Kreditsicherheiten EuInsVO 8 1

Kündigungsschutzklagen EuInsVO 6 19

L

Laufende Verträge EuInsVO 7 28 ff.; **EuInsVO 11** 1

Leistung an Dritte EuInsVO 31 2

Leistung an Schuldner EuInsVO 31
- Beweislastverteilung **EuInsVO 31** 1, 12 ff.
- Drittleistungen **EuInsVO 31** 7 f.
- e lex causae **EuInsVO 31** 6
- Empfangszuständigkeit **EuInsVO 31** 3
- Erfüllungswirkung **EuInsVO 31** 3
- Genehmigung **EuInsVO 31** 6
- Gutgläubigkeit **EuInsVO 31** 1
- Leistung an Dritte **EuInsVO 31** 2
- Leistung an Verwalter **EuInsVO 31** 4 ff.
- lex causae **EuInsVO 31** 3, 10
- Mitgliedstaatenbezug **EuInsVO 31** 10
- schuldbefreiende Wirkung **EuInsVO 31** 1
- Sekundär-/Schadensersatzansprüche **EuInsVO 31** 15
- nach Verfahrenseröffnung **EuInsVO 31** 9
- Voraussetzungen **EuInsVO 31** 2 ff.

2217

Sachverzeichnis

Fette Zahlen = §§

Leistung an Verwalter **EuInsVO 31** 4 ff.
lex fori concursus EuInsVO 7 1
lex fori concursus secundarii EuInsVO 35 2, 6 ff.
Liquidationsverfahren EuInsVO 34 7, 29 f.
Lokale Gläubiger EuInsVO 2 61 ff.; **EuInsVO 36** 16 f.; **EuInsVO 38** 13 f.; **EuInsVO 51** 8a f.; **EGInsO Art. 102c 17** 17; **EGInsO Art. 102c 20** 3
Luftfahrzeuge EuInsVO 11 5; **EuInsVO 14** 5; **EuInsVO 17** 3

M

Masseforderungen
– internationale Zuständigkeit **EuInsVO 6** 18
Massegläubiger EuInsVO 36 20 f.
Masseverbindlichkeiten EuInsVO 7 36 ff.; **EuInsVO 20** 13
Mehrerlös EuInsVO 23 30 f.
Mehrfachanmeldung EuInsVO 3 101; **EuInsVO 45** 6
Mehrheitsentscheidung EuInsVO 20 17
MG Produd Gdynia EuInsVO 32 21
Migration EuInsVO 3 64
Mitgliedschaftsrechte
– Belegenheit **EuInsVO 2** 47
Mitgliedstaat, in dem sich ein Vermögensstand befindet EuInsVO 2 32 ff.
Mittelpunkt hauptsächlicher Interessen EuInsVO 3 4, 11
Mitwirkungshandlungen EGInsO Art. 102c 1 14
Mitwirkungsrechte EuInsVO 45 1, 21 ff.
– Verwalter **EuInsVO 51** 1; **EuInsVO 60**
Mutterunternehmen
– Begriff **EuInsVO 2** 67 f.

N

Nachforschungspflicht EuInsVO 3 18
Nachlassinsolvenzverfahren EuInsVO 2 13; **EuInsVO 3** 58; **EuInsVO 19** 24
Nachträgliche Hauptverfahrenseröffnung EuInsVO 50
– Aussetzung der Verwertung **EuInsVO 50** 11
– Kooperationspflichten **EuInsVO 50** 9
– Rechtsfolge **EuInsVO 50** 5 ff.
– Voraussetzung **EuInsVO 50** 4
Namensaktien
– Belegenheit **EuInsVO 2** 35
Natürliche Personen EuInsVO 3 51 ff.
Nebenberufliche Tätigkeit EuInsVO 3 57
Nebenentscheidung der Verwalterbestellung EuInsVO 19 13
Nebenentscheidungen EuInsVO 3 8, 109
– Anerkennung **EuInsVO 32** 6 ff.
– Vollstreckung **EuInsVO 32** 13 ff.
Negative Feststellungsklagen EuInsVO 6 42
Netting EuInsVO 9 4 ff.
Nichtzulassungsbeschwerde EGInsO Art. 102c 4 8
Niederlassung EuInsVO Vor 1 34; **EuInsVO 34** 16
– Begriff **EuInsVO 2** 49 ff.; **EuInsVO 3** 95
– Partikularverfahren **EuInsVO 3** 91
NIKI EuInsVO 3 39
Nominalwert EuInsVO 23 23

O

Objektive Erkennbarkeit EuInsVO 3 36
Öffentliche Bekanntmachung EuInsVO 24 7; **EGInsO Art. 102c 7**
– in anderem Mitgliedstaat **EuInsVO 28**
– Belegenheit von Vermögen **EGInsO Art. 102c 7** 8 ff.
– deutsche Niederlassung **EGInsO Art. 102c 7** 3 ff.
– elektronische **EuInsVO 28** 1
– Kosten **EuInsVO 30** 2 ff.; **EGInsO Art. 102c 7** 20
– Rechtsbeschwerde **EGInsO Art. 102c 9** 7
– Registereintragung **EuInsVO 29**
– sofortige Beschwerde **EGInsO Art. 102c 9** 2 ff.
– Zusicherung **EGInsO Art. 102c 12**
Öffentliche Gläubiger EuInsVO 2 63
Öffentliche Ordnung EuInsVO 33
– Ausfüllungsspielraum **EuInsVO 33** 8
– Begriff **EuInsVO 33** 7
– Gerechtigkeitsvorstellung **EuInsVO 33** 7
– Grundprinzipien **EuInsVO 33** 9, 10
– Inlandsbezug **EuInsVO 33** 20
– Kasuistik/Fallgruppen **EuInsVO 33** 13 ff.
– ordre public-Verstoß **EuInsVO 33** 11 ff.
– Portugal **EuInsVO 33** 23
– Prüfung durch Richter **EuInsVO 33** 21
– Rechtsordnung des Anerkennungsstaats **EuInsVO 33** 7
– Unvereinbarkeit **EuInsVO 33** 10
Öffentliche Register EuInsVO 2 38 ff.; **EuInsVO 29**; **EGInsO Art. 102c 8** 12 s. a. Registereintragung
– Begriff Register **EuInsVO 29** 3
– Grundbuch **EuInsVO 29** 3
– Handelsregister **EuInsVO 29** 3
Öffentliches Gesamtverfahren EuInsVO 1 6 ff.
Opt-in EuInsVO 69; **EGInsO Art. 102c 23** 7
– Antrag **EuInsVO 69** 2 ff.
– Antragsvoraussetzungen **EuInsVO 69** 6 f.
– Entscheidung **EuInsVO 69** 8 ff.
– Rechtsmittel **EuInsVO 69** 12 f.
– Unterrichtung **EuInsVO 69** 11
Optionsverträge EuInsVO 11 13
Opt-out EuInsVO 69 1, 14 f.; **EGInsO Art. 102c 23** 6
Ordre public EuInsVO 33 1 ff., 13 ff.
– Kasuistik/Fallgruppen **EuInsVO 33** 13 ff.
– kollisionsrechtlicher **EuInsVO 33** 5
– materiell-rechtlicher **EuInsVO 33** 1
– verfahrensrechtlicher **EuInsVO 33** 1
– Verstoß **EuInsVO 33** 11 ff.
Organismen für gemeinsame Anlagen EuInsVO 1 20, 22; **EuInsVO 2** 7
Örtliche Zuständigkeit EuInsVO 3 84
– Annexklagen **EGInsO Art. 102c 6**
– Auffangzuständigkeit **EGInsO Art. 102c 1** 6 f.
– Ausschließlichkeit **EGInsO Art. 102c 1** 18
– Entscheidungen **EGInsO Art. 102c 1** 14 ff.
– Fehlen **EGInsO Art. 102c 1** 4 f.
– Hauptinsolvenzverfahren **EGInsO Art. 102c 1** 3 ff.
– Neben-/Annexverfahren **EGInsO Art. 102c 1** 8 f.
– Sekundärverfahren **EGInsO Art. 102c 1** 10 ff.
– Zuständigkeitskonzentration **EGInsO Art. 102c 1** 17

magere Zahlen = Randnummer

Sachverzeichnis

P

Parallele Insolvenzpläne **EuInsVO 47** 17 f.
Parteiänderung **EGInsO Art. 102c 3** 10
Partielle Kollektivverfahren **EuInsVO 2** 3
Partikularverfahren **EuInsVO Vor 1** 34;
  EuInsVO 3 6
– Antragsbefugnis **EuInsVO 37** 13
– anwendbares Recht **EuInsVO 35** 13
– Ausübung von Gläubigerrechten **EuInsVO 45** 2
– grenzüberschreitende Wirkungen **EuInsVO 20** 15 ff.
– internationale Zuständigkeit **EuInsVO 3** 89 ff.
– isoliertes **EuInsVO 3** 6, 91, 101 ff.
– Rückholrecht **EuInsVO 21** 10 ff.
Passivmasse
– Feststellung **EuInsVO 41** 31
– Insolvenzforderungen **EuInsVO 34** 38
– Masseverbindlichkeiten des Sekundärverfahrens **EuInsVO 34** 39 ff.
– Sekundärverfahren **EuInsVO 34** 38 ff.
Passivprozesse **EuInsVO 18** 10
perpetuatio fori **EuInsVO 3** 70
Personaleinsatz **EuInsVO 2** 54
Personenbezogene Daten **EuInsVO 79** ff.
– Aufgaben der Kommission **EuInsVO 80**
– Aufgaben der Mitgliedstaaten **EuInsVO 79**
– Datensicherheit **EuInsVO 79** 3; **EuInsVO 80** 4
– Erhebung **EuInsVO 79** 5
– Mitteilungspflicht **EuInsVO 79** 6
– Qualität **EuInsVO 79** 4
– Speicherung **EuInsVO 79** 5; **EuInsVO 82**
– Verantwortlichkeit **EuInsVO 80** 2
– Verarbeitung **EuInsVO 79** 3 ff.; **EuInsVO 80** 3
Persönlicher Anwendungsbereich **EuInsVO 1** 1, 20 ff.
Pfändbarkeit **EuInsVO 21** 20
Pfandklage
– internationale Zuständigkeit **EuInsVO 6** 17
Pfändungspfandrecht **EuInsVO 23** 6
Pfändungsschutz
– Lohn des Arbeitnehmers **EuInsVO 13** 17
Pflichtinformationen **EuInsVO 27** 2 f.
Planinitiativrecht **EuInsVO 47** 8
Postfachadresse **EuInsVO 3** 40
Postsperre **EuInsVO 19** 15
Präventive Restrukturierung **EuInsVO 2** 3;
  EuInsVO 6 30; **EuInsVO 19** 6 f., 11;
  EuInsVO 23 19; **EuInsVO 32** 9a; **EGInsO Art. 102a** 1
Prinzip des gegenseitigen Vertrauens **EuInsVO 4** 1
Prinzipien **EuInsVO Vor 1** 32 ff.
Prioritätsprinzip **EuInsVO 2** 25; **EuInsVO 3** 76 ff.; **EuInsVO 19** 4; **EuInsVO 34** 12; **EGInsO Art. 102c 2** 2
Prioritätsregel **EuInsVO 62** 2 ff.; **EGInsO Art. 102c 1** 13; **EGInsO Art. 102c 3** 1
Prioritätswirkungen **EuInsVO 19** 19
Privatpersonen **EuInsVO 3** 51 ff.
protocols s. *Insolvenzverwaltungsverträge*
Prozessbetrug **EuInsVO 33** 14, 15
Prozessführungsbefugnis **EuInsVO 21** 6
– grenzüberschreitende **EuInsVO 21** 14
Prozessvollmacht **EuInsVO 18** 15
Publizität **EuInsVO 24** 1 s. a. *Insolvenzregister*

Q

Qualifizierter Auslandsbezug **EuInsVO 3** 22
Quotenanrechnung **EuInsVO 23** 19 ff.
– aus anderem Insolvenzverfahren **EuInsVO 23** 20
– Anmeldung in voller Höhe **EuInsVO 23** 23
– Begrenzung auf 100% **EuInsVO 23** 22
– aus drittstaatlichen Verfahren **EuInsVO 23** 20
– Erlangung einer Quote **EuInsVO 23** 19
– Mehrerlös **EuInsVO 23** 30 f.
– Rang **EuInsVO 23** 25 f.
– Rechtsfolge **EuInsVO 23** 21 ff.
– Sperrwirkung **EuInsVO 23** 24
– Verteilungsgrundregeln **EuInsVO 23** 21 ff.
– Voraussetzungen **EuInsVO 23** 19 ff.
Quotenberücksichtigung
– konsolidierte **EuInsVO 23** 3
Quotenmäßige Verteilung **EuInsVO 23** 2

R

Rang **EuInsVO 7** 41 f.
Rangstreitigkeiten
– internationale Zuständigkeit **EuInsVO 6** 16
Rastelli/Hinoux **EuInsVO 3** 33
Räumlicher Anwendungsbereich **EuInsVO 1** 2, 23 f.;
Rchterliche Überzeugung **EuInsVO 2** 24
Rechnungslegungsrichtlinie **EuInsVO 2** 67
Rechtliches Gehör **EuInsVO 33** 8, 11, 19;
  EuInsVO 55 13 f.; **EuInsVO 60** 2 f.;
  EuInsVO 63 13; **EGInsO Art. 102c 3** 4 f.
Rechtsbeschwerde **EGInsO Art. 102c 4** 8;
  EGInsO Art. 102c 9 7; **EGInsO Art. 102c 26**
Rechtsfolgenverweisung **EuInsVO 32** 13
Rechtshandlungen
– benachteiligende **EuInsVO 1** 39
– des Gläubigers **EuInsVO 84** 8
– nach Eröffnungsantrag **EuInsVO 2** 31
– des Schuldners **EuInsVO 84** 7 f.
Rechtshängigkeitssperre **EuInsVO 6** 16, 32;
  EuInsVO 19 4, 19
Rechtsmissbrauch **EuInsVO 33** 14
Rechtsmittelbelehrung **EuInsVO 5** 12 f.; **EGInsO Art. 102c 4** 6
Rechtsordnung des Anerkennungsstaats **EuInsVO 33** 7
Rechtsschutzbedürfnis **EuInsVO 36** 51
Rechtsschutzinteresse **EuInsVO 34** 28
Rechtssicherheit **EuInsVO Vor 1** 3
Rechtsverfolgungsmaßnahmen **EuInsVO 7** 31; **EuInsVO 18** 3
Rechtswahlklausel **EuInsVO 33** 17
Reederei **EuInsVO 3** 43
Register **EuInsVO 1** 36; **EuInsVO 2** 38 ff.
Registereintragung s. a. *Öffentliche Register*
– im anderen Mitgliedstaat **EuInsVO 29** 9 ff.
– Aufwendungen des Verwalter **EuInsVO 30** 3
– im Belegenheitsstaat **EuInsVO 29** 2 ff.
– Eigenverwaltung **EuInsVO 29** 7
– Eintragungsgegenstand **EuInsVO 29** 4
– fehlende **EuInsVO 29** 12
– Inhalt und Form **EGInsO Art. 102c 8** 13
– Kosten **EuInsVO 30** 2 ff.
– Niederlassung in Deutschland **EGInsO Art. 102c 8** 2 ff.

2219

Sachverzeichnis

Fette Zahlen = §§

- im Niederlassungsstaat **EuInsVO 29** 2 ff.
- Öffentliche Register **EGInsO Art. 102c 8** 12
- Partikularverfahren **EuInsVO 29** 8
- Verfahrensgang **EuInsVO 29** 6
- Voraussetzungen **EGInsO Art. 102c 8** 9 ff.
- vorgeschriebene Eintragung **EuInsVO 29** 5

Registergericht EuInsVO 29 13
Registerpflichtigkeit EuInsVO 2 41
Registerrecht
- Verlässlichkeit **EuInsVO 14** 2
- Vertrauen **EuInsVO 17** 1

Reorganisationsverfahren EuInsVO 3 99
Restrukturierungsrahmen EuInsVO 19 6
Restrukturierungsrichtlinie EuInsVO 1 11 ff.
Restrukturierungsverfahren EuInsVO 1 11 ff.;
EuInsVO 2 8, 19
Restschuldbefreiung EuInsVO 2 13; **EuInsVO 20** 4, 18; **EuInsVO 33** 1
- Anerkennung **EuInsVO 32** 9, 12

Restschuldbefreiungstourismus EuInsVO 33 14
Rückforderungsansprüche
- nach Anfechtung **EuInsVO 21** 14 ff.;
EuInsVO 23 6

Rückforderungsgegenstand EuInsVO 2 44
Rückholrecht EuInsVO 21 10 ff., 18
Rückwirkung EuInsVO 2 26; **EuInsVO 19** 11
Rückwirkungsfiktion EuInsVO 3 82
Rüge EuInsVO 33 21

S

Sachenrechtsstatut EuInsVO 7 15
Sachlicher Anwendungsbereich EuInsVO 1 1, 2, 2a ff.
Sachlich-räumlicher Anwendungsbereich EuInsVO 1 25 ff.
Sachverständige EuInsVO 3 19; **EuInsVO 4** 7; **EuInsVO 19** 17
Sachwalter EuInsVO 2 16; **EuInsVO 21** 6a
Sachzusammenhang EGInsO Art. 102c 6 8 ff.
- Begriff **EuInsVO 6** 45
- Gerichtsstand **EuInsVO 6** 38 ff.

Sanierung
- bei parallelen Verfahren **EuInsVO 47** 12 ff.

Sanierungskonzept EuInsVO 72 7
Sanierungsplan s. a. Insolvenzplan
- Koordination **EuInsVO 41** 29 f.
- Vorschlagsrecht **EuInsVO 47**

Sanierungsverfahren EuInsVO Vor 1 15;
EuInsVO 1 6b; **EuInsVO 2** 8; **EuInsVO 3** 99
Sanierungsziele EuInsVO 2 3
SanJusFoG EGInsO Art. 102c 4 8
Satzungssitz EuInsVO 2 58; **EuInsVO 3** 31 f., 37
Sauvegarde financière accélérée EuInsVO 2 3
Scheme of arrangement EuInsVO 2 13;
EuInsVO 32 9a
Schiedsgerichte EuInsVO 19 27
Schiedsverfahren EuInsVO 18 2, 6, 17 ff.
Schiffe EuInsVO 11 5; **EuInsVO 14** 5;
EuInsVO 17 3
Schuldner EuInsVO 1 20 ff.
Schuldnerbefugnisse EuInsVO 7 22
Schutz des Dritterwerbers EuInsVO 17
Schutzrechte EuInsVO 2 42
Schutzschirmverfahren EuInsVO 2 11, 23;
EuInsVO 19 16; **EuInsVO 24** 7; **EuInsVO 32** 26

Schutzschrift EuInsVO 19 28; **EGInsO Art. 102c 5** 3
Schwache vorläufige Verwaltung EuInsVO 2 23;
EuInsVO 19 14
Schwebende Rechtsgeschäft EuInsVO 11 1;
EuInsVO 34 35; **EuInsVO 36** 26
Sekundärverfahren EuInsVO 3 98 ff.;
EuInsVO 20 13 ff.; **EuInsVO 21** 10 ff.;
EuInsVO 34 ff.; **EGInsO Art. 102c 11** ff.
- Anerkennung des Hauptverfahrens **EuInsVO 34** 15
- Antragsrecht **EuInsVO 34** 25; **EuInsVO 37**
- anwendbares Recht **EuInsVO 35**
- Aussetzung der Eröffnungsentscheidung **EuInsVO 38** 21 ff.
- Begriff **EuInsVO 3** 98
- Beschränkung der Aktivmass **EuInsVO 34** 31 ff.
- Eröffnung des Hauptverfahrens **EuInsVO 34** 11 ff.
- Eröffnungsentscheidung **EuInsVO 38**
- eröffnungshindernde Zusicherung **EuInsVO 34** 26
- Eröffnungsvoraussetzungen **EuInsVO 34** 20 ff.
- Eröffnungszuständigkeit **EuInsVO 34** 11 ff.
- Fortführung **EGInsO Art. 102c 2** 11 ff.
- grenzüberschreitende Wirkungen **EuInsVO 20** 15 ff.
- Hauptverfahren in Deutschland **EGInsO Art. 102c 11**
- keine Insolvenzantragspflicht **EuInsVO 34** 17
- Insolvenzgrund **EuInsVO 34** 20 ff.
- Insolvenzgründe **EuInsVO 34** 8
- Insolvenzplanverfahren **EuInsVO 34** 29
- Kostenvorschuss **EuInsVO 34** 25; **EuInsVO 40**
- Liquidationsverfahren **EuInsVO 34** 29
- Masseverbindlichkeiten **EuInsVO 34** 39 ff.
- Masseverkauf **EuInsVO 41** 41 f.
- materiell-rechtliche Vorschriften **EuInsVO 34** 3
- örtliche Zuständigkeit **EuInsVO 34** 27
- Passivmasse **EuInsVO 34** 38
- Rechtsmittel gegen Eröffnung **EGInsO Art. 102c 20**
- Reichweite des Vermögensbeschlags **EuInsVO 6** 35
- Sekundärverfahren **EuInsVO 34** 18 f.
- synthetische/virtuelle **EuInsVO 3** 90
- Überschuss **EuInsVO 49**
- Umwandlung **EuInsVO 51**
- Unerheblichkeit der Verfahrensart **EuInsVO 3** 99 f.
- Verfahrenseröffnung **EuInsVO 34**
- Verwalter **EuInsVO 34** 42 ff.
- Verwalters des Hauptverfahrens **EuInsVO 34** 5
- Voraussetzungen **EuInsVO 34** 11 ff.
- Vorrang **EuInsVO 20** 16
- Zusicherung **EGInsO Art. 102c 11** ff.
- Zuständigkeit **EuInsVO 34** 16
- Zweck **EuInsVO 34** 4
- zweites **EuInsVO 21** 12

Selbständige Tätigkeit EuInsVO 3 52
Sicherheitsleistung EuInsVO 40 1 ff.
Sicherungsmaßnahmen EuInsVO 3 109;
EuInsVO 36 55 ff.; **EuInsVO 52**
- Anerkennung **EuInsVO 32** 26 ff.
- Anordnung **EuInsVO 52** 13
- Anpassungsprobleme **EuInsVO 52** 18
- Antrag **EuInsVO 52** 11 f.
- Antragsrecht **EuInsVO 52** 5

magere Zahlen = Randnummer

Sachverzeichnis

- Aufhebung **EuInsVO 52** 17
- bei Aussetzung der Eröffnungsentscheidung **EuInsVO 38** 27
- gegenteilige **EuInsVO 21** 9
- Konzerninsolvenz **EuInsVO 60** 21 ff.
- Masseschutz **EuInsVO 52** 1
- Voraussetzungen **EuInsVO 52** 5 ff.
- vorläufige Verwaltung des Hauptverfahrens **EuInsVO 52** 6 f.
- Vorrang **EuInsVO 52** 16

Simulation EuInsVO 33 14
Single-Asset-Gesellschaften EuInsVO 3 39
Sittenwidrige Schädigung EuInsVO 33 14
Sitztheorie EuInsVO 2 35
Sitzverlegung EuInsVO 33 15
Sofortige Beschwerde
- Ablehnung der Eröffnung **EuInsVO 5** 1 f.; **EGInsO Art. 102c 4**; **EGInsO Art. 102c 20** 2
- Bekanntmachungsentscheidungen **EGInsO Art. 102c 9** 2 ff.
- Beschwer **EGInsO Art. 102c 9** 5
- Beschwerdebefugnis **EGInsO Art. 102c 9** 3 f.
- Beschwerdeberechtigung **EGInsO Art. 102c 4** 4
- Folgen **EGInsO Art. 102c 4** 7
- Frist **EGInsO Art. 102c 4** 5; **EGInsO Art. 102c 9** 6
- Voraussetzungen **EGInsO Art. 102c 9** 2 ff.
- Zulässigkeit **EGInsO Art. 102c 4** 2 ff.

Sonderkollisionsnormen EuInsVO 20 12
Sortenschutz EuInsVO 15 7
Spaltung EuInsVO 84 6
Sperrwirkung EuInsVO 3 61 ff.; **EGInsO Art. 102c 2** 7
Sprache EuInsVO 36 32, 47; **EuInsVO 55** 9 ff.; **EuInsVO 73** 2 f., 4
Standardformular für Forderungsanmeldung EuInsVO 54 15; **EuInsVO 55** 1, 3 f.
Standardformulare EuInsVO 88
Standardmitteilungsformular EuInsVO 54 17 f.
Starke vorläufige Verwaltung EuInsVO 19 14
Statutenwechsel EuInsVO 23 13
Stilllegungsmaßnahmen EuInsVO 46 12
Stimmrecht
- Abstimmung über Zusicherung **EGInsO Art. 102c 18**
- Entscheidung **EGInsO Art. 102c 18** 5 ff.

Synthetische Sekundärverfahren EuInsVO 3 90
System der Lückenlosigkeit EuInsVO 32 2
Systematik EuInsVO Vor 1 36 f.

T

Territorialitätsprinzip EuInsVO 3 90
Tochterunternehmen EuInsVO 2 64
Treu und Glauben EuInsVO 33 1

U

Übereinkommen EuInsVO Vor 1 46
Übereinkünfte der Mitgliedstaaten EuInsVO 85 2
Übereinkünfte mit Drittstaaten EuInsVO 85 5 ff.
Übererlös EuInsVO 23 9
Überkreuz-Kooperation EuInsVO 43 1
Überprüfungsklausel EuInsVO 90

Überschuldung EuInsVO 3 107
Überschuss
- Befriedigung aller festgestellten Forderungen **EuInsVO 49** 5
- Befriedigung aller sonstigen Forderungen **EuInsVO 49** 6 f.
- Rechtsfolgen **EuInsVO 49** 8 ff.
- im Sekundärverfahren **EuInsVO 49**
- Übergabe **EuInsVO 49** 8 ff.
- Voraussetzungen **EuInsVO 49** 5 ff.

Übersetzung EGInsO Art. 102c 7 14
Übertragende Sanierung EuInsVO 2 3; **EuInsVO 47** 16
Überwachungsperson EuInsVO 2 16
Umwandlung von Sekundärverfahren EuInsVO 51
- Antragsberechtigung **EuInsVO 51** 5 ff.
- eröffnetes Verfahren **EuInsVO 51** 4
- Interessen lokaler Gläubiger **EuInsVO 51** 8a f.
- Kohärenz der Verfahren **EuInsVO 51** 10
- Mitwirkungsrecht des Hauptverfahrenverwalters **EuInsVO 51** 1
- nationales Recht **EuInsVO 51** 8
- Rechtsfolgen **EuInsVO 51** 11 f.
- Voraussetzungen **EuInsVO 51** 4
- Zuständigkeit **EuInsVO 51** 7

Unbeachtlichkeit der Insolvenzfähigkei EuInsVO 19 24
Unbewegliche Gegenstände EuInsVO 11
- Begriff **EuInsVO 11** 4 ff.; **EuInsVO 14** 5
- Belegenheit in anderem Mitgliedsstaat **EuInsVO 11** 14 f.
- Belegenheit in Mitgliedsstaat **EuInsVO 14** 9 f.; **EuInsVO 17** 12
- Eintragungsfähigkeit **EuInsVO 14** 7, 12, 15
- Eintragungszeitpunkt **EuInsVO 14** 8
- erfasste Vermögensgegenstände **EuInsVO 14** 5
- Erwerb **EuInsVO 11** 6
- internationale Zuständigkeit **EuInsVO 11** 19 f.
- Kompetenzlücke **EuInsVO 11** 19 f.
- lex libri siti **EuInsVO 14** 11 ff.; **EuInsVO 17** 14
- lex rei sitae **EuInsVO 11** 1 ff., 16; **EuInsVO 17** 14
- Nutzungsrechte **EuInsVO 11** 7
- Optionsverträge **EuInsVO 11** 13
- Rechte des Schuldner **EuInsVO 14** 6, 12
- Sachgesamtheiten **EuInsVO 11** 9
- Sachnormverweisung **EuInsVO 17** 13
- Sonderanknüpfung **EuInsVO 14**
- typengemischte Verträge **EuInsVO 11** 8
- Unwirksamkeitsgründe **EuInsVO 11** 18; **EuInsVO 14** 16
- Verfügungen nach Eröffnung **EuInsVO 17** 3 ff.
- Vertragsbedingungen **EuInsVO 11** 12
- Zeitpunkt des Vertragsschlusses **EuInsVO 11** 11 ff.

UNCITRAL-Model Law EuInsVO 19 30
Unionsmarke EuInsVO 15 6
Unionsrechtswidrigkeit EGInsO Art. 102c 14 1 f.; **EGInsO Art. 102c 15** 2 ff.
Universalität EuInsVO 3 5; **EuInsVO 19** 3; **EuInsVO 34** 1; **EuInsVO 35** 1
Unternehmensfunktionen EuInsVO 3 67
Unternehmensgruppe EuInsVO 2 64; **EuInsVO Vor 56**; **EuInsVO 56** ff.; **EGInsO Art. 102c 22** ff. s. *Gruppen-Koordination, Konzerninsolvenz*
- Begriff **EuInsVO Vor 56** 11

2221

Sachverzeichnis

Fette Zahlen = §§

Unternehmenssanierung EuInsVO Vor 1 18
Unterrichtungspflicht
- Gruppen-Koordination **EuInsVO 69** 11

Unterrichtung der Gläubiger EuInsVO 54
- bekannte Gläubige **EuInsVO 54** 8
- berechtigte Gläubiger **EuInsVO 54** 6 ff.
- Drittstaatengläubiger **EuInsVO 54** 6
- Form **EuInsVO 54** 12
- Gläubiger aus Mitgliedsstaaten **EuInsVO 54** 6 ff.
- Inhalt **EuInsVO 54** 13
- inländische Gläubiger **EuInsVO 54** 6
- Standardmitteilungsformular **EuInsVO 54** 17 ff.
- Unverzüglichkeit **EuInsVO 54** 9
- Verletzung der Unterrichtungspflicht **EuInsVO 54** 20
- Verpflichtete **EuInsVO 54** 10 f.

Unterrichtungspflicht
- Einstellung des Verfahrens **EGInsO Art. 102c 3** 13
- Zusicherung **EGInsO Art. 102c 12**
- Antrag auf Gruppen-Koordination **EuInsVO 63**
- Inhalt **EuInsVO 63** 9 f.
- Sprache **EuInsVO 63** 11

Unterstützungsersuchen EuInsVO 58 6

V

Verarbeitung personenbezogener Daten EuInsVO 79
- Verantwortlichkeit **EuInsVO 79** 2

Verbraucherinsolvenzverfahren EGInsO Art. 102c 5 12
Verbriefte Forderungen EuInsVO 2 48
Vereinigtes Königreich EuInsVO 1 24
Verfahrenseinheit s. Einheitliches Verfahren
Verfahrenskosten EuInsVO 33 17
Verfahrensmäßige Konsolidierung EuInsVO Vor 56 4, 7 f.
Verfügungsbefugnis
- teilweise Entziehung **EuInsVO 2** 9
- Einschränkungen **EuInsVO 1** 15

Vergleiche
- Anerkennung **EuInsVO 32** 9 ff.
- Vollstreckung **EuInsVO 32** 13 ff.

Vermögensbeschlag EuInsVO 1 8
- Einschränkung **EuInsVO 20** 14

Vermutungsregel EuInsVO 3 61 ff., 11 ff., 51
Vernetzung
- Insolvenzregister **EuInsVO 25**
- Zugang zu Informationen **EuInsVO 27**

Veröffentlichungspflicht EuInsVO 1 13
Versicherungsunternehmen EuInsVO 1 20, 22
Verteilung
- Anfechtung **EGInsO Art. 102c 21** 8 ff.
- Begriff **EuInsVO 36** 46, 49
- Informationspflichten **EuInsVO 36** 45 ff.

Verteilungsgerechtigkeit EuInsVO Vor 1 3
Verteilungsplan
- Anfechtung **EuInsVO 36** 48 ff.

Verteilungsrechte EuInsVO 36 11 ff., 15
Vertragsstatut EuInsVO 7 12
Vertrauen EuInsVO 33 12
Vertrauen des Geschäftsverkehrs EuInsVO 17 1
Verwalter
- Anerkennung der Bestellung **EuInsVO 21** 4 f.
- Anhörungsrechte **EuInsVO 60** 2 ff.

- Begriff **EuInsVO 2** 15; **EGInsO Art. 102c 23** 2
- Bestellung **EuInsVO 42** 7
- Forderungsanmeldung **EuInsVO 45** 10 ff.
- Haftung für Zusicherung **EuInsVO 36** 59 ff.
- Kommunikation **EuInsVO 41**
- Pflicht zur Zusammenarbeit **EuInsVO 41** 7 ff.
- Qualifikation **EuInsVO 63** 6 f.
- Sekundärverfahren **EuInsVO 34** 42 ff.

Verwalterbefugnisse EuInsVO 22 7; **EuInsVO 21** 6 f.; **EuInsVO 7** 22; **EuInsVO 21**

Verwalterbestellung
- Anerkennung **EuInsVO 21** 4 f.
- beglaubigte Abschrift/Bescheinigung **EuInsVO 22** 3 ff.
- Nachweis **EuInsVO 22**
- Teil der Eröffnungsentscheidung **EuInsVO 21** 4
- Übersetzung **EuInsVO 22** 6
- Voraussetzungen **EuInsVO 22** 2 ff.

Verwaltungssitz EuInsVO 3 25, 30 ff., 35
Verweisung EuInsVO 3 77; **EGInsO Art. 102c 7** 19
Verwertung
- Aussetzung s. dort
- gemeinsame **EuInsVO 41** 40
- Kooperation **EuInsVO 41** 38 ff.
- Koordination **EuInsVO 41** 31 ff.
- Verwertungshandlungen **EuInsVO 60** 5
- Vorschlagsrecht **EuInsVO 41** 38 f.
- Insolvenzmasse **EGInsO Art. 102c 10** 5 ff.

Vienna Report EuInsVO 13 3; **EuInsVO 18** 1; **EuInsVO 45** 3; **EuInsVO 46** 3
Virtuelle Sekundärverfahren EuInsVO 3 90
Vollkonsolidierung EuInsVO Vor 56 5
Vollstreckbarerklärung EuInsVO 20 14; **EuInsVO 32** 14
Vollstreckbarkeit sonstiger Entscheidungen EuInsVO 32
Vollstreckung EuInsVO 32 10
- Bescheinigung **EuInsVO 32** 13
- entferntere Entscheidungen **EuInsVO 32** 28
- Entscheidungen **EuInsVO 32** 13 ff.
- Eröffnungsentscheidung **EGInsO Art. 102c 10**
- insolvenztypische Annexentscheidungen **EuInsVO 32** 16 ff.
- Unterscheidung zur Anerkennung **EuInsVO 32** 2
- Unvereinbarkeit mit öffentlicher Ordnung **EuInsVO 33**
- Verfahren **EGInsO Art. 102c 10** 8 ff.
- Vergleiche **EuInsVO 32** 13 ff.

Vollstreckungsmoratorien
- vorgerichtlicher temporärer **EuInsVO 1** 10

Vollstreckungstitel EuInsVO 20 14
Vollstreckungstitel-VO EuInsVO 32 15
Vorauswahlliste
- ausländischer Verwalter **EGInsO Art. 102a 1**

Vorinsolvenzliche Sanierungsverfahren EuInsVO 2 3 f.; **EuInsVO 24** 6; **EuInsVO 32** 9a
Vorläufige Eigenverwaltung EuInsVO 19 16
Vorläufige Sicherungsmaßnahmen EuInsVO 21 8
Vorläufige Verwaltung EuInsVO 32 27; **EuInsVO 52** 5
- Begriff **EuInsVO 52** 5

Vorläufiger Gläubigerausschuss EGInsO Art. 102c 11 2
Vorläufige Verwaltung EuInsVO 2 23

magere Zahlen = Randnummer

Sachverzeichnis

Vorprüfung
– Antrag auf Gruppen-Koordination **EuInsVO** 63
Vorrang EuInsVO 20 16; **EuInsVO** 33 11; **EuInsVO** 52 16; **EuInsVO** 85 1; **EGInsO Art. 102c** 22 4 ff.
Vorrangbefriedigung EuInsVO 30 1
Vorschlagsrecht EuInsVO 41 38 f.; **EuInsVO** 47; **EuInsVO** 60 12
Vorverfahren EuInsVO 1 10
Vorverlagerung EuInsVO 19 11; **EuInsVO** 21 18
Vorzugsrechte EuInsVO 36 11 ff., 15

W

Wahlrechtsausübung EuInsVO 41 34
Werbende Tätigkeit EuInsVO 3 46 ff.
Wertersatz EuInsVO 23 17
Wertpapiere
– Eintragungsfähigkeit **EuInsVO** 17 3
Wertpapierinstitute EuInsVO 1 20, 22
Wertungsentscheidungen EuInsVO 33 2
Widerruf
– Aussetzung der Eröffnungsentscheidung **EuInsVO** 38 28 ff.
Wiedereinsetzung in den vorigen Stand EuInsVO 5 5, 11
Wirksamkeit der Eröffnungsentscheidung EuInsVO 19 18 f.
Wirkungserstreckung EuInsVO 19 18, 29; **EuInsVO** 32 12
– abgemildertes Prinzip **EuInsVO** 20 16
– Anerkennung **EuInsVO** 20 3 ff.
– Grenzen **EuInsVO** 20 9 ff.
– Verwalterbefugnisse **EuInsVO** 21 6
Wirtschaftliche Tätigkeit EuInsVO 2 52
Wissenszurechnung EuInsVO 31 11
Wohnsitz EuInsVO 3 53 f.
– Unbeachtlichkeit **EuInsVO** 6 37
Wrongful trading-Haftung EuInsVO 6 25

Z

Zahlungen an Gläubiger EuInsVO 7 9
Zahlungs- oder Abwicklungssysteme EuInsVO 1 41
Zahlungssysteme EuInsVO 12
– dingliche Rechte **EuInsVO** 12 8 f.
– Finanzmarktbegriff **EuInsVO** 12 3
– lex systema **EuInsVO** 12 1, 7
– Mitglieder **EuInsVO** 12 4 f.
– Sonderanknüpfung **EuInsVO** 12 1
– Vertrauensschutz **EuInsVO** 12 1
– Vorliegen **EuInsVO** 12 2
Zeitliche Priorität EuInsVO 3 82
Zeitlicher Anwendungsbereich EuInsVO Vor 1 42; **EuInsVO** 84
– Eröffnung des Verfahrens **EuInsVO** 84 3 ff.
– Fortgeltung der EuInsVO 2000 **EuInsVO** 84 9
– Konkurrenz mehrerer Verfahren **EuInsVO** 84 6
– Rechtshandlungen des Schuldners **EuInsVO** 84 7 f.
Zeitpunkt der Verfahrenseröffnung EuInsVO 2 25 ff.
Zusammenarbeit
– Begriff **EuInsVO** 43 7

Zusammenarbeit der Gerichte EuInsVO 42
– Bestellung von Insolvenzverwaltern **EuInsVO** 42 7
– direkte Kommunikation **EuInsVO** 42 4 f.
– generelle Kooperationspflicht **EuInsVO** 42 2 f.
– Hilfspersonen **EuInsVO** 42 3
– Konzerninsolvenz **EuInsVO** 57 3 f.
– Sanktionen **EuInsVO** 57 7
– Verhandlungen **EuInsVO** 42 10
– Verständigung der Verwalter **EuInsVO** 42 11
Zusammenarbeit der Verwalter EuInsVO 41
– Aufsicht **EuInsVO** 41 47
– Beispiele **EuInsVO** 41 16
– Eigenverwaltung **EuInsVO** 41 43
– Haftung **EuInsVO** 41 44 ff.
– Informationspflichten **EuInsVO** 41 17 ff.
– Interessenkonflikte **EuInsVO** 41 9
– Konzerninsolvenz **EuInsVO** 56
– Koordination der Verwertung **EuInsVO** 41 31 ff.
– Koordination eines Sanierungsplans **EuInsVO** 41 29 f.
– nationales Recht **EuInsVO** 41 8
– Pflicht **EuInsVO** 41 7 ff.
– Sanktionen **EuInsVO** 41 44 ff.; **EuInsVO** 56 9
– vorläufige Verwaltung **EuInsVO** 41 2
Zusammenarbeit zwischen Verwaltern und Gerichten EuInsVO 43
– Grenzen **EuInsVO** 43 9 f.; **EuInsVO** 58 7
– Informationsrecht des Verwalters **EuInsVO** 58 4 ff.
– Kommunikation **EuInsVO** 43 8
– Konzerninsolvenz **EuInsVO** 58
– Pflicht **EuInsVO** 58 2 f.
– Sanktionen **EuInsVO** 58 8
– Zusammenarbeit **EuInsVO** 43 7
Zusammenarbeit zwischen Verwaltern und Koordinator EuInsVO 74
Zusicherung EuInsVO 2 61; **EuInsVO** 6 30; **EuInsVO** 34 26; **EuInsVO** 36; **EGInsO Art. 102c** 11
– Abstimmung **EGInsO Art. 102c** 17
– Anfechtung der Verteilung **EGInsO Art. 102c** 21 8 ff.
– Anfechtung des Verteilungsplan **EuInsVO** 36 48 ff.
– Anfechtungsgegner **EuInsVO** 36 27
– Angabe tatsächlicher Annahmen **EuInsVO** 36 7 ff.
– Antragsrecht **EuInsVO** 37 14 f.
– aufrechnungsberechtigter Gläubiger **EuInsVO** 36 25
– bevorrechtigte Gläubiger **EuInsVO** 36 22
– Bewertungsmaßstäbe **EuInsVO** 36 9
– Billigung **EuInsVO** 36 35 ff.; **EuInsVO** 38 10 ff.
– Billigungsverfahren **EuInsVO** 36 35 ff.
– einfache Insolvenzgläubiger **EuInsVO** 36 23 f.
– Einhaltung **EGInsO Art. 102c** 21 5 ff.
– einstweilige Sicherungsmaßnahmen **EGInsO Art. 102c** 21 2 ff.
– Erklärender **EuInsVO** 36 29 f.; **EGInsO Art. 102c** 11 5 ff.
– Erklärungsempfänger **EuInsVO** 36 31
– Form **EuInsVO** 36 32 ff.
– Gläubiger **EuInsVO** 36 16 f.
– Gläubigergruppen **EuInsVO** 36 18 f.
– Haftung des Verwalters **EuInsVO** 36 59 ff.; **EGInsO Art. 102c** 14
– Herausgabeanspruch **EuInsVO** 36 57 f.
– Information über Verteilung **EuInsVO** 36 45 ff.; **EGInsO Art. 102c** 13
– Inhalt **EuInsVO** 36 7 ff.

Sachverzeichnis

Fette Zahlen = §§

- Massegläubiger **EuInsVO 36** 20 f.
- Mindestanforderungen **EuInsVO 36** 28
- öffentliche Bekanntmachung **EGInsO Art. 102c** 12
- Rechtsbehelf zur Einhaltung **EuInsVO 36** 51 ff.
- Rechtsfolgen **EuInsVO 36** 43 ff.
- Rechtsnatur **EuInsVO 36** 5 f.
- schwebende Rechtsakte **EuInsVO 36** 26
- Sprache **EuInsVO 36** 32 ff.
- Verbindlichkeit **EuInsVO 36** 43 f.
- Vermeidung Sekundärverfahren **EuInsVO 36**
- Vermögensgegenstände **EuInsVO 36** 8
- Verteilungs- und Vorzugsrecht **EuInsVO 36** 11 ff.

Zuständigkeitserschleichung EuInsVO 3 68; **EuInsVO 6** 43; **EuInsVO 33** 1, 15

Zuständigkeitskonzentration EuInsVO Vor 56 6; **EGInsO Art. 102c 1** 17

Zuständigkeitslücken EGInsO Art. 102c 1 6

Zuständigkeitsprüfung EuInsVO 4
- Amtsermittlungspflicht **EuInsVO 4** 3
- Begründungspflicht **EuInsVO 4** 1, 6, 9 f.
- Ermittlungsfehler **EuInsVO 4** 3
- Verfahrensfehler **EuInsVO 4** 3, 8
- Verwalter **EuInsVO 4** 9 f.
- von Amts wegen **EuInsVO 4** 2 ff., 9

Zustimmung EuInsVO 20 17

Zuzugsstaat EuInsVO 3 71

Zwei-Drittel-Mehrheit EuInsVO 66 3 ff.

Zweifelsregel EuInsVO 3 18